Schricker/Loewenheim (Hg.)
Urheberrecht

URHEBERRECHT

Kommentar

Herausgegeben von
Professor Dr. Ulrich Loewenheim

Verfasst von

Prof. Dr. Dr. h. c. *Adolf Dietz*, München;
Prof. Dr. *Horst-Peter Götting*, LL. M., Technische Universität Dresden;
Prof. Dr. *Maximilian Haedicke*, Universität Freiburg;
Dr. *Gerhard Haß*, Richter am BGH a. D., Karlsruhe;
Dr. *Paul Katzenberger*, Rechtsanwalt in München;
Dr. *Christof Krüger*, Rechtsanwalt in München;
Prof. Dr. *Ulrich Loewenheim*, Frankfurt/M.;
Prof. Dr. *Ferdinand Melichar*, Rechtsanwalt in München;
Prof. Dr. *Alexander Peukert*, Universität Frankfurt/M.;
Prof. Dr. *Jörg Reinbothe*, Kommission der Europäischen Union, Brüssel;
Dr. *Sabine Rojahn*, Rechtsanwältin in München;
Prof. Dr. Dr. h. c. mult. *Gerhard Schricker*, München;
Prof. Dr. *Gerald Spindler*, Universität Göttingen;
Dr. *Joachim v. Ungern-Sternberg*, Richter am BGH a. D., Freiburg;
Dr. *Martin Vogel*, Mitglied der Beschwerdekammern und der Großen Beschwerdekammer des Europäischen Patentamts;
Dr. *Gisela Wild*, Rechtsanwältin in Hamburg;
Jörg Wimmers, LL. M., Rechtsanwalt in Hamburg

4., neu bearbeitete Auflage

des von Prof. Dr. Dr. h. c. mult. Gerhard Schricker
bis zur 3. Auflage herausgegebenen Werkes

Verlag C. H. Beck München 2010

Zitiervorschlag: *Verfasser* in *Schricker/Loewenheim* 4. A. § ... Rdnr. ...

Verlag C. H. Beck im Internet:
beck.de

ISBN 978 3 406 59033 7

© 2010 Verlag C. H. Beck oHG
Wilhelmstraße 9, 80801 München
Satz, Druck und Bindung: Druckerei C. H. Beck
(Adresse wie Verlag)

Gedruckt auf säurefreiem, alterungsbeständigem Papier
(hergestellt aus chlorfrei gebleichtem Zellstoff)

Vorwort zur 4. Auflage

„Wer die Entwicklung des Urheberrechts verfolgt, wird feststellen, dass sie sich beschleunigt und intensiviert. Die Rechtsprechung wendet sich neuen Themen zu ... die wissenschaftliche Diskussion wird durch neue Erläuterungsbücher, Monographien und Aufsätze bereichert." Mit diesen Worten hat Gerhard Schricker in der dritten Auflage des Kommentars die Situation im Urheberrecht beschrieben. In den vier Jahren, die seither vergangen sind, hat sich daran nichts geändert – das Urheberrecht unterliegt nach wie vor ständigen Wandlungen. Wirtschaftliche und technische Entwicklungen vor allem im digitalen Bereich haben zu neuen Formen der Nutzung und urheberrechtlicher Vertragsgestaltung geführt. In der Gesetzgebung sind die Umsetzung der europäischen Folgerechtsrichtlinie durch das 5. Urheberrechtsänderungsgesetz von 2006, das zweite Gesetz zur Regelung des Urheberrechts in der Informationsgesellschaft (2. Korb) von 2007 und das Gesetz zur Verbesserung der Durchsetzung von Rechten des geistigen Eigentums von 2008 hervorzuheben. Die Rechtsprechung hat alte Positionen fortentwickelt und neue eingenommen, Entscheidungen des Europäischen Gerichtshofs erfordern ein Überdenken traditioneller Institutionen des deutschen Urheberrechts, und in der Wissenschaft zeichnen sich neue, im Gegensatz zu klassischen Positionen stehende Linien ab. Insgesamt sieht sich das Urheberrecht zunehmend einer Kritik ausgesetzt, die den freien Zugang zu Informationen postuliert und dazu tendiert, den Schutz des Urhebers eher zurücktreten zu lassen. Mit der vierten Auflage sollen auch diese Positionen eingefangen, dargestellt und kritisch gewürdigt werden.

Gerhard Schricker, dessen Geburtstag sich in diesen Tagen zum 75. Mal jährt, hat diesen Kommentar als Herausgeber begründet und über drei Auflagen fortgeführt. Er ist aus persönlichen Gründen ausgeschieden. Ich habe die Aufgabe übernommen, das Werk im Geiste Gerhard Schrickers als Herausgeber fortzuführen. Seine Kommentierungen sowie die von Adolf Dietz werden teils von mir, teils von Maximilian Haedicke, Alexander Peukert und Gerald Spindler fortgeführt, die neu in den Autorenkreis eingetreten sind.

An der Zielsetzung des Kommentars hat sich nichts geändert. Es soll auf wissenschaftlicher Basis eine Synthese von Theorie und Praxis gefunden werden; auf das Vorwort zur ersten Auflage wird insoweit verwiesen.

Das Sachregister ist auf der Basis des von Gerhard Schricker erarbeiteten Verzeichnisses von Frau Dr. Susan Hamadeh in bewährter Weise erneuert und weitergeführt worden; hierfür gilt ihr unser Dank.

Rechtsprechung und Schrifttum sind grundsätzlich bis Februar 2010 berücksichtigt, späteres Material ist nach Möglichkeit noch eingearbeitet worden.

Frankfurt, im Juni 2010   Ulrich Loewenheim

Vorwort

Aus dem Vorwort zur 1. Auflage

Die kulturelle, soziale und wirtschaftliche Bedeutung des Urheberrechts wächst. Die Gründe liegen auf der Hand; man denke nur an die Entwicklung der Medien, die Funktion von Bildung und Information in unserer Gesellschaft und den Umfang des Freizeitkonsums.

Der in Gesetzgebung, Literatur und Rechtsprechung anfallende Rechtsstoff bedarf der wissenschaftlichen Durchdringung und Aufbereitung für die Praxis. Dieser Aufgabe möchte sich der Kommentar in umfassender Weise annehmen. Er erläutert Urheberrechtsgesetz und Urheberrechtswahrnehmungsgesetz in der Neufassung von 1985 sowie das im Kunsturheberrechtsgesetz geregelte Recht am eigenen Bild.

Die Verfasser sind Wissenschaftler, Richter, Anwälte und Angehörige von Behörden und Institutionen, die mit dem Urheberrecht zu tun haben. Ihre Zusammenarbeit wurde von dem Bestreben geleitet, eine Synthese von Theorie und Praxis zu finden. Jeder Autor vertritt seine eigene Meinung; von wenigen Punkten abgesehen, hat sich jedoch Gleichklang in Grundlagen wie Einzellösungen ergeben. Wo ausnahmsweise Divergenzen bestehen, wird dies durch Verweisung deutlich gemacht.

...

München, im September 1987   Gerhard Schricker

Inhaltsverzeichnis

Verzeichnis der Verfasser	XV
Abkürzungsverzeichnis	XVII
Literaturverzeichnis	XXIII
Urheberrechtsgesetz (Text)	1

Kommentar zum Urheberrechtsgesetz

Teil 1. Urheberrecht

Abschnitt 1. Allgemeines

Einleitung	49
§ 1 Allgemeines	92

Abschnitt 2. Das Werk

§ 2 Geschützte Werke	93
§ 3 Bearbeitungen	172
§ 4 Sammelwerke und Datenbankwerke	184
§ 5 Amtliche Werke	204
§ 6 Veröffentlichte und erschienene Werke	233

Abschnitt 3. Der Urheber

§ 7 Urheber	249
§ 8 Miturheber	252
§ 9 Urheber verbundener Werke	261
§ 10 Vermutung der Urheber- oder Rechtsinhaberschaft	265

Abschnitt 4. Inhalt des Urheberrechts

Unterabschnitt 1. Allgemeines

§ 11 Allgemeines	272

Unterabschnitt 2. Urheberpersönlichkeitsrecht

Vor §§ 12 ff. Vorbemerkung	275
§ 12 Veröffentlichungsrecht	296
§ 13 Anerkennung der Urheberschaft	306
§ 14 Entstellung des Werkes	319

Unterabschnitt 3. Verwertungsrechte

§ 15 Allgemeines	342
§ 16 Vervielfältigungsrecht	372
§ 17 Verbreitungsrecht	382
§ 18 Ausstellungsrecht	405
§ 19 Vortrags-, Aufführungs- und Vorführungsrecht	411
§ 19a Recht der öffentlichen Zugänglichmachung	425
Vor §§ 20 ff. Vorbemerkung	446
§ 20 Senderecht	469
§ 20a Europäische Satellitensendung	486

Inhaltsverzeichnis

§ 20b Kabelweitersendung	493
§ 21 Recht der Wiedergabe durch Bild- oder Tonträger	503
§ 22 Recht der Wiedergabe von Funksendungen und von öffentlicher Zugänglichmachung	505
§ 23 Bearbeitungen und Umgestaltungen	509
§ 24 Freie Benutzung	519

Unterabschnitt 4. Sonstige Rechte des Urhebers

§ 25 Zugang zu Werkstücken	532
§ 26 Folgerecht	539
§ 27 Vergütung für Vermieten und Verleihen	556

Abschnitt 5. Rechtsverkehr im Urheberrecht

Unterabschnitt 1. Rechtsnachfolge in das Urheberrecht

Vor §§ 28 ff. Vorbemerkung	563
§ 28 Vererbung des Urheberrechts	616
§ 29 Rechtsgeschäfte über das Urheberrecht	620
§ 30 Rechtsnachfolger des Urhebers	626

Unterabschnitt 2. Nutzungsrechte

§ 31 Einräumung von Nutzungsrechten	628
§ 31a Verträge über unbekannte Nutzungsarten	658
§ 32 Angemessene Vergütung	693
§ 32a Weitere Beteiligung des Urhebers	717
§ 32b Zwingende Anwendung	732
§ 32c Vergütung für später bekannte Nutzungsarten	743
§ 33 Weiterwirkung von Nutzungsrechten	755
§ 34 Übertragung von Nutzungsrechten	760
§ 35 Einräumung weiterer Nutzungsrechte	773
§ 36 Gemeinsame Vergütungsregeln	778
§ 36a Schlichtungsstelle	811
§ 37 Verträge über die Einräumung von Nutzungsrechten	822
§ 38 Beiträge zu Sammlungen	828
§ 39 Änderungen des Werkes	836
§ 40 Verträge über künftige Werke	847
§ 41 Rückrufsrecht wegen Nichtausübung	854
§ 42 Rückrufsrecht wegen gewandelter Überzeugung	862
§ 42a Zwangslizenz zur Herstellung von Tonträgern	874
§ 43 Urheber in Arbeits- oder Dienstverhältnissen	879
§ 44 Veräußerung des Originals des Werkes	925

Abschnitt 6. Schranken des Urheberrechts

Vor §§ 44a ff. Vorbemerkung	934
§ 44a Vorübergehende Vervielfältigungshandlungen	950
§ 45 Rechtspflege und öffentliche Sicherheit	954
§ 45a Behinderte Menschen	957
§ 46 Sammlungen für Kirchen-, Schul- oder Unterrichtsgebrauch	959
§ 47 Schulfunksendungen	967
§ 48 Öffentliche Reden	973
§ 49 Zeitungsartikel und Rundfunkkommentare	977
§ 50 Berichterstattung über Tagesereignisse	991
§ 51 Zitate	1000
§ 52 Öffentliche Wiedergabe	1026
§ 52a Öffentliche Zugänglichmachung für Unterricht und Forschung	1041

Inhaltsverzeichnis

§ 52b Wiedergabe von Werken an elektronischen Leseplätzen in öffentlichen Bibliotheken, Museen und Archiven	1047
§ 53 Vervielfältigungen zum privaten und sonstigen eigenen Gebrauch	1053
§ 53a Kopienversand auf Bestellung	1081
§ 54 Vergütungspflicht	1087
§ 54a Vergütungshöhe	1096
§ 54b Vergütungspflicht des Händlers oder Importeurs	1102
§ 54c Vergütungspflicht des Betreibers von Ablichtungsgeräten	1105
§ 54d Hinweispflicht	1109
§ 54e Meldepflicht	1109
§ 54f Auskunftspflicht	1111
§ 54g Kontrollbesuch	1114
§ 54h Verwertungsgesellschaften; Handhabung der Mitteilungen	1115
§ 55 Vervielfältigung durch Sendeunternehmen	1119
§ 55a Benutzung eines Datenbankwerkes	1122
§ 56 Vervielfältigung und öffentliche Wiedergabe in Geschäftsbetrieben	1126
§ 57 Unwesentliches Beiwerk	1129
§ 58 Werke in Ausstellungen, öffentlichem Verkauf und öffentlich zugänglichen Einrichtungen	1131
§ 59 Werke an öffentlichen Plätzen	1139
§ 60 Bildnisse	1147

Anhang zu § 60 – Das Recht am eigenen Bild

Vor §§ 22–24 KUG Vorbemerkung	1154
§ 22 KUG [Recht am eigenen Bilde]	1156
§ 23 KUG [Ausnahmen zu § 22]	1173
§ 24 KUG [Ausnahmen im öffentlichen Interesse]	1207
§§ 33–50 KUG [Rechtsfolgen der Verletzung des Rechts am eigenen Bild]	1211

§ 61 (aufgehoben)	1223
§ 62 Änderungsverbot	1223
§ 63 Quellenangabe	1231
§ 63a Gesetzliche Vergütungsansprüche	1246

Abschnitt 7. Dauer des Urheberrechts

§ 64 Allgemeines	1252
§ 65 Miturheber, Filmwerke	1277
§ 66 Anonyme und pseudonyme Werke	1281
§ 67 Lieferungswerke	1294
§ 68 (aufgehoben)	1296
§ 69 Berechnung der Fristen	1297

Abschnitt 8. Besondere Bestimmungen für Computerprogramme

Vor §§ 69a ff. Vorbemerkung	1298
§ 69a Gegenstand des Schutzes	1326
§ 69b Urheber in Arbeits- und Dienstverhältnissen	1337
§ 69c Zustimmungsbedürftige Handlungen	1344
§ 69d Ausnahmen von den zustimmungsbedürftigen Handlungen	1357
§ 69e Dekompilierung	1366
§ 69f Rechtsverletzungen	1374
§ 69g Anwendung sonstiger Rechtsvorschriften; Vertragsrecht	1379

Inhaltsverzeichnis

Teil 2. Verwandte Schutzrechte

Abschnitt 1. Schutz bestimmter Ausgaben

§ 70 Wissenschaftliche Ausgaben 1381
§ 71 Nachgelassene Werke 1385

Abschnitt 2. Schutz der Lichtbilder

§ 72 Lichtbilder 1391

Abschnitt 3. Schutz des ausübenden Künstlers

Vor §§ 73 ff. Vorbemerkung 1409
§ 73 Ausübender Künstler 1424
§ 74 Anerkennung als ausübender Künstler 1439
§ 75 Beeinträchtigung der Darbietung 1451
§ 76 Dauer der Persönlichkeitsrechte 1464
§ 77 Aufnahme, Vervielfältigung und Verbreitung 1467
§ 78 Öffentliche Wiedergabe 1476
§ 79 Nutzungsrechte 1487
§ 80 Gemeinsame Darbietungen mehrerer ausübender Künstler 1509
§ 81 Schutz des Veranstalters 1514
§ 82 Dauer der Verwertungsrechte 1524
§ 83 Schranken der Verwertungsrechte 1529
§ 84 *(aufgehoben)* 1532

Abschnitt 4. Schutz des Herstellers von Tonträgern

§ 85 Verwertungsrechte 1532
§ 86 Anspruch auf Beteiligung 1560

Abschnitt 5. Schutz des Sendeunternehmens

§ 87 Sendeunternehmen 1564

Abschnitt 6. Schutz des Datenbankherstellers

Vor §§ 87 a ff. Vorbemerkung 1586
§ 87 a Begriffsbestimmungen 1604
§ 87 b Rechte des Datenbankherstellers 1625
§ 87 c Schranken des Rechts des Datenbankherstellers 1644
§ 87 d Dauer der Rechte 1650
§ 87 e Verträge über die Benutzung einer Datenbank 1653

Teil 3. Besondere Bestimmungen für Filme

Abschnitt 1. Filmwerke

Vor §§ 88 ff. Vorbemerkung 1657
§ 88 Recht zur Verfilmung 1683
§ 89 Rechte am Filmwerk 1715
§ 90 Einschränkung der Rechte 1727
§ 91 *(aufgehoben)* 1733
§ 92 Ausübende Künstler 1738
§ 93 Schutz gegen Entstellung; Namensnennung 1749
§ 94 Schutz des Filmherstellers 1760

Inhaltsverzeichnis

Abschnitt 2. Laufbilder

§ 95 Laufbilder 1775

Teil 4. Gemeinsame Bestimmungen für Urheberrecht und verwandte Schutzrechte

Abschnitt 1. Ergänzende Schutzbestimmungen

Vor §§ 95 a ff. Vorbemerkung 1781
§ 95 a Schutz technischer Maßnahmen 1789
§ 95 b Durchsetzung von Schrankenbestimmungen 1799
§ 95 c Schutz der zur Rechtewahrnehmung erforderlichen Informationen 1808
§ 95 d Kennzeichnungspflichten 1812
§ 96 Verwertungsverbot 1814

Abschnitt 2. Rechtsverletzungen

Unterabschnitt 1. Bürgerlich-rechtliche Vorschriften; Rechtsweg

Vor §§ 97 ff. Vorbemerkung 1820
§ 97 Anspruch auf Unterlassung und Schadenersatz 1825
§ 97 a Abmahnung 1913
§ 98 Anspruch auf Vernichtung, Rückruf und Überlassung 1923
§ 99 Haftung des Inhabers eines Unternehmens 1935
§ 100 Entschädigung 1939
§ 101 Anspruch auf Auskunft 1943
§ 101 a Anspruch auf Vorlage und Besichtigung 1977
§ 101 b Sicherung von Schadensersatzansprüchen 1993
§ 102 Verjährung 1999
§ 102 a Ansprüche aus anderen gesetzlichen Vorschriften 2001
§ 103 Bekanntmachung des Urteils 2005
§ 104 Rechtsweg 2011
§ 105 Gerichte für Urheberrechtsstreitsachen 2014

Unterabschnitt 2. Straf- und Bußgeldvorschriften

Vor §§ 106 ff. Vorbemerkung 2021
§ 106 Unerlaubte Verwertung urheberrechtlich geschützter Werke 2025
§ 107 Unzulässiges Anbringen der Urheberbezeichnung 2032
§ 108 Unerlaubte Eingriffe in verwandte Schutzrechte 2037
§ 108 a Gewerbsmäßige unerlaubte Verwertung 2040
§ 108 b Unerlaubte Eingriffe in technische Schutzmaßnahmen und zur Rechtewahrnehmung erforderliche Informationen 2042
§ 109 Strafantrag 2046
§ 110 Einziehung 2049
§ 111 Bekanntgabe der Verurteilung 2051
§ 111 a Bußgeldvorschriften 2054

Unterabschnitt 3. Vorschriften über Maßnahmen der Zollbehörde

§ 111 b Verfahren nach deutschem Recht 2056
§ 111 c Verfahren nach der VO (EG) Nr. 1383/2003 2060

Abschnitt 3. Zwangsvollstreckung

Unterabschnitt 1. Allgemeines

§ 112 Allgemeines 2062

Inhaltsverzeichnis

Unterabschnitt 2. Zwangsvollstreckung wegen Geldforderungen gegen den Urheber

§ 113	Urheberrecht	2070
§ 114	Originale von Werken	2073

Unterabschnitt 3. Zwangsvollstreckung wegen Geldforderungen gegen den Rechtsnachfolger des Urhebers

§ 115	Urheberrecht	2075
§ 116	Originale von Werken	2075
§ 117	Testamentsvollstrecker	2076

Unterabschnitt 4. Zwangsvollstreckung wegen Geldforderungen gegen den Verfasser wissenschaftlicher Ausgaben und gegen den Lichtbildner

§ 118	Entsprechende Anwendung	2076

Unterabschnitt 5. Zwangsvollstreckung wegen Geldforderungen in bestimmte Vorrichtungen

§ 119	Zwangsvollstreckung in bestimmte Vorrichtungen	2077

Teil 5. Anwendungsbereich, Übergangs- und Schlussbestimmungen

Vor §§ 120 ff.	Vorbemerkung	2079

Abschnitt 1. Anwendungsbereich des Gesetzes

Unterabschnitt 1. Urheberrecht

§ 120	Deutsche Staatsangehörige und Staatsangehörige anderer EU-Staaten und EWR-Staaten	2165
§ 121	Ausländische Staatsangehörige	2170
§ 122	Staatenlose	2179
§ 123	Ausländische Flüchtlinge	2180

Unterabschnitt 2. Verwandte Schutzrechte

§ 124	Wissenschaftliche Ausgaben und Lichtbilder	2181
§ 125	Schutz des ausübenden Künstlers	2182
§ 126	Schutz des Herstellers von Tonträgern	2190
§ 127	Schutz des Sendeunternehmens	2194
§ 127a	Schutz des Datenbankherstellers	2196
§ 128	Schutz des Filmherstellers	2198

Abschnitt 2. Übergangsbestimmungen

§ 129	Werke	2199
§ 130	Übersetzungen	2205
§ 131	Vertonte Sprachwerke	2206
§ 132	Verträge	2207
§ 133	*(aufgehoben)*	2214
§ 134	Urheber	2215
§ 135	Inhaber verwandter Schutzrechte	2216
§ 135a	Berechnung der Schutzfrist	2216
§ 136	Vervielfältigung und Verbreitung	2220
§ 137	Übertragung von Rechten	2222
§ 137a	Lichtbildwerke	2227
§ 137b	Bestimmte Ausgaben	2229

Inhaltsverzeichnis

§ 137c	Ausübende Künstler	2230
§ 137d	Computerprogramme	2231
§ 137e	Übergangsregelung bei Umsetzung der Richtlinie 92/100/EWG	2232
§ 137f	Übergangsregelung bei Umsetzung der Richtlinie 93/98/EWG	2234
§ 137g	Übergangsregelung bei Umsetzung der Richtlinie 96/9/EG	2237
§ 137h	Übergangsregelung bei Umsetzung der Richtlinie 93/83/EWG	2238
§ 137i	Übergangsregelung zum Gesetz zur Modernisierung des Schuldrechts	2241
§ 137j	Übergangsregelung aus Anlass der Umsetzung der Richtlinie 2001/29/EG	2243
§ 137k	Übergangsregelung zur öffentlichen Zugänglichmachung für Unterricht und Forschung	2245
§ 137l	Übergangsregelung für neue Nutzungsarten	2246

Abschnitt 3. Schlussbestimmungen

§ 138	Register anonymer und pseudonymer Werke	2267
§ 139	Änderung der Strafprozessordnung	2271
§ 140	Änderung des Gesetzes über das am 6. September 1952 unterzeichnete Welturheberrechtsabkommen	2271
§ 141	Aufgehobene Vorschriften	2274
§ 142	*(aufgehoben)*	2275
§ 143	Inkrafttreten	2275

Kommentar zum Urheberrechtswahrnehmungsgesetz

Vor §§ 1 ff. Vorbemerkung 2277

Erster Abschnitt. Erlaubnis zum Geschäftsbetrieb

§ 1	Erlaubnispflicht	2289
§ 2	Erteilung der Erlaubnis	2293
§ 3	Versagung der Erlaubnis	2294
§ 4	Widerruf der Erlaubnis	2298
§ 5	Bekanntmachung	2301

Zweiter Abschnitt. Rechte und Pflichten der Verwertungsgesellschaft

§ 6	Wahrnehmungszwang	2301
§ 7	Verteilung der Einnahmen	2311
§ 8	Vorsorge- und Unterstützungseinrichtungen	2314
§ 9	Rechnungslegung und Prüfung	2316
§ 10	Auskunftspflicht	2317
§ 11	Abschlusszwang	2319
§ 12	Gesamtverträge	2326
§ 13	Tarife	2330
§ 13a	Tarife für Geräte und Speichermedien; Transparenz	2335
§ 13b	Pflichten des Veranstalters	2338
§ 13c	Vermutung der Sachbefugnis; Außenseiter bei Kabelweitersendung	2341
Vor §§ 14 ff. Vorbemerkung		2347
§ 14	Schiedsstelle	2350
§ 14a	Einigungsvorschläge der Schiedsstelle	2357
§ 14b	Beschränkung des Einigungsvorschlags; Absehen vom Einigungsvorschlag	2361
§ 14c	Streitfälle über Gesamtverträge	2363
§ 14d	Streitfälle über Rechte der Kabelweitersendung	2365
§ 14e	Aussetzung	2365
§ 15	Verfahren vor der Schiedsstelle	2366
§ 16	Gerichtliche Geltendmachung	2367
§ 17	Ausschließlicher Gerichtsstand	2371
§ 17a	Freiwillige Schlichtung	2372

Inhaltsverzeichnis

Dritter Abschnitt. Aufsicht über die Verwertungsgesellschaft

§ 18 Aufsichtsbehörde 2375
§ 19 Inhalt der Aufsicht 2377
§ 20 Unterrichtungspflicht 2381
§ 20a *(aufgehoben)* 2382

Vierter Abschnitt. Übergangs- und Schlussbestimmungen

§ 21 Zwangsgeld 2382
§ 22 *(aufgehoben)* 2383
§ 23 *(gegenstandslos)* 2383
§ 24 Änderung des Gesetzes gegen Wettbewerbsbeschränkungen 2383
§ 25 Änderung der Bundesgebührenordnung für Rechtsanwälte 2390
§ 26 Aufgehobene Vorschriften 2391
§ 26a Anhängige Verfahren 2391
§ 27 Übergangsregelung zum Zweiten Gesetz zur Regelung des Urheberrechts in der Informationsgesellschaft 2391
§ 28 Inkrafttreten 2394

Entscheidungsübersicht Recht am eigenen Bild 2395

Sachverzeichnis 2447

Verzeichnis der Verfasser

Professor Dr. Dr. h. c. Adolf Dietz, Max-Planck-Institut für geistiges Eigentum, Wettbewerbs- und Steuerrecht, München

Vor §§ 12 ff., §§ 12–14, 36, 36 a, 39, 42, 62, 63, 93 (bis zur 3. Auflage)

Professor Dr. Horst-Peter Götting, Juristische Fakultät der TU Dresden, Richter am Oberlandesgericht Dresden

Recht am eigenen Bild (Anhang zu § 60); §§ 95 a–95 d; Entscheidungsregister zum Recht am eigenen Bild

Professor Dr. Maximilian Haedicke, Universität Freiburg

§§ 32, 32 a, 36, 36 a

Dr. Gerhard Haß, Richter am Bundesgerichtshof a. D.

Vor §§ 106 ff., §§ 106–111 b

Dr. Paul Katzenberger, Max-Planck-Institut für geistiges Eigentum, Wettbewerbs- und Steuerrecht, Rechtsanwalt in München

§§ 5, 6, 26, 32 b, 64–69, Vor §§ 88 ff., §§ 88–92, 94, 95, Vor §§ 120 ff., §§ 120–143

Dr. Christof Krüger, Rechtsanwalt in München

Vor §§ 73 ff., §§ 73, 77, 78, 79 Rdnr. 1–17 b, 80

Professor Dr. Ulrich Loewenheim, Universität Frankfurt am Main, Richter am Oberlandesgericht Frankfurt a. D.

Einl. Rdnr. 1–87, §§ 1–4, 7–11, 15 Rdnr. 41–44, §§ 16, 17, 23, 24, 27, 44 a, 52 a–54 h, 55 a, Vor §§ 69 a ff., Rdnr. 1–18, §§ 69 a–69 g, 70, 71

Professor Dr. Ferdinand Melichar, Rechtsanwalt in München

§ 42 a, Vor §§ 44 a ff., §§ 45–49, 52, 55, 56

Professor Dr. Alexander Peukert, Universität Frankfurt am Main

Vor §§ 12 ff., §§ 12–14, 37–42, 62, 93

Professor Dr. Jörg Reinbothe, Abteilungsleiter in der Europäischen Kommission, Brüssel

Urheberrechtswahrnehmungsgesetz

Dr. Sabine Rojahn, Rechtsanwältin in München

§§ 43, 79 Rdnr. 18–54

Professor Dr. Dr. h. c. mult. Gerhard Schricker, Universität München, Direktor (em.) am Max-Planck-Institut für Geistiges Eigentum, Wettbewerbs- und Steuerrecht

Einl. Rdnr. 1–49, §§ 1, 11, Vor §§ 28 ff., §§ 28–32 a, 33–35, 37, 38, 40, 41, 51, 63 a (bis zur 3. Auflage)

Professor Dr. Gerald Spindler, Universität Göttingen

§§ 31 a, 32 c, 51, 63, Vor §§ 69 a ff., Rdnr. 19–73

Dr. Joachim v. Ungern-Sternberg, Richter am Bundesgerichtshof a. D.

§ 15 Rdnr. 1–40, 45–87, §§ 19, 19 a, Vor §§ 20 ff., §§ 20–22, 87

Dr. Martin Vogel, Mitglied der Beschwerdekammern und der Großen Beschwerdekammer des Europäischen Patentamts

Einl. Rdnr. 88–126, §§ 18, 25, 44, 50, 57–60, 72, 74–76, 81–86, Vor §§ 87 a ff., §§ 87 a–87 e

Dr. Gisela Wild, Rechtsanwältin in Hamburg

§§ 96–100, 102–105, 112–119

Jörg Wimmers, Rechtsanwalt in Hamburg

§§ 101–101 b

Abkürzungsverzeichnis

aA	anderer Ansicht
aaO	am angegebenen Ort
abl.	ablehnend
ABl.	Amtsblatt der Europäischen Gemeinschaft
aE	am Ende
AEUV	Vertrag über die Arbeitsweise der Europäischen Union
aF	alte Fassung
AfP	Archiv für Presserecht
AG	Amtsgericht
AGB	– Allgemeine Geschäftsbedingungen – Archiv für Geschichte des Buchwesens, Bd.
AIPPI	Association Internationale pour la Protection de la Propriété Industrielle
AJBD-Mitt.	Mitteilungen der Arbeitsgemeinschaft für juristisches Bibliotheks- und Dokumentationswesen
allgA	allgemeine Ansicht
AMMRE	Anstalt für mechanische und musikalische Rechte
AmtlBegr.	Amtliche Begrundung
Anm.	Anmerkung
AÖR	Archiv des Öffentlichen Rechts
AP	Arbeitsrechtliche Praxis (Nachschlagewerk des Bundesarbeitsgerichts)
aPR	allgemeines Persönlichkeitsrecht
ArbG	Arbeitsgericht
ArbnErfG	Gesetz über Arbeitnehmererfindungen
ArchPR	– Archiv für Presserecht (1953–1969 als Beilage zu ZV + ZV, seit 1970 AfP) – Archiv Presserechtlicher Entscheidungen, Bd. (bis 1977)
ARD	Arbeitsgemeinschaft der öffentlich-rechtlichen Rundfunkanstalten der Bundesrepublik Deutschland
AuR	Arbeit und Recht
AWD	Außenwirtschaftsdienst des BB (seit 1975 Recht der Int. Wirtschaft – RIW)
BAG	Bundesarbeitsgericht
BAGE	Entscheidungen des Bundesarbeitsgerichts
BayObLG	Bayerisches Oberstes Landesgericht
BayVBl.	Bayerische Verwaltungsblätter
BB	Betriebs-Berater
BBl.	Börsenblatt für den Deutschen Buchhandel
BeckRS	Beck'sche Rechtsprechungssammlung (online)
Bek.	Bekanntmachung
BG	Schweizerisches Bundesgericht
BGB	Bürgerliches Gesetzbuch
BGBl.	Bundesgesetzblatt
BGH	Bundesgerichtshof
BGHSt.	Entscheidungen des Bundesgerichtshofes in Strafsachen
BGHZ	Entscheidungen des Bundesgerichtshofes in Zivilsachen
BIEM	Bureau International gérant les Droits de l'Enrégistrement et de la Reproduction Méchanique
BKartA	Bundeskartellamt
BlPMZ	Blatt für Patent-, Muster- und Zeichenwesen
BMJ	Bundesministerium der Justiz
BNotO	Bundesnotarordnung
BOSchG	Bühnenoberschiedsgericht
BPatG	Bundespatentgericht
BRDrucks.	Bundesrats-Drucksache
BRRG	Beamtenrechtsrahmengesetz

Abkürzungsverzeichnis

BSHG	Bundessozialhilfegesetz
BTDrucks.	Bundestags-Drucksache
BuB	Buch und Bibliothek, Fachzeitschrift des Vereins der Bibliothekare an öffentlichen Büchereien eV
BUrlG	Bundesurlaubsgesetz
BVerfG	Bundesverfassungsgericht
BVerfGE	Entscheidungen des Bundesverfassungsgerichts
BVerwG	Bundesverwaltungsgericht
bzgl.	bezüglich
CD	Compact Disk
CD-R	Compact Disk – Recordable
CD-ROM	Compact Disk – Read Only Memory
CD-RW	Compact Disk – Rewriteable
CISAC	Confédération Internationale des Sociétés d'Auteurs et Compositeurs
CR	Computer und Recht
DAT	Digital Audio Tape
DB	Der Betrieb
DdA	Le Droit d'Auteur
ders.	derselbe
dh.	das heißt
dies.	dieselbe/n
DIN-Mitt.	Mitteilungen des Deutschen Instituts für Normung eV
Diss.	Dissertation
DOI	Digital Object Identifier
Dok.	Dokument
DPA	Deutsches Patentamt (inzwischen Deutsches Patent- und Markenamt)
DPMA	Deutsches Patent- und Markenamt (früher DPA)
DRM	Digital Rights Management
DtZ	Deutsch-Deutsche Rechts-Zeitschrift
DVD	Digital Versatile Disk
DVD-ROM	Digital Versatile Disk – Read Only Memory
DVD-RW	Digital Versatile Disk – Rewriteable
DVR	Datenverarbeitung im Recht
DVBl.	Deutsches Verwaltungsblatt
DZWiR	Deutsche Zeitschrift für Wirtschaftsrecht
E	Entwurf
ECMS	Electronic Copyright Management System
EG	Einführungsgesetz; Europäische Gemeinschaft
EGBGB	Einführungsgesetz zum Bürgerlichen Gesetzbuch
EGV	Vertrag zur Gründung der Europäischen Gemeinschaft (jetzt AEUV)
Einf.	Einführung
Einl.	Einleitung
EinV	Einigungsvertrag
EIPR	European Intellectual Property Review (GB)
eMTV	einheitlicher Manteltarifvertrag
EPA	Europäisches Patentamt
Erwgr.	Erwägungsgrund (bei EU-Rechtsakten)
EU	Europäische Union
EuFSA	Europäisches Fernsehschutzabkommen
EuG	Gericht erster Instanz der Europäischen Union
EuGH	Europäischer Gerichtshof (seit dem 1. 12. 2009: Gerichtshof der Europäischen Union)
EuGVVO	VO (EG) Nr. 44/2001 über die gerichtliche Zuständigkeit und die Anerkennung und Vollstreckung von Entscheidungen in Zivil- und Handelssachen
EuGVÜ	Europäisches Gerichtsstands- und Vollstreckungsübereinkommen
EWG	Europäische Wirtschaftsgemeinschaft (jetzt EU)

Abkürzungsverzeichnis

EWGV	Vertrag zur Gründung der Europäischen Wirtschaftsgemeinschaft (von 1957; jetzt AEUV)
EWiR	Entscheidungen zum Wirtschaftsrecht
EWR	Europäischer Wirtschaftsraum
EWS	Europäisches Wirtschafts- und Steuerrecht
f., ff.	folgende
FD GewRS	Beck-Fachdienst Gewerblicher Rechtsschutz
F. I. D. E.	Féderation Internationale pour le droit européen
FinG	Finanzgericht
Fn.	Fußnote
Fs.	Festschrift
FSF	Free Software Foundation
FSK	Freiwillige Selbstkontrolle der deutschen Filmwirtschaft
FuR	Film und Recht, seit 1985 Zeitschrift für Urheber- und Medienrecht (ZUM)
GA	Goltdammer's Archiv für Strafrecht
GATT	General Agreement on Tariffs and Trade
GebrMG	Gebrauchsmustergesetz
GEMA	Gesellschaft für musikalische Aufführungs- und mechanische Vervielfältigungsrechte
GEMA-Nachr.	GEMA-Nachrichten
GeschmMG	Gesetz über den rechtlichen Schutz von Mustern und Modellen (Geschmacksmustergesetz)
GG	Grundgesetz für die Bundesrepublik Deutschland
GMBl.	Gemeinsames Ministerialblatt
GNU	„Gnu's not Unix" (mit dem Betriebssystem Unix kompatible Systemprogramme auf der Basis der General Public License)
GPL	General Public License (v2 = Version 2, v3 = Version 3)
GRUR	Gewerblicher Rechtsschutz und Urheberrecht
GRUR-Fs.	Gewerblicher Rechtsschutz und Urheberrecht in Deutschland, Fs. zum hundertjährigen Bestehen der Deutschen Vereinigung für gewerblichen Rechtsschutz und Urheberrecht und ihrer Zeitschrift
GRUR Int.	Gewerblicher Rechtsschutz und Urheberrecht Internationaler Teil
GRUR Prax.	GRUR-Praxis
GRUR-RR	GRUR-Rechtsprechungsreport
GTA	Genfer Tonträgerabkommen
GÜFA	Gesellschaft zur Übernahme und Wahrnehmung von Filmaufführungsrechten
GVBl.	Gesetz- und Verordnungsblatt
GVL	Gesellschaft zur Verwertung von Leistungsschutzrechten
GWB	Gesetz gegen Wettbewerbsbeschränkungen
GWFF	Gesellschaft zur Wahrnehmung von Film und Fernsehrechten
Halbs.	Halbsatz
Hdb.	Handbuch
hM	herrschende Meinung
Hrsg.	Herausgeber
idF	in der Fassung
idR	in der Regel
idS	in diesem Sinne
IFPI	Internationale Vereinigung der phonographischen Industrie
IIC	International Review of Intellectual Property and Competition Law (bis 2004: ... *Industrial* Property and *Copyright* Law)
insb.	insbesondere
IPR	Internationales Privatrecht
IPRax	Praxis des Internationalen Privat- und Verfahrensrechts
iS	im Sinne
iSd. (iSv.)	im Sinne des/der (von)
IuKDG	Gesetz zur Regelung der Rahmenbedingungen für Informations- und Kommunikationsdienste (Informations- und Kommunikationsdienste-Gesetz)
IuR	Informatik und Recht

Abkürzungsverzeichnis

iVm.	in Verbindung mit
JBl.	Juristische Blätter
JCP	Juris-classeur périodique
Jura	Jura/Juristische Ausbildung
JuSchG.	Jugendschutzgesetz
JW	Juristische Wochenschrift
JZ	Juristenzeitung
K&R	Kommunikation und Recht, Betriebsberater für Medien, Telekommunikation, Multimedia
Kap.	Kapitel
KG	Kammergericht Berlin; Kommanditgesellschaft
krit.	kritisch
KUG	Gesetz betreffend das Urheberrecht an Werken der bildenden Künste und der Photographie
LAG	Landesarbeitsgericht
LAN	Local Area Network
LG	Landgericht, Landesgesetz
LGPL	Lesser General Public License
lit.	littera
LM	Nachschlagewerk des Bundesgerichtshofes hrsg. von Lindenmaier, Möhring ua.
LMK	Kommentierte BGH-Rechtsprechung Lindenmaier-Möhring
LUG	Gesetz betreffend das Urheberrecht an Werken der Literatur und der Tonkunst
LZ	Leipziger Zeitschrift für Deutsches Recht
MA	Der Markenartikel
MAI	Multilaterales Investitionsabkommen
MarkenG	Gesetz über den Schutz von Marken und sonstigen Kennzeichen
MDR	Monatsschrift für Deutsches Recht
MDStV	Mediendienstestaatsvertrag
Mitt.	Mitteilung(en), auch: Mitteilungen der deutschen Patentanwälte
MittHV	Mitteilungen des Hochschulverbandes
MMR	Multimedia und Recht, Zeitschrift für Informations-, Telekommunikations- und Medienrecht
MR	Medien und Recht (Österreich)
MuW	Markenschutz und Wettbewerb
mwN	mit weiteren Nachweisen
NachrDok.	Nachrichten für Dokumentation
Nachw.	Nachweise
nF	neue Fassung
NJ	Neue Justiz
NJOZ	Neue Juristische Online-Zeitschrift
NJW	Neue Juristische Wochenschrift
NJW-CoR	Computerreport der NJW
NJW-RR	NJW-Rechtsprechungsreport Zivilrecht
NJWE-WettbR	NJW-Entscheidungsdienst Wettbewerbsrecht; jetzt GRUR-RR
NV	Normalvertrag (im Bühnenrecht)
oä.	oder ähnlich
ÖBl.	Österreichische Blätter für gewerblichen Rechtsschutz und Urheberrecht
OEM	Original Equipment Manufacturer (Lizenz für Software, die iVm mit Computern vertrieben wird)
ÖSGRUM	Österreichische Schriftenreihe zum Gewerblichen Rechtsschutz, Urheber- und Medienrecht
öst.	österreichisch(es)
öUrhG	österreichisches UrhG
OGH	Oberster Gerichtshof (Wien)
ÖJZ	Österreichische Juristenzeitung
OLG	Oberlandesgericht

Abkürzungsverzeichnis

OLGE	Die Rechtsprechung der Oberlandesgerichte auf dem Gebiete des Privatrechts
OLGR	OLG-Report (Zeitschrift)
OLGZ	Entscheidungen der Oberlandesgerichte in Zivilsachen einschließlich der freiwilligen Gerichtsbarkeit
OMPI	Organisation Mondiale de la Propriété Intellectuelle
OVG	Oberverwaltungsgericht
OWiG	Gesetz über Ordnungswidrigkeiten
PatG	Patentgesetz
P. L.	Public Law
pma.	post mortem auctoris
PostG	Gesetz über das Postwesen
PR	Persönlichkeitsrecht
PrPG	Gesetz zur Stärkung des Schutzes des geistigen Eigentums und zur Bekämpfung der Produktpiraterie
PVÜ	Pariser Verbandsübereinkunft zum Schutz des gewerblichen Eigentums
RA	Rom-Abkommen
RabelsZ	Zeitschrift für ausländisches und internationales Privatrecht, begr. von Rabel
RBÜ	Revidierte Berner Übereinkunft zum Schutz von Werken der Literatur und der Kunst
RdA	Recht der Arbeit
RdJB	Recht der Jugend und des Bildungswesens
Rdnr.	Randnummer
RegE	Regierungsentwurf
RDV	Rechentechnik, Datenverarbeitung
RfR	Rundfunkrecht
RG	Reichsgericht
RGBl.	Reichsgesetzblatt
RGSt.	Entscheidungen des Reichsgerichts in Strafsachen
RGZ	Entscheidungen des Reichsgerichts in Zivilsachen
RIDA	Revue Internationale du Droit d'Auteur
RiStBV	Richtlinien für das Strafverfahren und das Bußgeldverfahren
RIW	Recht der Internationalen Wirtschaft (seit 1975)
RL	(EG- bzw. EU-)Richtlinie
Rom II	VO (EG) Nr. 864/2007 über das auf außervertragliche Schuldverhältnisse anzuwendende Recht
RTD comm.	Revue trimestrielle de droit commercial
S.	Seite
s.	siehe
sa.	siehe auch/so auch
SACEM	Société des Auteurs, Compositeurs et Editeurs de Musique
SatÜ	Brüsseler Satellitenübereinkommen
Schulze	Erich Schulze, Rechtsprechung zum Urheberrecht, Entscheidungssammlung
Schweiz.BG	Schweizerisches Bundesgericht
SchweizMitt.	Schweizerische Mitteilungen zum gewerblichen Recht (seit 1985 Schweizerische Mitteilungen zum Immaterialgüterrecht – SMI)
SFA	Straßburger Abkommen zum Schutz von Fernsehsendungen
SJZ	Süddeutsche Juristenzeitung
SMG	Schuldrechtsmodernisierungsgesetz
SMI	Schweizerische Mitteilungen zum Immaterialgüterrecht
so.	siehe oben
STAGMA	Staatlich genehmigte Gesellschaft zur Verwertung musikalischer Urheberrechte
StGB	Strafgesetzbuch
str.	strittig
stRspr.	ständige Rechtsprechung
su.	siehe unten
TDG	Gesetz über die Nutzung von Telediensten (Teledienstegesetz)
TKG	Telekommunikationsdienstegesetz

Abkürzungsverzeichnis

TRIPS	Trade-Related Aspects of Intellectual Property Rights
TV	Tarifvertrag
TVG	Tarifvertragsgesetz
ua.	unter anderem
UFITA	Archiv für Urheber-, Film-, Funk- und Theaterrecht
UPR	Urheberpersönlichkeitsrecht
URG	Urheberrechtsgesetz (Ausland)
URG-DDR	Urheberrechtsgesetz der DDR
UrhG	Urheberrechtsgesetz
UrhGÄndG	Gesetz zur Änderung des Urheberrechtsgesetzes
UrhWG	s WahrnG
UWG	Gesetz gegen den unlauteren Wettbewerb
VerlG	Gesetz über das Verlagsrecht
VFF	Verwertungsgesellschaft der Film- und Fernsehproduzenten
VGF	Verwertungsgesellschaft für Nutzungsrechte an Filmwerken
vgl.	vergleiche
VO	Verordnung
VOB	Verdingungsordnung für Bauleistungen
VRS	Verkehrsrechts-Sammlung
VS	Verband der deutschen Schriftsteller
WahrnG	Gesetz über die Wahrnehmung von Urheberrechten und verwandten Schutzrechten (auch: UrhWG)
WAN	Wide Area Network
wbl.	Wirtschaftsrechtliche Blätter (Öst.)
WCT	WIPO Copyright Treaty
WerkeRegV	Verordnung über das Register anonymer und pseudonymer Werke
WIPO	World Intellectual Property Organization
WM	Wertpapier-Mitteilungen Teil IV, Zeitschrift für Wirtschafts- und Bankrecht
WPPT	WIPO Performances and Phonograms Treaty
WRP	Wettbewerb in Recht und Praxis
WUA	Welturheberrechtsabkommen
WuW	Wirtschaft und Wettbewerb
zB	zum Beispiel
ZBR	Zeitschrift für Beamtenrecht
ZBT	Zentralstelle Bibliothekstantieme
ZEuP	Zeitschrift für Europäisches Privatrecht
ZHR	Zeitschrift für das gesamte Handelsrecht und Wirtschaftsrecht
ZIP	Zeitschrift für Wirtschaftsrecht
ZKDSG	Zugangskontrolldiensteschutzgesetz
ZPO	Zivilprozeßordnung
ZPÜ	Zentralstelle für private Überspielungsrechte
ZS	Zivilsenat
ZSR NF	Zeitschrift für Schweizerisches Recht – Neue Folge
ZUM	Zeitschrift für Urheber- und Medienrecht (seit 1985, früher Film und Recht – FuR)
ZUM-RD	Rechtsprechungsdienst der ZUM
zust.	zustimmend
ZVglRWiss.	Zeitschrift für vergleichende Rechtswissenschaft
ZZP	Zeitschrift für Zivilprozeß

Literaturverzeichnis

Auswahl aus der einschlägigen Literatur in Buchform; weitere Literaturangaben finden sich am Anfang der Kommentierung bei den jeweiligen Paragraphen.

Die Namen bezeichnen vielfach *Herausgeber* oder *Werkbegründer*; ebenso wie der vorliegende Kommentar sind viele der genannten Werke die Schöpfung einer Mehrzahl von Autoren.

Allfeld	Das Urheberrecht an Werken der Literatur und der Tonkunst, 2. Aufl. 1928
Allfeld	Kommentar zu dem Gesetze betreffend das Urheberrecht an Werken der bildenden Künste und der Photographie, 1908
Bappert/Wagner	Internationales Urheberrecht, 2. Aufl. 1956
Beier/Götting/ Lehmann/Moufang	Urhebervertragsrecht, Festgabe für Gerhard Schricker zum 60. Geburtstag, 1995 (auch zitiert: Fs. für Schricker)
Berger/Wündisch	Urhebervertragsrecht, 2008
Bröcker/Czychowski/ Schäfer	Praxishandbuch geistiges Eigentum im Internet, 2003
Bußmann/Pietzcker/Kleine	Gewerblicher Rechtsschutz und Urheberrecht, 3. Aufl. 1962
Delp	Das Recht des geistigen Schaffens in der Informationsgesellschaft, 2. Aufl. 2003
Delp	Der Verlagsvertrag, 8. Aufl. 2008
Sammlung Delp	Das gesamte Recht der Publizistik, Bde. 1–5, Loseblattsammlung
Dietz	Das Droit Moral des Urhebers im neuen französischen und deutschen Urheberrecht, 1968 (zitiert: Droit Moral)
Dietz	Das primäre Urhebervertragsrecht in der Bundesrepublik Deutschland und in den anderen Mitgliedstaaten der Europäischen Gemeinschaft, 1984 (zitiert: Urhebervertragsrecht)
Dietz	Das Urheberrecht in der Europäischen Gemeinschaft, 1978
Dreier	Kabelweiterleitung und Urheberrecht, 1991
Dreier/Schulze	Urheberrechtsgesetz, 3. Aufl. 2008
Drexl	Entwicklungsmöglichkeiten des Urheberrechts im Rahmen des GATT, 1990
Dreyer/Kotthoff/Meckel	Heidelberger Kommentar zum Urheberrecht, 2. Aufl. 2008
Ellins	Copyright Law, Urheberrecht und ihre Harmonisierung in der Europäischen Gemeinschaft, 1997
Ensthaler/Weidert	Handbuch Urheberrecht und Internet, 2. Aufl. 2010
Forkel	Gebundene Rechtsübertragungen, Bd. 1 Patent, Musterrechte, Urheberrecht, 1977
Fromm/Nordemann	Urheberrecht, Kommentar, 10. Aufl. 2008
v. Gamm	Urheberrechtsgesetz, 1968
Gerstenberg	Die Urheberrechte an Werken der Kunst, der Architektur und der Photographie, 1968
Goldbaum	Urheberrecht und Urhebervertragsrecht, 3. Aufl. 1961
Haberstumpf	Handbuch des Urheberrechts, 2. Aufl. 2000
Haberstumpf/Hintermeier	Einführung in das Verlagsrecht, 1985
Haupt	Urheberrecht für Filmschaffende, 2009
Haertel/Schiefler	Urheberrechtsgesetz und Gesetz über die Wahrnehmung von Urheberrecht und verwandten Schutzrechten, Textausgabe und Materialien, 1967
v. Hartlieb/Schwartz	Handbuch des Film-, Fernseh- und Videorechts, 4. Aufl. 2004
Hasselblatt	Münchener Anwaltshandbuch Gewerblicher Rechtsschutz, 3. Aufl. 2009
Hertin	Urheberrecht, 2. Aufl. 2008
Hilty/Peukert	Interessenausgleich im Urheberrecht, 2004
Hoeren/Sieber	Handbuch Multimedia-Recht, Loseblatt
Hubmann	Das Persönlichkeitsrecht, 2. Aufl. 1967
Hucko	Das neue Urhebervertragsrecht, 2002

Literaturverzeichnis

Hucko	„Zweiter Korb" – Das neue Urheberrecht in der Informationsgesellschaft, 2007
Kilian/Heussen	Computerrechts-Handbuch, Loseblatt
Lehmann	Rechtsschutz und Verwertung von Computerprogrammen, 2. Aufl. 1993
Lehmann	Internet- und Multimediarecht (Cyberlaw), 1997 (zitiert: Multimediarecht)
Leiss	Verlagsgesetz, Kommentar, 1973
Löffler	Presserecht, Kommentar, 6. Aufl. 2006
Loewenheim	Handbuch des Urheberrechts, 2. Aufl. 2010
Marwitz/Möhring	Das Urheberrecht an Werken der Literatur und der Tonkunst in Deutschland, 1929
Melichar	Die Wahrnehmung von Urheberrechten durch Verwertungsgesellschaften, 1983
Mestmäcker/Schulze	Urheberrechts-Kommentar, Bd. I–III, Loseblattsammlung
Möhring/Nicolini	Urheberrechtsgesetz, 2. Aufl. 2000
Möhring/Schulze/ Ulmer/Zweigert	Quellen des Urheberrechts, fortgeführt von *Katzenberger, Puttfarken, Schricker, E. Schulze, M. Schulze, Zweigert*, ab 1961
Moser/Scheuermann	Handbuch der Musikwirtschaft, 6. Aufl. 2003
Nordemann/Vinck/Hertin	Internationales Urheberrecht und Leistungsschutzrecht der deutschsprachigen Länder unter Berücksichtigung auch der Staaten der Europäischen Gemeinschaft, 1977
Nordemann/Vinck/ Hertin/Meyer	International Copyright and Neighboring Rights Law, 1990
Osterrieth/Marwitz	Das Urheberrecht an Werken der bildenden Künste und der Photographie, 2. Aufl. 1929
Pierson/Ahrens/Fischer	Recht des geistigen Eigentums, 2. Aufl. 2010
Rehbinder	Urheberrecht, 15. Aufl. 2008/16. Aufl. 2010
Riedel	Urheber- und Verlagsrecht, Loseblattausgabe, ab 1966
Rintelen	Urheberrecht und Urhebervertragsrecht, 1958
Rojahn	Der Arbeitnehmerurheber in Presse, Funk und Fernsehen, 1978
Rossbach	Die Vergütungsansprüche im deutschen Urheberrecht, 1990
Runge	Urheberrecht und Urhebervertragsrecht, 1958
Samson	Urheberrecht, 1973
Schack	Kunst und Recht, 2. Aufl. 2009
Schack	Urheber- und Urhebervertragsrecht, 4. Aufl. 2007/5. Aufl. 2010
Schricker	Urheberrecht auf dem Weg zur Informationsgesellschaft, 1997 (Verfasser: *Schricker, Dreier, Katzenberger, v. Lewinski*) (zitiert: Informationsgesellschaft)
Schricker	Verlagsrecht, 3. Aufl. 2001
Schütze/Weipert	Münchener Vertragshandbuch, Bd. 3 Wirtschaftsrecht II, 6. Aufl. 2009
Schulze	Urhebervertragsrecht, 3. Aufl. 1982
Strömholm	Le droit moral de l'auteur en droit Allemand, Français et Scandinave, Bd. I und Bd. II, 1 und 2, 1967–1973
Troller	Immaterialgüterrecht, Patentrecht, Markenrecht, Urheberrecht, Muster- und Modellrecht, Wettbewerbsrecht, Bd. I 3. Aufl. 1983, Bd. II 2. Aufl. 1971, Bd. II 3. Aufl. 1985
Ulmer	Gutachten zum Urhebervertragsrecht, hrsg. v. Bundesminister der Justiz, 1977 (zitiert: Urhebervertragsrecht)
Ulmer	Urheber- und Verlagsrecht, 3. Aufl. 1980
v. Ungern-Sternberg	Die Rechte der Urheber an Rundfunk- und Drahtfunksendungen, 1973
Voigtländer/Ester/Kleine	Die Gesetze betreffend das Urheberrecht an Werken der Literatur und der Tonkunst sowie an Werken der bildenden Kunst und der Photographie, Kommentar, 4. Aufl. 1952
Walter	Europäisches Urheberrecht, 2001
Wanckel	Foto- und Bildrecht, 3. Aufl. 2009
Wandtke/Bullinger	Praxiskommentar zum Urheberrecht, 3. Aufl. 2009
Wegner/Wallenfels/Kaboth	Recht im Verlag, 2004
Wirth/Schmid/Seifert	Urheberrechtsgesetz, 2. Aufl. 2008

Gesetz über Urheberrecht und verwandte Schutzrechte (Urheberrechtsgesetz)

Vom 9. September 1965

(BGBl. I S. 1273, zuletzt geändert durch
Artikel 83 G vom 17. 12. 2008, BGBl. I S. 2586)

FNA 440-1

Teil 1. Urheberrecht

Abschnitt 1. Allgemeines

§ 1 Allgemeines

Die Urheber von Werken der Literatur, Wissenschaft und Kunst genießen für ihre Werke Schutz nach Maßgabe dieses Gesetzes.

Abschnitt 2. Das Werk

§ 2 Geschützte Werke

(1) Zu den geschützten Werken der Literatur, Wissenschaft und Kunst gehören insbesondere:
1. Sprachwerke, wie Schriftwerke, Reden und Computerprogramme;
2. Werke der Musik;
3. pantomimische Werke einschließlich der Werke der Tanzkunst;
4. Werke der bildenden Künste einschließlich der Werke der Baukunst und der angewandten Kunst und Entwürfe solcher Werke;
5. Lichtbildwerke einschließlich der Werke, die ähnlich wie Lichtbildwerke geschaffen werden;
6. Filmwerke einschließlich der Werke, die ähnlich wie Filmwerke geschaffen werden;
7. Darstellungen wissenschaftlicher oder technischer Art, wie Zeichnungen, Pläne, Karten, Skizzen, Tabellen und plastische Darstellungen.

(2) Werke im Sinne dieses Gesetzes sind nur persönliche geistige Schöpfungen.

§ 3 Bearbeitungen

Übersetzungen und andere Bearbeitungen eines Werkes, die persönliche geistige Schöpfungen des Bearbeiters sind, werden unbeschadet des Urheberrechts am bearbeiteten Werk wie selbständige Werke geschützt. Die nur unwesentliche Bearbeitung eines nicht geschützten Werkes der Musik wird nicht als selbständiges Werk geschützt.

§ 4 Sammelwerke und Datenbankwerke

(1) Sammlungen von Werken, Daten oder anderen unabhängigen Elementen, die aufgrund der Auswahl oder Anordnung der Elemente eine persönliche geistige Schöpfung sind (Sammelwerke), werden, unbeschadet eines an den einzelnen Elementen gegebenenfalls bestehenden Urheberrechts oder verwandten Schutzrechts, wie selbständige Werke geschützt.

(2) Datenbankwerk im Sinne dieses Gesetzes ist ein Sammelwerk, dessen Elemente systematisch oder methodisch angeordnet und einzeln mit Hilfe elektronischer Mittel oder auf andere Weise zugänglich sind. Ein zur Schaffung des Datenbankwerkes oder zur Ermöglichung des Zugangs zu dessen Elementen verwendetes Computerprogramm (§ 69a) ist nicht Bestandteil des Datenbankwerkes.

§ 5 Amtliche Werke

(1) Gesetze, Verordnungen, amtliche Erlasse und Bekanntmachungen sowie Entscheidungen und amtlich verfaßte Leitsätze zu Entscheidungen genießen keinen urheberrechtlichen Schutz.

(2) Das gleiche gilt für andere amtliche Werke, die im amtlichen Interesse zur allgemeinen Kenntnisnahme veröffentlicht worden sind, mit der Einschränkung, daß die Bestimmungen über

Änderungsverbot und Quellenangabe in § 62 Abs. 1 bis 3 und § 63 Abs. 1 und 2 entsprechend anzuwenden sind.

(3) Das Urheberrecht an privaten Normwerken wird durch die Absätze 1 und 2 nicht berührt, wenn Gesetze, Verordnungen, Erlasse oder amtliche Bekanntmachungen auf sie verweisen, ohne ihren Wortlaut wiederzugeben. In diesem Fall ist der Urheber verpflichtet, jedem Verleger zu angemessenen Bedingungen ein Recht zur Vervielfältigung und Verbreitung einzuräumen. Ist ein Dritter Inhaber des ausschließlichen Rechts zur Vervielfältigung und Verbreitung, so ist dieser zur Einräumung des Nutzungsrechts nach Satz 2 verpflichtet.

§ 6 Veröffentlichte und erschienene Werke

(1) Ein Werk ist veröffentlicht, wenn es mit Zustimmung des Berechtigten der Öffentlichkeit zugänglich gemacht worden ist.

(2) Ein Werk ist erschienen, wenn mit Zustimmung des Berechtigten Vervielfältigungsstücke des Werkes nach ihrer Herstellung in genügender Anzahl der Öffentlichkeit angeboten oder in Verkehr gebracht worden sind. Ein Werk der bildenden Künste gilt auch dann als erschienen, wenn das Original oder ein Vervielfältigungsstück des Werkes mit Zustimmung des Berechtigten bleibend der Öffentlichkeit zugänglich ist.

Abschnitt 3. Der Urheber

§ 7 Urheber

Urheber ist der Schöpfer des Werkes.

§ 8 Miturheber

(1) Haben mehrere ein Werk gemeinsam geschaffen, ohne daß sich ihre Anteile gesondert verwerten lassen, so sind sie Miturheber des Werkes.

(2) Das Recht zur Veröffentlichung und zur Verwertung des Werkes steht den Miturhebern zur gesamten Hand zu; Änderungen des Werkes sind nur mit Einwilligung der Miturheber zulässig. Ein Miturheber darf jedoch seine Einwilligung zur Veröffentlichung, Verwertung oder Änderung nicht wider Treu und Glauben verweigern. Jeder Miturheber ist berechtigt, Ansprüche aus Verletzungen des gemeinsamen Urheberrechts geltend zu machen; er kann jedoch nur Leistung an alle Miturheber verlangen.

(3) Die Erträgnisse aus der Nutzung des Werkes gebühren den Miturhebern nach dem Umfang ihrer Mitwirkung an der Schöpfung des Werkes, wenn nichts anderes zwischen den Miturhebern vereinbart ist.

(4) Ein Miturheber kann auf seinen Anteil an den Verwertungsrechten (§ 15) verzichten. Der Verzicht ist den anderen Miturhebern gegenüber zu erklären. Mit der Erklärung wächst der Anteil den anderen Miturhebern zu.

§ 9 Urheber verbundener Werke

Haben mehrere Urheber ihre Werke zu gemeinsamer Verwertung miteinander verbunden, so kann jeder vom anderen die Einwilligung zur Veröffentlichung, Verwertung und Änderung der verbundenen Werke verlangen, wenn die Einwilligung dem anderen nach Treu und Glauben zuzumuten ist.

§ 10 Vermutung der Urheber- oder Rechtsinhaberschaft

(1) Wer auf den Vervielfältigungsstücken eines erschienenen Werkes oder auf dem Original eines Werkes der bildenden Künste in der üblichen Weise als Urheber bezeichnet ist, wird bis zum Beweis des Gegenteils als Urheber des Werkes angesehen; dies gilt auch für eine Bezeichnung, die als Deckname oder Künstlerzeichen des Urhebers bekannt ist.

(2) Ist der Urheber nicht nach Absatz 1 bezeichnet, so wird vermutet, daß derjenige ermächtigt ist, die Rechte des Urhebers geltend zu machen, der auf den Vervielfältigungsstücken des Werkes als Herausgeber bezeichnet ist. Ist kein Herausgeber angegeben, so wird vermutet, daß der Verleger ermächtigt ist.

(3) Für die Inhaber ausschließlicher Nutzungsrechte gilt die Vermutung des Absatzes 1 entsprechend, soweit es sich um Verfahren des einstweiligen Rechtsschutzes handelt oder Unterlassungsansprüche geltend gemacht werden. Die Vermutung gilt nicht im Verhältnis zum Urheber oder zum ursprünglichen Inhaber des verwandten Schutzrechts.

Abschnitt 4. Inhalt des Urheberrechts

Unterabschnitt 1. Allgemeines

§ 11 Allgemeines

Das Urheberrecht schützt den Urheber in seinen geistigen und persönlichen Beziehungen zum Werk und in der Nutzung des Werkes. Es dient zugleich der Sicherung einer angemessenen Vergütung für die Nutzung des Werkes.

Unterabschnitt 2. Urheberpersönlichkeitsrecht

§ 12 Veröffentlichungsrecht

(1) Der Urheber hat das Recht zu bestimmen, ob und wie sein Werk zu veröffentlichen ist.

(2) Dem Urheber ist es vorbehalten, den Inhalt seines Werkes öffentlich mitzuteilen oder zu beschreiben, solange weder das Werk noch der wesentliche Inhalt oder eine Beschreibung des Werkes mit seiner Zustimmung veröffentlicht ist.

§ 13 Anerkennung der Urheberschaft

Der Urheber hat das Recht auf Anerkennung seiner Urheberschaft am Werk. Er kann bestimmen, ob das Werk mit einer Urheberbezeichnung zu versehen und welche Bezeichnung zu verwenden ist.

§ 14 Entstellung des Werkes

Der Urheber hat das Recht, eine Entstellung oder eine andere Beeinträchtigung seines Werkes zu verbieten, die geeignet ist, seine berechtigten geistigen oder persönlichen Interessen am Werk zu gefährden.

Unterabschnitt 3. Verwertungsrechte

§ 15 Allgemeines

(1) Der Urheber hat das ausschließliche Recht, sein Werk in körperlicher Form zu verwerten; das Recht umfaßt insbesondere

1. das Vervielfältigungsrecht (§ 16),
2. das Verbreitungsrecht (§ 17),
3. das Ausstellungsrecht (§ 18).

(2) Der Urheber hat ferner das ausschließliche Recht, sein Werk in unkörperlicher Form öffentlich wiederzugeben (Recht der öffentlichen Wiedergabe). Das Recht der öffentlichen Wiedergabe umfasst insbesondere

1. das Vortrags-, Aufführungs- und Vorführungsrecht (§ 19),
2. das Recht der öffentlichen Zugänglichmachung (§ 19a),
3. das Senderecht (§ 20),
4. das Recht der Wiedergabe durch Bild- oder Tonträger (§ 21),
5. das Recht der Wiedergabe von Funksendungen und von öffentlicher Zugänglichmachung (§ 22).

(3) Die Wiedergabe ist öffentlich, wenn sie für eine Mehrzahl von Mitgliedern der Öffentlichkeit bestimmt ist. Zur Öffentlichkeit gehört jeder, der nicht mit demjenigen, der das Werk verwertet, oder mit den anderen Personen, denen das Werk in unkörperlicher Form wahrnehmbar oder zugänglich gemacht wird, durch persönliche Beziehungen verbunden ist.

§§ 16–20a Urheberrechtsgesetz

§ 16 Vervielfältigungsrecht

(1) Das Vervielfältigungsrecht ist das Recht, Vervielfältigungsstücke des Werkes herzustellen, gleichviel ob vorübergehend oder dauerhaft, in welchem Verfahren und in welcher Zahl.

(2) Eine Vervielfältigung ist auch die Übertragung des Werkes auf Vorrichtungen zur wiederholbaren Wiedergabe von Bild- oder Tonfolgen (Bild- oder Tonträger), gleichviel, ob es sich um die Aufnahme einer Wiedergabe des Werkes auf einen Bild- oder Tonträger oder um die Übertragung des Werkes von einem Bild- oder Tonträger auf einen anderen handelt.

§ 17 Verbreitungsrecht

(1) Das Verbreitungsrecht ist das Recht, das Original oder Vervielfältigungsstücke des Werkes der Öffentlichkeit anzubieten oder in Verkehr zu bringen.

(2) Sind das Original oder Vervielfältigungsstücke des Werkes mit Zustimmung des zur Verbreitung Berechtigten im Gebiet der Europäischen Union oder eines anderen Vertragsstaates des Abkommens über den Europäischen Wirtschaftsraum im Wege der Veräußerung in Verkehr gebracht worden, so ist ihre Weiterverbreitung mit Ausnahme der Vermietung zulässig.

(3) Vermietung im Sinne der Vorschriften dieses Gesetzes ist die zeitlich begrenzte, unmittelbar oder mittelbar Erwerbszwecken dienende Gebrauchsüberlassung. Als Vermietung gilt jedoch nicht die Überlassung von Originalen oder Vervielfältigungsstücken

1. von Bauwerken und Werken der angewandten Kunst oder
2. im Rahmen eines Arbeits- oder Dienstverhältnisses zu dem ausschließlichen Zweck, bei der Erfüllung von Verpflichtungen aus dem Arbeits- oder Dienstverhältnis benutzt zu werden.

§ 18 Ausstellungsrecht

Das Ausstellungsrecht ist das Recht, das Original oder Vervielfältigungsstücke eines unveröffentlichten Werkes der bildenden Künste oder eines unveröffentlichten Lichtbildwerkes öffentlich zur Schau zu stellen.

§ 19 Vortrags-, Aufführungs- und Vorführungsrecht

(1) Das Vortragsrecht ist das Recht, ein Sprachwerk durch persönliche Darbietung öffentlich zu Gehör zu bringen.

(2) Das Aufführungsrecht ist das Recht, ein Werk der Musik durch persönliche Darbietung öffentlich zu Gehör zu bringen oder ein Werk öffentlich bühnenmäßig darzustellen.

(3) Das Vortrags- und das Aufführungsrecht umfassen das Recht, Vorträge und Aufführungen außerhalb des Raumes, in dem die persönliche Darbietung stattfindet, durch Bildschirm, Lautsprecher oder ähnliche technische Einrichtungen öffentlich wahrnehmbar zu machen.

(4) Das Vorführungsrecht ist das Recht, ein Werk der bildenden Künste, ein Lichtbildwerk, ein Filmwerk oder Darstellungen wissenschaftlicher oder technischer Art durch technische Einrichtungen öffentlich wahrnehmbar zu machen. Das Vorführungsrecht umfaßt nicht das Recht, die Funksendung oder öffentliche Zugänglichmachung solcher Werke öffentlich wahrnehmbar zu machen (§ 22).

§ 19a Recht der öffentlichen Zugänglichmachung

Das Recht der öffentlichen Zugänglichmachung ist das Recht, das Werk drahtgebunden oder drahtlos der Öffentlichkeit in einer Weise zugänglich zu machen, dass es Mitgliedern der Öffentlichkeit von Orten und zu Zeiten ihrer Wahl zugänglich ist.

§ 20 Senderecht

Das Senderecht ist das Recht, das Werk durch Funk, wie Ton- und Fernsehrundfunk, Satellitenrundfunk, Kabelfunk oder ähnliche technische Mittel, der Öffentlichkeit zugänglich zu machen.

§ 20a Europäische Satellitensendung

(1) Wird eine Satellitensendung innerhalb des Gebietes eines Mitgliedstaates der Europäischen Union oder Vertragsstaates des Abkommens über den Europäischen Wirtschaftsraum ausgeführt, so gilt sie ausschließlich als in diesem Mitgliedstaat oder Vertragsstaat erfolgt.

(2) Wird eine Satellitensendung im Gebiet eines Staates ausgeführt, der weder Mitgliedstaat der Europäischen Union noch Vertragsstaat des Abkommens über den Europäischen Wirtschaftsraum ist und in dem für das Recht der Satellitensendung das in Kapitel II der Richtlinie 93/83/EWG des Rates vom 27. September 1993 zur Koordinierung bestimmter urheber- und leistungsschutzrechtlicher Vorschriften betreffend Satellitenrundfunk und Kabelweiterverbreitung (ABl. EG Nr. L 248 S. 15) vorgesehene Schutzniveau nicht gewährleistet ist, so gilt sie als in dem Mitgliedstaat oder Vertragsstaat erfolgt,

1. in dem die Erdfunkstation liegt, von der aus die programmtragenden Signale zum Satelliten geleitet werden, oder
2. in dem das Sendeunternehmen seine Niederlassung hat, wenn die Voraussetzung nach Nummer 1 nicht gegeben ist.

Das Senderecht ist im Fall der Nummer 1 gegenüber dem Betreiber der Erdfunkstation, im Fall der Nummer 2 gegenüber dem Sendeunternehmen geltend zu machen.

(3) Satellitensendung im Sinne von Absatz 1 und 2 ist die unter der Kontrolle und Verantwortung des Sendeunternehmens stattfindende Eingabe der für den öffentlichen Empfang bestimmten programmtragenden Signale in eine ununterbrochene Übertragungskette, die zum Satelliten und zurück zur Erde führt.

§ 20 b Kabelweitersendung

(1) Das Recht, ein gesendetes Werk im Rahmen eines zeitgleich, unverändert und vollständig weiterübertragenen Programms durch Kabelsysteme oder Mikrowellensysteme weiterzusenden (Kabelweitersendung), kann nur durch eine Verwertungsgesellschaft geltend gemacht werden. Dies gilt nicht für Rechte, die ein Sendeunternehmen in Bezug auf seine Sendungen geltend macht.

(2) Hat der Urheber das Recht der Kabelweitersendung einem Sendeunternehmen oder einem Tonträger- oder Filmhersteller eingeräumt, so hat das Kabelunternehmen gleichwohl dem Urheber eine angemessene Vergütung für die Kabelweitersendung zu zahlen. Auf den Vergütungsanspruch kann nicht verzichtet werden. Er kann im voraus nur an eine Verwertungsgesellschaft abgetreten und nur durch eine solche geltend gemacht werden. Diese Regelung steht Tarifverträgen, Betriebsvereinbarungen und gemeinsamen Vergütungsregeln von Sendeunternehmen nicht entgegen, soweit dadurch dem Urheber eine angemessene Vergütung für jede Kabelweitersendung eingeräumt wird.

§ 21 Recht der Wiedergabe durch Bild- oder Tonträger

Das Recht der Wiedergabe durch Bild- oder Tonträger ist das Recht, Vorträge oder Aufführungen des Werkes mittels Bild- oder Tonträger öffentlich wahrnehmbar zu machen. § 19 Abs. 3 gilt entsprechend.

§ 22 Recht der Wiedergabe von Funksendungen und von öffentlicher Zugänglichmachung

Das Recht der Wiedergabe von Funksendungen und der Wiedergabe von öffentlicher Zugänglichmachung ist das Recht, Funksendungen und auf öffentlicher Zugänglichmachung beruhende Wiedergaben des Werkes durch Bildschirm, Lautsprecher oder ähnliche technische Einrichtungen öffentlich wahrnehmbar zu machen. § 19 Abs. 3 gilt entsprechend.

§ 23 Bearbeitungen und Umgestaltungen

Bearbeitungen oder andere Umgestaltungen des Werkes dürfen nur mit Einwilligung des Urhebers des bearbeiteten oder umgestalteten Werkes veröffentlicht oder verwertet werden. Handelt es sich um eine Verfilmung des Werkes, um die Ausführung von Plänen und Entwürfen eines Werkes der bildenden Künste, um den Nachbau eines Werkes der Baukunst oder um die Bearbeitung oder Umgestaltung eines Datenbankwerkes, so bedarf bereits das Herstellen der Bearbeitung oder Umgestaltung der Einwilligung des Urhebers.

§ 24 Freie Benutzung

(1) Ein selbständiges Werk, das in freier Benutzung des Werkes eines anderen geschaffen worden ist, darf ohne Zustimmung des Urhebers des benutzten Werkes veröffentlicht und verwertet werden.

§§ 25–27 Urheberrechtsgesetz

(2) Absatz 1 gilt nicht für die Benutzung eines Werkes der Musik, durch welche eine Melodie erkennbar dem Werk entnommen und einem neuen Werk zugrunde gelegt wird.

Unterabschnitt 4. Sonstige Rechte des Urhebers

§ 25 Zugang zu Werkstücken

(1) Der Urheber kann vom Besitzer des Originals oder eines Vervielfältigungsstückes seines Werkes verlangen, daß er ihm das Original oder das Vervielfältigungsstück zugänglich macht, soweit dies zur Herstellung von Vervielfältigungsstücken oder Bearbeitungen des Werkes erforderlich ist und nicht berechtigte Interessen des Besitzers entgegenstehen.

(2) Der Besitzer ist nicht verpflichtet, das Original oder das Vervielfältigungsstück dem Urheber herauszugeben.

§ 26 Folgerecht

(1) Wird das Original eines Werkes der bildenden Künste oder eines Lichtbildwerkes weiterveräußert und ist hieran ein Kunsthändler oder Versteigerer als Erwerber, Veräußerer oder Vermittler beteiligt, so hat der Veräußerer dem Urheber einen Anteil des Veräußerungserlöses zu entrichten. Als Veräußerungserlös im Sinne des Satzes 1 gilt der Verkaufspreis ohne Steuern. Ist der Veräußerer eine Privatperson, so haftet der als Erwerber oder Vermittler beteiligte Kunsthändler oder Versteigerer neben ihm als Gesamtschuldner; im Verhältnis zueinander ist der Veräußerer allein verpflichtet. Die Verpflichtung nach Satz 1 entfällt, wenn der Veräußerungserlös weniger als 400 Euro beträgt.

(2) Die Höhe des Anteils des Veräußerungserlöses beträgt:
1. 4 Prozent für den Teil des Veräußerungserlöses bis zu 50 000 Euro,
2. 3 Prozent für den Teil des Veräußerungserlöses von 50 000,01 bis 200 000 Euro,
3. 1 Prozent für den Teil des Veräußerungserlöses von 200 000,01 bis 350 000 Euro,
4. 0,5 Prozent für den Teil des Veräußerungserlöses von 350 000,01 bis 500 000 Euro,
5. 0,25 Prozent für den Teil des Veräußerungserlöses über 500 000 Euro.

Der Gesamtbetrag der Folgerechtsvergütung aus einer Weiterveräußerung beträgt höchstens 12 500 Euro.

(3) Das Folgerecht ist unveräußerlich. Der Urheber kann auf seinen Anteil im Voraus nicht verzichten.

(4) Der Urheber kann von einem Kunsthändler oder Versteigerer Auskunft darüber verlangen, welche Originale von Werken des Urhebers innerhalb der letzten drei Jahre vor dem Auskunftsersuchen unter Beteiligung des Kunsthändlers oder Versteigerers weiterveräußert wurden.

(5) Der Urheber kann, soweit dies zur Durchsetzung seines Anspruchs gegen den Veräußerer erforderlich ist, von dem Kunsthändler oder Versteigerer Auskunft über den Namen und die Anschrift des Veräußerers sowie über die Höhe des Veräußerungserlöses verlangen. Der Kunsthändler oder Versteigerer darf die Auskunft über Namen und Anschrift des Veräußerers verweigern, wenn er dem Urheber den Anteil entrichtet.

(6) Die Ansprüche nach den Absätzen 4 und 5 können nur durch eine Verwertungsgesellschaft geltend gemacht werden.

(7) Bestehen begründete Zweifel an der Richtigkeit oder Vollständigkeit einer Auskunft nach Absatz 4 oder 5, so kann die Verwertungsgesellschaft verlangen, dass nach Wahl des Auskunftspflichtigen ihr oder einem von ihm zu bestimmenden Wirtschaftsprüfer oder vereidigten Buchprüfer Einsicht in die Geschäftsbücher oder sonstige Urkunden so weit gewährt wird, wie dies zur Feststellung der Richtigkeit oder Vollständigkeit der Auskunft erforderlich ist. Erweist sich die Auskunft als unrichtig oder unvollständig, so hat der Auskunftspflichtige die Kosten der Prüfung zu erstatten.

(8) Die vorstehenden Bestimmungen sind auf Werke der Baukunst und der angewandten Kunst nicht anzuwenden.

§ 27 Vergütung für Vermietung und Verleihen

(1) Hat der Urheber das Vermietrecht (§ 17) an einem Bild- oder Tonträger dem Tonträger- oder Filmhersteller eingeräumt, so hat der Vermieter gleichwohl dem Urheber eine angemesse-

ne Vergütung für die Vermietung zu zahlen. Auf den Vergütungsanspruch kann nicht verzichtet werden. Er kann im voraus nur an eine Verwertungsgesellschaft abgetreten werden.

(2) Für das Verleihen von Originalen oder Vervielfältigungsstücken eines Werkes, deren Weiterverbreitung nach § 17 Abs. 2 zulässig ist, ist dem Urheber eine angemessene Vergütung zu zahlen, wenn die Originale oder Vervielfältigungsstücke durch eine der Öffentlichkeit zugängliche Einrichtung (Bücherei, Sammlung von Bild- oder Tonträgern oder anderer Originale oder Vervielfältigungsstücke) verliehen werden. Verleihen im Sinne von Satz 1 ist die zeitlich begrenzte, weder unmittelbar noch mittelbar Erwerbszwecken dienende Gebrauchsüberlassung; § 17 Abs. 3 Satz 2 findet entsprechende Anwendung.

(3) Die Vergütungsansprüche nach den Absätzen 1 und 2 können nur durch eine Verwertungsgesellschaft geltend gemacht werden.

Abschnitt 5. Rechtsverkehr im Urheberrecht

Unterabschnitt 1. Rechtsnachfolge in das Urheberrecht

§ 28 Vererbung des Urheberrechts

(1) Das Urheberrecht ist vererblich.

(2) Der Urheber kann durch letztwillige Verfügung die Ausübung des Urheberrechts einem Testamentsvollstrecker übertragen. § 2210 des Bürgerlichen Gesetzbuchs ist nicht anzuwenden.

§ 29 Rechtsgeschäfte über das Urheberrecht

(1) Das Urheberrecht ist nicht übertragbar, es sei denn, es wird in Erfüllung einer Verfügung von Todes wegen oder an Miterben im Wege der Erbauseinandersetzung übertragen.

(2) Zulässig sind die Einräumung von Nutzungsrechten (§ 31), schuldrechtliche Einwilligungen und Vereinbarungen zu Verwertungsrechten sowie die in § 39 geregelten Rechtsgeschäfte über Urheberpersönlichkeitsrechte.

§ 30 Rechtsnachfolger des Urhebers

Der Rechtsnachfolger des Urhebers hat die dem Urheber nach diesem Gesetz zustehenden Rechte, soweit nichts anderes bestimmt ist.

Unterabschnitt 2. Nutzungsrechte

§ 31 Einräumung von Nutzungsrechten

(1) Der Urheber kann einem anderen das Recht einräumen, das Werk auf einzelne oder alle Nutzungsarten zu nutzen (Nutzungsrecht). Das Nutzungsrecht kann als einfaches oder ausschließliches Recht sowie räumlich, zeitlich oder inhaltlich beschränkt eingeräumt werden.

(2) Das einfache Nutzungsrecht berechtigt den Inhaber, das Werk auf die erlaubte Art zu nutzen, ohne dass eine Nutzung durch andere ausgeschlossen ist.

(3) Das ausschließliche Nutzungsrecht berechtigt den Inhaber, das Werk unter Ausschluss aller anderen Personen auf die ihm erlaubte Art zu nutzen und Nutzungsrechte einzuräumen. Es kann bestimmt werden, dass die Nutzung durch den Urheber vorbehalten bleibt. § 35 bleibt unberührt.

(4) *(aufgehoben)*

(5) Sind bei der Einräumung eines Nutzungsrechts die Nutzungsarten nicht ausdrücklich einzeln bezeichnet, so bestimmt sich nach dem von beiden Partnern zugrunde gelegten Vertragszweck, auf welche Nutzungsarten es sich erstreckt. Entsprechendes gilt für die Frage, ob ein Nutzungsrecht eingeräumt wird, ob es sich um ein einfaches oder ausschließliches Nutzungsrecht handelt, wie weit Nutzungsrecht und Verbotsrecht reichen und welchen Einschränkungen das Nutzungsrecht unterliegt.

§ 31a Verträge über unbekannte Nutzungsarten

(1) Ein Vertrag, durch den der Urheber Rechte für unbekannte Nutzungsarten einräumt oder sich dazu verpflichtet, bedarf der Schriftform. Der Schriftform bedarf es nicht, wenn der Urhe-

ber unentgeltlich ein einfaches Nutzungsrecht für jedermann einräumt. Der Urheber kann diese Rechtseinräumung oder die Verpflichtung hierzu widerrufen. Das Widerrufsrecht erlischt nach Ablauf von drei Monaten, nachdem der andere die Mitteilung über die beabsichtigte Aufnahme der neuen Art der Werknutzung an den Urheber unter der ihm zuletzt bekannten Anschrift abgesendet hat.

(2) Das Widerrufsrecht entfällt, wenn sich die Parteien nach Bekanntwerden der neuen Nutzungsart auf eine Vergütung nach § 32c Abs. 1 geeinigt haben. Das Widerrufsrecht entfällt auch, wenn die Parteien die Vergütung nach einer gemeinsamen Vergütungsregel vereinbart haben. Es erlischt mit dem Tod des Urhebers.

(3) Sind mehrere Werke oder Werkbeiträge zu einer Gesamtheit zusammengefasst, die sich in der neuen Nutzungsart in angemessener Weise nur unter Verwendung sämtlicher Werke oder Werkbeiträge verwerten lässt, so kann der Urheber das Widerrufsrecht nicht wider Treu und Glauben ausüben.

(4) Auf die Rechte nach den Absätzen 1 bis 3 kann im Voraus nicht verzichtet werden.

§ 32 Angemessene Vergütung

(1) Der Urheber hat für die Einräumung von Nutzungsrechten und die Erlaubnis zur Werknutzung Anspruch auf die vertraglich vereinbarte Vergütung. Ist die Höhe der Vergütung nicht bestimmt, gilt die angemessene Vergütung als vereinbart. Soweit die vereinbarte Vergütung nicht angemessen ist, kann der Urheber von seinem Vertragspartner die Einwilligung in die Änderung des Vertrages verlangen, durch die dem Urheber die angemessene Vergütung gewährt wird.

(2) Eine nach einer gemeinsamen Vergütungsregel (§ 36) ermittelte Vergütung ist angemessen. Im Übrigen ist die Vergütung angemessen, wenn sie im Zeitpunkt des Vertragsschlusses dem entspricht, was im Geschäftsverkehr nach Art und Umfang der eingeräumten Nutzungsmöglichkeit, insbesondere nach Dauer und Zeitpunkt der Nutzung, unter Berücksichtigung aller Umstände üblicher- und redlicherweise zu leisten ist.

(3) Auf eine Vereinbarung, die zum Nachteil des Urhebers von den Absätzen 1 und 2 abweicht, kann der Vertragspartner sich nicht berufen. Die in Satz 1 bezeichneten Vorschriften finden auch Anwendung, wenn sie durch anderweitige Gestaltungen umgangen werden. Der Urheber kann aber unentgeltlich ein einfaches Nutzungsrecht für jedermann einräumen.

(4) Der Urheber hat keinen Anspruch nach Absatz 1 Satz 3, soweit die Vergütung für die Nutzung seiner Werke tarifvertraglich bestimmt ist.

§ 32a Weitere Beteiligung des Urhebers

(1) Hat der Urheber einem anderen ein Nutzungsrecht zu Bedingungen eingeräumt, die dazu führen, dass die vereinbarte Gegenleistung unter Berücksichtigung der gesamten Beziehungen des Urhebers zu dem anderen in einem auffälligen Missverhältnis zu den Erträgen und Vorteilen aus der Nutzung des Werkes steht, so ist der andere auf Verlangen des Urhebers verpflichtet, in eine Änderung des Vertrages einzuwilligen, durch die dem Urheber eine den Umständen nach weitere angemessene Beteiligung gewährt wird. Ob die Vertragspartner die Höhe der erzielten Erträge oder Vorteile vorhergesehen haben oder hätten vorhersehen können, ist unerheblich.

(2) Hat der andere das Nutzungsrecht übertragen oder weitere Nutzungsrechte eingeräumt und ergibt sich das auffällige Missverhältnis aus den Erträgnissen oder Vorteilen eines Dritten, so haftet dieser dem Urheber unmittelbar nach Maßgabe des Absatzes 1 unter Berücksichtigung der vertraglichen Beziehungen in der Lizenzkette. Die Haftung des anderen entfällt.

(3) Auf die Ansprüche nach den Absätzen 1 und 2 kann im Voraus nicht verzichtet werden. Die Anwartschaft hierauf unterliegt nicht der Zwangsvollstreckung; eine Verfügung über die Anwartschaft ist unwirksam. Der Urheber kann aber unentgeltlich ein einfaches Nutzungsrecht für jedermann einräumen.

(4) Der Urheber hat keinen Anspruch nach Absatz 1, soweit die Vergütung nach einer gemeinsamen Vergütungsregel (§ 36) oder tarifvertraglich bestimmt worden ist und ausdrücklich eine weitere angemessene Beteiligung für den Fall des Absatzes 1 vorsieht.

§ 32b Zwingende Anwendung

Die §§ 32 und 32a finden zwingend Anwendung
1. wenn auf den Nutzungsvertrag mangels einer Rechtswahl deutsches Recht anzuwenden wäre oder

2. soweit Gegenstand des Vertrages maßgebliche Nutzungshandlungen im räumlichen Geltungsbereich dieses Gesetzes sind.

§ 32 c Vergütung für später bekannte Nutzungsarten

(1) Der Urheber hat Anspruch auf eine gesonderte angemessene Vergütung, wenn der Vertragspartner eine neue Art der Werknutzung nach § 31 a aufnimmt, die im Zeitpunkt des Vertragsschlusses vereinbart, aber noch unbekannt war. § 32 Abs. 2 und 4 gilt entsprechend. Der Vertragspartner hat den Urheber über die Aufnahme der neuen Art der Werknutzung unverzüglich zu unterrichten.

(2) Hat der Vertragspartner das Nutzungsrecht einem Dritten übertragen, haftet der Dritte mit der Aufnahme der neuen Art der Werknutzung für die Vergütung nach Absatz 1. Die Haftung des Vertragspartners entfällt.

(3) Auf die Rechte nach den Absätzen 1 und 2 kann im Voraus nicht verzichtet werden. Der Urheber kann aber unentgeltlich ein einfaches Nutzungsrecht für jedermann einräumen.

§ 33 Weiterwirkung von Nutzungsrechten

Ausschließliche und einfache Nutzungsrechte bleiben gegenüber später eingeräumten Nutzungsrechten wirksam. Gleiches gilt, wenn der Inhaber des Rechts, der das Nutzungsrecht eingeräumt hat, wechselt oder wenn er auf sein Recht verzichtet.

§ 34 Übertragung von Nutzungsrechten

(1) Ein Nutzungsrecht kann nur mit Zustimmung des Urhebers übertragen werden. Der Urheber darf die Zustimmung nicht wider Treu und Glauben verweigern.

(2) Werden mit dem Nutzungsrecht an einem Sammelwerk (§ 4) Nutzungsrechte an den in das Sammelwerk aufgenommenen einzelnen Werken übertragen, so genügt die Zustimmung des Urhebers des Sammelwerkes.

(3) Ein Nutzungsrecht kann ohne Zustimmung des Urhebers übertragen werden, wenn die Übertragung im Rahmen der Gesamtveräußerung eines Unternehmens oder der Veräußerung von Teilen eines Unternehmens geschieht. Der Urheber kann das Nutzungsrecht zurückrufen, wenn ihm die Ausübung des Nutzungsrechts durch den Erwerber nach Treu und Glauben nicht zuzumuten ist. Satz 2 findet auch dann Anwendung, wenn sich die Beteiligungsverhältnisse am Unternehmen des Inhabers des Nutzungsrechts wesentlich ändern.

(4) Der Erwerber des Nutzungsrechts haftet gesamtschuldnerisch für die Erfüllung der sich aus dem Vertrag mit dem Urheber ergebenden Verpflichtungen des Veräußerers, wenn der Urheber der Übertragung des Nutzungsrechts nicht im Einzelfall ausdrücklich zugestimmt hat.

(5) Der Urheber kann auf das Rückrufsrecht und die Haftung des Erwerbers im Voraus nicht verzichten. Im Übrigen können der Inhaber des Nutzungsrechts und der Urheber Abweichendes vereinbaren.

§ 35 Einräumung weiterer Nutzungsrechte

(1) Der Inhaber eines ausschließlichen Nutzungsrechts kann weitere Nutzungsrechte nur mit Zustimmung des Urhebers einräumen. Der Zustimmung bedarf es nicht, wenn das ausschließliche Nutzungsrecht nur zur Wahrnehmung der Belange des Urhebers eingeräumt ist.

(2) Die Bestimmungen in § 34 Abs. 1 Satz 2, Abs. 2 und Absatz 5 Satz 2 sind entsprechend anzuwenden.

§ 36 Gemeinsame Vergütungsregeln

(1) Zur Bestimmung der Angemessenheit von Vergütungen nach § 32 stellen Vereinigungen von Urhebern mit Vereinigungen von Werknutzern oder einzelnen Werknutzern gemeinsame Vergütungsregeln auf. Die gemeinsamen Vergütungsregeln sollen die Umstände des jeweiligen Regelungsbereichs berücksichtigen, insbesondere die Struktur und Größe der Verwerter. In Tarifverträgen enthaltene Regelungen gehen gemeinsamen Vergütungsregeln vor.

(2) Vereinigungen nach Absatz 1 müssen repräsentativ, unabhängig und zur Aufstellung gemeinsamer Vergütungsregeln ermächtigt sein.

(3) Ein Verfahren zur Aufstellung gemeinsamer Vergütungsregeln vor der Schlichtungsstelle (§ 36 a) findet statt, wenn die Parteien dies vereinbaren. Das Verfahren findet auf schriftliches Verlangen einer Partei statt, wenn

1. die andere Partei nicht binnen drei Monaten, nachdem eine Partei schriftlich die Aufnahme von Verhandlungen verlangt hat, Verhandlungen über gemeinsame Vergütungsregeln beginnt,
2. Verhandlungen über gemeinsame Vergütungsregeln ein Jahr, nachdem schriftlich ihre Aufnahme verlangt worden ist, ohne Ergebnis bleiben oder
3. eine Partei die Verhandlungen endgültig für gescheitert erklärt hat.

(4) Die Schlichtungsstelle hat den Parteien einen begründeten Einigungsvorschlag zu machen, der den Inhalt der gemeinsamen Vergütungsregeln enthält. Er gilt als angenommen, wenn ihm nicht innerhalb von drei Monaten nach Empfang des Vorschlages schriftlich widersprochen wird.

§ 36a Schlichtungsstelle

(1) Zur Aufstellung gemeinsamer Vergütungsregeln bilden Vereinigungen von Urhebern mit Vereinigungen von Werknutzern oder einzelnen Werknutzern eine Schlichtungsstelle, wenn die Parteien dies vereinbaren oder eine Partei die Durchführung des Schlichtungsverfahrens verlangt.

(2) Die Schlichtungsstelle besteht aus einer gleichen Anzahl von Beisitzern, die jeweils von einer Partei bestellt werden, und einem unparteiischen Vorsitzenden, auf dessen Person sich beide Parteien einigen sollen.

(3) Kommt eine Einigung über die Person des Vorsitzenden nicht zustande, so bestellt ihn das nach § 1062 der Zivilprozessordnung zuständige Oberlandesgericht. Das Oberlandesgericht entscheidet auch, wenn keine Einigung über die Zahl der Beisitzer erzielt wird. Für das Verfahren vor dem Oberlandesgericht gelten die §§ 1063, 1065 der Zivilprozessordnung entsprechend.

(4) Das Verlangen auf Durchführung des Schlichtungsverfahrens gemäß § 36 Abs. 3 Satz 2 muss einen Vorschlag über die Aufstellung gemeinsamer Vergütungsregeln enthalten.

(5) Die Schlichtungsstelle fasst ihren Beschluss nach mündlicher Beratung mit Stimmenmehrheit. Die Beschlussfassung erfolgt zunächst unter den Beisitzern; kommt eine Stimmenmehrheit nicht zustande, so nimmt der Vorsitzende nach weiterer Beratung an der erneuten Beschlussfassung teil. Benennt eine Partei keine Mitglieder oder bleiben die von einer Partei genannten Mitglieder trotz rechtzeitiger Einladung der Sitzung fern, so entscheiden der Vorsitzende und die erschienenen Mitglieder nach Maßgabe der Sätze 1 und 2 allein. Der Beschluss der Schlichtungsstelle ist schriftlich niederzulegen, vom Vorsitzenden zu unterschreiben und beiden Parteien zuzuleiten.

(6) Die Parteien tragen ihre eigenen Kosten sowie die Kosten der von ihnen bestellten Beisitzer. Die sonstigen Kosten tragen die Parteien jeweils zur Hälfte. Die Parteien haben als Gesamtschuldner auf Anforderung des Vorsitzenden zu dessen Händen einen für die Tätigkeit der Schlichtungsstelle erforderlichen Vorschuss zu leisten.

(7) Die Parteien können durch Vereinbarung die Einzelheiten des Verfahrens vor der Schlichtungsstelle regeln.

(8) Das Bundesministerium der Justiz wird ermächtigt, durch Rechtsverordnung ohne Zustimmung des Bundesrates die weiteren Einzelheiten des Verfahrens vor der Schlichtungsstelle zu regeln sowie weitere Vorschriften über die Kosten des Verfahrens und die Entschädigung der Mitglieder der Schlichtungsstelle zu erlassen.

§ 37 Verträge über die Einräumung von Nutzungsrechten

(1) Räumt der Urheber einem anderen ein Nutzungsrecht am Werk ein, so verbleibt ihm im Zweifel das Recht der Einwilligung zur Veröffentlichung oder Verwertung einer Bearbeitung des Werkes.

(2) Räumt der Urheber einem anderen ein Nutzungsrecht zur Vervielfältigung des Werkes ein, so verbleibt ihm im Zweifel das Recht, das Werk auf Bild- oder Tonträger zu übertragen.

(3) Räumt der Urheber einem anderen ein Nutzungsrecht zu einer öffentlichen Wiedergabe des Werkes ein, so ist dieser im Zweifel nicht berechtigt, die Wiedergabe außerhalb der Veranstaltung, für die sie bestimmt ist, durch Bildschirm, Lautsprecher oder ähnliche technische Einrichtungen öffentlich wahrnehmbar zu machen.

§ 38 Beiträge zu Sammlungen

(1) Gestattet der Urheber die Aufnahme des Werkes in eine periodisch erscheinende Sammlung, so erwirbt der Verleger oder Herausgeber im Zweifel ein ausschließliches Nutzungsrecht

zur Vervielfältigung und Verbreitung. Jedoch darf der Urheber das Werk nach Ablauf eines Jahres seit Erscheinen anderweit vervielfältigen und verbreiten, wenn nichts anderes vereinbart ist.

(2) Absatz 1 Satz 2 gilt auch für einen Beitrag zu einer nicht periodisch erscheinenden Sammlung, für dessen Überlassung dem Urheber kein Anspruch auf Vergütung zusteht.

(3) Wird der Beitrag einer Zeitung überlassen, so erwirbt der Verleger oder Herausgeber ein einfaches Nutzungsrecht, wenn nichts anderes vereinbart ist. Räumt der Urheber ein ausschließliches Nutzungsrecht ein, so ist er sogleich nach Erscheinen des Beitrags berechtigt, ihn anderweit zu vervielfältigen und zu verbreiten, wenn nichts anderes vereinbart ist.

§ 39 Änderungen des Werkes

(1) Der Inhaber eines Nutzungsrechts darf das Werk, dessen Titel oder Urheberbezeichnung (§ 10 Abs. 1) nicht ändern, wenn nichts anderes vereinbart ist.

(2) Änderungen des Werkes und seines Titels, zu denen der Urheber seine Einwilligung nach Treu und Glauben nicht versagen kann, sind zulässig.

§ 40 Verträge über künftige Werke

(1) Ein Vertrag, durch den sich der Urheber zur Einräumung von Nutzungsrechten an künftigen Werken verpflichtet, die überhaupt nicht näher oder nur der Gattung nach bestimmt sind, bedarf der schriftlichen Form. Er kann von beiden Vertragsteilen nach Ablauf von fünf Jahren seit dem Abschluß des Vertrages gekündigt werden. Die Kündigungsfrist beträgt sechs Monate, wenn keine kürzere Frist vereinbart ist.

(2) Auf das Kündigungsrecht kann im voraus nicht verzichtet werden. Andere vertragliche oder gesetzliche Kündigungsrechte bleiben unberührt.

(3) Wenn in Erfüllung des Vertrages Nutzungsrechte an künftigen Werken eingeräumt worden sind, wird mit Beendigung des Vertrages die Verfügung hinsichtlich der Werke unwirksam, die zu diesem Zeitpunkt noch nicht abgeliefert sind.

§ 41 Rückrufsrecht wegen Nichtausübung

(1) Übt der Inhaber eines ausschließlichen Nutzungsrechts das Recht nicht oder nur unzureichend aus und werden dadurch berechtigte Interessen des Urhebers erheblich verletzt, so kann dieser das Nutzungsrecht zurückrufen. Dies gilt nicht, wenn die Nichtausübung oder die unzureichende Ausübung des Nutzungsrechts überwiegend auf Umständen beruht, deren Behebung dem Urheber zuzumuten ist.

(2) Das Rückrufsrecht kann nicht vor Ablauf von zwei Jahren seit Einräumung oder Übertragung des Nutzungsrechts oder, wenn das Werk später abgeliefert wird, seit der Ablieferung geltend gemacht werden. Bei einem Beitrag zu einer Zeitung beträgt die Frist drei Monate, bei einem Beitrag zu einer Zeitschrift, die monatlich oder in kürzeren Abständen erscheint, sechs Monate und bei einem Beitrag zu anderen Zeitschriften ein Jahr.

(3) Der Rückruf kann erst erklärt werden, nachdem der Urheber dem Inhaber des Nutzungsrechts unter Ankündigung des Rückrufs eine angemessene Nachfrist zur zureichenden Ausübung des Nutzungsrechts bestimmt hat. Der Bestimmung der Nachfrist bedarf es nicht, wenn die Ausübung des Nutzungsrechts seinem Inhaber unmöglich ist oder von ihm verweigert wird oder wenn durch die Gewährung einer Nachfrist überwiegende Interessen des Urhebers gefährdet würden.

(4) Auf das Rückrufsrecht kann im voraus nicht verzichtet werden. Seine Ausübung kann im voraus für mehr als fünf Jahre nicht ausgeschlossen werden.

(5) Mit Wirksamwerden des Rückrufs erlischt das Nutzungsrecht.

(6) Der Urheber hat den Betroffenen zu entschädigen, wenn und soweit es der Billigkeit entspricht.

(7) Rechte und Ansprüche der Beteiligten nach anderen gesetzlichen Vorschriften bleiben unberührt.

§ 42 Rückrufsrecht wegen gewandelter Überzeugung

(1) Der Urheber kann ein Nutzungsrecht gegenüber dem Inhaber zurückrufen, wenn das Werk seiner Überzeugung nicht mehr entspricht und ihm deshalb die Verwertung des Werkes

nicht mehr zugemutet werden kann. Der Rechtsnachfolger des Urhebers (§ 30) kann den Rückruf nur erklären, wenn er nachweist, daß der Urheber vor seinem Tode zum Rückruf berechtigt gewesen wäre und an der Erklärung des Rückrufs gehindert war oder diese letztwillig verfügt hat.

(2) Auf das Rückrufsrecht kann im voraus nicht verzichtet werden. Seine Ausübung kann nicht ausgeschlossen werden.

(3) Der Urheber hat den Inhaber des Nutzungsrechts angemessen zu entschädigen. Die Entschädigung muß mindestens die Aufwendungen decken, die der Inhaber des Nutzungsrechts bis zur Erklärung des Rückrufs gemacht hat; jedoch bleiben hierbei Aufwendungen, die auf bereits gezogene Nutzungen entfallen, außer Betracht. Der Rückruf wird erst wirksam, wenn der Urheber die Aufwendungen ersetzt oder Sicherheit dafür geleistet hat. Der Inhaber des Nutzungsrechts hat dem Urheber binnen einer Frist von drei Monaten nach Erklärung des Rückrufs die Aufwendungen mitzuteilen; kommt er dieser Pflicht nicht nach, so wird der Rückruf bereits mit Ablauf dieser Frist wirksam.

(4) Will der Urheber nach Rückruf das Werk wieder verwerten, so ist er verpflichtet, dem früheren Inhaber des Nutzungsrechts ein entsprechendes Nutzungsrecht zu angemessenen Bedingungen anzubieten.

(5) Die Bestimmungen in § 41 Abs. 5 und 7 sind entsprechend anzuwenden.

§ 42 a Zwangslizenz zur Herstellung von Tonträgern

(1) Ist einem Hersteller von Tonträgern ein Nutzungsrecht an einem Werk der Musik eingeräumt worden mit dem Inhalt, das Werk zu gewerblichen Zwecken auf Tonträger zu übertragen und diese zu vervielfältigen und zu verbreiten, so ist der Urheber verpflichtet, jedem anderen Hersteller von Tonträgern, der im Geltungsbereich dieses Gesetzes seine Hauptniederlassung oder seinen Wohnsitz hat, nach Erscheinen des Werkes gleichfalls ein Nutzungsrecht mit diesem Inhalt zu angemessenen Bedingungen einzuräumen; dies gilt nicht, wenn das bezeichnete Nutzungsrecht erlaubterweise von einer Verwertungsgesellschaft wahrgenommen wird oder wenn das Werk der Überzeugung des Urhebers nicht mehr entspricht, ihm deshalb die Verwertung des Werkes nicht mehr zugemutet werden kann und er ein etwa bestehendes Nutzungsrecht aus diesem Grunde zurückgerufen hat. § 63 ist entsprechend anzuwenden. Der Urheber ist nicht verpflichtet, die Benutzung des Werkes zur Herstellung eines Filmes zu gestatten.

(2) Gegenüber einem Hersteller von Tonträgern, der weder seine Hauptniederlassung noch seinen Wohnsitz im Geltungsbereich dieses Gesetzes hat, besteht die Verpflichtung nach Absatz 1, soweit in dem Staat, in dem er seine Hauptniederlassung oder seinen Wohnsitz hat, den Herstellern von Tonträgern, die ihre Hauptniederlassung oder ihren Wohnsitz im Geltungsbereich dieses Gesetzes haben, nach einer Bekanntmachung des Bundesministeriums der Justiz im Bundesgesetzblatt ein entsprechendes Recht gewährt wird.

(3) Das nach den vorstehenden Bestimmungen einzuräumende Nutzungsrecht wirkt nur im Geltungsbereich dieses Gesetzes und für die Ausfuhr nach Staaten, in denen das Werk keinen Schutz gegen die Übertragung auf Tonträger genießt.

(4) Hat der Urheber einem anderen das ausschließliche Nutzungsrecht eingeräumt mit dem Inhalt, das Werk zu gewerblichen Zwecken auf Tonträger zu übertragen und diese zu vervielfältigen und zu verbreiten, so gelten die vorstehenden Bestimmungen mit der Maßgabe, dass der Inhaber des ausschließlichen Nutzungsrechts zur Einräumung des in Absatz 1 bezeichneten Nutzungsrechts verpflichtet ist.

(5) Auf ein Sprachwerk, das als Text mit einem Werk der Musik verbunden ist, sind die vorstehenden Bestimmungen entsprechend anzuwenden, wenn einem Hersteller von Tonträgern ein Nutzungsrecht eingeräumt worden ist mit dem Inhalt, das Sprachwerk in Verbindung mit dem Werk der Musik auf Tonträger zu übertragen und diese zu vervielfältigen und zu verbreiten.

(6) Für Klagen, durch die ein Anspruch auf Einräumung des Nutzungsrechts geltend gemacht wird, sind, sofern der Urheber oder im Fall des Absatzes 4 der Inhaber des ausschließlichen Nutzungsrechts im Geltungsbereich dieses Gesetzes keinen allgemeinen Gerichtsstand hat, die Gerichte zuständig, in deren Bezirk das Patentamt seinen Sitz hat. Einstweilige Verfügungen können erlassen werden, auch wenn die in den §§ 935 und 940 der Zivilprozessordnung bezeichneten Voraussetzungen nicht zutreffen.

(7) Die vorstehenden Bestimmungen sind nicht anzuwenden, wenn das in Absatz 1 bezeichnete Nutzungsrecht lediglich zur Herstellung eines Filmes eingeräumt worden ist.

§ 43 Urheber in Arbeits- oder Dienstverhältnissen

Die Vorschriften dieses Unterabschnitts sind auch anzuwenden, wenn der Urheber das Werk in Erfüllung seiner Verpflichtungen aus einem Arbeits- oder Dienstverhältnis geschaffen hat, soweit sich aus dem Inhalt oder dem Wesen des Arbeits- oder Dienstverhältnisses nichts anderes ergibt.

§ 44 Veräußerung des Originals des Werkes

(1) Veräußert der Urheber das Original des Werkes, so räumt er damit im Zweifel dem Erwerber ein Nutzungsrecht nicht ein.

(2) Der Eigentümer des Originals eines Werkes der bildenden Künste oder eines Lichtbildwerkes ist berechtigt, das Werk öffentlich auszustellen, auch wenn es noch nicht veröffentlicht ist, es sei denn, daß der Urheber dies bei der Veräußerung des Originals ausdrücklich ausgeschlossen hat.

Abschnitt 6. Schranken des Urheberrechts

§ 44a Vorübergehende Vervielfältigungshandlungen

Zulässig sind vorübergehende Vervielfältigungshandlungen, die flüchtig oder begleitend sind und einen integralen und wesentlichen Teil eines technischen Verfahrens darstellen und deren alleiniger Zweck es ist,
1. eine Übertragung in einem Netz zwischen Dritten durch einen Vermittler oder
2. eine rechtmäßige Nutzung

eines Werkes oder sonstigen Schutzgegenstands zu ermöglichen, und die keine eigenständige wirtschaftliche Bedeutung haben.

§ 45 Rechtspflege und öffentliche Sicherheit

(1) Zulässig ist, einzelne Vervielfältigungsstücke von Werken zur Verwendung in Verfahren vor einem Gericht, einem Schiedsgericht oder einer Behörde herzustellen oder herstellen zu lassen.

(2) Gerichte und Behörden dürfen für Zwecke der Rechtspflege und der öffentlichen Sicherheit Bildnisse vervielfältigen oder vervielfältigen lassen.

(3) Unter den gleichen Voraussetzungen wie die Vervielfältigung ist auch die Verbreitung, öffentliche Ausstellung und öffentliche Wiedergabe der Werke zulässig.

§ 45a Behinderte Menschen

(1) Zulässig ist die nicht Erwerbszwecken dienende Vervielfältigung eines Werkes für und deren Verbreitung ausschließlich an Menschen, soweit diesen der Zugang zu dem Werk in einer bereits verfügbaren Art der sinnlichen Wahrnehmung auf Grund einer Behinderung nicht möglich oder erheblich erschwert ist, soweit es zur Ermöglichung des Zugangs erforderlich ist.

(2) Für die Vervielfältigung und Verbreitung ist dem Urheber eine angemessene Vergütung zu zahlen; ausgenommen ist die Herstellung lediglich einzelner Vervielfältigungsstücke. Der Anspruch kann nur durch eine Verwertungsgesellschaft geltend gemacht werden.

§ 46 Sammlungen für Kirchen-, Schul- oder Unterrichtsgebrauch

(1) Nach der Veröffentlichung zulässig ist die Vervielfältigung, Verbreitung und öffentliche Zugänglichmachung von Teilen eines Werkes, von Sprachwerken oder von Werken der Musik von geringem Umfang, von einzelnen Werken der bildenden Künste oder einzelnen Lichtbildwerken als Element einer Sammlung, die Werke einer größeren Anzahl von Urhebern vereinigt und die nach ihrer Beschaffenheit nur für den Unterrichtsgebrauch in Schulen, in nichtgewerblichen Einrichtungen der Aus- und Weiterbildung oder in Einrichtungen der Berufsbildung oder für den Kirchengebrauch bestimmt ist. Die öffentliche Zugänglichmachung eines für den Unterrichtsgebrauch an Schulen bestimmten Werkes ist stets nur mit Einwilligung des Berech-

tigten zulässig. In den Vervielfältigungsstücken oder bei der öffentlichen Zugänglichmachung ist deutlich anzugeben, wozu die Sammlung bestimmt ist.

(2) Absatz 1 gilt für Werke der Musik nur, wenn diese Elemente einer Sammlung sind, die für den Gebrauch im Musikunterricht in Schulen mit Ausnahme der Musikschulen bestimmt ist.

(3) Mit der Vervielfältigung oder der öffentlichen Zugänglichmachung darf erst begonnen werden, wenn die Absicht, von der Berechtigung nach Absatz 1 Gebrauch zu machen, dem Urheber oder, wenn sein Wohnort oder Aufenthaltsort unbekannt ist, dem Inhaber des ausschließlichen Nutzungsrechts durch eingeschriebenen Brief mitgeteilt worden ist und seit Absendung des Briefes zwei Wochen verstrichen sind. Ist auch der Wohnort oder Aufenthaltsort des Inhabers des ausschließlichen Nutzungsrechts unbekannt, so kann die Mitteilung durch Veröffentlichung im Bundesanzeiger bewirkt werden.

(4) Für die nach den Absätzen 1 und 2 zulässige Verwertung ist dem Urheber eine angemessene Vergütung zu zahlen.

(5) Der Urheber kann die nach den Absätzen 1 und 2 zulässige Verwertung verbieten, wenn das Werk seiner Überzeugung nicht mehr entspricht, ihm deshalb die Verwertung des Werkes nicht mehr zugemutet werden kann und er ein etwa bestehendes Nutzungsrecht aus diesem Grunde zurückgerufen hat (§ 42). Die Bestimmungen in § 136 Abs. 1 und 2 sind entsprechend anzuwenden.

§ 47 Schulfunksendungen

(1) Schulen sowie Einrichtungen der Lehrerbildung und der Lehrerfortbildung dürfen einzelne Vervielfältigungsstücke von Werken, die innerhalb einer Schulfunksendung gesendet werden, durch Übertragung der Werke auf Bild- oder Tonträger herstellen. Das gleiche gilt für Heime der Jugendhilfe und die staatlichen Landesbildstellen oder vergleichbare Einrichtungen in öffentlicher Trägerschaft.

(2) Die Bild- oder Tonträger dürfen nur für den Unterricht verwendet werden. Sie sind spätestens am Ende des auf die Übertragung der Schulfunksendung folgenden Schuljahrs zu löschen, es sei denn, daß dem Urheber eine angemessene Vergütung gezahlt wird.

§ 48 Öffentliche Reden

(1) Zulässig ist
1. die Vervielfältigung und Verbreitung von Reden über Tagesfragen in Zeitungen, Zeitschriften sowie in anderen Druckschriften oder sonstigen Datenträgern, die im Wesentlichen den Tagesinteressen Rechnung tragen, wenn die Reden bei öffentlichen Versammlungen gehalten oder durch öffentliche Wiedergabe im Sinne von § 19a oder § 20 veröffentlicht worden sind, sowie die öffentliche Wiedergabe solcher Reden,
2. die Vervielfältigung, Verbreitung und öffentliche Wiedergabe von Reden, die bei öffentlichen Verhandlungen vor staatlichen, kommunalen oder kirchlichen Organen gehalten worden sind.

(2) Unzulässig ist jedoch die Vervielfältigung und Verbreitung der in Absatz 1 Nr. 2 bezeichneten Reden in Form einer Sammlung, die überwiegend Reden desselben Urhebers enthält.

§ 49 Zeitungsartikel und Rundfunkkommentare

(1) Zulässig ist die Vervielfältigung und Verbreitung einzelner Rundfunkkommentare und einzelner Artikel sowie mit ihnen im Zusammenhang veröffentlichter Abbildungen aus Zeitungen und anderen lediglich Tagesinteressen dienenden Informationsblättern in anderen Zeitungen und Informationsblättern dieser Art sowie die öffentliche Wiedergabe solcher Kommentare, Artikel und Abbildungen, wenn sie politische, wirtschaftliche oder religiöse Tagesfragen betreffen und nicht mit einem Vorbehalt der Rechte versehen sind. Für die Vervielfältigung, Verbreitung und öffentliche Wiedergabe ist dem Urheber eine angemessene Vergütung zu zahlen, es sei denn, daß es sich um eine Vervielfältigung, Verbreitung oder öffentliche Wiedergabe kurzer Auszüge aus mehreren Kommentaren oder Artikeln in Form einer Übersicht handelt. Der Anspruch kann nur durch eine Verwertungsgesellschaft geltend gemacht werden.

(2) Unbeschränkt zulässig ist die Vervielfältigung, Verbreitung und öffentliche Wiedergabe von vermischten Nachrichten tatsächlichen Inhalts und von Tagesneuigkeiten, die durch Presse oder Funk veröffentlicht worden sind; ein durch andere gesetzliche Vorschriften gewährter Schutz bleibt unberührt.

§ 50 Berichterstattung über Tagesereignisse

Zur Berichterstattung über Tagesereignisse durch Funk oder durch ähnliche technische Mittel, in Zeitungen, Zeitschriften und in anderen Druckschriften oder sonstigen Datenträgern, die im Wesentlichen Tagesinteressen Rechnung tragen, sowie im Film, ist die Vervielfältigung, Verbreitung und öffentliche Wiedergabe von Werken, die im Verlauf dieser Ereignisse wahrnehmbar werden, in einem durch den Zweck gebotenen Umfang zulässig.

§ 51 Zitate

Zulässig ist die Vervielfältigung, Verbreitung und öffentliche Wiedergabe eines veröffentlichten Werkes zum Zweck des Zitats, sofern die Nutzung in ihrem Umfang durch den besonderen Zweck gerechtfertigt ist. Zulässig ist dies insbesondere, wenn
1. einzelne Werke nach der Veröffentlichung in ein selbständiges wissenschaftliches Werk zur Erläuterung des Inhalts aufgenommen werden,
2. Stellen eines Werkes nach der Veröffentlichung in einem selbständigen Sprachwerk angeführt werden,
3. einzelne Stellen eines erschienenen Werkes der Musik in einem selbständigen Werk der Musik angeführt werden.

§ 52 Öffentliche Wiedergabe

(1) Zulässig ist die öffentliche Wiedergabe eines veröffentlichten Werkes, wenn die Wiedergabe keinem Erwerbszweck des Veranstalters dient, die Teilnehmer ohne Entgelt zugelassen werden und im Falle des Vortrags oder der Aufführung des Werkes keiner der ausübenden Künstler (§ 73) eine besondere Vergütung erhält. Für die Wiedergabe ist eine angemessene Vergütung zu zahlen. Die Vergütungspflicht entfällt für Veranstaltungen der Jugendhilfe, der Sozialhilfe, der Alten- und Wohlfahrtspflege, der Gefangenenbetreuung sowie für Schulveranstaltungen, sofern sie nach ihrer sozialen oder erzieherischen Zweckbestimmung nur einem bestimmt abgegrenzten Kreis von Personen zugänglich sind. Dies gilt nicht, wenn die Veranstaltung dem Erwerbszweck eines Dritten dient; in diesem Fall hat der Dritte die Vergütung zu zahlen.

(2) Zulässig ist die öffentliche Wiedergabe eines erschienenen Werkes auch bei einem Gottesdienst oder einer kirchlichen Feier der Kirchen oder Religionsgemeinschaften. Jedoch hat der Veranstalter dem Urheber eine angemessene Vergütung zu zahlen.

(3) Öffentliche bühnenmäßige Darstellungen, öffentliche Zugänglichmachungen und Funksendungen eines Werkes sowie öffentliche Vorführungen eines Filmwerks sind stets nur mit Einwilligung des Berechtigten zulässig.

§ 52a Öffentliche Zugänglichmachung für Unterricht und Forschung

(1) Zulässig ist,
1. veröffentlichte kleine Teile eines Werkes, Werke geringen Umfangs sowie einzelne Beiträge aus Zeitungen oder Zeitschriften zur Veranschaulichung im Unterricht an Schulen, Hochschulen, nichtgewerblichen Einrichtungen der Aus- und Weiterbildung sowie an Einrichtungen der Berufsbildung ausschließlich für den bestimmt abgegrenzten Kreis von Unterrichtsteilnehmern oder
2. veröffentlichte Teile eines Werkes, Werke geringen Umfangs sowie einzelne Beiträge aus Zeitungen oder Zeitschriften ausschließlich für einen bestimmt abgegrenzten Kreis von Personen für deren eigene wissenschaftliche Forschung

öffentlich zugänglich zu machen, soweit dies zu dem jeweiligen Zweck geboten und zur Verfolgung nicht kommerzieller Zwecke gerechtfertigt ist.

(2) Die öffentliche Zugänglichmachung eines für den Unterrichtsgebrauch an Schulen bestimmten Werkes ist stets nur mit Einwilligung des Berechtigten zulässig. Die öffentliche Zugänglichmachung eines Filmwerkes ist vor Ablauf von zwei Jahren nach Beginn der üblichen regulären Auswertung in Filmtheatern im Geltungsbereich dieses Gesetzes stets nur mit Einwilligung des Berechtigten zulässig.

(3) Zulässig sind in den Fällen des Absatzes 1 auch die zur öffentlichen Zugänglichmachung erforderlichen Vervielfältigungen.

(4) Für die öffentliche Zugänglichmachung nach Absatz 1 ist eine angemessene Vergütung zu zahlen. Der Anspruch kann nur durch eine Verwertungsgesellschaft geltend gemacht werden.

§ 52b Wiedergabe von Werken an elektronischen Leseplätzen in öffentlichen Bibliotheken, Museen und Archiven

Zulässig ist, veröffentlichte Werke aus dem Bestand öffentlich zugänglicher Bibliotheken, Museen oder Archive, die keinen unmittelbar oder mittelbar wirtschaftlichen oder Erwerbszweck verfolgen, ausschließlich in den Räumen der jeweiligen Einrichtung an eigens dafür eingerichteten elektronischen Leseplätzen zur Forschung und für private Studien zugänglich zu machen, soweit dem keine vertraglichen Regelungen entgegenstehen. Es dürfen grundsätzlich nicht mehr Exemplare eines Werkes an den eingerichteten elektronischen Leseplätzen gleichzeitig zugänglich gemacht werden, als der Bestand der Einrichtung umfasst. Für die Zugänglichmachung ist eine angemessene Vergütung zu zahlen. Der Anspruch kann nur durch eine Verwertungsgesellschaft geltend gemacht werden.

§ 53 Vervielfältigungen zum privaten und sonstigen eigenen Gebrauch

(1) Zulässig sind einzelne Vervielfältigungen eines Werkes durch eine natürliche Person zum privaten Gebrauch auf beliebigen Trägern, sofern sie weder unmittelbar noch mittelbar Erwerbszwecken dienen, soweit nicht zur Vervielfältigung eine offensichtlich rechtswidrig hergestellte oder öffentlich zugänglich gemachte Vorlage verwendet wird. Der zur Vervielfältigung Befugte darf die Vervielfältigungsstücke auch durch einen anderen herstellen lassen, sofern dies unentgeltlich geschieht oder es sich um Vervielfältigungen auf Papier oder einem ähnlichen Träger mittels beliebiger photomechanischer Verfahren oder anderer Verfahren mit ähnlicher Wirkung handelt.

(2) Zulässig ist, einzelne Vervielfältigungsstücke eines Werkes herzustellen oder herstellen zu lassen
1. zum eigenen wissenschaftlichen Gebrauch, wenn und soweit die Vervielfältigung zu diesem Zweck geboten ist und sie keinen gewerblichen Zwecken dient,
2. zur Aufnahme in ein eigenes Archiv, wenn und soweit die Vervielfältigung zu diesem Zweck geboten ist und als Vorlage für die Vervielfältigung ein eigenes Werkstück benutzt wird,
3. zur eigenen Unterrichtung über Tagesfragen, wenn es sich um ein durch Funk gesendetes Werk handelt,
4. zum sonstigen eigenen Gebrauch,
    a) wenn es sich um kleine Teile eines erschienenen Werkes oder um einzelne Beiträge handelt, die in Zeitungen oder Zeitschriften erschienen sind,
    b) wenn es sich um ein seit mindestens zwei Jahren vergriffenes Werk handelt.

Dies gilt im Fall des Satzes 1 Nr. 2 nur, wenn zusätzlich
1. die Vervielfältigung auf Papier oder einem ähnlichen Träger mittels beliebiger photomechanischer Verfahren oder anderer Verfahren mit ähnlicher Wirkung vorgenommen wird oder
2. eine ausschließlich analoge Nutzung stattfindet oder
3. das Archiv im öffentlichen Interesse tätig ist und keinen unmittelbar oder mittelbar wirtschaftlichen oder Erwerbszweck verfolgt.

Dies gilt in den Fällen des Satzes 1 Nr. 3 und 4 nur, wenn zusätzlich eine der Voraussetzungen des Satzes 2 Nr. 1 oder 2 vorliegt.

(3) Zulässig ist, Vervielfältigungsstücke von kleinen Teilen eines Werkes, von Werken von geringem Umfang oder von einzelnen Beiträgen, die in Zeitungen oder Zeitschriften erschienen oder öffentlich zugänglich gemacht worden sind, zum eigenen Gebrauch
1. zur Veranschaulichung des Unterrichts in Schulen, in nichtgewerblichen Einrichtungen der Aus- und Weiterbildung sowie in Einrichtungen der Berufsbildung in der für die Unterrichtsteilnehmer erforderlichen Anzahl oder
2. für staatliche Prüfungen und Prüfungen in Schulen, Hochschulen, in nichtgewerblichen Einrichtungen der Aus- und Weiterbildung sowie in der Berufsbildung in der erforderlichen Anzahl

herzustellen oder herstellen zu lassen, wenn und soweit die Vervielfältigung zu diesem Zweck geboten ist. Die Vervielfältigung eines Werkes, das für den Unterrichtsgebrauch an Schulen bestimmt ist, ist stets nur mit Einwilligung des Berechtigten zulässig.

(4) Die Vervielfältigung
a) graphischer Aufzeichnungen von Werken der Musik,
b) eines Buches oder einer Zeitschrift, wenn es sich um eine im wesentlichen vollständige Vervielfältigung handelt,

Urheberrechtsgesetz §§ 53a–54a

ist, soweit sie nicht durch Abschreiben vorgenommen wird, stets nur mit Einwilligung des Berechtigten zulässig oder unter den Voraussetzungen des Absatzes 2 Satz 1 Nr. 2 oder zum eigenen Gebrauch, wenn es sich um ein seit mindestens zwei Jahren vergriffenes Werk handelt.

(5) Absatz 1, Absatz 2 Satz 1 Nr. 2 bis 4 sowie Absatz 3 Nr. 2 finden keine Anwendung auf Datenbankwerke, deren Elemente einzeln mit Hilfe elektronischer Mittel zugänglich sind. Absatz 2 Satz 1 Nr. 1 sowie Absatz 3 Nr. 1 finden auf solche Datenbankwerke mit der Maßgabe Anwendung, dass der wissenschaftliche Gebrauch sowie der Gebrauch im Unterricht nicht zu gewerblichen Zwecken erfolgen.

(6) Die Vervielfältigungsstücke dürfen weder verbreitet noch zu öffentlichen Wiedergaben benutzt werden. Zulässig ist jedoch, rechtmäßig hergestellte Vervielfältigungsstücke von Zeitungen und vergriffenen Werken sowie solche Werkstücke zu verleihen, bei denen kleine beschädigte oder abhanden gekommene Teile durch Vervielfältigungsstücke ersetzt worden sind.

(7) Die Aufnahme öffentlicher Vorträge, Aufführungen oder Vorführungen eines Werkes auf Bild- oder Tonträger, die Ausführung von Plänen und Entwürfen zu Werken der bildenden Künste und der Nachbau eines Werkes der Baukunst sind stets nur mit Einwilligung des Berechtigten zulässig.

§ 53a Kopienversand auf Bestellung

(1) Zulässig ist auf Einzelbestellung die Vervielfältigung und Übermittlung einzelner in Zeitungen und Zeitschriften erschienener Beiträge sowie kleiner Teile eines erschienenen Werkes im Wege des Post- oder Faxversands durch öffentliche Bibliotheken, sofern die Nutzung durch den Besteller nach § 53 zulässig ist. Die Vervielfältigung und Übermittlung in sonstiger elektronischer Form ist ausschließlich als grafische Datei und zur Veranschaulichung des Unterrichts oder für Zwecke der wissenschaftlichen Forschung zulässig, soweit dies zur Verfolgung nicht gewerblicher Zwecke gerechtfertigt ist. Die Vervielfältigung und Übermittlung in sonstiger elektronischer Form ist ferner nur dann zulässig, wenn der Zugang zu den Beiträgen oder kleinen Teilen eines Werkes den Mitgliedern der Öffentlichkeit nicht offensichtlich von Orten und zu Zeiten ihrer Wahl mittels einer vertraglichen Vereinbarung zu angemessenen Bedingungen ermöglicht wird.

(2) Für die Vervielfältigung und Übermittlung ist dem Urheber eine angemessene Vergütung zu zahlen. Der Anspruch kann nur durch eine Verwertungsgesellschaft geltend gemacht werden.

§ 54 Vergütungspflicht

(1) Ist nach der Art eines Werkes zu erwarten, dass es nach § 53 Abs. 1 bis 3 vervielfältigt wird, so hat der Urheber des Werkes gegen den Hersteller von Geräten und von Speichermedien, deren Typ allein oder in Verbindung mit anderen Geräten, Speichermedien oder Zubehör zur Vornahme solcher Vervielfältigungen benutzt wird, Anspruch auf Zahlung einer angemessenen Vergütung.

(2) Der Anspruch nach Absatz 1 entfällt, soweit nach den Umständen erwartet werden kann, dass die Geräte oder Speichermedien im Geltungsbereich dieses Gesetzes nicht zu Vervielfältigungen benutzt werden.

§ 54a Vergütungshöhe

(1) Maßgebend für die Vergütungshöhe ist, in welchem Maß die Geräte und Speichermedien als Typen tatsächlich für Vervielfältigungen nach § 53 Abs. 1 bis 3 genutzt werden. Dabei ist zu berücksichtigen, inwieweit technische Schutzmaßnahmen nach § 95a auf die betreffenden Werke angewendet werden.

(2) Die Vergütung für Geräte ist so zu gestalten, dass sie auch mit Blick auf die Vergütungspflicht für in diesen Geräten enthaltene Speichermedien oder andere, mit diesen funktionell zusammenwirkende Geräte oder Speichermedien insgesamt angemessen ist.

(3) Bei der Bestimmung der Vergütungshöhe sind die nutzungsrelevanten Eigenschaften der Geräte und Speichermedien, insbesondere die Leistungsfähigkeit von Geräten sowie die Speicherkapazität und Mehrfachbeschreibbarkeit von Speichermedien, zu berücksichtigen.

(4) Die Vergütung darf Hersteller von Geräten und Speichermedien nicht unzumutbar beeinträchtigen; sie muss in einem wirtschaftlich angemessenen Verhältnis zum Preisniveau des Geräts oder des Speichermediums stehen.

§ 54b Vergütungspflicht des Händlers oder Importeurs

(1) Neben dem Hersteller haftet als Gesamtschuldner, wer die Geräte oder Speichermedien in den Geltungsbereich dieses Gesetzes gewerblich einführt oder wiedereinführt oder wer mit ihnen handelt.

(2) Einführer ist, wer die Geräte oder Speichermedien in den Geltungsbereich dieses Gesetzes verbringt oder verbringen lässt. Liegt der Einfuhr ein Vertrag mit einem Gebietsfremden zugrunde, so ist Einführer nur der im Geltungsbereich dieses Gesetzes ansässige Vertragspartner, soweit er gewerblich tätig wird. Wer lediglich als Spediteur oder Frachtführer oder in einer ähnlichen Stellung bei dem Verbringen der Waren tätig wird, ist nicht Einführer. Wer die Gegenstände aus Drittländern in eine Freizone oder in ein Freilager nach Artikel 166 der Verordnung (EWG) Nr. 2913/92 des Rates vom 12. Oktober 1992 zur Festlegung des Zollkodex der Gemeinschaften (ABl. EG Nr. L 302 S. 1) verbringt oder verbringen lässt, ist als Einführer nur anzusehen, wenn die Gegenstände in diesem Bereich gebraucht oder wenn sie in den zollrechtlich freien Verkehr übergeführt werden.

(3) Die Vergütungspflicht des Händlers entfällt,
1. soweit ein zur Zahlung der Vergütung Verpflichteter, von dem der Händler die Geräte oder die Speichermedien bezieht, an einen Gesamtvertrag über die Vergütung gebunden ist oder
2. wenn der Händler Art und Stückzahl der bezogenen Geräte und Speichermedien und seine Bezugsquelle der nach § 54h Abs. 3 bezeichneten Empfangsstelle jeweils zum 10. Januar und 10. Juli für das vorangegangene Kalenderhalbjahr schriftlich mitteilt.

§ 54c Vergütungspflicht des Betreibers von Ablichtungsgeräten

(1) Werden Geräte der in § 54 Abs. 1 genannten Art, die im Weg der Ablichtung oder in einem Verfahren vergleichbarer Wirkung vervielfältigen, in Schulen, Hochschulen sowie Einrichtungen der Berufsbildung oder der sonstigen Aus- und Weiterbildung (Bildungseinrichtungen), Forschungseinrichtungen, öffentlichen Bibliotheken oder in Einrichtungen betrieben, die Geräte für die entgeltliche Herstellung von Ablichtungen bereithalten, so hat der Urheber auch gegen den Betreiber des Geräts einen Anspruch auf Zahlung einer angemessenen Vergütung.

(2) Die Höhe der von dem Betreiber insgesamt geschuldeten Vergütung bemisst sich nach der Art und dem Umfang der Nutzung des Geräts, die nach den Umständen, insbesondere nach dem Standort und der üblichen Verwendung, wahrscheinlich ist.

§ 54d Hinweispflicht

Soweit nach § 14 Abs. 2 Satz 1 Nr. 2 Satz 2 des Umsatzsteuergesetzes eine Verpflichtung zur Erteilung einer Rechnung besteht, ist in Rechnungen über die Veräußerung oder ein sonstiges Inverkehrbringen der in § 54 Abs. 1 genannten Geräte oder Speichermedien auf die auf das Gerät oder Speichermedium entfallende Urhebervergütung hinzuweisen.

§ 54e Meldepflicht

(1) Wer Geräte oder Speichermedien in den Geltungsbereich dieses Gesetzes gewerblich einführt oder wiedereinführt, ist dem Urheber gegenüber verpflichtet, Art und Stückzahl der eingeführten Gegenstände der nach § 54h Abs. 3 bezeichneten Empfangsstelle monatlich bis zum zehnten Tag nach Ablauf jedes Kalendermonats schriftlich mitzuteilen.

(2) Kommt der Meldepflichtige seiner Meldepflicht nicht, nur unvollständig oder sonst unrichtig nach, kann der doppelte Vergütungssatz verlangt werden.

§ 54f Auskunftspflicht

(1) Der Urheber kann von dem nach § 54 oder § 54b zur Zahlung der Vergütung Verpflichteten Auskunft über Art und Stückzahl der im Geltungsbereich dieses Gesetzes veräußerten oder in Verkehr gebrachten Geräte und Speichermedien verlangen. Die Auskunftspflicht des Händlers erstreckt sich auch auf die Benennung der Bezugsquellen; sie besteht auch im Fall des § 54b Abs. 3 Nr. 1. § 26 Abs. 7 gilt entsprechend.

(2) Der Urheber kann von dem Betreiber eines Geräts in einer Einrichtung im Sinne des § 54c Abs. 1 die für die Bemessung der Vergütung erforderliche Auskunft verlangen.

(3) Kommt der zur Zahlung der Vergütung Verpflichtete seiner Auskunftspflicht nicht, nur unvollständig oder sonst unrichtig nach, so kann der doppelte Vergütungssatz verlangt werden.

§ 54 g Kontrollbesuch

Soweit dies für die Bemessung der vom Betreiber nach § 54 c geschuldeten Vergütung erforderlich ist, kann der Urheber verlangen, dass ihm das Betreten der Betriebs- und Geschäftsräume des Betreibers, der Geräte für die entgeltliche Herstellung von Ablichtungen bereithält, während der üblichen Betriebs- oder Geschäftszeit gestattet wird. Der Kontrollbesuch muss so ausgeübt werden, dass vermeidbare Betriebsstörungen unterbleiben.

§ 54 h Verwertungsgesellschaften; Handhabung der Mitteilungen

(1) Die Ansprüche nach den §§ 54 bis 54 c, 54 e Abs. 2, §§ 54 f und 54 g können nur durch eine Verwertungsgesellschaft geltend gemacht werden.

(2) Jedem Berechtigten steht ein angemessener Anteil an den nach den §§ 54 bis 54 c gezahlten Vergütungen zu. Soweit Werke mit technischen Maßnahmen gemäß § 95 a geschützt sind, werden sie bei der Verteilung der Einnahmen nicht berücksichtigt.

(3) Für Mitteilungen nach § 54 b Abs. 3 und § 54 e haben die Verwertungsgesellschaften dem Deutschen Patent- und Markenamt eine gemeinsame Empfangsstelle zu bezeichnen. Das Deutsche Patent- und Markenamt gibt diese im Bundesanzeiger bekannt.

(4) Das Deutsche Patent- und Markenamt kann Muster für die Mitteilungen nach § 54 b Abs. 3 Nr. 2 und § 54 e im Bundesanzeiger oder im elektronischen Bundesanzeiger bekannt machen. Werden Muster bekannt gemacht, sind diese zu verwenden.

(5) Die Verwertungsgesellschaften und die Empfangsstelle dürfen die gemäß § 54 b Abs. 3 Nr. 2, den §§ 54 e und 54 f erhaltenen Angaben nur zur Geltendmachung der Ansprüche nach Absatz 1 verwenden.

§ 55 Vervielfältigung durch Sendeunternehmen

(1) Ein Sendeunternehmen, das zur Funksendung eines Werkes berechtigt ist, darf das Werk mit eigenen Mitteln auf Bild- oder Tonträger übertragen, um diese zur Funksendung über jeden seiner Sender oder Richtstrahler je einmal zu benutzen. Die Bild- oder Tonträger sind spätestens einen Monat nach der ersten Funksendung des Werkes zu löschen.

(2) Bild- oder Tonträger, die außergewöhnlichen dokumentarischen Wert haben, brauchen nicht gelöscht zu werden, wenn sie in ein amtliches Archiv aufgenommen werden. Von der Aufnahme in das Archiv ist der Urheber unverzüglich zu benachrichtigen.

§ 55 a Benutzung eines Datenbankwerkes

Zulässig ist die Bearbeitung sowie die Vervielfältigung eines Datenbankwerkes durch den Eigentümer eines mit Zustimmung des Urhebers durch Veräußerung in Verkehr gebrachten Vervielfältigungsstücks des Datenbankwerkes, den in sonstiger Weise zu dessen Gebrauch Berechtigten oder denjenigen, dem ein Datenbankwerk aufgrund eines mit dem Urheber oder eines mit dessen Zustimmung mit einem Dritten geschlossenen Vertrags zugänglich gemacht wird, wenn und soweit die Bearbeitung oder Vervielfältigung für den Zugang zu den Elementen des Datenbankwerkes und für dessen übliche Benutzung erforderlich ist. Wird aufgrund eines Vertrags nach Satz 1 nur ein Teil des Datenbankwerkes zugänglich gemacht, so ist nur die Bearbeitung sowie die Vervielfältigung dieses Teils zulässig. Entgegenstehende vertragliche Vereinbarungen sind nichtig.

§ 56 Vervielfältigung und öffentliche Wiedergabe in Geschäftsbetrieben

(1) In Geschäftsbetrieben, in denen Geräte zur Herstellung oder zur Wiedergabe von Bild- oder Tonträgern, zum Empfang von Funksendungen oder zur elektronischen Datenverarbeitung vertrieben oder instand gesetzt werden, ist die Übertragung von Werken auf Bild-, Ton- oder Datenträger, die öffentliche Wahrnehmbarmachung von Werken mittels Bild-, Ton- oder Datenträger sowie die öffentliche Wahrnehmbarmachung von Funksendungen und öffentliche Zugänglichmachungen von Werken zulässig, soweit dies notwendig ist, um diese Geräte Kunden vorzuführen oder instand zu setzen.

(2) Nach Absatz 1 hergestellte Bild-, Ton- oder Datenträger sind unverzüglich zu löschen.

§ 57 Unwesentliches Beiwerk

Zulässig ist die Vervielfältigung, Verbreitung und öffentliche Wiedergabe von Werken, wenn sie als unwesentliches Beiwerk neben dem eigentlichen Gegenstand der Vervielfältigung, Verbreitung oder öffentlichen Wiedergabe anzusehen sind.

§§ 58–63

§ 58 Werke in Ausstellungen, öffentlichem Verkauf und öffentlich zugänglichen Einrichtungen

(1) Zulässig ist die Vervielfältigung, Verbreitung und öffentliche Zugänglichmachung von öffentlich ausgestellten oder zur öffentlichen Ausstellung oder zum öffentlichen Verkauf bestimmten Werken der bildenden Künste und Lichtbildwerken durch den Veranstalter zur Werbung, soweit dies zur Förderung der Veranstaltung erforderlich ist.

(2) Zulässig ist ferner die Vervielfältigung und Verbreitung der in Absatz 1 genannten Werke in Verzeichnissen, die von öffentlich zugänglichen Bibliotheken, Bildungseinrichtungen oder Museen in inhaltlichem und zeitlichem Zusammenhang mit einer Ausstellung oder zur Dokumentation von Beständen herausgegeben werden und mit denen kein eigenständiger Erwerbszweck verfolgt wird.

§ 59 Werke an öffentlichen Plätzen

(1) Zulässig ist, Werke, die sich bleibend an öffentlichen Wegen, Straßen oder Plätzen befinden, mit Mitteln der Malerei oder Graphik, durch Lichtbild oder durch Film zu vervielfältigen, zu verbreiten und öffentlich wiederzugeben. Bei Bauwerken erstrecken sich diese Befugnisse nur auf die äußere Ansicht.

(2) Die Vervielfältigungen dürfen nicht an einem Bauwerk vorgenommen werden.

§ 60 Bildnisse

(1) Zulässig ist die Vervielfältigung sowie die unentgeltliche und nicht zu gewerblichen Zwecken vorgenommene Verbreitung eines Bildnisses durch den Besteller des Bildnisses oder seinen Rechtsnachfolger oder bei einem auf Bestellung geschaffenen Bildnis durch den Abgebildeten oder nach dessen Tod durch seine Angehörigen oder durch einen im Auftrag einer dieser Personen handelnden Dritten. Handelt es sich bei dem Bildnis um ein Werk der bildenden Künste, so ist die Verwertung nur durch Lichtbild zulässig.

(2) Angehörige im Sinne von Absatz 1 Satz 1 sind der Ehegatte oder der Lebenspartner und die Kinder oder, wenn weder ein Ehegatte oder Lebenspartner noch Kinder vorhanden sind, die Eltern.

§ 61 *(aufgehoben)*

§ 62 Änderungsverbot

(1) Soweit nach den Bestimmungen dieses Abschnitts die Benutzung eines Werkes zulässig ist, dürfen Änderungen an dem Werk nicht vorgenommen werden. § 39 gilt entsprechend.

(2) Soweit der Benutzungszweck es erfordert, sind Übersetzungen und solche Änderungen des Werkes zulässig, die nur Auszüge oder Übertragungen in eine andere Tonart oder Stimmlage darstellen.

(3) Bei Werken der bildenden Künste und Lichtbildwerken sind Übertragungen des Werkes in eine andere Größe und solche Änderungen zulässig, die das für die Vervielfältigung angewendete Verfahren mit sich bringt.

(4) Bei Sammlungen für Kirchen-, Schul- oder Unterrichtsgebrauch (§ 46) sind außer den nach den Absätzen 1 bis 3 erlaubten Änderungen solche Änderungen von Sprachwerken zulässig, die für den Kirchen-, Schul- oder Unterrichtsgebrauch erforderlich sind. Diese Änderungen bedürfen jedoch der Einwilligung des Urhebers, nach seinem Tode der Einwilligung seines Rechtsnachfolgers (§ 30), wenn dieser Angehöriger (§ 60 Abs. 2) des Urhebers ist oder das Urheberrecht auf Grund letztwilliger Verfügung des Urhebers erworben hat. Die Einwilligung gilt als erteilt, wenn der Urheber oder der Rechtsnachfolger nicht innerhalb eines Monats, nachdem ihm die beabsichtigte Änderung mitgeteilt worden ist, widerspricht und er bei der Mitteilung der Änderung auf diese Rechtsfolge hingewiesen worden ist.

§ 63 Quellenangabe

(1) Wenn ein Werk oder ein Teil eines Werkes in den Fällen des § 45 Abs. 1, der §§ 45a bis 48, 50, 51, 53 Abs. 2 Satz 1 Nr. 1 und Abs. 3 Nr. 1 sowie der §§ 58 und 59 vervielfältigt wird, ist stets die Quelle deutlich anzugeben. Bei der Vervielfältigung ganzer Sprachwerke oder ganzer Werke der Musik ist neben dem Urheber auch der Verlag anzugeben, in dem das Werk erschienen ist, und außerdem kenntlich zu machen, ob an dem Werk Kürzungen oder andere Änderungen vorgenommen worden sind. Die Verpflichtung zur Quellenangabe entfällt, wenn die

Quelle weder auf dem benutzten Werkstück oder bei der benutzten Werkwiedergabe genannt noch dem zur Vervielfältigung Befugten anderweit bekannt ist.

(2) Soweit nach den Bestimmungen dieses Abschnitts die öffentliche Wiedergabe eines Werkes zulässig ist, ist die Quelle deutlich anzugeben, wenn und soweit die Verkehrssitte es erfordert. In den Fällen der öffentlichen Wiedergabe nach den §§ 46, 48, 51 und 52a ist die Quelle einschließlich des Namens des Urhebers stets anzugeben, es sei denn, dass dies nicht möglich ist.

(3) Wird ein Artikel aus einer Zeitung oder einem anderen Informationsblatt nach § 49 Abs. 1 in einer anderen Zeitung oder in einem anderen Informationsblatt abgedruckt oder durch Funk gesendet, so ist stets außer dem Urheber, der in der benutzten Quelle bezeichnet ist, auch die Zeitung oder das Informationsblatt anzugeben, woraus der Artikel entnommen ist; ist dort eine andere Zeitung oder ein anderes Informationsblatt als Quelle angeführt, so ist diese Zeitung oder dieses Informationsblatt anzugeben. Wird ein Rundfunkkommentar nach § 49 Abs. 1 in einer Zeitung oder einem anderen Informationsblatt abgedruckt oder durch Funk gesendet, so ist stets außer dem Urheber auch das Sendeunternehmen anzugeben, das den Kommentar gesendet hat.

§ 63a Gesetzliche Vergütungsansprüche

Auf gesetzliche Vergütungsansprüche nach diesem Abschnitt kann der Urheber im Voraus nicht verzichten. Sie können im Voraus nur an eine Verwertungsgesellschaft oder zusammen mit der Einräumung des Verlagsrechts dem Verleger abgetreten werden, wenn dieser sie durch eine Verwertungsgesellschaft wahrnehmen lässt, die Rechte von Verlegern und Urhebern gemeinsam wahrnimmt.

Abschnitt 7. Dauer des Urheberrechts

§ 64 Allgemeines

Das Urheberrecht erlischt siebzig Jahre nach dem Tode des Urhebers.

§ 65 Miturheber, Filmwerke

(1) Steht das Urheberrecht mehreren Miturhebern (§ 8) zu, so erlischt es siebzig Jahre nach dem Tode des längstlebenden Miturhebers.

(2) Bei Filmwerken und Werken, die ähnlich wie Filmwerke hergestellt werden, erlischt das Urheberrecht siebzig Jahre nach dem Tod des Längstlebenden der folgenden Personen: Hauptregisseur, Urheber des Drehbuchs, Urheber der Dialoge, Komponist der für das betreffende Filmwerk komponierten Musik.

§ 66 Anonyme und pseudonyme Werke

(1) Bei anonymen und pseudonymen Werken erlischt das Urheberrecht siebzig Jahre nach der Veröffentlichung. Es erlischt jedoch bereits siebzig Jahre nach der Schaffung des Werkes, wenn das Werk innerhalb dieser Frist nicht veröffentlicht worden ist.

(2) Offenbart der Urheber seine Identität innerhalb der in Absatz 1 Satz 1 bezeichneten Frist oder läßt das vom Urheber angenommene Pseudonym keinen Zweifel an seiner Identität zu, so berechnet sich die Dauer des Urheberrechts nach den §§ 64 und 65. Dasselbe gilt, wenn innerhalb der in Absatz 1 Satz 1 bezeichneten Frist der wahre Name des Urhebers zur Eintragung in das Register anonymer und pseudonymer Werke (§ 138) angemeldet wird.

(3) Zu den Handlungen nach Absatz 2 sind der Urheber, nach seinem Tode sein Rechtsnachfolger (§ 30) oder der Testamentsvollstrecker (§ 28 Abs. 2) berechtigt.

§ 67 Lieferungswerke

Bei Werken, die in inhaltlich nicht abgeschlossenen Teilen (Lieferungen) veröffentlicht werden, berechnet sich im Falle des § 66 Abs. 1 Satz 1 die Schutzfrist einer jeden Lieferung gesondert ab dem Zeitpunkt ihrer Veröffentlichung.

§ 68 *(aufgehoben)*

§ 69 Berechnung der Fristen

Die Fristen dieses Abschnitts beginnen mit dem Ablauf des Kalenderjahres, in dem das für den Beginn der Frist maßgebende Ereignis eingetreten ist.

Abschnitt 8. Besondere Bestimmungen für Computerprogramme

§ 69a Gegenstand des Schutzes

(1) Computerprogramme im Sinne dieses Gesetzes sind Programme in jeder Gestalt, einschließlich des Entwurfsmaterials.

(2) Der gewährte Schutz gilt für alle Ausdrucksformen eines Computerprogramms. Ideen und Grundsätze, die einem Element eines Computerprogramms zugrunde liegen, einschließlich der den Schnittstellen zugrundeliegenden Ideen und Grundsätze, sind nicht geschützt.

(3) Computerprogramme werden geschützt, wenn sie individuelle Werke in dem Sinne darstellen, daß sie das Ergebnis der eigenen geistigen Schöpfung ihres Urhebers sind. Zur Bestimmung ihrer Schutzfähigkeit sind keine anderen Kriterien, insbesondere nicht qualitative oder ästhetische, anzuwenden.

(4) Auf Computergrogramme finden die für Sprachwerke geltenden Bestimmungen Anwendung, soweit in diesem Abschnitt nichts anderes bestimmt ist.

(5) Die Vorschriften der §§ 95a bis 95d finden auf Computerprogramme keine Anwendung.

§ 69b Urheber in Arbeits- und Dienstverhältnissen

(1) Wird ein Computerprogramm von einem Arbeitnehmer in Wahrnehmung seiner Aufgaben oder nach den Anweisungen seines Arbeitgebers geschaffen, so ist ausschließlich der Arbeitgeber zur Ausübung aller vermögensrechtlichen Befugnisse an dem Computerprogramm berechtigt, sofern nichts anderes vereinbart ist.

(2) Absatz 1 ist auf Dienstverhältnisse entsprechend anzuwenden.

§ 69c Zustimmungsbedürftige Handlungen

Der Rechtsinhaber hat das ausschließliche Recht, folgende Handlungen vorzunehmen oder zu gestatten:
1. die dauerhafte oder vorübergehende Vervielfältigung, ganz oder teilweise, eines Computerprogramms mit jedem Mittel und in jeder Form. Soweit das Laden, Anzeigen, Ablaufen, Übertragen oder Speichern des Computerprogramms eine Vervielfältigung erfordert, bedürfen diese Handlungen der Zustimmung des Rechtsinhabers;
2. die Übersetzung, die Bearbeitung, das Arrangement und andere Umarbeitungen eines Computerprogramms sowie die Vervielfältigung der erzielten Ergebnisse. Die Rechte derjenigen, die das Programm bearbeiten, bleiben unberührt.
3. jede Form der Verbreitung des Originals eines Computerprogramms oder von Vervielfältigungsstücken, einschließlich der Vermietung. Wird ein Vervielfältigungsstück eines Computerprogramms mit Zustimmung des Rechtsinhabers im Gebiet der Europäischen Union oder eines anderen Vertragsstaates des Abkommens über den Europäischen Wirtschaftsraum im Wege der Veräußerung in Verkehr gebracht, so erschöpft sich das Verbreitungsrecht in bezug auf dieses Vervielfältigungsstück mit Ausnahme des Vermietrechts;
4. die drahtgebundene oder drahtlose öffentliche Wiedergabe eines Computerprogramms einschließlich der öffentlichen Zugänglichmachung in der Weise, dass es Mitgliedern der Öffentlichkeit von Orten und zu Zeiten ihrer Wahl zugänglich ist.

§ 69d Ausnahmen von den zustimmungsbedürftigen Handlungen

(1) Soweit keine besonderen vertraglichen Bestimmungen vorliegen, bedürfen die in § 69c Nr. 1 und 2 genannten Handlungen nicht der Zustimmung des Rechtsinhabers, wenn sie für eine bestimmungsgemäße Benutzung des Computerprogramms einschließlich der Fehlerberichtigung durch jeden zur Verwendung eines Vervielfältigungsstücks des Programms Berechtigten notwendig sind.

(2) Die Erstellung einer Sicherungskopie durch eine Person, die zur Benutzung des Programms berechtigt ist, darf nicht vertraglich untersagt werden, wenn sie für die Sicherung künftiger Benutzung erforderlich ist.

(3) Der zur Verwendung eines Vervielfältigungsstücks eines Programms Berechtigte kann ohne Zustimmung des Rechtsinhabers das Funktionieren dieses Programms beobachten, untersuchen oder testen, um die einem Programmelement zugrundeliegenden Ideen und Grundsätze

zu ermitteln, wenn dies durch Handlungen zum Laden, Anzeigen, Ablaufen, Übertragen oder Speichern des Programms geschieht, zu denen er berechtigt ist.

§ 69e Dekompilierung

(1) Die Zustimmung des Rechtsinhabers ist nicht erforderlich, wenn die Vervielfältigung des Codes oder die Übersetzung der Codeform im Sinne des § 69c Nr. 1 und 2 unerläßlich ist, um die erforderlichen Informationen zur Herstellung der Interoperabilität eines unabhängig geschaffenen Computerprogramms mit anderen Programmen zu erhalten, sofern folgende Bedingungen erfüllt sind:
1. Die Handlungen werden von dem Lizenznehmer oder von einer anderen zur Verwendung eines Vervielfältigungsstücks des Programms berechtigten Person oder in deren Namen von einer hierzu ermächtigten Person vorgenommen;
2. die für die Herstellung der Interoperabilität notwendigen Informationen sind für die in Nummer 1 genannten Personen noch nicht ohne weiteres zugänglich gemacht;
3. die Handlungen beschränken sich auf die Teile des ursprünglichen Programms, die zur Herstellung der Interoperabilität notwendig sind.

(2) Bei Handlungen nach Absatz 1 gewonnene Informationen dürfen nicht
1. zu anderen Zwecken als zur Herstellung der Interoperabilität des unabhängig geschaffenen Programms verwendet werden,
2. an Dritte weitergegeben werden, es sei denn, daß dies für die Interoperabilität des unabhängig geschaffenen Programms notwendig ist,
3. für die Entwicklung, Herstellung oder Vermarktung eines Programms mit im wesentlichen ähnlicher Ausdrucksform oder für irgendwelche anderen das Urheberrecht verletzenden Handlungen verwendet werden.

(3) Die Absätze 1 und 2 sind so auszulegen, daß ihre Anwendung weder die normale Auswertung des Werkes beeinträchtigt noch die berechtigten Interessen des Rechtsinhabers unzumutbar verletzt.

§ 69f Rechtsverletzungen

(1) Der Rechtsinhaber kann von dem Eigentümer oder Besitzer verlangen, daß alle rechtswidrig hergestellten, verbreiteten oder zur rechtswidrigen Verbreitung bestimmten Vervielfältigungsstücke vernichtet werden. § 98 Abs. 3 und 4 ist entsprechend anzuwenden.

(2) Absatz 1 ist entsprechend auf Mittel anzuwenden, die allein dazu bestimmt sind, die unerlaubte Beseitigung oder Umgehung technischer Programmschutzmechanismen zu erleichtern.

§ 69g Anwendung sonstiger Rechtsvorschriften, Vertragsrecht

(1) Die Bestimmungen dieses Abschnitts lassen die Anwendung sonstiger Rechtsvorschriften auf Computerprogramme, insbesondere über den Schutz von Erfindungen, Topographien von Halbleitererzeugnissen, Marken und den Schutz gegen unlauteren Wettbewerb einschließlich des Schutzes von Geschäfts- und Betriebsgeheimnissen, sowie schuldrechtliche Vereinbarungen unberührt.

(2) Vertragliche Bestimmungen, die in Widerspruch zu § 69d Abs. 2 und 3 und § 69e stehen, sind nichtig.

Teil 2. Verwandte Schutzrechte

Abschnitt 1. Schutz bestimmter Ausgaben

§ 70 Wissenschaftliche Ausgaben

(1) Ausgaben urheberrechtlich nicht geschützter Werke oder Texte werden in entsprechender Anwendung der Vorschriften des Teils 1 geschützt, wenn sie das Ergebnis wissenschaftlich sichtender Tätigkeit darstellen und sich wesentlich von den bisher bekannten Ausgaben der Werke oder Texte unterscheiden.

(2) Das Recht steht dem Verfasser der Ausgabe zu.

(3) Das Recht erlischt fünfundzwanzig Jahre nach dem Erscheinen der Ausgabe, jedoch bereits fünfundzwanzig Jahre nach der Herstellung, wenn die Ausgabe innerhalb dieser Frist nicht erschienen ist. Die Frist ist nach § 69 zu berechnen.

§ 71 Nachgelassene Werke

(1) Wer ein nicht erschienenes Werk nach Erlöschen des Urheberrechts erlaubterweise erstmals erscheinen läßt oder erstmals öffentlich wiedergibt, hat das ausschließliche Recht, das Werk zu verwerten. Das gleiche gilt für nicht erschienene Werke, die im Geltungsbereich dieses Gesetzes niemals geschützt waren, deren Urheber aber schon länger als siebzig Jahre tot ist. Die §§ 5 und 10 Abs. 1 sowie die §§ 15 bis 24, 26, 27, 44a bis 63 und 88 sind sinngemäß anzuwenden.

(2) Das Recht ist übertragbar.

(3) Das Recht erlischt fünfundzwanzig Jahre nach dem Erscheinen des Werkes oder, wenn seine erste öffentliche Wiedergabe früher erfolgt ist, nach dieser. Die Frist ist nach § 69 zu berechnen.

Abschnitt 2. Schutz der Lichtbilder

§ 72 Lichtbilder

(1) Lichtbilder und Erzeugnisse, die ähnlich wie Lichtbilder hergestellt werden, werden in entsprechender Anwendung der für Lichtbildwerke geltenden Vorschriften des Teils 1 geschützt.

(2) Das Recht nach Absatz 1 steht dem Lichtbildner zu.

(3) Das Recht nach Absatz 1 erlischt fünfzig Jahre nach dem Erscheinen des Lichtbildes oder, wenn seine erste erlaubte öffentliche Wiedergabe früher erfolgt ist, nach dieser, jedoch bereits fünfzig Jahre nach der Herstellung, wenn das Lichtbild innerhalb dieser Frist nicht erschienen oder erlaubterweise öffentlich wiedergegeben worden ist. Die Frist ist nach § 69 zu berechnen.

Abschnitt 3. Schutz des ausübenden Künstlers

§ 73 Ausübender Künstler

Ausübender Künstler im Sinne dieses Gesetzes ist, wer ein Werk oder eine Ausdrucksform der Volkskunst aufführt, singt, spielt oder auf eine andere Weise darbietet oder an einer solchen Darbietung künstlerisch mitwirkt.

§ 74 Anerkennung als ausübender Künstler

(1) Der ausübende Künstler hat das Recht, in Bezug auf seine Darbietung als solcher anerkannt zu werden. Er kann dabei bestimmen, ob und mit welchem Namen er genannt wird.

(2) Haben mehrere ausübende Künstler gemeinsam eine Darbietung erbracht und erfordert die Nennung jedes einzelnen von ihnen einen unverhältnismäßigen Aufwand, so können sie nur verlangen, als Künstlergruppe genannt zu werden. Hat die Künstlergruppe einen gewählten Vertreter (Vorstand), so ist dieser gegenüber Dritten allein zur Vertretung befugt. Hat eine Gruppe keinen Vorstand, so kann das Recht nur durch den Leiter der Gruppe, mangels eines solchen nur durch einen von der Gruppe zu wählenden Vertreter geltend gemacht werden. Das Recht eines beteiligten ausübenden Künstlers auf persönliche Nennung bleibt bei einem besonderen Interesse unberührt.

(3) § 10 Abs. 1 gilt entsprechend.

§ 75 Beeinträchtigungen der Darbietung

Der ausübende Künstler hat das Recht, eine Entstellung oder eine andere Beeinträchtigung seiner Darbietung zu verbieten, die geeignet ist, sein Ansehen oder seinen Ruf als ausübender Künstler zu gefährden. Haben mehrere ausübende Künstler gemeinsam eine Darbietung erbracht, so haben sie bei der Ausübung des Rechts aufeinander angemessene Rücksicht zu nehmen.

Urheberrechtsgesetz §§ 76–81

§ 76 Dauer der Persönlichkeitsrechte

Die in den §§ 74 und 75 bezeichneten Rechte erlöschen mit dem Tode des ausübenden Künstlers, jedoch erst 50 Jahre nach der Darbietung, wenn der ausübende Künstler vor Ablauf dieser Frist verstorben ist, sowie nicht vor Ablauf der für die Verwertungsrechte nach § 82 geltenden Frist. Die Frist ist nach § 69 zu berechnen. Haben mehrere ausübende Künstler gemeinsam eine Darbietung erbracht, so ist der Tod des letzten der beteiligten ausübenden Künstler maßgeblich. Nach dem Tod des ausübenden Künstlers stehen die Rechte seinen Angehörigen (§ 60 Abs. 2) zu.

§ 77 Aufnahme, Vervielfältigung und Verbreitung

(1) Der ausübende Künstler hat das ausschließliche Recht, seine Darbietung auf Bild- oder Tonträger aufzunehmen.

(2) Der ausübende Künstler hat das ausschließliche Recht, den Bild- oder Tonträger, auf den seine Darbietung aufgenommen worden ist, zu vervielfältigen und zu verbreiten. § 27 ist entsprechend anzuwenden.

§ 78 Öffentliche Wiedergabe

(1) Der ausübende Künstler hat das ausschließliche Recht, seine Darbietung
1. öffentlich zugänglich zu machen (§ 19a),
2. zu senden, es sei denn, dass die Darbietung erlaubterweise auf Bild- oder Tonträger aufgenommen worden ist, die erschienen oder erlaubterweise öffentlich zugänglich gemacht worden sind,
3. außerhalb des Raumes, in dem sie stattfindet, durch Bildschirm, Lautsprecher oder ähnliche technische Einrichtungen öffentlich wahrnehmbar zu machen.

(2) Dem ausübenden Künstler ist eine angemessene Vergütung zu zahlen, wenn
1. die Darbietung nach Absatz 1 Nr. 2 erlaubterweise gesendet,
2. die Darbietung mittels Bild- oder Tonträger öffentlich wahrnehmbar gemacht oder
3. die Sendung oder die auf öffentlicher Zugänglichmachung beruhende Wiedergabe der Darbietung öffentlich wahrnehmbar gemacht wird.

(3) Auf Vergütungsansprüche nach Absatz 2 kann der ausübende Künstler im Voraus nicht verzichten. Sie können im Voraus nur an eine Verwertungsgesellschaft abgetreten werden.

(4) § 20b gilt entsprechend.

§ 79 Nutzungsrechte

(1) Der ausübende Künstler kann seine Rechte und Ansprüche aus den §§ 77 und 78 übertragen. § 78 Abs. 3 und 4 bleibt unberührt.

(2) Der ausübende Künstler kann einem anderen das Recht einräumen, die Darbietung auf einzelne oder alle der ihm vorbehaltenen Nutzungsarten zu nutzen. Die §§ 31, 32 bis 32b, 33 bis 42 und 43 sind entsprechend anzuwenden.

§ 80 Gemeinsame Darbietung mehrerer ausübender Künstler

(1) Erbringen mehrere ausübende Künstler gemeinsam eine Darbietung, ohne dass sich ihre Anteile gesondert verwerten lassen, so steht ihnen das Recht zur Verwertung zur gesamten Hand zu. Keiner der beteiligten ausübenden Künstler darf seine Einwilligung zur Verwertung wider Treu und Glauben verweigern. § 8 Abs. 2 Satz 3, Abs. 3 und 4 ist entsprechend anzuwenden.

(2) Für die Geltendmachung der sich aus den §§ 77 und 78 ergebenden Rechte und Ansprüche gilt § 74 Abs. 2 Satz 2 und 3 entsprechend.

§ 81 Schutz des Veranstalters

Wird die Darbietung des ausübenden Künstlers von einem Unternehmen veranstaltet, so stehen die Rechte nach § 77 Abs. 1 und 2 Satz 1 sowie § 78 Abs. 1 neben dem ausübenden Künstler auch dem Inhaber des Unternehmens zu. § 10 Abs. 1, § 31 sowie die §§ 33 und 38 gelten entsprechend.

§ 82 Dauer der Verwertungsrechte

Ist die Darbietung des ausübenden Künstlers auf einen Bild- oder Tonträger aufgenommen worden, so erlöschen die in den §§ 77 und 78 bezeichneten Rechte des ausübenden Künstlers 50 Jahre, die in § 81 bezeichneten Rechte des Veranstalters 25 Jahre nach dem Erscheinen des Bild- oder Tonträgers oder, wenn dessen erste erlaubte Benutzung zur öffentlichen Wiedergabe früher erfolgt ist, nach dieser. Die Rechte des ausübenden Künstlers erlöschen jedoch bereits 50 Jahre, diejenigen des Veranstalters 25 Jahre nach der Darbietung, wenn der Bild- oder Tonträger innerhalb dieser Frist nicht erschienen oder erlaubterweise zur öffentlichen Wiedergabe benutzt worden ist. Die Frist nach Satz 1 oder 2 ist nach § 69 zu berechnen.

§ 83 Schranken der Verwertungsrechte

Auf die dem ausübenden Künstler nach den §§ 77 und 78 sowie die dem Veranstalter nach § 81 zustehenden Rechte sind die Vorschriften des Abschnitts 6 des Teils 1 entsprechend anzuwenden.

§ 84 *(aufgehoben)*

Abschnitt 4. Schutz des Herstellers von Tonträgern

§ 85 Verwertungsrechte

(1) Der Hersteller eines Tonträgers hat das ausschließliche Recht, den Tonträger zu vervielfältigen, zu verbreiten und öffentlich zugänglich zu machen. Ist der Tonträger in einem Unternehmen hergestellt worden, so gilt der Inhaber des Unternehmens als Hersteller. Das Recht entsteht nicht durch Vervielfältigung eines Tonträgers.

(2) Das Recht ist übertragbar. Der Tonträgerhersteller kann einem anderen das Recht einräumen, den Tonträger auf einzelne oder alle der ihm vorbehaltenen Nutzungsarten zu nutzen. § 31 und die §§ 33 und 38 gelten entsprechend.

(3) Das Recht erlischt 50 Jahre nach dem Erscheinen des Tonträgers. Ist der Tonträger innerhalb von 50 Jahren nach der Herstellung nicht erschienen, aber erlaubterweise zur öffentlichen Wiedergabe benutzt worden, so erlischt das Recht 50 Jahre nach dieser. Ist der Tonträger innerhalb dieser Frist nicht erschienen oder erlaubterweise zur öffentlichen Wiedergabe benutzt worden, so erlischt das Recht 50 Jahre nach der Herstellung des Tonträgers. Die Frist ist nach § 69 zu berechnen.

(4) § 10 Abs. 1 und § 27 Abs. 2 und 3 sowie die Vorschriften des Teils 1 Abschnitt 6 gelten entsprechend.

§ 86 Anspruch auf Beteiligung

Wird ein erschienener oder erlaubterweise öffentlich zugänglich gemachter Tonträger, auf den die Darbietung eines ausübenden Künstlers aufgenommen ist, zur öffentlichen Wiedergabe der Darbietung benutzt, so hat der Hersteller des Tonträgers gegen den ausübenden Künstler einen Anspruch auf angemessene Beteiligung an der Vergütung, die dieser nach § 78 Abs. 2 erhält.

Abschnitt 5. Schutz des Sendeunternehmens

§ 87 Sendeunternehmen

(1) Das Sendeunternehmen hat das ausschließliche Recht,
1. seine Funksendung weiterzusenden und öffentlich zugänglich zu machen,
2. seine Funksendung auf Bild- oder Tonträger aufzunehmen, Lichtbilder von seiner Funksendung herzustellen sowie die Bild- oder Tonträger oder Lichtbilder zu vervielfältigen und zu verbreiten, ausgenommen das Vermietrecht,
3. an Stellen, die der Öffentlichkeit nur gegen Zahlung eines Eintrittsgeldes zugänglich sind, seine Funksendung öffentlich wahrnehmbar zu machen.

(2) Das Recht ist übertragbar. Das Sendeunternehmen kann einem anderen das Recht einräumen, die Funksendung auf einzelne oder alle der ihm vorbehaltenen Nutzungsarten zu nutzen. § 31 und die §§ 33 und 38 gelten entsprechend.

Urheberrechtsgesetz §§ 87a–87d

(3) Das Recht erlischt 50 Jahre nach der ersten Funksendung. Die Frist ist nach § 69 zu berechnen.

(4) § 10 Abs. 1 sowie die Vorschriften des Teils 1 Abschnitt 6 mit Ausnahme des § 47 Abs. 2 Satz 2 und des § 54 Abs. 1 gelten entsprechend.

(5) Sendeunternehmen und Kabelunternehmen sind gegenseitig verpflichtet, einen Vertrag über die Kabelweitersendung im Sinne des § 20b Abs. 1 Satz 1 zu angemessenen Bedingungen abzuschließen, sofern nicht ein die Ablehnung des Vertragsabschlusses sachlich rechtfertigender Grund besteht; die Verpflichtung des Sendeunternehmens gilt auch für die ihm in bezug auf die eigene Sendung eingeräumten oder übertragenen Senderechte. Auf Verlangen des Kabelunternehmens oder des Sendeunternehmens ist der Vertrag gemeinsam mit den in Bezug auf die Kabelweitersendung anspruchsberechtigten Verwertungsgesellschaften zu schließen, sofern nicht ein die Ablehnung eines gemeinsamen Vertragsschlusses sachlich rechtfertigender Grund besteht.

Abschnitt 6. Schutz des Datenbankherstellers

§ 87a Begriffsbestimmungen

(1) Datenbank im Sinne dieses Gesetzes ist eine Sammlung von Werken, Daten oder anderen unabhängigen Elementen, die systematisch oder methodisch angeordnet und einzeln mit Hilfe elektronischer Mittel oder auf andere Weise zugänglich sind und deren Beschaffung, Überprüfung oder Darstellung eine nach Art oder Umfang wesentliche Investition erfordert. Eine in ihrem Inhalt nach Art oder Umfang wesentlich geänderte Datenbank gilt als neue Datenbank, sofern die Änderung eine nach Art oder Umfang wesentliche Investition erfordert.

(2) Datenbankhersteller im Sinne dieses Gesetzes ist derjenige, der die Investition im Sinne des Absatzes 1 vorgenommen hat.

§ 87b Rechte des Datenbankherstellers

(1) Der Datenbankhersteller hat das ausschließliche Recht, die Datenbank insgesamt oder einen nach Art oder Umfang wesentlichen Teil der Datenbank zu vervielfältigen, zu verbreiten und öffentlich wiederzugeben. Der Vervielfältigung, Verbreitung oder öffentlichen Wiedergabe eines nach Art oder Umfang wesentlichen Teils der Datenbank steht die wiederholte und systematische Vervielfältigung, Verbreitung oder öffentliche Wiedergabe von nach Art und Umfang unwesentlichen Teilen der Datenbank gleich, sofern diese Handlungen einer normalen Auswertung der Datenbank zuwiderlaufen oder die berechtigten Interessen des Datenbankherstellers unzumutbar beeinträchtigen.

(2) § 10 Abs. 1, § 17 Abs. 2 und § 27 Abs. 2 und 3 gelten entsprechend.

§ 87c Schranken des Rechts des Datenbankherstellers

(1) Die Vervielfältigung eines nach Art oder Umfang wesentlichen Teils einer Datenbank ist zulässig

1. zum privaten Gebrauch; dies gilt nicht für eine Datenbank, deren Elemente einzeln mit Hilfe elektronischer Mittel zugänglich sind,
2. zum eigenen wissenschaftlichen Gebrauch, wenn und soweit die Vervielfältigung zu diesem Zweck geboten ist und der wissenschaftliche Gebrauch nicht zu gewerblichen Zwecken erfolgt,
3. für die Benutzung zur Veranschaulichung des Unterrichts, sofern sie nicht zu gewerblichen Zwecken erfolgt.

In den Fällen der Nummern 2 und 3 ist die Quelle deutlich anzugeben.

(2) Die Vervielfältigung, Verbreitung und öffentliche Wiedergabe eines nach Art oder Umfang wesentlichen Teils einer Datenbank ist zulässig zur Verwendung in Verfahren vor einem Gericht, einem Schiedsgericht oder einer Behörde sowie für Zwecke der öffentlichen Sicherheit.

§ 87d Dauer der Rechte

Die Rechte des Datenbankherstellers erlöschen fünfzehn Jahre nach der Veröffentlichung der Datenbank, jedoch bereits fünfzehn Jahre nach der Herstellung, wenn die Datenbank innerhalb dieser Frist nicht veröffentlicht worden ist. Die Frist ist nach § 69 zu berechnen.

§ 87e Verträge über die Benutzung einer Datenbank

Eine vertragliche Vereinbarung, durch die sich der Eigentümer eines mit Zustimmung des Datenbankherstellers durch Veräußerung in Verkehr gebrachten Vervielfältigungsstücks der Datenbank, der in sonstiger Weise zu dessen Gebrauch Berechtigte oder derjenige, dem eine Datenbank aufgrund eines mit dem Datenbankhersteller oder eines mit dessen Zustimmung mit einem Dritten geschlossenen Vertrags zugänglich gemacht wird, gegenüber dem Datenbankhersteller verpflichtet, die Vervielfältigung, Verbreitung oder öffentliche Wiedergabe von nach Art und Umfang unwesentlichen Teilen der Datenbank zu unterlassen, ist insoweit unwirksam, als diese Handlungen weder einer normalen Auswertung der Datenbank zuwiderlaufen noch die berechtigten Interessen des Datenbankherstellers unzumutbar beeinträchtigen.

Teil 3. Besondere Bestimmungen für Filme

Abschnitt 1. Filmwerke

§ 88 Recht zur Verfilmung

(1) Gestattet der Urheber einem anderen, sein Werk zu verfilmen, so liegt darin im Zweifel die Einräumung des ausschließlichen Rechts, das Werk unverändert oder unter Bearbeitung oder Umgestaltung zur Herstellung eines Filmwerkes zu benutzen und das Filmwerk sowie Übersetzungen und andere filmische Bearbeitungen auf alle Nutzungsarten zu nutzen. § 31a Abs. 1 Satz 3 und 4 und Abs. 2 bis 4 findet keine Anwendung.

(2) Die in Absatz 1 bezeichneten Befugnisse berechtigen im Zweifel nicht zu einer Wiederverfilmung des Werkes. Der Urheber ist im Zweifel berechtigt, sein Werk nach Ablauf von zehn Jahren nach Vertragsabschluß anderweit filmisch zu verwerten.

(3) *(weggefallen)*

§ 89 Rechte am Filmwerk

(1) Wer sich zur Mitwirkung bei der Herstellung eines Filmes verpflichtet, räumt damit für den Fall, daß er ein Urheberrecht am Filmwerk erwirbt, dem Filmhersteller im Zweifel das ausschließliche Recht ein, das Filmwerk sowie Übersetzungen und andere filmische Bearbeitungen oder Umgestaltungen des Filmwerkes auf alle Nutzungsarten zu nutzen. § 31a Abs. 1 Satz 3 und 4 und Abs. 2 bis 4 findet keine Anwendung.

(2) Hat der Urheber des Filmwerkes das in Absatz 1 bezeichnete Nutzungsrecht im voraus einem Dritten eingeräumt, so behält er gleichwohl stets die Befugnis, dieses Recht beschränkt oder unbeschränkt dem Filmhersteller einzuräumen.

(3) Die Urheberrechte an den zur Herstellung des Filmwerkes benutzten Werken, wie Roman, Drehbuch und Filmmusik, bleiben unberührt.

(4) Für die Rechte zur filmischen Verwertung der bei der Herstellung eines Filmwerkes entstehenden Lichtbilder und Lichtbildwerke gelten die Absätze 1 und 2 entsprechend.

§ 90 Einschränkung der Rechte

Die Bestimmungen über die Übertragung von Nutzungsrechten (§ 34) und über die Einräumung weiterer Nutzungsrechte (§ 35) sowie über das Rückrufrecht wegen Nichtausübung (§ 41) und wegen gewandelter Überzeugung (§ 42) gelten nicht für die in § 88 Abs. 1 und § 89 Abs. 1 bezeichneten Rechte. Satz 1 findet bis zum Beginn der Dreharbeiten für das Recht zur Verfilmung keine Anwendung.

§ 91 *(aufgehoben)*

§ 92 Ausübende Künstler

(1) Schließt ein ausübender Künstler mit dem Filmhersteller einen Vertrag über seine Mitwirkung bei der Herstellung eines Filmwerks, so liegt darin im Zweifel hinsichtlich der Verwertung des Filmwerks die Einräumung des Rechts, die Darbietung auf eine der dem ausübenden Künstler nach § 77 Abs. 1 und 2 Satz 1 und § 78 Abs. 1 Nr. 1 und 2 vorbehaltenen Nutzungsarten zu nutzen.

(2) Hat der ausübende Künstler im Voraus ein in Absatz 1 genanntes Recht übertragen oder einem Dritten hieran ein Nutzungsrecht eingeräumt, so behält er gleichwohl die Befugnis, dem Filmhersteller dieses Recht hinsichtlich der Verwertung des Filmwerkes zu übertragen oder einzuräumen.

(3) § 90 gilt entsprechend.

§ 93 Schutz gegen Entstellung; Namensnennung

(1) Die Urheber des Filmwerkes und der zu seiner Herstellung benutzten Werke sowie die Inhaber verwandter Schutzrechte, die bei der Herstellung des Filmwerkes mitwirken oder deren Leistungen zur Herstellung des Filmwerkes benutzt werden, können nach den §§ 14 und 75 hinsichtlich der Herstellung und Verwertung des Filmwerkes nur gröbliche Entstellungen oder andere gröbliche Beeinträchtigungen ihrer Werke oder Leistungen verbieten. Sie haben hierbei aufeinander und auf den Filmhersteller angemessene Rücksicht zu nehmen.

(2) Die Nennung jedes einzelnen an einem Film mitwirkenden ausübenden Künstlers ist nicht erforderlich, wenn sie einen unverhältnismäßigen Aufwand bedeutet.

§ 94 Schutz des Filmherstellers

(1) Der Filmhersteller hat das ausschließliche Recht, den Bildträger oder Bild- und Tonträger, auf den das Filmwerk aufgenommen ist, zu vervielfältigen, zu verbreiten und zur öffentlichen Vorführung, Funksendung oder öffentlichen Zugänglichmachung zu benutzen. Der Filmhersteller hat ferner das Recht, jede Entstellung oder Kürzung des Bildträgers oder Bild- und Tonträgers zu verbieten, die geeignet ist, seine berechtigten Interessen an diesem zu gefährden.

(2) Das Recht ist übertragbar. Der Filmhersteller kann einem anderen das Recht einräumen, den Bildträger oder Bild- und Tonträger auf einzelne oder alle der ihm vorbehaltenen Nutzungsarten zu nutzen. § 31 und die §§ 33 und 38 gelten entsprechend.

(3) Das Recht erlischt fünfzig Jahre nach dem Erscheinen des Bildträgers oder Bild- und Tonträgers oder, wenn seine erste erlaubte Benutzung zur öffentlichen Wiedergabe früher erfolgt ist, nach dieser, jedoch bereits fünfzig Jahre nach der Herstellung, wenn der Bildträger oder Bild- und Tonträger innerhalb dieser Frist nicht erschienen oder erlaubterweise zur öffentlichen Wiedergabe benutzt worden ist.

(4) § 10 Abs. 1 und die §§ 20b und 27 Abs. 2 und 3 sowie die Vorschriften des Abschnitts 6 des Teils 1 sind entsprechend anzuwenden.

Abschnitt 2. Laufbilder

§ 95 Laufbilder

Die §§ 88, 89 Abs. 4, 90, 93 und 94 sind auf Bildfolgen und Bild- und Tonfolgen, die nicht als Filmwerke geschützt sind, entsprechend anzuwenden.

Teil 4. Gemeinsame Bestimmungen für Urheberrecht und verwandte Schutzrechte

Abschnitt 1. Ergänzende Schutzbestimmungen

§ 95 a Schutz technischer Maßnahmen

(1) Wirksame technische Maßnahmen zum Schutz eines nach diesem Gesetz geschützten Werkes oder eines anderen nach diesem Gesetz geschützten Schutzgegenstandes dürfen ohne Zustimmung des Rechtsinhabers nicht umgangen werden, soweit dem Handelnden bekannt ist oder den Umständen nach bekannt sein muss, dass die Umgehung erfolgt, um den Zugang zu einem solchen Werk oder Schutzgegenstand oder deren Nutzung zu ermöglichen.

(2) Technische Maßnahmen im Sinne dieses Gesetzes sind Technologien, Vorrichtungen und Bestandteile, die im normalen Betrieb dazu bestimmt sind, geschützte Werke oder andere nach diesem Gesetz geschützte Schutzgegenstände betreffende Handlungen, die vom Rechtsinhaber

§§ 95b, 95c   Urheberrechtsgesetz

nicht genehmigt sind, zu verhindern oder einzuschränken. Technische Maßnahmen sind wirksam, soweit durch sie die Nutzung eines geschützten Werkes oder eines anderen nach diesem Gesetz geschützten Schutzgegenstandes von dem Rechtsinhaber durch eine Zugangskontrolle, einen Schutzmechanismus wie Verschlüsselung, Verzerrung oder sonstige Umwandlung oder einen Mechanismus zur Kontrolle der Vervielfältigung, die die Erreichung des Schutzziels sicherstellen, unter Kontrolle gehalten wird.

(3) Verboten sind die Herstellung, die Einfuhr, die Verbreitung, der Verkauf, die Vermietung, die Werbung im Hinblick auf Verkauf oder Vermietung und der gewerblichen Zwecken dienende Besitz von Vorrichtungen, Erzeugnissen oder Bestandteilen sowie die Erbringung von Dienstleistungen, die

1. Gegenstand einer Verkaufsförderung, Werbung oder Vermarktung mit dem Ziel der Umgehung wirksamer technischer Maßnahmen sind oder
2. abgesehen von der Umgehung wirksamer technischer Maßnahmen nur einen begrenzten wirtschaftlichen Zweck oder Nutzen haben oder
3. hauptsächlich entworfen, hergestellt, angepasst oder erbracht werden, um die Umgehung wirksamer technischer Maßnahmen zu ermöglichen oder zu erleichtern.

(4) Von den Verboten der Absätze 1 und 3 unberührt bleiben Aufgaben und Befugnisse öffentlicher Stellen zum Zwecke des Schutzes der öffentlichen Sicherheit oder der Strafrechtspflege.

§ 95b Durchsetzung von Schrankenbestimmungen

(1) Soweit ein Rechtsinhaber technische Maßnahmen nach Maßgabe dieses Gesetzes anwendet, ist er verpflichtet, den durch eine der nachfolgend genannten Bestimmungen Begünstigten, soweit sie rechtmäßig Zugang zu dem Werk oder Schutzgegenstand haben, die notwendigen Mittel zur Verfügung zu stellen, um von diesen Bestimmungen in dem erforderlichen Maße Gebrauch machen zu können:

1. § 45 (Rechtspflege und öffentliche Sicherheit),
2. § 45a (Behinderte Menschen),
3. § 46 (Sammlungen für Kirchen-, Schul- oder Unterrichtsgebrauch), mit Ausnahme des Kirchengebrauchs,
4. § 47 (Schulfunksendungen),
5. § 52a (Öffentliche Zugänglichmachung für Unterricht und Forschung),
6. § 53 (Vervielfältigungen zum privaten und sonstigen eigenen Gebrauch)
    a) Absatz 1, soweit es sich um Vervielfältigungen auf Papier oder einen ähnlichen Träger mittels beliebiger photomechanischer Verfahren oder anderer Verfahren mit ähnlicher Wirkung handelt,
    b) Absatz 2 Satz 1 Nr. 1,
    c) Absatz 2 Satz 1 Nr. 2 in Verbindung mit Satz 2 Nr. 1 oder 3,
    d) Absatz 2 Satz 1 Nr. 3 und 4 jeweils in Verbindung mit Satz 2 Nr. 1 und Satz 3,
    e) Absatz 3,
7. § 55 (Vervielfältigung durch Sendeunternehmen).

Vereinbarungen zum Ausschluss der Verpflichtungen nach Satz 1 sind unwirksam.

(2) Wer gegen das Gebot nach Absatz 1 verstößt, kann von dem Begünstigen einer der genannten Bestimmungen darauf in Anspruch genommen werden, die zur Verwirklichung der jeweiligen Befugnis benötigten Mittel zur Verfügung zu stellen. Entspricht das angebotene Mittel einer Vereinbarung zwischen Vereinigungen der Rechtsinhaber und der durch die Schrankenregelung Begünstigten, so wird vermutet, dass das Mittel ausreicht.

(3) Die Absätze 1 und 2 gelten nicht, soweit Werke und sonstige Schutzgegenstände der Öffentlichkeit auf Grund einer vertraglichen Vereinbarung in einer Weise zugänglich gemacht werden, dass sie Mitgliedern der Öffentlichkeit von Orten und zu Zeiten ihrer Wahl zugänglich sind.

(4) Zur Erfüllung der Verpflichtungen aus Absatz 1 angewandte technische Maßnahmen, einschließlich der zur Umsetzung freiwilliger Vereinbarungen angewandten Maßnahmen, genießen Rechtsschutz nach § 95a.

§ 95c Schutz der zur Rechtewahrnehmung erforderlichen Informationen

(1) Von Rechtsinhabern stammende Informationen für die Rechtewahrnehmung dürfen nicht entfernt oder verändert werden, wenn irgendeine der betreffenden Informationen an ei-

Urheberrechtsgesetz §§ 95d–97a

nem Vervielfältigungsstück eines Werkes oder eines sonstigen Schutzgegenstandes angebracht ist oder im Zusammenhang mit der öffentlichen Wiedergabe eines solchen Werkes oder Schutzgegenstandes erscheint und wenn die Entfernung oder Veränderung wissentlich unbefugt erfolgt und dem Handelnden bekannt ist oder den Umständen nach bekannt sein muss, dass er dadurch die Verletzung von Urheberrechten oder verwandter Schutzrechte veranlasst, ermöglicht, erleichtert oder verschleiert.

(2) Informationen für die Rechtewahrnehmung im Sinne dieses Gesetzes sind elektronische Informationen, die Werke oder andere Schutzgegenstände, den Urheber oder jeden anderen Rechtsinhaber identifizieren, Informationen über die Modalitäten und Bedingungen für die Nutzung der Werke oder Schutzgegenstände sowie die Zahlen und Codes, durch die derartige Informationen ausgedrückt werden.

(3) Werke oder sonstige Schutzgegenstände, bei denen Informationen für die Rechtewahrnehmung unbefugt entfernt oder geändert wurden, dürfen nicht wissentlich unbefugt verbreitet, zur Verbreitung eingeführt, gesendet, öffentlich wiedergegeben oder öffentlich zugänglich gemacht werden, wenn dem Handelnden bekannt ist oder den Umständen nach bekannt sein muss, dass er dadurch die Verletzung von Urheberrechten oder verwandter Schutzrechte veranlasst, ermöglicht, erleichtert oder verschleiert.

§ 95 d Kennzeichnungspflichten

(1) Werke und andere Schutzgegenstände, die mit technischen Maßnahmen geschützt werden, sind deutlich sichtbar mit Angaben über die Eigenschaften der technischen Maßnahmen zu kennzeichnen.

(2) Wer Werke und andere Schutzgegenstände mit technischen Maßnahmen schützt, hat diese zur Ermöglichung der Geltendmachung von Ansprüchen nach § 95 b Abs. 2 mit seinem Namen oder seiner Firma und der zustellungsfähigen Anschrift zu kennzeichnen. Satz 1 findet in den Fällen des § 95 b Abs. 3 keine Anwendung.

§ 96 Verwertungsverbot

(1) Rechtswidrig hergestellte Vervielfältigungsstücke dürfen weder verbreitet noch zu öffentlichen Wiedergaben benutzt werden.

(2) Rechtswidrig veranstaltete Funksendungen dürfen nicht auf Bild- oder Tonträger aufgenommen oder öffentlich wiedergegeben werden.

Abschnitt 2. Rechtsverletzungen

Unterabschnitt 1. Bürgerlich-rechtliche Vorschriften; Rechtsweg

§ 97 Anspruch auf Unterlassung und Schadensersatz

(1) Wer das Urheberrecht oder ein anderes nach diesem Gesetz geschütztes Recht widerrechtlich verletzt, kann von dem Verletzten auf Beseitigung der Beeinträchtigung, bei Wiederholungsgefahr auf Unterlassung in Anspruch genommen werden. Der Anspruch auf Unterlassung besteht auch dann, wenn eine Zuwiderhandlung erstmalig droht.

(2) Wer die Handlung vorsätzlich oder fahrlässig vornimmt, ist dem Verletzten zum Ersatz des daraus entstehenden Schadens verpflichtet. Bei der Bemessung des Schadensersatzes kann auch der Gewinn, den der Verletzer durch die Verletzung des Rechts erzielt hat, berücksichtigt werden. Der Schadensersatzanspruch kann auch auf der Grundlage des Betrages berechnet werden, den der Verletzer als angemessene Vergütung hätte entrichten müssen, wenn er die Erlaubnis zur Nutzung des verletzten Rechts eingeholt hätte. Urheber, Verfasser wissenschaftlicher Ausgaben (§ 70), Lichtbildner (§ 72) und ausübende Künstler (§ 73) können auch wegen des Schadens, der nicht Vermögensschaden ist, eine Entschädigung in Geld verlangen, wenn und soweit dies der Billigkeit entspricht.

§ 97 a Abmahnung

(1) Der Verletzte soll den Verletzer vor Einleitung eines gerichtlichen Verfahrens auf Unterlassung abmahnen und ihm Gelegenheit geben, den Streit durch Abgabe einer mit einer angemes-

senen Vertragsstrafe bewehrten Unterlassungsverpflichtung beizulegen. Soweit die Abmahnung berechtigt ist, kann der Ersatz der erforderlichen Aufwendungen verlangt werden.

(2) Der Ersatz der erforderlichen Aufwendungen für die Inanspruchnahme anwaltlicher Dienstleistungen für die erstmalige Abmahnung beschränkt sich in einfach gelagerten Fällen mit einer nur unerheblichen Rechtsverletzung außerhalb des geschäftlichen Verkehrs auf 100 Euro.

§ 98 Anspruch auf Vernichtung, Rückruf und Überlassung

(1) Wer das Urheberrecht oder ein anderes nach diesem Gesetz geschütztes Recht widerrechtlich verletzt, kann von dem Verletzten auf Vernichtung der im Besitz oder Eigentum des Verletzers befindlichen rechtswidrig hergestellten, verbreiteten oder zur rechtswidrigen Verbreitung bestimmten Vervielfältigungsstücke in Anspruch genommen werden. Satz 1 ist entsprechend auf die im Eigentum des Verletzers stehenden Vorrichtungen anzuwenden, die vorwiegend zur Herstellung dieser Vervielfältigungsstücke gedient haben.

(2) Wer das Urheberrecht oder ein anderes nach diesem Gesetz geschütztes Recht widerrechtlich verletzt, kann von dem Verletzten auf Rückruf von rechtswidrig hergestellten, verbreiteten oder zur rechtswidrigen Verbreitung bestimmten Vervielfältigungsstücken oder auf deren endgültiges Entfernen aus den Vertriebswegen in Anspruch genommen werden.

(3) Statt der in Absatz 1 vorgesehenen Maßnahmen kann der Verletzte verlangen, dass ihm die Vervielfältigungsstücke, die im Eigentum des Verletzers stehen, gegen eine angemessene Vergütung, welche die Herstellungskosten nicht übersteigen darf, überlassen werden.

(4) Die Ansprüche nach den Absätzen 1 bis 3 sind ausgeschlossen, wenn die Maßnahme im Einzelfall unverhältnismäßig ist. Bei der Prüfung der Verhältnismäßigkeit sind auch die berechtigten Interessen Dritter zu berücksichtigen.

(5) Bauwerke sowie ausscheidbare Teile von Vervielfältigungsstücken und Vorrichtungen, deren Herstellung und Verbreitung nicht rechtswidrig ist, unterliegen nicht den in den Absätzen 1 bis 3 vorgesehenen Maßnahmen.

§ 99 Haftung des Inhabers eines Unternehmens

Ist in einem Unternehmen von einem Arbeitnehmer oder Beauftragten ein nach diesem Gesetz geschütztes Recht widerrechtlich verletzt worden, hat der Verletzte die Ansprüche aus § 97 Abs. 1 und § 98 auch gegen den Inhaber des Unternehmens.

§ 100 Entschädigung

Handelt der Verletzer weder vorsätzlich noch fahrlässig, kann er zur Abwendung der Ansprüche nach den §§ 97 und 98 den Verletzten in Geld entschädigen, wenn ihm durch die Erfüllung der Ansprüche ein unverhältnismäßig großer Schaden entstehen würde und dem Verletzten die Abfindung in Geld zuzumuten ist. Als Entschädigung ist der Betrag zu zahlen, der im Fall einer vertraglichen Einräumung des Rechts als Vergütung angemessen wäre. Mit der Zahlung der Entschädigung gilt die Einwilligung des Verletzten zur Verwertung im üblichen Umfang als erteilt.

§ 101 Anspruch auf Auskunft

(1) Wer in gewerblichem Ausmaß das Urheberrecht oder ein anderes nach diesem Gesetz geschütztes Recht widerrechtlich verletzt, kann von dem Verletzten auf unverzügliche Auskunft über die Herkunft und den Vertriebsweg der rechtsverletzenden Vervielfältigungsstücke oder sonstigen Erzeugnisse in Anspruch genommen werden. Das gewerbliche Ausmaß kann sich sowohl aus der Anzahl der Rechtsverletzungen als auch aus der Schwere der Rechtsverletzung ergeben.

(2) In Fällen offensichtlicher Rechtsverletzung oder in Fällen, in denen der Verletzte gegen den Verletzer Klage erhoben hat, besteht der Anspruch unbeschadet von Absatz 1 auch gegen eine Person, die in gewerblichem Ausmaß

1. rechtsverletzende Vervielfältigungsstücke in ihrem Besitz hatte,
2. rechtsverletzende Dienstleistungen in Anspruch nahm,
3. für rechtsverletzende Tätigkeiten genutzte Dienstleistungen erbrachte oder
4. nach den Angaben einer in Nummer 1, 2 oder Nummer 3 genannten Person an der Herstellung, Erzeugung oder am Vertrieb solcher Vervielfältigungsstücke, sonstigen Erzeugnisse oder Dienstleistungen beteiligt war,

es sei denn, die Person wäre nach den §§ 383 bis 385 der Zivilprozessordnung im Prozess gegen den Verletzer zur Zeugnisverweigerung berechtigt. Im Fall der gerichtlichen Geltendmachung des Anspruchs nach Satz 1 kann das Gericht den gegen den Verletzer anhängigen Rechtsstreit auf Antrag bis zur Erledigung des wegen des Auskunftsanspruchs geführten Rechtsstreits aussetzen. Der zur Auskunft Verpflichtete kann von dem Verletzten den Ersatz der für die Auskunftserteilung erforderlichen Aufwendungen verlangen.

(3) Der zur Auskunft Verpflichtete hat Angaben zu machen über

1. Namen und Anschrift der Hersteller, Lieferanten und anderer Vorbesitzer der Vervielfältigungsstücke oder sonstigen Erzeugnisse, der Nutzer der Dienstleistungen sowie der gewerblichen Abnehmer und Verkaufsstellen, für die sie bestimmt waren, und
2. die Menge der hergestellten, ausgelieferten, erhaltenen oder bestellten Vervielfältigungsstücke oder sonstigen Erzeugnisse sowie über die Preise, die für die betreffenden Vervielfältigungsstücke oder sonstigen Erzeugnisse bezahlt wurden.

(4) Die Ansprüche nach den Absätzen 1 und 2 sind ausgeschlossen, wenn die Inanspruchnahme im Einzelfall unverhältnismäßig ist.

(5) Erteilt der zur Auskunft Verpflichtete die Auskunft vorsätzlich oder grob fahrlässig falsch oder unvollständig, so ist er dem Verletzten zum Ersatz des daraus entstehenden Schadens verpflichtet.

(6) Wer eine wahre Auskunft erteilt hat, ohne dazu nach Absatz 1 oder Absatz 2 verpflichtet gewesen zu sein, haftet Dritten gegenüber nur, wenn er wusste, dass er zur Auskunftserteilung nicht verpflichtet war.

(7) In Fällen offensichtlicher Rechtsverletzung kann die Verpflichtung zur Erteilung der Auskunft im Wege der einstweiligen Verfügung nach den §§ 935 bis 945 der Zivilprozessordnung angeordnet werden.

(8) Die Erkenntnisse dürfen in einem Strafverfahren oder in einem Verfahren nach dem Gesetz über Ordnungswidrigkeiten wegen einer vor der Erteilung der Auskunft begangenen Tat gegen den Verpflichteten oder gegen einen in § 52 Abs. 1 der Strafprozessordnung bezeichneten Angehörigen nur mit Zustimmung des Verpflichteten verwertet werden.

(9) Kann die Auskunft nur unter Verwendung von Verkehrsdaten (§ 3 Nr. 30 des Telekommunikationsgesetzes) erteilt werden, ist für ihre Erteilung eine vorherige richterliche Anordnung über die Zulässigkeit der Verwendung der Verkehrsdaten erforderlich, die von dem Verletzten zu beantragen ist. Für den Erlass dieser Anordnung ist das Landgericht, in dessen Bezirk der zur Auskunft Verpflichtete seinen Wohnsitz, seinen Sitz oder eine Niederlassung hat, ohne Rücksicht auf den Streitwert ausschließlich zuständig. Die Entscheidung trifft die Zivilkammer. Für das Verfahren gelten die Vorschriften des Gesetzes über das Verfahren in Familiensachen und in den Angelegenheiten der freiwilligen Gerichtsbarkeit entsprechend. Die Kosten der richterlichen Anordnung trägt der Verletzte. Gegen die Entscheidung des Landgerichts ist die Beschwerde statthaft. Die Beschwerde ist binnen einer Frist von zwei Wochen einzulegen. Die Vorschriften zum Schutz personenbezogener Daten bleiben im Übrigen unberührt.

(10) Durch Absatz 2 in Verbindung mit Absatz 9 wird das Grundrecht des Fernmeldegeheimnisses (Artikel 10 des Grundgesetzes) eingeschränkt.

§ 101a Anspruch auf Vorlage und Besichtigung

(1) Wer mit hinreichender Wahrscheinlichkeit das Urheberrecht oder ein anderes nach diesem Gesetz geschütztes Recht widerrechtlich verletzt, kann von dem Verletzten auf Vorlage einer Urkunde oder Besichtigung einer Sache in Anspruch genommen werden, die sich in seiner Verfügungsgewalt befindet, wenn dies zur Begründung von dessen Ansprüchen erforderlich ist. Besteht die hinreichende Wahrscheinlichkeit einer in gewerblichem Ausmaß begangenen Rechtsverletzung, erstreckt sich der Anspruch auch auf die Vorlage von Bank-, Finanz- oder Handelsunterlagen. Soweit der vermeintliche Verletzer geltend macht, dass es sich um vertrauliche Informationen handelt, trifft das Gericht die erforderlichen Maßnahmen, um den im Einzelfall gebotenen Schutz zu gewährleisten.

(2) Der Anspruch nach Absatz 1 ist ausgeschlossen, wenn die Inanspruchnahme im Einzelfall unverhältnismäßig ist.

(3) Die Verpflichtung zur Vorlage einer Urkunde oder zur Duldung der Besichtigung einer Sache kann im Wege der einstweiligen Verfügung nach den §§ 935 bis 945 der Zivilprozessord-

nung angeordnet werden. Das Gericht trifft die erforderlichen Maßnahmen, um den Schutz vertraulicher Informationen zu gewährleisten. Dies gilt insbesondere in den Fällen, in denen die einstweilige Verfügung ohne vorherige Anhörung des Gegners erlassen wird.

(4) § 811 des Bürgerlichen Gesetzbuchs sowie § 101 Abs. 8 gelten entsprechend.

(5) Wenn keine Verletzung vorlag oder drohte, kann der vermeintliche Verletzer von demjenigen, der die Vorlage oder Besichtigung nach Absatz 1 begehrt hat, den Ersatz des ihm durch das Begehren entstandenen Schadens verlangen.

§ 101 b Sicherung von Schadensersatzansprüchen

(1) Der Verletzte kann den Verletzer bei einer in gewerblichem Ausmaß begangenen Rechtsverletzung in den Fällen des § 97 Abs. 2 auch auf Vorlage von Bank-, Finanz- oder Handelsunterlagen oder einen geeigneten Zugang zu den entsprechenden Unterlagen in Anspruch nehmen, die sich in der Verfügungsgewalt des Verletzers befinden und die für die Durchsetzung des Schadensersatzanspruchs erforderlich sind, wenn ohne die Vorlage die Erfüllung des Schadensersatzanspruchs fraglich ist. Soweit der Verletzer geltend macht, dass es sich um vertrauliche Informationen handelt, trifft das Gericht die erforderlichen Maßnahmen, um den im Einzelfall gebotenen Schutz zu gewährleisten.

(2) Der Anspruch nach Absatz 1 ist ausgeschlossen, wenn die Inanspruchnahme im Einzelfall unverhältnismäßig ist.

(3) Die Verpflichtung zur Vorlage der in Absatz 1 bezeichneten Urkunden kann im Wege der einstweiligen Verfügung nach den §§ 935 bis 945 der Zivilprozessordnung angeordnet werden, wenn der Schadensersatzanspruch offensichtlich besteht. Das Gericht trifft die erforderlichen Maßnahmen, um den Schutz vertraulicher Informationen zu gewährleisten. Dies gilt insbesondere in den Fällen, in denen die einstweilige Verfügung ohne vorherige Anhörung des Gegners erlassen wird.

(4) § 811 des Bürgerlichen Gesetzbuchs sowie § 101 Abs. 8 gelten entsprechend.

§ 102 Verjährung

Auf die Verjährung der Ansprüche wegen Verletzung des Urheberrechts oder eines anderen nach diesem Gesetz geschützten Rechts finden die Vorschriften des Abschnitts 5 des Buches 1 des Bürgerlichen Gesetzbuchs entsprechende Anwendung. Hat der Verpflichtete durch die Verletzung auf Kosten des Berechtigten etwas erlangt, findet § 852 des Bürgerlichen Gesetzbuchs entsprechende Anwendung.

§ 102 a Ansprüche aus anderen gesetzlichen Vorschriften

Ansprüche aus anderen gesetzlichen Vorschriften bleiben unberührt.

§ 103 Bekanntmachung des Urteils

Ist eine Klage auf Grund dieses Gesetzes erhoben worden, so kann der obsiegenden Partei im Urteil die Befugnis zugesprochen werden, das Urteil auf Kosten der unterliegenden Partei öffentlich bekannt zu machen, wenn sie ein berechtigtes Interesse darlegt. Art und Umfang der Bekanntmachung werden im Urteil bestimmt. Die Befugnis erlischt, wenn von ihr nicht innerhalb von drei Monaten nach Eintritt der Rechtskraft des Urteils Gebrauch gemacht wird. Das Urteil darf erst nach Rechtskraft bekannt gemacht werden, wenn nicht das Gericht etwas anderes bestimmt.

§ 104 Rechtsweg

Für alle Rechtsstreitigkeiten, durch die ein Anspruch aus einem der in diesem Gesetz geregelten Rechtsverhältnisse geltend gemacht wird, (Urheberrechtsstreitsachen) ist der ordentliche Rechtsweg gegeben. Für Urheberrechtsstreitsachen aus Arbeits- oder Dienstverhältnissen, die ausschließlich Ansprüche auf Leistung einer vereinbarten Vergütung zum Gegenstand haben, bleiben der Rechtsweg zu den Gerichten für Arbeitssachen und der Verwaltungsrechtsweg unberührt.

§ 105 Gerichte für Urheberrechtsstreitsachen

(1) Die Landesregierungen werden ermächtigt, durch Rechtsverordnung Urheberrechtsstreitsachen, für die das Landgericht in erster Instanz oder in der Berufungsinstanz zuständig ist, für die Bezirke mehrerer Landgerichte einem von ihnen zuzuweisen, wenn dies der Rechtspflege dienlich ist.

(2) Die Landesregierungen werden ferner ermächtigt, durch Rechtsverordnung die zur Zuständigkeit der Amtsgerichte gehörenden Urheberrechtsstreitsachen für die Bezirke mehrerer Amtsgerichte einem von ihnen zuzuweisen, wenn dies der Rechtspflege dienlich ist.

(3) Die Landesregierungen können die Ermächtigungen nach den Absätzen 1 und 2 auf die Landesjustizverwaltungen übertragen.

(4), (5) *(weggefallen)*

Unterabschnitt 2. Straf- und Bußgeldvorschriften

§ 106 Unerlaubte Verwertung urheberrechtlich geschützter Werke

(1) Wer in anderen als den gesetzlich zugelassenen Fällen ohne Einwilligung des Berechtigten ein Werk oder eine Bearbeitung oder Umgestaltung eines Werkes vervielfältigt, verbreitet oder öffentlich wiedergibt, wird mit Freiheitsstrafe bis zu drei Jahren oder mit Geldstrafe bestraft.

(2) Der Versuch ist strafbar.

§ 107 Unzulässiges Anbringen der Urheberbezeichnung

(1) Wer

1. auf dem Original eines Werkes der bildenden Künste die Urheberbezeichnung (§ 10 Abs. 1) ohne Einwilligung des Urhebers anbringt oder ein derart bezeichnetes Original verbreitet,
2. auf einem Vervielfältigungsstück, einer Bearbeitung oder Umgestaltung eines Werkes der bildenden Künste die Urheberbezeichnung (§ 10 Abs. 1) auf eine Art anbringt, die dem Vervielfältigungsstück, der Bearbeitung oder Umgestaltung den Anschein eines Originals gibt, oder ein derart bezeichnetes Vervielfältigungsstück, eine solche Bearbeitung oder Umgestaltung verbreitet,

wird mit Freiheitsstrafe bis zu drei Jahren oder mit Geldstrafe bestraft, wenn die Tat nicht in anderen Vorschriften mit schwererer Strafe bedroht ist.

(2) Der Versuch ist strafbar.

§ 108 Unerlaubte Eingriffe in verwandte Schutzrechte

(1) Wer in anderen als den gesetzlich zugelassenen Fällen ohne Einwilligung des Berechtigten

1. eine wissenschaftliche Ausgabe (§ 70) oder eine Bearbeitung oder Umgestaltung einer solchen Ausgabe vervielfältigt, verbreitet oder öffentlich wiedergibt,
2. ein nachgelassenes Werk oder eine Bearbeitung oder Umgestaltung eines solchen Werkes entgegen § 71 verwertet,
3. ein Lichtbild (§ 72) oder eine Bearbeitung oder Umgestaltung eines Lichtbildes vervielfältigt, verbreitet oder öffentlich wiedergibt,
4. die Darbietung eines ausübenden Künstlers entgegen den § 77 Abs. 1 oder Abs. 2 Satz 1, § 78 Abs. 1 verwertet,
5. einen Tonträger entgegen § 85 verwertet,
6. eine Funksendung entgegen § 87 verwertet,
7. einen Bildträger oder Bild- und Tonträger entgegen §§ 94 oder 95 in Verbindung mit § 94 verwertet,
8. eine Datenbank entgegen § 87b Abs. 1 verwertet,

wird mit Freiheitsstrafe bis zu drei Jahren oder mit Geldstrafe bestraft.

(2) Der Versuch ist strafbar.

§ 108a Gewerbsmäßige unerlaubte Verwertung

(1) Handelt der Täter in den Fällen der §§ 106 bis 108 gewerbsmäßig, so ist die Strafe Freiheitsstrafe bis zu fünf Jahren oder Geldstrafe.

(2) Der Versuch ist strafbar.

§ 108b Unerlaubte Eingriffe in technische Schutzmaßnahmen und zur Rechtewahrnehmung erforderliche Informationen

(1) Wer

1. in der Absicht, sich oder einem Dritten den Zugang zu einem nach diesem Gesetz geschützten Werk oder einem anderen nach diesem Gesetz geschützten Schutzgegenstand oder deren

Nutzung zu ermöglichen, eine wirksame technische Maßnahme ohne Zustimmung des Rechtsinhabers umgeht oder
2. wissentlich unbefugt
   a) eine von Rechtsinhabern stammende Information für die Rechtewahrnehmung entfernt oder verändert, wenn irgendeine der betreffenden Informationen an einem Vervielfältigungsstück eines Werkes oder eines sonstigen Schutzgegenstandes angebracht ist oder im Zusammenhang mit der öffentlichen Wiedergabe eines solchen Werkes oder Schutzgegenstandes erscheint, oder
   b) ein Werk oder einen sonstigen Schutzgegenstand, bei dem eine Information für die Rechtewahrnehmung unbefugt entfernt oder geändert wurde, verbreitet, zur Verbreitung einführt, sendet, öffentlich wiedergibt oder öffentlich zugänglich macht und dadurch wenigstens leichtfertig die Verletzung von Urheberrechten oder verwandten Schutzrechten veranlasst, ermöglicht, erleichtert oder verschleiert,

wird, wenn die Tat nicht ausschließlich zum eigenen privaten Gebrauch des Täters oder mit dem Täter persönlich verbundener Personen erfolgt oder sich auf einen derartigen Gebrauch bezieht, mit Freiheitsstrafe bis zu einem Jahr oder mit Geldstrafe bestraft.

(2) Ebenso wird bestraft, wer entgegen § 95 a Abs. 3 eine Vorrichtung, ein Erzeugnis oder einen Bestandteil zu gewerblichen Zwecken herstellt, einführt, verbreitet, verkauft oder vermietet.

(3) Handelt der Täter in den Fällen des Absatzes 1 gewerbsmäßig, so ist die Strafe Freiheitsstrafe bis zu drei Jahren oder Geldstrafe.

§ 109 Strafantrag

In den Fällen der §§ 106 bis 108 und des § 108 b wird die Tat nur auf Antrag verfolgt, es sei denn, daß die Strafverfolgungsbehörde wegen des besonderen öffentlichen Interesses an der Strafverfolgung ein Einschreiten von Amts wegen für geboten hält.

§ 110 Einziehung

Gegenstände, auf die sich eine Straftat nach den §§ 106, 107 Abs. 1 Nr. 2, §§ 108 bis 108 b bezieht, können eingezogen werden. § 74 a des Strafgesetzbuches ist anzuwenden. Soweit den in § 98 bezeichneten Ansprüchen im Verfahren nach den Vorschriften der Strafprozeßordnung über die Entschädigung des Verletzten (§§ 403 bis 406 c) stattgegeben wird, sind die Vorschriften über die Einziehung nicht anzuwenden.

§ 111 Bekanntgabe der Verurteilung

Wird in den Fällen der §§ 106 bis 108 b auf Strafe erkannt, so ist, wenn der Verletzte es beantragt und ein berechtigtes Interesse daran dartut, anzuordnen, daß die Verurteilung auf Verlangen öffentlich bekanntgemacht wird. Die Art der Bekanntmachung ist im Urteil zu bestimmen.

§ 111 a Bußgeldvorschriften

(1) Ordnungswidrig handelt, wer
1. entgegen § 95 a Abs. 3
   a) eine Vorrichtung, ein Erzeugnis oder einen Bestandteil verkauft, vermietet oder über den Kreis der mit dem Täter persönlich verbundenen Personen hinaus verbreitet oder
   b) zu gewerblichen Zwecken eine Vorrichtung, ein Erzeugnis oder einen Bestandteil besitzt, für deren Verkauf oder Vermietung wirbt oder eine Dienstleistung erbringt,
2. entgegen § 95 b Abs. 1 Satz 1 ein notwendiges Mittel nicht zur Verfügung stellt oder
3. entgegen § 95 d Abs. 2 Satz 1 Werke oder andere Schutzgegenstände nicht oder nicht vollständig kennzeichnet.

(2) Die Ordnungswidrigkeit kann in den Fällen des Absatzes 1 Nr. 1 und 2 mit einer Geldbuße bis zu fünfzigtausend Euro und in den übrigen Fällen mit einer Geldbuße bis zu zehntausend Euro geahndet werden.

Unterabschnitt 3. Vorschriften über Maßnahmen der Zollbehörde

§ 111 b Verfahren nach deutschem Recht

(1) Verletzt die Herstellung oder Verbreitung von Vervielfältigungsstücken das Urheberrecht oder ein anderes nach diesem Gesetz geschütztes Recht, so unterliegen die Vervielfältigungsstü-

cke, soweit nicht die Verordnung (EG) Nr. 1383/2003 des Rates vom 22. Juli 2003 über das Vorgehen der Zollbehörden gegen Waren, die im Verdacht stehen, bestimmte Rechte geistigen Eigentums zu verletzen, und die Maßnahmen gegenüber Waren, die erkanntermaßen derartige Rechte verletzen (ABl. EU Nr. L 196 S. 7), in ihrer jeweils geltenden Fassung anzuwenden ist, auf Antrag und gegen Sicherheitsleistung des Rechtsinhabers bei ihrer Einfuhr oder Ausfuhr der Beschlagnahme durch die Zollbehörde, sofern die Rechtsverletzung offensichtlich ist. Dies gilt für den Verkehr mit anderen Mitgliedstaaten der Europäischen Union sowie mit den anderen Vertragsstaaten des Abkommens über den Europäischen Wirtschaftsraum nur, soweit Kontrollen durch die Zollbehörden stattfinden.

(2) Ordnet die Zollbehörde die Beschlagnahme an, so unterrichtet sie unverzüglich den Verfügungsberechtigten sowie den Antragsteller. Dem Antragsteller sind Herkunft, Menge und Lagerort der Vervielfältigungsstücke sowie Name und Anschrift des Verfügungsberechtigten mitzuteilen; das Brief- und Postgeheimnis (Artikel 10 des Grundgesetzes) wird insoweit eingeschränkt. Dem Antragsteller wird Gelegenheit gegeben, die Vervielfältigungsstücke zu besichtigen, soweit hierdurch nicht in Geschäfts- oder Betriebsgeheimnisse eingegriffen wird.

(3) Wird der Beschlagnahme nicht spätestens nach Ablauf von zwei Wochen nach Zustellung der Mitteilung nach Absatz 2 Satz 1 widersprochen, so ordnet die Zollbehörde die Einziehung der beschlagnahmten Vervielfältigungsstücke an.

(4) Widerspricht der Verfügungsberechtigte der Beschlagnahme, so unterrichtet die Zollbehörde hiervon unverzüglich den Antragsteller. Dieser hat gegenüber der Zollbehörde unverzüglich zu erklären, ob er den Antrag nach Absatz 1 in bezug auf die beschlagnahmten Vervielfältigungsstücke aufrechterhält.

1. Nimmt der Antragsteller den Antrag zurück, hebt die Zollbehörde die Beschlagnahme unverzüglich auf.
2. Hält der Antragsteller den Antrag aufrecht und legt er eine vollziehbare gerichtliche Entscheidung vor, die die Verwahrung der beschlagnahmten Vervielfältigungsstücke oder eine Verfügungsbeschränkung anordnet, trifft die Zollbehörde die erforderlichen Maßnahmen.

Liegen die Fälle der Nummern 1 oder 2 nicht vor, hebt die Zollbehörde die Beschlagnahme nach Ablauf von zwei Wochen nach Zustellung der Mitteilung an den Antragsteller nach Satz 1 auf; weist der Antragsteller nach, daß die gerichtliche Entscheidung nach Nummer 2 beantragt, ihm aber noch nicht zugegangen ist, wird die Beschlagnahme für längstens zwei weitere Wochen aufrechterhalten.

(5) Erweist sich die Beschlagnahme als von Anfang an ungerechtfertigt und hat der Antragsteller den Antrag nach Absatz 1 in bezug auf die beschlagnahmten Vervielfältigungsstücke aufrechterhalten oder sich nicht unverzüglich erklärt (Absatz 4 Satz 2), so ist er verpflichtet, den dem Verfügungsberechtigten durch die Beschlagnahme entstandenen Schaden zu ersetzen.

(6) Der Antrag nach Absatz 1 ist bei der Bundesfinanzdirektion zu stellen und hat Wirkung für ein Jahr, sofern keine kürzere Geltungsdauer beantragt wird; er kann wiederholt werden. Für die mit dem Antrag verbundenen Amtshandlungen werden vom Antragsteller Kosten nach Maßgabe des § 178 der Abgabenordnung erhoben.

(7) Die Beschlagnahme und die Einziehung können mit den Rechtsmitteln angefochten werden, die im Bußgeldverfahren nach dem Gesetz über Ordnungswidrigkeiten gegen die Beschlagnahme und Einziehung zulässig sind. Im Rechtsmittelverfahren ist der Antragsteller zu hören. Gegen die Entscheidung des Amtsgerichts ist die sofortige Beschwerde zulässig; über sie entscheidet das Oberlandesgericht.

(8) *(weggefallen)*

§ 111 c Verfahren nach der Verordnung (EG) Nr. 1383/2003

(1) Setzt die zuständige Zollbehörde nach Artikel 9 der Verordnung (EG) Nr. 1383/2003 die Überlassung der Waren aus oder hält diese zurück, unterrichtet sie davon unverzüglich den Rechtsinhaber sowie den Anmelder oder den Besitzer oder den Eigentümer der Waren.

(2) Im Fall des Absatzes 1 kann der Rechtsinhaber beantragen, die Waren in dem nachstehend beschriebenen vereinfachten Verfahren im Sinn des Artikels 11 der Verordnung (EG) Nr. 1383/2003 vernichten zu lassen.

(3) Der Antrag muss bei der Zollbehörde innerhalb von zehn Arbeitstagen nach Zugang der Unterrichtung nach Absatz 1 schriftlich gestellt werden. Er muss die Mitteilung enthalten, dass

die Waren, die Gegenstand des Verfahrens sind, ein nach diesem Gesetz geschütztes Recht verletzen. Die schriftliche Zustimmung des Anmelders, des Besitzers oder des Eigentümers der Waren zu ihrer Vernichtung ist beizufügen. Abweichend von Satz 3 kann der Anmelder, der Besitzer oder der Eigentümer die schriftliche Erklärung, ob er einer Vernichtung zustimmt oder nicht, unmittelbar gegenüber der Zollbehörde abgeben. Die in Satz 1 genannte Frist kann vor Ablauf auf Antrag des Rechtsinhabers um zehn Arbeitstage verlängert werden.

(4) Die Zustimmung zur Vernichtung gilt als erteilt, wenn der Anmelder, der Besitzer oder der Eigentümer der Waren einer Vernichtung nicht innerhalb von zehn Arbeitstagen nach Zugang der Unterrichtung nach Absatz 1 widerspricht. Auf diesen Umstand ist in der Unterrichtung nach Absatz 1 hinzuweisen.

(5) Die Vernichtung der Waren erfolgt auf Kosten und Verantwortung des Rechtsinhabers.

(6) Die Zollstelle kann die organisatorische Abwicklung der Vernichtung übernehmen. Absatz 5 bleibt unberührt.

(7) Die Aufbewahrungsfrist nach Artikel 11 Abs. 1 zweiter Spiegelstrich der Verordnung (EG) Nr. 1383/2003 beträgt ein Jahr.

(8) Im Übrigen gilt § 111b entsprechend, soweit nicht die Verordnung (EG) Nr. 1383/2003 Bestimmungen enthält, die dem entgegenstehen.

Abschnitt 3. Zwangsvollstreckung

Unterabschnitt 1. Allgemeines

§ 112 Allgemeines

Die Zulässigkeit der Zwangsvollstreckung in ein nach diesem Gesetz geschütztes Recht richtet sich nach den allgemeinen Vorschriften, soweit sich aus den §§ 113 bis 119 nichts anderes ergibt.

Unterabschnitt 2. Zwangsvollstreckung wegen Geldforderungen gegen den Urheber

§ 113 Urheberrecht

Gegen den Urheber ist die Zwangsvollstreckung wegen Geldforderungen in das Urheberrecht nur mit seiner Einwilligung und nur insoweit zulässig, als er Nutzungsrechte einräumen kann (§ 31). Die Einwilligung kann nicht durch den gesetzlichen Vertreter erteilt werden.

§ 114 Originale von Werken

(1) Gegen den Urheber ist die Zwangsvollstreckung wegen Geldforderungen in die ihm gehörenden Originale seiner Werke nur mit seiner Einwilligung zulässig. Die Einwilligung kann nicht durch den gesetzlichen Vertreter erteilt werden.

(2) Der Einwilligung bedarf es nicht,

1. soweit die Zwangsvollstreckung in das Original des Werkes zur Durchführung der Zwangsvollstreckung in ein Nutzungsrecht am Werk notwendig ist,
2. zur Zwangsvollstreckung in das Original eines Werkes der Baukunst,
3. zur Zwangsvollstreckung in das Original eines anderen Werkes der bildenden Künste, wenn das Werk veröffentlicht ist.

In den Fällen der Nummern 2 und 3 darf das Original des Werkes ohne Zustimmung des Urhebers verbreitet werden.

Unterabschnitt 3. Zwangsvollstreckung wegen Geldforderungen gegen den Rechtsnachfolger des Urhebers

§ 115 Urheberrecht

Gegen den Rechtsnachfolger des Urhebers (§ 30) ist die Zwangsvollstreckung wegen Geldforderungen in das Urheberrecht nur mit seiner Einwilligung und nur insoweit zulässig, als er

Urheberrechtsgesetz §§ 116–120

Nutzungsrechte einräumen kann (§ 31). Der Einwilligung bedarf es nicht, wenn das Werk erschienen ist.

§ 116 Originale von Werken

(1) Gegen den Rechtsnachfolger des Urhebers (§ 30) ist die Zwangsvollstreckung wegen Geldforderungen in die ihm gehörenden Originale von Werken des Urhebers nur mit seiner Einwilligung zulässig.

(2) Der Einwilligung bedarf es nicht
1. in den Fällen des § 114 Abs. 2 Satz 1,
2. zur Zwangsvollstreckung in das Original eines Werkes, wenn das Werk erschienen ist.
§ 114 Abs. 2 Satz 2 gilt entsprechend.

§ 117 Testamentsvollstrecker

Ist nach § 28 Abs. 2 angeordnet, daß das Urheberrecht durch einen Testamentsvollstrecker ausgeübt wird, so ist die nach den §§ 115 und 116 erforderliche Einwilligung durch den Testamentsvollstrecker zu erteilen.

Unterabschnitt 4. Zwangsvollstreckung wegen Geldforderungen gegen den Verfasser wissenschaftlicher Ausgaben und gegen den Lichtbildner

§ 118 Entsprechende Anwendung

Die §§ 113 bis 117 sind sinngemäß anzuwenden
1. auf die Zwangsvollstreckung wegen Geldforderungen gegen den Verfasser wissenschaftlicher Ausgaben (§ 70) und seinen Rechtsnachfolger,
2. auf die Zwangsvollstreckung wegen Geldforderungen gegen den Lichtbildner (§ 72) und seinen Rechtsnachfolger.

Unterabschnitt 5. Zwangsvollstreckung wegen Geldforderungen in bestimmte Vorrichtungen

§ 119 Zwangsvollstreckung in bestimmte Vorrichtungen

(1) Vorrichtungen, die ausschließlich zur Vervielfältigung oder Funksendung eines Werkes bestimmt sind, wie Formen, Platten, Steine, Druckstöcke, Matrizen und Negative, unterliegen der Zwangsvollstreckung wegen Geldforderungen nur, soweit der Gläubiger zur Nutzung des Werkes mittels dieser Vorrichtungen berechtigt ist.

(2) Das gleiche gilt für Vorrichtungen, die ausschließlich zur Vorführung eines Filmwerkes bestimmt sind, wie Filmstreifen und dergleichen.

(3) Die Absätze 1 und 2 sind auf die nach den §§ 70 und 71 geschützten Ausgaben, die nach § 72 geschützten Lichtbilder, die nach § 77 Abs. 2 Satz 1, §§ 85, 87, 94 und 95 geschützten Bild- und Tonträger und die nach § 87b Abs. 1 geschützten Datenbanken entsprechend anzuwenden.

Teil 5. Anwendungsbereich, Übergangs- und Schlussbestimmungen

Abschnitt 1. Anwendungsbereich des Gesetzes

Unterabschnitt 1. Urheberrecht

§ 120 Deutsche Staatsangehörige und Staatsangehörige anderer EU-Staaten und EWR-Staaten

(1) Deutsche Staatsangehörige genießen den urheberrechtlichen Schutz für alle ihre Werke, gleichviel, ob und wo die Werke erschienen sind. Ist ein Werk von Miturhebern (§ 8) geschaffen, so genügt es, wenn ein Miturheber deutscher Staatsangehöriger ist.

(2) Deutschen Staatsangehörigen stehen gleich:
1. Deutsche im Sinne des Artikels 116 Abs. 1 des Grundgesetzes, die nicht die deutsche Staatsangehörigkeit besitzen, und
2. Staatsangehörige eines anderen Mitgliedstaates der Europäischen Union oder eines anderen Vertragsstaates des Abkommens über den Europäischen Wirtschaftsraum.

§ 121 Ausländische Staatsangehörige

(1) Ausländische Staatsangehörige genießen den urheberrechtlichen Schutz für ihre im Geltungsbereich dieses Gesetzes erschienenen Werke, es sei denn, daß das Werk oder eine Übersetzung des Werkes früher als dreißig Tage vor dem Erscheinen im Geltungsbereich dieses Gesetzes außerhalb dieses Gebietes erschienen ist. Mit der gleichen Einschränkung genießen ausländische Staatsangehörige den Schutz auch für solche Werke, die im Geltungsbereich dieses Gesetzes nur in Übersetzung erschienen sind.

(2) Den im Geltungsbereich dieses Gesetzes erschienenen Werken im Sinne des Absatzes 1 werden die Werke der bildenden Künste gleichgestellt, die mit einem Grundstück im Geltungsbereich dieses Gesetzes fest verbunden sind.

(3) Der Schutz nach Absatz 1 kann durch Rechtsverordnung des Bundesministers der Justiz für ausländische Staatsangehörige beschränkt werden, die keinem Mitgliedstaat der Berner Übereinkunft zum Schutze von Werken der Literatur und der Kunst angehören und zur Zeit des Erscheinens des Werkes weder im Geltungsbereich dieses Gesetzes noch in einem anderen Mitgliedstaat ihren Wohnsitz haben, wenn der Staat, dem sie angehören, deutschen Staatsangehörigen für ihre Werke keinen genügenden Schutz gewährt.

(4) Im übrigen genießen ausländische Staatsangehörige den urheberrechtlichen Schutz nach Inhalt der Staatsverträge. Bestehen keine Staatsverträge, so besteht für solche Werke urheberrechtlicher Schutz, soweit in dem Staat, dem der Urheber angehört, nach einer Bekanntmachung des Bundesministers der Justiz im Bundesgesetzblatt deutsche Staatsangehörige für ihre Werke einen entsprechenden Schutz genießen.

(5) Das Folgerecht (§ 26) steht ausländischen Staatsangehörigen nur zu, wenn der Staat, dem sie angehören, nach einer Bekanntmachung des Bundesministers der Justiz im Bundesgesetzblatt deutschen Staatsangehörigen ein entsprechendes Recht gewährt.

(6) Den Schutz nach den §§ 12 bis 14 genießen ausländische Staatsangehörige für alle ihre Werke, auch wenn die Voraussetzungen der Absätze 1 bis 5 nicht vorliegen.

§ 122 Staatenlose

(1) Staatenlose mit gewöhnlichem Aufenthalt im Geltungsbereich dieses Gesetzes genießen für ihre Werke den gleichen urheberrechtlichen Schutz wie deutsche Staatsangehörige.

(2) Staatenlose ohne gewöhnlichen Aufenthalt im Geltungsbereich dieses Gesetzes genießen für ihre Werke den gleichen urheberrechtlichen Schutz wie die Angehörigen des ausländischen Staates, in dem sie ihren gewöhnlichen Aufenthalt haben.

§ 123 Ausländische Flüchtlinge

Für Ausländer, die Flüchtlinge im Sinne von Staatsverträgen oder anderen Rechtsvorschriften sind, gelten die Bestimmungen des § 122 entsprechend. Hierdurch wird ein Schutz nach § 121 nicht ausgeschlossen.

Unterabschnitt 2. Verwandte Schutzrechte

§ 124 Wissenschaftliche Ausgaben und Lichtbilder

Für den Schutz wissenschaftlicher Ausgaben (§ 70) und den Schutz von Lichtbildern (§ 72) sind die §§ 120 bis 123 sinngemäß anzuwenden.

§ 125 Schutz des ausübenden Künstlers

(1) Den nach den §§ 73 bis 83 gewährten Schutz genießen deutsche Staatsangehörige für alle ihre Darbietungen, gleichviel, wo diese stattfinden. § 120 Abs. 2 ist anzuwenden.

(2) Ausländische Staatsangehörige genießen den Schutz für alle ihre Darbietungen, die im Geltungsbereich dieses Gesetzes stattfinden, soweit nicht in den Absätzen 3 und 4 etwas anderes bestimmt ist.

(3) Werden Darbietungen ausländischer Staatsangehöriger erlaubterweise auf Bild- oder Tonträger aufgenommen und sind diese erschienen, so genießen die ausländischen Staatsangehörigen hinsichtlich dieser Bild- oder Tonträger den Schutz nach § 77 Abs. 2 Satz 1, § 78 Abs. 1 Nr. 1 und Abs. 2, wenn die Bild- oder Tonträger im Geltungsbereich dieses Gesetzes erschienen sind, es sei denn, daß die Bild- oder Tonträger früher als dreißig Tage vor dem Erscheinen im Geltungsbereich dieses Gesetzes außerhalb dieses Gebietes erschienen sind.

(4) Werden Darbietungen ausländischer Staatsangehöriger erlaubterweise durch Funk gesendet, so genießen die ausländischen Staatsangehörigen den Schutz gegen Aufnahme der Funksendung auf Bild- oder Tonträger (§ 77 Abs. 1) und Weitersendung der Funksendung (§ 78 Abs. 1 Nr. 2) sowie den Schutz nach § 78, wenn die Funksendung im Geltungsbereich dieses Gesetzes ausgestrahlt worden ist.

(5) Im übrigen genießen ausländische Staatsangehörige den Schutz nach Inhalt der Staatsverträge. § 121 Abs. 4 Satz 2 sowie die §§ 122 und 123 gelten entsprechend.

(6) Den Schutz nach den §§ 74 und 75, § 77 Abs. 1 sowie § 78 Abs. 1 Nr. 3 genießen ausländische Staatsangehörige für alle ihre Darbietungen, auch wenn die Voraussetzungen der Absätze 2 bis 5 nicht vorliegen. Das gleiche gilt für den Schutz nach § 78 Abs. 1 Nr. 2, soweit es sich um die unmittelbare Sendung der Darbietung handelt.

(7) Wird Schutz nach den Absätzen 2 bis 4 oder 6 gewährt, so erlischt er spätestens mit dem Ablauf der Schutzdauer in dem Staat, dessen Staatsangehöriger der ausübende Künstler ist, ohne die Schutzfrist nach § 82 zu überschreiten.

§ 126 Schutz des Herstellers von Tonträgern

(1) Den nach den §§ 85 und 86 gewährten Schutz genießen deutsche Staatsangehörige oder Unternehmen mit Sitz im Geltungsbereich dieses Gesetzes für alle ihre Tonträger, gleichviel, ob und wo diese erschienen sind. § 120 Abs. 2 ist anzuwenden. Unternehmen mit Sitz in einem anderen Mitgliedstaat der Europäischen Union oder in einem anderen Vertragsstaat des Abkommens über den Europäischen Wirtschaftsraum stehen Unternehmen mit Sitz im Geltungsbereich dieses Gesetzes gleich.

(2) Ausländische Staatsangehörige oder Unternehmen ohne Sitz im Geltungsbereich dieses Gesetzes genießen den Schutz für ihre im Geltungsbereich dieses Gesetzes erschienenen Tonträger, es sei denn, daß der Tonträger früher als dreißig Tage vor dem Erscheinen im Geltungsbereich dieses Gesetzes außerhalb dieses Gebietes erschienen ist. Der Schutz erlischt jedoch spätestens mit dem Ablauf der Schutzdauer in dem Staat, dessen Staatsangehörigkeit der Hersteller des Tonträgers besitzt oder in welchem das Unternehmen seinen Sitz hat, ohne die Schutzfrist nach § 85 Abs. 3 zu überschreiten.

(3) Im übrigen genießen ausländische Staatsangehörige oder Unternehmen ohne Sitz im Geltungsbereich dieses Gesetzes den Schutz nach Inhalt der Staatsverträge. § 121 Abs. 4 Satz 2 sowie die §§ 122 und 123 gelten entsprechend.

§ 127 Schutz des Sendeunternehmens

(1) Den nach § 87 gewährten Schutz genießen Sendeunternehmen mit Sitz im Geltungsbereich dieses Gesetzes für alle Funksendungen, gleichviel, wo sie diese ausstrahlen. § 126 Abs. 1 Satz 3 ist anzuwenden.

(2) Sendeunternehmen ohne Sitz im Geltungsbereich dieses Gesetzes genießen den Schutz für alle Funksendungen, die sie im Geltungsbereich dieses Gesetzes ausstrahlen. Der Schutz erlischt spätestens mit dem Ablauf der Schutzdauer in dem Staat, in dem das Sendeunternehmen seinen Sitz hat, ohne die Schutzfrist nach § 87 Abs. 3 zu überschreiten.

(3) Im übrigen genießen Sendeunternehmen ohne Sitz im Geltungsbereich dieses Gesetzes den Schutz nach Inhalt der Staatsverträge. § 121 Abs. 4 Satz 2 gilt entsprechend.

§ 127a Schutz des Datenbankherstellers

(1) Den nach § 87b gewährten Schutz genießen deutsche Staatsangehörige sowie juristische Personen mit Sitz im Geltungsbereich dieses Gesetzes. § 120 Abs. 2 ist anzuwenden.

§§ 128–132

Urheberrechtsgesetz

(2) Die nach deutschem Recht oder dem Recht eines der in § 120 Abs. 2 Nr. 2 bezeichneten Staaten gegründeten juristischen Personen ohne Sitz im Geltungsbereich dieses Gesetzes genießen den nach § 87b gewährten Schutz, wenn

1. ihre Hauptverwaltung oder Hauptniederlassung sich im Gebiet eines der in § 120 Abs. 2 Nr. 2 bezeichneten Staaten befindet oder
2. ihr satzungsmäßiger Sitz sich im Gebiet eines dieser Staaten befindet und ihre Tätigkeit eine tatsächliche Verbindung zur deutschen Wirtschaft oder zur Wirtschaft eines dieser Staaten aufweist.

(3) Im übrigen genießen ausländische Staatsangehörige sowie juristische Personen den Schutz nach dem Inhalt von Staatsverträgen sowie von Vereinbarungen, die die Europäische Gemeinschaft mit dritten Staaten schließt; diese Vereinbarungen werden vom Bundesministerium der Justiz im Bundesgesetzblatt bekanntgemacht.

§ 128 Schutz des Filmherstellers

(1) Den nach den §§ 94 und 95 gewährten Schutz genießen deutsche Staatsangehörige oder Unternehmen mit Sitz im Geltungsbereich dieses Gesetzes für alle ihre Bildträger oder Bild- und Tonträger, gleichviel, ob und wo diese erschienen sind. § 120 Abs. 2 und § 126 Abs. 1 Satz 3 sind anzuwenden.

(2) Für ausländische Staatsangehörige oder Unternehmen ohne Sitz im Geltungsbereich dieses Gesetzes gelten die Bestimmungen in § 126 Abs. 2 und 3 entsprechend.

Abschnitt 2. Übergangsbestimmungen

§ 129 Werke

(1) Die Vorschriften dieses Gesetzes sind auch auf die vor seinem Inkrafttreten geschaffenen Werke anzuwenden, es sei denn, daß sie zu diesem Zeitpunkt urheberrechtlich nicht geschützt sind oder daß in diesem Gesetz sonst etwas anderes bestimmt ist. Dies gilt für verwandte Schutzrechte entsprechend.

(2) Die Dauer des Urheberrechts an einem Werk, das nach Ablauf von fünfzig Jahren nach dem Tode des Urhebers, aber vor dem Inkrafttreten dieses Gesetzes veröffentlicht worden ist, richtet sich nach den bisherigen Vorschriften.

§ 130 Übersetzungen

Unberührt bleiben die Rechte des Urhebers einer Übersetzung, die vor dem 1. Januar 1902 erlaubterweise ohne Zustimmung des Urhebers des übersetzten Werkes erschienen ist.

§ 131 Vertonte Sprachwerke

Vertonte Sprachwerke, die nach § 20 des Gesetzes betreffend das Urheberrecht an Werken der Literatur und der Tonkunst vom 19. Juni 1901 (Reichsgesetzbl. S. 227) in der Fassung des Gesetzes zur Ausführung der revidierten Berner Übereinkunft zum Schutze von Werken der Literatur und Kunst vom 22. Mai 1910 (Reichsgesetzbl. S. 793) ohne Zustimmung ihres Urhebers vervielfältigt, verbreitet und öffentlich wiedergegeben werden durften, dürfen auch weiterhin in gleichem Umfang vervielfältigt, verbreitet und öffentlich wiedergegeben werden, wenn die Vertonung des Werkes vor dem Inkrafttreten dieses Gesetzes erschienen ist.

§ 132 Verträge

(1) Die Vorschriften dieses Gesetzes sind mit Ausnahme der §§ 42 und 43 auf Verträge, die vor dem 1. Januar 1966 abgeschlossen worden sind, nicht anzuwenden. § 43 gilt für ausübende Künstler entsprechend. Die §§ 40 und 41 gelten für solche Verträge mit der Maßgabe, daß die in § 40 Abs. 1 Satz 2 und § 41 Abs. 2 genannten Fristen frühestens mit dem 1. Januar 1966 beginnen.

(2) Vor dem 1. Januar 1966 getroffene Verfügungen bleiben wirksam.

(3) Auf Verträge oder sonstige Sachverhalte, die vor dem 1. Juli 2002 geschlossen worden oder entstanden sind, sind die Vorschriften dieses Gesetzes vorbehaltlich der Sätze 2 und 3 in der am 28. März 2002 geltenden Fassung weiter anzuwenden. § 32a findet auf Sachverhalte An-

wendung, die nach dem 28. März 2002 entstanden sind. Auf Verträge, die seit dem 1. Juni 2001 und bis zum 30. Juni 2002 geschlossen worden sind, findet auch § 32 Anwendung, sofern von dem eingeräumten Recht oder der Erlaubnis nach dem 30. Juni 2002 Gebrauch gemacht wird.

(4) Absatz 3 gilt für ausübende Künstler entsprechend.

§ 133 *(aufgehoben)*

§ 134 Urheber

Wer zur Zeit des Inkrafttretens dieses Gesetzes nach den bisherigen Vorschriften, nicht aber nach diesem Gesetz als Urheber eines Werkes anzusehen ist, gilt, abgesehen von den Fällen des § 135, weiterhin als Urheber. Ist nach den bisherigen Vorschriften eine juristische Person als Urheber eines Werkes anzusehen, so sind für die Berechnung der Dauer des Urheberrechts die bisherigen Vorschriften anzuwenden.

§ 135[1] Inhaber verwandter Schutzrechte

Wer zur Zeit des Inkrafttretens dieses Gesetzes nach den bisherigen Vorschriften als Urheber eines Lichtbildes oder der Übertragung eines Werkes auf Vorrichtungen zur mechanischen Wiedergabe für das Gehör anzusehen ist, ist Inhaber der entsprechenden verwandten Schutzrechte, die dieses Gesetz ihm gewährt.

§ 135a Berechnung der Schutzfrist

Wird durch die Anwendung dieses Gesetzes auf ein vor seinem Inkrafttreten entstandenes Recht die Dauer des Schutzes verkürzt und liegt das für den Beginn der Schutzfrist nach diesem Gesetz maßgebende Ereignis vor dem Inkrafttreten dieses Gesetzes, so wird die Frist erst vom Inkrafttreten dieses Gesetzes an berechnet. Der Schutz erlischt jedoch spätestens mit Ablauf der Schutzdauer nach den bisherigen Vorschriften.

§ 136 Vervielfältigung und Verbreitung

(1) War eine Vervielfältigung, die nach diesem Gesetz unzulässig ist, bisher erlaubt, so darf die vor Inkrafttreten dieses Gesetzes begonnene Herstellung von Vervielfältigungsstücken vollendet werden.

(2) Die nach Absatz 1 oder bereits vor dem Inkrafttreten dieses Gesetzes hergestellten Vervielfältigungsstücke dürfen verbreitet werden.

(3) Ist für eine Vervielfältigung, die nach den bisherigen Vorschriften frei zulässig war, nach diesem Gesetz eine angemessene Vergütung an den Berechtigten zu zahlen, so dürfen die in Absatz 2 bezeichneten Vervielfältigungsstücke ohne Zahlung einer Vergütung verbreitet werden.

§ 137 Übertragung von Rechten

(1) Soweit das Urheberrecht vor Inkrafttreten dieses Gesetzes auf einen anderen übertragen worden ist, stehen dem Erwerber die entsprechenden Nutzungsrechte (§ 31) zu. Jedoch erstreckt sich die Übertragung im Zweifel nicht auf Befugnisse, die erst durch dieses Gesetz begründet werden.

(2) Ist vor dem Inkrafttreten dieses Gesetzes das Urheberrecht ganz oder teilweise einem anderen übertragen worden, so erstreckt sich die Übertragung im Zweifel auch auf den Zeitraum, um den die Dauer des Urheberrechts nach den §§ 64 bis 66 verlängert worden ist. Entsprechendes gilt, wenn vor dem Inkrafttreten dieses Gesetzes einem anderen die Ausübung einer dem Urheber vorbehaltenen Befugnis erlaubt worden ist.

(3) In den Fällen des Absatzes 2 hat der Erwerber oder Erlaubnisnehmer dem Veräußerer oder Erlaubnisgeber eine angemessene Vergütung zu zahlen, sofern anzunehmen ist, daß dieser für die Übertragung oder die Erlaubnis eine höhere Gegenleistung erzielt haben würde, wenn damals bereits die verlängerte Schutzdauer bestimmt gewesen wäre.

---

[1] § 135 ist mit Art. 14 Abs. 1 Satz 1 GG unvereinbar, soweit danach § 82 Satz 1 UrhG uneingeschränkt auf die „verwandten Schutzrechte" derjenigen Anwendung findet, die am 1. Januar 1966 „nach den bisherigen Vorschriften als Urheber ... der Übertragung eines Werkes auf Vorrichtungen zur mechanischen Wiedergabe für das Gehör anzusehen" waren; vgl. Beschluß des Bundesverfassungsgerichts v. 8. 7. 1971 – 1 BvR 766/66 – (BGBl. I S. 1943).

(4) Der Anspruch auf die Vergütung entfällt, wenn alsbald nach seiner Geltendmachung der Erwerber dem Veräußerer das Recht für die Zeit nach Ablauf der bisher bestimmten Schutzdauer zur Verfügung stellt oder der Erlaubnisnehmer für diese Zeit auf die Erlaubnis verzichtet. Hat der Erwerber das Urheberrecht vor dem Inkrafttreten dieses Gesetzes weiterveräußert, so ist die Vergütung insoweit nicht zu zahlen, als sie den Erwerber mit Rücksicht auf die Umstände der Weiterveräußerung unbillig belasten würde.

(5) Absatz 1 gilt für verwandte Schutzrechte entsprechend.

§ 137a Lichtbildwerke

(1) Die Vorschriften dieses Gesetzes über die Dauer des Urheberrechts sind auch auf Lichtbildwerke anzuwenden, deren Schutzfrist am 1. Juli 1985 nach dem bis dahin geltenden Recht noch nicht abgelaufen ist.

(2) Ist vorher einem anderen ein Nutzungsrecht an einem Lichtbildwerk eingeräumt oder übertragen worden, so erstreckt sich die Einräumung oder Übertragung im Zweifel nicht auf den Zeitraum, um den die Dauer des Urheberrechts an Lichtbildwerken verlängert worden ist.

§ 137b Bestimmte Ausgaben

(1) Die Vorschriften dieses Gesetzes über die Dauer des Schutzes nach den §§ 70 und 71 sind auch auf wissenschaftliche Ausgaben und Ausgaben nachgelassener Werke anzuwenden, deren Schutzfrist am 1. Juli 1990 nach dem bis dahin geltenden Recht noch nicht abgelaufen ist.

(2) Ist vor dem 1. Juli 1990 einem anderen ein Nutzungsrecht an einer wissenschaftlichen Ausgabe oder einer Ausgabe nachgelassener Werke eingeräumt oder übertragen worden, so erstreckt sich die Einräumung oder Übertragung im Zweifel auch auf den Zeitraum, um den die Dauer des verwandten Schutzrechtes verlängert worden ist.

(3) Die Bestimmungen in § 137 Abs. 3 und 4 gelten entsprechend.

§ 137c Ausübende Künstler

(1) Die Vorschriften dieses Gesetzes über die Dauer des Schutzes nach § 82 sind auch auf Darbietungen anzuwenden, die vor dem 1. Juli 1990 auf Bild- oder Tonträger aufgenommen worden sind, wenn am 1. Januar 1991 seit dem Erscheinen des Bild- oder Tonträgers 50 Jahre noch nicht abgelaufen sind. Ist der Bild- oder Tonträger innerhalb dieser Frist nicht erschienen, so ist die Frist von der Darbietung an zu berechnen. Der Schutz nach diesem Gesetz dauert in keinem Fall länger als 50 Jahre nach dem Erscheinen des Bild- oder Tonträgers oder, falls der Bild- oder Tonträger nicht erschienen ist, 50 Jahre nach der Darbietung.

(2) Ist vor dem 1. Juli 1990 einem anderen ein Nutzungsrecht an der Darbietung eingeräumt oder übertragen worden, so erstreckt sich die Einräumung oder Übertragung im Zweifel auch auf den Zeitraum, um den die Dauer des Schutzes verlängert worden ist.

(3) Die Bestimmungen in § 137 Abs. 3 und 4 gelten entsprechend.

§ 137d Computerprogramme

(1) Die Vorschriften des Abschnitts 8 des Teils 1 sind auch auf Computerprogramme anzuwenden, die vor dem 24. Juni 1993 geschaffen worden sind. Jedoch erstreckt sich das ausschließliche Vermietrecht (§ 69c Nr. 3) nicht auf Vervielfältigungsstücke eines Programms, die ein Dritter vor dem 1. Januar 1993 zum Zweck der Vermietung erworben hat.

(2) § 69g Abs. 2 ist auch auf Verträge anzuwenden, die vor dem 24. Juni 1993 abgeschlossen worden sind.

§ 137e Übergangsregelung bei Umsetzung der Richtlinie 92/100/EWG

(1) Die am 30. Juni 1995 in Kraft tretenden Vorschriften dieses Gesetzes finden auch auf vorher geschaffene Werke, Darbietungen, Tonträger, Funksendungen und Filme Anwendung, es sei denn, daß diese zu diesem Zeitpunkt nicht mehr geschützt sind.

(2) Ist ein Original oder Vervielfältigungsstück eines Werkes oder ein Bild- oder Tonträger vor dem 30. Juni 1995 erworben oder zum Zweck der Vermietung einem Dritten überlassen worden, so gilt für die Vermietung nach diesem Zeitpunkt die Zustimmung der Inhaber des Vermietrechts (§§ 17, 77 Abs. 2 Satz 1, §§ 85 und 94) als erteilt. Diesen Rechtsinhabern hat der Vermieter jeweils eine angemessene Vergütung zu zahlen; § 27 Abs. 1 Satz 2 und 3 hinsichtlich

der Ansprüche der Urheber und ausübenden Künstler und § 27 Abs. 3 finden entsprechende Anwendung. § 137 d bleibt unberührt.

(3) Wurde ein Bild- oder Tonträger, der vor dem 30. Juni 1995 erworben oder zum Zweck der Vermietung einem Dritten überlassen worden ist, zwischen dem 1. Juli 1994 und dem 30. Juni 1995 vermietet, besteht für diese Vermietung ein Vergütungsanspruch in entsprechender Anwendung des Absatzes 2 Satz 2.

(4) Hat ein Urheber vor dem 30. Juni 1995 ein ausschließliches Verbreitungsrecht eingeräumt, so gilt die Einräumung auch für das Vermietrecht. Hat ein ausübender Künstler vor diesem Zeitpunkt bei der Herstellung eines Filmwerkes mitgewirkt oder in die Benutzung seiner Darbietung zur Herstellung eines Filmwerkes eingewilligt, so gelten seine ausschließlichen Rechte als auf den Filmhersteller übertragen. Hat er vor diesem Zeitpunkt in die Aufnahme seiner Darbietung auf Tonträger und in die Vervielfältigung eingewilligt, so gilt die Einwilligung auch als Übertragung des Verbreitungsrechts, einschließlich der Vermietung.

§ 137 f Übergangsregelung bei Umsetzung der Richtlinie 93/98/EWG

(1) Würde durch die Anwendung dieses Gesetzes in der ab dem 1. Juli 1995 geltenden Fassung die Dauer eines vorher entstandenen Rechts verkürzt, so erlischt der Schutz mit dem Ablauf der Schutzdauer nach den bis zum 30. Juni 1995 geltenden Vorschriften. Im übrigen sind die Vorschriften dieses Gesetzes über die Schutzdauer in der ab dem 1. Juli 1995 geltenden Fassung auch auf Werke und verwandte Schutzrechte anzuwenden, deren Schutz am 1. Juli 1995 noch nicht erloschen ist.

(2) Die Vorschriften dieses Gesetzes in der ab dem 1. Juli 1995 geltenden Fassung sind auch auf Werke anzuwenden, deren Schutz nach diesem Gesetz vor dem 1. Juli 1995 abgelaufen ist, nach dem Gesetz eines anderen Mitgliedstaates der Europäischen Union oder eines Vertragsstaates des Abkommens über den Europäischen Wirtschaftsraum zu diesem Zeitpunkt aber noch besteht. Satz 1 gilt entsprechend für die verwandten Schutzrechte des Herausgebers nachgelassener Werke (§ 71), der ausübenden Künstler (§ 73), der Hersteller von Tonträgern (§ 85), der Sendeunternehmen (§ 87) und der Filmhersteller (§§ 94 und 95).

(3) Lebt nach Absatz 2 der Schutz eines Werkes im Geltungsbereich dieses Gesetzes wieder auf, so stehen die wiederauflebenden Rechte dem Urheber zu. Eine vor dem 1. Juli 1995 begonnene Nutzungshandlung darf jedoch in dem vorgesehenen Rahmen fortgesetzt werden. Für die Nutzung ab dem 1. Juli 1995 ist eine angemessene Vergütung zu zahlen. Die Sätze 1 bis 3 gelten für verwandte Schutzrechte entsprechend.

(4) Ist vor dem 1. Juli 1995 einem anderen ein Nutzungsrecht an einer nach diesem Gesetz noch geschützten Leistung eingeräumt oder übertragen worden, so erstreckt sich die Einräumung oder Übertragung im Zweifel auch auf den Zeitraum, um den die Schutzdauer verlängert worden ist. Im Fall des Satzes 1 ist eine angemessene Vergütung zu zahlen.

§ 137 g Übergangsregelung bei Umsetzung der Richtlinie 96/9/EG

(1) § 23 Satz 2, § 53 Abs. 5, die §§ 55 a und 63 Abs. 1 Satz 2 sind auch auf Datenbankwerke anzuwenden, die vor dem 1. Januar 1998 geschaffen wurden.

(2) Die Vorschriften des Abschnitts 6 des Teils 2 sind auch auf Datenbanken anzuwenden, die zwischen dem 1. Januar 1983 und dem 31. Dezember 1997 hergestellt worden sind. Die Schutzfrist beginnt in diesen Fällen am 1. Januar 1998.

(3) Die §§ 55 a und 87 e sind nicht auf Verträge anzuwenden, die vor dem 1. Januar 1998 abgeschlossen worden sind.

§ 137 h Übergangsregelung bei Umsetzung der Richtlinie 93/83/EWG

(1) Die Vorschrift des § 20 a ist auf Verträge, die vor dem 1. Juni 1998 geschlossen worden sind, erst ab dem 1. Januar 2000 anzuwenden, sofern diese nach diesem Zeitpunkt ablaufen.

(2) Sieht ein Vertrag über die gemeinsame Herstellung eines Bild- oder Tonträgers, der vor dem 1. Juni 1998 zwischen mehreren Herstellern, von denen mindestens einer einem Mitgliedstaat der Europäischen Union oder Vertragsstaat des Europäischen Wirtschaftsraumes angehört, geschlossen worden ist, eine räumliche Aufteilung des Rechts der Sendung unter den Herstellern vor, ohne nach der Satellitensendung und anderen Arten der Sendung zu unterscheiden, und würde die Satellitensendung der gemeinsam hergestellten Produktion durch einen Herstel-

ler die Auswertung der räumlich oder sprachlich beschränkten ausschließlichen Rechte eines anderen Herstellers beeinträchtigen, so ist die Satellitensendung nur zulässig, wenn ihr der Inhaber dieser ausschließlichen Rechte zugestimmt hat.

(3) Die Vorschrift des § 20b Abs. 2 ist nur anzuwenden, sofern der Vertrag über die Einräumung des Kabelweitersenderechts nach dem 1. Juni 1998 geschlossen wurde.

§ 137i Übergangsregelung zum Gesetz zur Modernisierung des Schuldrechts

Artikel 229 § 6 des Einführungsgesetzes zum Bürgerlichen Gesetzbuche findet mit der Maßgabe entsprechende Anwendung, dass § 26 Abs. 7, § 36 Abs. 2 und § 102 in der bis zum 1. Januar 2002 geltenden Fassung den Vorschriften des Bürgerlichen Gesetzbuchs über die Verjährung in der bis zum 1. Januar 2002 geltenden Fassung gleichgestellt sind.

§ 137j Übergangsregelung aus Anlass der Umsetzung der Richtlinie 2001/29/EG

(1) § 95d Abs. 1 ist auf alle ab dem 1. Dezember 2003 neu in den Verkehr gebrachten Werke und anderen Schutzgegenstände anzuwenden.

(2) Die Vorschrift dieses Gesetzes über die Schutzdauer für Hersteller von Tonträgern in der ab dem 13. September 2003 geltenden Fassung ist auch auf verwandte Schutzrechte anzuwenden, deren Schutz am 22. Dezember 2002 noch nicht erloschen ist.

(3) Lebt nach Absatz 2 der Schutz eines Tonträgers wieder auf, so stehen die wiederauflebenden Rechte dem Hersteller des Tonträgers zu.

(4) Ist vor dem 13. September 2003 einem anderen ein Nutzungsrecht an einem nach diesem Gesetz noch geschützten Tonträger eingeräumt oder übertragen worden, so erstreckt sich, im Fall einer Verlängerung der Schutzdauer nach § 85 Abs. 3, die Einräumung oder Übertragung im Zweifel auch auf diesen Zeitraum. Im Fall des Satzes 1 ist eine angemessene Vergütung zu zahlen.

§ 137k Übergangsregelung zur öffentlichen Zugänglichmachung für Unterricht und Forschung

§ 52a ist mit Ablauf des 31. Dezember 2012 nicht mehr anzuwenden.

§ 137l Übergangsregelung für neue Nutzungsarten

(1) Hat der Urheber zwischen dem 1. Januar 1966 und dem 1. Januar 2008 einem anderen alle wesentlichen Nutzungsrechte ausschließlich sowie räumlich und zeitlich unbegrenzt eingeräumt, gelten die zum Zeitpunkt des Vertragsschlusses unbekannten Nutzungsrechte als dem anderen ebenfalls eingeräumt, sofern der Urheber nicht dem anderen gegenüber der Nutzung widerspricht. Der Widerspruch kann für Nutzungsarten, die am 1. Januar 2008 bereits bekannt sind, nur innerhalb eines Jahres erfolgen. Im Übrigen erlischt das Widerspruchsrecht nach Ablauf von drei Monaten, nachdem der andere die Mitteilung über die beabsichtigte Aufnahme der neuen Art der Werknutzung an den Urheber unter der ihm zuletzt bekannten Anschrift abgesendet hat. Die Sätze 1 bis 3 gelten nicht für zwischenzeitlich bekannt gewordene Nutzungsrechte, die der Urheber bereits einem Dritten eingeräumt hat.

(2) Hat der andere sämtliche ihm ursprünglich eingeräumten Nutzungsrechte einem Dritten übertragen, so gilt Absatz 1 für den Dritten entsprechend. Erklärt der Urheber den Widerspruch gegenüber seinem ursprünglichen Vertragspartner, hat ihm dieser unverzüglich alle erforderlichen Auskünfte über den Dritten zu erteilen.

(3) Das Widerspruchsrecht nach den Absätzen 1 und 2 entfällt, wenn die Parteien über eine zwischenzeitlich bekannt gewordene Nutzungsart eine ausdrückliche Vereinbarung geschlossen haben.

(4) Sind mehrere Werke oder Werkbeiträge zu einer Gesamtheit zusammengefasst, die sich in der neuen Nutzungsart in angemessener Weise nur unter Verwendung sämtlicher Werke oder Werkbeiträge verwerten lässt, so kann der Urheber das Widerspruchsrecht nicht wider Treu und Glauben ausüben.

(5) Der Urheber hat Anspruch auf eine gesonderte angemessene Vergütung, wenn der andere eine neue Art der Werknutzung nach Absatz 1 aufnimmt, die im Zeitpunkt des Vertragsschlusses noch unbekannt war. § 32 Abs. 2 und 4 gilt entsprechend. Der Anspruch kann nur durch eine Verwertungsgesellschaft geltend gemacht werden. Hat der Vertragspartner das Nutzungsrecht

einem Dritten übertragen, haftet der Dritte mit der Aufnahme der neuen Art der Werknutzung für die Vergütung. Die Haftung des anderen entfällt.

Abschnitt 3. Schlussbestimmungen

§ 138 Register anonymer und pseudonymer Werke

(1) Das Register anonymer und pseudonymer Werke für die in § 66 Abs. 2 Satz 2 vorgesehenen Eintragungen wird beim Patentamt geführt. Das Patentamt bewirkt die Eintragungen, ohne die Berechtigung des Antragstellers oder die Richtigkeit der zur Eintragung angemeldeten Tatsachen zu prüfen.

(2) Wird die Eintragung abgelehnt, so kann der Antragsteller gerichtliche Entscheidung beantragen. Über den Antrag entscheidet das für den Sitz des Patentamts zuständige Oberlandesgericht durch einen mit Gründen versehenen Beschluß. Der Antrag ist schriftlich bei dem Oberlandesgericht einzureichen. Die Entscheidung des Oberlandesgerichts ist endgültig. Im übrigen gelten für das gerichtliche Verfahren die Vorschriften des Gesetzes über das Verfahren in Familiensachen und in den Angelegenheiten der freiwilligen Gerichtsbarkeit entsprechend. Für die Gerichtskosten gilt die Kostenordnung; die Gebühren richten sich nach § 131 der Kostenordnung.

(3) Die Eintragungen werden im Bundesanzeiger öffentlich bekanntgemacht. Die Kosten für die Bekanntmachung hat der Antragsteller im voraus zu entrichten.

(4) Die Einsicht in das Register ist jedem gestattet. Auf Antrag werden Auszüge aus dem Register erteilt.

(5) Der Bundesminister der Justiz wird ermächtigt, durch Rechtsverordnung
1. Bestimmungen über die Form des Antrags und die Führung des Registers zu erlassen,
2. zur Deckung der Verwaltungskosten die Erhebung von Kosten (Gebühren und Auslagen) für die Eintragung, für die Ausfertigung eines Eintragungsscheins und für die Erteilung sonstiger Auszüge und deren Beglaubigung anzuordnen sowie Bestimmungen über den Kostenschuldner, die Fälligkeit von Kosten, die Kostenvorschußpflicht, Kostenbefreiungen, die Verjährung, das Kostenfestsetzungsverfahren und die Rechtsbehelfe gegen die Kostenfestsetzung zu treffen.

(6) Eintragungen, die nach § 56 des Gesetzes betreffend das Urheberrecht an Werken der Literatur und der Tonkunst vom 19. Juni 1901 beim Stadtrat in Leipzig vorgenommen worden sind, bleiben wirksam.

§ 139 Änderung der Strafprozessordnung

(nicht abgedruckt)

§ 140 Änderung des Gesetzes über das am 6. September 1952 unterzeichnete Welturheberrechtsabkommen

In das Gesetz über das am das am 6. September 1952 unterzeichnete Welturheberrechtsabkommen vom 24. Februar 1955 (Bundesgesetzbl. II S. 101) wird nach Artikel 2 folgender Artikel 2a eingefügt:

„Artikel 2a

Für die Berechnung der Dauer des Schutzes, den ausländische Staatsangehörige für ihre Werke nach dem Abkommen im Geltungsbereich dieses Gesetzes genießen, sind die Bestimmungen in Artikel IV Nr. 4 bis 6 des Abkommens anzuwenden."

§ 141 Aufgehobene Vorschriften

Mit dem Inkrafttreten dieses Gesetzes werden aufgehoben:
1. die §§ 57 bis 60 des Gesetzes betreffend das Urheberrecht an Schriftwerken, Abbildungen, musikalischen Kompositionen und dramatischen Werken vom 11. Juni 1870 (Bundesgesetzblatt des Norddeutschen Bundes S. 339);
2. die §§ 17 bis 19 des Gesetzes betreffend das Urheberrecht an Werken der bildenden Künste vom 9. Januar 1876 (Reichsgesetzbl. S. 4);
3. das Gesetz betreffend das Urheberrecht an Werken der Literatur und der Tonkunst vom 19. Juni 1901 in der Fassung des Gesetzes zur Ausführung der revidierten Berner Überein-

§§ 142, 143, Anl. Urheberrechtsgesetz

kunft zum Schutze von Werken der Literatur und Kunst vom 22. Mai 1910 und des Gesetzes zur Verlängerung der Schutzfristen im Urheberrecht vom 13. Dezember 1934 (Reichsgesetzbl. II S. 1395);
4. die §§ 3, 13 und 42 des Gesetzes über das Verlagsrecht vom 19. Juni 1901 (Reichsgesetzbl. S. 217) in der Fassung des Gesetzes zur Ausführung der revidierten Berner Übereinkunft zum Schutze von Werken der Literatur und Kunst vom 22. Mai 1910;
5. das Gesetz betreffend das Urheberrecht an Werken der bildenden Künste und der Photographie vom 9. Januar 1907 (Reichsgesetzbl. S. 7) in der Fassung des Gesetzes zur Ausführung der revidierten Berner Übereinkunft zum Schutze von Werken der Literatur und Kunst vom 22. Mai 1910, des Gesetzes zur Verlängerung der Schutzfristen im Urheberrecht vom 13. Dezember 1934 und des Gesetzes zur Verlängerung der Schutzfristen für das Urheberrecht an Lichtbildern vom 12. Mai 1940 (Reichsgesetzbl. I S. 758), soweit es nicht den Schutz von Bildnissen betrifft;
6. die Artikel I, III und IV des Gesetzes zur Ausführung der revidierten Berner Übereinkunft zum Schutze von Werken der Literatur und Kunst vom 22. Mai 1910;
7. das Gesetz zur Erleichterung der Filmberichterstattung vom 30. April 1936 (Reichsgesetzbl. I S. 404);
8. § 10 des Gesetzes über die Rechtsstellung heimatloser Ausländer im Bundesgebiet vom 25. April 1951 (Bundesgesetzbl. I S. 269).

§ 142 *(aufgehoben)*

§ 143 Inkrafttreten

(1) Die §§ 64 bis 67, 69, 105 Abs. 1 bis 3 und § 138 Abs. 5 treten am Tage nach der Verkündung dieses Gesetzes in Kraft.

(2) Im übrigen tritt dieses Gesetz am 1. Januar 1966 in Kraft.

Anlage *(aufgehoben)*

Kommentar zum Urheberrechtsgesetz

Einleitung

Schrifttum: *Ahrens,* Brauchen wir einen Allgemeinen Teil der Rechte des Geistigen Eigentums?, GRUR 2006, 617; *Ann,* Die idealistische Wurzel des Schutzes geistiger Leistungen, GRUR Int. 2004, 597; *Bechtold,* Zur rechtsökonomischen Analyse im Immaterialgüterrecht, GRUR Int. 2008, 484; *Becker,* Verwertungsgesellschaften als Träger öffentlicher und privater Aufgaben, Fs. für Kreile, 1994, S. 27; *Beier/Schricker,* From GATT to TRIPs – The Agreement on Trade-Related Aspects of Intellectual Property Rights, 1996; *Beier/Straus,* Der Schutz wissenschaftlicher Forschungsergebnisse, 1982; *Buck,* Geistiges Eigentum und Völkerrecht, 1994; *Cohen Jehoram,* Kritische Überlegungen zur wirtschaftlichen Bedeutung des Urheberrechts, GRUR Int. 1989, 23 ff.; *Delp,* Das Recht des geistigen Schaffens in der Informationsgesellschaft[2], 2003; *Dietz,* Das Urheberrecht in der Europäischen Gemeinschaft, 1978; *ders.,* Die sozialen Bestrebungen der Schriftsteller und Künstler und das Urheberrecht, GRUR 1972, 11; *ders.,* Entwickelt sich das Urheberrecht zu einem gewerblichen Schutzrecht?, Gedenkschrift für Schönherr, 1986, S. 111; *ders.,* Das Urheberrecht in der Europäischen Gemeinschaft, Fs. zum hundertjährigen Bestehen der deutschen Vereinigung für gewerblichen Rechtsschutz und Urheberrecht, 1991, S. 1445 (zitiert: GRUR-Fs.); *Ellins,* Copyright Law, Urheberrecht und ihre Harmonisierung in der Europäischen Gemeinschaft, 1997; *Erdmann,* Sacheigentum und Urheberrecht, Fs. für Piper, 1996, S. 655; *Fechner,* Geistiges Eigentum und Verfassung, 1999; *Geiger,* Der urheberrechtliche Interessenausgleich in der Informationsgesellschaft – Zur Rechtsnatur der Beschränkungen des Urheberrechts, GRUR Int. 2004, 815; *ders.,* Die Schranken des Urheberrechts als Instrumente der Innovationsförderung – Freie Gedanken zur Ausschließlichkeit im Urheberrecht, GRUR Int. 2008, 459; *Geiger/Engelhardt/Hansen/Markowski,* Urheberrecht im deutsch-französischen Dialog – Impulse für eine europäische Rechtsharmonisierung – Bericht von der Abschlussveranstaltung der deutsch-französischen Vortragsreihe zum Urheberrecht am 13. Januar 2006 im Europäischen Patentamt, GRUR Int. 2006, 475; *Götting,* Kulturgüterschutz durch das Urheberrecht?, Fs. für Loewenheim, 2009, S. 103; *ders.,* Der Begriff des geistigen Eigentums, GRUR 2006, 353; *Hansen,* Warum Urheberrecht? – Die Rechtfertigung des Urheberrechts unter besonderer Berücksichtigung des Nutzerschutzes, 2009; *ders.,* Für ein Zweitveröffentlichungsrecht für Wissenschaftler – zugleich Besprechung von *Marcus Hirschfelder,* Anforderungen an eine rechtliche Verankerung des Open Access Prinzips, GRUR Int. 2009, 799; *Heine/Eisenberg,* Verwertungsgesellschaften im Binnenmarkt – Die kollektive Wahrnehmung von Urheberrechten nach der Dienstleistungsrichtlinie, GRUR Int. 2009, 277; *Hilty,* Ungereimtheiten auf der urheberrechtlichen Wertschöpfungskette. Der Wissenschaftsmarkt als Prüfstein für die urheberrechtliche Zwangslizenz, Fs. für Loewenheim, 2009, S. 119; *ders.,* Renaissance der Zwangslizenzen im Urheberrecht? – Gedanken zu Ungereimtheiten auf der urheberrechtlichen Wertschöpfungskette, GRUR 2009, 633; *ders.,* Vergütungssystem und Schrankenregelungen – Neue Herausforderungen an den Gesetzgeber, GRUR 2005, 819; *ders.,* Das Urheberrecht und der Wissenschaftler, GRUR Int. 2006, 179; *ders.,* Verbotsrecht vs. Vergütungsanspruch: Suche nach den Konsequenzen der tripolaren Interessenlage im Urheberrecht, Fs. für Schricker, 2005, S. 325; *Hilty/Peukert* (Hrsg.), Interessenausgleich im Urheberrecht, 2004; *Hirschfelder,* Anforderungen an eine rechtliche Verankerung des Open Access Prinzips, 2008; *Hubmann,* Das Persönlichkeitsrecht[2], 1967; *ders.,* Die Idee vom geistigen Eigentum, die Rechtsprechung des Bundesverfassungsgerichts und der Urheberrechtsnovelle von 1985, ZUM 1988, 4; *International Publishers Association/Börsenverein des Deutschen Buchhandels* (Hrsg.), Internationales Urheberrechtssymposium, 1986; *Kindermann,* Technik und Urheberrecht – Wechselwirkungen und gegenseitige Abhängigkeiten, ZUM 1987, 219; *Kraßer,* Patentrecht[6], 2009; *Knopp,* Fanfiction – Nutzungsgenerierte Inhalte und das Urheberrecht, GRUR 2010, 28; *Kreutzer,* Das Modell des deutschen Urheberrechts und Regelungsalternativen, 2008; *Krüger-Nieland,* Der Urheberrechtsschutz im Spannungsfeld der Eigentumsgarantie der Verfassung, Fs. für Oppenhoff, 1985, S. 173; *Ladd,* Die Sorge um die Zukunft des Urheberrechts als humanistischer Auftrag, GRUR Int. 1985, 77; *Lehmann,* Die Krise des Urheberrechts in der digitalen Welt, Fs. für Loewenheim, 2009, S. 167; *Leistner/Hansen,* Die Begründung des Urheberrechts im digitalen Zeitalter, GRUR 2008, 479; *Melichar,* Die Wahrnehmung von Urheberrechten durch Verwertungsgesellschaften. Am Beispiel der VG Wort, 1983; *Möller,* Die Urheberrechtsnovelle '85. Entstehungsgeschichte und verfassungsrechtliche Grundlagen, 1986; *Müller/Stefan,* Rechtewahrnehmung durch Verwertungsgesellschaften bei der Nutzung von Musikwerken im Internet, ZUM 2009, 121; *Nordemann,* Nutzungsrechte oder Vergütungsansprüche?, GRUR 1979, 280; *Oberndörfer,* Die philosophische Grundlage des Urheberrechts, UFITA-Schriftenreihe Band 228, 2005; *Ohly,* Geistiges Eigentum?, JZ 2003, 545; *ders.,* Urheberrecht als Wirtschaftsrecht, in Depenheuer/Peifer (Hrsg.), Geistiges Eigentum: Schutzrecht oder Ausbeutungstitel?, 2008, S. 141 ff.; *ders.,* in Ohly/Klippel (Hrsg.), Geistiges Eigentum und Gemeinfreiheit, 2007, S. 1 ff.; *Peifer,* Wissenschafts-markt und Urheberrecht: Schranken, Vertragsrecht, Wettbewerbsrecht, GRUR 2009, 22; *Peukert,* Der Schutzbereich des Urheberrechts und das Werk als öffentliches Gut. Insbesondere: die urheberrechtliche Relevanz des privaten Werknutzung, in Hilty/Peukert, Interessenausgleich im Urheberrecht, S. 11; *ders.,* Das Sacheigentum in der Informationsgesellschaft, Fs. für Schricker, 2005, S. 149; *Riesenhuber,* Die Verwertungsgesellschaft iSv. § 1 UrhWahrnG, ZUM 2008, 625; *ders.,* (Hrsg.), Systembildung im internationalen Urheberrecht, 2007; *Rigamonti,* Geistiges Eigentum als Begriff und Theorie des Urheberrechts, 2001; *ders.,* Wem gebührt das Urheberrecht, dem Schöpfer oder dem Produzenten?, ZUM 1990, 59; *Schack,* Zur Rechtfertigung des Urheberrechts als Ausschließlichkeitsrecht, in Depenheuer/Peifer (Hrsg.), Geistiges Eigentum: Schutzrecht oder Ausbeutungstitel?, 2008, S. 123 ff.; *Schricker,* Gesetzesverletzung und Sittenverstoß, 1970; *ders.,* Urheberrechtliche Probleme des Kabelrundfunks, 1986; *ders.,* Hundert Jahre Urheberrechtsentwicklung, Fs. zum hundertjährigen Bestehen der deutschen Vereinigung für gewerblichen Rechtsschutz und Urheberrecht, 1991, S. 1095 (zitiert: GRUR-Fs.); *ders.,* Urheberrecht zwischen Industrie- und Kulturpolitik, GRUR 1992, 242; *ders.,* Der urheberrechtliche Schutz von Werbeschöpfungen, Werbeideen, Werbekonzeptionen und Werbekampagnen, GRUR 1996, 815 ff.; *ders.* (Hrsg.), Urheberrecht auf dem Weg zur Informationsgesellschaft, 1997; *Schricker/Bastian/Dietz* (Hrsg.), Konturen eines europäischen Urheberrechts, 1996; *Schricker/Katzenberger,* Die urheberrechtliche Leerkassettenvergütung, GRUR 1985, 87; *M. Schulze,* Leitfaden zum Urheberrecht des Künstlers, 1997; *Strömholm,* Was bleibt vom Erbe übrig?, GRUR Int. 1989, 15 ff.;

Einleitung

Spindler, Urheberrecht in der Wissensgesellschaft – Überlegungen zum Grünbuch der Kommission, Fs. für Loewenheim, 2009, S. 287; *Stallberg*, Urheberrecht und moralische Rechtfertigung, 2006; *Ulmer*, Der Rechtsschutz der ausübenden Künstler, der Hersteller von Tonträgern und Sendegesellschaften in internationaler und rechtsvergleichender Sicht, 1957, 3. und 6. Kap.; *Vogel*, Wahrnehmungsrecht und Verwertungsgesellschaften in der Bundesrepublik Deutschland, GRUR 1993, 513; *Wadle*, Die Entfaltung des Urheberrechts als Antwort auf technische Neuerungen, Technikgeschichte, Bd. 52 (1985) 233 ff. = UFITA 106 (1987) 203; *Wagner-Silva Tarouca*, Der Urheberschutz der ausübenden Künstler und der Tonträgerproduzenten in den USA, 1983; *Wandtke*, Zur kulturellen und sozialen Dimension des Urheberrechts, UFITA 123 (1993) 5; *Wegner/Wallenfels/Kaboth*, Recht im Verlag, 2004. Siehe auch die Schrifttumsangaben vor Rdnr. 59, 76, 77, 79.
Schrifttum zur Geschichte des Urheberrechts siehe vor Rdnr. 88.

Übersicht

	Rdnr.
I. Wesen und Bedeutung des Urheberrechts und der verwandten Schutzrechte	1–40
1. Literatur, Wissenschaft und Kunst als Geltungsbereich des Urheberrechts	1–7
2. Rechtstheoretische Fundierung des Urheberrechts	8–14
a) Naturrechtlich-individualistische und utilitaristische Begründungsansätze	8–10
b) Interessenausgleich im Urheberrecht	11–19
3. Kulturelle und wirtschaftliche Bedeutung des Urheberrechts	20–23
4. Immaterialgüterrecht, Urheberpersönlichkeitsrecht, Sachenrecht	25–29
5. Individuelle und kollektive Verwertung. Stufen der Werknutzung	30–36
6. Die verwandten Schutzrechte	37–41
II. Verhältnis des Urheberrechts zu anderen Rechtsgebieten	42–86
1. Bürgerliches Recht	42–44
2. Gewerbliche Schutzrechte	45–49
3. Recht des unlauteren Wettbewerbs	50–58
4. Recht gegen Wettbewerbsbeschränkungen	59–75
a) Allgemeines	59–71
b) Einzelfragen	72–75
5. Europäisches Gemeinschaftsrecht	76–86
a) Harmonisierung des nationalen Urheberrechts	77–78
b) Urheberrecht und freier Warenverkehr in der Europäischen Gemeinschaft	79–86
III. Sonstige allgemeine Fragen	87
IV. Geschichte des Urheberrechts	88–126
1. Antike und Mittelalter	88–89
2. Das Privilegienzeitalter	90–96
3. Die Anfänge eigenständiger, aus dem geistigen Eigentum begründeter Urheberrechte	97–103
4. Von der Wiener Schlussakte zu einem einheitlichen Nachdruckverbot in Deutschland	104–106
5. Urheberrechtslehre und -gesetzgebung von der Mitte des 19. Jahrhunderts bis zum Urheberrechtsgesetz von 1965	107–117
6. Die Entwicklung des Urheberrechts nach 1965	118–119
7. Urheberrecht im Zeitalter der Europäisierung und Internationalisierung	120–126

I. Wesen und Bedeutung des Urheberrechts und der verwandten Schutzrechte

1. Literatur, Wissenschaft und Kunst als Geltungsbereich des Urheberrechts

1   Klassischer Bereich des Urheberrechts ist die **Literatur und Kunst** (vgl. § 1, § 2 Abs. 1; sa. Art. 1, 2 RBÜ); traditionell gilt der Schutz den Werken der Schriftsteller, Komponisten, Maler und Bildhauer. Technische, wirtschaftliche und gesellschaftliche Entwicklungen und ihnen folgend Gesetzgebung und Gerichtspraxis haben diesen Rahmen seit langem gesprengt. Die technische Entwicklung ist inzwischen über Gestaltungsformen wie Lichtbild, Film, Rundfunk, analoge Ton- und Bildaufzeichnung weit hinausgegangen, heute bestimmen digitale Werknutzungen weitgehend die Nutzung urheberrechtlich geschützter Werke. Die gesellschaftliche Entwicklung wird zutreffend mit dem Begriff der Informationsgesellschaft gekennzeichnet, dem Transfer von Wissen kommt in der heutigen Gesellschaft eine früher ungeahnte Bedeutung zu, die durch die digitale Datenübertragung im Internet ermöglicht wird. Damit hat auch in wirtschaftlicher Hinsicht das Urheberrecht ein Gewicht erlangt, das über das früherer Zeiten weit hinausgeht, hervorzuheben sind das Verlagswesen, die Musik- und Filmindustrie sowie die gesamte Softwarebranche (sa. unten Rdnr. 21). Auch die zunehmende **Internationalisierung** wirtschaftlicher und gesellschaftlicher Beziehungen haben das das Urheberrecht über die Bereiche der reinen Literatur und Kunst hinausgeführt. Schon frühzeitig wurde der Ausbau des nationalen Rechts durch die internationale Rechtsentwicklung, namentlich durch die Berner Übereinkunft und später durch das Rom-Abkommen beeinflusst. Zwar setzt die Berner Übereinkunft – dem Urheberrechtsverständnis des ausgehenden 19. Jahrhunderts folgend – ihre Schwerpunkte noch im Bereich der Literatur und Kunst. Spätestens mit dem 1995 in Kraft getretenen TRIPS-Abkommen fanden aber wirtschaftsrechtliche Aspekte Eingang in das Urheberrecht (sa. Rdnr. 22), und auch die Bemühungen, das Urheberrecht mit den Instrumenten der ökonomischen Analyse des Rechts zu erfassen, weisen in diese Richtung, ebenso wie das heutige Schlagwort vom „Urheberrecht als Wirtschaftsrecht" (s. etwa *Ohly* in Depenheuer/Peifer (Hrsg.), Geistiges Eigentum: Schutzrecht oder Ausbeutungstitel?, 2008, S. 141 ff.; *Dreier*/*Schulze*[3] Einleitung Rdnr. 13). Heute ist der Urheberrechtsschutz in einem weltumspannenden, differenzierten System völkerrechtlicher Verträge verankert (näher dazu vor §§ 120 ff. Rdnr. 13 ff.). Auch die Richtlinien der Europäischen Union haben wesentlichen Einfluss auf die Urheberrechtsentwicklung genommen (sa. Rdnr. 77 f.), nicht nur im Sinne einer europäischen Harmonisierung, sondern auch insofern, als sich in den in Brüssel gefundenen Kompromissen teilweise das anglo-amerikanische Copyrightverständnis widerspiegelt, das in wesentlichen Punkten im Gegensatz zum kontinental-europäischen Urheberrechtsverständnis steht und das Urheberrecht mehr als Wirtschaftsrecht begreift.

Der Begriff der **„Wissenschaft"** wurde vom Gesetzgeber 1965 zu denen der Literatur und **2** Kunst denjenigen hinzugefügt. Damit wurde klargestellt, dass Werke der Wissenschaft in den Schutzbereich einzubeziehen sind. Der Gesetzgeber wollte aber keineswegs die wissenschaftlichen Entdeckungen, Ideen und Erkenntnisse schlechthin schützen, sondern nur wissenschaftliche Werke in ihrer konkreten Gestalt (so ausdrücklich die Amtl. Begr. BTDrucks. IV/270 S. 37: „insbesondere soll ein Schutz wissenschaftlicher Erkenntnisse und Ideen dadurch nicht begründet werden. Nur die persönliche Formgebung wissenschaftlicher Werke unterliegt dem Urheberrechtsschutz, der Gedankeninhalt bleibt frei"). Geschützte Werksubstanz und freies Gedankengut müssen im Lichte dieses rechtspolitischen Zieles voneinander abgeschichtet werden (dazu näher § 2 Rdnr. 61 ff.). Auch insoweit treten aber heute in zunehmendem Maße Probleme auf. Wissenschaft ist heute angesichts der Entwicklung technischer Kommunikationsprozesse und des internationalen Informationsaustausches in ganz anderem Maße als früher auf den Zugang zu Informationen angewiesen. Das Urheberrecht wird hier vielfach als Hindernis empfunden, insbesondere wenn sich die Rechte in den Händen von Verwertern befinden, die den Informationszugang nur begrenzt oder nur gegen Zahlung teilweise nicht unerheblicher Gebühren gestatten (sa. Rdnr. 24). Gerade im Wissenschaftsbereich werden daher Forderungen nach freiem Zugang zu Informationen immer lauter, die auf eine Zurückdrängung des Urheberrechtsschutzes hinauslaufen und eine Besinnung auf Ziele und Zweckes dieses Schutzes notwendig machen.

Diese Entwicklungen haben auch in Gesetzgebung und Rechtsprechung zu einem gegenüber **3** dem klassischen Begriff **verändertem Verständnis des Urheberrechts** geführt. Schon seit langem ist anerkannt, dass nicht nur die „reine" Kunst, die ihren Zweck in sich trägt, Urheberrechtsschutz genießt, sondern dass auch Werke geschützt werden, die Gebrauchszwecken dienen, wie die angewandte Kunst (§ 2 Abs. 1 Nr. 4) und die technischen Zeichnungen, Skizzen und Tabellen (§ 2 Abs. 1 Nr. 7). Ebenso hat sich mit dem Schutz der „kleinen Münze" (dazu § 2 Rdnr. 39 ff.) die Auffassung durchgesetzt, dass der Urheberrechtsschutz nicht auf kulturell hochstehende Schöpfungen beschränkt sein soll; er kommt auch Werken bescheidenen Niveaus zugute, wie der Trivialliteratur, den wenig geschmackvollen Kunstprodukten bis hin zum Kitsch und der anspruchslosen Unterhaltungsmusik. Nach ihrem wirtschaftlichen Gewicht dürften die „kleinen Werke" die „hohe Kunst" sogar bei weitem übertreffen. Die Geschichte des Urheberrechts ist weithin ein Prozess rechtlicher Reaktion auf die Herausforderungen der Technik und die damit verbundenen wirtschaftlichen und gesellschaftlichen Entwicklungen.

Entgegen der klassischen Konzeption kann der freischaffende Literat, Komponist, Maler oder **4** Bildhauer allein nicht mehr die maßgebliche **Leitfigur** des Urheberrechts sein. Geschützte Werke werden heute in weitem Umfang von **Arbeitnehmern und Bediensteten** geschaffen, die in Unternehmen und Behörden eingegliedert sind, von Weisungen des Arbeitgebers oder Vorgesetzten geleitet werden und vielfach arbeitsteilig produzieren. Die eher auf den einzelnen Urheber zugeschnittene Regelung des Urheberpersönlichkeitsrechts und die pauschale, leerformelhafte Behandlung der Urheber in Arbeits- und Dienstverhältnissen durch § 43 werden dem kaum gerecht und haben zur Entwicklung eines weitgehenden Fallrechts durch Rechtsprechung und Wissenschaft geführt. Das gilt namentlich für den Bereich der Technik berührende Gestaltungsformen, wie etwa Computerprogramme (auch die Vorschrift des § 69b führt insoweit nicht wesentlich weiter). Das klassische Konzept des Urheberrechts trägt auch nicht der Tatsache Rechnung, dass sich wesentliche Teile der urheberrechtlichen Produktion im **Verwertungsbereich** abspielen. Dem wird die – vom Verlagsgesetz abgesehen – fragmentarische Regelung des

Einleitung

Urhebervertragsrechts kaum gerecht, die trotz in jüngerer Zeit eingefügter Vorschriften wie §§ 31a, 32–32c immer noch eine bruchstückhafte Regelung darstellt (vgl. dazu auch vor §§ 28ff. Rdnr. 6ff.) und zu einer weitgehenden Kautelarpraxis geführt hat (s. zu dieser Praxis Loewenheim, Handbuch des Urheberrechts[2], §§ 59ff.). Auch im Wissenschaftsbereich stößt das klassische Urheberrechts auf seine Grenzen. Urheberrecht ist heute als das Recht der **Kulturwirtschaft anzusehen** und muss deren mannigfaltigen Produktionsweisen und Marktbedingungen gerecht werden (aA *Schack*[4], Urheber- und Urhebervertragsrecht, Rdnr. 5). Dabei ist dieser Begriff nicht zu eng zu fassen, er ist nicht nur im Sinne einer künstlerischen Kultur zu verstehen. Unter Kulturwirtschaft ist die Erwerbswirtschaft zu verstehen, die mit kulturellen Gütern oder Dienstleistungen Gewinne erzielen will. Zur Kulturwirtschaft gehören auch Bereiche wie die Werbung (s. dazu *Schricker* GRUR 1992, 242ff.), die Produktion von Gebrauchsgegenständen, die elektronische Datenverarbeitung; auch der produzierende und sein Werk vermarktende Urheber ist hierher zu zählen.

5   Im Ganzen lässt sich sagen, dass nach heutigem Verständnis den in § 1 und § 2 Abs. 1 dem UrhG vorangestellten **Begriffen der Literatur, Wissenschaft und Kunst** lediglich die Bedeutung einer **ungefähren Abgrenzung des urheberrechtlichen Schutzbereichs** zukommt; die Begriffe sind weit auszulegen (näher dazu § 2 Rdnr. 3ff.). Zur Grenzziehung brauchbar sind die Begriffe insbesondere gegenüber dem Bereich der **Technik,** wie er Gegenstand des Patentrechts bildet. Technische Lösungen können als Erfindungen patentiert werden; sie sind jedoch nicht urheberrechtsschutzfähig, auch wenn sie in geschützten Sprachwerken oder Zeichnungen ausgedrückt werden.

6   Das Wesen des Urheberrechts gewinnt festere Konturen, wenn man sich den **Werkskatalog** des § 2 Abs. 1 vor Augen hält. Er unterstreicht, dass die Kategorien der Literatur, Wissenschaft und Kunst in einem weiten Sinne aufzufassen sind. Der Werkskatalog fixiert freilich nicht die Liste der schutzfähigen Werke, sondern ist in zweifacher Hinsicht variabel. Zum einen bleibt die Liste der schutzfähigen Werke offen; auch nicht genannte Werkarten können Urheberrechtsschutz genießen (s. zur Frage der Einbeziehung der Multimediawerke § 2 Rdnr. 77; sa. *Schricker* in Schricker (Hrsg.), Informationsgesellschaft, S. 19ff., 37ff.). Zum anderen ist nicht jedes vom Katalog erfasste Werk geschützt: Den Schutz des Gesetzes können nach § 2 Abs. 2 nur die **„persönlichen geistigen Schöpfungen"** beanspruchen. Die Formel von der „persönlichen geistigen Schöpfung" trägt das Hauptgewicht der Bemühungen um eine Definition des geschützten Werks und damit des Wesens des Urheberrechts. Die Wendung ist wenig präzise und aufschlussreich; bei der Mannigfaltigkeit der in Betracht kommenden Werke ist vom Gesetzgeber auch schwerlich mehr zu verlangen. Klarere Konturen gewinnt sie erst durch die umfangreiche Rechtsprechung, auf die sich die Amtliche Begründung zum Gesetz von 1965 beruft (BTDrucks. IV/270, S. 38) und zu der im Lauf der Jahrzehnte eine Fülle von Anschauungsbeispielen hinzugekommen ist (s. im Einzelnen § 2 Rdnr. 8ff.). Der Akzent der Formel von der „persönlichen geistigen Schöpfung" liegt auf der „Geistigkeit" der Produktion oder des Produkts, wobei bald mehr auf den Schöpfungsvorgang, bald mehr auf das Ergebnis des Schaffens abgestellt wird. Was „Geist" sei, wird freilich recht unterschiedlich definiert. Am nächsten liegen Assoziationen zur rationalen Erkenntnis, der Domäne des Intellekts, wie dies die Begriffe der „propriété intellectuelle" und des „intellectuel property" bekräftigen. Das bedeutet freilich nicht, dass nur intellektuelle Schöpfungen schutzfähig wären. Nicht nur, was Gedanken vermittelt, rechnet zu den geschützten Werken, sondern auch Produkte, die andere Schichten der Person ansprechen, wie Gefühle, Stimmungen und unbewusste Regungen, sind schutzfähig (so auch Dreier/*Schulze*[3] § 1 Rdnr. 5). Der Begriff des **„Ästhetischen",** durch den man das „Geistige" zu ergänzen sucht, dürfte zu eng sein, um die Vielfalt von Botschaften zu erfassen, die durch Urheberwerke vermittelt werden können, die man als geschützt zu betrachten pflegt. In diese Richtung geht auch der Einfluss des Gemeinschaftsrechts. Zumindest für Computerprogramme, Photographien und Datenbanken verlangen die EG-Richtlinien einen Standard einfacher Individualität; „andere Kriterien" werden ausgeschlossen. Zur **Gestaltungshöhe** vgl. § 2 Rdnr. 24f.).

7   Will man die Fülle des heutigen Kulturschaffens erfassen, muss man allgemeinere Umschreibungen wählen. Grundvoraussetzung ist, dass das Werk „etwas" aufweist, das über das bloße sinnlich wahrnehmbare Substrat hinausgeht, eine „Aussage" oder „Botschaft", die dem Bereich der Gedanken, des Ästhetischen oder sonstiger menschlicher Regungen und Reaktionsweisen zugehört. Verknüpft man dieses zentrale Merkmal der „Aussage" mit den übrigen zu § 2 Abs. 2 entwickelten Kriterien, so ergibt sich als Definition des geschützten Werkes die subjektiv neue, individuelle, eine „Aussage" implizierende wahrnehmbare menschliche Gestaltung, die zum Bereich der Literatur, Wissenschaft und Kunst in einem weiten Sinne gehört. Das Urheberrecht, so könn-

te man zusammenfassend sagen, dient dem **Schutz qualifizierter menschlicher Kommunikation** (s. Vorauflage, Einleit. Rdnr. 7; zustimmend *Dreier*/Schulze[3] Einl. Rdnr. 1; *Schack*[4], Urheber- und Urhebervertragsrecht, Rdnr. 6; s. dazu auch *Strömholm* GRUR Int. 1989, 15/16 ff.).

2. Rechtstheoretische Fundierung des Urheberrechts

a) Naturrechtlich-individualistische und utilitaristische Begründungsansätze. Bei den Begründungsansätzen für den Urheberrechtsschutz stehen sich vor allem die naturrechtlich-individualistischen und die utilitaristischen Theorien gegenüber. Bei den **naturrechtlich-individualistischen Begründungsmustern** wird, basierend auf der Naturrechtslehre von John Locke und Thomas Hobbes, der Zweck des Urheberrechts darin gesehen, das Eigentum des Urhebers an dem von ihm geschaffenen Werk zu schützen. Im Mittelpunkt steht die Person des Urhebers; er ist derjenige, den es zu schützen gilt und auf den das Urheberrecht auszurichten ist. Anknüpfend an die Eigentumstheorie John Lockes ist der Urheber in dem zu schützen, was er geschaffen hat; das Ergebnis seiner kreativen Tätigkeit ist das Werk, das ihm als sein geistiges Eigentum zur ausschließlichen Nutzung zuzuweisen ist und von dessen Nutzung andere auszuschließen er berechtigt sein muss (s. dazu aus neuerer Zeit *Schack* in Depenheuer/Peifer (Hrsg.), Geistiges Eigentum: Schutzrecht oder Ausbeutungstitel?, 2008, S. 123 ff., insb. 127 ff.; *Ohly*, ebendort S. 141 ff., insb. 143 ff.; *Ann* GRUR Int. 2004, 597/598 f.; zur historischen Entwicklung vgl. unten Rdnr. 100 ff.; zur Kritik der naturrechtlich-individualistischen Begründungsansätze vgl. aus neuerer Zeit etwa *Leistner/Hansen* GRUR 2008, 479/480 f.; ferner die Untersuchungen von *Oberndörfer*, Die philosophische Grundlage des Urheberrechts sowie *Stallberg*, Urheberrecht und moralische Rechtfertigung, jeweils mit eingehenden Nachweisen).

Utilitaristische Begründungsansätze beruhen wesentlich auf dem Einfluss anglo-amerikanischen Rechtsdenkens, dessen Copyrightverständnis sich wesentlich vom kontinental-europäischen Urheberrechtsverständnis unterscheidet. Urheberrecht wird zwar auch als Eigentumsrecht (property right) verstanden, es fehlt aber zum einen die für die naturrechtlich-individualistischen Begründungsmuster typische Ausrichtung auf die Person des Urhebers und es liegt zum anderen der Grund für die Eigentumszuweisung nicht in naturrechtlichen Überlegungen, sondern es soll die Kreativität des Urhebers belohnt und damit ein Anreiz für Werkschöpfungen geschaffen werden; ferner soll die Verwertungsindustrie ermutigt werden, Investitionen in die Produktion von Kulturgütern vorzunehmen. Zweck des Urheberrechts ist es, dem kulturellen und wirtschaftlichen Fortschritt zu dienen. Kennzeichnend ist die Formulierung in der amerikanischen Verfassung (Article I, Section 8, Clause 8), die den Kongress zur Urheberrechtsgesetzgebung ermächtigt mit der Zielsetzung „to promote the progress of science and the useful arts". Aus diesem Begründungsansatz folgt auch, dass das Urheberrecht nicht etwas (naturrechtlich) Vorgegebenes und damit im Grundsatz Unantastbares sein kann, sondern dass es nach dem Nutzen zu beurteilen ist, den es für die Gesellschaft hat. Ökonomietheoretische Ansätze, insbesondere die ökonomische Analyse des Urheberrechts, basieren auf diesen utilitaristischen Begründungsansätzen (vgl. dazu aus neuerer Zeit *Leistner/Hansen* GRUR 2008, 479/482 ff. mit eingehenden Nachweisen; *Ohly* in Depenheuer/Peifer (Hrsg.), 2008, S. 141/143 ff.; *Schack* ebendort S. 132 ff.).

Heutige Urheberrechtsordnungen beruhen weder auf der naturrechtlich-individualistischen noch der utilitaristischen Theorie in ihrer reinen Form. Vergleicht man die Lehrmeinungen zum Geltungsgrund des Urheberrechts mit denjenigen, die sich zur Rechtfertigung des Patentrechts entwickelt haben, so fällt auf, dass der Urheberschutz in Kontinentaleuropa vorwiegend individualrechtlich begründet wird, während die Patentrechtstheorien neben individualrechtlichen Aspekten vor allem auch das Allgemeininteresse am technischen Fortschritt betonen (vgl. *Kraßer*, Patentrecht[6] § 3). Das Urheberrecht als subjektives Recht wie auch als objektivrechtliche Normierung wird in den kontinentaleuropäischen Ländern aus dem **naturrechtlichen Postulat des geistigen Eigentums** des Urhebers an seinem Werk abgeleitet (*Ulmer*[3] § 16; *Hubmann* ZUM 1988, 4 ff.; s. zur geschichtlichen Entwicklung unten Rdnr. 100 ff.). Auch der Schutz des Urheberrechts als **Grund- und Menschenrecht** knüpft hieran an: Das Urheberrecht ist Eigentum iSv. Art. 14 GG. Zusätzlich kann sich die persönlichkeitsrechtliche Komponente auf Art. 1, 2 Abs. 1 GG stützen (s. zum Verfassungsschutz des Urheberrechts und zu den Möglichkeiten der Schrankensetzung vor §§ 44 a ff. Rdnr. 7 ff.; s. ferner *Schricker*, Verlagsrecht[3], Einl. Rdnr. 16, jeweils mwN; *Schricker/Katzenberger* GRUR 1985, 87/94 f.; *Krüger-Nieland*, Fs. für Oppenhoff, S. 173 ff.; *P. Kirchhof*, Der Gesetzgebungsauftrag zum Schutz des geistigen Eigentums gegenüber modernen Vervielfältigungstechniken, 1988, S. 19 ff.; *Lerche*, Fs. für Reichardt, 1990, S. 101; *Krüger-Nieland*, Fs. für Simon, 1987, S. 695 ff.; *Söllner*, Fs. für Traub, 1994, S. 367 ff.; *Schack* Rdnr. 75 ff.; *ders.* in Depenheuer/Peifer (Hrsg.), 2008, S. 123/125 f.; umfassend *Fechner*, Geistiges

Einleitung

Eigentum und Verfassung, S. 186 ff.; s. auch Loewenheim/*Götting*, Handbuch des Urheberrechts[2], § 3 Rdnr. 1 ff.; *Dreier/Schulze*[3] Einl. Rdnr. 39 ff.). Grundlegend für das geistige Schaffen sind die Kommunikationsgrundrechte des Art. 5 GG (s. *Delp*, Recht des geistigen Schaffens[2] S. 19 ff.). Im Urheberrechtsgesetz kommt der naturrechtlich-individualistische Begründungsansatz vor allem in § 1 zum Ausdruck. Er bildet den Ausgangspunkt für den Geltungsgrund des Urheberrechts. Dass das deutsche Urheberrecht auch utilitaristische Aspekte berücksichtigt, zeigt sich schon an seinen Schranken, die in vielfältiger Hinsicht den Urheberrechtsschutz im Hinblick auf seine Auswirkungen in kultureller und sozialer Hinsicht einschränken, wobei sich der naturrechtlich-individualistische Gedanke wiederum insofern durchsetzt, als der Urheber für die im Rahmen der Schranken erlaubte Nutzung grundsätzlich eine Vergütung zu erhalten hat. Grundsätzlich sind aber die kontinental-europäischen Urheberrechtsordnungen, insbesondere das deutsche und das französische Urheberrecht, durch naturrechtlich-individualistisches Gedankengut gekennzeichnet.

11 **b) Interessenausgleich im Urheberrecht.** Neuere Forschungsrichtungen im Urheberrecht tendieren allerdings zu einer stärkeren Berücksichtigung utilitaristischer Aspekte (näher Rdnr. 18). Ausgangspunkt sind die technischen, wirtschaftlichen und sozialen Entwicklungen, mit denen sich das Urheberrecht heute auseinanderzusetzen hat (vgl. oben Rdnr. 1 ff.). Vielfach wird eine Legitimationskrise des Urheberrechts beklagt (vgl. etwa *Leistner/Hansen* GRUR 2008, 479; *Geiger* GRUR Int. 2008, 459/468; *Berger* ZUM 2005, 183; *Dietz* ZUM 2006, 964/965; s. dazu auch *Rehbinder*[15] Rdnr. 1005). In grundlegenden Untersuchungen werden die Bedingungen und Abläufe auf den Märkten für urheberrechtlich geschützte Güter unter Heranziehung ökonomischer Maßstäbe analysiert und es wird die Frage gestellt, wie sich die einzelnen urheberrechtlichen Regelungen zu Gunsten beziehungsweise zu Lasten der einzelnen gesellschaftlichen Gruppen auswirken.

12 So wird darauf hingewiesen, dass sich auf den Märkten für urheberrechtlich geschützte Güter nicht einfach „Urheber" und „Nutzer" gegenüberstehen, sondern dass Urheber und Nutzer lediglich die äußersten Glieder einer längeren Wertschöpfungskette bilden (*Hilty*, Fs. für Loewenheim, S. 119 mwN; *ders.* GRUR 2009, 633). Insbesondere die Verwertungsindustrie steht zwischen Urheber und Werknutzer, es wird deswegen auch von der **Tripolarität** der Interessengegensätze gesprochen: bei der Interessenlage im Urheberrecht handele es sich nicht lediglich um einen bipolaren Interessengegensatz, nämlich einen solchen zwischen Rechteinhabern auf der einen und Nutzern auf der anderen Seite, sondern um einen tripolaren, nämlich einen zwischen den kreativen Schöpfern (den Urhebern), der Verwertungsindustrie und den Nutzern (s. dazu insbesondere *Hilty* GRUR 2005, 819/820; *ders.* Fs. für Schricker 2005 S. 325; *ders.* GRUR Int. 2006, 179 ff.; sa. in der Sache auch bereits *Schricker* GRUR 1992, 242/244). In der Tat werden die Rechte gegenüber den Nutzern in der weitaus überwiegenden Mehrzahl der Fälle von der Verwertungsindustrie geltend gemacht, die sie sich von den Kreativen in Form von Nutzungsrechten hat einräumen lassen s. zur Rolle der Verlagsverbände und Medienvertreter auch *Ohly* in Depenheuer/Peifer (Hrsg.), Geistiges Eigentum: Schutzrecht oder Ausbeutungstitel?, 2008, S. 141). Zwar laufen die Interessen der Kreativen und der Verwerter weitgehend parallel; dass dies aber keineswegs immer der Fall ist und dass die Interessen der Kreativen nicht mit denen der Verwerter identifiziert werden dürfen (so auch *Ohly* in Ohly/Klippel, S. 1/6), zeigen nicht nur die zum Schutz der Urheber gegenüber den Verwertern durch das Urhebervertragsgesetz eingeführten Vorschriften, sondern auch Auseinandersetzungen zwischen Urhebern und Verwertern in Verwertungsgesellschaften (vgl. dazu § 63a Rdnr. 5 f.), ebenso wie die Situation auf dem Wissenschaftsmarkt, auf dem das Interesse der Urheber vielfach auf einen freien Zugang Dritter zu ihren Veröffentlichungen gerichtet ist, während die Verwerter aus vorwiegend finanziellen Gesichtspunkten dem entgegentreten (dazu *Hilty* in Fs. für Loewenheim, S. 119 ff.; *ders.* GRUR Int. 2006, 179 ff.; *Spindler* in Fs. für Loewenheim, S. 287 ff.; *Peifer*, GRUR 2009, 22).

13 Zu den danach **zu berücksichtigenden Interessen** gehören in erster Linie diejenigen der **Urheber**. Zweck des Urheberrechts ist der Schutz der schöpferischen Leistung. Der Gesetzgeber hat es als Aufgabe des Urheberrechts bezeichnet, den Schöpfer eines Werkes der Literatur, der Musik oder der bildenden Künste gegen eine unbefugte wirtschaftliche Auswertung seiner schöpferischen Leistung und gegen Verletzungen seiner ideellen Interessen am Werk zu schützen (Amtl. Begr. BTDrucks. IV/270 S. 27). Dieser Schutz des Urhebers ist bereits duch Art. 14 GG – hinsichtlich der persönlichkeitsrechtlichen Komponente auch durch Art. 1 und 2 Abs. 1 GG – vorgegeben. Dementsprechend bestimmt § 11 S. 1 UrhG, dass das Urheberrecht den Urheber in seinen geistigen und persönlichen Beziehungen zum Werk und in der Nutzung des Werkes schützt. Zum Schutz des Urhebers gehört auch seine **angemessene Beteiligung** bei jeder Form der Auswer-

tung seines Werkes. Dieser Beteiligungsgrundsatz entspricht nicht nur der ständigen Rechtsprechung (vgl. nur BGH GRUR 2009, 53/55 Tz. 22 – PC; BGH GRUR 2008, 993/995 Tz. 25 – Kopierstationen; BGH GRUR 2008, 245/247 Tz. 29 – Drucker und Plotter; BGH GRUR 2002, 248/251 – Spiegel-CD-ROM; BGH GRUR 1999, 707/712 – Kopienversanddienst; BGH GRUR 1999, 928/931 – Telefaxgeräte; BGH GRUR 1979, 637/638 – white christmas; BGH GRUR 1974, 786/787 – Kassettenfilm; BGHZ 17, 266, 278 – Grundig-Reporter), er hat durch das Gesetz zur Stärkung der vertraglichen Stellung von Urhebern und ausübenden Künstlern auch in § 11 S. 2 seinen Ausdruck gefunden und ist ebenso durch die internationalen Konventionen, insbesondere durch Art. 9 Abs. 2 RBÜ, auf den Art. 9 Abs. 1 des TRIPS-Abkommens verweist, geschützt.

Mit dem Schutz des Urhebers verbindet sich aber auch die **soziale Funktion**, Urhebern aller Sparten den Lebensunterhalt zu verschaffen und zur Sicherung ihrer Existenz beizutragen (s. allgemein zur sozialen Dimension des Urheberrechts *Wandtke* UFITA 123 (1993) 5ff.; *Schack*[4], Urheber- und Urhebervertragsrecht, Rdnr. 10ff.). Weite Kreise der Urheber gehören zu den sozial Schwachen; ihr Schutz durch das Urheberrecht ist eine soziale Aufgabe, deren Erfüllung im **Sozialstaatsprinzip des Grundgesetzes** geboten wird (*Dietz* in Beier/Götting/Lehmann/Moufang [Hrsg.] S. 1, 13; *Dreyer/Kotthoff/Meckel*[2] § 31 Rdnr. 6). Es ist nicht nur für den Gesetzgeber, sondern auch für den Richter verbindlich. Die Einrichtung von Sozialwerken bei den Verwertungsgesellschaften (s. die Erl. zu § 8 WahrnG) und das Künstlersozialversicherungsgesetz (BGBl. 1981 I S. 705) bedeuten allenfalls eine partielle Entlastung; den Charakter des Urheberrechts als eines Instruments sozialen Schutzes lassen sie unangetastet (s. zu den sozialpolitischen Implikationen des Urheberrechts zusammenfassend *Dietz* GRUR 1972, 1ff.; *Götting* in Beier/Götting/Lehmann/Moufang [Hrsg.], S. 53, 58ff.).

Daneben sind auch die **Interessen der Verwertungsindustrie** als einer eigenständigen Interessengruppe zu berücksichtigen. Das Urheberrecht dient, wie schon die Leistungsschutzrechte der §§ 85, 87, 94 und 95 zeigen, auch dem Schutz der Werkverwerter, die die schöpferische Leistung der Öffentlichkeit und damit den Werknutzern zugänglich machen. Das Modell des traditionellen, auf den Bereich von Literatur und Kunst beschränkten Urheberrechts, das sich vornehmlich an Einzelurhebern und einfachen Formen der Werkverwertung orientierte, ist heute einer sehr viel komplexeren Situation gewichen (s. oben Rdnr. 1ff.), die in weit stärkerem Umfang als früher die Einschaltung der Verwertungsindustrie notwendig macht, um die kreative Schöpfung den Werknutzern zugänglich zu machen. Die Werkverwertung hat angesichts neuer Verwertungstechniken und Nutzungsmöglichkeiten eine Vielfalt, einen Umfang und ein Gewicht gewonnen, die sie zu einer essentiellen Voraussetzung kreativen Schaffens und der Werknutzung macht. In Bereichen wie Film, Rundfunk und Fernsehen oder der elektronischen Werknutzung wären die heutigen Formen kulturellen Schaffens ohne die dazugehörige Kulturindustrie kaum denkbar. Werkschöpfung und Werkverwertung ergänzen sich nicht nur, sondern gehen vielfach ineinander über. Der Schutz des Urhebers bedingt damit auch einen Schutz der Verwertungsindustrie, weil ihm sonst die wirtschaftlichen Ergebnisse seines Schaffens nicht oder nur in geringerem Umfang zufließen würden.

Die dritte Gruppe, deren Interessen es zu berücksichtigen gilt, sind die **Werknutzer**. Das Interesse der Werknutzer besteht darin, einen möglichst umfassenden und ungehinderten Zugang zu urheberrechtlich geschützten Kulturgütern und Informationen zu haben, und diese auch zu einem möglichst niedrigen Preis zu erhalten. Notwendige Begrenzungen dieses Interesses ergeben sich zum einen aus dem Recht des Urhebers an seinem geistigen Eigentum, zum anderen daraus, dass bei einer zu niedrigen Gegenleistung kreatives Schaffen nicht lohnend oder sogar nicht möglich ist (vgl. zu den ökonomischen Zusammenhängen den Überblick bei *Peukert* in Hilty/Peukert, Interessenausgleich im Urheberrecht, S. 11/15ff. mit eingehenden Nachweisen; sa. *Spindler* in Fs. für Loewenheim, S. 287ff.). Das Interesse der Werknutzer geht weiter dahin, Verwertungshandlungen vornehmen zu können, beispielsweise Vervielfältigungen urheberrechtlich geschützter Werke herstellen zu dürfen. Das Urheberrechtsgesetz trägt dem durch seine Schrankenregelungen, namentlich durch § 53, Rechnung.

Darüber hinaus ist aber auch das **Allgemeininteresse** zu schützen. Das Urheberrecht dient dem Interesse der Allgemeinheit. Indem es Urheber und Werkverwerter schützt und ihnen die Ergebnisse ihres Schaffens und ihrer Investitionen zuordnet, ermöglicht und fördert es die Schaffung und Vermittlung von Kulturgütern und dient damit dem kulturellen Leben und der kulturellen Vielfalt der Gesellschaft (sa. *Schricker* GRUR 1992, 242ff.). Die Notwendigkeit einer Berücksichtigung des Allgemeininteresses ergibt sich bereits aus Art. 14 GG. Das bedeutet aber auch, dass das Urheberrecht ebenso wie das Sacheigentum einer Sozialbindung unterliegt (BGH

Einleitung

GRUR 1997, 459/463 – CB-infobank I; näher dazu vor §§ 44a ff. Rdnr. 1, 11, 15). Der ungehinderte Zugang zu Kulturgütern, die Freiheit geistigen Schaffens, Rechtspflege und öffentliche Sicherheit sowie die Unterrichtung der Öffentlichkeit über Tagesereignisse erfordern in bestimmten Fällen auch ohne die Zustimmung des Berechtigten die Benutzung geschützter Werke. Das Bundesverfassungsgericht leitet aus Art. 14 GG mögliche Einschränkungen des Eigentumsrechts des Urhebers ab: Die „grundsätzliche Zuordnung des vermögenswerten Ergebnisses der geistig-schöpferischen Leistung an den Urheber" durch Gewährung eines Ausschließlichkeitsrechtes kann bei Vorliegen „schutzwürdiger Interessen der Allgemeinheit" in Anbetracht des „sozialen Bezugs des geistigen Eigentums" zum bloßen Vergütungsanspruch herabgestuft werden, wobei freilich das Gleichheitsgebot zu beachten ist; greift ein „gesteigertes öffentliches Interesse" Platz, dh. wiegen die „Erwägungen des Gemeinwohls" so schwer, dass ihnen „auch bei Beachtung des Grundsatzes der Verhältnismäßigkeit der Vorrang vor dem grundrechtlich geschützten Anspruch des Urhebers zukommt", dann kann auch der Vergütungsanspruch entfallen (BVerfG GRUR 1980, 44/46 f./48 – Kirchenmusik; Einzelheiten vor §§ 44a ff. Rdnr. 7 ff.).

18 Um einen **Ausgleich der Interessen** zu finden, bedienen sich neuere Forschungsrichtungen im Urheberrecht vermehrt utilitaristischer Denkansätze. Es werden unter Anwendung ökonomischer und anderer sozialwissenschaftlicher Methoden, insbesondere einer ökonomischen Analyse, die einzelnen Institutionen des Urheberrechts einer Bewertung unterzogen, bei der – auch unter Abstrahierung vom geltenden Recht (vgl. etwa *Leistner/Hansen* GRUR 2008, 479/480) – nach einer zweckmäßigen Ausgestaltung des Urheberrechts gefragt wird, und die teils auch auf eine grundsätzliche Neuorientierung hinausläuft. US-amerikanische Untersuchungen spielen dabei eine maßgebliche Rolle. Vielfach lässt sich die Tendenz beobachten, den Urheberrechtsschutz zu Gunsten mehr nutzerfreundlicher Regelungen einzuschränken (s. zB zur Anbietungspflicht für Urheber an Hochschulen *Pflüger/Ertmann* ZUM 2004, 436 ff.; dagegen *Hansen* GRUR Int. 2005, 378). Vgl. zu diesen Forschungsrichtungen insbesondere Hilty/Peukert (Hrsg.), Interessenausgleich im Urheberrecht, 2004; *Spindler* in Fs. für Loewenheim, S. 287 ff.; *Bechtold* GRUR Int. 2008, 484; *Leistner/Hansen* GRUR 2008, 479; *Bechtold*, Zur rechtsökonomischen Analyse im Immaterialgüterrecht, GRUR Int. 2008, 484; *Geiger* GRUR Int. 2004, 815; *Hansen*, Warum Urheberrecht? – Die Rechtfertigung des Urheberrechts unter besonderer Berücksichtigung des Nutzerschutzes, 2009; sa. die Beiträge in Depenheuer/Peifer (Hrsg.), Geistiges Eigentum: Schutzrecht oder Ausbeutungstitel?, 2008; *Geiger/Engelhardt/Hansen/Markowski*, Bericht von der Abschlussveranstaltung der deutsch-französischen Vortragsreihe zum Urheberrecht am 13. Januar 2006 im Europäischen Patentamt, GRUR Int. 2006, 475; sa. zur Situation im Urheberrecht auch *Lehmann* in Fs. für Loewenheim, S. 167 ff.

19 Zielsetzung sollte sein, dass das Urheberrecht so ausgestaltet wird, dass es optimal zum **geistigen, kulturellen und kulturwirtschaftlichen Fortschritt** beiträgt. Ein effizient ausgebauter Urheberrechtsschutz und ein die angemessene Ertragsbeteiligung ermöglichendes Urhebervertragsrecht können die Bedingungen schöpferischer Produktion verbessern und die Verwertung der Werke erleichtern; gleichzeitig sind aber auch die Interessen der Werknutzer an einem angemessenen Zugang zu Kulturgütern und Informationen zu berücksichtigen. Untersuchungen und Erfahrungen aus dem mehr wirtschaftlich und weniger idealistisch denkenden amerikanischen Urheberrecht können hier von erheblichem Nutzen sein. Dies müsste keine Aufgabe des naturrechtlichen Fundaments des geistigen Eigentums bedeuten oder weitergehende Einschränkungen rechtfertigen, als sie die Rechtsprechung des BVerfG erlaubt. Der Urheberrechtsschutz könnte vielmehr eine zusätzliche Begründung erfahren; sie spricht für einen Ausbau des Schutzes über das „verfassungsrechtliche Minimum" hinaus und rechtfertigt es, auch die Belange der Verwerterunternehmen angemessen zu berücksichtigen, um so das erwünschte Wachstum der Wirtschaftszweige zu ermöglichen, die Kulturgüter vermitteln. Der „Legitimationskrise des Urheberrechts" (vgl. Rdnr. 11) könnte auch auf diese Weise begegnet werden. Wenn es das BVerfG als Aufgabe des Gesetzgebers erklärt, „bei der inhaltlichen Ausprägung des Urheberrechts sachgerechte Maßstäbe festzulegen, die eine der Natur und sozialen Bedeutung des Rechts entsprechende Nutzung und angemessene Verwertung sicherstellen" (GRUR 1980, 44/46 – Kirchenmusik), so kann dies nicht nur als Schrankenvorbehalt verstanden werden, sondern auch als Ermunterung zu dem im Allgemeininteresse erwünschten kulturfördernden Ausbau des Urheberrechts.

3. Kulturelle und wirtschaftliche Bedeutung des Urheberrechts

20 Das Urheberrecht ist von grundlegender Bedeutung für die Entfaltung der schöpferischen Persönlichkeit und für das **kulturelle** Leben der Gesellschaft. Es sichert die Existenz der geistig

Schaffenden und reguliert die Vermittlung von Kulturgütern. Es ermöglicht durch seine Regelungen den gesamten Schaffens- und Werkverwertungsprozess, der das heutige kulturelle Leben der Gesellschaft ausmacht. Die Art und Weise der Entstehung und der Vermittlung kultureller Güter wird durch das Urheberrecht maßgeblich bestimmt. Auf die Bedeutung der kulturellen Dimension des Urheberrechts weist auch die *Kommission der Europäischen Gemeinschaften* in ihrem Grünbuch „Urheberrecht und verwandte Schutzrechte in der Informationsgesellschaft" hin (KOM [95] 382 endg., S. 11).

In **wirtschaftlicher Hinsicht** ist die Bedeutung des Urheberrechts gerade in neuerer Zeit enorm gewachsen. Wichtige Industrien wie Verlage, Film und Fernsehen, Softwareindustrie oder Datenbanken sind in ihren wirtschaftlichen Möglichkeiten und Verhaltensweisen weitgehend vom Urheberrecht abhängig. Die Richtlinie zur Durchsetzung der Rechte des geistigen Eigentums vom 29. 4. 2004 (GRUR Int. 2004, 615, Nr. 1 der Erwägungsgründe) résumiert: „Der Schutz geistigen Eigentums ist nicht nur für die Förderung von Innovation und kreativen Schaffen wichtig, sondern auch für die Entwicklung des Arbeitsmarkts und die Verbesserung der Wettbewerbsfähigkeit". Die weltweite wirtschaftliche Bedeutung des Urheberrechts wird auch durch zahlreiche statistische Untersuchungen belegt. Die Europäische Kommission (http://ec.europa.eu/internal_market/copyright/index_de.htm) weist darauf hin, dass die Copyright Industrien von erheblicher Bedeutung für die Europäische Gemeinschaft sind, dass sie einen Beitrag von mehr als 1200 Milliarden Euro zur Wirtschaft der Europäischen Union leisten, einen Mehrwert von 450 Milliarden Euro produzieren und im Jahr 2000 5,2 Millionen Menschen beschäftigten, weiter, dass die Bruttowertschöpfung mehr als 5,3 Prozent des Bruttoinlandsprodukts der Mitgliedstaaten betrug und 3,1% aller Arbeitnehmer in der EU in den Copyright Industrien beschäftigt sind (sa. *Hummel/Gluch,* Die volkswirtschaftliche Bedeutung des Urheberrechts, abgedr. in BTDrucks. 11/270, S. 69ff.). Nach der jüngsten Studie der International Intellectual Property Alliance (IIPA) haben in den USA die core copyright industries (die direkt an der Produktion und dem Vertrieb urheberrechtlich geschützter Produkte beteiligten Industrien) in den Jahren 2006 und 2007 889 Milliarden $ bzw. 6,44% zum Bruttoinlandsprodukt beigetragen, bei den total copyright industries (sämtliche mit urheberrechtlich geschützten Produkten befassten Geschäftszweige) waren es 1,52 Billionen $ bzw. 11% des Bruttoinlandsprodukts. Die Exporte der core copyright industries beliefen sich im Jahr 2007 auf 126 Milliarden $ und waren damit größer als die Exporte in jedem anderen Industriesektor, sie überrundeten so gewichtige Branchen wie die Landwirtschaft, die Automobil- und die Elektroindustrie (zu Hinweisen auf ältere Statisken vgl. Voraufl. Einl. Rdnr. 9). 21

Diese wachsende **handelspolitische Bedeutung** des Urheberrechts hat auch im internationalen Recht ihren Niederschlag gefunden. Während die älteren internationalen Abkommen wie die Berner Übereinkunft und das Rom-Abkommen primär auf den Schutz der Urheber und Leistungsschutzberechtigten ausgerichtet waren, ist der Schutz des geistigen Eigentums durch das TRIPS-Abkommen in einen internationalen handelspolitischen Zusammenhang gestellt worden. Die Verweisung auf die materiellrechtlichen Vorschriften der RBÜ in Art. 9 Abs. 1 TRIPS und die Vorschriften über den Schutz bestimmter Leistungsschutzberechtigter in Art. 14 TRIPS sind nicht nur um Schutzvorschriften zugunsten eher den technischen Bereich berührender Werkarten wie Computerprogramme und Datenbanken ergänzt worden. Vielmehr wird auch der handelspolitische Charakter durch dem GATT entstammende Instrumente wie die Meistbegünstigungsklausel (Art. 4 TRIPS) und vor allem durch das Instrumentarium der Streitbeilegung (Art. 64 TRIPS, Art. XXII und XXIII GATT 1994) betont. Ähnliche Entwicklungen lassen sich bei regionalen Abkommen beobachten, beispielsweise beim North American Free Trade Agreement von 1994, in dem urheberrechtliche Schutzvorschriften in den Rahmen eines handelspolitischen Abkommens zwischen den Vereinigten Staaten von Amerika, Kanada und Mexiko eingebettet sind (Art. 1705 NAFTA).*Schricker/Loewenheim* 22

Die Zunahme der wirtschaftlichen Bedeutung des Urheberrechts lässt sich maßgeblich durch die **Ausweitung seines Geltungsbereiches** erklären (sa. Rdnr. 1). Mit dem Schutz der Computerprogramme hat sich das Urheberrecht nicht nur einen neuen Anwendungsbereich erschlossen, sondern auch den Zugang zu und die Nachfrage nach urheberrechtlich geschützten Produkten erheblich erleichtert und ausgedehnt. Die Nachfrage nach Information und Unterhaltung ist in ständigem Wachstum begriffen. In einer **„Freizeitgesellschaft",** wie sie in den westlichen Industrienationen immer deutlicher zur Ausprägung gelangt, steigert sich der Konsum von Gütern, die die Urheberrechtsindustrien anbieten. Das für „Entertainment" im weitesten Sinne zur Verfügung stehende Konsumpotential vergrößert sich; das Bedürfnis nach individueller Selbstverwirklichung lässt die Absatzchancen für künstlerisch gestaltete Konsumerzeugnisse wach- 23 sen. Zudem hat der **Wandel zur Informationsgesellschaft** tiefgreifende Änderungen mit sich gebracht. Der Zugang zu Informationen ist heute in nahezu allen Lebensbereichen essentiell; im Wissenschaftsbereich (vgl. dazu die Nachweise in Rdnr. 12) ebenso wie im täglichen Leben, wo es üblich geworden ist, sich die erforderlichen Informationen über das Internet zu beschaffen. Zugleich vermehren sich die Investitionen im Bildungsbereich und das Informationswesen wird weiter ausgebaut.

24 **Rechtspolitisch** darf diese wachsende wirtschaftliche Bedeutung des Urheberrechts nicht übergangen werden. Vom Gesetzgeber ist zu verlangen, dass er das Urheberrecht in einer Weise gestaltet, die seiner wirtschaftlichen Funktion und Bedeutung gerecht wird. Er muss dafür sorgen, dass ein Schutz für alle die Werke zur Verfügung steht, deren Vermarktung auf einen solchen angewiesen ist. Der Schutz sollte in angemessener Weise erlauben, Investitionen zu amortisieren, ohne das Funktionieren des Wettbewerbs zu behindern. Die gerechte Verteilung der Erträge unter Schöpfer und Verwerter ist zu sichern, den ideellen Interessen der Schöpfer Rechnung zu tragen. Ebenso sind aber auch das Interesse der Werknutzer, insbesondere am Zugang zu Kulturgütern und Informationen, sowie das Interesse der Allgemeinheit (vgl. Rdnr. 17) zu berücksichtigen. Ein ausschließliches Recht an Informationen kann Probleme aufwerfen, wenn diese nicht aus anderen Quellen bezogen werden können und auch nicht durch andere Informationen substituiert werden können. Ein Beispiel bildet der Wissenschaftsmarkt, auf dem in zunehmendem Maße Forschungsergebnisse durch Verlage nur online veröffentlicht werden und die Webseite des Verlages damit die einzige Bezugsmöglichkeit darstellt. Hinzu kommt, dass bei der Forschung die Berücksichtigung der Forschungsergebnissen anderer unumgänglich ist und Substitutionsmöglichkeiten insoweit nicht bestehen (näher dazu *Hilty* in Fs. für Loewenheim, S. 119/121 ff.; sa. *Spindler*, Urheberrecht in der Wissensgesellschaft – Überlegungen zum Grünbuch der Kommission, Fs. für Loewenheim, 2009, S. 287; *Hirschfelder*, Anforderungen an eine rechtliche Verankerung des Open Access Prinzips, 2008, dazu die Besprechung von *Hansen* GRUR Int. 2009, 799). Die Anwendung des Kartellrechts kann hier Korrekturmöglichkeiten bieten (sa. *Peifer* GRUR 2009, 22/17 ff.; zurückhaltend gegenüber der Anwendung kartellrechtlicher Vorschriften *Hilty* in Fs. für Loewenheim, S. 125 f. und GRUR 2009, 633/638 f., der urheberrechtlichen Zwangslizenzen den Vorzug gibt).

4. Immaterialgüterrecht, Urheberpersönlichkeitsrecht, Sachenrecht

25 Nach seiner positivrechtlichen Ausgestaltung ist das subjektive Urheberrecht ein **absolutes Ausschließlichkeitsrecht.** Zumindest hinsichtlich der verwertungsrechtlichen Seite folgt dies aus dem verfassungsrechtlichen Postulat, „das vermögenswerte Ergebnis der schöpferischen Leistung dem Urheber zuzuordnen und ihm die Freiheit einzuräumen, in eigener Verantwortung darüber verfügen zu können" (BVerfG GRUR 1980, 44/46 – Kirchenmusik); dieser Forderung ist schwerlich anders als durch Gewährung eines Ausschließlichkeitsrechtes zu genügen. Der Charakter des absoluten Rechtes gilt aber auch für die urheberpersönlichkeitsrechtliche Seite.

26 Das absolute Urheberrecht bildet ein **gegenständliches oder „quasi-dingliches" Recht,** dh. es ist auf einen Gegenstand, das Werk, bezogen, ordnet dieses dem Rechtsinhaber zu und unterstellt es seiner Herrschaft. Die rechtliche Herrschaft über das Werk äußert sich in der Befugnis, mit dem Werk nach Gutdünken zu verfahren, insbesondere es zu verwerten **(positives Nutzungsrecht)** und Dritte von der Einwirkung auszuschließen **(negatives Verbotsrecht);** Näheres und Nachweise vor §§ 28 ff. Rdnr. 80 ff. Das Verbotsrecht kann in der Praxis weiter reichen als das positive Benutzungsrecht (vgl. vor §§ 28 ff. Rdnr. 82). Welche positiven und negativen Befugnisse dem Urheber zustehen, ist im Einzelnen im UrhG definiert (§§ 12 ff. Urheberpersönlichkeitsrechte; §§ 15 ff. Verwertungsrechte; §§ 25 ff. sonstige Rechte des Urhebers; mit „Feinabgrenzung" in §§ 44 a ff.).

27 Zusätzlich zum positiven Nutzungsrecht und negativen Verbotsrecht gewährt das UrhG dem Urheber **Vergütungsansprüche** (s. dazu umfassend *Rossbach*, Die Vergütungsansprüche im deutschen Urheberrecht, 1990). Sie rechnen zur vermögensrechtlichen Seite des Urheberrechts. Teils werden sie zum Entgelt für die Auferlegung einer gesetzlichen Lizenz (s. vor §§ 44 a ff. Rdnr. 23 ff.) als Relikt des aufgehobenen absoluten Rechtes gegeben (so zB die Pressespiegelvergütung des § 49), teils handelt es sich um eigenständige Rechte (so zB das Folgerecht des § 26, s. dort Rdnr. 3 f.). Zu unterscheiden ist dabei das Stammrecht, aus dem die Ansprüche fließen, etwa das Folgerecht als solches, und die einzelnen schuldrechtlichen Forderungen (Näheres zu den gesetzlichen Vergütungsansprüchen vor §§ 44 a ff. Rdnr. 23 ff.; zur Übertragung vor §§ 28 ff. Rdnr. 59 ff.; § 29 Rdnr. 18; § 63 a Rdnr. 13 ff.).

28 Seiner Rechtsnatur nach ist das subjektive Urheberrecht mit seiner vermögensrechtlichen Seite **Immaterialgüterrecht,** zusammen mit den gewerblichen Schutzrechten bildet es den Begriff des **Geistigen Eigentums.** Hinsichtlich des Schutzes der ideellen Urheberinteressen ist es **Persönlichkeitsrecht** (s. zur dogmatischen Grundlegung *Hubmann* Persönlichkeitsrecht[2]). Das Verhältnis beider Aspekte im Rahmen des UrhG wird am überzeugendsten durch die (herrschende) **monistische Theorie** gedeutet (s. auch Rdnr. 110.): Der Schutz der beiden Interessengruppen lässt sich nicht trennen, sondern wird durch ein einheitliches Recht verwirklicht; das Urheberrecht ist somit weder reines Vermögensrecht noch reines Persönlichkeitsrecht; es nimmt vielmehr einen besonderen Platz im Rechtssystem ein (ausführlich *Ulmer*[3] §§ 17/18; sa. *Rehbinder*[15] Rdnr. 31; *Schack*[4], Urheber- und Urhebervertragsrecht, Rdnr. 306 ff.; s. im Einzelnen auch vor §§ 12 ff. Rdnr. 11–13. Zur Abgrenzung vom **allgemeinen Persönlichkeitsrecht** vor §§ 12 ff. Rdnr. 14 ff.; s. rechtsvergleichend *Lucas-Schloetter*, Droit Moral et Droits de la Personnalité, 2 Bde 2002).

29 **Gegenstand** des subjektiven Urheberrechts ist das **Werk** als immaterielle Wesenheit. Zu sinnfälliger Erscheinung gelangt es durch **unkörperliche Wiedergabe** (vgl. § 15 Abs. 2) oder durch **Verkörperung im Werkstück** (Original oder Vervielfältigungsstück, vgl. § 15 Abs. 1, § 16). Werkstücke sind Gegenstände des **Sachenrechts im BGB.** Die urheberrechtliche und die sachenrechtliche Rechtslage müssen auseinandergehalten werden (s. im Einzelnen *Ulmer*[3] § 2; *Schöfer*, Die Rechtsverhältnisse zwischen dem Urheber eines Werkes der bildenden Kunst und dem Eigentümer des Originalwerks, 1984, S. 7 ff.; *Erdmann*, Sacheigentum und Urheberrecht, Fs. für Piper, S. 655 ff.; *Peukert*, Das Sacheigentum in der Informationsgesellschaft, Fs. für Schricker, 2005, S. 149; *Waasen*, Das Spannungsfeld zwischen Urheberrecht und Eigentum im deutschen und ausländischen Recht, 1994; *Schack*[4], Urheber- und Urhebervertragsrecht, Rdnr. 32 ff.; *Paschke*, Strukturprinzipien eines urheberrechtsakzenten, GRUR 1984, 858 ff.; *Wandtke/Bullinger/Wandtke/Grunert*[3] vor §§ 31 ff. Rdnr. 54. Wer zB ein Buch erwirbt, wird Eigentümer des Werkstücks, aber er erhält kein Recht, von dem darin verkörperten Werk seinerseits eine Ausgabe zu veranstalten; dies steht dem Inhaber der entsprechenden urheberrechtlichen Befugnis zu (Urheber und/oder Verleger). Selbst bei Veräußerung des Originals wird im Zweifel dem Erwerber kein Nutzungsrecht eingeräumt (§ 44 Abs. 1 mit Ausnahme in Abs. 2). Ausnahmsweise können sich sachenrechtliche Vorgänge aber doch auf die urheberrechtliche Rechtslage auswirken: Gemäß § 17 Abs. 2 tritt durch die mit Zustimmung des Berechtigten erfolgende Veräußerung des Werkstücks **Erschöpfung des Verbreitungsrechts** hinsichtlich dieses Exemplars ein; die Weiterverbreitung ist zulässig. Im Interesse des Verkehrsschutzes wird hier dem urheberrechtlichen Verbreitungsrecht eine Grenze gesetzt (Näheres zur Erschöpfung § 17 Rdnr. 42 ff.).

5. Individuelle und kollektive Verwertung. Stufen der Werknutzung

30 Das subjektive Urheberrecht als Ausschließlichkeitsrecht gibt dem Urheber die Möglichkeit, die Zustimmung zur Werknutzung von der Gewährung einer adäquaten Gegenleistung abhängig zu machen und so eine **marktgerechte Vergütung** zu erzielen. Der Urheber vermag die Werknutzung zur Wahrung seiner materiellen und ideellen Interessen zu **kontrollieren** und gegen jedermann vorzugehen, der ohne oder außerhalb der Zustimmung des Urhebers das Werk auf die dem Urheber vorbehaltene Weise nutzt.

31 Als Instrumente zur rechtlichen Regelung der Werknutzung dienen **schuldrechtliche Verträge** sowie die **Einräumung gegenständlicher Rechte** (s. im Einzelnen vor §§ 28 ff. Rdnr. 45 ff.). **Übertragen** werden kann das Urheberrecht unter Lebenden grundsätzlich nicht (s. die Erl. zu § 29; zur Rechtsnachfolge von Todes wegen s. § 28). Soweit das Gesetz dem Urheber **Vergütungsansprüche** gewährt, erfolgt deren individuelle Realisierung durch Einziehung der Vergütungsbeträge, etwa im Rahmen des Folgerechts (§ 26). Die Verhandlungsposition des Urhebers ist bei Vergütungsansprüchen freilich schwächer als bei Ausschließlichkeitsrechten (vgl. *Nordemann* GRUR 1979, 280 ff.). Als Beispiel für die individuelle Urheberrechtsverwertung kann das **Verlagswesen** dienen: Der Autor eines Romans etwa schließt mit dem Verleger einen Verlagsvertrag, der Letzterem das Verlagsrecht gewährt und ihn zu Vervielfältigung und Verbreitung des Werkes berechtigt und verpflichtet; der Urheber erhält ein Honorar.

32 Gegenüber der individuellen Verwertung von Urheberrechten gewinnt die **kollektive Verwertung,** insbesondere durch **Verwertungsgesellschaften,** wachsende Bedeutung (vgl. die auf dem Forum der WIPO zur kollektiven Wahrnehmung von Urheber- und Nachbarrechten im Mai 1984 verabschiedete Deklaration, s. dazu GRUR Int. 1986, 665; sa. *Melichar*, Die Wahrnehmung von Urheberrechten durch Verwertungsgesellschaften, 1983; *Loewenheim/Melichar*,

Einleitung

Handbuch des Urheberrechts[2], §§ 45–50; *Becker,* Verwertungsgesellschaften als Träger öffentlicher und privater Aufgaben, Fs. für Kreile, 1994, 27 ff.; *Nordemann,* Entwicklung und Bedeutung der Verwertungsgesellschaften, GRUR-Fs., 1991, S. 1197 ff.; *v. Lewinski* in Fs. für Schricker, 2005, S. 401 ff.; *Vogel* GRUR 1993, 513; *Heine/Eisenberg* GRUR Int. 2009, 277 ff.; *Riesenhuber,* ZUM 2008, 625; *Müller/Stefan,* ZUM 2009, 121 ff.). Die Urheber übertragen Verwertungsrechte und Vergütungsansprüche treuhänderisch an gewisse Verwerterunternehmen, wie Bühnenverlage, und vor allem an Verwertungsgesellschaften, die mit den Werknutzern abschließen, Vergütungen einziehen und an die Berechtigten ausschütten. Bahnbrechend war die Entwicklung im Gebiet der Musik; heute ist die kollektive Rechtswahrnehmung durch Verwertungsgesellschaften in weiten Bereichen des Urheberrechts verbreitet. Charakteristisch ist dabei, dass gleichzeitig die Rechte mehrerer, ja vieler Rechtsinhaber wahrgenommen werden (s. zu den vertraglichen Beziehungen vor §§ 28 ff. Rdnr. 68 ff.; zur Entwicklung und zu Einzelheiten der kollektiven Rechtswahrnehmung durch Verwertungsgesellschaften Vorb. vor dem WahrnG; Loewenheim/*Melichar,* Handbuch des Urheberrechts[2], §§ 46–48; *Schack*[4], Urheber- und Urhebervertragsrecht, Rdnr. 1153 ff.; *Vogel* GRUR 1993, 513 ff.; *Weichhaus,* Das Recht der Verwertungsgesellschaften in Deutschland, Großbritannien und Frankreich, 2002; s. zu neueren Problemen *Hilty* [Hrsg.], Die Verwertung von Urheberrechten in Europa, 1995; *Becker* [Hrsg.], Die Verwertungsgesellschaften im Europäischen Binnenmarkt, 1990; kritisch *Hauptmann,* Die Vergesellschaftung des Urheberrechts, 1994; s. ferner *Riesenhuber*, Die Auslegung und Kontrolle des Wahrnehmungsvertrags, 2004; *Kreile/ Becker/Riesenhuber* (Hrsg.), Recht und Praxis der GEMA, 2. Aufl. 2008; *Dillenz,* Harmonisierung des Rechts der Verwertungsgesellschaften in Europa, GRUR Int. 1997, 315 ff.; zur verfassungsrechtlichen Beurteilung des WahrnG s. *Leisner* UFITA 48 [1966] 46 ff.).

33 Die Rechtewahrnehmung kann sich auf **ausschließliche Verwertungsrechte** des Urhebers beziehen, so etwa auf das Aufführungsrecht bei Werken der Musik (§ 19 Abs. 2) oder auf gesetzliche **Vergütungsansprüche** wie das Folgerecht (§ 26), die Bibliothekstantieme (§ 27) oder die Kopierenvergütung (§§ 54 ff.); einbezogen werden können auch Hilfsansprüche, wie Auskunftsansprüche (vgl. § 26 Abs. 3–5) (s. im Einzelnen *Melichar* S. 21 ff.). Während die kollektive Wahrnehmung von Ausschließlichkeitsrechten fakultativ ist (wenn sie im Bereich der Musik auch die Regel bildet), ordnet der Gesetzgeber bei Vergütungsansprüchen zunehmend **Verwertungsgesellschaftenpflicht** an, dh. die Ansprüche können nur durch Verwertungsgesellschaften geltend gemacht werden (vgl. § 27 Abs. 1 S. 2, § 49 Abs. 1 S. 2, § 52 a Abs. 4 S. 2; § 52 b S. 4; § 53 a Abs. 2 S. 2; § 54 h Abs. 1; vgl. auch § 26 Abs. 5 für den Auskunftsanspruch).

34 Die kollektive Wahrnehmung ist der einzige gangbare Weg der Rechtsdurchsetzung, wo es sich um Vorgänge einer **diffusen, massenweisen Verwertung** handelt, bei der die Werke vieler Autoren in praktisch nicht mehr unterscheidbarer und berechenbarer Weise einer Vielfalt von Nutzungsvorgängen unterliegen. Hier sind Pauschalierungen sowohl bei der Festsetzung und Einhebung der Vergütung als auch bei der Ausschüttung an die Berechtigten unumgänglich; nur so können die „faktischen Schranken" des individuellen Urheberrechts überwunden werden (*Riklin,* Das Urheberrecht als individuelles Herrschaftsrecht und seine Stellung im Rahmen der zentralen Wahrnehmung urheberrechtlicher Befugnisse sowie der Kunstförderung, 1978, S. 153 ff., 158 f.; Loewenheim/*Melichar,* Handbuch des Urheberrechts[2], § 45 Rdnr. 1 ff.). Besonders die neuen Techniken der Werknutzung (Reprographie, private Ton- und Bildaufnahmen, Kabelweitersendung) erfordern kollektive Maßnahmen der Rechteverwertung (*Melichar* S. 23 ff.).

35 In einer gewissen Konkurrenz zur pauschalen Rechtewahrnehmung durch Verwertungsgesellschaften stehen durch technische Schutzmaßnahmen abgesicherte **individuelle digitale** Zugangs-, Kontroll-, Lizenzierungs- **und Abrechnungssysteme** (Electronic Copyright Management Systems – ECMS, Digital Rights Management – DRM). Die EG-Richtlinie zur Informationsgesellschaft hat die Mitgliedstaaten zur Einführung eines unterstützenden Rechtsschutzes verpflichtet, sie wurde durch §§ 95 a–d UrhG, § 108 b, § 111 a umgesetzt (s. dazu Hoeren/ Sieber/*Bechtold,* Handbuch Multimedia-Recht, 19. Erg.lief. 2008, Rdnr. 17 ff.; *Wand,* Technische Schutzmaßnahmen und Urheberrecht, 2000; zum Copyright Management *Möschel/Bechtold* MMR 1998, 571 ff.; *Bechtold,* Vom Urheber- zum Informationsrecht, Implikationen des Digital Rights Management, 2001, und dazu den Rezensionsaufsatz von *Peukert* Ufita 2002, 689 ff.; *Flechsig* in Fs. für Nordemann S. 313 ff.; s. auch die Beiträge zum Symposium „Digital Rights Management" ZUM 2004, 182 ff.; *Arlt,* Digital Rights Management Systeme, 2006; *ders.,* GRUR 2004, 548 ff.; sa. *Schulz,* Der Bedeutungswandel des Urheberrechts durch Digital Rights Management – Paradigmenwechsel im deutschen Urheberrecht?, GRUR 2006, 470; zu den Auswirkungen auf die Verwertungsgesellschaften Loewenheim/*Melichar,* Handbuch des Urheberrechts[2], § 45 Rdnr. 28 ff.). Die Systeme sind freilich noch in der Entwicklung. Dass sie die

Verwertungsgesellschaften überflüssig machen könnten, ist nicht anzunehmen (so auch *Kreile/ Becker* in Fs. für Schricker 2005 S. 387 ff.; aA wohl Hoeren/Sieber/*Müller*, Handbuch Multimedia-Recht, 21. Erg.lief. 2008, Rdnr. 32). Die Verwertungsgesellschaften mit ihrem Know-how bieten sich im Gegenteil für die Verwaltung solcher Systeme geradezu an. Im Übrigen wird es immer Bereiche geben, die sich dem digitalen Zugriff entziehen, man denke nur an die große Zahl von Papierkopien von bereits existierenden Vorlagen. Es darf auch nicht übersehen werden, dass die Verwertungsgesellschaften schon jetzt Nutzungsvorgänge individuell erfassen und vergüten, so etwa bei der Bibliothekstantieme (zum Standpunkt der Endnutzer s. *Dreier*/Schulze³ Einl. Rdnr. 25. Ausführlich geht auf die Möglichkeiten und Probleme der DRM-Systeme die Mitteilung der Kommission zur Wahrnehmung von Urheberrechten und verwandten Schutzrechten vom 16. 4. 2004 KOM [2004] 261 endg. S. 11 ff. ein. S. ferner *Peukert* in Hilty/*Peukert*, Interessenausgleich im Urheberrecht, 2004, S. 11 ff.). Eine Ordnung des Verhältnisses von Privatkopie und Einsatz von DRM-Systemen wurde im Referentenentwurf für ein 2. Gesetz zur Regelung des Urheberrechts in der Informationsgesellschaft vom 27. 9. 2004 angestrebt.

Urheberrechliche Werke sind häufig einer Sequenz unterschiedlicher, wirtschaftlich mehr **36** oder weniger zusammenhängender Verwertungsvorgänge unterworfen, die technisch aneinander anknüpfen. Ein Werk der Musik etwa wird aufgeführt, die Aufführung auf einen Tonträger aufgezeichnet, die Aufführung mit Hilfe des Tonträgers im Rundfunk gesendet, die Rundfunksendung in einer Gaststätte öffentlich wiedergegeben. Nach der zeitlichen Abfolge kann man dabei Primär-, Sekundär-, Tertiärnutzungen und solche noch späterer Stufe unterscheiden. Urheberrechtlich betrachtet ist grundsätzlich jeder Nutzungsvorgang relevant, soweit er als solcher in die Verwertungsrechte des Urhebers eingreift: Der Urheber soll für jede Nutzung seines Werks eine wirtschaftliche Kompensation erhalten. Das Gesetz sieht dementsprechend **unterschiedliche Verwertungsrechte** vor, die sich **kumulieren**; im angegebenen Beispiel etwa greift das Aufführungsrecht (§ 19 Abs. 2), Vervielfältigungsrecht (§ 16), Senderecht (§ 20) und Recht der Wiedergabe von Funksendungen (§ 22) ein; der Urheber kann sämtliche Rechte ausüben, ohne dass eines von ihnen durch ein anderes konsumiert würde (*Schricker*/*Katzenberger* GRUR 1985, 87/92). Man kann darin ein **„Stufensystem zur mittelbaren Erfassung des Endverbrauchers"** erblicken (BVerfG GRUR 1997, 123 – Kopierladen I; BVerfGE 31, 255/267; sa. Loewenheim/*Loewenheim*, Handbuch des Urheberrechts², § 19 Rdnr. 2). Das gilt auch, wenn bei sekundären oder späteren Nutzungsvorgängen keine neuen Verbraucherkreise erreicht werden. Deshalb ist zB die Kabelweitersendung auch dann relevant, wenn sie Verbraucher versorgt, die dasselbe Programm bereits drahtlos empfangen können (s. im Einzelnen *Schricker*, Urheberrechtliche Probleme des Kabelrundfunks, S. 44 ff., insb. S. 61 f.; ausführlich *v. Ungern-Sternberg* § 20 Rdnr. 32 ff.).

6. Die verwandten Schutzrechte

Der Teil 2 des UrhG ist den „verwandten Schutzrechten" gewidmet. Die **Amtl. Begr.** **37** (BTDrucks. IV/270 S. 33 f.) bemerkt hierzu: „Unter den im zweiten Teil des Entwurfs behandelten verwandten Schutzrechten versteht der Entwurf Rechte, die nicht wie das Urheberrecht die schöpferische Leistung schützen, sondern Leistungen anderer Art, die der schöpferischen Leistung des Urhebers ähnlich sind oder in Zusammenhang mit den Werken der Urheber erbracht werden. Einzelne dieser verwandten Schutzrechte sind – wenn auch zum Teil unvollkommen – bereits im geltenden Recht berücksichtigt, wie der Lichtbildschutz und der Schutz der ausübenden Künstler. Neu ist der für wissenschaftliche Ausgaben und Ausgaben nachgelassener Werke vorgesehene Schutz sowie der Schutz der Tonträgerhersteller und der Sendeunternehmen."

Die Kategorie der verwandten Schutzrechte ist **ohne Vorbild im bisherigen Recht**. Die **38** Praxis versuchte früher, soweit es nicht Ansatzpunkte im Urheberrecht gab, für ausübende Künstler einen Schutz aus dem **Allgemeinen Persönlichkeitsrecht** und dem **UWG** abzuleiten (Näheres s. vor §§ 73 ff. Rdnr. 3 ff.). Zur heutigen Bedeutung des ergänzenden bürgerlich-rechtlichen und wettbewerbsrechtlichen Leistungsschutzes unten Rdnr. 42 ff., 50 ff.). Bahnbrechend war der Abschluss des Internationalen Abkommens über den Schutz der ausübenden Künstler, der Hersteller von Tonträgern und der Sendeunternehmen im Jahr 1961 (**Rom-Abkommen;** s. dazu *Ulmer* GRUR Int. 1961, 569 und zur Vorgeschichte *ders.,* Der Rechtsschutz der ausübenden Künstler, S. 1 ff.). Die verwandten Schutzrechte, namentlich der ausübenden Künstler, sind erheblichen Widerständen von Urheberseite begegnet, da man Schmälerung der Urhebervergütungen fürchtete. Diese Resistenz hat in manchen Ländern lange Zeit

Einleitung

die Schaffung eines Schutzes verhindert. In neuerer Zeit ist allerdings eine neue Welle der Einführung verwandter Schutzrechte zu beobachten (s. insbesondere für Frankreich Gesetz Nr. 85–660 vom 3. 7. 1985 betreffend die Urheberrechte und die Rechte der ausübenden Künstler, der Hersteller von Tonträgern und Bildtonträgern sowie der Unternehmen der audiovisuellen Kommunikation, GRUR Int. 1986, 36; sa. *Schack,* Wem gebührt das Urheberrecht, dem Schöpfer oder dem Produzenten?, ZUM 1990, 59). Die deutsche Regelung der verwandten Schutzrechte wurde mehrfach modifiziert, insbesondere in Umsetzung von EG-Recht, zuletzt durch das Gesetz zur Regelung des Urheberrechts in der Informationsgesellschaft vom 10. 9. 2003 (BGBl. I 1774), das Zweite UrheberrechtsregelungsG (2. Korb) vom 26. 10. 2007 (BGBl. I 2513) und das Gesetz zur Verbesserung der Durchsetzung von Rechten des geistigen Eigentums vom 7. 7. 2008 (BGBl. I 1191, ber. S. 2070).

39 Die verwandten Schutzrechte werden häufig auch als **„Leistungsschutzrechte"** bezeichnet: Sie beziehen sich auf Leistungen, die nicht persönliche geistige Schöpfungen im Sinne des urheberrechtlichen Werkbegriffes bilden. (*Ulmer*[3] § 3 I, III.). Ihrer Natur nach sind die verwandten Schutzrechte nicht homogen, sondern ziemlich unterschiedlich. Man kann sie **rechtssystematisch** einerseits in die vom Rom-Abkommen erfassten sog. „angrenzenden Rechte" (neighboring rights, zur Terminologie *Ulmer*[3] § 3 III) der ausübenden Künstler, Tonträgerhersteller und Sendeunternehmen und andererseits die sonstigen verwandten Schutzrechte gruppieren. Oder man scheidet in einerseits die persönlichkeitsgeprägten Leistungen, bei denen auch ein – zumindest rudimentärer – Schutz des Persönlichkeitsrechts vorgesehen ist (wissenschaftliche Ausgaben, § 70; Lichtbilder, § 72; ausübende Künstler, §§ 73 ff.; s. zu Entwicklung und Natur dieses Rechts ausführlich die Vorbem. zu § 73) und andererseits die technisch-organisatorisch-unternehmerischen Leistungen, bei denen das Gesetz einen Persönlichkeitsschutz nicht gewährt (Ausgaben nachgelassener Werke, § 71; Schutz des Veranstalters der Darbietung ausübender Künstler, § 81; Schutz des Tonträgerherstellers, § 85 f.; Schutz des Sendeunternehmens, § 87; Schutz des Datenbankherstellers, §§ 87 a ff.; Schutz des Filmherstellers, § 94 und des Herstellers von Laufbildern, §§ 95 mit 94).

40 Zusätzlich wird gelegentlich noch das **Geschmacksmusterrecht** als ein nicht im UrhG geregeltes „kleines Urheberrecht" zum Kreis der verwandten Schutzrechte in einem weiteren Sinn gezählt (vgl. *Strunkmann-Meister* UFITA 58 (1970) 13 ff., wobei freilich die Festlegung auf bloße Leistung, nicht Schöpfung, wenig überzeugt); es bildet aber ein Formalrecht, das die Brücke zu den technischen Schutzrechten schlägt und deshalb zum gewerblichen Rechtsschutz gerechnet wird (Rdnr. 47; *Ulmer*[3] § 4 II 3; *Schack*[4], Urheber- und Urhebervertragsrecht, Rdnr. 65). Die aus der Europäisierung erwachsene Neukonzeption des Geschmacksmusterrechts unter Aufgabe des Erfordernisses einer ästhetischen Gestaltung (s. dazu Rdnr. 47) hat es weiter vom Urheberrecht entfernt. Zum Verhältnis des Urheberrechtsschutzes von Werken der angewandten Kunst und des Geschmacksmusterschutzes s. § 2 Rdnr. 159 ff. Zu Tendenzen, für die kleine Münze des Urheberrechts ein Leistungsschutzrecht einzuführen vgl. § 2 Rdnr. 39 ff.)

41 Der **Schutzinhalt** der verwandten Schutzrechte wird zT durch pauschale oder Teilverweisungen auf den Urheberrechtsschutz bestimmt (§ 72, § 70), zT findet sich eine Sonderregelung (am ausführlichsten ist diejenige betreffend die ausübenden Künstler, §§ 73 ff.). In jedem Fall ist die **Schutzfrist** wesentlich kürzer als diejenige des Urheberrechts. Die **Übertragbarkeit** der verwandten Schutzrechte und die **Verträge** über solche werden vor §§ 28 ff. Rdnr. 64–67 behandelt.

II. Verhältnis des Urheberrechts zu anderen Rechtsgebieten

1. Bürgerliches Recht

42 Das Urheberrecht bildet ein **privatrechtliches Sondergebiet** neben dem bürgerlichen Recht. Als absolutes subjektives Recht ist das Urheberrecht aber auch ein „sonstiges Recht" iS der **Deliktsvorschrift des § 823 Abs. 1 BGB.** Sein Schutz hat jedoch im UrhG eine eigene Regelung erfahren; das UrhG kann insofern als spezielles Deliktsrecht betrachtet werden. Zum allgemeinen Deliktsrecht steht es im Verhältnis der Spezialität und Subsidiarität (BGH GRUR 1958, 354/356 – Sherlock Holmes; *Dreier*/Schulze[3] Einl. Rdnr. 33; *Dreyer*/Kotthoff/Meckel[2] Einl. Rdnr. 56; Loewenheim/*Götting,* Handbuch des Urheberrechts[2], § 3 Rdnr. 7): Soweit die Regelung im Urheberrechtsgesetz reicht, geht sie dem Schutz nach § 823 Abs. 1 BGB vor; das allgemeine Deliktsrecht ist auf eine subsidiäre, ergänzende Rolle beschränkt. Hierauf deutet zum einen § 1 hin, der „Schutz nach Maßgabe dieses Gesetzes" gewährt, zum anderen § 102 a, der

Ansprüche aus anderen gesetzlichen Vorschriften unberührt lässt. Dabei sind die dem Urheberrechtsgesetz immanenten Schutzgrenzen zu beachten; so kann zB gegen die Verbreitung eines Werkstücks, hinsichtlich dessen Erschöpfung eingetreten ist (§ 17 Abs. 2), auch nicht nach § 823 Abs. 1 BGB vorgegangen werden. Angesichts des umfassenden Charakters der Regelung im Urheberrechtsgesetz sind Fälle einer ergänzenden Heranziehung des § 823 Abs. 1 BGB schwer denkbar. Dagegen können im Urheberrecht die Vorschriften über die Durchführung der Deliktshaftung zum Zuge kommen (Fromm/Nordemann/*J. B. Nordemann*[10] § 97 Rdnr. 3).

Von großer praktischer Bedeutung sind **bereicherungsrechtliche Ansprüche nach** **§§ 812 ff. BGB** bei rechtsgrundlosem Eingriff in Urheberrechte; sie können gemäß § 102a auch im Urheberrecht geltend gemacht werden (s. § 102a Rdnr. 2 f.). Die Bereicherungshaftung ergänzt das Sanktionsinstrumentarium der §§ 97 ff. In solchen Fällen kommt eine Eingriffskondiktion in Betracht; das Urheberrecht ist als (geistiges) Eigentumsrecht ein klassisches Recht mit Zuweisungsgehalt, dessen rechtsgrundlose Inanspruchnahme Ansprüche aus Eingriffskondiktion auslöst. Von Schadensersatzansprüchen unterscheiden sich Bereicherungsansprüche dadurch, dass sie ein Verschulden nicht voraussetzen; andererseits ist der Anspruch gemäß § 818 Abs. 3 BGB grundsätzlich auf die noch vorhandene Bereicherung beschränkt (s. im Einzelnen § 102a Rdnr. 2 f.).

43

Zur Abgrenzung von Urheberpersönlichkeitsrecht und **allgemeinem Persönlichkeitsrecht** s. vor §§ 12 ff. Rdnr. 14 ff. Das **Recht am eigenen Bild** wird im Anhang zu § 60 erläutert. Zur **Produkthaftung** für fehlerhafte Werkstücke, insbesondere Verlagserzeugnisse s. *Schricker*, Verlagsrecht[3], § 31 Rdnr. 23; sa. *Höckelmann*, Die deliktsrechtliche Haftung für Verlagserzeugnisse, Ufita 1997, 81 ff.; *Wegner/Wallenfels/Kaboth* S. 88 ff.

44

2. Gewerbliche Schutzrechte

Gewerblicher Rechtsschutz und Urheberrecht stehen einander in vielfacher Hinsicht theoretisch und praktisch nahe. Mit den technischen Schutzrechten **Patent** und **Gebrauchsmuster** und dem verwandten **Sortenschutz** hat das Urheberrecht gemeinsam, dass es um den Schutz geistiger Schöpfungen geht, der durch die Verleihung von Immaterialgüterrechten gewährleistet wird (*Kraßer*[6] § 2 III). Während das Urheberrecht seinen Schwerpunkt aber im Gebiet von **Literatur, Wissenschaft** und **Kunst** hat, zielen die genannten gewerblichen Schutzrechte auf den Bereich der **Technik;** anders als im Urheberrecht erlangt die **gewerbliche Anwendbarkeit** wesentliche Bedeutung. Urheberrechtlich geschützte Werke sprechen als solche an; sie werden durch die körperliche oder unkörperlich vermittelte sinnliche Wahrnehmung „genossen". Technische Erfindungen dagegen sind Mittel zu einem weiteren Zweck; sie lehren, sich der Naturkräfte zu produktiven Zielen zu bedienen (*Kraßer*[6] § 2 III b; *Schack*[4], Urheber- und Urhebervertragsrecht, Rdnr. 63 f.; Loewenheim/*Loewenheim*, Handbuch des Urheberrechts[2], § 3 Rdnr. 16). In Grenzbereichen kann die Unterscheidung freilich schwierig werden, so etwa bei der **Computersoftware,** bei der man streitet, ob der Ausschluss aus dem Patentrecht (§ 1 Abs. 2 Nr. 3 PatG 1981; s. dazu *Nack,* Die patentierte Erfindung unter den sich wandelnden Bedingungen von Wissenschaft und Technik, 2002, S. 201 ff.) und die Aufnahme ins Urheberrecht (§ 2 Abs. 1 Nr. 1 UrhG) wirklich dem Schutzbedürfnis genügt (vgl. vor §§ 69a ff. Rdnr. 9 f.) oder bei den **technischen Darstellungen** iSd. § 2 Abs. 1 Nr. 7 UrhG, bei denen es gilt, den Urheberrechtsschutz so zu beschränken, dass Wertungswidersprüche zum Patentrecht vermieden werden (vgl. § 2 Rdnr. 199; *Kraßer*[6] § 2 III c).

45

Auch die **rechtliche Ausgestaltung des Schutzes** ist verschieden. Dem ipso iure formfrei durch die Werkschöpfung entstehenden Urheberrechtsschutz tritt der formale, durch Erlangung eines unter behördlicher Mitwirkung verliehenen Schutzrechtes ausgestaltete Schutz der technischen Schöpfungen gegenüber. Das Urheberrecht setzt nur subjektive, nicht objektive Neuheit voraus; entsprechend kommt dem Schutz keine Sperrwirkung zu (s. § 2 Rdnr. 42; *Ulmer*[3] § 2 III). Dagegen sind für die technischen Schutzrechte objektive Neuheitserfordernisse kennzeichnend; die Sperrwirkung der Rechte erstreckt sich auch auf den Doppelerfinder, der aufgrund unabhängiger Schöpfung zum selben Ergebnis kommt. Technisch-gewerblicher Charakter und Sperrwirkung akzentuieren auch das Spannungsfeld von Patentschutz und freiem Wettbewerb; dagegen lässt der Urheberrechtsschutz grundsätzlich breiten Raum für vielfältige konkurrierende Werksindividualitäten. Mit wettbewerbspolitischen Erwägungen lässt sich zugleich erklären, warum Patente nur 20 Jahre Schutz genießen (§ 16 PatG), das Urheberrecht sich dagegen eine Schutzfrist von im Schnitt 100 Jahren und mehr leisten kann (§ 64 UrhG). Schließlich fällt im Urheberrecht der Persönlichkeitsbezug der Schöpfung stärker ins Gewicht; entsprechend ist das Urheberpersönlichkeitsrecht weiter ausgebildet.

46

Einleitung

47 Zwischen dem Urheberrecht und den technischen Schutzrechten steht das **Geschmacksmusterrecht** (vgl. auch Rdnr. 40); international schwankt seine Regelung zwischen „patent approach" und „copyright approach", während die neueste Entwicklung zu einem eigenständigen „design approach" führt (s. den Diskussionsentwurf des Max-Planck-Instituts für ein europäisches Musterrecht, GRUR Int. 1990, 559, 560). Das neue deutsche Geschmacksmustergesetz datiert vom 12. 3. 2004, BGBl. I 390 = Bl. f. PMZ 2004, 207 m. Begründung (s. den Regierungsentwurf eines Geschmacksmusterreformgesetzes, BR-Drucks. 283/03 zur Umsetzung der Harmonisierungsrichtlinie 98/71 EG, GRUR Int. 1998, 959; s. auch die EG-Gemeinschaftsgeschmacksmusterverordnung v. 12. 12. 2001, GRUR Int. 2002, 221; s. dazu *Kur* GRUR 2002, 661 ff.; *A. Nordemann/Heise* ZUM 2001, 128 ff.). Im deutschen Recht sprechen das Merkmal der gewerblichen Verwertbarkeit und der formale Charakter des Schutzes für ein gewerbliches Schutzrecht; das aber eine ästhetische Schöpfung zum Gegenstand haben hat. Auch unter dem neuen „design approach" wird ein und dieselbe Schöpfung sowohl Urheberrechts- als auch Geschmacksmusterschutz genießen können (*Kur* GRUR 2002, 661/669 f.). Das Urheberrecht setzt nach der Rechtsprechung und Teilen des Schrifttums einen höheren Grad von Schöpfungshöhe voraus (dazu § 2 Rdnr. 160) und entsteht formfrei; während für den Geschmackmusterschutz Hinterlegung erforderlich ist. Zum Gemeinschaftsgeschmacksmuster, insbesondere zum Schutz ohne Eintragung s. *Rahlf/Gottschalk* GRUR Int. 2004, 821 ff.; *Gottschalk* GRUR Int. 2006, 461.

48 Auf einer anderen Ebene als Urheberrecht, technische Schutzrechte und Geschmacksmuster liegt der **Markenschutz**, nunmehr geregelt im MarkenG v. 25. 10. 1994 (BGBl. I S. 3082), das die Europäische Markenrechtsrichtlinie umsetzt. Daneben steht die GemeinschaftsmarkenVO, die ein übernationales Schutzrecht schafft (s. *Ingerl/Rohnke*, Markengesetz[3] Einl. Rdnr. 26 f.). Zwar ist auch das Markenrecht ein Immaterialgüterrecht, jedoch geht es beim Markenschutz nicht um den Schutz geistiger Schöpfungen, sondern um denjenigen von Unterscheidungszeichen für Waren und Dienstleistungen. Eine Marke zu wählen und zu gestalten, mag eine schöpferische Leistung sein; aber hierauf kommt es für den Schutz nicht an: Für ihn ist die von Haus aus gegebene oder durch Verkehrsgeltung erlangte Unterscheidungsfähigkeit maßgeblich, die auch einem trivialen Zeichen zukommen kann. Umgekehrt bedeutet Urheberrechtsschutzfähigkeit nicht ohne Weiteres, dass auch markenrechtliche Unterscheidungskraft vorliegt (BPatGer GRUR 1987, 826, 827 – Einfache geometrische Form). S. allgemein zur Problematik von Marke und Urheberrecht *A. Bercovitz* GRUR Int. 2001, 611.

49 Berührungspunkte zwischen dem Markenrecht und dem Urheberrecht gibt es vor allem beim **Titelschutz:** Der Werktitel bildet ein mit der Marke verwandtes Unterscheidungszeichen, dessen Schutz nunmehr in das Markengesetz aufgenommen wurde (s. § 5 Abs. 1, 3, § 15 MarkenG; s. zum neuen Titelschutzrecht *Schricker*, Fs. für Vieregge, 1995, S. 775 ff.; *Sack*, Der Schutz des Werktitels nach dem Markengesetz und anderen Gesetzen, 1999; *Mittas*, Der Schutz des Werktitels nach UWG, WZG und MarkenG, 1995; *Metzger*, Der Titelschutz von Film-, Hörfunk- und Buchreihen, 1992; *Deutsch/Mittas*, Titelschutz, 1999; *Bappert/Maunz/Schricker*[2] § 13/§ 39 UrhG Rdnr. 32; s. im Einzelnen zum Titelschutz § 2 Rdnr. 69 ff.). Im Übrigen können **Markenschutz und Urheberrechtsschutz zusammenzutreffen:** Weist das Markenbild eine schöpferisch-ästhetische Prägung auf, so kann neben dem Markenschutz Kunstschutz gegeben sein (*Schricker/Stauder*, Handbuch des Ausstattungsrechts, 1986, Einf. Rdnr. 27 mwN; *Loewenheim/Loewenheim*, Handbuch des Urheberrechts[2], § 3 Rdnr. 21; *Loschelder/Wolff* in Fs. Schricker, 2005, S. 425 f.; *Jacobs* in Fs. Schricker, 2005, S. 801 ff.). Nach § 13 Abs. 1, Abs. 2 Nr. 3 MarkenG gehören Urheberrechte zu den „sonstigen älteren Rechten", die einen Markenlöschungsgrund bilden können.

3. Recht des unlauteren Wettbewerbs

50 Sowohl Urheberrecht als auch das Gesetz gegen den unlauteren Wettbewerb haben Einfluss auf die geschäftliche Betätigung; sie können als Deliktsrecht im weiteren Sinn aufgefasst werden. Die Rechtswidrigkeit wird jedoch unterschiedlich konstruiert: Im Urheberrecht ergibt sie sich aus der Verletzung **subjektiver Ausschließlichkeitsrechte** besonderer Natur; während es im Wettbewerbsrecht nur teilweise um den Schutz ausschließlicher Rechte geht (so zB beim ergänzenden Kennzeichenschutz des § 3 UWG), größtenteils die Unlauterkeit aber aus der **Modalität des Handelns** abgeleitet wird, wobei die Wertung anhand einer Kombination sittlicher und rechtlicher Kriterien vorzunehmen ist (vgl. *Schricker*, Gesetzesverletzung und Sittenverstoß, 1970, S. 210 ff.).

Einleitung

Berührungspunkte zwischen Urheberrecht und Wettbewerbsrecht bestehen in mehrfacher 51 Hinsicht. (eine Übersicht über Wettbewerbsrechtsfragen im Verlagsbereich geben *Wegner/Wallenfels/Kaboth* S. 211 ff.). So treffen Urheberrecht und Wettbewerbsrecht bei der Frage zusammen, ob die Verletzung von Urheberrechten als solche unlauteren Wettbewerb bildet (s. unten Rdnr. 52 ff.). Vor allem geht es aber – und hier liegt der Schwerpunkt der Problematik – um den **ergänzenden wettbewerbsrechtlichen Leistungsschutz,** dh. darum, ob und inwieweit die Ausbeutung fremder Leistung, die nicht urheberrechtlich geschützt ist, als eine Handlung unlauteren Wettbewerbs betrachtet werden kann (Rdnr. 54 ff.).

Werden bestehende **Urheberrechte verletzt,** ist es in erster Linie Sache des Rechtsinhabers, 52 die im UrhG vorgesehenen Sanktionen ins Werk zu setzen. Tut er dies, so ist die Frage idR praktisch unbedeutend, ob die **Verletzung zugleich unlauteren Wettbewerb bedeutet.** Unterbleibt die urheberrechtliche Sanktionierung, so kann aber sehr wohl ein Interesse der gesetzestreuen Mitbewerber daran erwachsen, dass gegen den Rechtsbrecher wettbewerbsrechtlich vorgegangen wird, um zu verhindern, dass er sich durch den Rechtsbruch einen unlauteren Wettbewerbsvorsprung verschafft. Dass die urheberrechtliche Sanktionierung unterbleibt, mag namentlich vorkommen, wenn der Rechtsinhaber unbekannt oder die Rechtslage ungeklärt ist oder wenn diffuse Rechte zahlreicher Rechtsinhaber in geringerem Umfang verletzt werden, von denen sich keiner zu einer Reaktion bemüßigt sieht. Als Beispiel kann die ungenehmigte gewerbliche Verwertung älterer, insbesondere ausländischer Spielfilme auf Videokassetten dienen, bei denen unklar ist, wem die Videorechte zustehen (s. zum Rechtstatsächlichen *Seifert* ZUM 1985, 81 ff.); ein weiteres Beispiel wäre ein Dokumentationsdienst, der laufend die Rechte zahlreicher wissenschaftlicher Urheber verletzt, ohne dass einer der Betroffenen dagegen vorgeht. In solchen Fällen können Mitbewerber und Verbände an einer Klage nach §§ 3, 8 UWG interessiert sein.

Die Rechtsprechung und die hM im Schrifttum schließen solches wettbewerbsrechtliches 53 Vorgehen angesichts der **Spezialität des UrhG und Subsidiarität des UWG** aus. Sie gehen traditionell von der sog. **Vorrangthese** aus. Soweit Urheberrechtsschutz bestehe, komme ein ergänzender wettbewerbsrechtlicher Leistungsschutz nicht in Betracht (BGH GRUR 1992, 697/699 – ALF; BGH GRUR 1994, 630/632 – Cartier-Armreif; BGH GRUR 1999, 325/326 – Elektronische Pressearchive; OLG Köln GRUR 1983, 133 – Schallplatten; OLG Hamm GRUR 1984, 539 – Videocassetten; OLG Köln GRUR 1983, 517 – Videofilme in Diskothek; *v. Gamm* Einf. Rdnr. 138; *Fromm/Nordemann/A. Nordemann*[10] §§ 23/24 Rdnr. 99; *Schack*[4], Urheber- und Urhebervertragsrecht, Rdnr. 69; *Köhler*/Piper UWG[3] Einf. Rdnr. 54; Piper/*Ohly,* UWG[4] Einl. D Rdnr. 86; weitere Nachweise bei Hefermehl/*Köhler*/Bornkamm[27], UWG, § 4 Rdnr. 9.6 f.; sa. Loewenheim/*Mees,* Handbuch des Urheberrechts[2], § 3 Rdnr. 25). Dabei wird auch geltend gemacht, das demUrheber die Entscheidung vorbehalten bleiben müsse, ob und wie gegen Verletzer seines Rechts vorgegangen wird (BGH GRUR 1999, 325/326 – Elektronische Pressearchive). Die Vorrangthese unterliegt jedoch zunehmender **Kritik** (vgl. *Köhler* GRUR 2007, 548 ff.; für das Geschmacksmusterrecht *Ohly* GRUR 2007, 731 ff.; Hefermehl/*Köhler*/Bornkamm[27], UWG, § 4.9.6 a); von der Rechtsprechung ist sie für das Geschmacksmusterrecht ganz (BGH GRUR 2006, 79 Tz. 18 – Jeans I), für das Markenrecht weitgehend (BGH GRUR 2007, 339 Tz. 23) aufgegeben worden (sa. Hefermehl/*Köhler*/Bornkamm[27], UWG, § 4 Rdnr. 9.6). Im **Urheberrecht** geht die Rechtsprechung nach wie vor davon aus, dass eine Urheberrechtsverletzung nicht gleichzeitig eine Wettbewerbsverletzung sein kann. Dem ist insofern zuzustimmen, als der Schutz von urheberrechtlich relevanten Schöpfungen dem Urheberrecht vorbehalten ist und das UWG auf eine ergänzende Funktion beschränkt wird (sa. *Ulmer*[3] § 7 I 1). Die Übernahme der urheberrechtlich geschützten Leistung als solche vermag deshalb für sich allein eine Unlauterkeit nicht zu begründen. Es spricht aber, gerade auch unter dem Aspekt einer weiteren Einschränkung des Vorrangprinzips, viel dafür, in Fällen eines **Wettbewerbsvorsprungs durch Rechtsbruch** Wettbewerbern eine Wettbewerbsklage auch dann zu erlauben, wenn die Wettbewerbshandlung zugleich eine Urheberrechtsverletzung darstellt. Die Unlauterkeit würde sich daraus ergeben, dass jemand durch Missachtung fremder Urheberrechte einen Vorsprung gegenüber der gesetzestreuen, dh. die Urheberrechtslage respektierenden Konkurrenz, erzielt (so bereits *Schricker* in der Vorauflage Einl. Rdnr. 39, vgl. ferner *ders.,* Verlagsrecht[3], § 9 Rdnr. 14; *Köhler* GRUR 2007, 548/553 Tz. 44 ff., 50; *Gerhardus,* Berührungspunkte des Urheber- und des Wettbewerbsrechts, 1994, S. 163 f.; *Seifert,* ZUM 1985, 81 ff.; *Sack,* ZUM 1987, 103/126 f.; allgemein *Schricker,* Gesetzesverletzung und Sittenverstoß, S. 260 ff.; aA BGH GRUR 1999, 325/326 – Elektronische Pressearchive; OLG Köln GRUR 1983, 133 und 517; OLG Hamm GRUR 1984, 539/540; *Dreier*/Schulze[3] Einl. Rdnr. 36; *Dirschl,* Individualrechtsverletzungen als Wettbewerbsverstöße und erweitertes Klage-

Einleitung

recht aus § 13 Abs. 1, 1 a UWG, 1985, S. 206 ff.; *Traub* in Fs. für Quack, 1991, S. 119/129 ff.). Ein Vorsprung könnte darin liegen, dass der Verletzer sein Sortiment erweitern und ohne Verzögerung durch Nachsuchen um Genehmigung anbieten kann; auch eine Preisunterbietung würde einen Vorsprung bedeuten. Dem Argument, dem Urheber müsse die Entscheidung vorbehalten bleiben, ob und wie gegen Verletzer seines Rechts vorgegangen wird, lässt sich entgegenhalten, dass in derartigen Fällen nicht nur der Urheber durch die Rechtsverletzung betroffen ist, sondern auch die Mitbewerber des Verletzers, deren Beeinträchtigung nicht deswegen hingenommen werden darf, weil das Urheberrecht eines anderen verletzt ist (sa. *Köhler* GRUR 2007, 548/550 Tz. 10 und 553 Tz. 44 ff., 50).

54   Große praktische Bedeutung besitzt die Problematik des **ergänzenden wettbewerbsrechtlichen Leistungsschutzes**. Es geht auch hier um die Frage, ob das Urheberrecht urheberrechtliche Verletzungstatbestände abschließend regelt oder ob und unter welchen Voraussetzungen der Urheber bei der Übernahme oder Nachahmung von Schöpfungen oder Leistungen, die **keinen Sonderschutz** geniessen können – etwa weil sie nicht das Niveau der persönlichen geistigen Schöpfung iSd. § 2 Abs. 2 erreichen oder weil die Schutzfrist abgelaufen ist, Wettbewerbsschutz in Anspruch nehmen kann. Die Frage ist seit Jahrzehnten strittig; in der Rechtsprechung sind mancherlei Schwankungen zu beobachten.

55   **Zwei Grundtendenzen** liegen im Widerstreit: Die **eine Auffassung** betont den vom GWB gestützten Gesichtspunkt der Wettbewerbsfreiheit. Die Sondergesetze erscheinen als Ausnahmen vom freien Wettbewerb; ihre Schutzschwellen und Schutzgrenzen dürften nicht durch einen großzügigen Wettbewerbsschutz unterlaufen werden. Man geht deshalb vom Grundsatz der **Nachahmungsfreiheit** aus; unlauterer Wettbewerb könne nur bei Vorliegen „besonderer Umstände" angenommen werden. Die **andere Meinung** betrachtet das System der Sonderschutzrechte nicht als vollständig; sie hält dafür, dass zumindest die mit den besonders geschützten Gegenständen vergleichbaren qualifizierten Erzeugnisse wettbewerblichen Schutz geniessen müssten. Schon die Ausnutzung von Mühe und Kosten des Mitbewerbers bilde einen Unlauterkeitsgesichtspunkt; es müsse dem Produzenten zumindest die Amortisation seiner Entwicklungskosten durch den Wettbewerbsschutz gesichert werden. Den unter dem Aspekt der Wettbewerbsfreiheit bestehenden Bedenken sucht man durch eine relativ kurze Befristung des Wettbewerbsschutzes zu begegnen.

56   Nach der **Rechtsprechung** schließt das Bestehen von Urheberrechtsschutz die Anwendung von §§ 3, 4 Nr. 9 UWG nicht aus. Voraussetzung ist aber, dass besondere außerhalb des Urheberrechtsgesetzes liegende Umstände vorliegen, die die Wettbewerbswidrigkeit begründen (BGH GRUR 2003, 958/962 – Paperboy; BGH GRUR 1999, 707/711 – Kopienversanddienst; BGH GRUR 1999, 325/326 – Elektronische Pressearchive; BGH GRUR 1997, 459/464 – CB-infobank I; BGH GRUR 1995, 581/583 – Silberdistel; BGH GRUR 1997, 814/816 – Die Zauberflöte; BGH GRUR 1986, 895/896 – Notenstichbilder; BGH GRUR 1966, 503/506 – Apfelmadonna; OLG Hamm GRUR-RR 2005, 73/74 – Web-Grafiken; OLG München GRUR-RR 2003, 329/330 – *Hit Bilanzen;* OLG Düsseldorf MMR 1999, 602/603 – Siedler III; OLG Frankfurt/M NJWE-WettbR 1997, 29/31 – Telefonauskunft-CD-ROM; sa. BGH GRUR 2006, 493 Tz. 28 – Michel-Nummern; zahlreiche weitere Nachweise in Vorauf. Einl Rdnr. 41). Das Schrifttum folgt dem weitgehend (vgl. etwa Hefermehl/*Köhler*/Bornkamm[27], UWG, § 4 Rdnr. 9.7; Piper/*Ohly*, UWG[4] § 4 UWG Rdnr. 9/9; Fromm/Nordemann/*A. Nordemann*[10] §§ 23/24 Rdnr. 100 ff.; *Dreier*/Schulze[3] Einl. Rdnr. 37; weitere Nachweise bei *Köhler* GRUR 2007, 548/549 Fußn. 3 und in Vorauf. Einl Rdnr. 41; zurückhaltend *Schack*[4], Urheber- und Urhebervertragsrecht, Rdnr. 73; eine Beschränkung der Anwendbarkeit des Wettbewerbsrechts durch das Urheberrecht wird von *Köhler* GRUR 2007, 548 ff.).

57   Bei der **Beurteilung** ist vom Grundsatz der **Nachahmungsfreiheit** auszugehen. Die Übernahme, Nachahmung und Auswertung fremder Leistungen ist grundsätzlich zulässig (BGH GRUR 2007, 795 Tz. 51 – Handtaschen; Hefermehl/*Köhler*/Bornkamm[27], UWG, § 4 Rdnr. 9.3; *Dreier*/Schulze[3] Einl. Rdnr. 37). Ausnahmen von diesem Grundsatz statuieren die Rechte des geistigen Eigentums, im hier interessierenden Rahmen das Urheberrecht. Durch das Urheberrecht werden dem Urheber die Ergebnisse seines kreativen Schaffens ausschließlich zugewiesen. Soweit eine solche Zuweisung nicht erfolgt, ist eine Nachahmung aus urheberrechtlicher Sicht grundsätzlich zulässig; etwa in Fällen fehlender persönlicher geistiger Schöpfung (§ 2 Abs. 2), freier Benutzung (§ 24) oder des Ablaufs der Schutzfrist (§ 64). Die grundsätzliche Nachahmungsfreiheit unterliegt aber auch den Schranken des Wettbewerbsrechts: unlautere Wettbewerbshandlungen sind unter den Voraussetzungen des § 3 UWG unzulässig, für Nachahmungstatbestände konkretisiert durch § 4 Nr. 9 UWG. Eine Freistellung von Urheberrechtsschutz

kann damit nicht bedeuten, dass die Unlauterkeitsmaßstäbe des UWG keine Anwendung finden könnten. Die wettbewerbsrechtliche Beurteilung hat zwar die Wertungsmaßstäbe des Urheberrechts insoweit zu berücksichtigen, als bei urheberrechtlicher Nichtschutzfähigkeit die bloße Nachahmung als solche keine Unlauterkeit begründen kann. Ist die urheberrechtliche Schutzfrist abgelaufen oder liegt ein Fall der freien Benutzung vor, so ist die Nachahmung oder Benutzung nicht unlauter (so auch Fromm/Nordemann/*A. Nordemann*[10] §§ 23/24 Rdnr. 101; *Dreier/ Schulze*[3] Einl. Rdnr. 37). Anders ist es dagegen, wenn die Nachahmung oder Benutzung aus anderen Gründen („besonderen Umständen") unlauter ist, etwa weil sie zu einer Herkunftstäuschung der Abnehmer führt. Die Tatsache, dass für einen Gegenstand Urheberrechtsschutz nicht besteht, kann nicht zu einem Freibrief für unlauteres Verhalten führen. Der Rechtsprechung und der hM, dass in Fällen, in denen eine Nachahmung oder Benutzung urheberrechtlich zulässig ist, besondere außerhalb des Urheberrechtsgesetzes liegende Umstände vorliegen müssen, die die Wettbewerbswidrigkeit begründen, ist also zu folgen. Hierfür kommen insbesondere die Tatbestände des § 4 Nr. 9 UWG in Betracht; ist keiner dieser Tatbestände erfüllt, so kann angesichts der grundsätzlichen Nachahmungsfreiheit nur in Ausnahmefällen ein wettbewerbswidriges Verhalten anzunehmen sein (BGH GRUR 2007, 795 Tz. 51 – Handtaschen).

Letzten Endes hängt das Urteil über die Unlauterkeit eines konkreten Falles von Nachahmung stets von einer **Abwägung und Wertung der Interessen** im Lichte der Umstände des Sachverhalts und unter Berücksichtigung des Grundsatzes der Wettbewerbsfreiheit ab. Dabei sind eine Reihe von **typischen Faktoren** zu berücksichtigen, die nach Art eines „beweglichen Systems" zusammenwirken; aus ihrer Kumulation ist die Unlauterkeit zu begründen. Im Einzelnen fallen im Sinne einer Unlauterkeit gemäß § 3 UWG ins Gewicht: **58**
– Die schutzwürdige **„wettbewerbliche Eigenart"**: Je höher die wettbewerbliche Leistung zu qualifizieren ist, je mehr an Kosten, Arbeit und sonstigem Aufwand sich hierin offenbart und das Erzeugnis von der Dutzendware unterscheidet, desto eher wird sie geschützt werden können.
– Die **„Willkürlichkeit"** der Gestaltung; dh. je weniger die Prägung des Erzeugnisses durch funktionelle oder ästhetische Kategorien bestimmt, je mehr sie durch willkürliche, frei geschaffene Merkmale gekennzeichnet wird, desto besser sind die Chancen, einer Nachahmung entgegenzutreten.
– Für den Schutz spricht namentlich, wenn das Erzeugnis **kennzeichnende Merkmale** aufweist, die für die interessierten Verkehrskreise auf die betriebliche Herkunft und/oder auf die Beschaffenheit hinweisen und wenn diese Merkmale in vermeidbarer Weise übernommen sind; das Niveau der Verkehrsgeltung und insbesondere des Markenschutzes nach § 4 Nr. 2 MarkenG braucht dabei nicht erreicht zu sein.
– Die Unlauterkeit hängt ferner davon ab, **wie unmittelbar die Ausbeutung bewerkstelligt wird.** Je mehr eigenen Aufwand, insbesondere in Form der Umgestaltung oder Weiterentwicklung des Übernommenen, der Nachahmer erbringt (sog. nachschaffende Nachahmung), desto eher hält er sich im Rahmen des Zulässigen. Die unmittelbare Leistungsübernahme ist zwar nicht per se unlauter, jedoch kann es zur Unlauterkeit beitragen, wenn der Nachahmer sich eigene Aufwendungen, Mühen und Kosten erspart, diese ganz oder überwiegend durch die Übernahme ersetzt und dadurch einen geschäftlichen Vorsprung erzielt.
– Bedeutung kann ferner dem **zeitlichen Moment** zukommen, dh. einerseits wie „lang- oder kurzlebig" das Erzeugnis auf dem Markt ist, das den Gegenstand der Nachahmung bildet, und andererseits wie rasch nach dem Erscheinen des Vorbildes die Nachahmung auf den Markt gelangt. Namentlich im Bereich der unmittelbaren Leistungsübernahme, insbesondere des Schutzes von Modeschöpfungen und desjenigen von Verlagserzeugnissen gegen Reprint neigt die Rechtsprechung dazu, dem Schöpfer einen gewissen Zeitraum für die Amortisation seiner Kosten zu gewähren, währenddessen er geschützt wird; erst danach wird die Übernahme freigegeben.
– Zu prüfen ist ferner die **Art der wettbewerblichen Auswertung.** Hier sind die Aktualität und Intensität des Wettbewerbs zu berücksichtigen, insbesondere, ob der Wettbewerber den durch die Nachahmung erlangten Kostenvorsprung in Form einer **Preisunterbietung** auf dem Markt zum Tragen bringt oder ob er den Anbieter **behindert** oder ob er sich sonstiger tendenziell wettbewerbswidriger Praktiken befleißigt, etwa einer Annäherung oder Anlehnung in der **Werbung.**
– Schließlich ist der **subjektive Tatbestand** zu beachten. Im Sinne der Unlauterkeit sind qualifizierte subjektive Merkmale zu berücksichtigen, wie die Verwechslungs- und Täuschungsabsicht, die Behinderungsabsicht sowie die Planmäßigkeit, die das Schmarotzen zu einem besonders intensiven, nachhaltigen und systematischen wettbewerblichen Angriff machen.

Einleitung

4. Recht gegen Wettbewerbsbeschränkungen

Literatur: *Buhrow/J. B. Nordemann*, Grenzen ausschließlicher Rechte geistigen Eigentums durch Kartellrecht, GRUR Int. 2005, 407; *Conde Gallego*, Die Anwendung des kartellrechtlichen Missbrauchsverbots auf „unerlässliche" Immaterialgüterrechte im Lichte der IMS Health- und Standard-Spundfass-Urteile, GRUR Int. 2006, 16; *Erdmann*, Kartellrecht und Urhebervertragsrecht, in Fs. für Odersky, 1996, S. 959; *Gaster*, Kartellrecht und geistiges Eigentum – Unüberbrückbare Gegensätze im EG-Recht?, CR 2005, 247; *Gotzen*, A New Perspective for the Management of Copyright and Competition Law in the Internal Market, Fs. für Schricker 2005, S. 299; *Fikentscher*, Urhebervertragsrecht und Kartellrecht, in Fs. für Schricker, 1995, S. 149; *Heinemann*, Immaterialgüterschutz in der Wettbewerbsordnung, 2002; *ders.*, Gefährdung von Rechten des geistigen Eigentums durch Kartellrecht? – Der Fall „Microsoft" und die Rechtsprechung des EuGH, GRUR 2006, 705; *ders.*, Kartellrecht und Informationstechnologie, CR 2005, 715; *ders.*, Interne und externe Begrenzungen des Immaterialgüterschutzes am Beispiel des IMS-Health-Falls, in Hilty/Peukert (Hrsg.), Interessenausgleich im Urheberrecht, 2004, S. 207; *Hoeren*, Anmerkung zu EuGH IMS-Health, MMR 2004, 459; *Höppner*, Missbräuchliche Verhinderung „neuer" Produkte durch Immaterialgüterrechte – Zur Anwendung von Art. 82 EG auf Lizenzverweigerungen, GRUR Int. 2005, 457; *Kaestner*, Missbrauch von Immaterialgüterrechten, 2005; *Käller*, Die Verweigerung einer immaterialgüterrechtlich geschützten Leistung und das Missbrauchsverbot des Art. 82 GG, 2006; *Kreutzmann*, Neues Kartellrecht und geistiges Eigentum, WRP 2006, 453; *Leistner*, Intellectual property and competition law – the European development from Magill to IMS Health compared to recent German and US case law, Zeitschrift für Wettbewerbsrecht 2005, 138; *Loewenheim*, Urheberrecht und Kartellrecht, in: Festschrift für Benvenuto Samson, UFITA Band 79 (1977) S. 175; *Meinberg*, Zwangslizenzen im Patent- und Urheberrecht als Instrument der kartellrechtlichen Missbrauchsaufsicht im deutschen und europäischen Recht, 2006; *J. B. Nordemann*, Urhebervertragsrecht und neues Kartellrecht gem. Art. 81 EG und § 1 GWB, GRUR 2007, 203; *Rauda*, Die Zwangslizenz im Urheberrecht – der Missbrauch eigener Urheberrechte im Spannungsfeld zwischen Investitionsanreiz und Marktfreiheit, 2006; *ders.*, Fallgruppen statt „IMS Health" – Zwangslizenzen an Urheberrechten im Rahmen der Art. 82 EG, GRUR 2007, 1022; *Schmidt*, Lizenzverweigerung als Missbrauch einer marktbeherrschenden Stellung, 2005; *Schumacher*, Marktaufteilung und Urheberrecht im EG-Kartellrecht, GRUR Int. 2004, 487; *Spindler/Apel*, Urheber- versus Kartellrecht – Auf dem Wege zur Zwangslizenz?, JZ 2005, 133; *Weck*, Schutzrechte und Standards aus Sicht des Kartellrechts, NJOZ 2009, 1177; *v. Westernhagen*, Zugang zu geistigem Eigentum nach europäischem Kartellrecht, 2006; *Wolf*, Zwangslizenzen im Immaterialgüterrecht, 2005.

59 **a) Allgemeines.** Immaterialgüterrechte (und als Teil von ihnen das Urheberrecht) und das Recht gegen Wettbewerbsbeschränkungen stehen in einem grundsätzlichen **Spannungsverhältnis**. Während das Urheberrecht – ebenso wie andere Immaterialgüterrechte – ein Ausschließlichkeitsrecht begründet und damit den freien Zugang zu den geschützten Gegenständen untersagt, ist das Recht gegen Wettbewerbsbeschränkungen darauf ausgerichtet, die freie Betätigung im Wettbewerb zu sichern und Beschränkungen des Wettbewerbs zu verhindern bzw. zu beseitigen. Konfliktsituationen können sich auf verschiedenen Ebenen ergeben. Wettbewerbsbeschränkungen können in Urheberrechtsverträgen sowohl horizontaler als auch vertikaler Art vereinbart werden; wichtige Ausschließlichkeitsrechte können, besonders wenn sie kumuliert werden, zu marktmächtigen oder sogar marktbeherrschenden Stellungen führen (Beispiele bilden – wie im Fall Microsoft – Schnittstellen bei Computerprogrammen, ferner können sich auf dem Wissenschaftsmarkt Beschränkungen beim Zugang zu Informationen ergeben, vgl. dazu die Nachweise in Rdnr. 12), Verwertungsgesellschaften haben die Rechtsprechung wiederholt beschäftigt (s. Rdnr. 73) und das Verhältnis von Immaterialgüterrechten und freiem Warenverkehr in der Europäischen Union ist eins der Standardthemen in diesem Bereich (s. Rdnr. 79 ff.). Das Spannungsverhältnis darf aber **nicht als diametraler Gegensatz** zwischen den beiden Rechtsbereichen verstanden werden. Vielmehr dienen sowohl das Immaterialgüterrecht als auch das Recht gegen Wettbewerbsbeschränkungen der Steuerung des Wettbewerbs insofern, als sie die Produktion und Verteilung innovativer Güter und Dienstleistungen fördern wollen (dazu grundlegend *Heinemann*, Immaterialgüterschutz in der Wettbewerbsordnung, 2002). Dem Immaterialgüterrecht wohnt eine Wettbewerbsteuerung insofern inne, als die Zuweisung der ausschließlichen Nutzungsberechtigung an einen Marktteilnehmer andere Marktteilnehmer tendenziell initiiert, ihrerseits konkurrierende Erzeugnisse zu kreieren.

60 Das **Verhältnis von Immaterialgüterrechten und Recht gegen Wettbewerbsbeschränkungen** wurde in Deutschland anfänglich nach der sog. **Inhaltstheorie** bestimmt, die in ihrem Kern besagt, dass der Inhalt des Schutzrechts vom Recht gegen Wettbewerbsbeschränkungen freigestellt sein soll, dass also für jedes Immaterialgüterrecht ein kartellrechtsfreier Raum besteht. Diese Inhaltstheorie ist heute überholt (s. zur Kritik zusammenfassend *Heinemann*, Immaterialgüterschutz in der Wettbewerbsordnung, S. 147 ff.). Es kann kein Zweifel daran bestehen, dass das **Urheberrecht der Anwendung des Rechts gegen Wettbewerbsbeschränkungen zugänglich** ist. Beide Rechtsbereiche wirken aber aufeinander ein; im Immaterialgüterrecht sind kartellrechtliche Grundsätze zu berücksichtigen, die der Ausübung der Ausschließlichkeitsrechte Grenzen setzen können, umgekehrt hat das Recht gegen Wettbewerbsbeschränkungen den Prinzipien und Wertungen des Immaterialgüterrechts Rechnung zu tragen (eingehend mwN *Heine-*

mann, Immaterialgüterschutz in der Wettbewerbsordnung, s. insbesondere die Zusammenfassung auf S. 619 ff.). Für das Urheberrecht bedeutet das, dass in seinen einzelnen Fallkonstellationen die jeweiligen Prinzipien und Wertungen des Urheberrechts und des Rechts gegen Wettbewerbsbeschränkungen zu analysieren, gegeneinander abzuwägen und miteinander in Einklang zu bringen sind.

Einschlägige kartellrechtliche Rechtsvorschriften sind das deutsche Gesetz gegen Wettbewerbsbeschränkungen (GWB) und die Art. 81, 82 des EG-Vertrages (EG); zu Art. 28, 30 EG s. Rdnr. 79 ff. Das GWB hat heute gegenüber dem europäischen Recht gegen Wettbewerbsbeschränkungen weitgehend an Bedeutung verloren. Durch Art. 3 der Verordnung (EG) Nr. 1/2003 des Rates vom 16. Dezember 2002 (ABl. Nr. L 68/1), dessen Bestimmungen durch die 7. GWB-Novelle in das GWB eingearbeitet wurden, ist das Verhältnis zwischen den Art. 81 und 82 EG einerseits und dem einzelstaatlichen Wettbewerbsrecht andererseits neu geregelt worden. Danach werden die nationalen Gerichte und Wettbewerbsbehörden durch Art. 3 VO 1/2003 unmittelbar gebunden. Die Anwendung einzelstaatlichen Rechts bleibt zwar möglich, jedoch ist dann die gleichzeitige Anwendung von Art. 81 bzw. 82 EG vorgeschrieben (umgesetzt in § 22 Abs. 1 und 3 GWB). Das hat dazu geführt, dass unter prozessökonomischen Gesichtspunkten vielfach nur noch das europäische Recht angewandt wird. Zusätzlich dürfen in Fällen, die in den Bereich von Art. 81 EG fallen, die Entscheidungen nationaler Behörden und Gerichte nicht vom europäischen Recht abweichen. Für Fälle, in denen das deutsche Kartellrecht strenger und das europäische Wettbewerbsrecht milder ist, ist dies ausdrücklich in Art. 3 Abs. 2 S. 1 der VO 1/2003 und dementsprechend in § 22 Abs. 2 S. 1 GWB geregelt. Für Fälle, in denen das deutsche Kartellrecht milder und das europäische Wettbewerbsrecht strenger ist, entsprach das schon der bisherigen Rechtslage und ist nunmehr ausdrücklich in § 22 Abs. 2 S. 3 GWB geregelt. Für einseitige Wettbewerbshandlungen sieht Art. 3 Abs. 2 S. 2 der VO 1/2003 vor, dass das nationale Recht strengere Vorschriften als das europäische Recht haben darf. Diese Vorschrift ist in § 22 Abs. 2 S. 2 GWB dahingehend umgesetzt, dass die Vorschriften des Zweiten Abschnitts (§§ 19–21 GWB) unberührt bleiben sollen. Das ist allerdings insofern problematisch, als unter §§ 19 und 20 GWB auch vertragliche Vereinbarungen fallen können, die marktbeherrschende und marktmächtige Unternehmen mit ihren Vertragspartnern treffen (vgl. dazu näher *Loewenheim*/Meessen/Riesenkampff, Kartellrecht[2], § 22 GWB, Rdnr. 10). Diese Regelungen gelten nicht für die Fusionskontrolle und für Vorschriften, die überwiegend ein von den Art. 81 und 82 EG abweichendes Ziel verfolgen (Art. 3 Abs. 3 VO 1/2003 und § 22 Abs. 4 GWB (zum Ganzen vgl. insbesondere die Kommentierung zu § 22 GWB in *Loewenheim*/Meessen/Riesenkampff, Kartellrecht[2]).

Vorrangig kommen damit für die Anwendung auf das Urheberrecht die Art. 81 und 82 EG in Betracht. **Art. 81 Abs. 1 EG** enthält für den Bereich des zwischenstaatlichen Handels das Verbot wettbewerbsbeschränkender Vereinbarung und Verhaltensweisen, Art. 81 Abs. 3 sieht unter den dort genannten Voraussetzungen die Möglichkeit der Freistellung vom Verbot des Abs. 1 vor. Diese Freistellungen können in Form von Einzelfreistellungen und von Gruppenfreistellungen (Freistellungen für bestimmte Gruppen von Fällen) erfolgen. Im deutschen Recht entsprechen dem die **§§ 1 und 2 GWB**. **Art. 82 EG** untersagt den Missbrauch marktbeherrschender Stellungen; diese Vorschrift wurde unter anderem auf Verwertungsgesellschaften betreffende Fälle angewendet und war auch die Grundlage von der Europäischen Kommission gegen Microsoft eingeleiteter Verfahren wegen des Missbrauchs sich aus Urheberrechten ergebender Machtpositionen. Im deutschen Recht entspricht dem § **19 GWB**; zusätzlich regeln **§§ 20 und 21 GWB** Fälle einseitigen wettbewerbsbeschränkenden Verhaltens (Diskriminierungsverbot, Verbot unbilliger Behinderung, Boykottverbot und Verbot weiterer Fälle wettbewerbsbeschränkenden Verhaltens). Die Vorschriften über die Fusionskontrolle (EG-Fusionskontrollverordnung vom 20.1.2004; §§ 35 ff. GWB) haben keine urheberrechtstypischen Berührungspunkte.

In der bisherigen **Entscheidungspraxis zu Art. 81 Abs. 1 EG** ging es im Wesentlichen um die Anwendung des Art. 81 Abs. 1 EG auf Verhaltensweisen im Zusammenhang mit Urheber- und Leistungsschutzrechten; Art. 81 Abs. 3 hat demgegenüber eine wesentlich geringere Rolle gespielt. Ausschlaggebende Frage war immer, ob das **Schutzrechtsverhalten Gegenstand, Mittel oder Folge einer Kartellabsprache** im Sinne von Art. 81 Abs. 1 EG darstellt; ist das zu bejahen, so sieht der EuGH dies Verhalten als unzulässig an (EuGH GRUR Int. 1983, 175/176 – Le Boucher II; EuGH GRUR Int. 1976, 398/401 – EMI Records/CBS Schallplatten GmbH; EuGH GRUR Int. 1982, 530/533 – Maissaatgut).

Bloße **Schutzrechtsübertragungen** als solche fallen grundsätzlich nicht unter Art. 81 Abs. 1 EG; wohl aber kann sich aus dem Zusammenhang, den mit der Übertragung verbundenen Ver-

Einleitung

pflichtungen, der Absicht der Parteien und der versprochenen Gegenleistung ergeben, dass die Schutzrechtsübertragung Mittel einer Kartellabsprache nach Art. 81 Abs. 1 EG ist (so für Marken ausdrücklich EuGH GRUR Int. 1994, 614/618 – Ideal Standard II; andere Beispiele: EuGH GRUR Int. 1966, 580 – Grundig/Consten [Marken]; EuGH GRUR Int. 1971, 279 – Sirena [Marken]; EuGH GRUR Int. 1968, 99 – Parke, Davis [Patente]). Bestehen zwischen Schutzrechtsinhabern keine rechtlichen, finanziellen, technischen oder wirtschaftlichen Verbindungen, so kann die Schutzrechtsausübung dagegen nicht unter Art. 81 Abs. 1 EG fallen (EuGH GRUR Int. 1974, 338/339 – HAG I).

65   Bei **ausschließlichen Lizenzen** an Schutzrechten hat der EuGH die Unterscheidung zwischen offenen ausschließlichen Lizenzen und ausschließlichen Lizenzen mit absolutem Gebietsschutz eingeführt. Bei **offenen ausschließlichen Lizenzen** bezieht sich die Ausschließlichkeit der Lizenz nur auf das Vertragsverhältnis zwischen Rechtsinhaber und Lizenznehmer, indem sich der Rechtsinhaber lediglich verpflichtet, keine weiteren Lizenzen für dasselbe Gebiet zu erteilen und dem Lizenznehmer in diesem Gebiet nicht selbst Konkurrenz zu machen. Solche offenen ausschließlichen Lizenzen fallen grundsätzlich nicht unter das Kartellverbot des Art. 81 Abs. 1 EG. Bei **ausschließlichen Lizenzen mit absolutem Gebietsschutz** verpflichtet der Rechtsinhaber Dritte, insbesondere seine anderen Lizenznehmer, nicht in das fragliche Gebiet zu liefern. Damit verfolgen die Vertragsparteien die Absicht, für die betreffenden Erzeugnisse und das fragliche Gebiet den Wettbewerb Dritter auszuschalten. Solche Lizenzen sind nach Art. 81 Abs. 1 EG unzulässig (grundlegend EuGH GRUR Int. 1982, 530/533 – Maissaatgut). Für das Urheberrecht hat der Gerichtshof ausgesprochen, dass die Verwertung des Rechts in Form von Lizenzen grundsätzlich durch Art. 30 EG gedeckt ist (EuGH GRUR Int. 1988, 243/245 – Vorführungsgebühr), was sich auch auf die Beurteilung nach Art. 81 Abs. 1 EG auswirkt. Ebensowenig verstößt die Einräumung eines ausschließlichen, zeitlich und räumlich begrenzten Rechts zur Filmvorführung gegen Art. 81 Abs. 1 EG (EuGH GRUR Int. 1983, 175/176 – Le Boucher II). Nach Auffassung der Kommission können ausschließliche Lizenzen an Urheberrechten (Rechten an Spielfilmen) wegen des Umfangs und der Dauer der Rechtseinräumung unter Art. 81 EG fallen, wenn Wettbewerbern dadurch in erheblicher Weise der Zugang zum Markt versperrt wird (12. Wettbewerbsbericht der Kommission [1982], Rdnr. 90 – RAI/Unitel; Kommission GRUR Int. 1991, 216 – Degeto Filmeinkauf).

66   Die Anwendung des **Art. 82 EG** setzt das Bestehen einer beherrschenden Stellung auf dem Gemeinsamen Markt und deren missbräuchliche Ausnutzung voraus. Eine **marktbeherrschende Stellung** kann sich noch nicht aus der bloßen **Innehabung eines Immaterialgüterrechts** ergeben (EuGH 6. 4. 1995 – Verbundene Rechtssachen C-241/91 P und C 242/91 P GRUR Int. 1995, 490/492 Tz. 46 – Magill TV Guide; EuGH GRUR Int. 1990,141/142 Tz. 7 ff. – Volvo/Veng). So nimmt ein Tonträgerhersteller noch nicht deshalb eine marktbeherrschende Stellung ein, weil er von seinem ausschließlichen Recht Gebrauch macht, die geschützten Gegenstände in Verkehr zu bringen (EuGH GRUR Int. 1971, 450/454 – Polydor). Wohl aber kann das Hinzutreten weiterer Umstände eine marktbeherrschende Stellung begründen, beispielsweise der Alleinbesitz von (für die Herstellung von Programmzweitschriften erforderlichen) Informationen über Fernsehprogramme (EuGH GRUR Int. 1995, 490/492 Tz. 47 – Magill TV Guide; sa. die Entscheidung des Gerichts 1. Instanz GRUR Int. 1993, 316 und dazu *Doutrelepont* GRUR Int. 1994, 301; *Bechtold* EuZW 1995, 345; *Deselaers* EuZW 1995, 563; *Ebenroth* EWS 1995, 397; *Götting* JZ 1996, 307; *Jestaedt* WuW 1995, 483; *Pilny* GRUR Int. 1995, 954; *Wesseley* MR 1995 Nr. 2, 45). Die Problematik ist erneut im IMS-Fall (EuGH 29. 4. 2004 – C-418/01, GRUR Int. 2004, 644 – IMS Health) aufgetreten. IMS hatte für Pharmaunternehmen nach Bausteinstrukturen formatierte Berichte über den regionalen Absatz von Arzneimitteln in Deutschland erstellt, diese Strukturen waren zu einem gebräuchlichen Standard geworden, an den die Kunden ihre EDV- und Vertriebsstrukturen angepasst hatten. IMS weigerte sich, einem anderen Unternehmen eine Lizenz zur Verwendung dieser (urheberrechtlich als Datenbankwerk geschützten) Strukturen zu erteilen. Der EuGH entschied, dass diese Weigerung unter den in der Entscheidung näher bezeichneten Voraussetzungen die missbräuchliche Ausnutzung einer marktbeherrschenden Stellung darstellen kann, wenn durch die Weigerung jeglicher Wettbewerb auf dem betreffenden Markt ausgeschlossen wird (s. zu dieser Problematik *Lober* GRUR Int. 2002, 7 ff.; *Lubitz* K&R 2004, 469 ff.; sa. Entscheidung des Gerichts 1. Instanz GRUR Int. 2002, 67; s. ferner *Schwarze* EuZW 2002, 75 ff.; *Conde Gallego*, Die Anwendung des kartellrechtlichen Missbrauchsverbots auf „unerlässliche" Immaterialgüterrechte im Lichte der IMS Health- und Standard-Spundfass-Urteile, GRUR Int. 2006, 16; umfassend *Decker*, Das Europäische Missbrauchsverbot im Verhältnis zu den Immaterialgüterrechten, 2000; zum IMS- und

Einleitung

zum Microsoft-Fall auch *Körber* RIW 2004, 881 ff.; *Höppner* GRUR Int. 2005, 457 ff.; *Thyri* WuW 205, 388 ff.; *Hoeren* MMR 2004, 459 f.; *Leupold/Pautke* EWS 2005, 108 ff.; zu den Problemen des Microsoft-Falles s. *Heinemann*, Gefährdung von Rechten des geistigen Eigentums durch Kartellrecht? – Der Fall „Microsoft" und die Rechtsprechung des EuGH, GRUR 2006, 705; *Hausmann*, Das Microsoft-Urteil: Zwischen Kartellrecht und gewerblichen Schutzrechten, MMR 2008, 381; *Weck*, Schutzrechte und Standards aus Sicht des Kartellrechts, NJOZ 2009, 1177.

Hat ein Unternehmen eine marktbeherrschende Stellung inne, so liegt eine **missbräuchliche Ausnutzung** dieser Stellung grundsätzlich noch nicht darin, dass es eine Lizenz an einem Urheber- und Leistungsschutzrecht verweigert (EuGH GRUR Int. 1995, 490/493 Tz. 49 – Magill TV Guide). Nur unter außergewöhnlichen Umständen kann dies ein missbräuchliches Verhalten darstellen, beispielsweise dann, wenn sich die Inhaber von Urheberrechten auf ihre Rechte berufen, um andere Unternehmen daran zu hindern, Informationen über Fernsehsendungen, die sie ohne Zutun der Inhaber der Urheberrechte erhalten haben, in Programmzeitschriften zu veröffentlichen (EuGH GRUR Int. 1995, 490/493 Tz. 50 ff. – Magill TV Guide; s. zum IMS Health-Fall oben Rdnr. 66). 67

Von Bedeutung für das Urheberrecht sind auch die gemäß Art. 81 Abs. 3 EG erlassenen **Gruppenfreistellungsverordnungen** und die von der Kommission dazu veröffentlichten **Leitlinien.** Unter anderem mit Urheberrecht befassen sich die **Gruppenfreistellungsverordnung über vertikale Vertriebsvereinbarungen** (Verordnung [EG] Nr. 2790/1999 der Kommission über die Anwendung von Art. 81 Abs. 3 des Vertrages auf Gruppen von vertikalen Vereinbarungen und aufeinander abgestimmten Verhaltensweisen vom 22. 12. 1999, ABl. Nr. L 336/21; diese VO hat eine Laufzeit bis zum 31. 5. 2010; eine Neufassung wird gegenwärtig von der Kommission erarbeitet), die **Technologietransfer-Gruppenfreistellungsverordnung** (Verordnung [EG] Nr. 772/2004 der Kommission über die Anwendung von Artikel 81 Absatz 3 EG-Vertrag auf Gruppen von Technologietransfer-Vereinbarungen vom 27. April 2004, ABl. Nr. L 123/11; diese VO gilt bis zum 30. April 2014) und die **Gruppenfreistellungsverordnung über Vereinbarungen über Forschung und Entwicklung** (Verordnung [EG] Nr. 2659/2000 der Kommission über die Anwendung von Artikel 81 Absatz 3 des Vertrages auf Gruppen von Vereinbarungen über Forschung und Entwicklung, vom 29. November 2000 ABl. Nr. L 304/7; diese VO gilt bis zum 31. Dezember 2010). 68

Durch die **Vertikal-GVO** werden vertikale Beschränkungen in Vertriebsvereinbarungen, die an sich Art. 81 Abs. 1 unterfallen, unter den Voraussetzungen der Art. 2 ff. der GVO freigestellt. Vereinbarungen über Urheberrechte werden nicht generell freigestellt, sondern nur insofern, als sie nicht Hauptgegenstand der Vereinbarung sind und sich unmittelbar auf die Nutzung, den Verkauf oder den Weiterverkauf von Waren oder Dienstleistungen durch den Käufer oder seine Kunden beziehen (Art. 2 Abs. 3 iVm. Art. 1 lit. e der GVO). Es muss sich also um eine Nebenabrede zu den Vertriebs- oder Bezugsvereinbarungen handeln (sa. Tz. 32 der Leitlinien, ABl. Nr. C 291/1 v. 13. 10. 2000). Praktisch wichtigster Anwendungsfall sind Franchisevereinbarungen (*Baron* in Loewenheim/Meessen/Riesenkampff, Kartellrecht², Art. 2 Vert-GVO Rdnr. 77). Die GVO gilt damit beispielsweise nicht für Urheberlizenzvereinbarungen im Rundfunkbereich und für das Recht, Veranstaltungen aufzunehmen oder zu übertragen (Tz. 32 der Leitlinien). Zu weiteren das Urheberrecht betreffenden Fällen vgl. Tz. 37 und 39–41 der Leitlinien. 69

Die **Technologietransfer-GVO** stellt unter den Voraussetzungen der Art. 3 ff. der GVO Technologietransfer-Vereinbarungen zwischen zwei Unternehmen, die die Produktion der Vertragsprodukte ermöglichen, von der Anwendung des Art. 81 Abs. 1 EG frei. Zu den Technologietransfer-Vereinbarungen gehören auch Vereinbarungen mit Bestimmungen, die sich auf die Lizenzierung oder die Übertragung von Rechten an geistigem Eigentum (einschließlich Urheberrechte, s. Art. 1 Abs. 1 g der GVO) beziehen, allerdings dürfen diese Bestimmungen nicht den eigentlichen Gegenstand der Vereinbarung bilden und müssen unmittelbar mit der Produktion der Vertragsprodukte verbunden sein (Art. 1 Abs. 1 b der GVO). Damit wird die Einräumung oder Übertragung von Nutzungsrechten an Urheberrechten von der Technologietransfer-GVO grundsätzlich nicht erfasst, es sei denn sie sind unmittelbar mit der Nutzung der lizenzierten Technologie verbunden (vgl. Tz. 50 der Leitlinien, ABl. Nr. C 101/2 v. 27. 4. 2004). Eine Ausnahme bilden Software-Urheberrechte (vgl. Tz. 50, 51 der Leitlinien). Die Kommission ist davon ausgegangen, dass sich bei der Lizenzierung von Wiedergabe- und anderen Rechten im Zusammenhang mit dem Urheberrecht ganz spezielle Fragen stellen, die nicht nach der Technologietransfer-GVO beurteilt werden sollen (vgl. Tz. 52 der Leitlinien). 70

Die **Gruppenfreistellungsverordnung über Vereinbarungen über Forschung und Entwicklung** stellt Vereinbarungen über die gemeinsame Forschung und Entwicklung und die 71

Einleitung

gemeinsame Verwertung von deren Ergebnissen von der Anwendung des Art. 81 Abs. 1 EG frei. Urheberrechte werden in Art. 2 Nr. 9 der GVO zwar als zum geistigen Eigentum gehörende Rechte aufgeführt, da die GVO aber die Forschung und technische Entwicklung zum Gegenstand hat und das Urheberrecht sich auf den Schutz von Werken der Literatur, Wissenschaft und Kunst bezieht, können nur Rechte an Computerprogrammen und technischen Darstellungen in den Anwendungsbereich der GVO fallen (*Schütze* in Loewenheim/Meessen/Riesenkampff, Kartellrecht[2], FuE-GVO Rdnr. 24). In diesem Rahmen gehören zu den „Forschungs- und Entwicklungsarbeiten" auch die Erlangung von Rechten an geistigem Eigentum an den Ergebnissen, zur „Verwertung der Ergebnisse" auch die Abtretung der Rechte und die Vergabe von Lizenzen (Art. 2 Nr. 4 und 8, Art. 3 Abs. 4 GVO). Unzulässig sind in diesem Zusammenhang Nichtangriffsklauseln (Art. 5 Abs. 1 lit. b) und Vertriebsbeschränkungen auf der Abnehmerebene (Art. 5 Abs. 1 lit. j).

72 **b) Einzelfragen.** Eine umfassende Darstellung von **Einzelfragen** der Anwendung des Rechts gegen Wettbewerbsbeschränkungen auf das Urheberrecht würde den Rahmen einer Einleitung sprengen; insoweit wird vor allem auf die eingehende Darstellung von *J. B. Nordemann* in Loewenheim/Meessen/Riesenkampff, Kartellrecht[2], § 1 GWB Rdnr. 215 ff., Bezug genommen; s. ferner die Zusammenstellung einschlägiger Entscheidungen in der Voraufl. Einl. Rdnr. 46. Hier soll nur auf die Anwendung des Kartellrechts auf Verwertungsgesellschaften und die Preisbindung für Verlagserzeugnisse eingegangen werden, die in der Praxis eine besondere Rolle gespielt haben. Zum **Verhältnis von Immaterialgüterrechten und freiem Warenverkehr in der Europäischen Gemeinschaft** vgl. unten Rdnr. 79 ff.

73 Auch **Verwertungsgesellschaften** unterliegen dem Recht gegen Wettbewerbsbeschränkungen. Nach **deutschem Recht** galt für sie ursprünglich die Regelung des § 102 a GWB aF, durch die Verwertungsgesellschaften von dem (damaligen) Kartellverbot der §§ 1 GWB aF und 15 GWB aF freigestellt wurden. Mit der Neufassung des GWB durch die 6. GWB-Novelle (6. Gesetz zur Änderung des Gesetzes gegen Wettbewerbsbeschränkungen vom 26. 8. 1998, BGBl. I S. 2546) wurde die Vorschrift des § 102 a GWB aF durch § 30 GWB aF ersetzt. Eine grundsätzliche Änderung war damit nicht verbunden; die Freistellung vom Kartellverbot und vom Verbot der Preis- und Konditionenbindung erfolgte für solche Verträge und Beschlüsse, die zur wirksamen Wahrnehmung der Rechte nach § 1 UrhWG erforderlich waren. Größere praktische Bedeutung hatte die Kartellaufsicht über Verwertungsgesellschaften weder unter § 102 a aF noch unter § 30 GWB aF erlangt (vgl. *Becker* in Fs für Kreile, S. 27/38; *Stockmann* in Becker, Symposion für Reinhold Kreile, 1990, S. 25/28). Durch die 7. GWB-Novelle 2005 wurde § 30 GWB aF angesichts des Vorrangs des europäischen Rechts (vgl. Rdnr. 61; sa. die Regierungsbegründung zur 7. GWB-Novelle, BTDrucksache 15/3640, S. 32 und 49) ersatzlos gestrichen.

74 Nach **europäischem Recht** fallen zwischen **Verwertungsgesellschaften** abgestimmte Verhaltensweisen, die bezwecken oder bewirken, dass jede Gesellschaft den in anderen Mitgliedstaaten ansässigen Benutzern den unmittelbaren Zugang zu ihren Beständen verweigert, unter **Art. 81 Abs. 1 EG** (EuGH GRUR Int. 1990, 622/624 – Ministère Public/Tournier; sa. *Mestmäcker*, Gegenseitigkeitsverträge von Verwertungsgesellschaften im Binnenmarkt: Leistungsschutzrechte der Tonträgerhersteller als Testfall (Simulcasting), WuW 2004, 755). Vor allem aber sind Verwertungsgesellschaften nach **Art. 82 EG** beurteilt worden. Eine **marktbeherrschende Stellung** ist bei Verwertungsgesellschaften angenommen worden, die sich in einem Mitgliedstaat als einzige mit der Verwertung von bestimmten Urheber- und Leistungsschutzrechten befassen (EuGH GRUR Int. 1973, 86 – GEMA; EuGH GRUR Int. 1974, 342 – SABAM; EuGH GRUR Int. 1990, 622 – Ministère Public/Tournier; Kommission der Europäischen Gemeinschaften GRUR Int. 1982, 242 – GVL). Die **missbräuchliche Ausnutzung** einer marktbeherrschenden Stellung ist in der Erzwingung unangemessener Geschäftsbedingungen erblickt worden, beispielsweise in der Forderung überhöhter Gebühren (im Vergleich zu den von Verwertungsgesellschaften anderer Mitgliedstaaten erhobenen Gebühren; s. EuGH GRUR Int. 1990, 622 – Ministère Public/Tournier), in der Auferlegung von Verpflichtungen, die zur Erreichung des Gesellschaftszwecks nicht unentbehrlich sind und die Freiheit der Mitglieder, ihr Urheberrecht auszuüben, unbillig beeinträchtigen (EuGH GRUR Int. 1974, 342 – SABAM), ferner in der Weigerung, mit ausländischen Künstlern ohne Wohnsitz in Deutschland Wahrnehmungsverträge abzuschließen (Kommission der Europäischen Gemeinschaft GRUR Int. 1982, 242 – GVL). S. zum Ganzen auch *Heine*, Wahrnehmung von Online-Musikrechten durch Verwertungsgesellschaften im Binnenmarkt, 2008. Zur **Empfehlung der Kommission** vom

18. Oktober 2005 für die **länderübergreifende kollektive Wahrnehmung von Urheberrechten** und verwandten Schutzrechten (GRUR Int. 2006, 220) vgl. vor § 1 WahrnG Rdnr. 16; §§ 22–24 WahrnG Rdnr. 1; *Schmidt,* Die kollektive Verwertung der Online-Musikrechte im Europäischen Binnenmarkt – Anmerkungen zur Studie der Europäischen Kommission über eine Initiative zur grenzüberschreitenden kollektiven Verwertung der Urheberrechte im Musiksektor, ZUM 2005, 783.

Vertikale **Preisbindungen für Verlagserzeugnisse** waren zunächst in § 16 GWB aF (später § 15 GWB aF) geregelt, der eine Ausnahme vom Preisbindungsverbot des § 15 GWB aF (später § 14 GWB aF) vorsah (vgl. näher *Wegner/Wallenfels/Kaboth,* Recht im Verlag, S. 229 ff., *J. B. Nordemann* in Loewenheim/Meessen/Riesenkampff, Kartellrecht[2], § 30 GWB Rdnr. 1 mit eingehenden Schrifttumsangaben vor § 30 GWB Rdnr. 1). Nach Gemeinschaftsrecht sind Preisbindungen für Verlagserzeugnisse nicht zu beanstanden, solange sie nicht den Warenverkehr in der Gemeinschaft beeinträchtigen; dies ist dann der Fall, wenn der Importeur von aus einem anderen Mitgliedstaat stammenden Verlagserzeugnissen deren vom Verleger festgesetzten Endverkaufspreis einzuhalten oder diesen selbst festzulegen hat (EuGH 10. 1. 1985, Rechtssache 229/83 – Centres Leclerc, GRUR Int. 1985, 190; EuGH 30. 4. 2009, Rechtssache C-531/07 – Fachverband/Libro, GRUR 2009, 792). Nach Beanstandungen der Handhabung der Preisbindung durch einen Sammelrevers im Verhältnis Deutschland-Österreich durch die Europäische Kommission (dazu eingehend *Wegner/Wallenfels/Kaboth,* Recht im Verlag, S. 231 f.) wurde die Preisbindung in Deutschland neu gestaltet. Die **Buchpreisbindung** wurde aus dem Anwendungsbereich des § 15 GWB aF herausgenommen und durch das Buchpreisbindungsgesetz v. 2. 9. 2002 (BGBl. I S. 3448, ber. S. 3670) geregelt; § 15 GWB aF auf **Preisbindungen bei Zeitungen und Zeitschriften** beschränkt. Mit der 7. GWB-Novelle wurde die Regelung des § 15 GWB aF in den heutigen § 30 GWB übernommen. Nach dem Buchpreisbindungsgesetz sind Verleger und Importeure von Büchern verpflichtet, einen Preis für den Verkauf an Endabnehmer festzusetzen (§ 5), das Gesetz findet auch auf Musiknoten und kartographische Produkte Anwendung (§ 2). Einzelheiten dazu bei *J. B. Nordemann* in Loewenheim/Meessen/Riesenkampff, Kartellrecht[2], Anhang zu § 30 GWB.

5. Europäisches Gemeinschaftsrecht

Schrifttum: *Becker/Kreile,* Die Verwertungsgesellschaften im europäischen Binnenmarkt, 1990; *Dietz,* Das Urheberrecht in der Europäischen Gemeinschaft, 1978, *ders.,* Das Urheberrecht in der Europäischen Gemeinschaft, in GRUR-Fs., 1991, S. 1445 ff.; *Heimsoeth,* Der Schutz ausländischer Urheber nach dem deutschen Urheberrechtsgesetz, 1997; *Kaiser,* Geistiges Eigentum und Gemeinschaftsrecht, 2004; *Leistner,* Konsolidierung und Entwicklungsperspektive des Europäischen Urheberrechts, 2008; *Loewenheim,* Gemeinschaftsrechtliches Diskriminierungsverbot und nationales Urheberrecht; NJW 1994, 1046; *Mestmäcker/Schweitzer,* Europäisches Wettbewerbsrecht[2], 2004; *Mogel,* Europäisches Urheberrecht, 2001; *Schack,* Europäisches Urheberrecht im Werden, ZEuP 2000, 799; *Walter,* Europäisches Urheberrecht, 2001; *Würfel,* Europarechtliche Möglichkeiten einer Gesamtharmonisierung der Urheberrechts, 2005.
Siehe auch die Schrifttumsangaben vor Rdnr. 77 und 79.

Das deutsche Urheberrecht ist in vielfältiger Weise durch das europäische Gemeinschaftsrecht beeinflusst und gestaltet worden. Eine solche Gestaltung erfolgt vornehmlich durch den Erlass europäischer Richtlinien mit dem Ziel der Harmonisierung der nationalen Urheberrechtsordnungen (dazu Rdnr. 77 ff.). Erheblichen Einfluss hat auch die Rechtsprechung des EuGH zum Verhältnis von Immaterialgüterrechten und freiem Warenverkehr in der Europäischen Gemeinschaft mit der Entwicklung des Prinzips der gemeinschaftsweiten Erschöpfung des Verbreitungsrechts ausgeübt (dazu Rdnr. 79 ff.). Das betrifft nicht nur die Art. 28, 30 EG (dazu Rdnr. 81), sondern auch die **Dienstleistungsfreiheit,** die sich vor allem im Rundfunksendeverkehr ausgewirkt hat (s. dazu näher 2. Aufl. Einl. Rdnr. 48). Auch die Anwendung des **Diskriminierungsverbotes** des EG-Vertrages hat die Urheberrechtsentwicklung beeinflusst. Wie der EuGH entschieden hat (Urteil v. 20. 10. 1993 – Rechtssache C-92/92 u. C-326/92 – Phil Collins/Imtrat), fallen das nationale Urheberrecht und die verwandten Schutzrechte in den Anwendungsbereich des allgemeinen Diskriminierungsverbots (Art. 7 I EWGV aF, jetzt Art. 12 EG); sa. Urteil v. 30. Juni 2005 – C-28/04 – Tod's und Tod's France/Heyraud, GRUR Int. 2005, 816. Danach verstößt es gegen dieses Verbot, wenn durch die Rechtsvorschriften eines Mitgliedstaates bestimmte Rechte nur Urhebern und ausübenden Künstlern aus dem Inland, nicht aber aus anderen Mitgliedstaaten gewährt werden. Urheber und ausübende Künstler eines anderen Mitgliedstaats können sich vor nationalen Gerichten unmittelbar auf das Diskriminierungsverbot berufen, um den Schutz zu verlangen, der den inländischen Urhebern und ausübenden Künstlern gewährt wird. Wichtige Funktionsmechanismen der Berner Übereinkunft

Einleitung

sind damit für den Bereich der europäischen Union und des EWR außer Kraft gesetzt worden (s. dazu *Loewenheim*, Der Schutz ausübender Künstler aus anderen Mitgliedstaaten der Europäischen Gemeinschaft im deutschen Urheberrecht – zur Anwendbarkeit des Art. 7 EWGV auf die Regelung des § 125 UrhG, GRUR Int. 1993, 105; *ders.*, Gemeinschaftsrechtliches Diskriminierungsverbot und nationales Urheberrecht, Bemerkungen zum Urteil des Europäischen Gerichtshofes vom 20. 10. 1993, NJW 1994, 1046; sa. *Winghardt,* Gemeinschaftsrechtliches Diskriminierungsverbot und Inländergleichbehandlungsgrundsatz in ihrer Bedeutung für urheberrechtliche Vergütungsansprüche innerhalb der Staaten der EU, 2001). Durchgreifende verfassungsrechtliche Bedenken gegen diese Auslegung bestehen nicht (BGH GRUR Int. 1995, 65, 68 – Rolling Stones); der Grundsatz greift auch zugunsten von Autoren ein, die schon vor Inkrafttreten der EWG verstorben sind (EuGH Urteil v. 6. 6. 2002 Rechtsache C-360/00 – Ricordi, GRUR 2002, 689; OLG Frankfurt/M GRUR 1998, 47 – La Bohème). Der deutsche Gesetzgeber hat dieser Entscheidungspraxis durch die Neufassung der §§ 120 ff. Rechnung getragen. Schließlich ist hier auf den Einfluss des europäischen **Rechts gegen Wettbewerbsbeschränkungen** hinzuweisen (dazu Rdnr. 59 ff.).

a) Harmonisierung des nationalen Urheberrechts

Schrifttum: *Asmus*, Die Harmonisierung des Urheberpersönlichkeitsrechts in Europa, 2004; *Cornish*, Harmonisierung des Rechts der privaten Vervielfältigung in Europa, GRUR Int. 1997, 305; *Dillenz*, Harmonisierung des Rechts der Verwertungsgesellschaften in Europa, GRUR Int. 1997, 315; *Dietz*, Das Urheberrecht in der Europäischen Gemeinschaft, GRUR-Fs., 1991, S. 1445; *ders.*, Das Urheberrecht in der Europäischen Gemeinschaft, 1978; *ders.*, Das Urheberrecht in Spanien und Portugal, 1990; *ders.*, Das primäre Urhebervertragsrecht in der Bundesrepublik Deutschland und in den anderen Mitgliedstaaten der Europäischen Gemeinschaft, 1984; *Doutrelepont*, Das droit moral in der Europäischen Union, GRUR Int. 1997, 293; *Ellins*, Copyright Law, Urheberrecht und ihre Harmonisierung in der Europäischen Gemeinschaft, 1997; *Hädrich*, Regelungen vertraglicher Beziehungen im Rahmen der EU-Richtlinien auf dem Gebiet des Urheberrechts, 2005; *Hilty/Geiger* (Hrsg.), Impulse für eine europäische Harmonisierung des Urheberrechts – Perspectives d'harmonisation du droit d'auteur en Europe, 2007; *Katzenberger*, Harmonisierung des Folgerechts in Europa, GRUR Int. 1997, 309; *Loewenheim*, Harmonisierung des Urheberrechts in Europa, GRUR Int. 1997, 285; *ders.*, Konturen eines europäischen Urheberrechts, in Fs. für Kraft, 1998, S. 359; *ders.*, Copyright in civil law and common law countries – a narrowing gap, Annali Italiani del Diritto d'Autore, 1994, S. 161; *Reinbothe*, Hat die Europäische Gemeinschaft dem Urheberrecht gut getan? – Eine Bilanz des europäischen Urheberrechts, Fs. für Schricker 2005 S. 483; *Ress*, Entwicklung des europäischen Urheberrechts, 1989; *Schieble*, Die Kompetenz der Europäischen Gemeinschaft für die Harmonisierung des Urheberrechts im Zeitalter der Informationsgesellschaft, 2003; *Schricker*, (Hrsg.), Urheberrecht auf dem Weg zur Informationsgesellschaft, 1997; *ders.*, Zur Harmonisierung des Urheberrechts in der Europäischen Gemeinschaft, Fs. für Steindorff, 1990, S. 1437; *Schricker/Bastian/Dietz* (Hrsg.), Konturen eines Europäischen Urheberrechts, 1996.

77 Die Arbeiten zur Harmonisierung des nationalen Urheberrechts wurden erst relativ spät aufgenommen. 1988 wurde von der Kommission Das „**Grünbuch über Urheberrecht und die technologische Herausforderung** – Urheberrechtsfragen, die sofortiges Handeln erfordern" (KOM (88) 172 endg. v. 23. 8. 1988) veröffentlicht. Dieses Grünbuch verfolgte allerdings einen eher industriepolitischen Ansatz; es wurde auch als „Urheberrecht ohne Urheber" bezeichnet (s. zur Kritik etwa die Stellungnahme der Deutschen Vereinigung für gewerblichen Rechtsschutz und Urheberrecht, GRUR 1989, 183; *Schricker*, Fs. für Steindorff, S. 1437). Die zahlreichen kritischen Reaktionen bewirkten dann aber bei der Kommission ein grundsätzliches Umdenken. In den 1990 vorgelegten „Initiativen zum Grünbuch" (KOM (90) 584 endg., abgedr. auch in GRUR Int. 1991, 359), in denen die Kommission ihr Arbeitsprogramm auf dem Gebiet des Urheberrechts und der verwandten Schutzrechte vorstellte, wurde der urheberrechtliche Schutz als Schutz „der schöpferischen Tätigkeit im Interesse der Urheber, der Unternehmen des Kultursektors, der Verbraucher und letztlich der ganzen Gesellschaft" definiert.

78 Anders als in Markenrecht ist es im Urheberrecht nicht zu einem „Europäischen Urheberrecht" oder einer Harmonisierung der nationalen Rechtsordnungen in Gänze gekommen. Die Ursachen dafür sind vor allem in den Gegensätzen von kontinentaleuropäischem Droit d'auteur-System und angelsächsischem Copyright-System zu suchen, die in vielen Fragen eine Einigung auf Gemeinschaftsebene nicht zuließen. Stattdessen wurde eine **schrittweise Harmonisierung durch Richtlinien** vorgenommen, deren Umsetzung jeweils eine Teilangleichung des nationalen Rechts bewirkte. Inzwischen sind wichtige Teile des Urheberrechts harmonisiert; dabei lässt sich ein Fortschritt auch insofern beobachten, als sich die Richtlinien von anfänglichen Randthemen später auf zentrale Fragen des Urheberrechts zubewegten (vgl. zur Entwicklung insbesondere die Beiträge in Schricker/Bastian/Dietz [Hrsg.], Konturen eines Europäischen Urheberrechts, 1996). Folgende Richtlinien sind inzwischen erlassen worden:
– Richtlinie 91/250/EWG vom 14. 5. 1991 über den Rechtsschutz von **Computerprogrammen** (ABl. Nr. L 122/42, abgedr. in GRUR Int. 1991, 545); zur Umsetzung vgl. vor §§ 69a ff. Rdnr. 4;

- Richtlinie 92/100/EWG vom 19.11.1992 zum **Vermiet- und Verleihrecht** (ABl. Nr. L 346/61, abgedr. in GRUR Int. 1993, 144; s. dazu *v. Lewinski*, Die Umsetzung der Richtlinie zum Vermiet- und Verleihrecht, ZUM 1995, 442 ff.; *Reinbothe/v. Lewinski*, The EC Directive on Rental and Lending Rights and on Piracy, 1993). Zur Umsetzung vgl. § 17 Rdnr. 30; § 27 Rdnr. 4;
- Richtlinie 93/83/EWG vom 27.9.1993 betreffend **Satellitenrundfunk und Kabelweiterverbreitung** (ABl. Nr. L 248/15, abgedr. in GRUR Int. 1993, 936; zur Umsetzung vgl. vor §§ 20 ff. Rdnr. 28 f.; *Dreier* ZUM 1995, 458 ff.; *Pfennig* ZUM 1996, 134;
- Richtlinie 93/98/EWG vom 29.10.1993 über die **Schutzdauer** (ABl. Nr. L 290/9, abgedr. in GRUR Int. 1994, 141; s. dazu *Juranek*, Harmonisierung der urheberrechtlichen Schutzfristen in der EU, 1994; *Dietz*, Die Schutzdauer-Richtlinie der EG, GRUR Int. 1994, 670 ff.; *v. Lewinski* GRUR Int. 1992, 724 ff.; *Vogel*, Die Umsetzung der Richtlinie zur Harmonisierung der Schutzdauer des Urheberrechts und bestimmter verwandter Schutzrechte, ZUM 1995, 451 ff.);
- Richtlinie 96/9/EG vom 11.3.1996 über den rechtlichen Schutz von **Datenbanken** (ABl. Nr. L 77/20, abgedr. in GRUR Int. 1996, 806; vgl. dazu dazu *Kappes* ZEuP 1997, 654 ff.; *Heinrich* WRP 1997, 275 ff.; *Dreier* GRUR Int. 1992, 739 ff.; *Gaster* CR 1997, 717; *Vogel* ZUM 1997, 592; *Berger* GRUR 1997, 169; *Heinz* GRUR 1996, 455; *Wiebe* CR 1996, 198; *Flechsig* ZUM 1997, 577; *Dressel*, Die gemeinschaftsrechtliche Harmonisierung des europäischen Datenschutzrechts, 1995; *Gounalakis/Mand* CR 1997, 431. Zur Umsetzung vgl. § 4 Rdnr. 33, vor §§ 87 a ff. Rdnr. 8 ff.;
- Richtlinie 2001/84/EG vom 27.9.2001 zur Harmonisierung des **Folgerechts des Urhebers des Originals eines Kunstwerks** (ABl. Nr. L 272/32, abgedr. in GRUR Int. 2002, 238); s. dazu *Katzenberger* GRUR Int. 1997, 309; *ders.* GRUR Int. 2004, 20; *Becker*, Das Folgerecht der bildenden Künstler, 1995;
- Richtlinie 2001/29/EG vom 22.5.2001 zur Harmonisierung des **Urheberrechts und der verwandten Schutzrechte in der Informationsgesellschaft** (ABl. Nr. L 167/10, abgedr. in GRUR Int. 2001, 745); s. dazu *v. Lewinski* MMR 1998, 115 ff.; *Flechsig* ZUM 1988, 139 ff.; *Reinbothe* GRUR Int. 2001, 733 ff.; *Kröger* CR 2001, 316 ff.; *Tettenborn* K&R 1999, 252 ff.; *Dietz* ZUM 1998, 438 ff.; *Cornish* GRUR Int. 1997, 305; *Bayreuther* EWS 2001, 422 ff.; *ders.* ZUM 2001, 826 ff.; *Linnenborn* K&R 2001, 394 ff.; *Mayer* EuZW 2002, 325 ff.; *Spindler* GRUR 2002, 105 ff. Dieser Richtlinie kommt besondere Bedeutung zu, weil sie grundlegende Institutionen des Urheberrechts regelt, nämlich das Vervielfältigungsrecht (Art. 2), das Verbreitungsrecht (Art. 4), das Recht der öffentlichen Wiedergabe einschließlich des Rechts der öffentlichen Zugänglichmachung (Art. 3), Ausnahmen und Beschränkungen vom Vervielfältigungsrecht und vom Recht der öffentlichen Wiedergabe (Art. 5), ferner ist der Schutz von technischen Maßnahmen (Art. 6) und von Informationen für die Rechtewahrnehmung (Art. 7) geregelt. Die Umsetzung in Deutschland erfolgte durch das Gesetz zur Regelung des Urheberrechts in der Informationsgesellschaft v. 10.9.2003 (BGBl. I 1774). Wichtigste Neuerungen sind die Einführung des Rechts der öffentlichen Zugänglichmachung (§ 19 a), die Neuordnung der Schrankenvorschriften (§§ 44 a ff.) und des Rechts der ausübenden Künstler (§§ 73 ff.) sowie die Vorschriften zum Schutz technischer Maßnahmen und der zur Rechtewahrnehmung erforderlichen Informationen (§§ 95 a ff.).
- Richtlinie 2004/48/EG vom 29.4.2004 zur **Durchsetzung der Rechte des geistigen Eigentums** (ABl. Nr. L 157/45, abgedr. in GRUR Int. 2004, 615). Diese Richtlinie regelt keine Fragen des materiellen Urheberrechts, sondern dient der verbesserten Durchsetzung der Rechte (s. dazu *Drexl/Hilty/Kur* GRUR Int. 2003, 605 ff.; *Mayer/Linnenborn* K&R 2003, 313 ff.; *Metzger/Wurmnest* ZUM 2003, 922 ff.; *Dreier* GRUR Int. 2004, 706; *Knaak* GRUR Int. 2004, 745; *Patnaik* GRUR 2004, 101; *McGuire* GRUR Int. 2005, 15 ff.; *v. Ungern-Sternberg*, Schadensersatz in Höhe des sog. Verletzergewinns nach Umsetzung der Durchsetzungsrichtlinie, Fs. für Loewenheim, 2009, S. 351). Die Richtlinie ist in Deutschland umgesetzt durch das Gesetz zur Verbesserung der Durchsetzung von Rechten des geistigen Eigentums von 7.7.2008 (BGBl. I 1191, ber. S. 2070).

Weitere Maßnahmen sind vorgesehen:
- Die Kommission hat 2008 einen Vorschlag zur Änderung der Schutzdauerrichtlinie vorgelegt (abrufbar unter: http://ec.europa.eu/internal_market/copyright/term-protection/term-protection_de.htm), der auf eine Verlängerung der Schutzfrist für ausübende Künstler und Tonträgerhersteller abzielt (vgl. dazu Stellungnahme des *Max-Planck-Instituts für Geistiges Eigentum, Wettbewerbs- und Steuerrecht* GRUR Int. 2008, 907; Stellungnahme der *GRUR* in

Einleitung

GRUR 2009, 38; *Walter,* in Fs. für Loewenheim, 2009, S. 377; *Pakuscher,* ZUM 2009, 89; *Kreile,* ZUM 2009, 113, *Schulze* ZUM 2009, 93).

– Die Kommission hat 2008 ein Grünbuch „Urheberrechte in der wissensbestimmten Wirtschaft" (KOM [2008] 466/endg.) vorgelegt, das sich mit Problemen des Zugangs zu vorbestehendem Wissen und dessen Nutzung befasst (s. dazu Stellungnahme der GRUR in GRUR 2009, 135).

Ziel dürfte eine vollständige Harmonisierung des Urheberrechts sein, die jedoch angesichts zur Zeit noch unüberbrückbarer Gegensätze zwischen dem kontinentaleuropäischem Droit d'auteur-System und angelsächsischem Copyright-System in einiger Ferne liegen wird.

b) Urheberrecht und freier Warenverkehr in der Europäischen Gemeinschaft

Schrifttum: *Beier,* Gewerblicher Rechtsschutz und freier Warenverkehr im europäischen Binnenmarkt und im Verkehr mit Drittstaaten, GRUR Int. 1989, 603; *Dietz,* Das Urheberrecht in der Europäischen Gemeinschaft, Festschrift zum hundertjährigen Bestehen der Deutschen Vereinigung für gewerblichen Rechtsschutz und Urheberrecht, 1991, Bd. II, 1445; *Gaster,* Das urheberrechtliche Territorialitätsprinzip aus der Sicht des Europäischen Gemeinschaftsrechts, ZUM 2006, 8; *v. Gamm,* Urheberrechtliche Verwertungsverträge und Einschränkungen durch den EWG-Vertrag, GRUR 1983, 403; *Heinemann,* Gebietsschutz im Binnenmarkt, Fs. für Schricker 2005, S. 53; *Loewenheim,* Die Beseitigung nichttarifärer Handelsschranken im innergemeinschaftlichen Handel unter besonderer Berücksichtigung der gewerblichen Schutzrechte und des Urheberrechts, Deutscher Landesbericht für den X. Kongreß der Fédération Internationale pour le Droit Européenne, FIDE Reports for the Xth Congress, Band 2, Dublin 1982, S. 4.1–4.32; *ders.,* Gewerbliche Schutzrechte, freier Warenverkehr und Lizenzverträge, Deutscher Landesbericht für den XI. Internationalen Kongreß für Rechtsvergleichung in Caracas, GRUR 1982, S. 461; *ders.,* Schallplattenimporte und freier Warenverkehr im Gemeinsamen Markt, UFITA Band 95 (1983) S. 41; *Peifer,* Das Territorialitätsprinzip im Europäischen Gemeinschaftsrecht vor dem Hintergrund der technischen Entwicklungen, ZUM 2006, 1; *Ullrich,* Die wettbewerbspolitische Behandlung gewerblicher Schutzrechte in der EWG, GRUR Int. 1984, 89.

79 Das Verhältnis von Immaterialgüterrechten und freiem Warenverkehr in der Europäischen Gemeinschaft bildete schon frühzeitig eines der zentralen Probleme bei der Durchsetzung des gemeinsamen Marktes. Die sich aus dem territorialen Charakter des Urheberrechts (dazu vor §§ 120 ff. Rdnr. 120 ff.) ergebende Möglichkeit, Nutzungsrechte staatenweise gesondert, also auch für das Ausland und das Inland getrennt einzuräumen, hatte es ursprünglich auch innerhalb der EU erlaubt, Lieferungen geschützter Werkstücke zwischen den Mitgliedstaaten zu untersagen, weil die Erschöpfung des Verbreitungsrechts nur für das Gebiet des Staates eintrat, in dem die Werkstücke in Verkehr gebracht worden waren und ein Export in andere Staaten, in denen ein (paralleles) Urheberrecht bestand, eine Urheberrechtsverletzung darstellte. Das bedeutete naturgemäß einen **Konflikt mit den Zielsetzungen des Gemeinschaftsrechts**, dessen erklärte Aufgabe es ist, einen einheitlichen Wirtschaftsraum zu schaffen und Handelsschranken zwischen den Mitgliedstaaten zu beseitigen.

80 Dieses Problem war nicht auf das Urheberrecht beschränkt, sondern trat vor allem auch bei Warenzeichen und Patenten auf. Anfängliche Versuche, das Problem über eine Anwendung der Art. 85, 86 EGV (heute Art. 81, 82 EG) zu lösen (EuGH GRUR Int. 1966, 580 – Grundig/Consten; EuGH GRUR Int. 1968, 99 – Parke, Davis; EuGH GRUR Int. 1971, 279 – Sirena), scheiterten, wie bald erkannt wurde, in allen Fällen, in denen die nach diesen Vorschriften erforderliche Vereinbarung bzw. abgestimmte Verhaltensweise oder marktbeherrschende Stellung nicht vorlag. In der Polydor-Entscheidung (EuGH GRUR Int. 1971, 450/453 – Polydor), die zugleich die erste Entscheidung auf urheberrechtlichem Gebiet darstellte, griff der Gerichtshof stattdessen erstmalig auf **Art. 30, 36 EGV** (heute Art. 28, 30 EG) zurück, die auch für die Zukunft die Beurteilungsgrundlage für solche Fälle bilden sollten. Bereits in seinen ersten Entscheidungen hatte der Gerichtshof die **Unterscheidung von Bestand und Ausübung** des Schutzrechts eingeführt: Während die Schutzrechte in ihrem Bestand durch den Vertrag nicht berührt würden, könne ihre Ausübung unter die im Vertrag ausgesprochenen Verbote fallen (zuerst: EuGH GRUR Int. 1966, 580/583 – Grundig/Consten; EuGH GRUR Int. 1968, 99/100 – Parke, Davis; EuGH GRUR Int. 1971, 279/280 – Sirena). Diese Unterscheidung wurde in der Polydor-Entscheidung verfeinert: Beschränkungen der Freiheit des Handels seien nur insoweit zulässig, als sie zur Wahrung der Rechte erforderlich seien, die den **spezifischen Gegenstand** des Schutzrechts ausmachten (EuGH GRUR Int. 1971, 450/454 – Polydor). Damit waren die Grundlagen für die spätere Rechtsprechung gelegt: Art. 30, 36 EGV (heute Art. 28, 30 EG) waren zur grundlegenden Norm für die Beurteilung des Verhältnisses von nationalen Schutzrechten und Gemeinschaftsrecht geworden. Art. 85 EGV (heute Art. 81) konnte nur bei Vorliegen einer Vereinbarung, Art. 86 EGV (heute Art. 82 EG) nur bei Vorliegen einer marktbeherrschenden Stellung Anwendung finden, die sich aber noch nicht aus dem bloßen Ausschließlichkeitsrecht ergab (EuGH GRUR Int. 1971, 279/281 – Sirena; EuGH GRUR Int.

Einleitung

Einleitung

1978, 599/604 – Hoffmann-LaRoche ./. Centrafarm; EuGH GRUR Int. 1995, 490/492 – Magill TV Guide).

Beurteilungsgrundlage für Beschränkungen des freien Warenverkehrs durch die Ausübung von Schutzrechten bilden damit **Art. 28, 30 EG.** Diese Vorschriften stehen im Verhältnis von Regel und Ausnahme. Art. 28 EG untersagt alle Maßnahmen, die die gleiche Wirkung wie mengenmäßige Beschränkungen haben. Darunter fallen nach ständiger Rechtsprechung des EuGH auch die Rechte zum Schutz des geistigen Eigentums (vgl. insb. EuGH GRUR Int. 1971, 450/454 – Polydor; EuGH GRUR Int. 1974, 338/339 – HAG I; EuGH GRUR Int. 1981, 229/232 – Gebührendifferenz II; EuGH GRUR Int. 1989, 319/320 – Schutzfristenunterschiede; EuGH GRUR Int. 1994, 614/616 f. – Ideal Standard II; EuGH GRUR Int. 2001, 55/60 – Geffroy/Casino France; EuGH GRUR Int. 2002, 739/741 – Boehringer; zur Interpretation des Art. 28 EG nach der Dassonville-Formel, der Cassis-de-Dijon-Entscheidung und der Keck-Entscheidung vgl. *Axster/Schütze* in Loewenheim/Meessen/Riesenkampff, Kartellrecht[2], GRUR Rdnr. 41 ff.). Art. 30 EG lässt Ausnahmen von diesem Verbot zu, die zum Schutz des gewerblichen und kommerziellen Eigentums – womit die Rechte zum Schutz des geistigen Eigentums gemeint sind – gerechtfertigt sind. In der Auslegung dieser Vorschrift durch den EuGH sind danach Beschränkungen des freien Warenverkehrs nur insoweit erlaubt, als sie zur Wahrung des spezifischen Gegenstandes der Schutzrechte gerechtfertigt sind. Was der spezifische Gegenstand des Schutzrechts ist, wird von Schutzrecht zu Schutzrecht je nach seinem Charakter unterschiedlich bestimmt (s. für das Urheberrecht Rdnr. 83 ff.).

81

In diesem Rahmen entwickelte der Gerichtshof auch seinen Grundsatz von der **gemeinschaftsweiten Erschöpfung.** Danach erschöpft sich das Verbreitungsrecht für das gesamte Gebiet der Gemeinschaft mit dem ersten Inverkehrbringen von Waren, das durch den Rechtsinhaber oder mit seiner Zustimmung innerhalb der Gemeinschaft erfolgt; die weitere Verbreitung der Werkstücke innerhalb der Gemeinschaft kann nicht mehr untersagt werden: „Nach ständiger Rechtsprechung des Gerichtshofs stellt die Ausübung eines gewerblichen und kommerziellen Eigentumsrechts durch seinen Inhaber – die die kommerzielle Verwertung eines Urheberrechts umfasst –, um die Einfuhr eines Erzeugnisses aus einem Mitgliedstaat, in dem das Erzeugnis von diesem Inhaber oder mit seiner Zustimmung rechtmäßig in den Verkehr gebracht worden ist, in einen anderen Mitgliedstaat zu verhindern, eine Maßnahme gleicher Wirkung wie eine mengenmäßige Beschränkung gemäß Art. 30 des Vertrages dar, die nicht zum Schutz des gewerblichen und kommerziellen Eigentums im Sinne von Art. 36 des Vertrags gerechtfertigt ist" (EuGH GRUR Int. 1981, 229/230 – Gebührendifferenz II; EuGH GRUR Int. 1981, 393/396 – Imerco Jubiläum; EuGH GRUR Int. 1982, 372/376 – Polydor/Harlequin; EuGH GRUR Int. 1988, 243/245 – Vorführungsgebühr; EuGH GRUR Int. 1989, 668/669 – Warner Brothers/Christiansen; EuGH GRUR Int. 1989, 319/320 – Schutzfristenunterschiede; EuGH GRUR Int. 1994, 614/616 f. – Ideal Standard II). Im Ergebnis wird damit das Gebiet der Europäischen Union als einheitliches Gebiet behandelt, in dem das Prinzip der territorialen Begrenzung der Schutzrechte auf das Gebiet des sie gewährenden Staates insoweit nicht gilt.

82

Während bei anderen Schutzrechten, namentlich bei Marken, der **spezifische Gegenstand des Schutzrechts** vom EuGH relativ klar bestimmt werden konnte, liegt beim Urheberrecht die Schwierigkeit darin, dass sich sein spezifischer Gegenstand nur sehr allgemein definieren lässt. Nach dem EuGH besteht der spezifische Gegenstand des Urheberrechts und der Leistungsschutzrechte darin, „den Schutz der Persönlichkeitsrechte und der wirtschaftlichen Rechte ihrer Inhaber zu gewährleisten. Der Schutz der Persönlichkeitsrechte ermöglicht es den Urhebern und ausübenden Künstlern insbesondere, jeder Entstellung, Verstümmelung oder sonstigen Änderung des Werkes zu widersetzen, die ihrer Ehre oder ihrem Ruf nachteilig sein könnte. Das Urheberrecht und die verwandten Schutzrechte haben außerdem wirtschaftlichen Charakter, da sie die Befugnis vorsehen, das Inverkehrbringen des geschützten Werkes kommerziell, insbesondere in Form von Lizenzen, die gegen Zahlung einer Vergütung erteilt werden, zu nutzen" (EuGH GRUR Int. 1994, 53/55 – Phil Collins). Will man den spezifischen Gegenstand konkreter definieren, so ist zu berücksichtigen, dass das Urheberrecht in den einzelnen Rechtsordnungen und für die einzelnen Verwertungsformen recht unterschiedlich ausgestaltet ist (s. auch *Fikentscher* in Fs. für Schricker, 1985, S. 149/157 f.; der davon spricht, dass das Urheberrecht keinen eigentlichen spezifischen Gegenstand kennt). Bei der Frage, in welchen Fällen Beschränkungen des freien Warenverkehrs durch Art. 30 EG gedeckt sind, unterscheidet der Gerichtshof zwischen der Verwertung in körperlicher Form und in unkörperlicher Form.

83

Bei der **Verwertung in körperlicher Form** geht es in erster Linie um die grenzüberschreitende Verbreitung von Werkstücken, also beispielsweise um die Lieferung von Tonträgern. An-

84

Einleitung

ders als in seinen patent- und markenrechtlichen Entscheidungen stützte sich der EuGH hier nicht auf eine Definition des spezifischen Gegenstands des Urheberrechts, sondern wandte unmittelbar das Prinzip der **gemeinschaftsweiten Erschöpfung** an. „Wird ein dem Urheberrecht verwandtes Schutzrecht benützt, um in einem Mitgliedstaat den Vertrieb von Waren, die vom Rechtsinhaber oder mit seiner Zustimmung im Hoheitsgebiet eines anderen Mitgliedstaates in Verkehr gebracht worden sind, allein deshalb zu verbieten, weil dieses Inverkehrbringen nicht im Inland erfolgt ist, so verstößt ein solches die Isolierung der nationalen Märkte aufrecht erhaltendes Verbot gegen das wesentliche Ziel des Vertrags, den Zusammenschluss der nationalen Märkte zu einem einheitlichen Markt. Dieses Ziel wäre nicht zu erreichen, wenn Privatpersonen aufgrund der verschiedenen Rechtssysteme der Mitgliedstaaten die Möglichkeit hätten, den Markt aufzuteilen und willkürliche Diskriminierungen oder verschleierte Beschränkungen im Handel zwischen den Mitgliedstaaten herbeizuführen" (EuGH GRUR Int. 1971, 450/455 – Polydor; s. auch EuGH GRUR Int. 1981, 229/232 – Gebührendifferenz II; EuGH GRUR Int. 1981, 393/396 – Imerco Jubiläum; EuGH GRUR Int. 1989, 319/320 Tz. 7 ff. – Schutzfristenunterschiede; EuGH GRUR Int. 1990, 622/623 – Ministère Public/Tournier; EuGH GRUR Int. 1998, 596/597 Tz. 14 ff. – Metronome Musik/Music Point Hokamp; EuGH GRUR Int. 1998, 878/879 Tz.13 ff. – Videogramdistributorer). Eine andere Entscheidung traf der EuGH nur im Fall von **Schutzfristenunterschieden**. War in einem Mitgliedstaat der Urheberrechtsschutz abgelaufen, so konnte die Einfuhr in einen Mitgliedstaat, in dem aufgrund der längeren Schutzfrist Urheberrechtsschutz noch bestand, untersagt werden. Die Begründung dafür entnahm der Gerichtshof aber auch hier nicht dem spezifischen Gegenstand des Urheberrechts, sondern stützte sich darauf, dass das Erlöschen des Urheberrechtsschutzes nicht darauf beruhte, dass die Ware vom Rechtsinhaber oder mit seiner Zustimmung in Verkehr gebracht worden war (EuGH GRUR Int. 1989, 319/320 Tz. 7 ff. – Schutzfristenunterschiede).

85   Auf der anderen Seite untersagte der EuGH nicht die Ausübung des Verbreitungsrechts, wenn es nicht um die grenzüberschreitende Verbreitung von Werkstücken, sondern um den **innerstaatlichen Vertrieb** rechtmäßig eingeführter Werkstücke ging. So konnte die Vermietung veräußerter Videokassetten untersagt werden (EuGH GRUR Int. 1989, 668 – Warner Brothers/Christiansen; s. auch EuGH GRUR Int. 1998, 596/597 Tz. 14 ff. – Metronome Musik/Music Point Hokamp; EuGH GRUR Int. 1998, 878/879 Tz.13 ff. – Videogramdistributorer); ebenso die Verbreitung von Filmen auf Videokassetten während der Laufzeit des Films in Filmtheatern durch die Vergabe zeitlich gestaffelter Lizenzen (EuGH GRUR Int. 1986, 114 – *Cinéthèque*).

86   Bei den vom EuGH entschiedenen Fällen der **Verwertung in unkörperlicher Form** geht es vor allem um Vorführungs-, Aufführungs- und Senderechte. Hier wendet der EuGH nicht die Vorschriften über den Warenverkehr (Art. 28 ff. EG) an, sondern die Vorschriften über den Dienstleistungsverkehr (Art. 49 ff. EG, früher Art. 59 ff. EGV, vgl. EuGH GRUR Int. 1980, 602/607 – Le Boucher I; EuGH GRUR Int. 1983, 175/176 – Le Boucher II; EuGH GRUR Int. 1990, 622/623 – Ministère Public/Tournier), unterstellt sie aber gleichfalls den zu Art. 36 EGV bzw. 30 EG entwickelten Grundsätzen (EuGH GRUR Int. 1983, 175/176 – Le Boucher II). Bei solchen Dienstleistungen stellten sich die Probleme des Verhältnisses zwischen der Beachtung des Urheberrechts und den Erfordernissen des EG-Vertrages allerdings anders, als wenn das Werk in körperlicher Form in Verkehr gebracht werde. Anders als beim Buch oder der Schallplatte werde hier das Werk der Allgemeinheit durch beliebig oft wiederholbare Vorführungen (bzw. Aufführungen, Sendungen) zugänglich gemacht. Unter diesen Umständen habe der Rechtsinhaber ein berechtigtes Interesse daran, die ihm für die Zustimmung zur Aufführung des Werks zustehende Vergütung anhand der tatsächlichen oder wahrscheinlichen Zahl der Aufführungen zu berechnen (EuGH GRUR Int. 1980, 602/607 – Le Boucher I; EuGH GRUR Int. 1983, 175/176 – Le Boucher II; EuGH GRUR Int. 1990, 622/623 – Ministère Public/Tournier). Die räumlich und zeitlich begrenzte Lizenzvergabe an Vorführungs-, Aufführungs- und Senderechten ist daher vom EuGH als zulässig angesehen worden (EuGH GRUR Int. 1980, 602/607 – Le Boucher I; EuGH GRUR Int. 1983, 175/176 – Le Boucher II; EuGH GRUR Int. 1990, 622/623 – Ministère Public/Tournier).

III. Sonstige allgemeine Fragen

87   Weitere einführende, grundsätzliche und sonstige allgemeine Erörterungen finden sich an folgenden Stellen:
– Zum Werkbegriff § 2 Rdnr. 8 ff.;

- Zum Urheberpersönlichkeitsrecht vor §§ 12 ff.;
- Zu den Verwertungsrechten § 15 Rdnr. 1 ff.;
- Zum Rechtsverkehr im Urheberrecht, insbesondere zur Übertragung des Urheberrechts, zur Einräumung von Nutzungsrechten und zum Urhebervertragsrecht vor §§ 28 ff.;
- Zu den Urhebern in Arbeits- oder Dienstverhältnissen § 43 Rdnr. 1 ff.;
- Zu den Schranken des Urheberrechts, zur gesetzlichen und Zwangslizenz vor §§ 44 a ff.;
- Zum Schutz von Computerprogrammen vor §§ 69 a ff.;
- Zum Schutz der ausübenden Künstler vor §§ 73 ff.;
- Zum zivilrechtlichen Schutz des Urheberrechts vor §§ 97 ff.;
- Zum Urheberstrafrecht vor §§ 106 ff.;
- Zum Internationalen Urheberrecht vor §§ 120 ff.;
- Zum Urheberrecht in der deutschen Einigung vor §§ 120 ff. Rdnr. 24 ff.;
- Zum Recht der Verwertungsgesellschaften vor §§ 1 ff. WahrnG.

IV. Geschichte des Urheberrechts

Schrifttum: *Bappert,* Wege zum Urheberrecht, 1962; *ders.,* Wider und für den Urhebergeist des Privilegienzeitalters, GRUR 1961, 441, 503, 553; *Beier/Kraft/Schricker/Wadle* (Hrsg.), Gewerblicher Rechtsschutz und Urheberrecht in Deutschland, Fs. zum hundertjährigen Bestehen der deutschen Vereinigung für gewerblichen Rechtsschutz und Urheberrecht, 1991 (zitiert: GRUR-Fs.); *Bosse,* Autorschaft ist Werkherrschaft, 1981; *Becker-Bender,* Zur Wende der Geschichtsbeurteilung im Urheberrecht, UFITA 40 (1963) 293; *Boytha,* Urheber- und Verlegerinteressen im Entstehungsprozeß des internationalen Urheberrechts, UFITA 85 (1979) 1; *ders.,* Whose Right is Copyright?, GRUR Int. 1983, 379; *Coing* (Hrsg.), Handbuch der Quellen und Literatur der neueren europäischen Privatrechtsgeschichte, Bde. I bis III, 1973 ff.; *Czychowski,* Das Gesetz zur Verbesserung der Durchsetzung von Rechten des Geistigen Eigentums – Teil II: Änderungen im Urheberrecht, GRUR-RR 2008, 265; *ders.,* „Wenn der dritte Korb aufgemacht wird ...", GRUR 2008, 586; *Dittrich* (Hrsg.), Woher kommt das Urheberrecht und wohin geht es?, 1988; *ders.* (Hrsg.), Die Notwendigkeit des Urheberrechtsschutzes im Lichte seiner Geschichte, 1991; *Dölemeyer/Klippel,* Der Beitrag der deutschen Rechtswissenschaft zur Theorie des gewerblichen Rechtsschutzes und Urheberrechts, GRUR-Fs., 1991, S. 185; *dies.,* Urheberrecht- und Verlagsrecht, in *Coing* (Hrsg.), Handbuch der Quellen und Literatur der neueren europäischen Privatrechtsgeschichte, Bd. III/3, 1986, S. 3956; *dies.,* „Das Urheberrecht ist ein Weltrecht" – Rechtsvergleichung und Immaterialgüterrecht bei Josef Kohler, in *Wadle* (Hrsg.), Historische Studien zum Urheberrecht in Europa, 1993, S. 139; *dies.,* Karl Anton Mittermaier und seine Verleger, UFITA 2000/II, S. 471; *Eggert,* Der Rechtsschutz der Urheber in der römischen Antike, UFITA 138 (1999) 183; *Frohne,* Briefschulden als immaterialgüterrechtliche Verpflichtungen. Senecas Gedanken zum geistigen Eigentum, UFITA 2000/I, S. 173; *dies.,* Der Tod des Autors. Oder doch: der Autor als Bezugsperson?, UFITA 2000/I, S. 19; *Fichte,* Beweis der Unrechtmäßigkeit des Büchernachdrucks, Berlinische Monatsschrift Bd. 21 (1793) 443; *Gieseke,* Vom Privileg zum Urheberrecht, 1995; *ders.,* Günther Heinrich von Berg und der Frankfurter Urheberrechtsentwurf von 1819, UFITA 138 (1999) 117; *ders.,* Erinnerungen an den Bonner Bergrat und Professor Rudolf Klostermann (1826–1886), UFITA 2002/I, S. 133; *Götz v. Olenhusen,* Karl May und das Urheber- und Verlagsrecht im 19. Jahrhundert, UFITA 2002/II, S. 427; *ders.,* Karl Mays Erbe und die Gründung des Karl May-Verlages, UFITA 2001/II, S. 535; *ders.,* Der Code Littéraire des Honoré de Balzac, UFITA 2000/III, S. 809; *Hauser,* Sozialgeschichte der Kunst und Literatur, 1969; *Hefti,* Das Urheberrecht im Nationalsozialismus, in *Dittrich* (Hrsg.), Woher kommt das Urheberrecht und wohin geht es?, 1988, S. 165; *Helmensdorfer,* „Heilig sey das Eigenthum!". Urheberrecht in Wien um 1850, UFITA 2001/II, S. 457; *ders.,* Die Bühne als Nachdruckerin. Nestroy und das Autorrecht, UFITA 2002/III, S. 825; *Heymann,* Die zeitliche Begrenzung des Urheberrechts, Sitzungsberichte der preußischen Akademie der Wissenschaften, phil.-hist. Klasse, Nr. 9/1927, S. 49; *Hitzig,* Das Königlich Preußische Gesetz vom 11. Juni 1837 zum Schutze des Eigenthums an Werken der Wissenschaft und Kunst gegen Nachdruck und Nachbildung, 1838; *Hoeren,* Der „Zweite Korb" – Eine Übersicht zu den geplanten Änderungen im Urheberrechtsgesetz, MMR 2007, 616; *Hoffmann,* Von denen ältesten Kayserlichen und Landesherrlichen Bücher-, Druck- oder Verlag-Privilegien, 1777; *Hubmann,* Hundert Jahre Berner Übereinkunft – Rückblick und Ausblick, UFITA 103 (1986) 5; *Kant,* Von der Unrechtmäßigkeit des Büchernachdrucks, Berlinische Monatsschrift Bd. 5 (1785) 403; *Kapp/Goldfriedrich,* Geschichte des deutschen Buchhandels, 4 Bde. 1886–1913; *Katzenberger,* Vom Kinofilm zum Videogramm, GRUR-Fs., 1991, S. 1409; *Kern,* Aspekte des Urheberrechts bei Rossini, UFITA 2000/I, S. 205; *Klingenberg,* Vom persönlichen Recht zum Persönlichkeitsrecht, ZRG Germ. Abt. Bd. 96 (1979) 183; *Klippel,* Historische Wurzeln und Funktionen von Immaterialgüter- und Persönlichkeitsrechten im 19. Jahrhundert, ZNR 1982, 132; *ders.,* Die Idee des geistigen Eigentums in Naturrecht und Rechtsphilosophie des 19. Jahrhunderts, in *Wadle* (Hrsg.), Historische Studien, S. 121; *ders.,* Die Theorie der Persönlichkeitsrechte bei Karl Gareis, Fs. für Traub, 1995, S. 211; *ders.,* „Über die Zulässigkeit des Büchernachdruck nach dem natürlichen Zwangsrecht". Der Diskurs über den Büchernachdruck im Jahre 1784, Fs. für Wadle, 2008, S. 477; *Klostermann,* Das geistige Eigentum an Schriften, Kunstwerken und Erfindungen, 1867; *ders.,* Das Urheberrecht an Schriftwerken, Abbildungen, musikalischen Compositionen und dramatischen Werken, 1871; *ders.,* Das Urheberrecht an Schrift- und Kunstwerken, 1876; *Kohler,* Autorrecht, 1880; *ders.,* Urheberrecht an Schriftwerken und Verlagsrecht, 1907; *Koppitz,* Prager Privilegien Kaiser Rudolfs II, UFITA 2003/II, S. 347; *Lehne,* Zur Rechtsgeschichte der kaiserlichen Druckprivilegien, Mitteilungen des Österreichischen Instituts für Geschichtsforschung, Bd. 53 (1939) 323; *Luf,* Philosophische Strömungen in der Aufklärung und ihr Einfluß auf das Urheberrecht, in *Dittrich* (Hrsg.), Woher kommt das Urheberrecht und wohin geht es?, 1988, S. 9; *Melliger,* Das Verhältnis des Urheberrechts zu den Persönlichkeitsrechten, Diss. Bern 1929; *Neuenfeld,* Anfänge eines Urheberrechts an Bauwerken, UFITA 2000/II, S. 409; *Neustetel,* Der Büchernachdruck nach Römischem Recht betrachtet, 1824; *Nomine,* Der Königlich Preußische Literarische Sachverständigen-Verein von 1838 bis 1870, 2001; zu demselben Thema *ders.* UFITA 2001/II, S. 497; *ders.,* Der Entwurf eines preußischen Gesetzes über den Verlagsvertrag (1838–1846). Ein gescheiterter Versuch zur Neuregelung der vertraglichen Stellung von Urhebern, UFITA 2003/II, S. 365; *Osterrieth,* Altes und Neues zur Lehre vom Urheberrecht, 1892; *ders.,* Die Geschichte des Urheberrechts in England, 1895; *Pohlmann,* Das neue Geschichtsbild der deutschen Urheberrechtsentwicklung, 1961; *ders.,* Die Frühgeschichte des musikalischen Urheberrechts, 1962; *ders.,* Neue Materialien zum deutschen Urheberrecht im 16. Jahrhundert, AGB IV (1963) Sp. 89; *ders.,* Zur neuen Sicht der Musikurheberrechtsentwicklung vom 15. bis 18. Jahrhundert, Die Musikforschung 14 (1961) 259; *ders.,* Zur notwendigen Revision unseres bisherigen Geschichtsbildes auf dem Gebiet des Urheberrechts und des gewerblichen Rechtsschutzes, GRUR 1962, 9; *Püschel,* 100 Jahre Berner Union, 1986; *ders.,* Zur Entstehungsgeschichte des Urheberrechts in der DDR, UFITA 2000/II, S. 491; *ders.,* Die letzten Etappen der Gesetzgebungsarbeit bis zur Verabschiedung des Urheberrechtsgesetzes der DDR, UFITA 2003/III, 769; *Pütter,* Der Büchernachdruck nach ächten Grundsätzen des Rechts geprüft, 1774; *Rehbinder,* Kein Urheberrecht ohne Gesetzesrecht. Zum Urheberrechtsschutz um die Mitte des 19. Jahrhunderts, in *Dittrich* (Hrsg.), Woher kommt das Urheberrecht und wohin geht es?, 1988, S. 99; *ders.,* Johann Caspar Bluntschlis Beitrag zur Theorie des Urheberrechts, UFITA 123 (1993) 29; *ders.,* Zum rechtlichen Schutz der Nachrichtenagenturen am Beispiel der Schweizer Depeschenagentur, UFITA 139 (1999) 123; *Schickert,* Der Schutz literarischer Urheberschaft im Rom der klassischen Antike, 2005; *Schottenloher,* Die Druckprivilegien des 16. Jahrhunderts, Gutenberg-Jahrbuch 8 (1933) 89; *Schürmann,* Der deutsche Buchhandel der Neuzeit und seine Krisis, 1895; *ders.,* Die Rechtsverhältnisse der Autoren und Verleger, sachlich-historisch, 1889; *Strömholm,* Le droit moral de l'auteur en droit Allemand, Français et Scandinave avec un aperçu de l'évolution internationale, 3 Bde. 1967–1973; *v. Ungern-Sternberg, W.,* Christoph Martin Wieland und das Verlagswesen seiner Zeit, AGB XIV (1974) Sp. 1211; *Vogel,* Deutsche Urheber- und Verlagsrechtsgeschichte zwischen 1450 und 1850, AGB XIX (1978) Sp. 1 (zitiert *Vogel); ders.,* Urhebervertragsrechtsprobleme am Ende des 18. Jahrhunderts, Fs. für Roeber, 1982, S. 423; *ders.,* Die Geschichte des Urheberrechts im Kaiserreich, GRUR 1987, 873; *ders.,* Grundzüge der Geschichte des Urheberrechts in Deutschland vom letzten Drittel des 18. Jahrhunderts bis zum preußischen Urheberrechtsgesetz vom 11. Juni 1837, in *Dittrich* (Hrsg.), Woher kommt das Urheberrecht und wohin geht es?, 1988, S. 117; *ders.,* Die Entwicklung des Verlagsrechts, GRUR-Fs., 1991, S. 1211; *ders.,* Die Entfaltung des Übersetzungsrechts im deutschen Urheberrecht des 19. Jahrhunderts, in *Dittrich* (Hrsg.), Die Notwendigkeit des Urheberrechtsschutzes im Lichte seiner Geschichte, 1991, S. 202 = GRUR 1991, 16; *ders.,* Urheberpersönlichkeitsrecht und Verlagsrecht im letzten Drittel des 19. Jahrhunderts, in *Wadle* (Hrsg.), Historische Studien zum Urheberrecht in Europa, 1993, S. 191; *ders.,* Auf Kosten der Künstler, FAZ vom 25. Oktober 2004, S. 35; *ders.,* Elmar Wadle und die Geschichte des Urheberrechts, Fs. für Wadle, 2008, S. 1; *Wadle,* Die Abrundung des deutschen Urheberrechts im Jahr 1876, JuS 1976, 771; *ders.,* Vor- und Frühgeschichte des Urheberrechts?, UFITA 106 (1987) 95; *ders.,* Das Preußische Urheberrechtsgesetz von 1837 im Spiegel seiner Vorgeschichte, in *Dittrich* (Hrsg.), Woher kommt das Urheberrecht und wohin geht es?, 1988, S. 55; *ders.,* Die Entfaltung des Urheberrechts als Antwort auf technische Neuerungen, Technikgeschichte, Bd. 52 (1985) 233 ff.; *ders.,* Savignys Beitrag zum Urheberrecht, Fs. für Lüke, 1989, S. 95; *ders.,* Der Bundesbeschluß vom 9. November 1837 gegen den Nachdruck, ZRG Germ. Abt. 106 (1989) 189; *ders.,* Der Streit um den Schutz der „Kunstindustrie", Fs. für Niederländer, 1991, S. 435; *ders.,* Der Weg zum gesetzlichen Schutz des geistigen und gewerblichen Schaffens – Die deutsche Entwicklung im 19. Jahrhundert, GRUR-Fs., 1991, S. 93; *ders.,* Fotografie und Urheberrecht im 19. Jahrhundert, in *Dittrich* (Hrsg.), Die Notwendigkeit des Urheberrechtsschutzes im Lichte seiner Geschichte, 1991, S. 179; *ders.,* Der Frankfurter Entwurf eines deutschen Urheberrechtsgesetzes von 1864, UFITA 120 (1992) 33; *ders.,* Nachdruck als Injurie, Fs. für Jahr, 1993, S. 517; *ders.* (Hrsg.), Historische Studien zum Urheberrecht in Europa, 1993; *ders.,* Das Scheitern des Frankfurter Urheberrechtsentwurfs von 1819 – Näheres zur Haltung einzelner Bundesstaaten, UFITA 138 (1999) 153; *ders.,* Rechtsprobleme um Nachdruck und geistiges Eigentum in Goethes Praxis, UFITA 2003/III, S. 845; *Wandtke,* Zu einigen theoretischen Grundlagen des Urheberrechts in der DDR – Historischer Einblick, in *Wadle* (Hrsg.), Historische Studien zum Urheberrecht in Europa, 1993, S. 225; *ders.,* Goethe und das Urheberrecht, UFITA 2000/II, S. 453; *ders.,* Einige Aspekte zur Urheberrechtsreform im Dritten Reich, UFITA 2002/II, S. 451; *Wächter,* Autorrecht, 1875; *Widmann,* Geschichte des Buchhandels vom Altertum bis zur Gegenwart, 1952, 2. Aufl., Teil I, 1975; *Wittmann,* Geschichte des deutschen Buchhandels, 1991; *Würtenberger,* Das Kunstfälschertum, 1940.

Weitere Literatur zur Geschichte des deutschen, ausländischen und internationalen Urheberrechts findet sich in den oben mit vollständigen bibliographischen Angaben aufgeführten Werken von *Beier* ua. (Hrsg.), GRUR-Fs., 1991; *Dittrich* (Hrsg.), Woher kommt das Urheberrecht?; *ders.* (Hrsg.), Die Notwendigkeit des Urheberrechtsschutzes; *Wadle,* Geistiges Eigentum, 2 Bde. 1996, 2003; *ders.* (Hrsg.), Historische Studien, sowie in den Bänden UFITA 106 (1987); UFITA 123 (1993); UFITA 129 (1995) und UFITA 130 (1996), die vornehmlich der Urheberrechtsgeschichte gewidmet sind. Weitere Literaturhinweise auch bei *Wadle,* Neuere Forschungen zur Geschichte des Urheber- und Verlagsrechts, ZNR 1990, 51.

1. Antike und Mittelalter

88 Trotz einer umfangreichen Literatur und eines regen Handschriftenhandels kannte die **Antike kein Urheberrecht,** das dem Schöpfer die Herrschaft über sein Werk gesichert hätte (differenzierend neuerdings *Schickert*). Gleichwohl sind schon aus jener Zeit Autor-Verleger-Beziehungen überliefert, in denen die Honorierung des Urhebers eine Rolle spielte. Auch der geistige Diebstahl fand bereits den Tadel der Autoren. *Martial* nannte diejenigen, welche seine Gedichte als eigene ausgaben, Menschenräuber (plagiarii), weil sie die – eigenen Kindern vergleichbaren – Geisteswerke versklavten, und gab mit diesem Vergleich dem heutigen Plagiatsbegriff seinen urheberrechtlichen Sinngehalt. Dennoch verstand die Antike künstlerisches Schaffen nicht als individuellen Schöpfungsakt des Urhebers, sondern lediglich als Nachahmung einer unveränderlichen Idee des Schönen oder als die Verwirklichung einer Eingebung der Musen. Ein Bewusstsein, dass dem Urheber in materieller wie in ideeller Hinsicht ein Recht an seinem Werk zuzuordnen sei, war jener Zeit fremd (dazu ausführlich *Bappert* S. 13/23/26; *Schricker*[3] Einl. Rdnr. 5; *Ulmer*[3] § 9 I; *Kohler* Autorrecht S. 328).

89 Auch im **Mittelalter** galt der Künstler noch als Ausführender im Rahmen einer göttlichen Ordnung. Seit dem 12. Jahrhundert freilich mehrten sich die Zeugnisse, die ein persönliches

Interesse des Urhebers an seinem Werk bekundeten, sei es im Hinblick auf dessen Veröffentlichung, sei es, dass er namentlich mit seinem Werk in Verbindung gebracht zu werden wünschte, sei es, dass ihm die **Werkintegrität** von Bedeutung war (s. *Bappert* S. 83; *Gieseke* S. 8 ff.; *Ulmer*[3] § 9 I). Neben dem aufkommenden ideellen Bezug des Autors zu seiner Schöpfung können für jene Zeit materielle Interessen an der Werkverwertung in nennenswertem Umfang allerdings noch nicht belegt werden.

2. Das Privilegienzeitalter

Der Beginn der Geschichte des Schutzes von Geisteswerken wird deshalb ganz überwiegend im weiteren Zusammenhang mit der **Erfindung des Buchdrucks** etwa im Jahr 1450 gesehen, die jedoch nicht als allein ursächlich für seine Entstehung gelten kann (*Gieseke* S. 13 ff.; *Wächter* S. 19 f.; *Vogel* Sp. 9 ff.; *Boytha* GRUR Int. 1983, 379). Denn diese technische Neuerung fiel in jene Epoche, in der unter dem Einfluss von Humanismus und Renaissance ein Werk zunehmend als Ausdruck der schöpferischen Persönlichkeit seines Urhebers verstanden wurde und nicht mehr, wie es noch mittelalterlichen Vorstellungen entsprach, als der Ausdruck eines göttlichen Willens. Folglich wuchs bei den Autoren auch das Bewusstsein für persönliche Interessen in Bezug auf ihr Werk (s. *Bappert* S. 105 f.; *Gieseke* S. 19 ff.; *Hauser* S. 346 ff.). Mit diesem Bewusstseinswandel gingen ökonomische und gesellschaftliche Veränderungen einher, die wiederum zu wirtschaftlichem und politischem Machtgewinn des Bürgertums führten.

Noch in den ersten Jahrzehnten des Buchdrucks, etwa **bis 1480,** wurden die unter großem finanziellem Aufwand hergestellten **Buchdrucke wie jede andere Handelsware** vertrieben. Die Produktion war derart mühsam und die Nachfrage so groß, dass der Büchernachdruck nicht als sonderlich verwerflich galt (s. *Gieseke* S. 13 f.; *Vogel* Sp. 14; *Wittmann* S. 24 ff.).

Dies änderte sich bald, als mit wachsender Konkurrenz der Absatz der Bücher und die **Amortisation der mit ihrer Herstellung verbundenen Investitionen** keine Selbstverständlichkeit mehr waren. Als erster erhielt *Johann von Speyer* zum Schutz seiner Verlagsproduktion von der Signoria Venedigs 1469 ein Privileg, das ihm auf fünf Jahre zusicherte, alleiniger Drucker der Stadt bleiben zu können. Derart umfassende Monopole und Generalprivilegien blieben in der Folgezeit jedoch eine Seltenheit. Im Heiligen Römischen Reich Deutscher Nation, wo die ersten Privilegien erst nach 1500 erteilt wurden (s. *Hoffmann*; ausführlich *Gieseke* S. 40 ff.), schützten vorwiegend kaiserliche, nach dem Westfälischen Frieden in der Mehrzahl landesherrliche Druckprivilegien die literarische Produktion vor unberechtigtem Nachdruck (*Kohler* Urheberrecht S. 32 ff.; *Gieseke* S. 77 ff. mwN). Der Kaiser verlieh als „milder Protector aller redlichen Künste" in Erfüllung einer traditionellen kaiserlichen Aufgabe demjenigen, der mit „Mühe, Arbeit und Kosten" ein neues und gemeinnütziges Buch auf gutem Papier und in sauberem Druck herausbrachte, für meist 10 Jahre das unmittelbar vollstreckbare Recht, dieses Buch allein vertreiben zu können; Schutzvoraussetzung war jedoch – dies wurde regelmäßig bei Verlängerungsanträgen geprüft – die stetige Ausübung des gewährten Rechts (s. *Gieseke* S. 60 ff.).

Es mag in der rechtlichen Erscheinungsform des Privilegs als Einzelfallregelung begründet sein, dass trotz seiner 300-jährigen Geschichte sich **kein einheitlicher Privilegientyp** herausgebildet hat. Je nach Sachlage und historischer Situation diente es der Gewerbeförderung, dem Investitions- oder dem Gewerbeschutz, dem Leistungsanreiz oder der Belohnung. An Drucker, Verleger oder Autoren adressiert, erging es als kaiserliches, reichsständisches oder kirchliches Monopol-, General- oder Spezialprivileg, damit zumeist für nützlich gehaltene Literatur im Druck erschien. In den ersten zwei Jahrhunderten war eine Privilegienurkunde üblich, die sich in die allgemeinen Beweggründe für die Privilegienvergabe (arrenga), die Wiedergabe des Gesuchs des Antragstellers (narratio) und die eigentlichen Festlegungen des Privilegs (dispositio) gliederte (s. *Lehne* S. 323/339; *Gieseke* S. 60 ff.; *Vogel* Sp. 16 f. mwN). Erst im Zuge einer strikten merkantilistischen Wirtschaftspolitik Sachsens wurden die kursächsischen Messprivilegien bzw. die in ihrer Rechtswirkung gleichgestellte Einzeichnung in das Protokoll der Leipziger Bücherkommission auf der Grundlage der kursächsischen Mandate von 1686 und 1773 in standardisierter Form ohne fallbezogene Begründung und lediglich auf einem vereinheitlichten Formblatt bewilligt (zum kursächsischen Mandat s. *Vogel* Sp. 78 ff.; *Gieseke* S. 150 ff.; *Boytha* UFITA 85 [1979] 1/3 f.).

Dem Leistungsschutzgedanken der Privilegien entsprach es, dass sie gleichermaßen **Verlegern und Autoren** zuteil wurden. Dabei enthielt nach derzeitigem Erkenntnisstand das den Autoren bewilligte Schutzrecht kein selbständiges Vermögensrecht heutiger Prägung, welches bereits mit der Schöpfung des Werks zur Entstehung kam. Vielmehr wurde das Autorenprivileg **in Anse-**

Einleitung

hung einer – nicht notwendig im Selbstverlag – beabsichtigten oder bereits vollendeten **Drucklegung** erteilt. Dennoch lässt sich nicht übersehen, dass gerade die Autorenprivilegien des 16. Jahrhunderts, deren weitgehende Erschließung den Forschungen *Pohlmanns* zu verdanken ist, Ansätze enthielten, die Autoren materiell zu belohnen, freilich nur im Hinblick auf den ins Auge gefassten Druck eines privilegienwürdigen Werkes (zur Frage des urheberrechtlichen Charakters der Autorenprivilegien des 16. Jahrhunderts siehe die im Schrifttumsverzeichnis angeführten Titel *Pohlmanns*; dagegen *Bappert* S. 183 ff. sowie GRUR 1961, 441 ff., 503 ff., 553 ff.; *Vogel* Sp. 22 ff.; *Gieseke* S. 69 ff.; kritisch *Wadle* UFITA 106 [1987] 95/insb. 100 ff.).

95   Ausgeprägt war dagegen bereits seit dem 16. Jahrhundert das **Bewusstsein vom Veröffentlichungsrecht des Autors.** Aus dem Jahre 1544 ist eine venezianische Verordnung bekannt, die die Schutzrechterteilung an die Zustimmung des Autors zur Veröffentlichung seines Werkes knüpfte (s. *Kohler* Urheberrecht S. 39 f.). Für die Rechtslage in Deutschland belegt der häufige Vermerk „cum consensu auctoris", dass auch dort bei der Werkveröffentlichung die ideellen Interessen des Autors an einem Schutz vor Verfälschung, Entstellung und Plagiierung des Textes zu respektieren waren. Von den Professoren *Lagus* (1563), *Christian Thomasius* (1694) und *Boerhave* (1726) sind Klagen über die ungenehmigte, teils entstellende, teils fehlerhafte Veröffentlichung ihrer Werke ebenso bekannt wie von *Sebastian Brant* (1499), welcher in der dritten Ausgabe seines Narrenschiffs unautorisierte, entstellende Nachdrucke der vorhergehenden Ausgaben beklagte. Nicht zuletzt Martin Luther musste sich in der „Vorrhede und Vermanunge an die Drucker" seiner 1525 erschienenen Fastenpostille gegen Verfälschung der Texte zur Wehr setzen, freilich auch, weil die Veränderung der Vorlage die Gefahr der Konfiskation durch die Zensurbehörde heraufbeschwor (Einzelheiten s. *Pohlmann* Frühgeschichte S. 155 ff.; *Bappert* S. 151 ff.; *Vogel* Sp. 27 ff.; *Gieseke* S. 19 ff.).

96   Ab der zweiten Hälfte des 16. Jahrhunderts hatte sich – auch als Motivation der Privilegienvergabe – in den Zentren des Buchdrucks das **Bewusstsein eines Verlagseigentums** herausgebildet, wie *Gieseke* dieses frühe Verständnis der Verleger von ihren Rechten benannt hat. Danach vermochten sowohl der Erwerb des Manuskripts vom Autor („cum titulo onoroso") als auch – namentlich bei älteren Werken – der erstmalige und langjährige Druck sowie die getätigten Investitionen für Druck, Papier und Vertrieb ein ausschließliches originäres Recht zu begründen, das als „ius quaesitum" einem späteren Privileg entgegengehalten werden konnte. Dieses Verlegerrecht stand unter dem Vorbehalt ständiger Ausübung. Es ging verloren, wenn der Verleger nicht in regelmäßiger Folge für neue Drucke sorgte (Einzelheiten s. *Gieseke* S. 93 ff.; *Bappert* S. 217 ff.). Die Lehre vom Verlagseigentum bildete die Grundlage mehrerer regional gültiger Verordnungen und Gesetze des 16. und 17. Jahrhunderts, die sich gegen den Büchernachdruck richteten (nach ersten Verordnungen mit gewerbeschützendem Charakter in Basel 1531, Nürnberg 1561, Frankfurt 1573, Straßburg 1619 vor allem die Frankfurter [1588 und 1660] und die Nürnberger [1673] Buchdruckerordnungen) (vgl. *Gieseke* S. 72 ff., 99; *Coing* [Hrsg.], Bd. II/2 1976, S. 621, 741 ff. für den dt. Rechtskreis). Beherrschend zumindest bis 1648 blieb gleichwohl das kaiserliche Privileg, das als ein im gesamten Reichsgebiet vollstreckbarer Titel den wirksamsten Rechtsschutz bot.

3. Die Anfänge eigenständiger, aus dem geistigen Eigentum begründeter Urheberrechte

97   Nach dem Dreißigjährigen Krieg wurden vielfach landesherrliche Privilegien als gegenüber kaiserlichen Privilegien vorrangig erachtet (*Gieseke* S. 147 ff.). Damit verloren die kaiserlichen Privilegien an rechtlicher und die Messestadt Frankfurt an wirtschaftlicher Bedeutung für den Buchhandel. An ihre Stelle traten zunehmend **kursächsische Schutzrechte** und das in ihrem Geltungsbereich gelegene **Leipzig.** Der damals herrschende **Tauschhandel,** bei dem Druckbogen gegen Druckbogen getauscht und nur der Saldo in Geld ausgeglichen wurde, machte den Besuch der Leipziger Messe und den Erwerb der dort gültigen kursächsischen Privilegien bzw. die ihnen gleichgestellte Einzeichnung bei der Leipziger Bücherkommission unerlässlich, soweit nicht nach den Mandaten von 1686 und 1773 eine – allerdings sehr seltene – Gegenseitigkeitsvereinbarung zwischen dem Herkunftsland und Sachsen über den gegenseitigen Schutz ihrer Verlagsproduktion bestand, das Buch in Sachsen gedruckt wurde und der Verleger „das Verlagsrecht an dem Buche, Übersetzung oder sonstiger Schrift, wovon die Frage ist, von dem Schriftsteller redlicher Weise an sich gebracht" (Mandat von 1773 Ziff. 1). Standortvorteil und staatliche Förderung führten bald zu einer Vormachtstellung des sächsischen Buchhandels. Im letzten Drittel des 18. Jahrhunderts ging er, seine wirtschaftliche Stärke ausnützend, dazu über, mit für

die damalige Zeit ungewöhnlich hohen Honoraren vornehmlich diejenigen Autoren an sich zu binden, die dem eigenständigen Geschmack des als neues Lesepublikum herangewachsenen Bürgertums am meisten entsprachen (*Vogel* Sp. 51 ff.; zur Entwicklung des Autorenhonorars ausführlich *Bosse* S. 87 ff.). Gleichzeitig stellten die sächsischen Verlage den Tausch ihrer Bücher gegen die häufig uninteressant gewordene traditionelle Erbauungsliteratur meist süddeutscher Verleger weitgehend ein und ließen sich ihre Bücher in bar bezahlen (*Schürmann* Buchhandel S. 8 ff.). Was zu Beginn des Jahrhunderts gelegentlich Anlass zur Entrüstung gegeben hatte und Gegenstand juristischer Erörterungen gewesen war, ohne jedoch das Verlagswesen nachhaltig zu erschüttern, schien nun den Buchhandel in Deutschland in zwei Lager zu spalten: **der Büchernachdruck.** Um über ihre eigenen Bücher hinaus verkäufliche Waren zu erhalten, begannen die süddeutschen Buchhändler teils mit hoheitlicher Unterstützung, die begehrte Literatur der norddeutschen Verlagshäuser systematisch nachzudrucken und unter Umgehung des Messeplatzes Leipzig zu vertreiben. Der Schutz der originalen Verlagsproduktion verlangte eine Rechtsgrundlage, die unabhängig von regional geltenden Privilegien den Nachdrucker ins Unrecht setzte (*Kapp/Goldfriedrich* Bd. 3 S. 55 ff.; *Gieseke* S. 157 ff.; *Vogel* Sp. 51 ff., 59 ff. jeweils mwN).

Unter dem Einfluss des in ganz Europa aufblühenden **Naturrechts** (*Grotius, Pufendorf*) wurde diese Rechtsgrundlage zunehmend im **Vertrag zwischen Verleger und** dem sich immer nachdrücklicher als Inhaber eigener Rechte verstehenden **Autor** gesehen. Um die Wende vom 17. zum 18. Jahrhundert häufte sich die juristische Literatur, die ein Verlagsrecht, später ein Autorrecht, auch ohne besondere Privilegienvergabe rechtfertigte (s. *Gieseke* S. 161 ff.; *Vogel* Sp. 48 ff.; *Bappert* S. 251 ff.; abweichend *Bosse* S. 25 ff.). **98**

Bei der Leipziger Juristenfakultät (1685) und bei *Adrian Beier* (1690) fand das vom Privileg unabhängige Recht seine Begründung noch im gewerblichen Aufwand, während *Böhmer* (1718), *Gundling* (1726), *Birnbaum* (1733) und *Thurneysen* (1738) die Verlegerrechte schon als vom Autor abgeleitet verstanden (s. *Bappert* S. 256 ff.; *Gieseke* S. 103 f., 121 ff.; *Kohler* Urheberrecht S. 69 ff.; *Bosse* S. 32 f.). *Böhmer* wertete den Verlagsvertrag als Manuskriptkauf (zum Manuskriptkauf s. *Bappert* S. 252 f.); *Gundling* hingegen unterschied schon genauer: „Immittelst aber ist doch das Buch ihr Eigenthum, nicht nur in Ansehung ihrer eigenen Gedancken, sondern auch des Werths, nach welchem sie dasselbe verhandeln können, wann solches iemand verlegen, und damit trafiquiren will" (zit. nach *Bosse* S. 33). **99**

Die philosophische Durchdringung der Rechte des Urhebers und ihre naturrechtliche Begründung als **geistiges Eigentum** (ausführlich dazu *Luf* S. 9/13 ff.) vollzog sich freilich erst im letzten Drittel des 18. Jahrhunderts, als das Selbstverständnis des Originalverlags durch den Büchernachdruck aufs äußerste herausgefordert wurde. In einer heftig geführten Auseinandersetzung über die Rechtmäßigkeit des Büchernachdrucks ging es darum, welche Rechte der Autor hat, welche er im Verlagsvertrag dem Verleger überträgt, welche bei ihm verbleiben und welche Rechte der Käufer eines Buches erwirbt. Aus der Flut von Publikationen bedeutender Autoren wie *Feder, Ehlers, Cella, Wieland, Becker, Knigge, Müller* und vieler anderer (Einzelheiten bei *Klippel*, Fs. für Wadle, S. 477 passim; *Gieseke* S. 90 ff.; *Bappert* S. 266 ff.; *Kohler* Urheberrecht S. 74 ff.; *Vogel* Sp. 60 f. mwN; zum geistesgeschichtlichen Hintergrund *Luf* S. 9 ff.) sei beispielhaft auf die Arbeiten von *Johann Stephan Pütter* „Der Büchernachdruck nach ächten Grundsätzen des Rechts geprüft" (1774) und *Johann Gottlieb Fichte* „Beweis der Unrechtmäßigkeit des Büchernachdrucks" (1793) näher eingegangen. Die Bedeutung der Schrift *Pütters*, die auf Anregung des Buchhandels zustande kam, liegt in der einzigartigen juristischen, ökonomischen und soziologischen Bestandsaufnahme der Verhältnisse im Buchhandel der damaligen Zeit (zu *Pütter* s. *Gieseke* S. 169 ff.; *Vogel* Sp. 63 ff.; *ders.*, Fs. für Roeber, 1982, S. 423 jeweils mwN). Beeinflusst vom philosophisch-historischen Denken des späten Vernunftrechts begründete er die Rechte des Autors aus der **Natur der Sache:** Werke, die ein Gelehrter ausgearbeitet hat, „sind gleich ursprünglich ein wahres Eigenthum ihres Verfassers, so wie ein jeder das, was seiner Geschicklichkeit und seinem Fleisse sein Daseyn zu verdanken hat, als sein Eigenthum ansehen kann" (*Pütter* S. 25). Damit war schon das geistige Eigentum gemeint, eine eingehendere Betrachtung der Autorenrechte leistete *Pütter* jedoch noch nicht (vgl. *Gieseke* S. 166). Im Verlagsvertrag, „durch den das Eigenthum des Manuskripts an den Verleger übergeht", erwirbt der Verleger, soweit keine besonderen Einschränkungen gemacht sind und er es nicht an neuen Auflagen fehlen ließ (s. *Pütter* S. 73), ein **ewiges Verlagsrecht** (s. dazu *Vogel*, Fs. für Roeber, 1982, S. 423/428 f.; gegen ein ewiges Autorenrecht bei *Pütter, Heymann* S. 49/76). **100**

Kaum 20 Jahre später unterschied *Fichte* in der damals differenziertesten Betrachtung der Autor-Verleger-Beziehung zwei Wesensmerkmale des Buches: „das Körperliche desselben, das bedruckte Papier; und sein Geistiges" (S. 447). Letzteres zerfällt wiederum „in das Materielle, den Inhalt des **101**

Buches, die Gedanken, die es vorträgt; und in die Form dieser Gedanken, die Art wie, die Verbindung in welcher, die Wendungen und die Worte, mit denen er es vorträgt" (S. 447). Nach der Veröffentlichung des Buches erwerbe der Käufer, so *Fichte,* die materielle Substanz des Buches, also das bedruckte Papier, als sein ausschließliches Eigentum. Sein geistiger Inhalt höre mit der Bekanntmachung auf, alleiniges Eigentum des Verfassers zu sein, „bleibt aber sein mit vielen gemeinschaftliches Eigenthum" (S. 450). Was aber schlechterdings sich nie jemand zueignen könne, weil dies physisch unmöglich sei, das sei **die Form dieser Gedanken** „die Ideenverbindung, in der und die Zeichen, mit denen sie vorgetragen werden" (S. 450). Dies bleibe ausschließliches Eigentum des Verfassers, denn es sei „ein natürliches, angeborenes, unzuveräußerndes Eigenthumsrecht", das der Autor nicht nur deshalb noch besitze, weil er es sich vertraglich gegenüber dem Publikum vorbehalten habe (S. 460f.). Der Verleger dagegen erlangt nach *Fichte* vertraglich kein Eigentumsrecht, sondern „unter gewissen Bedingungen nur das Recht eines gewissen Nießbrauchs des Eigenthums des Verfassers, d. i. seine Gedanken in ihre bestimmte Form eingekleidet" (S. 457).

102 Zwischen den Veröffentlichungen von *Pütter* und *Fichte* erschien 1785 *Immanuel Kants* Aufsatz „Von der Unrechtmäßigkeit des Büchernachdrucks", der weithin als der Beginn eines persönlichkeitsrechtlichen Verständnisses vom Urheberrecht gewertet wird (vgl. *Ulmer*[3] §§ 9 III 3, 17 I; *Rehbinder*[9] § 3 V; im Ergebnis ebenso, jedoch abweichend in der Begründung *Gieseke* S. 169f. und *Bappert* S. 245). *Klingenberg* hat im Anschluss an *Melliger* in einem neueren Beitrag die Auffassung vertreten, dass *Kants* Begriff des „persönlichen Rechts" nichts mit Persönlichkeitsrechten des Urhebers zu tun habe, sondern vielmehr das Forderungsrecht des Verlegers, dh. das aus dem Verlagsvertrag fließende Recht gegen den Autor auf Ablieferung des Manuskripts, bezeichne. Erst um 1800 sei der Begriff des persönlichen Rechts auch zur Bezeichnung höchstpersönlicher, von der Person nicht ablösbarer Rechte verwendet worden (*Klingenberg* ZRG Germ. Abt. 96 [1979] 183/193; kritisch dazu *Dölemeyer/Klippel,* GRUR-Fs., S. 185/196 Fn. 54). Damit bleibe als persönlichkeitsrechtliches Element in der Abhandlung *Kants* lediglich das unveräußerliche Recht des Urhebers (ius personalissimum), „das niemand die selbe Rede zum Publicum anders als in seines (des Urhebers) Namen halten darf". Die Veränderung, Umarbeitung oder Übersetzung des Werkes zu untersagen, schließe dieses Verbotsrecht jedoch nicht ein. **Ein personalistisches Verständnis des Urheberrechts,** das mit der Person des Autors verknüpft ist, begründete erst 1824 Leopold Joseph Neustetel, für den das Recht, „Gedanken zu äußern und mitzuteilen", in der Rechtsfähigkeit wurzelte: „Unsere Sprache umfasst die Rechtsfähigkeit mit ihren unmittelbaren und mittelbaren Ausflüssen, mit ihren Grundlagen und der Ehre, worin diese sich reflektieren, in dem Worte: Persönlichkeit" (*Neustetel* S. 30; dazu *Klingenberg* ZRG Germ. Abt. 96 [1979] 183/194f. sowie *Wadle,* Fs. für Jahr, S. 517ff.). Der Nachdruck stellte für *Neustetel* deshalb eine Persönlichkeitsverletzung des Verfassers dar. Allerdings gelang es *Neustetel* noch nicht, alle persönlichkeitsrechtlichen Bezüge des Autors zu seinem Werk herauszuarbeiten. Dies sollte in der Folgezeit *Bluntschli* (1853/54) (ausführlich *Rehbinder* UFITA 123 [1993] 29ff.), *Gareis* (1877) (ausführlich *Klippel,* Fs. für Traub, S. 211ff.) und schließlich *von Gierke* (1895) vorbehalten bleiben (s. *Strömholm* Bd. I S. 313ff.; *Klingenberg* ZRG Germ. Abt. 96 [1979] 183/197ff.; *Dölemeyer/Klippel,* GRUR-Fs., S. 185/224ff.).

103 Trotz der fortgeschrittenen theoretischen Einsichten in das Wesen des Urheberrechts blieben **Rechtsprechung und Gesetzgebung** ebenso wie das bis in die Mitte des 19. Jahrhunderts praktizierte Privilegienwesen der Begrifflichkeit des Nachdrucks und der Eigentumsdogmatik mit all ihren Schwächen verhaftet (vgl. *Boytha* GRUR Int. 1983, 379/381f.). Um die Jahrhundertwende konzentrierten sich vorrangig noch auf Probleme des Verlags- und nicht des Urheberrechts, wobei die Frage nach dem Umfang der im Verlagsvertrag übertragenen Rechte im Mittelpunkt des Interesses stand. Das **Allgemeine Landrecht für die Preußischen Staaten von 1794** enthielt die erste detaillierte Regelung der Autor-Verlegerbeziehung, ohne allerdings zu bestimmen, worin das Recht des Autors besteht (mit einer ähnlichen Regelung folgte 1811 das österreichische AGBG). In einer seiner wichtigsten verlagsrechtlichen Vorschriften behielt das ALR dem Autor ein Einwilligungsrecht vor, wenn nach einer limitierten Erstauflage eine Neuauflage veranstaltet werden sollte und wenn der Verleger eine neue Ausgabe beabsichtigte (zum ALR s. *Vogel* Sp. 89ff.; *Strömholm* Bd. I S. 217ff.). Diese Regel fand ein Jahr später Berücksichtigung in der Entscheidung des wohl bedeutendsten Verlagsrechtsstreits des ausgehenden 18. Jahrhunderts, als es zwischen der Weidmann'schen Buchhandlung und Göschen um das Recht zur Herausgabe der Werke *Christoph Martin Wielands* ging. Nach dem Urteil des sächsischen Oberappellationsgerichts hatte der Autor dem Verleger idR nur das Recht zur Veranstaltung einer einzigen Ausgabe übertragen (zu diesem Rechtsstreit *W. v. Ungern-Sternberg* Sp. 1211/1463f.; *Vogel,* Fs. für Roeber, 1982, S. 423).

4. Von der Wiener Schlussakte zu einem einheitlichen Nachdruckverbot in Deutschland

Neben dem **Napoleonischen Dekret vom 5. Februar 1810, das Druck- und Buchhandelswesen betreffend** (dazu *Vogel* Sp. 119 f.) und dem **Badischen Landrecht von 1809**, welches das ursprüngliche Eigentum des Verfassers an seiner niedergeschriebenen Abhandlung schützte, ohne allerdings strikt der Dogmatik des römisch-rechtlichen Sacheigentums verpflichtet geblieben zu sein (s. *Strömholm* Bd. I S. 221 f.; *Gieseke* S. 191 ff.; *Vogel* Sp. 121 ff.), kam der Aufnahme des **Artikels 18 d in die Wiener Schlussakte** für die urheberrechtliche Gesetzgebung des frühen 19. Jahrhunderts besondere Bedeutung zu. Art. 18 d gab der Bundesversammlung auf, sich mit der Sicherstellung der Rechte der Schriftsteller und Verleger gegen den Nachdruck zu beschäftigen (*Gieseke* S. 203 ff.; *Vogel* Sp. 131 ff.; ders., Fs. für Wadle, S. 1/3 ff.; *Wadle*, GRUR-Fs., S. 93/118 ff. jeweils mwN). Der daraufhin im Auftrag der Bundesversammlung am 18. Juni 1818 erstattete **Bericht des Gesandten *v. Berg*** ging rechtlich eindeutig von der schutzwürdigen Leistung des Urhebers aus. Er empfahl im Hinblick auf eine veränderte Nachdruckpraxis die Ausdehnung des Rechtsschutzes auch auf unwesentlich veränderte Texte und – in Abkehr vom „ewigen Verlagsrecht" – **eine Befristung des Rechtsschutzes literarischer Werke auf 10 Jahre nach dem Tode des Verfassers.** Letzterer Vorschlag war wirtschaftlich bedeutsam, seitdem wenige Verlagshäuser unter Berufung auf ein aus dem geistigen Eigentum abgeleitetes ewiges Verlagsrecht die Konkurrenz an der Herausgabe umfangreicher, vom bürgerlichen Lesepublikum begehrter Klassikerausgaben, die die fortentwickelte Drucktechnik zwischenzeitlich ermöglichte, zu verhindern vermochten. Aus dem *von Berg'schen* Bericht ging 1819 ein Gesetzentwurf hervor, dessen Beratung die Bundesversammlung 1823 jedoch ergebnislos einstellte (Einzelheiten s. *Kapp/Goldfriedrich* Bd. 4 S. 55 ff., 100 ff.; *Vogel* Sp. 136 ff.; *Gieseke* S. 206 ff.). Zu unterschiedliche Interessen und Auffassungen – in Württemberg war noch in den zwanziger Jahren ein Nachdruckverbot heftig umstritten – sowie wachsender Überzeugungsverlust der Theorie vom geistigen Eigentum als einem dem Sacheigentum nachempfundenen Recht verhinderten zunächst noch den Durchbruch zu einer bundeseinheitlichen Lösung.

Auf **Initiative Preußens,** das zwischenzeitlich 31 Gegenseitigkeitsverträge mit anderen deutschen Staaten zum Schutz literarischer Werke gegen den Nachdruck geschlossen hatte, kam es am 6. September 1832 zu einem Beschluss der Bundesversammlung, der sämtliche Staaten verpflichtete, ihre Nachdruckgesetze auch auf Angehörige der übrigen Bundesstaaten anzuwenden. Angesichts unterschiedlicher territorialer Nachdruckregelungen führte dies jedoch noch nicht zu einem einheitlichen Nachdruckverbot innerhalb des Deutschen Bundes. Es wurde erst erreicht, als am 2. April 1835 die Bundesversammlung in einem weiteren Beschluss eine ministerielle Vereinbarung der Vorjahres bestätigte, nach der der Nachdruck im gesamten Bundesgebiet zu verbieten und das schriftstellerische Eigentum nach gleichförmigen Grundsätzen festzustellen und zu schützen sei. Damit verlor auch in Württemberg das Privileg seine konstitutive Wirkung für den Schutz des Verlegers. Nur zwei Jahre später, am 9. November 1837, entsprach die Bundesversammlung einem Antrag Preußens auf Einführung einer weitergehenden Regelung, die dem Urheber bzw. seinem Rechtsnachfolger auf 10 Jahre das Recht vorbehielt, seine literarischen Erzeugnisse oder seine Werke der Kunst auf mechanischem Wege zu vervielfältigen (ausführlich dazu *Wadle*, GRUR-Fs., S. 93/120 ff.; ders. ZRG Germ. Abt. 106 [1989] 189 ff.; ders., Das preußische Urheberrechtsgesetz von 1837, S. 55 ff.; *Hitzig* S. 27 ff.; *Gieseke* S. 227 ff.; sa. *Vogel*, Fs. für Wadle, S. 1 ff.). Sie ging auf das ausführlichste und zugleich modernste Urheberrechtsgesetz seiner Zeit, das **Preußische Gesetz zum Schutze des Eigenthums an Werken der Wissenschaft und Kunst gegen Nachdruck und Nachbildung vom 11. Juni 1837** zurück (vgl. *Strömholm* Bd. I S. 219 f.; *Heymann* S. 49/85). In der Ausgestaltung blieb dieses Gesetz nicht mehr streng am Tatbestand des Nachdrucks orientiert, denn es stellte auch unveröffentlichte Werke unter Schutz. Überdies erkannte es ein Veröffentlichungsrecht des Autors an und gewährte Rechtsschutz 30 Jahre über seinen Tod hinaus. Mit dem erstmals in Deutschland gesetzlich verankerten, jedoch noch auf ungedruckte dramatische und musikalische Werke beschränkten Aufführungsrecht (§ 32) wurde der Weg gewiesen, der über das vom Verleger benötigte Vervielfältigungsrecht hinaus zu einer umfassenderen Beteiligung des Urhebers an dem aus seinem Werk gezogenen wirtschaftlichen Nutzen führte (Einzelheiten zu diesem Gesetz bei *Hitzig* S. 47 ff.; zur persönlichkeitsrechtlichen Deutung des Urheberrechts s. *Heymann* S. 49/86 ff.; zum Einfluss *Savignys* auf die Gesetzesberatungen *Wadle*, Fs. für Lüke, S. 95 ff.).

Dem preußischen Gesetz folgten weitere, allerdings weniger ausführliche Gesetze in Hamburg (1838), Sachsen-Weimar (1839), Bayern (1840), Braunschweig (1842) und Sachsen (1844). Un-

Einleitung

ter ihrem Eindruck dehnte die Bundesversammlung 1841 den Rechtsschutz an Schriftwerken auf das Aufführungsrecht aus. Außerdem erweiterte sie bundesweit die Schutzdauer des Urheberrechts auf 30 Jahre nach dem Tode des Urhebers, nachdem für so bedeutende Autoren wie Schiller, Goethe, Jean Paul, Wieland und Herder noch einmal ausdrücklich durch Beschluss die Schutzfrist bis zum Jahre 1867 verlängert worden war (s. *Gieseke* S. 229; *Wadle,* GRUR-Fs., S. 93/123 f.).

5. Urheberrechtslehre und -gesetzgebung von der Mitte des 19. Jahrhunderts bis zum Urheberrechtsgesetz von 1965

107   Die zahlreichen gesetzlichen Regelungen des Nachdrucks innerhalb des Deutschen Bundes beruhten keineswegs auf einem einheitlichen theoretischen Verständnis von den Rechten der Werkschöpfer, Werkmittler und Werknutzer. Noch in der Mitte des 19. Jahrhunderts fand das Urheberrecht durch die **Krise der Theorie vom geistigen Eigentum** (s. *Klippel* Idee S. 121/ 136) in der rechtswissenschaftlichen Literatur Begründungen, die die Herkunft des Urheberrechts aus dem Gewerberecht noch einmal deutlich werden ließen. So verstanden die einen das Recht des Urhebers als bloßen **Reflex gesetzlicher Nachdruckverbote** *(Jolly, Maurenbrecher, Gerber, Laband),* andere als ein **generalisiertes Privileg,** dh. als ein lediglich aus wirtschaftlichen oder kulturellen Zweckmäßigkeitserwägungen hervorgegangenes Monopolrecht (kritisch dazu *Kohler* Autorrecht S. 63 ff.), und wieder andere sahen das Urheberrecht in seinem Wesensgehalt auf die verlegerische Befugnis der Werkvervielfältigung und das Nachdruckverbot **(Verlagsrechtstheorie)** beschränkt (dazu ausführlich *Dölemeyer/Klippel,* GRUR-Fs., S. 185/206 ff.; *Bappert* S. 288 f.).

108   Richtungsweisend blieben jedoch die Theorien, die zwar nicht die dogmatische Begründung, wohl aber den Gerechtigkeitsgehalt der Lehre vom geistigen Eigentum aufnehmend das Wesen des Urheberrechts dogmatisch überzeugender auszuloten versuchten. In idealistischer Deutung des Urheberrechts ordnete *Otto von Gierke* (Deutsches Privatrecht I [1895] S. 762 ff.), mit dem die **persönlichkeitsrechtliche Theorie** ihre vollendetste Ausprägung erfuhr, die individuelle Schöpfung der Persönlichkeitssphäre ihres Urhebers zu. Er sah den Kern des Rechts in der Befugnis des Schöpfers, über die Wiedergabe seines Werkes zu entscheiden. *Von Gierke* leugnete zwar nicht die vermögensrechtliche Komponente des Urheberrechts, verstand sie jedoch als bloße Ausstrahlung seines personenrechtlichen Herrschaftsbereichs (dazu ausführlich *Klingenberg* ZRG Germ. Abt. 96 [1979] 183/205 ff.; *Dölemeyer/Klippel,* GRUR-Fs., S. 185/226 f.). Deshalb musste – ungeachtet der national wie international wachsenden Anerkennung des droit moral – *von Gierkes* Antwort auf die Frage des Verhältnisses der gewichtigen materiellen zu den ideellen Interessen des Urhebers im Hinblick auf sein Werk unbefriedigend bleiben.

109   *Josef Kohler,* Begründer und Hauptvertreter der sog. **dualistischen Theorie,** dagegen erklärte in Anknüpfung an die Überlegungen *Fichtes, Hegels und Schopenhauers* das Urheberrecht als ausschließliches Recht an einem vermögenswerten immateriellen Gut **(Immaterialgüterrecht),** neben dem unabhängig, gleichwohl mit wechselseitigem Bezug, ein Individualrecht ohne spezifisch urheberrechtlichem Gehalt besteht (s. *Kohler* Urheberrecht S. 128 ff.; zu *Kohler* s. *Dölemeyer* S. 139 ff.; *Püschel* S. 23 ff.; zur Kritik der dualistischen Theorie *Ulmer*[3] § 17 II).

110   Der Rechtswissenschaft des 20. Jahrhunderts blieb es vorbehalten, das Urheberrecht als ein einheitliches Recht zu deuten, das sowohl materielle wie ideelle Elemente aufweist, ohne in einen vermögensrechtlichen und einen persönlichkeitsrechtlichen Teil zu zerfallen. Vielmehr fließen nach dieser als **monistische Theorie** bezeichneten Lehre aus dem einheitlichen Recht sowohl vermögens- wie persönlichkeitsrechtliche Befugnisse. Schon früh vertreten von *Allfeld* (LUG[1] 1902 Einl. S. 23; vgl. auch *Strömholm* Bd. I S. 330 f.) und *de Boor* (Vom Wesen des Urheberrechts, 1933), setzte sich die monistische Theorie insbesondere durch die Arbeiten von *Ulmer* und *Hubmann* in der deutschen Urheberrechtswissenschaft nach dem Zweiten Weltkrieg durch und bildete die Grundlage des Urheberrechtsgesetzes von 1965 (Einzelheiten s. *Ulmer*[3] §§ 16 ff.; *Hubmann*[6] § 8; *Boytha* GRUR Int. 1983, 379/383; ferner vor §§ 12 ff. Rdnr. 6 ff.).

111   Die **Gesetzgebung** griff die Erkenntnisse der Wissenschaft nur zögernd auf (vgl. *Vogel,* GRUR-Fs., S. 1211/1216 ff.). Am 11. Juni 1870 erließ der Norddeutsche Bund das **Gesetz betr. das Urheberrecht an Schriftwerken, Abbildungen, musikalischen Kompositionen und dramatischen Werken,** das auf einen Entwurf des Börsenvereins des Deutschen Buchhandels aus dem Jahre 1857 zurückging (zur Vorgeschichte s. *Klostermann,* Urheberrecht, 1876, S. 14 ff.; *ders.,* Urheberrecht, 1871, S. 1 ff.). Das Deutsche Reich übernahm dieses Gesetz, nachdem die Reichsverfassung vom 16. April 1871 den „Schutz des geistigen Eigentums" der Gesetzgebungskompetenz des Reiches zugewiesen hatte. Die ursprünglich beabsichtigte gleich-

zeitige Regelung des Kunst- und Fotografieschutzes war schon 1870 in zweiter Lesung fallengelassen und den **Gesetzen vom 9. Januar 1876 betr. das Urheberrecht an Werken der bildenden Künste und vom 10. Januar 1876 betr. den Urheberrechtsschutz an Werken der Photographie** vorbehalten worden (*Strömholm* Bd. I S. 228; *v. Gamm* Einf. Rdnr. 4; *Wadle* JuS 1976, 771/774; *ders.* Technikgeschichte 52 [1985] 233/240; zur Entstehung des Fotografieschutzes s. *ders.*, Photographie und Urheberrecht, S. 179 ff.; *Klostermann*, Urheberrecht, 1871, S. 3).

Das Urheberrechtsgesetz von 1870 war in seiner Begrifflichkeit noch der Nachdruckgesetzgebung verpflichtet, wenngleich es wie das bayerische Gesetz von 1865 schon offiziell den Titel „Urheberrechtsgesetz" führte (zum Begriffswandel *Boytha* GRUR Int. 1983, 379/381). Die Rechte des Urhebers wurden noch nicht als positive Nutzungs- und negative Verbotsrechte begriffen, sondern ergaben sich nach Umfang, Dauer (30 Jahre pma) und Durchsetzungsmöglichkeit – von der positiven Normierung des mechanischen Vervielfältigungsrechts (§ 1) abgesehen – als Folge der Regelung des Nachdruckverbots. Der Verletzungstatbestand des Nachdrucks als Grundlage des Urheberrechtsschutzes zwang dazu, dem Urheber vorbehaltene Nutzungen als fiktive Nachdrucktatbestände zu behandeln (§ 5 „als Nachdruck ist auch anzusehen") und die Schranken des Urheberrechts als Lockerungen des Nachdruckverbots zu regeln (§ 7). Das Verbreitungsrecht fand Erwähnung nur im Rahmen der Strafbestimmungen, denen wegen der noch nicht anerkannten Unterlassungs- und Beseitigungsansprüche neben den Schadensersatzansprüchen zentrale Bedeutung bei der Durchsetzung der Rechte zukam. Endlich gewährte dieses Gesetz auch Urheberpersönlichkeitsrechte nur ansatzweise (Einzelheiten bei *Strömholm* Bd. I S. 229 ff.; *v. Gamm* Einf. Rdnr. 5; *Vogel* GRUR 1987, 873/877). Die Rechte an technischen, naturwissenschaftlichen und ähnlichen Abbildungen sowie musikalischen Kompositionen waren in gesonderten Abschnitten, jedoch weitgehend mit Verweis auf die für Schriftwerke geltenden Vorschriften geregelt (§§ 43 f. und 45 ff.). Das Recht der öffentlichen Aufführung dramatischer, musikalischer und dramatisch-musikalischer Werke (Abschnitt IV des Gesetzes) stand dem Urheber zu, bei gedruckten musikalischen Werken allerdings nur, wenn der Komponist sich dieses Recht durch einen entsprechenden Vermerk auf dem Titelblatt seiner Komposition vorbehalten hatte (§ 50 Abs. 2; dazu auch *Klostermann,* Urheberrecht, 1876, S. 66 f.). Auch ein Übersetzungsrecht kannte das Gesetz nur in engen Grenzen (dazu *Vogel* GRUR 1991, 16/22).

Unter den gleichen Mängeln litt auch das Gesetz **betr. das Urheberrecht an Werken der bildenden Künste vom 9. Januar 1876,** das wie das Urheberrechtsgesetz von 1870 eine sorgfältige materielle Regelung von Schutzvoraussetzungen, Urheberschaft, Nutzungsbefugnissen und Schrankenregelungen vermissen ließ und statt dessen auf eine detaillierten Ausgestaltung des Begriffes der „Nachbildung" beruhte. Neben den dogmatischen Unzulänglichkeiten dieses Gesetzes stieß die Schutzlosigkeit von Werken der Baukunst (§ 3) und solcher Werke der bildenden Kunst, die mit Zustimmung ihres Urhebers gewerblich nachgebildet worden sind, auf besondere Kritik (Einzelheiten s. *Wadle* JuS 1976, 771/774 f.; *v. Gamm* Einf. Rdnr. 6). Auch das – anders als das bayerische Gesetz von 1865 – nicht auf urheberrechtlichen, sondern gewerblichen Grundsätzen basierende **Photographieschutzgesetz vom 10. Januar 1876** blieb durch die Versagung des Nachbildungsschutzes bei der Benutzung von Fotografien für industrielle Produkte (Postkarten, Bucheinbände, Reklameschilder, Gebrauchsgegenstände etc.) hinter den Bedürfnissen der Berechtigten zurück. Es gewährte im Übrigen dem Verfertiger der Fotografie für fünf Jahre nach dem Erscheinen ein ausschließliches, vererbliches und übertragbares Nachbildungsrecht (s. § 72 Rdnr. 2; *Wadle* JuS 1976, 771/775; *v. Gamm* Einf. Rdnr. 7). 112

Die Fortschritte der Rechtswissenschaft, die Entstehung eines internationalen Urheberrechts mit der **Gründung der Berner Union** (dazu ausführlich *Boytha* UFITA 85 [1979] 1 ff.; *Hubmann* UFITA 103 [1986] 5 ff.; *Püschel* S. 44 ff.; *Vogel* GRUR 1987, 873/879 f.; *ders.* GRUR 1991, 16 ff. zum Übersetzungsrecht) und eine das Urheberrecht weiterentwickelnde Rechtsprechung ließen schon bald die Mängel dieser Urheberrechtsgesetze offenbar werden und Reformarbeiten in Gang kommen, die – befördert durch die rege Beteiligung der an einem starken Urheberrechtsschutz interessierten Gruppen – schon nach kurzer Zeit mit dem **Gesetz betr. das Urheberrecht an Werken der Literatur und der Tonkunst vom 19. Juni 1901 (LUG), dem Gesetz betr. das Urheberrecht an Werken der bildenden Künste und der Photographie vom 9. Januar 1907 (KUG)** und dem **Gesetz über das Verlagsrecht vom 19. Juni 1901,** dem seit dem ALR einzigen deutschen Urhebervertragsgesetz (ausführlich zum Verlagsgesetz und seiner Entstehungsgeschichte *Vogel*, GRUR-Fs., S. 1211 ff.; *Bappert/Maunz/Schricker*[2] Einl. Rdnr. 1 f.), erfolgreich abgeschlossen werden konnten. 113

Einleitung

114 Gegenüber dem Gesetz von 1870 brachte das LUG wesentliche Verbesserungen. Zwar blieb der Kreis der geschützten Werke gleich, die **Verwertungsrechte des Urhebers** wurden dagegen **entscheidend erweitert.** Das Vervielfältigungsrecht bezog sich nicht mehr allein auf die mechanische Vervielfältigung, das Verbreitungsrecht – nun im Abschnitt über die Befugnisse des Urhebers geregelt – bestand fortan unabhängig von der Rechtmäßigkeit der Vervielfältigungsstücke, und das Recht zur öffentlichen Aufführung eines Bühnenwerkes oder Werkes der Tonkunst wurde auch ohne urheberrechtlichen Vorbehalt anerkannt. Das neu eingeführte Vortragsrecht erstreckte sich allerdings allein auf nicht erschienene Werke. Ausdrückliche Anerkennung fanden jetzt auch das Veröffentlichungsrecht, das Abänderungsrecht und in erweitertem Umfang auch das Bearbeitungsrecht einschließlich des Rechts der Übersetzung (§ 12). Nur in sehr engen Grenzen wurden Einschränkungen des Urheberrechts zugunsten der Allgemeinheit zugelassen. Strafverfolgung und Schadenersatz blieben freilich auch im LUG noch die Mittel der Rechtsdurchsetzung (zum UPR im LUG s. vor §§ 12ff. Rdnr. 1 mwN).

Das **KUG von 1907** erstreckte sich nun auch auf Fotografien, gewährte diesen jedoch unabhängig von einem schöpferischen Gehalt nur einen 25-jährigen Schutz ab ihrem Erscheinen bzw. ab ihrer Herstellung. Als wichtigste Neuerung wurden Bauwerke in den Kunsturheberrechtsschutz einbezogen. Die Regelungen über den Bildnisschutz in §§ 22–24 KUG blieben auch nach Inkrafttreten des Urheberrechtsschutzes von 1965 gültig (s. die Kommentierung im Anhang zu § 60).

115 **Neue technische Möglichkeiten der Werkreproduktion und Werkwiedergabe** zwangen in der Folgezeit zu immer rascherer Anpassung des Urheberrechts an die Bedürfnisse des Marktes. Die Beschlüsse der **Berliner Revisionskonferenz der Berner Übereinkunft von 1908** veranlassten die Angleichung des LUG an das internationale Recht durch die **Novelle von 1910,** mit der das Recht des Urhebers auf die Übertragung seines Werkes auf Tonträger (§ 12 Abs. 2 Nr. 5 LUG), das Verfilmungsrecht (§ 12 Abs. 2 Nr. 6 LUG) und das Filmurheberrecht, einschließlich der Befugnis zur öffentlichen Vorführung, Vervielfältigung und Verbreitung des Filmwerkes, anerkannt wurden (§ 15a KUG) (Einzelheiten bei *Katzenberger*, GRUR-Fs., S. 1401/1410ff. sowie vor §§ 73ff. Rdnr. 3; § 85 Rdnr. 2f.). Sie war – sieht man von der **1934 in Kraft getretenen Verlängerung der Schutzfrist von 30 auf 50 Jahre pma** ab – die einzige Novellierung des LUG. Lehre und Rechtsprechung blieb es vorbehalten, verschiedene bedeutende Prinzipien und Rechte zu entwickeln, die für das Urheberrechtsgesetz von 1965 grundlegend wurden: So erweiterte die Rechtsprechung die urheberpersönlichkeitsrechtlichen Befugnisse (RGZ 79, 397 – Felseneiland mit Sirenen [Werkentstellung] und RGZ 110, 393 – Riviera [Urheberbenennung]; s. auch vor §§ 12ff. Rdnr. 1ff.), anerkannte die von der Rechtswissenschaft *(Goldbaum)* begründete Lehre von der Zweckübertragung (RGZ 118, 282/285 – Musikantenmädel; zur weiteren Rechtsprechung zum Urhebervertragsrecht s. *Vogel*, GRUR-Fs., S. 1211/1246f.) und ordnete dem Urheber das Recht zu, die Rundfunksendung (RGZ 113, 413 – Der Tor und der Tod; RGZ 123, 312 – Wilhelm Busch) und die kinematographische Werkwiedergabe zu gestatten (RGZ 140, 231 – Tonfilm). Die gesetzlich freigegebene öffentliche Wiedergabe musikalischer Werke mittels Tonträger (§§ 22, 26 LUG 1901; § 22a LUG idF der Novelle vom 22. Mai 1910) beschränkte das RG auf die im Zeitpunkt der Novelle von 1910 bekannten Wiedergabetechniken und sicherte dem Urheber das ausschließliche Recht der Schallplattenwiedergabe im Rundfunk (RGZ 153, 1 – Rundfunksendung von Schallplatten) und – später der BGH – das Recht der öffentlichen Wiedergabe einer Schallplatte über Lautsprecher (BGHZ 11, 135 – Lautsprecherübertragung).

116 Die **Kritik des fiktiven Bearbeiterurheberrechts,** das das LUG dem ausübenden Künstler gewährte (§ 2 Abs. 2), führte Ende der zwanziger Jahre in der Rechtswissenschaft zu einer genaueren **Unterscheidung zwischen schöpferischem Urheber und nachschaffendem Interpreten** (s. vor §§ 73ff. Rdnr. 3ff.). Seit der Revision der RBÜ in Rom (1928) wurden von privater und von offizieller Seite zunehmend Vorschläge zur Reform des Urheberrechts unterbreitet, die selbständige Leistungsschutzrechte vorsahen. Entwürfen von *Goldbaum/Wolff* (UFITA 2 [1929] 185), *Elster* (UFITA 2 [1929] 652), *Hoffmann* (UFITA 2 [1929] 659) und *Marwitz* (UFITA 2 [1929] 668) folgten 1932 der amtliche Entwurf des RJM, 1933 ein weiterer Entwurf von *W. Hoffmann* (Ein deutsches Urheberrechtsgesetz, 1933) und 1939 der Entwurf der Akademie für Deutsches Recht (GRUR 1939, 242) (Einzelheiten s. *Ulmer*² § 10 II).

117 **Nach der Zeit der nationalsozialistischen Herrschaft,** in der das Urheberrecht ideologischen Verzerrungen ausgesetzt war, viele seiner vornehmsten Vertreter totgeschwiegen, vertrieben oder umgebracht worden waren (*Goldbaum, Marwitz* ua.), und die jüdischen Autoren ihre urheberrechtlichen Befugnisse verloren hatten (Näheres *Hefti* S. 165ff.; *Vogel*, GRUR-Fs.,

S. 1211/1250), führte der BGH die Rechtsprechung des RG fort, wonach der Urheber tunlichst an dem wirtschaftlichen Nutzen zu beteiligen ist, der aus seinem Werk gezogen wird (s. RGZ 128, 102/113 – Schlagerliederbuch; RGZ 134, 198/201 – Schallplattenrechte; BGHZ 11, 135/143 – Lautsprecherübertragung – so. Rdnr. 13). Unter Berufung auf ein naturrechtlich begründetes geistiges Eigentum und in Achtung des schöpferischen Individuums wies er – die Spruchpraxis des RG und die Erkenntnisse der Urheberrechtslehre fortentwickelnd – ua. mit seiner Entscheidung zur privaten Ton- und Bildaufzeichnung (BGHZ 17, 266 – Magnettongeräte) und den vier Leistungsschutzurteilen (BGHZ 33, 1 ff. – Künstlerlizenz Schallplatten ua.; Einzelheiten vgl. vor §§ 73 ff. Rdnr. 4) dem Gesetzgeber den Weg, der nach dem RefE 1954, dem MinE 1959 und dem RegE 1962 in das Urheberrechtsgesetz vom 9. September 1965 mündete, welches nicht nur umfassende Urheberpersönlichkeitsrechte verbriefte (s. vor §§ 12 ff. Rdnr. 8), sondern überdies darauf ausgerichtet war, die ausschließlichen vermögensrechtlichen Befugnisse des Urhebers so weitgehend auszugestalten, dass er möglichst jede Art der Werknutzung von der Zahlung einer Vergütung abhängig machen kann (s. AmtlBegr. UFITA 45 [1965] 240/260). In der **DDR**, in der zunächst ebenfalls noch das LUG galt, ging die Urheberrechtsentwicklung allmählich eigene Wege. Sie führten nahezu gleichzeitig wie in der Bundesrepublik Deutschland am **13. September 1965** zu einem **Gesetz über das Urheberrecht,** das von sozialistischen Vorstellungen geprägt war und bis zur Wiedervereinigung galt (Einzelheiten bei *Püschel* UFITA 2000/II S. 491 ff.; *ders.* UFITA 2003/III S. 769 ff.; *Wandtke* S. 225/passim).

6. Die Entwicklung des Urheberrechts nach 1965

In den ersten Jahren nach Inkrafttreten des Urheberrechtsgesetzes der Bundesrepublik **118** Deutschland richtete sich die Aufmerksamkeit der interessierten Öffentlichkeit auf seine **verfassungsrechtliche Überprüfung,** insbesondere seiner Schrankenregelungen zugunsten der Allgemeinheit. Dabei hat das BVerfG die ursprünglich gemäß § 46 vergütungsfrei zulässige Nutzung von Werken für den Kirchen- und Schulgebrauch für unvereinbar mit der Eigentumsgarantie des Art. 14 GG erklärt (BVerfGE 31, 229 – Kirchen- und Schulgebrauch), während es die nach § 47 erlaubnisfreie Aufnahme von Schulfunksendungen als verfassungsrechtlich unbedenkliche Inhaltsbestimmung der Eigentumsgarantie ansah (BVerfGE 31, 270 – Schulfunksendungen). Auch das vergütungsfreie Ausleihen von geschützten Werken blieb unbeanstandet (BVerfG GRUR 1972, 485 – Bibliotheksgroschen). Die Schutzfristregel für die Leistungsschutzrechte der Interpreten und Tonträgerhersteller, die eine erhebliche Verkürzung gegenüber der des vordem geltenden fiktiven Bearbeiterurheberrechts bedeutete, hielt ebenfalls im Grundsatz der Überprüfung stand (dazu § 82 Rdnr. 3 ff.).

Die erste **Urheberrechtsnovelle von 1972** trug im Wesentlichen den Morita dieser **119** Spruchpraxis Rechnung und führte außerdem die Bibliothekstantieme gemäß § 27 ein (Einzelheiten dort Rdnr. 4). Die folgende **Novelle von 1985** galt der Neuregelung der privaten Vervielfältigung durch die Einführung der kombinierten Geräte- und Leerkassettenvergütung sowie der Reprographievergütung auf der Grundlage der Großbetreiber- und Geräteabgabe, der Einführung der Vergütungspflicht bei gesetzlich zulässiger, nicht gewerblicher öffentlicher Werkwiedergabe im Anschluss an die Kirchenmusik-Entscheidung des BVerfG (BVerfGE 49, 382), der Erstreckung der urheberrechtlichen Schutzfrist von 70 Jahren pma auch auf Lichtbildwerke durch die Streichung von § 68 und schließlich der Erweiterung der Zuständigkeit der Schiedsstelle nach dem UrhWG. Die **Novellierung von 1990** brachte schließlich die Schutzfristverlängerung der Rechte der wissenschaftlichen Herausgeber sowie der Herausgeber nachgelassener Werke (§§ 70, 71) auf 25 Jahre und insbesondere der Interpretenrechte auf 50 Jahre. Im Zuge der Wiedervereinigung wurde gemäß Art. 8, 11 des **Einigungsvertrages** mit dem Tag der Deutschen Einheit das UrhG auf das Staatsgebiet der früheren DDR nach Maßgabe einiger weniger Überleitungsvorschriften erstreckt (dazu *Katzenberger* GRUR Int. 1993, 2).

7. Urheberrecht im Zeichen der Internationalisierung und Europäisierung

Die letzte Dekade des 20. Jahrhunderts stand urheberrechtlich im Zeichen einer **weitreichen- 120 den Internationalisierung.** Die **Europäische Gemeinschaft** erließ **Harmonisierungsrichtlinien** zum Recht der Computerprogramme und der Datenbanken, zum Vermiet- und Verleihrecht sowie zu einigen verwandten Schutzrechten, zur Schutzdauer und zum Kabel- und Satellitenrundfunk, die der deutsche Gesetzgeber in den Jahren 1992–1997 in nationales Recht

Einleitung

umgesetzt hat (s. Einl. Rdnr. 47). Seit Ende 1994 gilt nahezu weltweit das **TRIPS-Übereinkommen** – ein Teilabkommen des WTO-Abkommens –, welches die Vertragsstaaten zur Einführung eines hohen urheberrechtlichen Schutzniveaus verpflichtet (s. Einl. Rdnr. 48). Im Rahmen der WIPO wurde der internationale Schutz des Urheberrechts im Hinblick auf neue digitale Kommunikationstechnologien und Leistungsschutzrechte fortentwickelt. Die dabei am 21. Dezember 1996 geschlossenen Verträge (**WCT** und **WPPT**) traten 2002 in Kraft (Einzelheiten dazu vor §§ 120 ff. Rdnr. 50 ff., 84 ff.). Die EU und die meisten ihrer Mitgliedstaaten haben beide Verträge am 14. Dezember 2009 ratifiziert, so dass sie für diese Staaten und die EU am 14. Mai 2010 in Kraft getreten sind (Art. 30 WCT bzw. WPPT).

121   Noch bevor das Jahrhundert zu Ende ging, öffnete sich das kleine Zeitfenster der Amtszeit der ersten Justizministerin der 1998 gewählten rot-grünen Koalition, *Herta Däubler-Gmelin*, während dessen sich im nationalen Kontext urheberrechtlich Bahnbrechendes ereignete. Bereits wenige Monate nach ihrem Amtsantritt stellte sie in einer Grundsatzrede ihr urheberrechtliches Programm für die folgenden vier Jahre vor (*Däubler-Gmelin* ZUM 1999, 265). Dazu zählte vorrangig die **Erarbeitung eines Urhebervertragsgesetzes,** das seit dem Inkrafttreten des Urheberrechtsgesetzes vom 9. September 1965 ein uneingelöstes Versprechen aller Regierungen gegenüber den Kreativen als der regelmäßig schwächeren Vertragspartei geblieben war. Um dies zu bewerkstelligen, bat die Ministerin einige ausgewiesene Wissenschaftler, ihre Vorstellungen von einem Urhebervertragsgesetz in Form eines Gesetzentwurfs zu Papier zu bringen. Nach einer umfassenden Anhörung der beteiligten Kreise wurde dieser **Entwurf eines Gesetzes zur Stärkung der vertraglichen Stellung von Urhebern und ausübenden Künstlern** – verfasst von *Dietz, Loewenheim, Nordemann, Schricker* und *Vogel* – als „Professoren-Entwurf" am 22. Mai 2000 der Öffentlichkeit vorgestellt und mit geringfügigen Änderungen sowie einem Vorwort der Ministerin in der August-Nummer der Zeitschrift GRUR abgedruckt (GRUR 2000, 765). Die Folgemonate dienten seiner intensiven Erörterung mit Urheber- und Verwerterorganisationen, bis eine überarbeitete, zahlreichen Einwänden namentlich des Verlagswesens und der Filmproduzenten Rechnung tragende Version im Kabinett gebilligt und auf den parlamentarischen Weg gebracht werden konnte.

122   Die Erarbeitung des **Professoren-Entwurfs** gestaltete sich – nicht allein wegen der kurzen zur Verfügung stehenden Zeit – verhältnismäßig schwierig. In den zahlreichen Bereichen kultureller Produktion hatten sich im Laufe ihrer Entwicklung eigene Verwertungsstrukturen herausgebildet, die zudem in jüngerer Zeit durch immer neue Reproduktions- und Wiedergabetechniken raschen Wandlungen unterworfen waren. Alle Branchenspezifika in einem besonderen Urhebervertragsgesetz zu berücksichtigen, erwies sich von vornehrein als undurchführbar. Denn Schutzbestimmungen zugunsten der schwächeren Vertragspartei bedürfen naturgemäß einer zwingenden Ausgestaltung, die es wiederum verbietet, für jeden einzelnen Verwertungsbereich auf seine Besonderheiten zugeschnittene Regelungen vorzuschlagen. Sie hätten sich angesichts der Schnelllebigkeit der Branchen schon bald als sachfremde Fesseln und als wirtschaftlich hinderlich erwiesen. Der Prof-E wählte deshalb eine flexible **„kleine Lösung",** die mit wenigen, für das gesamte Urhebervertragsrecht geltenden Regeln auszukommen versuchte. Diese vom Gesetzgeber modifiziert übernommene Grundkonzeption sah neben dem Anspruch des Urhebers auf eine angemessene Vergütung für jede Nutzung seines Werkes – rechtlich ausgestaltet als ein mit der vertraglich vereinbarten Vergütung korrespondierender gesetzlicher Vergütungsanspruch – ein Instrumentarium für die branchenbezogene kollektive Vereinbarung angemessener Vergütungen und deren bindende schiedsgerichtliche Festlegung beim Scheitern der Verhandlungen vor. Von dieser Regelung sollten nach dem Prof-E all diejenigen Verträge unberührt bleiben, die bereits eine angemessene Vergütung des Urhebers vorsehen. Diese Vorschriften flankierte der Prof-E mit Beschränkungen der Abtretbarkeit gesetzlicher Vergütungsansprüche, mit der Beschränkung der Einräumung der Übertragbarkeit von Nutzungsrechten und mit Regeln über das Filmurhebervertragsrecht, letztere in der Fassung von *Nordemanns* Vorschlag eines Urhebervertragsgesetzes von 1991 (GRUR 1991, 1). Damit sollten im Wesentlichen all diejenigen Verträge von der gesetzlichen Regelung unberührt bleiben, nach denen der kreative Part bereits angemessen vergütet wird.

123   Der **RegE** (BTDrucks. 14/6433 vom 26. Juni 2001 und 14/564 vom 23. November 2001) enthielt demgegenüber verschiedene Änderungen, die der Kritik der Verwerterseite entgegenkamen, ohne diese freilich von ihrer grundsätzlichen Ablehnung des Gesetzentwurfs abbringen zu können. Im Gegenteil: in einer Kampagne, wie es sie nach den Worten eines altgedienten Parlamentariers seit der Mitbestimmungsdebatte nicht mehr gegeben hatte, übten Zeitungs- und Buchverleger, aber auch private Fernsehanstalten und andere Verwerter geschützter Werke allein und im Verbund sowie unter Einsatz ihren medialen Macht Druck auf die Bundesregierung aus, zur Rettung des Kultursektors das Gesetzesvorhaben fallen zu lassen. Es ist bekannt, dass der Bundeskanzler die monatelangen Anzeigenkampagnen der Verleger beendet sehen wollte, und es nur dem Durchsetzungsvermögen der Justizministerin zu verdanken ist, dass dieses Gesetz, wenngleich mit gewissen Einschränkungen gegenüber dem RegE, das Parlament passierte. Die letztlich verabschiedete Fassung fand bis in die Reihen der Opposition hinein Zustimmung. Abgesehen von diesem Abstimmungsergebnis spiegelt das Gesetz einen breiten gesellschaftlichen Konsens darüber wider, dass Urhebern und ausübenden Künstlern zumindest eine angemessene Entlohnung für ihre Arbeit gebührt.

Gegenüber dem weitgehend vom Grundsatz der Vertragsfreiheit geprägten früheren Recht, das zum Schutze der Urheber im wesentlichen nur die Unwirksamkeit von Vereinbarungen und Verfügungen über unbekannte Nutzungsarten (§ 31 Abs. 4) und die durch die Vertragspraxis freilich stark entwertete Zweckübertragungslehre (§ 31 Abs. 5) vorsah, steht nach der **Neuregelung** nunmehr bei Unangemessenheit der vereinbarten Vergütung dem Urheber gegen seinen Vertragspartner ein unabdingbarer **Anspruch auf Einwilligung in eine Vertragsänderung** zu, die eine **angemessene Vergütung** zum Gegenstand hat (§ 32 Abs. 1 S. 3, Abs. 3 S. 1). Einen weiteren Anspruch auf Einwilligung in eine Vertragsänderung mit dem Ziel einer angemessenen Vergütung hat der Urheber bei einem „auffälligen Missverhältnis" der aus der Werknutzung gezogenen Erträge und Vorteile und der vereinbarten Vergütung, und zwar – anders als noch nach § 36 aF – unabhängig von der Vorhersehbarkeit der erzielten Erträge und Vorteile (§ 32 a Abs. 1). Was als angemessen anzusehen ist, legen fortan Tarifverträge oder von Urheber- und Verwertervereinigungen gemeinsam vereinbarte Vergütungsregeln fest, deren Existenz einen Anspruch auf angemessene Vergütung nach § 32 ausschließt (§ 32 Abs. 2). Kommt es bei den Verhandlungen solcher Kollektivverträge zu keiner Einigung, findet nach § 36 Abs. 3 und 4 ein **Schiedsverfahren** über die Aufstellung gemeinsamer Vergütungsregeln statt, das mit einem nicht bindenden Beschluss einer nach § 36 a einzusetzenden Schiedsstelle endet, welche die Angemessenheit der Vergütung festgelegt (§ 32 Abs. 2 S. 1). Die zweite vermögenswerte Säule des Urhebervertragsgesetzes von 2002 bildet **die Abtretbarkeit gesetzlicher Vergütungsansprüche im voraus nur noch an eine Verwertungsgesellschaft** (§ 63 a). Diese Vorschrift soll verhindern, dass Dritte sich diese Ansprüche übertragen und sich so am Aufkommen der Verwertungsgesellschaften beteiligen lassen. Für ausübende Künstler gelten diese Regelungen entsprechend. Allerdings hat der Gesetzgeber ihnen die Berufung auf § 31 Abs. 4 ausdrücklich verweigert (§ 79 Abs. 2 idF des Gesetzes zur Regelung des Urheberrechts in der Informationsgesellschaft vom 10. September 2003 im Anschluss an BGH GRUR 2003, 234 – Eroc III).

124

Eine weitere alsbaldige Änderung des Urheberrechtsgesetzes brachte das **Gesetz zur Regelung des Urheberrechts in der Informationsgesellschaft vom 10. September 2003** (BGBl. I, S. 2863), das der Umsetzung der entsprechenden EU-Richtlinie diente (Richtlinie 2001/29/EG). Es führte im wesentlichen das Recht der öffentlichen Zugänglichmachung (§ 19 a), den Schutz technischer Maßnahmen (§ 95 a) und den Schutz der zur Rechtewahrung erforderlichen Informationen (§ 95 b) ein, passte – soweit durch die Richtlinie geboten – die Schrankenregelungen an die neuen Formen der Werknutzung an und ordnete das Recht des ausübenden Künstlers neu, wobei dieses insgesamt eine stärkere Angleichung an die Dogmatik des Urheberrechts erfuhr und um das Recht auf Anerkennung sowie auf Namensnennung in Angleichung an Art. 5 WPPT ergänzt wurde.

125

Alle national notwendigen Anpassungen des UrhG an die Erfordernisse der Informationsgesellschaft waren damit freilich noch nicht vorgenommen, so dass die Vorbereitungsarbeiten für weitere Gesetzesänderungen bereits kurz nach Inkrafttreten des 1. InformationsgesG in Angriff genommen wurden (zu den Vorbereitungsarbeiten Vorauft. Einl. Rdnr. 88; *Vogel,* Auf Kosten der Künstler, FAZ vom 25. 10. 2004, S. 35). Sie mündeten in **das Zweite Gesetz zur Regelung des Urheberrechts in der Informationsgesellschaft vom 26. 10. 2007** (BGBl. I S. 2513). Im Wesentlichen ging es dort um nicht durch die Informationsgesellschafts-Richtlinie gebotene Änderungen wie die Neuregelung der §§ 53 ff. über die private Vervielfältigung und deren Vergütung (s. dazu ausführlich die Erläuterungen zu § 53), die Aufhebung des strikten Verbots der Verfügung über unbekannte Nutzungsarten nach § 31 Abs. 4 (aF) und ihr Ersatz durch eine mit allerlei Vorsichtsmaßnahmen zugunsten des Urhebers versehenen Vorschrift, die nunmehr auch Verträge und Verfügungen über im Zeitpunkt des Vertragsschlusses noch unbekannte Nutzungsarten gestatten. Verbunden ist diese Vorschrift mit einer Verpflichtung zur Zahlung einer angemessenen Vergütung (§ 32 c) und mit einer verfassungsrechtlich problematischen Übergangsregelung in § 137 l für Altwerke, deren Nutzung auf bei Vertragsschluss noch unbe-

126

kannte Nutzungsarten nunmehr gesetzlich möglich ist. Sodann wurde § 63a geändert, die dadurch angestrebte Beteiligung der ohne ein eigenes Leitungsschutzrecht ausgestatteten Verleger jedoch nicht erreicht (s. § 63a Rdnr. 7; § 72 Rdnr. 48), und die wissenschaftliche Arbeit durch Modifizierungen der einschlägigen Schranken erleichtert (zum sog. 2. Korb *Czychowski* GRUR 2008, 586; *Hoeren,* Der „Zweite Korb" – Eine Übersicht zu den geplanten Änderungen im Urheberrechtsgesetz, MMR 2007, 616). Dieser Novellierung vorausgegangen sind ohne großes Aufsehen die nicht ganz pünktliche **Umsetzung der Folgerechts-Richtlinie** 2001/84/EG vom 27. 9. 2001 (ABl. EG vom 13. 10. 2001 L 272/32) durch das **5. UrhGÄndG vom 29. 6. 2006** (Umsetzungsfrist nach Art. 12 Abs. 1 der Richtlinie: 1. 1. 2006) und mit dem **Gesetz zur Verbesserung der Durchsetzung von Rechten des Geistigen Eigentums vom 7. 7. 2008**, das der Umsetzung der gleichnamigen oder verkürzt der **Enforcement-Richtlinie 2004/48/ EG vom 29. 4. 2004** dient (dazu ausführlich *Czychowski* GRUR-RR 2008, 265). Damit fand die Gesetzgebung auf dem Gebiet des Urheberrechts ein vorläufiges Ende, nicht ohne dass bereits über einen weiteren, sog. 3. Korb nachgedacht wird.

Teil 1. Urheberrecht

Abschnitt 1. Allgemeines

§ 1 Allgemeines

Die Urheber von Werken der Literatur, Wissenschaft und Kunst genießen für ihre Werke Schutz nach Maßgabe dieses Gesetzes.

Schrifttum: *Ahrens,* Brauchen wir einen Allgemeinen Teil der Rechte des Geistigen Eigentums?, GRUR 2006, 617; *Heinemann,* Die Relevanz des „more economic approach" für das Recht des geistigen Eigentums, GRUR 2008, 949; *Hoffmann,* Die Begriffe Literatur, Wissenschaft und Kunst (§ 1 UrhG), 1988; *Leistner/Hansen,* Die Begründung des Urheberrechts im digitalen Zeitalter –Versuch einer Zusammenführung von individualistischen und utilitaristischen Rechtfertigungsbemühungen, GRUR 2008, 479.

1   § 1 bildet eine präambelartige Einleitung zu dem urheberrechtlichen Teil des Gesetzes von nur sehr allgemeinem Regelungsgehalt. Die Vorschrift legt den sachlichen Geltungsbereich des Urheberrechtsgesetzes fest. Aus ihr ergibt sich zunächst, dass das Gesetz auf den **Schutz der Urheber** zielt. „Nicht das Werk, auf das sich der Schutz bezieht, sondern die Person des Urhebers steht im Vordergrund" (Amtl. Begr. BTDrucks. IV/270 S. 37). Urheber ist nach § 7 der Schöpfer des Werkes, also derjenige, auf dessen kreativer Leistung das Werk beruht. **Verwerter** von Werken haben keine eigenen Urheberrechte; sie pflegen aber in der Praxis über vom Urheber abgeleitete Rechte (Nutzungsrechte, §§ 31 ff.) zu verfügen, die ihnen die Verwertung des Werks erlauben und ihnen bei entsprechender Ausgestaltung der Nutzungsrechte es auch ermöglicht, gegen Verletzungen des Urheberrechts vorzugehen. Zusätzlich können sie Leistungsschutzrechte nach dem zweiten und dritten Teil des Urheberrechtsgesetzes haben.

2   Nur **Werke der Literatur, Wissenschaft und Kunst** werden geschützt. Was ein **Werk** ist, ergibt sich aus § 2 Abs. 2. Die Begriffe der **Literatur, Wissenschaft und Kunst** sind weit auszulegen (allg. Ansicht, vgl. etwa Dreier/*Schulze*[2], UrhG, § 1 Rdnr. 4) und stellen nur eine ungefähre Abgrenzung des urheberrechtlichen Schutzbereichs dar, der sich keineswegs auf die literarische, wissenschaftliche und künstlerische Hochkultur beschränkt. Der Begriff der Literatur geht über die Belletristik weit hinaus und kann auch ausgesprochen triviale Werke einschließen (Dreier/*Schulze*[2], § 1 Rdnr. 4), der Bereich der Wissenschaft umfasst jedenfalls nicht nur die Forschung und Lehre im engeren verfassungsrechtlichen Sinn (BGH GRUR 1991, 130/132 – *Themenkatalog*; vgl. auch OLG Düsseldorf NJW 1989, 1162), und was Kunst ist, lässt sich urheberrechtlich ohnehin nicht definieren. Kunst unterliegt ihren eigenen Gesetzen; der Begriff ist wandelbar und laufenden Veränderungen unterworfen (BGH NJW 1990, 3026 – *Opus Pistorium*; sa. BVerfG NJW 1985, 261/262 – *Anachronistischer Zug*; BVerfG NJW 1987, 266; *Schack,* Kunst und Recht, S. 1). Die Begriffe der Literatur, Wissenschaft und Kunst dienen vor allem der Abgrenzung des Urheberrechts gegenüber dem Bereich technischer Leistungen (näher § 2 Rdnr. 5). Eine klare Abgrenzung zwischen den Begriffen der Literatur, Wissenschaft und Kunst lässt sich kaum vornehmen, ist aber auch entbehrlich, weil es für die Rechtsfolge nicht darauf ankommt, welchem dieser Begriffe ein Werk zuzuordnen ist (sa. § 2 Rdnr. 7).

Dass **"Schutz nach Maßgabe dieses Gesetzes"** gewährt wird, wird verschiedentlich im 3
Sinne eines Urheberrechtsschutzes gegenüber dem Wettbewerbsrecht und dem bürgerlichen
Recht verstanden (Möhring/Nicolini/*Ahlberg*[2] § 1 Rdnr. 3; *Dreyer*/Kotthoff/Meckel[2], § 1
Rdnr. 4). Damit dürfte diese Formulierung allerdings überinterpretiert sein. Andere Schutzvorschriften wie zB § 823 Abs. 1 BGB sind, wie sich schon aus § 102 a ergibt, neben dem Urheberrechtsgesetz anwendbar; dass das UWG neben Sonderschutzrechten wie dem Urheberrecht nur als ergänzender Leistungsschutz anwendbar ist (dazu *Piper*/Ohly UWG[4], § 4.9.3 ff.), ergibt sich aus dem Wesen des UWG und nicht aus § 1 UrhG.

Aus § 1 dürfte allerdings keine allgemeine **Auslegungsregel "in dubio pro auctore"** herauszulesen sein (so aber wohl Fromm/Nordemann/*A. Nordemann*[10] § 1 Rdnr. 1; Dreier/*Schulze*[3] 4
§ 1 Rdnr. 2). Der im Gesetz vielfach eingefügten Auslegungsregeln zugunsten des Urhebers mit ihren speziellen Voraussetzungen bedürfte es dann nicht; ihre Existenz spricht gegen eine generelle Auslegungsmaxime (so im Ergebnis auch OLG Düsseldorf ZUM 2001, 795/797). Das Urheberrechtsgesetz kommt in weitem Umfang auch den **Verwerterindustrien** zugute. Sie rangieren aber, wie Dreier/*Schulze*[3] mit Recht hervorheben (§ 1 Rdnr. 3), stets hinter den Urhebern, wie sich schon aus § 1 und § 11 UrhG ergibt.

§ 2 Geschützte Werke

(1) Zu den geschützten Werken der Literatur, Wissenschaft und Kunst gehören insbesondere:
1. Sprachwerke, wie Schriftwerke, Reden und Computerprogramme;
2. Werke der Musik;
3. pantomimische Werke einschließlich der Werke der Tanzkunst;
4. Werke der bildenden Künste einschließlich der Werke der Baukunst und der angewandten Kunst und Entwürfe solcher Werke;
5. Lichtbildwerke einschließlich der Werke, die ähnlich wie Lichtbildwerke geschaffen werden;
6. Filmwerke einschließlich der Werke, die ähnlich wie Filmwerke geschaffen werden;
7. Darstellungen wissenschaftlicher oder technischer Art, wie Zeichnungen, Pläne, Karten, Skizzen, Tabellen und plastische Darstellungen.

(2) Werke im Sinne dieses Gesetzes sind nur persönliche geistige Schöpfungen.

Schrifttum: *Altenpohl,* Der urheberrechtliche Schutz von Forschungsresultaten, Bern 1987; *Bappert,* Der Titelschutz, GRUR 1949, 189; *Baronikians,* Der Schutz des Werktitels, 2008; *Bechtold,* Multimedia und Urheberrecht – einige grundsätzliche Anmerkungen, GRUR 1998, 18; *Becker/Dreier* (Hrsg.), Urheberrecht und digitale Technologie, 1994; *Beier/Straus,* Der Schutz wissenschaftlicher Forschungsergebnisse, 1982; *Berking,* Die Unterscheidung von Inhalt und Form im Urheberrecht, 2002; *Bielenberg,* Das urheberrechtlich schützbare Werk und das Urheberpersönlichkeitsrecht, GRUR 1974, 589; *Brutschke,* Urheberrecht und EDV, 1972; *v. Büren,* Gedanken zum Werkbegriff in der Praxis des Bundesgerichts und im Entwurf für eine Totalrevision des Schweizerischen Urheberrechtsgesetzes, GRUR Int. 1985, 385; *Dietz,* Die Entwicklung des Urheberrechts in Deutschland von 1993 bis 1997, UFITA 136 (1998) 5; *Dreier,* Perspektiven einer Entwicklung des Urheberrechts, in Becker/Dreier (Hrsg.), Urheberrecht und digitale Technologie, 1994, S. 123; *ders.,* Urheberrecht auf dem Weg zur Informationsgesellschaft – Anpassung des Urheberrechts an die Bedürfnisse der Informationsgesellschaft, GRUR 1997, 859; *Engisch,* Zur Relativität des Werkbegriffs, Fs. für v. Gamm, 1990, S. 369; *Erdmann/Bornkamm,* Schutz von Computerprogrammen, GRUR 1991, 877; *Fromm,* Der Apparat als geistiger Schöpfer, GRUR 1964, 304; *Fuchs,* Der Werkbegriff im italienischen und deutschen Urheberrecht, 1996; *E. v. Gamm,* Die Problematik der Gestaltungshöhe im deutschen Urheberrecht, 2004; *Gerstenberg, E. M.,* Der Titelschutz von Hörfunk- und Fernsehsendungen, ZUM 1985, 346; *Girth,* Individualität und Zufall im Urheberrecht, 1974; *Götting,* Der Schutz wissenschaftlicher Werke, Fs. für W. Nordemann, 2004, S. 7; *Haberstumpf,* Computerprogramm und Algorithmus, UFITA 95 (1983) 221; *ders.,* Der urheberrechtliche Schutz von Computerprogrammen, in *Lehmann* (Hrsg.), Rechtsschutz und Verwertung von Computerprogrammen, 2. Aufl. 1993, S. 69; *ders.,* Grundsätzliches zum urheberrechtlichen Schutz von Computerprogrammen nach dem Urteil des Bundesgerichtshofs vom 9. Mai 1985, GRUR 1986, 222; *ders.,* Urheberrechtlich geschützte Werke und verwandte Schutzrechte, Fs. zum hundertjährigen Bestehen der Deutschen Vereinigung für Gewerblichen Rechtsschutz und Urheberrecht, 1991, S. 1125 (zitiert: GRUR-Fs.); *ders.,* Zur Individualität wissenschaftlicher Sprachwerke, 1982; *ders.,* Zur urheberrechtlichen Beurteilung von Programmen für Datenverarbeitungsanlagen, GRUR 1982, 142; *Hackenberg,* Der urheberrechtliche Schutz von Designleistungen in Deutschland, Fs. für Nordemann, 2004, S. 25; *Heermann,* Der Schutzumfang von Sprachwerken der Wissenschaft und die urheberrechtliche Zulässigkeit von Hochschulangehörigen, GRUR 1999, 468; *Hm,* Die statistische Einmaligkeit im Urheberrecht de lege lata und de lege ferenda, 1971; *Hoeren,* Multimedia – eine Herausforderung für das Urheber- und Wettbewerbsrecht, in Heymann (Hrsg.), Informationsmarkt und Informationsschutz in Europa, 1995, 46; *ders.,* Multimedia = Multilegia. Die immaterialgüterrechtliche Stellung des Multimediaherstellers, CR 1994, 390; *ders.,* Urheberrecht in der Informationsgesellschaft – Überlegungen zu einem Rechtsgutachten von Gerhard Schricker et al., GRUR 1997, 866; *Hoffmann,* Die Begriffe Literatur, Wissenschaft und Kunst (§ 1 UrhG), 1988; *Hörnig,* Das Bearbeitungsrecht und die Bearbeitung im Urheberrecht unter besonderer Berücksichtigung von Werken der Literatur, UFITA 99 (1985) 13; *Hösly*, Das urheberrechtlich schützbare Rechtsobjekt, Bern 1987; *Hubmann*, Der Rechtsschutz der Idee, UFITA 24 (1957) 1; *ders.*, Der Schutz wissenschaftlicher Werke und der wissenschaftlichen Leistung durch das Urheberrecht nach der Rechtsprechung des Deutschen Bundesgerichtshofs, Fs. für Uchtenhagen, 1987, S. 175; *Hubmann/Preuß*, Das Urheberrecht an Computerprogrammen und ihre Verwertung im universitären Bereich, MittHV 1986, 31; *Jacobs*, Werktitelschutz für Computerspiele und Computerprogramme, GRUR 1996, 601; *Katzenberger*, Urheberrecht und Datenbanken, GRUR 1990, 94; *ders.*, Urheberrecht und Naturwissenschaften, Naturwissenschaften 62 (1975) 555; *Knap*, Künstlerisches und Wissenschaftliches Werk als Schutzobjekt des Urheberrechts, Fs. für Troller, 1976, S. 117; *Knöbl*, Die „kleine Münze" im System des Immaterialgüter- und Wettbewerbsrechts. Eine rechtsvergleichende Analyse des deutschen, schweizerischen, französischen und US-amerikanischen Rechts, 2002; *Koch*, Grundlagen des Urheberrechtsschutzes im Internet und in Online-Diensten, GRUR 1997, 417; *ders.*, Software-Urheberrechtsschutz für Multimediaanwendungen, GRUR 1995, 459; *Köhn*, Die Technisierung der Popmusikproduktion – Probleme der „kleinen Münze" in der Musik, ZUM 1994, 278; *König*, Der wettbewerbsrechtliche Schutz von Computerprogrammen vor Nachahmung, NJW 1990, 2233; *Koschtial*, Zur Notwendigkeit der Absenkung der Gestaltungshöhe für Werke der angewandten Kunst im deutschen Urheberrecht, GRUR 2004, 555; *Kraßer/Schricker*, Patent- und Urheberrecht an Hochschulen, 1988; *Kübler*, Rundfunkauftrag und Programminformation, 1985; *Kuhn*, Die Bühneninszenierung als komplexes Werk, 2005; *Kummer*, Das urheberrechtlich schützbare Werk, 1968 (zit. Kummer); *ders.*, Der Werkbegriff und das Urheberrecht als subjektives Privatrecht, Fs. zum einhundertjährigen Bestehen eines eidgenössischen Urheberrechtsgesetzes, 1983, S. 123; *ders.*, Die Entgrenzung der Kunst und das Urheberrecht, Fs. für Troller, 1976, S. 89; *Leenen*, Urheberrecht und Geschäftsmethoden, 2005; *Lambrecht*, Der urheberrechtliche Schutz von Bildschirmspielen, 2006; *Leinveber*, Zur neuesten Rechtsprechung in der Frage des Titelschutzes, insbesondere bei Zeitungen und Zeitschriften, GRUR 1963, 464; *Letzgus*, Umfang und Grenzen des strafrechtlichen Schutzes von unveröffentlichten wissenschaftlichen Gutachten nach § 106 UrhG, Fs. für Rebmann, 1989, S. 277; *Loewenheim*, Der Schutz der kleinen Münze im Urheberrecht, GRUR 1987, 761; *ders.*, Der urheberrechtliche Schutz der Computer-Software – Die neuere Rechtsprechung in der Bundesrepublik Deutschland unter besonderer Berücksichtigung der Rechtsentwicklung bei Videospielen, ZUM 1985, 26; *ders.*, Harmonisierung des Urheberrechts in Europa, GRUR Int. 1997, 285; *ders.*, in Loewenheim/Koch (Hrsg.), Praxis des Online-Rechts, 1998, Kap. 7; *ders.*, Urheberrechtliche Grenzen der Verwendung geschützter Dokumente in Datenbanken, 1994; *ders.*, Urheberrechtliche Probleme bei Multimedia-Anwendungen, Fs. für Piper, 1996, S. 709; *ders.*, Urheberrechtliche Probleme bei Multimediaanwendungen, GRUR 1996, 830; *ders.*, Höhere Schutzuntergrenze des Urheberrechts bei Werken der angewandten Kunst?, GRUR Int. 2004, 765; *Maaßen*, Urheberrechtliche Probleme der elektronischen Bildverarbeitung, ZUM 1992, 338; *Möhring*, Können technische, insbesondere Computer-Erzeugnisse Werke der Literatur, Musik und Malerei sein?, UFITA 50 (1967) 835; *v. Moltke*, Das Urheberrecht an Werken der Wissenschaft, Diss. Berlin 1992; *Morgenroth*, Der urheberrechtliche Schutz der Werbeidee, Diss. Erlangen 1961; *Moser*, Der Schutz von wissenschaftlich-technischen Werken in Deutschland und Großbritannien, 1986; *Nicolini*, Die Rechte an Kolumnentiteln, Fs. für Günther Wilde, 1970, S. 125; *Nirk*, Zum Spannungsverhältnis zwischen Urheberrecht und Sacheigentum – Marginalien zur BGH-Entscheidung „Mauer-Bilder", Fs. für Brandner, 1996, S. 417; *Noll*, Urheberrechtliche Aspekte der maschinellen Übersetzung, ÖBl. 1993, 145; *W. Nordemann*, Ist Martin Luther noch geschützt?, Fs. für Vieregge, 1995, S. 677; *Oechsler*, Die Idee als persönliche geistige Schöpfung, GRUR 2009, 1101; *Oelschlägel*, Der Titelschutz von Büchern, Bühnenwerken, Zeitungen und Zeitschriften, 1997; *Peifer*, Individualität im Zivilrecht, 2001; *v. Plander*, Wissenschaftliche Erkenntnisse und Urheberrecht an wissenschaftlichen Werken, UFITA 76 (1976) 25; *Pühringer*, Der urheberrechtliche Schutz von Fernsehformaten, M & R 2005, 22; *Rehbinder*, Zum Urheberrechtsschutz für fiktive Figuren, insbesondere für die Träger von Film- und Fernsehserien, Fs. für Schwarz zum 70. Geburtstag, 1988, (UFITA-Schriftenreihe Bd. 77, S. 163 ff.); *Risthaus*, Spiele und Spielregeln im Urheberrecht – rien ne va plus?, WRP 2009, 698; *Röder*, Schutz des Werktitels, 1970; *Röhl*, Die urheberrechtliche Zulässigkeit des Tonträger-Sampling, K&R 2009, 217; *Schaeffer*, Der urheberrechtliche Schutz von Formen moderner Werbung, Diss. Hamburg 1971; *Schardt*, Multimedia – Fakten und Rechtsfragen, GRUR 1996, 827; *Schmieder*, Der Titel als Werk zweiter Hand, GRUR 1965, 468; *ders.*, Die persönliche Neugestaltung als allgemeines Kriterium urheberrechtlicher Schutzfähigkeit, Fs. für Georg Roeber, 1982, S. 385; *ders.*, Geistige Schöpfung als Auswahl und Bekenntnis, UFITA 52 (1969) 107; *ders.*, Ist die „kleine Münze" des Urheberrechts nach dem neuen Gesetz ungültig?, GRUR 1986, 79; *Schraube*, Der Schutz der „Kleinen Münze" im Urheberrecht, UFITA 61 (1971) 127; *Schricker* (Hrsg.), Urheberrecht auf dem Weg zur Informationsgesellschaft, 1997; *ders.*, Abschied von der Gestaltungshöhe im Urheberrecht?, Fs. für Kreile, 1994, S. 715; *ders.*, Das Recht des Hochschullehrers an seinen wissenschaftlichen Papieren, Fs. für Lorenz, 1991, S. 233; *ders.*, Hundert Jahre Urheberrechtsentwicklung, Fs. zum hundertjährigen Bestehen der Deutschen Vereinigung für Gewerblichen Rechtsschutz und Urheberrecht, 1991, S. 1095 (zitiert: GRUR-Fs.); *ders.*, Urheberrechtliche Probleme des Kabelrundfunks, 1986; *ders.*, Urheberrechtsschutz für Spiele, GRUR Int. 2008, 200; *ders.*, Der Urheberrechtsschutz von Werbeschöpfungen, Werbeideen, Werbekonzeptionen und Werbekampagnen, GRUR 1996, 815; *ders.*, Werbekonzeptionen und Fernsehformate, GRUR Int. 2004, 923; *G. Schulze*, Der Schutz der kleinen Münze im Urheberrecht, GRUR 1987, 769; *ders.*, Die kleine Münze und ihre Abgrenzungsproblematik bei den Werkarten des Urheberrechts, 1983; *ders.*, Urheber- und leistungsschutzrechtliche Fragen virtueller Figuren, ZUM 1997, 77; *ders.*, Werturteil und Objektivität im Urheberrecht, GRUR 1984, 400; *ders.*, Mehr Urheberschutz oder mehr Leistungsschutz?, Fs. für Schricker 2005, S. 523; *ders.*, Urheberrechtsschutz für Parfum und andere Duftkompositionen?, in Fs. für Loewenheim, 2009, S. 275; *ders.*, Schleichende Harmonisierung des urheberrechtlichen Werkbegriffs? GRUR 2009, 1019; *Schwarz/Schierholz*, Das Stimmplagiat: Der Schutz der Stimme berühmter Schauspieler und Sänger gegen Nachahmung im amerikanischen und deutschen Recht, Fs. für Kreile, 1994, S. 723; *Stamer*, Das Idee der unter besonderer Berücksichtigung von Unterhaltungsproduktionen für das Fernsehen, 2007; *Schwedler*, Umfang und Dauer des Titelschutzes bei Zeitschriften, Diss. Köln 1961; *Sellnick*, Der Gegenstand des Urheberrechts. Der urheberrechtliche Werkbegriff aus Sicht der analytischen Philosophie, Semiotik und Wissenschaftstheorie, 1995; *Straub*, Individualität als Schlüsselkriterium des Urheberrechts, GRUR 2001, 1; *Thoms*, Der urheberrechtliche Schutz der kleinen Münze, 1980; *Troller*, Die Bedeutung der statistischen Einmaligkeit im urheberrechtlichen Denken, Festgabe für Kummer, 1980, S. 265; *ders.*, Die Urheberrechte und die Gerechtigkeit, UFITA 63 (1972) 1; *ders.*, Urheberrechtlicher Schutz von Anweisungen an den menschlichen Geist?, Fs. für Roeber, 1982, S. 413; *Ulmer*, Gedanken zur schweizerischen Urheberrechtsreform, Fs. für Troller, 1976, S. 189; *Vinck*, Der Schutz des erdachten Handlungsablaufs, Fs. für W. Nordemann, 2004, S. 139; *Vogel*, Die Umsetzung der Richtlinie zur Harmonisierung der Schutzdauer des Urheberrechts und bestimmter verwandter Schutzrechte, ZUM 1995, 451; *Wandtke*, Copyright und virtueller Markt in der Informationsgesell-

Geschützte Werke § 2

schaft – oder das Verschwinden des Urhebers im Nebel der Postmoderne?, GRUR 2002, 1; *Wandtke/Ohst,* Zur Reform des deutschen Geschmacksmustergesetzes, GRUR Int. 2005, 91; *Wiebe/Funkat,* Multimedia-Anwendungen als urheberrechtlicher Schutzgegenstand, MMR 1998, 69; *Zscherpe,* Urheberrechtsschutz digitalisierter Werke im Internet, MMR 1998, 404.

Siehe auch die Schrifttumsangaben bei den einzelnen Werkarten vor Rdnr. 79, 120, 130, 133, 177, 185, 196.

Übersicht

	Rdnr.
A. Zweck und Bedeutung der Norm	1, 2
B. Werke der Literatur, Wissenschaft und Kunst	3–7
C. Werkbegriff	8–48
I. Allgemeines	8–10
II. Schutzvoraussetzungen	11–41
1. Persönliche Schöpfung	11–17
2. Geistiger Gehalt	18, 19
3. Wahrnehmbare Formgestaltung	20–22
4. Individualität	23–41
a) Begriff und Funktion	23–25
b) Inhalt und Beurteilungskriterien	26–31
c) Schutzuntergrenze	32–37
d) Gesamteindruck	38
e) Schutz der kleinen Münze	39–41
III. Unerhebliche Merkmale	42–48
1. Neuheit	42, 43
2. Zweck der Gestaltung	44
3. Qualität und Quantität	45, 46
4. Aufwand und Kosten	47
5. Gesetz- und Sittenwidrigkeit	48
D. Schutzgegenstand	49–72
I. Kein Schutz der Methode des Schaffens	49, 50
II. Schutz der Idee	51–53
III. Form und Inhalt	54–60
IV. Schutz wissenschaftlicher Werke	61–66
V. Schutz von Werkteilen	67, 68
VI. Schutz des Werktitels	69–72
E. Schutzumfang	73–74
F. Die einzelnen Werkarten	75–217
I. Sprachwerke	79–118
1. Allgemeines	79–81
2. Schriftwerke und Reden	82–118
a) Begriff	82–83
b) Persönliche geistige Schöpfung	84–89
c) Einzelfälle	90–118
3. Computerprogramme	119
II. Werke der Musik	120–129
1. Begriff	120
2. Persönliche geistige Schöpfung	121–125
3. Neue Musikformen	126–129
III. Pantomimische Werke	130–132
IV. Werke der bildenden Künste	133–176
1. Allgemeines	133–145
2. Reine (bildende) Kunst	146–150
3. Baukunst	151–157
4. Angewandte Kunst	158–176
a) Allgemeines	158
b) Verhältnis zum Geschmacksmusterschutz	159, 160
c) Persönliche geistige Schöpfung	161–164
d) Einzelfälle	165–176
V. Lichtbildwerke	177–184
1. Allgemeines	177, 178
2. Begriff	179–181
3. Persönliche geistige Schöpfung	182–184
VI. Filmwerke	185–195
1. Rechtsentwicklung	185
2. Begriff und Rechtsnatur	186–190
3. Persönliche geistige Schöpfung	191–193
4. Urheberschaft	194, 195

VII. Darstellungen wissenschaftlicher oder technischer Art 196–217
   1. Rechtsentwicklung 196
   2. Begriff 197–198
   3. Schutzgegenstand 199
   4. Persönliche geistige Schöpfung 199–204
   5. Einzelfälle 205–217

A. Zweck und Bedeutung der Norm

1 Während § 1 mit den Begriffen der Literatur, Wissenschaft und Kunst den sachlichen Geltungsbereich des Urheberrechts festlegt, regelt § 2 den urheberrechtlichen **Werkbegriff** und bestimmt damit, was als Werk urheberrechtlich geschützt wird. Die Vorschrift grenzt also schutzfähige von nicht schutzfähigen Gestaltungen ab und gehört damit zu den zentralen Vorschriften des Urheberrechts. Sie zählt in dem (nicht abschließenden) Katalog des Abs. 1 die wichtigsten Arten von Werken auf (dazu näher Rdnr. 75 ff.) und gibt in Abs. 2 eine – allerdings sehr interpretationsbedürftige – Definition des urheberrechtlich geschützten Werks (dazu näher Rdnr. 8 ff.).

2 Diese Konzentration auf den Werkbegriff als zentrales Element des Urheberrechts steht nicht im Widerspruch dazu, dass der **Zweck des UrhG im Schutz des Urhebers** liegt, dass seine Person und nicht das Werk im Vordergrund steht (AmtlBegr. BTDrucks. IV/270 S. 37). Das Gesetz vermittelt nämlich diesen Schutz, indem es an das Ergebnis der Tätigkeit des Urhebers anknüpft: Gegenstand des Urheberrechtsschutzes ist das Werk. Durch den Schutz des Werkes, in dem das urheberische Schaffen seinen Ausdruck findet, wird dem Urheber der Rechtsschutz vermittelt, in persönlicher sowohl wie in wirtschaftlicher Hinsicht. **Gegenstand und Umfang des Urheberrechtsschutzes** werden also **durch den Werkbegriff festgelegt**. Das Urheberrecht schützt nicht jedes künstlerische oder literarische Produkt, sondern nur das, was Ausdruck individuellen schöpferischen Schaffens ist (näher Rdnr. 8 ff.); darin verdeutlicht sich wieder die Anknüpfung an die Person des Urhebers. Auf diese Aufgabe, Gegenstand und Umfang des Urheberrechtsschutzes festzulegen, beschränkt sich aber auch die Funktion des Werkbegriffs. Mit ihm ist – was vielfach nicht hinreichend berücksichtigt wird – **kein Urteil über den künstlerischen, literarischen oder wissenschaftlichen Wert einer Gestaltung** verbunden. Insbesondere wird durch den Werkbegriff kein Urteil darüber gefällt, was Kunst ist (vgl. auch Rdnr. 134). Kunst lässt sich urheberrechtlich nicht definieren (BGH NJW 1990, 3026 – Opus Pistorum; sa. BVerfG NJW 1985, 261/262 – Anachronistischer Zug; BVerfG NJW 1987, 266; *Schack*, Kunst und Recht, S. 1). Der Begriff wäre auch nicht nur viel zu unbestimmt und zu sehr sich wandelnden Anschauungen unterworfen, um im Urheberrecht verwendet werden zu können (vgl. dazu *Erdmann*, Fs. für v. Gamm, S. 389 ff.; *Schack*[4] Rdnr. 195, vgl. auch Rdnr. 134); das Urheberrecht kann vielmehr auch ohne eine allgemeingültige Definition von Kunst und ebenso von Literatur und Wissenschaft auskommen (vgl. für den Kunstbegriff *Erdmann* aaO, insb. S. 394 f.). Der **Werkbegriff** ist ein **normativer und kein kunst- oder literaturwissenschaftlicher Begriff** (vgl. auch *Ulmer* GRUR 1968, 527 ff.; sa. Fromm/Nordemann/*A. Nordemann*[10] § 2 Rdnr. 17). Die Nichtanerkennung als Werk bedeutet nicht die Aberkennung der Kunstqualität, sondern lediglich die Aussage, dass es nach der Rechtsordnung nicht als Ergebnis individuellen schöpferischen Schaffens geschützt sein soll.

B. Werke der Literatur, Wissenschaft und Kunst

3 Mit der Wiederaufnahme der Begriffe der Literatur, Wissenschaft und Kunst aus der präambelartigen Einleitung des § 1 in § 2 wird noch einmal klargestellt, dass die in § 2 Abs. 2 als persönliche geistige Schöpfungen definierten Werke nur innerhalb der Werkkategorien der Wissenschaft, Literatur oder Kunst geschützt sind. Gegenüber der früheren Regelung in LUG und KUG ist die Wissenschaft als neue Werkkategorie hinzugetreten. Der Gesetzgeber wollte damit eine Angleichung an die Terminologie der internationalen Abkommen (Art. 2 Abs. 1 RBÜ und Art. I WUA) herbeiführen, aber keine Änderung der bisherigen Rechtslage bewirken (AmtlBegr. BTDrucks. IV/270 S. 37), so dass auch Rechtsprechung und Schrifttum aus der Zeit vor 1965 zur Auslegung herangezogen werden können.

4 Nach allgemeiner und zutreffender Ansicht sind die Begriffe der Literatur, Wissenschaft und Kunst **weit auszulegen** (Dreier/*Schulze*[3] § 1 Rdnr. 4; Dreyer/Kotthoff/Meckel[2], § 2 Rdnr. 168; *Erdmann*, Fs. für v. Gamm, S. 389/395; *Schricker* GRUR 1996, 815/816; *Schricker* in Schricker [Hrsg.], Informationsgesellschaft, S. 26) und stellen nur eine **ungefähre Abgrenzung des ur-**

Geschützte Werke   **§ 2**

heberrechtlichen Schutzbereichs dar (vgl. § 1 Rdnr. 2). Eine gewisse Erläuterung finden die Begriffe der Literatur, Wissenschaft und Kunst durch den Beispielskatalog in § 2 Abs. 1 Nr. 1–7. Auch Werke in digitaler Form und Multimediawerke können der Literatur, Wissenschaft und Kunst zuzuordnen sein, wie schon die §§ 69a ff. zeigen (*Schricker* in Schricker [Hrsg.], Informationsgesellschaft, S. 28f.). Zum Schutz für Parfum und andere Duftkompositionen vgl. *Schulze* in Fs. für Loewenheim, 2009, S. 275 ff.

Die Werkkategorien der Literatur, Wissenschaft und Kunst schließen vor allem **Anweisungen an den menschlichen Geist** aus, das heißt Handlungsanweisungen, sich in einer bestimmten Situation oder unter bestimmten Voraussetzungen in einer bestimmten Weise zu verhalten (LG Mannheim NJOZ 2008, 3551/3553). Damit dienen sie vor allem der Abgrenzung des Urheberrechts gegenüber dem Bereich **technischer Leistungen** (Fromm/Nordemann/ *A. Nordemann*[10] § 2 Rdnr. 2; *Schricker* GRUR 1996, 815/816; *ders.* in *Schricker* [Hrsg.], Informationsgesellschaft, S. 26). Technische Leistungen werden durch das Patent- oder Gebrauchsmusterrecht, nicht aber durch das Urheberrecht erfasst (OLG Hamburg GRUR-RR 2001, 289/290 – Faxkarte). Urheberrechtlich schutzfähig kann nur die konkrete Darstellung der technischen Leistung in Wort oder Bild sein; sind diese urheberrechtlich geschützt, so erstreckt sich der Schutz aber nicht auf die in der Abhandlung oder Zeichnung verkörperte technische Leistung oder Idee. So können beispielsweise Patentanmeldungen urheberrechtlich geschützt sein (mit der ersten patentamtlichen Veröffentlichung werden sie freilich zu nicht geschützten amtlichen Werken iSd. § 5 Abs. 2, vgl. § 5 Rdnr. 65). Patentschutz und Urheberrechtsschutz schließen sich nicht notwendig aus (BGH GRUR 1991, 449/450 – Betriebssystem; sa. *Kraßer*, Patentrecht[6], § 2 IIIb; trotz des unterschiedlichen Schutzgegenstandes kann es zu Überschneidungen kommen, wie der grundsätzliche Schutz von Computerprogrammen durch das Urheberrecht (§ 2 Abs. 1 Nr. 1, §§ 69a ff.) und deren teilweiser Schutz durch das Patentrecht (dazu vor §§ 69a ff. Rdnr. 9f.) zeigen.

Nicht zum Bereich der Literatur, Wissenschaft und Kunst zählen ferner **wirtschaftliche und kaufmännische Organisationsmethoden oder -systeme** wie Werbemethoden, Buchhaltungssysteme, Nummerierungssysteme (OLG München CR 2003, 564) oder Stenographiesysteme, **Konzepte von Raum- und Verkehrsplanung** sowie **soziale Ordnungssysteme,** von administrativen Abläufen über pädagogische Curricula bis hin zu Spiel und Sport (*Kraßer/Schricker* S. 75; vgl. auch *Ulmer*[3] § 21 III; zT einschränkend *Schricker* in Schricker [Hrsg.], Informationsgesellschaft, S. 26f.). Schutzfähig sind hier nicht die Methode oder das System als solches, sondern – soweit die Voraussetzungen des § 2 Abs. 2 erfüllt sind – lediglich ihre konkrete Darstellung in Wort oder Bild (vgl. auch Rdnr. 5). Das Gleiche gilt für **Spielsysteme für Gesellschafts- und sonstige Spiele** und die Ideen, auf denen diese Spiele beruhen. Spielsystem und Spielidee sind als solche nicht schutzfähig (BGH GRUR 1962, 51/52 – Zahlenlotto; OLG München GRUR 1992, 510 – Rätsel; OLG Frankfurt/M ZUM 1995, 795/796 – Golfregeln; OLG München ZUM 1995, 48; OLG Hamburg, ZUM 1996, 245 – Goldmillion; LG Mannheim ZUM-RD 2009, 96/98f.; LG Düsseldorf NJOZ 2007, 4356/4361; *Ulmer*[3] § 21 III; Möhring/Nicolini/ Ahlberg[2] § 2 Rdnr. 96; *Dreyer*/Kotthoff/Meckel[2], § 2 Rdnr. 52, 170; im Ergebnis auch *Schack*[4] Rdnr. 168; s. dazu auch *Risthaus*, Spiele und Spielregeln im Urheberrecht – rien ne va plus?, WRP 2009, 698). In seiner konkreten Ausformung kann dagegen ein Spiel schutzfähig sein (*Schricker* GRUR Int. 2008, 200); *ders.*, in *Schricker* [Hrsg.], Informationsgesellschaft, S. 26f.; Dreier/*Schulze*[3] § 2 Rdnr. 104; Fromm/Nordemann/*A. Nordemann*[10] § 2 Rdnr. 50; aA *Henkenborg* S. 206ff.; bedenklich OLG Düsseldorf GRUR 1990, 263/264 – Automatenspielplan, das den Gedankeninhalt des Spiel- und Gewinnplans eines Spielautomaten für schutzfähig hält). Es kommt dann darauf an, wieweit sich in der konkreten Ausformung schutzfähige Elemente finden, die über die bloße Idee oder das System hinausgehen. Ein Schutz kann dann als Sprachwerk, Werk der angewandten Kunst oder als wissenschaftliche oder technische Darstellung (dazu *Schricker* GRUR Int. 2008, 200/202) erfolgen (sa. BGH GRUR 1962, 51/52 – Zahlenlotto; OLG München ZUM 1995, 48/49; LG Mannheim NJOZ 2008, 3551/3553ff.). Zur Schutzfähigkeit der Gesamtheit der Gestaltungselemente, die den einzelnen Folgen einer Fernsehsendereihe zugrunde liegt, dh. des als Grundlage für eine Sendung entwickelte oder darin verwirklichten Konzepts **(Sendeformat),** vgl. Rdnr. 187.

Eine klare **Abgrenzung zwischen den Begriffen der Literatur, Wissenschaft und Kunst** lässt sich kaum vornehmen. Die Begriffe überschneiden sich; ein Werk kann mehreren Werkkategorien angehören. Wissenschaftliches Schrifttum fällt beispielsweise sowohl unter die Kategorie der Literatur wie die der Wissenschaft; Romane und Gedichte werden häufig nicht nur der Literatur, sondern auch der Kunst zuzurechnen sein. Eine solche Abgrenzung ist aber

§ 2 Geschützte Werke

auch entbehrlich. Es kommt lediglich darauf an, dass ein Schutzobjekt in den Bereich von Literatur, Wissenschaft und Kunst und damit in den sachlichen Geltungsbereich des Urheberrechts fällt; ob es der einen oder der anderen dieser Kategorien zuzurechnen ist, bleibt unerheblich.

C. Werkbegriff

I. Allgemeines

8   Abs. 2 definiert das urheberrechtliche Werk als persönliche geistige Schöpfung. Damit sollte der von Rechtsprechung und Lehre erarbeitete Werkbegriff in einer **gesetzlichen Begriffsbestimmung** seinen Niederschlag finden (AmtlBegr. BTDrucks. IV/270 S. 38). Diese ist allerdings nicht sehr aussagekräftig geraten und hat höchst unterschiedlichen Interpretationen Raum gegeben. Unter anderem hat sich an bestimmten avantgardistischen Kunstformen eine Kontroverse entzündet, bei der dem traditionellen Werkbegriff eine Auffassung gegenübergetreten ist, die das Werk nicht als das Ergebnis einer geistig-schöpferischen Leistung versteht, sondern die eine statistische Einmaligkeit der Gestaltung und seine Präsentation als Kunstwerk ausreichen lässt (näher Rdnr. 11 und 31). Diese Auffassung hat in Deutschland allerdings nur vereinzelt Anhänger gefunden und wird mit Recht ganz überwiegend abgelehnt. Entgegen dem erklärten Zweck des Urheberrechts (AmtlBegr. BTDrucks. IV/270 S. 37; sa. § 1 Rdnr. 1) tritt mit ihr das Werk als solches und nicht die Persönlichkeit des Urhebers in den Mittelpunkt des Urheberrechts. Die Rechtsprechung folgt einhellig dem traditionellen Werkbegriff (zu diesem Begriff Rdnr. 9 ff.). Auch neuere Erscheinungsformen urheberrechtlich zu schützender Werke, wie Computerprogramme, Datenbanken, digitalisierte oder Multimediawerke, geben keinen Anlass, vom traditionellen Werkbegriff abzugehen; er ist flexibel genug, auch solche Werke zu erfassen (sa. Rdnr. 75, 77 sowie Dreier/*Schulze*[3] § 2 Rdnr. 243).

9   Die notwendige **Konkretisierung des Werkbegriffs** erfolgt dadurch, dass man verschiedene Elemente bildet, aus denen sich dieser Begriff zusammensetzt. Wenn hier auch in manchen Punkten keine Einigkeit besteht, vor allem auch Unterschiede terminologischer Art bestehen, so werden überwiegend doch **vier Elemente** des Werkbegriffs unterschieden. Es muss sich erstens um eine **persönliche Schöpfung** des Urhebers handeln (dazu Rdnr. 11 ff.). Zweitens muss diese Schöpfung einen **geistigen Gehalt** aufweisen (dazu Rdnr. 18 f.). Drittens muss sie eine wahrnehmbare **Formgestaltung** gefunden haben (dazu Rdnr. 20 ff.) und viertens muss in der Schöpfung die **Individualität** des Urhebers zum Ausdruck kommen (dazu Rdnr. 23 ff.; siehe zu diesen Voraussetzungen auch Fromm/Nordemann/*A. Nordemann*[10] § 2 Rdnr. 20). Dieser Einteilung folgt auch die höchstrichterliche Rechtsprechung (dazu etwa *Erdmann*, Fs. für v. Gamm, S. 389/396 ff.). In der Rechtsprechung wird allerdings auch der Begriff der **Schöpfungshöhe** bzw. **Gestaltungshöhe** gebraucht. Bei richtigem Verständnis wird aber damit lediglich der Grad der Individualität bezeichnet, der im Werk zum Ausdruck kommt (dazu Rdnr. 24). Insofern stellt dieser Begriff keine selbstständige Schutzvoraussetzung dar. Diese vier Elemente werden auch als **Schutzvoraussetzungen** bezeichnet. Für sie besteht im Urheberrechtsverletzungsprozess eine **Darlegungs- und Beweislast** des Klägers, die die konkrete Darlegung der die Urheberrechtsschutzfähigkeit begründenden Elemente erfordert (BGH GRUR 1991, 449/450 – Betriebssystem; BGH GRUR 1974, 740/741 – Sessel; LG Köln ZUM-RD 2008, 88/90; Dreier/*Schulze*[3] § 2 Rdnr. 70; Fromm/Nordemann/*A. Nordemann*[10] § 2 Rdnr. 236; zu den Anforderungen beim Schutz von Kunstwerken vgl. Rdnr. 144). Macht der Verletzer geltend, der Urheber habe bei seiner Schöpfung auf vorbekanntes Formengut zurückgegriffen, so muss er dies im Einzelnen darlegen und beweisen (BGH GRUR 2002, 958/960 – Technische Lieferbedingungen; BGH GRUR 1981, 822/828 – Stahlrohrstuhl II; OLG Düsseldorf ZUM-RD 2002, 419/424 – Breuer-Hocker).

10   Vom urheberrechtlichen Werk ist das **Werkstück** zu unterscheiden. Während das Werk die immaterielle Schöpfung des Urhebers darstellt, ist das Werkstück dessen körperliche Ausdrucksform, wie etwa Roman und Buch. Dem Urheberrechtsschutz unterliegt nur das Werk, Werkstücke können vom Urheberrechtsschutz nur betroffen werden, wenn sich eine Beeinträchtigung des Werks in ihnen dokumentiert, beispielsweise bei Entstellungen des Werks (§ 14). Werkstücke unterliegen im Gegensatz zum Werk den Vorschriften des Sachenrechts, sie können, anders als das Werk, veräußert werden (Einzelheiten s. Einl. Rdnr. 29). Ob und in welchem Umfang Werkstücke existieren, hängt von der Werkart ab; bei Schriftwerken (etwa Romane,

Lehrbücher) pflegt es zahlreiche Werkstücke zu geben, bei Werken der bildenden Kunst oft nur das Original, bei mündlichen oder pantomimischen Darbietungen existiert vielfach überhaupt kein Werkstück.

II. Schutzvoraussetzungen

1. Persönliche Schöpfung

Eine persönliche geistige Schöpfung setzt zunächst voraus, dass das Werk auf einer **mensch- 11 lich-gestalterischen Tätigkeit** des Urhebers beruht. Das wird zwar meist nicht ausdrücklich zum Ausdruck gebracht, ist aber, sieht man von der unter Rdnr. 16 erörterten Auffassung ab, unbestritten (ausdrücklicher Hinweis auf diese Voraussetzung etwa bei Dreier/*Schulze*[3] § 2 Rdnr. 8; Fromm/Nordemann/*A. Nordemann*[10] § 2 Rdnr. 21; Wandtke/Bullinger/*Bullinger*[3] § 2 Rdnr. 15; *Dreyer*/Kotthoff/Meckel[2], § 2 Rdnr. 17; *Schack*[4] Rdnr. 155; *Erdmann*, Fs. für v. Gamm, S. 389/396). Dieses Erfordernis lässt sich nicht nur der Formulierung „persönliche Schöpfung" in § 2 Abs. 2 entnehmen, sondern entspricht auch dem Zweck des Urheberrechts, den Schutz des Urhebers, seine Person, und nicht das Werk in den Vordergrund des Urheberrechtsschutzes zu stellen (AmtlBegr. BTDrucks. IV/270 S. 37; sa. § 1 Rdnr. 1). Die praktische Bedeutung dieser Voraussetzung liegt vor allem in ihrer **Abgrenzungsfunktion.** Sie schließt zum einen aus, dass lediglich durch Maschinen, Apparate oder Computerprogramme erstellte Produkte (dazu näher Rdnr. 12), aber auch durch Tiere geschaffene Erzeugnisse (dazu näher Rdnr. 15) Urheberrechtsschutz genießen, und lässt es zum anderen nicht ausreichen, dass ein lediglich vorgefundene Gegenstände (objets trouvés) als Kunstwerk präsentiert werden (dazu näher Rdnr. 16).

Maschinen und **Apparate** können als solche keine Werkschöpfung erbringen; es fehlt an der **12** menschlich-gestalterischen Tätigkeit des Urhebers (einhellige Meinung, vgl. etwa Dreier/*Schulze*[3] § 2 Rdnr. 8; Fromm/Nordemann/*A. Nordemann*[10] § 2 Rdnr. 21; *Dreyer*/Kotthoff/Meckel[2], § 2 Rdnr. 25; *Schack*[4] Rdnr. 156; *Rehbinder*[15] Rdnr. 146; *Ulmer*[3] § 20 I 3; *Erdmann*, Fs. für v. Gamm, S. 389/396). Auch wenn sich die Ergebnisse menschlichen Schaffens und maschineller Tätigkeit manchmal nicht unterscheiden lassen, so schützt das UrhG doch nur die menschliche schöpferische Leistung und nicht die maschinelle Produktion. Werkschöpfer kann daher nur eine natürliche Person sein (LG Berlin GRUR 1990, 270 – Satellitenfoto). Aus diesem Grunde sind Übersetzungen in eine andere Sprache, die durch **Übersetzungscomputer** erstellt werden, keine schutzfähigen Werke (Dreier/*Schulze*[3] § 2 Rdnr. 8; Möhring/Nicolini/*Ahlberg*[2] § 2 Rdnr. 51), es sei denn Vor- und Nachbearbeitung, Abwandlungen, Korrekturen und dgl. nehmen einen solchen Grad an, dass die Übersetzung ihre Prägung durch eine menschlich-gestaltende Tätigkeit erhält (vgl. dazu *Noll* ÖBl. 1993, 145/149). Dagegen reicht es nicht aus, dass die Übersetzungscomputer mit einem Programm arbeitet, das seinerseits auf menschlichem Schaffen beruht; die Schutzfähigkeit dieses Programms führt nicht zur Schutzfähigkeit der damit hergestellten Übersetzung. Zu **Computerprogrammen,** die ihrerseits lediglich durch Software-Generatorprogramme erzeugt werden vgl. § 69a Rdnr. 15. Bei vollautomatisch aufgenommenen **Fotografien** kommt es darauf an, ob die Bildgestaltung auf einer menschlich-gestalterischen Tätigkeit beruht (vgl. zu Satellitenfotos LG Berlin GRUR 1990, 270 – Satellitenfoto; sa. Dreier/*Schulze*[3] § 2 Rdnr. 8; Fromm/Nordemann/*A. Nordemann*[10] § 2 Rdnr. 21).

Andererseits steht es der Schutzfähigkeit nicht entgegen, dass der Urheber sich einer **Maschi- 13 ne als Hilfsmittel** bedient. Wird in solchen Fällen das Ergebnis durch entsprechende Anweisungen an die Maschine eindeutig geplant und festgelegt, so können Zweifel am menschlichen Schaffen nicht bestehen (Fromm/Nordemann/*A. Nordemann*[10] § 2 Rdnr. 21; *Dreyer*/Kotthoff/Meckel[2], § 2 Rdnr. 26; Wandtke/Bullinger/*Bullinger*[3] § 2 Rdnr. 16; *Schack*[4] Rdnr. 156; *Ulmer*[3] § 20 I 3; *Rehbinder*[15] Rdnr. 146; *Erdmann*, Fs. für v. Gamm, S. 389/396; *Schlatter* in Lehmann [Hrsg.], Rechtsschutz[2], Kap. III Rdnr. 96; *Schricker* in Schricker [Hrsg.], Informationsgesellschaft, S. 45 f.). Die Tatsache, dass der Urheber sich eines technischen Hilfsmittels zur Schaffung des Werks bedient, steht der menschlich-gestalterischen Tätigkeit ebenso wenig entgegen wie die Benutzung eines Fotoapparats bei der Schaffung von Lichtbildwerken. Die Maschine dient hier als Werkzeug, das dem Urheber bei der Verwirklichung seiner literarischen oder künstlerischen Vorstellungen Zeit und handwerklichen Aufwand erspart (*Schlatter* aaO.). Praktische Bedeutung gewinnt das vor allem bei **computerunterstützten Werken** (computer-aided works). Dass der Autor, der sich bei der Abfassung seines Werks eines **Textverarbeitungsprogramms** bedient, menschlich-gestalterisch tätig wird, bedarf keiner besonderen Betonung. Aber auch die Erstellung von **Graphiken oder Designs** mit Hilfe von Zeichen- oder Malprogrammen stellt ein menschlich- gestalterisches Tätigwerden dar (sa. *Schlatter* aaO). Anders ist es freilich, wenn im

Computerprogramm vorgegebene Gestaltungsmöglichkeiten, Symbole oder Anordnungen lediglich abgerufen werden, ohne dass eine eigene gestaltende Tätigkeit hinzutritt. So werden beispielsweise Diagramme heute im Allgemeinen durch Computerprogramme erstellt. Werden Zahlenkolonnen in den Computer eingegeben und als Diagramm ausgegeben, so beruhen die auf diese Weise erstellten Charts nicht mehr auf einer menschlich-gestalterischen Tätigkeit des Urhebers. Ein menschlich-gestalterisches Tätigwerden kann sich dann allenfalls aus der Auswahl der Gestaltungsmittel und ihrer räumlichen Anordnung ergeben, wobei es aber häufig an der für Urheberrechtsschutz erforderlichen Individualität (dazu Rdnr. 23 ff.) fehlen wird. Soweit einzelne Teile der Graphiken oder Designs nicht auf einer menschlich-gestalterischen Tätigkeit beruhen, sind diese Teile nicht schutzfähig, im Übrigen kann Schutzfähigkeit bestehen. Die gleichen Grundsätze gelten für computerunterstützte **Musikkompositionen**. Die Benutzung des Computers als Hilfsmittel steht der menschlich-gestalterischen Tätigkeit nicht entgegen. Beim Einsatz im Programm vorgegebener Gestaltungsmittel (etwa Begleitrhythmen) wird der Auswahl und Zusammenstellung durch den Komponisten aber meist erhebliches Gewicht zukommen, so dass in der Regel von einer menschlich-gestalterischen Tätigkeit auszugehen ist (vgl. auch Rdnr. 127).

14 Schwierigkeiten ergeben sich, wenn die Maschine mit einem **Zufallsgenerator** arbeitet, der unter einer Vielzahl möglicher Varianten eine oder mehrere nacheinander auswählt. Diese Frage ist im Schrifttum im Hinblick auf computererzeugte Graphik, Musik und Lyrik vielfach gestellt worden, hat in der Praxis allerdings noch keine nennenswerte Rolle gespielt. Früher ist teils angenommen worden, dass der Einbau einer solchen Zufallskomponente stets zur Verneinung der Werkeigenschaft führen müsse, auch dann, wenn die Auswahlmöglichkeiten durch den Zufallsgenerator stark eingeengt sind (*Brutschke* S. 47, 49; *Möhring* UFITA 50 [1967] 835/840 ff.). Dem ist aber nicht zu folgen. Es muss ausreichen, dass der Urheber das wesentliche Grundmuster des Werkes schafft und bei mehreren vom Computer erzeugten Versionen eine oder einige als definitiv bestimmt (Dreier/*Schulze*[3] § 2 Rdnr. 8; Fromm/Nordemann/Vinck[9] § 2 Rdnr. 10; *Ulmer*[2] § 20 I 3; *Erdmann,* Fs. für v. Gamm, S. 389/396 f.; *Schlatter* in Lehmann (Hrsg.), Rechtsschutz[2], Kap. III Rdnr. 94 f.; vgl. auch *Strowel* ZUM 1990, 387/391 f.; sa. Möhring/Nicolini/*Ahlberg*[2] § 2 Rdnr. 51; noch weitergehend Wandtke/Bullinger/*Bullinger*[3] § 2 Rdnr. 17; anders wohl Dreyer/Kotthoff/Meckel[2] § 2 Rdnr. 28). Abzulehnen ist die Auffassung, die Zufallserzeugnisse kraft Präsentation und statistischer Einmaligkeit zu schutzfähigen Werken erklärt (dazu Rdnr. 16).

15 Ebenso wenig wie durch Maschinen und Apparate können Werke durch die **Tätigkeit von Tieren** geschaffen werden. Ein von einem Schimpansen gemaltes Bild ist daher kein Kunstwerk (Fromm/Nordemann/*A. Nordemann*[10] § 2 Rdnr. 21; Dreier/*Schulze*[3] § 2 Rdnr. 10; Wandtke/Bullinger/*Bullinger*[3] § 2 Rdnr. 15; *Dreyer*/Kotthoff/Meckel[2], § 2 Rdnr. 26; *Schack*[4] Rdnr. 156; *Schlatter* in Lehmann (Hrsg.), Rechtsschutz[2], Kap. III Rdnr. 91; *Gerstenberg* Anm. 16), Bewegungen dressierter Tiere sind keine Pantomime (LG München I UFITA 54 [1969] 320).

16 Von wesentlich anderen Voraussetzungen geht die von dem Schweizer Rechtslehrer **Kummer** begründete Lehre vom Werkbegriff aus. Nach *Kummer* ist menschlich-gestalterisches Schaffen nicht Voraussetzung für die Entstehung eines Werks. Neben dem Erfordernis der Individualität, die *Kummer* aber im Sinne statistischer Einmaligkeit des Werks versteht, soll es ausreichen, dass **etwas Vorgefundenes als Werk präsentiert** wird. Der Urheber müsse nur durch besondere Vorkehrungen kundtun, dass er etwas als Werk verstanden haben wolle und dafür Rechtsschutz begehre (*Kummer* S. 75 f.). Werkeigenschaft kommt nach *Kummer* auch dem Spritzer an der Wand oder dem Stück Mauerwerk zu, wenn diese eingerahmt und hinter Glas gelegt als Kunstwerk ausgegeben werden (*Kummer* S. 75 bzw. S. 103), ebenso der bizarren, an eine Tänzerin erinnernden Föhrenwurzel, die jemand im Wald findet und zum Kunstwerk erklärt (*Kummer* S. 103 f.). Unabhängig von *Kummer,* aber im Ergebnis ähnlich hat *Schmieder* die Auffassung vertreten, dass ein Werk nicht auf einer „bewusst geplanten handwerklichen Herstellung" beruhen müsse, sondern dass die „individuelle Auswahl und Präsentation eines außerpersonalen (durch Zufall, Maschine usw. hervorgebrachten) Produkts" ausreiche, wenn der Urheber sich zu diesem Produkt als Werk „bekenne" (UFITA 52 [1969] 107 ff.), später allerdings klargestellt, dass die bloße Auswahl und unveränderte Präsentation von etwas Vorgefundenem nicht urheberrechtlich geschützt sei (Fs. für Roeber, 1982, S. 385 ff.).

17 *Kummers* Präsentationslehre ist (anders als sein Individualitätsbegriff, dazu Rdnr. 31) auf fast einhellige Ablehnung gestoßen (Fromm/Nordemann/*A. Nordemann*[10] § 2 Rdnr. 16; Wandtke/Bullinger/*Bullinger*[3] § 2 Rdnr. 15; *Dreyer*/Kotthoff/Meckel[2], § 2 Rdnr. 22; *Schack*[4] Rdnr. 155; *Ulmer*[3] § 20 I 3 und GRUR 1968, 527/529; *Rehbinder*[15] Rdnr. 185; *Haberstumpf,* Hdb. des Urheberrechts[2] Rdnr. 95; *Erdmann,* Fs. für v. Gamm, S. 389/397; *Brutschke* S. 50 ff.; *Girth* S. 35 ff.; *Rau* S. 44; *Wassner* S. 23; *Gerstenberg,* Fs. für Wendel, S. 89/95 ff.; *Bielenberg* GRUR 1974, 589 f.;

Geschützte Werke § 2

Samson UFITA 56 [1970] 117/126; *K. Schmidt* UFITA 77 [1976] 1/29 ff.; *Troller* UFITA 63 [1972] 1/4; *Fuchs* S. 66; gegen die statistische Einmaligkeit auch OLG Hamburg GRUR-RR 2002, 217/218 – CT-Klassenbibliothek; *Kummer* zustimmend dagegen *Hösly* S. 56 ff.; *Thomaschki* S. 75 ff.; beschränkt zustimmend Schulze in GRUR-Fs., S. 1313/1324; Dreier/*Schulze*[3] § 2 Rdnr. 9; *v. Büren* GRUR Int. 1985, 385/387 ff. mwN; zum Ganzen auch *Straub,* GRUR 2001, 1/3 ff.).Der entscheidende Einwand liegt darin, dass das Urheberrecht die schöpferische Leistung schützt, die im Werk ihren Ausdruck findet, und dass nur bei Vorliegen einer solchen Leistung Urheberschutz gewährt werden kann. Würde hingegen die Präsentation eines statistisch einmaligen Gegenstandes ausreichen, so würde die Entscheidung, ob Urheberschutz besteht oder nicht, dem Belieben des Urhebers überlassen. *Ulmer* hat mit Recht darauf hingewiesen, dass dies bei Werken der angewandten Kunst, bei Bauwerken und im Bereich der Schriftwerke bei Briefen, Formularen, Katalogen usw. zu ungereimten Ergebnissen führen würde (GRUR 1968, 527/529). Jeder Gewerbetreibende wäre in der Lage, durch entsprechende Präsentation als Kunstwerk für meist nur geschmacksmusterfähige Produkte wie Möbelprogramme oder für Prospekte, Preislisten und Kataloge Urheberrechtsschutz in Anspruch zu nehmen und in einer dem Wettbewerbsprinzip zuwiderlaufenden Weise Mitbewerber von Herstellung und Vertrieb derartiger Erzeugnisse auszuschließen. Auch Werke, deren Schutzfrist bereits abgelaufen ist, müssten bei konsequenter Durchführung der Präsentationslehre erneut geschützt werden können, sofern sie nur erneut als Werk präsentiert werden (*Heim* S. 48). *Kummers* Präsentationslehre bemüht sich im Grunde genommen nur um bestimmte Grenzbereiche avantgardistischer Kunst, die aber in der Praxis, wie schon der Mangel an einschlägigen Rechtsprechungsfällen zeigt, keine nennenswerte Rolle spielen. Für die Vielzahl der Fälle, in denen es um den Schutz schöpferischer Leistung gegen Ausbeutung geht, eignet sie sich nicht. Mit solcher Kritik wird – was verschiedentlich verkannt wird – kein Urteil über die künstlerische Qualität moderner Kunstrichtungen gefällt. Der urheberrechtliche Werkbegriff ist ein normativer Begriff, der nicht über Kunst, sondern über die Frage entschieden, in welchen Fällen der schöpferischen Leistung Rechtsschutz gewährt wird (vgl. auch Rdnr. 2).

2. Geistiger Gehalt

§ 2 Abs. 2 verlangt eine „geistige" Schöpfung, das Werk muss einen geistigen Gehalt aufweisen. Es muss etwas haben, das „über das bloße sinnlich wahrnehmbare Substrat hinausgeht, eine Aussage oder Botschaft, die dem Bereich der Gedanken, des Ästhetischen oder sonstiger menschlicher Regungen und Reaktionsweisen zugehört" (*Schricker,* Voraufl. Einl. Rdnr. 7). Der **menschliche Geist** muss **im Werk zum Ausdruck kommen;** das Werk muss einen kommunikativen Gehalt haben (*Schricker* GRUR Int. 2008, 200/202), ein Gedanken- oder Gefühlsinhalt muss durch das Werk mitgeteilt werden (Dreier/*Schulze*[3] 2 Rdnr. 12; Fromm/Nordemann/ *A. Nordemann*[10] § 2 Rdnr. 25; *Schack*[4] Rdnr. 157; sa. BGH GRUR 1998, 916/917 – Stadtplanwerk; BGH GRUR 1999, 923/924 – Tele-Info-CD; OLG Nürnberg GRUR-RR 2001, 225/227 – Dienstanweisung); im Schrifttum wird auch davon gesprochen, dass das Werk eine geistig-anregende Wirkung ausüben müsse, indem das Werk zB unterhaltend, belehrend, veranschaulichend oder erbauend auf den Benutzer wirkt (Dreier/*Schulze*[3] § 2 Rdnr. 12; Dreyer/ Kotthoff/Meckel[2], § 2 Rdnr. 41). Daran fehlt es beispielsweise bei Ergebnissen rein mechanischer Tätigkeiten oder gedankenloser Spielereien (Fromm/Nordemann/*A. Nordemann*[10] § 2 Rdnr. 25). Ein ästhetischer Gehalt im Sinne einer den Schönheitssinn ansprechenden Wirkung ist nicht erforderlich (*Erdmann,* Fs. für v. Gamm, S. 389/399). Bei manchen Werkarten, etwa bei Werken der bildenden Kunst, wird der geistige Gehalt zwar regelmäßig eine ästhetische Komponente aufweisen, bei anderen Werken, etwa bei wissenschaftlichen oder technischen Sprachwerken dagegen im Allgemeinen nicht. § 2 Abs. 2 stellt jedenfalls keine dahingehende Voraussetzung auf (BGH GRUR 1985, 1041/1047 – Inkasso-Programm; BAG GRUR 1984, 429/431 – Statikprogramme; OLG Karlsruhe GRUR 1983, 300/306 – Inkasso-Programm; Dreier/*Schulze*[3] § 2 Rdnr. 12; *Schack*[4] Rdnr. 158; *Ulmer*[3] § 21 IV 1; *Erdmann* aaO; *ders.* CR 1986, 249/252; *Ulmer/Kolle* GRUR Int. 1982, 489/492 f. mit eingehenden Nachw.; *Kolle* GRUR 1982, 443/451 f.; aA noch LG Mannheim BB 1981, 1543). Der geistige Gehalt muss **im Werk selbst zum Ausdruck kommen,** es reicht nicht aus, dass er sich erst aus zusätzlichen Lehren oder Anweisungen ergibt (BGHZ 39, 306/307 f. – Rechenschieber; BGH GRUR 1959, 251 f. – Einheitsfahrschein; BGHZ 18, 175/177 – Werbeidee; OLG München GRUR 1992, 510/511 – Rätsel; *Schack*[4] Rdnr. 158; *Rehbinder*[15] Rdnr. 148). Dagegen braucht der geistige Gehalt nicht in einer für die Allgemeinheit verständlichen Form zum Ausdruck zu kommen, es genügt, dass er sich Fachleu-

18

§ 2 Geschützte Werke

ten erschließt, etwa bei Verwendung nur diesen verständlicher Zeichen oder Symbole (BGH GRUR 1985, 1041/1046 – Inkasso-Programm; OLG Frankfurt/M GRUR 1983, 753/755 – Pengo; OLG Frankfurt/M WRP 1984, 79/83 – Donkey Kong Junior II; OLG Karlsruhe GRUR 1983, 300/306 – Inkasso-Programm; *v. Gamm* WRP 1969, 96/97).

19 Der geistige Gehalt tritt **bei den einzelnen Werkarten in unterschiedlicher Form** zutage. Bei **Sprachwerken** muss ein durch das Mittel der Sprache ausgedrückter Gedanken- und/oder Gefühlsinhalt vorliegen (vgl. dazu auch BGHZ 18, 175/177 – Werbeidee; BGHZ 39, 306/308 – Rechenschieber; RGZ 143, 412/413). Dieser geistige Inhalt findet seinen Niederschlag und Ausdruck in der Gedankenformung und -führung des dargestellten Inhalts und/oder der geistvollen Form und Art der Sammlung, Einteilung und Anordnung des dargebotenen Stoffs (BGH GRUR 1985, 1041/1047 – Inkasso-Programm; BGH GRUR 1986, 739/740 – Anwaltsschriftsatz; BGH GRUR 1997, 459/460 – CB-infobank I; BGH GRUR 2002, 958/959 – Technische Lieferbedingungen; BGH GRUR 1984, 659/660 – Ausschreibungsunterlagen; BGH GRUR 1982, 37/39 – WK-Dokumentation; BGH GRUR 1998, 916/917 – Stadtplanwerk; BGH GRUR 1999, 923/924 – Tele-Info-CD; *v. Gamm* § 2 Rdnr. 5 mwN; *Ulmer*[3] § 21 IV 1). Dabei ist zu berücksichtigen, dass nach der Rechtsprechung des BGH bei wissenschaftlichen und technischen Werken nicht nur inhaltliche Elemente schutzunfähig sein können, sondern auch der in der Gedankenführung und -formung liegende geistige Gehalt für die Beurteilung der Schutzfähigkeit ausscheiden kann, weil diese Art der Gedankenführung und -formung wissenschaftlich notwendig und üblich ist (BGH GRUR 1985, 1041/1047 – Inkasso-Programm; BGH GRUR 1986, 739/740 – Anwaltsschriftsatz, vgl. näher Rdnr. 57). Bei **Werken der Musik** liegt der geistige Gehalt in der durch Hören erfassbaren Tonfolge (*v. Gamm* § 2 Rdnr. 5; *Erdmann* CR 1986, 249/252), in dem in Tönen ausgedrückten musikalischen Erlebnis, der Stimmung und dem Gefühlswert (*Rehbinder*[15] Rdnr. 175; vgl. auch OLG Düsseldorf GRUR 1978, 640/641 – fahr'n auf der Autobahn: Herausstellen der Monotonie des Fahrens als geistiger Gehalt einer Melodie). Bei **Werken der bildenden Künste** wird der geistige Gehalt mit den Darstellungsmitteln der Kunst durch formgebende Tätigkeit hervorgebracht und ist vorzugsweise durch die Anregung des ästhetischen Gefühls durch Anschauung bestimmt (BGH GRUR 1979, 332/336 – Brombeerleuchte; BGH GRUR 1959, 289/290 – Rosenthal-Vase; OLG Schleswig GRUR 1985, 289/290 – Tonfiguren; OLG Saarbrücken GRUR 1986, 310/311 – Bergmannsfigur; vgl. auch Dreier/*Schulze*[3] § 2 Rdnr. 12; *v. Gamm* § 2 Rdnr. 5; *Ulmer*[3] § 21 IV 1; *Rehbinder*[15] Rdnr. 180; *Erdmann* CR 1986, 249/252). Bei Kunst- und Musikwerken lässt sich der geistige Gehalt auch dahin umschreiben, dass er bestimmt und geeignet sein muss, die Sinne anzuregen und damit auf das durch Auge bzw. Gehör (möglicherweise auch durch den Tast- und Geschmackssinn) vermittelte geschmackliche Empfinden einzuwirken (*Erdmann*, Fs. für v. Gamm, S. 389/399 f.).

3. Wahrnehmbare Formgestaltung

20 Die Werkschöpfung muss eine **Form** angenommen haben, in der sie bereits der **Wahrnehmung durch die menschlichen Sinne zugänglich** geworden ist (BGH GRUR 1985, 1041/1046 – Inkasso-Programm; OLG Karlsruhe GRUR 1983, 300/305/306 – Inkasso-Programm; OLG München ZUM 1989, 588/590; Dreier/*Schulze*[3] § 2 Rdnr. 13; *Wandtke*/Bullinger/*Bullinger*[3] § 2 Rdnr. 19; Fromm/Nordemann/*A. Nordemann*[10] § 2 Rdnr. 23; Dreyer/Kotthoff/Meckel[2], § 2 Rdnr. 33; *v. Gamm* § 2 Rdnr. 8; *Schack*[4] Rdnr. 159; *Rehbinder*[15] Rdnr. 149 f.; *Ulmer*[3] § 21 II; *Erdmann*, Fs. für v. Gamm, S. 389/398 f.; ders. CR 1986, 249/252; Möhring/Nicolini/Ahlberg[2] Rdnr. 44 wollen die wahrnehmbare Formgestaltung nicht zum Werkbegriff, sondern zur Entstehung des Urheberschutzes zählen). Der ungestaltete, noch nicht geäußerte Gedanke ist nicht schutzfähig und bedarf auch keines Schutzes (OLG München ZUM 1989, 588; *Ulmer*[3] § 21 II 1). Eine **körperliche Festlegung** ist **nicht erforderlich**, ebenso wenig braucht es sich um eine **dauerhafte** Festlegung zu handeln (BGHZ 37, 1/7 – AKI; BGH GRUR 1962, 531/533 – Bad auf der Tenne II; KG GRUR 1984, 507/508 – Happening; OLG München ZUM 1989, 588/590; LG München GRUR Int. 1993, 82/83 – Duo Gismonti-Vasconcelos; Dreier/*Schulze*[3] § 2 Rdnr. 13; Fromm/Nordemann/*A. Nordemann*[10] § 2 Rdnr. 23; Wandtke/Bullinger/*Bullinger*[3] § 2 Rdnr. 20; *v. Gamm* § 2 Rdnr. 8; *Schack*[4], Urheber- und Urhebervertragsrecht, Rdnr. 159, 222; *Ulmer*[3] § 21 II 1; *Erdmann*, Fs. für v. Gamm, S. 389/398). Schutzfähig sind daher bereits die schriftlich noch nicht fixierte Rede, das Stegreifgedicht oder das improvisierte Musikstück (LG München GRUR Int. 1993, 82/83 – Duo Gismonti-Vasconcelos; *Erdmann* aaO), ein „Happening" (BGH GRUR 1985, 529 – Happening; KG GRUR 1984, 507/508 – Happening) sowie Werke, die aus sich verändernden oder sich auflösenden Materialien hergestellt sind (*Erdmann* aaO; sa. Rdnr. 147). Die Aufnahme solcher improvisierten Werke auf Bild- oder Tonträger ist deshalb nicht erste Festlegung, sondern bereits Vervielfältigung nach § 16 Abs. 2 (BGH GRUR 1985, 529 – Happening). Auch vorübergehend auf dem Bildschirm erscheinende Computergraphiken und -bilder können schutzfähig sein (Dreier/*Schulze*[3] § 2 Rdnr. 14; sa. *Schlatter* in *Lehmann* [Hrsg.], Rechtsschutz[2], Kap. III Rdnr. 102).

21 Unerheblich ist ferner, ob das Werk durch die menschlichen Sinne unmittelbar oder nur **mittelbar unter Zuhilfenahme technischer Einrichtungen wahrgenommen** werden kann (BGHZ 37, 1/7 – AKI; Dreier/*Schulze*[3] § 2 Rdnr. 13; *Ulmer*[3] § 21 II 1). Ausreichend ist daher die Speicherung auf einem **Datenträger,** und zwar sowohl in **analoger** als auch in **digitaler Form.** Ein durch eine Digital- oder Videokamera aufgenommenes Lichtbild- oder Filmwerk entsteht bereits mit seiner Speicherung in der Kamera (vgl. auch Rdnr. 179). Bei einem mit Hilfe eines Textverarbeitungsprogramms erstellten Sprachwerk oder einer mit einem Bildverarbeitungsprogramm geschaffenen Graphik genügt, da eine dauerhafte Festlegung nicht erforderlich ist (Rdnr. 20), bereits die Wiedergabe auf dem Bildschirm; sie ist unmittelbar durch die menschlichen Sinne wahrnehmbar und stellt gleichzeitig eine Festlegung in digitaler Form dar, die sich mittelbar unter Zuhilfenahme technischer Einrichtungen menschlichen Sinnen wahrnehmbar machen lässt (sa. *Schlatter* in Lehmann [Hrsg.], Rechtsschutz[2], Kap. III Rdnr. 106). Ein Werk ist aber auch bereits die unmittelbar, dh. ohne vorherige Festlegung auf einen Bildträger ausgestrahlte Fernsehaufnahme, die erst durch ein Empfangsgerät sichtbar gemacht werden kann (BGHZ 37, 1/6 f. – AKI). Der Rechtsschutz beginnt in solchen Fällen nicht erst zu dem Zeitpunkt, in dem das Werk von menschlichen Sinnesorganen tatsächlich wahrgenommen wird, sondern bereits dann, wenn es wahrnehmbar gemacht werden kann (BGHZ 37, 1/7 – AKI). Vom Urheberrechtsschutz werden aber nicht die in einem Computerprogramm (etwa bei Textverarbeitungsprogrammen, Bildverarbeitungsprogrammen, Videospielen) angelegten **Gestaltungsmöglichkeiten** geschützt. Was aufgrund solcher Gestaltungsmöglichkeiten entsteht, ist eigene schöpferische Leistung des Programmbenutzers (vgl. auch Rdnr. 13) und nicht eine mit Hilfe technischer Einrichtungen wahrnehmbare Gestaltung des Programmerstellers (dazu Dreier/*Schulze*[3] § 2 Rdnr. 14).

22 Eine **Vollendung des Werks** ist für den Rechtsschutz **nicht erforderlich.** Auch **Vor- und Zwischenstufen** eines Werks wie **Skizzen, Entwürfe** und dgl. sowie **unvollendete Werke** und **Fragmente** sind schutzfähig (BGH GRUR 1985, 1041/1046 – Inkasso-Programm; BGH GRUR 1999, 230/231 – Treppenhausgestaltung; BGH GRUR 2005, 854/856 – Karten-Grundsubstanz; BGHZ 9, 237/241 – Gaunerroman; OLG Düsseldorf GRUR-RR 2008, 117/120 – Engelsfigur; OLG München ZUM 1989, 588/590; OLG Celle GRUR-RR 2001, 225 – Stadtbahnwagen; Dreier/*Schulze*[3] § 2 Rdnr. 15; Wandtke/Bullinger/*Bullinger*[3] § 2 Rdnr. 41; *Dreyer*/Kotthoff/Meckel[2], § 2 Rdnr. 151; *Schack*[4] Rdnr. 159, 169; *Rehbinder*[15] Rdnr. 149; *Ulmer*[3] § 21 II 2; *v. Gamm* § 2 Rdnr. 9). Das ist zwar nur für Werke der bildenden Künste ausdrücklich geregelt (§ 2 Abs. 1 Nr. 4), gilt jedoch für alle Werkarten. Viele Werke entstehen im Rahmen eines **kontinuierlichen Prozesses kreativen Schaffens.** Das gilt beispielsweise für vorher nicht fixierte Reden und Vorträge, für musikalische Improvisationen und Kunstwerke. Es gilt aber auch für die **interaktive Gestaltung,** namentlich bei multimedialen Werken, die durch interaktive Interventionen und Beiträge ihre Gestaltung oder Veränderung erfahren. Stets muss jedoch die Formgebung so weit fortgeschritten sein, dass der geistige Gehalt bereits Gestalt gewonnen hat und die erforderliche Individualität zum Ausdruck bringt (BGHZ 9, 237/241 – Gaunerroman; OLG München GRUR 1956, 432/434 – Solange Du da bist; Dreier/*Schulze*[3] § 2 Rdnr. 15; *Ulmer*[3] § 21 II 1). Skizzen und Entwürfe beispielsweise müssen also die schöpferische Leistung des geplanten Werks bereits erkennen lassen, wenn auch noch nicht in allen Einzelheiten darstellen. Geschützt ist dann das, was in der jeweiligen Vor- oder Zwischenstufe an schöpferischer Leistung zum Ausdruck kommt. Erst später geschaffene Züge des Werks unterliegen dem Schutz noch nicht, andererseits bleibt der Schutz auch für solche schöpferischen Leistungen bestehen, die im späteren Werk nicht mehr zur Ausführung kommen. Wenn auch Vor- und Zwischenstufen später im vollendeten Werk aufgehen, so bleibt ihr Schutz doch dann von Bedeutung, wenn sich die Verletzungshandlung auf die Vor- und Zwischenstufen bezieht oder wenn in den einzelnen Werkstadien unterschiedliche Urheber mitgewirkt haben (vgl. für den Schutz von Vor- und Zwischenstufen bei Computerprogrammen BGH GRUR 1985, 1041/1047 – Inkasso-Programm). Zur Schutzfähigkeit von Ideen vgl. Rdnr. 51 ff.

4. Individualität

23 **a) Begriff und Funktion.** Die Individualität ist das **zentrale Kriterium** des Werkbegriffs. Aus der Voraussetzung der persönlichen Schöpfung in § 2 Abs. 2 ergibt sich, dass das Werk vom

individuellen Geist des Urhebers geprägt sein muss. Es muss sich als Ergebnis seines individuellen geistigen Schaffens darstellen (BGHZ 9, 262/268 – Lied der Wildbahn I), es muss eine persönliche Schöpfung von individueller Ausdruckskraft sein (BGH GRUR 1995, 673/675 – Mauerbilder). Dieses Erfordernis wird mit dem Begriff der **Individualität** zum Ausdruck gebracht. Der Sache nach sind sich Rechtsprechung und hM darüber einig. Schwankungen gibt es nur in der Terminologie, der BGH spricht auch von schöpferischer Eigentümlichkeit (vgl. etwa BGH GRUR 2005, 854/856 – Karten-Grundsubstanz; BGH GRUR 2004, 855/857 – Hundefigur; BGH GRUR 1998, 916/917 – Stadtplanwerk; BGH GRUR 1994, 206/207 f. – Alcolix; BGH GRUR 1991, 449/451 – Betriebssystem; BGH GRUR 1987, 704/705 – Warenzeichenlexika; BGH GRUR 1986, 739/740 – Anwaltsschriftsatz), schöpferischer Eigenart (BGH GRUR 1992, 382/385 – Leitsätze; BGH GRUR 1985, 1041/1047 – Inkasso-Programm; BGH GRUR 1984, 659/661– Ausschreibungsunterlagen; BGH GRUR 1981, 352/353 – Staatsexamensarbeit), oder eigenschöpferischer Prägung (BGH GRUR 2002, 958/960 – Technische Lieferbedingungen; BGH GRUR 1993, 34/36 – Bedienungsanweisung; BGH GRUR 1991, 529/530 – Explosionszeichnungen BGH GRUR 1985, 1041/1047 – Inkasso-Programm), ohne dass dem ein Unterschied in der Sache zukommt (sa. Dreier/*Schulze*[3] § 2 Rdnr. 18; *Erdmann,* Fs. für v. Gamm, S. 389/400; kritisch zum Begriff der schöpferischen Eigentümlichkeit *Schack*[4] Rdnr. 161). Im Merkmal der Individualität manifestiert sich der Zweck des Urheberrechts, die individuelle geistige oder künstlerische Leistung zu schützen und dem Urheber einen angemessenen Anteil an der Verwertung seiner Werke zu sichern (vgl. auch *Haberstumpf,* GRUR-Fs., Rdnr. 27).

24 Die Individualität des Urhebers kann im Werk in sehr unterschiedlichem Maße zutage treten. Sie kann so stark ausgeprägt sein, dass das Werk gewissermaßen den Stempel der Persönlichkeit des Urhebers trägt (*Ulmer*[3] § 19 V 2) und es sich aufgrund seiner Stilmerkmale ohne Weiteres seinem Schöpfer zuordnen lässt. Das ist aber für den Urheberrechtsschutz nicht erforderlich (vgl. auch BTDrucks. 13/781 S. 10); die Individualität kann auch, wie bei der kleinen Münze (dazu Rdnr. 39 ff.), auf ein Minimum beschränkt sein. Dieses unterschiedliche Niveau wird im Allgemeinen als **Gestaltungshöhe** bezeichnet (so etwa BVerfG GRUR 2005, 410 – Laufendes Auge; BGH GRUR 2008, 984/986 – St. Gottfried; BGH GRUR 2008, 693/694 f. – TV-Total; BGH GRUR 2007, 685/687 – Gedichttiteliste I; BGH GRUR 2004, 855/857 – Hundefigur; BGH GRUR 1999, 923 924 – Tele-Info-CD; BGH GRUR 1991, 449/451 – Betriebssystem; BGH GRUR 1990, 669/673 – Bibelreproduktion; BGH GRUR 1983, 377/378 – Brombeer-Muster; OLG Köln GRUR-RR 2002, 265 – Wanderführer; OLG Jena GRUR-RR 2008, 223 – Thumbnails; OLG Rostock GRUR-RR 2008, 1/2 – Urheberrechtsschutz von Webseiten; OLG Jena GRUR-RR 2002, 379 f. – Rudolstädter Vogelschießen; OLG Nürnberg GRUR-RR 2001, 225/227 – Dienstweisung; OLG Hamburg GRUR-RR 2001, 289/290 – Faxkarte; Fromm/Nordemann/*A. Nordemann*[10] § 2 Rdnr. 30; Dreier/*Schulze*[3] § 2 Rdnr. 20; Wandtke/Bullinger/*Bullinger*[3] § 2 Rdnr. 23 ff.; Möhring/Nicolini/*Ahlberg*[2] § 2 Rdnr. 75 f.; *v. Gamm* § 2 Rdnr. 16; *Ulmer*[3] § 25 III 4; *Rehbinder*[15] Rdnr. 152). Auch hier schwankt die Terminologie; man spricht auch von Schöpfungshöhe oder Leistungshöhe (vgl. etwa BGH GRUR 2008, 984/985 f. – St. Gottfried; BGH GRUR 2000, 144/145 – Comic-Übersetzungen II; BGH GRUR 1995, 581/582 – Siberdistel; OLG Rostock GRUR-RR 2008, 1 – Urheberrechtsschutz von Webseiten; OLG Köln GRUR-RR 2007, 263 ff.; KG GRUR-RR 2001, 292 – Bachforelle; *Erdmann/Bornkamm* GRUR 1991, 877/878). Die Gestaltungshöhe gibt also an, in welchem Maß die Individualität im Werk ausgeprägt ist, sie beschreibt den **quantitativen Aspekt** der Individualität (Fromm/Nordemann/*A. Nordemann*[10] § 2 Rdnr. 30; Wandtke/Bullinger/ *Bullinger*[3] § 2 Rdnr. 23; Bullinger/Garbers-von Boehm, GRUR 2008, 24/28).

25 Im Schrifttum ist der **Begriff der Gestaltungshöhe** teilweise **in Frage gestellt** worden, jedenfalls für Bereiche außerhalb der angewandten Kunst. Im UrhG finde sich kein Anhaltspunkt für diesen Begriff; von der angewandten Kunst sei er auf andere Werkarten übertragen und unreflektiert zum generellen Schutzfähigkeitsmerkmal erhoben worden. Auf diese Weise habe er das Tor für die Einführung strengerer Schutzanforderungen bei bestimmten Werkarten geöffnet (*Schricker,* Fs. für Kreile, S. 715; dort auch zur Genese dieses Begriffs; sa. *Schricker* GRUR 1996, 815/817 f.). In der Tat trifft es zu, dass der Gestaltungshöhe keine neben der Individualität selbständige schutzbegründende Funktion zukommt; ist Individualität vorhanden, so braucht die **Gestaltungshöhe nicht** mehr als **zusätzliches Element** hinzuzutreten. Gleichwohl kann es eine Rolle spielen, in welchem Ausmaß die Individualität des Urhebers im Werk zum Ausdruck kommt. Das ist einmal dort der Fall, wo man mit der Rechtsprechung von einer höheren Schutzuntergrenze ausgeht, namentlich also bei Werken der angewandten Kunst (vgl. Rdnr. 34;

zur Rechtsprechung, die auch bei nicht rein literarischen Schriftwerken höhere Anforderungen stellt, vgl. Rdnr. 35). Zum anderen ist Individualität nicht nur als tatbestandliche Voraussetzung des Werkbegriffs schutzbegründend und grenzt damit schutzfähige Werke von nicht schutzfähigen Gestaltungen ab, sondern ihr Grad bestimmt gleichzeitig den **Schutzumfang.** Je stärker die Individualität des Urhebers im Werk vorhanden ist, desto größer ist auch der Schutzumfang (näher Rdnr. 74). Das zeigt sich auch bei der freien Benutzung: Je ausgeprägter die Individualität des benutzten Werkes ist, desto weniger wird es gegenüber dem neugeschaffenen Werk verblassen, umgekehrt wird es um so eher verblassen, je stärker die Individualität des neuen Werks ist (s. dazu § 24 Rdnr. 11). Diese Unterschiede im Grad der im Werk vorhandenen Individualität lassen sich durch den Begriff der Gestaltungshöhe veranschaulichen, die besagt, in welchem Maß ein Werk durch die Individualität seines Urhebers gekennzeichnet ist. Insofern hat die Gestaltungshöhe eine **deskriptive Funktion,** sie beschreibt den **quantitativen Aspekt** der Individualität (Wandtke/Bullinger/*Bullinger*[3] § 2 Rdnr. 23; Bullinger/Garbers-von Boehm, GRUR 2008, 24/28; sa. Fromm/Nordemann/*A. Nordemann*[10] § 2 Rdnr. 30, 38; Dreier/*Schulze*[3] § 2 Rdnr. 20).

b) Inhalt und Beurteilungskriterien. Durch die Individualität unterscheidet sich das urheberrechtlich geschützte Werk von der nicht geschützten **Masse des Alltäglichen,** des Banalen, der sich im üblichen Rahmen haltenden Erzeugnisse. Die **rein handwerkliche oder routinemäßige Leistung,** mag sie auch noch so solide und fachmännisch erbracht sein, trägt nicht den Stempel der Individualität (BGH GRUR 1993, 34/36 – Bedienungsanweisung; BGH GRUR 1991, 449/452 – Betriebssystem; BGH GRUR 1986, 739/741 – Anwaltsschriftsatz; BGH GRUR 1991, 529/530 – Explosionszeichnungen; BGH GRUR 1987, 704/706 – Warenzeichenlexika; BGH GRUR 1985, 1041/1047 – Inkasso-Programm; BGH GRUR 1981, 520/522 – Fragensammlung; BGH GRUR 1981, 267/268 – Dirlada; BGH GRUR 1968, 321/325 – Haselnuß; OLG München GRUR 2008, 337 – Presserechtliches Warnschreiben; OLG Rostock GRUR-RR 2008, 1/2 – Urheberrechtsschutz von Webseiten; OLG Frankfurt MMR 2005, 705; OLG Hamburg GRUR-RR 2003, 33/34 – Maschinenmensch; OLG München GRUR-RR 2002, 281 f. – Conti; OLG Jena GRUR-RR 2002, 380 – Rudolstädter Vogelschießen; KG GRUR-RR 2002, 313/314 – Das Leben, dieser Augenblick; OLG Celle GRUR-RR 2001, 125 – Stadtbahnwagen; OLG Hamburg GRUR 2000, 319/320 – Börsendaten; OLG Köln NJW-RR 2000, 229/230 – Minidress III; OLG Düsseldorf GRUR 1997, 49/50 – Beuys-Fotografien; Fromm/Nordemann/*A. Nordemann*[10] § 2 Rdnr. 24; Möhring/Nicolini/*Ahlberg*[2] § 2 Rdnr. 77; *Schack*[4] Rdnr. 165; *Rehbinder*[15] Rdnr. 151 f.; *Ulmer*[3] § 21 IV 2; *Erdmann,* Fs. für v. Gamm, S. 389/401; *Haberstumpf,* GRUR-Fs., Rdnr. 28; sa. Wandtke/Bullinger/*Bullinger*[3] § 2 Rdnr. 23 ff.); auch die reine Fleißarbeit reicht nicht aus (OLG Hamburg ZUM 1989, 43/45 – Gelbe Seiten; sa. Rdnr. 47). Das bedeutet kein Urteil über die Qualität; auch das schlechte oder kitschige Erzeugnis kann von der Individualität seines Urhebers geprägt sein (OLG München GRUR-RR 2002, 281 – Conti; vgl. näher Rdnr. 45). Aber das, was jeder so machen würde oder was von der Sache her vorgegeben ist, ist eben nicht Ergebnis individuellen Schaffens. Durch die Individualität unterscheidet sich die literarische Darstellung vom alltäglichen Brief (vgl. auch Rdnr. 95), der Vortrag vom belanglosen Gesprächsbeitrag, der künstlerisch gestaltete Gebrauchsgegenstand von der Dutzendware.

Auf die Frage, wieweit eine gestalterische Leistung über das rein Handwerkliche oder Routinemäßige hinausgehen muss, um das Niveau von Individualität zu erreichen, ist das **europäische Recht** nicht ohne Einfluss geblieben (sa. OLG Nürnberg GRUR-RR 2001, 225/227 – Dienstanweisung). In der deutschen Rechtsprechung bestand seit jeher die Tendenz, den Grad der Individualität relativ hoch anzusetzen, insbesondere bei bestimmten Werkarten wie Computerprogrammen, angewandter Kunst und Schriftwerken, die keine rein literarischen Werke sind (dazu Rdnr. 32). Die europäischen Richtlinien sprechen, soweit sie sich mit dem für den Urheberrechtsschutz erforderlichen gestalterischen Leistungsniveau befassen, nicht von einer „persönlichen", sondern von einer „eigenen" geistigen Schöpfung; weitere Kriterien sind dabei nicht anzuwenden (Schutzdauer-Richtlinie Art. 6, 93/98/EWG, ABl. Nr. L 290/9 v. 24. 11. 1993 S. 13; Text der Richtlinie auch in GRUR Int. 1994, 141; Computerprogramm-Richtlinie Art. 1 Abs. 2 S. 3, 91/250/EWG, ABl. Nr. L 122 v. 17. 5. 1991, S. 42; Text der Richtlinie auch in GRUR Int. 1991, 545; Datenbank-Richtlinie Art. 3 Abs. 1, 96/9/EG, ABl. Nr. L 77 v. 27. 3. 1996, S. 20; Text der Richtlinie auch in GRUR Int. 1996, 806). Das nötigt zwar nicht zur Annahme zweier verschiedener Werkbegriffe, nämlich eines deutschen und eines europäischen Werkbegriffs (so aber Dreier/*Schulze*[3] § 2 Rdnr. 23). Es ist aber davon auszugehen, dass das europäische Recht

§ 2 Geschützte Werke

zumindest dahin tendiert, die Gestaltungshöhe niedriger anzusetzen, als das in der deutschen Rechtsprechung bislang der Fall war (näher dazu Rdnr. 33). Dem entsprechend hat der BGH für Computerprogramme und Lichtbildwerke seine früher gestellten hohen Anforderungen an die Gestaltungshöhe bereits aufgegeben (BGH GRUR 1999, 39 – Buchhaltungsprogramm; BGH GRUR 2000, 317/318 – Werbefotos; sa. Rdnr. 33). Zwar erfassen die europäischen Regelungen bisher nur bestimmte Werkarten. Geht man aber davon aus, dass die an die Individualität zu stellenden Anforderungen nicht werkartenabhängig, sondern einheitlich zu bestimmen sind (dazu Rdnr. 32 ff.), so ist im Hinblick auf das europäische Recht das erforderliche Maß an Individualität grundsätzlich niedrig anzusetzen (so auch Dreier/*Schulze*[3] § 2 Rdnr. 32; Schricker in Fs. für Kreile, S. 715/721; sa. OLG Nürnberg GRUR-RR 2001, 225/227 – Dienstanweisung).

28 Unabhängig von den einzelnen Werkarten sind aber für die Bestimmung der Individualität eine Reihe von Kriterien maßgebend. Die Individualität kann sich prinzipiell sowohl aus der **Konzeption** des Werks wie aus seiner **Formgestaltung** ergeben. Seine Ausprägung im Einzelnen erfährt dieser Grundsatz bei den einzelnen Werkarten, die jeweils dort unter dem Stichwort der persönlichen geistigen Schöpfung erörtert werden (vgl. Rdnr. 75 ff.). Es ist jedoch nicht nur auf einzelne Gestaltungsmerkmale abzustellen, sondern es bedarf stets einer sorgfältigen **zusammenfassenden Beurteilung aller gestalterischen Elemente** (BGH GRUR 1981, 520/521 – Fragensammlung; BGH GRUR 1990, 669/673 – Bibelreproduktion; sa. Rdnr. 38; Dreier/*Schulze*[3] § 2 Rdnr. 57, 67; Möhring/Nicolini/*Ahlberg*[2] § 2 Rdnr. 83). Es ist immer das konkrete Werk auf seine Qualifikation als persönliche geistige Schöpfung hin zu überprüfen; eine bestimmte Werkart als solche ist nie urheberrechtsschutzfähig (BGH GRUR 1991, 529/530 – Explosionszeichnungen). Die Beurteilung bemisst sich nach dem Urteil der für die jeweilige Gestaltungsart **einigermaßen vertrauten und aufgeschlossenen Verkehrskreise** (BGH GRUR 1981, 267/268 – Dirlada; Dreier/*Schulze*[3] § 2 Rdnr. 58; Erdmann, Fs. für v. Gamm, S. 389/400 mwN). Maßgeblicher **Zeitpunkt** für diese Beurteilung sind die Verhältnisse zur Zeit der Schöpfung des Werkes (BGH GRUR 1987, 903/905 – Le Corbusier-Möbel; BGH GRUR 1961, 635/638 – Stahlrohrstuhl; OLG Frankfurt/M GRUR 1988, 302/303 – Le Corbusier-Sessel; OLG Köln GRUR 1990, 356 – Freischwinger).

29 Das Vorhandensein von Individualität setzt voraus, dass beim Werkschaffen **Spielraum für die Entfaltung persönlicher Züge** besteht. Was bereits **literarisches oder künstlerisches Gemeingut** ist, kann nicht mehr den Stempel der Individualität tragen. Aber auch wo sich Gestaltung oder Darstellung bereits aus der **Natur der Sache** ergeben oder durch Gesetze der **Zweckmäßigkeit** oder der **Logik** oder durch – auch technische – **Notwendigkeiten** vorgegeben sind, ist individuelles Schaffen nicht möglich (BGH GRUR 1984, 659/661 – Ausschreibungsunterlagen; BGH GRUR 1987, 704/706 – Warenzeichenlexika; BGH GRUR 1991, 130/133 – Themenkatalog; BGH GRUR 1993, 34/35 – Bedienungsanweisung; BGH GRUR 1998, 916/917 – Stadtplanwerk; BGH GRUR 1999, 923/924 – Tele-Info-CD; BGH GRUR 2002, 959/959 – Technische Lieferbedingungen; OLG Köln GRUR 2000, 1022/1023 – Technische Regelwerke; OLG Hamburg GRUR 1989, 501/502 – Sprengzeichnungen; OLG Hamburg ZUM 1989, 43/45 – Gelbe Seiten; OLG Frankfurt/M GRUR 1990, 124/126 – Unternehmen Tannenberg; OLG Hamburg GRUR 2000, 319/321 – Börsendaten; OLG Nürnberg GRUR-RR 2001, 225/227 – Dienstanweisung; OLG Frankfurt MMR 2003, 45/46 – IMS Health; Dreier/*Schulze*[3] § 2 Rdnr. 33; Fromm/Nordemann/*A. Nordemann*[10] § 2 Rdnr. 27; Möhring/Nicolini/*Ahlberg*[2] Rdnr. 70; *Schricker* GRUR 1991, 563/567). Das gilt auch für die Verwendung einer bestimmten **Fachterminologie** oder eines bestimmten Aufbaus bei Sprachwerken. Sind eine bestimmte Ausdrucksweise oder ein bestimmter Aufbau durch Üblichkeit oder Zweckmäßigkeit vorgegeben, so kann deren Verwendung nicht Ausdruck von Individualität sein (BGH GRUR 1981, 352/353 – Staatsexamensarbeit; BGH GRUR 1984, 659/661 – Ausschreibungsunterlagen; BGH GRUR 1986, 739/741 – Anwaltsschriftsatz; BGH GRUR 1991, 130/132 – Themenkatalog; OLG Köln GRUR 2000, 1022/1023 – Technische Regelwerke; OLG Frankfurt/M GRUR 1990, 124/126 – Unternehmen Tannenberg; zum Schutz wissenschaftlicher Werke vgl. auch Rdnr. 61 ff.). Ebenso lässt zB bei der Erstellung logarithmischer Zahlenreihen oder chemischer Formeln das geplante Ergebnis des Schaffens von vornherein keine Variationsmöglichkeiten zu (*Ulmer*[3] § 21 IV 2). In anderen Fällen kann der Raum für die Entfaltung individuellen Schaffens stark eingeschränkt sein, etwa bei der Abfassung alphabetisch geordneter Verzeichnisse (vgl. zB BGH GRUR 1999, 923/924 – Tele-Info-CD; BGH GRUR 1961, 631 – Fernsprechbuch), bei Fahrplänen oder bei Kartenwerken (BGH GRUR 1965, 45 – Stadtplan; BGH GRUR 1987, 360/361 – Werbepläne). Im Bereich der angewandten Kunst kann der Raum für individuelle Gestaltung durch technische Erfordernisse eingeengt sein, beispielsweise

bei der Gestaltung von Büromöbeln durch technische und ergonomische Anforderungen (BGH GRUR 1982, 305/307 – Büromöbelprogramm). Soweit kein Raum für individuelles Schaffen besteht, stellt eine Benutzung durch Dritte auch keine Urheberrechtsverletzung dar (BGH GRUR 1961, 631/633 – Fernsprechbuch; BGH GRUR 1965, 45/47 – Stadtplan; BGH GRUR 1981, 267 – Dirlada).

Umgekehrt können die **Anforderungen** an Individualität und Gestaltungshöhe **niedriger** 30 anzusetzen sein, wenn der **Spielraum für eine individuelle Gestaltung sehr eng** und individuelles Schaffen deshalb besonders schwierig ist, beispielsweise bei Bearbeitungen, bei denen eine enge Anlehnung an Gliederung und Formulierung des Originaltextes sachlich geboten ist (BGH GRUR 1981, 520/521 f. – Fragensammlung), bei der Formulierung von Leitsätzen zu juristischen Entscheidungen, die eine enge Anlehnung an die Entscheidung verlangen (BGH GRUR 1992, 382/385 – Leitsätze) oder bei Karten und Stadtplänen, die gleichfalls nur wenig Raum für individuelle Gestaltung lassen (OLG Frankfurt/M GRUR 1988, 816/817, vgl. auch Rdnr. 211). Dieser Gesichtspunkt spielt vor allem für die Individualität bei Darstellungen wissenschaftlicher oder technischer Art eine Rolle (vgl. Rdnr. 37 und 202), ansonsten werden solche Fälle eher die Ausnahme bilden. Zum Einfluss der niedrigeren Gestaltungshöhe auf den Schutzumfang vgl. Rdnr. 73.

Nach einer Mindermeinung ist Individualität nicht als die im Werk sich niederschlagende Indi- 31 vidualität des Urhebers zu verstehen, sondern als Individualität des Werks im Sinne einer **statistischen Einmaligkeit**. Individualität soll vorliegen, wenn mit hoher Wahrscheinlichkeit kein anderer das gleiche Werk schaffen würde. Diese vom Schweizer Rechtslehrer *Kummer* begründete Auffassung (*Kummer* S. 30 ff.; vgl. auch *Troller*, Festgabe für Kummer, S. 265 ff.) hat, zum Teil mit Varianten, auch in Deutschland Anhänger gefunden (vgl. etwa *Girth* S. 28 ff.; *Hörnig* UFITA 99 [1985] 13/56 f.; *K. Schmidt* UFITA 77 [1976] 1/22 ff.; für das Schweizer Recht *Straub* GRUR Int. 2001, 1/5 ff.). Dagegen sprechen aber die gleichen Bedenken wie gegen *Kummers* These, ein Werk brauche vom Urheber nicht geschaffen, sondern nur präsentiert zu werden (vgl. Rdnr. 16; sa. OLG Hamburg GRUR-RR 2002, 217/218 – CT-Klassenbibliothek). Das Urheberrecht schützt die schöpferische Leistung. Statistische Einmaligkeit kann vorliegen, ohne dass auch nur ein bescheidenes Maß an schöpferischer Leistung erbracht wurde, beispielsweise beim Verspritzen von Farbe (*Ulmer* GRUR 1968, 527/528 f.; Fromm/Nordemann/*A. Nordemann*[10] § 2 Rdnr. 25). Auf dem Weg über die statistische Einmaligkeit könnten auch Gegenstände, denen Gesetzgeber und Rechtsprechung urheberrechtliche Schutzfähigkeit bewusst versagen, zum schutzfähigen Werk werden. Zudem erscheint die zur Begründung der *Kummerschen* These vorgetragene Annahme, das Kriterium der statistischen Einmaligkeit erlaube eine verlässliche Grenzziehung und damit mehr Rechtssicherheit (so zB *Hörnig* UFITA 99 [1985] 13/56), recht zweifelhaft (ebenso *Pakuscher* UFITA 72 [1975] 107/110 f.). Mit Recht wird daher die Auffassung, Individualität sei als statistische Einmaligkeit zu verstehen, ganz überwiegend abgelehnt (Fromm/Nordemann/ *A. Nordemann*[10] § 2 Rdnr. 29; Dreier/*Schulze*[3] § 2 Rdnr. 20; Möhring/Nicolini/*Ahlberg*[2] § 2 Rdnr. 49; *Schack*[4] Rdnr. 162; *Rehbinder*[15] Rdnr. 185; *Ulmer*[3] § 20 I 3; *ders.* GRUR 1968, 527 ff.; weitere Nachweise in der 1. Aufl. Rdnr. 15).

c) Schutzuntergrenze. Das für Urheberrechtsschutz erforderliche Maß an Individualität 32 wird vielfach unterschiedlich hoch angesetzt. Insbesondere die Rechtsprechung hat bei bestimmten Werkarten ein **höheres Schutzniveau** verlangt, namentlich bei Schriftwerken, die keine rein literarischen Werke sind, sondern einem praktischen Gebrauchszweck dienen (dazu Rdnr. 35), bei Sprachwerken wissenschaftlichen und technischen Inhalts (dazu Rdnr. 57), bei Werken der angewandten Kunst (insoweit weitgehend unterstützt durch das Schrifttum, dazu Rdnr. 34) sowie früher bei Computerprogrammen (dazu vor § 69a Rdnr. 2) und Lichtbildwerken (s. zu diesen Differenzierungen auch Dreyer/Kotthoff/Meckel[2], § 2 Rdnr. 104). Dem unterschiedlichen Schutzniveau ist vielfach entgegengehalten worden, dass es nur einen einheitlichen Werkbegriff gebe und deshalb auch die Schutzuntergrenzen einheitlich verlaufen müssten (vgl. etwa Dreier/*Schulze*[3] § 2 Rdnr. 32; *G. Schulze* GRUR 1987, 769/772; Gerstenberg GRUR 1974, 707/710; weitere Nachweise bei *G. Schulze*, Kleine Münze, S. 68 ff. und *D. Reimer* GRUR 1980, 572/574 Fn. 10). Das ist für sich genommen zwar nicht zwingend, weil unterschiedliche Untergrenzen des Schutzes bei verschiedenen Werkarten nicht notwendig einem einheitlichen Werkbegriff widersprechen (vgl. *D. Reimer* GRUR 1980, 572/574; sa. *Engisch*, Fs. für v. Gamm, S. 369 ff.); die Einheitlichkeit des Werkbegriffs wird durch seine Elemente persönliche Schöpfung, geistiger Gehalt, wahrnehmbare Formgestaltung und Individualität (vgl. Rdnr. 9) bestimmt, und es steht der Einheitlichkeit nicht entgegen, dass bei diesen Elementen in

Abhängigkeit von der Werkart zum Teil unterschiedliche Maßstäbe angelegt werden (sa. BGH GRUR 1995, 581/582 – Silberdistel).

33 Das entscheidende **Argument für eine einheitliche Schutzuntergrenze** bildet aber die **europäische Urheberrechtsentwicklung.** Für Werke der Fotografie, Computerprogramme und Datenbankwerke bestimmen die einschlägigen europäischen Richtlinien ausdrücklich, dass zur Bestimmung der Schutzfähigkeit keine anderen Kriterien als das der eigenen geistigen Schöpfung anzuwenden sind (Schutzdauer-Richtlinie Art. 6 [93/98/EWG, ABl. Nr. L 290/9 v. 24. 11. 1993 S. 13; Text der Richtlinie auch in GRUR Int. 1994, 141]; Computerprogramm-Richtlinie Art. 1 Abs. 2 S. 3 [91/250/EWG, ABl. Nr. L 122 v. 17. 5. 1991, S. 42; Text der Richtlinie auch in GRUR Int. 1991, 545]; Datenbank-Richtlinie Art. 3 Abs. 1 [96/9/EG, ABl. Nr. L 77 v. 27. 3. 1996, S. 20; Text der Richtlinie auch in GRUR Int. 1996, 806]). Danach muss es sich bei dem geschützten Werk um „eine eigene geistige Schöpfung des Urhebers" handeln und es sind dabei „keine anderen Kriterien anzuwenden". Der früheren Forderung nach einer überdurchschnittlichen Gestaltungshöhe wurde damit eine Absage erteilt. Beim Erlass von Richtlinien zu weiteren Werkarten sind entsprechende Festlegungen zu erwarten; die Tendenz geht jedenfalls zu einem **einheitlichen europäischen Werkbegriff** mit einheitlicher Schutzuntergrenze (*Walter* in *Lewinski/Walter/Blocher/Dreier/Daum/Dillenz*, Europäisches Urheberrecht, S. 1117). Wenn ein solcher europäischer Werkbegriff zwar Vorrang vor dem nationalen Recht vorerst nur für bestimmte Werkarten hat, so erscheint es doch problematisch, im nationalen Recht ein Muster unterschiedlicher urheberrechtlicher Schutzuntergrenzen aufrechtzuerhalten, das zudem mit fortschreitender europäischer Gesetzgebung jeweils zu ändern wäre. Zumindest tendenziell sollte man sich damit für eine **einheitliche Schutzuntergrenze auch im deutschen Recht** entscheiden (sa. OLG Nürnberg GRUR-RR 2001, 225/227 – Dienstanweisung; eingehend dazu *Loewenheim* GRUR Int. 2004, 765 ff.). Dementsprechend hat der BGH seine früher aufgestellten Grundsätze, nach denen eine besondere Gestaltungshöhe in einem deutlichen Überragen über die durchschnittliche Gestaltungstätigkeit zum Ausdruck kommen müsse (vgl. insb. BGH GRUR 1985, 1041/1048 – Inkassoprogramm), nach Inkrafttreten der europäischen Richtlinien jedenfalls für Computerprogramme und Lichtbildwerke aufgegeben (BGH GRUR 1999, 39 – Buchhaltungsprogramm; BGH GRUR 2000, 317/318 – Werbefotos; weitergehend für wissenschaftliche Werke OLG Nürnberg GRUR-RR 2001, 225/226 – Dienstanweisung; anders noch OLG Köln GRUR 2000, 1022/1023 – Technische Regelwerke). Auch im Schrifttum mehren sich die Stimmen, die die Untergrenze der Schutzfähigkeit bei allen Werkarten niedrig ansetzen wollen (Dreier/*Schulze*[3] § 2 Rdnr. 32; Möhring/Nicolini/*Ahlberg*[2] § 2 Rdnr. 81, 110; Fromm/Nordemann/*A. Nordemann*[10] § 2 Rdnr. 63 für Sprachwerke, Rdnr. 146 für Werke der angewandten Kunst; Wandtke/Bullinger/*Bullinger*[3] § 2 Rdnr. 97 für Werke der angewandten Kunst; *Haberstumpf*, Hdb. des Urheberrechts[2], Rdnr. 105; *ders.* in: Fs. 100 Jahre Grüner Verein, Rdnr. 53 ff., 63; *Schricker* GRUR 1996, 815/818 f.; *ders.* in: Fs. 100 Jahre Grüner Verein, Rdnr. 28 ff.; *ders.* in: Fs. Kreile, S. 715/721; *G. Schulze* in: Fs. 100 Jahre Grüner Verein, Rdnr. 40; *ders.*, Die kleine Münze, S. 132 ff.; *ders.* GRUR 1987, 769/772 f.; *Kuhmann*, Der Schutz der angewandten Kunst im deutschen und amerikanischen Urheberrecht, S. 50; *Wandtke* GRUR 2002, 1/9; *Nordemann/Heise* ZUM 2001, 128/139). Zudem stellt sich die Frage, ob die teilweise höheren Schutzuntergrenzen nicht dazu führen, dass Gestaltungen ungeschützt bleiben, die unter rechtlichen und wirtschaftlichen Gesichtspunkten Schutz verdienen.

34 Insbesondere bei **Werken der angewandten Kunst** gehen Rechtsprechung und die überwiegende Meinung im Schrifttum davon aus, dass eine höhere Schutzuntergrenze gilt. Zur Begründung wird angeführt, dass in diesem Bereich der Urheberrechtsschutz seinen Unterbau durch den Geschmacksmusterschutz findet, dem der Schutz vor allem kunstgewerblicher Gegenstände mit geringem Individualitätsgrad überlassen bleiben könne (BGH GRUR 1995, 581/582 – Silberdistel; BGH GRUR 2000, 144/145 – Comic-Übersetzungen II; BGH GRUR 1983, 377/378 – Brombeer-Muster; BGH GRUR 1979, 332/336 – Brombeerleuchte; BGH GRUR 1974, 669/671 –Tierfiguren; BGH GRUR 1972, 38/39 – Vasenleuchter; BGH GRUR 1967, 315/316 – skai-cubana; BGHZ 50, 340/350 – Rüschenhaube; BGHZ 22, 209/217 – Europapost; KG GRUR-RR 2001, 292/293 – Bachforelle; OLG Hamburg GRUR 2002, 419 – Move; OLG Düsseldorf GRUR-RR 2001, 294/296 – Spannring; OLG Köln ZUM-RD 2009, 603/604 – Kaminofen; LG Köln ZUM-RD 2009, 613/614 – Weißbiergläser; LG Leipzig GRUR 2002, 424 f. – Hirschgewand; *Schack*[4] Rdnr. 202; *Rehbinder*[15] Rdnr. 186; *Ulmer*[3] § 25 III 3; *Erdmann* in Fs. v. Gamm, S. 389/402 f.; *Erdmann/Bornkamm* GRUR 1991, 877/878). Diese höhere Schutzuntergrenze für Werke der angewandten Kunst ist verfassungsrechtlich nicht zu beanstanden (BVerfG GRUR 2005, 410 – Laufendes Auge). Die dafür gegebene Begründung ist allerdings heute insofern nicht mehr überzeugend, als es auch bei Lichtbildwerken und Datenbankwerken einen Unterbau durch den Lichtbildschutz des § 72 und den Datenbankschutz der §§ 87 a ff. gibt, hier aber eine höhere Schutzuntergrenze nicht (mehr) angenommen wird (BGH ZUM 2007, 737/738 – Gedichttiteliste I). Nach seiner Neugestaltung durch das am 1. 7. 2004 in Kraft getretene GeschmMG eignet sich das Geschmacksmusterrecht auch nicht mehr als Unterbau zum Urheberrecht; der Gesetzgeber wollte vielmehr ein eigenständiges gewerbliches Schutzrecht schaffen und den engen Bezug des Geschmacksmusterrechts zum Urheberrecht beseitigen (Amtliche Begründung zum Geschmacksmusterreformgesetz, BT-Drucks. 15/1075 S. 69). Vor allem aber gibt die **europäische Urheberrechtsentwicklung** Anlass, auch bei Werken der angewandten Kunst nicht mehr von einer höheren Schutzuntergrenze auszugehen (vgl. Rdnr. 33). Dass damit Gestaltungen im unteren Bereich urheberrechtlicher Schutzfähigkeit sowohl durch das Urheberrecht als auch durch das Geschmacksmusterrecht geschützt sein können, lässt sich dem nicht entgegenhalten. Es ist anerkannt, dass Urheberrechtsschutz und Geschmacksmusterschutz sich nicht ausschließen, sondern nebeneinander bestehen können (Möhring/Nicolini/*Ahlberg*[2] § 2 Rdnr. 26; Wandtke/Bullinger/*Bullinger*[3] § 2 Rdnr. 98; *Schack*[4] Rdnr. 202; *Rehbinder*[15] Rdnr. 131; *G. Schulze* in: Fs. 100 Jahre Grüner Verein, Rdnr. 40; s. zum Ganzen auch *Koschtial* GRUR 2004, 555).

Darüber hinaus hat der BGH in einer Reihe von Entscheidungen auch bei **Schriftwerken, die keine rein literarischen Werke** (zu rein literarischen Werken vgl. BGH GRUR 2000, 144/145 – Comic-Übersetzungen II) sind, sondern einem praktischen Gebrauchszweck dienen, die Schutzuntergrenze höher angesetzt. Hierzu wurden beispielsweise Bedienungsanleitungen (BGH GRUR 1993, 34/36 – Bedienungsanweisung), Anwaltsschriftsätze (BGH GRUR 1986, 739/740 f. – Anwaltsschriftsatz), Lexika (BGH GRUR 1987, 704/706 – Warenzeichenlexika), Ausschreibungsunterlagen (BGH GRUR 1984, 659/661 – Ausschreibungsunterlagen), ursprünglich auch Computerprogramme (BGH GRUR 1985, 1041/1047 f. – Inkasso-Programm), die freilich heute der Regelung des § 69 a unterliegen, gezählt; auch bei wissenschaftlichem Schrifttum geht der BGH grundsätzlich von einer höheren Schutzuntergrenze aus (vgl. Rdnr. 61 ff.). Bei einem Lehrplan für sozialtherapeutische Fortbildungskurse und bei juristischen Leitsätzen wurden dagegen diese Anforderungen nicht aufgestellt (BGH GRUR 1991, 130/133 – Themenkatalog; BGH GRUR 1992, 382/385 – Leitsätze). Dabei geht der BGH so vor, dass er im Rahmen eines Gesamtvergleichs mit dem Vorbekannten eine graduelle Abstufung vornimmt. Danach sollen die Durchschnittsgestaltung, das rein Handwerksmäßige, Alltägliche und Banale außerhalb jeder Schutzfähigkeit liegen. Es soll aber noch nicht das bloße Überragen des rein Handwerklichen und Alltäglichen ausreichen, sondern die untere Grenze der Urheberrechtsschutzfähigkeit soll erst in einem erheblich weiteren Abstand beginnen; sie soll ein **deutliches Überragen** der Gestaltungstätigkeit gegenüber der Durchschnittsgestaltung erfordern (BGH GRUR 1985, 1041/1047 f. – Inkasso-Programm; BGH GRUR 1986, 739/740 f. – Anwaltsschriftsatz; BGH GRUR 1987, 704/706 – Warenzeichenlexika; BGH 1991, 449/450, 452 – Betriebssystem; BGH GRUR 1993, 34/36 – Bedienungsanweisung; sa. BGH GRUR 1998, 916/918 – Stadtplanwerk; OLG München GRUR 2008, 337 – Presserechtliches Warnschreiben; OLG Düsseldorf NJOZ 2002, 2456; aus dem Schrifttum vgl. vor allem *Erdmann/Bornkamm* GRUR 1991, 877/878; *Erdmann*, Fs. für v. Gamm, S. 389/400 f.). Zur **Begründung** wird vor allem darauf hingewiesen, dass höhere Anforderungen gestellt werden müssten, weil – ebenso wie im Bereich der angewandten Kunst – hier ein weiter Bereich von Formen liege, die jedem zugänglich bleiben müssten (*Erdmann* aaO).

Im Schrifttum ist diese Rechtsprechung auf vielfältige **Kritik** gestoßen (vgl. insb. *Schricker*, GRUR-Fs., Rdnr. 31 ff.; *ders.* Anm. zu OLG Köln EWiR 1989, 1231 f.; Fromm/*Nordemann*/Vinck[9] § 2 Rdnr. 19; Fromm/Nordemann/*A. Nordemann*[10] § 2 Rdnr. 64; Loewenheim/*Axel Nordemann*, Handbuch des Urheberrechts[2], § 9 Rdnr. 22 ff.; *Haberstumpf*, GRUR-Fs., Rdnr. 29 ff.; *Loewenheim* GRUR 1987, 761/766; *ders.* GRUR Int. 2004, 765 ff.; *Katzenberger* GRUR 1990, 94/99 f.). Im Wesentlichen läuft die Kritik darauf hinaus, dass bei einer höheren Schutzuntergrenze für nicht rein literarische Werke zahlreiche Gestaltungen schutzlos bleiben würden, die aus rechtlichen und wirtschaftlichen Überlegungen Schutz verdienen. Dem ist zu folgen. Das bei Werken der angewandten Kunst angeführte Argument, dass es einen Schutz durch das Geschmacksmusterrecht gebe, greift bei Sprachwerken nicht, weil dort einem dem Geschmacksmusterschutz entsprechender Unterbau nicht besteht; ein an sich denkbarer Wettbewerbsschutz bleibt hinter dem Urheberrechtsschutz in vieler Hinsicht zurück. Warum einem praktischen Gebrauchszweck dienende Schriftwerke schutzlos bleiben sollen, wenn sie das Niveau des Vorbekannten nicht deutlich überragen, literarische Werke hingegen nicht, ist schwer einzusehen. Das

Argument, dass höhere Anforderungen gestellt werden müssten, weil hier ein weiter Bereich von Formen liege, die jedem zugänglich bleiben müssten (vgl. Rdnr. 35), hat bei Sprachwerken wenig Überzeugungskraft. Auch bei Sprachwerken, die einem praktischen Gebrauchszweck dienen, ist die Formenvielfalt der Sprache so reich, dass die Gefahr einer Monopolisierung kaum besteht. Wo es aber um einen bestimmten Aufbau oder den Gebrauch einer bestimmten Fachterminologie geht, wird dem bereits durch den Grundsatz Rechnung getragen, dass sich Individualität dort nicht entfalten kann, wo ein solcher Aufbau oder eine solche Terminologie üblich oder zweckmäßig sind (vgl. Rdnr. 29). Ein Freihaltebedürfnis für bestimmte Formen dürfte eher im Bereich der Darstellungen wissenschaftlicher oder technischer Art bestehen; dort aber wird die Schutzuntergrenze gerade nicht höher angesetzt (vgl. Rdnr. 37). Schon das spricht dafür, die Schutzuntergrenze bei Schriftwerken, die einem praktischen Gebrauchszweck dienen, nicht höher anzusetzen als bei rein literarischen Werken. Ausschlaggebend für diese Entscheidung muss aber auch hier die **europäische Urheberrechtsentwicklung** sein, die tendenziell zu einer einheitlich und nicht zu hoch anzusetzenden Schutzuntergrenze führt (dazu Rdnr. 33).

37   Bei **Darstellungen wissenschaftlicher oder technischer Art** wird auch von der Rechtsprechung die Schutzuntergrenze nicht höher angesetzt; der Grundsatz, dass die konkrete Gestaltung das Durchschnittsschaffen deutlich überragen müsse, gilt hier nicht. Vielmehr wird darauf hingewiesen, dass kein zu hohes Maß an eigenschöpferischer Formgestaltung verlangt werden dürfe, weil derartige Darstellungen unter den Schutz des Urheberrechtsgesetzes gestellt seien, obwohl sie regelmäßig einem praktischen Zweck dienten, der den Spielraum für eine individuelle Gestaltung einenge. Es reiche aus, dass eine individuelle, sich vom alltäglichen Schaffen abhebende Geistestätigkeit in der Darstellung zum Ausdruck komme, auch wenn das Maß an individueller Prägung gering sei (BGH GRUR 2002, 958/959 – Technische Lieferbedingungen; BGH GRUR 1998, 916/918 – Stadtplanwerk; BGH GRUR 1993, 34/35 – Bedienungsanweisung; BGH GRUR 1991, 529f. – Explosionszeichnungen; BGH GRUR 1991, 449/452 – Betriebssystem; BGH GRUR 1988, 33/35 – Topographische Landeskarten; BGH GRUR 1987, 360/361 – Werbepläne; OLG Nürnberg GRUR-RR 2001, 225/227 – Dienstanweisung; *Erdmann/Bornkamm* GRUR 1991, 877/879).

38   **d) Gesamteindruck.** Bei der Feststellung, ob diese Schutzvoraussetzungen bei einer Gestaltung vorliegen, sind zwar die einzelnen gestalterischen Elemente daraufhin zu würdigen, ob sie zur Individualität der Gestaltung beitragen. Entscheidend bleibt jedoch der **Gesamteindruck** der Gestaltung (vgl. für Sprachwerke BGH GRUR 1993, 34/36 – Bedienungsanweisung; BGH GRUR 1991, 531 – Brown Girl I; BGH GRUR 1990, 669 – Bibelreproduktion; BGH GRUR 1985, 1041/1047 – Inkasso-Programm; BGH GRUR 1986, 739/740 – Anwaltsschriftsatz; BGH GRUR 1981, 520/521 – Fragensammlung; für Computerprogramme BGH GRUR 1991, 449/450 – Betriebssystem; für Werke der Musik BGH GRUR 1991, 533/535 – Brown Girl II; BGH GRUR 1981, 267/268 – Dirlada; BGH GRUR 1968, 321/325 – Haselnuß; für Werke der bildenden Künste BGH GRUR 2004, 855/856 – Hundefigur; BGH GRUR 1952, 516/517 – Hummelfiguren I; für Bauwerke BGH GRUR 1989, 416f. – Bauaußenkante; für Werke der angewandten Kunst BGH GRUR 1995, 581/582 – Silberdistel; BGH GRUR 1981, 820/822 – Stahlrohrstuhl II; BGH GRUR 1988, 690/692 – Kristallfiguren; für Darstellungen wissenschaftlicher oder technischer Art BGH GRUR 1998, 916/918 – Stadtplanwerk; OLG Nürnberg GRUR-RR 2001, 225/226 – Dienstanweisung; im Schrifttum für alle Werkarten Dreier/*Schulze*[3] § 2 Rdnr. 57, 67; Möhring/Nicolini/*Ahlberg*[2] § 2 Rdnr. 83). Auch wenn die einzelnen Elemente für sich gesehen nur eine geringe Individualität aufweisen, kann sich aus dem Gesamteindruck, der auf dem Zusammenspiel der verschiedenen Elemente beruht, eine ausreichende Individualität ergeben (BGH GRUR 1991, 533/535 – Brown Girl II). Es kann daher zB bei Werken der angewandten Kunst fehlerhaft sein, nicht auf den ästhetischen Gesamteindruck abzustellen, sondern eine getrennte Betrachtung nach Formgestalt und Material vorzunehmen (BGH GRUR 1988, 690/692 – Kristallfiguren).

39   **e) Schutz der kleinen Münze.** An der untersten Grenze der Schutzfähigkeit liegt die sog. kleine Münze. Unter diesem auf *Elster* (Gewerblicher Rechtsschutz, 1921, S. 40) zurückgehenden Begriff versteht man diejenigen Gestaltungen, die bei einem Minimum an Gestaltungshöhe **gerade noch urheberrechtsschutzfähig** sind, also einfache, aber soeben noch geschützte geistige Schöpfungen (BGH GRUR 1995, 581/582 – Silberdistel; BGH GRUR 1981, 267/268 – Dirlada; vgl. zum Begriff auch *G. Schulze*, Kleine Münze, S. 1f.). Beispiele bilden Kataloge, Preislisten, Fernsprechbücher, Sammlungen von Kochrezepten und einfache musikalische Potpourris. Schon das Reichsgericht hielt die kleine Münze für schutzfähig (vgl. zur Entwicklung

Thoms S. 101 ff.; *Schraube* UFITA 61 [1971] 127/130 ff.; *G. Schulze* GRUR 1987, 769/770 ff.) und ging davon aus, dass bei Schriftwerken ein „äußerst geringer Grad" individuellen Schaffens ausreiche (RGZ 81, 120/123). Das UrhG von 1965 wollte hieran nichts ändern (AmtlBegr. BTDrucks. IV/270 S. 38); erst 1995 hat sich der Gesetzgeber wieder für den Schutz der kleinen Münze ausgesprochen (BTDrucks. 13/781 S. 10). Der BGH und die Instanzgerichte haben die reichsgerichtliche Rechtsprechung im Grundsatz fortgeführt (BGH UFITA 51 [1968] 315/318 – Gaudeamus igitur; BGH 1968, 321/324 – Haselnuß; BGH GRUR 1981, 267/268 – Dirlada; BGH GRUR 1988, 810/811 – Fantasy; BGH GRUR 1988, 812/814 – Ein bisschen Frieden; BGH GRUR 1991, 533 – Brown Girl II; BGH GRUR 2000, 144/145 – Comic-Übersetzungen II; BGH GRUR 2005, 860/861 – Fash 2000; sa. BGH GRUR 2007, 685/686 – Gedichttitelliste I; aus der jüngeren instanzgerichtlichen Rechtsprechung vgl. etwa OLG Düsseldorf ZUM-RD 2008, 524/525; OLG Köln GRUR-RR 2007, 263/264 – Arabeske; OLG Hamburg NJOZ 2005, 124/125; OLG Hamburg MMR 2004, 407/408; OLG Frankfurt MMR 2003, 45/46; OLG Jena GRUR-RR 2002, 379/380 – Rudolstädter Vogelschießen; KG GRUR-RR 2001, 292/293 – Bachforelle; OLG Nürnberg GRUR-RR 2001, 225/226 f. – Dienstanweisung; OLG München GRUR-RR 2002, 281 f. – Conti). Während sich bei Schriftwerken eine gewisse Zurückhaltung der Gerichte im Schutz der kleinen Münze beobachten lässt (näher *Loewenheim* GRUR 1987, 761/762), insbesondere der BGH bei Schriftwerken, die keine rein literarischen Werke sind, die Schutzuntergrenze grundsätzlich höher ansetzt und damit einen Schutz der kleinen Münze verneint (vgl. Rdnr. 35), liegt das Hauptanwendungsgebiet der kleinen Münze auf dem Gebiet der Musik, wo neben einfachen Melodien vor allem Bearbeitungen, Potpourris und Arrangements geschützt worden sind (vgl. etwa BGH GRUR 1991, 533/534 – Brown Girl II; LG München I ZUM-RD 2009, 101/107) und bei Darstellungen wissenschaftlicher oder technischer Art (zum Ganzen näher *Loewenheim* GRUR 1987, 761/762 ff.). Bei Werken der angewandten Kunst wird nach der Rechtsprechung und hM im Schrifttum die kleine Münze nicht geschützt, weil hier angesichts des Unterbaus durch den Geschmacksmusterschutz die Schutzuntergrenzen höher liegen (vgl. dazu und zur Kritik an dieser Auffassung Rdnr. 34). Durch europäische Richtlinien vorgeschrieben ist der Schutz der kleinen Münze bei Computerprogrammen (Art. 1 Abs. 3 der Computerprogrammrichtlinie, dazu § 69 a Rdnr. 19), bei Lichtbildwerken (Art. 6 der Schutzdauerrichtlinie, dazu Rdnr. 182) und bei Datenbankwerken (Art. 3 Abs. 1 der Datenbankrichtlinie, dazu § 4 Rdnr. 37).

Der Schutz der kleinen Münze wird ganz überwiegend auch im **Schrifttum** anerkannt, **40** wenngleich dies zum Teil auch mit deutlich restriktiven, allerdings auch mit extensiven Tendenzen geschieht (eingehende Übersicht bei *G. Schulze*, Kleine Münze, S. 62 ff.; *Thoms* S. 117 ff.; sa. Wandtke/Bullinger/*Wandtke*[3] Einl. vor § 1 Rdnr. 4). Gleichwohl ist am Schutz der kleinen Münze immer wieder **Kritik** laut geworden. Bemängelt werden nicht nur die unterschiedlichen Schutzuntergrenzen bei den einzelnen Werkarten (vgl. auch Rdnr. 32), ein offensichtliches Unbehagen resultiert auch daraus, dass das gleiche Gesetz, das Werke der Weltliteratur, Musik und Kunst schützt, auch für den Schutz von Gegenständen wie Merkblättern oder Adressbüchern zuständig sein soll und dass dieser Schutz 70 Jahre post mortem auctoris gewährt wird. Man will zwar die Gegenstände der kleinen Münze nicht schutzlos lassen, meint aber, dieser Schutz solle von anderen Rechtsgebieten, vornehmlich vom Wettbewerbsrecht oder von einem de lege ferenda zu schaffenden Leistungsschutzrecht übernommen werden (vgl. insb. *Rehbinder*[15] Rdnr. 153; *Schack*[4] Rdnr. 261 ff.; *G. Schulze*, Kleine Münze, S. 283 ff.; *ders.* GRUR 1987, 569 ff.; *Thoms* S. 316 ff.; *Köhn* ZUM 1994, 278/285 ff.; *Knöbl* S. 159 ff., 308 ff.; einschränkend auch *Schraube* UFITA 61 [1971] 127/141 ff.; *Hanser-Strecker* S. 46 ff.). Dabei will man sich vielfach an dem Modell orientieren, das die Rechtsprechung für das Verhältnis von Urheberrechtsschutz und Geschmacksmusterschutz entwickelt hat (s. dazu die Nachweise in Rdnr. 159 f.): Urheberrechtsschutz soll nur bei einem deutlichen Überragen der Durchschnittsgestaltung gewährt werden, also in den oberen Bereichen schöpferischer Gestaltung, die kleine Münze soll – parallel zum Geschmacksmusterschutz – durch ein Leistungsschutzrecht geschützt werden, darunter soll dann die Ebene wettbewerbsrechtlichen Leistungsschutzes liegen.

Trotz dieser Kritik ist **am Schutz der kleinen Münze durch das Urheberrecht festzu-** **41** **halten.** Dafür spricht nicht nur die Absicht des Gesetzgebers (vgl. Rdnr. 39), sondern vor allem auch die europäische Rechtsentwicklung, die zumindest bei fotografischen Werken, Datenbanken und Computerprogrammen einen Schutz der kleinen Münze gebietet und ohnehin zu einer Absenkung der Schutzuntergrenzen tendiert (dazu näher Rdnr. 33). Ebenso zu berücksichtigen ist aber auch das auch von den Kritikern anerkannte Schutzbedürfnis für Gestaltungen bescheidenen Niveaus, dem durch einen Wettbewerbsschutz nicht ausreichend Rechnung getragen würde und

§ 2 Geschützte Werke

für das ein Sonderrechtsschutz nicht in Sicht ist (näher dazu *Loewenheim* GRUR 1987, 761/764 ff.; vgl. auch *Schricker,* GRUR-Fs., Rdnr. 27). Die vielfach behauptete Systemwidrigkeit basiert auf einem Verständnis des Urheberrechts als einem Recht der hohen Literatur und reinen Kunst, das angesichts der Schutzfähigkeit von angewandter Kunst, Darstellungen wissenschaftlicher oder technischer Art oder Computerprogrammen auch einfacher Art in vieler Hinsicht nicht mehr der Realität entspricht. Wenn die Rechtsprechung, besonders die des Reichsgerichts, in der Schutzgewährung verschiedentlich zu großzügig gewesen ist, sollten Korrekturen im Einzelfall ansetzen, nicht aber den Urheberrechtsschutz der kleinen Münze zur Gänze verneinen. Bei dieser Sachlage kann auf Urheberrechtsschutz nicht verzichtet werden (Möhring/Nicolini/*Ahlberg*[2] § 2 Rdnr. 78; Dreier/*Schulze*[3] § 2 Rdnr. 4; sa. *Ulmer*[3] § 22 I 3).

III. Unerhebliche Merkmale

1. Neuheit

42   Auf die **objektive Neuheit** der Gestaltung kommt es urheberrechtlich grundsätzlich nicht an (BGH GRUR 1982, 305/307 – Büromöbelprogramm; BGH GRUR 1979, 332/336 – Brombeerleuchte; BGH GRUR 1985, 1041/1047 – Inkasso-Programm; Fromm/Nordemann/ *A. Nordemann*[10] § 2 Rdnr. 26; Dreier/*Schulze*[3] § 2 Rdnr. 17; *Wandtke*/Bullinger/*Bullinger*[3] § 2 Rdnr. 22; *Dreyer*/Kotthoff/Meckel[2], § 2 Rdnr. 75; Möhring/Nicolini/*Ahlberg*[2] § 2 Rdnr. 72; *Schack*[4] Rdnr. 161; *Rehbinder*[15] Rdnr. 57). Das Urheberrecht schützt nicht das neue Ergebnis, sondern das individuelle Schaffen; § 2 Abs. 2 UrhG stellt im Gegensatz zu § 2 Abs. 1 GeschmMG die Neuheit gerade nicht als Schutzvoraussetzung auf. Für den Urheber muss es sich bei seinem Schaffen allerdings um etwas Neues handeln, er darf eine etwa schon vorhandene Gestaltungsform nicht kennen. Anderenfalls würde keine individuelle Schöpfung vorliegen; was jemand von anderer Seite übernimmt, kann nicht Ausdruck seines individuellen Geistes sein (sa. BGH GRUR 2002, 958/960 – Technische Lieferbedingungen). Insofern spricht man davon, dass **subjektive Neuheit** erforderlich ist (Fromm/Nordemann/*A. Nordemann*[10] § 2 Rdnr. 26; Möhring/Nicolini/*Ahlberg*[2] § 2 Rdnr. 72; Wandtke/Bullinger/*Bullinger*[3] § 2 Rdnr. 22; Schricker Anm. zu BGH GRUR 1988, 812/815; G. *Schulze* GRUR 1984, 400/410). Dabei spielt es keine Rolle, ob die Übernahme bewusst oder unbewusst erfolgt, auch die unbewusste Verwendung fremden Geistesgutes ist nicht Ausdruck eigener Individualität (BGH GRUR 1971, 266/268 – Magdalenenarie; BGH GRUR 1988, 810/811 – Fantasy; BGH GRUR 1988, 812/813 f. – Ein bißchen Frieden; *Ulmer*[3] § 2 III; vgl. auch § 23 Rdnr. 31 f.).

43   Dies bedeutet allerdings nicht, dass alles, was für den Urheber subjektiv neu ist, auch schutzfähig wäre. Die **Verwendung literarischen und künstlerischen Gemeinguts** (vgl. dazu auch § 24 Rdnr. 3 ff.) ist nicht schutzfähig, selbst wenn es im Einzelfall dem Nachschaffenden unbekannt gewesen sein sollte. Die Rechtsprechung geht davon aus, dass zwischen Neuheit und schöpferischer Eigentümlichkeit insofern eine gewisse Relation besteht, als einer objektiv vorbekannten Gestaltung keine schöpferische Eigentümlichkeit zuerkannt werden kann (BGH GRUR 1982, 305/307 – Büromöbelprogramm; BGH GRUR 1983, 377/378 – Brombeer-Muster; vgl. auch *v. Gamm* § 2 Rdnr. 15. Möglich, wenn auch selten, bleibt aber die sog. **Doppelschöpfung,** bei der ein Urheber ein bereits bestehendes Werk ein zweites Mal schafft, ohne bewusst oder unbewusst auf das erste Werk zurückzugreifen. In einem solchen Fall beruht die Zweitschöpfung auf der Individualität des Zweitschöpfers; sie wird, wenn auch nicht gegenüber dem Erstschöpfer, urheberrechtlich geschützt und stellt gegenüber dem Erstschöpfer keine Urheberrechtsverletzung dar (vgl. näher § 23 Rdnr. 33 ff.).

2. Zweck der Gestaltung

44   Unerheblich ist, ob das Werk zu einem Zweck bestimmt ist bzw. zu welchem Zweck es bestimmt ist. Das Urheberrecht ist **zweckneutral** (Fromm/Nordemann/*A. Nordemann*[10] § 2 Rdnr. 13; *Wandtke*/Bullinger/*Bullinger*[3] § 2 Rdnr. 29; Dreier/*Schulze*[3] § 2 Rdnr. 47; *v. Gamm* § 2 Rdnr. 6; *Ulmer*[3] § 21 III). Insbesondere kommt es, wie schon die Einbeziehung der angewandten Kunst in Abs. 1 Nr. 4 zeigt, nicht darauf an, ob das Werk neben dem künstlerischen Zweck einem **Gebrauchszweck** dient (so bereits RGZ 121, 357/358 – Rechentabellen; stRspr., vgl. etwa BGHZ 22, 209/214 f. – Europapost; BGHZ 24, 55/62 – Ledigenheim; BGHZ 27, 351/354 – Candida-Schrift; BGH GRUR 1959, 251 – Einheitsfahrschein; BGH GRUR 1959, 289/290 – Rosenthal-Vase; BGH GRUR 1961, 85/87 – Pfiffikus-Dose; BGH

Geschützte Werke §2

GRUR 1961, 635/638 – Stahlrohrstuhl; BGH GRUR 1972, 38/39 – Vasenleuchter; BGH GRUR 1987, 903/904 – Le Corbusier-Möbel; BGH GRUR 1995, 581/582 – Silberdistel; OLG München ZUM 1994, 515/517 – Ohrclip; OLG Frankfurt/M GRUR 1993, 116 – Le Corbusier-Möbel; OLG Frankfurt/M GRUR 1988, 302/303 – Le Corbusier-Sessel; OLG Schleswig GRUR 1985, 289/290 – Tonfiguren; LG Berlin ZUM 2005, 842/843; Dreier/ *Schulze*[3] § 2 Rdnr. 47; Wandtke/Bullinger/*Bullinger*[3] § 2 Rdnr. 29). Auch auf die **gewerbliche Verwertbarkeit** eines Werks kommt es nicht an (BGH GRUR 1986, 739/741 – Anwaltsschriftsatz). Ebenso wenig spielt es eine Rolle, ob bzw. für welche **Adressaten** ein Werk bestimmt ist. Auch Tagebücher, in denen man eigene Empfindungen und Erlebnisse festhalten will, ohne dass sie von anderen gelesen werden sollen, können urheberrechtlich geschützte Werke sein (*Ulmer/Kolle* GRUR Int. 1982, 489/498; vgl. auch BGHZ 15, 249/255 – Cosima Wagner). Zum Urheberrechtsschutz von **Marken** vgl. *Wandtke/Bullinger* GRUR 1997, 573.

3. Qualität und Quantität

Unerheblich für die Werkeigenschaft ist ferner die **literarische, künstlerische oder wissenschaftliche Qualität** einer Gestaltung (BGH GRUR 1959, 289/290 – Rosenthal-Vase; BGH GRUR 1981, 267/268 – Dirlada; OLG München GRUR-RR 2002, 281 – Conti; OLG München GRUR 1990, 674/675 – Forsthaus Falkenau; allg. Ansicht auch im Schrifttum, vgl. zB Möhring/Nicolini/*Ahlberg*[2] § 2 Rdnr. 75; *v. Gamm* § 2 Rdnr. 16; *Ulmer*[3] § 21 IV 2; *Schricker* GRUR 1991, 563/570). Das Gesetz schützt das individuelle geistige Schaffen und stellt nicht die Frage, ob das Ergebnis von gutem oder von schlechtem Geschmack zeugt. Ein solches Urteil unterläge nicht nur historischem Wandel, sondern ließe sich auch in einer pluralistischen Wertvorstellungen verhafteten Gesellschaft allgemeingültig gar nicht treffen. Auch der schlechte Roman, die kitschige Darstellung und die wissenschaftlich fragwürdige Untersuchung sind urheberrechtlich schutzfähig. Das bedeutet allerdings nicht, dass im Urheberrecht auf jedes Werturteil zu verzichten wäre. In Grenzbereichen, insbesondere bei der kleinen Münze (dazu Rdnr. 39), ist eine wertende Beurteilung erforderlich, die danach fragt, welches Maß an schöpferischer Leistung in der Gestaltung zum Ausdruck gekommen ist (*Ulmer* GRUR 1968, 527/529). Ebenso stellt bei der angewandten Kunst die Rechtsprechung eine Wertung an, wenn sie davon ausgeht, dass der ästhetische Gehalt einen solchen Grad erreicht haben muss, dass nach Auffassung der für Kunst empfänglichen und mit Kunstanschauungen einigermaßen vertrauten Kreise von einer künstlerischen Leistung gesprochen werden kann (BGH GRUR 1988, 690/692 – Kristallfiguren; BGH GRUR 1983, 377/378 – Brombeer-Muster; BGH GRUR 1974, 669/671 – Tierfiguren; BGH GRUR 1973, 478/479 – Modeneuheit; OLG Hamburg GRUR 1991, 207/208 – ALF). In diesen Fällen geht es aber nicht um eine Bewertung der literarischen oder künstlerischen Qualität, sondern um die Frage, ob die für die Bejahung von Individualität erforderliche Gestaltungshöhe erreicht worden ist.

45

Grundsätzlich spielt auch der **quantitative Umfang** eines Werkes keine Rolle (BGH GRUR 1991, 449/452 – Betriebssystem; BGH GRUR 1985, 1041/1048 – Inkasso-Programm; OLG Frankfurt/M GRUR 1983, 753/755 – Pengo; OLG Karlsruhe GRUR 1983, 300/306 – Inkasso-Programm; OLG Braunschweig GRUR 1955, 205/206; OLG Stuttgart GRUR 1956, 481/482; Dreier/*Schulze*[3] § 2 Rdnr. 55; Möhring/Nicolini/*Ahlberg*[2] § 2 Rdnr. 75; Wandtke/ Bullinger/*Bullinger*[3] § 2 Rdnr. 27). Auch kürzeste Gebilde können schutzfähig sein, etwa ein aus wenigen Zeilen bestehendes Gedicht. So ist zB vom LG Berlin ein relativ kurzer Werbetext geschützt worden (GRUR 1974, 412 – Werbeprospekt). Eine Untergrenze ergibt sich aber daraus, dass das Werk geistigen Gehalt und Individualität aufweisen muss. Das wird bei aus wenigen Worten oder Noten bestehenden Gebilden meist nicht mehr möglich sein (KG GRUR 1973, 602/604 – Hauptmann-Tagebücher; OLG Hamburg GRUR-RR 2004, 285/286 – Markentechnik; OLG München Schulze OLGZ 134, 4 – Glücksspirale; LG München I GRUR-RR 2007, 226/227; Wandtke/Bullinger/*Bullinger*[3] § 2 Rdnr. 28; *Ulmer*[3] § 22 I 4; *Schricker* in Schricker [Hrsg.], Informationsgesellschaft, S. 30). Bei „Snippets", wie sie von Suchmaschinen geliefert werden, wird es daher an der Schutzfähigkeit meist fehlen (sa. BGH GRUR 2003, 958/961 – Paberboy). Aus diesem Grunde ist zB die Urheberrechtsschutzfähigkeit bei Werbeslogans wie „Hamburg geht zu E..." (OLG Braunschweig GRUR 1955, 205/206) oder „JA ... Jacobi" (OLG Stuttgart GRUR 1956, 481/482) sowie bei der Bezeichnung „Glücksspirale" für eine Fernsehlotterie (OLG München Schulze OLGZ 134, 4 – Glücksspirale) verneint worden. Andererseits ist können auch sehr kurze Gebilde noch die erforderliche Individualität aufweisen, zB Buchstabenschüttler (Anagramme, etwa die Umstellung von „Adolf Hitler" zu „Folterhilda",

46

vgl. KG GRUR 1971, 368/370). Diese Frage spielt auch beim urheberrechtlichen Titelschutz eine Rolle, vgl. dazu Rdnr. 69 ff.

4. Aufwand und Kosten

47 Unerheblich sind ferner Aufwand und Kosten, mit denen eine Leistung erbracht worden ist (BGH GRUR 1985, 1041/48 – Inkasso-Programm; BGH GRUR 1980, 227/231 – Monumenta Germaniae Historica; OLG Hamburg GRUR 2000, 319/320 – Börsendaten; OLG Hamburg ZUM 1997, 145; KG AfP 1997, 924/925; OLG München ZUM 1995, 427/428; KG GRUR 1991, 596/598 – Schopenhauer-Ausgabe; OLG Frankfurt/M GRUR 1983, 753/755 – Pengo; OLG Frankfurt/M WRP 1984, 79/84 – Donkey Kong Junior II; OLG Karlsruhe GRUR 1983, 300/306 – Inkasso-Programm; OLG Hamburg GRUR 1978, 307/308 – Artikelübernahme; OLG Braunschweig GRUR 1955, 205/206; Dreier/*Schulze*[3] § 2 Rdnr. 53; LG Köln MMR 2008, 556/558 – Virtueller Dom in Second Life; Wandtke/Bullinger/*Bullinger*[3] § 2 Rdnr. 26; *Dreyer*/Kotthoff/Meckel[2], § 2 Rdnr. 92). Als urheberrechtliches Werk werden nicht die Investitionen geschützt (etwas anderes gilt für Leistungsschutzrechte, insb. Datenbanken nach § 87 a). Selbst ein erheblicher, langjähriger Zeitaufwand trägt nicht zur Begründung von Urheberrechtsschutz bei (OLG Hamburg ZUM 1989, 43/45 – Gelbe Seiten). Auch der Umstand, dass bei gleicher Aufgabenstellung eine Vielzahl von Werkschaffenden unterschiedliche Gestaltungsformen entwickelt hätte, begründet noch nicht die schöpferische Individualität (BGH GRUR 1985, 1041/1048 – Inkasso-Programm; OLG Frankfurt/M GRUR 1983, 753/755 – Pengo – und WRP 1984, 79/84 – Donkey Kong Junior II; OLG Karlsruhe GRUR 1983, 300/306 – Inkasso-Programm). Denn mit der Verschiedenheit der Entwicklungen ist noch nicht gesagt, dass sie über das rein Handwerkliche hinausgehen und das erforderliche Maß an Gestaltungshöhe aufweisen.

5. Gesetz- und Sittenwidrigkeit

48 Unerheblich ist auch, ob die Herstellung des Werkes gesetz- oder sittenwidrig ist (BGH GRUR 1995, 673/675 – Mauerbilder; Wandtke/Bullinger/*Bullinger*[3] § 2 Rdnr. 31; *Dreyer*/Kotthoff/Meckel[2], § 2 Rdnr. 98; *v. Gamm* § 2 Rdnr. 17). Ein Urheberrecht entsteht auch an Werken, die aus fremdem Material oder an fremdem Eigentum hergestellt werden, zB an auf die Berliner Mauer gemalten Bildern (BGH aaO; Wandtke/Bullinger/*Bullinger*[3] § 2 Rdnr. 32). Der Auffassung, dass bei Werken unsittlichen Inhalts (Verstoß gegen § 184 StGB) kein volles, sondern nur ein auf die Verbotsbefugnisse eingeschränktes Urheberrecht entstehe (so *Rehbinder*[15] Rdnr. 52), ist nicht zu folgen. Das Urheberrecht entsteht, lediglich seine Ausübung ist aufgrund anderer Rechtsvorschriften in einzelnen Befugnissen nicht zulässig.

D. Schutzgegenstand

I. Kein Schutz der Methode des Schaffens

49 Gegenstand urheberrechtlichen Schutzes ist das Werk. **Nicht schutzfähig** ist dagegen die **Methode** des Schaffens, der **Stil,** die **Manier** und die **Technik** der Darstellung (BGHZ 5, 1/4 – Hummel I; BGH GRUR 1970, 250 f. – Hummel III; BGH GRUR 1977, 547/550 – Kettenkerze; BGH GRUR 1988, 690/693 – Kristallfiguren; KG GRUR-RR 2003, 91/92 – Memokartei; OLG München ZUM-RR 2008, 149; OLG München ZUM 1989, 253/254; OLG Hamm GRUR 1980, 287/288 – Prüfungsformular; Dreier/*Schulze*[3] § 2 Rdnr. 45; Fromm/Nordemann/*A. Nordemann*[10] § 2 Rdnr. 233; Möhring/Nicolini/*Ahlberg*[2] § 2 Rdnr. 70; Wandtke/Bullinger/*Bullinger*[3] § 2 Rdnr. 40; *Dreyer*/Kotthoff/Meckel[2], § 2 Rdnr. 50; *v. Gamm* § 2 Rdnr. 11; *Schack*[4] Rdnr. 166; *Rehbinder*[15] Rdnr. 149; *Ulmer*[3] § 21 I; *Erdmann,* Fs. für v. Gamm, S. 389/398; *ders.* GRUR 1996, 550/551). Es würde eine Hemmung der literarischen und künstlerischen Entwicklung bedeuten, wenn Methoden und Stilmittel nicht der allgemeinen Benutzung zugänglich blieben (BGHZ 5, 1/4 – Hummel I). Schutzunfähig sind daher beispielsweise Versformen, Versmaß und -metrik, musikalische Tonskalen und Klangfärbungen, Melodik, Rhythmus und Harmonik, Maltechniken und Pinselführung (*Ulmer*[3] § 21 I), eine Sprache wie Esperanto, eine Schrift wie die Stenographie (*Rehbinder*[15] Rdnr. 149), ebenso die Idee, einen bestimmten Werkstoff (*Erdmann,* Fs. für v. Gamm, S. 389/398) oder bestimmte Darstellungsmittel (BGH

GRUR 1987, 704/705 – Warenzeichenlexika) zu verwenden, zB ein medizinisches Fachbuch mit einem Fragenkatalog zur Arbeitskontrolle zu versehen (BGH GRUR 1981, 520/521 – Fragensammlung) oder Tierfiguren aus Kristallglassteinen zusammenzusetzen (BGH GRUR 1988, 690/693 – Kristallfiguren). Ebenso wenig stellt die Übernahme der Idee, der Technik oder des Stils einer Lampe (KG GRUR 2006, 54 – Bauhaus-Glasleuchte II) oder des Stils, der Manier, der Vorgehensweise oder des Einsatzes einer bestimmten fotografischen Technik (OLG Hamburg ZUM-RD 1997, 217) eine Urheberrechtsverletzung dar. Auch neue Typen des Schaffens wie Lehrbriefe, Kurzkommentare, Hör- und Fernsehspiele sind urheberrechtlichem Schutz nicht zugänglich (*Ulmer*[3] § 21 I; KG GRUR-RR 2003, 91 – Memokartei, zu einer Methode zum systematischen Erlernen des Tastaturschreibens). In der Übereinstimmung solcher Methoden und Stilmittel kann daher keine Urheberrechtsverletzung liegen. Ebenso wenig ist die Art und Weise, zu singen oder zu sprechen, schutzfähig (vgl. dazu OLG Hamburg GRUR 1989, 666 – Heinz Erhardt; ferner den amerikanischen Bette Midler-Fall, US Court of Appeals GRUR Int. 1989, 338 sowie *Schwarz/Schierholz*, Fs. für Kreile, S. 723/733 f.).

Davon abzugrenzen ist die **konkrete Anwendung dieser Methoden in einer bestimmten Werkgestaltung**, die konkrete Ausformung einer Konzeption in einem Werk. Diese Werkgestaltung kann schutzfähig sein (vorausgesetzt es handelt sich um eine persönliche geistige Schöpfung), beispielsweise die konkrete Anwendung bestimmter Ordnungsprinzipien bei Lexika (BGH GRUR 1987, 704/705 – Warenzeichenlexika) oder die konkrete Konzeption eines Registers zu einer Sammlung mittelalterlicher Briefe (BGH GRUR 1980, 227/231 – Monumenta Germaniae Historica). Die Anwendung bekannter Methoden und Stilmittel schließt individuelles Schaffen nicht aus (BGH GRUR 1988, 690/692 – Kristallfiguren; OLG Hamburg GRUR 2002, 419/420 – Move; LG Köln ZUM-RD 2009, 33/36). Das bedeutet aber nicht den Schutz der Methode oder Konzeption als solche, diese können in einer anderen konkreten Ausgestaltung wieder benutzt werden. 50

II. Schutz der Idee

Die bloße **Idee** kann regelmäßig **nicht Gegenstand urheberrechtlichen Schutzes** sein. Abstrakte Gedanken und Ideen müssen prinzipiell im Interesse der Allgemeinheit frei bleiben und können nicht durch das Urheberrechtsgesetz monopolisiert werden (BGH GRUR 1987, 704/706 – Warenzeichenlexika; BGH GRUR 2003, 231/233 – Staatsbibliothek; BGH GRUR 2003, 876/878 – Sendeformat; BGH GRUR 1999, 923/924 – Tele-Info-CD; BGH GRUR 1995, 47/48 – Rosaroter Elefant; BGH GRUR 1991, 449/453 – Betriebssystem; BGH GRUR 1981, 520/521 – Fragensammlung; OLG München ZUM-RD 2008, 149; OLG Hamburg GRUR-RR 2004, 285/286 – Markentechnik; OLG Frankfurt/M GRUR 1992, 699 – Friedhofsmauer; OLG Düsseldorf GRUR 1990, 189/191 – Grünskulptur; OLG München GRUR 1990, 674/675 – Forsthaus Falkenau; OLG Hamburg ZUM 1996, 315/316; OLG Hamburg ZUM 1996, 318; KG GRUR-RR 2002, 313/314 – Das Leben, dieser Augenblick; OLG Köln NJWE-WettbR 2000, 229/230 – Minidress III; OLG Hamburg GRUR-RR 2003, 33/34 – Maschinenmensch; LG München I ZUM 2008, 709/717; LG Düsseldorf ZUM 2007, 559/562; LG Köln ZUM 2004, 853/857 f.; Dreier/*Schulze*[3] § 2 Rdnr. 37; Möhring/Nicolini/*Ahlberg*[2] § 2 Rdnr. 46; Wandtke/*Bullinger*[3] § 2 Rdnr. 19, 39; Dreyer/Kotthoff/Meckel[2], § 2 Rdnr. 51, 150; *Schack*[4] Rdnr. 166; *Erdmann*, Fs. für v. Gamm, S. 389/398; ders. GRUR 1996, 550/551; zum Schutz von Werbeideen vgl. Schricker GRUR 1996, 815; sa. zum Ideenschutz insgesamt *Oechsler* GRUR 2009, 1101). Auch andere Gründe können dem Schutz von Ideen entgegenstehen. So kann ihnen der Schutz auch deswegen zu versagen sein, weil sie sich überhaupt **nicht auf einen urheberrechtlich schutzfähigen Gegenstand beziehen**; beispielsweise sind Ideen zur Verkehrsführung bei Flughäfen nicht schutzfähig (vgl. BGH GRUR 1979, 464/465 – Flughafenpläne), ebenso wenig der Plan, ein Sprachlehrbuch zu schreiben oder sozialpsychologische Untersuchungen anzustellen (KG Schulze KGZ 66, 10). Solange es sich um einen **nicht geäußerten Gedanken** handelt, der lediglich im Geiste des Urhebers existiert, fehlt es auch schon an der erforderlichen wahrnehmbaren **Formgestaltung** (dazu Rdnr. 20). Aber selbst wenn die Idee eine Formgestaltung gefunden hat, etwa in Form einer schriftlichen Notiz oder der Äußerung einem Dritten gegenüber, ermangelt sie meist der für den Werkschutz notwendigen **Individualität**. Viele, selbst Meisterwerken zugrundeliegende Ideen sind schon von vornherein dem **Gemeingut** zuzurechnen, beispielsweise historische Figuren oder Begebenheiten, Gegenstände oder Vorgänge der Natur, alltägliche Ereignisse oder in Literatur oder Kunst schon oft behandel- 51 te Sujets (vgl. zB OLG München GRUR 1956, 432/434 – Solange Du da bist – für „die Darstellung eines Festes mit Krinolinen, Walzer, Uniformen, Fröhlichkeit"). Auch dem Gemeingut nicht zuzurechnende Ideen sind aber regelmäßig zu ungestaltet, zu sehr Gedankensplitter, als dass in ihnen der individuelle Geist des Urhebers zum Ausdruck kommen könnte. Ein Einfall oder Gedanke mag noch so originell sein – ohne nähere Ausformung ist er regelmäßig nicht durch schöpferische Individualität geprägt (in diesem Sinne BGH GRUR 1959, 379/381 – Gasparone; OLG München ZUM 1989, 588/590; OLG Hamburg Schulze OLGZ 190, 9 – Häschenschule; OLG Frankfurt/M GRUR 1979, 466/467 – Glückwunschkarte; vgl. auch KG UFITA 17 [1944] 62 ff. – Wer küßt Madeleine?; BGHZ 18; 175 f. – Werbeidee; BGH GRUR 1981, 520/521 – Fragensammlung). Ist eine Idee bereits zu einer Konzeption weiterentwickelt und bildet mit ihren einzelnen Elementen eine Einheit, die mehr als die Summe ihrer Bestandteile darstellt, so kann sie eine persönliche geistige Schöpfung darstellen (*Schricker* GRUR 2004, 923 ff.; *ders.* GRUR 1996, 815 ff.; aA BGH GRUR 2003, 876/878 – Sendeformat; weitere Nachweise in Rdnr. 187; sa. Rdnr. 116).

52 Die gleichen Grundsätze gelten für das noch ungestaltete **künstlerische Motiv**. Auch dieses kann als solches grundsätzlich nicht Gegenstand urheberrechtlichen Schutzes sein, sondern gewinnt seine individuelle Prägung erst durch die konkrete künstlerische Ausgestaltung (vgl. dazu BGHZ 5, 1/4 – Hummel I; BGH GRUR 1970, 250/251 – Hummel III; BGH GRUR 1977, 547/550 – Kettenkerze; OLG München ZUM-RR 2008, 149; Dreier/*Schulze*[3] § 2 Rdnr. 39; Wandtke/Bullinger/*Bullinger*[3] § 2 Rdnr. 39; *v. Gamm* § 7 Rdnr. 6; *Erdmann,* Fs. für v. Gamm, S. 389/398). Vgl. aber zu fotografischen Motiven Rdnr. 184).

53 Anders ist es dagegen, wenn sich **Idee oder Motiv bereits zu einer Fabel oder Skizze verdichtet** haben. Diese bieten Raum für die Entfaltung schöpferischer Individualität, so dass bereits eine schutzfähige Gestaltung vorliegen kann (KG GRUR-RR 2002, 313/314 – Das Leben, dieser Augenblick; Dreier/*Schulze*[3] § 2 Rdnr. 37; *Ulmer*[3] § 21 II 2). Zum Schutz von Skizzen, Entwürfen und dgl. vgl. auch Rdnr. 22.

III. Form und Inhalt

54 Eine alte Kontroverse betrifft die Frage, ob **Gegenstand des Urheberschutzes nur die Form eines Werks oder auch dessen Inhalt** sein kann. Zwar stellt sich bei manchen Werkarten diese Frage nicht, weil Form und Inhalt untrennbar miteinander verknüpft sind; vor allem bei Werken der Musik, der Lyrik und der abstrakten bildenden Kunst ist dies der Fall (*Ulmer*[3] § 19 III; näher *Weissthanner* S. 38 f.). In anderen Fällen lassen sich dagegen Form und Inhalt jedenfalls schwerpunktmäßig unterscheiden, insbesondere lässt sich bei Romanen, Erzählungen und dgl. sowie deren Verfilmungen der Inhalt (Handlungsablauf) von dessen Darstellung trennen; ebenso kann man bei Schriftwerken und Darstellungen wissenschaftlicher und technischer Art zwischen Darstellungsinhalt und Darstellungsform unterscheiden. Abgrenzungsschwierigkeiten und Überschneidungen sind freilich die Regel, eine brauchbare Grenzziehung ist – soweit sie überhaupt möglich ist – bislang nicht gelungen (vgl. auch Dreier/*Schulze*[3] § 2 Rdnr. 43; *Haberstumpf,* GRUR-Fs., Rdnr. 14 ff.). Diese Kontroverse spielt vor allem beim Schutz wissenschaftlicher Werke (dazu näher Rdnr. 61 ff.) eine Rolle, aber auch dann, wenn ein Werk lediglich in seinem Inhalt, nicht aber in seiner Form übernommen wird, beispielsweise wenn der Inhalt eines Bühnenstücks einem anderen Stück in geänderter Fassung zugrunde gelegt wird (KG GRUR 1926, 441 ff. – Alt-Heidelberg – Jung-Heidelberg) oder wenn zu einem Roman ein Fortsetzungsroman geschrieben wird (BGH GRUR 1999, 984 – Laras Tochter).

55 Das **ältere Schrifttum** ging davon aus, dass ein Werk nur in seiner Form, nicht dagegen in seinem Inhalt Gegenstand des Urheberschutzes sein könne (vgl. vor allem *Kohler,* Urheberrecht an Schriftwerken und Verlagsrecht, 1907, S. 128; *de Boor,* Urheberrecht und Verlagsrecht, 1917, S. 73; Einzelheiten und weitere Nachweise bei *Ulmer*[3] § 19 II). Begründet wurde dies mit dem Prinzip der Freiheit der Gedanken und Lehren. Das den Inhalt eines Werks bildende Gedankengut müsse der Allgemeinheit zugänglich bleiben, schutzfähig sei lediglich die Form, in der dieses Gedankengut zum Ausdruck gebracht werde. Zur Form wurde allerdings auch die sog. **innere Form** gerechnet (dazu näher *Ulmer*[3] § 19 II; *Rehbinder*[15] Rdnr. 49; *Knap,* Fs. für Troller, S. 117/127, jeweils mwN), mit der sich insbesondere Bearbeitungen erfassen ließen. Die **ältere Rechtsprechung** ist der These von der Schutzunfähigkeit des Werkinhalts im Ergebnis zunächst gefolgt (RGZ 63, 158 ff. – Durchlaucht Radieschen; RGZ 82, 16 ff. – Die lustige Witwe), hat aber bereits in den zwanziger Jahren diese Position wieder aufgegeben und entschieden, dass auch in der Benutzung

des Inhalts eines Werks eine Urheberrechtsverletzung liegen könne (KG GRUR 1926, 441 ff. – Alt-Heidelberg – Jung-Heidelberg; RGZ 121, 65/70 f.; RGZ 143, 412/416).

Heute ist anerkannt, dass jedenfalls im Grundsatz auch **inhaltliche Werkelemente dem Urheberrechtsschutz zugänglich** sind. In der AmtlBegr. zu § 2 heißt es, als persönliche geistige Schöpfungen seien Erzeugnisse anzusehen, die durch ihren Inhalt oder durch ihre Form oder durch die Verbindung von Inhalt und Form etwas Neues und Eigentümliches darstellen (BTDrucks. IV/270 S. 38). Der BGH geht bei Sprachwerken in ständiger Rechtsprechung davon aus, dass die persönliche geistige Schöpfung grundsätzlich sowohl in der Gedankenformung und -führung des dargestellten Inhalts als auch in der besonders geistvollen Form und Art der Sammlung, Einteilung und Anordnung des dargebotenen Stoffs liegen kann (BGH GRUR 2002, 958/959 – Technische Lieferbedingungen; BGH GRUR 1999, 923 – Tele-Info-CD; BGH GRUR 1998, 916/917 – Stadtplanwerk; BGH GRUR 1987, 704/705 – Warenzeichenlexika; BGH GRUR 1980, 227/230 – Monumenta Germaniae Historica; vgl. auch OLG Köln GRUR 2000, 414/415 – GRUR/GRUR Int.; sa. OLG Köln GRUR-RR 2002, 161; OLG Köln GRUR-RR 2002, 265 – Wanderführer; KG GRUR-RR 2002, 313/314 – Das Leben, dieser Augenblick; OLG Düsseldorf NJOZ 2002, 2454/2455; OLG Köln GRUR 2000, 1022/1023 – Technische Regelwerke; OLG Düsseldorf GRUR 1990, 263/265 – Automaten-Spielplan –, wonach die Individualität im Inhalt oder in der Form liegen kann). Bei Romanen sind nicht nur die konkrete Textfassung oder die unmittelbare Formgebung eines Gedankens urheberrechtlich schutzfähig, sondern auch die eigenpersönlich geprägten Bestandteile und formbildenden Elemente des Werkes, die im Gang der Handlung, in der Charakteristik und Rollenverteilung der handelnden Personen, der Ausgestaltung von Szenen und in der „Szenerie" des Romans liegen (BGH GRUR 1999, 984/987 – Laras Tochter; OLG Karlsruhe ZUM 1997, 810/815 f. – Laras Tochter; LG München I ZUM 2008, 709/717; LG München I GRUR-RR 2007, 226/228 – Eine Freundin für Pumuckl; LG Hamburg GRUR-RR 2003, 233/234 – Die Päpstin; LG Hamburg GRUR-RR 2004, 65/66 – Harry Potter; LG Köln ZUM 2004, 853/857; LG Hamburg ZUM 2009, 581; zum Schutz von Romanfiguren s. LG Berlin ZUM 2010, 69/70 f. – Pippi Langstrumpf; sa. KG ZUM 2004, 867/869 – Anna Marx sowie *Rehbinder*, Fs. für Schwarz, S. 163/167 ff.; zur früheren Rechtsprechung vgl. KG GRUR 1926, 441/442 f. – Alt-Heidelberg/Jung-Heidelberg; OLG Karlsruhe GRUR 1957, 395/396 – Trotzkopf; OLG Hamburg Schulze OLGZ 190 S. 9 – Häschenschule; BGH GRUR 1959, 379/381 – Gasparone – zu Bühnenwerken; BGH GRUR 1994, 191 ff. – Asterix-Persiflagen – zu Comic-Serien). Zu den Besonderheiten bei Sprachwerken wissenschaftlichen und technischen Inhalts vgl. Rdnr. 57. Auch im Schrifttum geht man – zum Teil mit Ausnahmen für wissenschaftliche und technische Sprachwerke – von der grundsätzlichen Schutzfähigkeit des Werkinhalts aus (Dreier/*Schulze*[3] § 2 Rdnr. 43; Fromm/Nordemann/*A. Nordemann*[10] § 2 Rdnr. 47 f.; Möhring/Nicolini/*Ahlberg*[2] § 2 Rdnr. 53; Wandtke/*Bullinger*[3] § 2 Rdnr. 38; Dreyer/Kotthoff/*Meckel*[2], § 2 Rdnr. 87; Loewenheim/*Axel Nordemann*, Handbuch des Urheberrechts[2], § 9 Rdnr. 14; *Schack*[4] Rdnr. 160; *Haberstumpf*, Hdb. des Urheberrechts[2] Rdnr. 328; ders., GRUR-Fs., Rdnr. 14 ff.; *Ulmer*[3] § 19 III und IV; *Rehbinder*[15] Rdnr. 51; *Schricker*, GRUR-Fs., Rdnr. 35; ders. in Schricker [Hrsg.], Informationsgesellschaft, S. 33; *Vinck*, Fs. für W. Nordemann, 2004, S. 139 ff.).

Besonderheiten gelten bei **Sprachwerken wissenschaftlichen und technischen Inhalts.** Hier geht die Rechtsprechung davon aus, dass die Gedankenformung und -führung des dargestellten Inhalts für eine persönliche geistige Schöpfung weitgehend ausscheidet und für den Urheberrechtsschutz regelmäßig nur die Form und Art der Sammlung, Einteilung und Anordnung des Materials in Betracht kommt (BGH GRUR 1987, 704/705 – Warenzeichenlexika; BGH GRUR 1986, 739/740 – Anwaltsschriftsatz; BGH GRUR 1985, 1041/1047 – Inkasso-Programm; BGH GRUR 1984, 659/660 – Ausschreibungsunterlagen; BGH GRUR 1981, 520/522 – Fragensammlung; BGH GRUR 1981, 352/353 – Staatsexamensarbeit; BGH GRUR 1994, 39 – Buchhaltungsprogramm; BGH GRUR 1993, 34/36 – Bedienungsanweisung; BGH GRUR 1991, 130/132 – Themenkatalog; OLG Frankfurt/M GRUR 1990, 124/126 – Unternehmen Tannenberg; OLG München ZUM 1995, 427/429; LG Köln GRUR 1993, 901/902 – BGB-Hausarbeit; einschränkend allerdings BGH GRUR 1997, 459/461 – CB-infobank I – insofern, als die Form und Art der Sammlung und Anordnung des dargebotenen Stoffs „vornehmlich" die Individualität begründen soll; ebenso BGH GRUR 2002, 958/959 – Technische Lieferbedingungen, wonach bei der sprachlichen und zeichnerischen Darstellung eines technischen Regelwerks die urheberrechtlich geschützte Leistung „in erster Linie" in der Art der Sammlung, Auswahl, Einteilung und Anordnung des Stoffs liegen könne; nach OLG Köln GRUR 2000, 414/416 – GRUR/GRUR Int. – ist zur Beurteilung der Urheberrechtsfähigkeit eines wissenschaftlichen Schriftwerks „auch und gerade" auf die Formgestaltung zurückzugreifen; sa. OLG Düsseldorf NJW-RR 1998, 116/117 f.). Zur Begründung wird (in den älteren Entscheidungen) meist angeführt, dass die wissenschaftliche Lehre und das wissenschaftliche Ergebnis frei und jedermann zugänglich seien; ihrer Darstellung und Gestaltung fehle, soweit diese aus wissenschaftlichen Gründen in der gebotenen Form notwendig und durch die Verwendung der im fraglichen technischen Bereich üblichen Ausdrucksweise üblich seien, die erforderliche eigenschöpferische Prägung (BGH GRUR 1985, 1041/1047 – Inkasso-Programm; BGH GRUR 1981, 352/353 – Staatsexamensarbeit; BGH GRUR 1981, 520/522 – Fragensammlung). Im Schrifttum ist diese Eingrenzung auf **Kritik** gestoßen, die im wesentlichen darauf hinausläuft, dass es zwar im Interesse der Wissenschaftsfreiheit für den Urheberrechtsschutz wissenschaftlicher Erkenntnisse Grenzen geben müsse, dass aber mit einer Unterscheidung von Form und Inhalt das Problem nicht zu lösen sei und dass es vielmehr auf die konkreten Bedürfnisse der wissenschaftlichen Kommunikation ankomme (vgl. besonders *Schricker*, GRUR-Fs., Rdnr. 43 f.; *Haberstumpf* Hdb. des Urheberrechts[2] Rdnr. 84 ff.; *Hubmann*, Fs. für Uchtenhagen, S. 175 ff.).

58   **Stellungnahme:** Im Grundsatz ist davon auszugehen, dass auch der **Werkinhalt dem Urheberschutz zugänglich** ist. Das bedeutet beispielsweise für Romane oder Theaterstücke, dass nicht nur ihre Form, sondern auch die ihnen zugrundeliegende vom Dichter ersonnene Fabel geschützt ist (so insbesondere BGH GRUR 1999, 984/987 – Laras Tochter –, für die Fabel von „Dr. Schiwago" einschließlich der handelnden Personen und ihrer Schicksale; OLG München ZUM-RD 2010, 37/43; LG Hamburg GRUR-RR 2003, 233/240 – Die Päpstin –, für die Übernahme besonders gestalteter Figuren eines Romans und der ihnen zugewiesenen Rollen in Verbindung mit übergreifenden Handlungssträngen; vgl. ferner OLG München ZUM 1995, 427/429; OLG München GRUR 1956, 432/434 – Solange Du da bist; OLG Hamburg Schulze OLGZ 190, 11 – Häschenschule; OLG Karlsruhe GRUR 1957, 395/396 – Trotzkopf; weitere Nachweise in Rdnr. 56). Bei der Schutzfähigkeit des Werkinhalts sind nur **zwei Einschränkungen** zu machen. Die erste – eigentlich selbstverständliche – Einschränkung ergibt sich daraus, dass nur die **individuell-schöpferische Leistung** geschützt ist. Schutzunfähig sind daher diejenigen Teile des Inhalts, die der Urheber nicht selbst geschaffen, sondern übernommen hat, sei es, dass es sich um freies Gemeingut handelt (dazu § 24 Rdnr. 3 ff.), sei es, dass es sich um fremde Schöpfungen handelt (dazu eingehend *Ulmer*[3] § 19 IV; s. als Beispiel LG München I ZUM 2007, 164, sa. LG München I ZUM 2008, 709/717).

59   Die zweite Einschränkung ergibt sich aus dem **Grundsatz der Freiheit der Gedanken und Lehren.** Die Rücksicht auf die Freiheit des geistigen Lebens fordert es, dass Gedanken und Lehren in ihrem Kern, ihrem gedanklichen Inhalt, in ihrer politischen, wirtschaftlichen oder gesellschaftlichen Aussage, Gegenstand der freien geistigen Auseinandersetzung bleiben, dass ihre Diskussion und Kritik nicht urheberrechtlich untersagt werden kann (Dreier/*Schulze*[3] § 2 Rdnr. 41; zu wissenschaftlichen Forschungsergebnissen vgl. Rdnr. 61 ff.). Das gilt auch dann, wenn sie erst vom Urheber erdacht worden sind (*Ulmer*[3] § 19 I; sa. *Schack*[4] Rdnr. 166). Sie müssen insoweit dem Gemeingut, das allen zur Verfügung steht, zugerechnet werden; der Begriff des Gemeinguts ist insofern ein normativer Begriff (*Ulmer*[3] § 19 IV 1). Aus dem Zweck dieser Einschränkung ergeben sich aber auch ihre Grenzen. Nur der gedankliche Inhalt hat frei zu bleiben, ihre Darstellung bleibt prinzipiell schutzfähig (kann allerdings zB unter dem Gesichtspunkt des Zitatrechts benutzt werden). Politische und wirtschaftliche Programme, Gedanken und Auffassungen allgemeinen Inhalts, weltanschauliche Theorien, Glaubenslehren und dgl. können demzufolge in ihrer Ausformulierung geschützt sein, ihre Thesen bleiben aber der freien Diskussion und Benutzung zugänglich.

60   Bei **Sprachwerken wissenschaftlichen und technischen Inhalts** zwingt der Gesichtspunkt der Freiheit von Gedanken und Lehren nicht dazu, den Schutz des Werkinhalts so weit einzuschränken, dass auch die Gedankenformung und -führung dieses Inhalts für eine persönliche geistige Schöpfung weitgehend ausscheidet (zu dieser Rechtsprechung vgl. Rdnr. 57). Auch soweit im Interesse der Wissenschaftsfreiheit der Urheberrechtsschutz für wissenschaftliche Erkenntnisse zu begrenzen ist (dazu näher Rdnr. 62, 65), bedeutet das noch nicht, dass auch seiner Darstellung und der dabei vorgenommenen Gedankenformung und -führung der Schutz zu versagen ist. Der wissenschaftliche Inhalt und seine Darstellung sind nicht identisch, der Inhalt kann, wie schon die Vielzahl juristischer Lehrbücher zeigt, sehr unterschiedlich dargestellt werden; die befürchtete Monopolisierung in der Darstellung wissenschaftlicher Themen ist nicht zu gewärtigen. Etwas anderes ist es, wenn sich der Autor einer in dem fraglichen Fachgebiet notwendigen oder üblichen Darstellungsweise, insbesondere einer bestimmten Fachterminologie bedient. Dann ist seine Darstellung nicht schutzfähig, weil eine bestimmte Ausdrucksweise oder

ein bestimmter Aufbau durch Notwendigkeit, Üblichkeit oder Zweckmäßigkeit vorgegeben sind und deswegen kein Spielraum für die Entfaltung von Individualität besteht (dazu Rdnr. 29). Das ist aber keine Frage der Schutzfähigkeit des Werkinhalts, sondern ein gesondert zu prüfender Gesichtspunkt, dessen Entscheidung dem Einzelfall vorbehalten bleiben und der nicht dazu führen sollte, mehr oder weniger generell die Gedankenformung und -führung des dargestellten Inhalts bei wissenschaftlichen und technischen Sprachwerken vom Urheberrechtsschutz auszunehmen.

IV. Schutz wissenschaftlicher Werke

61 Dass **wissenschaftliche Werke** dem **Urheberrechtsschutz unterliegen,** ist im Grundsatz unbestritten (vgl. etwa BGH GRUR 1991, 523/525 – Grabungsmaterialien; BGH GRUR 1986, 739/740 – Anwaltsschriftsatz; OLG Nürnberg GRUR-RR 2001, 225/226 – Dienstanweisung; OLG München GRUR 2008, 337 – Presserechtliches Warnschreiben; LG München I GRUR-RR 2008, 74/75 – Biogas Fonds; Dreier/*Schulze*[3] § 2 Rdnr. 26 u. 93; Möhring/Nicolini/*Ahlberg*[2] § 2 Rdnr. 90; Loewenheim/*Axel Nordemann,* Handbuch des Urheberrechts[2], § 9 Rdnr. 16 f.; *Heermann* GRUR 1999, 468/470; vgl. ferner die Nachweise in Rdnr. 57). Strittig ist nur, wo die Grenzen des Schutzes verlaufen. Dabei ist zu berücksichtigen, dass sich hier **verschiedene Problemkreise überlagern,** die in der Diskussion nicht immer klar genug auseinandergehalten werden. Es geht einmal darum, ob es im Interesse der Wissenschaftsfreiheit Grenzen für den Urheberrechtsschutz wissenschaftlicher Erkenntnisse geben muss (dazu Rdnr. 62 ff.). Es geht zweitens um die Frage des Schutzes des Inhalts von Werken (dazu Rdnr. 54 ff.), und zwar insofern, als nach der Rechtsprechung des BGH bei Sprachwerken wissenschaftlichen und technischen Inhalts die Gedankenformung und -führung des dargestellten Inhalts für eine persönliche geistige Schöpfung weitgehend ausscheiden soll (dazu Rdnr. 57). Hiermit ist drittens das Problem verbunden, dass die Benutzung einer in einem bestimmten wissenschaftlichen Bereich üblichen Darstellungsweise, insbesondere einer bestimmten Fachterminologie, nicht individualitätsbegründend sein kann (s. Rdnr. 29 und 60). Viertens spielt in diesen Problemkomplex hinein, dass der BGH bei nicht rein literarischen Werken grundsätzlich von einer höheren Schutzuntergrenze ausgeht (dazu Rdnr. 35).

62 Die Rechtsprechung und die hM im Schrifttum gehen davon aus, dass die **wissenschaftliche Lehre und das wissenschaftliche Ergebnis urheberrechtlich frei** und jedermann zugänglich sind (BGH GRUR 1991, 130/132 – Themenkatalog; BGH GRUR 1985, 1041/1047 – Inkasso-Programm; BGH GRUR 1981, 520/522 – Fragensammlung; BGH GRUR 1981, 352/353 – Staatsexamensarbeit; BGHZ 39, 306/311 – Rechenschieber; BAG GRUR 1984, 429/431; OLG Hamburg GRUR-RR 2004, 285/287 – Markentechnik; OLG Hamburg NJOZ 2003, 2762; OLG Köln GRUR 2000, 1022/1023 – Technische Regelwerke; OLG Frankfurt/M GRUR 1990, 124/126 – Unternehmen Tannenberg; OLG Karlsruhe GRUR 1983, 429/431 – Inkasso-Programm; LG Stuttgart NJOZ 2008, 2776/2777; LG Köln GRUR 1993, 901/902 – BGB-Hausarbeit; Fromm/Nordemann/*A. Nordemann*[10] § 2 Rdnr. 43; Dreier/*Schulze*[3] § 2 Rdnr. 26 u. 93; Wandtke/*Bullinger*[3] § 2 Rdnr. 50; *Ulmer*[3] § 19 III 2; *Schack*[4] Rdnr. 167).

63 Diese grundsätzliche Freiheit wissenschaftlicher Erkenntnisse und Lehren ist allerdings verschiedentlich in Frage gestellt worden. Zwar wird anerkannt, dass wissenschaftliche Lehren und Theorien der freien Auseinandersetzung zugänglich bleiben müssen. Teils versucht man dem dadurch Rechnung zu tragen, dass aus einer (zum Teil wohl extensiven) Anwendung des Zitatrechts nach § 51 Nr. 1, aus den Grenzen des Veröffentlichungsrechts nach § 12 Abs. 2 und aus einer die Bedürfnisse der wissenschaftlichen Auseinandersetzung berücksichtigenden Auslegung des § 24 ein Spielraum zur zustimmungsfreien Benutzung wissenschaftlicher Erkenntnisse gewonnen werden soll (*Haberstumpf,* Zur Individualität wissenschaftlicher Sprachwerke, S. 77 ff.; *ders.,* Hdb. des Urheberrechts[2] Rdnr. 89; *Altenpohl* S. 77 ff., 214 ff.; sa. *Rehbinder*[15] Rdnr. 51). Von anderer Seite werden Einschränkungen des Urheberrechtsschutzes bezüglich der Verwertungsrechte (so *v. Moltke* S. 110 ff., 146 ff.) oder für den Zeitraum nach Veröffentlichung des Werks (so *Plander* UFITA 76 [1976] 25/57 ff.) vorgeschlagen.

64 Überwiegend geht man freilich nicht so weit, sondern tendiert dahin, den **Kern der wissenschaftlichen Aussage,** ihren gedanklichen Inhalt, **vom Urheberrechtsschutz auszunehmen,** ihre individuelle Auswahl, Zusammenstellung, Verknüpfung und Darstellung aber als schutzfähig anzusehen. *Ulmer* hat darauf hingewiesen, dass bei wissenschaftlichen Werken zwar die im Werk enthaltenen Gedanken und Lehren frei seien; dass aber diesen einzelnen Gedanken

die Gedanken in ihrer Fülle und ihrer Beziehung zueinander gegenüberstünden, den Lehren und Theorien die wissenschaftliche Begründung in der Vielheit der gewählten Beispiele, der inneren Bezüge und Schlussfolgerungen. Soweit in wissenschaftlichen Werken Sachverhalte, Gedanken und Lehren zur Darstellung kämen, sei die Individualität der Werke angesichts der Freiheit der einzelnen inhaltlichen Elemente in der Vielheit der Gesichtspunkte, in deren Beziehung zueinander und in der Art ihrer Darstellung, bildlich gesprochen im „Gewebe" des Werkes zu sehen (*Ulmer*[3] § 19 III 2, IV 2; zust. *Reimer* GRUR 1980, 572/578; *Beier/Straus* S. 32; *Schricker*, GRUR-Fs., Rdnr. 37; *ders.* in *Schricker* [Hrsg.], Informationsgesellschaft, S. 33 f.; *Katzenberger* Naturwissenschaften 62 (1975) 555 ff.; im Ergebnis auch *Hubmann*, Fs. für Uchtenhagen, 1987, S. 175/184 f.; zum Schutz des „Gewebes" vgl. allerdings auch BGH GRUR 1991, 449/453 – Betriebssystem). *Schricker* (GRUR-Fs., Rdnr. 43) geht davon aus, dass es im Interesse der Wissenschaftsfreiheit für den Urheberrechtsschutz wissenschaftlicher Erkenntnisse Grenzen geben müsse; die dem wissenschaftlichen Werk zugrundeliegenden oder in ihm entwickelten wissenschaftlichen Entdeckungen, Daten, Lehren und Theorien seien als solche prinzipiell gemeinfrei. Das könne aber keineswegs eine Versagung des Urheberrechtsschutzes für wissenschaftliche Werkinhalte schlechthin bedeuten; mit einer abstrakt-begrifflichen Scheidung von Form und Inhalt sei das Problem nicht zu lösen. Was frei bleiben müsse, sei in einer konkreten Wertung im Lichte der Bedürfnisse der wissenschaftlichen Kommunikation zu bestimmen. Neben der Formgebung sei bei der Beurteilung der Schutzfähigkeit von wissenschaftlichen Werken auch die inhaltliche Verarbeitung der Erkenntnisse, die Gedankenführung, die Art der Sammlung, Auswahl, Einteilung und Anordnung des dargebotenen Stoffes zu berücksichtigen. Komme in der Art, wie die wiedergegebenen Daten und Befunde in einem wissenschaftlichen Werk ausgewählt, abgestimmt, korrigiert, verknüpft, systematisiert und angeordnet werden, eine persönliche geistige Leistung, wenn auch bescheidenen Niveaus, zum Ausdruck, so sei der Urheberrechtsschutz des Werkes zu bejahen, auch wenn die angewendeten Regeln und Lehren und die zugrundeliegenden Befunde und Daten als solche dem Schutz nicht zugänglich seien.

65 **Stellungnahme:** Der allgemeine Grundsatz, dass Gedanken und Lehren in ihrem Kern, in ihrem gedanklichen Inhalt und in ihrer Aussage Gegenstand der freien geistigen Auseinandersetzung bleiben müssen (vgl. Rdnr. 62), gilt auch im wissenschaftlichen Bereich. Gerade hier muss es möglich sein, über gedankliche Inhalte zu diskutieren, sie zu bestätigen oder zu kritisieren. Wissenschaft lebt von Disput und Kontroverse; die Auseinandersetzung mit wissenschaftlichen Lehren und Theorien mit dem Ziel, sie zu verifizieren oder zu falsifizieren, muss ebenso wie ihre Weiterentwicklung im Interesse des wissenschaftlichen und technischen Fortschritts zulässig bleiben. Das Urheberrecht kann dem nicht im Wege stehen; vielmehr ist dieser Kernbereich dem Gemeingut zuzurechnen (vgl. auch Rdnr. 59). **Wissenschaftliche Lehren und Theorien** sind daher **in ihrem Kern, in ihrem gedanklichen Inhalt und in ihrer Aussage gemeinfrei;** die dem wissenschaftlichen Werk zugrundeliegenden oder in ihm entwickelten wissenschaftlichen Entdeckungen, Daten, Lehren und Theorien (vgl. *Schricker,* GRUR-Fs., Rdnr. 63) sind urheberrechtlich nicht geschützt. Ebenso wie im allgemeinen Bereich (vgl. Rdnr. 59) ergeben sich aber auch auf wissenschaftlichem Gebiet die **Grenzen der Gemeinfreiheit** aus ihrem Zweck. Nur soweit es für die wissenschaftliche Kommunikation erforderlich ist, sind wissenschaftliche Lehren und Theorien vom Urheberrechtsschutz ausgeschlossen. Das bedeutet, dass auch die Gedanken in ihrer Fülle und ihrer Beziehung zueinander, die Vielheit der gewählten Beispiele, der inneren Bezüge und Schlussfolgerungen (*Ulmer*[3] § 19 III 2), die inhaltliche Verarbeitung der Erkenntnisse, die Auswahl, Abstimmung, Korrektur, Verknüpfung, Systematisierung und Anordnung der wiedergegebenen Daten und Befunde (*Schricker,* GRUR-Fs., Rdnr. 43; sa. Loewenheim/*Axel Nordemann,* Handbuch des Urheberrechts[2], § 9 Rdnr. 17; *Götting,* Fs. für W. Nordemann, 2004, S. 7/20 ff.) schutzfähig sein können. Wo die Grenzen verlaufen, ist im Einzelfall anhand der Erfordernisse der wissenschaftlichen Kommunikation zu bestimmen (*Schricker* aaO Rdnr. 63).

66 Soweit wissenschaftliche Aussagen und Darstellungen danach nicht vom Urheberrechtsschutz ausgeschlossen sind, kann für die Schutzbegründung nicht nur die Form und Art der Sammlung, Einteilung und Anordnung des Materials in Betracht kommen, sondern es ist auch die von der Rechtsprechung jedenfalls nicht prinzipiell ausgeschlossene (vgl. Rdnr. 57) Gedankenführung und die Formung des dargestellten Inhalts zu berücksichtigen, allerdings generell und nicht nur in Ausnahmefällen. Dabei ist auch im Bereich der Wissenschaft von **keiner höheren Schutzuntergrenze** auszugehen (vgl. dazu Rdnr. 35 f.; für einem Gebrauchszweck dienende wissenschaftliche Werke ausdrücklich OLG Nürnberg GRUR 2002, 607 – Stufenaufklärung nach Weissauer; sa. OLG Nürnberg GRUR-RR 2001, 225/227 – Dienstanweisung). Schutzfähig können also auch

Geschützte Werke § 2

wissenschaftliche Werke der kleinen Münze sein; gerade hier besteht ein erhebliches Schutzbedürfnis (*Schricker*, GRUR-Fs., Rdnr. 34). Allerdings besteht keine Schutzfähigkeit, soweit sich der Autor einer in dem fraglichen Fachgebiet notwendigen oder üblichen Darstellungsweise, insbesondere einer bestimmten **Fachterminologie** bedient. Dann ist seine Darstellung nicht schutzfähig, weil eine bestimmte Ausdrucksweise oder ein bestimmter Aufbau durch Notwendigkeit, Üblichkeit oder Zweckmäßigkeit vorgegeben sind und deswegen kein Spielraum für die Entfaltung von Individualität besteht (vgl. Rdnr. 29 und 60).

V. Schutz von Werkteilen

Auch Teile von Werken sind gegen Verletzungshandlungen geschützt. Voraussetzung für den Schutz ist, dass **der entlehnte Teil** auch für sich genommen **den Schutzvoraussetzungen** des **§ 2 genügt**, also eine persönliche geistige Schöpfung darstellt (BGH GRUR 2009, 403/405 – Metall auf Metall; BGH GRUR 2002, 799/800 – Stadtbahnfahrzeug; BGH GRUR 1999, 923/924 – Tele-Info-CD; BGH GRUR 1989, 419 – Bauaußenkante; BGH GRUR 1988, 533/534 – Vorentwurf II; BGH GRUR 1973, 663 – Wählamt; BGH GRUR 1961, 631/633 – Fernsprechbuch; BGHZ 22, 209/219 – Europapost; BGHZ 28, 234/237 – Verkehrskinderlied; BGHZ 9, 262/266 ff. – Lied der Wildbahn I; OLG Hamburg GRUR-RR 2004, 285/286 – Markentechnik; KG GRUR-RR 2002, 313 – Das Leben, dieser Augenblick; OLG München GRUR-RR 2002, 281 – Conti; OLG Düsseldorf NJOZ 2002, 2454/2458; OLG Köln GRUR 2001, 97/98 – Suchdienst für Zeitungsartikel; OLG Hamburg GRUR 1997, 822/825 – Edgar-Wallace-Filme, OLG München CR 1997, 20; LG Frankfurt/M GRUR 1996, 125 – Tausendmal berührt; sa. EuGH GRUR 2009, 1041 – Infopaq/DDF; BGH GRUR 1990, 218/219 – Verschenktexte; Fromm/Nordemann/*A. Nordemann*[10] § 2 Rdnr. 51; Dreier/*Schulze*[3] § 2 Rdnr. 76; Möhring/Nicolini/*Ahlberg*[2] § 2 Rdnr. 160 f.; Wandtke/Bullinger/*Bullinger*[3] § 2 Rdnr. 42; Dreyer/Kotthoff/Meckel[2], § 2 Rdnr. 37, 90; *Schack*[4] Rdnr. 170; *Ulmer*[3] § 21 V; *Rehbinder*[15] Rdnr. 161). Dabei braucht sich nicht die besondere Eigenart des Werkes als Ganzes in dem Werkteil zu offenbaren, es reicht aus, dass der Werkteil als solcher eine persönliche geistige Schöpfung darstellt (BGHZ 9, 262/268 – Lied der Wildbahn I; BGH GRUR 1961, 631/633 – Fernsprechbuch; OLG Düsseldorf NJW-RR 1998, 116/119). Soweit Werkteile **keine persönliche geistige Schöpfung** darstellen, ist ihre Benutzung urheberrechtlich erlaubt (BGHZ 9, 262/266 – Lied der Wildbahn I; BGH GRUR 1958, 402/404 – Lili Marleen; BGH GRUR 1961, 631/633 – Fernsprechbuch; BGH UFITA 51 (1968) 315/321 – Gaudeamus igitur; BGH GRUR 1972, 143/144 – Biografie: Ein Spiel; BGH GRUR 1981, 267 – Dirlada; OLG Düsseldorf NJOZ 2002, 2454/2458; Möhring/Nicolini/*Ahlberg*[2] § 2 Rdnr. 160).

Soweit der entlehnte Teil eine persönliche geistige Schöpfung darstellt, können **auch kleinste Teile** eines Werks geschützt sein, selbst wenn sie für seinen gedanklichen Inhalt bedeutungslos sind (BGHZ 9, 262/267 – Lied der Wildbahn I; BGH GRUR 1961, 631/633 – Fernsprechbuch; OLG Hamburg NJOZ 2007, 2071/2082 – Kranhäuser; OLG Köln GRUR 2001, 97/98 – Suchdienst für Zeitungsartikel; LG München GRUR-RR 2008, 74/75 – Biogas Fonds; Dreier/*Schulze*[3] § 2 Rdnr. 76; Fromm/Nordemann/*A. Nordemann*[10] § 2 Rdnr. 51; Dreyer/Kotthoff/Meckel[2], § 2 Rdnr. 145; *Schack*[4] Rdnr. 170; *Rehbinder*[15] Rdnr. 161; *Ulmer*[3] § 21 V). Allerdings wird bei ganz kleinen Teilen wie einzelnen Wörtern, Sätzen oder Satzteilen Urheberrechtsschutz meist daran scheitern, dass sie nicht ausreichend Raum für die Entfaltung von Individualität bieten (OLG Hamburg GRUR-RR 2004, 285/286 – Markentechnik, mit Beispielen auf S. 287; allgemein dazu Rdnr. 46; zum Schutz von Werktiteln Rdnr. 70, von Werbesprüchen und Werbeslogans Rdnr. 116, von Werkteilen bei Musikwerken Rdnr. 125). Auf das quantitative oder qualitative Verhältnis des entlehnten Teils zum Werkganzen kommt es nicht an (BGHZ 9, 262/267 – Lied der Wildbahn I; BGHZ 28, 234/237 – Verkehrskinderlied; *Ulmer*[3] § 21 V; anders noch RGZ 116, 292/303; RGZ 144, 75/79, wonach die Entlehnung eines erheblichen Teils des Werks erforderlich sein sollte). Zum Sound-Sampling bei Musikwerken vgl. Rdnr. 128.

VI. Schutz des Werktitels

Der Titel eines Werks ist einerseits Teil des urheberrechtlichen Schaffens, es ist der Name, den der Urheber seinem Werk gibt und mit dem oft schon ein bestimmter Aussagegehalt verbunden ist. Andererseits wird das Werk unter seinem Titel der Öffentlichkeit vorgestellt, der Titel soll das Werk im Geschäftsverkehr kennzeichnen und von anderen Werken unterscheiden.

§ 2   Geschützte Werke

Der Werktitel hat also sowohl einen urheberrechtlichen als auch einen kennzeichenrechtlichen Gehalt. Das wirkt sich auch beim Schutz des Werktitels vor Verletzungen aus. Neben dem **urheberrechtlichen Titelschutz** gibt es den Titelschutz durch das Markengesetz, bei dem es sich um den Schutz eines Titels als **Marke** (§ 3 MarkenG) oder als **geschäftliche Bezeichnung** (Werktitelschutz nach § 5 Abs. 1 und 3 MarkenG, vor dem 1. 1. 1995: § 16 UWG) handeln kann (zum zeichenrechtlichen und wettbewerbsrechtlichen Titelschutz vgl. die 1. Aufl. Rdnr. 38 ff.; s. zum Ganzen auch *Baronikians*, Der Schutz des Werktitels, 2008). Diese Schutzformen stehen selbständig nebeneinander und schließen sich nicht gegenseitig aus. Das regelt nicht nur § 2 MarkenG, sondern es entspricht auch der früheren Rechtsprechung (BGHZ 26, 52/61 – Sherlock Holmes), deren Änderung insoweit durch das Markengesetz nicht beabsichtigt war (AmtlBegr. zum MarkenG, BTDrucks. 12/6581 S. 67). Beim urheberrechtlichen Titelschutz unterscheidet man den **inneren** und den **äußeren Titelschutz**. Beim inneren Titelschutz geht es um den Schutz des Werktitels gegen Änderungen durch den Nutzungsberechtigten (Verleger) bei der Verwertung des Werks, also weitgehend um verlagsrechtliche Fragen (vgl. dazu §§ 39 und 62 UrhG; sa. BGH GRUR 1990, 218/219 – Verschenktexte). Hier ist nur der äußere Titelschutz zu behandeln, dh. der urheberrechtliche Schutz des Werktitels vor einer Benutzung in gleicher oder ähnlicher Form für fremde Werke.

70   **Urheberrechtlicher Titelschutz** wird zwar als **grundsätzlich möglich** anerkannt, im **konkreten Fall** aber mangels Erfüllung der Schutzvoraussetzungen **meist versagt**. In der **Rechtsprechung** hatte zunächst das **KG** in einer Reihe von Entscheidungen Titelschutz gewährt (KG GRUR 1923, 20 f. – Paradies der Damen; KG GRUR 1926, 441/443 – Alt-Heidelberg – Jung-Heidelberg; KG GRUR 1929, 123 – Wien, du Stadt meiner Träume). Das **RG** hielt nach anfänglichem Zögern Titel prinzipiell für schutzfähig, sah aber in keinem Fall die Schutzvoraussetzungen als erfüllt an (RGZ 135, 209/211 ff. – Der Brand im Opernhaus; RG GRUR 1937, 953/954 – Leichte Kavallerie; weitere Nachweise bei *v. Gamm* Rdnr. 42; vgl. zur Rechtsentwicklung auch *Ulmer*[3] § 31 III 2; *Schricker*, Verlagsrecht[3] § 13/§ 39 UrhG Rdnr. 18 f.; eingehend *Röder* S. 116 ff.). Der **BGH** hat die Frage bislang nicht grundsätzlich entschieden, da in keinem der ihm vorgelegten Fälle die Schutzvoraussetzungen vorlagen (vgl. BGHZ 26, 52/60 – Sherlock Holmes; BGH GRUR 1960, 346/347 – Naher Osten; BGHZ 68, 132/134 f. – Der 7. Sinn; BGH GRUR 1990, 218/219 – Verschenktexte). Von den **Instanzgerichten** ist die Möglichkeit urheberrechtlichen Titelschutzes zwar grundsätzlich bejaht, im konkreten Fall aber meist kein Schutz zugebilligt worden (so etwa OLG Nürnberg Schulze OLGZ 9, 12 f. – Texas Bill; OLG München UFITA 22 (1956) 235/236 f. – Der Herrscher; OLG Hamburg GRUR 1956, 475/476 – Bericht einer Siebzehnjährigen; OLG Celle GRUR 1961, 141 – La Chatte; OLG Frankfurt/M UFITA 26 (1958) 105/106 f. – Stunde der Vergeltung; OLG Frankfurt/M Schulze OLGZ 203, 2 – Das bißchen Haushalt; OLG Hamburg Schulze OLGZ 154, 1 f. – Herzen haben keine Fenster; KG Schulze KGZ 55, 20 ff. – Puppenfee; KG Schulze KGZ 58, 8 – Die Nichten der Frau Oberst; OLG Köln UFITA 95 (1983) 344/345 – Film als Film; OLG München Schulze OLGZ 134, 4 – Glücksspirale; OLG München CR 1997, 20, für Überschriften von Paragraphen einer Gesetzessammlung auf CD-ROM; weitere Nachweise bei *Schricker*, Verlagsrecht[3] § 13/§ 39 UrhG Rdnr. 19; *v. Gamm* § 2 Rdnr. 42; *Röder* S. 123). Als urheberrechtlich schutzfähig wurde der Titel „Der Mensch lebt nicht vom Lohn allein" beurteilt (OLG Köln GRUR 1962, 534/535 f.). Auch das **Schrifttum** steht überwiegend auf dem Standpunkt, dass sich urheberrechtlicher Titelschutz zwar nicht grundsätzlich ausschließen lasse, im Regelfall jedoch die Schutzvoraussetzungen nicht erfüllt seien (*Schricker*, Verlagsrecht[3] § 13/§ 39 UrhG Rdnr. 20; *Dreier/Schulze*[3] § 2 Rdnr. 110; *Möhring/Nicolini/Ahlberg*[2] § 2 Rdnr. 162; *Wandtke/Bullinger/Bullinger*[3] § 2 Rdnr. 65; *Fromm/Nordemann/A. Nordemann*[10] § 2 Rdnr. 53; *Fezer*, Markenrecht[3] § 15 MarkenG Rdnr. 179; *v. Gamm* § 2 Rdnr. 42; *Schack*[4] Rdnr. 173; *Jacobs* GRUR 1996, 601/606 f.; *Röder* S. 133 ff.; *Schwedler* S. 84 ff.; *Bappert* GRUR 1949, 189/190 ff.; *G. Schulze*, Kleine Münze, S. 186; *E. M. Gerstenberg* ZUM 1985, 346 ff.; *Nicolini*, Fs. für Günther Wilde, 1970, S. 125/126; *Oelschlägel* S. 48 ff.; noch restriktiver *Ulmer*[3] § 31 III 2; *Deutsch* GRUR 1958, 330 ff.; *Leinveber* GRUR 1963, 464 f.; *v. Hartlieb/Schwarz*[4] Kap. 72 Rdnr. 6; sa. *Reupert* UFITA 125 (1994) 27 ff.; *Schmieder* GRUR 1965, 468 ff. will den Werktitel nach §§ 3 und 4 als „Werk zweiter Hand" schützen).

71   Mit der hM (vgl. die Nachweise in Rdnr. 70) ist davon auszugehen, dass **Urheberrechtsschutz von Werktiteln grundsätzlich möglich** ist. Dabei kommt entweder ein Schutz als selbständiges Sprachwerk oder als Werkteil in Betracht (von dieser Alternative geht auch der BGH aus, auch wenn er noch keine grundsätzliche Position zum Titelschutz bezogen hat, vgl. BGHZ 26, 52/60 – Sherlock Holmes; BGHZ 68, 132/134 – Der 7. Sinn; BGH GRUR 1990,

218/219 – Verschenktexte; sa. *Reupert* UFITA 125 (1994) 27/47 ff.; *Oelschlägel* S. 48 ff., 51 ff.). Das gilt auch, wenn es sich um Titel von Musikwerken oder Werken der bildenden Künste handelt (*Schricker*, Verlagsrecht[3] § 13/§ 39 UrhG Rdnr. 20 spricht hier von „mit dem Werk verbundenen akzessorischen Sprachgebilden"). Sowohl für einen Schutz als selbständiges Werk als auch für einen Schutz als Werkteil (dazu Rdnr. 67 f.) ist aber Voraussetzung, dass der **Werktitel eine persönliche geistige Schöpfung** darstellt (allg. Ansicht, vgl. die Nachweise in Rdnr. 70). Diese Voraussetzung wird, was durch die bisherige Rechtsprechung belegt wird, **nur in Ausnahmefällen erfüllt** sein. Vielen Titeln fehlt die erforderliche Individualität schon deswegen, weil sie rein beschreibender Natur sind, etwa „Sachenrecht" für ein juristisches Lehrbuch. Aber selbst originelle und geistreiche Titel erreichen meist nicht die notwendige Gestaltungshöhe. Auch wenn es für die Schutzfähigkeit auf den quantitativen Umfang eines Sprachgebildes grundsätzlich nicht ankommt (vgl. Rdnr. 46), lassen sich doch in wenigen Worten meist nicht geistiger Gehalt und Individualität im erforderlichen Maß zum Ausdruck bringen (sa. Rdnr. 46; ebenso *Ulmer*[3] § 31 III 2; *Schricker*, Verlagsrecht[3] § 13/§ 39 UrhG Rdnr. 20; *Röder* S. 137; *Reupert* UFITA 125 (1994) 27/45; *Oelschlägel* S. 50). Dem fraglos vorhandenen Schutzbedürfnis für Werktitel ist durch § 5 MarkenG (früher § 16 UWG) ausreichend Rechnung getragen (sa. BGH CR 1998, 5 – Power Point).

Vom Schutz des Wortgebildes als Titel ist dessen **graphische Ausgestaltung** zu unterscheiden. Diese kann, etwa bei Titelbildern, Ornamenten, Vignetten usw. künstlerische Gestaltungshöhe erreichen und ist dann nach Abs. 1 Nr. 4 schutzfähig, außerdem kommt Geschmacksmusterschutz in Betracht (*Schricker*, Verlagsrecht[3] § 13/§ 39 UrhG Rdnr. 20; *v. Gamm* § 2 Rdnr. 43; zum Urheberrechtsschutz von Schriftzeichen vgl. Rdnr. 172). Geschützt ist dann aber nur die bildliche Ausgestaltung des Titels, nicht dagegen die Wortfolge. **72**

E. Schutzumfang

Der Schutzumfang von Urheberrechten bestimmt sich gegenständlich, räumlich und zeitlich. **73** Der gegenständliche Schutzbereich ist durch die dem Urheber gewährten positiven Benutzungs- und negativen Verbietungsrechte vorgegeben, für den räumlichen Schutzbereich ist das Territorialitätsprinzip maßgeblich (dazu vor §§ 120 ff. Rdnr. 120 f.), der zeitliche Schutzbereich beginnt mit der Entstehung des schutzfähigen Werkes und endet mit Ablauf der Schutzfrist (§§ 64 ff.). Davon ist hier nicht zu handeln (vgl. näher zum Schutzumfang § 97 Rdnr. 13 ff.). Im Rahmen des § 2 stellt sich aber die Frage nach dem **Einfluss von Individualität und Gestaltungshöhe auf den Schutzumfang** des einzelnen Werkes.

Gegenstand des Urheberrechtsschutzes sind die individuellen Züge eines Werks, nur sie sind **74** vor Benutzung und Nachahmung geschützt (BGH GRUR 1988, 36/38 – Fantasy; BGH GRUR 1988, 812/814 – Ein bißchen Frieden; OLG München ZUM 1989, 588/590; OLG Frankfurt/M GRUR 1990, 124/126 – Unternehmen Tannenberg). Eine **Urheberrechtsverletzung** kann **nur bei Benutzung** individueller, dh. **schöpferischer Werkbestandteile** vorliegen (sa. Rdnr. 67); die Beurteilung der Frage unzulässiger Benutzung setzt daher grundsätzlich die Prüfung voraus, aus welchen Merkmalen sich die Individualität des Werkes ergibt (BGH GRUR 1991, 533/534 – Brown Girl II; BGH GRUR 1988, 810/811 – Fantasy; BGH GRUR 1988, 812/814 – Ein bißchen Frieden; BGH GRUR 1987, 704/705 – Warenzeichenlexika). Dabei wird der **Schutzumfang** eines Werks durch den Grad seiner **Individualität,** dh. durch seine Gestaltungshöhe (dazu Rdnr. 24 f.) **bestimmt** (BGH GRUR 2005, 854/856 – Karten-Grundsubstanz; BGH GRUR 2004, 855/857 – Hundefigur; BGH GRUR 1991, 533/534 – Brown Girl II). Je stärker die Individualität des Urhebers im Werk zum Ausdruck kommt, dh. je größer die Gestaltungshöhe ist (vgl. dazu auch Rdnr. 24), desto größer ist der Schutzumfang; umgekehrt folgt aus einem nur geringen Grad an schöpferischer Eigentümlichkeit auch ein entsprechend enger Schutzumfang bei dem betreffenden Werk (BGH GRUR 1998, 916 – Stadtplanwerk; BGH GRUR 1993, 34/35 – Bedienungsanweisung; BGH GRUR 1991, 449/452 – Betriebssystem; BGH GRUR 1991, 529/530 – Explosionszeichnungen; BGH GRUR 1991, 531 – Brown Girl I; BGH GRUR 1988, 810/812 – Fantasy; BGH GRUR 1988, 812/815 – Ein bißchen Frieden; BGH GRUR 1988, 690/693 – Kristallfiguren; Dreier/*Schulze*[3] § 2 Rdnr. 34). Ein enger Schutzumfang besteht zB dann, wenn der Gestaltungsspielraum durch von der Sache her vorgegebene Darstellungsprinzipien eingeschränkt ist (vgl. dazu auch Rdnr. 29), beispielsweise bei einer durch den Forschungsgegenstand vorgegebenen Gliederung und Fachsprache (BGH GRUR 1981, 352/355 – Staatsexamensarbeit) oder bei einer Darstellung bestimmter historischer Ereignisse (OLG Frankfurt/M GRUR 1990, 124/126 – Unternehmen Tannenberg). Auch bei Darstellungen wissenschaftlicher oder technischer Art, bei denen nach der Rechtsprechung eine geringe Gestaltungshöhe ausreicht (vgl. Rdnr. 202), ist bei entsprechend niedriger Gestaltungshöhe der Schutzumfang vielfach enger. Der unterschiedliche Schutzumfang wirkt sich insbesondere bei der Frage aus, ob eine **freie oder unfreie Benutzung** vorliegt: Es ist der Grad der Individualität des benutzten und des neu geschaffenen Werkes zu berücksichtigen; je ausgeprägter die Individualität des benutzten Werkes ist, desto weniger wird es gegenüber dem neu geschaffenen Werk verblassen, umgekehrt wird es um so eher verblassen, je stärker die Individualität des neuen Werks ist (vgl. näher § 24 Rdnr. 11).

F. Die einzelnen Werkarten

75 In Abs. 1 Nr. 1–7 zählt das Gesetz die wichtigsten Werkarten auf. Wie mit der Formulierung „insbesondere" zum Ausdruck gebracht wird, ist der Katalog **beispielhaft** und nicht abschließend (BGH GRUR 2003, 876/877 – Sendeformat). Neue Werkarten können also hinzutreten (vgl. auch AmtlBegr. BTDrucks. IV/270 S. 37), bisher ist allerdings eher die Tendenz erkennbar geworden, neuartige Gestaltungen einer der in Abs. 1 genannten Werkarten unterzuordnen. Die Urheberrechtsschutzfähigkeit eines Werkes hängt nicht von seiner klaren Einordnung in eine der in Abs. 1 aufgezählten Werkarten ab (BGH GRUR 1985, 529 – Happening). Die **Digitalisierung** von Werken begründet keine neue Werkart. Es wird lediglich die äußere Erscheinungsform des Werkes, die Art seiner Verkörperung oder unkörperlichen Wiedergabe berührt; das Werk als geistige Wesenheit bleibt unverändert (*Schricker* in Schricker [Hrsg.], Informationsgesellschaft, S. 31, 39; *Loewenheim* GRUR 1996, S. 830/831 f.; *ders.*, Fs. für Piper, S. 709/713 f.; *Koch* GRUR 1997, 417; zur Problematik sa. *Dreier* in *Becker/Dreier* [Hrsg.] S. 123/139 f.; offen gelassen in OLG München MMR 1998, 365/367; sa. OLG Rostock GRUR-RR 2008, 1 – Urheberrechtsschutz von Webseiten; OLG Frankfurt GRUR-RR 2005, 299/300 – Online-Stellenmarkt; *Bechtold* GRUR 1998, 18/24; *Zscherpe* MMR 1998, 404). Ein Werk verliert seine Zugehörigkeit zu einer bestimmten Werkart nicht durch die Art der Festlegung; ein Sprachwerk oder Musikwerk bleibt auch bei seiner Festlegung in digitaler Form noch ein Sprach- bzw. Musikwerk.

76 Bei vielen Gestaltungen **treffen mehrere Werkarten zusammen,** etwa bei Opern, Operetten, Musicals oder Liedern (Sprachwerke und Werke der Musik); naturwissenschaftliche Lehrbücher sind Sprachwerke, enthalten aber meist auch Darstellungen wissenschaftlicher oder technischer Art. Jeder dieser Teile ist dann einem gesonderten Schutz nach den für die jeweilige Werkart geltenden Maßstäben zugänglich (BGH GRUR 1993, 34/35 – Bedienungsanweisung). Lassen sich die einzelnen Teile nicht trennen (eine Gestaltung ist zB Sprachwerk und Darstellung wissenschaftlicher oder technischer Art, vgl. zB Rdnr. 209), so ist die Schutzfähigkeit auch hier nach den Maßstäben aller in Frage kommenden Werkarten zu prüfen (*Schricker* GRUR 1991, 563/569). Praktische Bedeutung hat das dann, wenn man der Rechtsprechung folgt, dass bei den jeweiligen Werkarten die Anforderungen an den Grad der Individualität, dh. an die Gestaltungshöhe unterschiedlich sind (vgl. Rdnr. 32 ff.). So kann eine Gestaltung, die nach dieser Ansicht als Werk der angewandten Kunst die dafür erforderliche Gestaltungshöhe (vgl. Rdnr. 34) nicht erreicht, der bei Darstellungen wissenschaftlicher oder technischer Art erforderlichen Gestaltungshöhe (dazu Rdnr. 37) genügen und damit schutzfähig sein. Auch für die Schranken des Urheberrechts (§§ 44a ff.) kann es von Bedeutung sein, welcher Werkart ein Werk zuzuordnen ist.

77 Ein Zusammentreffen mehrerer Werkarten findet sich auch bei **Multimediawerken,** die insofern über bisherige Formen des Zusammentreffens von Werkarten noch hinausgehen, als alle Bestandteile, auch wenn sie verschiedenen Werkarten angehören, im gleichen digitalen Datenformat festgelegt werden (vgl. dazu *Dreier* in *Becker/Dreier* [Hrsg.] S. 123/139). Das gibt aber keinen Anlass, den traditionellen Werkbegriff als Ausgangspunkt für die urheberrechtliche Beurteilung aufzugeben; die Situation ist insofern im Grundsatz nicht anders als bei Filmwerken, bei denen gleichfalls mehreren Werkarten zugehörige Werke untrennbar miteinander verschmelzen (LG Köln MMR 2006, 52; *Dreyer/Kotthoff/Meckel*[2], § 2 Rdnr. 273; *Schricker* in Schricker [Hrsg.], Informationsgesellschaft, S. 32; sa. LG Köln ZUM 2005, 910/912; aA *Schack*[4], Urheber- und Urhebervertragsrecht, Rdnr. 217). Ebenso lässt sich der Prozess interaktiver Gestaltung bei Multimediawerken (s. dazu auch Rdnr. 22) durch den traditionellen Werkbegriff erfassen (*Schricker* aaO S. 32 f.). Wenn auch die Digitalisierung als solche den Charakter einer bestimmten Werkart nicht verändert (vgl. Rdnr. 75), so führt doch die Verschmelzung der einzelnen Be-

standteile dazu, dass Multimediawerke regelmäßig nicht mehr einer bestimmten Werkart zugeordnet werden können. Eine Einordnung als Filmwerk (dafür *Hoeren* CR 1994, 390/392) wird den Besonderheiten von Multimediawerken nur zum Teil gerecht, insbesondere bei interaktiver Gestaltung (*Schack*[4], Urheber- und Urhebervertragsrecht, Rdnr. 217; *Schricker* aaO S. 42 f.). Auch eine Einordnung als Sammelwerk oder Datenbank erfasst die Eigenart multimedialer Werke nicht, weil es dort um die in der Auswahl und Anordnung liegende schöpferische Leistung geht (vgl. § 4), das Werk sich aber durch eine darüber hinausgehende, eigenständige Individualität auszeichnet (ebenso *Schricker* aaO S. 41 f.). Keinesfalls handelt es sich um Computerprogramme (LG Köln MMR 2006, 52/55; LG Köln ZUM 2005, 910/915; aA *Koch* GRUR 1995, 459 ff.). Man wird daher bei Multimediawerken wie auch sonst beim Zusammentreffen mehrerer Werkarten (vgl. Rdnr. 76) die Schutzfähigkeit nach den Maßstäben aller in Frage kommenden Werkarten zu prüfen haben (Dreier/*Schulze*[3] § 2 Rdnr. 243; vgl. auch *Loewenheim* GRUR 1996, S. 830/831 f.; *ders.*, Fs. für Piper, S. 709/713 f.; aA Möhring/Nicolini/*Ahlberg*[2] § 2 Rdnr. 42; vom LG München I [CR 2005, 187/88] und OLG Rostock [MMR 2008, 116] wurden Multimediawerke als ähnlich wie Filmwerke geschaffene Werkart eingeordnet; Wiebe/ *Funkat* MMR 1998, 69/74 f. wollen Multimediawerke als Datenbankwerke einordnen). Zweckmäßig wäre eine gesetzliche Regelung, die Multimediawerke ähnlich wie Filmwerke als eigenständige Werkart aufführt oder klarstellt, dass ein Werk auch aus der Verschmelzung unterschiedlichen Werkarten zugehöriger Elemente bestehen kann (dazu näher *Schricker* aaO S. 41 ff., insb. S. 49; Dreier/*Schulze*[3] § 2 Rdnr. 243; Wandtke/Bullinger/*Bullinger*[3] § 2 Rdnr. 153; Fromm/ Nordemann/*A. Nordemann*[10] § 2 Rdnr. 231; *Wandtke*, GRUR 2002, 1/8).

Das Zusammenwirken mehrerer Urheber führt zur **Miturheberschaft,** wenn ein einheitliches Werk entsteht, dessen einzelne Beiträge sich nicht gesondert verwerten lassen (vgl. § 8). Treffen Schöpfungen zusammen, ohne dass dadurch ein neues Werk eigenständiger Individualität begründet wird, so liegt meist eine **Werkverbindung** iSd. § 9 vor, dh. die einzelnen Schöpfungen bleiben rechtlich selbständige Werke, sind aber zur gemeinsamen Verwertung miteinander verbunden.

I. Sprachwerke

Schrifttum: *Baumann,* Urheberrechtsschutz für Texthandbücher?, GRUR 1983, 628; *Becker, J.,* Die Wahrnehmung von Urheberrechten an Sprachwerken, Symposion für Melichar zum 60. Geburtstag, 1999; *Birkenmayer,* Kein Urheberrechtsschutz für Allgemeine Geschäftsbedingungen?, UFITA 83 (1978) 107; *Debelius,* Technische Regeln und Urheberrecht, Fs. für Hubmann, 1985, S. 41 ff.; *Erdmann,* Schutz von Werbeslogans, GRUR 1996, 550; *ders.,* Urheberrechtliche Grenzen der Informationsvermittlung in Form von abstracts, Fs. für Tilmann, 2003, S. 21; *Fischer,* Die urheberrechtliche Schutzfähigkeit gerichtlicher Leitsätze, NJW 1993, 1228; *Flechsig,* Recht an Briefen – Besonderer Schutz des geschriebenen Wortes, für Kreile, 1994, S. 181; *Gabel/v. Lackum,* Zur Schutzfähigkeit von Wortkreationen auf der Grundlage des Urheberrechtsgesetzes, ZUM 1999, 629; *v. Gamm/v. Gamm,* Urheberrechtsschutz für Allgemeine Geschäfts- und Vertragsbedingungen, Tarifverträge und Wettbewerbsregeln, GRUR 1969, 593; *Götting,* Der Schutz wissenschaftlicher Werke, Fs. für W. Nordemann, 2004, S. 7; *Gounalakis,* Urheberrechtsschutz für die Bibel?, GRUR 2004, 996; *Heermann,* Urheberrechtliche Probleme bei der Nutzung von E-mail, MMR 1999, 3; *ders.,* Rechtlicher Schutz von Slogans, WRP 2004, 263; *Heiseke,* Der Schutz technischer Zeichnungen, NJW 1966, 1301; *Henkenborg,* Der Schutz von Spielen. Stiefkinder des gewerblichen Rechtsschutzes und des Urheberrechts, 1995; *Hertin,* Resolutionen – unter urheberrechtlichen Gesichtspunkten gesehen, GRUR 1975, 246; *ders.,* Zur urheberrechtlichen Schutzfähigkeit von Werbeleistungen unter besonderer Berücksichtigung von Werbekonzeptionen und Werbeideen – Zugleich eine Auseinandersetzung mit *Schricker,* GRUR 1996, 815; *Hubmann,* Der Schutz von Adressenverzeichnissen gegen unerlaubte Benutzung, Fs. für Preu, 1988, S. 77; *Kaulmann,* Der Schutz des Werbeslogans vor Nachahmungen GRUR 2008, 854; *Kitz,* Die Herrschaft über Inhalt und Idee beim Sprachwerk – Anmerkung zu LG München I, GRUR-RR 2007, 226 – Eine Freundin für Pumuckl, GRUR-RR 2007, 217; *Koch,* Rechte an Webseiten, NJW-CoR 1997, 298; *ders.,* Rechtsschutz für Benutzeroberflächen von Software, GRUR 1991, 180; *Koumantos,* Rechte an Briefen, eine rechtsvergleichende Skizze, Fs. für Hubmann, 1985, S. 193 ff.; *Kronz,* Urheberrechtlicher Charakter der Erfindungsbeschreibung, Mitt. 1976, 181; *Lehmann/Tucher,* Urheberrechtlicher Schutz von multimedialen Webseiten, CR 1999, 700; *Leydecker,* Das Urheberrecht am Tarifvertrag, GRUR 2007, 1030; *Lippert,* Der Krankenhausarzt als Urheber, MedR 1994, 135; *Loewenheim,* Amtliche Bezugnahmen auf private Normenwerke und § 5 Urheberrechtsgesetz, Fs. für Sandrock, 2000, S. 609; *Lukes,* Urheberrechtsfragen bei überbetrieblichen technischen Normen, 1967; *Meinberg/Engels,* Schutz für Titel von Fernsehsendungen, ZUM 1999, 391; *Morgenroth,* Der urheberrechtliche Schutz der Werbeidee, Diss. Erlangen 1961; *A. Nordemann,* Die Geschichte vom fliegenden Axel und andere Büsumer Geschichten – Anmerkungen zum Urheberrechtsschutz von Gebrauchszwecken dienenden Schriftwerken, Fs. für W. Nordemann, 2004, S. 60; *W. Nordemann,* Urheberrechtlicher Schutz von Rätseln, Fs. für Traub, 1994, S. 315; *ders.,* Urheberrecht an Lehrmitteln, NJW 1970, 881; *ders.,* Die „Tagebücher" des Joseph Goebbels im Spannungsfeld von Besatzungs-, Persönlichkeits- und Urheberrecht, Fs. für Quack, 1991, S. 73; *Obergfell,* Neuauflage von Comic-Übersetzungen – eine Neuauflage der Rechtsprechung des BGH?, ZUM 2000, 142; *Pleister/v. Einem,* Zur urheberrechtlichen Schutzfähigkeit der Sendefolge, ZUM 2007, 904; *Rehbinder,* Nachrichten als Sprachwerke, ZUM 2000, 1; *ders.,* Kann für Allgemeine Geschäftsbedingungen Urheberrechtsschutz in Anspruch genommen werden?, UFITA 80 (1977) 73; *ders.,* Rechtsfragen zum Theaterprogramm, UFITA 67 (1973) 31; *Rehbinder/Rohner,* Zum rechtlichen

Schutz von Nachrichtenagenturen am Beispiel der schweizerischen Depeschenagentur, UFITA 139 (1999) 123; *Schmidt, St.,* Urheberrechtliche Probleme der Werbung, Diss. München, 1981; *Schotthöfer,* Zum urheberrechtlichen Schutz von Anwaltsschriftsätzen, WRP 1980, 478; *Schricker,* Der Urheberrechtsschutz von Werbeschöpfungen, Werbeideen, Werbekonzeptionen und Werbekampagnen, GRUR 1996, 815; *ders.,* Werbekonzeptionen und Fernsehformate, GRUR Int. 2004, 923; *Traub,* Der Schutz von Werbeslogans im gewerblichen Rechtsschutz, GRUR 1973, 186; *Ullmann,* Der amtliche Leitsatz, Fs. zum 10jährigen Bestehen der juris GmbH, 1996, S. 133.

1. Allgemeines

79   Das UrhG geht vom Begriff des Sprachwerks als Oberbegriff aus und nennt als Unterbegriffe beispielhaft Schriftwerke, Reden und Computerprogramme. **Sprachwerke** sind alle persönlichen geistigen Schöpfungen, bei denen der **Werkinhalt durch das Ausdrucksmittel der Sprache ausgedrückt** wird (RGZ 143, 412/414; BGH GRUR 1959, 251 – Einheitsfahrschein; BGH GRUR 1961, 85/87 – Pfiffikus-Dose; BGH GRUR 1963, 633/634 – Rechenschieber; OLG Frankfurt/M GRUR 1983, 753/755 – Pengo – und WRP 1984, 79/83 – Donkey Kong Junior II; OLG Karlsruhe GRUR 1983, 300/305 – Inkasso-Programm; vgl. auch OLG Düsseldorf GRUR 1990, 263/265 – Automaten-Spielplan; allg. Ansicht auch im Schrifttum, vgl. etwa Dreier/*Schulze*[3] § 2 Rdnr. 81; Fromm/Nordemann/*A. Nordemann*[10] § 2 Rdnr. 54; Möhring/Nicolini/*Ahlberg*[2] § 2 Rdnr. 3; Wandtke/*Bullinger*[3] § 2 Rdnr. 45; *Ulmer*[3] § 22 I 1; *Rehbinder*[15] Rdnr. 163). Nicht nur rein literarische und wissenschaftliche Werke, sondern auch Schöpfungen des praktischen und geschäftlichen Lebens können darunter fallen (OLG Köln GRUR-RR 2010, 143 – Wie ein Tier in einem Zoo; *Erdmann* GRUR 1996, 550/551).

80   **Unerheblich** ist, um **welche Sprache** es sich handelt, auch Fremdsprachen, tote Sprachen, Kunstsprachen wie Esperanto oder Computersprachen und Bildersprachen kommen als Ausdrucksmittel in Betracht, ebenso Sprachsymbole, mathematische Zeichen oder Zahlen (zu Zahlenwerken als Sprachwerke vgl. RGZ 121, 357/358 – Rechentabellen; BGH GRUR 1959, 251 – Einheitsfahrschein), ferner Lautzeichen wie Pfeif- oder Trompetensignale, Gebärden (Taubstummensprache) oder Flaggensignale in der Seefahrt (OLG Düsseldorf GRUR 1990, 263/265 – Automatenspielplan; Dreier/*Schulze*[3] § 2 Rdnr. 81; Möhring/Nicolini/*Ahlberg*[2] § 2 Rdnr. 3; Wandtke/*Bullinger*[3] § 2 Rdnr. 46; Dreyer/Kotthoff/Meckel[2], § 2 Rdnr. 177; *Rehbinder*[15] Rdnr. 163). Auch soweit Sprachwerke in **digitaler Form** wiedergegeben werden, handelt es sich um Sprachwerke (dazu *Loewenheim* GRUR 1996, 830/832; *ders.,* Fs. für Piper, S. 709/713; Möhring/Nicolini/*Ahlberg*[2] § 2 Rdnr. 3; sa. Dreier/*Schulze*[3] § 2 Rdnr. 81; vgl. auch *Hoeren* CR 1994, 390 ff.; *ders.* in Heymann (Hrsg.) S. 46 ff.; sa. *Koch* GRUR 1997, 417/418). Es ist nicht erforderlich, dass die Sprache oder die Sprachsymbole allgemeinverständlich sind, sie müssen nur eine einheitliche, Dritten sinnlich wahrnehmbare Formgebung aufweisen (OLG Frankfurt/M GRUR 1983, 753/755 – Pengo – und WRP 1984, 79/83 – Donkey Kong Junior II; OLG Karlsruhe GRUR 1983, 300/305 f. – Inkasso-Programm; *v. Gamm* WRP 1969, 96/97). Sprache zeichnet sich durch ein System von Mitteilungssymbolen aus, die nach reiner Konvention unter den Beteiligten einen bestimmten Bedeutungsinhalt haben (OLG Düsseldorf GRUR 1990, 263/265 – Automatenspielplan; vgl. auch *Haberstumpf* GRUR 1982, 142/144 mit sprachphilosophischen Nachweisen). Fehlt es an jeglichen Sprachsymbolen, wird aber der gedankliche Inhalt durch graphische oder zeichnerische Mittel zum Ausdruck gebracht, so kann eine Darstellung wissenschaftlicher oder technischer Art nach Abs. 1 Nr. 7 vorliegen (vgl. auch OLG Frankfurt/M GRUR 1983, 753/755 – Pengo; OLG Karlsruhe GRUR 1983, 300/306 – Inkasso-Programm).

81   Erforderlich ist die **Mitteilung eines verbalen, gedanklichen oder gefühlsmäßigen Inhalts** durch das Sprachwerk (BGH GRUR 1959, 251 – Einheitsfahrschein; Fromm/Nordemann/*A. Nordemann*[10] § 2 Rdnr. 54). Ein Sprachwerk liegt dort nicht vor, wo Sprache oder Sprachsymbole nicht zur Informationsvermittlung, sondern ausschließlich zu anderen Zwecken, etwa als Ornamente, verwendet werden (Möhring/Nicolini/*Ahlberg*[2] § 2 Rdnr. 4). Eine aus Buchstaben aufgebaute Figur, die mittels Schreibmaschine oder Computer erstellt wird, ist kein Sprachwerk. Künstlerisch gestaltete Initialen und Vignetten hingegen sind sowohl Kunstwerk als auch Teil eines Sprachwerks. An der Mitteilung eines gedanklichen Inhalts fehlt es auch dann, wenn sich dieser Inhalt nicht durch das Gebilde, für das Schutz beansprucht wird, selbst erschließt, sondern aus zusätzlichen, außerhalb dieses Gebildes liegende Anweisungen. Daher ist ein Rechenschieber kein Sprachwerk (BGH GRUR 1963, 633/634 – Rechenschieber); wohl aber kann die Gebrauchsanweisung dazu ein solches darstellen. Auf den **sachlichen Inhalt** des Sprachwerks kommt es hingegen nicht an, sofern er nur dem Bereich der Literatur, Wissenschaft oder Kunst (dazu Rdnr. 3) zuzurechnen ist.

2. Schriftwerke und Reden

a) Begriff. **Schriftwerke** sind Sprachwerke, bei denen der sprachliche Gedankeninhalt durch Schriftzeichen oder andere Zeichen äußerlich erkennbar gemacht wird (BGH GRUR 1981, 352/ 353 – Staatsexamensarbeit; BGH GRUR 1961, 85/87 – Pfiffikus-Dose; OLG München GRUR 1992, 510 – Rätsel; LG Köln GRUR 1993, 901/902 – BGB-Hausarbeit; LG Oldenburg GRUR 1989, 49/51 – Motorsäge). Hierher zählen beispielsweise Romane, Erzählungen, Novellen, Gedichte, Liedertexte, Schauspiel-, Opern- und Operettentexte, Hörspiele, Drehbücher, Abhandlungen wissenschaftlichen, politischen oder religiösen Inhalts, Zeitschriftenaufsätze und Zeitungsartikel (OLG Köln GRUR 2000, 414/415 – GRUR/GRUR Int.), technische Vorschriften (BGH GRUR 2002, 958/959 – Technische Lieferbedingungen), Resolutionen (dazu *Hertin* GRUR 1975, 246) sowie belehrende und unterhaltende Literatur aller Art. Schriftwerke können aber auch dann vorliegen, wenn es sich nicht um Texte mit fortlaufender Satzfolge handelt, beispielsweise bei Listen und Tabellen, Kombinationen aus Wörtern, Ziffern und sonstigen Zeichen, selbst bei reinen Buchstaben- und Zahlenanordnungen, soweit sie noch die Mitteilung eines gedanklichen Inhalts (vgl. Rdnr. 81) darstellen (BGH GRUR 1959, 251 – Einheitsfahrschein; *v. Gamm* Rdnr. 18); auch das Spielfeld eines Spielautomaten kann ein Schriftwerk darstellen (OLG Düsseldorf GRUR 1990, 263/265 – Automatenspielplan). Die Festlegung in digitaler Form steht der Einstufung als Schriftwerk nicht entgegen (vgl. Rdnr. 75).

Bei **Reden** wird demgegenüber der sprachliche Gedankeninhalt nicht durch Zeichen erkennbar gemacht, sondern mündlich zum Ausdruck gebracht. Der Unterschied zum Schriftwerk liegt also in der Art der Wahrnehmbarmachung des Sprachwerks. Beispiele bilden Vorträge, Ansprachen, Vorlesungen, Predigten, Stegreifreden, Interviews und Reportagen, soweit es sich um persönliche geistige Schöpfungen handelt.

b) Persönliche geistige Schöpfung. Die für die Schutzfähigkeit erforderliche individuellschöpferische Leistung kann sich bei Schriftwerken und Reden grundsätzlich nicht nur aus der **Form** der Darstellung, sondern auch aus ihrem **Inhalt** ergeben (dazu näher Rdnr. 56). Der BGH formuliert, dass die individuelle geistige Schöpfung sowohl in der von der Gedankenführung geprägten Gestaltung der Sprache als auch in der Sammlung, Auswahl, Einteilung und Anordnung des Stoffes zum Ausdruck kommen kann (BGH GRUR 2002, 958/959 – Technische Lieferbedingungen; BGH GRUR 1999, 923 – Tele-Info-CD; BGH GRUR 1998, 916/917 – Stadtplanwerk; BGH GRUR 1997, 459/460 – CB-infobank I; OLG München GRUR 2008, 337 – Presserechtliches Warnschreiben; KG GRUR-RR 2002, 313/314 – Das Leben, dieser Augenblick; sa. Rdnr. 56). **Einschränkungen** bestehen für die **Form der Darstellung** insofern, als dort, wo die Darstellung aus der Natur der Sache folgt oder durch Zweckmäßigkeit, Logik oder sachliche Erfordernisse vorgegeben ist, ein individuelles Schaffen ausscheidet; das gilt insbesondere auch für die Verwendung der für die Darstellung notwendigen oder üblichen Fachterminologie (vgl. näher Rdnr. 29). Jedoch schließen die Anwendung von Denkgesetzen und Fachkenntnissen sowie die Berücksichtigung von Erfahrungen den Urheberrechtsschutz ohne Weiteres nicht aus, sie gehören vielmehr zum Wesen wissenschaftlicher, etwa rechtswissenschaftlicher Tätigkeit (BGH GRUR 1986, 739/741 – Anwaltsschriftsatz). Bei der **Schutzfähigkeit des Inhalts** ist zu berücksichtigen, dass diejenigen Teile schutzunfähig sind, die der Urheber nicht selbst geschaffen, sondern übernommen hat, sei es, dass es sich um freies Gemeingut, sei es, dass es sich um fremde Schöpfungen handelt (dazu näher Rdnr. 58; s. als Beispiel LG München I ZUM 2007, 164). Zum Gemeingut sind in ihrem Kern auch Gedanken und Lehren zu rechnen, die in ihrem gedanklichen Inhalt, in ihrer politischen, wirtschaftlichen oder gesellschaftlichen Aussage Gegenstand der freien geistigen Auseinandersetzung bleiben müssen (vgl. dazu Rdnr. 59).

Aus der Schutzfähigkeit des Inhalts folgt insbesondere, dass bei Romanen, Bühnenwerken und dgl. nicht nur ihre Form, sondern auch die ihnen zugrundeliegende vom Dichter ersonnene **Fabel** schutzfähig ist, soweit sie auf der schöpferischen Phantasie des Urhebers beruht und nicht die Benutzung freien Gemeinguts oder fremder Schöpfungen darstellt (Nachweise dazu in Rdnr. 58). Geschützt sind daher auch die eigenpersönlich geprägten Bestandteile und formbildenden Elemente des Werkes, die im Gang der Handlung, in der Charakteristik und Rollenverteilung der handelnden Personen, der Ausgestaltung von Szenen und in der „Szenerie" des Romans liegen (BGH GRUR 1999, 984/987 – Laras Tochter; OLG München NJW-RR 2000, 268/269 – Das doppelte Lottchen; LG München I ZUM 2008, 709/717; LG München I GRUR-RR 2007, 226/228 – Eine Freundin für Pumuckl; LG Hamburg GRUR-RR 2003, 233/234 – Die Päpstin; sa. Rdnr. 56), die vom Dichter ersonnenen Charaktere und ihr Beziehungsgeflecht, das Milieu und das Handlungsgefüge einer Dichtung (OLG Karlsruhe ZUM

1997, 810/815 f. – Laras Tochter; OLG Karlsruhe GRUR 1957, 395 ff. – Trotzkopf), beispielsweise in einem Kinderbuch die Darstellung des Schulalltags von Hasenkindern, der Abschied von der Mutter, die Warnung vor dem Fuchs und die Flucht der Hasenkinder vor ihm (OLG Hamburg Schulze OLGZ 190 – Häschenschule). Verneint wurde dagegen, dass sich aus (damals) vier erschienenen Bänden der Harry Potter-Romane ein einheitliches visuelles literarisches Bild der Romanfigur des Harry Potter herausgebildet hat, das durch eine Darstellung von Symbolen der Romane auf Bettwäsche unerlaubt benutzt worden wäre (LG Köln GRUR-RR 2002, 3/4 – Harry Potter). Nach dem Erscheinen weiterer Romane der Serie dürfte dies inzwischen anders zu beurteilen sein.

86 Bei **Sprachwerken wissenschaftlichen und technischen Inhalts** geht die Rechtsprechung davon aus, dass die Gedankenformung und -führung des dargestellten Inhalts für eine persönliche geistige Schöpfung weitgehend ausscheidet und für den Urheberrechtsschutz regelmäßig nur die Form und Art der Sammlung, Einteilung und Anordnung des Materials in Betracht kommt (vgl. Rdnr. 57). In dieser Allgemeinheit ist dem nicht zu folgen. Grundsätzlich ist davon auszugehen, dass auch die Gedankenformung und -führung des Inhalts schutzbegründend sein kann (vgl. näher Rdnr. 60). Zutreffend ist aber, dass sich aus dem Grundsatz der Freiheit der Gedanken und Lehren Einschränkungen ergeben können (vgl. Rdnr. 59) und dass dieser Grundsatz seine besondere Ausprägung im Bereich der Wissenschaft und Technik findet (dazu Rdnr. 62 ff.). Das bedeutet jedoch nur, dass wissenschaftliche Lehren und Theorien in ihrem Kern, in ihrem gedanklichen Inhalt und in ihrer Aussage frei sind, dass die dem wissenschaftlichen Werk zugrundeliegenden oder in ihm entwickelten wissenschaftlichen Entdeckungen, Daten, Lehren und Theorien urheberrechtlich nicht geschützt sind. Die inhaltliche Verarbeitung der Erkenntnisse, die Auswahl, Abstimmung, Korrektur, Verknüpfung, Systematisierung und Anordnung der wiedergegebenen Daten und Befunde kann dagegen schutzfähig sein (dazu näher Rdnr. 65).

87 Die **Rechtsprechung** hat bei **Sprachwerken wissenschaftlichen und technischen Inhalts** die **Schutzfähigkeit** beispielsweise **bejaht** bei einem **wissenschaftlichen Register** zu historisch und geisteswissenschaftlich bedeutsamen Texten des deutschen Mittelalters, weil die Anordnung und Darbietung auf einer Konzeption beruhte, welche die wissenschaftliche Bearbeitung der gesammelten und kommentierten Texte unter den verschiedensten Gesichtspunkten bereits berücksichtigte (BGH GRUR 1980, 227/231 – Monumenta Germaniae Historica; vgl. auch BGH GRUR 1987, 704 – Warenzeichenlexika; ferner KG GRUR 1991, 596/597 – Schopenhauer-Ausgabe – zur Werkqualität des **wissenschaftlichen Apparates** einer Text-Ausgabe). Ebenso ist eine Sammlung von 1220 **Kontrollfragen zu einem medizinischen Lehrbuch** als schutzfähig angesehen worden, weil es sich trotz eines eingeengten Gestaltungsspielraums nicht um eine bloß mechanische und routinemäßige Zusammenstellung vorgegebener Fakten in Frageform handelte, sondern um eine Auswahl aus dem Lehrbuch, die neben einer Durchdringung von dessen Inhalt die Fähigkeit voraussetzte, zwischen Wichtigem und Unwichtigem zu unterscheiden, so dass sich die Fragensammlung im Ergebnis als eine Fortsetzung des Lehrwerks selbst darstellte (BGH GRUR 1981, 520/522 – Fragensammlung; vgl. auch BGH GRUR 1991, 130/133 – Themenkatalog; vgl. ferner LG Köln GRUR 1993, 901 – BGB-Hausarbeit – Schutzfähigkeit der Aufgabenstellung für eine **Hausarbeit für den kleinen BGB-Schein**). Bei der Schutzfähigkeit eines **Anwaltsschriftsatzes** kam es darauf an, ob der Schriftsatz sich vom alltäglichen, mehr oder weniger auf Routine beruhenden Anwaltsschaffen deutlich abhob, was jedenfalls dann zu bejahen war, wenn der Anwalt bei der Darstellung umfangreiches Material unter individuellen Ordnungs- und Gestaltungsprinzipien ausgewählt, angeordnet und in das Einzel- und Gesamtgeschehen eingeordnet hatte und dabei nicht nur ein hohes Maß an geistiger Energie und Kritikfähigkeit, sondern auch an schöpferischer Phantasie und Gestaltungskraft gezeigt hatte (BGH GRUR 1986, 739/741 – Anwaltsschriftsatz; sa. OLG Hamburg GRUR 2000, 146/147 – Berufungsschrift; OLG München GRUR 2008, 337 – Presserechtliches Warnschreiben; ferner Rdnr. 92). Zur Schutzfähigkeit eines **Merkblatts mit einer Zusammenstellung sozialversicherungsrechtlicher Regelungen** vgl. BGH GRUR 1987, 166 – AOK-Merkblatt. Bei der **Bedienungsanweisung** zu einer Motorsäge hielt es der BGH für möglich, dass auch ein inhaltlich anspruchsloser und durch technische Gegebenheiten weitgehend vorgegebener Text durch Auswahl und Anordnung der ihn ergänzenden Zeichnungen und Bilder mit der wechselseitigen Aufgabenzuweisung der Text- und Bildinformationen eine eigenschöpferische Komponente enthielt (BGH GRUR 1993, 34/36 – Bedienungsanweisung). Bejaht wurde die Schutzfähigkeit auch bei **technischen Lieferbedingungen** (BGH GRUR 2002, 958/959 – Technische Lieferbedingungen; sa. LG München I GRUR-RR 2008, 74 –

Biogas Fonds); den **Deutschen Rechnungslegungsstandards** (OLG Köln GRUR-RR 2002, 161 – DRS); **technischen Normen** (BGH GRUR 1990 1003 – DIN-Normen; zur Anwendbarkeit von § 5 vgl. § 5 Abs. 3); sowie bei einer **medizinischen Dienstanweisung** (OLG Nürnberg GRUR-RR 2001, 225/227 – Dienstanweisung).

Auf der anderen Seite ist die **Schutzfähigkeit verneint** worden bei **Ausschreibungsunterlagen** für den Bau einer Pipeline, die lediglich durch die Zusammenstellung technischer Tatsachenangaben, Beschreibungen und Anweisungen geprägt waren und keine das durchschnittliche Ingenieurschaffen beim Pipelinebau überragende Eigenart aufwiesen (BGH GRUR 1984, 659/661 – Ausschreibungsunterlagen). Stark eingeschränkt wurde der Urheberrechtsschutz für eine **Staatsexamensarbeit** über eine Calamitenspezies, weil bei gleichem Material und Thema und damit gleicher Fachsprache nur ein verhältnismäßig geringer Freiraum für eine erneute eigenschöpferische Darstellung und Formulierung bestand. Deshalb wurden die übereinstimmende Gliederung in einer zweiten Arbeit und die Neuformulierung einer Vielzahl von Sätzen durch Umstellung einzelner Worte oder Satzteile ohne Änderung des Aussageinhalts nicht als urheberrechtsverletzend angesehen (BGH GRUR 1981, 352/354 ff. – Staatsexamensarbeit); zur (jedenfalls teilweisen) Nichtschutzfähigkeit einer **historischen wissenschaftlichen Untersuchung** im Hinblick auf eine durch die historischen Gegebenheiten vorgegebene Darstellungsfolge und übliche Ausdrucksweise vgl. OLG Frankfurt/M GRUR 1990, 124 – Unternehmen Tannenberg). Verneint wurde Sprachwerksschutz auch für eine kurze **Beschreibung elektronischer Schaltungen** (LG München I ZUM 1996, 709/711). 88

Die **Schutzuntergrenze** wird bei Schriftwerken und Reden im Allgemeinen **niedrig** angesetzt, so dass auch die **kleine Münze** des Urheberrechts (dazu Rdnr. 39 ff.) geschützt wird. Beispiele bilden Prospekte, Kataloge, Preislisten, Fernsprechbücher und Sammlungen von Kochrezepten (vgl. näher Rdnr. 97, 98, 99, 109). Eine **Ausnahme** macht die Rechtsprechung allerdings bei **Schriftwerken, die keine rein literarischen Werke** sind, sondern einem praktischen Gebrauchszweck dienen, insbesondere auch beim **wissenschaftlichen Schrifttum** (dazu näher Rdnr. 35). Dem dafür angeführten Argument, dass hier ein weiter Bereich von Formen liege, die jedem zugänglich bleiben müssten, lässt sich jedoch entgegenhalten, dass die Formenvielfalt der Sprache auch hier so reich ist, dass die Gefahr einer Monopolisierung kaum besteht; soweit es um ein Freihaltebedürfnis für einen bestimmten Aufbau oder für eine bestimmte Fachterminologie geht, wird dem dadurch Rechnung getragen, dass bei einer Notwendigkeit oder Üblichkeit folgenden Darstellung für Individualität ohnehin kein Raum ist (vgl. näher Rdnr. 36; zum Schutz wissenschaftlicher Werke auch Rdnr. 61 ff.). 89

c) Einzelfälle. Abstracts (Kurzfassungen von Publikationen) sind schutzfähig, wenn sie das Niveau einer persönlichen geistigen Schöpfung erreichen (Fromm/Nordemann/*A. Nordemann*[10] § 2 Rdnr. 121; Dreier/*Schulze*[3] § 2 Rdnr. 17; Wandtke/Bullinger/*Bullinger*[3] § 3 Rdnr. 25; eingehend dazu *Erdmann* in Fs für Tilmann S. 21 ff.). Bei abstracts kann die schöpferische Leistung in der Wiedergabe des wesentlichen Inhalts der Publikation auf knappstem Raum liegen (OLG Frankfurt GRUR 2008, 249/251 – Abstracts; sa. LG Frankfurt ZUM 2007, 65/67). Vgl. auch § 3 Rdnr. 18. 90

Allgemeine Geschäftsbedingungen können grundsätzlich eine persönliche geistige Schöpfung darstellen (OLG Celle ZUM-RD 2009, 14; OLG Köln CR 2009, 568; (LG München I GRUR 1991, 50/51 – Geschäftsbedingungen; Fromm/Nordemann/*A. Nordemann*[10] § 2 Rdnr. 115; Wandtke/Bullinger/*Bullinger*[3] § 2 Rdnr. 59; Dreier/*Schulze*[3] § 2 Rdnr. 93; Möhring/Nicolini/*Ahlberg*[2] § 2 Rdnr. 92; *Schack*[4], Urheber- und Urhebervertragsrecht, Rdnr. 174; *Ulmer*[3] § 22 I 3; *G. Schulze*, Kleine Münze, S. 193 f.; *Birkenmayer* UFITA 83 [1978] 107 ff.; *v. Gamm/v. Gamm* GRUR 1969, 593 ff.; *Rehbinder* UFITA 80 [1977] 73 ff.; sa. BGH GRUR 2002, 958/959 – Technische Lieferbedingungen). Nicht geschützt ist freilich ihr Inhalt; die rechtliche Regelung, die sie zum Ausdruck bringen, bleibt frei (LG München I aaO). Eine schutzbegründende schöpferische Leistung kann dagegen im gedanklichen Konzept, im Aufbau und in der Formulierung der einzelnen Klauseln liegen. Sie müssen sich allerdings von der Masse des Alltäglichen und vom Routinemäßigen abheben. Schutzlos bleibt, was sich von der Sache her anbietet oder allgemein üblich ist (vgl. Rdnr. 29); das gilt insbesondere für juristische Standardformulierungen. Das Urheberrecht darf auch nicht die Verwendung treffender und präziser rechtlicher Formulierungen und Regelungen blockieren. Die Anwendung von Denkgesetzen und Fachkenntnissen sowie die Berücksichtigung von Erfahrungen schließen jedoch den Urheberrechtsschutz nicht ohne Weiteres aus, sie gehören vielmehr zum Wesen rechtswissenschaftlicher Tätigkeit (BGH GRUR 1986, 739/741 – Anwaltsschriftsatz). – AGB sind nicht in analoger 91

Anwendung von § 5 Abs. 1 frei, es sei denn, sie sind im Verordnungsweg festgelegt oder für allgemeinverbindlich erklärt (vgl. näher § 5 Rdnr. 51 ff.).

92 **Anwaltliche Schriftsätze** können urheberrechtlich schutzfähig sein (BGH GRUR 1986, 739/740 – Anwaltsschriftsatz; OLG München GRUR 2008, 337 – Presserechtliches Warnschreiben; OLG Hamburg GRUR 2000, 146/147 – Berufungsschrift; OLG Düsseldorf NJW 1989, 1162; OLG Düsseldorf GRUR 1983, 758/759 – Anwaltsschriftsatz; Fromm/Nordemann/ *A. Nordemann*[10] § 2 Rdnr. 71; *Dreyer/Kotthoff/Meckel*[2], § 2 Rdnr. 197; Möhring/Nicolini/ *Ahlberg*[2] § 2 Rdnr. 92; *G. Schulze,* Kleine Münze, S. 195 f.; *Schotthöfer* WRP 1980, 478 ff.) Voraussetzung ist allerdings, dass sie eine persönliche geistige Schöpfung darstellen; die in ihnen zutage tretende Leistung muss über das Alltägliche, das bloß routinemäßige Schaffen hinausgehen (sa. LG Stuttgart NJOZ 2008, 2776/2778). Schriftsätze, in denen zu komplizierten Tat- oder Rechtsfragen Stellung genommen wird, bieten ausreichend Raum für schöpferische Individualität; anders wird es mit Angelegenheiten wie Mahnbescheiden, einfachen prozessualen Anträgen, kurzen Mitteilungen an den Mandanten und dgl. sein. Auf die juristische Qualität der Ausführungen kommt es nicht an; die Anwendung von Denkgesetzen und Fachkenntnissen sowie die Berücksichtigung von Erfahrungen schließen den Urheberrechtsschutz nicht aus, sie gehören vielmehr zum Wesen rechtswissenschaftlicher Tätigkeit (BGH GRUR 1986, 739/741– Anwaltsschriftsatz). Da Anwaltsschriftsätze dem wissenschaftlichen und nicht dem rein literarischen Bereich zuzurechnen sind (BGH GRUR 1986, 739/740 – Anwaltsschriftsatz), geht der BGH von einer höheren Schutzuntergrenze aus (näher Rdnr. 35, kritisch dazu Rdnr. 36). Der BGH stellt darauf ab, ob sich der Schriftsatz vom alltäglichen, mehr oder weniger auf Routine beruhenden Anwaltsschaffen deutlich abhebt, was er jedenfalls dann bejaht, wenn der Anwalt bei der Darstellung umfangreiches Material unter individuellen Ordnungs- und Gestaltungsprinzipien ausgewählt, angeordnet und in das Einzel- und Gesamtgeschehen eingeordnet hat und dabei nicht nur ein hohes Maß an geistiger Energie und Kritikfähigkeit, sondern auch an schöpferischer Phantasie und Gestaltungskraft gezeigt hat (BGH GRUR 1986, 739/741 – Anwaltsschriftsatz). Das OLG Düsseldorf hat einem Anwaltsschriftsatz Urheberrechtsschutz zugebilligt, weil seine Herstellung ein hohes Maß an geistiger Energie, Kritikfähigkeit und schöpferischer Phantasie und Gestaltungskraft erforderte, weil er sich durch sprachliche Gestaltungskunst auszeichnete und von einer tiefen Durchdringung des Tatsachen- und Rechtsstoffs sowie von einer souveränen Beherrschung der Sprach- und Stilmittel zeugte (GRUR 1983, 758/759 – Anwaltsschriftsatz, vgl. ferner OLG Düsseldorf NJW 1989, 1162). Der Anwaltsschriftsatz braucht nicht an ein Gericht oder eine Behörde gerichtet zu sein (OLG München GRUR 2008, 337 – Presserechtliches Warnschreiben). Siehe weiterhin die Stichworte Verträge (Rdnr. 113), Patentanmeldungen (Rdnr. 104), Entscheidungsleitsätze (Rdnr. 101).

93 **Bedienungsanweisungen** und **Gebrauchsanweisungen** können ebenfalls als Schriftwerke urheberrechtlich geschützt sein (BGH GRUR 1993, 34/36 – Bedienungsanweisung; LG Oldenburg GRUR 1989, 49 – Motorsäge; Wandtke/Bullinger/*Bullinger*[3] § 2 Rdnr. 56). Ihr Inhalt wird sich zwar meist auf Handlungsanweisungen und Mitteilungen tatsächlicher Art beschränken und daher nicht schutzfähig sein (Dreier/*Schulze*[3] § 2 Rdnr. 97; großzügiger Fromm/Nordemann/*A. Nordemann*[10] § 2 Rdnr. 73). Die Darstellung ist dagegen dem Urheberrechtsschutz zugänglich, sie muss freilich eine persönliche geistige Schöpfung sein. Angesichts des praktischen Unterweisungszwecks bleibt hierfür oft wenig Raum. Der BGH hat bei der Bedienungsanweisung für eine Motorsäge Schriftwerksschutz für möglich erachtet (im Ergebnis wurde die Bedienungsanweisung nach § 2 Abs. 1 Nr. 7 geschützt); maßgeblich dafür war die Auswahl und Anordnung der Zeichnungen und Bilder, die den an sich inhaltlich anspruchslosen und in der Darstellung durch die technischen Gegebenheiten weitgehend vorgegebenen Text ergänzten und zu einer wechselseitigen Aufgabenzuweisung der Text- und Bildinformationen führten. Dadurch hob sich die Bedienungsanweisung der Klägerin deutlich von der Mehrzahl alltäglicher Bedienungsanweisungen ab (BGH GRUR 1993, 34/36 – Bedienungsanweisung). Eine „Dienstanweisung zur Durchführung von Injektionen, Infusionen und Blutentnahmen durch das Krankenpflegepersonal" wurde im Hinblick auf die dabei getroffenen Auswahlentscheidungen als kleine Münze des Urheberrechts für schutzfähig erachtet (OLG Nürnberg GRUR-RR 2001, 225/227 – Dienstanweisung). Die gleichen Grundsätze gelten für **technische Handbücher,** beispielsweise für Begleitdokumentationen zu Computerprogrammen. Diese gehören nicht zum Programm und genießen daher keinen Schutz nach §§ 69 a ff. (vgl. § 69 a Rdnr. 6). Urheberrechtsschutz versagt wurde einem Kontrollheft für Baukräne, das zur Überwachung der Betriebssicherheit der Kräne diente (OLG Celle Schulze OLGZ 105), sowie (mangels entsprechenden klägerischen Tatsachenvortrags) Handbüchern für Computerprogramme (LG Köln CR

1994, 226 – Software-Handbücher) und kurzen Beschreibungen elektronischer Schaltungen (LG München I ZUM 1996, 709). Zu **Texthandbüchern für Schreibautomaten** vgl. *Baumann* GRUR 1983, 628 ff.

Zu **Benutzeroberflächen** bei Computerprogrammen s. Rdnr. 114. 94

Briefe stellen nur dann eine persönliche geistige Schöpfung dar, wenn sie sich von der Masse 95 des Alltäglichen abheben. Das ist bei gewöhnlichen Briefen, die sich auf Mitteilungen persönlicher und alltäglicher Art, Besprechung geschäftlicher Angelegenheiten und dgl. beschränken, regelmäßig zu verneinen (RGZ 41, 43/49 – Richard Wagner-Brief; BGHZ 31, 308/311 – Alte Herren; BGHZ 36, 77/83 – Waffenhandel; BGH GRUR 1986, 739/741 – Anwaltsschriftsatz; KG GRUR-RR 2002, 313/314 – Das Leben, dieser Augenblick; KG NJW 1995, 3392 – Botho Strauß; KG ZUM 2008, 329; LG Berlin ZUM-RD 2007, 423; Fromm/Nordemann/ *A. Nordemann*[10] § 2 Rdnr. 74; Dreier/*Schulze*[3] § 2 Rdnr. 89; Möhring/Nicolini/*Ahlberg*[2] § 2 Rdnr. 88; Wandtke/*Bullinger*[3] § 2 Rdnr. 56; *v. Gamm* § 2 Rdnr. 18; *Ulmer*[3] § 22 I 5; *Flechsig*, Fs. für Kreile, S. 181/182; rechtsvergleichend *Koumantos*, Fs. für Hubmann, S. 193 ff.). Eine persönliche geistige Schöpfung kann aber in der originellen Art des gedanklichen Inhalts oder in der eigenständigen persönlichen Formgebung liegen (BGHZ 31, 308/311 – Alte Herren; RGZ 69, 401/405 – Nietzsche-Briefe; *v. Gamm* § 2 Rdnr. 18; *Flechsig* aaO), was zB in der Sprachgestaltung oder der Auseinandersetzung mit wissenschaftlichen, kulturellen, politischen oder sonstigen Fragen zum Ausdruck kommen kann (*Ulmer*[3] § 22 I 5; vgl. als Beispiel LG Berlin UFITA 56 (1970) 349/352 ff. – Alfred Kerr-Briefe; ferner in der bildhaften Sprache, den verwendeten Stilmitteln und der inhaltlichen Auseinandersetzung (LG Berlin ZUM-RD 2007, 423); zum Ganzen eingehend *v. Olenhusen* UFITA 67 (1973) 57/59 ff.). Soweit Urheberrechtsschutz nicht eingreift, können Briefe aufgrund des allgemeinen Persönlichkeitsrechts geschützt sein (BGHZ 13, 334/337 ff.; *Flechsig* aaO). Zu Tagebüchern s. Rdnr. 112.

Bühnenwerke sind keine besondere Werkart, sondern entweder als dramatische Werke reine 96 Sprachwerke (zB Schauspiele), choreographische Werke nach Abs. 1 Nr. 3 oder Werkverbindungen iSd. § 9, bei denen die verbundenen Werke verschiedenen Werkarten angehören (zB Opern, Operetten usw. als Verbindung von Sprachwerken und Musikwerken, Ballette als Verbindung von Werken der Musik und Werken der Tanzkunst; vgl. auch § 9 Rdnr. 5). Zu den Sprachwerken zählen auch **Puppenspiele,** bei deren Aufführung die Puppenfiguren an die Stelle der Schauspieler treten (*Ulmer*[3] § 23 II). Bühnenwerke sind Gegenstand des Aufführungsrechts nach § 19 Abs. 2 (dazu näher § 19 Rdnr. 16). Zum Urheberrechtsschutz des Bühnenregisseurs vgl. § 3 Rdnr. 22 f., zu Bühnenbildern Rdnr. 146. Zu Bühnenwerken sa. Wandtke/Bullinger/*Bullinger*[3] § 2 Rdnr. 55. Zum Urheberrechtsschutz für ein **Fernsehshowformat** vgl. Rdnr. 187.

Bei **Fernsprechbüchern** und **Adressbüchern** stellen die darin enthaltenen tatsächlichen 97 Angaben freies Gemeingut dar, sind urheberrechtlich nicht schutzfähig (vgl. dazu BGH GRUR 1999, 923/924 – Tele-Info-CD; BGH GRUR 1961, 631 ff. – Fernsprechbuch; RGZ 116, 292/295; RG JW 1925, 2777; OLG Frankfurt/M CR 1995, 85/86; OLG Frankfurt/M CR 1997, 275/276 f. – D-Info 2.0; *v. Gamm* Rdnr. 18 mwN). Eine Schutzfähigkeit kann sich indessen aus der Art und Weise, in der das vorhandene (gemeinfreie) Material ausgewählt, eingeteilt und angeordnet worden ist sowie aus begleitenden Texten ergeben; die für sich genommen dem Urheberrechtsschutz nicht zugänglichen Ordnungsprinzipien können in dem Nachschlagewerk eine konkrete Ausformung erfahren und ihren schöpferischen Niederschlag gefunden haben (BGH GRUR 1999, 923/924 – Tele-Info-CD; OLG Frankfurt/M CR 1997, 275/277 – D-Info 2.0). Im Allgemeinen kommt Telefon- und Adressbüchern trotz des komplexen Regelwerks, das ihrer Erstellung zugrunde liegt, kein urheberrechtlicher Schutz zu (BGH GRUR 1999, 923/924 – Tele-Info-CD; Fromm/Nordemann/*A. Nordemann*[10] § 2 Rdnr. 67; Dreier/ *Schulze*[3] § 2 Rdnr. 100; Wandtke/Bullinger/*Bullinger*[3] § 2 Rdnr. 61). An einer persönlichen geistigen Schöpfung fehlt es jedenfalls, wenn ausschließlich nach allgemein bekannten und gängigen Prinzipien vorgegangen wird, etwa bei einer Anordnung nach dem Alphabet, nach Wohnorten, Branchen, Behörden usw.; auch die Hervorhebung bestimmter Eintragungen durch Fett- oder Kursivdruck, Sternchen und dgl. oder die Verwendung farbiger Einschaltkartons stellt noch keine schutzfähige Leistung dar (BGH GRUR 1999, 923/924 f. – Tele-Info-CD; OLG Frankfurt/M CR 1995, 85/86; OLG Hamburg ZUM 1989, 43/45 – Gelbe Seiten). In der Disposition von Haupt- und Nebeneinträgen, Verweisungen, Behandlung von Ortsteilen, Durchmischung mit Werbeeinträgen und dgl. kann aber eine schöpferische Gestaltung liegen (vgl. auch *Hubmann*, Fs. für Preu, 1988, S. 77/83). Das gilt besonders für **Telefon- und Adressbücher auf CD-ROM** oder ähnlichen Datenträgern, weil hier Benutzeroberfläche, Zugriffssysteme, Hilfeanweisungen und ähnliches weiteren Raum für individuelle Gestaltung bieten können (vgl. dazu OLG Frankfurt/M CR 1995, 85; LG Frankfurt/M CR 1994, 473; LG Hamburg CR 1994, 476; LG Mannheim CR 1996, 411; zur Schutzfähigkeit von Benutzeroberflächen vgl. auch Rdnr. 114). Daneben kann **Wettbewerbsschutz** unter dem Gesichtspunkt der unlauteren Ausbeutung fremder Leistung bestehen (vgl. dazu OLG Karlsruhe CR 1997, 149 – D-Info 2.0 – und CR 1997, 346 – D-Info 2.0; OLG Frankfurt/M CR 1997, 275/276 – D-Info 2.0; LG Mannheim CR 1996, 411 – D-Info 2.0; LG Hamburg CR 1997, 21 – D-Info 2.0; LG Stuttgart CR 1997, 83 – D-Info 2.0; sa. *Hubmann* aaO S. 86 ff.). Zur Übernahme von Daten aus Telefon- und Adressbüchern auf eine CD-ROM vgl. ferner OLG Frankfurt/M CR 1997, 275/276 – D-Info 2.0.

98 **Formulare, Tabellen, Vordrucke, Merkblätter** usw. sind vor allem in der reichsgerichtlichen Rechtsprechung als kleine Münze des Urheberrechts verschiedentlich als schutzfähig angesehen worden (vgl. dazu RGZ 121, 357/361 f. – Rechentabellen; RGZ 143, 412/416 ff.; RGSt. 43, 229/230; RGSt. 46, 159/160; RGSt. 48, 330/333). Danach soll es ausreichen, wenn sich im Inhalt des Formulars ein ungewöhnlicher Grad geschäftlicher Erfahrung, Gewandtheit, Wirtschafts- oder Rechtskenntnis, oder in seiner Form eine eigentümliche, nicht von selbst gegebene Anordnung oder Einteilung kundgibt (RGZ 143, 412/416; ebenso *Ulmer*³ § 22 I 3). Das OLG Nürnberg hat einer Formulare enthaltenden Dienstanweisung Urheberrechtsschutz deswegen zuerkannt, weil die Regelungen in dem Formular in einer eigenen Gliederung knapp und besonders übersichtlich zusammengestellt waren, für die Dienstanweisung Auswahlentscheidungen getroffen werden mussten, rechtliche Regeln zur Zulässigkeit zu erarbeiten waren und festzulegen war, mit welchem Nachdruck und welcher Intensität die einzelnen Hinweise dargestellt wurden; auch die Gliederung und Reihenfolge der jeweiligen Hinweise erforderten eigene Entscheidungen (OLG Nürnberg GRUR-RR 2001, 225/227 – Dienstanweisung). Standesamtliche Formulare hat das OLG Nürnberg bereits deswegen als schutzfähig angesehen, weil die einschlägigen gesetzlichen Bestimmungen, in eigenständiger Weise zusammengefasst und in eigener Sprache geordnet, dem jeweiligen Zweck entsprechend wiedergegeben wurden (GRUR 1972, 435). Kein Urheberrechtsschutz wurde gewährt für einen in einem Anlagemagazin erscheinenden Statistik-Teil mit Tabellen über Kurse, Kennzahlen, Prognosen und Bewertungen für über 500 deutsche Aktiengesellschaften (OLG Hamburg GRUR 2000, 319 – Börsendaten). Die Zubilligung von Urheberrechtsschutz für reine Formulare und dgl. sollte allerdings nur zurückhaltend erfolgen (so auch Dreier/*Schulze*³ § 2 Rdnr. 97 f., 100; Wandtke/Bullinger/*Bullinger*³ § 2 Rdnr. 62; Fromm/Nordemann/*A. Nordemann*¹⁰ § 2 Rdnr. 109, sa. Rdnr. 80; Möhring/Nicolini/*Ahlberg*² § 2 Rdnr. 93; *v. Gamm* § 2 Rdnr. 18). In den meisten Fällen geht die Leistung über handwerkliches Können nicht hinaus und entbehrt der individuellen Prägung. Übliche Tabellenformen, die Einteilung in Haupt- und Nebenspalten, die Verwendung von Strichen, Nummern, Code-Zeichen usw. sind gemeinfrei und begründen die Schutzfähigkeit nicht (vgl. auch BGH GRUR 1987, 704/705 – Warenzeichenlexika). Zu beachten ist auch, dass die schöpferische Leistung im Formular selbst ihren Niederschlag gefunden haben muss und dass nicht erst besondere, außerhalb des Formulars liegende Anweisungen erforderlich sein müssen, um dessen geistigen Inhalt zu erschließen (BGH GRUR 1959, 251 f. – Einheitsfahrschein; vgl. auch Rdnr. 18). Formulare und dgl. können auch Schutz als **Darstellungen wissenschaftlicher oder technischer Art** genießen (dazu Rdnr. 209), an die die Rechtsprechung hinsichtlich der Gestaltungshöhe geringere Anforderungen stellt (vgl. Rdnr. 202). Auch können sie **wettbewerbsrechtlich** geschützt sein, soweit besondere Umstände bei der Nachahmung die Wettbewerbswidrigkeit begründen, vgl. dazu BGH GRUR 1972, 127 – Formulare. Zum Schutz eines sozialversicherungsrechtlichen **Merkblatts** BGH GRUR 1987, 166 – AOK-Merkblatt.

99 **Kataloge, Preislisten** und dgl. enthalten weitgehend tatsächliche Mitteilungen, die als solche dem Urheberrechtsschutz nicht zugänglich sind. Ihre Schutzfähigkeit wird daher die Ausnahme bilden (LG München I Schulze LGZ 149, 3 f. zur Schutzfähigkeit eines Verkaufskatalogs; Dreier/*Schulze*³ § 2 Rdnr. 97 ff.; Wandtke/Bullinger/*Bullinger*³ § 2 Rdnr. 62; Möhring/Nicolini/ *Ahlberg*² § 2 Rdnr. 95). Eine persönliche geistige Schöpfung kann sich in eher seltenen Fällen aus der besonders geistvollen Darstellung und Anordnung des Stoffs sowie aus der Kombination mit begleitenden Texten und Abbildungen ergeben. Zum Schutz als **Darstellungen wissenschaftlicher oder technischer Art** vgl. Rdnr. 209.

100 Zur Schutzfähigkeit von **Krankenunterlagen** vgl. BGH GRUR 1952, 259; *Lippert* MedR 1994, 135.

101 Nichtamtliche **Leitsätze** zu Gerichtsentscheidungen können die Voraussetzungen einer persönlichen geistigen Schöpfung erfüllen, dann allerdings regelmäßig unter dem Gesichtspunkt des

§ 3, da es sich um eine Bearbeitung der zugrundeliegenden Entscheidung handelt (BGH GRUR 1992, 382/384f. – Leitsätze; OLG Köln GRUR 1989, 821/822 – Entscheidungsleitsätze; OLG Köln GRUR 2000, 414/416 – GRUR/GRUR Int.; OLG Köln ZUM 2009, 243; Fromm/Nordemann/*A. Nordemann*[10] § 2 Rdnr. 88; Dreier/*Schulze*[3] § 2 Rdnr. 96; Wandtke/Bullinger/*Bullinger*[3] § 2 Rdnr. 63; *Ullmann*, Fs. juris, S. 133/134ff.; *Fischer* NJW 1993, 1228; vgl. auch § 3 Rdnr. 18). Dabei kann ein bescheideneres Maß an schöpferischer Tätigkeit genügen, weil die Leitsätze sich sachnotwendig eng an die bearbeitete Entscheidung anlehnen müssen (BGH aaO; *Ullmann* aaO S. 135). Die Individualität kann insbesondere in der Sammlung, Anordnung und Einteilung der tragenden Gründe der Entscheidung, namentlich in ihrer prägnanten Erfassung und Gliederung zum Ausdruck kommen; ein Hinweis auf das erörterte Problem oder die wörtliche Wiedergabe von Entscheidungssätzen ohne eigene Gliederungsstruktur reicht freilich nicht (BGH aaO). Raum für eine individuelle Gestaltung besteht auch, wenn die Entscheidung nicht stringent untergliedert ist und keine eigenen Leitsätze aufweist; anders formulierte Leitsätze anderer Verfasser können den Gestaltungsspielraum aufzeigen (OLG Köln ZUM 2009, 243). Die gleichen Grundsätze gelten für die **Aufbereitung von Entscheidungen für Dokumentationszwecke** (BGH aaO mit Nachweisen; vgl. auch § 4 Rdnr. 19). Amtliche Leitsätze fallen hingegen unter § 5 Abs. 1 (vgl. dort Rdnr. 47ff.; sa. *Ullmann* aaO S. 133ff.). Zur Schutzfähigkeit von **Paragraphenüberschriften** s. OLG München, NJW 1997, 1931/1932; *Stieper* GRUR 2003, 398.

Lexika und **Wörterbücher** können grundsätzlich urheberrechtlich geschützt sein. Zwar gilt auch hier, dass die in ihnen enthaltenen tatsächlichen Daten und Informationen nicht schutzfähig sind (BGH GRUR 1987, 704/705 – Warenzeichenlexika). Individuelle Züge können aber in der Konzeption der Informationsauswahl und -vermittlung, in der Art und Weise der Auswahl, Einteilung und Anordnung des Materials liegen (BGH GRUR 1987, 704/706; OLG Köln GRUR-RR 2002, 265 – Wanderführer; LG Berlin AfP 94, 62/63; Wandtke/Bullinger/*Bullinger*[3] § 2 Rdnr. 64). 102

Private **technische Normenwerke** wie DIN-Normen, VDE-Vorschriften, VOB und dgl. erfüllen die Voraussetzung einer persönlichen geistigen Schöpfung (zu VOB Teil C vgl. BGH GRUR 1984, 117/118 – VOB/C; zu DIN-Normen BGH GRUR 1990, 1003 – DIN-Normen; vgl. auch BGH GRUR 2002, 958/959 – Technische Lieferbedingungen; Fromm/Nordemann/*A. Nordemann*[10] § 2 Rdnr. 77; Wandtke/Bullinger/*Bullinger*[3] § 2 Rdnr. 64; näher *Lukes* S. 19ff.; *Debelius*, Fs. für Hubmann, S. 41ff. mwN in Fn. 21; *Loewenheim*, Fs. für Sandrock, S. 609ff.). Das Urheberrecht an ihnen wird nicht dadurch ausgeschlossen, dass Gesetze und dgl. auf sie verweisen, solange nicht ihr Wortlaut wiedergegeben wird (§ 5 Abs. 3). Die frühere Rechtsprechung ist insoweit überholt (BGH GRUR 1990, 1003 – DIN-Normen; sa. BVerfG GRUR 1999, 226 – DIN-Normen). Zum Schutz als Darstellungen wissenschaftlicher oder technischer Art vgl. Rdnr. 208. Zu Grundsätzen über Konzernrechnungslegung in Form der „Deutschen Rechnungslegungsstandards" (DRS) s. OLG Köln GRUR-RR 2002, 161. 103

Bei **Patentanmeldungen** ist die mitgeteilte technische Lehre als solche nicht schutzfähig. Ihre Darstellung in der Erfindungsbeschreibung ist dagegen dem Urheberrechtsschutz grundsätzlich zugänglich (*v. Gamm* Rdnr. 18; eingehend *Kronz* Mitt. 1976, 181ff.). Der Schutz erlischt aber nach § 5 Abs. 2 mit der amtlichen Veröffentlichung durch das Patentamt (vgl. § 5 Rdnr. 37). 104

Bei **Programmen,** wie Theaterprogrammen, Rundfunk- und Fernsehprogrammen, Sportprogrammen und dgl., ist der mitgeteilte Inhalt tatsächlicher Art nicht schutzfähig; lediglich aus seiner Darbietung, aus der Einteilung und Anordnung des Stoffs sowie aus begleitenden Texten und Abbildungen kann sich die Schutzfähigkeit ergeben (RGZ 66, 227/230; RGZ 140, 137/138ff.; RGSt. 39, 282/284; Wandtke/Bullinger/*Bullinger*[3] § 2 Rdnr. 51; *v. Gamm* Rdnr. 18; kritisch *Rehbinder*[15] Rdnr. 166 sowie in UFITA 67 [1973] 31/33ff.; aA *Dreyer/Kotthoff/Meckel*[2], § 2 Rdnr. 198; zu weitgehend OLG Hamburg GRUR 1955, 206/207). **Gesamtprogramme** von Rundfunk und Fernsehen, also die Sendefolge im Verlauf eines Tages, einer Woche oder eines noch längeren Zeitraums werden heute mit Recht von der überwiegenden Meinung als Sammelwerk angesehen (vgl. vor allem *Kübler* S. 33ff.; *Schricker* Kabelrundfunk S. 79/80; *Pleister/v. Einem* ZUM 2007, 904; Einzelheiten und weitere Nachweise bei § 4 Rdnr. 18). Zum **Wettbewerbsschutz** von Programmen vgl. BGHZ 27, 264ff. 105

Prüfungsaufgaben können die für Urheberrechtsschutz erforderliche Individualität aufweisen. So ist mit Recht die Aufgabenstellung für eine BGB-Hausarbeit geschützt worden (LG Köln GRUR 1993, 901/902 – BGB-Hausarbeit), ebenso eine Fragensammlung, die als Arbeitskontrolle zu einem medizinischen Fachbuch diente (BGH GRUR 1981, 520/522 – Fragen- 106

§ 2 Geschützte Werke

sammlung). Auch Multiple-Choice-Klausuren können schutzfähig sein (LG Köln GRUR 2001, 152 – Multiple-Choice-Klausuren).

107 Zur Schutzfähigkeit von **Rätseln** vgl. OLG München GRUR 1992, 510 – Rätsel; Möhring/Nicolini/*Ahlberg*[2] § 2 Rdnr. 89; Dreier/*Schulze*[3] § 2 Rdnr. 105; Fromm/Nordemann/*A. Nordemann*[10] § 2 Rdnr. 95; *Nordemann*, Fs. für Traub, S. 315.

108 Zum Urheberrechtsschutz von **Resolutionen** vgl. *Hertin* GRUR 1975, 246 ff.

109 **Rezepte** wie beispielsweise Kochrezepte enthalten ebenso wie Gebrauchsanweisungen (dazu Rdnr. 93) weitgehend Handlungsanweisungen und Mitteilungen tatsächlicher Art, die als solche nicht schutzfähig sind. Nur ihre Darstellung ist dem Urheberrechtsschutz zugänglich. Auch bei Rezepten bleibt aber angesichts des praktischen Unterweisungszwecks für eine persönliche geistige Schöpfung meist wenig Raum. Denkbar ist immerhin, dass durch eine besonders originelle Art der Darstellung, evtl. mit Abbildungen, die untere Grenze des Schutzfähigkeit (kleine Münze) erreicht wird (Urheberrechtsschutz für Kochrezepte gewährt in RGZ 81, 120/123; sa. Dreier/*Schulze*[3] § 2 Rdnr. 102; Fromm/Nordemann/*A. Nordemann*[10] § 2 Rdnr. 73). Breiteren Raum für die Entfaltung von Individualität bieten **Kochbücher,** dazu näher *G. Schulze,* Kleine Münze, S. 197 f.

110 Gesellschafts- und sonstige **Spiele** können in ihrer konkreten Ausformung Urheberrechtsschutz genießen; Spielsystem und Spielidee als solche sind dagegen nicht schutzfähig (näher dazu Rdnr. 6). Der **Spiel- und Gewinnplan eines Spielautomaten** ist in seiner graphischen Ausgestaltung auf dem Spielfeld vom OLG Düsseldorf als schutzfähig angesehen worden (GRUR 1990, 263/265 – Automatenspielplan). Sa. Dreier/*Schulze*[3] § 2 Rdnr. 104; Fromm/Nordemann/*A. Nordemann*[10] § 2 Rdnr. 106; Wandtke/Bullinger/*Bullinger*[3] § 2 Rdnr. 52.

111 Bei **Tarifverträgen** ist die Schutzfähigkeit in der Regel zu bejahen (*Leydecker* GRUR 2007, 1030); zur Anwendbarkeit von § 5 vgl. § 5 Rdnr. 50.

112 **Tagebücher** sind urheberrechtlich geschützt, wenn sie eine persönliche geistige Schöpfung darstellen (BGHZ 15, 249/255 – Cosima Wagner; KG GRUR-RR 2002, 313/314 – Das Leben, dieser Augenblick; Dreier/*Schulze*[3] § 2 Rdnr. 90; Fromm/Nordemann/*A. Nordemann*[10] § 2 Rdnr. 74; Möhring/Nicolini/*Ahlberg*[2] § 2 Rdnr. 88; sa. KG GRUR 1973, 602/604 – Hauptmann-Tagebücher; *Nordemann*, Fs. für Quack, S. 73/82 ff.). Ähnlich wie bei Briefen (dazu Rdnr. 95) reicht das bloße Festhalten von Ereignissen und alltäglichen Gedanken nicht aus; eine persönliche geistige Schöpfung kann aber in der Originalität des Inhalts und in der individuellen Art der Darstellung zum Ausdruck kommen; etwa durch die Sprachgestaltung oder die Auseinandersetzung mit wissenschaftlichen, kulturellen, politischen oder sonstigen Fragen (vgl. die Nachweise in Rdnr. 95).

113 **Verträge** und **Vertragsentwürfe** sind ähnlich wie Allgemeine Geschäftsbedingungen (dazu Rdnr. 91) und Anwaltsschriftsätze (dazu Rdnr. 92) zu beurteilen. Sie können grundsätzlich eine persönliche geistige Schöpfung darstellen (LG Hamburg GRUR 1987, 167/168 – Gesellschaftsvertrag; LG Köln GRUR 1987, 905/906 – Vertragswerk; Fromm/Nordemann/*A. Nordemann*[10] § 2 Rdnr. 115; sa. Möhring/Nicolini/*Ahlberg*[2] § 2 Rdnr. 92). Nicht geschützt ist der Inhalt, die im Vertrag enthaltene rechtliche Regelung; problematisch daher die Begründung des LG Hamburg (aaO), das den Urheberrechtsschutz mit der Entwicklung einer neuen rechtlichen Konzeption begründet. Individualität kann nur im gedanklichen Konzept der Vertragsausgestaltung, im Aufbau und in der Formulierung zum Ausdruck kommen (eingehend zu den Voraussetzungen LG Berlin ZUM 2005, 842 f.). Nicht schutzfähig sind dabei das Alltägliche und Routinemäßige, dasjenige, was sich von der Sache her anbietet oder allgemein üblich ist (vgl. Rdnr. 29), die Verwendung juristischer Standardformulierungen und das, was aus juristischen Formularbüchern übernommen worden ist, also nicht vom Verfasser des Vertrags stammt (zur Verwendung von Texten aus Formularbüchern vgl. auch LG Hamburg und LG Köln aaO). Die Anwendung von Denkgesetzen und Fachkenntnissen sowie die Berücksichtigung von Erfahrungen schließen den Urheberrechtsschutz nicht ohne Weiteres aus (BGH GRUR 1986, 739/741 – Anwaltsschriftsatz). Zu beachten bleibt allerdings, dass das Urheberrecht nicht die Verwendung treffender und präziser rechtlicher Formulierungen und Regelungen blockieren darf (LG Stuttgart ZUM-RD 2008, 501/502). Als nicht schutzfähig wurde beispielsweise ein Mustervertrag zur Vermittlung von polnischen Pflegekräften an deutsche Senioren angesehen, der weder im Hinblick auf die besondere Regelungsmaterie noch auf einzelne, ungewöhnliche Formulierungen sich von vergleichbaren Verträgen abhob (LG Stuttgart ZUM-RD 2008, 501).

114 **Webseiten** und **Benutzeroberflächen** bei Computerprogrammen können als Sprachwerk geschützt sein (OLG Rostock GRUR-RR 2008, 1 – Urheberrechtsschutz von Webseiten; OLG Frankfurt GRUR-RR 2005, 299/300 – Online-Stellenmarkt; OLG Düsseldorf CR 2000,

184; LG Köln CR 2008, 61; Dreier/*Schulze*³ § 2 Rdnr. 101; Fromm/Nordemann/*A. Nordemann*¹⁰ § 2 Rdnr. 116; Dreyer/Kotthoff/*Meckel*² § 2 Rdnr. 271, 275; *Loewenheim* in Loewenheim/Koch [Hrsg.] Kap. 7.1.3.2. mwN; *Koch* NJW-CoR 1997, 298; § 2 Rdnr. 195; *Alpert* CR 2000, 345/348; *Lehmann/Tucher* CR 1999, 700/705; missverständlich OLG Hamburg GRUR-RR 2001, 289/290). Entscheidend ist, dass sie die erforderliche Individualität aufweisen. Diese kann sich insbesondere aus der übersichtlichen, verständlichen und benutzerfreundlichen Textgestaltung ergeben, die die Kommunikation (den Dialog) mit dem Benutzer erleichtert, ihn anschaulich durch die verschiedenen Ebenen und Funktionen des Programms führt und die Programmbedienung vereinfacht. Was üblich oder durch technische Notwendigkeiten vorgegeben ist, kann zur Individualität nicht beitragen (vgl. Rdnr. 29); andererseits ist aber zu berücksichtigen, dass bei eingeschränktem Spielraum für individuelles Schaffen die Anforderungen an die Individualität herabgesetzt sein können (vgl. Rdnr. 30). Zum Ganzen näher *Schlatter* in Lehmann (Hrsg.), Rechtsschutz², Kap. III Rdnr. 75 f.; *Koch* GRUR 1991, 180/185; sa. *König* NJW 1990, 2233/2234; zum Schutz von Benutzeroberflächen als Werke der angewandten Kunst vgl. Rdnr. 175, als Darstellungen wissenschaftlicher oder technischer Art vgl. Rdnr. 217. Benutzeroberflächen sind dagegen keine Computerprogramme (OLG Hamburg GRUR-RR 2001, 289/290, LG Frankfurt /M CR 2007, 424/425; sa. § 69 a Rdnr. 7.

Werbeprospekte sind dem Urheberrechtsschutz grundsätzlich zugänglich (BGH GRUR **115** 1961, 85/87 f. – Pfiffikus-Dose; OLG Frankfurt/M GRUR 1987, 44 – WM-Slogan; LG Berlin GRUR 1974, 412 f. – Werbeprospekt; LG München I GRUR 1984, 737 – Bauherrenmodell-Prospekt; Möhring/Nicolini/*Ahlberg*² § 2 Rdnr. 97; vgl. auch *G. Schulze*, Kleine Münze, S. 188 ff.). Der Schutz kann sich allerdings nicht aus Mitteilungen tatsächlichen Inhalts ergeben, sondern nur aus der Art der Darstellung des Stoffs, seiner Auswahl, Anordnung und Einteilung, soweit hierin eine schöpferische Leistung liegt. Eine solche wurde zB verneint bei einem Werbeprospekt für elektronische Abhörgeräte (OLG Hamburg Schulze OLGZ 112, 6 f.; vgl. auch OLG Frankfurt/M GRUR 1979, 466 – Glückwunschkarte; OLG Frankfurt/M GRUR 1992, 566). Näher zum Schutz von Werbeprospekten *St. Schmidt* S. 71 ff.; *Schaeffer* S. 47 ff.). Bei **Werbeanzeigen** hängt es von Inhalt und Umfang ab, ob sie individuelle Züge aufweisen, bei größeren, etwa ganzseitigen Werbeanzeigen erscheint das nicht ausgeschlossen (zur Schutzfähigkeit von Werbeanzeigen sa. OLG Düsseldorf AfP 1997, 645/646). **Zeitungsannoncen** werden dagegen nur selten Raum für individuelle Gestaltung bieten; schon aus Platz- und Kostengründen sind sie meist auf tatsächliche Mitteilungen in knapper Form beschränkt; aus der sprachlichen und optischen Aufmachung kann sich jedoch die Schutzfähigkeit ergeben (OLG München NJW-RR 1994, 1258; Dreier/*Schulze*³ § 2 Rdnr. 108). Zum Schutz von Partnerschaftsanzeigen s. LG München I ZUM-RD 2009, 161.

Bei **Werbesprüchen** und **Werbeslogans** ist Urheberrechtsschutz nicht grundsätzlich auszu- **116** schließen (*v. Gamm* § 2 Rdnr. 18; *G. Schulze*, Kleine Münze, S. 192), wird aber praktisch meist daran scheitern, dass Werbesprüche im Hinblick auf ihre werbliche Wirksamkeit so kurz gehalten sind, dass sie keinen Raum für die Entfaltung schöpferischer Individualität lassen (Fromm/Nordemann/*A. Nordemann*¹⁰ § 2 Rdnr. 117; Wandtke/Bullinger/*Bullinger*³ § 2 Rdnr. 53; Dreier/*Schulze*³ § 2 Rdnr. 106 ff.; Möhring/Nicolini/*Ahlberg*² § 2 Rdnr. 98; *Ulmer*³ § 22 I 4; *Schricker* GRUR 1996, 815/820; *Erdmann* GRUR 1996, 550/552; *Heermann,* WRP 2004, 263/264 f., vgl. auch Rdnr. 46). Zugkraft und Werbewirksamkeit eines Slogans begründen noch keine persönliche geistige Schöpfung (*Traub* GRUR 1973, 186/187). Abgelehnt wurde beispielsweise ein Schutz für „Hamburg geht zu E ..." (OLG Braunschweig GRUR 1955, 205/206), für „JA ... JacoBI" (OLG Stuttgart GRUR 1956, 481/482); vgl. auch „wir fahr'n, fahr'n, fahr'n auf der Autobahn" (OLG Düsseldorf GRUR 1978, 640/641), für den bei der Fußballweltmeisterschaft benutzten Slogan „das aufregende Ereignis des Jahres" (OLG Frankfurt/M GRUR 1987, 44 – WM-Slogan) und für den Slogan „Eduard K." benannt: Die Katze von Pinneberg" als Bestandteil einer Werbeanzeige für Dachfenster, bestehend aus Bild, Text und dem Slogan (OLG Düsseldorf AfP 1997, 645/646; vgl. ferner OLG Hamburg ZUM 2001, 240; OLG Köln ZUM-RD 2001, 180/184; LG München I ZUM 2001, 722/724. Beim Slogan „Ein Himmelbett als Handgepäck" als Werbung für Schlafsäcke wurde die Schutzfähigkeit vom BGH offen gelassen (BGH GRUR 1966, 691/692 – Schlafsäcke), von der Vorinstanz bejaht (OLG Düsseldorf DB 1964, 617; zustimmend *G. Schulze,* Kleine Münze S. 192). Geschützt wurde der Text „Eine blitzblanke Idee oder wie Sie das ewige Problem, Ihr Haus innen & außen sauberzuhalten, ein für allemal lösen!" (LG Berlin GRUR 1974, 412 – Werbeprospekt) sowie der Vers „Biegsam wie ein Frühlingsfalter bin ich im Forma-Büstenhalter" (OLG Köln GRUR 1934, 758/759), beides in Begründung und Ergebnis bedenklich. Näher zum Schutz von Werbeslogans *Erdmann* GRUR 1996, 550 ff.;

§ 2

St. Schmidt S. 67 ff.; Schaeffer S. 50 ff. Zum Wettbewerbsschutz und Markenschutz von Werbeslogans vgl. Heermann, WRP 2004, 263. Auch **Werbekonzeptionen** können schutzfähig sein, dazu Schricker GRUR 1996, 815/821 ff.; ders., GRUR 2004, 923; Dreier/Schulze[3] § 2 Rdnr. 244; Möhring/Nicolini/Ahlberg[2] § 2 Rdnr. 23; s. aber OLG Köln GRUR-RR 2010, 140 – DHL im All; kritisch Hertin GRUR 1997, 799 ff.; ohne nähere Stellungnahme BGH WRP 2000, 203/204. Zum Schutz von **Wortkreationen** vgl. Gabel/Lackum ZUM 1999, 629.

117 **Wissenschaftliche Untersuchungen** und **wissenschaftliche Gutachten** sind dem Urheberrechtsschutz grundsätzlich zugänglich (BGH GRUR 1991, 523/525 – Grabungsmaterialien; LG Hamburg ZUM-RD 2010, 80 ff.; Fromm/Nordemann/A. Nordemann[10] § 2 Rdnr. 118; vgl. ferner Rdnr. 61 ff.). Zu beachten bleibt freilich, dass die dem wissenschaftlichen Werk zugrundeliegenden oder in ihm entwickelten wissenschaftlichen Entdeckungen, Daten, Lehren und Theorien in ihrem Kern nicht schutzfähig sind (vgl. näher Rdnr. 65) und dass auch die Verwendung notwendiger oder üblicher Darstellungsprinzipien, insbesondere in Aufbau und Terminologie, nicht schutzbegründend wirkt (vgl. Rdnr. 29). Zum Recht des Hochschullehrers an seinen wissenschaftlichen Papieren vgl. Schricker, Fs. für Lorenz, S. 233 ff.; zur Schutzfähigkeit wissenschaftlicher Gutachten Letzgus, Fs. für Rebmann, S. 277/280 f. Vgl. ferner Rdnr. 106 (Prüfungsaufgaben), Rdnr. 101 (Entscheidungsleitsätze) und Rdnr. 92 (Anwaltliche Schriftsätze).

118 **Zeitungsartikel** und **Zeitschriftenartikel** stellen in der Regel persönliche geistige Schöpfungen dar (BGH GRUR 1997, 459/460 f. – CB-infobank I; KG GRUR-RR 2004, 228/229 – Ausschnittdienst; Fromm/Nordemann/A. Nordemann[10] § 2 Rdnr. 121; Wandtke/Bullinger/Bullinger[3] § 2 Rdnr. 54; Dreier/Schulze[3] § 2 Rdnr. 92). Die vielfältigen Möglichkeiten, ein Thema darzustellen, die fast unerschöpfliche Vielzahl der Ausdrucksmöglichkeiten führen dazu, dass ein solcher Artikel nahezu unvermeidlich die individuelle Prägung seines Autors erhält. Dies gilt nicht nur für Artikel, in die die eigene Meinung des Autors einfließt, wie etwa Kommentare, sondern auch für die reine Berichterstattung. Auch dort wird die Darstellung regelmäßig durch die individuelle Gedankenformung und -führung des Verfassers geprägt sein. Aber selbst soweit das nicht der Fall ist, kann sich eine individuelle Prägung immer noch aus der besonders geistvollen Form der Sammlung, Einteilung und Anordnung des dargebotenen Stoffes ergeben. Das wird insbesondere für die Tatsachenberichterstattung zu gelten haben (KG GRUR-RR 2004, 228/229 – Ausschnittdienst). Dass auch der Gesetzgeber von der prinzipiellen Schutzfähigkeit von Zeitungs- und Zeitschriftenartikeln ausgegangen ist, zeigt bereits die Vorschrift des § 49 UrhG. Eine Grenze der Schutzfähigkeit ist erst dort zu ziehen, wo es sich um kurze Artikel rein tatsächlichen Inhalts handelt, etwa um kurze Meldungen oder Informationen. Hier wird es in der Regel so sein, dass die Darstellung im Bereich des Routinemäßigen bleibt (KG GRUR-RR 2004, 228/229 – Ausschnittdienst, eingehend dazu Loewenheim, Urheberrechtliche Grenzen, S. 23 ff.); allerdings kann sich eine eigenschöpferische Formgestaltung auch in solchen Fällen aus einer kurzen und verständlichen Darstellung eines Vorgangs vor einem komplexen Hintergrund ergeben (KG GRUR-RR 2004, 228/229 – Ausschnittdienst). **Abgelehnt** wurde der Schutz für aus einem Zeitungsartikel übernommene Textpassagen durch OLG Düsseldorf ZUM 2003, 496. Zum Schutz von **Nachrichten** vgl. Rehbinder ZUM 2000, 1 und Rehbinder/Rohner UFITA 139 [1999] 123 ff.; zu **Pressemitteilungen im Internet** LG Hamburg ZUM 2007, 871.

3. Computerprogramme

119 Zu den Sprachwerken gehören auch Computerprogramme, es handelt sich bei ihnen um **technische Sprachwerke**. Sie wurden durch die Novelle 1985 in den Katalog des § 2 Abs. 1 aufgenommen und fanden 1993 eine nähere Regelung in den §§ 69a – 69g und 137d, durch die die EG-Richtlinie über den Rechtsschutz von Computerprogrammen (GRUR Int. 1991, 545) umgesetzt wurde (Einzelheiten s. vor §§ 69a ff. Rdnr. 4). § 2 Abs. 1 Nr. 1 regelt somit, dass Computerprogramme als Sprachwerke geschützt sind; auf die Ausgestaltung dieses Schutzes finden die §§ 69a–69g Anwendung, ergänzend die allgemeinen für Sprachwerke geltenden Vorschriften (§ 69a Abs. 4). Zum Begriff des Computerprogramms vgl. § 69a Rdnr. 2; die Kommentierung zum Rechtsschutz von Computerprogrammen erfolgt bei §§ 69a ff.

II. Werke der Musik

Schrifttum: *Alpert,* Zum Werk- und Werkteilbegriff bei elektronischen Musiktracks, Basslines, Beats, Sounds, Samples, Remixes und DJ-Sets, ZUM 2002, 525; *Bialas,* Aleatorik und neue Notationsformen in der Musik der

Gegenwart, Fs. für E. Schulze, 1973, S. 28 ff.; *Dieth*, Musikwerk und Musikplagiat im deutschen Urheberrecht, 2000; *Fellerer*, Bearbeitung und Elektronik als musikalisches Problem im Urheberrecht, 1965; *Gentz*, Elektronische Musik als Rechtsproblem, UFITA 34 (1961) 9; *Hanser-Strecker*, Das Plagiat in der Musik, Diss. Frankfurt 1968; *ders.*, Die vielen Gesichter der Musik, Fs. für Kreile, 1994, S. 269; *ders.*, Zur Frage des urheberrechtlichen Schutzes des Notenbildes, UFITA 93 (1982) 13; *Hartmann*, Überlegungen zum Werkbegriff – insbesondere zur Individualität – an Beispielen zeitgenössischer Musikformen, UFITA 122 (1993) 57; *Häuser*, Sound und Sampling, 2002; *Hertin*, Das Musikzitat im deutschen Urheberrecht, GRUR 1989, 159; *ders.*, Sounds von der Datenbank, GRUR 1989, 578; *Hirsch Ballin*, Zufallsmusik, UFITA 50 (1967) 843; *Hoeren*, Sounds von der Datenbank – Zur urheber- und wettbewerbsrechtlichen Beurteilung des Samplings in der Popmusik, GRUR 1989, 11; *ders.*, Nochmals: Sounds von der Datenbank – Zum Schutz des Tonträgerherstellers gegen Sampling, GRUR 1979, 580; *ders.*, Sounds von der Datenbank – Zum Schutz des Tonträgerherstellers gegen Sampling, Fs. für Hertin, 2000, S. 113; *Jörger*, Das Plagiat in der Popularmusik, 1992; *Köhn*, Die Technisierung der Popmusikproduktion – Probleme der „kleinen Münze" in der Musik, ZUM 1994, 278; *v. Lewinski*, Musik und Multimedia, in *Lehmann* (Hrsg.), Internet und Multimediarecht (Cyberlaw), 1997, S. 149; *Movsessian/Seifert*, Einführung in das Urheberrecht der Musik, 1982; *Müller*, Die Klage gegen unberechtigtes Sampling, ZUM 1999, 555; *Münker*, Urheberrechtliche Zustimmungserfordernisse beim Digital Sampling, 1995; *Pakuscher*, Neue Musik und Urheberrecht, UFITA 72 (1975) 107; *v. Rauscher auf Weeg*, Das Urheberrecht der Musik und seine Verwertung, Fs. zum hundertjährigen Bestehen der Deutschen Vereinigung für Gewerblichen Rechtsschutz und Urheberrecht, 1991, S. 1265 (zitiert: GRUR-Fs.); *Reinfeld*, Der Schutz von Rythmen im Urheberrecht, 2006; *Röhl*, Die urheberrechtliche Zulässigkeit des Tonträger-Sampling, K&R 2009, 172; *Sack*, Das Kopieren von Noten gemeinfreier Werke der Musik nach deutschem Urheber- und Wettbewerbsrecht, Mélanges Joseph Voyame, Lausanne 1989, S. 225; *Salagean*, Sampling im deutschen, schweizerischen und US-amerikanischen Urheberrecht, 2008; *Schlingloff*, Unfreie Benutzung und Zitierfreiheit bei urheberrechtlich geschützten Werken der Musik, 1990; *Schneider*, Traditional, Entlehnung, Werkbegriff: Anmerkungen zu den Entscheidungen „Brown Girl I"/ „Brown Girl II" des BGH, GRUR 1992, 82; *Schorn*, Sounds von der Datenbank, GRUR 1979, 579; *Schulz*, „Remixes" und „Coverversionen" – Urheberrecht und Verwertung, Fs. für Hertin, 2000, S. 213; *Schulze, G.*, Urheberrecht und neue Musiktechnologien, ZUM 1994, 15; *ders.*, Urheberrechtliche Fragen der „kleinen Münze" in der Popmusik, ZUM 1996, 584; *Spieß*, Urheber- und wettbewerbsrechtliche Probleme des Sampling in der Popmusik, ZUM 1991, 524; *Stroh*, Der Rechtsschutz von Musiknoten vor unerlaubter Vervielfältigung, 1995; *Tenschert*, Ist der Sound urheberrechtlich schützbar?, ZUM 1987, 612; *Tetzner*, Das „Werk der Musik" in der Neuen Musik, JZ 1975, 649; *Wegener*, Sound-Sampling. Der Schutz von Werk- und Darbietungsteilen der Musik nach schweizerischem Urheberrechtsgesetz, Basel 2007; *Weissthanner*, Urheberrechtliche Probleme experimenteller Musik, GRUR 1974, 377; *dies.*, Urheberrechtliche Probleme neuer Musik, 1974; *Weßling*, Der zivilrechtliche Schutz gegen digitales Sound-Sampling, 1995.

1. Begriff

Werke der Musik sind alle persönlichen geistigen Schöpfungen, die sich der **Töne als Ausdrucksmittel** bedienen. Der Begriff ist umfassend, es kann sich um Töne jeglicher Art handeln (Fromm/Nordemann/*A. Nordemann*[10] § 2 Rdnr. 122; Dreier/*Schulze*[3] § 2 Rdnr. 134; Wandtke/Bullinger/*Bullinger*[3] § 2 Rdnr. 68; *Ulmer*[3] 23 I 1; Loewenheim/*Czychowski*, Handbuch des Urheberrechts[2] § 9 Rdnr. 59 ff.). Es kommt nicht darauf an, auf welche Weise der Ton erzeugt wird (*Schack*[4], Urheber- und Urhebervertragsrecht, Rdnr. 185); nicht nur Instrumente oder die menschliche Stimme, sondern auch elektronisch erzeugte Klänge, Naturgeräusche und Schallquellen aller Art können zu musikalischen Schöpfungen benutzt werden. Es ist auch nicht erforderlich, dass bestimmte Gesetze der Melodik, Harmonik oder Rhythmik eingehalten werden, auch davon abweichende Tonfolgen etwa der sog. Neuen Musik können Musikwerke darstellen (dazu näher Rdnr. 126 ff.). Zu den Musikwerken zählen Opern, Operetten, Symphonien, Kammermusik, Lieder, Unterhaltungsmusik aller Art usw. Am Charakter einer Melodie als Musikwerk ändert sich nichts dadurch, dass sie als Signalton oder Klingelzeichen zur Aufmerksamkeitserregung verwendet wird (OLG Hamburg GRUR-RR 2002, 249 – Handy-Klingeltöne; sa. OLG Hamburg GRUR 2006, 323 – Handy-Klingeltöne). Eine körperliche **Festlegung**, etwa in Noten oder auf Tonträgern ist nicht erforderlich, auch die Improvisation ist schutzfähig (vgl. auch Rdnr. 20), ebenso wenig steht die digitale Festlegung der Schutzfähigkeit im Wege. Keine Musikwerke sind Voreinstellungen (Presets) von Synthesizern oder anderen klangerzeugenden Modulen, die die Klangfarbe von Tönen (den Sound) gestalten (LG Rottweil ZUM 2002, 490/491). Klavier- und Violinschulen, musikwissenschaftliche Abhandlungen oder Lehrbücher und dgl. sind Sprachwerke, lediglich die in ihnen enthaltenen Noten stellen Vervielfältigungen von Musikwerken dar.

2. Persönliche geistige Schöpfung

Entscheidend ist, dass die Tonfolge eine **persönliche geistige Schöpfung** darstellt. Sie muss auf einer menschlich-gestalterischen Tätigkeit des Urhebers beruhen (vgl. Rdnr. 11 f.; zu computererstellten und -unterstützten Musikkompositionen s. Rdnr. 127), sie muss einen geistigen Gehalt aufweisen, dh. durch Töne ein musikalisches Erlebnis, eine Stimmung oder einen Gefühlswert ausdrücken (vgl. Rdnr. 19), eine wahrnehmbare Form gefunden haben (vgl. Rdnr. 20 ff.) und vor allem von der Individualität des Komponisten geprägt sein (dazu Rdnr. 23 ff.). Auf den künstlerischen Wert kommt es dagegen nicht an (BGH GRUR 1991, 533 – Brown Girl II; BGH GRUR 1988, 810/811 – Fantasy; BGH GRUR 1988, 812/814 – Ein bißchen Frieden; BGH GRUR 1981, 267/268 – Dirlada; BGH GRUR 1968, 321/325 – Haselnuß; OLG München GRUR-RR 2002, 281 – Conti; OLG München ZUM 2000, 408/409; OLG München ZUM 1992, 202/203). Die schöpferische Leistung kann sich nicht nur aus der Melodie, sondern auch aus deren Verarbeitung ergeben, beispielsweise aus Aufbau der Tonfolgen, Rhythmisierung sowie aus der Instrumentierung und Orchestrierung (BGH GRUR 1991, 533/535 – Brown Girl II; BGH GRUR 1968, 321/324 – Haselnuß; OLG München GRUR-RR 2002, 282 – Conti; OLG München ZUM 1992, 202/203 f.; Dreier/*Schulze*[3] § 2 Rdnr. 138; Wandtke/Bullinger/*Bullinger*[3] § 2 Rdnr. 70; Fromm/Nordemann/*A. Nordemann*[10] § 2 Rdnr. 128; Loewenheim/*Czychowski*, Handbuch des Urheberrechts[2], § 9 Rdnr. 62; zur Popmusik vgl. *Schwenzer* ZUM 1996, 584/586 f.). Entscheidend ist der sich aus dem Zusammenspiel dieser Elemente ergebende **Gesamteindruck** (BGH GRUR 1991, 533/535 – Brown Girl II; BGH GRUR 1981, 267/268 – Dirlada; OLG München GRUR-RR 2002, 282 – Conti; OLG München ZUM 1992, 202/203; OLG Hamburg ZUM 1991, 589/592; vgl. auch Rdnr. 38); aus ihm kann sich die Schutzfähigkeit auch dann ergeben, wenn die einzelnen Elemente für sich genommen nur eine geringe Individualität aufweisen, etwa durch die Verknüpfung üblicher Stilmittel (BGH GRUR 1991, 533/535 – Brown Girl II). Die Beurteilung bemisst sich dabei nach der Auffassung der mit musikalischen Fragen einigermaßen vertrauten und hierfür aufgeschlossenen Verkehrskreise (BGH GRUR 1981, 267/268 – Dirlada).

122   **Nicht schutzbegründend** ist die Verwendung dessen, was zum **musikalischen Allgemeingut** gehört. Dazu zählen beispielsweise die formalen Gestaltungselemente, die auf den Lehren von der Harmonik, Rhythmik und Melodik beruhen oder sich im Wechselgesang zwischen Solist und Chor ausdrücken (BGH GRUR 1981, 267/268 – Dirlada), die ein- oder mehrfache Wiederholung einer Tonfolge, die Verwendung einer aufsteigenden Terz (BGH GRUR 1988, 810/811 – Fantasy) und die irreguläre Unterteilung eines Taktes anstelle der mechanischen Unterteilung (OLG München ZUM 2000, 408/409; sa. LG München I ZUM-RD 2009, 101/107; LG München ZUM 2003, 245/247; ferner Loewenheim/*Czychowski*, Handbuch des Urheberrechts[2], § 9 Rdnr. 68). An einer persönlichen geistigen Schöpfung fehlt es aber auch bei bloßen ungestalteten Tonaneinanderreihungen (OLG Karlsruhe Schulze OLGZ 202, 3 mit zust. Anm. *Movsessian*), bloßen Fingerübungen für das Klavier oder bei reinen oder akustischen Signalen. Umgekehrt können aber schutzfähige Melodien als akustische Signale verwendet werden, zB als Handy-Klingeltöne (s. nur BGH GRUR 2009, 395 – Klingeltöne für Mobiltelefone; OLG Hamburg ZUM 2008, 967; OLG Hamburg GRUR-RR 2002, 249 – Handy-Klingeltöne; vgl. auch Rdnr. 120).

123   Außerhalb des Urheberrechtsschutzes liegen **Gestaltungsgrundsätze** und **Methoden** des musikalischen Schaffens wie Tonskalen, Rhythmen, Klangfärbungen, Akkorde, die Art der Instrumentierung oder das Prinzip des Wechselgesangs von Solist und Chor, ganz generell die Lehren von Harmonik, Rhythmik und Melodik (BGH GRUR 1981, 267/268 – Dirlada; OLG München GRUR-RR 2002, 281 – Conti; OLG München ZUM 2000, 408/409; Wandtke/Bullinger/*Bullinger*[3] § 2 Rdnr. 73; *v. Gamm* § 2 Rdnr. 19; *Ulmer*[3] § 23 I 4; *Rehbinder*[15] Rdnr. 176). Lediglich die individuelle Anwendung und Zusammenstellung solcher Gestaltungsgrundsätze kann Urheberrechtsschutz begründen (zu Rythmen s. *Reinfeld* S. 60 ff.). Auch der **musikalische Stil** ist nicht schutzfähig (Fromm/Nordemann/*A. Nordemann*[10] § 2 Rdnr. 130; *Hertin* GRUR 1989, 159/160, 161; Loewenheim/*Czychowski*, Handbuch des Urheberrechts[2], § 9 Rdnr. 68; sa. Rdnr. 49; zur Falsetttechnik KG GRUR-RR 2004, 129/130 – Modernisierung einer Liedaufnahme), ebenso wenig der vom einzelnen musikalischen Werk losgelöste Stilrichtung (Fromm/Nordemann/*A. Nordemann*[10] § 2 Rdnr. 130; *Tenschert* ZUM 1987, 612/615; *Weßling* S. 53 ff., 74) oder die Verwendung bestimmter Klänge oder Geräusche (*G. Schulze* ZUM 1994, 15/17). Geschützt kann nur das konkrete Werk sein, in dem diese Gestaltungsgrundsätze und Methoden ihre Anwendung gefunden haben.

124   An die **Individualität** dürfen keine zu hohen Anforderungen gestellt werden. Gerade bei Werken der Musik wird auch die **kleine Münze** (dazu Rdnr. 39) geschützt, es reicht aus, dass die formgebende Tätigkeit des Komponisten – wie bei der Schlagermusik regelmäßig – einen nur geringen Schöpfungsgrad aufweist (BGH GRUR 1988, 810/811 – Fantasy; BGH GRUR 1988, 812/814 – Ein bißchen Frieden; BGH GRUR 1981, 267/268 – Dirlada; BGH GRUR 1968, 321/324 – Haselnuß; BGH UFITA 51 [1968] 315/318 – Gaudeamus igitur; OLG München GRUR-RR 2002, 281 – Conti; OLG München ZUM 1992, 202/203, 204; OLG München ZUM 1989, 253; OLG Karlsruhe Schulze OLGZ 202, 3 mit zust. Anm. *Movsessian*; LG

München ZUM 2003, 245/247; Dreier/*Schulze*³ § 2 Rdnr. 139; Fromm/Nordemann/ *A. Nordemann*¹⁰ § 2 Rdnr. 131; Dreyer/Kotthoff/Meckel², § 2 Rdnr. 207; *Münker* S. 43; *Schwenzer* ZUM 1996, 584 ff.; für die Anlegung strengerer Maßstäbe *G. Schulze*, Kleine Münze, S. 204; *Hanser-Strecker* S. 46 ff.; rechtspolitisch einschränkend *Köhn* ZUM 1994, 278 ff., 286 ff.; dagegen *Schwenzer* aaO). Die rein handwerksmäßige Anwendung musikalischer Lehren ist dagegen schutzunfähig (BGH GRUR 1981, 267/268 – Dirlada; OLG München GRUR-RR 2002, 281 – Conti). Abgrenzungsprobleme sind in der Praxis namentlich bei Bearbeitungen aufgetreten; schutzfähig können auch Arrangements und Potpourris sein (vgl. dazu näher § 3 Rdnr. 28).

Nach diesen Grundsätzen beurteilt sich auch die Schutzfähigkeit von **Werkteilen**. Sie hängt davon ab, ob in ihnen noch die Individualität des Komponisten zum Ausdruck kommt (vgl. auch Rdnr. 67 f.). Das kann bei sehr kurzen Werkteilen zu verneinen sein. Schutzfähig werden häufig noch das musikalische **Thema** und das musikalische **Motiv** sein; trotz ihrer Kürze haben sie meist eine das Gesamtwerk prägende Ausdruckskraft. Die Unbestimmtheit dieser Begriffe erlaubt aber keine generelle Antwort; es kommt auf den Einzelfall an (*Ulmer*³ § 23 I 1; vgl. auch Fromm/Nordemann/*A. Nordemann*¹⁰ § 2 Rdnr. 131; Wandtke/Bullinger/*Bullinger*³ § 2 Rdnr. 71; *G. Schulze*, Kleine Münze, S. 204 ff.; *Weßling* S. 82 ff.). Tonfolgen, die aus nur wenigen Tönen bestehen, wird dagegen die Individualität meist fehlen (LG München ZUM 2003, 245/247; *v. Gamm* § 2 Rdnr. 19), erst recht einem einzelnen **Ton** oder **musikalischen Akkord** (Dreier/*Schulze*³ § 2 Rdnr. 136; Wandtke/Bullinger/*Bullinger*³ § 2 Rdnr. 71; *Rehbinder*¹⁵ Rdnr. 176; *Schack*⁴, Urheber- und Urhebervertragsrecht, Rdnr. 189; *G. Schulze* ZUM 1994, 15/17; *Schlingloff* S. 26; *Spieß* ZUM 1991, 524/532 ff.; eingehend *Münker* S. 45 ff.; einschränkend *Häuser*, S. 46 ff., 59 im Hinblick auf die Klangfarbe; anders auch *Jörger* S. 95). Das gilt auch dann, wenn der Ton oder Akkord durch Verwendung bestimmter Instrumente eine bestimmte Klangfarbe erhält (zur Technik vgl. *Köhn* ZUM 1994, 278/279); es muss jedem freistehen, bestimmte Töne oder Akkorde mit bestimmten Instrumenten und in bestimmten Klangbildern zu spielen (*G. Schulze* ZUM 1994, 15/19; Dreier/*Schulze*³ § 2 Rdnr. 136). Die Frage hat vor allem für das **Sound-Sampling** (dazu Rdnr. 128), bei dem unter Umständen kleinste Teile eines Musikstückes übernommen werden, Bedeutung. Im einzelnen Ton oder Akkord wird der für eine Musikgruppe charakteristische „Sound" in der Regel noch nicht in einer Weise zutage treten, dass Ton oder Akkord von der Individualität des Urhebers geprägt sind; auch das Freihaltebedürfnis ist dabei zu berücksichtigen (ebenso Dreier/*Schulze*³ § 2 Rdnr. 136; Möhring/Nicolini/*Ahlberg*² § 2 Rdnr. 51 und 70; Wandtke/Bullinger/*Bullinger*³ § 2 Rdnr. 71; *Schack*⁴, Urheber- und Urhebervertragsrecht, Rdnr. 189; *Hoeren* GRUR 1989, 11/13; *Hertin* GRUR 1989, 578; *Münker* S. 81 ff.; *Weßling* S. 78 ff.; *Tenschert* ZUM 1987, 612/620 f.; weitere Angaben in Rdnr. 128; sa. *v. Lewinski* in Lehmann [Hrsg.], Multimediarecht, S. 149/151 ff. Die Bausteine musikalischer Gestaltung müssen allerdings frei bleiben, wenn man nicht eine inakzeptable Behinderung schöpferischen Schaffens hinnehmen will; daran ändert sich auch durch die neuen technischen Möglichkeiten der Fragmentierung und Manipulation von Werkteilen nichts (*Schricker* in Schricker [Hrsg.], Informationsgesellschaft, S. 32). Anders ist es dagegen bei Tonfolgen; bereits in kürzeren Sequenzen kann der typische Sound (als Tonfolge, nicht als Stilrichtung, vgl. Rdnr. 123) in individualitätsbegründender Weise zum Ausdruck kommen (*Weßling* S. 81 ff.; *Münker* S. 84 ff.; zu den individualitätsbegründenden Strukturen und Klangbildern eingehend *Münker* S. 61 ff.). Tonfolge oder Klangbilder, die aufgrund ihres Umfangs, ihrer Vielfalt, des Rhythmus sowie der Auswahl und Zusammenstellung bereits individuelle Züge aufweisen, sind gegen die Übernahme, auch im Wege des Sampling, geschützt (*G. Schulze* ZUM 1994, 15/19). Soweit ein Sample von einem Tonträger kopiert wird, kann allerdings das Tonträgerherstellerrecht nach § 85 Abs. 1 S. 1 verletzt sein; nur wenn kleinste Partikel einer fremden Tonaufnahme verwendet werden, soll keine Verletzung vorliegen (OLG Hamburg GRUR Int. 1992, 390/391 – Tonträgersampling; OLG Hamburg NJW-RR 1992, 746; OLG Hamburg GRUR-RR 2007, 3/4 – Metall auf Metall; *Schack*⁴, Urheber- und Urhebervertragsrecht, Rdnr. 190). Zum Melodieschutz nach § 24 Abs. 2 vgl. dort Rdnr. 32 ff.; zum Wettbewerbsschutz gegen Sound-Sampling vgl. *Hoeren* GRUR 1989, 11/13 ff.; zum Schutz des Tonträgerherstellers *Hertin* GRUR 1989, 578 f.; *G. Schulze* ZUM 1994, 15/20.

3. Neuere Musikformen

Neuere Formen von Musik haben in jüngerer Zeit eine ganze Reihe urheberrechtlicher Fragen aufgeworfen. Dazu gehören die Verwendung von Computern bei musikalischen Schöpfungen (dazu Rdnr. 127), die Gestaltung musikalischer Werke mit Hilfe des Sound-Sampling (dazu

§ 2   Geschützte Werke

Rdnr. 128) und eine Reihe weiterer zum Teil sehr unterschiedlicher Kompositionsformen (dazu Rdnr. 129).

127   Die Beurteilung der **Verwendung von Computern** bei Musikschöpfungen muss sich daran orientieren, dass das Werk auf einer menschlich-gestalterischen Tätigkeit des Urhebers beruhen muss (vgl. Rdnr. 11). Was ohne menschlich-schöpferisches Zutun lediglich durch einen Computer erzeugt wird, ist urheberrechtlich nicht schutzfähig (vgl. Rdnr. 12). Wo die Klangfolge nicht mehr vom Komponisten gestaltet, sondern durch ein Computerprogramm erzeugt wird, liegt eine persönliche geistige Schöpfung nicht vor. Das gilt grundsätzlich auch für die **aleatorische Musik,** bei der die Klangfolge durch den Zufallsgenerator des Computers erzeugt wird (dazu *Weissthanner* S. 25 ff.; Fromm/Nordemann/*A. Nordemann*[10] § 2 Rdnr. 128; Loewenheim/*Czychowki*, Handbuch des Urheberrechts[2] § 9 Rdnr. 64; *Hartmann* UFITA 122 (1993) 57/81 ff.); eine persönliche geistige Schöpfung ist allenfalls denkbar, wenn der Komponist das wesentliche Grundmuster des Werkes schafft und bei mehreren vom Computer erzeugten Versionen eine oder einige als definitiv bestimmt (vgl. Rdnr. 14). Der Auffassung, dass sich die urheberrechtliche Schutzfähigkeit aus der statistischen Einmaligkeit solcher Klanggebilde ergebe (so vor allem *Kummer* S. 150 ff., 184 ff.; *Girth* S. 79 ff.), ist nicht zu folgen (vgl. Rdnr. 16, 31). Davon zu unterscheiden ist die Situation, dass sich der Komponist eines **Computers als Hilfsmittel** bedient (Fromm/Nordemann/*A. Nordemann*[10] § 2 Rdnr. 128; Loewenheim/*Czychowki*, Handbuch des Urheberrechts[2] § 9 Rdnr. 65; *Hartmann* UFITA 1922 [1993] 57/81 ff.). Die Verwendung von Maschinen als Hilfsmittel schließt eine menschlich-gestalterische Tätigkeit nicht aus (vgl. Rdnr. 13). So steht die Verwendung computererzeugter Begleitrhythmen oder der Einsatz von Composerprogrammen (dazu *Köhn* ZUM 1994, 278/280) der Schutzfähigkeit nicht entgegen. Allerdings ist nur das schutzfähig, was vom Komponisten stammt. Dazu gehören die computererzeugten Bestandteile für sich genommen nicht, jedoch können sie in ihrer Auswahl, Zusammenstellung und der Kombination mit den vom Komponisten geschaffenen Teilen des Musikwerks schutzfähig sein.

128   Beim **Sound-Sampling** werden mittels des Samplers bestimmte Klänge, Töne oder Tonfolgen eines bereits bestehenden Musikstücks oder sonstigen Klanggebildes digital aufgezeichnet und können dann originalgetreu oder verfremdet wiedergegeben und zur Komposition von Musikwerken benutzt werden. Anders als bei herkömmlichen nicht digitalen Tonträgern tritt beim digitalen Aufzeichnungs- und Wiedergabevorgang kein Qualitätsverlust ein; ein Unterschied zwischen Original und Kopie ist nicht feststellbar. Die auf diese Weise gewonnenen Klänge können nahezu unbegrenzt verändert und miteinander kombiniert werden, auf diese Weise sind Tonschöpfungen möglich, die sonst kaum denkbar wären (s. dazu Dreier/*Schulze*[3] § 3 Rdnr. 26; Wandtke/Bullinger/*Bullinger*[3] § 2 Rdnr. 72; Fromm/Nordemann/*A. Nordemann*[10] § 2 Rdnr. 127; *Hoeren* GRUR 1989, 11 f.; *ders.,* Fs. für Hertin, S. 113 f.; *Köhn* ZUM 1994, 278/279; *Münker* S. 6 ff.; *Weßling* S. 24 ff.; *Häuser* S. 5 ff.; *Tenschert* ZUM 1987, 612/613; *Schwenzer* ZUM 1996, 584/587 ff.; *Spieß* ZUM 1991, 524 ff.; *Röhl*, Die urheberrechtliche Zulässigkeit des Tonträger-Sampling, K&R 2009, 172; eingehend *Schwenzer*, Die Rechte des Musikproduzenten, S. 85 ff.; *Wegener*, Sound-Sampling. Der Schutz von Werk- und Darbietungsteilen der Musik nach schweizerischem Urheberrechtsgesetz; sa. Loewenheim/*Czychowski*, Handbuch des Urheberrechts[2], § 9 Rdnr. 70). Die durch Sampling gewonnenen Klänge und Geräusche werden vielfach in Datenbanken gespeichert und sind dann für Kompositionen abrufbar (zu den Möglichkeiten des digitalen Sound-Sampling sa. *Häuser* S. 5 ff.; *Weßling* S. 31 ff., insb. 42 ff.; *Münker* S. 8 ff.). Für den **Urheberrechtsschutz** von im Wege des Sampling erzeugten Musikstücken oder sonstigen Klanggebilden kommt es nicht darauf an, auf welche Weise der Ton erzeugt worden ist (vgl. Rdnr. 120), entscheidend ist vielmehr, ob es sich um eine persönliche geistige Schöpfung handelt (vgl. auch *G. Schulze* ZUM 1994, 15/21). Dafür sind die in Rdnr. 121 ff. genannten Maßstäbe anzulegen. Das rein handwerkliche und routinemäßige Schaffen reicht zwar nicht aus, angesichts der Vielfalt der Ausdrucksformen besteht aber gerade beim Sampling breiter Raum für die Entfaltung von Individualität, um so mehr, als auch die kleine Münze schutzfähig ist (Rdnr. 124). Werden bei der Komposition im Wege des Sampling ganze Tonfolgen übernommen, die ihrerseits schutzfähig sind (dazu Rdnr. 125), so handelt es sich insoweit nicht um originäres Werkschaffen, sondern um eine Bearbeitung; das entstehende Urheberrecht ist ein Bearbeiterurheberrecht nach § 3 (zur Abgrenzung eingehend *Schwenzer*, Die Rechte des Musikproduzenten, S. 92 ff., vgl. als Beispiel auch OLG München ZUM 1992, 202). Zum Sound-Sampling als Verletzung von § 85 Abs. 1 vgl. BGH GRUR 2009, 403/404 – Metall auf Metall sowie § 85 Rdnr. 29.

129   Zu den neueren Formen von Musik ist eine Reihe weiterer zum Teil sehr **unterschiedlicher Kompositionsformen** zu rechnen, die allerdings urheberrechtlich jedenfalls bisher keine größere Rolle gespielt haben. Dazu gehören beispielsweise die serielle Musik, die konkrete Musik und die elektronische Musik (Einzelheiten bei *Kummer* S. 143 ff.; *Weissthanner* S. 5 f.; *Bialas*, Fs. für E. Schulze, S. 28 ff.; *Hartmann* UFITA 1922 [1993] 57/76 ff.; sa. Loewenheim/*Czychowski*, Handbuch des Urheberrechts[2], § 9 Rdnr. 71). Unter der Voraussetzung, dass sie eine persönliche geistige Schöpfung darstellen, sind auch sie schutzfähig; die Benutzung unkonventioneller Klangmittel sowie die Abkehr von den traditionellen Gesetzen der Harmonik, Melodik und Rhythmik steht der Schutzfähigkeit nicht entgegen (allg. Ansicht, vgl. OLG Karlsruhe Schulze OLGZ 202, 3 mit zust. Anm. *Movsessian;* im Schrifttum etwa *Ulmer*[3] § 23 I 2; eingehend *Weissthanner* S. 41 ff.; vgl. auch *Pakuscher* UFITA 72 (1975) 107 ff.; *Tetzner* JZ 1975, 649 ff.). Schutzfähig kann auch die sog. Entwurfsmusik sein, bei der der Komponist lediglich den Rahmen festlegt, die Ausführung im Detail dagegen den ausübenden Künstlern überlässt; es kommt darauf an, ob dieser Rahmen den an eine persönliche geistige Schöpfung zu stellenden Anforderungen entspricht (näher Fromm/Nordemann/*A. Nordemann*[10] § 2 Rdnr. 123; sa. *Ulmer*[3] § 23 I 2).

III. Pantomimische Werke

Schrifttum: *Obergfell,* Tanz als Gegenwartskunstform im 21. Jahrhundert, Urheberrechtliche Betrachtungen einer vernachlässigten Werkart, ZUM 2005, 621; *Schlatter-Krüger,* Zur Urheberrechtsschutzfähigkeit choreographischer Werke in der Bundesrepublik Deutschland und der Schweiz, GRUR Int. 1985, 299; *Wandtke,* Urheberrechtsschutz choreographischer Werke, ZUM 1991, 115; *ders.,* Choreografische und pantomimische Werke und deren Urheber, Fs. für Raue, 2006, S. 745.

Das UrhG verwendet den Begriff der pantomimischen Werke als Oberbegriff, zu dem die **130** **choreographischen Werke** einen Unterfall bilden. Pantomimische Werke sind solche Werke, bei denen der geistige Gehalt durch das **Ausdrucksmittel der Körpersprache,** also durch Bewegungen, Gebärden und Mimik wiedergegeben wird (OLG Köln GRUR-RR 2007, 263/264; LG München I GRUR 1979, 852/853 – Godspell; LG München I UFITA 54 (1969) 320/322; ebenso das Schrifttum, vgl. etwa Dreier/*Schulze*[3] § 2 Rdnr. 143; Fromm/Nordemann/*A. Nordemann*[10] § 2 Rdnr. 132; Möhring/Nicolini/*Ahlberg*[2] § 2 Rdnr. 15; Wandtke/Bullinger/*Bullinger*[3] § 2 Rdnr. 74; Dreyer/Kotthoff/Meckel[2], § 2 Rdnr. 210; Loewenheim/*Schlatter,* Handbuch des Urheberrechts[2], § 9 Rdnr. 88; *Rehbinder*[15] Rdnr. 178; *Ulmer*[3] § 23 II; *Schack*[4], Urheber- und Urhebervertragsrecht, Rdnr. 193). Während bei der Pantomime im engeren Sinne stummes Gebärden- und Mienenspiel als Ausdrucksmittel vorherrscht und meist eine Szene oder ein Vorgang wiedergegeben werden soll, geht es bei den choreographischen Werken um die tänzerische Darstellung von Musikstücken mit den Mitteln der Bewegung, Schritttechnik, Grazie und Gebärden (vgl. auch LG Essen UFITA 18 [1954] 243/247 f.; *Wandtke* ZUM 1991, 115/117). Für die Rechtsfolgen kommt es aber auf eine Abgrenzung nicht an. Eine körperliche **Festlegung,** etwa schriftlich oder auf Bildträger, ist nicht Schutzvoraussetzung. Die pantomimische bzw. tänzerische Darstellung reicht aus, geschützt ist auch die Improvisation (vgl. auch Rdnr. 20). Schutzfähig ist aber nur die choreographische Formgestaltung, nicht dagegen der mit den Mitteln des Tanzes oder der Pantomime dargestellte Handlungsinhalt (LG Essen UFITA 18 [1954] 243/247). Pantomimische Werke sind Bühnenwerke (*v. Gamm* § 2 Rdnr. 20; *Schlatter-Krüger* GRUR Int. 1985, 299/306), sie fallen unter § 19 Abs. 2 (vgl. § 19 Rdnr. 16, 19). **Nicht schutzfähig** ist die **Choreographie als solche,** dh. als Lehre, Tanz durch festgelegte Zeichen und Bewegungen zu bestimmen; nur das choreographische Werk, dh. die tänzerische Gestaltung ist dem Urheberrechtsschutz zugänglich (LG München I GRUR 1979, 852/853 – Godspell).

Pantomimische Werke sind **nur geschützt,** wenn sie **eine persönliche geistige Schöpfung 131** darstellen. Daran wird es bei **sportlichen** und **akrobatischen Leistungen** im Allgemeinen fehlen. Hier wird nicht ein bestimmter geistiger Gehalt – Gedanken, Empfindungen oder Gefühle – zum Ausdruck gebracht, sondern es geht darum, dem Körper eine bestimmte Leistung abzuverlangen, es dominieren Kraft, Geschicklichkeit und Perfektion (OLG Köln GRUR-RR 2007, 263/264 – Arabeske; Loewenheim/*Schlatter,* Handbuch des Urheberrechts[2], § 9 Rdnr. 90; Wandtke/Bullinger/*Bullinger*[3] § 2 Rdnr. 78 f.; *Dreyer*/Kotthoff/Meckel[2], § 2 Rdnr. 214; Dreier/*Schulze*[3] § 2 Rdnr. 146; *G. Schulze,* Kleine Münze, S. 213; *Rehbinder*[15] Rdnr. 178; *Wandtke* ZUM 1991, 115/118; Fromm/Nordemann/*A. Nordemann*[10] § 2 Rdnr. 134). Regelmäßig wollen der Sportler und der Akrobat auch keine Leistung individueller Prägung erbringen, sondern eine als solche bekannte Leistung (etwa bestimmte Sprungfiguren beim Eiskunstlauf) möglichst perfekt nachvollziehen. Das gilt auch für kontorsionistische Darbietungen; sie sind nur schutzfähig, wenn über bloß akrobatische Leistungen hinausgehen (OLG Köln GRUR-RR 2007, 263 f. – Arabeske). Aus den gleichen Gründen stellen **artistische Tierdressuren** keine pantomimischen Werke dar (LG München I UFITA 54 [1969] 320/322; Dreier/*Schulze*³ § 2 Rdnr. 148; Fromm/Nordemann/*A. Nordemann*¹⁰ § 2 Rdnr. 134; vgl. auch G. *Schulze*, Kleine Münze, S. 219f.). Eine Eisrevue oder ein Eistanz können dagegen ein pantomimisches Werk sein, wenn der künstlerisch-tänzerische Charakter der Darbietung im Vordergrund steht und sportliche Gesichtspunkte demgegenüber zurücktreten (Dreier/*Schulze*³ § 2 Rdnr. 147; Möhring/Nicolini/ *Ahlberg*² § 2 Rdnr. 17; vgl. auch BGH GRUR 1960, 604/605 – Eisrevue I; BGH GRUR 1960, 606 – Eisrevue II; *Rehbinder*¹⁵ Rdnr. 178; eingehend G. *Schulze*, Kleine Münze, S. 215ff.). **Volks- und Gesellschaftstänze** sind meist überliefertes Kulturgut und als solches keine persönlichen geistigen Schöpfungen (vgl. *Schlatter-Krüger* GRUR Int. 1985, 299/307; Wandtke/ Bullinger/*Bullinger*³ § 2 Rdnr. 80; sa. Fromm/Nordemann/*A. Nordemann*¹⁰ § 2 Rdnr. 135). Ob die Gestaltung eines **Happenings** nach einem alten Gemälde ein pantomimisches Werk darstellt, hat der BGH offengelassen (BGH GRUR 1985, 529 – Happening; in der Vorinstanz wurde ein Werk der bildenden Künste angenommen, vgl. KG GRUR 1984, 507 – Happening).

132 Die für Urheberrechtsschutz erforderliche **Individualität** ist bei pantomimischen Werken besonders schwierig zu beurteilen. Geschützt ist auch hier die **kleine Münze** (dazu Rdnr. 39); ein rein handwerkliches Können reicht aber nicht aus. Die Verwendung einfacher, üblicher Tanzschritte, aber auch schwieriger, jedoch allgemein bekannter Figuren, gängiger Gebärden und Mimik als Ausdruck bestimmter Gedanken, Empfindungen oder Gefühle führt noch nicht zum Urheberrechtsschutz (*v. Gamm* § 2 Rdnr. 20; eingehend *Obergfell* ZUM 2005, 621/622ff.). Bei der Beurteilung sind diejenigen Formungselemente nicht zu berücksichtigen, die auf bekannte Vorbilder zurückgehen, es sei denn, dass in ihrer Kombination eine künstlerische Leistung zu erblicken ist (OLG München UFITA 74 (1975) 320/322 – Brasiliana). Das Urteil des Sachverständigen wird oft von wesentlicher Bedeutung sein.

IV. Werke der bildenden Künste

Schrifttum: *Beier*, Der Schutz von Modeschöpfungen in Deutschland und in Frankreich, GRUR Int. 1955, 337; *Beigel*, Urheberrecht des Architekten, 1984; *Brinkhoff*, Computerschriftzeichenschutz. Der Schutz typographischer Schriftzeichen – insbesondere Computerschriften – durch das Schriftzeichengesetz und andere Vorschriften, 1995; *Czernik*, Die Collage in der urheberrechtlichen Auseinandersetzung zwischen Kunstfreiheit und Schutz des geistigen Eigentums, 2008; *Degginger*, Beiträge zum urheberrechtlichen Schutz der Gegenwartskunst, Bern 1987; *Dietz*, Moderne Kunst und droit de suite, Mitarbeiter-Fs. für Ulmer, 1973, S. 3; *Duvigneau*, Urheberrechtlicher Schutz von Tätowierungen, ZUM 1998, 535; *Eichmann*, Mode und Recht, Festgabe für Beier, 1996, S. 459; *Englert*, Grundzüge des Rechtsschutzes der industriellen Formgebung, 1978; *Erdmann*, Schutz der Kunst im Urheberrecht, Fs. für v. Gamm, 1990, S. 389; *Fahse*, Art. 5 GG und das Urheberrecht der Architektur-Professoren, GRUR 1996, 331; *Fierdag*, Die Aleatorik in der Kunst und das Urheberrecht, 2005; *Gerlach*, Das Urheberrecht des Architekten und die Einräumung von Nutzungsrechten nach dem Architektenvertrag, GRUR 1976, 613; *Gerstenberg*, „Angewandte Kunst" in der Rechtsprechung über Möbel, GRUR 1974, 707; ders., Der Begriff des Kunstwerks in der bildenden Kunst, GRUR 1963, 245; ders., Moderne Industrieform und ihr Recht, GRUR 1966, 471; ders., Moderne Kunst und Urheberrecht, Fs. für Wendel, 1969, S. 89; ders., Schriftbild und Urheberrecht, Fs. für Bappert, 1964, S. 53; *Goldmann*, Das Urheberrecht an Bauwerken – Urheberpersönlichkeitsrechte des Architekten im Konflikt mit Umbauvorhaben, GRUR 2005, 639; *Hackenberg*, Der urheberrechtliche Schutz von Designleistungen in Deutschland, Fs. für W. Nordemann, 2004, S. 25; *Häde*, Banknoten, Münzen und Briefmarken im Urheberrecht, ZUM 1991, 536; *Hagen*, Neuheit und Erfindungshöhe im Patentrecht und Neuheit und Gestaltungshöhe im Urheberrecht der angewandten Kunst, GRUR 1978, 137; *Hamann*, Der urheberrechtliche Originalbegriff der bildenden Kunst, 1980; *Heker*, Der urheberrechtliche Schutz von Bühnenbild und Kulisse, 1990; *Henssler*, Rechtsschutz für den Entwerfer in der angewandten Kunst, GRUR 1948, 199; ders., Urheberrechtsschutz beim Wiederaufbau zerstörter Bauwerke, UFITA 18 (1954) 188; ders., Urheberschutz für Modeschöpfungen, JZ 1955, 693; ders., Urheberschutz in der angewandten Kunst und Architektur, 1950; *Jöstlein*, Kitsch und kommerzielle Werkproduktion, UFITA 62 (1971) 175; ders., Unruhige Kunst aus urheberrechtlicher Sicht, UFITA 56 (1970) 111; *Kehrli*, Der urheberrechtliche Werkbegriff im Bereich der bildenden Kunst, 1989; *Kelbel*, Der Schutz typographischer Schriftzeichen, 1984; ders., Der Schutz typographischer Schriftzeichen, GRUR 1982, 79; *Koschtial*, Zur Notwendigkeit der Absenkung der Gestaltungshöhe für Werke der angewandten Kunst im deutschen Urheberrecht, GRUR 2004, 555; *Kreutzer*, Computerspiele im System des deutschen Urheberrechts, CR 2007, 1; *Kuhmann*, Der Schutz der angewandten Kunst im deutschen und amerikanischen Urheberrecht, 1991; *Loewenheim*, Höhere Schutzuntergrenze bei Werken der angewandten Kunst? GRUR Int. 2004, 765; *Lubberger*, Technische Konstruktion oder künstlerische Gestaltung? – Design urheberrechtlich - Fs. für Erdmann, 2002, S. 145; *Mosel*, Kunst im Recht, UFITA 50 (1967) 592; *Neumeister/v. Gamm*, Ein Phönix: Das Urheberrecht der Architekten, NJW 2008, 2678; *A. Nordemann/Heise*, Urheberrechtlicher Schutz für Designleistungen in Deutschland und auf europäischer Ebene, ZUM 2001, 128; *Ott*, Zulässigkeit der Erstellung von Thumbnails durch Bilder- und Nachrichtensuchmaschinen, ZUM 2007, 119; *Pilgrim*, Der urheberrechtliche Schutz der angewandten Formgestaltung, Diss. Frankfurt 1971; *Rau*, Antikunst und Urheberrecht, Diss. Hamburg 1975; *Raue*, EVA & ADELE, Der Mensch als „Werk" im Sinne des Urheberrechts, GRUR 2000, 951; *v. Rauscher auf Weeg*, Kunstschutz bei Verwendung gemeinfreier Formelemente, GRUR 1967, 572; *Rehbinder*, Bühnenbild und Urheberrecht, Fs. für Lichtenhagen, 1987, S. 189 ff.; *Ruijsenaars*, Comic-Figuren und Parodien, GRUR Int. 1993, 811; *Samson*, Die Computerkunst und das Urheberrecht, UFITA 72 (1975) 89; ders., Die moderne Kunst, die Computer-„Kunst" und das Urheberrecht, UFITA 56 (1970) 117; *Schack*, Appropriation Art und Urheberrecht, FS Nordemann 2004, S. 107; ders., Kunst und Recht², 2009;

Schaefer, Die urheberrechtliche Schutzfähigkeit von Werken der Gartengestaltung, zugleich ein Beitrag zu Fragen des Urheberrechtsschutzes von Raumgestaltungen, 1992, (UFITA-Schriftenreihe Bd. 98); *Schildt-Lutzenburger,* Der urheberrechtliche Schutz von Gebäuden, 2004; *ders.,* Was ist Kunst? – Erläuterung anhand der Begriffsbestimmung des Werks der bildenden Künste im Sinne von § 2 I Nr. 4 UrhG, KUR 2004, 81; *Schmid,* Urheberrechtliche Probleme moderner Kunst und Computerkunst in rechtsvergleichender Darstellung, 1995; *Schmidt, K.,* Urheberrechtlicher Werkbegriff und Gegenwartskunst – Krise oder Bewährung eines gesetzlichen Konzepts?, UFITA 77 (1976) 1; *Schmidt, R.,* Urheberrecht und Vertragspraxis des Graphikdesigners, 1983; *v. Schoenebeck,* Moderne Kunst und Urheberrecht, 2003; *Schramm,* Urheber- und wettbewerbsrechtliche Schutzfähigkeit von Puppen und Tierfiguren, UFITA 77 (1976) 113; *ders.,* Zum Begriff „Kunst", UFITA 51 (1968) 75; *Schricker,* Der Urheberrechtsschutz von Werbeschöpfungen, Werbeideen, Werbekonzeptionen und Werbekampagnen, GRUR 1996, 815; *ders.,* Werbekonzeptionen und Fernsehformate, GRUR 2004, 923; *ders.,* Zum Urheberrechtsschutz und Geschmacksmusterschutz von Postwertzeichen, Teil I GRUR 1991, 563, Teil II GRUR 1991, 645; *G. Schulze,* Urheberrecht der Architekten – Teil 2, NZBau 2007, 611; *Stelzenmüller,* Von der Eigentümlichkeit zur Eigenart – Paradigmenwechsel im Geschmacksmusterrecht?, 2007; *Stroh,* Der Rechtsschutz von Musiknoten vor unerlaubter Vervielfältigung, 1995; *Strowel,* Das Urheberrecht: von der zeitgenössischen Kunst auf die Probe gestellt, ZUM 1990, 387; *Thomaschki,* Das schwarze Quadrat, Zur urheberrechtlichen Schutzfähigkeit zeitgenössischer Kunst, 1995; *Ulmer,* Der urheberrechtliche Werkbegriff und die moderne Kunst, GRUR 1968, 527; *Vischer,* Neue Tendenzen in der Kunst und das Urheberrecht, Festgabe für Kummer, 1980, S. 277; *ders.,* Urheberrecht und bildende Kunst, Fs. zum einhundertjährigen Bestehen eines eidgenössischen Urheberrechtsgesetzes, 1983, S. 251; *Walchshöfer,* Der persönlichkeitsrechtliche Schutz der Architektenleistung, Fs. für Hubmann, 1985, S. 469 ff.; *Wandtke,* Die unendliche Geschichte eines Stuhls, UFITA 130 (1996) 57; *ders.,* Grenzenlose Freiheit der Kunst und Grenzen des Urheberrechts, ZUM 2005, 769; *Wandtke/Bullinger,* Die Marke als urheberrechtlich schutzfähiges Werk, GRUR 1997, 573; *Wassner,* Kunst, Geschmack und unlauterer Wettbewerb, 1975; *Zech,* Der Schutz von Werken der angewandten Kunst im Urheberrecht Frankreichs und Deutschlands, 1999.

1. Allgemeines

Abs. 1 Nr. 4 verwendet den Begriff der bildenden Künste als **Sammelbegriff;** darunter fällt die reine Kunst (oder bildende Kunst im engeren Sinne), die sich von der angewandten Kunst durch ihre Zweckfreiheit unterscheidet, also Bildhauerei, Malerei und Graphik (Rdnr. 146 ff.), ferner die Baukunst (Rdnr. 151 ff.) und schließlich (einem Gebrauchszweck dienende) angewandte Kunst (Rdnr. 158 ff.). Die Regelung, dass auch **Entwürfe** von Werken der bildenden Künste geschützt sind, stellt keine Besonderheit dar, sondern entspricht nur dem allgemeinen Grundsatz, dass Werke auch in ihren Entwicklungsstadien geschützt sind, sobald sie eine persönliche geistige Schöpfung darstellen (Rdnr. 22). Sie hat ihre Bedeutung vor allem für Werke der Baukunst, bei denen die Gefahr einer unzulässigen Verwendung von Plänen und Entwürfen in besonderem Maße besteht (s. auch Rdnr. 157). Sie bedeutet dagegen nicht, dass Entwürfe schutzfähig sind, die den Anforderungen einer persönlichen geistigen Schöpfung nicht entsprechen. **133**

Die **Begriffsbestimmung** des Werkes der bildenden Künste steht vor dem Problem, dass sich der Begriff der Kunst nicht mit rechtlich ausreichender Genauigkeit definieren lässt (BGH NJW 1990, 3026 – Opus Pistorum; sa. BVerfG NJW 1985, 261/262 – Anachronistischer Zug; BVerfG NJW 1987, 266; *Schack*[4], Urheber- und Urhebervertragsrecht, Rdnr. 195; *ders.,* Kunst und Recht, S. 1; *Erdmann,* Fs. für v. Gamm, S. 389/390 ff.; *Dreier/Schulze*[3] § 2 Rdnr. 149; *Fromm/Nordemann/A. Nordemann*[10] § 2 Rdnr. 137; *Wandtke/Bullinger/Bullinger*[3] § 2 Rdnr. 85; *Loewenheim/Schulze,* Handbuch des Urheberrechts[2], § 9 Rdnr. 96; *Ulmer*[3] § 24 III; *Englert* S. 163 f.; vgl. auch Rdnr. 2). Die diesbezüglichen Versuche sind ebenso zahlreich wie erfolglos geblieben (vgl. auch OLG München UFITA 74 [1975] 320/321 – Brasiliana; Überblicke über die Kunstdefinitionen finden sich bei *Schramm* UFITA 51 [1968] 75 ff. und *Mosel* UFITA 50 [1967] 592 ff.). Die Suche nach konsensfähigen Kriterien bestätigt, wie im Schrifttum zutreffend hervorgehoben wird (*Erdmann,* Fs. für v. Gamm, S. 389/390), nur die Erkenntnis Kants, dass das ästhetische Urteil nicht objektivierbar ist. Was Kunst ist, unterliegt zu sehr dem subjektiven Urteil und dem zeitlichen Wandel der Auffassungen, als dass sich hieraus verlässliche Kriterien herleiten ließen; auch ist der Jurist zu einem solchen Urteil nicht berufen. Versuche, mit Hilfe des Kunstbegriffs zu entscheiden, was ein Kunstwerk ist, bleiben daher notwendig unpräzise oder nichtssagend. Im Urheberrecht geht es aber auch nicht um die Frage, was Kunst ist, sondern darum, was als das Ergebnis persönlich-geistigen Schaffens urheberrechtlich geschützt sein soll. Diese Frage lässt sich auch ohne eine Begriffsbestimmung der Kunst beantworten: ausschlaggebend ist, ob das Werk von der Individualität seines Schöpfers geprägt ist. Das bedeutet, dass nicht alles, was als Kunst akzeptiert wird, urheberrechtlich geschützt sein muss – wenn auch solche Divergenzen eher Randerscheinungen sind. Der Begriff des Werkes der bildenden Künste ist kein kunstwissenschaftlicher, sondern ein normativer Begriff, der durch die Tatbestandsvoraussetzung der persönlichen geistigen Schöpfung geprägt wird (*Erdmann,* Fs. für v. Gamm, S. 389/394; *Ulmer* GRUR 1968, 527 ff.). **134**

135 Für die **urheberrechtliche Einordnung** einer Gestaltung als Werk der bildenden Künste sind damit zwei Fragen zu beantworten: Zum einen, ob es sich um eine Gestaltungsform handelt, die in den Bereich des § 2 Abs. 1 Nr. 4 fällt, zum anderen, ob die Voraussetzungen einer persönlichen geistigen Schöpfung erfüllt sind. Das bringt auch die Rechtsprechung mit ihrer früher gelegentlich formelhaft verwendeten und verschiedentlich kritisierten (dazu 1. Auflage Rdnr. 92) Definition zum Ausdruck, dass es sich um eine eigenpersönliche geistige Schöpfung handeln müsse, die mit den Darlegungsmitteln der Kunst durch formgebende Tätigkeit hervorgebracht und vorzugsweise für die Anregung des ästhetischen Gefühls durch Anschauung bestimmt sei, und deren ästhetischer Gehalt einen solchen Grad erreicht habe, dass nach Auffassung der für Kunst empfänglichen und mit Kunstanschauungen einigermaßen vertrauten Verkehrskreise von einer künstlerischen Leistung gesprochen werden könne (vgl. etwa RGZ 124, 68/71 f.; RGZ 135, 385/387; BGH GRUR 1957, 391/393 – Ledigenheim; BGH GRUR 1959, 289/290 – Rosenthal-Vase; BGH GRUR 1972, 38/39 – Vasenleuchter; BGH GRUR 1979, 332/336 – Brombeerleuchte; BGH GRUR 2008, 984/986 – St. Gottfried; OLG München GRUR 1987, 290 – Wohnanlage; KG GRUR-RR 2001, 292/293 – Bachforelle; OLG Hamburg ZUM 2004, 386; OLG Hamm ZUM 2006, 641/643; OLG Hamburg ZUM-RD 2007, 59).

136 Die **Werkart der bildenden Künste** setzt eine Gestaltungsform voraus, bei der der Künstler seinem Ausdruckswillen in **Formen** (im weitesten Sinne) oder in **Formen und Farben** Gestalt verliehen hat (*Ulmer*[3] § 24 III). Das bringt die Rechtsprechung mit ihrer Formulierung zum Ausdruck, dass die Gestaltung mit den Darlegungsmitteln der Kunst durch formgebende Tätigkeit hervorgebracht und vorzugsweise für die Anregung des ästhetischen Gefühls durch Anschauung bestimmt sein müsse (vgl. besonders BGH GRUR 1992, 697/698 – ALF; KG GRUR-RR 2001, 292/293 – Bachforelle; OLG Hamburg GRUR 1991, 207/208 – ALF; OLG München GRUR 1987, 290 – Wohnanlage; OLG Saarbrücken GRUR 1986, 310/311 – Bergmannsfigur; weitere Nachweise in der 1. Aufl. Rdnr. 92). In der Praxis bereitet die Frage, ob ein Werk der bildenden Künste oder andere Werkart in Betracht kommt, meist keine Schwierigkeiten. Nach der Rechtsprechung kann sie in Grenzfällen auch offen bleiben, weil die Urheberrechtsschutzfähigkeit eines Werkes nicht von seiner klaren Einordnung in eine der in Abs. 1 genannten Werkarten abhängt (BGH GRUR 1985, 529 – Happening); dabei ist allerdings zu bedenken, dass die Einordnung in eine bestimmte Werkart nach der Rechtsprechung für die Schutzuntergrenze (vgl. Rdnr. 32 ff.), darüber hinaus auch für die Schranken des Urheberrechts (§§ 45 ff.) maßgeblich sein kann (vgl. auch Rdnr. 76). Zur Abgrenzung von Werken der bildenden Künste und Darstellungen wissenschaftlicher oder technischer Art vgl. Rdnr. 197.

137 Um eine **persönliche geistige Schöpfung** handelt es sich, wenn die Gestaltungsform auf der menschlich-gestalterischen Tätigkeit des Urhebers beruht, geistigen Gehalt aufweist, eine wahrnehmbare Formgestaltung gefunden hat und in ihr die Individualität des Urhebers zum Ausdruck kommt (vgl. Rdnr. 9 ff.). An der **menschlich-gestalterischen Tätigkeit** kann es vor allem bei **maschinell oder durch Computer geschaffenen Kunstwerken** fehlen. Dazu gehören beispielsweise Computerdesigns, bewegte und unbewegte Computergraphiken, die computerunterstützte Herstellung von Trickfilmen, Comics und dgl., sowie die Veränderung, Verfremdung oder Manipulation von Kunstwerken oder Darstellungen mit Hilfe des Computers (näher *Schlatter* in Lehmann [Hrsg]., Rechtsschutz[2], Kap. III Rdnr. 89 ff., mit Nachweisen), ferner Computersimulationen, die Kunstwerkcharakter aufweisen. Als Grundsatz gilt auch hier, dass lediglich auf der Tätigkeit des Computers beruhende Gestaltungen (denen freilich im Bereich der Kunst zur Zeit keine nennenswerte praktische Bedeutung zukommt) mangels menschlicher Schöpfungstätigkeit nicht schutzfähig sind (vgl. Rdnr. 12; sa. *Schlatter* aaO Rdnr. 96 f.). Die Schutzfähigkeit wird dagegen nicht dadurch ausgeschlossen, dass man sich einer Maschine als Hilfsmittel bedient (vgl. Rdnr. 13; ebenso *Schlatter* aaO Rdnr. 92 f.; *Schulze* ZUM 1997, 77/80); hierher ist beispielsweise die computerunterstützte Herstellung von Trickfilmen oder Comics zu zählen, die genügend Raum für menschliches Schaffen lässt. Beim Einsatz von Zufallsgeneratoren reicht es aus, dass der Urheber das wesentliche Grundmuster des Werkes schafft und bei mehreren vom Computer erzeugten Versionen eine oder einige als definitiv bestimmt (vgl. Rdnr. 14, dort weitere Nachweise). Bei Werken, die durch die **Tätigkeit von Tieren** geschaffen werden, fehlt es dagegen an der menschlich-gestalterischen Tätigkeit, ein von einem Schimpansen gemaltes Bild ist daher kein Kunstwerk (vgl. Rdnr. 15 mit Nachweisen).

138 Die Voraussetzungen des **geistigen Gehalts** und der **wahrnehmbaren Formgestaltung** werfen bei Werken der bildenden Künste meist keine Probleme auf. Der geistige Gehalt liegt in der künstlerischen Aussage des Werkes und ist, wie die Rechtsprechung formuliert, vorzugswei-

Geschützte Werke § 2

se für die Anregung des ästhetischen Gefühls durch Anschauung bestimmt (BGH GRUR 1992, 697/698 – ALF; BGH GRUR 1979, 332/336 – Brombeerleuchte; OLG Düsseldorf GRUR-RR 2008, 117/119 – Engelsfigur; OLG Hamburg GRUR 1991, 207/208 – ALF; KG GRUR-RR 2001, 292/293 – Bachforelle; OLG Frankfurt/M GRUR 1990, 121/123 – USM-Haller; *Erdmann*, Fs. für v. Gamm, S. 389/399; sa. Rdnr. 19). Bei der wahrnehmbaren Formgestaltung ist zu beachten, dass weder eine körperliche noch eine dauerhafte Festlegung des Werkes erforderlich sind, so dass auch Werke, die aus sich verändernden oder sich auflösenden Materialien hergestellt sind, „Happenings" und vorübergehend auf dem Bildschirm erscheinende Computergraphiken und -bilder schutzfähig sein können (dazu näher Rdnr. 20 mit Nachweisen).

Beim Schutzkriterium der **Individualität** wird bei Werken der bildenden Künste von der Rechtsprechung die **Schutzuntergrenze unterschiedlich hoch** angesetzt. Während bei Werken der reinen bildenden Kunst und bei Bauwerken auch die kleine Münze des Urheberrechts geschützt wird, soll bei Werken der angewandten Kunst die Schutzuntergrenze höher liegen (vgl. Rdnr. 160). Ob die **erforderliche Individualität** erreicht ist, beurteilt die Rechtsprechung „nach Auffassung der für Kunst empfänglichen und mit Kunstanschauungen einigermaßen vertrauten Verkehrskreise" (BGH GRUR 1988, 690/692 – Kristallfiguren; BGH GRUR 1988, 533/535 – Vorentwurf II; OLG Karlsruhe GRUR 2004, 233 – Kirchenchorraum; KG GRUR-RR 2001, 292/293 – Bachforelle; OLG Düsseldorf GRUR 1971, 415 – Studio 2000). Es wird also nicht auf das Urteil des Fachmanns, sondern auf das des für Kunst empfänglichen **Durchschnittsbetrachters** (OLG Schleswig GRUR 1985, 289/291 – Tonfiguren; OLG Karlsruhe GRUR 2004, 233 – Kirchenchorraum; Loewenheim/*Schulze*, Handbuch des Urheberrechts[2], § 9 Rdnr. 97), auf die „im Leben herrschenden Anschauungen" (BGH GRUR 1987, 903/904 – Le Corbusier-Möbel; OLG Frankfurt/M GRUR 1988, 302/303 – Le Corbusier-Sessel; OLG Frankfurt/M AfP 1997, 547/548 – Le Corbusier-Möbel; OLG Hamburg ZUM 2004, 386) abgestellt. Dagegen ist eingewandt worden, dass diese Fragen von Fachmann besser beurteilt werden könnten. Es erscheint aber zweifelhaft, ob das im Ergebnis zu nennenswerten Unterschieden führt. Die Praxis zeigt, dass auch zur Feststellung der Auffassung des Durchschnittsbetrachters vielfach Sachverständige herangezogen werden, letztlich verbleibt immer ein Entscheidungsspielraum, der vom Richter ausgefüllt werden muss.

Bei der Feststellung, ob die für Urheberrechtsschutz erforderliche Individualität bei einer Gestaltung gegeben ist, sind zwar die einzelnen gestalterischen Elemente daraufhin zu würdigen. Entscheidend bleibt jedoch der **Gesamteindruck** der Gestaltung (BGH GRUR 1989, 416 f. – Bauaußenkante; BGH GRUR 1988, 690/692 – Kristallfiguren; BGH GRUR 1981, 820/822 – Stahlrohrstuhl II; BGH GRUR 1952, 516/517 – Hummelfiguren I; OLG Köln NJW-RR 2000, 229/230 – Minidress III; OLG Hamburg GRUR 2002, 419/420 f. – Move; OLG Düsseldorf GRUR-RR 2001, 294/296 – Spannring). Maßgeblich dafür ist auch der Umstand, dass die für den ästhetischen Eindruck wesentlichen Formmerkmale einer schöpferischen Leistung sich oft der genauen Wiedergabe durch Worte entziehen, so dass eine erschöpfende Einzelaufgliederung der künstlerischen Elemente in der Regel nicht erwartet werden kann (BGH GRUR 1991, 449/450 – Betriebssystem).

Der Individualität des künstlerischen Werkschaffens steht es nicht entgegen, dass das Werk auf Veranlassung eines **Auftraggebers** entsteht und dieser zu der von ihm erwarteten Gestaltung Vorschläge macht, Grenzen setzt oder in anderer Weise auf die Gestaltung Einfluss nimmt. Solche Umstände haben künstlerisches, insbesondere mäzenatisch gefördertes Schaffen seit jeher begleitet (OLG Saarbrücken GRUR 1986, 310/311 – Bergmannsfigur).

Wie schon die Einbeziehung der angewandten Kunst in § 2 Abs. 1 Nr. 4 zeigt, ist es **unerheblich**, ob ein Werk der bildenden Künste zu einem rein künstlerischen Zweck gestaltet worden ist oder einem **Gebrauchszweck** dient (BGHZ 22, 209/214 – Europapost; BGHZ 24, 55/62 – Ledigenheim; BGHZ 27, 351/354 – Candida-Schrift; BGH GRUR 1959, 289/290 – Rosenthal-Vase; BGH GRUR 1961, 85/87 – Pfiffikus-Dose; BGH GRUR 1961, 635/638 – Stahlrohrstuhl; BGH GRUR 1972, 38/39 – Vasenleuchter; OLG Hamburg GRUR 2002, 419/420 f. – Move; KG GRUR-RR 2001, 292/293 – Bachforelle; OLG Schleswig GRUR 1980, 1072/1073 – Luisenlund; OLG Saarbrücken GRUR 1986, 310/311 – Bergmannsfigur; Dreier/*Schulze*[3] § 2 Rdnr. 159; Möhring/Nicolini/*Ahlberg*[2] § 2 Rdnr. 21; *G. Schulze*, GRUR-Fs., Rdnr. 41; vgl. auch oben Rdnr. 44). Allerdings unterscheidet der Gebrauchszweck die reine (bildende) Kunst von der angewandten Kunst (näher Rdnr. 158). Das RG hatte darauf abgestellt, dass bei Vorliegen eines Gebrauchszwecks ein **„ästhetischer Überschuss"** zur Zweckmäßigkeit der Form hinzukommen müsse (zuerst RGZ 76, 339/344). Diese Formel kann heute als überholt gelten; sie wird in der Rechtsprechung kaum noch verwendet (vgl. noch OLG

Saarbrücken GRUR 1986, 310/311 – Bergmannsfigur; OLG Schleswig GRUR 1985, 289/290 – Tonfiguren) und wird schon wegen ihrer fehlenden Aussagekraft zu Recht fast durchweg abgelehnt (vgl. etwa *Ulmer*[3] § 25 I 2; *Schack*[4], Urheber- und Urhebervertragsrecht, Rdnr. 203; aA *Rehbinder*[15] Rdnr. 182).

143 Maßgeblicher **Zeitpunkt** für die Beurteilung der Schutzfähigkeit ist die Zeit der Schaffung des Werks (BGH GRUR 1987, 903/905 – Le Corbusier-Möbel; BGH GRUR 1961, 635/638 – Stahlrohrstuhl; OLG Frankfurt/M AfP 1997, 547/549 – Le Corbusier-Möbel; OLG Frankfurt/M GRUR 1988, 302/303 – Le Corbusier-Sessel; OLG Düsseldorf GRUR 1971, 415/416 – Studio 2000; OLG Schleswig GRUR 1985, 289/290 – Tonfiguren).

144 Für die schutzbegründenden Voraussetzungen, insbesondere das Vorliegen einer persönlichen geistigen Schöpfung, trifft im Urheberrechtsverletzungsprozess die **Darlegungs- und Beweislast** den Kläger (vgl. Rdnr. 9). Jedoch sind bei Kunstwerken keine überhöhten Anforderungen an die Darlegungslast zu stellen, da bei ihnen die Schwierigkeit besteht, ästhetisch wirkende Formen überhaupt mit den Mitteln der Sprache auszudrücken (BGH GRUR 1991, 449/450 – Betriebssystem; BGH GRUR 1974, 740/741 – Sessel mwN). Die für den ästhetischen Eindruck wesentlichen Formmerkmale einer schöpferischen Leistung entziehen sich oft der genauen Wiedergabe durch Worte, so dass eine erschöpfende Einzelaufgliederung der künstlerischen Elemente in der Regel nicht erwartet werden kann (BGH GRUR 1991, 449/450 – Betriebssystem; BGHZ 5, 1/3 f.). Wesentlich ist bei solchen Werken der sich aufgrund der Betrachtung des Objekts ergebende Gesamteindruck (BGH aaO; vgl. auch Rdnr. 140). Wer sich darauf beruft, der Künstler habe auf vorbekanntes Formengut zurückgegriffen, ist dafür darlegungs- und beweispflichtig (BGH GRUR 2008, 984/985 – St. Gottfried; BGH GRUR 1981, 820/822 – Stahlrohrstuhl II; GRUR 2002, 958/960 – Technische Lieferbedingungen).

145 Die Beurteilung, ob einer Gestaltung Kunstwerkqualität zukommt, insbesondere ob die erforderliche Individualität gegeben ist, wird von der Rechtsprechung weitgehend als eine **Frage tatrichterlicher Würdigung** angesehen (BGH GRUR 1995, 581/582 – Silberdistel; BGH GRUR 1987, 903/904 – Le Corbusier-Möbel; BGH GRUR 1983, 377/378 – Brombeer-Muster; BGH GRUR 1973, 478/479 – Modeneuheit; BGH GRUR 1967, 315/316 – skai-cubana; BGH GRUR 1961, 635/637 – Stahlrohrstuhl; BGHZ 24, 55/67 – Ledigenheim; BGHZ 22, 209/210, 217 – Europapost). Es ist jedoch im Revisionsverfahren nachprüfbar, ob der Tatrichter bei seiner Würdigung von rechtlich zutreffenden Maßstäben ausgegangen ist und ob seine Feststellungen die Bejahung bzw. Verneinung des Rechtsbegriffs des Kunstwerks tragen (BGH GRUR 1995, 581/582 – Silberdistel; BGH GRUR 1987, 903/904 – Le Corbusier-Möbel; BGH GRUR 1961, 635/636 – Stahlrohrstuhl I; sa. BGH GRUR 2008, 984/985 – St. Gottfried).

2. Reine (bildende) Kunst

146 Werke der reinen Kunst (oder bildenden Kunst im engeren Sinne) unterscheiden sich von der angewandten Kunst durch ihre Zweckfreiheit; es fehlt der die Werke der angewandten Kunst charakterisierende Gebrauchszweck (BGH GRUR 1995, 581/582 – Silberdistel; sa. Rdnr. 158). Sie umfassen die Werke der **Bildhauerei, Malerei** und **Graphik**. In Betracht kommen Statuen (s. zB OLG Düsseldorf GRUR-RR 2008, 117/120 – Engelsfigur), Plastiken, Gemälde, Fresken, Aquarelle, Collagen, Zeichnungen, Holzschnitte, Lithographien, Radierungen, Stiche usw., aber auch künstlerisch strukturierte Wandplatten (OLG München GRUR 1974, 484 ff. – Betonstrukturplatten) oder Totenmasken (KG GRUR 1981, 742 – Totenmaske I; KG GRUR 1983, 507/508 – Totenmaske II). Auch die Zusammenstellung und das Arrangement mehrerer Gegenstände und Stoffe kann ein Kunstwerk sein (*Rehbinder*[15] Rdnr. 181), deshalb können auch Inneneinrichtungen (*Rehbinder* aaO; eingehend *Schaefer* S. 98 ff.; regelmäßig wird bei Inneneinrichtungen allerdings ein Schutz als Bauwerk in Betracht kommen, dazu Rdnr. 152) und Bühnenbilder (BGH GRUR 1986, 458 – Oberammergauer Passionsspiele I; sa. BGH GRUR 1989, 106 – Oberammergauer Passionsspiele II – mit Anm. *Loewenheim*; vgl. ferner BOSchG UFITA 16 (1943) 148; LG Köln GRUR 1949, 303; LG Düsseldorf UFITA 77 (1976) 282; LAG Berlin GRUR 1952, 100/101 f.; eingehend *Heker*, Der urheberrechtliche Schutz von Bühnenbild und Kulisse, insb. S. 19 ff., 48 ff., mit zahlreichen weiteren Nachweisen; *Rehbinder*, Fs. für Uchtenhagen, S. 189 ff. mwN) Kunstwerkschutz genießen. Ob die Gestaltung eines Happenings nach einem alten Gemälde ein Kunstwerk darstellt, hat der BGH offen gelassen (BGH GRUR 1985, 529 – Happening; vom KG in der Vorinstanz bejaht, vgl. GRUR 1984, 507 – Happening). Der durch Christo „verhüllte Reichstag" wurde als urheberrechtlich geschützt angesehen

(KG GRUR 1997, 128 – Verhüllter Reichstag I; LG Berlin NJW 1996, 2380; sa. *Pöppelmann* ZUM 1996, 293; *Müller-Katzenburg* NJW 1996, 2341). Zu verfremdeten Fotografien als Kunstwerke vgl. OLG Koblenz GRUR 1987, 435 sowie OLG Hamm ZUM 2004, 927; zu Bildern auf der Berliner Mauer (Graffiti-Kunst) BGH GRUR 1995, 673/675 – Mauerbilder; BGH GRUR 2007, 691 – Staatsgeschenk; *Nirk*, Fs. für Brandner, S. 417/438 ff. Zum Urheberrechtsschutz von Tätowierungen s. *Duvigneau* ZUM 1998, 535.

Auf das **Material** kommt es nicht an. Auch aus nicht dauerhaftem Material (Eis und Schnee, essbares Material wie Marzipan oder Schokolade) können Kunstwerke bestehen, ebenso aus organischen Stoffen (heute anerkannt, vgl. etwa KG ZUM 2001, 590/591; *Schack*[4], Urheber- und Urhebervertragsrecht, Rdnr. 197; *Rehbinder*[15] Rdnr. 180; *Ulmer*[3] § 24 IV; anders noch RGZ 124, 68/71; RGZ 135, 385/387). Deshalb ist auch die Schutzfähigkeit von Gartengestaltungen nicht grundsätzlich ausgeschlossen (OLG Düsseldorf GRUR 1990, 189/191 – Grünskulptur; Dreier/*Schulze*[3] § 2 Rdnr. 186; *Ulmer*[3] § 24 IV; *Rehbinder*[15] Rdnr. 180; eingehend *Schaefer*, insb. S. 65 ff.). Auch **naturalistische Gestaltungen** sind dem Kunstwerkschutz zugänglich (BGH GRUR 1986, 458/459 – Oberammergauer Passionsspiele; BGH GRUR 1995, 581/582 – Silberdistel; OLG Hamburg NJOZ 2005, 124/125 – Weinlaubblatt). Ebenso ist die **Art der Herstellung** bedeutungslos, genauso wie traditionelle Techniken (malen, zeichnen, modellieren, schnitzen usw.) kommen neuartige Techniken in Betracht. 147

Schutzfähig ist immer nur das Werk selbst, nicht dagegen **Stil, Technik** oder **Manier** des Schaffens (Rdnr. 49). Die Schutzfähigkeit wird aber nicht dadurch ausgeschlossen, dass sich der Künstler an einen bestimmten Stil hält und ausschließlich Formelemente dieses Stils benutzt (LG München I Schulze LGZ 120, 4 f.; *Dietz* UFITA 72 [1975] 1/32 f.; *v. Rauscher auf Weeg* GRUR 1967, 572 ff.; aA OLG Koblenz GRUR 1967, 262/263 f. – Barockputten; vgl. aber auch LG Berlin GRUR 1977, 47 – Barockspiegel). Auch die rein handwerkliche **Abbildung der Natur** begründet regelmäßig keinen Urheberrechtsschutz (OLG Hamburg NJOZ 2005, 124/125 – Weinlaubblatt; BGH GRUR 1995, 581/582 – Silberdistel, für angewandte Kunst). 148

Zu den Werken der bildenden Kunst zählen auch die Figuren und Darstellungen in Bildgeschichten, insbesondere **Comic-Figuren;** sie haben nicht den Werken der angewandten Kunst kennzeichnenden Gebrauchszweck (vgl. zum Kriterium des Gebrauchszwecks Rdnr. 158). Die üblichen Comic-Figuren weisen in aller Regel die für Kunstwerkschutz erforderliche Individualität auf und sind urheberrechtlich geschützt (vgl. zB BGH GRUR 1994, 191 ff. – Asterix-Persiflagen; BGH GRUR 1994, 206 – Alcolix; BGH GRUR 1960, 144/145 – Bambi; BGH GRUR 1958, 500/501 f. – Mecki-Igel I; BGH GRUR 1960, 251/252 – Mecki-Igel II; BGH GRUR 2004, 855/856 – Hundefigur; OLG Frankfurt GRUR 1984, 520 – Schlümpfe; OLG Bremen GRUR 1985, 536 – Asterix-Plagiate; OLG Hamburg ZUM 1989, 305/306 – Schlümpfe-Parodie; OLG Hamburg ZUM 1989, 359 – Pillhuhn; OLG München GRUR-RR 2008, 37 – Pumuckl-Illustrationen II; *LG* Berlin ZUM-RD 2002, 252/253 – Pumuckl-Figur; LG München I GRUR-RR 2008, 44 – Eine Freundin für Pumuckl; eingehend *Ruijsenaars* GRUR Int. 1993, 811 ff.; Wandtke/Bullinger/*Bullinger*[3] § 2 Rdnr. 95; Fromm/Nordemann/*A. Nordemann*[10] § 2 Rdnr. 138; *Rehbinder*, Fs. für Schwarz, S. 163 ff.; *Schulze* ZUM 1997, 77 ff.). Das gilt besonders, wenn die Figuren durch eine unverwechselbare Kombination äußerer Merkmale sowie von Eigenschaften, Fähigkeiten und typischen Verhaltensweisen zu besonders ausgeprägten Comic-Persönlichkeiten geformt sind und dementsprechend jeweils in charakteristischer Weise auftreten (BGH GRUR 1994, 206/207 – Alcolix). Der Schutz der Comic-Figuren beschränkt sich nicht auf den Schutz konkreter zeichnerischer Darstellungen in verschiedenen Körperhaltungen mit der jeweils gleichbleibenden und das Äußere in schöpferischer Weise prägenden Kostümierung und Haartracht. Schutz genießen vielmehr auch die allen Einzeldarstellungen zugrundeliegenden Gestalten als solche (BGH GRUR 1994, 191/192 – Asterix-Persiflagen; BGH GRUR 1994, 206/207 – Alcolix; BGH GRUR 1995, 47/48 – Rosaroter Elefant). Auch **virtuelle Figuren** können geschützt sein, beispielsweise in Computerspielen oder virtuellen Welten wie second life, vgl. dazu *Schulze* ZUM 1997, 77/80 ff. 149

Grenzfragen der Schutzfähigkeit können bei **modernen Kunstrichtungen** auftauchen. Zu den Erscheinungsformen, bei denen sich solche Fragen stellen, gehören Kunstrichtungen wie die sog. ready-mades, bei der die fertige Gegenstände vom Künstler nicht gestaltet, sondern lediglich als Kunstwerk präsentiert werden (Beispiele: Duchamps Flaschentrockner, Warhols Suppendose), ferner der Bereich der Minimal-Art, bei der die Darstellung auf ein Minimum reduziert wird, das bis zum bloßen Nichts gehen kann, etwa bei der Darstellung eines schwarzen Quadrats auf weißem Grund (Malewitsch), monochromen Bildern, die lediglich eine einzige Farbe, zB Blau, darstellen (Yves Klein, Ferrari, Manzoni) oder leeren, unbemalten Blättern (Rauschen- 150 berg). Bei aleatorischen Kunstrichtungen wird der Zufall als Gestaltungsmittel eingesetzt. Bei der Conceptual-Art steht nicht die individuelle Gestaltung eines Werks im Vordergrund, sondern die Gestaltungsidee und ihre Formulierung in einem Konzept; die Realisierung des Konzepts hat demgegenüber nur untergeordnete Bedeutung. Zur urheberrechtlichen Einordnung solcher Kunstrichtungen näher mit Nachweisen Loewenheim/*Schulze,* Handbuch des Urheberrechts[2], § 9 Rdnr. 103; *Erdmann,* Fs. für v. Gamm, S. 389/396 ff.; *G. Schulze,* GRUR-Fs., S. 1303/ 1323 ff.; *Degginger* S. 34 ff.; *Rau* S. 10 ff.; *Thomaschki* S. 27 ff.; *Schmid* S. 17 ff.; *Kehrli* S. 62 ff.; *Vischer,* Festgabe für Kummer, S. 277/282 ff.; *ders.,* Fs. 110 Jahre URG, S. 251 ff.; Wandtke/ Bullinger/*Bullinger*[3] § 2 Rdnr. 91). Urheberrechtlich geht es nicht um ein Urteil über den künstlerischen Wert einer Gestaltung, sondern darum, was nach der Rechtsordnung als Ergebnis individuellen schöpferischen Schaffens geschützt werden soll (vgl. Rdnr. 2, 134). Dabei stellen sich vor allem zwei Fragen: zum einen, ob die Gestaltung auf der menschlich-gestalterischen Tätigkeit des Urhebers beruht (dazu näher Rdnr. 11 ff., 137), zum anderen, ob in ihr die Individualität des Urhebers zum Ausdruck kommt (dazu näher Rdnr. 23 ff., 139 ff.). Vor allem bei der Individualität sollten großzügige Maßstäbe angelegt werden. Bei der reinen Kunst ist auch die kleine Münze geschützt (BGH GRUR 1995, 581/582 – Silberdistel; sa. Rdnr. 39 ff.). Einer unerwünschten Monopolisierung bestimmter Gestaltungen lässt sich durch eine entsprechende Begrenzung des Schutzumfangs begegnen, der um so enger ist, je geringer die im Werk zum Ausdruck kommende Individualität des Urhebers ist (vgl. Rdnr. 73 f.). Der Schutz des monochromen Bildes oder des leeren Blattes reicht nicht so weit, dass anderen die Herstellung gleicher Bilder oder Blätter, die in der Benutzung des gleichen Farbtons oder der Leere besteht, untersagt werden könnte; auf der anderen Seite muss der Künstler die Vervielfältigung und Verbreitung seines Werkes, etwa durch den Verkauf von Postkarten, verhindern können (sa Fromm/ Nordemann/*A. Nordemann*[10] § 2 Rdnr. 17). Nennenswerte praktische Bedeutung hat der urheberrechtliche Schutz moderner Kunstrichtungen ohnehin nicht erlangt.

3. Baukunst

151 Als Werke der Baukunst kommen **Bauten jeglicher Art** in Betracht, sofern sie eine persönliche geistige Schöpfung (dazu Rdnr. 154) darstellen (OLG Oldenburg GRUR-RR 2009, 6 – Blockhausbauweise). Auf die Art der Konstruktion und Herstellung sowie auf das Material, aus dem sie errichtet sind, kommt es nicht an (*v. Gamm* § 2 Rdnr. 21 Stichwort „Bauwerke"; *Walchshöfer,* Fs. für Hubmann, S. 469/470). Auch der **Zweck** des Baus ist unerheblich, insbesondere spielt es keine Rolle, ob Bauwerke einen bestimmten Gebrauchszweck haben, wie Wohn- oder Geschäftshäuser (OLG Oldenburg GRUR-RR 2009, 6 – Blockhausbauweise; LG München I ZUM-RD 2008, 493/494), oder ob dies nicht der Fall ist (zB bei Denkmälern). Schon die in § 2 KUG enthaltene Formulierung, dass ein Bauwerk künstlerische Zwecke verfolgen müsse, war dahingehend ausgelegt worden, dass ein Gebrauchszweck dem Urheberrechtsschutz nicht entgegenstehe (BGHZ 24, 55/62 f. – Ledigenheim), um so mehr gilt dies für § 2 Abs. 1 Nr. 4 UrhG, der keine solche Einschränkung enthält (allg. Ansicht, vgl. OLG Schleswig GRUR 1980, 1072/1073 – Louisenlund; OLG Hamburg UFITA 79 [1977] 343/351; OLG München GRUR 1987, 920 – Wohnanlage; im Schrifttum zB *Dreyer*/Kotthoff/Meckel[2], § 2 Rdnr. 231; Wandtke/Bullinger/*Bullinger*[3] § 2 Rdnr. 108; *Ulmer*[3] § 25 II; *Rehbinder*[15] Rdnr. 188; *Schack*[4], Urheber- und Urhebervertragsrecht, Rdnr. 199; vgl. auch Rdnr. 142). Ebenso wenig ist erforderlich, dass ein künstlerischer Zweck gegenüber dem Gebrauchszweck den Vorrang hat (BGHZ 24, 55/62 – Ledigenheim; OLG München Schulze OLGZ 96, 11 – Einfamilienhaus). Werke der Baukunst können daher nicht nur Gebäude, zB Wohnhäuser, Geschäftshäuser, Schulen, Kirchen, Schlösser, Amtsgebäude (OLG Oldenburg GRUR-RR 2009, 6 – Blockhausbauweise; OLG Frankfurt/M GRUR 1986, 244 – Verwaltungsgebäude), Fabriken usw. sein, sondern auch Türme, Brücken, Denkmäler oder Plätze (*Dreyer*/Kotthoff/Meckel[2], § 2 Rdnr. 227; *Haberstumpf* Hdb. des Urheberrechts[2] Rdnr. 137).

152 Auch die **Raumgestaltung** kann Gegenstand des Bauwerksschutzes sein. Das gilt zunächst für die **Innenarchitektur** (BGH GRUR 2008, 984 – St. Gottfried; BGH GRUR 1982, 107/ 109 – Kirchen-Innenraumgestaltung; BGH GRUR 1999, 230/231 – Treppenhausgestaltung; OLG Hamm ZUM 2006, 641/643; Fromm/Nordemann/*A. Nordemann*[10] § 2 Rdnr. 140; Wandtke/Bullinger/*Bullinger*[3] § 2 Rdnr. 111; *Schack*[4], Urheber- und Urhebervertragsrecht, Rdnr. 200; *Rehbinder*[15] Rdnr. 188); in Sonderfällen können innenarchitektonische Gestaltungen auch als Kunstwerk geschützt sein, dazu Rdnr. 146); die räumliche Anordnung der gestalterischen Einzelelemente in einer Kirche wurde allerdings nicht als „Gesamtkunstwerk" angesehen (OLG Karls-

ruhe GRUR 2004, 233 – Kirchenchorraum). Zum Schutz von Gartengestaltungen als Bauwerk vgl. *Schaefer* S. 60 ff.

Nicht nur das Bauwerk als Ganzes, sondern auch **Teile eines Bauwerks** können Gegenstand **153** des Urheberrechtsschutzes sein, sofern sie auch für sich genommen eine persönliche geistige Schöpfung darstellen. Das gilt beispielsweise für Fassaden, Treppenhäuser, Dachgiebel, Eingänge, aber auch für Grundrisse, sofern sie die Raumform des Bauwerks (Baukörperform, Raumzuordnung, Tür- und Fensteranordnung, Lichtzuführung, Blickrichtung usw.) erkennen lassen (BGH GRUR 1999, 230/231 – Treppenhausgestaltung; BGH GRUR 1989, 416 – Bauaußenkante; BGH GRUR 1988, 533/534 – Vorentwurf II; BGH GRUR 1973, 663/664 – Wählamt; BGHZ 24, 55/63 – Ledigenheim; LG Berlin GRUR 2007, 964/966 f. – Berlin Hauptbahnhof; LG München I ZUM-RD 2008, 493/494). Zur Schutzfähigkeit von Fußböden in Bauwerken vgl. LG Leipzig ZUM 2005, 487/492.

Die für eine persönliche geistige Schöpfung notwendige **Individualität** erfordert, dass sich **154** das Bauwerk nicht nur als das Ergebnis rein handwerklichen oder routinemäßigen Schaffens darstellt (vgl. auch Rdnr. 26), sondern dass es aus der Masse alltäglichen Bauschaffens herausragt (BGH GRUR 1982, 107/109 – Kirchen-Innenraumgestaltung; OLG Oldenburg GRUR-RR 2009, 6 – Blockhausbauweise; OLG Hamm ZUM 2006, 641/644 f.; LG München I ZUM-RD 2008, 493/494; LG Köln ZUM-RD 2008, 88/89). Dies beurteilt sich, wie der BGH formuliert, nach dem ästhetischen Eindruck, den das Bauwerk nach dem Durchschnittsurteil des für Kunst empfänglichen und mit Kunst war einigermaßen vertrauten Menschen vermittelt (BGH GRUR 2008, 984/986 – St. Gottfried; BGH GRUR 1982, 107/110 – Kirchen-Innenraumgestaltung; BGH GRUR 1974, 675/677 – Schulerweiterung; weitere Nachweise in Rdnr. 135). Werke der Baukunst können beispielsweise geprägt sein durch ihre Größe, ihre Proportion, Einbindung in das Gelände, die Umgebungsbebauung, Verteilung der Baumassen, konsequente Durchführung eines Motivs (LG Berlin GRUR 2007, 964/966 f. – Berlin Hauptbahnhof), Ausgestaltung und Gliederung einzelner Bauteile wie der Fassade (OLG München GRUR-RR 2001, 177/178 – Kirchenschiff; LG München I ZUM-RD 2008, 158/164 f.; LG München I ZUM-RD 2008, 493/494) oder des Daches (LG München I ZUM 2007, 69/70 f.) sowie dadurch, dass alle einzelnen Teile des Bauwerks aufeinander bezogen sind, so dass sie zu einer Einheit verschmelzen (OLG Hamm ZUM 2006, 641/644). Die architektonische Leistung muss über die Lösung einer fachgebundenen technischen Aufgabe durch Anwendung der einschlägigen technischen Lösungsmittel hinausgehen (OLG Karlsruhe GRUR 1985, 534/535 – Architektenplan). Gestaltungen, die durch den Gebrauchszweck vorgegeben sind, können die Schutzfähigkeit nicht begründen; das gilt namentlich für die äußere und innere Gestaltung sowie für die Raumaufteilung (OLG Karlsruhe GRUR 1985, 534/535 – Architektenplan; OLG Schleswig GRUR 1980, 1072/1073 – Louisenlund; *v. Gamm* § 2 Rdnr. 21 Stichwort „Bauwerke"). In der Verwendung allgemeinbekannter, gemeinfreier Gestaltungselemente kann aber dann eine schutzfähige Leistung liegen, wenn durch sie eine besondere eigenschöpferische Wirkung und Gestaltung erzielt wird (BGH GRUR 1989, 416/417 – Bauaußenkante; BGH GRUR 1988, 690/692 – Kristallfiguren; OLG Oldenburg GRUR-RR 2009, 6 f. – Blockhausbauweise). Die Anpassung von Bauwerken an ihre Umgebung und ihre Einfügung in die Landschaft kann Ausdruck individuellen Schaffens sein (BGH GRUR 1989, 416/417 – Bauaußenkante; BGHZ 24, 55/64 f. – Ledigenheim; OLG Schleswig GRUR 1980, 1072/1073 – Louisenlund; OLG München GRUR 1987, 290 – Wohnanlage; LG München I ZUM-RD 2008, 493/494; *Ulmer*[3] § 24 II; *Schack*[3] Rdnr. 199). Bloße Wirkungen in städtebaulicher und verkehrstechnischer Hinsicht haben jedoch bei § 2 Abs. 1 Nr. 4 außer Betracht zu bleiben und können lediglich im Rahmen des Abs. 1 Nr. 7 Berücksichtigung finden (BGH GRUR 1989, 416/417 – Bauaußenkante).

Eine aus der Masse des alltäglichen Bauschaffens herausragende und damit urheberrechtlich **155** schutzfähige Gestaltung wird sich bei **Repräsentativbauten** (wie Schlössern, Denkmälern) eher finden als bei reinen **Zweckbauten.** Auch diese können aber Ausdruck individuellen Schaffens sein (BGHZ 24, 55/62 f. – Ledigenheim; OLG Schleswig GRUR 1980, 1072/1073 – Louisenlund). Allerdings sind bei ihnen die architektonischen Möglichkeiten zur Entfaltung individuellen Schaffens meist begrenzter. Übliche **Wohnhäuser** und vergleichbare Zweckbauten sind daher oft nicht schutzfähig (OLG Oldenburg GRUR-RR 2009, 6 – Blockhausbauweise; OLG München GRUR 1987, 290 – Wohnanlage; OLG Karlsruhe GRUR 1985, 534/535 – Architektenplan; aA OLG München Schulze OLGZ 96, 11 – Einfamilienhaus; vgl. aber auch BGH GRUR 1988, 533/534 – Vorentwurf II – für den Grundriss eines Einfamilienhauses). Das Gleiche gilt für **technische Konstruktionen.** Was technisch-konstruktiv notwendig oder üblich ist, ist nicht Ausdruck individuellen Schaffens; manche ästhetisch gelungene Brücken- oder

Turmkonstruktion ist aus diesem Grunde nicht urheberrechtsschutzfähig. Es müssen vielmehr besondere gestalterische Elemente vorliegen, die über das vom Technisch-Konstruktiven oder vom Gebrauchszweck her Vorgegebene oder Übliche hinausgehen und die Individualität zum Ausdruck bringen (OLG Karlsruhe GRUR 1985, 534/535 – Architektenplan). Das ist freilich nicht in dem Sinne zu verstehen, dass das künstlerische Element im Ornament oder schmückenden Beiwerk liegt, gerade auch die klare Linienführung und schlichte Gestaltung können die schöpferische Leistung begründen (*Ulmer*[3] § 24 I 2; vgl. auch BGHZ 22, 209/215 – Europapost – zu Werken der angewandten Kunst).

156   **Einzelbeispiele:** Die schöpferische Prägung kann in der Außenflächen- und Fassadengestaltung zutage treten (BGH GRUR 1989, 416f. – Bauaußenkante; BGH GRUR 1973, 663/664 – Wählamt; OLG Hamburg UFITA 79 (1977) 343/351; OLG München GRUR-RR 2001, 177/178 – Kirchenschiff; LG München I ZUM-RD 2008, 158/164f.; vgl. auch LG Berlin Schulze LGZ 65, 3; zweifelhaft OLG Hamm GRUR 1967, 608/609 – Baupläne), in der Aufgliederung der Baukörper (BGHZ 24, 55/66 – Ledigenheim; OLG Hamburg UFITA 79 (1977) 343/351; OLG Frankfurt/M GRUR 1986, 244 – Verwaltungsgebäude) oder der Innenraumgestaltung (BGH GRUR 1982, 107/109 – Kirchen-Innenraumgestaltung; BGH GRUR 1999, 230/231 – Treppenhausgestaltung; OLG Hamm ZUM 2006, 641/643; LG Berlin GRUR 2007, 964/966f. – Berlin Hauptbahnhof). Als Ausdruck schöpferischer Individualität wurden auch angesehen ein Ensemble von Kirchenschiff, Turm, Pfarrhaus, Platz und Höfen (OLG München GRUR-RR 2001, 177/178 – Kirchenschiff); bei einem Schwimmbad ein charakteristisches Zeltdach verbunden mit einer individuellen Raumaufteilung (BGH GRUR 1982, 369/370 – Allwetterbad) sowie bei einem Einfamilienhaus eine Vielzahl unterschiedlich geneigter und zueinander angeordneter verschieden großer Dachflächen, verbunden mit der Verwendung unterschiedlichen Baumaterials, so dass sich für den Betrachter eine Vielfalt senkrechter, waagerechter und in den unterschiedlichsten Winkeln geneigter Flächen und vielfältig ineinander geschachtelter Baukörper ergab (BGH GRUR 1980, 853/854 – Architektenwechsel; vgl. ferner BGH GRUR 1988, 533/534 – Vorentwurf II; LG München I Schulze LGZ 157, 3f.; LG Hamburg GRUR 2005, 672 – Astra-Hochhaus). Bei einem Verwaltungsgebäude legten die straffe Gliederung, die kubische Gestaltung, die besondere Ausgestaltung der Balkone, die Anordnung der Fensterflächen und die Abstimmung des Bauwerkkörpers mit dem Gesamtkonzept eine schöpferische Leistung nahe (OLG Frankfurt GRUR 1986, 244 – Verwaltungsgebäude). Vgl. ferner die Nachweise in Rdnr. 154.

157   Werke der Baukunst sind bereits als **Entwürfe** geschützt. Darin liegt zwar keine Besonderheit gegenüber anderen Werken (vgl. auch Rdnr. 133), die praktische Bedeutung ist aber bei Bauwerken besonders groß, weil die Entwürfe in Form von Bauplänen durch zahlreiche Hände zu gehen pflegen. Voraussetzung ist, dass die individuellen Züge, die das Bauwerk als persönliche geistige Schöpfung qualifizieren, bereits im Entwurf ihren Niederschlag gefunden haben (BGH GRUR 1979, 464/465 – Flughafenpläne; BGH GRUR 1982, 369/370 – Allwetterbad; BGH GRUR 1980, 853/854 – Architektenwechsel; BGH GRUR 1988, 533/534f. – Vorentwurf II; OLG Oldenburg GRUR-RR 2009, 6 – Blockhausbauweise; OLG München GRUR 1987, 290 – Wohnanlage; OLG Karlsruhe GRUR 1985, 534f. – Architektenplan; OLG Hamburg UFITA 79 [1977] 343/353; OLG Schleswig GRUR 1980, 1072/1073 – Louisenlund; LG Köln ZUM-RD 2008, 88/90; sa. BGH GRUR 1999, 230/231 – Treppenhausgestaltung; OLG München ZUM 1989, 89/91). Die (erstmalige) Ausführung eines Baues durch einen anderen nach den Entwürfen des Urhebers ist urheberrechtlich als Vervielfältigung (§ 16 Abs. 1 UrhG) zu werten (BGH GRUR 1999, 230/231 – Treppenhausgestaltung; BGHZ 24, 55/69 – Ledigenheim; BGH GRUR 1985, 129/131 – Elektrodenfabrik). Entwürfe und Baupläne können außerdem nach Abs. 1 Nr. 7 geschützt sein (BGH GRUR 1979, 464/465 – Flughafenpläne; vgl. auch Rdnr. 205); anders als Abs. 1 Nr. 4 gewährt aber Abs. 1 Nr. 7 keinen Schutz gegen die Ausführung der Pläne, also gegen den Nachbau (BGH GRUR 1989, 416/417 – Bauaußenkante; näher Rdnr. 199).

4. Angewandte Kunst

158   a) **Allgemeines.** Bei Werken der angewandten Kunst handelt es sich **um Bedarfs- und Gebrauchsgegenstände mit künstlerischer Formgebung.** Das KUG sprach noch von Erzeugnissen des Kunstgewerbes, mit der Formulierung des UrhG von 1965 wurde eine Angleichung an die Terminologie der RBÜ und den internationalen Sprachgebrauch erreicht. Eine Änderung des bisherigen Rechtszustandes ist dadurch aber nicht eingetreten, so dass die vor 1965 ergangene Rechtsprechung ihre Bedeutung behalten hat (vgl. auch *Samson* UFITA 47 [1966] 1/10ff.). Zu

Werken der angewandten Kunst zählen **kunstgewerbliche Gegenstände** jeglicher Art, Gegenstände industrieller Formgebung, Gebrauchsgraphik, Modeschöpfungen, Möbel und dgl.; nach der Rechtsprechung (BGH GRUR 1986, 458 – Oberammergauer Passionsspiele) auch Bühnenbilder. Von den Werken der reinen Kunst (bildenden Kunst im engeren Sinne) **unterscheiden** sich Werke der angewandten Kunst durch ihren **Gebrauchszweck** (BGH GRUR 1995, 581/582 – Silberdistel; OLG Koblenz GRUR 1967, 262/264 – Barockputten; OLG Düsseldorf GRUR 1971, 415/416 – Studio 2000; LG Nürnberg-Fürth GRUR 1995, 407/408 – playmobil-Figur; Fromm/Nordemann/*A. Nordemann*[10] § 2 Rdnr. 139; Dreier/*Schulze*[3] § 2 Rdnr. 158; Möhring/Nicolini/*Ahlberg*[2] § 2 Rdnr. 26; Wandtke/Bullinger/*Bullinger*[3] § 2 Rdnr. 96; *Schack*[4], Urheber- und Urhebervertragsrecht, Rdnr. 202; *Schricker* GRUR 1991, 563 f.).

b) Verhältnis zum Geschmacksmusterschutz. Der Geschmacksmusterschutz steht dem **159** Urheberrechtsschutz von Werken der angewandten Kunst insofern nahe, als nach beiden Schutzsystemen eine selbständige schöpferische Leistung geschützt wird (BGHZ 50, 340/350 – Rüschenhaube; *Ulmer*[3] § 25 III 3). Vor dem am 1. 7. 2004 war der **Unterschied zwischen Geschmacksmusterschutz und Urheberrechtsschutz** lediglich gradueller Natur: Das Geschmacksmusterrecht wurde als Unterbau zum Schutz von Werken der angewandten Kunst durch das Urheberrecht angesehen (BGH GRUR 1995, 581/582 – Silberdistel; BGH GRUR 1983, 377/378 – Brombeer-Muster; BGH GRUR 1974, 669/671 – Tierfiguren; BGH GRUR 1972, 38/39 – Vasenleuchter; BGH GRUR 1959, 289/290 – Rosenthal-Vase; BGHZ 27, 351/354 – Candida-Schrift; BGHZ 22, 209/215 ff. – Europapost; OLG Frankfurt GRUR-RR 2006, 43/44 – Panther mit Smaragdauge; OLG Köln GRUR-RR 2010, 147; OLG Düsseldorf GRUR-RR 2001, 294/296 – Spannring; ebenso schon die reichsgerichtliche Rechtsprechung seit RGZ 76, 339/344; im Schrifttum etwa *Ulmer*[3] § 25 III 3; *Erdmann/Bornkamm* GRUR 1991, 877/878). Nach der Neugestaltung durch das am 1. 7. 2004 in Kraft getretene GeschmMG trifft das nicht mehr zu; das Geschmacksmusterrecht bildet keinen bloßen Unterbau zum Urheberrecht mehr; der Gesetzgeber wollte vielmehr ein eigenständiges gewerbliches Schutzrecht schaffen und den engen Bezug des Geschmacksmusterrechts zum Urheberrecht beseitigen (Amtliche Begründung zum Geschmacksmusterreformgesetz, BT-Drucks. 15/1075 S. 69). Während Urheberrechtsschutz eine persönliche geistige Schöpfung voraussetzt, erfordert Geschmacksmusterschutz, dass das Muster neu ist und Eigenart hat (§ 2 Abs. 1 GeschmMG). **Urheberrechtsschutz und Geschmacksmusterschutz schließen sich** aber **nicht aus,** sondern können nebeneinander bestehen (Wandtke/Bullinger/*Bullinger*[3] § 2 Rdnr. 98; *Schack*[4], Urheber- und Urhebervertragsrecht, Rdnr. 202).

Bei Werken der angewandten Kunst wird von der Rechtsprechung und Teilen des Schrifttums **160** die **Schutzuntergrenze höher** angesetzt (BGH GRUR 2004, 941/942 – Metallbett; BGH GRUR 1995, 581/582 – Silberdistel; BGH GRUR 1983, 377/378 – Brombeer-Muster; BGH GRUR 1979, 332/336 – Brombeerleuchte; BGH GRUR 1974, 669/671 – Tierfiguren; BGH GRUR 1972, 38/39 – Vasenleuchter; BGH GRUR 1967, 315/316 – skai-cubana; BGHZ 50, 340/350 – Rüschenhaube; BGHZ 22, 209/217 – Europapost; OLG Köln GRUR-RR 2010, 141/142 – 3D-Messstände; OLG Frankfurt GRUR-RR 2006, 43/44 – Panther mit Smaragdauge; OLG Hamburg GRUR 2002, 419 – Move; OLG Nürnberg GRUR-RR 2001, 225/227 – Dienstanweisung; OLG Düsseldorf ZUM 1998, 61/64; OLG Düsseldorf GRUR-RR 2001, 294/296 – Spannring; KG GRUR-RR 2001, 292/293 – Bachforelle; KG AfP 1997, 924/925; *Dreyer/Kotthoff/Meckel*[2], § 2 Rdnr. 227; *Schack*[4], Urheber- und Urhebervertragsrecht, Rdnr. 202; *Rehbinder*[15] Rdnr. 186; *Erdmann*, Fs. für v. Gamm, S. 389/402 f.; *Erdmann/Bornkamm* GRUR 1991, 877/878; wohl auch Dreier/*Schulze*[3] § 2 Rdnr. 160). Das wird meist damit begründet, dass bei Werken der angewandten Kunst der Urheberrechtsschutz seinen Unterbau durch den Geschmacksmusterschutz finde, dem der Schutz vor allem kunstgewerblicher Gegenstände mit geringem Individualitätsgrad überlassen bleiben könne. Die **kleine Münze** des Urheberrechts (dazu Rdnr. 39 ff.) soll damit im Bereich der angewandten Kunst urheberrechtlich nicht geschützt, sondern nur dem Geschmacksmusterschutz zugänglich sein. Diese Auffassung ist verfassungsrechtlich nicht zu beanstanden (BVerfG GRUR 2005, 410 – Laufendes Auge). Sie wird aber im Schrifttum vielfach abgelehnt (Fromm/Nordemann/*A. Nordemann*[10] § 2 Rdnr. 146 ff.; Wandtke/Bullinger/*Bullinger*[3] § 2 Rdnr. 97; Möhring/Nicolini/*Ahlberg*[2] § 2 Rdnr. 111; Loewenheim/*Schulze*, Handbuch des Urheberrechts[2], § 9 Rdnr. 99; *Loewenheim* GRUR Int. 2004, 765 ff.; *Koschtial* GRUR 2004, 555 ff.; *Schricker* GRUR 1996, 815/818 f.; *ders.*, GRUR-Fs. Rdnr. 28 ff.; *ders.*, Fs. für Kreile, S. 715/721; *Haberstumpf*, GRUR-Fs., Rdnr. 53 ff., 63; *A. Nordemann/Heise*, ZUM 2001, 128/139; *G. Schulze*, GRUR-Fs., Rdnr. 40; *ders.*, Die kleine Münze, S. 132 ff.; *ders.* GRUR

1987, 769/772 f.; *Wandtke/Ohst* GRUR Int. 2005, 91 f.; *E.-I. v. Gramm,* Die Problematik der Gestaltungshöhe im deutschen Urheberrecht, S. 88 ff., 233; *Hackenberg* in Fs. für Nordemann S. 25 ff.; *Kuhmann* S. 50; *Zech* S. 246 ff., 251; für eine Beibehaltung der bisherigen Rechtsprechung *Ohly* GRUR 2007, 731/733). Diese Ablehnung besteht zu Recht. Die Argumentation mit dem Unterbau durch den Geschmacksmusterschutz überzeugt heute schon wegen der Änderung des Geschmacksmustergesetzes (dazu Rdnr. 159) nicht mehr, im übrigen auch deswegen nicht, weil es auch bei Lichtbildwerken und Datenbankwerken einen Unterbau durch den Lichtbildschutz des § 72 und den Datenbankschutz der §§ 87 a ff. gibt, hier aber eine höhere Schutzuntergrenze nicht (mehr) angenommen wird. Vor allem aber gibt die **europäische Urheberrechtsentwicklung** Anlass, auch bei Werken der angewandten Kunst nicht mehr von einer höheren Schutzuntergrenze auszugehen. Bereits in mehreren europäischen Richtlinien ist ausdrücklich bestimmt, dass zur Bestimmung der Schutzfähigkeit keine anderen Kriterien als das der eigenen geistigen Schöpfung anzuwenden sind; damit geht die Tendenz zu einem **einheitlichen europäischen Werkbegriff** mit einheitlicher Schutzuntergrenze (näher dazu Rdnr. 33). Zudem würde es bei Gestaltungen aus dem Bereich der kleinen Münze von ihrer Einordnung als Werk der reinen Kunst oder als Werk der angewandten Kunst abhängen, ob sie urheberrechtlich oder (nur) geschmacksmusterrechtlich geschützt werden. Diese Abgrenzung ist nicht immer einsichtig, namentlich dann, wenn ursprünglich der reinen Kunst zuzurechnende Werke dergestalt industriell vermarktet werden, dass sie einem Gebrauchszweck dienen (etwa Gemälde als Tapeten- oder Stoffmuster dienen oder Kleinplastiken als Vorlage für Schmuckstücke).

161   c) **Persönliche geistige Schöpfung.** Ob Werke der angewandten Kunst schutzfähig sind, hängt meist davon ab, ob die nötige Individualität gegeben ist. Das beurteilt sich, abgesehen davon, dass von der Rechtsprechung und Teilen des Schrifttums die Gestaltungshöhe und damit die Schutzuntergrenze höher angesetzt wird (vgl. Rdnr. 160), nach allgemeinen Grundsätzen (vgl. Rdnr. 23 ff., 139 ff.). Erforderlich ist, dass sich die Leistung aus der Masse des Alltäglichen heraushebt und vom individuellen Geist des Künstlers geprägt ist. Ausschlaggebend ist der Gesamteindruck der Gestaltung (BGH GRUR 1988, 690/692 – Kristallfiguren; BGH GRUR 1981, 820/822 – Stahlrohrstuhl II; BGH GRUR 1952, 516/517 – Hummelfiguren I; BGH GRUR 2004, 855/856 – Hundefigur; OLG Köln NJW-RR 2000, 229/230 – Minidress III; OLG Hamburg GRUR 2002, 419/420 f. – Move; OLG Düsseldorf GRUR-RR 2001, 294/296 – Spannring; KG GRUR 2006, 53/54 – Bauhaus-Glasleuchte II, unter Hinweis auf OLG Düsseldorf GRUR 1993, 903/906 f.; vgl. auch Rdnr. 38, 140). Ein Indiz kann bei Werken der angewandten Kunst die Präsentation in Kunstmuseen und auf Kunstausstellungen sein; ebenso die Beachtung, die das Werk als Kunstwerk in Fachkreisen und in der Öffentlichkeit gefunden hat (BGH GRUR 1987, 903/905 – Le Corbusier-Möbel; OLG Frankfurt/M AfP 1997, 547/549 – Le Corbusier-Möbel; OLG Frankfurt/M GRUR 1993, 116 – Le Corbusier-Möbel). Nicht schutzfähig sind **Stil, Motiv, Manier** und **Technik** als solche (BGH GRUR 1970, 250 f. – Hummel III; vgl. auch Rdnr. 49). Allerdings schließt die Verwendung bekannter Stilmittel individuelles Schaffen nicht aus; in der Kunst wird sogar im Regelfall auf bekannte Stilmittel zurückgegriffen (BGH GRUR 1988, 690/692 – Kristallfiguren; OLG Hamburg GRUR 2002, 419/420 – Move; LG Köln ZUM-RD 2009, 33/36).

162   Auf den **künstlerischen Wert** der Gestaltung kommt es nicht an (BGH GRUR 1959, 289/290 – Rosenthal-Vase; OLG Schleswig GRUR 1985, 289/290 – Tonfiguren), auch Kitsch kann urheberrechtlich geschützt sein (sa. Rdnr. 45). Künstlerische Individualität kann sich aber dort nicht entfalten, wo eine bestimmte **Formgebung** durch den Gebrauchszweck oder aufgrund technischer Gegebenheiten **vorgegeben** oder **üblich** ist (LG Nürnberg-Fürth GRUR 1995, 407/408 – playmobil-Figur; vgl. auch OLG Köln GRUR 1986, 889/890 – ARD-1). Individuelles Werkschaffen setzt voraus, dass Spielraum für die Entfaltung persönlicher Züge besteht (vgl. Rdnr. 29). Das bedeutet allerdings nicht, dass das künstlerische Element im schmückenden Beiwerk – im Zierrat oder Ornament – liegen müsse. Gerade die in **klarer Linienführung** ohne schmückendes Beiwerk gestaltete Gebrauchsform kann (man denke an die Ziele des Bauhauses oder des Werkbunds) Ausdruck individuellen Schaffens sein (BGHZ 22, 209/215 – Europapost; *Ulmer*[3] § 25 I 2; *G. Schulze* S. 224; vgl. auch OLG Düsseldorf GRUR 1993, 903/906 f. – Bauhaus-Leuchte). Kunst entsteht nicht erst durch funktionslosen Zierrat. Nur stellt sich bei einer an sachlicher Funktionalität ausgerichteten Formgestaltung in besonderem Maß die Frage, ob die gewählte Form im Hinblick auf Gebrauchszweck oder technische Gegebenheiten notwendig oder üblich war.

163   Bei der Prüfung, ob ein Werk der angewandten Kunst die erforderliche Individualität aufweist, müssen alle Formungselemente, die auf **bekannte Vorbilder** zurückgehen, ausscheiden, soweit

nicht gerade in ihrer **Kombination** untereinander oder mit neuen Elementen eine schöpferische Leistung zu erblicken ist (BGHZ 27, 351/356 – Candida-Schrift; BGH GRUR 1959, 289/290 – Rosenthal-Vase; BGH GRUR 1961, 635/637 – Stahlrohrstuhl; BGH GRUR 1972, 38/39 – Vasenleuchter; BGH GRUR 1974, 740/742 – Sessel; BGH GRUR 1979, 332/336 – Brombeerleuchte; OLG Frankfurt/M GRUR 1984, 520 – Schlümpfe; LG Nürnberg-Fürth GRUR 1995, 407/408 – playmobil-Figur).

Diejenigen **Formungselemente**, aus denen sich der Urheberrechtsschutz ergibt (und in deren Nachbildung allein eine Urheberrechtsverletzung liegen kann), müssen **aufgezeigt und beschrieben** werden (BGH GRUR 1974, 740/741 – Sessel). Tritt hingegen das Fehlen der Individualität deutlich zutage, so kann eine in Einzelheiten gehende Auseinandersetzung mit den Formelementen entfallen (BGH GRUR 1981, 517/519 – Rollhocker). Geben die Sachkenntnis des Tatrichters und der Vortrag der Parteien keine ausreichende Bewertungsgrundlage ab, so kann die Einholung eines Sachverständigengutachtens in Betracht kommen (BGH GRUR 1987, 903/905 – Le Corbusier-Möbel). 164

d) Einzelfälle. Figuren sind, soweit sie einem Gebrauchszweck dienen, der angewandten Kunst zuzurechnen. Für die Schutzfähigkeit bedeutet das, dass nach der Rechtsprechung die Schutzuntergrenze höher anzusetzen ist als bei Werken der reinen Kunst (vgl. Rdnr. 160). Bei Tierfiguren kann sich die künstlerische Individualität insbesondere aus der originellen Darstellung ihrer Physiognomie ergeben (BGH GRUR 1992, 697/698 – ALF; BGH GRUR 1960, 251/252 – Mecki-Igel II; OLG Hamburg GRUR 1991, 207/208 – ALF; OLG Hamburg ZUM 1989, 359/360 – Pillhuhn; LG Berlin ZUM-RD 2002, 252/253 – Pumuckl-Figur). Kunstgewerbliche Gebrauchsgegenstände in Form stilisierter Tierfiguren wurden trotz ihrer „relativen Anspruchslosigkeit" noch als schutzfähig angesehen (BGH GRUR 1974, 669/671 – Tierfiguren); dagegen wurde Tierfiguren aus Ton und auf Tonkacheln angeordneten Tiergruppen die Schutzfähigkeit mangels künstlerischer Gestaltungshöhe abgesprochen (OLG Schleswig GRUR 1985, 289/290 f. – Tonfiguren). Zu einer Spardose in Form einer Hundefigur vgl. BGH GRUR 2004, 855/856 – Hundefigur; zu einer menschlichen Spielzeugfigur vgl. LG Nürnberg-Fürth GRUR 1995, 407/408 – playmobil-Figur; zu vermenschlichten Tierfiguren LG Mannheim NJW-RR 1998, 45; zu einer in der Werbung verwendeten Figur eines Handwerkers LG Oldenburg GRUR 1987, 636 – Emil; zu Nachbildungen von Puttenplastiken aus Barock und Rokoko OLG Koblenz GRUR 1967, 262 – Barockputten; zur urheberrechtlichen Schutzfähigkeit von Puppen und Tierfiguren eingehend *Schramm* UFITA 77 (1976) 113 ff. Zu Comic-Figuren und Figuren, die als Werke der Kunst, aber nicht der angewandten Kunst angesehen wurden vgl. Rdnr. 149. 165

Geschirr, Gläser: Zu einem Weißbierglass mit Fußballkugel s. OLG Köln GRUR-RR 2010, 139. 165a

Bei **Lampen** und Beleuchtungskörpern wurde einem gläsernen Leuchter, der der Aufnahme einer Kerze und gleichzeitig der Anordnung von Blumen diente, im Hinblick auf seine von den vorbekannten Formen abweichende, elegante, gekonnte Formgestaltung Urheberrechtsschutz zuerkannt (BGH GRUR 1972, 38/39 – Vasenleuchter). Ebenso wurde Wagenfeld-Leuchten Urheberrechtsschutz zuerkannt (KG GRUR 2006, 53/54 – Bauhaus-Glasleuchte II; OLG Hamburg GRUR 1999, 714/715 f. – Bauhaus-Glasleuchte; OLG Düsseldorf GRUR 1993, 903/906 f. – Bauhaus-Leuchte). Dagegen wurde bei einer Serie von Leuchtengläsern, die an der Oberfläche blasenartig in Form von Brombeeren gestaltet waren, die Schutzfähigkeit verneint (BGH GRUR 1979, 332/336 – Brombeerleuchte), ebenso bei Lampen mit gefalteten Papierschirmen (OLG Düsseldorf GRUR 1954, 417 – Knickfaltlampe). 166

Auch **Logos** und **Signets** können Werke der angewandten Kunst darstellen; vgl. OLG Hamburg ZUM 2004, 386; Fromm/Nordemann/*A. Nordemann*[10] § 2 Rdnr. 172; sa. BVerfG GRUR 2005, 410 – Laufendes Auge. 167

Modeschöpfungen können als Werke der angewandten Kunst geschützt sein, und zwar nicht nur Modelle der Haute-Couture, sondern auch Konfektionsmodelle (BGH GRUR 1984, 453 – Hemdblusenkleid; BGH GRUR 1973, 478/479 – Modeneuheit; BGHZ 16, 4/6 – Mantelmodell; LG Leipzig GRUR 2002, 424/425 – Hirschgewand; *Eichmann*, Fs. für Beier, S. 459 ff.; Dreier/*Schulze*[3] § 2 Rdnr. 170; Fromm/Nordemann/*A. Nordemann*[10] § 2 Rdnr. 176; Wandtke/Bullinger/*Bullinger*[3] § 2 Rdnr. 101; weitere Nachweise in der 1. Aufl. Rdnr. 107). Auch Zeichnungen, Entwürfe und Schnittmuster sind schutzfähig, soweit in ihnen bereits die schöpferische Leistung zutage tritt (BGHZ 16, 4/6 – Mantelmodell); verneint wurde Urheberrechtsschutz für Modellzeichnungen in einem Werbekatalog für Berufskleidung (OLG Hamburg Schulze OLGZ 89). Nach OLG Hamm (GRUR 1989, 107) sollen handgroße Bildflicken auf 168 einer Jeansjacke (gestickte Kombinationen von farbigen Flächen, fratzenartigen Gesichtern, teils lesbaren, teils verfremdeten Schriftzügen) Kunstschutz genießen können. Die Anforderungen an die künstlerische Gestaltungshöhe dürfen aber nicht zu niedrig angesetzt werden; der Großteil der Modelle verdient keinen Urheberrechtsschutz (*Ulmer*[3] § 25 III 3; *v. Gamm* § 2 Rdnr. 21). Was sich an Vorhandenem orientiert und im Ergebnis nur ein Beherrschen des Schneiderhandwerks erkennen lässt, ist nicht urheberrechtsschutzfähig; auch eine Kombination von bekannten und modisch bedingten Elementen, selbst wenn sie im Ergebnis geschmackvoll, eigenartig und gelungen ist, ist noch nicht als schutzfähiges Werk einzustufen (BGH GRUR 1984, 453 – Hemdblusenkleid; LG Leipzig GRUR 2002, 424/425 – Hirschgewand). Ebenso wenig reichen die bloße Weiterentwicklung der modischen Linie und Form aus (*v. Gamm* § 2 Rdnr. 21). Soweit Urheberrechtsschutz ausscheidet, kommen Geschmacksmusterschutz und vor allem Wettbewerbsschutz in Betracht; letzterer oft für einen begrenzten Zeitraum, etwa für ein oder zwei Modesaisons (s. dazu BGH GRUR 2006, 79/81 – Jeans; BGH GRUR 1984, 453 – Hemdblusenkleid; BGH GRUR 1973, 478/479 – Modeneuheit; Hefermehl/Koehler/*Bornkamm*, UWG[27] § 4 Rdnr. 9.67.

169   Bei **Möbeln** hat die Rechtsprechung unter anderem künstlerisch gestalteten Sitzmöbeln Urheberrechtsschutz zuerkannt (BGH GRUR 1987, 903 – Le Corbusier-Möbel; BGH GRUR 1961, 635/637 – Stahlrohrstuhl; BGH GRUR 1974, 740/741 f. – Sessel; OLG Hamburg GRUR 2002, 419 – Move; OLG Hamburg ZUM-RD 2002, 181/187 ff. – Kinder-Hochstuhl; OLG Düsseldorf ZUM-RD 2002, 419/422 ff. – Breuer-Hocker; KG GRUR 1996, 968 – Möbel-Nachbildungen; OLG München ZUM 1992, 305 – Le Corbusier-Möbel; OLG Frankfurt/M GRUR 1988, 302 – Le Corbusier-Sessel; OLG Frankfurt/M GRUR 1981, 739/740 f. – Lounge Chair; OLG Frankfurt/M AfP 1997, 547/548 f. – Le Corbusier-Möbel; OLG Düsseldorf ZUM 1998, 61/64; OLG Düsseldorf GRUR 1971, 415 f. – Studio 2000; vgl. auch BGH GRUR 1987, 903 – Le Corbusier-Möbel; OLG Stuttgart NJW 1985, 1650/1651 – Le Corbusier-Möbel; LG Hamburg GRUR-RR 2009, 211 ff.). Bei Sofas und Liegen wurde Schutzfähigkeit bejaht (OLG Frankfurt/M GRUR 1993, 116 – Le Corbusier-Möbel), ebenso bei Anbauschränken (OLG Frankfurt/M ZUM 1990, 35). Bei Möbelprogrammen die Schutzfähigkeit bejahend OLG Frankfurt/M GRUR 1990, 121 – USM-Haller, verneinend BGH GRUR 1982, 305/306 f. – Büromöbelprogramm; bei einem Bett verneinend BGH GRUR 2004, 241/242 – Metallbett. Als nicht schutzfähig wurde ein Treppenhocker auf Rollen angesehen, der lediglich ästhetisch gefällig gestaltet und besonders gut gelungen war, aber keine künstlerische Gestaltungshöhe aufwies (BGH GRUR 1981, 517/519 – Rollhocker). Zu einem in den Stilelementen des Barock ausgeführten Glasspiegel vgl. LG Berlin GRUR 1977, 47 – Barockspiegel. Bei der Beurteilung von Möbeln ist zu berücksichtigen, dass die Möglichkeiten künstlerischer Gestaltung durch technische und ergonomische Anforderungen, die an die Möbel gestellt werden, eingeschränkt sein können (BGH GRUR 1982, 305/307 – Büromöbelprogramm). Vgl. zum Urheberrechtsschutz von Möbeln auch Dreier/*Schulze*[3] § 2 Rdnr. 171; Fromm/Nordemann/ *A. Nordemann*[10] § 2 Rdnr. 177 f.; *Gerstenberg* GRUR 1974, 707 ff.; *Wandtke* UFITA 130 [1996] 57 ff.; zu einem Kaminofen s. OLG Köln GRUR-RR 2010, 89 – Kaminofen.

170   Ein Schutz von **Notenbildern** wird von *Hanser-Strecker* (UFITA 93 [1982] 13/15 ff.; vgl. auch *ders.*, Fs. für Kreile, S. 269 ff.) befürwortet. Für den Regelfall wird ein solcher Schutz aber zu verneinen sein (so auch *Sack* S. 225 f.; *Stroh* S. 61 ff.; sa. Fromm/Nordemann/*A. Nordemann*[10] § 2 Rdnr. 179); ebenso wie bei Schriftzeichen sind Gestaltung und Bedeutung von Noten vorgegeben und deshalb urheberrechtlich nicht schutzfähig. Auch der BGH ist in seiner Entscheidung „Notenstichbilder" (GRUR 1986, 895) nicht von einer urheberrechtlichen Schutzfähigkeit ausgegangen. Allenfalls kann eine außergewöhnliche künstlerische Ausgestaltung schutzfähig sein, es wird sich dann aber eher um eine ornamentale Gestaltung als um ein spielbares Notenbild handeln.

171   In Serie hergestellte **Schmuckstücke** fallen regelmäßig in den Bereich der angewandten Kunst (aA Dreier/*Schulze*[3] § 2 Rdnr. 172), so dass die Rechtsprechung auch hier von einer höheren Schutzuntergrenze ausgeht (BGH GRUR 1995, 581/582 – Silberdistel; OLG Frankfurt GRUR-RR 2006, 43/44 – Panther mit Smaragdauge). Besonders bei Modeschmuck wird es sich regelmäßig um eher kunsthandwerkliche Leistungen handeln, die nach der Rechtsprechung zwar geschmacksmuster-, aber nicht urheberrechtsschutzfähig sind (BGH aaO; *v. Gamm* § 2 Rdnr. 21 Stichwort „Schmuck"; Fromm/Nordemann/*A. Nordemann*[10] § 2 Rdnr. 181; kritisch zu der von der Rechtsprechung höher angesetzten Schutzuntergrenze Rdnr. 160). Urheberrechtsschutz wurde bejaht bei einer aus Colliers, Armreifen, Ringen und Ohrsteckern bestehenden Schmuckkollektion (OLG Zweibrücken ZUM-RD 1998, 13/16 – Pharaon-Schmucklinie); für einen Platinring mit eingespanntem Brillianten (OLG Düsseldorf GRUR-RR 2001, 294/ 296 – Spannring; für einen lebensnah nachgebildeten Panther mit einem kleinen grünen Smaragdauge, als Kette, Anhänger, Brosche oder Armreif, einzeln oder in einer Serie von eng hintereinander laufenden Tieren (OLG Frankfurt GRUR-RR 2006, 43/44 – Panther mit Smaragdauge). Bei einem Ohrclip in Form einer Silberdistel hat der BGH es entgegen dem OLG München (ZUM 1994, 515 – Ohrclip) nicht ausreichen lassen, dass es sich um eine in ihren Details fein ausgeformte und nur marginal veränderte Naturnachbildung handelte (BGH GRUR 1995, 581 – Silberdistel; sa. OLG Hamburg NJOZ 2005, 124/125 – Weinlaubblatt, für bildende Kunst).

172 Bei **Schriftzeichen** hat sich die Rechtsprechung mit der Zuerkennung von Urheberrechtsschutz zurückhaltend gezeigt. Während das RG in einem Fall die Schutzfähigkeit bejaht hatte (RG GRUR 1943, 65), hat sie der BGH in den von ihm entschiedenen Fällen mit Recht verneint (BGHZ 22, 209 – Europapost; BGHZ 27, 351 – Candida-Schrift; BGH GRUR 1999, 923/924 – Tele-Info-CD: für Schriftzeichen des Schrifttyps „Galfra"). Verneint wurde Urheberrechtsschutz auch für das Signet des Ersten Deutschen Fernsehens, die „ARD-1" (OLG Köln GRUR 1986, 889/890 – ARD-1), für das Signet „JPS" der Zigarettenmarke „John Player" (OLG München GRUR Int. 1981, 180/183) und für den unter Verwendung bestimmter Schrifttypen graphisch gestalteten Namenszug „Die Grünen" in Verbindung mit der Darstellung einer Sonnenblume (OLG München ZUM 1989, 423). Grundsätzlich können zwar nicht nur Zierschriften, sondern auch Gebrauchsschriften (sog. Brotschriften) schutzfähig sein; jedoch wird Gebrauchsschriften die erforderliche künstlerische Gestaltungshöhe meist schon deswegen fehlen, weil der Gebrauchszweck eine einfache, klare und leicht lesbare Linienführung voraussetzt, die bereits weitgehend durch die vorgegebenen Buchstabenformen bedingt ist (BGHZ 27, 351/357 – Candida-Schrift; Fromm/Nordemann/*A. Nordemann*[10] § 2 Rdnr. 182). Regelmäßig kommt daher nur Geschmacksmusterschutz (§ 1 Nr. 2 GeschmMG) in Betracht (zum Schutz nach dem Schriftzeichengesetz v. 8. 7. 1981 nach der Neufassung des Geschmacksmustergesetzes vgl. § 61 GeschmMG, zum Schriftzeichengesetz sa. *Kelbel* S. 11 ff. und GRUR 1982, 79 ff.; *Brinkhoff,* Computerschriftzeichenschutz; im internationalen Bereich beachte das Wiener Abkommen vom 12. 6. 1973 und das Haager Musterabkommen 1960; dazu eingehend *Kelbel* S. 157 ff. und S. 182 ff. sowie GRUR 1982, 79 ff.). Zum urheberrechtlichen Schutz des Schriftbildes vgl. eingehend *Gerstenberg,* Fs. für Bappert, S. 53 ff.; *Kelbel* S. 194 ff.

173 Auch **Textil- und Papiermuster** können grundsätzlich urheberrechtlich geschützt sein (BGH GRUR 1973, 478/479 – Modeneuheit; BGH GRUR 1983, 377/378 – Brombeer-Muster). Entscheidend ist, ob die erforderliche künstlerische Gestaltungshöhe erreicht wird. Diese wird sich allerdings noch nicht aus einer geschickten Anpassung an Modeströmungen ergeben (RGZ 155, 199/204). Ebenso wenig reicht der Einsatz vorbekannter Gestaltungsmittel, wozu auch die Darstellung nebeneinanderliegender Früchte und Blätter zählt (BGH GRUR 1983, 377/378 – Brombeer-Muster). Urheberrechtsschutz verneinend auch BGH GRUR 1967, 315/316 – skai-cubana (lederähnliches Muster auf Kunstleder); OLG Celle GRUR 1958, 405 – Teppichmuster; LG München I Schulze LGZ 100, 3 ff. (Ziertücher mit Blumenmustern); LG Berlin Schulze LGZ 122, 3 f. (Einwickelpapier mit aufgedruckten Blumenmotiven); bejahend LG München I Schulze LGZ 127, 5 f. sowie LGZ 156, 3 f. (Stoffmuster nach Motiven von Henri Rousseau). In der Regel kommt für solche Gestaltungen Schutz nach dem Geschmacksmusterrecht oder dem Wettbewerbsrecht in Betracht.

174 Zur Schutzunfähigkeit des **Staatswappens der DDR** und des **SED-Emblems** vgl. LG Hamburg GRUR 2005, 106 – SED-Emblem.

175 **Webseiten** und **Benutzeroberflächen** bei Computerprogrammen können als Werke der angewandten Kunst schutzfähig sein, soweit sie die Voraussetzungen einer persönlichen geistigen Schöpfung erfüllen (LG Köln CR 2008, 61/62; LG Köln ZUM 2005, 910/913; LG Düsseldorf ZUM 2007, 559/562; Dreier/*Schulze*[3] § 2 Rdnr. 101). Zum Schutz von Webseiten und Benutzeroberflächen als Sprachwerke vgl. Rdnr. 114, zum Schutz als Darstellungen wissenschaftlicher oder technischer Art Rdnr. 217. Zu Computergrafiken s. OLG Köln ZUM-RD 2010, 72 ff.

176 Auch **Werbegrafiken** können die für Urheberrechtsschutz erforderliche Individualität aufweisen, häufig wird es jedoch daran fehlen. **Urheberrechtsschutz** wurde **zuerkannt** für den rosaroten Elefanten der Bundesbahn (BGH GRUR 1995, 47/48 – Rosaroter Elefant); die Gestaltung eines Werbeplakats (OLG Jena GRUR-RR 2002, 380 – Rudolstädter Vogelschießen); eine Sonnengrafik (OLG München ZUM 1993, 490); die Darstellung eines roten Weinlaubblattes (OLG Hamburg NJOZ 2005, 124 – Weinlaubblatt, als Werk der bildenden Kunst); bedenklich der Schutz für die Bildmontage der in eine Berg- und Waldlandschaft hineinragenden über-

dimensionalen Motorsäge (LG Oldenburg GRUR 1989, 49/53). **Abgelehnt** wurde Urheberrechtsschutz für eine für die Fußballweltmeisterschaft benutzte Abbildung, auf der schräg gestellt eine Anzahl von Flaggen verschiedener Nationen dargestellt und worin ein Fußball mit umlaufender Schrift „Fußball-Weltmeisterschaft 1986 in Mexiko" abgebildet ist war (OLG Frankfurt/M GRUR 1987, 44 – WM-Slogan); für den unter Verwendung bestimmter Schrifttypen graphisch gestaltete Namenszug „Die Grünen" in Verbindung mit der Darstellung einer Sonnenblume (OLG München ZUM 1989, 423); für eine Telefonkarte, die die Darstellung einer Weltkarte in Form einer gängigen zweidimensionalen Darstellung der Erde enthielt (BGH GRUR 2001, 755/757 – Telefonkarte); für eine Graphik, die in großen Buchstaben das Wort „Preis-Hammer" zeigt, auf das ein Holzhammer einschlägt, so dass kleine Pufferwölkchen entstehen und einige Buchstaben aus ihrer Lage geraten (LG Oldenburg GRUR 1987, 235), für eine btx-Grafik bestehend aus Dorfkirche und zwei Häusertypen (LG Berlin CR 1987, 584). Zum Urheberrechtsschutz für ein **Zeitschriftenlayout** vgl. KG ZUM-RD 1997, 466/468; zum Schutz von Handy-Logos LG Hamburg ZUM-RD 2002, 300; zur Gestaltung einer **Homepage** LG Düsseldorf ZUM-RD 1999, 25/26; bestätigt durch OLG Düsseldorf MMR 1999, 729/730 ff.; *Grunert/Ohst* KUR 2000, 8/10.

V. Lichtbildwerke

Schrifttum: *Bappert/Wagner*, Urheberrechtsschutz oder Leistungsschutz für die Photographie?, GRUR 1954, 104; *Bullinger/Garbers-von Boehm*, Der Blick ist frei – Nachgestellte Fotos aus urheberrechtlicher Sicht, GRUR 2008, 24; *Gerstenberg*, Fototechnik und Urheberrecht, Fs. für Klaka, 1987, S. 120; *ders.*, Zur Schutzdauer für Lichtbilder und Lichtbildwerke, GRUR 1976, 131; *Hamann*, Grundfragen der Originalfotografie, UFITA 90 (1981) 45; *Heitland*, Der Schutz der Fotografie im Urheberrecht Deutschlands, Frankreichs und der USA, 1995; *Jacobs*, Photographie und künstlerisches Schaffen, Fs. für Quack, 1991, S. 33; *Katzenberger*, Neue Urheberrechtsprobleme der Photographie, GRUR Int. 1989, 116; *A. Nordemann*, Die künstlerische Fotografie als urheberrechtlich geschütztes Werk, 1992 (zitiert: Künstlerische Fotografie); *ders.*, Zur Problematik der Schutzfristen für Lichtbildwerke und Lichtbilder im vereinigten Deutschland, GRUR 1991, 418; *A. Nordemann/Mielke*, Zum Schutz von Fotografien nach der Reform durch das dritte Urheberrechtsänderungsgesetz, ZUM 1996, 214; *W. Nordemann*, Lichtbildschutz für fotografisch hergestellte Vervielfältigungen?, GRUR 1987, 15; *Platena*, Das Lichtbild im Urheberrecht, 1998; *Reuter*, Digitale Film- und Bildbearbeitung im Lichte des Urheberrechts, GRUR 1997, 23; *G. Schulze*, Der Schutz von technischen Zeichnungen und Plänen – Lichtbildschutz für Bildschirmzeichnungen?, CR 1988, 181; *G. Schulze/Bettinger*, Wiederaufleben des Urheberrechtsschutzes bei gemeinfreien Fotografien, GRUR 2000, 12; *Straßer*, Die Abgrenzung der Laufbilder vom Filmwerk, 1995; *Wiebe*, „User Interfaces" und Immaterialgüterrecht – Der Schutz von Benutzungsoberflächen in den U.S.A. und in der Bundesrepublik Deutschland, GRUR Int. 1990, 21; *Reuter*, Digitale Bild- und Filmbearbeitung im Licht des Urheberrechts, GRUR 1997, 23; *Veit*, Filmrechtliche Fragestellungen im digitalen Zeitalter, 2003.

1. Allgemeines

177 Fotografien unterscheiden sich von anderen Werkarten wie Dichtungen, Werken der Musik oder Werken der bildenden Künste durch die **Art des Schaffens**. Während dort den inneren Vorstellungen des Urhebers eine Gestalt gegeben wird, geht es bei der Fotografie in weitem Umfang um die Wiedergabe von etwas in der Natur Vorgegebenem unter Zuhilfenahme technischer Mittel. Gewiss wird bei der künstlerischen Fotografie die Bildgestaltung auch von den subjektiven Vorstellungen des Fotografen geprägt, die Gestaltungsmöglichkeiten sind aber wesentlich begrenzter als bei der Dichtung, Musik oder bildenden Kunst, überdies steht neben der künstlerischen Fotografie die große Masse anspruchsloser Routine- und Amateuraufnahmen, bei denen man anschaulich von bloßem „Knipsen" spricht und damit zum Ausdruck bringt, dass es sich um kaum mehr als die technische Bedienung der Kamera handelt. Urheberrechtlich warf das schon früh die Frage auf, ob es gerechtfertigt sei, die Fotografie den Werken der Kunst an die Seite zu stellen oder ob ein Schutz anderer Art vorzusehen sei.

178 **Rechtsentwicklung:** Das **KUG** hatte Fotografien den Werken der bildenden Künste an die Seite gestellt und ihnen einen (allerdings zeitlich eingeschränkten) Schutz gewährt, der das Vorliegen einer schöpferischen Leistung nicht voraussetzte und damit auch Aufnahmen einfachster Art in den Urheberrechtsschutz einbezog (vgl. etwa BGH GRUR 1961, 489/490 – Autohochhaus). Der Ministerialentwurf von 1959 sah (ebenso wie die vorangegangenen Entwürfe) demgegenüber aus den in Rdnr. 177 genannten Gründen lediglich ein einheitliches Leistungsschutzrecht vor, das auch für die künstlerische Fotografie gelten sollte. Die daran geübte Kritik (vgl. zB *Riedel* GRUR 1951, 378 ff.; *ders.* GRUR 1954, 500 ff.; vgl. auch die Übersicht bei *Bappert/ Wagner* GRUR 1954, 104 ff.) führte dazu, dass das **UrhG von 1965** die Unterscheidung einführte zwischen **Lichtbildwerken,** denen der Rang einer persönlichen geistigen Schöpfung zukam, und **Lichtbildern,** bei denen dies nicht der Fall war. Während Lichtbildwerke in § 2

Geschützte Werke § 2

Abs. 1 Nr. 5 den anderen Werkarten zur Seite gestellt wurden, wurde der Lichtbildschutz als Leistungsschutz (§ 72) konzipiert. Da der Gesetzgeber annahm, dass die Unterscheidung von Lichtbildwerken und Lichtbildern in der Praxis „unüberwindliche Schwierigkeiten" bereiten werde (AmtlBegr. BTDrucks. IV/270 S. 89), stellte er Lichtbildwerke und Lichtbilder hinsichtlich der Rechtsfolgen prinzipiell gleich, indem einerseits auf Lichtbilder die Vorschriften über Lichtbildwerke sinngemäß angewendet werden sollten (§ 72 aF), andererseits die Schutzdauer auch für Lichtbildwerke auf 25 Jahre nach Erscheinen bzw. Herstellung verkürzt wurde. Diese bereits vom Gesetzgeber als „an sich ungewöhnlich" (AmtlBegr. BTDrucks. IV/270 S. 88) empfundene Lösung war in der Folgezeit Gegenstand erheblicher Kritik, vor allem im Hinblick auf die gegenüber anderen Werkarten unterschiedliche Schutzdauer für Lichtbildwerke (vgl. etwa *Gerstenberg* GRUR 1976, 131 ff. mwN). Mit der **Novelle 1985** wurde dies korrigiert: Durch Streichung des § 68 erhielten Lichtbildwerke die volle 70-jährige Schutzdauer, während man für Lichtbilder in § 72 Abs. 3 eine 25- bzw. 50-jährige Schutzdauer festlegte, die 1995 auf 50 Jahre vereinheitlicht wurde (Einzelheiten in § 72 Rdnr. 2 ff.). Zur Problematik unterschiedlicher Schutzfristen für vor 1960 entstandene Lichtbildwerke in den alten und neuen Bundesländern vgl. *A. Nordemann* GRUR 1991, 418; *A. Nordemann/Mielke* ZUM 1996, 214 ff.). Zum Wiederaufleben des Schutzes von Lichtbildwerken, deren Schutz aufgrund der bis 1985 geltenden 25-jährigen Schutzfrist erloschen war, vgl. § 137 f.

2. Begriff

Die Versuche, den Begriff des Lichtbildwerks bzw. des Lichtbildes zu definieren, sind vielfältig. Die meisten Definitionen knüpfen daran an, dass strahlungsempfindliche Schichten chemisch oder physikalisch durch Strahlung in der Weise verändert werden, dass eine Abbildung entsteht (s. etwa Möhring/Nicolini/*Ahlberg*[2] § 2 Rdnr. 30; Dreyer/Kotthoff/*Meckel*[2], § 2 Rdnr. 233; Fromm/Nordemann/*A. Nordemann*[10] § 2 Rdnr. 193; Wandtke/Bullinger/*Bullinger*[3] § 2 Rdnr. 113; Loewenheim/*A. Nordemann*, Handbuch des Urheberrechts[2] § 9 Rdnr. 128; vgl. näher die Übersichten bei *W. Nordemann* GRUR 1987, 15 ff.; *A. Nordemann*, Künstlerische Fotografie, S. 61 ff.; *Heitland* S. 20 ff.; vgl. auch OLG Köln GRUR 1987, 42 f. – Lichtbildkopien). Diesen traditionellen Verfahren sind heute die digitalen Aufnahmetechniken gleichzusetzen; es handelt sich bei ihnen nicht nur um Werke, die ähnlich wie Lichtbildwerke geschaffen werden. Die digitale Fotografie ist heute fast durchweg an die Stelle der Fotografie mit lichtempfindlichem Filmmaterial getreten; die Definition des Lichtbildwerks bzw. des Lichtbildes ist dem anzupassen, indem sie um die digitale Festlegung von Bildern erweitert wird (sa. Fromm/Nordemann/*A. Nordemann*[10] § 2 Rdnr. 193; Loewenheim/*A. Nordemann*, Handbuch des Urheberrechts[2] § 9 Rdnr. 128; aA – für Lichtbilder – Wandtke/Bullinger/*Thum*[3] § 72 Rdnr. 12). Praktische Probleme hat der Begriff des Lichtbildwerks bzw. des Lichtbildes bislang nicht aufgeworfen, nicht zuletzt angesichts der Gleichstellung von ähnlich wie Lichtbildwerke bzw. Lichtbilder hergestellten Erzeugnissen (§ 2 Abs. 1 Nr. 5 bzw. § 72 Abs. 1). Negativ sind von Lichtbildwerken **Fotokopien** abzugrenzen, die Vervielfältigungen (§ 16), aber keine Werkschöpfung (und auch nicht die Schaffung eines Lichtbildes) darstellen; das Gleiche gilt für die Herstellung von Druckträgern auf mechanisch-reprographischem Wege und die Foto- und Lichtsatztechnik (vgl. dazu OLG Köln GRUR 1987, 42/43 – Lichtbildkopien; *W. Nordemann* GRUR 1987, 15 ff.; Wandtke/Bullinger/*Bullinger*[3] § 2 Rdnr. 115; Dreyer/Kotthoff/*Meckel*[2], § 2 Rdnr. 235; *Katzenberger* GRUR Int. 1989, 116/117 mwN; vgl. auch BGH GRUR 1967, 315/316 f.; zur Herstellung von Druckträgern auf fotografischem Wege vgl. *Katzenberger* aaO). **Retuschen** und **Fotomontagen** ändern am Charakter der Lichtbildwerke bzw. Lichtbilder grundsätzlich nichts, anders ist es jedoch, wenn Fotografien in einem Umfang verändert werden, dass sie in der Gesamtgestaltung nur noch eine untergeordnete Rolle spielen, was bei Collagen oder weitgehenden Übermalungen der Fall sein kann (vgl. dazu OLG Koblenz GRUR 1987, 435 – Verfremdete Fotografien; Dreier/*Schulze*[3] § 2 Rdnr. 201; sa. *Jacobs*, Fs. für Quack, S. 33/39). Als Lichtbildwerke schutzfähig sind auch **Einzelbilder aus Filmen,** soweit das aus dem Bewegungsablauf herausgerissene Einzelbild noch Individualität aufweist (BGHZ 37, 1/9 – AKI; Fromm/Nordemann/*A. Nordemann*[10] § 2 Rdnr. 194 f.; Dreier/*Schulze*[3] § 2 Rdnr. 197; *Schack*[4], Urheber- und Urhebervertragsrecht, Rdnr. 209).

Geschützt sind Lichtbildwerke einschließlich der Werke, die **ähnlich wie Lichtbildwerke geschaffen** werden. Damit wird klargestellt, dass der Lichtbildbegriff weit zu fassen ist. Eine begriffliche Unterscheidung zwischen Lichtbildwerken und Werken, die ähnlich wie Lichtbildwerke geschaffen werden, ist hingegen nicht sinnvoll und hätte auch keine rechtlichen Konsequenzen (sa. *A. Nordemann,* Künstlerische Fotografie, S. 63 f.). In Rechtsprechung und Schrifttum wird als fotografieähnliches Verfahren jedes Verfahren bezeichnet, bei dem ein **Bild unter Benutzung strahlender Energie erzeugt** wird (BGHZ 37, 1/6 – AKI; Dreier/*Schulze*[3] § 2 Rdnr. 199; *Dreyer/Kotthoff/Meckel*[2], § 2 Rdnr. 234); zur digitalen Aufzeichnung vgl. Rdnr. 179. Entscheidend ist jedenfalls, dass **ein in Wirkungsweise und Ergebnis dem fotografischen Schaffen ähnliches Schaffen einbezogen** wird und dass nicht der technische Vorgang der Bildfestlegung maßgeblich ist. Charakteristisch für das fotografische Schaffen ist die Abbildung von etwas in der Natur Vorgegebenem mit den Mitteln der Bildgestaltung durch Motivwahl, Bildausschnitt, Licht- und Schattenverteilung und dgl. (vgl. auch Rdnr. 184), nicht dagegen die Technik, mit der das Bild erzeugt oder festgehalten wird. Maßgeblich sind daher weder **Aufnahmeverfahren** noch **Trägermaterial,** neben der Festlegung durch Einwirkung von Licht-, Infrarot- oder sonstiger hochfrequenter elektromagnetischer Strahlung auf fotochemische Schichten reicht auch die **elektromagnetische** und die **digitale Festlegung** (soweit sie nicht schon unmittelbar ein Lichtbildwerk bzw. Lichtbild darstellt, vgl. Rdnr. 179) aus (*Maaßen* ZUM 1992, 338/339 f.; vgl. auch *G. Schulze* CR 1988, 181/188 ff.). Lichtbildwerke können auch ohne eine **körperliche Festlegung** des Bildes entstehen (BGHZ 37, 1/6 – AKI; Wandtke/Bullinger/*Bullinger*[3] § 2 Rdnr. 121; Loewenheim/*Axel Nordemann,* Handbuch des Urheberrechts[2], § 9 Rdnr. 128; vgl. auch Rdnr. 20). Schutzfähig sind daher auch **Live-Sendungen** (BGHZ aaO; *Ulmer*[3] § 26 III).

181 Unterschiedlich wird beurteilt, ob auch **auf dem Bildschirm mit Hilfe von Computern entstehende Bilder** ähnlich wie Lichtbildwerke geschaffen sind (dafür Dreier/*Schulze*[3] § 2 Rdnr. 200; Wandtke/Bullinger/*Thum*[3] § 72 Rdnr. 12; Mestmäcker/Schulze/*E. v. Gamm* § 2 Rdnr. 134; *G. Schulze* CR 1988,181/190 ff.; *Koch* GRUR 1991, 180/184; *Wiebe,* GRUR Int. 1990, 21/32; ablehnend *Vogel* in § 72 Rdnr. 21; Fromm/Nordemann/*A. Nordemann*[10] § 2 Rdnr. 193; Dreyer/Kotthoff/*Meckel*[2], § 72 Rdnr. 10; *A. Nordemann,* Künstlerische Fotografie, S. 65; *Heitland,* S. 25; *Maaßen* ZUM 1992, 338/340; *Reuter* GRUR 1997, 23/27). Man wird zu unterscheiden haben: Handelt es sich um digital aufgenommene oder herkömmlich aufgenommene und digitalisierte Bilder, so stellen diese bereits unmittelbar Lichtbildwerke bzw. Lichtbilder dar (vgl. Rdnr. 179). Soweit um Bilder geht, die mit Hilfe eines Computers und Computerprogrammen erzeugt werden, handelt es sich nicht um die Abbildung von etwas in der Natur Vorgegebenem; ein Schutz kommt daher nicht als Lichtbildwerk bzw. Lichtbild in Betracht, wohl aber kann ein Werk der bildenden Künste nach Abs. 1 Nr. 4 vorliegen. Dem steht nicht entgegen, dass Bildfolgen von solchen Bildern als Filmwerke geschützt sein können (vgl. Rdnr. 188; der Begriff des Filmwerks setzt nicht die Abbildung von etwas in der Natur Vorgegebenem voraus (vgl. Rdnr. 186).

3. Persönliche geistige Schöpfung

182 Lichtbildwerke unterscheiden sich von bloßen Lichtbildern (§ 72) dadurch, dass sie eine **persönliche geistige Schöpfung** darstellen (OLG Hamburg GRUR 1999, 717 – Wagner-Familienfotos). Die persönliche geistige Schöpfung ist seit dem 1. 7. 1995 nach Art. 6 der Schutzdauerrichtlinie vom 29. 10. 1993 (93/98/EWG) zu beurteilen, die durch das Dritte Gesetz zur Änderung des Urheberrechtsänderungsgesetz von 1995 umgesetzt worden ist. Danach kommt Lichtbildwerken dann Werkqualität zu, wenn sie individuelle Werke in dem Sinne darstellen, dass sie das Ergebnis der eigenen geistigen Schöpfung ihres Urhebers sind; andere Kriterien sind für die Bestimmung der Schutzfähigkeit nicht anzuwenden. Entgegen der früheren Rechtsprechung kann demzufolge nicht mehr verlangt werden, dass die Gestaltung des Lichtbildwerks das Schaffen des Durchschnittsgestalters deutlich überragt (AmtlBegr. zum 4. UrhGÄndG, BT-Drucks. 13/781 S. 10; BGH GRUR 2000, 317/318 – Werbefotos; LG Hamburg ZUM-RD 2008, 30 /31; sa. *Vogel* ZUM 1995, 451/455; *A. Nordemann/Mielke* ZUM 1996, 214/216). Geschützt ist damit auch die **kleine Münze** (OLG Düsseldorf GRUR-RR 2009, 45/46 – Schaufensterdekoration; zur kleinen Münze vgl. Rdnr. 39 ff.). Diese niedrigere Schutzuntergrenze gilt auch für Werke, die vor der Umsetzung der Richtlinie (23. 6. 1995) geschaffen worden sind (AmtlBegr. zum 4. UrhGÄndG BTDrucks. 13/781 S. 10; *Vogel* ZUM 1995, 451/455; aA *W. Nordemann,* NJW 1995, 2534/2535; s. zum Meinungsstand auch Heitland S. 62 f.; bedenklich deshalb OLG Düsseldorf GRUR 1997, 49/50 – Beuys-Fotografien, das die Schutzuntergrenze nicht zu niedrig ansetzen will).

183 Das Vorliegen einer persönlichen geistigen Schöpfung erfordert auch bei Lichtbildwerken, dass sie auf **menschlichem Schaffen** beruhen (vgl. LG Berlin GRUR 1990, 270 – Satellitenfoto;

Fromm/Nordemann/*A. Nordemann*[10] § 2 Rdnr. 196; sa. Rdnr. 11). Daran können Zweifel entstehen bei vollautomatisch ablaufenden Aufnahmen, etwa bei vollautomatischen Luftbildaufnahmen, Satellitenfotos oder durch Lichtschranken oder ähnlich ausgelösten Aufnahmen. Man wird aber die vorbereitende menschliche Tätigkeit, die über Motiv, Aufnahmeort, Blickwinkel, Entfernung und Zeitpunkt der Aufnahme entscheidet, als ausreichend ansehen können (*Katzenberger* GRUR Int. 1989, 116/118 f.; sa. *Heitland* S. 32 f.). An einer individualitätsbegründenden künstlerischen Bildgestaltung wird es freilich meist fehlen; jedoch kann durch nachträgliche Bildbearbeitung ein Lichtbildwerk entstehen (Fromm/Nordemann/*A. Nordemann*[10] § 2 Rdnr. 196).

Vor allem erfordert die persönliche geistige Schöpfung, dass Lichtbildwerke von der **Individualität** (dazu näher Rdnr. 23 ff.) ihres Urhebers geprägt sind. Lichtbildwerke genießen also Urheberrechtsschutz bereits dann, wenn sie lediglich Individualität aufweisen, ohne dass es eines besonderen Maßes an schöpferischer Gestaltung bedarf; geschützt ist auch die **kleine Münze** (vgl. Rdnr. 182). Lichtbildwerke müssen damit eine individuelle Betrachtungsweise oder künstlerische Aussage des Fotografen zum Ausdruck bringen, die sie von der lediglich gefälligen Abbildung abhebt. Das kann beispielsweise durch die Wahl des Motivs, eines ungewöhnlichen Bildausschnitts oder durch eine ungewöhnliche Perspektive, durch die Verteilung von Licht und Schatten, die Kontrastgebung, die Bildschärfe, die Wahl des richtigen Moments bei Bewegungsvorgängen oder Porträts, aber auch durch nachträgliche Maßnahmen wie Retuschen, Fotomontagen und dgl. geschehen (BGH GRUR 2003, 1035/1037 – Hundertwasser-Haus; OLG Hamburg GRUR 1999, 717 – Wagner-Familienfotos; LG Hamburg ZUM-RD 2008, 30/31; LG München I GRUR-RR 2009, 92; vgl. eingehend zu den Gestaltungsmitteln Loewenheim/*Axel Nordemann*, Handbuch des Urheberrechts[2], § 9 Rdnr. 135 ff.; Fromm/Nordemann/*A. Nordemann*[10] § 2 Rdnr. 197 f.; *A. Nordemann*, Künstlerische Fotografie, S. 135 ff.; sa. OLG Hamburg ZUM 1996, 315/316; OLG München ZUM 1997, 388/390; *Heitland* S. 31 ff., 70 ff.; *Jacobs*, Fs. für Quack, S. 33/36 ff.). Lichtbildwerke zeichnen sich im Allgemeinen dadurch aus, dass sie über die gegenständliche Abbildung hinaus eine Stimmung besonders gut einfangen, in eindringlicher Aussagekraft eine Problematik darstellen, den Betrachter zum Nachdenken anregen. Die Masse alltäglicher Bilder, die rein handwerkliche Abbildung des Fotografierten zählt jedenfalls nicht zu den Lichtbildwerken. Dazu gehören zB die sog. Gegenstandsfotografie, die darauf abzielt, die Vorlage möglichst unverändert naturgetreu wiederzugeben (BGH GRUR 1967, 315/316 – skai-cubana; OLG Hamburg GRUR 1999, 717 – Wagner-Familienfotos; s. aber LG Mannheim GRUR-RR 2007, 265 – Karlssteg mit Münster), weiter durchschnittliche Amateurfotos, Urlaubsbilder und dgl. Die fotografische Wiedergabe von Zeichnungen lässt meist keinen Raum für individuelle Gestaltung (OLG Düsseldorf GRUR 1997, 49/51 – Beuys-Fotografien). Auch die wissenschaftliche Fotografie, die wissenschaftliche oder technische Befunde möglichst präzise wiedergeben will, stellt keine schöpferische Leistung dar, mag sie auch ein noch so hohes technisches Können voraussetzen. Ebenso ist die Bildberichterstattung über Tagesereignisse meist handwerkliches und kein künstlerisches Schaffen s. zum Ganzen auch Fromm/Nordemann/*A. Nordemann*[10] § 2 Rdnr. 198). Zu Web-Grafiken s. OLG Hamm GRUR-RR 2005, 73. Auch das **fotografische Motiv** kann geschützt sein. Dies ist dann angenommen worden, wenn „der Fotograf das Motiv selbst in einer urheberrechtlichen Schutz begründenden besonderen Weise arrangiert hat und dieses Arrangement mit seinen prägenden schutzbegründenden Gestaltungselementen nachgestellt worden ist mit der Folge, dass der künstlerische Gehalt des nachgemachten Fotos mit dem der Vorlage übereinstimmt" (LG Hamburg ZUM 2009, 165).

VI. Filmwerke

Schrifttum: *Berking*, Kein Urheberrechtsschutz für Fernsehshowformate?, GRUR 2004, 109; *Bohr*, Die Urheberrechtsbeziehungen der an der Filmherstellung Beteiligten, 1978; *ders.*, Fragen der Abgrenzung und inhaltlichen Bestimmung der Filmurheberschaft, UFITA 78 (1977) 95; *Christ*, Das Urheberrecht der Filmschaffenden, 1982; *Eickmeier/v. Fischer-Zernin*, Ist der Formatschutz am Ende? Der gesetzliche Schutz des Fernsehshowformats nach der „Sendeformat"-Entscheidung des BGH, GRUR 2008, 755; *Ekrutt*, Der Rechtsschutz der Filmeinzelbilder, GRUR 1973, 512; *Ernst*, Urheberrecht und Leistungsschutz im Tonstudio, 1995; *v. Gamm*, Grundfragen des Filmrechts, 1957; *v. Gravenreuth*, Computerspiele und Urheberrecht – Eine Rechtsprechungsübersicht, CR 1987, 161; *ders.*, Urheberrechtsschutz für Computerspiele unter Berücksichtigung der BGH-Rechtsprechung, DB 1986, 1005; *González*, Der digitale Film im Urheberrecht, 2002; *v. Have/Eickmeier*, Der gesetzliche Rechtsschutz von Fernseh-Show-Formaten, ZUM 1994, 269; *Heinkelein*, Der Schutz der Urheber von Fernsehshows und Fernsehshowformaten, 2004; *Heinkelein/Fey*, Der Schutz von Fernsehformaten im deutschen Urheberrecht – Zur Entscheidung des BGH: „Sendeformat", GRUR Int. 2004, 378; *Hertin*, Die urheberrechtliche Stellung des Kameramannes, UFITA 118 (1992) 57; *Hoeren*, Urheberrechtliche Probleme des Dokumentarfilms, GRUR 1992, 145; *Holzporz*, Der rechtliche Schutz des Fernsehshowkonzepts, 2001; *Hubmann*, Das Filmrecht des deutschen Regierungsentwurfs, 1962;

Jacobs, Die Urheberrechtsfähigkeit von Sendeformaten,, Fs. für Raue, 2006, S. 499; *Kanzog,* Die schöpferische Leistung der Filmarchitekten, Szenen- und Kostümbildner, UFITA 126 (1994) 31; *Katko/Maier,* Computerspiele – die Filmwerke des 21. Jahrhunderts?, MMR 2009, 306; *Katzenberger,* Die urheberrechtliche Stellung der Filmarchitekten und Kostümbildner, ZUM 1988, 545; *Klinger,* Die Berechtigten am Filmwerk, ZUM 1999, 1; *Kreile,* Die Berechtigten am Film: Produzent/Producer, ZUM 1999, 59; *Lambrecht,* Der urheberrechtliche Schutz von Bildschirmspielen, 2006; *Lausen,* Der Rechtsschutz von Sendeformaten, 1998; *Lehmann/Schneider,* Kriterien der Werkqualität von Computerspielen gem. § 2 UrhG, NJW 1990, 3181; *Litten,* Urheberrechtlicher Schutz für Fernsehshow- und Fernsehserienformate MMR 1998, 412; *Loewenheim,* Urheberrechtlicher Schutz von Videospielen, Fs. für Hubmann, 1985, S. 307; *ders.,* Der urheberrechtliche Schutz der Computer-Software – Die neuere Rechtsprechung in der Bundesrepublik Deutschland unter Berücksichtigung der Rechtsentwicklung bei Videospielen, ZUM 1985, 26; *ders.,* Die urheberrechtliche Stellung der Szenenbildner, Filmarchitekten und Kostümbildner, UFITA 126 (1994) 99; *ders.,* Trade Mark Law and Copyright Law in Virtual Worlds: Some Reflections under German Trade Mark and Copyright Law, in Fs. für Hanns Ullrich, 2009, S. 231; *Lütje,* Die Rechte der Mitwirkenden am Filmwerk, 1987; *Meiser,* Urheberrechtliche Besonderheiten bei angestellten Filmschaffenden, NZA 1998, 291; *Merker,* Das Urheberrecht des Chefkameramannes am Spielfilmwerk, 1996; *W. Nordemann,* Bildschirmspiele – eine neue Werkart im Urheberrecht, GRUR 1981, 891; *Pfennig,* Die Berechtigten am Filmwerk, ZUM 1999, 36; *Poll,* Urheberschaft und Verwertungsrechte am Filmwerk, ZUM 1999, 29; *Prümm,* Die schöpferische Rolle des Kameramannes, UFITA 118 (1992) 23; *Reber,* Die Beteiligung von Urhebern und ausübenden Künstlern an der Verwertung von Filmwerken in Deutschland und den USA, 1998; *Reichardt,* Zur Stellung des Filmregisseurs im Urheberrecht, UFITA 60 (1971) 147; *Reupert,* Der Film im Urheberrecht, 1995; *ders.,* Der Film im Urheberrecht – Neue Perspektiven nach 100 Jahren Film, 1995; *ders.,* Urheberrechtlicher Schutz des Filmtitels, UFITA 125 (1994) 27; *Reuter,* Digitale Film- und Bildbearbeitung im Lichte des Urheberrechts, GRUR 1997, 23; *Roeber,* Der Film in der deutschen Urheberrechtsreform, Fs. für Bappert, 1964, S. 189; *Schack,* Wem gebührt das Urheberrecht, dem Schöpfer oder dem Produzenten?, ZUM 1990, 59; *Schertz,* Die Verfilmung tatsächlicher Ereignisse, ZUM 1998, 757; *Schlatter,* Der Rechtsschutz von Computerspielen, Benutzeroberflächen und Computerkunst, in *Lehmann* (Hrsg.), Rechtsschutz und Verwertung von Computerprogrammen, 2. Aufl. 1993, S. 169; *Schricker,* Werbekonzeptionen und Fernsehformate – Eine Herausforderung für den urheberrechtlichen Werkbegriff?, GRUR Int. 2004, 923; *G. Schulze,* Urheber- und Leistungsschutzrechte des Kameramanns, GRUR 1994, 855; *Schwarz,* Der urheberrechtliche Schutz audiovisueller Werke im Zeitalter der digitalen Medien, in *Becker/Dreier* (Hrsg.), Urheberrecht und digitale Technologie, 1994, S. 105; *Seisler,* Zum Schutz von Bildschirm-Computerspielen gegen Raubkopien, DB 1983, 1292; *Staehle,* Stellungnahme zu Ekrutt, Der Rechtsschutz der Filmeinzelbilder, GRUR 1974, 205; *Syndikus,* Computerspiele – Eine Rechtsprechungsübersicht, CR 1991, 529; *ders.,* Computerspiele und Urheberrecht, CR 1988, 819; *Ulmer,* Zum Filmrecht des Entwurfs, GRUR 1954, 493; *Veit,* Filmrechtliche Fragestellungen im digitalen Zeitalter, 2003; *Wandtke,* Deutsche Kriegswochenschauen als Filmwerke, UFITA 132 (1996) 31; *ders.,* Nochmals: Zur urheberrechtlichen Stellung des Filmregisseurs in der DDR und Probleme der Rechtsverwertung nach der Wiedervereinigung, GRUR 1999, 305; *Wietek,* Der urheberrechtliche Schutz der Film- und Fernsehwerke (oeuvres ausiovisuelles) in Frankreich und der Bundesrepublik Deutschland, UFITA 49 (1967) 54; *Würtenberger,* Der Schutz der Filmurheber und Filmhersteller im französischen und europäischen Recht, 1999.

1. Rechtsentwicklung

185 Der Schutz von Filmwerken fand seinen Eingang in das Urheberrecht erst 1910, als im Anschluss an die Berliner Revisionskonferenz zur RBÜ von 1908 in das **KUG** die Bestimmung des § 15a eingefügt wurde, die Filmwerke gegen die bildliche Wiedergabe der dargestellten Handlung auch in veränderter Gestaltung schützte. Ein Schutz gegen die literarische Wiedergabe, etwa in Form einer Erzählung oder Dramatisierung sowie gegen die öffentliche Wiedergabe des Inhalts war damit nicht verbunden, dieser ergab sich erst daraus, dass ergänzend das LUG herangezogen wurde (dazu näher *Ulmer*[2] § 26 I 2 mwN). Weitere Probleme brachte das Aufkommen des Tonfilms mit sich (vgl. RGZ 140, 231). Das **UrhG** bereitete dieser uneinheitlichen Rechtslage ein Ende, indem es den Film als einheitliches Werk ansieht, der als besondere Werkart in den Katalog des Abs. 1 aufgenommen ist (zur Vorgeschichte sa. vor §§ 88ff. Rdnr. 4ff.; vgl. ferner Loewenheim/*Axel Nordemann,* Handbuch des Urheberrechts[2], § 9 Rdnr. 158ff.; *Roeber,* Fs. für Bappert, S. 189ff.; *Reupert,* Der Film im Urheberrecht, S. 29ff.). Ebenso wie das Gesetz zwischen Lichtbildwerken und Lichtbildern unterscheidet, differenziert es zwischen Filmwerken, die eine persönliche geistige Schöpfung darstellen und **Laufbildern,** bei denen dies nicht der Fall ist und deren Schutz als Leistungsschutz (§ 95) ausgestaltet ist (vgl. dazu auch *Straßer,* Die Abgrenzung der Laufbilder vom Filmwerk, 1995).

2. Begriff und Rechtsnatur

186 Film ist die bewegte Bild- oder Bild-Tonfolge, die durch Aneinanderreihung fotografischer oder fotografieähnlicher (vgl. Rdnr. 180) Einzelbilder den Eindruck des bewegten Bildes entstehen lässt (näher vor §§ 88ff. Rdnr. 20; Dreier/*Schulze*[3] § 2 Rdnr. 204; Fromm/Nordemann/ *A. Nordemann*[10] § 2 Rdnr. 203; Wandtke/Bullinger/*Bullinger*[3] § 2 Rdnr. 120; Loewenheim/*Axel Nordemann,* Handbuch des Urheberrechts[2], § 9 Rdnr. 161; Dreyer/Kotthoff/Meckel[2], § 2 Rdnr. 243; Möhring/Nicolini/*Ahlberg*[2] § 2 Rdnr. 33; sa. *v. Hartlieb/Schwarz*[4] Kap. 35 Rdnr. 2). Auf den **Inhalt** des Filmes kommt es nicht an (vgl. vor §§ 88ff. Rdnr. 21; Loewenheim/*Axel Nordemann,* Handbuch des Urheberrechts[2], § 9 Rdnr. 162). Auch setzt der Film anders als das

Lichtbild (vgl. Rdnr. 180) nicht die Abbildung von etwas in der Natur Vorgegebenem voraus; anderenfalls könnten die in Rechtsprechung und Schrifttum als Filmwerke anerkannten Zeichentrickfilme und Computerspiele (dazu Rdnr. 188) nicht unter Abs. 1 Ziff. 6 fallen (Loewenheim/*Axel Nordemann,* Handbuch des Urheberrechts[2], § 9 Rdnr. 161). **Aufnahmeverfahren** und **Trägermaterial** sind für den Begriff des Filmes unerheblich (vor §§ 88 ff. Rdnr. 21; Dreier/ *Schulze*[3] § 2 Rdnr. 205; Loewenheim/*Axel Nordemann,* Handbuch des Urheberrechts[2], § 9 Rdnr. 162; *v. Hartlieb/Schwarz*[4] Kap. 35 Rdnr. 2). Eine **elektromagnetische** Festlegung auf Magnetband oder Bildplatte sowie eine **digitale Festlegung** erfüllen die Voraussetzungen des Abs. 1 Nr. 6 ebenso wie die Festlegung auf fotochemischem Wege (allgA. vgl. etwa Dreier/ *Schulze*[3] § 2 Rdnr. 205; Fromm/Nordemann/*A. Nordemann*[10] § 2 Rdnr. 203; Möhring/Nicolini/ *Ahlberg*[2] § 2 Rdnr. 33; sa. die Nachweise zu Computerspielen in Rdnr. 188 sowie vor §§ 88 ff. Rdnr. 44), so dass auch **Fernsehfilme** durch den Filmbegriff erfasst werden. Auch virtuelle Bildfolgen können Filmwerkschutz genießen (LG Köln MMR 2008, 556/560 – Virtueller Dom in Second Life). Es ist nicht einmal eine körperliche Festlegung des Filmwerks erforderlich; schutzfähig sind daher auch **Live-Sendungen** (AmtlBegr. BTDrucks. IV/270 S. 98; BGHZ 37, 1/6 – AKI). Auch auf eine Vertonung kommt es nicht an, **Stummfilme** fallen ebenso wie Tonfilme unter Abs. 1 Nr. 6 (Dreier/*Schulze*[3] § 2 Rdnr. 206; s. zum Ganzen auch Fromm/Nordemann/*A. Nordemann*[10] § 2 Rdnr. 203). Eine **Tonbildschau, Diavorführung** oder **Bildpräsentation** etwa mit Microsoft Powerpoint ist kein Filmwerk, da sie nicht den Eindruck des bewegten Bildes entstehen lässt (BayObLG GRUR 1992, 508 f. – Verwertung von Computerspielen; vgl. auch vor §§ 88 ff. Rdnr. 45; großzügiger OLG Frankfurt/M UFITA 90 (1981) 192/196). Die **Einzelbilder** eines Filmwerks sind nicht nach Abs. 1 Nr. 6 schutzfähig, können aber als Lichtbildwerke nach Abs. 1 Nr. 5 oder als Lichtbilder nach § 72 geschützt sein (BGHZ 9, 262/264 – Lied der Wildbahn I; Dreier/*Schulze*[3] § 2 Rdnr. 213; *Staehle* GRUR 1974, 205 f.; *Merker* S. 181 ff.; aA *Ekrutt* GRUR 1973, 512 ff.). Vom Film ist der **Filmträger** zu unterscheiden, also der Bild- bzw. Bild- und Tonträger, auf dem das Filmwerk aufgezeichnet ist (sa. vor §§ 88 ff. Rdnr. 22). An ihm steht dem Filmhersteller ein Leistungsschutzrecht nach § 94 zu.

Nicht zum Filmwerk gehören die **vorbestehenden Werke,** nach denen der Film geschaffen **187** ist, wie Drehbuch, Exposé oder Treatment (sa. LG München I ZUM-RD 2009, 134/157). Soweit sie das Niveau einer persönlichen geistigen Schöpfung erreichen, sind sie aber als Sprachwerk geschützt. Die bloße **Idee** zu einem Film oder seine bloße **Konzeption** sind freilich nicht schutzfähig (vgl. Rdnr. 51). Strittig ist die Schutzfähigkeit des **Sendeformats** einer Fernsehshow, dh. die Gesamtheit aller charakteristischen Merkmale, die eine Fernsehshow prägen und auch weitere Folgen der Show ungeachtet ihres jeweils unterschiedlichen Inhalts als Teil der Reihe erkennen lassen, also etwa Titel, Logo, ein den Gesamtablauf bestimmender Grundgedanke, bestimmte Mitwirkende, die Art und Weise einer Moderation, der Einsatz von Erkennungsmelodien oder Signalfarben, die Bühnendekoration und sonstige Ausstattung und dgl. (vgl. zum Begriff auch *Eickmeier/v. Fischer-Zernin* GRUR 2008, 755 f.). Vom BGH (GRUR 2003, 876/877 – Sendeformat) wurde die Schutzfähigkeit verneint; es gehe hier nicht um die schöpferische Formung eines bestimmten Stoffs wie den Handlungsablauf und die Szenerie eines Romans oder eines Films (vgl. zu deren Schutzfähigkeit Rdnr. 56), sondern um eine vom Inhalt losgelöste bloße Anleitung zur Formgestaltung gleichartiger anderer Stoffe (BGH GRUR 2003, 876/877 – Sendeformat; ebenso Dreier/*Schulze*[3] § 2 Rdnr. 216; Fromm/Nordemann/*A. Nordemann*[10] § 2 Rdnr. 232; Wandtke/Bullinger/*Bullinger*[3] § 2 Rdnr. 124; *Berking* GRUR 2004, 109; aA *Schricker* GRUR 2004, 923 ff.; *Jacobs,* Fs. für Raue, S. 499/511; *Heinkelein* S. 216 ff.; *Heinkelein/Fey* GRUR Int. 2004, 378/384 ff.; *Eickmeier/V. Fischer-Zernin* GRUR 2008, 755/758 ff.; *Schwarz,* in: Fs. Reichardt, 1990, S. 203/220 f.; *v. Have/Eickmeier,* ZUM 1994, 269/272 f.; *Litten* S. 11 ff., 38 f.; *ders.* MMR 1998, 412 ff.; *Lausen,* S. 24 ff.). Man wird die Schutzfähigkeit von Sendeformaten nicht von vornherein ausschließen können, es kommt vielmehr im Einzelfall darauf an, ob das Sendeformat urheberrechtsschutzfähige Elemente aufweist; jedenfalls kann aber wettbewerbsrechtlicher oder kennzeichenrechtlicher Schutz bestehen (Dreier/*Schulze*[3] § 2 Rdnr. 216).

Ebenso wie bei Lichtbildwerken sind auch Filmwerke einschließlich der Werke, die **ähnlich 188 wie Filmwerke geschaffen** werden, geschützt. Auch bei Filmwerken wird damit klargestellt, dass der Filmbegriff weit zu fassen ist. Eine begriffliche Unterscheidung von Filmwerken und Werken, die ähnlich wie Filmwerke geschaffen werden, ist nicht sinnvoll und hätte keine rechtlichen Konsequenzen (s. für Lichtbildwerke Rdnr. 180). Damit zählen zu den Filmwerken auch **Computerspiele** (zu Begriff und Entwicklung eingehend *Schlatter* in Lehmann [Hrsg.], Rechtsschutz[2], Kap. III Rdnr. 8 ff.; sa. vor §§ 88 ff. Rdnr. 44). Dabei geht es im Rahmen des § 2 Abs. 1 Nr. 6 nicht um den Schutz der den Spielverlauf steuernden Computerprogramme (vgl. § 69a Rdnr. 27; *Henkenborg* S. 179ff.; sa. *Lehmann/Schneider* NJW 1990, 3181ff.), sondern um das Erscheinungsbild und den Spielablauf auf dem Bildschirm, also um den Schutz gegen gleichartige Darstellungen, auch wenn diese durch ein unterschiedliches Computerprogramm bewirkt werden sollten s. zum Unterschied auch LG Düsseldorf NJOZ 2007, 4356/4361. Computerspiele werden heute allgemein als urheberrechtlich schutzfähig angesehen (OLG Köln CR 1992, 150/151; OLG Hamburg GRUR 1990, 127/128 – Super Mario III; OLG Hamburg GRUR 1983, 436/437 – Puckman; BayObLG GRUR 1992, 508f. – Verwertung von Computerspielen; Dreier/*Schulze*[3] § 2 Rdnr. 207; Fromm/Nordemann/*A. Nordemann*[10] § 2 Rdnr. 204; Möhring/Nicolini/*Ahlberg*[2] § 2 Rdnr. 34; Wandtke/Bullinger/*Bullinger*[3] § 2 Rdnr. 129; *Dreyer* Kotthoff/Meckel[2], § 2 Rdnr. 244; *Schricker* GRUR Int. 2008, 200/201; *Schlatter* in *Lehmann* [Hrsg.], Rechtsschutz[2], Kap. III Rdnr. 33ff.; *Haberstumpf* Hdb. des Urheberrechts[2] Rdnr. 129; *Schack*[4], Urheber- und Urhebervertragsrecht, Rdnr. 654; *Loewenheim*, Fs. für Hubmann, S. 307/ 318ff.; *ders.* ZUM 1985, 26/30; *Nordemann* GRUR 1981, 891ff.; *Katzenberger* GRUR Int. 1992, 513/514; *Syndikus* CR 1988, 819; *v. Gravenreuth* DB 1985, 1005/1006; *Seisler* DB 1983, 1292/1293; *Henkenborg* S. 192ff.; weitere Nachweise bei *v. Gravenreuth* CR 1987, 161 und *Syndikus* CR 1991, 529; *Katko/Maier*, MMR 2009, 306/607f.; sa. vor §§ 88ff. Rdnr. 44). Frühere Auffassungen (zB OLG Frankfurt/M GRUR 1983, 753/756 – Pengo; GRUR 1983, 757 – Donkey Kong Junior I; WRP 1984, 79/84f. – Donkey Kong Junior II; offen gelassen in GRUR Int. 1992, 171/172 – Parodius) dürften überholt sein, insbesondere verfängt der Einwand nicht, der Geschehensablauf sei im Gegensatz zu einem Film nicht festgelegt, sondern werde durch den Spieler gesteuert, weil alle möglichen Spielvarianten im Computerprogramm vorgegeben sind und vom Spieler nur abgerufen werden (OLG Hamm NJW 1991, 2161; BayObLG GRUR 1992, 508/509 – Verwertung von Computerspielen; OLG Karlsruhe CR 1986, 723/725 – „1942"; *Nordemann* GRUR 1981, 891/893; *Loewenheim*, Fs. für Hubmann, S. 307/ 318; *Schlatter* aaO Rdnr. 35f.; *Henkenborg* S. 196; aA *Reupert* S. 63ff., insb. S. 65ff.). Der Schutz von Computerspielen als Filmwerk setzt eine persönliche geistige Schöpfung voraus (vgl. auch Rdnr. 191). Die Rechtsprechung hat sich häufig mit einem **Laufbildschutz** nach §§ 94, 95 begnügt (OLG Hamm NJW 1991, 2161/2162; OLG Karlsruhe CR 1986, 723/725 – „1942"; LG Bochum CR 1995, 274; LG Braunschweig CR 1991, 223; LG Hannover CR 1988, 826), weil die zivil- bzw. strafrechtliche Rechtsverfolgung auf die Herstellerrechte (§ 94 bzw. 95) gestützt wurde, für deren Anwendung es nicht darauf ankam, ob das Urheberrecht oder das Leistungsschutzrecht verletzt war, und somit unter prozessökonomischen Gründen der Nachweis der persönlichen geistigen Schöpfung, besonders der Individualität, erspart werden konnte.

189 Zu den Werken, die ähnlich wie Filmwerke geschaffen werden, gehören ferner **Zeichentrickfilme** (Dreier/*Schulze*[3] § 2 Rdnr. 206; Wandtke/Bullinger/*Bullinger*[3] § 2 Rdnr. 122; auch **Multimedia-Produkte** (Dreier/*Schulze*[3] § 2 Rdnr. 207; *Hoeren* CR 1994, 390/391f.; *Koch* GRUR 1995, 459/463) können dazu zählen. Zu **Tonbildschau, Diavorführung** oder **Bildpräsentation** s. Rdnr. 186. Ebenso wie bei Comic-Figuren (dazu Rdnr. 149) ist auch bei Computerspielen **Figurenschutz** zu gewähren. Der Schutz der Figuren in Computerspielen beschränkt sich also nicht auf den Schutz der konkreten Darstellungen, Schutz genießen vielmehr auch die allen Einzeldarstellungen zugrundeliegenden Gestalten als solche (ebenso *Schlatter* in *Lehmann* [Hrsg.], Rechtsschutz[2], Kap. III Rdnr. 26ff.; *Schulze* ZUM 1997, 77/78). Auch Figuren, Szenerien sowie Handlungs- und Bewegungsabläufe in **virtuellen Welten** können dem Urheberrechtsschutz unterliegen (vgl. dazu *Schulze* ZUM 1997, 77/80ff.; *Loewenheim* Fs. für Ullrich S. 231; *Rippert/Weimer*, ZUM 2007, 272/276f.; *Habel* MMR 2008, 71/74f.; *Klickermann* MMR 2007, 766/767ff.; *Geis/Geis* CR 2007, 721/723; sa. LG Köln MMR 2008, 556 – Virtueller Dom in Second Life, mit Anm. Psczolla. Bei hochkomplexen virtuellen Welten wie etwa Second Life ist dies regelmäßig anzunehmen.

190 Filmwerke bilden ihrer Natur nach eine **eigenständige Werkart.** Sie lassen sich weder den Sprachwerken (BGH GRUR 1987, 362/363 – Filmzitat) noch den Werken der bildenden Kunst zurechnen und stellen auch keine Werkverbindung der zu ihrer Herstellung benutzten Werke (Drehbuch, Filmmusik usw.) dar (*Ulmer*[3] 35 II; Wandtke/Bullinger/*Bullinger*[3] § 2 Rdnr. 121; vgl. auch § 9 Rdnr. 6; aA Loewenheim/*Axel Nordemann*, Handbuch des Urheberrechts[2], § 9 Rdnr. 165). Beim Filmwerk handelt es sich nicht nur um die auf dem Filmstreifen festgehaltene Aufführung des Drehbuchs, sondern es findet durch die schöpferischen Leistungen der an der Filmherstellung beteiligten Personen eine Verschmelzung der bei der Verfilmung benutzten Werke zu einer neuen Einheit, ihre Umwandlung in das Bildliche statt (vgl. AmtlBegr. BTDrucks. IV/270 S. 38; auch bereits RGZ 107, 62/65). Der BGH bezeichnet die Verfilmung eines Werks als seine Umsetzung in eine bewegte Bilderfolge mit Hilfe filmischer Ge-

Geschützte Werke §2

staltungsmittel (BGHZ 26, 52/55 – Sherlock Holmes). In dieser Gestaltung der Bild- und Tonfolge liegt die persönliche geistige Schöpfung beim Filmwerk (*Ulmer*[3] § 27 I 2; *v. Gamm* § 2 Rdnr. 23 a). Daraus folgt auch, dass – anders als bei Bühnenwerken – der Schöpfungsvorgang nicht bereits mit der Dichtung oder Komposition abgeschlossen ist, sondern erst in der filmischen Gestaltung, der Realisation des Filmwerkes unter der verantwortlichen Leitung des Regisseurs (*Ulmer*[3] § 27 V 1) liegt. Die zur Herstellung benutzten Werke wie Exposé, Treatment, Drehbuch, Filmmusik usw. sind zwar einerseits selbständige (Sprach- bzw. Musik)werke und genießen als solche selbständigen Urheberrechtsschutz, stellen aber andererseits auch Entwürfe zum Filmwerk dar (*Ulmer*[3] § 27 V vor 1; vgl. zum Schutz des Exposés auch BGH GRUR 1963, 40/41 f. – Straßen – gestern und morgen; zum Schutz von Entwürfen Rdnr. 22).

3. Persönliche geistige Schöpfung

Filmwerke unterscheiden sich von Laufbildern (§ 95) dadurch, dass sie eine **persönliche** **191 geistige Schöpfung** darstellen. Diese kommt durch die kollektive Leistung der an der Filmherstellung beteiligten Urheber (dazu Rdnr. 194 f.) unter Ausnutzung der filmischen Gestaltungsmöglichkeiten, insbesondere Handlungsablauf, Regie, Kameraführung, Tongestaltung, Schnitt, Filmmusik, Szenenbild, Kostümgestaltung (näher zu den Gestaltungsmöglichkeiten Loewenheim/*Axel Nordemann*, Handbuch des Urheberrechts[2], § 9 Rdnr. 168 ff.) zustande. Das Ergebnis, also der Film, muss sich durch Auswahl, Anordnung und Sammlung des Stoffs sowie durch die Art der Zusammenstellung der einzelnen Bildfolgen als das Ergebnis individuellen geistigen Schaffens darstellen (BGHZ 9, 262/268 – Lied der Wildbahn; BGH GRUR 1984, 730/732 – Filmregisseur – mit zust. Anm. *Schricker*). Diese Voraussetzungen werden bei Spielfilmen in der Regel gegeben sein (LG Berlin GRUR 1962, 207/208 – Maifeiern; *v. Gamm* § 2 Rdnr. 23 c), können aber auch bei Filmen vorliegen, die darauf abzielen, ein wirkliches Geschehen im Bild festzuhalten (BGH GRUR 1984, 730/732 – Filmregisseur), namentlich bei **Kultur- und Dokumentarfilmen** (Dreier/*Schulze*[3] § 2 Rdnr. 206; *Dreyer*/Kotthoff/Meckel[2], § 2 Rdnr. 252; *Ulmer*[3] § 27 III; *v. Hartlieb/Schwarz*[4] Kap. 36 Rdnr. 3; *Schricker* GRUR 1984, 733; eingehend *Hoeren* GRUR 1992, 145 ff.; *Reupert* S. 53 ff.). So kann bei einem Naturfilm, der die Lebensweise von Tieren in der freien Wildbahn nach einer bestimmten Gestaltungsidee wiedergibt, die schöpferische Leistung in der Auswahl der besonders charakteristischen Lebensformen des Wildes aus der Fülle der sich bietenden Beobachtungen liegen, wie auch in der Wahl des Hintergrundes, des gesamten Bildrahmens und der zeitlichen Folge der einzelnen Bildmotive (BGHZ 9, 262/268 – Lied der Wildbahn I). Bei der filmischen Dokumentation einer Herzoperation kann durch eingeblendete Erläuterungen, Interviews mit den Beteiligten und Gespräche, also durch die Verbindung der Dokumentation eines tatsächlichen Geschehens mit Einblendungen gezielt ausgewählter Begleitumstände, der Grad einer persönlichen geistigen Schöpfung, wenn auch im unteren Bereich, erreicht werden (BGH GRUR 1984, 730/732 – Filmregisseur). Bei der Darstellung der politischen, sozialen, wirtschaftlichen und kulturellen Aspekte Griechenlands durch die Dokumentation von Szenen aus dem Leben eines einfachen Mädchens kann die schöpferische Leistung darin liegen, dass die dokumentarischen und informativen Teile in eine dramaturgisch durchgearbeitete Handlung eingebaut sind, die sich für den Zuschauer als das beherrschende Element des Films darstellt (BGH GRUR 1984, 730/733 – Filmregisseur), bei Interviewsendungen in phantasievollen Fragen, Überleitungen und Einwürfen, die sich deutlich von einem alltäglichen Geplauder abheben (OLG Köln GRUR 1994, 47/48 – Filmausschnitt), bei der Verfilmung einer Konzertaufzeichnung in der Verbindung von Musikwerk und begleitenden Bildern der Aufführung, durch die den Betrachtern neben dem Kunstgenuss ein unmittelbarer Eindruck von der Konzertatmosphäre durch Einblendung einerseits des Publikums, andererseits des Musikensembles vermittelt wurde (OLG München GRUR 2003, 420/421 – Alpensinfonie). Vgl. ferner LG München I (FuR 1983, 668/669; dazu Revisionsentscheidung BGH GRUR 1987, 362/363 – Filmzitat) zu einem Film über die historische Entwicklung des Tonfilms, der neben Ausschnitten aus alten Tonfilmen Kommentare und Interviews enthält. Auch kurze Abschnitte aus Spielfilmen können aufgrund von Beleuchtung, Kameraeinstellung, Schnitt und weiterer Stilmittel eine persönliche geistige Schöpfung darstellen (OLG München ZUM 2008, 520/522; OLG Hamburg GRUR 1997, 822/825 – Edgar-Wallace-Filme). Dagegen stellt die bloß schematische Aneinanderreihung von Bildfolgen noch keine persönliche geistige Schöpfung dar (BGHZ 9, 262/268 – Lied der Wildbahn I; BGH GRUR 1984, 730/732 – Filmregisseur). Eingehend zur Abgrenzung von Filmwerk und Laufbildern *Straßer*, Die Abgrenzung der Laufbilder vom Filmwerk, 1995.

192 In der Regel **keine Filmwerke** sind Tages- oder Wochenschauen, die lediglich über politische, wirtschaftliche oder kulturelle Ereignisse berichten (LG Berlin GRUR 1962, 207/208 – Maifeiern; *Dreyer/Kotthoff/Meckel*[2], § 2 Rdnr. 256; *v. Hartlieb/Schwarz*[4] Kap. 36 Rdnr. 6; *v. Gamm* § 2 Rdnr. 23c; *Ulmer*[3] § 27 III; *Wandtke* UFITA 132 [1996] 31/35ff.; eingehend *Reupert* S. 56ff.; s. aber LG München I ZUM 1993, 370 und ZUM-RD 1998, 89/93; großzügiger *Dreier/Schulze*[3] § 2 Rdnr. 209; *Wandtke/Bullinger/Bullinger*[3] § 2 Rdnr. 123), bloße Bildreportagen, Filmaufnahmen von Theateraufführungen (OLG Koblenz Schulze OLGZ 93, 6f.; *Ulmer*[3] § 27 III), wissenschaftliche Aufnahmen von naturwissenschaftlichen oder technischen Vorgängen. Auch anspruchslose Amateurfilme sind keine Filmwerke. In solchen Fällen kommt nur Laufbildschutz nach § 95 in Betracht. Filmwerkschutz wurde auch verneint beim Signet „ARD-1" des Ersten Deutschen Fernsehens für die durch Drehung der 1 herbeigeführte Wandlung in die einzelnen Senderzeichen sowie das Herabfliegen der Buchstabenfolge „ARD" und der Senderkennungen (OLG Köln GRUR 1986, 889/890 – ARD-1).

193 An die **Individualität** sind **geringe Anforderungen** zu stellen, auch die **kleine Münze** (dazu Rdnr. 39ff.) ist schutzfähig (so auch *Dreier/Schulze*[3] § 2 Rdnr. 211; *Fromm/Nordemann/A. Nordemann*[10] § 2 Rdnr. 207; *Loewenheim/Axel Nordemann*, Handbuch des Urheberrechts[2], § 9 Rdnr. 174ff.). Das ist schon im Hinblick auf Art. 6 der europäischen Schutzdauerrichtlinie anzunehmen, der für Fotografien vorsieht, dass sie nur das Ergebnis der eigenen geistigen Schöpfung ihres Urhebers zu sein brauchen und dass andere Kriterien für die Bestimmung der Schutzfähigkeit nicht anzuwenden sind (vgl. Rdnr. 182). Für Filmwerke die Schutzuntergrenze höher anzusetzen als für Lichtbildwerke, erscheint nicht sinnvoll. Auch aus der Existenz des Laufbilderschutzes (§ 95) und der von der Rechtsprechung angenommenen höheren Schutzuntergrenze bei Werken der angewandten Kunst infolge des Unterbaus durch den Geschmacksmusterschutz (vgl. Rdnr. 159f.) ergibt sich nichts anderes. Das Verhältnis von Filmwerkschutz und Laufbilderschutz entspricht nicht dem Verhältnis von Urheberrechtsschutz der angewandten Kunst und Geschmacksmusterschutz, so dass nicht der Laufbilderschutz als Schutz für Leistungen geringerer Schöpfungsqualität den Unterbau des Filmwerkschutzes bildet. Im Gegensatz zum Geschmacksmusterschutz schützt der Laufbilderschutz die wirtschaftliche und organisatorische Leistung des Produzenten (vgl. § 95 Rdnr. 3) und setzt im Gegensatz zum Geschmacksmusterschutz keine urheberrechtlichen Schöpfungsqualitäten voraus (*Loewenheim/Axel Nordemann*, Handbuch des Urheberrechts[2], § 9 Rdnr. 174; *Schricker* GRUR 1984, 733).

4. Urheberschaft

194 **Urheber** beim Filmwerk sind diejenigen, die bei seiner Herstellung **die schöpferische Leistung erbringen.** Das war während der Vorarbeiten zum UrhG umstritten gewesen (vgl. dazu *Ulmer*[2] § 35 I), noch der Referentenentwurf von 1954 ging ebenso wie das anglo-amerikanische Recht von einem Urheberrecht des Filmproduzenten aus (zur Kritik *Ulmer* GRUR 1954, 493ff.; eingehend auch *v. Gamm*, Grundfragen des Filmrechts, S. 14ff.). Mit Recht hat sich aber auch hier das Urheberschaftsprinzip (dazu § 7 Rdnr. 1) durchgesetzt (dazu *Hubmann*, Das Filmrecht des deutschen Regierungsentwurfs, S. 6ff., 9ff.). Das Gesetz unterscheidet in §§ 88, 89 zwischen den Urhebern der zur Herstellung des Filmwerks benutzten Werke und den eigentlichen Filmurhebern; Exposé, Treatment, Drehbuch und Filmmusik zählen nach der Konzeption des UrhG (vgl. insb. § 89 Abs. 3) ebenso wie als Vorlage dienende Romane oder Bühnenwerke zu den zur Herstellung benutzten Werken (zur Kritik dieser Unterscheidung vgl. vor §§ 88ff. Rdnr. 65f.). Mehrere an der Herstellung des Filmes beteiligte Urheber sind Miturheber (vgl. auch § 8 Rdnr. 2); in ihrem Verhältnis zueinander hat allerdings § 89 Vorrang vor der Regelung des § 8 Abs. 2–4.

195 **Filmurheber** ist in erster Linie der **Regisseur;** von ihm geht der entscheidende Einfluss auf die filmische Gestaltung des Stoffs aus (BGH GRUR Int. 2001, 873/874 – Barfuß ins Bett; BGH GRUR 1991, 133/135 – Videozweitauswertung; OLG Köln GRUR-RR 2009, 208/211; auch im Schrifttum allgA, vgl. etwa *Dreier/Schulze*[3] § 2 Rdnr. 218 und § 3 Rdnr. 23; *Fromm/Nordemann/A. Nordemann*[10] § 2 Rdnr. 201; *Loewenheim/A. Nordemann*, Handbuch des Urheberrechts[2], § 9 Rdnr. 179; *v. Hartlieb/Schwarz*[4] Kap. 37 Rdnr. 5ff.; *Dreyer/Kotthoff/Meckel*[2], § 2 Rdnr. 257; *Schack*[4], Urheber- und Urhebervertragsrecht, Rdnr. 298; *v. Gamm* § 89 Rdnr. 3; *Ulmer*[3] § 36 II 1; *Schricker* GRUR 1984, 733; *Reupert* S. 71f., 79ff.; sa. AmtlBegr. BTDrucks. IV/270 S. 99f.). Auch Art. 2 Abs. 2 der Vermiet- und Verleihrechtsrichtlinie und Art. 2 Abs. 1 der Schutzdauerrichtlinie gehen davon aus. Es gibt aber keine Vermutung für seine Alleinurheberschaft (OLG Köln GRUR-RR 2009, 208/211). Bei den anderen Beteiligten kommt es darauf an, wie weit sie im einzelnen Fall eine eigene (also nicht schon vom Regisseur vorgezeichnete) schöpferische Leistung erbringen. In Betracht kommen in erster Linie **Kameramann** (LG München I GRUR-RR 2009, 385/386), **Cutter, Darsteller, Filmarchitekten, Szenen- und Kostümbildner** sowie **Tonmeister** (sa. OLG Köln GRUR-RR 2009, 208/211). Sie wirken im Allgemeinen in schöpferischer Weise an der filmischen Gestaltung des Stoffs mit; ihre Tätigkeit beschränkt sich nicht auf eine handwerklich-routinemäßige Leistung und ist in der Regel auch nicht durch Anweisungen des Regisseurs so weit vorgezeichnet, dass kein Freiraum mehr für eine schöpferische Leistung bestünde (vgl. auch BGH GRUR 2002, 961/962 – Mischtonmeister; Dreier/*Schulze*[3] § 2 Rdnr. 218; Fromm/Nordemann/*A. Nordemann*[10] § 2 Rdnr. 201; Loewenheim/*Axel Nordemann*, Handbuch des Urheberrechts[2], § 9 Rdnr. 180; *Dreyer/Kotthoff/Meckel*[2], § 2 Rdnr. 258; *Schack*[4], Urheber- und Urhebervertragsrecht, Rdnr. 299; *Rehbinder*[15] Rdnr. 202; *Ulmer*[3] § 36 II 1; eingehend *v. Hartlieb/Schwarz*[4] Kap. 37 Rdnr. 9 ff.; *Bohr* UFITA 78 [1977], 95/101 ff./140 ff.; *Christ* S. 50 ff.; *Lütje* S. 50 ff.; *Merker* S. 115 ff.; *Reupert* S. 72 ff., 81 ff.; zum Kameramann eingehend *G. Schulze* GRUR 1994, 855 ff.; *Prümm* UFITA 118 (1992) 23 ff.; *Hertin* UFITA 118 [1992] 57 ff. und *Merker* S. 81 ff., 120 ff.; zu Filmarchitekten, Szenen- und Kostümbildnern eingehend *Kanzog* UFITA 126 [1994] 31 ff. und *Loewenheim* UFITA 126 [1994] 99 ff. sowie *Katzenberger* ZUM 1988, 545 ff.; aA *Schack*[4], Urheber- und Urhebervertragsrecht, Rdnr. 300; zu den Urhebern vorbestehender Werke als Filmurheber vgl. vor §§ 88 ff. Rdnr. 57 ff.). Zwischen den Urhebern am Filmwerk besteht Miturheberschaft (vgl. § 8 Rdnr. 2).

VII. Darstellungen wissenschaftlicher oder technischer Art

Schrifttum: *Eggert*, Urheberrechtsschutz bei Landkarten, 1999; *Hereth*, Urheberrechtlicher Schutz bei technischen Zeichnungen von Bauwerken und Bauwerksteilen, NJW 1963, 2256; *Katzenberger*, Urheberrechtsschutz von Modelleisenbahnen?, Fs. für Dittrich, 2000, S. 177 ff.; *Koch*, Rechtsschutz für Benutzeroberflächen von Software, GRUR 1991, 180; *Moser*, Der Schutz von wissenschaftlich-technischen Werken in Deutschland und Großbritannien, 1986; *D. Reimer*, Zum Urheberrechtsschutz von Darstellungen wissenschaftlicher oder technischer Art, GRUR 1980, 572; *G. Schulze*, Der Schutz von technischen Zeichnungen und Plänen, CR 1988, 181; *Witte*, Das Urheberrecht an technischen Konstruktionszeichnungen, GRUR 1964, 537.

1. Rechtsentwicklung

Einen Schutz für „geographische, topographische, naturwissenschaftliche, architektonische, technische und ähnliche Zeichnungen oder Abbildungen, welche nach ihrem Hauptzwecke nicht als Kunstwerke zu betrachten sind" enthielt bereits das Urhebergesetz von 1870. Dieser Schutz wurde 1907 in § 1 Nr. 3 LUG übernommen (näher zur Entwicklung *Reimer* GRUR 1980, 572/573; *Moser* S. 27 ff.). Mit dem Urheberrechtsgesetz von 1965 sollte am bisherigen Schutz nichts geändert werden (AmtlBegr. BTDrucks. IV/270 S. 38). Rechtsprechung und Schrifttum aus der Zeit vor 1965 können damit weiterhin zur Auslegung der Vorschrift herangezogen werden (*Reimer* aaO).

2. Begriff

Darstellungen wissenschaftlicher oder technischer Art lassen sich dahin kennzeichnen, dass sie der **Informationsvermittlung** über den dargestellten Gegenstand mit dem Ausdrucksmittel der **graphischen oder räumlichen Darstellung** dienen (in diesem Sinne insb. OLG München GRUR 1992, 510; KG GRUR-RR 2003, 91/92 – Memokartei; *Ulmer*[3] § 22 II 1; *Reimer* GRUR 1980, 572/576 mit Nachweisen zur älteren Rechtsprechung). Erforderlich ist also zum einen die **Vermittlung von Informationen** im Sinne einer **Belehrung** oder **Unterrichtung**. Das Gesetz bringt dies dadurch zum Ausdruck, dass die Darstellung „wissenschaftlicher oder technischer Art" sein müsse. Dieser Begriff ist weit auszulegen (allgemeine Ansicht; vgl. etwa KG GRUR-RR 2003, 91/92 – Memokartei; OLG München GRUR 1992, 510; Dreier/*Schulze*[3] § 2 Rdnr. 222; Fromm/Nordemann/*A. Nordemann*[10] § 2 Rdnr. 210; Wandtke/Bullinger/*Bullinger*[3] § 2 Rdnr. 132; *Dreyer/Kotthoff/Meckel*[2], § 2 Rdnr. 260; *Schack*[4], Urheber- und Urhebervertragsrecht, Rdnr. 182; *Schricker* GRUR 1991, 563/564); er verlangt nicht, dass der dargestellte Gegenstand oder Inhalt ein wissenschaftlicher oder technischer sein müsse (so aber *Rehbinder*[15] Rdnr. 190), sondern zielt auf den Vorgang der Informationsvermittlung. Damit werden, wie auch die Rechtsentwicklung zeigt (vgl. Rdnr. 196), Darstellungen wissenschaftlicher oder technischer Art gegenüber Werken der bildenden Künste abgegrenzt, die lediglich das ästhetische Empfinden ansprechen sollen (vgl. Rdnr. 136, bei Werken der angewandten Kunst tritt der Gebrauchszweck hinzu, vgl. Rdnr. 158), aber nicht der Belehrung oder Unterrichtung dienen (sa. *Schricker* GRUR 1991, 563/564; eingehend zur Rechtsentwicklung *D. Reimer* GRUR 1980, 572/576f.). Deswegen fällt die Abbildung eines Bauwerks in einem Lehrbuch über Architektur unter Abs. 1 Nr. 7, die Darstellung desselben Bauwerks in einem Gemälde unter Abs. 1 Nr. 4. Überschneidungen sind freilich möglich (zum Zusammentreffen mehrerer Werkarten vgl. Rdnr. 76). Ausreichend ist die **objektive Eignung** zur Informationsvermittlung, auf die subjektive Absicht des Darstellenden kommt es nicht an. Zum anderen muss die Informationsvermittlung mit dem Ausdrucksmittel der **graphischen oder räumlichen Darstellung** bewirkt werden. Dadurch unterscheiden sich Darstellungen wissenschaftlicher oder technischer Art von Sprachwerken, bei denen das Ausdrucksmittel die Sprache ist (vgl. Rdnr. 79). Die bloße Beschriftung graphischer oder räumlicher Darstellungen macht diese allerdings noch nicht zum Sprachwerk; entscheidend ist, welches Ausdrucksmittel im Vordergrund steht.

198 Darstellungen wissenschaftlicher oder technischer Art können, wie sich schon aus den gesetzlichen Beispielen ergibt, **zwei- oder dreidimensional** sein. **Zweidimensionale Darstellungen** sind zB Konstruktionszeichnungen, Baupläne, Stadtpläne, Land-, See- oder astronomische Karten, medizinische und naturwissenschaftliche Abbildungen, Formulare, Zeichnungen von Gegenständen wie Möbeln, Münzen, Schmuck und dgl., Anschauungsbilder in Lehr- und Kinderbüchern, Anleitungszeichnungen für Handarbeiten, Darstellungen von Körperübungen und Körperstellungen; die AmtlBegr. nennt auch wissenschaftliche Schemata und graphische Darstellungen (BTDrucks. IV/270 S. 38). Als **dreidimensionale Darstellungen** kommen Reliefkarten sowie Modelle von Maschinen, Fahrzeugen, technischen Anlagen, Bauten, Städten, Gartenanlagen usw. in Betracht. Darstellungen iSd. Abs. 1 Nr. 7 können an sich auch **Fotografien** von Gegenständen sein; allerdings fehlt es bei der bloßen Ablichtung regelmäßig am Tatbestandsmerkmal der persönlichen geistigen Schöpfung, so dass lediglich Lichtbildschutz nach § 72 in Frage kommt (RGZ 105, 160/162; *Ulmer*[3] § 22 II 2; vgl. näher Rdnr. 210).

3. Schutzgegenstand

199 Schutzgegenstand ist **nur die Darstellung** als solche, nicht aber der **dargestellte Gegenstand oder Inhalt**. Das in der Darstellung enthaltene technische und wissenschaftliche Gedankengut wird durch Abs. 1 Nr. 7 nicht geschützt; Abs. 1 Nr. 7 gewährt **keinen Schutz gegen Nachbau** (stRspr. seit BGH GRUR 1998, 916/917 – Stadtplanwerk; BGH GRUR 1979, 464/465 – Flughafenpläne; vgl. BGH GRUR 1989, 416/417 – Bauaußenkante; BGH GRUR 1985, 129/130 – Elektrodenfabrik; OLG Oldenburg GRUR-RR 2009, 6/7f. – Blockhausbauweise; OLG Hamburg GRUR-RR 2001, 289/290 – Faxkarte; LG Köln ZUM 2006, 961/962; allgemeine Ansicht auch im Schrifttum, vgl. Dreier/*Schulze*[3] § 2 Rdnr. 223; Fromm/Nordemann/*A. Nordemann*[10] § 2 Rdnr. 212; Wandtke/Bullinger/*Bullinger*[3] § 2 Rdnr. 135; *Dreyer/Kotthoff/Meckel*[2], § 2 Rdnr. 270; *Schack*[4], Urheber- und Urhebervertragsrecht, Rdnr. 183; *Rehbinder*[15] Rdnr. 192; *Ulmer*[3] § 22 II 1 und 4; *D. Reimer* GRUR 1980, 572/580; *G. Schulze* CR 1988, 181/185 mwN auch zur Gegenansicht). Deshalb stellt es unter dem Aspekt des Abs. 1 Nr. 7 keine Urheberrechtsverletzung dar, wenn Gestaltungspläne realisiert werden, zB wenn jemand nach Konstruktionszeichnungen eine Maschine baut. Auch die erneute Darstellung des abgebildeten Gegenstandes verstößt nicht gegen Abs. 1 Nr. 7, solange sie selbständig, dh. ohne Benutzung der ersten Darstellung erfolgt; anders dagegen bei deren Benutzung, zB beim nicht genehmigten Kopieren oder Abzeichnen. Ebenso ist es bei Entwürfen für ein **Bauwerk:** der Bau nach fremden Bauplänen stellt keinen Verstoß gegen das sich aus Abs. 1 Nr. 7 ergebende Urheberrecht dar, wohl aber einen Verstoß gegen Abs. 1 Nr. 4. Hierin liegt ein wesentlicher Unterschied zwischen dem Schutz von Darstellungen wissenschaftlicher und technischer Art und dem Schutz von Entwürfen zu Werken der bildenden Künste: bei diesen ist Schutzobjekt das im Entwurf dargestellte Werk, bei jenen nur die Darstellung als solche (Dreier/*Schulze*[3] § 2 Rdnr. 223; Wandtke/Bullinger/*Bullinger*[3] § 2 Rdnr. 135f.; *Schack*[4], Urheber- und Urhebervertragsrecht, Rdnr. 183; *Ulmer*[3] § 22 II 4; *D. Reimer* GRUR 1980, 572/580).

200 Darstellungen wissenschaftlicher und technischer Art sind urheberrechtlich nur geschützt, wenn sie eine persönliche geistige Schöpfung darstellen. Die **schöpferische Leistung** muss **in der Darstellung selbst** liegen, sie muss sich aus der **Formgestaltung** ergeben. Der dargestellte Gegenstand oder Inhalt kann für die Begründung der Schöpfungsqualität nicht herangezogen werden (BGH GRUR 2002, 958/959 – Technische Lieferbedingungen; BGH GRUR 1993, 34/35 – Bedienungsanweisung; BGH GRUR 1991, 529 – Explosionszeichnungen; BGH GRUR 1987, 360/361 – Werbepläne; BGH GRUR 1985, 129/130 – Elektrodenfabrik; BGH

Geschützte Werke § 2

GRUR 1984, 659/660 – Ausschreibungsunterlagen; BGH GRUR 1979, 464/465 – Flughafenpläne; KG GRUR-RR 2002, 91/92 – Memokartei; OLG Köln GRUR-RR 2002, 161 – DRS; OLG Köln GRUR 2000, 1022f. – Technische Regelwerke; OLG München ZUM 1994, 728/729; OLG Frankfurt/M GRUR 1988, 816/817 – Stadtpläne; OLG Hamm GRUR 1981, 130/131 – Preislisten-Druckvorlage; OLG Hamm GRUR 1980, 287/288 – Prüfungsformular; LG München GRUR 1989, 503 – BMW-Motor; LG Oldenburg GRUR 1989, 49/52 – Motorsäge; Fromm/Nordemann/*A. Nordemann*[10] § 2 Rdnr. 212; Wandtke/Bullinger/*Bullinger*[3] § 2 Rdnr. § 2 Rdnr. 137; *Dreyer*/Kotthoff/Meckel[2], § 2 Rdnr. 267; *Ulmer*[3] § 22 II 2; aA *D. Reimer* GRUR 1980, 572/580; *Plander* UFITA 76 [1976] 25/48). Maßgebend ist nicht was, sondern wie es dargestellt wird (LG Köln ZUM 2006, 961/962; Dreier/*Schulze*[3] § 2 Rdnr. 223; *G. Schulze* CR 1988, 181/185).

Eine schöpferische Leistung bei der Darstellung kann sich nur dort entfalten, wo ein ausreichender **Spielraum für schöpferisches Schaffen** besteht (vgl. auch Rdnr. 29). Dieser kann bei wissenschaftlichen und technischen Darstellungen stark eingeschränkt sein, weil sich eine bestimmte Art der Darstellung aus der Natur der Sache ergibt und deswegen notwendig oder üblich ist. Das ist beispielsweise der Fall bei technischen Zeichnungen oder Bauplänen, die in der Darstellung gängigen Darstellungsmethoden oder DIN-Normen (dazu *Hereth* NJW 1963, 2256/2258ff.) folgen; hier verbleibt kaum Raum für die Entfaltung von Individualität (OLG München ZUM 1994, 728/729; OLG Hamm GRUR 1981,130/131 – Preislisten-Druckvorlage; Dreier/*Schulze*[3] § 2 Rdnr. 228; Wandtke/Bullinger/*Bullinger*[3] § 2 Rdnr. 138; *Ulmer*[3] § 22 II 3; *G. Schulze*, Kleine Münze, S. 252). Ein eingeengter Spielraum für individuelles Schaffen besteht auch bei wissenschaftlichen Zeichnungen, etwa von medizinischen oder naturwissenschaftlichen Objekten, bei denen es auf größtmögliche Genauigkeit der Wiedergabe ankommt. Bei Kartenwerken ist die Darstellung durch die topographischen Gegebenheiten schon weitgehend festgelegt (dazu näher Rdnr. 211). Je kleiner der Spielraum für die individuelle Darstellung ist, desto enger sind die Grenzen, die dem Urheberrechtsschutz gezogen sind. Auch die im einschlägigen wissenschaftlichen Bereich übliche oder gebotene Ausdrucksweise, Aufbau und Darstellungsart engen den Spielraum für schöpferische Gestaltung ein (OLG Köln GRUR 2000, 1022/1023 – Technische Regelwerke; sa. Rdnr. 29). **201**

Auf der anderen Seite wird aus dem regelmäßig engen Gestaltungsspielraum, der bei Darstellungen wissenschaftlicher oder technischer Art besteht (vgl. Rdnr. 201), gefolgert, dass die **Anforderungen an die Individualität nicht zu hoch** angesetzt werden dürfen; derartige Darstellungen sind unter den Schutz des Urheberrechtsgesetzes gestellt, obwohl sie regelmäßig einem praktischen Zweck dienen, der den Spielraum für eine individuelle Gestaltung einengt. Von der Rechtsprechung wird es als ausreichend angesehen, dass eine individuelle, sich vom alltäglichen Schaffen abhebende Geistestätigkeit in der Darstellung zum Ausdruck kommt, auch wenn das Maß an individueller Prägung gering ist (BGH GRUR GRUR 2005, 854/856 – Karten-Grundsubstanz; BGH GRUR 2002, 958/959 – Technische Lieferbedingungen; BGH GRUR 1998, 916/918 – Stadtplanwerk; BGH GRUR 1997, 459/461 – CB-infobank I; BGH GRUR 1993, 34/35 – Bedienungsanweisung; BGH GRUR 1991, 529/530 – Explosionszeichnungen; BGH GRUR 1991, 449/452 – Betriebssystem; BGH GRUR 1988, 33/35 – Topographische Landeskarten; BGH GRUR 1987, 360/361 – Werbepläne; OLG München ZUM 1994, 728/729; OLG Frankfurt/M GRUR 1988, 816/817 – Stadtpläne; OLG Braunschweig GRUR 1955, 205; LG Köln ZUM 2006, 961/962; Dreier/*Schulze*[3] § 2 Rdnr. 228; Loewenheim/*Schulze*, Handbuch des Urheberrechts[2], § 9 Rdnr. 197; Wandtke/Bullinger/*Bullinger*[3] § 2 Rdnr. 139; *Dreyer*/Kotthoff/Meckel[2], § 2 Rdnr. 268; Fromm/Nordemann/*A. Nordemann*[10] § 2 Rdnr. 213; Erdmann/Bornkamm GRUR 1991, 877/879; *D. Reimer* GRUR 1980, 572/573ff.; vgl. auch Rdnr. 30; für strengere Maßstäbe *v. Gamm* § 2 Rdnr. 24c; *G. Schulze*, Kleine Münze, S. 246ff.). Geschützt ist auch die **kleine Münze** (OLG München GRUR 1991, 510/511 – Rätsel; *Schricker* GRUR 1991, 563/569; zur kleinen Münze vgl. Rdnr. 39ff.). Auch mit herkömmlichen Darstellungsmitteln, insbesondere durch eine individuelle Auswahl und Kombination bekannter Methoden, kann in der Gesamtschau eine ausreichende individuelle Gestaltung erzielt werden (BGH GRUR 1998, 916/918 – Stadtplanwerk; BGH GRUR 1991, 529/530 – Explosionszeichnungen; BGH GRUR 1987, 360/361 – Werbepläne; OLG Frankfurt/M GRUR 1988, 816/817 – Stadtpläne). Ist aber nur ein geringer Grad an Individualität vorhanden, so ist auch der **Schutzumfang** des Werks entsprechend enger (BGH GRUR 1998, 916/918 – Stadtplanwerk; BGH GRUR 1993, 34/35 – Bedienungsanweisung; BGH GRUR 1991, 529/530 – Explosionszeichnungen; Dreier/*Schulze*[3] § 2 Rdnr. 229; Wandtke/Bullinger/*Bullinger*[3] § 2 Rdnr. 139; *Dreyer*/Kotthoff/Meckel[2], § 2 Rdnr. 270; vgl. näher Rdnr. 74 mwN). **202**

203 **Keine schöpferische Leistung** stellt die rein **routinemäßige** oder **handwerkliche Leistung** dar (BGH GRUR 1998, 916/918 – Stadtplanwerk; vgl. auch Rdnr. 26). So sind zB rein mechanische Abbildungen und Abgüsse nicht schutzfähig (*Rehbinder*[15] Rdnr. 193; *Ulmer*[3] § 22 II 2); ebenso wenig eine Darstellung, die sich auf die bloße Mitteilung von Tatsachen beschränkt, zB ein Fahrplan, der lediglich die Ankunfts- und Abfahrtszeiten wiedergibt (OLG Hamburg UFITA 51 [1968] 383/391 – Flugpläne).

204 Für die schöpferische Leistung bei Darstellungen wissenschaftlicher und technischer Art kommt es nicht darauf an, ob der dargestellte **Gegenstand oder Inhalt neu** ist; auch die schöpferische Darstellung bekannter Gegenstände ist urheberrechtlich schutzfähig (BGHZ 18, 319/322 – Bebauungsplan; OLG Hamm GRUR 1980, 287/288 – Prüfungsformular; OLG Hamm GRUR 1981, 130/131 – Preislisten-Druckvorlage; Dreier/*Schulze*[3] § 2 Rdnr. 223; *Ulmer*[3] § 22 II 4). Ebenso wenig kann sich die persönliche geistige Schöpfung aus der **Methode oder Technik der Darstellung** ergeben, etwa aus einer bestimmten Zeichentechnik oder einer bestimmten Aufgliederungsmethode bei Tabellen (OLG Hamm GRUR 1980, 287/288 – Prüfungsformular; Wandtke/Bullinger/*Bullinger*[3] § 2 Rdnr. 140). Die bloße Verwendung bekannter Methoden oder Techniken steht allerdings der individuell-schöpferischen Leistung nicht entgegen; auch mit herkömmlichen Darstellungsmitteln lässt sich eine individuelle Gestaltung erzielen (BGH GRUR 1991, 529/530 – Explosionszeichnungen; weitere Nachweise in Rdnr. 202).

5. Einzelfälle

205 **Baupläne** und **Bebauungspläne** sind grundsätzlich nach Abs. 1 Nr. 7 schutzfähig (BGH GRUR 1989, 416/417 – Bauaußenkante; BGH GRUR 1988, 533/534 – Vorentwurf II; BGH GRUR 1979, 464/465 – Flughafenpläne; BGHZ 18, 319/321 ff. – Bebauungsplan; Dreier/*Schulze*[3] § 2 Rdnr. 231; Loewenheim/*Schulze*, Handbuch des Urheberrechts[2], § 9 Rdnr. 199; Wandtke/Bullinger/*Bullinger*[3] § 2 Rdnr. 141; sa. *Heiseke* NJW 1966, 1301 ff.; einschränkend *Hereth* NJW 1963, 2256/2259). Die persönliche geistige Schöpfung muss aber in der Darstellung selbst liegen, der Inhalt der Darstellung kann dafür nicht herangezogen werden (vgl. Rdnr. 200). Unter diesem Gesichtspunkt hat der BGH es bei Plänen für die Anlage eines Flughafens als schöpferische Leistung nicht ausreichen lassen, dass die Pläne eine (nach Auffassung des Berufungsgerichts neuartige und schöpferische) Problemlösung für eine ungestörte Verkehrszuführung zu den Abfertigungsgebäuden zum Inhalt hatten (BGH GRUR 1979, 464/465 – Flughafenpläne). Ergibt sich eine bestimmte Art der Darstellung aus der Natur der Sache und ist sie deswegen notwendig oder üblich (zB bei DIN-Normen), so liegt in ihrer Benutzung keine schöpferische Leistung (vgl. Rdnr. 201). Größere praktische Bedeutung als Abs. 1 Nr. 7 hat der Schutz nach Abs. 1 Nr. 4 (Entwürfe von Bauwerken), zumal er im Gegensatz zu Abs. 1 Nr. 7 einen Schutz gegen Nachbau gewährt (vgl. Rdnr. 199).

206 Zu **Benutzeroberflächen** bei Computerprogrammen s. Rdnr. 217.

207 **Bildzeichen** und **Piktogramme** sind schutzfähig, soweit sie die erforderliche Individualität aufweisen (OLG Braunschweig GRUR 1955, 205; ; Fromm/Nordemann/*A. Nordemann*[10] § 2 Rdnr. 214; Wandtke/Bullinger/*Bullinger*[3] § 2 Rdnr. 145; im Grundsatz auch *G. Schulze*, Kleine Münze, S. 251). Der Gestaltungsspielraum ist aber oft dadurch eingeschränkt, dass solche Zeichen den dargestellten Gegenstand auf wenige klare Formen reduzieren müssen, um die erforderliche graphische Prägnanz und visuelle Eindeutigkeit zu erreichen. Gleichwohl sind persönliche geistige Schöpfungen möglich. So sind beispielsweise Bildzeichen, die in einem Stadtplan auf bekannte Bauwerke hinweisen, als schutzfähig angesehen worden; die schöpferische Leistung wurde dabei in der Herausstellung einiger kennzeichnender Merkmale der Bauwerke und der Fortlassung alles übrigen erblickt (OLG Braunschweig GRUR 1955, 205; zu Piktogrammen vgl. die Beispiele bei *G. Schulze*, Kleine Münze, S. 249 ff.). Nicht schutzfähig sind dagegen allgemein bekannte Symbole, zB Richtungspfeile, ein Anker als Symbol für einen Hafen, ein Flugzeug als Symbol für einen Flugplatz und dgl. (Dreier/*Schulze*[3] § 2 Rdnr. 223).

208 **DIN-Normen** und andere **technische Normenwerke** können als Sprachwerke nach Abs. 1 Nr. 1 (vgl. Rdnr. 103), aber auch als Darstellungen wissenschaftlicher oder technischer Art nach Abs. 1 Nr. 7 schutzfähig sein (BGH GRUR 1990, 1003 – DIN-Normen; Wandtke/Bullinger/*Bullinger*[3] § 2 Rdnr. 146; *Dreyer*/Kotthoff/Meckel[2], § 2 Rdnr. 271); die Einordnung hängt davon ab, ob das Ausdrucksmittel der Sprache oder das der graphischen oder räumlichen Darstellung im Vordergrund steht (zum Zusammentreffen mehrerer Werkarten vgl. Rdnr. 76). Das Urheberrecht an ihnen wird nicht dadurch ausgeschlossen, dass Gesetze und dgl. auf sie verweisen, solange nicht ihr Wortlaut wiedergegeben wird (§ 5 Abs. 3). Die frühere Rechtsprechung ist inso-

Geschützte Werke § 2

weit überholt (BGH GRUR 1990, 1003 – DIN-Normen; sa. BVerfG GRUR 1999, 226 – DIN-Normen). **Technische und sonstige Anleitungen und Regelwerke** können als Sprachwerke nach Abs. 1 Nr. 1 (vgl. Rdnr. 103), aber auch als Darstellungen wissenschaftlicher oder technischer Art nach Abs. 1 Nr. 7 schutzfähig sein (BGH GRUR 2002, 958/959 – Technische Lieferbedingungen; OLG Köln GRUR 2004, 142 – Handbuch Vergaberichtlinien). Die schöpferische Leistung kann sich, soweit § 2 Abs. 1 Nr. 7 einschlägig ist, nicht aus dem dargestellten Inhalt, sondern nur aus der Form der Darstellung ergeben (BGH aaO; OLG Köln GRUR 2000, 1022/1022 – Technische Regelwerke; vgl. auch Rdnr. 200). Bei technischen Regelwerken kann die Urheberrechtsschutz begründende Leistung in erster Linie in der Art der Sammlung, Auswahl, Einteilung und Anordnung des Stoffs liegen, insbesondere darin, dass sie technische Vorgaben nicht nur als solche wiedergeben, sondern im Einzelnen verständlich beschreiben, Ausdrucksvermögen und Klarheit der sprachlichen Form können hier ins Gewicht fallen (BGH aaO).

Formulare, Tabellen, Vordrucke und dgl. können bereits als Sprachwerke geschützt sein, 209 soweit die persönliche geistige Schöpfung in der sprachlichen Gestaltung zum Ausdruck kommt (zum Schutz als Sprachwerk vgl. Rdnr. 98). Ein Schutz nach Abs. 1 Nr. 7 kommt für die graphische Darstellung, die Aufmachung in Betracht (Dreier/*Schulze*[3] § 2 Rdnr. 235; Fromm/Nordemann/*A. Nordemann*[10] § 2 Rdnr. 226); zum Zusammentreffen mehrerer Werkarten vgl. Rdnr. 76. Die schöpferische Leistung kann sich, soweit § 2 Abs. 1 Nr. 7 einschlägig ist, nicht aus dem dargestellten Inhalt, sondern nur aus der Form der Darstellung ergeben (vgl. Rdnr. 200). Nicht geschützt sind daher Tabellen, die sich auf die routinemäßige Wiedergabe bestimmter Fakten beschränken, zB übliche Logarithmentafeln, Ankunfts- oder Abfahrtspläne (dazu OLG Hamburg UFITA 51 [1968] 383 – Flugpläne). Allgemein übliche Gestaltungsformen sind nicht schutzfähig, beispielsweise die Aufteilung eines Blattes in Spalten und Reihen oder die drucktechnische oder farbliche Hervorhebung einzelner Begriffe und bestimmter Fakten (KG GRUR-RR 2003, 91/92 – Memokartei; OLG Hamm GRUR 1980, 287/288 – Prüfungsformular; Dreier/*Schulze*[3] § 2 Rdnr. 235; *G. Schulze,* Kleine Münze, S. 255; vgl. auch Rdnr. 203). **Urheberrechtsschutz verneint** wurde daher bei einem nach diesen Grundsätzen gestalteten Prüfungsformular (OLG Hamm GRUR 1980, 287), ferner bei einem Fahrscheinformular, das sich auf die vorwiegend mechanische Wiedergabe einer mit Stichworten, Zahlen und Buchstaben versehenen einfachen Linienzusammenstellung beschränkte, (BGH GRUR 1959, 251/252 – Einheitsfahrschein), bei Tastatur-Tabellen zum Erlernen des Tastaturschreibens an Schreibmaschinen bzw. Arbeitsplatzcomputern (KG GRUR-RR 2003, 91 – Memokartei). **Kataloge, Preislisten** und dgl. enthalten weitgehend tatsächliche Mitteilungen, die als solche dem Urheberrechtsschutz nicht zugänglich sind. Ihre Schutzfähigkeit wird daher auch als Darstellung wissenschaftlicher oder technischer Art die Ausnahme bilden (sa. OLG Hamm GRUR 1981, 131 – Preislisten-Druckvorlage, zum Schutz als Sprachwerk vgl. Rdnr. 99).

Fotografien können Darstellungen wissenschaftlicher oder technischer Art sein, wenn sie der 210 Belehrung oder Unterrichtung dienen (vgl. Rdnr. 197). In der Regel wird es aber an der schöpferischen Leistung fehlen. Bei der fotografischen Darstellung, die der Vermittlung von Informationen über den dargestellten Gegenstand dient, geht es meist um eine möglichst genaue, wirklichkeitsgetreue Abbildung, die einen Spielraum für individuelles Schaffen nicht offen lässt (im Ergebnis ebenso RGZ 105, 160/162; *Ulmer*[3] § 22 II 2; sa. Wandtke/Bullinger/*Bullinger*[3] § 2 Rdnr. 150). Es kommt dann nur ein Lichtbildschutz nach § 72 in Betracht. Im Schrifttum ist vorgeschlagen worden, wissenschaftliche, insbesondere medizinische Fotografien nach Abs. 1 Nr. 7 zu schützen, wenn in ihnen die wissenschaftliche Auffassung und Meinung des Forschers wiedergegeben wird, etwa Fotografien von Präparaten, die von ihm so vorbereitet sind, dass an ihnen seine wissenschaftliche Aussage zutage tritt; anderenfalls käme man zu einer Diskrepanz des Schutzes von Zeichnungen und Fotografien solcher Präparate (*Rehbinder,* Urheberrecht, Rdnr. 194). Das würde aber dem Grundsatz widersprechen, dass sich die schöpferische Leistung nur aus der Darstellung und nicht aus dem dargestellten Inhalt ergeben kann (vgl. Rdnr. 200; wie hier auch Wandtke/Bullinger/*Bullinger*[3] § 2 Rdnr. 150). Auch die Zeichnung ist nicht geschützt, wenn sie sich auf die handwerklich-routinemäßige Wiedergabe des Präparats beschränkt; weist sie hingegen schöpferische Züge auf, so besteht auch ein Grund, sie anders als die fotografische Abbildung zu behandeln. Dagegen greift der Schutz nach Abs. 1 Nr. 7 ein, wenn eine Fotografie durch Retuschen oder in anderer Weise so umgestaltet wird, dass sich bei der Darstellung eine schöpferische Leistung entfaltet (RGZ 105, 160/162f.; Dreier/*Schulze*[3] § 2 Rdnr. 226; *Rehbinder*[15] Rdnr. 194; *Ulmer*[3] § 22 II 2).

Karten, Stadtpläne, Atlanten und dgl. sind nach Abs. 1 Nr. 7 schutzfähig, wenn sie eine 211 persönliche geistige Schöpfung darstellen (BGH GRUR 2005, 854/856 – Karten-Grundsubstanz; BGH GRUR 1998, 916/918 – Stadtplanwerk; BGH GRUR 1988, 33/35 – Topographische Landeskarten; BGH GRUR 1987, 360/361 – Werbepläne; BGH GRUR 1965, 45/46 – Stadtplan; OLG Frankfurt/M GRUR 1988, 816 – Stadtpläne; OLG Hamburg GRUR-RR 2006, 355/356 – Stadtkartenausschnitt; OLG Stuttgart GRUR 2008, 1084 – TK 50; LG München I GRUR-RR 2007, 145 – Kartografien; LG München I GRUR-RR 2009, 332; sa. österreich. OGH GRUR Int. 1991, 745 – Stadtplan Innsbruck; allgemeine Ansicht auch im Schrifttum, vgl. etwa Dreier/*Schulze*[3] § 2 Rdnr. 236; Fromm/Nordemann/*A. Nordemann*[10] § 2 Rdnr. 220; Wandtke/Bullinger/*Bullinger*[3] § 2 Rdnr. 143; *Rehbinder*[15] Rdnr. 195; *Ulmer*[3] § 22 II 3). Der Raum für die Entfaltung einer schöpferischen Leistung ist bei Kartenwerken allerdings insofern eingeschränkt, als die Darstellung durch die topographischen Gegebenheiten wie Verlauf von Gebirgszügen, Flüssen, Straßen usw. bereits weitgehend festgelegt ist. Soweit die Darstellung in einer Karte sich auf deren Wiedergabe beschränkt, also unmittelbar auf der Bodenvermessung und den Ergebnissen daraus beruht und sich auf die bloße Aussage über geographische Tatsachen beschränkt, ist sie nicht schutzfähig und die Benutzung durch Dritte urheberrechtlich nicht zu beanstanden (BGH GRUR 1965, 45/47 – Stadtplan; OLG Stuttgart GRUR 2008, 1084 – TK 50). Die schöpferische Leistung kann nur in einer darüber hinausgehenden Darstellung liegen. Die Anforderungen an die Gestaltungshöhe sind bei kartographischen Gestaltungen allerdings gering; es darf kein zu strenger Maßstab angelegt werden (BGH GRUR 2005, 854/856 – Karten-Grundsubstanz). Die Leistung eines selbständig arbeitenden Kartographen erschöpft sich nicht in der bloßen Mitteilung geographischer und topographischer Tatsachen, weil Karten auf einen bestimmten Benutzerzweck hin gestaltet werden müssen. Die schöpferische Eigentümlichkeit einer Karte kann sich demgemäß bereits daraus ergeben, dass die Karte nach ihrer Konzeption von einer individuellen kartographischen Darstellungsweise geprägt ist, die sie zu einer in sich geschlossenen eigentümlichen Darstellung des betreffenden Gebiets macht (vgl. BGH GRUR 1965, 45/46 – Stadtplan; BGH GRUR 1998, 916/917 – Stadtplanwerk; LG München I GRUR-RR 2007, 145 – Kartografien). Auch insoweit sind aber bestimmte Darstellungstechniken notwendig oder allgemein üblich und können deshalb eine schöpferische Leistung nicht begründen, beispielsweise die Verwendung von Höhenlinien, die Darstellung von Waldflächen in grüner und von Gewässern in blauer Farbe; auch kann bei Spezialkarten wie Auto-, Wander- oder Seekarten deren Zweck eine bestimmte Darstellung vorschreiben, wie zB die Hervorhebung von Hauptstraßen durch stärkeren Druck oder die Kenntlichmachung von Wanderwegen in einer Wanderkarte durch rote Farbgebung (OLG Stuttgart GRUR 2008, 1084f. – TK 50; RGZ 108, 62/64; *Ulmer*[3] § 22 II 3; *Rehbinder*[15] Rdnr. 195; eingehend G. *Schulze*, Kleine Münze, S. 247ff.). Ein Spielraum für schöpferische Gestaltung besteht vor allem bei der Generalisierung, der Auswahl und Hervorhebung des Darzustellenden, die geographisches Einfühlungsvermögen verlangt, um die jeweilige Generalisierungsmaßnahme mit der Fülle der anderen zu vermittelnden Informationen abzustimmen und eine möglichst umfassende Information mit guter Übersichtlichkeit und Lesbarkeit der Karte zu vereinigen (BGH GRUR 1988, 33/35 – Topographische Landeskarten; OLG Stuttgart GRUR 2008, 1084/1085 – TK 50; LG München I GRUR-RR 2007, 145 – Kartografien; sa. Dreier/*Schulze*[3] § 2 Rdnr. 236). Insofern kann ausnahmsweise bereits bei der Übertragung auf einen kleineren Maßstab eine schöpferische Leistung vorliegen (*Ulmer*[3] § 22 II 3). Im übrigen kann sich auch bei der Verwendung bekannter Darstellungsmethoden aus deren individueller Auswahl und Kombination in der Gesamtschau eine schöpferische Leistung ergeben, etwa bei der Farbgebung, der Beschriftung, der Verwendung eines gleitenden Maßstabs oder bestimmter Bildzeichen und Symbole (BGH GRUR 1998, 916/918 – Stadtplanwerk; OLG Stuttgart GRUR 2008, 1084/1085 – TK 50; OLG Frankfurt/M GRUR 1988, 816 – Stadtpläne; OLG Braunschweig GRUR 1955, 205; eingehend G. *Schulze*, Kleine Münze, S. 248f.). Bloße Weglassungen und Vergrößerungen reichen dazu freilich nicht aus (BGH GRUR 1965, 45/48 – Stadtplan). Zur Schutzfähigkeit der in einem digitalen Datenbestand verkörperten Vorstufe für ein Kartenwerk (sog. Grundsubstanz) vgl. BGH GRUR 2005, 854/856 – Karten-Grundsubstanz).

212 Bei **Konstruktionszeichnungen** und anderen **technischen Zeichnungen** kommt es gleichfalls darauf an, dass sich die schöpferische Leistung aus der Darstellung selbst ergibt (Wandtke/Bullinger/*Bullinger*[3] § 2 Rdnr. 144; Fromm/Nordemann/*A. Nordemann*[10] § 2 Rdnr. 229: in der Regel Werkqualität), der dargestellte Inhalt kann hierbei nicht berücksichtigt werden (vgl. Rdnr. 200). Ob der Konstruktionsgedanke schöpferisch ist, ist nicht maßgeblich; das ist eine Frage der technischen Schutzrechte und nicht des Urheberrechts (*Ulmer*[3] § 22 II 1). Bei der Darstellung ist aber der Spielraum für schöpferisches Schaffen meist dadurch eingeschränkt, dass die Zeichnung gängigen Darstellungsmethoden oder DIN-Normen folgt, insoweit kann Urhe-

berrechtsschutz nicht begründet werden (Dreier/*Schulze*³ § 2 Rdnr. 240; *Loewenheim/Schulze*, Handbuch des Urheberrechts², § 9 Rdnr. 206). Auch Sorgfalt und Genauigkeit bei der Darstellung bedeuten noch keine schöpferische Leistung (BGH GRUR 1956, 284/285f. – Rheinmetall-Borsig II), sondern sind dem Bereich handwerklichen Schaffens zuzurechnen. Eine schutzfähige Leistung wurde zB verneint bei der zeichnerisch einfachen schablonenhaften perspektivischen Darstellung einfacher genormter technischer Erzeugnisse wie Rohrschellen, Schrauben und Anschweißplatten (OLG Hamm GRUR 1981, 130ff. – Preislisten-Druckvorlage), ferner bei einfachen Schemazeichnungen zu einem Verfahren der Mauertrockenlegung (OLG München ZUM 1994, 728). Dagegen wurde Urheberrechtsschutz gewährt für die Zeichnungen und die schematische Darstellung des Aufbaus einer Elektrodenfabrik in der Art eines Datenflussplans und die übersichtliche Auflistung technischer Daten, die eine rasche Information gewährleisteten (BGH GRUR 1985, 129/130 – Elektrodenfabrik), für Explosionszeichnungen (BGH GRUR 1991, 529 – Explosionszeichnungen; anders noch in der Vorinstanz OLG Hamm GRUR 1989, 501 – Sprengzeichnungen), für die Darstellung von Eiweißkörpern (OLG Frankfurt GRUR 1989, 589 – Eiweißkörper) und für die Perspektivzeichnung eines Motors anhand von Konstruktionsplänen (LG München I GRUR 1989, 503 – BMW-Motor). Vgl. ferner *G. Schulze,* Kleine Münze, S. 252f.; *Hereth* NJW 1963, 2256ff.; *Heiseke* NJW 1966, 1301ff.

Lehrmittel wie zB die Darstellung von politischen, wirtschaftlichen, historischen oder kulturellen Zusammenhängen durch **Schaubilder** oder medizinische, biologische oder mathematische **Modelle** sind nach Abs. 1 Nr. 7 geschützt, sofern sie eine persönliche geistige Schöpfung darstellen (OLG Frankfurt/M GRUR 1989, 589 – Eiweißkörper; LG Berlin Schulze LGZ 125; Dreier/*Schulze*³ § 2 Rdnr. 237; Fromm/Nordemann/*A. Nordemann*¹⁰ § 2 Rdnr. 224; Wandtke/Bullinger/*Bullinger*³ § 2 Rdnr. 144; *G. Schulze,* Kleine Münze, S. 253f.; *Nordemann* NJW 1970, 881ff.). Angesichts der vielfältigen Möglichkeiten zur Darstellung besteht hierfür grundsätzlich ein größerer Spielraum als etwa bei technischen Zeichnungen oder Bauplänen. Allerdings kann sich auch hier der Schutz nicht aus Darstellungsmethoden oder -techniken ergeben, die allgemein üblich oder zur Darstellung notwendig sind. Geschützt wurden beispielsweise Schaubilder, die in einer Loseblattsammlung jeweils einen bestimmten aktuellen Vorgang oder einen politischen, wirtschaftlichen oder kulturellen Zusammenhang graphisch darstellten und veranschaulichten (LG Berlin Schulze LGZ 125) und die bildliche Darstellung des Zusammenwirkens von Eiweißkörpern mit anderen chemisch-biologischen Faktoren (OLG Frankfurt/M GRUR 1989, 589 – Eiweißkörper). Dagegen ist die **Lehrmethode** als solche **nicht schutzfähig.** Mit Recht wurde deshalb kein Schutz sog. Merkmalklötzen zuerkannt, die aus Kreisen, Dreiecken, Quadraten und Rechtecken in verschiedenen Farben, Größen und Stärken bestanden und Kindern im Grundschulalter als Anschauungsmaterial und Hilfsmittel zur Einführung in das mathematisch-abstrakte Denken dienen sollten (BGH GRUR 1976, 434/435 – Merkmalklötze). Die Klötze als solche stellten im Hinblick auf ihre einfache Gestaltung in geometrischen Grundformen keine schöpferische Leistung dar, und die Methode, mit ihrer Hilfe in mathematisches Denken einzuführen, ist nicht urheberrechtsschutzfähig.

Zu **medizinischen Darstellungen** vgl. *Lippert* MedR 1994, 135; zu medizinischen Statistiken LG Frankfurt/M GRUR 1987, 168 – Krankheit auf Rezept.

Zu **Postwertzeichen** als Darstellungen wissenschaftlicher oder technischer Art vgl. *Schricker* GRUR 1991, 563/564ff.

Zu **Rätseln** (Kreuzwort- und Silbenrätseln) als Darstellungen wissenschaftlicher oder technischer Art vgl. OLG München GRUR 1992, 510 – Rätsel; *Nordemann,* Fs. für Traub, S. 315.

Webseiten und **Benutzeroberflächen** bei Computerprogrammen können als wissenschaftlich-technische Darstellungen geschützt sein (OLG Karlsruhe GRUR-RR 2010, 234 – Reisebürosoftware; OLG Düsseldorf CR 2000, 184; OLG Karlsruhe GRUR-RR 2010ff.; Dreier/ *Schulze*³ § 2 Rdnr. 234; Wandtke/Bullinger/*Bullinger*³ § 2 Rdnr. 142; Fromm/Nordemann/ *A. Nordemann*¹⁰ § 2 Rdnr. 237; zum Schutz von Webseiten und Benutzeroberflächen als Sprachwerke vgl. Rdnr. 114, als Werke der angewandten Kunst vgl. Rdnr. 175), auch die Präsentationen der Ergebnisse von Auswertungen einer elektronischen Datenbank (*Koch* GRUR 1997, 417/419). Entscheidend ist, ob sie die erforderliche Individualität aufweisen. Diese kann sich insbesondere aus der übersichtlichen, verständlichen und benutzerfreundlichen Gestaltung der Bildschirmoberfläche ergeben, die den Benutzer anschaulich durch die verschiedenen Ebenen und Funktionen des Programms führt und die Programmbedienung vereinfacht. Was üblich oder durch technische Notwendigkeiten vorgegeben ist, kann zur Individualität nicht beitragen (vgl. Rdnr. 29); andererseits ist aber zu berücksichtigen, dass bei eingeschränktem Spielraum für individuelles Schaffen die

Anforderungen an die Individualität herabgesetzt sein können (vgl. Rdnr. 30, 202). Der Umstand, dass bekannte Gestaltungsmittel verwendet werden, steht der Annahme einer individuellen Leistung nicht entgegen, weil auch mit herkömmlichen Gestaltungsmitteln, insbesondere durch eine individuelle Auswahl und Kombination bekannter Methoden, insgesamt eine hinreichend eigentümliche Formgestaltung erzielt werden kann (BGH GRUR 1991, 529/530 – Explosionszeichnungen). Zum Ganzen näher *Schlatter* in *Lehmann* (Hrsg.), Rechtsschutz[2], Rdnr. 77 f.; *Koch* GRUR 1991, 180/185; sa. *König* NJW 1990, 2233/2234. Webseiten und Benutzeroberflächen sind dagegen keine Computerprogramme (vgl. § 69a Rdnr. 7). Auch **Overlays** (auf dem Bildschirm mit charakteristischen Merkmalen dargestellte Verkaufsobjekte) können schutzfähig sein (OLG Köln ZUM 1999, 404/408 – Overlays).

§ 3 Bearbeitungen

Übersetzungen und andere Bearbeitungen eines Werkes, die persönliche geistige Schöpfungen des Bearbeiters sind, werden unbeschadet des Urheberrechts am bearbeiteten Werk wie selbständige Werke geschützt. Die nur unwesentliche Bearbeitung eines nicht geschützten Werkes der Musik wird nicht als selbständiges Werk geschützt.

Schrifttum: *Boytha*, Urheberrechtliche Konsequenzen der Abhängigkeit der Übersetzung vom Originalwerk, UFITA 55 (1970) 89; *Brockmann*, Volksmusikbearbeitung und Volksmusikschutz, 1998; *Brugger*, Der Begriff der Bearbeitung und Verfilmung im neuen Urheberrechtsgesetz, UFITA 51 (1968) 89; *Bußmann*, Änderung und Bearbeitung im Urheberrecht, Fs. für Philipp Möhring, 1965, S. 201; *Cebulla*, Das Urheberrecht der Übersetzer und Dolmetscher, 2007; *Dietz*, Die Entwicklung des bundesdeutschen Urheberrechts in Gesetzgebung und Rechtsprechung von 1965 bis 1972, UFITA 72 (1975) 1; *ders.*, Werkänderungen durch Regie – Rechtliche Schlüsse aus der Sonderstellung der Bühneninszenierung, FuR 1976, 816; *Depenheuer*, Gegen den Urheberschutz des Theaterregisseurs – Kurze Replik auf Hieber, ZUM 1997, 17; *Dittrich*, Zum Urheberrechtsschutz von Übersetzungen, UFITA 100 (1985) 139; *Dünnwald*, Regie – Interpretation, Bearbeitung oder Werk? – Fragen der rechtsbegrifflichen Zuordnung, FuR 1976, 804; *Erdmann*, Werktreue des Bühnenregisseurs aus urheberrechtlicher Sicht, Fs. für Rudolf Nirk, 209; *Fellerer*, Bearbeitung und Elektronik als musikalisches Problem, 1965; *Flechsig*, Urheberrechtliche Abwehransprüche und ambivalente Regieleistung – Dargestellt am Beispiel der Bühneninszenierung, FuR 1976, 829; *v. Foerster*, Das Urheberrecht des Theaterregisseurs, 1973; *Fromm*, Das Recht des Regisseurs und der Schutz seiner künstlerischen Leistung, GRUR 1962, 561; *Gounalakis*, Urheberrechtsschutz für die Bibel? GRUR 2004, 996; *Grossmann*, Die Schutzfähigkeit von Bearbeitungen gemeinfreier Musikwerke, UFITA-Schriftenreihe Bd. 129 (1995); *Grunert*, Werkschutz contra Inszenierungskunst – Der urheberrechtliche Gestaltungsspielraum der Bühnenregie, 2002; *ders.*, Götterdämmerung, Iphigenie und die amputierte Czárdásfürstin – Urteile zum Urheberrecht des Theaterregisseurs und die Folgen für die Verwertung seiner Leistung, ZUM 2001, 210; *Gutsche*, Urheberrecht und Volksmusik, 1996; *Hieber*, Für den Urheberschutz des Theaterregisseurs – Die Inszenierung als persönliche geistige Schöpfung, ZUM 1997, 17; *Hertin*, Zum Umgang mit Musikbearbeitungen bei der Cover-Version – zugleich eine kritische Befassung mit BGH GRUR 1998, 376 – Cover-Version, Fs. für W. Nordemann, 2004, S. 35; *Hörnig*, Das Bearbeitungsrecht und die Bearbeitung im Urheberrecht unter besonderer Berücksichtigung von Werken der Literatur, UFITA 99 (1985) 13; *Katzenberger*, Urheberrecht und Dokumentation – Abstracts – Fotokopien – elektronische Datenbanken, GRUR 1973, 629; *Krüger*, Die schöpferische Interpretation – ein Widerspruch in sich?, Fs. für Klaka, 1987, S. 139; *Krüger-Nieland*, Die Rechtsstellung des Bühnenregisseurs in urheberrechtlicher Sicht, UFITA 64 (1972) 129; *Leinveber*, Urheberrechtsschutz des Regisseurs, GRUR 1971, 149; *Lührig*, Die Revision der Lutherbibel – eine schöpferische Leistung? – Zum Bearbeiterurheberrecht nach § 3 Urheberrechtsgesetz, WRP 2003, 1269; *Nordemann*, W., Das Recht der Bearbeitung gemeinfreier Werke, GRUR 1964, 118; *ders.*, Die Urheberrechtsreform 1985, GRUR 1985, 837; *ders.*, Ist Martin Luther noch geschützt? Zum urheberrechtlichen Schutz revidierter Bibeltexte, Fs. für Vieregge, 1995, S. 677; *ders.*, Kann der Theaterregisseur Urheber sein? – Anknüpfungspunkte und Unterschiede, FuR 1970, 73; *Nordemann/Hertin*, Urheberrechtlicher Werkschutz an veröffentlichten Gerichts- und Verwaltungsentscheidungen, NJW 1971, 688; *Obergfell*, Neuauflage von Comic-Übersetzungen – eine Neuauflage der Rechtsprechung des BGH?, ZUM 2000, 142 ff.; *Plassmann*, Bearbeitungen und andere Umgestaltungen in § 23 UrhG, 1996; *Raschèr*, Für ein Urheberrecht des Bühnenregisseurs, 1989; *v. Rauscher auf Weeg*, Das Urheberrecht der Musik und seine Verwertung, Fs. zum hundertjährigen Bestehen der Deutschen Vereinigung für Gewerblichen Rechtsschutz und Urheberrecht, 1991, S. 1265 (zitiert: GRUR-Fs.); *Reuter*, Digitale Bild- und Filmbearbeitung im Licht des Urheberrechts, GRUR 1997, 23; *Riedel*, Die musikalische Bearbeitung, UFITA 55 (1970) 169; 56 (1970) 161; 57 (1970) 189; 58 (1970) 141; 59 (1971) 165 = Originalmusik und Musikbearbeitung, 1971; *Rogger*, Urheberrechtliche Fragen bei der Inszenierung von Bühnenwerken, Diss. München 1976; *v. Rom*, Der Schutz des Übersetzers im Urheberrecht, 2007; *Samson*, Urheberrecht oder Leistungsschutzrecht des Bühnenregisseurs, GRUR 1976, 191; *Schmieder*, Zur Rechtsstellung des Bühnenregisseurs, UFITA 63 (1972) 133; *Schricker* (Hrsg.), Urheberrecht auf dem Weg zur Informationsgesellschaft, 1997; *Schulz*, „Remixes" und „Coverversionen", Fs. für Hertin, 2000, S. 213; *G. Schulze*, Die kleine Münze und ihre Abgrenzungsproblematik bei den Werkarten des Urheberrechts, 1983; *Strömholm*, Zur Problematik der Fortsetzung eines urheberrechtlich geschützten Werkes, GRUR 1968, 187; *Traub*, Umformung in einen anderen Werkstoff oder eine andere Dimension, UFITA 80 (1977) 159; *Ullmann*, Schutz für die maschinelle Übersetzung als immaterielles Gut?, Fs. für Erdmann, 2002, S. 221; *Ulmer*, Originalwerk und Bearbeitung im internationalen Urheberrecht, GRUR Int. 1964, 613; *Vogel*, Die Entfaltung des Übersetzungsrechts im deutschen Urheberrecht des 19. Jahrhunderts, in *Dittrich* (Hrsg.), Die Notwendigkeit des Urheberrechtsschutzes im Lichte seiner Geschichte, Wien 1991, S. 202 ff.; *Winckler-Neubrand*, Urheber- und Leistungsschutzrechte bei der Theaterinszenierung, Diss. Frankfurt 1987.

Bearbeitungen § 3

Übersicht

	Rdnr.
A. Allgemeines	1–4
I. Zweck und Bedeutung der Norm	1, 2
II. Entstehungsgeschichte	3
III. Anwendungsbereich	4
B. Begriff der Bearbeitung	5–9
C. Das bearbeitete Werk	10–13
D. Werkqualität der Bearbeitung	14–37
I. Grundsatz	14–16
II. Einzelfragen	17–23
1. Kürzungen und Erweiterungen	17–19
2. Änderungen von Größe, Dimension oder Werkstoff	20
3. Werkinterpretation und Regie	21–23
III. Besonderheiten bei einzelnen Werkarten	24–37
1. Sprachwerke	24–26
2. Musikwerke	27–29
3. Unwesentliche Bearbeitung nicht geschützter Werke der Musik (§ 3 S. 2)	30–32
4. Bildende Kunst, angewandte Kunst	33
5. Lichtbildwerke	34
6. Filmwerke	35
7. Darstellungen wissenschaftlicher oder technischer Art	37
E. Das Bearbeiterurheberrecht	38–43
I. Grundsatz und Rechtsnatur	38, 39
II. Entstehung und Schutzdauer	40, 41
III. Schutzumfang	42, 43

A. Allgemeines

I. Zweck und Bedeutung der Norm

Schöpferische Leistungen können nicht nur in der Schaffung von Originalwerken, sondern auch in der **Bearbeitung** bereits vorhandener Werke liegen, beispielsweise in ihrer Übersetzung in andere Sprachen, in der Dramatisierung, Instrumentalisierung oder Verfilmung. Solche Leistungen bauen auf fremder Leistung auf; der Bearbeiter benutzt das Originalwerk und zieht wirtschaftliche Vorteile daraus. Auch für den Urheber des Originalwerkes kann die Bearbeitung vorteilhaft sein, sie erweitert die Verwertungsmöglichkeiten des Werkes und erlaubt damit eine intensivere Nutzung. Mit Bearbeitungen können aber auch Nachteile verbunden sein: Inhalt und Aussage des Werkes können in unerwünschter Weise verfremdet werden, schlechte Bearbeitungen, etwa schlechte Übersetzungen, können Werk und Autor schaden. 1

Aus dieser Interessenlage ergibt sich rechtlich eine **doppelte Regelungsaufgabe**. Einmal ist das **Bearbeitungsrecht** zu regeln: Wer hat das Recht ein anderes Werk zu bearbeiten, in welchen Fällen muss dessen Urheber der Bearbeitung zustimmen? Diese Frage ist Regelungsgegenstand des § 23, nicht des § 3. Zum anderen ist der Bearbeiter gegen eine unberechtigte Benutzung seiner Bearbeitungsleistung durch Dritte zu schützen. Dies wird durch die Zuerkennung eines eigenen **Bearbeiterurheberrechts** erreicht. Nur mit diesem Bearbeiterurheberrecht befasst sich § 3. Diese Zuordnung zu unterschiedlichen Abschnitten des Gesetzes ergibt sich daraus, dass das Bearbeitungsrecht zu den Verwertungsrechten zählt, die schutzfähige Bearbeitung dagegen zum Kreis der geschützten Werke. 2

II. Entstehungsgeschichte

Sachlich hat sich gegenüber der früheren Regelung in § 2 Abs. 1 S. 2 LUG, § 15 Abs. 2 KUG nichts geändert, lediglich die verfehlte Vorschrift des § 2 Abs. 2 KUG ist aufgegeben worden (AmtlBegr. BTDrucks. IV/270 S. 38; BGH GRUR 1968, 321/325 – Haselnuß). Das bedeutet, dass auch die vor 1965 ergangene Rechtsprechung und Literatur bei der Auslegung des § 3 berücksichtigt werden kann. Durch die Novelle 1985 wurde S. 2 eingefügt (dazu Rdnr. 30). Die in § 3 getroffene Regelung entspricht der Vorschrift des Art. 2 Abs. 3 RBÜ. 3

III. Anwendungsbereich

4   § 3 regelt nur den Schutz von Bearbeitungen. Auch **andere Werkumgestaltungen** iSd. § 23 können aber eine schöpferische Leistung darstellen. Angesichts der gleichen Interessenlage ist diesen Schöpfungen in entsprechender Anwendung des § 3 Urheberschutz zuzuerkennen (*Ulmer*³ § 28 V 1).

B. Begriff der Bearbeitung

5   Die Bearbeitung ist eine von einem anderen Werk **abhängige Schöpfung,** die wesentliche Züge des Originalwerkes übernimmt und **dem Originalwerk dient** (vgl. KG GRUR-RR 129/131 – Modernisierung einer Liedaufnahme; OLG Dresden ZUM 2000, 955/957; OLG Düsseldorf GRUR 1990, 263/266; *Ulmer*³ § 28 V 1; Dreier/*Schulze*³ § 23 Rdnr. 5; Möhring/Nicolini/*Ahlberg*² § 3 Rdnr. 4; aA *Dreyer/Kotthoff/Meckel*², § 3 Rdnr. 20; sa. Rdnr. 6; zum Bearbeitungsbegriff sa. *Grossmann* S. 13 ff.). Es muss sich um eine Umgestaltung des Originalwerkes handeln (§ 23 S. 1 spricht von „Bearbeitungen und anderen Umgestaltungen"); die unveränderte oder im Wesentlichen unveränderte Wiedergabe ist nicht Bearbeitung, sondern Vervielfältigung (vgl. Rdnr. 9). Eine Umgestaltung dient dem Originalwerk, wenn sie den Zweck verfolgt, „das Originalwerk bestimmten Verhältnissen anzupassen, es zum Beispiel in eine andere Sprache oder in eine andere Kunstform zu übertragen oder es für andere Ausdrucksmittel einzurichten. Der Bearbeiter will hierbei die Identität des Originalwerkes unberührt lassen; er will nur dessen Verwertungsmöglichkeiten erweitern" (Amtl. Begründung, BTDrucks. IV/270 S. 51). Ob eine Umgestaltung diesen Zweck verfolgt, ist nach dem Wortlaut der Amtl. Begründung objektiv zu bestimmen, auf die Vorstellung des Bearbeiters kommt es nicht an (unzutreffend insoweit die Annahme bei Wandtke/Bullinger/*Bullinger*³ § 3 Rdnr. 11 und § 23 Rdnr. 5).

6   Dem steht allerdings ein **Bearbeitungsbegriff** gegenüber, nach dem als Bearbeitungen **nur solche Änderungen** eines Werkes angesehen werden, bei denen der **Grad einer persönlichen geistigen Schöpfung erreicht** wird, während Änderungen des Werks, bei denen dies nicht der Fall ist, unter den Begriff der anderen Umgestaltung iSd § 23 fallen sollen (LG Köln GRUR 1973, 88 – Kinder in Not; Fromm/Nordemann/*A. Nordemann*¹⁰ § 23 Rdnr. 9 f.; Wandtke/Bullinger/*Bullinger*³ § 23 Rdnr. 3 ff.; *Schack*⁴, Urheber- und Urhebervertragsrecht, Rdnr. 237; Loewenheim/*Hoeren,* Handbuch des Urheberrechts², § 9 Rdnr. 207; *Rehbinder*¹⁵ Rdnr. 216; dagegen *Dreyer/Kotthoff/Meckel*², § 3 Rdnr. 18, die zutreffend darauf hinweisen, dass dabei der Unterschied zwischen dem Begriff der Bearbeitung und dem Schutz nach § 3 vermischt wird; sa. aaO Rdnr. 21 sowie Dreier/*Schulze*³ § 23 Rdnr. 5, die mit Recht geltend machen, dass man den Willen des Gesetzgebers nicht einfach als überholt bezeichnen könne, so aber Wandtke/Bullinger/*Bullinger*³ § 23 Rdnr. 5). Diese Auffassung steht aber weder mit dem Willen des Gesetzgebers noch mit der Gesetzestechnik in Einklang. Eine Bearbeitung verfolgt nach dem Willen des Gesetzgebers den Zweck, das Originalwerk bestimmten Verhältnissen anzupassen, ihm also zu dienen (vgl. Rdnr. 5). Die Regelung des § 3 ist so ausgestaltet, dass eine Bearbeitung Urheberrechtsschutz genießt, wenn sie eine persönliche geistige Schöpfung des Bearbeiters ist. Diese Regelung wäre überflüssig, wenn eine Bearbeitung schon per definitionem eine persönliche geistige Schöpfung des Bearbeiters sein müsste.

7   Die Bearbeitung ist ein **Unterfall der unfreien Benutzung;** bei der Bearbeitung bleibt, anders als bei der freien Benutzung (vgl. dazu § 24), das benutzte Originalwerk auch in der Bearbeitungsfassung erkennbar, scheint also mit seinen Wesenszügen und Eigenheiten durch (BGH GRUR 1972, 143/144 – Biografie: Ein Spiel). Der Begriff der Bearbeitung wird **in doppelter Hinsicht gebraucht**: Unter Bearbeitung versteht man einmal den Vorgang des Bearbeitens, das Erbringen der umgestaltenden Leistung (zB beim Recht zur Bearbeitung nach § 23), zum anderen das Ergebnis des Bearbeitens, dh. das bearbeitete Werk (zB beim Recht an der Bearbeitung).

8   **Eine Bearbeitung ist** in der Regel die **Übertragung in eine andere Werkart** (OLG München GRUR-RR 2008, 37 – Pumuckl-Illustrationen II; OLG München GRUR 2003, 420/421 – Alpensinfonie; sa. Rdnr. 33). **Keine Bearbeitung** ist die **Digitalisierung** von Werken (Loewenheim/*Hoeren,* Handbuch des Urheberrechts², § 9 Rdnr. 220; Wandtke/Bullinger/*Bullinger*³ § 3 Rdnr. 25; *Dreyer/Kotthoff/Meckel*², § 3 Rdnr. 10; *Schricker* in Schricker (Hrsg.),

Bearbeitungen § 3

Informationsgesellschaft, S. 40; sa. die Nachweise in § 2 Rdnr. 75). Auch die **Vervielfältigung** ist keine Bearbeitung, bei ihr wird das Werk im Gegensatz zur Bearbeitung nicht umgestaltet (näher Rdnr. 9). Das Gleiche gilt im Regelfall für die Wahl eines **anderen Werkstoffs** (Loewenheim/*Hoeren*, Handbuch des Urheberrechts[2], § 9 Rdnr. 212). Auch eine **Veränderung der Größenverhältnisse** führt noch nicht zur Bearbeitung, sondern ist Vervielfältigung (BGHZ 44, 288/293 – Apfelmadonna; BGH GRUR 1990, 669/673 – Bibelreproduktion; BGH GRUR 2002, 532/534 – Unikatrahmen; vgl. auch BGH GRUR 1994, 41/43 – Videozweitauswertung II; sa. Rdnr. 20). Ebensowenig stellt die Aneinanderreihung oder Sammlung von mehreren Originalarbeiten eine Bearbeitung der Einzelwerke dar (BGH GRUR 1990, 669/673 – Bibelreproduktion; OLG Köln GRUR 1987, 42/44 – Lichtbildkopien), das gleiche gilt für die Wiedergabe von Ausschnitten aus einem Werk dar (OLG Köln GRUR-RR 2001, 97/99 – Suchdienst für Zeitungsartikel).

Abgrenzungen. Die Abhängigkeit vom Originalwerk unterscheidet die Bearbeitung von der **Miturheberschaft,** die durch die gemeinschaftliche Schöpfung eines einheitlichen Werkes gekennzeichnet ist, während die Bearbeitung ein bereits bestehendes Werk umgestaltet (KG GRUR-RR 2004, 129/130 – Modernisierung einer Liedaufnahme; Dreier/*Schulze*[3] § 3 Rdnr. 6; Loewenheim/*Hoeren*, Handbuch des Urheberrechts[2], § 9 Rdnr. 214; eingehend *Hörnig* UFITA 99 (1985) 26ff.; sa. OLG Hamburg GRUR 2003, 33/36 – Maschinenmensch; vgl. ferner § 8 Rdnr. 2). Von der **Vervielfältigung** unterscheidet sich die Bearbeitung durch die Umgestaltung eines anderen Werkes, die Vervielfältigung gibt das andere Werk identisch oder nahezu identisch wieder (Dreier/*Schulze*[3] § 3 Rdnr. 5); die Abgrenzung ist im Hinblick auf die Zulässigkeit der Herstellung von Bearbeitungen im Rahmen des § 23 S. 1 von Bedeutung, die für Vervielfältigungen nicht gilt. Von den **sonstigen Umgestaltungen** iSd. § 23 unterscheidet sich die Bearbeitung dadurch, dass sie, wie Übersetzungen, Neubearbeitungen usw., dem Originalwerk dient und es einem bestimmten Zweck anpassen will (dazu näher Rdnr. 5f.). Zur Abgrenzung gegenüber der freien Benutzung s. § 24 Rdnr. 10 sowie Dreier/*Schulze*[3] § 3 Rdnr. 4, zu **Werkinterpretation** und **Regie** vgl. Rdnr. 21 und 22f. 9

C. Das bearbeitete Werk

Von einer Bearbeitung iSd. § 3 lässt sich nur dann sprechen, wenn es sich bei dem bearbeiteten Werk um eine persönliche geistige Schöpfung handelt, wenn es also **urheberrechtsschutzfähig** (aber nicht notwendig geschützt, vgl. Rdnr. 11) ist (OLG München GRUR-RR 2002, 281 – Conti; Fromm/Nordemann/*A. Nordemann*[10] § 3 Rdnr. 8; *Schack*[4], Urheber- und Urhebervertragsrecht, Rdnr. 237; *Hörnig* UFITA 99 (1985) 13/23f.). Fehlt es an dieser Voraussetzung, so liegt keine Bearbeitung, sondern originäres Schaffen vor, dessen Schutz sich unmittelbar nach § 2 beurteilt. So ist die Gestaltung eines Werks aus Notizen, Zeitungsmeldungen, alltäglichen Briefen und dgl. (zB Arno Schmidt, Zettels Traum) oder aus Tierstimmen und ähnlichen Geräuschen keine Bearbeitung, sondern originäre Schöpfung. 10

Das bearbeitete Werk braucht **nicht** (mehr) **geschützt** zu sein (s. Rdnr. 10). Auch gemeinfreie Werke können bearbeitet werden (BGH UFITA 51 (1968) 315/317 – Gaudeamus igitur; BGH GRUR 1991, 456/457f. – Goggolore; BGH GRUR 1991, 533 – Brown Girl II; Fromm/Nordemann/*A. Nordemann*[10] § 3 Rdnr. 8; *Schack*[4], Urheber- und Urhebervertragsrecht, Rdnr. 237; Möhring/Nicolini/*Ahlberg*[2] § 3 Rdnr. 8; *Ulmer*[3] § 28 I 3; *Rehbinder*[15] Rdnr. 218; aA Wandtke/Bullinger/*Bullinger*[3] § 3 Rdnr. 13; Dreyer/Kotthoff/Meckel[2], § 3 Rdnr. 12); dem Urheberrechtsschutz unterliegt dann die bearbeitete Fassung, während das Originalwerk als solches nach wie vor frei bleibt. 11

Auch bei der **Vollendung von Fragmenten oder Vorstufen** eines Werks kann eine Bearbeitung vorliegen (Loewenheim/*Hoeren*, Handbuch des Urheberrechts[2], § 9 Rdnr. 214; *Ulmer*[3] § 28 V 2). Fragment oder Vorstufe müssen jedoch bereits einen solchen Grad an Individualität und Formgebung erreicht haben, dass sie ihrerseits schutzfähig sind (vgl. Rdnr. 10). Die Bearbeitung liegt dann aber nur in der Ausgestaltung des bereits Vorhandenen, während dessen Weiterführung originäres Schaffen ist (*Ulmer*[3] § 28 V 2). Die Vollendung eines teilweise geschriebenen Buches ist daher idR keine Bearbeitung; anders können die Dinge bei der Ausgestaltung eines bloßen Entwurfs oder einer Skizze liegen. Aus dem gleichen Grunde ist die **Fortsetzung** eines Werkes durch einen anderen Autor keine Bearbeitung (sie wirft meist die Frage auf, ob es sich um eine freie oder eine unfreie Benutzung des Grundwerkes handelt, vgl. dazu § 24 Rdnr. 24; zur Fortsetzung auch *Strömholm* GRUR 1968, 187). Die Ausgestaltung einer **Idee** ist 12

– soweit diese überhaupt schutzfähig ist (dazu § 2 Rdnr. 51 ff.) – Bearbeitung (näher *Hörnig* UFITA 99 [1985] 13/24f.).

13 Bearbeitetes Werk kann auch eine Bearbeitung sein, die nun ihrerseits ein weiteres Mal bearbeitet wird. Es handelt sich dann um eine **mehrstufige Bearbeitung** (Beispiele: BGH GRUR 1991, 533 – Brown Girl II; OLG Hamburg ZUM 2002, 647; weitere Beispiele bei Fromm/Nordemann/*A. Nordemann*[10] § 3 Rdnr. 13; *Schricker* GRUR 1991, 563/565; sa. Dreier/*Schulze*[3] § 3 Rdnr. 9). Jeder der Bearbeiter erwirbt ein Bearbeiterurheberrecht an der von ihm vorgenommenen Bearbeitung. Der Verwertung der Endstufe müssen somit deren Bearbeiter, die Bearbeiter der Vorstufen und der Urheber des Originalwerks zustimmen. Die mehrstufige Bearbeitung ist zu unterscheiden von der **Zweitbearbeitung,** bei der nicht eine Bearbeitung, sondern die Originalfassung, und zwar ein zweites Mal, bearbeitet wird.

D. Werkqualität der Bearbeitung

I. Grundsatz

14 Der Schutz der Bearbeitung nach § 3 setzt voraus, dass sie eine **persönliche geistige Schöpfung** des Bearbeiters ist. Die Bearbeitung muss zwar das Originalwerk erkennen lassen, sich aber durch eine eigene schöpferische Ausdruckskraft von ihm abheben (BGH GRUR 1972, 143/144 – Biografie: Ein Spiel). Die danach zu stellenden Anforderungen sind grundsätzlich die gleichen wie bei einem Originalwerk (BGH GRUR 1991, 533 – Brown Girl II; BGH GRUR 1972, 143/144 – Biografie: Ein Spiel; BGH GRUR 1968, 321/324 – Haselnuß; BGH UFITA 51 [1968] 315/318 – Gaudeamus igitur; Fromm/Nordemann/*A. Nordemann*[10] § 3 Rdnr. 18; Dreier/*Schulze*[3] § 3 Rdnr. 11; Wandtke/Bullinger/*Bullinger*[3] § 3 Rdnr. 17; *Dreyer*/Kotthoff/Meckel[2], § 3 Rdnr. 24; *Schack*[4], Urheber- und Urhebervertragsrecht, Rdnr. 239). Sie bestimmen sich nach § 2 Abs. 2; erforderlich sind also eine persönliche Schöpfung, geistiger Gehalt, Formgebung und Individualität (vgl. im Einzelnen § 2 Rdnr. 11 ff.).

15 An die **Individualität** von Bearbeitungen sind zwar grundsätzlich keine zu hohen Anforderungen zu stellen (OLG Dresden ZUM 2000, 955/957 – Die Czárdásfürstin). Sie ist aber abhängig vom Charakter und der schöpferischen Eigenart des Originalwerks. Denn die für eine schutzfähige Bearbeitung erforderliche eigene schöpferische Ausdruckskraft ist bei einem Originalwerk von erheblicher Eigenprägung schwerer zu erzielen als bei einem Werk von geringerer Individualität (BGH GRUR 1972, 143/144 – Biografie: Ein Spiel; BGH GRUR 1959, 379/381 – Gasparone; Dreier/*Schulze*[3] § 3 Rdnr. 11; Loewenheim/*Hoeren,* Handbuch des Urheberrechts[2], § 9 Rdnr. 215; *Dreyer*/Kotthoff/Meckel[2], § 3 Rdnr. 25; *Lührig* WRP 2003, 1269/1283; kritisch *Dietz* UFITA 72 [1975] 1/39; aA Fromm/Nordemann/*A. Nordemann*[10] § 3 Rdnr. 19; Wandtke/Bullinger/*Bullinger*[3] § 3 Rdnr. 18; Möhring/Nicolini/*Ahlberg*[2] § 3 Rdnr. 8); je auffallender die Eigenart des als Vorlage benutzten Werkes ist, desto weniger werden dessen übernommene Eigenheiten in dem danach geschaffenen Werk verblassen (BGH GRUR 1991, 531/532 – Brown Girl I; zum Ganzen *Rauscher auf Weeg,* GRUR-Fs., Rdnr. 41 ff.). Muss sich die Bearbeitung notwendigerweise eng an die Originalfassung anlehnen (wie zB bei Entscheidungsleitsätzen, dazu auch Rdnr. 18), so kann ein bescheidenes Maß an geistig schöpferischer Tätigkeit ausreichen (BGH GRUR 1992, 382/385 – Leitsätze; LG Stuttgart GRUR 2004, 325/326 – Lutherbibel 1984). Daher ist zB bei der Bearbeitung von Bühnenwerken ein strengerer Maßstab anzulegen als bei der Bearbeitung von Werken der kleinen Münze (BGH GRUR 1972, 143/144 – Biografie: Ein Spiel; BGH GRUR 1959, 379/381 – Gasparone; OLG Dresden ZUM 2000, 955/957 – Die Czárdásfürstin; sa. BGH GRUR 1991, 533 – Brown Girl II; aA *G. Schulze* S. 262). Der **Beurteilungsmaßstab** für die Individualität ist auch bei der Bearbeitung ein objektiver; er bemisst sich nach der Auffassung der mit literarischen und künstlerischen Fragen einigermaßen vertrauten und hierfür aufgeschlossenen Verkehrskreise, auf die subjektive Meinung und Willensrichtung des Bearbeiters kommt es nicht an (BGH GRUR 1972, 143/144 – Biografie: Ein Spiel).

16 Sehr viel weiter als von der hM wird der Kreis schutzfähiger Bearbeitungen von *Kummer* aufgrund des von ihm vertretenen Werkbegriffs gezogen. Nach seiner Lehre von der statistischen Einmaligkeit ist „kaum eine Bearbeitung denkbar, die nicht individuellen Charakter aufweist"; diese Auffassung ist jedoch abzulehnen (Nachweise und Kritik in § 2 Rdnr. 16f., 31).

II. Einzelfragen

1. Kürzungen und Erweiterungen

Bei **Kürzungen, Streichungen** oder dem Herstellen von **Auszügen** kommt es darauf an, ob sie eine bloß quantitative Änderung des Werkes bewirken. Oft dienen sie nur dem Zweck, die Aufnahme des Werkes in eine Publikation zu ermöglichen und die für die Leser unwesentlichen Teile zu eliminieren. Aussage und Charakter des Werkes sollen dabei gerade nicht verändert werden. In solchen Fällen fehlt es an einer persönlichen geistigen Schöpfung (Dreier/Schulze[3] § 3 Rdnr. 17; Loewenheim/Hoeren, Handbuch des Urheberrechts[2], § 9 Rdnr. 217; Fromm/Nordemann/A. Nordemann[10] § 3 Rdnr. 26; Dreyer/Kotthoff/Meckel[2], § 3 Rdnr. 27; Möhring/Nicolini/Ahlberg[2] § Rdnr. 15), es handelt sich vielmehr um eine Teilverwertung des Originalwerks. Keine schutzfähigen Bearbeitungen sind daher idR Kürzungen von Texten zum Schulgebrauch, von Romanen, Reden, Berichten, Protokollen und dgl. zur Veröffentlichung oder Streichungen in Dramen zur Vereinfachung der Aufführung. Das Gleiche gilt für die Kürzung von Gerichtsentscheidungen zur Publikation (BGH GRUR 1992, 382/384 – Leitsätze, wonach es jedenfalls keinen Erfahrungssatz gibt, dass die Kürzung und redaktionelle Aufbereitung von Entscheidungen eine schutzfähige Bearbeitung sei; zu Entscheidungsleitsätzen, die lediglich aus einem Hinweis auf das erörterte Problem oder in der wörtlichen Wiedergabe von Entscheidungssätzen ohne eigene Gliederungsstruktur bestehen s. BGH aaO S. 385; zutreffend ferner v. Gamm § 5 Rdnr. 5; Nordemann/Hertin NJW 1971, 688 gegen KG UFITA 2 (1929) 557; aA auch Katzenberger GRUR 1973, 629/631 mwN in Fn. 32). Anders ist es dagegen, wenn die Streichung gleichzeitig zu einer qualitativen Änderung des Charakters, Inhalts oder Aussagegehalts des Originalwerks führt oder eine eigenständige gedankliche Struktur aufweist. Hier kann in der Änderung eine eigene schöpferische Ausdruckskraft liegen (BGH GRUR 1972, 143/145 – Biografie: Ein Spiel; RGZ 121, 357/364 – Rechentabellen). 17

Unter diesem Aspekt kann auch die Erstellung (nichtamtlicher) **Leitsätze** zu Entscheidungen eine schutzfähige Bearbeitung sein, soweit diese über die bloße auszugsweise Wiedergabe der Entscheidung hinaus eine eigenschöpferische Ausdruckskraft in der inneren oder äußeren Formgestaltung aufweisen (BGH GRUR 1992, 382/384 f. – Leitsätze; OLG Köln GRUR 2000, 141/416 – GRUR/GRUR Int.; OLG Köln GRUR 1989, 821/822 – Entscheidungsleitsätze; Fromm/Nordemann/A. Nordemann[10] § 3 Rdnr. 24; Ullmann, Fs. juris, S. 133/134 ff.). Maßgeblich ist, ob die Sammlung, Anordnung und Einteilung der tragenden Gründe der Entscheidung, insbesondere wegen ihrer prägnanten Erfassung und Gliederung, von schöpferischer Eigenart ist; dabei kann bei Leitsätzen, die sich notwendigerweise eng an die bearbeitete Entscheidung anlehnen müssen, ein bescheideneres Maß an geistig schöpferischer Tätigkeit ausreichen (BGH GRUR 1992, 382/385 – Leitsätze; sa. § 2 Rdnr. 101). Ebenso ist die Erstellung von **abstracts** von Publikationen für die Aufnahme in Datenbanken oder andere Sammlungen zu beurteilen; es kommt darauf an, ob es sich um eine bloße Kürzung bzw. Zusammenfassung oder um eine eigenständige Darstellung handelt, die die Voraussetzungen des § 2 erfüllt (§ 2 Rdnr. 90; sa. OLG Frankfurt GRUR 2008, 249/251 – Abstracts; Wandtke/Bullinger/Bullinger[3] § 3 Rdnr. 25). Bei der **Filmregie** liegt eine Bearbeitung hinsichtlich der verfilmten Werke vor (s. näher Rdnr. 35); zur **Bühnenregie** vgl. Rdnr. 22 f. 18

Erweiterungen und teilweise **Abänderungen** können sehr viel eher als Kürzungen Bearbeitungscharakter aufweisen, da positive Formung und Gestaltung eher als bloßes Weglassen Ausdrucksmittel schöpferischen Schaffens sind. Bloße redaktionelle Änderungen, Hinweise oder Zusätze reichen allerdings nicht aus, Erweiterung oder Abänderung müssen Ausdruck eigenschöpferischer Gestaltung sein (BGH GRUR 1972, 143/145 – Biografie: Ein Spiel; BGH GRUR 1959, 379/381 – Gasparone; Möhring/Nicolini/Ahlberg[2] § 3 Rdnr. 15). Die bloße **Aneinanderreihung** von Originalwerken ist noch keine Bearbeitung (BGH GRUR 1990, 669/673 – Bibelreproduktion). Zur **Vollendung** oder **Fortsetzung** eines Werks vgl. Rdnr. 12. 19

2. Änderungen von Größe, Dimension oder Werkstoff

Keine Bearbeitung, sondern bloße Vervielfältigung ist die **Änderung der Größenverhältnisse** eines Werks, und zwar auch dann, wenn sie nicht nur mechanisch-maschinell erfolgt, sondern auf handwerklichem Können beruht (BGHZ 44, 288/293 – Apfelmadonna; BGH GRUR 1990, 669/673 – Bibelreproduktion; BGH GRUR 2002, 532/534 – Unikatrahmen; Dreier/Schulze[3] § 3 Rdnr. 31; Fromm/Nordemann/A. Nordemann[10] § 3 Rdnr. 28; Schack[4], Urheber- 20 und Urhebervertragsrecht, Rdnr. 238). Das gleiche gilt grundsätzlich für die **Übertragung in eine andere Dimension** (zB Dürers „Hände" als Relief) oder in einen **anderen Werkstoff** (Dreier/*Schulze*[3] § 3 Rdnr. 32, 35; Fromm/Nordemann/*A. Nordemann*[10] § 3 Rdnr. 28; Loewenheim/*Hoeren,* Handbuch des Urheberrechts[2], § 9 Rdnr. 219; *Traub* UFITA 80 [1977] 159 ff.; *G. Schulze* S. 271 ff.). Regelmäßig handelt es sich dabei weder um eine geistige Schöpfung noch kommt in der Übertragung Individualität zum Ausdruck. Auch wenn durch die Übertragung ein anderer ästhetischer Gesamteindruck entsteht, liegt keine schöpferische Leistung vor, solange der neue Gesamteindruck lediglich technisch bedingte Folge der Übertragung ist (zB der Lichteffekt bei der Wiedergabe eines Gemäldes als Glasfenster). Ausnahmen sind eng zu begrenzen und allenfalls für den Fall denkbar, dass durch die Übertragung ein eigenständiger ästhetischer Effekt entsteht (*Traub* UFITA 80 [1977] 159/166; zustimmend *G. Schulze* S. 271). Es geht nicht an, dass auf diese Weise aus längst gemeinfreien Werken tantiemepflichtige Bearbeitungen gemacht werden. Soweit Änderungen, Weglassungen oder Zusätze, die bei einer solchen Übertragung vorgenommen werden, **technisch bedingt** sind, begründen sie keine schöpferische Leistung (*Traub* UFITA 80 [1977] 159/167).

3. Werkinterpretation und Regie

21   Strittig ist, ob die **Interpretation eines Werks durch ausübende Künstler** eine Bearbeitung iSd. § 3 sein kann; die Frage tritt auch bei Diskjockeys auf, die in Diskotheken Tonträger nicht lediglich abspielen, sondern durch technische Eingriffe Klangfarbe oder Geschwindigkeit verändern, Teile des Stücks wiederholen und dgl. Es handelt sich um die alte Kontroverse des Verhältnisses von Schöpfung und Interpretation (dazu näher mwN *Krüger,* Fs. für Klaka, S. 139 ff.; *Ulmer*[3] § 28 III). Der BGH hat die umgekehrte Fragestellung, ob ein Urheber gleichzeitig Leistungsschutzrechte erwerben kann, für den Fall des Filmregisseurs verneint, hierbei aber auf die besonderen Umstände des Streitfalls abgestellt (BGH GRUR 1984, 730/732 – Filmregisseur –, mit krit. Anm. *Schricker*). Im Regelfall wird man zwar davon auszugehen haben, dass die Interpretation eines Werks noch keine Bearbeitung ist (so auch Fromm/Nordemann/ *A. Nordemann*[10] § 3 Rdnr. 30; Dreier/*Schulze*[3] § 3 Rdnr. 27; Möhring/Nicolini/*Ahlberg*[2] § 3 Rdnr. 22; sa. KG GRUR-RR 129/130 – Modernisierung einer Liedaufnahme); der Gesetzgeber von 1965 hat das fiktive Bearbeiterurheberrecht des § 2 Abs. 2 KUG gerade abgeschafft, dazu Loewenheim/ *Vogel,* Handbuch des Urheberrechts[2], § 38 Rdnr. 3 ff. mwN; sa. Rdnr. 3). Gleichwohl lässt sich ein Zusammentreffen von Leistungsschutz und (Bearbeitungs-)urheberrechtsschutz, etwa bei einem Solistenpart klassischer Symphonien, nicht ausschließen (Fromm/ Nordemann/*A. Nordemann*[10] § 3 Rdnr. 30). Das gilt nicht nur phänomenologisch; auch normativ besteht kein Grund, den schöpferisch tätig werdenden Interpreten vom Urheberrechtsschutz auszuschließen (*Schricker* GRUR 1984, 734; einschränkend *Krüger,* Fs. für Klaka, S. 144).

22   Bei **Regieleistungen** ist zwischen Filmregisseur und Theaterregisseur zu unterscheiden. Der **Filmregisseur** ist (Mit-)urheber des von ihm geschaffenen Filmwerks (vgl. § 2 Rdnr. 195); hinsichtlich der verfilmten Werke liegt eine Bearbeitung vor (vgl. Rdnr. 35). Anders ist die Lage beim **Theaterregisseur.** Die Aufführung eines Bühnenwerks ist nicht Schaffung eines neuen, eigenständigen Werks, sondern Wiedergabe eines bereits vollendeten Werks (Dreier/*Schulze*[3] § 3 Rdnr. 23; *Ulmer*[3] § 28 IV 2). Deshalb ist die Bühnenregie idR Werkinterpretation, der Theaterregisseur ausübender Künstler iSd. §§ 73 ff. (OLG München ZUM 1996, 598/600 ff.; OLG Koblenz UFITA 70 [1974] 331/335 – Liebeshändel in Chioggia; Schrifttumsnachweise, auch zur Gegenansicht, in Rdnr. 23). Davon gibt es aber Ausnahmen. Die Theatergeschichte hat gezeigt, dass es Inszenierungen gibt, die eine schöpferische Leistung darstellen und sich mit dem Begriff der Interpretation nicht mehr erfassen lassen (dazu näher *Winckler-Neubrand* S. 81 ff.; *Hieber* ZUM 1997, 17 ff.; *Rogger* S. 90 ff., 131 ff.); in diesen Fällen ist von einer nach § 3 schutzfähigen Bearbeitung auszugehen.

23   In der **Rechtsprechung** hat diese Erkenntnis freilich erst ansatzweise ihren Niederschlag gefunden (dazu näher *Winckler-Neubrand* S. 86 ff.; *Rogger* S. 44 ff.); mit Ausnahme weniger landgerichtlicher Entscheidungen (LG Frankfurt/M UFITA 77 [1976] 278 – Götterdämmerung; LG Leipzig ZUM 2000, 331/333 – Die Czárdásfürstin), die in der Rechtsmittelinstanz keinen Bestand hatten, ist der Regieleistung noch kein Urheberschutz zuerkannt worden (vgl. auch OLG München ZUM 1996, 598). Immerhin hat das OLG Frankfurt/M dabei ausgesprochen, dass der Theaterregisseur ausnahmsweise ein Urheberrecht an seiner Regieleistung erwerben könne, wenn es sich um eine grundlegende schöpferische Neugestaltung der bühnenmäßigen Ausdrucksmittel handele und die Inszenierung dadurch über eine bloße Interpretenleistung hinaus

einen selbständigen Aussagewert erhalte (OLG Frankfurt/M GRUR 1976, 199/201 – Götterdämmerung); das OLG Dresden (ZUM 2000, 955/958 – Die Czárdásfürstin) ist bei der von ihm zu beurteilenden Inszenierung davon ausgegangen, dass „einiges dafür spricht", der Regieleistung Urheberrechtsschutz zuzuerkennen. Vom BGH ist die Frage bisher offen gelassen worden (BGH GRUR 1971, 35/37 – Maske in Blau; BGH GRUR 1972, 143/144 – Biografie: Ein Spiel). Im **Schrifttum** sieht die überwiegende Meinung den Theaterregisseur als ausübenden Künstler an; ein Bearbeiterurheberrecht wird allenfalls dann für möglich gehalten, wenn der Regisseur eine Umarbeitung des Bühnenwerkes vornimmt (Möhring/Nicolini/*Ahlberg*[2] § 3 Rdnr. 16; *Ulmer*[3] § 28 IV 2; *Haberstumpf*, Hdb. des Urheberrechts[2] Rdnr. 156; *Schack*[4], Urheber- und Urhebervertragsrecht, Rdnr. 219; *Krüger-Nieland* UFITA 64 [1972] 129 ff.; *Nordemann* FuR 1970, 73; *Depenheuer* ZUM 1997, 17 ff.; *Dünnwald* FuR 1976, 804; vgl. auch § 73 Rdnr. 32 sowie die Schrifttumsnachweise bei *Samson* FuR 1976, 686/687). Nach einer im Zunehmen begriffenen Auffassung kann die Regieleistung aber auch ohne Umarbeitung des Bühnenwerkes urheberrechtlich schutzfähig sein, sei es als Bearbeitung, sei es als originäre Werkschöpfung nach § 2 (Dreier/*Schulze*[3] § 3 Rdnr. 23; Wandtke/Bullinger/*Bullinger*[3] § 2 Rdnr. 55 und § 3 Rdnr. 26; Fromm/Nordemann/*A. Nordemann*[10] § 3 Rdnr. 31; Loewenheim/*Hoeren*, Handbuch des Urheberrechts[2] § 9 Rdnr. 218; Erdmann, Fs. für Nirk, 209/228 f.; *Grunert*, Werkschutz contra Inszenierungskunst, S. 131 ff.; *ders.*, ZUM 2001, 210/213 ff.; *v. Foerster* S. 71 ff.; *Winckler-Neubrand* S. 116 ff., *Raschèr* S. 91 ff.; Wandtke GRUR 2002, 1/3; *Hieber* ZUM 1997, 17 ff., jeweils mwN; *Schmieder* UFITA 63 (1972) 133/147; *Rogger* S. 81 ff.; vgl. auch *Dietz* FuR 1976, 816/819 f.; *Flechsig* FuR 1976, 829 ff.). In der Tat wird heute in vielen Fällen davon auszugehen sein, dass auch der Theaterregisseur eine schöpferische Leistung erbringt und ihm ein (Bearbeiter-)Urheberrecht zuzuerkennen ist.

III. Besonderheiten bei einzelnen Werkarten

1. Sprachwerke

§ 3 nennt **Übersetzungen** als Beispiel für Bearbeitungen. Sie stellen in aller Regel eine eigenschöpferische Leistung dar, da die neue Sprachform Einfühlungsvermögen und stilistische Fähigkeiten erfordert und damit den individuellen Geist des Übersetzers zum Ausdruck bringt (BGH GRUR 2000, 144 – Comic-Übersetzungen II; OLG München ZUM 2004, 845/847; OLG Zweibrücken GRUR 1997, 363 – Jüdische Friedhöfe; LG Stuttgart GRUR 2004, 325/326 – Lutherbibel 1984; Dreier/*Schulze*[3] § 3 Rdnr. 12; Fromm/Nordemann/*A. Nordemann*[10] § 3 Rdnr. 23; Wandtke/Bullinger/*Bullinger*[3] § 3 Rdnr. 7 und 25). Eine Übersetzung lässt sich nicht allein durch die mechanische Übertragung der einzelnen Begriffe bewerkstelligen, sondern muss den Sinngehalt vollständig erfassen und auch Zwischentöne des Originals wiederzugeben versuchen (BGH GRUR 2000, 144 – Comic-Übersetzungen II). Übersetzung ist nicht nur die Übertragung in eine andere Sprache, sondern auch in eine andere Mundart, in die Sprache einer anderen Sprachepoche oder in eine Computersprache (Dreier/*Schulze*[3] § 3 Rdnr. 15; *Schricker*, Verlagsrecht[3], § 2 Rdnr. 20). Zur Textrevision alter Originaltexte s. LG Stuttgart GRUR 2004, 325/326 – Lutherbibel 1984; *Nordemann*, Fs. für Vieregge, S. 677/684 ff. Auf die Qualität und Richtigkeit der Übersetzung kommt es dabei nicht an; selbst eine unbrauchbare Übersetzung kann urheberrechtlich geschützt sein (Dreier/*Schulze*[3] § 3 Rdnr. 14; sa. BGH GRUR 1968, 152/153 – Angélique; Möhring/Nicolini/*Ahlberg*[2] § 3 Rdnr. 12). Die Untergrenze wird auch hier durch das rein Handwerkliche bestimmt: Keine Werkqualität haben rein routinemäßige Übersetzungen, bei denen die Übersetzung auf der Hand liegt, etwa von Speisekarten, Theaterprogrammen, einfachen Geschäftsbriefen oder Gebrauchsanweisungen (OLG München ZUM 2004, 845/847; *Rehbinder*[15] Rdnr. 219; *Schack*[4], Urheber- und Urhebervertragsrecht, Rdnr. 238); das Gleiche gilt für die Übersetzung solcher Texte, bei denen der Übersetzer für seine Gestaltung keinen nennenswerten Spielraum hat (OLG München ZUM 2004, 845/847). Ist der übersetzte Text nicht schutzfähig, so genießt im Allgemeinen auch die Übersetzung keinen Schutz; anders kann es zB sein, wenn die Übersetzung besondere kulturgeschichtliche Kenntnisse erfordert (OLG Zweibrücken GRUR 1997, 363 – Jüdische Friedhöfe; Dreier/*Schulze*[3] § 3 Rdnr. 13; Wandtke/Bullinger/*Bullinger*[3] § 3 Rdnr. 7). Bei Übersetzungen durch Übersetzungsmaschinen oder -computer fehlt es grundsätzlich bereits an der persönlichen Schöpfung (vgl. § 2 Rdnr. 12). In der Rechtsprechung wurden als schutzfähig angesehen die Übersetzung von literarischen Werken (OLG München ZUM 2001, 427/431 f.); die Übersetzung von Sprechblasen von Comic-Serien, bei der sich der Übersetzer an die für Bildgeschichten typische Diktion halten musste (BGH GRUR 2000, 144 – Comic-Übersetzungen II); die Übersetzung von Grabinschriften, die besondere kulturgeschichtliche Kenntnisse voraussetzte (OLG Zweibrücken GRUR 1997, 363 – Jüdische Friedhöfe).

25 **Weitere Beispiele** für schutzfähige Bearbeitungen sind die Dramatisierung eines Romans, die Episierung eines Bühnenwerks, die Umgießung einer Erzählung in Versform und umgekehrt, die Erstellung eines Drehbuchs nach einem Roman oder einer Erzählung (Dreier/ *Schulze*[3] § 3 Rdnr. 20), die Umarbeitung eines Computerprogramms (dazu näher *Haberstumpf* in Lehmann [Hrsg.], Rechtsschutz[2], Kap. II Rdnr. 143ff.; sa. § 69c Rdnr. 18). Auch die Erstellung einer Sammlung von Prüfungsfragen anhand eines Lehrbuchs kann eine eigenschöpferische Leistung sein, wenn es sich nicht bloß um eine mechanische und routinemäßige Zusammenstellung vorgegebener Fakten in Frageform handelt, sondern um eine Auswahl, die neben einer Durchdringung des Inhalts des Originalwerks die Fähigkeit voraussetzt, zwischen Wichtigem und Unwichtigem zu unterscheiden (BGH GRUR 1981, 520/522 – Fragensammlung). Grundsätzlich **keine Bearbeitungen** sind Textrevisionen (*Nordemann*, Fs. für Vieregge, S. 677/684ff.) und kleinere redaktionelle Arbeiten an Manuskripten (Dreier/*Schulze*[3] § 3 Rdnr. 18); ebenso ist die **Digitalisierung** eines Werks keine Bearbeitung (s. Rdnr. 8).

26 An die **Individualität** der Bearbeitung sind bei Sprachwerken grundsätzlich keine zu hohen Anforderungen zu stellen (BGH GRUR 1968, 321/324 – Haselnuß; BGH GRUR 2000, 144/145 – Comic-Übersetzungen II – für Übersetzungen literarischer Schriftwerke; Dreier/ *Schulze*[3] § 3 Rdnr. 12; aA Möhring/Nicolini/*Ahlberg*[2] § 3 Rdnr. 8); muss sich eine Bearbeitung der Natur der Sache nach eng an das Original anlehnen, kann sogar ein bescheidenes Maß geistiger Tätigkeit genügen (BGH GRUR 1981, 520/521– Fragensammlung; BGH GRUR 1992, 382/385 – Leitsätze; vgl. auch Rdnr. 15). Bei der Bearbeitung von Bühnenwerken legt der BGH aber strengere Voraussetzungen an als beim Schutz der kleinen Münze (BGH GRUR 1972, 143/145 f. – Biografie: Ein Spiel; kritisch *G. Schulze* S. 262). Als rein handwerksmäßige Änderungen sieht er beispielsweise an eine reine Textrevision oder Sprachglättung, technisch bedingte und jedem Regisseur ohne Weiteres geläufige Änderungen (etwa Werkgehalt und Werkgestalt unberührt lassende Abweichungen von Regieanweisungen des Originals), einfache Streichungen von für die Gedankenführung und Formgestaltung unwesentlichen Teilen (BGH GRUR 1972, 143/145 – Biografie: Ein Spiel, mwN; BGH GRUR 1971, 35/37 – Maske in Blau). Als nicht schutzfähig wurde ferner die Formulierung von Entscheidungsleitsätzen angesehen, die lediglich aus einem Hinweis auf das erörterte Problem oder in der wörtlichen Wiedergabe von Entscheidungssätzen ohne eigene Gliederungsstruktur bestanden (BGH GRUR 1992, 382/385 – Leitsätze).

2. Musikwerke

27 Auch bei musikalischen Bearbeitungen sind an die Individualität **keine zu hohen Anforderungen** zu stellen. Auf den künstlerischen Wert kommt es nicht an, vor allem bei Schlager- und Unterhaltungsmusik kann eine formgebende Tätigkeit geringen künstlerischen Ranges ausreichen (BGH GRUR 1991, 533 – Brown Girl II; BGH GRUR 1968, 321/324 – Haselnuß; BGH UFITA 51 [1968] 315/319 – Gaudeamus igitur; vgl. auch BGH GRUR 1981, 267/268 – Dirlada; OLG München GRUR-RR 2002, 281 f. – Conti; Dreier/*Schulze*[3] § 3 Rdnr. 24; *Rauscher auf Weeg*, GRUR-Fs., Rdnr. 41 ff.). Insoweit sind die Schutzvoraussetzungen die gleichen wie für originär geschaffene Werke (BGH GRUR 1991, 533 – Brown Girl II; OLG München ZUM 1992, 202/203; siehe aber zur Abhängigkeit der für die Bearbeitung erforderlichen Individualität von der Individualität des bearbeiteten Werks oben Rdnr. 15). Allerdings genügt auch hier nicht eine rein handwerksmäßige Anwendung musikalischer Lehren, die kein geistiges Schaffen ist (OLG München GRUR-RR 2002, 281 f. – Conti). Eine schutzfähige Bearbeitung setzt voraus, dass musikalisch ein **nicht schon im Originalwerk vorgegebener ästhetischer Gesamteindruck** entsteht und nicht nur im Originalwerk bereits Vorhandenes, wenn auch in abgewandelter Form, wiederholt wird. Die schöpferische Eigenart der Bearbeitung kann zB in der Instrumentierung und Orchestrierung, in der Rhythmisierung und im Einsatz der Klangmittel zum Ausdruck kommen (BGH GRUR 1968, 321/324 – Haselnuß; BGH UFITA 51 [1968] 315/320/322 – Gaudeamus igitur; vgl. auch BGH GRUR 1981, 267/268 – Dirlada; OLG München GRUR-RR 2002, 281/282 – Conti). Dabei kann auch die Verwendung bekannter Mittel der Formgebung ausreichen, wenn in der Art und Weise der Verwendung dieser Mittel, etwa in ihrer Verbindung, eine persönliche geistige Schöpfung zu Tage tritt (BGH UFITA 51 [1968] 315/323 – Gaudeamus igitur).

Bearbeitungen **§ 3**

Zu den **schutzfähigen Bearbeitungen** zählen idR Variationen, Einrichtungen für andere 28
Instrumente, zB Klavierauszüge, Instrumentalisierung von Vokalmusik und dgl., da sie grundsätzlich kompositorische Fähigkeiten voraussetzen und der Individualität genügend Spielraum lassen (vgl. Dreier/*Schulze*[3] § 3 Rdnr. 25; Möhring/Nicolini/*Ahlberg*[2] § 3 Rdnr. 17; *Ulmer*[3] § 28 II; *Rehbinder*[15] Rdnr. 219; zu Einzelfragen eingehend *Riedel* UFITA 58 [1970] 141/164 ff.; vgl. auch BGH GRUR 1991, 533 – Brown Girl II: schutzfähige Bearbeitung eines Volksliedes). Bei **Arrangements** und **Potpourris** kommt es darauf an, ob es sich um bloße Zusammenstellungen mit landläufigen Abweichungen und Überleitungen handelt oder ob durch den Einsatz musikalischer Gestaltungsmittel ein Werk schöpferischer Eigenart entsteht. Selbst ein Arrangement, das sich üblicher Stilmittel bedient, kann eigenschöpferisch sein, weil in der Verknüpfung jene schöpferische Gestaltung liegen kann, die gerade bei Schlagermusik nicht übermäßig groß sein muss, um sie trotzdem in den Schutzbereich des Urheberrechts zu bringen (BGH GRUR 1991, 535 – Brown Girl II). Der BGH hat zB eine schutzfähige Bearbeitung bejaht bei einem Potpourri aus Studentenliedern, das durch Aufbau, Instrumentierung und Orchestrierung ein eigenartiges Klangbild aufwies (BGH UFITA 51 [1968] 315 – Gaudeamus igitur), bei der Bearbeitung eines aus der Karibik stammenden gemeinfreien Volksliedes BGH GRUR 1991, 533 – Brown Girl I) und bei der Einrichtung eines gemeinfreien Volksliedes für Blasmusik und Männerchor, das durch die Kombination der einzelnen Gestaltungselemente wie Einsatz der Instrumente, Wirkung ihrer Klangfarbe und andersartige Rhythmisierung einen eigenständigen Charakter gewonnen hatte (BGH GRUR 1968, 321 – Haselnuß; vgl. auch BGH Schulze BGHZ 163, 5 f.; *Dreier/Schulze* Rdnr. 25; Möhring/Nicolini/*Ahlberg*[2] § 3 Rdnr. 18; *Rauscher auf Weeg*, GRUR-Fs., Rdnr. 48 ff.; *G. Schulze* S. 266 ff.).

Keine schutzfähige Bearbeitung, sondern bloß handwerksmäßige Anwendung musikali- 29
scher Lehren liegt regelmäßig vor bei der Transposition eines Musikstücks in eine andere Tonart oder Stimmlage, in der Verschiebung einer Melodie um eine Oktave (OLG Hamburg ZUM-RD 2007, 71/75), im unveränderten Spielen eines Musikstücks auf einem anderen Instrument (zB Orgel statt Klavier) oder in der Umstellung einzelner Sätze oder Teile (sa. LG Berlin ZUM 1999, 252/254 f.; Dreier/*Schulze*[3] § 3 Rdnr. 25; Möhring/Nicolini/*Ahlberg*[2] § 3 Rdnr. 19). Ebenso ist die Umsetzung eines Liedes in den Walzertakt zu beurteilen (offengelassen in BGH UFITA 51 [1968] 315/328 – Gaudeamus igitur). Auch kleinere Änderungen in Melodie, Rhythmus oder Harmonie bleiben im Bereich des Handwerklichen, wenn sie aus Gründen besserer Spielbarkeit vorgenommen werden und den Charakter des Stückes unverändert lassen (Einzelheiten und Beispiele bei *Riedel* UFITA 58 [1970] 141/166 ff.; sa. LG Berlin ZUM 1999, 252/254 ff.). Entscheidend bleibt freilich immer der Gesamteindruck (BGH GRUR 1991, 534 – Brown Girl II). Zur **Werkinterpretation** durch ausübende Künstler und zu Diskjockeys vgl. Rdnr. 21. Zum **Sound-Sampling** vgl. § 2 Rdnr. 128.

3. Unwesentliche Bearbeitung nicht geschützter Werke der Musik (§ 3 S. 2)

Keine schutzfähige Bearbeitung (und ebenso wenig nach § 2 schutzfähig) ist die nur unwesent- 30
liche Bearbeitung eines nicht geschützten Werks der Musik (§ 3 S. 2). Mit dieser durch die Novelle 1985 eingefügten Bestimmung wollte der Gesetzgeber die **Pflege alten Volksmusikguts** in Heimatvereinen, Trachtengruppen usw. schützen (zur Entstehungsgeschichte vgl. *Brockmann* S. 59 ff.; *Gutsche* S. 72 ff.). Solche Musikstücke (Lieder und Instrumentalmusik) bestehen aus bestimmten Zusammensetzungen von melodischen, rhythmischen und harmonischen Grundmustern, die als überlieferte Motive, Modelle und Kombinationen im Laufe von Jahrhunderten gewachsen sind und von Generation zu Generation weitervererbt werden. Bei der traditionellen Rahmen bleibenden Wiedergabe dieser Musik wird jeweils nur eine von mehreren gängigen Abwandlungen aufgegriffen (vgl. Urteil des AG Traunstein v. 3. 2. 1984 – 312 C 1396/83 – nicht veröffentlicht). Diese Pflege alter Volksmusik soll nicht dadurch beeinträchtigt werden, dass bereits geringfügige Umgestaltungen gemeinfreier Weisen den Volksmusikgruppen entgegengehalten werden. Entgegen Fromm/*Nordemann*/*Vinck*[9] § 3 Rdnr. 26 (kritisch zu § 3 S. 2 auch *Nordemann* GRUR 1985, 837 f.) wird man die Regelung des § 3 S. 2 **nicht** als **verfassungswidrig** bezeichnen können (so jetzt auch Fromm/Nordemann/*A. Nordemann*[10] § 3 Rdnr. 32; wie hier eingehend *Grossmann* S. 27 ff.; Dreier/*Schulze*[3] § 3 Rdnr. 28; *Gutsche* S. 79 ff., 99 f. schlagen eine verfassungskonforme Auslegung von § 3 S. 2 vor, ebenso Dreier/*Schulze*[3] aaO; s. aber Wandtke/Bullinger/*Bullinger*[3] § 3 Rdnr. 31, die offensichtlich einen zulässigen Einschnitt in den Eigentumsschutz annehmen). § 3 S. 2 ist deshalb auch nicht eng auszulegen oder auf Volksmusik zu beschränken (*Rauscher auf Weeg*, GRUR-Fs., Rdnr. 43; für eine Beschränkung auf Volksmusik *Schack*[4], Urheber- und Urhebervertragsrecht, Rdnr. 242).

31 Eine **unwesentliche** Bearbeitung liegt vor, wenn es bei dem überlieferten melodischen, harmonischen und rhythmischen Grundmuster der Weise verbleibt (Schriftl. Bericht des Rechtsausschusses, BTDrucks. 10/3360 S. 18; eingehend zur Abgrenzung von wesentlichen und unwesentlichen Bearbeitungen *Grossmann* S. 51 ff.). Bei Veranstaltungen mit ausschließlich volksmusikalischem Programm kann es daher nach dem Bericht des Rechtsausschusses eine Vermutung für die Wahrnehmungsbefugnis einer Verwertungsgesellschaft nicht geben (Schriftl. Bericht des Rechtsausschusses, BTDrucks. 10/3360 S. 18).

32 Gemäß § 13b Abs. 2 S. 2 ist für Werke iSd. § 3 S. 2 die Pflicht zur Mitteilung an die Verwertungsgesellschaft nach § 13b Abs. 2 S. 1 WahrnG (Programmpflicht) ausgeschlossen, vgl. näher § 13b WahrnG Rdnr. 7.

4. Bildende Kunst, angewandte Kunst

33 Beispiele für schutzfähige Bearbeitungen in der bildenden Kunst sind nicht nur Abänderungen des Originals, sondern auch **Wiedergaben in einer anderen Kunstform,** zB Radierungen, Kupferstiche oder Holzschnitte nach Gemälden oder Plastiken. Auch die bildliche Darstellung in der Literatur beschriebener Charaktere kann Bearbeitung sein (Dreier/*Schulze*³ § 3 Rdnr. 34; im konkreten Fall verneint von LG Köln GRUR-RR 2002, 3/4 – Harry Potter). Die Bearbeitung setzt nicht notwendig einen **Substanzeingriff** in das bearbeitete Werk voraus, sie kann auch dann vorliegen, wenn die Bearbeitung das benutzte Werk unverändert wiedergibt. Der BGH hat das in einem Fall angenommen, in dem Reproduktionen von Bildern in Bildrahmen integriert wurden, deren Bemalung sich als Fortsetzung und Vergrößerung der Bilder darstellte; hier werde ein geschütztes Werk in ein neues „Gesamtkunstwerk" derart integriert, dass es als dessen Teil erscheine (BGH GRUR 2002, 532/534 – Unikatrahmen; zustimmend Dreier/*Schulze*³ § 3 Rdnr. 37; *Loewenheim* in Anm. LM § 14 UrhG Nr. 5). Voraussetzung für einen Schutz als Bearbeitung ist aber immer, dass die Wiedergabe nicht rein routinemäßig oder handwerklich erfolgt, sondern eine eigenschöpferische Leistung darstellt (Möhring/Nicolini/*Ahlberg*² § 3 Rdnr. 23; *Ulmer*³ § 28 II). Dagegen stellt die **Änderung der Größenverhältnisse** keine schutzfähige Bearbeitung dar (Dreier/*Schulze*³ § 3 Rdnr. 31; Möhring/Nicolini/*Ahlberg*² § 3 Rdnr. 24; sa. Rdnr. 20). Auch bei der **Übertragung in eine andere Dimension** (zB Dürers „Hände" als Relief) oder in einen **anderen Werkstoff** wird in der Regel keine schutzfähige Bearbeitung vorliegen; Ausnahmen sind möglich, sollten allerdings begrenzt bleiben (näher dazu Rdnr. 20; ebenso Möhring/Nicolini/*Ahlberg*² § 3 Rdnr. 23; großzügiger wohl Dreier/*Schulze*³ § 3 Rdnr. 32 ff.). Das **Nachschnitzen einer Skulptur** ist vom BGH mit Recht nicht als eigenschöpferische Leistung angesehen worden, hierbei werde nicht aus eigener Vorstellung ein eigenes Werk geschaffen, sondern lediglich wiederholt, was der Schöpfer des Originalwerkes aufgrund seiner schöpferischen Tätigkeit geschaffen habe (BGHZ 44, 288/293 – Apfelmadonna). Bei Werken der **angewandten Kunst** ist zu berücksichtigen, dass von der Rechtsprechung und Teilen des Schrifttums die Anforderungen an die Gestaltungshöhe im Hinblick auf den Unterbau durch Geschmacksmusterschutz die Anforderungen an die Gestaltungshöhe höher angesetzt werden als bei anderen Werkarten (zu Einzelheiten und Kritik vgl. § 2 Rdnr. 160).

5. Lichtbildwerke

34 Bei Lichtbildwerken stellt das **Vergrößern und Verkleinern** des Formats einen rein technischen Vorgang dar und ist keine Bearbeitung, das gleiche gilt für die Wiedergabe von Ausschnitten aus Lichtbildwerken (Dreier/*Schulze*³ § 3 Rdnr. 39). **Retuschen** beschränken sich im Allgemeinen auf optische Korrekturen und werden die erforderliche Gestaltungshöhe für Bearbeitungsschutz meist nicht erreichen. In Sonderfällen können aber Retuschen und andere Veränderungen mit fotografischen oder nicht-fotografischen Mitteln eine derartige „Verfremdung" des Ausgangswerkes bewirken, dass eine schutzfähige Bearbeitung vorliegt (OLG Koblenz GRUR 1987, 435 – Verfremdete Fotos); das gilt insbesondere für die **digitale Bildbearbeitung** (sa. Dreier/*Schulze*³ § 3 Rdnr. 41). Häufig wird in solchen Fällen, besonders bei **Collagen,** ein Werk der bildenden Kunst vorliegen (sa. Dreier/*Schulze*³ § 3 Rdnr. 40). **Wiedergaben in einer anderen Kunstform,** zB das Malen von Gemälden nach Lichtbildwerken, sind in der Regel Bearbeitungen (s. zB LG München I GRUR 1988, 36/37 – Hubschrauber mit Damen). Nicht schutzfähig ist das **Aufbringen von Vorlagen auf Objekte in virtuellen Welten,** selbst wenn dafür perspektivische Korrekturen, Helligkeitsanpassungen ode die Wahl eines entsprechenden Bildausschnitts erforderlich sind (LG Köln MMR 2008, 556 557 – Virtueller Dom in Second Life).

6. Filmwerke

Die **Verfilmung** eines Werks sieht das Gesetz, wie § 23 S. 2 zeigt, als Bearbeitung (des verfilmten Werkes) an (soweit nicht freie Benutzung vorliegt), vgl. auch BGHZ 5, 116/118 – Parkstraße 13; BGHZ 26, 52/55 – Sherlock Holmes; BGHZ 27, 90/96 – Privatsekretärin. Die Herstellung eines Spielfilms ist damit nicht nur originäre Werkschöpfung nach § 2 Abs. 1 Nr. 6, sondern auch Bearbeitung des verfilmten Romans (zur Urheberschaft der an der Filmherstellung Beteiligten vgl. § 2 Rdnr. 194 f.). Durch die Verfilmung erfährt das Werk jedenfalls eine veränderte Gestaltung und vermittelt einen geänderten Gesamteindruck, so dass eine Bearbeitung anzunehmen ist (zutreffend Dreier/*Schulze*[3] § 3 Rdnr. 43; *Roeber* GRUR Int. 1973, 325 ff.). Die **unveränderte Übernahme** eines Werks bei der Herstellung eines Films (etwa die Filmaufnahme eines Konzerts) ist aber keine Bearbeitung, sondern Vervielfältigung, auch wenn durch die Verbindung mit Bildfolgen das Musikwerk in einen neuen Zusammenhang gestellt wird (BGH GRUR 2006, 319/321 f. – Alpensinfonie; BGH GRUR 1994, 41/42 f. – Videozweitauswertung II). Der Bearbeitungscharakter einer Verfilmung hat für diese selbst nur insofern praktische Bedeutung, als nach § 23 S. 2 bereits ihre Herstellung (und nicht erst ihre Veröffentlichung oder Verbreitung) der Einwilligung des Urhebers des verfilmten Werks bedarf. Die Schutzfähigkeit des Filmwerks ergibt sich schon aus § 2 Abs. 1 Nr. 6; § 3 braucht insoweit nicht herangezogen zu werden. Für die **Vorstufen** des Films behält dagegen der Bearbeitungsschutz seine Bedeutung; insbesondere stellt die Erstellung eines Drehbuchs nach einem Roman oder einer Erzählung in aller Regel eine schutzfähige Bearbeitung dar (vgl. Rdnr. 25), da sie ohne eigenschöpferische Gestaltung durch den Drehbuchautor kaum denkbar ist. 35

Auch **Filmwerke** können **bearbeitet** werden. Solche Bearbeitungen stellen zB die Nachsynchronisation oder die Kolorierung alter Schwarz-Weiß-Filme dar, auch das Schneiden einer neuen Fassung oder die Umstellung von Szenen mittels Digitaltechnik (Dreier/*Schulze*[3] § 3 Rdnr. 45). Die für § 3 erforderliche Gestaltungshöhe wird hier meist erreicht. Mittels DVD-Technik ermöglichte Bearbeitungen wie „Director's Cut", vom eigentlichen Filmwerk abweichenden Filmversionen und dgl. (vgl. dazu *Loewenheim*, GRUR 2004, 36/37) können gleichfalls schutzfähig sein. Zu **Kürzungen, Erweiterungen** und **Abänderungen** vgl. Rdnr. 17, 19. Die Herstellung von Auszügen aus einem Film für Werbezwecke wird im Allgemeinen keine schutzfähige Bearbeitung darstellen. Eine Neuverfilmung von Werken ist in der Regel keine Bearbeitung der Erstverfilmung, sondern eine weitere (Zweit-)Bearbeitung der vorbestehenden Werke (Möhring/Nicolini/*Ahlberg*[2] § 3 Rdnr. 26). 36

7. Darstellungen wissenschaftlicher oder technischer Art

Bei Darstellungen wissenschaftlicher und technischer Art können Bearbeitungen vor allem in der Abänderung, Umgestaltung oder Ausarbeitung von Zeichnungen, Skizzen, Plänen, Karten u. dgl. liegen. Auch bei einer Bearbeitung dürfen die Anforderungen an die **Individualität** nicht zu hoch angesetzt werden (vgl. § 2 Rdnr. 202; sa. für kartographische Gestaltungen BGH GRUR 1998, 916/917 – Stadtplanwerk; BGH GRUR 1988, 33/35 – Topographische Landeskarten). Dem geringeren Maß an Individualität entspricht dann aber auch ein engerer Schutzumfang für das betreffende Werk (BGH GRUR 1998, 916/917 – Stadtplanwerk; BGH GRUR 1988, 33/35 – Topographische Landeskarten; sa. § 2 Rdnr. 202 sowie Dreier/*Schulze*[3] § 3 Rdnr. 47). Häufig wird allerdings die erforderliche Gestaltungshöhe nicht erreicht werden, insbesondere dann nicht, wenn sich die bei der Bearbeitung vorgenommenen Änderungen aus technischen Erfordernissen oder dem Zweck der Darstellung ergeben. Keine schutzfähige Bearbeitung sind daher die Markierung von Wegen in Wanderkarten (*Ulmer*[3] § 28 II; vgl. RGZ 108, 62) oder Weglassungen und Vergröberungen bei Stadtplänen (BGH GRUR 1965, 45/48 – Stadtplan). Die Ausführung einer Darstellung wissenschaftlicher und technischer Art (**Nachbau,** Bau eines **Modells** nach einem Plan) stellt keine Bearbeitung dar, da nach § 2 Abs. 1 Nr. 7 nur die Darstellung als solche, nicht aber der dargestellte Gegenstand oder Inhalt geschützt ist (vgl. § 2 Rdnr. 199). 37

E. Das Bearbeiterurheberrecht

I. Grundsatz und Rechtsnatur

Aus dem Schutz von Bearbeitungen „wie selbständige Werke" folgt, dass der Bearbeiter für seine Leistung **vollen Urheberrechtsschutz** genießt. Ihm stehen hinsichtlich der Bearbeitung 38 sowohl die Urheberpersönlichkeitsrechte der §§ 12–14 als auch die Verwertungs- und sonstigen Rechte der §§ 15 ff. zu, insbesondere kann er die Benutzung der bearbeiteten Fassung des Originalwerks anderen untersagen. Das Bearbeiterurheberrecht besteht gegenüber jedermann, auch **gegenüber dem Urheber des bearbeiteten Werks** (BGHZ 15, 338/347 – Indeta; BGH GRUR 1962, 370/373 – Schallplatteneinblendung; BGH GRUR 1972, 143/146 – Biografie: Ein Spiel; Dreier/*Schulze*[3] § 3 Rdnr. 50); dieser darf also die bearbeitete Fassung nur mit Zustimmung des Bearbeiters verwerten.

39 Trotz dieser Abhängigkeit vom Originalwerk ist das Bearbeiterurheberrecht kein abgeleitetes Recht, sondern ein originär entstandenes **selbständiges Ausschließlichkeitsrecht** (BGH GRUR 1962, 370/374 – Schallplatteneinblendung). Der Bearbeiter hat daher hinsichtlich der Bearbeitung ein selbständiges Verbietungsrecht (BGHZ 15, 338/347 – Indeta), das er unabhängig vom Originalurheber geltend machen kann. Ebenso kann er unabhängig vom Originalurheber Nutzungsrechte an der Bearbeitung einräumen (BGH GRUR 1962, 370/374 – Schallplatteneinblendung); dieser muss dann allerdings der Verwertung selbst zustimmen, insofern zeigt sich wieder die Abhängigkeit.

II. Entstehung und Schutzdauer

40 Das Bearbeiterurheberrecht **entsteht mit der Bearbeitung,** und zwar auch dann, wenn der Urheber des Originalwerks eine nach § 23 S. 2 erforderliche Einwilligung zur Bearbeitung nicht gegeben hat. Als selbständiges Urheberrecht (vgl. Rdnr. 39) ist es vom Schicksal des Urheberrechts am Originalwerk unabhängig und besteht auch dann weiter, wenn dieses erlischt. Es ist also zwischen der Schutzdauer des Urheberrechts am bearbeiteten Werk und der Schutzdauer des Bearbeiterurheberrechts zu unterscheiden. In seiner bearbeiteten Form wird das Werk erst dann frei, wenn sowohl das Urheberrecht am bearbeiteten Werk als auch das Bearbeiterurheberrecht erloschen sind. Erlischt das Urheberrecht am bearbeiteten Werk früher als das Bearbeiterurheberrecht, so bleibt die Zustimmung des Bearbeiters zur Benutzung erforderlich, erlischt das Bearbeiterurheberrecht früher als das Urheberrecht am bearbeiteten Werk, so muss noch der Urheber des Originalwerks der Benutzung zustimmen (vgl. auch *Hörnig* UFITA 99 [1985] 13/110 ff.).

41 Die **Schutzdauer** des Bearbeiterurheberrechts beläuft sich nach den allgemeinen Grundsätzen (§ 64) auf 70 Jahre nach dem Tod des Bearbeiters, zur Anwendung von § 65 Abs. 1 vgl. § 65 Rdnr. 3.

III. Schutzumfang

42 Da Bearbeitungen „wie selbständige Werke" geschützt sind, entspricht auch der Schutzumfang dem eines selbständigen Werks; der Bearbeiter genießt vollen Urheberrechtsschutz (vgl. auch Rdnr. 38). Es bleibt auf den Schutzumfang ohne Einfluss, ob eine Schöpfung als selbständiges Werk nach § 2 oder als Bearbeitung nach § 3 geschützt wird (OLG Hamburg ZUM 1989, 523/524).

43 Da Schutzgegenstand aber nur die Bearbeitung als solche ist, ist der Bearbeiter auch nur gegen die unfreie **Benutzung seiner Bearbeitung** geschützt, die Benutzung des Originalwerks kann er nicht verhindern, insbesondere nicht dessen erneute Bearbeitung (Zweitbearbeitung, dazu Rdnr. 13). Hinsichtlich seiner Bearbeitung hat er dagegen auch die Bearbeitungsrechte des § 23; die Verwertung (im Rahmen des § 23 S. 2 auch die Herstellung) mehrstufiger Bearbeitungen (dazu Rdnr. 13) bedarf daher seiner Zustimmung. Zu den Ansprüchen des Bearbeiters bei Verletzung seines Bearbeiterurheberrechts vgl. *Hörnig* UFITA 99 (1985) 13/99 f.

§ 4 Sammelwerke und Datenbankwerke

(1) **Sammlungen von Werken, Daten oder anderen unabhängigen Elementen, die aufgrund der Auswahl oder Anordnung der Elemente eine persönliche geistige Schöpfung sind (Sammelwerke), werden, unbeschadet eines an den einzelnen Elementen gegebenenfalls bestehenden Urheberrechts oder verwandten Schutzrechts, wie selbständige Werke geschützt.**

(2) **Datenbankwerk im Sinne dieses Gesetzes ist ein Sammelwerk, dessen Elemente systematisch oder methodisch angeordnet und einzeln mit Hilfe elektronischer Mittel oder auf andere Weise zugänglich sind. Ein zur Schaffung des Datenbankwerkes oder zur Er-**

möglichung des Zugangs zu dessen Elementen verwendetes Computerprogramm (§ 69 a) ist nicht Bestandteil des Datenbankwerkes.

Schrifttum: *Bobsin,* Das Recht des Rundfunks an der Sendung, GRUR 1954, 57; *Cichon,* Urheberrechte an Webseiten, ZUM 1998, 897; *Ehmann:* Datenbankurheberrecht, Datenbankherstellerrecht und die Gemeinschaft der Rechtsinhaber – Zugleich Besprechung von BGH „Gedichttitelliste I und II", GRUR 2008, 474; *Elster,* Zeitung, Zeitschrift, Sammlung, GRUR 1934, 642; *Freys,* Das Recht der Nutzung und des Unterhalts von Archiven, 1989; *Gounalakis,* Urheberschutz für die Bibel?, GRUR 2004, 996; *Heermann,* Urheberrechtliche Probleme bei der Nutzung von E-mail, MMR 1999, 3; *Hoebbel,* Der Schutz von Sammelwerken, Sachprosa und Datenbanken im deutschen und amerikanischen Urheberrecht, 1994; *Hoeren,* Genießt die Sendefolge urheberrechtlichen Schutz? ZUM 2008, 271; *Hubmann,* Der Schutz von Adressenverzeichnissen gegen unerlaubte Benutzung, Fs. für Preu, 1988, S. 77; *v. Hülsen,* Das Zeitungs- und Zeitschriftenunternehmen, 1989; *Kappes,* Rechtsschutz computergestützter Informationssammlungen, 1996; *Katzenberger,* TRIPS und das Urheberrecht, GRUR Int. 1995, 447; *Korn,* Die Zeitung als Sammelwerk, Fs. für Dittrich, 2000, S. 187; *Kübler,* Rundfunkauftrag und Programminformation, 1985; *v. Lewinski,* Die WIPO-Verträge zum Urheberrecht und zu verwandten Schutzrechten vom Dezember 1996, CR 1997, 438; *dies.,* Die diplomatische Konferenz der WIPO 1996 zum Urheberrecht und zu verwandten Schutzrechten, GRUR Int. 1997, 667; *Loewenheim,* Harmonisierung des Urheberrechts in Europa, GRUR Int. 1997, 285; *Pleister/v. Einem,* Zur urheberrechtlichen Schutzfähigkeit der Sendefolge, ZUM 2007, 904; *Rehbinder,* Der Schutz der Pressearbeit im neuen Urheberrechtsgesetz, UFITA 48 (1966) 102; *Reinbothe,* Der Schutz des Urheberrechts und der Leistungsschutzrechte im Abkommensentwurf GATT/TRIPs, GRUR Int. 1992, 707; *Schierholz/Müller,* Der Herausgeber im Urheberrecht, Fs. für W. Nordemann, 2004, S. 115; *Schmieder,* Der Rechtsschutz des Veranstalters, GRUR 1964, 121; *Schricker,* Zur Rechtsstellung des Herausgebers von Sammelwerken, in Fs. für Loewenheim, 2009, S. 267; *ders.,* Urheberrechtliche Probleme des Kabelrundfunks, 1986; *Sellier,* Die Rechte des Herausgeber, Mitarbeiter und Verleger bei Sammelwerken, Diss. München 1964; *Siara,* Sammlungen und Sammelwerke im Urheberrecht, 1998; *Staub,* Die Rechte des Herausgebers, des Mitarbeiters und des Verlegers bei nicht periodischen Sammelwerken, Diss. Zürich 1999; *Wiebke/Funkat,* Multimedia Anwendungen als urheberrechtlicher Schutzgegenstand,, MMR 1998, 69.

Siehe zu Datenbanken die Schrifttumsangaben vor Rdnr. 32.

Übersicht

	Rdnr.
A. Zweck und Bedeutung der Norm	1–4
B. Sammelwerke	5–31
I. Begriff und Schutzvoraussetzungen	5–21
1. Sammlungen von Werken, Daten oder anderen unabhängigen Elementen	6–8
2. Persönliche geistige Schöpfung	9–19
3. Periodische und nichtperiodische Sammelwerke	20
4. Abgrenzungen	21
II. Das Urheberrecht am Sammelwerk	22–26
III. Urheber- und Leistungsschutzrechte an den Einzelwerken	27
IV. Das Sammelwerk als Unternehmen	28–31
1. Grundsatz	28–30
2. Der Herr des Unternehmens	31
C. Datenbankwerke	32–57
I. Übersicht	32–35
II. Begriff und Schutzvoraussetzungen	36–43
1. Sammelwerk	36–40
a) Sammlung von Werken, Daten oder anderen unabhängigen Elementen	36
b) Persönliche geistige Schöpfung	37–40
2. Systematische oder methodische Anordnung der Elemente	41
3. Zugänglichkeit der Einzelelemente mit Hilfe elektronischer Mittel oder auf andere Weise	42
4. Keine Erstreckung auf Computerprogramme	43
III. Das Urheberrecht am Datenbankwerk	44–55
1. Schutzgegenstand	44
2. Rechtsinhaberschaft	45, 46
3. Rechte des Urhebers	47–55
a) Vervielfältigungsrecht	49
b) Verbreitungsrecht	50–52
c) Bearbeitungsrecht	53
d) Recht der öffentlichen Wiedergabe	54
e) Schranken der Verwertungsrechte	55
IV. Urheber- und Leistungsschutzrechte an den in die Datenbank aufgenommenen Elementen	56–57

A. Zweck und Bedeutung der Norm

Regelungsgegenstand des § 4 sind **Sammelwerke**, dh. Sammlungen von Beiträgen, Daten und anderen Elementen, bei denen die Art ihrer Auswahl oder Anordnung eine persönliche

1

§ 4 Sammelwerke und Datenbankwerke

geistige Schöpfung darstellt und damit das Niveau urheberrechtlicher Schutzfähigkeit erreicht. Sammelwerke wurden bereits durch § 4 LUG und § 6 KUG als selbständige Werke geschützt, ebenso genießen sie Schutz nach Art. 2 Abs. 5 RBÜ. Der Gesetzgeber von 1965 dachte bei Sammelwerken an Schutzgegenstände wie Lexika, Enzyklopädien, Anthologien, Koch- und Adressbücher (AmtlBegr. BTDrucks. IV/270 S. 39). Mit der Entwicklung der **Datenbanken** wurden auch diese als nach § 4 schutzfähige Sammelwerke angesehen, sofern sie sich in Auswahl und Anordnung der in ihnen enthaltenen Daten als persönliche geistige Schöpfung qualifizierten (sa. vor §§ 87a ff. Rdnr. 3), wobei sich Grenzen allerdings daraus ergaben, dass in der Sammlung bloßer Daten oder Fakten kein Sammelwerk gesehen wurde (vgl. zur heutigen Situation Rdnr. 6). Soweit urheberrechtliches Niveau nicht erreicht wurde, kam lediglich Wettbewerbsschutz in Betracht (dazu vor §§ 87a ff. Rdnr. 5).

2   Die damit zu Tage getretenen Schutzdefizite und die Divergenzen, die sich beim Urheberrechtsschutz aus den unterschiedlichen Rechtsordnungen der EG-Mitgliedstaaten ergaben, führten zum Erlass der europäischen Datenbankrichtlinie (Richtlinie 96/9/EG des Europäischen Parlaments und des Rates vom 11. März 1996 über den rechtlichen Schutz von Datenbanken, ABl. Nr. L 77 v. 27. 3. 1996 S. 20, abgedr. in GRUR Int. 1996, 806), die einen Urheberrechtsschutz von schöpferischen Datenbanken und einen Schutz sui generis von nichtschöpferischen Datenbanken vorsah (Einzelheiten zur Entwicklung s. vor §§ 87a ff. Rdnr. 8). Die Umsetzung in deutsches Recht erfolgte durch Art. 7 des Informations- und Kommunikationsdienstegesetzes (IuKDG) vom 13. 6. 1997 (BGBl. I S. 1870), der nach einer wechselvollen Entwicklung schließlich den in Art. 3 der Richtlinie vorgesehenen Urheberrechtsschutz in § 4 als neuen Abs. 2 einfügte; urheberrechtsschutzfähige Datenbanken stellen damit einen Unterfall der Sammelwerke dar und werden als **Datenbankwerke** bezeichnet (vgl. auch Rdnr. 32). § 4 Abs. 1 wurde dabei den Erfordernissen der Richtlinie angepasst (dazu Rdnr. 6). Der Schutz nicht urheberrechtsschutzfähiger Datenbanken erfolgte durch Einfügung der §§ 87a–87e. Weitere Einzelheiten zu Zweck und Bedeutung der Neuregelung s. vor §§ 87a ff. Rdnr. 20ff.; *Dreier* GRUR Int. 1992, 739).

3   § 4 regelt die **Schutzfähigkeit von Sammelwerken** als eigenständige Werkart. Das Sammelwerk ist aufgrund der in der Auswahl oder Anordnung zutage tretenden schöpferischen Leistung mehr als die bloße Summe seiner einzelnen Elemente, es ist ein zusätzliches Etwas, das rechtlich als **selbständiges Werk** neben den Beiträgen, die es enthält, behandelt wird. Sammelwerke bilden eine **einheitliche Werkgattung,** die dem literarischen und wissenschaftlichen Schaffen zuzurechnen ist, aber nicht durch die Werkgattung der aufgenommenen Werke bestimmt wird (Wandtke/Bullinger/*Bullinger*[3] § 4 Rdnr. 1; *Dreyer/Kotthoff/Meckel*[2], § 4 Rdnr. 1; *Ulmer*[3] § 29 I 2; *v. Gamm* § 4 Rdnr. 8; *Sellier* S. 4f.; aA *Schierholz/Müller*, Fs. für W. Nordemann, 2004, S. 115/118). Sammelausgaben musikalischer Kompositionen, von Kunstwerken oder Lichtbildwerken sind als solche keine Werke der Musik, der Kunst oder Lichtbildwerke. Die in der Auswahl und Anordnung der Einzelwerke liegende schöpferische Leistung, der Kombinationsgedanke ist kein musikalisches, künstlerisches oder lichtbildnerisches Schaffen. Die Zusammenstellung von Musikwerken stellt keine musikalische Schöpfung dar, die sich der Töne als Ausdrucksmittel bedient (vgl. § 2 Rdnr. 120), die Zusammenstellung von Werken der bildenden Künste keine Gestaltungsform, bei der der Künstler seinem Ausdruckswillen in Formen und Farben Gestalt verliehen hat (vgl. § 2 Rdnr. 136).

4   Auf Sammelwerke finden neben § 4 die Vorschriften der §§ 38 UrhG und 41, 43–46 VerlG Anwendung, die aber nicht die Schutzfähigkeit, sondern die Rechtsbeziehungen zwischen den Urhebern der Einzelbeiträge und dem Herausgeber bzw. Verleger betreffen, außerdem § 34 Abs. 2 UrhG, der eine Erleichterung des Rechtsverkehrs für den Fall vorsieht, dass der Inhaber der Nutzungsrechte diese weiter überträgt. § 4 Abs. 2, durch den das 2. Kapitel der Datenbankrichtlinie umgesetzt wird, ist **richtlinienkonform auszulegen** (sa. Rdnr. 34). Für Abs. 1 besteht diese Notwendigkeit nur, soweit die Änderungen auf der Datenbankrichtlinie beruhen, es empfiehlt sich aber eine einheitliche Anwendung der Vorschrift.

B. Sammelwerke

I. Begriff und Schutzvoraussetzungen

5   Sammelwerke sind nach der Legaldefinition des § 4 Abs. 1 durch zwei Merkmale gekennzeichnet: Zum einen muss es sich um **Sammlungen von Werken, Daten oder anderen unabhängigen Elementen** handeln, zum anderen muss **in der Auswahl oder Anordnung** der Elemente eine **persönliche geistige Schöpfung** liegen.

Sammelwerke und Datenbankwerke § 4

1. Sammlungen von Werken, Daten oder anderen unabhängigen Elementen

Sammelwerke können sowohl urheberrechtlich **geschützte** als auch **nicht geschützte** Gestaltungen umfassen (BGH GRUR 1992, 382/384 – Leitsätze; OLG Nürnberg GRUR 2002, 607 – Stufenaufklärung nach Weissauer; OLG Frankfurt/M GRUR 1986, 242). Mit dem Begriff der **Werke** nimmt § 4 Abs. 1 auf § 2 Abs. 2 Bezug; auch im Rahmen des § 4 sind Werke nur solche Gestaltungen, die das Niveau einer persönlichen geistigen Schöpfung erreichen, auch wenn sie nicht (zB nach § 5) oder nicht mehr geschützt sind (sa. Dreier/Schulze[3] § 4 Rdnr. 9; Fromm/Nordemann/Czychowski[10] § 4 Rdnr. 16). Nicht schutzfähige Gestaltungen fallen unter den Begriff der **Daten oder anderen unabhängigen Elemente.** § 4 aF hatte von „Sammlungen von Werken oder anderen Beiträgen" gesprochen; dem hatte man im Hinblick auf eine Abgrenzung zu § 2 entnommen, dass die Sammlung bloßer Daten oder Fakten ein Sammelwerk nicht begründen kann (dazu v. *Gamm* § 4 Rdnr. 6; *Ullmann,* Fs. für Brandner, S. 507/516). Nach der Neufassung des Abs. 1 ist es nicht mehr erforderlich, dass die den Inhalt des Sammelwerks bildenden Gestaltungen schöpferisches Niveau erreichen (sa. BGH ZUM 2007, 737/738). § 4 Abs. 1 der geltenden Fassung erfasst in Übereinstimmung mit dem Schutzgegenstand der Datenbankrichtlinie auch **Daten** und **Fakten.** Der Gesetzgeber hat die Definition des Sammelwerks in § 4 Abs. 1 durch die Einfügung des Begriffs der „Daten", denen bloß informationelle Bedeutung zuzukommen braucht, erweitert (sa. Mestmäcker/Schulze/*Haberstumpf* § 4 Rdnr. 11); ferner hat er den Begriff „Beiträge" in Übereinstimmung mit Art. 1 Abs. 2 der Datenbankrichtlinie durch die neutralere Formulierung „unabhängige Elemente" ersetzt (Amtl. Begr. BTDrucks. 13/7934 S. 51). 6

Mit dem Begriff der **Unabhängigkeit** soll klargestellt werden, dass einheitliche Werke wie Bücher, Filme oder Musikstücke nicht als Sammelwerk ihrer einzelnen Bestandteile verstanden werden dürfen (Dreier/Schulze[3] § 4 Rdnr. 10; Mestmäcker/Schulze/*Haberstumpf* § 4 Rdnr. 13); Erwägungsgrund 17 der Datenbankrichtlinie (Richtlinie 96/9/EG des Europäischen Parlaments und des Rates vom 11. März 1996 über den rechtlichen Schutz von Datenbanken, ABl. Nr. L 77 v. 27. 3. 1996 S. 20, abgedr. in GRUR Int. 1996, 806) schließt dementsprechend die „Aufzeichnung eines audiovisuellen, kinematographischen, literarischen oder musikalischen Werkes" vom Anwendungsbereich der Datenbankrichtlinie aus. Zu den Sammelwerken gehören **nicht Zusammenstellungen von Gegenständen ohne geistigen Gehalt,** wie Sammlungen von Münzen, Briefmarken, Mineralien, Blumen, Schmetterlingen, Käfern und dgl. (ebenso Fromm/Nordemann/*Czychowski*[10] § 4 Rdnr. 29; Möhring/Nicolini/*Ahlberg*[2] § 4 Rdnr. 13; *Haberstumpf,* Hdb. des Urheberrechts[2], Rdnr. 164; *Ulmer*[3] § 29 I 2; aA Dreyer/Kotthoff/Meckel[2], § 4 Rdnr. 6), sie können aber bei entsprechend künstlerisch gestalteter Anordnung Kunstwerke nach § 2 Abs. 1 Nr. 4 sein. Teilweise wird angenommen, auch Sammlungen solcher Objekte könnten Sammelwerke sein (OLG Düsseldorf Schulze OLGZ 246 mit zust. Anm. *Movsessian;* Dreier/Schulze[3] § 4 Rdnr. 10 mwN). Die in Erwägungsgrund 17 der Datenbankrichtlinie genannten Beispiele (Texte, Töne, Bilder, Zahlen, Fakten und Daten) sprechen aber dagegen. 7

Die Beiträge, die in das Sammelwerk aufgenommen werden, können **unterschiedlichen Werkgattungen** angehören; es können also beispielsweise Bilder und Texte, Lieder und Gedichte vereinigt werden (*Ulmer*[3] § 29 I 2). Sie müssen aber voneinander **unabhängig** sein. Das bedeutet, dass es sich um einzelne, selbständige Beiträge handeln muss (vgl. auch Rdnr. 7), dass sie zu einem gemeinsamen Themenkreis gehören, steht dem nicht entgegen. Unter diesem Aspekt erscheint es problematisch, die Einstufung einer Multimediapräsentation als Sammelwerk grundsätzlich für möglich zu halten (so aber LG Köln ZUM 2005, 910/913; Wiebke/Funkat, MMR 1998, 69/71 ff.) Einzelwerke bilden jedenfalls keine Sammlung). Die Beiträge brauchen **nicht für das Sammelwerk geschaffen** zu sein; auch Sammlungen bereits veröffentlichter Werke können Sammelwerke darstellen. § 4 setzt nicht voraus, dass die Beiträge von **verschiedenen Urhebern** stammen, Sammelwerke können auch aus Beiträgen eines einzigen Urhebers bestehen (LG Düsseldorf Schulze LGZ 104, 4). Dann ist aber besonders darauf zu achten, ob in der Zusammenstellung eine persönliche geistige Schöpfung liegt, die bloße Gesamtausgabe der Werke eines Autors erfüllt diese Voraussetzung noch nicht (vgl. Rdnr. 9). 8

2. Persönliche geistige Schöpfung

Ein Sammelwerk liegt nur vor, wenn die Auswahl oder Anordnung der einzelnen Elemente eine persönliche geistige Schöpfung darstellt (sa. AmtlBegr. BTDrucks. 13/7934 S. 51). Das Sammelwerk muss aufgrund der Auswahl oder der Anordnung der Elemente durch die **Individualität** des Urhebers gekennzeichnet sein (vgl. zur Individualität § 2 Rdnr. 23). Die Gestal- 9

Loewenheim

tung des Sammelwerks muss über die rein handwerkliche oder routinemäßige Leistung hinausgehen (s. Rdnr. 10, vgl. auch § 2 Rdnr. 26). Die Kombination der im Sammelwerk enthaltenen Elemente muss besondere Strukturen in deren Auswahl oder Anordnung und das Gewebe der persönlichen geistigen Schöpfung des Sammelwerkes erkennen lassen (BGH GRUR 1992, 382/384 – Leitsätze; BGH GRUR 1990, 669/673 – Bibelreproduktion; OLG Hamburg GRUR 2000, 319/320 – Börsendaten); es muss sich ein neuer geistiger Gehalt ergeben, der über die bloße Summe der Inhalte des Einzelwerks, Daten bzw. Elemente hinausgeht (OLG Nürnberg GRUR 2002, 607 – Stufenaufklärung nach Weissauer; *Dreier*/Schulze[3] § 4 Rdnr. 11). Ob das der Fall ist, beurteilt sich nach dem **Maßstab des § 2 Abs. 2** (vgl. dazu § 2 Rdnr. 11 ff.). Geschützt ist auch die **kleine Münze,** also diejenigen Gestaltungen, die bei einem Minimum an Gestaltungshöhe gerade noch urheberrechtsschutzfähig sind (Wandtke/Bullinger/*Bullinger*[3] § 4 Rdnr. 5; zur kleinen Münze s. § 2 Rdnr. 39). Davon ist schon deswegen auszugehen, weil – jedenfalls für Datenbankwerke – nach Art. 1 der Datenbankrichtlinie eine eigene geistige Schöpfung des Urhebers ausreicht und andere Kriterien für die Bestimmung des Schutzfähigkeit nicht anzuwenden sind (BGH ZUM 2007, 737/738 – Gedichttitelliste I; sa. Erwägungsgrund 15 und 16 der Richtlinie; so auch *Dreier*/Schulze[3] § 4 Rdnr. 12).

10 Trotz der durch die Datenbankrichtlinie vorgegebene niedrige Schutzuntergrenze (vgl. Rdnr. 9) reicht auch beim Sammelwerk die **rein handwerkliche, schematische oder routinemäßige Auswahl oder Anordnung** nicht aus (BGH GRUR 1954, 129/130 – Besitz der Erde; OLG Hamburg GRUR 2000, 319/320 – Börsendaten; LG Köln MMR 2006, 52/54). Diejenige Auswahl oder Anordnung, die jeder so vornehmen würde, stellt kein individuelles Schaffen dar (vgl. § 2 Rdnr. 26). Insbesondere wenn Auswahl oder Anordnung sich aus der **Natur der Sache** ergeben oder durch **Zweckmäßigkeit oder Logik** vorgegeben sind, ist individuelles Schaffen nicht möglich (OLG Frankfurt MMR 2003, 45/46 – IMS Health; vgl. näher § 2 Rdnr. 29). Rein mechanische Zusammenstellungen von Adressen-, Fernsprech- oder Branchenverzeichnissen, Fernseh-, Rundfunk- oder Theaterprogrammen, Kurszetteln, Gewinnlisten und dgl. sind daher keine schutzfähigen Sammelwerke (*Ulmer*[3] 29 I 3; *Hubmann*, Fs. für Preu, S. 77/83; *Rehbinder* UFITA 48 [1966] 102/103; sa. bereits RGZ 140, 137/140 f. – Rundfunkprogramme; RGZ 144, 75/76 ff. – Rennvoraussagen). Das gleiche gilt, wenn nach allgemein bekannten und gängigen Prinzipien vorgegangen wird, zB bei lokalen Adressenverzeichnissen eine Auswahl nach dem Wohnort vorgenommen wird oder die Anordnung alphabetisch oder nach Haupt- und Unterstichworten (vgl. LG Düsseldorf Schulze LGZ 104, 5), numerisch oder rein zeitlich erfolgt (BGH GRUR 1999, 923/924 – Tele-Info-CD; OLG Nürnberg GRUR 2002, 607 – Stufenaufklärung nach Weissauer). Dem braucht nicht entgegenzustehen, dass das bekannte Prinzip auf dem fraglichen Sachgebiet zum ersten Mal angewendet wird (LG Düsseldorf Schulze LGZ 104, 5). Ebenso ist die Anordnung von Abbildungen in einem Buch jeweils in der rechten oberen Ecke oder die Änderung der Größenverhältnisse von Abbildungen keine schöpferische Leistung (BGH GRUR 1990, 669/673 – Bibelreproduktion; vgl. auch die Vorinstanz OLG Köln GRUR 1987, 42/43). Auch die einheitliche äußere Gestaltung der einzelnen Elemente begründet noch kein schutzfähiges Sammelwerk (OLG Nürnberg GRUR 2002, 607 – Stufenaufklärung nach Weissauer).

11 **Beispiele** für Sammelwerke, bei denen in der Regel eine persönliche geistige Schöpfung anzunehmen ist, bilden Festschriften, Enzyklopädien, Anthologien, Konversationslexika, Wörterbücher, Jahrbücher, Liederbücher, Lesebücher, Kunstbände, Bildatlanten, Zeitungen und Zeitschriften. Zur Individualität einer Gedichtsammlung aufgrund der Auswahlkriterien vgl. BGH ZUM 2007, 737 – Freiburger Anthologie; LG Mannheim GRUR-RR 2004, 196 – Freiburger Anthologie; zu einer Fachzeitschrift als Sammelwerk wegen der systematischen Auswahl der Elemente und ihrer Anordnung nach bestimmten Kriterien OLG Hamm GRUR-RR 2008, 276 – Online-Veröffentlichung; zur fehlenden Individualität bei Zeitschriften OLG München MMR 2007, 525/526 – Subito. Früher, vor allem in der reichsgerichtlichen Rechtsprechung, ist man beim Schutz der kleinen Münze vielfach zu großzügig gewesen (vgl. zB RGZ 116, 292/295, hier sollte eine „geringe geistige Arbeit" für den Schutz eines Adressbuchs ausreichen; s. auch *Ullmann*, Fs. für Brandner, S. 507/517; kritisch auch *Schierholz/Müller*, Fs. für W. Nordemann, 2004, S. 115/120 ff.). Eine persönliche geistige Schöpfung liegt hier meist nicht in der Auswahl und Anordnung des Stoffs, sondern kann, wenn überhaupt, eher in ergänzenden Angaben, textlicher Ausgestaltung und dgl. zum Ausdruck kommen und damit einen Schutz nach § 2 begründen.

12 Die persönliche geistige Schöpfung muss gerade **in der Auswahl oder Anordnung zum Ausdruck kommen.** Unter „Auswahl" ist der Vorgang des Sammelns und Aufnehmens zu verstehen, unter „Anordnung" die Einteilung, Präsentation und Zugänglichmachung (LG Köln

MMR 2006, 52/54; *Dreier/Schulze*[3] § 4 Rdnr. 11). Auswahl und Anordnung der Einzelelemente stehen **alternativ** nebeneinander; es reicht aus, wenn in einem von ihnen die persönliche geistige Schöpfung zum Ausdruck kommt. So fehlt es bei der Gesamtausgabe der Werke eines Autors an einem individuellen Kriterium hinsichtlich der Auswahl, gleichwohl kann in der Anordnung der Werke eine schöpferische Leistung liegen (sa. KG AfP 1996, 148/149 zur Erreichung der Schöpfungshöhe durch ein individuelles Ordnungsprinzip). Umgekehrt liegt zB bei einer Festschrift ein Sammelwerk vor, wenn die Auswahl der Beiträge schöpferisch ist, mag auch deren Anordnung alphabetisch nach den Autorennamen erfolgen und damit insoweit keine schöpferische Leistung darstellen. Entscheidend ist jedoch stets der **Gesamteindruck** (BGH GRUR 1990, 669/673 – Bibelreproduktion; vgl. auch § 2 Rdnr. 38).

Liegt der **Schwerpunkt der schöpferischen Leistung außerhalb des Bereichs von Auswahl und Anordnung der Beiträge**, etwa in **eigenen textlichen Ausführungen**, so handelt es sich um ein nach § 2 Abs. 1 geschütztes Werk (Sprachwerk), allerdings mit einer sammelwerklichen Komponente. Ist diese ganz geringfügig, so geht sie im Sprachwerk auf, genauso wie im umgekehrten Fall ein Sammelwerk auch dann ein solches bleibt (und nicht zum Sprachwerk wird), wenn es einige verbindende Texte enthält. Anderenfalls kommt ein Rechtsschutz sowohl nach § 2 als auch nach § 4 in Betracht (BGH GRUR 1982, 37/39 – WK-Dokumentation). Das KG hat bei einem Werk über Gerhart Hauptmann, das Zitate aus Tagebüchern und anderen Niederschriften des Dichters enthielt, dessen Schwergewicht aber in der Kommentierung und Darstellung der Person Gerhart Hauptmanns lag, ein Schriftwerk nach § 2 Abs. 1 Nr. 1 mit einer sammlungsrechtlichen Komponente angenommen und in diesem Rahmen sowohl § 2 als auch § 4 geprüft (KG GRUR 1973, 602/603 – Hauptmann-Tagebücher). Überschneidungen dieser Vorschriften können sich daraus ergeben, dass die Rechtsprechung auch im Rahmen des § 2 die „Sammlung, Auswahl, Einteilung und Anordnung vorhandenen Stoffs" als Kriterium zur Feststellung einer persönlichen geistigen Schöpfung heranzieht (vgl. BGH GRUR 2002, 958/959 – Technische Lieferbedingungen; BGH GRUR 1999, 923 – Tele-Info-CD; BGH GRUR 1998, 916/917 – Stadtplanwerk; BGH GRUR 1991, 130/132 – Themenkatalog; BGH GRUR 1981, 520/521 – Fragensammlung; BGH GRUR 1985, 1041/1047 – Inkasso-Programm; BGH GRUR 1986, 739/740 – Anwaltsschriftsatz; BGH GRUR 1987, 166 – AOK-Merkblatt). Stellt der **Werktitel** eine persönliche geistige Schöpfung dar, so ist er unmittelbar nach § 2 geschützt (vgl. dort Rdnr. 69), aber nicht nach § 4, da die Schaffung des Titels keine Auswahl oder Anordnung von Beiträgen ist.

Die persönliche geistige Schöpfung ist ihrem Wesen nach **literarisches oder wissenschaftliches Schaffen** (vgl. Rdnr. 3). Das künstlerisch gestaltete Arrangement von Sammelobjekten oder anderen Gegenständen wie Blumen, Bildern oder Münzen kann ein Kunstwerk nach § 2 sein, ist aber kein Sammelwerk (sa. Rdnr. 7). Deshalb ist auch die künstlerisch gestaltete Aufhängung von Gemälden in einer Galerie idR kein Sammelwerk (aA *Schmieder* NJW 1966, 1446/1447; wie hier *Ulmer*[3] § 29 I 2; *v. Gamm* § 4 Rdnr. 7). Dagegen stellt eine Wanderausstellung, in der Ausstellungsstücke und Dokumente über ein historisch-politisches Thema (hier: Ostdeutschland) gesammelt, ausgewählt und angeordnet werden und die mit erläuternden Texten auf Stellwänden, Vitrinen, Pulten usw. dargeboten wird, ein Sammelwerk dar (OLG Düsseldorf Schulze OLGZ 246, 4 mit zust. Anm. *Movsessian*). Hier handelt es sich bei der schöpferischen Tätigkeit des Urhebers um eine wissenschaftlich-literarische Leistung, die zB auch als mehrbändige Dokumentation ihren Ausdruck hätte finden können.

Die in Auswahl oder Anordnung zum Ausdruck kommende schöpferische Leistung führt im Allgemeinen zu einer gewissen **Einheit** des Sammelwerks. Dabei braucht es sich aber nicht um eine geschlossene, einem bestimmten Fachgebiet oder Fragenkreis gewidmete Einheit zu handeln (*Ulmer*[3] § 29 I 3; *v. Gamm* § 4 Rdnr. 7; sa. Möhring/Nicolini/*Ahlberg*[2] Rdnr. 22). Auch Einzelhefte von Zeitschriften oder Zeitungen sind häufig Sammelwerke, die schöpferische Leistung liegt in der Sichtung und Anordnung der Beiträge durch Herausgeber oder Redaktion (*Ulmer*[3] § 29 I 3; sa. KG GRUR 2002, 252/256 – Mantellieferung; OLG Hamm GRUR-RR 2008, 276 – Online-Veröffentlichung; andererseits OLG München MMR 2007, 525/526 – Subito). Es fehlt aber an einer persönlichen geistigen Schöpfung, wenn es sich lediglich um lose Zusammenstellungen handelt, bei denen das **Schwergewicht auf den einzelnen Werken** und nicht auf deren Auswahl oder Anordnung liegt (*Ulmer*[3] § 29 I 3). Hierher sind beispielsweise Schriftenreihen, Serienausgaben, Beihefte zu Zeitschriften und Gesamtausgaben der Werke eines Autors zu zählen (vgl. zB OLG Köln GRUR 1950, 579/582).

Einzelheiten: Eine **persönliche geistige Schöpfung ist zu bejahen,** wenn das vorhandene Material gesammelt, gesichtet und unter individuellen Ordnungsgesichtspunkten zusammengestellt wird (BGH GRUR 1982, 37/39 – WK-Dokumentation; OLG Düsseldorf NJW-RR 1998, 116/117; *Schricker* GRUR 1996, 815/822). Bei **Zeitschriften** kommt es darauf an, ob in der Zusammenstellung der Elemente eine persönliche geistige Schöpfung liegt; bei zahlreichen Zeitschriften wird dies nicht der Fall sein (sa. OLG München MMR 2007, 525/526 – Subito; s. aber zu Einzelheften Rdnr. 15); andererseits wurde aber eine Zeitschrift als Sammelwerk angesehen, deren Herausgeber nicht nur ihre Gründer war, sondern der auch während der gesamten Zeit ihres Erscheinens die Sammlung und Zusammenstellung der Artikel zu Heften und der Hefte zu Bänden wahrgenommen hatte und darüber hinaus die inhaltliche Ausrichtung der Zeitschrift bestimmt hatte (BGH ZUM 2008, 598/601; sa. OLG Hamm GRUR-RR 2008, 276 – Online-Veröffentlichung). Unter ähnlichen Gesichtspunkten wurde eine Dokumentation über das Schicksal der deutschen Kriegsgefangenen, die von einer Kommission in 15-jähriger Arbeit erstellt wurde, als Sammelwerk eingeordnet (BGH GRUR 1982, 37 – WK-Dokumentation). In einem ähnlichen Fall hat das OLG Düsseldorf eine schöpferische Leistung in der Sammlung, Auswahl und Anordnung der Ausstellungsstücke für eine Wanderausstellung über Ostdeutschland erblickt (Schulze OLGZ 246, 4); ferner hat es einer von einer Finanz- und Steuerverwaltungsbehörde für den internen Dienstgebrauch herausgegebenes Veranlagungshandbuch als schutzfähiges Sammelwerk angesehen (OLG Düsseldorf NJW-RR 1998, 116/117). Zu einem wissenschaftlichen Apparat als Sammelwerk *Gounalakis* GRUR 2004, 996, 999 ff.

17 Zum **Tätigkeitsbereich des Urhebers eines Sammelwerks** gehört je nach Falllage auch die Festlegung des Themenkreises, die Gewinnung von Autoren, die Beschaffung, Sichtung und Auswahl der Beiträge nach einem vom Urheber des Sammelwerks geprägten Leitbild oder Gesamtplan, ferner die Entgegennahme der Manuskripte, deren Begutachtung und druckfertige Übergabe an den Verleger sowie die Verteilung des Schwergewichts der aufzunehmenden Beiträge unter Berücksichtigung der Aktualität der behandelten Frage, unter Umständen auch die äußere Gestaltung des Werks (BGH ZUM 2008, 598/601; OLG Frankfurt/M GRUR 1967, 151 – Archiv; OLG Frankfurt/M Schulze OLGZ 107, 6 und 12 – Taschenbuch für Wehrfragen; KG Schulze KGZ 80, 7). Bei einer Sammlung bedeutender Werke der Weltliteratur wurde in der Auswahl und Anordnung der Einzelwerke eine schöpferische Leistung erblickt (BGH GRUR 1954, 129 – Besitz der Erde), bei einer Gesetzessammlung in der Auswahl und Zusammenstellung der in die Sammlung aufzunehmenden Gesetze und Verordnungen (OLG Frankfurt/M GRUR 1986, 242 – Gesetzessammlung; zustimmend *Schack*[3] Rdnr. 258; vgl. aber andererseits BGH GRUR 1992, 382/384 – Leitsätze). Schöpfungshöhe wurde ferner bejaht bei einer Zusammenstellung fachspezifischer Zeitschriftenartikel unter Hinzufügung von Schlagworten und Hinweisen auf Bibliotheken, die die Originalwerke führen (KG AfP 1996, 148/149). Bei einer Buchungsfibel wurde als persönliche geistige Schöpfung die Ermittlung und Wertung derjenigen Buchungsfälle angesehen, die jeder Buchhalter kennen müsse, um den an ihn gestellten Anforderungen gerecht zu werden, ferner die Aufteilung des Materials auf zwei Bände unter individuellen Gesichtspunkten (LG Düsseldorf Schulze LGZ 104, 5 f.). Eine Gedichttitelliste wurde als Sammelwerk in Form eines Datenbankwerkes angesehen, wobei sich die persönliche geistige Schöpfung aus der besonderen Konzeption bei der Auswahl der Gedichttitel ergab, indem nämlich die wichtigsten Gedichte der Zeit zwischen 1730 und 1900 anhand von Anthologien und nach statistischen Kriterien zusammengestellt und nach einer besonderen Systematik geordnet wurden (BGH ZUM 2007, 737/738 – Gedichttitelliste I; dazu *Ehmann* GRUR 2008, 474). Zu **Werbekonzeptionen und Werbekampagnen** als Sammelwerk vgl. *Schricker* GRUR 1996, 815/822 f.

18 Auch bei der einzelnen **Sendung in Rundfunk oder Fernsehen** kann es sich um ein Sammelwerk handeln, etwa dann, wenn an der Sendung mehrere Urheber mitwirken und der Redakteur als Urheber des Sammelwerks die Beiträge teils im Wortlaut verwendet, teils kürzt, verändert oder nur dem Sinn nach benutzt (OLG Hamburg GRUR 1952, 486). Strittig ist, ob das **Gesamtprogramm**, also die Sendefolge im Verlauf eines Tages, einer Woche oder eines noch längeren Zeitraums ein Sammelwerk darstellt. Dagegen wird geltend gemacht, dass die Zusammenstellung des Gesamtprogramms im wesentlichen nur auf einer organisatorisch-technischen Leistung beruhe (*Krause* GRUR 1959, 346/349; SchweizBG GRUR Int. 1981, 642/643 – Kabelfernsehanlage Rediffusion II – dazu *Stern* FuR 1981, 113/114; eingehend *Hoeren*, Genießt die Sendefolge urheberrechtlichen Schutz? ZUM 2008, 271). Man wird aber die Schutzfähigkeit zumindest nicht grundsätzlich verneinen können. In der Kombination von Information und Unterhaltung, ernster und leichter Muse, jedenfalls über längere Zeiträume hinweg, pflegt heute meist eine schöpferische Leistung zum Ausdruck zu kommen. Das zeigt ein Vergleich der verschiedenen Rundfunk- und Fernsehprogramme und das Bemühen – gerade

Sammelwerke und Datenbankwerke § 4

auch der privaten Sender – ihrem Programm ein individuelles Gesicht zu verleihen (so *Kübler* S. 33 ff.; *Schricker* Kabelrundfunk S. 79/80; *Pleister/v. Einem*, Zur urheberrechtlichen Schutzfähigkeit der Sendefolge, ZUM 2007, 904; *Bobsin* GRUR 1954, 57/59 ff.). Zum Schutz des **Sendeformats** vgl. § 2 Rdnr. 187.

Eine **persönliche geistige Schöpfung** ist in der Rechtsprechung zB **verneint** worden bei Telefon- und Telefaxbüchern, bei denen Auswahl und Anordnung der Einträge lediglich nach Zweckmäßigkeitserwägungen erfolgte (BGH GRUR 1999, 923/924 – Tele-Info-CD), bei einer Sammlung von Gerichtsentscheidungen, aus der eine Reihe von Entscheidungsleitsätzen übernommen wurde (BGH GRUR 1992, 382/384 – Leitsätze; vgl. auch die Vorinstanz OLG Köln GRUR 1989, 821); bei dieser Entscheidung ist allerdings zu berücksichtigen, dass es lediglich auf die Schutzfähigkeit des übernommenen Teils ankam, sa. die Bejahung der Schutzfähigkeit einer reinen Gesetzessammlung über Apotheken- und Arzneimittelrecht durch das OLG Frankfurt/M (GRUR 1986, 242). Ferner wurde eine schöpferische Leistung verneint bei einem vom Üblichen abweichenden Einteilungsschema für die Bilder einer Bibelausgabe (BGH GRUR 1990, 669/673 – Bibelreproduktion), bei einer Sammlung der von Aktiendaten mit Kursen, Kennzahlen, Prognosen und Bewertungen der deutschen Aktien, wobei sich die Anordnung der Daten in alphabetischer und chronologischer Reihenfolge aus der Natur der Sache ergab (OLG Hamburg GRUR 2000, 319/320 – Börsendaten), bei einer Zusammenstellung ohne konzeptionelle Gestaltung von Aufklärungsbögen bzw. Merkblättern für Patienten, die vor ärztlichen diagnostischen und/oder therapeutischen Eingriffen in zahlreichen medizinischen Fachbereichen verwendet werden (OLG Nürnberg GRUR 2002, 607 – Stufenaufklärung nach Weissauer) bei einer Zeitschrift, bei der eine thematische Zuordnung der Beiträge lediglich nach Sachgebieten erfolgt war (OLG München MMR 2007, 525/526 – Subito) und bei einer umfangreichen Sammlung bibliographischer Daten ohne erkennbare konzeptionelle Leistungen (OLG Hamburg ZUM 1997, 145 – Personalbibliographie zu Leben und Werk von Hubert Fichte). Ebenso kann eine Webseite selbst als Ansammlung von Befehlen nicht als Sammelwerk an den Programmierungsbefehlen angesehen werden, weil deren Auswahl und Anordnung durch die Gestaltung der Webseite vorgegeben ist (OLG Frankfurt aM GRUR-RR 2005, 299/301 – Online-Stellenmarkt).

3. Periodische und nichtperiodische Sammelwerke

§ 38 UrhG und §§ 41, 43 ff. VerlG unterscheiden zwischen periodisch und nicht periodisch erscheinenden Sammelwerken. Für § 4 hat die Unterscheidung keine unmittelbare Bedeutung. **Periodische Sammelwerke** sind solche, die darauf angelegt sind, in ständiger und unbegrenzter regelmäßiger oder unregelmäßiger Folge zu erscheinen, ohne je als Ganzes zu einem einheitlichen Abschluss zu gelangen (*Schricker,* Verlagsrecht[3] § 41 Rdnr. 4). Die wichtigsten Fälle sind Zeitungen und Zeitschriften; zu Archiven vgl. OLG Frankfurt GRUR 1967, 151; *Freys* S. 118 f. Bei periodischen Sammelwerken stellt idR bereits jede in sich abgeschlossene Ausgabe oder Nummer ein Sammelwerk iSd. § 4 dar (*v. Gamm* § 4 Rdnr. 9; *Ulmer*[3] § 29 I 3). **Nichtperiodische Sammelwerke** sind zB Festschriften, Enzyklopädien oder Lexika (dazu *Rehbinder*[15] Rdnr. 227). Das Erscheinen in einzelnen Lieferungen macht sie noch nicht zum periodischen Sammelwerk (*v. Gamm* Rdnr. 9). Weitere Einzelheiten bei *Sellier* S. 17 ff.

4. Abgrenzungen

Von der **Miturheberschaft** unterscheidet sich das Sammelwerk dadurch, dass bei der Miturheberschaft die Beteiligten ein einheitliches Werk schaffen, dessen einzelne Beiträge sich nicht gesondert verwerten lassen (vgl. § 8 Rdnr. 5 ff.). Beim Sammelwerk entsteht zwar auch ein neues Werk, das aber in der Auswahl oder Anordnung der Einzelbeiträge besteht und nicht mit diesen ein einheitliches Werk bildet, sondern neben sie tritt (vgl. Rdnr. 3). Die Verfasser der Einzelbeiträge eines Sammelwerks sind weder untereinander durch Miturheberschaft verbunden, noch liegt im Verhältnis zum Urheber des Sammelwerks eine solche vor (vgl. § 8 Rdnr. 2). Dagegen können sowohl einzelne Beiträge zum Sammelwerk als auch dieses selbst in Miturheberschaft entstehen (vgl. zB KG Schulze KGZ 80, 7; OLG Frankfurt/M Schulze OLGZ 107, 5 – Taschenbuch für Wehrfragen). Zwischen den Verfassern der Einzelbeiträge liegt idR auch keine **Werkverbindung** vor (vgl. näher § 9 Rdnr. 6), ebensowenig ist dies in ihrem Verhältnis zum Urheber des Sammelwerks der Fall. Von den **wissenschaftlichen Ausgaben** nach § 70 unterscheiden sich Sammelwerke dadurch, dass die Auswahl oder Anordnung der Beiträge beim Sammelwerk eine persönliche geistige Schöpfung iSd. § 2 Abs. 2 darstellt, während die wissenschaftliche Edition nachgelassener Werke oder Texte keine schöpferische Leistung erfordert (sa. § 70 Rdnr. 1).

2

II. Das Urheberrecht am Sammelwerk

22 Das **Urheberrecht am Sammelwerk** hat **nur die Sammlung** als solche zum Gegenstand und erstreckt sich nicht auf die einzelnen Beiträge. Nur die in der Auswahl oder Anordnung liegende Leistung wird durch das Urheberrecht am Sammelwerk geschützt, der Schutz erstreckt sich nicht auf die einzelnen Beiträge oder Elemente (BGH GRUR 1992, 382/384 – Leitsätze; OLG Hamm ZUM 2008, 598/601; KG GRUR 1973, 602/603 – Hauptmann-Tagebücher). Handelt es sich bei diesen um geschützte Werke, so ist zwischen dem Urheberrecht am Sammelwerk und den Urheberrechten an den einzelnen Beiträgen zu unterscheiden; beide stehen selbständig nebeneinander. Eine Verletzung des Rechts an einem Sammelwerk liegt nur dann vor, wenn diejenigen Strukturen hinsichtlich der Auslese und Anordnung des Stoffs übernommen werden, die die persönliche geistige Schöpfung des Sammelwerks begründen (BGH GRUR 2007, 685/739 – Gedichttitelliste I; OLG Hamm ZUM 2008, 598/601; *Dreier*/Schulze[3] § 4 Rdnr. 15). Wird aus einem Sammelwerk ein einzelner Beitrag unerlaubt nachgedruckt, so liegt darin keine Verletzung des Urheberrechts am Sammelwerk. Handelt es sich um den Nachdruck mehrerer Beiträge, so kommt es darauf an, ob die Kombination dieser Beiträge bereits auf der in der Auswahl oder Anordnung liegenden Leistung des Herausgebers beruht (GRUR 2007, 685/739 – Gedichttitelliste I). Eine Verletzung des Urheberrechts am Sammelwerk wird daher zB beim Nachdruck von größeren Teilen eines Konversationslexikons zu bejahen sein (vgl. RGSt. 38, 241), dagegen zu verneinen sein, wenn aus einer umfangreichen Gedichtesammlung lediglich zwei oder drei Gedichte entnommen werden. Das schließt selbstverständlich nicht aus, dass der Herausgeber aus einem ihm eingeräumten Nutzungsrecht an den Einzelwerken (beachte auch die Auslegungsregel des § 38) gegen den Verletzer vorgeht. Umgekehrt liegt in einer Verletzung des Urheberrechts am Sammelwerk in aller Regel auch eine Vervielfältigung der Beiträge und, soweit diese geschützt sind und die Vervielfältigung ohne die erforderliche Zustimmung erfolgt, eine Verletzung des Urheberrechts an den Beiträgen.

23 Da ein Urheberrecht nur entsteht, wenn der individuelle Gedanke bereits eine gewisse Gestalt gefunden hat (ungestaltete Ideen sind nicht schutzfähig, vgl. § 2 Rdnr. 51), besteht das Urheberrecht am Sammelwerk grundsätzlich nur an den **bereits vorliegenden Auflagen und Ausgaben.** Das gilt insbesondere für periodische Sammelwerke (dazu Rdnr. 20), das Urheberrecht an ihnen bezieht sich nicht auf künftige, von einem anderen Herausgeber gestaltete Folgen (*Rehbinder*[15] Rdnr. 233; *Ulmer*[3] § 29 III). Davon ist der Fall zu unterscheiden, dass bei einer späteren, von einem anderen Herausgeber gestalteten Auflage oder Folge des Sammelwerks die in der Auswahl oder Anordnung liegende schöpferische Leistung des früheren Herausgebers ganz oder teilweise weiterbenutzt wird. Hier liegt in das an der früheren Auflage oder Folge des Sammelwerks bestehende Urheberrecht vor; in einem solchen Fall kann der ausgeschiedene Herausgeber auch einen Anspruch auf Urheberbenennung bei künftigen Auflagen haben (OLG Frankfurt/M Schulze OLGZ 107, 7 f. – Taschenbuch für Wehrfragen; in der Praxis wird diese Frage allerdings meist verlagsvertraglich geregelt). Auf den **Titel** des Sammelwerks bezieht sich das Urheberrecht am Sammelwerk aber nicht (vgl. Rdnr. 13), dieser fällt vielmehr (soweit nicht urheberrechtlicher Titelschutz besteht, dazu § 2 Rdnr. 69 ff.) unter das Recht am Sammelwerk als Unternehmen (vgl. Rdnr. 29).

24 **Inhaber des Urheberrechts am Sammelwerk** ist derjenige, der die persönliche geistige Schöpfung durch Auswahl oder Anordnung der Elemente des Sammelwerks erbracht hat. Sind dies mehrere, so liegt unter den Voraussetzungen des § 8 Miturheberschaft vor. Üblicherweise wird der Urheber des Sammelwerks als Herausgeber bezeichnet (sa. AmtlBegr. BTDrucks. IV/270 S. 43; OLG Nürnberg GRUR 2002, 608 – Stufenaufklärung nach Weissauer) Zur **Urhebervermutung** bei Sammelwerken vgl. § 10 Rdnr. 16).

25 Die Selbständigkeit des Urheberrechts am Sammelwerk gegenüber den Urheberrechten an den einzelnen Beiträgen (vgl. Rdnr. 22) bedeutet, dass einer **Verwertung** des Sammelwerks sowohl der Urheber des Sammelwerks als auch die Urheber der Einzelwerke (soweit diese geschützt sind) zustimmen müssen. Das Urheberrecht am Sammelwerk ist damit von den Urheberrechten an den geschützten Beiträgen in ähnlicher Weise abhängig wie das Bearbeiterurheberrecht vom Urheberrecht am bearbeiteten Werk. In der Praxis wird die Einwilligung zur Verwertung der Einzelwerke meist in der Form erteilt, dass dem Herausgeber oder – häufiger –

unmittelbar dem Verleger des Sammelwerks **Nutzungsrechte** an den Einzelwerken von deren Urhebern eingeräumt werden, entweder als einfache Nutzungsrechte (zB wenn das Einzelwerk bereits veröffentlicht ist oder noch an anderer Stelle veröffentlicht werden soll) oder als ausschließliche Nutzungsrechte (insbesondere wenn das Einzelwerk für das Sammelwerk geschaffen wird); dabei ist die Auslegungsregel des § 38 zu beachten. Diese Einwilligung bezieht sich aber idR nur auf die Verwertung innerhalb des Sammelwerks, nicht dagegen auf eine gesonderte Verwertung (*Ulmer*³ § 29 II 2 a). Ferner berechtigt die Übertragung des ausschließlichen Nutzungsrechts zur Geltendmachung der Abwehrrechte an den Einzelwerken gegenüber Rechtsverletzungen. Zur Weiterübertragung der Nutzungsrechte am Sammelwerk und an den Einzelwerken genügt nach § 34 Abs. 2 die Zustimmung des Urhebers des Sammelwerks (vgl. dazu § 34 Rdnr. 38); im Falle des § 34 Abs. 3 ist auch dessen Zustimmung entbehrlich (vgl. dazu § 34 Rdnr. 39).

Die Selbständigkeit des Urheberrechts am Sammelwerk gegenüber den Urheberrechten an den Einzelwerken führt auch dazu, dass die **Schutzfristen** getrennt laufen. Die Schutzfrist für das Sammelwerk endet 70 Jahre nach dem Tod von dessen Urheber, die Schutzfristen für die Einzelwerke berechnen sich nach dem Tod von deren jeweiligem Urheber. Sind einzelne Schutzfristen abgelaufen, so bleibt für die weitere Verwertung des Sammelwerks die Zustimmung der noch verbleibenden Urheber bzw. ihrer Rechtsnachfolger erforderlich. 26

III. Urheber- und Leistungsschutzrechte an den Einzelwerken

Durch das Urheberrecht am Sammelwerk werden Urheberrechte und Leistungsschutzrechte an den Einzelwerken nicht berührt. § 4 Abs. 1 bringt das durch die „unbeschadet"-Klausel zum Ausdruck. Anlässlich der Umsetzung der Datenbankrichtlinie (dazu Rdnr. 2 und vor §§ 87a ff. Rdnr. 15 ff.) wurden die verwandten Schutzrechte in die „unbeschadet"-Klausel mit aufgenommen (dazu AmtlBegr. BTDrucks. 13/7934 S. 51); in der Sache brachte das keine Änderung, weil das schon vorher die Aufnahme von Beiträgen, an denen Leistungsschutzrechte bestanden (zB der ausübenden Künstler oder Rechte nach § 72), in ein Sammelwerk weder Urheber- noch Leistungsschutzrechte beeinträchtigte. Die Einzelwerke bleiben also prinzipiell gesondert verwertbar. Allerdings kann das Recht zur gesonderten Verwertung durch Vereinbarungen mit dem Herausgeber bzw. Verleger eingeschränkt sein, insbesondere durch die Einräumung ausschließlicher Nutzungsrechte; gesetzliche Auslegungsregeln enthält § 38. 27

IV. Das Sammelwerk als Unternehmen

1. Grundsatz

Vom Urheberrecht am Sammelwerk ist das Sammelwerk als Unternehmen zu unterscheiden. Das Erscheinenlassen eines Sammelwerks erfordert neben der Auslese und Anordnung der Beiträge, also neben der urheberrechtlichen Leistung, noch eine **wirtschaftlich-organisatorische Leistung,** die in der Herstellung, Vervielfältigung und Verbreitung des Sammelwerks besteht (BGH GRUR 1968, 329/331 – Der kleine Tierfreund; BGH GRUR 1955, 199 – Sport-Wette-Entsch; OLG Frankfurt GRUR 1986, 242 – Gesetzessammlung; Dreier/*Schulze*³ § 4 Rdnr. 22), wozu auch die Planung, die Entwicklung von Ideen, die Organisation, die Finanzierung des Unternehmens, dessen Weiterführung und Weiterentwicklung usw. gehört (vgl. *Sellier* S. 47 f.). Diese wirtschaftlich-organisatorische Leistung wird als **Recht am Unternehmen** geschützt (BGH GRUR 1968, 329/331 – Der kleine Tierfreund; BGHZ 15, 113; RGZ 68, 49/53; OLG Frankfurt/M GRUR 1967, 151/152 – Archiv; OLG Hamm GRUR 1967, 153/155 – Deutsche Bauzeitschrift; OLG Frankfurt/M Schulze OLGZ 107, 7 ff. – Taschenbuch für Wehrfragen; OLG Frankfurt/M GRUR 1986, 242 – Gesetzessammlung; sa. OLG Nürnberg GRUR 2002, 607 – Stufenaufklärung nach Weissauer; im Schrifttum *Schricker*, Verlagsrecht³ § 41 Rdnr. 13 ff.; *ders.* in Fs. für Loewenheim, 2009, S. 267/271 ff.; Dreier/*Schulze*³ § 4 Rdnr. 22; Fromm/Nordemann/*Czychowski*¹⁰ § 4 Rdnr. 44; Mestmäcker/Schulze/*Haberstumpf* § 4 Rdnr. 24; *Ulmer*³ § 29 III; teilweise abweichend *Rehbinder*¹⁵ Rdnr. 237; zum Ganzen eingehend *v. Hülsen,* Das Zeitungs- und Zeitschriftenunternehmen). Das Recht am Unternehmen besteht in der **Möglichkeit der gewinnbringenden Fortführung des Sammelwerks,** dh. in der Möglichkeit des Erscheinenlassens weiterer Lieferungen bei periodischen, von Neuauflagen bei nichtperiodischen Sammelwerken (BGH GRUR 1968, 329/331 – Der kleine Tierfreund; *Schricker*, Verlagsrecht³ § 41 Rdnr. 14; eingehend *Sellier* S. 46 ff.). Es handelt sich angesichts der Beziehungen zu Mitarbeitern 28 und Bestellern um eine in die Zukunft weisende Einheit, die alle vermögenswerten Rechte und Interessen umfasst, die an die Tätigkeit des Herausbringens eines Sammelwerkes geknüpft sind (OLG Frankfurt/M GRUR 1986, 242 – Gesetzessammlung). Seine **Bedeutung** hat das Recht am Sammelwerk als Unternehmen in erster Linie beim Verkauf von Zeitungen, Zeitschriften und Buchreihen; es geht dann im Allgemeinen um die Frage, ob der Herausgeber oder der Verlag zur Veräußerung berechtigt sind.

29 Das Recht am Sammelwerk als Unternehmen ist ein gegenüber dem Urheberrecht am Sammelwerk **selbständiges Recht**. Es entsteht nicht aufgrund der in der Auslese und Anordnung der Beiträge liegenden persönlichen geistigen Schöpfung, sondern beruht auf einer kaufmännisch-organisatorischen Leistung. Es stellt weder ein Urheber- noch ein Verlagsrecht dar (BGH GRUR 1968, 329/331 – Der kleine Tierfreund) und ist nicht Gegenstand des Urheberrechts am Sammelwerk (*Ulmer*[3] § 29 III; *Schricker* in Fs. für Loewenheim, 2009, S. 267/272). Es ist kein einheitliches fest umgrenztes Recht (wie etwa die dinglichen Rechte), sondern umfasst – wie das Handelsunternehmen – die Inhaberschaft an einem Inbegriff von Vermögensgegenständen unterschiedlichster Art (*Schricker*, Verlagsrecht[3] § 41 Rdnr. 14; *ders.* in Fs. für Loewenheim, 2009, S. 267/272), von Rechten und (aber nicht notwendig) auch Sachen (ganz hM, vgl. die Nachweise in Rdnr. 28; abweichend nimmt *Rehbinder*[15] Rdnr. 237 ein Recht am Unternehmen nach § 823 I BGB an). Zum Recht am Unternehmen zählen vor allem Titel und Ausstattung, ferner der Charakter des Sammelwerks, sein Ruf und seine Bekanntheit, der Abnehmerkreis und die Beziehungen zu Mitarbeitern (OLG Frankfurt/M GRUR 1967, 151/152 – Archiv; OLG Frankfurt/M GRUR 1986, 242 – Gesetzessammlung; *Schricker*, Verlagsrecht[3] § 41 Rdnr. 14; eingehend *Sellier* S. 51 ff.; vgl. aber zu weiterbestehenden Urheberrechten eines früheren Herausgebers Rdnr. 23). Auch Urheberrechte und Nutzungsrechte können daher zum Recht am Unternehmen gehören.

30 Das Recht am Sammelwerk als Unternehmen kann **Gegenstand obligatorischer Rechtsgeschäfte** sein, insbesondere also verkauft oder verpachtet werden. Es kann dagegen **nicht** das Objekt **dinglicher Geschäfte** wie Eigentumsübertragung, Sicherungsübereignung oder Verpfändung bilden; insoweit ist nur die Verfügung über die einzelnen zum Unternehmen gehörenden Sachen und Rechte möglich (BGH GRUR 1968, 329/331 – Der kleine Tierfreund – mwN; *Schricker*, Verlagsrecht[3] § 41 Rdnr. 14; *Dreier/Schulze*[3] § 4 Rdnr. 23; eingehend *v. Hülsen* S. 83 ff.; aA *Rehbinder*[15] Rdnr. 238). Diese sind dann nach den jeweils für sie geltenden Rechtsvorschriften zu übertragen bzw. zu belasten. So sind beispielsweise bewegliche Sachen nach §§ 929 ff. BGB zu übertragen, Forderungen durch Abtretung nach §§ 398 ff. BGB.

2. Der Herr des Unternehmens

31 Wer der Herr (Inhaber) des Sammelwerks als Unternehmen ist, bestimmt sich in erster Linie nach den **vertraglichen Vereinbarungen** zwischen den Beteiligten (OLG Frankfurt/M GRUR 1986, 242/243 – Gesetzessammlung; *Schricker*, Verlagsrecht[3] § 41 Rdnr. 15; *Ulmer*[3] § 29 III 2; *Mestmäcker/Schulze/Haberstumpf* § 4 Rdnr. 25). Auch **schlüssig** kann zum Ausdruck gebracht werden, ob Verlag oder Herausgeber Herr des Unternehmens sein soll; für den Verlag als Unternehmensinhaber spricht beispielsweise die Herausgabe des Sammelwerks im Auftrag des Verlags und das Entscheidungsrecht des Verlags über die wirtschaftliche Seite des Unternehmens, über sachliche Fragen wie Titel, Ausstattung, Aufmachung, ferner das alleinige Bestimmungsrecht hinsichtlich Planung, Arbeitsteilung und Zusammenarbeit (OLG Hamm GRUR 1967, 153/155 – Deutsche Bauzeitschrift). Lässt sich den Vereinbarungen nichts entnehmen, so kommt es auf die **tatsächlichen Verhältnisse** an (BGHZ 15, 1/3; OLG Frankfurt/M GRUR 1967, 151/152 – Archiv; OLG Frankfurt/M GRUR 1986, 242/243 – Gesetzessammlung; *Schricker* in Fs. für Loewenheim, S. 267/272 f.; *Dreier/Schulze*[3] § 4 Rdnr. 23). Maßgebend ist dann weniger, in wessen Händen die geistige Leitung des Sammelwerks liegt, sondern zB, wer den Plan fasste, bei periodischen Sammelwerken die Zeitung oder Zeitschrift gründete, den Titel ersann, die Mitarbeiter warb und das wirtschaftliche Risiko trug (OLG Frankfurt/M GRUR 1967, 151/152 – Archiv; OLG Frankfurt/M GRUR 1986, 242/243 – Gesetzessammlung; OLG Hamburg GRUR 1952, 148/149). Zum Ganzen eingehend *Schricker*, Verlagsrecht[3] § 41 Rdnr. 15 ff.; *Sellier* S. 59 ff.; *v. Hülsen* S. 107 ff.

C. Datenbankwerke

Schrifttum: *Barta/Markiewicz*, Datenbank als schutzfähiges Werk im Urheberrecht, Fs. für Beier, 1996, S. 343; *Bensinger*, Sui-generis-Schutz für Datenbanken: Die EG-Datenbankrichtlinie vor dem Hintergrund des nordischen Rechts, 1999; *Berger*, Der Schutz elektronischer Datenbanken nach der EG-Richtlinie vom 11. 3. 1996, GRUR

1997, 169; *Cichon*, Urheberrechte an Webseiten, ZUM 1998, 897; *Dreier*, Die Harmonisierung des Rechtsschutzes von Datenbanken in der EG, GRUR Int. 1992, 739; *Ehmann*: Datenbankurheberrecht, Datenbankherstellerrecht und die Gemeinschaft der Rechtsinhaber – Zugleich Besprechung von BGH „Gedichttiteliste I und II", GRUR 2008, 474; *Flechsig*, Der rechtliche Rahmen der europäischen Richtlinie zum Schutz von Datenbanken, ZUM 1997, 577; *Fuchs*, Die Gemeinfreiheit von amtlichen Datenbanken, UFITA 2008/I, S. 27; *v. Gamm*, Rechtsfragen bei Datenbanken, Zum Richtlinienvorschlag der EG-Kommission, GRUR 1993, 203; *Gaster*, Der Rechtsschutz von Datenbanken im Lichte der Diskussion zu den urheberrechtlichen Aspekten der Informationsgesellschaft, in *Dittrich* (Hrsg.), Beiträge zum Urheberrecht IV, ÖSGRUM 19 (1995) 201; *ders.*, Urheberrecht und verwandte Schutzrechte in der Informationsgesellschaft, ZUM 1995, 740; *ders.*, Zur anstehenden Umsetzung der EG-Datenbankrichtlinie, CR 1997, Teil I: S. 669, Teil II: S. 717; *ders.*, Der Rechtsschutz von Datenbanken – Kommentar zur Richtlinie 96/9/EG mit Erläuterungen zur Umsetzung in das deutsche und das österreichische Recht, 1999; *Grützmacher*, Urheber-, Leistungs- und Sui-generis-Schutz von Datenbanken – eine Untersuchung des europäischen, deutschen und britischen Rechts, 1999; *Haberstumpf*, Der Schutz elektronischer Datenbanken nach dem Urheberrechtsgesetz, GRUR 2003, 14; *Hackemann*, Rechtlicher Schutz von Datenbanken – Anmerkungen zu einem Hearing der EG-Kommission, CR 1991, 305; *ders.*, Urheberrechtlicher Schutz von Datenbanken – rechtsvergleichend und nach internationalem Recht, ZUM 1987, 269; *Heinrich*, Der rechtliche Schutz von Datenbanken, WRP 1997, 275; *Heinz*, Die europäische Richtlinie über den rechtlichen Schutz von Datenbanken in verfassungsrechtlicher und rechtstheoretischer Sicht, GRUR 1996, 455; *Hillig*, Der Schutz von Datenbanken aus der Sicht des deutschen Rechts, ZUM 1992, 325; *Hoebbel*, Der Schutz von elektronischen Datenbanken nach deutschem und kommendem europäischen Recht, in Lehmann (Hrsg.), Rechtsschutz und Verwertung von Computerprogrammen, 2. Aufl. 1993, S. 1015; *ders.*, EG-Richtlinienentwurf über den Rechtsschutz von Datenbanken, CR 1993, 12; *Hoeren*, Multimedia = Multilegia, CR 1994, 390; *Kappes*, Rechtsschutz computergestützter Informationssammlungen, 1996; *Katzenberger*, Elektronische Printmedien und Urheberrecht, 1996; *ders.*, Internationalrechtliche Aspekte des Schutzes von Datenbanken, ZUM 1992, 332; *ders.*, Urheberrecht und Datenbanken, GRUR 1990, 94; *Koch*, Handbuch Software- und Datenbankrecht, 2003, S. 791 ff.; *Kotthoff*, Zum Schutz von Datenbanken beim Einsatz von CD-ROMs in Netzwerken, GRUR 1997, 597; *Lehmann*, Die neue Datenbankrichtlinie und Multimedia, in Lehmann (Hrsg.), Internet und Multimediarecht (Cyberlaw), 1997, S. 67; *ders.*, Die neue Datenbankrichtlinie und Multimedia, NJW-CoR 1996, 249; *ders.*, Richtlinie des Europäischen Parlaments und des Rates vom 11. März 1996 über den rechtlichen Schutz von Datenbanken, Einführung, in *Möhring/Schulze/Ulmer/Zweigert* (Hrsg.), Quellen des Urheberrechts, Europ. GemeinschaftsR/II/5; *Leistner*, Der Rechtsschutz von Datenbanken im deutschen und europäischen Recht: eine Untersuchung zur Richtlinie 96/9/EG und zu ihrer Umsetzung in das deutsche Urheberrechtsgesetz, 2000; *v. Lewinski*, Der Schutz von Datenbanken: Rechtsangleichung in der EG, MR 1992, 178; *Loewenheim*, Urheberrecht, in Loewenheim/Koch (Hrsg.), Praxis des Online-Rechts, Kap. 7, 1998; *ders.*, Urheberrechtliche Grenzen der Verwendung geschützter Dokumente in Datenbanken, AfP 1993, 613; *ders.*, Urheberrechtliche Grenzen der Verwendung geschützter Dokumente in Datenbanken, 1994; *ders.*, Urheberrechtliche Probleme bei Multimediaanwendungen, GRUR 1996, 830; *Mehrings*, Der Rechtsschutz computergestützter Fachinformationen, unter besonderer Berücksichtigung der Datenbanken, 1990; *ders.*, Wettbewerbsrechtlicher Schutz von Online-Datenbanken, CR 1990, 305; *Melichar*, Virtuelle Bibliotheken und Urheberrecht, CR 1995, 756; *Milbradt*, Urheberrechtsschutz von Datenbanken – Im Spannungsverhältnis zwischen Informationsfreiheit und Schutz des Datenbankherstellers, CR 2002, 710; *Moufang*, Datenbankverträge, in Beier/Götting/Lehmann/Moufang (Hrsg.), Urhebervertragsrecht, Festgabe für Gerhard Schricker zum 60. Geburtstag, 1995, S. 571; *Nippe*, Urheber und Datenbank – Der Schutz des Urhebers bei der Verwendung seiner Werke in elektronischen Datenbanken, 2000; *Nordemann/Hertin*, Die juristische Datenbank in urheber- und wettbewerbsrechtlicher Sicht, NJW 1971, 875; *Röttinger*, Der Rechtsschutz von Datenbanken nach EG-Recht, ZUM 1992, 594; *Schack*, Urheberrechtliche Gestaltung von Webseiten unter Einsatz von Links und Frames, MMR 2001, 9; *Scheller*, Wettbewerbsrechtliche Aspekte beim Schutz von Datenbanken und ihrer Nutzung, CR 1988, 806; *Sieber*, Informationsrecht und Recht der Informationstechnik, NJW 1989, 2569; *Ullmann*, Die Einbindung der elektronischen Datenbanken in den Immaterialgüterschutz, Fs. für Brandner, 1996, S. 507; *Vogel*, Die Umsetzung der EG-Richtlinie 96/9/EG über den rechtlichen Schutz von Datenbanken in Art. 7 des Regierungsentwurfs eines Informations- und Kommunikationsdienstegesetzes, ZUM 1997, 592; *Westkamp*, Der Schutz von Datenbanken und Informationssammlungen im britischen und deutschen Recht – eine vergleichende Untersuchung des Rechtszustandes nach Umsetzung der europäischen Datenbankrichtlinie unter Berücksichtigung des Urheberrechts, des Datenbankherstellerrechts und des Wettbewerbsrechts, 2003; *Wiebe*, Rechtsschutz von Datenbanken und europäische Harmonisierung, CR 1996, 198; *Wiebe/Funkat*, Multimediaanwendung als urheberrechtlicher Schutzgegenstand, MMR 1998, 404; *Zscherpe*, Urheberrechtsschutz digitalisierter Werke im Internet, MMR 1998, 69.
Siehe auch die Schrifttumsangaben vor Rdnr. 1 und vor §§ 87 a ff.

I. Übersicht

Datenbankwerke können **sowohl elektronische als auch nichtelektronische Datenbanken** sein (sa. Rdnr. 42). Das Gesetz unterscheidet nach der Umsetzung der europäischen Datenbankrichtlinie seit dem 1.1.1998 zwischen **Datenbankwerken** und **Datenbanken** (vgl. Rdnr. 2). Datenbankwerke sind solche Datenbanken, bei denen Auswahl oder Anordnung der in ihnen enthaltenen Elemente auf einer schöpferischen Leistung beruhen. Der Gesetzgeber hat sie bei der Umsetzung der Richtlinie systematisch richtig bei den urheberrechtlich schutzfähigen Werken als Unterfall des Sammelwerks eingeordnet (dazu *Vogel* ZUM 1997, 592/599; kritisch *Gaster* CR 1997, 717/720; sa. BGH ZUM 2007, 737/738 – Gedichttiteliste I). Datenbanken, die eine solche schöpferische Leistung nicht aufweisen, sind im Hinblick auf die in sie getätigten Investitionen durch das Leistungsschutzrecht der §§ 87 a ff. geschützt. Der Gesetzgeber bezeichnet sie als Datenbanken. Angesichts der unterschiedlichen Schutzvoraussetzungen kann eine Datenbank sowohl als Datenbankwerk nach § 4 Abs. 2 als auch als Datenbank nach §§ 87 a ff. geschützt sein; 32

beide Schutzrechte können also **nebeneinander bestehen** (AmtlBegr. BTDrucks. 13/7934 S. 51; BRDrucks. 966/96 S. 41; Wandtke/Bullinger/*Bullinger*³ § 4 Rdnr. 8; Fromm/Nordemann/ *Czychowski*¹⁰ § 4 Rdnr. 49; Mestmäcker/Schulze/*Haberstumpf* § 4 Rdnr. 28); ebenso können sie **verschiedenen Inhabern** zustehen (vgl. vor §§ 87 a ff. Rdnr. 39, 42).

33   Datenbankwerke genießen als Sammelwerke **vollen Urheberrechtsschutz**. Die Einordnung als Unterfall der Sammelwerke in § 4 Abs. 2 erlaubte es, die Gesetzesänderungen auf ein Minimum zu beschränken, ohne dass dadurch die Umsetzung der Richtlinie beeinträchtigt wurde (vgl. auch vor §§ 87 a ff. Rdnr. 16). Insbesondere konnte die Umsetzung von Art. 4 der Richtlinie (Urheberschaft) auf §§ 7 ff., von Art. 5 (Rechte des Urhebers) auf die Verwertungsrechte der §§ 15 ff. und von Art. 6 (Rechte des Benutzers) auf die Schrankenbestimmungen des Urheberrechts (§§ 45 ff.) zurückgreifen und sich auf wenige Sonderregelungen beschränken. Datenbankwerke unterliegen damit den Vorschriften des 1., 4. und 5. Teils des UrhG. Insbesondere stehen dem Urheber die **allgemeinen Urheberpersönlichkeits- und Verwertungsrechte** zu. **Sonderregelungen** bestehen in **§ 23 S. 2,** wonach bereits die Herstellung der Bearbeitung eines Datenbankwerkes ohne Zustimmung des Urhebers nicht erfolgen darf (vgl. dazu § 23 Rdnr. 22), in **§ 53 Abs. 5,** wonach die Vervielfältigung zum eigenen Gebrauch ohne Zustimmung des Urhebers bei Datenbankwerken weitgehend eingeschränkt ist (vgl. dazu § 53 Rdnr. 76 f.), und in **§ 55 a,** durch den die normale Benutzung eines Datenbankwerkes für den rechtmäßigen Benutzer sichergestellt werden soll. Der **internationale Schutz** vom Datenbankwerken beurteilt sich nach §§ 120 ff. (§ 127 a gilt nur für Datenbanken iSd. §§ 87 a ff.). Bei den **internationalen Abkommen** ist ein Schutz von Datenbanken ausdrücklich vorgesehen in Art. 10 Abs. 2 TRIPS (dazu *Katzenberger* GRUR Int. 1995, 447/464 f.; *Reinbothe* GRUR Int. 1992, 707/710) und in Art. 5 des WIPO Copyright Treaty (WCT; dazu *v. Lewinski* GRUR Int. 1997, 667/677 f.; *dies.* CR 1997, 438/442); im Übrigen kommt eine Einstufung als Sammlung nach Art. 2 Abs. 5 RBÜ in Betracht. Zur **Übergangsregelung** für vor dem 1.1.1998 geschaffenen Datenbankwerke vgl. § 137 g.

34   Ebenso wie bei §§ 69 a ff. (vgl. vor §§ 69 a ff. Rdnr. 6) handelt es sich bei § 4 Abs. 2 der Sache nach um Gemeinschaftsrecht, „um **ein Stück europäisches Urheberrecht** innerhalb des UrhG" (vgl. zu §§ 69 a ff. AmtlBegr. BTDrucks. 12/4022 S. 8). Das bedeutet, dass seine **Auslegung richtlinienkonform** zu erfolgen hat, also unter Berücksichtigung der Vorschriften und Erwägungsgründe der Datenbankrichtlinie (BGH ZUM 2007, 737/738 Tz. 21 – Gedichttitelliste I; *Dreier/ Schulze*³ § 4 Rdnr. 2; Fromm/Nordemann/*Czychowski*¹⁰ § 4 Rdnr. 6; vgl. zur richtlinienkonformen Auslegung deutschen Urheberrechts auch vor §§ 69 a ff. Rdnr. 6 und vor §§ 87 a ff. Rdnr. 14). Für die Auslegung des § 4 Abs. 2 ist neben der AmtlBegr. zu Art. 7 der Endfassung des IuKDG (Beschlussempfehlung und Bericht des Bundestagsausschusses, BTDrucks. 13/7934 S. 50 ff.) auch die AmtlBegr. zum (durch die Endfassung abgeänderten) Gesetzentwurf der Bundesregierung (BRDrucks. 966/96 S. 41 ff.) heranzuziehen, soweit keine Abänderungen durch die Endfassung erfolgt sind (zur Entstehungsgeschichte näher vor §§ 87 a ff. Rdnr. 15).

35   Als ein das Urheberrecht ergänzender Rechtsschutz kann auch **Wettbewerbsschutz,** insbesondere nach § 1 UWG, für Datenbanken in Betracht kommen (sa. vor §§ 87 a ff. Rdnr. 47 f.). Wettbewerbsschutz hat allerdings eine andere Zielrichtung als Urheberrechtsschutz: nicht die Leistung als solche ist geschützt, sondern es soll die anstößige Art und Weise der Benutzung der fremden Leistung im Wirtschaftsverkehr unterbunden werden. Das kann indessen der Leistung reflexartig zu Gute kommen. Der wettbewerbsrechtliche Schutz ist aber gegenüber dem Urheberrechtsschutz nachrangig; er darf den Wertungen des Urheberrechts nicht widersprechen (BGH GRUR 1986, 454/456 – Bob Dylan). Das bedeutet nach der Rechtsprechung, dass bei Bestehen urheberrechtlichen Schutzes vor Nachahmung ein zusätzlicher Wettbewerbsschutz ausscheidet (BGH GRUR 1992, 697/699 – ALF; BGH GRUR 1993, 34/37 – Bedienungsanweisung; BGH GRUR 1994, 630/632 – Cartier-Armreif) und dass nur dann, wenn eine Datenbank urheber- oder leistungsschutzrechtlich nicht geschützt ist, Wettbewerbsschutz erfolgen kann, es müssen allerdings besondere Umstände hinzutreten, um einen Wettbewerbsverstoß zu begründen, etwa Verkehrstäuschung, Behinderung durch systematisches Nachahmen oder unlautere Leistungsübernahme (näher Hefermehl/*Köhler*/Bornkamm, UWG²⁶ § 4 Rdnr. 9.7; *Piper/Ohly*, UWG⁴ Einführung D Rdnr. 86; vgl. aber auch Einl. Rdnr. 53).

II. Begriff und Schutzvoraussetzungen

1. Sammelwerk

36   **a) Sammlung von Werken, Daten oder anderen unabhängigen Elementen.** Der Begriff des Datenbankwerks setzt zunächst voraus, dass es sich um ein Sammelwerk handelt. Es

müssen also die Tatbestandsmerkmale des § 4 Abs. 1 erfüllt sein. Das heißt zum einen, dass es sich um eine Sammlung von Werken, Daten oder anderen unabhängigen Elementen handeln muss (dazu näher Rdnr. 6 ff.; eingehend zum Begriff der Elemente Fromm/Nordemann/ *Czychowski*[10] § 4 Rdnr. 34, 17 ff.). **Unabhängigkeit** der Elemente bedeutet, dass es sich um einzelne, selbständige Daten handeln muss; dass sie zu einem gemeinsamen Themenkreis gehören, steht dem nicht entgegen. Das einzelne Element muss unabhängig von den anderen Elementen in die Datenbank eingegeben werden können und unabhängig von den anderen (einzeln) zugänglich sein. Das besagt, dass einzelne Werke keine Sammlung sind; die Aufzeichnung eines audiovisuellen Werkes kann daher kein Datenbankwerk begründen (17. Erwgr. der Richtlinie; *Flechsig* ZUM 1997, 577/580), anders ist es bei einer CD-ROM oder DVD, sie stellt eine Sammlung dar (22. Erwgr.; *Kotthoff* GRUR 1997, 597/598). Inhalt des Datenbankwerkes können sowohl **geschützte** als auch **nicht geschützte** Elemente sein (s. Rdnr. 6). Als **Beispiele** werden im 17. Erwgr. der Richtlinie Sammlungen von literarischen, künstlerischen, musikalischen oder anderen Werken sowie von anderem Material wie Texten, Tönen, Bildern, Zahlen, Fakten und Daten genannt.

b) Persönliche geistige Schöpfung. Zum anderen ist erforderlich, dass die Datenbank in 37 Auswahl oder Anordnung ihrer einzelnen Elemente eine persönliche geistige Schöpfung darstellt (BGH ZUM 2007, 737/738 – Gedichttitelliste I; OLG Frankfurt aM GRUR-RR 2005, 299/300 – Online-Stellenmarkt; OLG Düsseldorf MMR 1999, 729/730; LG Köln ZUM 2005, 910/914). Das ergibt sich bereits aus der Unterordnung des Begriffs „Datenbankwerk" unter den Begriff „Sammelwerk" (AmtlBegr. BTDrucks. 13/7934 S. 51). Die Datenbankrichtlinie spricht von „eigener geistiger Schöpfung" (Art. 3 Abs. 1 S. 1 sowie 15. Erwgr.), ein sachlicher Unterschied liegt hierin nicht (AmtlBegr. aaO; OLG Hamburg GRUR-RR 2002, 217/218 – CT-Klassenbibliothek; Dreier/*Schulze*[3] § 4 Rdnr. 19; sa. BGH ZUM 2007, 737/738 Tz 18 – Gedichttitelliste I, das ein weiteres den Begriff der persönlichen geistigen Schöpfung verwendet). Bei der Schutzbestimmung dürfen **keine anderen Kriterien** herangezogen werden (Art. 3 Abs. 1 S. 2 der Richtlinie). Diese mit Art. 1 Abs. 3 S. 2 der Computerprogrammrichtlinie übereinstimmende Formulierung hat der deutsche Gesetzgeber im Gegensatz zu § 69a Abs. 3 S. 2 nicht in den Gesetzestext aufgenommen; der Grund dafür liegt darin, dass das bei der Umsetzung der Computerprogrammrichtlinie angestrebte Harmonisierungsziel, die von der deutschen Rechtsprechung bei Computerprogrammen aufgestellten hohen Anforderungen an die Gestaltungshöhe (dazu vor §§ 69a ff. Rdnr. 3) abzusenken, bei Datenbanken nicht bestand (Begründung zum Regierungsentwurf des IuKDG, BRDrucks. 966/96 S. 45). Damit kommt der unterschiedlichen Formulierung von § 4 Abs. 2 gegenüber § 69a Abs. 3 S. 2 keine sachliche Bedeutung zu; ebenso wie bei Computerprogrammen dürfen auch bei Datenbankwerken keine anderen Kriterien als die eigene bzw. persönliche geistige Schöpfung berücksichtigt werden. Das besagt, dass – neben den übrigen Voraussetzungen der persönlichen geistigen Schöpfung (dazu § 2 Rdnr. 11 ff.) – das Vorhandensein von **Individualität** ausreicht und eine besondere Gestaltungshöhe nicht verlangt werden darf (BGH ZUM 2007, 737/738 Tz 21 – Gedichttitelliste I; OLG Düsseldorf MMR 1999, 729/30; LG Köln ZUM 2005, 910/914; *Vogel* ZUM 1997, 592/600; Fromm/Nordemann/*Czychowski*[10] § 4 Rdnr. 32; vgl. zu Begriff und Funktion der Gestaltungshöhe § 2 Rdnr. 24). Es wird also auch die **kleine Münze** (dazu § 2 Rdnr. 39) geschützt (OLG Hamburg GRUR-RR 2002, 217/218 – CT-Klassenbibliothek; Fromm/*Nordemann*[9] § 4 Rdnr. 3); ein bescheidenes Maß an geistiger Leistung reicht zur Begründung der Werkqualität aus (*Ullmann,* Fs. für Brandner, S. 507/518). Ebensowenig darf der Schutz von einer Beurteilung der Qualität oder des ästhetischen Wertes der Datenbank abhängig gemacht werden (16. Erwgr. der Richtlinie; LG Köln ZUM 2005, 910/914). Auch Kriterien wie objektive Neuheit, Umfang der Datenbank, ihr Zweck, Zeitaufwand und Kosten der Herstellung begründen nicht die Werkqualität (allgemein zu diesen Kriterien § 2 Rdnr. 42 ff.; s. zum Urheberrechtsschutz von Datenbanken auch *Kappes* S. 39 ff.).

Die **Individualität** muss in **der Auswahl oder der Anordnung der Daten** (Elemente) 38 zum Ausdruck kommen (BGH ZUM 2007, 737/738 Tz 16 – Gedichttitelliste I; Dreier/*Schulze*[3] § 4 Rdnr. 19; sa. Rdnr. 12). Der BGH war bereits in seiner früheren Rechtsprechung in vergleichbaren Situationen davon ausgegangen, dass eine schöpferische Leistung insbesondere in der Konzeption der Informationsauswahl und -vermittlung liegen könne (BGH GRUR 1987, 704 – Warenzeichenlexika; vgl. auch BGH GRUR 1980, 227/231 – Monumenta Germaniae Historica). Die **Auswahl** verlangt ein Sammeln, Sichten, Bewerten und Zusammenstellen unter Berücksichtigung besonderer Auslesekriterien; die schöpferische Leistung liegt dann in der Entscheidung, welche Elemente in die Datenbank aufgenommen werden sollen (OLG Düsseldorf MMR 1999, 729/30; LG Köln ZUM 2005, 910/914; Mestmäcker/Schulze/*Haberstumpf* § 4 Rdnr. 50 f.; *Berger* GRUR 1997, 169/173). So wird es bei einer Literaturdokumentation darauf ankommen, wie die Zeitschriften gesichtet und darin enthaltene Beiträge für die Datenbank ausgewählt und ausgewertet werden (*Hackemann* ZUM 1987, 269/270; sa. *Mehrings* S. 124 ff.); bei einer Liste von Gedichttiteln bestand die schöpferische Leistung in der Entscheidung, die „wichtigsten" Gedichte der Zeit zwischen 1730 und 1900 anhand weniger Anthologien, ausgesucht unter Tausenden solcher Sammlungen, sowie anhand einer Bibliographie zu ermitteln und dabei ein statistisches Kriterium, bestehend in der Mindestzahl von drei Abdrucken, anzuwenden (BGH ZUM 2007, 737/738 Tz 19 – Gedichttitelliste I). Allerdings kann die Auswahl nur dann zur Schöpfungsqualität beitragen, wenn ein entsprechender **Entscheidungsspielraum** besteht (vgl. auch Rdnr. 10 und § 2 Rdnr. 29). Bei Fachdatenbanken, bei denen der Themenkreis fachlich vorgegeben ist und die auf Vollständigkeit angelegt sind, wird es daran meist fehlen. Soll zB eine Entscheidungssammlung sämtliche Entscheidungen bestimmter Gerichte umfassen oder soll in ein Verzeichnis aller Einwohner eines Ortes erstellt werden, so würde jeder die Auswahl in gleicher Weise treffen, nämlich alle Entscheidungen aufnehmen, für eine individuelle Auswahl bleibt kein Raum (OLG Düsseldorf MMR 1999, 729/30; *Loewenheim/Koch*, Handbuch des Urheberrechts², § 77 Rdnr. 16; *Berger* GRUR 1997, 169/173 f.; sa. *Wiebe* CR 1996, 198/201; *Dreier* GRUR Int. 1992, 739/741; *Hoebbel* CR 1993, 12/15; *ders.* in Lehmann [Hrsg.], Rechtsschutz², Kap. XXII Rdnr. 190; kritisch *Westkamp* S. 58 ff.). Anders ist es dagegen bei Datenbanken, bei denen der Urheber in der Auswahl des aufzunehmenden Materials Entscheidungsfreiheit hat, beispielsweise bei einer Sammlung bestimmter wissenschaftlicher Informationen und Publikationen, die auf ihre Dokumentationswürdigkeit hin zu beurteilen sind (*Hoebbel* in Lehmann [Hrsg.], Rechtsschutz², Kap. XXI Rdnr. 21; sa. *Haberstumpf* GRUR 2003, 14/21, der davon ausgeht, dass in der Regel ein solcher Entscheidungsspielraum besteht) oder bei CD-ROMs, die Enzyklopädien oder Sammlungen ausgewählter Literatur oder Musik enthalten. der 19. Erwgr. der Richtlinie geht zwar davon aus, dass die Zusammenstellung mehrerer Aufzeichnungen musikalischer Darbietungen auf einer CD normalerweise keine urheberrechtlich schutzfähige Leistung darstellt; dieser Erwgr. beruht aber auf einem mühsam zustande gekommenen Kompromiss – dazu *Gaster* ÖSGRUM 19 (1995) 201/205 – und trifft in dieser Allgemeinheit nicht zu).

39   Eine schöpferische Leistung bei der **Anordnung der Daten** wird **bei nichtelektronischen Datenbanken** häufig ausscheiden, weil diese sich an gängigen Ordnungskriterien wie alphabetischen, numerischen oder chronologischen Prinzipien orientieren. Was allgemein üblich oder durch Gebote der Zweckmäßigkeit oder Logik vorgegeben ist, kann kein individuelles Schaffen begründen (LG Köln ZUM 2005, 910/914; vgl. auch § 2 Rdnr. 29; s. aber Dreier/*Schulze*³ § 4 Rdnr. 19, der sich angesichts des geringeren Gestaltungsspielraums für geringere Anforderungen an die Individualität ausspricht). Bei **elektronischen Datenbanken** wird eine **in der Datenanordnung** liegende schöpferische Leistung weniger in der Datenorganisation als im Zugangs- und Abfragesystem (Retrievalsystem) zu finden sein. Eine räumlich-gegenständliche Anordnung wie bei Sammelwerken nach § 4 Abs. 1, von der eine geistige oder ästhetische Wirkung ausgehen kann, kommt bei der Speicherung digitalisierter Werke nicht in Betracht (OLG Düsseldorf MMR 1999, 729/730; LG Köln ZUM 2005, 910/914). Die Anordnung der Daten im Speichermedium ist entweder technisch vorgegeben oder beruht auf Computerprogrammen, die nach § 4 Abs. 2 S. 2 nicht Bestandteile des Datenbankwerkes sind (dazu *Berger* GRUR 1997, 169/174 mwN; *Dreier* GRUR Int. 1992, 739/745; *Hoebbel* CR 1993, 12/15; *Wiebe* CR 1996, 198/201; sa. den 21. Erwgr. der Richtlinie, wonach es nicht erforderlich ist, dass die physische Speicherung der Daten in geordneter Weise erfolgt). Beim **Zugangs- und Abfragesystem** besteht hingegen Raum für schöpferische Leistungen (OLG Frankfurt GRUR-RR 2005, 299/301 – Online-Stellenmarkt; OLG Düsseldorf MMR 1999, 729/730; LG Köln ZUM 2005, 910/914; Dreier/*Schulze*³ § 4 Rdnr. 19; *Berger* GRUR 1997, 169/174 f.). Auch hier sind freilich Grenzen zu beachten. Die Verwendung **notwendiger oder üblicher Zugangs- und Abfragemethoden und -mittel** kann keine individuelle Leistung sein; dazu gehören etwa die Benutzung von Trunkierungssymbolen (Ersetzungszeichen, etwa des Fragezeichens für ein Zeichen, des Sterns für mehrere Zeichen), von Verknüpfungen durch die Begriffe „UND", „UND NICHT", „ODER" usw., von Schaltflächen, Suchmasken und dgl. Auch soweit auf durch Betriebssysteme (zB Windows) vorgegebene Zugangs- und Abfragemethoden zurückgegriffen wird, scheidet eine schöpferische Tätigkeit aus. Das gleiche gilt für banale Ordnungskriterien wie die alphabetische oder eine numerische Anordnung in auf- oder absteigender Folge (*Dreier* GRUR Int. 1992,

739/741). Schließlich kann im Hinblick auf § 4 Abs. 2 S. 2 auch nicht die Individualität bei den Zugangs- und Abfragesystemen verwendeter Computerprogramme Berücksichtigung finden, wohl aber die Art und Weise der Zugangs- und Abfragemöglichkeiten, die durch die Computerprogramme bewirkt werden. Raum für schöpferisches Schaffen bleibt damit in der Art und Weise, wie die Benutzung der Datenbank ermöglicht wird, in der Eleganz, Leichtigkeit und Benutzerfreundlichkeit der Abfrage, die sowohl in der Methodik des Zugangs als auch in der Darstellung auf dem Bildschirm ihren Ausdruck finden kann (vgl. zum Ganzen auch Mestmäcker/Schulze/*Haberstumpf* § 4 Rdnr. 53 f.; *Haberstumpf* GRUR 2003,14/21 f., der weitgehend auf die Strukturierung der Daten abstellt, sowie *Westkamp* S. 64 ff.).

In der **Rechtsprechung** wurde die **Werkeigenschaft bejaht** bei einem über Internet abrufbaren Medizinlexikon (OLG Hamburg GRUR 2001, 831 – Roche Lexikon Medizin); bei einem auf CD-ROM und in gedruckter Form vertriebenen Marktbericht zur Auswertung von Umsätzen der pharmazeutischen Industrie (OLG Frankfurt CR 2003, 50/51), bei einer Liste von Gedichttiteln, die die „wichtigsten" Gedichte der Zeit zwischen 1730 und 1900 aufführte (BGH ZUM 2007, 737 – Gedichttitelliste I). Die **Werkeigenschaft verneint** wurde für Telefon- und Telefaxbücher (BGH GRUR 1999, 923/924 – Tele-Info-CD); für eine Sammlung von 21 Gesetzen und Verordnungen auf einer CD-ROM (OLG München NJW 1997, 1931); für gesammelte Börsendaten über die erwartete Dividende und das erwarte Ergebnis deutscher Aktien (OLG Hamburg GRUR 2000, 319/320 – Börsendaten), für eine auf Vollständigkeit angelegte Fachdatenbank mit Informationen über Baumarktprodukte (OLG Düsseldorf MMR 1999, 729); ferner für MIDI-Files, weil sie nicht die notwendige Unabhängigkeit des Zugangs aufweisen (LG München I CR 2000, 389); zu einer CT-Klassenbibliothek vgl. Rdnr. 41. Im **Schrifttum** s. zu Webseiten *Joppich* CR 2003, 504/506; *G. Schulze* ZUM 2000, 432/434; zu Multimediawerken *Wiebe/Funkat* MMR 1998, 69/74 f. 40

2. Systematische oder methodische Anordnung der Elemente

Die Voraussetzung der systematischen oder methodischen Anordnung besagt, dass die einzelnen Elemente der Datenbank nach bestimmten **Ordnungsgesichtspunkten** zusammengestellt sein müssen. Systematische Anordnung bedeutet die Anordnung nach einem System, einer Klassifizierung oder einem Ordnungsschema (zB alphabetisch, s. LG Köln CR 200, 400/401), eine methodische Anordnung liegt vor, wenn sie einer bestimmten ordnenden Handlungsanweisung oder einem bestimmten Plan folgt (so Dreier/*Schulze*[3] § 4 Rdnr. 17; Wandtke/Bullinger/*Bullinger*[3] § 4 Rdnr. 10; sa. Mestmäcker/Schulze/*Haberstumpf* § 4 Rdnr. 41; Möhring/Nicolini/*Ahlberg*[2] § 4 Rdnr. 15). Die reine Anhäufung von Daten stellt keine Datenbank dar (Dreier/*Schulze*[3] § 4 Rdnr. 17; *Koch*, Handbuch Software- und Datenbankrecht, 2003, S. 802; *Flechsig* ZUM 1997, 577/580; OLG Köln ZUM 2007, 548/2549 f. zu § 87 a). Für eine CT-Klassenbibliothek (Klassenbibliotheken dienen der Erstellung von Computeranwendungen, es handelt sich um eine Mehrzahl von Modulen mit regelmäßig benötigten Funktionen, auf die der Programmierer wie auf einen „Baukasten" zurückgreifen kann), wurde der Schutz als Datenbankwerk abgelehnt, weil die einzelnen Module (Dateien) nicht in ausreichender Weise methodisch angeordnet waren (OLG Hamburg GRUR-RR 2002, 217 – CT-Klassenbibliothek). Ebensowenig können Zeitschriften als Datenbanken angesehen werden (OLG München MMR 2007, 525/526 – Subito). Die Anordnung kann alphabetischen, numerischen oder chronologischen Prinzipien folgen, was besonders bei nichtelektronischen Datenbanken häufig der Fall sein wird. Nötig ist das aber nicht. Entscheidend ist die systematische oder methodische Anordnung der Elemente als Voraussetzung für die Zugänglichkeit. Ausreichend ist daher jede Zusammenstellung nach Ordnungsgesichtspunkten, die den Zugriff auf die einzelnen Elemente ermöglicht. Insbesondere bei elektronischen Datenbanken wird die Anordnung häufig nach anderen Prinzipien erfolgen (vgl. auch *Hoebbel* in Lehmann [Hrsg.], Rechtsschutz[2], Kap. XII Rdnr. 7). Dem entspricht die Feststellung im 21. Erwgr., dass die physische Speicherung der Elemente nicht in geordneter Weise zu erfolgen braucht. 41

3. Zugänglichkeit der Einzelelemente mit Hilfe elektronischer Mittel oder auf andere Weise

In der Voraussetzung der Zugänglichkeit der Einzelelemente kommt zunächst das Kriterium des § 4 Abs. 1 zum Ausdruck, dass die Datenbank aus voneinander unabhängigen Elementen bestehen muss (dazu Rdnr. 36). Sodann müssen die Elemente **zugänglich** sein, es muss also die Möglichkeit bestehen, unter Berücksichtigung der Anordnungsprinzipien (vgl. Rdnr. 41) auf sie 42

§ 4 Sammelwerke und Datenbankwerke

zuzugreifen und sie abzufragen. Für diesen Zugriff können elektronische oder andere Mittel eingesetzt werden. Der Zugang kann also ebenso durch eine Recherche oder ein anderes Ansteuern von Daten bei einer elektronischen Datenbank (online oder offline) erfolgen wie durch das Aufsuchen einer Karteikarte in einer herkömmlichen alphabetisch geordneten Kartei (näher *Loewenheim/Koch*, Handbuch des Urheberrechts[2], § 77 Rdnr. 18 f.; *Koch*, Handbuch Software- und Datenbankrecht, 2003, S. 799 ff.; sa. Mestmäcker/Schulze/*Haberstumpf* § 4 Rdnr. 42 ff.). Im 13. Erwgr. werden für den Zugang elektronische, elektromagnetische, elektrooptische oder ähnliche Verfahren genannt, ohne dass diese Aufzählung abschließend wäre. – Das Tatbestandsmerkmal der Zugänglichkeit mit Hilfe elektronischer Mittel oder auf andere Weise besagt zugleich, dass sowohl **elektronische als auch nichtelektronische Datenbanken** geschützt werden (vgl. auch den 14. Erwgr. der Richtlinie; *Gaster* ÖSGRUM 19 [1995] 201/203).

4. Keine Erstreckung auf Computerprogramme

43 Keine Bestandteile des Datenbankwerkes sind die zu seiner Schaffung oder zur Ermöglichung des Zugangs zu den einzelnen Elementen verwendeten Computerprogramme (Abs. 2 S. 2). Das sind diejenigen Programme, die **zur Herstellung und zum Betrieb der Datenbank** benötigt werden (vgl. Art. 1 Abs. 3 der Richtlinie sowie den 23. Erwgr.). Auf diese Programme ist nicht § 4 Abs. 2 anzuwenden, sie fallen vielmehr unter §§ 69 a ff. Der Richtliniengesetzgeber wollte auf diese Weise Kollisionen mit den gemeinschaftsrechtlichen Bestimmungen über Computerprogramme vermeiden (*Gaster* ÖSGRUM 19 [1995] 201/204 f.; sa. Art. 2 lit. a der Richtlinie); der Datenbankschutz soll sich nur auf die Struktur der Datenbank beziehen (15. Erwgr.). Abgrenzungsschwierigkeiten können sich insofern ergeben, als auch Thesaurus sowie Index- und Abfragesysteme, die nach der Richtlinie zum geschützten Inhalt des Datenbankwerkes gehören (vgl. Rdnr. 44), auch Bestandteil der zum Zugriff auf die Daten verwendeten Computerprogramme sein können (dazu *Hoebbel* in Lehmann (Hrsg.), Rechtsschutz[2], Kap. XII Rdnr. 6). Da der Inhalt der Datenbank vom Datenbankschutz nicht umfasst wird (vgl. Rdnr. 44), unterliegen **Programme, die zum Inhalt der Datenbank gehören,** also beispielsweise Programme, die vom Benutzer aus einer Datenbank abgerufen werden können, ebenfalls nicht dem Datenbankschutz nach § 4 Abs. 2, sondern werden, soweit die entsprechenden Voraussetzungen vorliegen, nach §§ 69 a ff. geschützt.

III. Das Urheberrecht am Datenbankwerk

1. Schutzgegenstand

44 **Gegenstand des Urheberrechtsschutzes** von Datenbanken ist die **Struktur der Datenbank** (15. Erwgr.). Der Schutz erstreckt sich **nicht auf den Inhalt** der Datenbank (Art. 1 Abs. 2 der Richtlinie); die den Inhalt bildenden Werke, Daten und anderen Elemente nehmen also am Datenbankschutz nach § 4 Abs. 2 nicht teil. Soweit sie die Voraussetzungen dafür erfüllen, genießen sie den allgemeinen Urheberrechts- und Leistungsrechtsschutz, der durch den Datenbankschutz nicht berührt wird (Art. 1 Abs. 2 der Richtlinie). Eine Verletzung des Urheberrechts an einem Datenbankwerk liegt demnach nur vor, wenn das verletzende Werk diejenigen Strukturen hinsichtlich der Auslese und Anordnung des Stoffs aufweist, die die persönliche geistige Schöpfung des Sammelwerks begründen (BGH ZUM 2007, 737/738 Tz 25 – Gedichttitelliste I). Von dem durch § 4 Abs. 2 geschützten Inhalt sind diejenigen Elemente abzugrenzen, die für Betrieb oder Abfrage erforderlich sind. Dazu zählen vor allem **Thesaurus** sowie **Index- und Abfragesysteme** (20. Erwgr.; zu den Begriffen vgl. § 87 a Rdnr. 33 ff.; sa. Mestmäcker/Schulze/*Haberstumpf* § 4 Rdnr. 52; *Berger* GRUR 1997, 169/175). Diese Elemente nehmen am Datenbankschutz teil, soweit sie auch ihrerseits den Anforderungen an eine persönliche geistige Schöpfung genügen. Unter dieser Voraussetzung sind sie auch gegen eine isolierte Übernahme geschützt (vgl. zum Schutz von Werkteilen allgemein § 2 Rdnr. 67; bei Computerprogrammen § 69 a Rdnr. 11). Zu Abgrenzungsschwierigkeiten gegenüber den zum Zugriff auf die Daten verwendeten Computerprogrammen vgl. Rdnr. 43.

2. Rechtsinhaberschaft

45 **Inhaber** des Urheberrechts am Datenbankwerk ist nach dem Urheberschaftsprinzip (dazu § 7 Rdnr. 1) diejenige natürliche Person oder die Gruppe natürlicher Personen, die die Datenbank geschaffen hat, die also die persönliche geistige Schöpfung erbracht hat, und zwar auch dann,

wenn zur Umsetzung der Konzeption Hilfskräfte herangezogen werden (BGH ZUM 2007, 737/738 Tz 23 – Gedichttitelliste I). Dieser in Art. 4 Abs. 1 der Richtlinie zum Ausdruck gebrachte Grundsatz entspricht der Regelung des § 7 und bedurfte insoweit nicht einer besonderen Umsetzung. Miturhebern steht das Urheberrecht am Datenbankwerk gemeinsam zu (Art. 4 Abs. 3 der Richtlinie), § 8 findet Anwendung (*Flechsig* ZUM 1997, 577/582).

Für **in Arbeitsverhältnissen geschaffene Datenbanken** gelten die allgemeinen Grundsätze des deutschen Urheberrechts (Mestmäcker/Schulze/*Haberstumpf* § 4 Rdnr. 57; sa. *Loewenheim/Koch,* Handbuch des Urheberrechts², § 77 Rdnr. 12). Der Richtlinienvorschlag der Kommission von 1992 (Dok. KOM (92) 584 endg., ABl. Nr. C 156 v. 23. 6. 1992, abgedr. in GRUR Int. 1992, 759) hatte in Art. 3 Abs. 4 eine Art. 2 Abs. 3 der Computerprogrammrichtlinie bzw. § 69b entsprechende Regelung enthalten, die vorsah, dass bei von Arbeitnehmern in Wahrnehmung ihrer Aufgaben oder nach Anweisungen des Arbeitgebers geschaffenen Datenbanken ausschließlich der Arbeitgeber zur Ausübung aller wirtschaftlichen Rechte berechtigt sein sollte, falls vertraglich nichts anderes bestimmt war. Angesichts nicht zu vereinbarender Standpunkte in der EU wurde diese Regelung in die Endfassung der Datenbankrichtlinie nicht übernommen (dazu *Gaster* ÖSGRUM 19 [1995] 201/206 f.). Im 29. Erwgr. wird auf die Möglichkeit hingewiesen, bei der Richtlinienumsetzung eine Art. 3 Abs. 4 des Richtlinienvorschlags entsprechende Regelung einzuführen. Deutschland hat von dieser Möglichkeit keinen Gebrauch gemacht. Damit **finden die zu § 43 entwickelten Grundsätze Anwendung.** Das KG hat bei einer im Rahmen eines Dienstverhältnisses (Leiter der Dokumentationsstelle eines Universitätsinstituts) entwickelten Datenbank, in der fachspezifische Zeitschriftenartikel zusammengestellt waren, die stillschweigende Einräumung von Nutzungsrechten an den Dienstherrn bejaht (KG AfP 1996, 148/149). 46

3. Rechte des Urhebers

Die Datenbankrichtlinie hat keine Regelung über das **Urheberpersönlichkeitsrecht** getroffen; im 28. Erwgr. heißt es, dass insoweit die Rechtsvorschriften der Mitgliedstaaten Anwendung finden. Durch die Schaffung eines Datenbankwerks wird daher auch ein Urheberpersönlichkeitsrecht begründet, auf das die allgemeinen urheberrechtlichen Regelungen anzuwenden sind. 47

Die **Verwertungsrechte** hat die Richtlinie in ihrem Art. 5, die Schranken dieser Rechte in Art. 6 geregelt. Angesichts der Einordnung der Datenbankwerke als Unterfall der Sammelwerke bedurfte es keiner vollständigen Umsetzung dieser Richtlinienartikel, vielmehr konnte sich der Gesetzgeber auf einige ergänzende Regelungen beschränken (vgl. Rdnr. 33). Es finden also die Vorschriften der §§ 15 ff. und 44 a ff. Anwendung; im Hinblick auf das Gebot der richtlinienkonformen Auslegung (dazu Rdnr. 34) sind aber Art. 5 und 6 einschließlich der dazugehörigen Erwägungsgründe bei ihrer Anwendung zu berücksichtigen. 48

a) Vervielfältigungsrecht. Der Urheber des Datenbankwerkes hat das **ausschließliche Vervielfältigungsrecht** am Datenbankwerk. Die Formulierung des Art. 5 lit. a der Datenbankrichtlinie entspricht der des Art. 4 lit. a S. 1 der Computerprogrammrichtlinie. Ebenso wie bei § 69 c Nr. 1 ist angesichts des Gebots richtlinienkonformer Auslegung (vgl. Rdnr. 34) auch bei Datenbankwerken von einem **weiten Vervielfältigungsbegriff** auszugehen. Dafür spricht nicht nur die weite Formulierung des Vervielfältigungsbegriffs in Art. 5 lit. a der Datenbankrichtlinie, sondern der europäische Gesetzgeber hat auch mit Art. 2 der Richtlinie zur Informationsgesellschaft einen grundsätzlich für das ganze Urheberrecht geltenden (vgl. Art. 1 Abs. 1 der Informationsgesellschafts-Richtlinie) Vervielfältigungsbegriff eingeführt. Es ist also von der Begriffsbestimmung des § 16 auszugehen, wobei Art. 5 lit. a der Datenbankrichtlinie und Art. 2 der Informationsgesellschafts-Richtlinie zur Interpretation heranzuziehen sind (Mestmäcker/Schulze/*Haberstumpf* § 4 Rdnr. 64). Vervielfältigung ist also die Herstellung von körperlichen Festlegungen eines Werks , die geeignet sind, das Werk den menschlichen Sinnen auf irgendeine Weise unmittelbar oder mittelbar wahrnehmbar zu machen (vgl. § 16 Rdnr. 5). Dabei wird, wie Art. 5 lit. a der Datenbankrichtlinie besagt, nicht nur die dauerhafte, sondern auch die vorübergehende Vervielfältigung, die Vervielfältigung der ganzen Datenbank ebenso wie die teilweise Vervielfältigung erfasst, vorausgesetzt dass die vervielfältigten Teile **selbständig** schutzfähig sind. Auf das Mittel oder die Form der Vervielfältigung kommt es nicht an. Bei elektronischen Datenbanken stellt nicht nur die Festlegung der Datenbank oder von Teilen von ihr auf einem zur dauerhaften Speicherung geeigneten **digitalen Datenträger** (Festplatte eines Computers, Diskette, CD-ROM, MO-Disk usw.) eine Vervielfältigung dar (vgl. § 16 Rdnr. 17), sondern auch 49 die Festlegung im **Arbeitsspeicher** des Computers (vgl. § 16 Rdnr. 20; ebenso *Berger* GRUR 1997, 169/176). Auch das **Browsing** von Datenbanken fällt unter das Vervielfältigungsrecht (vgl. § 16 Rdnr. 21; sa. *Loewenheim/Koch,* Handbuch des Urheberrechts[2], § 77 Rdnr. 73 b). Dagegen ist die Darstellung auf dem **Bildschirm** keine Vervielfältigung (§ 16 Rdnr. 19; sa. *Westkamp* S. 70). Das Vervielfältigungsrecht unterliegt den **Schranken** der §§ 45 ff., insbesondere des § 55 a und des § 53, soweit diese Vorschrift auf Datenbankwerke anwendbar ist (§ 53 Abs. 5, dazu § 53 Rdnr. 76 f.); zur Quellenangabe vgl. § 63 Abs. 1 S. 2.

50   b) **Verbreitungsrecht.** Ebenso wie das Vervielfältigungsrecht (Rdnr. 49) ist auch das **Verbreitungsrecht** im Hinblick auf das Gebot richtlinienkonformer Auslegung (vgl. Rdnr. 34) weit auszulegen. Auszugehen ist von der Begriffsbestimmung in § 17 Abs. 1. Danach ist Verbreitungshandlung sowohl das **Inverkehrbringen** als auch das **Angebot an die Öffentlichkeit** (zum Inverkehrbringen vgl. § 17 Rdnr. 14 ff., zum Angebot an die Öffentlichkeit § 17 Rdnr. 8 ff.). Der Verbreitungsbegriff des § 17 erfasst nur die **Verbreitung von Werkstücken in körperlicher Form** (vgl. § 17 Rdnr. 5). Die Verbreitung von Datenbankwerken in unkörperlicher Form, dh ihre Einstellung in Netzwerke zur **Online-Nutzung** durch Downloading, fällt als öffentliche Zugänglichmachung unter §§ 15 Abs. 2 Nr. 2, 19 a (Recht der öffentlichen Zugänglichmachung); das Downloading selbst (dh die Speicherung auf dem eigene Rechner) ist Vervielfältigung (s. § 16 Rdnr. 17). Der frühere Streit, wie die Zugänglichmachung zum Downloading rechtlich einzuordnen sei (vgl. dazu die Nachweise in der 3. Aufl.) hat sich durch die Einführung der §§ 15 Abs. 2 Nr. 2, 19 a erledigt.

51   Das **Vermietrecht** ist in der Datenbankrichtlinie nicht geregelt; insoweit soll ausschließlich die Vermiet- und Verleihrechtsrichtlinie (Richtlinie 92/100/EWG) anzuwenden sein (Art. 2 lit. b Datenbankrichtlinie; sa. 24. Erwgr.). Der deutsche Gesetzgeber hat die Vermiet- und Verleihrechtsrichtlinie 1995 durch die Neufassung des § 17 umgesetzt (vgl. § 17 Rdnr. 2); damit gilt die Regelung in § 17 über das Vermietrecht (dazu § 17 Rdnr. 30 ff.) auch für Datenbankwerke; hervorzuheben ist, dass das Vermietrecht nicht der Erschöpfung unterliegt (sa. Rdnr. 52). Das **Verleihrecht** hat der Gesetzgeber im Gegensatz zum Vermietrecht nicht als Verbotsrecht ausgestaltet, sondern von der durch Art. 5 der Vermietrechtsrichtlinie eröffneten Möglichkeit Gebrauch gemacht und es beim gesetzlichen Vergütungsanspruch für das öffentliche Verleihen belassen (vgl. § 27 Rdnr. 11). Damit kann das Verleihen nur solange untersagt werden, als das Werkstück nicht iSd. § 17 Abs. 2 mit Zustimmung des Berechtigten im Wege der Veräußerung in den Verkehr gebracht worden ist (vgl. § 27 Rdnr. 13).

52   Das Verbreitungsrecht unterliegt der **Erschöpfung.** Insoweit findet § 17 Abs. 2 Anwendung, der der Regelung in Art. 5 lit. c S. 2 der Richtlinie entspricht (zur Einbeziehung des EWR vgl. AmtlBegr. zum 3. UrhGÄndG BTDrucks. 13/115 S. 12). Ist ein Vervielfältigungsstück eines Datenbankwerkes (oder ein Teil davon) mit Zustimmung des Rechtsinhabers im Gebiet der Europäischen Union oder des EWR in Verkehr gebracht worden, so kann die weitere Verbreitung nicht mehr untersagt werden (Einzelheiten zum Erschöpfungsgrundsatz in § 17 Rdnr. 42 ff.). Das Vermietrecht ist von der Erschöpfung ausgenommen; der Rechtsinhaber kann also auch nach Inverkehrbringen des Vervielfältigungsstücks der Datenbank dessen Vermietung untersagen. Der Erschöpfung unterliegt nicht die **Online-Übertragung;** sie stellt keine Verbreitung dar, sondern ist Recht der öffentlichen Wiedergabe (vgl. Rdnr. 50). Art. 5 lit. c S. 2 der Datenbank-Richtlinie spricht ausdrücklich vom Verkauf eines „Vervielfältigungsstücks"; nach dem 33. Erwgr. der Richtlinie stellt sich die Frage der Erschöpfung nicht, wenn der Benutzer eines Online-Dienstes von der online übermittelten Datenbank mit Zustimmung des Rechtsinhabers ein physisches Vervielfältigungsstück herstellt, in diesem Fall tritt daran also keine Erschöpfung ein (§ 17 Rdnr. 45; sa. *Gaster* CR 1997, 669/675). Der Rechtsinhaber kann vielmehr die Weiterverbreitung, auch von Teilen, verbieten.

53   c) **Bearbeitungsrecht.** Art. 5 lit. b der Richtlinie gewährt dem Urheber das ausschließliche Recht der Übersetzung, der Bearbeitung, der Anordnung und jeder anderen Umgestaltung. Der deutsche Gesetzgeber konnte bei der Umsetzung insoweit auf die Regelung des § 23 zurückgreifen, musste aber, da Art. 5 lit. b bereits die Herstellung einer Bearbeitung untersagt, dem durch die Einfügung von Datenbankwerken in § 23 S. 2 Rechnung tragen (vgl. dazu § 23 Rdnr. 20, 22). Das Bearbeitungsrecht des Datenbankurhebers beurteilt sich also nach § 23. Nach Art. 5 lit. d der Richtlinie ist dem Urheber auch jede Vervielfältigung sowie öffentliche Verbreitung, Wiedergabe, Vorführung oder Aufführung der Ergebnisse der Bearbeitung vorbehalten. Im deutschen Recht wird dieser Vorschrift dadurch Rechnung getragen, dass ein Werk auch in einer bearbeiteten Fassung dem Urheberrecht unterliegt, die genannten Handlungen

also nach §§ 15 ff. der Zustimmung des Urhebers bedürfen. Eine besondere Umsetzung war daher nicht erforderlich. Das Bearbeitungsrecht unterliegt den **Schranken des § 55 a,** der die übliche Benutzung des Datenbankwerkes durch den berechtigten Benutzer sicherstellen will. – Stellt die Bearbeitung eine schöpferische Leistung dar, so erwirbt der Bearbeiter gemäß § 3 ein **Bearbeiterurheberrecht.**

d) **Recht der öffentlichen Wiedergabe.** Nach Art. 5 lit. d der Richtlinie hat der Urheber 54 das ausschließliche Recht der öffentlichen Wiedergabe, Vorführung oder Aufführung. Auch insoweit bedurfte es keiner besonderen Umsetzung, da diese Rechte dem Urheber durch §§ 15 Abs. 2 bzw. 19 zugewiesen sind. Zur **Online-Übertragung** von Datenbanken oder von Teilen davon vgl. Rdnr. 50.

e) **Schranken der Verwertungsrechte.** Art. 6 der Datenbankrichtlinie sieht Schranken für 55 die dem Urheber in Art. 5 gewährten Verwertungsrechte vor. **Art. 6 Abs. 1** verfolgt den Zweck, dem rechtmäßigen Benutzer eines Datenbankwerks den **Zugang zum Inhalt der Datenbank und deren normale Benutzung** zu ermöglichen. Diese Vorschrift ist durch § 55 a umgesetzt. **Art. 6 Abs. 2** sieht eine Reihe von Schranken vor, bei denen den Mitgliedstaaten freigestellt ist, ob sie sie einführen wollen. Andererseits ist der Schrankenkatalog abschließend, die Mitgliedstaaten dürfen also nicht über den in Art. 6 Abs. 2 vorgesehenen Rahmen hinausgehen (*Gaster* CR 1997, 717/721). **Art. 6 Abs. 2 lit. a** (Vervielfältigungen nichtelektronischer Datenbanken zu privaten Zwecken) hat seine Berücksichtigung durch die Einfügung des Abs. 5 nF in § 53 gefunden. Art. 6 Abs. 2 lit. a sieht die Möglichkeit der Einführung von Schranken für nichtelektronische Datenbanken vor. Dem entspricht die Zulässigkeit von Vervielfältigungen zum privaten und sonstigen eigenen Gebrauch nach § 53 Abs. 1 und 2. Art. 6 Abs. 2 lit. a besagt aber im Wege des Umkehrschlusses auch, dass für elektronische Datenbanken keine Schranken des Vervielfältigungsrechts bestehen dürfen (*Gaster* aaO). Dem hat der deutsche Gesetzgeber durch die Einführung des § 53 Abs. 5 Rechnung getragen (s. dazu § 53 Rdnr. 76 ff.; sa. *Vogel* ZUM 1997, 592/601). **Art. 6 Abs. 2 lit. b** lässt Schranken zugunsten des Unterrichts und der wissenschaftlichen Forschung zu, sofern damit nicht kommerzielle Zwecke verfolgt werden. Dem entspricht die Regelung in § 53 Abs. 3 und Abs. 2 Nr. 1, wobei die Möglichkeit der Vervielfältigung zum wissenschaftlichen Gebrauch (§ 53 Abs. 2 Nr. 1) in § 53 Abs. 5 nF auf nichtgewerbliche Zwecke beschränkt werden musste. Die damit verbundene Pflicht zur Quellenangabe wurde durch die Änderung des § 63 berücksichtigt. Eine **Art. 6 Abs. 2 lit. c** (Verwendung zu Zwecken der öffentlichen Sicherheit oder eines Verwaltungs- oder Gerichtsverfahrens) entsprechende Regelung war bereits in § 45 vorhanden. **Art. 6 Abs. 2 lit. d** erlaubt weitere Schranken in Fällen, die traditionell vom nationalen Urheberrecht geregelt werden. Dieser Regelungsfreiraum bedeutet, dass die **Schrankenbestimmungen der §§ 45–63** im übrigen **Anwendung auf Datenbankwerke** finden können (sa. die Begründung zum RegE des IuKDG, BRDrucks. 966/96 S. 46). In vielen Fällen scheidet eine Anwendung allerdings aus praktischen Gründen aus, weil Gegenstand des Datenbankwerkschutzes lediglich die Struktur der Datenbank ist (vgl. Rdnr. 44), so dass sich ein Großteil der Schrankenbestimmungen schon von seinen tatbestandlichen Voraussetzungen her nicht auf Datenbankwerke anwenden lässt. Umsetzungsbedarf bestand insoweit nicht.

IV. Urheber- und Leistungsschutzrechte an den in die Datenbank aufgenommenen Elementen

Nach Art. 3 Abs. 2 der Richtlinie erstreckt sich der Urheberrechtsschutz von Datenbanken 56 nicht auf deren Inhalt und lässt Rechte an diesem Inhalt unberührt. In § 4 kommt das durch die „unbeschadet"-Klausel in Abs. 1 zum Ausdruck, die sich in der Neufassung auch auf Leistungsschutzrechte erstreckt (sa. AmtlBegr. BTDrucks. 13/7934 S. 51). Diese Regelung bedeutet zum einen, dass die Werke und sonstigen Elemente, die den **Inhalt der Datenbank** bilden, **nicht am Datenbankschutz nach § 4 Abs. 2 teilnehmen.** Das Recht am Datenbankwerk und Rechte am Inhalt der Datenbank bestehen unabhängig voneinander. Eine Verletzung des Urheberrechts am Datenbankwerk bedeutet also nicht notwendig eine Verletzung von am Inhalt bestehenden Rechten; diese Rechte werden nur dann verletzt, wenn in einer Benutzung des Datenbankwerks gleichzeitig eine unerlaubte Benutzung (zB Vervielfältigung oder Verbreitung) von in ihr enthaltenen geschützten Werken oder Leistungen liegt. Umgekehrt muss die unerlaubte Benutzung von in der Datenbank enthaltenen Werken oder Leistungen keine Verletzung des Rechts am Datenbankwerk darstellen; dies ist nur dann der Fall, wenn gleichzeitig die in der

Auswahl oder Anordnung liegende schöpferische Leistung in Anspruch genommen wird. Der nicht geschützte Inhalt der Datenbank kann also benutzt werden, solange damit keine Benutzung der in der Auswahl oder Anordnung liegenden Leistung verbunden ist. Zum anderen bedeutet diese Regelung, dass **Rechte an in der Datenbank enthaltenen Werken durch ein Schutzrecht an der Datenbank in keiner Weise beeinträchtigt** werden (27. Erwgr. der Richtlinie). Im 26. Erwgr. wird hervorgehoben, dass für urheberrechtlich geschützte Werke und durch verwandte Schutzrechte geschützte Leistungen, die in eine Datenbank aufgenommen sind, weiterhin die jeweiligen ausschließlichen Rechte gelten.

57 Soweit solche Rechte bestehen, darf daher die **Aufnahme in eine Datenbank** angesichts der damit verbundenen Vervielfältigungs- und Bearbeitungsvorgänge (eingehend dazu mwN *Loewenheim,* Urheberrechtliche Grenzen der Verwendung geschützter Dokumente in Datenbanken; *ders.* in *Loewenheim/Koch* [Hrsg.] Kap. 7.3.4; sa. § 16 Rdnr. 17 ff.) **nur mit Zustimmung des Urhebers** oder sonstigen Berechtigten erfolgen (sa. den 26. Erwägungsgrund der Richtlinie). Das Gleiche gilt für die **Ausgabe** aus einer Datenbank; hierin liegt regelmäßig eine Vervielfältigung, eine öffentliche Wiedergabe oder eine Verbreitung (dazu *Loewenheim* aaO). Wie im 18. Erwgr. ausdrücklich festgestellt wird, wird die Freiheit der Urheber zu entscheiden, ob oder in welcher Form sie die Aufnahme ihrer Werke in eine Datenbank gestatten, durch die Richtlinie nicht berührt.

§ 5 Amtliche Werke

(1) **Gesetze, Verordnungen, amtliche Erlasse und Bekanntmachungen sowie Entscheidungen und amtlich verfaßte Leitsätze zu Entscheidungen genießen keinen urheberrechtlichen Schutz.**

(2) **Das gleiche gilt für andere amtliche Werke, die im amtlichen Interesse zur allgemeinen Kenntnisnahme veröffentlicht worden sind, mit der Einschränkung, daß die Bestimmungen über Änderungsverbot und Quellenangabe in § 62 Abs. 1 bis 3 und § 63 Abs. 1 und 2 entsprechend anzuwenden sind.**

(3) ¹**Das Urheberrecht an privaten Normwerken wird durch die Absätze 1 und 2 nicht berührt, wenn Gesetze, Verordnungen, Erlasse oder amtliche Bekanntmachungen auf sie verweisen, ohne ihren Wortlaut wiederzugeben.** ²**In diesem Fall ist der Urheber verpflichtet, jedem Verleger zu angemessenen Bedingungen ein Recht zur Vervielfältigung und Verbreitung einzuräumen.** ³**Ist ein Dritter Inhaber des ausschließlichen Rechts zur Vervielfältigung und Verbreitung, so ist dieser zur Einräumung des Nutzungsrechts nach Satz 2 verpflichtet.**

Schrifttum: *Albrecht,* Veröffentlichung von Gerichtsentscheidungen, CR 1998, 373; *v. Albrecht,* Amtliche Werke und Schranken des Urheberrechts zu amtlichen Zwecken in fünfzehn europäischen Ländern, 1992; *Arnold,* Amtliche Werke im Urheberrecht: Zur Verfassungsmäßigkeit und analogen Anwendbarkeit des § 5 UrhG, 1994; *ders.,* Ist § 5 UrhG verfassungskonform?, ZUM 1999, 283; *Birkenmayer,* Kein Urheberrechtsschutz für Allgemeine Geschäftsbedingungen?, UFITA 83 (1978) 107; *Budde,* BGH bestätigt Urheberrecht an DIN-Normen, DIN-Mitt. 1984, 113; *Debelius,* Technische Regeln und Urheberrecht, Fs. für Hubmann, 1985, S. 41; *Dünnwald,* Der Urheber im öffentlichen Dienst, 1999; *Fischer,* Die urheberrechtliche Schutzfähigkeit gerichtlicher Leitsätze, NJW 1993, 1228; *Fuchs,* Die Gemeinfreiheit von amtlichen Datenbanken, UFITA 2008, 27; *v. Gamm,* Urheberrechtsschutz für allgemeine Geschäfts- und Vertragsbedingungen, Formularverträge, Tarifverträge und Wettbewerbsregeln, GRUR 1969, 593; *Gaster,* Anmerkung zu öOGH, Urteil vom 9. 4. 2002, 4 Ob 17/02 g, CR 2002, 602; *Goose,* Die urheberrechtliche Beurteilung von elektronischen und Mikrofilm-Datenbanken, 1975; *Häde,* Banknoten, Münzen und Briefmarken im Urheberrecht, ZUM 1991, 536; *Haller,* Amtliche Werke und Internet, Fs. für Dittrich, 2000, S. 163; *Hirte,* Zulässigkeit der Veröffentlichung von Verwaltungsanweisungen, ZIP 1999, 1240; *Katzenberger,* Die Frage des urheberrechtlichen Schutzes amtlicher Werke, GRUR 1972, 686; *ders.,* Urheberrechtsschutz von DIN-Normen nach Rechts- und Verwaltungsvorschriften, DIN-Mitt. 1985, 279; *ders.,* Verlust des Urheberrechts an DIN-Normen durch staatliche Inanspruchnahme verfassungsgemäß?, DIN-Mitt. 1999, 100; *Kirchner,* DIN-Normen als amtliche Werke nach § 5 UrhG, GRUR 1985, 676; *Kraßer/Schricker,* Patent- und Urheberrecht an Hochschulen, 1988; *Kübel,* Zwangslizenzen im Immaterialgüter- und Wettbewerbsrecht. Eine Untersuchung zu Patenten und Urheberrechten bei technischen Normen, 2004; *Kur/Hilty/Geiger/Leistner,* First Evaluation of Directive 96/9/EC on the Legal Protection of Databases – Comment by the Max Planck Institute for Intellectual Property, Competition and Tax Law, Munich, 37 IIC 551 (2006); *Leistner,* Der Schutz von Telefonverzeichnissen und das neue Datenbankherstellerrecht, MMR 1999, 636; *ders.,* Anmerkung zu BGH, Beschluss vom 28. 9. 2006, I ZR 261/03 – Sächsischer Ausschreibungsdienst, GPR 2007, 190; *Leuze,* Urheberrechte im Beamtenverhältnis, ZBR 1997, 37; *ders.,* Urheberrecht der Beschäftigten im öffentlichen Dienst, 3. Aufl. 2008; *Leydecker,* Das Urheberrecht am Tarifvertrag, GRUR 2007, 1030; *Loewenheim,* Amtliche Bezugnahmen auf private Normenwerke und § 5 Urheberrechtsgesetz, Fs. für Sandrock, 2000, S. 609; *ders.,* Auslegungsfragen des neuen § 5 Abs. 3 UrhG, Fs. für Nordemann, 2004, S. 51; *Lukes,* Urheberrechtsfragen bei überbetrieblichen technischen Normen, 1967; *ders.,* Überbetriebliche technische Normen als urheberrechtsfreie Werke, NJW 1984, 1595; *Maaßen,* Bildzitate in Gerichtsentscheidungen und juristischen Publikationen, ZUM 2003, 830; *Müglich,* Urheberrechtsschutz digitaler Kartenwerke, CR 1995, 257; *Püschel,* Informationen des Staates als Wirtschaftsgut, 2006; *Rehbinder,* Kann für Allgemeine Geschäftsbedingungen Urheberrechtsschutz in Anspruch genommen werden?, UFITA 80 (1977) 73; *ders.,* Die Beschränkungen des Urheberrechts zugunsten der Allgemeinheit, Fs. 100 Jahre URG, 1983, S. 353; *ders.,* Die Beschränkungen des Urheberrechts zugunsten der Allgemeinheit in der Berner Übereinkunft, Fs. 100 Jahre Berner Übereinkunft, 1986, S. 357; *Reichel,* Sind DIN-Normen amtliche Werke im Sinne des § 5 UrhG?, GRUR 1977, 774; *Samson,* Urheberrechtliche Fragen bei der Datenverarbeitung, DVR 1977, 201; *Schmidt,* Amtliche Werke und ihr Urheberrechtsschutz, FuR 1984, 245; *Schricker,* Zum Urheberrechtsschutz und Geschmacksmusterschutz von Postwertzeichen, GRUR 1991, 563, 645; *ders.,* Urheber- und wettbewerbsrechtlicher Schutz von Telefonbüchern und Telefonbuchdaten, ArchivPT 1996, 5; *ders.,* Kurzkommentar zu BVerfG 29. 7. 1998, 1 BVR 1143/90, EWiR 1998, 997; *ders.,* Kurzkommentar zu BGH, Urteil vom 6. 7. 2006, EWiR 2007, 91 ; *Schulze-Hagen/Fuchs,* Die Gemeinfreiheit von DIN-Normen, dargestellt am Beispiel der DIN V 4108–6, BauR 2005, 1; *Stieper,* Amtlich wider Willen – Zur gesetzlichen Übernahme nichtamtlicher Paragrafenüberschriften, GRUR 2003, 398; *Uhl,* Der beamtete Urheber, Diss. Bremen 1988; *Ullmann,* Der amtliche Leitsatz, Standort juris, Fs. zum 10 jährigen Bestehen der juris GmbH, 1996, S. 133; *v. Ungern-Sternberg,* Werke privater Urheber als amtliche Werke, GRUR 1977, 766; *ders.,* Die Rechtsprechung des Bundesgerichtshofs zum Urheberrecht und zu den verwandten Schutzrechten in den Jahren 2006 und 2007 (Teile 1, 2), GRUR 2008, 193, 291; *Werner,* Zum urheberrechtlichen Schutz rechtswissenschaftlicher Texte, UFITA 2008, 7.

Übersicht

	Rdnr.
A. Allgemeines	1–23
I. Amtliche Werke als Werke im Sinne des Urheberrechts	1, 2
II. Sinn und Zweck und enge Auslegung des § 5	3–6
III. Entstehungsgeschichte des § 5 und Gesetzessystematik	7–12
IV. Verfassungsrecht und Recht der Konventionen	13–21
V. Bedeutung des § 5 für die Praxis	22, 23
B. Amtliche Werke	24–39
I. Unmittelbare Geltung des § 5 nur für amtliche Werke. Analoge Anwendung des § 5 auf nicht amtliche Werke und Gegenstände verwandter Schutzrechte?	24–27
II. Zurechenbarkeit amtlicher Werke zu einem Amt	28–33
III. Werke privater Urheber als amtliche Werke	34–36
IV. Zitate aus privaten Werken und Bezugnahmen auf private Werke in amtlichen Werken	37–39
C. Amtliche Werke im Sinne des § 5 Abs. 1	40–56
I. Gesetze, Verordnungen, amtliche Erlasse und Bekanntmachungen, Entscheidungen und amtlich verfasste Leitsätze zu Entscheidungen	40–49
II. Tarifverträge, Allgemeine Geschäftsbedingungen, technische Normen	50–56
D. Amtliche Werke im Sinne des § 5 Abs. 2	57–75
I. Maßstäbe für die Auslegung des § 5 Abs. 2	57–61
II. Beurteilung einzelner amtlicher Werke nach § 5 Abs. 2	62–72
III. Kein Schutzausschluss unveröffentlichter inneramtlicher Werke	73–75
E. Private Normwerke (§ 5 Abs. 3)	76–87
F. Rechtsfolgen. Anwendung nicht urheberrechtlicher Bestimmungen	88–93
I. Rechtsfolgen	88–90
II. Anwendung nichturheberrechtlicher Bestimmungen	91–93
G. Sonstige Fragen	94–96
I. Schutz von Bearbeitungen, Übersetzungen und Sammlungen amtlicher Werke	94
II. Anwendbares Recht und Schutz ausländischer amtlicher Werke	95–96

A. Allgemeines

I. Amtliche Werke als Werke im Sinne des Urheberrechts

1. § 5 spricht in der amtlichen Überschrift und in Abs. 2 von amtlichen „Werken" und setzt damit voraus, dass auch amtliche Werke **Werke iSd. Urheberrechts** sind, wenn sie den allgemeinen Anforderungen genügen, die an urheberrechtlich schutzfähige Werke zu stellen sind: Dasselbe folgt aus der Gesetzessystematik: § 5 regelt die amtlichen Werke als eine besondere Art von Werken (im gleichen Sinne *v. Albrecht* S. 19 ff.; *v. Gamm* Rdnr. 3, aber missverständlich in Rdnr. 4, wo den Gegenständen des § 5 Abs. 1 zu Unrecht generell bereits der Werkcharakter abgesprochen wird), im Anschluss an andere besondere Werkarten, nämlich Bearbeitungen (§ 3) sowie Sammelwerke und Datenbankwerke (§ 4).

1

2 2. Auch amtliche Werke sind daher im Rahmen der allgemeinen inhaltlichen und zeitlichen Grenzen des Urheberrechts geschützt, wenn nicht die besonderen Voraussetzungen erfüllt sind, unter denen § 5 solche Werke vom Urheberrechtsschutz ausschließt.

II. Sinn und Zweck und enge Auslegung des § 5

3 1. Die Materialien zum UrhG (RegE BTDrucks. IV/270 S. 39) verweisen zur Begründung des § 5 auf die Argumente, mit denen auch schon die entsprechenden Bestimmungen des LUG von 1901 (§§ 16, 26) gerechtfertigt wurden. Sie machen sich diese Argumente damit zu eigen und modifizieren sie insoweit, als dies in Änderungen bei den Voraussetzungen und Rechtsfolgen des § 5 zum Ausdruck kommt.

4 Danach ist der **Sinn und Zweck** des Ausschlusses bestimmter amtlicher Werke vom Urheberrechtsschutz darin zu sehen, „dass das öffentliche Interesse die möglichst weite Verbreitung solcher Werke erfordere und dass die kraft ihres Amtes zur Schaffung solcher Werke berufenen Verfasser entweder überhaupt kein Interesse an der Verwertung ihrer Leistungen hätten oder ihre Interessen hinter denen der Allgemeinheit zurücktreten müssten" (RegE BTDrucks. IV/270 S. 39; ähnlich *Möhring/Nicolini*[2] Rdnr. 2 (teilweise zweifelnd) sowie *Hubmann/Rehbinder*[8] § 34 I und *Rehbinder*[15] § 38 I; von der Begründung des RegE geht der BGH in GRUR 1984, 117/119 – VOB/C –, GRUR 1988, 33/35 – Topographische Landeskarten – und BGHZ 116, 136/146 – Leitsätze – aus). Der Sinn und Zweck des § 5 kann gleichbedeutend auch im öffentlichen Interesse an der freien, durch Urheberrechte nicht behinderten Veröffentlichung und Verwertung bestimmter amtlicher Werke erblickt werden (so BGH GRUR 1982, 37/40 – WK-Dokumentation; *Katzenberger* GRUR 1972, 686/690; *Lukes* S. 26; *v. Ungern-Sternberg* GRUR 1977, 766/768 Fn. 15). Zutreffend verbindet *Ulmer*[3] § 30 vor I die beiden Gesichtspunkte der möglichst weiten und der freien Verbreitung (sa. *v. Albrecht* S. 17 f. und *Schack*[4] Rdnr. 515; zutreffend weist *Arnold* S. 13 ff. im Hinblick auf amtliche Werke zu Spezialmaterien darauf hin, dass möglichst weite Verbreitung eine solche innerhalb der jeweiligen Zielgruppe meint).

5 Als Vorschrift, die eine **Ausnahme vom Urheberrechtsschutz** statuiert (so zB BGH GRUR 2007, 500/501 – Sächsischer Ausschreibungsdienst), ist § 5 **eng auszulegen** (so auch BGH GRUR 1972, 713/714 – Im Rhythmus der Jahrhunderte; BGH GRUR 1982, 37/40 – WK-Dokumentation; BGH GRUR 1987, 166/167 – AOK-Merkblatt; BGH GRUR 1988, 33/35 – Topographische Landeskarten; OLG Dresden ZUM 2001, 595/597 – Sächsisches Ausschreibungsblatt; OLG Köln ZUM 2001, 527/528 – DRS, ZUM 2007, 548/551 – Wetterdaten, und die fast allgemeine Auffassung des Schrifttums, sa. unten Rdnr. 15).

6 2. Das **öffentliche Interesse** als Grund für den Ausschluss bestimmter amtlicher Werke vom Urheberrechtsschutz darf demzufolge nicht in dem weiten Sinne eines beliebigen Interesses der Allgemeinheit an allen von öffentlichen Institutionen geschaffenen oder veröffentlichten Werken verstanden werden. § 5 versagt amtlichen Werken den Schutz nicht deshalb, weil sie einem beliebigen Gemeinschaftszweck dienen (so aber zu §§ 16, 26 LUG von 1901 *Voigtländer/Elster/Kleine*[4] § 16 LUG Anm. 2) oder „weil sie ihrer Herkunft nach aus dem Dienst für die Allgemeinheit erwachsen und auch für diese bestimmt sind" (so aber, ebenfalls zum früheren Recht, *Runge* S. 141). Zu weitgehend in Richtung auf die Freistellung vom urheberrechtlichen Schutz daher auch *Fromm/Nordemann*[10] Rdnr. 11, wo zu § 5 Abs. 2 nach wie vor grundsätzlich (s. aber auch unten Rdnr. 15, 66) die Auffassung vertreten wird, dass alle amtlichen Informationsschriften, die der Staat in Erfüllung seiner sozialstaatlichen Verpflichtung zur Daseinsvorsorge veröffentlicht, vom Urheberrechtsschutz ausgenommen seien (ähnlich *Goose* S. 31 f.; dagegen insoweit wie hier *v. Ungern-Sternberg* GRUR 1977, 766/768 Fn. 16/772; sa. BGH GRUR 2007, 137/138, Rdnr. 17 – Bodenrichtwertsammlung; s. im Einzelnen unten Rdnr. 70). Zu fordern ist vielmehr **ein qualifiziertes öffentliches Interesse**, welches jedenfalls in Bezug auf § 5 Abs. 2, wie schon dessen Wortlaut zeigt, ein bestimmtes **amtliches** Interesse sein muss (s. dazu Rdnr. 58 ff.). Dem entspricht es, dass auch ein Recht der Allgemeinheit auf nichtdiskriminierende Weiterverwendung von Informationen öffentlicher Stellen nach dem **Informationsweiterverwendungsgesetz** (IWG) vom 13. 12. 2006 (BGBl. I S. 2913), das die europäische Richtlinie 2003/98/EG (ABl. Nr. L 345 S. 9) umsetzt, nicht zum Ausschluss eines betroffenen amtlichen Werkes vom Urheberrechtsschutz nach § 5 Abs. 2 UrhG führt. Gesetz und Richtlinie gelten nicht für Informationen, die von Urheberrechten (oder verwandten Schutzrechten) Dritter oder einer Behörde selbst erfasst werden (s. § 1 Abs. 2 Nr. 4 IWG und die AmtlBegr. BT-Drucks. 16/2453 S. 13; Art. 1 Abs. 2 lit. b) und Erwägungsgründe 22 und 24 der Richtlinie;

zur Letzteren s. BGH GRUR 2007, 137/139, Rdnr. 21 – Bodenrichtwertsammlung). Dasselbe muss für amtliche Werke gelten, zu denen ein Zugangsrecht der Allgemeinheit insbes. nach dem **Informationsfreiheitsgesetz** (IFG) vom 5. 9. 2005 (BGBl. I S. 2722) besteht (s. § 6 IFG und die AmtlBegr. BT-Drucks. 15/4493 S. 14; ebenso OLG Köln ZUM 2007, 548/552 – Wetterdaten, zum grundsätzlichen Vorrang von Urheberrechten und anderen Rechten des geistigen Eigentums gemäß § 9 Abs. 1 Nr. 2 des **Umweltinformationsgesetzes** (UIG) vom 22. 12. 2004 (BGBl. I S. 3704) und gemäß Art. 4 Abs. 1 lit. e) der zugrundeliegenden europäischen Richtlinie 2003/4/EG vom 28. 1. 2003 (ABl. L 41 S. 26) gegenüber dem Recht der Allgemeinheit auf Zugang zu Umweltinformationen nach § 3 UIG bzw. Art. 3 der Richtlinie; sa. § 2 Nr. 2 lit. b) des **Verbraucherinformationsgesetzes** (VIG) vom 5. 11. 2007, BGBl. I S. 2558)).

III. Entstehungsgeschichte des § 5 und Gesetzessystematik

1. Die Tragweite des § 5 ist letztlich nur vor dem Hintergrund der **Entstehungsgeschichte** 7 dieser Vorschrift und unter Berücksichtigung der Gesetzessystematik zutreffend zu beurteilen (vgl. dazu im Einzelnen *Katzenberger* GRUR 1972, 686/688 f.; bezüglich der Entstehungsgeschichte auch *Schricker* GRUR 1991, 563/645 f.; historisch weiter zurückgehend *v. Albrecht* S. 5 ff.).

a) § 5 entspricht den §§ 16, 26 LUG von 1901. Dabei war in § 16 LUG der Kreis der amtli- 8 chen Werke umschrieben, die frei abgedruckt bzw. nach § 26 LUG frei verbreitet und öffentlich wiedergegeben werden durften: „Gesetzbücher, Gesetze, Verordnungen, amtliche Erlasse und Entscheidungen" sowie „andere zum amtlichen Gebrauch hergestellte amtliche Schriften". Zu den amtlichen „Schriften" waren auch amtliche Abbildungen wissenschaftlicher oder technischer Art zu rechnen (vgl. BGH GRUR 1965, 45/46 – Stadtplan). „Zum amtlichen Gebrauch" waren einschränkend nur solche Schriften etc. hergestellt, die „aufgrund amtlicher Verpflichtung verfasst und ausschließlich oder überwiegend zum amtlichen Gebrauch bestimmt" waren (so die hL zusammenfassend der RegE BTDrucks. IV/270 S. 39). Amtliche Werke, die auch zum privaten Unterrichten des Publikums bestimmt waren, sollten nur dann als amtliche Werke frei verwertet werden dürfen, wenn für diese Unterrichtung ein „unabweisbares amtliches Bedürfnis" und an der freien Verwertung somit ein „unmittelbares und dringendes öffentliches Interesse" bestand (so BGH GRUR 1965, 45/46 – Stadtplan).

b) § 5 bestimmt nicht nur in Abs. 1 die einzeln genannten, vom Schutz ausgeschlossenen Ge- 9 genstände teilweise neu, er enthält vielmehr in Abs. 2 zwei wesentliche Änderungen gegenüber dem früheren Recht: Zum einen begrenzt § 5 Abs. 2 den Ausschluss des Schutzes nicht auf bestimmte Werkkategorien, wie amtliche Schriften, erstreckt ihn vielmehr auf alle Arten amtlicher Werke, also zB auch auf amtliche Werke der bildenden Künste und amtliche Filmwerke. Dies bedeutet eine wesentliche Ausdehnung der Wirkungen des § 5. Eine wesentliche Einschränkung des Kreises der vom Schutz ausgeschlossenen amtlichen Werke bezweckt dagegen zum anderen die zweite Änderung: Der Urheberrechtsschutz bleibt für alle amtlichen Werke erhalten, die nur zum inneramtlichen Gebrauch bestimmt sind. Aus dem Merkmal „zum amtlichen Gebrauch hergestellt" in § 16 LUG von 1901 wurde daher das Merkmal „im amtlichen Interesse zur allgemeinen Kenntnisnahme veröffentlicht" in § 5 Abs. 2 (zum Vorstehenden RegE BTDrucks. IV/270 S. 39).

c) Weitergehende wesentliche Änderungen, insbesondere in Richtung auf eine Erweiterung 10 des Kreises der vom Urheberrechtsschutz ausgeschlossenen Werke, wurden ausweislich der Materialien nicht bezweckt. Damit bleibt insbesondere auch die im RegE (BTDrucks. IV/270 S. 39) zitierte einschränkende Auslegung des Merkmals „zum amtlichen Gebrauch" in § 16 LUG von 1901 durch die hL, die nachträglich durch den BGH (GRUR 1965, 45 – Stadtplan) bestätigt wurde (s. oben Rdnr. 8), von Bedeutung auch für die Auslegung und Anwendung des § 5 Abs. 2, zumal der RegE dies am Beispiel der amtlichen Kartenwerke (dazu Rdnr. 69) selbst demonstriert (aA *v. Albrecht* S. 77/84 f.; *Arnold* S. 25 f.; *Goose* S. 25 ff. und diesem teilweise folgend *v. Ungern-Sternberg* GRUR 1977, 766/771 f.; sa. unten Rdnr. 60, 69 f.).

2. Auf eine dem Gesetzeswortlaut nicht ohne weiteres zu entnehmende Beschränkung des 11 Kreises der durch § 5 vom Schutz ausgeschlossenen Werke deutet auch die **Systematik des Gesetzes** hin. Bestimmungen über die Schranken des Urheberrechts enthalten ebenfalls Regelungen über Werke, die öffentlich-rechtlichen Institutionen zugerechnet und als amtliche Werke qualifiziert werden können. Dazu zählen etwa Schulfunksendungen (§ 47) der öffentlich-rechtlichen Rundfunkanstalten, Reden bei öffentlichen Verhandlungen vor staatlichen, kommunalen oder kirchlichen Organen sowie wiederum im Rundfunk (§ 48) und Rundfunkkommentare (§ 49). Solchen Werken und Werken, die aus der Sicht des Interesses der Allgemeinheit gleich zu bewerten sind, kann nicht über § 5 der Schutz generell versagt werden (*Katzenberger* GRUR 1972, 686/691; grundsätzlich zustimmend, aber zurückhaltend in den Folgerungen *Goose* S. 27 f.; vgl. auch *v. Albrecht* S. 17 ff./78; BGH GRUR 1986, 739/740 – Anwaltsschriftsatz – zu § 48 Abs. 1 Nr. 2).

12 3. **Abs. 3** ist § 5 erst durch das Gesetz zur Regelung des Urheberrechts in der Informationsgesellschaft vom 10. 9. 2003, verkündet am 12. 9. 2003 (BGBl. I S. 1774), hinzugefügt worden; er ist mit dem Hauptteil dieses Gesetzes (s. dessen Art. 6 Abs. 1) am 13. 9. 2003 in Kraft getreten. Die neue Bestimmung ist eine korrigierende Reaktion des Gesetzgebers auf die Rechtsprechung des BGH. Dieser hatte entschieden, dass § 5 Abs. 1 UrhG auf private Normwerke, wie DIN-Normen, anwendbar ist, wenn in Gesetzen, Rechtsverordnungen oder Verwaltungsvorschriften auf sie derart verwiesen oder Bezug genommen wird, dass sie dadurch einen die Verweisungsnorm ergänzenden (Rechts-)Charakter bzw. eine rechtssatzähnliche Bedeutung mit einer gewissen Außenwirkung erlangen (BGH GRUR 1990, 1003 ff./1005 – DIN-Normen). Dies bedeutete den Verlust des Urheberrechts an den betreffenden Normwerken. Die von dem betroffenen Deutschen Institut für Normung e. V. (DIN) gegen das BGH-Urteil eingelegte Verfassungsbeschwerde war vom BVerfG nicht zur Entscheidung angenommen worden (s. GRUR 1999, 226 – DIN-Normen, und dazu u. Rdnr. 19, 38 f., 54 ff.). Der Gesetzgeber sah sich daher gezwungen, korrigierend einzugreifen, um die bewährte, durch das Urheberrecht gesicherte Finanzierung der aufwendigen und verdienstvollen privaten Normungsarbeit der Wirtschaft sowie des DIN und ähnlicher Institutionen wieder zu gewährleisten. Zu den Einzelheiten der Neuregelung su. Rdnr. 76 ff., zum **zeitlichen Übergangsrecht** s. § 137j Rdnr. 8.

IV. Verfassungsrecht und Recht der Konventionen

13 1. § 5 bedarf unter mehreren Gesichtspunkten der Überprüfung am Maßstab der **Verfassung** (s. dazu insbesondere *Arnold* S. 10 ff.). Das Urheberrecht ist als Persönlichkeitsrecht durch Art. 1 Abs. 1 GG (Menschenwürde) und durch Art. 2 Abs. 1 GG (freie Entfaltung der Persönlichkeit) sowie als Vermögensrecht durch Art. 14 GG (Schutz des Eigentums) verfassungsrechtlich geschützt (s. Einl. Rdnr. 13). Indem § 5 bestimmte, an sich schutzfähige Werke vom Urheberrechtsschutz gänzlich ausschließt (§ 5 Abs. 1, su. Rdnr. 88), bzw. ihnen nur einen rudimentären Schutz zugesteht (§ 5 Abs. 2, su. Rdnr. 89 f.), bedarf dies mehr noch als die gesetzlichen Schranken des Urheberrechts (§§ 44a ff.) der Rechtfertigung durch entsprechend gewichtige Interessen der Allgemeinheit (s. dazu allgemein Einl. Rdnr. 17; vor §§ 44a ff. Rdnr. 7 ff.). Die §§ 44a ff. nämlich schränken die urheberrechtlichen Verwertungsrechte nur in Bezug auf bestimmte, begrenzte Formen der Werkverwertung ein, gewähren den Urhebern in vielen Fällen anstelle eines Verbotsrechts jedenfalls gesetzliche Vergütungsansprüche und lassen den Schutz der urheberpersönlichkeitsrechtlichen Befugnisse grundsätzlich unberührt (s. insbesondere §§ 62, 63).

14 Im Zusammenhang mit § 5 kommt der verfassungsrechtliche Schutz der Grundrechte vor allem dort zum Zug, wo **Werke privater Urheber** als amtliche Werke iSd. § 5 in Frage stehen (su. Rdnr. 34, 35), weniger im Hinblick auf Werke, die von Angehörigen des öffentlichen Dienstes im Rahmen ihrer dienstlichen Verpflichtungen geschaffen werden (s. *v. Albrecht* S. 30 f.; *Katzenberger* DIN-Mitt. 1985, 279/287). Verfassungsrechtlich geschützt unter dem Aspekt des Art. 14 GG sind dabei auch die Interessen privatwirtschaftlich tätiger Unternehmen als Arbeit- und Auftraggeber privater Urheber, soweit sie von diesen vertraglich urheberrechtliche Nutzungsrechte erwerben (s. BVerfGE 31, 275/280 f./294; *Katzenberger* DIN-Mitt. 1985, 279/287; zustimmend *v. Albrecht* S. 74), während der öffentlichen Hand die Grundrechte der Verfassung im Prinzip nicht zustehen (s. BVerfGE 21, 362/369 ff.; BVerfGE 61, 82/100 ff.; BVerfGE 75, 192/197; iVm. § 5 *Arnold* S. 37/53; *Katzenberger* DIN-Mitt. 1985, 279/287).

15 Aus den verfassungsrechtlichen Grundlagen des Urheberrechts folgt, dass § 5 auch im Sinne verfassungskonformer Auslegung entsprechend **eng zu interpretieren** und restriktiv anzuwenden ist (ebenso *v. Albrecht* S. 29 ff.; *Häde* ZUM 1991, 536/538 f.; *Katzenberger* DIN-Mitt. 1985, 279/286 f.; *ders.* Anm. in Schulze LGZ 203, 9 f.; *Schricker* GRUR 1991, 645/646 f.; im Ergebnis ebenso *Arnold* S. 65 f. iVm. S. 13–28; *Fromm/Nordemann*[10] Rdnr. 11; oben Rdnr. 5).

Zur verfassungsrechtlichen Problematik des **zeitlichen Übergangsrechts** (§ 129 Abs. 1 S. 1) **16** im Hinblick auf den erweiterten Kreis amtlicher Werke iSd. § 5 Abs. 2 im Vergleich mit dem vor 1966 geltenden Recht (so. Rdnr. 9) s. *Arnold* S. 37 ff./42 ff.

Trotz dem von ihm angeordneten fast vollständigen Ausschluss bestimmter amtlicher Werke **17** vom Urheberrechtsschutz ist § 5 **kein Enteignungsgesetz** iSd. Art. 14 Abs. 3 S. 2 GG und daher nicht deshalb nichtig, weil er entgegen der sog. Junktimklausel dieser Verfassungsbestimmung nicht zugleich Art und Ausmaß der Entschädigung regelt (s. Näheres bei *v. Albrecht* S. 27 f.; *Arnold* S. 29 ff.; im Ergebnis auch *v. Ungern-Sternberg* GRUR 1977, 766/773 Fn. 65). § 5 ist vielmehr als eine Bestimmung über **Inhalt und Schranken des Eigentums** (Urheberrechts) iSd. Art. 14 Abs. 1 S. 2 GG zu werten. Als solche ist § 5 verfassungsrechtlich zulässig, soweit seine für den Urheber und sonstigen Rechtsinhaber nachteiligen Rechtsfolgen durch Interessen der Allgemeinheit (s. Art. 14 Abs. 2 GG) gerechtfertigt sind.

Was die Qualität der § 5 rechtfertigenden **Interessen der Allgemeinheit** betrifft, so ist für **18** deren Bestimmung von dem besonders weitreichenden Schutzausschluss auszugehen, den § 5 bewirkt und der dem Urheber sowohl verwertungsrechtliche als auch weitgehend persönlichkeitsrechtliche Befugnisse vorenthält. In ersterer Hinsicht entfällt ein Schutz sowohl durch Verbotsrechte als auch durch Vergütungsansprüche, so dass es sich bei den Interessen der Allgemeinheit zumindest um gesteigerte öffentliche Interessen iSd. Rechtsprechung des BVerfG zu den entsprechenden gesetzlichen Schranken des Urheberrechts im Rahmen der §§ 44 a ff. (s. vor §§ 44 a ff. Rdnr. 11) handeln muss (s. *Katzenberger* DIN-Mitt. 1985, 279/286 f.). Darüber hinaus sind der hohe Rang der Grundrechte der Menschenwürde (Art. 1 Abs. 1 GG) und auf freie Entfaltung der Persönlichkeit (Art. 2 Abs. 1 GG) als verfassungsrechtliche Grundlagen des Urheberpersönlichkeitsrechts (so. Rdnr. 13) sowie der Umstand zu beachten, dass § 5 dieses Recht den Urhebern allenfalls partiell und mittelbar belässt (su. Rdnr. 88, 89 f.). Dies legt es nahe, an die § 5 rechtfertigenden Interessen der Allgemeinheit zusätzliche Anforderungen zu stellen: Sie müssen entsprechend hochrangig (so *Arnold* S. 57 ff./59/65 als Ausgangspunkt zu S. 71 f.), deutlich überwiegend bzw. unabweisbar dringend (so *v. Albrecht* S. 27/30 ff.), überragend wichtig (so *Schricker* GRUR 1991, 645/646 f.) sein. Tendenziell gilt dies im Hinblick auf die Unterschiede in den Rechtsfolgen (su. Rdnr. 88, 89 f.) mehr noch für § 5 Abs. 1 als für § 5 Abs. 2 (so *Schricker* GRUR 1991, 645/647).

Die **Gerichte** haben bisher zur verfassungsrechtlichen Problematik des § 5 lediglich Art. 14 **19** GG angesprochen und sich dabei zunächst auch nur auf die Aussage beschränkt, dass es für die urheberrechtliche Beurteilung unerheblich sei, ob die Maßnahme, die ein Werk zu einem amtlichen Werk iSd. § 5 mache, verfassungs- und verwaltungsrechtlich zulässig sei (so. BGH GRUR 1990, 1003/1005 – DIN-Normen; siehe zu Letzterem auch BGH GRUR 1984, 117/119 – VOB/C; BGHZ 168, 266/274, Rdnr. 15 – Vergaberichtlinien). Dies besagt nichts über die Verfassungsmäßigkeit einer Auslegung des § 5, die einem Werk ohne wirklich zwingende Gründe des Gemeinwohls den an sich verdienten Urheberrechtsschutz nimmt. Im erstgenannten Fall waren sogar ca. 400 bauaufsichtlich eingeführte DIN-Normen von der vom BGH bejahten Anwendbarkeit des § 5 Abs. 1 betroffen. Die von dem Deutschen Institut für Normung eV (DIN) gegen dieses Urteil eingelegte Verfassungsbeschwerde ist allerdings durch das BVerfG am 29. 7. 1998, GRUR 1999, 226 – DIN-Normen –, wegen Zustimmung des DIN zur amtlichen Verweisung auf seine Normen mangels Aussicht auf Erfolg nicht zur Entscheidung angenommen worden (s. dazu *Schricker* EWiR 1998, 997). Das Ergebnis wurde vom Gesetzgeber im Jahre 2003 korrigiert (s. Rdnr. 12, 76 ff.). Verfassungsrechtlich bedenklich ist auch die Beurteilung von Briefmarken als amtliche Werke iSd. § 5 Abs. 1 (so LG München I GRUR 1987, 436 ff. – Briefmarke; dazu kritisch auch aus der Sicht des Art. 14 GG *Häde* ZUM 1991, 536/538 f.; *Katzenberger* Anm. in Schulze LGZ 203, 8 ff.; s. ferner unten Rdnr. 68). Das ebenfalls in der Anwendung des § 5 Abs. 1 sehr weitgehende Leitsätze-Urteil des BGH (BGHZ 116, 136/145 ff.; s. dazu auch unten Rdnr. 47 ff.) lässt immerhin Raum für einen effektiven Urheberrechtsschutz auch solcher Leitsätze, die von einem als Berichterstatter fungierenden Richter in privater Eigenschaft formuliert werden, so dass die Auswirkungen des Urteils tragbar erscheinen. In allen übrigen Fällen hat der BGH § 5 zu Recht sehr restriktiv gehandhabt (so. Rdnr. 4 f.) und dadurch einen Konflikt mit den Grundrechten der Verfassung vermieden.

2. Eine einschränkende Auslegung und Anwendung des § 5 wird auch durch das **Recht der 20 internationalen urheberrechtlichen Konventionen** nahe gelegt.

Eine spezielle Bestimmung über amtliche Werke enthält die **RBÜ** seit ihrer Brüsseler Fassung von 1948. In Art. 2 Abs. 2 S. 2 dieser Konventionsfassung heißt es, dass es „den Gesetzgebungen der Verbandsländer vorbehalten" bleibt, „den Schutz für Übersetzungen offizieller Texte auf dem Gebiet der Gesetzgebung, der Verwaltung und der Rechtsprechung zu bestimmen". In der Stockholmer und Pariser Fassung der RBÜ von 1967 bzw. 1971 werden in Art. 2 Abs. 4 die „amtlichen Texte" den amtlichen Übersetzungen solcher Texte gleichgestellt. Wenn auch nicht anzunehmen ist, dass unter „Texten" iSd. Bestimmung nur Sprach- bzw. Schriftwerke zu verstehen sind (vgl. *v. Albrecht* S. 34; *Dittrich,* Die Stockholmer Fassung der Berner Übereinkunft, 1968, S. 54; *Nordemann/Vinck/Hertin* RBÜ Art. 2/Art. 2bis Rdnr. 12; *Rehbinder,* Fs. 100 Jahre Berner Übereinkunft, S. 357/360; *Ulmer*[3] § 30 III; *v. Ungern-Sternberg* GRUR 1977, 766/769; sa. *Schricker* GRUR 1991, 645/647), so ist doch bei Anwendung der Bestimmung auf andere Werkarten als Schriftwerke und Darstellungen wissenschaftlicher oder technischer Art besondere Zurückhaltung angezeigt (so zutreffend *v. Albrecht* S. 34; *Schricker* GRUR 1991, 645/647; *v. Ungern-Sternberg* GRUR 1977, 766/769). Im Bericht über die Arbeit der Hauptkommission I der Stockholmer Konferenz (Records of the Intellectual Property Conference of Stockholm II 1131/1154) heißt es, dass Art. 2 Abs. 4 es den Verbandsländern nicht gestattet, allen Regierungsveröffentlichungen, zB „textbooks", den Schutz zu versagen. Für **TRIPS** gilt das zur Pariser Fassung der RBÜ Gesagte, weil Art. 9 Abs. 1 S. 1 TRIPS den Grundsatz statuiert, dass der materielle Schutzgehalt dieser Fassung der RBÜ auch für die TRIPS-Mitglieder verbindlich ist (s. dazu unten vor §§ 120ff. Rdnr. 18).

21 Indizien für den Schutz auch amtlicher Werke zumindest in gewissem Umfang ergeben sich auch aus dem **WUA**. Das Zusatzprotokoll 2 zur Pariser Fassung des Übereinkommens bezieht unter Nr. 1 Werke positiv in den konventionsrechtlichen Schutz ein, die als amtliche Werke bezeichnet werden können, nämlich Werke, „die zum ersten Mal durch die Organisation der Vereinten Nationen, durch die mit ihr verbundenen Sonderorganisationen oder durch die Organisation der amerikanischen Staaten veröffentlicht worden sind".

V. Bedeutung des § 5 für die Praxis

22 1. Im Ergebnis ist der Kreis der Werke, die durch § 5 vom Urheberrechtsschutz ausgeschlossen werden, bei der gebotenen restriktiven Anwendung der Bestimmung nicht allzu groß. Die Frage, ob § 5 den Schutz ausschließt, stellt sich jedoch bei einer sehr großen Zahl von Werken. Ursache hierfür ist vor allem der Umstand, dass öffentliche Einrichtungen in ständig zunehmendem Umfang publizistisch tätig werden. Neben die bereits zahlreichen herkömmlichen amtlichen Werke ist eine intensive staatliche Informationstätigkeit auf vielen Gebieten getreten (vgl. *Katzenberger* GRUR 1972, 686/692f.). Daneben bedient sich auch die öffentliche Hand heute der Werbung und der Öffentlichkeitsarbeit in allen Medien (vgl. BGH GRUR 1972, 713 – Im Rhythmus der Jahrhunderte (Werbefilm für die Bundeswehr); *Katzenberger* GRUR 1972, 686/693f.; *Schmidt* FuR 1984, 245/251).

23 2. Ein weiterer Grund für die zunehmende Bedeutung des § 5 liegt in neuartigen Bedürfnissen zur Nutzung und Verwertung amtlicher Schriften, vom Enthüllungsjournalismus bis zur Dokumentation in Rechts-, Regierungs-, Wirtschafts-, Rundfunk- und Pressedatenbanken (dazu *Goose* S. 17; *Katzenberger* GRUR 1972, 686; sa. § 87b Rdnr. 59f.) und zum Studium im Medienverbund (s. *Katzenberger* GRUR 1972, 686).

B. Amtliche Werke

I. Unmittelbare Geltung des § 5 nur für amtliche Werke.
Analoge Anwendung des § 5 auf nichtamtliche Werke und Gegenstände verwandter Schutzrechte?

24 1. Wie die amtliche Überschrift des § 5 sowie der Wortlaut sowohl des Abs. 1 als auch des Abs. 2 zeigen, gilt § 5 jedenfalls unmittelbar nur für **amtliche** Werke. Im Hinblick auf Gesetze, Verordnungen und Entscheidungen setzt § 5 Abs. 1 dies stillschweigend voraus.

25 2. Wie allgemein (s. dazu die Nachweise bei *Arnold* S. 109ff.), so ist auch im Urheberrecht eine analoge Anwendung von Ausnahmevorschriften nicht grundsätzlich ausgeschlossen (s. zB § 51 Rdnr. 41 zum Filmzitat nach früherem Recht). Der Ausnahmecharakter des § 5 (so. Rdnr. 5) allein rechtfertigt es daher noch nicht, für diese Bestimmung ein generelles **Analogieverbot** in Bezug auf nicht amtliche, private Werke und solche amtliche Werke anzunehmen, die

Amtliche Werke   § 5

in dieser Bestimmung nicht ausdrücklich genannt oder durch Auslegung erfassbar sind. Gleichwohl bejaht die bisher hM ein solches Verbot, und zwar sowohl hinsichtlich § 5 Abs. 1 (so BGH GRUR 1984, 117/119 – VOB/C; sa. OLG Köln ZUM-RD 1998, 110/112 – TL BSWF 96; *v. Albrecht* S. 57 ff./72 im Grundsatz mit für allgemein verbindlich erklärten AGB als einziger Ausnahme, für die aber § 5 Abs. 1 bereits unmittelbar gilt (su. Rdnr. 51); *Fromm/Nordemann*[10] Rdnr. 7; *v. Gamm* Rdnr. 4) als auch in Bezug auf § 5 Abs. 2 (so das KG als Vorinstanz in dem vom BGH GRUR 1984, 117 – VOB/C – entschiedenen Fall, vom BGH S. 119 offengelassen; *v. Albrecht* S. 73; *Fromm/Nordemann*[10] Rdnr. 15 zu § 5 allgemein iVm. Rdnr. 2; *Lukes* S. 30 zu DIN-Normen und § 5 allgemein; sa. tendenziell *Dreyer* in HK-UrhR[2] Rdnr. 10; *Möhring/Nicolini*[2] Rdnr. 4; dezidiert *Wandtke/Bullinger*[2] Rdnr. 3 und für den Regelfall BGH GRUR 2007, 500/501, Rdnr. 17, – Sächsischer Ausschreibungsdienst; s. aber auch Rdnr. 27 zum Schutz von Datenbanken iSd. § 87 a)). Nur eine Minderheit des Schrifttums lässt in bestimmten Fällen eine analoge Anwendung des § 5 zu, und zwar wiederum sowohl des § 5 Abs. 1 (so *Arnold* S. 117 ff. im Hinblick auf Gegenstände bestimmter verwandter Schutzrechte, völkerrechtliche Verträge und EG-Richtlinien, verbindliche behördliche Rechtsauskünfte, tarifvertragliche Rechtsnormen, in Gesetzen oder Verwaltungsvorschriften in Bezug genommene technische Normen und ebensolche oder zur Verwendung vorgeschriebene sowie bestimmte behördlich genehmigte AGB; *Rehbinder* UFITA 80 [1977] 73/78 f. in Bezug auf AGB; *ders.* später aber anders in Fs. 100 Jahre URG S. 353/362 ff.; *v. Ungern-Sternberg* GRUR 1977, 766/770 zu AGB und dem normativen Teil von Tarifverträgen) als auch des § 5 Abs. 2 (so *Arnold* S. 140 ff. zu Gesetzesmaterialien von Abgeordneten und Fraktionen, Patent- und Offenlegungsschriften; *Reichel* GRUR 1977, 774/776 f. zu DIN-Normen und § 5 allgemein; s. auch neuerdings *Dreier/Schulze*[3] Rdnr. 3).

Der hM ist mit Rücksicht einerseits auf die Auslegbarkeit insbesondere der alle Rechtsnormen im weitesten Sinne betreffenden Begriffe des § 5 Abs. 1 (su. Rdnr. 40, 41) und andererseits auf den verfassungsrechtlichen Schutz des Urheberrechts (so. Rdnr. 13–19), das internationale Konventionsrecht (so. Rdnr. 20, 21) und die besonders weitreichenden Rechtsfolgen des § 5 (su. Rdnr. 88–90) im Grundsatz zuzustimmen. In vielen Fällen, in denen die Mindermeinung glaubt, auf eine Analogie zurückgreifen zu müssen, ist eine unmittelbare Anwendung des § 5 Abs. 1 oder 2 möglich. Dies gilt etwa für völkerrechtliche Verträge und EG-Richtlinien (su. Rdnr. 41), Tarifvertragsnormen (su. Rdnr. 50), bestimmte AGB (su. Rdnr. 51) und technische Normen in Ausnahmefällen (su. Rdnr. 55), Gesetzesmaterialien ganz allgemein (su. Rdnr. 62) sowie Patent- und Offenlegungsschriften (su. Rdnr. 65). Im Übrigen stehen das Verfassungs- und das Konventionsrecht nicht nur einer zu weiten Auslegung des § 5 (so. Rdnr. 13–21), sondern auch seiner analogen Anwendung insbesondere auf nichtamtliche, private Werke entgegen (so. Rdnr. 14). Für den Schutz von Datenbanken iSd. 87 a mag aus Gründen der Übereinstimmung mit der Rechtslage bei § 5 unterfallenden Datenbankwerken iSd. § 4 Abs. 2 ausnahmsweise etwas anderes gelten (s. BGH GRUR 2007, 500/501 f., Rdnr. 17 – Sächsischer Ausschreibungsdienst; sa. unten Rdnr. 27). 26

3. Für eine analoge Anwendung des § 5 auf **Gegenstände verwandter Schutzrechte**, deren gesetzliche Regelungen keine ausdrückliche Verweisung auf diese Bestimmung enthalten (s. dazu *Arnold* S. 117 ff.), dürften die gebotene enge Auslegung und restriktive Anwendung des § 5 idR schon faktisch kaum Raum lassen. Dies gilt namentlich für die Bereiche politische Meinungsbildung (su. Rdnr. 66), Hilfsmittel für die Benutzung öffentlicher Einrichtungen (su. Rdnr. 67), Information im Bereich Daseinsvorsorge (su. Rdnr. 70), Unterrichtsmaterialien und Schulfunk (su. Rdnr. 71) sowie Werbung und Öffentlichkeitsarbeit (su. Rdnr. 72), wo in erster Linie zB mit dem Einsatz von Tonträgern, Filmen, Online- und audiovisuellen Medien und entsprechenden Leistungsergebnissen von Inhabern verwandter Schutzrechte von Amts wegen zu rechnen ist. Davon abgesehen scheinen aber die besseren Gründe auch hier für ein grundsätzliches Analogieverbot zu sprechen. Aus der Sicht des deutschen Rechts dezidiert bejaht wird von BGH GRUR 2007, 500/501 f., Rdnr. 15 ff. – Sächsischer Ausschreibungsdienst, eine analoge Anwendung des § 5 auf **Datenbanken** iSd. **§ 87 a** (zust. *Leistner*, GPR 2007, 190/192). Str. ist jedoch, ob sie mit der europäischen **Datenbankrichtlinie** vereinbar ist (Frage offen gelassen in BGHZ 141, 329/339 – Tele-Info-CD; verneint durch OLG Dresden ZUM 2001, 595/597 f. – Sächsisches Ausschreibungsblatt; OLG Köln ZUM 2006, 234/238 – EZT, ZUM 2007, 548/551 – Wetterdaten; öOGH GRUR Int. 2004, 66/68 f. – EDV-Firmenbuch I, ÖBl. 2007, 291/293 f. – EDV-Firmenbuch III; *Leistner*, MMR 1999, 636/640; *Obergfell* in Mestmäcker/Schulze, Rdnr. 50; w. Nachw. bei BGH GRUR 2007, 500/502, Rdnr. 21; Frage bejaht 27

durch *Fuchs*, UFITA 2008, 27/43 ff.; *Gaster*, CR 2002, 602/603; neuerdings auch *Leistner*, GPR 2007, 190/193; de lege ferenda *Kur/Hilty/Geiger/Leistner*, 37 IIC 551/557 (2006); w. Nachw. bei BGH, aaO). Die Frage wurde inzwischen vom BGH dem EuGH zur Vorabentscheidung vorgelegt (s. BGH GRUR 2007, 500 – Sächsischer Ausschreibungsdienst), das Vorabentscheidungsersuchen dann allerdings vom BGH mit Schreiben an den EuGH vom 20. 5. 2008 zurückgezogen und die betreffende Rechtssache C-215/07 durch Beschluss des Gerichtshofs vom 25. 6. 2008 aus dessen Register gestrichen (zugänglich über http://curia.europa.eu). S. zum Ganzen auch § 87 b Rdnr. 61. OLG Düsseldorf ZUM-RD 2007, 521 – Fahrradausrüstung, bejaht Anwendung des § 5 auf den **Lichtbildschutz** nach § 72.

II. Zurechenbarkeit amtlicher Werke zu einem Amt

28   1. Amtliche Werke sind Werke, die aus einem **Amt** herrühren oder einem Amt sonst zuzurechnen sind (BGH GRUR 1972, 713/714 – Im Rhythmus der Jahrhunderte; BGH GRUR 1982, 37/40 – WK-Dokumentation; BGH GRUR 1984, 117/118 – VOB/C; BGH GRUR 1987, 166/167 – AOK-Merkblatt; BGH GRUR 1988, 33/35 – Topographische Landeskarten; BGH GRUR 1990, 1003 f. – DIN-Normen; BGHZ 116, 136/145 – Leitsätze; OLG Köln ZUM-RD 1998, 110/111 – TL BSWF 96 – und ZUM 2001, 527/528 – DRS). Dafür, was unter einem Amt zu verstehen ist, gilt der weite objektive öffentlich-rechtliche Amtsbegriff (vgl. *Katzenberger* GRUR 1972, 686 f. mwN; zustimmend *v. Albrecht* S. 36). Als Amt kann danach jede mit Verwaltungskompetenzen und Hoheitsbefugnissen betraute Behörde oder Institution bezeichnet werden (vgl. BGH GRUR 1984, 117/118 – VOB/C; BGH GRUR 1987, 166/167 – AOK-Merkblatt – zu den Allgemeinen Ortskrankenkassen als Körperschaften des öffentlichen Rechts). Auch ein (staatliches) Gericht ist in diesem Sinne ein Amt (s. BGHZ 116, 136/145 – Leitsätze).

29   Wird von einem Hoheitsträger, wie einem Ministerium, ein Werk herausgegeben, das nicht von diesem selbst herrührt, sondern von einem **Ausschuss** erarbeitet worden ist, in dem auch Bedienstete anderer Hoheitsräger oder Privatpersonen mitgewirkt haben, so steht dies der Qualifikation des Werkes als amtlich iSd. § 5 nicht entgegen; entscheidend ist, ob es dem Hoheitsträger als eigenverantwortliche Willensäußerung zuzurechnen ist (BGHZ 168, 266/274, Rdnr. 15 Vergaberichtlinien). Diese Voraussetzung ist auch bei einer Sammlung von Bodenrichtwerten erfüllt, die eine Gemeinde auf der Grundlage der von einem **Gutachterausschuss** nach § 193 Abs. 3 Baugesetzbuch (BauGB) geführten Kaufpreissammlung gemäß § 196 Abs. 1, 3 BauGB zu ermitteln und zu veröffentlichen hat (s. BGH GRUR 2007, 137/138, Rdnr. 16 – Bodenrichtwertsammlung).

30   Dabei ist es sowohl für den Begriff des Amtes als auch für den Begriff des amtlichen Werkes iSd. § 5 unerheblich, ob ein Träger öffentlicher Verwaltung **obrigkeitlich**, **schlicht hoheitlich** oder **fiskalisch** handelt (*Katzenberger* GRUR 1972, 686/687; zustimmend *Arnold* S. 22). Auch einer **beliehenen Institution** können Verwaltungskompetenzen und Hoheitsbefugnisse übertragen sein, so dass sie insoweit als Amt tätig wird und aus ihr amtliche Werke herrühren können (vgl. BGH GRUR 1984, 117/118 – VOB/C; BGH GRUR 1987, 166/167 – AOK-Merkblatt – und allgemeine Auffassung des Schrifttums). Jedoch sind zB das Deutsche Institut für Normung eV (DIN) und ähnliche Normungseinrichtungen weder Ämter oder Behörden noch beliehene Unternehmen (s.u. Rdnr. 54). Dem amtlichen Charakter eines Werkes steht es aber nicht entgegen, wenn ein staatliches Organ etc. eine ihm gesetzlich obliegende Veröffentlichung vertraglich zB einem **privaten Verlag** überträgt (s. BGH GRUR 2007, 500/501, Rdnr. 13 – Sächsischer Ausschreibungsdienst).

31   Als **amtliche Werke** können demzufolge alle Werke bezeichnet werden, die von einem Organ, einem Gericht, einer Behörde oder einem „Amt" des Staates (Bund und Länder), einer sonstigen Körperschaft, Anstalt oder Stiftung des öffentlichen Rechts oder einer beliehenen Institution im Rahmen der Erfüllung öffentlicher Angelegenheiten herrühren oder einer der genannten Institutionen sonst zuzurechnen sind (vgl. *Katzenberger* GRUR 1972, 686/687; ähnlich *Fromm/Nordemann*[10] Rdnr. 6; *v. Gamm* Rdnr. 7; *Möhring/Nicolini*[2] Rdnr. 6; *Dreyer* in HK-UrhR[2] Rdnr. 20; *Obergfell* in Mestmäcker/Schulze Rdnr. 17; *Wandtke/Bullinger*[3] Rdnr. 6). Als amtliche Werke kommen daher zB auch wissenschaftliche Publikationen von Universitäten und staatlichen Akademien, Kataloge staatlicher und kommunaler Museen und Bibliotheken, Programme, sonstige Druckschriften und gesendete Kommentare der öffentlich-rechtlichen Rundfunkanstalten, Programme staatlicher und städtischer Bühnen, Zeichnungen und Pläne von Bau-

und Planungsämtern sowie Kartenwerke staatlicher Vermessungsämter in Betracht (vgl. mwN *Katzenberger* GRUR 1972, 686/687; zustimmend *v. Albrecht* S. 36).

2. Ein Werk erhält aber nur dann den Charakter eines amtlichen Werkes, wenn es **von einem Amt erkennbar herrührt,** insbesondere ein Amt für das Werk erkennbar verantwortlich zeichnet (s. zu § 5 Abs. 1 BGH GRUR 1984, 117/118 – VOB/C; BGH GRUR 1990, 1003 – DIN-Normen; BGHZ 116, 136/145 – Leitsätze; zu § 5 Abs. 2 BGH GRUR 1972, 713/714 – Im Rhythmus der Jahrhunderte; BGH GRUR 1982, 37/40 – WK-Dokumentation; BGH GRUR 1984, 117/119 – VOB/C; BGH GRUR 1987, 166/167 – AOK-Merkblatt; BGH GRUR 1988, 33/35 – Topographische Landeskarten; OLG Frankfurt/M Schulze OLGZ 107, 6f. – Taschenbuch für Wehrfragen), ein Werk dem gesetzlichen Informationsauftrag an ein Amt entspringt (s. BGH GRUR 2007, 500/501, Rdnr. 11 ff. – Sächsischer Ausschreibungsdienst) oder wenn das Werk sonst nach seiner Form, seinem Inhalt oder seinem Zweck **einem Amt eindeutig zuzurechnen** ist (BGH GRUR 1982, 37/40 – WK-Dokumentation; BGHZ 116, 136/145 – Leitsätze – setzt das Herrühren und die Zurechenbarkeit gleich; anders BGHZ 186, 266/274, Rdnr. 15 – Vergaberichtlinien). Die Zurechenbarkeit eines Werkes zu einem Amt kann sich dabei auch aus einer Bezugnahme eines Amtes auf ein privates Werk ergeben (s. Näheres unten Rdnr. 38). Nicht ausreichend für die Annahme eines amtlichen Werkes ist aber das **bloße amtliche Interesse** an der Erstellung eines Werkes, auch wenn Privatpersonen ein entsprechender Forschungsauftrag erteilt und die Arbeit an dem Werk aus öffentlichen Mitteln finanziert wird und das Werk auch, aber nicht ausschließlich für den internen Dienstgebrauch dienen soll. Auch der Umstand, dass sich die betreffende amtliche Stelle die Entscheidung über das Ob und Wann der Veröffentlichung des in Auftrag gegebenen Werkes vorbehält, spricht nicht für die amtliche Verantwortung für den Inhalt des Werkes (s. zum Vorstehenden BGH GRUR 1982, 37/40 – WK-Dokumentation). Um ein von einem (bestimmten) Amt herrührendes Werk handelt es sich regelmäßig, wenn ein Werk von einem **Bediensteten** dieses oder eines anderen Amtes in dienstlicher Eigenschaft geschaffen worden ist (so BGH GRUR 1987, 166/167 – AOK-Merkblatt; BGHZ 116, 136/147 – Leitsätze). Die zusätzliche Beauftragung eines nichtbediensteten Miturhebers durch das Amt ändert daran nichts (s. hierzu die Situation im Fall „Im Rhythmus der Jahrhunderte" BGH GRUR 1972, 713/714). In Fällen von Werken Bediensteter eines Amtes kommt es für die Amtlichkeit eines Werkes nicht darauf an, ob eine amtliche oder dienstliche Verpflichtung zur Schaffung des Werkes bestanden hat (so BGHZ 116, 136/145 – Leitsätze).

Sind nur eine oder mehrere **Privatpersonen** oder Amtsbedienstete in privater Funktion Urheber eines Werkes, so kann dieses Werk gleichwohl ein amtliches Werk sein; Entsprechendes gilt, wenn ein privatwirtschaftlich tätiger **Verlag** im amtlichen Auftrag eine nach §§ 87a ff. geschützte Datenbank erstellt und veröffentlicht (su. Rdnr. 34). In solchen Fällen spricht eine amtliche Veranlassung des Werkschaffens, verbunden mit der Finanzierung aus öffentlichen Mitteln und der auch äußerlich erkennbaren **Verantwortung eines Amtes** für das Werk ohne weiteres für dessen amtlichen Charakter (s. BGH GRUR 1972, 713/714 – Im Rhythmus der Jahrhunderte). Fehlt es an dieser Verantwortung, so handelt es sich im Allgemeinen auch dann nicht um ein amtliches Werk, wenn die Initiative von einem Amt ausging, das Werk aus dem Staatshaushalt finanziert wurde und auch, aber nicht ausschließlich für den Dienstgebrauch von Behörden bestimmt war (so BGH GRUR 1982, 37/40 – WK-Dokumentation). Im Einzelfall kann bei Fehlen einer äußerlich erkennbaren Verantwortung eines Amtes für ein Werk, wie bei der Publikation von nicht als amtlich gekennzeichneten Entscheidungsleitsätzen in einer Fachzeitschrift, dennoch ein amtliches Werk vorliegen; über die Abgrenzung von amtlichen und privaten Werken entscheiden dann die **amtsinternen Verhältnisse** (s. BGHZ 116, 136/147 ff. – Leitsätze). Dasselbe gilt für den Aspekt der amtlichen oder privaten Veranlassung des Werkschaffens, wie im Falle einer richterlichen Nebentätigkeit (s. ebenfalls BGHZ 116, 136/148 f. – Leitsätze). Umgekehrt kann es sich auch bei einem Werk, für welches ein Amt zB durch eine entsprechende Herausgeberbezeichnung und Angabe im Vorwort äußerlich erkennbar die Verantwortung übernimmt, um ein nichtamtliches, privates Werk handeln, wenn dieses auf rein private Initiative hin und ohne wesentliches Zutun des Amtes geschaffen worden ist (so BGH GRUR 1987, 166/167 – AOK-Merkblatt – mit im Ergebnis zustimmender Anm. von *Seydel* in Schulze BGHZ 35, 8ff.). Letztlich entscheiden somit in manchen Fällen nur die jeweiligen **Umstände des Einzelfalls,** einschließlich interner, für Außenstehende nicht erkennbarer Vorgänge, bereits über die Frage, ob es sich bei einem Werk um ein amtliches oder ein nichtamtliches Werk handelt (so auch ausdrücklich BGH GRUR 1984, 117/119 – VOB/C; BGH GRUR 1987, 166/

167 – AOK-Merkblatt; BGH GRUR 2007, 137/138, Rdnr. 18 – Bodenrichtwertsammlung). Unter dem Gesichtspunkt der **Rechtssicherheit** ist dies nicht unbedenklich (s. hierzu auch die Kritik von *v. Albrecht* S. 37; *Seydel* Anm. zu BGH – AOK-Merkblatt – in Schulze BGHZ 355 S. 8/9).

III. Werke privater Urheber als amtliche Werke

34   1. Entgegen einer zu §§ 16, 26 LUG von 1901 allgemein (Nachweise bei *v. Ungern-Sternberg* GRUR 1977, 766/767 Fn. 5) und zu § 5 des geltenden Gesetzes verbreitet (vgl. *Hubmann*[6] § 34 I 2; *Lukes* S. 25; *Möhring/Nicolini* Anm. 5; *Rehbinder* UFITA 48 (1966) 102/112; anders neuerdings *Hubmann/Rehbinder*[8] § 34 I 2; *Rehbinder*[15] § 38 I 2; *Rehbinder*, Fs. 100 Jahre URG, S. 353/ 359 Fn. 24; *Möhring/Nicolini*[2] Rdnr. 7) vertretenen Ansicht steht es der Annahme eines amtlichen Werkes nicht entgegen, wenn ein Werk von einem **privaten Urheber** geschaffen worden ist (so auch BGH GRUR 1982, 37/40 – WK-Dokumentation; ebenso, aber beschränkt auf den Fall, dass die Behörde dem privaten Urheber von vornherein vertraglich die Mitwirkung an einem amtlichen Werk auferlegt, *v. Gamm* Rdnr. 7; s. auch BGH GRUR 1987, 166/167 – AOK-Merkblatt; BGH GRUR 1984, 117/119 – VOB/C; BGH GRUR 1990, 1003/1004 – DIN-Normen; BGHZ 116, 136/148 – Leitsätze; BGHZ 168, 266/274, Rdnr. 15 – Vergaberichtlinien; *Arnold* S. 69 und dazu auch bereits oben Rdnr. 33). Auch BGH GRUR 1972, 713/ 714 – Im Rhythmus der Jahrhunderte – geht ohne weiteres davon aus, dass ein von der Bundeswehr bei einem privaten Autor in Auftrag gegebenes Filmdrehbuch ein amtliches Werk sein kann. Der Beurteilung amtlicher, von privaten Urhebern geschaffener Werke entspricht es, dass wesentliche Investitionen eines **privatwirtschaftlich**, aber im amtlichen Auftrag tätigen **Datenbankherstellers**, wie zB des **Verlags** eines gedruckten und online zugänglichen Ausschreibungsblatts, dazu führen können, eine nach §§ 87a ff. schutzfähige Datenbank als amtliche Datenbank zu qualifizieren, für die ein Schutzausschluss in entsprechender Anwendung des § 5 in Betracht kommt (s. BGH GRUR 2007, 500/502, Rdnr. 19 – Sächsischer Ausschreibungsdienst; s. dazu auch oben Rdnr. 27).

35   Ein amtliches Werk kann daher auch bei **Umwidmung eines privaten Werks** vorliegen, wie wenn zB bei privaten Gesetzentwürfen ein Ministerium oder die Regierung von der stillschweigenden Zustimmung des Verfassers zur Übernahme in einen amtlichen Entwurf ausgehen kann (dazu *v. Ungern-Sternberg* GRUR 1977, 766/773) oder wenn ein Amt oder eine Behörde ein privates Werk ohne Einverständnis des Urhebers zu einem amtlichen Werk werden lässt (so *v. Albrecht* S. 39f.; *Arnold* S. 70; *Katzenberger* GRUR 1972, 686/692; *Stieper*, GRUR 2003, 398/403; *v. Ungern-Sternberg* GRUR 1977, 766/767/773; wohl auch *Goose* S. 29; so wohl auch für den Fall der Übernahme von privat geschaffenen Tabellen und Fotos über die gesetzlichen Anforderungen an die Fahrradausrüstung in die Internetseite einer Polizeibehörde OLG Düsseldorf ZUM-RD 2007, 521 – Fahrradausrüstung; aA *Möhring/Nicolini*[2] Rdnr. 2; *Loewenheim*, Fs. für Sandrock, S. 609/618; *Schricker*, EWiR 1998, 997/998; *Seydel* Anm. zu BGH – AOK-Merkblatt – in Schulze BGHZ 355, 8/10f.; BGH GRUR 1987, 166/167 – AOK-Merkblatt, BGH GRUR 1990, 1003/1004 – DIN-Normen, sowie BGHZ 168, 266/275, Rdnr. 19 – Vergaberichtlinien, lassen diese Frage offen).

36   2. Verwertet ein Amt iSd. § 5 bzw. ein Angehöriger eines solchen Amtes ein privates Werk auf eine Art und Weise, die als **Urheberrechtsverletzung** zu beurteilen ist, zB durch widerrechtlichen, weil vom Urheber oder sonstigen Rechtsinhaber nicht genehmigten Nachdruck, und wird dadurch zugleich bewirkt, dass das verwertete Werk den Urheberrechtsschutz nach § 5 verliert, so ist dies eine Amtspflichtverletzung, die bei Vorliegen von Vorsatz oder Fahrlässigkeit die Anstellungskörperschaft nach § 839 BGB iVm. Art. 34 GG zum **Schadensersatz** verpflichtet (ebenso *Stieper* GRUR 2003, 398/405); daneben ist eine Schadensersatzhaftung des verantwortlichen Bediensteten nach § 97 UrhG ausgeschlossen, auf Unterlassung kann er aber in Anspruch genommen werden (s. BGH GRUR 1993, 37/38f. – Seminarkopien). Bei der Berechnung des Schadensersatzes kann auch der durch § 5 bewirkte Rechtsverlust berücksichtigt werden (ebenso *v. Albrecht* S. 45f.; *Arnold* S. 70/128; s. aber *Stieper* GRUR 2003, 398/404f.). Dasselbe gilt, wenn der Rechtsverlust ohne Werkverwertung durch eine nicht gestattete Bezugnahme auf ein privates Werk bewirkt wird (s. dazu unten Rdnr. 38f.; zum Ergebnis s. *v. Albrecht* S. 45f.). Im Übrigen ist an eine **Entschädigung** nach den Grundsätzen zu denken, die auf **enteignungsgleiche Eingriffe** anzuwenden sind (s. *v. Albrecht* S. 44ff.; *Stieper* GRUR 2003, 398/ 405; *v. Ungern-Sternberg* GRUR 1977, 766/773).

IV. Zitate aus privaten Werken und Bezugnahmen auf private Werke in amtlichen Werken

1. Werden private Werke in nach § 5 schutzlosen amtlichen Werken **zitiert**, wie zB Auszüge aus einem rechtswissenschaftlichen Schriftwerk in einer gerichtlichen Entscheidung, und wird dabei das Zitat als solches kenntlich gemacht, so verlieren die zitierten Passagen nicht den urheberrechtlichen Schutz; sie dürfen von Dritten ohne Zustimmung des Urhebers nur wiederum als Zitate (§ 51) bzw. im Rahmen der sonstigen gesetzlichen Schranken des Urheberrechts (§§ 44a ff.; s. dazu *Arnold* S. 133 f.) oder aber als Teil des zitierenden, nach § 5 schutzlosen amtlichen Werkes verwertet werden (so richtig *v. Albrecht* S. 40; *Arnold* S. 133; *v. Gamm/v. Gamm* GRUR 1969, 593/595; *Häde* ZUM 1991, 536/539; *Maaßen* ZUM 2003, 830/833 f./838; *Schricker* GRUR 1991, 645/651; *v. Ungern-Sternberg* GRUR 1977, 766/770). Anders liegt es, wenn ein zunächst privates Werk als solches zu einem amtlichen, nach § 5 schutzlosen Werk wird, wie zB bei der amtlichen Bekanntmachung von Patentanmeldungen durch Offenlegungs- und Patentschriften (s. Rdnr. 65). Hier verliert das zunächst private, nichtamtliche Werk den Schutz insgesamt (*v. Albrecht* S. 90; *Arnold* S. 142 ff.; *v. Ungern-Sternberg* GRUR 1977, 766/770). Dieser Rechtsfolge unterwirft sich zB der Verfasser einer Patentanmeldung mit der Einreichung der Anmeldung beim Patentamt, so dass er keinen Schadensersatz- oder Entschädigungsanspruch für den Rechtsverlust geltend machen kann (sa. *v. Albrecht* S. 43/90).

2. Auf einigen Rechtsgebieten, wie im Baurecht, im Recht der technischen Sicherheit und im Immissionsschutzrecht, sind **Hinweise** oder **Bezugnahmen** in Rechts- und Verwaltungsvorschriften sowie amtlichen Bekanntmachungen auf nichtamtliche, private Werke (s. zu diesen oben Rdnr. 33 f.), wie insbesondere auf DIN-Normen und VDE-Vorschriften als technische Normen (su. Rdnr. 54) und auch auf AGB (su. Rdnr. 52), verbreitet in Übung. Solche Hinweise und Bezugnahmen führen nach BGH GRUR 1984, 117/118 f. – VOB/C, dann nicht zu einem Verlust des Urheberrechts nach § 5 Abs. 1 an den privaten Werken, wenn sich die betreffende Behörde diese Werke damit nicht inhaltlich zu eigen macht und ihr diese Werke daher auch nicht in einer Art und Weise zugerechnet werden können, die zur Freistellung vom Urheberrechtsschutz führt (s. zu diesem letzteren Kriterium oben Rdnr. 32); eine Freistellung vom Urheberrechtsschutz nach § 5 Abs. 2 scheitert in Fällen bloßer Hinweise oder Bezugnahmen auch an der fehlenden amtlichen Veröffentlichung der Texte als solcher (s. BGH GRUR 1984, 117/119 – VOB/C). In beiderlei Hinsicht verhält es sich so insbesondere dann, wenn zB in einer amtlichen Bekanntmachung lediglich auf die Neuausgabe bestimmter DIN-Normen bzw. AGB, wie der Verdingungsordnung für Bauleistungen (VOB), hingewiesen wird (s. BGH GRUR 1984, 117/119 – VOB/C). Dasselbe gilt sogar für den Fall, dass die Behörde zugleich **nachgeordnete Behörden anweist**, die betreffenden technischen Normen bzw. AGB in ihrem Bereich anzuwenden (so BGH GRUR 1984, 117/119 – VOB/C; sa. OLG Köln ZUM-RD 1998, 110/111 f. – TL BSWF 96, und GRUR 2000, 1022 – Technische Regelwerke; bestätigt durch BGH GRUR 2002, 958/960 – Technische Lieferbedingungen; sa. OLG Köln ZUM 2001, 527/528 f. – DRS; zur Abgrenzung s. BGH, aaO, und OLG Köln GRUR 2004, 142/144 – Handbuch Vergaberichtlinien). Das vorgenannte Ergebnis zeigt, dass das Sichzueigenmachen eines privaten Werkes durch eine Behörde bzw. ein Amt qualifizierter Art sein muss, um den Verlust des Urheberrechtsschutzes nach § 5 rechtfertigen zu können.

Um ein solches **qualifiziertes Sichzueigenmachen** handelt es sich nach verbreiteter Auffassung, wenn in **Gesetzen** oder **Rechtsverordnungen** auf technische Normen derart verwiesen wird, dass diese dadurch die Verweisungsnorm ergänzenden (Rechts-)Charakter erhalten (s. die diesbezüglichen obiter dicta in BGH GRUR 1984, 117/119 – VOB/C, und BGH GRUR 1990, 1003/1005 – DIN-Normen; zur Abgrenzung s. BGH GRUR 2002, 958/960 – Technische Lieferbedingungen; *v. Ungern-Sternberg* GRUR 1977, 766/771; *Lukes* NJW 1984, 1595/1597 f.; anders noch *Lukes* S. 29 ff.; aA *Debelius*, Fs. für Hubmann, S. 41/53 f.; *Katzenberger* DIN-Mitt. 1985, 279/291 ff.; differenzierend *Budde* DIN-Mitt. 1984, 113/115). Darüber hinaus nimmt BGH GRUR 1990, 1003 ff. – DIN-Normen (ebenso das KG Berlin GRUR 1988, 450/451 f. – eingeführte DIN-Normen, als Vorinstanz) an, dass auch eine Bezugnahme auf technische Normen in bloßen **Verwaltungsvorschriften** zur Freistellung der in Bezug genommenen technischen Normenwerke vom Urheberrechtsschutz nach § 5 Abs. 1 führt, wenn zur internen Bindungswirkung gegenüber nachgeordneten Behörden eine gewisse **Außenwirkung** hinzukommt, die den technischen Normen eine rechtssatzähnliche Bedeutung verleiht. Dies ist nach Ansicht des BGH zB der Fall, wenn die behördliche Einführung von DIN-Normen als technischen Baubestimmungen zu einer Selbstbindung der Behörden in Baugenehmigungsverfahren führt, weil die gesetzlichen Bauordnungen für bauliche Anlagen die Beachtung der allgemein anerkannten Regeln der Technik bzw. der Baukunst vorschreiben und zu deren Konkretisierung bestimmen, dass behördlich eingeführte technische Baubestimmungen als solche Regeln gelten, mit der Folge, dass bei Befolgung dieser Bestimmungen ein Anspruch auf Baugenehmigung besteht. Für die Beurteilung nach § 5 Abs. 1 unerheblich ist nach Ansicht des BGH, ob der Text von als technische Baubestimmungen eingeführten DIN-Normen zusammen mit der jeweiligen Verwaltungsvorschrift oder als Anhang dazu wiedergegeben wird oder ob nur auf Fundstellen oder Bezugsquellen hingewiesen wird, ob die Verweisung auf technische Normen in Verwaltungsvorschriften **verfassungs- und verwaltungsrechtlich zulässig** ist (s. zu letzterem auch BGH GRUR 1984, 117/119 – VOB/C; BGH GRUR 1990, 1003/1005 – DIN-Normen; BGHZ 168, 266/274, Rdnr. 15 – Vergaberichtlinien) sowie dass die eingeführten DIN-Normen keinen zwingenden Charakter haben, weil den allgemein anerkannten Regeln der Technik bzw. der Baukunst auch auf andere Weise als durch Befolgung jener Normen entsprochen werden kann. Die gegen das DIN-Normen-Urteil des BGH von dem betroffenen Deutschen Institut für Normung eV eingelegte Verfassungsbeschwerde ist vom BVerfG nicht zur Entscheidung angenommen worden (GRUR 1999, 226 – DIN-Normen; so. Rdnr. 12, 19; s. im übrigen auch mit abw. Ergebnissen BGH GRUR 2002, 958/960 – Technische Lieferbedingungen, unter Bestätigung von OLG Köln ZUM-RD 1998, 110/111 f. – TL BSWF 96, und GRUR 2000, 1022 – Technische Regelwerke; OLG Köln ZUM 2001, 527/528 f. – DRS). S. jetzt aber auch **§ 5 Abs. 3** und dazu Rdnr. 12, 76–87.

C. Amtliche Werke im Sinne des § 5 Abs. 1

I. Gesetze, Verordnungen, amtliche Erlasse und Bekanntmachungen, Entscheidungen und amtlich verfasste Leitsätze zu Entscheidungen

40 1. § 5 Abs. 1 schützt das **Interesse der Allgemeinheit** an ungehinderter, durch freie Verwertung vermittelter Information über alle Äußerungen hoheitlicher Gewalt (idS auch *v. Albrecht* S. 47; *Lukes* S. 28; *v. Ungern-Sternberg* GRUR 1977, 766/767 f./770; zu den historischen Zusammenhängen *v. Albrecht* S. 5 ff.; *Katzenberger* GRUR 1972, 686/691), seien sie generell regelnd oder in Einzelfällen anordnend, entscheidend, feststellend oder gestaltend. Diesem gesetzgeberischen Zweck muss auch die Auslegung des Abs. 1 hinsichtlich der dort genannten Gegenstände gerecht werden, deren Bezeichnungen im Wesentlichen aus § 16 LUG von 1901 übernommen worden sind (s. Rdnr. 7) und daher nicht voll dem gegenwärtigen Stand und der Terminologie des Staats- und Verwaltungsrechts und der Rechtsquellen- und Verwaltungslehre entsprechen (so auch *v. Gamm* Rdnr. 5; zustimmend *v. Albrecht* S. 47 f.). Bei den in § 5 Abs. 1 bezeichneten Gegenständen handelt es sich nicht um verwaltungsrechtliche, sondern um **urheberrechtliche Begriffe** (s. BGHZ 168, 266/273, Rdnr. 14 – Vergaberichtlinien; BGH GRUR 2007, 137/138, Rdnr. 14 – Bodenrichtwertsammlung). Unbeschadet des Grundsatzes der engen Auslegung des § 5 (s. Rdnr. 5, 15–21) darf daher bei der Deutung der in Abs. 1 bezeichneten Gegenstände grundsätzlich nicht sklavisch am Wortlaut gehaftet werden. Außerdem ist zu berücksichtigen, dass der deutsche Urheberrechtsgesetzgeber sich bei Formulierung des § 5 Abs. 1 offensichtlich an den deutschen Verhältnissen orientiert hat, jedoch kein Anlass besteht, zB (noch) nicht in deutsches Recht umgesetzte internationale Abkommen als Völkerrecht und supranationales Recht, wie EU-Richtlinien, von der unmittelbaren Anwendung des § 5 auszunehmen (zu ausländischen amtlichen Werken su. Rdnr. 95, 96).

41 2. Mit den in Abs. 1 genannten **Gesetzen** und **Verordnungen** werden alle Rechtsnormen als allgemeinverbindliche Regelungen und Anordnungen erfasst, einschließlich von Satzungen der Körperschaften, Anstalten und Stiftungen des öffentlichen Rechts (so auch *v. Albrecht* S. 47/49; *v. Gamm* Rdnr. 5; *Katzenberger* GRUR 1972, 686/688; *Ulmer*[3] § 30 I; *v. Ungern-Sternberg* GRUR 1977, 766/770 Fn. 34) sowie von noch nicht in deutsches Recht umgesetzten internationalen Abkommen und EU-Richtlinien, ohne dass es dazu einer Analogie zu § 5 Abs. 1 bedarf (zu letzterem aA *Arnold* S. 119 f.; zu amtlichen Werken internationaler Organisationen offensichtlich wie hier *v. Albrecht* S. 101 ff.). Es kann daher im Allgemeinen dahinstehen, ob Abs. 1 unter Gesetzen solche im formellen Sinne (so *Goose* S. 33; *Katzenberger* GRUR 1972, 686/688; *Möhring/Nicolini* Anm. 2b; *Samson* S. 105; *v. Ungern-Sternberg* GRUR 1977, 766/770) oder auch

Gesetze im materiellen Sinne versteht (so *v. Albrecht* S. 48; *Fromm/Nordemann*[10] Rdnr. 7; *v. Gamm/v. Gamm* GRUR 1969, 593/595; *Hubmann/Rehbinder*[8] § 34 I 1; *Rehbinder*[15] § 38 I 1; *Samson* DVR 1977, 201/204 f.). Von Bedeutung ist eine Entscheidung dieser Frage im wesentlichen nur für die Beurteilung von Tarifverträgen (su. Rdnr. 50). Lehnt man, wie dieser Kommentar es tut, eine analoge Anwendung des § 5 grundsätzlich ab (so. Rdnr. 26), so ist der Auffassung der Vorzug zu geben, die unter Gesetzen iSd. Abs. 1 solche im materiellen Sinne versteht, da nur dann der gesetzgeberische Zweck dieser Bestimmung (so. Rdnr. 40) voll erreicht werden kann.

Gesetze und (Rechts-)Verordnungen verlieren den Urheberrechtsschutz nach Abs. 1 mit dem **42 Zeitpunkt** ihres Wirksamwerdens, dh. grundsätzlich mit Verkündung oder öffentlicher Bekanntmachung (so richtig die hM: *v. Albrecht* S. 48; *Arnold* S. 92; *Fromm/Nordemann*[10] Rdnr. 7; *v. Gamm* Rdnr. 5; *Katzenberger* GRUR 1972, 686/688), nicht bereits mit der Fassung des Gesetzes- oder Verordnungsbeschlusses (so aber *v. Ungern-Sternberg* GRUR 1977, 766/770). Allerdings sind bereits Gesetzentwürfe, die in Drucksachen der Gesetzgebungsorgane oder sonst auf amtliche Veranlassung veröffentlicht sind, nach Abs. 2 zu beurteilen (su. Rdnr. 62). Für die Anwendung des Abs. 1 kommt es im Übrigen nicht darauf an, ob eine Rechtsnorm verfassungsgemäß und rechtswirksam ist oder nicht (so auch *v. Gamm* Rdnr. 4; sa. oben Rdnr. 39 und unten Rdnr. 43).

3. Verwaltungsvorschriften aller Art, wie Verwaltungsverordnungen, Anordnungen, An- **43** stalts- oder Dienstordnungen, Erlasse, Entschließungen, Richtlinien und nicht auf Einzelfälle beschränkte Anweisungen, fallen ebenfalls unter Abs. 1. Sie werden hier durch „**Verordnungen**" und „**amtliche Erlasse**" stellvertretend genannt (so auch *v. Albrecht* S. 49; *Arnold* S. 93; *v. Gamm* Rdnr. 5; *Katzenberger* GRUR 1972, 686/688; AG Düsseldorf AfP 1990, 231 f.; zu einem amtlichen Erlass in Form eines behördenintern verbindlichen Handbuchs s. OLG Köln GRUR 2004, 142/143 – Handbuch Vergaberichtlinien; bestätigt durch BGHZ 168, 266/273, Rdnr. 13 f. – Vergaberichtlinien). Verwaltungsvorschriften enthalten zwar keine gegenüber der Allgemeinheit der Staatsbürger unmittelbar rechtserheblichen Wirkungen, mittelbar wird die Rechtsstellung der Bürger durch sie aber ebenfalls berührt, weil sie das künftige Verwaltungshandeln bestimmen und für die Anwendung und Auslegung von Rechtsvorschriften von Bedeutung sein können (s. BGH GRUR 1990, 1003/1004 – DIN-Normen). In Verbindung mit entsprechenden gesetzlichen Grundlagen können sie auch zu einer Selbstbindung der Behörden mit Außenwirkung führen (so. Rdnr. 39). Verwaltungsvorschriften sind nach Abs. 1 zu beurteilen, wenn sie die genannte gewisse Außenwirkung besitzen (s. BGH GRUR 1984, 114/119 – VOB/C; BGH GRUR 1990, 1003/10074 – DIN-Normen; BGHZ 168, 266/273, Rdnr. 14 – Vergaberichtlinien) und sobald sie wirksam werden; auf eine Veröffentlichung kommt es insoweit nicht an (*v. Albrecht* S. 50; *v. Gamm* Rdnr. 5; *Katzenberger* GRUR 1972, 686/688; im Grundsatz auch *Arnold* S. 93). Zu den amtlichen Erlassen sind auch **Hirtenbriefe der Kirchen** zu rechnen (*Ulmer*[3] § 30 I; ebenso *Fromm/Nordemann*[10] Rdnr. 9; *Haberstumpf* Rdnr. 224; *Leuze* ZBR 1997, 37/39 rechnet sie zu den amtlichen Bekanntmachungen). Unerheblich für die Beurteilung nach § 5 Abs. 1 ist, ob eine Verwaltungsvorschrift **verfassungs- und verwaltungsrechtlich zulässig** ist (s. BGH GRUR 1984, 117/119 – VOB/C; BGH GRUR 1990, 1003/1005 – DIN-Normen; BGHZ 168, 266/274, Rdnr. 15 – Vergaberichtlinien). Dies verkennt das Urteil des OLG Düsseldorf ZUM-RD 1997, 373/378 – Veranlagungshandbuch, das insbesondere unter Hinweis auf die fehlende eigenständige Weisungs- und Richtlinienkompetenz der betreffenden Finanzbehörde die Qualifizierung auch der „Arbeitshinweise" in einem internen **Veranlagungshandbuch** als Verwaltungsvorschriften iSd. § 5 Abs. 1 ablehnt (zur Beurteilung nach § 5 Abs. 2 su. Rdnr. 63; sa. die strafrechtliche Entscheidung des AG Düsseldorf AfP 1990, 231 f., die vermutlich dasselbe behördeninterne Werk betrifft, dieses als Verwaltungsvorschrift iSd. § 5 Abs. 1 qualifiziert und die wegen Verletzung des Urheberrechts an diesem Werk Angeklagten auch aus diesem Grunde freispricht).

4. Amtliche Bekanntmachungen sind im Allgemeinen entweder Rechts- oder Verwal- **44** tungsvorschriften oder aber informatorische Mitteilungen von Behörden an die Allgemeinheit (s. dazu *Katzenberger* GRUR 1972, 686/688). Dabei sollen Bekanntmachungen informatorischer Art faktisch sogar überwiegen (so *Leuze* ZBR 1997, 37/39). Ob § 5 Abs. 1 sich auch auf amtliche Bekanntmachungen der letzteren Art bezieht, ist streitig. Die Vorauflagen haben die Frage bejaht (ebenso früher schon *Möhring/Nicolini* Anm. 2b; aA nunmehr *Möhring/Nicolini*[2] Rdnr. 14), jedoch einschränkend angenommen, dass amtliche Informationen nur dann unter § 5 Abs. 1 fallen, wenn sie ausdrücklich als amtliche Bekanntmachungen bezeichnet sind (zustimmend *v. Albrecht* S. 51 f.). Zur Begründung dieser Einschränkung wurde darauf hingewiesen, dass nach der Entstehungsgeschichte und den amtlichen Materialien (s. dazu *Katzenberger* GRUR 1972, 686/688; *Schricker* GRUR 1991, 645/648) mit der erstmaligen ausdrücklichen Erwähnung der amtlichen Bekanntmachungen im Kreis der vom Urheberrechtsschutz ausgeschlossenen amtlichen Werke offensichtlich nicht beabsichtigt war, diesen Kreis über die seit jeher ausdrücklich benannten Rechts- und Verwaltungsvorschriften hinaus wesentlich zu erweitern. Weniger diese Einschränkung als vielmehr der formale Ansatz der Vorauflagen ist auf verbreitete Kritik gestoßen (s. insb. *Schricker* GRUR 1991, 645/649; diesem zustimmend *Arnold* S. 27; s. ferner *Häde* ZUM 1991, 536/538; *Leuze* ZBR 1997, 37/39; *Möhring/Nicolini*[2] Rdnr. 14; *Obergfell* in Mestmäcker/Schulze Rdnr. 26; LG München I GRUR 1987, 436 – Briefmarke; früher schon *v. Ungern-Sternberg* GRUR 1977, 766/770 Fn. 32 mit der ebenfalls, aber auf andere Weise einschränkenden Deutung, dass § 5 Abs. 1 nur amtliche Bekanntmachungen mit administrativer Zweckbestimmung erfasse). Inzwischen hat auch BGH GRUR 2007, 137/138, Rdnr. 13 f. – Bodenrichtwertsammlung, entschieden, dass es für das Vorliegen einer amtlichen Bekanntmachung iSd. § 5 Abs. 1 nicht auf die Bezeichnung, sondern darauf ankommt, dass eine amtliche Verlautbarung eine normative oder einzelfallbezogene **rechtliche Regelung** enthält; eine nur informatorische Äußerung genügt nicht. Auch eine kommunale Sammlung von Bodenrichtwerten nach dem BauGB kommt daher zwar als amtliche Bekanntmachung in Betracht (aaO, Rdnr. 13), es fehlt: ihr jedoch ein regelnder Inhalt (aaO, Rdnr. 15).

45 An der in den Vorauflagen vertretenen Auffassung wird nach dem vorgenannten BGH-Urteil nicht mehr festgehalten. Abzulehnen ist aber weiterhin die in die andere Richtung wesentlich zu weit gehende Auffassung, die über den Begriff der amtlichen Bekanntmachungen bereits mit § 5 Abs. 1 alle Mitteilungen von Behörden an die Allgemeinheit mit rechtlich relevantem Inhalt erfassen will (in diesem Sinne LG München I GRUR 1987, 436/437 – Briefmarke; *Häde* ZUM 1991, 536/538; kritisch hierzu wie hier *Schricker* GRUR 1991, 645/649). Solche Mitteilungen sind ein typischer Anwendungsfall des § 5 Abs. 2 (su. Rdnr. 63). Im Übrigen ist zu beachten, dass bei regelnden amtlichen Bekanntmachungen von Werken zwischen den Bekanntmachungen und den bekannt gemachten Werken unterschieden werden muss. Auch wenn erstere schutzlos nach § 5 Abs. 1 sind, können letztere, wie zB amtlich bekannt gemachte AGB oder technische Normen (so. Rdnr. 38 und unten Rdnr. 51 bis 52), urheberrechtlich geschützt sein, als aufgrund amtlicher Inbezugnahme rechtssatzähnlich wirkende private Normenwerke ihrerseits, vorbehaltlich § 5 Abs. 3, § 5 Abs. 1 unterfallen (so. Rdnr. 39 und unten Rdnr. 54), als amtliche Werke zu qualifizieren und nach § 5 Abs. 2 vom Schutz ausgeschlossen sein, wie zB amtlich bekannt gemachte Patentschriften (su. Rdnr. 65), oder aber zwar amtliche Werke sein, ohne jedoch durch § 5 Abs. 1 oder 2 vom Schutz ausgeschlossen zu werden, wie zB Banknoten und Briefmarken (su. Rdnr. 68) (kritisch zu dieser Unterscheidung zwischen Bekanntmachung und bekannt gemachten Werken jedoch zB *Obergfell* in Mestmäcker/Schulze Rdnr. 26).

46 5. **Entscheidungen** iSd. Abs. 1 sind nur solche von staatlichen Gerichten oder von Verwaltungsbehörden, die als Urteile, Beschlüsse, Verfügungen, Bescheide uÄ in Einzelfällen streitentscheidend, feststellend oder gestaltend verbindliche Regelungen enthalten (vgl. *Arnold* S. 94; *v. Gamm* Rdnr. 5; *Möhring/Nicolini*[2] Rdnr. 16; *Obergfell* in Mestmäcker/Schulze Rdnr. 28). Urheberrechtlich frei ist dabei der gesamte Entscheidungstext, einschließlich der Begründung (s. *Arnold* S. 94, *Obergfell* in Mestmäcker/Schulze Rdnr. 28). Nicht unter Abs. 1 (und auch nicht unter Abs. 2) fallen Entscheidungen privater Schiedsgerichte (*v. Albrecht* S. 52; *v. Gamm* Rdnr. 5; *Rehbinder*[15] § 38 I 1; *Möhring/Nicolini*[2] Rdnr. 16; *Obergfell* in Mestmäcker/Schulze Rdnr. 28; *Ulmer*[3] § 30 I). Eine Entscheidung iSd. Abs. 1 ist die **Patenterteilung** durch das Patentamt als Verwaltungsakt (*v. Gamm* Rdnr. 8), während die Offenlegungs-, Auslege- und Patentschriften des Patentamts nach Abs. 2 zu beurteilen sind (s. Rdnr. 65; aA *Ulmer*[3] § 30 I, der sie zu den amtlichen Bekanntmachungen iSd. Abs. 1 rechnet). Entscheidungen können im Entwurfsstadium auch unter dem Gesichtspunkt des § 5 Abs. 2 als amtsinterne Werke (su. Rdnr. 73) durchaus urheberrechtlich geschützt sein. Der maßgebliche **Zeitpunkt**, zu dem sie diesen Schutz nach § 5 Abs. 1 verlieren, ist derjenige, zu dem sie wirksam werden (s. *v. Albrecht* S. 53; *Arnold* S. 54 f.; *Fromm/Nordemann*[10] Rdnr. 7). Entscheidend sind dafür je nach Art der Entscheidung in erster Linie Verkündung oder Zustellung (idR Veröffentlichung nach Auffassung von *Fromm/Nordemann*[10] Rdnr. 7; weitere Einzelheiten bei *Arnold* S. 96 ff.). Wirksamkeit bedeutet im Übrigen nicht Rechtsbeständigkeit, so dass auch auf Rechtsmittel hin aufgehobene und selbst von Anfang an nichtige Entscheidungen von § 5 Abs. 1 erfasst werden (s. im Einzelnen *Arnold* S. 94 f.).

Amtliche Werke   § 5

6. Die ausdrückliche Erwähnung der **amtlich verfassten Leitsätze zu Entscheidungen** in 47
§ 5 Abs. 1 neben den Entscheidungen selbst trägt dem Umstand Rechnung, dass solche Leitsätze in der Regel (Ausnahme: § 31 Abs. 2 BVerfGG) nicht Bestandteil der Entscheidungen sind (so zu gerichtlichen Entscheidungen BGHZ 116, 136/146 – Leitsätze), im Interesse der Allgemeinheit aber wie diese sollen frei verwertet werden können (s. RegE BTDrucks. IV/270 S. 39). Die Reichweite des Ausschlusses solcher Leitsätze vom Urheberrechtsschutz folgt aus der Publizitätspflicht des staatlichen und auch des gerichtlichen Handelns in einer Demokratie, die auch von § 5 Abs. 1 vorausgesetzt wird (so im Hinblick auf die Pflicht der Gerichtsverwaltung zur Publikation veröffentlichungswürdiger Gerichtsentscheidungen und Leitsätze BVerwG NJW 1997, 2694/2695; zustimmend *Huff* NJW 1997, 2651/2652), sowie aus der Funktion eines amtlichen Leitsatzes als Mittel zur raschen und sachgerechten Information der Öffentlichkeit über die Kernaussage einer Entscheidung und den die Rechtsfindung leitenden Satz (so BGHZ 116, 136/148 – Leitsätze; im gleichen Sinne *Ullmann*, Fs. juris, S. 133/141; kritisch *Vinck* Anm. in LM Nr. 6 zu § 3 UrhG, der § 5 Abs. 1 nur auf solche Entscheidungsleitsätze anwenden will, zu deren Abfassung eine amtliche oder dienstliche Verpflichtung bestand).

„**Amtlich verfasst**" sind nur die von den Gerichten oder Behörden selbst verfassten Leitsätze zu ihren eigenen Entscheidungen (*v. Gamm* Rdnr. 5; *Möhring/Nicolini*² Rdnr. 17; *Obergfell* in 48
Mestmäcker/Schulze Rdnr. 29)). Verfasser solcher Leitsätze zu gerichtlichen Entscheidungen können sein: einzelne Richter, wie der Berichterstatter eines Senats (s. BGHZ 116, 136/147 – Leitsätze) oder einer Kammer, einzelne mit der Leitsatzformulierung beauftragte Richter eines Gerichts, die Mitglieder des „Spruchkörpers" insgesamt, eine Veröffentlichungskommission oder die Verwaltung eines Gerichts (s. *Ullmann*, Fs. juris, S. 133/139/143). Für den amtlichen Charakter eines Leitsatzes unerheblich ist nach BGHZ 116, 136/145 ff. – Leitsätze (zustimmend *Ullmann*, Fs. juris, S. 133/140 ff.; im Grundsatz auch *Hirte* EWiR 1992, 601/602; aA als Vorinstanz OLG Köln GRUR 1989, 821/822 – Entscheidungsleitsätze; dem zustimmend *Schricker* EWiR 1989, 1231/1232; kritisch *Vinck* Anm. in LM Nr. 6 zu § 3 UrhG, ob der Leitsatzbildung und -veröffentlichung eine dienstliche Verpflichtung oder, wie im Fall der Geschäftsordnungen oberster Gerichte des Bundes, eine entsprechende verwaltungsinterne Regelung zugrunde liegt oder, wie bei den unteren Instanzen, nicht, ob der Leitsatz den Parteien zusammen mit der Entscheidung zugestellt worden ist oder bei der Verkündung oder Zustellung der Entscheidung schon verfasst war: Maßgeblich ist vielmehr ähnlich wie bei amtlichen Werken iSd. § 5 Abs. 2 (so. Rdnr. 32), ob der Leitsatz dem Gericht bzw. dem „Spruchkörper" zuzuordnen ist, von ihm herrührt. Dies ist der Fall bei von der Gerichtsverwaltung verfassten Leitsätzen (so *Ullmann*, Fs. juris, S. 133/139 f.) zu Zwecken der Veröffentlichung sowie bei von einem Richter verfassten und mit Billigung des „Spruchkörpers" zur Veröffentlichung freigegebenen Leitsätzen, auch wenn der Richter dabei dienstrechtlich eine Nebentätigkeit ausübt und zB von einem Verlag eine Vergütung erhält (so BGHZ 116, 136/147 f. – Leitsätze; aA als Vorinstanz OLG Köln GRUR 1989, 821/822 – Entscheidungsleitsätze; dem zustimmend *Schricker* EWiR 1989, 1231/1232) oder der „Spruchkörper" die Veröffentlichung nur stillschweigend billigt oder sie nicht für eine „amtliche" Sammlung vorsieht (so *Ullmann*, Fs. juris, S. 133/142 f.). Zum Zeitpunkt, in dem der Ausschluss amtlich verfasster Entscheidungsleitsätze wirksam wird, s. *Arnold* S. 101 ff.

Von „amtlich verfassten" Leitsätzen **zu unterscheiden** und nicht durch § 5 Abs. 1 (oder 49
Abs. 2) vom Urheberrechtsschutz ausgeschlossen sind Leitsätze auch zu eigenen Entscheidungen, die ein Richter in privater Funktion zB zu wissenschaftlichen Zwecken oder im Auftrag eines Verlags und ohne Abstimmung mit bzw. Billigung durch den zuständigen „Spruchkörper" formuliert und veröffentlicht (BGHZ 116, 136/148 – Leitsätze; *Obergfell* in Mestmäcker/Schulze Rdnr. 30; *Ullmann*, Fs. juris, S. 133/142; kritisch *Hirte* EWiR 1992, 601/602). Dies gilt erst recht auch für Leitsätze zu Entscheidungen, die von Wissenschaftlern oder Redaktionen juristischer Fachzeitschriften formuliert werden (s. *Fischer* NJW 1993, 1228/1230; *Katzenberger/Kolle* NachrDok. 1972, 94/97 f.; *Nordemann/Hertin* NJW 1971, 688; *Obergfell* in Mestmäcker/Schulze Rdnr. 30; *Samson* DVR 1977, 201/203; *Ullmann*, Fs., juris, S. 133/139). Dem Prinzip der engen Auslegung des § 5 (so. Rdnr. 5, 15–21) und der Orientierung des Schutzausschlusses amtlich verfasster Entscheidungsleitsätze durch § 5 Abs. 1 an einer gerichtlichen Veröffentlichungstätigkeit entsprechend sind zu den amtlich verfassten Leitsätzen iSd. § 5 Abs. 1 auch nicht zu rechnen Leitsätze in gerichts- oder verwaltungsintern geführten Entscheidungsdokumentationen (s. BGHZ 116, 136/148 – Leitsätze; *Ullmann*, Fs. juris, S. 133/144), deren Urheberrechtsschutz schon mangels Veröffentlichung (s. Rdnr. 54 ff.) auch nicht an § 5 Abs. 2 scheitert, und die Leit- und Orientierungssätze zu Entscheidungen, die im Rahmen des JURIS-

Katzenberger

Rechtsinformationssystems im Auftrag des BMJ in der Vorbereitungsphase dieses Systems geschaffen wurden. Seit Überführung dieses Systems in private Trägerschaft im Jahre 1985 scheidet eine Anwendung des § 5 auf im Rahmen von JURIS neu verfasste Leit- bzw. Orientierungssätze ohnehin aus (ebenso *Ullmann*, Fs. juris, S. 133/139).

II. Tarifverträge, Allgemeine Geschäftsbedingungen, technische Normen

50   **1. Tarifverträge** als solche sind keine Äußerungen hoheitlicher Gewalt und fallen daher nicht insgesamt unter Abs. 1. Rechtsnormen in Tarifverträgen dagegen gelten kraft gesetzlicher Anordnung (§ 4 Abs. 1, 2 TVG) unmittelbar und zwingend und sind daher Gesetze im materiellen Sinne (s. *Schaub* ArbR Handbuch[12] § 198 III 1). Als solche sind sie auch Gesetze iSd. Abs. 1 (so BAG NJW 1969, 861/862 offensichtlich für den normativen, nicht für den schuldrechtlichen Teil eines Tarifvertrags; *v. Gamm/v. Gamm* GRUR 1969, 593/595, dem BAG zustimmend; ebenso *Hubmann/Rehbinder*[8] § 34 I 1 und *Rehbinder*[15] § 38 I 1), und zwar unabhängig von einer Allgemeinverbindlicherklärung nach § 5 TVG (so richtig *v. Albrecht* S. 55 f.; *Obergfell* in Mestmäcker/Schulze Rdnr. 22; *Samson* DVR 1977, 201/204 f.; *Arnold* S. 125 ff. und *v. Ungern-Sternberg* GRUR 1977, 766/770 unter Befürwortung einer analogen Anwendung des Abs. 1; aA *Fromm/Nordemann*[9] Rdnr. 2, die Tarifverträge nur bei Allgemeinverbindlicherklärung als Gesetze im materiellen Sinne und iSd. Abs. 1 gelten lassen. Für Anwendung des Abs. 2 auf Tarifverträge *Goose* S. 33; mit Ausnahme einer Analogie zu § 5 Abs. 3 S. 2 gegen jede Anwendung des § 5 auf Tarifverträge *Leydecker* GRUR 2007, 1030/1031 ff.).

51   **2. Allgemeine Geschäftsbedingungen** (AGB) sind im Allgemeinen keine Rechtsnormen und daher grundsätzlich auch keine Gesetze oder Verordnungen, auf die § 5 Abs. 1 unmittelbar angewandt werden könnte (ebenso *v. Albrecht* S. 56 ff.; *Arnold* S. 132; *Birkenmayer* UFITA 83 [1978] 107/112 ff.; *Fromm/Nordemann*[10] Rdnr. 7; *Obergfell* in Mestmäcker/Schulze Rdnr. 23; *Samson* DVR 1977, 210/205; *Schack*[4] Rdnr. 516). Auch eine analoge Anwendung des § 5 Abs. 1 scheidet aus (so. Rdnr. 26) oder ist jedenfalls nicht generell angezeigt (s. *v. Albrecht* S. 56 ff.; *Arnold* S. 131 ff.; *Birkenmayer* UFITA 83 [1978] 107/112 ff./120; aA *Rehbinder* UFITA 80 (1977) 73/78 f.; später aber anders *ders.*, Fs. 100 Jahre URG, S. 353/362 ff.; unklar *Samson* DVR 1977, 201/206). Etwas Anderes gilt, und § 5 Abs. 1 ist unmittelbar anwendbar, wenn AGB durch eine Behörde im Verordnungsweg festgelegt (ebenso *Arnold* S. 132 und *Birkenmayer* UFITA 83 [1978] 110/116 Fn. 51/120, die dann aber keine AGB mehr gegeben sehen) oder für allgemeinverbindlich erklärt werden (ebenso *v. Gamm/v. Gamm* GRUR 1969, 593/595; für analoge Anwendung des § 5 Abs. 1 in diesen Fällen *v. Albrecht* S. 57 ff.; *Arnold* S. 139 f.; *Birkenmayer* UFITA 83 [1978] 110/120; *Obergfell* in Mestmäcker/Schulze Rdnr. 23; *v. Ungern-Sternberg* GRUR 1977, 766/770). Dagegen ist § 5 Abs. 1 (und Abs. 2) nicht anwendbar in den in bestimmten Branchen, wie Banken, Versicherungen, Energieversorgung und Verkehr, verbreiteten Fällen, in denen AGB behördlich genehmigt werden (müssen) (ebenso *v. Albrecht* S. 59 f.; *Birkenmayer* UFITA 83 [1978] 110/120; aA *Arnold* S. 136 ff. im Sinne analoger Anwendung des § 5 Abs. 1).

52   Auch eine bloße **amtliche Bekanntmachung privater AGB**, wie der Allgemeinen Deutschen Speditionsbedingungen (ADSp) und der Verdingungsordnung für Bauleistungen (VOB) (zum AGB-Charakter von deren Teilen B und C s. *Arnold* S. 133), die keinerlei allgemeine Verbindlichkeit der betreffenden AGB zur Folge hat, sondern nur Hinweischarakter besitzt, führt nicht dazu, dass diese AGB nach § 5 Abs. 1 den Urheberrechtsschutz verlieren (so. Rdnr. 38 und zum Ergebnis BGH GRUR 1984, 117/119 – VOB/C; *v. Albrecht* S. 60 f.; *Arnold* S. 134; *Budde* DIN-Mitt. 1984, 113/116; *Obergfell* in Mestmäcker/Schulze Rdnr. 23; *Schack*[4] Rdnr. 516; aA *Lukes* NJW 1984, 1595/1597; *Samson* DVR 1977, 201/208). Zwischen der amtlichen Bekanntmachung einerseits und den bekannt gemachten AGB ist zu unterscheiden (so. Rdnr. 45 aE). Nach dem Prinzip der möglichst weitgehenden Verschonung privater Werke vor den Rechtsfolgen des § 5 (so. Rdnr. 14) ist anzunehmen, dass solche AGB auch nicht in der Weise frei verwertet werden dürfen, wie dies für Zitate aus privaten Werken in Entscheidungen gilt (so. Rdnr. 37; aA wohl *v. Gamm/v. Gamm* GRUR 1969, 593/595; zum Vorstehenden insgesamt *Katzenberger* DIN-Mitt. 1985, 295/292 f.). Das zur amtlichen Bekanntmachung privater AGB Gesagte gilt im übrigen sogar für den Fall, dass sich mit ihr eine **Weisung an nachgeordnete Behörden** verbindet, die AGB in ihrem Bereich anzuwenden (so. Rdnr. 38; zum Ergebnis BGH GRUR 1984, 117/119 – VOB/C; OLG Köln ZUM-RD 1998, 110/111 f. – TL BSWF 96, und GRUR 2000, 1022 – Technische Regelwerke, bestätigt durch BGH GRUR

Amtliche Werke **§ 5**

2002, 958/960 – Technische Lieferbedingungen; insoweit wohl ebenso *v. Albrecht* S. 70; aA *Arnold* S. 134 ff.). Wird auf private AGB in Gesetzen, Verordnungen, Erlassen oder amtlichen Bekanntmachungen derart verwiesen, dass ein Rechteverlust nach § 5 Abs. 1 oder 2 eintreten könnte, so ist nunmehr **§ 5 Abs. 3 zu beachten** (s. Rdnr. 12, 76–87).

Von der Frage der Anwendung des § 5 zu unterscheiden ist die weitere Frage, ob und inwieweit die Inhaber der Rechte an bekannt gemachten privaten AGB der Verwertung in bestimmter Form, zB im Rahmen von wissenschaftlichen Kommentaren oder im Rahmen des Zweckes eines AGB aufstellenden Verbandes, **stillschweigend zustimmen** (s. dazu *Fromm/Nordemann*[10] Rdnr. 7; *v. Gamm/v. Gamm* GRUR 1969, 593/596; *Samson* DVR 1977, 201/205 ff.). 53

3. Das zu den AGB Gesagte gilt grundsätzlich entsprechend für private **technische Normenwerke**, soweit diese, wie die VOB/C, **zugleich AGB** sind (so. Rdnr. 52) und in dieser Funktion in Frage stehen (so. Rdnr. 51, 52). Im Übrigen gilt, dass die für die technische Normung zuständigen Institutionen, wie das Deutsche Institut für Normung eV (DIN) und der Verband Deutscher Elektrotechniker eV (VDE), in Deutschland in der Regel private Organisationen der Wirtschaft und keine Ämter oder Behörden und auch keine beliehenen Unternehmen sind, mit der Folge, dass jedenfalls eine unmittelbare Anwendung des § 5 (Abs. 1 und 2) auf ihre technischen Normen und Vorschriften mangels Amtlichkeit (so. Rdnr. 32) grundsätzlich ausscheidet (so BGH GRUR 1984, 117/118 – VOB/C, zum Deutschen Verdingungsausschuss für Bauleistungen (DVA) als Rechtsvorgänger des DIN-Instituts hinsichtlich der VOB; zum DIN-Institut selbst BGH GRUR 1990, 1003 – DIN-Normen; sa. OLG Köln ZUM-RD 1998, 110/111 – TL BSWF 96, und GRUR 2000, 1022 – Technische Regelwerke, sowie BGH GRUR 2002, 958/960 – Technische Lieferbedingungen, zu einer als e. V. betriebenen Forschungseinrichtung; *v. Albrecht* S. 64 f.; *Arnold* S. 127; *Budde* DIN-Mitt. 1984, 113 f.; *Debelius*, Fs. für Hubmann, S. 41/46; *Katzenberger* DIN-Mitt. 1985, 279/292; *Lukes* S. 29; aA *Fromm/Nordemann*[10] Rdnr. 6; *Kirchner* GRUR 1985, 676/677 f.). Auch eine analoge Anwendung des § 5 (Abs. 1 und Abs. 2) auf technische Normen ist abzulehnen (so. Rdnr. 25, 26) oder jedenfalls nicht generell angezeigt (s. *v. Albrecht* S. 72 f.; sinngemäß *Arnold* S. 128 ff.; aA *Reichel* GRUR 1977, 774/776; *Schmidt* FuR 1984, 245). Das vorstehend Gesagte gilt auch für die von einem privaten Gremium entwickelten **Grundsätze für die Rechnungslegung** (s. OLG Köln ZUM 2001, 527/528 f. – DRS; zust. und mwN *Obergfell* in Mestmäcker/Schulze Rdnr. 24). 54

Etwas anderes gilt, und § 5 Abs. 1 ist grundsätzlich anwendbar, wenn in Gesetzen, Rechtsverordnungen oder auch Verwaltungsvorschriften auf technische Normen oder vergleichbare andere private, normartige Regeln derart **verwiesen** oder Bezug genommen wird, dass diese dadurch einen die Verweisungsnorm **ergänzenden (Rechts-)Charakter** bzw. eine **rechtssatzähnliche Bedeutung** erlangen; dazu kann anstelle eines amtlichen Abdrucks der technischen Normen auch ein Fundstellen- oder Bezugsquellennachweis genügen (so. Rdnr. 39; zum Ergebnis BGH GRUR 1984, 117/119 – VOB/C, obiter dictum; BGH GRUR 1990, 1003 ff./1005 – DIN-Normen, mit KG Berlin GRUR 1988, 450/451 – eingeführte DIN-Normen, als Vorinstanz; zustimmend *v. Albrecht* S. 68 f.; *Arnold* S. 128 ff. im Sinne direkter Anwendung des § 5 Abs. 1 grundsätzlich bei Inkorporation der technischen Norm in den Gesetzes- oder Verordnungstext, sonst per Analogie; sa. *v. Ungern-Sternberg* GRUR 1977, 766/771; *Lukes* NJW 1984, 1595/1597 f.; anders noch *ders.* S. 29 ff.; aA *Debelius*, Fs. für Hubmann, S. 41/53 f.; *Katzenberger* DIN-Mitt. 1985, 279/291 iSd. Anwendbarkeit des § 5 Abs. 1 nur bei Inkorporation in den Vorschriftentext; dem für den Regelfall zustimmend *Fromm/Nordemann*[10] Rdnr. 14, s. aber auch dort Rdnr. 6; differenzierend *Budde* DIN-Mitt. 1984, 113/115). Die vom DIN-Institut gegen das DIN-Normen-Urteil des BGH eingelegte Verfassungsbeschwerde ist vom BVerfG nicht zur Entscheidung angenommen worden (so. Rdnr. 12, 19). **Neuerdings** ist bei grundsätzlicher Anwendbarkeit des § 5 Abs. 1 oder 2 speziell auf **technische oder andere Normenwerke § 5 Abs. 3 zu beachten** (s. dazu Rdnr. 12, 76–87). 55

Bei einer bloßen amtlichen **Bekanntmachung** technischer oder anderer privater oder anderer privater Normen mit oder ohne Textabdruck und **ohne Anwendungsbefehl** greift § 5 Abs. 1 (und Abs. 2) nicht Platz; zwischen amtlicher Bekanntmachung und bekannt gemachtem privaten Werk muss unterschieden werden (so. Rdnr. 45 aE) (zum Ergebnis s. BGH GRUR 1984, 117/119 – VOB/C; *v. Albrecht* S. 60 f.; *Arnold* S. 134 zur Parallele der AGB; *v. Gamm/ v. Gamm* GRUR 1969, 593/595; aA *Lukes* NJW 1984, 1595/1597 f.; *Samson* DVR 1977, 201/208 für Anwendung des § 5 Abs. 2). Wird in einer solchen amtlichen Bekanntmachung der Text der technischen Normen nicht mit abgedruckt, sondern nur auf eine Fundstelle oder eine Bezugsquelle hingewiesen, so scheitert die Anwendung des § 5 Abs. 2 auch am Fehlen einer 56 amtlichen Veröffentlichung (su. Rdnr. 57; zum Ergebnis s. BGH GRUR 1984, 117/119 – VOB/C).

D. Amtliche Werke im Sinne des § 5 Abs. 2

I. Maßstäbe für die Auslegung des § 5 Abs. 2

57 § 5 Abs. 2 schließt den Schutz nur für einen **begrenzten Kreis** von **veröffentlichten amtlichen Werken** (so. Rdnr. 9; zum Begriff der Veröffentlichung su. Rdnr. 74) aus. Umstritten ist, nach welchem Kriterium der Kreis dieser Werke zu bestimmen ist und welche amtlichen Werke im Einzelnen durch Abs. 2 vom Schutz freigestellt werden.

58 **1.** Der BGH (GRUR 1972, 713/714 – Im Rhythmus der Jahrhunderte) sieht das entscheidende Kriterium richtig in dem in Abs. 2 genannten **amtlichen Interesse,** welches nicht mit jedem beliebigen öffentlichen Interesse gleichgesetzt werden darf, das eine Behörde mit jeder Veröffentlichung eines Werkes verfolgt (insoweit zustimmend bzw. schon früher im gleichen Sinne *v. Albrecht* S. 75; *Arnold* S. 18 ff./20; *v. Gamm* Rdnr. 8; *Goose* S. 29; *Katzenberger* GRUR 1972, 686/689 ff.; *Obergfell* in Mestmäcker/Schulze Rdnr. 31; *Schmidt* FuR 1984, 245/250; *Ulmer*[3] § 30 II 2). Abweichend davon setzt nur *Samson* DVR 1977, 201/204 das amtliche Interesse iSd. Abs. 2 mit dem öffentlichen Interesse gleich (zu ähnlich weitreichenden Deutungen des früheren Rechts so. Rdnr. 6).

59 Bei der notwendigen **näheren Bestimmung des amtlichen Interesses** iSd. Abs. 2 stellt der BGH in GRUR 1972, 713/714 – Im Rhythmus der Jahrhundert, in Bezug auf einen Werbefilm für die Bundeswehr darauf ab, ob das betreffende amtliche Interesse „sich unmittelbar auf die Werkveröffentlichung selbst" erstreckt und bereits darin seine Bestimmung und seinen Ausdruck findet oder ob es sich nur auf erhoffte weitere Wirkungen der Veröffentlichung, wie die Information der Staatsbürger über die Geschichte der Militärmusik und die Werbung für die Bundeswehr, bezieht. Nur im ersteren Fall sei ein amtliches Interesse iSd. Abs. 2 anzunehmen. Später hat der BGH auf diese Kriterien zu Recht nicht mehr zurückgegriffen (su. Rdnr. 60 zum Kriterium seiner neueren Entscheidungen). Neuerdings stützt sich auf sie jedoch wieder das OLG Düsseldorf in einem Urteil vom 16. 4. 1996 (ZUM-RD 1997, 373/378 f. – Veranlagungshandbuch, su. Rdnr. 63). Im Schrifttum haben *Fromm/Nordemann*[10] Rdnr. 11; *Hubmann* § 34 I 2 bis zur 6. Aufl.; *Leuze* ZBR 1997, 37/39 und *Schack*[4] Rdnr. 521 diese Kriterien übernommen (im Ausgangspunkt zustimmend auch *Arnold* S. 20 f.) bzw. als gleichfalls gültig akzeptiert (so *Obergfell* in Mestmäcker/Schulze Rdnr. 31). Nach überwiegender Auffassung sind sie aber nicht geeignet, die von der Urheberrechtsfreistellung des § 5 Abs. 2 betroffenen veröffentlichten amtlichen Werke zuverlässig zu bestimmen und von geschützten amtlichen Werken abzugrenzen (so *Katzenberger* GRUR 1972, 686/690 und zustimmend *v. Albrecht* S. 75; *Goose* S. 21 ff.; *Schmidt* FuR 1984, 245/248; *Ulmer*[3] § 34 II 2 b; *v. Ungern-Sternberg* GRUR 1977, 766/771).

60 Richtigerweise ist der **entscheidende Maßstab** darin zu sehen, ob nach der Art und Bedeutung des veröffentlichten amtlichen Werkes ein amtliches Interesse daran besteht, dass die allgemeine Kenntnisnahme des Werkes nicht nur durch die amtliche Veröffentlichung selbst, sondern darüber hinaus auch durch die ungehinderte, eine möglichst weite Verbreitung sichernde Verwertung des Werkes durch jedermann gefördert wird (in diesem Sinne *Ulmer*[3] § 30 II 2; zustimmend *Obergfell* in Mestmäcker/Schulze Rdnr. 31; *Schricker* GRUR 1991, 645/652 f.; *ders.* ArchivPT 1996, 5/12; *Uhl* S. 42; BGH GRUR 1984, 117/119 – VOB/C, und GRUR 1988, 33/35 – Topographische Landeskarten; BGH GRUR 2007, 137/138, Rdnr. 17 – Bodenrichtwertsammlung; BGH GRUR 2007, 500/502, Rdnr. 18 – Sächsischer Ausschreibungsdienst; OLG Köln ZUM-RD 1998, 110/112 – TL BSWF 96; OLG Köln ZUM 2007, 548/552 – Wetterdaten). *Goose* S. 30 hat diesen Rechtsgedanken zutreffend dahingehend formuliert, dass für die Anwendung des Abs. 2 ein amtliches Interesse an der Veröffentlichung gerade mit der Rechtsfolge des Abs. 2 vorliegen muss (zustimmend *v. Ungern-Sternberg* GRUR 1977, 766/772). Die beiden wichtigsten Kriterien, welche die sonach durch § 5 Abs. 2 vom Urheberrechtsschutz ausgeschlossenen veröffentlichten amtlichen Werke kennzeichnen, sind die uneingeschränkte **Publizität aller Äußerungen der Staatsgewalt** (s. dazu *Katzenberger* GRUR 1972, 686/691; *Lukes* S. 28; ähnlich *Arnold* S. 23 ff.; s. im Einzelnen unten Rdnr. 62 ff.) und ein **dringendes, unabweisbares amtliches Interesse** an einer möglichst raschen und/oder umfassenden In-

Amtliche Werke § 5

formation der Allgemeinheit auch durch Dritte, wie im Fall besonderer und akuter Gefahrenlagen (ähnlich *Arnold* S. 24 ff.: Abwehr von Gefahren für die öffentliche Sicherheit und Ordnung; sa. *Seydel* Anm. zu BGH – AOK-Merkblatt – in Schulze BGHZ 355 S. 8/10; OLG Köln ZUMRD 2001, 280/282 – Gies-Adler; aA *Dreier/Schulze*[3] Rdnr. 9; *Dreyer* in HK-UrhR[2] Rdnr. 55; *Möhring/Nicolini*[2] Rdnr. 23; *Wandtke/Bullinger*[3] Rdnr. 17; s. im Einzelnen unten Rdnr. 69 f.).

2. Bei der **Entscheidung von Zweifelsfragen** über die Anwendung des Abs. 2 sind **alle** **61** **Umstände des konkreten Falles** abzuwägen (s. BGH GRUR 2007, 137/138, Rdnr. 18 – Bodenrichtwertsammlung). So kann eine bereits behördlicherseits veranlasste Veröffentlichung von ausreichender Reichweite gegen ein amtliches Interesse an der freien Verwertung und damit gegen eine Anwendung des Abs. 2 sprechen (zustimmend *v. Albrecht* S. 88; *Arnold* S. 18 f.; *Schricker* ArchivPT 1996, 5/12; sa. *Ulmer*[3] § 30 II 2 und im gleichen Sinne BGH GRUR 1984, 117/119 – VOB/C, hinsichtlich der Praxis des DIN-Instituts bei der Veröffentlichung der VOB; BGH GRUR 2007, 137/138, Rdnr. 18 – Bodenrichtwertsammlung). Wo eine solche amtliche Veröffentlichung fehlt, kann andererseits auch der öffentlich bekundete subjektive Wille einer Behörde allein nicht ausreichen, um die Anwendung des Abs. 2 auszuschließen (im Ergebnis ebenso *v. Albrecht* S. 77; *Goose* S. 27; *v. Ungern-Sternberg* GRUR 1977, 766/772 Fn. 55): Der RegE zum UrhG (BTDrucks. IV/270 S. 39) wollte den Behörden die Möglichkeit einräumen, durch einen ausdrücklichen Rechtevorbehalt auf den veröffentlichten amtlichen Werken die Rechtsfolgen des Abs. 2 zu vermeiden. Im Rechtsausschuss des Deutschen Bundestags wurde die betreffende Formulierung gestrichen, um die Aufrechterhaltung des Urheberrechtsschutzes aus rein fiskalischen Gründen auszuschließen (s. den Bericht des Abg. *Reischl* UFITA 46 [1966] 174/176). Dies bedeutet aber nicht, dass eine öffentlichrechtliche Institution, wie der Deutsche Wetterdienst als teilrechtsfähige Anstalt des öffentlichen Rechts gemäß § 1 Abs. 1 des Wetterdienstgesetzes (DWD-Gesetz), es hinnehmen müsste, dass seine der bloßen Daseinsvorsorge und einem begrenzten Interessentenkreis, wie Luftverkehrsteilnehmern, dienenden Informationen und Daten durch parallele private, kommerzielle Wetterdienste kostenlos ausgeschlachtet werden (so zu Recht OLG Köln ZUM 2007, 548/552 – Wetterdaten).

II. Beurteilung einzelner amtlicher Werke nach § 5 Abs. 2

1. **Veröffentlichte amtliche Gesetzesmaterialien,** wie Gesetz- und Verordnungsentwürfe **62** aller initiativberechtigten Organe und der Ministerien, einschließlich sog. Referentenentwürfe, Berichte der Ausschüsse der Gesetzgebungsorgane, Parlamentsprotokolle sowie parlamentarische Anfragen und Antworten zu geltenden oder zu künftigen Gesetzen, zählen wegen ihrer Bedeutung für die Auslegung geltender und geplanter Gesetze und damit für die Rechtsstellung des Bürgers stets zu den durch Abs. 2 grundsätzlich vom Urheberrechtsschutz ausgeschlossenen amtlichen Werken (ebenso *Arnold* S. 24, jedoch nur für analoge Anwendung des § 5 Abs. 2 auf von einzelnen Abgeordneten und von Fraktionen stammende Gesetzesmaterialien auf S. 141 f.; *v. Gamm* Rdnr. 8; *Leuze* ZBR 1997, 37/39; *Möhring/Nicolini*[2] Rdnr. 25 und *v. Ungern-Sternberg* GRUR 1977, 766/772 zu amtlichen Gesetzentwürfen; *Hubmann/Rehbinder*[8] § 34 I 2; *Rehbinder*[15] § 38 I 2 und *Samson* S. 105 zu amtlichen Gesetzentwürfen, Denkschriften und Protokollen; *Katzenberger* GRUR 1972, 686/692 zu allen genannten Gegenständen; *v. Albrecht* S. 95; *Obergfell* in Mestmäcker/Schulze Rdnr. 35; *Schack*[4] Rdnr. 521; *Uhl* S. 44 und *Ulmer*[3] § 30 II 2a allgemein zu Gesetzesmaterialien). Dabei kommt es nicht darauf an, ob Bedienstete von Behörden oder private Sachverständige Urheber amtlicher Gesetzesmaterialien sind (so. Rdnr. 34, 35). Wohl aber werden mangels Amtlichkeit der Werke private Gesetzentwürfe, Gutachten, Stellungnahmen und Denkschriften zu Gesetzesvorhaben, auch solche privater Verbände und sonstiger privater Organisationen, von Abs. 2 nicht erfasst (s. Rdnr. 28–35; *v. Albrecht* S. 96; *Katzenberger* GRUR 1972, 686/692).

2. Gleich wie amtliche Gesetzesmaterialien zu beurteilen sind sonstige veröffentlichte amtli- **63** che Werke, die **rechtserhebliche Informationen** zum Inhalt haben (s. *v. Albrecht* S. 80 f.; *Arnold* S. 24; *Katzenberger* GRUR 1972, 686/693; *Ulmer*[3] § 30 II 2a; aA *v. Ungern-Sternberg* GRUR 1977, 766/772; auch *Leuze* ZBR 1997, 37/40; *Uhl* S. 45 f.). Durch Abs. 2 vom urheberrechtlichen Schutz ausgeschlossen sind daher veröffentlichte **amtliche Erläuterungen gesetzlicher Bestimmungen**, allgemeinverständliche amtliche Belehrungen über gesetzliche Rechte und Pflichten sowie über gerichtliche und behördliche Verfahren, amtliche Broschüren über Renten-, Sozialversicherungs- und Steuerfragen, wie die sog. Steuerfibeln der Finanzverwaltung, Merkblätter über die Abgabe von Steuererklärungen, **Online-Informationen der Polizei**

über die gesetzlichen Anforderungen an die Ausrüstung von Fahrrädern (s. OLG Düsseldorf ZUM-RD 2007, 521 – Fahrradausrüstung), veröffentlichte **Tätigkeitsberichte** von Behörden, wie diejenigen des BKartA oder der EG-Kommission, sowie **Pressemitteilungen** von Behörden und Gerichten (zu letzteren *Ullmann*, Fs. juris, S. 133/140), welche deren Entscheidungstätigkeit zum Gegenstand haben. Ein für den internen Dienstgebrauch einer Finanzbehörde geschaffenes **Steuerveranlagungshandbuch,** welches den Finanzbeamten die Arbeit erleichtern und eine weitestgehende Gleichbehandlung der Steuerpflichtigen gewährleisten soll, ist als unveröffentlichtes, inneramtliches Werk nicht nach § 5 Abs. 2 schutzlos (su. Rdnr. 73, 74; zur Beurteilung nach § 5 Abs. 1 so. Rdnr. 43). Wird es aber veröffentlicht, so verliert es wegen seiner Rechtserheblichkeit für die Steuerpflichtigen den Schutz nach § 5 Abs. 2. Selbst nach der engeren Auslegung des Begriffs der Veröffentlichung (su. Rdnr. 74 iVm. § 6 Rdnr. 7 ff.) ist ein solches Werk bereits dann als veröffentlicht anzusehen, wenn es von der Behörde auch nur in je einem Exemplar drei Steuerberaterorganisationen zur Kenntnisnahme und zur Benutzung ausgehändigt wird, und zwar offensichtlich ohne Nutzungsbeschränkung auf bestimmte Personen (s. § 6 Rdnr. 14). Das Resultat für § 5 Abs. 2 muss um der Chancengleichheit aller betroffenen Steuerpflichtigen und ihrer Berater willen erst recht gelten, wenn die an sich beabsichtigte allgemeine Veröffentlichung am Unvermögen der Behörde scheitert. Diese Grundsätze werden in dem Urteil des OLG Düsseldorf vom 16. 4. 1996 – Veranlagungshandbuch (ZUM-RD 1997, 373/78 f., so. Rdnr. 59), unter Berufung auf das für die Anwendung des § 5 Abs. 2 ungeeignete Kriterium des amtlichen Interesses unmittelbar an der Werkveröffentlichung selbst (s. ebenfalls oben Rdnr. 59), zu Unrecht übergangen (aA *Werner*, UFITA 2008, 7/22). An der den Schutzausschluss nach § 5 Abs. 2 rechtfertigenden Rechtserheblichkeit fehlt es aber, wenn zB ein **Handbuch für die Zollabfertigung** als Datenbank auf CD-ROM nur der behördlichen Arbeitserleichterung dient (s. OLG Köln ZUM 2006, 234/239 – EZT) oder eine **Bodenrichtwertsammlung** nach dem BauGB (so. Rdnr. 29) lediglich allgemeine Informationen für die Daseinsvorsorge und Fakteninformationen für Finanzämter enthält (s. BGH GRUR 2007, 137/ 139, Rdnr. 20 – Bodenrichtwertsammlung).

64   Bei Werken mit rechtserheblichen Informationen als Inhalt muss es sich für eine Anwendung des § 5 Abs. 2 aber stets um **amtliche** Werke handeln. Daran kann es bei von Bediensteten eines Amtes aufgrund privater Initiative geschaffenen und von einem Amt übernommenen Werken auch dann fehlen, wenn sie äußerlich als Werke des Amtes erscheinen (so BGH GRUR 1987, 166/167 – AOK-Merkblatt; sa. oben Rdnr. 32, 34).

65   3. Eine besondere Gruppe rechtserheblicher, durch Abs. 2 vom Schutz ausgenommener veröffentlichter amtlicher Werke sind **patentamtliche Offenlegungs-, Auslege- und Patentschriften** (so die heute ganz hM: *v. Albrecht* S. 90; *Fromm/Nordemann*[10] Rdnr. 11; *v. Gamm* Rdnr. 8; *Hubmann/Rehbinder*[8] § 34 I 2; *Rehbinder*[15] § 38 I 2; *Katzenberger* GRUR 1972, 686/ 693; *Möhring/Nicolini*[2] Rdnr. 25; *v. Ungern-Sternberg* GRUR 1977, 766/768 Fn. 20; nur für analoge Anwendbarkeit des § 5 Abs. 2 *Arnold* S. 142 f.; aA zum früheren Recht hinsichtlich Auslegeschriften *Allfeld* LUG[2] § 16 Anm. 9; *Marwitz/Möhring* LUG § 16 Anm. 4 c; *Runge* S. 146). Zur Beurteilung nach Abs. 1 so. Rdnr. 46. Bis zur ersten amtlichen Veröffentlichung können Patentanmeldungen aber urheberrechtlich schutzfähige Werke sein (so auch *v. Albrecht* S. 90; *Hubmann/Rehbinder*[8] § 34 I 2; *Rehbinder*[15] § 38 I 2; *Obergfell* in Mestmäcker/Schulze Rdnr. 34; *Ulmer*[3] § 30 I; s. hierzu und zu den Rechtsfolgen der amtlichen Veröffentlichung auch oben Rdnr. 37).

66   4. Von rechtserheblichen amtlichen Materialien und Informationswerken zu unterscheiden sind amtliche Werke, welche der **politischen Information und Meinungsbildung** dienen, wie öffentliche politische Reden von Ministern oder sonstigen Amtsträgern in Versammlungen oder im Rundfunk, Kommentare der öffentlich-rechtlichen Rundfunkanstalten zu politischen Ereignissen, Broschüren der Ministerien im Dienste der politischen Meinungsbildung, Mitteilungen politischer Art durch Presse- und Informationsämter und Filme über die Arbeit parlamentarischer Organe. Solche Werke können grundsätzlich schon deshalb nicht nach § 5 beurteilt werden, weil das UrhG für wichtige Beispiele politischer Information und Meinungsbildung in §§ 48 und 49 Sonderregelungen enthält (s. zu diesem rechtssystematischen Gesichtspunkt oben Rdnr. 11; zum Ergebnis wie hier *Obergfell* in Mestmäcker/Schulze Rdnr. 33).

67   5. Von den die Rechtsstellung des Bürgers betreffenden amtlichen Werken ebenfalls zu unterscheiden sind **Hilfsmittel für die tatsächliche Benutzung öffentlicher Einrichtungen,** die nur dann durch Abs. 2 vom urheberrechtlichen Schutz ausgenommen sind, wenn ein dringendes amtliches Interesse an ihrer allgemeinen Kenntnisnahme gerade mit Hilfe der beliebigen

Verwertung durch Dritte anzunehmen ist (so. Rdnr. 60). Nicht entscheidend ist insoweit, ob eine Behörde zur Veröffentlichung solcher Hilfsmittel verpflichtet ist (so schon zu § 16 LUG von 1901 *Allfeld* LUG[2] § 16 Anm. 12 gegen *Dambach*, Gutachten des preußischen literarischen Sachverständigen-Vereins, Bd. II S. 70/75) und ob das Hilfsmittel als amtlich bezeichnet ist (ebenso *v. Albrecht* S. 87; aA *Schmidt* FuR 1984, 245/250). Das somit erforderliche qualifizierte amtliche Interesse ist grundsätzlich nicht anzuerkennen bei **Katalogen** und sonstigen **Verzeichnissen öffentlicher Museen und Bibliotheken** (so *Katzenberger* GRUR 1972, 686/694; *Kraßer/Schricker* S. 83; *Möhring/Nicolini*[2] Rdnr. 27; *Obergfell* in Mestmäcker/Schulze Rdnr. 38; *Ulmer*[3] § 30 II 2 b; teilweise aA *v. Albrecht* S. 89), **Programmen des öffentlich-rechtlichen Rundfunks und staatlicher und kommunaler Theater** (*Katzenberger* GRUR 1972, 686/694; *Obergfell* in Mestmäcker/Schulze Rdnr. 38; teilweise aA *v. Albrecht* S. 89) sowie, angesichts der Reichweite der amtlichen Veröffentlichung bei diesen Werken (so. Rdnr. 61), bei **amtlichen Fernsprechverzeichnissen** und **Fahrplänen** (so *Arnold* S. 28; *Katzenberger* GRUR 1972, 686/694; *Schricker* ArchivPT 1996, 5/12 zu Telefonbüchern; *Ulmer*[3] § 30 II 2 b; zu amtlichen Fernsprechverzeichnissen zustimmend *v. Albrecht* S. 88, anders jedoch S. 87f. zu amtlichen Fahrplänen; aA *Fromm/Nordemann*[10] Rdnr. 11; *v. Gamm* Rdnr. 8; *Hubmann/Rehbinder*[8] § 34 I 2; *Rehbinder*[9] § 35 I 2; *Möhring/Nicolini*[2] Rdnr. 27 Anm. 6 b aa; *Riedel* Anm. B 2; *Schmidt* FuR 1984, 245/250; *v. Ungern-Sternberg* GRUR 1977, 766/772 Fn. 57). Für die neuere Zeit ist die **Privatisierung** der deutschen **Post** (Deutsche Telekom AG) und die Umwandlung der Deutschen Bundesbahn in die **Deutsche Bahn AG** mit entsprechenden Auswirkungen auf die Amtlichkeit von Telefonbüchern (s. dazu *v. Albrecht* S. 88 Fn. 8; *Schricker* ArchivPT 1996, 5/11f., sa. *ders.* GRUR 1991, 645/650 sowie *Häde* ZUM 1991, 536 im Hinblick auf Briefmarken) und Fahrplänen zu beachten (sa. *Fromm/Nordemann*[10] Rdnr. 11; *Obergfell* in Mestmäcker/Schulze Rdnr. 39 mwN). Zum früheren Recht ist das RG in JW 1925, 2777 und RGSt. 62, 398 vom Schutz amtlicher Fernsprechbücher ausgegangen, der BGH hat die Frage in GRUR 1961, 631/633 – Fernsprechbuch, ungeklärt gelassen; nunmehr wie hier BGHZ 141, 329/339 – Tele-Info-CD. Ebenfalls zum früheren Recht hat der BGH GRUR 1965, 45/46 – Stadtplan, in einem obiter dictum amtliche Fahrpläne zu den urheberrechtlich frei verwertbaren amtlichen Werken gerechnet.

6. Das für Abs. 2 zu fordernde spezifische amtliche Interesse an der Vervielfältigung und sonstigen Verwertung durch Dritte ist in der Regel auch nicht zu erkennen bei **amtlichen Bauwerken, Bauentwürfen** und **Modellen für die Stadtplanung** (im Ergebnis ebenso *v. Albrecht*, S. 92f.; *v. Gamm* Rdnr. 8 zu öffentlichen Bauwerken; *Katzenberger* GRUR 1972, 686/694; *Kraßer/Schricker* S. 83; *Obergfell* in Mestmäcker/Schulze Rdnr. 35; *v. Ungern-Sternberg* GRUR 1977, 766/769; aA zu Modellen der Stadtplanungsbehörden *Fromm/Nordemann*[10] Rdnr. 11). Dagegen sind amtliche Bebauungspläne, die von den Gemeinden nach § 10 BauGB als Satzungen zu beschließen sind, Gesetze iSd. Abs. 1 (so. Rdnr. 41 sowie *Katzenberger* GRUR 1972, 686/693; *Obergfell* in Mestmäcker/Schulze Rdnr. 19; *Schricker* GRUR 1991, 645/652; *v. Ungern-Sternberg* GRUR 1977, 766/769) und veröffentlichte Entwürfe dazu wie sonstige veröffentlichte Gesetzesmaterialien durch Abs. 2 vom Schutz ausgenommen (so. Rdnr. 62 sowie *Katzenberger* GRUR 1972, 686/693). Dem amtlichen Interesse geradezu zuwider liefe eine Anwendung des Abs. 2 auf **Banknoten, Münzen, Postwertzeichen (Briefmarken), Wappen** der öffentlich-rechtlichen Gebietskörperschaften und sonstige künstlerisch gestaltete **Hoheitszeichen** (vgl. dazu auch §§ 146–152a StGB, 124–129 OWiG, 43, 49 PostG sowie zur Beurteilung nach § 5 Abs. 2 *v. Albrecht* S. 92; *Fromm/Nordemann*[10] Rdnr. 11; *Häde* ZUM 1991, 536/539; *Katzenberger* GRUR 1972, 686/694 und GRUR Int. 1974, 296f. mit Hinweisen auf die Rechtslage in der Schweiz, wo jetzt aber durch Art. 5 Abs. 1 lit. b URG von 1992 „Zahlungsmittel", nicht aber Briefmarken ausdrücklich vom Urheberrechtsschutz ausgenommen sind, sowie auf die Duldung von Banknotenabbildungen zu Werbe- und anderen Zwecken durch die Deutsche Bundesbank, früher nach Maßgabe von deren Mitteilung Nr. 3011/90 vom 6. 9. 1990, BAnz. Nr. 173 vom 14. 9. 1990; *Obergfell* in Mestmäcker/Schulze Rdnr. 36; *Schricker* GRUR 1991, 645/652ff.; s. jetzt zum Urheberrechtsschutz der Euro-Banknoten ABl. 2003/78 S. 16/20 [EZB/2003/4, 5] und zu der gemeinsamen Seite der Euro-Münzen ABl. 2001 C 318 S. 3 mit einem Katalog zulässiger Reproduktionen; zur freien Nutzung von Euro-Banknotenabbildungen zu Werbe- und anderen Zwecken s. BAnz. Nr. 71 von 11. 4. 2003, S. 7378; sa. die VO EG Nr. 2182/2004 vom 6. 12. 2004 über Medaillen und Münzstücke mit ähnlichen Merkmalen wie Euro-Münzen ABl. 2004 L 373 S. 1; aA *Schmidt* FuR 1984, 245/250f.). Auch eine Anwendung des Abs. 1 auf solche Gegenstände scheidet aus, und zwar grundsätzlich sogar dann, wenn sie in amtlichen Bekanntmachungen abgebildet werden (wie hier *v. Albrecht* S. 91 f.; *Häde* ZUM 1991, 536/538 f.; *Obergfell* in Mestmäcker/Schulze Rdnr. 27; *Schack*[4] Rdnr. 517; *Schricker* GRUR 1991, 645/647 ff.): Entsprechend den für Zitate privater Werke in schutzlosen amtlichen Werken geltenden Regeln (so. Rdnr. 37) ist anzunehmen, dass sie nur im Zusammenhang mit und in der Form solcher Bekanntmachungen frei verwertet werden dürfen (zustimmend *v. Albrecht* S. 92; *Häde* ZUM 1991, 536/539; *Schricker* GRUR 1991, 645/651; aA *v. Ungern-Sternberg* GRUR 1977, 766/768; LG München I GRUR 1987, 436 – Briefmarke, mit ablehnender Anm. von *Katzenberger* in Schulze LGZ 203, 8 ff.). Auch für eine unterschiedliche Beurteilung von bekannt gemachten allgemeinen und von nicht bekannt gemachten Sonderbriefmarken ist daher entgegen *Hubmann/Rehbinder*[8] § 34 I 1 und *Rehbinder*[15] § 38 I 1 kein Raum. Zum Urheberrechtsschutz einer Abwandlung des Adler-Wappens der BR Deutschland s. OLG Köln ZUM-RD 2001, 280/282 – Gies-Adler, bestätigt durch BGH GRUR 2003, 956/957 – Gies-Adler. Dagegen sind Abs. 1 anzuwenden bei **amtliche Verkehrszeichen,** die als Teil der StVO an deren Normcharakter teilhaben (s. *v. Albrecht* S. 92; *Katzenberger* GRUR 1972, 686/694; *Möhring/Nicolini*[2] Rdnr. 25; *Obergfell* in Mestmäcker/ Schulze Rdnr. 37; *Schmidt* FuR 1984, 245/251; zum möglichen Geschmacksmusterschutz abgewandelter Verkehrszeichen s. BGH GRUR 2004, 770/771 – Abgewandelte Verkehrszeichen).

69 7. Grundsätzlich nicht anzuerkennen ist das in Abs. 2 geforderte spezifische amtliche Interesse bei **Nationalhymnen** (ebenso *v. Albrecht* S. 92; *Obergfell* in Mestmäcker/Schulze Rdnr. 37; aA *v. Ungern-Sternberg* GRUR 1977, 766/769) sowie bei **amtlichen Statistiken** und **Kartenwerken** der Vermessungsämter (so auch BGH GRUR 1988, 33/35 – Topographische Landeskarten, unter Hinweis auf die amtliche Begründung, so. Rdnr. 10; *v. Albrecht* S. 93; *Arnold* S. 22; *Hubmann/Rehbinder*[8] § 34 I 2; *Rehbinder*[15] § 38 I 2; *Katzenberger* GRUR 1972, 686/693; *Kraßer/ Schricker* S. 83; *Möhring/Nicolini*[2] Rdnr. 24; *Obergfell* in Mestmäcker/Schulze Rdnr. 33; *Ulmer*[3] § 30 II 2 b; nunmehr, abweichend von früheren Auflagen auch *Fromm/Nordemann*[10] Rdnr. 11; aA *Nordemann/Hertin* NJW 1971, 857/858). Eine Ausnahme gilt nur für Kartenwerke, in denen auf **besondere Gefahrenlagen** hingewiesen wird: Hier kann ein unmittelbares und dringendes amtliches Interesse an einer möglichst raschen und umfassenden Unterrichtung der Allgemeinheit angenommen werden (so. Rdnr. 10 iVm. Rdnr. 8 sowie Rdnr. 60; dem Kriterium des unmittelbaren und dringenden amtlichen Interesses nur bedingt zustimmend *v. Albrecht* S. 94; gegen dieses Kriterium als Voraussetzung für die Anwendung des § 5 Abs. 2 *Fromm/Nordemann*[10] Rdnr. 11 und die oben Rdnr. 60 genannten neueren Kommentare sowie in einem obiter dictum, aber unter direkter Berufung auf das Kartenbeispiel der amtlichen Begründung BGH GRUR 1988, 33/35 – Topographische Landeskarten; ähnlich *Arnold* S. 25 ff., der anstelle dieses Kriteriums auf das hoheitliche Interesse an der Abwehr von Gefahren für die öffentliche Sicherheit und Ordnung abstellt und damit bei Kartenwerken zu gleichen Ergebnissen kommt, wie sie hier vertreten werden). Nur eine solche Deutung des Abs. 2 entspricht auch der Rechtslage unter Geltung des § 16 LUG von 1901 (s. BGH GRUR 1965, 45/46 f. – Stadtplan; OLG Stuttgart BB 1962, 1135) und den Motiven des Gesetzgebers des UrhG, der insoweit die Rechtslage nicht ändern wollte, vielmehr nach den Ausführungen des RegE (BTDrucks. IV/270 S. 39) davon ausging, dass der Schutz amtlicher Kartenwerke „nur in Ausnahmefällen" entfallen solle, „zB wenn eine Behörde eine Karte von der Meeresküste veröffentlicht, in der die für Badende gefährlichen Stellen besonders bezeichnet sind". Nach Abs. 1 zu beurteilen sind **Kartenwerke mit Normqualität,** wie Bebauungspläne (so. Rdnr. 68), Katasterkarten und Karten, die Freihafenteile bestimmen und Teil zollrechtlicher Vorschriften sind (s. *Katzenberger* GRUR 1972, 686/693).

70 8. Entsprechend gilt, dass veröffentlichte **amtliche Informationsschriften und Datensammlungen ohne rechtserheblichen Inhalt** grundsätzlich nicht nach Abs. 2 vom urheberrechtlichen Schutz ausgeschlossen sind. Eine Ausnahme gilt nur für Schriften und Datensammlungen zu besonders akuten Gefahrenlagen, bei denen ein überwiegendes, dringendes und unabweisbares amtliches Interesse an einer möglichst raschen und umfassenden Information der Allgemeinheit angenommen werden kann. Dazu zählen aber nicht die üblichen, im Rahmen der **staatlichen Daseinsvorsorge** veröffentlichten amtlichen Informationsschriften und Datensammlungen, wie solche über die Gesundheitsvorsorge und Früherkennung von Krankheiten, die Jugenderziehung und Gastarbeiterfragen, den Umweltschutz, Grundstückswerte oder über Gefahren im Straßenverkehr (so BGH GRUR 2007, 137/138, Rdnr. 18 – Bodenrichtwertsammlung; OLG Köln ZUM 2007, 548/551 – Wetterdaten, zur Frage der Anwendung des § 5 auf Datenbanken iSd. §§ 87 a ff. s. Rdnr. 27; *Katzenberger* GRUR 1972, 686/693; *Kraßer/ Schricker* S. 83; *Obergfell* in Mestmäcker/Schulze Rdnr. 33; *Schmidt* FuR 1984, 245/251; ähnlich

Ulmer[3] § 30 II 2 b; *v. Ungern-Sternberg* GRUR 1977, 766/772; im Ergebnis auch *Arnold* S. 23 ff., der das „amtliche Interesse" iSd. § 5 Abs. 2 als hoheitliches, die sozialstaatliche Leistungsverwaltung einschließendes Interesse im Gegensatz zur nichthoheitlichen Daseinsvorsorge versteht und Informationen über Hoheitsakte nur Informationen zur Abwehr von Gefahren für die öffentliche Sicherheit und Ordnung gleichstellt, weil solchen Gefahren auch durch hoheitliche Ge- und Verbote begegnet werden könnte; aA *v. Albrecht* S. 75 ff./80 ff. zu amtlichen Informationsschriften insbesondere in den Bereichen Umwelt-, Jugend-, Bevölkerungs- und Gesundheitsschutz aufgrund entsprechender, aus der Verfassung herleitbarer staatlicher Informationspflichten; *Fromm/Nordemann*[10] Rdnr. 11; *Goose* S. 24, 31 f.; im Ergebnis wie hier zu einem Film über die Geschichte der Militärmusik BGH GRUR 1972, 713/714 – Im Rhythmus der Jahrhunderte), und die vorstehend zitierten neueren Entscheidungen des BGH und des OLG Köln).

9. § 5 Abs. 2 berührt auch nicht den urheberrechtlichen Schutz von **wissenschaftlichen** **71** **Veröffentlichungen** der staatlichen Universitäten, Akademien und Forschungseinrichtungen, einschließlich solcher von staatlich eingesetzten Kommissionen selbst bei staatlicher Finanzierung, Bestimmung auch für den Dienstgebrauch und Entscheidung des Amtes über das Ob und Wann der Veröffentlichung (s. BGH GRUR 1982, 37/40 – WK-Dokumentationen), sowie von staatlicherseits herausgegebenen **Lehr- und Unterrichtsmaterialien** (so auch *Kraßer/Schricker* S. 83; *Obergfell* in Mestmäcker/Schulze Rdnr. 37) und von **Schulfunksendungen** der öffentlich-rechtlichen Rundfunkanstalten (zu Letzteren s. § 47 und oben Rdnr. 11). Dies ist unbestritten (vgl. *Katzenberger* GRUR 1972, 686/694 in Fn. 64; *Ulmer*[3] § 30 II 2 b). Verbindliche **amtliche Lehrpläne** dagegen sind nach Abs. 1 vom Schutz ausgeschlossen (s. LG Stuttgart *Schulze* LGZ 60, 4 zu § 16 LUG von 1901).

10. Werbende Publikationen staatlicher Einrichtungen oder sonstiger öffentlich-rechtlicher **72** Institutionen im Rahmen ihrer allgemeinen Öffentlichkeitsarbeit oder mit dem Ziel, Bedienstete oder Kunden zu gewinnen oder die Erfüllung öffentlicher Aufgaben zu erleichtern, sind generell nicht durch Abs. 2 vom urheberrechtlichen Schutz freigestellt, gleich welches Medium dabei benutzt wird (vgl. BGH GRUR 1972, 713/714 – Im Rhythmus der Jahrhunderte, zu einem Werbefilm der Bundeswehr; *Katzenberger* GRUR 1972, 686/694; *Obergfell* in Mestmäcker/ Schulze Rdnr. 33; grundsätzlich zustimmend *v. Albrecht* S. 89).

III. Kein Schutzausschluss unveröffentlichter inneramtlicher Werke

1. Anders als nach früherem Recht werden **unveröffentlichte amtliche Werke** in keinem **73** Fall durch Abs. 2 vom Urheberrechtsschutz ausgeschlossen (so. Rdnr. 9). Unveröffentlichte Verwaltungsvorschriften und Entscheidungen sind daher nach Abs. 1 schutzlos (so. Rdnr. 43, 46), während die Beschränkung des Abs. 2 auf veröffentlichte amtliche Werke unveröffentlichten inneramtlichen Entwürfen zu Gesetzen, Verwaltungsvorschriften und Entscheidungen den Schutz ebenso belässt wie unveröffentlichten inneramtlichen Gutachten, Stellungnahmen, Protokollen, geheimen diplomatischen Noten, Korrespondenzen, sonstigen Akteninhalten, Rundschreiben informativer Art sowie unveröffentlichten Zeichnungen und Plänen der Bauämter zur Vorbereitung von Bebauungsplänen (vgl. *Katzenberger* GRUR 1972, 686/689; zustimmend *v. Albrecht* S. 95). Eine Anwendung des Abs. 2 auf an Gerichte oder Behörden gerichtete **Schriftsätze** von Anwälten oder **Eingaben** von Privatpersonen, Unternehmen oder Verbänden scheitert bereits daran, dass es sich insoweit nicht um amtliche Werke handelt (so. Rdnr. 25–33 und BGH GRUR 1986, 739/740 – Anwaltsschriftsatz).

2. Der **Begriff der Veröffentlichung** in Abs. 2 ist derselbe wie in § 6 Abs. 1 (ebenso **74** *v. Albrecht* S. 95; *v. Gamm* Rdnr. 8; *Möhring/Nicolini*[2] Rdnr. 28; *Obergfell* in Mestmäcker/Schulze Rdnr. 32; BGH GRUR 1986, 739/740 – Anwaltsschriftsatz). Zu Einzelheiten vgl. die Kommentierung zu § 6 Abs. 1; zu den Konsequenzen für ein zunächst nur für den internen Dienstgebrauch erstelltes, dann aber in wenigen Exemplaren veröffentlichtes finanzbehördliches Veranlagungshandbuch so. Rdnr. 63.

3. Die unterschiedliche Beurteilung unveröffentlichter inneramtlicher Werke nach §§ 16, 26 **75** LUG von 1901 einerseits und § 5 Abs. 2 des geltenden Gesetzes andererseits führt zu der Frage, ob solche Werke aus der Zeit vor Inkrafttreten des UrhG auch heute noch schutzlos sind oder nicht. Es ist dies eine Frage des **zeitlichen Übergangsrechts**. Nach § 129 Abs. 1 S. 1 ist das UrhG nicht anzuwenden auf Werke, die im Zeitpunkt des In-Kraft-Tretens dieses Gesetzes nicht geschützt sind. Unter der Geltung des LUG von 1901 war umstritten, ob §§ 16, 26 LUG den Schutz der dort genannten amtlichen Werke überhaupt ausschlossen (so *Riezler,* Deutsches Urheber- und Erfinderrecht, 1909, S. 240f.; *Runge* S. 140f.; *Ulmer*[2] § 23 III; *Voigtländer/Elster/ Kleine*[4] § 16 LUG Anm. 1) oder nur die Verwertung freigaben (so *Hubmann*[1] § 34 I; wohl auch *Allfeld* LUG[2] § 16 Anm. 2; *Marwitz/Möhring* LUG § 16 Anm. 1). Der zuerst genannten, wohl überwiegenden Meinung ist der Vorzug zu geben. Nach früherem Recht schutzlose unveröffentlichte, inneramtliche Werke bleiben damit auch unter der Geltung des § 5 Abs. 2 schutzlos (zustimmend *v. Albrecht* S. 95).

E. Private Normwerke (§ 5 Abs. 3)

76 § 5 Abs. 3 ist erst durch das Gesetz zur Regelung des Urheberrechts in der Informationsgesellschaft vom 10. 9. 2003 (BGBl. I S. 1774) eingeführt worden (so. Rdnr. 12). Dieses Gesetz diente ausweislich seiner Materialien (BRDrucks. 648/02 vom 16. 8. 2002, BTDrucks. 15/38 vom 6. 11. 2002, jeweils S. 1) der Umsetzung der Richtlinie 2001/29/EG des Europäischen Parlaments und des Rates vom 22. 5. 2001 zur Harmonisierung bestimmter Aspekte des Urheberrechts und der verwandten Schutzrechte in der Informationsgesellschaft (**Info-Richtlinie,** ABl. L 167, S. 10 vom 22. 6. 2001, GRUR Int. 2001, 745), und diese Richtlinie bezweckte ua. die EG-weite gemeinsame Ratifizierung des WIPO-Urheberrechtsvertrags (**WCT,** s. vor §§ 120ff. Rdnr. 50ff.) und des WIPO-Vertrags über Darbietungen und Tonträger (**WPPT,** s. vor §§ 120ff. Rdnr. 84ff.; zur Zielsetzung der Richtlinie s. deren Erwägungsgrund 15). Weder die Info-Richtlinie, noch WCT oder WPPT enthalten jedoch Vorgaben für die nationale Gesetzgebung über amtliche Werke oder private Normwerke iSd. § 5 UrhG (aA zur Info-Richtlinie *Wandtke/Bullinger*[3] Rdnr. 25). Auch die bisher erlassenen **übrigen europäischen Richtlinien** zur Harmonisierung des Urheberrechts (s. Einleitung Rdnr. 78) enthalten diesbezüglich keine Regelung. Auch aus der **europäischen Richtlinie 2003/98/EG** über die Weiterverwendung von Informationen des öffentlichen Sektors vom 17. 11. 2003 (ABl. Nr. L 345 S. 90; s. dazu auch bereits oben Rdnr. 6) ergibt sich nichts Anderes: Sie gilt nach ihrem Art. 1 Abs. 2 lit. b) nicht für Dokumente, die geistiges Eigentum Dritter oder, gemäß Erwägungsgrund 22, öffentlicher Stellen sind, sie lässt nach ihrem Erwägungsgrund 24 die Info-Richtlinie unberührt und regelt lediglich die Bedingungen, nach denen öffentliche Stellen ihre Rechte an geistigem Eigentum wahrnehmen, wenn sie die Weiterverwendung von Dokumenten genehmigen. Sie sollen lediglich ihre Urheberrechte auf eine Weise ausüben, die eine Weiterverwendung erleichtert (Erwägungsgrund 22). Eine Aussage über den Ausschluss amtlicher Werke von Urheberrechtsschutz und über die Reichweite dieses Schutzausschlusses ist damit offensichtlich nicht verbunden.

77 Der deutsche Gesetzgeber nutzte lediglich die **Gelegenheit** des Gesetzes vom 10. 9. 2003, um § 5 Abs. 3 neu einzuführen und damit die seit längerem als notwendig empfundene Sicherung des Urheberrechtsschutzes für private Gremien der Normung, wie das Deutsche Institut für Normung e. V. (DIN), vorzunehmen (s. BRDrucks. 684/02, S. 35; BTDrucks. 15/38, S. 16; sa. *Obergfell* in Mestmäcker/Schulze Rdnr. 7). **Anlass** waren die DIN-Normen-Entscheidung des BGH aus dem Jahre 1990 (GRUR 1990, 1003 ff./1005) und die Erfolglosigkeit der dagegen eingelegten Verfassungsbeschwerde (so. Rdnr. 12). Nach dieser BGH-Entscheidung konnten Verweisungen oder Bezugnahmen auf private technische und andere Normen in Gesetzen, Rechtsverordnungen und Verwaltungsvorschriften zum Verlust des Urheberrechts an diesen Normen nach § 5 Abs. 1 führen (so. Rdnr. 38f., 54ff.). Dies gefährdete die bewährte Selbstfinanzierung der betroffenen privaten Normungsgremien mittels Veräußerung von Normblättern und Lizenzierung und hätte in der Konsequenz zur Notwendigkeit staatlicher Subventionierung oder gar zu einer unerwünschten Übernahme der wichtigen technischen Normung in staatliche Verantwortung geführt (s. dazu BT-Drucks. 15/319, S. 2ff.; *Katzenberger,* DIN-Mitt. 1985, 279/285f.; *ders.,* DIN-Mitt. 1999, 100/102f.; *Loewenheim,* Fs. für Sandrock, S. 609ff.). Die Neuregelung der Problematik in § 5 Abs. 3, die den Urheberrechtsschutz privater Normwerke in den praktisch wichtigsten Fällen wiederherstellt, ist daher zu begrüßen.

78 Im **Gesetzgebungsverfahren** war die Einführung des § 5 Abs. 3 umstritten. Im Regierungsentwurf (BRDrucks. 684/02, S. 1/35; BTDrucks. 15/38, S. 5/16) war lediglich Satz 1 der Gesetz gewordenen Bestimmung vorgesehen, also die Wiederherstellung des Urheberrechts an staatlich in Bezug genommenen privaten Normwerken. Im Rechtsausschuss des Deutschen Bundestags forderte die Fraktion der CDU/CSU die Streichung der Vorschrift, weil sie zu überhöhten Preisen der Normprodukte und so dazu führen könne, dass ihre allgemeine Kennt-

nisnahme erschwert werde (s. BTDrucks. 15/837, S. 27). Die Fraktion der FDP machte verfassungsrechtliche Bedenken gegen den Entwurfsvorschlag geltend, die von der Bundesregierung zurückgewiesen wurden (s. BTDrucks. 15/248, S. 1; BTDrucks. 15/319, S. 5, dort, S. 2 ff., auch ausführlich zu den wirtschaftlichen Implikationen und zu den Zusammenhängen mit der europäischen und internationalen technischen Normungsarbeit). Im Ergebnis führten die Erörterungen im Rechtsausschuss des Deutschen Bundestags zur Ergänzung des Entwurfsvorschlags um die Sätze 2 und 3 des § 5 Abs. 3. Dadurch sollte sichergestellt werden, dass die Verbreitung privater Normwerke, an denen nach § 5 Abs. 3 Urheberrechte bestehen, ungehindert möglich bleibt (s. BTDrucks. 15/837, S. 33). An diesem Ergebnis änderte es auch nichts, dass der Bundesrat ua. auch zu § 5 Abs. 3 den Vermittlungsausschuss anrief (s. BTDrucks. 15/1066 und 15/1353; zum Gesetzgebungsverfahren insgesamt auch *Loewenheim*, Fs. für Nordemann, S. 51/53 f.).

Von § 5 Abs. 3 **begünstigt** sind **private Normwerke**, wie vor allem die **DIN-Normen** des Deutschen Instituts für Normung e. V. (s. BGH GRUR 1984, 117 – VOB/C und GRUR 1990, 1003 – DIN-Normen; BVerfG GRUR 1999, 226 – DIN-Normen) und die diesen zuzurechnenden **VDE-Normen** des Verbandes der Elektrotechnik Elektronik Informationstechnik e. V. (VDE), erarbeitet durch die DKE Deutsche Kommission Elektrotechnik Elektronik Informationstechnik im DIN und VDE, aber zB auch die **Technischen Lieferbedingungen** der Forschungsgesellschaft für Straßen- und Verkehrswesen e. V. (s. dazu BGH GRUR 2002, 958 – Technische Lieferbedingungen und vorgehend OLG Köln ZUM-RD 1998, 110 – TL BSWF 96) und die **Deutschen Rechnungslegungsstandards** des Deutschen Rechnungslegungs Standards Committee e. V. (s. OLG Köln ZUM 2001, 527 – DRS). Von § 5 Abs. 3 erfasst sind aber nur solche privaten Normen, bei denen es sich um Norm-„**Werke**", also um persönliche geistige Schöpfungen isd. § 2 Abs. 2 handelt. Der Urheberrechtsschutz technischer oder anderer privater Normen, die dieses Erfordernis nicht erfüllen, ist und bleibt von vornerherein ausgeschlossen; sie können von jedermann frei verwertet werden. DIN-Normen und ähnliche Regelwerke entsprechen aber regelmäßig den allgemeinen Anforderungen an den Urheberrechtsschutz (so. § 2 Rdnr. 103; *Katzenberger* DIN-Mitt. 1985, 279 ff.; zuletzt BGH GRUR 2002, 958/959 f. – Technische Lieferbedingungen). 79

Von der Begünstigung durch § 5 Abs. 3 **ausgeschlossen** sind private Normwerke, auf die in Gesetzen etc. nicht nur verwiesen wird, sondern die dabei zugleich **in ihrem Wortlaut wiedergegeben** werden **(Satz 1)**. Dazu soll es ausreichen, wenn ein solches Werk im Anhang etwa zu einer Verordnung abgedruckt wird (so wohl *Wandtke/Bullinger*, Ergänzungsband, § 5 Rdnr. 27; anders jetzt *Wandtke/Bullinger*[3] Rdnr. 26). Eine so einfache Ausweichmöglichkeit etwa für den Landesgesetzgeber oder für Kommunen bei der Einführung zB von technischen Bauvorschriften entspräche nicht dem Gesetzeszweck. Dieser verlangt vielmehr eine Inkorporation in ein amtliches Werk, also die Integration etwa in den Gesetzes- oder Verordnungstext (s. BRDrucks. 684/02, S. 35; BTDrucks. 15/38, S. 16; wie hier *Dreier/Schulze*[3] Rdnr. 15 ; wohl auch *Loewenheim/Götting* § 31 Rdnr. 15; *Dreyer* in HK-UrhR[2] Rdnr. 65). 80

§ 5 Abs. 3 **S. 2 und 3** enthalten eine **Zwangslizenzregelung**, die im Rechtsausschuss des Deutschen Bundestags als Kompromiss im Streit um die Neuregelung des Abs. 3 gefunden wurde und möglichen nachteiligen Folgen der Wiederherstellung des Urheberrechtsschutzes privater, aber amtlich in Bezug genommener Normwerke begegnen soll (so. Rdnr. 78). Als Vorbild diente § 42a (früher § 61). 81

Die Zwangslizenzierung bezieht sich lediglich auf solche privaten Normwerke, deren **Urheberrechtsschutz** gerade durch **§ 5 Abs. 3 S. 1** sichergestellt wird (s. die Formulierung „in diesem Fall" zu Beginn von Abs. 3 S. 2), also auf Normwerke, auf die in Gesetzen etc. derart verwiesen wird, dass ihr Schutz durch § 5 Abs. 1 oder 2 in Frage gestellt wird. Nicht betroffen sind alle anderen privaten Normwerke (ebenso *Loewenheim*, Fs. für Nordemann, S. 51/54 f.) und bei bloßer amtlicher Teilbezugnahme auf ein privates Normwerk dessen übrige Teile (*Loewenheim*, Fs. für Nordemann, S. 51/55). 82

Die Zwangslizenzierung **begünstigt** ausdrücklich nur **Verleger** (§ 5 Abs. 3 S. 2), denen die weitere Verbreitung amtlich in Bezug genommener privater Normwerke ermöglicht werden sollte (s. BTDrucks. 15/837, S. 33). Dies entspricht dem Umstand, dass technische Regelwerke auch in der Vergangenheit verbreitet von Verlagen nachgedruckt wurden. Auch waren Verlage an den Gerichtsverfahren beteiligt, die zu den einschlägigen BGH-Entscheidungen VOB/C (GRUR 1984, 117) und DIN-Normen (GRUR 1990, 1003) geführt haben. Es spricht daher auch eine gewisse Vermutung dafür, dass es vor allem Verlage waren, die hinter dem politischen Widerstand gegen die Neuregelung des § 5 Abs. 3 (so. Rdnr. 78) standen. Dies rechtfertigt al- 83 lerdings keine enge Auslegung des Begriffs des Verlegers in § 5 Abs. 3 S. 2, etwa in Anlehnung an den Verlegerbegriff des Verlagsgesetzes (aA *Loewenheim,* Fs. für Nordemann, S. 51/56; im Ergebnis auch *Dreyer* in HK-UrhR² Rdnr. 66). Zwar umfasst dieser Begriff auch den nicht gewerbsmäßig tätigen Verleger und den bloßen Gelegenheitsverleger (s. *Schricker,* Verlagsrecht³, § 1 Rdnr. 30), wegen des spezifischen, auf graphische Verfahren beschränkten verlagsrechtlichen Vervielfältigungsbegriffs aber zB nicht Unternehmen und Institutionen, die ausschließlich **elektronische Produkte** anbieten (s. *Schricker,* Verlagsrecht³, § 1 Rdnr. 51). In Zeiten der elektronischen Medien gibt es keinen vernünftigen Grund, solche Anbieter von der Begünstigung durch die neue Zwangslizenzregelung auszunehmen. Allerdings scheiden Anbieter von Onlinediensten zB über das Internet aus, weil § 5 Abs. 3 S. 2 und 3 eine Verpflichtung zur Rechtseinräumung nur für die **Vervielfältigung** und die **Verbreitung** (§§ 15 Abs. 1, 16, 17), nicht aber für die öffentliche Zugänglichmachung (§ 19 a) als diejenige Verwertungsform vorsehen, die für die Onlinenutzung von Werken charakteristisch ist (im Ergebnis ebenso *Dreyer* in HK-UrhR² Rdnr. 66). Dasselbe gilt für andere Formern der öffentlichen unkörperlichen Werkverwertung (§§ 15 Abs. 2, 19, 20 ff.) und auch für Verleger, soweit sie sich der Online- oder sonstigen unkörperlichen Verwertung bedienen (ebenso *Obergfell* in Mestmäcker/Schulze Rdnr. 54).

84 Gesetzlich zur Rechtseinräumung **verpflichtet** ist der **Urheber** des amtlich in Bezug genommenen Normwerkes (§ 5 Abs. 3 S. 2) oder ein **dritter Inhaber** der ausschließlichen Vervielfältigungs- und Verbreitungsrechts an einem solchen Werk (§ 5 Abs. 3 S. 3). In der Praxis wird im Regelfall die jeweilige Normungsinstitution, wie das DIN (so. Rdnr. 77), Inhaberin dieser Rechte sein, weil deren Mitarbeiter und die Mitglieder der Normungsgremien ihre Rechte im weitestmöglichen Umfang auf die Institution zu übertragen pflegen (s. dazu *Katzenberger,* DIN-Mitt. 1985, 279/281, zum DIN). Als solcher Rechtsinhaber in Betracht kommt aber zB auch ein Verlag, dem die Normungsinstitution das (ausschließliche) Verlagsrecht eingeräumt hat.

85 § 5 Abs. 3 S. 2 und 3 normieren keine gesetzliche Lizenz, sondern nur eine Verpflichtung zur bzw. einen Anspruch auf Rechtseinräumung. Es handelt sich um einen Fall einer **Zwangslizenz** entsprechend derjenigen zur Herstellung von Tonträgern gemäß § 42a, früher § 61 (s. BTDrucks. 15/837, S. 33). Das von dem begünstigten Verleger begehrte Nutzungsrecht zur Vervielfältigung und Verbreitung ist daher vertraglich zu erwerben (s. BTDrucks. 15/837, S. 33), im Fall der Verweigerung durch den Rechtsinhaber muss der Begünstigte auf Rechtseinräumung klagen, bzw. diesbezüglich eine einstweilige Verfügung erwirken, und zwar analog § 42a Abs. 6 S. 2 unter den dort vorgesehenen Erleichterungen (s. dazu und zu weiteren Aspekten des Verfügungsverfahrens § 42a Rdnr. 19). Nutzungen ohne Rechtseinräumung oder darauf gerichtete gerichtliche Entscheidungen sind Urheberrechtsverletzungen (s. § 42a Rdnr. 8; BGH GRUR 1998, 376/378 – Coverversion; *Dreyer* in HK-UrhR² Rdnr. 67).

86 Die Rechtseinräumung muss zu **angemessenen Bedingungen** geschehen (§ 5 Abs. 3 S. 2); im Streitfall entscheidet das Gericht über die Angemessenheit (s. BTDrucks. 15/837, S. 33). Diese Verpflichtung bezieht sich auf alle Bedingungen der Rechtseinräumung, nicht nur auf die Höhe der Vergütung (s. *Loewenheim,* Fs. für Nordemann, S. 51/56). Dem Regelungszweck entsprechend ist der Rechtsinhaber nur zur Einräumung eines einfachen Nutzungsrechts verpflichtet (ebenso *Dreyer* in HK-UrhR² Rdnr. 66; *Loewenheim,* Fs. für Nordemann, S. 51/56; *Obergfell* in Mestmäcker/Schulze Rdnr. 54) und, dem Gesetzeswortlaut entsprechend, auch nur in Bezug auf das Vervielfältigungs- und Verbreitungsrecht (so. Rdnr. 83). Auch erstreckt sich die Verpflichtung nur auf den urheberrechtlich geschützten Gehalt eines Normwerkes, nicht auf dessen graphische Gestaltung und gewährt somit keinen Anspruch auf reprographische Vervielfältigung und Verbreitung unter Benutzung der originalen Normblätter als Druckvorlage (ebenso *Loewenheim,* Fs. für Nordemann, S. 51/55) oder auf Zurverfügungstellung digitaler Normtexte. Gestattet der Rechtsinhaber solche Übernahmen auf freiwilliger Basis, so kann er dafür eine gesonderte Vergütung in Rechnung stellen, ohne das aus § 5 Abs. 3 S. 2 für die **Vergütungshöhe** geltende Angemessenheitsgebot zu tangieren. Als Maßstab für dieses Gebot scheint sich insbesondere § 32 anzubieten (so *Loewenheim,* Fs. für Nordemann, S. 51/56; s. auch *Loewenheim/Götting* § 31 Rdnr. 15 d). Jedoch ist zu beachten, dass der Regelungszweck des § 5 Abs. 3 nicht in der Sicherung einer angemessenen Vergütung für die Urheber von Normwerken besteht, sondern in der Finanzierung der Normungsarbeit (so. Rdnr. 77), und zwar durch in der Regel gemeinnützige Institutionen (s. BTDrucks. 15/319, S. 5). Es kann daher grundsätzlich davon ausgegangen werden, dass die von diesen Institutionen üblicherweise geforderten Vergütungen (zu Beispielen s. *Katzenberger,* DIN-Mitt. 1999, 100/101) auch angemessen sind (ähnlich *Loewenheim,* Fs. für Nordemann, S. 51/56 f.)

Zum **zeitlichen Übergangsrecht** s. § 137j Rdnr. 8. Danach soll zB die für den Wohnungs- 87
bau besonders bedeutsame Norm DIN V 4108–6 betr. den Wärmeschutz und die Energieeinsparung in Gebäuden nach wie vor vom Urheberrechtsschutz ausgeschlossen sein (so *Schulze-Hagen/Fuchs* BauR 2005, 1 ff.).

F. Rechtsfolgen. Anwendung nichturheberrechtlicher Bestimmungen

I. Rechtsfolgen

1. Amtliche Werke iSd. **§ 5 Abs. 1** sind urheberrechtlich nicht geschützt, so dass an ihnen 88
weder urheberpersönlichkeitsrechtliche noch verwertungsrechtliche oder sonstige Befugnisse
(s. §§ 11–27) bestehen und geltend gemacht werden können (ebenso die ganz hM; s. statt aller
v. Albrecht S. 18; *Fromm/Nordemann*[10] Rdnr. 7; *v. Gamm* Rdnr. 9; *Möhring/Nicolini*[2] Rdnr. 19;
Obergfell in Mestmäcker/Schulze Rdnr. 44; *Ulmer*[3] § 30 I). Dagegen will *Arnold* S. 77 ff./83/84
aus verfassungsrechtlichen Gründen das Änderungsverbot nach §§ 5 Abs. 2, 62 (su. Rdnr. 89,
90) auf die Gegenstände des § 5 Abs. 1 analog anwenden; für das Gebot der Quellenangabe
nach §§ 5 Abs. 2, 63 (su. Rdnr. 89) soll dies aber nicht gelten; für eine analoge Anwendung
sowohl des § 62 als auch des § 63 aber *Möhring/Nicolini*[2] Rdnr. 30. Zum **Zeitpunkt,** zu dem
die Rechtsfolgen des § 5 Abs. 1 eintreten, so. Rdnr. 42 bis 48.

2. Für veröffentlichte andere amtliche Werke, welche die Voraussetzungen des **§ 5 Abs. 2** er- 89
füllen, gilt grundsätzlich das gleiche. Einschränkend sieht Abs. 2 vor, dass § 62 Abs. 1–3 über das
Änderungsverbot und § 63 Abs. 1 und 2 über das **Gebot der Quellenangabe** entsprechend
anzuwenden sind. Durch die nur entsprechende Anwendung dieser Bestimmungen wird klargestellt, dass es sich nicht um eine beschränkte Aufrechterhaltung des urheberrechtlichen Schutzes
handelt (so auch *v. Gamm* Rdnr. 9; *Möhring/Nicolini*[2] Rdnr. 29). Demzufolge ist zur Geltendmachung der Rechte aus den §§ 62, 63 auch nicht der Urheber eines amtlichen Werkes iSd. § 5
Abs. 2, sondern der Rechtsträger der veröffentlichenden **Behörde** befugt (ebenso OLG Düsseldorf ZUM-RD 2007, 521/522 – Fahrradausrüstung; *Arnold* S. 77; *Möhring/Nicolini*[2] Rdnr. 29;
Obergfell in Mestmäcker/Schulze Rdnr. 45). Dies ergibt sich auch aus der Entstehungsgeschichte
der Vorschrift: Der RegE zum UrhG (BTDrucks. IV/270 S. 39) hatte vorgesehen, der jeweils
betroffenen Behörde die Möglichkeit einzuräumen, die Rechtsfolgen des § 5 Abs. 2 durch einen
ausdrücklichen Rechtevorbehalt zu vermeiden. Der Rechtsausschuss des Deutschen Bundestags
ist dem nicht gefolgt (zu den Gründen su. Rdnr. 90), hat dafür aber die schließlich Gesetz gewordene Regelung empfohlen, um, im Hinblick auf § 62, „der Behörde" das Recht zu gewähren, Änderungen des Werkes zu verbieten (s. dazu den Bericht des Abg. *Reischl* UFITA 46
[1966] 174/176; zum Wortlaut des Beschlusses des Rechtsausschusses BTDrucks. IV/3401 S. 3).
Für den **Urheber** ergibt sich aus dem Klagerecht der Behörde nur ein vager mittelbarer Schutz
seiner persönlichkeitsrechtlichen Interessen.

Zum **Zeitpunkt,** zu dem die Rechtsfolgen des § 5 Abs. 2 eintreten, so. Rdnr. 73.

3. Das durch den Rechtsausschuss des Deutschen Bundestags in § 5 Abs. 2 eingeführte **Än-** 90
derungsverbot hat zwar die im RegE zum UrhG vorgesehene Möglichkeit eines Rechtevorbehalts ersetzt, dies aber nur, um auszuschließen, dass von diesem Vorbehalt aus rein fiskalischen
Gründen Gebrauch gemacht wird (s. den Bericht des Abg. *Reischl* UFITA 46 (1966) 174/176;
zu den Folgen sa. oben Rdnr. 61). Damit wurde aber das eigentliche Motiv für den im RegE
vorgesehenen Rechtevorbehalt beibehalten: Die Behörden sollten in die Lage versetzt werden,
besonders nachteiligen Folgen von Ungenauigkeiten beim Nachdruck amtlicher Werke iSd. § 5
Abs. 2 zu begegnen (s. BTDrucks. IV/270 S. 39f.). Dies gebietet eine zurückhaltende Anwendung des § 62 Abs. 1–3 in Bezug auf die im übrigen freie Verwertung von amtlichen Werken
iSd. Abs. 2 (im Ergebnis, aber mit anderer Begründung ebenso *v. Gamm* Rdnr. 9). Zu weiteren
Einzelheiten vgl. die Kommentierung der §§ 62, 63.

II. Anwendung nicht urheberrechtlicher Bestimmungen

1. Der Ausschluss des Urheberrechtsschutzes durch § 5 lässt die **Anwendung nichturheber-** 91
rechtlicher Bestimmungen unberührt, die einer Verwertung amtlicher Werke entgegenstehen
oder sie mit Sanktionen bedrohen. Dasselbe gilt im Hinblick auf Werke, wie zB Zahlungsmittel

und Briefmarken, die zwar amtliche Werke sind, aber von der Freistellung vom Urheberrecht nach § 5 UrhG nicht umfasst werden. Im Einzelnen handelt es sich hierbei insbesondere um Bestimmungen des Straf- und Ordnungswidrigkeitenrechts (so. Rdnr. 68 sowie zB § 353 d Nr. 3 StGB).

92 2. Sehen **landesrechtliche Bestimmungen** für amtliche Werke, die durch § 5 vom Urheberrechtsschutz ausgeschlossen sind, aus rein fiskalischen Gründen ein Verwertungsverbot vor, so sind sie nach Art. 31, 71, 73 Abs. 1 Nr. 9 GG nichtig. Dies trifft aber zB auf die wegen ihrer Rechtserheblichkeit § 5 Abs. 1 unterfallenden amtlichen Katasterkarten (so. Rdnr. 69) nicht zu, weil die in den Landes-Vermessungs- und Katastergesetzen für solche Karten vorgesehenen Verwertungsverbote bzw. Genehmigungsvorbehalte (s. zB Art. 11 Abs. 4 S. 2 bay. VermKatG, § 17 Abs. 2 S. 1 hess. KatG) nicht nur einem fiskalischen Interesse, sondern auch einem öffentlich-rechtlichen Anliegen dienen, nämlich dazu, die Zuverlässigkeit dieser vor allem für Rechtsgeschäfte bedeutsamen Karten zu gewährleisten (s. dazu auch im Ergebnis BVerwG NJW 1962, 2267 f. mit zustimmender Anm. von *Seydel* Schulze VG 4 f.; ebenfalls zustimmend BGH GRUR 1988, 33/34 – Topographische Landeskarten; sa. *v. Gamm* Rdnr. 9; aA *Fromm/Nordemann*[10] Rdnr. 5). Ob auch topographische Karten der Landesvermessungsämter in gleicher Weise zu beurteilen sind, ist von BGH GRUR 1988, 33/34 – Topographische Landeskarten, in Frage gestellt, letztlich aber offengelassen worden. Aufgrund des Urheberrechtsschutzes solcher Karten (so. Rdnr. 69) ist die Frage von untergeordneter Bedeutung.

93 3. Ein **ergänzender wettbewerbsrechtlicher Schutz** amtlicher Werke, insbesondere unter dem Gesichtspunkt der unlauteren Nachahmung oder Ausbeutung fremder Leistung (§ 4 Nr. 9 UWG nF), kommt nur insoweit in Betracht, als er den urheberrechtlichen Regelungen nicht widerspricht (s. *Hefermehl/Köhler/Bornkamm*[27] UWG § 4 Rdnr. 9.6 ff.; zust. BGH, BGHZ 141, 329/338 f. – Tele-Info-CD). Der Nachdruck oder eine sonstige Verwertung amtlicher Werke, die nach § 5 urheberrechtlich schutzlos sind, ist damit als solcher auch wettbewerbsrechtlich zulässig. Etwas anderes kann gelten, wenn, wie beim fotomechanischen Nachdruck amtlicher Werke oder ihrer Verwertung mittels „Scannens", Leistungen ausgebeutet werden, die mit dem Verlag und der Drucklegung solcher Werke erbracht werden. Insoweit gelten die Grundsätze, die der BGH unter dem Gesichtspunkt der **unmittelbaren Leistungsübernahme** insbesondere in den Entscheidungen Reprint, Formulare, Notenstichbilder, Informationsdienst, Bibelreproduktion, Leitsätze und Tele-Info-CD (BGHZ 51, 41; GRUR 1972, 127; GRUR 1986, 895; GRUR 1988, 308; GRUR 1990, 669; GRUR 1992, 382/383, insoweit in BGHZ 116, 136 nicht abgedruckt, BGHZ 141, 329/340 ff.) entwickelt hat (s. dazu auch *Baumbach/Hefermehl/Köhler/Bornkamm*[27] UWG § 4 Rdnr. 9.35 ff.). Insoweit gilt, dass auch die unmittelbare Übernahme eines fremden Leistungsergebnisses, das keinem Sonderrechtsschutz unterliegt, nur bei Hinzutreten besonderer Umstände als wettbewerbswidrig zu beurteilen ist. Verneint hat das LG Stuttgart Schulze LGZ 60, 5 ff. einen Verstoß gegen § 1 UWG aF durch den fotomechanischen Nachdruck amtlicher Lehrpläne aus einem Amtsblatt. Neuerdings ist zu berücksichtigen, dass in richtlinienkonformer Auslegung aufgrund **Art. 6 Abs. 2 lit. a)** der europäischen **Richtlinie 2005/29/EG** vom 11. 5. 2005 über unlautere Geschäftspraktiken im binnenmarktinternen Geschäftsverkehr zwischen Unternehmen und Verbrauchern, der sog. **Richtlinie über unlautere Geschäftspraktiken** (UGP-Richtlinie), bereits jegliche Begründung einer **Verwechslungsgefahr** mit einem anderen Produkt die Beurteilung als unlauteren Wettbewerb in Form der Irreführung zur Folge haben kann (s. *Hefermehl/Köhler/Bornkamm*[27] UWG § 4 Rdnr. 9.6 a). Bei einer Weiterverwertung eines urheberrechtlich nicht schutzfähigen amtlichen Werkes kommt insoweit etwa eine **Verwechslung** mit der **amtlichen Originalpubliklation** zB in einem Gesetzblatt in Betracht.

G. Sonstige Fragen

I. Schutz von Bearbeitungen, Übersetzungen und Sammlungen amtlicher Werke

94 § 5 lässt den urheberrechtlichen Schutz unberührt, der durch **nichtamtliche Übersetzungen** und andere **Bearbeitungen** amtlicher Werke gemäß § 3 oder durch Auswahl oder Anordnung amtlicher Werke in **Sammelwerken** und **Datenbankwerken** gemäß § 4 begründet werden kann (s. BGHZ 116, 136/142/143 ff. – Leitsätze; *v. Albrecht* S. 48/53/97; *Fischer* NJW

1993, 1228/1230; *Fromm/Nordemann*[10] Rdnr. 12; *Rehbinder*[15] § 38 I 3; *Nordemann/Hertin* NJW 1971, 688 ff.; *Obergfell* in Mestmäcker/Schulze Rdnr. 46 f.; *Schack*[4] Rdnr. 519; *Ullmann*, Fs. juris, S. 133/134 ff./137 ff.; *Ulmer*[3] § 30 III). Gleiches gilt für Datenbanken iSd. §§ 87 a ff. Urheberrechtlich geschützt sind in aller Regel zB in Fachzeitschriften veröffentlichte nichtamtliche Übersetzungen ausländischer Gesetze und Entscheidungen, und urheberrechtlich geschützt sein können redaktionelle Bearbeitungen gerichtlicher Entscheidungen einschließlich nichtamtlicher Leitsätze zu solchen Entscheidungen (so. Rdnr. 49), nicht aber amtliche Übersetzungen internationaler Verträge, wie sie zB im BGBl. II veröffentlicht werden (*Ulmer*[3] § 30 III; sa. *v. Albrecht* S. 100; *Katzenberger* GRUR 1972, 686/695). Urheberrechtlich geschützt sein können auch von privaten Autoren oder Verlagen herausgegebene Gesetzessammlungen (nicht aber amtliche Gesetzessammlungen, wie die Bayerische Bereinigte Sammlung des Landesrechts (*v. Gamm* Rdnr. 5)) und von Richtern in nichtamtlicher Funktion herausgegebene Entscheidungssammlungen (zum möglichen Schutz solcher Sammlungen nach § 4 s. BGHZ 116, 136/142 – Leitsätze), zu denen, trotz ihrer Beziehung als „amtliche" Sammlungen, auch die Entscheidungssammlungen der obersten Bundesgerichte zählen (so zutreffend *Möhring/Nicolini*[2] Rdnr. 18; aA wohl *v. Gamm* Rdnr. 5; *Schack*[4] Rdnr. 519). Zu den Voraussetzungen des Schutzes im Einzelnen s. die Kommentierung des §§ 3, 4.

II. Anwendbares Recht und Schutz ausländischer amtlicher Werke

Soweit Verwertungen amtlicher Werke auf deutschem Territorium in Frage stehen, ist die Frage ihres urheberrechtlichen Schutzes nach dem das Urheberrecht beherrschenden **Territorialitätsprinzip** und dem damit in Zusammenhang stehenden **Schutzlandprinzip** nach § 5 (und den sonstigen Bestimmungen des UrhG) zu beurteilen (s. *Katzenberger* GRUR 1972, 686/695 sowie allgemein zum Territorialitätsprinzip und zum anwendbaren Recht unten vor §§ 120 ff. Rdnr. 120 ff.). § 5 ist demzufolge auch anzuwenden, wenn der Schutz ausländischer amtlicher Werke in Deutschland zu beurteilen ist, was im Wirkungsbereich von RBÜ, WUA, TRIPS und WCT auch aus dem **Grundsatz der Inländerbehandlung** folgt (sa. hierzu unten vor §§ 120 ff. Rdnr. 125; zum Ergebnis *Katzenberger* GRUR 1972, 686/695; *Ulmer*[3] § 30 III; zustimmend *v. Albrecht* S. 99). 95

Zur Vereinbarkeit des § 5 mit der Pariser Fassung der RBÜ und TRIPS so. Rdnr. 20. Sinngemäß ist anzunehmen, dass § 5 auch mit den älteren Fassungen der RBÜ und mit dem WUA in seinen beiden Fassungen vereinbar ist, die es den Verbandsländern bzw. Vertragsstaaten nicht ausdrücklich gestatten, den Schutz amtlicher Werke auszuschließen. Nicht zu folgen ist daher *Bappert/Wagner* Art. 8 RBÜ Rdnr. 6, die annehmen, dass unter Geltung der älteren Fassungen der RBÜ Übersetzungen ausländischer Gesetze, Entscheidungen und ähnlicher amtlicher Werke nur mit Zustimmung des Urhebers des Originalwerkes hergestellt und veröffentlicht werden dürfen. 96

§ 6 Veröffentlichte und erschienene Werke

(1) **Ein Werk ist veröffentlicht, wenn es mit Zustimmung des Berechtigten der Öffentlichkeit zugänglich gemacht worden ist.**

(2) ¹**Ein Werk ist erschienen, wenn mit Zustimmung des Berechtigten Vervielfältigungsstücke des Werkes nach ihrer Herstellung in genügender Anzahl der Öffentlichkeit angeboten oder in Verkehr gebracht worden sind.** ²**Ein Werk der bildenden Künste gilt auch dann als erschienen, wenn das Original oder ein Vervielfältigungsstück des Werkes mit Zustimmung des Berechtigten bleibend der Öffentlichkeit zugänglich ist.**

Schrifttum: *Bueb*, Der Veröffentlichungsbegriff im deutschen und internationalen Urheberrecht, Diss. München 1974; *Dietz*, Zum Schutz sowjetischer Urheber im internationalen Urheberrecht, GRUR Int. 1975, 341; *Dittrich*, Veröffentlichung und Erscheinen, ÖJZ 1971, 225; *vom Dorp*, Die Zustimmung des Urhebers im Sinne des § 6 UrhG unter besonderer Berücksichtigung ihrer Rechtsnatur, Diss. Erlangen-Nürnberg 1983; *Goebel/Hackemann/Scheller*, Rechtsfragen des Elektronischen Publizierens, 2. Aufl. 1986; *ders.,* Zum Begriff des Erscheinens beim Elektronischen Publizieren, GRUR 1986, 355; *Goldstein*, International Copyright. Principles, Law, and Practice, 2001; *Götting/Lauber-Rönsberg*, Der Schutz nachgelassener Werke, 2006; *dies.,* Der Schutz nachgelassener Werke, GRUR 2006, 638; *Greffenius*, Der Begriff des „Erscheinens" von Tonträgern, UFITA 87 (1980), 97; *Heinz*, Urheberrechtliche Gleichbehandlung von alten und neuen Medien, Diss. München; *Hubmann*, Der Begriff der Öffentlichkeit im Urheberrecht, INTERGU-Jahrbuch 1979, 469; *ders.,* Zum Rechtsbegriff des Erscheinens, GRUR 1980, 537; *Katzenberger*, Elektronisches Publizieren und Urheber- und Wettbewerbsrecht, in *Fiedler* (Hrsg.), Rechtsprobleme des elektronischen Publizierens, 1992, S. 35; *ders.,* Elektronisches Publizieren und Urheber- und Wettbewerbsrecht, in *Lehmann*

§ 6 Veröffentlichte und erschienene Werke

(Hrsg.), Internet- und Multimediarecht (Cyberlaw), 1997, S. 219; *Knap*, Der Öffentlichkeitsbegriff in den Begriffen der Werkveröffentlichung und der öffentlichen Wiedergabe, UFITA 92 (1982), 21; *Koch*, Grundlagen des Urheberrechtsschutzes im Internet und in Online-Diensten, GRUR 1997, 417; *v. Lewinski*, Die diplomatische Konferenz der WIPO 1996 zum Urheberrecht und zu den verwandten Schutzrechten, GRUR Int. 1997, 667; *dies.*, International Copyright Law and Policy, 2008; *Loef/Verweyen*, „One more Night" – Überlegungen zum abgeleiteten fremdenrechtlichen Filmherstellerschutz, ZUM 2007, 706; *Maaßen*, Urheberrechtliche Probleme der elektronischen Bildverarbeitung, ZUM 1992, 338; *Melichar*, Printing on Demand – Eine Bestandsaufnahme, Fs. für Dittrich, 2000, S. 229; *Poeppel*, Die Neuordnung der urheberrechtlichen Schranken im digitalen Umfeld, 2005; *Ricketson/Ginsburg*, International Copyright and Neighbouring Rights. The Berne Convention and Beyond, Second edition, Vol. I, II, 2006; *Rüberg*, Mo(n)tezumas späte Rache, ZUM 2006, 122; *Riesenhuber*, Die Vermutungstatbestände des § 10 UrhG, GRUR 2003, 187; *Schack*, Rechtsprobleme der Online-Übermittlung, GRUR 2007, 639; *Scheller*, Elektronisches Publizieren – Von juristischem Interesse?, CR 1987, 13; *Schiefler*, Veröffentlichung und Erscheinen nach dem neuen Urheberrechtsgesetz, UFITA 48 (1966) 81; *Spindler*, Die kollisionsrechtliche Behandlung von Urheberrechtsverletzungen im Internet, IPRax 2003, 412; *Süßenberger/Czychowski*, Das „Erscheinen" von Werken ausschließlich über das Internet und ihr urheberrechtlicher Schutz in Deutschland. Einige Argumente Pro und Contra, GRUR 2003, 489; *Ulmer*, Originalwerk und Bearbeitung im internationalen Urheberrecht, GRUR Int. 1964, 613.

Übersicht

	Rdnr.
I. Bedeutung der Veröffentlichung und des Erscheinens. Entstehungsgeschichte des § 6	1–5
1. Allgemeines	1, 2
2. Bedeutung der Veröffentlichung für den Urheberrechtsschutz und den Schutz der verwandten Schutzrechte	3
3. Bedeutung des Erscheinens für den Urheberrechtsschutz und den Schutz der verwandten Schutzrechte	4
4. Entstehungsgeschichte des § 6	5
II. Veröffentlichte Werke (§ 6 Abs. 1)	6–28
1. Merkmale der gesetzlichen Definition	6
2. Begriff der Öffentlichkeit	7–14
3. Zugänglichkeit des Werkes: Art und Weise, Ort, Zeitpunkt und Unumkehrbarkeit der Veröffentlichung, Werkteile, Bearbeitungen, Beschreibungen	15–23
4. Zustimmung des Berechtigten	24–28
III. Erschienene Werke (§ 6 Abs. 2 S. 1)	29–46
1. Reichweite und Merkmale der gesetzlichen Definition	29–31
2. Angebot an die Öffentlichkeit oder Inverkehrbringen von Vervielfältigungsstücken	32–38
3. Genügende Anzahl von Vervielfältigungsstücken	39–41
4. Herstellung der für das Erscheinen erforderlichen Vervielfältigungsstücke vor dem Angebot	42
5. Sonstige Fragen: Art und Weise, Ort, Zeitpunkt und Unumkehrbarkeit des Erscheinens, Werkteile, Fortsetzungen, Bearbeitungen, Beschreibungen, Zustimmung des Berechtigten	43–46
IV. Erschienene Werke der bildenden Künste (§ 6 Abs. 2 S. 2)	47–49
V. Veröffentlichung, Erscheinen und digitale elektronische Medien	50–59
1. Digitale elektronische Medien	50
2. Veröffentlichung über digitale elektronische Medien (§ 6 Abs. 1)	51, 52
3. Erscheinen über digitale elektronische Medien (§ 6 Abs. 2)	53–57
4. Veröffentlichung im Sinne des Konventionsrechts und digitale elektronische Medien	58, 59

I. Bedeutung der Veröffentlichung und des Erscheinens. Entstehungsgeschichte des § 6

1. Allgemeines

1 Der Schutz, den das Urheberrecht gewährt, ist grundsätzlich unabhängig davon, ob ein Werk unveröffentlicht, veröffentlicht oder erschienen ist. Im Einzelnen knüpft das UrhG jedoch an den entsprechenden **Status eines Werkes** zahlreiche unterschiedliche Rechtsfolgen, so dass den Begriffen der Veröffentlichung und des Erscheinens erhebliche Bedeutung zukommt.

2 Die **Motive** für differenzierende Regelungen je nach Werkstatus der genannten Art sind nicht in allen Regelungszusammenhängen die gleichen, insgesamt betrachtet stehen jedoch die besondere Schutzwürdigkeit der ideellen Interessen des Urhebers in Bezug auf seine noch unveröffentlichten Werke und das gesteigerte Verwertungsinteresse der Allgemeinheit bzw. der Werknutzer an veröffentlichten und erst recht an erschienenen Werken im Vordergrund. Hinzu kommt ua., dass Veröffentlichung und Erscheinen eines Werkes Zeitpunkte markieren, nach denen sich in bestimmten Fällen die Schutzdauer bestimmen lässt, und dass sich mit dem ersten Erscheinen eines Werkes in einem Land bestimmte kultur- und wirtschaftspolitische Interessen verbinden, die für die Gewährung des Urheberrechtsschutzes auch dann sprechen, wenn es sich um ausländische Werke handelt, denen der Schutz sonst versagt bliebe.

2. Bedeutung der Veröffentlichung für den Urheberrechtsschutz und den Schutz der verwandten Schutzrechte

Das UrhG anerkennt in § 12 ein spezielles Veröffentlichungsrecht des Urhebers (bei Miturhebern iVm. § 8 Abs. 2), das mit der ersten Veröffentlichung ebenso erlischt (vgl. § 12 Rdnr. 7, 23, 26) wie das Ausstellungsrecht an Werken der bildenden Künste und Lichtbildwerken nach § 18. Bestimmte amtliche Werke sind gemäß § 5 Abs. 2 ua. nur dann vom Schutz ausgeschlossen, wenn sie veröffentlicht worden sind. Unter den gesetzlichen Schranken des Urheberrechts gestatten §§ 46 Abs. 1, 48 Abs. 1 Nr. 1, 49 Abs. 2, 51 Nr. 1 und Nr. 2, 52 Abs. 1, 52a Abs. 1 und § 52b die Werkverwertung ohne Zustimmung des Berechtigten nur in Bezug auf veröffentlichte Werke. Die urheberrechtliche Schutzdauer knüpft in den Fällen der §§ 66 Abs. 1, 67 und 129 Abs. 2 an die Werkveröffentlichung an. Entsprechendes gilt für die Dauer des verwandten Schutzrechts an Datenbanken nach § 87d. Nur hinsichtlich veröffentlichter Werke der bildenden Künste (außer solchen der Baukunst) erlauben §§ 114 Abs. 2 Nr. 3 und 116 Abs. 2 Nr. 1 die Zwangsvollstreckung in die dem Urheber oder seinem Rechtsnachfolger gehörenden Originale. 3

3. Bedeutung des Erscheinens für den Urheberrechtsschutz und den Schutz der verwandten Schutzrechte

Das Erscheinen eines Werkes ist von Bedeutung für die Urheberschaftsvermutung des § 10 Abs. 1 und für die vertragsrechtlichen Verwertungsbefugnisse des Urhebers nach § 38. Mehrere Bestimmungen über gesetzliche Schranken des Urheberrechts gestatten die zustimmungsfreie Verwertung nur von erschienenen Werken: §§ 42a Abs. 1, 51 Nr. 3, 52 Abs. 2 und 53 Abs. 2 Nr. 4 lit.a. An Ausgaben nachgelassener, nicht erschienener Werke anerkennt § 71 Abs. 1 ein spezielles mit dem Urheberrecht verwandtes Schutzrecht, das 25 Jahre ab Erscheinen dauert (§ 71 Abs. 3). Auch die Dauer des Schutzes der meisten anderen verwandten Schutzrechte ist in erster Linie nach dem Erscheinen der betreffenden Erzeugnisse zu bestimmen, vgl. §§ 70 Abs. 3, 72 Abs. 3, 82, 85 Abs. 3, 94 Abs. 3 und 95. Das ausschließliche Senderecht des ausübenden Künstlers, dessen Darbietung erlaubterweise auf Bild- oder Tonträger aufgenommen worden ist, wird nach deren Erscheinen zu einem bloßen Vergütungsanspruch abgeschwächt (§ 78 Abs. 1 Nr. 2, Abs. 2 Nr. 1). Wird ein solcher erschienener Tonträger zu öffentlichen Wiedergaben benutzt, so kann dessen Hersteller vom Künstler eine Beteiligung an dessen Vergütung verlangen (§ 86 iVm. § 78 Abs. 1 Nr. 2). Hinsichtlich erschienener Werke sehen §§ 115 S. 2, 116 Abs. 2 Nr. 2 Erleichterungen für die Zwangsvollstreckung vor. Für den Schutz ausländischer Werke und Leistungen verlangt das UrhG in den Fällen, in denen keine Staatsverträge Platz greifen, grundsätzlich erstes Erscheinen in seinem Geltungsbereich (vgl. §§ 121 Abs. 1, 124, 125 Abs. 3, 126 Abs. 2, 128 Abs. 2). In gleicher Weise kann nach Art. 3 Abs. 1 lit. b, Abs. 3 RBÜ (Pariser Fassung) (Art. 4 Abs. 1, 4, Art. 6 Abs. 1 RBÜ idF von Berlin, Rom und Brüssel) der Konventionsschutz durch das erste Erscheinen eines Werkes in einem Verbandsland begründet werden. Dasselbe gilt für das WUA (Art. II Abs. 1, Art. VI Genfer und Pariser Fassung), für das Rom-Abkommen bezüglich des Schutzes der ausübenden Künstler und der Hersteller von Tonträgern (Art. 4 lit. b, Art. 5 Abs. 1 lit. c, Abs. 2, 3 iVm. Art. 3 lit. d), für TRIPS (Art. 1 Abs. 3 S. 1, 2 iVm. Art. 3 Abs. 1 lit. b, Abs. 3 RBÜ, Pariser Fassung, bzw. Art. 3 lit. d, Art. 4 lit. b, Art. 5 Abs. 1 lit. c Rom-Abkommen), für den WIPO Copyright Treaty (WCT) von 1996 (Art. 3 iVm. Art. 3 Abs. 1 lit. b, Abs. 3 RBÜ, Pariser Fassung) und für den WIPO Performances and Phonograms Treaty (WPPT) von 1996 (Art. 2 lit. e, Art. 3 Abs. 1, 2 iVm. Art. 4 lit. b, Art. 5 Abs. 1 lit. c Rom-Abkommen). Die Konventionen verwenden dabei für den deutschen Begriff des Erscheinens den Begriff der Veröffentlichung (publication) (vgl. *Ulmer*³ § 32 IV; zu Einzelheiten der konventionsrechtlichen Bestimmungen sa. unten Rdnr. 58). Eine weitere Bestimmung des UrhG, die auf das Erscheinen abstellt, ist § 130. 4

4. Entstehungsgeschichte des § 6

Das LUG von 1901 und das KUG von 1907 als Vorgänger des UrhG enthielten ebenfalls bereits zahlreiche Bestimmungen, die an die Veröffentlichung oder das Erscheinen eines Werkes bestimmte Rechtsfolgen knüpften (vgl. *Ulmer*² § 30), jedoch keine Definitionen dieser Begriffe. In § 35 LUG und § 30 KUG war lediglich allgemein bestimmt, dass die Rechtsfolgen der Veröffentlichung oder des Erscheinens nur eintreten sollten, wenn sie der Berechtigte bewirkt hat. Die Auslegung der beiden Begriffe blieb somit der Rechtsprechung und der Wissenschaft über- 5

§ 6   Veröffentlichte und erschienene Werke

lassen. Ihre Ergebnisse sind auch bei der Deutung des § 6 zu berücksichtigen, da die darin enthaltenen Begriffsbestimmungen der früher geltenden Rechtsauffassung folgen (vgl. RegE BTDrucks. IV/270 S. 40; im Ergebnis ebenso *v. Gamm* Rdnr. 2; *Hubmann* GRUR 1980, 537/ 539; wohl auch *Möhring/Nicolini*[2] Rdnr. 27).

II. Veröffentlichte Werke (§ 6 Abs. 1)

1. Merkmale der gesetzlichen Definition

6   Die Definition des veröffentlichten Werkes in § 6 Abs. 1 enthält drei Merkmale: die Öffentlichkeit, den Umstand, dass das Werk ihr zugänglich gemacht worden ist, und die Zustimmung des Berechtigten zu diesem Vorgang.

2. Begriff der Öffentlichkeit

7   **a)** Von zentraler Bedeutung für den Begriff des veröffentlichten Werkes ist das Merkmal der **Öffentlichkeit** iSd. § 6 Abs. 1. Insbesondere ist zu fragen, ob dieser Begriff bzw. das ihm entsprechende Adjektiv „öffentlich" im UrhG **einheitlich** oder je nach Regelungsbereich uU **differenzierend** auszulegen ist, ob vor allem die gesetzliche Definition der öffentlichen Werkwiedergabe in § 15 Abs. 3 auch für den Öffentlichkeitsbegriff des § 6 Abs. 1 verbindlich ist.

8   **b)** Nach einer im Schrifttum verbreitet vertretenen Auffassung ist der Begriff der Öffentlichkeit im gesamten UrhG **einheitlich** und daher auch für § 6 Abs. 1 nach § 15 Abs. 3 zu bestimmen (so *Dreyer* in HK UrhR Rdnr. 7; *v. Gamm* Rdnr. 7; *Goebel/Hackemann/Scheller* S. 96; *dies.* GRUR 1986, 355/357; *Hubmann* INTERGU-Jahrbuch 1979, 469/471 ff.; *Hubmann/Rehbinder*[8] und *Rehbinder*[15] jeweils § 11 III 1; *Möhring/Nicolini*[2] Rdnr. 11; *Wandtke/Bullinger*[3] Rdnr. 5/6). Demgegenüber fordern andere Autoren (*Ulmer*[3] § 32 I; ihm folgend *Schiefler* UFITA 48 [1966] 81/84ff.; *Bueb* S. 8ff.; vgl. auch *Dreier*/Schulze[3] Rdnr. 7; *Knap* UFITA 92 [1982] 21/32ff.; *Schack*[4] Rdnr. 231; für das österr. Recht *Dittrich* ÖJZ 1971, 225/226ff.; *Rintelen* S. 103) eine **differenzierende** Auslegung unter Beachtung der verschiedenen Regelungszwecke des § 6 Abs. 1 und der auf ihn bezugnehmenden Bestimmungen einerseits und des § 15 Abs. 3 iVm. Abs. 2 andererseits. Unter den veröffentlichten Gerichtsentscheidungen folgt das Urteil des LG Berlin UFITA 8 (1935) 111 ausdrücklich der zuerst genannten Meinung; von ihr gehen auch aus LG Frankfurt/M GRUR 1987, 168/169 – Krankheit auf Rezept; KG Berlin NJW 1995, 3392/3393 – Botho Strauß; OLG Frankfurt/M ZUM 1996, 697/701 – Yellow Submarine. S. im Übrigen zum Begriff der Öffentlichkeit iSd. § 17 Abs. 1 dort Rdnr. 12f., 16.

9   Der Ansicht, dass der Begriff der Öffentlichkeit iSd. § 6 Abs. 1 **eigenständig auszulegen** ist, ist zu folgen (sa. § 15 Rdnr. 59). Im Interesse eines effektiven Schutzes der Urheber pflegt die höchstrichterliche Rechtsprechung den Begriff der öffentlichen Werkwiedergabe iSd. § 15 Abs. 2, 3 sehr weit bzw. die Bedingungen, unter denen eine Wiedergabe nach § 15 Abs. 3 nicht öffentlich ist, sehr restriktiv auszulegen (§ 15 Rdnr. 78 ff.). Diese Tendenz verdient Beifall. Sie darf aber nicht durch Übertragung des Öffentlichkeitsbegriffs des § 15 Abs. 3 auf § 6 Abs. 1 dazu führen, dass die mit der Veröffentlichung eines Werkes verbundenen negativen Folgen für den Urheber (Rdnr. 3) zu früh eintreten. Andernfalls würden dem Urheber wichtige Möglichkeiten entzogen, sein Werk ohne solche Folgen vor der eigentlichen Veröffentlichungsreife vor einem ausgewählten, aber untereinander nicht iSd. § 15 Abs. 3 durch persönliche Beziehungen verbundenen Kreis von Personen zur Diskussion zu stellen. Oder es müssten die diesbezüglichen Interessen des Urhebers unerwünschte Rückwirkungen auf die Auslegung des § 15 Abs. 3 iS einer Einschränkung des Begriffs der öffentlichen Werkwiedergabe haben.

10   Dieses Dilemma der einheitlichen Auslegung der Begriffe Öffentlichkeit in § 6 Abs. 1 und öffentlich in § 15 Abs. 3 wird deutlich, wenn auch unter den heutigen Verhältnissen der Massenuniversität noch die Auffassung vertreten wird, Lehrveranstaltungen im Rahmen der Hochschulen seien generell nicht öffentlich iSd. § 15 Abs. 3, und dies in erster Linie damit begründet wird, dass sonst ein Hochschullehrer zum Schaden des wissenschaftlichen Fortschritts und der Qualität der Ausbildung der Studenten seine neuesten, noch nicht publizierten Forschungsergebnisse in solchen Veranstaltungen nur um den Preis einer vorzeitigen Veröffentlichung und deren Folgen darlegen könnte (so *Hubmann* INTERGU-Jahrbuch 1979, 469/476; s. dagegen § 15 Rdnr. 83).

11   **c)** Für § 6 Abs. 1 ist daher der Begriff der Öffentlichkeit enger auszulegen und sind die Bedingungen der Nichtöffentlichkeit großzügiger zu bemessen als für § 15 Abs. 3 (allgM der Vertreter der differenzierenden Auslegung). Geht man von den Kriterien des § 15 Abs. 3 aus, so ist zunächst zu beachten, dass diese Bestimmung durch das Gesetz zur Regelung des Urheberrechts in der Informationsgesellschaft vom 10. 9. 2003 (BGBl. I S. 1774) neu formuliert worden ist (s. § 15 Rdnr. 65). Danach ist die Öffentlichkeit einer Wiedergabe bzw. Werkverwertung vor allem durch zwei Kriterien gekennzeichnet, nämlich die Mehrzahl von Personen, für die sie bestimmt ist, und die fehlende Verbundenheit dieser Personen durch persönliche Beziehungen (s. § 15 Rdnr. 66f./73). Verzichtet wurde auf das in § 15 Abs. 3 aF enthaltene Öffentlichkeitsmerkmal des nicht bestimmt abgegrenzten Personenkreises als des Wiedergabeadressaten (s. § 15 Rdnr. 69). Damit und mit den übrigen Neuformulierungen des § 15 Abs. 3 waren aber im Wesentlichen keine inhaltlichen Änderungen, sondern nur Klarstellungen beabsichtigt (s. BT-Drucks. 15/38, S. 17; sa. § 15 Rdnr. 65). In Bezug auf die notwendige Abgrenzung des Begriffs der Öffentlichkeit in § 6 Abs. 1 von demjenigen in § 15 Abs. 3 kann demzufolge weiterhin auf die Erkenntnisse zum früheren Recht zurückgegriffen werden. Was dabei die **Mehrzahl von Personen** betrifft, so genügen für § 15 Abs. 3 uU bereits zwei Personen (s. § 15 Rdnr. 67). Demgegenüber muss es sich aber für § 6 Abs. 1 um eine größere Zahl von Personen handeln (so auch *Bueb* S. 33; *Dittrich* ÖJZ 1971, 225/230; *Schiefler* UFITA 48 [1966] 81/85). Eine exakte Mindestzahl lässt sich nicht angeben. Jedenfalls stellen aber auch iSd. § 6 Abs. 1 alle Veranstaltungen eine Öffentlichkeit her, zu denen grundsätzlich jedermann Zutritt hat, wobei es weder auf die Entgeltlichkeit oder Unentgeltlichkeit (*Ulmer*³ § 32 I; *Schiefler* UFITA 48 [1966] 81/86) noch grundsätzlich darauf ankommt, ob Raumgründe nur einer begrenzten Zahl von Personen den Zutritt gestatten (*Schiefler* UFITA 48 [1966] 81/86).

In Bezug auf das Kriterium der **fehlenden Verbundenheit durch persönliche Beziehungen** liegt Öffentlichkeit auch iSd. § 6 Abs. 1 jedenfalls bei sehr großen Veranstaltungen vor (*Bueb* S. 35 f./42 nennt als Beispiel eine Veranstaltung von 100 000 Gewerkschaftsmitgliedern im Olympiastadion; zu § 15 Abs. 3 s. dort Rdnr. 79). Andererseits schließen persönliche Beziehungen unter den Teilnehmern iSd. § 15 Abs. 3 (s. dort Rdnr. 73 ff.) stets auch die Öffentlichkeit iSd. § 6 Abs. 1 aus (so wohl *Ulmer*³ § 32 I; *Schiefler* UFITA 48 [1966] 81/85; *Dittrich* ÖJZ 1971, 225/230; *Bueb* S. 41 hält dieses Kriterium bei § 6 Abs. 1 für ungeeignet). Zu weit geht es, wenn *Schiefler* (UFITA 48 [1966] 81/85) dasselbe Ergebnis auch für den Fall vertritt, dass die Veranstaltungsteilnehmer nicht durch persönliche Beziehungen, sondern durch besondere gemeinsame sachliche Interessen untereinander verbunden sind (dagegen auch § 15 Rdnr. 76, BT-Drucks. 15/38, S. 17; *Bueb* S. 33 ff.). Entscheidend für einen Ausschluss der Öffentlichkeit iSd. § 6 Abs. 1 über die Voraussetzungen des § 15 Abs. 3 hinaus ist vielmehr, ob der Urheber auch in anderen als den Fällen der persönlichen Verbundenheit nach der Art der Veranstaltung und der teilnehmenden Personen „nicht auf eine Veröffentlichungsreife bedacht zu sein braucht" (so zutreffend *Ulmer*³ § 32 I; zustimmend *Schiefler* UFITA 48 [1966] 81/85; ähnlich *Bueb* S. 42 f., der auf den Schutzzweck des § 6 Abs. 1 abstellt). 12

d) Öffentlichkeit iSd. § 6 Abs. 1 ist danach zB anzunehmen bei einer Theateraufführung, auch wenn es sich um eine **geschlossene Veranstaltung** für eine **Theatergemeinde** handelt, dieser jedoch jedermann beitreten kann (*Schiefler* UFITA 48 [1966] 81/86; *Ulmer*³ § 32 I), nicht aber bei einer Aufführung des Bühnenstücks eines Betriebsangehörigen anlässlich einer **betriebsinternen Feier,** selbst wenn es sich um einen größeren Betrieb handelt (*Ulmer*³ § 32 I). Eine **Filmvorführung zu Testzwecken** ausschließlich vor Fachleuten, wie Filmverleihern und Kinobesitzern, macht das Filmwerk nicht einer Öffentlichkeit iSd. § 6 Abs. 1 zugänglich (*Schiefler* UFITA 48 [1966] 81/86; *Dittrich* ÖJZ 1971, 225/230; *Bueb* S. 43), wohl aber dann, wenn zusätzlich beliebige Angehörige und Freunde eingeladen werden (vgl. LG Berlin UFITA 8 [1935] 111/112). Ein **wissenschaftlicher Kongress,** an dem nur geladene Fachwissenschaftler teilnehmen, stellt idR Öffentlichkeit iSd. § 6 Abs. 1 her (*Ulmer*³ § 32 I; aA *Schiefler* UFITA 48 [1966] 81/86; *Dittrich* ÖJZ 1971, 225/230), nicht aber ein engeres **Expertengremium,** das über ein ihm erstattetes Referat berät (*Ulmer*³ § 32 I). **Akademische Lehrveranstaltungen,** zu denen nur Hochschulangehörige Zugang haben, sind stets nicht öffentlich iSd. § 6 Abs. 1 (*Ulmer*³ § 32 I; *Schiefler* UFITA 48 (1966) 81/85; *Dittrich* ÖJZ 1971, 225/230; *Bueb* S. 44; *Schack*⁴ Rdnr. 231; RGSt. 48, 429/432; sa. Rdnr. 10). 13

Entsprechendes gilt für die **Veröffentlichung durch die Verbreitung von Werkstücken.** Ist ein Werk iSd. § 6 Abs. 2 erschienen (s. Rdnr. 30 ff.), so ist es stets auch veröffentlicht iSd. Abs. 1 (*Dreier/Schulze*³ Rdnr. 1; *Dreyer* in HK-UrhR² Rdnr. 24; *v. Gamm* Rdnr. 3; *Möhring/Nicolini*² Rdnr. 4; *Schiefler* UFITA 48 (1966) 81/87). Dies gilt auch für die Verbreitung eines Privatdrucks an **Subskribenten,** die untereinander nur durch das Interesse zB an erotischer 14

Literatur verbunden sind (so OLG München GRUR 1990, 446/448 – Josefine Mutzenbacher, zu § 31 LUG von 1901; dort auch Abgrenzung zu sog. Samisdat-Ausgaben in der ehem. Sowjetunion, BGHZ 64, 183/188 – August Vierzehn; s. Rdnr. 35). Werden aber das Manuskript eines Werkes oder selbst Abschriften oder Privatdrucke nur einem **ausgewählten Kreis** von Freunden, Experten oder Verlagen zum Zwecke der Kenntnisnahme oder Kritik zugesandt, so wird das Werk noch nicht der Öffentlichkeit iSd. § 6 Abs. 1 zugänglich gemacht (RGSt. 48, 429/432 und RGZ 128, 285/297; LG Frankfurt/M GRUR 1987, 168/169 – Krankheit auf Rezept; KG Berlin NJW 1995, 3392/3393 f. – Botho Strauß; OGH ÖBl. 1970, 146/148 – ZahnärztekammerG I; *Rehbinder*[15] § 11 III 1; *Schiefler* UFITA 48 (1966) 81/87; *Ulmer*[3] § 32 I). Dies ändert sich aber, wenn die Werkexemplare mit Zustimmung des Urhebers weitergegeben oder in einer **Bibliothek** allgemein zugänglich ausgelegt werden (s. dazu auch BPatG GRUR 1989, 189 f. – Diplomarbeit, zu § 2 S. 1 PatG 1968); der Aufdruck „als Manuskript gedruckt" oder eines ähnlichen Vorbehalts ändert daran nichts (RGSt. 48, 429/433; *Ulmer*[3] § 32 I; *Schack*[4] Rdnr. 232). Der Öffentlichkeit iSd. § 6 Abs. 1 nicht zugänglich sind dagegen Werke, die in Form eines Manuskripts einem **Archiv** überlassen werden, das nur bei Nachweis eines besonderen Interesses Einblick gewährt (*Schiefler* UFITA 48 [1966] 81/87; OLG Zweibrücken GRUR 1997, 363/364 – Jüdische Friedhöfe).

3. Zugänglichkeit des Werkes: Art und Weise, Ort, Zeitpunkt und Unumkehrbarkeit der Veröffentlichung, Werkteile, Bearbeitungen, Beschreibungen

15 a) Ein Werk ist der Öffentlichkeit **zugänglich gemacht worden,** „wenn die Allgemeinheit die Möglichkeit erhalten hat, es mit Auge oder Ohr wahrzunehmen" (RegE BTDrucks. IV/270 S. 40). Dass die Öffentlichkeit bzw. Allgemeinheit das Werk tatsächlich zur Kenntnis genommen hat, ist nicht erforderlich (*Bueb* S. 44; *Möhring/Nicolini*[2] Rdnr. 8; *Schiefler* UFITA 48 [1966] 81/87). Nicht ausreichend ist aber ein bloßes Angebot ohne tatsächliche Möglichkeit, das Werk wahrzunehmen, wie das Angebot eines nicht lieferbaren Buches oder die Ankündigung einer Werkaufführung, die dann mangels Publikumsinteresses unterbleibt (zu letzterem *Schiefler* UFITA 48 [1966] 81/87 f.).

16 b) Auf die **Art und Weise,** wie das Werk der Öffentlichkeit zugänglich gemacht wird, kommt es nicht an. In Frage kommen die Verbreitung eines oder mehrerer Werkstücke, die Ausstellung eines Werkes sowie alle Formen der unkörperlichen Werkwiedergabe, wobei – unter Beachtung des besonderen Öffentlichkeitsbegriffs des § 6 Abs. 1 (so. Rdnr. 7 ff.) – die in § 15 Abs. 1, 2 genannten Verwertungsformen als Anhaltspunkte dienen können (vgl. RegE BTDrucks. IV/270 S. 40 sowie allgM). Auch eine Veröffentlichung des Werkes oder von Abbildungen des Werkes im **Internet** genügt (s. LG Leipzig ZUM 2006, 883/885 – Glockenzier). Ein Werk, das iSd. § 6 Abs. 2 erschienen ist, ist immer auch der Öffentlichkeit zugänglich gemacht und damit veröffentlicht iSd. Abs. 1 (s. mwN oben Rdnr. 14).

17 Ist ein Werk auf eine bestimmte Art und Weise, zB durch öffentliche Wiedergabe veröffentlicht, so hat dies zur Folge, dass das Werk **insgesamt** veröffentlicht ist und alle daran anknüpfenden Rechtsfolgen Platz greifen. Aus einem Werk, das durch öffentlichen Vortrag veröffentlicht worden ist, darf daher auch in einem Schriftwerk nach § 51 Nr. 2 zitiert werden (*Schiefler* UFITA 48 [1966] 81/90; zust. *Bueb* S. 45; *Möhring/Nicolini*[2] Rdnr. 9).

18 c) Der **Ort** der Zugänglichkeit ist für den Status eines Werkes als veröffentlichtes Werk unerheblich; auch eine Veröffentlichung im Ausland genügt (*v. Gamm* Rdnr. 6; *Schiefler* UFITA 48 [1966] 81/90). Die Frage, ob im letzteren Fall ein Werk veröffentlicht ist, ist, soweit es um Rechtsfolgen in der Bundesrepublik Deutschland geht, nach deutschem Recht, dh. nach § 6, zu beurteilen (s. vor §§ 120 ff. Rdnr. 120 ff.). Eine räumliche Begrenzung der Veröffentlichungswirkung zB auf ein bestimmtes Land ist nicht möglich. Hat der Urheber nur der Veröffentlichung in einem bestimmten Land zugestimmt und ist die Veröffentlichung demgemäß erfolgt, so ist das Werk, vorbehaltlich national unterschiedlicher Regeln über die Voraussetzungen der Veröffentlichung, überall als veröffentlicht anzusehen (*Schiefler* UFITA 48 [1966] 81/90; zust. *Bueb* S. 45).

19 d) Der **Zeitpunkt** der Zugänglichkeit ist für den Status eines Werkes als veröffentlichtes Werk nur insofern von Bedeutung, als von ihm ab dieser Status gegeben ist. Wird ein Werk später erneut der Öffentlichkeit zugänglich gemacht, zB auch auf andere Weise oder in erweitertem Umfang, so ändert das diesen Status und auch den maßgeblichen Zeitpunkt zB für die Berechnung der Schutzdauer des Werkes in den Fällen der §§ 66 Abs. 1 und 67 nicht (*Schiefler* UFITA 48 [1966] 81/90; *Bueb* S. 45).

e) Der **Status** eines Werkes als veröffentlichtes Werk ist **nicht umkehrbar**. Er kann weder 20 durch spätere tatsächliche Ereignisse, wie sein Schwinden aus dem Gedächtnis der Öffentlichkeit, noch durch Maßnahmen des Urhebers, wie einen Widerruf der Zustimmung zur Veröffentlichung, nachträglich wieder beseitigt werden (vgl. *Schiefler* UFITA 48 [1966] 81/89 ff.; *vom Dorp* S. 205 ff.). Ein Werk, das durch Verbreitung von Werkexemplaren veröffentlicht worden ist, kann auch durch Rückerwerb aller Exemplare durch den Urheber nicht wieder zu einem unveröffentlichten Werk werden. Auch durch Befristung der Zustimmung kann dieses Ergebnis für während der Frist veröffentlichte Werke nicht erreicht werden (*Schiefler* UFITA 48 [1966] 81/89; *Bueb* S. 45).

f) Ein Werk kann als Ganzes oder hinsichtlich einzelner **Werkteile** der Öffentlichkeit zugänglich gemacht werden; in letzterem Fall wird es auf diese Teile beschränkt zu einem veröffentlichten Werk (*Bueb* S. 45; *Fromm/Nordemann*[10] Rdnr. 26; *v. Gamm* Rdnr. 4; *Schiefler* UFITA 48 [1966] 81/90; zur gleichgelagerten Frage des Erscheinens nur von Werkteilen sa. OLG München UFITA 41 (1964) 211/215 f. – Ilja Ehrenburg). Dies ist insbesondere von Bedeutung für mehrbändige Werke sowie für in **Fortsetzung** in Zeitschriften oder Zeitungen veröffentlichte Romane und für im Hörfunk oder Fernsehen in Fortsetzung gesendete Werke. Der Status des veröffentlichten Werkes kommt hier nur den jeweils veröffentlichten Werkteilen zu. Die unterschiedlichen Zeitpunkte der Veröffentlichung (so. Rdnr. 19) können für die Berechnung der Schutzdauer nach § 66 Abs. 1 von Bedeutung sein. Sogar für sog. Lieferungswerke, die inhaltlich nicht abgeschlossenen Teilen veröffentlicht werden, berechnet sich die Schutzfrist nach dem Zeitpunkt der Veröffentlichung jeder Lieferung gesondert (§ 67). 21

g) Wird nur eine **Bearbeitung** eines Werkes, zB die **Übersetzung** eines Romans oder ein nach einem Roman hergestelltes Filmwerk, der Öffentlichkeit zugänglich gemacht, so ist jedenfalls die Bearbeitung als ihrerseits schutzfähiges Werk (§ 3) ein veröffentlichtes Werk. Zugleich sind richtiger Ansicht nach aber auch die in die Bearbeitung übernommenen schutzfähigen Elemente des Originalwerks, zB die schöpferischen inhaltlichen Elemente des Romans, der Öffentlichkeit zugänglich gemacht und daher veröffentlicht; im Falle der Übersetzung wäre lediglich die ursprüngliche Sprachform des Romans noch unveröffentlicht (so *Ulmer* GRUR Int. 1964, 613/615 ff.; *Dreier/Schulze*[3] Rdnr. 8; *Lehmbruck* UFITA 31 [1960] 74/82 f.; *Möhring/Nicolini*[2] Rdnr. 15; *Schiefler* UFITA 48 [1966] 81/91 f.; *Wandtke/Bullinger*[3] Rdnr. 17/20; aA *v. Gamm* Rdnr. 4; *Goldbaum* UFITA 29 [1959] 32/35; *Stroth* UFITA 43 [1964] 92 ff.). Vgl. auch unten Rdnr. 45 zur gleichen Frage beim Erscheinen. 22

h) Entsprechend dem zur Veröffentlichung schutzfähiger Elemente des Originalwerks durch Veröffentlichung einer Bearbeitung Gesagten (Rdnr. 22) können solche Elemente auch durch eine öffentliche Mitteilung oder **Beschreibung des Inhalts** eines Werkes iSd. § 12 Abs. 2 veröffentlicht iSd. § 6 Abs. 1 werden (aA offensichtlich *Möhring/Nicolini* Anm. 2 b bb). Eine bloße öffentliche **Vorstellung** eines Werkes ohne Mitteilung geschützter Werkelemente und eine Presseberichterstattung über diesen Vorgang führen aber noch nicht zu einer Veröffentlichung des Werkes (s. OLG Zweibrücken GRUR 1997, 363/364 – Jüdische Friedhöfe). 23

4. Zustimmung des Berechtigten

a) Damit ein Werk zu einem veröffentlichten Werk iSd. § 6 Abs. 1 wird, muss es **mit Zustimmung des Berechtigten** der Öffentlichkeit zugänglich gemacht worden sein. Dieses Erfordernis entspricht der Anerkennung des Veröffentlichungsrechts des Urhebers durch § 12. Wie diese Bestimmung dem Urheber das Urheberpersönlichkeitsrecht der Erstveröffentlichung seines Werkes als Grundnorm des Urheberrechtsschutzes (§ 12 Rdnr. 1) zuweist, so dürfen auch die an den Status eines Werkes als veröffentlichtes Werk anknüpfenden Rechtsfolgen (Rdnr. 3) nur eintreten, wenn der Urheber der Veröffentlichung zugestimmt hat. An einer Zustimmung zur Veröffentlichung fehlt es, wenn der Urheber nur eine **nicht-öffentliche Verwendung** seines Werkes gestattet hat (s. LG Leipzig ZUM 2006, 883/885 – Glockenzier). **Keiner Zustimmung** bedarf eine Veröffentlichung **nach Ablauf der Schutzdauer** (s. LG München I ZUM-RD 2007, 212/214 – Rudolf Steiner-Vorträge). 24

b) Die **Zustimmung** kann als Einwilligung iSd. § 183 S. 1 BGB vor oder als Genehmigung iSd. § 184 Abs. 1 BGB nach dem Zeitpunkt erteilt werden, in dem das Werk der Öffentlichkeit zugänglich gemacht wird (RegE BTDrucks. IV/270 S. 40; *Bueb* S. 46; *Möhring/Nicolini*[2] Rdnr. 13; *Fromm/Nordemann*[10] Rdnr. 29; *Schiefler* UFITA 48 [1966] 81/89). Im letzteren Falle tritt der Veröffentlichungsstatus des Werkes rückwirkend ein (*Bueb* S. 46 f.; *Schiefler* UFITA 48 25

[1966] 81/89). Eine mündliche oder stillschweigende Zustimmung reicht aus (*Möhring/Nicolini*[2] Rdnr. 17).

26 Werden vom Urheber an die Zustimmung geknüpfte **Bedingungen,** zB hinsichtlich des Ortes, der Zeit oder der Art und Weise, in der das Werk der Öffentlichkeit zugänglich gemacht werden soll, bei der Veröffentlichung nicht beachtet, so fehlt die Zustimmung, und das Werk wird nicht zu einem veröffentlichten Werk iSd. § 6 Abs. 1 (*Bueb* S. 47; *Fromm/Nordemann*[10] Rdnr. 29; *Schiefler* UFITA 48 [1966] 81/89). Das gleiche gilt bei einer **Befristung** der Zustimmung und nach Ablauf der Frist erfolgter Veröffentlichung, nicht aber für während der Frist veröffentlichte Werke (so. Rdnr. 20; dort auch zum **Widerruf** der Zustimmung). Gibt der Urheber seine Zustimmung nur für die Veröffentlichung von **Teilen eines Werkes,** so bleiben die davon nicht betroffenen Werkteile unveröffentlicht, auch wenn sie der Öffentlichkeit (abredewidrig) tatsächlich zugänglich gemacht werden (*Bueb* S. 47; *Fromm/Nordemann*[10] Rdnr. 27; *Schiefler* UFITA 48 [1966] 81/89; sa. oben Rdnr. 21).

27 c) Die Zustimmung muss durch den **Berechtigten** erklärt werden. Berechtigte sind primär der Urheber und im Falle seines Todes seine Rechtsnachfolger iSd. §§ 28, 29. Die Frage, ob auch Dritte, insb. Erwerber von Nutzungsrechten iSd. §§ 31 ff., Zustimmungsberechtigte iSd. § 6 Abs. 1 sein können, ist zu bejahen, da der Urheber die Zustimmungsbefugnis trotz ihres urheberpersönlichkeitsrechtlichen Charakters Dritten jedenfalls zur Ausübung überlassen kann (ebenso *Bueb* S. 48; *v. Gamm* Rdnr. 5 iVm. § 12 Rdnr. 6; *Schiefler* UFITA 48 [1966] 81/88; aA *Möhring/Nicolini*[2] Rdnr. 18). Zu beachten ist jedoch, dass der Urheber die Zustimmung iSd. § 6 Abs. 1 auch bereits selbst bei Abschluss eines entsprechenden Nutzungsvertrages oder später bei Erklärung der Veröffentlichungsreife des Werkes gegenüber dem Inhaber des Nutzungsrechts erklären kann und – entsprechend dem zur Ausübung des Veröffentlichungsrechts iSd. § 12 Abs. 1 Gesagten (s. dort Rdnr. 16–21) – idR auch erklärt, so dass eine Überlassung der Zustimmungsbefugnis an Dritte zur Ausübung nur in Ausnahmefällen anzunehmen ist (vgl. § 12 Rdnr. 22).

28 d) Stellt der **Eigentümer** eines **Originals eines Werkes der bildenden Künste** dieses in einer dem speziellen Öffentlichkeitsbegriff des § 6 Abs. 1 (so. Rdnr. 7 ff.) entsprechenden Weise aus und hat der Urheber sich das Ausstellungsrecht bei Veräußerung des Originals nicht ausdrücklich vorbehalten, so wird das betreffende Werk im Hinblick auf § 44 Abs. 2 spätestens durch diese Ausstellung zu einem veröffentlichten Werk (im Ergebnis übereinstimmend *Bueb* S. 49; *vom Dorp* S. 106 f.; *Möhring/Nicolini*[2] Rdnr. 17; *Schiefler* UFITA 48 [1966] 81/89). Um zu diesem Ergebnis zu kommen, bedarf es aber weder der Annahme *Buebs,* dass hier das Zustimmungserfordernis des § 6 Abs. 1 entfalle, noch der von den genannten anderen Autoren vertretenen gesetzlichen Zustimmungsberechtigung des Eigentümers. Anzunehmen ist vielmehr, dass die vorbehaltlose Veräußerung des Werkoriginals gem. § 44 Abs. 2 auch die Zustimmung zur Veröffentlichung iSd. § 6 Abs. 1 impliziert (s. § 12 Rdnr. 20 zur Parallele der Ausübung des Veröffentlichungsrechts des § 12 Abs. 1 im Falle des § 44 Abs. 2).

III. Erschienene Werke (§ 6 Abs. 2 S. 1)

1. Reichweite und Merkmale der gesetzlichen Definition

29 a) Die gesetzliche Definition des Erscheinens eines (urheberrechtlich schutzfähigen) **Werkes** gilt in gleicher Weise für die durch **verwandte Schutzrechte** schützbaren Leistungen (RegE BTDrucks. IV/270 S. 40, 92, 97; BGH GRUR 1981, 360/361 – Erscheinen von Tonträgern, zu §§ 76 Abs. 2, 86 aF; OLG Düsseldorf GRUR 2006, 673/674 – Motezuma I und ZUM 2007, 386/387 f. – Motezuma II, zu § 71; OLG Hamburg AfP 1983, 347/348 – Lech Walesa, zu § 72). Sie ist in Bezug auf alle Bestimmungen des UrhG, in denen auf das Erscheinen abgestellt wird, **einheitlich auszulegen,** und zwar unabhängig davon, ob das Erscheinen nach dem unter Rdnr. 4 Gesagten schutzbegründend oder schutzbeschränkend wirkt (ebenso *Bueb* S. 52 f.; *Dreier/Schulze*[3] § 71 Rdnr. 5; *Götting/Lauber-Rönsberg* S. 26 f.; *dies.* GRUR 2006, 638/640; *Hubmann* GRUR 1980, 537/538; *Möhring/Nicolini*[2] § 71 Rdnr. 8; *Rüberg* ZUM 2006, 122/124; *Schiefler* UFITA 48 [1966] 81/97; *Wandtke/Bullinger*[3] § 71 Rdnr. 10; sa. unten § 71 Rdnr. 8; aA zum früheren Recht RGZ 111, 14/19 – Strindberg; *Ulmer*[2] § 30 II).

30 b) Das Erscheinen eines Werkes iSd. § 6 Abs. 2 stellt eine spezielle **qualifizierte Form der Veröffentlichung** iSd. § 6 Abs. 1 dar (RegE BTDrucks. IV/270 S. 40), so dass ein erschienenes Werk stets auch ein veröffentlichtes Werk ist (so. Rdnr. 14). Hauptmerkmal des Erscheinens ist, dass ein Werk der Öffentlichkeit **in verkörperter Form** zugänglich gemacht wird. Darin liegt im Vergleich mit einem nur veröffentlichten Werk iSd. § 6 Abs. 1 neben einer größeren Breitenwirkung (vgl. *Schiefler* UFITA 48 [1966] 81/92 f.) auch eine stärkere Verselbständigung des Werkes gegenüber dem Urheber. Diese bildet die innere Rechtfertigung dafür, dass das Urheberrecht an erschienenen Werken weitergehenden gesetzlichen Schranken unterliegt als an nur veröffentlichten Werken (so. Rdnr. 3, 4); auf das Merkmal der öffentlichen Zugänglichkeit in verkörperter Form kann für das Erscheinen auch in den Fällen nicht verzichtet werden, in denen ein Interesse an körperlicher Festlegung eines Werkes fehlt (vgl. BGHZ 38, 356/359 f. – Fernsehwiedergabe von Sprachwerken).

Das Erscheinen eines Werkes kann sowohl durch das Inverkehrbringen als auch schon durch **31** das öffentliche Angebot von Vervielfältigungsstücken bewirkt werden. Auch im letzteren Fall muss aber die Herstellung der Vervielfältigungsstücke dem öffentlichen Angebot vorausgehen; stets muss es sich um eine „zur Deckung des normalen Bedarfs genügende Anzahl" von Vervielfältigungsstücken handeln (RegE BTDrucks. IV/270 S. 40; s. Rdnr. 39 ff./42). Voraussetzung des Erscheinens ist im Übrigen wie bei der Veröffentlichung iSd. § 6 Abs. 1 die Zustimmung des Berechtigten.

2. Angebot an die Öffentlichkeit oder Inverkehrbringen von Vervielfältigungsstücken

a) **Vervielfältigungsstücke** iSd. § 6 Abs. 2 sind nicht nur, dem Ursprung des Begriffs des **32** Erscheinens im Verlagsbuchhandel (vgl. *Ulmer*[3] § 32 II) entsprechend, die gedruckten Werkexemplare von Schrift-, Kunst- und Musikwerken, sondern Werkverkörperungen jeder Art. Es gilt der umfassende Vervielfältigungsbegriff des § 16. Danach kommt es weder auf das verwendete Vervielfältigungsverfahren noch darauf an, ob die Vervielfältigungsstücke die unmittelbare, geräteunabhängige Wahrnehmung des Werkes durch den Menschen gestatten oder nicht (§ 16 Rdnr. 6 ff., 16 ff., 25 ff.). Daher sind zB auch von Hand gefertigte Abschriften (vgl. OLG Düsseldorf GRUR 2006, 673/675 – Motezuma I, bestätigt in ZUM 2007, 386/388 – Motezuma II), reprographische Kopien, Mikrokopien, Fotografien und Abzüge davon, Filmkopien (vgl. BGH GRUR Int. 1973, 49/51 – Goldrausch, zu Art. 4 Abs. 4 RBÜ (Berliner Fassung)), Schallplatten, Tonbänder (vgl. BGH GRUR 1981, 360/361 – Erscheinen von Tonträgern), elektromagnetische und digitale Bild- und Tonträger, Datenträger etc. Vervielfältigungsstücke iSd. § 6 Abs. 2 (allgM). Dagegen verlangt Art. VI WUA für eine dem deutschen Rechtsbegriff des Erscheinens entsprechende Veröffentlichung („publication") iS dieses Abkommen (so. Rdnr. 4) öffentliche Zugänglichkeit des Werkes durch Werkstücke („copies"), „die gestatten, das Werk zu lesen oder sonst mit dem Auge wahrzunehmen".

§ 6 Abs. 2 S. 2 unterscheidet bezüglich des Erscheinens eines Werkes der bildenden Künste **33** zwischen dem Original und einem Vervielfältigungsstück (zur gleichen Unterscheidung in anderen Bestimmungen des UrhG s. § 26 Rdnr. 25). Gleichwohl ist sinngemäß anzunehmen, dass der Begriff der Vervielfältigungsstücke iSd. § 6 Abs. 2 S. 1 auch **Mehrfachoriginale** von Werken der Musik (Notenmaterial, s. BGH ZUM 2009, 770/772 f. – Motezuma), der Druckgraphik sowie von im Abgussverfahren hergestellten plastischen Werken umfasst (zum Originalbegriff insoweit § 26 Rdnr. 27–29; im Ergebnis ebenso *Gerstenberg* Anm. 5; wohl auch *Ulmer*[3] § 32 II zu Radierungen; jetzt wohl auch *Möhring/Nicolini*[2] Rdnr. 21; aA *Bueb* S. 55; *Schiefler* UFITA 48 [1966] 81/93). Richtiger spricht daher die Parallelbestimmung des § 9 Abs. 1 des öUrhG vom Erscheinen durch Feilhalten oder Inverkehrbringen von „Werkstücken", wie auch weder RBÜ (Art. 3 Abs. 3 Pariser Fassung) noch WUA (Art. VI) insoweit zwischen Originalen und Vervielfältigungsstücken unterscheiden (eine Anpassung des § 6 Abs. 2 S. 1 de lege ferenda empfiehlt *Bueb* S. 156).

b) Die Begriffe des **Angebots an die Öffentlichkeit** und des **Inverkehrbringens** in § 6 **34** Abs. 2 S. 1 sind grundsätzlich im gleichen Sinne zu verstehen wie in § 17 Abs. 1 für das Verbreitungsrecht (§ 17 Rdnr. 7–16; zum Erscheinen in Form des Angebots an die Öffentlichkeit durch Ausstellung auf einer Messe s. OLG Frankfurt/M GRUR 1994, 49/51 – Mackintosh-Möbel). Jedoch ist der Begriff der **Öffentlichkeit** in § 6 Abs. 2 ebenso auszulegen wie in § 6 Abs. 1 (Rdnr. 7 ff.; zum Ergebnis *Bueb* S. 68; *Schiefler* UFITA 48 [1966] 81/94) und damit enger als in § 17 Abs. 1 (s. dort Rdnr. 12 f.). Daraus kann sich ergeben, dass Werkstücke zwar iSd. Verbreitungsrechts verbreitet werden, dies aber noch nicht zu einem Erscheinen des Werkes führt. Die Problematik des Begriffs der Öffentlichkeit iSd. § 6 Abs. 2 S. 1 steht dabei in engem Zusammenhang mit dem Kriterium der genügenden Anzahl von Vervielfältigungsstücken.

Nicht erschienen ist demzufolge ein auch für den Buchmarkt geeignetes und bestimmtes **35** Bühnenstück, wenn Werkexemplare lediglich an Bühnen versandt werden (RGZ 111, 14/21 f. –

§ 6 Veröffentlichte und erschienene Werke

Strindberg; s. aber auch Rdnr. 37). Bei erheblichem Publikumsinteresse am Erwerb von Vervielfältigungsstücken eines Werkes wird dessen Erscheinen nicht dadurch bewirkt, dass einzelne Werkexemplare bei staatlichen Stellen hinterlegt, in Bibliotheken eingestellt und an Veranstalter und Beteiligte einer Uraufführung versandt werden (OLG München GRUR 1983, 295/297 – Oper Tosca – vom BGH in BGHZ 95, 229/237 – Puccini – bestätigt, zu Art. 3 Abs. 3 RBÜ (Pariser Fassung)). Nicht erschienen ist ein Werk mangels freier Zugänglichkeit für die Allgemeinheit auch, wenn die Berufungsschrift eines Anwalts zur Gerichtsakte eingereicht, in einer öffentlichen Verhandlung verlesen und als Stasi-Unterlage bei der sog. Gauck-Behörde unter bestimmten Voraussetzungen einsehbar ist (so LG Hamburg ZUM-RD 1999, 208/209 – Der Fall Havemann) oder ein Werk in der ehem. Sowjetunion lediglich im sog. Samisdat zirkulierte (BGHZ 64, 183/188 – August Vierzehn – zu Art. 4 Abs. 4 RBÜ (Brüsseler Fassung); dazu *Dietz* GRUR Int. 1975, 341/342 f.). S. ferner die Beispiele unter Rdnr. 14. Ausreichend für das Erscheinen kann aber die Veräußerung von Exemplaren eines Operntextbuches an der Theaterkasse und damit außerhalb des gewöhnlichen Buchhandels sein (OLG Dresden GRUR 1908, 183 – Carmen).

36 Anders als bei § 17 Abs. 1 (s. dort Rdnr. 8, 14) ist ein Angebot zum Erwerb bzw. ein Inverkehrbringen durch Veräußerung nicht erforderlich. Es genügen Angebote zur **Miete** oder **Leihe** bzw. Vermietungen und Ausleihungen (RegE BTDrucks. IV/270 S. 40 und allgM). Ein Werk der Musik kann daher zB auch durch Verleih des Notenmaterials für Aufführungen erscheinen (RegE BTDrucks. IV/270 S. 40; BGHZ 64, 164/168 – TE DEUM; sa. BGH ZUM 2009, 770/773 – Motezuma). Filmwerke können durch Inverleihgabe der Filmkopien erscheinen (RegE BTDrucks. IV/270 S. 40; BGH GRUR Int. 1973, 49/51 – Goldrausch – zu Art. 4 Abs. 4 RBÜ [Berliner Fassung]).

37 Aus den soeben zur Leihe und Miete genannten Beispielen folgt zugleich: Es ist kein unabdingbares Erfordernis des Erscheinens, dass die Vervielfältigungsstücke nach dem Vorbild des herkömmlichen Buch-, Zeitschriften und Musikalienhandels unmittelbar der Öffentlichkeit, dh. der **Endverbraucherschaft**, angeboten bzw. an sie veräußert oder sonst übergeben werden. Es kann genügen, dass dies gegenüber **Werkvermittlern,** wie Veranstaltern von Aufführungen, Sendeunternehmen oder Filmtheatern, geschieht, wenn hierdurch „die Vervielfältigungsstücke der Verwertung in der Öffentlichkeit zugeführt werden und hierzu alles Erforderliche in die Wege geleitet wird" (BGH GRUR 1981, 360/362 – Erscheinen von Tonträgern; BGH ZUM 2009, 770/773 – Motezuma; OLG Frankfurt/M ZUM 1996, 697/701 – Yellow Submarine). Daher erscheinen über den Handel an den Endabnehmer verbreitete Werke bereits mit dem Angebot bzw. der Veräußerung von Seiten des Herstellers, zB des Verlags oder Tonträgerproduzenten, an den Handel (*Bueb* S. 69; *Schiefler* UFITA 48 [1966] 81/93; auch BGH GRUR 1981, 360/362 – Erscheinen von Tonträgern; OLG Frankfurt/M ZUM 1996, 697/701 – Yellow Submarine) sowie musikalische Werke auf Tonträgern, die zum Abspielen nur mittels professioneller Geräte geeignet und bestimmt sind, durch „Bemusterung" von Rundfunk- und Fernsehanstalten, Filmherstellern und Werbeunternehmen mit dem Ziel der Vermittlung des Werkes gegenüber der breiteren Öffentlichkeit. Selbst bei auch für den allgemeinen Schallplattenmarkt bestimmten, aber so nur eng begrenzt absetzbaren Platten kann bereits eine derartige Verbreitung an Vermittler das Erscheinen der betreffenden Werke bewirken. Gleiches gilt aber nicht für Vervielfältigungsstücke, die Sendeunternehmen zur Erleichterung ihres eigenen Sendebetriebs herstellen, da es sich hier um einen rein **innerbetrieblichen Vorgang** handelt (zum Vorstehenden insgesamt BGH GRUR 1981, 360/362 – Erscheinen von Tonträgern; OLG Frankfurt/M ZUM 1996, 697/701 – Yellow Submarine).

38 Ob ein Werk unter dem Gesichtspunkt eines ausreichenden Angebots an die Öffentlichkeit bzw. Inverkehrbringens von Vervielfältigungsstücken erschienen ist, ist somit für jeden Einzelfall unter Beachtung der Werkart, der Verwertungsart und Vertriebsform zu entscheiden (BGH GRUR 1981, 360/362 – Erscheinen von Tonträgern; BGH ZUM 2009, 770/773 – Motezuma; OLG Frankfurt/M ZUM 1996, 697/701 f. – Yellow Submarine).

3. Genügende Anzahl von Vervielfältigungsstücken

39 Die Umstände des Einzelfalls nach Art des Werkes und seiner Verwertung entscheiden auch darüber, wie viele Vervielfältigungsstücke dem Erfordernis einer **genügenden Anzahl** iSd. § 6 Abs. 2 S. 1 entsprechen; entscheidend ist, ob „dem interessierten Publikum ausreichend Gelegenheit zur Kenntnisnahme des Werkes" gegeben wird (BGH GRUR 1981, 360/362 – Erscheinen von Tonträgern; ähnlich die Vorinstanz OLG Hamburg GRUR 1979, 114/116, Tonträgervervielfältigung; OLG München GRUR 1983, 295/297 – Oper Tosca – bestätigt durch BGHZ 95, 229/237 – Puccini; OLG Düsseldorf GRUR 2006, 673/676 – Motezuma I, bestätigt in ZUM 2007, 386/387f. – Motezuma II; BGH ZUM 2009, 770/773 – Motezuma; RGZ 111, 14/18f. – Strindberg). Die AmtlBegr. (BTDrucks. IV/270 S. 40) sowie Art. 3 Abs. 3 S. 1 RBÜ (Pariser Fassung) verlangen im gleichen Sinne, dass die Vervielfältigungsstücke „zur Deckung des normalen Bedarfs" ausreichen.

So ließ das RG in RGZ 111, 14/18f./21 – Strindberg – in einer auch rechtlichen Sondersituation sieben Exemplare einer **Notausgabe** von Dramen Strindbergs für das Erscheinen genügen, stellte dem wenige Stücke eines **Liebhaberdrucks** mit besonderer Ausstattung gleich, hielt aber den **Versand** einer größeren Anzahl von Exemplaren eines einzelnen Dramas **nur an Bühnen** nicht für ausreichend (zu Letzterem s. Rdnr. 35). Eine Mehrzahl von Vervielfältigungsstücken, im Gegensatz zu „einer rein förmlichen Ausfolgung einiger weniger Stücke", bestimmt zur Veräußerung an die Lesewelt, forderte das RG in RGZ 130, 11/19 – Emile Zola – für das Erscheinen von **Romanen**; zust. OLG München UFITA 41 [1964] 211 – Ilja Ehrenburg. Für das Erscheinen des Romans „August Vierzehn" von Solschenizyn in russischer Sprache in Frankreich genügten jedenfalls zuerst 5000, dann 20 000 Exemplare (BGHZ 64, 183/186f. – August Vierzehn). **Italienische Opernmusik** konnte in der ersten Hälfte des **18. Jahrhunderts** dadurch erscheinen, dass an Interessenten von Hand gefertigte **Abschriften** veräußert wurden. Diese wurden von Kopisten auf Bestellung hergestellt, und zwar auf der Grundlage sog. „Originale", die, ebenfalls handschriftlich, nach den Autografen der Komponisten gefertigt wurden und bei den aufführenden Theatern verblieben. Diese Praxis deckte den entscheidenden Bedarf der interessierten Kreise (s. OLG Düsseldorf GRUR 2006, 673/674/676 – Motezuma I, bestätigt in ZUM 2007, 386/387f. – Motezuma II; BGH ZUM 2009, 770/773f. – Motezuma). Bei **Tonträgern**, die nur für **institutionelle Vermittler** bestimmt sind (s. Rdnr. 37), genügen für das Erscheinen etwa 50 Stück. Das gleiche gilt für primär solchen Vermittlern angebotene Schallplatten, selbst wenn diese auch auf dem allgemeinen Schallplattenmarkt vertrieben werden (BGH GRUR 1981, 360/362 – Erscheinen von Tonträgern), nicht aber, wenn von Tonträgern, die bei erheblicher Nachfrage für ein breites Publikum bestimmt sind, zunächst nur so viele Stücke produziert werden, wie für die „Bemusterung" von Medienvertretern erforderlich sind (s. OLG Frankfurt/M ZUM 1996, 697/702 – Yellow Submarine). In GRUR Int. 1973, 49/51 – Goldrausch – erachtete der BGH für das Erscheinen eines Filmwerks in Kanada im Jahre 1925 acht dort für den Verleih an Filmtheater zur Verfügung stehende **Filmkopien** für ausreichend (ebenso das SchweizBG GRUR Int. 1972, 25/27 – Goldrausch – im schweiz. Parallelverfahren). Beim Verleih von musikalischem **Aufführungsmaterial** können ebenfalls schon einige wenige Vervielfältigungsstücke genügen (BGHZ 64, 164/168 – TE DEUM; zur mutmaßlichen Zahl der Exemplare in diesem Fall *Hubmann* GRUR 1980, 537/540), bei selten gespielten großen Orchesterwerken uU sogar schon ein einziges Exemplar (*Hubmann* GRUR 1980, 537/541; *Reimer/Ulmer* GRUR Int. 1967, 431/438; *Sieger* FuR 1981, 289/292f. und AfP 1983, 349; sa. BGH ZUM 2009, 770/773 – Motezuma; aA *Möhring/Nicolini* Anm. 3e; *Rehbinder* FuR 1981, 285/286). Dem werden gleichgestellt das Angebot eines einzigen oder einiger weniger **Ampex-Bänder eines Filmes** an **Fernsehunternehmen** (*Nordemann/Vinck/Hertin* RBÜ Art. 3/4 Rdnr. 2). Nicht ausreichend aber wäre der Verleih einer einzigen Filmkopie nur zur Vorführung anlässlich eines **Filmfestivals** (*Masouyé*, Kommentar zur Berner Übereinkunft, 1981, Art. 3 Anm. 3.6; *Reimer/Ulmer* GRUR Int. 1967, 431/438), die Zurverfügungstellung nur einiger weniger Exemplare von **musikalischen Noten** bei erheblichem Publikumsinteresse an deren Erwerb (OLG München GRUR 1983, 295/297 – Oper Tosca, bestätigt durch BGHZ 95, 229/237 – Puccini; zur Abgrenzung s. BGH ZUM 2009, 770/773f. – Motezuma) oder die Einreichung eines Anwaltsschriftsatzes bei Gericht oder einer Behörde (s. Rdnr. 35).

Das Schrifttum folgt überwiegend der relativierenden Deutung des Merkmals der genügenden Anzahl von Vervielfältigungsstücken durch die Rechtsprechung (*Bueb* S. 60ff.; *Dittrich* ÖJZ 1971, 225/231f.; *v. Gamm* Rdnr. 8; *Gerstenberg* Anm. 6; *Möhring/Nicolini*[2] Rdnr. 24; *Dreier/Schulze*[3] Rdnr. 15; *Dreyer* in HK-UrhR[2] Rdnr. 63; *Wandtke/Bullinger*[3] Rdnr. 31; *Schiefler* UFITA 48 [1966] 81/96; *Ulmer*[3] § 32 III 2). Wenn verschiedentlich für **Bücher** und zT auch für **Tonträger** in Anlehnung an die Zahl der wichtigsten zur Ausleihe zur Verfügung stehenden Bibliotheken und die Zahl der sog. Pflichtexemplare von Dissertationen ohne Unterscheidung zwischen den verschiedenen Arten von Schriftwerken, wie belletristischen und wissenschaftlichen Werken, angenommen wird, hier reichten stets etwa **50 Exemplare** für das Erscheinen aus (*v. Gamm* Rdnr. 8; *Greffenius* UFITA 87 [1980] 97/98ff.; *Hubmann* GRUR 1980, 537/540f.), so ist dies als zu schematisch abzulehnen (wie hier insb. *Bueb* S. 60; *Dreier/Schulze*[3] Rdnr. 15;

§ 6 Veröffentlichte und erschienene Werke

*Möhring/Nicolini*² Rdnr. 26; *Schiefler* UFITA 48 [1960] 81/96; *Ulmer*³ § 32 III 2; *Wandtke/Bullinger*³ Rdnr. 33).

4. Herstellung der für das Erscheinen erforderlichen Vervielfältigungsstücke vor dem Angebot

42   Beim Erscheinen eines Werkes durch Inverkehrbringen der erforderlichen Anzahl von Vervielfältigungsstücken geht deren Herstellung dem Inverkehrbringen der Natur der Sache nach voraus. Nach § 6 Abs. 2 S. 1 setzt jedoch auch das Erscheinen eines Werkes durch Angebot an die Öffentlichkeit voraus, dass die Vervielfältigungsstücke **schon hergestellt worden sind.** Diese gesetzliche Regelung entspricht der zum Verbreitungsrecht (§ 17 Abs. 1) häufig vertretenen, in dieser Bestimmung aber nicht gesetzlich niedergelegten und auch nicht mehr haltbaren Auffassung, dass eine Werkverbreitung durch öffentliches Angebot schon vorhandene Werkexemplare voraussetze (s. dazu § 17 Rdnr. 10). Für den Begriff des Erscheinens eines Werkes aber ist von der ausdrücklichen gesetzlichen Regelung auszugehen. Daher führt etwa eine an die Öffentlichkeit gerichtete Werbeaufforderung, Bücher zu subskribieren, mit deren Herstellung aber noch bis zum Eingang einer ausreichenden Anzahl von Bestellungen zugewartet wird, noch nicht zum Erscheinen des betreffenden Werkes (*Bueb* S. 56f.; *v. Gamm* Rdnr. 8; *Möhring/Nicolini*² Rdnr. 23; *Schiefler* UFITA 48 [1966] 81/94; *Ulmer*³ § 32 III 2; zum Printing on Demand *Melichar*, Fs. für Dittrich, S. 229/232 sowie S. 232f. zum Konventionsrecht). Ein solches Werk erscheint erst, wenn die bestellten Bücher hergestellt sind. Entsprechendes gilt, wenn von Tonträgern, die für ein breites Publikum bestimmt sind und bei denen mit einer erheblichen Nachfrage zu rechnen ist, zunächst nur so viele Exemplare hergestellt werden, wie sie für eine „Bemusterung" von Medienvertretern erforderlich sind (s. OLG Frankfurt/M ZUM 1996, 697/701f. – Yellow Submarine).

5. Sonstige Fragen: Art und Weise, Ort, Zeitpunkt und Unumkehrbarkeit des Erscheinens, Werkteile, Fortsetzungen, Bearbeitungen, Beschreibungen, Zustimmung des Berechtigten

43   **a)** Die hier zusammengefassten Fragen des Erscheinens sind grundsätzlich entsprechend dem zu den veröffentlichten Werken Gesagten (Rdnr. 18–23) zu beantworten. Der **Zeitpunkt** des Erscheinens, der uU auf den Tag genau geklärt werden muss (vgl. BGH GRUR Int. 1973, 49/51f. – Goldrausch; GRUR 1986, 69/71 (2 b aa) – Puccini, insoweit in BGHZ 95, 229/237 nicht abgedruckt; sa. OLG Frankfurt/M ZUM 1996, 697/701f. – Yellow Submarine), ist danach zu bestimmen, wann die unter Rdnr. 32ff. genannten Voraussetzungen sämtlich frühestens erfüllt worden sind. Ein Erscheinen vor Inkrafttreten des § 6 Abs. 2 oder **irgendwann** in der **Vergangenheit** genügt (s. OLG Düsseldorf GRUR 2006, 673/674 – Motezuma I, bestätigt in ZUM 2007, 386/387f – Motezuma II, sowie durch BGH ZUM 2009, 770/772 – Motezuma, zu Opernmusik des 18. Jahrhunderts).

44   **b)** Wie bei der Veröffentlichung (Rdnr. 18) ist auch für das Erscheinen als solches der **Ort,** an dem die Voraussetzungen des § 6 Abs. 2 S. 1 erfüllt werden, grundsätzlich ohne Bedeutung (s. OLG Düsseldorf GRUR 2006, 673/674 – Motezuma I, bestätigt in ZUM 2007, 386/387f. – Motezuma II, BGH ZUM 2009, 770/772 – Motezuma, zu Abschriften von Opernmusik in Italien). Etwas anderes gilt für andere Bestimmungen, die an das Erscheinen eines Werkes in einem bestimmten Land besondere Rechtsfolgen knüpfen (Rdnr. 4). Insoweit ergibt sich aus der Formulierung des § 6 Abs. 2 S. 1, dass es nicht auf den Ort der Herstellung der Vervielfältigungsstücke, sondern auf den ihres Inverkehrbringens oder öffentlichen Angebots ankommt (RegE BTDrucks. IV/270 S. 40 und allgM). Bei **Büchern** und **Zeitschriften** verlangt die ältere Rechtsprechung für das Erscheinen in einem bestimmten Land einen dort gelegenen **Vertriebsmittelpunkt,** nämlich einen Verlag, einen Kommissionär oder eine sonstige zentrale „Ausfolgestelle" für den Buchhandel und die Leser, im Gegensatz zu einer bloßen Verbreitung durch Buchhandlungen, die die Bücher aus dem Ausland beziehen, und zu „bloßen Scheinmaßnahmen, die sich nur als Verbreitung in das Inland hinein und nicht als Vertrieb vom Inland aus erweisen" (so RGZ 130, 11/17/19 – Emile Zola; sa. RG GRUR 1909, 339/340 – Mark Twain). Entgegen *Fromm/Nordemann*¹⁰ Rdnr. 16 ist diese Rechtsprechung nicht durch BGH GRUR 1980, 227/229f. – Monumenta Germaniae Historica – überholt, da hier nicht über die Frage des Erscheinens, sondern über die Verletzung des Verbreitungsrechts durch Import entschieden wurde. Es liegt nahe, das Ergebnis der Rechtsprechung auch auf Tonträger zu übertra-

gen. Ob ihr weiter zu folgen ist, hat der BGH in GRUR Int. 1973, 49/51 – Goldrausch – offengelassen; er hat es aber abgelehnt, sie auf das Erscheinen von **Filmwerken** durch Verleih von Filmkopien an Lichtspieltheater (s. dazu Rdnr. 36, 37) zu übertragen, und angenommen, dass es zum Erscheinen des Filmwerkes „Goldrausch" von Charlie Chaplin im Verbandsland Kanada der RBÜ ausreichte, dass der Filmverleih in diesem Land planmäßig und umfassend von den USA aus betrieben wurde (im Ergebnis ebenso SchweizBG GRUR Int. 1972, 25/27 – Goldrausch).

c) Ein Werk kann auch in **Teilen** bzw. in **Fortsetzungen** erscheinen, mit der Folge, dass jedem der Teile ein eigenes, sich auf das Erscheinen beziehendes rechtliches Schicksal zuwachsen kann (s. OLG München UFITA 41 (1964) 211/214 ff. – Ilja Ehrenburg – zum Erscheinen der Memoiren eines Schriftstellers in einer Literaturzeitschrift; sa. Rdnr. 21 zur Parallelfrage bei der Veröffentlichung). Desgleichen kann ein Werk auch in Form einer **Bearbeitung** hinsichtlich seiner darin enthaltenen schutzfähigen Elemente erscheinen (sa. Rdnr. 22 sowie RG MuW 1915/16, 50/51 (Gemälde als erschienenes Werk aufgrund Erscheinens von danach hergestellten Heliogravüren und Radierungen); BGHZ 64, 164/168 – TE DEUM (Erscheinen eines Chor- und Orchesterwerks in Form einer speziellen Einrichtung für bestimmte Instrumente); BGHZ 95, 229/237 – Puccini (Erscheinen einer Oper in Form von Klavierauszügen)). Daher konnte auch für den Roman „Dr. Schiwago" des russischen Autors Boris Pasternak der Rechtsschutz durch die RBÜ und das WUA durch erstmaliges Erscheinen des Werkes in Italien in italienischer Übersetzung begründet werden (vgl. BHGZ 141, 267/271 f. – Laras Tochter; *Dittrich* ÖJZ 1971, 225/233 f.; *Lehmbruck* UFITA 31 [1960] 74/82 f.; *Schiefler* UFITA 48 [1966] 81/99; *Ulmer* GRUR Int. 1964, 613/617; aA *Goldbaum* UFITA 29 [1959] 32/33 ff.; *Hirsch* UFITA 42 [1964] 8/39; *Roeber* FuR 1959, 5/8; *Stroth* UFITA 43 [1964] 92/98). Eine bloße **Presseberichterstattung** über ein Werk ohne Mitteilung geschützter Werkelemente führt aber weder zu einer Veröffentlichung (so. Rdnr. 23) noch zu einem Erscheinen des Werkes, über das berichtet wird (s. OLG Zweibrücken GRUR 1997, 363/364 – Jüdische Friedhöfe).

d) Zum Erfordernis der **Zustimmung des Berechtigten** gilt das zur Veröffentlichung Gesagte (Rdnr. 24–27) entsprechend. Zur Wirksamkeit der Zustimmung zum Erscheinen eines Werkes im Ausland (Frankreich) seitens eines russischen Autors (Solschenizyn) durch Vollmacht an einen Anwalt und unter Nichtbeachtung des staatlichen Außenhandelsmonopols der ehem. Sowjetunion s. BGHZ 64, 183/187/188 ff. – August Vierzehn. Erscheint ein Werk erstmals **nach Ablauf** seiner **Schutzdauer**, so kommt es für das Erscheinen iSd. § 6 Abs. 2 auf die Zustimmung des Berechtigten nicht mehr an (s. LG München I ZUM-RD 2007, 212/214 – Rudolf Steiner-Vorträge).

IV. Erschienene Werke der bildenden Künste (§ 6 Abs. 2 S. 2)

1. Für das Erscheinen von Werken der bildenden Künste gelten zunächst die **allgemeinen Regeln** des § 6 Abs. 2 S. 1 (*Bueb* S. 73; *v. Gamm* Rdnr. 9; *Möhring/Nicolini*[2] Rdnr. 31). Werke der bildenden Künste, einschließlich solcher der Baukunst und der angewandten Kunst (s. § 2 Abs. 1 Nr. 4), können daher zB auch in Form von Abbildungen in Büchern, von Ansichtskarten und Fotografien erscheinen, da auch diese Vervielfältigungsstücke sind (s. Rdnr. 32; *Bueb* S. 56; *Möhring/Nicolini*[2] Rdnr. 31). Zum Problem der Mehrfachoriginale s. Rdnr. 33.

2. Da Werke der bildenden Künste, insb. solche der „reinen" Kunst, aber auch der Baukunst, üblicherweise der Öffentlichkeit in erster Linie durch die Ausstellung in Museen bzw. durch ihre Aufstellung an öffentlichen Plätzen auf Dauer zugänglich gemacht werden, bestimmt § 6 Abs. 2 S. 2 für solche Werke einen **zusätzlichen Erscheinenstatbestand** (s. RegE BT-Drucks. IV/270 S. 40; zur Geltung des § 6 Abs. 2 S. 2 auch für Werke der angewandten Kunst s. OLG Frankfurt/M GRUR 1994, 49/51 – Mackintosh-Möbel). Sie gelten auch als erschienen, „wenn das Original oder ein Vervielfältigungsstück des Werkes mit Zustimmung des Berechtigten bleibend der Öffentlichkeit zugänglich ist". Es handelt sich hierbei um eine unwiderlegbare gesetzliche Fiktion (*Bueb* S. 72; *Möhring/Nicolini*[2] Rdnr. 36).

Bleibende **öffentliche Zugänglichkeit** umfasst nicht nur die Ausstellung in Museen, sondern auch die Einstellung in ein Museumsmagazin (vgl. den Bericht des Rechtsausschusses des Deutschen Bundestags, UFITA 46 (1966) 174/176 f.). Von einer auf Dauer angelegten, **bleibenden** öffentlichen Zugänglichkeit kann aber nicht gesprochen werden bei zeitlich befristeten Ausstellungen in Galerien oder privaten Leihgaben an Museen (*Fromm/Nordemann*[10] Rdnr. 25; *Schiefler* UFITA 48 [1966] 81/102). Auf die Unterscheidung zwischen **Original** und **Verviel-**

§ 6 Veröffentlichte und erschienene Werke

fältigungsstück (s. Rdnr. 33) kommt es bei § 6 Abs. 2 S. 2 nicht an, da eine bleibende öffentliche Zugänglichkeit sowohl des einen wie des anderen zum Erscheinen führt (vgl. dagegen Rdnr. 33 zu § 6 Abs. 2 S. 1).

V. Veröffentlichung, Erscheinen und digitale elektronische Medien

1. Digitale elektronische Medien

50   Für die modernen digitalen elektronischen Medien ist charakteristisch, dass ihre Inhalte, wie Texte, Grafiken und Bilder aller Art, das gesprochene Wort, Musik und Filme, mit Hilfe der EDV digital erfasst und gespeichert, gegebenenfalls auch digital über Funk oder Kabelnetze übertragen und stets auch mit Computerhilfe genutzt werden. Ihre bekanntesten **Erscheinungsformen** sind Musik-, Text- und Multimedia-CD-ROMs, Film-DVDs, Text-Disketten, digitale Magnetbandkassetten, der digitale Hörfunk und das digitale Fernsehen, Bildschirmtext (interactive videotex), Videotext (non-interactive videotex), Kabeltext, Online-Datenbanken für den Abruf von Informationen, Musik (music on demand) und Filmen (video on demand), das Internet als globales Computernetzwerk und Intranets als interne EDV-Netzwerke. In bezug auf alle diese und ähnliche Medien kann sich die Frage stellen, ob urheberrechtlich geschützte Werke und durch verwandte Schutzrechte geschützte Leistungen, die durch oder über sie verwertet werden und bis dahin noch nicht veröffentlicht oder erschienen waren, dadurch den Status eines veröffentlichten oder erschienenen Werkes bzw. einer entsprechenden Leistung erlangen. Für die Beurteilung dieser Frage ist es zweckmäßig, zwischen der digitalen Werk- und Leistungsverwertung einerseits in körperlicher Form durch **Vervielfältigung und Verbreitung von Festlegungsexemplaren** (CD-ROMs, DVDs, Disketten, Bandkassetten) und andererseits in unkörperlicher Form durch **Funksendung oder Kabelübertragung** zu unterscheiden; im letzteren Fall kann weiter differenziert werden zwischen der Übertragung **zum Zugriff** (digitaler Hörfunk, digitales Fernsehen, Videotext, Kabeltext) und **auf Abruf** (Bildschirmtext, Datenbankabruf) (s. hierzu aus der Sicht des elektronischen Publizierens *Katzenberger* in *Fiedler* [Hrsg.] S. 35/39 ff.; *ders.* in *Lehmann* [Hrsg.], Multimediarecht, S. 219/222 f./225 ff.).

2. Veröffentlichung über digitale elektronische Medien (§ 6 Abs. 1)

51   Die Beurteilung **sämtlicher digitaler elektronischer Medien** unter dem Aspekt der Veröffentlichung (§ 6 Abs. 1) begegnet keinen besonderen Schwierigkeiten, weil hierfür lediglich die Zustimmung des Berechtigten (so. Rdnr. 24–28) und das Zugänglichmachen des Werkes etc. gegenüber der Öffentlichkeit (so. Rdnr. 6–23) erforderlich sind und es nicht darauf ankommt, auf welche Art und Weise die Öffentlichkeit die Möglichkeit erhält, das Werk wahrzunehmen (so. Rdnr. 15, 16). Es genügt daher auch das Zugänglichmachen mittels körperlicher oder unkörperlicher Medien in digitaler Form (s. *Katzenberger* in *Fiedler* [Hrsg.] S. 35/43; *ders.* in *Lehmann* [Hrsg.], Multimediarecht, S. 219/226). Dies gilt auch für die Einspeicherung in Online-Datenbanken, wenn diese, wie zB über das Internet im Falle von dessen World Wide Web-Dienst, öffentlich zugänglich sind; darauf, ob das in Frage stehende Werk auch tatsächlich abgerufen wird und wie oft dies geschieht, kommt es nicht an (so. Rdnr. 15; zum Internet udgl. *Dreier/Schulze*[3] Rdnr. 10; *Dreyer* in HK-UrhR[2] Rdnr. 25; *Wandtke/Bullinger*[3] Rdnr. 7 f.; *Poeppel*, S. 85; *Schack*[4] Rdnr. 232; *ders.* GRUR 2007, 639/644).

52   Zweifelhaft unter dem Gesichtspunkt einer ausreichenden Öffentlichkeit (so. Rdnr. 6 ff.) sind lediglich die Fälle der digitalen elektronischen Verwertung gegenüber **geschlossenen Benutzergruppen** (s. *Katzenberger* in *Fiedler* [Hrsg.] S. 35/43; *ders.* in *Lehmann* [Hrsg.], Multimediarecht, S. 219/226). Als Richtschnur für die Beurteilung können die Grundsätze dienen, die für die traditionellen Formen der Werkverwertung gelten (so. Rdnr. 11–14). Danach hat zB die Eingabe eines Werkes in eine Datenbank, die nur über ein betriebs- oder institutsinternes Intranet nutzbar ist, eine Veröffentlichung nicht zur Folge (so. Rdnr. 13 zur Parallele betriebsinterner Veranstaltungen). Dasselbe gilt für Datenbanken, deren Nutzung auf andere Art und Weise auf ausgewählte Experten oder Interessenten beschränkt ist (so. Rdnr. 14 zur Parallele der herkömmlichen Werkverbreitung an einen ausgewählten Personenkreis und der Werküberlassung an ein Archiv mit Zugangsbeschränkung; im Ergebnis wie hier *Poeppel* S. 86).

3. Erscheinen über digitale elektronische Medien (§ 6 Abs. 2)

53   **a)** Die **Verbreitung** von digitalen elektronischen Produkten in **körperlichen Festlegungsexemplaren** (CD-ROMs, DVDs, Disketten, digitale Magnetbandkassetten) an die Öffentlichkeit

Veröffentlichte und erschienene Werke § 6

unterscheidet sich vom herkömmlichen Angebot und Vertrieb zB von Büchern und Tonträgern nur durch die digitale Form der Festlegung. Diese aber steht der Qualifizierung solcher Festlegungsexemplare als Vervielfältigungsstücke iSd. § 6 Abs. 2 S. 1 nicht entgegen (so. Rdnr. 32). Werden sie nach ihrer Herstellung (so. Rdnr. 42) in genügender Anzahl (so. Rdnr. 39–41) der Öffentlichkeit angeboten oder in Verkehr gebracht (so. Rdnr. 34–38), so führt dies ohne Weiteres zum Erscheinen der darauf digital festgelegten Werke und der Träger selbst als Tonträger, Bildträger oder Bild- und Tonträger (s. zum Ergebnis *Katzenberger* in *Fiedler* [Hrsg.] S. 35/43 f.; *ders.* in *Lehmann* [Hrsg.], Multimediarecht, S. 219/226; ebenso *Dreier/Schulze*[3] Rdnr. 16; *Wandtke/Bullinger*[3] Rdnr. 25).

b) Werden Werke oder Leistungen in digitaler Form mittels Funksendung oder Kabelübertragung zum Zugriff oder auf Abruf **unkörperlich übertragen**, so führt dieser Vorgang als solcher keinesfalls zum Erscheinen iSd. § 6 Abs. 2 S. 1 (so. Rdnr. 30; *Katzenberger* in *Fiedler* [Hrsg.] S. 35/44; *ders.* in *Lehmann* [Hrsg.], Multimediarecht, S. 219/227; sa. *Poeppel* S. 87). Auch **Computerausdrucke beim Empfang durch die Endnutzer** oder sonstige körperliche Festlegungen der übertragenen Werke oder Leistungen solcher Art können selbst dann, wenn sie häufig vorgenommen werden, schon deshalb das Erscheinen nicht zur Folge haben, weil nach § 6 Abs. 2 S. 1 die Herstellung der Vervielfältigungsstücke dem Angebot an die Öffentlichkeit oder dem Inverkehrbringen vorausgehen muss (so. Rdnr. 42; *Katzenberger* in *Fiedler* [Hrsg.] S. 35/44; *ders.* in *Lehmann* [Hrsg.], Multimediarecht, S. 219/227; zust. *Czychowsky* GRUR 2003, 489/492 f.; sa. *Poeppel* S. 87). Die letztere Bedingung kann nur erfüllt sein durch die **vorgängige digitale Speicherung** in der Datenbank oder auf externen Datenträgern, von der aus bzw. mittels derer die Übertragung erfolgt, oder durch eine weitere digitale Festlegung, die der Datenbankspeicherung vorausgeht. Wiederum (s. oben Rdnr. 53) steht dabei die digitale Form dieser Vorgänge dem nicht entgegen, die betreffenden Datenbankspeicher und Datenträger als Vervielfältigungsstücke iSd. § 6 Abs. 2 S. 1 zu qualifizieren (so auch *Goebel/Hackemann/Scheller* S. 93 f.; *dies.* GRUR 1986, 355 f.; *Maaßen* ZUM 1992, 338/342; *Scheller* CR 1987, 13/16; *Süßenberger* GRUR 2003, 489/490 f.). 54

Was dabei die von § 6 Abs. 2 S. 1 geforderte **genügende Anzahl von Vervielfältigungsstücken** (so. Rdnr. 39–41) betrifft, so geht die allgM in Bezug auf **Online-Datenbanken,** die **der Allgemeinheit zum Abruf** zugänglich sind, dahin, dass grundsätzlich bereits **eine einzige** körperliche Festlegung ausreicht, weil diese in der Regel geeignet ist, die zu erwartende Nachfrage zu befriedigen bzw. (so. Rdnr. 39) den normalen Bedarf zu decken (s. *Dietz* GRUR Int. 1975, 341/343; *Dreier/Schulze*[3] Rdnr. 16; *Dreyer* in HK-UrhR[2] Rdnr. 62; *Goebel/Hackemann/Scheller* S. 94 ff.; *dies.* GRUR 1986, 355/356; *Heinz* S. 250; *Hubmann* GRUR 1980, 537/541; *Katzenberger* in *Fiedler* [Hrsg.] S. 35/44 f.; *ders.* in *Lehmann* [Hrsg.], Multimediarecht, S. 219/237; *Maaßen* ZUM 1992, 338/342; *Möhring/Nicolini*[2] Rdnr. 29; *Scheller* CR 1987, 13/16; *Süßenberger* GRUR 2003, 489/490 f.; für analoge Anwendung des § 6 Abs. 2 *Fromm/Nordemann*[10] Rdnr. 21; sa. *Dreier/Schulze*[3] Rdnr. 16; aA *Schack* GRUR 2007, 639/644; kritisch auch *Poeppel* S. 88). Darüber hinaus ist bei weitergehender Nachfrage faktisch damit zu rechnen, dass digitale Datensammlungen über mehrere Datenbanken mit dementsprechender Mehrfachspeicherung angeboten werden (s. *Katzenberger* GRUR Int. 1983, 895/905; *ders.* in *Bullinger* [Hrsg.], Rechtsfragen der elektronischen Textkommunikation, 1984, S. 99/110; *ders.* in *Huebner/Oehler/Stern* [Hrsg.], Rechtsprobleme des Bildschirmtextes, 1986, S. 69/74; *ders.,* Elektronische Printmedien und Urheberrecht, 1996, S. 7 ff.). **Ähnlich** zu beurteilen mit der Folge, dass grundsätzlich eine einzige Speicherung für das Erscheinen ausreicht, ist ein **bundesweit zum Zugriff ausgestrahlter Video- oder Kabeltext.** Eine **größere Anzahl** von Vervielfältigungsstücken ist aber für das Erscheinen in der Regel zu fordern, wenn zB ein Musikproduzent **digitale Tonträger mit Unterhaltungsmusik über Sendeunternehmen** und andere institutionelle Vermittler, wie Filmproduzenten und Werbeunternehmen, vermarktet; nach der Rechtsprechung zu derartigen Tonträgern in analoger Form (Tonbändern und Langspielschallplatten) genügen hierfür ca. 50 Stück [so. Rdnr. 40]). Für digitale Tonträger kann nichts anderes gelten. 55

Als **weitere Voraussetzung** des Erscheinens verlangt § 6 Abs. 2 S. 1, dass die **Vervielfältigungsstücke** bzw. bei Online-Datenbanken und ähnlichen digitalen Medien uU ein einziges Vervielfältigungsstück **der Öffentlichkeit angeboten oder in Verkehr gebracht** worden sind bzw. ist (so. Rdnr. 34–38). Nach einer im Schrifttum vertretenen Auffassung soll dieses Kriterium bei Online-Datenbanken, deren Datenspeicher als Vervielfältigungsstücke nicht dazu bestimmt sind, die Betriebssphäre zu verlassen, verzichtbar sein, weil die Öffentlichkeit bereits durch die Möglichkeit des Abrufs, des Download oder des Ausdrucks hinreichend Gelegenheit 56 erhalte, die gespeicherten Inhalte zur Kenntnis zu nehmen (so *Goebel/Hackemann/Scheller* S. 99 ff.; *dies.* GRUR 1986, 355/358 f.; *Heinz* S. 249 ff.; *Scheller* CR 1987, 13/17; *Süßenberger* GRUR 2003, 489/491; wohl auch *Fromm/Nordemann*[10] Rdnr. 21; *Maaßen* ZUM 1992, 338/343). Dem kann jedoch nicht gefolgt werden, da andernfalls auch zB sendemäßige Ausstrahlungen auf der Grundlage von Tonträgern oder Bild- und Tonträgern zu deren Erscheinen und zum Erscheinen der darauf festgelegten Werke führen müssten. Dem ist aber nicht so (so. Rdnr. 30, 54), obwohl die Öffentlichkeit auch durch eine solche Ausstrahlung Gelegenheit zur Wahrnehmung der gesendeten Werke etc. erhält, und dies auch auf Dauer, wenn die Sendungen wiederholt werden. Die für das Erscheinen charakteristische Verselbständigung erschienener Werke (so. Rdnr. 30) fehlt hier wie dort (so im Ergebnis wohl auch LG Frankfurt/M ZUM-RD 2009, 22/23 – Homepage; *Poeppel* S. 87 ff.). Sie ist aber gegeben, wenn ein Hersteller von Datenträgern nicht auch nur eines einzelnen solchen Trägers diese(n) wie üblich einem Datenbankbetreiber, einem sog. „host", zum Erwerb oder zur Miete und damit zur Nutzung anbietet oder überlässt und damit eine Situation herstellt, die derjenigen der Tonträgervermarktung an Sendeunternehmen etc. (so. Rdnr. 37, 55) gleicht; aA *Poeppel* S. 88 f. Fußn. 199; *Schack* GRUR 2007, 639/644. In diesem Sinne wird man auch eine Datenfernübertragung vom Datenspeicher oder -träger des Herstellers in die Datenbank des Betreibers als gleichwirkend beurteilen können. In jedem Fall aber ist der Datenspeicher oder -träger des Herstellers und nicht die Datenbank des Betreibers dasjenige Vervielfältigungsstück, dessen Angebot oder Inverkehrbringen iSd. § 6 Abs. 2 S. 1 das Erscheinen bewirkt. Dem entspricht es auch, dass eine **erstmalige digitale Speicherung eines Werkes durch einen Datenbankbetreiber** selbst als betriebsinterner Vorgang das Erscheinen des Werkes ebenso wenig bewirken kann wie die Produktion von Tonträgern durch ein Sendeunternehmen zu deren eigenen Sendezwecken (so. Rdnr. 37 aE; im Ergebnis wie hier *Poeppel* S. 87 ff.; *Schack* GRUR 2007, 639/644). Auch für die Praxis von besonderer Bedeutung ist dabei, dass allein durch den Upload eines ausländischen Werkes auf einen Internetserver der Urheberrechtsschutz in Deutschland nicht nach § 121 Abs. 1 begründet werden kann. Dies gilt selbst dann, wenn der Server sich in Deutschland befindet (ebenso *Schack* GRUR 2007, 639/645; wohl auch *Czychowski* GRUR 2003, 489/492 f.), und erst recht für den Upload auf einen ausländischen Server (ebenso *Czychowski* GRUR 2003, 489/493 f.; *Schack* GRUR 2007, 639/645; aA *Süßenberger* GRUR 2003, 489/490/492).

57 c) Werden **Werke der bildenden Künste** (§ 2 Abs. 1 Nr. 4) mit Zustimmung des Berechtigten in einer **der Öffentlichkeit zugänglichen Datenbank auf Dauer digital gespeichert**, so führt dies nach § 6 Abs. 2 S. 2 ebenso zum Erscheinen dieser Werke wie ihre bleibende Aufnahme in Museen oder ihre Aufstellung an öffentlichen Plätzen (so. Rdnr. 48, 49). Da es sich hierbei um einen zusätzlichen Erscheinenstatbestand handelt (so. Rdnr. 48), brauchen die allgemeinen Voraussetzungen des Erscheinens über digitale elektronische Medien nach § 6 Abs. 2 S. 1 (so. Rdnr. 53–56) nicht erfüllt zu sein. Daher ist zB anzunehmen, dass das Erscheinen solcher Werke auch dadurch bewirkt werden kann, dass der Betreiber einer der Öffentlichkeit zugänglichen elektronischen Bilddatenbank die digitale Bilderfassung mit Zustimmung des Berechtigten selbst vornimmt (s. demgegenüber zu § 6 Abs. 2 S. 1 oben Rdnr. 56 aE). Nach dem insoweit eindeutigen Gesetzeswortlaut kann dieses Ergebnis aber insbesondere auf Lichtbildwerke (§ 2 Abs. 1 Nr. 5) und einfache Lichtbilder (§ 72) und damit auf **digitale elektronische Fotoarchive** nicht übertragen werden.

4. Veröffentlichung im Sinne des Konventionsrechts und digitale elektronische Medien

58 Eine **Veröffentlichung (publication) im Sinne der internationalen Konventionen** auf dem Gebiet des Urheberrechts und der verwandten Schutzrechte entspricht dem deutschen Begriff des Erscheinens (so. Rdnr. 4). Dies folgt in erster Linie aus Art. 3 Abs. 1 S. 1 RBÜ (Pariser Fassung). Dort heißt es, dass unter veröffentlichten Werken „die mit Zustimmung ihrer Urheber erschienenen Werke zu verstehen" sind, und zwar „ohne Rücksicht auf die Art der Herstellung der Werkstücke, die je nach der Natur des Werkes in einer Weise zur Verfügung der Öffentlichkeit gestellt sein müssen, die deren normalen Bedarf befriedigt". In Art. 3 Abs. 1 S. 2 RBÜ (Pariser Fassung) ist darüber hinaus ausdrücklich klargestellt, dass bestimmte Formen der öffentlichen unkörperlichen Werkwiedergabe keine Veröffentlichung darstellen; dasselbe gilt für die Ausstellung eines Werkes der bildenden Künste und die Errichtung eines Werkes der Baukunst. Nach Art. VI WUA (Genfer und Pariser Fassung) setzt eine Veröffentlichung ebenfalls voraus, dass ein Werk in körperlicher Form vervielfältigt und der Öffentlichkeit durch Werkstücke zugänglich

gemacht wird. Einschränkend heißt es dazu jedoch, dass diese Werkstücke es gestatten müssen, „das Werk zu lesen oder sonst mit dem Auge wahrzunehmen". Das Rom-Abkommen (Art. 3 lit. d) versteht unter einer Veröffentlichung „das Angebot einer genügenden Anzahl von Vervielfältigungsstücken eines Tonträgers an die Öffentlichkeit", und der neue WPPT von 1996 (Art. 2 lit. e)) unter der Veröffentlichung einer festgelegten Darbietung oder eines Tonträgers das Angebot von Vervielfältigungsstücken davon an die Öffentlichkeit mit Zustimmung des Rechtsinhabers und unter der Voraussetzung, dass Vervielfältigungsstücke der Öffentlichkeit in einer angemessenen Anzahl (reasonable quantity) angeboten werden. TRIPS verweist auf die Pariser Fassung der RBÜ und das Rom-Abkommen, der neue WCT von 1996 (so. Rdnr. 4) auf die erstere (s. dazu oben Rdnr. 4).

Aus der Beschränkung des Veröffentlichungsbegriffs des WUA auf Werkstücke, die es gestatten, das Werk zu lesen oder sonst mit dem Auge wahrzunehmen (so. Rdnr. 58), folgt ohne Weiteres, dass digitale Medien im Sinne dieses Abkommens nicht zu einer Veröffentlichung iSd. Erscheinens führen können (s. *Goebel/Hackemann/Scheller* S. 108; *dies.* GRUR 1986, 355/361; *Katzenberger* in *Fiedler* [Hrsg.] S. 35/44; *ders.* in *Lehmann* [Hrsg.], Multimediarecht, S. 219/226; *Scheller* CR 1987, 13/18). Den übrigen internationalen Abkommen ist eine solche oder ähnliche Beschränkung nicht zu entnehmen, so dass grundsätzlich anzunehmen ist, dass auch **digitale Festlegungsexemplare** den Veröffentlichungsstatus jedenfalls insoweit begründen können, als es sich um CD-ROMs, DVDs, Disketten und digitale Magnetbandkassetten handelt, die nach Art von Büchern oder herkömmlichen Tonträgern vertrieben werden (s. zur RBÜ *Katzenberger* in *Fiedler* [Hrsg.] S. 35/43f.; *ders.* in *Lehmann* [Hrsg.], Multimediarecht, S. 219/226). Daran, ob dies auch für uU nur einmalige **Einspeicherungen in Online-Datenbanken zum Abruf** (so. Rdnr. 55) gilt, sind im Schrifttum Zweifel geäußert worden (s. *Goebel/Hackemann/Scheller* S. 106f.; *dies.* GRUR 1986, 355/360f.; *Scheller* CR 1987, 13/18; *Czychowski* GRUR 2003, 489/493f. im Hinblick auch auf § 121 Abs. 1). Gelegenheit für eine positive Klarstellung dieser Frage bot die Diplomatische Konferenz der WIPO 1996 zum Urheberrecht und zu den verwandten Schutzrechten, die zur Unterzeichnung des WCT und des WPPT (so. Rdnr. 4) führte. Die Entwürfe sahen in Art. 3 bzw. Art. 2 lit. e) entsprechende, die elektronische Veröffentlichung über Online-Datenbanken betreffende Bestimmungen vor, jedoch konnte sich die Konferenz nicht darauf einigen, diese Regelungen in die endgültigen Abkommenstexte zu übernehmen; mit unterschiedlichen Auslegungen ist daher zu rechnen (s. hierzu und zu den Gründen für die Nichteinigung *v. Lewinski* GRUR Int. 1997, 667/672). Im Ergebnis sind die im Schrifttum geäußerten Zweifel berechtigt. Im Konventionsrecht ist eine primär am Wortlaut orientierte Auslegung geboten. Dies schließt aus, einen bloß internen Speichervorgang als „Herstellung der Werkstücke ... zur Verfügung der Öffentlichkeit" bzw. als „Angebot ... von Vervielfältiguzngsstücken an die Öffentlichkeit" iSd. unter Rdnr. 58 zitierten Bestimmungen der RBÜ, des Rom-Abkommens und des WPPT zu deuten. Dasselbe gilt für TRIPS und WCT, die insoweit auf die älteren Abkommen verweisen.

Abschnitt 3. Der Urheber

§ 7 Urheber

Urheber ist der Schöpfer des Werkes.

Schrifttum: *Bickelhaupt,* Veröffentlichung mit mehreren Verfassern, ZUM 1988, 334; *Gieseke,* Zum Veröffentlichungsrecht der Wissenschaftlichen Assistenten, Fs. für Bappert, 1964, S. 69; *Hubmann,* Das Urheberrecht des wissenschaftlichen Assistenten, MittHV 1962, 144; *Katzenberger,* Urheberrecht und Zuordnung des Urheberrechts in der Verwertungsbefugnis, in: Schricker (Hrsg.), Urheberrecht auf dem Weg zur Informationsgesellschaft, 1997, 51 *Klass,* Ein interessen- und prinzipienorientierter Ansatz für die urheberkollisionsrechtliche Normbildung: Die Bestimmung geeigneter Anknüpfungspunkte für die erste Inhaberschaft, GRUR Int. 2008, 546; *dies.,* Das Urheberkollisionsrecht der ersten Inhaberschaft – Plädoyer für einen universalen Ansatz, GRUR Int. 2007, 373; *Kraßer/Schricker,* Patent- und Urheberrecht an Hochschulen, 1988; *Leuze:* Die Urheberrechte der wissenschaftlichen Mitarbeiter, GRUR 2006, 470; *ders.,* Urheberrechte der Beschäftigten im öffentlichen Dienst, 2. Aufl. 2003; *Rehbinder,* Zu den Nutzungsrechten an Werken von Hochschulangehörigen, Fs. für Hubmann, 1985, S. 359; *Schack,* Wem gebührt das Urheberrecht, dem Schöpfer oder dem Produzenten?; *ders.,* Urheber, Miturheber, Anreger und Gehilfen, Fs für Raue, 2006, S. 649; *Schricker,* Urheberrecht auf dem Weg zur Informationsgesellschaft, 1997; *ders.,* Zum Urheberrechtsschutz und Geschmacksmusterschutz von Postwertzeichen, Teil I, GRUR 1991, 593; *Stolz,* Der Ghostwriter im deutschen Recht, 1971; *Thiele,* Die Erstautorenschaft bei wissenschaftlichen Publikationen, GRUR 2004, 392; *Westen,* Zur urheberrechtlichen Stellung des Wissenschaftlers im Arbeits- oder Dienstverhältnis nach deutschem Recht, JR 1967, 401 und 444.

§ 7

Übersicht

	Rdnr.
I. Zweck und Bedeutung der Norm	1
II. Der Werkschöpfer	2–4
III. Der Schöpfungsakt	5
IV. Mitwirkung mehrerer bei Entstehung des Werkes	6–9

A. Zweck und Bedeutung der Norm

1 § 7 stellt klar, dass Urheber derjenige ist, der die persönliche geistige Schöpfung erbracht hat; in seiner Person entstehen die Rechte, die das UrhG dem Urheber zuweist (**Urheberschaftsprinzip**). Das entspricht dem naturrechtlich fundierten Grundsatz des Urheberrechts, dass dem Schöpfer eines Werks aufgrund des Schöpfungsakts seine Rechte als naturgegebenes geistiges Eigentum zugeordnet sind (vgl. auch Einl. Rdnr. 8 ff.). Gegenüber dem früheren Recht, das Ausnahmen zuließ, ist heute das Urheberschaftsprinzip lückenlos durchgeführt (vgl. näher Rdnr. 2 ff.).

II. Der Werkschöpfer

2 Schöpfer iSd. § 7 ist, wer eine persönliche geistige Schöpfung gemäß § 2 Abs. 2 erbringt (OLG Hamburg GRUR-RR 2003, 33/34 – Maschinenmensch; zu den Voraussetzungen dafür vgl. § 2 Rdnr. 11 ff.). Dafür kommen nur natürliche Personen in Betracht. Durch den Schöpfungsakt findet der individuelle Geist des Schöpfers seinen Niederschlag im Werk; Schöpfung setzt also individuellen Geist voraus, den nur der Mensch hat. Juristische Personen können daher keine Urheber sein (OLG Koblenz UFITA 70 (1974) 331/334 – Liebeshändel in Chioggia; LG Berlin GRUR 1990, 270 – Satellitenfoto; sa. BGH GRUR 1991, 523/525 – Grabungsmaterialien; beachte aber die Übergangsvorschrift des § 134 iVm. §§ 3 LUG und 5 KUG, ebenso wenig Personengesellschaften. Anderes gilt für bestimmte verwandte Schutzrechte, vgl. zB § 85 Abs. 1 S. 2. Der Schöpfungsakt ist **Realakt**, eine Stellvertretung ist ausgeschlossen (s. Rdnr. 5).

3 Aus dem gleichen Grunde sind **Maschinen** zu einer Werkschöpfung nicht fähig (vgl. im Einzelnen § 2 Rdnr. 12; sa. Fromm/Nordemann/*W. Nordemann*[10] § 7 Rdnr. 11). Das gilt auch für **Computer,** die beispielsweise Graphiken oder elektronische Musik erzeugen; anders ist es aber, wenn sich der Mensch des Computers lediglich als Hilfsmittel bedient (Näheres in § 2 Rdnr. 13).

4 Das Urheberschaftsprinzip gilt auch in **Dienst- und Arbeitsverhältnissen** (Dreier/*Schulze*[3] § 7 Rdnr. 8; Fromm/Nordemann/*W. Nordemann*[10] § 7 Rdnr. 15). Werkschöpfer und damit Urheber ist der die persönliche geistige Schöpfung erbringende Arbeitnehmer oder Dienstverpflichtete (für Hochschulen vgl. auch BGH GRUR 1988, 536/540 – Hochschulprofessor; sa. BGH GRUR 1991, 523/525 – Grabungsmaterialien); das gilt auch für in Dienst- oder Arbeitsverhältnissen geschaffene Computerprogramme (näher § 69b Rdnr. 1). Die Nutzungsmöglichkeit der vom Arbeitnehmer bzw. Bediensteten geschaffenen Werke ergibt sich allerdings daraus, dass sich der Arbeitgeber bzw. Dienstherr auf vertraglichem Wege Nutzungsrechte einräumen lässt; meist geschieht dies ausdrücklich oder stillschweigend im Arbeitsvertrag (vgl. näher § 43 Rdnr. 37 ff.; beachte aber die Sonderregelung für Computerprogramme in § 69 b). Das Gleiche gilt bei Werkschöpfungen aufgrund eines **Werkvertrags, Auftrags** oder einer sonstigen **Bestellung** (vgl. auch BGHZ 15, 338/346 – Indeta). Werkschöpfer und damit Urheber ist auch der **Ghostwriter,** nicht sein Auftraggeber, der lediglich Nutzungsrechte erwerben kann und das Recht, das Werk unter seinem Namen zu veröffentlichen (Näheres § 13 Rdnr. 28; sa. *Schack*[4], Urheber- und Urhebervertragsrecht, Rdnr. 272 f.). Werden im Rahmen solcher Rechtsverhältnisse dem Urheber **Anregungen, Wünsche** oder **Weisungen** gegeben, so kann ein (Mit)urheberrecht des Arbeitgebers usw. nur entstehen, wenn darin ein schöpferischer Beitrag liegt (vgl. näher Rdnr. 7). Auch bei der **Filmherstellung** hat das UrhG das Urheberschaftsprinzip konsequent durchgeführt. Urheber wird nur, wer bei der Filmherstellung eine schöpferische Leistung erbringt, nicht dagegen der Produzent (Einzelheiten vor §§ 88 ff. Rdnr. 52 ff.); lediglich aus der Anwendung ausländischen Rechts als Recht des Schutzlandes kann sich etwas anderes ergeben (vgl. vor §§ 120 ff. Rdnr. 129). Zur Werkschöpfung bei **Bühnenregisseuren** vgl. § 3 Rdnr. 22 f. Auch neuere Entwicklungen wie Multimediawerke oder die Digitalisierung von Werken geben keinen Anlass, von diesen Grundsätzen abzuweichen (dazu näher *Katzenberger* in Schricker [Hrsg.], Informationsgesellschaft, S. 70 ff.).

III. Der Schöpfungsakt

Das Urheberrecht entsteht mit dem Schöpfungsakt, mit dem Zeitpunkt also, in dem das Werk seine Form angenommen hat (vgl. näher § 2 Rdnr. 20). Es handelt sich um **originären Rechtserwerb**. Der Schöpfungsakt ist kein Rechtsgeschäft, sondern **Realakt** (OLG Frankfurt GRUR 2006, 578/579 − Erstverwertungsrechte; allg. Ansicht auch im Schrifttum, vgl. etwa Fromm/Nordemann/*W. Nordemann*[10] § 7 Rdnr. 8; Dreier/*Schulze*[3] § 7 Rdnr. 3; Möhring/Nicolini/*Ahlberg*[2] § 7 Rdnr. 2; Wandtke/Bullinger/*Thum*[3] § 7 Rdnr. 3; *Rehbinder*[15] Rdnr. 249). Ein auf den Rechtserwerb gerichteter Wille des Urhebers ist weder erforderlich noch kann ein gegenteiliger Wille die Entstehung des Urheberrechts verhindern. Die Vorschriften des Bürgerlichen Rechts über Willenserklärungen sind nicht anwendbar. Das bedeutet unter anderem, dass es auf **Geschäftsfähigkeit** des Urhebers nicht ankommt, auch Geschäftsunfähige können Urheberrechte erwerben. Ebenso wenig gibt es beim Schöpfungsakt eine **Stellvertretung** (Fromm/Nordemann/*W. Nordemann*[10] § 7 Rdnr. 10), Schöpfer ist derjenige, der die persönliche geistige Schöpfung in eigener Person erbringt.

5

IV. Mitwirkung mehrerer bei Entstehung des Werkes

Wirken bei der Entstehung eines Werkes mehrere Personen mit, so beurteilt sich die Frage der Urheberschaft nach dem Urheberschaftsprinzip (dazu Rdnr. 1). Nur wer einen eigenschöpferischen Beitrag iSd. § 2 Abs. 2 leistet, ist Urheber (BGH GRUR 1995, 47/48 − Rosaroter Elefant; BGH GRUR 1994, 39/40 − Buchhaltungsprogramm; OLG Hamburg GRUR-RR 2003, 33/34 − Maschinenmensch). Andere Beteiligte können Anregungen gegeben haben (dazu Rdnr. 7) oder als Gehilfen tätig gewesen sein (dazu Rdnr. 8), scheiden aber als Urheber aus. Beruht ein Werk auf schöpferischen Beiträgen mehrerer Personen, so sind diese unter den Voraussetzungen des § 8 Miturheber; im übrigen kann eine Bearbeitung nach § 3, ein Sammelwerk nach § 4 oder ein Gruppenwerk vorliegen (zur Abgrenzung vgl. § 8 Rdnr. 2). − Zum Werkschaffen aufgrund **Bestellung** oder in Arbeitsverhältnissen vgl. Rdnr. 4.

6

Bloße **Ideen** und **Anregungen** zu einem Werk stellen meist noch keinen schöpferischen Beitrag dar und begründen keine Urheberschaft an dem auf ihnen beruhenden Werk (BGH GRUR 1995, 47/48 − Rosaroter Elefant; Dreier/*Schulze*[3] § 7 Rdnr. 4; Möhring/Nicolini/*Ahlberg*[2] § 7 Rdnr. 11; Wandtke/Bullinger/*Thum*[3] § 7 Rdnr. 13; *Ulmer*[3] § 33 IV 1; *Schricker* GRUR 1991, 563/565 f.). Solche dem eigentlichen Schöpfungsakt vorgelagerten Handlungen sind regelmäßig nicht schutzfähig (dazu § 2 Rdnr. 51), auch wenn sie dem Urheber wesentliche Inspirationen für sein Schaffen gegeben haben (OLG Hamburg GRUR-RR 2003, 33/34 − Maschinenmensch). Hinweise auf ein Motiv für den Maler, auf eine Begebenheit für den Dichter sind keine persönlichen geistigen Schöpfungen; sie haben oft nur freies Gemeingut (dazu § 24 Rdnr. 3 ff.) zum Inhalt und ermangeln jedenfalls der Individualität. So stellt etwa die einem Drehbuchautor von einem Schauspieler gegebene Anregung, den Betrieb bei der Filmherstellung zum Thema eines Drehbuchs zu machen, selbst dann keinen schöpferischen Beitrag dar, wenn die Anregung durch Schilderung eigener Erlebnisse ausgestaltet wird (OLG München GRUR 1956, 432 − Solange Du da bist; OLG Hamburg GRUR-RR 2003, 33/34 − Maschinenmensch). Das Gleiche gilt für die Idee zu einem Computerspiel (LG Düsseldorf ZUM 2007, 559/562). Auch genaue Anweisungen und Ratschläge für die Anordnung und Ausführung von Bildern reichen nicht aus, solange es sich nicht um Skizzen handelt, aus denen Gestalt und Eigenart des geplanten Werkes bereits ersichtlich sind (RG MuW 1927/28, 144/145; OLG Hamburg GRUR-RR 2003, 33/34 − Maschinenmensch). Anders ist es erst, wenn die Ideen und Anregungen bereits soweit konkretisiert und ausgestaltet sind, dass sie ihrerseits persönliche geistige Schöpfungen darstellen (sa. § 2 Rdnr. 53). Das ist zB anzunehmen, wenn jemand Memoiren erzählt und ein anderer die schriftliche Formulierung vornimmt (OLG Köln GRUR 1953, 499 − Kronprinzessin Cäcilie I).

7

Keine schöpferische Tätigkeit ist die **Gehilfenschaft** beim Werkschaffen anderer, die keine eigene Individualität entfaltet, sondern nur fremde Individualität unterstützt. So liegt es etwa beim Sammeln, Sichten und Ordnen von Material nach Anweisungen des Urhebers, bei der Anfertigung einfacher Register, Übersichten und Auszüge, uU auch noch bei der Ausarbeitung

8

einzelner Stellen nach genauer Weisung des Urhebers (*Ulmer*[3] § 33 IV 3), ferner bei redaktionellen Korrekturen und Textglättungen (sa. § 3 Rdnr. 17 ff.; Wandtke/Bullinger/*Thum*[3] § 7 Rdnr. 15) oder bei der Eintragung von Wanderwegen in eine Karte (RGZ 108, 62/64; sa. § 2 Rdnr. 211), ebenso bei der Umsetzung der Konzeption zu einer Gedichttitelliste durch Hilfskräfte, die das Material gesammelt und für die statistische Auswertung vereinheitlicht haben (BGH ZUM 2007, 737/738 Tz. 23 – Gedichttitelliste I). Bei der Ausarbeitung von Plänen kommt es darauf an, ob es sich nur um eine nicht schöpferische mechanische Durchführung und Ausgestaltung handelt oder ob Freiraum für eigene künstlerische Gestaltung bleibt. Der BGH ist für die Ausarbeitung von Entwürfen zu einer Staatsbibliothek davon ausgegangen, dass ein anderer als der Zeichner regelmäßig umso weniger Miturheber oder Alleinurheber sein wird, je mehr ein Entwurf der Anfangsphase eines Gestaltungsprozesses zuzurechnen ist und je individueller die eingesetzten zeichnerischen Mittel sind (BGH GRUR 2003, 231/233 – Staatsbibliothek). Keine schöpferische Leistung vollbringt der Metallgießer, der nach den Gips- und Tonvorlagen des Künstlers die notwendigen Metallformen zur Herstellung von Bronzeplastiken selbständig anfertigt (OLG Köln FuR 1983, 348). Die Mitwirkenden an der Gestaltung eines Happenings nach einem alten Gemälde sind Gehilfen und nicht (Mit-)Urheber, soweit sie den Vorstellungen des Urhebers untergeordnet bleiben und lediglich seine Anweisungen ausführen (BGH GRUR 1985, 529 – Happening; sa. KG GRUR 1984, 507 – Happening).

9   Auch die Tätigkeit **wissenschaftlicher Assistenten** an Hochschulen beurteilt sich nach diesen Grundsätzen. Sammeln von Material, Durchführung von Versuchen, Anfertigen anatomischer Präparate, Ausarbeitung von Fußnoten, Erstellung von Registern und Literaturverzeichnissen, redaktionelle Korrekturen und dgl. bleiben im Rahmen nichtschöpferischer Gehilfentätigkeit (Fromm/Nordemann/*W. Nordemann*[10] § 8 Rdnr. 4; Wandtke/Bullinger/*Thum*[3] § 7 Rdnr. 16 iVm. Rdnr. 15; Dreier/*Schulze*[3] § 7 Rdnr. 9; Möhring/Nicolini/*Ahlberg*[2] § 4 Rdnr. 12; aA Leuze GRUR 2006, 552/555). Ein schöpferischer Beitrag liegt dagegen vor, wenn Miturheber in eigenständiger wissenschaftlicher Arbeit urheberrechtsschutzfähiges Material im Rahmen ihrer Tätigkeit für den Hochschullehrer schaffen (BGH GRUR 1988, 536/540 – Hochschulprofessor; OLG München ZUM 2000, 404/406 – Literaturhandbuch; eingehend *Schmidt* S. 34 ff.), etwa wenn dem Assistenten die Ausarbeitung ganzer Kapitel überlassen wird oder wenn er ein druckreifes Manuskript nach Notizen und einer Gliederung erstellt (OLG Hamburg Schulze OLGZ 207, 1/3). In diesem Fall liegt Miturheberschaft vor, die für den Assistenten ua. einen Anteil an den Verwertungsrechten und das Recht auf Urheberbenennung (§ 13) begründet. Während ein Verzicht auf den Anteil an den Verwertungsrechten zulässig ist (§ 8 Abs. 4), kann das Recht auf Urheberbenennung als Teil des Urheberpersönlichkeitsrechts in seinem Kerngehalt nicht abbedungen werden (vgl. näher § 13 Rdnr. 22 ff.). Eine Sonderregelung sieht § 24 HochschulrahmenG (ebenso wie die entsprechenden Bestimmungen der Landeshochschulgesetze) vor, nach der bei der Veröffentlichung von Forschungsergebnissen Mitarbeiter, die einen eigenen wissenschaftlichen oder wesentlichen sonstigen Beitrag geleistet haben, als Mitautoren zu nennen sind. Dabei ist aber zu berücksichtigen, dass an Forschungsergebnissen in ihrem gedanklichen Inhalt kein Urheberrecht entstehen kann (vgl. § 2 Rdnr. 62 ff.). Eine Nennung als Mitautor, dh. als Urheber, kommt daher auch nach § 24 HRG nur in Betracht, wenn der Mitarbeiter zu einer Urheberrechte begründenden Tätigkeit, etwa bei der Darstellung der Forschungsergebnisse, einen eigenschöpferischen Beitrag geleistet hat. Davon zu unterscheiden ist die Namensnennung im Hinblick auf die Mitwirkung bei der Forschung, die sich bereits aus persönlichkeitsrechtlichen Gründen ergeben kann (*Ulmer*[3] § 33 IV 3; *Kraßer/Schricker* S. 88 mwN; sa. *Leuze* GRUR 2006, 552/560).

§ 8 Miturheber

(1) **Haben mehrere ein Werk gemeinsam geschaffen, ohne daß sich ihre Anteile gesondert verwerten lassen, so sind sie Miturheber des Werkes.**

(2) [1]**Das Recht zur Veröffentlichung und zur Verwertung des Werkes steht den Miturhebern zur gesamten Hand zu; Änderungen des Werkes sind nur mit Einwilligung der Miturheber zulässig.** [2]**Ein Miturheber darf jedoch seine Einwilligung zur Veröffentlichung, Verwertung oder Änderung nicht wider Treu und Glauben verweigern.** [3]**Jeder Miturheber ist berechtigt, Ansprüche aus Verletzungen des gemeinsamen Urheberrechts geltend zu machen; er kann jedoch nur Leistung an alle Miturheber verlangen.**

(3) Die Erträgnisse aus der Nutzung des Werkes gebühren den Miturhebern nach dem Umfang ihrer Mitwirkung an der Schöpfung des Werkes, wenn nichts anderes zwischen den Miturhebern vereinbart ist.

(4) ¹Ein Miturheber kann auf seinen Anteil an den Verwertungsrechten (§ 15) verzichten. ²Der Verzicht ist den anderen Miturhebern gegenüber zu erklären. ³Mit der Erklärung wächst der Anteil den anderen Miturhebern zu.

Schrifttum: *Ahlberg,* Rechtsverhältnis zwischen Komponisten und Textdichter, Diss. Hamburg 1968; *v. Becker,* Rechtsprobleme bei Mehr-Autoren-Werkverbindungen, ZUM 2002, 581; *Gebhardt,* Das Rechtsverhältnis zwischen Komponist und Librettist, 1954; *Heidmeier,* Das Urheberpersönlichkeitsrecht und der Film, 1995; *Hirsch Ballin,* Miturheberschaft – Miturheberrecht, UFITA 46 (1966) 52; *Kuner,* Gemeinschaft und Abhängigkeit im Urheberrecht, Diss. Freiburg 1956; *Orth,* Die Besonderheiten der BGB-Gesellschaften im Urheberrecht, Diss. Erlangen 1981; *Plett,* Urheberschaft, Miturheberschaft und wissenschaftliches Gemeinschaftswerk, 1984; *Reichel,* Das Gruppenwerk im Urheberrecht, GRUR 1959, 172; *ders.,* Zur Problematik des Gruppenwerks und des Rechts der Arbeitnehmer im Verlag in der Urheberrechtsreform, GRUR 1960, 582; *Reupert,* Der Film im Urheberrecht – Neue Perspektiven nach 100 Jahren Film, 1995; *Runge,* Das Gruppenwerk als Objekt urheberrechtlichen Schutzes, GRUR 1956, 407; *Schack,* Urheber, Miturheber, Anreger und Gehilfen, Fs für Raue, 2006, S. 649; *Schmidt,* Die Rechtsverhältnisse in einem Forscherteam, 1997; *Siefert,* Die Abgrenzung von Werkeinheit und Werkmehrheit im Urheberrecht, Bedeutung für das Verwertungsrecht, UFITA-Schriftenreihe 157 (1998); *Sontag,* Das Miturheberrecht, 1972; *Spindler,* Miturhebergemeinschaft und BGB-Gesellschaft, Fs für Schricker, 2005, S. 539; *Steffen,* Die Miturhebergemeinschaft, 1989; *Stroh,* Werkeinheit und Werkmehrheit im Urheberrecht, Diss. München 1969; *Thiele,* Die Erstautorenschaft bei wissenschaftlichen Publikationen, GRUR 2004, 392; *Ubertazzi,* Gedanken zur Erfinder- und zur Urhebergemeinschaft, GRUR Int. 2004, 805; *Waldenberger,* Die Miturheberschaft im Rechtsvergleich, 1991; *Werner,* Rechtsfragen der Miturhebergemeinschaften, BB 1982, 280.

Übersicht

	Rdnr.
I. Zweck und Bedeutung der Norm	1–3
II. Voraussetzungen der Miturheberschaft	4–9
1. Persönliche geistige Schöpfung	4
2. Einheitlichkeit der Werkschöpfung	5–7
3. Gemeinschaftlichkeit der Werkschöpfung	8, 9
III. Rechtsfolgen der Miturheberschaft	10–23
1. Gesamthandsgemeinschaft	10–13
2. Veröffentlichung und Verwertung	14–17
3. Änderungen	18
4. Verteilung der Erträgnisse	19
5. Verfolgung von Rechtsverletzungen	20–23

I. Zweck und Bedeutung der Norm

Zahlreiche Werke entstehen durch gemeinsames Schaffen mehrerer Urheber, zB viele wissenschaftliche Publikationen, Computerprogramme, Unterhaltungsmusik und Schlager (weitere Beispiele bei Fromm/Nordemann/*W. Nordemann*[10] § 8 Rdnr. 1; *Sontag* S. 3 f.; *Plett* S. 1 ff.). Daraus resultiert die Aufgabe, die rechtlichen Beziehungen der mehreren Urheber untereinander sowie ihre Rechtsbeziehungen gegenüber Dritten zu regeln. Diesem Zweck dient § 8. Während LUG und KUG noch von einer Bruchteilsgemeinschaft nach §§ 741 ff. BGB ausgingen, knüpft § 8 an die Gesamthandsgemeinschaft des Bürgerlichen Rechts an. Der Gesetzgeber wollte damit in der an sich richtigen Erkenntnis, dass die auf Verwaltung und Abwicklung von Vermögen gerichteten Vorschriften der §§ 741 ff. BGB nicht passen, dem Wesen der Miturheberschaft als einer „auf gewolltem Zusammenwirken beruhenden besonders engen Gemeinschaft" Rechnung tragen (AmtlBegr. BTDrucks. IV/270 S. 41). Auch die Deutung als Gesamthandsgemeinschaft wird aber den durch starke persönlichkeitsrechtliche Elemente geprägten Miturhebergemeinschaft nicht gerecht. Sie ist vielmehr als **Gemeinschaft besonderer Art** zu qualifizieren, **deren charakteristische Züge durch urheberrechtliche Grundsätze bestimmt** werden (LG München I ZUM 1999, 333/336; *Ulmer*[3] § 34 III; Wandtke/Bullinger/*Thum*[3] § 8 Rdnr. 21; *Haberstumpf,* Hdb. des Urheberrechts[2], Rdnr. 178; abweichend *Steffen* S. 22 ff.; *K. Schmidt,* MünchKomm. BGB[5], Bd. 5, § 741 Rdnr. 65, sieht die Miturhebergemeinschaft als eine durch Sonderregelung modifizierte Bruchteilsgemeinschaft an), und die nur in bestimmten vermögensrechtlichen Beziehungen den Regeln der Gesamthandsgemeinschaft unterstellt ist (OLG Frankfurt GRUR 2006, 578/579 – Erstverwertungsrechte; vgl. auch Rdnr. 10). 1

Abgrenzung gegenüber anderen Formen der Mehrurheberschaft: Von der **Werkverbindung** (§ 9) unterscheidet sich die Miturheberschaft durch die Einheitlichkeit der Schöpfung, die zur Entstehung eines einheitlichen Werkes führt, während bei der Werkverbindung mehrere 2

Werke zwecks gemeinsamer Verwertung verbunden werden, ohne dass ein neues einheitliches Werk entsteht (vgl. § 9 Rdnr. 6). Der Unterschied zur **Bearbeitung** liegt in der Gemeinschaftlichkeit der Schöpfung. Bei der Miturheberschaft führt die Zusammenarbeit der Urheber zur Entstehung des Werks, bei der Bearbeitung wird ein bereits bestehendes Werk umgestaltet, es entsteht eine vom Originalwerk abhängige Schöpfung (vgl. § 3 Rdnr. 9). Beim **Sammelwerk** (§ 4) kann zwar gleichfalls eine Mehrzahl von Urhebern beteiligt sein. Die Beteiligten schaffen aber nicht ein einheitliches Werk, dessen einzelne Beiträge sich nicht gesondert verwerten lassen, sondern es entsteht durch die Zusammenfassung der einzelnen Beiträge ein neues Werk, das als solches neben die Einzelbeiträge tritt und das durch die Auswahl oder Anordnung der Einzelelemente eine persönliche geistige Schöpfung begründet (näher § 4 Rdnr. 3). Da ein Sammelwerk schon seiner gesetzlichen Definition nach aus mehreren Werken bzw. Beiträgen besteht, bei der Miturheberschaft dagegen nur ein einheitliches Werk entsteht, können die Urheber der Einzelwerke beim Sammelwerk nicht durch Miturheberschaft untereinander verbunden sein. Das schließt jedoch nicht aus, dass einzelne Werke bzw. Beiträge zum Sammelwerk oder auch dieses selbst in Miturheberschaft entstehen können (vgl. § 4 Rdnr. 21). Beim **Filmwerk** stehen dessen Urheber (dazu § 2 Rdnr. 194 f.) regelmäßig in Miturheberschaft (sa. Rdnr. 6 f.); Besonderheiten ergeben sich aber aus der Nutzungsrechtseinräumung an den Produzenten (vgl. § 89).

3 Beim sog. **Gruppenwerk** liegt Miturheberschaft vor. Unter einem Gruppenwerk ist ein Werk zu verstehen, das mehrere unter Leitung eines Herausgebers geschaffen haben, ohne dass ihre Anteile daran nach Umfang, Bedeutung oder in sonstiger Weise unterscheidbar sind, zB Schulbücher oder kartographische Werke (vgl. AmtlBegr. BTDrucks. IV/270 S. 42; Fromm/ Nordemann/*W. Nordemann*[10] § 8 Rdnr. 30; *Ulmer*[3] § 34 II 4). Die Ununterscheidbarkeit der Beiträge bedeutet gleichzeitig die Unmöglichkeit ihrer gesonderten Verwertung, es findet also § 8 Anwendung. Der Herausgeber eines Gruppenwerks, der selbst eine schöpferische Leistung nicht erbracht hat, ist nicht Urheber; der Gesetzgeber ist auch mit Recht Forderungen (vgl. *Runge* GRUR 1956, 407; *Reichel* GRUR 1959, 172 und 1960, 582) nicht nachgekommen, dem Herausgeber das ausschließliche Recht zur Veröffentlichung und Verwertung des Gruppenwerks einzuräumen (dazu AmtlBegr. aaO). Der Herausgeber muss sich vielmehr wie auch in anderen Fällen Nutzungsrechte von den Urhebern vertraglich einräumen lassen; hat er durch Auswahl oder Anordnung der Beiträge eine schöpferische Leistung erbracht, so hat er die Rechte aus § 4.

II. Voraussetzungen der Miturheberschaft

1. Persönliche geistige Schöpfung

4 Die Miturheberschaft entsteht durch **Schöpfung als Realakt** (OLG Frankfurt MMR 2003, 45/47 – IMS Health). Miturheber kann nur derjenige sein, dessen Beitrag zu dem gemeinschaftlichen Werk eine **persönliche geistige Schöpfung** iSd. § 2 Abs. 2 darstellt (BGH GRUR 1963, 40/41 – Straßen – gestern und morgen; BGH GRUR 1994, 39/40 – Buchhaltungsprogramm; BGH GRUR 2003, 231/233 – Staatsbibliothek; OLG München GRUR 1956, 432/434 – Solange Du da bist; OLG Schleswig GRUR 1985, 289/290 – Tonfiguren; OLG München ZUM 1990, 186/190; OLG Hamburg GRUR-RR 2003, 33/34 – Maschinenmensch; OLG Düsseldorf ZUM 2004, 71/72; KG GRUR-RR 2004, 129/130 – Modernisierung einer Liedaufnahme; OLG Frankfurt MMR 2003, 45/46 – IMS Health; OLG Düsseldorf GRUR-RR 2005, 1 f. – Beuys-Kopf; OLG Hamburg NJOZ 2007, 2071/2082 – Kranhäuser; vgl. auch KG GRUR 1984, 507 – Happening; BGH GRUR 1985, 529 – Happening; ganz hM auch im Schrifttum, vgl. nur Dreier/*Schulze*[3] § 8 Rdnr. 6; Fromm/Nordemann/*W. Nordemann*[10] § 8 Rdnr. 2; Wandtke/Bullinger/*Thum*[3] § 8 Rdnr. 3; *Dreyer/Kotthoff/Meckel*, § 8 Rdnr. 4; *Schack*[4], Urheber- und Urhebervertragsrecht, Rdnr. 282; aA Möhring/Nicolini/*Ahlberg*[2] § 4 Rdnr. 9, dazu kritisch Wandtke/Bullinger/*Thum*[3] § 8 Rdnr. 4) und sich nicht in bloßer Anregung (dazu § 7 Rdnr. 7) oder Gehilfenschaft (dazu § 7 Rdnr. 8) erschöpft. Die einfache Materialsammlung, bloße Hinweise, die allgemeine Material- oder Motivwahl, die Erörterung von Anregungen oder bloßer abstrakter Gestaltungsmöglichkeiten sowie die bloße Überwachung führen noch nicht zur Miturheberschaft (OLG Hamburg Schulze OLGZ 207, 7; OLG München ZUM 1990, 186/190; OLG Düsseldorf GRUR-RR 2001, 294/296 – Spannring; LG München I ZUM 2002, 748/752 – Carmina Burana; sa. BGH ZUM 2007, 737/738 Tz. 23 – Gedichttitelliste I; OLG Hamburg GRUR-RR 2002, 6 – Hier ist DEA). Der Herausgeber eines Gruppenwerks erwirbt kein Urheberrecht (vgl. Rdnr. 3). Bei wissenschaftlichen Werken ist zu beachten, dass an wissenschaftlichen Lehren, Theorien und Forschungsergebnissen in ihrem gedanklichen Inhalt kein Urheberrecht entstehen kann (vgl. § 2 Rdnr. 65). Miturheber wird also nicht, wer lediglich forscht, sich aber an der Darstellung der Forschungsergebnisse nicht beteiligt (aA *Plett* S. 180 ff., insb. 184 ff.). Auf den Umfang des Beitrags kommt es dagegen nicht an, auch ein geringfügiger Beitrag reicht aus (BGH GRUR 2009, 1046/1048 – Kranhäuser; BGH GRUR 1994, 39/40 – Buchhaltungsprogramm; OLG Karlsruhe GRUR 1984, 812/813 – Egerlandbuch; Dreier/*Schulze*[3] § 8 Rdnr. 6; aA wohl LG München I ZUM 1999, 333/338), es sei denn, der quantitative Anteil ist so gering, dass er die Voraussetzungen einer persönlichen geistigen Schöpfung nicht erfüllt (vgl. dazu § 2 Rdnr. 46).

2. Einheitlichkeit der Werkschöpfung

Eine einheitliche Werkschöpfung liegt vor, wenn sich die einzelnen Beiträge der beteiligten Urheber **nicht gesondert verwerten lassen** (kritisch zu diesem gesetzlichen Kriterium Möhring/Nicolini/*Ahlberg*[2] § 8 Rdnr. 15 ff.). Verwertbarkeit bedeutet die **theoretische Möglichkeit der Verwertung.** Sie liegt vor, wenn sich die Anteile an einem Werk, ohne dadurch unvollständig und ergänzungsbedürftig zu werden, aus dem gemeinschaftlichen Werk herauslösen lassen und es denkbar ist, dass sie in irgendeiner Weise wieder Verwendung finden könnten (KG Schulze KGZ 55, 12 – Puppenfee). Dagegen ist es unerheblich, ob die trennbaren Anteile aufgrund der bestehenden Nachfrage nach Werken dieser Art und Qualität eine Verwertungschance haben (KG Schulze KGZ 55, 12 – Puppenfee). Abzustellen ist also auf die **selbständige Verkehrsfähigkeit** der Beiträge. Ein etwa vertraglich vereinbartes Verbot gesonderter Verwertung begründet keine Miturheberschaft. Für die Beurteilung ist der Zeitpunkt der Entstehung des Werkes maßgeblich, wird ein als nicht selbständig verkehrsfähig anzusehender Beitrag später wider Erwarten doch gesondert verwertet, so verwandelt sich nicht die Miturheberschaft nachträglich in eine Werkverbindung (Dreier/*Schulze*[3] § 8 Rdnr. 4; Wandtke/Bullinger/*Thum*[3] § 8 Rdnr. 11).

Unmöglichkeit gesonderter Verwertung liegt stets dann vor, wenn die einzelnen Beiträge ununterscheidbar sind, etwa wenn mehrere Autoren zusammen einen Text formuliert haben (Wandtke/Bullinger/*Thum*[3] § 8 Rdnr. 7). Lassen sich die Beiträge dagegen unterscheiden (zB einzelne Kapitel eines Buches sind unter den Autoren aufgeteilt), so kommt es darauf an, ob der einzelne Beitrag für sich genommen unvollständig und ohne weitere Ergänzung oder Umgestaltung nicht verkehrsfähig ist (Wandtke/Bullinger/*Thum*[3] § 8 Rdnr. 7; *v. Gamm* § 2 Rdnr. 11). So wird bei juristischen Kommentaren oder Lehrbüchern und anderen Darstellungen darauf abstellen sein, ob der herausgelöste Teil ein in sich abgeschlossenes Gebiet behandelt und für sich genommen verständlich ist. Unterschiede in den vertretenen Meinungen bei den Einzelbeiträgen stellen kein verlässliches Indiz dar (aA Fromm/Nordemann/*W. Nordemann*[10] § 8 Rdnr. 11), viele juristische Kommentare müssten sonst als Werkverbindungen eingestuft werden (so aber wohl *Dreyer*/Kotthoff/*Meckel*[2] § 8 Rdnr. 11). Selbst wenn sich theoretisch einzelne Teile komplexen Gesamtwerkes gesondert verwertbar sein sollten, dies aber zu einer unorganischen Zergliederung des Gesamtwerks führen würde, ist Miturheberschaft anzunehmen (OLG Hamburg NJOZ 2007, 2071/2076 f. – Kranhäuser; Wandtke/Bullinger/*Thum*[3] § 8 Rdnr. 7; sa. BGH GRUR 1959, 335/336 – Wenn wir alle Engel wären). Wissenschaftliche Festschriften sind grundsätzlich keine einheitlichen Werke, sondern Sammelwerke nach § 4 oder Werkverbindungen. Bei Filmwerken ist dagegen die Unmöglichkeit gesonderter Verwertung in aller Regel gegeben; die Beiträge etwa des Regisseurs oder des Kameramanns lassen sich nicht gesondert verwerten. Miturheberschaft liegt im Allgemeinen nur vor, wenn die Beiträge der gleichen Werkart angehören (Fromm/Nordemann/*W. Nordemann*[10] § 8 Rdnr. 12; *Schack*[4], Urheber- und Urhebervertragsrecht, Rdnr. 280), gehören sie **unterschiedlichen Werkarten** an (etwa Text und Musik eines Liedes, einer Oper und dgl.), so liegt idR Werkverbindung vor; zB wenn ein Zeichner eine Geschichte bzw. manche Situationen hieraus nur mit einzelnen Zeichnungen illustriert (LG München I ZUM-RD 2009, 134/154 – Die wilden Kerle; vgl. näher § 9 Rdnr. 5).

Ein einheitliches Werk kann auch dann vorliegen, wenn die einzelnen Beiträge nicht nebeneinander stehen (horizontale Arbeitsteilung), sondern **als Vor-, Zwischen- und Endstufe des endgültigen Werks aufeinander aufbauen** (vertikale Arbeitsteilung). In solchen Fällen reicht es aus, dass der schöpferische Beitrag eines Miturhebers auf einer der Stufen erbracht wird; eine Beteiligung an den anderen Stufen ist dann nicht erforderlich (BGH GRUR 2005, 860/862 f. – Fash 2000; BGH GRUR 1994, 39/40 – Buchhaltungsprogramm; Wandtke/Bullinger/*Thum*[3] § 8 Rdnr. 9). Beispiele bilden die Schaffung von Computerprogrammen (BGH aaO), der Fall,

§ 8 Miturheber

dass einer der Miturheber Memoiren erzählt und der andere die schriftliche Formulierung vornimmt (OLG Köln GRUR 1953, 499 – Kronprinzessin Cäcilie I) oder bei Filmwerken die Tätigkeit der bei den Dreharbeiten Beteiligten und des Cutters (vgl. zum Ganzen auch *Plett* S. 7 ff., 60 ff.; *Reupert* S. 108 ff.). Voraussetzung ist nur, dass den einzelnen Stufen die gesonderte Verwertbarkeit fehlt. Außerdem muss, wie in allen Fällen der Miturheberschaft, der Wille zur Zusammenarbeit zwischen den Urhebern bestehen, anderenfalls läge eine Bearbeitung vor (sa. Rdnr. 2).

3. Gemeinschaftlichkeit der Werkschöpfung

8   Die Gemeinschaftlichkeit der Werkschöpfung setzt eine **Zusammenarbeit** unter den Beteiligten voraus, das Werk muss in gemeinsamem Schaffen entstehen (sa. BGH GRUR 1994, 39/40 – Buchhaltungsprogramm; Wandtke/Bullinger/*Thum*[3] § 8 Rdnr. 16). Dadurch unterscheidet sich die Miturheberschaft von der Bearbeitung, bei der kein gemeinschaftliches Werk, sondern eine vom Originalwerk abhängige Nachschöpfung entsteht (OLG Düsseldorf GRUR-RR 2005, 2 – Beuys-Kopf; vgl. auch Rdnr. 2 sowie § 3 Rdnr. 9). An der Zusammenarbeit fehlt es auch bei der Vollendung und bei der Fortsetzung eines Werks (OLG Düsseldorf GRUR-RR 2005, 2 – Beuys-Kopf; *Schack*[4], Urheber- und Urhebervertragsrecht, Rdnr. 288; dazu auch § 3 Rdnr. 12; zur Fortsetzung auch § 24 Rdnr. 24). Der Schüler, der das Werk seines Meisters nach dessen Tod vollendet, ist daher nicht Miturheber (*Ulmer*[3] § 34 II 3). Mit einem Gehilfen kann man zwar „zusammenarbeiten", ein Gehilfe erbringt aber keine schöpferische Leistung (vgl. § 7 Rdnr. 8), die Zusammenarbeit ist daher nicht auf gemeinschaftliche Werkschöpfung gerichtet. – Subjektiv erfordert die Gemeinschaftlichkeit der Werkschöpfung einen **Willen** zur Zusammenarbeit. Dieser Wille ist ein **natürlicher Handlungswille,** der sich auf das gemeinsame Schaffen richtet, ein rechtsgeschäftlicher Wille ist nicht erforderlich (BGH GRUR 2005, 860/862 f. – Fash 2000; Wandtke/Bullinger/*Thum*[3] § 8 Rdnr. 16). Auch Geschäftsunfähige können daher Miturheber sein. Eine vertragliche Regelung der Zusammenarbeit wird diesen Willen stets mit einschließen, ist aber zu seiner Begründung nicht erforderlich (vgl. auch *Sontag* S. 10 f.).

9   Die Zusammenarbeit setzt eine **Verständigung über die gemeinsame Aufgabe** und eine **gegenseitige Unterordnung unter die Gesamtidee** voraus (BGH GRUR 2005, 860/862 f. – Fash 2000; OLG Düsseldorf GRUR-RR 2005, 2 – Beuys-Kopf; KG GRUR-RR 2004, 129/130 – Modernisierung einer Liedaufnahme; LG München I ZUM 2002, 748/752 – Carmina Burana; Dreier/*Schulze*[3] § 8 Rdnr. 2; Möhring/Nicolini/*Ahlberg*[2] § 8 Rdnr. 4; Wandtke/Bullinger/*Thum*[3] § 8 Rdnr. 16; vgl. auch RGZ 82, 333/336; eingehend zur Zusammenarbeit *Stroh* S. 30 ff.). Sie kann in der Form erfolgen, dass die Miturheber das Werk zusammen erarbeiten, etwa Autoren zusammen einen Text formulieren. Zusammenarbeit liegt aber auch dann vor, wenn eine Aufteilung der Beiträge etwa nach Kapiteln oder Akten erfolgt oder wenn die Beiträge auf verschiedenen Stufen der Werkentstehung geleistet werden sollen (dazu Rdnr. 7). Auch bei einer zeitlichen Staffelung der Beiträge ist Miturheberschaft nicht ausgeschlossen (BGH GRUR 2005, 960/862 f. – Fash 2000; sa. Rdnr. 7). Die die Miturheberschaft begründende Klammer liegt in solchen Fällen in der gemeinschaftlichen Konzeption der Aufgabe und der gegenseitigen Unterordnung unter die Gesamtidee (RGZ 82, 333/336; *v. Gamm* § 2 Rdnr. 10 mit Beispielen aus der Rspr.; *Plett* S. 44 f.). Die Gesamtidee muss sich auf das Werk selbst beziehen, eine Verständigung nur über den Zweck, dem ein Werk dienen soll (etwa darüber, einen Werbespruch für eine Werbekampagne zur Verfügung zu stellen) reicht nicht aus (OLG Hamburg GRUR-RR 2002, 6 – Hier ist DEA).

III. Rechtsfolgen der Miturheberschaft

1. Gesamthandsgemeinschaft

10   Abs. 2 S. 1 bestimmt, dass zwischen den Miturhebern eine Gesamthandsgemeinschaft entsteht, ordnet dies aber nur für das Recht zur Veröffentlichung und Verwertung des Werkes an. Das lässt die Frage offen, ob das Urheberrecht insgesamt, also einschließlich der **urheberpersönlichkeitsrechtlichen Befugnisse,** der gesamthänderischen Bindung unterliegt. Zum Teil wird das bejaht (*Sontag* S. 29 ff.; *Steffen,* S. 42; nach *v. Gamm* § 2 Rdnr. 12, 15, erwächst zwar das Urheberpersönlichkeitsrecht in der Person jedes Miturhebers, ist aber in seiner Ausübung weitgehend durch eine gesamthänderische Bindung beschränkt; ähnlich *Waldenberger* S. 50 ff.). Die auf Vermögensverwaltung zugeschnittenen Regelungen über die Gesamthandsgemeinschaft

eignen sich aber nicht, den Besonderheiten des Urheberpersönlichkeitsrechts gerecht zu werden (*Ulmer*³ § 34 III). Soweit nicht für urheberpersönlichkeitsrechtliche Befugnisse eine ausdrückliche Regelung in § 8 getroffen worden ist (also für Veröffentlichungsrecht und Änderungsrecht), bleiben daher die persönlichkeitsrechtlichen Befugnisse beim einzelnen Miturheber (OLG Hamburg GRUR-RR 2002, 249 – Handy-Klingeltöne; OLG Nürnberg ZUM 1999, 656/657; Dreier/*Schulze*³ § 8 Rdnr. 12; Wandtke/Bullinger/*Thum*³ § 8 Rdnr. 26; *Schack*⁴, Urheber- und Urhebervertragsrecht, Rdnr. 283; *Rehbinder*¹⁵ Rdnr. 259; *Haberstumpf*, Hdb. des Urheberrechts², Rdnr. 179; *Ulmer*³ § 34 III; *Heidmeier* S. 117; aA Möhring/Nicolini/*Ahlberg*² § 8 Rdnr. 28).

11 Das hat zur Folge, dass insoweit nicht die Vorschriften über die Gesamthandsgemeinschaft anzuwenden sind, sondern die **allgemeinen urheberpersönlichkeitsrechtlichen Normen**. Jeder Miturheber ist also selbständig zur Wahrnehmung seiner ideellen Belange berechtigt; er kann beispielsweise Anerkennung seiner Miturheberschaft oder Zugang zum Werkstück nach § 25 verlangen (OLG Düsseldorf GRUR 1969, 550/551 – Geschichtsbuch für Realschulen; Wandtke/Bullinger/*Thum*³ § 8 Rdnr. 26ff.; *Dreyer/Kotthoff/Meckel*² § 8 Rdnr. 29; *Ulmer*³ § 34 III 3; *Rehbinder*¹⁵ Rdnr. 259; *Schack*⁴, Urheber- und Urhebervertragsrecht, Rdnr. 284; *Heidmeier* S. 117). Die **Verwertungsrechte** fallen dagegen kraft der ausdrücklichen Regelung in Abs. 2 S. 1 in das Gesamthandsgut. Auf sie finden die §§ 705ff. BGB eine den § 8 ergänzende Anwendung, soweit sie der besonderen Interessenlage des Urheberrechts gerecht werden (Dreier/*Schulze*³ § 8 Rdnr. 12; Wandtke/Bullinger/*Thum*³ § 8 Rdnr. 22; *Dreyer/Kotthoff/Meckel*² § 8 Rdnr. 24; *Haberstumpf*, Hdb. des Urheberrechts², Rdnr. 180; *Steffen* S. 60; auch das OLG Hamburg OLGZ 207, 7 geht von einer ergänzenden Anwendung aus, differenziert dabei aber nicht zwischen Persönlichkeitsrecht und Verwertungsrechten; vgl. ferner *Sontag* S. 37ff.; *Waldenberger* S. 61ff.; einschränkend Fromm/Nordemann/*W. Nordemann*¹⁰ § 8 Rdnr. 26).

12 Die Gesamthandsgemeinschaft **entsteht** mit der Entstehung des Werkes, sie **endet** mit Ablauf der Schutzfrist, die gemäß § 65 nach dem Tod des längstlebenden Miturhebers berechnet wird (Einzelheiten bei *Sontag* S. 68f.; *Waldenberger* S. 74). Eine vorherige **Auflösung** ist entgegen § 723 BGB nicht möglich; sie müsste durch die rechtlich nicht zulässige (§ 29 Abs. 1) Übertragung der Urheberrechte erfolgen (Dreier/*Schulze*³ § 8 Rdnr. 14; Wandtke/Bullinger/*Thum*³ § 8 Rdnr. 23; Fromm/Nordemann/*W. Nordemann*¹⁰ § 8 Rdnr. 25; *Schack*⁴, Urheber- und Urhebervertragsrecht, Rdnr. 286; *Ulmer*³ § 34 III 1). Ein ähnliches Ergebnis lässt sich aber durch Verzicht auf den Anteil an den Verwertungsrechten nach Abs. 4 erreichen oder dadurch, dass die Miturheber die Nutzungsrechte einem Dritten einräumen (Wandtke/Bullinger/*Thum*³ Rdnr. 23; *Schack*⁴, Urheber- und Urhebervertragsrecht, Rdnr. 286; *Ulmer*³ § 34 III 1; *Sontag* S. 70f.; *Waldenberger* S. 74). Die **Anteile** an der Gesamthandsgemeinschaft sind grundsätzlich **nicht übertragbar.** Das folgt bereits aus § 29, auf § 719 BGB braucht insoweit nicht zurückgegriffen zu werden (s. § 29 Rdnr. 14; Dreier/*Schulze*³ § 8 Rdnr. 15; Wandtke/Bullinger/*Thum*³ § 8 Rdnr. 23; *Ulmer*³ § 34 III 1). Nur im Rahmen des § 29 Abs. 1 kann eine Übertragung erfolgen. Ebenso wenig kann ein Miturheber über seinen schöpferischen Beitrag zum Gesamtwerk verfügen (so bereits BGH GRUR 1959, 335/337 – Wenn wir alle Engel wären). – Zur **Zwangsvollstreckung** in Miturheberrechte vgl. *Sontag* S. 64ff. u. 79; *Steffen* S. 110ff.; *Waldenberger* S. 71f.; zur Maßgeblichkeit der Staatsangehörigkeit vgl. § 120 Rdnr. 11 sowie *Waldenberger* S. 83f.

13 Von der auf der gemeinschaftlichen Werkschöpfung beruhenden Gesamthandsgemeinschaft der Miturheber ist die **Miturhebergesellschaft** zu unterscheiden. Im **Innenverhältnis** können die Miturheber zusätzliche Vereinbarungen zur Regelung ihrer Innen- und Außenbeziehungen treffen, beispielsweise über Art und Umfang von Veröffentlichung und Verwertung des Werkes, über die Verteilung der Erträge oder über Art und Weise der internen Beschlussfassung. Grenzen sind solchen Vereinbarungen nur durch das auch von den Miturhebern zu beachtende Urheberpersönlichkeitsrecht gesetzt (BGH GRUR 1998, 673/677 – Popmusik; Wandtke/Bullinger/*Thum*³ § 8 Rdnr. 53; Fromm/Nordemann/*W. Nordemann*¹⁰ § 8 Rdnr. 27; *Schack*⁴, Urheber- und Urhebervertragsrecht, Rdnr. 287; *Ulmer*³ § 34 III 4). Angesichts des damit verfolgten gemeinschaftlichen Zwecks handelt es sich dabei um eine Gesellschaft Bürgerlichen Rechts, die den §§ 705ff. BGB unterliegt (*Schack*⁴, Urheber- und Urhebervertragsrecht, Rdnr. 287; *Ulmer*³ § 34 III 4; eingehend zur Miturhebergesellschaft *Sontag* S. 73ff.; *Waldenberger* S. 75ff.). Sie kann Innen- oder Außengesellschaft sein. In das Gesellschaftsvermögen können die Nutzungsrechte am gemeinschaftlichen Urheberrecht überführt werden, im Hinblick auf seine Unübertragbarkeit (§ 29 Abs. 1) allerdings nicht dieses selbst (dazu näher *Sontag* S. 73f.; *Waldenberger* S. 76). Die Kündigung der Miturhebergesellschaft ist im Gegensatz zur Miturhebergesamthandsgemeinschaft (vgl. Rdnr. 12) nach § 723 BGB möglich (*Ulmer*³ § 34 III 4).

2. Veröffentlichung und Verwertung

14 Für die Veröffentlichung und für die Verwertung des Werkes ist nach Abs. 2 S. 1 die **Einwilligung aller Miturheber** erforderlich (OLG Frankfurt GRUR 2006, 578/579 – Erstverwertungsrechte). Das betrifft nach §§ 709, 714 BGB sowohl das Innen- als auch das Außenverhältnis (Dreier/*Schulze*[3] § 8 Rdnr. 16; *Rehbinder*[15] Rdnr. 260; *Haberstumpf*, Hdb. des Urheberrechts[2], Rdnr. 180; *Sontag* S. 38 ff., 41 ff.; *Steffen* S. 46 ff.). So kann ein Miturheber durch einen nur von ihm abgeschlossenen Berechtigungsvertrag weder die Nutzungsrechte der Miturhebergemeinschaft noch seinen gesamthänderisch gebundenen Anteil daran einer Verwertungsgesellschaft übertragen (OLG Frankfurt GRUR 2006, 578/579 – Erstverwertungsrechte). Vereinbarungen, Beschlüsse über Veröffentlichung und Verwertung mit **Stimmenmehrheit** zu fassen, sind nicht grundsätzlich ausgeschlossen, finden ihre Grenze aber jedenfalls dort, wo die Urheberpersönlichkeitsrechte der einzelnen Miturheber berührt werden (Wandtke/*Bullinger*[3] § 2 Rdnr. 29; Fromm/Nordemann/*W. Nordemann*[10] § 8 Rdnr. 27; *Ulmer*[3] § 34 III 4; *Sontag* S. 76 ff.). Unter den gleichen Einschränkungen ist es möglich, einen oder mehrere Miturheber mit der **Geschäftsführung** zu beauftragen. Auch eine **Vertretung** ist in diesem Rahmen zulässig (Wandtke/Bullinger/*Thum*[3] § 8 Rdnr. 53; *Rehbinder*[15] Rdnr. 260) und kann sich insbesondere für den Abschluss von Verwertungsverträgen mit Dritten empfehlen. Die Regelung über das **Notverwaltungsrecht** des § 744 Abs. 2 BGB findet Anwendung; jeder Miturheber ist also berechtigt, die zur Erhaltung des Gegenstands notwendigen Maßregeln ohne Zustimmung der anderen Teilhaber zu treffen (sa. Möhring/Nicolini/*Ahlberg*[2] § 8 Rdnr. 38; Wandtke/Bullinger/*Thum*[3] § 8 Rdnr. 45; Fromm/Nordemann/*W. Nordemann*[10] § 8 Rdnr. 18; *Schack*[4], Urheber- und Urhebervertragsrecht, Rdnr. 284).

15 **Einwilligung** bedeutet **vorherige Zustimmung** (§ 183 S. 1 BGB), die Möglichkeit nachträglicher Genehmigung hat der Gesetzgeber bewusst ausgeschlossen (AmtlBegr. BT-Drucks. IV/270 S. 41; Wandtke/Bullinger/*Thum*[3] § 8 Rdnr. 31; kritisch dazu Möhring/Nicolini/*Ahlberg*[2] § 8 Rdnr. 34). Im nachträglichen Einverständnis des betroffenen Miturhebers kann aber der Verzicht auf Ansprüche aus der Rechtsverletzung liegen (AmtlBegr. aaO; *Haberstumpf*, Hdb. des Urheberrechts[2], Rdnr. 180; Wandtke/Bullinger/*Thum*[3] § 8 Rdnr. 31; *Rehbinder*[15] Rdnr. 260).

16 Die **Einwilligung darf nicht gegen Treu und Glauben verweigert** werden (Abs. 2 S. 2). Ob ein Verstoß gegen Treu und Glauben vorliegt, ist im Wege der Interessenabwägung zu bestimmen (Wandtke/Bullinger/*Thum*[3] § 8 Rdnr. 33; *Sontag* S. 45). Dabei sind neben etwaigen vertraglichen Abmachungen in erster Linie die Ziele und Zwecke zu berücksichtigen, die die Urheber mit der gemeinschaftlichen Werkschöpfung verfolgt haben; ein Recht zur Verweigerung der Einwilligung kann sich vor allem aus einer Verletzung des Urheberpersönlichkeitsrechts des betroffenen Miturhebers ergeben (Einzelheiten zur Interessenabwägung bei *Sontag* S. 46 ff.; vgl. auch OLG Frankfurt/M Schulze OLGZ 107, 16 – Taschenbuch für Wehrpass). Das gilt in besonderem Maße für die Filmproduktion. Könnte der einzelne Miturheber nach seinem eigenen Ermessen darüber entscheiden, ob der Film veröffentlicht werden darf, so wäre die Herstellung eines Films mit einem nicht kalkulierbaren wirtschaftlichen Risiko verbunden (OLG Köln GRUR-RR 2005, 337/338 – Dokumentarfilm Massaker). Der Anspruch auf Einwilligung kann eingeklagt und nach § 894 ZPO vollstreckt werden.

17 Auf seinen **Anteil an den Verwertungsrechten** kann der Miturheber in Abweichung von der allgemeinen Regel des § 29 Abs. 1 zugunsten der anderen Miturheber **verzichten** (Abs. 4). Damit wollte der Gesetzgeber die Verwertbarkeit von Werken erleichtern, an denen eine große Zahl von Urhebern mit teilweise nur unbedeutenden Beiträgen beteiligt ist (AmtlBegr. BTDrucks. IV/270 S. 41). Abs. 4 ist auch auf den Anteil an Vergütungsansprüchen anwendbar, die dem Miturheber an anderen Vorschriften, etwa aus dem Folgerecht oder dem Vermieten oder Verleihen von Vervielfältigungsstücken zustehen (Wandtke/Bullinger/*Thum*[3] § 8 Rdnr. 50; *Ulmer*[3] § 34 III 1; aA Dreier/*Schulze*[3] § 8 Rdnr. 26). Für den Zeitraum bis zur Aufhebung des § 31 Abs. 4 (31. 12. 2007) war strittig, ob der Verzicht auch zum Zeitpunkt seiner Erklärung noch **unbekannte Nutzungsarten** umfassen kann (bejahend Dreier/*Schulze*[1] Rdnr. 26; Fromm/*Nordemann*[9] Rdnr. 32; Wandtke/Bullinger/*Thum*[3] Rdnr. 49; verneinend *Möhring/Nicolini/Ahlberg*[2] Rdnr. 48; *Schack*[3] Rdnr. 285; *Rehbinder*[13] Rdnr. 171). Dagegen sprach der mit § 31 Abs. 4 verfolgte Zweck des Schutzes des Urhebers, der auch im Miturheberschaftsverhältnis nicht aufgeweicht werden sollte. Seit der Aufhebung des § 31 Abs. 4 ist aber der Verzicht auf zum Zeitpunkt der Erklärung noch unbekannte Nutzungsarten als zulässig anzusehen (so auch Dreier/*Schulze*[3] § 8 Rdnr. 26; Fromm/Nordemann/*W. Nordemann*[10] § 8 Rdnr. 32; Wandtke/Bullinger/*Thum*[3] § 8 Rdnr. 49). Im Interesse des Urheberschutzes wird man aber im Hinblick auf § 31a

Schriftform verlangen müssen (anders wohl Dreier/*Schulze*³ § 8 Rdnr. 26). Ansonsten ist ein Verzicht nicht möglich, insbesondere nicht auf das **Urheberpersönlichkeitsrecht** in seinem Kern (AmtlBegr. BTDrucks. IV/270 S. 41f.; Dreier/*Schulze*³ § 8 Rdnr. 26; Wandtke/Bullinger/*Thum*³ § 8 Rdnr. 48; Möhring/Nicolini/*Ahlberg*² § 8 Rdnr. 49; *Schack*⁴, Urheber- und Urhebervertragsrecht, Rdnr. 285; *Ulmer*³ § 34 III 1; *Haberstumpf*, Hdb. des Urheberrechts², Rdnr. 178; s. allgemein zu den Möglichkeiten des Verzichts beim Urheberpersönlichkeitsrecht vor §§ 12ff. Rdnr. 26ff.). Der Verzicht erfolgt durch eine den Regeln über Willenserklärungen unterliegende Erklärung gegenüber den anderen Miturhebern (Abs. 4 S. 2). Mit der Erklärung wächst der Anteil des Verzichtenden den Anteilen der anderen Miturheber nach Abs. 4 S. 3 an, und zwar im Verhältnis von deren bisherigen Anteilen (Dreier/*Schulze*³ § 8 Rdnr. 28; Fromm/Nordemann/*W. Nordemann*¹⁰ § 8 Rdnr. 32; Möhring/Nicolini/*Ahlberg*² § 8 Rdnr. 47; Wandtke/Bullinger/*Thum*³ § 8 Rdnr. 50).

3. Änderungen

Änderungen des Werks sind ebenfalls nur mit Einwilligung aller Miturheber zulässig (Abs. 2 S. 1 Halbs. 2). Auch wenn nur die Beiträge einzelner Miturheber geändert werden sollen, müssen die übrigen zustimmen. Anders als bei Veröffentlichung und Verwertung (vgl. Rdnr. 14) kann für Werkänderungen **nicht** vereinbart werden, Beschlüsse mit **Stimmenmehrheit** zu fassen; gegen diese Möglichkeit spricht sowohl der Wortlaut des Abs. 2 S. 1 als auch der Umstand, dass Werkänderungen in aller Regel das Urheberpersönlichkeitsrecht berühren. Auch durch die Übertragung der Geschäftsführung auf einzelne Miturheber können nicht andere Miturheber von der Entscheidung über Werkänderungen ausgeschlossen werden. Die Regelung des Abs. 2 S. 2, nach der die Einwilligung nicht gegen Treu und Glauben verweigert werden kann, bildet ein ausreichendes Regulativ. Ob eine Verweigerung gegen Treu und Glauben verstößt, ist im Wege der Interessenabwägung zu bestimmen (dazu Rdnr. 16); Änderungen, die für eine Neuauflage oder für eine Bearbeitung erforderlich oder sachdienlich sind, muss grundsätzlich zugestimmt werden (*Ulmer*³ § 34 III 4). – Zum Charakter der Einwilligung als vorherige Zustimmung vgl. Rdnr. 15.

4. Verteilung der Erträgnisse

Die Verteilung der Erträgnisse regelt sich in erster Linie nach einer Vereinbarung unter den Miturhebern (BGH ZUM 1998, 405); eine solche Vereinbarung ist angesichts der Schwierigkeiten und Unwägbarkeiten einer Verteilung nach der gesetzlichen Regelung unbedingt zu empfehlen. Die Vereinbarung kann auch eine von den schöpferischen Anteilen abweichende Verteilung vorsehen (Dreier/*Schulze*³ § 8 Rdnr. 25; Wandtke/Bullinger/*Thum*³ § 8 Rdnr. 37; Möhring/Nicolini/*Ahlberg*² § 8 Rdnr. 46). Ist eine Vereinbarung nicht getroffen, so ist nach Abs. 3 der Umfang der Mitwirkung an der Schöpfung des Werkes maßgebend. Während der RegE noch auf die „Bedeutung" der einzelnen Anteile abstellte, erschien dem Rechtsausschuss dieses Kriterium nicht ausreichend justiziabel (BTDrucks. IV/3401 S. 3). Es kommt also auf den Gesamtumfang der Mitarbeit an; dabei sind primär der Umfang der einzelnen Beiträge, aber auch die notwendigen Vorarbeiten, wie die Sichtung von Quellenmaterial, und die abschließende Gesamtredaktion zu berücksichtigen (Begründung des Rechtsausschusses, BTDrucks. IV/3401 S. 3; LG Mannheim ZUM 2005, 915/917). Lässt sich der Umfang der Mitarbeit nicht mehr ermitteln, so kommt bei Vorliegen ausreichender Anhaltspunkte eine Schätzung nach Billigkeit in Betracht (OLG Hamburg Schulze OLGZ 207, 6). Im Zweifel nimmt die Rechtsprechung gleiche Anteile an; die Auslegungsregel des § 742 BGB tritt zwar hinter der lex specialis des § 8 Abs. 3 zurück, soll aber ihrem Rechtsgedanken nach als Beweislastregel herangezogen werden können (OLG Hamburg Schulze OLGZ 207, 7); besser wäre freilich auf § 722 BGB abzustellen. Zum Ganzen auch *Steffen* S. 85f.; *Waldenberger* S. 60f. Die Vermutung des § 10 findet auf § 8 Abs. 3 keine Anwendung (vgl. § 10 Rdnr. 2).

5. Verfolgung von Rechtsverletzungen

Verletzungen des gemeinsamen Urheberrechts können nach Abs. 2 S. 3 von jedem Miturheber selbständig ohne Einholung der Einwilligung der anderen Miturheber verfolgt werden. Bei Leistungsansprüchen kann nur **Leistung an alle Miturheber** verlangt werden, das gilt nicht für Ansprüche, die nicht auf Leistung gerichtet sind, namentlich Unterlassungsansprüche, Auskunfts- und Rechnungslegungsansprüche (BGH GRUR 1994, 212/213 – Videozweitauswertung III;

BGH GRUR 1994, 39/41 – Buchhaltungsprogramm; OLG Nürnberg GRUR-RR 2001, 225/226 – Dienstanweisung; LG Düsseldorf ZUM 2007, 559/561 f.; Dreier/*Schulze*[3] § 8 Rdnr. 21; Möhring/Nicolini/*Ahlberg*[2] § 8 Rdnr. 42; wohl auch Wandtke/Bullinger/*Thum*[3] § 8 Rdnr. 41; aA hinsichtlich der Auskunfts- und Rechnungslegungsansprüche Fromm/Nordemann/*W. Nordemann*[10] § 8 Rdnr. 20 f.). Der Gesetzgeber bezweckte mit der Regelung des Abs. 2 S. 3 die Erleichterung der Rechtsverfolgung (AmtlBegr. BTDrucks. IV/270 S. 41). Bei der Geltendmachung der Ansprüche der Miturhebergemeinschaft handelt der Miturheber nicht als Vertreter der Gemeinschaft, sondern macht sie als **fremdes Recht im eigenen Namen** geltend; prozessual liegt ein Fall von **gesetzlicher Prozessstandschaft** vor (OLG Frankfurt MMR 2003, 45/47 – IMS Health; Dreier/*Schulze*[3] § 8 Rdnr. 21; Möhring/Nicolini/*Ahlberg*[2] § 8 Rdnr. 44; Wandtke/Bullinger/*Thum*[3] § 8 Rdnr. 38; *Schack*[4], Urheber- und Urhebervertragsrecht, Rdnr. 284; *Sontag* S. 54). Ein Urteil erwächst nur für und gegen den klagenden Miturheber in Rechtskraft, nicht gegen die übrigen Miturheber oder gegen die Gemeinschaft (Dreier/*Schulze*[3] § 8 Rdnr. 21; Wandtke/Bullinger/*Thum*[3] § 8 Rdnr. 38; *Sontag* S. 55; *Steffen* S. 103; *Waldenberger* S. 67, alle mit Nachweisen aus der Prozessrechtsliteratur; aA Fromm/Nordemann/*W. Nordemann*[10] § 8 Rdnr. 21). Daraus folgt, dass bei der Klage mehrerer Miturheber diese nicht in notwendiger Streitgenossenschaft stehen (Einzelheiten bei *Sontag* S. 55). – Durch Abs. 2 S. 3 wird nicht ein Vorgehen der Miturheber in ihrer Gesamtheit ausgeschlossen (Wandtke/Bullinger/*Thum*[3] § 8 Rdnr. 38; Möhring/Nicolini/*Ahlberg*[2] § 8 Rdnr. 40; *Sontag* S. 53).

21 Abs. 2 S. 3 erfasst **alle Ansprüche aus der Verletzung des Urheberrechts,** die der Gemeinschaft zustehen (Wandtke/Bullinger/*Thum*[3] § 8 Rdnr. 39), unter anderem Erfüllungs- und Schadensersatzansprüche, Beseitigungs- und Unterlassungsansprüche, Ansprüche auf Auskunft und Rechnungslegung, auf Vernichtung und Überlassung nach §§ 98, 99 sowie das Recht zur Stellung von Strafanträgen (*Waldenberger* S. 67). Demgegenüber wird von *Sontag* (S. 57 ff.) und *Steffen* (S. 100) eine Anwendung von Abs. 2 S. 3 auf Schadensersatzansprüche und Ansprüche nach §§ 98, 99 mit der Begründung abgelehnt, dass in diesen Fällen eine unzulässige Fixierung des Anspruchsinhalts gegenüber den anderen Miturhebern eintreten würde. Der Regierungsentwurf geht aber von einer Anwendung auf Schadensersatzansprüche ausdrücklich aus (BT-Drucks. IV/270 S. 41); eine unzulässige Festlegung des Anspruchsinhalts ist deswegen nicht zu besorgen, weil das Urteil nur in Rechtskraft für bzw. gegen den klagenden Miturheber, nicht aber gegen die übrigen Miturheber erwächst (so auch *Sontag* S. 55 und *Steffen* S. 103; vgl. auch Rdnr. 20). **Schuldrechtliche Ansprüche** der Gemeinschaft, namentlich solche aus Verträgen mit Dritten über die Einräumung von Nutzungsrechten, werden hingegen durch Abs. 2 S. 3 nicht erfasst, insoweit bleibt es bei der aus der Gesamthandsgemeinschaft folgenden Notwendigkeit gemeinschaftlichen Vorgehens (Wandtke/Bullinger/*Thum*[3] § 8 Rdnr. 39; Möhring/Nicolini/*Ahlberg*[2] § 8 Rdnr. 41).

22 Abs. 2 S. 3 berechtigt den einzelnen Miturheber auch, die **gemeinschaftlichen ideellen Interessen** zu verteidigen, die Berufung auf die ideellen Interessen der anderen Miturheber (zB Nennung von deren Namen) ist aber unzulässig, wenn diese der Geltendmachung widersprechen (Wandtke/Bullinger/*Thum*[3] § 8 Rdnr. Rdnr. 40; Möhring/Nicolini/*Ahlberg*[2] § 8 Rdnr. 40; *Ulmer*[3] § 34 III 3). Auf die Wahrnehmung der eigenen ideellen Interessen ist Abs. 2 S. 3 nicht anzuwenden, weil sie von der Gesamthandsgemeinschaft nicht erfasst werden, insoweit bleibt es bei der Anwendung der allgemeinen urheberpersönlichkeitsrechtlichen Normen (vgl. Rdnr. 11). Auch auf das Verhältnis von Miturhebern und **schuldrechtlich Nutzungsberechtigten** ist Abs. 2 S. 3 nicht anwendbar (OLG Frankfurt MMR 2003, 45/47 – IMS Health).

23 Abs. 2 S. 3 ist auch anwendbar, wenn **Rechtsverletzungen durch einen Miturheber** begangen werden, dieser beispielsweise das Werk ohne Einwilligung der anderen Miturheber veröffentlicht (Fromm/Nordemann/*W. Nordemann*[10] § 8 Rdnr. 24; Dreier/*Schulze*[3] § 8 Rdnr. 22; Wandtke/Bullinger/*Thum*[3] § 8 Rdnr. 43; Möhring/Nicolini/*Ahlberg*[2] § 8 Rdnr. 40; *Steffen* S. 82 f.; *Waldenberger* S. 68; *Sontag* S. 61 ff. mit Einzelheiten). Dabei können sowohl Ansprüche aus §§ 97 ff. geltend gemacht werden als auch aus einer Miturhebergesellschaft (vgl. Rdnr. 13) sich ergebende vertragliche Ansprüche. Abs. 2 S. 3 ist nicht anwendbar, wenn nicht ein Miturheber selbst, sondern ein **Dritter, der von einem Miturheber abgeleitete Rechte besitzt,** diese Rechte geltend machen will. Er benötigt in diesem Fall die Zustimmung aller Miturheber (OLG Frankfurt MMR 2003, 45/47 – IMS Health; Dreier/*Schulze*[3] § 8 Rdnr. 20; Fromm/Nordemann/*W. Nordemann*[10] § 8 Rdnr. 22; Wandtke/Bullinger/*Thum*[3] § 8 Rdnr. 42). Eine **Geltendmachung der Rechte eines Miturhebers aus Abs. 2 S. 3 durch Dritte** soll nicht möglich sein (LG München I ZUM 1999, 332/336 – Miturheberschaft des Kameramanns; offen gelassen in LG München I ZUM-RD 2001, 203/206 – Der Tunnel). Zumindest in besonderen

Fällen (zB Geltendmachung durch Verband) wird man sie aber zulassen müssen (so mit Recht Dreier/*Schulze*³ § 8 Rdnr. 23).

§ 9 Urheber verbundener Werke

Haben mehrere Urheber ihre Werke zu gemeinsamer Verwertung miteinander verbunden, so kann jeder vom anderen die Einwilligung zur Veröffentlichung, Verwertung und Änderung der verbundenen Werke verlangen, wenn die Einwilligung dem anderen nach Treu und Glauben zuzumuten ist.

Schrifttum: *Ahlberg,* Rechtsverhältnis zwischen Komponisten und Textdichter, Diss. Hamburg 1968; *v. Becker,* Rechtsprobleme bei Mehr-Autoren-Werkverbindungen, ZUM 2002, 581; *Gebhardt,* Das Rechtsverhältnis zwischen Komponist und Librettist, 1954; *Grüninger,* Die Oper im Urheberrecht, 1971; *Kuner,* Gemeinschaft und Abhängigkeit im Urheberrecht, Diss. Freiburg 1956; *Orth,* Die Besonderheiten der BGB-Gesellschaften im Urheberrecht, Diss. Erlangen 1981; *Schack,* Urheber, Miturheber, Anreger und Gehilfen, Fs für Raue, 2006, S. 649; *Schlaak,* Die Rechtsbeziehungen zwischen Urhebern verbundener Werke, Diss. Berlin 1985; *G. Schulze,* Teil-Werknutzung, Bearbeitung und Werkverbindung bei Musikwerken – Grenzen des Wahrnehmungsumfangs der GEMA, ZUM 1993, 255; *Seibt/Wiechmann,* Probleme der urheberrechtlichen Verwertungsgemeinschaft im Urheberrecht, GRUR 1995, 562; *Siefert,* Die Abgrenzung von Werkeinheit und Werkmehrheit im Urheberrecht und deren Bedeutung für das Verwertungsrecht, UFITA-Schriftenreihe 157 (1998); *Stroh,* Werkeinheit und Werkmehrheit im Urheberrecht, Diss. München 1969.

Siehe auch die Schrifttumsangaben zu § 8.

Übersicht

	Rdnr.
I. Zweck und Bedeutung der Norm	1–3
II. Werkverbindung	4–8
1. Begriff und Abgrenzung	4–6
2. Verbindung zu gemeinsamer Verwertung	7, 8
III. Gesellschaft Bürgerlichen Rechts	9–13
IV. Einwilligung zur Veröffentlichung, Verwertung und Änderung	14, 15

I. Zweck und Bedeutung der Norm

Selbständige Werke können zum Zwecke ihrer gemeinsamen Verwertung miteinander verbunden werden, beispielsweise Text und Musik einer Oper oder Schriftwerke mit Illustrationen. Dadurch kann eine Einheit entstehen, die in ihrer künstlerischen oder ästhetischen Wirkung mehr ist als die bloße Summe der verbundenen Werke (*Ulmer*³ § 35 I). Im Gegensatz zu den Fällen der Miturheberschaft (§ 8), in denen aufgrund gemeinschaftlichen Schaffens der Urheber ein einheitliches Werk entsteht, bleibt aber bei der **Werkverbindung** die **Selbständigkeit der Einzelwerke** gewahrt, jeder der beteiligten Urheber bleibt Urheber des von ihm geschaffenen Einzelwerks und erwirbt keinerlei Urheberrechte an den anderen, von ihm nicht geschaffenen Einzelwerken (vgl. auch Rdnr. 6). Durch die Werkverbindung iSd. § 9 entsteht unter den beteiligten Urhebern eine **Gesellschaft Bürgerlichen Rechts** (vgl. näher Rdnr. 9). 1

§ 9 regelt nicht Voraussetzungen und Zustandekommen der Werkverbindung, sondern ihre **Rechtsfolge.** Jeder der beteiligten Urheber kann von den anderen im Rahmen von Treu und Glauben die Einwilligung zur Veröffentlichung, Verwertung und Änderung der verbundenen Werke verlangen. Diese Regelung beruht auf der Überlegung, dass sich verbundene Werke gerade in ihrer Verbindung am besten verwerten lassen und dass die Verweigerung der Zustimmung zur gemeinsamen Verwertung die anderen Urheber in der wirksamen Auswertung ihrer schöpferischen Leistung empfindlich beeinträchtigen kann (AmtlBegr. BTDrucks. IV/270 S. 42; vgl. auch LG München I GRUR 1979, 153/154 – Exklusivvertrag). § 9 enthält **dispositives Recht** und kann durch **vertragliche Vereinbarungen** abgeändert oder ersetzt werden (Dreier/*Schulze*³ § 9 Rdnr. 28; Wandtke/Bullinger/*Thum*³ § 9 Rdnr. 2, 15, 22; *Ulmer*³ § 35 II 2); die Urheber der verbundenen Werke können also die gemeinsame Verwertung auch von anderen Voraussetzungen abhängig machen. 2

Da durch die Werkverbindung eine Gesellschaft Bürgerlichen Rechts entsteht (vgl. Rdnr. 9), treten ergänzend zu § 9 die Vorschriften der **§§ 705 ff. BGB** hinzu, soweit ihre Anwendung mit urheberrechtlichen Grundsätzen vereinbar ist und nicht der Regelung des § 9 zuwiderläuft, der als Sonderregelung vorgeht (BGH GRUR 1982, 743/744 – Verbundene Werke). Auch gegenüber §§ 705 ff. BGB haben **vertragliche Vereinbarungen** Vorrang. 3

II. Werkverbindung

1. Begriff und Abgrenzung

4 Eine Werkverbindung iSd. § 9 liegt vor, wenn mehrere selbständige Werke zum Zweck gemeinsamer Verwertung so verbunden werden, dass ihre Selbständigkeit erhalten bleibt. Die Verbindung darf nicht dazu führen, dass die Werke nicht mehr **gesondert verwertbar** (dazu Rdnr. 5) sind, in diesem Fall liegt – vorbehaltlich einer gemeinschaftlichen Schöpfung – Miturheberschaft, aber keine Werkverbindung vor (zur Abgrenzung vgl. Rdnr. 6). Es muss sich um **urheberrechtlich geschützte Werke** handeln; eine Verbindung mit nicht schutzfähigen oder nicht (mehr) geschützten Werken ist zwar möglich, stellt aber keine Werkverbindung iSd. § 9 dar (Dreier/ Schulze[3] § 9 Rdnr. 4f.; Möhring/Nicolini/*Ahlberg*[2] § 9 Rdnr. 7; Wandtke/Bullinger/*Thum*[3] § 9 Rdnr. 2). Dagegen setzt § 9 nicht voraus, dass die verbundenen Werke von **mehreren Urhebern** stammen (Fromm/Nordemann/*W. Nordemann*[10] § 9 Rdnr. 13; *v. Gamm* § 9 Rdnr. 3; *Schack*[4], Urheber- und Urhebervertragsrecht, Rdnr. 291 Fn. 72; aA Möhring/Nicolini/*Ahlberg*[2] § 9 Rdnr. 6; Wandtke/Bullinger/*Thum*[3] § 9 Rdnr. 3); § 9 hat dann Bedeutung für den Fall, dass die Urheberrechte an den verbundenen Werken verschiedenen Personen zustehen, beispielsweise nach § 29 auf verschiedene Erben übergegangen sind. Zum Begriff der Verbindung vgl. Rdnr. 7.

5 **Gesonderte Verwertbarkeit** ist idR dann anzunehmen, wenn die verbundenen Werke **unterschiedlichen Werkarten** angehören. Deshalb stellt die Verbindung von Text und Musik bei Opern, Operetten, Musicals, Liedern, Schlagern usw. eine Werkverbindung und keine Miturheberschaft dar (AmtlBegr. BTDrucks. IV/270 S. 42; BGH GRUR 1982, 41/42 – Musikverleger III; BGH GRUR 1982, 743/744 – Verbundene Werke; BGH GRUR 2000, 228 – Musical-Gala; OLG Frankfurt aM GRUR 2004, 144/145 – Künstlerexklusivvertrag; KG Schulze KGZ 55, 11ff. – Puppenfee; LG München I ZUM-RD 2009, 134/155f. – Die wilden Kerle; vgl. auch bereits RGZ 67, 84/85 – Afrikanerin; RGZ 118, 282/284 – Musikantenmädel); die gegenteilige Auffassung (*Goldbaum*, Urheberrecht und Urhebervertragsrecht[2], 1927, S. 56ff.; *Gebhardt* insb. S. 10ff.; *Ahlberg* S. 85ff.) hat sich nicht durchgesetzt (vgl. etwa Wandtke/Bullinger/*Thum*[3] § 9 Rdnr. 9; Fromm/Nordemann/*W. Nordemann*[10] § 9 Rdnr. 8ff.; *Schack*[4], Urheber- und Urhebervertragsrecht, Rdnr. 291; *Rehbinder*[15] Rdnr. 266; *Ulmer*[3] § 35 I 2; *Grüninger* S. 50ff.). Weitere Beispiele sind die Verbindungen von Sprachwerken mit Werken der bildenden Künste (Kunstbücher, Illustrationen, vgl. etwa LG München I GRUR-RR 2009, 218) oder mit Darstellungen wissenschaftlicher oder technischer Art (zB naturwissenschaftliche oder technische Bücher), ferner von Werken der Musik mit Werken der Tanzkunst beim Ballett (vgl. aber zu Filmwerken Rdnr. 6). Gesonderte Verwertbarkeit kann aber auch bei Werken der **gleichen Werkgattung** vorliegen (AmtlBegr. BTDrucks. IV/270 S. 42; Dreier/*Schulze*[3] § 9 Rdnr. 3; Fromm/Nordemann/*W. Nordemann*[10] § 9 Rdnr. 8; *Ulmer*[3] § 35 I 1; *Rehbinder*[15] Rdnr. 266), etwa wenn eine Operette Lieder mehrerer Komponisten enthält (Beispiel: BGH GRUR 1962, 256 – Im weißen Rößl). Vgl. zum Begriff der gesonderten Verwertbarkeit auch § 8 Rdnr. 5f.

6 **Abgrenzungen:** Von der **Miturheberschaft** unterscheidet sich die Werkverbindung dadurch, dass kein einheitliches Werk entsteht, sondern dass die Verbindung an der Selbständigkeit der Werke nichts ändert. Es entsteht auch keine gemeinsame Urheberschaft, vielmehr bleibt jeder Beteiligte Urheber des von ihm geschaffenen Werks. Die Werkverbindung hat im Gegensatz zur Miturheberschaft keine dinglichen, sondern rein schuldrechtliche Konsequenzen. Anders als bei der Miturheberschaft laufen für die verbundenen Werke getrennte Schutzfristen (KG Schulze KGZ 55, 13 – Puppenfee). Der Unterschied zur **Bearbeitung** liegt darin, dass durch die Bearbeitung ein anderes Werk umgestaltet wird, während dies bei der Werkverbindung nicht der Fall ist. Außerdem entsteht bei der Bearbeitung, soweit diese eine persönliche geistige Schöpfung darstellt, ein neues Werk, was bei der Werkverbindung nicht möglich ist. Das schließt natürlich nicht aus, dass eine Werkverbindung mit bereits bearbeiteten Werken eingegangen wird oder dass Werke zum Zwecke einer Werkverbindung bearbeitet werden. Die Werkverbindung ist weiter von den Fällen zu unterscheiden, in denen die beteiligten Urheber einem von ihnen oder einem Dritten, in dessen Hand die Verwertung der Werke liegen soll, **Nutzungsrechte einräumen** (*Ulmer*[3] § 35 I). Deshalb liegt bei **Sammelwerken** in der Regel keine Werkverbindung zwischen den einzelnen Beiträgen vor (Dreier/*Schulze*[3] § 9 Rdnr. 11; Fromm/Nordemann/*W. Nordemann*[10] § 9 Rdnr. 12; Wandtke/Bullinger/*Thum*[3] § 9 Rdnr. 12; Dreyer/Kotthoff/Meckel[2] § 9 Rdnr. 12; Möhring/Nicolini/*Ahlberg*[2] § 9 Rdnr. 5; *v. Becker* ZUM 2002, 581); die Verfasser der Beiträge zu Sammelwerken haben deswegen keine unmittelbaren Ansprüche auf Einwilligung zur Veröffentlichung usw. gegeneinander, sondern vertragliche An-

sprüche gegen den Herausgeber oder Verleger, der sich seinerseits Nutzungsrechte an den einzelnen Beiträgen hat einräumen lassen (vgl. auch § 38). Auch bei **Filmwerken** liegt keine Werkverbindung zwischen den zur Filmherstellung benutzten schöpferischen Beiträgen vor, vielmehr räumen die beteiligten Urheber dem Filmhersteller Nutzungsrechte an den von ihnen geschaffenen Werken ein (OLG München GRUR-RR 2007, 139/141– Fernsehwerbespots; Dreier/*Schulze*[3] § 9 Rdnr. 3; *Ulmer*[3] § 35 II; s. näher vor §§ 88 ff. Rdnr. 64).

2. Verbindung zu gemeinsamer Verwertung

Unter Verbindung iSd. § 9 ist nicht der rein tatsächliche Vorgang des Zusammenfügens der Werke zu verstehen, sondern die **vertragliche Vereinbarung,** in der die beteiligten Urheber die gemeinsame Verwertung verabreden (Dreier/*Schulze*[3] § 9 Rdnr. 6; Wandtke/Bullinger/*Thum*[3] § 9 Rdnr. 4; Fromm/Nordemann/*W. Nordemann*[10] § 9 Rdnr. 16; Dreyer/Kotthoff/*Meckel*[2] § 9 Rdnr. 9; *v. Gamm* § 9 Rdnr. 8; *Ulmer*[3] § 35 II 1; *v. Becker* ZUM 2002, 581/582; *Seibt/ Wiechmann* GRUR 1995, 562/563 f.; sa. OLG Hamburg ZUM 1994, 738/739; aA Möhring/ Nicolini/*Ahlberg*[2] § 9 Rdnr. 14 ff.). Es müssen daher alle Voraussetzungen eines wirksamen Rechtsgeschäfts vorliegen; bei Minderjährigen ist die Zustimmung (§§ 107, 108 BGB) des gesetzlichen Vertreters erforderlich. Kommt ein wirksamer Vertrag nicht zustande, so tritt die Rechtsfolge des § 9 nicht ein (*Ulmer*[3] § 35 II 1). Einer besonderen Form bedarf der Vertrag nicht, auch **stillschweigender** Abschluss ist möglich (Wandtke/Bullinger/*Thum*[3] § 9 Rdnr. 5). Die Vereinbarung muss **zwischen den Urhebern** zustande kommen; bloße Vereinbarungen mit Dritten (wie bei Sammelwerken oder Filmwerken, vgl. Rdnr. 6) begründen keine Werkverbindung. Eine Vereinbarung zwischen den Urhebern kann aber auch dadurch begründet werden, dass Dritte im Wege der **Stellvertretung** für einen oder mehrere Urheber an der Vereinbarung mitwirken (Wandtke/Bullinger/*Thum*[3] § 9 Rdnr. 6; Dreyer/Kotthoff/*Meckel*[2] § 9 Rdnr. 11; *Seibt/Wiechmann* GRUR 1995, 562/564; sa. OLG Hamburg ZUM 1994, 738/739; aA Möhring/Nicolini/*Ahlberg*[2] § 9 Rdnr. 14 ff.), die Vereinbarung kommt dann unmittelbar zwischen den Urhebern zustande (§ 164 BGB). Dabei kann das – gegebenenfalls stillschweigend zum Ausdruck gebrachte – Einverständnis der Urheber mit einer Werkverbindung ausreichen (sa. OLG Hamburg ZUM 1994, 738/739; *Seibt/Wiechmann* GRUR 1995, 562/564). Eine Werkverbindung kann daher auch dann vorliegen, wenn ein Komponist im Auftrag einer Werbeagentur ein Werbelied mit dem Wissen komponiert hat, dass es mit dem Text eines Dritten verbunden werden sollte (sa. OLG Hamburg ZUM 1994, 738/739).

Inhalt des Vertrages ist die Einigung über die gemeinsame Verwertung. Die Einräumung von Nutzungsrechten an einen der beteiligten Urheber erfüllt diesen Tatbestand nicht; daher liegt keine Werkverbindung vor, wenn sich beispielsweise der Verfasser eines Schriftwerkes die Nutzungsrechte an den Illustrationen zu seinem Werk einräumen lässt (*Ulmer*[3] § 35 II; sa. Rdnr. 9). Zusätzliche Vereinbarungen kann der Vertrag dagegen enthalten; in der Regel pflegt dies auch der Fall zu sein.

III. Gesellschaft Bürgerlichen Rechts

Durch die Werkverbindung wird zwischen den beteiligten Urhebern eine Verwertungsgemeinschaft in der Form einer **Gesellschaft Bürgerlichen Rechts** begründet (BGH GRUR 1982, 41/42 – Musikverleger III; BGH GRUR 1982, 743/744 – Verbundene Werke; sa. OLG Hamburg ZUM 1994, 738/739; LG München I ZUM 2002, 748/751 – Carmina Burana; Dreier/*Schulze*[3] § 9 Rdnr. 7 und 17; *Schricker*, Verlagsrecht[3] § 1 Rdnr. 27; Dreyer/Kotthoff/ *Meckel*[2] § 9 Rdnr. 17; *v. Gamm* § 9 Rdnr. 10; *Schack*[4], Urheber- und Urhebervertragsrecht, Rdnr. 293; *Ulmer*[3] § 35 II 1; *Haberstumpf*, Hdb. des Urheberrechts[2] Rdnr. 186; *v. Becker* ZUM 2002, 581/582 f.; aA Fromm/Nordemann/*W. Nordemann*[10] § 9 Rdnr. 14; Wandtke/Bullinger/ *Thum*[3] § 9 Rdnr. 7; Möhring/Nicolini/*Ahlberg*[2] § 9 Rdnr. 14 ff.; vgl. aber auch BGH GRUR 1973, 328/329 – Musikverleger II, wo es heißt, dass „häufig" ein Gesellschaftsverhältnis vorliege; vgl. ferner BGH GRUR 1964, 326/330 – Subverleger). Die Vereinbarung, die Werke gemeinsam zu verwerten, verfolgt einen gemeinsamen Zweck iSd. § 705 BGB. In diese Gesellschaft können die Urheber die Verwertungsrechte an den von ihnen geschaffenen Werken in Form einfacher oder ausschließlicher Nutzungsrechte einbringen (*Schack*[4], Urheber- und Urhebervertragsrecht, Rdnr. 293; *v. Gamm* § 9 Rdnr. 11; *Ulmer*[3] § 35 II 2; *Haberstumpf* Hdb. des Urheberrechts[2] Rdnr. 186); diese Rechte bilden dann das **Gesellschaftsvermögen** (§ 718 BGB). Die Einbringung kann auch stillschweigend erfolgen (BGH GRUR 1973, 328/329 – Musikverleger II; BGH GRUR 1964, 326/330 – Subverleger), ist aber nicht bereits aus dem bloßen Bestehen einer Werkverbindung zu folgern (*Ulmer*[3] § 35 II 2; aA *Dreyer/Kotthoff/Meckel*[2] § 9 Rdnr. 18). Im Zweifel werden nach der Zweckübertragungslehre (dazu § 31 Rdnr. 64 ff.) die Verwertungsrechte nur insoweit eingebracht, als es zur gemeinsamen Verwertung erforderlich ist. – Die Urheber können auch eine Gesellschaft ohne Gesellschaftsvermögen bilden (dazu näher *v. Gamm* § 9 Rdnr. 14).

10 Die gesellschaftsrechtliche Verbindung begründet eine wechselseitige **Treuepflicht** (sa. OLG Hamburg ZUM 1994, 738/739; Wandtke/Bullinger/*Thum*[3] § 9 Rdnr. 27; *Seibt/Wiechmann* GRUR 1995, 562/564). Diese hat ihre besondere Ausprägung durch die in § 9 angeordnete Rechtsfolge (dazu näher Rdnr. 14 ff.) erfahren, ist aber darauf nicht beschränkt. Entscheidend ist eine Interessenabwägung im Einzelfall (vgl. auch *Seibt/Wiechmann* aaO S. 564 f.).

11 Nach §§ 709, 714 BGB steht den beteiligten Urhebern die **Geschäftsführung** und **Vertretung** gemeinschaftlich zu; die Verwaltung der Rechte hat also grundsätzlich gemeinschaftlich, dh. unter Zustimmung jedes der beteiligten Urheber zu erfolgen (BGH GRUR 1982, 41/42 – Musikverleger III; BGH GRUR 1982, 743/744 – Verbundene Werke; Fromm/Nordemann/ *W. Nordemann*[10] § 9 Rdnr. 20; Wandtke/Bullinger/*Thum*[3] § 9 Rdnr. 25; *Ulmer*[3] § 35 II 2; *Haberstumpf*, Hdb. des Urheberrechts[2] Rdnr. 187). Abweichende gesellschaftsrechtliche Regelungen (zB Vereinbarung eines Mehrheitsstimmrechts nach § 709 Abs. 2 BGB) sind möglich, ergeben sich aber noch nicht aus einem höheren Beteiligungsverhältnis einzelner Urheber (BGH GRUR 1982, 41/43 – Musikverleger III; BGH GRUR 1982, 743/744 – Verbundene Werke). In den Bereich von Geschäftsführung und Vertretung fällt vor allem der **Abschluss von Verwertungsverträgen** mit Dritten (Dreier/*Schulze*[3] § 9 Rdnr. 17; *v. Becker* ZUM 2002, 581/584) sowie deren **Kündigung** (BGH GRUR 1982, 743/744 – Verbundene Werke; OLG Frankfurt aM GRUR 2004, 144/145 – Künstlerexklusivvertrag, ferner die Verfolgung von Rechtsverletzungen, soweit die gemeinsame Verwertung betroffen ist und es sich um in die Gesellschaft eingebrachte Rechte handelt. In Ausnahmefällen können von einem der Urheber Maßnahmen aufgrund des **Notverwaltungsrechts** nach § 744 Abs. 2 BGB analog getroffen werden, soweit dies zur Werterhaltung der verbundenen Werke erforderlich ist (BGH GRUR 1982, 41/43 – Musikverleger III; BGH GRUR 1982, 743/744 – Verbundene Werke; Dreier/*Schulze*[3] § 9 Rdnr. 22; Fromm/Nordemann/*W. Nordemann*[10] § 9 Rdnr. 25 f.; Wandtke/Bullinger/*Thum*[3] § 9 Rdnr. 26). Ansonsten muss gegen den die Mitwirkung verweigernden Urheber der Einwilligungsanspruch des § 9 geltend gemacht werden; dieser geht als lex specialis dem gesellschaftsrechtlichen Mitwirkungsanspruch vor (BGH GRUR 1982, 743/744 – Verbundene Werke).

12 Die **Dauer** der Gesellschaft (und ebenso der Werkverbindung) richtet sich nach ihrem Zweck, wobei im Zweifel davon auszugehen ist, dass die Urheber eine Verbindung für die Zeitdauer des Bestehens ihrer Schutzrechte gewollt haben (Dreier/*Schulze*[3] § 9 Rdnr. 23; Wandtke/ Bullinger/*Thum*[3] § 9 Rdnr. 28; Fromm/Nordemann/*W. Nordemann*[10] § 9 Rdnr. 29; *Ulmer*[3] § 35 II 4). Eine Werkverbindung kann aber auch vorübergehenden Zwecken dienen und ist dann nur für eine bestimmte Zeit eingegangen (zB die Verbindung von Werken für eine bestimmte Aufführung; sa. Fromm/Nordemann/*W. Nordemann*[10] § 9 Rdnr. 29). Da für die verbundenen Werke die Schutzfristen getrennt laufen (vgl. Rdnr. 6), endet die auf Dauer angelegte Verbindung, wenn eines der Schutzrechte erlischt (*Ulmer*[3] § 35 II 4). Sind mehr als zwei Werke miteinander verbunden, so kann – eine entsprechende Vereinbarung der Urheber vorausgesetzt – die Gesellschaft unter den restlichen Urhebern bestehen bleiben, solange noch mehr als ein Werk geschützt ist (*Ulmer*[3] § 35 II 4 Fn. 1). Entgegen der Auslegungsregel des § 727 Abs. 1 BGB wird die Gesellschaft durch den Tod eines der Urheber nicht aufgelöst, sondern mit dessen Erben fortgesetzt (Fromm/Nordemann/*W. Nordemann*[10] § 9 Rdnr. 31; Dreier/*Schulze*[3] § 9 Rdnr. 23; Wandtke/Bullinger/*Thum*[3] § 9 Rdnr. 29; *v. Becker* ZUM 2002, 581/586).

13 Eine **Kündigung** der Gesellschaft ist gemäß § 723 BGB aus wichtigem Grund möglich, sollte aber ultima ratio bleiben (ebenso Fromm/Nordemann/*W. Nordemann*[10] § 9 Rdnr. 36; Dreier/ *Schulze*[3] § 9 Rdnr. 24; Wandtke/Bullinger/*Thum*[3] § 9 Rdnr. 30; *Ulmer*[3] § 35 II 4; *v. Becker* ZUM 2002, 581/586 f.). Ob ein wichtiger Grund vorliegt, ist aufgrund einer Interessenabwägung zwischen den beteiligten Urhebern zu entscheiden (Dreier/*Schulze*[3] § 8 Rdnr. 24; Wandtke/ Bullinger/*Thum*[3] § 9 Rdnr. 30; *v. Gamm* § 9 Rdnr. 12). Unmöglichkeit oder erhebliche Erschwerung der gemeinschaftlichen Verwertung werden in der Regel einen wichtigen Grund bilden, nicht dagegen persönliche Streitigkeiten zwischen den Urhebern, da die persönlichen Beziehungen nicht Grundlage der Verwertungsgemeinschaft sind (Fromm/Nordemann/ *W. Nordemann*[10] § 9 Rdnr. 36). Lässt sich eines der verbundenen Werke in einer anderen Werkverbindung wesentlich gewinnbringender verwerten, so liegt darin noch kein wichtiger Kündigungsgrund (Dreier/*Schulze*³ § 9 Rdnr. 24; Wandtke/Bullinger/*Thum*³ § 9 Rdnr. 30; einschränkend Fromm/Nordemann/*W. Nordemann*¹⁰ § 9 Rdnr. 36), jedenfalls dann nicht, wenn dies zu Lasten der anderen Urheber ginge. Wer jederzeit anderweitige günstigere Verwertungsmöglichkeiten wahrnehmen möchte, muss bei Eingehen der Werkverbindung entsprechende Kündigungsklauseln vereinbaren.

IV. Einwilligung zur Veröffentlichung, Verwertung und Änderung

Jeder der an der Werkverbindung beteiligten Urheber kann von jedem der anderen die Einwilligung zur Veröffentlichung, Verwertung und Änderung verlangen, wenn dem anderen dies nach Treu und Glauben zuzumuten ist. Der Anspruch ist einklagbar und nach § 894 ZPO vollstreckbar. Er geht dem gesellschaftsrechtlichen Mitwirkungsanspruch vor (BGH GRUR 1982, 743/744 – Verbundene Werke). Was **Veröffentlichung** ist, bestimmt sich nach § 6 Abs. 1. Unter **Verwertung** ist in erster Linie die Geltendmachung der in §§ 15 ff. genannten Rechte (bei Computerprogrammen § 69 c) einschließlich der dazu erforderlichen Maßnahmen zu verstehen, hierher gehören vor allem auch der Abschluss und die Kündigung von Verwertungsverträgen (BGH GRUR 1982, 743/744 – Verbundene Werke). Verwertung iSd. § 9 umfasst aber auch die Geltendmachung der gesetzlichen Vergütungsansprüche, soweit diese nicht von Verwertungsgesellschaften wahrgenommen werden (s. dazu die Übersicht bei Loewenheim/*Flechsig*, Handbuch des Urheberrechts², § 85 Rdnr. 5). Auch die Anmeldung eines Werkes bei einer Verwertungsgesellschaft kann dazu gehören (sa. OLG Hamburg ZUM 1994, 738/739).

Einwilligung bedeutet ebenso wie in § 8 (vgl. dort Rdnr. 15) vorherige Zustimmung (Fromm/Nordemann/*W. Nordemann*¹⁰ § 9 Rdnr. 21; *Dreyer*/Kotthoff/Meckel² § 9 Rdnr. 33; aA Möhring/Nicolini/*Ahlberg*² § 9 Rdnr. 23). Ob sie dem anderen Urheber nach Treu und Glauben **zuzumuten** ist, ist mittels einer **Interessenabwägung** festzustellen (BGH GRUR 1982, 743/744 – Verbundene Werke; sa. OLG Hamburg ZUM 1994, 738/739; Wandtke/Bullinger/*Thum*³ § 9 Rdnr. 18; *Seibt/Wiechmann* GRUR 1995, 562/564 f.). Dabei ist davon auszugehen, dass der Zweck der Werkverbindung in der Verwertung liegt und dass die beteiligten Urheber verpflichtet sind, diesen Zweck zu fördern. Zu berücksichtigen ist also einerseits, ob und in welchem Umfang durch die Verweigerung der Einwilligung die Verwertung beeinträchtigt wird, dabei spielt auch eine Rolle, welche anderweitigen Verwertungsmöglichkeiten bestehen. Andererseits kommt es auf die Gründe an, aus denen die Einwilligung verweigert wird, hier können vor allem urheberpersönlichkeitsrechtliche Gründe ins Gewicht fallen. Der BGH hat die Versagung der Einwilligung durch einen Textdichter zur Kündigung von Verlagsverträgen durch einen Komponisten für zulässig erachtet, weil der Textdichter befürchten musste, im Falle einer Zustimmung zur Kündigung vom bisherigen Verleger keine Textaufträge mehr zu erhalten, Einnahmeausfälle zu haben und ein Interesse geltend machte, seine Texte bei einem Verleger konzentriert zu lassen. Auch moralische Gründe wurden anerkannt, nämlich einer langjährigen Verlagsverbindung die Treue zu halten, durch die der Textdichter in seiner Entwicklung gefördert worden war (BGH GRUR 1982, 743/744 – Verbundene Werke; eingehend die Vorinstanz LG München I GRUR 1979, 153/154 – Exklusivvertrag). Der Textdichter eines zur gemeinsamen Verwertung bei der GEMA angemeldeten Musikwerkes brauchte nicht der nochmaligen Anmeldung der Melodie mit einem geänderten Text durch den Komponisten zuzustimmen, weil dies die Verwertbarkeit des gemeinsamen Musikwerkes empfindlich beeinträchtigt und die Einnahmen des Textdichters erheblich geschmälert hätte (sa. OLG Hamburg ZUM 1994, 738/739; dazu *Seibt/Wiechmann* GRUR 1995, 562 ff.).

§ 10 Vermutung der Rechtsinhaberschaft

(1) **Wer auf den Vervielfältigungsstücken eines erschienenen Werkes oder auf dem Original eines Werkes der bildenden Künste in der üblichen Weise als Urheber bezeichnet ist, wird bis zum Beweis des Gegenteils als Urheber des Werkes angesehen; dies gilt auch für eine Bezeichnung, die als Deckname oder Künstlerzeichen des Urhebers bekannt ist.**

(2) **¹Ist der Urheber nicht nach Absatz 1 bezeichnet, so wird vermutet, daß derjenige ermächtigt ist, die Rechte des Urhebers geltend zu machen, der auf den Vervielfältigungsstücken des Werkes als Herausgeber bezeichnet ist. ²Ist kein Herausgeber angegeben, so wird vermutet, daß der Verleger ermächtigt ist.**

§ 10

(3) ¹Für die Inhaber ausschließlicher Nutzungsrechte gilt die Vermutung des Absatzes 1 entsprechend, soweit es sich um Verfahren des einstweiligen Rechtsschutzes handelt oder Unterlassungsansprüche geltend gemacht werden. ²Die Vermutung gilt nicht im Verhältnis zum Urheber oder zum ursprünglichen Inhaber des verwandten Schutzrechts.

Schrifttum: *Bock,* Der Rechtsbesitz als Grundlage der Vermutungen des § 10 UrhG, 2008; *Bollack,* Die Urhebervermutung im neuen Urheberrechtsgesetz, GRUR 1967, 21; *Dietz,* Kinderkomponisten und die GEMA, ZUM 2003, 41; *Grünberger,* Die Urhebervermutung und die Inhabervermutung für die Leistungsschutzberechtigten, GRUR 2006, 894; *Krüger,* Der Schutz des Pseudonyms, unter besonderer Berücksichtigung des Vornamens, UFITA 30 (1960) 269; *Riesenhuber,* Die Vermutungstatbestände des § 10 UrhG, GRUR 2003, 187; *Spindler/Weber,* Die Umsetzung der Enforcement-Richtlinie nach dem Regierungsentwurf für ein Gesetz zur Verbesserung der Durchsetzung von Rechten des geistigen Eigentums, ZUM 2007, 257.

Übersicht

	Rdnr.
I. Zweck und Bedeutung der Norm	1–4
II. Urheberbezeichnung	5, 6
III. Vermutungswirkung der Urheberbezeichnung (Abs. 1)	7–11
1. Voraussetzungen	7–9
2. Umfang	10, 11
IV. Vermutungswirkung der Herausgeber- oder Verlegerbezeichnung (Abs. 2)	12–16
V. Vermutungswirkung zugunsten von Inhabern ausschließlicher Nutzungsrechte (Abs. 3)	17–22

I. Zweck und Bedeutung der Norm

1   Nach dem Urheberschaftsprinzip (vgl. § 7 Rdnr. 1) ist Urheber eines Werkes derjenige, der die persönliche geistige Schöpfung erbringt, ihm stehen die Rechte zu, die das Gesetz dem Urheber verleiht. Diese Rechte besitzt der Urheber unabhängig davon, ob und mit welcher Urheberbezeichnung er sein Werk versieht. Zur Geltendmachung seiner Rechte müsste er aber den im Einzelfall oft schwierigen oder umständlichen Nachweis seiner Urheberschaft erbringen. Diesen Nachweis erleichtert § 10 Abs. 1 durch eine **widerlegliche Vermutung**: soweit diese Vermutung reicht, braucht der Urheber seine Urheberschaft nicht zu beweisen, vielmehr muss derjenige, der die Urheberschaft bestreiten will, ihr Nichtbestehen beweisen. Kraft Verweisung (dazu Rdnr. 3) gilt die Vermutung auch zugunsten von Leistungsschutzberechtigten. Es handelt sich um eine **gesetzliche Vermutung** (BGH GRUR 2002, 332/334 – Klausurerfordernis; OLG Koblenz GRUR 1987, 435/436 – Verfremdete Fotos; OLG München GRUR 1988, 819/820; Wandtke/Bullinger/*Thum*³ § 10 Rdnr. 1; *Schack*⁴, Urheber- und Urhebervertragsrecht, Rdnr. 275), die zutreffend als Rechtsvermutung angesehen wird (eingehend *Riesenhuber* GRUR 2003, 187/195; aA Möhring/Nicolini/*Ahlberg*² § 10 Rdnr. 11; Wandtke/Bullinger/*Thum*³, UrhG, § 10 Rdnr. 23). **§ 10 Abs. 2** regelt Fälle, in denen Werke nicht mit einer Urheberbezeichnung nach Abs. 1 versehen sind (in erster Linie anonym erschienene Werke): Es wird (ebenfalls widerleglich) vermutet, dass der als Herausgeber Bezeichnete und, falls ein solcher nicht genannt ist, der Verleger vom Urheber ermächtigt worden ist, dessen Rechte geltend zu machen. Der Zweck dieser Regelung besteht darin, die Verfolgung von Rechtsverletzungen durch Herausgeber oder Verleger zu ermöglichen, ohne dass der Urheber seine Anonymität aufzugeben braucht (BGH GRUR 2003, 228/230 – P-Vermerk; *Ulmer*³ § 33 V 3). **§ 10 Abs. 3 UrhG** erweitert die Vermutung auf die Inhaber ausschließlicher Nutzungsrechte und Leistungsschutzrechte, soweit es sich um Verfahren des einstweiligen Rechtsschutzes handelt oder Unterlassungsansprüche geltend gemacht werden; die Vermutung gilt jedoch nicht im Verhältnis zum Urheber bzw. zum ursprünglichen Inhaber des Leistungsschutzrechts. Damit können auch die Inhaber abgeleiteter Nutzungsrechte auf die Vermutungsregelung stützen, etwa Verleger, die angesichts des Fehlens eines eigenen Leistungsschutzrechts gegen Kopienversanddienste vorgehen wollen. Ähnliche Vermutungen enthielten bereits § 7 LUG und § 9 KUG. § 10 UrhG vereinfacht jedoch die frühere Regelung und bezieht insbesondere Pseudonyme und Künstlerzeichen in die Urheberschaftsvermutung ein. Zur Anwendbarkeit der Vermutung bei Urheberbezeichnungen nach altem Recht vgl. § 134.

2   Der **Anwendungsbereich** des § 10 umfasst das gesamte Urheberrecht und erstreckt sich auf alle geschützten Werke. Dazu gehören auch **Sammelwerke** nach § 4 (AmtlBegr. BTDrucks. IV/270 S. 43; Dreier/*Schulze*³ § 10 Rdnr. 2; vgl. auch Rdnr. 16) und **Bearbeitungen** nach § 3 (BGH GRUR 1991, 456/457 – Goggolore; sa. BGH GRUR 2003, 231 – Staatsbibliothek;

Dreier/*Schulze*³ § 10 Rdnr. 2). Auch im Verhältnis von **Miturhebern** bzw. **Mitherausgebern** oder Mitverlegern gilt die Vermutung (BGH GRUR 1959, 335/336 – Wenn wir alle Engel wären; OLG Hamburg NJOZ 2007, 2071/2075 – Kranhäuser; OLG München ZUM 1990, 186/188; OLG Hamburg Schulze OLGZ 207, 3; OLG München Schulze OLGZ 7, 5; Dreier/*Schulze*³ § 10 Rdnr. 3; Fromm/Nordemann/*W. Nordemann*[10] § 10 Rdnr. 18; Wandtke/Bullinger/*Thum*³ § 10 Rdnr. 3; *Dreyer/Kotthoff/Meckel* § 10 Rdnr. 4; aA *Bollack* GRUR 1967, 21/23; vgl. auch BGH GRUR 1986, 887/888 – Bora Bora – zu Art. 15 Abs. 1 RBÜ). Sind also bei einem Werk mehrere Autoren als Urheber genannt, so muss derjenige, der behauptet, Alleinurheber zu sein, dies beweisen; ebenso ist beweispflichtig, wer behauptet, Miturheber eines Werkes zu sein, bei dem ein anderer als Alleinurheber genannt ist (BGH GRUR 1959, 335/336 – Wenn wir alle Engel wären, sa. Rdnr. 10). Im Falle des § 5 Abs. 2 iVm. § 63 ist die Vermutung des § 10 auch bei **amtlichen Werken** anwendbar (Dreier/*Schulze*³ § 10 Rdnr. 2). Im Rahmen der Schutzfristberechnung nach §§ 64 und 65 findet die Vermutung des Abs. 1 ebenfalls Anwendung; für anonyme Werke vgl. § 66. Dagegen findet die Vermutung **keine Anwendung** auf die Berechnung des Umfangs der Mitwirkung am Werk nach § 8 Abs. 3 (OLG Hamburg Schulze OLGZ 207, 6). Im Verhältnis zwischen **Verwertungsgesellschaften** und ihren Mitgliedern hat die gesetzliche Vermutung nur beschränkte Bedeutung, insbesondere eignet sie sich nicht für den Nachweis, dass die angemeldeten Werke für eine wirtschaftliche Verwertung in Betracht kommen (BGH GRUR 2002, 332/334 – Klausurerfordernis; *Dietz* ZUM 2003, 41/43; *Dreyer/Kotthoff/Meckel*² § 10 Rdnr. 7; *Riesenhuber* GRUR 2003, 187/195).

§ 10 Abs. 1 und 3 finden auch auf die **Leistungsschutzberechtigten** Anwendung. Während 3 dies früher nur für Verfasser wissenschaftlicher Ausgaben (§ 70 Abs. 1) und Lichtbildner (§ 72 Abs. 1) galt, wurde durch das Gesetz zur Verbesserung der Durchsetzung von Rechten des geistigen Eigentums v. 7. 7. 2008 (BGBl. I S. 1191) der Anwendungsbereich mit Wirkung vom 1. 9. 2008 auf alle Leistungsschutzberechtigten erstreckt. Die Änderung beruht auf der Umsetzung der EG-Durchsetzungsrichtlinie (Richtlinie 2004/48/EG v. 29. April 2004, ABl. L 157 vom 30. 4. 2004), die in ihrem Art. 5b eine Vermutungsregelung nicht nur für Urheber, sondern auch für Inhaber verwandter Schutzrechte vorsieht. Die Anwendung auf Leistungsschutzberechtigte bestimmt sich nunmehr für die Verfasser wissenschaftlicher Ausgaben nach § 70 Abs. 1, für Herausgeber einer editio princeps nach § 71 Abs. 1 S. 3, für Lichtbildner nach § 72 Abs. 1, für ausübende Künstler nach § 74 Abs. 3, für Tonträgerhersteller nach § 85 Abs. 4, für Sendeunternehmen nach § 87 Abs. 4, für Datenbankhersteller nach § 87b Abs. 2, für Filmhersteller nach § 94 Abs. 4. Die Anwendung des § 10 Abs. 3 auf Leistungsschutzberechtigte ergibt sich aus S. 2 dieser Vorschrift. Zur früheren Rechtslage vgl. Voraufl. § 10 Rdnr. 2.

§ 10 dient dem Schutz des Urhebers bzw. Leistungsschutzberechtigten. Die Vermutung wirkt 4 daher **nur zu seinen Gunsten,** nicht zu seinen Ungunsten (Dreier/*Schulze*³ § 10 Rdnr. 26; Fromm/Nordemann/*W. Nordemann*[10]*,* Urheberrecht, § 10 Rdnr. 71; Möhring/Nicolini/*Ahlberg*² § 10 Rdnr. 15; sa. *Riesenhuber* GRUR 2003, 187/190, 192). Wird der Name eines Urhebers auf einem von ihm nicht stammenden Werk angebracht (**Kunstfälschung**), so braucht er nicht den Nachweis zu führen, dass er das Werk nicht geschaffen hat, Abs. 1 findet insoweit keine Anwendung. **Werknutzer** können sich bei unrichtiger oder unvollständiger Urheberangabe auf § 10 nicht verlassen, sondern müssen sich ihrer Nutzungsberechtigung gegebenenfalls durch Nachforschungen oder Einholung von Rechtsrat vergewissern (BGH GRUR 1998, 376/379 – Coverversion).

II. Urheberbezeichnung

Der Urheber entscheidet, ob sein Werk mit einer Urheberbezeichnung versehen werden soll 5 und welche Bezeichnung zu verwenden ist. Diese Befugnis ist, wie § 13 S. 2 ausdrücklich klarstellt, Teil des Urheberpersönlichkeitsrechts und durch § 107 auch strafrechtlich geschützt. § 10 Abs. 1 unterscheidet drei Fälle der Urheberbezeichnung: den bürgerlichen Namen, den Decknamen (Pseudonym) und das Künstlerzeichen. Anonyme Werke fallen unter Abs. 2. **Deckname** ist der mit dem bürgerlichen Namen nicht übereinstimmende Name, unter dem der Urheber im Verkehr auftritt, es kann sich auch um eine Phantasiebezeichnung handeln (zB Roda Roda). Kein Deckname iSd. § 10 ist das **Verlagspseudonym** (Sammelpseudonym), das von einem Verlag als gleich bleibender Autorenname für eine bestimmte Romangattung (zB Kriminalromane oder Frauenromane) benutzt wird, und hinter dem sich tatsächlich eine Vielzahl von Autoren verbirgt. Es fehlt hier an der Identifizierungsfunktion des Namens, das Verlagspseudonym weist nicht auf einen Autor, sondern auf die Romangattung hin. Insoweit erscheint das Werk rechtlich anonym (OLG Hamm GRUR 1967, 260/261 – Irene von Velden; Dreier/*Schulze*³ § 10 Rdnr. 9; Wandtke/Bullinger/*Thum*³ § 10 Rdnr. 6; Möhring/Nicolini/*Ahlberg*² § 10 Rdnr. 16; *Ulmer*³ § 33 V 2). Dagegen steht es der Anwendbarkeit des § 10 nicht entgegen, dass ein Urheber mehrere Decknamen benutzt. Zu Arten von Decknamen und Gründen für ihre Verwendung vgl. eingehend Fromm/Nordemann/*W. Nordemann*¹⁰, Urheberrecht, § 10 Rdnr. 25 ff. **Künstlerzeichen** ist die Signatur, die vor allem auf Werken der bildenden Künste als Urheberbezeichnung angebracht wird, etwa in Form des handschriftlichen Namenszuges oder der Initialen.

6   **Decknamen** und **Künstlerzeichen** sind für die Vermutung des Abs. 1 dem bürgerlichen Namen gleichgestellt, wenn sie als Bezeichnung des Urhebers bekannt sind. Bei der Bekanntheit ist auf die mit der jeweiligen Kunstform vertrauten Verkehrskreise abzustellen, im Interesse des Urheberschutzes dürfen an den Bekanntheitsgrad keine zu hohen Anforderungen gestellt werden. Der Verkehr braucht weder zu wissen, wer sich hinter dem Decknamen verbirgt, noch dass es sich überhaupt um einen Decknamen handelt; es reicht aus, dass mit dem Decknamen die Vorstellung von einer bestimmten Persönlichkeit verbunden wird (Dreier/*Schulze*³ § 10 Rdnr. 9; Wandtke/Bullinger/*Thum*³ § 10 Rdnr. 11; *Dreyer*/Kotthoff/Meckel² § 10 Rdnr. 13; *Ulmer*³ § 33 V 2; näher mit weit. Nachw. *Riesenhuber* GRUR 2003, 187/189 f.).

III. Vermutungswirkung der Urheberbezeichnung

1. Voraussetzungen

7   Abs. 1 setzt seinem Wortlaut nach voraus, dass die Urheberbezeichnung (dazu Rdnr. 5) auf den **Vervielfältigungsstücken eines erschienenen Werkes** bzw. auf dem **Original eines Werkes der bildenden Künste** angebracht ist. Diese Einschränkung, die der bildenden Kunst nicht zuzurechnende Werke, die noch nicht erschienen sind, von der Vermutungsregelung ausnimmt, erschien schon bisher als wenig sinnvoll (vgl. 2. Auflage Rdnr. 6). Angesichts der EG-Durchsetzungsrichtlinie (Richtlinie 2004/48/EG v. 29. April 2004, ABl. L 157 vom 30. 4. 2004) dürfte sie nicht mehr aufrechtzuerhalten sein. Nach Art. 5a der Richtlinie genügt es, dass der Name des Urhebers eines Werkes der Literatur und Kunst in der üblichen Weise auf dem Werkstück angegeben ist. Die richtlinienkonforme Auslegung des § 10 gebietet es, die **Anbringung des Namens in der üblichen Weise ausreichen** zu lassen (ebenso Dreier/*Schulze*³ § 10 Rdnr. 6a; Fromm/Nordemann/*W. Nordemann*¹⁰ § 10 Rdnr. 15; *Spindler/Weber* ZUM 2007, 257/258; s. auch Stellungnahme der GRUR 2006, 482/484; aA Wandtke/Bullinger/*Thum*³, UrhG, § 10 Rdnr. 17). Unerheblich ist, ob das Werk vor der Anbringung der Urheberbezeichnung auf dem Werkstück bereits **anderweit erschienen** ist (BGH GRUR 1986, 887/888 – Bora Bora zu Art 15 Abs. 1 RBÜ).

8   Die Urheberbezeichnung muss in der **üblichen Weise** erfolgt sein. Das bedeutet einmal, dass die Bezeichnung an der **üblichen Stelle** erfolgen muss (OLG München GRUR 1988, 819 f.; OLG München AfP 1995, 503; KG ZUM 2002, 291/292). Bei Büchern pflegt das die Titelseite, das Vorblatt oder der Buchrücken zu sein (OLG München GRUR 1988, 819 f. – Der Goggolore), eventuell (zB für die Bezeichnung eines Übersetzers oder Illustrators) die Titelrückseite bzw. das Impressum (KG ZUM 2002, 291/292; KG AfP 2001, 514; Dreier/*Schulze*³ § 10 Rdnr. 10); bei Aufsätzen die Titelunterzeile oder das Ende der Abhandlung, bei Schallplatten, Ton- und Videobändern oder CDs das Label oder die Hülle (LG Kiel NJOZ 2005, 126/128 – Fotodateien). Bei einer Fotodateien enthaltenden CD reicht es aus, wenn die Urheberbezeichnung in einer Textdatei erfolgt, sie braucht nicht in jeder einzelnen Fotodatei enthalten zu sein (LG Kiel NJOZ 2005, 126/128 – Fotodateien). Bei einer Komposition, insbesondere einem Lied, ist es allgemein üblich, den Urheber dadurch kenntlich zu machen, dass sein Name zwischen der Überschrift und dem Notenbild abgedruckt wird (BGH GRUR 1986, 887/888 – Bora Bora). Bei Entwürfen zu Bauwerken ist Anknüpfungspunkt für die Vermutung „nicht das (noch nicht geschaffene Werk) als solches, sondern allein diejenige Verkörperung, die der Entwurf durch eine an die Öffentlichkeit gerichtete Bezeichnung der an seiner Erstellung mitwirkenden Urheber gefunden hat" (OLG Hamburg NJOZ 2007, 2071/2074 – Kranhäuser). Bei Filmen ist die Angabe im Vor- oder Nachspann üblich, auch soweit mit dem Film nicht in unmittelbarem Zusammenhang stehende Werke, zB Plastiken, wiedergegeben werden (OLG Hamburg GRUR-RR 2003, 33/34 – Maschinenmensch); bei Gemälden oder Zeichnungen in einer Ecke des Bildes. Bei Computerprogrammen kann die Urheberbezeichnung dadurch erfolgen, dass der Urheber in der Kopfleiste der Bildschirmmaske mit seinen Initialen und in der

Fußzeile des Bedienungshandbuchs mit der Angabe „Copyright (mit Namensangabe)" ausgewiesen wird (BGH GRUR 1994, 39/40 – Buchhaltungsprogramm). Auch andere Stellen können aber üblich sein. Im Interesse des mit § 10 bezweckten Urheberschutzes ist der Begriff der Üblichkeit weit auszulegen, es reicht jede nicht ganz versteckte oder außergewöhnliche Stelle (OLG München GRUR 1988, 819 f. – Der Goggolore; LG Kiel NJOZ 2005, 126/128 – Fotodateien; Dreier/*Schulze*[3] § 10 Rdnr. 10; Fromm/Nordemann/*W. Nordemann*[10] § 10 Rdnr. 16; Wandtke/Bullinger/*Thum*[3] § 10 Rdnr. 13).

Zum anderen muss die Angabe **inhaltlich** erkennen lassen, dass es sich um eine Urheberbezeichnung handelt (LG Düsseldorf ZUM 2007, 559/563). Auch insoweit haben sich bestimmte Angaben als üblich eingebürgert, zB „von", „bearbeitet von", „Bild/Text/Musik von" usw., bei Bauplänen der Architektenvermerk „Entwurf – Bauleitung Statik..." (vgl. OLG Hamm GRUR 1967, 608/609 – Baupläne). Die Namensnennung unter der Rubrik „deutsche Bearbeitung" begründet allerdings noch nicht die Vermutung der Übersetzung, sondern nur der Bearbeitung (KG ZUM 2002, 291/292). Der Charakter der Angabe als Urheberbezeichnung kann sich auch bereits aus dem Angabeort ergeben, etwa bei Schriftwerken aus der Urheberbenennung vor oder hinter dem Titel oder bei Gemälden und dgl. aus dem Signum in der Bildecke. Andererseits kann durch zusätzliche Angaben beim Namen oder sonstige Hinweise ausgeschlossen sein, dass es sich um eine Urheberbezeichnung handelt (vgl. den Fall des OLG München AfP 1995, 503; vgl. auch OLG München ZUM 1990, 186/188). In Zweifelsfällen ist auch hier zugunsten des Urhebers zu entscheiden (LG Köln ZUM 2004, 853/857). Keine Urheberbezeichnung stellen der **Copyright-Vermerk** „©" und der **P-Vermerk** „℗" dar. Diese den angelsächsischen Rechtsordnungen entstammenden Begriffe weisen nicht auf den Urheber bzw. Tonträgerhersteller, sondern auf die Rechtsinhaberschaft hin (Dreier/*Schulze*[3] § 10 Rdnr. 13 f.). Anders ist es nur, wenn ein solcher Vermerk eine Urheberbezeichnung an der üblichen Stelle mit dem üblichen Inhalt darstellt (LG Köln ZUM 2004, 853/857), ausnahmsweise auch, wenn neben dem „©" eine natürliche Person namentlich genannt ist und sich sonst keine Urheberbezeichnung findet (OLG Köln ZUM 1999, 404/409; Dreier/*Schulze*[3] § 10 Rdnr. 13). Auch eine Angabe in den „credits" (Zusammenstellung derjenigen Personen, die bei der Gestaltung mitgewirkt haben) reicht nicht aus (LG Düsseldorf ZUM 2007, 559/563).

2. Umfang

Die Vermutung hat zum Inhalt, dass der als Urheber Bezeichnete als der **Schöpfer** des Werkes angesehen wird. Sie gilt nur für das konkrete Werk, das mit der Urheberbezeichnung versehen ist, etwa bei Architektenplänen nur für die Urheberschaft an den in diesen Entwürfen verkörperten Gestaltungen (BGH GRUR 2003, 231/234 – Staatsbibliothek) und bezieht sich nur auf die Frage, welche Person die persönliche geistige Schöpfung erbracht hat, nicht dagegen darauf, ob eine persönliche geistige Schöpfung vorliegt, also **nicht auf die Werkqualität** (BGH GRUR 1998, 376/378 – Coverversion; KG ZUM 2002, 291/292); diese beurteilt sich allein nach § 2 Abs. 2. Die Vermutung erstreckt sich grundsätzlich auch darauf, dass der geistigschöpferische Werkgehalt auf einer eigenen Schaffenstätigkeit beruht und dass es sich um eine Formgestaltung aus eigener Vorstellungskraft handelt (BGH GRUR 1991, 456/457 – Goggolore). Sie besagt allerdings nicht notwendig, dass auch der **Inhalt** des Werkes von dem als Urheber Angegebenen stammt. Insofern hängt die Reichweite der Vermutung vielmehr vom Charakter des Werkes ab. So besagt die Vermutung bei einem Sammelwerk nach § 4 nur, dass der angegebene Urheber die Auslese bzw. Anordnung der einzelnen Beiträge vorgenommen hat, nicht aber, dass diese Beiträge auch von ihm stammen. Bei der schöpferischen Erzählung einer gemeinfreien Fabel, einer Sage oder eines Märchens erstreckt sich die Vermutung nur auf die eigenschöpferische Sprachgestaltung, nicht auf den Inhalt oder die Handlung der Vorlage. Das gilt auch für Entscheidungssammlungen, Wörterbücher, Zitatensammlungen und dgl. (zum Ganzen BGH GRUR 1991, 456/457 – Goggolore; vgl. auch BGH GRUR 1986, 887/888 – Bora Bora); sie werden, auch im Verhältnis zu einander, bis zum Beweis des Gegenteils als Miturheber des Werkes angesehen (BGH GRUR 2009, 1046/1048 – Kranhäuser). Sind **mehrere Personen** als Urheber gleichberechtigt angegeben, so ist zu vermuten, dass sie gleichberechtigte Schöpfer des Werkes sind (BGH GRUR 1986, 887/888 – Bora Bora). Ist bei **mehrfacher Veröffentlichung** desselben Werks auf späteren Auflagen ein anderer als Urheber bezeichnet, so hat die frühere Urheberbezeichnung grundsätzlich Vorrang (OLG Hamburg GRUR-RR 2001, 121/123 – Cat Stevens; Dreyer/Kotthoff/Meckel[2] § 10 Rdnr. 19).

11 Die Vermutung ist **widerleglich** (BGH GRUR 1994, 39/40 – Buchhaltungsprogramm; OLG München GRUR 1988, 819/820 – Der Goggolore). Wer die Vermutung zu Fall bringen will, hat den Nachweis zu führen, dass der als Urheber Bezeichnete nicht der wahre Urheber ist. Solange die Vermutung besteht, kann aber der als Urheber Bezeichnete die dem Urheber zustehenden Rechte geltend machen.

IV. Vermutungswirkung der Herausgeber- oder Verlegerbezeichnung

12 Die Vermutung des Abs. 2 begründet keine Vertretung, sondern eine **Ermächtigung** des Herausgebers bzw. Verlegers. Dieser macht die Rechte des Urhebers nicht in dessen, sondern im eigenen Namen geltend; prozessual handelt es sich um **Prozessstandschaft** (Dreier/*Schulze*[3] § 10 Rdnr. 28). Erst dadurch wird der Zweck dieser Vorschrift erreicht, nämlich die Verfolgung von Rechtsverletzungen, ohne dass der Urheber seine Anonymität aufzugeben braucht. Auch diese Vermutung ist **widerleglich**. Von der Widerlegung kann insbesondere auch der Urheber des anonymen Werkes Gebrauch machen, der dem Herausgeber bzw. Verleger die Ermächtigung entziehen und seine Rechte selbst wahrnehmen will (vgl. AmtlBegr. BTDrucks. IV/270 S. 43). Zur Anwendung des § 10 Abs. 2 auf Laufbilder (hier: Computerspiele) vgl. OLG Köln GRUR 1992, 312 – Amiga-Club – und LG Hannover GRUR 1987, 635 – Raubkopien.

13 **Voraussetzung** für die Ermächtigung des **Herausgebers** ist, dass der **Urheber nicht** in der in Abs. 1 genannten Weise **bezeichnet** ist. Die Vervielfältigungsstücke des Werkes dürfen also nicht in der üblichen Weise (dazu Rdnr. 8f.) den Namen, das Pseudonym oder das Künstlerzeichen des Urhebers tragen. Die Anwendbarkeit des Abs. 2 wird nicht dadurch begründet, dass die Öffentlichkeit nicht weiß, wer sich hinter dem Pseudonym verbirgt (vgl. Rdnr. 6). Für die Ermächtigung des **Verlegers** ist zusätzlich erforderlich, dass kein Herausgeber angegeben ist, die Angabe des Verlegers wird dagegen nicht vorausgesetzt.

14 **Als Herausgeber ermächtigt** ist derjenige, der als solcher bezeichnet ist, gleichgültig, ob er die Herausgebertätigkeit tatsächlich ausgeübt oder nur seinen Namen dafür zur Verfügung gestellt hat (AmtlBegr. BT-Drucks. IV/270 S. 43; LG München I ZUM-RD 2002, 489/492; vgl. aber für den Herausgeber von Sammelwerken Rdnr. 16). Da es in Abs. 2 um die Vermutung nicht der Inhaberschaft, sondern der Ermächtigung zur Wahrnehmung von Urheberrechten geht, kann Herausgeber bzw. Verleger auch eine **juristische Person** sein (Fromm/Nordemann/ *W. Nordemann*[10], Urheberrecht, § 10 Rdnr. 50; *Wandtke/Bullinger/Thum*[3] Rdnr. 39). Die Vermutung gilt auch gegenüber dem Urheber; wer gegenüber dem Herausgeber bzw. Verleger behauptet, Urheber zu sein, muss den Nachweis dafür führen (Fromm/Nordemann/*W. Nordemann*[10], Urheberrecht, § 10 Rdnr. 51).

15 Hinsichtlich des **Umfangs** der Ermächtigung macht das Gesetz keine Einschränkungen. Es ist daher davon auszugehen, dass die Ermächtigung grundsätzlich unbeschränkt ist und auch die Urheberpersönlichkeitsrechte umfasst (ebenso Wandtke/Bullinger/*Thum*[3] § 10 Rdnr. 43; Möhring/Nicolini/*Ahlberg*[2] § 10 Rdnr. 23; vgl. auch *Ulmer*[2] § 89 II). Eine Ausnahme ist nur insoweit zu machen, als es um **Verfügungen** über das Urheberrecht geht. Herausgeber bzw. Verleger sind daher insbesondere nicht ermächtigt, Dritten Nutzungsrechte einzuräumen (Wandtke/Bullinger/ *Thum*[3] § 10 Rdnr. 44; Möhring/Nicolini/*Ahlberg*[2] § 10 Rdnr. 23; *Dreyer*/Kotthoff/Meckel[2] § 10 Rdnr. 44; aA Dreier/*Schulze*[3] § 10 Rdnr. 31; *v. Gamm* § 10 Rdnr. 14). Der Zweck der Vorschrift, die Verfolgung von Rechtsverletzungen zu ermöglichen, ohne dass der Urheber seine Anonymität preisgeben muss (vgl. Rdnr. 1), verlangt die Erstreckung der Ermächtigung auf Verfügungen über das Urheberrecht nicht. Andererseits ist der Urheber vor der Gefahr von Missbräuchen zu schützen; anders als bei der vertraglichen Erteilung einer Ermächtigung, die die Befugnis zur Einräumung von Nutzungsrechten umfasst, kann der Urheber sich nicht durch den Widerruf der Ermächtigung vor Missbräuchen schützen, da auch ein solcher Widerruf nichts an der Legitimationswirkung der in Umlauf befindlichen Vervielfältigungsstücke ändern würde. Deshalb lässt sich die gegenteilige Ansicht auch nicht durch einen Vergleich mit der Regelung in § 35 Abs. 1 S. 2 begründen, die sich im Übrigen nur auf einfache Nutzungsrechte bezieht und für eine ganz bestimmte Situation, nämlich die Wahrnehmung von Rechten durch Verwertungsgesellschaften, geschaffen wurde (vgl. AmtlBegr. BTDrucks. IV/270 S. 57).

16 Bei **Sammelwerken** wird als Herausgeber üblicherweise der Urheber des Sammelwerks bezeichnet, also derjenige, der die Auslese und Anordnung der einzelnen Beiträge vorgenommen hat (vgl. auch OLG Frankfurt/M Schulze OLGZ 107, 10f. – Taschenbuch für Wehrfragen). Die Herausgeberangabe bei Sammelwerken ist also der Sache nach eine Urheberbezeichnung. Deshalb greift zugunsten des Herausgebers eines Sammelwerks zunächst die Vermutung des Abs. 1 ein, nämlich dass der Herausgeber Urheber des Sammelwerks ist. Erst wenn diese Vermutung widerlegt wird, findet die Vermutung des Abs. 2 Anwendung, dass nämlich der als Herausgeber Genannte ermächtigt ist, die Rechte des Urhebers geltend zu machen (AmtlBegr. BTDrucks. IV/ 270 S. 43; Dreier/*Schulze*³ § 10 Rdnr. 33). Für den Verleger gilt die Ermächtigung des Abs. 2, wenn ein Herausgeber nicht genannt ist.

V. Vermutungswirkung zugunsten von Inhabern ausschließlicher Nutzungsrechte (Abs. 3)

§ 10 Abs. 3 wurde durch das Gesetz zur Verbesserung der Durchsetzung von Rechten des geistigen Eigentums v. 7. 7. 2008 (BGBl. I S. 1191) eingefügt. Der Gesetzgeber hatte darauf hingewiesen, dass die Durchsetzung von Rechten und die Bekämpfung der Produktpiraterie häufig durch die Inhaber ausschließlicher Nutzungsrechte erfolgt, die häufig allein die organisatorischen und finanziellen Möglichkeiten zur Rechtedurchsetzung haben (BT-Drucks. 16/5048 S. 47). Nach bisherigem Recht wirkte § 10 UrhG nicht zugunsten von Werknutzern; diese mussten vielmehr den Nachweis ihrer Nutzungsberechtigung erbringen (s. auch BGH GRUR 1998, 376/379 – Coverversion). 17

Die Vermutung gilt zugunsten von **Inhabern ausschließlicher Nutzungsrechte**. Das sind sowohl die Inhaber originär erworbener ausschließlicher Nutzungsrechte (Tochterrechte) als auch abgeleiteter ausschließlicher Nutzungsrechte (Enkelrechte), vgl. Dreier/*Schulze*³ § 10 Rdnr. 57; Fromm/Nordemann/*W. Nordemann*¹⁰ § 10 Rdnr. 56. Zugunsten von Inhabern einfacher Nutzungsrechte gilt die Vermutung nicht, diese sind aber zur Rechtedurchsetzung grundsätzlich auch nicht berechtigt. 18

Die **Vermutung gilt entsprechend § 10 Abs. 1**. Der Inhaber des ausschließlichen Nutzungsrechts muss also „in der üblichen Weise" als Inhaber eines ausschließlichen Nutzungsrechts bezeichnet sein. Das stösst auf gewisse Interpretationsschwierigkeiten, weil jedenfalls im deutschen Rechtskreis Bezeichnungen von Inhabern ausschließlicher Nutzungsrechte sehr viel weniger üblich sind als bei Urhebern. Auch soweit auf eine Rechtsinhaberschaft hingewiesen wird, geht daraus oft nicht hervor, ob es sich um ein ausschließliches oder um ein einfaches Nutzungsrecht handelt, ebensowenig – worauf es für die Reichweite der Vermutung ankommt – ob das Nutzungsrecht sachlich, räumlich oder zeitlich beschränkt ist (zutreffend Fromm/Nordemann/ *W. Nordemann*¹⁰ § 10 Rdnr. 57). Häufig wird sich eher aus der Branchenübung und den Umständen ergeben, ob ein ausschließliches Nutzungsrecht besteht (so auch Dreier/*Schulze*³ § 10 Rdnr. 63; Fromm/Nordemann/*W. Nordemann*¹⁰ § 10 Rdnr. 57). So kann bei Publikationen, in denen der Verleger bezeichnet ist, im Allgemeinen davon ausgegangen werden, dass er ein ausschließliches Nutzungsrecht erworben hat; das gleiche gilt bei in Arbeitsverhältnissen hergestellten Werken und bei der Filmproduktion (vgl. § 89 UrhG). Zumindest eine Indizwirkung dürften der Copyright-Vermerk © und der ℗-Vermerk haben (Dreier/*Schulze*³ § 10 Rdnr. 62; zurückhaltend Wandtke/Bullinger/*Thum*³ § 10 Rdnr. 51), ob dies auch für die Bezeichnung „alle Rechte vorbehalten" gilt, ist zweifelhaft (eher bejahend Dreier/*Schulze*³ § 10 Rdnr. 63; zurückhaltend Wandtke/Bullinger/*Thum*³ § 10 Rdnr. 51). 19

Auch ihrem **Umfang** nach stößt die Vermutungswirkung auf Grenzen. Selbst soweit der ausschließliche Nutzungsrechtsinhaber als solcher bezeichnet ist, wird sich aus dieser Bezeichnung häufig nicht erkennen lassen, in welchem Umfang das ausschließliche Nutzungsrecht besteht, ob es also räumlich, sachlich oder zeitlich beschränkt ist. Hier werden gleichfalls Branchenübung und die Umstände des Einzelfalls eher Hinweise liefern als die Bezeichnung. So kann bei Verlagsverträgen, der Filmproduktion und bei in Arbeitsverhältnissen erstellten Werken grundsätzlich von einer unbeschränkten Nutzungsrechtseinräumung ausgegangen werden (s. auch Dreier/ *Schulze*³ § 10 Rdnr. 65). 20

Die Vermutung gilt nur im Verfahren der einstweiligen Verfügung und bei der Geltendmachung von Unterlassungsansprüchen; auf diese Weise wollte der Gesetzgeber Missbräuchen begegnen (BT-Drucks. 16/5048 S. 47). Damit gilt im **einstweiligen Verfügungsverfahren** die Vermutung für den Unterlassungsanspruch selbst, daneben für den Auskunftsanspruch bei offensichtlicher Rechtsverletzung (§ 101 Abs. 7), für die Vorlage von Urkunden oder Duldung der Besichtigung einer Sache (§ 101a Abs. 3) und für die Vorlage von Urkunden zur Sicherung von Schadensersatzansprüchen (§ 101b Abs. 3). Im **Hauptsacheverfahren** gilt die Vermutung nur für Unterlassungsansprüche, aber nicht für weitere Ansprüche wie Ansprüche auf Auskunft, 21

§ 11 Allgemeines

Schadensersatz, Vernichtung, Vorlage und Besichtigung oder Bekanntmachung des Urteils (Dreier/*Schulze*[3] § 10 Rdnr. 67; Fromm/Nordemann/*W. Nordemann*[10] § 10 Rdnr. 59).

22 Die **Vermutung gilt nicht im Verhältnis zum Urheber** (§ 10 Abs. 3 S. 2). Der Gesetzgeber wollte mit dieser Regelung Missbräuchen begegnen (BT-Drucks. 16/5048 S. 47). Im Verhältnis zwischen Urheber und Verwerter kann sich Letzterer angesichts seiner Bezeichnung als Rechtsinhaber also nicht darauf berufen, dass er das Recht tatsächlich erworben hat. Im Ergebnis dient diese Vorschrift damit dem Schutz des Urhebers. Umgekehrt gilt aber die Vermutung nach § 10 Abs. 1 zu Gunsten des Urhebers auch gegenüber dem Verwerter (Fromm/Nordemann/*W. Nordemann*[10] § 10 Rdnr. 60). Die Regelung des § 10 Abs. 3 S. 2 findet auch im Verhältnis des **Inhabers eines verwandten Schutzrechts** zum ursprünglichen Inhaber dieses Schutzrechts Anwendung.

Abschnitt 4. Inhalt des Urheberrechts

Unterabschnitt 1. Allgemeines

§ 11 Allgemeines

¹Das Urheberrecht schützt den Urheber in seinen geistigen und persönlichen Beziehungen zum Werk und in der Nutzung des Werkes. ²Es dient zugleich der Sicherung einer angemessenen Vergütung für die Nutzung des Werkes.

Schrifttum: *Erdmann*, Urhebervertragsrecht im Meinungsstreit, GRUR 2002, 923; *Haas*, Das neue Urhebervertragsrecht, 2002; *Hilty/Peukert*, Das neue deutsche Urhebervertragsrecht im internationalen Kontext, GRUR Int. 2002, 643; *Hucko*, Das neue Urhebervertragsrecht, 2002; *Schack*, Urhebervertragsrecht im Meinungsstreit, GRUR 2002, 853; *Schmelz*, Die Werkzerstörung als ein Fall des § 11 UrhG, GRUR 2007, 565; *Zentek/Meinke*, Urheberrechtsreform 2002 – Die neuen Rechte und Pflichten für Urheber und Verwerter, 2002.

Übersicht

	Rdnr.
I. Zweck und Bedeutung der Norm	1, 2
II. Einheitliches Urheberrecht (monistische Theorie)	3
III. Schutz des Urhebers	4–8
1. Geistige und persönliche Beziehungen zum Werk	5
2. Nutzung des Werkes	6–8

I. Zweck und Bedeutung der Norm

1 § 11 regelt den **Schutzinhalt** des Urheberrechts. In der AmtlBegr. zum ursprünglichen § 11 (heute § 11 S. 1) heißt es: „Die Bestimmung umschreibt allgemein den Inhalt des Urheberrechts und bringt zum Ausdruck, dass das Urheberrecht sowohl dem Schutz der ideellen als auch der materiellen Interessen des Urhebers dient" (BT-Drucks. IV/270, S. 43). Damit wird zum einen zum Ausdruck gebracht, dass es sich beim Urheberrecht um ein **einheitliches Recht** handelt, dass die persönlichen und materiellen Interessen des Urhebers eine untrennbare Einheit bilden (monistische Theorie, dazu Rdnr. 3). Zum anderen regelt § 11, dass sich der **Schutz des Urhebers** sowohl auf seine **persönlichen Interessen** als auch auf seine **materiellen Interessen** am Werk erstreckt; der Anspruch auf eine angemessene Vergütung für die Nutzung des Werkes wird in S. 2 besonders hervorgehoben (dazu Rdnr. 7f.). § 11 ist damit, indem er die Grundprinzipien des Urheberrechtsschutzes festlegt, von grundlegender Bedeutung für die gesamte Auslegung des Urheberrechtsgesetzes.

2 **Entstehungsgeschichte:** In seiner ursprünglichen Fassung von 1965 bestand § 11 nur aus dem heutigen Satz 1. Satz 2 wurde durch das Gesetz zur Stärkung der vertraglichen Stellung von Urhebern und ausübenden Künstlern vom 22. März 2002 (BGBl. I 1155) angefügt. Die Vorschrift geht auf einen „Vorschlag aus der Medienwirtschaft" vom 10. 4. 2001 zurück, den sich die „Formulierungshilfe" des BMJ vom 14. 1. 2002 zu eigen gemacht hat (Begründung zur Formulierungshilfe, s. *Hucko*, Das neue Urhebervertragsrecht, S. 158; *Haas*, Das neue Urhebervertragsrecht, Nr. 135). Dem Prinzip der angemessenen Vergütung wurde damit eine **Normzweckbestimmung mit Leitbildfunktion** gegeben (Begründung zur Formulierungshilfe, s. *Hucko* aaO; *Zentek/Meinke*, Urheberrechtsreform, S. 23; *Erdmann* GRUR 2002, 923/924; Wandtke/*Bullinger/Bullinger*[3] § 11 Rdnr. 3; Dreier/*Schulze*[3] § 11 Rdnr. 8; Fromm/Nordemann/

Allgemeines **§ 11**

Czychowski[10] § 11 Rdnr. 6; *Nordemann,* Das neue Urhebervertragsrecht, S. 59; von einem bloßen Programmsatz geht *Haas* Nr. 135 aus). Diese gilt für alle Arten von Urhebern, einschließlich der Urheber in Arbeits- oder Dienstverhältnissen. Aus ihr können unmittelbar zwar keine Ansprüche hergeleitet werden; sie ist aber bei der Auslegung der Vorschriften des Gesetzes zu beachten.

II. Einheitliches Urheberrecht (monistische Theorie)

Das deutsche Urheberrecht ist durch die **monistische Theorie** geprägt: „Beide Seiten des Urheberrechts – das Persönlichkeitsrecht und das Vermögensrecht (Verwertungsrechte) – bilden eine untrennbare Einheit und sind vielfältig miteinander verflochten" (AmtlBegr. BT-Drucks. IV/270, S. 43). Auch das Schrifttum steht ganz auf dem Boden der monistischen Theorie (vgl. nur *Ulmer*[3] § 17 II 2; *Schricker* GRUR-Fs. S. 1116 f.; *Schack*[4], Urheber- und Urhebervertragsrecht, Rdnr. 306 ff.; *Rehbinder*[15] Rdnr. 31; *Dreier/Schulze*[3] § 11 Rdnr. 2; *Fromm/Nordemann/Czychowski*[10] § 11 Rdnr. 1; *Wandtke/Bullinger/Bullinger*[3] § 11 Rdnr. 1; *Dreyer/Kotthoff/Meckel*[2] § 11 Rdnr. 3; *Möhring/Nicolini/Kroitzsch*[2] § 11 Rdnr. 5). Das Urheberrecht ist wie eine Münze zu sehen, deren beide Seiten – die ideellen Interessen und die materiellen Interessen des Urhebers – sich nicht voneinander trennen lassen (eingehend dazu vor allem *Ulmer*[3] § 17 II 2 und 18; *Schricker* GRUR-Fs. S. 1116 f.; sa. Einleitung Rdnr. 28 sowie vor §§ 12 ff. Rdnr. 11 ff.). Mit der monistischen Theorie wird die Unübertragbarkeit des Urheberrechts (§ 29) im Hinblick auf die Nichtübertragbarkeit persönlichkeitsrechtlicher Positionen begründet; Lizenzen können nur in Form der Einräumung von Nutzungsrechten (§§ 31 ff.) erteilt werden. Damit hat die monistische Theorie den großen Vorzug, dass das Urheberrecht einheitlich in der Hand des Urhebers bleibt und nicht durch verschiedene Verwertungsvorgänge aufgesplittert wird (sa. *Schack*[4], Urheber- und Urhebervertragsrecht, Rdnr. 307 f.). Die monistische Theorie findet auch auf das Recht der ausübenden Künstler (§§ 73 ff.) Anwendung. Auch bei ihren ideellen und materiellen Interessen handelt es sich um ein einheitliches unteilbares Recht (vgl. vor §§ 73 ff. Rdnr. 10). Der monistischen Theorie steht die **dualistische Theorie** gegenüber, die das Urheberrecht als ein Recht ansieht, das sich aus zwei selbständigen Teilen, nämlich den persönlichkeitsrechtlichen und den verwertungsrechtlichen Befugnissen des Urhebers, zusammensetzt. Nach der dualistischen Theorie können der persönlichkeitsrechtliche und der verwertungsrechtliche Teil voneinander getrennt werden, und es kann jedenfalls der verwertungsrechtliche Teil auf andere übertragen werden. Die dualistische Theorie hat insbesondere im französischen Recht ihren Ausdruck gefunden.

III. Schutz des Urhebers

Das Urheberrecht schützt den Urheber in seinen geistigen und persönlichen Beziehungen zum Werk und in der Nutzung des Werkes. Mit diesen Worten legt das Gesetz den **umfassenden Schutz** des Urhebers fest. Dieser Schutz umfaßt zum einen die ideellen, zum anderen die materiellen Interessen des Urhebers, die aber eine untrennbare Einheit bilden und vielfältig miteinander verflochten sind (AmtlBegr. BT-Drucks. IV/270, S. 43; sa. Rdnr. 3). So wird in der AmtlBegr. darauf hingewiesen, dass die Verwertung eines unveröffentlichten Werkes ohne gleichzeitige Ausübung des Veröffentlichungsrechts nicht möglich ist und dass die Nutzungsrechte auch nach ihrer Einräumung an Dritte weiterhin dem beim Urheber verbliebenen Persönlichkeitsrecht unterworfen bleiben (AmtlBegr. aaO).

1. Geistige und persönliche Beziehungen zum Werk

Der Schutz der geistigen und persönlichen Beziehungen zum Werk erschöpft sich nicht in den in §§ 12–14 geregelten Urheberpersönlichkeitsrechten (Urheberpersönlichkeitsrechte im engeren Sinne), sondern ist darüber hinaus als ein Grundsatz zu verstehen, der das gesamte Urheberrecht prägt (Urheberpersönlichkeitsrecht im weiteren Sinne; s. dazu vor §§ 12 ff. Rdnr. 6 ff.). Das kommt bereits in einer Reihe weiterer Vorschriften zum Ausdruck, die dem Schutz der ideellen Interessen des Urhebers dienen (dazu näher vor §§ 12 ff. Rdnr. 9), ist aber nicht darauf beschränkt (vor §§ 12 ff. Rdnr. 10). Der in § 11 S. 1 angeordnete Schutz der geistigen und persönlichen Beziehungen zum Werk ist bei der gesamten Auslegung und Anwendung des Urheberrechts zu beachten.

§ 11

2. Nutzung des Werkes

6 Nach S. 1 zweiter Teil ist der Urheber in der Nutzung des Werkes zu schützen; S. 2 ergänzt das dahin, dass das Urheberrecht der Sicherung einer angemessenen Vergütung für die Nutzung des Werkes dient. Es sollen dem Urheber **grundsätzlich alle Verwertungsmöglichkeiten** eingeräumt werden, vorbehaltlich der urheberrechtlichen Schranken, die im Interesse der Allgemeinheit sind (AmtlBegr. BT-Drucks. IV/270, S. 45). Der Urheber soll auf jeder Stufe der Verwertung seiner Werke beteiligt werden; die Verwertungsrechte sind deshalb als Stufensystem zur mittelbaren Erfassung des Endverbrauchers ausgestaltet (BVerfG GRUR 1997, 123 – Kopierladen I; BVerfG GRUR 1972, 488/491 – Tonbandvervielfältigungen; sa. § 15 Rdnr. 10 ff.). Es wird sowohl die Verwertung in körperlicher Form als auch die Verwertung in unkörperlicher Form gegenüber der Öffentlichkeit erfasst; dabei ist der Rechtekatalog des § 15 nicht abschließend (vgl. § 15 Rdnr. 22). Die Rechtsprechung formuliert die grundsätzliche Zuordnung aller Verwertungsmöglichkeiten an den Urheber dahin, dass der Urheber an der wirtschaftlichen Nutzung seiner Werke tunlichst angemessen zu beteiligen ist (vgl. aus neuerer Zeit BGH GRUR 2008, 245/247 – Drucker und Plotter; BGH GRUR 2005, 937/939 – Der Zauberberg; BGH GRUR 2005, 670/671 – WirtschaftsWoche; BGH GRUR 2003, 1035/1037 – Hundertwasser-Haus; BGH GRUR 2002, 246/248 – Scanner; BGH GRUR 2002, 605 f. – Verhüllter Reichstag; OLG München GRUR-RR 2006, 121/122 – Kopiervergütung auf PCs; OLG München GRUR-RR 2006, 126/127 – CD-Kopierstationen).

7 § 11 S. 2 stellt eine besondere Ausformung und Intensivierung des Grundsatzes dar, dass dass der Urheber an der wirtschaftlichen Nutzung seiner Werke tunlichst angemessen zu beteiligen ist (*Erdmann* GRUR 2002, 923/924; sa. zu diesem Grundsatz Rdnr. 6). Der Gesetzgeber war davon ausgegangen, dass vor allem freiberufliche Urheber und ausübende Künstler häufig bei dem Versuch scheitern, gegenüber strukturell überlegenen Verwertern gerechte Verwertungsbedingungen durchzusetzen und dass das wirtschaftliche Ungleichgewicht der Vertragsparteien die Gefahr einseitig begünstigender Verträge begründet (AmtlBegr. BT-Drucks. 14/7564 S. 1; sa. *Erdmann* GRUR 2002, 923 f.). Dem sollte durch die Einführung der §§ 32 und 32a abgeholfen werden, die die Vertragsparität zwischen Urhebern und Verwertern wiederherstellen sollten (BT-Drucks. aaO, *Hucko*, Das neue Urhebervertragsrecht, S. 158). § 11 S. 2 sollte dieses Programm vervollständigen und es der Rechtsprechung ermöglichen, Vorschriften des Gesetzes nach dem Normzweck der angemessenen Vergütung auszulegen; diesem Prinzip wurde Leitbildfunktion zugemessen (*Hucko* aaO).

8 § 11 S. 2 soll sich als gesetzliches Leitbild insbesondere auch im Rahmen der **AGB-Kontrolle** auswirken (Begründung zur Formulierungshilfe, *Hucko*, Das neue Urhebervertragsrecht, S. 158; Dreier/*Schulze*[3] § 11 Rdnr. 8; Wandtke/Bullinger/*Bullinger*[3] § 11 Rdnr. 4; Fromm/Nordemann/*Czychowski*[10] § 11 Rdnr. 6; Dreyer/Kotthoff/*Meckel*[2] § 11 Rdnr. 11; *Schack* GRUR 2002, 853/854; *Erdmann* GRUR 2002, 923, 924 ff.; kritisch *Haas* Nr. 136). Die Inhaltskontrolle gemäß §§ 305 ff. BGB erstreckt sich nach § 307 Abs. 3 S. 1 BGB allerdings nur auf Bestimmungen, die von Rechtsvorschriften abweichende oder diese ergänzende Regelungen enthalten. Da die konkrete Vergütungshöhe nicht in Rechtsvorschriften enthalten ist, erfasst die Inhaltskontrolle nach herkömmlichem Verständnis nicht Vereinbarungen, durch die Art und Umfang der Vergütung unmittelbar geregelt werden (Palandt/*Grüneberg*[68] § 307 Rdnr. 59 m. Rechtsprechungsnachweisen). § 11 S. 2 kann sich daher nicht auf die Inhaltskontrolle einer Allgemeinen Geschäftsbedingung über die Vergütungshöhe auswirken (ebenso *Berger* ZUM 2003, 521, 529; *Erdmann* GRUR 2002, 923, 924). Das ist auch insofern sinnvoll, als bei einer Inhaltskontrolle der Vergütungshöhe die (unangemessene) Vergütungsvereinbarung nichtig wäre, während der übrige Vertrag nach § 306 BGB wirksam bleiben würde. Der Gesetzgeber dürfte jedenfalls ebenfalls davon ausgegangen sein, dass die Kontrolle der Angemessenheit der Vergütungshöhe über §§ 32, 32a und 36 erfolgt (sa. *Schricker* in Vorauflage Rdnr. 5). Bei der nach wie vor zulässigen AGB-Inhaltskontrolle von Vertragsbedingungen im Rahmen von § 307 Abs. 3 BGB, die sich nur mittelbar auf den Preis auswirken (vgl. Palandt/*Grüneberg*[68] § 307 Rdnr. 60), ist jedoch „das Prinzip der angemessenen Vergütung als wesentlicher Grundgedanke des Urheberrechts zu achten" (*Hucko* S. 158; *Jacobs* NJW 2002, 1905, 1906). Vertragsbedingungen, die so angelegt sind, dass sie dem Urheber oder ausübenden Künstler den Weg zur angemessenen Vergütung versperren, sind als unwirksame Allgemeine Geschäftsbedingungen anzusehen (vgl. §§ 307 Abs. 1 Satz 1, Abs. 2 Nr. 1 BGB).

9 In der **Entscheidungspraxis der Gerichte** ist der Beteiligungsgrundsatz des § 11 S. 2 schon verschiedentlich als Leitbild und Orientierungshilfe herangezogen worden; vgl. OLG München

Vorbemerkung   Vor §§ 12ff.

ZUM 2007, 142/147 (Verknüpfung der Vergütung mit dem Absatz der Vervielfältigungsstücke; insbesondere Bindung der Vergütung an Preis und Stückzahl der verkauften Exemplare); LG Berlin ZUM-RD 2008, 18 (Inhaltskontrolle der Honorarregelung für Zeitungen und Zeitschriften, Beanstanung einer Klausel, in der ein zusätzlichen Nutzungsentgelt für sonstige neben der Primärnutzung mögliche Nutzungen zur Disposition der Verlags gestellt wird); LG München I ZUM 2006, 159/162 und LG München I ZUM 2007, 228/230 (Unangemessenheit eines Pauschalhonorars für Übersetzer, auch wenn das Werk für den Verlag einen erheblichen wirtschaftlichen Erfolg erbringt).

Unterabschnitt 2. Urheberpersönlichkeitsrecht

Vorbemerkung

Schrifttum: *Adeney,* Authors' Rights in Works of Public Sculpture: A German/Australian Comparison, IIC 2002, 164; *Ahrens,* Die Verwertung persönlichkeitsrechtlicher Positionen – Ansatz einer Systembildung, 2002; *Alder,* Urheberpersönlichkeits- und Persönlichkeitsrechte auf dem Information Highway, in *Hilty* (Hrsg.), Information Highway, 1996, S. 331; *Alemdjrodo,* Das Urheberpersönlichkeitsrecht auf dem Prüfstand der Informationsgesellschaft, 2006; *Altenburg,* Die neuere Entwicklung des Urheberpersönlichkeitsrechts in Deutschland und Frankreich, München 1994; *Asmus,* Die Harmonisierung des Urheberpersönlichkeitsrechts in Europa, 2004; *Baum,* Über das Droit moral, seine Ausübung und seine Dauer, GRUR Int. 1965, 418; *Bellini,* Moral Right and Droit Moral: A Matter of Paradigms, RIDA Nr. 204 [April 2005] S. 3; *Beuthin/Schmölz,* Persönlichkeitsschutz durch Persönlichkeitsgüterrechte, 1999; *de Boor,* Die Übertragbarkeit des Droit moral des Urhebers an Werken der Literatur, Tonkunst und bildenden Künste, RabelsZ (Sonderheft) 1950, 692 = Beiträge zum Handels- und Wirtschaftsrecht 1950, 122; *ders.,* La notion de droit moral, son évolution en Allemagne, DdA 1951, 87; *Boytha,* Der schillernde Schutz von Urheberpersönlichkeitsrechten in der Berner Übereinkunft, Fs. für Rehbinder, 2002, S. 199; *Braun,* Noldes ungeliebte Kinder, Jahrbuch der Juristischen Zeitgeschichte Bd. 1 (1999/2000), S. 533; *Briem,* Ist die Verletzung von Urheberpersönlichkeitsrechten ein Kavaliersdelikt?, GRUR Int. 1999, 936; *Bullinger,* Kunstwerkfälschung und Urheberpersönlichkeitsrecht, 1997; *Clément,* Urheberrecht und Erbrecht, 1993; *Claus,* Postmortaler Persönlichkeitsschutz im Zeichen allgemeiner Kommerzialisierung, 2004; *Cornish,* Der Schutz des Urheberpersönlichkeitsrechts nach dem neuen britischen Urheberrechtsgesetz von 1988, GRUR Int. 1990, 500; *Decker,* Urheberpersönlichkeitsrecht im Internet, in *Hoeren/Sieber* (Hrsg.), Handbuch Multimedia-Recht, Loseblatt, 1999, Teil 7.6; *Dieselhorst,* Was bringt das Urheberpersönlichkeitsrecht? Urheberpersönlichkeitsschutz im Vergleich: Deutschland – USA, 1995; *Dietz,* Das Droit Moral des Urhebers im neuen französischen und deutschen Urheberrecht, 1968; *ders.,* Das Urheberpersönlichkeitsrecht vor dem Hintergrund der Harmonisierungspläne der EG-Kommission, ZUM 1993, 309; *ders.,* Le droit moral de l'auteur (droit civil). Rapport général/Legal Principles of Moral Rights (Civil Law). General Report, in *ALAI* (Hrsg.), Le droit moral de l'auteur/The moral right of the author. Congrès d'Anvers/Congress of Antwerp (19–24 Septembre 1993), Paris 1994, S. 25 bzw. S. 54; *ders.,* The Artist's Right of Integrity under Copyright Law – A Comparative Approach, IIC 1994, 177; *ders.,* Authenticity of authorship and work, in *ALAI* (Hrsg.), Copyright in Cyberspace/Le droit d'auteur en cyberspace (Study Days Amsterdam 4–8 June 1996), Amsterdam 1997, S. 165; *ders.,* Französischer Dualismus und deutscher Monismus im Urheberrecht – ein Scheingegensatz?, Fs. für Erdmann, 2002, S. 63; *Doutrelepont,* Le droit moral de l'auteur et le droit communautaire, 1997; *dies.,* Das droit moral in der Europäischen Union, GRUR Int. 1997, 293; *Dreier,* Das Urheberpersönlichkeitsrecht in den USA: Erste gesetzliche Ansätze im Bereich der bildenden Kunst, GRUR Int. 1985, 525; *ders.,* Urheberpersönlichkeitsrecht und die Restaurierung von Werken der Architektur und der bildenden Kunst, Fs. für Beier, 1996, S. 365; *Eisenreich,* Der Schutz des Urheberpersönlichkeitsrechts in Großbritannien, Kanada und Australien, GRUR Int. 1988, 36; *Fakes,* The EEC's Directive on Software Protection and its Moral Rights Loophole, Software Law Journal 1992, 531; *Federle,* Der Schutz der Werkintegrität gegenüber dem vertraglich Nutzungsberechtigten im deutschen und US-amerikanischen Recht, 1998; *Flechsig,* Der Leistungsintegritätsanspruch des ausübenden Künstlers, 1977; *Forkel,* Das allgemeine Persönlichkeitsrecht – Betrachtung einer fünfzigjährigen Entwicklung der Persönlichkeitsrechte im deutschen Privatrecht –, in *Forkel/Sosnitza* (Hrsg.), Zum Wandel beim Recht der Persönlichkeit und ihrer schöpferischen Leistungen, 2004, S. 9; *Français,* Le droit moral comparé: entre problématique classique et moderne, Les Cahiers de propriété intellectuelle Vol. 12 (2000) 315; *Freitag,* Die Kommerzialisierung von Darbietung und Persönlichkeit des ausübenden Künstlers, 1993; *Gendreau,* Digital Technology and Copyright: Can Moral Rights Survive the Disappearance of the Hard Copy?, Entertainment Law Review 6 (1995) 450; *Ginsburg,* Urheberpersönlichkeitsrechte im Rechtssystem des Common Law, GRUR Int. 1991, 593; *Goldmann,* Das Urheberrecht an Bauwerken – Urheberrechtspersönlichkeitsrechte des Architekten im Konflikt mit Umbauvorhaben, GRUR 2005, 639; *Goldstein,* Adaptation Rights and Moral Rights in the United Kingdom, The United States and the Federal Republic of Germany, IIC 1983, 43; *Götting,* Persönlichkeitsrechte als Vermögensrechte, 1995; *ders.* (Hrsg.), Multimedia, Internet und Urheberrecht, 1998; *Gotzen,* Le droit moral dans la nouvelle loi belge relative au droit d'auteur et aux droits voisins, GRUR Int. 1996, 515; *Gounalakis/Rhode,* Persönlichkeitsschutz im Internet, 2002; *Gregoritza,* Die Kommerzialisierung von Persönlichkeitsrechten Verstorbener, 2003; *Grünberger,* Das Interpretenrecht, 2006; *Gunlicks,* A Balance of Interests: The Concordance of Copyright Law and Moral Rights in the Worldwide Economy, FORDHAM Intellectual Property, Media & Entertainment Law Journal Vol. XI (Spring 2001) No. 3 S. 601; *Heeschen,* Urheberpersönlichkeitsrecht und Multimedia, 2003; *Heidmeier,* Das Urheberpersönlichkeitsrecht durch den Erben – Sondererblast oder Rechtswahrung –, ZUM 1999, 291; *Helle,* Wirtschaftliche Aspekte zivilrechtlichen Persönlichkeitsschutzes, RabelsZ 60 (1996) 450; *Hess,* Urheberrechtsprobleme der Parodie, 1993; *Hilty,* Unübertragbarkeit urheberrechtlicher Befugnisse: Schutz des Urhebers oder dogmatisches Ammenmärchen?, Fs. für Rehbinder, 2002, S. 259; *Holländer,* Das Urheberpersönlichkeitsrecht des angestellten Programmierers, CR 1992, 279; *Hubmann,* Das Persönlichkeitsrecht, 2. Aufl. 1967; *ders.,* Die Entwicklung des Urheberpersönlichkeitsrechts im Spiegel der Grünen Zeitschrift, GRUR-Fs., 1991, Bd. II S. 1175; *Jahn,* Das Urheberpersönlichkeitsrecht im deutschen und britischen Recht, Münster/Hamburg 1994; *Jaeger,* Der ausübende Künstler und der Schutz seiner Persönlichkeitsrechte im Urheberrecht Deutschlands, Frankreichs und der Europäischen Union, 2002; *Jänecke,* Das urheberrechtliche Zerstörungsverbot gegenüber dem Sacheigentümer, 2003; *Katzenberger,* Der Schutz von Werken der bildenden Künste durch das Urheberstrafrecht und die Praxis der Strafverfolgung in der Bundesrepublik Deutschland, GRUR 1982, 715; *Kellerhals,* Urheberpersönlichkeitsrecht im Arbeitsverhältnis, 1994; *dies.,* Die europäischen Wurzeln des Droit Moral, GRUR Int. 2001, 438; *dies.,* Bemerkungen über das Urheberpersönlichkeitsrecht, UFITA Bd. 2000/III, S. 617; *Kreile/Wallner,* Schutz der Urheberpersönlichkeitsrechte im Multimediazeitalter, ZUM 1997, 625; *Krüger-Nieland,* Das Urheberpersönlichkeitsrecht, eine besondere Erscheinungsform des allgemeinen Persönlichkeitsrechts?, Fs. für Hauß, 1978, S. 215; *Lausen,* Das Urheberpersönlichkeitsrecht vor dem Hintergrund der Harmonisierungspläne der EG-Kommission – Diskussionsbericht, ZUM 1993, 359; *Lehmann,* Persönlichkeitsrecht, Urheberpersönlichkeitsrecht und Neue Medien, Fs. für Dietz, 2001, S. 117; *Leinveber,* Der Schutz des Urheberpersönlichkeitsrechts, GRUR 1956, 203; *Leinveber,* Urheberrechtlicher Denkmalschutz, GRUR 1962, 75; *ders.,* Urheberrechtlicher Denkmalschutz – ja oder nein?, GRUR 1964, 364; *Lendvai,* Die Realisierung der Urheberpersönlichkeitsrechte in Deutschland und England, 2003; *Leuze,* Urheberrechte der Beschäftigten im öffentlichen Dienst, 2. Aufl. 2003; *Lucas-Schloetter,* Droit moral et droits de la personnalité. Étude de droit comparé français et allemand, 2 Bde, 2002; *dies.,* Die Interessenabwägung bei der Ausübung des Urheberpersönlichkeitsrechts, GRUR Int. 2002, 2 (französische Fassung in Fs. für Dietz, 2001, S. 127); *dies.,* Die Rechtsnatur des Droit Moral, GRUR Int. 2002, 809; *Matanovic,* Rechtsgeschäftliche Dispositionen über urheberpersönlichkeitsrechtliche Befugnisse unter Berücksichtigung des französischen und US-amerikanischen Rechts, 2006; *Mentha,* Einige Gedanken zum Urheberpersönlichkeitsrecht, GRUR Int. 1973, 295; *Mersmann,* Die Entwicklung des Urheberpersönlichkeitsrechts in den Vereinigten Staaten von Amerika, 2002; *Metzger,* Rechtsgeschäfte über das Droit moral im deutschen und französischen Urheberrecht, 2002; *ders.,* Rechtsgeschäfte über das Urheberpersönlichkeitsrecht nach dem neuen Urhebervertragsrecht, GRUR 2003, 9; *ders.,* Europäisches Urheberrecht ohne Droit moral?, Fs. für Schricker, 2005, S. 455; *Müller,* Das Urheberpersönlichkeitsrecht des Architekten im deutschen und österreichischen Urheberrecht, 2004; *Mues,* Der Ausstellungsvertrag, 2003; *Müsse,* Das Urheberpersönlichkeitsrecht unter besonderer Berücksichtigung der Veröffentlichung und der Inhaltsmitteilung, Diss. Freiburg i. Br. 1999; *Nérisson,* Le droit moral de l'auteur décédé en France et en Allemagne, Cahiers IRPI 4, Paris 2003; *Neumann-Duesberg,* Verwechslung des Urheberpersönlichkeitsrechts mit dem allgemeinen Persönlichkeitsrecht, NJW 1971, 1640; *Nordemann,* Das Recht der Bearbeitung gemeinfreier Werke, GRUR 1964, 117; *ders.,* Ersatz des immateriellen Schadens bei Urheberrechtsverletzungen, GRUR 1980, 434; *ders.,* Kunstfälschungen und kein Rechtsschutz, GRUR 1996, 737; *Ohly,* „Volenti non fit iniuria". Die Einwilligung im Privatrecht, 2002; *Osenberg,* Die Unverzichtbarkeit des Urheberpersönlichkeitsrechts, Diss. Berlin 1979 = Schriftenreihe der UFITA 65 (1980) (zit. nach Diss.); *Pakuscher,* Zum Rechtsschutz vor Entstellungen gemeinfreier Werke, UFITA 93 (1982) 43; *Pedrazzini,* Das droit moral vor Berner Übereinkunft in der Schweiz, in: Die Berner Übereinkunft und die Schweiz, Fs. 100 Jahre Berner Übereinkunft, 1986, S. 233; *Peifer,* Moral Rights in den USA, ZUM 1993, 325; *ders.,* Werbeunterbrechungen in Spielfilmen, 1994; *ders.,* Individualität im Privatrecht, 2001; *Peter,* Das allgemeine Urheberpersönlichkeitsrecht und das „droit moral" des Urhebers und des Leistungsschutzberechtigten in den Beziehungen zum Film, UFITA 36 (1962) 257; *Peukert,* Die Leistungsschutzrechte des ausübenden Künstlers nach dem Tode, 1999; *ders.,* Leistungsschutz des ausübenden Künstlers de lege lata und de lege ferenda unter besonderer Berücksichtigung der postmortalen Rechtslage, UFITA 138 (1999), 63; *ders.,* Persönlichkeitsbezogene Immaterialgüterrechte?, ZUM 2000, 710; *ders.,* Die psychologische Dimension des droit moral, in *Rehbinder* (Hrsg.), Die psychologische Dimension des Urheberrechts, 2003, S. 113 ff.; *ders.,* Güterzuordnung als Rechtsprinzip?, 2008; *Prill,* Urheberrecht und Klingeltöne, 2006; *Rehbinder,* Multimedia und das Urheberpersönlichkeitsrecht, ZUM 1995, 684; *ders.,* Die Familie im Urheberrecht, ZUM 1986, 365; *Riekert,* Der Schutz des Musikurhebers bei Coverversionen, 2003; *ders.,* Multimedia und das Urheberpersönlichkeitsrecht, in *Götting* (Hrsg.), Multimedia, Internet und Urheberrecht, 1998, S. 123; *Rigamonti,* Geistiges Eigentum als Begriff und Theorie des Urheberrechts, 2001; *Rigamonti,* Deconstructing Moral Rights, Harv. Int'l L. J. 47 (2006), 353; *Roeber,* Abgrenzungsfragen des allgemeinen Persönlichkeitsrechts unter den Aspekten des neuen Urheberrechtsgesetzes, FuR 1965, 102; *Rüll,* Allgemeiner und urheberrechtlicher Persönlichkeitsrechtsschutz des ausübenden Künstlers, 1998; *Runge,* Schranken des Urheberpersönlichkeitsrechts, UFITA 23 (1957) 16; *ders.,* Das Urheber- und allgemeine Persönlichkeitsrecht, UFITA 54 (1969), 1; *Rushton,* The Moral Rights of Artists: Droit Moral ou Droit Pécuniaire?, Journal of Cultural Economics Vol. 22 (1998), S. 15 ff.; *Ruzicka,* Die Problematik eines „ewigen Urheberpersönlichkeitsrechts", 1979; *Saito,* Moral Right System in Japan, UFITA 136 (1997), 201; *Schacht,* Die Einschränkungen des Urheberpersönlichkeitsrechts im Arbeitsverhältnis, 2004; *Schack,* Das Persönlichkeitsrecht der Urheber und ausübenden Künstler nach dem Tode, GRUR 1985, 352; *ders.,* Die grenzüberschreitende Verletzung allgemeiner und Urheberpersönlichkeitsrechte, UFITA 108 (1988), 51; *ders.,* Kolorierung von Spielfilmen: Das Persönlichkeitsrecht des Filmregisseurs im IPR, IPRax 1993, 46; *Schardt,* Das Urheberpersönlichkeitsrecht vor dem Hintergrund der Harmonisierungspläne der EG-Kommission, ZUM 1993, 318; *Schiefler,* Verhältnis des Urheberrechts und des Leistungsschutzrechts des ausübenden Künstlers zum allgemeinen Persönlichkeitsrecht, GRUR 1960, 156; *Schierholz/Müller,* Der Herausgeber im Urheberrecht, Fs. für Nordemann, 2004, S. 115; *Schmitt-Kammler,* Die Schaffensfreiheit des Künstlers in Verträgen über künftige Geisteswerke, 1978; *Schöfer,* Die Rechtsverhältnisse zwischen dem Urheber eines Werkes der bildenden Kunst und dem Eigentümer des Originalwerkes, 1983; *Scholz,* Die Verletzung des Urheberpersönlichkeitsrechts (Droit moral) im französischen und deutschen internationalen Privatrecht, Diss. Berlin 1998; *Schulze,* Urheberrecht der Architekten, NZBau 2007, 537 (Teil 1), 611 (Teil 2); *Schricker,* Die Einwilligung des Urhebers in entstellende Änderungen des Werks, Fs. für Hubmann, 1985, S. 409; *ders.,* Hundert Jahre Urheberrechtsentwicklung, GRUR-Fs., 1991, S. 1095/1113 ff.; *ders.,* 3. Teil: Urheberpersönlichkeitsrecht, in *Schricker* (Hrsg.), Urheberrecht auf dem Weg zur Informationsgesellschaft, 1997, S. 79 (zitiert: Informationsgesellschaft); *ders.,* Das Urheberrecht des wissenschaftlichen Personals, in *Hartmer/ Detmer* (Hrsg.), Hochschulrecht 2004, S. 419; *Seifert,* Postmortaler Schutz des Persönlichkeitsrechts und Schadensersatz – Zugleich ein Streifzug durch die Geschichte des allgemeinen Persönlichkeitsrechts, NJW 1999, 1889; *Sieg,* Das unzulässige Anbringen der richtigen Urheberbezeichnung (§ 107 UrhG), 1985; *Skrzipek,* Urheberpersönlichkeitsrecht und Vorfrage, 2005; *Strömholm,* Le droit moral de l'auteur en droit Allemand, Français et Scandinave, Bd. I, II 1, 1967, und II 2, 1973; *ders.,* Droit moral – The International and Comparative Scene from a Scandinavian Viewpoint, IIC 1983, 1; *Stuhlert,* Die Behandlung der Parodie im Urheberrecht, 2002; *Tölke,* Das Urheberpersönlichkeitsrecht an Werken der bildenden Künste, Diss. München 1967; *Troller,* Bedenken zum Urheberpersönlichkeitsrecht, Schriftenreihe der UFITA Heft 16, 1959 = UFITA 28 (1959), 257 (zit. nach Schriftenreihe); *Vischer,* Das „Droit moral de l'auteur" aus rechtsvergleichender und kollisionsrechtlicher Sicht, Fs. für Müller-Freienfels,

Vorbemerkung **Vor §§ 12ff.**

1996, S. 85; *Vogel*, Urheberpersönlichkeitsrecht und Verlagsrecht im letzten Drittel des 19. Jahrhunderts, in *Wadle* (Hrsg.), Historische Studien zum Urheberrecht in Europa, 1993, S. 191 = GRUR 1994, 587; *Walchshöfer*, Der persönlichkeitsrechtliche Schutz der Architektenleistung, Fs. für Hubmann, 1985, S. 469; *Wandtke*, Theaterzensur und Urheberpersönlichkeitsrecht am Anfang des 20. Jahrhunderts in Preussen, UFITA 136 (1998), 257; *v. Welser*, Die Wahrnehmung urheberpersönlichkeitsrechtlicher Befugnisse durch Dritte, 2000; *de Werra*, Le droit à l'intégrité de l'œuvre, 1997; *Windisch*, Persönlichkeitsbezogene Komponenten in Immaterialrechten, GRUR 1993, 352.

Übersicht

	Rdnr.
I. Begriff und Inhalt des Urheberpersönlichkeitsrechts (UPR)	1–18 a
1. Das UPR als Begriff der Gesetzessprache	1–5
a) Erstmalige Verwendung des Begriffs im UrhG 1965	1, 2
b) Das UPR in den amtlichen Entwürfen zum UrhG 1965	4–5
2. UPR ieS und UPR iwS	6–10
3. Verklammerung und Untrennbarkeit des Schutzes materieller und ideeller Interessen des Urhebers	11–13
4. Abgrenzung des UPR vom allgemeinen Persönlichkeitsrecht (aPR)	14–17
5. Persönlichkeitsschutz des ausübenden Künstlers	18, 18a
II. Internationale Dimension	19–25 b
1. Rechtsvergleichende Aspekte	19–22
2. Europäisches Recht	22 a
3. Konventionsrecht	23–25 b
III. Merkmale des UPR	26–35
1. Unübertragbarkeit und Unverzichtbarkeit in seinem Kerngehalt	26–28 d
2. Vererblichkeit des UPR	29–32
3. Zeitliche Begrenztheit des UPR	33–35
IV. Zukunft des UPR	35 a

I. Begriff und Inhalt des Urheberpersönlichkeitsrechts (UPR)

1. Das UPR als Begriff der Gesetzessprache

a) Erstmalige Verwendung des Begriffs im UrhG 1965. Als **Begriff der deutschen** 1 **Gesetzessprache** erscheint der Ausdruck „Urheberpersönlichkeitsrecht" erstmals in der Überschrift des 2. Unterabschnitts im Vierten Abschnitt des Ersten Teils des UrhG 1965 vor § 12 (vgl. auch *Roeber* FuR 1965, 102/103 und *Runge* UFITA 54 [1969] 1). Vorschriften urheberpersönlichkeitsrechtlichen Charakters und Inhalts waren freilich bereits im LUG von 1901 und im KUG von 1907 enthalten (vgl. die Hinweise bei *Ulmer*² § 55 II, § 57 I, § 58 I und § 59 I sowie insbesondere *Mittelstaedt* GRUR 1930, 43/45 ff.; *Lendvai* S. 36 ff.). Auch in der Rechtsprechung waren (insbesondere seit RGZ 79, 397 – Felseneiland mit Sirenen) jedenfalls **Teilaspekte des UPR längst anerkannt.** (vgl. den Überblick über die Rechtsprechung des Reichsgerichts bei *Smoschewer* UFITA 3 [1930] 229/256 ff. sowie *Elster*, Das Urheberpersönlichkeitsrecht in der Rechtsprechung des Reichsgerichts, in Die Reichsgerichtspraxis im deutschen Rechtsleben, Bd. 4 S. 252 ff.; zur geschichtlichen Entwicklung der Rechtsprechung seit 1880 ausführlich auch *Strömholm* Bd. I S. 338 ff., 347 ff.; sa. *Lendvai* S. 32 ff., 40 ff.). Nach der Darstellung *Elsters* (aaO S. 253) wurde das UPR in der Form „Urheber-Persönlichkeitsrecht" expressis verbis allerdings erst in RG GRUR 1929, 508/509 – Lateinisches Übungsbuch – angesprochen. (Zum Beginn des systematischen Gebrauchs des Begriffs UPR in der Lehre vgl. *Strömholm* Bd. I S. 475 f.; allgemein zur historischen Entwicklung vgl. auch *Asmus* S. 25 ff.; *Heidmeier* S. 31 ff.; *Kellerhals* S. 19 ff.; *Lendvai* S. 14 ff.; *Mersmann* S. 5 ff.; *Müller* S. 7 ff.; *Müsse* S. 26 ff. sowie *Vogel* S. 191 ff.; wegen des Zusammenhangs mit Theaterzensur am Anfang des 20. Jhts. in Preussen s. *Wandtke* UFITA 136 [1998], 257/270 ff.).

Nach der geltenden Regelung scheint das UPR nur das Veröffentlichungsrecht (§ 12), das 2 Recht auf Anerkennung der Urheberschaft (§ 13) und das Recht, Entstellungen des Werks zu verbieten (§ 14), zu umfassen. Dies wird dem in Rechtsprechung und Rechtslehre entwickelten Begriff des UPR nicht voll gerecht; dem in den §§ 12–14 zum Ausdruck kommenden **UPR ieS** ist vielmehr ein **umfassender Begriff des UPR iwS** gegenüberzustellen (su. Rdnr. 6 ff.). Dies erklärt auch gewisse terminologische Unsicherheiten in der Entstehungsgeschichte der Regelung des UPR im UrhG 1965.

b) Das UPR in den amtlichen Entwürfen zum UrhG 1965. Die amtlichen Entwürfe des 3 UrhG 1965 (RefE 1954; MinE 1959; RegE 1962; wegen der vorangegangenen privaten und amtlichen Entwürfe seit 1929 vgl. *Heidmeier* S. 42 ff.; *Heeschen* S. 18 ff.) ließen gewisse **Unsicherheiten bei der gesetzlichen Ausgestaltung des UPR** erkennen (vgl. *Strömholm* GRUR 1963,

350/352 f.; zur Entstehungsgeschichte ausführlich *Strömholm* Bd. I S. 462 ff.). Der RefE 1954 (Begr. S. 92) wollte auf den Begriff UPR noch ganz verzichten, weil er den Kern der Sache nicht treffe (zustimmend *Roeber* FuR 1965, 102/104; ähnlich *Peter* UFITA 36 [1962] 257/266). Gegenstand des droit moral sei nicht die Person des Urhebers, sondern das urheberrechtlich geschützte Werk und die Verbindung dieses Werks mit seinem Schöpfer. Dementsprechend fasste der RefE (§§ 17–19) das Veröffentlichungsrecht, das Recht auf Anerkennung der Urheberschaft und das Recht auf Schutz gegen Entstellungen unter den Oberbegriff „sonstige Rechte des Urhebers", ein Begriff, der im UrhG 1965 als zusammenfassender Oberbegriff für das Zugangsrecht (§ 25), das Folgerecht (§ 26) und die Büchereitantieme (§ 27) verwendet wird.

4   Demgegenüber führte der MinE 1959 unter deutlicher Distanzierung vom RefE (Begr. des MinE S. 37) den Begriff des **UPR als Zwischenüberschrift in die Gesetzessprache** ein. Unter ausdrücklicher Berufung auf Art. 6bis RBÜ (Begr. des MinE S. 38) wird aber darunter nur das Recht auf Anerkennung der Urheberschaft (Entw. § 21) und das Recht auf Schutz gegen Entstellung des Werkes (Entw. § 22) gefasst. Das Veröffentlichungsrecht wurde hingegen als „eines der wichtigsten Rechte des Urhebers, das beiden Bereichen des Urheberrechts angehört" (Begr. des MinE S. 33) sowohl den Verwertungsrechten wie dem UPR vorangestellt (Entw. § 11). Das UPR wurde im MinE (Begr. S. 37) in der ihm dort verliehenen Gestalt als echtes Persönlichkeitsrecht bezeichnet, das seinem Wesen nach unlöslich mit der Person des Urhebers verbunden bleibe. Es schütze die persönlichen Interessen des Urhebers am Werk als Ausschnitt seiner Gesamtpersönlichkeit (zur Abgrenzung von UPR und allgemeinem Persönlichkeitsrecht su. Rdnr. 14 ff.).

5   Der RegE 1962 schließlich vollzog die im UrhG 1965 übernommene **Einbindung des Veröffentlichungsrechts in den Oberbegriff UPR** (Entw. § 12), zusammen mit dem Recht auf Anerkennung der Urheberschaft (Entw. § 13) und dem Recht auf Schutz gegen Entstellung des Werks (Entw. § 14). In der Begründung (BTDrucks. IV/270, S. 43) wird ausdrücklich darauf hingewiesen, dass die hM diese drei allgemeinen persönlichkeitsrechtlichen Befugnisse des Urhebers schon für das damals geltende Recht abgeleitet habe. Hinzugefügt wird (S. 44), dass, entsprechend der Natur des Urheberrechts als untrennbarer Einheit vermögensrechtlicher und persönlichkeitsrechtlicher Bestandteile, auch die Verwertungsrechte des Urhebers im Banne der persönlichen Beziehungen zwischen Urheber und Werk stehen. (Zur Frage, ob sich eine solche besondere Beziehung zwischen Urheber und Werk iSd der sog. Prägetheorie mit den Mitteln der Psychologie nachweisen und untermauern lässt, vgl. die kritischen, wenn auch vorläufigen Überlegungen bei *Peukert* in *Rehbinder* [Hrsg.], Die psychologische Dimension, S. 113/123 ff.). Diese ständige Beziehung finde in zahlreichen weiteren Bestimmungen des Entwurfs ihren Ausdruck. Ohne ausdrückliche Erwähnung dieses Begriffspaares ist damit im RegE auf die Unterscheidung zwischen UPR ieS und UPR iwS Bezug genommen.

2. UPR ieS und UPR iwS

6   Das Urheberpersönlichkeitsrecht schützt gem. § 11 S. 1 UrhG die geistigen und persönlichen **Beziehungen bzw. Interessen** (§ 14 UrhG) **des Urhebers zum bzw. am von ihm geschaffenen Werk**. Vor dem Hintergrund der im UrhG 1965 verankerten monistischen Auffassung des Urheberrechts muss im Übrigen ein **UPR ieS und ein UPR iwS** unterschieden werden (wie hier *Ulmer*[2] § 1 II 3 und § 55 I, zurückhaltender *Ulmer*[3] § 1 II 2 und § 38 II 2 und 3; *Dietz*, Droit moral, S. 38 f.; *Haberstumpf*[2] Rdnr. 197; *Schricker*, Informationsgesellschaft, S. 79; *Strömholm* Bd. I S. 6 ff., S. 15; zu dem über die §§ 12–14 hinausführenden Inhalt des UPR vgl. auch *v. Gamm* § 11 Rdnr. 6; *Möhring/Nicolini/Kroitzsch*[2] § 11 Rdnr. 8; *Neumann-Duesberg* NJW 1971, 1641/1642, unterscheidet ähnlich zwischen einem allgemeinen UPR auf der Grundlage der Generalklausel des § 11 [jetzt § 11 S. 1] und den daraus abgeleiteten besonderen UPRen; kritisch dazu *v. Welser* S. 22; in der Sache, wenn auch terminologisch zustimmend *Schack*[4] Rdnr. 318 und im Anschluss daran *Müsse* S. 42 ff.: das *allgemeine* UPR als Teil des in § 11 geregelten subjektiven einheitlichen Urheberrechts und die besonderen UPRe als Tochterrechte und nicht abschließend geregelte Konkretisierungen des ersteren; ähnlich *Jänecke* S. 38 f.; **zum Monismus allgemein** vgl. *v. Gamm* Einf. Rdnr. 24, 28; *Möhring/Nicolini/Kroitzsch*[2] § 11 Rdnr. 4 ff.; zur **Einheit des Urheberrechts** vgl. auch *Ulmer*[3] § 18; *Rehbinder*[15] Rdnr. 31 und 92 ff.; *Schricker*, GRUR-Fs., Rdnr. 50 ff.; ebenso aus der Sicht des österreichischen Rechts *Briem* GRUR Int. 1999, 936 f.; zur historischen Entwicklung *Strömholm* Bd. I S. 481 f.; für die Schweiz vgl. *de Werra* S. 15 ff., 26 ff.; zum Vergleich mit dem französischen Dualismus s. *Dietz*, Fs. für Erdmann, S. 63 ff. sowie *Nérisson* S. 20 ff.; kritisch aus extrem dualistischer, auf grundsätzlicher Trennung von Urheberrecht als bloßem Immaterialgut und Persönlichkeitsrecht behar-

Vorbemerkung **Vor §§ 12 ff.**

render Sicht *Rigamonti* passim, insb. S. 67 ff.; kritisch insb. auch unter dem Gesichtspunkt der Unübertragbarkeit des Urheberrechts auch *Hilty*, Fs. für Rehbinder, S. 259/279 ff.).

Das **UPR ieS** konkretisiert sich entsprechend der Überschrift vor § 12 in den drei näher ausgestalteten Befugnissen des Veröffentlichungsrechts (§ 12), des Rechts auf Anerkennung der Urheberschaft (§ 13) und des Rechts auf Schutz gegen Entstellung oder Beeinträchtigung des Werkes (§ 14). Es hat insofern einen **festen Umriss** und entspricht, abgesehen von dem international als Teil des UPR nicht näher ausgestalteten Veröffentlichungsrecht (zum Scheitern eines entsprechenden Vorschlags auf der Rom-Konferenz 1928 *Mentha* GRUR Int. 1973, 295), **dem Begriff des „droit moral"** in Art. 6bis RBÜ (su. Rdnr. 22). 7

Das **UPR iwS** ist zu verstehen als der das **gesamte Urheberrecht prägende Gedanke des Schutzes der geistigen und persönlichen Interessen des Urhebers in Bezug auf sein Werk** (zusammengefasst als ideelle Interessen, da sie nicht strikt voneinander zu trennen sind bzw. ineinander übergehen; vgl. *Ulmer*[3] § 38 II 1; *Schack*[4] Rdnr. 315; *v. Welser* S. 22 ff.; aA iS einer strikten Trennung persönlicher und ideeller Interessen noch *Peter* UFITA 36 [1962] 257/270 ff.; differenzierend aus der Sicht der Beziehung Werk-Rezipient, jedoch iS einer Gemengelage *Federle* S. 24 ff.). Dieser Schutz ist ausdrücklich und unmittelbar in § 11 S. 1 verankert (insoweit ebenso *Jänecke* S. 92 iSd. direkten Verankerung des UPR in § 11 S. 1 UrhG als Generalklausel). Die Kategorie der ideellen Interessen des Urhebers am Werk kann im Übrigen – über die sog. Prägetheorie hinausgehend – auch aus psychologischer Sicht einen Begründungsansatz für das UPR liefern (so *Peukert* in Rehbinder [Hrsg.], Die psychologische Dimension, S. 113/136 ff.). Das UPR iwS hat aber **keine fest umrissene Gestalt,** sondern ist immer dann heranzuziehen, wenn es der Schutz der geistigen und persönlichen Interessen des Urhebers erfordert. Dabei müssen einerseits die Realitäten des Lebens und die Gewohnheiten des Verkehrs berücksichtigt werden, andererseits bloße Empfindlichkeiten des Urhebers unberücksichtigt bleiben (*Ulmer*[3] § 38 II 3; vgl. auch KG Berlin ZUM 1989, 246/247). 8

Trotz dieser Unschärfe kommt das **UPR iwS in einer Reihe weiterer Einzelvorschriften** des UrhG in besonderer Weise zum Ausdruck (*Dreier/Schulze/Schulze*[3] vor § 12 Rdnr. 3; *Dreyer* in HK-UrhR[2] vor §§ 12 ff. UrhG Rdnr. 2; *v. Gamm* § 11 Rdnr. 6; *Kellerhals* UFITA Bd. 2000/III S. 617 f.; *Möhring/Nicolini/Kroitzsch*[2] § 11 Rdnr. 8; *Ulmer*[3] § 38 II 2; *Rehbinder*[15] Rdnr. 102 und 390). Dazu zählen der Grundsatz der Unübertragbarkeit des Urheberrechts (§ 29), das dem Veröffentlichungsrecht des § 12 zuzuordnende Rückrufsrecht wegen gewandelter Überzeugung (§ 42) sowie die ebenfalls die Dispositionsfreiheit des Urhebers schützenden Vorschriften über die Einschränkung der Zwangsvollstreckung wegen Geldforderungen gegen den Urheber (§§ 113 ff.); das Verbot von Änderungen im Zusammenhang mit Werknutzungsverträgen (§ 39) und im Zusammenhang mit zulässigen Werknutzungen im Rahmen der Urheberrechtsschranken (§ 62); schließlich das dem § 13 (Anerkennung der Urheberschaft) zuzuordnende Gebot zur Quellenangabe im Rahmen derartiger zulässiger Werknutzungen (§ 63). Genannt werden hier auch das Erfordernis der Zustimmung des Urhebers zur Weiterübertragung eines von ihm eingeräumten Nutzungsrechts nach § 34 Abs. 1 (*Rehbinder*[15] Rdnr. 102 und 390; *v. Gamm* § 11 Rdnr. 6; *Möhring/Nicolini/Kroitzsch*[2] § 11 Rdnr. 8), das Rückrufsrecht wegen Nichtausübung nach § 41 (*v. Gamm* aaO; *Möhring/Nicolini/Kroitzsch*[2] aaO; *Ulmer*[3] aaO; *Schack*[4] Rdnr. 319; vgl. auch *de Coster* GRUR Int. 1996, 905/908) sowie insbesondere das Zugangsrecht nach § 25 *v. Gamm* aaO; *Möhring/Nicolini/Kroitzsch*[2] aaO; *Müller* S. 185; *Rehbinder*[15] aaO; *Ulmer*[3] aaO). (*v. Gamm* und *Möhring/Nicolini/Kroitzsch*[2] erwähnen in diesem Zusammenhang noch das Folgerecht nach § 26, *Fromm/Nordemann/Hertin*[9] auch den Anspruch auf immateriellen Schadenersatz nach § 97 Abs. 2. Auch § 93, der im Rahmen der besonderen Bestimmungen für Filme den Schutz gegen Entstellungen des Filmwerks einschränkt, ist hier zu nennen. (Wegen der Verhältnisse bei Miturhebern iSv. § 8 vgl. oben § 8 Rdnr. 10 sowie *Waldenberger*, Die Miturheberschaft im Rechtsvergleich, 1991, S. 41 ff., 80 ff.). 9

Die Zusammenstellung dieser das UPR iwS zum Ausdruck bringenden Einzelvorschriften, kann **weder iS einer erschöpfenden Aufzählung noch im Sinne einer ausschließlichen Zuordnung** dieser Vorschriften zum Schutz der ideellen Interessen des Urhebers verstanden werden. Insb. beim Folgerecht (nach *Ulmer*[3] § 1 II 3 als Vergütungsanspruch ein reines Vermögensrecht), in geringerem Maße aber auch bei den anderen hier genannten Einzelvorschriften (zB beim Zugangsrecht nach § 25) können durchaus im Einzelfall überwiegend oder auch ausschließlich Vermögensinteressen des Urhebers im Spiele sein. Dies macht aber nur die **für das Urheberrecht typische Verklammerung materieller und ideeller Interessen des Urhebers** bzw. die „Gemengelage" (*Osenberg* S. 7, 46) zwischen den persönlichkeitsrechtlichen und den vermögensrechtlichen Befugnissen im Urheberrecht deutlich. 10

3. Verklammerung und Untrennbarkeit des Schutzes materieller und ideeller Interessen des Urhebers

11 Weder allgemein noch im Einzelfall ist eine klare Trennung materieller und ideeller Interessen des Urhebers möglich (ausführlich dazu *Strömholm* Bd. II 1 S. 15 ff.). So dient die Verwertung eines Werkes nicht nur wirtschaftlichen Erwägungen des Urhebers, sondern auch seinem Interesse, Ehre und Ansehen zu gewinnen oder belehrend und erbauend zu wirken (so *Rehbinder*[15] Rdnr. 92). Dementsprechend ist gerade bei dem in § 12 näher geregelten Veröffentlichungsrecht eine **unaufhebbare Verklammerung persönlichkeitsrechtlicher und vermögensrechtlicher Elemente** gegeben (so schon BGH GRUR 1955, 201/204 – Cosima Wagner). Die Realisierung des **Veröffentlichungsrechts als eines Grundrechts des Urhebers** erfolgt demgemäß in der Regel durch Ausübung der Verwertungsrechte (*Ulmer*[3] § 39 I; zur verbleibenden selbständigen Bedeutung des Veröffentlichungsrechts su. § 12 Rdnr. 13). Die Verklammerung der unterschiedlichen Interessen kommt auch bei den als Ausstrahlungen des UPR iwS zu deutenden Vorschriften (so. Rdnr. 9) zum Ausdruck, ebenso wie schließlich in den Verwertungsrechten.

12 Auch wenn das UPR schwerpunktartig den persönlichen Geltungsanspruch des Urhebers betrifft, der als solcher anerkannt und sein Werk nicht entstellt sehen möchte (so *Schack*[4] Rdnr. 81), dienen die **urheberpersönlichkeitsrechtlichen Einzelbefugnisse** der §§ 13 und 14 dennoch **nur im typischen Fall** den ideellen Interessen des Urhebers (vgl. *Dietz*, Droit Moral, S. 36 f.). Im Einzelfall können sie durchaus auch, gegebenenfalls sogar überwiegend materiellen Interessen des Urhebers dienen, etwa wenn bereits erfolgreiche Urheber gegen Entstellungen ihrer Werke vorgehen oder Namensnennung verlangen, um den kommerziellen Erfolg ihrer Arbeiten auch für die Zukunft zu sichern (ebenso *Schilcher* – s. Schrifttum zu § 14 – S. 8 ff.). Als Beispiel ist die vom Sachverhalt her sehr instruktive Entscheidung OLG München GRUR 1969, 146 zu erwähnen, in der ein Gebrauchsgraphiker die Erlangung von Aufträgen über 35 000 bis 40 000 DM nur aufgrund seiner Namensnennung (seines Signums) behauptete (ganz ähnlich bei einem Fall der unterbliebenen Nennung einer Fotografin in der Presse LG Hamburg ZUM 2004, 675/679 m. Anm. v. *Feldmann*; vgl. auch OLG Frankfurt/M Schulze OLGZ 201, 10; LG München I Schulze LGZ 173, 1/15 und LG München I Schulze LGZ 184, 3 sowie LG Münster NJW-RR 1996, 32, LG Düsseldorf GRUR 1993, 664 und AG Heilbronn AfP 1989, 596; ebenso für den Bereich der Musikverwertung *Riekert* S. 72 ff.). Gerade dieser Gesichtspunkt vermögensrechtlicher Implikationen von Verletzungen des UPR ieS oder iwS verlangt eine **strenge Prüfung des Maßstabs der Branchenüblichkeit bei der Hinnahme von Einschränkungen in der Ausübung des UPR** (su. § 13 Rdnr. 24 ff. und § 14 Rdnr. 29), nicht zuletzt auch bei angestellten Urhebern (su. § 43 Rdnr. 73 ff.). Bei Letzteren mag etwa die Namensnennung im Hinblick auf ein späteres Ausscheiden aus dem Arbeitsverhältnis das einzig verbleibende, auch materiell relevante Element der ursprünglichen Urheberposition sein (ähnlich *Vinck* RdA 1975, 162/166; sa. unten § 13 Rdnr. 27). Im Hinblick auf die unaufhebbare Verklammerung materieller und ideeller Interessen erscheint die nachdrücklich geäußerte Auffassung *Baums* (GRUR Int. 1965, 420; kritisch dazu auch *Runge* UFITA 54 [1969] 1/9 f. sowie *Osenberg* S. 20) nicht haltbar, wonach es sittenwidrig sei, wenn der Urheber sich seine „Urheber-Ehre abkaufen" lasse (wie hier sowie allgemein zur Frage der „Kommerzialisierbarkeit" des Einwilligungsrechts bei Verstößen gegen das UPR *Riekert* S. 121 ff.; vgl. auch *Heeschen* S. 192).

12a Im Hinblick auf die **Rechtsfolgen von Verletzungen des UPR** hat die monistische Integration des Urheberpersönlichkeitsrechts in das Urheberrecht als Stammrecht zur Folge, dass grundsätzlich alle in den §§ 97 ff. UrhG vorgesehenen Ansprüche in Betracht kommen. Für das UPR sind daher die Vorgaben der Richtlinie 2004/48/EG zur Durchsetzung der Rechte des geistigen Eigentums zu beachten. Verletzungen des UPR können im Falle von Vorsatz oder Fahrlässigkeit in vielen Fällen schon den **Schadensersatzanspruch nach § 97 Abs. 2 S. 1** auslösen (vgl. die Beispiele unten § 14 Rdnr. 41; deutlich in diesem Sinne LG Hamburg ZUM 2004, 675/679 m. Anm. v. *Feldmann*: (rein) materieller Schaden durch unterbliebene Nennung der Fotografin bei Lichtbildern iSv. § 72 mit einem hohen Aufmerksamkeitswert und dadurch entgangenen Zuwachs an Reputation und entgangenen Folgeaufträgen; zur Gewährung eines *zusätzlichen* Schadensersatzes wegen Verletzung des UPR BGH GRUR 2002, 532/535 = JZ 2002, 716/718 m. Anm. v. *Schricker* = Schulze BGHZ 496 m. Anm. v. *Müller-Katzenburg* – Unikatrahmen: unbefugte Bearbeitung durch angepasste Bemalung des Rahmens beim Vertrieb von Kunstdrucken des Malers Hundertwasser; OLG München ZUM 2000, 404: Unterlassung gehöriger Namensnennung bei Beiträgen zu einem Literaturhandbuch; LG Leipzig ZUM 2002, 315/317: unterlassene Nennung des Namens einer Modedesignerin; sowie LG Berlin GRUR 2000, 797: unterlassene Quellenangabe nach § 63 iVm § 87 Abs. 3; AG Charlottenburg ZUM-RD 2005, 356: unterlassene Nennung des Namens des Autors eines Kurzkrimis; vgl. auch OLG Frankfurt/M CR 2004, 617/618: zusätzlich zu dem ebenfalls zuerkannten „Schmerzensgeldanspruch" gem. § 97 Abs. 2 wegen im Internet unbefugt übernommener Beiträge ist die dabei erfolgte Entfernung der Urheberkennung wegen deren Eignung zur Eigenwerbung schon bei der Feststellung der Höhe etwaiger Lizenzgebühren ein maßgeblicher Angriffsfaktor). Der Anspruch auf **Ersatz des Nichtvermögensschadens** in Form einer Geldentschädigung gemäß § 97 Abs. 2 S. 4, der ohnehin nur gewährt wird, wenn und soweit es der Billigkeit entspricht (vgl. aber OLG Frankfurt/M CR 2004, 617/619 zum „Schmerzensgeldanspruch" bei schwerwiegenden Eingriffen in das UPR; ähnlich AG Charlottenburg ZUM-RD 2005, 356/358), tritt selbständig hinzu (vgl. allgemein *Nordemann* GRUR 1980, 434 ff.; wegen der neueren Entwicklung in Österreich vgl. *Briem* GRUR Int. 1999, 936 ff. sowie öOGH GRUR Int. 1999, 553; zur Geltendmachung durch den Erben bei Verletzung des Veröffentlichungsrechts *Heintig* ZUM 1999, 291 ff.). Umgekehrt können bei scheinbar „glatten" Verletzungen von Verwertungsrechten im Einzelfall auch urheberpersönlichkeitsrechtliche Interessen tangiert sein, so dass auch in solchen Fällen der Anspruch nach § 97 Abs. 2 nicht von vornherein ausscheidet.

Unübertroffen bleibt **das von Ulmer** (*Ulmer*[3] § 18 II 4; so schon *Ulmer*[1] § 14 III; vgl. auch *Schack*[4] Rdnr. 306 f.) **gezeichnete anschauliche Bild** für das Verhältnis, in dem der Interessenschutz zur Gestalt des Urheberrechts und zu den aus dem Urheberrecht fließenden Befugnissen steht: die beiden Interessengruppen erscheinen, wie bei einem **Baum,** als die Wurzeln des Urheberrechts, und dieses selbst als der einheitliche Stamm. Die urheberrechtlichen Befugnisse aber sind mit Ästen und Zweigen vergleichbar, die aus dem Stamm wachsen. Sie ziehen Kraft bald aus beiden, bald ganz oder vorwiegend aus einer der Wurzeln. 13

4. Abgrenzung des UPR vom allgemeinen Persönlichkeitsrecht (aPR)

Die **persönliche Beziehung zwischen Urheber und Werk als Gegenstand des UPR (ieS und iwS)** grenzt dieses gleichzeitig ab gegen das aPR (*Bullinger* S. 156 ff.; *Dreyer* in HK-UrhR[2] vor §§ 12 ff. UrhG Rdnr. 36; *Fromm/Nordemann/Dustmann*[10] vor § 12 Rdnr. 9; *v. Gamm* § 11 Rdnr. 5; *Möhring/Nicolini/Kroitzsch*[2] § 11 Rdnr. 7; *Schack*[4] Rdnr. 41 ff.; *Ulmer*[3] § 6 III; *Rehbinder*[15] Rdnr. 137 und 390 ff.; *Krüger-Nieland,* Fs. für Hauß, S. 215/219 f.; *Neumann-Duesberg* NJW 1971, 1640; aA *Kellerhals* UFITA Bd. 2000/III S. 617/624 ff. iSd Betonung der Wesensverwandtschaft von aPR und UPR anhand einer sehr eingehenden Analyse der verschiedenen Auffassungen; ausführlich zum Verhältnis von aPR und UPR auch *Jänecke* S. 227 ff.). UPR und aPR sind **wesensverwandt**, weil sie der Wahrung des persönlichen Entfaltung dienen, wie sie in den Art. 2 Abs. 1, 1 Abs. 1 GG auch mit Auswirkungen auf das Privatrecht garantiert ist (ebenso *Schiefler* GRUR 1960, 159 gegen *Troller,* Bedenken, S. 8, der sich überhaupt gegen den Begriff UPR wendet; *Heidmeier* S. 117 ff.; *Kellerhals* S. 76 ff.; *Schack*[4] Rdnr. 44; rechtsvergleichend *Lucas-Schloetter,* Droit moral, passim, insb. Rdnr. 211 ff.; kritisch *dies.* GRUR Int. 2002, 809 ff.; *Neumann-Duesberg* NJW 1971, 1640/1641; *Roeber* FuR 1965, 102/103 f.; *Peter* UFITA 36 [1962] 267/270; *Runge* UFITA 54 [1969] 1/25 ff. und *Schöfer* S. 146 ff.; vgl. auch den detaillierten Überblick über die verschiedenen Auffassungen bei *Osenberg* S. 10 ff. sowie rechtsvergleichend bei *de Werra;* vgl. auch *Clément* S. 66 ff. aus der Sicht der Vererbung des Rechts). Wegen seiner Einbettung in das einheitliche, der Eigentumsgarantie (Art. 14 GG) unterfallende Urheberrecht und seiner positiv-gesetzlichen Konkretisierung ist das UPR jedoch als **rechtlich selbständige Erscheinungsform des Persönlichkeitsschutzes** aufzufassen (zust. *Müller* S. 18 f.; kritisch dazu *Rehbinder*[15] Rdnr. 391 ff.; gegen eine Subsumierung des Droit moral unter die Persönlichkeitsrechte überhaupt *Lucas-Schloetter* GRUR Int. 2002, 809 ff.). 14

Als Spezialregelung geht das UPR dem aPR jedoch vor und verdrängt es (*Krüger-Nieland,* Fs. für Hauß, S. 215/221; *Schiefler* GRUR 1960, 158; teilweise aA *Heeschen* S. 28 f.). Das aPR kann jedoch in besonders gelagerten Einzelfällen ergänzend herangezogen werden; es hat eine „Auffangfunktion" bzw. „Reservefunktion" (so *Schack*[4] Rdnr. 45 f.; sa. *ders.* IPRax 1993, 47/51; ähnlich *Jänecke* S. 235; *Müller* S. 19; *Schacht* S. 58 f.; vgl. auch *Dreyer* in HK-UrhR[2] vor §§ 12 ff. UrhG Rdnr. 37; *Krüger-Nieland,* Fs. für Hauß, S. 215/121 f.; iSd. Subsidiarität auch *Müsse* S. 57 ff.; *Schiefler* GRUR 1960, 158/160; Rdnr. 9; *v. Welser* S. 20; *v. Moltke,* Das Urheberrecht an den Werken der Wissenschaft, Diss. 1990, S. 159 ff.). Zu nennen sind insoweit die Heranziehung des aPR zum Schutz eines Originalwerkes vor Zerstörung (*Wandtke/Bullinger/* 15

Vor §§ 12ff.
Vorbemerkung

Bullinger[3] vor §§ 12ff. UrhG Rdnr. 17 und § 14 UrhG Rdnr. 244; *Jänecke* S. 235f. und *Müller* S. 19), der Schutz der Geheimhaltungs- und Integritätsinteressen von Arbeiten ohne Werkcharakter wie alltäglichen Briefen sowie der Schutz kraft aPR bei Ausscheiden des UPR-Schutzes aus kollisionsrechtlichen Gründen (*Schack* IPRax 1993, 47/51; *v. Welser* S. 21).

16 Voraussetzung für die Anwendung des UPR (ieS oder iwS) ist im Gegensatz zu dem dem Urheber unabhängig davon zukommenden aPR das **Bestehen eines oder mehrerer bestimmter, von ihm geschaffener Werke,** mit denen ihn das **geistige Band der Urheberschaft** verbindet. Individualinteressen des Urhebers, die sich nicht auf ein einzelnes Werk, sondern auf die Gesamtheit seines Werkschaffens oder Œuvres beziehen, werden nicht durch das UPR, ggf. aber durch das aPR geschützt (so mit Nachdruck BGH GRUR 1995, 668 = JZ 1990, 40 m. krit. Anm. *v. Schack* – Emil Nolde; ausführliche Schilderung des Falles mit zahlreichen Details bei *Braun,* Jb. d. Jur. Zeitgeschichte Bd. 1 [1999/2000], S. 533ff.; kritisch *Bullinger,* insb. S. 63ff., 140ff., sa. seinen Normvorschlag S. 156 für einen § 14a UrhG über die verbotene Verfälschung des Werkschaffens eines Künstlers durch falsche Zuschreibung eines Werkes; kritisch auch *Nordemann* GRUR 1996, 737/738f.; *Katzenberger* GRUR 1982, 718; wie hier dagegen *Ulmer*[3] § 6 III; *Dreyer* in HK-UrhR[2] vor §§ 12ff. UrhG Rdnr. 38 und 44ff. unter Betonung der Schwierigkeiten von Künstlererben, Fälschungen zu verhindern; *Haberstumpf*[2] Rdnr. 198; *Jänecke* S. 236ff.; *Müsse* S. 60; *Schack*[4] Rdnr. 42; *Stuhlert* S. 77; *Dietz,* Droit moral, S. 31; allgemein auch *Jacobs,* Persönlichkeitsrecht bei Kunstfälschungen?, Fs. für Piper, S. 679ff.; vgl. auch BVerfG AfP 1993, 476 für den Fall einer weder durch die Kunstfreiheitsgarantie nach Art. 5 Abs. 3 GG noch durch die Garantie der Meinungsfreiheit nach Art. 5 Abs. 1 Satz 1 GG gedeckten „Schmähkritik" am gesamten Werkschaffen eines Schriftstellers [hier Heinrich Böll] sowie andererseits BVerfG NJW 1993, 2925 bezüglich des Schutzes vor Zuschreibung nicht getaner Äußerungen oder vor unrichtigen, verfälschten oder entstellten Wiedergaben einer Äußerung durch das aPR). Auch in der bloßen Kritik eines konkreten Werks kann nur eine Verletzung des aPR des Urhebers liegen (so *Schack*[4] Rdnr. 42, 346; *Dreyer* in HK-UrhR[2] vor §§ 12ff. UrhG Rdnr. 52).

16a Auch Beeinträchtigungen **der Schaffensfreiheit** unterfallen nicht dem UPR, sondern stellen zivilrechtlich ggf. Verletzungen des aPR oder des Rahmenrechts am Gewerbebetrieb dar (so auch *Schmitt-Kammler* S. 32ff.; *Dreier/Schulze/Schulze*[3] vor § 12 Rdnr. 5; *Schack*[4] Rdnr. 42; *Strömholm* Bd. II 1 S. 89f.; *ders.* IIC 14 [1983] 16f.), da das Urheberrecht den Urheber in seinen **Beziehungen zu einem bereits geschaffenen Werk, nicht aber bei der Tätigkeit des Schaffens** selbst schützt. Demgemäß hat der Urheber keinen *urheberrechtlichen* Anspruch darauf, an einem bestimmten Werk, einer bestimmten Filmproduktion mitzuwirken; ein solcher Anspruch ergibt sich auch nicht aus Art. 2 GG (freie Entfaltung der Persönlichkeit), sondern kann nur vertraglich begründet werden (so OLG München ZUM 2000, 767/772 – Regievertrag; dazu Nichtannahmebeschluss BVerfG NJW 2001, 600; sa. unten § 12 Rdnr. 11, § 14 Rdnr. 11c sowie § 93 Rdnr. 12 und 16). Nicht zum droit moral gehört ferner das sog. **droit de non-paternité** (s. die Nachweise bei *de Werra* S. 44ff.; vgl. auch *Rehbinder*[15] Rdnr. 402 sowie bezüglich der Zuschiebung von Verantwortung an Nichturheber-Beamte beim Behördenhandeln *Leuze* S. 89), das gegen die Signierung eines fremden Werkes mit dem Urhebernamen gerichtet ist (so BGH GRUR 1995, 668 – Emil Nolde; verfehlt daher LG München I ZUM 2006, 664/666: „negatives Urheberpersönlichkeitsrecht"). Aus alledem ergibt sich ebenfalls (so *Schmitt-Kammler* S. 33), dass ein **Schutz des schaffenden Künstlers durch das aPR** neben dem Schutz durch das UPR keineswegs überflüssig ist (ebenso *Hubmann,* Das Persönlichkeitsrecht, S. 237f.). Freilich bedeutet ein solcher Schutz kein fest definiertes, durchsetzbares Privatrecht, das dem Künstler wie das fertige Werk „gehört". Vielmehr handelt es sich um flexible deliktsrechtliche Instrumente zur Herstellung praktischer Konkordanz bei der Kollision gleichgeordneter Freiheitsausübungen (näher *Peukert,* Güterzuordnung, S. 906ff.; weitergehend im Sinne eines subjektiven „Rechts auf Schaffensfreiheit" die Vorauflage sowie *Schmitt-Kammler* S. 34; vgl. auch *Dreyer* in HK UrhR[2] § 11 Rdnr. 9; ähnlich in einer weit ausgreifenden rechtsvergleichenden Darstellung für das „droit de créer" *Strömholm* Bd. II 1 S. 85ff.).

17 Die **rechtliche Selbständigkeit des UPR gegenüber dem aPR** hat auch Auswirkungen bei **Fragen der Verzichtbarkeit, Übertragbarkeit und sonstiger Verfügungsmöglichkeiten** (*Krüger-Nieland,* Fs. für Hauß, S. 220; *Schiefler* GRUR 1960, 156/159). Während das aPR als solches auch nicht beschränkt übertragbar und verzichtbar ist, sind die urheberpersönlichkeitsrechtlichen Befugnisse, jedenfalls soweit sie mit der Werkverwertung durch Dritte in Zusammenhang stehen, durchaus einer konstitutiven Übertragung zugänglich, und es kann auf ihre Geltendmachung verzichtet werden. Unübertragbar ist nur der Kerngehalt des UPR (Einzelhei-

Vorbemerkung   Vor §§ 12ff.

ten unten Rdnr. 26ff.). Inwieweit zumindest die sog. „vermögenswerten Bestandteile" des aPR einer Übertragbarkeit zugänglich sind, ist umstritten, nach richtiger Auffassung aber generell abzulehnen (siehe BGHZ 143, 214 – Marlene; BVerfG NJW 2006, 3409 – Marlene; *Götting,* Persönlichkeitsrechte, S. 275ff.; *Peukert,* Güterzuordnung, S. 173ff., 825ff., jeweils mwN).

5. Persönlichkeitsschutz des ausübenden Künstlers

Persönlichkeitsrechtliche Befugnisse kommen auch dem ausübenden Künstler zu. Gem. **18** §§ 74, 75 UrhG hat der Interpret das Recht, in Bezug auf seine Darbietung als solcher anerkannt zu werden und eine Entstellung oder andere Beeinträchtigung seiner Darbietung zu verbieten, die geeignet ist, sein Ansehen oder seinen Ruf als ausübender Künstler zu gefährden. Im Gegensatz zum Urheberrecht kennt das Gesetz kein Veröffentlichungsrecht des ausübenden Künstlers (wegen seiner möglichen Herleitung vom aPR s. die Nachweise vor §§ 73ff. Rdnr. 21; vgl. auch *Rüll* S. 202ff. und 254ff.), doch finden kraft Verweisung in § 79 Abs. 2 die beiden Rückrufsrechte aus § 41 und § 42 UrhG entsprechende Anwendung. Wie die Urheber des Filmwerks müssen sich auch die an einem Film beteiligten ausübenden Künstler Einschränkungen im Hinblick auf den Entstellungsschutz und das Namensnennungsrecht gefallen lassen (§ 93 UrhG). Soweit die urheberrechtliche Regelung nicht abschließend ist, kommt ergänzend das allgemeine Persönlichkeitsrecht zum Zuge (s. vor §§ 73ff. Rdnr. 21 sowie § 74 Rdnr. 15; vgl. auch *Rüll* passim, insb. S. 235ff.). Die wohl überwiegende Auffassung in der Literatur fasst die §§ 73ff. UrhG als einheitliches Stammrecht auf, das ähnlich wie das Urheberrecht vermögensrechtliche und persönlichkeitsrechtliche Elemente enthalte (s. Vorauflage, ferner unten vor §§ 73ff. Rdnr. 10; ebenso nach altem Recht *v. Gamm* § 73 Rdnr. 2; *Flechsig* § 2 II; *ders.* FuR 1976, 208f.; *Rüll* S. 55; *Grünberger* S. 44ff.). De lege lata steht dem jedoch die gesetzliche Ausgestaltung der Leistungsschutzrechte des ausübenden Künstlers als ein Bündel von Rechten an der Darbietung entgegen. Die Verwertungsrechte sind translativ übertragbar und vererblich (§§ 77–79). Ihre Dauer ist abweichend von der Dauer der unübertragbaren Persönlichkeitsrechte geregelt (§§ 76, 82), die nicht vererbt, sondern von den Angehörigen wahrgenommen werden (§ 76 Abs. 1 S. 4 UrhG). All dies lässt nur den Schluss zu, dass es sich bei den §§ 74f. UrhG um spezielle Ausprägungen des allgemeinen Persönlichkeitsrechts handelt, die **im Sinne einer dualistischen Struktur** gesondert neben den unter Art. 14 GG fallenden Verwertungsrechten stehen (ausführlich zur Rechtslage vor 2002/2003 *Peukert,* Leistungsschutzrechte, S. 35ff.; ferner *Möhring/Nicolini/Kroitzsch*[2] § 73 Rdnr. 6; zurückhaltend auch *Ulmer*[3] § 123 I; *Schack*[4] Rdnr. 606; *Rehbinder*[15] Rdnr. 802).

Unabhängig von dieser dogmatischen Frage zum geltenden Recht ist im Übrigen eine all- **18a** mähliche Herausbildung des **Begriffs der Kreativen als Oberbegriff** für ausübende Künstler und Urheber zu beobachten, der sich auch in der Ausgestaltung des Leistungsschutzes der Interpreten niedergeschlagen hat. Neben der Angleichung der persönlichkeitsrechtlichen Position des Interpreten (§§ 74, 75 UrhG) ist insoweit auf den vertragsrechtlichen Schutz in Parallele zum Urhebervertragsrecht durch die allgemeine Verweisung insb. auf die §§ 32ff. in § 79 Abs. 2 S. 2 hinzuweisen (für eine monistische Ausgestaltung des Leistungsschutzes der ausübenden Künstler de lege ferenda denn auch *Jaeger,* Der ausübende Künstler, S. 83, 165; *Peukert,* Leistungsschutzrechte, S. 178ff.). Eine gewisse Verklammerung der persönlichkeitsrechtlichen Interessen der Urheber und der ausübenden Künstler (und anderer Inhaber verwandter Schutzrechte) iSd. Gebotes zur gegenseitigen Rücksichtnahme und zur Rücksichtnahme auf den Filmhersteller sowie durch die damit für alle verbundene Reduzierung des Entstellungsschutzes findet in § 93 Abs. 1 (su. § 93 Rdnr. 4) statt. Über diese Annäherung darf der grundlegende Unterschied zwischen originärer Schaffung von Werken und bloßer, wenn auch persönlich geprägter Wiedergabe jedoch nicht aus den Augen verloren werden.

II. Internationale Dimension

1. Rechtsvergleichende Aspekte

Der Begriff des **„droit moral" ist eine Schöpfung der französischen Jurisprudenz** des **19** 19. Jahrhunderts (vgl. dazu *Strömholm* Bd. I S. 117ff., insbesondere bezüglich des ersten Auftauchens in der Rechtsprechung S. 177f.; *ders.* IIC 1983, 1/10ff.; *Lucas-Schloetter,* Droit moral, Rdnr. 33ff.; *Dietz,* Droit moral, S. 15f.; *Peter* UFITA 36 [1962] 257/260ff.). Demgegenüber ist es angesichts der Durchsetzung des Begriffs droit moral in der französischen Rechtssprache eher

Vor §§ 12 ff. Vorbemerkung

verwunderlich, dass er in dieser konkreten Form – anders als der Begriff des UPR im dt. UrhG (so. Rdnr. 1) – ursprünglich nicht in die „Loi sur la propriété littéraire et artistique" vom 11. 3. 1957 eingegangen ist (vgl. dazu *Dietz,* Droit moral, S. 20 f.; *Lucas-Schloetter,* Droit moral, Rdnr. 143). Darüber hinaus fehlte es auch an einer sachlichen Zusammenfassung der spezifisch persönlichkeitsrechtlichen Befugnisse in der Loi 1957; gleichwohl galt Art. 6 als eigentliche sedes materiae für die Grundnormen des droit moral (*Desbois,* Le droit d'auteur en France, 3. Aufl. 1978, Rdnr. 382 ff.). Eine Aufhebung der relativen Verstreutheit von Vorschriften urheberpersönlichkeitsrechtlichen Inhalts (*Desbois* aaO Rdnr. 383) brachte jedoch in Frankreich die systematische Zusammenfassung dieser Vorschriften im Kapitel über „Droits moraux" (Art. L. 121–1 bis L. 121–9) im Code de la propriété intellectuelle von 1992 (vgl. allgemein *Kellerhals* S. 121 ff.; rechtsvergleichend *Nérisson* S. 9). Beim **französischen droit moral** (ieS) wird ähnlich wie in den §§ 12–14 dt. UrhG unterschieden zwischen dem „droit de divulgation" (Veröffentlichungsrecht), dem „droit à la paternité" (Recht auf Anerkennung der Urheberschaft) und dem „droit au respect de l'œuvre" (Recht auf Werkschutz); hinzu kommt insbesondere das „droit de retrait ou de repentir" (Rückrufsrecht) (*Dietz,* Droit moral, S. 32). Im Hinblick auf die stark vom Gedanken der Unübertragbarkeit (inaliénabilité) des Droit moral geprägte französische Auffassung zeichnet sich insb. in der Instanzrechtsprechung und in der neueren Lehre die Hinwendung zu einer realistischeren, weniger dogmatischen Betrachtungsweise ab, die gewisse Möglichkeiten von Rechtsgeschäften über das Droit moral nicht mehr grundsätzlich ausschließt (vgl. *Lucas-Schloetter* GRUR Int. 2002, 2/5 ff. sowie *Metzger,* Rechtsgeschäfte, passim, insb. S. 140 ff., 161 ff.; *ders.* GRUR Int. 2003, 9/16 ff.; wegen der Verhältnisse bei Bauwerken rechtsvergleichend *Prinz* passim, insb. bzgl. der Interessenabwägung S. 78 ff.; zu starr demgegenüber erneut die unter Aufhebung der Vorinstanz ergangene Entscheidung der Cour de Cassation RIDA Nr. 196 [April 2003] S. 415 und übersetzt in GRUR Int. 2003, 782 sowie IIC 2004, 464 – Barbelivien, jeweils mit kritischer Anmerkung von *Metzger;* wesentlich nutzerfreundlicher dagegen wiederum die Folgeentscheidung Cour d'appel de Paris RIDA Nr. 204 [April 2005] S. 291; zur Entwicklung der Persönlichkeitsrechte der ausübenden Künstler im französischen Recht *Jaeger* S. 84 ff.).

20   Von Frankreich kommend ist der Ausdruck „droit moral" in die **Sprache des internationalen, aber auch des deutschen Urheberrechts** eingegangen (vgl. allgemein *Kellerhals* GRUR Int. 2001, 438 ff., 442 ff.), in besonderer Weise im Zusammenhang mit der Anerkennung des droit moral im Recht der RBÜ auf der Rom-Konferenz 1928 (vgl. etwa *Brandt,* Das „droit moral" als Faktor im künftigen deutschen Urheberrecht, 1934; *de Boor,* La notion de droit moral, son évolution en Allemagne, DdA 1951, 87/89 ff.; *Hoffmann,* Das UPR in der Berner Übereinkunft, UFITA 9 [1936] 114 sowie schon vorher *Mittelstaedt,* Droit moral im deutschen Urheberrecht, GRUR 1913, 84; *ders.,* Das „droit moral" nach den Beschlüssen der Römischen Urheberrechtskonferenz von 1928, GRUR 1930, 43). Dabei wurden die Begriffe **droit moral und UPR fast immer synonym gebraucht** (so ausdrücklich *Smoschewer* UFITA 3 [1930] 349/365; Bedenken dagegen bei *Roeber* FuR 1965, 102/103; vgl. auch *Dietz,* Droit Moral, S. 39). In der **Schweiz** hat der Schutz des droit moral durch die Neuregelung im Gesetz vom 9. 10. 1992 deutliche Verstärkung erfahren (vgl. die rechtsvergleichende Analyse bei *de Werra* passim; wegen der neueren Entwicklung in **Österreich,** speziell unter dem Gesichtspunkt des immateriellen Schadensersatzes bei Verletzungen des UPR s. *Briem* GRUR Int. 1999, 936 ff.); gleiches gilt für **Belgien** durch das Gesetz vom 30. 6. 1994 (dazu *Gotzen* GRUR Int. 1996, 515 ff.).

21   **Auch in der englischen Rechtssprache** hat sich der **Begriff droit moral** inzwischen durchgesetzt, und zwar meist wiedergegeben durch die direkte englische Entsprechung „moral rights" (vgl. für Großbritannien Chapter IV über „Moral Rights" – Section 77 ff. – im Copyright, Designs and Patents Act 1988; dazu *Cornish* GRUR Int. 1990, 500 ff.; rechtsvergleichend *Dworkin,* The moral right of the author. Moral rights in the Common Law Countries, in: *ALAI* [Hrsg.], Le droit moral de l'auteur/The moral right of the author. Congrès d'Anvers/Congress of Antwerp [19–24 Septembre 1993], Paris 1994, S. 81 ff.; zum früheren britischen Recht und zur Vorgeschichte sa. *ders.,* The Moral Right and English Copyright Law, IIC 1981, 476 sowie *Lendvai* S. 91 ff.; zum Systemvergleich und zum Rechtsvergleich Deutschland, Frankreich und Großbritannien vgl. *Asmus* S. 118 ff. bzw. S. 128 ff. sowie – auch unter methodischen Gesichtspunkten – *Lendvai* S. 201 ff.; vgl. auch *Ellins,* Copyright law, Urheberrecht und ihre Harmonisierung in der Europäischen Gemeinschaft, 1997, S. 188 ff.; *Jahn* passim insb. S. 103 ff. sowie *Eisenreich* GRUR Int. 1988, 36; *Kellerhals* S. 127 ff.; *Mersmann* S. 57 ff.; *Strowel,* Droit d'auteur et copyright, 1993, Rdnr. 370 ff.; *Vischer,* Fs. für Müller-Freienfels, S. 85 ff.; speziell unter dem

Vorbemerkung   **Vor §§ 12ff.**

Gesichtspunkt des – sehr eingeschränkten – Schutzes angestellter Urheber *Schacht* S. 96 ff.; vgl. allgemein auch *Ginsburg* GRUR Int. 1991, 593 ff. sowie – unter vergleichender Berücksichtigung des italienischen Rechts – *Bellini* RIDA Nr. 204 [April 2005] S. 3). Obwohl die ideellen Interessen der Urheber im angloamerikanischen Bereich teilweise unter anderen rechtlichen Gesichtspunkten geschützt sind (vgl. *Bellini* aaO S. 13 ff.; *Dreier* GRUR Int. 1985, 525/528 ff.; *Federle* S. 114 ff.; *Ginsburg* GRUR Int. 1991, 593/595 ff.; *Goldstein* IIC 14 [1983] 43 ff.; *Mersmann* S. 70 ff.; *Peifer* ZUM 1993, 325 ff.; *Stuhlert* S. 119 ff.; vgl. auch *Schack*[4] Rdnr. 317) kommt es mit den USA nur zögernd zu einer **Annäherung der Standpunkte** (vgl. einerseits den Visual Artists Rights Act of 1990, der bildenden Künstlern grundsätzlich das Namensnennungsrecht und das Recht auf Werkintegrität gewährt, andererseits den Berne Convention Implementation Act of 1988, der eine umfassende Gewährung des Urheberpersönlichkeitsrechts nach dem Maßstab von Art. 6bis RBÜ bewusst abgelehnt hat; vgl. zum ersteren Act *Baucks,* Der US Visual Artists Rights Act of 1990 – Durchbruch zum droit moral?, ZUM 1992, 72 ff.; *Dieselhorst,* Das Ende des „amoralen" Copyrights?, GRUR Int. 1992, 902 ff.; *Federle* S. 111 ff.; *Kellerhals* S. 135 f.; *Mersmann* S. 168 ff.; *Stuhlert* S. 124 ff.; zum letzteren Act *Dietz,* Die USA und das „Droit moral": Idiosynkrasie oder Annäherung?, GRUR Int. 1989, 628 ff.; *Federle* S. 95 ff.; *Kellerhals* S. 133 f.; *Mersmann* S. 147 ff.; *Stuhlert* S. 122 ff.; rechtsvergleichend *Dieselhorst* 1995; vgl. auch den ebenfalls auf einer eingehenden rechtsvergleichenden Analyse beruhenden dringenden und vorwiegend gegen amerikanische Vorurteile gegenüber den moral rights gerichteten Appell, sich international zu einigen, von *Gunlicks* in FORDHAM Intellectual Property, Media & Entertainment Law Journal Vol. XI [Spring 2001] No. 3 S. 601/668 f.; ähnlich aus kanadischer Sicht unter Zurückweisung einer rein ökonomischen Analyse des Urheberrechts *Rushton,* J. of Cult. Economics Vol. 22 [1998] S. 15 ff. sowie aus kanadisch-rechtsvergleichender Sicht *Français,* Les Cahiers Vol. 12 [2000] S. 315 ff. mit zahlreichen wN; ferner *Rigamonti,* Harv.Int.L.J. 47 (2006), 353/400 ff.).

In der großen Mehrzahl der **kontinentaleuropäischen Staaten** einschließlich der **Staaten** 22 **Mittel- und Osteuropas** ist das droit moral ebenfalls anerkannt (für die letzteren vgl. *Dietz,* Tendenzen der Entwicklung des Urheberrechts in den Ländern Mittel- und Osteuropas, UFITA 129 [1995] 5; *ders.* GRUR Int. 2006, 809/813 ff. (Slowenien, Kroatien, Serbien); sowie jeweils den Abschnitt II.3. zum Inhalt des Urheberrechts in den einzelnen Länderberichten bei *Wandtke* [Hrsg.], Urheberrecht in Mittel- und Osteuropa, 2 Bde., 1997 und 2002; zur Frage des Urheberrechts, verstanden als sozialistisches Persönlichkeitsrecht im Urheberrecht der ehemaligen DDR vgl. *Wandtke* in *Wadle* [Hrsg.], Historische Studien zum Urheberrecht in Europa, 1993, S. 225/227 f.; für Österreich vgl. die rechtsvergleichende Studie von *Müller;* für die Schweiz *Rehbinder,* Schweizerisches Urheberrecht[3], 2000, Rdnr. 132 ff. sowie die auch belgisches und französisches Recht einbeziehende rechtsvergleichende Studie von *Prinz* [s. Lit.-Verz. bei § 14]). Gleiches gilt für die **lateinamerikanischen Staaten, Japan** und die **Mehrzahl der Entwicklungsländer** (*Ulmer*[3] § 38 I 3; ausführlich in einem weltweiten Überblick über die Anerkennung des Droit moral *Strömholm* Bd. I S. 404 ff.; speziell für Japan vgl. *Saito* UFITA 136 [1997] 201 ff., *Tonami,* Das Recht auf Werkintegrität in Japan, GRUR Int. 1999, 117 sowie *Schricker,* Informationsgesellschaft, S. 88 mwN). Bezüglich der **Entwicklungsländer** ist auch der Einfluss hervorzuheben, der von den einschlägigen Vorschriften (Art. 5) des **für Entwicklungsländer bestimmten Musterurhebergesetzes von Tunis (1976)** ausging (nebst Kommentar abgedruckt in DdA 1976, 169 ff.; vgl. dazu *Dietz,* Urheberrecht und Entwicklungsländer, 1981, S. 9).

2. Europäisches Recht

Wegen der **Entwicklung auf europäischer Ebene** vgl. *Doutrelepont,* Le droit moral, insb. 22a zum Veröffentlichungsrecht (S. 180 ff.), zum Urheberschaftsrecht (S. 207 ff.) und zum Werkschutzrecht (S. 255 ff.) (zusammengefasst in GRUR Int. 1997, 293 ff., 297 ff.); *Asmus,* passim; *Alemdjrodo,* passim; *Dietz* ZUM 1993, 311; *Lausen* ZUM 1993, 359; *Metzger,* Fs. für Schricker 2005, S. 455 ff.; *Schardt* ZUM 1993, 318; *Schricker,* Informationsgesellschaft, S. 84 ff. sowie Grünbuch der EG-Kommission über Urheberrecht und verwandte Schutzrechte in der Informationsgesellschaft (Dok. KOM [95] 382 endg. vom Juli 1995; Abschnitt VII S. 65 ff.; vgl. insoweit bereits das vorausgegangene Programmpapier der EU-Kommission „Initiativen zum Grünbuch" von 1991 [S. 33 f.], die Stellungnahme des Max-Planck-Instituts zu fünf im zweiten Grünbuch von 1995 aufgeworfene Fragen zum Urheberpersönlichkeitsrecht [abgedr. bei *Schricker* aaO S. 86 f.] sowie schließlich das zweite Programmpapier „Initiativen zum Grünbuch" von 1996 [S. 27 f.]). In der **Rechtsprechung des EuGH** (Phil-Collins-Entscheidung vom 20. 10.

Vor §§ 12ff.

1993, GRUR Int. 1994, 53 Nr. 20; vgl. auch *Dreyer* in HK-UrhR[2] § 11 Rdnr. 5) sowie andeutungsweise auch des Gerichts erster Instanz (McGill-Entscheidung vom 10. 7. 1991, GRUR Int. 1993, 316 Nr. 58) wurde der Schutz der Persönlichkeitsrechte der Urheber unter ersichtlicher Anlehnung an Art. 6bis RBÜ als zum spezifischen Gegenstand des Urheberrechts gehörend anerkannt (vgl. des näheren *Doutrelepont* Rdnr. 729, 738 und 819 ff.; *Schricker* aaO S. 85). Auf längere Sicht wird sich das UPR aus dem **Prozess der Harmonisierung des Urheberrechts** in Europa nicht heraushalten lassen (so mit Nachdruck *Asmus* S. 219, sa. die auf S. 24 Fn. 7 gegebenen Hinweise; *Doutrelepont* S. 566 ff.; *dies.* GRUR Int. 1997, 304; *Jaeger* S. 181 ff. aus der Sicht der Harmonisierung der Persönlichkeitsrechte der ausübenden Künstler). Freilich sind sporadische Hinweise auf das UPR bzw. in der Mehrzahlform auf „Urheberpersönlichkeitsrechte" (so wohl im Anschluss an die Wortwahl „moral rights" der jeweils englischsprachig gehaltenen Arbeits- und Ausgangsdokumente der EG-Kommission) in einzelnen Richtlinien (s. Art. 9 der Schutzdauer-Richtlinie – Richtlinie 93/98/EWG v. 29. 10. 1993 – und Erwägungsgrund 19 der Informationsgesellschaftsrichtlinie – Richtlinie 2001/29/EG vom 22. 5. 2001; vgl. allgemein *Asmus* S. 86 ff., 109 ff.) eher als Absicht des EU-Gesetzgebers zu deuten, sich auch weiterhin nicht mit der Harmonisierung des UPR zu befassen. In bisher letzten Arbeitspapier der Kommission zur Fortentwicklung des europäischen Urheberrechts wird festgestellt, es bestehe keine offensichtliche Notwendigkeit zur Harmonisierung des UPR in der Gemeinschaft, weil die Unterschiede in den nationalen Rechtsordnungen den innergemeinschaftlichen Handel zwar theoretisch beeinträchtigen könnten, tatsächliche Nachteile für das Funktionieren des Binnenmarkts aber nicht ersichtlich seien (siehe Konsultation der EG-Kommission zur Überprüfung der EG-Gesetzgebung auf dem Gebiet des Urheberrechts und der verwandten Schutzrechte v. 19. 7. 2004, SEC(2004) 995, S. 16 (abrufbar unter http://ec.europa.eu/internal_market/copyright/docs/review/sec-2004-95_en.pdf; kritisch *Dietz* ZUM 1993, 309, 311 ff.; *Jaeger* S. 206; *Metzger*, Fs. für Schricker 2005, S. 461 ff., insb. unter dem Gesichtspunkt der wirtschaftlichen Bedeutung des UPR S. 464 ff.; s. allgemein auch *Walter* [Hrsg.], Europäisches Urheberrecht, S. 1162 ff.; sa. die Hinweise von *Asmus* auf die internationale Verantwortung der EU S. 52 f. und auf die bisherige Ergebnislosigkeit aller Überlegungen zur Harmonisierung des UPR S. 111 f. sowie seine detaillierten auf einem Rechtsvergleich Deutschland, Frankreich und Großbritannien beruhenden Harmonisierungsempfehlungen zum UPR einschließlich des Aspekts der Rechtsdurchsetzung aaO S. 128 ff., dazu seine Schlussfolgerung S. 219: Die Harmonisierung des UPR in Europa ist zulässig, erforderlich und möglich; im selben Sinn *Metzger*, Fs. für Schricker 2005, S. 466 ff.; vgl. auch den Kompromissvorschlag für eine europäische Regelung der Wirksamkeit von Rechtsgeschäften über das Droit moral von *Metzger* GRUR Int. 2003, 9/23).

3. Konventionsrecht

23 **Völker- und menschenrechtlich** ist das UPR in Art. 27 Abs. 2 der Allgemeinen Erklärung der Menschenrechte von 1948 verankert, soweit dabei vom Recht auf Schutz der moralischen Interessen der Urheber die Rede ist (vgl. *Schack*[4] Rdnr. 77; *Schricker*, Informationsgesellschaft, S. 82); fast gleich lautend – hier aber mit echter Bindungswirkung für die Mitgliedstaaten – Art. 15 Abs. 1 lit. c des Internationalen Pakts über wirtschaftliche, soziale und kulturelle Rechte von 1966. Im Recht der **RBÜ** hat das UPR (droit moral) seine Verankerung in Art. 6bis gefunden, der ursprünglich auf der Rom-Konferenz 1928 (vgl. auch *Hoffmann* UFITA 9 [1963] 114) in den Text der RBÜ aufgenommen wurde. Er hat auf den Revisionskonferenzen von Brüssel 1948 (vgl. *Baum* GRUR 1949, 1/12 f.) und Stockholm 1967 (vgl. *Reimer* GRUR Int. 1967, 430) wichtige Änderungen erfahren, die sich aber im Wesentlichen auf die Fragen der Geltendmachung des UPR sowie der Dauer des Schutzes des droit moral nach dem Tode des Urhebers bezogen (vgl. auch *Nordemann/Vinck/Hertin* RBÜ Art. 6bis Rdnr. 1; *Asmus* S. 38 ff.; allgemein zur historischen Entwicklung sowie zu den Schwachpunkten des Art. 6bis RBÜ auch *Boytha*, Fs. für Rehbinder, S. 199 ff.). Der in Art. 6bis Abs. 1 RBÜ verankerte Schutz des droit moral umfasst sowohl das Recht des Urhebers, die **Urheberschaft am Werk** für sich in Anspruch zu nehmen, wie das **Recht, sich jeder Entstellung, Verstümmelung, sonstigen Änderung oder Beeinträchtigung des Werkes zu widersetzen,** die seiner Ehre oder seinem Ruf nachteilig sein könnten. Diese beiden Rechte des Urhebers entsprechen im dt. UrhG dem Recht auf Anerkennung der Urheberschaft nach § 13 und dem Recht auf Schutz gegen Entstellungen des Werkes nach § 14, auch wenn im Detail keine volle Übereinstimmung besteht. Ins. ist der Begriff der „berechtigten geistigen oder persönlichen Interessen" in § 14 UrhG und damit der dort gewährte Entstellungsschutz weiter als die Fassung des Art. 6bis RBÜ, die

Vorbemerkung **Vor §§ 12ff.**

darauf abstellt, ob die Entstellung oder Beeinträchtigung der Ehre oder dem Ruf des Urhebers nachteilig sein kann (so auch *Fromm/Nordemann/Hertin*[9] § 14 Rdnr. 4; *v. Gamm* § 14 Rdnr. 1; *Ulmer*[3] § 41 I; *Flechsig* FuR 1976, 429/432). Eine Reduktion des im UrhG gewährten weitergehenden Entstellungsschutzes wäre auch aus menschenrechtlicher und verfassungsrechtlicher Sicht verbaut; dies gilt auch bei modernen digitalen Nutzungsformen; selbst eine dem § 93 entsprechende Schutzreduktion für Filmwerken nahe stehende Multimediawerke begegnet schweren Bedenken (so *Schricker*, Informationsgesellschaft, S. 92). Vorzuziehen wäre eine sowohl Multimediawerke wie Filmwerke einbeziehende Lösung des Interessenkonflikts.

Schon im RefE (S. 92) wurde darauf hingewiesen, dass **in Art. 6**^{bis} **RBÜ nur ein Mindestmaß des Schutzes der ideellen Interessen** festgelegt wurde, wobei die dort geregelten Schutzrechte mit dem Ausdruck „droit moral" bezeichnet wurden. Dieser Ausdruck erscheint jedoch nicht in Art. 6bis selbst (wohl aber ohne konkrete Bezugnahme auf Art. 6bis in Art. 11bis RBÜ; siehe *Bappert/Wagner* Art. 6bis RBÜ Rdnr. 2). Die ursprünglich auf der Rom-Konferenz 1928 ebenfalls geplante Verankerung des Veröffentlichungsrechts des Urhebers als Teilbefugnis des UPR wurde nicht übernommen (vgl. *Mentha* GRUR Int. 1973, 295; *Asmus* S. 42 sowie rechtsvergleichend S. 136ff.; *Hoffmann*, Das Urheberpersönlichkeitsrecht in der Berner Übereinkunft, UFITA 9 [1936] 114/119; zur Vorgeschichte von Art. 6bis RBÜ vgl. auch *Strömholm* Bd. I S. 382ff., insb. S. 387ff. sowie *Boytha*, Fs. für Rehbinder, S. 201ff.). Im Hinblick auf die, wenn auch nicht in wünschenswerter Systematik erfolgte, so doch umfassende Regelung der Verwertungsrechte in der RBÜ (vgl. *Nordemann/Vinck/Hertin* RBÜ Art. 6bis Rdnr. 2) muss allerdings auch für das Konventionsrecht von einer **grundsätzlichen Gewährleistung des Veröffentlichungsrechts** ausgegangen werden. **24**

Interpretiert man **Art. 6**^{bis} **RBÜ als das konventionsrechtliche UPR ieS**, so muss schon wegen der Verklammerung materieller und ideeller Interessen (oben Rdnr. 11) auch für das Konventionsrecht von der **Existenz eines UPR iwS** ausgegangen werden. (Wegen der – nicht anzunehmenden – Festlegung der RBÜ auf eine – etwa die dualistische – Theorie des Urheberrechts vgl. *Bappert/Wagner* Art. 6bis RBÜ Rdnr. 2; ebenso *Asmus* S. 45; wegen des Vergleichs von Dualismus und Monismus s. *Dietz*, Fs. für Erdmann, S. 63ff.). Ausstrahlungen davon finden sich zB in Art. 7 Abs. 3 und Art. 15 Abs. 1 und 3 (stillschweigend vorausgesetzte Entscheidung des Urhebers über anonyme oder pseudonyme Erscheinen seines Werkes), Art. 10 Abs. 3 und Art. 10bis Abs. 1 (Gebot zur Quellenangabe im Rahmen der Zitierfreiheit sowie der Freiheit der Berichterstattung), sowie Art. 11bis Abs. 2 (Wahrung des UPR im Rahmen der zulässigen Regelung über die Ausübung des Senderechts). **25**

Die fehlende Verankerung des UPR im **WUA** (vgl. *Nordemann/Vinck/Hertin* WUA Art. IVbis Rdnr. 2; *Strömholm* Bd. I S. 403; *Ulmer*[3] § 15 II 2) bleibt wenig befriedigend (ebenso *Corbet*, Le droit moral dans les instruments internationaux, in: *ALAI* [Hrsg.] aaO [oben Rdnr. 21] S. 533ff., 542; vgl. jedoch *Dietz*, Elements of moral rights protection in the Universal Copyright Convention, Copyright Bulletin [UNESCO] Vol. XXI [1987] Nr. 3 S. 17ff. sowie unten § 62 Rdnr. 4). Auch das **TRIPS-Abkommen** von 1994 hat in Art. 9 das droit moral bewusst ausgeklammert (vgl. bereits *Dietz* ZUM 1993, 309/312); eine nur teilweise Rückgängigmachung dieser Ausklammerung bedeutet die Inkorporierung des sog. Bern-Standards (einschl. Art. 6bis RBÜ) in den **WIPO-Urheberrechtsvertrag** vom 22. 12. 1996 durch dessen Art. 1 Abs. 4. Eine Aufwertung erfuhr der Schutz des droit moral jedoch auch durch die Art. 6bis RBÜ weitgehend nachgebildete Regelung in Art. 5 des **WIPO-Vertrages über Darbietungen und Tonträger** betreffend die Gewährung von „moral rights" an ausübende Künstler (s. allgemein *Jaeger* S. 130ff. sowie die deutsche Umsetzung in §§ 74 und 75; dazu bereits oben Rdnr. 18 und unten vor §§ 73ff. Rdnr. 21). Trotz der erwähnten Ausklammerung steht das TRIPS-Übereinkommen der Anwendung von Art. 6bis RBÜ aber auch nicht im Wege (so *Schricker*, Informationsgesellschaft, S. 89). **25a**

Wegen der ausführlichen Verankerung von UPR ieS und UPR iwS **im deutschen Urheberrecht** kommt den einschlägigen Regeln der RBÜ in ihrer Funktion als Mindestschutz (*Nordemann/Vinck/Hertin* RBÜ Art. 6bis Rdnr. 1) in Deutschland in der Praxis **keine selbständige Bedeutung** zu. Nach *Ulmer*[3] (§ 14 V 2) handelt es sich bei Art. 6bis RBÜ ohnehin um eine Grundsatzregelung, deren Einzelregelung, insbesondere bzgl. der zur Wahrung dieses Rechts erforderlichen Rechtsbehelfe, der nationalen Gesetzgebung vorbehalten bleibt. Im Übrigen kommt das UPR ieS (§§ 12–14 UrhG) gem. § 121 Abs. 6 **allen ausländischen Urhebern** für alle ihre Werke zu, ohne dass es auf ihre Staatsangehörigkeit, das erste Erscheinen des Werkes im Inland, das Vorliegen eines Staatsvertrags oder die Gewährleistung der Gegenseitigkeit ankommt. Damit wird eine fremdenrechtliche Gleichstellung des UPR mit dem aPR verwirklicht, bei **25b**

Vor §§ 12 ff. Vorbemerkung

dem es ebenfalls keine Diskriminierung von Ausländern gibt (näher § 121 Rdnr. 21). Wegen kollisionsrechtlicher Aspekte des UPR vgl. *Schack* UFITA 108 [1988] 51/57 ff.; *Müller* S. 124 ff.; *Vischer,* Fs. für Müller-Freienfels, S. 97 ff. sowie speziell unter dem Gesichtspunkt der Vorfrage bzgl. Entstehung und Inhaber des UPR *Skrzipek* passim, insb. S. 45 ff. bzw. 49 ff.

III. Merkmale des UPR

1. Unübertragbarkeit und Unverzichtbarkeit in seinem Kerngehalt

26 Das UPR teilt mit dem Urheberrecht insgesamt dessen **Unübertragbarkeit unter Lebenden, die** in dem 2002 neugefassten **§ 29 Abs. 1** (s. § 29 Rdnr. 3 ff.) **verankert ist** (mit den dort vorgesehenen Ausnahmen; su. § 29 Rdnr. 14 ff.; zu der Bedeutung des als Redaktionsversehen missdeutbaren Hinweises in § 29 Abs. 2 auf die Zulässigkeit der in § 39 geregelten „Rechtsgeschäfte über Urheberpersönlichkeitsrechte" su. § 29 Rdnr. 8 sowie unten Rdnr. 28 a). Das **UPR iwS** ist wegen Fehlens einer fest umrissenen Gestalt (oben Rdnr. 8) ohnehin **kein geeigneter Gegenstand von Verfügungen.** Aber auch das UPR ieS ist in **seiner Gesamtheit** ebenso wie in Form der in §§ 12–14 besonders ausgestalteten Einzelbefugnisse **unübertragbar,** wenn darüber unabhängig von der Einräumung von Nutzungsrechten verfügt werden soll (OLG Köln GRUR-RR 2005, 337 – Dokumentarfilm Massaker; *v. Gamm* § 29 Rdnr. 4; *Müller* S. 76 f.; *Müsse* S. 62; *Wandtke/Bullinger/Bullinger*³ vor §§ 12 ff. Rdnr. 5 ff.; speziell unter dem Gesichtspunkt von Vereinbarungen über die Werkvernichtung *Jänecke* S. 186 ff.). Das Gesetz sieht bezüglich des Rechtsverkehrs im Urheberrecht in den §§ 31 ff. nur die Einräumung von Nutzungsrechten (bzw. deren Weiterübertragung) vor. Im Zusammenhang mit derartigen vertraglichen Einräumungen können die **persönlichkeitsrechtlichen Befugnisse vertraglich aber zumindest eingeschränkt** werden, soweit es zur ungestörten Werknutzung durch Dritte unerlässlich ist (so iSd. Überlassung urheberpersönlichkeitsrechtlicher Befugnisse zur Ausübung *Clément* S. 24 ff., 190 ff.; *Heeschen* S. 70, 190 ff.; iSv. deren Lizenzierbarkeit *Dreyer* in HK-UrhR²; vor §§ 12 UrhG Rdnr. 21; vgl. auch *Dreier/Schulze/Schulze*³ vor § 12 Rdnr. 12 f., dort auch zur gewillkürten Prozessstandschaft; *v. Gamm* § 11 Rdnr. 7 und § 29 Rdnr. 4; *Ulmer*³ § 89 I; *Rehbinder*¹⁵ Rdnr. 537 f.; *Schricker,* Verlagsrecht³, § 8 Rdnr. 3; *Wandtke/Bullinger/Bullinger*³ vor §§ 12 ff. Rdnr. 7; vgl. allgemein *Schilcher* S. 144 ff.; rechtsvergleichend *de Werra* S. 174 ff.; zur kollisionsrechtlichen Problematik vgl. *Skrzipek* S. 66 ff.; wegen der Kündbarkeit aus wichtigem Grund vgl. *Kellerhals* S. 119). Dies gilt sowohl für die Ausstrahlungen des UPR iwS (so. Rdnr. 9), wie sich das etwa für § 39 Abs. 1 aus dem Gesetz selbst ergibt (vgl. *Schricker,* Informationsgesellschaft, S. 79; *Schacht* S. 126), als auch für das UPR ieS. In einzelnen Fällen schließt das Gesetz Verfügungen ausdrücklich aus; so ist der Vorausverzicht auf das Rückrufsrecht wegen Nichtausübung (§ 41 Abs. 4 S. 1) und wegen gewandelter Überzeugung (§ 42 Abs. 2 S. 1) unwirksam; seine Ausübung kann vertraglich nicht (so § 42 Abs. 2 S. 2) oder im Voraus mehr als fünf Jahre nicht (so § 41 Abs. 4 S. 2) ausgeschlossen werden (wegen eines möglichen Gegenschlusses aus § 42 Abs. 2 vgl. *Schricker,* Fs. für Hubmann, S. 409/416 f.).

26a Mit *Forkel* (Gebundene Rechtsübertragungen, 1977, S. 178 ff.; *ders.,* Lizenzen an Persönlichkeitsrechten durch gebundene Rechtsübertragung, GRUR 1988, 491) kann man auch von einer **gebundenen Übertragung bzw. Einräumung urheberpersönlichkeitsrechtlicher Befugnisse sprechen** (öOGH GRUR Int. 1987, 262, 264 – Weihnachtslieder; *Rehbinder*¹⁵ Rdnr. 545 und 598; vgl. auch *Ulmer*³ § 89 I; *Schricker,* Fs. für Hubmann, S. 409; *Riekert* S. 115 ff.; vgl. allgemein auch *Schricker,* Informationsgesellschaft, S. 90 f. und die Kritik bei *Hoeren* GRUR 1997, 866/873; aA auch *Heeschen* S. 70: keine gegenständliche oder „gebundene" Übertragung, sondern nur Überlassung zur Ausübung oder Wahrnehmung; ähnlich *Kellerhals* UFITA Bd. 2000/III S. 617/672 ff. und *Schacht* S. 130 ff.; kritisch im selben Sinn auch *Müsse* S. 65 ff., 69 ff.; Übertragung zur Ausübung durch Ermächtigung mit verbleibender Weisungsbefugnis; vgl. auch *Jänecke* S. 201 ff. unter dem Gesichtspunkt der Zustimmung zur Werkvernichtung als Einwilligung; *ders.* S. 218 f. zur Übertragbarkeit der Rechtsposition des Einwilligungsempfängers in entsprechender Anwendung der §§ 34 Abs. 1 und 35 UrhG). Die Möglichkeit der (gebundenen) Einräumung besteht in besonderer Weise für das Veröffentlichungsrecht (§ 12; s. im Einzelnen unten § 12 Rdnr. 21 f.), das freilich in aller Regel bereits durch die (erstmalige) Einräumung eines Nutzungsrechts ausgeübt (vgl. *Ulmer*³ § 89 III 1; *Dreier/Schulze/Schulze*³ vor § 12 Rdnr. 12) und damit zugleich verbraucht wird (su. § 12 Rdnr. 7, 18). Nach *v. Welser* S. 51 ff. ist für das UPR im Rechtsverkehr zwischen Zwei-Personen- und Drei-Personen-Verhältnissen zu unterscheiden; im ersten Fall geht es um das Interesse des Nutzungsberechtigten an der uneingeschränkten

Vorbemerkung   **Vor §§ 12 ff.**

Verwertung und an einer entsprechenden Einschränkung der persönlichkeitsrechtlichen Befugnisse des Urhebers (vgl. dazu im Einzelnen *ders.* S. 57 ff.), im zweiten Fall dagegen um Wahrnehmung der Befugnisse durch Dritte aufgrund Überlassung zur Ausübung iSe. Arbeitsteilung zwischen diesem und dem Urheber (vgl. dazu im Einzelnen *ders.* S. 87 ff.; wegen der Möglichkeit der Ausübung fremder Rechte im eigenen Namen und durch Stellvertretung *ders.* S. 101 ff. bzw. S. 116 ff.; wegen einer ähnlichen Unterscheidung zwischen Dispositionen im Interesse des Vertragspartners und solchen im Interesse des Urhebers vgl. *Müller* S. 78).

Nicht übertragbar bleibt das UPR jedenfalls in seinem Kerngehalt iSd. unaufhebbaren geistigen Bandes zwischen Urheber und Werk (iS einer objektiven Einwilligungsschranke *Ohly* S. 18; wie hier *Clément* S. 25 ff.; *v. Gamm* § 29 Rdnr. 4; *Schacht* S. 59 ff. im Hinblick auf das UPR im Arbeitsverhältnis trotz des dabei bestehenden Spannungsverhältnisses zwischen Urheber- und Arbeitsrecht; im Sinne einer schuldrechtlichen Lösung *Bullinger* S. 86 f.; vgl. auch *Federle* S. 70: Abwägung gesellschaftlicher und individueller Werte; kritisch *Heidmeier* S. 57; wesentlich strenger *Möhring/Nicolini/Kroitzsch*[2] § 11 Rdnr. 13 f.; ähnlich *Hock* S. 100 ff. bezüglich des Namensnennungsrechts; kritisch zur sog. „Kerntheorie" *Metzger*, Rechtsgeschäfte, passim, insb. S. 165 ff., 192 f.; *Müller* S. 79 ff., insb. S. 82 f.; *ders.* S. 86 ff.: unzulässig die translative, zulässig die konstitutive Rechtseinräumung mit Heimfalloption; *v. Welser* S. 70 f.; vgl. auch *Steinberg* S. 83 ff. bzgl. der Grenzen von Tarifvereinbarungen über UPRe sowie die ausdrückliche Anerkennung des „Kernbereichs des UPR" im Nichtannahmebeschluss BVerfG NJW 2001, 600, sa. unten § 93 Rdnr. 15). Mit der **eng auszulegenden Ausnahme des Ghostwriters** (su. § 13 Rdnr. 9 und Rdnr. 28) und des angestellten Urhebers (su. § 43 Rdnr. 73 ff.) gilt dies jedenfalls für das Recht auf Anerkennung der Urheberschaft (§ 13). Bezüglich des **Werkschutzrechts** (§ 14) muss wegen der großen Reichweite des Urheberrechtsschutzes auch im Bereich der sog. kleinen Münze und im Hinblick auf die modernen Schaffens- und Produktionsbedingungen bei einer großen Zahl literarischer, musikalischer und audiovisueller Werke **stärker differenziert** werden (so im Erg. auch *Metzger*, Rechtsgeschäfte, S. 126 ff.). Auch darf weder von einem durchgehend statischen Werkbegriff noch von der Vorstellung ausgegangen werden, dass ein Werk seine endgültige Gestalt nur durch „persönliches Handanlegen" des Urhebers erhalten kann. Änderungen des Werkes, die im Laufe des Schaffens- und Produktionsprozesses vielleicht von fremder Hand, aber unter Kontrolle oder (ggf. auch nachträglicher) Zustimmung des Urhebers erfolgen, sind vielfach noch **dem Schaffensprozess selbst zuzurechnen** und zwar selbst dann, wenn es sich – aus objektiver Sicht – um Entstellungen oder andere Beeinträchtigungen (iSv. § 14) von Vorformen oder Vorstufen des Werkes handelt (ähnlich aus der Sicht der Filmherstellung *v. Hartlieb/Schwarz/U. Reber* Kap. 54 Rdnr. 13). In diesen Fällen geht es dann nicht um die Übertragung urheberpersönlichkeitsrechtlicher Befugnisse (auch nicht zur Ausübung durch Dritte), sondern schlicht um den **Abschluss des Schaffensprozesses** iSd. Ausübung des „Rechts auf Schaffensfreiheit" (so. Rdnr. 16 a) **durch den Urheber selbst** (ähnlich *Peter* UFITA 36 [1962] 322 sowie – im Hinblick auf den Verzicht – auch *Schricker*, Fs. für Hubmann, S. 409/417).

Die **Grenzen dieser Betrachtungsweise** liegen dort, wo der Urheber die konkrete Gestalt des schließlich verwerteten Werkes nicht kennt oder im Rahmen allgemeiner Vertragsbedingungen von vornherein hinzunehmen gezwungen wäre. Im letzteren Fall erhält die Berufung auf das im Kernbestand unübertragbare UPR auch die **Funktion eines Ausgleichs** gegenüber der in der Regel schwächeren Rechtsposition des Urhebers gegenüber dem Werkverwerter (ähnlich iSd. Schutzes der Selbstbestimmung des Urhebers *Jänecke* S. 193 ff. bzw. iSv. dessen Schutz vor Fremdbestimmung die „erweiterte Vorhersehbarkeitslehre" von *Metzger*, Rechtsgeschäfte, S. 200 ff. sowie *ders.* GRUR Int. 2003, 9/21 f., allerdings überwiegend unter Rückgriff auf § 138 BGB, insb. im Hinblick auf detaillierte und umfassende Vertragsgestaltungen mit Auflistung aller erdenklichen Einzeländerungen; wegen des gescheiterten Versuchs einer die Interessen beider Seiten berücksichtigenden gesetzlichen Regelung zu Rechtsgeschäften über Urheberpersönlichkeitsrechts su. Rdnr. 28 a sowie § 29 Rdnr. 8). Die digitale Technik und die damit verbundenen Verwertungstechniken laden zur Segmentierung, Kombination und Umgestaltung von Werken geradezu ein, so dass das UPR an Bedeutung gewinnt (*Schricker*, Informationsgesellschaft, S. 80/96; vgl. auch *Mues* S. 142 ff. für die Online-Nutzung im Bereich der bildenden Kunst). Insbesondere erlauben es interaktive Verfahren, dass der Rezipient das Werk seinerseits umgestaltet oder fortsetzt. Die digitale Technik könnte andererseits auch Möglichkeiten maschineller Kontrolle durch elektronische Kennzeichnung oder Verschlüsselung eröffnen (vgl. *Schricker* aaO S. 81; *Dietz*, in *ALAI* [Hrsg.], Copyright in Cyberspace, S. 172).

Bzgl. des **Verzichts** auf das UPR bzw. auf einzelne seiner Befugnisse gelten ähnliche Grundsätze wie bzgl. seiner Übertragung (vgl. *v. Gamm* § 11 Rdnr. 8; *Rehbinder*[15] Rdnr. 547; ein-

27

27a

28

schränkend *Möhring/Nicolini/Kroitzsch*[2] § 11 Rdnr. 14; umfassend *Osenberg* S. 18 ff. sowie *Schilcher* S. 155 ff.; speziell unter dem Gesichtspunkt von Vereinbarungen über die Zulässigkeit der Werkvernichtung *Jänecke* S. 186 ff.; allgemein zum Verzicht auf das Urheberrecht su. § 29 Rdnr. 22 ff.). Auch hier ist davon auszugehen, dass das UPR in seinem Kern unverzichtbar ist. Die Unauflöslichkeit des geistigen Bandes zum Werk bedeutet zugleich die **Unverzichtbarkeit des UPR** (*Osenberg* S. 46; *Müsse* S. 76) oder jedenfalls die **Unmöglichkeit des Verzichts auf das jeweilige Stammrecht** als solches (*Schricker*, Fs. für Hubmann, S. 409/413). Die Abgrenzung ist letztlich (so *Schricker*, Fs. für Hubmann, S. 409/418) zwischen unzulässigen Pauschalverzichten und zulässigen Einzelfalleinwilligungen zu ziehen (ähnlich anhand der Zweckübertragungslehre sowie der Schranken aus § 138 BGB auch *Metzger*, Rechtsgeschäfte, S. 200 ff., S. 228 ff. im Rahmen der sog. erweiterten Vorhersehbarkeitslehre; *Heidmeier* S. 98; *Dreier/Schulze/Schulze*[3] vor § 12 Rdnr. 12; *Müller* S. 88 und S. 181; *Riekert* S. 118 f., speziell bezüglich der Nutzung von Coverversionen von Musikwerken; *Wandtke/Bullinger/Bullinger*[3] Rdnr. 12 und *Wandtke/Bullinger/Wandtke/Grunert*[3] § 39 UrhG Rdnr. 9; ähnlich *Heeschen* S. 79 f. und S. 191 unter Heranziehung der Gedanken aus § 31 Abs. 4 und 5; *Fromm/Nordemann/Hertin*[9] vor § 12 Rdnr. 5: Verzicht nur im Rahmen von § 397 BGB – Schulderlass). Auch hier ist zu berücksichtigen, dass viele Werknutzungsvorgänge sinnvollerweise nicht ohne Überlassung urheberpersönlichkeitsrechtlicher Befugnisse möglich sind und es dem Urheber erlaubt werden muss, in gewisse rechtsverletzende Eingriffe wirksam einzuwilligen (*Schricker*, Fs. für Hubmann, S. 409/419; vgl. auch *ders.*, GRUR-Fs., Rdnr. 55; ebenso *Heeschen* S. 71 ff.; iSd. Verzichts auf die Geltendmachung von Ansprüchen auch *Dreyer* in HK-UrhR[2] vor §§ 12 ff. UrhG Rdnr. 32; ebenso *Müsse* S. 77 ff. iSd. „pactum de non petendo"; *Riekert* S. 119; zu den unterschiedlichen in der Literatur vertretenen Lösungsansätzen und Bezeichnungen sowie den jeweils eigenen Auffassungen vgl. auch *Metzger* GRUR Int. 2003, 9/11 ff.; *Federle* S. 74 ff.; *Jänecke* S. 198 ff. und S. 213 ff.; *Kellerhals* S. 101 ff.; *Müller* S. 78 f. und S. 83 f.; *Schacht* S. 140 ff. sowie insb. *v. Welser* S. 57 ff. und passim; vgl. auch die Stufenleiter von Gestattungen bzw. unrechtsausschließenden Einwilligungen als Ausprägungen des Grundsatzes „volenti non fit iniuria" bei *Ohly* S. 141 ff., S. 147 [Schema], insb. – aus urheberrechtlicher Sicht – konstitutive Rechtsübertragung – schuldvertragliche Gestattung – widerrufliche Einwilligung; speziell zum Urheberrecht *ders.* S. 269 ff., insb. auch kritisch zu der im Urheberrecht verwendeten Terminologie *ders.* S. 267 ff.). Es kommt letztlich auf einen **angemessenen Interessenausgleich im konkreten Fall** an (wegen der praktisch erforderlichen Möglichkeit der Weiterübertragung der Rechtsposition des Vertragspartners an Dritte vgl. *v. Welser* S. 83 ff.). So impliziert die Veröffentlichung eines Werks im Internet mangels expliziter Vorbehalte zwar die konkludente Einwilligung in eine Vervielfältigung jedenfalls durch den privaten Nutzer (s. BGH GRUR 2008, 246/247 f. – Drucker/Plotter), die Rechte auf Namensnennung und Wahrung der Werkintegrität gem. §§ 13 f. UrhG bleiben aber i. Zw. vorbehalten.

28a Den bedauerlicherweise gescheiterten **Versuch einer gesetzlichen Regelung eines derartigen Interessenausgleichs** durchaus auch im Interesse der Verwerterseite (ebenso *Schack* GRUR 2002, 853/858 f.; *Jänecke* S. 189 ff.; aA *Haas* Rdnr. 48 ff. iSd. arg. e contrario: weiterreichende Vereinbarungen zu Lasten der Urheber wären unzulässig gewesen), jedenfalls aber iS einer Klarstellung des in Praxis und Rechtsprechung schon weitgehend für zulässig erachteten Maßes an Verfügungen über das UPR (vgl. insoweit die Bestandsaufnahme der Vertragspraxis bei *Metzger*, Rechtsgeschäfte, S. 38 ff.; *ders.* GRUR Int. 2003, 9/11 ff.; ähnlich *Schacht* S. 26 ff. und S. 119 ff.) hatte der Regierungsentwurf des Urhebervertragsgesetzes vom 22. 3. 2002 (BGBl. I 1155) gestartet; er konnte sich dabei auf einen gleich lautenden Vorschlag in § 39 des „Professorenentwurfs" (GRUR 2000, 765/767) stützen (su. § 29 Rdnr. 8). Einem praktischen Bedürfnis entsprechend sollte der Grundsatz der Unübertragbarkeit des UPR als solchen dabei durch die ausdrückliche Zulassung gewisser, **auf konkrete Einzelnutzungen bezogener Rechtsgeschäfte über UPRe** abgemildert werden (so die Begründung des RegE, UFITA Bd. 2002/II S. 520; su. § 29 Rdnr. 8 sowie *Schricker* GRUR Int. 2002, 797/799 f.; *Schacht* S. 120 f.; *Schack* GRUR 2002, 853/858 f.; *Heeschen* im Nachwort S. 214; *Jänecke* S. 189 ff.; *Ohly* S. 268 f.; kritisch bzgl. der vorgeschlagenen Regelung zum Namensnennungsrecht *Radmann* ZUM 2001, 788/792; vgl. auch die Auseinandersetzung mit dem RegE im Hinblick auf seinen eigenen Ansatz der Vorhersehbarkeitslehre bei *Metzger*, Rechtsgeschäfte, S. 235 ff.; *ders.* aus der Sicht nach Erlass des Gesetzes GRUR Int. 2003, 9 ff.). Im Einzelnen sah der Vorschlag die Zulässigkeit bestimmter Verfügungen über das Veröffentlichungsrecht nach § 12 (Ermächtigung zur Ausübung durch einen Dritten), über das Namensnennungsrecht nach § 13 (Verzicht auf die Nennung bei genau bestimmten beschränkten Nutzungen sowie Widerruf des Verzichts) und

Vorbemerkung Vor §§ 12ff.

über das Recht auf Schutz der Werkintegrität nach §§ 14/39 (Änderungsgestattung bei genau bezeichneten und auf bestimmte beschränkte Nutzungen bezogenen Änderungen sowie Widerruf der Gestattung) vor. Die Streichung des § 39 RegE im Laufe des Gesetzgebungsverfahrens führt zur Weitergeltung der bisherigen Vorschriften in § 39 einschließlich der zu ihrer Auslegung entwickelten Rechtsgrundsätze, die sich – gerade weil es sich um eine gesetzgeberische Klarstellung handeln sollte – inhaltlich kaum von dem gescheiterten Vorschlag in § 39 RegE unterscheiden. Der Gefahr der Missdeutung des als **Redaktionsversehen** erhalten gebliebenen Hinweises auf „die in § 39 geregelten Rechtsgeschäfte über UPRe" in § 29 Abs. 2 ist deshalb entgegenzutreten (su. § 29 Rdnr. 8; *Schricker* GRUR Int. 2002, 797/799 f. sowie *Dreier/Schulze/Schulze*[3] § 29 Rdnr. 20; *Kotthoff* in HK-UrhR[2] § 29 UrhG Rdnr. 12; *Metzger* GRUR Int. 2003, 9/10 ff.; ähnlich *Jänecke* S. 189 und *Schacht* S. 26). § 29 Abs. 2 ist demgemäß so zu lesen, dass Rechtsgeschäfte über Urheberpersönlichkeitsrechte zulässig sind, wie sie in § 39 geregelt werden und wie sie nach geltenden ungeschriebenen Regeln bisher zugelassen werden (so *Schricker* GRUR Int. 2002, 797/800; *ders.* in *Hartmer/Detmer* [Hrsg.], Hochschulrecht, S. 419/443; sowie *ders.* unten § 29 Rdnr. 3 c; ebenso *Metzger* GRUR Int. 2003, 9/11, bzw. dass Rechtsgeschäfte über das Urheberpersönlichkeitsrecht zulässig sind (so *Kotthoff* in HK-UrhR[2] § 29 UrhG Rdnr. 12; iSd. Inhaltskontrolle von die Urheber belastenden Vertragsklauseln nach § 307 BGB *Haas* Rdnr. 57 ff. für das Namensnennungsrecht und Rdnr. 64 für das Werkschutzrecht).

In Entsprechung zu den Rechtsgedanken des § 31 Abs. 4 u. 5 ist aber sicherzustellen, dass der **Urheber erkennen kann, was er konzediert**, so dass er in der Lage ist, sein Selbstbestimmungsrecht in klarer Sicht der Konsequenzen auszuüben (so *Schricker*, Informationsgesellschaft, S. 82, insb. S. 93 ff.; *ders.* in *Hartmer/Detmer* [Hrsg.], Hochschulrecht, S. 419/433 „Konkretisierungstheorie"; im gleichen Sinn *Heeschen* S. 79, 81 f.; *Jänecke* S. 196 ff. unter dem Gesichtspunkt von Vereinbarungen über die Werkvernichtung; *Müller* S. 85, 88 f. und 181 ff.; vgl. auch *Wallner* S. 210 ff. sowie die Kritik bei *Hoeren* GRUR 1997, 873 und *v. Welser* S. 73 f.). Dies entspricht weitgehend der von *Metzger* (Rechtsgeschäfte S. 195 ff. und S. 298 ff.; *ders.* GRUR Int. 2003, 20 ff.) entwickelten erweiterten Vorhersehbarkeitslehre (ebenso *Grunert*, Werkschutz, S. 193 f.; *Müller* S. 89; *Ohly* S. 432; *Wandtke/Bullinger/Wandtke/Grunert*[3] § 39 UrhG Rdnr. 1 ff. und 7 ff.; *Dreier/Schulze/Schulze*[3] vor § 12 Rdnr. 12: Erlassvertrag, selbst bei zumindest in groben Zügen erkennbarer Entstellung; zu den Schwächen der Vorhersehbarkeitslehre insb. bei langjährigen vertraglichen Beziehungen im Arbeitsverhältnis *Schacht* S. 146 f.; für Verzicht auf die Ausübung des UPR bei Unverzichtbarkeit des Rechtes selbst OLG München GRUR 1986, 460/463 – Die unendliche Geschichte). Zu würdigende Gesichtspunkte im Rahmen der Vertragsauslegung sind insb. Art, Zweck und Niveau des betroffenen Werkes (*Osenberg* S. 45; vgl. auch *v. Gamm* § 11 Rdnr. 7; *Ulmer*[3] § 89 III 3) sowie – wenn auch nicht unbesehen – gem. §§ 133, 157 BGB die **Branchenüblichkeit** (wegen einiger für die Praxis vorgeschlagener oder praktisch verwendeter Klauseln vgl. *Wallner* S. 215 ff. – su. Schrifttums-Verz. zu § 14 – sowie *Metzger* aaO S. 38 ff. und – aus der Sicht angestellter Urheber – *Schacht* S. 155 ff.) **und der Vertragszweck**; letzteres insbesondere, wenn es sich um Werke handelt, die im **Arbeits- oder Dienstverhältnis** geschaffen wurden (vgl. allgemein *Kellerhals* S. 146 ff.; *Schacht* S. 158 ff.; *Schack*[4] Rdnr. 989; wegen der Einschränkungen des UPR bei Dienstverhältnissen vgl. *Leuze* S. 78 ff.; wegen der persönlichkeitsrechtlichen Befugnisse angestellter Wissenschaftler vgl. auch *v. Moltke*, Das Urheberrecht an den Werken der Wissenschaft, Diss. 1990, S. 219 ff.; speziell bei angestellten Urhebern im Filmbereich vgl. *Reupert*, Der Film im Urheberrecht 1995, S. 265 ff.). Eine interessengerechte Lösung ist nur in Individualverträgen zu suchen; eine Regelung auf kollektivvertraglicher Grundlage kommt kaum in Frage (vgl. *Schricker*, Informationsgesellschaft, S. 94; ebenso mit Nachdruck *Heeschen* S. 195 f.; zu den Grenzen ihrer Zulässigkeit sa. *Steinberg* S. 83 ff.).

Bezüglich der **Geltendmachung des UPR durch Verwertungsgesellschaften** ist zwischen der Praxis der GEMA, die grundsätzlich keine urheberpersönlichkeitsrechtlichen Ansprüche wahrnimmt, und der Praxis der VG Bild-Kunst zu unterscheiden, die – auf unterschiedlicher vertraglicher Grundlage – solche Ansprüche durchaus wahrnimmt, etwa für den Fall unterlassener Namensnennung nach § 13 (wegen der Einzelheiten auch bzgl. der jeweiligen Praxis vgl. insb. *v. Welser* S. 118 ff. für die GEMA und S. 131 ff. für die VG Bild-Kunst; vgl. auch *Dreier/Schulze/Schulze*[3] vor § 12 Rdnr. 14; differenzierend *Heeschen* – S. 199 ff. bzw. S. 206 ff. – iS grundsätzlich fehlender Eignung der Verwertungsgesellschaften zur kollektiven Lizenzierung von Eingriffen in das UPR, jedoch unter Befürwortung der Möglichkeit einer treuhänderischen Wahrnehmung des UPR für den Einzelfall einschließlich der gerichtlichen Geltendmachung durch Verwertungsgesellschaften sowie der Vermittlung der Kontaktaufnahme mit dem Urheber über diese; wegen der stillschweigenden antizipierten Gestattung von Änderungen durch den Urheber, die mit der Ein-

28b

28c

Vor §§ 12 ff. Vorbemerkung

räumung bestimmter Nutzungsrechte durch die GEMA etwa zur Verwendung von Melodien als Handy-Klingeltöne bzw. Ruftonmelodien verbunden sind, su. § 14 Rdnr. 11 a und 29 a).

28d Bezüglich des **Widerrufs von Verzichtserklärungen oder Gestattungen** im Rahmen von Rechtsgeschäften über das UPR (wegen der Notwendigkeit einer solchen Widerrufsmöglichkeit bei allen Persönlichkeitsrechten vgl. *Jänecke* S. 210 ff.; *v. Welser* S. 79 f.; vgl. allgemein auch *Ohly* S. 353 f.) sah § 39 RegE des Urhebervertragsgesetzes (so. Rdnr. 28 a) im Einzelnen vor, dass der Widerruf des Verzichts auf die Anbringung der Urheberbezeichnung und auf die Nennung des Urhebernamens nur mit Wirkung für die Zukunft und nur für solche Nutzungen erfolgen kann, die noch nicht begonnen worden sind, und dass der Widerruf im Übrigen nicht ausgeschlossen werden kann (§ 39 Abs. 2 S. 2 des Entwurfs). Für den Widerruf von Gestattungen im Zusammenhang mit Werkänderungen sollten gem. Abs. 3 S. 3 des Entwurfs entsprechende Regeln gelten. Im Verlagsbereich würde dies etwa bedeuten, dass bei ursprünglichem Verzicht auf Namensnennung diese doch durch Widerruf des Verzichts allenfalls für spätere, nicht aber für die laufende Auflage eines Druckwerkes durchgesetzt werden könnte. Die Notwendigkeit einer solchen Widerrufsmöglichkeit entspricht dem Rechtsgedanken des § 42 (Rückrufsrecht wegen gewandelter Überzeugung und dessen Unverzichtbarkeit im Voraus), der es ebenso wie der Widerruf von Verzichten und Gestattungen ermöglichen soll, inneren Entwicklungen im persönlichkeitsrechtlichen Bereich des Urhebers Rechnung zu tragen (so *Jänecke* S. 212 f. unter dem speziellen Gesichtspunkt von Vereinbarungen über die Werkzerstörung). Die von *Jänecke* (aaO; ähnlich *Müller* S. 90 und *v. Welser* S. 80 ff.) empfohlene entsprechende Anwendung des § 42 Abs. 3 (Wirksamkeit des Widerrufs erst nach Aufwendungsersatz oder Sicherheitsleistung; zurückhaltender *Ohly* S. 354: nur Vertrauensschaden, nicht angemessene Entschädigung) ist – wie die Erfahrungen mit dem praktisch bedeutungslosen § 42 (su. § 42 Rdnr. 3 und 32) zeigen – wegen der einseitigen Belastung des Urhebers abzulehnen. Vorzuziehen wäre eine Lösung – ggf. auch hier nach Maßgabe einer Interessenabwägung – anhand des oa. Entwurfs einer gesetzlichen Regelung in § 39, die in aller Regel dazu führen würde, dass bereits getätigte Aufwendungen der Verwerterseite von dem Widerruf nicht mehr betroffen werden können. Insoweit muss sich der Urheber an ursprünglich ausgesprochenen Verzichten oder Gestattungen festhalten lassen, wenn sie im Übrigen dem Konkretheitserfordernis (so. Rdnr. 28 b) genügen (wegen der analogen Anwendung von § 41 Abs. 4 S. 2 bei Verzicht auf Namensnennung durch die Rechtsprechung su. § 13 Rdnr. 29; kritisch dazu *v. Welser* S. 79 f.; *Müller* S. 90).

2. Vererblichkeit des UPR

29 Das Urheberrecht ist **als Ganzes** zwar unter Lebenden unübertragbar ausgestaltet (so.), es ist jedoch **kraft ausdrücklicher Vorschrift in § 28 Abs. 1 vererblich** (su. § 28 Rdnr. 5, 6); indirekt ergibt sich dies auch aus der Schutzfristbestimmung des § 64 Abs. 1. Gem. § 30 hat der Rechtsnachfolger des Urhebers (su. § 30 Rdnr. 1, 2) die dem Urheber nach diesem Gesetz zustehenden Rechte, soweit nichts anderes bestimmt ist. Im Bereich des UPR ieS (§§ 12–14) trifft das UrhG keine anderen Bestimmungen. Demgegenüber sind im Rahmen des UPR iwS § 42 Abs. 1 S. 2, § 46 Abs. 5 S. 1 iVm. § 42 Abs. 1 S. 2, § 62 Abs. 4 S. 2 sowie die §§ 115–116 zu berücksichtigen (s. § 30 Rdnr. 8; *Clément* S. 98 ff.; *v. Gamm* § 30 Rdnr. 4; *v. Welser* S. 144 ff.). Hinzu kommt die besondere, gerade für Belange des UPR bedeutsame Gestaltungsmöglichkeit nach § 28 Abs. 2. Sie erlaubt es, die **Ausübung des Urheberrechts durch letztwillige Verfügung einem Testamentsvollstrecker** zu übertragen (s. im Einzelnen § 28 Rdnr. 13 ff.); im Rahmen der Zwangsvollstreckung ist Folge nach § 117, dass die nach §§ 115 und 116 erforderliche Einwilligung durch den Testamentsvollstrecker zu erteilen ist.

30 Umstritten ist, ob der Erbe das UPR nach Maßgabe seiner eigenen Interessen ausüben darf oder an die Interessen des Verstorbenen gebunden ist. Nach einer Auffassung tritt der **Rechtsnachfolger in die volle Rechtsstellung des Urhebers auch bezüglich des UPR** ein (s. allgemein § 30 Rdnr. 4 ff.). Der Erbe könne urheberpersönlichkeitsrechtliche Entscheidungen des Urhebers umstoßen, soweit er nicht durch Auflagen oder durch Einsetzung eines Testamentsvollstreckers (§ 28 Abs. 2) wirksam gebunden sei (Voraufl./*Dietz*, vor §§ 12 ff. Rdnr. 30 f.; *Dreier/Schulze/Schulze*[3] vor § 12 Rdnr. 11; *Dreyer* in HK-UrhR[2] vor §§ 12 ff. UrhG Rdnr. 27 ff.; *Heintig* ZUM 1999, 291 ff. speziell für das Veröffentlichungsrecht; *Wandtke/Bullinger/Bullinger*[3] vor §§ 12 ff. Rdnr. 12; im Ergebnis auch *Ulmer*[5] § 82 III; vgl. auch LG München I Schulze LGZ 173, 17; bzgl. der Gestaltungsmöglichkeiten bei der erbrechtlichen Absicherung des Urhebers vgl. *Bullinger* S. 209 ff. und *v. Welser* S. 153 f.; vgl. auch den rechtlich eher unklaren Fall der „Umgehung" des testamentarisch verfügten, auf Österreich bezogenen Aufführungsverbots des

Vorbemerkung   **Vor §§ 12ff.**

Autors Thomas Bernhard; dazu *Riedl*, FAZ Nr. 279 v. 3. 12. 1996 S. 13 sowie die Nachweise bei *Müller* S. 94 und *v. Welser* S. 154; wegen der in der Praxis nur begrenzten Wirkung erbrechtlicher Auflagen vgl. auch *Clément* S. 40 ff., 70 ff. und 102 f.; wegen der ebenfalls zulässigen *Ermächtigung* einer von ihm ausgewählten Person zu Lebzeiten des Urhebers zur Wahrnehmung auch über seinen Tod hinaus vgl. *Schack*[4] Rdnr. 580 und *v. Welser* S. 159; rechtsvergleichend zu der getrennt geregelten Erbfolge beim droit moral in Frankreich *Nérisson* S. 53 ff. sowie bzgl. der Verfügungen des Urhebers S. 71 ff.). Diese streng erbrechtliche Betrachtungsweise wird jedoch der besonderen Rechtsnatur und Zwecksetzung des UPR im Erbgang nicht gerecht. Maßgeblich bleiben stets die **geistigen und persönlichen Interessen des verstorbenen Urhebers**. Die auf seine Person ausgerichteten Befugnisse ändern durch den Erbgang nicht ihre individuelle Schutzrichtung. § 42 Abs. 1 S. 2 UrhG bestätigt dies unter ausdrücklicher Bezugnahme auf § 30 UrhG. Die praktischen Probleme der Durchsetzung der Interessen des Verstorbenen sind kein Grund, diese Bindung der Erben von vornherein aufzugeben. Immerhin wird von den Gerichten ein Instrument an die Hand gegeben, offensichtlich missbräuchlichen, dem Willen des Urhebers erkennbar zuwiderlaufenden Geltendmachungen des Urheberpersönlichkeitsrechts durch den Erben die Gefolgschaft zu versagen (wie hier BGH GRUR 1989, 106/107 – Oberammergauer Passionsspiele; *Schack*[4] Rdnr. 577 mwN.; *v. Gamm* § 11 Rdnr. 7 und § 30 Rdnr. 3; *Wallner* – s. Schrifttums-Verz. zu § 14 – S. 58 und S. 122 ff.; *Asmus* S. 196 ff.; *Jänecke* S. 179 f.; *Schilcher* S. 43 ff.; *v. Welser* S. 148 f.; *Clément* S. 64 ff.).

Als weitere Abweichung von erbrechtlichen Grundsätzen ist zu beachten, dass **die persön-** **31** **lichen und ideellen Interessen des Urhebers** am Werk mit zunehmendem Abstand vom Todeszeitpunkt **an Bindkraft verlieren** und zurücktreten müssen (*v. Gamm* § 11 Rdnr. 6 und § 30 Rdnr. 4; insoweit zust. *Jänecke* S. 181; einschränkender, insbesondere bei Fällen der posthumen Entdeckung des Ranges des Urhebers *Fromm/Nordemann/Hertin*[9] vor § 12 Rdnr. 7; vollständig aA *Bullinger* S. 206 f.; *Müller* S. 92 f.; *Wandtke/Bullinger/Bullinger*[3] vor §§ 12 ff. Rdnr. 10; *Dreier/Schulze/Schulze*[3] vor § 12 Rdnr. 8; *Möhring/Nicolini/Kroitzsch*[2] § 11 Rdnr. 20). Nach BGH GRUR 1989, 106/107 m. Anm. v. *Loewenheim* – Oberammergauer Passionsspiele II; BGB GRUS 2008, 984/986 – St. Gottfried – haben die maßgeblichen Urheberinteressen Jahre und Jahrzehnte nach dem Tod des Urhebers nicht notwendig dasselbe Gewicht wie zu seinen Lebzeiten (zustimmend insoweit auch *Clément* S. 55, 77 und 81; *Rehbinder* ZUM 1996, 613/616). Bei der **Abwägung der Interessen** des Urhebers gegenüber denjenigen der Werknutzer sind demnach andere Ergebnisse möglich, auch im Sinne weiterreichender Eingriffe in das UPR, als bei der Beurteilung vergleichbarer Sachverhalte zu Lebzeiten des Urhebers (wie hier *Federle* S. 56; ähnlich *v. Gamm* § 30 Rdnr. 4; vgl. auch *Rehbinder* ZUM 1986, 365/370 sowie LG München I Schulze LGZ 173, 17; zur Frage des Geldentschädigungsanspruchs nach § 97 Abs. 2 S. 4 des Rechtsnachfolgers bei postmortaler Verletzung des UPR vgl. *Heintig* ZUM 1999, 291 ff. sowie *v. Welser* S. 146 f.; vgl. auch *Clément* S. 81 ff.: trotz grundsätzlicher Bindung an den Urheberwillen sind die zur Werknutzung erforderlichen Änderungsbefugnisse durch Erben übertragbar).

Entgegen *Schack* (GRUR 1985, 352/356; ebenso *Sieg* S. 117 und *v. Welser* S. 146) kann auch **32** **die das UPR strafrechtlich schützende Norm des § 107 Nr. 1** (Anbringung der Urheberbezeichnung auf dem Original eines Werkes der bildenden Künste ohne Einwilligung des Urhebers) nicht gegen den Erben angewandt werden, wenn nicht gerade eigenhändige Signierung durch den Urheber selber vorgetäuscht werden soll; anders bei § 107 Nr. 2, der im Übrigen auch vom Urheber selbst begangen werden kann (so insbesondere *Sieg* S. 158; aA *Clément* S. 101; *Ulmer*[3] § 133 II 2 b). Abzulehnen ist ebenfalls die von *Schack* (GRUR 1985, 352/356 f.) vorgenommene Differenzierung zwischen der (unzulässigen) Substanzänderung eines vollendeten Werks und der (zulässigen) Vollendung oder Bearbeitung eines unfertigen Werks durch die Erben (ebenso *Fromm/Nordemann/Hertin*[9] § 30 Rdnr. 1). Die andernfalls notwendige Einschaltung berufsständischer oder staatlicher (gerichtlicher) Kontrollinstanzen zur Beaufsichtigung der Erben zwecks Ausübung des Urheberrechts iSd. verstorbenen Urhebers ist wegen der **Gefahr des Kulturdirigismus** abzulehnen (so letztlich auch *Schack* GRUR 1985, 352/358). Dies gilt nicht nur für die Zeit nach Ablauf der Schutzfrist (su. Rdnr. 34 f.), sondern in gleicher Weise schon für die Zeit zwischen dem Tod des Urhebers und dem Ablauf der Schutzfrist (wegen der andersgearteten Betrachtungsweise in Frankreich vgl. *Dietz*, Droit moral, S. 175 f.).

3. Zeitliche Begrenztheit des UPR

Entsprechend der **monistischen Auffassung bedeutet das Erlöschen des Urheber-** **33** **rechts 70 Jahre** nach dem Tode des Urhebers (§ 64 Abs. 1) gleichzeitig das **Erlöschen des**

Vor §§ 12ff. Vorbemerkung

UPR als Individualbefugnis *(Dreyer* in HK-UrhR² vor §§ 12ff. UrhG Rdnr. 34; *v. Gamm* § 64 Rdnr. 2; *Schack*⁴ Rdnr. 320; *Ulmer*³ § 79 I 1 und II 3; *Rehbinder*¹⁵ Rdnr. 111; rechtsvergleichend zu der in Frankreich postulierten „Perpetuität" des droit moral *Nérisson* S. 25 ff.; nach OLG Dresden NJW 2001, 615/616 – Johann Sebastian Bach, darf auch der Markenschutz nicht zu einer Remonopolisierung gemeinfreier Werke führen; der Werktitelschutz nach §§ 5, 15 MarkenG hat aber auch dann weiterhin Bestand, wenn das mit dem Titel bezeichnete, ursprünglich urheberrechtlich geschützte Werk gemeinfrei geworden ist, siehe BGH GRUR 2003, 440 ff. – Winnetous Rückkehr). Postulaten eines **„ewigen Urheberrechts"** (vgl. die Übersicht bei *Leinveber* GRUR 1964, 364/366; zur Situation in Frankreich rechtsvergleichend *Nérisson* S. 25 ff., 53 ff.; *dies.* IIC 2005, 953 ff.) ist damit de lege lata auch als Grundlage für die **Forderung nach einem ewigen UPR** der Boden entzogen (widersprüchlich OLG München ZUM 1997, 56/60: in einem im Wesentlichen wettbewerbsrechtlich beurteilten Fall einer historisch-kritischen Gesamtausgabe der Werke von Karl May, deren Urheberrechtsschutz nach Darstellung des Gerichts 1963 abgelaufen war, ging es ersichtlich davon aus, dass das von Karl May im Rahmen eines Vergleichs bzgl. bestimmter umstrittener Werke ausgesprochene Namensnennungsverbot weiter zu beachten ist). Auch über Art. 6bis Abs. 2 RBÜ, der das UPR in der konkreten Gestalt des Art. 6bis Abs. 1 „wenigstens bis zum Erlöschen der vermögensrechtlichen Befugnisse" gewährleistet und damit ein über den Ablauf der vermögensrechtlichen Befugnisse hinaus wirksam bleibendes UPR jedenfalls nicht ausschließt, ist ein Schutz für die Zeit nach Ablauf der Schutzfrist in Deutschland nicht zu erlangen. Die verbindliche Anerkennung eines ewigen droit moral war auf der Revisionskonferenz in Stockholm 1967 noch von einer starken Strömung getragen, aber ohne Erfolg geblieben (vgl. *Reimer* GRUR Int. 1967, 439).

34 Auch de lege ferenda ist die **Einführung des ewigen UPR abzulehnen** (so Begr. RegE BTDrucks. IV/270 S. 79 f.; *Ulmer*³ § 79 II 3 „solange nicht gravierende Missstände auftreten"; grundlegend unter Berücksichtigung philosophisch-ontologischer Erwägungen *Ruzicka* S. 78 ff.; ebenso *Clément* S. 134 ff.; *Schack*⁴ Rdnr. 321 f. und *Schilcher* S. 21 ff.; aA *Grohmann* S. 136 ff.; *Nordemann* GRUR 1964, 117/121; *Pakuscher* UFITA 93 [1982] 43/53; für einen durch eine Spezialvorschrift im Urheberrecht begründeten Denkmalschutz auch *Leinveber* GRUR 1964, 364/368 ff. sowie schon GRUR 1962, 75; für die Errichtung eines Nationaltheaters zur Pflege der Klassiker *Rehbinder* ZUM 1996, 613/614; für die Schaffung unabhängiger Kommissionen mit Vertretern der verschiedenen Urhebergruppen zur Kontrolle der Erben mit gesetzlicher Ermächtigung zur Geltendmachung eines urheberrechtlichen Denkmalschutzes *Clément* S. 125 ff.; dagegen aus finanziellen und kulturpolitischen Erwägungen wie solchen des Verwaltungsaufwands mit Recht *v. Welser* S. 167 f.). Bei der Frage des Schutzes gemeinfreier Werke vor Entstellungen oder vor Urheberschaftsanmaßung geht es nicht mehr um Interessen des längst verstorbenen Urhebers, sondern um **Kulturinteressen der Allgemeinheit** (Begr. RegE BTDrucks. IV/270 S. 80; *Ulmer*³ § 79 II 3; *Dietz*, Droit moral, S. 192; *Schack* GRUR 1983, 59; *ders.* GRUR 1985, 352/360; *Baum* GRUR Int. 1965, 418/420; *Vischer*, Fs. für Müller-Freienfels, S. 94; wegen der Möglichkeit der Überschneidung von öffentlichrechtlichem Denkmalschutz und Urheberrecht bei noch geschützten Werken und denkmalschutzwidrigen Handelns durch den Urheber selber vgl. *Jänecke* S. 252 ff. und *Müller* S. 97). Auch in der Form eines **„urheberrechtlichen Denkmalschutzes"** (so *Leinveber* GRUR 1962, 75 und GRUR 1964, 364; vgl. auch die „parametrische" Methode der Gegenüberstellung von ewigem UPR und urheberrechtlichem Denkmalschutz bei *Ruzicka* S. 153 ff.) ist der Gedanke eines ewigen UPR im Hinblick auf das **kulturpolitische Interesse an der Erhaltung der Lebendigkeit moderner Kultur und eines schöpferischen Freiraums für die schaffende Generation der Urheber** abzulehnen (ähnlich *Ulmer*³ § 7 II 3; *Schack*⁴ Rdnr. 321; *ders.* GRUR 1985, 316; *Federle* S. 32 f.; *Müller* S. 98; *v. Welser* S. 165 f.; unter dem Gesichtspunkt von „freedom of expression" ebenso *Cohen Jehoram* GRUR Int. 1983, 385/389; im Ergebnis auch *Vischer*, Fs. für Müller-Freienfels, S. 96; aA mit Nachdruck insbesondere *Pakuscher* UFITA 93 [1982] 43/56 ff. sowie *Grohmann* S. 136 ff.; vgl. auch den eher kurios zu nennenden dänischen Streit um das droit moral der Evangelienverfasser, zuletzt Oberlandesgericht Kopenhagen GRUR Int. 1991, 378). Auch im Mutterland des „droit moral perpétuel" scheint sich angesichts einer sehr zögerlichen Haltung der Gerichte mehr und mehr eine skeptische Auffassung durchzusetzen (s. Cour de Cassation 04.15-543 v. 30. 1. 07, Plon SA/Pierre Hugo – Victor Hugo, IIC 2007, 73: keine Ansprüche wegen Verletzung des ewigen droit moral Victor Hugos gegen eine Fortsetzung von „Les Misérables"; sa. *Asmus* S. 193 f., 200; zur früher vorherrschenden Auffassung in Frankreich vgl. *Dietz*, Droit moral, S. 182 ff.; vgl. auch die rechtsvergleichenden Hinweise bei *Müller* S. 97 sowie *Nérisson* S. 81 ff.).

| Vorbemerkung | **Vor §§ 12ff.** |

Im Bereich des Schutzes von Verkörperungen von Geisteswerken im Sinne **nationaler Kul-** 35
turgüter (also von Originalen von Werken der bildenden Kunst, Originalmanuskripten von
Werken der Literatur und Musik, uU. auch Originalen von Tonbandaufnahmen und audiovisuellen Werken) greifen unabhängig vom Urheberrecht die öffentlich-rechtlichen **Vorschriften
über den Denkmalschutz** ein (vgl. dazu insbesondere den Exkurs Denkmalschutz bei *Ruzicka*
S. 91 ff. sowie *Dietz*, Droit moral, S. 194 ff.; *Dreier/Schulze/Schulze*³ vor § 12 Rdnr. 9; *Jänecke*
S. 243 ff., der in diesem Zusammenhang auch den Schutz deutschen Kulturguts gegen Abwan-
derung durch Gesetz idF v. 8. 7. 1999 behandelt). Der Pflege und Aufbewahrung authentischer
Fassungen von Werken in gedruckter Form (sowie von Tonträgern) dient auch die Pflicht-
exemplargesetzgebung (vgl. dazu *Schricker*, Verlagsrecht³, § 6 Rdnr. 9 ff.; zur kulturpolitischen
Zielsetzung BVerfG GRUR 1982, 45/48). Dem **öffentlichen Interesse an der Unver-
fälschtheit und Authentizität von Werken im Sinne von Kulturgütern** kann demgemäß
auch ohne verfassungsrechtlich problematische staatliche Eingriffe in das Kulturleben (wegen der
Unzulässigkeit eines staatlichen Kunstrichteramts vgl. auch *Knies*, Schranken der Kunstfreiheit als
verfassungsrechtliches Problem, 1967, S. 170 ff.) durch denkmalpflegerische und kulturpflege-
rische Maßnahmen Rechnung getragen werden; im audiovisuellen Bereich sind diese noch auszubauen (vgl. die UNESCO-Empfehlung über die Sicherung und Bewahrung von bewegten
Bildern, Copyright Bulletin [UNESCO] 1980 Nr. 4 S. 21, das Europäische Übereinkommen
zum Schutz des audiovisuellen Erbes und sein Protokoll zum Schutz von Fernsehproduktionen,
verabschiedet vom Ministerkomitee des Europarats am 19. Sept. 2001 – vgl. insoweit den Bericht von *McGonagle* in IRIS 2001/9 S. 3; sowie die Entschließung des Rates der Europäischen
Union vom 24. Nov. 2003–14575/03 [Presse 325] – zur Hinterlegung von Kinofilmen in der
Europäischen Union vgl. den Bericht von *Gorini* in IRIS 2004/1 S. 5; rechtsvergleichend zum
Schutz des Filmerbes in Europa *dies.* in IRIS plus [Beilage zu IRIS – Ausgabe 2004/8] S. 2 ff.
mwN; ähnlich bereits die Entschließung des Rates vom 21. Jan. 2002 über Kultur und die Wissensgesellschaft, ABl. EG C 32 v. 5. 2. 2002. S. 1 und die Entschließung des Rates vom 25. Juni
2002 über die Erhaltung des Gedächtnisses der Zukunft – Konservierung der digitalen Inhalte
für künftige Generationen, ABl. EG C 162 v. 6. 7. 2002 S. 4 – vgl. insoweit den Bericht von
McGonagle in IRIS 2002/7 S. 5; bzgl. der zu fordernden Dokumentation im Rundfunkbereich
vgl. *Leonhard,* Dokumente des Rundfunks – Zeichen der Zeit, BBl. Nr. 100/1995 S. B 154 –
Beilage). Für den Normalfall des Kulturbetriebs ist angesichts der Gefahren staatlicher Bevormundung die **freie Überwachung durch die öffentliche Kritik** vorzuziehen (*Ulmer*³ § 79
II 3; ebenso *Krüger-Nieland* UFITA 64 [1972] 129/134).

IV. Zukunft des UPR

Insgesamt wird die **Bedeutung des nationalen wie internationalen Schutzes des UPR** 35a
proportional zur Erhöhung des Gefährdungspotentials aufgrund der technischen und wirtschaftlichen Entwicklung **eher zu- als abnehmen** (so für den Bereich der von der Globalisierung
mit am stärksten betroffenen Musikverwertung *Riekert* S. 243 mwN; für den Bereich der Multimediaproduktionen *ders.* in: Götting [Hrsg.], Multimedia, Internet und Urheberrecht S. 142 f.;
vgl. auch *Dietz,* Fs. für Schricker, S. 1/20 ff.). Der Schutz der ideellen Belange des Urhebers ist
(so *Götting,* Multimedia, S. 2) auch kein rechtlicher „Luxus", der den wirtschaftlichen Interessen
der Industrie als lästiges Überbleibsel aus vergangenen Zeiten entgegensteht; er liegt dem verfas-
sungs-, völker- und konventionsrechtlich gewährleisteten Gesamtkonzept des kontinentaleuropäischen Urheberrechtssystems zugrunde, das für ein künftiges europäisches Urheberrecht weg-
weisend ist. Die fortdauernde internationale Relevanz des UPR erweist sich darin, dass Urheber
zwar vermehrt in eine kostenlose Nutzung ihrer im Internet veröffentlichten Werke einwilligen
(siehe dazu BGH GRUR 2008, 246/247 f. – Drucker/Plotter), dafür entwickelte Lizenzmodelle
wie Creative Commons aber besonderen Wert auf die Wahrung der Rechte auf Namensnennung
und Werkintegrität legen (siehe http://de.creativecommons.org/). **Die Akzeptanz und Wirksamkeit des UPR wird indes beeinträchtigt,** wenn der Schutz der geistigen und persönlichen
Interessen am Werk nur in seiner kommerziellen Dimension wahrgenommen wird. So führt die
verbreitete Meinung, die Verkehrsfähigkeit der betreffenden Befugnisse müsse gesteigert werden,
nur dazu, jene und damit letztlich die Person des Urhebers Dritten leichter verfügbar zu machen
(hierfür aber Vorauﬂ./*Dietz* mwN; vgl. allgemein auch *Schricker*, Informationsgesellschaft, S. 82
sowie *Hilty*, Fs. für Rehbinder S. 259 ff.; *Kellerhals* S. 197 f.; *Metzger*, Rechtsgeschäfte S. 228 ff.;
Müller S. 83 f.; sa. *Asmus* S. 115). Ferner ist eine bedenkliche Tendenz zu beobachten, das UPR

zur Erhöhung von Einnahmen zu instrumentalisieren (su. § 13 Rdnr. 21 a; zur Lizenzierung von Handy-Klingeltönen durch die GEMA und die Verlage unter Berufung u. a. auf § 14 UrhG s. u. § 14 Rdnr. 11 a und 29 a).

§ 12 Veröffentlichungsrecht

(1) **Der Urheber hat das Recht zu bestimmen, ob und wie sein Werk zu veröffentlichen ist.**

(2) **Dem Urheber ist es vorbehalten, den Inhalt seines Werkes öffentlich mitzuteilen oder zu beschreiben, solange weder das Werk noch der wesentliche Inhalt oder eine Beschreibung des Werkes mit seiner Zustimmung veröffentlicht ist.**

Schrifttum: (s. auch die Schrifttumsnachweise vor §§ 12 ff.) *Brauneck/Brauner,* Optionsverträge über künftige Werke im Filmbereich, ZUM 2006, 513; *Cohen Jehoram,* Urheberrecht und Freiheit der Meinungsäußerung, Rechtsmissbrauch und Standardschikane, GRUR Int. 2004, 96; *Haberstumpf,* Archivverträge, Fs. für Nordemann, 2004, S. 167; *Hansen,* Zugang zu wissenschaftlicher Information – alternative urheberrechtliche Ansätze, GRUR Int. 2005, 378; *Karnell,* Copyright Protection Under Human Rights Control – In Particular of Works Not Disseminated to the Public, World E-Commerce & IP Report Vol. 4 No. 9 (Sept. 2004), S. 18; *Katzenberger,* Elektronische Printmedien und Urheberrecht, 1996; *Müsse,* Das Urheberpersönlichkeitsrecht unter besonderer Berücksichtigung der Veröffentlichung und der Inhaltsmitteilung, Diss. Freiburg i. B. 1999; *Pflüger/Ertmann,* E-Publishing und Open Access – Konsequenzen für das Urheberrecht im Hochschulbereich, ZUM 2004, 436; *Strömholm,* Das Veröffentlichungsrecht des Urhebers in rechtsvergleichender Sicht. Unter besonderer Berücksichtigung der deutschen Urheberrechtsreform, 1964; *ders.,* Le droit moral de l'auteur en droit Allemand, Français et Scandinave, Bd. II 2 Le droit de divulgation, 1973; *Ulmer,* Das Veröffentlichungsrecht des Urhebers, Fs. für Hubmann, 1985, S. 435; *v. Zumbusch,* The Defense of „Fair Use" in Unpublished Works under U. S. and German Copyright Law. A Comparison of an Author's „Moral Right" in Unpublished Works, IIC 1989, 16.

Übersicht

	Rdnr.
I. Allgemeines	1–6
1. Grundlegende Bedeutung des Veröffentlichungsrechts (VR)	1–3
2. Entstehungsgeschichte des § 12	4–6
II. Das Erstveröffentlichungsrecht nach § 12 Abs. 1	7–21
1. Veröffentlichung iS von § 12 als Erstveröffentlichung	7–10
2. Selbständige Bedeutung des VR nach § 12 Abs. 1	11–15
3. Ausübung und Übertragung des VR nach § 12 Abs. 1	16–21
a) Entscheidung über die Veröffentlichung	16
b) Bei fertiggestellten Werken	17, 18
c) Bei zukünftigen Werken	19
d) Ausübung durch Dritte	20, 21
4. Verhältnis zur Presse- und Meinungsfreiheit	22
III. Das Recht der ersten öffentlichen Inhaltsmitteilung oder Inhaltsbeschreibung nach § 12 Abs. 2	23–29
1. Verhältnis zu § 12 Abs. 1	23–25
2. Ausübung und Verbrauch des Rechts nach § 12 Abs. 2	26, 27
3. Übertragbarkeit des Rechts aus § 12 Abs. 2	28
4. Grenzen zulässiger Inhaltsmitteilung und -beschreibung	29

I. Allgemeines

1. Grundlegende Bedeutung des Veröffentlichungsrechts (VR)

1 Das VR steht im Rahmen der Regelung des UPR ieS (§§ 12–14) an erster Stelle. Dies entspricht seiner hervorragenden Bedeutung als **Grundnorm des Urheberrechtsschutzes** (BGH GRUR 1955, 201/203 – Cosima Wagner). Die Ausübung des VR durch den Urheber selber oder mit seiner Zustimmung führt zur Entlassung des Werkes aus seiner Geheimsphäre oder jedenfalls seiner Privatsphäre. Das spezifisch persönlichkeitsrechtliche Element des Rechts des Urhebers, darüber zu bestimmen, ob und wie sein Werk zu veröffentlichen ist, liegt in der mit der Erstveröffentlichung verbundenen Offenlegung seiner geistigen, ästhetischen, künstlerischen, wissenschaftlichen, politischen usw. Anschauungen und Fähigkeiten; der Urheber setzt diese und damit sich selber als Person der öffentlichen Kenntnisnahme und Kritik aus. Durch die Veröffentlichung tritt das Werk in den kulturellen Kommunikationskreislauf ein (KG ZUM 2008, 329/ 331 – Günter-Grass-Briefe; *Haberstumpf*[2] Rdnr. 199). Die Veröffentlichung führt daher zu einer

Beschränkung des Urheberrechtsschutzes im Rahmen der Schrankenvorschriften der §§ 45 ff., soweit diese – wie etwa die §§ 46, 47, 48, 49, 51, 52, 52 a, 52 b, 53 a und 59 – die Veröffentlichung des Werkes in einfacher Form (§ 6 Abs. 1) oder in der qualifizierten Form des Erscheinens (§ 6 Abs. 2) voraussetzen (s. die Erl. zu § 6; vgl. auch die Zusammenstellung der betroffenen Fälle bei *Müsse* S. 116 ff.). Eine analoge Anwendung etwa des Zitatrechts auf unveröffentlichte Werke scheidet wegen des massiven Eingriffs in die Entscheidung über das Ob und Wie der Erstveröffentlichung indes aus (KG ZUM 2008, 329 – Günter-Grass-Briefe). Einen *Anspruch auf Veröffentlichung* gegenüber Dritten dagegen vermag § 12 nicht zu begründen; der Urheber bleibt insoweit auf vertragsrechtliche Ansprüche (ggf. auch auf die Ausübung des Zugangsrechts nach § 25 oder des Rückrufsrechts nach § 41; su. Rdnr. 17) verwiesen (so *Dreyer* in HK-UrhR[2] § 12 UrhG Rdnr. 3; *Dreier/Schulze/Schulze*[3] Rdnr. 18; *Müsse* S. 83; *Schack*[4] Rdnr. 330; *v. Welser* S. 28 f.; vgl. auch BVerfG ZUM 2004, 306 – Nichtannahmebeschluss: kein Anspruch einer Musikkomponistin auf Sendung bestimmter Musiktitel im Rundfunk angesichts der grundrechtlich geschützten Programmfreiheit der betroffenen Rundfunkanstalt; ebenso schon die dieser Verf.-Beschw. zugrunde liegende Entscheidung des OVG Nordrhein-Westfalen ZUM 2004, 153; vgl. auch OLG Hamm GRUR-RR 2005, 177 – Stillleben von Karl Hofer: kein Recht des Eigentümers eines Stilllebens auf Aufnahme in ein Werkverzeichnis). Umgekehrt bedeutet die **Publikationsfreiheit** als Teil der Freiheit von Forschung und Lehre trotz der Soll-Vorschrift in § 25 Abs. 2 2. Hs. Hochschulrahmengesetz bzgl. der Veröffentlichung der Ergebnisse von Drittmittelforschung nicht gleichzeitig Publikationspflicht iSd. Pflicht zur Publikation von Urheberwerken (wegen des Vorschlags einer Anbietungspflicht von hochschulangehörigen Urhebern s. *Pflüger/Ertmann* ZUM 2004, 436/441; kritisch dazu *Hansen* GRUR Int. 2005, 378 ff.; sa. unten Rdnr. 20).

Wird ein Werk unter Missachtung der ureigenen Entscheidung des Urhebers über die Veröffentlichungsreife seines Werks veröffentlicht oder verwertet, so liegt darin, unabhängig von der Frage der Verletzung der Verwertungsrechte, ein schwerer **Verstoß gegen die ideellen Interessen des Urhebers**. Wenngleich das VR nur in wenigen Fällen (su. Rdnr. 13 ff.) einen über den durch die Verwertungsrechte (§§ 15 ff.) bereits gewährleisteten Rechtsschutz hinausgehenden eigenständigen Normeninhalt hat, bekräftigt seine ausdrückliche Verankerung im UrhG 1965 den auch in den §§ 7 und 11 zum Ausdruck kommenden werthaften und auf den Schutz des Urhebers als Werkschöpfer bezogenen Gehalt des Urheberrechts. Dogmatisch wäre demgemäß auch eine Regelung im unmittelbaren Zusammenhang mit der Wesensbestimmung des urheberrechtlichen Schutzgedankens in § 11 nahe liegend gewesen (so *Strömholm* Veröffentlichungsrecht. S. 98; *ders.* GRUR 1963, 350/365; ähnlich noch *Ulmer*[2] § 56 I sowie MinE 1959 Begr. S. 33). 2

Im **Recht der RBÜ** fehlt trotz ausdrücklicher Regelung der beiden anderen Teilbefugnisse des UPR ieS in Art. 6bis eine dem § 12 entsprechende Vorschrift (so. vor §§ 12 ff. Rdnr. 7 und 24); wegen der in der RBÜ, insbesondere in deren Stockholmer/Pariser Fassung (1967/1971) verankerten und umfassenden Gewährung von Verwertungsrechten liegt darin kein schwerwiegendes Defizit des internationalen Urheberrechts. Ähnliches gilt trotz des insgesamt weniger ausgebauten Rechtsschutzes und des allgemeinen Fehlens von Regelungen über das droit moral (so. vor §§ 12 ff. Rdnr. 22) auch für das WUA. Die Rechtslage in den **Mitgliedstaaten der EU** ist uneinheitlich (vgl. *Doutrelepont,* Droit moral, S. 180 ff.; danach erfolgte eine ausdrückliche Anerkennung des Veröffentlichungsrechts als Persönlichkeitsrecht außer in Deutschland nur in Belgien, Frankreich, Griechenland, Portugal und Spanien; entsprechende Regelungen bestehen jedoch auch in fast allen neuen EU-Mitgliedstaaten, so in Estland, Lettland, Polen, Slowakei, Slowenien, Tschechien, Ungarn, Bulgarien und Rumänien; die Angaben über den Inhalt des Urheberrechts jeweils in Abschnitt II. 3. der Länderberichte bei *Wandtke* [Hrsg.], Urheberrecht in Mittel- und Osteuropa, 2 Bde., 1997 und 2002; wegen des Spannungsverhältnisses zum menschenrechtlich gesicherten Schutz der Meinungsfreiheit vgl. die rechtsvergleichenden Hinweise – insb. anhand der in Schweden und den Niederlanden unterschiedlich entschiedenen sog. Scientology-Fälle – bei *Karnell,* World E-Commerce & IP Report Vol. 4 No. 9 [Sept. 2004] S. 18 ff.; dazu auch *Cohen Jehoram* GRUR Int. 2004, 96/101). 3

2. Entstehungsgeschichte des § 12

Das **frühere Recht** (LUG und KUG) kannte neben der Gewährung der einzelnen Verwertungsrechte und des damit implizierten Schutzes auch des Veröffentlichungsinteresses des Urhebers (vgl. *Ulmer,* Fs. für Hubmann, S. 435/440) keine zusammenfassende Gewährung des VR 4 nach Art der Grundnorm des § 12 Abs. 1 (zur Vorgeschichte des § 12 ausführlich *Strömholm* GRUR 1963, 350 ff.; zur Entwicklung der Lehre vom VR *ders.* Bd. II 2 S. 60 ff. und 100 ff.). Die besondere Vorschrift über das Recht der ersten öffentlichen Inhaltsmitteilung in § 12 Abs. 2 demgegenüber hatte bereits im früheren Recht einen Vorläufer in § 11 Abs. 1 S. 2 LUG; danach war der Urheber, solange nicht der wesentliche Inhalt des Werkes öffentlich mitgeteilt war, ausschließlich zu einer solchen Mitteilung befugt. Zum Teil als Schlussfolgerung aus dieser Vorschrift (vgl. schon Begr. des RefE 1954 S. 107), zum Teil als Ableitung aus dem allgemeinen urheberpersönlichkeitsrechtlichen Schutzgedanken war aber das heute in § 12 Abs. 1 verankerte allgemeine Veröffentlichungsrecht bereits früher von der Rechtsprechung anerkannt und dabei seine enge Verwandtschaft mit dem allgemeinen Persönlichkeitsrecht betont worden (BGH GRUR 1955, 201/204 – Cosima Wagner).

5   In den **verschiedenen amtlichen Entwürfen** zum UrhG war die systematische Stellung des VR und seine Zuordnung zum UPR unterschiedlich geregelt (zu der hier zum Ausdruck kommenden Einordnungsunsicherheit so. vor §§ 12 ff. Rdnr. 4 und 5 sowie *Strömholm* GRUR 1963, 350/352). Wie schon im RefE (dort allerdings unter dem Oberbegriff „sonstige Rechte des Urhebers") setzte sich schließlich die Zuordnung des VR zum UPR ieS als erste der drei dieses konstituierenden Befugnisse durch.

6   Die **Sondervorschrift des § 12 Abs. 2** erfuhr über verschiedene redaktionelle Zwischenstufen (§ 17 Abs. 2 RefE; § 11 Abs. 2 MinE; § 12 Abs. 2 RegE) gegenüber der früheren Regelung in § 11 Abs. 1 S. 2 LUG eine klarstellende Verbesserung durch Einfügung des (früher in § 35 LUG generell statuierten) **Zustimmungserfordernisses** in § 12 Abs. 2 Halbs. 2. Eine Ausweitung gegenüber der früheren Regelung bedeutet die Einbeziehung der dem Urheber ebenfalls vorbehaltenen, in erster Linie auf Werke der Musik und der bildenden Kunst gemünzten ersten öffentlichen **Inhaltsbeschreibung**. Eine kaum messbare Ausweitung des Schutzes liegt schließlich auch darin, dass nicht dem Urheber die Mitteilung bzw. Beschreibung nicht nur des wesentlichen Inhalts, sondern des Inhalts schlechthin vorbehalten ist (vgl. dazu *Strömholm* Bd. II 2 S. 105); gem. Halbs. 2 führt andererseits nur die Veröffentlichung des **wesentlichen** Inhalts zum Verbrauch des Rechts der ersten Inhaltsmitteilung oder -beschreibung (su. Rdnr. 24).

II. Das Erstveröffentlichungsrecht nach § 12 Abs. 1

1. Veröffentlichung iS von § 12 als Erstveröffentlichung

7   Der **Begriff „Veröffentlichung",** wie er auch in der amtlichen Überschrift des § 12 verwendet wird, ist als **Erstveröffentlichung** zu verstehen, auch wenn er nach dem Sprachgebrauch spätere, der Erstveröffentlichung des Werkes nachfolgende Publikationen umfassen könnte (OLG München NJW-RR 1997, 493 f.; *Ulmer,* Fs. für Hubmann, S. 435 ff.; *Ulmer*[3] § 39 I 2; *Dreier/Schulze/Schulze*[3] Rdnr. 6; *Dreyer* in HK-UrhR[2] vor §§ 12 ff. UrhG Rdnr. 12; *Wandtke/Bullinger/Bullinger*[3] Rdnr. 9; *Strömholm* GRUR 1963, 350/358; *v. Moltke,* Das Urheberrecht an den Werken der Wissenschaft, Diss. 1990, S. 136; *v. Welser* S. 27 f.; *v. Zumbusch* IIC 1989, 34; aA – jedoch unter Annahme des Verbrauchs des VR für die jeweils erfolgte bestimmte Form der Veröffentlichung – *Fromm/Nordemann/Hertin*[9] Rdnr. 10 und *v. Gamm* Rdnr. 7). Diese Beschränkung des § 12 Abs. 1 auf das Erstveröffentlichungsrecht (wie des § 12 Abs. 2 auf das Recht der ersten Mitteilung) ergibt sich bereits aus der Formulierung des Gesetzes (Abs. 1: „zu veröffentlichen ist" bzw. Abs. 2: „solange weder … veröffentlicht ist"), da sich die Regelung offensichtlich auf den Zustand des „Veröffentlicht-Seins" bezieht (wegen der Veröffentlichung von Werken der bildenden Kunst iSd. Erscheinens gemäß § 6 Abs. 2 S. 2 so. § 6 Rdnr. 48 f.; *Müsse* S. 90 f.). Dieser Zustand kann jedoch gem. § 6 Abs. 1 („Ein Werk ist veröffentlicht …") bzw. Abs. 2 („Ein Werk ist erschienen …") nur einmal herbeigeführt werden (ebenso *Dreyer* in HK-UrhR[2] § 12 UrhG Rdnr. 5; *Haberstumpf*[2] Rdnr. 200; *Heidmeier* S. 59 f.; *Müsse* S. 91 und S. 103 ff.; *Schack*[4] Rdnr. 230 u. 328: Veröffentlichung als Realakt, der nicht zurückgenommen werden kann). Gem. § 6 Abs. 1 (und Abs. 2) kann freilich der Zustand des „Veröffentlicht-Seins" rechtlich **nur mit Zustimmung des Urhebers** eintreten (OLG Köln GRUR-RR 2005, 337 – Dokumentarfilm Massaker; LG Leipzig ZUM 2006, 883/885 – Kirchenglocke; *v. Zumbusch* IIC 1989, 35; *Dreyer* in HK-UrhR[2] § 12 UrhG Rdnr. 20; *Wandtke/Bullinger/Bullinger*[3] Rdnr. 14; *Dreier/Schulze/Schulze*[3] Rdnr. 7: nur durch Handlungen des Urhebers; zur rechtlichen Qualifizierung der Zustimmung vgl. *Müsse* S. 92 ff.). Nur im Falle unerlaubter Erstveröffentlichung durch Dritte wirkt somit das VR des Urhebers über den Zustand der faktischen Erstveröffentlichung des Werks hinaus (ebenso *Möhring/Nicolini/Kroitzsch*[2] Rdnr. 14; *Wandtke/Bullinger/*

Veröffentlichungsrecht **§ 12**

*Bullinger*³ Rdnr. 14). Auch entsteht das VR bei jedem selbständigem Werk, etwa auch bei einer Bearbeitung oder Fortsetzung neu (*Haberstumpf*² Rdnr. 200), es gilt auch für Werkteile und andere schutzfähige Vorstufen eines Werkes (so *Dreier/Schulze/Schulze*³ Rdnr. 2) solange es sich nicht durch Veröffentlichung des Gesamtwerks oder seiner weiterentwickelten Fassung verbraucht hat (vgl. auch *Dreier/Schulze/Schulze*³ Rdnr. 8).

Der **Begriff der (ersten) Veröffentlichung** ist also derjenige des § 6 Abs. 1. Freilich ist **8** dieser aber für die Zwecke des § 12 nicht ausschließlich an der Definition der Öffentlichkeit in § 15 Abs. 3 zu messen (so *Ulmer*³ § 32 I; *Haberstumpf*² Rdnr. 207; *Schack*⁴ Rdnr. 231, 329; *Schricker*, Informationsgesellschaft, S. 99; *Wandtke/Bullinger/Bullinger*³ Rdnr. 7); angesichts des je eigenen Gesetzeszwecks von § 12 einerseits und § 15 Abs. 3 andererseits soll verhindert werden, dass mit der Veröffentlichung verbundene negative Folgen für den Urheber zu früh eintreten (zur unterschiedlichen Interessenlage auch *Dreier/Schulze/Schulze*³ Rdnr. 5; *Müsse* S. 86 ff.; *Wandtke/Bullinger/Bullinger*³ Rdnr. 7; zur geschichtlichen Entwicklung des Begriffs der „Öffentlichkeit" vgl. *Strömholm* Bd. II 2 S. 125 ff., insb. S. 166 ff.). Es sollen also bestimmte Formen des „Testens" von Werken im kleineren, von vornherein abgegrenzten Kreis erlaubt werden, selbst wenn es sich dabei nicht (mehr) um durch persönliche Beziehungen verbundene Personen iSv. § 15 Abs. 3 S. 2 handelt. **Keine Erstveröffentlichung** liegt demnach vor bei Vorträgen, Hochschulvorlesungen (auch an der Massenuniversität; anders jedoch auf wissenschaftlichen Fachkongressen; so *Müsse* S. 88), der Vorführung der Nullkopie eines Spielfilms vor geladenem Publikum (Grenzfall; *Reupert*, Der Film im Urheberrecht S. 119), der Bekanntgabe von Gutachten in einem unter Ausschluss der Öffentlichkeit stattfindenden familiengerichtlichen Verfahren (LG Berlin BeckRS 2007, 13628) oder bei der Zusendung von nicht zur Veröffentlichung bestimmten Briefen an einen Bundesminister (KG ZUM 2008, 329 – Günter-Grass-Briefe) oder an die – aus vier Personen bestehende – Redaktion einer Zeitschrift (KG NJW 1995, 3392/3393 f. – Botho Strauß). Keine Veröffentlichung liegt auch in der Übergabe einer Dokumentation (über jüdische Friedhöfe) in einem Stadtarchiv, das nur bei Nachweis eines besonderen Interesses eingesehen werden kann (so OLG Zweibrücken GRUR 1997, 364 – Jüdische Friedhöfe; ferner *Haberstumpf*, Fs. für Nordemann, S. 167/176); die Übernahme von Zitaten aus der Dokumentation in ein Buch war demgemäß unzulässig (im Ergebnis wohl ein Grenzfall; wegen der Teilnahme an Architekturwettbewerben oder der Einreichung von Planungsunterlagen bei öffentlichen Stellen zwecks Genehmigung vgl. *Müller* S. 137: keine Veröffentlichung). Nach OLG Frankfurt/M ZUM-RD 1999, 379 liegt zwar in der brieflichen Mitteilung eines Textes ebenfalls noch keine Erstveröffentlichung, wohl aber in der Vorlage des Textes im familiengerichtlichen Verfahren zwischen den Parteien (wegen der Einsendung von Schreiben an eine Redaktion s. bereits oben Rdnr. 8 und 12). Die Zulässigkeit dieser Vorlage ergab sich aber aus der Schrankenbestimmung im Interesse der Rechtspflege gemäß § 45 UrhG, die keine Veröffentlichung voraussetzt (vgl. auch *Dreier/Schulze/Schulze*³ Rdnr. 17).

Die Beschränkung des VR nach § 12 Abs. 1 auf die mit Zustimmung des Urhebers erfolgen- **9** de **Erst**veröffentlichung ist von praktischer Bedeutung insbesondere im Hinblick auf den in § 121 Abs. 6 **ausländischen Staatsangehörigen** ohne weitere Voraussetzungen für alle ihre Werke gewährten Schutz nach den §§ 12–14 (UPR ieS). Ein insoweit über das Erstveröffentlichungsrecht hinausgehender Schutz ausländischer Staatsangehöriger gegen weitere Veröffentlichungen ihrer Werke würde dem Sinn des § 121 Abs. 6 widersprechen (vgl. *Ulmer*³ § 39 I 2; ders., Fs. für Hubmann, S. 435/436; *v. Gamm* § 121 Rdnr. 8; nach *Fromm/Nordemann/Hertin*⁹ Rdnr. 10 müssten weitergehende Schutzansprüche ausländischer Staatsangehöriger hingenommen werden).

Entsprechend der Verklammerung ideeller und materieller Interessen des Urhebers (so. vor **10** §§ 12 ff. Rdnr. 11) sowie gemäß dem das Urheberrecht insgesamt prägenden Gedanken des Schutzes der ideellen Interessen (so. vor §§ 12 ff. Rdnr. 8) können **weitere unerlaubte Publikationen des Werkes** zwar nicht mehr das Erstveröffentlichungsrecht des § 12 Abs. 1 verletzen, wohl aber das UPR iwS tangieren (vgl. *Dietz*, Droit moral, S. 66; *Dreyer* in HK-UrhR² § 12 UrhG Rdnr. 18; *Wandtke/Bullinger/Bullinger*³ Rdnr. 9; aA offenbar *Schack*⁴ Rdnr. 328: nur Verletzung der Verwertungsrechte; vgl. auch BVerfG ZUM 1993, 576, allerdings ausschließlich unter dem Gesichtspunkt des aPR: bei einem Brief, den der Autor nicht zur Veröffentlichung bestimmt hatte und der ohne sein Zutun bekannt geworden ist, stellt nicht nur die erstmalige, sondern auch die wiederholte Publikation eine – wenn auch möglicherweise abgeschwächte – Beeinträchtigung des aPR dar). Bei unerlaubten späteren, der Erstveröffentlichung nachfolgenden Publikationen eines Werkes kann daher wegen der Verletzung des UPR iwS neben dem Schadensersatz aus § 97 Abs. 2 S. 1–3 zusätzlich auch eine billige Entschädigung wegen des

Schadens, der nicht Vermögensschaden ist (§ 97 Abs. 2 S. 4), in Frage kommen. Eine Verletzung gerade des Erstveröffentlichungsrechts nach § 12 Abs. 1 (oder einer anderen Befugnis des UPR ieS) setzt § 97 Abs. 2 nicht voraus (so *Ulmer,* Fs. für Hubmann, S. 435/438; sa. unten § 97 Rdnr. 76 ff.; anders offenbar LG Berlin GRUR 1983, 761 – Portraitbild). Freilich muss mit *Katzenberger* (Elektronische Printmedien, S. 65 ff.) dann darauf abgestellt werden, ob die nachfolgende Veröffentlichung eine gravierende Beeinträchtigung der ideellen Interessen des Urhebers darstellt, was nach den Prinzipien der Interessenabwägung zu entscheiden ist und von *Katzenberger* für den Regelfall der elektronischen Nutzung von Zeitschriften und Zeitungen ohne Zustimmung des Urhebers verneint wird. Anders als bei der Erstveröffentlichung, bei der nur sehr eingeschränkt Raum für eine Interessenabwägung verbleibt (sa. unten Rdnr. 21) ist bei nachfolgenden Veröffentlichungen, die das Wie, die Art und Weise der Veröffentlichung betreffen, eine Abwägung der Urheber- und Verwerterinteressen ähnlich der Rechtslage beim Entstellungsschutz nach § 14 geboten (so *Katzenberger* aaO S. 67).

2. Selbständige Bedeutung des VR nach § 12 Abs. 1

11   Der Schutz gegen unerlaubte Erstveröffentlichung wäre in den meisten Fällen auch durch Geltendmachung eines der Verwertungsrechte nach den §§ 15 ff. erreichbar. Dennoch kommt dem Erstveröffentlichungsrecht nach § 12 Abs. 1 in einigen Fällen auch **selbständige Bedeutung** zu (aA – noch in Unkenntnis des später durch den Rechtsausschuss in den Gesetzentwurf eingefügten § 121 Abs. 6 – *Strömholm* GRUR 1963, 350/364; allgemein iSd. Möglichkeit der Regelung von Veröffentlichungsmodalitäten *Müsse* S. 108 f.). Dies gilt zunächst für den Fall, dass der Urheber die Erstveröffentlichung in eigener Regie (zB im Rahmen eines Vortrags oder im Internet) tätigt; zwar kann dieser Fall noch als Ausübung der allgemeinen Handlungsfreiheit bzw. des allgemeinen Persönlichkeitsrechts des Urhebers gedeutet werden (vgl. *Strömholm* GRUR 1963, 350/359; kritisch *Müsse* S. 115 f.: bloße Häufung der Befugnisse). Jedoch genießt der Urheber über § 12 UrhG einen im Verhältnis zur Presse- und Meinungsfreiheit resistenteren Schutz vor unerlaubten Erstveröffentlichungen seiner Werke als jedermann für bisher unveröffentlichte persönliche Informationen auf der Basis des aPR (su. Rdnr. 21). Die selbständige Bedeutung – im Sinne der Gewährung einer rein persönlichkeitsrechtlichen Position – besteht zudem im Rahmen der allgemeinen Gewährung des UPR ieS (§§ 12–14) an Ausländer nach § 121 Abs. 6 (so. Rdnr. 9). **Ausländer** können danach im Geltungsbereich des UrhG, auch wenn sie dort im Übrigen keinen Schutz genießen, jedenfalls die Erstveröffentlichung verhindern, solange das Werk weder im Inland noch im Ausland veröffentlicht ist (zust. *v. Welser* S. 27).

12   **Praktische Bedeutung** hat das VR daneben bei der Frage der Sicherung des **Uraufführungsrechts** bei Bühnenwerken (*Rehbinder*[15] Rdnr. 397; *Ulmer*[3] § 39 II 1) sowie bei Filmwerken (ebenso *Dreier/Schulze/Schulze*[3] Rdnr. 12; aA *Müsse* S. 114: bloße Anspruchshäufung; allgemein wegen zulässiger Bedingungen und Befristungen der Zustimmung des Urhebers s. *ders.* S. 97 ff.; sa. *Homann*[2] Praxishandbuch Filmrecht S. 300). Eine Entscheidung über die (zeitlichen) Umstände der Erstveröffentlichung (Uraufführung) könnte auf dem Wege über die Verwertungsrechte nicht in jedem Falle mit dinglicher Wirkung getroffen werden (s. auch LG Leipzig ZUM 2006, 885/885 – Kirchenglocke; aA *Strömholm* GRUR 1963, 350/364 unter Ablehnung derartiger Bestimmungen mit dinglicher Wirkung). Vorausgesetzt bleibt immer, dass der Uraufführung keine Erstveröffentlichung iS des § 12 Abs. 1 vorausgegangen ist, was bei Filmwerken schon im Hinblick auf das Ziehen der Kopien (Erscheinen des Films iS von § 6 Abs. 2) regelmäßig der Fall sein wird. Hinzuweisen ist auch auf den instruktiven französischen Fall des unbefugten Verlesens von Teilen aus einem unveröffentlichten Roman im Rahmen eines Gerichtsverfahrens; dies wurde zwar nicht als Verletzung des Rechts der öffentlichen Wiedergabe, wohl aber als eine solche des Veröffentlichungsrechts (droit de divulgation) gewertet (vgl. Cour de Cassation JCP 1997 éd. G II 22873; besprochen von *Françon* RTD comm. 1998, 146).

13   Daneben ist das VR nach § 12 Abs. 1 auch von Bedeutung bei der **Zurschaustellung nicht veröffentlichter Werke der Literatur und Musik,** die vom Ausstellungsrecht nach § 18 anders als die Werke der bildenden Künste und die Lichtbildwerke nicht erfasst werden (su. § 18 Rdnr. 12 ff.), etwa wenn ein unveröffentlichtes Manuskript in den Besitz einer öffentlichen Bibliothek gelangt (vgl. *Ulmer*[3] § 39 I 2; *ders.,* Fs. für Hubmann, S. 435/441; *Strömholm* Bd. II 2 S. 326; ebenso *Dreier/Schulze/Schulze*[3] Rdnr. 14; *Dreyer* in HK-UrhR[2] § 12 UrhG Rdnr. 6; *Müsse* S. 112; *v. Gamm* § 18 Rdnr. 3 trotz ausdrücklicher Ablehnung einer ausdehnenden Anwendung von § 18 auf Werke der Literatur und Musik; sa. *v. Welser* S. 26 f.; wegen der Überlassung von Kulturgut an Archive sa. *Haberstumpf,* Fs. für Nordemann, S. 167/176). Dasselbe gilt

für die Ausleihe unveröffentlichter, zB „als Manuskript gedruckter" Werke, die im Falle der Veräußerung der Exemplare an sich aufgrund § 17 Abs. 2 nicht untersagt werden kann (vgl. *Rehbinder*[15] Rdnr. 396; zur nicht immer eindeutigen Bedeutung des Ausdrucks „als Manuskript gedruckt" vgl. RGSt. 48, 429/433; *Strömholm* Bd. II 2 S. 216; *Ulmer*[3] § 32 I; nach *Müsse* S. 89 und S. 95 kann auch ein Fall von unbeachtlicher „protestatio facto contraria" vorliegen).

In Entsprechung zur Privilegierung des Eigentümers des Originals eines noch nicht veröffent- **14** lichten Werkes der bildenden Künste oder eines Lichtbildwerks nach § 44 Abs. 2 sowie im Hinblick auf den in § 17 Abs. 2 zum Ausdruck kommenden Schutz der Verkehrsinteressen ist in den in voriger Rdnr. genannten Fällen, wenn eine **Veräußerung des Manuskripts** vorangegangen ist, ein ausdrücklicher Vorbehalt des VR durch die Urheber erforderlich (ebenso *Dreier/ Schulze/Schulze*[3] Rdnr. 10); eine vorbehaltlose Veräußerung wäre ebenso wie der vorbehaltlose Abschluss eines Nutzungsvertrags als Ausübung des Veröffentlichungsrechts zu deuten (vgl. *v. Gamm* Rdnr. 6 bzgl. der Notwendigkeit eines ausdrücklichen Vorbehalts des VR beim Abschluss von Verwertungsverträgen; ebenso *Möhring/Nicolini/Kroitzsch*[2] Rdnr. 10; vgl. auch *Schack*[4] Rdnr. 327; vgl. auch *Haberstumpf*, Fs. für Nordemann, S. 167/176 für den Fall von Sperrklauseln bei der Überlassung von Kulturgut an Archive).

Andererseits kann der Urheber die (Erst-)Veröffentlichung gegenüber dem Eigentümer bzw. **15** Besitzer des Originals oder eines (möglicherweise des einzigen verfügbaren) Vervielfältigungsstücks eines Werkes in der besonderen Form der **Zurschaustellung** nicht erzwingen, auch nicht auf der Basis des Zugangsrechts nach § 25 (KG GRUR 1981, 742 – Totenmaske; s. allgemein bereits oben Rdnr. 1). Soweit es um die Herstellung von Vervielfältigungsstücken oder Bearbeitungen geht, kann dagegen das Zugangsrecht nach § 25 ggf. auch zur Realisierung des Erstveröffentlichungsrechts eingesetzt werden. Das Gleiche gilt gegenüber dem Inhaber eines ausschließlichen Nutzungsrechts an einem nicht veröffentlichten Werk im Rahmen der Geltendmachung des Rückrufsrechts wegen Nichtausübung nach § 41 (vgl. *Strömholm* GRUR 1963, 350/361; *v. Welser* S. 29 f.).

3. Ausübung und Übertragung des VR nach § 12 Abs. 1

a) Entscheidung über die Veröffentlichung. Es entspricht dem spezifisch persönlichkeits- **16** rechtlichen Element des allgemeinen VR nach § 12 Abs. 1 (so. Rdnr. 1), dass dem Urheber nicht nur die grundsätzliche Entscheidung über das Ob, sondern auch diejenige über das Wie, dh. den **konkreten Zeitpunkt und die konkreten Umstände der (ersten) Veröffentlichung** seines Werkes vorbehalten ist (s. die Beispiele bei *Wandtke/Bullinger/Bullinger*[2] Rdnr. 11 f.; zur Entscheidung über das Publikationsorgan *Hansen* GRUR Int. 2005, 378/380). Diese Entscheidung ist von der Schaffung des Werks (OLG Köln GRUR-RR 2005, 337 f. – Dokumentarfilm Massaker), ersten Vergabe von Nutzungsrechten und der tatsächlichen Erstveröffentlichung zu unterscheiden. Sie geht diesen Vorgängen iS eines vorgelagerten Entschlusses zur Veröffentlichung in der Regel voraus (so *v. Gamm* Rdnr. 2; ähnlich *Schack*[4] Rdnr. 326: Vorbedingung für die Ausübung der Verwertungsrechte; ähnlich *Wandtke/Bullinger/Bullinger*[3] Rdnr. 2 f.; kritisch *Müsse* S. 108; für das Verhältnis von Veröffentlichungsrecht des Herausgebers eines Sammelwerkes zu demjenigen der Urheber der Einzelbeiträge vgl. *Schierholz/Müller*, Fs. für Nordemann, S. 115/125). Bis zum Eintritt der tatsächlichen Veröffentlichung kann das VR vom Urheber gegenüber Dritten selbst geltend gemacht werden (*Haberstumpf*[2] Rdnr. 201; *Ulmer*[3] § 39 II 1).

b) Bei fertiggestellten Werken. Bei bereits fertiggestellten Werken übt der Urheber sein **17** Recht, über das Ob und Wie der Veröffentlichung zu bestimmen, konkludent mit dem **vorbehaltlosen Abschluss eines Nutzungsvertrags** (ebenso *Müsse* S. 74 und S. 94; wegen der Verhältnisse bei Bauwerken s. *Müller* S. 139 f.) oder, soweit ein derartiger Vorbehalt erfolgt ist, bei der späteren **Erklärung der Veröffentlichungsreife** aus (vgl. *v. Gamm* Rdnr. 3 und 6; aA *Ulmer*[3] § 39 II 1; weitere Beispielsfälle, insb. aus dem Bereich der bildenden Künste und der Architektur bei *Wandtke/Bullinger/Bullinger*[3] Rdnr. 11 f. und bei *Dreyer* in HK-UrhR[2] § 12 UrhG Rdnr. 7 ff.). Eine vorbehaltlose Ausübung des VR liegt etwa in der Gestattung der Einspeicherung eines Werkes in eine Online-Datenbank durch den Urheber (so für Lichtbilder *Fromm/Nordemann/ Hertin*[9] Rdnr. 5; *Maaßen*, Urheberrechtliche Probleme der elektronischen Bildverarbeitung, ZUM 1992, 338/343). Im Zeitalter der digitalen Technologie und des Internets kommt dieser Entscheidung und damit der logisch vorgelagerten Entscheidung über die Ausübung des VR gemäß § 12 Abs. 1 (ggf. auch gemäß Abs. 2) gesteigerte Bedeutung zu, weil die erfolgte Einspeicherung in vielen Fällen rasch nichtrückholbaren Charakter annehmen kann (vgl. auch *Alder* S. 336). Jedenfalls bedeutet das Einstellen eines Werkes ins Internet durch den Urheber zum

§ 12 Veröffentlichungsrecht

freien Abruf durch die Internetbenutzer, soweit es sich dabei nicht um einen engen und geschlossenen Kreis durch persönliche Beziehungen miteinander verbundener Personen (§ 15 Abs. 3 S. 2) handelt, die Ausübung des VR; das ergibt sich auch aus § 15 Abs. 2 Nr. 2 iVm. § 19a (zu weitern Folgen der Zugänglichmachung durch den Urheber so. vor §§ 12ff. Rdnr. 28). Mit *Ulmer* muss jedoch vom Fortbestand des VR als eines Abwehrrechts gegenüber Dritten bis zum Vollzug der Erstveröffentlichung ausgegangen werden; insoweit ist das durch den Vertragsabschluss bereits ausgeübte Erstveröffentlichungsrecht des Urhebers noch nicht erschöpft (aA *v. Welser* S. 52f.: keine Ausübung, sondern bloße Einschränkung des Abwehrrechts). Gegenüber dem Vertragspartner selber kann er jedoch die Folgen der (vorbehaltlosen) Ausübung nur noch nach Maßgabe der erschwerten Voraussetzungen des § 42 ggf. bei bisher ausgebliebener Veröffentlichung auch des § 41 rückgängig machen (ebenso *Haberstumpf*² Rdnr. 201; für den Fall der Einräumung des Uraufführungsrechts an ein Theater *Dreier/Schulze/Schulze*³ Rdnr. 12; aA offenbar KG NJW 1995, 3392/3394 – Botho Strauß für den Fall des Widerrufs einer in einem ersten Schreiben an eine Redaktion konkludent erklärten Einwilligung durch ein zweites nachfolgendes Schreiben; *Müsse* S. 101: Widerrufsmöglichkeit analog § 183 S. 1 BGB; *ders.* S. 110 iSd. erweiterten Heranziehung des Rechtsgedankens des § 12 VerlG). Kein Verbrauch des VR tritt ein, wenn ein Werk der bildenden Kunst für einen bestimmten Zweck und ein bestimmtes Gebäude geschaffen wird, dann aber anderweitig zur Schau gestellt wird und Abbildungen öffentlich zugänglich gemacht werden (LG Leipzig ZUM 2006, 883/885 – Kirchenglocke).

18   Keine Ausübung des VR bedeutet eine nicht auf die Öffentlichkeit iS des § 6 Abs. 1 (so. Rdnr. 5) abzielende **Weitergabe eines Werkes im Freundes- und Familienkreis,** soweit nicht im Hinblick auf die Zahl der Werkexemplare die Grenze zum Erscheinen nach § 6 Abs. 2 überschritten ist. Umgekehrt kann sich der Urheber gegen Indiskretionen bezüglich des Werkes innerhalb des (nicht öffentlichen) Freundes- und Familienkreises allenfalls auf das aPR stützen (*Strömholm* GRUR 1963, 350/359f.), da solche Indiskretionen noch keine Verletzung des VR nach § 12 Abs. 1 (oder auch Abs. 2) darstellen.

19   **c) Bei zukünftigen Werken.** Bei noch nicht fertiggestellten, zukünftigen Werken ist eine **vorweggenommene Ausübung des VR nicht möglich** (*Fromm/Nordemann/Hertin*⁹ Rdnr. 5). Die Bestimmung des Vertragsgegenstands erfolgt erst nach Fertigstellung des Werkes und nach seiner Entlassung aus der Geheimsphäre aufgrund der Ausübung des VR durch den Urheber und der Erklärung über die Veröffentlichungsreife (*Schricker,* Verlagsrecht³ § 1 Rdnr. 37; *Möhring/Nicolini/Kroitzsch*² Rdnr. 21; *Müsse* S. 111; ähnlich *Dreier/Schulze/Schulze*³ Rdnr. 9). Dies gilt auch für den Filmbereich, wo die Entscheidung über die Veröffentlichungsreife ebenfalls die Beendigung der Arbeit am Werk und dessen Übergabe an den Vertragspartner voraussetzt; es kann jedoch vertraglich vereinbart werden, dass nur schutzfähige Teile oder Zwischenstufen eines Werkes (etwa Landschaftsaufnahmen zu einem Film) hergestellt und übergeben werden, auf die sich die Ausübung des VR dann beschränkt (so OLG München ZUM 2000, 767/771 – Regievertrag; dazu der Nichtannahmebeschluss BVerfG NJW 2001, 600; kritisch dazu *Homann*², Praxishandbuch Filmrecht, S. 257 ff.; vgl. auch das entsprechende Fallbeispiel bei *Forster/Schwarz* ZUM 2004, 800/803 ff.; *Reupert,* Der Film im Urheberrecht, S. 121 ff., 305, dort auch Regelungsvorschlag für eine Einigung zwischen Filmurhebern und Hersteller auf die endgültige Fassung eines Filmwerkes; *v. Welser* S. 30; zum Recht des Regisseurs auf „Freigabe" seines Werkbeitrags KG Schulze KGZ 86 m. Anm. v. *Movsessian*; zur Berücksichtigung der Interessen der Miturheber sowie des Investitionsaufwands des Filmherstellers im Falle der treuwidrigen Verweigerung der Einwilligung zur Veröffentlichung eines Films durch Miturheberin (Kamerafrau) vgl. OLG Köln GRUR-RR 2005, 337/338 – Dokumentarfilm Massaker; sa. oben vor §§ 12ff. Rdnr. 16a, unten Rdnr. 20 und § 14 Rdnr. 11c sowie § 93 Rdnr. 12 und 16). Im Verhältnis zwischen dem Auftraggeber einer Biographie und ihrem eigentlichen Verfasser steht dem ersteren kein Anspruch auf Entscheidung über das Erscheinen der Biographie zu (KG Berlin ZUM 1997, 213; vgl. auch *Wandtke/Bullinger/Bullinger*³ Rdnr. 7).

Bei **angestellten Urhebern,** bei denen die Herstellung von Werken zu den Dienst- oder Arbeitspflichten gehört, ist in der vorbehaltlosen Zurverfügungstellung des hergestellten Werks, zu der der angestellte Urheber arbeits- oder dienstvertraglich in der Regel verpflichtet ist, die Ausübung des VR zu erblicken. Ein Rest persönlichkeitsrechtlicher Kontrolle – etwa wenn einem erkrankten Arbeitnehmerurheber während seiner Abwesenheit ein unfertiges Manuskript aus der Schreibtischschublade gezogen und sodann veröffentlicht werden soll – kann auch dem angestellten oder bediensteten Urheber nicht versagt werden (ebenso *Kraßer,* Fs. für Schricker,

S. 94; vgl. auch *Wandtke/Bullinger/Wandtke*[3] § 43 UrhG Rdnr. 84 und 87; sehr zurückhaltend und differenzierend *Schacht* S. 164 ff.; zu undifferenziert *Leuze* S. 82 f.: es entscheide auch bei einem nach Auffassung des Urhebers unfertigem Manuskript der Vorgesetzte über die Veröffentlichung; vgl. auch *Kellerhals* S. 163 ff.; wegen der Verhältnisse bei angestellten Programmierern s. *Holländer* CR 1992, 279/280 f.; wegen der Verhältnisse im Hochschulbereich s. *Schricker* in *Hartmer/Detmer* [Hrsg.], Hochschulrecht, S. 419/444; sa. oben Rdnr. 1).

d) Ausübung durch Dritte. In allen Fällen der **vorbehaltlosen Ausübung des VR** **20** **durch den Urheber selbst** im Zusammenhang mit dem Abschluss von Nutzungsverträgen (so. Rdnr. 17) bedarf es im Hinblick auf die erst später erfolgende tatsächliche Veröffentlichung durch Handlungen des Vertragspartners nicht der Annahme der Ausübung des VR durch diesen (ebenso *Dreyer* in HK-UrhR vor §§ 12 ff. UrhG Rdnr. 18; *v. Gamm* Rdnr. 6; *Müsse* S. 75 und S. 95 f.; aA iS einer Gestattung der Veröffentlichung *Ulmer*[3] § 39 II 1; *ders.*, Fs. für Hubmann, S. 435/443; ähnlich für den Filmbereich *Heidmeier* S. 62). Dementsprechend nehmen *Fromm/Nordemann/Hertin*[9] Rdnr. 3 im Hinblick auf § 44 Abs. 2 konsequenterweise bereits in der (vorbehaltlosen) Veräußerung des Originals eines Werkes der bildenden Künste und der Einräumung eines Nutzungsrechts die Ausübung des VR an (ebenso *Haberstumpf*[2] Rdnr. 201; *Müsse* S. 101 ff.). Nach OLG München ZUM 2000, 767/771 (insoweit in Übereinstimmung mit der Vorinstanz LG München I ZUM 2000, 414/415 ff.) ist zwar auch bei Filmwerken dem Regisseur grundsätzlich ein VR iSd. Entscheidung über die Veröffentlichungsreife des Filmwerkes gewährt (vgl. auch *Dreier/Schulze/Schulze*[3] Rdnr. 19: Freigabe des Films; *Wandtke/Bullinger/Bullinger*[3] Rdnr. 11: Abnahme des Spielfilms; wegen der Verhältnisse bei mehreren Filmurhebern so. Rdnr. 10 und 11); ist jedoch vereinbart, dass der Produzent auch lediglich Teile der Leistungen des Regisseurs übernehmen kann, so beschränkt sich das Veröffentlichungsrecht auf die vereinbarten Teile (zB nur Landschaftsaufnahmen); die Übergabe dieser Teile zur Verwertung im fertigzustellenden Film bedeutet dann insoweit Ausübung des VR (anders die Vorinstanz aaO S. 415 ff.; wie hier *Grün* ZUM 2004, 733/737).

Die **Übertragung des VR** durch gebundene Übertragung bzw. Einräumung (vgl. *Haber-* **21** *stumpf*[2] Rdnr. 202 sowie *Heidmeier* S. 60 ff.), ohne dass eine Entscheidung des Urhebers selbst über die Freigabe des Werkes aus der Geheim- bzw. Privatsphäre vorangegangen wäre, ist demgemäß nur **in Ausnahmefällen** anzunehmen (vgl. allgemein auch *v. Welser* S. 62 ff.: Unterscheidung zwischen rechtfertigender Einwilligung und tatbestandsausschließendem Einverständnis unter dem Oberbegriff der Einwilligung). Dies ist der Fall etwa bei der Weitergabe eines Werkes unter Verwandten oder bei der besonderen Betrauung eines Dritten mit der Ausübung des Erstveröffentlichungsrechts, insbesondere über den Tod des Urhebers hinaus (für den letzteren Fall vgl. BGH GRUR 1955, 201 – Cosima Wagner; *Rehbinder*[15] Rdnr. 397 und 538; *Ulmer*[3] § 39 II 2; *Dreier/Schulze/Schulze*[3] Rdnr. 13; *Dreyer* in HK-UrhR[2] § 12 UrhG Rdnr. 13 ff.; *Wandtke/Bullinger/Bullinger*[3] Rdnr. 3; vgl. auch *Strömholm* GRUR 1963, 350/361 ff.). Ein **Verzicht auf die Ausübung des VR** ist nur in Sonderfällen wirksam möglich, zB bei angestellten Urhebern (näheres bei *Osenberg* S. 40 ff.; wegen der Verhältnisse bei weisungsgebundener wissenschaftlicher Tätigkeit s. *Schricker* in *Hartmer/Detmer* [Hrsg.], Hochschulrecht, S. 419/444). Vertragliche Einschränkungen des VR zu Lasten **selbständig wissenschaftlich Tätiger** sind nur in engeren Grenzen möglich (so *Schricker* aaO); insb. sind Beschränkungen mit der Wirkung dauernder Unterdrückung eines Werkes – anders als befristete und bloß einschränkende Regelungen zur Wahrung der Interessen von Auftraggebern oder Drittmittelgebern – unzulässig (*Schricker* aaO; wegen der besonderen Verhältnisse bei Habilitanden, Doktoranden etc. *ders.* aaO S. 445). Wegen des gescheiterten Versuchs, im Rahmen des Urhebervertragsgesetzes vom 22. 3. 2002 auch eine klarstellende Regelung über die Zulässigkeit der Ermächtigung Dritter zur Ausübung des VR vorzusehen, s. bereits vor §§ 12 ff. Rdnr. 28 a.

4. Verhältnis zur Presse- und Meinungsfreiheit

Umstritten ist, ob es unter **Berufung auf Informationsinteressen der Allgemeinheit** ge- **22** rechtfertigt sein kann, ein Werk ohne oder sogar gegen den Willen des Urhebers erstmals zu veröffentlichen. Dogmatischer Ansatzpunkt hierfür ist eine verfassungskonforme Auslegung des Begriffs der Widerrechtlichkeit gem. § 97 Abs. 1 UrhG (siehe BVerfG NJW 2000, 2416/2417; OLG Stuttgart NJW-RR 2004, 619/621; KG ZUM 2008, 329/331 – Günter-Grass-Briefe mwN; anders noch KG NJW 1995, 3392/3395: übergesetzlicher Notstand). In der Rechtsprechung wurde die Frage im Ergebnis bejaht von OLG Hamburg GRUR 2000, 146 – Berufungsschrift; keine durchgreifenden verfassungsrechtlichen Bedenken hiergegen bei BVerfG NJW

2000, 2416/2417. Demnach liegt in der Abgabe eines Anwaltsschriftsatzes zwar noch keine Veröffentlichung; unter den außergewöhnlichen Umständen des Falles (Aufarbeitung der DDR-Vergangenheit des betreffenden Anwalts; kritisch unter Nennung der Namen der betroffenen Personen *Rehbinder*[15] Rdnr. 395; vgl. auch *Wandtke/Bullinger/Bullinger*[3] Rdnr. 16: Bedürfnis für Interessenabwägung, wenn Meinungs- und Pressefreiheit tangiert ist) sei aber die Veröffentlichung des Schriftsatzes (Berufungsschrift) ohne Zustimmung des Urhebers wegen der Höherrangigkeit des durch Art. 5 GG geschützten Rechts auf **Meinungs- und Informationsfreiheit** zulässig gewesen. Das Kammergericht hat dagegen in zwei Entscheidungen die Erstveröffentlichung von Briefen bekannter Persönlichkeiten unter Berufung auf § 12 Abs. 1 UrhG untersagt, dabei jedoch ebenfalls eine Güterabwägung vorgenommen, die freilich nur „ganz ausnahmsweise" einen Eingriff in das VR des Urhebers rechtfertige (siehe KG NJW 1995, 3392/3394 – Botho Strauß; KG ZUM 2008, 329 – Günter-Grass-Briefe; vgl. auch LG Nürnberg-Fürth v. 15. 11. 1991: nicht veröffentlichte Entscheidung im Falle von Zitaten aus einer unveröffentlichten, in einem geheimen Verfahren in der ehemaligen DDR angenommenen Habilitationsschrift, zitiert bei *Haberstumpf*[2] Rdnr. 203). Dieser zwar abwägenden, aber sehr **restriktiven Handhabung** ist zuzustimmen. Erstveröffentlichungen gegen den Willen des Urhebers kommen nur in extremen Ausnahmefällen in Frage, bei denen ein überragendes Informationsbedürfnis der Öffentlichkeit nur durch die Wiedergabe des Werkes und nicht durch eine ggf. am aPR zu messende Information über dessen Inhalt befriedigt werden kann (siehe *Haberstumpf*[2] Rdnr. 203; *Dreier/Schulze/Schulze*[3] § 12 Rdnr. 16; ähnlich öOGH v. 11. 8. 2005, 4 Ob146/05g – Norweger). Dabei ist zu berücksichtigen, dass bestimmte **Schrankenbestimmungen**, insb. die Vorschrift über die Zulässigkeit der Vervielfältigung, Verbreitung und öffentlichen Wiedergabe von Werken zu Zwecken der Rechtspflege und öffentlichen Sicherheit gemäß § 45, auch nicht veröffentlichte Werke erfassen (su. § 45 Rdnr. 1 und 9). Eine analoge Anwendung etwa des Zitatrechts auf unveröffentlichte Werke scheidet wegen des massiven Eingriffs in die Entscheidung über das Ob und Wie der Erstveröffentlichung aus (KG ZUM 2008, 329 – Günter-Grass-Briefe). Wegen des Spannungsverhältnisses zur Meinungs- und Informationsfreiheit anhand der in Schweden und den Niederlanden unterschiedlich entschiedenen sog. Scientology-Fälle vgl. *Karnell* World E-Commerce & IP Report Vol. 4 No. 9 [Sept. 2004] S. 18 ff. sowie *Cohen Jehoram* GRUR Int. 2004, 96/101.

III. Das Recht der ersten öffentlichen Inhaltsmitteilung oder Inhaltsbeschreibung nach § 12 Abs. 2

1. Verhältnis zu § 12 Abs. 1

23   § 12 Abs. 2 erstreckt den Schutz des Urhebers im Bereich des VR – solange weder das Werk noch der wesentliche Inhalt oder eine Beschreibung des Werkes mit seiner Zustimmung veröffentlicht ist – ausdrücklich auf den **Inhalt** des Werkes (eingehend zu diesem Begriff und zu den einzelnen geschützten oder nicht geschützten Elementen *Müsse* S. 119 ff.). Auch hier handelt es sich nur um dessen **erste** öffentliche Mitteilung oder Beschreibung (su. Rdnr. 26). Schon das allgemeine VR nach § 12 Abs. 1 ergreift aber ähnlich wie die Verwertungsrechte der §§ 15 ff. nicht nur das Werk in seiner Gesamtheit, sondern auch dessen **schutzfähige Bestandteile**, zu denen insbesondere bei auf Phantasie beruhenden Werken auch inhaltliche Elemente zählen können (grundlegend *Ulmer*[3] § 19). Insoweit hat § 12 Abs. 2 keinen über Abs. 1 hinausgehenden Normeninhalt.

24   Soweit es um **ansonsten schutzunfähige inhaltliche Elemente**, dh. also um solche Elemente geht, die nicht die individuellen Züge des Werkes begründen (vgl. *Ulmer*[3] § 19 IV), also insb. das Gemeingut (durch Natur, Geschichte, literarische und künstlerische Überlieferungen vorgegebene Stoffe und Gegenstände sowie wissenschaftliche, geistig-philosophische oder politische Gedanken, Lehren und Theorien), kann auch § 12 Abs. 2 nicht über den Schutzbereich des Urheberrechts hinausführen (LG Berlin BeckRS 2007, 13628; *Dreier/Schulze/Schulze*[3] Rdnr. 21; nicht eindeutig *Wandtke/Bullinger/Bullinger*[3] Rdnr. 19: Erweiterung des Schutzbereichs). Die Mitteilung derartiger schutzunfähiger Elemente ist demnach grundsätzlich zulässig (*Rehbinder*[15] Rdnr. 398). Im Rahmen und in ihrer Verbindung mit der Gesamtgestaltung des Werks (so *v. Gamm* Rdnr. 9) können derartige Elemente aber – wie generell – so auch vom Schutz nach Abs. 2 erfasst werden; dies gilt insbesondere, wenn aus praktischen Gründen eine gewissermaßen isolierte Mitteilung der schutzunfähigen Elemente nicht in Frage kommt (ebenso *Wandtke/Bullinger/Bullinger*[3] Rdnr. 19). Daneben kommt der begrenzte **Schutz inhaltlicher**

Elemente (so. § 2 Rdnr. 3) auch hier zum Tragen (vgl. *Möhring/Nicolini/Kroitzsch*[2] Rdnr. 30 f.; vgl. auch das Konzept der „nominellen Identität" bei *Strömholm* Bd. II 2 S. 94 und S. 124).

Eine Schutzerweiterung gegenüber dem Abs. 1 bedingt § 12 Abs. 2 andererseits im Bereich der **Verletzungsformen,** und zwar dadurch, dass dem Urheber auch die erste **Inhaltsbeschreibung** vorbehalten ist (vgl. auch *v. Moltke,* Das Urheberrecht an den Werken der Wissenschaft, Diss. 1990, S. 139, der § 12 Abs. 2 wegen einer nicht erwünschten Behinderung des wissenschaftlichen Fortschritts bedenklich findet). Dieser insb. auf Werke der Musik und der bildenden Kunst gemünzte Vorbehalt bezieht sich auf Handlungsweisen, die wegen der Differenz des Ausdrucksmediums ansonsten in der Regel keine urheberrechtlich relevanten Verwertungshandlungen darstellen werden (vgl. *Ulmer*[3] § 39 III 2; ebenso *Dreier/Schulze/Schulze*[3] Rdnr. 21; *Wandtke/Bullinger/Bullinger*[3] Rdnr. 19), sondern eher einen Fall der freien Benutzung nach § 24 Abs. 1 (su. § 24 Rdnr. 16). 25

2. Ausübung und Verbrauch des Rechts nach § 12 Abs. 2

Ist eine Mitteilung bzw. Beschreibung des wesentlichen Inhalts des Werkes mit Zustimmung des Urhebers erstmals erfolgt, dann ist das Recht nach § 12 Abs. 2 in gleicher Weise verbraucht wie das VR nach Abs. 1 nach dessen Ausübung. Die Differenzierung zwischen „Inhalt" (Halbs. 1) und „wesentlicher Inhalt" (Halbs. 2) führt aber dazu, dass der Urheber zwar jede Inhaltsmitteilung vorbehalten ist, nur die Mitteilung des **wesentlichen** Inhalts jedoch zum Verbrauch dieses Rechts führt. Ausübung und Verbrauch des Rechts nach Abs. 2 bedeuten jedoch noch keinen Verbrauch des (allgemeinen) VR nach Abs. 1. Dieses bleibt vielmehr bzgl. derjenigen Elemente, die von der Inhaltsmitteilung oder Inhaltsbeschreibung nicht erfasst wurden, sowie bzgl. des Werks insgesamt unberührt (*Dreier/Schulze/Schulze*[3] Rdnr. 23; *Dreyer* in HK-UrhR[2] § 12 UrhG Rdnr. 19). Der Begriff der Öffentlichkeit der Mitteilung oder Beschreibung bemisst sich auch für Abs. 2 nach § 6 Abs. 1, jedoch nicht notwendigerweise nach § 15 Abs. 3 (so. Rdnr. 8). Eine **ohne Zustimmung des Urhebers** unter Verletzung des § 12 Abs. 2 erfolgte öffentliche Inhaltsmitteilung oder -beschreibung oder gar Veröffentlichung des Werkes selbst löst die Verbrauchswirkung nicht aus (vgl. *v. Gamm* Rdnr. 11); doch bedeutet dies faktisch eine weitgehende Entwertung des Rechts nach § 12 Abs. 2 (wie uU auch des VR nach Abs. 1). 26

Ebenso wenig erlischt das Recht aus Abs. 2 durch die **Veräußerung des Originals** eines Werkes der bildenden Kunst oder eines Lichtbildwerks. Doch kann der Urheber in entsprechender Anwendung des § 44 Abs. 2 ohne ausdrücklichen Vorbehalt eine öffentliche Beschreibung des Werkes durch den Eigentümer des Originals nicht mehr verhindern, da er nicht einmal die Ausstellung selbst (dh. also die Veröffentlichung des Werkes) untersagen kann (sa. Rdnr. 14; im Erg. ebenso *Müsse* S. 140 f.; aA *Dreier/Schulze/Schulze*[3] Rdnr. 25). Im Kern handelt es sich bei § 44 Abs. 2 um eine vom Gesetz vermutete Zustimmung des Urhebers zur Ausstellung (und zu der damit verbundenen Veröffentlichung; zum besonderen Charakter der Ausstellung als Form der Veröffentlichung *Mues* S. 124 f.). 27

3. Übertragbarkeit des Rechts aus § 12 Abs. 2

Das Recht der ersten öffentlichen Inhaltsmitteilung oder Inhaltsbeschreibung ist als solches in seiner Gesamtheit ebenso wenig übertragbar wie das VR nach Abs. 1 (so. Rdnr. 20). Praktisch häufiger als dort geschieht es jedoch, dass der Urheber die **Ausübung des Rechts der ersten Inhaltsmitteilung einem anderen gestattet;** durch Erwähnung des Zustimmungserfordernisses in § 12 Abs. 2 letzter Halbs. legt das Gesetz selbst diese Möglichkeit nahe. Zu denken ist insb. an Fälle von Sprachwerken oder Filmwerken, bei denen dem Verleger oder Filmhersteller vom Urheber gestattet wird, die Öffentlichkeit zu Werbezwecken vorweg über das Werk zu unterrichten (*Ulmer*[3] § 39 III 1; vgl. auch *Dreier/Schulze/Schulze*[2] Rdnr. 26). 28

4. Grenzen zulässiger Inhaltsmitteilung und -beschreibung

Inwieweit aus der Vorschrift des § 12 Abs. 2 darüber hinaus im Umkehrschluss etwas über die **Zulässigkeit der öffentlichen Mitteilung oder Beschreibung des Werkinhalts** entnommen werden kann, ist umstritten. Nach einer Auffassung handelt es sich um eine besondere Schrankenbestimmung, wonach jedermann berechtigt ist, den Inhalt des Werkes öffentlich mitzuteilen oder zu beschreiben, wenn das Werk selbst oder der wesentliche Inhalt oder eine Beschreibung des Werkes mit Zustimmung des Urhebers veröffentlicht ist. Diese Schranke lasse die Unterrichtung der Öffentlichkeit im Rahmen einer Besprechung oder Kritik auch insoweit zu, 29

§ 13 Anerkennung der Urheberschaft

als davon an sich schutzfähige inhaltliche Elemente des Werkes (zB die Fabel eines Romans) erfasst seien (vgl. Voraufl./*Dietz* § 12 Rdnr. 29, aber restriktive Handhabung; *Haberstumpf*[2] Rdnr. 205; großzügig *Müsse* S. 141; *Rehbinder*[15] Rdnr. 511; *Ulmer*[3] § 39 III 2; im Ergebnis zustimmend auch *Dreyer* in HK-UrhR[2] § 12 UrhG Rdnr. 25, aber unter Charakterisierung des Einordnungsstreits als theoretisch; aA *Dreier/Schulze/Schulze*[3] Rdnr. 24). Teilweise wird darauf abgestellt, ob die Inhaltsmitteilung die Lektüre des Originals ersetzt (vgl. RGZ 129, 252 – Operettenführer; offengelassen von OLG Frankfurt GRUR 2008, 249/253 – Abstracts; im Ergebnis auch LG Hamburg NJW 2004, 610/615 – Harry Potter: § 12 Abs. 2 deckt in keinem Fall die vollständige Inhaltsangabe eines Werkes; ebenso *Schack*[4] Rdnr. 329; *Dreier/Schulze/Schulze*[3] Rdnr. 24; *Fromm/Nordemann/Dustmann*[10] Rdnr. 21; *Haberstumpf*[2] Rdnr. 205). Nach zutreffender Auffassung ist § 12 Abs. 2 UrhG im Wege des Umkehrschlusses nur zu entnehmen, dass allein der Umstand, dass der Inhalt eines veröffentlichten Werks mitgeteilt wird, nach dem Willen des Gesetzgebers nicht für sich genommen den Tatbestand einer unfreien und damit nur mit Zustimmung des Urhebers statthaften Bearbeitung des Originalwerks erfüllt. Ob aber in der Inhaltsmitteilung im Einzelfall der Tatbestand des § 23 UrhG oder einer ohne Zustimmung zulässigen freien Nutzung iS von § 24 UrhG zu sehen ist, ist anhand der Kriterien zu prüfen, die zur Abgrenzung jener Tatbestände generell gelten (LG Hamburg GRUR-RR 2004, 65/69 – Harry Potter Literaturwerkstatt; OLG Frankfurt GRUR 2008, 249/251 – Abstracts mwN; *Schack*[4] Rdnr. 329; *Wandtke/Bullinger/Bullinger*[3] Rdnr. 22; *Berger/Büchner* K&R 2007, 151/153 f.; anders wiederum *Müsse* S. 144 ff.: lex specialis zu § 23). Die Frage nach der Substitutionswirkung der Inhaltsmitteilung im Verhältnis zum Originalwerk ist eine dem Urheberrecht fremde, wettbewerbsrechtliche Argumentation, die nur im Rahmen ergänzender Ansprüche aus §§ 3, 4 UWG zum Tragen kommen kann.

§ 13 Anerkennung der Urheberschaft

[1]**Der Urheber hat das Recht auf Anerkennung seiner Urheberschaft am Werk.** [2]**Er kann bestimmen, ob das Werk mit einer Urheberbezeichnung zu versehen und welche Bezeichnung zu verwenden ist.**

Schrifttum: (s. auch die Schrifttumsnachweise vor §§ 12 ff.) *Flechsig*, Werkintegritätsanspruch und Verbot der Namensnennung, FuR 1976, 589; *v. Gamm*, Die Urheberbenennung in Rechtsprechung und Praxis, NJW 1959, 318; *Gerschel*, Faustregeln für die Nennung von Architekten, ZUM 1990, 349; *Gieseke*, Anmerkungen zur Namensnennung bei Publikationen aus Hochschulen, UFITA Bd. 2004/I S. 5; *Hock*, Das Namensnennungsrecht des Urhebers, 1993; *Leuze*, Ghostwriter im Abhängigkeitsverhältnis, GRUR 2010, 307; *Löffler*, Künstlersignatur und Kunstfälschung, NJW 1993, 1421; *Neumann-Duesberg*, Das besondere Persönlichkeitsrecht der Nichturheberschaft (droit de non-paternité), UFITA 67 (1967) 464; *v. Planta*, Ghostwriter, 1998; *Ohly*, Die Autorenangabe bei wissenschaftlichen Veröffentlichungen aus wissenschaftsethischer und aus urheberrechtlicher Sicht, Fs. für Dietz, 2001, S. 143; *Radmann*, Abschied von der Branchenübung: Für ein uneingeschränktes Namensnennungsrecht der Urheber, ZUM 2001, 788; *Rehbinder*, Verbraucherschützende Bemerkungen zum Urheberrecht des Ghostwriters, Fs. für Pedrazzini, 1990, S. 651; *ders.*, Das Namensnennungsrecht des Urhebers, ZUM 1991, 220; *Rittstieg*, Autoren – Mitautoren, NJW 1970, 648; *Rojahn*, Der Arbeitnehmerurheber in Presse, Funk und Fernsehen, 1978, S. 108; *Schack*, Appropriation Art und Urheberrecht, Fs. für Nordemann 2004, S. 107; *Schmidt*, Urheberrechtsprobleme in der Werbung, 1982, S. 160; *Schramm*, Urheberschaftsverpflichtung, UFITA 58 (1970) 418; *Schricker*, Wer ist der Verfasser? Autorenangabe bei wissenschaftlichen Veröffentlichungen, Forschung & Lehre 1998, 584; *G. Schulze*, Nachschlag bei Dinner for One, Fs. für Nordemann, S. 251; *Spieker*, Die fehlerhafte Urheberbenennung: Falschbenennung des Urhebers als besonders schwerwiegender Fall, GRUR 2006, 118; *Stolz*, Der Ghostwriter im deutschen Recht, 1971; *Thiele*, Die Erstautorenschaft bei wissenschaftlichen Publikationen, GRUR 2004, 392; *Vinck*, Die Rechtsstellung des Urhebers im Arbeits- und Dienstverhältnis, 1972, S. 38.

Übersicht

	Rdnr.
I. Allgemeines	1–5
1. Bedeutung des Rechts auf Anerkennung der Urheberschaft als Schwerpunkt des Schutzes des Urheberpersönlichkeitsrechts (UPR)	1–3
2. Entstehungsgeschichte des § 13	4, 5
II. Der allgemeine Grundsatz des Rechts auf Anerkennung der Urheberschaft am Werk (§ 13 S. 1)	6–11
1. Anwendungsbereich und Abgrenzung zu S. 2	6, 7
2. Abwehr von Angriffen auf die Urheberschaft sowie von deren Anmaßung durch Dritte	8, 9
3. Recht auf Verschweigung der Urheberschaft (Anonymität und Pseudonym) und Namensnennungsverbot	10, 11
III. Das Recht auf Bestimmung der Urheberbezeichnung (§ 13 S. 2)	12–30
1. Begriff der Urheberbezeichnung	12, 13

	Rdnr.
2. Bestimmungsrecht	14–17
3. Einzelfälle	18–21a
4. Einschränkungen des Bestimmungsrechts nach S. 2	22–30
a) Durch vertragliche Vereinbarungen mit dem Urheber oder Branchenübungen	22–26
b) Bei angestellten Urhebern und Ghostwritern	27, 28
c) Grenzen zulässiger Namens- und Bezeichnungsabreden	29, 30

I. Allgemeines

1. Bedeutung des Rechts auf Anerkennung der Urheberschaft als Schwerpunkt des Schutzes des Urheberpersönlichkeitsrechts (UPR)

Im Rahmen des UPR ieS, wie es in den §§ 12–14 verankert ist (so. vor §§ 12ff. Rdnr. 7), stellt das Recht auf Anerkennung der Urheberschaft nach § 13 einen **Schwerpunkt des Schutzes** der persönlichen und geistigen Interessen des Urhebers dar (so mit Nachdruck BGH ZUM 1995, 40 mit zust. Anm. von *Schricker* in EWiR 1994, 1029 bzgl. des Namensnennungsrechts des Architekten); auch kann die nach außen dokumentierte Urheberschaft am Werk nicht unerhebliche wirtschaftliche Bedeutung für den betroffenen Urheber haben (wegen der Verklammerung ideeller und materieller Interessen des Urhebers s. bereits vor §§ 12ff. Rdnr. 11ff.; wie hier unter Hinweis auf den Werbeeffekt der Urhebernennung und ihre Zuordnungsfunktion im Bereich der Verwertungsgesellschaften *Dreier/Schulze/Schulze*³ Rdnr. 7; ebenso *Wandtke/Bullinger/Bullinger*³ Rdnr. 1). Im Hinblick auf dieses doppelte Interesse (ebenso *Hock* S. 90f.) kann der Urheber nicht nur gemäß § 12 darüber entscheiden, ob und wie sein Werk überhaupt ans Licht der Öffentlichkeit treten soll, sondern es soll gemäß § 13 in Konkretisierung des Schöpferprinzips nach § 7 auch gewährleistet werden, dass das geistige Band zwischen Werk und Urheber, soweit er selbst dies will, öffentlich in Erscheinung tritt, und dass seine Urheberschaft, auch außerhalb des engeren Rahmens der Werkverwertung, nicht angefochten werden kann (wegen der Gefahr der Lockerung des geistigen Bandes bei modernen elektronischen Nutzungsformen vgl. *Schricker*, Informationsgesellschaft, S. 96; unter dem Gesichtspunkt angestellter Urheber *Schacht* S. 168ff.). Der Anspruch auf Urhebernennung steht **nur dem Urheber (Miturheber, Bearbeiter, Herausgeber eines Sammelwerks) selbst** sowie gem. §§ 70, 72 UrhG dem **Verfasser wissenschaftlicher Ausgaben** und dem **Lichtbildner** zu (ebenso OLG Hamm GRUR-RR 2005, 177 – Stillleben; zu Lichtbildnern OLG Brandenburg v. 15. 5. 2009, 6 U 37/08 Rdnr. 54 (juris); LG Kiel ZUM 2005, 81/83; OLG Düsseldorf GRUR-RR 2006, 393/394; *Wandtke/Bullinger/Bullinger*³ Rdnr. 3f.; *Dreier/Schulze/Schulze*³ Rdnr. 11f.; *Müller* S. 146; speziell zum Anerkennungsrecht des Herausgebers eines Sammelwerks im Verhältnis zu den Urhebern der Einzelbeiträge *Schierholz/Müller*, Fs. für Nordemann, S. 115/125), **nicht jedoch** dem Inhaber eines Nutzungsrechts (so LG Berlin GRUR 1990, 270/271 – Satellitenfoto) oder einer bei einer Filmproduktion beteiligten juristischen Person (OLG Frankfurt/M NJW 1991, 1839; *Dreyer* in HK-UrhR² § 13 UrhG Rdnr. 12; *Schack*⁴ Rdnr. 333; *Dreier/Schulze/Schulze*³ Rdnr. 14; zur Möglichkeit vertraglicher Vereinbarungen über derartige Nennungen vgl. dies. Rdnr. 23; verfehlt OLG Hamm ZUM-RD 2008, 8/14: (Namensnennungsrecht einer nach niederländischem Recht gegründeten juristischen Person). Kein Anspruch auf Namensnennung besteht trotz der nach § 5 Abs. 2 iVm. § 63 vorgeschriebenen Quellenangabe (su. § 63 Rdnr. 9) bei amtlichen Werken (*Dreier/Schulze/Schulze*³ Rdnr. 14). Im Kontext eines möglicherweise anzuerkennenden **Authentizitätsinteresses der Öffentlichkeit** für Nutzungen im digitalen Umfeld könnte ein Anspruch auf Nennung der „Quelle" neben der Angabe des Urhebernamens allgemein auch für Unternehmen bzw. juristische Personen in Frage kommen (vgl. bereits die Fälle des § 63 sowie allgemein *Dietz* in ALAI [Hrsg.], Copyright in Cyberspace, S. 168ff.; ähnlich *Alder* S. 334 sowie *Dreier/Schulze/Schulze*² Rdnr. 19 bei digitalen Werknutzungen zur Ermöglichung der Zuordnung von Erlösen durch Verwertungsgesellschaften).

Schwierigkeiten entstehen bei der Frage der **Namensnennung im wissenschaftlichen Bereich** angesichts des oft nur schwer aufzulösenden Spannungsverhältnisses zwischen der wissenschaftsethischen und der urheberrechtlichen Perspektive (so *Ohly*, Fs. für Dietz, S. 144ff.). Die Verschweigung des Autors und der Quelle fremder Erkenntnisse, Lehren oder Gedanken widerspricht seit jeher anerkanntem wissenschaftlichem Ethos (so *v. Moltke*, Das Urheberrecht an den Werken der Wissenschaft, Diss. 1990, S. 142f.). Aufgeschreckt durch einige spektakuläre Fälschungs- und Plagiatsfälle in der deutschen Forschungslandschaft (vgl. die Hinweise bei *Ohly* aaO S. 1), sind Wissenschaftsorganisationen und Universitäten darum bemüht, **Standards für**

verantwortliches Handeln in der Wissenschaft zu definieren (Nachweise bei *Ohly* aaO S. 142 Fn. 2). *Schricker* (Forschung und Lehre 1998, 584 ff.; *ders.* in *Hartmer/Detmer* [Hrsg.], Hochschulrecht, S. 419/446) plädiert für ein höheres Maß an Transparenz und eine stärkere Differenzierung nach (wirklichen) Verfassern und (lediglich) wissenschaftlich Beteiligten; die Handhabung der Urhebernennung bei wissenschaftlichen Veröffentlichungen entspreche nicht immer urheberrechtlichen Grundsätzen und sei teilweise sogar missbräuchlich (ähnlich *Dreyer* in HK-UrhR[2] § 13 UrhG Rdnr. 34; vgl. auch *Schack*[4] Rdnr. 334; *Möhring/Nicolini/Kroitzsch*[2] Rdnr. 7; *Wandtke/Bullinger/Bullinger*[3] Rdnr. 6). Die *dienstrechtliche* Verpflichtung zur Nennung der Mitautoren bei der Veröffentlichung von Forschungsergebnissen gemäß § 24 HRG (su. § 43 Rdnr. 134) darf nicht urheberrechtlich gedeutet werden. Sie bezieht sich nicht auf Miturheber im urheberrechtlichen Sinn, sondern auf Mitarbeiter, die einen eigenen wissenschaftlichen Beitrag geleistet haben (ebenso *Gieseke* UFITA Bd. 2004/I S. 5/13 ff. unter Hinweis auf die „Inflation" von Mitautoren- und Mitarbeiterbenennungen insb. bei Naturwissenschaften und Medizin). Letztere können, müssen aber nicht zugleich (Mit-)Urheber sein; deshalb sollte die nötige Differenzierung auch sprachlich durchgehalten werden (ebenso *Rehbinder*[15] Rdnr. 258; im Erg. ebenso *Thiele* GRUR 2004, 392/393 f.). Jedenfalls sind bloße „Ehrenautorschaften" sowohl wissenschaftsethisch wie urheberrechtlich abzulehnen (so *Ohly* aaO S. 157 ff.; ebenso *Gieseke* UFITA Bd. 2004/I S. 5/16; für Zulässigkeit allenfalls bei Zustimmung aller Beteiligten und Klarstellung der Verhältnisse iSd. Anerkennung der wahren Urheberschaft *Schricker* in *Hartmer/Detmer* [Hrsg.], Hochschulrecht, S. 419/446). Umgekehrt spielt aber das urheberrechtliche Anerkennungs- und Nennungsrecht nach § 13 und seine grundsätzliche Unverzichtbarkeit (su. Rdnr. 24) für die wissenschaftliche Karriere eine bedeutsame Rolle (su. § 43 Rdnr. 134). Die Frage der **Erstautorenschaft** iSd. Anspruchs auf Nennung an der ersten Stelle einer aus mehreren Miturhebern bestehenden Autorenliste kann nicht ohne weiteres durch Ableitung aus den Vorschriften über die Miturheberschaft (§ 8 iVm. § 13), die kein Ranking kennen, beantwortet werden; es bedarf einer umfassenden Wertung aller Umstände des Einzelfalls unter besonderer Berücksichtigung von gegebenenfalls konkludent geschlossenen vertraglichen Vereinbarungen (so *Thiele* GRUR 2004, 392/394 f. unter Berufung auf eine vom LG Braunschweig am 12. 6. 2002 erlassene, nicht veröffentlichte einstweilige Verfügung; vgl. auch *Gieseke* UFITA Bd. 2004/I S. 5/17 bzgl. der Unterscheidung „Erstautor" und „Letztautor" und des damit verbundenen sog. „Impact-Faktors"; für die Zulässigkeit von Differenzierungen nach Haupt- und Nebenverfassern und der Einhaltung einer bestimmten Reihenfolge auch *Schricker* aaO S. 419/446).

2 Ebenso wie beim VR nach § 12 wird auch bei dem Anerkennungsrecht nach § 13 auf die **freie Entscheidung des Urhebers** abgestellt; demgemäß ist – wie sich auch aus den §§ 10 und 66 ergibt – durchaus auch die Möglichkeit der Entscheidung des Urhebers für eine **anonyme Veröffentlichung** oder für die Verwendung eines allgemein oder nur einzelnen Personen bekannten **Decknamens (Pseudonyms)** oder Künstlerzeichens eingeschlossen (zur Frage einer möglichen Pflicht zum Bekenntnis der Urheberschaft su. Rdnr. 11). Kann sich der Urheber trotz des geistigen Bandes zwischen ihm und dem Werk somit zeitweilig oder auf Dauer von seiner Urheberschaft distanzieren, so ändert das nichts daran, dass rechtsgeschäftliche Bindungen insoweit nur begrenzt möglich sind, als jedenfalls der hier besonders deutlich zutage tretende Kern des Urheberpersönlichkeitsrechts gesichert bleiben muss (Näheres su. Rdnr. 22 ff.). Eine realistische Betrachtungsweise muss jedoch im Hinblick auf den großen Kreis zwar wirtschaftlich möglicherweise bedeutender, aber im unteren Bereich des urheberrechtlich Schützbaren angesiedelter Werke (kleine Münze) zu einer **flexiblen Handhabung des Schutzgedankens nach § 13** führen. Mit der freilich eng zu begrenzenden Ausnahme des Ghostwriters betrifft dies jedoch nicht das allgemeine Recht auf Anerkennung der Urheberschaft nach Satz 1, sondern im Wesentlichen nur die Durchsetzung des Bezeichnungs- oder Namensnennungsrechts nach Satz 2. Wird die Urheberschaft bestritten oder wird sie von Dritten angemaßt, insbesondere in der Form des Plagiats, so kann der Urheber, gestützt auf den in Satz 1 niedergelegten allgemeinen Grundsatz, diesem Verhalten unabhängig davon entgegentreten, welche Bestimmungen einseitiger oder vertraglicher Art über die Anbringung der Urheberbezeichnung getroffen worden sind.

3 Im **internationalen Urheberrecht** entspricht dem in § 13 niedergelegten Schutzgedanken die Regelung in Art. 6bis Abs. 1 RBÜ (so. vor §§ 12 ff. Rdnr. 23 ff.) mit der Maßgabe, dass dort „das Recht, die Urheberschaft am Werk für sich in Anspruch zu nehmen" iSv. § 13 S. 1 grundsätzlich, jedoch ohne die zusätzliche Konkretisierung wie in § 13 S. 2 gewährt ist. Angesichts der Tatsache, dass der persönlichkeitsrechtliche Schutz nach § 13 gem. § 121 Abs. 6 ausländischen Staatsangehörigen generell gewährt wird (so. § 12 Rdnr. 11), kommt ausländischen Staatsangehörigen der volle Schutz aus § 13 ohne Rücksicht auf die Formulierung des Art. 6bis Abs. 1 RBÜ in jedem Fall zugute (wegen des Rechtszustands in den alten EU-Staaten s. die Analyse bei *Doutrelepont* S. 207 ff.; bezüglich der Staaten Mittel- und Osteuropas s. jeweils Abschnitt II.3. der Länderberichte bei *Wandtke* (Hrsg.), Urheberrecht in Mittel- und Osteuropa, 2 Bde., 1997 und 2002).

2. Entstehungsgeschichte des § 13

Im **früheren Recht** fehlte eine der Bedeutung des persönlichkeitsrechtlichen Schutzgedankens gerecht werdende allgemeine Regelung sowohl im LUG wie im KUG. Soweit die Rechtsprechung das Recht auf Anerkennung der Urheberschaft bereits damals anerkannt hatte (vgl. *v. Gamm* NJW 1959, 318ff.; *Strömholm* Bd. I S. 350; *Ulmer*[2] § 58 II 1; *Dreyer* in HK-UrhR[2] § 13 UrhG Rdnr. 2), konnte sie sich dabei auf eine Reihe von Einzelbestimmungen im LUG und KUG stützen (Einzelheiten bei *v. Gamm* Rdnr. 1 sowie *Hock* S. 21 ff.). Im Laufe des Gesetzgebungsverfahrens, das zum heutigen § 13 UrhG 1965 führte (§ 18 RefE 1954; § 21 MinE 1959; § 13 RegE 1962), erfuhr die von Anfang an vorgeschlagene Regelung keine wesentliche Änderung, wenn man von einer minimalen redaktionellen Verbesserung des Textes sowie einer knapperen Fassung der Überschrift absieht. 4

Die im Hinblick auf § 13 in der Begr. zum RegE (BTDrucks. IV/270 S. 44) zum Ausdruck kommende Auffassung, dass die Regelung des Entwurfs ein allgemeines Recht des Urhebers, die **Angabe seines Namens bei jeder Nutzung seines Werkes** zu verlangen, nicht vorsehe, wird von der herrschenden Meinung nicht für maßgeblich erachtet (siehe BGH GRUR 1995, 671/672 – Namensnennungsrecht des Architekten; offengelassen von BGH GRUR 2007, 691/693 – Staatsgeschenk; zurückhaltend OLG München GRUR-RR 2008, 37/43 – Pumuckl-Illustrationen II, wonach das Bestimmungsrecht durch die Interessen Dritter begrenzt sei; aA mit Nachdruck *Hock* S. 48 ff.). Im Hinblick auf die besondere Schutzbedürftigkeit des Urhebers und das in den Regeln über das UPR liegende auch vertragsrechtliche Korrektiv muss der Hinweis im RegE auf die vertraglichen Gestaltungsmöglichkeiten des Urhebers fragwürdig erscheinen, tritt doch gerade im Rahmen der vertraglichen Beziehungen mit Werknutzern das Recht auf Anerkennung der Urheberschaft in der konkreten Form der Durchsetzung der Urheberbezeichnung (S. 2) in Erscheinung. In gewissen Grenzen schließt dies allerdings Vereinbarungen, die die Urheberbezeichnung zum Gegenstand haben, wie sich auch aus § 39 Abs. 1 ergibt, ebenso wenig aus wie eine Berücksichtigung der durch die Notwendigkeiten des Rechtsverkehrs bedingten Gegebenheiten (su. Rdnr. 22 ff.). 5

II. Der allgemeine Grundsatz des Rechts auf Anerkennung der Urheberschaft am Werk (§ 13 S. 1)

1. Anwendungsbereich und Abgrenzung zu S. 2

S. 1 enthält das **allgemeine Schutzprinzip** des Rechts auf Anerkennung der Urheberschaft, S. 2 stellt einen Anwendungsfall dieses Prinzips dar (AG Frankfurt/M ZUM-RD 2006, 479 f.; aA jedoch *Wandtke/Bullinger/Bullinger*[3] Rdnr. 10; *Müller* S. 142 sowie *Schack*[4] Rdnr. 332 unter Hinweis auf die unterschiedliche Zielrichtung der beiden von ihm getrennt behandelten Persönlichkeitsrechte auf Anerkennung der Urheberschaft und Bestimmung der Urheberbezeichnung; ebenso *v. Welser* S. 31 f.: einerseits reines Abwehrrecht, andererseits positives Bestimmungsrecht). In seiner praktischen Bedeutung tritt allerdings S. 1 gegenüber dem Spezialfall der S. 2 (Anbringung der Urheberbezeichnung auf dem Werkstück) zurück, wie auch die Zahl der jeweils in der Rechtsprechung entschiedenen Fälle zeigt (su. Rdnr. 7 und 18 ff.). Auch hat S. 1 insofern subsidiären Charakter, als er außerhalb des von S. 2 unmittelbar erfassten Bereichs der Verwertung und Verwendung körperlicher Werkexemplare eingreift, also bei Wiedergabe von Werken in unkörperlicher Form ohne gleichzeitigen Einsatz eines sichtbar werdenden Werkstücks (ähnlich *v. Gamm* Rdnr. 6, 8; teilweise aA *Fromm/Nordemann/Hertin*[9] Rdnr. 2 u. 6; grundsätzlich ablehnend *Hock* S. 48 ff., der § 13 S. 1 unter Berufung auf die Gesetzesbegründung als bloßen Abwehranspruch auslegt) sowie bei bloßen Ankündigungen und Erörterungen des Werkes ohne damit zusammenhängende Darbietungen des Werkes selbst (vgl. *Ulmer*[3] § 40 I; ebenso *Dreyer* in HK-UrhR[2] § 13 UrhG Rdnr. 4, 7 und 15; *Haberstumpf*[2] Rdnr. 213; wegen spezieller Fragen bei der Nutzung im Internet vgl. *Gounalakis/Rhode* Rdnr. 82 ff. sowie bei Multimediaprodukten *Kreile/Wallner* ZUM 1997, 625/628). In letztgenannter Situation liegt jedoch kein Verstoß ge- 6 gen § 13 S. 1 vor, wenn der Eigentümer den Urheber bei einem Festakt, auf dem das Werk der bildenden Kunst präsentiert wird, nicht namentlich nennt, wenn der Urheber sein Werk nicht signiert hatte, und der Eigentümer eine nachträgliche Anbringung eines Hinweises auf den Urheber nicht verhindert; der Eigentümer ist dann auch nicht verpflichtet, sich beim Urheber zu erkundigen, ob und wie er als Urheber genannt werden möchte (BGH GRUR 2007, 691/693 – Staatsgeschenk). Urheberbenennungen im Rahmen von Filmvorführungen, die im Filmvorspann oder -nachspann erfolgen (vgl. insoweit auch die Kritik an zu langen Namenslisten bei *Rehbinder*[15] Rdnr. 401), sind wegen der Sichtbarkeit der Urheberbezeichnung demgemäß ein Fall von S. 2, nicht von S. 1. Im Ergebnis hat aber die Abgrenzung von allgemeinem Prinzip (S. 1) und konkretem Anwendungsfall (S. 2) wenig praktische Bedeutung (ebenso *Fromm/ Nordemann/Hertin*[9] Rdnr. 2 iS eines – so oder so begründeten – generellen Benennungsrechts bei jeder Nutzung des Werkes; *Dreier/Schulze/Schulze*[2] Rdnr. 3 f. unter Hinweis auf die an die Bezeichnung anknüpfenden Rechtsfolgen u. a. aus §§ 10, 39 Abs. 1, 50, 51, 58, 63 und 66; sa. *dies.* Rdnr. 8).

7   Entsprechend dem **Anwendungsbereich des S. 2** konzentriert sich die **Rechtsprechung** in besonderer Weise auf dessen Auslegung (s. im Einzelnen unten Rdnr. 18 ff.); dennoch ist in einzelnen Fällen auch das allgemeine Schutzprinzip des S. 1 in Bezug genommen worden (vgl. BGH GRUR 1972, 713/714 – Im Rhythmus der Jahrhunderte; BGH GRUR 2007, 691/693 – Staatsgeschenk; KG UFITA 80 [1977] 368/374 – Manfred Köhnlechner); weitere Rechtsprechung zum Schutzgedanken des § 13 betrifft den Problemkreis des Pseudonyms (su. Rdnr. 21) oder die Anwendung des Gebots zur Quellenangabe nach § 63 (s. dort Rdnr. 13 ff.).

2. Abwehr von Angriffen auf die Urheberschaft sowie von deren Anmaßung durch Dritte

8   Für sich genommen hat S. 1 seine Hauptbedeutung im Bereich der **Abwehr fremder Angriffe auf die Urheberschaft** ohne konkreten Bezug zur vertraglichen Werkverwertung, sei es, dass die Urheberschaft dem Urheber bestritten, sei es, dass sie von einem Dritten selbst in Anspruch genommen wird, insb. im Falle des **Plagiats** (ebenso *Schack*[4] Rdnr. 332; vgl. auch *ders.* Fs. für Nordemann S. 107/110 f. für den von den betroffenen Künstlern mit kunsttheoretischen Argumenten gerechtfertigten Fall der „appropriation art", dh. der Anmaßung der Urheberschaft an Kopien fremder Werke, wenn auch unter Nennung des Ursprungsautors). Der Angriff kann jedoch außer durch (abstraktes) Bestreiten oder durch Anmaßung der Urheberschaft auch durch Unterdrückung der Urheberschaft bzw. Unterlassung der Urheberbenennung bei Gelegenheit öffentlicher Wiedergaben von Werken geschehen oder ohne unmittelbaren zeitlichen Zusammenhang mit der Wiedergabe im Rahmen der Heranführung der Öffentlichkeit an das Werk durch **Werbung und sonstige Ankündigungen** (vgl. BGH GRUR 2007, 691/ 693 – Staatsgeschenk; *v. Gamm* Rdnr. 8; *Heidmeier* S. 64; *Schmidt* S. 167 f.; einschränkender *Hock* S. 36 ff.; andeutungsweise für den Fall der Nichtaufnahme eines Kunstwerks in ein in Kunstkreisen bekannt gewordenes Werkverzeichnis OLG Hamm GRUR-RR 2005, 177 – Stillleben von Karl Hofer). Letzteres betrifft auch Werbung oder Ankündigungen bei Verwertung des Werks in körperlicher Form, die als solche einen Anwendungsfall von S. 2 darstellt. Hierher gehört auch der Fall, dass das Werk selbst noch nicht veröffentlicht ist (§ 12 iVm. § 6), die Öffentlichkeit aber bereits Kenntnis von der Existenz des Werkes erhält (ebenso *Dreyer* in HK-UrhR[2] § 13 UrhG Rdnr. 9; vgl. bzgl. Filmwerken *Reupert,* Der Film im Urheberrecht, S. 125).

9   **Vertragliche Einschränkungen** des Rechts auf Anerkennung der Urheberschaft, insbesondere im Zusammenhang mit der Urheberbenennung bei der Heranführung der Öffentlichkeit an das Werk durch Werbung und Ankündigung, sind ähnlich wie im Falle von S. 2 zu beurteilen (su. Rdnr. 24; vgl. auch *v. Gamm* Rdnr. 8). Demgegenüber ist mit der sehr eng zu begrenzenden Ausnahme des Ghostwriters ein bindender Verzicht auf die Geltendmachung des allgemeinen Schutzprinzips des S. 1 gegenüber abstraktem Bestreiten und Anmaßung der Urheberschaft nicht möglich, weil es hier um den Kernbestand des Urheberpersönlichkeitsrechts geht (so. vor §§ 12 ff. Rdnr. 27). Auch dem **Ghostwriter** kann eine Verpflichtung zur Lüge, zum bewussten Abstreiten seiner Urheberschaft im Falle gezielter Anfragen Dritter nicht auferlegt werden (vgl. *Stolz* S. 82 ff., insb. S. 85 sowie *Osenberg* S. 127 und 138, letzterer für eine zeitlich nur beschränkte Zulässigkeit von Geheimhaltungsabreden; zustimmend *Dreyer* in HK-UrhR[2] § 13 UrhG Rdnr. 11 und 41; *Haberstumpf*[2] Rdnr. 212; *Heeschen* S. 87; *Schacht* S. 172 f. „keine Diskretionspflicht" des Ghostwriters; nach *v. Welser* S. 31 Bekenntnis zur Urheberschaft als Teil der allgemeinen Handlungsfreiheit; ähnlich für den Bereich der wissenschaftlich Tätigen *Schricker*

in *Hartmer/Detmer* [Hrsg.], Hochschulrecht, S. 419/445; vgl. auch *Ulmer*[3] § 40 V 1 sowie unten Rdnr. 28).

3. Recht auf Verschweigung der Urheberschaft (Anonymität und Pseudonym) und Namensnennungsverbot

Unabhängig von der Frage der Zulässigkeit vertraglicher Einschränkungen in der Geltendmachung des Rechts auf Anerkennung der Urheberschaft ermöglicht die in § 13 S. 1 wie S. 2 vorausgesetzte freie Entscheidung des Urhebers auch die **Distanzierung von seinem Werk,** sei es, weil er sich nicht (mehr) damit identifizieren will, sei es, weil er sich nur in der Öffentlichkeit nicht dazu bekennen will (vgl. den verwandten Rechtsgedanken im Rahmen des Rückrufsrechts wegen gewandelter Überzeugung in § 42). Dies betrifft nicht nur die vom Gesetz (§§ 10 und 66) als Möglichkeit vorausgesetzte **anonyme oder pseudonyme Form der Veröffentlichung,** sondern auch die Durchsetzung eines Namensnennungsverbots im Zusammenhang mit der Werkverwertung (ebenso *Schack*[4] Rdnr. 335, 357; einschränkender für den Bereich der Verbreitung und Veräußerung von Kunstwerken wegen der Bedeutung der Person des Künstlers für die Wertschätzung des Werks *Mues* S. 126 f.). Das **Namensnennungsverbot** kann dabei einen weniger einschneidenden Ersatz anstelle der Geltendmachung des Entstellungsverbots nach § 14 bilden (su. Rdnr. 15). Es kann jedoch, abgesehen von den Fällen der Werkverwertung, nicht abstrakt zur Verhinderung des Bekanntwerdens der wahren Urheberschaft in der Öffentlichkeit eingesetzt werden, wie sich auch aus § 66 Abs. 2 Nr. 1 ergibt (vgl. *Dietz,* Droit Moral, S. 119 f. sowie *Rehbinder*[15] Rdnr. 405; *ders.* ZUM 1991, 228; *Schack*[4] Rdnr. 335; *Stolz* S. 82 f.; im Ergebnis *Hock* S. 157; für einen ergänzenden Schutz durch das aPR *Wandtke/Bullinger/Bullinger*[3] Rdnr. 12; für Bindung der Erben an den Urheberwillen bei der Aufdeckung eines Pseudonyms oder der Anonymität *Clément* S. 79 ff.).

Nur in ganz besonderen Fällen ist der Urheber zum **Bekenntnis seiner Urheberschaft** verpflichtet (zu weitgehend iS einer solchen „Urheberschaftsverpflichtung" *Schramm* UFITA 50 [1967] 418; vgl. auch *Kreile/Wallner* ZUM 1997, 625/627 für den Fall der Nennung angesehener Urheber durch den Filmproduzenten; dagegen *Stolz* S. 84 f.). Liegen der Leugnung der Urheberschaft oder der Authentizität eines Werkes nachweisbar künstlerische Gründe zugrunde (vgl. etwa den Fall des Malers de Chirico, s. *Dietz,* Droit Moral, S. 69; vgl. auch *Mues* S. 130), so kann der Urheber zu einem positiven Bekenntnis zur Urheberschaft oder gar zur **Signierung eines Werkes der bildenden Kunst** nicht gezwungen werden (sa. *Dietz,* Droit Moral, S. 124 f.; ebenso *Fromm/Nordemann/Hertin*[9] Rdnr. 14; ähnlich *Hock* S. 165 ff.). Von der jedenfalls bei Vorliegen künstlerischer Gründe zulässigen Leugnung der Urheberschaft zu unterscheiden ist das als Ausfluss des aPR gewährte **Recht auf Anerkennung der Nichturheberschaft („droit de non-paternité"),** wonach sich jedermann gegen die falsche Unterstellung wehren kann, Urheber eines Werkes zu sein, das in Wahrheit von einem anderen geschaffen wurde (vgl. BGHZ 107, 384 – Emil Nolde; *Neumann-Duesberg* UFITA 50 [1967] 464/465 ff.; *Dietz,* Droit Moral, S. 118 f.; *Dreier/Schulze/Schulze*[3] Rdnr. 16; *Dreyer* in HK-UrhR[2] § 13 UrhG Rdnr. 22; *Hock* S. 163; *Rehbinder*[15] Rdnr. 402; *Schack*[4] Rdnr. 332; *de Werra* S. 44 ff.). Nach LG Berlin GRUR 1971, 229 – Bert Brac ist die Berufung auf eine pseudonyme Veröffentlichung im Verhältnis zwischen Schallplattenproduzent und GEMA ausgeschlossen, da der Produzent verpflichtet ist, der GEMA den bürgerlichen Namen des Komponisten bzw. Bearbeiters zu nennen (sa. unten Rdnr. 21).

III. Das Recht auf Bestimmung der Urheberbezeichnung (§ 13 S. 2)

1. Begriff der Urheberbezeichnung

Das Recht des Urhebers, darüber zu bestimmen, ob das Werk mit einer Urheberbezeichnung zu versehen und welche Bezeichnung zu verwenden ist, stellt den wichtigsten, in S. 2 besonders geregelten Anwendungsfall des in S. 1 geregelten allgemeinen Schutzgedankens dar (so. Rdnr. 6). In der Formulierung des Gesetzes „das Werk mit einer Urheberbezeichnung zu versehen" liegt eine gewisse Ungenauigkeit (ebenso *Tölke* S. 61), weil es sich nicht um das Werk als Immaterialgut, sondern um die Anbringung der Urheberbezeichnung an Werkverkörperungen (Original oder Vervielfältigungsstücke) handelt (ebenso BGH ZUM 1995, 40/41; LG Kiel ZUM 2005, 81/83; aA *Fromm/Nordemann/Hertin*[9] Rdnr. 2 u. 5, die das Bezeichnungsrecht des Urhebers auch auf verbale Nennungen im Rahmen von Wiedergaben in unkörperlicher Form beziehen, was bei gleichem praktischem Ergebnis nach der hier vertretenen Auffassung zum Anwendungsbereich des S. 1 zählt; ebenso *v. Gamm* Rdnr. 8; *Heidmeier* S. 68; *v. Welser* S. 34 f.). Unter **Urheberbezeichnung** ist demgemäß die Kennzeichnung von Originalen (insb. Signierung bei Werken der bildenden Kunst sowie Bauwerken, vgl. BGH aaO) sowie von Vervielfältigungsstücken von Werken mit dem Namen bzw. dem bekannten Decknamen oder Künstlernamen des Urhebers zu verstehen. Im Falle der öffentlichen Wiedergabe von Werken in unkörperlicher Form gilt dies auch dann, wenn es unter Einsatz eines Werkexemplars (zB Filmrolle) geschieht, deren Kennzeichnung bei der Wiedergabe sichtbar und bei angemessenem Wiedergabetempo auch lesbar wird (so *G. Schulze* GRUR 1994, 855/862; *Dreyer* in HK-UrhR² § 13 UrhG Rdnr. 16). Der Hinweis auf die Urheberschaft ist **eindeutig und unmissverständlich** im unmittelbaren räumlichen Zusammenhang mit dem Werk anzubringen (siehe AG Frankfurt/M ZUM-RD 2006, 479/480 (allgemeine Nennung im Impressum genügt nicht); *Dreier/Schulze/Schulze*³ Rdnr. 20). Der Verkehr muss die gewählte Bezeichnung als Hinweis auf den Urheber verstehen können (OLG München GRUR-RR 2008, 37/43 – Pumuckl-Illustrationen II).

12a Auch im **digitalen Nutzungsbereich**, insb. beim Einsatz elektronischer Markierungen von Werken sollte der persönlichkeitsrechtliche Aspekt der Namensnennung Berücksichtigung finden, zumal die Definition von „Informationen für die Rechtewahrnehmung" (rights management information) in Art. 12 Abs. 2 des WIPO-Urheberrechtsvertrages (WCT, so. vor §§ 12 ff. Rdnr. 22) sowie entsprechend in Art. 7 Abs. 2 der Informationsgesellschaftsrichtlinie (Richtlinie 2001/29/EG vom 22. Mai 2001) und kraft deren Umsetzung in § 95 c Abs. 2 UrhG ua. den Urheber von Werken erwähnt. In der Regel wird demgemäß aufgrund von § 13 S. 2 ein Anspruch auf Namensnennung auch im Rahmen elektronischer Informationen zur Rechtewahrnehmung (Wasserzeichen etc.) bestehen (vgl. allgemein *Dietz* in *ALAI* [Hrsg.], Copyright in Cyberspace, S. 173 f.; *Alder* S. 334 ff.; *Müller* S. 142). Ein Beispiel aus dem digitalen Nutzungsbereich bildet der Beschluss OLG Hamburg GRUR-RR 2002, 249 – Handy-Klingeltöne: Verletzung des § 13 durch Vertrieb einer CD-ROM mit 50 Tonfolgen aus sog. „Top-Hits" zur **Nutzung als Handyklingeltöne** ohne Nennung der Urheber, und zwar weder auf der CD noch im Booklet. Der CD-Hersteller hat die Urheberbezeichnung unaufgefordert auf das Werkstück zu setzen; das Mitbestimmungsrecht des Urhebers nach § 13 S. 2 bedeutet nicht, dass die Nennung nur auf sein Verlangen erforderlich wäre (ebenso *G. Schulze,* Fs. für Nordemann, S. 251/261 für den Fall der unterbliebenen Namensnennung des bislang praktisch unbekannt gebliebenen Autors des Silvester-Klassikers „Dinner for One"). Ein „Weglassen wegen Branchenüblichkeit" kann weder bei Verkörperungen wie CD's noch bei Downloads aus dem Internet angenommen werden, da die Anbringung der Urheberbezeichnung an dem Link auch dort möglich ist; vgl. allgemein auch *Kreile/Wallner* ZUM 1997, 625/628.

13 Im **Verhältnis zum Werknutzungsberechtigten** (zB zum Verleger eines Sprachwerkes) umfasst der Begriff der Urheberbezeichnung nicht den Hinweis auf Beruf oder Adresse des Urhebers *(Möhring/Nicolini/Kroitzsch*² Rdnr. 10; *Hock* S. 154), wohl aber die Angabe seiner Funktion als Autor, Komponist, Übersetzer etc. (*Dreier/Schulze/Schulze*³ Rdnr. 18; vgl. auch *Dreyer* in HK-UrhR² § 13 UrhG Rdnr. 20). Im Rahmen des **Verlagsverhältnisses** ist darüber hinaus der Verleger gem. § 14 S. 2 Verlagsgesetz zur Entscheidung über die konkrete äußere Form der Anbringung der Urheberbezeichnung befugt (vgl. *Schricker,* Verlagsrecht³, § 14 Rdnr. 9; *Schack*⁴ Rdnr. 336; ebenso LG München I ZUM 1995, 57). Ähnliches gilt im **Verhältnis zwischen Architekt und Bauherr** bzw. Eigentümer (vgl. *Walchshöfer,* Fs. für Hubmann, S. 473). Insbesondere ist bei der gebotenen Berücksichtigung der Interessen des Bauherrn davon auszugehen, dass dieser keine reklamehafte Ausgestaltung der Urheberbezeichnung zu dulden braucht. Es kommt eher eine dezente und weniger auffällige Anbringung des Namens am Bauwerk in Betracht (so BGH ZUM 1995, 40/42 – Namensnennungsrecht des Architekten; vgl. auch *Müller* S. 143). Umgekehrt kann der Werknutzungsberechtigte nicht gegenüber Dritten aufgrund § 13 Nennung seines Namens verlangen, da dieser Anspruch nur dem Urheber zusteht (LG Berlin GRUR 1990, 270/271 – Satellitenfoto; s. bereits oben Rdnr. 1).

2. Bestimmungsrecht

14 Das dem Urheber zustehende Bestimmungsrecht über die Urheberbezeichnung betrifft nicht nur die **Art dieser Bezeichnung** (bürgerlicher Name, bekannter Deckname oder Künstlerzeichen) sondern auch die freie Entscheidung darüber, ob eine derartige Urheberbezeichnung überhaupt verwendet werden soll. **Nichtanbringung der Urheberbezeichnung** bedeutet nicht ohne weiteres anonyme Veröffentlichung iSv. § 66, da der Urheber, nicht zuletzt durch eigenes Zutun auf andere Weise als Schöpfer des Werkes bekannt sein kann; die Berufung auf Anerkennung der Urheberschaft nach der allgemeinen Vorschrift des S. 1 bleibt ihm auch bei Nichtanbringung der Urheberbezeichnung erhalten (einschränkend jedoch BGH GRUR 2007, 691/693 – Staatsgeschenk, so. Rdnr. 6). Dies gilt in besonderer Weise für die Fälle, in denen die Nichtanbringung im Hinblick auf bestehende Branchenübungen oder aufgrund vertraglicher Vereinbarungen unterblieb (su. Rdnr. 22 ff.), insbesondere im Bereich angestellter Urheber (ebenso *Vinck* S. 40; *ders.* RdA 1975, 162/165; vgl. auch *Hock* S. 132 ff.; *Heidmeier* S. 72 ff.). Auch kann der Urheber die Entscheidung über die Nichtanbringung bei späterer Verwertung wieder verwerfen (vgl. *Heidmeier* S. 69; vgl. auch *Möhring/Nicolini/Kroitzsch*[2] Rdnr. 26). Das Bestimmungsrecht nach S. 2 bedeutet nicht, dass die Urhebernennung erst auf Verlangen des Urhebers zu erfolgen hätte (s. OLG Hamburg GRUR-RR 2002, 249/250; s. bereits oben Rdnr. 12 a).

Andererseits stellt § 13 S. 2 iVm. S. 1 die subjektivrechtliche Grundlage für die **Zulässigkeit** 15 **anonymer Veröffentlichungen** im umfassenden Sinne dar, wie sie die §§ 10 und 66 als Möglichkeit voraussetzen (ebenso *Hock* S. 155 ff.). Darüber hinaus ist die in S. 1 allgemein verankerte Zulässigkeit eines **Namensnennungsverbots**, insbesondere als weniger einschneidende Form der Geltendmachung des Entstellungsverbots nach § 14 (so. Rdnr. 10), auch im Rahmen des S. 2 von Bedeutung, und zwar iSd. Bestimmung des Urhebers über die Nichtanbringung einer Urheberbezeichnung (vgl. insoweit das instruktive Beispiel der gerichtlichen Untersagung der Nennung des Urhebernamens bei einem vom Rundfunkintendanten entstellten Fernsehbeitrag über die Geschichte des Saarlandes, entschieden vom LG Saarbrücken UFITA 79 [1977] 358 und OLG Saarbrücken UFITA 79 [1977] 364; vgl. dazu *Flechsig* FuR 1976, 589 und 751 sowie *Hock* S. 163 f.; vgl. auch den Fall der unzulässigen Bezeichnung eines Sozialwissenschaftlers als „Mitarbeiter" der Zeitschrift „Playboy", OLG München NJW 1996, 135 – Herrenmagazin).

Bei **Werken der bildenden Kunst** umfasst die Bestimmung über die Anbringung der Ur- 16 heberbezeichnung vor allem die Signierung des Originals, die in der Regel, wenn auch nicht ausschließlich, durch den Urheber persönlich erfolgt (BGH GRUR 2007, 691/693 – Staatsgeschenk; wegen unterschiedlicher Arten der Signatur vgl. *Bullinger* S. 58). Das hier liegende Schutzinteresse des bildenden Künstlers ist durch § 107 Nr. 1 mit zusätzlichem strafrechtlichem Schutz versehen (vgl. *Tölke* S. 62 f.; *Schack*[4] Rdnr. 337, 742; *Bullinger* S. 69). Dem besonderen persönlichkeitsrechtlichen Interesse des Urhebers an der **Unterscheidung zwischen Original und Vervielfältigungsstück** ebenso wie dem Verkehrsinteresse dient auch die Strafvorschrift in § 107 Nr. 2 (vgl. für den Fall der „appropriation art" *Schack*, Fs. für Nordemann, S. 107/111). Freilich kann der Urheber ggf. auch selbst als Täter nach § 107 Nr. 2 in Frage kommen (ebenso *Sieg* S. 158; *Löffler* NJW 1993, 1421/1429; *Schack*[4] Rdnr. 743), wenn er durch seine Signatur einem bloßen Vervielfältigungsstück den Anschein eines Originals gibt (so. vor §§ 12 ff. Rdnr. 32 sowie unten § 107 Rdnr. 14); andererseits kann aber im Bereich moderner Kunst (zB „ready-mades") uU die bloße Signatur des Urhebers einen Gegenstand zum Kunstwerk machen. Im Bereich der Druckgraphik kann überdies die Signatur des Urhebers für die Abgrenzung von Original und Vervielfältigungsstück von Bedeutung sein (zur Frage des Originals su. § 26 Rdnr. 28 sowie § 107 Rdnr. 3).

Das Bestimmungsrecht umfasst auch die **Änderung der Urheberbezeichnung;** ohne Ver- 17 einbarung mit dem Urheber darf letztere nicht geändert werden (§ 39 Abs. 1). Die Ausnahmevorschrift nach dem Maßstab von Treu und Glauben gem. § 39 Abs. 2 greift hier, abgesehen vom Schikaneverbot nicht ein (*Fromm/Nordemann/Hertin*[9] Rdnr. 7). Ist die Werknutzung im Rahmen der Urheberrechtsschranken (§§ 44 a ff.) von Gesetzes wegen zulässig, so ist als Ausfluss des Schutzgedankens des § 13 das Gebot zur Quellenangabe nach § 63 (s. dort) zu beachten; soweit es sich um Vervielfältigungsstücke handelt, geht es auch im Rahmen von § 63 um die Anbringung der Urheberbezeichnung iSv. S. 2.

3. Einzelfälle

Die Rechtsprechung hat dem Bestimmungsrecht nach S. 2 in einer Reihe unterschiedlicher 18 Fallgestaltungen Geltung verschafft, meist unter Zurückweisung zu weit gehender Einschränkungen dieser Befugnis in der Praxis (vgl. mit besonderem Nachdruck BGH ZUM 1995, 40 für den Fall des Namensnennungsrechts eines Architekten am Bauwerk; vgl. auch *Wandtke/Bullinger/Bullinger*[3] Rdnr. 24 f. sowie den Appell an den Gesetzgeber bei *Radmann* ZUM 2001, 788 ff.). Danach steht das Recht, als **(Mit-)Herausgeber** in einer seinem sachlichen Beitrag entsprechenden Weise auf dem Titelblatt einer wissenschaftlichen Ausgabe genannt zu werden, dem

§ 13 Anerkennung der Urheberschaft

Urheber (bzw. dem Verfasser einer wissenschaftlichen Ausgabe nach § 70) auch dann zu, wenn er seine Mitarbeit vor Vollendung des Werkes eingestellt hat (BGH GRUR 1978, 360 – Hegel-Archiv; grundsätzlich ebenso bereits BGH GRUR 1972, 713/714 – Im Rhythmus der Jahrhunderte). Ebenso hat der ehemalige (Mit-)Herausgeber eines Sammelwerks auch nach seinem Ausscheiden bezüglich späterer Auflagen solange noch ein Nennungsrecht, als diese Auflagen von seinem Wirken als Mitherausgeber geprägt sind (OLG Frankfurt/M Schulze OLGZ 107 – Taschenbuch für Wehrfragen; KG Berlin GRUR 1992, 167/168 – Parallelveröffentlichung; ähnlich OLG München ZUM 2000, 404 für die Verfasser einzelner Beiträge zu einem Literaturhandbuch in Folgeauflagen; vgl. auch *Schricker,* Verlagsrecht³, § 41 Rdnr. 18). Ein ebensolches Nennungsrecht hat, jedoch im Rahmen der gesamthänderischen Bindung der Miturheber nach § 8, auch der Mitherausgeber einer Anthologie (OLG Karlsruhe GRUR 1984, 812 – Egerlandbuch; iSd. gesamthänderischen Bindung der Miturheber bei grundsätzlicher Anerkennung des Nennungsrechts auch LG München I Schulze LGZ 150; vgl. allgemein bzgl. Miturhebern auch *Schack*⁴ Rdnr. 334 sowie OLG Hamburg GRUR-RR 2002, 249/250 – Handy-Klingeltöne: dem Miturheber stehen alle gesetzlichen Abwehransprüche aus dem UPR, insb. auch aus § 13 [und § 14] zu). Eine Verletzung des Nennungsrechts des Urhebers des bearbeiteten Werks bedeutet auch die alleinige Nennung des **Bearbeiters** (BGH GRUR 2002, 799/801 – Stadtbahnfahrzeug; sa. oben Rdnr. 7). Umgekehrt kann auch die Nennung von Unbeteiligten als (Mit-)Urhebern gem. § 13 S. 1 verhindert werden, weil die wahre Urheberschaft der anderen dadurch bestritten wird.

19   Das Namensnennungsrecht der Schöpferin der **Buchillustrationen** für die „Pumuckl"-Bücher der Kinderbuchautorin Ellis Kaut wurde, auch gegen Letztere selbst, unter unterschiedlichen Konstellationen (Verwertung im Buchbereich, für Merchandising-Zwecke und im Musical-Bereich sowie für ein Comic-Magazin) und trotz eines vorausgegangenen zunächst wirksamen, aber wirksam widerrufenen Verzichts auf das Nennungsrecht (s. unten Rdnr. 22 ff.) und eines von anderen Grafikern geschaffenen neuen Erscheinungsbildes der „Pumuckl"-Figur mehrfach gerichtlich anerkannt (s. LG Berlin ZUM-RD 2002, 252; OLG München ZUM 2003, 964 unter nur teilweiser Bestätigung der Vorinstanz LG München I ZUM 2003, 64 sowie OLG München GRUR-RR 2004, 33; zur Nennung im Film jedoch unten Rdnr. 20). Ebenso wurde einem **Gebrauchsgraphiker** das Recht auf Nennung seines Namens für den Fall zugesprochen, dass ein von ihm entworfenes und mit seinem Signum versehenes Plakat zur Grundlage einer Werbeanzeige gemacht wurde (OLG München GRUR 1969, 146). Die Entfernung des Urheberrechtsvermerks auf Transparentpausen signierter Originalbaupläne braucht der Urheber nicht zu dulden (LG München I Schulze LGZ 102 unter ausdrücklicher Zurückweisung des Arguments von der angeblichen Üblichkeit dieses Verfahrens als einer Unsitte). Selbst der **einfache Lichtbildner** hat im Rahmen des Leistungsschutzrechts nach § 72 im Falle der unerlaubten Verwendung seines Lichtbilds in einer Zeitschrift unter gleichzeitiger Weglassung seines Namens einen Schadensersatzanspruch aus § 13 iVm. § 97 Abs. 2 S. 1, der im konkreten Fall iS der Naturalrestitution in der Veröffentlichung eines Korrekturhinweises in der nächsten Nummer der Zeitschrift bestand (LG München I UFITA 87 [1980] 338; ähnlich LG Hamburg ZUM 2004, 675 m. Anm. v. *Feldmann;* ferner LG Kiel ZUM 2005, 81 ff.). Von einer fehlenden Urheberbenennung ist auch auszugehen, wenn der Name des betroffenen Fotografen bei einer rechtswidrigen Veröffentlichung neben anderen Fotografen erscheint und eine eindeutige Zuordnung des Namens zu einer bestimmten Fotografie nicht möglich ist (so LG Düsseldorf GRUR 1993, 664/665) oder wenn bei einer Kunstzeitschrift der Urhebervermerk ohne Möglichkeit eindeutiger Zuordnung lediglich am Blattrand oder in einem Sammelnachweis vorhanden ist (so LG München I ZUM 1995, 57; vgl. auch LG München ZUM-RD 1997, 249). Ein Verstoß gegen § 13 liegt im Bereich der **Sprachwerke** nicht nur vor bei vollständiger Unterlassung der Autorennennung (LG Köln ZUM-RD 2008, 213), sondern auch bei Nennung des falschen Autors (AG Charlottenburg ZUM-RD 2005, 356 und LG Berlin ZUM-RD 2006, 443), der bloßen Aufzählung der Autoren eines Literaturhandbuchs im Mitarbeitverzeichnis ohne Zuordnungmöglichkeit zu den Texten (so OLG München ZUM 2000, 404/407) sowie der Erwähnung des Verfassers im Impressum (AG Frankfurt/M ZUM-RD 2006, 479).

20   Große Bedeutung hat die Frage der Urheberbenennung **im Bereich von Film und Fernsehen** (vgl. allgemein *Reupert,* Der Film im Urheberrecht, 1995, S. 125 ff.; eher kritisch gegen zu lange Namenslisten *Rehbinder*¹⁵ Rdnr. 401; wegen der besonderen Schwierigkeiten bei Multimediaprodukten s. *Kreile/Wallner* ZUM 1997, 625/627 f.; wegen der nicht notwendigen Nennung von Doubles s. *Klages,* Grundzüge des Filmrechts, 2004, Rdnr. 817; *Homann*², Praxishandbuch Filmrecht, S. 23 f.). Nach Auffassung des OLG München genügt selbst für die unmit-

telbaren Filmurheber eine Benennung im Vor- *oder* Abspann; die Illustratorin einer Zeichentrickfigur, die nur als Vorlage für den Film benutzt wurde, muss nicht in derselben Weise genannt werden (OLG München GRUR-RR 2008, 37/43 – Pumuckl-Illustrationen II; *Dreier/ Schulze/Schulze*[3] Rdnr. 27). Der **Komponist der Filmmusik** hat für einen bestimmten Film jedenfalls bei Verwendung eines erheblichen, im Wesentlichen unveränderten oder nur unfrei benutzten Teils seiner Musik in einem neuen Film den Anspruch auf Urheberbenennung (KG Schulze KGZ 57; im konkreten Falle fehlte es am erforderlichen Nachweis). Dem ausländischen Autor eines einer Fernsehserie zugrundeliegenden Romans bzw. seinem Erben steht der Anspruch auf Urheberbezeichnung bei der Ausstrahlung der Fernsehserie zu; im Falle der Verletzung dieses Anspruchs besteht ein Berichtigungsanspruch sowie ein Schadensersatzanspruch im Rahmen von § 97 Abs. 2 S. 1, ein Anspruch auf Geldentschädigung wegen Verletzung des UPR nach § 97 Abs. 2 S. 4 jedoch nur bei einem (im konkreten Fall nicht gegebenen) schwerwiegenden Eingriff (LG München I Schulze LGZ 173; ähnlich AG Charlottenburg ZUM-RD 2005, 356/358). Der Komponist der Originalmusik einer Fernsehserie kann verlangen, dass eine mit der Bezeichnung „Originalmusik" hergestellte Schallplatte seine Musik enthält und mit seinem Namen versehen ist. Sein Verbietungsrecht erstreckt sich auf den Fall, dass unter der Angabe „Originalmusik" die Musik eines Dritten veröffentlicht wird (OLG München GRUR 1993, 332/333 – Christoph Columbus). Im Falle der Entstellung für das **Fernsehen geschaffener Beiträge** eines Rundfunkjournalisten durch den Rundfunkintendanten steht das Namensnennungsverbot als weniger eingreifende Befugnis gegenüber dem Entstellungsverbot nach § 14 zur Verfügung (so. Rdnr. 15). Die VG Bild-Kunst (sa. unten Rdnr. 26) verlangt in ihren Tarifen für die Fernsehsendung von Werken der bildenden Kunst und von Fotografien ausdrücklich Urhebernennung (vgl. Nr. 3 der Konditionen der im Internet unter www.bildkunst.de veröffentlichten einschlägigen Tarife).

Keinen Verstoß gegen das Namensnennungsrecht des **Komponisten** der Originalfassung einer Werbemusik bedeutet demgegenüber die GEMA-Anmeldung vertraglich erlaubter, bearbeiteter Fassungen durch den Bearbeiter unter dessen Bezeichnung als Komponist oder Urheber von ihm stammender Teile, wenn der Originalurheber in der GEMA-Anmeldung gleichzeitig als Komponist des Originaltitels aufgeführt ist; sollten die betroffenen Teile (die hinzugefügten Mittelteile) nicht schutzfähig sein, so bleiben Ansprüche des Originalkomponisten gegen die GEMA auf Vornahme einer anderen Verteilung der Tantiemen unberührt (OLG Hamburg ZUM 2004, 483/487). Nicht eingesetzt werden kann die Berufung auf pseudonyme Veröffentlichung im **Verhältnis zwischen Schallplattenproduzent und GEMA,** weil dem betroffenen Künstler insofern kein überragendes schutzwürdiges Interesse an der Geheimhaltung seines bürgerlichen Namens zusteht (LG Berlin GRUR 1971, 229 – Bert Brac; einschränkender *Fromm/Nordemann/ Hertin*[9] Rdnr. 17). 21

Insbesondere bei Fotografien, aber auch bei Schriftwerken berücksichtigt die herrschende Meinung die rechtswidrig unterlassene Namensnennung im Rahmen der **Berechnung des materiellen Schadens** durch eine Erhöhung des als Schadensersatz zu gewährenden Lizenzsatzes (zur Berechnung des Schadensersatzes bei im Internet unbefugt und unter Beseitigung der Urheberangaben übernommenen Beiträge vgl. OLG Frankfurt CR 2004, 617). Dabei gehen die meisten Gerichte von einem Zuschlag in Höhe von 100% aus (OLG Frankfurt/M Schulze OLGZ 201; OLG Düsseldorf GRUR-RR 2006, 393/394; OLG Brandenburg v. 15. 5. 2009, 6 U 37/08 Rdnr. 54 (juris); LG Düsseldorf GRUR 1993, 664; LG München I ZUM 1995, 57; LG München ZUM-RD 1997, 249; LG Leipzig GRUR 2002, 424f.; LG Berlin ZUM-RD 2006, 443; LG Köln BeckRS 2007, 65193; AG Heilbronn AfP 1989, 596), während andere eine Erhöhung um 50% für angemessen erachten (AG Hamburg ZUM 2006, 586/589; AG Frankfurt/M ZUM-RD 2006, 479). Als materieller Schadensersatz im Sinne der Lizenzanalogie (§ 97 Abs. 2 S. 3) erscheint ein solcher Zuschlag gerechtfertigt, wenn der Kläger nachweisen kann, dass der Verzicht auf die Nennung üblicherweise durch eine entsprechend erhöhte Lizenzgebühr abgegolten wird (so unter Verweis auf Vertragsempfehlungen im Journalistikbereich AG Frankfurt/M ZUM-RD 2006, 479/480; zu pauschal OLG Düsseldorf GRUR-RR 2006, 393/394; OLG Brandenburg v. 15. 5. 2009, 6 U 37/08 Rdnr. 54 (juris) mit der Rede von einer „Vertragsstrafe"; offengelassen von LG München ZUM-RD 2009, 352/354). Ferner lässt sich vertreten, dass die unterlassene Namensnennung einer der in der Begründung zu § 97 Abs. 2 S. 3 angesprochenen „Einzelfälle" ist, in dem es „zum sachgerechten Schadensausgleich notwendig" sei, den Ersatzbetrag höher als die einfache Lizenzgebühr zu bemessen (siehe BT-Drucks. 16/5048, 48). Um jedoch die weiterhin gültige Entscheidung des Gesetzgebers gegen eine doppelte Lizenzgebühr als pauschaler Strafschaden zu respektieren (BT-Drucks. 16/5048, 21a

§ 13 Anerkennung der Urheberschaft

37; zutr. LG Kiel ZUM 2005, 81/85; zur Kritik an der Instrumentalisierung des UPR für finanzielle Interessen oben vor §§ 12 ff. Rdnr. 35 a), wird man hierfür jedoch den Nachweis verlangen müssen, dass eine gesonderte Vergütung bei Verzicht auf die Namensnennung üblich ist, oder dass wirtschaftliche Verluste in Gestalt von entgangenen Folgeaufträgen wegen fehlender Werbewirkung ernsthaft zu besorgen sind. Nur bei schwerwiegenden Verstößen kommt schließlich eine Entschädigung für immaterielle Beeinträchtigungen gem. § 97 Abs. 2 S. 4 in Betracht (su. § 97 Rdnr. 176 ff.).

4. Einschränkungen des Bestimmungsrechts nach S. 2

22   a) **Durch vertragliche Vereinbarungen mit dem Urheber oder Branchenübungen.** Wie sich aus § 39 Abs. 1 ergibt, sind **Vereinbarungen mit dem Urheber über die Änderung der Urheberbezeichnung** durch den Inhaber eines Nutzungsrechts zulässig (grundlegend *Hock* S. 100 ff.; *Metzger* GRUR Int. 2003, 9/11 ff.; zu den dogmatischen Grundlagen oben vor §§ 12 ff. Rdnr. 26 ff.; *v. Welser* S. 67 ff.; vgl. auch *Schricker*, Informationsgesellschaft, S. 97, im Sinne der Zulassung von Rechtsgeschäften über bestimmte, konkret umschriebene Sachverhalte und Eingriffe entsprechend einer „folgenorientierten Selbstbehauptung" des Urhebers; wegen des gescheiterten Versuchs einer klarstellenden gesetzlichen Regelung über die Zulassung des Verzichts auf Namensnennung bei genau bestimmten, beschränkten Nutzungen sowie des Widerrufs des Verzichts s. oben vor §§ 12 ff. Rdnr. 28 a und 28 c). Sinngemäß bedeutet die Zulassung solcher Änderungsvereinbarungen auch die Zulässigkeit von **Vereinbarungen über die (erste) Anbringung einer Urheberbezeichnung** durch den Inhaber des Nutzungsrechts (ebenso *v. Welser* S. 55) sowie ebenfalls über deren Weglassung, da die Änderung einer Urheberbezeichnung auch in deren Beseitigung bestehen kann. Der Urheber kann demgemäß vertraglich auf die Anbringung einer Urheberbezeichnung bzw. auf Urhebernennung wirksam verzichten (so mit Nachdruck die „Pumuckl"-Entscheidungen oben Rdnr. 19), ggf. verbunden mit der Zustimmung zur Verwendung eines sog. **„Verlagspseudonyms"** durch den Nutzungsrechtsinhaber (vgl. OLG Hamm GRUR 1967, 260 – Irene von Velden). Ein derartiges Verlagspseudonym (unter Weglassung des Verfassernamens oder auch eines echten Verfasserpseudonyms) bedeutet die kennzeichenmäßige Verwendung eines Pseudo-Namens im Rahmen einer Werkserie durch den Inhaber des Nutzungsrechts (vgl. *Ulmer*[3] § 40 V 2; *Schricker*, Verlagsrecht[3], § 8 Rdnr. 3; wegen möglicher Beschränkungen des Namensnennungsrechts aufgrund einer ständigen Übung zwischen den Parteien vgl. auch *Dreyer* in HK-UrhR[2] § 13 UrhG Rdnr. 36).

23   Nicht jeder „Verzicht" des Urhebers auf Anbringung der Urheberbezeichnung erfolgt jedoch im Rahmen einer rechtsgeschäftlichen Bindung; vielfach ist er nur iSd. **(negativen) Ausübung des Bestimmungsrechts** nach § 13 S. 2 zu qualifizieren (zust. *Heeschen* S. 88). In diesem Falle ist der Urheber iS einer späteren (positiven) Ausübung dieses Rechts nicht daran gehindert, bzgl. weiterer Verwertungshandlungen (zB weiterer Auflagen) für die Zukunft auf der Anbringung einer Urheberbezeichnung zu bestehen (ebenso *Dreyer* in HK-UrhR[2] § 13 UrhG Rdnr. 28; *Möhring/Nicolini/Kroitzsch*[2] Rdnr. 26; *v. Welser* S. 54 f.), wie er allgemein durch bloßen Verzicht auf die Anbringung der Urheberbezeichnung keinesfalls an der Ausübung des allgemeinen Anerkennungsrechts gegenüber Dritten nach S. 1 gehindert ist (so. Rdnr. 2).

24   Ist wirklich eine **rechtsgeschäftliche Bindung** des Urhebers gewollt, so sind die Grenzen ihrer Zulässigkeit im Rahmen einer Interessenabwägung und im Hinblick auf den Grundsatz zu bemessen, dass das UPR in seinem Kerngehalt unübertragbar und unverzichtbar ist (vor §§ 12 ff. Rdnr. 27). De lege ferenda könnte auch der Rechtsgedanke des § 31 Abs. 5 fruchtbar gemacht werden (so *Schricker*, Informationsgesellschaft, S. 98; vgl. auch *Dreier/Schulze/Schulze*[3] Rdnr. 28; ähnlich bereits de lege lata *Heeschen* S. 80 ff., 85 f.). Bei einer realistischen Betrachtungsweise (so. Rdnr. 2) sind im Rahmen der Interessenabwägung die Natur des Werkes und die Verkehrsgewohnheiten zu berücksichtigen. Verkehrsgewohnheiten oder allgemeine **Branchenübungen** sind jedoch nach BGH GRUR 1995, 671 – Namensnennungsrecht des Architekten (ebenso OLG München ZUM 2003, 964/968 – Pumuckl und OLG München GRUR 2004, 33/34 – Pumuckl-Illustrationen) nicht geeignet, das nach dem Gesetz grundsätzlich bestehende Namensnennungsrecht als solches einzuschränken; sie können allerdings im Rahmen vertraglicher Abreden aufgrund stillschweigender Unterwerfung (§§ 133, 157 BGB) Bedeutung erlangen (zustimmend *Schack*[4] Rdnr. 338; wohl auch OLG München GRUR-RR 2008, 37/43 – Pumuckl-Illustrationen II; weitergehend *Ulmer*[3] § 40 IV 2 sowie unter Berufung auf Sozialadäquanz und Verbraucherschutz *Rehbinder* ZUM 1991, 224 f. und ihm folgend *Hock* S. 73 ff.;

kritisch dazu *G. Schulze* GRUR 1994, 855/861 f.; sehr zurückhaltend bei der Anerkennung branchenüblicher Gepflogenheiten auch *Fromm/Nordemann/Hertin*[9] Rdnr. 9; *Schacht* S. 175 ff.; *Schmidt* S. 169 ff., Letzterer unter grundsätzlicher Befürwortung des Namensnennungsrechts auch bei allen Werbewerken, S. 174 ff.; vgl. auch *Rojahn* S. 111 ff.; *Vinck* S. 41 ff.; zur Rechtslage bei Arbeits- und Dienstverhältnissen *Schacht* S. 174 ff. und unten § 43 Rdnr. 79 ff.). So ist ein **stillschweigender Verzicht** auf die Geltendmachung des Namensnennungsrechts insbesondere im Bereich des Kunstgewerbes oder serienmäßig hergestellter Gebrauchsgegenstände anzunehmen, bei denen die Anbringung der Urheberbezeichnung schon aus technischen Gründen erschwert oder unmöglich ist (vgl. *Schmidt* S. 171; *Dreyer* in HK-UrhR[2] § 13 UrhG Rdnr. 33; s. auch die Hinweise auf das weitgehende Fehlen der Namensnennung in der Werbebranche, im Bereich der Computer, des Möbel- und Industriedesigns sowie des Hörfunks und Fernsehens bei *Heeschen* S. 63; wegen anschaulicher Gegenbeispiele der Namensnennung bei Serienprodukten vgl. *Fromm/Nordemann/Hertin*[9] Rdnr. 9; kritisch *Wandtke/Bullinger/Bullinger*[3] Rdnr. 24 und aus der Sicht des Publikumsinteresses *Hock* S. 93; einschränkender auch *Schacht* S. 179). Ähnliches gilt dort, wo im Hinblick auf die hohe Zahl möglicherweise nur sekundärer schöpferischer Beiträge (etwa bei Filmwerken oder Fernsehwerken oder auch im Softwarebereich) ein Zuviel der Urheberbenennung gerade das Gegenteil des Gewollten erreichen kann (OLG München GRUR-RR 2008, 37/43 – Pumuckl-Illustrationen II; *Rehbinder*[15] Rdnr. 401; *Rojahn* S. 117; *Schack*[4] Rdnr. 338; *Dreyer* in HK-UrhR[2] § 13 UrhG Rdnr. 33; vgl. die Kriterien bei *Hock* S. 94 f.; vgl. auch den Regelungsvorschlag von *Reupert,* Der Film im Urheberrecht, 1995, S. 127 ff., 131; aA gerade wegen des Informationsinteresses des Verbrauchers *Dreier/Schulze/Schulze*[3] Rdnr. 6). Hingegen scheitert die Annahme stillschweigenden Einverständnisses mit unterlassener eindeutiger Namensnennung dann, wenn der Urheber (zB Fotograf) ausweislich eines auf allen Werkstücken (Fotografien) angebrachten Vermerks auf korrekter Urheberbenennung besteht (LG München I ZUM 1995, 57/58) oder wenn die Nennung ausdrücklich vereinbart ist und der Urheber lediglich das Manuskript oder Fotografien ohne Angabe seines Namens an den Vertragspartner übersendet (AG Frankfurt/M ZUM-RD 2006, 479/481). Eine Bestimmung in vorformulierten „Honorarregelungen" zwischen einem Verlag und Wort- und Bildjournalisten, wonach „ein fehlender Urhebervermerk ... keine gesonderten Ansprüche" auslöst, ist nach Auffassung des LG Berlin gem. §§ 307 Abs. 3, Abs. 2 Nr. 1 BGB unwirksam (LG Berlin K&R 2007, 588/590).

25 Die insbesondere bei *v. Gamm* erörterten **Branchenübungen** (so bereits NJW 1959, 318 sowie Kommentar § 13 Rdnr. 14 ff.; *Hock* S. 61 ff.; vgl. auch *Osenberg* S. 147 ff.; *Dreyer* in HK-UrhR[2] § 13 UrhG Rdnr. 18 f.; *Haberstumpf*[2] Rdnr. 215; *Rehbinder*[15] Rdnr. 406; *Schmidt* S. 168 ff.; *Rojahn* S. 122 ff.; *Vinck* S. 44 ff.) bedürfen einer **strengen Prüfung** dahin, ob es sich dabei nicht um eine **Unsitte** (OLG Düsseldorf GRUR-RR 2006, 393/395; LG München I Schulze LGZ 102, 3; LG München I ZUM 1995, 57/58; LG Köln BeckRS 2007, 65 193) handelt, die als Branchenüblichkeit nur das soziale Ungleichgewicht zu Lasten der Urheber perpetuiert (so auch *Dreier/Schulze/Schulze*[3] Rdnr. 26; *Heeschen* S. 84; *Möhring/Nicolini/Kroitzsch*[2] Rdnr. 20; *Müller* S. 144, 148; *Wandtke/Bullinger/Bullinger*[3] Rdnr. 24; *Schack*[4] Rdnr. 338; ähnlich bei angestellten Programmierern *Holländer* CR 1999, 279/282; aA wegen der dabei befürchteten Rechtsunsicherheit *Dreyer* in HK-UrhR[2] § 13 UrhG Rdnr. 31; vgl. andererseits *Schmidt* S. 169 f., auch zu Werkdarstellungen und Werkankündigungen in der Werbung S. 176 ff.; wegen der Notwendigkeit der gerichtlichen Feststellung von Branchenübungen und ihrer Erkennbarkeit für ihre stillschweigende Einbeziehung in den Nutzungsvertrag vgl. BGH GRUR 1995, 671 – Namensnennungsrecht des Architekten; ähnlich LG Hamburg ZUM 2004, 675/678 m. Anm. *v. Feldmann;* vgl. auch *Müller* S. 143 f., 149; *v. Welser* S. 36). Keine Branchenübung besteht etwa dahin, dass es bei Beiträgen zu einem Handbuch (im konkreten Fall ein Literaturlexikon) bei Folgeauflagen im Gegensatz zur Erstauflage der Urheberbenennung bei jedem einzelnen Beitrag nicht bedarf (so OLG München ZUM 2000, 404/407).

26 Insbesondere im **Tätigkeitsbereich der VG Bild-Kunst** bei der Wahrnehmung des Reproduktionsrechts an Illustrationen in Büchern, Zeitungen und Zeitschriften, wo erst der nötige Apparat zur (kollektiven) Durchsetzung auch des Nennungsrechts nach S. 2 geschaffen wurde, muss heute grundsätzlich vom Anspruch auf Namensnennung ausgegangen werden (zust. *Dreier/Schulze/Schulze*[3] Rdnr. 27; vgl. bezüglich der Praxis der VG Bild-Kunst *v. Welser* S. 136 f.; sa. vor §§ 12 ff. Rdnr. 28 c). Nach den im Internet unter www.bildkunst.de veröffentlichten Tarifen der VG Bild-Kunst wird die Anerkennung der Urheberschaft durchweg ausdrücklich in den jeweiligen Konditionen der einzelnen Tarife verlangt. Bei schuldhafter Verletzung dieser Bestimmungen wird ein Zuschlag von 100% zum jeweiligen Honorar erhoben (vgl. auch LG Berlin

Schulze LGZ 193, das der VG Bild-Kunst, wenn auch noch ohne Bezug auf § 13, in Anlehnung an die sog. GEMA-Rechtsprechung generell den „Kontrollzuschlag" in Höhe der doppelten Tarifgebühr zugesprochen hat; zur Zulässigkeit dieses Zuschlags gem. § 97 Abs. 2 S. 3 BT-Drucks. 16/5048, 48).

27 **b) Bei angestellten Urhebern und Ghostwritern.** Bei **angestellten Urhebern** können sich weitere Einschränkungen des Bestimmungsrechts nach S. 2 aus der Eigenart des Arbeits- oder Dienstverhältnisses ergeben (vgl. AmtlBegr. BTDrucks. IV/270 S. 62; s. im Einzelnen § 43 Rdnr. 73 ff.; grundlegend *Rojahn* S. 111 ff.; *Kraßer*, Fs. für Schricker, S. 94 f.; *Müller* S. 148; *Schacht* S. 176 ff.; *Schack*[4] Rdnr. 989; *Vinck* S. 41 ff.; *Wandtke/Bullinger/Bullinger*[3] Rdnr. 24; *Wandtke/Bullinger/Wandtke*[3] § 43 UrhG Rdnr. 89 ff. mit zahlreichen Beispielen aus verschiedenen Kulturbereichen; speziell für Computerprogramme ebenso *Holländer* CR 1992, 279/281 f.; *Haberstumpf*[2] Rdnr. 215; *ders.*, Der urheberrechtliche Schutz von Computerprogrammen, in *Lehmann* [Hrsg.], Rechtsschutz[2], S. 69 ff. Rdnr. 106; vgl. auch *Kraßer* aaO S. 100). Dennoch kann schon im Hinblick auf die Stellung des § 43 im UrhG auch insoweit das **UPR in seinem Kerngehalt nicht abbedungen** werden. Dies bedeutet, dass zwar vielfach ein stillschweigendes Einverständnis mit der Unterlassung der Namensnennung anzunehmen ist, dass aber das allgemeine Recht, gegen abstraktes Bestreiten oder Anmaßung der Urheberschaft sowohl durch Dritte als auch durch Arbeitgeber oder Vorgesetzte vorzugehen, dadurch nicht tangiert wird. Der **Arbeitgeber, Dienstherr oder Vorgesetzte** mag allenfalls behaupten, das betreffende Werk sei **bei** ihm oder unter seiner Anleitung, nicht jedoch – entgegen den Tatsachen – es sei **von** ihm geschaffen worden (zust. *Leuze* S. 89; ähnlich *Dreyer* in HK-UrhR[2] § 13 UrhG Rdnr. 41; *Holländer* CR 1992, 279/281; noch wesentlich strenger *Möhring/Nicolini/Kroitzsch*[2] Rdnr. 28; vgl. allgemein auch *Kellerhals* S. 171 ff.). Im Hinblick auf die lange Dauer des Urheberrechts muss auch bei angestellten Urhebern der das Anstellungsverhältnis zeitlich überdauernde Urheberschaftsanspruch ernst genommen werden, zumal dieser nach **Beendigung des Arbeits- oder Dienstverhältnisses** oftmals das einzige dem Urheber verbleibende, auch wirtschaftlich relevante Element darstellt (so. vor §§ 12 ff. Rdnr. 27; ähnlich *Dreier/Schulze/Schulze*[3] Rdnr. 29; *Rittstieg* NJW 1970, 648; *Vinck* RdA 1975, 162/166; LG München I Schulze LGZ 150, 5 sowie AG Heilbronn AfP 1989, 596 für die Veröffentlichung von Fotografien eines Bildredakteurs nach dessen Ausscheiden aus dem Arbeitsverhältnis).

28 Ähnliche Überlegungen gelten auch für den **Ghostwriter** bzw. für sog. Diskretionsabreden (so *Müller* S. 146). Selbst unter den von *Stolz* (insb. S. 66 ff.; *Wandtke/Bullinger/Wandtke*[3] § 43 UrhG Rdnr. 88; einschränkender *Schack*[4] Rdnr. 339) herausgearbeiteten strengen Voraussetzungen der Zulässigkeit einer Ghostwriter-Abrede (Orientierung des eigentlichen Urhebers an den Vorstellungen und Meinungen des späteren Namensträgers sowie eine objektiv bestehende Beziehung des Werks zu Stil und Vorstellungswelt dieses Namensträgers), kann ein bindender Verzicht für die gesamte Dauer des Urheberrechts weder für das allgemeine Anerkennungsrecht nach S. 1 noch für das Bestimmungsrecht nach S. 2 angenommen werden (ähnlich *Schack*[4] Rdnr. 272 und 339; eher zust. *Rehbinder*[15] Rdnr. 649; resignierend im Hinblick auf die Durchsetzung der Tätigkeit der Ghostwriter in der Arbeitswelt *Leuze* S. 91, freilich unter Ausschluss des Hochschuldienstes; zu letzterem Bereich *Schricker* in Hartmer/Detmer [Hrsg.], Hochschulrecht, S. 419/445; sa. oben Rdnr. 9). Korrekturen sind deshalb sowohl im Gegenstandsbereich als auch unter zeitlichem Aspekt angebracht. Danach ist das Anwendungsgebiet wirksamer Ghostwriter-Abreden auf politische Reden und Texte aktuellen politischen Inhalts beschränkt (ebenso *Osenberg* insb. S. 126 ff.; auf den Einzelfall abstellend OLG Frankfurt/M GRUR 2010, 221/223; kritisch *Rehbinder*, Fs für Pedrazzini, 1990, S. 653 ff., insb. S. 661 ff.; *ders.* ZUM 1991, 226 f.); auch eine wirksame Geheimhaltungsverpflichtung ist entspr. §§ 40 Abs. 1 S. 2, 3, 41 Abs. 4 S. 2 nach fünf Jahren mit einer Frist von 6 Monaten kündbar (ebenso OLG Frankfurt/M GRUR 2010, 221/223; *Fromm/Nordemann/Hertin*[9] Rdnr. 16; *Schack*[4] Rdnr. 339; ähnlich *Dreier/Schulze/Schulze*[3] Rdnr. 31; *Heeschen* S. 87).

29 **c) Grenzen zulässiger Namens- und Bezeichnungsabreden.** Ganz generell muss darüber hinaus jedenfalls bei umfangreichen Werken, die andauernde geistige Wirkung entfalten sollen, eine **Pseudonymabrede** oder die **Vereinbarung anonymer Veröffentlichung** in Analogie zu § 41 Abs. 4 S. 2 widerrufen werden können (so ausdrücklich zum „Rückruf" eines Verzichts auf Namensnennung unter Hinweis auf den Lizenzvertrag als Dauerschuldverhältnis und auf die Notwendigkeit der Bestimmtheit bei der Ausübung dieses Gestaltungsrechts OLG München ZUM 2003, 964/967 – Pumuckl sowie die Vorinstanz LG München I ZUM 2003, 64/66, Letztere unter Erweiterung auf den „Rechtsgedanken aus §§ 40 Abs. 1 S. 2, 41 Abs. 4 S. 2 UrhG"; vgl.

Entstellung des Werkes § 14

auch OLG München GRUR 2004, 33/35 – Pumuckl-Illustrationen; hier „Rückruf" im konkreten Fall nicht gegenüber drittem Lizenznehmer wirksam; sa. oben vor §§ 12 ff. Rdnr. 28 c). Die Analogie besteht darin, dass der Urheber an der Ausübung einer urheberpersönlichkeitsrechtlichen Kernbefugnis vertraglich im Voraus für mehr als 5 Jahre nicht gehindert werden darf (vgl. *Osenberg* S. 139 ff. sowie S. 161 f.; ebenso – bezogen auf Ghostwriter – *Schack*[4] Rdnr. 339 und *Wandtke/Bullinger/Bullinger*[3] Rdnr. 23; aA wegen der unterschiedlichen Interessenlage *Dreyer* in HK-UrhR[2] § 13 UrhG Rdnr. 42; kritisch auch *Müller* S. 148).

Die Tatsache, dass Ghostwriter und Verleger im Innenverhältnis wirksam die Nennung einer **30** anderen Person als des eigentlichen Urhebers vereinbaren können (so. Rdnr. 28), ändert nichts an einer potentiellen **Haftung des Verlags im Außenverhältnis** wegen einer **irreführenden geschäftlichen Handlung** gem. §§ 3, 5 Abs. 1 Nr. 1 UWG. So handelt der Verlag wegen Irreführung der Verbraucher unlauter, wenn ein medizinischer Ratgeber unter dem Namen eines berühmten Heilpraktikers erscheint, der das Buch aber gar nicht selbst geschrieben hat (KG UFITA 80 (1977) 368 – Manfred Köhnlechner; ebenso *Schack*[4] Rdnr. 339; *v. Welser* S. 71 f.; kritisch dazu *Rehbinder*, Fs. für Pedrazzini, 1990, S. 653/662 ff.; vgl. allgemein auch *Dreier/Schulze/Schulze*[3] Rdnr. 37; *Dreyer* in HK-UrhR[2] § 13 UrhG Rdnr. 39, 43). Ob die Nennung des wahren Verfassers zu den „wesentlichen Merkmalen der Ware" gem. § 5 Abs. 1 Nr. 1 UWG zählt, hängt von den Erwartungen des Durchschnittsverbrauchers im Einzelfall ab. So liegt in der Regel keine Irreführung vor, wenn auf dem Titel der Autobiographie von Politikern oder Sportlern nur der Betreffende und nicht der eigentliche Verfasser bzw. Miturheber genannt ist, weil der verständige Konsument mit einem Ghostwriter rechnet und seine Kaufentscheidung nicht vom Namen dieses Urhebers abhängig macht.

§ 14 Entstellung des Werkes

Der Urheber hat das Recht, eine Entstellung oder eine andere Beeinträchtigung seines Werkes zu verbieten, die geeignet ist, seine berechtigten geistigen oder persönlichen Interessen am Werk zu gefährden.

Schrifttum: (s. auch die Schrifttumsnachweise vor §§ 12 ff.) *Bock*, Urheberrechtliche Probleme beim Leserbrief, GRUR 2001, 397; *Bußmann*, Änderung und Bearbeitung im Urheberrecht, Fs. für Ph. Möhring, 1965, S. 201; *Castendyk*, Gibt es ein „Klingelton-Herstellungsrecht"?, ZUM 2005, 41; *Christen*, Die Werkintegrität im schweizerischen Urheberrecht, Bern 1982; *Dietz*, The Artist's Right of Integrity Under Copyright Law – A Comparative Approach, IIC 1994, 177; *v. Einem*, Zum Streit um die Lizenzierungspraxis bei monophonen und polyphonen Klingeltönen, ZUM 2005, 540; *Erdmann*, Werktreue des Bühnenregisseurs aus urheberrechtlicher Sicht, Fs. für Nirk, 1992, S. 209; *ders.*, Vereinbarungen über Werkänderungen, Fs. für Loewenheim, 2009, S. 81; *Federle*, Der Schutz der Werkintegrität gegenüber dem vertraglich Nutzungsberechtigten im deutschen und US-amerikanischen Recht, 1998; *Flechsig*, Beeinträchtigungsschutz von Regieleistungen im Urheberrecht. Zur Frage der tatbestandlich vorausgesetzten Gefährdung persönlichkeitsrechtlicher Interessen in den §§ 14 und 83 Abs. 1 UG, FuR 1976, 429; *ders.*, Werkintegritätsanspruch und Verbot der Namensnennung, FuR 1976, 589; *ders.*, Die „geistige Eigenart des Werkes" ist zu wahren, FuR 1976, 751; *v. Foerster*, Das Urheberrecht des Theaterregisseurs, Berlin 1973; *Gerlach*, Das Urheberrecht des Architekten und die Einräumung von Nutzungsrechten nach dem Architektenvertrag, GRUR 1976, 613; *Goldmann*, Das Urheberrecht an Bauwerken – Urheberrechtspersönlichkeitsrechte des Architekten im Konflikt mit Umbauvorhaben, GRUR 2005, 639; *Grohmann*, Das Recht des Urhebers, Entstellungen und Änderungen seines Werkes zu verhindern, Diss. Erlangen-Nürnberg 1971; *Grunert*, Werkschutz contra Inszenierungskunst – Der urheberrechtliche Gestaltungsspielraum der Bühnenregie, 2002; *ders.*, Was folgt aus dem Urheberrecht des Theaterregisseurs?, KUR 2000, 128; *Günther*, Änderungsrechte des Softwarenutzers, CR 1994, 321; *Hamann*, Urheberrechtsprobleme um Beuys-Badewanne. Schadensbemessung für Beschädigung des Werkoriginals, FuR 1976, 166; *Harke*, Das Urheberrecht des Architekten, KUR 2000, 19; *Hegemann*, Der besondere Schutz bildender Künstlers vor Entstellung und sonstigen Beeinträchtigungen seines Werkes durch direkte und indirekte Eingriffe, Fs. für Hertin, 2000, S. 87; *Henssler*, Urheberschutz beim Wiederaufbau zerstörter Bauwerke, UFITA 18 (1954) 188; *Hertin*, Zur Lizenzierung von Klingeltonrechten, KUR 2004, 101; *ders.*, Zum Umgang mit Musikbearbeitungen bei der Cover-Version – zugleich eine kritische Befassung mit BGH GRUR 1998, 376 – „Cover-Version", Fs. für Nordemann, 2004, S. 35; *Honscheck*, Der Schutz des Urhebers vor Änderungen und Entstellungen durch den Eigentümer, GRUR 2007, 944; *Hörnig*, Das Bearbeitungsrecht und die Bearbeitung im Urheberrecht unter besonderer Berücksichtigung von Werken der Literatur, UFITA 99 (1985) 13; *Huber*, Urheberrecht und Veränderungen am fertig gestellten Filmwerk im Hinblick auf das Urheberpersönlichkeitsrecht des Filmregisseurs, 1993; *Jänecke*, Das urheberrechtliche Zerstörungsverbot gegenüber dem Sacheigentümer, 2003; *Jestaedt*, Die Zulässigkeit der Änderung von Werken der Baukunst durch den Inhaber des Nutzungsrechts nach § 39 UrhG, Diss. Gießen 1997; *Krüger-Nieland*, Die Rechtsstellung des Bühnenregisseurs aus urheberrechtlicher Sicht, UFITA 64 (1972) 129; *Kühn*, Urheberrechtlicher Schutz für nachcolorierte Schwarzweißfilme?, ZUM 1988, 82; *Landtfermann*, Handy-Klingeltöne im Urheber- und Markenrecht, 2006; *v. Lewinski/Dreier*, Kolorierung von Filmen, Laufzeitänderung und Formatänderung: Urheberrecht als Bollwerk?, GRUR Int. 1989, 635; *Liuzzo*, Die Verletzung des Urheberpersönlichkeitsrechts durch Werbeeinblendungen in Fernsehprogrammen, GRUR Int. 1989, 110; *Movsessian*, Darf man Kunstwerke vernichten?, UFITA 95 (1983) 77; *Nahme*, Veränderungen an urheberrechtlich geschützten Werken der Baukunst und Gebrauchskunst, GRUR 1966, 474; *Nipperdey*, Das Urheberrecht des Architekten beim Wiederaufbau zerstörter Gebäude, DRZ 1946, 133; *Obergfell/Elmenhorst*, Unterirdisches Theater des Lichts und der

Bewegung, ZUM 2008, 23; *v. Olenhusen,* Parodie und Urheberrechtsverletzung in der Schweiz und in Deutschland, insb. im Bereich der bildenden Künste, UFITA Bd. 2003/III S. 695; *Peifer,* Werbeunterbrechungen in Spielfilmen, 1994; *ders.,* Werbeunterbrechungen in Spielfilmen nach deutschem und italienischem Urheberrecht, GRUR Int. 1995, 25; *Platho,* „Colorization" – und die Möglichkeiten ihrer Verhinderung durch die Mitwirkenden am Filmwerk, GRUR 1987, 424; *Poll,* Urheberrechtliche Beurteilung der Lizenzierungspraxis von Klingeltönen, MMR 2004, 67; *Prill,* Urheberrecht und Klingeltöne, 2006; *Prinz,* Das Änderungsrecht des Bauwerkeigentümers an urheberrechtlich geschützten Bauwerken im deutschen, schweizerischen, französischen und belgischen Recht, Diss. Bielefeld 1994; *Raschèr,* Werktreue und Werkqualität von Bühneninszenierungen aus der Sicht der Analytischen Theaterwissenschaft, UFITA 117 (1991) 21; *Rehbinder,* Die Mitbestimmung des Urhebers bei der Vermarktung seiner Werke, ZUM 1996, 613; *Reichel,* Änderungen eines Schriftwerks durch den Verleger, BBl. 1967, 1579; *ders.,* Zum Änderungsrecht des Verlegers, BBl. 1968, 3174; *Richard/Junker,* Kunstfälschung und Persönlichkeitsrecht, GRUR 1988, 18; *Rojahn,* Der Arbeitnehmerurheber in Presse, Funk und Fernsehen, 1978; *Russ,* Das Lied eines Boxers, ZUM 1995, 32; *Samson,* Die urheberrechtliche Regelung in Dienst- und Tarifverträgen, UFITA 64 (1972) 181; *Schack,* Geistiges Eigentum contra Sacheigentum, GRUR 1983, 56; *ders.,* Brecht, der Theaterregisseur und sein Publikum: Wer verletzt wen?, GRUR 1983, 555; *ders.,* Kolorierung von Spielfilmen: Das Persönlichkeitsrecht des Filmregisseurs im IPR, IPRax 1993, 46; *Schilcher,* Der Schutz des Urhebers gegen Werkänderungen, 1989; *Schmidt,* Urheberrechtsprobleme in der Werbung, 1982; *Schmelz,* Die Werkzerstörung als ein Fall des § 11 UrhG, GRUR 2007, 565; *Schmidt, R.,* Das Urheberrecht der Architekten an einem Bauwerk und die Zulässigkeit von Änderungen, 1988; *Schmieder,* Zur Rechtsstellung des Bühnenregisseurs, UFITA 63 (1972) 133; *ders.,* Werkintegrität und Freiheit der Interpretation, NJW 1990, 1945; *Schöfer,* Die Rechtsverhältnisse zwischen dem Urheber eines Werkes der bildenden Kunst und dem Eigentümer des Originalwerkes, 1984; *Schricker,* Die Einwilligung des Urhebers in entstellende Änderungen des Werks, Fs. für Hubmann, 1985, S. 409; *Schultze,* Rechtsbeziehungen zwischen Autor und Regisseur. Einige Bemerkungen zu den dramaturgischen Problemen der Bearbeitungen (und ihrer Grenzen!) durch den Regisseur, FuR 1972, 250; *Schulze, G.,* Teil-Werknutzung, Bearbeitung und Werkverbindung bei Musikwerken – Grenzen des Wahrnehmungsumfangs der GEMA, ZUM 1993, 255; *ders.,* Urheberrecht der Architekten, NZBau 2007, 537 und 611; *ders.,* Vernichtung von Bauwerken, Fs. für Dietz, 2001, S. 177; *Thies,* Eigentümer- kontra Urheberinteresse. Der Fall „Berliner Hauptbahnhof", UFITA 2007/III, 741; *Vinck,* Die Rechtsstellung des Urhebers im Arbeits- und Dienstverhältnis, 1972; *ders.,* Der Urheber im Arbeits- und arbeitnehmerähnlichen Verhältnis, RdA 1975, 162; *Walchshöfer,* Der persönlichkeitsrechtliche Schutz der Architektenleistung, Fs. für Hubmann, 1985, S. 469; *Wallner,* Der Schutz von Urheberwerken gegen Entstellungen unter besonderer Berücksichtigung der Verfilmung, 1995; *Wasmuth,* Verbot der Werkänderung und Rechtschreibreform, ZUM 2001, 858; *Wedemeyer,* Änderungen von Werken der Baukunst – zu Ansprüchen des Urhebers, Fs. für Piper, 1996, S. 787.

Übersicht

	Rdnr.
I. Allgemeines	1–8
1. Das Entstellungs- und Beeinträchtigungsverbot als Schwerpunkt des Schutzes des Urheberpersönlichkeitsrechts (UPR) und sein Verhältnis zum Änderungsverbot nach § 39	1–5
2. Entstehungsgeschichte des § 14	6, 7
3. Das Beeinträchtigungs- und Änderungsverbot im internationalen Urheberrecht	8
II. Anwendungsbereich des § 14 im Einzelnen	9–17
1. Übersicht über den gesamten Bereich	9, 10
2. Verhältnis zum Inhaber eines Nutzungsrechts	11–13
3. Verhältnis zu einem gesetzlich Nutzungsberechtigten	14
4. Verhältnis zum Eigentümer bzw. Besitzer eines Werkexemplars	15–17
III. Anwendungsmethodik, Einzelfälle	18–40
1. Dreistufiges Prüfungsverfahren	18
2. Erste Stufe: Vorliegen einer Entstellung oder sonstigen Beeinträchtigung	19–26
a) Beeinträchtigung als Oberbegriff	19, 20
b) Begriff der Beeinträchtigung im Einzelnen	21, 22
c) Direkte und indirekte Eingriffe	23–26
3. Zweite Stufe: Eignung zur Interessengefährdung	27
4. Dritte Stufe: Die Interessenabwägung	28–40
a) Allgemeine Grundsätze	28–29 a
b) Einzelkriterien	30–34
c) Besonderheiten bei Bauwerken	35–36 a
d) Das Problem der Werkvernichtung insbesondere	37–40
IV. Rechtsfolgen der Verletzung des Werkschutzrechts	41, 42

I. Allgemeines

1. Das Entstellungs- und Beeinträchtigungsverbot als Schwerpunkt des Schutzes des Urheberpersönlichkeitsrechts (UPR) und sein Verhältnis zum Änderungsverbot nach § 39

1 Das Werkschutzrecht des Urhebers (genauer: das in den Grenzen der §§ 14, 39 – sa. § 44 VerlG –, 62 und 93 Abs. 1 geschützte Interesse des Urhebers an Bestand und Integrität des Werkes; su. Rdnr. 3) findet seine Hauptstütze in § 14, der als eine der drei wichtigen Einzelbefug-

Entstellung des Werkes § 14

nisse des UPR ieS. ausgestaltet ist (so. vor §§ 12ff. Rdnr. 7; kritisch zur Verwendung des Ausdrucks „Werkschutzrecht" *Schack*[4] Rdnr. 341; ähnlich *Wandtke/Bullinger/Bullinger*[3] Rdnr. 2). Dabei stellt § 14 zunächst auf den nur unter gewissen Voraussetzungen (insbesondere „berechtigte Interessen" als Ergebnis einer Interessenabwägung) gewährten Schutz gegen Entstellungen und andere Beeinträchtigungen des Werkes ab. Der volle Regelungsinhalt des § 14 als der grundlegenden Norm für den **Schutz der geistigen und persönlichen Interessen des Urhebers an der Integrität des Werks** (vgl. *Grohmann* S. 1; *Tölke* S. 12), nicht für das außerhalb des Urheberrechts liegende, im Rahmen der Regelung des Denkmalschutzes teilweise berücksichtigte öffentliche Werkschutzinteresse (so. vor §§ 12ff. Rdnr. 35), erschließt sich jedoch erst in einer „Gesamtschau" (so *Grohmann* S. 23 und *Schilcher* S. 54ff.; ähnlich *Flechsig* FuR 1976, 589/594: „Funktionszusammenhang"; *Mues* S. 127 „Gesamtbetrachtungslehre"). Diese sucht § 14 im Zusammenhang mit den übrigen Vorschriften von änderungsrechtlicher Relevanz zu verstehen, nämlich insbesondere mit den §§ 39, 62 und 93 Abs. 1 (für ausübende Künstler § 75); ergänzend dazu sind die Sondervorschriften im Bereich des Bearbeitungsrechts, nämlich die §§ 23, 37 Abs. 1, 69c Nr. 2, 88 Abs. 1 und 89 Abs. 1 zu beachten (vgl. zu dieser Gesamtschau *Grohmann* S. 17ff.; *Dreier/Schulze/Schulze*[3] Rdnr. 2; ähnlich die Darstellungen bei *Schmidt* S. 108ff., *Samson* S. 90ff., *Rehbinder*[15] Rdnr. 407ff.; *Ulmer*[3] § 41; zust. auch *Schricker*, Informationsgesellschaft, S. 89f.).

Bei den §§ 39, 62 und 93 Abs. 1 handelt es sich um Ausflüsse oder Teilregelungen des UPR 2 iwS. (so. vor §§ 12ff. Rdnr. 9). Wegen der Verklammerung des Schutzes materieller und ideeller Interessen des Urhebers (so. vor §§ 12ff. Rdnr. 11ff.) dient der **Gesamtkomplex der änderungsrelevanten Vorschriften** nicht nur den geistigen und persönlichen, sondern auch den materiellen Interessen des Urhebers. Die Gegenüberstellung eines allgemein-urheberrechtlich begründeten Änderungsverbots einerseits und eines nach § 14 urheberpersönlichkeitsrechtlich ausgestalteten Entstellungsverbots andererseits ist somit fehl am Platze (wie hier BGH GRUR 1999, 230/231 – Treppenhausgestaltung; *Wandtke/Bullinger/Wandtke/Grunert*[3] § 39 UrhG Rdnr. 3f.; *Federle* S. 38f.; *Grunert*, Werkschutz, S. 167f.; *Haberstumpf*[2] Rdnr. 218; *Müller* S. 151; *v. Welser* S. 38f.; *Riekert* S. 110ff., jedoch insb. S. 124ff. unter Betonung der Eigenständigkeit der jeweiligen gesetzlichen Begriffe; aA noch BGH GRUR 1982, 107/109 – Kirchen-Innenraumgestaltung – sowie *v. Gamm* Rdnr. 4 und § 39 Rdnr. 3 trotz Bejahung der urheberpersönlichkeitsrechtlichen Grundlage des Rechts gegen Änderungen; im Sinne eines allgemein-urheberrechtlich begründeten Änderungsverbots bereits BGH GRUR 1974, 675/676 – Schulerweiterung –; BGH GRUR 1971, 35/37 – Maske in Blau sowie OLG Saarbrücken GRUR 1999, 420/425 – Verbindungsgang und – wenn auch zögerlich – KG ZUM 2001, 590/591 – Gartenanlage; ebenso *Krüger-Nieland* UFITA 64 [1972] 129f.; iS eines Nebeneinanderbestehens von Entstellungsschutz und Änderungsverbot auch *Dreyer* in HK-UrhR[2] § 14 UrhG Rdnr. 7ff.; *Möhring/Nicolini/Kroitzsch*[2] Rdnr. 2; eher wie hier dagegen *Möhring/Nicolini/Spautz*[2] § 39 Rdnr. 1 und *Möhring/Nicolini/Gass*[2] § 62 Rdnr. 3 sowie LG Hamburg GRUR-RR 2001, 259/260 – Handy-Klingeltöne; OLG Hamburg GRUR-RR 2002, 249; ähnlich *Schmieder* NJW 1990, 1945/1946; s. auch *R. Schmidt* S. 16ff. mit einer zusammenfassenden Darstellung einschlägiger Rechtsprechung insb. des BGH sowie *Jänecke* S. 75ff. mit einer Zusammenstellung der unterschiedlichen Positionen). Wie hier andererseits die zusammenfassende Regelung der Änderungsproblematik in § 21 des österr. UrhG (vgl. *Müller* S. 150f.) sowie in Art. 11 des Schweizer Bundesgesetzes über das Urheberrecht unter den Titeln „Werkschutz" bzw. „Werkintegrität".

Der dem Gesamtzusammenhang der Regelung in den §§ 14, 39, 62 und 93 Abs. 1 zu entnehmende **einheitliche Grundgedanke** ist der in gewissen Grenzen gewährte Schutz des Urheberinteresses daran, dass das von ihm geschaffene Werk, in dem seine individuelle künstlerische Schöpferkraft ihren Ausdruck gefunden hat, der Mit- und Nachwelt in seiner unveränderten individuellen Gestaltung zugänglich gemacht wird (BGH GRUR 1999, 230/231 – Treppenhausgestaltung). Dieser Schutz gilt sowohl gegenüber dem vertraglich, wie gegenüber dem im Rahmen der Urheberrechtsschranken (§§ 44a ff.) gesetzlich zur Werknutzung Berechtigten, wie schließlich gegenüber dem Eigentümer oder rechtmäßigen Besitzer des Originals oder eines Vervielfältigungsstücks des Werks und in letzter Konsequenz auch gegenüber einem beliebigen Dritten, zB Passanten oder Museumsbesucher oder ggf. auch bloßen Störer einer Werkwiedergabe (s. im Einzelnen unten Rdnr. 9ff.).

Dieser Schutz des Integritätsinteresses des Urhebers ist, wie die Zusammenschau bzw. die 4 funktionale Einheit (so *Jänecke* S. 80) von § 39 Abs. 2, § 62 Abs. 1 S. 2 iVm. § 39 Abs. 2 sowie § 62 Abs. 2–4 mit § 14 ergibt, nicht absolut und unbedingt gewährt; daran vermag auch das scheinbar absolut formulierte Änderungsverbot nach § 39 Abs. 1 und § 62 Abs. 1 S. 1 nichts zu ändern. Über § 14 (Eignung zur Gefährdung der berechtigten geistigen oder persönlichen Interessen) und § 39 Abs. 2 (Treu und Glauben) führt jede änderungsrechtliche Fragestellung letztlich zu einer **Interessenabwägung** (ebenso BGH GRUR 1999, 230/231 – Treppenhausgestaltung; Schack[4] Rdnr. 350; vgl. auch Rehbinder[15] Rdnr. 407 ff.; nach Müsse S. 45 ff. ein Ausfluss der urheberrechtlichen Treuepflicht), ohne dass methodische Kriterien angebbar wären, wie eine Interessenabwägung nach Treu und Glauben (§ 39 Abs. 2) von einer Interessenabwägung nach § 14 abzugrenzen wäre (ebenso Jänecke S. 80). Dies gilt auch deswegen, weil § 39 auch auf die Fälle des § 62 entsprechend anzuwenden ist und nach hM auf das Verhältnis zum Eigentümer (bzw. Besitzer) eines Werkstücks ebenfalls entsprechend angewandt wird, so dass für die „reine" Anwendung des § 14 allenfalls Residualbereiche übrig blieben (für eine im Ergebnis gleichlaufende Interessenabwägung nach § 39 wie nach § 14 letztlich auch LG Berlin GRUR 2007, 964/967 – Hauptbahnhof Berlin; v. Gamm § 39 Rdnr. 8; Beispiel für eine wenig überzeugende – letztlich die Wiederholung ähnlicher Wertungsgesichtspunkte bedeutende – Abfolge von Interessenabwägungen nach § 39 einerseits und § 14 andererseits bei OLG Frankfurt/M GRUR 1976, 199/202 – Götterdämmerung OLG Frankfurt/M GRUR 1986, 244 – Verwaltungsgebäude; LG München v. 13. 5. 2009, 21 O 618/09 Rdnr. 40 ff. (juris); ähnlich auch OLG Saarbrücken GRUR 1999, 420/425 – Verbindungsgang; eine „relativistische" Sicht bezüglich des allgemeinen Änderungs- und Werkschutzrechts des Urhebers wie hier bei Grohmann S. 25 f., 88, 91; Tölke S. 15, 69; im Ergebnis auch Dreier/Schulze/Schulze[3] Rdnr. 8; Asmus S. 153; Hegemann, Fs. für Hertin, S. 87/90; Riekert S. 127 f.; aA dagegen Fromm/Nordemann/Vinck[9] § 39 Rdnr. 3). Die besondere Bedeutung des § 39 liegt allerdings in der Klarstellung, dass sich bei reinen Nutzungsverträgen ohne Bearbeitungscharakter in der Regel ein rechtfertigendes Interesse des Werknutzers an mehr als minimalen Eingriffen in das Werk nicht feststellen lässt, wenn der Urheber nicht ausdrücklich oder stillschweigend zugestimmt hat (BGH GRUR 1999, 230/231 – Treppenhausgestaltung; s. aber unten Rdnr. 13).

5   Das Zusammenwirken der Vorschriften der §§ 14, 39 und 62 ist auch semantisch begründet, da der Begriff der Beeinträchtigung nach § 14 den Begriff der Änderung iSd. § 39 einschließt (so Grohmann S. 24; Rehbinder[15] Rdnr. 408; Haberstumpf[2] Rdnr. 218 f.; Heidmeier S. 79; Jänecke S. 78 f.; aA Dreyer in HK-UrhR[2] § 14 UrhG[2] Rdnr. 10; su. Rdnr. 22). Diese Vorschriften bilden demgemäß die sedes materiae für das **nur unter dem grundsätzlichen Vorbehalt einer Interessenabwägung stehende Werkintegritätsinteresse** des Urhebers (zur grundsätzlichen Zulässigkeit und Notwendigkeit eines Interessenausgleichs zwischen den Beteiligten außerhalb des Kernbereichs des UPR der Nichtannahmebeschluss BVerfG NJW 2001, 600; sa. unten § 93 Rdnr. 15). Nur in diesen Grenzen kann von einem allgemeinen Änderungs- bzw. Beeinträchtigungs- und Entstellungsverbot gesprochen werden (wie hier grundsätzlich Grohmann S. 19 ff./25; Jänecke S. 80 ff.; Schilcher S. 54 ff.; Wallner S. 70 ff.; de Werra S. 87 ff., 142 ff.; ähnlich OLG Hamburg UFITA 81 [1978] 263/267 f. – Reihenhäuser). Im Zusammenhang mit elektronischen Werknutzungen im digitalen Umfeld (speziell zu den im Musikbereich heute bestehenden technischen Möglichkeiten der Digitalisierung und anschließenden Manipulation von Werken s. Riekert S. 38 ff. sowie allgemein die branchenbezogenen Beiträge in Becker/Dreier [Hrsg.], Urheberrecht und digitale Technologie, 1994) und mit dem dabei anzuerkennenden Authentizitätsinteresse der Öffentlichkeit gewinnt das Werkschutzrecht eine neue „objektive" Dimension (vgl. Schricker, Informationsgesellschaft, S. 98; ebenso Becker in Becker/Dreier [Hrsg.] aaO S. 59) und möglicherweise sogar eine zunehmende Bedeutung (vgl. allgemein Gounalakis/Rhode Rdnr. 75 ff. sowie speziell zur Durchsetzungsproblematik Lehmann, Fs. für Dietz, S. 177/124 f.). Dies könnte es de lege ferenda sogar rechtfertigen, einen Entstellungsschutz – über denjenigen des Urhebers sowie den bereits zugunsten des Filmherstellers gem. § 94 Abs. 1 S. 2 bestehenden Schutz hinaus – auch anderen **Herstellern etwa von Multimediawerken** (ausführlich zum Begriff Multimedia und zum Schutz von Multimediaprodukten als Werken Heeschen S. 95 ff., 105 ff.) zuzubilligen, wenn die persönlichkeitsrechtliche Position der Urheber selber dadurch nicht geschmälert wird (vgl. Dietz in ALAI [Hrsg.], Copyright in Cyberspace, S. 168 ff.; Alder S. 334, 338 ff.; Loewenheim GRUR 1996, 830/833; Schricker, Informationsgesellschaft, S. 80 ff.). Ansätze in diese Richtung bietet den Rechtsinhabern der allgemein gewährte Schutz gegen Entfernung oder Veränderung von Informationen für die Rechtewahrnehmung nach § 95c, wenn diese Informationen an Vervielfältigungsstücken von Werken angebracht sind oder im Zusammenhang mit der öffentlichen Wiedergabe eines Werkes erscheinen (wegen einer parallelen Fragestellung im Bereich des Nennungsinteresses von Werkverwertern su. § 63 Rdnr. 3).

2. Entstehungsgeschichte des § 14

Auch das **frühere Recht** kannte in den §§ 9 und 24 LUG bzw. 12 und 21 KUG sowie in dem durch § 141 Nr. 4 UrhG aufgehobenen und durch die allgemeine Vorschrift des § 39 UrhG ersetzten § 13 VerlG eine Reihe von Vorschriften zum „änderungsrechtlichen Problemkreis" (*Grohmann* S. 5). Darin wurde das Änderungsverbot im Rahmen vertraglicher oder gesetzlicher Nutzungsverhältnisse geregelt. Eine parallel dazu liegende unmittelbare Entsprechung zum Entstellungsverbot nach § 14 fehlte demgegenüber im früheren Recht. Nichtsdestoweniger war der Schutzgedanke des heutigen § 14 schon wegen des Gesamtzusammenhangs von Entstellungs- und Änderungsschutz damals in den erwähnten Vorschriften bereits rudimentär enthalten; auch hatte die Rechtsprechung schon nach früherem Recht ein **allgemein-urheberrechtlich begründetes Änderungsverbot** anerkannt (vgl. RGZ 79, 397 – Felseneiland mit Sirenen; LG Berlin UFITA 4 [1931] 258 – Edenhotel; wegen der Entwicklung der Rechtsprechung des Reichsgerichts seit dem 19. Jahrhundert vgl. auch *Strömholm* Bd. I S. 338 ff., 347 ff. sowie *Elster*, Das Urheberpersönlichkeitsrecht ..., in: Die Reichsgerichtspraxis im deutschen Rechtsleben 1929, S. 252/264 ff.; *Bußmann*, Fs. für Ph. Möhring, S. 201 ff.).

Unter ausdrücklicher Bezugnahme auf diese Rechtsprechung sowie auf Art. 6bis RBÜ (Brüsseler Fassung) wurde der Schutz des Urhebers gegen Entstellung des Werkes bereits in § 19 RefE 1954 vorgesehen (vgl. AmtlBegr. S. 108). Eine engere Fassung gegenüber dem späteren Gesetzeswortlaut ergab sich im RefE 1954 dadurch, dass im unmittelbaren Anschluss an Art. 6bis RBÜ (Ehre oder Ruf) die Entstellung oder Beeinträchtigung des Werkes noch nach dem Maßstab der Eignung zur Gefährdung **von Ansehen oder Ruf** des Urhebers gemessen wurde. Dieser Maßstab wurde in der Folge (§ 22 MinE 1959; § 14 RegE 1962) ersetzt durch die stärker an den geistigen Interessen des Urhebers orientierte und insofern weitergehende Bemessung des Entstellungs- und Beeinträchtigungsverbots (und nach der hier vertretenen Auffassung auch des allgemeinen Änderungsverbots) nach dem Maßstab der Eignung des Eingriffs zur **Gefährdung der berechtigten geistigen oder persönlichen Interessen** des Urhebers am Werk (vgl. dazu *Ulmer*³ § 41 I; *Bullinger* S. 70 f.; *Dietz*, Droit moral, S. 91 f.; *Flechsig* FuR 1976, 429/432).

3. Das Beeinträchtigungs- und Änderungsverbot im internationalen Urheberrecht

Das umfassend formulierte, aber nicht absolut wirkende Verbot der Entstellung, Verstümmelung, sonstigen Änderung oder Beeinträchtigung des Werkes war erstmals auf der Rom-Konferenz 1928 durch **Art. 6bis** in das Recht der **RBÜ** eingeführt worden (ausführlich *Boytha*, Fs. für Rehbinder, S. 203 ff.). Dieser Fassung war Deutschland mit Wirkung vom 21. 10. 1933 beigetreten (RGBl. 1933 II S. 889 ff.; vgl. *Ulmer*¹ § 12 I 2). Gegenüber dem ursprünglichen Text des Art. 6bis in der Rom-Fassung unterscheidet sich dessen Wortlaut in der Brüsseler Fassung von 1948 (vgl. allgemein *Boytha* aaO S. 207 ff.) sowie in der Stockholm/Pariser Fassung der RBÜ von 1967/1971 in dem hier relevanten Teil durch eine charakteristische redaktionelle Klarstellung, nämlich die Verwendung des Plurals in dem Nebensatz „die seiner Ehre oder seinem Ruf nachteilig sein **könnten**" (vgl. *Nordemann/Vinck/Hertin* RBÜ Art. 6bis Rdnr. 3 mwN; vgl. auch *Schilcher* S. 204 ff.). Diese spätere Klarstellung des Konventionstexts bedeutet im Hinblick auf die bewusste, wenn auch nicht identische Inkorporierung der Regelung des Art. 6bis RBÜ in das UrhG 1965 (vgl. zuletzt AmtlBegr. des RegE 1962 S. 45) auch ein wichtiges Indiz für eine insofern konforme Auslegung des Art. 14 UrhG (su. Rdnr. 19). Vgl. auch die rechtsvergleichende Analyse bei *Doutrelepont* S. 255 ff.; wegen der Gewährung des Werkschutzrechts in den Staaten Mittel- und Osteuropas vgl. jeweils Abschnitt II.3. der Länderberichte bei *Wandtke* [Hrsg.], Urheberrecht in Mittel- und Osteuropa, 2 Bde., 1997 und 2001; speziell unter dem Gesichtspunkt des urheberrechtlichen **Zerstörungsverbots** vgl. auch die rechtsvergleichenden Hinweise auf bisher noch relativ wenige einschlägige ausländische Regelungen bei *Jänecke* S. 256 ff., insb. die Regelung in der Schweiz S. 258 f. und in den USA S. 262 ff.

II. Anwendungsbereich des § 14 im Einzelnen

1. Übersicht über den gesamten Bereich

In der Zusammenschau mit den anderen änderungsrechtlichen Vorschriften (§ 39, § 62 und § 93 Abs. 1) ergeben sich für das grundsätzlich von einer Interessenabwägung abhängige Werkschutzrecht des Urhebers folgende **Anwendungsgebiete** (vgl. auch *Schricker*, Verlagsrecht³, § 13/§ 39 UrhG Rdnr. 3; *Schöfer* S. 44 und 121): das Verhältnis zwischen Urheber und

Inhaber eines vertraglich eingeräumten Nutzungsrechts ohne Bearbeitungscharakter (nach der näheren Regelung des § 39, bei ungezeichneten Beiträgen zu Periodika sa. § 44 VerlG); das Verhältnis zwischen Urheber und Inhaber eines vertraglich eingeräumten Nutzungsrechts zur Verwertung des Werks in Form einer Bearbeitung (nach Maßgabe des hier im Lichte des § 23 auszulegenden § 39); das Verhältnis zwischen dem Urheber und dem im Rahmen der Urheberrechtsschranken (§§ 44a ff.) gesetzlich Nutzungsberechtigten (nach Maßgabe des § 62 sowie des durch Rückverweisung entsprechend anzuwendenden § 39); das Verhältnis zwischen Urheber und Eigentümer (oder rechtmäßigem Besitzer) eines Werkexemplars mit Originalcharakter (nach Maßgabe einer entsprechenden Anwendung auch des § 39); das Verhältnis zwischen Urheber und Eigentümer (bzw. Besitzer) eines beliebigen Werkexemplars ohne Originalcharakter (auch hier nach Maßgabe einer entsprechenden Anwendung des § 39); sowie schließlich das Verhältnis zu einem beliebigen, durch keinerlei Rechtsbeziehung zum Urheber oder dingliche Beziehung zum Werkexemplar privilegierten Dritten, zB einem Passanten oder Museumsbesucher (vgl. *Schöfer* S. 121) oder etwa auch Störer einer öffentlichen Werkwiedergabe, wenn diese zur Beeinträchtigung der Wiedergabe und damit zur Beeinträchtigung des Werkes selbst führt. Hierher gehört – ohne Rücksicht auf die von dem Dritten möglicherweise rechtmäßig erworbene Reproduktionsvorlage – auch die unerlaubte Nutzung eines Werkes in veränderter bzw. entstellter Form.

10   Da nicht privilegierte Dritte ohnehin über keinerlei Nutzungs- und/oder gerechtfertigte Eingriffsbefugnisse an dem Werk verfügen, es sich also ggf. auch um eine **unbefugte Werknutzung iS der §§ 15 ff.** handelt, kann eine solche nach § 97 Abs. 1 schon ohne Rücksicht darauf, ob mit der Werknutzung unzulässige Änderungen oder Beeinträchtigungen verbunden sind, vom Urheber untersagt werden (vgl. *Schricker*, Verlagsrecht[3], § 13/§ 39 UrhG Rdnr. 4; BGH GRUR 1971, 525 – Petite Jacqueline; OLG Köln Schulze OLGZ 129 – Mein schönstes Urlaubsfoto). Im Hinblick auf die Geltendmachung einer billigen Geldentschädigung wegen immateriellen Schadens nach § 97 Abs. 2 S. 4 ist aber auch insoweit die **(zusätzliche) Feststellung einer Entstellung oder Änderung** des unbefugt benutzten Werks nicht ohne Bedeutung. Im Falle der Beschädigung eines (öffentlich zugänglichen) Werks der bildenden Kunst oder eines Plakats durch einen Passanten oder Museumsbesucher oder der Störung einer öffentlichen Wiedergabe dagegen ist § 14 auch ohne gleichzeitiges Vorliegen einer unbefugten Werknutzung iSd. §§ 15 ff. anwendbar (vgl. den Fall OLG Celle ZUM 1994, 437/438, wo die Stadt Peine den Hohlkörper einer modernen Skulptur nach dem Gutdünken des beauftragten Tiefbauamts wegen einer angeblichen Störung der Sicherheit und Ordnung eigenmächtig mit Kies und Beton auffüllen ließ; es erfolgte Verurteilung zur Beseitigung der Veränderung; vgl. daneben den vom Berufungsgericht Kopenhagen GRUR Int. 1993, 961 entschiedenen dänischen Fall, wo aufgrund eines an sich rechtmäßigen Pfändungsbeschlusses eine rechtswidrige Entfernung einzelner Bilder aus einer Gruppenausstellung erfolgte, die als Gesamt-Arrangement ein Kunstwerk darstellte; vgl. auch den Fall „Freiburger Holbein Pferd" unten § 62 Rdnr. 11, dem eine Bemalung bzw. Entstellung einer öffentlich aufgestellten Skulptur durch unbekannte Dritte vorauslag). § 14 hat hier iVm. § 97 **eigenständige Bedeutung**. Wie im Falle des Nutzungsvertrags ohne Bearbeitungscharakter (su. Rdnr. 11) wird die Interessenabwägung in diesen Fällen, sofern es sich um mehr als bloße Lappalien handelt, praktisch nie zu einem rechtfertigenden Gegeninteresse des betroffenen Dritten bzw. zu einer Minderung des Bestands- und Integritätsinteresses des Urhebers führen.

2. Verhältnis zum Inhaber eines Nutzungsrechts

11   Im Verhältnis zum Inhaber eines **Nutzungsrechts ohne Bearbeitungscharakter** verbleibt es zunächst nach Maßgabe des § 39 Abs. 1 und 2 ohne besondere Vereinbarung mit dem Urheber bei der nach Treu und Glauben und in der Zusammenschau somit auch im Rahmen der Interessenabwägung nach § 14 nur ganz beschränkten Zulässigkeit von Eingriffen in das Werk (s. aber unten Rdnr. 13; vgl. auch die allgemeine Interessenanalyse bei *Federle* S. 29 ff.; bei ungezeichneten Beiträgen zu Periodika gilt § 44 VerlG, s. im Einzelnen *Schricker*, Verlagsrecht[3], § 44 Rdnr. 1 ff.; wegen des Verhältnisses zwischen Herausgeber und Beiträgern eines Sammelwerks vgl. *Schierholz/Müller*, Fs. für Nordemann, S. 115/129 f.). **Im Falle eines Nutzungsrechts mit Bearbeitungscharakter** enthält die vom Urheber zugestandene Nutzung des Werks in bearbeiteter Form notwendigerweise bereits eine mindestens stillschweigende Erlaubnis der damit verbundenen Änderungen (*Schricker*, Verlagsrecht[3], § 13/§ 39 UrhG Rdnr. 6; *ders.* für den Hochschulbereich in *Hartmer/Detmer* [Hrsg.], Hochschulrecht, S. 419/447; vgl. auch *Dreyer* in

HK-UrhR³ § 14 UrhG Rdnr. 17; *Haberstumpf*² Rdnr. 223; *Rehbinder*¹⁵ Rdnr. 415); insoweit erhält das Gegeninteresse des Inhabers des Bearbeitungsrechts sowohl über § 39 Abs. 1 durch eine die Änderung rechtfertigende (stillschweigende) Vereinbarung als auch, soweit die Tragweite dieser Vereinbarung wegen ihrer Pauschalität nicht genau abzustecken ist, über die Anwendung des § 39 Abs. 2 in der Interessenabwägung das entscheidende Gewicht. Dabei können ggf. **auch entstellende Eingriffe von der Vereinbarung gedeckt** sein, wenn diese nur konkret genug war (su. § 39 Rdnr. 8; sowie *Metzger* GRUR Int. 2003, 9/12; *Schricker*, Fs. für Hubmann, S. 409/417; *v. Welser* S. 70f.). Freilich kann der Urheber auch dann, wenn er dem Werknutzer Änderungen gestattet hat, unter Berufung auf § 14 UrhG weiterhin gegen schwerwiegende Eingriffe in den geistig-ästhetischen Gesamteindruck des Werkes (Entstellungen) vorgehen (LG Berlin GRUR 2007, 964/967 – Hauptbahnhof Berlin; KG ZUM-RD 2005, 381/385 ff. – Die Weber; OLG München IBR 2008, 97 – Strehle Schulzentrum). Eine allgemeine Geschäftsbedingung, wonach der Auftraggeber eine Bauplanung ohne Mitwirkung des Urhebers ändern darf und jenen selbst bei wesentlichen Änderungen nur anzuhören ist, ist wegen Verstoßes gegen das gesetzliche Leitbild des grundsätzlichen Änderungsvorbehalts gem. § 307 Abs. 1, Abs. 2 Nr. 1 BGB unwirksam (LG Hannover v. 3. 7. 2007, 18 O 384/05, Rdnr. 22 ff. (juris); KG ZUM-RD 2005, 381/385 – Die Weber; wirksam aber ist die Klausel, ein Filmwerk „ganz oder teilweise" zu nutzen, siehe OLG Köln GRUR-RR 2005, 179 – Standbilder).

In der Einräumung eines Nutzungsrechts mit Bearbeitungscharakter liegt auch dann eine entsprechende Erlaubnis zur Änderung, wenn die Einräumung des Nutzungsrechts durch **Zwischenschaltung eines Dritten, etwa einer Verwertungsgesellschaft** erfolgt (ausführlich zur Praxis der GEMA einerseits und der VG Bild-Kunst andererseits *v. Welser* S. 119 ff. bzw. S. 131 ff.; sa. oben vor §§ 12 ff. Rdnr. 28 c und unten Rdnr. 29 a). Ein Beispiel hierfür ist die Nutzung von Kompositionen für sog. Handyklingeltöne. Diese stellt nach Auffassung der Rechtsprechung auch dann einen Eingriff in § 14 dar, wenn eine autorisierte Interpretation in unveränderter Form als sog. Realtone verwendet wird, weil das Musikstück nicht zur sinnlichen Wahrnehmung eingesetzt, sondern als funktionales Medium im Mobilfunkbereich verwendet werde (BGH GRUR 2008, 395/396 – Klingeltöne; zuvor LG Hamburg GRUR-RR 2001, 259/260, ZUM 2005, 483 und 485/487, ZUM-RD 2006, 294/298; LG München I, MMR 2006, 49; OLG Hamburg GRUR-RR 2002, 249/253, GRUR 2006, 323, ZUM 2008, 438/442 f.). Allerdings umfasst der mehrfach (im Juni 2002 und 2005) geänderte GEMA-Berechtigungsvertrag (§ 1 lit. h) auch die „Nutzung als Ruftonmelodien und als Freizeichenuntermalungsmelodien" (vgl. die Angaben und Erläuterungen von *Becker*, Musik im Internet, GEMA Jahrbuch 2002/2003, S. 109; dort – S. 107 ff. – auch Erläuterung der Lizenzierungspraxis der GEMA bei Ruftonmelodien; vgl. auch *Castendyk* ZUM 2005, 9 ff.; *v. Einem* ZUM 2005, 540 ff.; *Hertin* KUR 2004, 101 ff. und *Poll* MMR 2004, 67). Fraglich war daher, ob die GEMA nicht nur die entsprechenden Verwertungsrechte einräumen, sondern ferner den hiermit zwangsläufig verbundenen Eingriff in das Werkschutzrecht gestatten darf, so dass für eine gesonderte Zustimmung durch den Urheber kein Raum mehr bleibt. Die Instanzgerichte hatten eine solche Wahrnehmungsbefugnis verneint und das sog. zweistufige Lizenzierungsverfahren durch GEMA und Urheber/Musikverlage akzeptiert (siehe insb. OLG Hamburg ZUM 2008, 438/443 ff.; *Hertin* KUR 2004, 101/110 ff.; *v. Einem* ZUM 2005, 540/543 ff., auch zur rechtsdogmatischen Einordnung des zweistufigen Verfahrens). Vorausgesetzt, dass der einzelne wahrnehmungsberechtigte Urheber dieser Änderung des Berechtigungsvertrags zugestimmt bzw. nicht widersprochen hat (dazu BGH GRUR 2009, 395/399 f. – Klingeltöne), vermag eine Reduzierung der expliziten Wahrnehmungsbefugnis der GEMA auf die verwertungsrechtlichen Aspekte jedoch nicht zu überzeugen (so nunmehr auch BGH GRUR 2009, 395/397 f. – Klingeltöne; *Castendyk* aaO S. 18 f.; *Poll* aaO S. 67/69 ff.; daneben *Dreier* in *Becker/Dreier* [Hrsg.], Urheberrecht und digitale Technologie, 1994, S. 146 allgemein für medienspezifische Veränderungen; vergleichbar ebenso die GEMA-Gewährung des mechanischen Rechts zur Herstellung sog. Coverversionen, vgl. insoweit *Hertin*, Fs. für Nordemann S. 35, 40, sa. unten Rdnr. 29 a; zu undifferenziert demgegenüber – freilich ohne Bezug auf die Klingeltonpraxis – *Riekert* in: *Götting* [Hrsg.], Multimedia, Internet und Urheberrecht S. 131 f. und S. 141 f.; wegen Verwendung von Schlagermusik in der Rundfunkwerbung su. § 39 Rdnr. 19). Gewährt nämlich die GEMA kraft § 1 lit. h das ihr dort eingeräumte Recht zur Nutzung eines Werkes der Tonkunst als Ruftonmelodie einem dritten Nutzer, dann sind *für den Regelfall* die für den Urheber vorhersehbaren Änderungen bei der Ruftonnutzung bereits als konkludent gestattet anzusehen: entweder hat der Urheber das Recht zur (herkömmlichen) Nutzung als Ruftonmelodie über die GEMA gewährt, dann muss es nicht noch einmal eingeräumt werden, oder die GEMA muss ganz auf dessen Wahrnehmung verzich-

11a

§ 14

ten. Die mit der **Verwendung von Ruftonmelodien** üblicherweise verbundenen – bei abstrakter Betrachtungsweise häufig als Entstellung zu wertenden – Änderungen sind nämlich ausreichend konkret und vorhersehbar. Etwas anderes wäre nur in besonderen Fällen von über das übliche Verfahren der Klingeltonherstellung (Beschränkung der Werknutzung auf Melodien oder Tonfolgen mit einer bestimmten Signalwirkung) hinausgehenden entstellenden Eingriffen anzunehmen, mit denen der Musikurheber nicht zu rechnen braucht (zustimmend BGH GRUR 2009, 395/398 – Klingeltöne). Dieses Ergebnis kann nicht durch die dazu in Widerspruch stehende (im Juni 2005 eingefügte) Klausel in § 1 lit. k des Berechtigungsvertrages wieder neutralisiert werden, wonach die Rechte zur Bearbeitung, Umgestaltung und/oder Kürzung eines Werkes der Tonkunst zur Verwendung als Ruftonmelodie vom Berechtigten nicht der GEMA übertragen werden; darin läge ein *venire contra factum proprium* (iErg. ebenso BGH GRUR 2009, 395/399 – Klingeltöne). Schließlich widerspricht die Instrumentalisierung des Integritätsschutzes zur Erzielung höherer Einnahmen (dazu jedoch Schiedsstelle ZUM 2007, 77 ff.) in einem Markt, in dem Kompositionen ausschließlich in beeinträchtigter Form genutzt werden, dem Sinn und Zweck des § 14 UrhG, der vornehmlich abwehrenden Gehalt hat (siehe oben vor §§ 12 ff. Rdnr. 35 a).

11b Eine **vollständige Beseitigung der Schutzwirkung durch Vereinbarung** ist freilich – wie eben angedeutet – auch im Bereich der Nutzung mit Bearbeitungscharakter **nicht möglich** (*Wandtke/Bullinger/Bullinger*[3] Rdnr. 12 und *Wandtke/Bullinger/Wandtke/Grunert*[3] § 39 UrhG Rdnr. 13; vgl. auch den Fall einer letztlich nicht relevant gewordenen Einräumung eines unbeschränkten Änderungsrechts an einem Fernsehmanuskript BGH GRUR 1971, 269/271 – Das zweite Mal; KG ZUM-RD 2005, 381/386 ff. – Die Weber (skandalträchtige Änderungen eines Bühnenwerks nicht von Bearbeitungsbefugnis erfasst, zw.); für den in der Tages- und Fachpresse diskutierten Fall der allgemein als inadäquat empfundenen bisherigen Übersetzung des Gesamtœuvres von Federico Garcia Lorca vgl. *Schwietert* BBl. Nr. 43/1998, S 15). Überdies kann die schon verwertungsrechtlich unbefugte Nutzung einer Bearbeitung etwa durch Vertrieb von Kunstdrucken mit einem dem Bild angepassten, von dritter Hand bemalten Rahmen (BGH GRUR 2002, 532/534 = JZ 2002, 716/718 m. Anm. v. *Schricker* = Schulze BGHZ 496 m. Anm. v. *Müller-Katzenburg* – Unikatrahmen) gleichzeitig einen Verstoß gegen das Entstellungsverbot darstellen.

11c Änderungen, die mit Bearbeitungen notwendigerweise verbunden sind, können auch als **qualifizierte Änderungen** bezeichnet werden (so *Grohmann* S. 60; *Tölke* S. 75; *Schöfer* S. 127; ähnlich *Schilcher* S. 92 und *Hörnig* UFITA 99 [1985] 13/63 f.). Im Übrigen hat die Vorschrift über das Bearbeitungsrecht in § 23 nach dessen Stellung im Gesetz rein verwertungsrechtlichen Charakter, so dass der urheberpersönlichkeitsrechtliche Aspekt des Bearbeitungsvorgangs, wenn auch unter Berücksichtigung des spezifischen Charakters der Bearbeitung, ebenfalls über die Interessenabwägung in der Zusammenschau der §§ 39 und 14 zu beurteilen ist (ebenso *Grohmann* S. 73 sowie 145; vgl. auch *Plassmann*, Bearbeitungen und andere Umgestaltungen in § 23 UrhG, 1996, S. 43 ff., 225 f.; *Schilcher* S. 92 und *Hörnig* UFITA 99 [1985] 13/73 ff.; ähnlich, jedoch nur für das Verhältnis von § 23 zu § 14 BGH GRUR 1986, 458 – Oberammergauer Passionsspiele I; dezidiert aA iSd. Mischcharakters von § 23 *Riekert* S. 92 ff.; *v. Welser* S. 49 f.: § 23 S. 1 1. Fall als eigenständiges UPR). Der gewissermaßen umgekehrten Auffassung von *Kotthoff* (HK-UrhR[2] § 39 UrhG Rdnr. 8) kann freilich nicht gefolgt werden; danach stellt § 39 Abs. 2 eine Spezialvorschrift zu § 23 S. 1 in dem Sinn dar, dass es im Falle einer nach § 39 Abs. 2 zulässigen Änderung der in § 23 S. 1 genannten Einwilligung nicht (mehr) bedarf. Hier wird der verwertungsrechtliche Charakter von § 23 einerseits und der persönlichkeitsrechtliche Charakter von § 39 andererseits verkannt. Jede Veröffentlichung oder Verwertung einer Bearbeitung iSv. § 23 S. 1 bedarf neben der persönlichkeitsrechtlichen auch der verwertungsrechtlichen Einwilligung; dagegen sind die mit einer Bearbeitung notwendigerweise verbundenen Änderungen (qualifizierte Änderungen) als stillschweigend erlaubt anzusehen; dies gilt etwa für den Fall der Klingeltonverwertung (so. Rdnr. 11 a), die stets Bearbeitungscharakter hat. Nicht jeder Fall der Vornahme von Änderungen (etwa die Korrektur von Schreibfehlern bei einem in Verlag gegebenen Manuskript) ist allerdings schon als Bearbeitung zu werten, da diese gemäß § 3 ihrerseits eine persönliche geistige Schöpfung des Bearbeiters voraussetzt (ebenso *Riekert* S. 95). In vielen Fällen von Änderungen (Umgestaltungen ohne Bearbeitungscharakter iSv. § 23) kommt es daher in der Tat neben der Einräumung des betreffenden Nutzungsrechts nach den §§ 15 ff. ausschließlich auf die sich aus § 39 Abs. 1 kraft Änderungsvereinbarung oder aus § 39 Abs. 2 kraft Interessenabwägung nach Treu und Glauben ggf. stillschweigend ergebende Änderungsbefugnis an (im Allgemeinen bejahend *Russ* ZUM 1995, 32/33; im Ergebnis ebenso *Riekert* S. 94; kritisch dagegen *ders.* S. 224 f. zur Praxis der Teil-Werknutzung im Musikbereich wie auch *G. Schulze* ZUM 1993, 255/264 und *Dreier/Schulze/Schulze*[3] vor § 31 Rdnr. 130 und § 39 Rdnr. 22 sowie unter ausdrücklicher Berufung auf Letzteren LG München GRUR 2005, 574/575 f. – O Fortuna, freilich unter Ausklammerung näherer urheberpersönlichkeitsrechtlicher Prüfung; Letztere wäre aber in dem betroffenen Fall – Nutzung des bekannten Chorstücks aus „Carmina Burana" von Carl Orff im Rahmen des sog. „Walk-in" von Boxveranstaltungen – gerade relevant gewesen, während die vom Berechtigungsvertrag der GEMA [auch in der vom Gericht zugrundegelegten Fassung von 1997] erfasste Nutzung „in größeren Teilen" vom Gericht wiederum nicht geprüft wurde [sa. unten Rdnr. 23 ff. sowie § 39 Rdnr. 19]). Allein daraus, dass die Fertigstellung eines Films ohne Mitwirkung des ursprünglich beteiligten Regisseurs erfolgt, kann keine Gefahr einer Entstellung abgeleitet werden, wenn er das Recht zur Bearbeitung seiner erstellten Beiträge eingeräumt hat; nicht jede Bearbeitung kann als (gröbliche) Entstellung angesehen werden (so OLG München ZUM 2000, 767/772 – Regievertrag; dazu Nichtannahmebeschluss BVerfG NJW 2001, 600).

Bezüglich der **urheberpersönlichkeitsrechtlichen Zulässigkeit der Parodie** (su. § 24 Rdnr. 27 ff.) muss die im Interesse der geistigen Auseinandersetzung weniger strenge Beurteilung im Hinblick auf das Vorliegen einer zulässigen freien Benutzung (vgl. insb. BGH GRUR 1994, 191/193 – Asterix-Persiflagen und BGH GRUR 1994, 206/208 – Alcolix; su. § 24 Rdnr. 19) auch auf die Interessenabwägung im Rahmen des § 14 durchschlagen (im Erg. wie hier OLG München ZUM-RD 2008, 149 (freie Benutzungen in der Regel keine Entstellungen gem. § 14); *Stuhlert* S. 79 ff.; vgl. auch *Ruijsenaars* GRUR Int. 1993, 918/929 f.; *v. Olenhusen* UFITA Bd. 2003/III S. 695/721 ff.; *Hess* S. 46 ff. sowie insb. S. 162 ff.; *Haberstumpf*[2] Rdnr. 221 sieht bei nach § 24 zulässiger Parodie keine Möglichkeit einer Abwägung nach § 14; ebenso *Dreyer* in HK-UrhR[2] § 14 UrhG Rdnr. 23; vgl. auch *Bullinger* S. 95 ff., insb. im Hinblick auf sog. „Paraphrasen" oder – engl. – „appropriation art"; sowie *Plassmann* aaO S. 226; nach *Riekert* S. 99 ff., 153 ff. sind parodistische Interessen nicht nach § 24, sondern im Rahmen der Interessenabwägung zu berücksichtigen; unzulässig die allgemeine Berufung auf Kunstfreiheit). Auch bei **Computerprogrammen und Datenbanken** sind von Gesetzes wegen (§ 69 c Nr. 2 iVm. § 69 d Abs. 1 einerseits und § 55 a andererseits) gewisse für eine bestimmungsgemäße Nutzung notwendige Bearbeitungen erlaubt (vgl. *Haberstumpf*[2] Rdnr. 223; *ders.* in *Lehmann* [Hrsg.], Rechtsschutz[2], Rdnr. 107; vgl. auch *Holländer* CR 1992, 279/282 f. aus der Sicht des angestellten Programmierers).

Ein besonderer Fall eines Nutzungsverhältnisses mit Bearbeitungscharakter ist der **Verfilmungsvertrag** nach § 88 Abs. 1. Hier wird iS einer Einräumungsvermutung die mit der Verfilmung verbundene Bearbeitung bzw. Umgestaltung des zugrunde liegenden Werks sowie die filmische Bearbeitung oder Umgestaltung des hergestellten Filmwerkes selbst von der Einräumung des Verfilmungsrechts erfasst. Insoweit bedeutet § 88 Abs. 1 im Bereich der Filmherstellung nicht nur eine Konkretisierung des § 23, sondern auch des § 39 Abs. 1 bezüglich der mit der Filmherstellung notwendigerweise verbundenen Veränderung oder Bearbeitung des verfilmten Werks (zust. *Wallner* S. 126, 155 ff.; vgl. auch *ders.* S. 201 ff.). Darüber hinaus beschränkt § 93 Abs. 1 den Schutz des Urhebers im Rahmen der einheitlichen Interessenabwägung nach §§ 14 und 39 auf **gröbliche Entstellungen** oder andere gröbliche Beeinträchtigungen; gleichzeitig wird der Urheber verpflichtet, auf die anderen beteiligten Urheber oder ausübenden Künstler bzw. auf den Filmhersteller angemessene Rücksicht zu nehmen. Ein erhöhtes Gefahrenpotential für die Integritätsansprüche der Urheber verwendeter Werke (so *Riekert* in: *Götting* [Hrsg.], Multimedia, Internet und Urheberrecht, S. 134 und S. 150 f.) besteht auch bei **Multimediaproduktionen**, bei denen keineswegs in allen Fällen, sondern nur wenn der Charakter eines bewegten Bildes im Vordergrund steht, eine direkte oder mindestens entsprechende Anwendung des § 93 in Frage kommt; in zahlreichen Fällen herkömmlicher Multimediaproduktionen etwa im enzyklopädischen Bereich verbleibt es demnach bei der Anwendung von § 14 iVm. § 39 (vgl. *Riekert* aaO S. 137 ff.; *ders.* [S. 139 ff. mwN] auch zu dem besonderen Spannungsverhältnis zwischen Multimedia und UPR; zur Möglichkeit der Auflösung durch gesteigerte Verkehrsfähigkeit urheberpersönlichkeitsrechtlicher Befugnisse *ders.* S. 148 ff.).

In der Praxis zunehmende Bedeutung erlangen darüber hinaus Nutzungsverträge, bei denen eine Umsetzung des Werkes in eine andere Darbietungsform erfolgt, also insbesondere **Bühnenaufführungen**. Hier ist dem Nutzungsberechtigten durch die Rechtsprechung ein erhebliches Maß an Änderungsfreiheit im Rahmen des § 39 zugestanden worden, soweit das Werk nicht in seinen wesentlichen Zügen verändert wird (insbesondere BGH GRUR 1971, 35 – Maske in Blau; zustimmend – auf der Basis der Zuerkennung eines Urheberrechts an den

§ 14 Entstellung des Werkes

Bühnenregisseur – *Grunert*, Werkschutz, S. 61 ff., 165 ff. sowie insb. S. 220 ff. mit Abwägungskriterien speziell bzgl. Bühnenaufführungen; vgl. auch *Dreier/Schulze/Schulze*[3] Rdnr. 16 f.; zu den Grenzen KG ZUM-RD 2005, 381 ff. – Die Weber (skandalträchtige Zufügung von Tötungsphantasien in Bezug auf namentlich genannte Bürger ohne gesonderte Zustimmung unzulässig)). Bei der Interessenwertung ergeben sich daher insoweit ähnliche Überlegungen und ähnliche Ergebnisse wie im Falle der Einräumung eines Nutzungsrechts mit Bearbeitungscharakter (s. des Näheren § 39 Rdnr. 20). Der Integritätsschutz kann andererseits – im Hinblick auf die auch im Urheberrecht geltende Vertragsfreiheit – durch vertragliche Abmachungen auch bis zu einem absoluten Werkänderungsverbot gesteigert werden (so *Schricker*, Informationsgesellschaft, S. 90; einschränkender *Haberstumpf* aaO [oben Rdnr. 11 a]; für Computerprogramme vgl. § 69 d Abs. 1).

3. Verhältnis zu einem gesetzlich Nutzungsberechtigten

14   Im Verhältnis zu einem nach Maßgabe der Schrankenvorschriften der §§ 44 a ff. gesetzlich Nutzungsberechtigten enthält § 62 zunächst eine generelle Verweisung auf § 39 und damit auch auf die einheitliche Interessenabwägung nach den §§ 14 und 39. Darüber hinaus verschafft § 62 in Abs. 2–4 jedoch dem Nutzungsberechtigten über den bloßen Maßstab von Treu und Glauben hinausgehende zusätzliche Erleichterungen, die die Vorschriften über die Urheberrechtsschranken vielfach erst praktisch handhabbar machen. Im Übrigen ist einzelnen Urheberrechtsschranken die Verwendung von Werken in veränderter (zB verkürzter) Form geradezu immanent. So bedeutet die Zulässigkeit eines Zitats (§ 51) bereits eine vom Gesetz notwendigerweise hingenommene Verstümmelung eines Werks (den persönlichkeitsrechtlichen Inhalt des Zitatrechts betont *Riekert* S. 105 ff.) oder die Aufnahme eines Werkes der bildenden Kunst in einen Ausstellungskatalog (§ 58) eine ansonsten uU als Beeinträchtigung zu wertende Dimensionsänderung (Einzelheiten bei § 62).

4. Verhältnis zum Eigentümer bzw. Besitzer eines Werkexemplars

15   Von besonderer Bedeutung, aber auch mit besonderen Schwierigkeiten verbunden ist die Anwendung des § 14 außerhalb des Bereichs der vertraglichen oder gesetzlichen Nutzungsberechtigung dort, wo das Gegeninteresse auf einer **sachenrechtlichen Beziehung zu einem Werkexemplar** (Eigentum oder Besitz) beruht (wegen der Abgrenzung von Kunstwerkfälschung und Kunstwerkverfälschung vgl. *Bullinger* S. 8 ff.). Hier stehen sich Urheberinteresse und Eigentümerinteresse gegenüber, ohne dass dem Urheberinteresse von vornherein der Vorzug gebührt (so besonders deutlich OLG Saarbrücken GRUR 1999, 420/425 – Verbindungsgang). Der Eigentümer darf grundsätzlich keine in das Urheberrecht eingreifenden Veränderungen am Original vornehmen, und der Urheber kann umgekehrt sein Urheberrecht nur unbeschadet des Eigentums ausüben (RGZ 79, 307/400 – Felseneiland mit Sirenen; BGH GRUR 1974, 675/676 – Schulerweiterung; LG Hamburg GRUR 2005, 672/674 – Astra Hochhaus; allgemein zum Verhältnis von Sacheigentum und Urheberrecht unter verfassungsrechtlichen Gesichtspunkten *Jänecke* S. 26 ff., 110 ff. und 136 ff.; sa. unten Rdnr. 29). Handelt es sich um Werkexemplare ohne Originalcharakter, insbesondere um Verkörperungen von Werken aus dem Bereich der Literatur und Musik (zB Bücher oder Schallplatten) oder um nicht originale Verkörperungen (Reproduktionen) von Werken der bildenden Kunst (zB Illustrationen oder Repliken), so greift das Werkschutzinteresse des Urhebers in der Regel so lange ins Leere, als sich der – und sei es auch entstellende – Eingriff in der Privatsphäre des Eigentümers oder Besitzers abspielt (vgl. OLG Schleswig-Holstein ZUM 2006, 426/427; *Dreier/Schulze/Schulze*[3] Rdnr. 25; *v. Gamm* Rdnr. 13; *Grohmann* S. 196; *Tölke* S. 77). Dennoch kann in diesen Fällen eine nicht mehr hinnehmbare Beeinträchtigung des Urhebers vorliegen, wenn das entstellte Werkexemplar der Öffentlichkeit, zB durch Ausstellung oder sonstige Zurschaustellung zur Kenntnis gebracht wird (vgl. zu letzterem Fall *Bullinger* S. 119 ff.; *Müller* S. 161; wegen des potentiell hohen Grades an Öffentlichkeit bei der Nutzung im Internet s. *Mues* S. 143 f.).

16   Im Verhältnis zum **Eigentümer (bzw. Besitzer) eines Werkoriginals** verdient das Bestands- und Integritätsinteresse des Urhebers, und zwar unabhängig von der Frage der Zulässigkeit der Werkvernichtung (su. Rdnr. 37 ff.), eine wesentlich weitergehende Berücksichtigung (vgl. *Bullinger* S. 90 ff.; *Dreyer* in HK-UrhR[2] § 14 UrhG Rdnr. 27 und 56; *Grohmann* S. 117 und S. 192 ff.). Die Interessenabwägung (sa. *Jänecke* S. 141 ff. unter dem Gesichtspunkt der Werkvernichtung) wird hier jedenfalls bei Werken eines gewissen Rangs dann, wenn über bloß erhaltende Maßnahmen hinaus Substanzeingriffe erfolgen, in der Regel zugunsten des Urhebers ausfallen, und zwar selbst dann, wenn sich der Eingriff zunächst in der Privatsphäre des Eigentümers

Entstellung des Werkes § 14

abspielt. Schon wegen der langen Dauer des Urheberrechtsschutzes kann in diesem Fall eine spätere Kenntnisnahme des entstellten Werkes durch einen größeren Personenkreis nicht ausgeschlossen werden (vgl. *Grohmann* S. 120 u. 193; *Hegemann*, Fs. für Hertin, S. 87/100 f.; *Ulmer*[3] § 41 III 2; noch weitergehend iS eines absoluten Schutzes von Originalen *Tölke* S. 77; kritisch – ausgenommen die Zerstörung von Werkoriginalen – *Schack*[4] Rdnr. 349 und 359; vgl. auch schon RGZ 79, 397/402 – Felseneiland mit Sirenen, das bei einem durch Übermalung verunstalteten Wandfresko im Treppenhaus eines Wohnhauses die Gefahr der Kenntnisnahme durch die Öffentlichkeit von vornherein bejahte; vgl. auch OLG Celle ZUM 1994, 437 und die Vorinstanz LG Hildesheim ZUM 1994, 437 im Falle einer aus Gründen der Verkehrssicherung von einer Stadtverwaltung ohne Zustimmung des Künstlers vorgenommenen Verfüllung und Bedeckung einer offenen Stahlskulptur mit Kies, Sand und Beton).

Eine besondere Beurteilung erfordern Änderungen an **Bauwerken** (vgl. allgemein *Wandtke/Bullinger/Bullinger*[3] Rdnr. 26 ff.; *Dreier/Schulze/Schulze*[3] Rdnr. 26; *Müller* S. 156 ff., 162 ff.; *Goldmann* GRUR 2005, 639; *Schulze* NZBau 2007, 611), da Bauwerke trotz ihrer regelmäßigen faktischen Einmaligkeit den Charakter eines Originalwerkes nur selten aufweisen werden (vgl. *Grohmann* S. 121 f., 202; sowie die bei *Jänecke* S. 56 ff. und bei *Tölke* S. 45 f. genannten Kriterien für Originalwerke; aA *Müller* S. 63). Jedenfalls die äußere Ansicht von Bauwerken ist der Öffentlichkeit in der Regel ohne weiteres zugänglich; deshalb ist das Integritätsinteresse des Urhebers anders als bei beweglichen Werkstücken ohne Originalcharakter hier erheblich berührt (vgl. auch § 23 S. 2, der diesem Schutzgedanken Rechnung trägt). Andererseits stehen den Urheberinteressen hier wegen des Gebrauchszwecks fast aller Bauwerke gewichtige Eigentümerinteressen entgegen, die im Rahmen der einheitlichen Interessenabwägung erheblich zu Buche schlagen (s. im Einzelnen unten Rdnr. 35 f.). 17

III. Anwendungsmethodik, Einzelfälle

1. Dreistufiges Prüfungsverfahren

Im Hinblick auf den Gesamtzusammenhang der §§ 14, 39 und 62 (sowie für Filmwerke § 93 Abs. 1) und auf die damit verbundenen unterschiedlichen Anwendungsbereiche des Entstellungs- und Änderungsverbots (so. Rdnr. 9 ff.) ergibt sich bei der Anwendung dieser Vorschriften **methodisch folgendes dreistufiges Verfahren** (wie hier LG München I GRUR-RR 2008, 44/45 – Pumuckl-Illustrationen II; *Asmus* S. 154 ff.; *Dreier/Schulze/Schulze*[3] Rdnr. 9 ff.; *Dreyer* in HK-UrhR[2] § 14 UrhG Rdnr. 34; *Heeschen* S. 45 ff.; *Kreile/Wallner* ZUM 1997, 625/630; *Müller* S. 155 ff. und S. 216; *Mues* S. 128 ff.; *Schacht* S. 181 f.; *Schilcher* S. 66 ff.; zust. auch *Schack*[4] Rdnr. 341; *Wallner* S. 128 ff.; *v. Welser* S. 39 ff.; für Werknutzungen im Internet auch *Gounalakis/Rhode* Rdnr. 86 ff.; vgl. auch das auf § 14 gemünzte Prüfungsschema bei *Schöfer* S. 44; unter dem Gesichtspunkt der Werkvernichtung ebenso *Jänecke* S. 143 ff.; aA – nur zweistufiges Prüfungsverfahren – *Fromm/Nordemann/Hertin*[9] Rdnr. 6; *Federle* S. 44 ff.; *Riekert* S. 83 ff.; nuancierter *ders.* in: *Götting* [Hrsg.], Multimedia, Internet und Urheberrecht, S. 130 f.): Liegt aus objektiver Sicht, jedoch ohne dem Urheber eine Wertung von außen aufzuzwingen, eine Entstellung oder Beeinträchtigung des Werkes vor? Wenn ja, ist diese Entstellung oder Beeinträchtigung zu einer Gefährdung der Interessen des Urhebers geeignet? Wenn ja, sind diese gefährdeten Urheberinteressen angesichts der betroffenen Gegeninteressen derart *berechtigte* Interessen, dass ihnen im Ergebnis der Interessenabwägung das größere Gewicht beizumessen ist (zur Interessenabwägung nachdrücklich – im gegebenen Fall im Verhältnis zwischen Architekt und Bauherr – BHG GRUR 1999, 230/231 = Schulze BGHZ 464 m. Anm. v. *Harke* = JZ 1999, 577 m. Anm. v. *Sack* – Treppenhausgestaltung; BGH GRUR 2008, 984/986 – St. Gottfried; OLG Hamburg UFITA 81 [1978] 263/267 f. – Reihenhäuser; OLG Saarbrücken GRUR 1999, 420/426 – Verbindungsgang)? Das objektive Vorliegen einer Entstellung (su. Rdnr. 19) oder Beeinträchtigung führt demgemäß noch keineswegs zur Verletzung des Verbotsrechts aus § 14, sondern setzt vielmehr erst den Mechanismus der Interessenabwägung in Gang (aA *Riekert* in *Götting* [Hrsg.] aaO S. 131: keine Interessenabwägung bei nicht aus besonderen Gründen schutzwürdigen, lediglich wirtschaftlichen Gegeninteressen). In gleicher Weise gilt dies auch für die keineswegs nach anderen Kriterien durchzuführende Interessenabwägung nach § 39 Abs. 2 (so. Rdnr. 4). 18

2. Erste Stufe: Vorliegen einer Entstellung oder sonstigen Beeinträchtigung

a) **Beeinträchtigung als Oberbegriff.** Schon der Gesetzeswortlaut des § 14 ergibt, dass der Begriff der Beeinträchtigung gegenüber dem Begriff der Entstellung den Oberbegriff darstellt; 19

die **Entstellung** erscheint lediglich **als ein besonders schwerwiegender Fall der Beeinträchtigung**, die die Wesenszüge des Werkes in gravierender Weise verzerrt oder verfälscht (ebenso *Bullinger* S. 73; *Dreier/Schulze/Schulze*[3] Rdnr. 5 und 10; *Federle* S. 43 f.; *Grohmann* S. 76 sowie S. 84 ff.; *Hegemann*, Fs. für Hertin, S. 87/90; *Müller* S. 155 und S. 159; *Riekert* S. 79; *Schack*[4] Rdnr. 342; *Schöfer* S. 45; *Schilcher* S. 60; *Stuhlert* S. 79 Fn. 364; *Wallner* S. 130 ff.; zust. auch OLG München ZUM 1996, 165; aA *Dreyer* in HK-UrhR[2] § 14 UrhG Rdnr. 36 ff., die hier – nicht überzeugend – nach Intensität des Eingriffs und dem stärkeren oder schwächeren Bezug zur wahrnehmbaren Form des Werkes unterscheidet). Demgemäß bezieht sich der Relativsatz „die geeignet ist ..." trotz des verwendeten Singulars auf alle Fälle der Beeinträchtigung und damit auch auf deren schwerwiegenden Unterfall der Entstellung (aA unter Berufung auf die Entstehungsgeschichte *Fromm/Nordemann/Hertin*[9] Rdnr. 5, doch spricht die Notwendigkeit einer konventionskonformen Auslegung eher für die hier vertretene Auffassung; vgl. wegen der Klärung einer parallelen grammatikalischen Problemstellung durch die Neuformulierung des Art. 6bis RBÜ seit deren Brüsseler Fassung oben Rdnr. 8; aus sprachlichen wie sachlichen Gründen wie hier *Dreyer* in HK-UrhR[2] § 14 UrhG Rdnr. 33). Für Entstellungen gilt wie in allen anderen Fällen der Beeinträchtigung das Gebot der Interessenabwägung, auch wenn die Stärke des Eingriffs, soll er gerechtfertigt sein, im Fall der Entstellung Gegeninteressen von größerem Gewicht erfordert (im Ergebnis ebenso *Riekert* S. 81).

20 Die **methodische Gleichbehandlung aller Fälle von Beeinträchtigungen und Änderungen einschließlich ihres schwersten Falles, der Entstellung,** macht eine scharfe begriffliche Abgrenzung entbehrlich; diese wäre im Hinblick auf die für die Anwendung des § 14 (sowie des § 39) allein mögliche Einzelfallbetrachtung ohnehin nicht zu leisten (wie hier KG ZUM 1997, 208/212 – Fahrstuhlschacht; ebenso *Hegemann*, Fs. für Hertin, S. 87/91; *Schöfer* S. 45; *Schilcher* S. 65; *Mues* S. 128; *v. Welser* S. 41; aA die Vertreter des – nach *Mues* aaO – sog. absoluten Entstellungsschutzes: *Schmidt* S. 121 f.; ebenso *Bullinger* S. 74 ff.; *Wandtke/Bullinger/Bullinger*[3] Rdnr. 9; *Fromm/Nordemann/Hertin*[9] Rdnr. 5, die jedoch die große Spannweite des Urheberrechtsschutzes zu wenig berücksichtigen; Anhaltspunkte für die Bewertung von im konkreten Fall nicht festgestellten Entstellungen bei BGH GRUR 1974, 675/677 – Schulerweiterung – und BGH GRUR 1982, 107/110 – Kirchen-Innenraumgestaltung; vgl. auch den Definitionsversuch in Anlehnung an *Fromm/Nordemann/Hertin*[5] Rdnr. 2 bei LG München MR 4/1985 Archiv 4/5 – Die unendliche Geschichte; referiert auch in der im Ergebnis bestätigenden Entscheidung OLG München GRUR 1986, 460/461 – Die unendliche Geschichte; zur Abgrenzung von Entstellung und sonstiger Beeinträchtigung vgl. auch OLG München ZUM 1996, 165/167; Beispiele für Entstellungen im Kunsthandel – etwa Zerschneiden und Separatverkauf der Einzelteile bei Gemälden – oder Einzelveräußerung der Figuren einer Skulpturengruppe – bei *Mues* S. 128 f.). Bedeutsam kann die Unterscheidung jedoch werden, wenn der Urheber Änderungen wirksam gestattet hat, während Entstellungen weiterhin unzulässig bleiben (so. Rdnr. 11).

21 **b) Begriff der Beeinträchtigung im Einzelnen.** Entsprechend dem natürlichen Sprachgebrauch bedeutet Beeinträchtigung – und Entstellung als deren besonders schwerwiegender Fall – zunächst eine Verschlechterung oder Abwertung des Werkes, aber auch schon eine bloße Abweichung vom geistig-ästhetischen Gesamteindruck des Werkes (so *Dreier/Schulze/Schulze*[3] Rdnr. 10) in den Augen eines unvoreingenommenen Durchschnittsbetrachters. Ausgangspunkt ist dabei jedoch das Werk in der ihm vom Urheber verliehenen Gestalt, die diesem als die bestmögliche erscheint und die demgemäß auch vom außenstehenden Betrachter als solche hinzunehmen ist (zust. *Bullinger* S. 72 f.; *Jänecke* S. 82). Eine angebliche Verbesserung des Werkes durch einen Dritten schließt demgemäß eine Beeinträchtigung (oder Entstellung) dieser objektiv vorgegebenen Werkgestalt nicht aus (so mit Nachdruck BGH GRUR 1999, 230/231 = JZ 1999, 577 m. Anm. v. *Sack* = Schulze BGHZ 464 m. Anm. v. *Harke* – Treppenhausgestaltung; ebenso *Dreier/Schulze/Schulze*[3] Rdnr. 7; *v. Gamm* Rdnr. 8; *Federle* S. 39; *Hegemann*, Fs. für Hertin, S. 87/92 am Beispiel eines von einem geübten Künstler „korrigierten" Gemäldes eines ungeübten Sonntagsmalers; *Heidmeier* S. 82; *Rehbinder*[15] Rdnr. 408; *Riekert* S. 80; *Schilcher* S. 61; *Schöfer* S. 47; *Wandtke/Bullinger/Bullinger*[3] Rdnr. 6 und 36; *Flechsig* FuR 1976, 429/430 und 589/595; im Blick auf Arbeitnehmer-Urheber ebenso *Vinck* RdA 1975, 162/165; vgl. auch *Grohmann* S. 76 f.). Unabhängig von einer Aufwertung oder Abwertung des Werkes vom Standpunkt eines Dritten führt demgemäß **jede objektiv nachweisbare Änderung** des vom Urheber geschaffenen geistig-ästhetischen Gesamteindrucks des Werkes zu dessen Beeinträchtigung (so ausdrücklich BGH GRUR 1989, 106/107 m. Anm. v. *Loewenheim* – Oberammergauer Passionsspiele II;

OLG München GRUR 1993, 332/333 – Christoph Columbus; LG Leipzig ZUM 2005, 487/493 – Museumsfußboden).

Da die **Intensität des Eingriffs erst ein Kriterium bei der Interessenabwägung** darstellt (so ausdrücklich OLG München aaO), ist auch eine begriffliche Abgrenzung von Beeinträchtigung iS des § 14 und Änderung iS des § 39 nicht möglich (zustimmend *Haberstumpf*[2] Rdnr. 219). Schon aus diesem Grund ist die Gegenüberstellung eines nach dem Maßstab von Treu und Glauben (§ 39 Abs. 2) zu beurteilenden Änderungsverbots und eines nach dem Maßstab berechtigter geistiger und persönlicher Interessen (§ 14) zu beurteilenden Beeinträchtigungsverbots nicht haltbar (vgl. auch die zusammenfassende Regelung in Art. 6bis RBÜ; so. Rdnr. 8). Der Begriff der Beeinträchtigung schließt vielmehr den Begriff der Änderung mit ein (ebenso *Schilcher* S. 62); allenfalls kann Änderung iS des § 39 auf den Fall des Eingriffs in die Gestalt bzw. Substanz des Werkes beschränkt werden (so unter der Voraussetzung der Gegenüberstellung eines Änderungsverbots nach § 39 und eines Entstellungsverbots nach § 14 BGH GRUR 1982, 107/109 – Kirchen-Innenraumgestaltung), so dass Beeinträchtigung der weitere, Änderung der engere Begriff wäre.

c) Direkte und indirekte Eingriffe. Ausgehend vom Oberbegriff der Beeinträchtigung lassen sich direkte und indirekte Eingriffe unterscheiden (wie hier LG Köln ZUM-RD 2009, 90/93; *Schilcher* S. 68 ff.; vgl. auch das von ihr vorgeschlagene Prüfungsschema aaO S. 75 ff.; aA im Sinne einer bloßen Ordnungsfunktion *Bullinger* S. 89; gegen diese Unterscheidung wegen mangelnder Abgrenzungsmöglichkeit *v. Welser* S. 41). Stellen erstere **Änderungen des Werkes** in seiner konkreten, vom Urheber gewählten Form dar, so bringen letztere es vielmehr in einen **Sachzusammenhang, der die geistigen und persönlichen Interessen des Urhebers am Werk beeinträchtigt,** ohne dass an diesem selbst eine Veränderung vorgenommen wurde (siehe *Dreier/Schulze/Schulze*[3] Rdnr. 11 f. mit zahlreichen Beispielen, etwa Teilnutzungen, Ausschnitte und Ergänzungen, Aufteilungen eines Werkes für Fernsehserien, für Abdruck in Fortsetzungen; *Grohmann* S. 51 ff., 78 ff.; *Tölke* S. 95 f.; *G. Schulze*, ZUM 1993, 255/257 ff.; ebenso *Schmidt* S. 125; *Schack*[4] Rdnr. 345; *Wallner* S. 133; vgl. auch *Fromm/Nordemann/Hertin*[9] Rdnr. 9 mit weiteren instruktiven Beispielen, etwa Verwendung einer für einen Kulturfilm komponierten Musik als Untermalungsmusik für einen Pornofilm; *v. Gamm* Rdnr. 8; *Möhring/Nicolini/Kroitzsch*[2] Rdnr. 3, 4 und 15 ebenfalls mit zahlreichen Beispielen).

Beispiele für Änderungen des Werkes als direkter Eingriffe sind Kürzungen, insbesondere Streichungen bei Bühnenaufführungen (vgl. insb. BGH GRUR 1971, 35/37 – Maske in Blau; KG ZUM-RD 2005, 381 – Die Weber; ferner OLG Hamburg GRUR 1970, 38/39 – Heintje), die unerlaubte nachträgliche Kolorierung von Filmen (wie hier *Hegemann*, Fs. für Hertin, S. 87/93; vgl. allgemein *v. Lewinski/Dreier* GRUR Int. 1989, 635 und *Schilcher* S. 95; Einzelheiten su. § 93 Rdnr. 22 f.), die verstümmelte Wiedergabe eines künstlerischen Lichtbilds auf einem Buchumschlag (BGH GRUR 1971, 525/526 – Petite Jacqueline) oder die aus journalistischen Gründen reißerisch verschärfte Fassung eines in Auszügen abgedruckten wissenschaftlichen Werkes (OLG München NJW 1996, 135 – Herrenmagazin). Im Bauwerkbereich kann eine relevante Änderung etwa darin bestehen, dass eine andere als die vom Architekten vorgesehene Verputzform eines Hauses und Fensteraufteilung gewählt wird und dadurch der Gesamteindruck der Terrassenfront zerstört wird (LG Berlin Schulze LGZ 143, 4 und 6), dass statt einer Gewölbedecke in einem Bahnhof eine Flachdecke (LG Berlin GRUR 2007, 964 ff. – Hauptbahnhof Berlin), in einem Museumsneubau statt Eichenparkett ein Steinfußboden eingebaut wird (LG Leipzig ZUM 2005, 487, Ansprüche wegen Interessenabwägung verneint) oder dass ein Schulzbau um weitere Gebäude erweitert wird (OLG München IBR 2007, 97, Entstellung verneint). Um eine Mischform handelt es sich bei der Veröffentlichung eines beschnittenen und retuschierten Lichtbilds mit unzutreffender Bildunterschrift (OLG Köln Schulze OLGZ 129, 5 – Mein schönstes Urlaubsfoto; ähnlich LG München I ZUM 1995, 57). Ähnlich bei Vereinigung von Zutaten von dritter Hand mit einem geschützten Werk zu einem Gesamtkunstwerk wie im Fall eines angepasst bemalten Rahmens beim Vertrieb von Kunstdrucken des Malers Hundertwasser (BGH GRUR 2002, 532/534 = JZ 2002, 716/718 m. Anm. v. *Schricker* = Schulze BGHZ 496 m. Anm. v. *Müller-Katzenburg* – Unikatrahmen). Keine Verletzung festgestellt wurde demgegenüber für den Fall des Aufziehens von Kunstdrucken auf sog. Flachmembranlautsprecher (so OLG Hamburg GRUR 2002, 536 [unvollständig] = KUR 2002, 43 – Flachmembranlautsprecher).

Beispiele für indirekte Eingriffe durch Nutzung eines Werkes in einem beeinträchtigenden Sachzusammenhang sind im Hinblick auf Musikstücke die funktionale Verwendung von

Musikstücken als Ruftonmelodien oder Freizeichenuntermalung (oben Rdnr. 11a), die Verwendung von Teilen von „Carmina Burana" bei Boxveranstaltungen (oben Rdnr. 11c), die Untermalung der Werbung für ein Mückenschutzmittel durch einen bekannten Musikschlager (LG Frankfurt, Bericht in FuR 1966, 158/160 – Wochenend und Sonnenschein, Verletzung aufgrund Interessenabwägung verneint; zur Nutzung eines Werkes für Werbezwecke allgemein OLG München ZUM-RD 2008, 149/150), die Vermarktung von Songs der Gruppe „Springtoifel" durch Mischung mit Titeln von Gruppen, die erkennbar der neofaschistischen Szene zuzurechnen sind (OLG Frankfurt/M GRUR 1995, 215 – Springtoifel), die Koppelung von Aufnahmen unterschiedlicher Komponisten ohne deren Zustimmung wegen der Gefahr der „Verwässerung" oder des sich Wiederfindens in künstlerisch oder sonst wie unerwünschter Gesellschaft (OLG Hamburg GRUR-RR 2002, 153/159 – Der grüne Tisch, wenn auch im konkreten Fall nach detaillierter Abwägung der Umstände Verstoß verneint; zum Musikbereich allgemein *Riekert* S. 86f. und 235f.). Instruktiv auch KG Berlin ZUM 1989, 246: Verletzung durch verfälschenden oder verzerrenden Sachzusammenhang, im konkreten Fall durch die Behauptung, der Urheber habe einer Verwendung seines Werkes im Rahmen eines widerrechtlichen Unternehmens, nämlich als Liedtext in einer gefälschten Ausgabe des DDR-Organs „Neues Deutschland" zugestimmt. Im Bereich der bildenden Kunst liegen indirekte Eingriffe etwa vor bei der Verwendung eines Ausschnitts aus einem Bild des belgischen Malers Magritte auf Kondomverpackungen (OLG Frankfurt/M ZUM 1996, 97; vom Gericht allerdings aus prozessualen Gründen nicht unter persönlichkeitsrechtlichem Aspekt geprüft); vgl. ferner die von *Hegemann,* Fs. für Hertin, S. 87ff. ausführlich geschilderte Auseinandersetzung um die 1999 veranstaltete Weimarer Ausstellung „Aufstieg und Fall der Moderne" wegen einer angeblich diskriminierend wirkenden Gestaltung: unsystematische Tieferhängung eines Gemäldes der „offiziellen" DDR-Kunst vor graugewellter Kunststofffolie, dazu auch *Rehbinder*[15] Rdnr. 408; *v. Welser* S. 45 sowie *Mues* S. 129, Letzterer auch mit Hinweis auf die Ausstellung „Entartete Kunst" 1937 in München. Einen indirekten Eingriff darstellen kann auch die mimische und gestische Interpretation eines satirischen Textes durch ein Kabarett-Ensemble (OLG München Schulze OLGZ 178, 4 m. Anm. v. *Nordemann* – Pol(h)it-Parade, Verletzung aufgrund Interessenabwägung verneint). Schon tatbestandsmäßig wurde im Fall „Kirchen-Innenraumgestaltung" (BGH GRUR 1982, 107/110) das Vorliegen sowohl eines Substanzeingriffs wie eines indirekten Eingriffs bei vom Architekten anders gewünschter Aufstellung des Orgelspieltisches und Aufhängung von Lautsprechern verneint; etwas anderes gilt nach dieser Entscheidung jedoch dann, wenn Einrichtungsgegenstände entsprechend der architektonischen Planung derart in die bauliche Innenraumgestaltung einbezogen sind, dass sie das Raumbild entscheidend mitprägen (vgl. auch SchweizBG GRUR 1995, 989: Voraussetzungen für die Annahme einer Verletzung des UPR bei einem Erweiterungsbau, wenn Eingriff in das Umfeld des Werks erfolgt). Einem indirekten Eingriff steht es gleich, wenn eine vom Verletzer nicht selbst bewirkte Entstellung einer Figur (hier: die Plastik eines Fohlens) durch Vertrieb von Fotografien einem weiteren Personenkreis zugänglich gemacht und damit vertieft wird (so LG Mannheim GRUR 1997, 364 – Freiburger Holbein-Pferd, gegen die Vorinstanz AG Freiburg NJW 1997, 1160; vgl. auch *Müller* S. 106f.; rechtsvergleichend zu diesem Fall *Adeney* IIC 2002, 164/165ff.). Auch die ansonsten irrelevante Zerstörung eines Werkstücks ohne Originalcharakter kann bei herabwürdigenden Begleitumständen (zB diffamierende öffentliche Bücherverbrennung) einen indirekten Eingriff bedeuten (so *Jänecke* S. 85). Keinen Eingriff dagegen bedeuten Maßnahmen, die den geistigen Gehalt eines Werkes unberührt lassen, wie etwa in vielen Fällen die Wahl der Materialien und des Herstellungsverfahrens bei Werkstücken (vgl. *Haberstumpf*[2] Rdnr. 220), wenn es nicht gerade darauf ankommt.

25   Ein derartiger indirekter Eingriff kann ggf. auch **durch einen anderen als den (vertraglich oder gesetzlich) Werknutzungsberechtigten oder als den Eigentümer** bzw. Besitzer erfolgen, etwa bei störender Untermalung, Illustrierung oder gestischer Ironisierung einer Werkwiedergabe gegen den Willen des Veranstalters. Hier zeigt sich die residuale selbständige Bedeutung des § 14 (so. Rdnr. 9). Hierher gehören auch die Fälle der „Umweltbeeinträchtigung" (so *Richard/Junker* GRUR 1988, 24f.) im Bereich **standortbezogen aufgestellter Werke der bildenden Kunst** (engl. „site specific art", zB Werke des New Yorker Künstlers Richard Serra; vgl. die Nachweise bei *Bullinger* S. 115ff.; *Dietz* IIC 1994, 192f.; *Jänecke* S. 52ff. sowie *Uechtritz* NJW 1995, 2606, Letzterer Bezug nehmend auf den vom KG Berlin – NJW 1995, 2650 – dem Kunstwerk „Verhüllter Reichstag" des Ehepaars Christo iS eines „Umgebungsschutzes" gewährten Beeinträchtigungsschutz; vgl. auch bereits BGH GRUR 1982, 107 – Kirchen-Innenraumgestaltung). Einen direkten Eingriff durch Entfernung des „Werkkerns" bei

einem durch den Zusammenhang von Werk, Rahmen und Umfeld geprägten standort- bzw. umweltbezogenen Werk bejaht OLG Hamm ZUM-RD 2001, 443/444 im Falle der von einer Kommune geplanten Entfernung einer Stahlgroßplastik von einem öffentlichen Platz (kritisch dazu *Müller* S. 157f.; sa. unten Rdnr. 37; ebenso für den umgekehrten Fall der Störung der Wahrnehmbarkeit eines Werkes der Gartengestaltung durch Aufstellung einer Stahlskulptur KG ZUM 2001, 590/591; wegen späterer Ortsveränderungen bei Bauwerken vgl. *Müller* S. 158f.). Verneint wurde ein relevanter Standortbezug von OLG Köln ZUM 2010, 180f. für eine Pferdeskulptur vor einem Bahnhof, so dass ein Antrag auf Wiederaufstellung am ursprünglichen Ort abgewiesen wurde.

Ein **Grenzfall zwischen direktem und indirektem Eingriff** liegt insbesondere bei **Werbeunterbrechungen in Film- und Fernsehwerken** vor (vgl. auch *Peifer* S. 200ff.; *ders.* GRUR Int. 1995, 25 mit zahlreichen wN; *Schilcher* S. 78f., 108, 122; *Wallner* S. 167ff. sowie *Collovà*, RIDA 146 (1990) 125ff.; *Liuzzo* GRUR Int. 1989, 110ff.). Bei ambitionierten künstlerischen Filmen jedenfalls ist eine derartige Unterbrechung an anderen als vertraglich ggf. vorgesehenen „Sollbruchstellen" in der Regel auch nach Abwägung der beteiligten Interessen dem Urheber nicht zuzumuten (ebenso Oberster Gerichtshof Schweden GRUR Int. 2008, 772 – TV4 mit Anm. *Rosén; Schricker*, Urheberrechtliche Probleme des Kabelrundfunks, 1986, S. 78f. sowie unten § 93 Rdnr. 21); vgl. auch das von *Ott*, ZUM 2004, 357/360 im Zusammenhang mit der Kommentierung des Falls Paperboy – BGH GRUR 2003, 958 – erwähnte Beispiel der „Überfrachtung" eines Werkes mit es umgebenden sog. Werbebannern im Zusammenhang mit Framing im Internet; ferner der vom LG München I ZUM-RD 2000, 308 zu Ungunsten des Künstlers entschiedene Fall der filmischen „Verfremdung" von Werken der bildenden Kunst.

26

3. Zweite Stufe: Eignung zur Interessengefährdung

Der Feststellung des objektiven Vorliegens einer Entstellung oder Beeinträchtigung bzw. Änderung des Werkes folgt die Frage nach deren Eignung zur Gefährdung der geistigen und persönlichen Interessen des Urhebers. Angesichts des grundsätzlich und generell anzunehmenden Interesses des Urhebers an Bestand und Unversehrtheit seines Werkes wird jedoch diese **Eignung durch das objektive Vorliegen der Beeinträchtigung bereits indiziert** (ebenso *Schöfer* S. 50f., *Schilcher* S. 95 und *Wallner* S. 135 sowie ausdrücklich auch OLG München GRUR 1993, 332/333 – Christoph Columbus; LG Berlin GRUR 2007, 964/968 – Hauptbahnhof Berlin: die veränderte Gestaltung des Bahnhofs würde den klagenden Architekten zugerechnet; ein methodisch letztlich nur zweistufiges Vorgehen offenbar bei BGH GRUR 1982, 107/110 – Kirchen-Innenraumgestaltung; OLG Hamburg UFITA 81 [1978] 263/267f. – Reihenhäuser; OLG München IBR 2007, 97; aA auch *Fromm/Nordemann/Hertin*[9] Rdnr. 6; *Riekert* S. 83ff.). Diese Indizwirkung entfällt jedoch, wenn der Urheber – zB durch eine Änderungsvereinbarung nach § 39 Abs. 1 – zu erkennen gegeben hat, dass ihm an der unbedingten Aufrechterhaltung des ursprünglichen Werkzustands allgemein oder im konkreten Fall nichts liegt (ebenso BGH GRUR 2009, 395/399 – Klingeltöne; *Rehbinder*[15] Rdnr. 409; *Schack*[4] Rdnr. 347; zust. auch *Hegemann*, Fs. für Hertin, S. 87/95; *Jänecke* S. 145, 186ff.; für den gegenteiligen Fall vgl. OLG München aaO; für Computerprogramme *Haberstumpf* in: *Lehmann* [Hrsg.], Rechtsschutz[2], Rdnr. 108) oder bei Veränderungen, die im Rahmen der vereinbarten Bearbeitung geboten sind (so BGH GRUR 1989, 106/107m. Anm. v. *Loewenheim* – Oberammergauer Passionsspiele II). Die Grenzen dieser Betrachtungsweise liegen allerdings dort, wo die zugestandenen Änderungen entweder vom Urheber nicht überschaubar waren oder nachweisbar gegen seine künstlerische Auffassung erzwungen wurden (wie hier *Schilcher* S. 97; vgl. auch *Wandtke/Bullinger/Wandtke/Grunert*[3] § 39 UrhG Rdnr. 9ff.). In diesen Fällen muss demnach trotz Vorliegens einer Vereinbarung die Eignung zur Beeinträchtigung ebenfalls bejaht und als **dritter methodischer Schritt die Interessenabwägung** durchgeführt werden. Da in der Regel der objektive Eingriff relativ leicht festzustellen sein wird, liegt das **methodische Schwergewicht** der einheitlichen Anwendung des §§ 14, 39 und 62 (sowie § 93 Abs. 1) bei der Interessenabwägung.

27

4. Dritte Stufe: Die Interessenabwägung

a) Allgemeine Grundsätze. Bei der Abwägung der Interessen des Urhebers und seines Gegenübers auf allen Anwendungsgebieten des § 14 (so. Rdnr. 9ff.; methodisch zum Begriff der Interessenabwägung insb. *Jänecke* S. 145ff.; *Müller* S. 174; *Schöfer* S. 53ff. sowie *Schilcher* S. 98ff.; ausführlich zu den Einzelkriterien der Interessenabwägung *Riekert* S. 128ff.; rechtsvergleichend

28

zu dem in Frankreich noch umstrittenen, aber de facto von den Gerichten angewandten Konzept der Interessenabwägung *Lucas-Schloetter* GRUR Int. 2002, 2 ff.) ist Ausgangspunkt das **Bestands- und Integritätsinteresse des Urhebers**, dh. sein Interesse, selbst darüber zu bestimmen, in welcher Gestalt sein geistiges Kind an die Öffentlichkeit treten soll (BGH GRUR 1971, 35/37 – Maske in Blau; BGH GRUR 1999, 230/231 – Treppenhausgestaltung; BGH GRUR 2008, 984/986 – St. Gottfried; OLG München GRUR 1993, 332/333 – Christoph Columbus; OLG München ZUM 1996, 195/197 – Änderung von Dachgauben). Jede Nutzung – mit oder ohne Bearbeitungscharakter – stellt das Werk jedoch in einen **technisch-ökonomischen Gebrauchszusammenhang** (vgl. *Grohmann* S. 88 f.; ebenso *Riekert* S. 82), der die Erhaltung der ursprünglichen Werkgestalt in ihrer absoluten Reinheit in den seltensten Fällen erlaubt. Im Falle fremden Eigentums (Besitzes) an Werkexemplaren mit oder ohne Originalcharakter tritt an die Stelle des Nutzungszwecks des Werknutzers der **Gebrauchszweck des Eigentümers,** der umso deutlicher hervortritt, je mehr das betreffende Werk nicht nur dem künstlerisch-ästhetischen Genuss, sondern auch praktischen Zwecken dient. Da der Urheber bei der Verwertung seines Werkes in der Regel auf die Mithilfe von Werknutzern oder auf Erwerber von Werkexemplaren angewiesen ist, müssen deren **Nutzungs- bzw. Gebrauchsinteressen sowie die Sachzwänge** im Rahmen der Interessenabwägung gebührend berücksichtigt werden (vgl. *Möhring/Nicolini/Kroitzsch*[2] Rdnr. 7). Nach OLG Frankfurt/M NJW 1989, 408 ist ein Aufführungsverbot bezüglich einer Oper in einem Eilverfahren dann nicht durchzusetzen, wenn das an sich mögliche Vorliegen einer Beeinträchtigung des UPR nicht rechtzeitig durch eine eindeutige Position im Rahmen vorausgegangener Einigungsverhandlungen angesprochen wurde und kurz vor der Premiere unabsehbare wirtschaftliche und immaterielle Nachteile für das Theater und die beteiligten Künstler drohen.

29   **Übertriebene Empfindlichkeiten oder eine übersteigerte Eitelkeit des Urhebers** bleiben bei der Interessenabwägung von vornherein außer Betracht (vgl. *Schack*[4] Rdnr. 348; *Fromm/Nordemann/Hertin*[9] Rdnr. 10; *Möhring/Nicolini/Kroitzsch*[2] Rdnr. 20). Maßgeblich ist nicht seine Einschätzung, sondern das **Urteil eines unbefangenen, für Kunst empfänglichen und mit Kunstdingen einigermaßen vertrauten Betrachters** (BGH GRUR 1999, 230/232 – Treppenhausgestaltung; LG Leipzig ZUM 2005, 487/493 – Museumsfußboden; LG Berlin GRUR 2007, 964/967 – Hauptbahnhof Berlin; LG Stuttgart BeckRS 2010, 12527 Rdnr. 89, 114). Der Urheber hat auf die Realitäten des Lebens und die Gewohnheiten des Verkehrs gebührend Rücksicht zu nehmen (vgl. *Ulmer*[3] § 41 II 2). Im Übrigen kann dem Urheberinteresse etwa wegen seiner persönlichkeitsrechtlichen Struktur keineswegs immer der Vorzug gegenüber den finanziell-ökonomischen Interessen der betroffenen Dritten eingeräumt werden, weil ansonsten das zu ermittelnde Ergebnis der Abwägung in den meisten Fällen bereits von vornherein feststünde (aA offenbar *Dreyer* in HK-UrhR[2] § 14 UrhG Rdnr. 62; wie hier *Federle* S. 48 ff.; *Hegemann*, Fs. für Hertin, S. 87/98; *Heidmeier* S. 87 f.; *Müller* S. 155; *Prinz* S. 72 ff.; *Riekert* S. 81 ff., aber eingeschränkter S. 130: keine abstrakte Gleichwertigkeit aller Interessen, sondern eine gewisse Vorzugstendenz des Werkintegritätsschutzes „in dubio pro autore"; wie hier auch *Schack*[4] Rdnr. 357; *Schilcher* S. 103 sowie *Peifer* S. 225 für den Fall des Überwiegens der Verwerterinteressen bei Spielfilmen). Erst im Rahmen der Interessenabwägung wird demgemäß im **Einzelfall festgestellt, welchem Rechtsgut im konkreten Fall der Vorzug** gebührt, es sei denn durch den Eingriff würde gleichzeitig die Menschenwürde des Urhebers verletzt (so *Hegemann* aaO S. 97 und S. 107 unter Hinweis auf die Herabwürdigung der Schöpfer als Hauptmotiv der Ausstellung über „Entartete Kunst" 1937 in München; sa. oben Rdnr. 23).

29a   Jedenfalls ist eine **besondere Intensität der geistigen und persönlichen Interessenbeziehung des Urhebers zum Werk,** auch in Abhängigkeit vom künstlerischen Rang des Werkes, ein gewichtiges, zugunsten des Urhebers sprechendes Moment (vgl. *Dreyer* in HK-UrhR[2] § 14 UrhG Rdnr. 50; *Grohmann* S. 94; *Schöfer* S. 58 ff., 83 f.). Dabei scheint auch aus psychologischer Sicht eine **Differenzierung nach dem Maß der Gestaltungsfreiheit** des Urhebers gerechtfertigt (*Peukert* in: Rehbinder [Hrsg.], Die psychologische Dimension S. 113/142 ff.). Die finanziell-ökonomischen Interessen der Verwerterseite haben aber – wie das Beispiel der Reduzierung des Urheberpersönlichkeitsschutzes nach § 93 zeigt – insb. dann Gewicht, wenn mit Wissen des Urhebers bereits erhebliche Investitionen getätigt worden sind. Speziell bei **Coverversionen im Bereich der Musik** (vgl. auch *Becker* in *Becker/Dreier,* Urheberrecht und digitale Technologie, S. 54 ff.), bei denen es wegen der Zwischenschaltung der GEMA idR zu keinen unmittelbaren vertraglichen Beziehungen zwischen Urheber und (Nach-)Verwerter kommt, soll nach *Riekert* S. 157 ff. aber eine bedingungslose Berücksichtigung der Höhe der Investitionen auf Verwerterseite im Rahmen der Interessenabwägung zu Lasten des Urhebers abzulehnen sein, weil der Urheber idR vorher kontaktiert werden könnte; anderes sei in Fällen der Nutzung auf individualvertraglicher Grundlage anzunehmen. Demgegenüber wäre hier jedoch darauf abzustellen, ob die Herstellung von Coverversionen durch den Berechtigungsvertrag zwischen GEMA und Musikurheber erfasst ist, so dass derartige Coverversionen, jedenfalls solche der üblichen Art, von der stillschweigenden Gestattung des Urhebers gedeckt wären (wegen der Grenzen dieser Betrachtungsweise vgl. BGH GRUR 1998, 376 – Coverversion, wo es um die Rechte an einer „echten" Bearbeitung der ursprünglichen Version eines Liedes ging; kritisch dazu, aber wie hier *Hertin,* Fs. für Nordemann 2004, S. 35 ff.; vgl. auch *Becker* in *Becker/Dreier,* Urheberrecht und digitale Technologie, S. 59; zu den vergleichbaren Fällen der Herstellung von Handy-Klingeltönen bzw. Ruftonmelodien sowie der Verwendung von Schlagermusik für die Rundfunkwerbung s. bereits oben Rdnr. 11 a bzw. § 39 Rdnr. 19; zu der im Bereich der Coverversionen bestehenden, Persönlichkeitsinteressen des Urhebers kaum berücksichtigenden Branchenübung vgl. *Riekert* S. 165; *ders.* S. 193 ff. zu der insoweit ähnlichen Vertragspraxis mit zweifelhafter Wirksamkeit). Bei **Geltendmachung des Werkschutzinteresses durch Rechtsnachfolger** (Erben) des Urhebers kann sich im Übrigen eine andere Interessenwertung als zu Lebzeiten des Urhebers ergeben (s. bereits oben vor §§ 12 ff. Rdnr. 31; wie hier *Grunert,* Werkschutz, S. 120 ff.; *Dreyer* in HK-UrhR[2] § 14 UrhG Rdnr. 51; *Riekert* S. 166 f.; aA und vom Bundesgerichtshof zu Recht aufgehoben (GRUR 2008, 984 ff.) OLG Hamm ZUM 2006, 641/647 – St. Gottfried; aA *Bullinger* S. 206 f.; *Wandtke/Bullinger/Bullinger*[3] vor §§ 12 ff. UrhG Rdnr. 10 sowie *Möhring/Nicolini/Kroitzsch*[2] § 11 Rdnr. 20; im Ergebnis jedoch wenig unterschiedlich *ders.* § 14 Rdnr. 20).

b) Einzelkriterien. Wichtige Kriterien ergeben sich aus **Art und Intensität des Eingriffs** selbst (BGH GRUR 2008, 984/986 – St. Gottfried; vgl. *Federle* S. 52 f.; *Hegemann,* Fs. für Hertin, S. 87/98 f.; *Heidmeier* S. 91; *Riekert* S. 141 ff. mit Beispielen aus dem Musikbereich und dem Bereich der Coverversionen; *Schilcher* S. 105 ff.; *Wallner* S. 138 ff.; *Mues* S. 131 für den Bereich der bildenden Kunst; wegen eines Falles der Übernahme von Filmausschnitten aus mehreren Filmen unter Entfernung der Originalfilmmusik und Unterlegung eines neuen Tons und der dabei vom Gericht begründeten Ablehnung eines Verstoßes gegen das UPR wegen zu geringer Intensität des Eingriffs, da der Filmkomponist „allenfalls ganz am Rande betroffen" war, vgl. OLG Hamburg GRUR 1997, 822 = Schulze OLGZ 330 m. Anm. v. *Nordemann* – Edgar-Wallace-Filme). Änderungen des Werkes, die nur der sachgerechten Verwertung im Rahmen der mit dem Urheber **getroffenen Vereinbarungen** dienen, sind – soweit die Vereinbarung nicht ohnehin bereits die Veränderungen konkret abdeckt – regelmäßig wegen geringer Intensität und vom Urheber hinzunehmen (so ausdrücklich OLG München GRUR 1993, 332/333 – Christoph Columbus; im Ansatz KG ZUM-RD 2005, 381/385 – Die Weber; zum Verhältnis zwischen Künstler und Galerist *Mues* S. 132; *Hegemann,* Fs. für Herting S. 87/99, zur freien Entscheidung von Eigentümern hinsichtlich der Art und Weise der Präsentation erworbener Werke; *ders.* aaO S. 106 ff. zur Frage der Beeinträchtigung von Werken durch Ausstellungskonzepte und zur dabei erforderlichen Interessenabwägung). Der Grundsatz der vom Urheber hinzunehmenden sachgerechten Änderungen gilt insb. auch für den Bereich der Werknutzung mit Bearbeitungscharakter (vgl. *Grohmann* S. 97; ebenso BGH GRUR 1989, 106/108 m. Anm. v. *Loewenheim* – Oberammergauer Passionsspiele II), es sei denn, es handelt sich um minderwertige, den beiderseitigen Vorstellungen nicht gerecht werdende Bearbeitungen (vgl. die zahlreichen Beispiele nicht hinzunehmender Veränderungen bei *Fromm/Nordemann/Hertin*[9] Rdnr. 8 ff.; ferner oben Rdnr. 11 ff.). Bei der Art des Eingriffs ist auch zu unterscheiden, ob dieser mehr inhaltliche, das Gemeingut des Werkes berührende Elemente oder gerade die höchstindividuellen Züge des Werkes betrifft (*Grohmann* S. 38; *Schilcher* S. 108 f.); im letzteren Fall liegt tendenziell ein schwererer Eingriff in das Werk vor. Auch die Unterscheidung nach direkten oder indirekten Eingriffen (so. Rdnr. 23 ff.) ist unter dem Gesichtspunkt der Reversibilität oder Irreversibilität sowie im Hinblick darauf von Bedeutung, ob die Öffentlichkeit bzw. das Publikum das Werk bei der Darbietung oder Wiedergabe in seiner Authentizität (noch) erkennen kann.

Ein weiteres wichtiges Kriterium ist angesichts der Spannweite des Urheberrechtsschutzes und der Vielfalt des urheberrechtlich relevanten Schaffens die **Gestaltungshöhe, dh. der Grad der schöpferischen Eigenart und der spezifische künstlerische Rang des Werkes** (BGH GRUR 2008, 984/986 – St. Gottfried; vgl. insb. *Grohmann* S. 44 ff.; *Dietz,* ZUM 1993, 315 f.; *Dreier/Schulze/Schulze*[3] Rdnr. 31; *Federle* S. 53 f.; *Hegemann,* Fs. für Hertin, S. 87/99 f. und *Jänecke* S. 152 ff., beide jedoch nur für das Kriterium der Gestaltungshöhe; *Heidmeier* S. 88 f.; *Huber* S. 41 f.; *Rehbinder*[15] Rdnr. 413; *Schilcher* S. 108 f.; SchweizBG GRUR Int. 1992, 473/476 –

§ 14 Entstellung des Werkes

Schulhausumbau II; ebenso *de Werra* S. 93 ff.; aA dagegen mit Nachdruck *Peifer* S. 227 ff. für den Fall der Werbeunterbrechung von Spielfilmen; *ders.* GRUR Int. 1995, 40 f.; einschränkender jedenfalls bzgl. des Kriteriums des künstlerischen Rangs auch *Bullinger* S. 79; *Riekert* S. 138 ff. sowie *Wandtke/Bullinger/Bullinger*³ Rdnr. 17 und vor §§ 12 ff. Rdnr. 8; vgl. aber auch *ders.* Rdnr. 16 und 18). Denn bei Werken mit intensiver persönlicher Prägung wiegen die ideellen Interessen an der Integrität des Werkes und der Erhaltung gerade dieses geistigen Gehalts höher als im Bereich der **Gebrauchskunst und der kleinen Münze**, deren Änderung geringere Rückwirkungen auf die persönlichen und geistigen Interessen des Urhebers zeitigt (zust. *Jänecke* S. 157 f.; vgl. *Schöfer* S. 96 ff., 196 ff.; *Schilcher* S. 110; *Tölke* S. 72 f.). In diesem Zusammenhang kann auch die (allgemeine) Kenntnis von der Urheberschaft – im Gegensatz zum Werk eines Anonymus – ein relevanter Faktor für die Abwägung sein (so *Federle* S. 54 f.; *Hegemann*, Fs. für Hertin, S. 87/100). Insgesamt bleibt dem Richter in vielen Fällen ein rechtliches Urteil über die Kunstgattung oder -kategorie oder doch den **künstlerischen Anspruch eines Werkes** (etwa Roman versus Reportage), ggf. auch über die Bekanntheit eines Urhebers nicht erspart; denn nur so kann die Berechtigung der geistigen oder persönlichen Interessen am Werk festgestellt werden. Dies impliziert freilich nicht die Zulässigkeit eines Urteils über den ästhetischen Wert eines Werkes (insoweit ebenso *Wandtke/Bullinger/Bullinger*³ Rdnr. 17, jedoch zu wenig differenzierend zwischen Rang bzw. Kategorie einerseits und ästhetischem Wert andererseits; im gleichen Sinn *Jänecke* S. 153 f. und *Riekert* S. 141 f.). Unzulässig wäre also etwa eine Abwägung in dem Sinne, dass es sich im einen Fall um Kitsch, im anderen Fall um Kunst handle (sehr bedenklich daher KG ZUM-RD 2005, 381/386 ff. – Die Weber, wonach Änderungen eines Bühnenwerks unzulässig seien, die „als Stilmittel den Grenzbereich des Skandalösen" berührten). Weitere Kriterien sind **Verwertungszweck und Verwertungsgebiet** (wegen zahlreicher Anwendungsfälle, differenziert nach unterschiedlichen Werkgattungen – Architektur, bildende Kunst, Literatur, Musik, Theaterstücke – vgl. *Wandtke/Bullinger/Bullinger* Rdnr. 26 ff.), wobei eine besondere Interessenlage insb. im Bereich der für die **Werbung geschaffenen** Werke besteht (vgl. *Schmidt* S. 123; *Tölke* S. 71; vgl. auch *Dreier/Schulze/Schulze*² Rdnr. 20). Stärker als in anderen Bereichen sind hier die finanziellen und betriebswirtschaftlichen Interessen der Nutzungsberechtigten, die sich auf täglich veränderte Situationen einstellen müssen, zu berücksichtigen (zust. *Dreyer* in HK-UrhR² § 14 UrhG Rdnr. 67; wegen der Grenzen dieser Betrachtungsweise beim Fehlen zwingender Gründe für die werbliche Verwertung des Werkes in veränderter Form vgl. LG München I UFITA 57 [1970] 339/341 – JOPA-Eiskrem; vgl. auch *Rehbinder*¹⁵ Rdnr. 415). Vom Nutzungszweck nicht gedeckte willkürliche, insbesondere von rein ästhetisch-künstlerischen Erwägungen geleitete Eingriffe in das Werk sind andererseits auch im Bereich der kleinen Münze oder der Werbung dem Urheber in der Regel nicht zuzumuten (zust. *Riekert* S. 146).

32   Ein weiteres Kriterium bei der Interessenabwägung erschließt sich aus der Fassung des § 23, der **bei Bearbeitungen** – abgesehen von den Fällen der Verfilmung eines Werkes, der Ausführung von Plänen und Entwürfen von Werken der bildenden Künste und des Nachbaus eines Werkes der Baukunst sowie der Bearbeitung oder Umgestaltung eines Datenbankwerkes – die Einwilligung des Urhebers erst für deren Veröffentlichung oder Verwertung, nicht aber bereits für deren Herstellung vorschreibt. Persönlichkeitsrechtlich kommt darin der Gedanke zum Ausdruck, dass bei Bearbeitungen erst die **Möglichkeit der Kenntnisnahme der Änderung bzw. Beeinträchtigung durch die Öffentlichkeit** ausschlaggebend ist (ebenso *Haberstumpf* Rdnr. 221; *Federle* S. 55 f.; *Riekert* S. 145; *Wandtke/Bullinger/Bullinger*³ Rdnr. 11 sowie § 23 UrhG Rdnr. 12 und für den Bereich der Schrankenvorschriften § 62 UrhG Rdnr. 3). Bei Änderungen an **Werkoriginalen** im Bereich zweckfreier Kunst (*Ulmer*³ § 41 III 1) ist jedoch im Hinblick auf die Gefahr späterer Kenntnisnahme (so. Rdnr. 16) ein strengerer Maßstab schon bei Änderungen im privaten Bereich anzulegen (ähnlich *Schöfer* S. 116 ff.; *Rehbinder*¹⁵ Rdnr. 408 und 412; *Grohmann* S. 120 f.; weitergehend *Schilcher* S. 123 f.). Schon § 23 bringt dies für den Teilbereich der Ausführung von Entwürfen etc. zum Ausdruck. Im Übrigen ist der besondere Wert der Originale von Werken der bildenden Kunst wegen der Irreversibilität direkter Eingriffe in die Substanz im Rahmen der Interessenabwägung ein Kriterium von großer Bedeutung (vgl. *Ulmer*³ § 41 III 1; *Dietz*, Droit moral, S. 108 f.; *Schilcher* S. 124 ff.; *Schöfer* S. 116 ff.; *Tölke* S. 89; vgl. auch die im Ergebnis gegen die Urheberintentionen getroffenen Entscheidungen LG München I FuR 1982, 510 und 513 – ADAC-Hauptverwaltung I und II).

33   Weitere Anhaltspunkte für die Interessenabwägung ergeben sich – auch über den unmittelbaren Anwendungsbereich der Urheberrechtsschranken hinaus – aus den **Festlegungen in § 62 Abs. 2–4**. Sie können als vom **Gesetzgeber selbst angedeutete Wertungsgesichtspunkte**

Entstellung des Werkes § 14

auch in anderen Zusammenhängen berücksichtigt werden, wenn sich die Fallgestaltungen – abgesehen von der Frage des vertraglichen oder gesetzlichen Erwerbs der Nutzungsberechtigung – ähneln (ebenso *Dreyer* in HK-UrhR² § 14 UrhG Rdnr. 63; *Haberstumpf*² Rdnr. 221 und *Schilcher* S. 139f.; aA *Riekert* S. 149ff.). So sind etwa nach § 62 Abs. 2, soweit der Benutzungszweck es erfordert, Änderungen eines Werkes, die nur Auszüge oder Übertragungen in eine andere Tonart oder Stimmlage darstellen, zulässig. Ebenso sind nach § 62 Abs. 3 bei Werken der bildenden Künste und Lichtbildwerken Übertragungen des Werkes in eine andere Größe und solche Änderungen zulässig, die das für die Vervielfältigung angewendete Verfahren mit sich bringt (s. im Übrigen § 39 Rdnr. 15).

Von Bedeutung ist schließlich, ob der **Urheber das Werk in abhängiger Stellung geschaffen** hat (vgl. die Anwendungsfälle bei *Wandtke/Bullinger/Wandtke*³ § 43 UrhG Rdnr. 99ff.). Hier ist schon im Hinblick auf die idR zu vermutende stillschweigende Einwilligung zu zweckentsprechenden Änderungen von einer **weitgehenden Zulässigkeit von Änderungen im Rahmen des Vertragszwecks** auszugehen (für eine allgemeine Heranziehung des Gedankens des § 31 Abs. 5 auch *Schricker*, Fs. für Hubmann, S. 409/419; ähnlich für den Bereich der in abhängiger Tätigkeit geschaffenen wissenschaftlichen „Pflichtwerke", jedoch innerhalb der Grenze der wissenschaftlichen Zumutbarkeit *ders.* in *Hartmer/Detmer* [Hrsg.], Hochschulrecht, S. 419/447f.; wie hier *Schacht* S. 184ff. vgl. auch *Kraßer*, Fs. für Schricker, S. 95; *Schilcher* S. 126ff. sowie bei Computerprogrammen *Haberstumpf* in *Lehmann* [Hrsg.], Rechtsschutz², Rdnr. 109; zur konkreten Interessenabwägung *Kellerhals* S. 187ff.). Ein schrankenloses Änderungsrecht des Arbeitgebers bzw. Dienstherrn ohne jegliche Berücksichtigung grundlegender persönlichkeitsrechtlicher Interessen des Arbeitnehmers scheitert jedoch an der auch insoweit bestehenden Unübertragbarkeit des „Kerns" des Urheberpersönlichkeitsrechts aus § 14 (ebenso *Dreier/Schulze/Schulze*³ Rdnr. 21; *Heidmeier* S. 90; *Riekert* S. 168; *Rojahn* S. 120; *Vinck* S. 50ff.; *ders.* RdA 1975, 162/165; aA iSe. Hinnahmepflicht des Beamten auch gegenüber gravierenden und einschneidenden Änderungen durch den Vorgesetzten, jedoch unter Vorbehalt der Zulässigkeit eines intra muros verbleibenden Distanzierungsvermerks *Leuze* S. 94ff.; für Beamte ebenso *Schacht* S. 188; s. allgemein auch vor §§ 12ff. Rdnr. 27 sowie im Einzelnen unten § 43 Rdnr. 83ff.). 34

c) Besonderheiten bei Bauwerken. Besondere Fragestellungen ergeben sich bei Bauwerken, wo urheberpersönlichkeitsrechtliche Sachverhalte in der Praxis regelmäßig auftreten (wegen des früheren Rechts vgl. insbesondere LG Berlin UFITA 4 [1931] 258 – Edenhotel; LG Berlin Schulze LGZ 65 – Rathaus Friedenau – und OLG Nürnberg UFITA 25 [1958] 361 – Reformationsgedächtnis-Kirche; vgl. dazu *Ulmer*³ § 41 III 2; *Flechsig* FuR 1976, 589; *Henssler* UFITA 18 [1954] 188; *Müller* S. 164; *Nahme* GRUR 1966, 474; *Nipperdey* DRZ 1946, 133). Aus der früheren Rechtsprechung lässt sich ableiten, dass in **Notzeiten und Zeiten des Wiederaufbaus** im Krieg zerstörter oder beschädigter Gebäude im Rahmen der wirtschaftlichen Notwendigkeiten großzügigere Maßstäbe zugunsten der Eigentümer von Bauwerken gelten (vgl. neben den eben Genannten auch *Rehbinder*¹⁵ Rdnr. 411 sowie *Tölke* S. 81; allgemein zur Werkvollendung durch den Bauherrn *Dreyer* in HK-UrhR² § 14 UrhG Rdnr. 32 und 59f.). 35

Bei der Anwendung des § 14 auf Bauwerke kommt zwei Aspekten generell große Bedeutung zu. Zum einen ist festzustellen, welchen **Einfluss** die Veränderungen **auf den künstlerischen Gesamteindruck** des Werkes haben. Beziehen sich die Änderungen nur auf ganz untergeordnete Werkelemente (siehe LG Leipzig ZUM 2005, 487/493 für das Fußbodenmaterial in einem Museum) oder sind sie sonst von nicht nennenswerter Relevanz für das gesamte Werk (BGH GRUR 1982, 107/110 – Kirchen-Innenraumgestaltung), kommt ihnen in der Interessenabwägung auch weniger Gewicht zu. Umgekehrt führen erhebliche Änderungen im Gesamteindruck zu einer entsprechend schwerwiegenden Beeinträchtigung der Urheberinteressen (LG Berlin GRUR 2007, 964/968 – Hauptbahnhof Berlin: der Einbau einer Flach- statt Gewölbedecke führe dazu, dass das Bauwerk sich nicht mehr aus einem Guss präsentiere, sondern in einen ober- und einen unterirdischen Teil zerfalle; dazu *Hillmer* KUR 2006, 113ff.; *Bornhagen/Viniol* KUR 2006, 115ff.; *Thies* UFITA 2007/III, 741ff.; *Obergfell/Elmenhorst* ZUM 2008, 23ff.). Zum anderen ist auch im Falle betont künstlerischer Gestaltung der **intendierte Gebrauchszweck** maßgeblich zu berücksichtigen (zum liturgisch-gottesdienstlichen Zweck von Kirchenbauten BGH GRUR 1982, 107/111 – Kirchen-Innenraumgestaltung; BGH GRUR 2008, 984/987 – St. Gottfried; OLG Karlsruhe GRUR 2004, 233; zu Schulzwecken vgl. BGH GRUR 1974, 675/677 – Schulerweiterung; KG ZUM 1997, 208/212 – Fahrstuhlschacht: Erfordernis der Änderung der ursprünglichen Planung – gemauerter statt aus Glas gefertigter und transparenter Fahrstuhlschacht – bereits während der Errichtung des Baues trotz Annahme einer Entstellung 36

§ 14 Entstellung des Werkes

durch das Gericht; OLG München IBR 2008, 97 – Strehle Schulzentrum: Erweiterung einer Schule in Fortführung des ursprünglichen Baukonzepts keine Entstellung; aus Schweizer Sicht ebenso SchweizBG GRUR Int. 1992, 473 – Schulhausumbau II; vgl. allg. *Gerlach* GRUR 1976, 613/622; *Grohmann* S. 49 ff.; *Müller* S. 162 ff.; *Schilcher* S. 112 ff.; *Schöfer* S. 103 ff.; *Walchshöfer*, Fs. für Hubmann, S. 469/474; *Schack*[4] Rdnr. 356; *Goldmann* GRUR 2005, 639 ff.; *Schulze* NZBau 2007, 611 ff.; rechtsvergleichend auch *Dietz* IIC 1994, 177/182 ff. mwN sowie *Prinz* S. 77 ff.).

36a   Potentiell **rechtfertigende Gebrauchsinteressen des Eigentümers** sind etwa die Vergrößerung oder Umstellung des Produktionsbetriebs von Fabrikbauten, die Modernisierung und Vergrößerung im Bereich des Wohnungsbaus sowie generell die Änderung des Gebrauchszwecks selbst (vgl. LG Stuttgart BeckRS 2010, 12527, Rdnr. 89 ff.: Teilabriss und Modernisierung eines Bahnhofs; OLG München ZUM 1996, 165 für den Fall der nachträglichen Entfernung von sog. Schleppgauben und der Errichtung von Satteldachgauben bei einem im Rahmen einer Gesamtanlage als Ortszentrum urheberrechtlich geschützten Gebäude; OLG München IBR 2008, 97 – Strehle Schulzentrum: Erweiterung einer Schule), Änderungen aufgrund von Anforderungen der Baubehörden (vgl. KG ZUM 1997, 208 – Fahrstuhlschacht, so. Rdnr. 36; vgl. auch *Grohmann* S. 50, 101; *Müller* S. 163, 165, 176, jedoch für Änderungsmöglichkeit durch den ursprünglichen Architekten; *Schack*[4] Rdnr. 357; *Tölke* S. 79; *Nahme* GRUR 1966, 474/476), geänderte Liturgieauffassungen, die im Altarraum einer Kirche räumlich umgesetzt werden sollen (BGH GRUR 2008, 984/987 – St. Gottfried, unter Berücksichtigung der Religionsfreiheit) sowie sonstige, erhebliche wirtschaftliche Gegeninteressen (LG Berlin GRUR 2007, 964/968 f. – Hauptbahnhof Berlin: Änderung eines Bauwerks bei Überschreitung des Kostenanschlags um mehr als 10% des maßgeblichen Gesamtbudgets). Rein ästhetische Gesichtspunkte werden eine Änderung selten rechtfertigen (so der sehr anschauliche Fall „Treppenhausgestaltung", BGH GRUR 1999, 230 = Schulze BGHZ 646 m. Anm. v. *Harke* = JZ 1999, 577 m. Anm. v. *Sack*; ebenso für den Fall eines bloßen Geschmackswandels der Bevölkerung bei einer öffentlich aufgestellten Großplastik OLG Hamm ZUM-RD 2001, 443/445 – kritisch insoweit *Müller* S. 167 – und für den Fall einer sich nicht aus dem Gebrauchszweck ergebenden Notwendigkeit der Änderung KG Berlin ZUM 2001, 590/592 – Gartenanlage; vgl. auch *Harke* KUR 2000, 19/21; *Nahme* 1966, 474/476; *Schack*[4] Rdnr. 357; strenger noch *Müller* S. 167 und *Tölke* S. 80; für den Fall der Restaurierung von Werken vgl. *Bullinger* S. 100 ff.). Dies gilt jedoch dann nicht, wenn die ästhetische Entscheidung ohne vorherige Fixierung in den Planunterlagen erst während der Bauerstellung durch den Bauherrn getroffen wird; dies muss der Architekt hinnehmen (vgl. BGH Schulze BGHZ 201, 5 ff. – Farbanstrich – gegen KG Schulze KGZ 45; zust. *Müller* S. 166; ähnlich KG ZUM 1997, 208/211 ff. – Fahrstuhlschacht, so. Rdnr. 36). Es gilt ferner nicht bei **politisch motivierten Änderungen bzw. Entfernungen politischer oder weltanschaulicher Symbole und Insignien** (vgl. die zahlreichen Beispiele bei *Müller* S. 167 ff. sowie den von *Jänecke* [su. Rdnr. 37] geschilderten Fall der Entfernung einer Lenin-Statue im Osten Berlins), da es sich dabei jedenfalls nicht um ästhetische oder Geschmacksfragen, sondern eher um Gebrauchszweck oder Gebrauchsfertigkeit handelt, zumal hier oft öffentliche Belange oder auch behördliche Anordnungen (sa. unten § 39 Rdnr. 16) im Spiel sind (ausführlich zum Ganzen *Müller* S. 167 ff.).

37   **d) Das Problem der Werkvernichtung insbesondere.** Nach der Rechtsprechung deckt das Verbotsrecht aus § 14 nicht den Anspruch des Urhebers, gegen die **gänzliche Vernichtung** seines Werkes vorzugehen, da nur die geistigen und persönlichen Interessen am fortbestehenden Werk in unverfälschter Form geschützt seien (RGZ 79, 397/401 – Felseneiland mit Sirenen; LG München I FuR 1982, 510/513 und 513/514 – ADAC-Hauptverwaltung I und II; KG Schulze KGZ 73 – Kugelobjekt; KG GRUR 1981, 742 – Totenmaske I; OLG Schleswig ZUM 2006, 426/427; vgl. auch die von *Jänecke* S. 24 f., 50 f., 172 geschilderten, seinerzeit [1991 und 1992] Aufsehen erregenden Fälle der Demontage einer Lenin-Statue im Osten Berlins und der Entfernung der Gebäudeskulptur „Kasseler Treppe" nach Abschluss der Dokumenta in Kassel; vgl. auch Nichtannahmebeschluss BVerfG ZUM-RD 2005, 169 im Falle des Abrisses bereits errichteter Teile des nicht zur Ausführung gelangten Dokumentationszentrums „Topographie des Terrors" in Berlin, dem freilich eine Prüfung ausschließlich unter dem Gesichtspunkt der Verletzung des aPR des Architekten wegen Rufschädigung, nicht jedoch unter UPR-Gesichtspunkten zugrunde liegt. Eine bloß **teilweise Vernichtung** wird hingegen an § 14 gemessen (vgl. LG Stuttgart BeckRS 2010, 12527, Rdnr. 83 ff.; OLG München GRUR-RR 2001, 177/178 – Kirchenschiff, wo zwischen dem Abriss einer Kirche nebst Turm als bloßen Teils eines Ensembles aus Kirchenschiff, Turm, Pfarrhaus, Platz und Höfen iS einer unzulässigen Teilvernichtung [selbst wenn nur für sich genommen nicht urheberrechtsfähige Reste verbleiben]

Entstellung des Werkes **§ 14**

und der zulässigen Beseitigung [Vollvernichtung] des Gesamtensembles differenziert wird; vgl. zu dieser nicht unproblematischen Entscheidung *G. Schulze,* Fs. für Dietz, S. 177 ff.; *Dreier/ Schulze/Schulze*[3] Rdnr. 29; *Jänecke* S. 49 f.; *Müller* S. 179; *Wandtke/Bullinger/Bullinger*[3] Rdnr. 25; nach OLG Hamm ZUM-RD 2001, 443/446 liegt bloße Teilvernichtung und damit unzulässige Entstellung auch bei Entfernung einer orts- bzw. standortbezogenen Stahlgroßplastik vor; kritisch zu dieser Entscheidung *Müller* S. 157 f.: bloßes Minus gegenüber erlaubter Vernichtung; in diese Richtung auch OLG Schleswig-Holstein ZUM 2006, 426/427: wenn die gänzliche Vernichtung zulässig sei, könne die Entfernung eines Kunstwerks aus dem öffentlichen Raum in einen privaten Bauhof als Eingriff von geringerer Intensität nicht unzulässig sein). Vorausgesetzt wird bei der von den Gerichten vorgenommenen Differenzierung, dass **die (bloße) Vernichtung des Werkes keine Beeinträchtigung** desselben darstellt (im Allgemeinen zustimmend *Wandtke/Bullinger/Bullinger*[3] Rdnr. 25 und 46; ebenso die Begründung zu § 14 RegE 1962, BTDrucks. IV/270 S. 45; wegen der Vernichtung von Sammelwerken und im Internet vgl. *Jänecke* S. 51 f., 54 f.). Solange die entsprechende Schutznorm, auch in Anlehnung an Art. 6bis RBÜ, auf Ruf bzw. Ehre und Ansehen des Urhebers abstellte (so noch RefE 1954 § 19), ließ sich eine Differenzierung nach rufschädigender Beeinträchtigung und ansehensneutraler Vernichtung durchaus begründen.

Die gegenüber Art. 6bis RBÜ erweiterte Fassung des § 14 (so. Rdnr. 8), die bewusst auf die **37a** „**berechtigten geistigen und persönlichen Interessen**" **des Urhebers** am Werk abstellt, lässt jedoch eine derartige Differenzierung im Hinblick auf das grundsätzliche Bestands- und Integritätsinteresse des Urhebers nicht mehr ausnahmslos als gerechtfertigt erscheinen (idS. die gemeinsame Regelung des Schutzes gegen Vernichtung und gegen Entstellung in Art. 56 des portugiesischen UrhG idF vom 3. 9. 1991; ausführlich im Sinne eines Vernichtungsschutzes *Schöfer* S. 142 ff.; so im Ergebnis auch *Ulmer*[3] § 41 III 1; *Dietz,* Droit moral, S. 111 f.; *Dreier/ Schulze/Schulze*[3] Rdnr. 27; *Dreyer* in HK-UrhR[2] § 14 UrhG Rdnr. 47; *Hegemann,* Fs. für Hertin, S. 87/103; *Movsessian* UFITA 95 [1983] 77/86 f.; *Nahme* GRUR 1966, 474/478; *Prinz* S. 62 und 93 f.; *Richard/Junker* GRUR 1988, 18/23 f.; *Schack*[4] Rdnr. 345, 358 ff.; *ders.* GRUR 1983, 56/57; *Sieg* S. 178 ff.; *Tölke* S. 195 f.; *Walchshöfer,* Fs. für Hubmann, S. 469/474; *Honschek* GRUR 2007, 944/949 f.; *Fromm/Nordemann/Hertin*[9] Rdnr. 18; *Schmelz* GRUR 2007, 565 ff., unter Verweis auf § 11 S. 1; vgl. andererseits *Haberstumpf*[2] Rdnr. 220 und *Rehbinder*[15] Rdnr. 410, die nur für den Fall der Schikane oder der Vereitelung eines Anspruchs auf Zugang nach § 25 Vernichtungsschutz gewähren wollen; insoweit ablehnend – auch bezügl. einer Herleitung aus dem Folgerecht – *Jänecke* S. 88 f.; vollständig aA insbesondere *Bullinger* S. 107 ff.; *Grohmann* S. 124; *v. Gamm* Rdnr. 11; *Harke* KUR 2000, 19/22; *Möhring/Nicolini/Kroitzsch*[2] Rdnr. 24; *Fromm/Nordemann/Dustmann* Rdnr. 33; für Schutzmöglichkeiten ausschließlich aufgrund des aPR *Wandtke/Bullinger/Bullinger*[2] Rdnr. 21; wegen des Anspruchs des Urhebers bei irreversibel entstelltem Werke vgl. *dies.* Rdnr. 44; vgl. auch die Übersicht über die unterschiedlichen in der Literatur vertretenen Positionen bei *Jänecke* S. 70 f.; zur möglichen Ableitung aus dem verfassungsrechtlichen aPR *ders.* S. 129 ff.; wegen eines besonders instruktiven Falles des fast nahtlosen **Übergangs von Beschädigung zu Zerstörung** am Beispiel der „Beuys'schen Badewanne" vgl. *Hamann* FuR 1976, 166; *Fromm/Nordemann/Hertin*[9] Rdnr. 18; *Jänecke* S. 86 f.). Ähnliche Probleme des Übergangs von Beeinträchtigung zu Zerstörung (für strenge Trennung der beiden Begriffe *Jänecke* S. 54) stellen sich bei der Beseitigung (dem Abtransport) konkret **örtlichkeitsbezogen aufgestellter öffentlicher Kunstwerke (sog.** „**site-specific art**"), da die Zerstörung des Bezugsrahmens die „Aura" des Kunstwerks beseitigt (s. OLG Hamm ZUM-RD 2001, 443/445 – Stahlgroßplastik; kritisch dazu *Müller* S. 179; vgl. auch die Beispiele der überdimensionalen, ortsbezogen gestalteten Skulpturen von Eduardo Chillida und eines speziell ortsbezogen gestalteten Wandbilds von Oskar Schlemmer bei *Hegemann,* Fs. für Hertin, S. 87/105 f. und *Jänecke* S. 53 f. sowie die Nachweise bei *Bullinger* S. 115 ff. und *Dietz* IIC 1994, 177/192 ff.; Letzterer insb. im Hinblick auf einen in der Öffentlichkeit ausgetragenen Streit über die Beseitigung einer monumentalen Stahlplastik des Künstlers Richard Serra in New York; zur Frage der „Umweltbeeinträchtigung" eines Kunstwerks etwa bei der deplazierten Gestaltung einer Ausstellung vgl. auch *Richard/Junker* GRUR 1988, 18/24 f. sowie *Jänecke* S. 173 f.). Grundsätzlich anerkannt hat der BGH GRUR 1995, 673/675 = JZ 1995, 835 m. Anm. v. *Schack* – Mauer-Bilder, die Zulässigkeit der Vernichtung jedenfalls bei einem dem Eigentümer gegen seinen Willen aufgedrängten Kunstwerk, zB der Graffiti-Kunst (ebenso *Bullinger* S. 114; *Wandtke/ Bullinger/Bullinger*[3] Rdnr. 45; vgl. auch *Schack*[4] Rdnr. 360; *ders.* GRUR 1983, 60 zum Fall des „Sprayers von Zürich"; vgl. auch *Jänecke* S. 156 f. und S. 175 ff.; *Müller* S. 173; für den Fall der Zerteilung von Werken vgl. *Bullinger* S. 98 ff.; *Müller* S. 159).

38 Die **Werkvernichtung** ist demgemäß als schärfste Form oder jedenfalls als äußerster Fall der Beeinträchtigung zu qualifizieren (wegen der im Regelfall irrelevanten Vernichtung eines Werkstücks ohne Original- oder Einmaligkeitscharakter s. *Jänecke* S. 85 und S. 144 f.). Die keineswegs zwingende, zu enge Deutung des Begriffs der Beeinträchtigung bei *Jänecke* S. 86 und passim (ebenso *Müller* S. 180 sowie *Clément* S. 83 f. aus der Sicht der Vernichtungsbefugnis der Erben), wonach ein zerstörtes und dann nicht mehr fortbestehendes Werk nicht als beeinträchtigt angesehen und die Werkvernichtung deshalb nicht – auch nicht unter entsprechender Anwendung – unter § 14 subsumiert werden könne, ist nicht überzeugend (vgl. jedoch *ders.* S. 88 ff. und S. 143 ff. mit der in den Ergebnissen weitgehend übereinstimmenden Herleitung eines – relativen – Zerstörungsverbotes wegen Beeinträchtigung der geistigen Interessen des Urhebers unmittelbar aus der Generalklausel des § 11 S. 1 UrhG; anders *Müller* S. 180: generell kein Schutz gegen Vernichtung von Werken der Baukunst). Dabei müssen aber die **Eigentümerinteressen im Rahmen der Interessenabwägung** gebührende Berücksichtigung finden (ebenso *Jänecke* S. 148 ff.; dort – S. 152 ff. – auch Zusammenstellung der relevanten Wertungsgesichtspunkte; vgl. auch *ders.* S. 276 f. wegen eines ausformulierten Vorschlags für eine gesetzliche Regelung in einem zu schaffenden § 14 a); übersteigerte und realitätsferne Ergebnisse müssen dabei vermieden werden. Es ist **jedenfalls bei einem unersetzbaren Werk nach Wegen zu suchen, die eine Vernichtung vermeiden** (so *Dreier/Schulze/Schulze*[3] Rdnr. 28; ähnlich *Hegemann*, Fs. für Hertin, S. 87/103 ff.). Gerade hier kommt es angesichts der großen Streubreite des Urheberrechtsschutzes in besonderer Weise auf den künstlerisch-ästhetischen Rang des betroffenen Werkes an (aA unter Bevorzugung des Begriffs der Gestaltungshöhe *Jänecke* S. 153; sa. oben Rdnr. 29 a).

38a **Ein Vernichtungsabwehrinteresse des Urhebers** kann deshalb in der Regel nur bei hochwertigen Originalen von Werken der bildenden Kunst (zum Originalbegriff vgl. *Jänecke* S. 56 ff. mwN) durchschlagen, jedenfalls dann, wenn es darum geht, mutwillige Zerstörung oder gar eine Werkvernichtung mit Schädigungsabsicht (so *Jänecke* S. 177 f.; zur Abgrenzung von bloß unpfleglicher Behandlung *ders.* S. 101 ff.) abzuwehren, und unter der Voraussetzung, dass der Eigentümer das Erhaltungsinteresse des Urhebers sowie dessen Anschrift kennt (in der Gesamtwertung zust. *Dreyer* in HK-UrhR[2] § 14 UrhG Rdnr. 47; aA *Hegemann*, Fs. für Hertin, S. 87/104: kein weiteres qualitatives Kriterium neben der Gestaltungshöhe). Jedenfalls bei isolierten, nicht mit anderen Gebrauchszwecken verbundenen Werken (dazu *Jänecke* S. 158 ff. sowie für den gegenteiligen Fall S. 174 f.) ist dem Eigentümer ein Rückgabeangebot zum Materialwert zuzumuten (ausführlich dazu *Jänecke* S. 159 ff., 178 sowie *Schöfer* S. 135 ff., 139 ff., 155 ff., 199 f.; zust. auch *Dreier/Schulze/Schulze*[3] Rdnr. 28; *Honscheck* GRUR 2007, 944/950; vgl. auch *Ulmer*[3] § 41 III 2; *Samson* S. 122; im selben Sinn nunmehr ausdrücklich Art. 15 des Schweizer URG; dazu *Jänecke* S. 258 f.; *Müller* S. 177 f. und *de Werra* S. 78 f.; vgl. auch die weiteren rechtsvergleichenden Hinweise bei *Jänecke* S. 256 ff.; für den Fall der Restaurierung von Kunstwerken unter Zerstörung etwa vorgelagerter Schichten vgl. *Dreier*, Fs. für Beier, S. 372; *ders.* aaO S. 375 f. für den Fall der Werkänderung bzw. des Verfalls des Werkes als künstlerische Strategie aufgrund entsprechender Wahl vergänglicher Materialien; ähnlich *Bullinger* S. 103 f.). Die vorgenannten Überlegungen können auch auf der Basis der restriktiveren Auffassung der Rechtsprechung zum Tragen kommen, nämlich unter dem Aspekt eines Missbrauchs des Eigentums, gegen den sich der Urheber gem. § 826 BGB wehren kann. Ähnliche Überlegungen gelten im Falle des **nachweislich einzigen Festlegungsexemplars eines Werkes** aus anderen Bereichen als dem der bildenden Kunst (ebenso *Schöfer* S. 156), zB bei Manuskripten bedeutender Autoren. Bei Werken mit persönlichkeitsrechtlichem Bezug zum Sacheigentümer (Bildnisse, Briefe) dagegen wird das Vernichtungsinteresse des Eigentümers in der Regel überwiegen (so *Jänecke* S. 164 ff.). Die Zulässigkeit der Werkvernichtung kann insb. auch auf einer speziellen Einwilligung des Urhebers beruhen (ausführlich dazu *Jänecke* S. 186 ff.; s. allgemein bereits oben vor §§ 12 ff. Rdnr. 26 ff. und oben Rdnr. 27), wie umgekehrt Urheber und Sacheigentümer auch vereinbaren können, das Werk nicht zu zerstören (s. *Jänecke* S. 220 f.).

39 Zur praktischen **Durchführung der Rückgabeverpflichtung des Eigentümers** gegen Erstattung des Materialwerts ist für den Fall, dass Name und Anschrift des Künstlers bekannt sind oder ohne große Mühe erschlossen werden können, eine dementsprechende Mitteilungspflicht des Eigentümers zu erwägen (vgl. *Dietz*, Droit moral, S. 112; *Jänecke* S. 160; *Schöfer* S. 200; *Schack*[4] Rdnr. 359; *ders.* GRUR 1983, 56/57; *Movsessian* UFITA 95 [1983] 77/84 f.). *Schöfer* (S. 200) schlägt zur Vereinfachung der Kontaktaufnahme die Einführung einer zentral geführten Urheberliste mit der Anschrift aller an der Rücknahme gegebenenfalls interessierten Künstler vor. Im Hinblick auf die zunehmende Erfassung aller professionell tätigen bildenden Künstler und ihrer Werke durch deren Berufsverbände bzw. durch die Verwertungsgesellschaft

Bei **Bauwerken und mit dem Boden fest verbundenen Großplastiken** oder Plastiklandschaften (wie etwa bei den für den betroffenen Künstler Hajek sehr ungünstigen Entscheidungen LG München I FuR 1982, 510 und 513 – ADAC-Hauptverwaltung I und II) kann ein Vernichtungsabwehrinteresse des Urhebers gegen das Gebrauchsinteresse des Eigentümer im Ergebnis nicht durchschlagen (ebenso *Dreier/Schulze/Schulze* Rdnr. 28, vorbehaltlich der durch den Denkmalschutz gesetzten Grenzen; vgl. auch *Schulze*, Fs. für Dietz, S. 177/182f.; *Jänecke* S. 166ff.; wegen der Besonderheiten bei Werken im Eigentum der öffentlichen Hand *ders.* S. 171ff.). Zuzumuten ist dem Eigentümer hier jedoch wenigstens – wiederum unter dem Gedanken des sonst gegebenen Rechtsmissbrauchs und entsprechend § 15 des Schweizer URG – eine Duldungspflicht, wonach der Urheber das Werk fotografieren und auf eigene Kosten Kopien der Pläne herstellen darf (ebenso *Jänecke* S. 168f.; *Müller* S. 178), oder zumindest der Versuch einer einvernehmlichen schonenden Lösung unter Einbeziehung der Bedenken des Künstlers. Daran hat es im Falle Hajek – auch wegen eines unnötigen, die Vernichtungsmöglichkeit in der ersten Entscheidung vorschnell andeutenden obiter dictum – offensichtlich gefehlt (ebenso *Schöfer* S. 159f., 163 sowie *Sieg* S. 178: „kulturelle Barbarei"; kritisch auch *Jänecke* S. 171). Ist der Künstler selbst (noch) Eigentümer des Werkes, so kann im Falle der Zerstörung des Kunstwerks bei unsachgemäßem Transport dann ein Schadensersatzanspruch ausgeschlossen sein, wenn es sich um unstabile Kunstwerke (zB Baumwoll- und Glasobjekte) handelt, die im Zeitpunkt der Beschädigung gewissermaßen den Keim der Zerstörung in sich tragen (so LG Hof NJW 1990, 1998; für den Fall der unsachgemäßen Lagerung eines wegen seiner überdimensionalen Maße ungewöhnlichen Kunstwerks vgl. den – durch Vergleich beendeten – Rechtsstreit „Der leidende Mensch", berichtet von *Krampe* NJW 1992, 1264ff.). Umgekehrt kann der Urheber im Fall eines irreversibel entstellten Werks selbst Anspruch auf Vernichtung des entstellten Werks haben (vgl. *Bullinger* S. 106f. sowie *Wandtke/Bullinger/Bullinger*[3] Rdnr. 44).

IV. Rechtsfolgen der Verletzung des Werkschutzrechts

Zivilrechtliche Ansprüche wegen Verletzung des Werkschutzrechts nach Maßgabe der §§ 14, 39 und 93 Abs. 1 (wegen Verletzung des § 62 s. dort Rdnr. 27) regeln sich nach den §§ 97ff. (vgl. im Einzelnen vor §§ 12ff. Rdnr. 12a und § 97 Rdnr. 5; *Dreyer* in HK-UrhR[2] § 14 UrhG Rdnr. 79ff.; *v. Gamm* Rdnr. 6; *Grohmann* S. 222ff.; *Jänecke* S. 182ff.; *Lendvai* S. 59ff.; *Riekert* S. 170ff.; für den Bereich des Verlagsvertrags vgl. auch *Schricker*, Verlagsrecht[3], § 13/§ 39 UrhG Rdnr. 12; *Bullinger* S. 124ff.). In Betracht kommen insbesondere Ansprüche auf Beseitigung der Beeinträchtigung und Schadensersatz. Im Rahmen der bei einem Beseitigungsanspruch durchzuführenden Zumutbarkeitsprüfung sind auch die Auswirkungen zu berücksichtigen, die ein ggf. zeitlich aufwendiger Rückbau auf die Nutzung namentlich öffentlicher Gebäude wie eines Bahnhofs hat (so auch LG Berlin GRUR 2007, 964/969 – Hauptbahnhof Berlin, allerdings ohne nähere Prüfung; vgl. ferner OLG München ZUM-RD 1998, 89: Versagung eines auf Wiederherstellung zerstörter Kirchenfenster gerichteten Anspruchs, da eine bloß nachempfundene Gestaltung verlangt wurde). Im Falle unerlaubter Werknutzung unter Änderung bzw. Beeinträchtigung des Werkes steht die **Verletzung des Werkschutzrechts** nach den §§ 14 und 39 neben der allgemeinen Urheberrechtsverletzung, so dass in vielen Fällen – ohne Rücksicht auf den Entschädigungsanspruch nach § 97 Abs. 2 S. 4 – eine Schadensersatzpflicht begründet sein wird (s. BGH GRUR 2002, 532/535 = JZ 2002, 716/718 m. Anm. v. *Schricker* = Schulze BGHZ 496 m. Anm. v. *Müller-Katzenburg*). Dies kann schon über § 97 Abs. 2 S. 1–3 zu einer Erhöhung des Gesamtschadensersatzes führen (ebenso *Grohmann* S. 222). Im Übrigen ist neben dem materiellen Schaden nach § 97 Abs. 2 S. 1–3, der auch bei reinen Persönlichkeitsverletzungen auftreten kann, der **immaterielle Schaden gemäß § 97 Abs. 2 S. 4** in Form einer Geldentschädigung abzugelten, wenn und soweit es der Billigkeit entspricht (Einzelheiten bei *Grohmann* S. 229ff.; vgl. auch OLG Köln Schulze OLGZ 129, 3 und 5 – Mein schönstes Urlaubsfoto; OLG Frankfurt/M. GRUR 1989, 203/205 – Wüstenflug; OLG München GRUR 1993, 332/333 – Christoph Columbus; OLG München NJW 1996, 135 – Herrenmagazin; anders dagegen OLG Hamburg ZUM 1998, 324: kein Verletzerzuschlag wegen fehlender Schwere des Eingriffs; ähnlich OLG München NJW-RR 1997, 493; eine Anwendung auf vor Inkrafttreten des Gesetzes liegende Verletzungsfälle scheidet nach BGH GRUR 1971, 525/526 – Petite Jacqueline – aus; die Anwendung des früheren Rechts führte aber zum gleichen Ergeb-

§ 15 Allgemeines

nis). Eine **gröbliche Entstellung** iSd. § 93 Abs. 1 bedeutet nicht automatisch auch einen höheren Entschädigungsanspruch nach § 97 Abs. 2 S. 4, wenn im Zusammenhang mit der Werknutzung eine die Gefahr der Rufschädigung mindernde Distanzierung gegenüber dem betroffenen Urheber vorgenommen wurde (so für den Fall eines distanzierenden Vorspruchs zu einem Fernsehspiel KG UFITA 59 [1971] 279/285 – Kriminalspiel).

42 Strafrechtliche Folgen hat die Verletzung der Werkintegrität im Gegensatz zum früheren Recht (§ 38 Abs. 2 LUG und § 32 Abs. 2 KUG) nicht mehr (su. § 106 Rdnr. 1 sowie allgemein *v. Gravenreuth* GRUR 1983, 349/350).

Unterabschnitt 3. Verwertungsrechte

§ 15 Allgemeines

(1) **Der Urheber hat das ausschließliche Recht, sein Werk in körperlicher Form zu verwerten; das Recht umfaßt insbesondere**

1. **das Vervielfältigungsrecht (§ 16),**
2. **das Verbreitungsrecht (§ 17),**
3. **das Ausstellungsrecht (§ 18).**

(2) ¹**Der Urheber hat ferner das ausschließliche Recht, sein Werk in unkörperlicher Form öffentlich wiederzugeben (Recht der öffentlichen Wiedergabe).** ²**Das Recht der öffentlichen Wiedergabe umfasst insbesondere**

1. **das Vortrags-, Aufführungs- und Vorführungsrecht (§ 19),**
2. **das Recht der öffentlichen Zugänglichmachung (§ 19 a),**
3. **das Senderecht (§ 20),**
4. **das Recht der Wiedergabe durch Bild- oder Tonträger (§ 21),**
5. **das Recht der Wiedergabe von Funksendungen und von öffentlicher Zugänglichmachung (§ 22).**

(3) ¹**Die Wiedergabe ist öffentlich, wenn sie für eine Mehrzahl von Mitgliedern der Öffentlichkeit bestimmt ist.** ²**Zur Öffentlichkeit gehört jeder, der nicht mit demjenigen, der das Werk verwertet, oder mit den anderen Personen, denen das Werk in unkörperlicher Form wahrnehmbar oder zugänglich gemacht wird, durch persönliche Beziehungen verbunden ist.**

1. **Schrifttum zu Abs. 1 und 2:** *Bergmann*, Zur Reichweite des Erschöpfungsprinzips bei der Online-Übermittlung urheberrechtlich geschützter Werke, Fs. für Erdmann, 2002, S. 17; *Bornkamm*, Die Erschöpfung des Senderechts: Ein Irrweg?, Fs. für v. Gamm, 1990, S. 329; *Brügger*, Private Nutzungsfreiheit?, Fs. 100 Jahre URG, 1983, S. 325; *Budde*, Das sog. Filmherstellungsrecht, in *Moser/Scheuermann* (Hrsg.), Handbuch der Musikwirtschaft, 1992, S. 637; *Dreier*, Kabelweiterleitung und Urheberrecht, 1991; *ders.*, Konvergenz und das Unbehagen des Urheberrechts, Fs. für Erdmann, 2002, S. 73; *Gaster*, Die Erschöpfungsproblematik aus der Sicht des Gemeinschaftsrechts GRUR Int. 2000, 571; *Gey*, Das Recht der öffentlichen Zugänglichmachung iSd. § 19 a UrhG, 2009; *Gounalakis*, Erschöpfung des Senderechts?, ZUM 1986, 638; *ders.*, Kabelfernsehen im Spannungsfeld von Urheber- und Verbraucherschutz. Zur urheberrechtlichen Problematik der Einspeisung von Rundfunksendungen in Kabelanlagen aus nationaler, internationaler und rechtsvergleichender Sicht, 1989; *ders.*, Kabelfernsehen im Versorgungsbereich gebührenfinanzierter Sender, UFITA 111 (1989) 31; *Gounalakis/Mand*, Kabelweiterleitung und urheberrechtliche Vergütung, 2003; *Goutzamanis*, Die Erschöpfung des Verbreitungs- und des Senderechts des Urhebers nach dem Recht der Europäischen Wirtschaftsgemeinschaft, Diss. Saarbrücken 1987; *Harder*, Digitale Universitätsbibliotheken aus urheberrechtlicher Sicht, 2007; *Hauptmann*, Die Vergesellschaftung des Urheberrechts im Online-Bereich, 1994; *Heinz*, Urheberrechtliche Gleichbehandlung von alten und neuen Medien, 2006; *Herter*, Geistiges Eigentum und gesetzliche Lizenz, Diss. Mainz 1990; *Hilber/Litzka*, Wer ist urheberrechtlicher Nutzer von Software bei Outsourcing-Vorhaben?, ZUM 2009, 730; *Hubmann*, Der Erschöpfungsgrundsatz und das Recht der öffentlichen Wiedergabe, Fs. für Roeber, 1982, S. 181; *Jani*, Alles eins? – Das Verhältnis der öffentlichen Zugänglichmachung zum Vervielfältigungsrecht, ZUM 2009, 722; *Joos*, Die Erschöpfungslehre im Urheberrecht, 1991; *Kappes*, Gesetzliche Vergütungsansprüche bei der privaten Nutzung von computergestützten Informationssammlungen, GRUR 1997, 338; *Koehler*, Der Erschöpfungsgrundsatz des Urheberrechts im Online-Bereich, 2000; *Krüger*, Zur Wahrnehmung des sog. Filmherstellungsrechts durch die GEMA, Fs. für Reichardt, 1990, S. 79; *Loewenheim*, Konturen eines europäischen Urheberrechts, Fs. für Kraft, 1998, S. 361; *Mäger*, Die Abtretung urheberrechtlicher Vergütungsansprüche in Verwertungsverträgen, ZUM 2000; *ders.*, Der urheberrechtliche Erschöpfungsgrundsatz bei der Veräußerung von Software, CR 1996, 522; *Mand*, Die Kabelweitersendung als urheberrechtlicher Verwertungstatbestand, GRUR 2004, 395; *Miersch*, Europäisches Wettbewerbsrecht und Musikrechte, in *Lange/Klippel/Ohly* (Hrsg.), Geistiges Eigentum und Wettbewerb, 2009, S. 177; *Niethammer*, Erschöpfungsgrundsatz und Verbraucherschutz im Urheberrecht, 2005; *Ott*, Die urheberrechtliche Zulässigkeit des Framing nach der BGH-Entscheidung im Fall „Paperboy", ZUM 2004, 357; *Plate*, Die Verwertungsgesellschaftenpflicht für urheberrechtliche Vergütungsansprüche und ausschließliche Verwertungsrechte, 2003; *Poll*, Filmherstellungs- und Filmeinblendungsrecht aus der Sicht der Videoproduzenten, in *Becker* (Hrsg.), Musik im Film, 1993, S. 99; *Rehbinder*, Die urheberrechtlichen Verwertungsrechte nach der Ein-

Allgemeines § 15

führung des Vermietrechts, ZUM 1996, 349; *Rigopoulos,* Die digitale Werknutzung nach dem griechischen und deutschen Urheberrecht, 2004; *Rossbach,* Die Vergütungsansprüche im deutschen Urheberrecht, 1990; *Rüberg,* Vom Rundfunk- zum Digitalzeitalter, 2007; *Sack,* Kabelrundfunk und Urheberrecht, GRUR 1988, 163; *ders.,* Die Erschöpfung von gewerblichen Schutzrechten und Urheberrechten nach europäischem Recht, GRUR 1999, 193; *Schack,* Kunst als Marke – Marke als Kunst, Fs. für Rehbinder, 2002, S. 345; *Schricker,* Zur Harmonisierung des Urheberrechts in der Europäischen Wirtschaftsgemeinschaft, Fs. für Steindorff, S. 1441; *ders.,* Bemerkungen zur Erschöpfung im Urheberrecht, Fs. für Dietz, 2001, S. 447; *G. Schulze,* Wann beginnt eine urheberrechtlich relevante Nutzung?, Fs. für Nordemann, 1999, S. 237 = ZUM 2000, 126; *ders.,* Rechtsfragen von Printmedien im Internet, ZUM 2000, 432; *Schwertfeger,* Kabelfernsehen und Urheberschutz, 1987; *Seifert,* Der Erschöpfungsgrundsatz: Eine allgemeine Rechtsregel im Urheberrecht?, FuR 1981, 513; *Senger,* Die Vergewaltigung des Urheberrechts – am Beispiel des Kabelfernsehens, MR 1992, 96; *Ulmer,* Die Entscheidung zur Kabelübertragung von Rundfunksendungen im Lichte urheberrechtlicher Grundsätze, GRUR Int. 1981, 372; *v. Ungern-Sternberg,* Von der gemeinsamen Fernsehantenne zum Kabelfernsehen, UFITA 94 (1982) 79; *Urek,* Die Abgrenzung des Filmherstellungsrechtes von den Filmauswertungsrechten, ZUM 1993, 168; *Ventroni,* Das Filmherstellungsrecht, 2001; *Wawretschek,* Urheberrechtsfragen der Presse im digitalen Zeitalter, 2004; *Weber,* Grenzen EU-rechtskonformer Auslegung und Rechtsfortbildung, 2010; *Wimmers/Schulz,* Wer nutzt? – Zur Abgrenzung zwischen Werknutzer und technischem Vermittler im Urheberrecht, CR 2008, 170; *Windisch,* Allgemeine Erschöpfungslehre und Waren- und Dienstleistungsverkehr in der Europäischen Gemeinschaft, Fs. für Roeber, 1982, S. 481; *ders.,* Persönlichkeitsbezogene Komponenten in Immaterialrechten, GRUR 1993, 352.

2. Schrifttum zu Abs. 3: a) Schrifttum vor 2003: *Dittrich,* Veröffentlichung und Erscheinen, ÖJZ 1971, 225; *ders.,* Zur urheberrechtlichen Beurteilung der Betriebsmusik, ÖBl. 1975, 125; *Haindl,* Der Begriff der öffentlichen Aufführung im Urheberrecht, ÖBl. 1964, 22; *Heineke,* Die „Betriebsmusik" und das neue Urheberrechtsgesetz, BB 1966, 1424; *Hubmann,* Der Begriff der Öffentlichkeit im Urheberrecht, INTERGU-Jahrbuch 1979, S. 469; *Klett,* Urheberrecht im Internet aus deutscher und amerikanischer Sicht, 1998; *Knap,* Der Öffentlichkeitsbegriff in den Begriffen der Werkveröffentlichung und der öffentlichen Werkwiedergabe, UFITA 92 (1982) 2; *Koch,* Grundlagen des Urheberrechtsschutzes im Internet und in Online-Diensten, GRUR 1997, 417; *Kotthoff,* Zum Schutz von Datenbanken beim Einsatz von CD-ROMs in Netzwerken, GRUR 1997, 597; *Leupold,* „Push" und „Narrowcasting" im Lichte des Medien- und Urheberrechts, ZUM 1998, 99; *Mielke,* Urheberrechtsfragen der Videogramme, 1987; *ders.,* Urheberrechtsfragen des Hotelvideos, ZUM 1987, 501; *Peters,* Urheberrechtsfragen audiovisueller Medien in Bibliotheken, 2. Aufl. 1989; *Rogge,* Elektronische Pressespiegel in urheber- und wettbewerbsrechtlicher Beurteilung, 2001; *Scholz,* Betriebsmusik und Urheberrecht in der betrieblichen Praxis, BB 1964, 1461; *Schricker,* Videovorführungen in Hotels in urheberrechtlicher Sicht, Fs. für Oppenhoff, 1985, S. 367; *E. Schulze,* Bedeutet das neue Urheberrechtsgesetz für die Musikschaffenden eine Verschlechterung bei der Betriebsmusik?, NJW 1967, 1012; *G. Schulze,* Spielraum und Grenzen richterlicher Rechtsfortbildung im Urheberrecht, Fs. für Erdmann, 2002, S. 173; *Tochtrop,* Die Tantiemepflicht der Vereine bei Musikaufführungen, Diss. Münster 1961; *Walter,* Die Werkverwertung in unkörperlicher Form (öffentliche Wiedergabe), MR 1998, 132; *Wolf,* Erfüllt die Wiedergabe von Radiosendungen in Warteräumen von Arztpraxen das Merkmal der „Öffentlichkeit" im Sinne des § 15 Abs. 3 UrhG?, GRUR 1997, 511; *Zscherpe,* Urheberrechtsschutz digitalisierter Werke im Internet, MMR 1998, 404.

b) Schrifttum ab 2003: *Bisges,* Urheberrechtliche Aspekte des elektronischen Dokumentenmanagements, 2009; *Dünnwald/Gerlach,* Recht des ausübenden Künstlers, 2008; *Grassmann,* Der elektronische Kopienversand im Rahmen der Schrankenregelungen, 2006; *Haupt,* Strafanzeige gegen Monika Hohlmeier – Die Hintergründe, KUR 2004, 65; *Heinz,* Urheberrechtliche Gleichbehandlung von alten und neuen Medien, 2006; *Hoeren,* Der urheberrechtliche Begriff der öffentlichen Wiedergabe in Österreich – am Beispiel des Hotelfernsehens, Fs. für Loewenheim, 2009, S. 137; *Horn,* Urheberrecht beim Einsatz neuer Medien in der Hochschullehre, 2007; *Koch,* Internet-Öffentlichkeit, Fs. für Schneider, 2008, S. 96; *Kreile/Becker/Riesenhuber* (Hrsg.), Recht und Praxis der GEMA, 2. Aufl. 2008; *Lauber/Schwipps,* Das Gesetz zur Regelung des Urheberrechts in der Informationsgesellschaft, GRUR 2004, 293; *Loewenheim,* Öffentliche Zugänglichmachung von Werken im Schulunterricht, Fs. für Schricker, 2005, S. 413; *Lorenz,* Braucht das Urheberrecht eine Schranke für die öffentliche Zugänglichmachung für Unterricht und Forschung (§ 52a UrhG)?, ZRP 2008, 261; *Mitsdörffer/Gutfleisch,* „Geo-Sperren" – Wenn Videoportale ausländische Nutzer aussperren – Eine urheberrechtliche Betrachtung, MMR 2009, 731; *Rigopoulos,* Die digitale Werknutzung nach dem griechischen und deutschen Urheberrecht, 2004; *Rüberg,* Vom Rundfunk- zum Digitalzeitalter, 2007; *Sattler,* Der Status quo der urheberrechtlichen Schranken für Bildung und Wissenschaft, 2008; *Schöwerling,* E-Learning und Urheberrecht an Universitäten in Österreich und Deutschland, 2007; *G. Schulze,* Der individuelle E-Mail-Versand als öffentliche Zugänglichmachung, ZUM 2008, 836; *Sieber,* Urheberrechtlicher Reformbedarf im Bildungsbereich, MMR 2004, 715; *Ullrich,* Die „öffentliche Wiedergabe" von Rundfunksendungen in Hotels nach dem Urteil „SGAE" des EuGH (Rs. C-306/05), ZUM 2008, 112; *Vogtmeier,* Elektronische Pressespiegel in der Informationsgesellschaft, 2004; *Walter,* Die öffentliche Wiedergabe urheberrechtlich geschützter Werke in Schulen und Universitäten, ZfRV 2008, 114; *Wawretschek,* Urheberrechtsfragen der Presse im digitalen Zeitalter, 2004; *Westkamp,* Der Schutz von Datenbanken und Informationssammlungen im britischen und deutschen Recht, 2003.

Übersicht

	Rdnr.
A. Allgemeines zu den Verwertungsrechten	1–40
I. Wesen und Zweck der Verwertungsrechte	1–6
II. Grundgedanken der Verwertungsrechte	7–13
III. Benannte Verwertungsrechte. Werknutzungshandlungen	14–20
IV. § 15 als Generalklausel. Unbenannte Verwertungsrechte	21–27
V. Schranken der Verwertungsrechte. Erschöpfung des Rechts	28–39
VI. Auslegung der Verwertungsrechte	40

§ 15

	Rdnr.
B. Recht der Verwertung des Werkes in körperlicher Form (Abs. 1)	41–44
I. Inhalt des Rechts	41, 42
II. Grenzen des Rechts	43, 44
C. Recht der öffentlichen Wiedergabe (Abs. 2)	45–56
I. Inhalt des Rechts	45–48
II. Grenzen des Rechts	49
III. Unterscheidung von Erst- und Zweitverwertungsrechten	50
IV. Rechtsentwicklung. Konventionsrecht. Europäisches Gemeinschaftsrecht	51–56
D. Öffentlichkeit der Werkwiedergabe (Abs. 3)	57–86
I. Allgemeines	57–65
II. Legaldefinition	66–77
III. Einzelfälle	78–86
E. Schutz der Verwertungsrechte	87

A. Allgemeines zu den Verwertungsrechten

I. Wesen und Zweck der Verwertungsrechte

1 1. Die Verwertungsrechte sind als Teil des umfassenden Urheberrechts (vgl. Rdnr. 21 f.) **ausschließliche** (absolute) **Rechte**. Im Umfang dieser Rechte hat der Urheber das alleinige Recht, sein Werk zu nutzen (positives Benutzungsrecht) und Dritte von der Benutzung des Werkes auszuschließen (negatives Verbietungsrecht; vgl. dazu Einl. Rdnr. 26). Der Begriff des Verwertungsrechts ist vom Begriff der Nutzungsart zu unterscheiden. Die Verwertungsrechte bezeichnen rechtliche Befugnisse des Urhebers; sie beziehen sich auf alle von ihren Tatbestandsmerkmalen erfassten Nutzungshandlungen. Mit dem Begriff der Nutzungsart werden zusammengehörige wirtschaftlich-technische Möglichkeiten, das Werk zu nutzen, bezeichnet. Ob bestimmte Nutzungsmöglichkeiten bei der Einräumung von Nutzungsrechten als selbständig abspaltbare Nutzungsarten behandelt werden können, ist maßgeblich nach der Verkehrsauffassung zu beurteilen (sa. § 31 Rdnr. 16 ff.).

Gemäß dem allgemeinen Zweck des Urheberrechts (§ 11) sollen die Verwertungsrechte dem Urheber vor allem die **Kontrolle über die Nutzung** seines Werkes (vgl. BGHZ 152, 317/325 – Sender Felsberg; BGH GRUR 2006, 319/321 Tz. 25 – Alpensinfonie; sa. Rdnr. 9) und damit zugleich eine angemessene Vergütung für die Nutzung des Werkes sichern. Nur bei dem Recht der Kabelweitersendung des Werkes im Rahmen eines zeitgleich, unverändert und vollständig weiterübertragenen Programms durch Kabelsysteme oder Mikrowellensysteme ist der Urheber nach § 20b Abs. 1 gehalten, die Geltendmachung eines Verwertungsrechts einer Verwertungsgesellschaft zu überlassen, die ihrerseits gemäß § 11 WahrnG einem Abschlusszwang unterliegt (s. § 20b Rdnr. 2 ff.); dies gilt nur dann nicht, wenn er die Nutzungsrechte einem Sendeunternehmen einräumt (§ 20b Abs. 1 Satz 2). Zur Verwertungsgesellschaftenpflichtigkeit sonstiger Ansprüche des Urhebers s. § 26 Abs. 6, § 27 Abs. 3, § 20b Abs. 2, § 45a Abs. 2, § 49 Abs. 1, § 52a Abs. 4, § 52b, § 53a Abs. 2, § 54h Abs. 1, § 1371 Abs. 5. Eine Ausnahme vom Ausschließlichkeitscharakter der Verwertungsrechte sind auch die Verpflichtungen zur Einräumung von Nutzungsrechten, die durch § 5 Abs. 3 (Zwangslizenz zur Nutzung privater Normwerke) und § 42a (Zwangslizenz zur Herstellung von Tonträgern) begründet werden.

2 Die Verwertungsrechte sind die wichtigste Grundlage dafür, dass der Urheber aus seinem Werk wirtschaftlichen Nutzen ziehen kann (vgl. dazu auch § 11 Satz 2; zu gesetzlichen Vergütungsansprüchen s. Rdnr. 5). Sie dienen aber auch dem Schutz der ideellen Interessen des Urhebers, da sie ihm ermöglichen, über Werknutzer und Werknutzungsarten zu entscheiden. Die Verwertungsrechte sind damit **keine reinen Vermögensrechte**, sondern haben zugleich vermögensrechtlichen und urheberpersönlichkeitsrechtlichen Gehalt (vgl. *Ulmer*[3] § 17, § 18, § 37; *Schricker*, GRUR-Fs., 1991, S. 1095/1115 ff.; *Windisch* GRUR 1993, 352 ff.; vgl. weiter Einl. Rdnr. 28).

3 2. **Gegenstand der Verwertungsrechte** ist das urheberrechtlich geschützte Werk (§ 2). Die Verwertungsrechte schützen nicht nur gegen die Nutzung des Werkes in unveränderter Form, sondern – aufgrund des in ihnen enthaltenen negativen Verbietungsrechts – auch gegen jede Nutzung, bei der das Werk in seinen wesentlichen individuellen Zügen wiedergegeben wird

Allgemeines **§ 15**

(vgl. – zu § 16 – BGH GRUR 1991, 529/530 – Explosionszeichnungen; BGH, Urt. v. 29. 4. 2010 – I ZR 69/08, Tz. 17 – Vorschaubilder; *Schack*, MMR 2008, 414/415; vgl. weiter § 16 Rdnr. 8; *Oldekop*, Elektronische Bildbearbeitung im Urheberrecht, 2006, S. 217 ff.). Auch Bearbeitungen oder andere Umgestaltungen des Werkes dürfen nur mit Einwilligung des Urhebers des bearbeiteten oder umgestalteten Werkes verwertet werden (§ 23; zur Zulässigkeit der Herstellung von Bearbeitungen s. § 23 Rdnr. 19 ff.). Zum Verhältnis zwischen den Verwertungsrechten aus § 15 und den Rechten des Urhebers aus § 23 s. Rdnr. 41, § 23 Rdnr. 1, 29; sa. *Plassmann*, Bearbeitungen und andere Umgestaltungen in § 23 Urheberrechtsgesetz, 1996, S. 51 ff. In den Fällen des § 23 Satz 2 und bei urheberrechtlich geschützten Computerprogrammen bedarf bereits die Herstellung einer Bearbeitung grundsätzlich der Zustimmung des Rechtsinhabers (§ 69 c Nr. 2 Satz 1; s. weiter § 69 c Rdnr. 12). Nur selbständige Werke, die in freier Benutzung des Werkes geschaffen wurden, bedürfen zur Verwertung nicht der Zustimmung des Urhebers des benutzten Werkes (§ 24). Zur Frage, ob bei Verwertung eines Filmwerkes auch die Verwertungsrechte an den für die Herstellung des Filmwerkes benutzten Werken eingreifen, s. vor §§ 88 ff. Rdnr. 28; § 88 Rdnr. 37. Zum Verhältnis des § 15 zu den besonderen Bestimmungen für Computerprogramme (§§ 69 a ff.) s. vor §§ 69 a ff. Rdnr. 5 ff.; s. weiter *Dreyer* in HK-UrhR² Rdnr. 12.

3. Ursprünglicher **Rechtsinhaber** der Verwertungsrechte ist der Urheber als der Schöpfer **4** des Werkes (§ 7, § 8). Wie das Urheberrecht als Ganzes sind die Verwertungsrechte zwar vererblich (§ 28), aber grundsätzlich nicht übertragbar (vgl. § 29; zur Zwangsvollstreckung vgl. §§ 112 ff.). Wirtschaftlichen Nutzen zieht der Urheber aus seinem Werk in der Regel dadurch, dass er Dritten entgeltlich gemäß §§ 31 ff. Nutzungsrechte (dh. aus den Verwertungsrechten als Stammrechten abgeleitete Rechte) einräumt (Einzelheiten s. vor §§ 28 ff. Rdnr. 47 ff.). Eine Werknutzung durch eigene Verwertungshandlungen des Urhebers ist seltener. Auch nach umfassender Einräumung von Nutzungsrechten verbleiben die Verwertungsrechte dem Urheber stets in der Form von Kernrechten. Die abgeleiteten Rechte bleiben im Bann des Urheberrechts als Mutterrecht, das mit ihrem Erlöschen wieder zum Vollrecht erstarkt (*Ulmer*³ § 83 II; vgl. weiter vor §§ 28 ff. Rdnr. 74).

4. Von den Verwertungsrechten sind die zu den sog. sonstigen Rechten gehörenden **Vergü-** **5** **tungsansprüche** zu unterscheiden (sa. Einl. Rdnr. 27). Die in § 20 b Abs. 2 (Kabelweitersendung), § 26 (Folgerecht) und § 27 (Vermietung und Verleihen) geregelten Ansprüche sichern die Beteiligung des Urhebers an den wirtschaftlichen Nutzen, den aus seinem Werk gezogen wird (s. Rdnr. 7). Andere Vergütungsansprüche dienen auch dem Ausgleich von Schranken des Urheberrechts (§ 45 a, § 46, § 47, § 49, § 52, § 52 a, § 52 b, § 53 a, §§ 54 ff.). Wenn das Gesetz dem Urheber einen Vergütungsanspruch als Ausgleich für Schranken der Verwertungsrechte gewährt, sollen durch diesen seine wirtschaftlichen Interessen ebenso gewahrt werden, wie wenn ihm das mit dem Ausschließlichkeitsrecht verbundene Verbotsrecht zustünde (vgl. BGHZ 141, 13/39 – Kopienversanddienst). Dies ist auch bei der Bestimmung der angemessenen Vergütung (s. insb. §§ 315 ff. BGB, § 12 WahrnG) zu beachten (sa. § 11 Satz 2).

Die Möglichkeit des Verzichts auf die gesetzlichen Vergütungsansprüche ist eingeschränkt **6** oder ausgeschlossen (§ 20 b Abs. 2 Satz 2, § 26 Abs. 3 Satz 2, § 27 Abs. 1 Satz 2, § 63 a Satz 1); ihre Abtretbarkeit ist eingeschränkt (§ 20 b Abs. 2 Satz 3, § 27 Abs. 1 Satz 3, § 63 a Satz 2). Überwiegend können diese Ansprüche nur durch eine Verwertungsgesellschaft geltend gemacht werden (§ 20 b Abs. 2 Satz 3, § 27 Abs. 3, § 49 Abs. 1 Satz 3, § 52 b Satz 4, § 53 a Abs. 2 Satz 2, § 54 h Abs. 1). Zum Vergütungsanspruch aus § 20 b Abs. 2 s. dort Rdnr. 21 ff. Anders als die Verwertungsrechte sind die Vergütungsansprüche des Urhebers schuldrechtlicher und rein vermögensrechtlicher Natur (zur – im Einzelnen umstrittenen – Rechtsnatur der Vergütungsansprüche s. vor §§ 44 a ff. Rdnr. 24 ff.; § 97 Rdnr. 9; s. weiter *Rossbach*, Die Vergütungsansprüche im deutschen Urheberrecht, 1990, S. 62 ff.; *Ulmer-Eilfort*, US-Filmproduzenten und deutsche Vergütungsansprüche, 1993, S. 61 ff.; *Stöhr*, Gesetzliche Vergütungsansprüche im Urheberrecht, 2007, S. 70 ff.; *Haberstumpf*² Rdnr. 295 ff.; *Schack*⁵ Rdnr. 475 ff.; *Plate* S. 47 f.).

II. Grundgedanken der Verwertungsrechte

Nach § 11 Satz 2 dient das Urheberrecht zugleich der Sicherung einer angemessenen Vergü- **7** tung für die Nutzung des Werkes. Dementsprechend ist der wichtigste Grundgedanke bei der Ausgestaltung der Verwertungsrechte, der auch für ihre Auslegung maßgebend sein muss, der **Grundsatz der tunlichst angemessenen Beteiligung des Urhebers** an dem wirtschaft-

§ 15

lichen Nutzen, der aus seinem Werk gezogen wird (s. dazu ua. BGHZ 140, 326/334 – Telefaxgeräte; BGHZ 141, 13/35 – Kopienversanddienst; BGHZ 174, 359/369 = GRUR 2008, 245/247 Tz. 29 – Drucker und Plotter; BGH GRUR 2008, 993, 995 Tz. 25 – Kopierstationen, jeweils mwN; vgl. auch die Schlussanträge der Generalanwältin *Trstenjak* in der Sache C-52/07, die den Gedanken betonen, dass „ein Urheber einen vernünftigen Anteil am Umsatz erhalten soll, der unter Einsatz seines Werks erzielt wird" [Tz. 60, 65, 78, 89]). Der Grundsatz wirkt auch ein auf die Auslegung der Vergütungsansprüche (vgl. BGH GRUR 1989, 417/418 – Kauf mit Rückgaberecht), die Auslegung des Begriffs der unbekannten Nutzungsart iSd. § 31a (vgl. – zu § 31 Abs. 4 aF – BGH GRUR 2005, 937/939 – Der Zauberberg) und die Auslegung der Schrankenbestimmungen der §§ 44a ff. (vgl. BGHZ 144, 232/235 f. – Parfumflakon; 150, 5/8 – Verhüllter Reichstag; 151, 300/310 – Elektronischer Pressespiegel; BGH GRUR 2002, 1050/1051 f. – Zeitungsbericht als Tagesereignis; BGH GRUR 2003, 1035/1037 – Hundertwasser-Haus; BGH GRUR 2005, 670/671 – WirtschaftsWoche; BGH, Urt. v. 29. 4. 2010 – I ZR 69/08, Tz. 27 – Vorschaubilder; vgl. dazu auch *Geiger* GRUR Int. 2008, 459 ff.). Seine Wurzel hat der Grundsatz in der verfassungsrechtlichen Garantie des geistigen Eigentums durch Art. 14 Abs. 1 GG (s. dazu BGHZ 141, 13/35 – Kopienversanddienst – mwN; sa. BGH GRUR 2008, 984, 987 Tz. 37 – St. Gottfried; s. weiter Art. 17 Abs. 2 der Charta der Grundrechte der Europäischen Union; EuGH GRUR Int. 2008, 323/330 Tz. 61 f. – Promusicae/Telefónica de España; sa. Erwgr. 9 der Informationsgesellschafts-Richtlinie; zum Inhalt der Eigentumsgarantie s. BVerfGE 79, 1/25; BVerfG GRUR 1990, 183/184 – Vermietungsvorbehalt; BVerfG GRUR 1999, 226/228 – DIN-Normen; BVerfG GRUR 2010, 332 Tz. 59, 69, 71 – Filmurheberrecht; BVerfG GRUR 2010, 416 Tz. 22, 28 – Fotoarchiv; BGH GRUR 1993, 553/555 – Readerprinter; BGHZ 141, 13/35 f. – Kopienversanddienst – mwN; *Sattler*, Der Status quo der urheberrechtlichen Schranken für Bildung und Wissenschaft, 2009, S. 23 ff.; *Ossenbühl* in Fs. für Herzog, 2009, S. 326 ff.; *Stieper*, Rechtfertigung, Rechtsnatur und Disponibilität der Schranken des Urheberrechts, 2009, S. 19 ff., 42 ff.; sa. Einl. Rdnr. 13, 117).

8   Nach dem Zweck des UrhG soll der Urheber an jedem neuen Verwertungsvorgang teilhaben, der eine neue gewerbliche Ausbeutung mit sich bringt (BGH GRUR 1982, 102/103 – Masterbänder). Dies bedeutet allerdings nicht, dass dem Urheber jede nur denkbare wirtschaftliche Verwertungsmöglichkeit zuzuordnen ist (vgl. dazu BVerfGE 31, 229/241 – Kirchen- und Schulgebrauch; BGH GRUR 1986, 736/738 – Schallplattenvermietung). Wird aber eine derartige von den Befugnissen des Urhebers ursprünglich nicht erfasste Nutzung aufgrund der technischen oder wirtschaftlichen Entwicklung bedeutsam, sind die Urheber nicht erst dann wirtschaftlich angemessen zu beteiligen, wenn nachgewiesen ist, dass sie durch solche Nutzungen bereits erheblich geschädigt worden sind, sondern jedenfalls schon dann, wenn die Nutzungsform nach dem erreichten Stand der technischen und wirtschaftlichen Entwicklung zur Massennutzung geeignet ist (vgl. BGHZ 141, 13/32 – Kopienversanddienst).

9   Der Leitgedanke der tunlichst angemessenen Beteiligung des Urhebers berechtigt nicht zu dem Gegenschluss, dass die Verwertungsrechte dann nicht eingreifen, wenn das Werk ohne unmittelbaren wirtschaftlichen Nutzen ausgewertet wird (BGHZ 17, 266/281 f. – Grundig-Reporter; *Ulmer*[3] § 43 IV). Das Urheberrecht soll dem Urheber grundsätzlich die Rechtsmacht geben zu bestimmen, ob, wann und wie sein Werk verwendet wird (s. Rdnr. 1). Nach geltendem Recht stellt demgemäß keines der Verwertungsrechte auf die **Gewerbsmäßigkeit der Nutzung** ab (anders das frühere Recht: vgl. zum Verbreitungsrecht § 11 Abs. 1 S. 1 LUG und § 15 Abs. 1 S. 1 KUG, zum Vorführungsrecht § 15 Abs. 1 S. 1, § 15a S. 2 KUG; vgl. auch die abweichende Regelung der sonstigen Rechte aus § 26 und § 27 Abs. 1 iVm. § 17 Abs. 3). Die Verwertungsrechte stehen dem Urheber auch bei Nutzungen ohne wirtschaftliche Zielsetzung zu (zB bei öffentlichen Laienspielaufführungen; vgl. dazu auch – zum Tonträgerherstellerrecht – BGH GRUR 2009, 403/404 Tz. 15 – Metall auf Metall). Der Umstand, dass eine Nutzungshandlung ohne Entgelt vorgenommen wird, weist deshalb grundsätzlich nicht auf ihre urheberrechtliche Unbedenklichkeit hin (vgl. BGHZ 134, 250/265 f. – CB-infobank I); Ausnahmefälle sind im Gesetz ausdrücklich geregelt (zB § 17 Abs. 3, § 45a Abs. 1, § 52 Abs. 1, § 52a Abs. 1, § 53 Abs. 1). Noch weniger kann sich ein Werknutzer darauf berufen, sein Verhalten sei wirtschaftlich vernünftig oder er habe zum Ausgleich der wirtschaftlichen Interessen des Urhebers bereits alles getan (vgl. BGHZ 134, 250/259 – CB-infobank I).

10 Dem Grundgedanken, dass der Urheber tunlichst an jeder Nutzung seines Werkes zu beteiligen ist, entspricht es, dass bei **aufeinander folgenden Nutzungen** jeder einzelne Nutzungsvorgang unter die Verwertungsrechte fällt (sa. § 96 Rdnr. 1; s. weiter OGH GRUR Int. 1999, 968/970 – Radio Melody III). Es kommt nicht darauf an, welche wirtschaftliche Bedeutung

Allgemeines   § 15

dem einzelnen unter ein Verwertungsrecht fallenden Nutzungsvorgang im Gesamtgeschehen der Nutzungen zukommt (sa. *Jani* ZUM 2009, 722/723). Wird eine öffentliche Opernaufführung vom Fernsehen aufgezeichnet, später ausgestrahlt und im Aufenthaltsraum eines Hotels öffentlich wiedergegeben, greifen die Aufführungs-, das Vervielfältigungs- und das Senderecht sowie das Recht der Wiedergabe von Funksendungen ein (sa. Einl. Rdnr. 36). Eingeschränkt wird dieser Grundsatz seinerseits beim Verbreitungsrecht durch den in § 17 Abs. 2 verankerten Erschöpfungsgrundsatz (s. dazu Rdnr. 30 ff.; zum Vervielfältigungsrecht s. Rdnr. 30, 37).

Eine Rechtfertigung für den Anspruch des Urhebers auf eine angemessene Vergütung, der **11** durch die Zuerkennung der Verwertungsrechte gesichert werden soll, liegt im Werkgenuss des Einzelnen, in der Befriedigung geistiger Bedürfnisse, die der Urheber durch die Schaffung des Werkes ermöglicht hat (vgl. BVerfGE 31, 255/267 – Tonbandvervielfältigung; BGHZ 17, 266/278 – Grundig-Reporter). Die Verwertungsrechte knüpfen aber – nicht zuletzt aus praktischen Gründen – nicht an den Werkgenuss selbst an, sondern an die dem Werkgenuss vorgelagerten und ihn ermöglichenden Nutzungshandlungen. Die Benutzung durch den Endverbraucher wird als solche – anders als bei den technischen Schutzrechten – von den Verwertungsrechten grundsätzlich nicht erfasst (BGHZ 112, 264/278 – Betriebssystem; BGH GRUR 1994, 363/364 f. – Holzhandelsprogramm; s. aber auch Rdnr. 13; für Computerprogramme s. § 69 c Nr. 1). Die von den Werkverwertern (Musikveranstaltern, Verlegern usw.) für die Werknutzung zu zahlenden Vergütungen werden allerdings im wirtschaftlichen Ergebnis regelmäßig (durch Berücksichtigung bei den Preisen von Eintrittskarten, Büchern usw.) auf den Endnutzer überwälzt. Deshalb wird vielfach von den Verwertungsrechten als einem **Stufensystem zur mittelbaren Erfassung des Endverbrauchers** gesprochen (BVerfGE 31, 255/267 – Tonbandvervielfältigung; BVerfG GRUR 1997, 123 – Kopierladen I; *Rehbinder*[16] Rdnr. 99 f., 299; vgl. auch BGHZ 133, 281/288 f. – Klimbim; OGH MR 1998, 277 – Thermenhotel L; OGH MR 2004, 201/202 f. – Begräbnisfeierlichkeit; OGH MR 2008, 299/303 – Schulfilm).

Die eingängige Vorstellung von den Verwertungsrechten als Stufensystem zur mittelbaren Er- **12** fassung des Endverbrauchers lässt leicht den entscheidenden Zweck der Verwertungsrechte in den Hintergrund treten, dem Urheber die Kontrolle über die Nutzung seines Werkes zu sichern (Rdnr. 1). Dies begünstigt Missverständnisse über die **Tragweite dieses Gedankens**. Der Gedanke des Stufensystems erleichtert zwar das Verständnis des Systems der Verwertungsrechte, er erfasst ihre Funktion jedoch nicht erschöpfend (vgl. *Ulmer*[3] § 43 V; *Dittrich* RfR 1984, 30/31; *Schricker/Katzenberger* GRUR 1985, 87/93; *Joos* S. 16 ff.; *Ventroni* S. 263 ff.; *v. Ungern-Sternberg*, Die Rechte der Urheber an Rundfunk- und Drahtfunksendungen, 1973, S. 116 f.). Nicht immer wird der Endverbraucher selbst mit der Urheberrechtsvergütung belastet (zB bei Musik in Werkhallen oder bei gesponserten Werkwiedergaben). Auch beschränkt sich der Zweck der Verwertungsrechte nicht auf die Sicherung der wirtschaftlichen Interessen des Urhebers (s. Rdnr. 2). Die Deutung der Verwertungsrechte als Stufensystem zur mittelbaren Erfassung des Endverbrauchers darf zudem nicht zu falschen Schlüssen verleiten. Sie ist eine Hilfe zum Verständnis ihres Wesens und Zwecks und damit ggf. eine Hilfe bei ihrer Auslegung, kennzeichnet jedoch **keine immanente Schranke der Verwertungsrechte** (vgl. dazu aber *Dittrich* RfR 1982, 25/29 ff.; *Kälin* GRUR Int. 1984, 267/268 ff.). Die – auch in der verfassungsrechtlichen Garantie des geistigen Eigentums (s. Rdnr. 7 f.) wurzelnde – Funktion der Verwertungsrechte, dem Urheber bestimmte Nutzungshandlungen vorzubehalten, um ihm damit die Kontrolle über die Nutzung seines Werkes zu geben, geht über die Aufgabe hinaus, ihm eine Verhandlungsposition dafür zu sichern, eine angemessene Vergütung zu erreichen. Dies wird verkannt, wenn versucht wird, die Reichweite der Verwertungsrechte des Urhebers mittels des Gedankens, dass diese ein Stufensystem zur mittelbaren (wirtschaftlichen) Erfassung des Endverbrauchers seien, einzuschränken. Gehen der Möglichkeit des Werkgenusses mehrere Werknutzungen voraus (zB Tonträgeraufzeichnung und Sendung eines Werkes), unterliegen sie vielmehr alle den Verwertungsrechten (vgl. Rdnr. 10). Dies gilt auch für Werknutzungen, die nicht schon als solche Endverbrauchern die Möglichkeit des Werkgenusses vermitteln (vgl. BGH GRUR 1982, 102/103 – Masterbänder). Der Werknutzer kann sich – falls nicht der Erschöpfungsgrundsatz eingreift (vgl. Rdnr. 30) – nicht darauf berufen, dass der Endverbraucher bereits durch Forderung einer Vergütung für eine vorausgegangene Werknutzung mittelbar erfasst werden könne. Dies gilt auch dann, wenn die Werknutzungen auf denselben Endverbraucherkreis abzielen. Einen Grundsatz, dass „Doppelvergütungen" vermieden werden sollen, gibt es de lege lata nicht (*Dreier* S. 115 ff.; *Joos* S. 224; *Ventroni* S. 263 ff.; aA *Mand* GRUR 2004, 395/397; vgl. dazu auch Rdnr. 10, 35).

Der Endverbraucher kann ferner urheberrechtlichen Ansprüchen auch dann unmittelbar aus- **13** gesetzt sein, wenn er **Nutzungshandlungen in der privaten Sphäre** vornimmt. Ein Grund-

§ 15 Allgemeines

satz einer allgemeinen Urheberrechtsfreiheit der privaten Sphäre besteht nach dem Urheberrechtsgesetz nicht (vgl. dazu auch BGHZ 17, 266/277 ff./287 − Grundig-Reporter; sa. EuGH GRUR 2007, 225/228 Tz. 48 ff. − SGAE/Rafael; vgl. weiter *Schricker/Katzenberger* GRUR 1985, 87/105; *Bornkamm* BB 1984, 2227/2228 f. und BB 1985, 1099 f.; *Krüger-Nieland,* Fs. für Oppenhoff, 1985, S. 173/176; *Joos* S. 12 f.; *Schack*[5] Rdnr. 412, 553; *Schulze* in *Dreier/Schulze*[3] Rdnr. 20 f.; aA *Sack* BB-Beilage 15/1984, 8 ff. und BB 1985, 621/622 f.). Nichtöffentliche Werkwiedergaben sind allerdings urheberrechtsfrei (§ 15 Abs. 2). Vervielfältigungen zum privaten Gebrauch unterliegen aber dem Urheberrecht und sind nur ausnahmsweise durch recht enge Schrankenbestimmungen (s. insb. § 53) gestattet (vgl. weiter die Vergütungspflichten aus § 53 a, § 54 und § 54 a für die Schaffung der Möglichkeit, Vervielfältigungen zum privaten oder sonstigen eigenen Gebrauch vorzunehmen). Der bloße Besitz rechtswidrig hergestellter Vervielfältigungsstücke fällt nicht unter ein urheberrechtliches Verwertungsrecht (vgl. aber für Computerprogramme § 69 f.; sa. Rdnr. 16).

III. Benannte Verwertungsrechte. Werknutzungshandlungen

14 1. Die **Einzelverwertungsrechte** des Urhebers fasst § 15 zusammen in dem Recht zur Verwertung des Werkes in körperlicher Form (§ 15 Abs. 1) und dem Recht, das Werk in unkörperlicher Form öffentlich wiederzugeben (Recht der öffentlichen Wiedergabe, § 15 Abs. 2). Die Verwertungsrechte aus § 15 sind zu unterscheiden von der dinglichen Rechtsstellung, die ein ausschließlich Nutzungsberechtigter aufgrund einer Rechtseinräumung durch den Urheber erhält. Der Inhalt der Verwertungsrechte des Urhebers wird bei herkömmlichen Verwertungsmöglichkeiten durch die gesetzlichen Tatbestände (insb. der §§ 15 ff.; s. dazu Rdnr. 16, 21) bestimmt, der Inhalt der Befugnisse eines ausschließlich Nutzungsberechtigten (sein positives Benutzungs- und sein negatives Verbietungsrecht) durch den Umfang der Rechtseinräumung (vgl. BGHZ 118, 394/398 − ALF; BGH GRUR 1997, 464/465 − CB-infobank II; *Schricker* Verlagsrecht[3] § 8 Rdnr. 20 f., § 9 Rdnr. 12; s. weiter vor § 28 ff. Rdnr. 81). Die Verwertungsrechte werden ergänzt durch die ebenfalls im Abschnitt „Verwertungsrechte" in § 23 geregelten Bearbeitungsrechte (sa. Rdnr. 3; zur Rechtsnatur der Bearbeitungsrechte s. Rdnr. 18; § 23 Rdnr. 1, 25; sa. *Schunke,* Das Bearbeitungsrecht in der Musik und dessen Wahrnehmung durch die GEMA, 2008, S. 124 ff.; *Czernik,* Die Collage in der urheberrechtlichen Auseinandersetzung zwischen Kunstfreiheit und Schutz des geistigen Eigentums, 2008, S. 363 ff.) sowie − bei Computerprogrammen − dem Zustimmungsrecht aus § 69 c Nr. 2 Satz 1.

15 Soweit sich die Verwertungsrechte auf technische Vorgänge beziehen, ist bei ihrer Auslegung zu berücksichtigen, dass sie diese nicht als solche erfassen, sondern als **Vorgänge der Werknutzung**. Dementsprechend ist für die Auslegung letztlich entscheidend nicht eine Analyse der technischen Vorgänge, sondern eine Analyse des Nutzungsvorgangs (sa. Rdnr. 47; § 19 a Rdnr. 47, 48, 55; § 20 Rdnr. 10, 16, 23, 45; § 20 a Rdnr. 15; s. weiter Begr. des RegE für den „2. Korb", BTDrucks. 16/1828 S. 23; OGH GRUR Int. 1999, 968/969 − Radio Melody III). Darin liegt u. a. auch die innere Rechtfertigung der Ausnahme bestimmter vorübergehender Vervielfältigungen vom Vervielfältigungsrecht des Urhebers durch § 44 a. **Werknutzer** ist auch nicht, wer die Nutzung lediglich technisch als Werkzeug bewerkstelligt, auch wenn er dabei alle Merkmale des Tatbestands des Verwertungsrechts verwirklicht, sondern derjenige, der sich des technischen Vorgangs zum Zweck der Werknutzung bedient (vgl. BGHZ 141, 13/21 f. − Kopienversanddienst; sa. *Wimmers/Schulz* CR 2008, 170/171 ff.; s. weiter Rdnr. 47). Dieser allgemeine urheberrechtliche Gedanke ist für europäische Satellitensendungen in § 20 a Abs. 3 ausdrücklich verankert (s. § 20 a Rdnr. 18), gilt aber ebenso für Sendungen iSd. § 20 (sa. BGHZ 152, 317/327 − Sender Felsberg; s. weiter § 20 Rdnr. 16, 45) und das öffentliche Zugänglichmachen von Werken im Internet iSd. § 19 a (s. § 19 a Rdnr. 55). Der Werknutzer kann sich dementsprechend auch nicht mit Erfolg darauf berufen, die von ihm benutzten technischen Mittel gehörten ihm nicht und würden von ihm auch nicht unterhalten (vgl. BGH GRUR 2009, 845/846 Tz. 16 − Internet-Videorecorder).

Derjenige, der den technischen Vorgang bewerkstelligt, an den ein Verwertungsrecht anknüpft, ist allerdings nur dann nicht selbst als Werknutzer anzusehen, wenn er sich auf die Rolle als **„notwendiges Werkzeug"** beschränkt (vgl. BGH GRUR 2010, 530/532 Tz. 26 − Regio-Vertrag; vgl. auch BGH, Urt. v. 29. 4. 2010 − I ZR 69/08, Tz. 20 − Vorschaubilder). Für die Frage, ob bei einer Vervielfältigung der technisch Herstellende oder sein Auftraggeber iSd. Urheberrechts Werknutzer ist, kommt es deshalb zunächst allein auf eine technische Betrachtung

Allgemeines   § 15

an (vgl. BGH GRUR 2009, 845/846 Tz. 16 – Internet-Videorecorder, mit Anm. *Becker*). Als Werknutzungshandlung iSd. § 16 kann eine Vervielfältigung aber nicht dem, der das Vervielfältigungsstück technisch herstellt (Hersteller), sondern seinem Auftraggeber zuzurechnen sein, weil der technische Vervielfältigungsvorgang unter dessen Verantwortung und Kontrolle stattfindet (sa. § 16 Rdnr. 27 ff.). Dies erfordert aber eine normative Bewertung, wie sie auch in § 53 Abs. 1 Satz 2 vorgesehen ist (vgl. BGHZ 141, 13/21 – Kopienversanddienst; BGH GRUR 2009, 845/846/849 Tz. 16 ff., 51 ff. – Internet-Videorecorder; sa. *Ballhausen* juris PR-ITR 17/2009 Anm. 2; *Hilber/Litzka* ZUM 2009, 730/732 f.; *Damm* K&R 2009, 577/578; *Brisch/Laue* MMR 2009, 624 f.; *Niemann* CR 2009, 661/662 f.).

Werknutzer kann nur sein, wer im Sinne einer Werknutzungshandlung den Tatbestand eines Verwertungsrechts erfüllt. Dies ist bei der Unterhaltung eines nicht ausreichend gesicherten privaten WLAN-Anschlusses nicht der Fall (vgl. BGH, Urt. v. 12. 5. 2010 – I ZR 121/08, Tz. 13 – Sommer unseres Lebens). Unberührt bleibt in jedem Fall eine mögliche Haftung des Herstellers als Teilnehmer oder Störer (vgl. BGH GRUR 2010, 530/532, Tz. 27 – Regio-Vertrag; BGH, Urt. v. 12. 5. 2010 – I ZR 121/08, Tz. 16 ff. – Sommer unseres Lebens).

Nicht tatbestandsmäßige Handlungen sind – soweit kein unbenanntes Verwertungsrecht   16
anzunehmen ist (s. Rdnr. 21 ff.) – keine Nutzungshandlungen. Sie können aber uU unter anderen rechtlichen Gesichtspunkten zur Unterlassung verpflichten oder – insbesondere als Teilnahme an Urheberrechtsverletzungen oder als rechtswidriger Eingriff in den eingerichteten und ausgeübten Gewerbebetrieb – schadensersatzpflichtig machen (Abschluss eines Verlagsvertrages: BGH GRUR 1959, 331/332 – Dreigroschenroman; Bestreiten der Inhaberschaft an ausschließlichen urheberrechtlichen Befugnissen: BGH GRUR 1997, 896/897 – Mecki-Igel III; Verfügung eines Nichtberechtigten über das Urheberrecht: BGHZ 151, 300/305 – Elektronischer Pressespiegel – und BGH GRUR 2005, 854/856 f. – Karten-Grundsubstanz, insoweit aA *Schulze* in *Dreier/Schulze*³ Rdnr. 22; unberechtigtes Geltendmachen einer urheberrechtlichen Vergütungsanspruchs: BGH GRUR 2005, 670 – WirtschaftsWoche; Besitz einer Raubkopie: s. Rdnr. 13 aE; *Schulze* in *Dreier/Schulze*³ Rdnr. 20; Vorenthaltung geschützter Lichtbilder: BAG Urt. v. 8. 8. 2000 – 9 AZR 428/99, zitiert nach juris; vgl. weiter – zum Patentrecht – *Benkard/Scharen*, Patentgesetz, 10. Aufl. 2006, § 9 Rdnr. 10, 27, 29). Wird ein einfacher **Hyperlink** auf eine fremde Webseite mit einem urheberrechtlich geschützten Werk gesetzt, liegt darin, wenn der Linksetzende keine Kontrollmöglichkeit hinsichtlich der Bereithaltung des geschützten Werkes besitzt, keine urheberrechtlich relevante Nutzungshandlung. Auf diese Weise wird lediglich eine elektronische Verknüpfung zu der Datei, die das geschützte Werk enthält, hergestellt. Das Werk selbst wird vom Linksetzenden weder iSd. § 19a öffentlich zugänglich gemacht (s. § 19a Rdnr. 46, 56) noch vervielfältigt (vgl. BGHZ 156, 1/14 f. – Paperboy; BGH, Urt. v. 12. 11. 2009 – I ZR 166/07, Tz. 21 – marions-kochbuch.de; s. weiter § 20 Rdnr. 16). Zu framenden Links und Inline-Linking s. § 19a Rdnr. 46.

Das Recht der **Werkverwertung in körperlicher Form** (s. Rdnr. 41 ff.) umfasst insbeson-   17
dere das Vervielfältigungsrecht (§ 16), das Verbreitungsrecht (§ 17) und das Ausstellungsrecht (§ 18; zur Rechtsnatur des Ausstellungsrechts vgl. § 18 Rdnr. 4; *Ulmer*³ § 37 I, § 48 II).

Das **Recht der öffentlichen Wiedergabe** (s. Rdnr. 45 ff.) beinhaltet insbesondere das Vortrags-, Aufführungs- und Vorführungsrecht (§ 19), das Recht der öffentlichen Zugänglichmachung (§ 19a), das Senderecht (§ 20, § 20a; zum Verhältnis des Senderechts aus § 20 zum Recht aus § 20a s. § 20 Rdnr. 19 sowie § 20a Rdnr. 1), das Recht der Wiedergabe durch Bild- oder Tonträger (§ 21) und das Recht der Wiedergabe von Funksendungen und von öffentlicher Zugänglichmachung (§ 22). Zu unbenannten Rechten der öffentlichen Wiedergabe s. Rdnr. 25 ff.

2. Die Vorschrift des § 15 enthält **keine vollständige Aufzählung** der im Gesetz benannten   18
Verwertungsrechte. Aus verschiedenen Gründen hat der Gesetzgeber bei Einfügung neuer Verwertungsrechte in das Gesetz auf deren Benennung in § 15 verzichtet (so im Fall des § 20a; s. dazu § 20 Rdnr. 19 sowie § 20a Rdnr. 1). Weitere – in § 15 nicht genannte – ausschließliche Rechte sind in Umsetzung von Richtlinien anerkannt worden. So sind durch § 69c Verwertungsrechte hinsichtlich urheberrechtlich schutzfähiger Computerprogramme begründet worden (in Umsetzung der Computerprogrammrichtlinie, Richtlinie 91/250/EWG des Rates vom 14. 5. 1991, s. vor §§ 69a ff. Rdnr. 3; Abdruck der kodifizierten Fassung der Richtlinie [2009/24/EG] GRUR Int. 2009, 677).

Zur Frage, ob das **Bearbeitungsrecht** aus § 23 ein selbständiges Verwertungsrecht ist, s. Rdnr. 14, 41; § 23 Rdnr. 1, 25; bejahend *Schulze* in *Dreier/Schulze*³ § 15 Rdnr. 11, § 23 Rdnr. 9 f.; *Mestmäcker/Schulze/Haberstumpf*, UrhKomm, § 23 Rdnr. 5 ff., jeweils mwN. Ein Ver-

v. Ungern-Sternberg

§ 15

wertungsrecht des Urhebers, sein Werk mit einem anderen Werk zu verbinden, kennt das Urheberrecht nicht. Ebensowenig steht dem Urheber allgemein das Recht zu, über die **Werkverbindung** als solche zu bestimmen (sa. BGH GRUR 2006, 319/321 f. Tz. 30 f. – Alpensinfonie; aA *Staudt* in *Kreile/Becker/Riesenhuber*[2] Kap. 10 Rdnr. 33 mwN, die ein solches Recht in Analogie zu §§ 14, 23 annimmt). Dies schließt nicht aus, dass dem Urheber ggf. wegen des besonderen Charakters der Werkverbindung (zB bei Benutzung ernster Musik für einen Werbefilm) Ansprüche zustehen können, weil seine berechtigten geistigen und persönlichen Interessen an seinem Werk iSd. § 14 verletzt werden.

19 3. Bestimmte wirtschaftlich bedeutsame Verwertungsbefugnisse sind dem Urheber zwar vorbehalten, aber nicht als eigenständige Verwertungsrechte ausgestaltet. So enthält das UrhG kein **Filmherstellungsrecht** als eigenständiges Verwertungsrecht (BGHZ 123, 142/146 – Videozweitauswertung II – mwN; sa. BGH GRUR 2006, 319/321 Tz. 25 – Alpensinfonie = Schulze BGHZ 547 mit Anm. *Hillig* = MMR 2006, 305 mit Anm. *Ventroni*; *Schack*[5] Rdnr. 472; *Castendyk* in *Loewenheim*[2] § 75 Rdnr. 298 f.; *Ventroni* S. 78 ff./94 ff.; aA *Schulze* in *Dreier/Schulze*[3] § 15 Rdnr. 11, § 88 Rdnr. 13 f.; s. weiter vor §§ 88 ff. Rdnr. 28 f.; sa. vor §§ 28 ff. Rdnr. 157). Von der Aufnahme eines solchen Rechts wurde bewusst abgesehen (vgl. AmtlBegr. UFITA 45 [1965] 240/261; Bericht des BT-Rechtsausschusses UFITA 45 [1966] 174/178; *Reischl* FuR 1966, 107/109; anders noch § 12 Abs. 1 Nr. 3, § 15 MinE 1959 und § 18 Abs. 1 lit. e URG DDR). Die Verfilmung eines Werkes ist daher entweder als Vervielfältigung (§ 16) oder als Bearbeitung (§ 23) dieses Werkes zu behandeln (AmtlBegr. UFITA 45 [1965] 240/261; BGHZ 123, 142/146 f. – Videozweitauswertung II; *Ventroni* S. 97). Bei unveränderter Übernahme des Werkes oder Übernahme in seinen wesentlichen Zügen in den Film ist eine Vervielfältigung anzunehmen (BGH GRUR 2006, 319/321 Tz. 25 – Alpensinfonie; *Krüger* S. 79/82; *Schwarz/Schwarz* ZUM 1988, 429/432 f.; *Urek* ZUM 1993, 168/171; sa. *Brugger* UFITA 51 [1968] 89/106, nach dem in solchen Fällen nur idR eine Vervielfältigung vorliegen soll; aA *Schulze* in *Dreier/Schulze*[3] § 23 Rdnr. 21). Bei Fernsehsendungen gilt dies allerdings nicht für Live-Sendungen, da eine Vervielfältigung eine Verkörperung des wiedergegebenen Werkes voraussetzt (s. § 16 Rdnr. 5; zum Schutz der Urheber bei Live-Sendungen durch das Senderecht s. § 20 Rdnr. 5). Die Benutzung eines Werkes zur Herstellung eines Films, die eine Bearbeitung oder andere Umgestaltung des Werkes darstellt, ist nach § 23 S. 2 nicht ohne Einwilligung des Urhebers zulässig.

20 Ebenso wie die Verfilmung eines Werkes wird auch die Herstellung von Videokassetten für die **Videozweitauswertung** eines Films nicht durch ein eigenständiges Verwertungsrecht erfasst; betroffen ist vielmehr das Vervielfältigungsrecht (BGHZ 123, 142/146 – Videozweitauswertung II; *Rochlitz* in *Becker* [Hrsg.], Musik im Film, 1993, S. 77/79 ff.).

IV. § 15 als Generalklausel. Unbenannte Verwertungsrechte

21 1. Durch § 15 iVm. den Definitionen der Einzelverwertungsrechte in den §§ 16–22 sollten dem Urheber alle **zur Zeit des Erlasses des UrhG** am 9. 9. 1965 bedeutsamen technischen und wirtschaftlichen Verwertungsmöglichkeiten zugeordnet werden. Trotz des Wortlauts der Absätze 1 und 2 („das Recht umfasst insbesondere") wurden insoweit die aufgezählten Verwertungsbefugnisse des Urhebers durch die Bestimmungen über die Einzelverwertungsrechte (§§ 16–22) abschließend umschrieben (AmtlBegr. UFITA 45 [1965] 240/260 am Beispiel des Ausstellungsrechts aus § 18; *v. Gamm* Rdnr. 1 und 4; *Rehbinder*[16] Rdnr. 297; sa. BGHZ 154, 260/264 – Gies-Adler; s. weiter Rdnr. 42).

22 2. Hinsichtlich der zZt. des Erlasses des UrhG noch nicht bekannten oder wirtschaftlich noch nicht bedeutsamen (vgl. dazu *Rehbinder*[16] Rdnr. 101, 314) Nutzungsmöglichkeiten ist dagegen die Aufzählung der Einzelverwertungsrechte in Abs. 1 und 2 nur beispielhaft **(„insbesondere")**. Die ausschließlichen Befugnisse des Urhebers sollten so umfassend gestaltet werden, dass auch neue Arten der Werknutzung, die nicht schon von den benannten Verwertungsrechten erfasst werden, ohne weiteres seiner Kontrolle unterliegen (vgl. AmtlBegr. UFITA 45 [1965] 240/242 f./260; sa. Begr. zu Art. 1 Nr. 2 des RegE zur UrhG-Novelle 2003, BTDrucks. 15/38 S. 17; BGHZ 156, 1/13 – Paperboy). Mit dieser Gesetzestechnik hat der Gesetzgeber die Konsequenz daraus gezogen, dass sich die Einzelaufzählung der Urheberbefugnisse im früheren Recht (§§ 11 ff. LUG, §§ 15 ff. KUG) im Laufe der Zeit (zB aufgrund der Entwicklung der Rundfunktechnik) immer wieder als zu eng erwiesen hatte. Dem Urheber sollte deshalb ein **umfassendes Verwertungsrecht** gegeben werden. Es sollten ihm alle bedeutsamen Verwertungsmöglichkeiten, auch soweit sie bei Erlass des UrhG noch nicht entwickelt waren, vorbehalten bleiben. Angesichts

Allgemeines **§ 15**

der getroffenen Regelung ist es deshalb im Wesentlichen nur von terminologischer Bedeutung, dass der Gesetzgeber bewusst nicht von einem allgemeinen Verwertungsrecht gesprochen hat (vgl. dazu näher *Ulmer*[3] § 43 II; vgl. auch *v. Gamm* Rdnr. 3; *Möhring/Nicolini/Kroitzsch*[2] Rdnr. 13). Zur verfassungsrechtlichen Grundlage des umfassenden Verwertungsrechts s. Rdnr. 7 f.

Die Einordnung des Rechts der öffentlichen Zugänglichmachung, das sich auf die öffentliche Bereithaltung des Werkes zum Abruf bezieht (§ 19 a), unter das Recht der öffentlichen Wiedergabe zeigt, dass der Begriff der öffentlichen Wiedergabe iSd. Gesetzes sehr weit gefasst ist (s. Rdnr. 46). Dies erleichtert die Annahme unbenannter Verwertungsrechte als Rechte der öffentlichen Wiedergabe.

Für das Eingreifen des umfassenden Verwertungsrechts bei einer neu entstehenden Nutzungsart ist es aber nach dem Grundgedanken des Gesetzes ohnehin nicht erforderlich, dass die Nutzungsart klar als Werkverwertung in körperlicher oder unkörperlicher Form eingeordnet werden kann: Auch Mischformen im Zusammenhang mit der elektronischen Verbreitung können, falls sie als dem Urheber vorbehaltene Verwertungshandlungen anzusehen sind, unter das Urheberrecht fallen. Die Zuerkennung des umfassenden Verwertungsrechts macht es aber nicht entbehrlich, bei neu entstehenden Nutzungsarten eigene Verwertungsrechte herauszuarbeiten, die mit ihren Tatbestandsmerkmalen die Besonderheiten dieser Nutzungen erfassen und denen die notwendigen – dem besonderen Charakter der Nutzungsart angepassten – Schrankenbestimmungen zugeordnet werden können.

Der Begriff des unbenannten Verwertungsrechts ist vom Begriff der unbekannten Nutzungsart zu unterscheiden (s. dazu Rdnr. 1).

Die Anerkennung eines unbenannten Verwertungsrechts ist nur noch im **Rahmen des Gemeinschaftsrechts** zulässig; sie darf insbesondere nicht in Widerspruch zum erreichten Stand der Harmonisierung des Urheberrechts stehen (s. dazu auch Rdnr. 40).

Moderner als § 15 formuliert **Art. 10 Abs. 1 SchweizURG**: „Der Urheber oder die Urheberin hat das ausschließliche Recht zu bestimmen, ob, wann und wie das Werk verwendet wird." Diese Gesetzesfassung vermeidet die Probleme, die sich bei der Auslegung des § 15 – entgegen der Zielsetzung des Gesetzes – im Zuge der Entwicklung der elektronischen Werknutzungen daraus ergeben haben, dass das Recht der Werknutzung in unkörperlicher Form dem Gesetzeswortlaut nach auf Werkwiedergaben und dazu noch auf öffentliche Wiedergaben iSd. Abs. 3 beschränkt worden ist.

3. Entwickeln sich neue Nutzungsarten, versucht die **Rechtspraxis** vielfach, die Annahme 23 eines in § 15 nicht benannten Verwertungsrechts (eines sog. Innominatfalls) zu vermeiden und dem Schutzbedürfnis der Urheber (und Leistungsschutzberechtigten) durch ausdehnende Auslegung der benannten Verwertungsrechte zu entsprechen. Ein Beispiel dafür waren die Versuche der Literatur und der Praxis, das nun in § 19a geregelte Recht der öffentlichen Zugänglichmachung unter bereits ausdrücklich normierte Verwertungsrechte einzuordnen und dazu auch die Legaldefinition der öffentlichen Wiedergabe in § 15 Abs. 3 aF umzudeuten (vgl. dazu Rdnr. 64, 71; § 19a Rdnr. 39 ff.; sa. BGHZ 156, 1/13 f. – Paperboy). Für die Zurückhaltung bei der Anwendung des § 15 als Generalklausel gibt es zahlreiche Gründe: Wird eine neue Nutzungsart nicht als von den herkömmlichen Verwertungsrechten erfasst angesehen, besteht die Gefahr, dass auf internationaler Ebene Schutzlücken entstehen, weil die internationalen Abkommen zum Schutz der Urheberrechte und Leistungsschutzrechte jeweils nur einzelne konkrete Schutzrechte gewähren. Bei den Leistungsschutzrechten gilt dies auch für das UrhG. Dazu kommt, dass die Schrankenbestimmungen (§§ 44a ff.) auf die benannten Verwertungsrechte bezogen sind; bei Annahme eines unbenannten Verwertungsrechts muss demgemäß jeweils geprüft werden, welche Schranken des Rechts für das neue Verwertungsrecht gelten. Widerstände gegen die Annahme eines unbenannten Verwertungsrechts ergeben sich auch aus der Sicht der Vertragspraxis. Gerade hier geht es allerdings nicht selten um schlichte Interessenwahrnehmung. So besteht teilweise die Neigung anzunehmen, dass die Werkverwertung durch neue Nutzungsarten bereits durch die bestehenden Verträge, die sich auf die herkömmlichen Verwertungsrechte beziehen, gedeckt sei. Die Anerkennung eines Innominatfalles bedeutet demgegenüber grundsätzlich eine Vorentscheidung zugunsten der Anwendung der für unbekannte Nutzungsarten geltenden Vorschriften (§§ 31a, 32c; vgl. auch § 31 Abs. 4 a. F.). Die Annahme eines Innominatfalles hat auch für die Rechtswahrnehmung durch Verwertungsgesellschaften im Allgemeinen zur Folge, dass die Wahrnehmungsverträge durch Erweiterung ihres Vertragsgegenstands angepasst werden müssen. Derartige Widerstände gegen die Feststellung eines Innominatfalles sollten jedoch nicht hindern, bei Entstehung neuer Nutzungsarten baldmöglich deren urheberrechtliche Eigenarten

§ 15 Allgemeines

zu erfassen und dementsprechend auf der Grundlage der Generalklausel des § 15 eigenständige Verwertungsrechte (mit angepassten) Schranken herauszuarbeiten. In erster Linie ist die Ausformung neuer Verwertungsrechte allerdings Sache des Gesetzgebers. Die Generalklausel sichert die Urheber bis zu dessen Entscheidung, ist aber nicht geeignet, rasch Rechtssicherheit zu schaffen.

24   4. Im **Bereich der Werkverwertung in körperlicher Form** wurden **vor Inkrafttreten der UrhG-Novelle 2003** (s. Rdnr. 56) von manchen in der Literatur verschiedene Innominatrechte angenommen. So wurde die Ansicht vertreten, es gebe ein Recht an der Digitalisierung des Werkes als unbenanntes Verwertungsrecht, das neben dem herkömmlichen, ebenfalls eingreifenden Vervielfältigungsrecht bestehe (*Lehmann* in *Lehmann* (Hrsg.), Multimediarecht, S. 57/58 ff.; dagegen mit Recht *Nippe*, Urheber und Datenbank, 2000, S. 343 ff.; *Burmeister*, Urheberrechtsschutz gegen Framing im Internet, 2000, S. 83 f.; *Dreyer* in HK-UrhR² Rdnr. 34). Kein von § 15 als Innominatfall erfasstes Verwertungsrecht bestand am Programmlauf eines urheberrechtlich geschützten Programms in einem Computer als solchem; der Schutz des Urhebers durch das Vervielfältigungsrecht war ausreichend (*Zecher*, Zur Umgehung des Erschöpfungsgrundsatzes bei Computerprogrammen, 2004, S. 37 mwN; aA *Holländer* GRUR 1991, 421/422; s. weiter § 16 Rdnr. 20). Auch die elektronische Übertragung eines öffentlich zum Abruf bereitgehaltenen Werkes unterfiel nicht einem (unbenannten) Verwertungsrecht als Bestandteil des Rechts der Werkverwertung in körperlicher Form (s. § 19a Rdnr. 37). Nach Inkrafttreten der Informationsgesellschafts-Richtlinie sind, soweit die Richtlinie eine Regelung treffen wollte, nur noch dann Innominatrechte anzunehmen, wenn die Richtlinie unzureichend umgesetzt worden ist (s. Rdnr. 27).

25   5. **Bereich der Werkverwertung in unkörperlicher Form. a) Früheres Recht.** Vor dem Inkrafttreten der UrhG-Novelle 2003 (s. Rdnr. 56) waren unbenannte **Rechte an der öffentlichen Wahrnehmbarmachung** des Werkes anzuerkennen. Dem Urheber war durch ein unbenanntes Recht der öffentlichen Wiedergabe das Recht vorbehalten, sein Werk nach einem Abruf aus einer öffentlich zugänglichen Datenbank öffentlich wahrnehmbar zu machen. Dieses Recht ist seit der UrhG-Novelle 2003 in § 22 geregelt. Die Verpflichtung, Urhebern von Datenbanken dieses Recht zu gewähren, ergab sich bereits aus Art. 5 lit. d der Datenbankrichtlinie (s. vor §§ 87a ff. Rdnr. 8 ff.; vgl. *Leistner*, Der Rechtsschutz von Datenbanken im deutschen und europäischen Recht, 2000, S. 99; *Westkamp*, Der Schutz von Datenbanken und Informationssammlungen im britischen und deutschen Recht, 2003, S. 90). Das Recht, geschützte Werke, die in einem Computer gespeichert sind, auf einem Bildschirm öffentlich wahrnehmbar zu machen, ist auch gegenwärtig noch ein unbenanntes Recht der öffentlichen Wiedergabe (s. Rdnr. 27).

26   Im Bereich der **Online-Nutzungen** waren als unbenannte Verwertungsrechte der **Werkverwertung in unkörperlicher Form** anzuerkennen ein **Bereithaltungsrecht** (als Recht des Urhebers an der Bereithaltung seines Werkes für eine Öffentlichkeit zum Abruf) und ein **Abrufübertragungsrecht** (als Recht an der Abrufübertragung eines für eine Öffentlichkeit zum Abruf bereitgehaltenen Werkes). Das Verwertungsrecht aus § 15 Abs. 2 aF bezog sich nach seinem Wortlaut nur auf öffentliche Wiedergaben iSd. § 15 Abs. 3 aF. Gleiches galt dementsprechend für die vom allgemeinen Recht umfassten besonderen Rechte an öffentlichen Wiedergaben wie das Vorführungsrecht (s. § 19 Rdnr. 41) oder das Senderecht (s. § 20 Rdnr. 8; § 20a Rdnr. 14). Da nach der Definition des § 15 Abs. 3 aF eine Wiedergabe nur dann öffentlich war, wenn sie eine Mehrzahl von Personen gleichzeitig erreichte (s. dazu Rdnr. 64, 71), wurden die unter das Bereithaltungsrecht und das Abrufübertragungsrecht fallenden Nutzungsformen von dem allgemeinen Recht der öffentlichen Wiedergabe nicht erfasst (s. dazu näher § 19a Rdnr. 38 ff.).

27   **b) Gegenwärtige Rechtslage.** Das Recht der öffentlichen Wiedergabe schließt auch ein unbenanntes Recht darauf ein, geschützte Werke, die in einem Computer gespeichert sind, durch **Bildschirmwiedergabe** öffentlich wahrnehmbar zu machen (vgl. *Ulmer* GRUR 1971, 297/301 Fn. 17; *Brutschke* NJW 1970, 889/890; *Katzenberger* GRUR Int. 1983, 895/905; *Plaß* WRP 2001, 195/200; *Mestmäcker/Schulze/Haberstumpf*, UrhKomm [Stand 2006], § 21 Rdnr. 11; aA *Dreyer* in HK-UrhR² Rdnr. 31; sa. § 16 Rdnr. 19; § 69c Rdnr. 9; § 87b Rdnr. 34). Das Vorführungsrecht (§ 19 Abs. 4) kann hier keinen ausreichenden Schutz bieten, da es auf bestimmte Werkarten beschränkt ist und sich insbesondere nicht auf Sprachwerke bezieht (s. dazu auch § 19 Rdnr. 36 f.). Datenbankwerke sind schon im Hinblick auf Art. 5 lit. d der Datenbankrichtlinie durch ein solches unbenanntes Recht der öffentlichen Wiedergabe zu schützen (sa. Rdnr. 25). Ein unbenanntes Recht der öffentlichen Wiedergabe besteht auch in anderen Fällen, in denen der **Vorführung eines Werkes mittels Bild- oder Tonträger** keine Darbietung (s. § 19 Rdnr. 5)

Allgemeines § 15

zugrunde liegt wie bei synthetisch erzeugter Musik oder Wiedergaben eines Musikwerkes ohne Darbietungscharakter (vgl. *Haberstumpf* in *Büscher/Dittmer/Schiwy* § 21 Rdnr. 7). Gleiches gilt in Fällen, in denen eine öffentliche **Wiedergabe aufgrund einer nichtöffentlichen Funkübertragung** stattfindet, und § 19 Abs. 4 wegen der Art des Werkes nicht eingreift (s. § 22 Rdnr. 8).

Auch nach dem Inkrafttreten der UrhG-Novelle 2003 (s. Rdnr. 56) kommen im Bereich der **Online-Nutzungen** unbenannte Rechte der öffentlichen Wiedergabe in Betracht, auch wenn die betreffenden Werknutzungen zur Zeit der UrhG-Novelle bereits bekannt waren (vgl. die Begr. zu Art. 1 Nr. 2 des RegE, BTDrucks. 15/38 S. 17).

Die UrhG-Novelle hat Art. 3 Abs. 1 der Informationsgesellschafts-Richtlinie nur unvollständig umgesetzt (s. § 19a Rdnr. 33). Das nach der Richtlinie zu gewährende, in die UrhG-Novelle nicht aufgenommene **Abrufübertragungsrecht** (als Recht an der Abrufübertragung eines für eine Öffentlichkeit zum Einzelabruf bereitgehaltenen Werkes) ist als unbenanntes Verwertungsrecht unmittelbar dem umfassenden Verwertungsrecht der öffentlichen Wiedergabe zu entnehmen (s. § 19a Rdnr. 33; aA *Dreyer* in HK-UrhR[2] Rdnr. 30, § 20 Rdnr. 28: Anwendung des Senderechts). Das Eingreifen des Abrufübertragungsrechts setzt voraus, dass das abgerufene Werk für eine Öffentlichkeit (s. Rdnr. 58, 68) zum Abruf bereitgehalten wird; die Übertragung an den einzelnen Nutzer ist als solche nicht öffentlich. Bei einer sukzessiven Übertragung desselben Werkes an mehrere Personen ohne vorausgegangenes öffentliches Bereithalten zum Abruf ist das Abrufübertragungsrecht nicht anwendbar, auch wenn der Werknutzer die Absicht haben sollte, das Werk bei jeder sich bietenden Gelegenheit an Kunden zu übertragen (aA *Dreyer* in HK-UrhR[2] Rdnr. 37; s. Rdnr. 71). Das Abrufübertragungsrecht greift dementsprechend nicht ein, wenn ein im Internet öffentlich angebotenes Werk (zB ein Film) nach der Bestellung erst aufgrund einer Entscheidung im Einzelfall an den Kunden übertragen wird (vgl. dazu auch *Castendyk* ZUM 2005, 9/12; *Heinz* S. 201 f.).

Bei der Übertragung von Werken durch sog. **Push-Dienste** kann – falls § 19a, § 20 oder das unbenannte Abrufübertragungsrecht nicht eingreifen – ein unbenanntes Verwertungsrecht der öffentlichen Wiedergabe anzunehmen sein, das als **Online-Verbreitungsrecht** bezeichnet werden kann (s. Rdnr. 71, § 20 Rdnr. 8, 47 f.). Die einzelne Übertragung kann durch dieses unbenannte Verwertungsrecht als Werknutzung erfasst werden, wenn ihr ein entsprechendes öffentliches Angebot vorausgegangen ist, das darauf angelegt ist, dafür in elektronischer Form bereitgehaltene Werke wiederholt gleichartig mit funktechnischen oder ähnlichen Mitteln einzelnen Mitgliedern der Öffentlichkeit zugänglich zu machen. Unter dieser Voraussetzung ist bereits eine einzelne Übertragung eine öffentliche Wiedergabe iSd. § 15 Abs. 2 (anders beim elektronischen Versand eigens auf Bestellung hergestellter Werkkopien, vgl. dazu nachstehend). Das Problem der sog. sukzessiven Öffentlichkeit stellt sich daher bei dem Online-Verbreitungsrecht ebensowenig wie bei dem Recht der öffentlichen Zugänglichmachung (s. Rdnr. 71). Unter das Online-Verbreitungsrecht fallende Werknutzungen finden beim sog. **personalisierten Internetradio** statt (s. § 19a Rdnr. 45, § 20 Rdnr. 8).

Die Schrankenbestimmung des § 53a (**Kopienversand auf Bestellung**) setzt nicht voraus, dass die Übermittlung bestellter Kopien ohne das Vorliegen der darin festgelegten Voraussetzungen unter ein Verwertungsrecht des Urhebers fällt (vgl. *Wandtke/Bullinger/Jani*[3] § 53a Rdnr. 45, 59; s. aber auch *Schulze* in *Dreier/Schulze*[3] Rdnr. 12, 27; *Dreier* ebd. § 53a Rdnr. 4 f.). Davon geht auch die Begründung zu § 53a des Regierungsentwurfs aus (BTDrucks. 16/1828 S. 27). Die Vorschrift beschränkt vielmehr nur das Vervielfältigungsrecht. Sie begründet insoweit einen Vergütungsanspruch und zwar auch für die Fälle, in denen die Vervielfältigung im Ausland gefertigt und in das Inland übermittelt wird (vgl. Begr. zu § 53a RegE, BTDrucks. 16/1828 S. 28; vgl. dazu *Wandtke/Bullinger/Jani*[3] § 53a Rdnr. 57). Hinsichtlich der Übermittlung bestellter Kopien greift keine Schranke eines benannten Verwertungsrechts ein. Beim Postversand ist der Tatbestand des Verbreitungsrechts (§ 17) nicht erfüllt (vgl. BGHZ 141, 13/26 f. – Kopienversanddienst). Ein Verbreiten wird zwar auch dann angenommen, wenn nur eine Übergabe eines Werkstücks an einen einzelnen Dritten stattfindet. Erforderlich ist dann aber, dass der Dritte als Angehöriger eines nicht untereinander persönlich verbundenen Kreises von Interessenten angesprochen worden ist, an die Exemplare gerade des betroffenen Werkes abgegeben werden oder abgegeben werden sollen (vgl. BGHZ 113, 159/161 f. = GRUR 1991, 316/317 – Einzelangebot; *v. Ungern-Sternberg* GRUR 2008, 193/198; aA *G. Schulze* ZUM 2008, 836/842). Bei einer Übermittlung in elektronischer Form ist das Verbreitungsrecht nicht betroffen, weil kein körperliches Vervielfältigungsstück weitergegeben wird (s. § 17 Rdnr. 4 f.; vgl. weiter OLG München ZUM-RD 2007, 347/357; *Grassmann* S. 56 ff.). Bei einer elektronischen Übermittlung beinhaltet § 53a auch keine Schranke des § 19a oder des Abrufübertragungsrechts (vgl. OLG München ZUM-RD 2007, 347/358; s. § 19a Rdnr. 33), da die betrof-

§ 15   Allgemeines

fenen Werke nicht iSd. § 19a für eine Öffentlichkeit zum Abruf bereitgehalten werden, sondern für den Versand erst vervielfältigt werden müssen (sa. Begr. zu § 53a RegE, BTDrucks. 16/ 1828 S. 27; *Grassmann* S. 66ff.). Gegen die Annahme, dass § 53a von einem unbenannten Verwertungsrecht an dem Übermittlungsvorgang des Kopienversands ausgeht, spricht bereits, dass der Gesetzgeber ein so weitgehendes Verwertungsrecht zusammen mit der Vorschrift des § 53a ausdrücklich in das Gesetz aufgenommen hätte, wenn er es hätte einführen wollen (vgl. dazu auch *Spindler* NJW 2008, 9/14; aA *G. Schulze* ZUM 2008, 836/843).

Ein sog. **framender Link** (s. § 19a Rdnr. 46) kann nach Ansicht von *Ott* (ZUM 2004, 357/364 und MMR 2007, 263/264; ebenso *Gey* S. 166) uU ein Eingriff in ein unbenanntes Verwertungsrecht sein. Gegen diese Ansicht spricht allerdings bereits, dass der Tatbestand eines Verwertungsrechts aus Gründen der Rechtssicherheit eindeutig umrissen sein muss und sein Eingreifen nicht vom Vorliegen besonderer Einzelfallumstände abhängig sein darf.

V. Schranken der Verwertungsrechte. Erschöpfung des Rechts

28   **1. Schranken.** Die Verwertungsrechte des § 15 unterliegen den in §§ 44a ff. geregelten Schranken. Soweit diese eingreifen, ist die Werknutzung ohne Genehmigung des Urheberberechtigten zulässig, teilweise allerdings vergütungspflichtig (vgl. Rdnr. 5). Zu den Ausnahmen von den zustimmungsbedürftigen Handlungen bei Computerprogrammen s. § 69d. Soweit Verwertungsrechte auf internationalen Verträgen und europäischen Richtlinien beruhen, sind diese bei der Einführung und der Auslegung von Schranken zu beachten.

29   Eine allgemeine **Güter- und Interessenabwägung** (etwa zwischen dem Interesse des Urhebers an einer möglichst umfassenden und uneingeschränkten Ausschließlichkeitsbefugnis und den Interessen der Allgemeinheit an einer möglichst unbeschränkten und umfassenden Nutzung des Werkes) kommt neben der Anwendung der Schrankenbestimmungen nicht in Betracht (BGHZ 154, 260/264ff. – Gies-Adler; BGH, Urt. v. 29.4.2010 – I ZR 69/08, Tz. 27 – Vorschaubilder; s. weiter vor § 44a Rdnr. 18ff., § 51 Rdnr. 8).

30   **2. Erschöpfung.** Beim **Verbreitungsrecht** ist eine Erschöpfung des Rechts seit langem anerkannt und im UrhG in § 17 Abs. 2 (vgl. § 17 Rdnr. 42ff.) und § 69c Nr. 3 verankert (zu Sinn und Zweck der Erschöpfung des Verbreitungsrechts s. BGHZ 145, 7/12 – OEM-Version). Zur Frage der Erschöpfung des Verbreitungsrechts im Hinblick auf Vervielfältigungsstücke, die nach einer Abrufübertragung befugt hergestellt worden sind, sowie zur Frage, ob rechtmäßig (per Download oder vorinstalliert) erworbene Software (sog. Gebrauchtsoftware) unter Berufung auf den Erschöpfungsgrundsatz weiterverbreitet werden darf, s. § 19a Rdnr. 6. Die Erschöpfung des Verbreitungsrechts an einem Original oder Vervielfältigungsstück erstreckt sich nicht auf das **Vervielfältigungsrecht** (vgl. BGH GRUR 2005, 940/942 – Marktstudien; zur Entscheidung BGHZ 144, 232 – Parfumflakon – s. Rdnr. 34, 37). Bei Schadensersatzansprüchen wegen Rechtsverletzungen durch eine Verletzerkette ist der Erschöpfungsgrundsatz des § 17 Abs 2 nicht entsprechend anwendbar (BGHZ 181, 98/121 = GRUR 2009, 856/862f. Tz. 62ff. – Tripp-Trapp-Stuhl).

31   Ob bei **anderen Verwertungsrechten** eine Erschöpfung des Rechts eintreten kann, war längere Zeit umstritten, kann aber nunmehr als geklärt angesehen werden. In mehreren älteren Entscheidungen hat der **BGH** ausgesprochen (erstmals in BGHZ 79, 350/357ff. – Kabelfernsehen in Abschattungsgebieten; zu dieser Entscheidung s. § 20 Rdnr. 38), dass alle Verwertungsrechte durch einen Erschöpfungsgrundsatz begrenzt seien (anders noch BGHZ 6, 116/121 – Parkstraße 13; 33, 1/15 – Künstlerlizenz-Schallplatten – und BGHZ 38, 356/362 – Fernsehwiedergabe von Sprachwerken). Dieser Erschöpfungsgrundsatz sei als eine allgemeine Rechtsregel verstanden worden, die im gesamten gewerblichen Rechtsschutz und Urheberrecht Anwendung finde. Der Grundsatz besagt nach der Formulierung des BGH, dass der Rechtsinhaber durch eigene Benutzungshandlungen das ihm vom Gesetz eingeräumte ausschließliche Verwertungsrecht ausgenutzt und damit verbraucht hat, so dass bestimmte weitere Verwertungshandlungen nicht mehr vom Schutzrecht erfasst werden. Es gehe also bei der Frage nach der Erschöpfung des Rechts im Ergebnis um die Abgrenzung der einzelnen dem Rechtsinhaber vorbehaltenen Verwertungsrechte im Hinblick auf die vom Berechtigten vorgenommenen Benutzungshandlungen (BGHZ 80, 101/103ff. – Schallplattenimport I; BGH GRUR 1982, 100/ 101 – Schallplattenexport; BGH GRUR 1985, 924/925 – Schallplattenimport II; BGH GRUR 1988, 206/210 – Kabelfernsehen II; ebenso KG ZUM 1996, 788/789 und Brandenburgisches OLG NJW-RR 1999, 839/840; vgl. auch *v. Gamm* § 11 Rdnr. 12ff. und § 19 Rdnr. 17). Allerdings war anerkannt, dass die nach § 17 Abs. 2 im Fall der Veräußerung eines Originals oder

Allgemeines **§ 15**

Vervielfältigungsstücks grundsätzlich eintretende Erschöpfungswirkung nur die Weiterverbreitung des konkreten Exemplars erfasst und das Recht an der öffentlichen Werkwiedergabe unberührt lässt (BGH GRUR 1986, 742/743 – Videofilmvorführung; sa. BGHZ 129, 66/74 – Mauer-Bilder; vgl. weiter OGH GRUR Int. 1986, 728/733 – Hotel-Video).

Die Annahme eines für alle Verwertungsrechte geltenden Erschöpfungsgrundsatzes durch die **32** ältere Rechtsprechung des BGH ist in der **Literatur** zunächst auf fast einhellige Ablehnung gestoßen (vgl. dazu insb. *Ulmer* GRUR Int. 1981, 372/375 f.; *Hubmann* Anm. zu Schulze BGHZ 273 S. 17 ff.; *ders.*, Fs. für Roeber, 1982, S. 181 ff.; *Seifert* FuR 1981, 513 ff.; *Schricker*, Urheberrechtliche Probleme des Kabelrundfunks, 1986, S. 63; *Davies/v. Rauscher auf Weeg*, Das Recht der Hersteller von Tonträgern, 1983, S. 38 ff.; *Platho*, Urheberrechtsprobleme der Weiterverbreitung von Sendungen in Kabelnetzen, 1983, S. 57 ff.; *v. Ungern-Sternberg* UFITA 94 [1982] 79/95 ff.; sa. *Loewenheim* UFITA 95 [1983] 41/47 f.; s. weiter vor §§ 20 ff. Rdnr. 13 ff. und § 20 Rdnr. 38; zustimmend dagegen *Windisch*, Fs. für Roeber, 1982, S. 481 ff.).

In der Zeit danach sind aber im Schrifttum Versuche unternommen worden, mithilfe des in **33** der Entscheidung BGHZ 79, 350 – Kabelfernsehen in Abschattungsgebieten – angenommenen allgemeinen Erschöpfungsgrundsatzes mehr oder weniger weitgehende Einschränkungen der Rechte, die den Urhebern nach § 20 bei der zeitgleichen Kabelweiterübertragung von Rundfunksendungen zustehen, zu begründen (vgl. *Gounalakis* S. 221 ff.; *Gounalakis/Mand* S. 30 ff.; *Sack* GRUR 1988, 163/167 ff.; *Schwertfeger* S. 122 ff./179 ff.; *Bornkamm*, Fs. für v. Gamm, S. 329 ff.; *Mand* GRUR 2004, 395/398 f.).

Die Annahme einer Erschöpfung des Rechts der öffentlichen Wiedergabe ist jedoch stets von **34** der weit überwiegenden Literaturmeinung mit Recht abgelehnt worden (vgl. insb. *Dreier* S. 97 ff.; *Joos* S. 216 ff./255 f.; *Herter* S. 189 ff.; *Koehler* S. 167 ff.; *Nordemann* in *Fromm/Nordemann/Dustmann*[10] § 17 Rdnr. 26, § 20 Rdnr. 17; *Dreyer* in HK-UrhR[2] Einl. Rdnr. 24 f., § 20 Rdnr. 4 f.; *Schulze* in *Dreier/Schulze*[3] § 17 Rdnr. 30; *Haberstumpf*[2] Rdnr. 260; *Schack*[5] Rdnr. 430, 454; *Schwarz/Reber* in *Loewenheim*[2] § 21 Rdnr. 98; *Niethammer* S. 145 ff.; *Kur* GRUR Int. 1999, 24/25 f.; sa. *Wandtke/Bullinger/Heerma*[3] Rdnr. 24, 27; s. weiter § 17 Rdnr. 45; § 85 Rdnr. 44; § 97 Rdnr. 29, jeweils mwN; ablehnend auch – insbesondere unter dem Gesichtspunkt der internationalen Entscheidungsharmonie – *Cohen Jehoram* IIC 25 [1994] 136 f.). Für die Annahme, es gebe einen Erschöpfungsgrundsatz, der als Rechtsregel allgemein im Urheberrecht gelte, fehlt es an einer tragfähigen Begründung. Der Gedanke der Erschöpfung des Rechts passt nur für das Verbreitungsrecht (vgl. *Dreier* S. 97 ff.; *Joos* S. 216 ff./255); er dient dort insbesondere der Sicherung der Verkehrsfähigkeit der Werkstücke, nicht der Begrenzung der Vergütungsmöglichkeiten des Rechtsinhabers (vgl. BGHZ 145, 7/12 – OEM-Version; *Dreier* S. 102; s. weiter § 17 Rdnr. 44). Das Vervielfältigungsrecht und die Rechte der öffentlichen Wiedergabe werden dagegen nach der Regelung des UrhG nicht durch ihre Ausübung verbraucht (zum Vervielfältigungsrecht sa. BGHZ 144, 232/238 – Parfumflakon; Rdnr. 37). Vielmehr unterliegt jeder neue Vervielfältigungsakt und – wie insbesondere § 19 Abs. 3, § 21 und § 22 zeigen – jede weitere öffentliche Wiedergabe dem Schutzrecht des Urhebers (sa. Rdnr. 10). Welche Bedeutung einem allgemeinen Erschöpfungsgrundsatz außerhalb der Regelung des Verbreitungsrechts – sieht man einmal vom Senderecht ab – zukommen könnte, ist nicht ersichtlich (s. *Dreier* S. 102 f.).

Auch für die urheberrechtlichen Probleme der zeitgleichen **Kabelweiterübertragung von** **35** **Rundfunksendungen** bietet ein allgemeiner Erschöpfungsgrundsatz keine Lösung, die bruchlos in das geltende System des Urheberrechts eingefügt werden könnte (sa. Rdnr. 37; vor §§ 20 ff. Rdnr. 13 ff., § 20 Rdnr. 38). Davon, dass der Urheber durch Genehmigung der Rundfunksendung sein Einverständnis mit Anschlussnutzungen Dritter, die Kabelnetze betreiben, erklärt hätte (und sei es nur im Sinne einer „objektiven Freigabe" der Nutzungen), kann nicht gesprochen werden (sa. *Joos* S. 243 ff.; *v. Ungern-Sternberg* UFITA 94 [1982] 79/98; vgl. auch *Gounalakis/Mand* S. 29; *Mand* GRUR 2004, 395/398). Übrig bleiben zur Begründung eines Erschöpfungsgrundsatzes im Senderecht Erwägungen, nach denen eine gesonderte Vergütung für Kabelanschlussnutzungen bei bestimmten Fallgestaltungen nicht angebracht sei (s. *Dreier* S. 108 f.). Die Beschränkung der Verwertungsrechte durch derartige Billigkeitserwägungen ist jedoch dem UrhG fremd (aA *Mand* GRUR 2004, 395/398 f.). Diese Rechte sollen dem Urheber die Kontrolle über die Verwertung seines Werkes geben (s. Rdnr. 1, 9, 10). Das Urheberrecht beruht weiter auf dem Grundgedanken, dass der Urheber tunlichst angemessen an dem wirtschaftlichen Nutzen, der aus seinem Werk gezogen wird, beteiligt werden soll (vgl. Rdnr. 7 ff.). Die Entscheidung BGHZ 79, 350/357 ff. – Kabelfernsehen in Abschattungsgebieten – betraf zudem einen Sonderfall. Im damaligen Fall war unstreitig, dass die zeitgleiche Kabelweiterübertragung von Rundfunksendungen ausschließlich dazu diente, den durch den Bau von Hochhäusern gestörten Rundfunkempfang in den abgeschatteten

Gebieten wiederherzustellen. Unter diesen Umständen nahm der BGH an, dass die Kabelweiterübertragung der Rundfunksendungen nicht erneut in das Senderecht eingreife (vgl. weiter zu dieser Entscheidung § 20 Rdnr. 38). Die Ausführungen der Entscheidung zur Erschöpfung des Senderechts waren stark von der Würdigung der konkreten Interessenlage geprägt und ließen dementsprechend kaum erkennen, in welchen sonstigen Fällen bei Annahme eines allgemeinen Erschöpfungsgrundsatzes eine Erschöpfung des Rechts der öffentlichen Wiedergabe in Betracht gezogen werden könnte.

36 Der Sache nach wurde mit der Annahme eines allgemeinen Erschöpfungsgrundsatzes eine – mit wesentlichen Grundgedanken des UrhG nicht vereinbare – Generalklausel geschaffen, die allenfalls bei besonderen Fallgestaltungen und jeweils nur aufgrund einer Interessenabwägung – in jeweils unterschiedlicher Weise – hätte Bedeutung erlangen können (sa. *Dreier* S. 118 f.; *Joos* S. 245 ff.). Eine ausreichende Notwendigkeit für eine solche Rechtsbildung, die eine Sonderentwicklung des deutschen Rechts darstellt und deshalb dem – gerade im Urheberrecht besonders starken – **Bedürfnis nach Rechtsvereinheitlichung** zuwiderläuft (vgl. dazu Grünbuch der EU-Kommission vom 19. 7. 1995, Dok. KOM [95] 382 endg., S. 45; *Gaster* ZUM 1995, 740/746; *Cohen Jehoram* IIC 25 [1994] 136 f.), ist nicht zu erkennen. Der Gedanke, dass sich ein Recht der öffentlichen Wiedergabe erschöpfen könnte, ist dem internationalen Rechtsdenken fremd (sa. Rdnr. 37). Dementsprechend enthält Art. 6 Abs. 2 des WIPO Copyright Treaty (s. dazu vor §§ 120 ff. Rdnr. 50 ff.) nur eine Bestimmung zur Frage der Erschöpfung des Verbreitungsrechts. Das Recht der öffentlichen Wiedergabe in Art. 8 WCT steht nicht unter dem Vorbehalt der Erschöpfung des Rechts (vgl. dazu Basic Proposal für die materiell-rechtlichen Bestimmungen des WCT, Doc. CRNR/DC/4 = 43 Journal of the Copyright Society of the USA 399 [1996], Nr. 10.20 zu Art. 10, jetzt Art. 8 WCT: „It should be pointed out that no rights are exhausted in connection with communication to the public. Should communication of a work result in the reproduction of a copy at the recipient end, the work may not be communicated further to the public or distributed to the public without authorization. Exhaustion of rights is only associated with the distribution of tangible copies." Auch das SchweizURG sieht in Art. 12 keine Erschöpfung von Rechten der öffentlichen Wiedergabe vor, gleichwohl es die Erschöpfung des Rechts nur unter dem Gesichtspunkt des Verhältnisses der Urheberschaft zum Eigentum am Werkexemplar.

37 Als Anwendungsfall eines allgemeinen Erschöpfungsgrundsatzes käme im Recht der öffentlichen Wiedergabe (in Anknüpfung an die in BGHZ 79, 350 – Kabelfernsehen in Abschattungsgebieten – dargelegten Erwägungen) allenfalls noch die **zeitgleiche Kabelweiterübertragung von Rundfunksendungen** im gesetzlichen Versorgungsbereich der öffentlich-rechtlichen Rundfunkanstalten in Betracht (vgl. *Gounalakis/Mand* S. 30 ff.; *Bornkamm*, Fs. für v. Gamm, S. 342; aA *Schwertfeger* S. 143 ff.; *Sack* GRUR 1988, 163/164/167 ff.). Für eine befriedigende Lösung dieser Problematik ist aber ein Rückgriff auf die – der Rechtssicherheit abträgliche – Generalklausel weder erforderlich noch ausreichend (sa. Rdnr. 35; vor §§ 20 ff. Rdnr. 13 f.; § 20 Rdnr. 38).

Die Annahme eines auch für das Senderecht geltenden allgemeinen Erschöpfungsgrundsatzes wäre zudem mit **Art. 11bis RBÜ** nur bei einer Beschränkung auf wirtschaftlich unbedeutende Fälle vereinbar (s. dazu *Ulmer* GRUR Int. 1981, 372 ff.; *Schricker*, Urheberrechtliche Probleme des Kabelrundfunks, 1986, S. 65 f.; *Stern*, Fs. 100 Jahre URG, 1987, S. 187/194 ff.; *Seifert* FuR 1981, 519; *Pichler*, Copyright Problems of Satellite and Cable Television in Europe, 1987, S. 62 ff./71; *v. Ungern-Sternberg* UFITA 94 [1982] 79/102 mwN; aA *Bornkamm*, Fs. für v. Gamm, S. 343 f.; *Sack* GRUR 1988, 169; *Schwertfeger* S. 168 ff.). Auf Art. 11bis Abs. 2 RBÜ kann die Annahme eines Erschöpfungsgrundsatzes im Senderecht jedenfalls nicht gestützt werden, weil Art. 11bis Abs. 1 Nr. 2 RBÜ dem Urheber das ausschließliche Recht an der zeitgleichen Kabelweiterübertragung von Rundfunksendungen durch Dritte gewährt – und zwar nach seinem klaren Wortlaut und nach der Zielsetzung der Neufassung des Art. 11bis RBÜ auf der Brüsseler Revisionskonferenz – (aus Gründen der Rechtssicherheit) unabhängig davon, ob mit der Weiterübertragung ein neuer Empfängerkreis erreicht wird (was ohnehin fast immer der Fall sein wird; s. weiter § 20 Rdnr. 30, 38). Die Aberkennung dieses Schutzrechts unter Berufung auf einen – in den anderen Verbandsländern der RBÜ im Senderecht unbekannten – Erschöpfungsgrundsatz könnte nicht mehr als Einschränkung des Rechts bezeichnet werden (s. weiter *Dreier* S. 44 ff./56 f.).

Das **europäische Gemeinschaftsrecht** schließt die Annahme eines allgemeinen, auch für das Recht der öffentlichen Wiedergabe geltenden Erschöpfungsgrundsatzes aus (vgl. dazu BGH GRUR 2000, 699/701 – Kabelweitersendung). Nach Art. 8 Abs. 1 der **Satelliten- und Kabelrichtlinie** (s. vor §§ 20 ff. Rdnr. 28) ist den Urhebern ein Recht an der Kabelweitersendung von Rundfunksendungen aus anderen Mitgliedstaaten zu gewähren. Eine Einschränkung dieses Rechts durch Anwendung eines Erschöpfungsgrundsatzes wäre mit der Regelung der Richtlinie

Allgemeines **§ 15**

nicht zu vereinbaren. Die Anwendung eines Erschöpfungsgrundsatzes auf die zeitgleiche Kabelweitersendung müsste danach, um richtlinienkonform zu sein, auf rein inländische Sachverhalte beschränkt werden. Nach den Erwägungsgründen 33 und 43 der **Datenbankrichtlinie** (s. vor §§ 87a ff. Rdnr. 5, 8 ff.) ist eine urheberrechtliche Erschöpfung bei Online-Leistungen ausgeschlossen, weil es sich hier nicht um die Verbreitung von Waren in körperlicher Form, sondern um Dienstleistungen handelt, die grundsätzlich unbegrenzt wiederholbar sind (*Gaster* in *Dittrich* [Hrsg.] S. 15/21 f.; *ders.* wbl. 1997, 47/54 f.). Die **Informationsgesellschafts-Richtlinie** (s. § 19a Rdnr. 22) schließt für das in Art. 3 geregelte Recht der öffentlichen Wiedergabe durch Art. 3 Abs. 3 eine Erschöpfung aus (sa. Erwgr. 29; s. weiter *Reinbothe* GRUR Int. 2001, 733/736 f.; § 19a Rdnr. 5 f.).

Der **BGH** hat demgemäß in der Entscheidung „Kabelweitersendung" (GRUR 2000, 699/701; sa. BGHZ 144, 232/238 – Parfumflakon) die Annahme eines allgemeinen Erschöpfungsgrundsatzes (s. Rdnr. 31) unter Hinweis auf die internationale Rechtsentwicklung der Sache nach aufgegeben, auch wenn dort – weil die Frage nicht entscheidungserheblich war – eine endgültige Stellungnahme unterblieben ist (sa. *Wandtke/Bullinger/Heerma*[3] Rdnr. 24). In der Entscheidung „Parfumflakon" (BGHZ 144, 232) wurde nicht in anderer Form eine entsprechende allgemeine Schranke der Verwertungsrechte angenommen (vgl. *Bergmann*, Fs. für Erdmann, S. 17/23 f.; anders dagegen *Schricker*, Fs. für Dietz, S. 447/448; sa. *Wandtke/Bullinger/Heerma*[3] Rdnr. 25 ff.; *Schack*, Fs. für Rehbinder, S. 345 f.; *Ganea* GRUR Int. 2005, 102/106). In dieser Entscheidung wurde lediglich ausgeführt, dass das Vervielfältigungsrecht unter Umständen im Hinblick auf den in § 17 Abs. 2 verankerten Rechtsgedanken mit Rücksicht auf das Interesse an der Verkehrsfähigkeit der mit Zustimmung des Berechtigten in Verkehr gesetzten Waren zurücktreten muss (BGHZ 144, 232/237 ff.; zur Frage der Ausdehnung dieses Rechtsgedankens auf andere Verwertungsrechte s. OLG Düsseldorf GRUR-RR 2009, 45/46; LG München I NJOZ 2009, 3056/3060).

Das Zweite Gesetz zur Regelung des Urheberrechts in der Informationsgesellschaft vom 26. Oktober 2007 (BGBl. I S. 2513; „**2. Korb**") hat den von Seiten der Kabelunternehmen gemachten Vorschlag nicht aufgegriffen, die Kabelweitersendung im Versorgungsbereich des ursprünglichen Sendeunternehmens durch eine Regelung über die Erschöpfung des Senderechts von urheberrechtlichen Ansprüchen freizustellen. In der Begründung des RegE (BTDrucks. 16/1828 S. 22 f.) wird dazu darauf hingewiesen, dass der Gedanke der Erschöpfung von Rechten der öffentlichen Wiedergabe auf europäischer Ebene wiederholt abgelehnt worden ist.

3. Aus dem EG-Vertrag lässt sich eine **gemeinschaftsrechtliche Erschöpfung** des Rechts **38** der öffentlichen Wiedergabe nicht ableiten (vgl. dazu EuGH GRUR Int. 1980, 602/607 – Le Boucher I – mit den Schlussanträgen des Generalanwalts *Warner* GRUR Int. 1980, 610/617; EuGH GRUR Int. 1983, 175/176 f. – Le Boucher II; EuGH GRUR Int. 1990, 622/623 – Tournier; EuGH GRUR Int. 1998, 596/597 Tz. 13 ff./18 – Metronome Musik; sa. EuGH GRUR Int. 1990, 622/633 Tz. 12, 13 – Tournier; *Miersch* in *Lange/Klippel/Ohly* (Hrsg.) S. 177/184; *Gaster* GRUR Int. 2000, 571/580 f.; *Schricker*, Fs. für Steindorff, S. 1441/1446 ff.; *Sack* GRUR 1999, 193/200; *Herter* S. 189 ff.).

4. Zu **gemeinschaftsrechtlichen Schranken** für die Ausübung urheberrechtlicher Befug- **39** nisse s. weiter Einl. Rdnr. 76; zur gemeinschaftsrechtlichen Erschöpfung des Verbreitungsrechts s. *Schulze* in *Dreier/Schulze*[3] § 17 Rdnr. 35 ff.; zu Schranken für die Ausübung des Vervielfältigungsrechts s. EuGH GRUR Int. 1998, 140/144 Tz. 55 ff. – Dior/Evora; *Kur* GRUR Int. 1999, 24/25 f. Die Verweigerung einer Lizenzerteilung kann ausnahmsweise ein **Missbrauch einer marktbeherrschenden Stellung** iSd. Art. 82 EG sein, s. dazu EuGH GRUR 2004, 524/526 Tz. 31 ff. – IMS/Health; EuG, Urt. v. 17. 9. 2007 – T-201/04, WuW/E EU-R 1307 Tz. 317 ff. – Microsoft/Kommission; *Körber* WuW 2007, 1209/1211 ff.; *Ensthaler/Bock* GRUR 2009, 1 ff.; *Gabriel/Cornels* ITRB 2008, 277 ff.; sa. die Literaturnachweise in der Vorauf.; s. weiter Einl. Rdnr. 66. Aber auch aus dem nationalen Recht kann sich ergeben, dass ein Rechtsinhaber verpflichtet ist, Nutzungswilligen ein Nutzungsrecht einzuräumen (vgl. BGHZ 154, 260/265 – Gies-Adler; BGHZ 160, 67/72 ff. – Standard-Spundfaß; vgl. auch BGH WRP 2008, 823/828 Tz. 41 – Soda-Club II, mwN). Zum kartellrechtlichen „Zwangslizenzeinwand" gegen einen Unterlassungsanspruch vgl. BGHZ 180, 312 = GRUR 2009, 694/695 Tz. 22 ff. – Orange-Book-Standard (zum Patentrecht); sa. § 87 Rdnr. 55.

VI. Auslegung der Verwertungsrechte

Das **europäische Gemeinschaftsrecht** hat das Urheberrecht bereits in weiten Bereichen **40** harmonisiert (s. Einl. Rdnr. 77 f.; zu den europäischen Rechtsgrundlagen der einzelnen Verwer-

§ 15 Allgemeines

tungsrechte vgl. deren jeweilige Kommentierung). Soweit Verwertungsrechte auf eine Richtlinienumsetzung zurückgehen, sind für die Bestimmung ihres gesetzlichen Umfangs durch Auslegung im Zweifel die Vorschriften der zugrunde liegenden Richtlinien, nicht die Begriffsbestimmungen der §§ 16 ff. maßgebend (vgl. zB – zum Vervielfältigungsrecht aus § 69c Nr. 1 – *Loewenheim* GRUR 1996, 830/834; s. weiter § 16 Rdnr. 4; zum Verbreitungsrecht aus § 17 BGH GRUR 2009, 840/841 Tz. 18 ff. – Le-Corbusier-Möbel II). In den Geltungsbereich einer Richtlinie können aber nicht nur Vorschriften fallen, die als ausdrückliches Ziel die Umsetzung der Richtlinie verfolgen, sondern – vom Zeitpunkt des Inkrafttretens dieser Richtlinie an – auch schon die vorher bestehenden nationalen Vorschriften, die geeignet sind, die Vereinbarkeit des nationalen Rechts mit der Richtlinie zu gewährleisten (vgl. EuGH GRUR 2009, 599/602 Tz. 35 – VTB-VAB/Total Belgium). Zur **richtlinienkonformen Auslegung** s. EuGH MR 2003, 197/199 f. Tz. 38 – Connect Austria; EuGH NJW 2004, 3547/3549 Tz. 108 ff.; EuGH NJW 2006, 2465/2467 Tz. 108 ff. – Adeneler; sa. Rdnr. 44; vor §§ 20 ff. Rdnr. 29 a f.; vor §§ 87a ff. Rdnr. 12; s. weiter *von Danwitz* JZ 2007, 697 ff.; *Schürnbrand* JZ 2007, 910 ff.; *Herresthal* EuZW 2007, 396 ff.; *Höpfner/Rüthers* AcP 2009, 1/25 ff.; *Mörsdorf* EuR 2009, 219/222 ff.; *Grosche/Höft* NJOZ 2009, 2294 ff. (Kurzfassung NJW 2009, 2416 f.); *Weber,* Grenzen EU-rechtskonformer Auslegung und Rechtsfortbildung, 2010. Die Verpflichtung, bei der Auslegung des nationalen Rechts den Inhalt einer Richtlinie heranzuziehen, wird durch die allgemeinen Rechtsgrundsätze und insbesondere durch den Grundsatz der Rechtssicherheit und das Rückwirkungsverbot begrenzt; auch darf sie nicht als Grundlage für eine Auslegung des nationalen Rechts contra legem dienen (vgl. EuGH NJW 2006, 2465/2467 Tz. 110 – Adeneler = JZ 2007, 187 mit Anm. *Franzen*; vgl. dazu den Besprechungsaufsatz von *Auer* NJW 2007, 1106; EuGH, Urt. v. 16. 7. 2009 – C-12/08, Tz. 61 – Mono Car Styling). Der Grundsatz der gemeinschaftsrechtskonformen Auslegung verlangt jedoch, dass die nationalen Gerichte unter Berücksichtigung des gesamten nationalen Rechts und unter Anwendung ihrer Auslegungsmethoden alles tun, was in ihrer Zuständigkeit liegt, um die volle Wirksamkeit einer Richtlinie zu gewährleisten und zu einem Ergebnis zu gelangen, das mit dem von der Richtlinie verfolgten Ziel übereinstimmt (vgl. EuGH NJW 2006, 2465/2467 Tz. 111 – Adeneler; EuGH, Urt. v. 16. 7. 2009 – C-12/08, Tz. 60 ff. – Mono Car Styling/Dervis Odemis u. a.; sa. EuGH EuZW 2010, 26/33, Tz. 138 – Land Oberösterreich/ČEZ; vgl. weiter BGH NJW 2009, 427/428 Tz. 19; BGH K&R 2010, 349/351 Tz. 24 – Teilnehmerdaten I). Der Wortlaut des Gesetzes bildet dabei keine Auslegungsgrenze. Der Grundsatz der richtlinienkonformen Auslegung fordert vielmehr auch, das nationale Recht, wo dies nötig und möglich ist, richtlinienkonform fortzubilden. Dementsprechend kann gegebenenfalls eine Rechtsfortbildung durch teleologische Reduktion eines Gesetzes geboten sein. Dies gilt gerade auch dann, wenn die Absicht des Gesetzgebers erkennbar ist, eine richtlinienkonforme Regelung zu schaffen (vgl. BGH NJW 2009, 427/428 f. Tz. 20 ff.; sa. BGHZ 179, 27 = NJW 2009, 2215/2216 Tz. 17 mit Anm. *Gröning* jurisPR-WettbR 1/2010 Nr. 2; vgl. weiter BGH ZUM 2010, 429/431 Tz. 22 – Tonträger aus Drittstaaten). Bei verspäteter Umsetzung einer Richtlinie besteht die allgemeine Verpflichtung der nationalen Gerichte, das innerstaatliche Recht richtlinienkonform auszulegen, nach der Entscheidung des EuGH „Adeneler" (NJW 2006, 2465/2468 Tz. 113 ff.) erst ab Ablauf der Umsetzungsfrist (zustimmend *Höpfner/Rüthers* AcP 2009, 1/26 ff.; *Weber,* S. 130 ff.; kritisch *Auer* NJW 2007, 1106/1107/1108 f.). Die Pflicht der Mitgliedstaaten, während der Umsetzungsfrist keine Vorschriften zu erlassen, die geeignet sind, die Erreichung des in der Richtlinie vorgeschriebenen Zieles nach Ablauf der Umsetzungsfrist ernstlich zu gefährden, gilt aber entsprechend auch für die Gerichte (vgl. EuGH NJW 2006, 2465/2467 Tz. 121 f. – Adeneler; EuGH, GRUR 2009, 599/602 Tz. 38 f. – VTB-VAB/Total Belgium; EuGH GRUR 2010, 244/245 Tz. 29 – Plus Warenhandelsgesellschaft; *Haratsch/Koenig/Pechstein*, Europarecht, 9. Aufl. 2009, Rdnr. 338; *Höpfner/Rüthers* AcP 2009, 1/27 f.; sa. BGH GRUR 2008, 1115/1117 Tz. 27 – ICON). Ist eine gemeinschaftsrechtskonforme Auslegung des nationalen Rechts nicht möglich, hat das Gericht nationales Recht, das einer unmittelbar anwendbaren Bestimmung des Gemeinschaftsrechts (zB einer Vorschrift über die Grundfreiheiten) widerspricht, im Hinblick auf den Vorrang des Gemeinschaftsrechts unangewendet zu lassen (vgl. EuGH, Urt. v. 19. 11. 2009 – C-314/08, Tz. 81 ff. mwN). Zur Rechtslage, wenn nationales Recht nicht mit Richtlinienvorschriften im Einklang steht, vgl. *Weber* S. 77 ff. Zur Bedeutung der Erwägungsgründe einer Richtlinie für die Auslegung vgl. KG ZUM 2009, 567/570 mwN; sa. *Leistner,* Der Rechtsschutz von Datenbanken im deutschen und europäischen Recht, 2000, S. 37 ff. Zur Wirkung nicht umgesetzter Richtlinienbestimmungen zwischen Privatpersonen vgl. BGH GRUR 2009, 179/181 Tz. 17 – Konsumentenbefragung II, mwN.

Allgemeines § 15

Bei der **Auslegung einer Gemeinschaftsvorschrift** sind neben ihrem Wortlaut auch der Regelungszusammenhang, in dem sie steht, sowie die mit der Regelung verfolgten Ziele zu berücksichtigen (vgl. EuGH GRUR 2007, 225/226 f. Tz. 34 – SGAE/Rafael; EuGH GRUR 2009, 1041/1044 Tz. 32 – Infopaq/DDF; EuGH NJW 2010, 1736/1737 Tz. 44; BGHZ 171, 151/162 f. Tz. 33 – Wagenfeld-Leuchte; zur Auslegung des Gemeinschaftsrechts sa. *Borchardt*, in *Schulze/Zuleeg* (Hrsg.), Europarecht, 2006, S. 487 ff.; *Hobe*, Europarecht, 4. Aufl. 2009, Rdnr. 301 ff.; *Leistner*, Fs. für Dietz, 2001, S. 493/494 ff.; *Höpfner/Rüthers* AcP 2009, 1/23 ff.). Die verschiedenen sprachlichen Fassungen einer gemeinschaftsrechtlichen Vorschrift sind gleichermaßen verbindlich; die Auslegung erfordert somit einen Vergleich der sprachlichen Fassungen (EuGH NJW 1983, 1257/1258). Zur Bedeutung der Entstehungsgeschichte einer Richtlinie für die Auslegung sa. KG ZUM 2009, 567/570 mwN. Ziel der **Informationsgesellschafts-Richtlinie** (s. § 19 a Rdnr. 22 f.) ist es, den effektiven Schutz des geistigen Eigentums sicherstellen (vgl. Erwgrde 4, 9, 11 der Richtlinie; EuGH GRUR Int. 2008, 323/328 Tz. 43 – Promusicae/Telefónica de España; BGHZ 171, 151/162 f. Tz. 33 – Wagenfeld-Leuchte). Dieser Schutz kann jedoch nur in dem vom Gemeinschaftsgesetzgeber geschaffenen Rahmen verwirklicht werden. Es dürfen nicht durch Auslegung der Richtlinie zugunsten der Urheber neue Rechte geschaffen werden, die in der Richtlinie nicht vorgesehen sind EuGH GRUR 2008, 604/605 Tz. 37 f. – Le Corbusier-Möbel).

Begriffe einer Vorschrift des Gemeinschaftsrechts, die für die Ermittlung ihres Sinnes und ihrer Tragweite nicht ausdrücklich auf das Recht der Mitgliedstaaten verweist, sind nach der Rechtsprechung des EuG in der Regel in der gesamten Gemeinschaft autonom und einheitlich auszulegen (vgl. EuGH GRUR 2007, 225/226 Tz. 30 ff. – SGAE/Rafael – zur Auslegung des Begriffs der öffentlichen Wiedergabe; zu diesem Begriff s. weiter Rdnr. 62; EuGH GRUR 2009, 1041/1044 Tz. 30 ff. – Infopaq/DDF – zur Auslegung des Begriffs des Werkes sowie der Begriffe „Vervielfältigung" und „teilweise Vervielfältigung" iSd. Art. 2 der Informationsgesellschafts-Richtlinie). Zur Frage, ob der Gemeinschaftsgesetzgeber dadurch auf eine gemeinschaftsrechtliche Definition eines Begriffs verzichten kann, dass er stillschweigend auf nationale Gebräuche und Regelungen verweist, vgl. die Schlussanträge der Generalanwältin Trstenjak in der Sache C-467/08 Tz. 59 ff. SGAE/Padawan. Die **autonome und einheitliche Auslegung von Gemeinschaftsrecht** entspricht dem Bedürfnis nach Rechtsvereinheitlichung in der EU, könnte aber nach dem gegenwärtigen Stand des Gemeinschaftsrechts zu einer erheblichen Rechtsunsicherheit (etwa bei der Auslegung so zentraler urheberrechtlicher Begriffe wie „Werk" oder „öffentlich") und einer entsprechenden Überlastung des EuGH führen, wenn sich dieser nicht weithin auf die Festlegung von Grundlinien der Auslegung beschränkt. Im Sinne einer solchen Selbstbeschränkung könnte die Entscheidung „Infopaq" verstanden werden. In diesem Urteil schließt der EuGH u. a. aus gemeinschaftsrechtlichen Einzelregelungen zu den (geringen) Schutzvoraussetzungen von Werken bestimmter Art (wie Datenbankwerken und Fotografien) auf die Schutzvoraussetzungen für Werke iSd. Informationsgesellschafts-Richtlinie (EuGH GRUR 2009, 1041/1044 Tz. 33 ff. – Infopaq/DDF, mit Anm. *G. Schulze* GRUR 2009, 1019 f.). Das Werk als Schutzobjekt müsse „eine eigene geistige Schöpfung seines Urhebers" darstellen („author's own intellectual creation"). Offen ist dabei, ob damit nur eine Mindestanforderung für die Schutzfähigkeit von Werken jeder Art aufgestellt wird, ohne dass ausgeschlossen wird, dass für bestimmte Werkarten höhere Anforderungen gestellt werden. Dafür spricht, dass die Annahme, das Gemeinschaftsrecht enthalte für alle Werkarten gleiche Anforderungen, jedenfalls nicht mit einem Hinweis auf den Inhalt einzelner Sonderregelungen für bestimmte Werkarten begründet werden konnte. Für den besonders wichtigen Bereich der Werke der angewandten Kunst gilt ohnehin eine Sonderregelung: Die Festlegung der Gestaltungshöhe, die für urheberrechtlichen Schutz von Mustern erforderlich ist, ist nach Art. 17 Satz 2 der Geschmacksmusterrichtlinie (Richtlinie 98/71/EG des Europäischen Parlaments und des Rates vom 13. Oktober 1998 über den rechtlichen Schutz von Mustern und Modellen, ABl. Nr. L 289 v. 28. 10. 1998 S. 28) ausdrücklich den einzelnen Mitgliedstaaten überlassen. Auch das europäische Recht kennt somit keine einheitliche Schutzuntergrenze für alle Werkarten. Ein einheitlicher europäischer Werkbegriff muss deshalb nicht notwendig zur Folge haben, dass auch die Schutzuntergrenze für alle Werkarten einheitlich niedrig ist (s. dazu auch § 2 Rdnr. 32 ff.). Wenn es nach der Entscheidung „Infopaq" dem nationalen Gericht überlassen bleibt zu beurteilen, ob im Einzelfall nach den vom EuGH aufgestellten Maßstäben ein „Werk" anzunehmen ist, weist dies wohl darauf hin, dass das nationale Gericht nicht auf eine rein tatrichterliche Beurteilung beschränkt sein soll (vgl. EuGH GRUR 2009, 1041/1044 f. Tz. 51 – Infopaq/DDF; sa. *G. Schulze* GRUR 2009, 1019/1021; *v. Ungern-Sternberg* GRUR 2010, 273). Die Anerkennung eines Beurteilungsspielraums bei der Anwendung des Werkbegriffs bei den einzelnen Werkarten widerspricht nicht der einheitlichen und autonomen Auslegung des gemeinschaftsrechtlichen Werkbegriffs (vgl. dazu auch die Schlussanträge der Generalanwältin Trstenjak in der Sache C-467/08 Tz. 67 – SGAE/Padawan).

Von der EU geschlossene Verträge wie zB der WIPO-Urheberrechtsvertrag (WCT) und der WIPO-Vertrag über Darbietungen und Tonträger (WPPT) sind fester Bestandteil der Rechtsordnung der Union und können daher Gegenstand eines Vorabentscheidungsersuchens (Art. 267 AEUV) sein (EuGH NJW 2010, 1736/1738 Tz. 59 f.).

Bestimmungen einer Richtlinie, die von einem in dieser Richtlinie aufgestellten allgemeinen Grundsatz abweichen (wie die **Schrankenbestimmungen** des Art. 5 Abs. 1 der Informationsgesellschafts-Richtlinie), sind nach der Ansicht des EuGH eng auszulegen (vgl. EuGH GRUR 2009, 1041/1045 Tz. 56 ff. Infopaq/DDF; vgl. dazu *v. Ungern-Sternberg,* GRUR 2010, 273/278). Zur Auslegung der einzelnen Richtlinien vgl. weiter die Erläuterungen in *Walter* (Hrsg.), Europäisches Urheberrecht, 2001.

Der **Vorrang der völkerrechtlichen Verträge**, die von der Gemeinschaft geschlossen worden sind, vor den Bestimmungen des abgeleiteten Gemeinschaftsrechts gebietet es, diese Bestimmungen nach Möglichkeit in Übereinstimmung mit solchen Verträgen auszulegen (EuGH GRUR 2007, 225/227 Tz. 35 – SGAE/Rafael; EuGH GRUR 2008, 604/605 Tz. 30 f. – Le Corbusier-Möbel; EuGH GRUR 2009, 1041/1044 Tz. 32 – Infopaq/DDF; vgl. dazu weiter *v. Ungern/Sternberg* GRUR 2010, 273/276 f. mwN). Dies gilt insbesondere für den WIPO-Urheberrechtsvertrag (s. vor §§ 20 ff. Rdnr. 46, vor §§ 120 ff. Rdnr. 50 ff.) und das TRIPS-Übereinkommen (EuGH GRUR Int. 2008, 323/329 Tz. 60 – Promusicae/Telefónica de España), das den Schutzgehalt der Berner Übereinkunft übernommen hat (s. vor §§ 20 ff. Rdnr. 32).

Ein wichtiger Auslegungsgrundsatz des nationalen Rechts für die Auslegung der Verwertungsrechte ist der **Grundsatz der tunlichst angemessenen Beteiligung des Urhebers** an dem wirtschaftlichen Nutzen, der aus seinem Werk gezogen wird (s. dazu Rdnr. 7). Soweit nicht die Verwertungsrechte auf technische Vorgänge beziehen, ist bei ihrer Auslegung letztlich nicht entscheidend eine Analyse der technischen Vorgänge, sondern eine **Analyse des Nutzungsvorgangs** (s. dazu Rdnr. 15). Zur Auslegung der Verwertungsrechte bei neuen Nutzungsarten s. Rdnr. 7, 23.

B. Recht der Verwertung des Werkes in körperlicher Form (Abs. 1)

I. Inhalt des Rechts

41 Nach Abs. 1 hat der Urheber das ausschließliche Recht zur Verwertung seines Werkes in körperlicher Form. Darunter sind nach der AmtlBegr. alle Verwertungsformen zu verstehen, die **unmittelbar das Original oder Vervielfältigungsstücke des Werkes zum Gegenstand** haben (BTDrucks. IV/270 S. 46), es geht also um Akte, durch die das Werk körperlich festgelegt oder körperliche Festlegungen der Öffentlichkeit zugänglich gemacht werden (*Ulmer*[3] § 44 I). Das Gesetz nennt als Einzelverwertungsrechte das Vervielfältigungsrecht (§ 16), das Verbreitungsrecht (§ 17) und das Ausstellungsrecht (§ 18); zur Nichtaufnahme des Verfilmungsrechts in den Katalog vgl. Rdnr. 19. Das Bearbeitungsrecht ist in § 15 Abs. 1 nicht genannt. Da aber eine Bearbeitung, die mit einer körperlichen Festlegung verbunden ist, ihrem Wesen nach eine Vervielfältigung des Originalwerks in umgestalteter Form ist (vgl. § 23 Rdnr. 3), weist das Bearbeitungsrecht insoweit verwertungsrechtlichen Charakter auf (vgl. § 23 Rdnr. 1). Wirtschaftliche Bedeutung haben vor allem das Vervielfältigungsrecht und das Verbreitungsrecht erlangt; sie bilden die Grundlage für Herstellung und Vertrieb körperlicher Werkstücke. Das Ausstellungsrecht tritt demgegenüber in seiner Bedeutung weit zurück, insbesondere deswegen, weil es sich nur auf unveröffentlichte Werke bezieht.

42 Der **Katalog der Verwertungsrechte** in Abs. 1 ist, wie durch die Formulierung „insbesondere" zum Ausdruck kommt, **nicht abschließend**. Abs. 1 erfasst auch Formen körperlicher Verwertung, die bei Erlass des UrhG noch nicht bekannt oder nicht regelungsbedürftig waren (AmtlBegr. BTDrucks. IV/270 S. 45). Die bisherige Rechtsentwicklung hat allerdings gezeigt, dass die Begriffe der Vervielfältigung (dazu § 16 Rdnr. 5 ff.) und der Verbreitung (dazu § 17 Rdnr. 5 ff.) genügend Interpretationsspielraum besitzen, um neuartige Sachverhalte körperlicher Verwertung zu erfassen. Damit hat sich die Entwicklung neuer Tatbestände der Verwertung in körperlicher Form bislang als entbehrlich erwiesen; lediglich bei der Verwertung in unkörperli-

Allgemeines **§ 15**

cher Form wurde der Tatbestand des § 19a eingeführt. Obwohl der Katalog der Verwertungsrechte in Abs. 1 nicht erschöpfend ist (vgl. Rdnr. 40), sind die **einzelnen Verwertungsrechte** selbst doch durch die Definitionen in §§ 16–18 **abschließend geregelt.** Insbesondere können die dadurch gesteckten Grenzen nicht unter Berufung auf ein allgemeines Verwertungsrecht überschritten werden. So kann beispielsweise das Ausstellungsrecht, das der Gesetzgeber bewusst auf unveröffentlichte Werke der bildenden Künste und der Lichtbildkunst beschränkt hat, nicht auf veröffentlichte Werke oder Werke anderer Werkarten erweitert werden, indem man ein entsprechendes Recht aus § 15 Abs. 1 ableitet (AmtlBegr. BTDrucks. IV/270 S. 46).

II. Grenzen des Rechts

Die Rechte zur Verwertung des Werkes in körperlicher Form sind von **unterschiedlicher** 43
Reichweite. Das Vervielfältigungsrecht erfasst grundsätzlich auch Verwertungshandlungen im persönlichen Bereich, wobei sich aber Einschränkungen vor allem aus dem Recht ergeben, Vervielfältigungen zum privaten und sonstigen eigenen Gebrauch herzustellen (§ 53), allerdings mit der Vergütungspflicht nach §§ 54ff. Das Verbreitungsrecht ergreift von vornherein nicht die Verbreitung von Werkstücken im privaten Bereich, sondern nur das Angebot oder Inverkehrbringen in der Öffentlichkeit (vgl. § 17 Rdnr. 7ff.). Es unterliegt zudem der Erschöpfung: Sind Werkstücke mit Zustimmung des Berechtigten im Gebiet der EU oder des EWR im Wege der Veräußerung in den Verkehr gebracht worden, so ist ihre Weiterverbreitung mit Ausnahme der Vermietung frei (§ 17 Abs. 2; näher zur Erschöpfung des Verbreitungsrechts § 17 Rdnr. 42ff.). Das Ausstellungsrecht bezieht sich ebenfalls nur auf das öffentliche Zurschaustellen, erfasst aber darüber hinaus nur unveröffentlichte Lichtbildwerke und Werke der bildenden Künste und ist im Hinblick auf diese Einschränkungen kein echtes Verwertungsrecht, sondern schützt vorwiegend ideelle Interessen des Urhebers (*Ulmer*[3] § 44 I 3). Sämtliche Rechte zur Verwertung in körperlicher Form unterliegen den Schranken des sechsten Abschnitts des ersten Teils des UrhG.

Soweit die Rechte zur Verwertung des Werkes in körperlicher Form für bestimmte Arten von 44
Werken eine Regelung durch **europäische Richtlinien** gefunden haben, handelt es sich der Sache nach um Gemeinschaftsrecht, „um **ein Stück europäisches Urheberrecht** innerhalb des UrhG" (AmtlBegr. zum 2. UrhGÄndG, BTDrucks. 12/4022 S. 8). Das bedeutet, dass diese Vorschriften **richtlinienkonform auszulegen** sind (zur richtlinienkonformen Auslegung deutschen Urheberrechts vgl. auch vor § 69a Rdnr. 6). Betroffen sind das Vervielfältigungsrecht und das Verbreitungsrecht, die vor allem aufgrund von Art. 2 und 4 der Richtlinie zur Harmonisierung bestimmter Aspekte des Urheberrechts und der verwandten Schutzrechte in der Informationsgesellschaft (ABl. L 167 v. 22. 6. 2001 S. 10, abgedruckt auch in GRUR Int. 2001, 745) eine europäische Regelung gefunden haben. Die Richtlinien gehen von einem **weiten Begriff** der Vervielfältigung und Verbreitung aus, geben jedoch keine Definition dieser Begriffe. Es kann daher von den (teilweise angepassten) Begriffsbestimmungen des Urheberrechtsgesetzes in §§ 16 und 17 ausgegangen werden.

C. Recht der öffentlichen Wiedergabe (Abs. 2)

I. Inhalt des Rechts

1. Das Recht der Verwertung des Werkes in unkörperlicher Form (Recht der öffentlichen 45
Wiedergabe) umfasst als **benannte Einzelverwertungsrechte** insbesondere das Vortrags-, Aufführungs- und Vorführungsrecht (§ 19; zur Rechtsnatur des Rechts aus § 19 Abs. 3 s. § 19 Rdnr. 33), das Recht der öffentlichen Zugänglichmachung (§ 19 a), das Senderecht (§ 20, § 20a; zum Verhältnis des Senderechts aus § 20 zum Recht aus § 20a s. § 20a Rdnr. 1), das Recht der Wiedergabe durch Bild- oder Tonträger (§ 21) und das Recht der Wiedergabe von Funksendungen und von öffentlicher Zugänglichmachung (§ 22). Das Recht der öffentlichen Zugänglichmachung aus § 19a ist als Bereithaltungsrecht der Sache nach kein Recht an einer öffentlichen Wiedergabe (s. § 19a Rdnr. 2).

Nach Abs. 2 hat der Urheber **Rechte an öffentlichen Nutzungshandlungen.** Darunter fal- 46
len **nicht nur öffentliche Wiedergaben im Sprachsinn,** dh. Handlungen, durch die das Werk unmittelbar für die menschlichen Sinne wahrnehmbar gemacht wird. Dies zeigt insbesondere die Einbeziehung des Rechts an der öffentlichen Zugänglichmachung, das sich auf die öffentliche Bereithaltung des Werkes zum Abruf bezieht (§ 19a). Auch das Abrufübertragungsrecht als unbe-

nanntes Recht der öffentlichen Wiedergabe (s. Rdnr. 27; § 19a Rdnr. 33) bezieht sich auf einen Vorgang der Individualkommunikation, der nur deshalb unter das Verwertungsrecht des Urhebers fällt, weil ihm das öffentliche Bereithalten des Werkes zum Abruf vorausgegangen ist. Zum Senderecht s. § 20 Rdnr. 10f. Eine Legaldefinition der Öffentlichkeit einer Wiedergabe enthält Abs. 3 (zu dieser s. Rdnr. 57ff.).

47 Soweit sich das Recht der öffentlichen Wiedergabe auf technische Vorgänge bezieht, erfasst es diese nicht als solche, sondern als Vorgänge der Werknutzung. **Nutzungshandlungen** iS der Einzeltatbestände des Rechts der öffentlichen Wiedergabe nimmt nicht vor, wer die technischen Mittel zur Verfügung stellt, sondern derjenige, der sich ihrer bedient, um das Werk einer Öffentlichkeit mitzuteilen (vgl. BGHZ 141, 13/21 – Kopienversanddienst; 152, 317/327 – Sender Felsberg; s. BGH, Urt. v. 12. 11. 2009 – I ZR 166/07, Tz. 32 – marions-kochbuch.de; dazu auch Erwgr. 27 der Informationsgesellschafts-Richtlinie; s. weiter Rdnr. 15; § 19a Rdnr. 55; vor §§ 20ff. Rdnr. 48; § 20 Rdnr. 16; § 20a Rdnr. 15 und 18; sa. § 87 Rdnr. 16). Zur Verantwortlichkeit bei Nutzungen in Kommunikationsnetzen wie dem Internet s. § 19a Rdnr. 55.

48 2. Die **nicht abschließende Aufzählung der Einzelverwertungsrechte** („insbesondere") soll ermöglichen, Nutzungsarten, die zur Zeit des Erlasses des UrhG noch nicht bekannt oder noch nicht wirtschaftlich bedeutsam waren, ohne weiteres in den Schutzbereich des Urheberrechts einzubeziehen (sog. **Innominatfälle**; vgl. näher Rdnr. 22ff.). Unbenannte Rechte der öffentlichen Wiedergabe sind insbesondere das Abrufübertragungsrecht (s. Rdnr. 27; § 19a Rdnr. 33) und das Online-Verbreitungsrecht (s. Rdnr. 27; § 20 Rdnr. 8, 47f.).

II. Grenzen des Rechts

49 Die zum Recht der öffentlichen Wiedergabe gehörenden Verwertungsrechte unterliegen zahlreichen **Schranken** (§ 45 Abs. 3, § 46, § 48 Abs. 1, §§ 49–52b, § 56, § 57, § 58 Abs. 1, § 59 Abs. 1; zu § 53a s. Rdnr. 27).

Zur Frage, ob alle Verwertungsrechte (und damit auch das Recht der öffentlichen Wiedergabe) durch einen allgemeinen **Erschöpfungsgrundsatz** begrenzt werden, vgl. Rdnr. 30ff.; vor §§ 20ff. Rdnr. 13ff.; § 20 Rdnr. 38. Durch eine Verbreitung iSd. § 17 wird das Recht der öffentlichen Wiedergabe nicht erschöpft (BGH GRUR 1986, 742/743 – Videofilmvorführung; s. weiter Rdnr. 31).

III. Unterscheidung von Erst- und Zweitverwertungsrechten

50 Die Rechte der öffentlichen Wiedergabe werden von manchen noch in **Erst- und Zweitverwertungsrechte** unterteilt. Die Rechte des § 15 Abs. 2 Nr. 1 und 2 (§ 19 und § 20; Gleiches müsste nunmehr für die Rechte aus § 19a und § 20a gelten) seien Erstverwertungsrechte, die des § 15 Abs. 2 Nr. 3 und 4 (§ 21 und § 22) Zweitverwertungsrechte. Die AmtlBegr. (UFITA 45 [1965] 240/261) bezeichnet als Zweitverwertungsrechte „Rechte an Verwertungsarten, denen jeweils eine dem Urheber vorbehaltene Werkverwertung bereits vorausgegangen ist." Dies sei bei der Wiedergabe durch Bild- und Tonträger die Aufnahme des Werkes auf dem Bild- oder Tonträger, bei der Wiedergabe von Funksendungen die Funksendung des Werkes. Als Rechtsbegriffe sind die Begriffe „Erst- und Zweitverwertungsrechte" jedoch nicht brauchbar (vgl. auch *v. Gamm* Rdnr. 8; zum – anders gelagerten – Begriff des Nutzungsrechts zweiter oder späterer Stufe s. vor §§ 28ff. Rdnr. 49ff.); auch für die Festsetzung angemessener Vergütungen ist die Einordnung der betreffenden Rechte unter diese Begriffe nicht hilfreich (abweichend *Spindler* MMR 2003, 1/14 mwN). Auch den Verwertungshandlungen gemäß den sog. Erstverwertungsrechten gehen häufig andersartige Werknutzungen voraus (zB einer Diavorführung geschützter Werke gemäß § 19 Abs. 4 die Vervielfältigung durch Herstellung der Dias). Sendungen (§ 20, § 20a) beruhen regelmäßig auf Bild- oder Tonträgern, öffentlichen Vorträgen oder Aufführungen. Sie sind insoweit Zweitverwertungen, im Verhältnis zu § 22 dagegen Erstverwertungen. Die Kabelweitersendung (§ 20, § 20b Abs. 1 Satz 1) ist Zweitverwertung. Als Hilfe für das Verständnis der erfassten Werknutzung kann allerdings bei den Rechten aus § 19, § 19a, § 20 und § 20a von Erstverwertung, bei den Rechten aus § 20b Abs. 1 Satz 1, § 21 und § 22 von Zweitverwertung gesprochen werden (vgl. § 19 Rdnr. 2).

IV. Rechtsentwicklung. Konventionsrecht. Europäisches Gemeinschaftsrecht

51 Zur **Rechtsentwicklung** vgl. jeweils die Erläuterungen zu den §§ 19–22. Der Vorschlag des **§ 18 MinE 1959**, neben dem Senderecht lediglich ein allgemeines Vortrags-, Aufführungs- und

Allgemeines **§ 15**

Vorführungsrecht zu gewähren, das auch die Rechte der Wiedergabe durch Bild- oder Tonträger und die Wiedergabe von Funksendungen umfasst, wurde zu Recht nicht verwirklicht (AmtlBegr. UFITA 45 [1965] 240/261).

Das **URG-DDR** bezeichnete das Urheberrecht in § 13 als sozialistisches Persönlichkeitsrecht, 52 aus dem sich nichtvermögensrechtliche und vermögensrechtliche Befugnisse des Urhebers ergeben (vgl. *Püschel ua.,* Urheberrecht, 2. Aufl. 1986, S. 42; *Haupt* ZUM 1991, 20/22; *Wandtke* UFITA 115 [1991] 23/64f.). Anders als die Befugnisse zur Nutzung des Werkes war das Urheberrecht als solches nicht übertragbar (§ 19 Abs. 1 URG-DDR). Zu dem im URG-DDR selbst nicht definierten Begriff der Öffentlichkeit vgl. *Püschel ua.* aaO S. 46ff. Im Vergleich zum UrhG gewährte § 18 jedenfalls seinem Wortlaut nach im Ganzen gesehen weniger an vermögensrechtlichen Befugnissen (*Katzenberger* GRUR Int. 1993, 2/6; *Wandtke* UFITA 115 [1991] 23/64f.); allerdings wird die Auffassung vertreten, dass die Aufzählung der Werknutzungsbefugnisse im Gesetz nicht abschließend gewesen sei (*Püschel ua.* aaO S. 49; *Haupt,* Urheberrecht und Videotechnik in der DDR, 1995, S. 65; *ders.* ZUM 1991, 20/25 mwN).

Neben das Senderecht aus § 20 ist durch das 4. UrhGÄndG in Umsetzung der **Satelliten-** 53 **und Kabelrichtlinie** (s. vor §§ 20ff. Rdnr. 28f.) das Recht der sog. europäischen Satellitensendung aus § 20a getreten.

Aufgrund des Art. 8 **WIPO Copyright Treaty** (WCT; s. vor §§ 20ff. Rdnr. 46f.) steht den 54 Urhebern seit dem Inkrafttreten des Zustimmungsgesetzes am 19. 8. 2003 (BGBl. II S. 754) ein Recht der öffentlichen Wiedergabe zu. Der Begriff der öffentlichen Wiedergabe im Sinne dieser Vorschrift ist allerdings nicht gleichbedeutend mit dem des § 15 Abs. 2, weil Art. 8 WCT nur öffentliche Wiedergaben regelt, die durch ein gewisses Distanzelement gekennzeichnet sind (s. vor §§ 20ff. Rdnr. 47).

Auch das Recht der öffentlichen Wiedergabe, das den Urhebern gemäß Art. 3 der **Informa-** 55 **tionsgesellschafts-Richtlinie** (s. § 19a Rdnr. 22f.) zu gewähren ist, unterscheidet sich erheblich von dem Recht der öffentlichen Wiedergabe gemäß § 15 Abs. 2 (s. § 19 Rdnr. 3; vor §§ 20ff. Rdnr. 29a). Es erfasst wie Art. 8 WCT (s. § 19 Rdnr. 3, vor §§ 20ff. Rdnr. 47) und entsprechend der beschränkten Zuständigkeit der EU nur Wiedergaben an die Öffentlichkeit, die „an dem Ort, an dem die Wiedergabe ihren Ursprung nimmt, nicht anwesend ist" (vgl. Erwgr. 23) und schließt deshalb Wiedergaben durch öffentliches Wahrnehmbarmachen des Werkes nicht ein (vgl. *Walter/v. Lewinski,* Europäisches Urheberrecht, S. 1051 Rdnr. 78; *Walter,* Österreichisches Urheberrecht, 1. Teil, 2008, Rdnr. 731; *Reinbothe* GRUR Int. 2001, 733/736; *Bayreuther* EWS 2001, 422/424; *Dreier* ZUM 2002, 28/30; *Spindler* GRUR 2002, 105/107; *Lüder* GRUR Int. 2007, 649/651f.; *Ullrich* ZUM 2008, 112/117).

Durch Art. 1 Abs. 1 Nr. 2 des Gesetzes zur Regelung des Urheberrechts in der Informations- 56 gesellschaft vom 10. 9. 2003 (BGBl. I S. 1774, **UrhG-Novelle 2003**) wurden § 15 Abs. 1 und 2 neu gefasst (Inkrafttreten gemäß Art. 6 Abs. 1 des Gesetzes am 11. 9. 2003). Dabei wurde das Recht der öffentlichen Zugänglichmachung (§ 19a) – in Umsetzung der Art. 3 der Informationsgesellschafts-Richtlinie (s. § 19a Rdnr. 22f.) und vor §§ 20ff. Rdnr. 29a) in den Katalog der ausdrücklich genannten Rechte der öffentlichen Wiedergabe aufgenommen. Durch Neufassung des § 22 wurde dem Urheber auch ausdrücklich ein ausschließliches Recht gewährt, zu erlauben oder zu verbieten, dass sein Werk auf der Grundlage einer öffentlichen Zugänglichmachung (§ 19a) durch Bildschirm, Lautsprecher oder ähnliche technische Einrichtungen öffentlich wahrnehmbar gemacht wird (sa. § 22 Rdnr. 5). Die Legaldefinition des Begriffs „öffentlich" in § 15 Abs. 3 wurde geändert (s. Rdnr. 65).

D. Öffentlichkeit der Werkwiedergabe (Abs. 3)

I. Allgemeines

1. Der Begriff „öffentlich" wird in § 15 Abs. 3 als **eigenständiger urheberrechtlicher Be-** 57 **griff** definiert. Dieser unterscheidet sich wesentlich von dem im sonstigen Recht, zB im StGB oder Verwaltungsrecht, verwendeten Öffentlichkeitsbegriff. Zur Auslegung des Begriffs im Licht des Gemeinschaftsrechts s. Rdnr. 40, 62.

2. Unmittelbarer **Geltungsbereich der Legaldefinition des Abs. 3 Satz 1** sind die Fälle 58 der öffentlichen Wiedergabe iSd. Abs. 2. Die Definition gilt auch für das Recht der öffentlichen Zugänglichmachung (§ 19a), das keine Wiedergabe im Sprachsinn betrifft (s. Rdnr. 45f.), das (unbenannte) Abrufübertragungsrecht (s. Rdnr. 27; § 19a Rdnr. 33) und für das Senderecht aus

§ 15 Allgemeines

§ 20 (früher str.; vgl. dazu § 20 Rdnr. 8). Für den Tatbestand des § 20a gilt die Legaldefinition des Abs. 3 im Hinblick auf die Vorgaben der Satelliten- und Kabelrichtlinie dagegen nur mit Einschränkungen (vgl. dazu § 20a Rdnr. 16). Auch bei Abs. 3 Satz 1 kommt – wie bei § 15 Abs. 3 aF – eine **entsprechende Anwendung** auf die Werkverwertung in körperlicher Form in Betracht s. dazu – zum alten Recht – zu § 17: BGHZ 113, 159/161 – Einzelangebot, mwN; vgl. weiter § 17 Rdnr. 12; zu § 18: § 18 Rdnr. 18; zu § 27: § 27 Rdnr. 18).

59   3. Die Definition der Öffentlichkeit in **Abs. 3 Satz 2** gilt, wie sich aus ihrer systematischen Stellung und ihrem Bezug auf Satz 1 ergibt, unmittelbar nur für das Recht der öffentlichen Wiedergabe (vgl. *Loewenheim*, Fs. für Schricker, S. 413/414f.; aA *Dreier* in Dreier/Schulze³ Rdnr. 38). Der Begriff der Öffentlichkeit in § 6 ist im Interesse des Urheberschutzes nicht iSd. Legaldefinition der Öffentlichkeit in Abs. 3 Satz 2 auszulegen (vgl. *Fromm/Nordemann/Dustmann*[10] Rdnr. 29; *Bisges* S. 68ff.; G. *Schulze* ZUM 2008, 836/838; § 6 Rdnr. 7ff.; aA *Dreyer* in HK-UrhR² § 6 Rdnr. 6ff.; § 15 Rdnr. 4, 44; *Sattler* S. 94ff.). Die sonstige Anwendbarkeit der Legaldefinition dort, wo das UrhG von „öffentlich", „Öffentlichkeit", „veröffentlichen" oÄ. spricht, ist jeweils durch Auslegung der betreffenden Bestimmungen zu ermitteln (vgl. *Loewenheim*, Fs. für Schricker, S. 413/414f., dort S. 416ff. insb. auch zu § 52a; zu § 12: § 12 Rdnr. 8; *Bisges* S. 76f.; zu § 52a: s. dort Rdnr. 3; *Schöwerling* S. 127ff.; *Lorenz* ZRP 2008, 261/262f.; zu § 54a Abs. 2: BGHZ 135, 1/14 – Betreibervergütung; vgl. auch – zum österreichischen Recht – OGH MR 2008, 299/302 – Schulfilm). Dies ist allerdings umstritten; nach aA (zB *Dreyer* in HK-UrhR² § 6 Rdnr. 6ff.; sa. *Wandtke/Bullinger/Heerma*³ Rdnr. 14) gilt im gesamten UrhG ein einheitlicher Begriff der Öffentlichkeit (s. dazu § 6 Rdnr. 7ff.; § 52a Rdnr. 3).

60   4. Bei **grenzüberschreitenden Nutzungen** ist es für das Eingreifen des Senderechts und des Rechts der öffentlichen Zugänglichmachung unerheblich, ob sich die Öffentlichkeit im In- oder Ausland befindet (vgl. BGHZ 152, 317/327 – Sender Felsberg).

61   5. Die **internationalen Abkommen** zum Urheberrecht definieren den für das Recht der öffentlichen Wiedergabe geltenden Begriff „öffentlich" nicht. Auch der WIPO Copyright Treaty (WCT, s. Rdnr. 54) hat die Bestimmung des Begriffs der Öffentlichkeit dem nationalen Recht überlassen (vgl. *v. Lewinski* GRUR Int. 1997, 667/675; *Dittrich* ÖBl. 2007, 93f.).

62   6. Dem Wortlaut der **Informationsgesellschafts-Richtlinie** (s. Rdnr. 55) lässt sich nur wenig über den für das Recht der öffentlichen Wiedergabe maßgeblichen Begriff „öffentlich" entnehmen. Die Auslegung des Begriffs „öffentlich" iSd. § 15 Abs. 3 muss gleichwohl in Einklang stehen mit der Auslegung des Begriffs der „öffentlichen Wiedergabe" iSd. Art. 3 der Informationsgesellschafts-Richtlinie. Dieser Begriff des Gemeinschaftsrechts ist in der gesamten Gemeinschaft einheitlich und autonom auszulegen (vgl. EuGH GRUR 2007, 225/226 Tz. 30ff. – SGAE/Rafael = ÖBl. 2007, 88 mit kritischer Anm. *Dittrich*; sa. Rdnr. 40). Der Begriff der „öffentlichen Wiedergabe" iSd. Art. 3 der Informationsgesellschafts-Richtlinie ist weit zu verstehen (vgl. EuGH GRUR 2007, 225/227 Tz. 36 – SGAE/Rafael). Eine breite Öffentlichkeit als Empfängerkreis wird nicht gefordert. Die Wiedergabe muss sich jedoch an eine unbestimmte Zahl von Empfängern richten, denen die Wahrnehmbarmachung des Werkes möglich ist (vgl. EuGH GRUR 2007, 225/227 Tz. 37, 43 – SGAE/Rafael; s. weiter Rdnr. 68; § 20 Rdnr. 8). Die Wiedergabehandlung muss öffentlich sein, nicht der Ort, an dem das Werk wahrnehmbar gemacht werden kann; dieser kann auch ein privater Ort sein (vgl. EuGH GRUR 2007, 225/228 Tz. 50 – SGAE/Rafael, zur öffentlichen Wiedergabe durch Hotelverteileranlagen). Bei der Beurteilung, ob sich die Wiedergabe von Fernsehsendungen durch eine Hotelverteileranlage an eine unbestimmte Zahl möglicher Empfänger richtet, hat der EuGH in der Entscheidung „SGAE/Rafael" (GRUR 2007, 225/227 Tz. 38) auch berücksichtigt, ob die möglichen Empfänger in den Räumen des Hotels gewöhnlich rasch wechseln. Die Größe des Empfängerkreises einer einzelnen Werkwiedergabe durch eine bestimmte Sendung bleibt allerdings davon unbeeinflusst, wie häufig die Personen an dem Ort wechseln, an dem das Werk wahrnehmbar gemacht werden kann (s. dazu auch *Ullrich* ZUM 2008, 112/119). Die Entscheidung des EuGH „SGAE/Rafael" besagt daher nichts zu der Frage, ob eine Wiedergabe auch dann im Rechtssinn öffentlich ist, wenn sie auf Wiederholung angelegt ist oder rein tatsächlich im Lauf der Zeit gegenüber einer Personenmehrheit wiederholt wird (sog. sukzessive Öffentlichkeit; s. Rdnr. 71). Für die Beurteilung der Öffentlichkeit einer Wiedergabe iSd. Art. 3 der Informationsgesellschafts-Richtlinie kommt es auf die Erwerbsmäßigkeit der Wiedergabe nicht an (vom EuGH GRUR 2007, 225/227 Tz. 44 – SGAE/Rafael – offengelassen, da im damaligen Fall ohnehin eine Gewinnerzielungsabsicht vorlag).

Aus Art. 3 Abs. 1 der Richtlinie folgt, dass das Recht der öffentlichen Zugänglichmachung nicht voraussetzt, dass die von der Bereithaltung des Werkes zum Abruf angesprochene Öffent-

Allgemeines **§ 15**

lichkeit an demselben Ort versammelt ist. Art. 3 der Informationsgesellschafts-Richtlinie macht zudem deutlich, dass eine öffentliche Wiedergabe nicht nur dann ausgeschlossen sein soll, wenn die Wiedergabe im privaten Kreis stattfindet. Voraussetzung für das Eingreifen der Rechte des Art. 3 der Informationsgesellschafts-Richtlinie ist es, dass die Wiedergabe für „Mitglieder der Öffentlichkeit" stattfindet (vgl. auch Art. 3 Abs. 3 der Richtlinie: „Handlungen der öffentlichen Wiedergabe ... für die Öffentlichkeit" sowie die Erwgr. 23 bis 25). Die Öffentlichkeit beginnt nicht bereits dort, wo nicht mehr von einem privaten Kreis gesprochen werden kann. Dazwischen gibt es noch einen Bereich, in dem die Beteiligten durch persönliche, wenn auch nicht private Beziehungen miteinander verbunden sind. Auch in diesem Bereich sind die Rechte aus Art. 3 Abs. 1 der Richtlinie nicht anwendbar. Zum Begriff der Öffentlichkeit iSd. Art. 1 Abs. 2 Buchst. a der **Satelliten- und Kabelrichtlinie** s. § 20a Rdnr. 16.

In welchem Sinn der EuGH den einheitlichen europäischen Rechtsbegriff der Öffentlichkeit **63** (vgl. EuGH GRUR 2007, 225/226 Tz. 30ff. – SGAE/Rafael) weiter konkretisieren wird, erscheint im Übrigen offen. Besondere Rechtsunsicherheit besteht insoweit vor allem im Bereich der öffentlichen Zugänglichmachung. Gerade in diesem Bereich, in dem am ehesten grenzüberschreitende Nutzungen in Betracht kommen, ist aber eine einheitliche Auslegung des Begriffs der Öffentlichkeit besonders wichtig.

7. Rechtsentwicklung. a) Die Definition des Begriffs „öffentlich" in **§ 15 Abs. 3 aF** folgte **64** der Auslegung dieses Begriffs im früheren § 11 Abs. 2 LUG durch den BGH (insb. in BGHZ 17, 376/378 – Betriebsfeiern; vgl. die AmtlBegr. UFITA 45 [1965] 240/261; BGHZ 58, 262/264 – Landesversicherungsanstalt). In der Fassung des UrhG vom 9. 9. 1965 lautete § 15 Abs. 3: „Die Wiedergabe eines Werkes ist öffentlich, wenn sie für eine Mehrzahl von Personen bestimmt ist, es sei denn, dass der Kreis dieser Personen bestimmt abgegrenzt ist und sie durch gegenseitige Beziehungen oder durch Beziehung zum Veranstalter persönlich untereinander verbunden sind."

b) Durch die **UrhG-Novelle 2003** (s. Rdnr. 56) wurde der für das Recht der öffentlichen **65** Wiedergabe maßgebliche Begriff „öffentlich" neu definiert. Nach der Begründung des Regierungsentwurfs (BTDrucks. 15/38 S. 17) soll die Neufassung des Abs. 3 im Wesentlichen dem früheren Recht entsprechen. Dies trifft jedoch nicht ganz zu (sa. Rdnr. 71). In der Fassung der UrhG-Novelle 2003 sind Werknutzungen durch öffentliches Wahrnehmbarmachen in weiterem Umfang als nichtöffentlich einzustufen, als dies nach früherem Recht der Fall war, weil die persönliche Verbundenheit der Beteiligten nach der Neufassung des Abs. 3 nicht mehr so eng sein muss wie früher, um die Annahme einer Öffentlichkeit auszuschließen (vgl. Rdnr. 74). Ein wesentliches Ziel der Neufassung des Abs. 3 lag darin, den Geltungsbereich der Legaldefinition auf Werkverwertungen durch öffentliches Zugänglichmachen zu erstrecken (s. dazu aber auch Rdnr. 71). Auf das Erfordernis, dass ein nichtöffentlicher Personenkreis bestimmt abgegrenzt sein muss, wurde verzichtet. Vom früheren Recht weicht Abs. 3 weiter bei der Verteilung der Beweislast ab (s. Rdnr. 77). Der Umstand, dass nunmehr nicht mehr auf den „Veranstalter" einer Werkwiedergabe abgestellt wird, sondern auf den Werkverwerter, begründet dagegen keinen sachlichen Unterschied. Den Vorschlag, zwischen den Rechten am öffentlichen Wahrnehmbarmachen und den Rechten am öffentlichen Zugänglichmachen des Werkes zu unterscheiden (vgl. 2. Aufl. Rdnr. 56), hat der Gesetzgeber nicht aufgegriffen.

II. Legaldefinition

1. a) Nach § 15 Abs. 3 Satz 1 ist die Wiedergabe öffentlich, wenn sie für eine Mehrzahl von **66** Mitgliedern der **Öffentlichkeit** bestimmt ist. Die Öffentlichkeit iSd. Abs. 3 muss kein Ausschnitt der Allgemeinheit (beliebige Öffentlichkeit) sein (allgM). Auch ein größerer, aber bestimmt abgegrenzter Kreis von Personen wie der Mitarbeiterkreis eines Unternehmens kann Öffentlichkeit iSd. Abs. 3 Satz 1 sein. Die (aus Art. 3 Abs. 1 der Informationsgesellschafts-Richtlinie übernommene) Wendung „Mitglieder der Öffentlichkeit" ist auch aus einem anderen Grund nicht glücklich gewählt. Im Sprachsinn ist jeder immer auch Mitglied der Öffentlichkeit, auch wenn er sich gerade in einem Kreis aufhält, der nach Sinn und Zweck des Abs. 3 nicht Öffentlichkeit ist. Die Definition des Abs. 3 würde deshalb besser von einer Öffentlichkeit sprechen (sa. § 20 Rdnr. 8).

Die Personen, an die sich eine Wiedergabe richtet, müssen auch in dem Sinn als Öffentlichkeit anzusehen sein, dass sie zu den Letztverbrauchern gehören (s. dazu § 20 Rdnr. 8).

b) Ob eine Wiedergabe öffentlich ist, richtet sich nach dem Adressatenkreis der jeweiligen **67** Nutzungshandlung. Der Umstand, dass die Wahrnehmbarmachung in Privaträumen stattfindet,

§ 15 Allgemeines

ist allerdings ein Indiz dafür, dass die Adressaten nicht Mitglieder einer Öffentlichkeit iSd. Abs. 3 sind. Eine „**Mehrzahl**" können bereits wenige Personen sein (vgl. BGH GRUR 2009, 845/ 848 Tz. 35 – Internet-Videorecorder; sa. OGH ÖBl. 1969, 71/72; zu Satellitensendungen s. § 20 a Rdnr. 16). Ob zwei Personen genügen können, hat BGH GRUR 1996, 875/876 – Zweibettzimmer im Krankenhaus – (zu § 15 Abs. 3 aF) offengelassen (bejahend: AG Nürnberg NJW-RR 1996, 683; *Dreier* in *Dreier/Schulze*[3] Rdnr. 40; *Wandtke/Bullinger/Heerma*[3] Rdnr. 15).

68 Abzustellen ist entsprechend dem Gesetzeswortlaut (**„bestimmt"**) nicht nur auf die Anwesenden, sondern auf alle, an die sich die konkrete Werkwiedergabe wenden soll. Dies sind zB bei einer Fernsehwiedergabe im Gemeinschaftsraum eines Altersheims alle Heimbewohner, unabhängig davon, ob sich dort im Zeitpunkt des Wahrnehmbarmachens des Werkes eine entsprechend große Gruppe von Heimbewohnern tatsächlich aufhält (vgl. – zu § 15 Abs. 3 aF – BGH GRUR 1975, 33/34 – Alters-Wohnheim; sa. BGH GRUR 1983, 562/563 – Zoll- und Finanzschulen, insoweit in BGHZ 87, 126 nicht abgedruckt; BGH GRUR 1984, 734/735 – Vollzugsanstalten; ebenso *Schricker*, Fs. für Oppenhoff, S. 367/375; zu Satellitensendungen s. § 20 a Rdnr. 16). Die Weitersendung eines Werkes über eine Verteileranlage in einem Hotel ist dementsprechend auch dann öffentlich, wenn sich zur Zeit der Sendung keine als Öffentlichkeit anzusehende Mehrzahl von Gästen in den Hotelzimmern aufhält (vgl. dazu auch EuGH GRUR 2007, 225/227 Tz. 38 – SGAE/Rafael). Die Bestimmung für eine Öffentlichkeit trifft derjenige, der das Werk verwertet. Damit wird bewusst auf ein subjektives Element abgestellt. Es genügt deshalb nicht, dass eine Werkwiedergabe für eine Mehrzahl von Mitgliedern der Öffentlichkeit rein tatsächlich wahrnehmbar oder zugänglich ist (vgl. AG Erfurt GRUR-RR 2002, 160 [zu § 15 Abs. 3 aF]; sa. AG Konstanz GRUR-RR 2007, 384 f.; AG Köln, Urt. v. 4. 6. 2009 – 137 C 590/08, zitiert nach juris; ebenso *Fromm/Nordemann/Dustmann*[10] Rdnr. 32; aA LG Frankfurt aM GRUR-RR 2005, 180; AG Kassel NJW-RR 2000, 493; *Dreier* in *Dreier/Schulze*[3] Rdnr. 46), wenn der Werknutzer dies nicht erkannt hat. Durch das subjektive Element soll vor allem verhindert werden, dass „Zaungast"-Situationen bei privaten Veranstaltungen zur Öffentlichkeit von Wiedergaben führen (sa. Begr. des RegE, BTDrucks. 15/38 S. 17). Insofern kommt dem Zweck einer Veranstaltung für die Beurteilung der Frage, ob eine Werkwiedergabe öffentlich ist, Bedeutung zu (vgl. dazu auch – zum öUrhG – OGH MR 2004, 201/203 – Begräbnisfeierlichkeit – und MR 2004, 262/264 – Radiogerät, jeweils mit Anm. *Walter*, sowie OGH MR 2008, 299/302 – Schulfilm; vgl. weiter – zu Rundfunksendungen – § 20 Rdnr. 8). Die Behauptung, die Werkwiedergabe richte sich nur an eine bestimmte Zielgruppe, ist jedoch unbeachtlich, wenn sie mit den vom Werkverwerter festgelegten oder ihm sonst bekannten Umständen der Werkwiedergabe in Widerspruch steht (vgl. dazu auch – zum öUrhG – OGH MR 2004, 262/264 = GRUR Int. 2005, 730/731 – Radiogerät; sa. *Rüberg* S. 245 ff. – zur unzureichenden Sicherung digitaler Archive gegen unbefugten Zugriff; *Mitsdörffer/ Gutfleisch* MMR 2009, 731/732 – zur öffentlichen Zugänglichmachung beim Einsatz von Geo-Sperren). Dabei kommt es nur auf die äußeren Umstände an, unter denen das Werk einer Mehrzahl von Personen wahrnehmbar oder zugänglich gemacht wird. Auch aus Gründen der Rechtssicherheit ist es unerheblich, wer nach dem Willen des Werkverwerters das Werk mit seinem Inhalt wahrnehmen soll. Wer zB einen Fachaufsatz in das Intranet eines Unternehmens einstellt, kann sich nicht darauf berufen, der Aufsatz sei ohnehin nur für einzelne eng zusammenarbeitende Mitarbeiter von Interesse, nicht auch für alle anderen, die nach den Umständen ebenfalls Zugriff auf den Aufsatz erhalten. Handy-Klingeltöne sind ein Signal für den Angerufenen, keine für die Öffentlichkeit bestimmte Werkwiedergabe. Von Werkgenuss kann bei den unfreiwillig Mithörenden in aller Regel keine Rede sein.

Ein in das Internet eingestelltes Werk ist in aller Regel öffentlich zugänglich (§ 19 a), wenn es nicht dem Zugriff der öffentlichen Suchmaschinen entzogen ist (vgl. OLG Hamburg GRUR-RR 2008, 383/384; aA LG Berlin GRUR-RR 2008, 387). Ist dies aber geschehen und die betreffende Webseite nur bei Kenntnis der zu ihr führenden URL erreichbar, wird es zumindest bei einem privaten Internetauftritt grundsätzlich an einer Bestimmung für die Öffentlichkeit fehlen (aA OLG Hamburg K&R 2010, 355; vgl. auch BVerfG, Beschl. v. 26. 4. 2010 – 1 BvR 1991/09, Tz. 18 mwN). Dies gilt insbesondere dann, wenn der Internetauftritt kennwortgeschützt ist und nicht damit gerechnet werden kann, dass das in die Webseite eingebundene Werk an diesem Ort von einer Öffentlichkeit gesucht wird.

69 Auf eine bestimmte Abgrenzung des Personenkreises, für den das Werk bestimmungsgemäß wiedergegeben werden soll, kommt es – anders als nach Abs. 3 aF – nicht an (vgl. *Schöwerling* S. 130; s. allerdings auch die Schrankenregelung des § 52 a Abs. 1 Nr. 1). Die Öffentlichkeit einer Werkwiedergabe wird nicht dadurch ausgeschlossen, dass die Werknutzung nur nach einer Registrierung ermöglicht wird. Nach Sinn und Zweck der Vorschrift kommt es darauf an, ob die Personen, für die das Werk wahrnehmbar oder zugänglich gemacht wird, eine Öffentlichkeit sind. Bei den Verwertungsrechten, die sich auf ein Zugänglichmachen des Werkes beziehen, ist es unerheblich, ob das Werk tatsächlich von jemand abgerufen oder empfangen wird, dh. ob überhaupt eine Wiedergabe im Sprachsinn stattfindet.

c) Eine Werkwiedergabe kann auch dann öffentlich iSd § 15 Abs. 3 sein, wenn die Adressaten nicht **gemeinsam in einem Raum** anwesend sind (vgl. – zu Art. 3 der Informationsgesellschafts-Richtlinie – EuGH GRUR 2007, 225/226 Tz. 37 f. – SGAE/Rafael; vgl. weiter – zu § 15 Abs. 3 aF, § 20 aF – BGH GRUR 1994, 797 – Verteileranlage im Krankenhaus). Die Wiedergabe durch Kabelfunk (vgl. § 20 Rdnr. 23), Rundfunkverteileranlagen (vgl. § 20 Rdnr. 41; § 22 Rdnr. 11) und das sog. Hotelvideo (vgl. § 19 Rdnr. 41; § 21 Rdnr. 9) kann öffentlich sein, auch wenn sie für einen Adressatenkreis in getrennten, jeweils privaten Räumen bestimmt ist. Allerdings kann der Tatbestand der einzelnen Verwertungsrechte voraussetzen, dass die Wiedergabe vor einem Empfängerkreis stattfindet, der diese an einem Ort gemeinsam wahrnehmen kann (vgl. – zu § 22 – BGH GRUR 1996, 875/876 – Zweibettzimmer im Krankenhaus: Fernsehwiedergabe von Musik- und Sprachwerken mittels Kopfhörern im Patientenzimmer; vgl. weiter § 19 Rdnr. 41; § 21 Rdnr. 10; § 22 Rdnr. 11).

d) Nach § 15 Abs. 3 müssen die Personen, die von der Wiedergabe angesprochen werden sollen, **nicht gleichzeitig** erreicht werden (sa. Begr. des RegE, BTDrucks. 15/38 S. 17). Es muss demnach keine öffentliche Wiedergabe im Sprachsinn vorliegen; denn nach diesem müsste jede einzelne Wiedergabe schon als solche öffentlich sein, indem sie eine Mehrzahl von Personen zeitgleich anspricht (s. § 19 Rdnr. 41; anders noch § 15 Abs. 3 aF). Der in § 15 Abs. 3 verwendete Rechtsbegriff der öffentlichen Wiedergabe ist weiter als sein Sprachsinn zu verstehen und bezeichnet alle tatbestandsmäßig unter die Verwertungsrechte der öffentlichen Wiedergabe fallenden Handlungen. Es ist dementsprechend durch Auslegung der Tatbestände der einzelnen Verwertungsrechte zu ermitteln, ob nur Handlungen, die zeitgleich eine Öffentlichkeit ansprechen, unter diese fallen (s. dazu auch *Hoeren* in *Loewenheim*² § 21 Rdnr. 19). Bei den Rechten am öffentlichen Wahrnehmbarmachen des Werkes (§ 19, § 21, § 22) ist es nach deren Tatbestand durchweg erforderlich, dass die angesprochene Öffentlichkeit an einem Ort versammelt ist und gleichzeitig angesprochen wird (anders zum öUrhG, das keine Legaldefinition des Begriffs „öffentlich" enthält, OGH GRUR Int. 1987, 609 – Videokabinen; *Walter* MR 2002, 217/218; *ders.*, Österreichisches Urheberrecht, 1. Teil, 2008, Rdnr. 644). Musikwiedergaben durch Audio-Guides in Museen können daher ebensowenig durch das Recht der Wiedergabe durch Bild- oder Tonträger (§ 21) erfasst werden (aA *Dünnwald/Gerlach* § 78 Rdnr. 27; vgl. auch – zu §§ 11, 37 LUG – LG Berlin Schulze LGZ 98 – Schallplatten-Espresso) wie die wiederholte Wiedergabe eines digital gespeicherten Buches mittels der Vorlesefunktion des Speichergeräts für jeweils einzelne Nutzer. Ebenso setzen die Senderechte aus § 20 und § 20a voraus, dass das Werk einer Öffentlichkeit zeitgleich zugänglich gemacht wird. Anderer Ansicht ist wohl nur *Dreyer* (in HK-UrhR² § 15 Rdnr. 30, 35, § 20 Rdnr. 19), die sich für ihre Ansicht zu Unrecht auf die Entscheidung EuGH GRUR 2007, 225/227 Tz. 38 – SGAE/Rafael – beruft (sa. Rdnr. 62). Diese Entscheidung bezieht sich auf die Ermöglichung eines gleichzeitigen Fernsehempfangs in verschiedenen Hotelzimmern, nicht einen Fall der sog. sukzessiven Öffentlichkeit. Der Umstand, dass der EuGH in Tz. 38 auch darauf abgestellt hat, dass Hotelgäste gewöhnlich rasch aufeinander folgen, spricht nicht für die Ansicht von *Dreyer*; spätere Hotelgäste sehen ein anderes Fernsehprogramm. Der häufige Wechsel der Hotelgäste ist lediglich ein Beleg dafür, dass dieser Personenkreis untereinander nicht persönlich verbunden ist.

Bei den in § 15 Abs. 2 ausdrücklich geregelten Verwertungsrechten muss schon die erste Handlung, die das Werk wahrnehmbar oder zugänglich macht, eine öffentliche Wiedergabe iSd. § 15 Abs. 3 sein, dh. für eine Mehrzahl von Mitgliedern der Öffentlichkeit bestimmt sein. Mehrere Handlungen, die mehr oder weniger zufällig aufeinanderfolgend das Werk wahrnehmbar oder zugänglich machen, können bei diesen Verwertungsrechten nicht zu einer „öffentlichen Wiedergabe" gegenüber einer **„sukzessiven Öffentlichkeit"** zusammengerechnet werden. Ob eine Handlung unter die Verwertungsrechte fällt, die in § 15 Abs. 2 S. 2 Nr. 1 bis 5 genannt sind, muss schon aus Gründen der Rechtssicherheit bereits bei ihrer Vornahme feststehen (sa. *Heinz* S. 201 f.; aA *Dreyer* in HK-UrhR² Rdnr. 37; *G. Schulze* ZUM 2008, 836/840). Art. 3 der Informationsgesellschafts-Richtlinie und Art. 8 WCT fordern keine andere Auslegung (vgl. auch EuGH GRUR 2007, 225/227 Tz. 37 – SGAE/Rafael). Diese Vorschriften beziehen sich ohnehin nicht auf Wiedergaben durch öffentliches Wahrnehmbarmachen des Werkes (s. Rdnr. 54 f.; aA *Dreyer* in HK-UrhR² Rdnr. 37).

Dies schließt es nicht aus, dass bei unbenannten Verwertungsrechten eine öffentliche Wiedergabe iSd. § 15 Abs. 2 auch in Fällen vorliegen kann, in denen das Werk einer Mehrzahl von Mitgliedern der Öffentlichkeit nur nacheinander wahrnehmbar oder zugänglich gemacht werden soll. Bei Werknutzungen durch automatisierte **Push-Dienste**, die unter das unbenannte Online-Verbreitungsrecht fallen, kommt es auf das Problem der sog. sukzessiven Öffentlichkeit nicht an (s. Rdnr. 27, § 20 Rdnr. 8, 47 f.; aA *Dreyer* in HK-UrhR[2] Rdnr. 30).

Die in § 15 Abs. 2 ausdrücklich geregelten Verwertungsrechte beziehen sich nur auf Fälle, in denen eine Öffentlichkeit gleichzeitig angesprochen wird. Auch für das **Recht der öffentlichen Zugänglichmachung** (§ 19 a) stellt sich nicht die Frage, ob es genügt, dass sukzessiv eine Öffentlichkeit angesprochen wird, weil das Werk nach dem Tatbestand dieses Verwertungsrechts zum Abruf durch Mitglieder einer Öffentlichkeit „zu Zeiten ihrer Wahl" bereitgehalten werden muss. Schon der Tatbestand des Rechts setzt deshalb ein zeitgleiches Bereithalten des Werkes für eine Öffentlichkeit voraus (s. § 19 a Rdnr. 49).

72 Auch für die Beurteilung, ob eine Werkverwertung in körperlicher Form öffentlich ist, kommt es auf eine Auslegung des Tatbestands des betreffenden Verwertungsrechts an. Die **Ausstellung eines Werkes** (§ 18) ist nicht schon dann nichtöffentlich, wenn das Werk (zB infolge der Verwendung von Guckkästen) nur von jeweils einem Besucher gesehen werden kann. Das Werk wird auch dann in der Öffentlichkeit und für die Öffentlichkeit zur Schau gestellt (sa. *Hirsch Ballin* Anm. zu Schulze BGHZ 91, 20/24; s. weiter § 18 Rdnr. 18; zur Anwendbarkeit des § 15 Abs. 3 auf § 18 s. Rdnr. 58). Eine öffentliche Ausstellung ist dagegen nicht gegeben, wenn das Werk zu verschiedenen Gelegenheiten nacheinander einer Mehrzahl von Mitgliedern einer Öffentlichkeit iSd. Abs. 3 gezeigt wird, auch wenn das einer vorgefassten Absicht entsprechen sollte. Eine derartige sukzessive Öffentlichkeit genügt auch für das Ausstellungsrecht nicht (s. Rdnr. 71). Zum **Verbreitungsrecht** s. § 17 Rdnr. 13.

73 2. In **Abs. 3 S. 2** ist geregelt, unter welchen Voraussetzungen anzunehmen ist, dass die Personen, für die das Werk wiedergegeben wird, eine Öffentlichkeit sind. Die Vorschrift stellt dabei darauf ab, ob diese Personen mit dem Werkverwerter (dh. demjenigen, der die urheberrechtlich relevante Nutzungshandlung vornimmt (s. dazu auch Rdnr. 47) oder mit den anderen Personen, denen das Werk wahrnehmbar oder zugänglich gemacht wird, **durch persönliche Beziehungen verbunden sind** (vgl. dazu auch § 108b Abs. 1 und § 111a Abs. 1 Nr. 1 Buchst. a). Ist eine **juristische Person** Werkverwerter, kann unter den Teilnehmern eine persönliche Verbundenheit durch ihre Beziehung zu den für die juristische Person handelnden natürlichen Personen zustande kommen (BGH GRUR 1975, 33/34 – Altersheim).

74 Die Adressaten einer Werkwiedergabe bilden nicht schon dann eine Öffentlichkeit iSd. Abs. 3, wenn die persönlichen Beziehungen zwischen ihnen und dem Werkverwerter nicht mehr privater Art sind (im Ergebnis ebenso *Vogtmeier* S. 63; *Sattler* S. 88 ff.; aA *G. Schulze* ZUM 2008, 836/838; *Walter* ZfRV 2008, 114/115). Der Begriff der Öffentlichkeit in Abs. 3 soll nicht lediglich den privaten Gebrauch freistellen. Es genügt ein Verbundensein durch persönliche Beziehungen, wie es auch außerhalb des privaten Kreises gegeben sein kann. Dies entspricht nicht nur dem Wortlaut des Art. 3 der Informationsgesellschafts-Richtlinie (s. § 19 a Rdnr. 22), sondern ergibt sich auch aus der Entstehungsgeschichte des Abs. 3. Nach der Begründung des Regierungsentwurfs (BTDrucks. 15/38 S. 17) soll das Merkmal der Verbundenheit durch persönliche Beziehungen der Rechtsanwendung genügend Flexibilität bieten, „um angesichts des einerseits gebotenen Urheberschutzes und angesichts der andererseits berechtigten Interessen in der Informationsgesellschaft zu angemessenen Ergebnissen zu gelangen." Danach sollen in gewissem Umfang auch Werkwiedergaben außerhalb des privaten Kreises von dem Recht der öffentlichen Wiedergabe nicht erfasst werden. Dem entspricht es, dass ein im Rechtsausschuss des Deutschen Bundestages gestellter Änderungsantrag, nach dem die Öffentlichkeit der Wiedergabe nur bei „persönlichen und privaten Beziehungen" ausgeschlossen sein sollte, keine Mehrheit gefunden hat (Bericht des Rechtsausschusses, BTDrucks. 15/837 S. 29).

75 Die Verbundenheit durch persönliche Beziehungen erfordert nicht einen vertrauten persönlichen Kontakt, ein inneres persönliches Band oder enge persönliche Beziehungen (aA *Fromm/Nordemann/Dustmann*[10] § 19 a Rdnr. 13, 16; ebenfalls aA für das österr. Recht OGH MR 2008, 299/302 – Schulfilm, nach dem die Beziehungsintensität derart sein muss, dass „ein über berufliche oder gesellschaftliche Beziehungen hinausgehender, mehr oder weniger ständiger, vertrauter und inniger Kontakt herrscht."). Die Verbundenheit durch persönliche Beziehungen setzt auch nicht zwingend einen unmittelbaren persönlichen Umgang voraus, sondern kann auch durch eine Online-Kommunikation mit einer gewissen Dauer (zB im Rahmen eines Fernstudi-

ums oder durch Teilnahme an Webforen) begründet werden (vgl. *Koch*, Fs. für Schneider, 2008, S. 96/98). Irgendwelche persönliche Beziehungen, die keine Verbundenheit begründen können, genügen jedoch nicht. Ob eine Verbundenheit durch persönliche Beziehungen gegeben ist, hängt sowohl von der Größe des Kreises als auch von der Art der Beziehungen ab. Eine bestimmte zahlenmäßige Höchstgrenze gibt es nicht. Allerdings fehlt es bei hunderten von Beteiligten an einer persönlichen Verbundenheit, wie sie § 15 Abs. 3 fordert. Es genügt nicht, dass alle Beteiligten persönlich geladen sind und das Gefühl haben, bei dieser Gelegenheit einer in sich geschlossenen Gesellschaft anzugehören (aA AG Bochum GRUR-RR 2009, 166/167 für eine Hochzeitsfeier mit etwa 600 schriftlich geladenen Gästen). Unzureichend sind jedenfalls Beziehungen, die im Wesentlichen nur in einer gemeinsamen technischen Beziehung zu einer Werknutzung bestehen (vgl. Begr. des RegE, BTDrucks. 15/38 S. 17).

In einer Gruppe muss die Verbundenheit durch persönliche Beziehungen nicht jeweils unmittelbar bestehen; sie kann auch durch Beteiligte vermittelt werden (zB mitgebrachte Gäste; sa. *Wandtke/Bullinger/Heerma*[3] Rdnr. 19; *Sattler* S. 93). Es genügt, dass die Verbindungen der Beteiligten untereinander insgesamt eine Verbundenheit in den persönlichen Beziehungen begründen (aA LG Oldenburg GRUR-RR 2006, 177f.). Die persönlichen Beziehungen können bereits beim ersten Zusammentreffen begründet werden (vgl. – zu § 15 Abs. 3 aF – BGH GRUR 1956, 515/518 – Tanzkurse). Weitgehend gleichgerichtete sachbezogene Interessen eines Personenkreises (zB beruflicher oder sportlicher Art) genügen allein nicht, auch nicht das Bewusstsein, in einer Gemeinschaft zu leben (etwa in einem Seniorenheim, s. BGH GRUR 1975, 33/34 – Alters-Wohnheim), oder die gemeinsame räumliche Abgeschlossenheit in einer Vollzugsanstalt (BGH GRUR 1984, 734/735 – Vollzugsanstalten). Eine Verbundenheit durch persönliche Beziehungen wird aber in der Arbeitsgemeinschaft eines kleineren Betriebs meist gegeben sein (vgl. dazu auch für das österr. Recht OGH MR 2008, 299/302 – Schulfilm). **76**

Ob die Personen, für die eine Wiedergabe bestimmt ist, mit dem Werkverwerter oder mit den anderen Personen, denen das Werk wahrnehmbar oder zugänglich gemacht wird, persönlich untereinander verbunden sind, ist im Wesentlichen **Tatfrage** (BGHZ 17, 376/380 – Betriebsfeiern; BGH GRUR 1961, 97/99 – Sportheim; vgl. dazu auch für das österr. Recht OGH MR 2008, 299/302 – Schulfilm). **77**

Die **Beweislast** dafür, dass eine Wiedergabe öffentlich ist, trifft nach allgemeinen Grundsätzen den Anspruchsteller (ebenso *Fromm/Nordemann/Dustmann*[10] Rdnr. 39; aA LG Oldenburg GRUR-RR 2006, 177; AG Bochum GRUR-RR 2009, 166/167; *Dreyer* in HK-UrhR[2] § 6 Rdnr. 27, § 15 Rdnr. 46; anders nach früherem Recht, vgl. OLG München ZUM 1986, 482/483; OLG Frankfurt/M NJW-RR 1986, 1056f.). Dem Anspruchsteller können allerdings im Prozess Darlegungs- und Beweiserleichterungen zugute kommen, wenn es um die Aufklärung von Tatsachen geht, die in den Verantwortungsbereich des Antragsgegners fallen, so dass diesen nach dem Gebot redlicher Prozessführung eine prozessuale Erklärungspflicht trifft (vgl. BGH GRUR 2003, 800/803 – Schachcomputerkatalog; BGH NJW 2007, 2549/2553 Tz. 46; BGH NJW 2008, 982/984 Tz. 16). Dies gilt für die Feststellung, dass die Personen, denen das Werk wahrnehmbar oder zugänglich gemacht wird, nicht durch persönliche Beziehungen miteinander verbunden sind (aA *Dreier* in *Dreier/Schulze*[3] Rdnr. 37; ebenso für das österr. Recht OGH MR 2008, 299/302/304 – Schulfilm: Beweislast insoweit beim Anspruchsgegner).

III. Einzelfälle

1. Zu § 15 Abs. 3 aF gibt es eine Vielzahl von Gerichtsentscheidungen. Diese ergingen fast ausnahmslos auf Klage der GEMA wegen der Wiedergabe urheberrechtlich geschützter Musik in der Form des öffentlichen Wahrnehmbarmachens. Die Rechtsprechung hat dabei teilweise strenge Anforderungen an die Nichtöffentlichkeit einer Wiedergabe gestellt. Nach der Neufassung des § 15 Abs. 3 sind teilweise andere Maßstäbe anzulegen (vgl. Rdnr. 65, 74). In den weitaus meisten Fällen, in denen es um öffentliches Wahrnehmbarmachen eines geschützten Werkes geht, wird die Entscheidung jedoch auch nach neuem Recht im Ergebnis ebenso ausfallen. Aus diesem Grund werden nachstehend auch die zu § 15 Abs. 3 aF ergangenen Entscheidungen als Orientierungshilfe aufgeführt. Für die Beurteilung, ob ein Zugänglichmachen iSd. § 19a öffentlich ist, können dagegen die zu § 15 Abs. 3 aF ergangenen Gerichtsentscheidungen zur Öffentlichkeit von Werkwiedergaben durch Wahrnehmbarmachen nur mit Vorsicht herangezogen werden. **78**

Die Auslegung des Begriffs „öffentlich" in § 15 Abs. 3 muss inhaltlich mit dem Begriff der „öffentlichen Wiedergabe", den Art. 3 der Informationsgesellschafts-Richtlinie verwendet, übereinstimmen. Nach der Rechtsprechung des EuGH (GRUR 2007, 225/226 Tz. 30 ff. – SGAE/

Rafael = ÖBl. 2007, 88 mit kritischer Anm. *Dittrich*) ist dieser Begriff des Gemeinschaftsrechts in der gesamten Gemeinschaft einheitlich und autonom auszulegen (vgl. Rdnr. 40, 62 f.). Dementsprechend muss – auch mit Rücksicht auf die Vorlagepflicht (Art. 267 AEUV) – bei der Auslegung die Rechtsprechung der anderen Mitgliedstaaten im Auge behalten werden. Für Deutschland ist dabei insbesondere die Rechtsprechung in Österreich von Bedeutung, weil sich diese, mangels einer Legaldefinition der Öffentlichkeit im österreichischen UrhG, (auch) der Legaldefinition in § 15 Abs. 3 zur Auslegung des Öffentlichkeitsbegriffs bedient hat (vgl. OGH MR 2008, 299/302 – Schulfilm; vgl. weiter *Walter*, Österreichisches Urheberrecht, 1. Teil, 2008, Rdnr. 629 ff.; *Hüttner* in Kucsko, urheber.recht, 2008, § 18 Anm. 2.1; *Dittrich*, Österreichisches und internationales Urheberrecht, 5. Aufl. 2007, § 18 E 1 ff.).

2. Öffentliches Wahrnehmbarmachen

79   a) **Zu § 15 Abs. 3 aF. Bejahend:** In Anwendung des § 15 Abs. 3 aF wurden **öffentliche Wiedergaben** angenommen: bei **Tanzstundenabschlussbällen** (BGH GRUR 1960, 338/339 – Tanzstundenabschlussbälle; LG Stuttgart Schulze LGZ 107, 5; AG Stuttgart Schulze AGZ 18, 2), bei **Tanzkursen** (OLG München ZUM 1986, 482 f. = Schulze OLGZ 283 mit Anm. *Ladeur*; OLG Frankfurt/M NJW-RR 1986, 1056; anders bei Tanzkursen für einen ausgewählten Schülerkreis BGH GRUR 1956, 515/517 – Tanzkurse), bei **Betriebsveranstaltungen** eines großen Unternehmens (BGHZ 17, 376/378 – Betriebsfeiern), bei **Betriebsmusik** in einer Werkhalle (LG Hannover Schulze LGZ 117, 7; zur Betriebsmusik vgl. weiter: *Scholz* BB 1964, 1461; *Heiseke* BB 1966, 1424; *Schulze* NJW 1967, 1012; *Dittrich* ÖBl. 1975, 125/129 f.), bei Musikwiedergaben im Rahmen einer **Vereinsveranstaltung** (KG Schulze KGZ 23, 5; zu Vereinsveranstaltungen vgl. weiter Begr. zu § 53 RegE, UFITA 45 [1965] 240/285; *Dittrich* ÖBl. 1975, 125/130 ff.), bei Werkwiedergaben – insbesondere Rundfunkwiedergaben – in einem **Vereinsheim** (BGH GRUR 1961, 97/98 – Sportheim; OLG Hamm Schulze OLGZ 245, 4; AG Bad Mergentheim Schulze AGZ 24, 4), in einem **Sanatorium** (BGHZ 58, 262/264 – Landesversicherungsanstalt; KG UFITA 66 [1973] 310), in **betrieblichen Erholungsheimen** (OLG Frankfurt/M GRUR 1969, 59/53 – Sozialwerk der Bundesbahn), in **Müttergenesungsheimen** (LG Kassel Schulze LGZ 174, 1), in einer **Klinik** (OLG München Schulze OLGZ 111, 3), in **psychiatrischen Krankenhäusern** (OLG Köln Schulze OLGZ 230, 5), in einem **Altenheim** (BGH GRUR 1975, 33 – Alters-Wohnheim; BGHZ 116, 305 – Altenwohnheim II; AG Charlottenburg Schulze AGZ 19, 3; sa. LG Köln NJW-RR 1991, 1194/1195), bei Einzelveranstaltungen und Kursen in einem **Alten- und Servicezentrum** (LG München I ZUM-RD 1997, 146/147), in einem **Postjugendwohnheim** (BGH UFITA 73 [1975] 286/288 – Postjugendwohnheim), in einem **Studentenwohnheim** (LG Frankfurt/M Schulze LGZ 116, 4), in einem **Arbeiterwohnheim** (LG Frankfurt/M Schulze LGZ 136, 6; AG Charlottenburg Schulze AGZ 14, 5 und Schulze AGZ 20, 4), in **Jugenddörfern** (OLG Stuttgart Schulze OLGZ 220, 4), in kommunalen **Jugendzentren** (LG Frankfurt/M Schulze LGZ 205), in **Schulaufenthaltsräumen** (BGH GRUR 1983, 562/563 – Zoll- und Finanzschulen), in einem Heim für **Lehrgänge zur beruflichen Fortbildung** und **Kurse für Jugendliche** (BGH BGHR UrhG § 15 Abs. 3 – Wiedergabe, öffentliche 1 – Wannseeheim), in einer **Arztpraxis** (AG Konstanz NJW-RR 1995, 1325; AG Nürnberg NJW-RR 1996, 683; LG Leipzig NJW-RR 1999, 551; AG Bad Oldesloe SchlHA 1999, 103 für den Wartezimmerbereich einer Zahnarztpraxis, anders dagegen SchlHA 1999, 104 für den Anmeldebereich einer solchen Praxis; vgl. dazu weiter *Wolf* GRUR 1997, 511), in **Justizvollzugsanstalten** (BGH GRUR 1984, 734/735 – Vollzugsanstalten), in den **Arbeitsräumen eines Blumenladens** (AG Kassel NJW-RR 2000, 493 – nach den festgestellten Umständen zu Unrecht, s. dazu Rdnr. 68) und bei einer **Videovorführung vor ausgewählten Journalisten** (OLG Stuttgart NJW-RR 2004, 619/621).

80   **Verneinend: Keine öffentliche Werkwiedergabe** wurde in Anwendung des § 15 Abs. 3 aF angenommen in folgenden Fällen: bei **Tanzkursen** für einen ausgewählten Schülerkreis (BGH GRUR 1956, 515/517 – Tanzkurse), bei der Wiedergabe durch ein Fernsehgerät im **Zweibettzimmer eines Krankenhauses** (BGH GRUR 1996, 875 – Zweibettzimmer im Krankenhaus = LM UrhG § 22 Nr. 1 mit ablehnender Anm. *Vinck*), bei der Wiedergabe von Fernsehsendungen für den kleinen Kreis des **Heimpersonals** zweier Müttergenesungsheime (LG Kassel Schulze LGZ 114, 1) und in den **Werkstatträumen** eines Fahrradladens (AG Erfurt GRUR-RR 2002, 160; aA – zu Werkstatträumen eines Optikergeschäfts – LG Frankfurt/M GRUR-RR 2005, 180; s. dazu Rdnr. 68). Wegen einer engen persönlichen Verbundenheit der Beteiligten wurde bei einem **Seelotsenball** keine öffentliche Werkwiedergabe angenommen (AG Bremen NJOZ 2004, 4430, das u. a. darauf abstellte, dass es nur etwa 50 aktive Lotsenbrüder

Vervielfältigungsrecht § 15

gibt, die nicht nur durch die gemeinsame berufliche Tätigkeit, sondern auch durch besondere gesetzliche Regelungen zu einer Lotsenbrüderschaft verbunden seien). Bei Musikdarbietungen bei einer Eheschließung im **Standesamt** wird gerade nach der Neufassung des § 15 Abs. 3 kaum einmal eine öffentliche Wiedergabe vorliegen (vgl. Fachausschuss des Bundesverbandes der Deutschen Standesbeamten, Das Standesamt 1993, 54 f.).

b) **Zu § 15 Abs. 3 nF.** Eine **öffentliche Wiedergabe** wurde angenommen: Bei einer **Tanz-** 81 **veranstaltung im Stall** mit Freunden und Bekannten der drei Söhne eines Landwirts (LG Oldenburg GRUR-RR 2006, 177; s. dazu Rdnr. 76), bei Musikwiedergaben im **Werkstattraum eines Optikergeschäfts**, der vom Verkaufsraum nur durch ein Regal getrennt ist (LG Frankfurt/M GRUR-RR 2005, 180 – nach den festgestellten Umständen zu Unrecht, s. Rdnr. 68), im **Wartezimmer einer Zahnarztpraxis** (AG Konstanz GRUR-RR 2007, 384). Nach BSG NJW 2007, 716/718 sollen **Trauerfeiern** regelmäßig öffentlich sein (für den Regelfall unzutreffend, s. Rdnr. 73 ff.).

Keine öffentliche Werkwiedergabe wurde angenommen bei einer im **Empfangsbereich** 82 **einer Zahnarztpraxis** nur leise wahrnehmbaren Radiowiedergabe in einem anderen Zimmer (AG Konstanz GRUR-RR 2007, 384 f.), einer **Hochzeitsfeier** mit etwa 600 Gästen, die durchweg persönlich geladen worden waren (AG Bochum GRUR-RR 2009, 166/167; vgl. dazu Rdnr. 75).

Hochschulvorlesungen sind in der Regel öffentlich (vgl. OLG Koblenz NJW-RR 1987, 83 699/700; *Schöwerling* S. 133 f.; *Sattler* S. 90 ff.; sa. *Lorenz* ZRP 2008, 261/263; aA *Rehbinder*[16] Rdnr. 316). Dies bedeutet nicht, dass ein unveröffentlichtes Werk bereits durch die Wiedergabe in einer Vorlesung veröffentlicht wird, weil der Begriff der Öffentlichkeit in § 6 unabhängig von der Definition des Abs. 3 auszulegen ist (s. Rdnr. 59, s. weiter § 6 Rdnr. 7 ff., 13). Wiedergaben in Seminaren und Projektgruppen sind idR nichtöffentlich (sa. *Horn* S. 45 f.; *Schöwerling* S. 134).

Wiedergaben im **Schulunterricht** innerhalb des Klassenverbandes sind nichtöffentlich. Werk- 84 wiedergaben im Schulunterricht außerhalb des Klassenverbandes (zB bei Unterricht mit Schülern verschiedener Jahrgangsstufen an einem Projekttag) sind dagegen meist öffentlich (vgl. weiter zu Werkwiedergaben im Schulunterricht § 52 a Rdnr. 4; *Sieber* MMR 2004, 715/718 f.; *Lorenz* ZRP 2008, 261/262 f.; *Sattler* S. 89 ff.; vgl. auch – zum österreichischen Recht – OGH MR 2008, 299/302 ff. – Schulfilm; *Walter* ZfRV 2008, 114 ff.). Bei **Schulveranstaltungen** wird die Annahme einer öffentlichen Wiedergabe insbesondere davon abhängen, wie groß die Schule ist, wie viele Schulangehörige teilnehmen und inwieweit Außenstehende zugelassen sind. Die Schrankenregelung des § 52 a (und damit der Anspruch auf angemessene Vergütung nach § 52 a Abs. 4) kann nur eingreifen, wenn nach § 15 Abs. 3 eine öffentliche Wiedergabe anzunehmen ist.

3. Öffentliches Zugänglichmachen. Eine öffentliche Wiedergabe ist bei der Werkwieder- 85 gabe durch eine **Verteileranlage in einer Justizvollzugsanstalt** angenommen worden (BGHZ 123, 149/151 – Verteileranlagen; s. § 20 Rdnr. 41) und bei der **E-Mail-Versendung von Presseartikeln** an Mitarbeiter eines Unternehmens (KG ZUM 2002, 828/831; vgl. dazu auch *Vogtmeier* S. 68 ff.). Die Individualkommunikation durch E-Mail zwischen einzelnen Beteiligten ist jedoch auch dann nicht öffentlich iSd. § 15 Abs. 3, wenn die Beteiligten nicht durch eine persönliche Beziehung miteinander verbunden sind (sa. BGHZ 141, 13/26 – Kopienversanddienst; Schlussanträge der Generalanwältin Trstenjak in der Rs. C-5/08, Tz. 118; *Vogtmeier* S. 70 mwN; aA *G. Schulze* ZUM 2008, 836/837/842; vgl. dazu aber auch Rdnr. 27; § 20 Rdnr. 47 f.). Die Abrufübertragung eines öffentlich zum Abruf bereitgehaltenen Werkes an einen einzelnen Empfänger wird nicht deshalb von einem unbenannten Recht der öffentlichen Wiedergabe erfasst, weil die Übertragung öffentlich wäre (dies ist gerade nicht der Fall; aA *Haupt/Ullmann* ZUM 2005, 46/49), sondern weil das Werk zuvor für die Öffentlichkeit zum Abruf bereitgehalten worden ist (vgl. Rdnr. 27; vgl. weiter § 20 Rdnr. 47 ff.). Zum öffentlichen Zugänglichmachen eines Werkes (§ 19 a) durch dessen **Einstellen in das Internet** vgl. Rdnr. 68; § 19 a Rdnr. 48 f.

Zur Öffentlichkeit der Werkwiedergabe gegenüber bestimmten **Nutzer-, Chat- oder Diskussionsforen im Internet** s. *Koch* GRUR 1997, 417/429; *Klett* S. 151 ff.; *Schöwerling* S. 136; *Rüberg* S. 242 f.; im Rahmen eines lokalen **Computer-Netzwerks** (Local Area Network = LAN) und in **Unternehmensnetzen (Intranet)** s. *Katzenberger*, Elektronische Printmedien und Urheberrecht, 1996, S. 45; *Kappes*, Rechtsschutz computergesteuerter Informationssammlungen, 1996, S. 106 ff.; *Rogge* S. 109 ff.; *Vogtmeier* S. 57 ff.; *Wawretschek* S. 144 ff.; *Rüberg* S. 239 ff.; *Flechsig* ZUM 1996, 833/836 f.; *Kotthoff* GRUR 1997, 597/600 f.; *Spindler* GRUR 2002, 105/108 f.; vgl. dazu auch Rdnr. 74. Eine räumliche Nähe der Zugangsstellen in einem Netzwerk genügt jedenfalls nicht, um eine öffentliche Wiedergabe auszuschließen (vgl. *Rüberg* S. 238 f.).

Durch Passwörter und andere (wirksame) Zugangskontrollen kann auch in größeren Unternehmen der Kreis der von einer Werkwiedergabe Angesprochenen so eingeschränkt werden, dass dieser als nichtöffentlich einzustufen ist.

86 Das Bereithalten von Musik zur Wiedergabe in **Telefonwarteschleifen** (**Telefonmusik**, Music on hold) ist öffentlich (sa. *Pleister* GRUR Int. 1996, 1229 f.; *ders.* GRUR Int. 1999, 619/622; s. weiter § 19 a Rdnr. 53).

E. Schutz der Verwertungsrechte

87 Zum **zivil- und strafrechtlichen Schutz** der Verwertungsrechte vgl. die Erläuterungen zu § 69 f, §§ 97 ff. und §§ 106 ff. Wirksame technische Maßnahmen zum Schutz eines urheberrechtlich geschützten Werkes dürfen nicht umgangen werden (vgl. dazu § 95 a, § 108 b). Nach § 96 dürfen rechtswidrig hergestellte Vervielfältigungsstücke weder verbreitet noch zu öffentlichen Wiedergaben benutzt werden, rechtswidrig veranstaltete Funksendungen weder auf Bild- oder Tonträger aufgenommen noch öffentlich wiedergegeben werden. Die Vorschrift des § 96 ergänzt die Verwertungsrechte, die nur die Nutzung des (immateriellen) Werkes selbst erfassen. Ansprüche aus § 97 Abs. 1 iVm. § 96 bestehen auch dann, wenn die Werknutzung als solche zulässig wäre und im konkreten Fall nur wegen der Verwendung eines rechtswidrig hergestellten Vervielfältigungsstücks oder einer rechtswidrig veranstalteten Funksendung rechtswidrig ist.

Zum **verfassungsrechtlichen Schutz** der Verwertungsrechte als Eigentum iSd. Art. 14 GG vgl. Rdnr. 7; Einl. Rdnr. 10.

§ 16 Vervielfältigungsrecht

(1) **Das Vervielfältigungsrecht ist das Recht, Vervielfältigungsstücke des Werkes herzustellen, gleichviel ob vorübergehend oder dauerhaft, in welchem Verfahren und in welcher Zahl.**

(2) **Eine Vervielfältigung ist auch die Übertragung des Werkes auf Vorrichtungen zur wiederholbaren Wiedergabe von Bild- oder Tonfolgen (Bild- oder Tonträger), gleichviel, ob es sich um die Aufnahme einer Wiedergabe des Werkes auf einen Bild- oder Tonträger oder um die Übertragung des Werkes von einem Bild- oder Tonträger auf einen anderen handelt.**

Schrifttum: *Baronikians,* Kopienversanddienste, die Beurteilung im deutschen Urheber- und Wettbewerbsrecht im Vergleich zur englischen Regelung, 1999; *Bechtold,* Der Schutz des Anbieters von Information – Urheberrecht und Gewerblicher Rechtsschutz im Internet, ZUM 1997, 427; *Becker,* Die digitale Verwertung von Musikwerken aus der Sicht der Musikurheber, in Becker/Dreier (Hrsg.), Urheberrecht und digitale Technologie, 1994, S. 45; *ders.,* Neue Übertragungstechniken und Urheberrecht, ZUM 1995, 231; *Bortloff,* Tonträgersampling als Vervielfältigung, ZUM 1993, 476; *Bosak,* Urheberrechtliche Zulässigkeit privaten Downloadings von Musikdateien, CR 2001, 176; *Breitkopf/Schiwy/Schneider,* Medien und Telekommunikation – Recht, Politik und Technik in Deutschland und Europa, 1993; *Brugger,* Die neuen audiovisuellen Systeme, 1970; *ders.,* Rechtsfragen bei der Verwendung der elektronischen Bildaufzeichnung und Bildwiedergabe (sog. audio-visuelle Verfahren), UFITA 56 (1970) 1; *Brugger/Wedel,* Das Recht des Filmherstellers zur audiovisuellen Verwertung von Filmen unter Berücksichtigung der Zweckübertragungstheorie, UFITA 65 (1972) 159; *Brutschke,* Urheberrecht und EDV, 1972; *ders.,* Urheberrechtsverletzung bei der Benutzung von elektronischen Datenverarbeitungsanlagen, NJW 1970, 889; *Bullinger/Jani,* Fußballübertragung in der virtuellen Welt – Lizenz erforderlich oder nicht?, ZUM 2008, 897; *Dreier,* Perspektiven einer Entwicklung des Urheberrechts, in Becker/Dreier (Hrsg.), Urheberrecht und digitale Technologie, 1994, S. 123; *Eidenmüller,* Elektronischer Pressespiegel – Urheberrechtlicher Schutz von Zeitungen und Fachzeitschriften, GRUR 1992, 321; *Ernst,* Urheberrechtliche Probleme bei der Veranstaltung von On-demand-Diensten, GRUR 1997, 592; *ders.,* Rechtliche Fragen bei der Verwendung von Hyperlinks im Internet, NJW-CoR 1997, 224; *Fischer,* Zur Zulässigkeit des Vertriebs traditioneller und elektronisch erstellter Pressespiegel, GRUR 1995, 117; *Flechsig/Fischer,* Speicherung von Printmedien in betriebseigene Datenbankarchive und die Grenze ihrer betrieblichen Nutzung, ZUM 1996, 833; *v. Gamm,* Rechtsfragen bei Datenbanken – Zum Richtlinienvorschlag der EG-Kommisssion, Fs. für Bruchhausen, GRUR 1993, 203; *Gantner,* Laden eines Computerprogramms als Vervielfältigung? – Eine wesentliche Frage falsch gestellt, jur-pc 1994, 2752, 2739 u. 2853; *Goebel/Hackemann/Scheller,* Zum Begriff des Erscheinens beim elektronischen Publizieren, GRUR 1986, 355; *Goose,* Die urheberrechtliche Beurteilung von elektronischen und Mikrofilm-Datenbanken, 1975; *ders.,* Urheberrechtliche Probleme der Pressedatenbank, GRUR 1973, 4; *Grassmann,* Der elektronische Kopienversand im Rahmen der Schrankenregelungen, 2006; *Hubmann,* Urheberrechtlicher Schutz von Computerprogrammen, in Lehmann (Hrsg.), Rechtsschutz und Verwertung von Computerprogrammen[2], S. 69; *ders.,* Grundsätzliches zum Urheberrechtsschutz von Computerprogrammen nach dem Urteil des Bundesgerichtshofs vom 9. Mai 1985, GRUR 1986, 222; *ders.,* Zur urheberrechtlichen Nutzung von Programmen für Datenverarbeitungsanlagen, GRUR 1982, 142; *Hackemann,* Information und Dokumentation aus urheberrechtlicher Sicht – Einige Anmerkungen zur gegenwärtigen und künftigen Rechtslage, GRUR 1982, 262; *Heker,* Rechtsfragen der elektronischen Textkommunikation, ZUM 1993, 400; *Hohagen,* Die Freiheit der Vervielfältigung zum eigenen Gebrauch, 2004; *Hubmann,* Urheberrechtliche Probleme bei der kooperativen Verfilmung von Zeitungen, 1980; *Jani,* Alles eins? – Das Verhältnis des Rechts der öffentlichen Zugänglichmachung zum Vervielfältigungsrecht, ZUM 2009, 722; *Joppich,* Das Internet als Informationsnetz? – Zur urheberrechtlichen und wettbewerbsrechtlichen Zulässigkeit von Deep Links, CR 2003, 504; *Kappes,* Rechtsschutz computergestützter Informationssammlungen, 1996; *ders.,*

Vervielfältigungsrecht § 16

Gesetzliche Vergütungsansprüche bei der privaten Nutzung von computergestützten Informationssammlungen, GRUR 1997, 338; *Katzenberger*, Elektronische Printmedien und Urheberrecht, 1996; *ders.*, Elektronische Printmedien und Urheberrecht, AfP 1997, 434; *ders.*, Urheberrecht und Datenbanken, GRUR 1990, 94; *ders.*, Urheberrecht und Dokumentation, GRUR 1973, 629; *ders.*, Urheberrechtliche Probleme moderner Techniken und Methoden der Fachinformation, DVR 1982, 145; *ders.*, Urheberrechtsfragen der elektronischen Textkommunikation, GRUR Int. 1983, 895; *ders.*, Urheberrechtsfragen der elektronischen Textkommunikation, in Bullinger (Hrsg.), Rechtsfragen der elektronischen Textkommunikation, 1984, S. 99; *Katzenberger/Kolle*, Die urheberrechtliche Beurteilung computerunterstützter parlamentarischer Informations- und Dokumentationssysteme, in AG Rechtsinformatik (Hrsg.), Gesetzesplanung – Beiträge der Rechtsinformatik, 1972, S. 181 (= NachrDok. 1972, 94); *Kindermann*, Vertrieb und Nutzung von Computersoftware aus urheberrechtlicher Sicht, GRUR 1983, 150; *Koch*, Grundlagen des Urheberrechtsschutzes im Internet und in Online-Diensten, GRUR 1997, 417; *Kolle*, Urheberrechtliche Probleme der Dokumentation und Information, in Steinmüller (Hrsg.), Informationsrecht und Informationspolitik, 1976, S. 238; *Kolle/Ulmer*, Einspeicherung geschützter Werke in automatische Informations- und Dokumentationssysteme, GRUR Int. 1976, 108; *Kotthoff*, Zum Schutz von Datenbanken beim Einsatz von CD-Roms in Netzwerken, GRUR 1997, 597; *Lehmann*, Digitalisierung und Urhebervertragsrecht, in Lehmann, (Hrsg.), Internet- und Multimediarecht (Cyberlaw), 1997 S. 5; *Leistner/Stang*, Die Bildersuche im Internet aus urheberrechtlicher Sicht, CR 2008, 499; *v. Lengerich*, Die Beschränkung des Urheberrechts durch das Recht zur fotomechanischen Vervielfältigung, eine Untersuchung der Verfassungsmäßigkeit, Diss. Freiburg 1975; *Leupold*, Auswirkungen der Multimedia-Gesetzgebung auf das Urheberrecht, CR 1998, 234; *Loewenheim*, Benutzung von Comterprogrammen und Vervielfältigung im Sinne des § 16 UrhG, Fs. für v. Gamm, 1990, S. 423; *ders.*, Die urheber- und wettbewerbsrechtliche Beurteilung der Herstellung und Verbreitung kommerzieller elektronischer Pressespiegel, GRUR 1996, 636; *ders.*, Harmonisierung des Urheberrechts in Europa, GRUR Int. 1997, 285; *ders.*, Konturen eines europäischen Urheberrechts, Fs. für Kraft, 1998, S. 361; *ders.*, Urheberrecht in Loewenheim/Koch (Hrsg.), Praxis des Online-Rechts, 1998, Kap. 7; *ders.*, Urheberrechtliche Grenzen der Verwendung geschützter Dokumente in Datenbanken, AfP 1993, 613; *ders.*, Urheberrechtliche Grenzen der Verwendung geschützter Dokumente in Datenbanken, 1994 (zitiert: Urheberrechtliche Grenzen); *ders.*, Urheberrechtliche Probleme bei Multimedia-Anwendungen, Fs. für Piper, 1996, S. 709; *ders.*, Urheberrechtliche Probleme bei Multimedia-Anwendungen, GRUR 1996, 830; *ders.*, Vervielfältigungen zum eigenen Gebrauch von urheberrechtswidrig hergestellten Werkstücken, Fs. für Dietz, 2001, S. 415; *ders.*, Kopienversand und kein Ende, Fs. für Winfried Tilmann zum 65. Geburtstag, 2003, S. 63; *Maaßen*, Urheberrechtliche Probleme der elektronischen Bildverarbeitung, ZUM 1992, 338; *Mehings*, Information und Dokumentation (IuD) – Ein Stiefkind der Urheberrechtsnovelle?, GRUR 1983, 275; *Melichar*, Die digitale Verwertung von Sprachwerken, in Becker/Dreier (Hrsg.), Urheberrecht und digitale Technologie, 1994, S. 85; *ders.*, Virtuelle Bibliotheken und Urheberrecht, CR 1995, 756; *Moritz/Tybusseck*, Computersoftware – Rechtsschutz und Vertragsgestaltung, 2. Aufl. 1992; *Moufang*, Datenbankverträge, in Beier/Götting/Lehmann/Moufang (Hrsg.), Urhebervertragsrecht, Festgabe für Gerhard Schricker zum 60. Geburtstag, 1995, S. 571; *Nolte*, Paperboy oder die Kunst, den Informationsfluß zu regulieren, ZUM 2003, 540; *Nordemann/Goddar/Tönhardt/Czychowski*, Gewerblicher Rechtsschutz und Urheberrecht im Internet, CR 1996, 645; *Nordemann/Hertin*, Die juristische Datenbank in urheber- und wettbewerbsrechtlicher Sicht, NJW 1971, 857; *Ott*, Die urheberrechtliche Zulässigkeit des Framing nach der BGH-Entscheidung im Fall „Paperboy", ZUM 2004, 357; *ders.*, Bildersuchmaschinen und Urheberrecht, ZUM 2009, 345; *Plaß*, Hyperlinks im Spannungsfeld von Urheber-, Wettbewerbs- und Haftungsrecht, WRP 2000, 599; *dies.*, Der Aufbau und die Nutzung eines Online-Volltextsystems durch öffentliche Bibliotheken aus urheberrechtlicher Sicht, WRP 2001, 195; *Raczinski/Rademacher*, Urheberrechtliche Probleme beim Aufbau und Betrieb einer juristischen Datenbank, GRUR 1989, 324; *Reinbothe*, Die EG-Richtlinie zum Urheberrecht in der Informationsgesellschaft, GRUR 2001, 733; *Röttinger*, Finden beim Lauf eines Computerprogramms Vervielfältigungsvorgänge iSd. Urheberrechts statt? Einige Gedanken zum urheberrechtlichen Vervielfältigungsbegriff nach österreichischem und deutschem Recht, Fs. 50 Jahre Urheberrechtsgesetz, 1986, S. 203; *Rupp*, Verstößt die unbefugte Benutzung eines urheberrechtlich geschützten Computerprogramms gegen §§ 97 ff., 106 UrhG?, GRUR 1986, 147; *Samson*, Urheberrechtliche Fragen bei der Datenverarbeitung, DVR 1977, 201; *Schack*, Private Vervielfältigung von einer rechtswidrigen Vorlage? Fs. für Erdmann, 2002, S. 165; *ders.*, Rechtsprobleme der Gestaltung von Webseiten unter Einsatz von Links und Frames, MMR 2001, 9; *ders.*, Rechtsprobleme der Online-Übermittlung, GRUR 2007, 639; *Schaefer*, Welche Rolle spielt das Vervielfältigungsrecht auf der Bühne der Informationsgesellschaft?, Fs für W. Nordemann, 1999, 191; *Schapiro*, Die neuen Musiktauschbörsen unter „Freunden", ZUM 2008, 273; *Schricker* (Hrsg.), Urheberrecht auf dem Weg zur Informationsgesellschaft, 1997; *ders.*, Grundfragen des künftigen Medienordnung, Urheberrechtliche Aspekte, FuR 1984, 63; *G. Schulze*, Rechtsfragen von Printmedien im Internet, ZUM 2000, 432/434; *Schwarz*, Der urheberrechtliche Schutz audiovisueller Werke im Zeitalter der digitalen Medien, in Becker/Dreier (Hrsg.), Urheberrecht und digitale Technologie, 1994, S. 105; *ders.*, Urheber- und Verlagsrecht, in Schwarz (Hrsg.), Recht im Internet, 1996 ff.; *ders.*, Urheberrecht im Internet, in Becker (Hrsg.), Rechtsprobleme internationaler Datennetze, 1996, S. 13; *ders.*, Urheberrecht und unkörperliche Verbreitung multimedialer Werke, GRUR 1996, 836; *Sosnitza*, Das Internet im Gravitationsfeld des Rechts: Zur rechtlichen Beurteilung so genannter Deep Links, CR 2001, 693; *Spieß*, Urheber- und wettbewerbsrechtliche Probleme des Sampling in der Popmusik, ZUM 1991, 524; *Spindler*, Europäisches Urheberrecht in der Informationsgesellschaft, GRUR 2002, 105; *Stintzing*, Moderne Informationsdienste als Herausforderung an das Urheber- und Wettbewerbsrecht, GRUR 1994, 871; *Ulmer*, Einspeicherung und Wiedergewinnen urheberrechtlich geschützter Werke durch Computer-Anlagen, GRUR 1971, 297; *ders.*, Elektronische Datenbanken und Urheberrecht, 1971; *ders.*, Urheberrechtliche Probleme beim Aufbau juristischer Dokumentationssysteme, DVR 1976, 87; *Waldenberger*, Zur zivilrechtlichen Verantwortlichkeit für Urheberrechtsverletzungen im Internet, ZUM 1997, 176; *Welp*, Strafrechtliche Aspekte der digitalen Bildbearbeitung (I), CR 1992, 291; *Wirtz*, Urheberrecht und verwandte Schutzrechte, in: Bröcker/Czychowski/Schäfer, Praxishandbuch Geistiges Eigentum im Internet, 2003, S. 568 ff.

Übersicht

	Rdnr.
I. Zweck und Bedeutung der Norm	1–4
II. Vervielfältigung	5–25
1. Begriff	5–15
2. Elektronische Datenverarbeitung	16–25
III. Übertragung auf Bild- und Tonträger (Abs. 2)	26–28

§ 16 Vervielfältigungsrecht

I. Zweck und Bedeutung der Norm

1 § 16 gibt eine **Definition** des in § 15 Abs. 1 Nr. 1 genannten Vervielfältigungsrechts, das zusammen mit dem Verbreitungsrecht (§ 17) die Hauptfälle der Verwertung in körperlicher Form erfasst. Durch das Vervielfältigungsrecht soll dem Urheber ein Entgelt für diejenigen Nutzungshandlungen gesichert werden, die darin bestehen, dass ein Werkgenuss nicht durch das Original selbst, sondern durch Vervielfältigungen des Originals erfolgt. Das Original ermöglicht – soweit es sich nicht um eine öffentliche Wiedergabe handelt, die durch die Verwertungsrechte nach § 15 Abs. 2 gesondert erfasst wird – den Werkgenuss nur durch einen relativ beschränkten Personenkreis. Durch die Vervielfältigung des Werkes tritt ein Multiplikationseffekt ein; es wird einem sehr viel größeren Personenkreis unabhängig von der Benutzung des Originals der Werkgenuss ermöglicht; zugleich werden die Voraussetzungen für eine Verbreitung des Werkes im Sinne des § 17 geschaffen. Für diese zusätzlichen Nutzungsmöglichkeiten wird der Urheber dadurch entschädigt, dass Vervielfältigungen von seiner Zustimmung abhängig sind und er sie gegen Entgelt gestatten kann. Wo der Urheber, wie in den Fällen des § 53 UrhG, Vervielfältigungen ungefragt hinnehmen muss, steht ihm grundsätzlich ein gesetzlicher Vergütungsanspruch zu.

2 Das Gesetz gewährt dem Urheber mit dem weiten Vervielfältigungsbegriff des § 16 (näher Rdnr. 5) ein **umfassendes Vervielfältigungsrecht** und gibt ihm damit ein wichtiges Instrument in die Hand, um seine ideellen und materiellen Interessen zu wahren und für die Zustimmung zur Vervielfältigung eine angemessene Vergütung zu erzielen. Dem weiten Vervielfältigungsbegriff entspricht es, im Rahmen der Sozialbindung des Urheberrechts und aus Gründen des öffentlichen Interesses Einschränkungen vorzunehmen, die in den §§ 45 ff. ihren gesetzlichen Ausdruck gefunden haben (näher vor §§ 44 a ff. Rdnr. 1 ff.). Das Vervielfältigungsrecht selbst ist **nicht übertragbar**, die Gestattung der Vervielfältigung erfolgt durch die Einräumung von Nutzungsrechten am Vervielfältigungsrecht (§§ 31 ff.). Das Vervielfältigungsrecht **unterliegt nicht der Erschöpfung** (OLG Düsseldorf GRUR-RR 2009, 45/46 – Schaufensterdekoration).

3 Das Vervielfältigungsrecht ist ein gegenüber anderen Verwertungsrechten **selbständiges Verwertungsrecht**, das unabhängig von ihnen genutzt und verletzt werden kann. Es ist in § 16 **abschließend geregelt**, Vervielfältigungshandlungen, die nicht unter die Definition des § 16 fallen, können nicht etwa über das allgemeine Verwertungsrecht erfasst werden (vgl. § 15 Rdnr. 42). Die **Vervielfältigung von Computerprogrammen** beurteilt sich nach § 69 c Abs. 1 Nr. 1; da aber der Vervielfältigungsbegriff des § 69 c Abs. 1 Nr. 1 schon im Hinblick auf die durch die EU-Richtlinien vorgegebene einheitliche Auslegung dem Vervielfältigungsbegriff des § 16 entspricht (vgl. § 69 c Rdnr. 5), finden die zu § 16 entwickelten Grundsätze auch im Rahmen des § 69 c Anwendung. Gegenüber dem **früheren Recht** (§ 15 Abs. 1 LUG, § 17 KUG) stellt die Definition des Abs. 1, wie in der AmtlBegr. (BTDrucks. IV/270 S. 47) hervorgehoben wird, keine sachliche Änderung dar; damit kann auch die Rechtsprechung aus der Zeit vor 1965 zur Auslegung des § 16 herangezogen werden (ebenso *v. Gamm* § 16 Rdnr. 4). Abweichungen ergeben sich nur insofern, als die Übertragung auf Bild- oder Tonträger nach § 2 Abs. 2 LUG einer Werkbearbeitung gleichgestellt war. In § 16 Abs. 2 wird sie dagegen systematisch richtig als Vervielfältigung eingeordnet; dem Schutz der Hersteller und ausübenden Künstler, dem § 2 Abs. 2 LUG dienen sollte, wird besser durch die Zubilligung besonderer Leistungsschutzrechte (§§ 73–86) Rechnung getragen.

4 Die Auslegung des Begriffs der Vervielfältigung wird maßgeblich durch die **Richtlinien der Europäischen Union** einschließlich ihrer Erwägungsgründe beeinflusst. Regelungen wurden zunächst für besondere Bereiche getroffen, nämlich in Art. 4 (a) der Computerprogrammrichtlinie (Richtlinie des Rates vom 14. Mai 1991 über den Rechtsschutz von Computerprogrammen [91/250/EWG], GRUR Int. 1991, 545), Art. 5 (a) der Datenbankrichtlinie (Richtlinie des Europäischen Parlaments und des Rates vom 11. März 1996 über den rechtlichen Schutz von Datenbanken [96/9/EG], GRUR Int. 1996, 806) und Art. 7 der Vermietrechtsrichtlinie (Richtlinie des Rates vom 19. November 1992 zum Vermietrecht und Verleihrecht sowie zu bestimmten verwandten Schutzrechten im Bereich des geistigen Eigentums [92/100/EWG], GRUR Int. 1993, 144). Heute sind vor allem Art. 2 und 5 der Richtlinie zur Harmonisierung bestimmter Aspekte des Urheberrechts und der verwandten Schutzrechte in der Informationsgesellschaft (ABl. L 167 v. 22. 6. 2001 S. 10, abgedruckt auch in GRUR Int. 2001, 745) maßgeblich, die das Vervielfältigungsrecht und seine Schranken generell erfassen; nach Art. 1 (2) der Richtlinie bleiben Art. 4 (a) der Computerprogrammrichtlinie und Art. 5 (a) der Datenbankrichtlinie unberührt. Dagegen ist nach Art. 11 (1) (a) der Richtlinie Art. 7 der Vermietrechtsrichtlinie, der sich auf das Vervielfältigungsrecht der ausübenden Künstler, der Tonträgerhersteller, der Film-

produzenten und der Sendeunternehmen bezog, aufgehoben; insoweit gilt jetzt auch hier Art. 2 der Richtlinie zur Informationsgesellschaft. Nach Art. 2 der Richtlinie hat das Vervielfältigungsrecht das ausschließliche Recht zum Inhalt, die unmittelbare oder mittelbare, vorübergehende oder dauerhafte Vervielfältigung auf jede Art und Weise und in jeder Form ganz oder teilweise zu erlauben oder zu verbieten. Der deutsche Gesetzgeber hat Art. 2 der Richtlinie dadurch in das deutsche Recht umgesetzt, dass er in § 16 UrhG die Worte „ob vorübergehend oder dauerhaft" eingefügt hat (Art. 1 Abs. 1 Nr. 3 des Gesetzes zur Regelung des Urheberrechts in der Informationsgesellschaft vom 10. 9. 2003, BGBl. I S. 1774), im Übrigen wurden die Anforderungen des Art. 2 bereits durch die bisherige Fassung des § 16 UrhG erfüllt. Ebenso wie bei den anderen auf europäischen Richtlinien beruhenden Vorschriften des Urheberrechtsgesetzes handelt es sich nunmehr auch bei § 16 um ein Stück **europäisches Urheberrecht** (vgl. zu §§ 69a ff. AmtlBegr. BTDrucks. 12/4022 S. 8), das **richtlinienkonform auszulegen** ist.

II. Vervielfältigung

1. Begriff

Der **Begriff der Vervielfältigung** ist **umfassend:** Vervielfältigung ist jede körperliche Festlegung eines Werks, die geeignet ist, das Werk den menschlichen Sinnen auf irgendeine Weise unmittelbar oder mittelbar wahrnehmbar zu machen (AmtlBegr. BTDrucks. IV/270 S. 47; BGH GRUR 1991, 449/453 – Betriebssystem; BGH GRUR 1983, 28/29 – Presseberichterstattung und Kunstwerkwiedergabe II; BGH GRUR 1982, 102/103 – Masterbänder; BGHZ 17, 266/269f. – Grundig-Reporter; KG GRUR-RR 2004, 228/231 – Ausschnittdienst; KG GRUR 2002, 252/253 – Mantellieferung; KG Schulze KGZ 74, 5; OLG Frankfurt/M CR 1997, 275/276 – D-Info 2.0; vgl. auch bereits RGZ 107, 277/279 – Gottfried Keller). An dieser Definition der Rechtsprechung hat sich durch die europäische Richtlinie zur Informationsgesellschaft (vgl. Rdnr. 4) nichts geändert; auch die in Umsetzung der Richtlinie erfolgte Ergänzung des § 16 um die Worte „ob vorübergehend oder dauerhaft" haben nicht zu einer sachlichen Änderung geführt, weil dies schon vorher so gesehen wurde (vgl. Rdnr. 6). Es muss also eine **körperliche Fixierung** erfolgen; dadurch unterscheidet sich die Vervielfältigung von den Fällen der unkörperlichen Wiedergabe nach § 15 Abs. 2. Beispiele bilden Bücher, Noten, Schallplatten (AmtlBegr. BTDrucks. IV/270 S. 47), ferner Fotografien, Kopien, Abgüsse und dgl. (zu Fotografien von Bauwerken und Werken der bildenden Kunst beachte aber § 59; zur Festlegung in digitaler Form vgl. Rdnr. 17ff.). Keine körperliche Festlegung (sondern unkörperliche Wiedergabe) ist dagegen die Projektion auf eine Leinwand oder die Wiedergabe auf einem Bildschirm (BGHZ 37, 1/6f. – AKI; BGH GRUR 1991, 449/453 – Betriebssystem; Dreier/*Schulze*³ § 16 Rdnr. 6; Möhring/Nicolini//*Kroitzsch*² § 16 Rdnr. 3; *Ulmer* GRUR 1971, 297/301; sa. Rdnr. 19). Daher ist die Kopie eines Werks auf Tageslichtfolie Vervielfältigung, nicht aber deren Projektion (Dreier/*Schulze*³ § 16 Rdnr. 6; *Reichel* GRUR 1981, 334). Zur Verfilmung eines Werks als Vervielfältigung vgl. § 15 Rdnr. 19; zur Einspeicherung von Werken in Datenbanken vgl. Rdnr. 25. Die **Vervielfältigung von Computerprogrammen** beurteilt sich nach § 69c Abs. 1 Nr. 1 (s. Rdnr. 3).

Seit der Umsetzung der Richtlinie zur Informationsgesellschaft (vgl. Rdnr. 4) ist in § 16 ausdrücklich festgelegt, dass die **Dauer der Vervielfältigung** unerheblich ist. Auch vorher ging man allerdings schon davon aus, dass die nur vorübergehende Vervielfältigung unter § 16 fällt (vgl. 2. Aufl. Rdnr. 9; der Gesetzgeber hat hier von einer „Klarstellung" gesprochen, AmtlBegr. BTDrucks. 15/38, Anl. 1, S. 40). Durch § 16 werden also auch Vervielfältigungen in vergänglichem Material wie Schnee und Eis erfasst, ebenso die Vervielfältigung im Arbeitsspeicher eines Computers, in dem sie bei dessen Ausschalten wieder gelöscht wird (vgl. dazu Rdnr. 20f. sowie § 69c Rdnr. 7, dort auch weitere Nachweise). Zur Zulässigkeit vorübergehender technisch bedingter digitaler Vervielfältigungshandlungen vgl. § 44a.

Nicht nur die wiederholte, sondern auch die erstmalige Festlegung (**Erstfixierung**) eines bisher noch nicht körperlich festgelegten Werkes stellt eine Vervielfältigung dar, beispielsweise das Mitschreiben eines frei gehaltenen Vortrags, die Aufnahme eines improvisierten Musikstücks auf Tonträger, die erste Aufzeichnung einer Funksendung (KG GRUR 2000, 49 – Mitschnitt-Einzelangebot) oder das Mitschneiden einer Aufführung (BGHZ 17, 266/269f. – Grundig-Reporter; BGH GRUR 1960, 614/616 – Figaros Hochzeit; BGH GRUR 1986, 634/635 – Bob Dylan; BGH GRUR 2006, 319/322 Tz. 34 – Alpensinfonie). Das Vervielfältigungsrecht des § 16 erfasst jegliche erstmalige Werkfixierung oder wiederholte Festlegung (BGH GRUR 1982, 102/103 – Masterbänder; Dreier/*Schulze*³ § 16 Rdnr. 8; Fromm/Nordemann/*Dustmann*[10]

§ 16

§ 16 Rdnr. 10). Das Gleiche gilt für die **erstmalige Ausführung von Plänen oder Entwürfen**, beispielsweise bei der Errichtung von Bauwerken (AmtlBegr. BTDrucks. IV/270 S. 47; BGHZ 24, 55/69 – Ledigenheim; BGH GRUR 1999, 230/231 – Treppenhausgestaltung; BGH GRUR 2003, 231/234 – Staatsbibliothek; OLG Hamburg UFITA 65 [1972] 290/295; *Dreyer/Kotthoff/Meckel*[2], § 16 Rdnr. 8; *Schack*[4], Urheber- und Urhebervertragsrecht, Rdnr. 378).

8   Vervielfältigung ist nicht nur die identische Wiedergabe, sondern auch die Festlegung eines Werkes in **veränderter Form** (BGH GRUR 1963, 441/443 – Mit Dir allein; BGH GRUR 1988, 533/535 – Vorentwurf II; BGH GRUR 1991, 529/530 – Explosionszeichnungen; OLG Düsseldorf GRUR-RR 2001, 294/297 – Spannring; KG GRUR-RR 2004, 129/131 – Modernisierung einer Liedaufnahme; Fromm/*Nordemann*[9] § 16 Rdnr. 1). **Bearbeitungen** und **Umgestaltungen** sind Vervielfältigungen, wenn durch sie eine körperliche Festlegung des Originalwerks erfolgt (Dreier/*Schulze*[3] § 16 Rdnr. 10; *Ulmer*[3] § 56 IV 1; vgl. auch § 23 Rdnr. 3; aA Fromm/Nordemann/*Dustmann*[10] § 16 Rdnr. 11; Möhring/Nicolini/*Kroitzsch*[2] § 16 Rdnr. 10; *Dreyer*/Kotthoff/Meckel[2] § 16 Rdnr. 9), zB bei Thumbnails (LG Erfurt MMR 2007, 393; LG Hamburg GRUR-RR 2004, 313/316; offengelassen in OLG Jena GRUR-RR 2008/223). Die Zulässigkeit von Vervielfältigungen in Form von Bearbeitungen beurteilt sich nach § 23. Einerseits erweitert § 23 den Schutzumfang des Urheberrechts (vgl. § 23 Rdnr. 1), indem der Urheber gegen Vervielfältigungen seines Werks nicht nur in unveränderter, sondern grundsätzlich auch in umgestalteter Form geschützt wird. Andererseits ist nach § 23 S. 1 die Herstellung der Bearbeitung, also die erste körperliche Festlegung in bearbeiteter Form zulässig, auch wenn sie ihrem Wesen nach Vervielfältigung ist, erst die Veröffentlichung oder Verwertung bedarf der Zustimmung des Urhebers. Eine Ausnahme davon bilden Verfilmungen, die Ausführung von Plänen und Entwürfen eines Werkes der bildenden Künste, der Nachbau eines Werkes der Baukunst und die Bearbeitung oder Umgestaltung eines Datenbankwerkes, hier ist bereits für das Herstellen der Bearbeitung oder Umgestaltung die Einwilligung des Urhebers erforderlich (§ 23 S. 2).

9   Auf die **Art und Weise der Festlegung** kommt es nicht an (OLG Frankfurt/M CR 1997, 275/276 – D-Info 2.0), ebenso wenig, wie Abs. 1 ausdrücklich klarstellt, auf das dabei angewendete **Verfahren** (Dreier/*Schulze*[3] § 16 Rdnr. 7; Wandtke/Bullinger/*Heerma*[3] § 16 Rdnr. 3). Unerheblich ist, ob die Vervielfältigung manuell (zB durch Abschreiben) oder maschinell erfolgt, ob man sich gängiger oder besonderer Schrift- oder Notenzeichen bedient, zB der Stenographie, ob die Festlegung unmittelbar nach einer Vorlage oder aus dem Gedächtnis erfolgt; zur digitalen Vervielfältigung vgl. Rdnr. 17. Auch das **Abmalen** eines geschützten Werkes ist Vervielfältigung (LG Hamburg ZUM-RD 2008, 202), ebenso die Festlegung in einem **anderen Material** (zB bei Plastiken Holz statt Stein). Das Gleiche gilt für die Festlegung in einer **anderen Größe** oder in einem **anderen Format** (BGHZ 44, 288/293 – Apfelmadonna; BGH GRUR 1990, 669/673 – Bibelreproduktion; BGH GRUR 2002, 532/534 – Unikatrahmen). Daher fällt die Mikroverfilmung unter § 16 (BGHZ 18, 44/46 – Fotokopie; BGH GRUR 1993, 553/554 – Readerprinter; Dreier/*Schulze*[3] § 16 Rdnr. 7; *Hubmann*, Urheberrechtliche Probleme bei der kooperativen Verfilmung von Zeitungen, S. 9; *Goose*, Die urheberrechtliche Beurteilung von elektronischen und Mikrofilm-Datenbanken, S. 78; *ders.* GRUR 1973, 4/7 f.; *Katzenberger* GRUR 1973, 629/632; *Mehrings* GRUR 1983, 275/278); ebenso die Herstellung von Rückvergrößerungen, nicht aber die Wiedergabe in einem Lesegerät (mangels körperlicher Fixierung, vgl. Rdnr. 5). Die Herstellung von **Thumbnails** stellt daher eine Vervielfältigung dar (LG Hamburg GRUR 2004, 313/316 – thumbnails; LG Erfurt ZUM 2007, 566/567; offengelassen in OLG Jena GRUR-RR 2008/223; *Schack* GRUR 2007, 639/643; *Ott* ZUM 2007, 119/125). Vervielfältigung kann auch bei **Dimensionsvertauschung** vorliegen, zB bei der zweidimensionalen Abbildung eines plastischen Werks (BGH GRUR 1983, 28/29 – Presseberichterstattung und Kunstwerkwiedergabe II; KG Schulze KGZ 74, 5; Dreier/*Schulze*[3] § 16 Rdnr. 11).

10 Wie auch Abs. 2 zeigt, ist es unerheblich, ob die Festlegung unmittelbar oder **mittelbar** der Sinneswahrnehmung dient. Eine Vervielfältigung liegt daher bereits in der Herstellung von **Druckstöcken, Formen, Negativen, Matrizen, Masterbändern** und dgl., die ihrerseits erst zur Herstellung derjenigen Festlegung dienen, die die unmittelbare Sinneswahrnehmung ermöglicht (BGH GRUR 1965, 323/325 – Cavalleria rusticana; BGH GRUR 1982, 102/103 – Masterbänder; BGH GRUR 1994, 41/43 – Videozweitauswertung II; BGH GRUR 2006, 319 – Alpensinfonie). Die vom RG vertretene gegenteilige Auffassung, die lediglich eine Vorbereitungshandlung annahm (RGZ 107, 277/279 – Gottfried Keller), lässt sich heute schon im Hinblick auf die Regelung in Abs. 2 nicht mehr aufrechterhalten (Fromm/Nordemann/*Dustmann*[10] § 16 Rdnr. 17; *v. Gamm* § 16 Rdnr. 10; *Ulmer*[3] § 45 III und GRUR 1971, 297/300). Zur **Digitalisierung** vgl. Rdnr. 18.

Auf die **Anzahl** der hergestellten Vervielfältigungsstücke kommt es, wie Abs. 1 ausdrücklich 11 klarstellt, nicht an (vgl. auch BGH GRUR 1963, 441/443 – Mit Dir allein; BGHZ 18, 44/46 – Fotokopie; Dreier/*Schulze*³ § 16 Rdnr. 8). Bereits die Herstellung eines Exemplars fällt unter § 16. Stets ist aber die **Entstehung eines neuen Werkstücks** erforderlich, die Verwendung eines bereits bestehenden Werkstücks in einem neuen Zusammenhang (zB das Aufziehen von Kunstdrucken auf den Rahmen eines Lautsprechers oder das Aufziehen eines Posters oder einer Landkarte auf eine feste Unterlage) stellt keine Vervielfältigung dar (OLG Hamburg GRUR 2002, 536 – Flachmembranlautsprecher).

Unwesentlich ist auch, für **welchen der menschlichen Sinne** das Werk wahrnehmbar ge- 12 macht werden soll. Festlegung in Blindenschrift ist ebenso Vervielfältigung wie Festlegung in Schreibschrift (Fromm/Nordemann/*Dustmann*¹⁰ § 16 Rdnr. 17).

Welchem **Zweck** die Vervielfältigung dient, ist grundsätzlich unmaßgeblich (BGH GRUR 13 1982, 102/103 – Masterbänder; Fromm/Nordemann/*Dustmann*¹⁰ § 16 Rdnr. 15). Allerdings kann es auf den Zweck bei der Frage ankommen, ob die Vervielfältigung nach §§ 45 ff. zulässig ist (zB als Vervielfältigung für den Kirchen-, Schul- oder Unterrichtsgebrauch gemäß § 46 oder als Vervielfältigung zum privaten oder sonstigen eigenen Gebrauch gemäß § 53). Darüberhinaus kann eine Vervielfältigung zum Angebot und zur werblichen Darstellung der Ware zulässig sein (BGH GRUR 2001, 51 – Parfumflakon; OLG Düsseldorf GRUR-RR 2009, 45/46 – Schaufensterdekoration); seine Grenzen findet das aber dadurch, dass die Vervielfältigung auf die Bewerbung der Ware beschränkt sein muss und beispielsweise nicht darüber hinaus der Schaufensterdekoration dienen darf (OLG Düsseldorf aaO.).

Auch die Vervielfältigung von **Teilen eines Werks,** selbst kleinsten Teilen fällt unter § 16 14 (OLG Köln GRUR 2001, 97/98 – Suchdienst für Zeitungsartikel; Dreier/*Schulze*³ § 16 Rdnr. 9; Wandtke/Bullinger/*Heerma*³ § 16 Rdnr. 4), beispielsweise das Kopieren einzelner Seiten eines Schriftwerks; davon gehen auch § 46 Abs. 1 S. 1 und § 53 Abs. 3 aus. Eine Urheberrechtsverletzung kann darin aber nur liegen, wenn der vervielfältigte Teil urheberrechtlich geschützt ist (OLG Köln GRUR 2001, 97/98 – Suchdienst für Zeitungsartikel; OLG Hamburg ZUM 2001, 513; vgl. auch OLG Frankfurt/M CR 1997, 275/276 – D-Info 2.0; für Bearbeitungen OLG Hamburg GRUR 1991, 589/590; sa. OLG Hamburg GRUR 2001, 831 – Roche Lexikon Medizin; zur Vervielfältigung eines aus elf Wörtern bestehenden Auszugs s. EuGH GRUR 2009, 1041 – Infopaq/DDF). Besonders bei sehr kleinen Teilen kann sich die Frage der Schutzfähigkeit stellen (vgl. dazu § 2 Rdnr. 67 f.). Soweit schutzunfähige Teile eines Werks vervielfältigt werden, besteht das Verbotsrecht aus §§ 15 I Nr. 1, 16 nicht. Ob das **Sound-Sampling** eine Urheberrechtsverletzung des benutzten Werkteils darstellt, beurteilt sich nach dessen Schutzfähigkeit (dazu § 2 Rdnr. 128), scheitert aber nicht am Vervielfältigungsbegriff (Dreier/*Schulze*³ § 16 Rdnr. 9; Wandtke/Bullinger/*Heerma*³ § 16 Rdnr. 4; sa. BGH GRUR 2009, 403 – Metall auf Metall; OLG Hamburg ZUM 2006, 758 – Metall auf Metall; *Bortloff* ZUM 1993, 476 ff.; *Spieß* ZUM 1991, 524/529; zum Browsing von Datenbanken vgl. Rdnr. 21). Auch die Momentaufnahme eines bewegten Geschehensablaufs, etwa die Fotografie einer Szene aus einem Werk der Tanzkunst, stellt eine Vervielfältigung dar (aA LG München I GRUR 1979, 852/853 – Godspell; Fromm/Nordemann/*Dustmann*¹⁰ § 16 Rdnr. 10).

Eine Vervielfältigung stellt auch die **Wiederherstellung eines zerstörten Werkes** dar, etwa 15 der Wiederaufbau zerstörter Bauwerke (Dreier/*Schulze*³ § 16 Rdnr. 11; Fromm/Nordemann/ *Dustmann*¹⁰ § 16 Rdnr. 10). Davon ist aber die bloße **Reparatur** beschädigter Werke zu unterscheiden, die nicht § 16 unterfällt (Fromm/Nordemann/*Dustmann*¹⁰ § 16 Rdnr. 10; Dreyer/ Kotthoff/Meckel² § 16 Rdnr. 16; Möhring/Nicolini/*Kroitzsch*² § 16 Rdnr. 9). Von einer Reparatur lässt sich nur sprechen, wenn die reparierte mit der unreparierten Sache noch identisch ist, dafür kommt es auch auf den Umfang der Beschädigung an. Entsteht nach der Verkehrsauffassung eine neue Sache, so liegt Vervielfältigung vor.

2. Elektronische Datenverarbeitung

Übersicht: Besondere Fragen haben sich bei der elektronischen Datenverarbeitung ergeben. 16 Der ursprünglich für analoge und nicht für digitale Vervielfältigungsmethoden konzipierte Vervielfältigungsbegriff des § 16 ist aber weit genug, um auch digitale Vervielfältigungsvorgänge zu erfassen, das gilt insbesondere, nachdem seine Auslegung durch die europäischen Richtlinien vorgegeben ist. Die **Vervielfältigung von Computerprogrammen** beurteilt sich nach § 69 c Abs. 1 Nr. 1 (s. Rdnr. 3). § 16 findet aber auf die digitale Festlegung anderer Werke als Computerprogramme Anwendung, beispielsweise auf die Festlegung von Sprachwerken, Bildern oder Werken der Musik in digitaler Form, ebenso auf Datenbankwerke und Datenbanken (dazu § 4

§ 16

Rdnr. 49). **Schranken des Vervielfältigungsrechts** ergeben sich für digitale Vervielfältigungen insbesondere für das Kopieren zum eigenen Gebrauch (§ 53), für den Kopienversand auf Bestellung (§ 53 a) und für technisch bedingte Festlegungen bei der Datenübermittlung (§ 44 a).

17 Auch die **digitale Vervielfältigung** stellt eine Vervielfältigung iSd § 16 dar. Das ist seit der Richtlinie zur Informationsgesellschaft durch europäisches Recht vorgegeben, war aber auch schon vorher anerkannt (zu Vervielfältigungen, die ganz vorübergehender Natur sind vgl. Rdnr. 21). Der deutsche Gesetzgeber hat dem mit dem Umsetzungsgesetz zur Richtlinie (vgl. Rdnr. 4) durch die Neufassung des § 53 Abs. 1 S. 1 Rechnung getragen, die vor allem der Klarstellung dient, dass auch die digitale Vervielfältigung erfasst wird (AmtlBegr. BTDrucks. 15/38, Anl. 1, S. 47). Vervielfältigung ist damit die **Speicherung auf einem Datenträger** wie auf der **Festplatte** eines Computers, auf **Diskette, Band, CD-ROM, DVD, Memory-Stick, Magnet- oder Bildplatte** oder anderen digitalen Datenträgern (BGH GRUR 1999, 325/327 – Elektronische Pressearchive; KG GRUR 2002, 252/253 – Mantellieferung; KG GRUR-RR 2004, 228/231 – Ausschnittdienst; KG ZUM 2001, 828/830; OLG Hamburg GRUR 2001, 831 – Roche Lexikon Medizin; OLG München MMR 1998, 365/367 für die Einspeicherung eines Films in eine Datenverarbeitungsanlage; Dreier/*Schulze*[3] § 16 Rdnr. 13; Fromm/Nordemann/*Dustmann*[10] § 16 Rdnr. 22; Wandtke/Bullinger/*Heerma*[3] § 16 Rdnr. 13; Dreyer/Kotthoff/Meckel[2], § 16 Rdnr. 26; *Schack*[4], Urheber- und Urhebervertragsrecht, Rdnr. 378; *Rehbinder*[15] Rdnr. 318; *Bechtold* ZUM 1997, 427/429; *Flechsig/Fischer* ZUM 1996, 833/835; *Loewenheim*, Urheberrechtliche Grenzen, S. 41; vgl. auch bereits *Ulmer*, Elektronische Datenbanken und Urheberrecht, S. 52; *ders.* GRUR 1971, 297/301; *Maaßen* ZUM 1992, 338/344; *Katzenberger* GRUR 1990, 94/96; weitere Nachweise in der 2. Auflage Rdnr. 17). Vervielfältigungen erfolgen auch durch **Telefaxgeräte** (BGH GRUR 1999, 928/930 – Telefaxgeräte; KG GRUR-RR 2004, 228/233 f. – Ausschnittdienst), **Scanner** (BGH GRUR 2002, 246/247 – Scanner; BGH GRUR 2008, 245 – Drucker und Plotter; OLG Düsseldorf GRUR 2007, 416/417 – Druckerabgabe; OLG Frankfurt/M CR 1995, 85/86; BGH GRUR 2009, 53/55 Tz. 17 – PC; OLG Frankfurt/M CR 1997, 275/276; LG Hamburg CR 1996, 734; Wandtke/Bullinger/*Heerma*[3] § 16 Rdnr. 13; Fromm/Nordemann/*Dustmann*[10] § 16 Rdnr. 26; *Koch* GRUR 1997, 417/423; *Maaßen* ZUM 1992, 338/344; *Melichar* in Becker/Dreier [Hrsg.] S. 85/87; *Eidenmüller* CR 1992, 321 f.; *Fischer* ZUM 1995, 117/120; *Katzenberger* AfP 1997, 434/436 f.), **CD-Brenner** (BGH ZUM 2008, 778 – Kopierstationen; OLG München GRUR-RR 2006, 126/127 – CD-Kopierstationen; LG Stuttgart ZUM 2001, 614/616 – CD-Brenner), ebenso **DVD-Brenner**. In all diesen Fällen handelt es sich um körperliche Festlegungen des Werks, die dazu geeignet sind, das Werk den menschlichen Sinnen mittelbar, nämlich durch Ausgabe auf dem Bildschirm oder als Ausdruck, wahrnehmbar zu machen (vgl. Rdnr. 5). Unerheblich ist, ob es sich um eine digitale Ersterfassung handelt oder ob zuvor bereits eine oder mehrere digitale Vervielfältigungen stattgefunden haben (KG GRUR 2002, 252/253 – Mantellieferung; vgl. zur Erstfixierung auch Rdnr. 7). Zur digitalen Festlegung von Werkteilen s. OLG Hamburg GRUR 2001, 831 – Roche Lexikon Medizin; sa. Rdnr. 14.

18 Auch die **Digitalisierung** von Werken als solche, dh. ihre Umsetzung in einen Binärcode, der durch Computer verarbeitet werden kann, führt zu einer **Vervielfältigung** (OLG Jena MMR 2008, 408/409; Dreier/*Schulze*[3] § 16 Rdnr. 13; Wandtke/Bullinger/*Heerma*[3] § 16 Rdnr. 13; Fromm/Nordemann/*Dustmann*[10] § 16 Rdnr. 12; *Schack*[4], Urheber- und Urhebervertragsrecht, Rdnr. 417; *Dreier* in Schricker [Hrsg.], Informationsgesellschaft, S. 110; *Loewenheim* GRUR 1996, 830/834; *Lehmann* in Lehmann [Hrsg.], Multimediarecht, S. 57/58; *Schwarz* in Becker/Dreier [Hrsg.] S. 105/110; *Wirtz* Rdnr. 135). Selbst wenn eine dauerhafte Festlegung der digitalisierten Form nicht beabsichtigt ist, setzt der technische Vorgang der Digitalisierung doch eine vorübergehende Festlegung des Werkes in einem Arbeitsspeicher voraus (vgl. *Welp* CR 1992, 291/293), die für eine Vervielfältigung ausreicht (vgl. dazu Rdnr. 20). Für eine Anwendung des § 16 spricht auch die mit der Digitalisierung verbundene erhöhte Gefahr weiterer Vervielfältigung und Verbreitung. Dagegen stellt die Digitalisierung **keine Bearbeitung** dar (vgl. § 23 Rdnr. 8).

19 Ebenso ist der **Ausdruck** eines Werkes (Hardcopy) durch einen **Drucker** oder **Plotter** (Plotter ist ein Ausgabegerät insbesondere zur Wiedergabe grafischer Darstellungen) Vervielfältigung (BGH GRUR 2008, 245 – Drucker und Plotter; BGH GRUR 1991, 449/453 – Betriebssystem; OLG Düsseldorf GRUR 2007, 416/417 – Druckerabgabe; OLG München GRUR-RR 2006, 121/123 – PCs; OLG Stuttgart GRUR 2005, 943 – Drucker- und Plotterabgabe; s. auch BGH GRUR 2009, 53/55 – PC; allg. Ansicht auch im Schrifttum, vgl. etwa Dreier/*Schulze*[3] § 16 Rdnr. 13; Fromm/Nordemann/*Dustmann*[10] § 16 Rdnr. 26; weitere Nachweise in der 2. Aufl. Rdnr. 17). Die Wiedergabe auf einem **Bildschirm** als solche stellt dagegen keine Vervielfältigung dar (BGH GRUR 1991, 449/453 – Betriebssystem; ebenso das Schrifttum, vgl.

Vervielfältigungsrecht § 16

etwa Dreier/*Schulze*[3] § 16 Rdnr. 13; Wandtke/Bullinger/*Heerma*[3] § 16 Rdnr. 13; *Dreier* in Schricker [Hrsg.], Urheberrecht auf dem Weg zur Informationsgesellschaft, S. 113; *Wirtz* Rdnr. 136; *Katzenberger* GRUR 1973, 629/632; *Koch* GRUR 1997, 417/424; *Loewenheim,* Urheberrechtliche Grenzen, S. 40f.; *Ulmer,* Elektronische Datenbanken und Urheberrecht, S. 51f.; *ders.* GRUR 1971, 297/301; weitere Nachweise in der 2. Aufl. Rdnr. 20). Es erfolgt insoweit keine erneute körperliche Festlegung, sondern eine unkörperliche Wiedergabe des in digitaler Form festgelegten Werkes. Regelmäßig setzt die Wiedergabe auf dem Bildschirm allerdings die Festlegung in einem Speichermedium, zumindest im Arbeitsspeicher des Computers (dazu Rdnr. 20) voraus, so dass insoweit eine Vervielfältigung vorliegt (vgl. auch *Maaßen* ZUM 1992, 338/344; für eine Erfassung als Vervielfältigung de lege ferenda *Dreier* in Schricker aaO S. 113f.). Der Umstand, dass es sich um eine Vervielfältigung handelt, besagt allerdings im Hinblick auf § 44a nicht notwendig, dass sie auch vom Verbotsrecht des Urhebers erfasst wird.

Viele Vorgänge bei der elektronischen Datenverarbeitung setzen die vorübergehende **Festlegung** der digitalisierten Fassung eines Werks (oder von Teilen davon) **im Arbeitsspeicher** des Computers (RAM) voraus. Ob hierin eine Vervielfältigung liegt, ist vor allem für Computerprogramme untersucht worden (vgl. dazu die Nachw. in § 69c Rdnr. 7). Gegen die Annahme einer Vervielfältigung spricht an sich, dass solche Festlegungen oft keine eigenständige Werknutzung ermöglichen, sondern technischen Arbeitsvorgängen, der Wahrnehmung auf dem Bildschirm oder der unkörperlichen Wiedergabe dienen (vgl. näher – zur Rechtslage vor Einführung der §§ 69a ff. – *Loewenheim,* Fs. für v. Gamm, S. 423ff. mit Nachw.). Jedenfalls bei Computerprogrammen ist aber die Festlegung im Arbeitsspeicher nach § 69c Abs. 1 Nr. 1 als Vervielfältigung anzusehen (vgl. § 69c Rdnr. 7). Es erscheint wenig sinnvoll und würde auch kaum zu überwindende Abgrenzungsschwierigkeiten aufwerfen, wenn man die Frage bei anderen Werken grundsätzlich anders entscheiden wollte. Mit dem weiten Vervielfältigungsbegriff lassen sich Festlegungen im Arbeitsspeicher jedenfalls erfassen: es handelt sich um körperliche Fixierungen, die geeignet sind, das Werk den menschlichen Sinnen mittelbar wahrnehmbar zu machen (vgl. Rdnr. 5). Vom Zweck des Urheberrechts her, den Urheber möglichst an allen Werknutzungen wirtschaftlich zu beteiligen, wird eine Vervielfältigung im urheberrechtlichen Sinn jedenfalls stets dann anzunehmen sein, wenn die technische Vervielfältigung zu einer gesteigerten Werknutzung führt. Da die Festlegung im Arbeitsspeicher im Regelfall weitere Werknutzungen unabhängig von der bereits vorher vorhandenen Kopie ermöglicht, ist sie mit der heute ganz hM als Vervielfältigung anzusehen (KG GRUR-RR 2004, 228/231 – Ausschnittdienst; OLG Hamburg GRUR 2001, 831 – Roche Lexikon Medizin; OLG Köln GRUR-RR 2001, 97/99 – Suchdienst für Zeitungsartikel; OLG Düsseldorf CR 1996, 728/729; OLG Jena MMR 2008, 408/411; LG München I, MMR 2008, 839; LG München I, ZUM 2007, 409/413; LG Hamburg GRUR-RR 2004, 313/315; LG Hamburg ZUM 2001, 1008/1011; Dreier/*Schulze*[3] § 16 Rdnr. 13; Fromm/Nordemann/*Dustmann*[10] § 16 Rdnr. 13; Wandtke/Bullinger/*Heerma*[3] § 16 Rdnr. 16; Möhring/Nicolini//*Kroitzsch*[2] § 16 Rdnr. 18; *Schack*[4], Urheber- und Urhebervertragsrecht, Rdnr. 379f.; *Dreier* CR 1991, 577/579f.; *ders.* in Schricker [Hrsg.], Informationsgesellschaft, S. 112; *Lauber/Schwipps* GRUR 2004, 293/294; *Becker* ZUM 1995, 231/243; *Bechtold* ZUM 1997, 427/430; *Koch* GRUR 1997, 417/423; *Katzenberger* AfP 1997, 434/437; *Loewenheim,* Urheberrechtliche Grenzen, S. 38f.; *Moufang* in Beier/Götting/Lehmann/Moufang [Hrsg.] S. 571/589; *Schwarz* GRUR 1996, 836/840f.; weitere Nachweise in der 2. Aufl. Rdnr. 19; aA KG ZUM 2002, 828/830; vom BGH wurde die Frage bisher offengelassen, BGH GRUR 1999, 325/327 – Elektronische Pressearchive; BGH GRUR 1994, 363/365 – Holzhandelsprogramm; BGH GRUR 1991, 449/453 – Betriebssystem). Solche vorübergehenden Vervielfältigungshandlungen können aber **nach § 44a zulässig** sein.

Zweifelhaft kann erscheinen, ob dies auch dann gilt, wenn es sich um **extrem kurze Festlegungen** handelt, die nur Bruchteile von Sekunden andauern. Solche Situationen ergeben sich zB beim Durchsuchen **(Browsing)** von Datenbanken oder der Kontrolle von Texten auf bestimmte Stichwörter, zu sprachlichen Textanalysen oder ähnlichem. Ähnlich ist es beim **Caching,** bei dem von einem fremden System heruntergeladene Web-Seiten auf dem Server des Anbieters abgespeichert werden, so dass sich der Nutzer bei erneutem Aufruf der Seite (etwa beim Zurückblättern) Übertragungszeit und Kosten für das Herunterladen erspart. Auch die **Streaming-Technik,** bei der Daten als laufendes Programm lediglich zur Darstellung auf dem Bildschirm übermittelt werden, ist hier nennen. Wenn der Benutzer die Daten auch nicht auf seiner Festplatte speichern kann, so ist doch für die Bildschirmdarstellung eine kurzfristige Festlegung erforderlich (*Schack*, GRUR 2007, 639/641; *Dreyer*/Kotthoff/Meckel[2], § 16 Rdnr. 30). Angesichts des ephemeren Charakters der Festlegung ist überlegt worden, ob der urheberrechtliche

20

21

Begriff der Vervielfältigung hier einschränkend auszulegen sei (vgl. dazu *Katzenberger* GRUR 1990, 94/95 mwN). Von anderer Seite wurde auch in diesen Fällen richtigerweise eine Vervielfältigung bejaht (Wandtke/Bullinger/*Heerma*[3] § 16 Rdnr. 17; Dreyer/Kotthoff/Meckel[2], § 16 Rdnr. 30; Fromm/Nordemann/*Dustmann*[10] § 16 Rdnr. 13, 25; *Schack*[4], Urheber- und Urhebervertragsrecht, Rdnr. 380; *Lauber/Schwipps* GRUR 2004, 293/294; *Loewenheim* GRUR 1996, 830/834; *Leupold* CR 1998, 234/238f.; *Bosak* CR 2001, 176; weitere Nachw. in der 2. Aufl. Rdnr. 19), die jedoch bei berechtigtem Browsen bzw. kurzfristiger Festlegung zu anderen berechtigten Zwecken durch die zumindest implizite Zustimmung des Berechtigten gedeckt sei (*Bechtold* ZUM 1997, 427/430; *Waldenberger* ZUM 1997, 176/179; *Ernst* NJW-CoR 1997, 224/225; *Hoeren/Pichler* in Loewenheim/Koch, Praxis des Online-Rechts, Kap. 9.5.1.2.1; *Schwarz* GRUR 1996, 836/840f.). Die Frage hat seit der Einführung des § **44a** (10. 9. 2003) viel von ihrer praktischen Bedeutung verloren. Durch § 44a wurde Art. 5 Abs. 1 der europäischen Richtlinie zur Informationsgesellschaft umgesetzt. § 44a sieht in wörtlicher Übereinstimmung mit Art. 5 Abs. 1 der Richtlinie vor, dass flüchtige Vervielfältigungshandlungen, deren alleiniger Zweck ist, eine rechtmäßige Werknutzung zu ermöglichen, unter den dort genannten weiteren Voraussetzungen dem Verbotsrecht des Urhebers nicht unterliegen. Erwägungsgrund 33 nennt als Beispiele dafür ausdrücklich das Browsing und das Caching. Werden diese Handlungen durch das Gesetz vom Vervielfältigungsrecht des Urhebers ausgenommen, so setzt dies begrifflich voraus, dass es sich um Vervielfältigungen handelt (sa. Fromm/Nordemann/*Dustmann*[10] § 16 Rdnr. 25; Dreier/*Schulze*[3] § 16 Rdnr. 12).

22   Ebenso ist das Downloading auf einen **Proxy Server** zu beurteilen, bei dem Teile der im Internet gespeicherten Informationen, auf die der Benutzer bei einem Kommunikationsvorgang (etwa beim Browsing) wiederholt zugreifen muss, vorübergehend auf einen Rechner des Online-Anbieters (den Proxy Server) geladen werden. Der Benutzer braucht dann nur noch mit dem Proxy Server zu kommunizieren und nicht mit den Internet-Rechnern, was einer Überbeanspruchung des Internet entgegenwirkt und angesichts der möglichen Wartezeiten im Internet bedeutend zeitgünstiger sein kann. Anders ist es dagegen bei sog. **Routing-Leistungen.** Der Transport von Dateien im Internet erfolgt grundsätzlich nicht in der Form, dass die Datei als Ganzes vom Rechner des Absenders an den Rechner des Empfängers übermittelt wird. Vielmehr wird die Datei in kleine und kleinste Einzelpakete zerlegt, die getrennt, über verschiedene Rechner und auf unterschiedlichen Routen übermittelt werden. Erst im Zielrechner werden die Einzelpakete wieder zur ursprünglich abgesandten Datei wieder zusammengesetzt. Beim Transport der Einzelpakete erfolgen zwar – technisch gesehen – Vervielfältigungen, angesichts der Auflösung in kleine und kleinste Einheiten sind die Einzelpakete aber für sich genommen meist nicht mehr schutzfähig, so dass eine urheberrechtlich relevante Vervielfältigung nicht stattfindet. Erst die mit der Wiederzusammensetzung im Zielrechner (reassembly) verbundenen Festlegungen stellen urheberrechtlich relevante Vervielfältigungen dar (ebenso Wandtke/Bullinger/*Heerma*[3] § 16 Rdnr. 17; *Koch* GRUR 1997, 417/425; aA *Bosak* CR 2001, 176/178).

23   Weitere Fragen stellen sich bei Benutzungshandlungen im **Internet** und ähnlichen Kommunikationssystemen. Eine Vervielfältigung liegt zunächst im sog. **Downloading,** dem Herunterladen von Dateien vom Serverrechner auf den eigenen Rechner (OLG München GRUR 2001, 499, 503 – MIDI-Files; Wandtke/Bullinger/*Heerma*[3] § 16 Rdnr. 14; Fromm/Nordemann/ *Dustmann*[10] § 16 Rdnr. 28; *Dreyer/Kotthoff/Meckel*[2], § 16 Rdnr. 30; Dreier/*Schulze*[3] § 16 Rdnr. 15; *Loewenheim* in Loewenheim/Koch [Hrsg.] Kap. 7.2.4.5; *Koch* GRUR 1997, 417/423 mwN; *Wirtz* Rdnr. 136; *Schwarz* in Schwarz [Hrsg.] 3–2.2 S. 21). Es erfolgt hier eine Festlegung auf einen Datenträger (Speicherung jedenfalls im Arbeitsspeicher, dh. der RAM, im Allgemeinen auch im Hauptspeicher, dh. regelmäßig der Festplatte des eigenen Rechners), die geeignet ist, das Werk den menschlichen Sinnen mittelbar wahrnehmbar zu machen (vgl. näher Rdnr. 17). Das Gleiche gilt für das **Uploading,** dh. das Heraufladen von Dateien vom eigenen Rechner auf den Serverrechner (OLG München GRUR 2001, 499, 503 – MIDI-Files; LG München I ZUM 2004, 150/152; Wandtke/Bullinger/*Heerma*[3] § 16 Rdnr. 14; Dreier/*Schulze*[3] § 16 Rdnr. 15; Fromm/Nordemann/*Dustmann*[10] § 16 Rdnr. 26; *Dreyer/Kotthoff/Meckel*[2], § 16 Rdnr. 30; *Loewenheim* aaO; *Koch* GRUR 1997, 417/425; *Wirtz* Rdnr. 136; *Schwarz* in Becker [Hrsg.] S. 13/24; ders. in Schwarz [Hrsg.] 3–2.2 S. 15f.; *Becker* ZUM 1995, 231/243, jeweils mwN). Das Uploading kann in einer Datenübermittlung an einen anderen Internet-Teilnehmer (Individualkommunikation) bestehen, zB der Versendung von E-Mail, es kann sich auch um die Kommunikation mit einer unbestimmten Mehrheit von Personen handeln, zB bei der Übermittlung von Daten an ein Bulletin Board, an ein Chat Forum oder an eine Newsgroup. In beiden Fällen erfolgt eine Festlegung im digitalen Speichermedium des Serverrechners, die die Voraussetzungen einer Vervielfältigung erfüllt (s. Rdnr. 17). Aber auch bei einer Kommunika-

tion mit Dritten in der Form, dass Dateien auf den eigenen Server geladen und im Internet zur Benutzung angeboten werden bzw. ausgetauscht werden **(Filesharing),** liegt eine Vervielfältigung in der Speicherung der Dateien im eigenen Rechner vor (dazu *Schwarz* in Schwarz [Hrsg.] 3–2.2 S. 16). Vervielfältigungsvorgänge erfolgen auch bei **Push- and Pull-Diensten,** bei denen internetbasierte Informationen automatisch ausgewählt und entweder ohne (push) oder auf Anforderung des Benutzers (pull) an dessen Computer übermittelt werden, die Vervielfältigung kann allerdings nach § 44a zulässig sein (sa. Wandtke/Bullinger/*Heerma*³ § 16 Rdnr. 19).

Eine Vervielfältigung liegt dagegen grundsätzlich nicht in der Verwendung von **Hyperlinks** in Web Pages, durch die auf andere, urheberrechtlich geschütztes Material enthaltende Web-Pages verwiesen wird. Ein solcher Link ist vielmehr mit einem Querverweis oder einem Fundstellennachweis zu vergleichen. Eine Vervielfältigung wird durch die Installation des Hyperlink ermöglicht, aber noch nicht vollzogen; diese geschieht frühestens, wenn der Hyperlink aktiviert wird (BGH GRUR 2003, 958/961 f. – Paperboy; OLG Köln ZUM 2001, 414/417 – Paperboy; OLG Hamburg GRUR 2001, 831/832 – Roche Lexikon Medizin; LG Erfurt ZUM 2007, 566/568; Dreier/*Schulze*³ § 16 Rdnr. 14; Fromm/Nordemann/*Dustmann*¹⁰ § 16 Rdnr. 30; Wandtke/Bullinger/*Heerma*³ § 16 Rdnr. 20; *Wiebe,* in: *Ernst/Vassilaki/Wiebe,* Hyperlinks, 2002, Rdnr. 29; *Loewenheim* in Loewenheim/Koch [Hrsg.] Kap. 7.2.4.7; *Koch* GRUR 1997, 417/430; *Sosnitza,* CR 2001, 693/698; *Plaß* WRP 2001, 195/202; *dies.* WRP 2000, 599/601; *Nolte,* ZUM 2003, 540/542; *Bechtold* ZUM 1997, 427/433; *Ernst* NJW-CoR 1997, 224 sowie in ZUM 2003, 860; aA *Wirtz* Rdnr. 143). Teilweise wird unterschieden zwischen einfachen Hyperlinks (Surface-Links), die die Verbindung zu einer fremden Homepage herstellen und Deep-Links, die unter Umgehung der Homepage direkt zu einer darunter liegenden Web-Seite führen. Während einfache Links keine Vervielfältigung darstellen sollen, wird zu Deep-Links die Zustimmung des Rechtsinhabers, auf dessen Seite verwiesen wird, verlangt (OLG Hamburg GRUR 2001, 831 – Roche Lexikon Medizin; Dreier/*Schulze*³ § 16 Rdnr. 14; *Schack* MMR 2001, 9/13; dagegen Wandtke/Bullinger/*Heerma*¹⁰ § 16 Rdnr. 20 f.; Fromm/Nordemann/*Dustmann*¹⁰ § 16 Rdnr. 30). Jedenfalls kann aber im Setzen eines Links Anstiftung beziehungsweise Beihilfe zu einer Urheberrechtsverletzung durch den Nutzer des Links liegen (*Loewenheim* in Loewenheim/Koch [Hrsg.] Kap. 7.2.4.7; Dreier/*Schulze*³ § 16 Rdnr. 14; *Sosnitza* CR 2001, 693/698; *Plaß* WRP 2000, 599/602). Die gleichen Grundsätze gelten für das **Framing,** bei dem die Web-Seite in mehrere Rahmen (Frames) unterteilt wird, in denen der Nutzer fremde Web-Seiten oder Teile davon aufrufen kann (dazu OLG Düsseldorf MMR 1999, 729 – Frames; sa.OLG Celle MMR 1999, 480; LG Hamburg ZUM 2009, 315; Dreier/*Schulze*³ § 16 Rdnr. 14; Wandtke/Bullinger/*Heerma*³ § 16 Rdnr. 20 f.; *Wirtz* Rdnr. 141; *Plaß* WRP 2000, 599/601; *Ott* ZUM 2004, 357/360 f.). Zur Nutzung von Werken in Form von **„thumbnails"** vgl. Rdnr. 9.

Dokumentation in elektronischen Datenbanken: Die **Einspeicherung** urheberrechtlich geschützter Dokumente in elektronischen Datenbanken stellt stets eine Vervielfältigung dar (allg. Ansicht, vgl. etwa Dreier/*Schulze*³ § 16 Rdnr. 13; weitere Nachw. in der 2. Aufl. Rdnr. 21). Das ergibt sich bereits daraus, dass die Einspeicherung eine digitale Festlegung auf Datenträgern erfordert (vgl. dazu Rdnr. 17). Dies gilt nicht nur, wenn der Originaltext eingegeben wird, sondern auch für **abstracts** von Artikeln, soweit bei deren Erstellung Teile des Originaltextes übernommen oder in bearbeiteter Fassung wiedergegeben werden Die **Bearbeitung** der Dokumente in der Datenbank, die Dateiverwaltung und die Recherche machen meist ein Laden der Dokumente in den Arbeitsspeicher des Computers notwendig. Auch hierin ist eine Vervielfältigung zu erblicken (vgl. Rdnr. 20). Bei der **Ausgabe** geschützter Dokumente aus Datenbanken stellt jede Festlegung auf der Festplatte eines Computers, auf Diskette, Band, CD-ROM oder anderen Datenträgern sowie der Ausdruck durch einen Drucker (Hardcopy) eine Vervielfältigung dar (vgl. Rdnr. 17). Bei der **Online-Benutzung** von Datenbanken können die Daten in der Mailbox eines Benutzers abgelegt werden; dies erfordert die Festlegung in einem Speichermedium und damit eine Vervielfältigung (*Loewenheim* GRUR 1996, 636/638; *Fischer* ZUM 1995, 117/120; vgl. auch *Katzenberger* GRUR 1990, 94/96; *Waldenberger* ZUM 1997, 176/180; *Koch* GRUR 1997, 417/423 mwN; aA *Ernst* GRUR 1997, 592/593). Werden die Daten unmittelbar auf dem Bildschirm eingesehen, so erfolgt zumindest die Festlegung im Arbeitsspeicher des Computers des Benutzers, die als Vervielfältigung anzusehen ist (Rdnr. 20).

III. Übertragung auf Bild- oder Tonträger (Abs. 2)

Der Gesetzgeber hat die Bestimmung des Abs. 2 in das Gesetz aufgenommen, um gegenüber der früheren Rechtslage (vgl. Rdnr. 3) klarzustellen, dass es sich bei der Übertragung von Werken auf Bild- oder Tonträger um Vervielfältigungen und nicht um Bearbeitungen handelt (AmtlBegr. BT-Drucks. IV/270 S. 47). Der Sache nach ergibt sich das bereits aus dem Vervielfältigungsbegriff: solche Übertragungen sind körperliche Festlegungen eines Werks, die dazu geeignet sind, das Werk den menschlichen Sinnen mittelbar wahrnehmbar zu machen (vgl. Rdnr. 5). Der BGH hatte bereits in seiner Rechtsprechung vor 1965 die Übertragung auf Tonbänder als Vervielfältigung und nicht als Bearbeitung angesehen (BGHZ 8, 88/91 ff. – Magnettonbänder I; BGHZ 17, 266/269 ff. – Grundig-Reporter).

27 Die Legaldefinition der **Bild- und Tonträger** in Abs. 2 gilt für das gesamte UrhG (Amtl-Begr. BT-Drucks. IV/270 S. 47). Das Gesetz stellt darauf ab, dass Folgen von Bildern und/oder Tönen wiederholt wahrnehmbar gemacht werden können; Vorrichtungen, die nur der einmaligen Wiedergabe oder der Wiedergabe einzelner Bilder oder Töne dienen, fallen nicht unter Abs. 2 (zB die einmalige Fotoaufnahme, dazu LG München I GRUR 1979, 852 – Godspell), wohl aber kann eine Vervielfältigung nach Abs. 1 vorliegen. Der Anwendungsbereich der Vorschrift hat sich durch die digitale Technik beträchtlich erweitert; der Gesetzgeber ist sich der Möglichkeiten technischen Fortschritts bewusst gewesen und hat deshalb den sehr allgemeinen Begriff des Tonträgers gewählt (OLG Düsseldorf GRUR 1990, 188/189 – Vermietungsverbot). Unter Abs. 2 fallen nicht nur traditionelle Bild- und Tonträger wie Schallplatten, Bildplatten, Ton- und Videobänder, Filmstreifen, gelochte oder gestanzte Bänder sowie Walzen zB für Drehorgeln, sondern auch **digitale Speichermedien** wie CDs (OLG Düsseldorf GRUR 1990, 188 – Vermietungsverbot), DVDs, CD-ROMs, Disketten, Festplatten in Computern, Bänder für Streamer, sog. virtuelle Videorecorder (BGH ZUM 2009, 765/767 – Save.TV; zum Begriff des virtuellen Videorecorders vgl. § 53 Rdnr. 28) und dgl. Auch bei ihnen handelt es sich um Vorrichtungen zur wiederholbaren Wiedergabe von Bild- oder Tonfolgen (Dreier/*Schulze*[3] § 16 Rdnr. 17; Fromm/Nordemann/*Dustmann*[10] § 16 Rdnr. 22; *Dreyer*/Kotthoff/Meckel[2], § 16 Rdnr. 20; sa. *Dreier* in Schricker [Hrsg.], Informationsgesellschaft, S. 110).

28 Für die **Übertragung** auf Bild- und Tonträger ist es nicht erforderlich, dass die Bilder zunächst eine optisch, die Töne eine akustisch wahrnehmbare Form gefunden haben; es reicht aus, dass sie unmittelbar digital festgelegt werden. Durch Abs. 2 erfasst wird, wie die Vorschrift ausdrücklich klarstellt, auch die Erstfixierung (vgl. bereits BGHZ 17, 266 – Grundig-Reporter; BGH GRUR 2006, 319 – Alpensinfonie). Auf den **Gebrauchszweck** kommt es nicht an; die Bild- oder Tonträger müssen nicht dazu bestimmt sein, dem Endverbraucher den Werkgenuss zu vermitteln, auch Masterbänder und Matrizen sind Bild- oder Tonträger (BGH GRUR 1982, 102/103 – Masterbänder; BGH GRUR 1965, 323/325 – Cavalleria rusticana).

§ 17 Verbreitungsrecht

(1) **Das Verbreitungsrecht ist das Recht, das Original oder Vervielfältigungsstücke des Werkes der Öffentlichkeit anzubieten oder in Verkehr zu bringen.**

(2) **Sind das Original oder Vervielfältigungsstücke des Werkes mit Zustimmung des zur Verbreitung Berechtigten im Gebiet der Europäischen Union oder eines anderen Vertragsstaates des Abkommens über den Europäischen Wirtschaftsraum im Wege der Veräußerung in Verkehr gebracht worden, so ist ihre Weiterverbreitung mit Ausnahme der Vermietung zulässig**

(3) [1]**Vermietung im Sinne der Vorschriften dieses Gesetzes ist die zeitlich begrenzte, unmittelbar oder mittelbar Erwerbszwecken dienende Gebrauchsüberlassung.** [2]**Als Vermietung gilt jedoch nicht die Überlassung von Originalen oder Vervielfältigungsstücken**

1. **von Bauwerken und Werken der angewandten Kunst oder**
2. **im Rahmen eines Arbeits- oder Dienstverhältnisses zu dem ausschließlichen Zweck, bei der Erfüllung von Verpflichtungen aus dem Arbeits- oder Dienstverhältnis benutzt zu werden.**

Schrifttum: *Beater*, Verbreitungsrecht des Urhebers und aufgedrängte Kunst. Der Streit über die Graffiti-Bemalungen der Berliner Mauer, UFITA 127 (1995) 61; *Bechtold*, Der Schutz des Anbieters von Information – Urheberrecht und Gewerblicher Rechtsschutz im Internet, ZUM 1997, 427; *Becker*, Die digitale Verwertung von Musikwerken aus der Sicht der Musikurheber, in Becker/Dreier (Hrsg.), Urheberrecht und digitale Technologie, 1994, S. 45; *ders.*, Neue Übertragungstechniken und Urheberrecht, ZUM 1995, 231; *Berger*, Urheberrechtliche Fragen der Vermietung von Schulbüchern durch öffentliche Schulen, ZUM 2005, 19; *Bergmann*,

Verbreitungsrecht § 17

Zur Reichweite des Erschöpfungsprinzips bei der Online-Übermittlung urheberrechtlich geschützter Werke, Fs. für Erdmann, 2002, S. 17; *Blachian,* Die Lehre von der Erschöpfung des Verbreitungsrechts im Urheberrecht, Diss. München 1964; *Block,* Die Lizenzierung von Urheberrechten für die Herstellung und den Vertrieb von Tonträgern im Europäischen Binnenmarkt, 1997; *Bornkamm,* Die Erschöpfung des Senderechts: Ein Irrweg?, Fs für v.Gamm, 1990, S. 329; *Dietz,* Das Urheberrecht in der Europäischen Gemeinschaft, 1978; *ders.,* Zum Verhältnis von Verbreitungsrecht und Vermietrecht im nationalen, internationalen und europäischen Urheberrecht, Fs für Bercovitz, 2005, 385; *Dreier,* Perspektiven einer Entwicklung des Urheberrechts, in Becker/Dreier (Hrsg.), Urheberrecht und digitale Technologie, 1994, S. 123; *Emmer,* Die Einführung eines Büchergelds an Bayerischen Schulen unter urheberrechtlichen Gesichtspunkten, ZUM 2005, 356; *Erdmann,* Sacheigentum und Urheberrecht, Fs. für Piper, 1996, S. 655; *Ernst,* Urheberrechtliche Probleme bei der Veranstaltung von On-demand-Diensten, GRUR 1997, 592; *Flechsig,* Die Auswirkungen der digitalen Signalverarbeitung auf Anbieter von Rundfunk und Fernsehen, in Becker/Dreier (Hrsg.), Urheberrecht und digitale Technologie, 1994, S. 27; *Flechsig/Fischer,* Speicherung von Printmedien in betriebseigene Datenbankarchive und die Grenze ihrer betrieblichen Nutzung, ZUM 1996, 833; *Ganea,* Ökonomische Aspekte der urheberrechtlichen Erschöpfung, GRUR Int. 2005, 102; *Gaster,* Zur anstehenden Umsetzung der EG-Datenbankrichtlinie, Teil I: CR 1997, 669, Teil II: CR 1997, 717; *Götting,* Allgemeines Urhebervertragsrecht – Urheberrechtliche und vertragsrechtliche Grundlagen, in Beier/Götting/Lehmann/Moufang (Hrsg.), Urhebervertragsrecht, Festgabe für Gerhard Schricker zum 60. Geburtstag, 1995, S. 53; *Grützmacher,* Gebrauchtsoftware und Übertragbarkeit von Lizenzen, CR 2007, 549; *Heinrich,* Die Strafbarkeit der unbefugten Vervielfältigung und Verbreitung von Standardsoftware, 1993; *Hoeren,* Überlegungen zur urheberrechtlichen Qualifikation des elektronischen Abrufs, CR 1996, 516; *Hess,* Atlantas Verbreitung: Die widerstreitende Beweislast beim Zusammentreffen von § 17 Abs. 2 UrhG und § 1006 Abs. 1 Satz 1 BGB, Fs. für Raue 2006, S. 479; *Hoeren,* Überlegungen zur urheberrechtlichen Qualifizierung des elektronischen Abrufs, CR 1996, 517; *Hubmann,* Die Zulässigkeit der Ausleihe von Videokassetten in öffentlichen Bibliotheken, FuR 1984, 495; *Jaeger,* Die Erschöpfung des Verbreitungsrechts bei OEM-Software ZUM 2000, 1070; *ders.,* Der Erschöpfungsgrundsatz im neuen Urheberrecht, in: Hilty/Peukert (Hrsg.), Interessenausgleich im Urheberrecht, 2004, S. 47; *Joos,* Die Erschöpfungslehre im Urheberrecht, 1991; *Katzenberger,* Elektronische Printmedien und Urheberrecht, 1996; *ders.,* Urheberrecht und Dokumentation, GRUR 1973, 629; *ders.,* Urheberrecht und Urhebervertragsrecht in der deutschen Einigung, GRUR Int. 1993, 2; *Koehler,* Der Erschöpfungsgrundsatz des Urheberrechts im Online Bereich, 2000; *Koppensteiner,* Urheber- und Erfinderrechte beim Parallelimport geschützter Waren, AWD 1971, 357; *ders.,* Zum Erschöpfungsgrundsatz im Patent- und Urheberrecht, GRUR Int. 1972, 413; *Kotthoff,* Zum Schutz von Datenbanken beim Einsatz von CD-Roms in Netzwerken, GRUR 1997, 597; *Kreile/Becker,* Die Neuordnung des Urheberrechts in der Europäischen Union, GRUR Int. 1994, 901; *Kröber,* Stärkt das neue Vermietrecht die Position der schöpferischen Menschen?, ZUM 1995, 854; *Lampe,* Der strafrechtliche Schutz der Geisteswerke, UFITA 83 (1977) 15; *v. Lewinski,* Die Umsetzung der Richtlinie zum Vermiet- und Verleihrecht, ZUM 1995, 442; *ders.,* Die urheberrechtliche Vergütung für das Vermieten und Verleihen von Werkstücken, 1990; *dies.* Richtlinie des Rates vom 19. November 1992 zum Vermiet- und Verleihrecht sowie zu bestimmten dem Urheberrecht verwandten Schutzrechten im Bereich des geistigen Eigentums, Einführung, in Möhring/Schulze/Ulmer/Zweigert (Hrsg.), Quellen des Urheberrechts, Europ. GemeinschaftsR/II/2; *dies.* Gedanken zur Cassina-Entscheidung des Europäischen Gerichtshofs, in Fs. für Loewenheim, S. 175; *Loewenheim,* Schallplattenimporte und freier Warenverkehr im Gemeinsamen Markt, UFITA 95 (1993) 41; *ders.,* Die Behandlung von vor der Wiedervereinigung eingeräumten vertraglichen Vertriebs- und Verwertungsrechten in den alten und neuen Bundesländern, GRUR 1993, 934; *ders.,* Intellectual Property Before the European Court of Justice, IIC 26 (1995) 829; *ders.,* Konturen eines europäischen Urheberrechts, Fs. für Kraft, 1998, S. 361; *ders.,* Urheberrecht, in Loewenheim/Koch (Hrsg.), Praxis des Online-Rechts, Kap. 7, 1998; *ders.,* Urheberrechtliche Probleme bei Multimedia-Anwendungen, Fs. für Piper, 1996, S. 709; *ders.,* Urheberrechtliche Probleme bei Multimediaanwendungen, GRUR 1996, 830; *ders.,* Zum Begriff des Anbietens in der Öffentlichkeit nach § 17 UrhG, Fs. für Traub (1994); *Lührs,* Verfolgungsmöglichkeiten im Fall der „Produktpiraterie" unter besonderer Betrachtung der Einbeziehungs- und Gewinnabschöpfungsmöglichkeiten (bei Ton-, Bild- und Computerprogrammträgern), GRUR 1994, 264; *Marshall,* Grenzen der Aufspaltbarkeit von Nutzungsrechten unter dem Gesichtspunkt der fortschreitenden wirtschaftlichen, technischen und politischen Entwicklung, Fs. für Reichardt, 1990, S. 125; *Melichar,* Virtuelle Bibliotheken und Urheberrecht, CR 1995, 756; *Moufang,* Datenbankverträge, in Beier/Götting/Lehmann/Moufang (Hrsg.), Urhebervertragsrecht, Festgabe für Gerhard Schricker zum 60. Geburtstag, 1995, S. 571; *Niethammer,* Erschöpfungsgrundsatz und Verbraucherschutz im Urheberrecht, 2005; *Nirk,* Zum Spannungsverhältnis zwischen Urheberrecht und Sacheigentum – Marginalien zur Entscheidung „Mauer-Bilder", Fs. für Brandner, 1996, S. 417; *Nordemann,* Das dritte Urheberrechtsänderungsgesetz, NJW 1995, 2534; *J. B. Nordemann,* Neue Einbindung von Büchern anderer Verlage, ZUM 2009, 809; *Reimer,* Schranken der Rechtsübertragung im Urheberrecht, GRUR 1962, 619; *ders.,* Der Erschöpfungsgrundsatz im Urheberrecht und gewerblichen Rechtsschutz unter Berücksichtigung der Rechtsprechung des Europäischen Gerichtshofs, GRUR Int. 1972, 221; *Reischl,* Die Rechtsprechung des Europäischen Gerichtshofs zum Urheberrecht im Gemeinsamen Markt, in Ress (Hrsg.) Entwicklung des Europäischen Urheberrechts, 1989, S. 45; *ders.,* Gewerblicher Rechtsschutz und Urheberrecht in der Rechtsprechung des Europäischen Gerichtshofs, GRUR Int. 1982, 151; *Schack,* Rechtsprobleme der Online-Übermittlung, GRUR 2007, 639; *Schricker* (Hrsg.), Urheberrecht auf dem Weg zur Informationsgesellschaft, 1997; *ders.,* Grundfragen der künftigen Medienordnung. Urheberrechtliche Aspekte, FuR 1984, 63; *ders.,* Anbieten als Verletzungstatbestand im Patent- und Urheberrecht, GRUR Int. 2004, 786; *ders.,* Bemerkungen zur Erschöpfung im Urheberrecht, Fs. für Dietz, 2001, S. 447; *G. Schulze,* Die Gebrauchsüberlassung von Möbelimitaten – Besprechung zu BGH „Le-Corbusier-Möbel II", GRUR 2009, 812; *Schwarz,* Der urheberrechtliche Schutz audiovisueller Werke im Zeitalter der digitalen Medien, in Becker/Dreier (Hrsg.), Urheberrecht und digitale Technologie, 1994, S. 105; *ders.,* Urheberrecht im Internet, in Becker (Hrsg.), Rechtsprobleme internationaler Datennetze, 1996, S. 13; *ders.,* Urheberrecht und unkörperliche Verbreitung multimedialer Werke, GRUR 1996, 836; *Spindler,* Der Handel mit Gebrauchtsoftware – Erschöpfungsgrundsatz quo vadis?, CR 2008, 69; *ders.,* Europäisches Urheberrecht in der Informationsgesellschaft, GRUR 2002, 105; *Waldenberger,* Zur zivilrechtlichen Verantwortlichkeit für Urheberrechtsverletzungen im Internet, ZUM 1997, 176; *Wandtke,* Auswirkungen des Einigungsvertrags auf das Urheberrecht in den neuen Bundesländern, GRUR 1991, 263; *Weber,* Der strafrechtliche Schutz des Urheberrechts, 1976.

Siehe auch zum Vermietrecht die Schrifttumsnachweise vor Rdnr. 30; zur Erschöpfung die Schrifttumsnachweise vor Rdnr. 42.

§ 17 Verbreitungsrecht

Übersicht

	Rdnr.
A. Zweck und Bedeutung der Norm	1–4
B. Verbreitung	5–29
I. Körperliche Werkstücke	5, 6
II. Verbreitungshandlung	7–16
1. Angebot an die Öffentlichkeit	8–13
2. Inverkehrbringen	14–16
III. Das Verbreitungsrecht	17–29
1. Allgemeines	17, 18
2. Beschränkte Einräumung	19–29
a) Grundsatz	19, 20
b) Räumliche Beschränkungen	21
c) Zeitliche Beschränkungen	22
d) Inhaltliche Beschränkungen	23–28
e) Wirkung beschränkter Einräumung	29
C. Vermietung	30–39
I. Übersicht	30, 31
II. Begriff der Vermietung	32–39
1. Zeitlich begrenzte Gebrauchsüberlassung	33–37
2. Unmittelbares oder mittelbares Dienen zu Erwerbszwecken	38–39
3. Ausnahmetatbestände	40, 41
D. Erschöpfung	42–66
I. Übersicht	42–44
II. Voraussetzungen	45–58
1. Inverkehrbringen durch Veräußerung	46–52
2. Im Gebiet der EU oder des EWR	53
3. Zustimmung des Berechtigten	54–58
III. Erschöpfung beschränkter Verbreitungsrechte	59, 60
IV. Erschöpfungswirkung	61–63
V. Internationale Erschöpfung	64–66

I. Zweck und Bedeutung der Norm

1 § 17 Abs. 1 gibt eine gesetzliche Definition des in § 15 Abs. 1 Nr. 2 genannten Verbreitungsrechts. Während das Vervielfältigungsrecht dem Urheber ein Entgelt für diejenigen Nutzungshandlungen sichern will, die durch Vervielfältigungen von Originalen geschützter Werke erfolgen, soll das Verbreitungsrecht die **Nutzungen erfassen,** die in der **Weitergabe der Originale oder Vervielfältigungsstücke an die Öffentlichkeit** liegen. Damit werden auch die Benutzerkreise außerhalb der persönlichen Sphäre des Besitzers der Originale oder Vervielfältigungsstücke einbezogen. Das entspricht dem Prinzip, dass bei mehrfach aufeinander folgenden Nutzungen grundsätzlich jeder einzelne Nutzungsvorgang unter die Verwertungsrechte fällt (vgl. § 15 Rdnr. 10).

2 Das Verbreitungsrecht hat eine **europäische Regelung** durch Art. 4 der Richtlinie zur Harmonisierung bestimmter Aspekte des Urheberrechts und der verwandten Schutzrechte in der Informationsgesellschaft (Richtlinie 2001/29/EG, ABl. Nr. L 167/10 v. 22. 6. 2001; abgedruckt in GRUR Int. 2001, 745) gefunden, der zugleich der Umsetzung der Art. 6 WCT und 8 WPPT dient. Da die Formulierung des § 17 bereits den Vorgaben der Richtlinie entsprach, sah der deutsche Gesetzgeber für das Verbreitungsrecht keinen Anpassungsbedarf; gleichwohl handelt es sich beim Verbreitungsbegriff nunmehr um **europäisches Recht,** das unter Berücksichtigung der Richtlinie einschließlich ihrer Erwägungsgründe auszulegen ist (BGH GRUR 2009, 840/841 – Le-Corbusier-Möbel II; BGH GRUR 2007, 871/874 – Wagenfeld-Leuchte; BGH GRUR 2001, 1036/1037 – Kauf auf Probe; BGH GRUR 2007, 50 – Le Corbusier-Möbel). Dabei ist der Verbreitungsbegriff des Art. 4 der Richtlinie seinerseits anhand der Vorschriften Art. 6 WCT und 8 WPPT zu interpretieren (EuGH ZUM 2008, 508 Tz. 28 ff. – C-456/06). Aufgrund der Vermiet- und Verleihrechtslinie (Richtlinie 92/100/EWG, ABl. Nr. L 346 v. 27. 11. 1992, S. 61, abgedr. in GRUR Int. 1993, 144) wurde durch Gesetz v. 23. 6. 1995 (BGBl. I S. 842) das **Vermietrecht** in § 17 eingefügt. Das Verbreitungsrecht umfasste zwar auch bisher schon das Recht, die Vermietung oder den Verleih von Originalen oder Vervielfältigungsstücken geschützter Werke zu erlauben oder zu untersagen (vgl. Rdnr. 30); dieses Recht unterlag jedoch der Erschöpfung (dazu Rdnr. 42 ff.) und erlosch damit bei der

Verbreitungsrecht § 17

ersten Veräußerung des Werkstücks. Das Vermietrecht ist nunmehr von der Erschöpfung ausgenommen und kann auch nach Veräußerung des Werkstücks geltend gemacht werden (vgl. zur Umsetzung der Richtlinie Rdnr. 30; zur rechtlichen und wirtschaftlichen Bedeutung der Ausgestaltung des Vermietrechts als Verbotsrecht Rdnr. 31). Die Verbreitung und Vermietung von Computerprogrammen beurteilt sich nicht nach § 17, sondern nach § 69c Abs. 1 Nr. 3.

Das Verbreitungsrecht ist ein gegenüber anderen Verwertungsrechten **selbständiges Verwertungsrecht**, das unabhängig von ihnen genutzt und verletzt werden kann. Es ist in § 17 **abschließend geregelt**, Verbreitungshandlungen, die nicht unter die Definition des § 17 fallen, können nicht etwa über das allgemeine Verwertungsrecht erfasst werden. Das Verbreitungsrecht selbst ist **nicht übertragbar**, die Gestattung der Verbreitung erfolgt durch die Einräumung von Nutzungsrechten am Verbreitungsrecht (§§ 31 ff.). Der **Anwendungsbereich** des Verbreitungsrechts erstreckt sich auf sämtliche Werkarten; lediglich die **Verbreitung (und Vermietung) von Computerprogrammen** beurteilt sich nach § 69c Abs. 1 Nr. 3. Da aber der Verbreitungsbegriff des § 69c Abs. 1 Nr. 1 schon im Hinblick auf die durch die EU-Richtlinien vorgegebene einheitliche Auslegung dem Verbreitungsbegriff des § 17 entspricht (vgl. § 69c Rdnr. 21), finden die zu § 17 entwickelten Grundsätze auch im Rahmen des § 69c Anwendung (sa. BGH GRUR 2001, 153/154 – OEM-Version). 3

Das Verbreitungsrecht wird durch den in Abs. 2 normierten **Erschöpfungsgrundsatz** (dazu Rdnr. 42 ff.) wieder eingeschränkt. Ist das Werkstück mit Zustimmung des Berechtigten im Wege der Veräußerung innerhalb der Europäischen Union oder im EWR in den Verkehr gebracht worden, so ist seine weitere Verbreitung mit Ausnahme der Vermietung zulässig, das Verbreitungsrecht ist erschöpft. Der Urheber kann insoweit weitere Nutzungshandlungen nicht mehr beeinflussen und ist an ihnen auch finanziell nicht mehr beteiligt, Letzteres allerdings mit zwei Ausnahmen: Er hat gesetzliche Vergütungsansprüche nach § 26 (Folgerecht) und § 27 (Verleihen von Vervielfältigungsstücken). Der Grundsatz der gemeinschaftsweiten Erschöpfung (zur Entwicklung vgl. Rdnr. 43), der vor der Neufassung des § 17 aufgrund der Rechtsprechung des EuGH zu berücksichtigen war, ist aufgrund der Vermiet- und Verleihrechtsrichtlinie durch Gesetz v. 23. 6. 1995 (BGBl. I S. 842) in § 17 Abs. 2 eingefügt worden, er entspricht Art. 4 Abs. 2 der Info-Richtlinie; seine Anwendbarkeit ergibt sich nunmehr unmittelbar aus § 17 Abs. 2. Einen allgemeinen Erschöpfungsgrundsatz, der über das Verbreitungsrecht hinaus auch auf andere Verwertungsrechte Anwendung findet, gibt es nicht (eingehend dazu § 15 Rdnr. 31 ff.). 4

B. Verbreitung

I. Körperliche Werkstücke

Das Verbreitungsrecht ist ein Recht zur Verwertung in körperlicher Form (§ 15 Abs. 1). Unter § 17 fällt daher nur die **Verbreitung körperlicher Werkstücke** (Original oder Vervielfältigungsstücke), die Wiedergabe in unkörperlicher Form stellt keine Verbreitung nach § 17 dar. Zwar hatte das Reichsgericht, um das Senderecht dem Urheber vorbehalten zu können, die Rundfunksendung als Verbreitung angesehen (RGZ 113, 413/416 ff.; RGZ 136, 377/381 f.). Der BGH hat diese Rechtsprechung aber bereits 1953 aufgegeben (BGHZ 11, 135/144 – Lautsprecherübertragung; vgl. ferner BGHZ 33, 38/41 f. – Künstlerlizenz Rundfunk; BGHZ 38, 356/362 – Fernsehwiedergabe von Sprachwerken; BGH GRUR 1972, 141 – Konzertveranstalter; BGH GRUR 1986, 742/743 – Videofilmvorführung; BGH GRUR 1995, 673/676 – Mauerbilder; KG GRUR 1983, 174 – Videoraubkassetten; allg. Ansicht auch im Schrifttum, vgl. etwa Dreier/*Schulze*[3] § 17 Rdnr. 5; Fromm/Nordemann/*Dustmann*[10] § 17 Rdnr. 8; Wandtke/Bullinger/*Heerma*[3] § 17 Rdnr. 5; Dreyer/Kotthoff/Meckel[2], § 17 Rdnr. 2; *Bergmann*, Fs. für Erdmann, S. 17; vgl. ferner AmtlBegr. BTDrucks. IV/270 S. 47). Der Vortrag, die Aufführung oder die Sendung eines Werkes sind daher keine Verbreitung, sondern Verwertung in unkörperlicher Form, ebenso die öffentliche Vorführung des Videofilms (BGH GRUR 1986, 742/743 – Videofilmvorführung). Das gilt auch dann, wenn Werkstücke zur öffentlichen Wiedergabe benutzt werden; benutzt ein Orchester bei Aufführungen im Inland aus dem Ausland mitgebrachte und dort rechtmäßig vervielfältigte Noten, so liegt darin kein Verstoß gegen das Verbreitungsrecht (BGH GRUR 1972, 141 – Konzertveranstalter; *Ulmer*[3] § 44 I 4); stellt jemand sein Werk aus, so liegt auch darin keine Verbreitung (BGH GRUR 1995, 673/676 – Mauerbilder). Körperlich noch nicht festgelegte Werke, wie die improvisierte Rede oder das improvisierte Musikstück, können nicht verbreitet werden, solange eine Festlegung nicht erfolgt ist. 5

6   Dass die **Online-Benutzung** von Datenbanken, bei denen der Benutzer per Datenfernübertragung mit einer Datenbank kommuniziert und die gewünschten Daten anfordert (interaktive Dienste), keine Verbreitung der von der Datenbank übertragenen Daten darstellt, ist inzwischen durch die Einfügung von §§ 15 Nr. 2, 19a durch das Gesetz vom 10. 9. 2003, klargestellt, die diese Form der Werknutzung als Recht der öffentlichen Zugänglichmachung ausdrücklich der unkörperlichen Werknutzung unterstellen. Die frühere Streitfrage, ob es sich um ein unbenanntes Recht der öffentlichen Wiedergabe, um ein Verbreitungsrecht oder um ein Senderecht handelt, hat sich damit erledigt (vgl. zur früheren Rechtslage etwa *Loewenheim*, Fs. für Piper, S. 709/720; *Dreier* in Schricker (Hrsg.), Informationsgesellschaft, S. 128f.; weitere Nachweise in der 2. Aufl. Rdnr. 5). Dagegen sind Datenträger wie Disketten, CDs, CD-Roms und dgl., körperliche Werkstücke und werden von § 17 erfasst (Dreier/*Schulze*[3] § 17 Rdnr. 6; Fromm/Nordemann/*Dustmann*[10] § 17 Rdnr. 9).

II. Verbreitungshandlung

7   Das Gesetz nennt als Verbreitungshandlung sowohl das **Inverkehrbringen** der Werkstücke als auch deren **Angebot an die Öffentlichkeit.** Damit wird bereits eine Vorstufe tatbestandsmäßig erfasst (BGH GRUR 2007, 871/873 – Wagenfeld-Leuchte; KG GRUR 1983, 174 – Videoraubkassetten; *Loewenheim*, Fs. für Traub, S. 251/252). Beide Verbreitungshandlungen stehen aber selbständig nebeneinander; jede ist eine eigenständige Verbreitungshandlung und erfüllt den Tatbestand des § 17 (BGH GRUR 2007, 871/873, Tz. 29 – Wagenfeld-Leuchte; BGH GRUR 1999, 316/317 – Einzelangebot). Im Gegensatz zu §§ 11 LUG und 15 KUG setzt § 17 **nicht** mehr voraus, dass das Verbreiten **gewerbsmäßig** erfolgt (vgl. auch AmtlBegr. BTDrucks. IV/270 S. 48), es muss aber nunmehr öffentlich erfolgen. Die öffentliche Wiedergabe eines Werkes in unkörperlicher Form (§ 15 Abs. 2 UrhG), etwa durch Vorführung eines Videofilms, ist keine Verbreitung.

1. Angebot an die Öffentlichkeit

8   Angebot ist jede **Aufforderung zum Eigentumserwerb** des Werkstücks (OLG Düsseldorf GRUR 1983, 760/761 – Standeinrichtung oder Ausstellung; KG GRUR 1983, 174 – Videoraubkassetten; Fromm/Nordemann/*Dustmann*[10] § 17 Rdnr. 16; Wandtke/Bullinger/*Heerma*[3] § 17 Rdnr. 7; näher *Loewenheim*, Fs. für Traub, S. 251/252 mwN). Die in diesen Nachweisen teilweise noch vertretene **frühere Auffassung, es brauche sich nicht um ein Angebot zum Verkauf zu handeln**, auch das Angebot zur Vermietung, zum Verleih oder zu einer sonstigen Überlassung, etwa von Notenmaterial oder Filmkopien, falle unter § 17 (sa. AmtlBegr. BTDrucks. IV/270 S. 48; KG GRUR 1983, 174 – Videoraubkassetten), ist durch die Entscheidung des EuGH v. 17. 4. 2008 (EuGH ZUM 2008, 508 – C-456/06, auf Vorlage des BGH, s. GRUR 2007, 50 – Le Corbusier-Möbel; kritisch dazu *Welser* GRUR Int. 2008, 596) und dem folgend BGH GRUR 2009, 840/841 – Le-Corbusier-Möbel II **überholt** (sa. die Parallelentscheidung BGH ZUM-RD 2009, 531; aA Dreier/*Schulze*[3] § 17 Rdnr. 4a; *Wandtke/Bullinger/ Heerma*[3] § 17 Rdnr. 7, *Dreyer/Kotthoff/Meckel*[2] § 17 Rdnr. 5, die unter Berufung auf die Vermiet- und Verleihrechtsrichtlinie das Anbieten zum Mieten und Leihen als Verbreitung ansehen). Der EuGH hat sich in seiner Entscheidung darauf gestützt, dass Bestimmungen des Gemeinschaftsrechts nach Möglichkeit im Licht des Völkerrechts auszulegen seien, dass nach Erwägungsgrund 15 der Informationsgesellschafts-Richtlinie die Richtlinie unter anderem dazu diene, den Verpflichtungen der Gemeinschaft aus dem WCT-Vertrag und dem WPPT-Vertrag auf Gemeinschaftsebene nachzukommen. Da sowohl in Art. 6 I WCT als auch in Art. 8 und 12 WPPT das Verbreitungsrecht als das Recht definiert wird, Werkstücke durch Verkauf oder sonstige Eigentumsübertragung der Öffentlichkeit zugänglich zu machen, sei der Verbreitungsbegriff in Art. 4 der Informationsgesellschafts-Richtlinie dementsprechend auszulegen. Allerdings dürfte es sich bei diesen Definitionen nicht um abschließende Begriffsbestimmungen, sondern lediglich um Mindestrechte handeln, so dass die Argumentation des EuGH auf schwachen Füßen steht (sa. *Dreier/Schulze*[3] § 17 Rdnr. 4a; *Wandtke/Bullinger/Heerma*[3] § 17 Rdnr. 7 und 11). Der BGH hat aber Art. 4 Abs. 1 der Informationsgesellschafts-Richtlinie nicht nur als ein Mindestrecht angesehen, hinter dem die Mitgliedstaaten bei der Bestimmung ihres Schutzniveaus nicht zurückbleiben dürfen, sondern als eine verbindliche Regelung im Sinne eines maximalen Schutzes (BGH GRUR 2009, 840/841 – Le-Corbusier-Möbel II; eingehend dazu *Schulze* GRUR 2009, 812; ebenso Fromm/Nordemann/*Dustmann*[10] § 17 Rdnr. 16; eingehend auch *v. Lewinski*, in Fs.

für Loewenheim, 2009, S. 175, die die Rechtsprechung des EuGH auf § 17 anwendet, eine Lösung aber über §§ 28, 30 EG vorschlägt; sa. OLG München GRUR Int. 2009, 162 – Strafbarer Möbelnachbautenimport; aA Dreier/*Schulze*[3] § 17 Rdnr. 4a; Wandtke/Bullinger/*Heerma*[2] § 17 Rdnr. 7 und 11). Es ist jedoch der Argumentation des BGH zu folgen, der das (auch in den Erwägungsgründen 1, 4, 6 und 7 der Richtlinie zum Ausdruck gebrachte) Ziel der Harmonisierung des nationalen Rechts in der EU in den Vordergrund rückt. Unter diesem Aspekt sei ein uneinheitliches Vorgehen der Staaten zu vermeiden und dementsprechend eine einheitliche Begriffsbestimmung des Verbreitungsrechts geboten. Danach liegt die Verbreitung des Originals oder von Vervielfältigungsstücken des Werkes **nur bei einer Eigentumsübertragung** vor (EuGH ZUM 2008, 508 – C-456/06 Tz. 41); das Angebot zur Überlassung des Besitzes für einen nur vorübergehenden Zeitraum genügt nicht (so noch BGH GRUR 2007, 50 Tz. 14 – Le-Corbusier-Möbel I; s. jetzt aber BGH GRUR 2009, 840/841 – Le-Corbusier-Möbel II). Erst recht reicht es nicht aus, dass Dritten der Gebrauch von urheberrechtlich geschützten Werkstücken ermöglicht wird, ohne dass mit der Gebrauchsüberlassung eine Eigentumsübertragung verbunden ist oder dass urheberrechtlich geschützte Werkstücke öffentlich gezeigt werden ohne dass Dritten die Möglichkeit zur Benutzung eingeräumt wird (EuGH ZUM 2008, 508 – C-456/06; BGH GRUR 2009, 840/841 – Le-Corbusier-Möbel II; BGH GRUR 2007, 50 – Le Corbusier-Möbel; Fromm/Nordemann/*Dustmann*[10] § 17 Rdnr. 16). Ebensowenig stellt das bloße Aufstellen urheberrechtlich geschützter Gegenstände auf einem Messestand eine Verbreitung dar, wenn diese Gegenstände zur Standeinrichtung gehören, insoweit gibt es auch keinen Beweis des ersten Anscheins (OLG Düsseldorf GRUR 1983, 760/761 – Standeinrichtung oder Ausstellung). Anders ist es jedoch, wenn solche Gegenstände zum Verkauf angeboten werden (*Dreier/Schulze*[3] § 17 Rdnr. 14; sa. Rdnr. 9).

Eine Offerte iSd. §§ 145ff. BGB ist nicht erforderlich; der **Begriff des Angebots** ist **nicht** 9 **privatrechtlich, sondern wirtschaftlich** zu verstehen (BGH GRUR 2007, 871/873 – Wagenfeld-Leuchte; KG GRUR 1983, 174 – Videoraubkassetten). Ein Angebot liegt daher auch in **Werbemaßnahmen**, durch die zum Erwerb der Werkstücke aufgefordert wird, etwa durch Inserate, Kataloge oder Prospekte sowie das Ausstellen in Geschäften, auf Ausstellungen oder Messen (BGH GRUR 2007, 871/873 – Wagenfeld-Leuchte). Das gilt auch dann, wenn im Inland zum Erwerb der angebotenen Werkstücke im Ausland (und nicht im Inland) aufgefordert wird (BGH GRUR 2007, 871/873 – Wagenfeld-Leuchte; anders noch die Vorinstanz OLG Hamburg ZUM 2005, 170 – Bauhaus aus Italien; wie BGH jetzt LG Hamburg GRUR-RR 2009, 211ff.). Stets muss es sich aber um eine **Aufforderung zum Eigentumserwerb** handeln. Ob das **Angebot Erfolg hat,** ist unerheblich (BGH GRUR 2007, 871/873 – Wagenfeld-Leuchte; BGH GRUR 1991, 316/317 – Einzelangebot; Wandtke/Bullinger/*Heerma*[3] § 17 Rdnr. 8; Fromm/Nordemann/*Dustmann*[10] § 17 Rdnr. 15).

Nach früher vertretener Auffassung soll ein Angebot nur vorliegen, wenn die angebotenen 10 **Werkstücke bereits vorhanden** sind, die Bereitschaft, Vervielfältigungsstücke herzustellen, soll nicht ausreichen (KG GRUR 1983, 174 – Videoraubkassetten; OLG Köln GRUR 1995, 265/268 – Infobank; LG München I AfP 1996, 181/183; RGZ 107, 277/281 – Gottfried Keller; *v. Gamm* § 17 Rdnr. 6; *Weber* S. 214; *Lührs* GRUR 1994, 264/266; *Lampe* UFITA 83 (1978) 15/34). Die für diese Auffassung vorgetragenen Gründe überzeugen nicht (dazu eingehend *Loewenheim*, Fs. für Traub, S. 251ff.); vor allem aber würde der Urheber gerade gegenüber modernen Piraterieformen weitgehend schutzlos gestellt. Die Verbreitung von Raubkopien von Ton- und Videobändern, CDs, Computerspielen, Computerprogrammen uÄ. erfolgt heute meist in der Form, dass die Vervielfältigungsstücke erst nach Eingang einer Bestellung angefertigt werden. Das ist angesichts heutiger Kopiertechniken absolut problemlos, eine aufwändige Vorratshaltung wäre überflüssig und schon im Hinblick auf mögliche Strafverfolgungsmaßnahmen mit Risiken behaftet. Die Gegenansicht lässt es daher zu Recht ausreichen, dass die Werkstücke auf Bestellung lieferbar sind (BGH GRUR 1991, 316/317 – Einzelangebot; BGH GRUR 1999, 707/711 – Kopienversanddienst; OLG München ZUM 1997, 136/138; OLG Köln GRUR 1992, 312/313 – Amiga-Club; Dreier/*Schulze*[3] § 17 Rdnr. 13; Wandtke/Bullinger/*Heerma*[3] § 17 Rdnr. 8; Fromm/Nordemann/*Dustmann*[10] § 17 Rdnr. 15; *Schack*[4], Urheber- und Urhebervertragsrecht, Rdnr. 387; *Loewenheim*, Fs. für Traub, S. 251ff.; *Haberstumpf* Hdb. des Urheberrechts[2] Rdnr. 250; *Melichar* CR 1995, 756/757; *Schweyer* CR 1991, 405/407; sa. *Katzenberger* GRUR 1973, 629/634f.; *Heinrich* S. 224ff. mwN; *Hoeren* CR 1996, 516/518). Allerdings ist das Angebot, eine unfreie Bearbeitung eines geschützten Werkes zu herzustellen, noch kein Angebot zur Herstellung von Vervielfältigungsstücken (BGH GRUR 2005, 854/856 – Karten-Grundsubstanz).

§ 17 Verbreitungsrecht

11 Teilweise ist verlangt worden, dass die Werkstücke im **Angebot im Einzelnen konkretisiert** sind, etwa durch Angabe der Titel oder Mitteilung des Inhalts (KG GRUR 1983, 174 – Videoraubkassetten; Möhring/Nicolini/*Kroitzsch*[2] § 16 Rdnr. 13; Fromm/Nordemann/*Dustmann*[10] § 17 Rdnr. 15; Wandtke/Bullinger/*Heerma*[3] § 17 Rdnr. 8). Eine derart einschränkende Auslegung des § 17 stößt gleichfalls auf Bedenken. Gerade der vom KG entschiedene Fall (Angebot von Videoraubkassetten) zeigt, dass der Schutzzweck des Gesetzes auf diese Weise leicht umgangen werden kann. Ein Großteil der Angebote von Pirateriewaren pflegt ohne konkrete Titelangabe zu erfolgen, wird aber in einschlägigen Kreisen richtig verstanden. **Pauschale Angaben** müssen ausreichen, wenn sich die Angebotsadressaten darunter vorstellen können, was gemeint ist (Dreier/*Schulze*[3] § 17 Rdnr. 12; *Schricker* GRUR Int. 2004, 786/789; eingehend *Loewenheim*, Fs. für Traub, S. 251 ff.).

12 Der Begriff der **Öffentlichkeit** bestimmt sich nach der Legaldefinition des § 15 Abs. 3. Das war schon vor der Änderung dieser Vorschrift durch das Gesetz vom 10. 9. 2003 anerkannt (BGH GRUR 1991, 316/317 – Einzelangebot; weitere Nachweise in der 2. Aufl. Rdnr. 10), ist jetzt aber durch den Gesetzgeber ausdrücklich bestätigt worden (AmtlBegr. BTDrucks. 15/38 S. 17). Entscheidend ist, dass der Anbietende mit dem Angebotsadressaten nicht durch persönliche Beziehungen verbunden ist (§ 15 Abs. 3 S. 2). Ein Angebote an einen Freund, Bekannten oder auch Angestellten (KG GRUR 1983, 174/175 – Videoraubkassetten) ist nicht öffentlich und fällt nicht unter § 17 Abs. 1. Es ist nicht erforderlich, dass die Werkstücke von der Öffentlichkeit unmittelbar erworben werden (BGH GRUR 1982, 102/103 – Masterbänder; BGH GRUR 1981, 360 – Erscheinen von Tonträgern).

13 Es ist nicht nötig, dass das Angebot gegenüber einer Mehrzahl von Personen gemacht wird. Der Interessentenkreis, an den das Angebot richtet, kann nicht nur begrenzt sein (BGH GRUR 1982, 102/103 – Masterbänder), es kann auch das **Angebot an eine Einzelperson** genügen (BGH GRUR 1991, 316/317 – Einzelangebot; OLG Köln GRUR 1992, 312/313 – Amiga-Club; KG Fromm/Nordemann/*Dustmann*[10] § 17 Rdnr. 12; *Dreyer*/Kotthoff/*Meckel*[2], § 17 Rdnr. 8; Wandtke/Bullinger/*Heerma*[3] § 17 Rdnr. 10; *Schweyer* CR 1991, 405 ff.; *Schricker* GRUR Int. 2004, 786/789; aA *Heinrich* S. 224). Damit werden insbesondere an Einzelpersonen gerichtete Angebote zum Tausch von Computerspielen, Computerprogrammen, CDs, Ton- und Videobändern usw. erfasst, soweit diese Personen der Öffentlichkeit angehören und zu ihnen keine persönlichen Bindungen bestehen (BGH aaO; OLG Köln aaO; LG Hamburg CR 1995, 222).

2. Inverkehrbringen

14 Inverkehrbringen ist eine Handlung, durch die **Werkstücke aus der internen Betriebssphäre der Öffentlichkeit zugeführt** werden (BGH GRUR 2007, 691 Tz. 27 – Staatsgeschenk; BGH GRUR 2007, 50 Tz. 14 – Le Corbusier-Möbel; BGH GRUR 2004, 421/424 – Tonträgerpiraterie durch CD-Export; BGH GRUR 1991, 316/317 – Einzelangebot; OLG Köln GRUR-RR 2007, 1/2 – Nachbildungen von Le-Corbusier-Möbeln; OLG Hamburg GRUR 1972, 375/376 – Polydor II; Dreier/*Schulze*[3] § 17 Rdnr. 15; Wandtke/Bullinger/*Heerma*[3] § 17 Rdnr. 11). Dabei muss es sich aber eine **Eigentumsübertragung** handeln, die bloße Überlassung zum Besitz oder zum Gebrauch reicht nach der Entscheidung des EuGH v. 17. 4. 2008 (EuGH ZUM 2008, 508 – C-456/06; sa. Rdnr. 8) nicht aus. Die frühere Auffassung, eine Veräußerung sei nicht erforderlich, jede Besitzüberlassung reiche aus, insbesondere auch ein Vermieten oder Verleihen von Werkstücken (BGH GRUR 1987, 37/38 – Videolizenzvertrag; BGH GRUR 1986, 736 – Schallplattenvermietung; BGH GRUR 1972, 141 – Konzertveranstalter; OLG Köln GRUR-RR 2007, 1/2 – Nachbildungen von Le-Corbusier-Möbeln), ist damit überholt (sa. Fromm/Nordemann/*Dustmann*[10] § 17 Rdnr. 19). Ein Inverkehrbringen kann daher nicht mehr darin liegen, dass von einem Konzertveranstalter an die Musiker Noten verteilt werden, die später wieder eingesammelt werden (BGH GRUR 1972, 141 – Konzertveranstalter) oder dass Nachbildungen urheberrechtlich geschützter Möbel in Hotelzimmern aufgestellt werden (KG GRUR 1996, 968 – Möbel-Nachbildungen; OLG Köln GRUR-RR 2007, 1/2 f. – Nachbildungen von Le-Corbusier-Möbeln). Ebensowenig genügt die Überlassung des Besitzes für einen nur vorübergehenden Zeitraum; erst recht nicht die Gebrauchsüberlassung ohne Übertragung der tatsächlichen Verfügungsgewalt über die Werkstücke oder die öffentliche Ausstellung, ohne dass Dritten die Möglichkeit zur Benutzung eingeräumt wird (s. dazu Rdnr. 8). Auch die Verwendung von Fotografien als Wanddekorationen in einer Gaststätte stellt keine Verbreitungshandlung dar (insoweit zutreffend LG Köln ZUM 2008, 707).

Ausreichend ist die Übereignung an Dritte, mit denen keine persönliche Verbundenheit besteht (OLG Köln GRUR-RR 2007, 1/3 – Nachbildungen von Le-Corbusier-Möbeln; sa. Rdnr. 16). Die **Übereignung eines einzelnen Exemplars** genügt (BGH GRUR 2004, 421/424 – Tonträgerpiraterie durch CD-Export; BGH GRUR 1991, 316/317 – Einzelangebot; BGH GRUR 1985, 129/130 – Elektrodenfabrik; BGH GRUR 1980, 227/230 – Monumenta Germaniae Historica; Dreier/*Schulze*[3] § 17 Rdnr. 16; Wandtke/Bullinger/*Heerma*[3] § 17 Rdnr. 11; Fromm/Nordemann/*Dustmann*[10] § 17 Rdnr. 18), beispielsweise die Versendung einzelner Besprechungsexemplare durch den Verleger (*Ulmer*[3] § 46 II 2). Ein Inverkehrbringen ist auch das **Versenden** von Werkstücken vom Inland **in das Ausland** zum dortigen Erwerb(BGH GRUR 2004, 421/424 – Tonträgerpiraterie durch CD-Export). 15

Ebenso wie das Angebot muss auch das Inverkehrbringen gegenüber der **Öffentlichkeit** (dazu Rdnr. 12f.) erfolgen, die private Weitergabe an Dritte, mit denen keine Verbundenheit durch persönliche Beziehungen besteht, ist kein Akt des Inverkehrbringens (BGH GRUR 2007, 691 Tz. 27 – Staatsgeschenk; BGH GRUR 2004, 421/424 – Tonträgerpiraterie durch CD-Export; BGH GRUR 1991, 316/317 – Einzelangebot; BGH GRUR 1985, 129/130 – Elektrodenfabrik; OLG Köln GRUR-RR 2007, 1/2 – Nachbildungen von Le-Corbusier-Möbeln). Auch die **konzerninterne Weitergabe** ist kein Inverkehrbringen iSd § 17 Abs. 1 (BGH GRUR 2007, 691 Tz. 27 – Staatsgeschenk; BGH GRUR 2004, 421/424 – Tonträgerpiraterie durch CD-Export; BGH GRUR 1986, 668/669f. – Gebührendifferenz IV). 16

III. Das Verbreitungsrecht

1. Allgemeines

Das Verbreitungsrecht ist ein **gegenüber dem Vervielfältigungsrecht selbständiges Recht.** Das Vervielfältigungsrecht berechtigt noch nicht zur Verbreitung, das Verbreitungsrecht noch nicht zur Vervielfältigung. Im Verlagsvertrag pflegen daher beide Rechte eingeräumt zu werden (vgl. auch § 1 VerlG). Dem Verbreitungsrecht unterliegen, wie sich schon aus § 96 ergibt, sowohl rechtmäßig als auch rechtswidrig hergestellte Vervielfältigungsstücke. Werden Werke ohne Zustimmung des Urhebers vervielfältigt und verbreitet, so liegt eine Verletzung sowohl des Vervielfältigungsrechts als auch des Verbreitungsrechts vor. Die Selbständigkeit des Verbreitungsrechts gegenüber dem Vervielfältigungsrecht bedeutet, dass der Urheber auch die Verbreitung **rechtmäßig hergestellter Vervielfältigungsstücke** untersagen kann, sofern er nicht der Verbreitung zugestimmt hat oder sie aus sonstigen Gründen erlaubt ist. Sind beispielsweise Kopien nach § 53 zulässigerweise angefertigt worden, so dürfen sie ohne die Zustimmung des Urhebers nicht der Öffentlichkeit angeboten oder in Verkehr gebracht werden (§ 53 Abs. 6 S. 1). Im Ausland erworbene Schriftstücke oder Noten, die dort rechtmäßig vervielfältigt worden sind, dürfen deswegen im Inland noch nicht verbreitet werden (BGH GRUR 1972, 141 – Konzertveranstalter). Die Verbreitung **unrechtmäßig hergestellter Vervielfältigungsstücke** kann der Urheber auch dann untersagen, wenn er einer Verbreitung seines Werkes zugestimmt hat oder die Berechtigung zur Verbreitung sich aus den Vorschriften über die Schranken des Urheberrechts (§§ 45ff.) ergibt; § 96 Abs. 1 stellt dies noch einmal klar (AmtlBegr. BTDrucks. IV/270 S. 103; vgl. auch 57). 17

Das Verbreitungsrecht besteht grundsätzlich auch in den Fällen der **aufgedrängten Kunst,** dh. wenn das Werk mit fremdem Sacheigentum ohne den Willen des Eigentümers verbunden wird, zB wenn Graffiti auf fremden Häuserwänden, Mauern oder Autos angebracht werden (BGH GRUR 1995, 673/675 – Mauerbilder; dazu *Erdmann,* Fs. für Piper, S. 655/659ff.; *Nirk,* Fs. für Brandner, S. 417ff.; *Beater* UFITA 127 [1995] 61ff.). Eine Interessenabwägung zwischen Urheberrecht und Sacheigentum kann zwar in solchen Fällen ergeben, dass der Eigentümer durch das urheberrechtliche Verbreitungsrecht nicht gehindert ist, den Gegenstand zu veräußern; ist jedoch durch das aufgedrängte Werk eine Wertsteigerung des Gegenstands eingetreten, so ist der Urheber bei einer Verwertung daran angemessen zu beteiligen (vgl. im Einzelnen BGH aaO; *Erdmann* aaO S. 660ff.; *Beater* aaO). 18

2. Beschränkte Einräumung

a) Grundsatz. Ebenso wie bei anderen Verwertungsrechten können auch die am Verbreitungsrecht eingeräumten Nutzungsrechte räumlich, zeitlich oder inhaltlich beschränkt werden (§ 31 Abs. 1 S. 2). Es handelt sich dabei um **dingliche** Beschränkungen, deren Nichteinhaltung 19

§ 17 Verbreitungsrecht

eine Verletzung des Verbreitungsrechts darstellt und die auch Dritten gegenüber Wirkung entfalten (vgl. im Einzelnen vor §§ 28 ff. Rdnr. 80). Sie sind zu unterscheiden von **schuldrechtlichen** Beschränkungen des Verbreitungsrechts, deren Nichteinhaltung keinen Verstoß gegen das Verbreitungsrecht (sondern lediglich eine Vertragsverletzung) begründet, und die nur gegenüber demjenigen wirken, der die schuldrechtliche Verpflichtung eingegangen ist (BGH GRUR 1992, 310/311 – Taschenbuch-Lizenz; *Reimer* GRUR 1962, 619/624 f.; eingehend vor §§ 28 ff. Rdnr. 96). Wer sich zB bei der Einräumung eines Verbreitungsrechts verpflichtet hat, die Werkstücke nur zu einem bestimmten Preis weiterzuveräußern, verletzt bei Nichteinhaltung dieser Verpflichtung vertragliche Abmachungen, aber nicht das Verbreitungsrecht; Dritte werden von dieser Verpflichtung nicht betroffen (BGH GRUR 1992, 310/311 – Taschenbuch-Lizenz). Ebenso verstößt nicht gegen das Verbreitungsrecht, wer bei einer genehmigten Aufführung Notenmaterial benutzt, das bei seinem Vertrieb im Wege einer Reversbindung vertraglichen Einschränkungen für seine Benutzung unterworfen wurde (LG Hamburg GRUR 1967, 150 – Appollon Musagète). Räumliche, zeitliche und inhaltliche Beschränkungen können, was in der Praxis oft geschieht, bei einer Nutzungsrechtseinräumung miteinander **kombiniert** werden (Beispiel: Es wird eine Taschenbuchausgabe für einen bestimmten Zeitraum lizenziert); ebenso können dingliche und schuldrechtliche Beschränkungen miteinander verbunden werden.

20   Schwierigkeiten können sich bei sich bei der Frage ergeben, **inwieweit dingliche Beschränkungen** des Verbreitungsrechts **zulässig** sind, wie weit also das Verbreitungsrecht in Einzelbefugnisse aufgespalten werden kann. Vom Gesetzeswortlaut her bestehen insoweit keine Einschränkungen, auch kann eine mit Hilfe der Aufspaltung des Verbreitungsrechts differenzierte Vertriebsstrategie dazu dienen, den Urheber angemessen an dem wirtschaftlichen Nutzen zu beteiligen, der aus der Verwertung seiner Werke gezogen wird. Auf der anderen Seite ist das Allgemeininteresse an Rechtssicherheit und Rechtsklarheit zu berücksichtigen: die Aufspaltung darf nicht zu unübersichtlichen und unklaren Rechtsverhältnissen im Urheberrechtsverkehr führen, die eine Feststellung von Rechtsinhaberschaft und Umfang der Berechtigung nicht oder nur unter erheblichen Schwierigkeiten zulassen. Die hM geht daher von einer Interessenabwägung im Einzelfall aus, die einerseits die Interessen des Urhebers an einer optimalen Verwertung seines Werks, andererseits das Verkehrsschutzinteresse der Allgemeinheit berücksichtigt. Das führt zu dem Grundsatz, dass eine beschränkte Einräumung des Verbreitungsrechts nur für solche Verwertungsformen zulässig ist, die **nach der Verkehrsauffassung klar abgrenzbar** sind und eine **wirtschaftlich und technisch einheitliche und selbständige Nutzungsart** darstellen (BGH GRUR 2005, 48/49 – man spricht deutsh; BGH GRUR 2005, 937/939 – Der Zauberberg; BGH GRUR 2003, 416/418 – CPU-Klausel; BGH GRUR 2001, 153/154 – OEM-Version; BGH GRUR 1992, 310/311 – Taschenbuch-Lizenz; BGH GRUR 1990, 669/671 – Bibelreproduktion; OLG Köln ZUM 2007, 401/402; s. zur wirtschaftlich und technisch einheitlichen und selbständigen Nutzungsart auch BGH GRUR 2009, 395/397 Tz. 19 – Klingeltöne für Mobiltelefone m. Anm. *G. Schulze*; Fromm/Nordemann/*Dustmann*[10] § 17 Rdnr. 20; eingehend vor §§ 28 ff. Rdnr. 87 mit weit. Nachw. auch zum Schrifttum).

21   **b) Räumliche Beschränkungen.** Räumliche Beschränkungen des Verbreitungsrechts sind zulässig, soweit sie **nicht zur Aufspaltung eines einheitlichen Staats- und Rechtsgebiets** führen. Das Verbreitungsrecht kann daher nur einheitlich für den Geltungsbereich des UrhG (Deutschland) eingeräumt werden, nicht aber beschränkt auf einzelne Teile desselben, etwa einzelne Städte oder Bundesländer; werden solche Beschränkungen bei Einräumung des Verbreitungsrechts vereinbart, so haben sie nur schuldrechtliche, aber keine dingliche Wirkung (BGH GRUR 2005, 48/49 – man spricht deutsh; BGH GRUR 2003, 699/702 – Eterna; anders noch OLG Frankfurt/M GRUR Int. 1979, 214 – Rockin' and Rollin' Greats; ganz hM auch im Schrifttum, vgl. etwa Dreier/*Schulze*[3] § 17 Rdnr. 20; Fromm/Nordemann/*Dustmann*[10] § 17 Rdnr. 22; *Schack*[4], Urheber- und Urhebervertragsrecht, Rdnr. 541; Loewenheim/*Loewenheim/ J. B. Nordemann*, Handbuch des Urheberrechts[2], § 27 Rdnr. 5; weitere Nachweise vor §§ 28 ff. Rdnr. 90 sowie in der 2. Auflage Rdnr. 18). Eine **Aufteilung nach Staaten** ist dagegen angesichts des territorialen Charakters des Urheberrechts (dazu vor §§ 120 ff. Rdnr. 121) zulässig (vgl. vor §§ 28 ff. Rdnr. 91). Das gilt auch für eine Aufteilung **innerhalb der Europäischen Union und des EWR** (OLG Frankfurt ZUM-RD 2008, 173/178 f.; *Dreier/Schulze*[3] § 31 Rdnr. 31; Fromm/Nordemann/*Dustmann*[10] § 17 Rdnr. 22; Loewenheim/*Loewenheim/J. B. Nordemann*, Handbuch des Urheberrechts[2] § 27 Rdnr. 6; wohl auch *Mestmäcker/Schweitzer,* Europäisches Wettbewerbsrecht, § 27 Rdnr. 42 f.; aA Dreier/*Schulze*[3] § 17 Rdnr. 20; *Dreyer/Kotthoff/ Meckel*[2], § 17 Rdnr. 49; *Marshall*, Fs. für Reichardt, S. 125/138 f.; Wandtke/Bullinger/*Grunert*[3]

§ 31 Rdnr. 9 halten die Aufspaltbarkeit des EU-Gebiets für „sehr zweifelhaft"; sa. vor §§ 28 ff. Rdnr. 91). Allerdings tritt durch ein Inverkehrbringen von Werkstücken innerhalb der EU bzw. des EWR gemeinschaftsweite Erschöpfung ein, so dass die Werkstücke trotz einer auf bestimmte Mitgliedstaaten beschränkten Einräumung des Verbreitungsrechts gemeinschaftsweit weitervertrieben werden können (vgl. Rdnr. 62). Das bedeutet aber nicht, dass Nutzungsrechte, beispielsweise Verlagslizenzen, nur gemeinschaftsweit eingeräumt werden könnten. Nur ist eben eine Steuerung des Vertriebswegs durch räumlich aufgespaltene Lizenzen innerhalb der EU und des EWR nicht möglich, was bei Lizenzerteilung entsprechend berücksichtigt werden sollte. Genau genommen handelt es sich bei staatenweise vergebenen Verbreitungsrechten auch nicht um eine Beschränkung des Verbreitungsrechts, sondern um eine Rechtseinräumung, die sich an den durch die Staatsgrenzen vorgegebenen territorialen Grenzen des Urheberrechts orientiert. Eine Aufteilung des Verbreitungsrechts zwischen den **alten und den neuen Bundesländern** ist seit der Wiedervereinigung nicht mehr möglich; eine vor der Wiedervereinigung vorgenommene Aufteilung ist allerdings auch nach der Wiedervereinigung wirksam geblieben (BGH GRUR 2003, 699/702 – Eterna; BGH GRUR 1997, 215/218 – Klimbim; KG GRUR 2003, 1039 – Sojusmultfilm; OLG Hamm GRUR 1991, 907/908 – Strahlende Zukunft; zu den Auswirkungen des Einigungsvertrags sa. *Loewenheim* GRUR 1993, 934 ff.; *Katzenberger* GRUR Int. 1993, 2 ff.; *Wandtke* GRUR 1991, 263 ff.). Werden Werkstücke, für die das Verbreitungsrecht zwischen den alten und den neuen Bundesländern aufgeteilt ist, in Verkehr gebracht, so tritt die Erschöpfung einheitlich für das gesamte Bundesgebiet ein (BGH GRUR 2003, 699/702 – Eterna).

c) **Zeitliche Beschränkungen.** Keine Einschränkungen gibt es bei zeitlichen Beschränkungen des Verbreitungsrechts. Ist das Verbreitungsrecht für einen bestimmten Zeitraum eingeräumt worden, so ist nach dessen Ablauf das Nutzungsrecht erloschen; die weitere Verbreitung von noch nicht in Verkehr gebrachten Werkstücken ist unzulässig und stellt eine Urheberrechtsverletzung dar (Fromm/Nordemann/*Dustmann*[10] § 17 Rdnr. 21; Dreier/*Schulze*[3] § 17 Rdnr. 21; *Blachian* S. 78; *Joos* S. 110 ff.; sa. *Marshall*, Fs. für Reichardt, S. 125/127; sa. vor §§ 28 ff. Rdnr. 88). Für das Verlagsrecht besteht eine ausdrückliche Regelung in § 29 Abs. 3 VerlG. Werden nach Ablauf des Zeitraums, für den ein Verbreitungsrecht eingeräumt wurde, noch Werkstücke in Verkehr gebracht, so kann auch Dritten deren Weiterverbreitung untersagt werden; es tritt keine Erschöpfung ein, weil die Werkstücke nicht mit Zustimmung des zur Verbreitung Berechtigten in Verkehr gebracht worden sind (§ 17 Abs. 2; vgl. BGH GRUR 2001, 153/154 – OEM-Version). Bei vor Fristablauf in Verkehr gesetzten Werkstücken ist dagegen das Verbreitungsrecht erschöpft, die Weiterverbreitung durch Dritte ist zulässig (BGH GRUR 2001, 153/154 – OEM-Version; *Schack*[4], Urheber- und Urhebervertragsrecht, Rdnr. 391; *Ulmer*[3] § 47 IV 1). Zur Rechtslage bei Veräußerung einer Restauflage durch den Verleger an einen Restbuchhändler vor Ablauf des Verlagsvertrages vgl. *Schricker*, Verlagsrecht[3] § 29 Rdnr. 12; *Ulmer*[3] § 47 IV 1).

d) **Inhaltliche Beschränkungen.** Inhaltliche (gegenständliche, sachliche) Beschränkungen grenzen die eingeräumte Nutzungsberechtigung auf bestimmte Nutzungsarten ein, also auf bestimmte wirtschaftliche Formen der Verwertung (etwa Taschenbuchausgaben, Paperbackausgaben und dgl.; sa. Loewenheim/*Loewenheim*/*J. B. Nordemann*, Handbuch des Urheberrechts[2], § 27 Rdnr. 10; vor §§ 28 ff. Rdnr. 92 ff.). Oft handelt es sich bei inhaltlichen Beschränkungen um Regelungen des Vertriebswegs. Als Grundsatz gilt auch hier, dass nur solche Beschränkungen zulässig sind, die sich auf eine **nach der Verkehrsauffassung klar abgrenzbare** und **wirtschaftlich und technisch einheitliche und selbständige Nutzungsart** beziehen (vgl. Rdnr. 20).

Durchgesetzt hat sich die Auffassung, dass die Verbreitungsrechte für den Vertrieb über **Buchgemeinschaften** und über den **Sortimentsbuchhandel** getrennt vergeben werden können (BGH GRUR 1959, 200/202 f. – Der Heiligenhof; BGH GRUR 1968, 152/153 – Angélique; Dreier/*Schulze*[3] § 17 Rdnr. 22; Fromm/Nordemann/*Dustmann*[10] § 17 Rdnr. 23; *Ulmer*[3] § 47 IV 2 und § 103 II 3; weitere Nachweise in der 2. Aufl. Rdnr. 21; sa. vor §§ 28 ff. Rdnr. 93). Das bedeutet, dass eine Urheberrechtsverletzung vorliegt (und dass insoweit auch keine Erschöpfung eintritt), wenn die Buchgemeinschaft für sie bestimmte Exemplare an Nichtmitglieder abgibt oder der Sortimentsbuchhandel Buchgemeinschaften beliefert (*Schricker*, Verlagsrecht[3] § 28 Rdnr. 23 mit eingehenden Nachweisen; *Ulmer*[3] § 47 IV 2; *Reimer* GRUR Int. 1972, 221/224). Auch eine bestimmte äußerlich unterscheidbare **Sonderausgabe zum Vertrieb über Nebenmärkte** wie Kaufhäuser, Verbrauchermärkte, Versandhändler und Zeitungsverlage, in Kauf-

§ 17 Verbreitungsrecht

häusern, Kaffeegeschäften und dgl. lässt sich noch zum Gegenstand eines inhaltlich beschränkten Verbreitungsrechts machen (s. vor §§ 28 ff. Rdnr. 93; *Schricker,* Verlagsrecht[3] § 28 Rdnr. 23; sa. BGH GRUR 1990, 669/671 – Bibelreproduktion). Dagegen kann nicht innerhalb dieses Vertriebsweges weiter differenziert und eine jeweils verschiedene Nutzungsart beim Vertrieb über Nebenmärkte wie Kaufhäuser, Verbrauchermärkte, Versandhändler und Zeitungsverlage einerseits und beim Vertrieb über eine **Kaffeefilialkette** andererseits angenommen werden (BGH GRUR 1990, 669/671 – Bibelreproduktion).

25   Eine Aufspaltung des Verbreitungsrechts nach **Art und Aufmachung der Werkstücke** ist jedenfalls insoweit als zulässig anzusehen, als es sich um eine Ausgabe handelt, die sich nach der Verkehrsauffassung in ihrem Typus klar von der Originalausgabe unterscheidet (*Ulmer*[3] § 108 IV 1). Das ist für **Taschenbuchausgaben, Volksausgaben** und **Paperbackausgaben** gegenüber **Hardcoverausgaben** zu bejahen; es handelt sich um eine selbständige, wirtschaftlich genügend konturierte und abgesetzte Nutzungsart, die vielfach zu den (buchnahen) Nebenrechten des Verlagsrechts an der Hardcoverausgabe gerechnet wird (BGH GRUR 1992, 310/311 – Taschenbuch-Lizenz; *Schricker,* Verlagsrecht[3] § 28 Rdnr. 23 mit Nachw. aus dem verlagsrechtlichen Schrifttum; Dreier/*Schulze*[3] § 17 Rdnr. 22; Wandtke/Bullinger/*Heerma*[3] § 17 Rdnr. 31; Fromm/Nordemann/*Dustmann*[10] § 17 Rdnr. 23; *Ulmer*[3] § 108 IV 1; *Reimer* GRUR 1962, 619/629; *Marshall,* Fs. für Reichardt, S. 125/130; eingehend *Joos* S. 117 ff.; aA noch *Blachian* S. 85 ff.; *Beck* S. 56 ff.). Die Zulässigkeit einer dinglich wirkenden Aufspaltung des Verbreitungsrechts in **Einzelausgabe, Gesamtausgabe** und **Ausgabe in einem Sammelwerk** ergibt sich bereits aus § 4 VerlG. Zur Beschränkung auf bestimmte **Reproduktionsarten** beim Kunstverlag vgl. *Reimer* GRUR 1962, 619/629. Weitere Fälle aus der Praxis bei Loewenheim/*Loewenheim*/ *J. B. Nordemann,* Handbuch des Urheberrechts[2], § 27 Rdnr. 13 und Loewenheim/*J. B. Nordemann,* ebendort, § 64 Rdnr. 67 ff.

26   Bei der **Lizenzierung von Filmen** sind inhaltliche Beschränkungen, die sich an den üblichen Nutzungsarten orientieren, zulässig. Zu den üblichen Nutzungsarten zählen beispielsweise die öffentliche oder nicht öffentliche Vorführung des Films in allen Formaten mittels Filmkopien oder Videokassetten in Filmtheatern und sonstigen Spielstätten im gewerblichen oder nichtgewerblichen Sektor; die Fernsehausstrahlung des Films durch die Fernsehanstalten oder durch Kabelfernsehen, Pay-Television oder Satellitenfernsehen; der Videokassettenvertrieb durch Verkauf oder Vermietung oder Vervielfältigung von Videokassetten oder Bildplatten; der Schmalfilmvertrieb durch Verkauf oder Vermietung von Schmalfilmkopien (vgl. dazu BGH GRUR 1976, 382/384 – Kaviar; BGH GRUR 1987, 37/39 – Videolizenzvertrag; LG München I K&R 1999, 522/523 – Focus TV; Loewenheim/*Loewenheim/J. B. Nordemann,* Handbuch des Urheberrechts[2], § 27 Rdnr. 13; Loewenheim/*Schwarz/Reber,* ebenda, § 74 Rdnr. 228 ff.; sa. Wandtke/Bullinger/*Heerma*[3] § 17 Rdnr. 31 sowie vor §§ 28 ff. Rdnr. 94). Unterteilungen und Verbindungen dieser Nutzungsarten können allerdings nur insoweit als zulässig angesehen werden, als nach der Verkehrsauffassung klar abgrenzbar und wirtschaftlich und technisch einheitlich und selbständig (vgl. Rdnr. 20) sind.

27   Seit dem 3. UrhGÄndG von 1995 (zur früheren Rechtslage vgl. BGH GRUR 1986, 736/737 – Schallplattenvermietung; näher Rdnr. 30) ist es auch zulässig, das **Vermietrecht** vom Verbreitungsrecht abzuspalten, also eine Nutzungsberechtigung unter Ausschluss des Vermietrechts (oder auf dieses beschränkt) einzuräumen. Das Vermietrecht ist nunmehr als selbständiges Teilelement des Verbreitungsrechts ausgestaltet (vgl. AmtlBegr. BTDrucks. 13/115 S. 7). Ein Ausschluss des Vermietrechts aus der Nutzungsberechtigung wirkt sich in erster Linie auf die Befugnisse des Nutzungsberechtigten aus (dieser soll die von ihm hergestellten Werkstücke veräußern, aber nicht vermieten dürfen). Gegen eine Vermietung durch Dritte, die Werkstücke erworben haben, ist der Urheber bereits dadurch geschützt, dass sich nach § 17 Abs. 2 die Erschöpfung nicht auf das Vermietrecht erstreckt.

28   **Unzulässig** ist dagegen eine auf die **Herstellung und den Vertrieb preisgünstiger Bücher** bezogene Nutzungsart (BGH GRUR 1992, 310/311 f. – Taschenbuch-Lizenz). Auch die Einhaltung bestimmter **Preise** kann nicht zum Gegenstand einer dinglichen Beschränkung des Verbreitungsrechts gemacht werden (Fromm/Nordemann/*Dustmann*[10] § 17 Rdnr. 23; *Schack*[4], Urheber- und Urhebervertragsrecht, Rdnr. 545), ebenso wenig die Vereinbarung, die **Werkstücke nicht gewerblich zu nutzen** (aA OLG Karlsruhe GRUR 1984, 198 – Beschränkte Nutzung bei Video-Cassetten; wie hier BGH GRUR 1986, 736/737 f. – Schallplattenvermietung; vgl. auch BGH GRUR 1986, 742/743 – Videofilmvorführung). Das Verbreitungsrecht an nur für den Fachhandel bestimmte Versionen von **Computerprogrammen** kann nicht mit dinglicher Wirkung in der Weise beschränkt werden, dass diese Versionen nur an den Fachhan-

del abgegeben werden dürfen (BGH GRUR 2001, 153 – OEM-Version; Fromm/Nordemann/ *Dustmann*[10] § 17 Rdnr. 23). Ebenso wenig kann ein Nutzungsrecht an einem Computerprogramm in der Weise beschränkt eingeräumt werden, dass der Einsatz des Programms nur auf einem bestimmten Rechner gestattet ist (BGH GRUR 2003, 416/418 – CPU-Klausel). Insoweit kommen nur schuldrechtliche Vereinbarungen (bei Preisen von Verlagserzeugnissen auch eine Preisbindung der zweiten Hand im Rahmen des Buchpreisbindungsgesetzes bzw. des § 15 GWB) in Betracht (sa. BGH GRUR 2003, 416/418 – CPU-Klausel).

e) Wirkung beschränkter Einräumung. Auch dingliche Beschränkungen des Verbreitungsrechts wirken sich nur auf der **Stufe der Erstverbreitung** aus (sa. Dreier/*Schulze*[3] § 17 Rdnr. 24). Auf weitere Vertriebsstufen erstreckt sich die Beschränkung nicht. Ist nämlich ein Werkstück mit Zustimmung des Berechtigten im Wege der Veräußerung in Verkehr gebracht worden, so ist das Verbreitungsrecht mit Ausnahme des Vermietrechts erschöpft (dazu Rdnr. 42 ff.); der weitere Vertrieb kann vom Berechtigten nicht mehr kontrolliert werden. Selbst eine zulässige dingliche Beschränkung des Nutzungsrechts hat nicht zur Folge, dass der Berechtigte nach dem mit seiner Zustimmung erfolgten Inverkehrbringen die weiteren Verbreitungsakte daraufhin kontrollieren kann, ob sie mit der ursprünglichen Begrenzung des Nutzungsrechts im Einklang stehen oder nicht (BGH GRUR 2001, 153/154 – OEM-Version mit zust. Anm. v. *Lehmann* CR 2000, 740 und v. *Witte* CR 2000, 654; BGH GRUR 1986, 736/737 – Schallplattenvermietung; *Jaeger* ZUM 2000, 1070/1072; *Metzger* GRUR 2001, 210/211 f.; *Berger* NJW 1997, 300/301 f.). 29

C. Vermietung

Schrifttum: *Berger*, Urheberrechtliche Fragen der Vermietung von Schulbüchern durch öffentliche Schulen, ZUM 2005, 19; *Erdmann*, Das urheberrechtliche Vermiet- und Verleihrecht, Fs. für Brandner, 1996, S. 361; *Heil*, Urheberrechtlicher Vergütungsanspruch bei Vermietung, CR 1990, 182; *Hubmann*, Die Zulässigkeit der Ausleihe von Videokassetten in öffentlichen Bibliotheken, FuR 1984, 495; *Jacobs*, Der neue urheberrechtliche Vermietbegriff GRUR 1998, 246; *Melichar*, Videovermietung nach der EG-Richtlinie zum Vermiet- und Verleihrecht, Fs. für Kreile, 1994, S. 409; *Rehbinder*, Die urheberrechtlichen Verwertungsrechte nach der Einführung des Vermietrechts, ZUM 1996, 349; *Reinbothe/v. Lewinski*, The EC Directive on Rental and Lending Rights and on Piracy, London 1993; *Sack*, Die Vergütungspflicht gemäß § 27 I UrHG bei „erwerbsmäßigem Verleihen" von Vervielfältigungsstücken, GRUR 1979, 522; *Scheuermann/Strittmatter*, Die Angemessenheit der Vergütung nach § 27 UrHG für das Vermieten/Verleihen von Bildtonträgern in Videotheken, Fs. für Reichardt, 1990, S. 169; *Schulze*, Vermieten von Bestsellern, ZUM 2006, 543; *Seifert*, Die gewerbliche Nutzung von Videokassetten durch Vermietung, FuR 1982, 291; *Zippold*, Die gewerbliche Vermietung von Videokassetten und Schallplatten, FuR 1983, 384.

I. Übersicht

Das Recht, die Vermietung – ebenso wie das Verleihen – von Werkstücken zu erlauben oder zu untersagen, wurde bereits nach **früherer Rechtslage** vom Verbreitungsrecht umfasst (BGH GRUR 1987, 37/38 – Videolizenzvertrag; BGH GRUR 1986, 736 – Schallplattenvermietung; BGH GRUR 1972, 141 – Konzertveranstalter; *Erdmann*, Fs. für Brandner, S. 361/365; das entsprach der allgemein vertretenen These, dass das Vermietrecht ein Unterfall des Verbreitungsrechts sei. Vor Umsetzung der Vermiet- und Verleihrechtslinie (dazu Rdnr. 2) unterlag das Vermietrecht der Erschöpfung und erlosch damit bei der ersten Veräußerung des Werkstücks. Die These, dass das Verbreitungsrecht unter Ausschluss der Berechtigung zum gewerblichen Vermieten und Verleihen eingeräumt werden könne (etwa durch Hinweise auf Tonträgern, dass das Vermieten untersagt sei), und dass demzufolge bei einer Veräußerung der Werkstücke das Vermietrecht und das Verleihrecht sich nicht erschöpften, hatte sich nicht durchgesetzt; dies nicht zuletzt im Hinblick auf die damalige Fassung des § 27, die zeigte, dass der Gesetzgeber das Verleihen und Vermieten nach § 17 Abs. 2 frei gewordener Werkstücke durchaus als vergütungswürdige Nutzungsform erkannt hatte, hierfür aber keinen Verbotsanspruch, sondern einen Vergütungsanspruch gewähren wollte (BGH GRUR 1986, 736/738 – Schallplattenvermietung; näher dazu die 1. Aufl. Rdnr. 13 f.; zusammenfassend *Melichar*, Fs. für Kreile, S. 409/412 f.). In der **Vermiet- und Verleihrechtsrichtlinie** (s. Rdnr. 2) wurde das Vermietrecht als ausschließliches Recht (Verbotsrecht) ausgestaltet, das der Erschöpfung durch Veräußerung der Werkstücke nicht unterliegt; diese Ausgestaltung entspricht der Regelung in Art. 4 lit. c der Computerprogrammrichtlinie, wurde durch die Richtlinie zur Informationsgesellschaft nicht angetastet (vgl. dort Art. 1 Abs. 2 b) und liegt auch im Zuge der internationalen Entwicklung (s. insb. Art. 11 des TRIPS-Abkommens). Bei der **Umsetzung der Richtlinie** hat der deutsche Gesetzgeber 30 das Vermietrecht als Teilelement des Verbreitungsrechts ausgestaltet (AmtlBegr. zum 3. UrhGÄndG, BTDrucks. 13/115 S. 7); damit bedurfte § 17 Abs. 1 keiner Änderung, das Vermietrecht musste aber vom Erschöpfungsgrundsatz ausgenommen werden (AmtlBegr. aaO S. 12). Diese dogmatische Konzeption passt allerdings nicht zu der Interpretation des Verbreitungsbegriffs durch den EuGH, der für die Verbreitung eine Eigentumsübertragung verlangt (vgl. Rdnr. 8), die bei einer Vermietung naturgemäß nicht vorliegt. Zukünftig dürfte das Vermietrecht als eigenständiges, neben dem Verbreitungsrecht bestehendes Recht zu konzipieren sein (das mit der Verbreitung des Werkstücks der Erschöpfung unterliegt). Dafür spricht vor allem, dass das Vermietrecht in der Vermiet- und Verleihrechtsrichtlinie als ausschließliches Recht (Verbotsrecht) ausgestaltet wurde, aber auch die Regelung in § 27 Abs. 1 UrhG. Das Vermietrecht steht auch Verfassern wissenschaftlicher Ausgaben (§ 70 Abs. 1), Herausgebern einer editio princeps (§ 71 Abs. 1 S. 3), Lichtbildnern (§ 72 Abs. 1), ausübenden Künstlern (§ 77 Abs. 2), Tonträgerherstellern (§ 85 Abs. 1 S. 1) und Filmherstellern (§ 94 Abs. 1 S. 1 und 95) zu (vgl. auch AmtlBegr. BT-Drucks. 13/115 S. 15, zu Nr. 3 und 5, S. 16, zu Nr. 8); soweit in diesen Vorschriften lediglich auf das Verbreitungsrecht Bezug genommen wird, ist angesichts der Änderung des Verbreitungsbegriffs durch den EuGH eine dem Gesetzeszweck entsprechende Auslegung vorzunehmen), nicht dagegen Sendeunternehmen (§ 87 Abs. 1 Nr. 2). Der unverzichtbare **Vergütungsanspruch** nach Art. 4 der Vermiet- und Verleihrechtsrichtlinie ist in neugefassten § 27 Abs. 1 umgesetzt. Die **Auslegung** der Neuregelung hat **richtlinienkonform** zu erfolgen (vgl. Rdnr. 2). Zur Umsetzung des **Verleihrechts** vgl. § 27 Rdnr. 11 ff.

31   Die **rechtliche und wirtschaftliche Bedeutung** der Ausgestaltung des Vermietrechts als Verbotsrecht liegt vor allem darin, dass der Streit, ob sich beim Inverkehrbringen von Werkstücken auch das Vermietrecht erschöpft (vgl. Rdnr. 30), seine gesetzliche Erledigung gefunden hat und dass sich damit die Position der Tonträgerhersteller bei der Vermarktung von Tonträgern sowie der Filmhersteller bei der Videoverwertung verstärkt hat. Die Hersteller können durch das Recht, Erwerbern die Vermietung zu untersagen oder nur unter zeitlichen oder sonstigen Einschränkungen zu erlauben, ihre Verwertungsstrategie entsprechend ihrer eigenen Einschätzung der Gewinnchancen bei Verkauf einerseits und Vermietung andererseits genauer steuern (AmtlBegr. zum 3. UrhGÄndG, BTDrucks. 13/115 S. 7). Ein Vermietverbot dürfte vor allem zur Erhöhung der Verkaufsrate bei Videobändern und CDs eingesetzt werden (vgl. auch *Melichar*, Fs. für Kreile, S. 409/416); Videotheken haben nicht nur den Vergütungsanspruch nach § 27 zu zahlen, sondern müssen sich auch das Vermietrecht einräumen lassen.

II. Begriff der Vermietung

32   Die Definition der Vermietung in § 17 Abs. 3 **gilt für das ganze Urheberrechtsgesetz.** Sie findet also auch bei § 27 und § 69 c Nr. 3 Anwendung (vgl. auch § 69 c Rdnr. 28), das Vermietrecht an Computerprogrammen beurteilt sich allerdings unmittelbar nach § 69 c Nr. 3 und nicht nach § 17 Abs. 3. Art. 1 Abs. 2 der Richtlinie will durch seine Häufung von Attributen ein **weites Verständnis des Begriffs Vermietung** erreichen; das ist bei der Auslegung des urheberrechtlichen Vermietungsbegriffs zu beachten (AmtlBegr. BT-Drucks. 13/115 S. 12; sa. Dreier/*Schulze*[3] § 17 Rdnr. 44; Wandtke/Bullinger/*Heerma*[3] § 17 Rdnr. 23; Fromm/Nordemann/*Dustmann*[10] § 17 Rdnr. 39; Loewenheim/*Dünnwald*, Handbuch des Urheberrechts[2], § 87 Rdnr. 14; *v. Lewinski* ZUM 1995, 442/443). Maßgebend ist eine wirtschaftliche Betrachtungsweise, da das Vermietrecht den Zweck hat, den Berechtigten eine angemessene Beteiligung an den Nutzungen zu sichern, die aus der Verwertung ihrer Werke oder geschützten Leistungen gezogen werden (BGH GRUR 2001, 1036/1037 – Kauf auf Probe). Auch rechtlich anders gestaltete Geschäfte können unter den Vermietungsbegriff fallen, wenn bei wirtschaftlicher Betrachtungsweise die Ziele einer Vermietung erreicht werden (AmtlBegr. AaO). **Voraussetzung der Vermietung** ist eine zeitlich begrenzte Gebrauchsüberlassung (dazu Rdnr. 33 ff.), die unmittelbar oder mittelbar Erwerbszwecken dient (dazu Rdnr. 38). Ausnahmen gelten für Bauwerke und Werke der angewandten Kunst sowie für bestimmte Gebrauchsüberlassungen im Rahmen von Arbeits- und Dienstverhältnissen (dazu Rdnr. 40 f.).

1. Zeitlich begrenzte Gebrauchsüberlassung

33   Ob eine **Gebrauchsüberlassung** vorliegt, beurteilt sich nicht nur nach der rechtlichen Gestaltungsform, sondern maßgeblich nach dem wirtschaftlichen Zweck der Vereinbarung (vgl.

auch Rdnr. 32). Es braucht **kein Mietverhältnis iSd. §§ 535 ff. BGB** vorzuliegen (AmtlBegr. BTDrucks. 13/115 S. 12; Dreier/*Schulze*³ § 17 Rdnr. 44; Wandtke/Bullinger/*Heerma*³ § 17 Rdnr. 23; *Schack*⁴, Urheber- und Urhebervertragsrecht, Rdnr. 395; *Erdmann,* Fs. für Brandner, S. 361/369, 367; *v. Lewinski* ZUM 1995, 442/443; zur bisherigen Rechtslage vgl. BGH GRUR 1989, 417/418 – Kauf mit Rückgaberecht). Der Begriff der Gebrauchsüberlassung soll die Vermietung von der Überlassung zur Verwertung abgrenzen (*Jacobs* GRUR 1998, 246/249). Um eine Gebrauchsüberlassung kann es sich auch dann handeln, wenn Videotheken oder CD-Vermietläden in eine „Club"-Form oder in eine ähnliche zivilrechtliche Ausgestaltung umorganisiert werden, um dem Vermietrecht zu entgehen (AmtlBegr. BTDrucks. 13/115 S. 12). Charakteristisch ist, dass die Gebrauchsüberlassung eine **uneingeschränkte und wiederholbare Werknutzung** ermöglicht, mit der Folge, dass der Kauf eines eigenen Vervielfältigungsstückes vielfach unterbleiben wird (BGH GRUR 2001, 1036/1037 – Kauf auf Probe; zur Rechtslage vor 1995 BGH GRUR 1989, 417/418 – Kauf mit Rückgaberecht).

Diese Situation kann auch bei der **Präsenznutzung,** insbesondere in Präsenzbibliotheken **34** auftreten (vgl. *Erdmann,* Fs. für Brandner, S. 361/367). Der Richtliniengesetzgeber hat zwar im 13. Erwgr. der Richtlinie zum Ausdruck gebracht, dass die Überlassung zur Einsichtnahme an Ort und Stelle nicht als Vermietung angesehen werden sollte. In der Amtl. Begr. zu § 27 wird aber zu Recht betont, dass die Aufzählung der vom Vermiet- und Verleihbegriff auszuschließenden Überlassungsvorgänge nur beispielhaft und nicht erschöpfend gemeint und dass ein gemeinsamer Grundgedanke nicht sicher erkennbar sei (AmtlBegr. BTDrucks. 13/115 S. 13). Vom Sinn und Zweck der Richtlinie spricht vieles dafür, auch die Präsenznutzung in Bibliotheken als Vermietung zu erfassen. Wie die anderen europäischen Richtlinien bezweckt auch die Vermiet- und Verleihrechtsrichtlinie eine angemessene Vergütung der Urheber und ausübenden Künstler und sieht zu diesem Zweck einen angemessenen Schutz von urheberrechtlich geschützten Werken vor (vgl. nur Erwgr. 5 ff. der Richtlinie; sa. *Erdmann,* Fs. für Brandner, S. 361/368). In der Intensität der Werknutzung und der damit verbundenen Inanspruchnahme der schöpferischen Leistung besteht zwischen der Präsenznutzung in Bibliotheken und der Ausleihe kein nennenswerter Unterschied. Da die Ausleihe unzweifelhaft als Vermietung erfasst wird, erscheint es von der Zielsetzung der Richtlinie her nicht sinnvoll, die Präsenznutzung anders zu behandeln (ebenso *Erdmann,* Fs. für Brandner, S. 361/369; aA *Rehbinder* ZUM 1996, 349/354; Wandtke/Bullinger/*Heerma*³ § 17 Rdnr. 27; s. zur entsprechenden Problematik beim Verleihen auch § 27 Rdnr. 17 mwN).

Keine Vermietung stellt das **Auslegen von Zeitungen und Zeitschriften** in Wartezimmern von Ärzten, Anwälten oder Friseuren dar (zur diesbezüglichen Rechtsprechung vgl. BGH **35** GRUR 1985, 131 – Zeitschriftenauslage beim Friseur; BGH GRUR 1985, 134 – Zeitschriftenauslage in Wartezimmern; Wandtke/Bullinger/*Heerma*³ § 17 Rdnr. 27; *Jacobs* GRUR 1998, 246/249; sa. Rdnr. 39). Auch die ebenfalls im 13. Erwgr. genannte **Überlassung von Tonträgern und Filmen zur öffentlichen Vorführung oder Sendung** (vertonte oder nicht vertonte Filmwerke oder Laufbilder) sowie die **Überlassung zu Ausstellungszwecken** (zB der Austausch von Kunstwerken zwischen Museen) fallen nicht unter § 17 Abs. 3 (Fromm/Nordemann/*Dustmann*¹⁰ § 17 Rdnr. 40; *Jacobs* GRUR 1998, 246/249; *v. Lewinski* ZUM 1995, 442/444; *Reinbothe/v. Lewinski* S. 36 f.).

Bei der Gebrauchsüberlassung muss es sich um die **Überlassung körperlicher Werkstücke 36** handeln (Dreier/*Schulze*³ § 17 Rdnr. 46; Wandtke/Bullinger/*Heerma*³ § 17 Rdnr. 24). Die **Online-Übertragung** von Werken ist daher keine Vermietung (Loewenheim/*Dünnwald,* Handbuch des Urheberrechts², § 87 Rdnr. 14; *Jacobs* GRUR 1998, 246/249; sa. Rdnr. 6).

Die Gebrauchsüberlassung muss **zeitlich begrenzt** sein. Eine dauernde Gebrauchsüberlassung, wie sie zB mit der Eigentumsübertragung bezweckt wird, stellt keine Vermietung dar. Von **37** einer zeitlichen Begrenzung der Gebrauchsüberlassung ist aber bei wirtschaftlicher Betrachtung nicht nur dann auszugehen, wenn der Gegenstand innerhalb einer bestimmten Zeit zurückgegeben werden muss, sondern auch dann, wenn er innerhalb einer bestimmten Zeit zurückgegeben werden kann (BGH GRUR 2001, 1036/1037 – Kauf auf Probe). Das gilt insbesondere dann, wenn die Eigentumsübertragung zur Umgehung einer Vermietung benutzt wird. Eine solche Situation kann vorliegen, wenn dem Erwerber beim Kauf das Recht eingeräumt wird, die erworbenen Werkstücke zurückzugeben (AmtlBegr. BTDrucks. 13/115 S. 12; vgl. auch BGH GRUR 1989, 417/418 – Kauf mit Rückgaberecht; s. dazu auch *Hoeren* in Anm. zum BGH-Urteil CR 1989, 988; *Heil* CR 1990, 182) oder beim Vertrieb im Wege des Kaufs auf Probe (BGH GRUR 2001, 1036/1037 – Kauf auf Probe; Dreier/*Schulze*³ § 17 Rdnr. 44; Fromm/ Nordemann/*Dustmann*¹⁰ § 17 Rdnr. 39).

2. Unmittelbares oder mittelbares Dienen zu Erwerbszwecken

38 Die Gebrauchsüberlassung muss **unmittelbar oder mittelbar Erwerbszwecken dienen.** Durch dieses Kriterium unterscheidet sich das Vermieten vom Verleihen (§ 27 Abs. 2 S. 2). Der Gesetzgeber hat mit den Begriffen „unmittelbar oder mittelbar" eine weite Fassung gewählt, um auch angrenzende und Umgehungstatbestände einbeziehen zu können (AmtlBegr. BTDrucks. 13/115 S. 12; vgl. auch Rdnr. 32). Beim Begriff des Erwerbszwecks kann von den entsprechenden Begriffen in § 27 aF und § 52 Abs. 1 ausgegangen werden (*Erdmann,* Fs. für Brandner, S. 361/368 f.). Danach liegt ein Erwerbszweck vor, wenn die Gebrauchsüberlassung der Werkstücke **den wirtschaftlichen Interessen des Vermieters dient** (BGH GRUR 1972, 617/618 – Werkbücherei; vgl. im Übrigen § 52 Rdnr. 12 ff. und 1. Aufl. § 27 Rdnr. 8). Die Gebrauchsüberlassung braucht nicht entgeltlich zu erfolgen, ein mittelbarer wirtschaftlicher Nutzen reicht aus, beispielsweise wenn durch die Gebrauchsüberlassung für das sonstige Warenangebot geworben und dadurch der Gewinn gesteigert werden soll (BGH GRUR 2001, 1036/1038 – Kauf auf Probe). Erwerbszwecke können nicht nur von privaten Betrieben, sondern auch von **staatlichen Stellen** verfolgt werden (Dreier/*Schulze*[3] § 17 Rdnr. 45). Im Rahmen eines Gewerbebetriebs erfolgt die Gebrauchsüberlassung regelmäßig zu Erwerbszwecken (*v. Gamm* § 17 Rdnr. 4; *Sack* GRUR 1979, 522/531), etwa bei Videotheken oder Lesezirkeln; die nicht gewerbliche Gebrauchsüberlassung schließt jedoch einen Erwerbszweck nicht aus (BGH aaO).

39 Auch eine **Werkbücherei** dient – mittelbar – Erwerbszwecken (BGH GRUR 1972, 617/618 – Werkbücherei; AmtlBegr. BTDrucks. 13/115 S. 13; vgl. auch 1. Aufl. § 27 Rdnr. 8). Der Gesetzgeber wollte aber im Anschluss an die Begründung des Richtlinienvorschlags der EG-Kommission (Dok. KOM [90] 586 endg. S. 34) die Tätigkeit von Werkbüchereien nicht als Vermietung bewerten (AmtlBegr. BTDrucks. 13/115 S. 13). Die Ausleihe in Werkbüchereien ist daher nicht als Vermietung anzusehen, auch soweit sie nicht zum ausschließlichen Arbeits- oder Dienstgebrauch erfolgt und damit nicht unter die Ausnahmeregelung in § 17 Abs. 3 Nr. 2 fällt (aA *Haberstumpf* Hdb. des Urheberrechts[2] Rdnr. 168; s. zu dieser Frage auch *Reinbothe/v. Lewinski* S. 40). Auch das **Auslegen von Zeitungen und Zeitschriften in Geschäftsräumen und Wartezimmern** (zur Problematik und früheren Rechtslage vgl. 1. Aufl. § 27 Rdnr. 7) dient Erwerbszwecken (OLG München GRUR 1979, 546/548 – Zeitschriftenauslage II; *Loewenheim* GRUR 1980, 550/558; *Sack* BB 1984, 1195/1203 f.; *v. Lewinski,* S. 24). Es unterliegt aber nicht der Erlaubnispflicht des Urhebers. Man wird diese Tatbestände als Überlassung zur Einsichtnahme an Ort und Stelle anzusehen haben, die nicht unter den Begriff der Gebrauchsüberlassung fällt (*Jacobs* GRUR 1998, 246/249; vgl. auch Rdnr. 34). Im Übrigen gibt es auch keinerlei Anhaltspunkte dafür, dass der Gesetzgeber mit der Novellierung der §§ 17 und 27 an der früheren Rechtslage (keine Erlaubnis- und Vergütungspflicht) etwas ändern wollte. Zum Vermieten von Bestsellern durch Bibliotheken vgl. *Schulze* ZUM 2006, 543.

3. Ausnahmetatbestände

40 Nach Abs. 3 Nr. 1 gilt die Überlassung von Originalen oder Vervielfältigungsstücken von **Bauwerken** oder **Werken der angewandten Kunst** nicht als Vermietung. Diese Regelung entspricht Art. 2 Abs. 3 der Vermiet- und Verleihrechtsrichtlinie und trägt dem Umstand Rechnung, dass bei der Vermietung ausgeführter Bauwerke und von Werken der angewandten Kunst der Gebrauchswert des Sachobjekts im Vordergrund steht (AmtlBegr. BTDrucks. 13/115 S. 12; sa. *Jacobs* GRUR 1998, 246/250). Auf Pläne, Modelle und sonstige Abbildungen von Bauwerken und Werken der angewandten Kunst trifft das hingegen nicht zu, so dass die Ausnahme des Abs. 3 Nr. 1 auf sie keine Anwendung findet (AmtlBegr. aaO). Ebenso wenig bezieht sich die Ausnahme auf Werke der reinen Kunst, wie Gemälde, Skulpturen und dergl. (*Jacobs* GRUR 1998, 246/250).

41 Ebenfalls nicht als Vermietung gilt die Überlassung von Originalen oder Vervielfältigungsstücken im Rahmen von **Arbeits- oder Dienstverhältnissen,** wenn sie zu dem ausschließlichen Zweck erfolgt, bei der Erfüllung von Verpflichtungen aus diesem Verhältnis benutzt zu werden (Abs. 3 Nr. 2). Damit hat der Gesetzgeber die zweite Alternative des § 27 Abs. 2 aF in die neue Vorschrift übernommen. Mit dieser 1972 eingefügten Regelung sollten reine Arbeitsbibliotheken von Betrieben und Behörden aus dem Kreis der vergütungspflichtigen Bibliotheken ausgenommen und bei Bibliotheken, die sowohl Arbeitsmittel als auch andere Literatur umfassten, die für den Betrieb oder die Behörde benötigte reine Fachliteratur nicht einbezogen werden (Schriftl. Bericht des Rechtsausschusses, BT-Drucks. VI/3264 S. 5; vgl. auch die 2. Aufl. § 27 Rdnr. 12). Dabei ist der Gesetzgeber zutreffend davon ausgegangen, dass diese Regelung nicht gegen den

Zweck der Vermiet- und Verleihrechtsrichtlinie verstößt und sich daher aufrechterhalten lässt; es erschien ihm nicht gerechtfertigt, die Nutzung etwa einer Werkbücherei durch Arbeitnehmer des Unternehmens, die für betriebliche Zwecke erfolgt, urheberrechtlich unterschiedlich zu beurteilen, je nachdem, ob der Arbeitnehmer das Werkstück in der Werkbücherei, an seinem Arbeitsplatz oder zu Hause benutzt (AmtlBegr. BT-Drucks. 13/115 S. 12f.; sa. *v. Lewinski* ZUM 1995, 442/444; näher dazu Dreier/*Schulze*[3] § 17 Rdnr. 49; Wandtke/Bullinger/*Heerma*[3] § 17 Rdnr. 29). Der **Begriff des Arbeits- oder Dienstverhältnisses** ist weit auszulegen; hierunter fällt auch die Ausleihe von Literatur an in der Ausbildung stehende Betriebsangehörige, Aufsichtsräte, Betriebsräte, Mitglieder der Jugendvertretung und dgl. (Schriftl. Bericht des Rechtsausschusses, BT-Drucks. VI/3264 S. 5).

D. Erschöpfung

Schrifttum: *Baudenbacher*, Erschöpfung der Immaterialgüterrechte in der EFTA und die Rechtslage in der EU; GRUR Int 2000, 584; *Berger*, Urheberrechtliche Erschöpfungslehre und digitale Informationstechnologie, GRUR 2002, 198; *ders.*, Die Erschöpfung des urheberrechtlichen Verbreitungsrechts als Ausprägung der Eigentumstheorie des BGB, AcP 201 (2001) 411; *Bergmann*, Zur Reichweite des Erschöpfungsprinzips bei der Online-Übermittlung urheberrechtlich geschützter Werke, Fs. für Erdmann, 2002, S. 17; *Blachian*, Die Lehre von der Erschöpfung des Verbreitungsrechts im Urheberrecht, Diss. München 1964; *Deutsch*, Die Erschöpfung des Verbreitungsrechts im internationalen Verkehr mit urheberrechtlich geschützten Werken, UFITA 79 (1977) 9; *Gaster*, Die Erschöpfungsproblematik aus der Sicht des Gemeinschaftsrechts, GRUR Int. 2000, 571 ff.; *Ganea*, Ökonomische Aspekte der urheberrechtlichen Erschöpfung, GRUR Int. 2005, 102; *Jaeger*, Die Erschöpfung des Verbreitungsrechts bei OEM-Software, ZUM 2000, 1070; *ders.*, Der Erschöpfungsgrundsatz im neuen Urheberrecht, in Hilty/Peukert (Hrsg.), Interessenausgleich im Urheberrecht, 2004, S. 47; *Joos*, Die Erschöpfungslehre im Urheberrecht, 1991; *Koehler*, Der Erschöpfungsgrundsatz des Urheberrechts in Online-Bereich, 2000; *Koppe*, Die urheberrechtliche Erschöpfung, 2004; *Loewenheim*, Schallplattenimporte und freier Warenverkehr im Gemeinsamen Markt, UFITA 95 (1993) 41; *ders.*, Die Behandlung von vor der Wiedervereinigung eingeräumten vertraglichen Vertriebs- und Verwertungsrechten in den alten und neuen Bundesländern, GRUR 1993, 934; *ders.*, Nationale und internationale Erschöpfung vom Schutzrechten im Wandel der Zeiten, Fs. für Beier, GRUR Int. 1996, 307; *Mailänder*, Gemeinschaftsrechtliche Erschöpfungslehre und freier Warenverkehr, Fs. für Gaedertz, 1992, S. 369; *Metzger*, Erschöpfung des urheberrechtlichen Verbreitungsrechts bei vertikalen Vertriebsbindungen, GRUR 2001, 210; *Niethammer*, Erschöpfungsgrundsatz und Verbraucherschutz im Urheberrecht, 2005; *Omsels*, Erschöpfung ohne Veräußerung – Zum Schicksal des Verbreitungsrechts beim Eigentumserwerb kraft Gesetzes, GRUR 1994, 162; *Poll*, Aktuelle Rechtsfragen bei der Videoauswertung von Spielfilmen, FuR 1982, 356; *Reimer*, Der Erschöpfungsgrundsatz im Urheberrecht und gewerblichen Rechtsschutz unter Berücksichtigung der Rechtsprechung des Europäischen Gerichtshofs, GRUR 1972, 221; *Sack*, Der Erschöpfungsgrundsatz im deutschen Immaterialgüterrecht; GRUR Int. 2000, 610; *Schack*, Rechtsprobleme der Online-Übermittlung, GRUR 2007, 639; *Schricker*, Bemerkungen zur Erschöpfung im Urheberrecht, Fs. für Dietz, 2001, S. 447; *Spindler*, Der Handel mit Gebrauchtsoftware – Erschöpfungsgrundsatz quo vadis?, CR 2008, 69; *Ullrich*, Gemeinschaftsrechtliche Erschöpfung von Immaterialgüterrechten und europäischer Konzernverbund, GRUR Int. 1983, 370; *v. Ungern-Sternberg*, Erschöpfung des Verbreitungsrechts und Vermietung von Videokassetten, GRUR 1984, 262.

I. Übersicht

Das Verbreitungsrecht findet seine Grenze am Erschöpfungsgrundsatz. Schon 1906 hatte das Reichsgericht entschieden, dass das ausschließliche Recht des Urhebers an solchen Werkexemplaren erloschen sei, die er selbst oder ein anderer Berechtigter in Verkehr gebracht habe und die damit Eigentum Dritter geworden seien; die weitere Veräußerung könne nicht mehr untersagt werden (RGZ 63, 394/399 – Koenigs Kursbuch). Von Rechtsprechung und Lehre wurde dieser Grundsatz weiter ausgebaut (näher zu dieser Entwicklung vor allem *Joos* S. 23ff.; *Blachian* S. 27ff.; *Berger* AcP 201 [2001] 411/414ff.) und schließlich in § 17 Abs. 2 gesetzlich festgelegt. Die Rechtsprechung formuliert den Erschöpfungsgrundsatz dahingehend, dass der Rechtsinhaber durch eigene Benutzungshandlungen das ihm vom Gesetz eingeräumte ausschließliche Verwertungsrecht ausgenutzt und damit verbraucht hat, so dass bestimmte weitere Verwertungshandlungen nicht mehr vom Schutzrecht erfasst werden (BGH GRUR 1988, 373/374 – Schallplattenimport III; BGH GRUR 1988, 206/210 – Kabelfernsehen II; BGH GRUR 1986, 736/737 – Schallplattenvermietung; BGH GRUR 1985, 924/925 – Schallplattenimport II; BGH GRUR Int. 1982, 57/58 – Gebührendifferenz III = GRUR 1982, 100/101 – Schallplattenexport; BGH GRUR Int. 1981, 562/563 – Schallplattenimport; BGH GRUR 1981, 413/416 – Kabelfernsehen in Abschattungsgebieten). – Der Erschöpfungsgrundsatz findet auch auf das Verbreitungsrecht des **Tonträgerherstellers** Anwendung (stRspr., vgl. BGH GRUR 1986, 736/737 – Schallplattenvermietung; BGH GRUR 1985, 924/925 – Schallplattenimport II). Einen **allgemeinen Erschöpfungsgrundsatz,** der über das Verbreitungsrecht hinaus auch auf andere

Verwertungsrechte Anwendung findet, gibt es nicht (BGH GRUR 2001, 51/53 – Parfumflakon; BGH GRUR 2000, 699/701 – Kabelweitersendung; OLG Düsseldorf GRUR-RR 2009, 45/46 – Schaufensterdekoration; Fromm/Nordemann/*Dustmann*[10] § 17 Rdnr. 26; Dreier/*Schulze*[3] § 17 Rdnr. 30; *Jaeger* in Hilty/Peukert, S. 51 ff.; eingehend dazu § 15 Rdnr. 31 ff.). Die Darlegungs- und Beweislast für den Eintritt der Erschöpfung trifft denjenigen, der sich darauf beruft (BGH GRUR 2005, 505 – Atlanta).

43   Einen erheblichen Einfluss auf die Erschöpfung des Verbreitungsrechts hat die **Rechtsprechung des EuGH** gehabt. Die sich aus dem territorialen Charakter des Urheberrechts (dazu vor §§ 120 ff. Rdnr. 120 ff.) ergebende Möglichkeit, Nutzungsrechte staatenweise gesondert, also auch für das Ausland und das Inland getrennt einzuräumen, hatte ursprünglich auch innerhalb der EU erlaubt, Lieferungen geschützter Werkstücke zwischen den Mitgliedstaaten zu untersagen. Das bedeutete naturgemäß einen Konflikt mit den Zielsetzungen des Gemeinschaftsrechts, dessen erklärte Aufgabe es ist, einen einheitlichen Wirtschaftsraum zu schaffen und Handelsschranken zwischen den Mitgliedstaaten zu beseitigen. Dieses Problem war nicht auf das Urheberrecht beschränkt, sondern trat vor allem auch bei Marken und Patenten auf; der EuGH hatte sich schon frühzeitig (1966) mit ihm zu befassen (GRUR Int. 1966, 580 – Grundig/Consten). Nach anfänglichen eher tastenden Versuchen (vgl. näher zur Entwicklung die 1. Aufl. Rdnr. 28 ff.) entwickelte der EuGH auf der Basis der Art. 30 ff. EGV die Formel von der **gemeinschaftsweiten Erschöpfung:** „Nach ständiger Rechtsprechung des Gerichtshofs stellt die Ausübung eines gewerblichen und kommerziellen Eigentumsrechts durch seinen Inhaber – die die kommerzielle Verwertung eines Urheberrechts umfasst –, um die Einfuhr eines Erzeugnisses aus einem Mitgliedstaat, in dem das Erzeugnis von diesem Inhaber oder mit seiner Zustimmung rechtmäßig in den Verkehr gebracht worden ist, in einen anderen Mitgliedstaat zu verhindern, eine Maßnahme gleicher Wirkung wie eine mengenmäßige Beschränkung gemäß Art. 30 des Vertrages dar, die nicht zum Schutz des gewerblichen und kommerziellen Eigentums im Sinne von Art. 36 des Vertrags gerechtfertigt ist" (EuGH GRUR Int. 1981, 229/230 – Gebührendifferenz II; EuGH GRUR Int. 1981, 393/396 – Imerco Jubiläum; EuGH GRUR Int. 1982, 372/376 – Polydor/Harlequin; EuGH GRUR Int. 1988, 243/245 – Vorführungsgebühr; EuGH GRUR Int. 1989, 668/669 – Warner Brothers/Christiansen; EuGH GRUR Int. 1989, 319/320 – Schutzfristenunterschiede; s. zur Erschöpfung des Verbreitungsrechts aus neuerer Zeit auch EuGH GRUR Int. 2007, 237 – Laserdisken; EuGH ZUM 2008, 508). Mit dem ersten Inverkehrbringen von Werkstücken, das durch den Rechtsinhaber oder mit seiner Zustimmung innerhalb der Gemeinschaft erfolgt, erschöpft sich also das Verbreitungsrecht; die weitere Verbreitung der Werkstücke innerhalb der Gemeinschaft kann urheberrechtlich nicht mehr untersagt werden (wegen weiterer Einzelheiten s. die 1. Aufl. Rdnr. 32 ff.). Der Grundsatz der gemeinschaftsweiten Erschöpfung hat mit dem 3. UrhGÄndG seinen Eingang in § 17 Abs. 2 gefunden (vgl. Rdnr. 2; sa. AmtlBegr. BTDrucks. 13/115 S. 12); seine Anwendung ergibt sich unmittelbar aus dieser Vorschrift.

44   Die rechtstheoretische **Begründung des Erschöpfungsprinzips** stützt sich heute vor allem auf zwei Erwägungen (Einzelheiten zur Entwicklung bei *Blachian* S. 30 ff.). Zum einen ist dem verwertungsrechtlichen Interesse des Urhebers in der Regel genügt, wenn er bei der ersten Verbreitungshandlung die **Möglichkeit** gehabt hat, **seine Zustimmung von der Zahlung eines Entgelts abhängig zu machen.** Eine spätere Benutzung des Werkstückes soll grundsätzlich frei sein (BGH GRUR 1995, 673/676 – Mauerbilder; BGH GRUR 1985, 131/132 – Zeitschriftenauslage beim Friseur; BGH GRUR 1985, 134 – Zeitschriftenauslage in Wartezimmern). Zum anderen ist das Allgemeininteresse an **klaren und übersichtlichen Verhältnissen im Rechtsverkehr** zu berücksichtigen. Die weitere Verbreitung rechtmäßig veräußerter Werkstücke darf nicht durch daran fortbestehende Rechte unzumutbar erschwert werden. Könnte der Rechtsinhaber, wenn er das Werkstück verkauft oder seine Zustimmung zur Veräußerung gegeben hat, noch in den weiteren Vertrieb des Werkstücks eingreifen, so wäre dadurch der freie Warenverkehr in unerträglicher Weise behindert (BGH GRUR 2001, 51/53 – Parfumflakon; BGH GRUR 1995, 673/676 – Mauerbilder; BGH GRUR 1986, 736/737 – Schallplattenvermietung; im Schrifttum zum ganzen näher *Berger* AcP 201 [2001] 411/418 ff.; *Blachian* S. 55 ff.; *Joos* S. 51 ff.; *Reimer* GRUR Int. 1972, 221/226; *Jaeger* in Hilty/Peukert, S. 50 f. jeweils mwN.; vgl. auch die Nachw. in der 1. Aufl. Rdnr. 16). Die zunächst im Anschluss an RGZ 63, 394 – Koenigs Kursbuch – vom BGH (GRUR 1952, 530/531 – Parkstraße 13) gegebene, später aber nicht mehr aufrechterhaltene Begründung, das **Eigentum** der Erwerber der Werkstücke stehe der Möglichkeit entgegen, das Urheberrecht auf Verbreitungshandlungen zu erstrecken, die nach der rechtmäßigen Veräußerung erfolgten, ist abzulehnen (dazu näher 1. Aufl. Rdnr. 16).

II. Voraussetzungen

Die Erschöpfung des Verbreitungsrechts tritt nur durch die in Abs. 2 bezeichneten Verbreitungshandlungen ein, nicht durch Verwertungshandlungen anderer Art, etwa durch die öffentliche Vorführung eines Videofilms (BGH GRUR 1986, 742/743 – Videofilmvorführung) oder die Ausstellung des Werks (BGH GRUR 1995, 673/676 – Mauer-Bilder). Insbesondere beim **Vervielfältigungsrecht** kann keine Erschöpfung eintreten (BGH GRUR 2001, 54/53 – Parfumflakon, allerdings mit Einschränkungen für die werbemäßige Darstellung, sa. OLG Düsseldorf ZUM-RD 2008, 524/525, dazu kritisch *Schricker*, Fs. für Dietz, S. 447 ff.; wie hier *Rehbinder*[15] Rdnr. 337). Auch durch **Online-Übertragung** übermittelte Daten unterliegen nicht der Erschöpfung (OLG Frankfurt CR 2009, 423/424; LG Berlin GRUR-RR 2009, 329; *Dreier/ Schulze*[3] § 17 Rdnr. 30; *Dreyer/Kotthoff/Meckel*[2], § 17 Rdnr. 28; *Bergmann*, Fs. für Erdmann, S. 17 ff.; *Jaeger* in Hilty/Peukert, S. 51 ff. mit Änderungsvorschlägen de lege ferenda; weitere Nachweise bei *Schack* GRUR 2007, 639 Fn. 92; aA Wandtke/Bullinger/*Heerma*[3] § 17 Rdnr. 16; Möhring/Nicolini/*Hoeren*[2] § 16 Rdnr. § 69 c Rdnr. 16; *Koehler* S. 177; *Schack* GRUR 2007, 639/644; *Berger* GRUR 2002, 198/200 ff.; wohl auch Fromm/Nordemann/*Dustmann*[10] § 17 Rdnr. 26; weitere Nachweise bei *Schack* aaO Fn. 92; zur parallelen Problematik bei Computer-Programmen vgl. § 69 c Rdnr. 32; bei Datenbanken § 4 Rdnr. 52). Die Online-Übertragung stellt keine Verbreitung dar, sondern ist ein Recht der öffentlichen Wiedergabe (vgl. Rdnr. 6). Der Empfänger online übermittelter Daten darf diese nicht ohne Zustimmung des Berechtigten verbreiten, es sei denn, der Rechtsinhaber hat der Verbreitung zugestimmt; er darf also ohne Zustimmung körperliche Festlegungen, die er von den online übermittelten Daten gemacht hat (in Printform als Ausdrucke oder in digitaler Form auf Diskette, CD-ROM oder ähnlichem) nicht weitergeben (LG Berlin GRUR-RR 2009, 329), er darf die Daten aber auch nicht online weiterübermitteln, (aA *Berger* GRUR 2002, 198/200 ff.). Abs. 2 setzt ein **Inverkehrbringen** des Originals oder von Vervielfältigungsstücken **im Wege der Veräußerung** (dazu Rdnr. 48 ff.) voraus, das **im Gebiet der EU oder des EWR** (dazu Rdnr. 53) erfolgen und von der **Zustimmung des zur Verbreitung Berechtigten** (dazu Rdnr. 54 f.) gedeckt sein muss. Durch das 3. UrhGÄndG hat sich (abgesehen vom Fortbestehen des Vermietrechts, dazu Rdnr. 30) nur der für das Inverkehrbringen relevante räumliche Bereich geändert, so dass im Übrigen auf die frühere Rechtsprechung zurückgegriffen werden kann. Auch im Erwägungsgrund 29 der Richtlinie zur Informationsgesellschaft (Richtlinie 2001/29/EG) heißt es: „Die Frage der Erschöpfung stellt sich weder bei Dienstleistungen allgemein noch bei Online-Diensten im Besonderen. Dies gilt auch für materielle Vervielfältigungsstücke eines Werks oder eines sonstigen Schutzgegenstands, die durch den Nutzer eines solchen Dienstes mit Zustimmung des Rechtsinhabers hergestellt worden sind."

1. Inverkehrbringen durch Veräußerung

Das **Inverkehrbringen** in Abs. 2 entspricht dem gleich lautenden Begriff in Abs. 1 (vgl. dazu Rdnr. 14 f.). Es muß durch **Veräußerung** erfolgen. Die Werkstücke müssen effektiv in den freien Handelsverkehr gelangt sein, sei es auch nur auf dem Großhandelsmarkt; die bloße **Durchfuhr** durch einen Mitgliedstaat reicht dafür nicht aus (BGH GRUR Int. 1981, 562/564 – Schallplattenimport – mit zust. Anm. *Ulmer*). An einem Inverkehrbringen fehlt es, wenn Verlagserzeugnisse als **Makulatur** zur Vernichtung veräußert werden. Die Veräußerung erfolgt in diesem Fall nicht in Ausnutzung des Verbreitungsrechts; es soll gerade verhindert werden, dass die Werkstücke in den Verkehr gelangen (OLG Karlsruhe GRUR 1979, 771/772 – Remission; *Schricker*, Verlagsrecht[3] § 8 Rdnr. 31; Wandtke/Bullinger/*Heerma*[3] § 17 Rdnr. 15; Möhring/ Nicolini/*Kroitzsch*[2] § 16 Rdnr. 41; *Joos* S. 76; *Blachian* S. 66; zur Verramschung s. Rdnr. 49). Ebenso ist ein Inverkehrbringen bei der rein **konzerninternen Veräußerung** zu verneinen, bei der Werkstücke nicht auf den freien Markt kommen (BGH GRUR 1982, 100/101 f. – Schallplattenexport; BGH GRUR 1981. 587 – Schallplattenimport; OLG Hamburg GRUR Int. 1970, 377 – Polydor – mit insoweit zust. Anm. von *Ulmer*; Dreier/*Schulze*[3] § 17 Rdnr. 27; *Schricker*, Verlagsrecht[3] § 8 Rdnr. 28 b; Fromm/Nordemann/*Dustmann*[10] § 17 Rdnr. 30; Dreier/*Schulze*[3] § 17 Rdnr. 27; *Dreyer*/Kotthoff/Meckel[2], § 17 Rdnr. 35; Möhring/Nicolini//*Kroitzsch*[2] § 16 Rdnr. 19; *Joos* S. 152 ff.).

Das **Vermietrecht** unterliegt nach § 17 Abs. 2 letzter Halbs. nicht der Erschöpfung. Wer beispielsweise Noten an Konzertveranstalter oder Filmkopien an Lichtspieltheater vermietet, kann die weitere Verbreitung dieses Materials untersagen.

§ 17 Verbreitungsrecht

48 Das Verbreitungsrecht erschöpft sich nur, wenn das Inverkehrbringen der Werkstücke **im Wege der Veräußerung** erfolgt. Allerdings ist der Begriff der Veräußerung nicht nur im Sinne eines Verkaufs nach §§ 433 ff. BGB zu verstehen, sondern erfasst in der Regel jede Übereignung oder Entäußerung des Eigentums, ohne dass es auf den Charakter des zugrundeliegenden Kausalgeschäfts (Kauf, Tausch, Schenkung usw.) ankommt (BGH GRUR 1995, 673/675 f. – Mauerbilder). Nach Art. 4 Abs. 2 der Richtlinie zur Informationsgesellschaft erschöpft sich das Verbreitungsrecht nur, durch den „Erstverkauf... oder eine andere erstmalige Eigentumsübertragung". Entscheidend ist, dass sich der Berechtigte **der Verfügungsmöglichkeit** über die Werkstücke **endgültig begibt** (Fromm/Nordemann/*Dustmann*[10] § 17 Rdnr. 29; Wandtke/Bullinger/*Heerma*[3] § 17 Rdnr. 14; Dreier/*Schulze*[3] § 17 Rdnr. 25; *Joos* S. 74 ff.; *Blachian* S. 66). Daher war schon bisher anerkannt, daß die **vorübergehende Besitzüberlassung,** etwa durch Vermieten oder Verleihen von Werkstücken, nicht zur Erschöpfung des Verbreitungsrechts führt, da der Urheber hier gerade die weitere Kontrolle erkennbar behalten will (AmtlBegr. BT-Drucks. IV/270 S. 48); nach der Entscheidung des EuGH v. 17. 4. 2008 liegt beim Vermieten oder Verleihen bereits keine Verbreitung vor (EuGH ZUM 2008, 508 – C-456/06; sa. Rdnr. 8 und 14).

49 Die **Übereignung** des Werkstücks stellt in aller Regel eine Veräußerung iSd. Abs. 2 dar (*Ulmer*[3] § 47 I 2). Das gilt auch für die Überlassung von **Freiexemplaren** und **Rezensionsexemplaren.** Der Verleger kann gegen eine Weitergabe dieser Stücke urheberrechtlich nicht vorgehen, wohl aber kann eine vertragliche Pflicht verletzt sein (*Schricker*, Verlagsrecht[3] § 8 Rdnr. 29; *Blachian* S. 67). Ebenso ist es, wenn Werkstücke an einen Dritten zur **Verramschung** veräußert werden (*Schricker*, Verlagsrecht[3] § 8 Rdnr. 30); s. aber zur **Makulierung** Rdnr. 46.

50 Anders ist es jedoch, wenn die Übereignung nicht zum endgültigen Verlust der Verfügungsmöglichkeit über die Werkstücke führen soll. Daher liegt in der **Sicherungsübereignung** noch keine Veräußerung, erst mit der Verwertung des Sicherungsgutes tritt Erschöpfung ein (Dreier/*Schulze*[3] § 17 Rdnr. 26; Wandtke/Bullinger/*Heerma*[3] § 17 Rdnr. 14; *Dreyer*/Kotthoff/Meckel[2], § 17 Rdnr. 37; *Schricker*, Verlagsrecht[3] § 28b; *Ulmer*[3] § 47 I 2; *Joos* S. 70 f.; *Blachian* S. 67; aA *Berger* AcP 201 [2001] 411/433). Vorher ist der Sicherungsnehmer zwar Eigentümer, aber durch die Sicherungsabrede treuhänderisch gebunden; der Sicherungsgeber will sich seiner Verfügungsmöglichkeit gerade nicht endgültig begeben, sondern lediglich den dem Werkstück innewohnenden wirtschaftlichen Wert zu Sicherungszwecken benutzen. Umgekehrt ist es beim **Eigentumsvorbehalt.** Mit Recht wird eine Veräußerung jedenfalls dann angenommen, wenn dem Erwerber die Berechtigung zur Weiterveräußerung eingeräumt wird, insbesondere also in den Fällen des verlängerten Eigentumsvorbehalts (Dreier/*Schulze*[3] § 17 Rdnr. 25; Wandtke/Bullinger/*Heerma*[3] § 17 Rdnr. 14; *Dreyer*/Kotthoff/Meckel[2], § 17 Rdnr. 33; *Schricker*, Verlagsrecht[3] § 28b; *Ulmer*[3] § 47 I 2; *Joos* S. 73; *Blachian* S. 67; aA Möhring/Nicolini//*Kroitzsch*[2] § 16 Rdnr. 48 ff.; *Berger* AcP 201 [2001] 411/434). Die Rechtsübertragung unter Eigentumsvorbehalt stellt eine Übereignung dar, bei der die dingliche Einigung unter der Bedingung der vollständigen Zahlung des Kaufpreises steht und der Erwerber zwar noch nicht das Volleigentum, aber ein Anwartschaftsrecht darauf erwirbt. Ebenso wie beim Sicherungseigentum der Sicherungsnehmer nur bei Eintritt des Sicherungsfalls über die Sache verfügen kann, darf der Vorbehaltsverkäufer dies nur tun, wenn der Erwerber mit seinen Zahlungen in Rückstand gerät. Wirtschaftlich gesehen will sich also der Veräußerer die Sicherungsmöglichkeit vorbehalten, ansonsten sich aber der Verfügungsmöglichkeit über das Werkstück begeben.

51 Ein **gesetzlicher Eigentumsübergang** nach § 946 ff. BGB, insbesondere nach § 950 BGB (zB Graffiti auf fremden Häuserwänden, Mauern oder Autos) stellt regelmäßig keine Veräußerung iSv. § 17 Abs. 2 dar, weil der Urheber damit im Allgemeinen kein verkehrsfähiges Werkexemplar als Wirtschaftsgut freigibt und die Gründe, auf denen die Erschöpfung des Verbreitungsrechts basiert (vgl. Rdnr. 44), hier nicht vorliegen (BGH GRUR 1995, 673/676 – Mauer-Bilder; Dreier/*Schulze*[3] § 17 Rdnr. 26; Wandtke/Bullinger/*Heerma*[3] § 17 Rdnr. 15; *Dreyer*/Kotthoff/Meckel[2], § 17 Rdnr. 34; *Beater* UFITA 127 [1995] 61/71; *Omsels* GRUR 1994, 162 ff.).

52 Das **Verbreitungsrecht lebt wieder auf,** wenn die Veräußerung rückgängig gemacht wird. Das ist beispielsweise der Fall, wenn ein Buchhändler aufgrund eines Remissionsrechts Verlagserzeugnisse dem Verleger zurückgibt oder wenn der Veräußerer die unter Eigentumsvorbehalt veräußerten Werkstücke wieder an sich nimmt (OLG Karlsruhe GRUR 1979, 771/773 – Remission; *Dreyer*/Kotthoff/Meckel[2], § 17 Rdnr. 38; *Schricker*, Verlagsrecht[3] § 28b; *Ulmer*[3] § 47 I 2; *Rehbinder*[15] Rdnr. 329; *Joos* S. 71 ff., 73 f.; *Blachian* S. 67; aA Möhring/Nicolini/*Kroitzsch*[2] § 16 Rdnr. 51). Der Erschöpfung ist in solchen Fällen die Grundlage (dazu Rdnr. 44) entzogen:

2. Im Gebiet der EU oder des EWR

Das Inverkehrbringen muss im Gebiet der Europäischen Union oder eines anderen Vertragsstaates des Abkommens über den Europäischen Wirtschaftsraum (Island, Liechtenstein, Norwegen) erfolgen. Mit dieser Regelung hat der Gesetzgeber dem vom EuGH entwickelten Grundsatz der gemeinschaftsweiten Erschöpfung (dazu Rdnr. 43) Rechnung getragen (AmtlBegr. zum 3. UrhGÄndG, BTDrucks. 13/115 S. 12). Maßgeblich ist der Ort des Inverkehrbringens, auf den Ort der Herstellung kommt es demgegenüber nicht an (BGH GRUR Int. 1981, 362/564 – Schallplattenimport). Zur Frage, ob auch ein Inverkehrbringen außerhalb der EU bzw. des EWR die Erschöpfung eintreten lässt (internationale Erschöpfung) vgl. Rdnr. 64 ff. 53

3. Zustimmung des Berechtigten

Der Eintritt der Erschöpfung setzt voraus, dass der zur Verbreitung Berechtigte dem Inverkehrbringen durch Veräußerung zugestimmt hat. Fehlt es an einer solchen Zustimmung, etwa weil der Berechtigte sie nicht abgegeben hat oder weil ein Nichtberechtigter sie abgegeben hat, so tritt Erschöpfung nicht ein. **Berechtigter** ist zunächst der Urheber, ferner alle diejenigen, die eine Berechtigung vom Urheber ableiten. Das sind einmal die Rechtsnachfolger (§ 30), vor allem aber diejenigen, denen der Urheber im Wege der Einräumung von Nutzungsrechten die Berechtigung zur Verbreitung erteilt hat, zB der Verleger. Die Berechtigung kann sich auch aus einer mehrstufigen Rechtseinräumung bzw. -übertragung ergeben (zur mehrstufigen Nutzungsrechtseinräumung vgl. vor §§ 28 Rdnr. 51 ff.; Loewenheim/*Loewenheim*/*J. B. Nordemann*, Handbuch des Urheberrechts[2], § 25 Rdnr. 9 ff.). Auch schuldrechtlich kann die Berechtigung erteilt werden (*v. Gamm* § 11 Rdnr. 13). Im Verletzungsprozess obliegt die **Darlegungs- und Beweislast** für die Zustimmung zum Inverkehrbringen grundsätzlich dem Beklagten, der sich gegenüber der vom Kläger schlüssig vorgetragenen Verletzungshandlung mit dem Einwand verteidigt, das Verbreitungsrecht sei erschöpft (BGH GRUR 2005, 505/506 – Atlanta; BGH GRUR 1985, 924/926 – Schallplattenimport II). 54

Die Berechtigung muss für das **Gebiet** bestehen, in dem das Inverkehrbringen erfolgt. Das ergibt sich daraus, dass bei der beschränkten Einräumung eines Verbreitungsrechts die Erschöpfung nur hinsichtlich des beschränkt eingeräumten Teils des Verbreitungsrechts eintritt, nicht aber hinsichtlich der Teile, die durch die Beschränkung von der Rechtseinräumung ausgenommen sind (vgl. näher Rdnr. 59). Wer für ein bestimmtes Gebiet kein Verbreitungsrecht besitzt, kann auch nicht dem Inverkehrbringen in diesem Gebiet wirksam zustimmen. Bringt beispielsweise ein Nutzungsberechtigter, dessen Verbreitungsrecht auf Deutschland beschränkt ist, Werkstücke in der Schweiz in Verkehr, so erschöpft sich das deutsche Verbreitungsrecht nicht. Die der Schweiz veräußerten Werkstücke sind ohne die erforderliche Zustimmung des Berechtigten in Verkehr gebracht und dürfen weder hier noch in Deutschland weiterverbreitet werden. Anderes gilt allerdings, wenn Werkstücke im Gebiet der EU oder des EWR in Verkehr gebracht werden. Auch wenn das Verbreitungsrecht auf bestimmte Mitgliedstaaten beschränkt ist (dazu Rdnr. 21) und das In-Verkehr-Bringen in einem anderen Mitgliedstaat erfolgt, tritt nach dem Prinzip der gemeinschaftsweiten Erschöpfung (dazu Rdnr. 43) die Erschöpfung für das gesamte Gebiet der EU und des EWR ein; die Werkstücke dürfen innerhalb dieses Gebietes frei zirkulieren. Sie sind mit Zustimmung des Berechtigten im Gebiet der EU bzw. des EWR in Verkehr gebracht worden (§ 17 Abs. 2). 55

Werden Werkstücke, die sich bereits **außerhalb der Gemeinschaft** bzw. des EWR im Verkehr befanden, in einen Mitgliedstaat der EU bzw. des EWR importiert, so hängt die Zulässigkeit des Weitervertriebs in einen anderen Mitgliedstaat davon ab, ob der Berechtigte zum ersten Inverkehrsetzen innerhalb der EU bzw. des EWR seine Zustimmung gegeben hatte oder nicht (dazu näher *Loewenheim* UFITA 95 [1983] 41/70 f.). Der Grundsatz der internationalen Erschöpfung, der ein In-Verkehr-Bringen außerhalb der EU bzw. des EWR für den Eintritt der Erschöpfung ausreichen läßt (dazu näher Rdnr. 64 ff.) findet keine Anwendung. Gleichermaßen kann der Berechtigte innergemeinschaftliche Lieferungen von Werkstücken untersagen, die für den Export in einen Drittstaat außerhalb der EU oder des EWR bestimmt waren und ohne seine Zustimmung in einem Mitgliedstaat in Verkehr gebracht wurden. 56

Zur Verbreitung **rechtswidrig hergestellter Werkstücke** liegt eine Zustimmung in aller Regel nicht vor, so dass ihre Verbreitung verhindert werden kann. Das gilt auch für die sog. 57

Surplus-Produktion, also in den Fällen, in denen der Hersteller von Werkstücken (insb. von Ton- und Bildträgern) mehr Stücke herstellt, als er aufgrund des ihm eingeräumten Nutzungsrechts darf. Wird diese Mehrproduktion in Verkehr gebracht, so fehlt es insoweit an der Zustimmung des Berechtigten.

58   Im Interesse der Rechtsklarheit kann die **Zustimmung keinen Beschränkungen oder Bedingungen** unterworfen werden (BGH GRUR 1986, 736/737 – Schallplattenvermietung – mit zust. Anm. *Hubmann; Dreyer*/Kotthoff/Meckel[2], § 17 Rdnr. 55; *Schricker* EWiR 1986, 1139/1140; *Reimer* GRUR Int. 1972, 221/227; eingehend *Joos* S. 168 ff., insb. S. 175 f.; aA *v. Ungern-Sternberg* GRUR 1984, 262/264). Er kann beispielsweise seine Zustimmung nicht davon abhängig machen, dass der Erwerber der Werkstücke bei der Weiterveräußerung einen bestimmten Preis einhält. Er kann auch seine **Zustimmung nicht auf einen Teil des Verbreitungsrechts beschränken.** So kann er nicht seine Zustimmung nur für eine bestimmte Menge oder nur für ein bestimmtes Gebiet erteilen. Eine gleichwohl vorgenommene Beschränkung der Zustimmung hat allenfalls schuldrechtliche, aber keine urheberrechtlichen Folgen und wirkt sich auf die Erschöpfung nicht aus. Durch die Zustimmung des Berechtigten wird also immer (mit Ausnahme des Vermietrechts) dessen **gesamtes Verbreitungsrecht erschöpft,** der Berechtigte hat nicht die Möglichkeit, durch eine Beschränkung seiner Zustimmung die Erschöpfungswirkung nur partiell eintreten lassen. Von der Beschränkung der Zustimmung ist der Fall zu unterscheiden, dass das Verbreitungsrecht beschränkt eingeräumt ist (sa. Dreier/*Schulze*[3] § 17 Rdnr. 32). Soweit das Verbreitungsrecht wirksam beschränkt ist, fehlt es bei einer außerhalb der Beschränkung liegenden Verbreitungshandlung an einer wirksamen Zustimmung; Erschöpfung tritt insoweit nicht ein (vgl. näher Rdnr. 55). Das bedeutet, dass der Berechtigte, dem ein beschränktes Verbreitungsrecht eingeräumt oder übertragen wurde, seine **Zustimmung nur im Rahmen des ihm eingeräumten Verbreitungsrechts** erteilen kann, er kann weder über diesen Rahmen hinausgehen noch kann er innerhalb dieses Rahmens seine Zustimmung einschränken.

III. Erschöpfung beschränkter Verbreitungsrechte

59   Ist das Verbreitungsrecht beschränkt eingeräumt worden (zur Zulässigkeit der beschränkten Einräumung vgl. Rdnr. 19 ff.), so führt ein Inverkehrbringen von Werkstücken, das sich im Rahmen der beschränkt eingeräumten Verbreitungsberechtigung hält, dazu, dass die **Erschöpfung nur hinsichtlich des beschränkt eingeräumten Teils des Verbreitungsrechts eintritt,** nicht aber hinsichtlich der Teile, die durch die Beschränkung von der Rechtseinräumung ausgenommen wurden. Bringt also der Lizenznehmer Werkstücke auf einem anderen als auf dem zugelassenen Absatzweg in Verkehr, so ist diese Nutzung nicht mehr von der Zustimmung des zur Verbreitung Berechtigten gedeckt mit der Folge, dass insoweit mangels Zustimmung keine Erschöpfung des Verbreitungsrechts eintreten kann (BGH GRUR 2001, 153/154 – OEM-Version; BGH GRUR 1986, 736/537 – Schallplattenvermietung; BGH GRUR 1959, 200/202 f. – Der Heiligenhof; OLG Hamburg GRUR 2002, 536/37– Flachmembranlautsprecher; OLG Frankfurt/M NJW 1982, 1653/1654; OLG Karlsruhe GRUR 1984, 198 f. – Beschränkte Nutzung bei Video-Cassetten; LG München I FuR 1982, 509/510; LG Hamburg FuR 1982, 392/393; Dreier/*Schulze*[3] § 17 Rdnr. 32; Wandtke/Bullinger/*Heerma*[3] § 17 Rdnr. 17; Möhring/Nicolini//*Kroitzsch*[2] § 16 Rdnr. 43; *Schricker,* Verlagsrecht[3] § 8 Rdnr. 28 a; *Rehbinder*[15] Rdnr. 326; *Ulmer*[3] § 47 IV 2; *Joos* S. 104; *Blachian* S. 88 ff.; *v. Ungern-Sternberg* GRUR 1984, 262/264; *Reimer* GRUR Int. 1972, 221/224 f. und GRUR 1962, 619/631 Fn. 90 a; *Zippold* FuR 1983, 384/385 ff.; *Poll* FuR 1982, 356/360; *Seifert* FuR 1982, 291/293; anders noch OLG Hamm GRUR 1981, 743/745 – Video-Film-Kassetten; LG München I GRUR 1983, 763 – Vermietung von Tonträgern, die davon ausgehen dass sich das Verbreitungsrecht insgesamt und nicht nur bezüglich des beschränkt eingeräumten Teils erschöpfe, weil § 17 Abs. 2 nach seinem Wortlaut den Eintritt der Erschöpfung nur vom Inverkehrbringen der Werkstücke im Wege der Veräußerung mit Zustimmung des Berechtigten abhängig mache und in die Formulierung nicht die durch § 32 (jetzt: § 31 Abs. 1) gegebene Möglichkeit der beschränkten Einräumung des Verbreitungsrechts einbeziehe; vgl. auch den abweichenden Lösungsansatz von *Berger* AcP 201 [2001] 411/430 ff.).

60   Ist die Verbreitung im Rahmen des (zulässigerweise) beschränkt eingeräumten Verbreitungsrechts erfolgt, so ist die Erschöpfung eingetreten und der **weitere Vertrieb kann vom Berechtigten nicht mehr kontrolliert** werden. Auf die Art und Weise der weiteren Nutzung

Verbreitungsrecht § 17

braucht sich die Zustimmung nicht zu erstrecken; der Berechtigte kann sich nicht darauf berufen, er habe für eine bestimmte Form des weiteren Vertriebs seine Zustimmung nicht erteilt oder diese Vertriebsform sogar untersagt. Die dingliche Beschränkung des Verbreitungsrechts wirkt sich nicht dahin aus, dass der Berechtigte nach dem mit seiner Zustimmung erfolgten Inverkehrbringen auch alle weiteren Verbreitungsakte daraufhin überprüfen könnte, ob sie mit der ursprünglichen Begrenzung des Nutzungsrechts im Einklang stehen oder nicht (BGH GRUR 2001, 153/154 – OEM-Version; OLG Hamburg GRUR 2002, 536/537 – Flachmembranlautsprecher; KG GRUR-RR 2002, 125/126 – Gruß aus Potsdam; dazu auch Metzger GRUR 2001, 210/211 f.). Hat ein Berechtigter nur für den Fachhandel bestimmte Versionen von Computerprogrammen an Zwischenhändler geliefert, die er nach dem ihm eingeräumten Recht zur Verbreitung liefern durfte, so kann er nicht verhindern, dass diese Zwischenhändler die Computer-Programme an Nichtfachhändler weitergeben (BGH GRUR 2001, 153 – OEM-Version). Hat ein Fotograf einem Verlag ein auf die Herstellung von Ansichtskarten und Kalendern beschränktes Nutzungsrecht eingeräumt, so kann er es nicht untersagen, dass ein Süßwarenhersteller Pralinenschachteln mit den Ansichtskarten dekoriert (KG GRUR-RR 2002, 125/126 – Gruß aus Potsdam). Sind einem Verleger die Verlagsrechte für eine Ausgabe für den Sortimentsbuchhandel unter Ausschluss von Buchgemeinschaften eingeräumt worden und überlässt er dann Werkexemplare einer Buchgemeinschaft, so erschöpft sich an diesen Exemplaren das Verbreitungsrecht nicht, der Vertrieb der Exemplare durch die Buchgemeinschaft ist unzulässig (BGH GRUR 1959, 200/202 f. – Der Heiligenhof; wohl aber kann der Sortimenter die an ihn gelieferten Exemplare an eine Buchgemeinschaft veräußern, da an ihnen das Verbreitungsrecht durch das Inverkehrbringen gegenüber dem Sortimenter erschöpft ist).

IV. Erschöpfungswirkung

Die Wirkung der Erschöpfung besteht darin, dass die **Weiterverbreitung** der Werkstücke 61 **zulässig** ist, der Urheber oder sonstige zur Verbreitung Berechtigte kann sein Verbietungsrecht nicht mehr geltend machen. Davon ausgenommen ist die **Vermietung;** das Vermieten (nicht aber das Verleihen) kann also weiterhin untersagt werden, es sei denn, dass der zur Verbreitung Berechtigte der Vermietung zugestimmt hat (vgl. näher Rdnr. 30 ff.; sa. AmtlBegr. zum 3. UrhG-ÄndG, BTDrucks. 13/115 S. 12). Bei mehrstufigem Vertrieb ist das Verbreitungsrecht mit dem mit Zustimmung des Berechtigten erfolgten Inverkehrbringen **auf der ersten Vertriebsstufe erschöpft;** der weitere Vertriebsweg kann aufgrund des Verbreitungsrechts nicht mehr kontrolliert werden (vgl. Rdnr. 29). Bei der Erschöpfung handelt es sich um **zwingendes Recht,** das nicht abbedungen werden kann.

Der Regelungsbereich des § 17 Abs. 2 beschränkt sich angesichts des Territorialitätsprinzips 62 (dazu vor §§ 120 ff. Rdnr. 120 ff.) zwar auf den Geltungsbereich des Urheberrechtsgesetzes, so dass diese Vorschrift auch nur für dieses Gebiet den Erschöpfungseintritt anordnen kann (vgl. auch AmtlBegr. zum 2. UrhGÄndG BTDrucks. 12/4022, S. 11). Angesichts der Harmonisierung der nationalen Regelungen in den Mitgliedstaaten und des Prinzips der gemeinschaftsweiten Erschöpfung tritt die **Erschöpfungswirkung** aber **einheitlich für das gesamte Gebiet der Europäischen Union und des Abkommens über den Europäischen Wirtschaftsraum** (zusätzlich zu den Mitgliedstaaten der EU also Island, Liechtenstein und Norwegen) ein. Mit dem Inverkehrbringen von Werkstücken in einem dieser Staaten wird also deren Weiterverbreitung (mit Ausnahme der Vermietung) im gesamten Gebiet der EU und des EWR zulässig. Zur Erschöpfung durch das Inverkehrbringen in Drittstaaten vgl. Rdnr. 64 ff.; zur Erschöpfung bei einer vor dem bei der Wiedervereinigung vorgenommenen Aufteilung des Verbreitungsrechts zwischen der früheren DDR und dem früheren Bundesgebiet vgl. Rdnr. 21.

Die Erschöpfungswirkung tritt nur bei den **konkreten in Verkehr gebrachten Werkstücken,** 63 nicht aber bezüglich anderer Werkexemplare ein (BGH GRUR 1993, 34/36 – Bedienungsanweisung; BGH GRUR 1991, 449/453 – Betriebssystem; BGH GRUR 1986, 742/743 – Videofilmvorführung; Fromm/Nordemann/*Dustmann*[10] § 17 Rdnr. 28). **Nur das Verbreitungsrecht** (mit Ausnahme der Vermietung) erschöpft sich, nicht aber andere Verwertungsrechte; einen allgemeinen Erschöpfungsgrundsatz, der über das Verbreitungsrecht hinaus auch auf andere Verwertungsrechte Anwendung findet, gibt es nicht (eingehend dazu § 15 Rdnr. 31 ff.). So erstreckt sich beispielsweise die durch Veräußerung einer Videokassette eintretende Erschöpfungswirkung nicht auf das Recht der öffentlichen Filmvorführung (BGH GRUR 1986, 742/743 – Videofilmvorführung). Bei der Veräußerung des Vervielfältigungsstücks einer Datenbank bezieht

§ 17 Verbreitungsrecht

sich die Erschöpfungswirkung nur auf dieses Vervielfältigungsstück, die Entnahme und Weiterverwendung von dessen Inhalt wird von der Erschöpfung nicht umfasst (BGH GRUR 2005, 940/942 – *Marktstudien*).

V. Internationale Erschöpfung

64 Unter dem Problem der internationalen Erschöpfung versteht man die Frage, ob auch das **Inverkehrbringen von Werkstücken im Ausland** (bezogen auf Mitgliedstaaten der EU: in Drittstaaten außerhalb der EU und des EWR) durch den Urheber oder eine mit ihm rechtlich oder wirtschaftlich verbundene Person zu einer **Erschöpfung im Inland** führt. Es geht also darum, ob das Inverkehrbringen nur eine nationale Erschöpfung bewirkt, deren Wirkung auf das Territorium beschränkt bleibt, in dem das Inverkehrbringen erfolgt ist, oder ob eine internationale Erschöpfung eintritt, die Wirkungen auch außerhalb des Territoriums des Inverkehrbringens zeitigt. Dieses früher auch im Patent- und Markenrecht viel diskutierte Problem (vgl. dazu *Loewenheim* GRUR Int. 1996 307 ff.; *Mailänder*, Fs. für Gaedertz, S. 369 ff. sowie die Nachw. in der 1. Aufl. Rdnr. 24 ff.) hat seit der Einführung des Grundsatzes der europäischen **gemeinschaftsweiten Erschöpfung** durch den EuGH (vgl. dazu Rdnr. 43), der seinen gesetzlichen Niederschlag in § 17 Abs. 2 gefunden hat, seine Bedeutung für die EU weitgehend verloren. Ein Inverkehrbringen von Werkstücken in einem der Staaten der Europäischen Union oder des Abkommens über den Europäischen Wirtschaftsraum führt zur Erschöpfung im gesamten Bereich der EU und des EWR; die Frage, ob es eine internationale Erschöpfung gibt, stellt sich also nicht mehr zwischen der EU bzw. dem EWR angehörenden Staaten. Sie reduziert sich vielmehr auf das Verhältnis zu **Drittstaaten.** Die Frage der internationalen Erschöpfung im Urheberrecht tritt sowohl bei der getrennten Vergabe von Verwertungsrechten (demjenigen, der die Werkstücke im Ausland in Verkehr setzt, ist die Verbreitung nur im Ausland gestattet und im Inland untersagt, zB das geteilte Verlagsrecht) als auch bei der einheitlichen Vergabe von Verwertungsrechten, in denen sich die Einräumung des Verbreitungsrechts nicht nur auf das Ausland bezieht, sondern sich auch auf das Inland erstreckt, auf (eingehende Nachweise in der 2. Aufl. Rdnr. 52 ff.).

65 Heute ist davon auszugehen, dass ein Inverkehrbringen in Drittstaaten außerhalb der EU bzw. des EWR **nicht zur Erschöpfung des Verbreitungsrechts im Inland,** das heißt in Mitgliedstaaten der EU bzw. des EWR, führt (so bereits bisher die überwiegende Auffassung, vgl. *EU-Kommission* in einer Stellungnahme im Europäischen Parlament, vgl. GRUR Int. 1995, 205; *Schricker*, Verlagsrecht[3] Einl. Rdnr. 65 a; *Möhring/Nicolini//Kroitzsch*[2] § 16 Rdnr. 53; *Dreyer/Kotthoff/Meckel*[2], § 17 Rdnr. 48; *v. Lewinski* ZUM 1995, 442/443; *Reinbothe/v. Lewinski* S. 105; *Sack* GRUR Int. 2000, 610/616; eingehend zu dem Fragenkomplex *Gaster*, GRUR Int. 2000, 571 ff.; *Baudenbacher*, GRUR Int. 2000, 584 ff.). Für das Markenrecht hat der EuGH die internationale Erschöpfung schon frühzeitig für unvereinbar mit Art. 7 Abs. 1 der Markenrechtsrichtlinie (Erste Richtlinie 89/104/EWG des Rates vom 21. 12. 1988) erklärt (EuGH GRUR Int. 1998, 695 – *Silhouette*; EuGH GRUR 1999, 870/872 – *Sabega*; EuGH GRUR 2002, 156 – *Davidoff*; s. a. BGH GRUR 2000, 299/301 – *Karate*; BGH GRUR 2000, 879/880 – *stüssy*). Für das Urheberrecht hat er dies in der Laserdisken-Entscheidung bestätigt (GRUR Int. 2007, 237/238 Tz. 20 ff. – *Laserdisken*). Diese Auffassung ergibt sich notwendig aus dem Wortlaut der europäischen Richtlinien. Nach Art. 4 Abs. 2 der Richtlinie zur Informationsgesellschaft und Art. 9 Abs. 2 der Vermiet- und Verleihrechtsrichtlinie erschöpft sich das Verbreitungsrecht „nur" mit dem Erstverkauf des geschützten Gegenstandes in der Gemeinschaft. In Erwägungsgrund 28 der Richtlinie zur Informationsgesellschaft heißt es, dass die Erschöpfung des Verbreitungsrechts in der Gemeinschaft nicht eintritt, „wenn das Original oder Vervielfältigungsstücke des Originals durch den Rechtsinhaber oder mit dessen Zustimmung außerhalb der Gemeinschaft verkauft werden". § 17 Abs. 2 bestimmt zwar nicht ausdrücklich, dass es sich beim Inverkehrbringen in der Europäischen Union bzw. im EWR um den alleinigen Erschöpfungstatbestand handeln soll. Der deutsche Gesetzgeber hat aber in der AmtlBegr. zu § 17 Abs. 2 ausgeführt, dass die Formulierung dieser Vorschrift „auch der speziellen Ausformung des Art. 9 Abs. 2 (sc. der Vermiet- und Verleihrechtsrichtlinie) gerecht" werde; es bestehe damit ein „Gleichklang der Erschöpfungsregel für die Verbreitungsrechte der Urheber einerseits und der Leistungsschutzberechtigten andererseits" (BTDrucks. 13/115 S. 12). Damit wird die Regelungsintention des Gesetzgebers deutlich, die internationale Erschöpfung auszuschließen. Auf jeden Fall ist § 17 Abs. 2 richtlinienkonform auszulegen (vgl. Rdnr. 2), also dahingehend, dass es die internationale Erschöpfung nicht gibt.

Dies gilt auch bei **konzernmäßig verbundenen Unternehmen**. Bei einer konzerninternen Lieferung, bei der die Werkstücke nicht auf den freien Markt kommen, fehlt es bereits an einem Inverkehrbringen der Werkstücke (vgl. Rdnr. 46). Im Übrigen greift auch hier die europäische Regelung, durch die die internationale Erschöpfung ausgeschlossen werden soll (vgl. Rdnr. 65). Bereits nach früherer Rechtslage hatte der BGH entschieden, dass Erschöpfung nicht eintritt, wenn dem ausländischen Berechtigten die urheberrechtlichen Befugnisse lediglich unter räumlicher Beschränkung auf das Ausland übertragen worden sind, und zwar auch dann, wenn der (inländische) Rechtsinhaber und der ausländische Berechtigte konzernmäßig miteinander verbunden sind (BGH GRUR 1985, 924/925 – Schallplattenimport II).

66

§ 18 Ausstellungsrecht

Das Ausstellungsrecht ist das Recht, das Original oder Vervielfältigungsstücke eines unveröffentlichten Werkes der bildenden Künste oder eines unveröffentlichten Lichtbildwerkes öffentlich zur Schau zu stellen.

Schrifttum: *Beyer,* Ausstellungsrecht und Ausstellungsvergütung, 2000; *Dillenz,* Die Österreichische Urheberrechtsgesetz-Novelle 1996, GRUR Int. 1996, 799; *Duchemin,* Réflexions sur le droit d'exposition, RIDA 156 (1993) 15; *Erdmann,* Sacheigentum und Urheberrecht, Fs. für Piper, 1996, S. 655; *Kirchmaier,* Überlegungen zur Einführung einer Ausstellungsvergütung, KUR 2004, 73; *Kühl,* Der internationale Leihverkehr der Museen, 2004; *dies.* Endlich eine Ausstellungsvergütung? KUR 2004, 76; *Nordemann,* Das Ausstellungsrecht, KUR 1999, 29; *Ohly,* Verwertungsrechte im Bereich der bildenden Kunst, Fs. für Schricker, 1995, S. 427; *Pedrazzini,* Das Ausstellungsrecht an Werken der bildenden Künste, Schweiz. Mitt. 1956, 72; *Schack,* Ausstellungsrecht und Ausstellungsvergütung, ZUM 2008, 817; *Ulmer,* Das Veröffentlichungsrecht, Fs. für Hubmann, 1985, S. 435; *von Ungern-Sternberg,* Die Rechtsprechung des BGH zum Urheberrecht und zu den verwandten Schutzrechten in den Jahren 2006 und 2007, GRUR 2008, 193 (Teil I), 291 (Teil II); *Walter,* Zur österreichischen Ausstellungsvergütung, KUR 2000, 45; *ders.,* Das Ausstellungsrecht und die Ausstellungsvergütung, MR 1996, 56.

Übersicht

	Rdnr.
I. Allgemeines	1–11
1. Rechtsentwicklung	2, 3
2. Rechtsnatur und Reichweite des Ausstellungsrechts	4–7
3. Bedeutung und Kritik	8–11
II. Einzelerläuterungen	12–19
1. Gegenstand des Ausstellungsrechts	12–14
2. Unveröffentlichte Werke der bildenden Kunst und Lichtbildwerke	15, 16
3. Öffentliche Zurschaustellung	17–19
III. Sonstiges	20, 21
1. Rechtsstellung ausländischer Urheber	20
2. Vertraglich zu lösende Fragen	21

I. Allgemeines

Ohne Vorbild im KUG und nur wenigen Beispielen im internationalen Urheberrecht (s. den Überblick bei *Kühl* S. 81 ff.; zu den Bestrebungen einer konventionsrechtlichen Regelung des Ausstellungsrechts s. *Duchemin* RIDA 156 [1993] 15/57 ff.; sa. *Schack* ZUM 2008, 817/819) gewährt § 18 dem Urheber eines Werkes der bildenden Kunst oder eines Lichtbildwerkes ein **Ausstellungsrecht**. Systematisch zählt dieses Recht zu den Befugnissen der Werkverwertung in körperlicher Form (§ 15 Abs. 1 Nr. 3; der BGH spricht hingegen in GRUR 1995, 673/676 – Mauer-Bilder – missverständlich von öffentlicher Wiedergabe in unkörperlicher Form), seine **Beschränkung auf unveröffentlichte Werke** nimmt ihm allerdings den Charakter eines Verwertungsrechts und verleiht ihm als besondere Form der Werkveröffentlichung dogmatisch die Natur eines urheberpersönlichkeitsrechtlichen Verbotsrechts.

1

1. Rechtsentwicklung

Das vor dem UrhG geltende KUG kannte weder das Zurschaustellen als besondere Art der Werkverwertung noch ein neben den abschließend aufgezählten Verwertungsrechten bestehendes allgemeines Veröffentlichungsrecht. Die in § 11 Abs. 1 S. 2 LUG verankerte Befugnis des Urhebers zur ersten öffentlichen Mitteilung des Werkinhalts, aus der mitunter mittelbar ein Veröffentlichungsrecht hergeleitet wurde (etwa *Allfeld* LUG[2] § 11 Anm. 9, 10; Begr. RefE

2

1954, S. 107; sa. *Ulmer*, Fs. für Hubmann, S. 435/440; BGH GRUR 1955, 201/203 f. – Cosima Wagner), übernahm das KUG nicht. Das Ausstellungsrecht verband sich deshalb zu jener Zeit untrennbar mit dem Eigentum am Werkstück, soweit nicht – nach jüngerer Auffassung – der rechtswidrige Verlust des Eigentums zu einer schwerwiegenden Gefährdung der ideellen Interessen des Urhebers führte (dazu ausführlich *Ulmer*[1] § 43 II, III).

3   Die im Zuge der **Reformbestrebungen gegen Ende der zwanziger Jahre des 20. Jh.** erarbeiteten Entwürfe eines Urheberrechtsgesetzes kannten zwar ein **Zurschaustellungsrecht, jedoch lediglich als Unterfall des** dem Urheber vorbehaltenen **Rechts der öffentlichen Wiedergabe** (Elster-E § 10 Abs. 3 Nr. 1; Goldbaum-E § 13 Nr. 3; Hoffmann-E § 15 Nr. 1 jeweils abgedruckt in *Mintz/von Moser* [Hrsg.], Zur Reform des Urheberrechts in Deutschland, 1930). Der Akademie-E 1939 schloss sich dem an (§ 11 Abs. 1 Ziff. 4), während vorher der RJM-E 1932 und später der RefE 1954 es insoweit beim allgemeinen Veröffentlichungsrecht beließen. Lediglich nach der Schrankenbestimmung des § 51 RefE sollte die erlaubnisfreie Ausstellung eines veröffentlichten Werkes zulässig sein. Der MinE 1960 (§ 16) sah zwar ein eigenes Ausstellungsrecht vor, beschränkte dieses jedoch im Interesse des Kunsthandels auf unveröffentlichte Werke der bildenden Kunst (vgl. Begr. MinE S. 94 f.). Der ihm folgende RegE, dessen Fassung schon der späteren gesetzlichen Regelung entsprach, bezog sich zusätzlich auf Lichtbildwerke.

2. Rechtsnatur und Reichweite

4   Die tatbestandliche Beschränkung auf unveröffentlichte Werke reduziert das Ausstellungsrecht gemäß § 18 seiner **Rechtsnatur** nach auf einen Ausschnitt des Veröffentlichungsrechts, der für Werke der bildenden Kunst und für Lichtbildwerke den typischen Fall ihrer Veröffentlichung durch Zurschaustellung des Originals oder eines Vervielfältigungsstücks gesondert regelt (*Schack* ZUM 2008, 817/818; *Fromm/Nordemann/Nordemann*[9] Rdnr. 1; *Ulmer*[3] § 48 II; *Möhring/Nicolini/Kroitzsch*[2] Rdnr. 2). Wenngleich die Gestattung der Ausstellung eines Werkes – ebenso wie jede andere Art der Veröffentlichung – im Sinne der monistischen Theorie auch den materiellen Interessen des Urhebers zu dienen vermag (so bereits BGH GRUR 1955, 201/204 – Cosima Wagner), weil sie von einer vermögenswerten Gegenleistung abhängig gemacht werden kann, rechtfertigt dies die vorgenommene gesetzessystematische Einordnung des Ausstellungsrechts und seine Gleichstellung mit den übrigen Verwertungsrechten gemäß § 15 nicht (so aber *v. Gamm* Rdnr. 2; *Möhring/Nicolini/Kroitzsch*[2] Rdnr. 1; *Beyer* S. 50 f.: der vermögensrechtlich bedeutsame Ansatz sei lediglich zugunsten anderer Interessen nicht verwirklicht worden). Denn abgesehen davon, dass sich wegen der **mit der Veröffentlichung eintretenden Erschöpfungswirkung** eine zeitliche und inhaltliche Aufspaltung des Nutzungsrechts nach § 31 Abs. 1 S. 2 nicht vornehmen lässt und die räumliche Beschränkung an die jeweils gleichzeitige Rechtsausübung gebunden wäre (vgl. *v. Gamm* Rdnr. 2), erlangte die Einräumung eines ausschließlichen Ausstellungsrechts nur dann wirtschaftliches Gewicht, wenn sich der Urheber jeder anderen Art der Werkveröffentlichung, etwa durch Sendung, Vorführung, öffentliche Zugänglichmachung oder Verbreitung, enthielte. Ein derart weitgehender Verzicht auf die Ausübung des Veröffentlichungsrechts begegnet trotz der Möglichkeit des Rückrufs wegen Nichtausübung gemäß § 41 unter urheberpersönlichkeitsrechtlichen Gesichtspunkten Bedenken (vgl. *Ulmer*[3] § 48 II).

5   In seiner **Reichweite** bleibt § 18 nicht nur durch seine ausschließliche Anwendung auf den Fall der Zurschaustellung von unveröffentlichten Werken der bildenden Kunst und von Lichtbildwerken hinter dem allgemeinen Veröffentlichungsrecht gemäß § 12 Abs. 1 zurück, sondern erfährt anders als dieses eine wichtige zusätzliche **Einschränkung durch die Vermutungsregel des § 44 Abs. 2**. Dieser normiert in Umkehrung des Auslegungsgrundsatzes, dass mit der Übertragung des Eigentums am Original eine Nutzungsrechtseinräumung im Zweifel nicht verbunden ist (§ 44 Abs. 1), eine Vermutung zugunsten seines Eigentümers, zur Ausstellung des Originals berechtigt zu sein. Veräußert der Urheber folglich das Original, bleibt ihm das Recht zur Ausstellung des unveröffentlichten Werkes nur durch einen besonderen **Vorbehalt**, der – im Gegensatz zum früheren Recht – nicht nur inter partes, sondern gegenüber jedem Dritten wirkt (*Erdmann*, Fs. für Piper, S. 655/663; *Ulmer*[3] § 48 IV; für bloße obligatorische Wirkung nach altem Recht *Ulmer*[1] § 43 II sowie *Pedrazzini* Schweiz. Mitt. 1956, 72/83 f.). In der Praxis kommt ihm allerdings kaum Bedeutung zu.

6   **Dogmatisch begrenzt** wird das Ausstellungsrecht **durch das Verbreitungsrecht** des § 17 Abs. 1, mit dessen Einräumung der Berechtigte die Befugnis erhält, das Original oder Vervielfäl-

tigungsstücke eines Werkes der Öffentlichkeit anzubieten oder in den Verkehr zu bringen. Diese Vorschrift deckt die Tätigkeit des Kunsthandels ab, dessen Zurschaustellung von Werken – anders als bei der Ausstellung – als Aufforderung zum Eigentumserwerb und damit als Angebot iSd. § 17 Abs. 1 zu werten ist (s. § 17 Rdnr. 7). Die in einer Vorlage des BGH gestellte Frage, ob das in § 17 Abs. 1 gewährte Verbreitungsrecht in richtlinienkonformer Auslegung mit Art. 4 Abs. 1 der Informationsgesellschafts-Richtlinie 2001/29/EG auch dann berührt ist, wenn es um einen bloßen Besitzerwerb geht, hat der EuGH im Hinblick auf Art. 6 Abs. 1 WCT, dessen Umsetzung in Gemeinschaftsrecht die Richtlinienbestimmung dient, verneint. Nach seiner Entscheidung liegt eine Verbreitung auf andere Weise als durch Verkauf iSd. Art. 4 Abs. 1 der Informationsgesellschafts-Richtlinie 2001/29 nur bei einer Übertragung des Eigentums an diesem Gegenstand vor, nicht jedoch bei einer Gebrauchsüberlassung und nicht, wenn der Gegenstand lediglich gezeigt wird, ohne dass die Möglichkeit seiner Benutzung eingeräumt wird (EuGH GRUR Int. 2008, 593/596 – Le Corbusier-Möbel II mit krit. Anm. *v. Welser*, der geltend macht, dass der EuGH unberücksichtigt gelassen habe, dass der WCT lediglich Mindestrechte gewähre). Überdies stellt Erwgr. 10 der von der Informationsgesellschafts-Richtlinie unberührt gelassenen Vermiet- und Verleih-Richtlinie (kod. Fassung 2006/115/EG vom 12. 12. 2006, ABl. EU L 376 S. 28) abgrenzend klar, dass die Überlassung zu Ausstellungszwecken kein Verleihen iSd. Richtlinie und damit auch keine Verbreitungshandlung ist (vgl. auch *Schack* ZUM 2008, 817/818). In symbolischen Übergaben oder im bloßen öffentlichen Zurschaustellen eines Werkes im Rahmen eines Festaktes liegt nicht zuletzt im Lichte dieser EuGH-Entscheidung keine Verbreitung iSd. § 17 Abs. 1, und zwar gleich, ob in Form des Angebots oder in Form des Inverkehrbringens (BGH GRUR 2007, 691 Rdnr. 29 – Staatsgeschenk).

Der tatbestandlichen Beschränkung des § 18 auf unveröffentlichte Werke hätte es – entgegen der Annahme des Gesetzgebers (AmtlBegr. UFITA 45 [1965] 240/263) – zur Wahrung der Interessen des Kunsthandels nicht bedurft (allgM; etwa *Fromm/Nordemann/Nordemann*[9] Rdnr. 1; aA jedoch *ders.* § 17 Rdnr. 5: für eine Verkaufsausstellung des Handels sowohl der Erwerb des Ausstellungs- als auch des Verbreitungsrechts erforderlich; *Möhring/Nicolini/Kroitzsch*[2] Rdnr. 2; *v. Gamm* Rdnr. 3; *Ulmer*[3] § 48 II; sa. *Beyer* S. 52).

Als besonderes Recht, über die **Erstveröffentlichung** eines Kunstwerkes zu verfügen, gewährt § 18 dem Urheber gegen den Eigentümer eines von ihm geschaffenen Werkes – vorbehaltlich einer anders lautenden vertraglichen Vereinbarung – weder ein positives Recht auf Ausstellung des noch unveröffentlichten Bildes noch einen Anspruch auf seine Herausgabe an sich oder den Veranstalter einer Ausstellung (hM, vgl. *Erdmann*, Fs. für Piper, S. 655/664). Das gilt selbst dann, wenn es dem Urheber abhanden gekommen ist (KG GRUR 1981, 742/743 – Totenmaske I; sa. Anm. *Gerstenberg* zu Schulze KGZ 79 u. 82; anders dagegen Art. 14 Abs. 2 schweiz. UrhG, der dem Urheber bei überwiegendem Interesse einen Herausgabeanspruch gewährt). Der Urheber hat lediglich ein Recht auf Zugang zum Werkstück gemäß § 25 (vgl. *Beyer* S. 54 ff.). Folglich bedarf es für die Herausgabe eines Bildes zu Ausstellungszwecken vertraglicher Absprachen. Ohne sie kann der Urheber auch nicht auf die Art und Weise der Zurschaustellung Einfluss nehmen, wohl aber er unter Umständen eine bestimmte Präsentation des Werkes in der Öffentlichkeit unterbinden, wenn sie das Bild in einen herabwürdigenden Kontext stellt und dadurch eine indirekte Beeinträchtigung des Werkes nach § 14 verursacht (vgl. dazu § 14 Rdnr. 23 f.; *Erdmann*, Fs. für Piper, S. 655/668; *v. Gamm* Rdnr. 5). Soweit es nicht um die ideellen Beziehungen des Urhebers zu seinem konkreten Werk, sondern allgemein zu seinem Werkschaffen geht, kann durch die Art und Weise der Ausstellung auch sein allgemeines Persönlichkeitsrecht tangiert sein (vgl. dazu vor §§ 12 ff. Rdnr. 15 f.; allg. auch *Ulmer*[3] § 6 III).

3. Bedeutung und Kritik

Die **Bedeutung** von § 18 als bloßem Segment des allgemeinen Veröffentlichungsrechts nach § 12 Abs. 1 erschöpft sich in seiner systematischen Beziehung zu § 44. Die Einschränkung der Auslegungsregel des § 44 Abs. 1 durch dessen Abs. 2 gilt allein für § 18 und insoweit auch nur hinsichtlich des Originals, nicht dagegen hinsichtlich eines Vervielfältigungsstücks im Eigentum eines Dritten.

Aus heutiger Sicht verdient § 18 **Kritik**. Gewicht erlangte ein Ausstellungsrecht erst durch seine **Erstreckung auf veröffentlichte Werke**, weil nur so den bildenden Künstlern und Fotografen, die ohnehin wirtschaftlich zu den meist schlechter gestellten Werkschöpfern zählen, bei der Zurschaustellung ihres Werkes ihr verfassungsmäßig verbriefter Anspruch auf grundsätzliche Zuordnung des wirtschaftlichen Nutzens ihrer schöpferischen Leistung zuteil werden kann (vgl. BVerfG GRUR 1972, 481/484 – Kirchen- und Schulgebrauch; GRUR 1980, 44/48 f. – Kirchenmusik). Mag es zur Zeit des Inkrafttretens des Gesetzes noch vertretbar gewesen sein, die Ausstellung eines veröffentlichten Bildes jenseits des Anwendungsbereichs des UrhG zu belassen (so die AmtlBegr. UFITA 45 [1965] 240/263); die seitdem sprunghaft gestiegene Zahl von Ausstellungen, verbunden mit einem massenhaften Ausstellungstourismus, rechtfertigt es kaum noch, ausgerechnet die Schöpfer der gezeigten Werke leer ausgehen zu lassen. **De lege ferenda** wäre deshalb daran zu denken, das Ausstellungsrecht durch seine **Erstreckung auf veröffentlichte Werke** zu einem vollwertigen Verwertungsrecht auszubauen. Da dabei die Interessen der Urheber mit denen der Galeristen, der Werkeigentümer und der Öffentlichkeit in Einklang zu bringen sind, böte sich an, das ohnehin praktisch nur kollektiv wahrnehmbare Verbotsrecht mit einer Verwertungsgesellschaftenpflichtigkeit zu verbinden oder zumindest einen Vergütungsanspruch einzuführen, dabei Verkaufsausstellungen im Interesse des Kunsthandels jedoch zu privilegieren (dazu ausführlich *Duchemin* RIDA 156 [1993] 15/69 ff.; *Ohly*, Fs. für Schricker, 1995, S. 427/435 f.; *Beyer* S. 103 ff.; unentschieden gegenüber einer Ausstellungsvergütung *Deutscher Bundestag* [Hrsg.], Kultur in Deutschland, 2008, S. 390, 392; ablehnend noch das BMJ im Ref-E 2. Korb v. 27. 9. 2004, S. 43; befürwortend insbesondere aus verfassungsrechtlicher Sicht *Kühl* KUR 2004, 76, 78 ff.; *Nordemann* KUR 1999, 29; *Schack* ZUM 2008, 817/819 ff.). In Österreich stand vom 1. 4. 1996 bis Ende 2001 dem Urheber eines bereits veröffentlichten Werkes der bildenden Kunst ein verwertungsgesellschaftenpflichtiger und unverzichtbarer Anspruch auf angemessene Vergütung zu, wenn die Ausstellung des Werkes Erwerbszwecken diente und entgeltlich erfolgte (s. § 16 b öUrhG alt; zur Frage, wie nach altem Recht die Voraussetzungen der Entgeltlichkeit und des Erwerbszwecks zu verstehen sind OGH GRUR Int. 2000, 804 – Bank Austria sowie *Dillenz* GRUR Int. 1996, 799 f.; *Walter* MR 1996, 56/58 ff.; ders. KUR 2000, 45/48 ff.).

10 Vor der – im Übrigen europaweit anzustrebenden – Einführung eines wirtschaftlich bedeutsamen Ausstellungsrechts sollten die österreichischen Erfahrungen analysiert und überdies erörtert werden, wie kleinere Ausstellungen, die oft mit geringen Mitteln einen wesentlichen Beitrag zur Förderung junger Künstler leisten, von zusätzlichen finanziellen Belastungen verschont werden können, damit sich der gesetzliche Schutz der Künstler nicht in sein Gegenteil verkehrt (sa. die Einwände von *Kirchmaier* KUR 2004, 73/74 f.). Das Bundesministerium der Justiz hat deshalb in seinem RefE für ein Zweites Gesetz zur Regelung des Urheberrechts in der Informationsgesellschaft (Stand 3. 1. 2006) die entsprechende von Seiten der Künstler geforderte Änderung des § 18 abgelehnt.

11 Zusätzlich wäre zu erwägen, dem Urheber im Hinblick auf eine beabsichtigte Ausstellung einen Herausgabeanspruch gegen den Eigentümer eines auszustellenden Werkstücks zu gewähren, wie dies das schweizerische Urheberrechtsgesetz bei überwiegenden Interessen des Urhebers tut (Art. 14 Abs. 2).

II. Einzelerläuterungen

1. Gegenstand des Ausstellungsrechts

12 Seinem Schutzzweck und Wortlaut entsprechend bezieht sich § 18 allein auf **Werke der bildenden Kunst und Lichtbildwerke im engeren Sinne,** dh. auf Werke der Bildhauerei, Malerei, Graphik und Fotografie, also nicht auf sämtliche von § 2 Abs. 1 Nr. 4 und 5 erfassten Werkarten (ebenso *v. Gamm* Rdnr. 3; *Möhring/Nicolini/Kroitzsch*[2] Rdnr. 5 f.; dagegen, dh. auch Werke der Baukunst und der angewandten Kunst einschließend *Kühl* S. 79 f.; weitergehend noch die frühere österr. Regelung des § 16 b: sämtliche Werkarten mit Ausnahme von Werke der angewandten Kunst, dazu *Walter* KUR 2000, 45/48), schließt jedoch ausdrücklich **sowohl das Original als auch Vervielfältigungsstücke** wie etwa die Fotografie eines Bildes, einer Plastik, einer Collage etc. ein (Einzelheiten zum Begriff der Vervielfältigung s. § 16 Rdnr. 5 ff.).

13 **In entsprechender Anwendung** der für Lichtbildwerke geltenden Vorschriften besteht ein Ausstellungsrecht **auch für Lichtbilder** und Erzeugnisse, die ähnlich wie Lichtbilder hergestellt werden (§ 72 Abs. 1 iVm. § 18).

14 Dagegen scheidet eine entsprechende Anwendung des § 18 nach seiner eindeutigen tatbestandlichen Fassung und im Hinblick auf die Regel des § 44 Abs. 2 auf **andere Werkarten und Leistungen** (etwa gemäß §§ 70, 71) aus (ebenso *v. Gamm* Rdnr. 3; *Fromm/Nordemann/Nordemann*[9] Rdnr. 1; *Fromm/Nordemann/Dustmann*[10] Rdnr. 5; *Möhring/Nicolini/Kroitzsch*[2] Rdnr. 6; *Dreyer* in HK-UrhG Rdnr. 9; § 12 Rdnr. 13 f.; aA *Schack* ZUM 817/821; *Schricker/Gerstenberg*[1]

§ 18 Rdnr. 6f.; *Ulmer*³ § 49 II, der gleichwohl § 44 Abs. 2 auf diese Werkarten nicht anwendet; ebenso *ders.*, Fs. für Hubmann, S. 435/441 sowie *Dreier/Schulze/Schulze* Rdnr. 8). Anders als bei Werken der bildenden Kunst und bei Lichtbildwerken kann etwa bei Werken der Baukunst und der angewandten Kunst, bei technischen oder wissenschaftlichen Zeichnungen, Schrift- oder Musikwerken, insbesondere persönlichen Briefen und Tagebüchern, nicht in gleicher Weise angenommen werden, deren Urheber nehme bei der Veräußerung des Originals eines Werkes ohne weiteres dessen Veröffentlichung in Kauf. Soll deshalb ein Autograph eines geschützten, noch unveröffentlichten Musikstücks, eines Gedichtes oder eines Briefes in einem Museum oder anlässlich einer Veranstaltung zur Ausstellung gelangen, benötigt der Eigentümer des Werkstücks wie jeder Dritte dafür die Genehmigung des Urhebers oder seiner Erben gemäß § 12 Abs. 1, auch wenn mit der Übertragung des Eigentums am Werkstück insoweit kein ausdrücklicher Vorbehalt verbunden war. Bei höchstpersönlichen Briefen oder Tagebüchern steht dem Verfasser oder seinen Erben – wiederum ungeachtet der Eigentumslage – unter Umständen zusätzlich ein Verbotsrecht aus dem allgemeinen Persönlichkeitsrecht zur Seite (vgl. *Ulmer*³ 6 III 3; § 49 III). Denkbar ist freilich, dass aus den besonderen Umständen der Veräußerung des Originals oder eines Vervielfältigungsstücks auf die Einwilligung zur Ausstellung geschlossen werden kann (§ 12 Rdnr. 14; *Ulmer*³ § 49 III).

2. Unveröffentlichte Werke der bildenden Kunst und Lichtbildwerke

Ein Ausstellungsrecht kommt nur an **unveröffentlichten** Werken der bildenden Kunst und 15 Lichtbildwerken in Betracht. Mit ihrer ersten Veröffentlichung erlischt es (daran wäre die Klage im Fall OLG München GRUR 1990, 677 – Postervertrieb – letztlich gescheitert), so dass der Urheber später einer Ausstellung seines Werkes nicht mehr entgegentreten kann (LG Stuttgart AfP 1976, 103). Dabei ist der **Begriff der Öffentlichkeit iSd. § 6 Abs. 1** auszulegen, dh. im Interesse eines effektiven Urheberschutzes eigenständig und differenzierend gegenüber dem des § 15 Abs. 3 (Einzelheiten dazu § 6 Rdnr. 7ff.; § 12 Rdnr. 7f.; § 15 Rdnr. 57ff.; sa. unten Rdnr. 16; zustimmend *Fromm/Nordemann/Dustmann*¹⁰ Rdnr. 6). Folglich kann ein Gemälde noch iSd. § 18 unveröffentlicht sein, obwohl es bereits vor einem kleineren Kreis nicht untereinander verbundener Personen etwa im Rahmen eines Dia-Vortrages öffentlich iSd. § 15 Abs. 3 vorgeführt worden ist (sa. § 6 Rdnr. 11; § 12 Rdnr. 8 mwN). Die Art und Weise der Vorveröffentlichung spielt dabei keine Rolle. Sie kann in jeder Form der körperlichen und unkörperlichen Werkverwertung erfolgt sein, also durch eine frühere Zurschaustellung oder durch eine Vervielfältigung und Verbreitung in einer Zeitschrift ebenso wie durch eine Sendung, öffentliche Zugänglichmachung oder Vorführung. Die **Veröffentlichungswirkung** (Erlöschen des Ausstellungsrechts) **tritt** jedoch **nicht ein, wenn die Veröffentlichung ohne Zustimmung des Berechtigten** vorgenommen wird (Einzelheiten s. § 6 Rdnr. 24 ff.; § 12 Rdnr. 26 f.; ebenso *Dreier/Schulze/Schulze* Rdnr. 9). Allerdings bewirkt die Veräußerung des Werkoriginals ohne besonderen Vorbehalt die Zustimmung zur Veröffentlichung (s. zum Vorbehalt die Erläuterungen unter § 44 Rdnr. 17). Für den Umstand, dass ein Werk unveröffentlicht ist, trägt derjenige die **Beweislast,** der das Ausstellungsrecht geltend macht (Schulze KGZ 56 S. 11 – Zille-Ball).

Die zustimmungsfreie Vervielfältigung und Verbreitung des Werkes in einem **Ausstellungs-** 16 **katalog** unter Inanspruchnahme der Schrankenregelung des § 58 Abs. 2 setzt zumindest eine Verfügung des berechtigten Urhebers oder Eigentümers über das Ausstellungsrecht nach § 18 voraus. Steht die vorzeitige Verbreitung des Katalogs nicht mehr im unmittelbaren zeitlichen Zusammenhang mit der Ausstellungseröffnung, bedarf es zur Verbreitung des Katalogs der Nutzungsrechtseinräumung des Urhebers. Durch die unautorisierte Verbreitung des Katalogs erschöpft sich das Ausstellungsrecht nicht (so. Rdnr. 15; zum zeitlichen Zusammenhang s. § 58 Rdnr. 21, 27; im Ergebnis ebenso *Möhring/Nicolini/Kroitzsch*² Rdnr. 10).

3. Öffentliche Zurschaustellung

Bei der **Zurschaustellung** handelt es sich nach § 15 Abs. 1 um einen Fall der körperlichen 17 Werkverwertung. Das Ausstellungsrecht knüpft an die Präsentation des körperlichen Werkstücks an, nicht an die Betrachtung durch die Öffentlichkeit (das wird in BGH GRUR 1995, 673/676 – Mauer-Bilder übersehen, wo zu Unrecht das Ausstellungsrecht den unkörperlichen Werknutzungsarten der öffentlichen Wiedergabe nach § 15 Abs. 2 zugeordnet wird; ebenso *Walter* KUR 2000, 45/46). Die Ausstellung setzt nicht notwendig voraus, dass die Öffentlichkeit auch hinschaut. Es reicht die Möglichkeit, es zu tun. § 18 verlangt deshalb lediglich, dass das Original oder ein Vervielfältigungsstück des Werkes **körperlich vorhanden** ist und dem Publikum zur

§ 18 Ausstellungsrecht

Betrachtung angeboten wird (vgl. BGH GRUR 2007, 691 Tz. 29 – Staatsgeschenk). Ist die Präsentation des Kunstwerks gleichzeitig mit einem Anbieten an die Öffentlichkeit zum Eigentumserwerb verbunden, liegt ein Fall der Verbreitung nach § 17 Abs. 1 vor (EuGH GRUR Int. 2008, 593/596 – Le Corbusier-Möbel mit krit. Anm. *v. Welser*, im Anschluss daran BGH GRUR 2009, 840/841 Tz. 18 ff. – Le Corbusier-Möbel II; sa. BGH GRUR 2007, 50 – Le Corbusier-Möbel I (Vorlagebeschluss); LG Köln GRUR-RR 2009, 47/48 – Italienische Caffè-Bars; aA OLG Köln GRUR-RR 2007, 1/2 – Nachbildungen von Le Corbusier-Möbeln: auch jede Besitzüberlassung; eingehend dazu *v. Ungern-Sternberg* GRUR 2008, 193/197 ff.; s. ferner § 17 Rdnr. 8, 14 jeweils mwN). **Unkörperliche Formen der Werknutzung** wie die Sendung, gleich, ob sie live oder zeitversetzt erfolgt, die Film- oder die Dia-Vorführung oder die öffentliche Zugänglichmachung im Internet nach § 19a vermögen das Merkmal der Zurschaustellung nicht zu erfüllen, ohne dass dies eine rechtlich erhebliche Rolle spielte, da insoweit das Veröffentlichungsrecht nach § 12 zur Anwendung kommt. Der Ort der Zurschaustellung (Museum, öffentliches Gebäude oder sonstige nur vorübergehende Ausstellungsräume, Verkaufsräume, öffentliche Plätze, Straßen und Parks) spielt ebenso wenig eine Rolle wie die Art und Weise der Werkpräsentation.

18 Die Zurschaustellung muss **öffentlich** sein. Öffentlichkeit ist gegeben, wenn die tatbestandlichen Voraussetzungen des gegenüber dem des § 6 Abs. 1 **weiterreichenden Öffentlichkeitsbegriffs von § 15 Abs. 3** vorliegen (*Dreier/Schulze/Schulze* Rdnr. 11; *v. Gamm* Rdnr. 3), die Ausstellung sich also an eine Mehrzahl von Personen richtet, es sei denn, dass der Kreis der Personen durch gegenseitige Beziehungen oder durch Beziehungen zum Verwerter persönlich verbunden sind (Einzelheiten § 15 Rdnr. 66 ff. mwN). Jedoch ist die Legaldefinition des § 15 Abs. 3 beim Ausstellungsrecht, welches eine Werkverwertung in körperlicher Form betrifft, nur entsprechend anwendbar (vgl. BGH GRUR 1991, 316/317 – Einzelangebot). Beim Ausstellungsrecht war, anders als früher beim Recht der unkörperlichen öffentlichen Wiedergabe, schon immer unstrittig, dass das zur Schau gestellte Werk **nicht gleichzeitig** von einer Mehrzahl von Personen wahrgenommen werden muss (vgl. dazu § 15 Rdnr. 72). Vielmehr reicht es aus, wenn das Werk, wie etwa bei lichtempfindlicher Graphik in abgedunkelten Schaukästen, nur sukzessiv von Einzelpersonen betrachtet werden kann, die zur Ausstellung zugelassenen Besucher insgesamt aber das Kriterium der Öffentlichkeit iSd. § 15 Abs. 3 erfüllen (vgl. § 15 Rdnr. 71 mwN). Mit der Anerkennung der sukzessiven Öffentlichkeit bei der öffentlichen Wiedergabe im Rahmen der jüngsten Änderung des § 15 Abs. 3 hat sich der Streit um diesen Unterschied erledigt. Sukzessive Öffentlichkeit bedeutet freilich nicht verschiedene, einander folgende Gelegenheiten (§ 15 Rdnr. 72).

19 Findet eine **Versteigerung oder Verkaufsausstellung** des Kunsthandels statt und wird das ausgestellte Werk der Öffentlichkeit zum Kauf angeboten, liegt eine über die bloße Ausstellung hinausgehende Verbreitungshandlung iSd. § 17 Abs. 1 vor (§ 17 Rdnr. 7 ff.; für eine Erschöpfung des Verbreitungsrechts nach Art. 4 Abs. 1 und 2 der Informationsgesellschafts-Richtlinie im Gegensatz zu § 17 Abs. 2 lediglich durch Erstverkauf des Gegenstandes oder durch eine andere erstmalige Eigentumsübertragung EuGH GRUR Int. 2008, 593/595 Tz. 35 – Le Corbusier-Möbel II mit kritischer Anm. *v. Welser*; s. ferner Rdnr. 17; *v. Ungern-Sternberg* GRUR 2008 193/197 ff.; § 17 Rdnr. 8, 14 mwN). Sie ist dem Kunsthändler durch die Einräumung des Verbreitungsrechts, mit dem der Urheber je nach Fallgestaltung gleichzeitig über sein Veröffentlichungsrecht verfügt, gestattet (dazu Rdnr. 6). Bei einem öffentlichen Zweitverkauf sind sowohl das Verbreitungs- als auch das Ausstellungsrecht an diesem Werk erschöpft. Da § 18 an die körperliche Präsentation eines Werkes anknüpft, erfüllt eine – unkörperliche – Internet-Präsentation nicht seine Voraussetzungen (ebenso *Dreyer* in HK-UrhG Rdnr. 6).

III. Sonstiges

1. Rechtsstellung ausländischer Urheber

20 Die Rechtsstellung ausländischer Urheber, soweit sie nicht Angehörige eines EU- oder EWR-Staates sind (§ 120 Abs. 2 Nr. 2), richtet sich nach den Vorschriften der §§ 121 ff. Da das nationale Fremdenrecht gemäß § 121 Abs. 6 ihnen ungeachtet eines Staatsvertrages oder der Gewährleistung der Gegenseitigkeit das **Veröffentlichungsrecht nach § 12** sichert, steht ausländischen Urhebern das Ausstellungsrecht des § 18 als besondere Form der Werkveröffentlichung unmittelbar und für die gesamte Schutzdauer des deutschen Urheberrechtsgesetzes zu. Ein Rückgriff auf das Konventionsrecht, welches das Assimilationsprinzip im Übrigen durch den

Schutzfristenvergleich (Art. 7 Abs. 8 RBÜ; Art. IV Abs. 4 WUA) einschränkt, ist folglich unzulässig (sa. § 121 Rdnr. 21).

2. Vertraglich zu lösende Fragen

Wegen des engen tatbestandlichen Rahmens des § 18, der weder einen positiven Anspruch auf Ausstellung (vgl. *Pedrazzini* Schweiz. Mitt. 1956, 72/90 f.) noch auf Herausgabe eines Werkes zu Ausstellungszwecken verleiht (KG GRUR 1981, 742/743 – Totenmaske I; wohl aber Zugangsrecht nach § 25), ist der Urheber, gleich, ob es um die Zurschaustellung veröffentlichter oder unveröffentlichter Werke geht, insoweit auf **vertragliche Absprachen** angewiesen. Dasselbe gilt für die Einflussnahme auf die Art und Weise der Ausstellung (*Pedrazzini* Schweiz. Mitt. 1956, 72/91 f.), es sei denn, eine indirekte Beeinträchtigung des Werkes nach § 14 oder ein Angriff auf das allgemeine Persönlichkeitsrecht des Urhebers stehen in Frage (so. Rdnr. 7; *Erdmann*, Fs. für Piper, S. 655/664; weitere Einzelheiten *Pedrazzini* Schweiz. Mitt. 1956, 72/89 ff.; Münchner Vertragshdb.[4], Bd. 3 Teil IX, Nr. 59 [Bearbeiter *Vinck*]).

21

§ 19 Vortrags-, Aufführungs- und Vorführungsrecht

(1) Das Vortragsrecht ist das Recht, ein Sprachwerk durch persönliche Darbietung öffentlich zu Gehör zu bringen.

(2) Das Aufführungsrecht ist das Recht, ein Werk der Musik durch persönliche Darbietung öffentlich zu Gehör zu bringen oder ein Werk öffentlich bühnenmäßig darzustellen.

(3) Das Vortrags- und das Aufführungsrecht umfassen das Recht, Vorträge und Aufführungen außerhalb des Raumes, in dem die persönliche Darbietung stattfindet, durch Bildschirm, Lautsprecher oder ähnliche technische Einrichtungen öffentlich wahrnehmbar zu machen.

(4) [1]Das Vorführungsrecht ist das Recht, ein Werk der bildenden Künste, ein Lichtbildwerk, ein Filmwerk oder Darstellungen wissenschaftlicher oder technischer Art durch technische Einrichtungen öffentlich wahrnehmbar zu machen. [2]Das Vorführungsrecht umfaßt nicht das Recht, die Funksendung oder öffentliche Zugänglichmachung solcher Werke öffentlich wahrnehmbar zu machen (§ 22).

Schrifttum: a) ältere Literatur: *Beilharz*, Der Bühnenvertriebsvertrag als Beispiel eines urheberrechtlichen Wahrnehmungsvertrages, 1970; *Born*, Der Auftrittsvertrag für Musikgruppen im Bereich der Rock- und Popmusik, 1990; *Dittrich*, Zur Abgrenzung der „kleinen" und der „großen" Rechte, ÖBl. 1971, 1; *v. d. Groeben*, Darbietung und Einwilligung des ausübenden Künstlers, Fs. für Reichardt, 1990, S. 39; *Haensel*, Aufführung-Vortrag-Rundfunk-Weitergabe, UFITA 28 (1959) 1 und 149; *v. Hase*, Der Musikverlagsvertrag, 1961; *Hodik*, Hotelvideo und Urheberrecht, ZUM 1987, 281; *Hubmann*, Gutachten über die Frage, ob die in § 1 c), e) und i) des GEMA-Berechtigungsvertrages erwähnten Wiedergabearten von dramatisch-musikalischen Werken unter den Begriff „großes Recht" fallen, GEMA-Nachr. 1959 Nr. 43 S. 10; *Krause*, Zur Abgrenzung der Werkvermittlungsarten, GRUR 1960, 14; *Melichar*, Die Wahrnehmung von Urheberrechten durch Verwertungsgesellschaften, 1983; *Möller*, Der urheberrechtliche Aufführungsbegriff, Diss. Berlin 1937; *Müller-Blattau*, Probleme der Musikverwertung in Gesetzgebung und Praxis, Fs. für Bappert, 1964, S. 149; *Nordemann*, Ein neuer Musikverlagsvertrag. Einigung zwischen Komponisten und Musikverlegern über ein gemeinsames Muster im U-Bereich, ZUM 1988, 389; *v. Olenhusen*, Der Bühnenvertriebsvertrag, FuR 1974, 628; *Overath*, Gottesdienstliche Musik als geistiges Eigentum, Fs. für Kreile, 1994, S. 483; *Reiners*, Das Bühnenwerk und sein urheberrechtlicher Schutz, Diss. Göttingen 1927; *Roeber*, Das Recht der öffentlichen Wiedergabe und die Tantiemestellung der Verwertungsgesellschaften, FuR 1968, 148; *Rojahn*, Zur Frage der Vergütungspflicht der Kirchen für Gemeinde- bzw. Volksgesang in gottesdienstlichen Veranstaltungen, Fs. für Klaka, 1987, S. 146; *Scheuermann*, Urheber- und vertragsrechtliche Probleme der Videoauswertung von Filmen, 1990; *Schricker*, Videovorführungen in Hotels in urheberrechtlicher Sicht, Fs. für Oppenhoff, 1985, S. 367; *Seibel*, Kirchenmusik und Urheberrecht, UFITA 94 (1982) 175.

b) neuere Literatur: *Becker*, Die Schöpfer und die Verwaltung ihrer Rechte durch die GEMA, ZUM 1999, 16; *Brandhorst*, Musik im Film und die Rechtewahrnehmung durch die GEMA, GEMA-Nachr. 2006 Nr. 174 S. 136; *Gutsche*, Urheberrecht und Volksmusik, 1996; *Juranek*, Die Gratwanderung zwischen großem und kleinem Recht, MR 2001, 377; *Karbaum*, Kleines Recht & Großes Recht, kollektive und individuelle Wahrnehmung von Urheberrechten in der Musik, GEMA-Nachr. 1995, 116; *Kreile/Becker/Riesenhuber* (Hrsg.), Recht und Praxis der GEMA, 2. Aufl. 2008; *Kurz*, Praxishandbuch Theaterrecht, 1999; *Minoru Matsukawa*, Karaoke – Probleme des Selbstsingens und -musizierens im deutschen und japanischen Urheberrecht, UFITA 132 (1996) 51; *Moser/Scheuermann*, Handbuch der Musikwirtschaft, 6. Aufl. 2003; *Ricketson/Ginsburg*, International Copyright and Neighbouring Rights – The Berne Convention and beyond, 2. Aufl. 2006; *Russ*, Das Lied eines Boxers – Grenzen der Rechtswahrnehmung durch die GEMA am Beispiel des Falles „Henry Maske", ZUM 1995, 32; *Scholz*, „Kleine" und „große" Rechte nach dem VerwGesG 2006, ÖBl. 2007, 251; *M. Schulze*, Weglassen und Austausch von Filmmusik, Fs. für Hertin, 2000, S. 247; *Staats*, Aufführungsrecht und kollektive Wahrnehmung bei Werken der Musik, 2004; *Staudt*, Die Rechteübertragungen im Berechtigungsvertrag der GEMA, 2006; *Wündisch*, Die Mär vom New Yorker Gralsraub – Aspekte des internationalen Schutzes des Aufführungsrechts im 19. und beginnenden 20. Jahrhundert, GRUR Int. 2007, 302.

§ 19 Vortrags-, Aufführungs- und Vorführungsrecht

Übersicht

	Rdnr.
A. Allgemeines	1–3
I. Wesen und Schranken der Rechte des § 19	1, 2
II. Rechtsentwicklung. Konventionsrecht. Europäisches Recht	3
B. Vortragsrecht (Abs. 1)	4–11
I. Gegenstand des Vortragsrechts	4
II. Persönliche Darbietung	5–7
III. Zu Gehör bringen	8
IV. Öffentlich	9
V. Wahrnehmung des Vortragsrechts	10
VI. Früheres Recht	11
C. Aufführungsrecht (Abs. 2)	12–30
I. Recht der musikalischen Aufführung	13–15
II. Recht der bühnenmäßigen Aufführung	16–26
III. Wahrnehmung des Aufführungsrechts	27–29
IV. Früheres Recht	30
D. Übertragung durch Bildschirm oder Lautsprecher (Abs. 3)	31–35
I. Inhalt und Zweck der Vorschrift	31–34
II. Abgrenzung der Wiedergabe nach Abs. 3 von anderen Wiedergabearten	35
E. Vorführungsrecht (Abs. 4)	36–48
I. Gegenstand des Vorführungsrechts	36–39
II. Verwertungshandlung	40, 41
III. Analoge Anwendung des Abs. 3	42
IV. Abgrenzung von anderen Verwertungsrechten	43, 44
V. Zur Rechtswahrnehmung bei der Vorführung eines Filmwerkes	45
VI. Rechtsentwicklung	46–48

A. Allgemeines

I. Wesen und Schranken der Rechte des § 19

1 1. Die in § 19 geregelten ausschließlichen Verwertungsrechte (Vortrags-, Aufführungs- und Vorführungsrecht) sind **Rechte der öffentlichen Wiedergabe** des Werkes in unkörperlicher Form (§ 15 Abs. 2; vgl. § 15 Rdnr. 45 ff.). Nichtöffentliche Werkwiedergaben (vgl. § 15 Abs. 3) werden durch diese Rechte nicht erfasst. Trotz ihrer Zusammenfassung in einer Bestimmung sind das Vortrags-, das Aufführungs- und das Vorführungsrecht jeweils selbständige Verwertungsrechte. Während das Vorführungsrecht ohne vorherige Festlegung des Werkes in körperlicher Form nicht ausgeübt werden kann, ist es für das Vortrags- und Aufführungsrecht bedeutungslos, ob das Werk bereits in körperlicher Form vorliegt und ob diese als Grundlage für die persönliche Darbietung benutzt wird.

2 2. Zu den **Schranken** der Rechte aus § 19 vgl. §§ 44a ff. (insb. §§ 45, 48, 51 und 52). Im **Unterschied zu § 21 und § 22** liegt bei den Rechten aus Abs. 1, 2 und 4 die Werknutzung unmittelbar in der Wiedergabe des Werkes durch persönliche Darbietung oder durch Vorführung. In den Fällen des § 21 und § 22 wird dagegen für die Wiedergabe eine vorangegangene Wiedergabe (eine aufgezeichnete Wiedergabe oder eine Funksendung) benutzt. Im Hinblick darauf kann beim Vortrags-, Aufführungs- und Vorführungsrecht von Erstverwertung, bei § 21 und § 22 von Zweitverwertung gesprochen werden (vgl. dazu § 15 Rdnr. 50). Allerdings „umfassen" das Vortrags-, Aufführungs- und Vorführungsrecht nach Abs. 3 (der beim Vorführungsrecht analog anzuwenden ist, Rdnr. 42) auch Zweitverwertungen.

II. Rechtsentwicklung. Konventionsrecht. Europäisches Recht

3 1. Das Vortrags-, das Aufführungs- und das Vorführungsrecht waren vor dem Inkrafttreten des UrhG in § 11 **LUG** und §§ 15, 15a **KUG** geregelt. Unter § 11 LUG wurden jedoch auch die jetzt in § 21 und § 22 besonders ausgestalteten Befugnisse zur Wiedergabe durch Tonträger und zur Wiedergabe von Funksendungen subsumiert (BGHZ 11, 135/140 – Lautsprecherübertragung; BGHZ 33, 38/42 – Künstlerlizenz Rundfunk). Das Aufführungsrecht an Werken der Tonkunst unterlag nach § 27 LUG weitgehenden Beschränkungen, die im UrhG erheblich gemildert oder (wie die Aufführungsfreiheit bei Volksfesten) aufgehoben wurden (vgl. § 52). Zum früheren Recht s. weiter *Staats* S. 13 ff.

2. Das **URG-DDR** gewährte in § 18 Abs. 1 lit. c dem Urheber das ausschließliche Recht, darüber zu entscheiden, ob sein Werk öffentlich vorgetragen, aufgeführt oder vorgeführt wird. Das Vorführungsrecht war gemäß § 32 Abs. 1 URG-DDR durch „gesetzliche Lizenzen" eingeschränkt (zu deren Rechtsnatur vgl. *Wandtke* UFITA 115 [1991] 23/108). Die §§ 53 ff. URG-DDR enthielten Regelungen zum Vertrag über die öffentliche Aufführung, den öffentlichen Vortrag, den Bühnenvertriebsvertrag (s. dazu *Liebrecht*, Die Zwecküberttragungslehre im ausländischen Urheberrecht, 1983, S. 97) und die Materialleihe.

Zum früheren Recht vgl. weiter Rdnr. 11 und 30 sowie § 21 Rdnr. 3, § 22 Rdnr. 3.

3. Durch Art. 1 Abs. 1 Nr. 4 des Gesetzes zur Regelung des Urheberrechts in der Informationsgesellschaft vom 10. 9. 2003 (BGBl. I S. 1774, **UrhG-Novelle 2003**) wurde Abs. 4 S. 2 durch die Klarstellung ergänzt, dass das Vorführungsrecht das sog. Recht der Wiedergabe von öffentlicher Zugänglichmachung (§ 22) nicht umfasst. Der Wortlaut des Abs. 4 S. 2 ist allerdings missglückt. Das Recht der öffentlichen Zugänglichmachung nach § 19a bezieht sich nur auf ein Bereithalten des Werkes zum Abruf durch eine Öffentlichkeit (§ 19a Rdnr. 1, 42). Eine Zugänglichmachung in diesem Sinn kann nicht öffentlich wahrnehmbar gemacht werden.

4. In der **Berner Übereinkunft** (RBÜ; allgemein zu dieser vor §§ 120 ff. Rdnr. 41 ff.) finden sich die Rechte aus § 19 im Wesentlichen in den Vorschriften Art. 11 Abs. 1 Nr. 1, Abs. 2, Art. 11ter Abs. 1 Nr. 1, Abs. 2, Art. 14 Abs. 1 Nr. 2 und Art. 14bis Abs. 1 i.V. mit Art. 14 Abs. 1 Nr. 2 RBÜ. Zur Zulässigkeit der sog. „kleinen Ausnahmen" (petites réserves) von diesen Rechten s. vor §§ 20 ff. Rdnr. 44; *Neumann*, Urheberrecht und Schulgebrauch, 1994, S. 150 ff.; ablehnend *Brand* in *Busche/Stoll*, TRIPs, 2007, Art. 9 Rdnr. 58, 63. Zur Bedeutung der RBÜ im Rahmen des **TRIPS-Übereinkommens** s. vor §§ 120 ff. Rdnr. 17 f.; *Brand* in *Busche/Stoll*, TRIPs, 2007, Kommentierung zu Art. 9.

5. Für die Auslegung des § 19 ist der **WIPO Copyright Treaty** (WCT) bedeutungslos, weil dessen Art. 8 nur öffentliche Wiedergaben regelt, die durch ein gewisses Distanzelement gekennzeichnet sind (s. § 15 Rdnr. 55, vor §§ 20 ff. Rdnr. 47). Dementsprechend hat Art. 8 WCT auch das Vorführungsrecht (Abs. 4) für in Abs. 4 S. 1 nicht genannte Werkarten nicht ergänzt (s. Rdnr. 37).

6. Die **Informationsgesellschafts-Richtlinie** (s. § 19a Rdnr. 22) hat für die Auslegung des § 19 ebenfalls keine Bedeutung. Sie bezieht sich wie Art. 8 WCT nur auf öffentliche Wiedergaben, die mit einem Übertragungsvorgang verbunden sind. Nach Art. 3 Abs. 1 der Richtlinie haben die Mitgliedstaaten zwar vorzusehen, „dass den Urhebern das ausschließliche Recht zusteht, die drahtgebundene oder drahtlose öffentliche Wiedergabe ihrer Werke ... zu erlauben oder zu verbieten", diese Regelung weicht aber von der Terminologie des deutschen Urheberrechts ab und umfasst nur Wiedergaben für eine Öffentlichkeit, „die an dem Ort, an dem die Wiedergabe ihren Ursprung nimmt, nicht anwesend ist" (Erwgr. 23 der Richtlinie; vgl. dazu *Reinbothe* GRUR Int. 2001, 733/736; kritisch *Walter/Walter*, Europäisches Urheberrecht, S. 1050 f.; s. weiter § 15 Rdnr. 55).

B. Vortragsrecht (Abs. 1)

Das Vortragsrecht ist das Recht, ein Sprachwerk durch persönliche Darbietung öffentlich zu Gehör zu bringen. 4

I. Gegenstand des Vortragsrechts

Das Vortragsrecht besteht bei allen geschützten Sprachwerken iSd. § 2 Abs. 1 Nr. 1 (§ 2 Rdnr. 79 ff.), nicht nur bei Vorträgen oder Reden. **Vertonte Sprachwerke** (zB Oratorien-, Lied- und Schlagertexte) bleiben trotz der Verbindung mit der Musik Sprachwerke, da die Werkverbindung im Rechtssinn kein einheitliches Werk schafft (§ 9). Auch bei musikalischer

§ 19 Vortrags-, Aufführungs- und Vorführungsrecht

Darbietung wird das Sprachwerk nach dem Wortlaut des Abs. 1 „zu Gehör gebracht". Bei Wiedergabe des Sprachwerkes zusammen mit der Musik ist daher dessen Darbietung Vortrag, die Darbietung der Musik Aufführung (Abs. 2, 1. Alt.; *Ulmer*[3] § 51 I; *Fromm/Nordemann/Dustmann*[10] Rdnr. 4; *Staats* S. 25 f.). Nach aA (*v. Gamm* Rdnr. 5, 8; *Möhring/Nicolini/Kroitzsch*[2] Rdnr. 3; *Beilharz* S. 88) ist die musikalische Darbietung eines Sprachwerkes auch hinsichtlich des Sprachwerkes Aufführung (Abs. 2, 1. Alt.). Ist die Wiedergabe des Sprachwerkes mit der Musik bühnenmäßig, gilt nach allgM für Text- und Musikwiedergabe das Aufführungsrecht in der Alternative des Rechts der öffentlichen bühnenmäßigen Darstellung (Abs. 2, 2. Alt.).

II. Persönliche Darbietung

5   Ein Vortrag iSd. UrhG liegt nur vor bei einer persönlichen Darbietung eines Sprachwerkes, dh. einer Live-Darbietung durch eine Person, die das Sprachwerk unmittelbar zu Gehör bringt (Rede, Gedichtvortrag usw.). Auf eine künstlerische Qualität der Darbietung kommt es nicht an. **Keine Darbietung** ist anzunehmen, wenn die Wiedergabe eine Kulthandlung (zB Gebet im Gottesdienst) oder einen eigenen Werkgenuss darstellt und das Werk bei Anwesenheit von Zuhörern nicht ihretwegen zu Gehör gebracht wird; sa. Rdnr. 15). Ebenso fehlt es bei Proben in der Regel an einer Darbietung, weil dabei der Vorgang der Erarbeitung der Interpretation im Vordergrund steht. Etwas anderes gilt aber, wenn gerade auch der Probenvorgang Gegenstand der Darbietung ist und das Werk in dieser Art und Weise für Zuhörer zu Gehör gebracht werden soll (vgl. *Kurz* Kap. 13 Rdnr. 78, 113; s. weiter § 73 Rdnr. 17). Der Begriff der Darbietung setzt nicht voraus, dass die Zuhörer, für die das Werk dargeboten wird, bereits bei der Wahrnehmbarmachung des Werkes durch den Interpreten anwesend sind. Auch eine Wiedergabe, die im Studio zum Zweck ihrer späteren Wahrnehmbarmachung für Zuhörer aufgezeichnet wird, ist eine persönliche Darbietung (vgl. *Gentz* GRUR 1974, 328/330; *Will-Flattau*, Rechtsbeziehung zwischen Tonträgerproduzent und Interpret aufgrund eines Standardkünstlerexklusivvertrages, 1990, S. 12; aA *v. d. Groeben*, Fs. für Reichardt, S. 39/45 ff.; *Hoeren* in Loewenheim[2] § 21 Rdnr. 70; sa. Rdnr. 9; § 21 Rdnr. 6; § 73 Rdnr. 15 ff.). Unter § 19 fällt allerdings nur eine öffentliche Darbietung.

6   Eine persönliche Darbietung ist nach allgM auch gegeben bei **Benutzung technischer Mittel** (insb. von Mikrofonen und Lautsprechern) zur Klangverstärkung oder -gestaltung innerhalb des Veranstaltungsraumes oder an dem Veranstaltungsplatz. Eine andere (allerdings nur für die Auslegung des § 73, vgl. dort Rdnr. 19) bedeutsame Frage ist es, worin in einem solchen Fall der Vortrag im Rechtssinn zu sehen ist. Nach einer Ansicht ist Vortrag dann nur die unmittelbare Klangdarbietung durch die Stimme des Interpreten, wie sie vor ihrer tontechnischen Beeinflussung wahrnehmbar ist (dies entspräche der Auslegung des Begriffs der Aufführung durch BGH GRUR 1983, 22/25 – Tonmeister; kritisch zu dieser Entscheidung *Hubmann* GRUR 1984, 620/621). Dagegen spricht jedoch, dass auch der Darbietende selbst nicht nur seine Stimme, sondern auch tontechnische Mittel als Instrument der Ausdrucksgestaltung, dh. als wesentliches Mittel seiner Darbietung, einsetzen kann (zB bei einer Kabarettdarbietung ein Mikrofon zur Veränderung der Klangwirkung der Stimme). Werden an einem Veranstaltungsort Mikrofone und Lautsprecher benutzt, ist zudem die Klangdarbietung durch die Stimme des Interpreten für die Zuhörer regelmäßig nur in der Form der Umsetzung durch diese technischen Mittel wahrnehmbar. Vom Standpunkt der Hörer aus erscheinen dann Mikrofon und Lautsprecher als Mittel der Darbietung selbst, nicht als Mittel der Übertragung der Darbietung (vgl. dazu *Nordemann* GRUR 1980, 568/571). Der Einsatz technischer Mittel zur Klangverstärkung oder -gestaltung an einem Veranstaltungsort gehört daher ihre Benutzung als Mittel der Darbietung zum Vortrag im Rechtssinn (vgl. weiter § 73 Rdnr. 19).

Wird dagegen das Klangbild einer Darbietung für die Herstellung eines Tonträgers durch Mikrofone aufgenommen, gehört seine tontechnische Bearbeitung in einem getrennt liegenden Studio nicht zum Vortrag im Rechtssinn (vgl. zum entsprechenden Begriff der Aufführung BGH GRUR 1983, 22/25 – Tonmeister; aA *Hubmann* GRUR 1984, 620/621 f.; *Andresen* ZUM 1986, 335/339; vgl. weiter § 73 Rdnr. 20).

Im Rahmen des § 19 selbst ist die Frage, ob der Begriff des Vortrags (oder auch der diesem entsprechende Begriff der Aufführung) die mögliche Benutzung technischer Mittel zur Klangverstärkung oder -gestaltung umfasst, ohne praktische Bedeutung. Der Einsatz solcher technischer Mittel am Veranstaltungsort oder in einem getrennt liegenden Tonstudio ist nämlich jedenfalls keine zusätzliche Werknutzung. Dies folgt daraus, dass die Benutzung technischer

Einrichtungen zur Wahrnehmbarmachung von Vorträgen außerhalb des Raumes, in dem die persönliche Darbietung stattfindet, in Abs. 3 ausdrücklich geregelt ist.

Das Recht zur persönlichen Darbietung ist nicht beschränkt auf die Darbietung durch den Urheber selbst – dieses Recht wäre selbstverständlich, sondern umfasst auch den Vortrag durch andere. Nicht erforderlich ist eine künstlerische Leistung bei der Darbietung (allgM; *Gentz* GRUR 1974, 328/329). Auch ein Vorlesen mit verteilten Rollen ist Vortrag (vgl. *Möhring/ Nicolini/Kroitzsch*[2] Rdnr. 8). 7

III. Zu Gehör bringen

Die Worte „zu Gehör bringen" bezeichnen die Darstellungsart, auf die sich das Vortragsrecht bezieht. Erfasst wird damit jede Art der persönlichen Darbietung in akustischer Form (durch Sprechen, Singen usw.; für die musikalische Darbietung von Sprachwerken str., vgl. Rdnr. 4). Etwas anderes gilt nur, wenn das Sprachwerk nicht nur zu Gehör gebracht wird, sondern darüber hinaus bühnenmäßig dargestellt wird (zur Abgrenzung Rdnr. 18 ff.). Dann greift entgegen dem Wortlaut des Abs. 1 nicht das Vortragsrecht, sondern das bühnenmäßige Aufführungsrecht ein (Abs. 2, 2. Alt.). 8

IV. Öffentlich

Der Begriff des Vortrags umfasst (ebenso wie der Begriff der Aufführung iSd. Abs. 2) auch nichtöffentliche Wiedergaben (*Gentz* GRUR 1974, 328/330; sa. Rdnr. 5). Das Verwertungsrecht greift jedoch nur bei öffentlichen Wiedergaben ein. Für den Begriff „öffentlich" gelten die Ausführungen zu § 15 Abs. 3 (§ 15 Rdnr. 57 ff.). Die Rechte an § 19 erfordern, dass das Werk zeitgleich für die Öffentlichkeit iSd. § 15 Abs. 3 wahrnehmbar gemacht wird (s. Rdnr. 41). Dies folgt auch aus der Regelung des Abs. 3, der für das Vortragsrecht und das Aufführungsrecht unmittelbar, für das Vorführungsrecht entsprechend (s. Rdnr. 42) gilt. 9

V. Wahrnehmung des Vortragsrechts

Die **VG Wort** verwaltet aufgrund von Wahrnehmungsverträgen mit Urhebern und sonstigen Berechtigten (zB Verlagen) auch das Vortragsrecht an erschienenen Werken. Nach § 1 Nr. 9 ihres Wahrnehmungsvertrages idF vom 23. 5. 2009 (abrufbar unter www.vgwort.de) behält der Berechtigte jedoch die Befugnis, selbst den Vortrag zu veranstalten, und, soweit er der VG Wort davon Mitteilung macht, die Befugnis, die Genehmigung zum Vortrag zu erteilen oder zu versagen. 10

Zur Wahrnehmung des Vortragsrechts an wortdramatischen Werken und zur Rechtswahrnehmung bei szenischen Lesungen wortdramatischer Werke vgl. *Wandtke/Bullinger/Ehrhardt*[3] Rdnr. 9 f. Zur Wahrnehmung des Vortragsrechts an vertonten Sprachwerken vgl. Rdnr. 27. Zur Auslegung der Einräumung des „musikalischen Aufführungsrechts" und des „Vortragsrechts" in Bühnenvertriebsverträgen vgl. *Beilharz* S. 89.

VI. Früheres Recht

Das Vortragsrecht wurde durch das **LUG** (§ 11 Abs. 3) nur bis zum Erscheinen des Werkes gewährt. In Übereinstimmung mit Art. 11ter RBÜ (Brüsseler Fassung) und Art. 11ter Abs. 1 Nr. 1 RBÜ (Pariser Fassung) erkennt Abs. 1 das Vortragsrecht ohne diese ungerechtfertigte Einschränkung zu (ebenso das **URG-DDR** in § 18 Abs. 1 lit. c). 11

C. Aufführungsrecht (Abs. 2)

Das Aufführungsrecht umfasst als **zwei selbständig nebeneinander stehende Rechte** das Recht, ein Werk der Musik durch persönliche Darbietung (in nichtbühnenmäßiger Aufführung) öffentlich zu Gehör zu bringen (Abs. 2, 1. Alt.), und das Recht, ein Werk öffentlich bühnenmäßig darzustellen (Abs. 2, 2. Alt.). 12

§ 19　Vortrags-, Aufführungs- und Vorführungsrecht

I. Recht der musikalischen Aufführung

13　**Gegenstand des Rechts** der musikalischen Aufführung (Abs. 2, 1. Alt.) sind die Werke der Musik (§ 2 Abs. 1 Nr. 2). Nur dadurch unterscheidet sich dieses Recht von dem auf Sprachwerke bezogenen Vortragsrecht (Abs. 1).

14　Hinsichtlich der dem Urheber vorbehaltenen **Verwertungshandlung** („durch persönliche Darbietung öffentlich zu Gehör zu bringen") gelten die Erläuterungen zum Vortragsrecht entsprechend (Rdnr. 5 ff.).
Das musikalische Aufführungsrecht umfasst jede Art der persönlichen Darbietung eines Werkes der Musik (nicht nur die konzertmäßige Aufführung) mit Ausnahme der in Abs. 2, 2. Alt. gesondert geregelten bühnenmäßigen Darstellung. Die **Terminologie** des Gesetzes, nach der alle Musikdarbietungen, auch der „Vortrag" eines Musikstücks durch einen Pianisten oder Sänger, als „Aufführung" bezeichnet werden, entspricht nicht dem allgemeinen Sprachgebrauch (*Krause* GRUR 1960, 14/15).

15　**Keine persönliche Darbietung** und deshalb urheberrechtsfrei ist das lediglich dem eigenen Werkgenuss dienende Singen und Musizieren von Jugend- oder Wandergruppen oder einzelnen Personen (*Rehbinder*[16] Rdnr. 315, 344; ders. ZUM 1996, 349/355; vgl. dazu auch den Bericht des BT-Rechtsausschusses zu § 52 Abs. 1 idF des RegE der UrhG-Novelle 1985, UFITA 102 [1986] 169/175; BGHZ 87, 126/129 – Zoll- und Finanzschulen; AG Köln, Urt. v. 27. 9. 2007 –137 C 293/07, zitiert von juris [Singen von Liedern beim Kommers einer studentischen Verbindung; *Nordemann* GRUR 1985, 837/839; sa. Rdnr. 5, § 73 Rdnr. 17). Keine Darbietung ist das private Üben eines Musikers, auch wenn es in der Öffentlichkeit wahrnehmbar ist (*Rehbinder*[16] Rdnr. 315); dies gilt allerdings nicht, wenn das Üben bewusst vor einer Öffentlichkeit stattfindet (insb. bei einer Generalprobe; sa. Rdnr. 5). Der Gesang der Gemeinde und dessen musikalische Begleitung bei Gottesdiensten ist keine für Zuhörer bestimmte Darbietung, sondern eine Kulthandlung, bei der es nur Beteiligte und kein Auditorium gibt (vgl. die Begr. zu § 52 Abs. 2 idF des RegE der UrhG-Novelle 1985, UFITA 96 [1983] 107/130; sa. Rdnr. 5, § 52 Rdnr. 40 ff.; *Möller* FuR 1983, 240/241 f.; *Rehbinder*[16] Rdnr. 344; *Schack*[5] Rdnr. 445; *Overath*, Fs. für Kreile, S. 483/488 f.; *Flechsig* NJW 1985, 1991/1993; *Günther* AfP 1986, 19/22; *Rojahn*, Fs. für Klaka, S. 146 ff.; *Dreier* in *Dreier/Schulze*[3] Rdnr. 6, § 52 Rdnr. 10; *Fromm/Nordemann/Dustmann*[10] Rdnr. 13; aA *W. Nordemann* ebd. § 52 Rdnr. 25; *Möhring/Nicolini/Kroitzsch*[2] Rdnr. 11). Auch das Orgelvorspiel zur Einleitung des Kirchenliedes ist keine Darbietung (*Rojahn*, Fs. für Klaka, S. 146/159; *Overath*, Fs. für Kreile, S. 483/488 f.; aA *Möhring/Nicolini/Kroitzsch*[2] Rdnr. 11; *Seibel* UFITA 94 [1982] 175/186 f.). Gleiches gilt für den Gesang (ebenso wie für die Gebete) des Liturgen (Stellungnahme des Bundesrates zum RegE der UrhG-Novelle, BTDrucks. 10/837 S. 28 – zu § 52 Abs. 2 S. 2; sa. Rdnr. 5).

II. Recht der bühnenmäßigen Aufführung

16　1. Als **Gegenstand des Rechts** der bühnenmäßigen Aufführung (Abs. 2, 2. Alt.) bezeichnet das Gesetz Werke aller Art (wozu auch urheberrechtlich schutzfähige Bearbeitungen gemeinfreier oder geschützter Werke gehören, vgl. BGHZ 142, 388/397 – Musical-Gala), nicht nur – wie bei dem Recht der musikalischen Aufführung (Abs. 2, 1. Alt.) – Werke der Musik. Eine bühnenmäßige Aufführung ist jedoch nur möglich bei Sprachwerken, Musikwerken und pantomimischen Werken (§ 2 Abs. 1 Nr. 1–3). Unerheblich ist, ob das Werk für die Bühne geschaffen wurde (als Schauspiel usw.), sofern es nur – ggf. nach einer Bearbeitung – bühnenmäßig dargestellt werden kann (zB eine Erzählung in dramatisierter Form; ebenso *Wandtke/Bullinger/Ehrhardt*[3] Rdnr. 16). Umgekehrt können Bühnenwerke auch nicht bühnenmäßig wiedergegeben werden, zB eine Oper konzertant, ein Theaterstück durch Vorlesen mit verteilten Rollen. Entscheidend dafür, ob eine bühnenmäßige Aufführung vorliegt, ist nicht der Charakter des Werkes, sondern die Art und Weise seiner Wiedergabe. Die bühnenmäßige **Aufführung einer Oper**, eines Balletts usw. ist im Rechtssinn keine Aufführung eines einheitlichen Werkes, sondern verbundener Werke (§ 9). Diese können ggf. auch jedes für sich oder in Verbindung mit anderen Werken bühnenmäßig aufgeführt werden (zB ein Opernlibretto mit anderer Musik).

17　2. Die Frage, ob eine **Darstellung als bühnenmäßige Aufführung** anzusehen ist, muss unterschieden werden von der Frage, ob eine bühnenmäßige Aufführung gerade eines bestimmten Werkes vorliegt. Für die Beurteilung, ob eine Darstellung bühnenmäßig ist, kommt es nur auf deren Charakter selbst an (vgl. dazu unter 3.). Die Erkennbarkeit des benutzten Werkes ist dementsprechend keine Voraussetzung dafür, dass eine Darstellung als bühnenmäßige Aufführung beurteilt wird (vgl. BGH GRUR 2008, 1081f. Tz. 12 – Musical-Starlights). Die Frage, ob ein Werk, das einer bühnenmäßigen Aufführung zugrunde gelegt wird, trotz erheblicher Umgestaltung für diesen Zweck noch als solches aufgeführt wird, ist eine Frage nach dem Schutzumfang dieses Werkes (vgl. BGH GRUR 2008, 1081f. Tz. 12, 15 – Musical Starlights).

Es ist weitgehend Sache des Tatrichters zu beurteilen, ob eine Darstellung eine bühnenmäßige Aufführung ist. Die **revisionsgerichtliche Überprüfung** bezieht sich nur darauf, ob der Sachverhalt verfahrensfehlerfrei festgestellt worden ist und ob die Beurteilung des Berufungsgerichts auf einem rechtsfehlerfreien Verständnis des Begriffs der bühnenmäßigen Aufführung beruht (vgl. BGHZ 142, 388/399f. – Musical-Gala; BGH GRUR 2008, 1081 Tz. 11 – Musical Starlights).

3. a) Der **Begriff der bühnenmäßigen Aufführung** (Darstellung) ist abzugrenzen von den Begriffen „Vortrag" (Abs. 1), „musikalische Aufführung" (Abs. 2, 1. Alt.) und „Vorführung" (Abs. 4). Zur Bedeutung der Abgrenzung s. Rdnr. 27. Eine bestimmte Definition hat sich noch nicht durchgesetzt. Die Definitionen in der neueren Literatur (zu den älteren Definitionsversuchen vgl. *Reiners* S. 49 ff.; *Krause* GRUR 1960, 14/16; *Beilharz* S. 13 mwN) stimmen jedoch darin überein, dass die bühnenmäßige Aufführung gekennzeichnet ist durch bewegtes Spiel im Raum. Eine bühnenmäßige Aufführung liegt jedenfalls in allen Fällen vor, in denen ein gedanklicher Inhalt durch ein für das Auge oder für Auge und Ohr bestimmtes bewegtes Spiel im Raum dargeboten wird (vgl. BGHZ 142, 388/397 – Musical-Gala; BGH GRUR 2008, 1081 Tz. 12 – Musical Starlights; OGH MR 2005, 431/432 – Die Bakchantinnen). Maßgebend für die bühnenmäßige Darstellung ist für *v. Gamm* (Rdnr. 12) „das visuell erkennbare, bewegte Spiel zur Darstellung eines bestimmten Vorgangs." Nach *Möhring/Nicolini/Kroitzsch*[2] (Rdnr. 13ff.) ist eine bühnenmäßige Aufführung gegeben, wenn im dreidimensionalen Raum ein bewegtes Spiel stattfindet und durch die Darstellung dem Auge oder Ohr erkennbar ein Gedankeninhalt wiedergegeben wird.

Soweit Definitionen nur auf die Wiedergabe des Werkes durch bewegtes Spiel für das Auge abstellen, sind sie zu eng. Dieses Ausdrucksmittel genügt nur für stumme Pantomimen, Ausdruckstanz oder ähnliche Werke. Trotz des Gesetzeswortlauts („darzustellen") kann der Begriff „bühnenmäßige Aufführung" aber auch akustische Wiedergaben von Musik- und Sprachwerken, die mit dem bewegten Spiel für das Auge verbunden sind, umfassen (vgl. dazu Rdnr. 24f.). Zu berücksichtigen ist weiter, dass die bühnenmäßige Aufführung von Musik- und Sprachwerken im Rahmen von Bühnenaufführungen auch ohne jedes hinzutretende bewegte Spiel möglich ist (zB als Prolog, Monolog oder Arie an der Bühnenrampe). Bühnenmäßig ist die Wiedergabe in diesen Fällen infolge des engen inneren Zusammenhangs mit einem bewegten Spiel im Raum. Eine **bühnenmäßige Aufführung** ist danach anzunehmen bei Wiedergabe des Werkes durch ein für das Auge bestimmtes bewegtes Spiel im Raum oder bei Wiedergabe des Werkes als integrierender Bestandteil eines für Auge und Ohr bestimmten Spielgeschehens, das durch ein bewegtes Spiel im Raum gekennzeichnet ist und einen gedanklichen Inhalt vermittelt.

b) Das **bewegte Spiel im Raum** ist unabdingbares Merkmal einer bühnenmäßigen Aufführung. Dabei muss ein **Sinngehalt** in individueller Form zum Ausdruck gebracht werden (*Ulmer*[3] § 23 II). Es ist dabei nicht erforderlich, dass gerade der Inhalt des benutzten Werkes (zB eines in ein Musical integrierten Schlagers) szenisch umgesetzt wird. Die Erkennbarkeit des benutzten Werkes ist ohnehin keine Voraussetzung für die Annahme einer bühnenmäßigen Aufführung; entscheidend ist allein, dass überhaupt ein gedanklicher Inhalt vermittelt wird (vgl. BGH GRUR 2008, 1081f. Tz. 12 – Musical Starlights; vgl. weiter OLG Hamburg OLGR 2004, 13/14f. – Mamma Mia). Erforderlich ist, dass nicht nur der Eindruck von zusammenhanglos aneinandergereihten Handlungselementen und Musikstücken entsteht, sondern ein sinnvoller Handlungsablauf erkennbar wird (vgl. BGH GRUR 2008, 1081/1082 Tz. 12f. – Musical Starlights, mwN). Dies ist nicht der Fall bei Leistungen lediglich artistischer und sportlicher Art (zB Eisartistik und Eistanz begleitet von einzelnen Musikstücken aus Operetten, BGH GRUR 1960, 604/605 – Eisrevue I) oder bloßen rhythmischen Bewegungen einer Musikgruppe. Ebenso fehlt es an einer bühnenmäßigen Aufführung, wenn musikalische Highlights nur aneinandergereiht werden (vgl. BGH GRUR 2008, 1081/1082 Tz. 13 – Musical Starlights) oder wenn bei der Darbietung einzelner Musik- und Sprachwerke (wie Chansons, Gedichten usw.) lediglich Mimik und Gestenspiel eingesetzt werden (vgl. dazu auch OLG Braunschweig ZUM 1989, 134/136; *v. Gamm* Rdnr. 8).

21 Ein **persönliches Auftreten** derjenigen, die das für das Auge bestimmte bewegte Spiel darbieten, ist nicht erforderlich; auch das Spiel mit Puppen oder Marionetten ist bühnenmäßige Aufführung (jetzt allgM; vgl. *Reiners* S. 58). Auch Schattenspiele können unter Abs. 1, 2. Alt. fallen. Ob das bewegte Spiel im Raum für den Zuschauer als solches sichtbar ist oder nur in seiner Projektion auf eine Fläche, kann keinen Unterschied machen (ebenso im Ergebnis *Krause* GRUR 1960, 14/16; *Möller* S. 49; aA *Möhring/Nicolini/Kroitzsch*[2] Rdnr. 14). Immer aber muss das bewegte Spiel persönlich dargeboten werden: Es fällt nicht mehr unter das Bühnenaufführungsrecht, wenn Teile des Werkes verfilmt und in dieser Form im Rahmen der Bühnenaufführung eingeblendet werden (BGH GRUR 1971, 35/39 – Maske in Blau; zur mechanischen Wiedergabe des akustischen Teils vgl. Rdnr. 23).

22 **Ohne bewegtes Spiel** fehlt es an einer bühnenmäßigen Aufführung, zB bei der Lesung eines Bühnenstücks mit verteilten Rollen (vgl. dazu auch OLG Dresden UFITA 1 [1928] 686/687; vgl. weiter – zur Übergangsform der szenischen Lesung – *Beilharz* S. 14; *Wandtke/Bullinger/Ehrhardt*[3] Rdnr. 10), der konzertmäßigen Wiedergabe einer Oper oder eines Oratoriums sowie einem „Bunten Operettenabend" mit Gesangsstücken aus Operetten ohne szenische Darstellung (vgl. OLG Braunschweig ZUM 1989, 134).

23 c) Nur das bewegte Spiel als solches ist für eine bühnenmäßige Aufführung unabdingbar, nicht jedoch besondere **Begleitumstände des bewegten Spiels**. Eine bühnenmäßige Aufführung setzt keinen herkömmlichen Bühnenraum voraus (*Ulmer*[3] § 23 II; allgM). Das Vorhandensein eines Publikums ist ebensowenig ein Begriffsmerkmal der bühnenmäßigen Aufführung (*Voigtländer/Elster/Kleine*[4] § 11 LUG Anm. III B III 2; aA *Beilharz* S. 12; *Krause* GRUR 1960, 14/16); allerdings ist dem Urheber nur die öffentliche bühnenmäßige Aufführung vorbehalten. Eine Dekoration oder Kostüme sind für die Annahme einer bühnenmäßigen Aufführung weder erforderlich noch genügend (BGH GRUR 1960, 604/605 – Eisrevue I; OLG Braunschweig ZUM 1989, 134/136), sie können jedoch Indizien für eine bühnenmäßige Aufführung sein (vgl. BGH GRUR 2008, 1081/1082 Tz. 13 – Musical Starlights). Eine Wiedergabe mit verteilten Rollen ist nicht notwendig; auch ein Ein-Personen-Stück kann bühnenmäßig aufgeführt werden (früher str., vgl. die Nachweise bei *Hubmann* GEMA-Nachr. 1959 Nr. 43 S. 10/13). Nicht notwendig ist es, dass sich die Darsteller mit ihren Rollen identifizieren (hM; *Krause* GRUR 1960, 14/16; *Dittrich* ÖJZ 1971, 1/5; aA *Haensel* UFITA 28 [1959] 149/151). Bühnenmäßige Aufführungen können auf ein allein für das Auge bestimmtes Spielgeschehen ohne Worte und Töne beschränkt sein (zB stumme Pantomimen, Ausdruckstanz; *Krause* GRUR 1960, 14/16). Dementsprechend kann eine bühnenmäßige Aufführung auch dann vorliegen, wenn die Worte oder die Musik durch Tonband oder Lautsprecher wiedergegeben werden (BGH GRUR 1960, 606/608 – Eisrevue II).

24 d) Da eine bühnenmäßige Aufführung eines Sprachwerkes oder eines pantomimischen Werkes auch ohne Musik möglich ist, kann im Einzelfall fraglich sein, ob auch eine **bühnenmäßige Aufführung der Musik**, die das bewegte Spiel begleitet, vorliegt. Entscheidend ist, ob die Musik lediglich der Untermalung des Spielgeschehens dient (dann Aufführung des Musikwerkes iSd. Abs. 2, 1. Alt.) oder aufgrund eines engen inneren Zusammenhangs dessen integrierender Bestandteil ist (dann bühnenmäßige Aufführung iSd. Abs. 2, 2. Alt.; BGH GRUR 1960, 604/605 – Eisrevue I; BGH GRUR 2008, 1081/1082 Tz. 14 – Musical Starlights; vgl. auch BGH GRUR 1960, 606/607 – Eisrevue II; BGH GRUR 1962, 256/257 – Im weißen Rößl; *Staats* S. 30 ff.; sa. *Staudt* in *Kreile/Becker/Riesenhuber*[2] Kap. 10 Rdnr. 57; *dies.* S. 119 f., 295 f.; s. weiter Rdnr. 19). Nach den gleichen Grundsätzen ist bei **Einfügung einzelner Werke** (Schlager, Gedichte usw.) in eine bühnenmäßige Aufführung zu entscheiden, ob auch diese Werke bühnenmäßig aufgeführt werden. Einzelne Lieder sind jedenfalls dann integrierende Bestandteile des Spielgeschehens, wenn sie aufgrund ihres Textes aus der jeweiligen Situation der Bühnenhandlung heraus zu begreifen sind (vgl. BGH GRUR 2008, 1081/1082 Tz. 14 – Musical Starlights; OLG Hamburg OLGR 2004, 13/14 f. – Mamma Mia).

25 4. Die Frage, ob eine **bühnenmäßige Aufführung eines bestimmten Werkes** vorliegt, ist eine Frage nach dem Schutzumfang dieses Werkes (vgl. Rdnr. 17). Eine bühnenmäßige Aufführung des geschützten Werkes liegt vor, wenn dem Publikum durch das bewegte Spiel der gedankliche Inhalt des aufgeführten Werkes vermittelt wird (vgl. BGH GRUR 2008, 1081/1082 Tz. 15 – Musical Starlights). Werden nur **Teile eines für die Bühne bestimmten Werkes** (zB Gesangsnummern einer Operette) wiedergegeben, ist es für die Feststellung, ob eine bühnenmäßige Aufführung vorliegt, ohne Belang, ob durch die Wiedergabe der Werkteile noch der Sinngehalt des Gesamtwerkes oder wesentlicher Teile desselben vermittelt werden (vgl. BGH GRUR 2008, 1081/1082 Tz. 16 ff. – Musical Starlights).

Für die Frage, ob eine Aufführung von Werkteilen in das geschützte Recht aus § 19 Abs. 2, 2. Alt. eingreift, kommt es allein darauf an, ob die Wiedergabe der Werkteile als solche bühnenmäßig ist (s. Rdnr. 17, 18ff.) und ob bei der bühnenmäßigen Aufführung Werkteile, die bereits für sich den urheberrechtlichen Schutzvoraussetzungen genügen (sa. § 2 Rdnr. 67f.), in einer ihren schöpferischen Gehalt vermittelnden Weise wiedergegeben werden (vgl. BGH GRUR 2008, 1081/1082 Tz. 16ff. – Musical Starlights). Der so dem Publikum vermittelte Gehalt aus dem geschützten Werk muss auch für sich gesehen urheberrechtlich schutzfähig sein. Ungeachtet von Abweichungen in Einzelheiten müssen die Aufführung und das benutzte Werk insoweit in ihrem geistig-ästhetischen Gesamteindruck übereinstimmen (vgl. BGH GRUR 2008, 1081/1082 Tz. 19 – Musical Starlights). Handelt es sich bei dem geschützten Werk um die eigenschöpferische Bearbeitung eines gemeinfreien Stoffes, trägt der Aufführende die Darlegungslast für seine Behauptung, bei der Aufführung lediglich nicht eigenschöpferisch bearbeitete und daher gemeinfreie Teile des Werkes übernommen zu haben (vgl. BGH GRUR 2008, 1081/1082f. Tz. 21f. – Musical Starlights (s. weiter § 97 Rdnr. 209).

5. Für den Begriff „**öffentlich**" gelten die Ausführungen zu § 15 Abs. 3 (§ 15 Rdnr. 57ff.). **26** Das Aufführungsrecht greift nur ein, wenn das Werk zeitgleich für eine Öffentlichkeit iSd. § 15 Abs. 3 wahrnehmbar gemacht wird (s. Rdnr. 9, 41).

III. Wahrnehmung des Aufführungsrechts

Die Abgrenzung der Rechte zum Vortrag (Abs. 1), zur musikalischen Aufführung (Abs. 2, **27** 1. Alt.) und zur bühnenmäßigen Aufführung (Abs. 2, 2. Alt.) ist bei der Anwendung des § 52 von Bedeutung, weil die in dieser Bestimmung geregelten Schranken des Rechts der öffentlichen Wiedergabe nicht für öffentliche bühnenmäßige Aufführungen gelten (§ 52 Abs. 3). Vor allem ist diese Abgrenzung aber von Bedeutung, weil die betroffenen Rechte häufig von verschiedenen Berechtigten wahrgenommen werden. In Betracht kommen dabei vor allem die Verwertungsgesellschaften GEMA und VG Wort, Bühnenverlage und Musikverlage (s. zum Musik- und Bühnenverlag Rdnr. 28; vor §§ 28ff. Rdnr. 121ff., 125ff., 138ff.). Zur Rechtswahrnehmung durch Verwertungsgesellschaften im Theaterbereich s. *Kurz* Kap. 13 Rdnr. 162ff.

Die **GEMA** nimmt aufgrund eines Vertrages mit der **VG Wort** Rechte von Mitgliedern der VG Wort wahr (vgl. *Wandtke/Bullinger/Ehrhardt*[3] Rdnr. 11). Die VG Wort hat ihre Rechte an erschienenen Sprachwerken, die mit Einwilligung des Berechtigten vertont wurden (nicht aber an dramatisch-musikalischen Werken, es sei denn, dass es sich um die Verwendung von kleineren Teilen, Liedern oder Arien handelt, die nach den GEMA-Bestimmungen bzw. nach der sog. Abgrenzungsvereinbarung GEMA/Rundfunkanstalten [s. Rdnr. 29a.E.] unter die sog. kleinen Rechte fallen), zur treuhänderischen Wahrnehmung auf die GEMA übertragen, soweit es um die Verwertung des Sprachwerkes zusammen mit der Musik geht, mit der Maßgabe, dass die GEMA die Rechte an den vertonten Werken nach den für die GEMA geltenden Bestimmungen und Verträgen wahrnimmt (s. dazu auch vor §§ 20ff. Rdnr. 21). Über die sich nach dem Verteilungsplan der GEMA ergebenden Textdichteranteile rechnet die VG Wort mit den Textdichtern ab (s. dazu auch *Schulze* Urhebervertragsrecht[3] S. 76; *Melichar* S. 111). Hat ein Textdichter dagegen sowohl mit der VG Wort als auch mit der GEMA einen Wahrnehmungsvertrag geschlossen, rechnet die GEMA mit ihm unmittelbar ab (vgl. *Staudt* in *Kreile/Becker/Riesenhuber*[2] Kap. 10 Rdnr. 52).

Die **VG Wort** erwirbt durch ihre Wahrnehmungsverträge das Vortragsrecht (vgl. dazu näher Rdnr. 10). Rechte an erschienenen Sprachwerken, die mit Einwilligung des Berechtigten vertont wurden, erwirbt sie gemäß § 1 Nr. 10 ihres Berechtigungsvertrages idF vom 23. 5. 2009 (abrufbar unter www.vgwort.de) „nach Maßgabe des hierfür zwischen der VG Wort und der GEMA abgeschlossenen Vertrags in dessen jeweiliger Fassung."

Nach § 1 lit. a des Berechtigungsvertrages der **GEMA** (idF vom 23./24. Juni 2008, GEMA-Jahrbuch 2009/2010 S. 170, abrufbar unter www.gema.de) werden dieser folgende Rechte übertragen: „Die Aufführungsrechte an Werken der Tonkunst mit oder ohne Text, jedoch unter Ausschluss der bühnenmäßigen Aufführung dramatisch-musikalischer Werke, sei es vollständig, als Querschnitt oder in größeren Teilen" (s. dazu auch *Russ* ZUM 1995, 32/33). Dazu bestimmt § 1 lit. a des Berechtigungsvertrages der GEMA weiter: „Bühnenmusiken, soweit sie nicht integrierender Bestandteil des Bühnenwerkes sind, Bühnenschauen, Filmbegleitmusik, Einlagen in Revuen, Einlagen in Operetten, Possen und Lustspielen, melodramatische und Kabarettaufführungen sind Gegenstand dieses Vertrages, soweit es sich nicht um die Aufführung von Bestandteilen dramatisch-musikalischer Werke in anderen Bühnenwerken handelt." Die Rechtswahrnehmung der GEMA bezieht sich damit zwar in erster Linie auf das musikalische Aufführungsrecht (Abs. 2, 1. Alt.), aber in gewissem Umfang auch auf das Vortragsrecht (Abs. 1, vgl. dazu Rdnr. 4) und das Recht der bühnenmäßigen Aufführung (Abs. 2, 2. Alt.). Dramatisch-musikalische Werke iSd. § 1 lit. a des Berechtigungsvertrages sind nicht nur Werke, die als Bühnenwerke für die bühnenmäßige Aufführung geschaffen worden sind, sondern alle Werke, die in der Weise „dramatisch-musikalischer" Art sind, dass sie als solche „in Szene" gesetzt werden können, dh. insbesondere solche Werke, bei denen schon im Ablauf der Wiedergabe des Werkes ein geschlossenes, dramatisch angelegtes Geschehen vermittelt wird (vgl. BGHZ 142, 388/395 f. – Musical-Gala; BGH GRUR 2008, 1081/1083 Tz. 26 – Musical Starlights). Die Wahrnehmungsberechtigung der GEMA gemäß § 1 lit. a hinsichtlich des Rechts der bühnenmäßigen Aufführung gilt jedoch auch dann, wenn ein Werk, das selbst nicht als dramatisch-musikalisches Werk angelegt ist, in eine Bühnenaufführung so integriert wird, dass es dabei auch selbst als bühnenmäßig aufgeführt anzusehen ist, wie zB bei der Wiedergabe eines Schlagers in einer Art und Weise, in der er integrierender Bestandteil der Bühnenaufführung ist (BGHZ 142, 388/396 f. – Musical-Gala; BGH GRUR 2008, 1081/1083 Tz. 27 – Musical Starlights; aA *Staats* S. 117 ff.). Zur Auslegung des § 1 lit. a des GEMA-Berechtigungsvertrages vgl. weiter BGH GRUR 1960, 604/605 – Eisrevue I; BGH GRUR 2008, 1081/1083 Tz. 29 – Musical Starlights; OLG München Schulze OLGZ 178 – Pol(h)itparade – mit Anm. *Nordemann;* OLG Braunschweig ZUM 1989, 134/136; LG München I GRUR 2005, 574 f.; *Staats* S. 68 ff.; *Staudt* S. 112 ff., 295 f.; *dies.* in *Kreile/Becker/Riesenhuber*[2] Kap. 10 Rdnr. 49 ff.; *Schunke,* Das Bearbeitungsrecht in der Musik und dessen Wahrnehmung durch die GEMA, 2008, S. 210 ff.; vgl. dazu auch KG Schulze KGZ 13, 1/3 – Carmen; KG Schulze KGZ 17, 1/3/7 – Musikalischer Bilderbogen – mit Anm. *E. Schulze; G. Schulze* ZUM 1993, 255/259 f.; *Wandtke/Bullinger/Ehrhardt*[3] Rdnr. 12, 17 ff. Zur Wahrnehmungsbefugnis der GEMA bei der Aufführung eines Werkes der Musik („O Fortuna" von *Carl Orff)* für den Einzug eines Boxers in die Arena s. LG München I ZUM 2005, 849; *Staats* ZUM 2005, 789. In der Regel nimmt die GEMA auch für Musikgruppen, die eigene Werke vortragen, die Aufführungsrechte wahr *(Born* S. 101). Zum Musikaufführungsvertrag der GEMA mit Veranstaltern s. *Gutsche* S. 116 ff.

28 Die von den Verwertungsgesellschaften wahrgenommenen Vortrags- und Aufführungsrechte werden teilweise zunächst von Bühnenverlagen oder Musikverlagen erworben, die sie dann ihrerseits durch Wahrnehmungsverträge zur kollektiven Rechtswahrnehmung in die Verwertungsgesellschaften einbringen. Die **Rechte der bühnenmäßigen Aufführung** werden in der Regel individuell von Bühnenverlagen ausgewertet (sa. BGHZ 142, 388/396 – Musical-Gala; zum Bühnenverlagsvertrag s. vor §§ 28 ff. Rdnr. 125 ff.). Da die Bühnenverlage nicht dem für Verwertungsgesellschaften gemäß § 11 WahrnG geltenden Abschlusszwang unterliegen, ist ihnen eher eine Anpassung der Vertragsbedingungen an die Umstände des Einzelfalles, insbesondere auch die Wahrung des Urheberpersönlichkeitsrechts, möglich (vgl. *Schack*[5] Rdnr. 1205, 1212; *Karbaum* GEMA-Nachr. 1995, 116/118). Unverbindliche Hinweise für Bühnenaufführungsverträge über dramatische und dramatisch-musikalische Werke enthält die „Regelsammlung Verlage (Vertriebe)/Bühnen"; vgl. dazu auch BGH GRUR 1996, 763/765 – Salome II; BGH GRUR 2000, 869/871 – Salome III; KG ZUM-RD 2005, 381/383 f.; *Kurz* Kap. 13 Rdnr. 80; *Czychowski* in Loewenheim[2], § 68 Rdnr. 56; *Schlatter* ebd. § 72 Rdnr. 3, 12, 55; *Wandtke/Bullinger/Ehrhardt*[3] Rdnr. 22 ff.). Zu Bühnen- und Bühnenvertriebsverträgen vgl. weiter vor §§ 28 ff. Rdnr. 139; *Wandtke/Bullinger/Ehrhardt*[3] Rdnr. 21 ff.; *Fromm/Nordemann/J. B. Nordemann*[10] vor §§ 31 ff. Rdnr. 336 ff.; *Czychowski* in Loewenheim[2], § 68 Rdnr. 46 ff.; *Schlatter* ebd. § 72 Rdnr. 28 ff.; *Schack*[5], Rdnr. 1207 ff.

29 Im Hinblick auf die dargestellte Übung der individuellen oder kollektiven Rechtswahrnehmung wird, vor allem bei dramatischen und dramatisch-musikalischen Werken, vielfach von **„großen"** und **„kleinen" Rechten** gesprochen. Diese dem UrhG unbekannten Begriffe werden jedoch sehr unterschiedlich gefasst (zum Ursprung der Begriffe und zu ihrer Verwendung in Rechtsprechung und Literatur s. *Staats* S. 58 ff.; zur Abgrenzung aus österreichischer Sicht vgl. OGH MR 2005, 431/432 – Die Bakchantinnen, mit Anm. *Walter; Juranek* MR 2001, 377; *Scholz* ÖBl. 2007, 251 ff.; *Walter* ZfRV 2008, 114/120 f.; zur Abgrenzung aus Schweizer Sicht vgl. *Mosimann* in *Mosimann/Renold/Raschèr* [Hrsg.], Kunst Kultur Recht, 2009, Kap. 10 Rdnr. 16 ff.). Teilweise werden die „kleinen" Rechte mit den musikalischen Aufführungsrechten (Abs. 2, 1. Alt.), die „großen" Rechte mit den Rechten der bühnenmäßigen Aufführung (Abs. 2, 2. Alt.) gleichgesetzt *(v. Gamm* Rdnr. 11); teilweise werden als „kleine" Rechte diejenigen Vortrags- und Aufführungsrechte bezeichnet, die von Verwertungsgesellschaften wahrgenommen werden (vgl. § 1 lit. a des Berechtigungsvertrages der GEMA, Rdnr. 27; sa. „Kleine Senderechte" iSd. § 1 Nr. 7 des Wahrnehmungsvertrags der VG Wort idF vom 23. 5. 2009), während alle anderen Rechte der bühnenmäßigen Aufführung als „große" Rechte angesehen werden (vgl. *Staudt* in *Kreile/Becker/Riesenhuber*[2] Kap. 10 Rdnr. 37). *Möhring/Nicolini/Kroitzsch*[2] (Rdnr. 27) unterscheiden die idR an Bühnenverlage gegebenen „großen" (Bühnenaufführungs-) Rechte von den „kleinen" Rechten, zu denen sie anscheinend sämtliche von der GEMA wahrgenommenen Rechte zählen (sa. *Fromm/Nordemann/Dustmann*[10] Rdnr. 11). Wegen ihrer unterschiedlichen Verwendung sind die dem Sprachgebrauch der beteiligten Verkehrskreise entstammenden Begriffe „große" und „kleine" Rechte als Rechtsbegriffe unbrauchbar (vgl. dazu auch *Melichar* S. 21; *Karbaum* GEMA-Nachr. 1995, 116f.). Zur Abgrenzung zwischen „großen" und „kleinen" Rechten bei der Sendung von Werken der Musik vgl. die Abgrenzungsvereinbarung zwischen der GEMA und den Rundfunkanstalten von 1964/1965 mit Nachträgen von 1965, 1977 und 1981 (GEMA-Jb. 2009/2010 S. 179, abrufbar unter www.gema.de; sa. *Karbaum* GEMA-Nachr. 1995, 116/119).

IV. Früheres Recht

Zum **LUG:** Das bühnenmäßige Aufführungsrecht war nach dem Wortlaut des § 11 Abs. 2 **30** LUG auf „Bühnenwerke" beschränkt (vgl. dazu OLG Dresden UFITA 1 [1928] 686/687; *Ulmer*[2] § 24 II; *Voigtländer/Elster/Kleine*[4] § 11 LUG Anm. III B III 2). Die Definition des bühnenmäßigen Aufführungsrechts in Abs. 2 enthält keine derartige Beschränkung mehr. In § 28 Abs. 2 LUG war bestimmt, dass der Veranstalter der Aufführung einer Oper oder eines sonstigen Werkes der Tonkunst, zu dem ein Text gehört, nur der Einwilligung dessen bedarf, dem das Urheberrecht an dem musikalischen Teil zusteht. Diese nur für das Außenverhältnis zu Dritten, nicht auch für das Innenverhältnis der Berechtigten geltende Legitimationsvorschrift (RGZ 67, 84/85 – Afrikanerin) wurde in das UrhG nicht übernommen.

Das **URG-DDR** gewährte in § 18 Abs. 1 lit. c den Urhebern ein ausschließliches Recht an der öffentlichen Aufführung.

D. Übertragung durch Bildschirm oder Lautsprecher (Abs. 3)

I. Inhalt und Zweck der Vorschrift

Das Vortrags- und das Aufführungsrecht umfassen nach Abs. 3 auch das Recht, den Vortrag **31** oder die Aufführung zeitgleich außerhalb des Raumes, in dem die persönliche Darbietung stattfindet, durch Bildschirm, Lautsprecher oder ähnliche technische Einrichtungen öffentlich wahrnehmbar zu machen. Bedeutung hat dies zB bei einer Übertragung einer Theateraufführung für zu spät kommende Besucher in andere Räume (vgl. dazu auch § 78 Rdnr. 13ff.; sa. *Kurz* Kap. 13 Rdnr. 79). Die Wiedergabe muss nicht durchweg die gesamte Darbietung erfassen; sie kann auch Teile davon, etwa durch Nahaufnahmen einzelner handelnder Schauspieler, hervorheben (vgl. *Fromm/Nordemann/Dustmann*[10] Rdnr. 23). Die Benutzung technischer Hilfsmittel (Lautsprecher, Mikrofon oÄ) zur Klangverstärkung oder -gestaltung bei der persönlichen Darbietung selbst oder die gleichzeitige Projektion der Darbietung auf eine Großleinwand innerhalb des Veranstaltungsraums ist – wie aus der Regelung des Abs. 3 zu schließen ist – ohne weiteres zulässig (sa. Rdnr. 6). Auf sog. **Übertitelungsanlagen**, mit denen in Opernhäusern im Veranstaltungsraum selbst Teile des Librettos fremdsprachiger Bühnenwerke für das Publikum in Übersetzung wiedergegeben werden, ist Abs. 3 nicht – auch nicht entsprechend – anwendbar (vgl. *Wandtke/Bullinger/Ehrhardt*[3] Rdnr. 47; *Fromm/Nordemann/Dustmann*[10] Rdnr. 23; aA de lege ferenda *Bolwin* ZUM 2003, 1008/1009). Die Einblendung der Übersetzung, (dh. der Bearbeitung des Librettos) vergrößert nicht den Bereich, in dem die Darbietung des Bühnenwerkes öffentlich wahrnehmbar gemacht wird, sondern ist eine zusätzliche Werknutzung (des Librettos und der Übersetzung).

Abs. 3 gilt nicht nur bei Darbietungen im geschlossenen Raum, sondern über seinen Wort- **32** laut hinaus auch für Darbietungen im Freien (zB auf einem Platz, einer Freilichtbühne; *Möhring/Nicolini/Kroitzsch*[2] Rdnr. 31; *Fromm/Nordemann/Dustmann*[10] Rdnr. 23; *Wandtke/Bullinger/Ehrhardt*[3] Rdnr. 47). Diese Auslegung entspricht nicht nur Sinn und Zweck der Vorschrift, sondern auch ihrer Entstehungsgeschichte. § 19 Abs. 3 RegE sprach noch von der Wahrnehmbarmachung von Vorträgen und Aufführungen „außerhalb der Veranstaltung, bei der sie stattfinden". Diese Wendung wurde lediglich zum Zweck der Klarstellung des Gewollten durch die geltende Fassung ersetzt (Dokumentation zur Urheberrechtsreform, UFITA 45 [1965] 155/163; UFITA 46 [1966] 143/178). Zur entsprechenden Problematik bei § 78 s. dort Rdnr. 11.

33 **Zweck der Vorschrift** ist es, dem Urheber bei Erteilung der Erlaubnis zu einem öffentlichen Vortrag oder einer öffentlichen Aufführung die Entscheidung darüber zu überlassen, ob und wieweit der Vortrag oder die Aufführung an weiteren Orten außerhalb des Veranstaltungsorts (zB bei Überfüllung des Konzertsaales) öffentlich wahrnehmbar gemacht werden darf. Dank seines dinglichen Rechts an dieser Art der Zweitverwertung kann der Urheber unerlaubte Übertragungen nicht nur als Vertragsverletzung, sondern auch als Urheberrechtsverletzung verbieten. Da das Recht aus Abs. 3 kaum selbständig verwertbar ist, wurde es nicht als besonderes Verwertungsrecht ausgestaltet; es wird vielmehr vom Vortrags- und vom Aufführungsrecht als deren Ergänzung „umfasst".

34 Ein rechtliches Sonderschicksal des Rechts aus Abs. 3 ist trotz des scheinbar entgegenstehenden Wortlauts („umfassen") nicht ausgeschlossen. Dies zeigt die **Auslegungsregel des § 37 Abs. 3** für Verträge, wonach das Recht aus Abs. 3 im Zweifel dem Urheber verbleibt. Anders als Abs. 3 spricht § 37 Abs. 3 nicht von einer Wiedergabe „außerhalb des Raumes, in dem die persönliche Darbietung stattfindet", sondern von einer Wiedergabe „außerhalb der Veranstaltung, für die sie bestimmt ist" (vgl. dazu § 37 Rdnr. 13 f.). Zur Vertragspraxis s. *Wandtke/Bullinger/Ehrhardt*[3] Rdnr. 49 ff.; *Fromm/Nordemann/Dustmann*[10] Rdnr. 25.

II. Abgrenzung der Wiedergabe nach Abs. 3 von anderen Wiedergabearten

35 Das Recht aus Abs. 3 und das Senderecht aus **§ 20** beziehen sich auf Vorgänge verschiedener Art. Abs. 3 gibt ein Recht an Vorgängen, durch die das Werk „wahrnehmbar" gemacht wird, dh. unmittelbar für die menschlichen Sinne wiedergegeben wird. Demgegenüber bezieht sich das Senderecht auf die Werkübermittlung durch sendetechnische Vorgänge, durch die das Werk einer Öffentlichkeit lediglich „zugänglich" gemacht wird. Da die Rechte aus Abs. 3 und aus § 20 somit jeweils verschiedene Vorgänge betreffen, gibt es zwischen ihnen keine Überschneidung (vgl. BGHZ 123, 149/151 – Verteileranlagen; v. *Ungern-Sternberg* GRUR 1973, 16/25 und UFITA 94 [1982] 79/89 Fn. 31; aA *Ulmer* GRUR 1980, 582/586 und GRUR Int. 1981, 372/377; sa. OGH GRUR Int. 1986, 728/732 – Hotel-Video – mit Anm. *Hodik; Hügel* ÖBl. 1985, 113/118 f.). Von **§ 21** (Recht der Wiedergabe durch Bild- oder Tonträger) ist Abs. 3 klar abgrenzbar, weil Abs. 3 nur bei Wiedergaben eines Vortrags oder einer Aufführung eingreift, die diese gleichzeitig – ohne zwischengeschaltete Bild- oder Tonträgeraufzeichnung – an weiteren Orten wahrnehmbar machen. **§ 22** (Recht der Wiedergabe von Funksendungen und von öffentlicher Zugänglichmachung) behält dem Urheber wie Abs. 3 vor, sein Werk öffentlich wahrnehmbar zu machen, und erfasst dabei gemäß § 22 S. 2 iVm. § 19 Abs. 3 auch gleichzeitige Wiedergaben an anderen Orten. Auch die Rechte aus Abs. 3 und aus § 22 überschneiden sich jedoch nicht: Ist die Übertragung vom Ort der persönlichen Darbietung zu den Orten der weiteren Wiedergaben ein Sendevorgang iSd. § 20, ist das Wahrnehmbarmachen des Werkes an diesen Orten als Wiedergabe einer Funksendung (§ 22) anzusehen, andernfalls ist Abs. 3 anwendbar (vgl. dazu v. *Gamm* Rdnr. 4; v. *Ungern-Sternberg* GRUR 1973, 16/25; *Wandtke/Bullinger/Ehrhardt*[3] Rdnr. 48; aA *Möhring/Nicolini/Kroitzsch*[2] Rdnr. 31 und *Dreyer* in HK-UrhR[2] § 19 Rdnr. 35, § 22 Rdnr. 5, die darauf abstellen, wie weit der Wiedergabeort vom Ort der Darbietung entfernt liegt).

E. Vorführungsrecht (Abs. 4)

I. Gegenstand des Vorführungsrechts

36 Das Vorführungsrecht bezieht sich auf Werke der bildenden Künste (§ 2 Abs. 1 Nr. 4), Lichtbildwerke (§ 2 Abs. 1 Nr. 5; zu Lichtbildern vgl. § 72), Filmwerke (§ 2 Abs. 1 Nr. 6; für Laufbilder iSd. § 95 gilt § 19 Abs. 4 gemäß § 95 iVm § 94 Abs. 1 Satz 1 entsprechend) und Darstellungen wissenschaftlicher oder technischer Art (§ 2 Abs. 1 Nr. 7). Der urheberrechtliche Begriff der Vorführung weicht damit erheblich vom allgemeinen Sprachgebrauch ab.

37 Die Beschränkung des Abs. 4 auf Werke einer bestimmten Art ist auch durch das Inkrafttreten des Zustimmungsgesetzes zum **WIPO Copyright Treaty** (WCT; s. vor §§ 20 ff. Rdnr. 46)

nicht bedeutungslos geworden, weil Art. 8 WCT nur öffentliche Wiedergaben regelt, die durch ein gewisses Distanzelement gekennzeichnet sind (s. Rdnr. 3, vor §§ 20 ff. Rdnr. 47). Gleiches gilt für Art. 3 der Informationsgesellschafts-Richtlinie (s. Rdnr. 3, § 15 Rdnr. 55, § 19 a Rdnr. 22; vor §§ 20 ff. Rdnr. 29 a). Den Urhebern von **Sprachwerken** stand allerdings auch schon vor der UrhG-Novelle 2003 (s. Rdnr. 3) das jetzt in § 22 geregelte Recht zu, ihre öffentlich zum Abruf bereitgehaltenen Werke nach dem Abruf öffentlich wahrnehmbar zu machen (s. § 15 Rdnr. 25).

Ob ein **Vorführungsrecht an Musik- und Sprachwerken,** die für die Herstellung von Filmwerken benutzt werden, bestehen kann, ist str. Vielfach wird angenommen (*Ulmer*[3] § 52 I; *Rehbinder*[16] Rdnr. 274, 348), dass die Wiedergabe der **Filmmusik** bei der Vorführung des Films ebenfalls unter das Vorführungsrecht fällt. Diese Ansicht berücksichtigt jedoch nicht, dass die Filmmusik nach § 89 Abs. 3 zu den benutzten Werken gehört und daher nicht Teil des Filmwerkes ist (*Möhring/Nicolini/Kroitzsch*[2] Rdnr. 34; *Schack*[5] Rdnr. 316; *Hoeren* in Loewenheim[2] § 21 Rdnr. 43; vgl. weiter vor §§ 88 ff. Rdnr. 60, 70). Die öffentliche Wiedergabe der auf Tonträgern aufgezeichneten Musik bei der Vorführung eines Filmwerkes fällt deshalb nicht unter Abs. 4, sondern – wie auch die öffentliche Wiedergabe der Begleitmusik bei der Vorführung von Laufbildern – unter § 21 (vgl. dazu BGHZ 67, 56/66 f. – Schmalfilmrechte; BGHZ 123, 149/151 – Verteileranlagen; *Wandtke/Bullinger/Ehrhardt*[3] Rdnr. 57; *Staudt* S. 167 f., 299; *dies.* in *Kreile/Becker/Riesenhuber*[2] Kap. 10 Rdnr. 116; *Fromm/Nordemann/Dustmann*[10] Rdnr. 28). Bei der Anwendung des § 52 kommt dieser Frage keine praktische Bedeutung zu. Falls die Wiedergabe der Filmmusik bei der Vorführung des Filmwerkes nicht auch selbst als Vorführung angesehen wird, ist § 52 Abs. 3 analog anzuwenden. Der Grundgedanke des § 52, dass die Filmvorführung einen so großen Aufwand erfordert, dass es dem Veranstalter zuzumuten ist, auch die Vergütung für die Urheber zu zahlen (Begr. zu § 53 RegE, jetzt § 52, UFITA 45 [1965] 240/286), gilt auch für die Wiedergabe der Filmmusik (aA *Möhring/Nicolini/Kroitzsch*[2] Rdnr. 34).

Wie an der Filmmusik kann auch an den **anderen zur Herstellung eines Filmwerkes benutzten Werken,** die nicht zu den in § 19 Abs. 4 genannten Werkgattungen gehören wie das Drehbuch oder ein Roman (vgl. § 89 Abs. 3), kein Vorführungsrecht bestehen (*Roeber* FuR 1968, 148/150; vgl. auch *Möhring/Nicolini/Kroitzsch*[2] Rdnr. 34). Die Gegenansicht (*Rehbinder*[16] Rdnr. 274, 348; *Ulmer*[3] § 55 I 2, § 56 I 3; *Dreyer* in HK-UrhR[2] Rdnr. 41) kann nicht damit gerechtfertigt werden, dass sich die Verwertungsrechte der Urheber der für die Herstellung des Filmwerkes benutzten Werke auch auf dieses erstrecken. Zwar wird bei der Vorführung des Filmwerkes auch das benutzte Werk verwertet (davon geht auch § 88 aus); durch die Benutzung für die Herstellung eines Filmwerkes wird das benutzte Werk aber nicht selbst Filmwerk. Abs. 4 kann daher auf benutzte Werke, die nicht unter die dort genannten Werkgattungen fallen, nicht angewendet werden. Ob bei der Vorführung des Filmwerkes hinsichtlich dieser Werke § 21 eingreift, hängt davon ab, ob dessen Voraussetzungen gegeben sind (aA *Roeber* FuR 1968, 148/152). Die Frage, ob die Verfilmung eines Werkes (zB bei der Filmaufnahme einer Rede oder einer Bühnenaufführung) ein Filmwerk oder nur Laufbilder (§ 95) hervorgebracht hat, ist somit nach der hier vertretenen Ansicht ohne Einfluss darauf, welches Verwertungsrecht hinsichtlich der verfilmten Werke eingreift, wenn der Film öffentlich gezeigt wird (aA *Ulmer*[3] § 55 I 2). Zur Frage, ob dem Urheber des benutzten Werkes bei Vorführung des Filmwerkes ein Einwilligungsrecht aus § 23 S. 1 zusteht, vgl. dort Rdnr. 18.

II. Verwertungshandlung

Vorführung iSd. Abs. 4 ist eine unkörperliche Wiedergabe des Werkes, durch die das Werk mittels technischer Einrichtungen öffentlich wahrnehmbar gemacht wird. Häufig liegt die Vorführung in der Projektion von Bildern oder Bilderfolgen auf eine andere Fläche (zB bei Dia- und Filmvorführungen, Projektion mit Hilfe eines Beamers oder von Tageslichtfolien). Vorführung ist aber auch eine Wiedergabe, durch die ein Bild des Werkes ohne Übertragung auf eine andere Fläche in vergrößerter oder veränderter Gestalt gezeigt wird (zB durch Stereoskop, Mikrofilmlesegerät; *Ulmer*[3] § 52 I; *Möhring/Nicolini/Kroitzsch*[2] Rdnr. 37). Der Begriff der Vorführung ist bereits nach dem Wortlaut des Abs. 4 nicht auf eine Wiedergabe auf der Fläche beschränkt. Auch die Wiedergabe durch Holographie ist Vorführung iSd. Abs. 4 (vgl. auch *Rehbinder*[16] Rdnr. 348). Für die Vorführung können **technische Einrichtungen** jeder Art verwendet werden mit Ausnahme von Einrichtungen, die ein iSd. § 19a öffentlich zugänglich gemachtes Werk oder ein iSd. § 20 gesendetes Werk öffentlich wahrnehmbar machen (Abs. 4 S. 2).

§ 19 Vortrags-, Aufführungs- und Vorführungsrecht

41 Zum Begriff **„öffentlich"** vgl. § 15 Rdnr. 57 ff. Keine öffentliche Vorführung liegt vor, wenn nicht bereits durch die einzelne Wiedergabe eine Mehrzahl von Personen erreicht werden soll, sondern nur durch wiederholte gleichförmige Wiedergaben (sa. § 15 Rdnr. 71, § 21 Rdnr. 9 und § 20 Rdnr. 9; sa. OGH MR 2002, 236 – Figurstudio – mit Anm. *Walter* – zum öUrhG, das keine Legaldefinition des Begriffs „öffentlich" enthält). Dies gilt schon deshalb, weil Abs. 4 – ebenso wie die Abs. 1 bis 3 – voraussetzt, dass das Werk dem Empfängerkreis „wahrnehmbar" gemacht wird, mit der Folge, dass dieser – ebenso wie bei § 21 S. 1 und § 22 S. 1 – an einem Ort versammelt sein und dort die Möglichkeit haben muss (s. Rdnr. 9; § 15 Rdnr. 70), die Wiedergabe gemeinsam wahrzunehmen (s. § 21 Rdnr. 10, § 22 Rdnr. 11; Abs. 3 gilt bei Abs. 4 entsprechend, s. dazu Rdnr. 42). Werden zB in einem Hotel Videofilme über eine Verteileranlage in die einzelnen Zimmer der Gäste übertragen (sog. **Hotelvideo**), greift § 19 Abs. 4 deshalb nicht ein (BGHZ 123, 149/151 – Verteileranlagen; im Ergebnis ebenso *Poll* FuR 1983, 9/13; *Walter* MR 3/1983 Archiv 4; *Mielke* ZUM 1987, 501/505 f.; aA *Ulmer*³ § 53 III 2; *Schricker*, Fs. für Oppenhoff, S. 367/380 f.; *Scheuermann* S. 57 ff.; sa. – zum öUrhG – OGH GRUR Int. 1986, 728/733 f. – Hotel-Video – mit Anm. *Hodik* = JBl. 1986, 655 mit Anm. *Skolik*). Da es letztlich von der Entscheidung der Gäste abhängt, ob die Filme tatsächlich wahrnehmbar gemacht werden, kann im Wortsinn nicht von einer Vorführung der Filme durch das Hotel gesprochen werden, selbst wenn ein Film im Einzelfall von einer Personenmehrzahl iSd. § 15 Abs. 3 gesehen werden sollte (vgl. dazu auch – zum LUG – BGHZ 36, 171/174 ff. – Rundfunkempfang im Hotelzimmer I – mit abl. Anm. von *Hirsch Ballin* Schulze BGHZ 91, 20 ff.; OGH GRUR Int. 1972, 338 f. – Hotel-Rundfunkvermittlungsanlage – und GRUR Int. 1986, 728/733 – Hotel-Video – mit Anm. *Hodik*). Das Hotel ermöglicht vielmehr nur die Wahrnehmbarmachung der Filme in den Gastzimmern. Bei einem Sachverhalt dieser Art kommt nur die Anwendung des § 20 in Betracht (vgl. § 20 Rdnr. 24). Wird die Videofilmübertragung auch in den Gemeinschaftsräumen des Hotels öffentlich wahrnehmbar gemacht, greift insoweit allerdings das Vorführungsrecht ein (sa. *v. Büren* GRUR Int. 1986, 443/446).

III. Analoge Anwendung des Abs. 3

42 Falls eine Vorführung ausnahmsweise in andere Räume übertragen und dort öffentlich wahrnehmbar gemacht wird, ohne dass eine öffentliche Zugänglichmachung iSd. § 19 a oder eine Funksendung iSd. § 20 vorausgegangen ist, ist Abs. 3 entsprechend, die Auslegungsregel des § 37 Abs. 3 unmittelbar anzuwenden (vgl. *Ulmer*³ § 52 II; sa. *Schricker*, Fs. für Oppenhoff, S. 367/374 Fn. 30). Es ist kein Grund ersichtlich, warum Abs. 3 zwar bei § 21 und § 22, nicht aber bei Abs. 4 entsprechend anwendbar sein sollte.

IV. Abgrenzung von anderen Verwertungsrechten

43 Von der Ausstellung (**§ 18**) eines Werkes der bildenden Künste oder eines Lichtbildwerkes unterscheidet sich die Vorführung solcher Werke durch die Benutzung technischer Einrichtungen zur Wahrnehmbarmachung. Das Vortragsrecht (**Abs. 1**), das Aufführungsrecht (**Abs. 2**) und das Vorführungsrecht beziehen sich auf verschiedene Werkgattungen. Ebenso wie das Recht aus Abs. 3 bezieht sich das Vorführungsrecht auf einen Vorgang anderer Art als das Senderecht (**§§ 20, 20 a**); eine Überschneidung zwischen beiden Rechten besteht daher nicht (im Ergebnis allgM; vgl. *Dreier*, Kabelweiterleitung und Urheberrecht, 1991, S. 86 f.; *Gounalakis*, Kabelfernsehen im Spannungsfeld von Urheberrecht und Verbraucherschutz, 1989, S. 67 f.; vgl. weiter Rdnr. 35, 41). Soweit es bei der Vorführung eines Filmwerkes um die Wiedergabe der Filmmusik und der für die Herstellung eines Filmwerkes benutzten Sprachwerke (wie Drehbuch und Romanvorlage) geht, ist die Abgrenzung zwischen dem Vorführungsrecht und dem Recht der Wiedergabe durch Bild- oder Tonträger (**§ 21**) str. (vgl. dazu Rdnr. 38).

44 Nach Abs. 4 S. 2 fällt das Recht, ein iSd. § 19 a öffentlich zugänglich gemachtes oder durch Funk iSd. § 20 gesendetes Werk öffentlich wahrnehmbar zu machen trotz des Wortlauts des Abs. 4 S. 1 nicht unter das Vorführungsrecht, sondern unter § 22.

V. Zur Rechtswahrnehmung bei der Vorführung eines Filmwerkes

45 Das Recht der öffentlichen Wiedergabe der Filmmusik bei der Filmvorführung in den Filmtheatern wird von der GEMA wahrgenommen, die es unmittelbar an die Filmtheaterbesitzer

mationsgesellschaft, GRUR 1997, 866; *Hoeren/Schuhmacher,* Verwendungsbeschränkungen im Softwarevertrag, CR 2000, 137; *Hugenholtz,* Caching and Copyright, The Right of Temporary Copying, E. I. P. R. 2000, 482; *Junker,* Anwendbares Recht und internationale Zuständigkeit bei Urheberrechtsverletzungen im Internet, 2002; *Kaeding,* Rechte und Pflichten des Urhebers bei Verwertung seines Werkes im Internet, 1998; *Klett,* Urheberrecht im Internet aus deutscher und amerikanischer Sicht, 1998; *Koch,* Grundlagen des Urheberrechtsschutzes im Internet und in Online-Diensten, GRUR 1997, 417; *ders.,* Internet-Recht, 1998; *ders.,* Zur Regelung der Online-Übermittlung von Datenbanken und Datenbankwerken im Diskussionsentwurf zum Fünften Urheberrechtsänderungsgesetz, ZUM 2001, 839; *Koehler,* Der Erschöpfungsgrundsatz des Urheberrechts im Online-Bereich, 2000; *König,* Die Informationsrichtlinie und ihre geplante Umsetzung in Österreich, Diss. Wien 2003; *Kotthoff,* Zum Schutz von Datenbanken beim Einsatz von CD-ROMs in Netzwerken, GRUR 1997, 597; *Kreile,* Bericht über die WIPO-Sitzungen zum möglichen Protokoll zur Berner Konvention und zum „Neuen Instrument" vom 22. bis 24. Mai 1996, ZUM 1996, 964; *Kreile/Becker,* Das Internet und digitales Rechtemanagement aus Sicht der GEMA, in *Moser/Scheuermann* (Hrsg.), Handbuch der Musikwirtschaft, 6. Aufl. 2003; *Kröger* (Hrsg.), Handbuch zum Internetrecht, 2. Aufl. 2002; *Lehmann,* Digitalisierung und Urhebervertragsrecht, in *Lehmann* (Hrsg.), Internet- und Multimediarecht (Cyberlaw), 1997, S. 57; *ders.,* Die IT-relevante Umsetzung der Richtlinie Urheberrecht in der Informationsgesellschaft, CR 2003, 553; *Leistner,* Der Rechtsschutz von Datenbanken im deutschen und europäischen Recht, 2000; *Leupold/Demisch,* Bereithalten von Musikwerken zum Abruf in digitalen Netzen, ZUM 2000, 379; *v. Lewinski,* WIPO Diplomatic Conference Results in Two New Treaties, IIC 25 (1997) 203; *dies.,* Die diplomatische Konferenz der WIPO 1996 zum Urheberrecht und zu den verwandten Schutzrechten, GRUR Int. 1997, 667; *dies.,* Die Multimedia-Richtlinie – Der EG-Richtlinienvorschlag zum Urheberrecht in der Informationsgesellschaft, MMR 1998, 115; *dies.,* Der EG-Richtlinienvorschlag zum Urheberrecht und zu verwandten Schutzrechten in der Informationsgesellschaft, GRUR Int. 1998, 637; *dies.,* Von der Werkvermittlung zur Werknutzung – Urheberrechtliche Fragen des Informationszugangs, in *Bartsch/Lutterbeck* (Hrsg.), Neues Recht für neue Medien, 1998, S. 205; *dies.,* Die Umsetzung der WIPO-Verträge 1996 in deutsches Recht, sic! 2003, 164; *v. Lewinski/Gaster,* Die Diplomatische Konferenz der WIPO 1996 zum Urheberrecht und zu den verwandten Schutzrechten, ZUM 1997, 607; *Linnenborn,* Urheberrecht goes Europe! Der EU-Richtlinienvorschlag zum Urheberrecht und den verwandten Schutzrechten im Lichte digitaler Technologien und des E-Commerce, K&R 1999, 201; *Loewenheim,* Urheberrechtliche Probleme bei Multimedia-Anwendungen, Fs. für Piper, 1996, S. 709; *Manz,* Die Haftung für Urheberrechtsverletzungen im Internet nach deutschem und amerikanischem Recht, 1999; *Nippe,* Urheber und Datenbank, 2000; *Ostermaier,* Video on Demand und Urheberrecht, 1997; *ders.,* Urheberrechtliche Einordnung von Abrufdiensten, CR 1998, 539; *Nolte,* Paperboy oder die Kunst den Informationsfluss zu regulieren, ZUM 2003, 540; *Quoy,* Urheberrechtliche Probleme der digitalen Datenübermittlung – die ersten französischen Entscheidungen, GRUR Int. 1998, 273; *Reinbothe/v. Lewinski,* The WIPO Treaties 1996, 2002; *Reinbothe,* Die EG-Richtlinie zum Urheberrecht in der Informationsgesellschaft, GRUR Int. 2001, 733; *ders.,* Die Umsetzung der EU-Urheberrechtsrichtlinie in deutsches Recht, ZUM 2002, 43; *Rogge,* Elektronische Pressespiegel in urheber- und wettbewerbsrechtlicher Beurteilung, 2001; *Schippan,* Die Harmonisierung des Urheberrechts in Europa im Zeitalter von Internet und digitaler Technologie, 1999; *ders.,* Urheberrecht goes digital – Das Gesetz zur Regelung des Urheberrechts in der Informationsgesellschaft, ZUM 2003, 378; *Schwenzer,* Tonträgerauswertung zwischen Exklusivrecht und Sendeprivileg im Lichte von Internetradio, GRUR 1997, 722; *Siebert,* Die Auslegung der Wahrnehmungsverträge unter Berücksichtigung der digitalen Technik, 2002; *Spindler,* Europäisches Urheberrecht in der Informationsgesellschaft, GRUR 2002, 105; *Schricker* (Hrsg.), Urheberrecht auf dem Weg zur Informationsgesellschaft (Verfasser: Dreier, Katzenberger, v. Lewinski, Schricker), 1997; *Schwarz* in Becker (Hrsg.), Rechtsprobleme internationaler Datennetze, 1996, S. 13; *Spindler,* Die kollisionsrechtliche Behandlung von Urheberrechtsverletzungen im Internet, IPRax 2003, 412; *Stomper,* Links im Urheberrecht, MR 2003, 33; *Ventroni,* Das Filmherstellungsrecht, 2001; *Ventroni/Poll,* Musiklizenzerwerb durch Online-Dienste, MMR 2002, 648; *Waldenberger,* Zur zivilrechtlichen Verantwortlichkeit für Urheberrechtsverletzungen im Internet, ZUM 1997, 176; *Walter,* Öffentliche Wiedergabe und Online-Übertragung, Fs. für Dittrich, 2000, S. 363; *ders.* (Hrsg.), Europäisches Urheberrecht, 2001; *ders.,* Ministerialentwurf einer UrhGNov 2002 – Ausgewählte Aspekte, MR 2002, 217; *Wandtke,* Zur Reform des Urheberrechts in der Informationsgesellschaft, KUR 2003, 109; *Wandtke/Gerlach,* Music on Demand – Neue Nutzungsart im Internet?, GRUR 2000, 187; *Westkamp,* Der Schutz von Datenbanken und Informationssammlungen im britischen und deutschen Recht, 2003; *Wiebe,* Das neue „digitale" Urheberrecht – Eine erste Bewertung, MR 2003, 309; *Wittgenstein,* Die digitale Agenda der neuen WIPO-Verträge, Diss. Zürich 2000; *Zapf,* Kollektive Wahrnehmung von Urheberrechten im Online-Bereich. Rechtliche Rahmenbedingungen für ein Tarifmodell zur Nutzung von Musik im Internet, 2002; *Zecher,* Die Umsetzung der EU-Urheberrechtsrichtlinie in deutsches Recht, ZUM 2002, 52 und ZUM 2002, 451.

2. Schrifttum ab 2004: *Adolphsen/Mutz,* Das Google Book Settlement, GRUR Int. 2009, 789; *Bäcker,* Die Rechtsstellung der Leistungsschutzberechtigten im digitalen Zeitalter, 2005; *Bagh,* On-demand Anwendungen in Forschung und Lehre, 2007; *Bauer/v. Einem,* Handy-TV – Lizenzierung von Urheberrechten unter Berücksichtigung des „2. Korbs", MMR 2007, 698; *Becker,* Onlinevideorecorder im deutschen Urheberrecht, AfP 2007, 5; *Berberich,* Die urheberrechtliche Zulässigkeit von Thumbnails bei der Suche nach Bildern im Internet, MMR 2005, 145; *Bernhöft,* Die urheberrechtliche Zulässigkeit der digitalen Aufzeichnung einer Sendung, 2009; *Brunner,* Urheber- und leistungsschutzrechtliche Probleme der Musikdistribution im Internet, 2007; *Büchner,* Wie kommt der Ball ins Netz? Fußball im IPTV und Mobile-TV, CR 2007, 473; *Castendyk,* Senderecht und Internet, Fs. für Loewenheim, 2009, S. 31; *Dierking,* Internet zum „Hören, 2008 (http://d-nb.info/99283984X); *Dittrich,* Das Zurverfügungstellungsrecht, RfR 2004, 25; *ders.,* „Einkaufsmusik" elektronisch betrachtet, RfR 2007, 1; *Dreier,* „De fine": vom Ende des Definierens? – Zur Abgrenzung von Münzkopierern, Personal Video Recordern und Serverdiensten, Fs. für Ullmann, 2006, S. 37; *Dünnwald/Gerlach,* Schutz des ausübenden Künstlers, 2008; *Düsing,* Die Gestaltung einer europäischen Lizenzierungspraxis für Online-Musikrechte, 2009; *v. Einem,* Grenzüberschreitende Lizenzierung von Musikwerken in Europa, MMR 2006, 647; *ders.,* Verwertungsgesellschaften im deutschen und internationalen Musikrecht, 2007; *Ensthaler/Weidert* (Hrsg.), Handbuch Urheberrecht und Internet, 2. Aufl. 2010; *Evert,* Anwendbares Urheberrecht im Internet, 2005; *Graf Fringuelli,* Internet TV, 2004; *Grassmann,* Der elektronische Kopienversand im Rahmen der Schrankenregelungen, 2005; *Gey,* Das Recht der öffentlichen Zugänglichmachung iSd. § 19 a UrhG, 2009; *Handig,* Das Zurverfügungstellungsrecht und die Hyperlinks, ecolex 2004, 38; *ders.,* Die Nutzung des World Wide Web aus urheberrechtlicher Sicht, ÖBl. 2004, 196; *ders.,* Urheberrechtliche Aspekte bei der Lizenzierung von Radioprogrammen im Internet, GRUR Int. 2007, 206; *Haug,* Hyperlinks und die Loka-

vergibt (sa. *Becker* ZUM 1999, 16 ff.; *Staudt* S. 166 ff.; *Fromm/Nordemann/Dustmann*[10] Rdnr. 32; *Brandhorst* GEMA-Nachr. 2006 Nr. 174 S. 136 ff.; vor §§ 88 ff. Rdnr. 6). Dieses Recht fällt allerdings nicht unter § 19 Abs. 4, sondern unter § 21 (s. Rdnr. 38). Zum Verhältnis der Vorausübertragung an die GEMA zur Rechtseinräumung an den Filmhersteller vgl. vor §§ 88 ff. Rdnr. 6, § 88 Rdnr. 46. Durch die Vorführung des Filmwerkes können auch Rechte von Urhebern berührt werden, die Sprachwerke geschaffen haben, die für die Herstellung des Filmwerkes benutzt wurden (vgl. dazu Rdnr. 39 und § 21 Rdnr. 5). Zur Wahrnehmung dieser Rechte vgl. *Ulmer*[3] § 115 II 2; *Melichar* S. 111. Vgl. allgemein zu den Verträgen der Filmverwertung vor §§ 28 ff. Rdnr. 166 ff.

VI. Rechtsentwicklung

1. Um neue technische Vorführungsmittel erfassen zu können, nennt Abs. 4 als Mittel der Vorführung nicht nur wie früher § 15 Abs. 1 S. 1 KUG „mechanische oder optische Einrichtungen", sondern allgemein „technische Einrichtungen". Abs. 4 behält ferner dem Urheber nicht mehr wie § 15 Abs. 1 S. 1 KUG die „gewerbsmäßige", sondern die „öffentliche" Vorführung vor. Für Filmwerke galt dies auch schon nach § 15 a S. 2 KUG. **46**

2. Das **URG-DDR** gewährte dem Urheber in § 18 Abs. 1 Buchst. c ein ausschließliches Recht an der öffentlichen Vorführung. Dieses Recht war gemäß § 32 Abs. 1 URG-DDR zugunsten des Rundfunks, der volkseigenen Filmstudios und der Presse durch „gesetzliche Lizenzen" (zu deren Rechtsnatur vgl. *Wandtke* UFITA 115 [1991] 23/108) eingeschränkt. Zum Filmvorführungsvertrag vgl. § 65 URG-DDR. **47**

3. Zur Änderung des Abs. 4 S. 2 durch die **UrhG-Novelle 2003** s. Rdnr. 3. Die Beschränkung des Vorführungsrechts auf bestimmte Werkarten ist auch durch das Inkrafttreten des Zustimmungsgesetzes zum **WIPO Copyright Treaty** (WCT; s. vor §§ 20 ff. Rdnr. 46) nicht bedeutungslos geworden (s. Rdnr. 37). **48**

§ 19 a Recht der öffentlichen Zugänglichmachung

Das Recht der öffentlichen Zugänglichmachung ist das Recht, das Werk drahtgebunden oder drahtlos der Öffentlichkeit in einer Weise zugänglich zu machen, dass es Mitgliedern der Öffentlichkeit von Orten und zu Zeiten ihrer Wahl zugänglich ist.

Schrifttum: **1. Schrifttum vor 2004:** *Ahrens,* Napster, Gnutella, FreeNet & Co. – die immaterialgüterrechtliche Beurteilung von Internet-Musiktauschbörsen, ZUM 2000, 1029; *Auer,* Thermenhotel und Informationsgesellschaft, RfR 2000, 85; *Bahr,* The Wayback Machine und Google Cache – eine Verletzung deutschen Urheberrechts?, JurPC Web-Dok. 29/2002; *Baierle,* Der Online-Vertrieb von Musikwerken im Internet unter urheberrechtlichen Gesichtspunkten, 2003; *Bechtold,* Multimedia und Urheberrecht – einige grundsätzliche Anmerkungen, GRUR 1998, 18; *Becker,* Die Lizenzierungspraxis der GEMA bei Ruftonmelodien, Fs. für Rehbinder, 2002, S. 187; *ders.,* Musik im Internet – Praktische Erfahrungen mit der Rechteübertragung, Rechteverwaltung und Rechtedurchsetzung, GEMA-Jahrbuch 2002/2003, 2002, S. 90; *Berger,* Urheberrechtliche Erschöpfungslehre und digitale Informationstechnologie, GRUR 2002, 198; *Bergmann,* Zur Reichweite des Erschöpfungsprinzips bei der Online-Übermittlung urheberrechtlich geschützter Werke, Fs. für Erdmann, 2002, S. 17; *Buchner,* Suchdienste im Internet – grenzenlose Freiheit oder urheberrechtliche Grenzen?, AfP 2003, 510; *Bühler,* Schweizerisches und internationales Urheberrecht im Internet, 1999; *Burmeister,* Urheberrechtsschutz gegen Framing im Internet – Eine rechtsvergleichende Untersuchung des deutschen und US-amerikanischen Urheberrechts, 2000; *Dittrich,* Überlegungen zur „communication to the public" auf Grund des neuen WIPO-Urheberrechtsvertrages, in *Dittrich* (Hrsg.), Beiträge zum Urheberrecht V, 1997, S. 153; *Dreier,* Urheberrecht auf dem Weg zur Informationsgesellschaft, GRUR 1997, 859; *ders.,* Die Umsetzung der Urheberrechtsrichtlinie 2001/29/EG in deutsches Recht, ZUM 2002, 28; *Duggal,* TRIPs-Übereinkommen und internationales Urheberrecht, 2001; *Dustmann,* Die privilegierten Provider, 2001; *Ernst,* Urheberrechtliche Probleme bei der Veranstaltung von On-demand-Diensten, GRUR 1997, 592; *Ficsor,* The Law of Copyright and the Internet – The WIPO Treaties, their Interpretation and Implementation, 2002; *Flechsig,* EU-Harmonisierung des Urheberrechts und der verwandten Schutzrechte in der Informationsgesellschaft, ZUM 1998, 139; *ders.,* Grundlagen des Europäischen Urheberrechts, ZUM 2002, 1; *Françon,* La conférence diplomatique sur certaines questions de droit d'auteur et des droits voisins, RIDA 172 (1997) S. 3; *Fröhlich,* Zentrale Institutionen des deutschen Urheberrechts und des französischen Droit d'auteur auf dem Prüfstand der elektronischen Netzwerke, 2001; *Gaster,* Der Rechtsschutz von Datenbanken im Lichte der Diskussion zu den urheberrechtlichen Aspekten der Informationsgesellschaft, in *Dittrich* (Hrsg.), Beiträge zum Urheberrecht IV, 1996, S. 15; *Gerlach,* „Making available right" – Böhmische Dörfer?, ZUM 1999, 278; *Govoni/Gasser,* Die internationalen Urheberrechts- und leistungsschutzrechtlichen Abkommen im Lichte des Information Highway, in *Hilty* (Hrsg.), Information Highway, 1996, S. 235; *Gutman,* Urheberrecht im Internet in Österreich, Deutschland und der EU, 2003; *Haller,* Zum EG-Richtlinienvorschlag betreffend Urheberrecht in der Informationsgesellschaft, MR 1998, 61; *ders.,* Music on demand – Internet, Abrufdienste und Urheberrecht, 2001; *Hoeren,* Überlegungen zur urheberrechtlichen Qualifizierung des elektronischen Abrufs, CR 1996, 517; *ders.,* Urheberrecht in der Infor-

lisierung von Inhalten im Internet – Genügt der europäische Rechtsrahmen den Anforderungen der modernen Informationsgesellschaft?, JurPC Web-Dok. 34/2008; *Hauröder*, Urheberrechtliche Bewertung der peer-to-peer-Netze, 2009; *Heine*, Wahrnehmung von Online-Musikrechten durch Verwertungsgesellschaften im Binnenmarkt, 2008; *Heinz*, Urheberrechtliche Gleichbehandlung von alten und neuen Medien, 2006; *Hofmann*, Virtuelle Personal Video Recorder vor dem Aus?, MMR 2006, 793; *Horn*, Urheberrecht beim Einsatz neuer Medien in der Hochschullehre, 2007; *Jaeger*, Der Erschöpfungsgrundsatz im neuen Urheberrecht, in *Hilty/Peukert* (Hrsg.), Interessenausgleich im Urheberrecht, 2004, S. 47; *Jani*, Alles eins? – Das Verhältnis der öffentlichen Zugänglichmachung zum Vervielfältigungsrecht, ZUM 2009, 722; *Jänich/Eichelberger*, Die Verwertung von Musikaufnahmen in dezentralen Computernetzwerken als eigenständige Nutzungsart des Urheberrechts?, MMR 2008, 576; *Klatt*, Die urheberrechtliche Einordnung personalisierter Internet-Radios, CR 2009, 517; *Klein*, Search Engines and Copyright – An Analysis oft he Belgian *Copiepresse* Decision in Consideration of British and German Copyright Law, IIC 2008, 451; *Kleinke*, Zu Auswirkungen des Internet-Fernsehens auf das Urheberrecht, AfP 2008, 460; *Klickermann*, Urheberschutz bei zentralen Datenspeichern, MMR 2007, 7; *Koch*, Zugänglichmachen von Werken im Internet – Das neue Recht in der Vertragspraxis, ITRB 2004, 131; *Kreile/Becker/Riesenhuber* (Hrsg.), Recht und Praxis der GEMA, 2. Aufl. 2008; *Kronner*, Digitaler Werktransfer: Zum Interessengleichgewicht zwischen Verwertern, Nutzern und dem Gemeinwohl, 2008; *Kuper*, Internet Protocol Television – IPTV, 2009; *Langhoff*, „Virtuelle Personal Video Recorder" – eine Übertragungsform zwischen Sendung und öffentlicher Zugänglichmachung?, UFITA 2007 II S. 403; *Leistner/Stang*, Die Bildersuche im Internet aus urheberrechtlicher Sicht, CR 2008, 499; *Li Luo*, Verwertungsrechte und Verwertungsschutz im Internet nach neuem Urheberrecht, 2004; *Metzner*, Die Auswirkungen der Urheberrechtsnovelle 2003 auf Online-Übermittlung und -zugriff im Urheberrecht, 2010; *Miersch*, Europäisches Wettbewerbsrecht und Musikrechte, in *Lange/Klippel/Ohly* (Hrsg.), Geistiges Eigentum und Wettbewerb, 2009, S. 177; *Mitsdörffer/Gutfleisch*, „Geo-Sperren" – Wenn Videoportale ausländische Nutzer aussperren – eine urheberrechtliche Betrachtung, MMR 2009, 731; *Mitterer*, Keine verstaubte Materie: Warum Videorekorder auch im „Online-Wohnzimmer" zulässig sein sollten, wbl. 2009, 261; *Nieland*, Die Online-Lieferung im Urheberrecht, 2006; *Niethammer*, Erschöpfungsgrundsatz und Verbraucherschutz im Urheberrecht, 2005; *Niemann*, Shift der urheberrechtlichen Verwertungsrechte in der arbeitsteiligen digitalen Welt, CR 2009, 661; *Nolte*, Informationsmehrwertdienste und Urheberrecht, 2009; *Oswald*, Erschöpfung durch Online-Vertrieb urheberrechtlich geschützter Werke, 2005; *Ott*, Urheber- und wettbewerbsrechtliche Probleme von Linking und Framing, 2004; *ders.,* To link or not to link – This was (or still is?) the question – Anmerkung zum Urteil des BGH vom 17. 7. 2003 – I ZR 259/00 (Paperboy), WRP 2004, 52; *ders.,* Die urheberrechtliche Zulässigkeit des Framing nach der BGH-Entscheidung im Fall „Paperboy", ZUM 2004, 357; *ders.*, Der Google Cache – Eine milliardenfache Urheberrechtsverletzung?, MIR 2007 Dok. 195; (abrufbar: http://medien-internet-und-recht.de/volltext.php?mir_dok_id=697); *ders.,* Die Google Buchsuche – Eine massive Urheberrechtsverletzung!, GRUR Int. 2007, 562; *ders.*, Zulässigkeit der Erstellung von Thumbnails durch Bilder- und Nachrichtensuchmaschinen?, ZUM 2007, 119; *ders.*, Die Entwicklung des Suchmaschinen- und Hyperlink-Rechts im Jahr 2007, WRP 2008, 393; *ders.*, Haftung für Embedded Videos von YouTube und anderen Videoplattformen im Internet, ZUM 2008, 556; *Pentheroudakis*, Urheberrechtlicher Wandel und die kollektive Wahrnehmung in der Informationsgesellschaft, 2009; *Peukert*, Der Schutzbereich des Urheberrechts und das Werk als öffentliches Gut – Insbesondere: Die urheberrechtliche Relevanz des privaten Werkgenusses, in *Hilty/Peukert* (Hrsg.), Interessenausgleich im Urheberrecht, 2004, S. 11; *Poll*, Neue internetbasierte Nutzungsformen, GRUR 2007, 476; *ders.*, CELAS, PEDL & Co.: Metamorphose oder Anfang vom Ende der kollektiven Wahrnehmung von Musik-Online-Rechten in Europa?, ZUM 2008, 500; *Reber*, Die Rechte der Tonträgerhersteller im Internationalen Privatrecht, 2004; *Reich*, Die ökonomische Analyse des Urheberrechts in der Informationsgesellschaft, 2006; *Reske*, Veräußerersicherung im Online-Vertrieb digitaler Inhalte, 2005; *Ricketson/Ginsburg*, International Copyright and Neighbouring Rights – The Berne Convention and beyond, 2. Aufl. 2006; *Rigopoulos*, Die digitale Werknutzung nach dem griechischen und deutschen Urheberrecht, 2004; *Roggenkamp*, Verstößt das Content-Caching von Suchmaschinen gegen das Urheberrecht?, K&R 2006, 405; *Rüberg*, Vom Rundfunk- zum Digitalzeitalter, 2007; *Runge*, Die Vereinbarkeit einer Content-Flatrate für Musik mit dem Drei-Stufen-Test, GRUR Int. 2007, 130; *Schack*, Rechtsprobleme der Online-Übermittlung, GRUR 2007, 639; *ders.*, Die kollektive Lizenzierung von Onlinenutzungsrechten für Musik im Europäischen Binnenmarkt, 2010; *Schaefer*, Urheberrechtliche Rahmenbedingungen für Bildersuchmaschinen de lege lata und de lege ferenda, 2009; *Schapiro*, Die neuen Musiktauschbörsen unter „Freunden", ZUM 2008, 273; *Schimana*, Das Urheberrecht – von Buchdruck bis Filesharing, 2009; *Schöwerling*, E-Learning und Urheberrecht an Universitäten in Österreich und Deutschland, 2007; *G. Schulze*, Der individuelle E-Mail-Versand als öffentliche Zugänglichmachung, ZUM 2008, 836; *Staudt*, Die Rechtsübertragungen im Berechtigungsvertrag der GEMA, 2006; *Suttorp*, Die öffentliche Zugänglichmachung für Unterricht und Forschung (§ 52 a UrhG), 2005; *Theiselmann*, Geistiges Eigentum in der Informationsgesellschaft, 2004; *Thum*, Urheberrechtliche Zulässigkeit von digitalen Online-Bildarchiven zu Lehr- und Forschungszwecken, K&R 2005, 490; *v. Ungern-Sternberg*, Schlichte einseitige Einwilligung und treuwidrig widersprüchliches Verhalten des Urheberberechtigten bei Internetnutzungen, GRUR 2009, 369; *Ventroni*, CELAS – Revolution bei der Musikrechtewahrnehmung?, MMR 2008, 273; *Volkmann*, Der Störer im Internet, 2005; *ders.*, Haftung für fremde Inhalte: Unterlassungs- und Beseitigungsansprüche gegen Hyperlinksetzer im Urheberrecht, GRUR 2005, 200; *Wandtke/Grassmann*, Einige Aspekte zur gesetzlichen Regelung zum elektronischen Kopienversand im Rahmen des „Zweiten Korbs", ZUM 2006, 889; *Wawretschek*, Urheberrechtsfragen der Presse im digitalen Zeitalter, 2004; *Weber*, Neue Nutzungsarten – Neue Organisation der Rechteverwaltung, ZUM 2007, 688; *ders.*, Die Reichweite des urheberrechtlichen Sendebegriffs aus der Sicht der Europäischen Rundfunkunion EBU, ZUM 2009, 460; *Wiebe*, Der „virtuelle Videorecorder", CR 2007, 28; *ders.*, Der virtuelle Videorekorder – in Österreich erlaubt? MR 2007, 130; *Wimmers/Schulz*, Wer nutzt? – Zur Abgrenzung zwischen Werknutzer und technischem Vermittler im Urheberrecht, CR 2008, 170; *Zecher*, Zur Umgehung des Erschöpfungsgrundsatzes bei Computerprogrammen, 2004; *v. Zimmermann*, Recording-Software für Internetradios, MMR 2007, 553.

Übersicht

	Rdnr.
A. Allgemeines	1–41
I. Wesen und Gegenstand des Verwertungsrechts	1–3
II. Schranken des Verwertungsrechts	4

§ 19a   Recht der öffentlichen Zugänglichmachung

	Rdnr.
III. Keine Erschöpfung des Verwertungsrechts	5, 6
IV. Wahrnehmung des Verwertungsrechts	7–10
V. Konventionsrecht	11–21
VI. Europäische Rechtsgrundlagen	22–31
VII. Entstehungsgeschichte	32
VIII. Unzureichende Umsetzung des europäischen Rechts	33
IX. Früheres Recht	34–41
B. Inhalt des Verwertungsrechts	42–56
I. Zugänglichmachen	42–47
II. Öffentlichkeit	48–50
III. Zugänglichkeit von Orten und zu Zeiten ihrer Wahl	51–54
IV. Werknutzer	55, 56
C. Abgrenzung von anderen Verwertungsrechten	57–60

A. Allgemeines

I. Wesen und Gegenstand des Verwertungsrechts

1   Das ausschließliche Recht des Urhebers aus § 19a gehört nach § 15 Abs. 2 zum **Recht der öffentlichen Wiedergabe** des Werkes in unkörperlicher Form (§ 15 Abs. 2 Nr. 2; s. § 15 Rdnr. 45 ff.). Dies entspricht Art. 3 Abs. 1 der Informationsgesellschafts-Richtlinie (s. Rdnr. 22 ff.). Das Verwertungsrecht bezieht sich auf die **Bereithaltung des Werkes zum Abruf** durch Mitglieder einer Öffentlichkeit von Orten und zu Zeiten ihrer Wahl (zB im Rahmen eines Internetauftritts, im Intranet eines Unternehmens, in sog. Local Area Networks [LAN], in Tauschbörsen [File-sharing-Systemen], in Datenbanken im Internet oder im Rahmen von On-Demand-Diensten wie bei dem Vorhalten von Videos auf Abruf).

Das Recht an der **Abrufübertragung** eines öffentlich zum Abruf bereitgehaltenen Werkes ist nicht in § 19a geregelt, sondern als unbenanntes Recht der öffentlichen Wiedergabe anzuerkennen (str.; vgl. dazu Rdnr. 33, 42).

2   Das Verwertungsrecht greift auch dann ein, wenn das Werk von niemand abgerufen wird und deshalb eine Wiedergabe (in der Form der Abrufübertragung) gar nicht stattfindet. Die **systematische Einordnung des Rechts** an der Bereithaltung des Werkes zum Abruf durch eine Öffentlichkeit unter das Recht der öffentlichen Wiedergabe ist deshalb als Fiktion zu werten. Sie hat ihren Grund darin, dass vor der ausdrücklichen Anerkennung des Rechts der öffentlichen Zugänglichmachung auf internationaler und nationaler Ebene versucht worden ist, die bereits anerkannten Verwertungsrechte, insbesondere die Rechte der öffentlichen Wiedergabe, ausdehnend auszulegen, um schon nach geltendem Recht einen entsprechenden Schutz zu erreichen (sa. *Reinbothe/v. Lewinski* Art. 8 WCT Rdnr. 3; *v. Lewinski* GRUR Int. 1997, 667/674; s. weiter Rdnr. 34 ff.; § 15 Rdnr. 23). Der Sache nach ist das Recht der öffentlichen Zugänglichmachung in der Form der öffentlichen Bereithaltung des Werkes ein Recht der Werkverwertung in unkörperlicher Form neben dem Recht der öffentlichen Wiedergabe, das dadurch gekennzeichnet ist, dass das Werk Mitgliedern einer Öffentlichkeit in Netzwerken zur Nutzung an Orten und zu Zeiten ihrer Wahl angeboten wird.

3   **Gegenstand des Verwertungsrechts** können geschützte Werke aller Art sein (§§ 2 bis 4). Das Recht bezieht sich auf jede Nutzung, bei der das Werk in seinen wesentlichen individuellen Zügen wiedergegeben wird (s. § 15 Rdnr. 3). Der Urheber eines gemäß § 69a geschützten Computerprogramms genießt Schutz bei einer öffentlichen Zugänglichmachung seines Werkes gemäß § 69c Nr. 4 (sa. Rdnr. 31).

II. Schranken des Verwertungsrechts

4   Das Recht aus § 19a unterliegt den Schranken aus § 45 (Rechtspflege und öffentliche Sicherheit), § 46 (Sammlungen für Kirchen-, Schul- oder Unterrichtsgebrauch), § 48 (Öffentliche Reden), § 49 (Zeitungsartikel und Rundfunkkommentare), § 50 (Berichterstattung über Tagesereignisse), § 51 (Zitate), § 52a (Öffentliche Zugänglichmachung für Unterricht und Forschung, Geltungsdauer gemäß § 137k bis 31. Dezember 2012 befristet), § 52b (Wiedergabe von Werken an elektronischen Leseplätzen in öffentlichen Bibliotheken, Museen und Archiven), § 56 (Vervielfältigung und öffentliche Wiedergabe in Geschäftsbetrieben), § 58 (Werke in Ausstellungen, öffentlichem Verkauf und öffentlich zugänglichen Einrichtungen) und § 59 (Werke an öffentlichen Plätzen). Die Schranke des § 52 (Öffentliche Wiedergabe) ist auf die Wiedergabe durch öffentliche Zugänglichmachung nicht anwendbar (§ 52 Abs. 3). Die Vorschrift des § 53a (Kopienversand auf Bestellung) enthält keine Schranke des § 19a oder des unbenannten Abrufübertragungsrechts (s. Rdnr. 33), da die betroffenen Werke nicht iSd. § 19a zum Abruf bereitgehalten werden (sa. Begr. zu § 53a RegE, BTDrucks. 16/1828 S. 27; *Spindler* NJW 2008, 9/14; vgl. *Wandtke/Bullinger/Jani*³ § 53a Rdnr. 49; s. weiter § 15 Rdnr. 27). Die Schranke des § 44a ist auf § 19a nicht entsprechend anwendbar (BGH, Urt. v. 29. 4. 2010 – I ZR 69/08, Tz. 24 – Vorschaubilder).

Art. 5 Abs. 3 und 5 der Informationsgesellschafts-Richtlinie (s. Rdnr. 22) beschränkt die Möglichkeit der Mitgliedstaaten, durch Gesetz Schranken der Rechte der öffentlichen Wiedergabe einzuführen (sa. Rdnr. 21).

III. Keine Erschöpfung des Verwertungsrechts

Das in § 19a geregelte Recht der öffentlichen Zugänglichmachung unterliegt als Bereithaltungsrecht schon seinem Wesen nach keiner Erschöpfung. Der Annahme einer Erschöpfung des Rechts steht zudem seine systematische Einordnung unter das Recht der öffentlichen Wiedergabe (s. § 15 Rdnr. 45ff.) sowie die ausdrückliche Regelung in Art. 3 Abs. 3 der Informationsgesellschafts-Richtlinie (s. Rdnr. 22) entgegen (sa. Erwgr. 29 der Richtlinie). 5

Eine andere Frage ist es, ob im Hinblick auf Werkstücke, die nach einer Abrufübertragung befugt durch Vervielfältigung hergestellt worden sind, eine **Erschöpfung des Verbreitungsrechts** anzunehmen ist. Die Werkübertragung auf Abruf aus einer Datenbank oder durch Einzelübermittlung kann gerade den Zweck haben, dem Empfänger die Vervielfältigung zu ermöglichen. Wirtschaftlich gesehen kann es sich dann um einen **elektronischen Versand** handeln, der an die Stelle des Einzelvertriebs in körperlicher Form tritt (zB bei Übermittlung von Spielfilmen über das Internet ohne Kopierschutz an Einzelkunden). In diesen Fällen stellt sich die Frage, ob hergestellte Vervielfältigungsstücke weiterverbreitet werden dürfen. Der Ausschluss der Erschöpfung bei dem Recht der öffentlichen Wiedergabe (s. Rdnr. 5) steht der Annahme einer Erschöpfung des Verbreitungsrechts hinsichtlich hergestellter Vervielfältigungsstücke jedenfalls nicht entgegen. Die Frage ist ebenso wie die Frage, ob rechtmäßig (per Download oder vorinstalliert) erworbene Software (sog. **Gebrauchtsoftware**) unter Berufung auf den Erschöpfungsgrundsatz weiterverbreitet werden darf, sehr umstritten. Gegen die Annahme der Erschöpfung des Rechts in diesen Fällen u.a. OLG München CR 2006, 655 mit Anm. *Lehmann* = MMR 2006, 748 mit Anm. *Stögmüller* (ebenso Vorinstanz LG München I CR 2006, 159 mit Anm. *Haines/Scholz*); LG München I CR 2007, 356 mit Anm. *Dieselhorst,* und OLG München MMR 2008, 601 mit Anm. *Moritz* (weitere Anm. *Bräutigam* CR 2008, 551), Az. des Revisionsverfahrens I ZR 129/08; OLG Frankfurt a.M. CR 2009, 423 mit Anm. *Hilber/Rabus* = MMR 2009, 544 mit Anm. *Bräutigam*; OLG Düsseldorf CR 2009, 566 mit Aufsatzanmerkung *Schneider* CR 2009, 553ff.; LG Mannheim MMR 2010, 323/324 mit Anm. *Heydn*; *Bräutigam/Wiesemann* CR 2010, 215ff.; *Bräutigam/Lederer* jurisPR-ITR 17/2008 Anm. 2; *Herzog* ZUM 2009, 70/71ff.); *Schulze* in *Dreier/Schulze*³ § 17 Rdnr. 30; *Leistner* S. 103ff.; *Bergmann,* Fs. für Erdmann, S. 17/24ff.; *Gutman* S. 63; *Westkamp* S. 85ff., 367ff.; *Theiselmann* S. 71ff.; *Horn* S. 73ff.; *Jaeger* in Interessenausgleich im Urheberrecht, S. 47/51ff. (anders de lege ferenda); *Brunner* S. 181ff.; *Herzog,* Handel mit gebrauchter Software, 2009, S. 63ff.; *Koch* ITRB 2007, 140ff.; *Ganea* GRUR Int. 2005, 102/106f.; *Heydn/Schmidl* K&R 2006, 74ff.; *Wimmers/Schulz* ZUM 2007, 162ff.; *Schack* GRUR 2007, 639/643f.; *Moritz* CR 2008, 414ff.; *Spindler* CR 2008, 69ff.; *ders.* K&R 2008, 565/566f.; *Haberstumpf* CR 2009, 345/350ff.; *Korthaus/Garbers-von Boehm* in *Götting/Lunze,* Überprotektion durch Geistiges Eigentum?, 2009, S. 129ff.; sa. *Wandtke/Bullinger/Thum*³ § 87b Rdnr. 58; *Fromm/Nordemann/Czychowski*¹⁰ § 69c Rdnr. 32f.; aA LG Hamburg MMR 2006, 827 mit Anm. *Heydn/Schmidl* = CR 2006, 812 mit Anm. *Grützmacher* (sa. OLG Hamburg MMR 2007, 317 mit Anm. *Hüsch/Meuser*); *Dreier* in *Dreier/Schulze*³ § 19a Rdnr. 11, § 69c Rdnr. 24f.; *Fromm/Nordemann/Dustmann*¹⁰ Rdnr. 29; *Rigopoulos* S. 172ff.; *Zecher* S. 248ff.; *Linnenborn* K&R 1999, 201/203ff.; *Koehler* S. 49ff.; *Oswald* S. 49ff.; *Heinz* S. 83ff., 206ff., 253ff., 282; *Nieland* S. 118ff.; *Kreutzer,* Das Modell des deutschen Urheberrechts und Regelungsalterna- 6

§ 19a Recht der öffentlichen Zugänglichmachung

tiven, 2008, S. 309 ff.; *Berger* GRUR 2002, 198 ff.; *Walter*, Fs. für Dittrich, S. 363/378 ff.; *Witte* ITRB 2005, 86 ff.; *Sosnitza* K&R 2006, 206 ff.; *Eilmannsberger* GRUR 2009, 1123; **sa.** *Sosnitza* ZUM 2009, 521 ff.; *Hoeren* CR 2006, 573 ff.; *Schrader/Rautenstrauch* K&R 2007, 251 ff.; *Grützmacher* CR 2007, 549 ff.; *ders.* CR 2010, 141; *Ulmer* ITRB 2007, 68 ff.; *Rüffler* ÖBl. 2008, 52 ff.; *Niethammer* S. 97 ff.; *Reinbothe* GRUR Int. 2001, 733/736 f.; *Spindler* GRUR 2002, 105/109 f.; *Tjong Tjin Tai* E. I. P. R. 2003, 207 ff.; *Huppertz* CR 2006, 145/149; *Moritz* jurisPR-ITR 5/2007 Anm. 5; *Wiebe/Appl* MR 2007, 186 ff.; *Rigamonti* GRUR Int. 2009, 14; *Reske* S. 203 ff. Für die Annahme, das Verbreitungsrecht habe sich hinsichtlich der befugt hergestellten Vervielfältigungsstücke (in analoger Anwendung des § 17 Abs. 2) erschöpft, fehlt es grundsätzlich an einer dem Fall der Übergabe eines körperlichen Vervielfältigungsstücks vergleichbaren Sachverhaltslage. Der Berechtigte hat keinen Gegenstand weitergegeben, dessen Verkehrsfähigkeit ohne die Annahme einer Erschöpfung des Verbreitungsrechts gefährdet wäre. Es ist jedoch nicht Zweck des Grundsatzes der Erschöpfung des Verbreitungsrechts, jedes berechtigt hergestellte Vervielfältigungsstück verkehrsfähig zu machen, sondern die Verkehrsfähigkeit der befugt in den Verkehr gebrachten Vervielfältigungsstücke zu erhalten (vgl. *Bergmann*, Fs. für Erdmann, S. 17/24 ff.). Anders könnte es in besonderen Fällen der Einzelherstellung von Büchern auf Bestellung (**book on demand**) liegen: Übermittelt etwa ein berechtigter Verlag Großabnehmern online die erforderlichen Dateien, damit diese das bestellte Werkstück selbst herstellen können, wird der Großabnehmer bei dieser befugten Herstellung urheberrechtlich als Gehilfe des Verlages angesehen werden können, dem als Abnehmer das so hergestellte Vervielfältigungsstück an die Hand gegeben wird. Das Verbreitungsrecht ist dann hinsichtlich dieses konkreten Werkstücks erschöpft.

IV. Wahrnehmung des Verwertungsrechts

7 Zur Rechtswahrnehmung durch die **GEMA** im Bereich der Online-Nutzungen s. Berechtigungsvertrag idF vom 23./24. Juni 2009, GEMA-Jahrbuch 2009/2010 S. 170, (abrufbar unter www.gema.de); s. weiter OLG Hamburg NJOZ 2009, 1595/1602 f.; *Staudt* S. 140 ff., 213 ff., 303; *dies.* in *Kreile/Becker/Riesenhuber*[2] Kap. 10 Rdnr. 81, 177 ff.; *Kreile/Becker* S. 632/634 ff.; *Fromm/Nordemann/Dustmann*[10] Rdnr. 33; *Siebert* S. 54 ff.; *Zapf* S. 28 ff.; *Heine* S. 160 ff.; *v. Einem* S. 224 ff.; *Düsing* S. 38 ff.; *Pentheroudakis* S. 382 ff.; *Koch* in Loewenheim[2] § 78 Rdnr. 81; *Müller* in Ensthaler/Weidert[2] Kap: 6 Rdnr. 81 ff.; *Müller* ZUM 2009, 121 ff.; *Ventroni* MMR 2008, 273 f.; *Poll* ZUM 2008, 500 ff.; *Ventroni/Poll* MMR 2002, 648 ff. Zum GEMA-Tarif für die Music-on-Demand-Nutzung vgl. Schiedsstelle beim DPMA ZUM 2007, 243 ff. Zur Rechtswahrnehmung durch die GEMA bei der Online-Übertragung öffentlicher Konzert- und Opernveranstaltungen für die Öffentlichkeit im Wege des Streaming (live oder on demand) sa. *Büscher/Müller* GRUR 2009, 558 ff.

8 Zur Rechtswahrnehmung durch die **VG Wort** im Bereich der Online-Nutzungen s. ihren Wahrnehmungsvertrag idF vom 23. 9. 2009 (abrufbar unter www.vgwort.de); vgl. weiter s. *Fromm/Nordemann/Dustmann*[10] Rdnr. 34; *Koch* in Loewenheim[2] § 78 Rdnr. 82; *Ventroni*, Das Filmherstellungsrecht, 2001, S. 288 ff.; *Siebert* S. 54 ff.; *Pentheroudakis* S. 386.

9 Zur Rechtswahrnehmung durch die **VG Bild-Kunst** im Bereich der Online-Nutzungen *Fromm/Nordemann/Dustmann*[10] Rdnr. 35; *Koch* in Loewenheim[2] § 78 Rdnr. 83; *Siebert* S. 144 ff.; *Pfennig*, Fs. für Raue, 2006, 593/600 f. Zur Rechtswahrnehmung durch **andere Verwertungsgesellschaften** s. *Koch* in Loewenheim[2] § 78 Rdnr. 83 a ff.; *Heine* S. 166 ff.

Zur Rechtswahrnehmung durch **Verwertungsgesellschaften** s. weiter *Poll* GRUR 2007, 476 f. *Runge*, Die kollektive Lizenzierung von Onlinenutzungsrechten für Musik im Europäischen Binnenmarkt, 2010. Zur **Empfehlung der EU-Kommission** „für die länderübergreifende kollektive Wahrnehmung von Urheberrechten und verwandten Schutzrechten, die für legale Online-Musikdienste benötigt werden" vom 18. 10. 2005 (ABl. L 276 v. 21. 10. 2005, S. 54) s. vor §§ 20 ff. Rdnr. 23 a.

10 Zur **Vertragsauslegung** vgl. *Kleinke* AfP 2008, 460/465 f. mwN. Zur Frage, ob die Verwertung von Musikaufnahmen in dezentralen Computernetzwerken eine eigenständige Nutzungsart iSd. Urheberrechts ist, sa. *Jänich/Eichelberger* MMR 2008, 576 ff.

Das Bereithaltungsrecht aus § 19 a und das Abrufübertragungsrecht können auch getrennt vergeben werden (sa. Rdnr. 33; aA *Castendyk*, Fs. für Loewenheim, S. 31/37). Die Vergabe des Bereithaltungsrechts ohne ein (zumindest beschränktes) Recht zur Abrufübertragung ist allerdings nicht sinnvoll, weil der Nutzungsberechtigte sonst sein Recht nicht ausüben kann. Unabhängig davon, ob das Abrufübertragungsrecht § 19 a oder – als unbenanntes Verwertungsrecht – § 15 entnommen wird, sind aber das Bereithaltungsrecht und das Abrufübertragungsrecht unterschiedliche Rechte, die sich auf verschiedene Nutzungshandlungen beziehen (ebenso wie die beiden Verbreitungshandlungen des § 17, s. dort Rdnr. 7). Das **Problem der dinglichen Aufspaltbarkeit des Rechts** stellt sich daher für das Verhältnis dieser beiden Rechte untereinander nicht. Findet das öffentliche Bereithalten nur auf einem ausländischen Server statt, muss nur für die Abrufübertragung in das Inland ein inländisches Nutzungsrecht erworben werden. Das Bereithaltungsrecht muss auch dann für das Inland unbeschränkt erworben werden, wenn die Befugnis zur Abrufübertragung dinglich auf die Übertragung an Nutzer in bestimmten anderen Ländern beschränkt wird.

V. Konventionsrecht

1. Revidierte Berner Übereinkunft. Das durch § 19a gewährte Recht ist nicht bereits in Art. 11bis RBÜ (s. vor §§ 120 ff. Rdnr. 41 ff.) verankert (*v. Lewinski* GRUR Int. 1997, 667/675; aA *Walter*, Fs. für Dittrich, S. 363/366 ff.). 11

2. Der WIPO-Urheberrechtsvertrag (WIPO Copyright Treaty, WCT; s. vor §§ 20 ff. Rdnr. 46 ff.; vor §§ 120 ff. Rdnr. 50 ff.), ein Sonderabkommen iSd. Art. 20 RBÜ (Art. 1 Abs. 1 und 2 WCT), ergänzt mit seinem Art. 8 (Recht der öffentlichen Wiedergabe) die den Urhebern nach der RBÜ zustehenden Rechte der öffentlichen Wiedergabe (sa. § 15 Rdnr. 45). Art. 8 gewährt den Urhebern von Werken der Literatur und Kunst (s. dazu vor §§ 20 ff. Rdnr. 47) in seinem Art. 8 „das ausschließliche Recht, die öffentliche drahtlose oder drahtgebundene Wiedergabe ihrer Werke zu erlauben, einschließlich der Zugänglichmachung ihrer Werke in der Weise, dass sie Mitgliedern der Öffentlichkeit an Orten und zu Zeiten ihrer Wahl zugänglich sind." Die deutsche Übersetzung deckt sich nicht ganz mit dem Vertragswortlaut. In den Vertragssprachen englisch und französisch (Art. 32 Abs. 1 WCT) heißt es „the making available to the public of their works" bzw. „la mise à la disposition du public de leurs œuvres", während die deutsche Übersetzung nur von „der Zugänglichmachung ihrer Werke" spricht. 12

Das in Art. 8 WCT verankerte Recht der öffentlichen Wiedergabe enthält sowohl ein **Recht an der Bereithaltung des Werkes** zum Abruf durch die Öffentlichkeit (entsprechend dem Recht aus § 19a) als auch ein **Abrufübertragungsrecht**, das sich auf den Vorgang der Übertragung eines öffentlich zugänglich gemachten Werkes bezieht. 13

Die Vorschrift des Art. 8 WCT umschreibt – in ihrem mit „einschließlich" beginnenden Satzteil – ausdrücklich nur das **Bereithaltungsrecht**. Dieses greift bereits dann ein, wenn das geschützte Werk lediglich für die Öffentlichkeit zum Abruf bereitgehalten wird (vgl. *Reinbothe/v. Lewinski* Art. 8 WCT Rdnr. 3; *Ficsor* S. 508; *v. Lewinski* GRUR Int. 1997, 667/675; *Rigopoulos* S. 165). 14

Dass neben dem Bereithaltungsrecht auch ein **Abrufübertragungsrecht** bestehen soll, ergibt sich aus der Entstehungsgeschichte des Art. 8 WCT. Durch das WCT sollte dem Urheber die Kontrolle über interaktive Nutzungen seines Werkes gegeben werden, wenn diese auf einem öffentlichen Bereithalten des Werkes beruhen. Auf der Vertragskonferenz war allerdings umstritten, durch welches Recht die Kontrolle des Urhebers über diesen Nutzungsvorgang gesichert werden sollte. Da darüber keine Einigkeit erzielt werden konnte, wurde mit Art. 8 WCT die sog. Schirmlösung verwirklicht, die den Vertragsstaaten zwar die Verpflichtung auferlegt, ein ausschließliches Recht an diesem Nutzungsvorgang zu gewähren, ihnen aber freistellt, diese Verpflichtung durch ein schon bestehendes oder ein neu zu schaffendes Verwertungsrecht zu erfüllen (vgl. *Reinbothe/v. Lewinski* Art. 8 WCT Rdnr. 2 ff., 16; *Ficsor* S. 249, 493 f., 496 f., 500 f.; *v. Lewinski* GRUR Int. 1997, 667/674 f.; *Kreile* ZUM 1996, 964 f.; *Gerlach* ZUM 1999, 278/280 f.; *Rüberg* S. 229 ff.). Die sog. Schirmlösung verpflichtet danach die Vertragsstaaten, dem Urheber auch ein Recht an dem Übertragungsvorgang nach einem öffentlichen Bereithaltung seines Werkes zu geben (sa. *Reinbothe/v. Lewinski* Art. 8 WCT Rdnr. 2 f., 16 f., 21; *Ficsor* S. 506 ff.; *Rigopoulos* S. 163 f., 166 ff.; *Françon* RIDA 172 [1997] S. 3/33; *Dustmann* S. 71 f.; *Bäcker* S. 100 ff.; *Evert* S. 81 ff.; *Nieland* S. 87 ff.; *Suttorp* S. 59 ff.; *Bagh* S. 129; *Gey* S. 63 ff.; *v. Lewinski* GRUR Int. 1998, 637/639 f.; *dies.* sic! 2003, 164/165; *Gerlach* ZUM 1999, 278/279 ff.; *Ostermaier* CR 1998, 539/543 f.; *Froehlich* ZUM 2003, 453/454; *Schack* GRUR 2007, 639/640 f.; *Dünnwald/Gerlach* § 78 Rdnr. 13 [zu Art. 10 WPPT]; aA *Nippe* S. 372; *Koch* ITRB 2004, 131/132; *ders.* in Loewenheim^2 § 77 Rdnr. 110, § 78 Rdnr. 65 f.; *Handig* ÖBl. 2004, 196/197; *Rüberg* S. 264 ff.; *Peukert* in Interessenausgleich im Urheberrecht, S. 11/27 ff.; zur Vereinbarung der sog. Schirmlösung für die Rechte der ausübenden Künstler aus Art. 10 WPPT und die Rechte der Tonträgerhersteller aus Art. 14 WPPT s. *Ficsor* S. 628 f., 633; *Dünnwald/Gerlach* § 78 Rdnr. 13). 15

Das Bereithaltungsrecht allein gibt dem Urheber nicht – wie nach Art. 8 WCT geboten – die

§ 19a

Kontrolle über alle interaktiven Nutzungen seines Werkes. Nach einer Zustimmung zur Einspeicherung des Werkes zum Abruf durch die Öffentlichkeit kann der Urheber mithilfe des Bereithaltungsrechts den Umfang des tatsächlichen Abrufs des Werkes nicht mehr kontrollieren. Die tatsächliche Übertragung der bereitgehaltenen Werke macht den wirtschaftlich bedeutsamen Kern des Nutzungsvorgangs aus. Das Bereithalten, das wirtschaftlich gesehen noch keine Auswertung des Werkes darstellt, ist diesem Vorgang ebenso vorgelagert wie im Fall des deutschen Verbreitungsrechts (§ 17 UrhG) das öffentliche Anbieten dem Inverkehrbringen. Eine Kontrollmöglichkeit – gerade auch bei grenzüberschreitenden Nutzungen – gewährleistet nur ein Recht an Übertragungen, die auf einem Abruf des öffentlich bereitgehaltenen Werkes beruhen (sa. Rdnr. 27).

16 Das Abrufübertragungsrecht ist Teil des ausschließlichen Rechts der Urheber, „die öffentliche drahtlose oder drahtgebundene Wiedergabe ihrer Werke zu erlauben". Der Inhalt des Begriffs der öffentlichen Wiedergabe iSd. Art. 8 WCT weicht erheblich vom Sprachsinn ab, wie bereits daraus folgt, dass die Bereithaltung des Werkes zum Abruf durch die Öffentlichkeit als Teil des Rechts der öffentlichen Wiedergabe behandelt wird („einschließlich"), obwohl eine Bereithaltung des Werkes keine Wiedergabe im Sprachsinn ist und die dadurch ermöglichte Abrufübertragung an einzelne Nutzer nicht öffentlich ist (sa. Rdnr. 2).

17 Das Abrufübertragungsrecht bezieht sich auf die Übertragung von Werken, die in der Weise öffentlich zugänglich gemacht worden sind, dass Mitglieder der Öffentlichkeit Ort und Zeit des Abrufs wählen können. Das Recht setzt dementsprechend eine Übertragung auf Initiative des Nutzers, dh. einen Abruf, voraus (vgl. *Bühler* S. 180; aA *Wittgenstein* S. 89). Für ein Eingreifen dieses Rechts ist es nicht erforderlich, dass der Abrufende das übertragene Werk in seinem Bereich wahrnehmbar macht; es genügt, wenn ihm das Werk – und sei es auch nur vorübergehend – zugänglich gemacht wird.

18 Anders als nach deutschem Recht umfasst der Begriff der öffentlichen Wiedergabe in Art. 8 WCT nur Wiedergaben, die durch ein gewisses **Distanzelement** gekennzeichnet sind, nicht jedoch Wiedergaben, wie sie nach deutschem Recht unter das Vortrags-, Aufführungs- oder Vorführungsrecht (§ 19) fallen (s. § 19 Rdnr. 3; vor §§ 20 ff. Rdnr. 47). Die Vorschrift erfasst auch Wiedergaben mithilfe künftig neu entwickelter technischer Übertragungsformen. Nicht unter Art. 8 WCT fallen Sendungen durch Zugriffssysteme oder Mehrkanaldienste (s. § 20 Rdnr. 9; *v. Lewinski* GRUR Int. 1997, 667/675; *v. Lewinski/Gaster* ZUM 1997, 607/618).

19 **Werknutzer** ist nicht, wer lediglich technische Einrichtungen für die Wiedergabe zur Verfügung stellt (Agreed Statements Concerning the WIPO Copyright Treaty zu Art. 8, abgedruckt BGBl. 2003 II S. 764 ff. und IIC 28 [1997] 213/214).

20 Die Bestimmung des Begriffs der **Öffentlichkeit** ist dem nationalen Recht überlassen (vgl. *v. Lewinski* GRUR Int. 1997, 667/675).

21 Nach Art. 10 WCT können die Vertragsstaaten **Schranken** der Rechte aus Art. 8 WCT vorsehen (vgl. dazu näher *v. Lewinski* GRUR Int. 1997, 667/675 f.; *v. Lewinski/Gaster* ZUM 1997, 607/618; sa. *Runge* GRUR Int. 2007, 130/132 f.). Zur Anwendung des Art. 11bis Abs. 2 RBÜ auf die Rechte aus Art. 8 WCT s. *v. Lewinski* GRUR Int. 1997, 667/675.

VI. Europäische Rechtsgrundlagen

1. Informationsgesellschafts-Richtlinie

22 **a)** Die Vorschrift des § 19a dient der Umsetzung des Art. 3 der Richtlinie 2001/29/EG des Europäischen Parlaments und des Rates vom 22. 5. 2001 zur Harmonisierung bestimmter Aspekte des Urheberrechts und der verwandten Schutzrechte in der Informationsgesellschaft (ABl. L 167 vom 22. 6. 2001 S. 10 = GRUR Int. 2001, 745, Informationsgesellschafts-Richtlinie). Nach deren Art. 3 Abs. 1 sehen die Mitgliedstaaten vor, „dass den Urhebern das ausschließliche Recht zusteht, die drahtgebundene oder drahtlose öffentliche Wiedergabe ihrer Werke einschließlich der öffentlichen Zugänglichmachung der Werke in der Weise, dass sie Mitgliedern der Öffentlichkeit von Orten und zu Zeiten ihrer Wahl zugänglich sind, zu erlauben oder zu verbieten." Die Richtlinie ist gemäß ihrem Art. 14 am 22. 6. 2001 in Kraft getreten. Die Umsetzungsfrist lief bis zum 22. 12. 2002. Die Richtlinie ist jedoch erst durch die UrhG-Novelle 2003 (s. Rdnr. 32) umgesetzt worden.

Für die **Auslegung** des § 19a ist dementsprechend der Inhalt der Informationsgesellschafts-Richtlinie maßgebend (sa. § 15 Rdnr. 40; vor §§ 20 ff. Rdnr. 29 a f.). Die Richtlinie ist ihrerseits im Licht des Art. 8 des WIPO-Urheberrechtsvertrages (WCT; s. Rdnr. 12 ff.) auszulegen, weil die Richtlinie den Verpflichtungen aus diesem Vertrag entsprechen will (Erwgr. 15; sa. EuGH GRUR Int. 2007, 316/318 Tz. 35 – SGAE/Rafael). Das bedeutet jedoch (trotz der Übernahme des Wortlauts des Art. 8 WCT) nicht, dass die Richtlinie – wie Art. 8 WCT (s. Rdnr. 15) – den Mitgliedstaaten die Entscheidung überlassen hat, durch welches Nutzungsrecht dem Urheber die Kontrolle über interaktive Nutzungen seines Werkes gewährt werden soll (vgl. *Peukert* in Interessenausgleich im Urheberrecht, S. 11/32 mwN). Begriffe in Vorschriften des Gemeinschaftsrechts sind in der Regel in der gesamten Gemeinschaft autonom und einheitlich auszulegen (vgl. EuGH GRUR Int. 2007, 316/318 Tz. 31 – SGAE/Rafael; sa. Rdnr. 24; § 15 Rdnr. 40).

Wie Art. 8 WCT (Rdnr. 18) betrifft Art. 3 Abs. 1 der Informationsgesellschafts-Richtlinie nur Übermittlungsvorgänge über eine gewisse Entfernung (Erwgr. 23; s. weiter § 15 Rdnr. 54 f., § 19 Rdnr. 3, 37; vor §§ 20 ff. Rdnr. 29 a, 47).

b) Entstehungsgeschichte der Richtlinie. Die Informationsgesellschafts-Richtlinie geht 23 auf einen **Vorschlag der EU-Kommission** vom 10. 12. 1997 zurück (Dok. KOM [97] 628 endg., ABl. v. 7. 4. 1998 C 108/6 = GRUR Int. 1998, 402). Zu diesem Richtlinienvorschlag s. *Flechsig* ZUM 1998, 139/143 f.; *ders.* CR 1998, 225/227 f.; *v. Lewinski* MMR 1998, 115/116 f.; *dies.* GRUR Int. 1998, 637/639 f.; *Haller* MR 1998, 61/64; *Reinbothe* ZUM 1998, 429/434; *Dietz* ZUM 1998, 438/445). Zu den Beratungen des Richtlinienentwurfs s. *Reinbothe* GRUR Int. 2001, 733/734 f.; *Spindler* GRUR 2002, 105/106. Eingehend zur Entstehungsgeschichte und zu den Hintergründen der Informationsgesellschafts-Richtlinie *Walter/v. Lewinski,* Europäisches Urheberrecht, S. 1016 ff.

c) Das Recht aus Art. 3 der Informationsgesellschafts-Richtlinie ist nach dem Wortlaut der 24 Vorschrift ein **Recht der öffentlichen Wiedergabe.** Der Gestaltungsspielraum der Mitgliedstaaten bei der Umsetzung der Richtlinie geht keinesfalls so weit, dass die Vorschrift trotz ihres Wortlauts auch die Einordnung des Rechts der öffentlichen Zugänglichmachung als Verbreitungsrecht zulassen würde (s. Rdnr. 37), wie dies *Ficsor* (S. 496) für Art. 8 WCT für möglich hält (s. Rdnr. 22; vgl. *Reinbothe* ZUM 2002, 43/48).

d) Nach Art. 3 Abs. 1 der Informationsgesellschafts-Richtlinie ist den Urhebern ein **Recht** 25 **an der Bereithaltung** des Werkes zum Abruf durch eine Öffentlichkeit zu gewähren. Die Voraussetzungen, unter denen dieses Recht eingreifen soll, ergeben sich aus dem Satzteil „einschließlich der öffentlichen Zugänglichmachung der Werke in der Weise, dass sie Mitgliedern der Öffentlichkeit von Orten und zu Zeiten ihrer Wahl zugänglich sind". Der Tatbestand des Bereithaltungsrechts wird bereits dann erfüllt, wenn das Werk in der in Art. 3 Abs. 1 der Informationsgesellschafts-Richtlinie beschriebenen Weise zum Abruf bereitgestellt wird; ob das Werk tatsächlich abgerufen wird, ist für das Eingreifen des Bereithaltungsrechts unerheblich (vgl. *Reinbothe* GRUR Int. 2001, 733/736; vgl. weiter *Spindler* GRUR 2002, 105/109; *ders.* JZ 2004, 150/152).

e) Neben einem Bereithaltungsrecht ist den Urhebern nach Art. 3 Abs. 1 der Informations- 26 gesellschafts-Richtlinie auch ein **Recht an der Abrufübertragung** (als ein Recht an der Übertragung des öffentlich zum Abruf bereitgehaltenen Werkes an einen Abrufer) zu geben (vgl. *v. Lewinski* sic! 2003, 164/165; *Miersch* in *Lange/Klippel/Ohly* (Hrsg.) S. 177/182; *Rigopoulos* S. 169; *Haller* S. 110 f.; *Kreile/Becker* S. 632/645 f.; *König* Rdnr. 131 f.; *Ott* S. 319 ff.; *Oswald* S. 31; *Wawretschek* S. 132 ff.; *Bäcker* S. 132 ff.; *Nieland* S. 89 ff.; *Suttorp* S. 59 ff.; *Evert* S. 80; *Bagh* S. 129; *Gey* S. 67 ff.; *Lehmann* CR 2003, 553/555; *Wandtke* KUR 2003, 109/110; *Wiebe* MR 2003, 309/310; *Poll* GRUR 2007, 476/477 f.; *Peukert* in Interessenausgleich im Urheberrecht, S. 11/31 ff.; zum Richtlinienvorschlag ebenso *Schippan* S. 147 f.; *Nippe* S. 276; *Gerlach* ZUM 1999, 278/279 f.; vgl. auch *Rosén* GRUR Int. 2002, 195/197 f.; aA *Handig* GRUR Int. 2007, 206/218; *Zecher* S. 241 ff./244 ff.; *Rüberg* S. 264 ff.; *Dünnwald/Gerlach* § 78 Rdnr. 14). Dies folgt bereits daraus, dass Art. 3 Abs. 1 der Informationsgesellschafts-Richtlinie die Verpflichtungen aus Art. 8 WCT, den Urhebern entsprechende Rechte zu geben (s. Rdnr. 12 ff.), durchsetzen soll (Erwgr. 15) und demgemäß auch im Wortlaut dieser Vorschrift angeglichen ist. Die Erwägungsgründe bestätigen, dass den Urhebern (sowie den in Art. 3 Abs. 2 der Richtlinie genannten Rechtsinhabern) auch ein Abrufübertragungsrecht zustehen soll. So wird in Erwägungsgrund 25 ausgeführt: „Es sollte klargestellt werden, dass alle durch diese Richtlinie anerkannten Rechtsinhaber das ausschließliche Recht haben sollten, urheberrechtlich geschützte Werke ... im Wege der interaktiven Übertragung auf Abruf für die Öffentlichkeit zugänglich zu machen. Derartige interaktive Übertragungen auf Abruf zeichnen sich dadurch aus, dass sie Mitgliedern der Öffentlichkeit von Orten und zu Zeiten ihrer Wahl zugänglich sind." Einen gewissen Hinweis auf das Bestehen eines Abrufübertragungsrechts gibt auch Art. 6 Abs. 3 der Richtlinie:

§ 19a Recht der öffentlichen Zugänglichmachung

Dort werden Zugangskontrollen als technische Maßnahmen aufgeführt, die dazu bestimmt sind, vom Berechtigten nicht genehmigte Handlungen zu verhindern oder einzuschränken. Zugangskontrollen regulieren bei der öffentlichen Zugänglichmachung geschützter Werke in erster Linie den interaktiven Abruf durch den Nutzer, der ohne ein Abrufübertragungsrecht genehmigungsfrei wäre (vgl. dazu *Peukert* in Interessenausgleich im Urheberrecht, S. 11/33 f./36 ff.; s. weiter – zu § 19 a – *Nielen*, Interessenausgleich in der Informationsgesellschaft, 2009, S. 80 ff.). Für sich allein trägt dieser Gedanke allerdings nicht, weil eine Zugangskontrolle im Allgemeinen auch der Kontrolle von Nutzungen der abgerufenen Werke durch Vervielfältigungen dient.

27   Der **Schutz der Urheber bei Online-Nutzungen** ihrer Werke erfordert auch, dass neben dem Recht an der öffentlichen Bereithaltung eines Werkes zu Abrufzwecken ein Recht an der Abrufübertragung öffentlich zum Abruf bereitgehaltener Werke anerkannt wird. Aus der Sicht des Urhebers dient die öffentliche Bereithaltung seines Werkes zu Abrufzwecken nur der Vorbereitung der wirtschaftlichen Verwertung. Dieser leicht feststellbare und beweisbare Vorgang muss von seinen Verwertungsrechten umfasst sein, um den Urheberrechtsschutz wirksam werden zu lassen. Wirtschaftlich bedeutsam als Auswertung des geschützten Werkes ist jedoch nur die Übertragung auf Abruf. Der Umfang, in dem ein zum Abruf öffentlich bereitgehaltenes Werk durch Online-Abrufe tatsächlich genutzt wird, kann wirtschaftlich angemessen nur erfasst werden, wenn jede einzelne Übertragung unter das Recht fällt und dementsprechend vertragliche Vergütungen und Schadensersatzansprüche unter Berücksichtigung des Umfangs dieser Auswertung des geschützten Werkes bemessen werden. Der Schutz der Urheber bei Online-Nutzungen ihrer Werke wäre auch wegen der beschränkten territorialen Wirkung des Urheberrechts unvollkommen, wenn ihnen nur ein Bereithaltungsrecht gewährt würde. Eine an das Internet angeschlossene, der Allgemeinheit zugängliche Datenbank kann grundsätzlich von jedem Ort der Erde aus genutzt werden. Die Gewährung eines Bereithaltungsrechts in den Mitgliedstaaten der Europäischen Union könnte deshalb wegen der territorialen Beschränkung des Urheberrechts den notwendigen urheberrechtlichen Schutz nur unzureichend gewährleisten. Der Tatbestand des inländischen Bereithaltungsrechts ist nicht – auch nicht mit einem Teilakt – berührt, wenn ein geschütztes Werk lediglich im Ausland zum Abruf durch eine Öffentlichkeit bereitgehalten wird; dies gilt auch dann, wenn auch einer Öffentlichkeit im Inland der Abruf möglich ist (aA OLG Dresden GRUR-RR 2007, 138 f. mwN; vgl. dazu auch *Dreier* in *Dreier/Schulze*[3] Rdnr. 40 ff.; *Spindler* K&R 2004, 528; *Peifer* IPRax 2006, 246/247 f.; *Buchner* GRUR Int. 2005, 1004/1007; *Handig* GRUR Int. 2007, 206/217 f.; *Sack* WRP 2008, 1405/1417 f., jeweils mwN; s. weiter vor §§ 20 ff. Rdnr. 65; vor §§ 120 ff. Rdnr. 145). Das inländische Urheberrecht greift grundsätzlich nur ein, wenn wenigstens ein Teilakt der Nutzungshandlung im Inland stattfindet (s. vor §§ 20 ff. Rdnr. 52). Etwas anderes gilt nur, wenn der Server rechtsmissbräuchlich in das Ausland verlagert wird, obwohl das bereitgehaltene Angebot auf die inländische Öffentlichkeit abzielt (vgl. dazu vor §§ 20 ff. Rdnr. 55). Erst die Abrufübertragung, die teilweise im Inland stattfindet, erfüllt den Tatbestand eines inländischen Verwertungsrechts, des Abrufübertragungsrechts (aA *Schmid/Wirth* in *Schmid/Wirth/Seifert*[2] Rdnr. 5). Das Vervielfältigungsrecht könnte für einen ausreichenden Schutz der Urheber nicht genügen, da mithilfe dieses Rechts der wirkliche Umfang der Werknutzung nicht erfasst werden kann (sa. *Gerlach* ZUM 1999, 278/280; *Rigopoulos* S. 169 f.; *Wawretschek* S. 137 ff.).

28   Wie in Art. 8 WCT (Rdnr. 13 ff.) ist das Abrufübertragungsrecht allerdings auch in Art. 3 Abs. 1 der Informationsgesellschafts-Richtlinie nicht ausdrücklich benannt. Der mit „einschließlich" beginnende Satzteil des Art. 3 Abs. 1 der Informationsgesellschafts-Richtlinie erfasst nach seiner Formulierung nur das Bereithaltungsrecht, weil das Werk durch Übertragung auf Einzelabruf keiner Öffentlichkeit zugänglich gemacht wird. Aus dem Gesamtzusammenhang der Richtlinie ergibt sich jedoch, dass den Urhebern (sowie den in Art. 3 Abs. 2 der Richtlinie genannten Rechtsinhabern) ein Abrufübertragungsrecht zustehen soll. Die Ausformulierung des Abrufübertragungsrechts konnte den nationalen Gesetzgebern überlassen werden, weil sich die Vorschrift des Art. 3 Abs. 1 der Richtlinie (ebenso wie ihr Vorbild Art. 8 WCT) nur an den nationalen Gesetzgeber (Art. 15 der Richtlinie) richtet. Es gibt keinen Grund anzunehmen, dass die Mitgliedstaaten das Recht aus Art. 3 Abs. 1 der Informationsgesellschafts-Richtlinie nur als einheitliches Recht ausgestalten durften (aA *Poll* GRUR 2007, 476/479). Das Bereithaltungsrecht und das Abrufübertragungsrecht betreffen verschiedene Nutzungsvorgänge, die unabhängig voneinander vorgenommen werden können (vgl. eine öffentliche Bereithaltung eines geschützten Werkes im Ausland, die nicht in das inländische Bereithaltungsrecht eingreift; anders die Abrufübertragung in das Inland). Bereithaltungsrecht und Abrufübertragungsrecht stehen deshalb ebenso selbständig nebeneinander wie die Nutzungshandlungen des Verbreitungsrechts

(§ 17 Abs. 1), das Inverkehrbringen von Werkstücken und das Angebot von Werkstücken an die Öffentlichkeit (s. § 17 Rdnr. 7).

Für das Abrufübertragungsrecht genügt es, dass das Werk dem Abrufenden durch Übertragung in einer Weise zugänglich gemacht wird, dass der Abrufende das Werk in seinem eigenen Bereich wahrnehmbar machen kann. Es kommt nicht darauf an, ob er dies tatsächlich tut. Unerheblich ist, ob der Nutzer bei einem Abruf das Werk auch vervielfältigen kann (vgl. OLG Hamburg MMR 2006, 173, 174 und ZUM 2009, 575/577; OLG Stuttgart GRUR-RR 2008, 289/290 Tz. 12). Das Abrufübertragungsrecht umfasst andererseits auch Vorgänge, bei denen ein öffentlich zum Abruf bereitgehaltenes Werk auf Abruf zu dem Zweck übertragen wird, dass sich der Abrufende durch Abspeichern ein Vervielfältigungsstück erstellt (aA *Oswald* S. 34ff., die in diesen Fällen das Verbreitungsrecht analog anwenden will). Der Informationsgesellschafts-Richtlinie lässt sich kein Anhaltspunkt dafür entnehmen, dass die rechtliche Einordnung einer Abrufübertragung unter die Verwertungsrechte im Einzelfall davon abhängt, welchem Zweck sie dienen soll. Zudem hat eine Abrufübertragung, bei der eine Vervielfältigung nicht mit technischen Mitteln unterbunden wird, in aller Regel nicht nur den Zweck, das Werk zugänglich zu machen, damit es wahrnehmbar gemacht werden kann, sondern auch, dem Abrufenden nach dessen Entscheidung eine dauerhafte Abspeicherung zu ermöglichen. 29

Das bloße **Bereitstellen der Einrichtungen** für eine Nutzungshandlung iSd. Art. 3 Abs. 1 der Richtlinie ist selbst (als bloße technische Hilfeleistung) keine Nutzungshandlung (Erwgr. 27).

f) In Art. 3 Abs. 3 der Informationsgesellschafts-Richtlinie wird ausdrücklich ausgesprochen, dass Handlungen der öffentlichen Wiedergabe oder der Zugänglichmachung für die Öffentlichkeit **keine Erschöpfung des Rechts** aus Art. 3 Abs. 1 der Richtlinie bewirken (sa. Erwgr. 29). 30

2. Datenbankrichtlinie

Die Pflicht, dem Urheber ein **Recht an der Übertragung auf Abruf** aus einer öffentlich zugänglichen elektronischen Datenbank zu gewähren, ergab sich auch schon vor dem Inkrafttreten der Informationsgesellschafts-Richtlinie hinsichtlich der Urheber von Datenbanken aus der **Datenbankrichtlinie** (vgl. *Vogel* ZUM 1997, 592/600; *Nippe* S. 360ff.; *Westkamp* S. 90; *Oswald* S. 30; *Haberstumpf* GRUR 2003, 14/23; *Gaster* in *Hoeren/Sieber* [Hrsg.], Handbuch Multimedia-Recht, Stand 2008, Teil 7.6 Rdnr. 142; s. weiter – zum sui-generis-Recht des Datenbankherstellers – § 87b Rdnr. 7, 49, 51; OGH MR 2002, 101/103f. – baukompass.at). Die Informationsgesellschafts-Richtlinie hat nach ihrem Art. 1 Abs. 2 lit. e die Bestimmungen der Datenbankrichtlinie unberührt gelassen (vgl. *Reinbothe* GRUR Int. 2001, 733/736). Dem Hersteller einer Datenbank muss nach Art. 7 der Datenbankrichtlinie ua. das Recht zugestanden werden, die Weiterverwendung des Inhalts der Datenbank zu untersagen. Als „Weiterverwendung" im Sinne dieser Vorschrift sind nach Art. 7 Abs. 2 Buchst. b der Richtlinie ua. die „Online-Übermittlung" und „andere Formen der Übermittlung" des Inhalts der Datenbank anzusehen. Für die Rechte des Urhebers einer Datenbank gilt das Gleiche. Nach Art. 5 der Datenbankrichtlinie soll dem Urheber das Recht zustehen, jede öffentliche Wiedergabe der Datenbank zu kontrollieren. Da der Urheber einer Datenbank keinesfalls weniger Rechte haben soll als der Hersteller einer Datenbank, bedeutet dies, dass das Recht der öffentlichen Wiedergabe auch die Online-Übermittlung oder andere Formen der Übermittlung des Inhalts der Datenbank umfassen soll (§ 87b Rdnr. 51; sa. *Flechsig* ZUM 2002, 1/6). Die Richtlinie hat allerdings nicht abschließend geklärt, ob Nutzungen dieser Art als eine Form der öffentlichen Verbreitung der Datenbank (Art. 5 lit. c der Richtlinie) oder als Form der öffentlichen Wiedergabe (Art. 5 lit. d der Richtlinie) erfasst werden (vgl. dazu Erwgr. 31, 33, 34; *Leistner* S. 97ff., 104). Weiterhin war dem Urheber bereits nach Art. 5 lit. c der Datenbankrichtlinie ein **Recht am öffentlichen Bereithalten** einer urheberrechtlich geschützten Datenbank für Abrufübertragungen zu gewähren (s. Erwgr. 31; vgl. *Nippe* S. 361ff.; *Westkamp* S. 90f.; vgl. dazu auch – zum sui-generis-Recht des Datenbankherstellers – EuGH GRUR 2005, 244/249 Tz. 61f. – BHB-Pferdewetten; OGH MR 2002, 101/103f. – baukompass.at; *Wandtke/Bullinger/Thum*[3] vor §§ 87a ff. Rdnr. 15, § 87b Rdnr. 48; *Möhring/Nicolini/Decker*[2] § 87b Rdnr. 5). 31

VII. Entstehungsgeschichte

Die Vorschrift des § 19a wurde zur Umsetzung des Art. 3 der Informationsgesellschafts-Richtlinie (s. Rdnr. 22) durch die **UrhG-Novelle 2003** in das UrhG eingefügt. Vorausgegan- 32

§ 19a Recht der öffentlichen Zugänglichmachung

gen war zunächst ein vom Bundesministerium der Justiz veröffentlichter „Diskussionsentwurf eines Fünften Gesetzes zur Änderung des Urheberrechtsgesetzes" vom 7. 7. 1998 (abgedruckt KUR 1999, 157), in dem folgende Regelung vorgeschlagen war: „§ 19a Übertragungsrecht. Das Übertragungsrecht ist das Recht, das Werk durch Funk oder durch ähnliche technische Mittel aufgrund eines Angebots an die Öffentlichkeit einem einzelnen Angehörigen der Öffentlichkeit zugänglich zu machen, sowie das Recht, das Werk durch Funk oder ähnliche technische Mittel außerhalb eines gestalteten Programms öffentlich zugänglich zu machen." Der „Referentenentwurf für ein Gesetz zur Regelung des Urheberrechts in der Informationsgesellschaft" vom 18. 3. 2002 enthielt § 19a bereits in der Gesetz gewordenen Fassung, die lediglich den zweiten Halbsatz des Art. 3 Abs. 1 der Informationsgesellschafts-Richtlinie in das UrhG überträgt. Aus der Begründung des Regierungsentwurfs (BTDrucks. 15/38 S. 16) geht hervor, dass damit das Recht der öffentlichen Zugänglichmachung des Werkes eng an der Systematik und am Wortlaut der Informationsgesellschafts-Richtlinie orientiert geregelt werden sollte. Im Rechtsausschuss des Deutschen Bundestages wurde erfolglos ein Änderungsantrag gestellt mit dem Ziel, durch Einfügung der Worte „oder zu übermitteln" nach dem Wort „machen" im Wortlaut der Vorschrift klarzustellen, dass das geregelte Recht nicht nur die Zugänglichmachung auf Abruf (dh. das Bereithalten eines geschützten Werkes zum Abruf), sondern auch den anschließenden Übertragungsvorgang umfasse (vgl. Bericht des Rechtsausschusses, BTDrucks. 15/837 S. 29). Zur Diskussion über die Fassung des § 19a während des Gesetzgebungsverfahrens s. *Rigopoulos* S. 195 ff.; *Bäcker* S. 165 ff.

VIII. Unzureichende Umsetzung des europäischen Rechts

33 Nach Art. 8 WCT (s. Rdnr. 12 ff.) und nach den Richtlinien, die zum Schutz der Urheber bei interaktiven Nutzungen ihrer Werke erlassen worden sind (der Informationsgesellschafts-Richtlinie und der Datenbankrichtlinie s. Rdnr. 22 ff. und Rdnr. 31), ist den Urhebern sowohl ein Recht an der Bereithaltung des Werkes zum Abruf durch eine Öffentlichkeit als auch ein Recht an der Abrufübertragung des öffentlich zum Abruf bereitgehaltenen Werkes zu gewähren (zustimmend *Katzenberger* GRUR Int. 2008, 624/625; vgl. auch *Ott* ZUM 2008, 556/558; aA *Rüberg* S. 268 ff.). Beide Verwertungsrechte ergänzen sich in ähnlicher Weise, wie dies bei den zwei Rechten der Fall ist, die unter dem Begriff des Verbreitungsrechts zusammengefasst werden und gemeinsam in § 17 UrhG geregelt sind (sa. Rdnr. 10; s. weiter § 17 Rdnr. 7). Die Vorschrift des § 19a enthält dagegen nur ein Bereithaltungsrecht (s. Rdnr. 1, 42). Die Vorgaben des europäischen Rechts sind somit durch § 19a nur unzureichend umgesetzt (ebenso *Rigopoulos* S. 202; *Wawretschek* S. 129 ff.). Eine Auslegung des § 19a gegen dessen unzweideutigen Wortlaut wäre als Auslegung contra legem unzulässig (s. § 15 Rdnr. 40; aA *Castendyk*, Fs. für Loewenheim, S. 31/38). Deshalb ist § 15 Abs. 2 richtlinienkonform (s. § 15 Rdnr. 40) dahingehend auszulegen, dass das Abrufübertragungsrecht als unbenanntes Recht der öffentlichen Wiedergabe anzuerkennen ist (s. § 15 Rdnr. 27; vor §§ 120 ff. Rdnr. 145; ebenso *Wawretschek* S. 140; sa. *Nieland* S. 93 f. (ungeschriebene Handlungsalternative); aA – Anwendung des § 20 – *Dreyer* in HK-UrhR² § 15 Rdnr. 30, § 20 Rdnr. 28; zur Frage der Anerkennung eines solchen Rechts nach § 15 Abs. 2, sollte es Art. 3 Informationsgesellschafts-Richtlinie bei engerer Auslegung dieser Vorschrift nicht zu entnehmen sein, s. *Koch* ITRB 2004, 131/134). Die Abrufübertragung ist zwar selbst keine Wiedergabe gegenüber einer Öffentlichkeit, die Einordnung unter das Recht der öffentlichen Wiedergabe entspricht aber der Regelung des Art. 8 WCT und der Vorgabe des Art. 3 Abs. 1 der Informationsgesellschafts-Richtlinie. Dafür spricht auch, dass die Abrufübertragung nur dann unter das Recht der öffentlichen Wiedergabe fällt, wenn ihr ein Bereithalten des Werkes zum Abruf durch eine Öffentlichkeit vorausgegangen ist. Systematisch klarer wäre allerdings die Anerkennung des Rechts an der Abrufübertragung als Teil eines umfassend zu gewährenden Rechts der Werkverwertung in unkörperlicher Form, wie es zB Art. 10 Abs. 1 SchweizURG (s. § 15 Rdnr. 22) ohne weiteres entnommen werden kann. Das Problem des Schutzes der in Art. 3 Abs. 2 der Informationsgesellschafts-Richtlinie genannten Rechtsinhaber (ausübende Künstler, Tonträgerhersteller, Filmhersteller, Sendeunternehmen) kann nicht dadurch gelöst werden, dass § 19a durch „Auslegung" ein Abrufübertragungsrecht entnommen wird. Zum Schutz der ausübenden Künstler im Fall der Abrufübertragung ihrer Darbietungen sa. Rdnr. 15; *Dünnwald/Gerlach* § 78 Rdnr. 13; *Sasse/Waldhausen* ZUM 2000, 837/840.

IX. Früheres Recht

Bereits nach früherem Recht standen dem Urheber ein Recht an der Bereithaltung seines 34
Werkes zum Abruf durch eine Öffentlichkeit (jetzt § 19 a) und ein Recht an der Übertragung
des zum Abruf öffentlich bereitgehaltenen Werkes (jetzt unbenanntes Recht der öffentlichen
Wiedergabe, s. Rdnr. 33) zu (vgl. BGH GRUR 2009, 864/865 Tz. 16 – CAD-Software [zum
Bereithaltungsrecht]; sa. BGHZ 156, 1/13f. = GRUR 2003, 958/961 – Paperboy; LG Hamburg GRUR Int. 2004, 148/151; *Haberstumpf*[2] Rdnr. 286ff.; *Rüberg* S. 220ff.; 2. Aufl. § 15
Rdnr. 24ff.).

1. Nach dem Inkrafttreten der Informationsgesellschafts-Richtlinie (s. Rdnr. 22) am 35
22. 6. 2001 (Art. 14 der Richtlinie) waren das Recht an der Bereithaltung des Werkes zum Abruf durch die Öffentlichkeit und das Recht an der Übertragung des in dieser Weise bereitgehaltenen Werkes auch aus dem europäischen Recht abzuleiten, da die Gerichte verpflichtet sind,
die Auslegung des nationalen Rechts auch schon vor der Umsetzung einer Richtlinie soweit
wie möglich am Wortlaut und Zweck der Richtlinie auszurichten, um das mit der Richtlinie
verfolgte Ziel zu erreichen (s. § 15 Rdnr. 40).

2. Aber auch schon **vor dem Inkrafttreten der Informationsgesellschafts-Richtlinie** 36
war § 15 entsprechend seinem Zweck, dem Urheber ein umfassendes Verwertungsrecht zu gewähren (s. § 15 Rdnr. 22), so auszulegen, dass dem Urheber diese Rechte zustehen.

a) Rechtsgrundlage für das Recht an der Übertragung des öffentlich zum Abruf bereitgehal- 37
tenen Werkes war nicht ein (unbenanntes) Verwertungsrecht als Bestandteil des Rechts der Werkverwertung in körperlicher Form (vgl. *Loewenheim* GRUR 1996, 636/638; *Koch* GRUR 1997,
417/425f.; *Dreier* GRUR 1997, 859/863; *Ernst* GRUR 1997, 592/593f.; *Knies*, Die Rechte der
Tonträgerhersteller in internationaler und rechtsvergleichender Sicht, 1999, S. 223 ff.; *Rogge*,
Elektronische Pressespiegel in urheber- und wettbewerbsrechtlicher Beurteilung, 2001, S. 89ff.;
Westkamp S. 357ff.; *Zapf* S. 31ff.; *Bergmann*, Fs. für Erdmann, S. 17/19f.; aA *Kleinke*, Pressedatenbanken und Urheberrecht, 1999, S. 117ff.; *Zecher* S. 230ff.; *Fischer* ZUM 1995, 117/120f.; *Walter*
– zum öUrhG – MR 1995, 125f.; vgl. dazu auch – zur Datenbankrichtlinie – *Berger* GRUR 1997,
169/178).

b) Für die Rechte am Bereithalten des Werkes zum Abruf durch eine Öffentlichkeit und an 38
der Übertragung des so bereitgehaltenen Werkes war vielmehr Rechtsgrundlage § 15 Abs. 2 aF
in analoger Anwendung dieser Vorschrift.

Das Bereithaltungsrecht und das Abrufübertragungsrecht konnten § 15 Abs. 2 aF nicht in 39
unmittelbarer Anwendung dieser Vorschrift entnommen werden. Das Recht, das geschützte
Werk in unkörperlicher Form öffentlich wiederzugeben (Recht der öffentlichen Wiedergabe)
aus § 15 Abs. 2 aF bezog sich nach seinem Wortlaut nur auf öffentliche Wiedergaben iSd. § 15
Abs. 3 aF. Gleiches galt dementsprechend für die besonderen Rechte an öffentlichen Wiedergaben wie das Vorführungsrecht (s. § 19 Rdnr. 41) oder das Senderecht (s. § 20 Rdnr. 8; § 20 a
Rdnr. 16). Da nach der Definition des § 15 Abs. 3 aF eine Wiedergabe nur dann öffentlich sein
konnte, wenn sie eine Mehrzahl von Personen gleichzeitig erreichte (s. dazu § 15 Rdnr. 64, 71),
wurden das Bereithaltungsrecht und das Abrufübertragungsrecht vom Recht an der öffentlichen
Wiedergabe nicht erfasst, obwohl auch bei ihnen ein Schutzbedürfnis des Urhebers unabweisbar
war.

Bereithaltungsrecht. Das Recht zum öffentlichen Bereithalten geschützter Werke 40
(s. Rdnr. 25) zum Zweck der Übertragung auf Einzelabruf war dem Urheber nach früherem
Recht in entsprechender Anwendung des § 15 Abs. 2 aF als unbenanntes Verwertungsrecht vorbehalten (LG München I ZUM 2000, 418/422; abw. – unbenanntes Recht der öffentlichen
Wiedergabe – *Schippan* S. 89f.; aA *Koehler* S. 35f.; *Nippe* S. 223f.; s. weiter BGHZ 156, 1/13f.
= GRUR 2003, 958/961 – Paperboy). Die Verpflichtung zur Gewährung eines solchen Rechts
ergab sich für Urheber von Datenbanken aus Art. 5 lit. c der Datenbankrichtlinie (s. Rdnr. 31).
Die Hinnahme einer Schutzlücke hätte in Widerspruch zur Absicht des Gesetzgebers gestanden,
die ausschließlichen Befugnisse des Urhebers so umfassend zu gestalten, dass auch neu entstehende Verwertungsformen ohne weiteres seiner Kontrolle unterliegen (vgl. AmtlBegr. UFITA
[1965] 240/242/260; sa. § 15 Rdnr. 22); sie wäre auch unvereinbar gewesen mit dem Grundgedanken des Urheberrechts, dass der Urheber tunlichst angemessen an dem wirtschaftlichen Nutzen, der aus seinem Werk gezogen wird, beteiligt werden soll (s. § 15 Rdnr. 7). Es handelte sich
dabei um ein Recht der Werknutzung in unkörperlicher Form (ebenso wie das Anbieten des

§ 19a Recht der öffentlichen Zugänglichmachung

Originals oder von Vervielfältigungsstücken des Werkes als Unterfall des Verbreitungsrechts nach § 17 Abs. 1 eine Werknutzung in körperlicher Form ist). Unerheblich war für das Eingreifen des Verwertungsrechts, ob das betreffende Werk tatsächlich einmal abgerufen wurde, dh. ob überhaupt eine Wiedergabe im Wortsinn stattgefunden hat und diese auch öffentlich war. Dementsprechend kam es für dieses Recht auch nicht auf die Frage an, ob auch ein sukzessives Erreichen eines als Öffentlichkeit iSd. § 15 Abs. 3 aF anzusprechenden Personenkreises als öffentliche Wiedergabe iSd. § 15 Abs. 2 aF anzusehen war (vgl. dazu § 15 Rdnr. 71; so jetzt auch *Dreier* in *Dreier/Schulze*[3] § 15 Rdnr. 42, § 19a Rdnr. 3).

41 **Abrufübertragungsrecht.** Die Übertragung eines öffentlich zum Abruf bereitgehaltenen Werkes war vor dem Inkrafttreten der Informationsgesellschafts-Richtlinie ebenfalls nicht als öffentliche Wiedergabe iSd. § 15 Abs. 2 aF einzuordnen (ebenso *Nippe* S. 257 ff.). Die Werknutzung durch Abrufübertragung ist dadurch gekennzeichnet, dass das öffentlich zum Abruf bereitgehaltene Werk auf Einzelabruf zur unmittelbaren Nutzung im eigenen Bereich des einzelnen Abrufers übertragen wird. Auf die Zahl der Werkabrufe kommt es dabei nicht an. Das zu § 15 Abs. 3 aF umstrittene Problem, ob eine öffentliche Wiedergabe auch dann gegeben sein kann, wenn eine Mehrzahl von Personen nur sukzessiv erreicht werden kann (s. § 15 Rdnr. 71), stellte sich für das Abrufübertragungsrecht somit gar nicht. Diese Einzelübertragung ist als solche nicht öffentlich (vgl. dazu *Reinbothe/v. Lewinski* Art. 8 WCT Rdnr. 21). Ein zeitgleicher Abruf desselben geschützten Werkes durch mehrere – unabhängig voneinander handelnde – Einzelnutzer, bei dem das Recht der öffentlichen Wiedergabe unzweifelhaft eingreifen würde, wird kaum vorkommen; jedenfalls konnte das Eingreifen eines Verwertungsrechts nicht von derartigen, kaum beweisbaren Zufällen abhängen. In diesen Fällen war deshalb mit Rücksicht darauf, dass dem Urheber ein umfassendes Verwertungsrecht zusteht (s. § 15 Rdnr. 22) in entsprechender Anwendung des § 15 Abs. 2 aF als unbenanntes Verwertungsrecht des Urhebers ein Abrufübertragungsrecht anzuerkennen (abw. – für die Annahme eines unter § 15 Abs. 2 aF fallenden unbenannten Verwertungsrechts – *Dreier* GRUR 1997, 859/863; *Ernst* GRUR 1997, 592/594 f.; *Ostermaier* S. 101 ff.; *ders.* CR 1998, 539/543 f.; *Rogge*, Elektronische Pressespiegel in urheber- und wettbewerbsrechtlicher Beurteilung, 2001, S. 126 ff.; kritisch gegenüber der Einordnung des Rechts unter das Recht der öffentlichen Wiedergabe auch *Westkamp* S. 353 ff.; gegen ein Abrufübertragungsrecht *Nippe* S. 256 ff., 267 ff.; sa. *Koch* ZUM 2001, 839/840 ff.; *Castendyk* MMR 2000, 294/295). Für ein Eingreifen dieses Verwertungsrechts war nicht erforderlich, dass die Abrufer die übertragenen Werke in ihrem Bereich wahrnehmbar machten; es genügte vielmehr, dass ihnen die Werke – wenn auch ggf. nach nur vorübergehender Zwischenspeicherung – zugänglich gemacht wurden. Durch das – ebenfalls als unbenanntes Verwertungsrecht anzuerkennende – Bereithaltungsrecht (s. Rdnr. 33) wäre der Urheber nur ungenügend geschützt gewesen, da ein solches Recht allein die angemessene Beteiligung des Urhebers am Nutzen der tatsächlichen Verwertung seines Werkes entsprechend der Häufigkeit von Datenbankabrufen nicht hinreichend hätte sicherstellen können. Urhebern von Datenbanken war ein Recht an der Abrufübertragung bereits aufgrund der Datenbankrichtlinie zu gewähren (s. Rdnr. 31).

B. Inhalt des Verwertungsrechts

I. Zugänglichmachen

42 1. Der in § 19a verwendete **Rechtsbegriff des Zugänglichmachens** bezieht sich nur auf bestimmte urheberrechtliche Nutzungshandlungen und ist deshalb in verschiedener Hinsicht enger als der Wortsinn. Ein Zugänglichmachen im Wortsinn ist sowohl dann gegeben, wenn ein Werk zum Abruf bereitgehalten wird, als auch dann, wenn es an den Nutzer übertragen wird. Das in § 19a geregelte Recht der öffentlichen Zugänglichmachung bezieht sich jedoch nach dem klaren Wortlaut der Vorschrift nur auf das Bereithalten des Werkes für eine Öffentlichkeit (vgl. *Zecher* S. 244 ff.; *Wawretschek* S. 129 ff.; *Horn* S. 61; *Rüberg* S. 276 f.; *Haberstumpf* in *Büscher/Dittmer/Schiwy* Rdnr. 2, 12; *Fromm/Nordemann/Dustmann*[10] Rdnr. 7; *Dreyer* in HK-UrhR[2] § 15 Rdnr. 30, § 19a Rdnr. 2 f., 26; aA *Dreier* in *Dreier/Schulze*[3] Rdnr. 6; *Ott* S. 319 ff.; *Hoeren* in *Loewenheim*[2] § 21 Rdnr. 52, 63; *Dünnwald/Gerlach* § 78 Rdnr. 13; *Theiselmann* S. 54 ff.; *Bäcker* S. 169 ff.; *Gey* S. 73 ff.; *Schaefer* S. 67 ff.; *Metzner* S. 118 f.; *Kraul*, Verträge über Websites, 2009, S. 88 ff.; *Hauröder* S. 140 ff.; *Wandtke* KUR 2003, 109/110; *Poll* GRUR 2007, 476/478 f.; *Schack* GRUR 2007, 639/641 („hineinzulesen"); *Ott* ZUM 2008, 556/558; zu § 69c Nr. 4 ebenfalls aA

*Wandtke/Bullinger/Grützmacher*³ § 69 c Rdnr. 53). Die Übertragung eines öffentlich zum Abruf bereitgehaltenen Werkes an einen einzelnen Nutzer macht das Werk nur diesem, nicht aber der „Öffentlichkeit" zugänglich. Nach *Dreier* (in *Dreier/Schulze*³ Rdnr. 6) erfasst § 19 a, obwohl in dessen Wortlaut die Übertragung, die sich an das Zugänglichmachen anschließe, nicht eigens erwähnt sei, auch den Akt der Übermittlung des Werkes. Er begründet dies damit, dass das öffentliche Zugänglichmachen des zum Abruf bereitgehaltenen Werkes eine Verbindung zum Abrufenden erfordere (ebenso *Metzner* S. 121; aA *Rüberg* S. 277). Ein Bereithalten im Sinne des § 19 a ist jedoch schon dann gegeben, wenn Abruf und Übertragung technisch ohne weiteres Zutun des Anbieters möglich sind, dh. wenn auf Initiative eines Abrufenden eine Verbindung, über die eine Abrufübertragung möglich ist, automatisch aufgebaut werden kann. Auch wenn unterstellt wird, dass das Zugänglichmachen im Sinne des § 19 a eine schon bestehende Verbindung zum Abrufenden erfordert, würde daraus nicht folgen, dass der Tatbestand des § 19 a auch die über diese Verbindung durchgeführte Übertragung erfassen müsste. Würde § 19 a so „gelesen", dass die dem Urheber vorbehaltene Verwertungshandlung im Bereithalten und der Abrufübertragung besteht, wäre das Recht auch nur dann verletzt, wenn beide Vorgänge umfassende Nutzungshandlung vorgenommen wird. Nach allgM greift aber das öffentliche Bereithalten des Werkes zum Abruf schon als solches in das Recht des Urhebers ein (wie dies auch durch Art. 8 WCT und Art. 3 der Informationsgesellschafts-Richtlinie vorgeschrieben wird; vgl. BGH, Urt. v. 29. 4. 2010 – I ZR 69/08, Tz. 19, 20 – Vorschaubilder; s. Rdnr. 2, 14, 25). Ein Antrag, im Wortlaut des § 19 a „deutlich zu machen, dass dieses Recht nicht nur die Zugänglichmachung auf Abruf (also das Bereithalten eines geschützten Inhalts zum Abruf) umfasst, sondern auch den anschließenden Übertragungsakt", wurde im Gesetzgebungsverfahren nicht angenommen (Bericht des BT-Rechtsausschusses BTDrucks. 15/837 S. 29). Ein Recht an der Abrufübertragung ist jedoch § 15 Abs. 2 als unbenanntes Verwertungsrecht zu entnehmen (s. Rdnr. 33; § 15 Rdnr. 22; zum Verhältnis des Bereithaltungsrechts und des Rechts an der Abrufübertragung untereinander s. Rdnr. 10). Ein wesentlicher Grund, warum in der Literatur trotz des unzweideutigen Wortlauts der Vorschrift vielfach die Ansicht vertreten wird, dass § 19 a auch das Abrufübertragungsrecht enthält, liegt in der Interessenlage der ausübenden Künstler und der Tonträgerhersteller, die anders als die Urheber (§ 15) kein umfassendes Verwertungsrecht besitzen, sondern nur einzeln aufgeführte Rechte (vgl. dazu aber Rdnr. 33; s. weiter Rdnr. 58).

Die Vorschriften des § 19 Abs. 4 S. 2 und des § 22 S. 1 tragen in ihrem Wortlaut dem Umstand, dass § 19 a nur ein Bereithaltungsrecht beinhaltet, nicht ausreichend Rechnung (s. Rdnr. 2, § 22 Rdnr. 5).

Der in § 19 a verwendete Begriff des Zugänglichmachens unterscheidet sich danach auch vom **Begriff des Zugänglichmachens iSd. § 20**. Das Senderecht erfasst mit dem Zugänglichmachen für die Öffentlichkeit einen Sendevorgang, das Recht der öffentlichen Zugänglichmachung aus § 19 a einen Vorgang des Bereithaltens des Werkes (sa. Rdnr. 58). Würde die Wendung „zugänglich zu machen" in § 19 a und § 20 gleich ausgelegt (so *Fromm/Nordemann/Dustmann*¹⁰ § 20 Rdnr. 11; *Castendyk*, Fs. für Loewenheim S. 31/38), würde § 19 a nur die Abrufübertragung erfassen, was von niemand vertreten wird.

Zugänglichmachen iSd § 19 a ist ein **tatsächliches Bereithalten des Werkes zum Abruf** **43** für eine Öffentlichkeit (vgl. BGH, Urt. v. 29. 4. 2010 – I ZR 69/08, Tz. 19, 20 – Vorschaubilder; sa. Rdnr. 45). Dies setzt voraus, dass sich die dazu benutzte Vervielfältigung des Werkes in der Zugriffssphäre des Bereithaltenden befindet (vgl. BGH GRUR 2009, 845/847 Tz. 27 – Internet-Videorecorder, mit Anm. *Becker*; vgl. weiter Rdnr. 48). Wieviele Vervielfältigungsstücke dazu eingesetzt werden, ist unerheblich (s. Rdnr. 48). Unerheblich ist auch, ob das Werk im Internet auch an anderer Stelle von Dritten für die Öffentlichkeit bereitgehalten wird (vgl. BGH, Urt. v. 12. 11. 2009 – I ZR 166/07, Tz. 21 – marions-kochbuch.de; LG München I MMR 2007, 260/261 mit Anm. *Ott*; *ders*. S. 321 ff.). Es ist nicht erforderlich, dass der Abruf des Werkes auch öffentlich geworden wird. Die Anforderung, ein bestimmtes Werk zum Abruf bereitzuhalten, kann auch von den Kunden ausgehen. Der Bereithaltende ist Werknutzer, wenn er die technischen Mittel zum Bereithalten und zur Ermöglichung des Abrufs benutzt, um das Werk einer Öffentlichkeit mitzuteilen (vgl. BGH, Urt. v. 29. 4. 2010 – I ZR 69/08, Tz. 20 – Vorschaubilder; Urt. v. 12. 11. 2009 – I ZR 166/07, Tz. 32 – marions-kochbuch.de). Dies ist durch eine wertende Analyse des Nutzungsvorgangs festzustellen (vgl. Rdnr. 55 f.; sa. Rdnr. 46). Die bloße Mitteilung an eine Öffentlichkeit darüber, dass ein Werk öffentlich zum Abruf bereitgehalten wird (zB durch **RSS-Feeds**), ist als solche kein öffentliches Zugänglichmachen iSd. § 19 a (vgl. auch *Bullinger* in Wandtke/Bullinger³ Rdnr. 33; *Fromm/Nordemann/Dustmann*¹⁰ Rdnr. 21).

§ 19a

Ein **öffentliches Angebot**, zukünftig auf Anforderung Werke zum Abruf zugänglich zu machen, ist noch kein Zugänglichmachen, sondern nur eine Vorbereitungshandlung (vgl. BGH GRUR 2009, 845/847 Tz. 27 – Internet-Videorecorder; LG Braunschweig K&R 2006, 362/364). Auch bei einem Kopienversand auf Bestellung (§ 53a) werden die Werke nicht einer Öffentlichkeit zugänglich gemacht (s. § 15 Rdnr. 27). Ebenso ist eine **Vervielfältigung**, die einer öffentlichen Zugänglichmachung iSd. § 19a zugrunde liegt und uU schon lange zuvor vorgenommen worden ist, nur eine Handlung im Vorfeld. Sie bleibt eine selbständige Werknutzung, auch wenn eine öffentliche Zugänglichmachung nachfolgt, und wird nicht durch diese Nutzungshandlung konsumiert (sa. *Jani* ZUM 2009, 722/723; aA *Fromm/Nordemann/Dustmann*[10] Rdnr. 9, 38). Eine öffentliche Zugänglichmachung ist (wie die Wiedergabe durch Bild- oder Tonträger iSd. § 21) eine der Vervielfältigung nachfolgende weitere Werknutzung auf der Grundlage des gefertigten Vervielfältigungsstücks (s. dazu auch § 15 Rdnr. 10). Es kommt deshalb nicht darauf an, ob derjenige, der das Werk öffentlich zum Abruf bereithält, die dem vorausgegangene Vervielfältigung (das uploading, dh. das Hochladen auf den Server) selbst veranlasst hat. Ein Hochladen durch Dritte kann allerdings ein Indiz dafür sein, dass derjenige, der das Werk rein technisch gesehen für eine Öffentlichkeit bereithält, nicht selbst Werknutzer iSd. Urheberrechts ist (vgl. dazu § 15 Rdnr. 15; sa. OLG Hamburg ZUM-RD 2008, 343/345). Zur Haftung eines Werknutzers für Rechtsverletzungen in Fällen, in denen geschützte Werke rechtswidrig von Dritten hochgeladen worden sind, vgl. Rdnr. 47a.E. (sa. BGH, Urt. v. 12. 11. 2009 – I ZR 166/07, Tz. 31 ff. – marions-kochbuch.de; vgl. weiter – unter dem Gesichtspunkt der Störerhaftung – OLG Hamburg ZUM 2009, 417/419 und ZUM-RD 2009, 317/322).

Ein automatisches und lediglich **technisch bedingtes vorübergehendes Speichern** eines geschützten Werkes auf einem Server zur Abwicklung einzelner Abfragen ist kein Zugänglichmachen iSd. § 19a (vgl. dazu auch *Rigopoulos* S. 240 ff., 252 ff.; sa. § 44a; § 8 Abs. 2 TMG). Etwas anderes gilt, wenn auf dem Server eine Kopie einer Webseite für spätere Abfragen abgelegt wird (s. Rdnr. 47).

Die für das Zugänglichmachen **verwendete Technik** ist unerheblich. Gegenstand des Zugänglichmachens ist das Werk. Wieviele digitale Vervielfältigungen dafür eingesetzt werden, ist ohne Bedeutung (sa. Rdnr. 48). Das Recht aus § 19a erfasst nicht nur ein Zugänglichmachen des geschützten Werkes im Internet, sondern auch in lokalen Netzwerken (Local Area Network/ LAN) oder in Intranets (zB von Unternehmen oder Behörden). Ohne Bedeutung ist auch, welche Technik für die durch das Zugänglichmachen des Werkes ermöglichte Abrufübertragung verwendet wird.

44 Zugänglichmachen iSd. § 19a ist eine **Dauerhandlung**. Der Tatbestand der Vorschrift ist allerdings schon erfüllt, wenn das Werk in einer bestimmten, möglicherweise auch kurzen Zeitspanne einer Öffentlichkeit zugänglich gemacht wird (sa. *Dreyer* in HK-UrhR[2] Rdnr. 9, 12ff.; *Fromm/Nordemann/Dustmann*[10] Rdnr. 7). Für den Umfang eines angemessenen Vergütung oder eines nach der Lizenzanalogie bemessenen Schadensersatzanspruchs ist es aber grundsätzlich von Bedeutung, in welchem Zeitraum ein Werk iSd. § 19a für eine Öffentlichkeit bereitgehalten wird (vgl. Schiedsstelle beim DPMA ZUM 2007, 243/246). Der Erwerber eines Unternehmens, das in einer Datenbank eingespeicherte Werke öffentlich zugänglich macht, wird selbst Werknutzer.

45 Das Bereithalten muss das Werk einer Öffentlichkeit in einer Weise zugänglich machen, dass es **bereits zum Abruf zugänglich** ist, ohne dass es noch einer weiteren Entscheidung des Bereithaltenden (s. dazu Rdnr. 55) bedarf. Das Einspeichern eines Werkes in einer Datenbank ist als solches nur eine Vorbereitungshandlung. Das öffentliche Angebot, ein in einer Datenbank eingespeichertes Werk in Ausführung von Bestellungen nach Einzelentscheidung zu übertragen, ist kein Zugänglichmachen iSd. § 19a. Das Bereithalten eines Werkes (zB eines Datenbankwerkes iSd. § 4) auf einem Server, um einer Öffentlichkeit lediglich zu ermöglichen, in dem Werk nach Einzelfragen zu recherchieren, ist ebenfalls kein Zugänglichmachen iSd. § 19a. Der Wortlaut des § 19a ließe zwar eine andere Auslegung zu, die Vorschrift ist aber im Licht des Art. 3 Abs. 1 der Informationsgesellschafts-Richtlinie auszulegen (s. Rdnr. 22), der das Recht der öffentlichen Zugänglichmachung dem Recht der öffentlichen Wiedergabe zuordnet (s. dazu Rdnr. 2). Das Bereithalten des Werkes in einer Form, die es als solches für eine Öffentlichkeit abrufbar macht, ist daher Tatbestandsmerkmal des Rechts der öffentlichen Zugänglichmachung.

Das sog. **personalisierte Internetradio** fällt nicht unter § 19a, sondern unter ein unbenanntes Verwertungsrecht (Online-Verbreitungsrecht; s. § 15 Rdnr. 27, 71; § 20 Rdnr. 8, 47 f.).

2. Die Erleichterung des Zugangs zu einem Werk, das ein anderer im Internet öffentlich zum **46** Abruf bereithält, durch das **Setzen eines Hyperlinks** ist zwar im Wortsinn ein Zugänglichmachen, nicht aber ein Zugänglichmachen als urheberrechtliche Nutzungshandlung iSd. § 19a (vgl. – zum früheren Recht – BGHZ 156, 1/14f. – Paperboy; BGH, Urt. v. 12. 11. 2009 – I ZR 166/07, Tz. 21 – marions-kochbuch.de; *Ott* S. 321ff., 453; *ders.* ZUM 2004, 357/364ff.; *ders.* ZUM 2008, 556/558f.; *Nolte* S. 231ff.; *Spindler* JZ 2004, 150/152; *Klein* IIC 2008, 451/462; *Handig* ecolex 2004, 38ff. – zu § 18a öUrhG; vgl. auch OGH GRUR Int. 2003, 863/865 = MR 2003, 35f. – METEO-Data – mit Anm. *Burgstaller/Krüger;* s. aber auch Rdnr. 56; § 15 Rdnr. 16; s. weiter § 20 Rdnr. 16, § 87b Rdnr. 36). Ein Hyperlink (auch in der Form eines sog. Deep-Links) enthält lediglich eine elektronische Verknüpfung zu der Datei, die das geschützte Werk enthält. Das Werk wird bereits durch den, der es öffentlich in das Internet gestellt hat, zugänglich gemacht; der den Link Setzende hat im Allgemeinen keine Kontrolle über das weitere Bereithalten des Werkes. Anders liegt es, wenn der Hyperlink nur aus der Sicht des Nutzers auf die fremde Webseite verweist, das Werk jedoch tatsächlich vom Linksetzenden selbst – unabhängig von der ursprünglichen Quelle – auf einem Rechner bereitgehalten wird, etwa wenn ein Link zu einer anderen Webseite desselben Internetauftritts verweist. Das Zugänglichmachen iSd. § 19a liegt dann allerdings nicht in der Linksetzung, sondern in dem Bereithalten des Werkes, zu dem auf diese Weise der Zugang eröffnet wird.

Ein Link macht ein Werk auch dann nicht iSd. § 19a öffentlich zugänglich, wenn der Linksetzende das vom Nutzer mit Hilfe des Links von einem fremden Internetauftritt abgerufene Werk so in einem **Frame** darstellt, dass das Zugänglichmachen dieses Werkes als sein eigenes Angebot erscheint (vgl. *Ott* MMR 2007, 263ff.; *Volkmann* GRUR 2005, 200/201f.; *Gey* S. 165f.). Auch bei Verwendung der Frame-Technik wird die verlinkte Webseite nach Aktivieren des Hyperlinks unmittelbar von dem fremden Internetauftritt in den Computer des Nutzers geladen. Der Nutzer, nicht der Linksetzer, nimmt die Vervielfältigungshandlung vor. Für das Eingreifen des Rechts aus § 19a genügt es nicht, wenn beim Nutzer lediglich der – tatsächlich nicht zutreffende – Eindruck erweckt wird, der für den Internetauftritt Verantwortliche halte selbst das Werk zum Abruf bereit. Der Tatbestand einer urheberrechtlichen Nutzungshandlung wird nur durch die Vornahme der Nutzungshandlung selbst erfüllt, nicht dadurch, dass deren Merkmale vorgetäuscht werden (sa. § 15 Rdnr. 16; aA LG München I MMR 2007, 260/262 mit Anm. *Ott*, der selbst annimmt, dass uU ein unbenanntes Verwertungsrecht eingreift; LG Hamburg CR 2009, 47/49; § 87b Rdnr. 41; sa. *Ott* WRP 2008, 393/410; *ders.* ZUM 2008, 556/560; *ders.*, WRP 2010, 435/452f.; s. dazu § 15 Rdnr. 27).

Ist ein Internetauftritt technisch so gestaltet, dass bei Aufruf einer dazu gehörenden Webseite das Werk automatisch durch den Browser des Nutzers von einem fremden Internetauftritt geladen und in die Webseite eingefügt wird (sog. **Inline-Linking**), ist ebenfalls kein Zugänglichmachen iSd. § 19a gegeben (vgl. *Volkmann* GRUR 2005, 200/201f.; sa. *Ott* WRP 2008, 393/410f.; aA *Schulze* in *Dreier/Schulze*[3] 16 Rdnr. 14; sa. § 87b Rdnr. 41; *Nolte* S. 223). Ein sog. Inline-Link ist der Sache nach kein Link, weil der Nutzer keinen Link aktivieren muss, um den Inhalt zu laden, und das Laden nicht einmal bemerkt. Das sog. Inline-Linking steht daher dem von § 19a erfassten Zugänglichmachen wesentlich näher als das eigentliche Linksetzen. Dem für das Inline-Linking Verantwortlichen fehlt aber die (für ein Eingreifen des § 19a erforderliche) Verfügungsmacht über den Inhalt, der nur dem äußeren Eindruck nach in seine eigene Webseite einbezogen wird.

3. Eine eigene Werknutzung durch Zugänglichmachen ist anzunehmen, wenn ein Werk von **47** einem **Suchmaschinenbetreiber** nicht lediglich kurzzeitig zur technisch bedingten Abwicklung eines einzelnen Abrufs gespeichert wird (s. Rdnr. 43; vgl. § 44a; § 8 Abs. 2 TMG), sondern in einem eigenen Speicher bereitgehalten wird, um es von dort auf späteren Abruf hin zu übertragen (vgl. auch BGH, Urt. v. 29. 4. 2010 – I ZR 69/08, Tz. 20 – Vorschaubilder; *Theiselmann* S. 47f.). Suchmaschinenbetreiber speichern vielfach von sich aus den Inhalt von Webseiten, um Suchanfragen schneller bearbeiten zu können. Ruft ein Internetnutzer aufgrund der Trefferliste einer Suchmaschine die Webseite auf, wird ihm nicht der Inhalt der Original-Webseite, sondern der Inhalt der auf dem Cache-Server gespeicherten Webseite übertragen (vgl. *Roggenkamp* K&R 2006, 405/406f.; *Klein* IIC 2008, 451/467). Diese Speicherungen dauern oft auch dann noch eine gewisse Zeit fort, wenn die Original-Webseite nicht mehr im Netz zugänglich ist. Auch wenn solche Speicherungen nur vorgenommen werden, um Anfragen von Suchmaschinennutzern rascher beantworten zu können, ändert dies nichts daran, dass der Tatbestand des (eigenen) öffentlichen Zugänglichmachens zum Abruf erfüllt ist (vgl. auch *Klein* IIC

2008, 451/467 ff.; *Roggenkamp* K&R 2006, 405/407; *Ott* MIR 2007 Dok. 195 Rz. 3 ff.; *Klein* IIC 2009, 451/466 f.).

In solchen Fällen kann aber unter Umständen gegen Ansprüche aus dem Urheberrecht, soweit nicht von einer (schlichten) Einwilligung in Nutzungen auszugehen ist (s. nachstehend), der **Gedanke des Rechtsmissbrauchs** eingreifen: Wer als Urheberberechtigter geschützte Werke in das Internet stellt, verfolgt damit jeweils eigene Ziele. Er kann aber die Bedingungen des Mediums nicht diktieren, sondern muss sie im gemeinsamen Interesse aller Beteiligten wie jeder andere so hinnehmen, wie sie sind. Das Internet ist ein virtueller Kommunikationsraum für alle. Es gehört längst zu den Grundlagen der modernen Zivilisation – und jeder weiß dies. Wer das Internet nutzt, um sich mit seinen Angeboten ohne Zugangssicherung an eine unbestimmte Öffentlichkeit zu wenden, begründet für alle das Vertrauen, er nehme dabei die Beschränkungen in Kauf, die sich aus dem Allgemeininteresse an der Funktionsfähigkeit des Internets für die Durchsetzung seiner Interessen ergeben (vgl. dazu auch BGHZ 156, 1/18 – Paperboy). Dieses Vertrauen bezieht sich auch auf das Verhalten eines Urheberberechtigten bei der Geltendmachung seiner Rechte aufgrund von Nutzungen des geschützten Werkes im Internet. Es darf jeder darauf vertrauen, dass Berechtigte nicht eigensüchtig unter Ausnutzung ihrer formalen Rechtsstellung Nutzungen blockieren, die für das Funktionieren des Internets notwendig sind oder der Weiterentwicklung seiner Möglichkeiten im Interesse aller dienen. Wer urheberrechtlich geschützte Inhalte ungesichert ins Netz stellt, verhält sich deshalb grundsätzlich (unter dem Gesichtspunkt des treuwidrig widersprüchlichen Verhaltens) rechtsmissbräuchlich, wenn er ohne nennenswerte wirtschaftliche oder urheberpersönlichkeitsrechtliche Interessen urheberrechtliche Ansprüche gegen Nutzungen geltend macht, die sich in ihren praktischen Auswirkungen gegen die Funktionsfähigkeit des Internets richten (vgl. auch Art. 3 Abs. 2 der Durchsetzungsrichtlinie, der bestimmt, dass Rechtsbehelfe zur Durchsetzung des geistigen Eigentums verhältnismäßig sein müssen). Der Unterlassungsanspruch auf Einstellung der Nutzungen bleibt davon unberührt (vgl. dazu auch BGH, Urt. v. 29. 4. 2010 – I ZR 69/08, Tz. 36 ff. – Vorschaubilder).

Ein Zugänglichmachen iSd. § 19a kann auch dann vorliegen, wenn Suchmaschinen verkleinerte Bilddarstellungen in geringer Wiedergabequalität (sog. **thumbnails**) zu Vorschauzwecken bereithalten, um sie nach Abfrage durch Internetnutzer in den Suchergebnislisten anzuzeigen (s. nunmehr BGH, Urt. v. 29. 4. 2010 – I ZR 69/08, Tz. 19 – Vorschaubilder). Eine Werknutzung kommt allerdings nicht in Betracht, wenn die Bildwiedergabe in einem solchen Fall wegen zu geringer Qualität die schutzbegründenden Züge des Werkes nicht mehr erkennen lässt und nur die Funktion eines ersten Hinweises auf das Bild hat. Wird das Werk vom Betreiber der Suchmaschine für die Benutzer aber in einer Qualität bereitgehalten, die noch für eine Werknutzung genügt, ist er selbst Werknutzer, nicht derjenige, der das Werk in seinen Internetauftritt aufgenommen und damit für ein Zugänglichmachen durch die Öffentlichkeit zugänglich gemacht hat (vgl. BGH, Urt. v. 29. 4. 2010 – I ZR 69/08, Tz. 20 – Vorschaubilder; LG Hamburg CR 2009, 47/49 ff. mit Anm. *Kleinemenke*; *Leistner/Stang* CR 2008, 499/501; *Ott* ZUM 2009, 345/350; aA *Wimmers/Schulz* CR 2008, 170/177; *Wäßle* K&R 2008, 729/730; *Nolte* S. 253 ff.). Die Bereithaltung, Erfassung und Art der Darstellung des Werkes durch eine Bildersuchmaschine liegt ausschließlich in der Hand des Suchmaschinenbetreibers, auch wenn dessen Vorgaben von der Suchmaschine automatisiert umgesetzt werden. Anders wäre dies allerdings, wenn der Betreiber der Suchmaschine das Werk nur durch einen Inline-Link zugänglich machen sollte (s. Rdnr. 46; aA *Roggenkamp* K&R 2007, 328).

Ist nach der Qualität der Darstellung in der Trefferliste der Bildersuchmaschine eine Werknutzung gegeben, kann grundsätzlich eine konkludente (schlichte) **Einwilligung** des Berechtigten in die Werknutzung angenommen werden, falls der Urheberberechtigte selbst oder ein Dritter mit seiner Zustimmung das Werk ohne technische Schutzmaßnahmen in das Internet eingestellt hat (vgl. BGH, Urt. v. 29. 4. 2010 – I ZR 69/08, Tz. 33 ff. – Vorschaubilder; *Nolte* S. 249 ff.; *v. Ungern-Sternberg* GRUR 2009, 369/372; im Ergebnis ebenso *Berberich* MMR 2005, 145/147 f.; *Ott* ZUM 2007, 119/126 f.; ders., ZUM 2009, 345/346 f.; *Leistner/Stang* CR 2008, 499/503 ff.; *Bernreuther* WRP 2008, 1057/1065; aA *Schrader/Rautenstrauch* UFITA 2007 III S. 761/776 ff.; *Roggenkamp* jurisPR-ITR 14/2008 Anm. 2). Bildersuchmaschinen gehören in gleicher Weise zu den Funktionselementen des Internets wie Suchmaschinen, die Anfragen beantworten, die mit Hilfe von Suchworten gestellt werden. Ohne Bildersuchmaschine ist die Internetsuche nach Webseiten mit Bildern kaum möglich. Hat ein Berechtigter das Werk im Rahmen eines Internetauftritts der Allgemeinheit zugänglich gemacht, darf der Betreiber einer Bildersuchmaschine davon ausgehen, dass er auch will, dass dieses Angebot von Internetnutzern mit den im Internet üblichen Mitteln gesucht und wahrgenommen wird. Der Betreiber einer Bildersuchmaschine darf daher annehmen, dass der Berechtigte auch darin einwilligt, das Werk in einer stark qualitätsgeminderten Form, in der es anderweitig kaum nutzbar ist, für abfragende Internetnutzer bereitzuhalten, damit diese gegebenenfalls auf die entsprechende Webseite zugreifen können. Dies gilt umso mehr, wenn es technisch ohne weiteres möglich ist, die Einspeicherung des Werkes in den Bestand der automatisch arbeitenden Bildersuchmaschine zu verhindern. Für Textschnipsel **(snippets)**, mit denen Suchmaschinen in Trefferlisten Hinweise auf den Inhalt verlinkter Webseiten geben, gilt das für die Vorschaubilder der Bildersuchmaschinen (thumbnails) Gesagte entsprechend. Sollten die Textschnipsel ausnahmsweise schon für sich genommen urheberrechtlich schutzfähig sein (vgl. dazu EuGH GRUR 2009, 1041/1044 Tz. 37ff. – Infopaq/DDF; s. weiter zu den Schutzvoraussetzungen – § 15 Rdnr. 40), wird von einer Einwilligung des Urheberberechtigten in die Nutzung durch die Suchmaschine auszugehen sein (ebenso *Dietrich/Nink* CR 2009, 188/189).

Wurden urheberrechtlich geschützte **Werke rechtswidrig in das Internet eingestellt**, scheidet eine Einwilligung des Berechtigten aus. Eine Haftung des Suchmaschinenbetreibers setzt in diesen Fällen aber voraus, dass er von der Rechtswidrigkeit der von ihm gespeicherten Information Kenntnis erlangt hat (vgl. dazu näher BGH, Urt. v. 29. 4. 2010 – I ZR 69/08, Tz. 39 – Vorschaubilder).

II. Öffentlichkeit

Die Frage, ob ein Werk der Öffentlichkeit zugänglich gemacht wird, ist gemäß der **Legaldefinition des § 15 Abs. 3** zu beurteilen (s. § 15 Rdnr. 66ff.). Die Öffentlichkeit iSd. § 19a muss kein Ausschnitt der Allgemeinheit (beliebige Öffentlichkeit) sein; es genügt, dass das Werk einer Öffentlichkeit (etwa auch in einem Intranet) zugänglich gemacht wird. Dies kann auch dann der Fall sein, wenn der Kreis der angesprochenen Personen (wie zB in einem Unternehmen) bestimmt abgegrenzt ist (s. § 15 Rdnr. 60).

Die von § 19a erfasste Werknutzung ist das **Zugänglichmachen des Werkes als Immaterialgut** für eine Öffentlichkeit, nicht die Eröffnung des Zugangs zu einem bestimmten Vervielfältigungsstück des Werkes. Dies folgt auch daraus, dass für die Auslegung der Verwertungsrechte letztlich nicht eine Analyse der technischen Vorgänge entscheidend ist, sondern eine Analyse des Nutzungsvorgangs (s. § 15 Rdnr. 15). Es ist deshalb unerheblich, wieviele digitale Vervielfältigungen der Werknutzer einsetzt, um das Werk einer Öffentlichkeit zugänglich zu machen, dh. ob jede einzelne benutzte Vervielfältigung als solche einer Öffentlichkeit zugänglich gemacht wird (aA *Dreier* in *Dreier/Schulze*[3] § 19a Rdnr. 10; *Bullinger* in *Wandtke/Bullinger*[3] Rdnr. 36; *Fromm/ Nordemann/Dustmann*[10] Rdnr. 13; sa. *Langhoff* UFITA 2007 II 403/428ff.; *Niemann* CR 2009, 661/663; *Lüghausen*, Die Auslegung von § 53 Abs. 1 S. 1 UrhG anhand des urheberrechtlichen Dreistufentests – Am Beispiel virtueller Private Video Recorder, 2009, S. 110ff.; s. weiter Rdnr. 43, 55). Der Werknutzer muss jedoch das Werk als solches einer Öffentlichkeit zeitgleich und unter seiner Kontrolle zugänglich machen. Die Nutzungshandlung des § 19a nimmt deshalb nicht vor, wer Mitgliedern einer Öffentlichkeit (etwa als Abonnenten) in einer Internetdatenbank jeweils individuelle Speicherplätze reserviert (zB als sog. **Internet-Videorecorder**), auf denen jeweils digitale Vervielfältigungen des Werkes zum Abruf gespeichert werden, wenn jede einzelne Aufzeichnung nur dem jeweiligen Kunden zugänglich ist und nur dessen Kontrolle unterliegt (vgl. BGH GRUR 2009, 845/847 Tz. 26 – Internet-Videorecorder).

Das in § 19a geregelte Bereithaltungsrecht setzt – schon nach seinem Wortlaut – voraus, dass das Werk in einer Weise öffentlich bereitgehalten wird, dass Mitglieder einer Öffentlichkeit **gleichzeitig** darauf zugreifen können (vgl. *v. Lewinski* GRUR Int. 1997, 667/675). Die zu § 15 Abs. 3 aF umstrittene Frage, ob eine öffentliche Wiedergabe auch dann gegeben sein kann, wenn eine Mehrzahl von Personen nur sukzessiv erreicht werden kann (s. § 15 Rdnr. 71), stellt sich daher für das Bereithaltungsrecht nicht (so jetzt auch *Dreier* in *Dreier/Schulze*[3] § 15 Rdnr. 42, § 19a Rdnr. 3; aA Begr. zu § 15 RegE, BTDrucks. 15/38 S. 17; *G. Schulze* ZUM 2008, 836/840/843).

Die Vorschrift des § 19a erfasst nicht ein öffentliches Angebot, ein vom Berechtigten erworbenes digitales Datenpaket mit einem geschützten Werk (zB Software) als solches an einen einzelnen Erwerber abzugeben, da das Werk in einem solchen Fall nicht für eine Öffentlichkeit zugänglich bereitgehalten wird.

III. Zugänglichkeit von Orten und zu Zeiten ihrer Wahl

51 Ein Werk wird nur dann iSd. § 19a einer Öffentlichkeit zugänglich gemacht, wenn es Mitgliedern der Öffentlichkeit **von Orten und zu Zeiten ihrer Wahl** zugänglich ist. Das Werk muss in einer Weise zugänglich sein, dass es ohne weitere Entscheidung des Werknutzers von Mitgliedern der Öffentlichkeit nach einer von ihnen zu treffenden Wahl von Ort und Zeit abgerufen werden kann (sa. *Bullinger* in *Wandtke/Bullinger*³ Rdnr. 9). Das ist nicht der Fall, wenn ein Werk entsprechend dem öffentlichen Angebot erst aufgrund individueller Absprache mit dem Kunden diesem zugänglich gemacht wird, zB wenn Videofilme Kunden nur aufgrund telefonischer Bestellung übermittelt werden sollen.

52 Die **Wahlmöglichkeit** der Endverbraucher muss nicht beliebig sein, insbesondere nicht ganztägig und auf das gesamte Inland bezogen sein. Es kommt lediglich darauf an, dass die angesprochenen Mitglieder einer Öffentlichkeit Ort und Zeit des Abrufs bestimmen können. Es genügt, wenn eine Öffentlichkeit zeitlich und örtlich eine gewisse Wahlmöglichkeit hat und sei es auch nur in einem begrenzten räumlichen Bereich und nur in bestimmten Zeitspannen (vgl. *Bullinger* in *Wandtke/Bullinger*³ Rdnr. 8f.; s. weiter *Reinbothe/v. Lewinski* Art. 8 WCT Rdnr. 20; *Dreyer* in HK-UrhR² Rdnr. 17ff.; *Haller* S. 82; *Schwenzer* GRUR Int. 2001, 722/728; *Dittrich* RfR 2004, 25/27). So greift das Recht aus § 19a auch dann ein, wenn ein Unternehmen eine Mehrzahl von Internet-Cafés mit begrenzten Öffnungszeiten unterhält, in denen von ihm bereitgehaltene geschützte Werke abgerufen werden können. Eine ausreichende Wahlmöglichkeit ist aber dann nicht mehr gegeben, wenn ein Werk nur an verschiedenen Plätzen in beieinander liegenden Räumen derselben Einrichtung zugänglich gemacht wird (vgl. *Wandtke/Bullinger/Jani*³ § 52b Rdnr. 17). Dagegen sprechen nicht die Schrankenbestimmungen des § 52a Abs. 1 und des § 52b (vgl. Art. 5 Abs. 3 lit. a und n der Informationsgesellschafts-Richtlinie). Für die Schranken des Rechts der öffentlichen Zugänglichmachung bleibt auch bei dieser Auslegung ein Anwendungsbereich. Die Bereithaltung von Filmen usw. zum individuellen Abruf an den einzelnen Sitzplätzen in einem Flugzeug oder einem Reisezug fällt mangels ausreichender räumlicher Wahlmöglichkeit ebenfalls nicht unter § 19a (sa. § 20 Rdnr. 41; sa. § 22 Rdnr. 11). Die Voraussetzungen des § 19a sind jedenfalls nicht gegeben, wenn Ort oder Zeit des einzelnen Abrufs von dem, der das Werk zugänglich macht, festgelegt werden. Sollte in einem Unternehmen durch technische Maßnahmen sichergestellt sein, dass die einzelnen Mitarbeiter jeweils nur von ihrem bestimmten Arbeitsplatz aus Zugriff auf Werke haben, die in der unternehmenseigenen Datenbank eingespeichert sind, greift das Recht aus § 19a nicht ein. Der Schutz der Urheber ist dann nur durch das Vervielfältigungsrecht gewährleistet.

53 Die Möglichkeit der **Wahl von Ort und Zeit** muss kumulativ gegeben sein. Ein Werk wird nicht iSd. § 19a öffentlich zugänglich gemacht, wenn es nur an einem bestimmten Ort Mitgliedern einer Öffentlichkeit zugänglich gemacht wird. Die Wahlmöglichkeit muss sich aber nur auf Ort und Zeit des Abrufs beziehen; hinsichtlich der abrufbaren Werke muss keine Wahlmöglichkeit bestehen. Auch wenn nur ein einziges Werk (zB ein Film) öffentlich zum individuell wählbaren Abruf bereitgehalten wird, greift § 19a ein. Ebenso ist § 19a anwendbar, wenn ein Unternehmen Werke (zB bei einem Pressespiegel) für Kunden auswählt und zum Abruf bereithält. Es kommt nicht darauf an, ob der Endverbraucher den Abruf des vom Werknutzer bereitgehaltenen Werkes will. Wer Musik bereithält, um jeweils einzelne Telefonanrufer in Warteschleifen damit zu berieseln, macht die Musik Mitgliedern der Öffentlichkeit an Orten und zu Zeiten ihrer Wahl zugänglich. Dies ist jedoch nicht der Fall, wenn Anrufer einem für eine Öffentlichkeit bestimmten fortlaufenden Programm zugeschaltet werden (s. Rdnr. 54).

54 Das Erfordernis, dass das Werk für eine Öffentlichkeit von Orten und zu Zeiten ihrer Wahl zum Abruf zugänglich ist, unterscheidet die in § 19a geregelte Nutzungshandlung vom **Tatbestand des Senderechts**, bei dem der Werknutzer nach seiner Entscheidung das Werk einer Öffentlichkeit gleichzeitig im Wege der Übermittlung durch Funk oder ähnliche technische Mittel zugänglich macht (s. Rdnr. 58; § 20 Rdnr. 9). Formen des Zugänglichmachens gegen Entgelt, bei denen unabhängig von Einzelabrufen ein Programm für eine Öffentlichkeit ausgestrahlt wird und der Endverbraucher sich nur in das laufende Programm einwählen kann (wie bei Pay-TV, Near-on-Demand, Pay-per-View), sind keine Nutzungshandlungen iSd. § 19a (s. § 20 Rdnr. 9, 45). Unternehmen, die zu selbst gewählten Zeiten Werke an Endverbraucher als Mitglieder einer Öffentlichkeit übertragen, nutzen schon deshalb nicht iSd. § 19a, weil sich diese Vorschrift nur auf ein öffentliches Bereithalten zum Abruf bezieht. Aber auch das Abrufübertragungsrecht (s. Rdnr. 33) ist nicht berührt, wenn die Werkübertragung bei solchen Hand-

Recht der öffentlichen Zugänglichmachung § 19a

lungen nicht auf einem Abruf eines öffentlich zum Abruf bereitgehaltenen Werkes beruht (zum unbenannten Online-Verbreitungsrecht s. § 15 Rdnr. 27, 71; § 20 Rdnr. 8, 47 f.).

IV. Werknutzer

Das Recht aus § 19a bezieht sich nicht auf technische Vorgänge, sondern auf Vorgänge der Werknutzung. **Nutzungshandlungen** iSd. Vorschrift nimmt nicht vor, wer lediglich die technischen Mittel zur Verfügung stellt, sondern derjenige, der sich ihrer bedient, um das Werk einer Öffentlichkeit mitzuteilen (s. Erwgr. 27 der Informationsgesellschafts-Richtlinie; s. dazu auch BGHZ 141, 13/21 – Kopienversanddienst; BGH, Urt. v. 29. 4. 2010 – I ZR 69/08, Tz. 20 – Vorschaubilder; Urt. v. 12. 11. 2009 – I ZR 166/07, Tz. 32 – marions-kochbuch.de; s. weiter Rdnr. 43, 46, 47; § 15 Rdnr. 15 und 47; § 20 Rdnr. 16, § 20a Rdnr. 18). Die Betreiber sog. **Internet-Videorecorder** sind selbst Werknutzer, wenn sie die Sender auswählen und überwachen, aus deren Programmen ihre Kunden einzelne Teile zur Speicherung und zum Abruf auswählen können, und unter Fortdauer ihrer Kontrolle für eine Mehrzahl von Kunden auf ihren Rechnern zum Abruf speichern. Anders liegt es, wenn jede einzelne Aufzeichnung nur einem einzelnen Kunden zugänglich ist und allein dessen Kontrolle unterliegt (vgl. BGH GRUR 2009, 845/847 Tz. 27 – Internet-Videorecorder; vgl. weiter *v. Zimmermann* MMR 2007, 553/554 f.; sa. Rdnr. 43, 48). **Access-Provider** (Zugangsbereitsteller), dh. Unternehmen, die den technischen Zugang zum Internet vermitteln, oder Netzwerkbetreiber, die für die technische Infrastruktur sorgen, sind deshalb grundsätzlich keine Werknutzer iSd. § 19a (s. *Dustmann* S. 74). Gleiches gilt grundsätzlich für **Host-Provider**, die typischerweise Kunden Speicherplatz für deren Inhalte (etwa im Rahmen ihrer Website, dh. ihres Internetauftritts) ohne Vorkontrolle zur Verfügung stellen (s. *Dustmann* S. 73 f.; *Volkmann* S. 74 f.; *Sieber/Höfinger* MMR 2004, 575/579; *Wimmers/Schulz* CR 2008, 170/174 f.). Wer auf seinem Internetauftritt **von Internetnutzern hochgeladene Inhalte** erst nach einer Kontrolle freischaltet und dann als eigene zum Abruf bereithält, ist selbst Werknutzer (vgl. BGH, Urt. v. 12. 11. 2009 – I ZR 166/07, Tz. 32 – marions-kochbuch.de). Ein ausschließlich **technisch bedingtes Zwischenspeichern** (Caching) im Rahmen von Internet-Übertragungen ist keine Werknutzung s. Rdnr. 43.

Machen Dritte (zB Hacker) ein privat gespeichertes Werk durch **Manipulationen** ohne Wissen des Speichernden einer Öffentlichkeit zugänglich, sind sie selbst Werknutzer. Der Speichernde ist jedenfalls zunächst nur unfreiwilliges Werkzeug. Er kann selbst erst zum Werknutzer werden, wenn er nach Kenntniserlangung nicht tätig wird, um das Zugänglichsein des von ihm gespeicherten Werkes für eine Öffentlichkeit abzustellen (aA *Brunner* S. 186 f.).

Wer nicht Werknutzer ist, kann unter Umständen aus anderen Rechtsgründen zum Schadensersatz oder zur Unterlassung verpflichtet sein (s. § 15 Rdnr. 16).

C. Abgrenzung von anderen Verwertungsrechten

Zur Abgrenzung des Rechts an der öffentlichen Zugänglichmachung iSd. § 19a von **§ 16** s. Rdnr. 43. Die Rechte aus **§ 19 Abs. 4**, **§ 21** und **§ 22** beziehen sich auf Vorgänge des Wahrnehmbarmachens, nicht wie § 19a auf Vorgänge des Zugänglichmachens. Sie setzen zudem anders als § 19a voraus, dass der als Öffentlichkeit angesprochene Personenkreis an einem Ort versammelt ist.

Die Abgrenzung des Rechts aus § 19a vom **Senderecht** (§ 20, § 20 a) wird in der Literatur häufig maßgeblich mit Blick darauf vorgenommen, dass ausübende Künstler und Tonträgerhersteller bei Anwendung des Rechts aus § 19a ein Verbotsrecht haben (§ 78 Abs. 1 Nr. 1, § 85 Abs. 1 Satz 1), bei Anwendung des Senderechts jedoch auf einen Vergütungsanspruch beschränkt sind, wenn die Darbietung erlaubterweise auf Bild- oder Tonträger aufgenommen worden ist, die erschienen oder erlaubterweise öffentlich zugänglich gemacht worden sind (§ 78 Abs. 2 Nr. 1, § 86). Je nach Interessenstandpunkt wird deshalb versucht, den Anwendungsbereich des § 19a oder den des Senderechts zu erweitern (vgl. dazu auch *Castendyk*, Fs. für Loewenheim, S. 31/34 f.; *Klatt*, CR 2009, 517 f.). Das Senderecht (§ 20, § 20 a) ist dem Wortsinn nach ebenso wie § 19a ein Recht am öffentlichen Zugänglichmachen eines Werkes. Die Bezeichnung des in § 19 geregelten Rechts ist daher nicht hinreichend genau. Das Recht aus § 19a ist ein Recht am öffentlichen Bereithalten des Werkes. Es bezieht sich auf Vorgänge, bei

Vor §§ 20ff.

denen das Werk dadurch einer Öffentlichkeit zugänglich gemacht wird, dass es für deren Mitglieder zum Einzelabruf in einer Weise bereitgehalten wird, dass diese den Abrufzeitpunkt selbst – wenn auch gegebenenfalls nur in einem bestimmten Zeitrahmen (s. Rdnr. 52) – wählen können (vgl. OLG Stuttgart GRUR-RR 2008, 289 Tz. 8ff. = CR 2008, 319 mit Anm. *Dornis*). Das Senderecht (§ 20, § 20 a) betrifft dagegen Nutzungshandlungen, bei denen das Werk durch einen Sendevorgang einer Öffentlichkeit für den zeitgleichen Zugriff zugänglich gemacht wird (sa. Rdnr. 42, 54; § 20 Rdnr. 9, 45). Beim Senden iSd. § 20 und § 20a liegt danach die Auswahl der Inhalte sowie die Verantwortung für den Sendevorgang einschließlich des Zeitpunkts der Sendung in der Hand des Sendenden. Die Mitglieder der angesprochenen Öffentlichkeit entscheiden lediglich darüber, ob sie von der so eröffneten Empfangsmöglichkeit durch Benutzung von Empfangsgeräten zum Wahrnehmbarmachen oder Aufzeichnen der Sendung Gebrauch machen.

59 Beim **Abrufübertragungsrecht** (s. Rdnr. 33) entscheidet der Nutzer, ob ein öffentlich zum Abruf bereit gehaltenes Werk übertragen werden soll, und bestimmt, gegebenenfalls im Rahmen begrenzter Möglichkeiten, über den Zeitpunkt und den Empfangsort, indem er die Übertragung auslöst. Zur Abgrenzung des Abrufübertragungsrechts vom Senderecht sa. § 20 Rdnr. 9.

60 Zur rechtlichen Einordnung der Werkübertragung durch sog. **Push-Dienste** insbesondere zum unbenannten **Online-Verbreitungsrecht**, s. Rdnr. 45; § 15 Rdnr. 27, 71; § 20 Rdnr. 8, 47 f. Bei der Werkübertragung durch **E-Mail-Verteildienste** greift § 19a schon deshalb nicht ein, weil sich dieses Recht nicht auf Werkübertragungen bezieht (s. Rdnr. 1, 33, 42); das Werk ist zudem den Mitgliedern der Öffentlichkeit nicht „zu Zeiten ihrer Wahl" zugänglich (aA *Dreier* in *Dreier/Schulze*[3] Rdnr. 7; zu E-Mail-Übertragungen s. weiter § 20 Rdnr. 49f.).

Vorbemerkung vor §§ 20 ff.

Schrifttum: a) Literatur bis 1965: *Brack,* Der Rundfunk in den Ministerialentwürfen zur Urheberrechtsreform, GRUR 1960, 165; *Bußmann,* Urheberrechtsreform und Rundfunk, UFITA 18 (1954) 29; *ders.,* Hörfunk und Fernsehen im Urheberrechtsgesetzentwurf, UFITA 19 (1955) 1; *Hillig,* Die Rechtsstellung der Urhebers bei der öffentlichen Wiedergabe von Rundfunksendungen, NJW 1962, 1488 *Kleine-Möller,* Der rechtliche Schutz der Urheber von Sprachwerken gegen deren szenische Wiedergabe im Fernseh-Rundfunk, Diss. Frankfurt/M 1960; *Kupke,* Rundfunkempfang in Hotelzimmern, MDR 1963, 372; *Roeber,* Umstrittene Fragen des Fernsehrechts, FuR 2/1960, 2; *Schmidt di Simoni,* Studien zum Fernseh-Urheberrecht, 1956.
b) Literatur 1966–1994: *Bornkamm,* Die Weiterleitung von Rundfunksendungen per Kabel, FuR 1984, 512; *ders.,* Die Erschöpfung des Senderechts: Ein Irrweg?, Fs. für v. Gamm, 1990, S. 329; *ders.,* Vom Detektorenempfänger zum Satellitenrundfunk, GRUR-Fs. 1991, S. 1349; *Boytha,* Kabelfernsehen: Prüfstein der Beachtung der Berner Konvention, Fs. für Roeber, 1982, S. 29; *Breidenstein,* Urheberrecht und Direktsatellit, 1993; *v. Büren,* Die Übermittlung urheberrechtlich geschützter Werke von hotelinternen Zentralen mittels Draht in die Hotelzimmer nach schweizerischem Urheberrecht, GRUR Int. 1986, 443; *Cohen Jehoram,* Tauziehen um die kollektivvertragliche Regelung der zeitgleichen Kabelweitersendung von Rundfunkprogrammen in den Niederlanden, GRUR Int. 1987, 95; *Dietz,* Urheberrecht und Satellitensendungen, UFITA 108 (1988) 73; *Dillenz,* Direktsatellit und die Grenzen des klassischen Senderechtsbegriffs, 1990; *Dittrich,* Kabelfernsehen und Probleme des Urheberrechts, INTERGU-Jahrbuch 1979, S. 381; *ders.,* Zur Auslegung des Art. 11bis Abs. 1 und 2 RBÜ, RfR 1982, 25; *ders.,* Hotel-Video und urheberrechtlicher Lizenz, RfR 1984, 30; *ders.,* Kabelfernsehen und internationales Urheberrecht, 1984; *ders.,* Die gesetzliche Lizenz bei Einspeisung von Rundfunkprogrammen in Kabelnetze – aus österreichischer Sicht, in *Kreile/Roegele/Scharf* (Hrsg.), Geistiges Eigentum und die audiovisuellen Medien, 1985, S. 59ff.; *ders.,* Urheberrecht und moderne Technologien, Liechtensteinische Juristen-Zeitung 1985, 85; *ders.,* Die Weiterentwicklung des österreichischen Urheberrechts, ZUM 1987, 359; *ders.,* Urheberrechtliche Probleme der Satellitenfernsehens, ZUM 1988, 359; *Dreier,* Kabelweiterleitung und Urheberrecht – Eine vergleichende Darstellung, 1991; *ders.,* Rundfunk und Urheberrecht im Binnenmarkt, GRUR Int. 1991, 13; *ders.,* Perspektiven einer Entwicklung des Urheberrechts, in *Becker/Dreier* (Hrsg.), Urheberrecht und digitale Technologie, 1994, S. 123; *Fabiani,* Le droit d'auteur face à la radiodiffusion directe à satellite, DdA 1998, 17; *Flechsig,* Einigungsvertrag und Urheberertragsrecht – Zur Notwendigkeit der räumlichen Erstreckung des Senderechts auf das Gebiet der Bundesrepublik Deutschland in den Grenzen des 3. Oktober 1990, ZUM 1991, 1; *ders.,* Musik im Fernsehen, in *Becker* (Hrsg.), Musik im Film, 1993, S. 85; *Fleck,* Satellitenrundfunk, in *Fuhr/Rudolf/Wasserburg* (Hrsg.), Recht der Neuen Medien, 1989, S. 21; *Frohne,* Probleme bei der Lizenzierung von Kabelweitersenderechten durch Verwertungsgesellschaften für den Bereich der EG, in *Becker* (Hrsg.), Die Verwertungsgesellschaften im Europäischen Binnenmarkt, 1990; *Fuhr,* Urheberrechtliche Probleme der Übernahme von Rundfunkprogrammen in Kabelanlagen, FuR 1982, 63; *Fuhr/Rudolf/Wasserburg* (Hrsg.), Recht der Neuen Medien – Ein Handbuch, 1989; *v. Gamm,* Urheber- und urhebervertragsrechtliche Probleme des „digitalen Fernsehens", ZUM 1994, 591; *Gaudrit,* La protection de l'auteur lors d'une retransmission spatiale de son œuvre, RIDA 1980 (104) 2; *Gendreau,* The Retransmission Right: Copyright and the Rediffusion of Works by Cable, 1990; *Gillard,* L'antenne collective et la communication par fil au public en droit de propriété intellectuelle, 1976; *Gounalakis,* Urheberrechtliche Probleme der Kabelverbreitung ausländischer Rundfunksendungen, FuR 1983, 463; *ders.,* Erschöpfung des Senderechts?, ZUM 1986, 638; *ders.,* Kabelfernsehen und Urheberrecht: Der Fall Kaufbeuren, ZUM 1988, 20; *ders.,* Kabelfernsehen im Ausland aus urheberrechtlicher Sicht, ZUM 1988, 488 und 555; *ders.,* Kabelfernsehen und Urheberrecht, NJW 1988, 1011; *ders.,* Kabelfernsehen im Spannungsfeld von Urheberrecht und Verbraucherschutz, 1989; *ders.,* Kabelfernsehen im Versorgungsbereich gebührenfinanzierter Sender, UFITA 111 (1989) 31; *Goutzamanis,* Die Erschöpfung des

Vorbemerkung Vor §§ 20ff.

Verbreitungs- und des Senderechts des Urhebers nach dem Recht der Europäischen Wirtschaftsgemeinschaft, Diss. Saarbrücken 1987; Grünbuch der *EG-Kommission* „Fernsehen ohne Grenzen", GRUR Int. 1984, 612 (Auszug); *Guthmann,* Die Weitersendung von Sendeprogrammen durch andere Sender und die damit zusammenhängenden Fragen des Urheberrechts, ZUM 1989, 67; *Haagen,* Satellitenfernsehen – Rechtsprobleme einer neuen Technologie, 1986; *Haindl,* Urheberrecht und Kabelfernsehen, INTERGU-Jahrbuch 1987, 347 ff.; *Herrmann,* Grenzüberschreitende Fernseh- und Hörfunksendungen im Gemeinsamen Markt, GRUR Int. 1984, 578; *Herter,* Geistiges Eigentum und gesetzliche Lizenz – eine gesetzliche Lizenz für die Kabelweitersendung ausländischer Fernsehprogramme aus zivilrechtlicher, eigentumsgrundrechtlicher und europarechtlicher Sicht, Mainz 1990; *Hesse,* Rechtsfragen der Weiterverbreitung von Rundfunkprogrammen, ZUM 1987, 19; *Hillig,* Betrachtungen zur Regelung des Kabelfernsehens in der österreichischen Urheberrechtsgesetznovelle 1980 aus nationaler und internationaler Sicht, UFITA 91 (1981) 1; *ders.,* Zur urheberrechtlichen Beurteilung der Kabelübertragung von Rundfunksendungen, AfP 1981, 446; *ders.,* Zur urheberrechtlichen Einordnung von Videotext und Bildschirmtext, Fs. für Roeber, 1982, S. 165; *ders.,* Die Vorschläge des Grünbuchs zum Urheberrecht, ZUM 1985, 587; *ders.,* Urheberrecht und Wettbewerbsrecht, in *Fuhr/Rudolf/Wasserburg* (Hrsg.), Recht der Neuen Medien, 1989, S. 384; *Hodik,* Hotelvideo und Urheberrecht, ZUM 1987, 281; *Hubmann,* Kabelfernsehen und Urheberrecht, in Kabelfernsehprojekte, 1980, S. 23; *Hohloch,* Neue Medien und Individualrechtsschutz, ZUM 1986, 165; *ders.,* EG-Satellitenrichtlinie versus Bogsch-Theorie – Anmerkungen zum Kollisionsrecht des Senderechts, IPRax 1994, 387; *Hügel,* Hotel-Video und Senderechtsbegriff, ÖBl. 1983, 153; *ders.,* Hotel-Video: Antikritische Bemerkungen zu *Dittrich* und *M. Walter,* ÖBl. 1985, 113; *Isenegger,* Die urheberrechtlichen Probleme bei der Weiterübertragung von Sendungen, 1983; *Kälin,* Die Vergütung von Kabelweitersendungen in der Schweiz, GRUR Int. 1984, 267; *ders.,* Der urheberrechtliche Vergütungsanspruch bei der Werkverwertung mit Hilfe des Satellitenrundfunks und der Kabelweiterverbreitung, 1986; *ders.,* Das Urheberrecht der Sendung und der Kabelverbreitung in der RBÜ und im Schweizer Recht, Fs. Die Berner Übereinkunft und die Schweiz, 1986; *Karnell,* Zur frühen Entwicklung des Rundfunkurheberrechts in Deutschland und Schweden, UFITA 123 (1993) 69; *Katzenberger,* Urheberrechtsfragen der elektronischen Textkommunikation, GRUR Int. 1983, 895; *ders.,* Urheberrecht und Wettbewerbsrecht im Bildschirmtext, in Rechtsprobleme des Bildschirmtextes, 1986, S. 69; *Kéréver,* Droit d'auteur et satellites spatiaux, RIDA 1984 (121) 26; *ders.,* Satellite broadcasting and copyright, Copyright Bull. 1990 Nr. 3 S. 6; *Klinter,* Satellitenrundfunk und die Problematik des internationalen Urheber- und Leistungsschutzes, 1973; *Kommission der Europäischen Gemeinschaften,* Vorschlag für eine Richtlinie des Rates zur Koordinierung bestimmter Rechts- und Verwaltungsvorschriften der Mitgliedstaaten über die Ausübung der Rundfunktätigkeit, KOM (86) 146 endg./2 v. 6. 6. 1986, auszugsweise abgedruckt in GRUR Int. 1986, 388; *Kreile,* Rechtsentwicklung und urheberrechtliche Probleme des Kabelfernsehens, ZUM 1985, 360; *ders.,* Die Lizenzierung musikalischer Urheberrechte für den Satellitenrundfunk, Fs. für Deringer, 1993, S. 536; *ders.,* Die angemessene Vergütung für die Nutzung musikalischer Urheberrechte durch das Fernsehen in Europa, Fs. für Klein, 1994, S. 121; *Kreile/Becker,* Neuordnung des Urheberrechts in der Europäischen Union, GRUR Int. 1994, 901; *Krieger,* 100 Jahre Revidierte Berner Übereinkunft, ZUM 1986, 508; *Kruczek,* Die Bewertung der Kabelweitersenderechte der Sendeunternehmen in Deutschland und in den USA, 2005; *Kühn,* Fragen zum grenzüberschreitenden Fernsehen, ZUM 1985, 299; *ders.,* Die Einspeisung von Rundfunkprogrammen in Kabelnetze – medienrechtliche und urheberrechtliche Aspekte aus der Praxis, in *Schwarze* (Hrsg.), Rundfunk und Fernsehen im Lichte der Entwicklung des nationalen und internationalen Rechts, 1986, S. 76; *Loewenheim,* Die Behandlung von vor der Wiedervereinigung eingeräumten vertraglichen Vertriebs- und Verwertungsrechten in den alten und neuen Bundesländern, GRUR 1993, 934; *Loschelder,* Urheberrechtliche Konsequenzen aus der Einspeisung von Satellitenprogrammen in Kabelnetze – Zur Rechtsstellung des Hoteliers, Fs. für Reichardt, 1990, S. 111; *Lutz,* Urheberrecht im Brennpunkt der Medienentwicklung, Fs. für Uchtenhagen, 1987, S. 97; *Melichar,* Die Wahrnehmung von Urheberrechten durch Verwertungsgesellschaften, 1983; *Mielke,* Urheberrechtsfragen der Videogramme, 1987; *ders.,* Urheberrechtsfragen der Hotelvideos, ZUM 1987, 501; *Möller,* Kabelrundfunk im Versorgungsbereich, FuR 1983, 455; *Movsessian,* Fernsehen ohne Grenzen und Urheberrechte, ZUM 1985, 306; *Neufischer,* Grundlagen, Begriffe und Rechtsfragen des Drahtfunks und des Drahtfernsehens, UFITA 54 (1969) 67; *ders.,* Rechtsfragen der Weiterverbreitung von Rundfunksendungen über Kabelsysteme, FuR 1972, 92; *Ory,* Rechtsfragen des Abonnentenfernsehens, ZUM 1988, 225; *Pichler,* Copyright Problems of Satellite and Cable Television in Europe, 1987; *dies.,* EG-Richtlinie über Urheberrecht, Satellitenrundfunk und Kabelweiterverbreitung vom 27. September 1993, MR 1994, 54; *Platho,* Urheberrechtsprobleme der Weiterverbreitung von Sendungen in Kabelnetzen, 1983; *ders.,* Die Weiterleitung von Sendungen in Gemeinschaftsantennen- und Kabelfernsehanlagen, UFITA 97 (1984) 105; *Poll,* Die Verwendung von Videogrammen außerhalb der Privatsphäre unter besonderer Berücksichtigung von Hotel-Video-Systemen, FuR 1983, 9; *ders.,* Fernsehen ohne Grenzen – durch unfreiwillige Lizenzen?, ZUM 1985, 75; *ders.,* Videorecht Videowirtschaft – Ein Handbuch, 1986; *ders.,* Kabelfernsehen: Eingriff in das Senderecht bei Weiterleitung in- und ausländischer TV-Programme durch kleinere (private) Kabelanlagen?, ZUM 1991, 122; *Porter,* Beyond the Berne Convention – Copyright, Broadcasting and the Single European Market, 1991; *Radel,* Die Entwicklung des Urheberrechtes auf dem Sektor des passiven Kabelfernsehens im deutschsprachigen Raum, RfR 1985, 1; *Reichardt,* Anhängige Probleme der Urheberrechts, UFITA 80 (1977) 81; *Reimer,* Das Recht der öffentlichen Wiedergabe unter Berücksichtigung der technischen Entwicklung, GRUR 1979, 86; *ders.,* Cable Television in Germany: Aspects of Copyright Law, in: Cable Television-Media and Copyright Law Aspects, 1983, 143; *Reinshagen,* Satellitensendungen und Urheberrecht, 1971; *Roeber,* Videotext-Bildschirmzeitung-Bildschirmtext, FuR 1977, 698; *Rumphorst,* Kabelverbreitung von Fernsehprogrammen, Fs. für Roeber, 1982, S. 329; *ders.,* Cable Distribution of Broadcasts, Copyright 1983, 301; *ders.,* Der Schutz des Urhebers bei Kabeleinspeisung von aus der Luft empfangbaren oder empfangbar zu machenden Programmen – Zwangslizenz oder gesetzliche Lizenz, in *Kreile/Roegele/Scharf* (Hrsg.), Geistiges Eigentum und die audiovisuellen Medien, 1985, S. 65; *ders.,* Satellitenfernsehen und Urheberrecht, GRUR Int. 1992, 910; *ders.,* Erwerb des Satellitensenderechts für ein bestimmtes Territorium?, GRUR Int. 1993, 934; *Sack,* Kabelfunk und Urheberrecht, GRUR 1988, 163; *Scheuermann,* Urheber- und vertragsrechtliche Probleme der Videoauswertung von Filmen, 1990; *Schmidt di Simoni,* Urheberrechtliche Detailprobleme nach dem neuen Gesetz, FuR 1966, 31; *Schmits,* Die Auswirkungen von staatlicher Wiedervereinigung und rundfunkrechtlicher Sendegebietserweiterung auf bestehende Fernsehlizenzverträge, ZUM 1993, 72; *Schricker,* Urheberrechtliche Probleme des Kabelrundfunks, 1986 (zitiert: *Schricker* Kabelrundfunk); *ders.,* Grundfragen der künftigen Medienordnung – urheberrechtliche Aspekte, GRUR 1984, 63; *ders.,* Grenzüberschreitende Fernseh- und Hörfunksendungen im Gemeinsamen Markt, GRUR Int. 1984, 592; *ders.,* Videovorführungen in Hotels in urheberrechtlicher Sicht, Fs. für Oppenhoff, 1985, S. 367; *Schulze,* Neue Nutzungsarten an Werken der Musik, GRUR Int. 1973, 336; *Schulze/Voigt,* Fragen des Urheberrechts und der verwandten Schutzrechte zum

Vor §§ 20ff.
Vorbemerkung

Kabelfernsehen, 1976; *Schwarz,* Kabelweitersendung in Europa – Die kollektive Geltendmachung von Entgeltansprüchen aus der Kabelweitersendung (AGICOA) und internationale Lizenzverträge, Fs. für Schwarz, 1988, S. 75; *Schwertfeger,* Kabelfernsehen und Urheberschutz, 1987; *Seifert,* Der Erschöpfungsgrundsatz: Eine allgemeine Rechtsregel im Urheberrecht?, FuR 1981, 513; *Stern,* Die Weiterverbreitung von Radio- und Fernsehsendungen, 1970; *ders.,* Die Verwaltung der sog. Kabelrechte, FuR 1972, 397; *ders.,* Gemeinschaftsantennen und Urheberrecht, FuR 1975, 771; *ders.,* Sende- und Weitersenderecht (Rundfunk, Kabel, Satelliten), Fs. 100 Jahre URG, 1983, S. 187; *Steup,* Der Schutz des Urhebers bei Satellitensendungen, GRUR Int. 1973, 342; *Szilágyi,* Questions of Broadcasting by Satellite with Special Reference to Authors' Rights, Copyright 1981, 222; *Thurow,* Zur gemeinsamen Interessenlage von Musikurhebern, Künstlern und Tonträgerherstellern angesichts der Herausforderungen einer multimedialen Zukunft, Fs. für Kreile, 1994, S. 763; *Senger,* Die Vergewaltigung des Urheberrechts – am Beispiel des Kabelfernsehens, MR 1992, 96; *Uchtenhagen,* Das Urheberrecht, Werke in Kabelnetzen zu verbreiten, FuR 1984, 9; *Ulmer,* Urhebervertragsrecht (Gutachten zum Urhebervertragsrecht, insbesondere zum Recht der Senderverträge), 1977; *ders.,* Protection des auteurs lors de la transmission par satellite des programmes de radiodiffusion, RIDA 1977 (93) 4; *ders.,* Die Übertragung von Rundfunksendungen durch Kabel und der deutsche Rechtsbegriff der Sendung, GRUR 1980, 582; *ders.,* Die Entscheidungen zur Kabelübertragung von Rundfunksendungen im Lichte urheberrechtlicher Grundsätze, GRUR Int. 1981, 372; *v. Ungern-Sternberg,* Die Rechte der Urheber an Rundfunk- und Drahtfunksendungen nach internationalem und deutschem Urheberrecht, 1973; *ders.,* Drahtfunk- und Rundfunkvermittlungsanlagen in urheberrechtlicher Sicht, GRUR 1973, 16; *ders.,* Von der gemeinsamen Fernsehantenne zum Kabelfernsehen, UFITA 94 (1982) 79 (gekürzte Fassung FuR 1982, 524); *Vieweg,* Die Vollversorgung mit Fernsehrundfunk und das Urheberrecht, UFITA 86 (1980) 49; *ders.,* Großgemeinschaftsantennenanlagen für Abschattungsgebiete, FuR 1981, 272; *Vogel,* Vorschlag der EG-Kommission für eine Richtlinie zur Koordinierung bestimmter urheber- und leistungsschutzrechtlicher Vorschriften betreffend Satellitenrundfunk und Kabelweiterverbreitung, ZUM 1992, 21; *Walter,* Gemeinschaftsantennen und Rundfunkvermittlungsanlagen, UFITA 69 (1973) 95; *ders.,* Gemeinschaftsantennen und Rundfunkvermittlungsanlagen im Recht der Berner Übereinkunft, GRUR Int. 1974, 119; *ders.,* Diffusion by Wire in the Copyright Law of the Federal Republic of Germany and of Austria, with Particular Reference to the Rediffusion of Broadcasts, Copyright 1976, 279; *ders.,* Hotel-Video-Systeme in urheberrechtlicher Sicht, MR 3/1983 Archiv 4; *ders.,* Die Hotel-Video-Systeme aus urheberrechtlicher Sicht – zugleich ein Beitrag zum Begriff der Öffentlichkeit und der Sendung, MR 6/1984 Archiv 9; *ders.,* Grundlagen und Ziele einer österreichischen Urheberrechtsreform, Fs. 50 Jahre Urheberrechtsgesetz, 1986, S. 233; *Weirich,* Die neuen Medien und die Grenzen des Urheberrechts, ZUM 1985, 490.

c) Literatur 1994–2003: *Auer,* Die Umsetzung urheberrechtlicher Richtlinien am Beispiel der Satellitenrichtlinie, in *Dittrich* (Hrsg.), Beiträge zum Urheberrecht V, 1997, S. 19; *ders.,* Thermenhotel und Informationsgesellschaft, RfR 2000, 85; *Bechtold,* Multimedia und Urheberrecht – einige grundsätzliche Anmerkungen, GRUR 1998, 18; *Becker,* Neue Übertragungstechniken und Urheberrechtsschutz, ZUM 1995, 231; *Bortloff,* International Lizenzierung von Internet-Simulcasts durch die Tonträgerindustrie, GRUR Int. 2003, 669; *Bühler,* Schweizerisches und internationales Urheberrecht im Internet, 1999; *Charissé,* Kabelkommunikation zwischen Rundfunk- und Urheberrecht, K&R 2002, 164; *Daum,* Kriterien zur Entgeltbemessung für Satellitensendung und Kabelweiterverbreitung aus europarechtlicher Sicht, MR 2003, Beilage zu Heft 4 S. 22; *Dittrich,* Überlegungen zur „communication to the public" auf Grund des neuen WIPO-Urheberrechtsvertrages, in *Dittrich* (Hrsg.), Beiträge zum Urheberrecht V, 1997, S. 153; *Dreier,* Die Umsetzung der Richtlinie zum Satellitenrundfunk und zur Kabelweiterleitung, ZUM 1995, 458; *ders.,* Konvergenz und das Unbehagen des Urheberrechts, Fs. für Erdmann, 2002, S. 73; *Ernst,* Urheberrechtliche Probleme bei der Veranstaltung von On-demand-Diensten, GRUR 1997, 592; *Ficsor,* The Law of Copyright and the Internet – The WIPO Treaties, their Interpretation and Implementation, 2002; *Gounalakis,* Das Vierte Gesetz zur Änderung des Urheberrechtsgesetzes: Kritische Bemerkungen zur Hypertrophie des Urheberschutzes, NJW 1999, 545; *Gounalakis/Mand,* Kabelweiterleitung und urheberrechtliche Vergütung, 2003; *Govoni/Gasser,* Die internationalen Urheberrechts- und leistungsschutzrechtlichen Abkommen im Lichte des Information Highway, in *Hilty* (Hrsg.), Information Highway, 1996, S. 235; *Heermann,* Urheberrechtliche Probleme bei der Nutzung von E-Mail, MMR 1999, 3; *Hefti,* Senderecht, in *Becker* (Hrsg.), Die Wahrnehmung von Urheberrechten an Sprachwerken, 1999, S. 51; *Hein/Schmidt,* Entgelte für die Übertragung von Rundfunksignalen über das Breitbandkabel, K&R 2002, 409; *Hillig,* Das Vierte Gesetz zur Änderung des Urheberrechtsgesetzes, UFITA 138 (1999) 5; *ders.,* Die Weiterübertragung von Fernsehprogrammen in Breitbandkabelnetzen, AfP 2001, 31; *ders.,* Urheberrechtliche Fragen des Netzzugangs in der Kabelkommunikation, MMR 2001, Beilage Nr. 2 S. 34; *Katzenberger,* Urheberrecht und UFO-Technik – Bewährung des Urheberrechts im Zeichen der digitalen Revolution, Fs. für Beier, 1996, S. 379; *ders.,* Sekundäre Sendenutzungen im Urheberrecht, MR 2003, Beilage zu Heft 4 S. 1; *Klett,* Urheberrecht im Internet aus deutscher und amerikanischer Sicht, 1998; *Koch,* Grundlagen und Urheberrechtsschutzes im Internet und in Online-Diensten, GRUR 1997, 417; *ders.,* Neue Rechtsprobleme der Internet-Nutzung, NJW-CoR 1998, 45; *Koehler,* Der Erschöpfungsgrundsatz des Urheberrechts im Online-Bereich, 2000; *Kreile,* Die Lizenzierung musikalischer Urheberrechte für den Satellitenrundfunk, Fs. für Deringer, 1993, S. 536; *ders.,* Die angemessene Vergütung für die Nutzung musikalischer Urheberrechte durch das Fernsehen in Europa, Fs. für Klein, 1994, S. 121; *Kreile/Becker,* Neuordnung des Urheberrechts in der Europäischen Union, GRUR Int. 1994, 901; *Kreile/Becker,* Multimedia und die Praxis der Lizenzierung von Urheberrechten, GRUR Int. 1996, 677; *Leupold,* „Push" und „Narrowcasting" im Lichte des Medien- und Urheberrechts, ZUM 1998, 99; *ders.,* Auswirkungen der Multimedia-Gesetzgebung auf das Urheberrecht, CR 1998, 234; *v. Lewinski,* Musik und Multimedia, in *Lehmann* (Hrsg.), Internet- und Multimediarecht (Cyberlaw), 1997, S. 149; *dies.,* WIPO Diplomatic Conference Results in Two New Treaties, IIC 25 (1997) 203; *dies.,* Die diplomatische Konferenz der WIPO 1996 zum Urheberrecht und zu den verwandten Schutzrechten, GRUR Int. 1997, 667; *v. Lewinski/Gaster,* Die Diplomatische Konferenz der WIPO 1996 zum Urheberrecht und zu den verwandten Schutzrechten, ZUM 1997, 606; *Lutz,* Das Vierte Gesetz zur Änderung des Urheberrechtsgesetzes, ZUM 2003, 622; *Mahr,* Interne Weiterleitung von grenzüberschreitenden Rundfunksendungen in die Hotelzimmer, MR 2000, 152; *Mehner,* Die grenzüberschreitende Wirkung direktempfangbaren Satellitenfernsehens aus völkerrechtlicher Sicht, 2000; *Muth,* Die Bestimmung des anwendbaren Rechts bei Urheberrechtsverletzungen im Internet, 2000; *Neumaier,* Zur Umsetzung der europäischen Richtlinie 93/83/EWG vom 27. September 1993 „Kabel- und Satellitenrichtlinie" durch den Bundesgesetzgeber, Archiv PT 1998, 354; *ders.,* Grenzüberschreitender Rundfunk im internationalen Urheberrecht, 2003; *ders.,* Die Beurteilung grenzüberschreitender Rundfunksendungen nach der Revidierten Berner Übereinkunft, dem Welturheberrechtsabkommen und dem Rom-Abkommen, UFITA 2003, 639; *Nippe,* Urheber und Daten-

Vorbemerkung **Vor §§ 20ff.**

bank, 2000; *Nordemann/Goddar/Tönhardt/Czychowski,* Gewerblicher Rechtsschutz und Urheberrecht im Internet, CR 1996, 645; *Ostermaier,* Video on Demand und Urheberrecht, 1997; *Reber,* Die Beteiligung von Urhebern und ausübenden Künstlern an der Verwertung von Filmwerken in Deutschland und den USA, 1998; *Regelin,* Das Kollisionsrecht der Immaterialgüterrechte an der Schwelle zum 21. Jahrhundert, 2000; *Reinbothe/v. Lewinski,* The WIPO Treaties 1996, 2002; *Reindl,* Der Einfluß des Gemeinschaftsrechts auf das österreichische Urheberrecht, in *Koppensteiner* (Hrsg.), Österreichisches und europäisches Wirtschaftsprivatrecht, Teil 2, 1996, S. 249; *Rha,* Satellitenrundfunk und Urheberrecht, 1999; *Russ,* Das Lied eines Boxers – Grenzen der Rechtswahrnehmung durch die GEMA am Beispiel des Falles „Henry Maske", ZUM 1995, 32; *Schack,* Zum auf grenzüberschreitende Sendevorgänge anwendbaren Urheberrecht, IPRax 2003, 141; *Schalast/Schalast,* Das Recht der Kabelweitersendung von Rundfunkprogrammen, MMR 2001, 436; *Schanda,* Satellitenrundfunk: Was heißt „Sendung in Österreich?", MR 1996, 133; *ders.,* Musikverwertung im Internet und deren vertragliche Gestaltung, ZUM 2000, 849; *Schiller,* Allgemeine Geschäftsbedingungen im Urhebervertragsrecht für freie Mitarbeiter in der Film- und Fernsehproduktion, 1999; *Schmittmann,* Satellitengemeinschaftsantennen im Brennpunkt der neuen §§ 20, 20b UrhG, ZUM 1999, 113; *ders.,* Kommission legt Bericht über die Anwendung der Kabel- und Satellitenrichtlinie vor, AfP 2002, 307; *Schricker* (Hrsg.), Urheberrecht auf dem Weg zur Informationsgesellschaft (Verfasser: *Dreier, Katzenberger, v. Lewinski, Schricker*), 1997; *Schwarz,* Der urheberrechtliche Schutz audiovisueller Werke im Zeitalter der digitalen Medien, in *Becker/Dreier* (Hrsg.), Urheberrecht und digitale Technologie, 1994, S. 105; *ders.,* Der Referentenentwurf eines Vierten Gesetzes zur Änderung des Urheberrechtsgesetzes, ZUM 1995, 687; *ders.,* Urheberrecht im Internet, in *Becker* (Hrsg.), Rechtsprobleme internationaler Datennetze, 1996, S. 13; *ders.,* Urheberrecht und unkörperliche Verbreitung multimedialer Werke, GRUR 1996, 836; *ders.,* Klassische Nutzungsrechte und Lizenzvergabe bzw. Rückbehalt von „Internet-Rechten", ZUM 2000, 816; *Schwenzer,* Tonträgerauswertung zwischen Exklusivrecht und Sendeprivileg im Lichte von Internetradio, GRUR Int. 2001, 722; *Siebert,* Die Auslegung der Wahrnehmungsverträge unter Berücksichtigung der digitalen Technik, 2002; *Spindler,* Die kollisionsrechtliche Behandlung von Urheberrechtsverletzungen im Internet, IPRax 2003, 412; *ders.,* Die Einspeisung von Rundfunkprogrammen in Kabelnetze, MMR 2003, 1; *Treyde,* Kabelfernsehen in Deutschland im Licht des Europäischen Gemeinschaftsrechts, 2000; *v. Ungern-Sternberg,* Das anwendbare Urheberrecht bei grenzüberschreitenden Rundfunksendungen, in *Schwarze* (Hrsg.), Rechtsschutz gegen Urheberrechtsverletzungen und Wettbewerbsverstöße in grenzüberschreitenden Medien (zitiert: Rechtsschutz), 2000, S. 109; *Ventroni/Poll,* Musiklizenzerwerb durch Online-Dienste, MMR 2002, 648; *Walter,* Zur urheberrechtlichen Einordnung der digitalen Werkvermittlung, MR 1995, 125; *ders.,* Die Werkverwertung in unkörperlicher Form (öffentliche Wiedergabe), MR 1998, 132; *Walter* (Hrsg.), Europäisches Urheberrecht, 2001; *Weisser/Höppener,* Kabelweitersendung und urheberrechtlicher Kontrahierungszwang, ZUM 2003, 597; *v. Welser,* Zum Urheberkollisionsrecht bei grenzüberschreitenden Sendungen, IPRax 2003, 440; *Zapf,* Kollektive Wahrnehmung von Urheberrechten im Online-Bereich. Rechtliche Rahmenbedingungen für ein Tarifmodell zur Nutzung von Musik im Internet, 2002; *Zscherpe,* Urheberrechtsschutz digitalisierter Werke im Internet, MMR 1998, 404.

d) Literatur nach 2003: *Bäcker,* Die Rechtsstellung der Leistungsschutzberechtigten im digitalen Zeitalter, 2005; *Bateman,* The Use of Televisions in Hotel Rooms, E.I.P.R. 2007, 22; *Bauer/v. Einem,* Handy-TV – Lizenzierung von Urheberrechten unter Berücksichtigung des „2. Korbs", MMR 2007, 698; *Baumann,* Das internationale Recht der Satellitenkommunikation, 2005; *Bernhöft,* Die urheberrechtliche Zulässigkeit der digitalen Aufzeichnung einer Sendung, 2009; *Bollacher,* Internationales Privatrecht, Urheberrecht und Internet, 2005; *Brunner,* Urheber- und leistungsschutzrechtliche Probleme der Musikdistribution im Internet, 2007; *Büchner,* Wie kommt der Ball ins Netz? Fußball im IPTV und Mobile-TV, CR 2007, 473; *Büscher/Müller,* Urheberrechtliche Fragestellungen des Audio-Video-Streamings, GRUR 2009, 558; *Castendyk,* Sendender und Internet, Fs. für Loewenheim, 2009, S. 31; *Castendyk/Kirchherr,* „Man spricht deutsch" zwischen den Instanzen – Zum Verhältnis von nationalem und europäischem Urheberrecht am Beispiel des § 137h Abs. 2 UrhG, ZUM 2005, 283; *Christmann,* Sonderfragen zur territorialen Rechtevergabe und territorialen Adressierung bei Pay-TV am Beispiel Film und Sport, ZUM 2006, 23; *Dierking,* Internet zum Hören, 2008 (http://d-nb.info/99283984X); *Dittrich,* Das Zurverfügungstellungsrecht, RfR 2004, 25; *ders.,* „Einkaufsmusik" – urheberrechtlich betrachtet, RfR 2007, 1; *Drexl,* Lex americana ante portas – Zur extraterritorialen Anwendung nationalen Urheberrechts, Fs. für Nordemann, 2004, S. 429; *Dünnwald/Gerlach,* Schutz des ausübenden Künstlers, 2008; *Düsing,* Die Gestaltung einer europäischen Lizenzierungspraxis für Online-Musikrechte, 2009; *Egloff,* Rundfunk im Internet? Zur urheberrechtlichen Qualifikation von Simulcasting und Webcasting, sic! 2005, 96; *v. Einem,* Grenzüberschreitende Lizenzierung von Musikwerken in Europa, MMR 2006, 647; *ders.,* Verwertungsgesellschaften im deutschen und internationalen Musikrecht, 2007; *Ensthaler/Weidert* (Hrsg.), Handbuch Urheberrecht und Internet, 2. Aufl. 2010; *Evert,* Anwendbares Urheberrecht im Internet, 2005; *Fischer,* Der Begriff des Sendens aus urheberrechtlicher und rundfunkrechtlicher Sicht, ZUM 2009, 465; *Gey,* Das Recht der öffentlichen Zugänglichmachung iSd. § 19a UrhG, 2009; *Gounalakis,* Der Begriff des Sendens aus urheberrechtlicher Sicht, ZUM 2009, 447; *Handig,* Urheberrechtliche Aspekte bei der Lizenzierung von Radioprogrammen im Internet, GRUR Int. 2007, 206; *Harder,* Digitale Universitätsbibliotheken aus urheberrechtlicher Sicht, 2007; *v. Hartlieb/Schwarz,* Handbuch des Film-, Fernseh- und Videorechts, 4. Aufl. 2004; *Heine,* Wahrnehmung von Online-Musikrechten durch Verwertungsgesellschaften im Binnenmarkt, 2008; *Heinz,* Urheberrechtliche Gleichbehandlung von alten und neuen Medien, 2006; *Herrmann/Lausen,* Rundfunkrecht, 2. Aufl. 2004; *Hoeren,* Neue Nutzungsformen und Verbreitungswege im Bereich des Rundfunks und ihre urheberrechtliche Einordnung: IP-TV, Handy-TV, Triple-Play, in: Vierzig Jahre Institut für Rundfunkrecht – Rückblick und Perspektiven, 2007, S. 65; *ders.,* Urheberrechtliche Fragen rund um IP-TV und Handy-TV, MMR 2008, 139; *ders.,* Der urheberrechtliche Begriff der öffentlichen Wiedergabe in Österreich – am Beispiel des Hotelfernsehens, Fs. für Loewenheim, 2009, S. 137; *Horn,* Urheberrecht beim Einsatz neuer Medien in der Hochschullehre, 2007; *Hugenholtz,* Die Satelliten- und Kabelrichtlinie: Vergangenheit, Gegenwart und Zukunft, IRIS plus 08/2009, 7 (abrufbar: www.obs.coe.int/medium/radtv.html); *Klatt,* Die urheberrechtliche Einordnung personalisierter Internet-Radios, CR 2009, 517; *Kleinke,* Zu Auswirkungen des Internet-Fernsehens auf das Urheberrecht, AfP 2008, 460; *Kreile/Becker/Riesenhuber* (Hrsg.), Recht und Praxis der GEMA, 2. Aufl. 2008; *Kuper,* Internet Protocol Television – IPTV, 2009; *Langhoff,* „Virtuelle Personal Video Recorder" – eine Übertragungsform zwischen Sendung und öffentlicher Zugänglichmachung?, UFITA 2007 II S. 403; *Lüder,* First Experience With EU-wide Online Music Licensing, GRUR Int. 2007, 649; *Mand,* Die Kabelweitersendung als urheberrechtlicher Verwertungstatbestand, GRUR 2004, 395; *ders.,* Das Recht der Kabelweitersendung, 2004; *ders.,* Die urheberrechtliche Verantwortlichkeit für die Kabelweiterleitung von Rundfunkprogrammen im „Transportmodell", UFITA 2005, 19; *Meier,*

Vor §§ 20ff.

Vorbemerkung

Fernsehen: Neue Verbreitungsformen und ihre rechtliche Einordnung, sic! 2007, 557; *Metzger*, Zum anwendbaren Urheberrecht bei grenzüberschreitendem Rundfunk, IPRax 2006, 242; *Metzner*, Die Auswirkungen der Urheberrechtsnovelle 2003 auf Online-Übermittlung und -zugriff im Urheberrecht, 2010; *Mitterer*, Keine verstaubte Materie: Warum Videorekorder auch im „Online-Wohnzimmer" zulässig sein sollten, wbl. 2009, 261; *Müller*, Rechtewahrnehmung durch Verwertungsgesellschaften bei der Nutzung von Musikwerken im Internet, ZUM 2009, 121; *Müßig*, Die Sicherung von Verbreitung und Zugang beim Satellitenrundfunk in Europa, 2006; *Nieland*, Die Online-Lieferung im Urheberrecht, 2006; *Ory*, Sind Broadcast-TV und IP-TV unterschiedliche Nutzungsarten? K&R 2006, 303; *ders.*, Rechtliche Überlegungen aus Anlass des „Handy-TV" nach dem DMB-Standard, ZUM 2007, 7; *Pentheroudakis*, Urheberrechtlicher Wandel und die kollektive Wahrnehmung in der Informationsgesellschaft, 2009; *Pfennig*, Reformbedarf beim Kabelweitersenderecht?, ZUM 2008, 363; *Poll*, Neue internetbasierte Nutzungsformen, GRUR 2007, 476; *ders.*, CELAS, PEDL & Co.: Metamorphose oder Anfang vom Ende der kollektiven Wahrnehmung von Musik-Online-Rechten in Europa?, ZUM 2008, 500; *Reber*, Die Rechte der Tonträgerhersteller im Internationalen Privatrecht, 2004; *Ricketson/Ginsburg*, International Copyright and Neighbouring Rights – The Berne Convention and beyond, 2. Aufl. 2006; *Rigopoulos*, Die digitale Werknutzung nach dem griechischen und deutschen Urheberrecht, 2004; *Rüberg*, Vom Rundfunk- zum Digitalzeitalter, 2007; *Runge*, Die kollektive Lizenzierung von Onlinenutzungsrechten für Musik im Europäischen Binnenmarkt, 2010; *Schack*, Rechtsprobleme der Online-Übermittlung, GRUR 2007, 639; *Schmittmann*, Urheberrecht zwischen Binnenmarkt und Territorialität: Paradigmenwechsel bei der Vergabe von grenzüberschreitenden Sendelizenzen?, AfP 2008, 577; *Schöwerling*, E-Learning und Urheberrecht an Universitäten in Österreich und Deutschland, 2007; *G. Schulze*, Der individuelle E-Mail-Versand als öffentliche Zugänglichmachung, ZUM 2008, 836; *Schwartmann* (Hrsg.), Praxishandbuch Medien-, IT- und Urheberrecht, 2008; *Senger*, Distribution elektronischer Medien, in *Hans-Bredow-Institut* (Hrsg.), Internationales Handbuch Medien, 28. Aufl. 2009, A S. 120 ff.; *Staudt*, Die Rechteübertragungen im Berechtigungsvertrag der GEMA, 2006; *Stieß*, Anknüpfungen im internationalen Urheberrecht unter Berücksichtigung der neuen Informationstechnologien, 2005; *Theiselmann*, Geistiges Eigentum in der Informationsgesellschaft, 2004; *Toft*, Kollektives Rechte-Management in der Online-Welt, MR-Int. 2006, 63; *Ullrich*, Die „öffentliche Wiedergabe" von Rundfunksendungen in Hotels nach dem Urteil „SGAE" des EuGH (Rs. C-306/05), ZUM 2008, 112; *ders.*, Urheberrecht und Satellitenrundfunk: Kollisionsrecht und materielles Recht, 2009; *Wagner*, Die Digitalisierungsfalle, Fs. für Raue, 2006, S. 723; *Wandtke/Grassmann*, Einige Aspekte zur gesetzlichen Regelung des elektronischen Kopienversand im Rahmen des „Zweiten Korbs", ZUM 2006, 889; *Wawretschek*, Urheberrechtsfragen der Presse im digitalen Zeitalter, 2004; *Weber*, Neue Nutzungsarten – Neue Organisation der Rechteverwaltung?, ZUM 2007, 688; *ders.*, Die Reichweite des urheberrechtlichen Sendebegriffs aus der Sicht der Europäischen Rundfunkunion EBU, ZUM 2009, 460; *Wolff*, Rechtsfragen im Umgang mit Webradio-Angeboten, ITRB 2009, 177; *v. Zimmermann*, Recording-Software für Internetradios, MMR 2007, 553.

Übersicht

	Rdnr.
I. Formen von Sendungen	1–7
II. Wesen und Gegenstand des Senderechts	8, 9
III. Abgrenzung des Senderechts von anderen Verwertungsrechten	10, 11
IV. Schranken des Senderechts	12
V. Keine Erschöpfung des Senderechts	13–15
VI. Wahrnehmung des Senderechts	16–25
VII. Rechtsentwicklung. Europäisches Gemeinschaftsrecht	26–31
VIII. Konventionsrecht	32–51
IX. Anwendbares Recht. Anwendungsbereich des inländischen Rechts	52–65
X. Sonstiges	66

I. Formen von Sendungen

1   Die Vorschriften der §§ 20 bis 20b regeln die Rechte des Urhebers an der öffentlichen Wiedergabe seines Werkes (§ 15 Abs. 3) mit Mitteln der Sendetechnik (§ 15 Abs. 2 Nr. 2). Für das Verständnis der Regelung ist ein Überblick über die Formen der Übertragung von Sendungen notwendig, hinsichtlich derer die Anwendung der §§ 20 bis 20b in Betracht kommt (vgl. auch die eingehende Darstellung der Rundfunktechnik bei *Herrmann/Lausen*, Rundfunkrecht, 2. Aufl. 2004, S. 22 ff., und *Janik* in *Schwartmann* [Hrsg.], Praxishandbuch Medien-, IT- und Urheberrecht, 2008, S. 132 ff.; *ders.* in *Dörr/Kreile/Cole* [Hrsg.], Handbuch Medienrecht, 2008, S. 107 ff.).

1. Drahtlose Rundfunksendungen

2   Der herkömmliche erdgebundene Rundfunk **(terrestrischer Rundfunk)**, der den Hörfunk und das Fernsehen umfasst, wird zur Erweiterung des Empfangsbereichs in der Regel zeitgleich über mehrere Sender ausgestrahlt. Die einzelnen Sender erhalten die Programmsignale zur Weiterausstrahlung an die Öffentlichkeit über ein Verteilernetz (mit Richtfunk- oder Kabelverbindungen), in Ausnahmefällen durch Empfang einer für die Öffentlichkeit bestimmten

Vorbemerkung **Vor §§ 20 ff.**

Rundfunksendung „aus der Luft". Bei **Richtfunkverbindungen** werden die Funksignale jeweils zwischen zwei Richtfunkstationen und für die Öffentlichkeit nicht empfangbar übertragen. Für den nationalen und internationalen Programmaustausch der Rundfunkanstalten untereinander werden Austauschleitungen (terrestrisch und über Satelliten) benutzt. Für einen Überblick über die **Technik** zur Verbreitung erdgebundener drahtloser Rundfunksendungen vgl. *Herrmann/Lausen*[2] S. 35 ff.; *Castendyk/Knop* in *v. Hartlieb/Schwarz*[4] Kap. 242 Rdnr. 1 ff.; *Senger* A S. 120 ff. Zu den Übertragungswegen der ARD-Hörfunk- und Fernsehprogramme sa. ARD-Jahrbuch 09, 2009, S. 186. Bei der Übertragung von Rundfunksendungen an mobile Endgeräte, die nicht einfach herkömmliche Rundfunkempfangsgeräte sind (sog. **Mobile-TV;** und **Handy-TV**; s. § 20 Rdnr. 10), werden die Sendesignale unter Einsatz der Streamingtechnik in komprimierter Form als Datenstrom mittels eines Streaming-Servers an die mobilen Endgeräte gesendet. Zwischen dem Server und dem Endgerät, das in die Streaming-Übertragung eingeloggt wurde, wird dabei jeweils individuell – nach Aufforderung durch das mobile Endgerät – eine unmittelbare Verbindung aufgebaut (s. OGH GRUR Int. 2009, 751 – UMTS-Mobilfunknetz; s. weiter *Büchner* CR 2007, 473/476 f.; *Ory* ZUM 2007, 7/9 ff.; *Hoeren* MMR 2008, 139).

Während der **Ausstrahlungsbereich** der elektromagnetischen Wellen im VHF- und UHF-Bereich nicht oder nur wenig über den optischen Sendehorizont hinausreicht, passen sich Mittel- und Langwellen (letztere in stärkerem Maß) der Erdkrümmung an. Mit Lang- und Mittelwellensendern können deshalb – vor allem in den Abend- und Nachtstunden – große Gebiete, auch weithin im Ausland, erreicht werden. Der Kurzwellenrundfunk dient wegen der besonderen Ausbreitungseigenschaften der Kurzwellen vor allem der internationalen Übertragung von Hörfunksendungen. (Zu deutschen Rundfunksendungen für das Ausland s. *Pieper*, Der deutsche Auslandsrundfunk, 2000; *Herrmann/Lausen*[2] S. 184 f.). Bei Kurzwellen breitet sich die Bodenwelle nur in verhältnismäßig geringem Umfang entlang der Erdoberfläche aus; Kurzwellen eignen sich deshalb nicht für Rundfunksendungen im Nahbereich. Die Raumwelle gestattet aber Rundfunkverbindungen von Kontinent zu Kontinent, weil sie in der Ionosphäre reflektiert wird. Die kurzzeitigen Veränderungen in der Ionosphäre beeinflussen jedoch auch den Empfangsbereich und die Empfangsqualität von Kurzwellensendungen. 3

Bei **Kommunikationssatelliten** lassen sich idealtypisch Rundfunksatelliten (Direktsatelliten) und Fernmeldesatelliten (auch Nachrichten- oder Verteilersatelliten genannt) unterscheiden. Direktsatelliten strahlen Sendeprogramme an die Allgemeinheit zum unmittelbaren Empfang durch diese ab. Rundfunksendungen werden für Europa vor allem von den ASTRA-Satelliten der SES Astra S. A. (Luxemburg) und den Hotbird-Satelliten der Eutelsat S. A. (Frankreich) ausgestrahlt. Diese Satelliten sind geostationär; sie umkreisen die Erde in etwa 36 000 km Höhe und befinden sich von der Erde aus gesehen immer an demselben Ort. Fernmeldesatelliten sollen ihrer eigentlichen Funktion nach Punkt-zu-Punkt-Verbindungen herstellen (zB für die Nachrichtenübertragung oder für den Programmaustausch zwischen zwei Sendeunternehmen) oder – als Verbindung zwischen einer Mehrzahl von Empfangsstellen – Verteilerfunktionen wahrnehmen (zB zur gleichzeitigen Übertragung von Programmsignalen an mehrere Sendeunternehmen). Punkt-zu-Punkt-Satellitensendungen im strengen Sinn gibt es jedoch noch nicht, da die Ausstrahlung des Satelliten nicht scharf genug gebündelt werden kann. Die Sendekeule der Satelliten erfasst als Ausleuchtzone („footprint") stets ein größeres Gebiet, in dem mit entsprechenden Empfangseinrichtungen grundsätzlich jedem der Empfang möglich ist. Der angesprochene Empfängerkreis kann allerdings durch Verschlüsselung der Sendungen begrenzt werden. Unter urheberrechtlichen Gesichtspunkten hat die idealtypische Unterscheidung zwischen Direktsatelliten und Fernmeldesatelliten keine Bedeutung, weil für das Eingreifen des Senderechts nur darauf abzustellen ist, ob das Werk durch die Satellitensendung tatsächlich einer Öffentlichkeit als Publikum zugänglich gemacht wird (s. dazu § 20 Rdnr. 8, § 20 a Rdnr. 14; vgl. weiter SchweizBG GRUR Int. 1994, 442/443 f. – CNN International). Zur Satellitensendetechnik vgl. weiter *Janik* in *Schwartmann* (Hrsg.), Praxishandbuch Medien-, IT- und Urheberrecht, S. 144 f.; *ders.* in *Dörr/Kreile/Cole* (Hrsg.), Handbuch Medienrecht, 2008, S. 109 f.; *Herrmann/Lausen*[2] S. 40 ff.; *Castendyk/Knop* in *v. Hartlieb/Schwarz*[4] Kap. 242 Rdnr. 7 ff.; *Baumann*, Das internationale Recht der Satellitenkommunikation, 2005, S. 34 ff.; *Mehner* S. 6 ff.; *Ullrich* S. 8 ff. 4

Zum internationalen **Rechtsrahmen von Satellitenübertragungen** s. *Baumann*, Das internationale Recht der Satellitenkommunikation, 2005; *Koenig/Neumann*, Rechtliches und organisatorisches Umfeld der Satellitenkommunikation, MMR 2000, 151 ff.

Vor §§ 20ff. Vorbemerkung

2. Kabelgebundene Rundfunksendungen

5   In großem Umfang werden Rundfunksendungen (ausschließlich oder im Wege der Weitersendung) über Kabel verbreitet. Zur Unterteilung der Kabelnetze in die vier Netzebenen, die eine Rundfunksendung auf dem Weg zum Verbraucher durchläuft, s. Regulierungsbehörde für Telekommunikation und Post, MMR 1999, 299/300; *Janik* in *Schwartmann* (Hrsg.), Praxishandbuch Medien-, IT- und Urheberrecht, S. 146 f.; *ders.* in *Dörr/Kreile/Cole* (Hrsg.), Handbuch Medienrecht, 2008, S. 111; *Mand* S. 4 ff. Beim (drahtlosen) Rundfunk ist auf der Empfängerseite im Allgemeinen eine leitungsgebundene Weiterübertragung der Programmsignale notwendig, wenn die Empfangsantenne räumlich vom Empfangsapparat getrennt ist. Die **Gemeinschaftsantenne** eines Mehrfamilienhauses für mehrere Empfangsanlagen erfordert bereits ein Kabelsystem. Die Übergänge von reinen Gemeinschaftsantennenanlagen für ein Mehrfamilienhaus oder mehrere benachbarte Gebäude zu großen Kabelnetzen, über die selbständige Sendeunternehmen in eigener Verantwortung Programme verbreiten, sind fließend. Eine Abgrenzung verschiedener Anlagentypen anhand technischer Kriterien ist nicht möglich (allgM). Dementsprechend hat sich im urheberrechtlichen Schrifttum für Kabelanlagen weder eine bestimmte Typologie noch eine einheitliche Terminologie durchgesetzt (sa. *Dreier* S. 7 ff.). Urheberrechtlich entscheidend ist auch nicht eine genaue Unterscheidung verschiedener Anlagentypen, sondern ihre jeweilige Funktion, dh. die Frage, ob im Einzelfall mit Hilfe einer bestimmten Anlage eine vom Senderecht erfasste öffentliche Wiedergabe stattfindet (vgl. zB die Benutzung einer Gemeinschaftsantennenanlage für den Fernsehempfang, aber auch für die selbständige Übertragung von Videofilmen). Zweifelsfrei Kabelfunk iSd. Urheberrechts ist die leitungsgebundene zeitgleiche Übertragung eigener Programme an eine Öffentlichkeit (insb. das sog. **Kabelfernsehen**). Zur **Technik** der leitungsgebundenen Übertragung von Rundfunksendungen vgl. *Castendyk/Knop* in v. *Hartlieb/Schwarz*[4] Kap. 242 Rdnr. 16 ff.; *Herrmann/Lausen*[2] S. 43 f.; *Treyde* S. 31 ff.; *Sharma,* Der chancengleiche Zugang zum digitalen Kabelfernsehnetz, 2009, S. 58 ff.

Bei **Rundfunkverteileranlagen** (zB in Hotels oder Justizvollzugsanstalten) werden eine Reihe von Empfangsstellen über eine Zentralstelle mit Rundfunkprogrammen versorgt (s. § 20 Rdnr. 41). Die Einschaltung der Empfangsgeräte und die Auswahl unter den übertragenen Programmen steht im Belieben der Benutzer der Empfangsstellen. Eine andere Funktion haben Anlagen dieser Art, wenn über sie mit Hilfe von Bild- oder Tonträgern usw. ein eigenes Programm veranstaltet wird (zB sog. **Hotelvideo**; s. weiter § 20 Rdnr. 23 f., 43).

3. Digitale Rundfunksendungen

6   Bei dem sog. analogen Rundfunk stellen die übertragenen Signale im zeitlichen Verlauf und in ihren Werten jeweils ein (analoges) Abbild des zu übertragenden Vorgangs dar (zB der Schallwellen einer Musikdarbietung). Beim **digitalen Rundfunk** wird dagegen durch Codierung ein digitales (binäres) Signal erzeugt, das (wie Computerdaten) übertragen wird. Die digitale Sendetechnik steigert die Übertragungskapazitäten, dient der besseren Ausnutzung der für Funkzwecke zur Verfügung stehenden Frequenzen und ermöglicht Übertragungen in besserer Qualität, weil die digitale Sendetechnik im Vergleich zur analogen Technik weniger störanfällig ist. Zur digitalen Rundfunktechnik s. *Janik* in *Schwartmann* (Hrsg.), Praxishandbuch Medien-, IT- und Urheberrecht, S. 136 f.; *Castendyk* in v. *Hartlieb/Schwarz*[4] Kap. 246 Rdnr. 1 ff.; *Herrmann/Lausen*[2] S. 24 ff.; *Grünwald,* Analoger Switch-Off, 2001, S. 7 ff.; *Hesse,* Rundfunkrecht, 3. Aufl. 2003, S. 287 ff.; *Himberger* MR 2005, 159 ff. Nach § 63 Abs. 5 TKG soll die Bundesnetzagentur Frequenzzuteilungen für analoge Rundfunkübertragungen auf der Grundlage der rundfunkrechtlichen Festlegungen der zuständigen Landesbehörde nach Maßgabe des Frequenznutzungsplanes für den Fernsehrundfunk bis spätestens 2010 und für den UKW-Hörfunk bis spätestens 2015 widerrufen. Danach sind insoweit nur noch digitale Übertragungen möglich. Die Hörfunkübertragungen über Lang-, Mittel- und Kurzwelle bleiben von dieser Regelung unberührt. Die Umstellung vom früheren analogen auf digitales terrestrisches Fernsehen (Digital Video Broadcasting Terrestrial, DVB-T) ist in Deutschland abgeschlossen.

4. Sendungen im Internet

7   Das Internet benutzt drahtlose und kabelgebundene Übertragungsformen. Im Internet sind Sendeformen wie das **Internetradio** (Webradio) und **Internet-TV** (Web-TV) entwickelt worden. Diese fallen unter den Tatbestand des Senderechts (s. § 20 Rdnr. 45 ff.). Mithilfe der Technik des **Streaming** kann ein laufendes Programm (fast) in Echtzeit an eine Öffentlichkeit über-

tragen werden (s. näher *Bortloff* GRUR Int. 2003, 669/670; *Rigopoulos* S. 266 ff.; *Theiselmann* S. 59). Endverbraucher können sich durch Abruf in das laufende Programm einschalten (sa. *Handig* GRUR Int. 2007, 206/209); auf den Zeitpunkt und den Inhalt der Übertragung haben sie keinen Einfluss. Sie bestimmen lediglich durch ihren Abruf, ob eine Übertragung des andauernden Datenstroms auch an sie stattfindet. Die Daten der Sendung werden paketweise an die Nutzer übertragen und in den Endgeräten in sog. Buffern zwischengespeichert (s. dazu auch § 20 Rdnr. 14). Dies ermöglicht dem Endnutzer eine kontinuierliche Wiedergabe des Sendeinhalts, die dem Empfang herkömmlicher Rundfunksendungen entspricht, dazu allerdings eine gänzlich andere Technik benutzt. Teilweise wird mit Hilfe der Streamingtechnik ein auch herkömmlich verbreitetes Programm zeitgleich im Internet zugänglich gemacht (sog. **Simulcasting**); teilweise wird ein öffentliches Programm ausschließlich im Internet gesendet (sog. **Webcasting**). Von Sendungen iSd. § 20 kann jedoch nicht mehr gesprochen werden, wenn Teile eines zuvor an eine Öffentlichkeit gesendeten Programms auf individuellen Abruf erneut an einen einzelnen Endverbraucher übertragen werden. Das öffentliche Bereithalten des Werkes kann in einem solchen Fall unter § 19a fallen, die Übertragung des Werkes unter ein unbenanntes Verwertungsrecht (s. § 19a Rdnr. 42). Zur Technik sog. **Push-Dienste** (s. § 20 Rdnr. 47 f.) s. *Theiselmann* S. 67 f. Beim **Podcasting** wird das vom Podcaster hergestellte Programm (Podcast) idR für die Nutzer auf einem Server zum Abruf bereitgehalten und auf Abruf übertragen. In diesem Fall ist beim Podcasting nicht das Senderecht betroffen, sondern das Bereithaltungsrecht aus § 19a und das (unbenannte) Recht an der Abrufübertragung (s. § 19a Rdnr. 1; § 20 Rdnr. 46). Zur Übertragung von Podcasts durch Pushdienste s. § 20 Rdnr. 47. Zu Übertragungen von **On-Demand-Diensten** und **Near-on-Demand-Diensten** s. § 19a Rdnr. 54, § 20 Rdnr. 9, 45.

II. Wesen und Gegenstand des Senderechts

Die Rechte der Urheber aus § 20 und § 20a sind **Rechte der öffentlichen Wiedergabe** 8 des Werkes in unkörperlicher Form (§ 15 Abs. 2 Nr. 2; s. § 15 Rdnr. 45 ff.). Die Rechte aus § 20 und § 20a bilden gemeinsam „das Senderecht" des Urhebers, sind jedoch jeweils eigenständige Rechte (s. dazu § 20 Rdnr. 19, § 20a Rdnr. 1). Zur Bezeichnung des Senderechts als Erstverwertungsrecht s. § 15 Rdnr. 50.

Gegenstand des Senderechts können geschützte Werke aller Art sein (§§ 2 bis 4). Uner- 9 heblich ist, ob das Werk bereits fixiert ist.

III. Abgrenzung des Senderechts von anderen Verwertungsrechten

1. Zur Abgrenzung von **§ 19 Abs. 3** vgl. § 19 Rdnr. 35 und 43. Zur Abgrenzung von **§ 19a** 10 s. § 20 Rdnr. 9 sowie § 19a Rdnr. 54, 58. Zum (unbenannten) **Online-Verbreitungsrecht** s. § 15 Rdnr. 27, 71; § 19a Rdnr. 45; § 20 Rdnr. 8, 47 f.

2. **Abgrenzung von § 22.** Die Rechte aus § 20 und § 20a beziehen sich auf die Werk- 11 übermittlung durch sendetechnische Vorgänge, durch die das Werk einer Öffentlichkeit lediglich „zugänglich" gemacht wird. Die Wiedergabe einer Funksendung gemäß § 22 schließt dagegen an eine Sendung iSd. § 20 oder § 20a an und macht das gesendete Werk wieder unmittelbar für die menschlichen Sinne „wahrnehmbar" (vgl. BGH GRUR 1996, 875/876 – Zweibettzimmer im Krankenhaus). Auch dann, wenn die Funksendung gemäß § 22 S. 2 iVm. § 19 Abs. 3 gleichzeitig an mehreren Orten wahrnehmbar gemacht wird, bezieht sich das Recht aus § 22 nur auf das Wahrnehmbarmachen der Funksendung als solches, nicht auf die Übertragungsvorgänge, die erforderlich sind, um die Funksendung nach ihrem Empfang den Geräten zuzuleiten, durch die sie öffentlich wahrnehmbar gemacht wird. Die Tatbestände des Senderechts und des § 22 überschneiden sich daher nicht (sa. *Walter* UFITA 69 [1973] 95/104; *v. Ungern-Sternberg* GRUR 1973, 16/25).

IV. Schranken des Senderechts

Die Rechte an Sendungen aus § 20 und § 20a unterliegen den Schranken des § 45 Abs. 3 12 (Rechtspflege und öffentliche Sicherheit), § 48 Abs. 1 (Öffentliche Reden), § 49 Abs. 1 und 2 (Zeitungsartikel und Rundfunkkommentare), § 50 (Berichterstattung über Tagesereignisse),

Vor §§ 20ff. Vorbemerkung

§ 51 (Zitate), § 57 (Unwesentliches Beiwerk) und des § 59 Abs. 1 (Werke an öffentlichen Plätzen). § 52 ist auf Funksendungen nicht anwendbar (§ 52 Abs. 3; BGHZ 123, 149/155 – Verteileranlagen). Art. 5 Abs. 3 und 5 der Informationsgesellschafts-Richtlinie (s. Rdnr. 29 a) beschränkt die Möglichkeit der Mitgliedstaaten, durch Gesetz Schranken des Senderechts einzuführen.

V. Keine Erschöpfung des Senderechts

13   Das Verbreitungsrecht als Recht der Verwertung des Werkes in körperlicher Form (§ 15 Abs. 1) ist nach § 17 Abs. 2 (mit Ausnahme des Vermietrechts) erschöpft, wenn das Original oder Vervielfältigungsstücke des Werkes mit Zustimmung des zur Verbreitung Berechtigten im Gebiet der Europäischen Union oder eines Vertragsstaates des Europäischen Wirtschaftsraums im Wege der Veräußerung in Verkehr gebracht worden sind (s. dazu § 17 Rdnr. 42 ff.; sa. § 69 c Nr. 3). Senderechte, die Rechte zur Verwertung des Werkes in unkörperlicher Form sind (§ 15 Abs. 2), können sich demgegenüber – entgegen einer früher von der Rechtsprechung und noch von Teilen der Literatur vertretenen Meinung – nicht erschöpfen (vgl. dazu BGH GRUR 2000, 699/701 – Kabelweitersendung; sa. BGHZ 144, 232/238 – Parfumflakon; s. näher § 15 Rdnr. 31 ff.).

14   Zur **Abgrenzung des Tatbestands der Kabelfunksendung**, insbesondere zur Abgrenzung von Sende- und Empfangsvorgängen bei der Kabelweiterübertragung von Rundfunksendungen, ist der Gedanke der Erschöpfung des Rechts jedenfalls ungeeignet. Denn seine Anwendung setzt – definitionsgemäß – voraus, dass das Senderecht ohne ihn eingreifen würde (vgl. weiter § 15 Rdnr. 35, § 20 Rdnr. 28). Aber auch den Betreibern von Kabelnetzen, über die Rundfunksendungen zeitgleich übertragen werden sollen, könnte die Möglichkeit einer Erschöpfung des Senderechts nicht die erforderliche Rechtssicherheit verschaffen. Denn eine Erschöpfung des Senderechts könnte allenfalls eintreten, wenn die Rundfunksendung wirksam genehmigt wurde. Ob dies der Fall ist, wird dem Kabelunternehmer jedoch regelmäßig nicht bekannt sein (vgl. *v. Ungern-Sternberg* UFITA 94 [1982] 79/101).

15   Aus dem EG-Vertrag lässt sich eine **gemeinschaftsrechtliche Erschöpfung** des Senderechts nicht ableiten (vgl. dazu § 15 Rdnr. 38).

VI. Wahrnehmung des Senderechts

16   1. Durch das **4. UrhGÄndG**, das vor allem die Satelliten- und Kabelrichtlinie umgesetzt hat (s. Rdnr. 28 f.), sind mehrere Vorschriften, die Bedeutung für die Wahrnehmung des Senderechts haben, in das UrhG und das WahrnG eingefügt worden: § 20 b, § 87 Abs. 4 (jetzt Abs. 5) und § 137 h UrhG sowie § 13 b Abs. 3 und 4 WahrnG (jetzt § 13 c Abs. 3 und 4 WahrnG).

17   Die **Satelliten- und Kabelrichtlinie** enthält zudem in ihren Erwägungsgründen weitere vertragsrechtliche Grundsätze, die nicht ausdrücklich umgesetzt werden mussten, weil das geltende deutsche Recht bereits mit ihnen übereinstimmte. So verweist die Richtlinie in ihrem **Erwägungsgrund 16** darauf, dass der Umfang der Senderechtseinräumung auch beschränkt werden kann, insbesondere hinsichtlich bestimmter Übertragungstechniken oder hinsichtlich bestimmter Sprachfassungen (s. dazu auch Rdnr. 19, § 20 a Rdnr. 9). Nach dem **Erwägungsgrund 17** „sollten" die Beteiligten bei der Vereinbarung der Vergütung für die erworbenen Rechte „allen Aspekten der Sendung, wie der tatsächlichen und potentiellen Einschaltquote und der sprachlichen Fassung, Rechnung tragen." (Der in der deutschen Richtlinienfassung verwendete Begriff der Einschaltquote ist zu eng; richtig wäre seine Ersetzung durch den Begriff „Empfängerkreis". Die englische Fassung spricht von „audience", die französische von „l'audience"; vgl. dazu auch *Kreile/Becker* GRUR Int. 1994, 901/910). Zur Bedeutung des Erwgr. 17 der Satelliten- und Kabelrichtlinie für die Bemessung der Sendevergütung bei Satlitensendungen und Kabelweitersendungen sa. *Daum* MR 2003, Beilage zu Heft 4 S. 22/23 ff.; *Ullrich* S. 574 ff. Bedeutsam ist Erwgr. 17 weniger für individuelle Senderechtsverträge, bei denen er wegen des Grundsatzes der Vertragsfreiheit nur bei besonderen Fallgestaltungen (zB § 315 BGB) wirksam werden kann, als vielmehr für die Bemessung gesetzlicher Ansprüche (wie Schadensersatz- und Bereicherungsansprüche) und für die Bestimmung der angemessenen Bedingungen für die Einräumung von Nutzungsrechten durch eine Verwertungsgesellschaft gemäß § 11 Abs. 1 WahrnG. Zur angemessenen Vergütung bei direkten Satellitensendungen sa. *Ullrich* S. 565 ff. Zur Auslegung von Altverträgen, die vor der Umsetzung der Satelliten- und Kabelrichtlinie geschlossen worden sind, sa. *Schanda* MR 1996, 133/134.

Vorbemerkung Vor §§ 20 ff.

Das Senderecht kann für die terrestrische Ausstrahlung auch **räumlich beschränkt** nach 18
Ausstrahlungsgebieten eingeräumt werden (vgl. *Loewenheim* GRUR 1993, 934/935; *Pfister,* Das
Urheberrecht im Prozess der deutschen Einigung, 1996, S. 162 f.; s. weiter § 20 Rdnr. 4 und
vor §§ 28 ff. Rdnr. 82, 90 f.; zur Frage der Vereinbarkeit einer räumlich auf einzelne Mitgliedstaaten beschränkten Rechtevergabe mit europäischem Recht vgl. das Vorabentscheidungsersuchen des High Court of Justice vom 29. 9. 2008 – Karen Murphy ./. Media Protection Services
Ltd. [Rs. C-429/08]; vgl. zu diesem *Schmittmann/Rifai* AfP 2008, 577 ff.). Eine räumliche Beschränkung nach Empfangsgebieten ist nicht möglich (sa. *Neumaier* S. 70 ff.; zu direkten Satellitensendungen sa. *Ullrich* S. 483 ff.). Ist in einem Vertrag geregelt, dass ein Werk vom Vertragsgebiet aus terrestrisch nur in einer Weise ausgestrahlt werden darf, dass die Sendung nur in einem
bestimmten räumlichen Bereich empfangen werden kann, bedeutet dies eine dingliche Beschränkung des Rechts zur Ausstrahlung der Sendung auf das Vertragsgebiet verbunden mit
einer (nur) schuldrechtlich bindenden Vereinbarung, dass nur in einer bestimmten Art und Weise gesendet werden darf. Daran ändert auch nichts die Möglichkeit, Verschlüsselungstechniken
einzusetzen, um den Empfang in bestimmten Gebieten auszuschließen. Die dingliche Aufspaltbarkeit von Nutzungsrechten setzt voraus, dass die verschiedenen Nutzungsformen auch über
lange Zeiträume nach eigener Entscheidung der Nutzungsberechtigten klar voneinander getrennt werden können. Das ist (nach gegenwärtigem technischem Stand) beim Einsatz von Verschlüsselungssystemen, deren Wirkung durch Verbreitung von Umgehungstechniken aufgehoben werden kann, kaum vollständig zu gewährleisten (aA *Castendyk/Kirchherr* ZUM 2005,
283/284 f.). Ob die Einräumung eines Senderechts zur Ausstrahlung über alle Sendeanlagen
eines Unternehmens berechtigt, richtet sich nach dem Vertrag (s. dazu BGHZ 133, 281/288 –
Klimbim; *v. Ungern-Sternberg* S. 77 ff.; sa. OLG Koblenz AfP 1988, 39; *Castendyk* in: Loewenheim[2]
§ 75 Rdnr. 42; *Schwertfeger* S. 13 ff. mwN). Zur territorialen Vergabe der Senderechte in der
Praxis s. *Diesbach* ZUM 2002, 680; *Breidenstein* S. 32 f.; *Christmann* ZUM 2006, 23 ff.; sa. *Castendyk*
in Loewenheim[2] § 75 Rdnr. 61 ff.).

Die **Aufspaltbarkeit der Senderechte nach Nutzungsarten** richtet sich ebenfalls nach
den allgemeinen Grundsätzen (s. vor §§ 28 ff. Rdnr. 87). Die Senderechte können mit dinglicher Wirkung getrennt nach erdgebundener drahtloser oder kabelgebundener Ausstrahlung und
nach dem Recht zur Satellitenausstrahlung vergeben werden (vgl. BGHZ 133, 281/288 – Klimbim; BGH GRUR 2005, 320/323 – Kehraus; s. dazu auch *Ullrich* S. 476 ff.). Auch das Recht an
der Kabelweitersendung ist eine dinglich abspaltbare Nutzungsart, wie schon aus der Regelung
des § 20 b folgt (vgl. *Dreier* in *Dreier/Schulze*[3] § 20 b Rdnr. 1; aA *Gounalakis* ZUM 2009, 447/
450 f.; *Mand* S. 17 ff. [der sich zu Unrecht auf die Rechtsprechung beruft]; s. dazu auch *Fischer*
ZUM 2009, 465 ff.). Zur Frage, ob das Satellitensenderecht aus § 20 a dinglich beschränkt eingeräumt werden kann, s. § 20 a Rdnr. 19. Die Senderechte für das Internet und für die herkömmliche Rundfunkausstrahlung können getrennt vergeben werden (vgl. *Poll* GRUR 2007, 476/482;
Castendyk, Fs. für Loewenheim, S. 31/43 f.; *Fromm/Nordemann/J. B. Nordemann*[10] § 31 Rdnr. 78;
aA *Ory* K&R 2006, 303 ff.). Zur Frage, ob Mobile-TV oder Handy-TV eine eigenständige
Nutzungsart sind, s. *Fromm/Nordemann/J. B. Nordemann*[10] § 31 Rdnr. 79; *Bauer/v. Einem* MMR
2007, 698/700; *Büchner* CR 2007, 473/479 f.; *Ory* ZUM 2007, 7/8.

Digitale Rundfunksendungen (Rdnr. 6) sind im Verhältnis zu analogen Rundfunksendungen jedenfalls nicht schon wegen der unterschiedlichen Technik eine eigenständige Nutzungsart
(s. dazu § 88 Rdnr. 48 mwN; s. weiter *Wagner,* Fs. für Raue, S. 723/731 f.). Ob ältere Senderechtsverträge auch die Sendung mit digitaler Sendetechnik gestatten, kann in Einzelfällen fraglich sein, weil digitale Sendungen die Aufzeichnung der übertragenen Werke durch den Empfänger in erheblich besserer Qualität als bei herkömmlicher Rundfunktechnik ermöglichen und
deshalb zu einer erheblich intensiveren Werknutzung führen können.

Zur gegenwärtigen und früheren Praxis der Rechtswahrnehmung bei der zeitgleichen und
unveränderten **Weitersendung durch Kabelfunk** s. Rdnr. 24 f.

Zum **Sendevertragsrecht im Einzelnen** s. vor §§ 28 ff. Rdnr. 144 ff.; § 88 Rdnr. 36 ff.; sa.
Wandtke/Bullinger/Ehrhardt[3] §§ 20–20 b Rdnr. 36 ff.; *Castendyk* in Loewenheim[2] § 75; *Reber*
S. 21 ff./53 ff./143 ff./146 ff.; *Herrmann/Lausen*[2] S. 716 ff.; *Schiller,* Allgemeine Geschäftsbedingungen im Urhebervertragsrecht für freie Mitarbeiter in der Film- und Fernsehproduktion,
1999, S. 110 ff.; *Merten* in *Berger/Wündisch* (Hrsg.), Urhebervertragsrecht, 2008, § 22; *Fromm/
Nordemann/J. B. Nordemann*[10] vor §§ 88 ff. Rdnr. 97 ff.; *Ulmer,* Urhebervertragsrecht (Gutachten
für den Bundesminister der Justiz als Grundlage für die Reform des Sendevertragsrechts), 1977.
Zur Auslegung eines älteren Filmkoproduktionsvertrags, in dem über die Inhaberschaft des
Rechts an direkten Satellitensendungen keine ausdrückliche Regelung getroffen worden ist,

Vor §§ 20ff. Vorbemerkung

s. BGH GRUR 2005, 320/322f. – Kehraus. Zum Sendevertragsrecht hinsichtlich Sendungen im Internet s. *Schwarz* ZUM 2000, 816ff.; *Schardt* ZUM 2000, 849ff.; *Ory* K&R 2006, 303ff.; *Poll* GRUR 2007, 476/482f. Zur Befugnis einer Rundfunkanstalt, die Senderechte an einem Filmwerk erworben hat, Standbilder aus dem Film im Internet öffentlich zugänglich zu machen (§ 19 a), um auf den Film hinzuweisen, vgl. OLG Köln GRUR-RR 2005, 179. Zur Rechteeinräumung für das Mobile-TV bzw. Handy-TV s. *Bauer/v. Einem* MMR 2007, 698/700; *Büchner* CR 2007, 473/479f.

19 Zur Auswirkung der **Wiederherstellung der deutschen Einheit** auf bestehende Sendeverträge vgl. BGHZ 133, 281/290ff. – Klimbim = Schulze BGHZ 449 mit Anm. *Hillig*; BGHZ 147, 244/258ff. – Barfuß ins Bett; vgl. dazu auch – zum Verbreitungsrecht – BGH GRUR 2003, 699/702 – Eterna; s. weiter vor §§ 120ff. Rdnr. 38; *Pfister*, Das Urheberrecht im Prozess der deutschen Einigung, 1996, S. 159ff.; *Schwarz* ZUM 1997, 94/95ff.; *Schricker* IPRax 1992, 216/219; *Katzenberger* GRUR Int. 1993, 2/16f.; *Schmits* ZUM 1993, 72; *Loewenheim* GRUR 1993, 934/936ff.; *Richter* in *Berger/Wündisch* (Hrsg.), Urhebervertragsrecht, 2008, § 8 Rdnr. 49ff.; *Fromm/Nordemann/A. Nordemann*[10] Einl. Rdnr. 35; *J. B. Nordemann*[10] ebd. vor §§ 31ff. Rdnr. 20ff., 105f.; *Castendyk* in Loewenheim[2] § 75 Rdnr. 62f. An der dinglichen Verteilung der Senderechte in einem älteren Filmkoproduktionsvertrag hat die Wiedervereinigung nichts geändert (vgl. BGHZ 133, 281/291 – Klimbim; BGH GRUR 2003, 699/702 – Eterna). Die Wiedervereinigung hat auch nicht die Geschäftsgrundlage für die Verteilung des Rechts an der direkten Satellitensendung in einem älteren Filmkoproduktionsvertrag entfallen lassen (vgl. BGH GRUR 2005, 320/325 – Kehraus).

Zu den Rechten an **Filmproduktionen in der DDR** s. BGHZ 147, 244 – Barfuß ins Bett; KG AfP 1999, 372; *Hegemann*, Nutzungs- und Verwertungsrechte an dem Filmstock der DEFA, 1996; *Haupt*, Urheberrecht und DEFA-Film, 2005; *Castendyk* in Loewenheim[2] § 75 Rdnr. 305ff.

20 2. Die Senderechte an geschützten Werken werden in weitem Umfang von **Verwertungsgesellschaften** wahrgenommen (zur Wahrnehmung des Rechts an der Kabelweitersendung s. § 20b Abs. 1). Diese schließen mit den Sendeunternehmen grundsätzlich Pauschalvereinbarungen für das von ihnen vertretene Repertoire ab (s. dazu *Castendyk* in Loewenheim[2] § 75 Rdnr. 289ff.; *Herrmann/Lausen*[2] S. 720ff.; *Ory* in *Berger/Wündisch* (Hrsg.), Urhebervertragsrecht, 2008, § 26 Rdnr. 10ff.). Zur Beurteilung der Tarifgestaltung einer Verwertungsgesellschaft bei der Vergabe von Senderechten gemäß Art. 82 EG (Missbrauch einer marktbeherrschenden Stellung; vgl. jetzt Art. 102 AEUV) s. EuGH GRUR 2009, 421/422 Tz. 17ff. = GRUR Int. 2009, 316 – Kanal 5, TV 4 AB/STIM. Zur Einbindung der Vgg. Außenseiter bei der Wahrnehmung des Rechts an der Kabelweitersendung s. Rdnr. 24. Zur Erfassung der von den Sendern genutzten Werke durch die Verwertungsgesellschaften s. *Leeb*, Der Wert künstlerischer Arbeit – Urheberrecht, Rechtewahrnehmung und Administration durch Verwertungsgesellschaften, 2009, S. 155ff.

Zur Erfassung der von den Sendern genutzten Werke durch die Verwertungsgesellschaften s. *Leeb*, Der Wert künstlerischer Arbeit – Urheberrecht, Rechtewahrnehmung und Administration durch Verwertungsgesellschaften, 2009, S. 155ff.

Die **GEMA** verwaltet aufgrund der Berechtigungsverträge, die sie mit den ihr angeschlossenen Komponisten, Textdichtern und Musikverlegern geschlossen hat, sowie aufgrund von Gegenseitigkeitsverträgen mit ausländischen Wahrnehmungsgesellschaften Senderechte an einem umfassenden Repertoire von Werken der Musik (sa. vor §§ 28ff. Rdnr. 145; vgl. dazu den Berechtigungsvertrag, abgedruckt idF vom 23./24. 6. 2008 im GEMA-Jahrbuch 2009/2010, S. 170, abrufbar unter www.gema.de; frühere Fassungen des Berechtigungsvertrages: vom 27./28. 6. 1989, GEMA-Jahrbuch 1995/96, S. 161, vom 9./10. 7. 1996, GEMA-Jahrbuch 1996/97 S. 161, vom 25./26. 6. 2002, GEMA-Jahrbuch 2004/2005 S. 195, vom 28./29. 6. 2005, GEMA-Jahrbuch 2005/2006 S. 183, vom 26./27. 6. 2007, GEMA-Jahrbuch 2007/2008 S. 174; vom 24./25. 6. 2008, GEMA-Jahrbuch 2008/2009 S. 176). Zur Auslegung des Berechtigungsvertrags vgl. *Staudt* in *Kreile/Becker/Riesenhuber*[2] Kap. 10 Rdnr. 73ff.; *dies.* S. 135ff., 297f. Nach § 1 lit. b und d des Berechtigungsvertrages werden der GEMA nicht übertragen die Rechte an der Sendung dramatisch-musikalischer Werke (bei vollständiger Sendung, Sendung als Querschnitt oder in größeren Teilen), die im Gegensatz zu den sonstigen „kleinen Senderechten" an Werken der Musik oft als „große Senderechte" bezeichnet werden (vgl. zu diesen Begriffen § 19 Rdnr. 29; s. ferner die Abgrenzungsvereinbarung zwischen der GEMA und den Rundfunkanstalten von 1964/1965 mit Nachträgen von 1965, 1977 und 1981, GEMA-Jahrbuch 2009/2010 S. 179). Zur Wahrnehmung dieser Rechte vgl. *Wandtke/Bullinger/Ehrhardt*[3] §§ 20–20b Rdnr. 40. Zur Rechtswahrnehmung

Vorbemerkung Vor §§ 20ff.

durch die GEMA bei Kabelweitersendungen iSd. § 20 b Abs. 1 s. *Staudt* in *Kreile/Becker/Riesenhuber*[2] Kap. 10 Rdnr. 79, 89 ff., 247; *dies.* S. 138 f., 146 f., 297 f.

Zur Wahrnehmungsbefugnis der GEMA hinsichtlich der werbemäßigen Benutzung von 21 Werken der Musik s. BGH GRUR 2010, 62 – Nutzung von Musik zu Werbezwecken; vgl. weiter *v. Ungern-Sternberg* GRUR 2010, 273/282 mwN. An die Rundfunkanstalten und die privaten Sendeunternehmen überträgt die GEMA Senderechte durch Pauschal- und Gesamtverträge (vgl. *Castendyk* in *Loewenheim*[2] § 75 Rdnr. 290 ff.; *Herrmann/Lausen*[2] S. 721 f.). Dies gilt auch hinsichtlich der Musik in Kinofilmen (*Flechsig* in *Becker* [Hrsg.], Musik im Film, S. 85/97; *Becker* ebd. S. 53/74 f.). Zur internationalen Wahrnehmung der Rechte hinsichtlich der über Satelliten gesendeten Musik vgl. *Kreile*, Fs. für Deringer, S. 536/555 ff. Zur Wahrnehmung der Rechte durch die GEMA im Filmbereich s. *Becker* ZUM 1999, 16; zur Rechtswahrnehmung im Bereich der **Online-Nutzungen** s. § 19 a Rdnr. 7 ff.

Die **VG Wort** verwaltet nach § 1 Nr. 7, § 2 ihres Wahrnehmungsvertrags idF vom 23. 5. 22 2009 (abrufbar unter www.vgwort.de) bei Sprachwerken und „Darstellungen wissenschaftlicher und technischer Art einschließlich entsprechender Lichtbildwerke (§ 2 Abs. 1 Ziff. 5 UrhG) und Lichtbilder (§ 72 UrhG), die vom Verfasser des Sprachwerkes für dieses geschaffen worden sind", „das Recht zur Sendung (§ 20 UrhG) einschließlich des Rechts der Kabelweitersendung (§ 20 b Abs. 1 UrhG), soweit es sich um die Sendung von nicht mehr als 10 Minuten (Fernsehen) bzw. 15 Minuten (Hörfunk) a) aus einem verlegten Werk (Lesung) oder b) von erschienenen Sprachtonträgern handelt". Nicht unter diese „Kleinen Senderechte" fallen szenische oder bildliche Darstellungen und/oder Dramatisierung sowie Lesungen oder Sendungen aus dramatischen Werken. Nach § 1 Nr. 14 des Wahrnehmungsvertrags verwaltet die VG Wort auch „den Vergütungsanspruch für die zeitgleiche, unveränderte und vollständige Kabelweitersendung (§ 20 b UrhG)" und nach § 1 Nr. 18 des Wahrnehmungsvertrags das Recht, auf Tonträgern oder Bildtonträgern aufgezeichnete Werke durch Pay-TV, Pay-Radio, pay-per-view oder ähnliche Einrichtungen zu senden (§ 20 UrhG). Die Rechte zur Sendung dramatischer und dramatisch-musikalischer Werke werden regelmäßig durch den Urheber oder durch Bühnenverlage vergeben (vgl. näher *Wandtke/Bullinger/Ehrhardt*[3] §§ 20–20 b Rdnr. 40 ff.; sa. *Beilharz*, Der Bühnenvertriebsvertrag, 1970, S. 71 ff.; vgl. weiter vor §§ 28 ff. Rdnr. 121, 125, 145).

Zur Rechtswahrnehmung durch die VG Wort im Bereich der **Online-Nutzungen** s. den Wahrnehmungsvertrag idF vom 23. 5. 2009; vgl. weiter *Koch* in *Loewenheim*[2] § 78 Rdnr. 82; *Hansen* in *Ensthaler/Weidert*[2] Kap. 6 Rdnr. 77 ff.; *Siebert* S. 112 ff. Nichtausschließliche Rechte an der digitalen Nutzung von Werken im Rahmen sog. Local Area Networks (LAN) (sa. § 15 Rdnr. 83, § 19 a Rdnr. 58, § 20 Rdnr. 9, 47 ff.) nimmt die VG Wort aufgrund gesonderter, einzeln abzuschließender Mandatsverträge wahr (beschränkt auf kleine Teile aus Büchern oder einzelne Artikel, die nicht gleichzeitig in digitaler Form – zB auf CD-ROM – erscheinen).

Zur Wahrnehmung von Sende- und Weitersenderechten durch die **VG Bild-Kunst** s. *Pfennig* 23 KUR 1999, 10/12; *ders.*, Fs. für Raue, 2006, 593/605 f.; *Reber* GRUR 2000, 203/206. Zu den Wahrnehmungsverträgen s. www.bildkunst.de. Zur Rechtswahrnehmung durch die VG Bild-Kunst im Bereich der Online-Nutzungen s. § 19 a Rdnr. 9.

Zur **Tätigkeit weiterer Verwertungsgesellschaften** auf dem Gebiet des Senderechts s. *Wirtz* in *Bröcker/Czychowski/Schäfer*, Praxishandbuch Geistiges Eigentum im Internet, 2003, § 8 Rdnr. 243 ff.; *Herrmann/Lausen*[2] S. 720 ff.

Die **EU-Kommission** drängt darauf, **länderübergreifende Lizenzierungsmodelle** für 23a Online-Inhalte zu entwickeln, wodurch allerdings das bestehende System der Rechtewahrnehmung durch die jeweiligen nationalen Verwertungsgesellschaften in Verbindung mit Gegenseitigkeitsverträgen zwischen den einzelnen Verwertungsgesellschaften (vgl. *Lüder* GRUR Int. 2007, 649/654) in Frage gestellt wird. Die EU-Kommission hat dazu die **Empfehlung** „für die länderübergreifende kollektive Wahrnehmung von Urheberrechten und verwandten Schutzrechten, die für legale Online-Musikdienste benötigt werden" vom 18. 10. 2005) herausgegeben (ABl. L 276 v. 21. 10. 2005, S. 54; berichtigt ABl. L 284 v. 27. 10. 2005, S. 10; s. dazu *Toft* MR-Int. 2006, 63; *Lüder* GRUR Int. 2007, 649 ff.; *v. Einem* MMR 2006, 647 ff.; *ders.* S. 253 ff.; *Weber* ZUM 2007, 688/690; *Poll* MMR 2007, Heft 2 S. XXVII ff.; *ders.* ZUM 2008, 500 ff.; *Schmidt-Bischoffshausen* GRUR 2008, 43 ff. [Sitzungsbericht], *Ventroni* MMR 2008, 273 f.; *Alich* GRUR Int. 2008, 996 ff.; *Heine* S. 213 ff.; *Düsing* S. 99 ff.; *Müller* ZUM 2009, 121/125 f.; *Runge* S. 55 ff.) sowie die „Mitteilung der Kommission an das Europäische Parlament, den Rat, den Europäischen Wirtschafts- und Sozialausschuss und den Ausschuss der Regionen über kreative Online-Inhalte im Binnenmarkt" vom 3. 1. 2008 (KOM [2007] 836 endg. Die Empfehlung der EU-Kommission soll (trotz des Wortlauts der Definition der Online-Rechte in Nr. 1 lit. f) nicht

Vor §§ 20ff. Vorbemerkung

für den herkömmlichen Rundfunk, einschließlich Satellitensendungen und Kabelweitersendungen gelten (vgl. *Lüder* GRUR Int. 2007, 649/653), sondern sich insbesondere beziehen auf die Vergabe von Rechten an Webcasting, Simulcasting, Near-on-Demand-Diensten und an Vorgängen, die unter das Recht der öffentlichen Zugänglichmachung iSd. Informationsgesellschafts-Richtlinie fallen (vgl. *Lüder* GRUR Int. 2007, 649/653). Zur Entwicklung seit der Veröffentlichung der Kommissionsempfehlung s. *Lüder* GRUR Int. 2007, 649/657. Zur Entschließung des Europäischen Parlaments vom 13. 3. 2007 zu der Empfehlung der Kommission vgl. den Bericht von *Markowski* GRUR Int. 2007, 638 (vgl. weiter die Entschließung des Europäischen Parlaments vom 25. 9. 2008 zur länderübergreifenden kollektiven Wahrnehmung von Urheberrechten und verwandten Schutzrechten für legale Online-Musikdienste). Der Bundesrat hat durch Beschluss vom 14. 3. 2008 kritisch zu der Empfehlung Stellung genommen (BRDrucks. 47/08; kritisch ebenfalls Beschlussempfehlung und Bericht des BT-Ausschusses für Kultur und Medien BTDrucks. 16/9632).

Durch **Kartellentscheidung vom 16. 7. 2008** – K (2008) 3435 endg – (Sache COMP/ C2/38.698 – CISAC) hat die **EU-Kommission** wesentliche Elemente des Systems der territorialen Abgrenzung von 24 europäischen Verwertungsgesellschaften bei der Lizenzvergabe für Werknutzungen im Internet sowie über Satellit und Kabel als Verstoß gegen Art. 81 EG (vgl. jetzt Art. 101 AEUV) und Art. 53 EWR-Abkommen beanstandet. Die Entscheidung ist nicht rechtskräftig (sa. den Beschluss des Präsidenten des EG vom 14. 11. 2008 – T-410/08 R, EWS 2008, 518; s. dazu *Müller* ZUM 2009, 121/130).

24   3. Für die **Kabelweitersendung** bestimmt nunmehr der durch das 4. UrhG-ÄndG mit Wirkung vom 1. 6. 1998 in das Gesetz eingefügte **§ 20b** (in Umsetzung der Satelliten- und Kabelrichtlinie s. Rdnr. 28f.), dass das Recht, ein gesendetes Werk im Rahmen eines zeitgleich, unverändert und vollständig weiterübertragenen Programms durch Kabel- oder Mikrowellensysteme weiterzusenden (Kabelweitersendung), mit Ausnahme der Fälle des § 20b Abs. 1 Satz 2 nur durch eine Verwertungsgesellschaft geltend gemacht werden kann. Für die Wahrnehmung der Rechte derjenigen, die das Recht der Kabelweitersendung keiner Verwertungsgesellschaft übertragen haben (sog. Außenseiter), wird gemäß § 13c Abs. 3 Satz 1 WahrnG (§ 13b Abs. 3 Satz 1 WahrnG aF) die Wahrnehmungsbefugnis derjenigen Verwertungsgesellschaft fingiert, die Rechte gleicher Art wahrnimmt (s. dazu § 20b Rdnr. 12). Unter mehreren solchen Verwertungsgesellschaften kann der Außenseiter wählen, welche als bevollmächtigt gelten soll (§ 13c Abs. 3 Satz 2 WahrnG). Für die Rechte eines Sendeunternehmens in Bezug auf die Kabelweitersendung seiner Sendungen gilt die Verwertungsgesellschaftenpflicht nicht (§ 20b Abs. 1 Satz 2). Bei der Kabelweitersendung geschützter Werke hat der Urheber einen unverzichtbaren Vergütungsanspruch nach Maßgabe des § 20b Abs. 2.

25   Zur Praxis der **Pauschalverträge mit Kabelnetzbetreibern** über die Kabelweitersendung von Rundfunkprogrammen s. *Herrmann/Lausen*[2] S. 710; *Wandtke/Bullinger/Ehrhardt*[3] §§ 20–20b Rdnr. 29ff.; *Castendyk* in Loewenheim[2] § 75 Rdnr. 330ff., 336ff.; *Dreier* in *Dreier/Schulze*[3] § 20b Rdnr. 17; *Fromm/Nordemann/Dustmann*[10] § 20b Rdnr. 14f.; *Janik* in Schwartmann (Hrsg.), Praxishandbuch Medien-, IT- und Urheberrecht, S. 150f.; *Ory* in *Berger/Wündisch* (Hrsg.), Urhebervertragsrecht, 2008, § 26 Rdnr. 92ff.; *Gounalakis/Mand*, Kabelweiterleitung und urheberrechtliche Vergütung, 2003, S. 1f., 7ff.; *Mand* S. 6ff.; *Spindler* MMR 2003, 1/3f. Zur Auslegung des sog. Regio-Vertrages der VG Media mit Kabelnetzbetreibern vgl. BGH GRUR 2010, 530/532 Tz. 28ff. – Regio-Vertrag).

Zur **früheren Praxis der Rechtswahrnehmung** bei der zeitgleichen und unveränderten Weitersendung durch Kabelfunk in Deutschland und in anderen europäischen Ländern eingehend *Dreier* S. 203ff.; sa. *Hillig* in *Fuhr/Rudolf/Wasserburg* (Hrsg.) S. 384/409ff.; *Loschelder*, Fs. für Reichardt, S. 111/112ff.; *Pfennig* ZUM 2008, 363f.

VII. Rechtsentwicklung. Europäisches Gemeinschaftsrecht

26   1. Das Senderecht wurde erstmals in § 20 gesetzlich verankert, das Recht des Urhebers an der Rundfunksendung war aber schon **vor Inkrafttreten des UrhG** in der Rechtsprechung (beginnend mit RGZ 113, 413 – Der Tor und der Tod) und in der Literatur anerkannt (vgl. BGH GRUR 1982, 727f./729f. – Altverträge; *v. Gamm* Rdnr. 1, jeweils mwN). Dabei wurde zunächst versucht, die Rundfunksendung unter die herkömmlichen Verwertungsrechte, wie insbesondere das Verbreitungs- und das Aufführungsrecht, einzuordnen (s. dazu *Dillenz* ZUM 1988, 361/363f.; *ders.*, Direktsatellit, S. 19f.; *Bornkamm*, GRUR-Fs., S. 1349/1352ff./1361; *Karnell*

Vorbemerkung   **Vor §§ 20ff.**

UFITA 123 [1993] 69ff. und § 17 Rdnr. 5). Seit BGHZ 33, 38/42 – Künstlerlizenz Rundfunk – hat der BGH jedoch das Senderecht als Verwertungsrecht eigener Art behandelt und mit einer Gesetzesanalogie begründet (zur Rechtsprechung des BGH bis zum Inkrafttreten des UrhG vgl. *v. Gamm* Rdnr. 1). Die Sendung über Kabel wurde bereits in BGHZ 36, 171/181 – Rundfunkempfang im Hotelzimmer I – der drahtlosen Sendung gleichgestellt.

2. Reformdiskussion vor dem UrhG: Zur Behandlung des Senderechts in den Gesetzentwürfen s. *Bornkamm*, GRUR-Fs., S. 1349/1361ff./1377. Der Vorschlag in § 59 RefE, den Sendeunternehmen ein gesetzliches Recht zur Funksendung zuzugestehen, falls der Urheber einem anderen ein ausschließliches Senderecht eingeräumt hat, wurde nicht Gesetz (enger bereits § 62 MinE und § 65 RegE; zur Diskussion über eine gesetzliche Lizenz für den Rundfunk vor Inkrafttreten des UrhG vgl. *Ulmer* UFITA 45 [1965] 18/33; *Bußmann* UFITA 19 [1955] 1/4; *Brack* GRUR 1960, 165/167; *Brugger* UFITA 41 [1964] 257/268; *Hillig* UFITA 46 [1966] 1/14; *Herter* S. 49ff./64ff.; *Bornkamm*, GRUR-Fs., S. 1349/1362ff.).   **27**

3. Das **UrhG** hat das Senderecht des Urhebers in § 20 aF geregelt. Die Neuregelung des Senderechts durch das 4. UrhGÄndG (s. Rdnr. 29) wurde veranlasst durch die **Satelliten- und Kabelrichtlinie** (Richtlinie des Rates 93/83/EWG v. 27. 9. 1993 zur Koordinierung bestimmter urheber- und leistungsschutzrechtlicher Vorschriften betreffend Satellitenrundfunk und Kabelweiterverbreitung, ABl. Nr. L 248 S. 15, abgedruckt in GRUR Int. 1993, 936; Umsetzungsfrist gemäß Art. 14 Abs. 1 bis 1. 1. 1995). Die Richtlinie trifft insbesondere Regelungen zu den Rechten an der Satellitenübertragung und an der Kabelweitersendung sowie zur Wahrnehmung dieser Rechte. Sie enthält lediglich eine Mindestharmonisierung (vgl. EuGH GRUR 2007, 225/226 Tz. 30 – SGAE/Rafael). In ihrem Anwendungsbereich schließt die Richtlinie gesetzliche Lizenzen und Zwangslizenzen aus (Art. 3 Abs. 1 für die Satellitensendung, Art. 8 Abs. 1 – mit einer Übergangsregelung in Abs. 2 für gesetzliche Lizenzen bis zum 31. 12. 1997 – für die Kabelweiterübertragung von Rundfunkprogrammen aus anderen Mitgliedstaaten). Art. 7 enthält Übergangsbestimmungen für vor dem 1. 1. 1995 geschlossene Verwertungsverträge und Verträge über internationale Koproduktionen (vgl. dazu auch Erwgr. 18 und 19). Zur Richtlinie sa. *Rumphorst* GRUR Int. 1993, 934. Die Satelliten- und Kabelrichtlinie enthält ausschließlich urheberrechtliche Bestimmungen zur gemeinschaftsweiten Harmonisierung des Urheberrechts; sie berührt daher Fragen der Anwendbarkeit nationaler Markenrechte nicht (OGH, Urt. v. 19. 11. 2009 – 17 Ob 26/09m [unter 6.5.2.]).   **28**

Zu den **Vorarbeiten** der Kommission für die Richtlinie vgl. insbesondere das Grundsatzpapier zu den urheberrechtlichen Fragen im Bereich der Satellitensendungen und Kabelweiterverbreitung, GRUR Int. 1991, 31, und den Richtlinienvorschlag vom 11. 9. 1991, abgedruckt in GRUR Int. 1991, 900 sowie MR 1991, 182. Zur begleitenden rechtspolitischen Diskussion vgl. *Dreier* S. 30ff. und GRUR Int. 1991, 13; *Haindl* MR 1991, 180; *Vogel* ZUM 1992, 21; *Castendyk/v. Albrecht* GRUR Int. 1992, 734 und 1993, 300; *Rumphorst* GRUR Int. 1992, 910; *Desurmont* RIDA 1993 (155) 89/110ff.; *Kreile*, Fs. für Deringer, S. 536/540ff.; *Breidenstein* S. 150ff. Zur **Umsetzung** der Satelliten- und Kabelrichtlinie in Österreich s. *Walter/Walter*, Europäisches Urheberrecht, S. 399ff., dort jeweils im Anschluss an die Kommentierung der einzelnen Artikel der Richtlinie; *Schanda* MR 1996, 133; *Gamerith* ÖBl. 1997, 99/101f.

4. Durch das **4. UrhGÄndG** vom 8. 5. 1998 (BGBl. I S. 902) wurde die Satelliten- und Kabelrichtlinie (s. Rdnr. 28) umgesetzt (Materialien abgedruckt in UFITA 137 [1998] 229ff.). Zu Problemen der Umsetzung s. Eingabe der *Deutschen Vereinigung für gewerblichen Rechtsschutz und Urheberrecht* – zum RefE eines 4. UrhGÄndG – GRUR 1995, 570; *Klingner* ZUM 1995, 72; *Dreier* ZUM 1995, 458; *Schwarz* ZUM 1995, 687; *Pfennig* ZUM 1996, 134; *Hillig*, UFITA 138 (1999) 5. Zur Auslegung der Richtlinie vgl. insbesondere *Walter/Dreier*, Europäisches Urheberrecht, S. 399ff.   **29**

Bei Gelegenheit der Umsetzung der Satelliten- und Kabelrichtlinie hat das 4. UrhGÄndG auch § 20 neu gefasst: Der veraltete Begriff des „Drahtfunks" wurde durch den des „Kabelfunks" ersetzt. Der Satellitenrundfunk ist nunmehr ausdrücklich als Beispiel des Funks benannt (allerdings wurde zugleich die Anwendbarkeit des § 20 im Bereich der Satellitensendung eingeschränkt, s. § 20 Rdnr. 19). In der Wendung „ähnliche technische Einrichtungen" wurde – eine sachliche Änderung – das Wort „Einrichtungen" durch das genauere Wort „Mittel" ersetzt. Weiter wurde dem Urheber – ohne Vorgabe durch die Richtlinie – nach Maßgabe des § 20b Abs. 2 ein Vergütungsanspruch bei Kabelweitersendungen iSd. § 20b Abs. 1 zugestanden (s. § 20b Rdnr. 6).

5. Die UrhG-Novelle 2003 (s. § 15 Rdnr. 56) hat die **Informationsgesellschafts-Richtlinie** (Richtlinie 2001/29/EG des Europäischen Parlaments und des Rates vom 22. 5. 2001 zur   **29a**

Vor §§ 20 ff. Vorbemerkung

Harmonisierung bestimmter Aspekte des Urheberrechts und der verwandten Schutzrechte in der Informationsgesellschaft, ABl. L 167 vom 22. 6. 2001 S. 10 = GRUR Int. 2001, 745; s. § 19 a Rdnr. 22 f.) umgesetzt. Zur Entstehungsgeschichte der Richtlinie s. § 19 a Rdnr. 23. Nach Art. 3 Abs. 1 der Informationsgesellschafts-Richtlinie sind die Mitgliedstaaten verpflichtet, den Urhebern das ausschließliche Recht zu gewähren, die öffentliche Wiedergabe ihrer Werke einschließlich der öffentlichen Zugänglichmachung der Werke in der Weise, dass sie Mitgliedern der Öffentlichkeit von Orten und zu Zeiten ihrer Wahl zugänglich sind, zu erlauben oder zu verbieten. Diese Regelung betrifft (wie Art. 8 WCT, s. Rdnr. 47) nur Übermittlungsvorgänge über eine gewisse Entfernung, insbesondere die Rundfunksendung iSd. § 20 (Erwgr. 23; sa. § 19 a Rdnr. 18). Eine Änderung des deutschen Senderechts war durch die Informationsgesellschafts-Richtlinie nicht veranlasst. Deren weiter gefasster Wortlaut würde an sich auch die sog. europäische Satellitensendung (§ 20 a) einschließen. Die dem § 20 a zugrunde liegende Regelung der Satelliten- und Kabelrichtlinie (s. Rdnr. 28; § 20 a Rdnr. 3) sollte jedoch durch Art. 3 der Informationsgesellschafts-Richtlinie unberührt bleiben (Art. 1 Abs. 2 lit. c der Richtlinie; sa. *Reinbothe* GRUR Int. 2001, 733/736).

30 6. Die **Auslegung der §§ 20 ff.** ist soweit wie möglich an Wortlaut und Zweck der in ihrem Regelungsbereich erlassenen Richtlinien auszurichten (zur richtlinienkonformen Auslegung s. § 15 Rdnr. 40; sa. vor §§ 87 a ff. Rdnr. 14). Dies gilt auch für den Begriff der Öffentlichkeit (s. dazu § 15 Rdnr. 62, § 20 Rdnr. 8). Die Bestimmungen des Gemeinschaftsrechts sind wiederum nach Möglichkeit im Licht des Völkerrechts auszulegen, insbesondere wenn mit ihnen ein von der Gemeinschaft geschlossener völkerrechtlicher Vertrag durchgeführt werden soll (EuGH GRUR 2007, 225/227 Tz. 35 – SGAE/Rafael) wie der WIPO-Urheberrechtsvertrag (s. Rdnr. 46, vor §§ 120 ff. Rdnr. 50 ff.) und das TRIPS-Übereinkommen, das den Schutzgehalt der Berner Übereinkunft übernommen hat (s. Rdnr. 32).

Zur Auslegung der geltenden EG-Richtlinien zum Urheberrecht sa. die Erläuterungen in *Walter* (Hrsg.), Europäisches Urheberrecht, 2001.

31 7. Das **URG-DDR** gewährte dem Urheber in § 18 Abs. 1 lit. e das ausschließliche Recht, darüber zu entscheiden, ob sein Werk gesendet wird. Dieses Recht wurde aber gemäß § 32 URG-DDR zugunsten des Rundfunks durch „gesetzliche Lizenzen" (zu deren Rechtsnatur vgl. *Wandtke* UFITA 115 [1991] 23/108) stark eingeschränkt. § 66 und § 67 URG-DDR enthielten Vorschriften zum Sendevertragsrecht. Zum Sende- und Sendevertragsrecht der DDR sowie zum Fortbestand von DDR-Sendeverträgen s. BGHZ 141, 244 – Barfuß ins Bett; s. weiter *Stögmüller*, Deutsche Einigung und Urheberrecht, 1994, S. 68, 88, 102, 114.

VIII. Konventionsrecht

32 1. **Berner Übereinkunft** (RBÜ; allgemein zu dieser vgl. vor §§ 120 ff. Rdnr. 41 ff.). Zur Bedeutung der RBÜ im Rahmen des TRIPS-Übereinkommens s. vor §§ 120 ff. Rdnr. 17 f.; *Brand* in *Busche/Stoll*, TRIPs, 2007, Kommentierung zu Art. 9.

33 Das Senderecht wurde auf der Revisionskonferenz in Rom (1928) durch Einfügung des Art. 11bis in der RBÜ verankert. Zu Art. 11bis RBÜ in der **Rom-Fassung** s. *Dittrich* S. 11 ff.; *Dillenz* S. 38 ff.; *Stern*, Fs. 100 Jahre URG, S. 187/189 ff.; *v. Ungern-Sternberg* S. 17 ff.; *Dreier* S. 42; *Bornkamm*, GRUR-Fs., S. 1349/1365 ff.

34 Nach Art. 11bis Abs. 1 RBÜ (**Brüsseler und Pariser Fassung**, die im Folgenden allein behandelt wird) genießen die Urheber von Werken der Literatur und Kunst „das ausschließliche Recht zu erlauben: 1. die Rundfunksendung ihrer Werke oder die öffentliche Wiedergabe ihrer Werke durch irgendein anderes Mittel zur drahtlosen Verbreitung von Zeichen, Tönen oder Bildern, 2. jede öffentliche Wiedergabe des durch Rundfunk gesendeten Werkes mit oder ohne Draht, wenn diese Wiedergabe von einem anderen als dem ursprünglichen Sendeunternehmen vorgenommen wird."

35 Art. 11bis Abs. 1 RBÜ gibt dem Urheber ein Schutzrecht an **drahtlosen Sendungen** an eine Öffentlichkeit (zu Einzelheiten vgl. *Bappert/Wagner* Art. 11bis Rdnr. 2; *Nordemann/Vinck/Hertin* RBÜ Art. 11bis Rdnr. 2 f.; *v. Ungern-Sternberg* S. 24 ff.). Darunter fallen auch Rundfunksatellitensendungen (allgM; SchweizBG GRUR Int. 1994, 442/443 f. – CNN International). Eine solche ist anzunehmen, wenn die Satellitensendung für eine Öffentlichkeit empfangbar ist (abweichend – zu Art. 12 SchweizURG aF – SchweizBG GRUR Int. 1994, 442/445 – CNN International –, das eine Satellitenausstrahlung nur dann als Rundfunksendung ansieht, wenn die Signale technisch und mit finanziell erschwinglichen Installationen für die Allgemeinheit zu-

Vorbemerkung **Vor §§ 20ff.**

gänglich sind und auch dazu bestimmt sind, von ihr direkt oder indirekt empfangen zu werden). Fernmeldesatellitenübertragungen, die selbst nicht öffentlich sind, werden dagegen von Art. 11bis Abs. 1 RBÜ auch dann nicht erfasst, wenn sich eine öffentliche Rundfunk- oder Kabelfunksendung anschließen soll (hM; *Reinshagen* UFITA 67 [1973] 77 ff.; *Rumphorst* Copyright 1983, 301/302 ff.; *Poll* ZUM 1985, 75/78; *Kälin* S. 62 ff.; *v. Ungern-Sternberg* S. 28 ff., 142; aA *Gaudrat* RIDA 1980 [104] 3/19 ff.; *Kéréver* RIDA 1984 [121] 27/32 ff.; sa. *Steup* GRUR Int. 1973, 342/344; *Szilágyi* Copyright 1981, 222/224 ff.; *Ulmer* RIDA 1977 [93] 5/13 ff.).

Die dem Urheber durch Art. 11bis Abs. 1 RBÜ vorbehaltene **Verwertungshandlung bei Satellitensendungen** besteht in der Ausstrahlung des geschützten Werkes durch den Satelliten an eine Öffentlichkeit (vgl. *v. Ungern-Sternberg* S. 28 ff., 143 f., 146; sa. *Ullrich* S. 196 ff., 235 ff.). Dies ist für Art. 11bis Abs. 1 RBÜ allerdings ebenso umstritten wie für § 20 (s. dort Rdnr. 22). Die RBÜ begründet die Verpflichtung, die Werke der Urheber in den Verbandsländern zu schützen (vgl. zB Art. 2 Abs. 6 RBÜ). Da die direkte Satellitensendung eines Werkes den Schutz des Rechtsinhabers in den Verbandsländern tiefgreifender beeinträchtigen kann als terrestrische Rundfunksendungen, fordert die RBÜ von den Verbandsländern, auch bei direkten Satellitensendungen einen ausreichenden Schutz zu gewähren (sa. *v. Ungern-Sternberg* S. 149 ff.). Im Hinblick auf die insoweit unzweideutige tatbestandliche Regelung des Art. 11bis Abs. 1 Nr. 1 RBÜ kann dies nicht bedeuten, dass die Verbandsländer verpflichtet wären, Verwertungsrechte an anderen Nutzungshandlungen als der Ausstrahlung des geschützten Werkes an eine Öffentlichkeit zu gewähren (aA *Ullrich* S. 218 ff.). Der notwendige Schutz kann aber auch dadurch gewährleistet werden, dass ein Verbandsland als Schutzland den sachlichen Anwendungsbereich seines Urheberrechts auch auf solche Fälle erstreckt, in denen direkte Satellitensendungen andernfalls die Rechte der Urheber in seinem Gebiet wirtschaftlich aushöhlen würden (s. dazu Rdnr. 61). 36

Die **Regelung des Kabelfunks in der RBÜ** ist kompliziert und in ihrer Auslegung sehr str. (vgl. dazu ausführlich *Dreier* S. 41 ff.; *Platho* S. 28 ff.; *Isenegger* S. 27 ff.; *Walter* GRUR Int. 1974, 119 ff.; *v. Ungern-Sternberg* S. 54 ff.). 37

Die **Rechte an originären Kabelfunksendungen** sind besonders unübersichtlich geregelt. Bei einer Originalsendung durch Kabel oder bei der zeitversetzten Kabelweiterübertragung einer Rundfunksendung (für diese str.; wie hier SchweizBG GRUR Int. 1981, 404/408 – Kabelfernsehanlage Rediffusion I; *Rumphorst* Copyright 1983, 301/304; s. weiter *v. Ungern-Sternberg* S. 51; aA *Gounalakis* S. 95) wird der Urheber nicht durch Art. 11bis Abs. 1 Nr. 2 RBÜ, sondern je nach der Werkgattung – allerdings nicht bei allen Werkgattungen – gemäß Art. 11 Abs. 1 Nr. 2, 11ter Abs. 1 Nr. 2, 14 Abs. 1 Nr. 2 und 14bis Abs. 1 S. 2 iVm. 14 Abs. 1 Nr. 2, 14bis Abs. 2 lit. b RBÜ (Pariser Fassung) geschützt (s. dazu *Dreier* S. 42 ff./63 ff.; *Reimer* GRUR Int. 1979, 86/93/95; *Platho* S. 28 ff.; *Walter* GRUR Int. 1974, 119 ff.; *Schwertfeger* S. 6 f.; *Bornkamm*, GRUR-Fs., S. 1349/1377 f.; *Katzenberger*, Fs. für Beier, 1996 S. 379/384 f.; *v. Ungern-Sternberg* S. 54 ff.). Zur Frage, ob dem Urheber nach der RBÜ ein (eigenständiges) Recht an der leitungsgebundenen Weitersendung zusteht, wenn diese durch das Ursprungsunternehmen durchgeführt wird, vgl. *Dreier* S. 57 f.). Zur Zulässigkeit von Einschränkungen der Rechte an originären Kabelfunksendungen durch den nationalen Gesetzgeber vgl. *Dreier* S. 63 ff.; *Schricker* Kabelrundfunk S. 94; *v. Ungern-Sternberg* S. 58 ff., 70 f. Die Kabelfunkweiterübertragung einer originären Kabelfunksendung wird wie eine solche behandelt (*Nordemann/Vinck/Hertin* Art. 11bis RBÜ Rdnr. 3; *Gounalakis* S. 79). 38

Eine **zeitgleiche öffentliche Kabelübertragung** einer Rundfunksendung durch ein anderes Unternehmen (das kein Sendeunternehmen sein muss, SchweizBG GRUR Int. 1981, 404/408 – Kabelfernsehanlage Rediffusion I – und GRUR Int. 1985, 412/414 – Gemeinschaftsantenne Altdorf; Hoge Raad GRUR Int. 1995, 83 f. – Kabelfernsehunternehmen III; liechtenst. OGH GRUR Int. 1998, 512/514 f. – Kabelweitersendung) wird von **Art. 11bis Abs. 1 Nr. 2 RBÜ** erfasst. Das „andere" Unternehmen muss Werknutzer sein, nicht lediglich Dienstleister beim Signaltransport (s. § 20 Rdnr. 16; *Mand* S. 61 ff.). Unter welchen Voraussetzungen die zeitgleiche Weiterübertragung von Rundfunksendungen durch Kabelsysteme wie Gemeinschaftsantennenanlagen oder Breitband-Kabelanlagen unter Art. 11bis Abs. 1 Nr. 2 RBÜ fällt, ist ebenso str. wie die Beantwortung dieser Frage im Rahmen des § 20 (s. dort Rdnr. 27 ff.). Abgesehen von der Argumentation aus der Entstehungsgeschichte der Vorschriften (zu Art. 11bis RBÜ s. Schweiz BG GRUR Int. 1981, 404/405 ff. – Kabelfernsehanlage Rediffusion I; Hoge Raad GRUR Int. 1982, 463/464 – Kabelfernsehunternehmen I; OGH GRUR Int. 1986, 728/732 – Hotel-Video; *Dreier* S. 44 ff., 65 ff.; *Schwertfeger* S. 157 ff.; *Gounalakis* S. 283 ff.; *Kälin* S. 139 ff.; *Dittrich* S. 11 ff. und RfR 1982, 25 ff.; *Isenegger* S. 29 ff.; *Möller* FuR 1983, 455/459 ff.; *Bornkamm* FuR 1984, 512/515; *Stern*, Fs. 100 Jahre URG, S. 187/189 ff.; *Walter* GRUR Int. 39

1974, 119 und FuR 1975, 752/753 ff.; *Katzenberger* MR 2003, Beilage zu Heft 4 S. 1/4 f.; *v. Ungern-Sternberg* S. 17 ff. und UFITA 94 [1982] 79/82 ff.) finden sich in der Diskussion zu Art. 11bis Abs. 1 Nr. 2 RBÜ und zu § 20 weitgehend dieselben Argumente. Es kann daher auf die Erörterung zu § 20 und die dort behandelte Rechtsprechung und Literatur, in der vielfach auch ausdrücklich auf Art. 11bis RBÜ eingegangen wird, verwiesen werden (§ 20 Rdnr. 27 ff.). Zur Frage, ob der nationale Gesetzgeber bei der Abgrenzung ein Ermessen hat, vgl. SchweizBG GRUR Int. 1994, 442/445 – CNN International – mwN (s. dazu auch *Katzenberger* MR 2003, Beilage zu Heft 4 S. 1/4 f.). Art. 11bis Abs. 1 Nr. 2 RBÜ erfasst auch die Weiterübertragung von Rundfunksendungen durch Verteileranlagen etwa in Hotels (vgl. EuGH GRUR 2007, 225/227 Tz. 40 ff. – SGAE/Rafael; sa. § 20 Rdnr. 44).

40 Für das Eingreifen des Art. 11bis Abs. 1 Nr. 2 RBÜ ist es unerheblich, ob die Weiterübertragung auf einem Empfang der Rundfunksendung „aus der Luft" beruht oder mit dieser nur zeitgleich ist, weil die Funksendung (vgl. dazu § 87 Rdnr. 22 f.) an die Kopfstation des Kabelsystems gesondert (durch Kabel, Richtfunk oder eine nicht an die Öffentlichkeit ausgestrahlte Satellitensendung) zugeleitet wird (vgl. *Dittrich* in *Kreile/Roegele/Scharf* [Hrsg.] S. 59/63 ff.; *v. Ungern-Sternberg* S. 62 ff.; aA *Rumphorst* in *Kreile/Roegele/Scharf* [Hrsg.] S. 45/51 ff.; zu einem Fall dieser Art vgl. OGH GRUR Int. 1989, 422 – RTL-Plus).

41 Gemäß **Art. 11bis Abs. 2 RBÜ** kann das nationale Recht **Schranken** für die Rechte aus Art. 11bis Abs. 1 RBÜ vorsehen, wobei jedoch weder das Urheberpersönlichkeitsrecht noch der Anspruch des Urhebers auf eine angemessene Vergütung beeinträchtigt werden darf (s. dazu *Bappert/Wagner* Art. 11bis RBÜ Rdnr. 8 ff.; *Nordemann/Vinck/Hertin* RBÜ Art. 11bis Rdnr. 6 ff.; *Dreier* S. 58 ff.). Unter diesen Voraussetzungen ist auch zulässig die Einführung einer Zwangslizenz (ganz hM, s. *Ulmer*[3] § 62 III 1; *Bußmann* UFITA [1954] 29/35; *Platho* S. 33; *Reimer* GRUR Int. 1979, 86/94 f.; *Rumphorst*, Fs. für Roeber, 1982, S. 329/334 f.; *Gounalakis* S. 80 f.), einer gesetzlichen Lizenz (hM; s. dazu *Dittrich* RfR 1982, 25/35 f.; *Walter* UFITA 91 [1981] 29/57 ff.; *Gounalakis* S. 80 f., 63 und FuR 1983, 463/469; *Platho* S. 33; *Schricker* Kabelrundfunk S. 93 f.; Grünbuch der EG-Kommission „Fernsehen ohne Grenzen" GRUR Int. 1984, 612/622) oder einer Verwertungsgesellschaftenpflicht der Rechte aus Art. 11bis Abs. 1 RBÜ, wie sie nunmehr in § 20b Abs. 1 Satz 1 bestimmt ist (vgl. liechtenst. OGH GRUR Int. 1998, 512/516 – Kabelweitersendung; *Schricker* Kabelrundfunk S. 99; *Gounalakis* S. 80 f.). Zur Frage, ob derartige Beschränkungen des Senderechts auch zugunsten anderer Unternehmen als Sendeunternehmen (zB Datenbanken) vorgesehen werden können und auch für Sendeunternehmen, die kein herkömmliches vielgestaltiges Programm ausstrahlen, sondern nur sog. Spartenprogramme (zB nur Spielfilme, nur Musik), vgl. – verneinend – *Katzenberger*, Festgabe für Beier, S. 379/387. Art. 8 WCT (s. Rdnr. 46) hindert die Anwendung des Art. 11bis Abs. 2 RBÜ nicht (Agreed Statements Concerning the WIPO Copyright Treaty zu Art. 8, abgedruckt BGBl. 2003 II S. 764 ff. = IIC 28 [1997] 213/214; s. weiter *v. Lewinski* GRUR Int. 1997, 667/675).

42 Die Wirkungen der Schranken müssen sich nach Art. 11bis Abs. 2 Satz 1 RBÜ ausschließlich auf das Hoheitsgebiet des Landes beschränken, das sie festgelegt hat. Dies schließt Schranken für den erdgebundenen Rundfunk trotz seiner grenzüberschreitenden Wirkung nicht aus. Die Einführung einer gesetzlichen Lizenz für öffentliche Satellitensendungen durch einen einzelnen nationalen Gesetzgeber würde aber wegen der sehr viel größeren Breitenwirkung solcher Sendungen dem Sinn des Art. 11bis Abs. 2 RBÜ widersprechen (*Kéréver* Copyright Bull. 1990 Nr. 3 S. 6/16; sa. *Dreier* GRUR Int. 1991, 13/17; *Walter/Dreier*, Europäisches Urheberrecht, S. 444 f. Rdnr. 9; aA *Neumaier* UFITA 2003, 639/666 ff.).

43 Bei Kabelfunksendungen erfasst Art. 11bis Abs. 2 RBÜ nur zeitgleiche öffentliche Kabelweiterübertragungen drahtloser Rundfunksendungen, weil sich die Vorschrift nur auf die in Art. 11bis Abs. 1 RBÜ geregelten Rechte bezieht (vgl. *Schricker* Kabelrundfunk S. 94; sa. *Dittrich* Anm. zu OGH Schulze Ausl. Österr. 96 – Sky Channel – S. 13; zur Bedeutung der Vorschrift für eine gesetzliche Regelung der Kabelweiterleitung von Rundfunksendungen durch kleinere Kabelanlagen sa. Hoge Raad GRUR Int. 1995, 83/84 – Kabelfernsehunternehmen III). Zur Zulässigkeit von Schranken bei originären Kabelfunksendungen s. Rdnr. 38.

44 Nach dem Generalbericht der Brüsseler Revisionskonferenz sollte es den nationalen Gesetzgebern auch unabhängig von Art. 11bis Abs. 2 RBÜ vorbehalten bleiben, von dem Recht aus Art. 11bis RBÜ gewisse **„kleine Ausnahmen"** vorzusehen (sog. petites réserves, zB für religiöse Feiern und Unterrichtszwecke; vgl. dazu näher *Ulmer* GRUR Int. 1981, 372/374; *v. Ungern-Sternberg* S. 58 ff.; ablehnend *Brand* in *Busche/Stoll*, TRIPs, 2007, Art. 9 Rdnr. 61). Daran wurde auch beim Abschluss des WCT festgehalten (Art. 10 Abs. 1 WCT; vgl. *Dittrich* in *Dittrich* [Hrsg.], Beiträge zum Urheberrecht V, 1997, S. 153/158).

Vorbemerkung   Vor §§ 20 ff.

§ 20 ist **im Vergleich zur Regelung der RBÜ** umfassender und wesentlich klarer gefasst, 45
da drahtlose und leitungsgebundene Weiterübertragungen ebensowenig unterschieden werden
wie die Sendung durch ein Ursprungsunternehmen und die Weiterübertragung durch ein anderes Unternehmen. Nach dem Willen des Gesetzgebers sollte § 20 im Umfang der Rechtsge-
währung nicht hinter Art. 11bis RBÜ zurückbleiben (s. AmtlBegr. UFITA 45 [1965] 240/264;
Ulmer GRUR 1980, 582/585).

2. Der **WIPO Urheberrechtsvertrag** (WIPO Copyright Treaty, WCT; s. vor §§ 120 ff. 46
Rdnr. 50 ff.), ein Sonderabkommen iSd. Art. 20 RBÜ (Art. 1 Abs. 1 und 2 WCT), ergänzt mit
seinem Art. 8 (Right of Communication to the Public) die den Urhebern nach der RBÜ zuste-
henden Rechte der öffentlichen Wiedergabe (sa. § 15 Rdnr. 45). Der Vertrag ist nach Art. 2 des
Zustimmungsgesetzes vom 10. 8. 2003 (BGBl. II S. 754) am 19. 8. 2003 in Kraft getreten. Zur
Entstehungsgeschichte des Art. 8 s. *Ficsor,* The Law of Copyright and the Internet – The WIPO
Treaties, their Interpretation and Implementation, 2002; *Reinbothe/v. Lewinski* Art. 8 WCT
Rdnr. 1 ff., 9 ff.; *v. Lewinski/Gaster* ZUM 1997, 607/618; *Govoni/Gasser* in *Hilty* [Hrsg.] S. 235/
243 ff.; *Dittrich* in *Dittrich* [Hrsg.], Beiträge zum Urheberrecht V, S. 153 ff.; s. weiter § 19 a Rdnr. 15.
   Art. 8 WCT gibt den Urhebern ein „**Recht der öffentlichen Wiedergabe**", das – anders 47
als die in dieser Vorschrift genannten einzelnen Rechte – nicht auf bestimmte Werkarten beschränkt ist (*Reinbothe/v. Lewinski* Art. 8 WCT Rdnr. 14; *Ficsor* S. 494 f.; sa. *Dittrich* RfR 2004,
25 Fn. 4). Anders als nach deutschem Recht (aber ebenso wie Art. 3 Abs. 1 der Informationsgesellschafts-Richtlinie, s. § 15 Rdnr. 55, § 19 Rdnr. 3) umfasst der Begriff der öffentlichen Wiedergabe in Art. 8 WCT jedoch nur Wiedergaben, die durch ein gewisses Distanzelement gekennzeichnet sind, nicht auch Wiedergaben, wie sie nach deutschem Recht unter das Vortrags-,
Aufführungs- oder Vorführungsrecht (nach § 19 Abs. 1, 2 und 4) fallen (s. OGH MR 2008,
299/304 – Schulfilm; *Ficsor* S. 156; *Walter/Walter,* Europäisches Urheberrecht, S. 1046 ff.
Rdnr. 68 ff.; *ders.,* Österreichisches Urheberrecht, 1. Teil, 2008, Rdnr. 731). Auf die Entfernung
kommt es dabei nicht an; unter Art. 8 WCT fallen auch Übertragungen innerhalb eines Gebäudes (etwa durch Verteileranlagen; vgl. *Reinbothe/v. Lewinski* Art. 8 WCT Rdnr. 1, 17). Zur
Bedeutung der Art. 8 und 10 WCT für die Beurteilung der Frage, wann eine Kabelweitersendung (s. § 20 Rdnr. 27 ff.) vorliegt, sa. *Katzenberger* MR 2003, Beilage zu Heft 4 S. 1/5 f.
   Als Teil des umfassenden Rechts der öffentlichen Wiedergabe gewährt Art. 8 Halbs. 2 WCT
dem Urheber ein Recht an Wiedergaben seines Werkes, durch die das Werk der Öffentlichkeit in
einer Weise zugänglich gemacht wird, dass Mitglieder der Öffentlichkeit Zugriff auf das Werk auf
eine nach Ort und Zeit individuell gewählte Art und Weise haben. Das Recht umfasst damit auch
das in § 19 a geregelte Recht der öffentlichen Zugänglichmachung (s. weiter § 19 a Rdnr. 13 f.).
   Die Vorschrift des Art. 8 WCT ist technologieneutral formuliert und erfasst so auch Wieder- 48
gaben mit Hilfe künftig neu entwickelter technischer Übertragungsformen (WIPO Doc.
CRNR/DC/4, 10.14; *Reinbothe/v. Lewinski* Art. 8 WCT Rdnr. 19). Werknutzer ist nicht, wer
lediglich technische Einrichtungen für die Wiedergabe zur Verfügung stellt (Agreed Statements
Concerning the WIPO Copyright Treaty to Art. 8, abgedruckt BGBl. 2003 II S. 764 ff. = IIC
28 [1997] 213/214; sa. *Mand* S. 64 ff.). Die Bestimmung des Begriffs der Öffentlichkeit ist grundsätzlich dem nationalen Recht überlassen (vgl. *Reinbothe/v. Lewinski* Art. 8 WCT Rdnr. 21;
v. Lewinski GRUR Int. 1997, 667/675; *Handig* GRUR Int. 2007, 206/210).
   Nach Art. 10 WCT können die Vertragsstaaten **Schranken** der Rechte aus Art. 8 WCT vor- 49
sehen (vgl. dazu näher *v. Lewinski* GRUR Int. 1997, 667/675 f.; *v. Lewinski/Gaster* ZUM 1997,
607/618). Soweit sich die in Art. 8 WCT vorgesehenen Rechte bereits aus der RBÜ ergeben,
sind die Vertragsstaaten des WCT durch Art. 8 WCT nicht gehindert, die insoweit nach der RBÜ
zulässigen Schranken und Ausnahmen aufrechtzuerhalten oder einzuführen (s. Rdnr. 41 ff.). Dies
gilt jedoch nicht für das Recht der öffentlichen Zugänglichmachung, das nicht unter Art. 11bis
RBÜ fällt (s. § 19 a Rdnr. 11).

3. Das **Welturheberrechtsabkommen** (vgl. zu diesem vor §§ 120 ff. Rdnr. 58 ff.) verpflich- 50
tet in Art. IVbis Abs. 1 seiner Pariser Fassung die Vertragsstaaten, dem Urheber das Recht zu
gewähren, die Rundfunksendung seines Werkes zu genehmigen (s. *Kaminstein,* Generalbericht
der Revisionskonferenz in Paris, UFITA 68 [1973] 272/283 ff.). Ob die Bestimmung auch den
Kabelfunk als Unterfall der Rundfunksendung erfasst, ist str. (bejahend: *Fuhr* FuR 1982, 63/65;
Hillig UFITA 91 [1981] 1/14; verneinend: *Schricker* Kabelrundfunk S. 31; *Gounalakis* S. 84; sa.
Dreier S. 69 f.). Ebenso ist str., ob es sich dabei um ein Mindestrecht handelt, das bspw. bei
Art. 11bis RBÜ der Fall ist (s. vor §§ 120 ff. Rdnr. 47; verneinend: *Nordemann/Vinck/Hertin/
Meyer* Art. IVbis WUA Rdnr. 1; *Neumaier* UFITA 2003, 639/689). Das Recht kann gemäß Art.

Vor §§ 20ff. Vorbemerkung

IVbis Abs. 2 WUA (Pariser Fassung) durch die innerstaatliche Gesetzgebung eingeschränkt werden (*Nordemann/Vinck/Hertin* WUA Art. IVbis Rdnr. 5; *Ulmer* GRUR Int. 1971, 423/426; *Bungeroth* UFITA 68 [1973] 27/29; *Hillig* UFITA 91 [1981] 1/13f.; *Dreier* S. 69f. mwN).

51 4. Die **Europäische Konvention** über urheber- und leistungsschutzrechtliche Fragen im Bereich des grenzüberschreitenden Satellitenrundfunks vom 11. 5. 1994 ist von Deutschland noch nicht ratifiziert worden (vgl. BRDrucks. 377/95 vom 22. 9. 1995; sa. § 87 Rdnr. 73).

IX. Anwendbares Recht. Anwendungsbereich des inländischen Rechts

52 1. Die Frage, ob bei einer Verletzung urheberrechtlicher Nutzungsrechte Ansprüche bestehen, ist grundsätzlich nach dem **Recht des Schutzlandes**, dh. nach dem Recht desjenigen Staates zu beurteilen, für dessen Gebiet der Immaterialgüterschutz in Anspruch genommen wird (vgl. BGHZ 155, 257/261 – Sendeformat; BGH GRUR 2007, 691/692 Tz. 22 – Staatsgeschenk; BGHZ 171, 151/160 Tz. 24 – Wagenfeld-Leuchte; BGH GRUR 2009, 840/841 Tz. 17 – Le-Corbusier-Möbel II). Dieser Grundsatz ist nunmehr festgelegt in Art. 8 Abs. 1 Rom II-VO (Verordnung [EG] Nr. 864/2007 des Europäischen Parlaments und des Rates vom 11. Juli 2007 über das auf außervertragliche Schuldverhältnisse anzuwendende Recht [„Rom II"], ABl. Nr. L 199 v. 31. 7. 2007, S. 40; vgl. auch Erwgrd. 26 der Rom II-VO), die am 11. Januar 2009 in Kraft getreten sind (Art. 32 Rom II-VO). Das Recht des Schutzlandes gilt nicht nur für die Frage, ob eine Rechtsverletzung vorliegt, sondern gemäß Art. 13 und Art. 15 Rom II-VO auch für die Voraussetzungen und Rechtsfolgen der Haftung (vgl. *Sack* WRP 2008, 1405/1408 ff.; *Grünberger* ZVglRWiss 108 [2009] S. 134/157 ff.; *Schaub* in *Prütting/Wegen/Weinreich* [Hrsg.], BGB, 4. Aufl. 2009, Art. 15 ROM II-VO [S. 3283 f.]; vgl. weiter BGHZ 155, 257/261 – Sendeformat). Die Frage, ob das Recht des Schutzlandes auf Nutzungshandlungen mit grenzüberschreitenden Wirkungen wie herkömmliche Rundfunksendungen und direkte Satellitensendungen anwendbar ist, betrifft die sachrechtliche Frage nach dem räumlichen Anwendungsbereich des Rechts des Schutzlandes (vgl. Rdnr. 61).

Auf **erdgebunden ausgestrahlte drahtlose Rundfunksendungen** wird grundsätzlich nur das Recht desjenigen Staates angewandt, in dem die Ausstrahlung an die Öffentlichkeit (im In- oder Ausland) als die urheberrechtlich relevante Nutzungshandlung stattfindet (vgl. dazu BGHZ 152, 317/321 ff. – Sender Felsberg; sa. Rdnr. 54 f.). Nach fast allgA wird in das inländische Senderecht durch das technisch unvermeidbare „Überschwappen" der Sendewellen (sog. overspill) eines ausländischen Rundfunksenders nicht eingegriffen (vgl. OGH GRUR Int. 1991, 920/922 – TELE-UNO II; *Dreier* in *Dreier/Schulze*[3] vor § 120ff. Rdnr. 38; *Bullinger* in *Wandtke/Bullinger*[3] §§ 20–20b Rdnr. 3; *v. Welser* ebd. vor §§ 120ff. Rdnr. 17; aA allerdings *Sack* WRP 2008, 1405/1415 f.). Das in Deutschland bestehende Senderecht ist aber grundsätzlich auch dann nicht betroffen, wenn Sendungen nach Deutschland hinein ausgestrahlt werden (vgl. dazu auch die Entscheidung BGHZ 136, 380 – Spielbankaffaire, die ohne Weiteres von dieser Rechtsansicht ausgeht; sa. BGHZ 152, 317/321 ff. – Sender Felsberg). Dagegen spricht nicht, dass die Rundfunksendung vom Urheberrecht gerade als ein Vorgang der Werknutzung durch Mitteilung des Werkes an eine Öffentlichkeit erfasst wird (vgl. § 20 Rdnr. 16) und eine grenzüberschreitende Rundfunksendung auch in anderen Ländern als dem Ausstrahlungsland die Öffentlichkeit anspricht. Dies genügt nicht, um bei erdgebundenen Rundfunksendungen auch das deutsche Recht anzuwenden, wenn die Rundfunksendung dort nur empfangbar ist, aber nicht durch dort vorgenommene Sendeaktivitäten empfangbar gemacht wird. Denn das inländische Urheberrecht entfaltet seine Schutzwirkungen stets nur im Geltungsbereich seines Territoriums und kann deshalb grundsätzlich auch nur durch eine zumindest teilweise im Inland begangene Handlung verletzt werden (vgl. BGHZ 126, 252/256 – Folgerecht bei Auslandsbezug; BGH GRUR 2007, 691/692 f. Tz. 31 – Staatsgeschenk; BGHZ 177, 319/328 = GRUR 2008, 989/991 Tz. 29 – Sammlung Ahlers, mwN. Ausnahmen ergeben sich insbesondere durch die Bestimmung fiktiver Orte der europäischen Satellitensendung durch § 20a Abs. 2 S. 1 Nr. 2. Vgl. auch den Vergütungsanspruch aus § 53a beim Versand von im Ausland hergestellten Kopien in das Inland; vgl. weiter Rdnr. 61; vor §§ 120ff. Rdnr. 123). Dieser Territorialitätsgrundsatz wird auch durch das europäische Gemeinschaftsrecht anerkannt (vgl. EuGH GRUR 2006, 50/53 Tz. 46 – Lagardère/SPRE und GVL). Die Anerkennung des kollisionsrechtlichen Schutzlandgrundsatzes durch Art. 8 Abs. 1 Rom II-VO hat nichts daran geändert, dass das deutsche Senderecht nicht eingreift, wenn Deutschland nur Empfangsland ist, weil es sich insoweit um die Frage der Reichweite des inländischen Rechts und damit um eine kollisionsrechtliche, sondern um eine sachrechtliche Frage handelt (s. Rdnr. 61).

Vorbemerkung Vor §§ 20ff.

Das inländische Senderecht greift bei einer Ausstrahlung vom Inland aus auch dann ein, wenn die Werknutzung dort keine spürbaren Auswirkungen hat (BGHZ 152, 317/326 f. – Sender Felsberg; MünchKomm.BGB/*Drexl*⁴, Band 11, IntImmGR, Rdnr. 162, 180; *ders.* Fs. für Nordemann, S. 429/441; aA *Metzger* IPRax 2006, 242/245 f.).

Der Gedanke, dass auf eine Rundfunksendung grundsätzlich ausschließlich das Recht des Ausstrahlungslandes anzuwenden ist, liegt auch der Regelung des Senderechts in Art. 11bis RBÜ zugrunde, der nach seinem Abs. 2 die Wirkung von Beschränkungen des Senderechts ausschließlich auf das Hoheitsgebiet des Verbandslandes begrenzt, das sie festgelegt hat (vgl. dazu Documents de la Conférence réunie à Bruxelles du 5 au 26 juin 1948, [Bern] 1951, S. 265, 266; vgl. weiter *Ulmer*, Die Immaterialgüterrechte im internationalen Privatrecht, 1975, S. 15; *Stern*, Fs. 100 Jahre URG, S. 187/203 f.; *Katzenberger* GRUR Int. 1983, 895/913 f.; *Bornkamm*, GRUR-Fs., S. 1349/1366 f.; *Neumaier* UFITA 2003, 639/641 ff.; *v. Ungern-Sternberg* S. 26 f., 108 Fn. 28, 120 ff.; *ders.* in *Schwarze* [Hrsg.], Rechtsschutz, S. 109/113). Zur Maßgeblichkeit des Ortes der Ausstrahlung für den persönlichen Geltungsbereich des Rom-Abkommens s. *Neumaier* S. 65 f.

Von dieser Rechtslage geht die internationale **Rechtspraxis** bei erdgebundenen Rundfunk- 53 sendungen seit jeher fast ausnahmslos aus (vgl. BGHZ 152, 317/322 – Sender Felsberg – mwN) – und dies grundsätzlich auch bei gezielten Sendungen für das Ausland (sa. *Ullrich* S. 314 mwN; s. allerdings auch Rdnr. 55). Darauf beruhen auch die Sendungen von Auslandssendern wie der Deutschen Welle, die (gemäß § 3 Deutsche-Welle-Gesetz [DWG]) mit Sendungen für das Ausland beauftragt ist (sa. § 87 Rdnr. 64; vgl. auch die frühere Praxis der öffentlich-rechtlichen Rundfunkanstalten, ihr Programm auch von der innerdeutschen Grenze aus mit besonders starken Sendern in die DDR hinein auszustrahlen). Zu solchen Fällen gezielter Ausstrahlung durch staatliche oder kommerzielle Rundfunksender in Nachbarländer vgl. *v. Ungern-Sternberg* in *Schwarze* (Hrsg.), Rechtsschutz, S. 109/113 ff. Der tatsächlichen Rechtspraxis entspricht die – auch international gesehen – seit Jahrzehnten bei weitem überwiegende Auffassung im **Schrifttum**, die bei erdgebundenen Rundfunksendungen allenfalls in Sonderfällen Ausnahmen von dem Grundsatz der Maßgeblichkeit des Rechts des Ausstrahlungslandes zulassen will (vgl. dazu *Möhring/Nicolini/Hartmann*² vor §§ 120 ff. Rdnr. 26 f.; *Schwarz/Reber* in Loewenheim² § 21 Rdnr. 99; *Rehbinder*¹⁶ Rdnr. 355; *Breidenstein* S. 32 ff.; *Kälin* S. 74 f.; *Rüberg* S. 109 ff.; *Kühn* in *Schwarze* [Hrsg.] S. 79/84 ff.; *Herrmann* GRUR Int. 1984, 578/583/586; *Dittrich* ZUM 1988, 359; *Rumphorst* GRUR Int. 1992, 910; *Neumaier* ArchivPT 1998, 354/360 f.; *v. Ungern-Sternberg* S. 108 ff., 113 ff., 119 ff.; *ders.* in *Schwarze* [Hrsg.], Rechtsschutz, S. 109/110 ff.; sa. *Neumaier* S. 68 ff.; *Spindler* IPRax 2003, 412/417; *Walter* in Loewenheim² § 58 Rdnr. 70, mwN; vgl. auch vor § 120 ff. Rdnr. 141, 143). Der Grundsatz, dass durch eine erdgebundene Rundfunksendung allein im Ausstrahlungsland in das Senderecht eingegriffen wird, entspricht gerade auch den praktischen Erfordernissen der Massennutzung durch die Sendemedien, da er auf ein einfach zu bestimmendes Kriterium abstellt und Einzelfallumstände wie die – aus sendetechnischen Gründen möglicherweise selbst im Tagesverlauf schwankende – Reichweite der Ausstrahlung (s. Rdnr. 2 f.) oder den bestimmungsgemäßen Empfangsbereich (der je nach Sendeinhalt sogar von Sendung zu Sendung verschieden sein kann) dabei bedeutungslos sind (vgl. BGHZ 152, 317/322 f. – Sender Felsberg). Die Ansicht, dass neben dem Recht des Ausstrahlungslandes zusätzlich das Senderecht eines Bestimmungslandes (ggf. der Bestimmungsländer) oder gar aller Empfangsländer (so *Sack* WRP 2008, 1405/1415 f.) anzuwenden ist, würde zur Anwendung einer Mehrzahl von – möglicherweise unterschiedlichen – Urheberrechtsordnungen führen und zudem – insbesondere wegen der unvermeidlichen Berücksichtigung der besonderen Umstände bei der Ausstrahlung der einzelnen Sendungen – zu einer ganz erheblichen Rechtsunsicherheit führen (sa. *Schwarz/Reber* in Loewenheim² § 21 Rdnr. 100 ff.). Die damit verbundene Kumulierung von Hindernissen für den freien Dienstleistungsverkehr mit Rundfunksendungen wäre auch mit der durch Art. 49 EG gewährleisteten Dienstleistungsfreiheit kaum zu vereinbaren (vgl. dazu auch *Neumaier* ArchivPT 1998, 354/360 f.; vgl. weiter *Walter/Dreier*, Europäisches Urheberrecht, S. 406 f.). Auch völkerrechtlich wäre eine Behinderung ausländischer Rundfunksendungen durch Anerkennung urheberrechtlicher Verbotsansprüche im Inland (jedenfalls bei ausländischen Rundfunksendungen, die nicht vor allem auf das Inland abzielen) nicht unbedenklich (vgl. dazu auch MünchKomm.BGB/*Drexl*⁴, Band 11, IntImmGR, Rdnr. 174 ff.; zur Frage, ob die Funksendefreiheit der Staaten ein Bestandteil des Völkergewohnheitsrechts ist, vgl. *Mehner* S. 369 ff.; *Baumann* S. 379 ff.).

Ein Sonderfall sind **Sendeanlagen auf Bergen in Grenzgebieten**, die schon auf dem Gebiet des Nachbarstaates stehen (vgl. dazu auch *v. Ungern-Sternberg* S. 104 Fn. 18). Bei einer solchen Verlagerung von Sendeanlagen in das Ausland geht es regelmäßig nur um eine bessere Ausleuch-

Vor §§ 20ff. Vorbemerkung

tung des eigenen Sendegebiets mit Hilfe eines geeigneteren Senderstandorts. Die Rechtseinräumung an ein bestimmtes Sendeunternehmen wird im Allgemeinen nach ihrem Zweck auch solche Randnutzungen umfassen.

54 Im Hinblick auf diese Rechtslage hat auch der **europäische Gesetzgeber** keine Veranlassung gesehen, die Rechtsanknüpfung bei den herkömmlichen erdgebundenen Rundfunksendungen einheitlich zu regeln (vgl. BGHZ 152, 317/326 – Sender Felsberg). Die Satelliten- und Kabelrichtlinie vom 27. 9. 1993 (s. Rdnr. 28 f.) hat in diesem Bereich – anders als bei Satellitensendungen und der Kabelweitersendung von Rundfunksendungen – keine Rechtsunsicherheit festgestellt (vgl. Erwgr. 3 ff.) und im Bereich der drahtlosen Rundfunksendungen lediglich Regelungen über Satellitensendungen an die Öffentlichkeit getroffen. Die Definition der öffentlichen Wiedergabe über Satellit in Art. 1 Abs. 2 lit. a der Satelliten- und Kabelrichtlinie stellt sicher, dass auf eine europäische Satellitensendung im Sinne der Richtlinie nur eine einzige Rechtsordnung angewendet wird, und zwar das Recht desjenigen Mitgliedstaates, von dem aus die Satellitensendung eingeleitet wird (s. § 20 a, mit dem diese Regelungen der Satelliten- und Kabelrichtlinie umgesetzt wurden).

55 Auf die Anwendung des Rechts des Ausstrahlungslandes kann jedoch nicht allein abgestellt werden, wenn **rechtsmissbräuchlich gezielte Ausstrahlungen für das Inland** allein deshalb in das Ausland verlegt werden, um die Anwendung der inländischen Rechtsordnung zu vermeiden (wie etwa im Fall der Entscheidung des OGH GRUR Int. 1991, 920/922 ff. – TELE UNO II; vgl. *Möhring/Nicolini/Hartmann*[2] vor §§ 120 ff. Rdnr. 26 f.; *Schwarz/Reber* in Loewenheim[2] § 21 Rdnr. 99; *v. Ungern-Sternberg* in *Schwarze* [Hrsg.], Rechtsschutz, S. 109/116 ff.; s. dazu auch *Neumaier* S. 81 ff.; *Ullrich* S. 311 ff.; vgl. weiter zur Problematik der sog. fraudulösen Anknüpfung BGHZ 78, 318/325; BGHZ 152, 317/323 – Sender Felsberg; MünchKomm. BGB/*Sonnenberger*[4] EGBGB Einl. Rdnr. 756 ff.; *Soergel/Kegel* BGB[12] vor Art. 3 EGBGB Rdnr. 137 ff.). Es ist allerdings Sache des jeweiligen Schutzlandes zu bestimmen, ob es unter solchen Umständen sein Recht für anwendbar erklärt (vgl. dazu BGHZ 152, 317/323/330 – Sender Felsberg; *Hohloch* IPRax 1994, 387/388; vgl. auch *Neumaier* UFITA 2003, 639/687 f.). Wird der Ort der Ausstrahlung in das Inland verlegt, um eine ausländische Rechtsordnung zu umgehen, greift jedenfalls das inländische Senderecht ein (vgl. BGHZ 152, 317/323 f. – Sender Felsberg). Führt dies zu einer Anwendung beider Rechtsordnungen, ist dies bei der Bemessung der Sendevergütung zu berücksichtigen (vgl. EuGH GRUR 2006, 50/53 Tz. 45 ff. – Lagardère/SPRE und GVL = ZUM 2005, 725 mit Anm. *Gerlach;* BGHZ 152, 317/330 – Sender Felsberg; vgl. dazu auch *Schack* JZ 2003, 803 f.). Zur Rechtslage in Österreich in diesen Fällen OGH GRUR Int. 1991, 920/922 ff. – TELE UNO II; OGH ÖBl. 1993, 186/187 – Wir brauchen Männer I; sa. *Auer* S. 19/38.

Zu sog. **Piratensendern** vgl. *Dillenz* S. 119 ff.; *Breidenstein* S. 53 ff.; *v. Ungern-Sternberg* in *Schwarze* (Hrsg.), Rechtsschutz, S. 109/115. Vgl. weiter das Europäische Übereinkommen zur Verhütung von Rundfunksendungen, die von Sendestellen außerhalb der staatlichen Hoheitsgebiete gesendet werden, vom 22. 1. 1965 (deutsches Zustimmungsgesetz v. 26. 9. 1969, BGBl. II S. 1939).

56 2. **Kabelsendungen** unterliegen dem Recht des Staates, in dem sie als Ausstrahlung an eine Öffentlichkeit stattfinden. Dies gilt nicht nur für originäre Kabelsendungen, sondern auch für die Kabelweitersendung von Rundfunksendungen aus dem In- und Ausland (vgl. BGHZ 136, 380/391 – Spielbankaffaire; OGH GRUR Int. 1991, 920/921 f. – TELE-UNO II; *Dreier* S. 18; *Katzenberger* GRUR Int. 1983, 895/914; *v. Ungern-Sternberg* S. 110 f.; s. weiter vor §§ 120 ff. Rdnr. 144). Die Kabeldurchleitung oder die Zuleitung zum Zweck der Kabelweitersendung im Inland sind als solche keine Sendungen iSd. § 20 (vgl. *Staudinger/Fezer/Koos* [2006] IntWirtschR Rdnr. 1048 mwN).

57 3. Für sog. **europäische Satellitensendungen** ist die Frage der Anwendung des inländischen Rechts nunmehr durch die Vorschrift des § 20 a, mit der die Satelliten- und Kabelrichtlinie vom 27. 9. 1993 (s. Rdnr. 28 f.) umgesetzt wurde, geregelt.

58 4. Bei **nichteuropäischen Satellitensendungen** (vgl. § 20 Rdnr. 19) ist die Frage der Reichweite des inländischen Rechts von der Bestimmung der urheberrechtlich maßgeblichen Verwertungshandlung zu unterscheiden (vgl. dazu § 20 Rdnr. 22). Eine direkte Satellitensendung ist urheberrechtlich eine Rundfunksendung, gleichgültig, ob ihr eine Sendung zum Satelliten vorgeschaltet ist oder nicht. Bedeutung hat die Sendung zum Satelliten nicht als – eventueller – Teil des Gesamtvorgangs einer Rundfunkausstrahlung über einen Direktsatelliten selbst, sondern allenfalls für die Anwendbarkeit des Rechts des Schutzlandes bei direkten Satellitensendungen, die vor dem Inkrafttreten der Satelliten- und Kabelrichtlinie durchgeführt wurden, und von Satellitensendungen, auf die diese Richtlinie nicht anwendbar ist.

Vorbemerkung Vor §§ 20ff.

Fernmeldesatellitensendungen, die nicht für eine Öffentlichkeit empfangbar sind, unter- 59
liegen auch als nichteuropäische Satellitensendungen nicht dem Senderecht aus § 20 (s. § 20
Rdnr. 14, 22; sa. vor §§ 20 ff. Rdnr. 36). Dies schließt nicht aus, dass die für eine Fernmeldesatellitensendung Verantwortlichen aus anderen Gründen, insbesondere als Teilnehmer einer sich anschließenden Urheberrechtsverletzung, haften (sa. *Ulmer*[3] § 54 III 3; zur Frage des insoweit anwendbaren Rechts s. BGHZ 136, 380/389 f. – Spielbankaffaire).

Die sachrechtlichen Voraussetzungen, unter denen ein Mitgliedstaat der EU oder ein EWR- 60
Vertragsstaat als Schutzland (Art. 8 Abs. 1 Rom II-VO) dem Urheber bei einer **direkten Satellitensendung**, die keine europäischen Satellitensendung iSd. Satelliten- und Kabelrichtlinie vom 27. 9. 1993 (s. Rdnr. 28 f.) ist, ein Senderecht gewähren kann, sind durch diese Richtlinie nicht vereinheitlicht worden. Die Bestimmung der Reichweite ihrer Urheberrechtsordnung ist für solche Satellitensendungen weiterhin den Mitgliedstaaten überlassen (vgl. *Reindl* S. 249, 348 f. mwN). In der Entscheidung BGHZ 136, 380/392 – Spielbankaffaire – wurde diese Frage offengelassen. In der Literatur ist die Frage der Rechtsanwendung bei nichteuropäischen Satellitensendungen umstritten (s. dazu *v. Ungern-Sternberg* in *Schwarze* [Hrsg.], Rechtsschutz, S. 109/ 119 ff.; zum Meinungsstand s. vor §§ 120 ff. Rdnr. 143; *Walter/Dreier*, Europäisches Urheberrecht, S. 408 ff.; *Müßig* S. 49 ff.).

Teilweise wurde in der Literatur versucht, die Frage der Anwendung des inländischen Rechts 61
bei (nichteuropäischen) direkten Satellitensendungen dadurch zu lösen, dass der Vorgang der Satellitenausstrahlung beginnend mit der Abstrahlung zum Satelliten (uplink) bis zur Ausstrahlung durch den Satelliten als einheitliche Verwertungshandlung angesehen wird (vgl. dagegen *v. Ungern-Sternberg* in *Schwarze* [Hrsg.], Rechtsschutz, S. 109/119 f. und § 20 Rdnr. 22). Der Satellit soll danach – gewissermaßen als „verlängerte Antenne" des Sendeunternehmens behandelt werden, um so die Anwendbarkeit des Rechts des Staates, von dem aus zum Satelliten gesendet wird, zu begründen (zur Zweckmäßigkeit einer solchen Rechtsanknüpfung s. Rdnr. 63). Die Einbeziehung der Abstrahlung zum Satelliten in den Tatbestand der Verwertungshandlung ist jedoch nicht notwendig, um eine Voraussetzung für die Anwendung einer bestimmten Rechtsordnung zu schaffen. Die Anwendung des inländischen Urheberrechts setzt nach dem Territorialitätsgrundsatz zwar im Allgemeinen voraus, dass die urheberrechtlich relevante Nutzungshandlung ganz oder teilweise – mit einem Teilakt – im Inland begangen worden ist (vgl. BGHZ 126, 252/256 – Folgerecht bei Auslandsbezug; vgl. dazu auch *Walter* in Loewenheim[2] § 58 Rdnr. 19; s. weiter Rdnr. 52). Dies schließt aber nicht aus, nach dem Recht des Schutzlandes Urheberrechtsschutz unter bestimmten Umständen auch bei Nutzungshandlungen zu gewähren, die vollständig in einem anderen Land (s. Rdnr. 55) oder im Weltraum vorgenommen werden (vgl. *Schack* JZ 1995, 357/358; sa. *v. Ungern-Sternberg* S. 149 ff.; aA vor §§ 120 ff. Rdnr. 123, 135; s. dazu auch die Anwendbarkeit des § 20 a gemäß dessen Abs. 2 Satz 1 Nr. 2 in Fällen, in denen die Satellitensendung iSd. § 20 a Abs. 3 in Drittstaaten ohne ausreichenden Urheberrechtsschutz stattfindet). Dabei geht es um die sachrechtliche (s. vor §§ 120 ff. Rdnr. 123 f.; *Drexl*, Fs. für Nordemann, S. 429/432; *ders.*, MünchKomm.BGB[4], Band 11, IntImmGR, Rdnr. 12 f., 150; *Grünberger* ZVglRWiss 108 [2009] S. 134/152 ff.) Frage des Anwendungsbereichs der Urheberrechtsordnung, die nach dem Schutzlandgrundsatz (Art. 8 Abs. 1 Rom II-VO) maßgeblich ist, nicht um die Anwendung einer Kollisionsnorm dieser Rechtsordnung (die durch Art. 24 Rom II-VO ausgeschlossen wäre). Erforderlich ist allerdings, dass eine ausreichende Beziehung der Nutzungshandlung zum Schutzland gegeben ist (vgl. BGHZ 126, 252/257 – Folgerecht bei Auslandsbezug; sa. BGHZ 152, 317/323/330 – Sender Felsberg; Cour de Cassation GRUR Int. 2003, 75; MünchKomm.BGB/*Drexl*[4], Band 11, IntImmGR, Rdnr. 174 ff.; s. weiter Rdnr. 63; vor §§ 120 ff. Rdnr. 123, 135).

Die Frage, auf welche Inlandsbeziehung bei der direkten Satellitensendung abzustellen ist, wird 62
allerdings unterschiedlich beantwortet. Nach einer Ansicht (sog. **Bogsch-Theorie**) ist bei einer direkten Satellitensendung das Recht von Empfangsländern anwendbar – und zwar nach den verschiedenen Abwandlungen, in denen diese Ansicht vertreten wird, das Recht aller Empfangsländer, nur derjenigen, in die gezielt abgestrahlt wird, das Recht der Empfangsländer (oder von Empfangsländern), falls das Recht des Sendelandes keinen ausreichenden Schutz gewährt, oder das Recht von Empfangsländern bei hinreichendem Marktbezug (vgl. dazu näher vor §§ 120 ff. Rdnr. 141 sowie *Walter/Dreier*, Europäisches Urheberrecht, S. 408 ff.; vgl. weiter OGH GRUR Int. 1992, 933 – Direktsatellitensendung III; *Sack* WRP 2008, 1405/1415 ff.; *Dietz* UFITA 108 [1988] 73/81 ff.; *Bornkamm* GRUR-Fs., S. 1349/1395 ff., insbes. Rdnr. 80; *Neumaier* ArchivPT 1998, 354/359 f.; *Walter* in Loewenheim[2] § 58 Rdnr. 70 ff; *Schack*[5] Rdnr. 1057 ff.; *Staudinger/ Fezer/Koos* [2006] IntWirtschR Rdnr. 1042 ff.; vgl. weiter – gegen die Auslegung des Art. 11bis

Vor §§ 20ff.

RBÜ iSd. Bogsch-Theorie – *Neumaier* UFITA 2003, 639/641 ff.; sa. *Ullrich* S. 196 ff.). Nach diesen – im Einzelnen unterschiedlichen – Rechtsmeinungen müssen für eine direkte Satellitensendung Senderechte für mehrere Länder, gegebenenfalls sogar für alle Empfangsländer, erworben werden. Dies scheint dem Schutzinteresse der Berechtigten in besonderer Weise entgegenzukommen (vgl. dazu auch *Hohloch* IPRax 1994, 387/388 f.), da diese zumindest dort, wo eine maßgebliche Verwertung stattfindet, in der einen oder anderen Weise an den Erträgen aus der Auswertung beteiligt werden sollen. Die praktischen Nachteile der Bogsch-Theorie in ihren verschiedenen Abwandlungen sind jedoch nicht zu übersehen (vgl. dazu auch *Dittrich* ZUM 1988, 359; *Handig* GRUR Int. 2007, 206/213 ff.; *Hoeren* in Loewenheim[2] § 21 Rdnr. 100 ff.). Die Umsetzung der Theorie stößt bei direkten Satellitensendungen im Wesentlichen auf dieselben Probleme wie bei erdgebundenen Rundfunksendungen die Anwendung des Rechts der Empfangsländer, für die die Sendung bestimmt ist (vgl. Rdnr. 53). Wegen des größeren Empfangsbereichs einer direkten Satellitensendung sind die Nachteile, die mit der Anwendung einer Mehrzahl von Rechten auf ein und dieselbe Nutzungshandlung verbunden sind, bei solchen Sendungen allerdings noch erheblich größer als bei erdgebundenen Rundfunksendungen (vgl. dazu auch *Breidenstein* S. 82 f.). Es überrascht daher nicht, dass die Bogsch-Theorie (von der Entscheidung des OGH GRUR Int. 1992, 933 – Direktsatellitensendung III – abgesehen) in der Praxis bisher keinen Erfolg gehabt hat und die Satelliten- und Kabelrichtlinie vom 27. 9. 1993 (s. Rdnr. 28 f.) einen anderen Lösungsansatz gewählt hat. Zum Misserfolg der Bemühungen des Berner Büros, der Bogsch-Theorie international Geltung zu verschaffen, vgl. *Dillenz* ZfRV 1993, 162/163. Die Entscheidung BGHZ 133, 281 – Klimbim – geht stillschweigend davon aus, dass der Erwerb der Senderechte für das Gebiet der alten Bundesländer dazu berechtigte, über einen Direktsatellit auch in die neuen Bundesländer auszustrahlen.

63 Die Rechtsanwendung bei direkten Satellitensendungen sollte demgegenüber zum Ziel haben, dass solche Sendungen grundsätzlich nur einer einzigen Rechtsordnung unterliegen. Dies wäre der Fall, wenn die Empfangsländer direkte Satellitensendungen grundsätzlich nur dann dem Anwendungsbereich ihres Rechts unterwerfen würden, wenn sich in ihnen der Sitz des Sendeunternehmens befindet (sa. *v. Ungern-Sternberg* S. 151 f.; *Dittrich* ZUM 1988, 359/360 f.; vgl. allerdings auch Rdnr. 55), und nur unter der Voraussetzung, dass auf diese Weise kein ausreichender Urheberrechtsschutz gewährleistet wäre, dh. insbesondere bei Wahl eines Sitzlandes ohne das erforderliche Schutzniveau (vgl. dazu auch § 20 a Abs. 2), ausnahmsweise auch dann, wenn die Programmsignale von ihrem Gebiet aus zum Satelliten gestrahlt werden (grundsätzlich für die Anwendung des Rechts dieses Staates *Hillig* in Fuhr/Rudolf/Wassermann [Hrsg.], Recht der Neuen Medien, 1989, S. 384/421; *Schwarz/Reber* in Loewenheim[2] § 21 Rdnr. 105; vgl. auch *Neumaier* UFITA 2003, 639/661 ff.). Die vorrangige Anknüpfung an den Ort der Ausstrahlung der Programmsignale vom Satelliten könnte dagegen im Einzelfall zur Anwendbarkeit eines Rechts führen, zu dem der Sendevorgang keine näheren Beziehungen hat (zB bei Live-Übertragungen von Kulturereignissen in Drittländern), oder die Gefahr begründen, dass das Sendeland allein unter dem Gesichtspunkt der Vermeidung urheberrechtlicher Ansprüche gewählt wird.

64 Der durch das 4. UrhGÄndG in das Gesetz eingefügte § 20 a ist eine Sonderregelung für seinen beschränkten Anwendungsbereich (vgl. die Begr. zum RegE des 4. UrhGÄndG, BT-Drucks. 13/4796 S. 9; s. dazu auch *Dreier* ZUM 1995, 458/460 f.; vor §§ 120 ff. Rdnr. 143). Auf erdgebundene Rundfunksendungen ist die Vorschrift nicht entsprechend anwendbar (vgl. BGHZ 152, 317/324 – Sender Felsberg, zustimmend *Schack* JZ 2003, 803; *v. Welser* IPRax 2003, 440/442; aA *Brinkmann* LMK 2003, 95).

65 5. Zum anwendbaren Recht bei **grenzüberschreitenden Sendungen im Internet** s. u. a. *Staudinger/Fezer/Koos*, IntWirtschR, 2006, Rdnr. 1049 ff.; MünchKomm.BGB/*Drexl*[4], Band 11, IntImmGR, Rdnr. 165 ff., 204 ff.; *Handig* GRUR Int. 2007, 206/211 ff.; *v. Zimmermann* MMR 2007, 553/556; s. weiter vor §§ 120 ff. Rdnr. 145 mwN. Zum anwendbaren Recht bei der **öffentlichen Zugänglichmachung** vgl. vor §§ 120 ff. Rdnr. 145; sa. § 19 a Rdnr. 27; *Dreier* in *Dreier/Schulze*[3] vor §§ 120 ff. Rdnr. 40 ff.

X. Sonstiges

66 Rechtswidrig veranstaltete Funksendungen dürfen nicht auf Bild- oder Tonträger aufgenommen oder öffentlich wiedergegeben (insb. weitergesendet) werden (§ 96 Abs. 2). Dies gilt unterschiedslos für Sendungen nach § 20 und europäische Satellitensendungen nach § 20 a. Das Ver-

vielfältigungsrecht (§ 16) wird zugunsten der Sendeunternehmen, die zur Funksendung berechtigt sind, durch § 55 eingeschränkt.

§ 20 Senderecht

Das Senderecht ist das Recht, das Werk durch Funk, wie Ton- und Fernsehrundfunk, Satellitenrundfunk, Kabelfunk oder ähnliche technische Mittel, der Öffentlichkeit zugänglich zu machen.

Schrifttum: S. vor §§ 20 ff.

Übersicht

	Rdnr.
A. Allgemeines	1, 2
B. Inhalt des Verwertungsrechts	3–51
I. Funk	3–7
II. Öffentlichkeit	8, 9
III. Zugänglichmachen	10–15
IV. Werknutzer	16
V. Sendung durch Rundfunk	17, 18
VI. Sendung durch Satellitenrundfunk	19–22
VII. Sendung durch Kabelfunk	23–39
VIII. Werkübertragung durch „ähnliche technische Mittel"	40–51

A. Allgemeines

Das Senderecht aus § 20 ist das ausschließliche Verwertungsrecht, das Werk durch Funk der 1 Öffentlichkeit zugänglich zu machen. Es ist ein **Recht der öffentlichen Wiedergabe** des Werkes in unkörperlicher Form (§ 15 Abs. 2 Nr. 2; s. weiter § 15 Rdnr. 45 ff.; vor §§ 20 ff. Rdnr. 8). Zu den Schranken des Rechts s. vor §§ 20 ff. Rdnr. 12. Zum Verhältnis des Rechts aus § 20 zum Senderecht an europäischen Satellitensendungen aus § 20 a s. Rdnr. 19. Das Recht an der Kabelweitersendung ist gemäß § 20 b Abs. 1 (vgl. auch § 13 c Abs. 3 und 4 WahrnG) der **Verwertungsgesellschaftspflicht** unterworfen, soweit es sich nicht um Rechte handelt, die ein Sendeunternehmen in Bezug auf seine Sendungen geltend macht (zu Sendungen im Internet, Handy-TV und Mobile-TV s. § 20 b Rdnr. 8 f.).

Zu dem auf Rundfunksendungen **anzuwendenden Recht** s. vor §§ 20 ff. Rdnr. 52 ff., 2 § 20 a Rdnr. 7 f. sowie vor §§ 120 ff. Rdnr. 141 ff.

B. Inhalt des Verwertungsrechts

I. Funk

Die von § 20 umschriebene Verwertungshandlung ist durch die Verwendung des technischen 3 Mittels des Funks gekennzeichnet. Der Hauptanwendungsfall war zur Zeit der Entstehung des Gesetzes der herkömmliche Rundfunk. Dementsprechend hat die Begründung des Regierungsentwurfs des UrhG (UFITA 45 [1965] 240/265; sa. BGHZ 79, 350/353 – Kabelfernsehen in Abschattungsgebieten; BGH GRUR 1982, 727/729 f. – Altverträge) den Begriff des Funks iSd. § 20 wie folgt definiert: „Unter „Funk" ist dabei jede Übertragung von Zeichen, Tönen oder Bildern durch elektromagnetische Wellen zu verstehen, die von einer Sendestelle ausgesandt werden und an anderen Orten von einer beliebigen Zahl von Empfangsanlagen aufgefangen und wieder in Zeichen, Töne oder Bilder zurückverwandelt werden können." Diese Definition ist allerdings, wie die Entwicklung des Internets gezeigt hat (s. Rdnr. 45 ff.; vor §§ 20 ff. Rdnr. 7), zu eng, weil sie nur Fälle einbezieht, in denen das Sendegut wie beim herkömmlichen Rundfunk – mit den Mitteln des Funks an eine beliebige Öffentlichkeit in einer Weise herangetragen wird, dass der Sendeinhalt ohne weiteres durch Empfangsgeräte wahrnehmbar gemacht werden kann. Fälle, in denen sich die Empfänger – wie beim Internet-Rundfunk – zu einer laufenden

Sendung durch Abruf zuschalten müssen, werden dadurch ausgeklammert. Zu einer solchen einschränkenden Auslegung des Tatbestands des Senderechts besteht kein Grund. Das Verwertungsrecht des § 20 erfasst alle Werknutzungen, bei denen das Werk mit funktechnischen Mitteln zu einem von dem Sendenden bestimmten Zeitpunkt zeitgleich einer Öffentlichkeit zugänglich gemacht wird. Der Tatbestand schließt nicht aus, dass der Kreis der möglichen Empfänger begrenzt ist (s. Rdnr. 8). Es ist auch nicht erforderlich, dass der Sendende das Werk den einzelnen möglichen Empfängern von sich aus zugänglich macht. Die Initiative zur Übertragung an den einzelnen Empfänger kann auch von diesem (durch Abruf) ausgehen. Entscheidend ist nur, dass es sich dabei um ein Zuschalten zu einer zeitgleichen Übertragung an eine Öffentlichkeit handelt, nicht um einen Einzelabruf für eine Übertragung zu einem vom Empfänger bestimmten Zeitpunkt (so jetzt auch *Kleinke* AfP 2008, 460/461 f.). Nicht notwendig ist auch, dass das übertragene Werk von einer Öffentlichkeit gleichzeitig wahrgenommen werden kann und soll; es genügt, dass es einer Öffentlichkeit zeitgleich zugänglich gemacht wird (s. Rdnr. 10). Der Anwendungsbereich des Senderechts aus § 20 geht somit weit über den herkömmlichen Rundfunk hinaus.

4 Das Verwertungsrecht bezieht sich auf jeden einzelnen Vorgang, durch den das Werk einer Öffentlichkeit durch Funk zugänglich gemacht wird. Beim herkömmlichen Rundfunk fällt daher **jede einzelne Ausstrahlung** durch eine Sendestelle an eine Öffentlichkeit unter das Senderecht. Das Senderecht kann dementsprechend räumlich beschränkt und getrennt nach erdgebundener drahtloser oder kabelgebundener Ausstrahlung und nach dem Recht zur Satellitenausstrahlung eingeräumt werden (s. vor §§ 20 ff. Rdnr. 18). Das Senderecht greift bei jeder einzelnen Nutzungshandlung ein, durch die das Werk zeitgleich durch Funk einer Öffentlichkeit zugänglich gemacht wird. Die Sendung muss nicht wie beim herkömmlichen Rundfunk in eine lineare Programmabfolge eingebettet sein (aA *Michel* ZUM 2009, 453; vgl. auch *Castendyk* in Fs. für Loewenheim, S. 31/42 f.).

5 Das Senderecht bezieht sich unterschiedslos auf alle **Arten von Sendungen** (Live-Sendungen und Sendungen mittels Bild- oder Tonträgern sowie auf Erstsendungen, Wiederholungssendungen und – gleichzeitige – Weitersendungen eines gesendeten Werkes). Weitersendungen können (drahtlose oder leitungsgebundene) Weiterübertragungen durch dasselbe oder ein anderes Unternehmen sein. Im letzteren Fall wird idR von Anschlusssendung gesprochen (zum teilweise abweichenden Sprachgebrauch s. *Platho* S. 23 Fn. 10).

6 Ob **analoge oder digitale Sendetechnik** angewandt wird, ist ohne Bedeutung (ebenso *v. Gamm* ZUM 1994, 591/594; *Eberle* GRUR 1995, 790/797; *Schwarz* GRUR 1996, 836/837; *Bäcker* S. 152 ff.). Ob ältere Senderechtsverträge auch die Sendung mit digitaler Sendetechnik gestatten, kann in Einzelfällen allerdings fraglich sein (s. dazu vor §§ 20 ff. Rdnr. 18). Es kommt für das Eingreifen des Senderechts nicht darauf an, ob eine digitale Werkvermittlung den Empfängern gezielt eine Vervielfältigung der übertragenen Werke und eine Verbreitung der Vervielfältigungsstücke ermöglichen soll.

7 Zur Werknutzung durch erdgebundenen Rundfunk s. Rdnr. 17, mittels Satellitenübertragung s. Rdnr. 19 ff. und Erläuterungen zu § 20 a, durch Kabelfunk s. Rdnr. 23 ff., mittels „ähnlicher technischer Mittel" s. Rdnr. 40 ff.

II. Öffentlichkeit

8 Die Beurteilung der Frage, ob eine Werkwiedergabe durch Funksendung öffentlich ist, richtet sich nach der Legaldefinition der öffentlichen Wiedergabe in § 15 Abs. 3. Der Tatbestand des § 20 erfordert dementsprechend nicht, dass sich die Sendung an eine breitere Öffentlichkeit richtet (vgl. BGH GRUR 2009, 845/848 Tz. 35 – Internet-Videorecorder; vgl. dazu auch – zu § 15 Abs. 3 aF – BGHZ 79, 350/354 – Kabelfernsehen in Abschattungsgebieten; BGHZ 123, 149/151 – Verteileranlagen; BGHZ 152, 317/327 – Sender Felsberg; s. weiter § 15 Rdnr. 58 und unten Rdnr. 31; zu Art. 3 Informationsgesellschafts-Richtlinie vgl. EuGH GRUR 2007, 225/227 Tz. 36 ff. – SGAE/Rafael; anderes gilt für § 20 a, s. dort Rdnr. 16). Maßgeblich ist, ob die Werkwiedergabe als Nutzungshandlung (s. Rdnr. 16) öffentlich ist; es ist unerheblich, ob sich die Nutzungshandlung (wie bei Sendungen im Internet oder bei der Übertragung von Rundfunksendungen an mobile Endgeräte über das UMTS-Mobilfunkausnetz) aus einzelnen technisch unterschiedlichen Übertragungsvorgängen zusammensetzt (s. Rdnr. 10). Die Funkausstrahlung muss sich an eine unbestimmte Zahl möglicher Fernsehzuschauer oder Hörer richten (vgl. EuGH GRUR 2007, 225/227 Tz. 37 – SGAE/Rafael, mwN). Es genügt nicht eine Aus-

strahlung an einen begrenzten Personenkreis, der die Sendung nur mit professionellem Gerät empfangen kann (vgl. – zur Satelliten- und Kabelrichtlinie – EuGH GRUR 2006, 50/52 Tz. 31 – Lagardère/SPRE und GVL; sa. *Hugenholtz* IRISplus 08/2009, S. 7/13). Der öffentliche Empfängerkreis muss als Öffentlichkeit angesprochen werden können; er muss zu den Letztverbrauchern gehören. Der Tatbestand des Senderechts ist daher zB nicht erfüllt, wenn ein Werk durch Richtfunk oder Kabel zu den Kopfstationen von Kabelnetzen oder Rundfunksendeanlagen übertragen wird, auch wenn das Werk dort einer Mehrzahl miteinander nicht persönlich verbundener Personen zugänglich gemacht wird, die mit der Weiterleitung der Sendung an eine Öffentlichkeit befasst sind (sa. Rdnr. 14; vgl. *v. Ungern-Sternberg* S. 34, 74 f.; *Schwarz/Reber* in *Loewenheim*[2] § 21 Rdnr. 77; *Mand* S. 15 f.; *Ullrich* S. 287 f.; im Ergebnis ebenso *Dreyer* in HK-UrhR[2] Rdnr. 23; sa. – zu Satellitensendungen – § 20a Rdnr. 16; *Schricker* Kabelrundfunk S. 70; *Dreier* S. 17; *Dietz* UFITA 108 [1988] 73/75 f.; *Breidenstein* S. 133 ff.; *Castendyk*, Fs. für Loewenheim, S. 31/36 Fn. 19; aA OGH GRUR Int. 2002, 938/939 – Kabelnetz Breitenfurt = MR 2002, 34 mit Anm. *Walter*) oder bei einer möglichen Übermittlung verschlüsselter digitaler Signale durch Kabel oder Satellit zur kopielosen Vorführung in Filmtheatern (*Schwarz* in Becker/Dreier [Hrsg.] S. 105/115). Erst die sich anschließende Ausstrahlung an eine Öffentlichkeit ist Sendung iSd. § 20. Die Übermittlung der Sendungen an die Rundfunksendeanlagen und Kabelnetze kann aber ggf. als Beteiligung an etwaigen Urheberrechtsverletzungen bei der Ausstrahlung an eine Öffentlichkeit haftbar machen (sa. SchweizBG GRUR Int. 1981, 642/645 – Kabelfernsehanlage Rediffusion II; *Schricker* Kabelrundfunk S. 70 f.).

Die Öffentlichkeit iSd. § 20 muss – entsprechend der Definition des § 15 Abs. 3 – kein Ausschnitt der Allgemeinheit (beliebige Öffentlichkeit) sein. Auch auf Kabelsendungen, die nur Angehörige bestimmter Berufsgruppen (zB Ärzte) entschlüsseln können, oder auf rein unternehmensinterne Fernsehsendungen (sog. Unternehmensfernsehen), wäre § 20 anwendbar. Statt von „der Öffentlichkeit" würde § 20 daher besser von „einer Öffentlichkeit" sprechen. Für die Erfüllung des Tatbestands des Senderechts genügt es nicht, wenn mit Übertragungen zu verschiedenen Zeiten, die sich jeweils nur an eine einzelne Personen richten, insgesamt ein Personenkreis erreicht werden soll, der „eine Öffentlichkeit" darstellt (sukzessive Öffentlichkeit; vgl. BGH GRUR 2009, 845/847 Tz. 29 – Internet-Videorecorder; BGH GRUR 2010, 530/531 Tz. 21 – Regio-Vertrag; anders wohl nur *Dreyer* in HK-UrhR[2] § 15 Rdnr. 30, 35, § 20 Rdnr. 19, die sich für ihre Ansicht zu Unrecht auf das Urteil EuGH GRUR 2007, 225/227 Tz. 45 f. – SGAE/Rafael – beruft. Diese Entscheidung bezog sich auf die Ermöglichung eines gleichzeitigen Fernsehempfangs in verschiedenen Hotelzimmern [s. dazu § 15 Rdnr. 71]).

Sendungen an Einzelkunden als sog. **personalisiertes Internetradio** sind keine Rundfunksendungen iSd. § 20 (aA *Castendyk* in Fs. für Loewenheim, S. 31/45). Bei dem sog. personalisierten Internetradio stellt der Anbieter automatisiert für jeden einzelnen Hörer nach dessen Vorlieben (auf die aufgrund seiner Angaben, Hörgewohnheiten und sonstiger Umstände geschlossen wird) eine besondere Programmfolge zusammen. Da sich die Programme nur jeweils an einen einzelnen Kunden richten, ist das Senderecht nicht anwendbar. Auch § 19a greift nicht ein, weil die an Einzelkunden übertragenen Programme nicht zum Abruf durch eine Öffentlichkeit bereitgehalten werden. Weder der Einzelkunde noch eine Öffentlichkeit kann vor der Übertragung von sich aus auf die gesendeten Werke zugreifen. Bei Sendungen an Einzelkunden im Rahmen eines sog. personalisierten Internetradios kommt aber die Annahme eines unbenannten Verwertungsrechts in Betracht (**Online-Verbreitungsrecht**; vgl. Rdnr. 47 f., § 15 Rdnr. 27, 71; § 19a Rdnr. 45; aA *Klatt* CR 2009, 517/522).

Zu Amateurfunksendungen sa. SchweizBG GRUR Int. 1994, 442/445 – CNN-International (zu Art. 12 SchweizURG aF). Ob sich die angesprochene Öffentlichkeit im In- oder Ausland befindet, ist unerheblich (vgl. BGHZ 152, 317/327 – Sender Felsberg).

Bereits die einzelne Ausstrahlung (s. dazu Rdnr. 10) muss das Werk einer Öffentlichkeit zugänglich machen; dabei ist unerheblich, ob tatsächlich ein Empfang stattfindet (s. Rdnr. 10). Dementsprechend wird unter Funksendung iSd. Sendevorgangs im Urheberrechtsgesetz durchweg nur eine an eine Öffentlichkeit gerichtete Ausstrahlung verstanden (vgl. insb. § 52 Abs. 3, § 55 Abs. 1, § 94 Abs. 1).

9

Eine Rundfunksendung iSd. § 20 ist auch bei **Zugriffssystemen** gegeben, bei denen das Werk zeitgleich einer Öffentlichkeit in Wiederholungsschleifen zugänglich gemacht wird, deren Mitglieder sich lediglich in die jeweils laufende Übertragung zuschalten können. Dies gilt auch dann, wenn die Sendeintervalle sehr kurz sind. Nach einer aA *Bullinger* in *Wandtke/Bullinger*[3] § 19a Rdnr. 19 ff.; im Ergebnis ebenso *Dreier* in *Dreier/Schulze*[3] § 19a Rdnr. 10; vgl. auch *Wandtke/Bullinger/Ehrhardt*[3] §§ 20–20b Rdnr. 13) soll in einem solchen Fall § 19a anzuwenden sein, wenn beim Endverbraucher der Eindruck entsteht, über das Werk jederzeit bei Bedarf verfügen zu können. Diese Ansicht verwischt jedoch die Unterschiede zwischen den Verwertungsrechten, die sich durchweg auf bestimmte Nutzungshandlungen beziehen, und führt, da auf den Eindruck der Endverbraucher abgestellt wird, zu Rechtsunsicherheit. Die Übermittlung geschützter Werke erst auf Einzelabruf, dh. auf Initiative des Nutzers, ist etwas anderes als ihre Sendung an eine Öffentlichkeit, die nur an der laufenden Sendung durch Einschaltung von Empfangsgeräten teilhaben kann (s. weiter § 19a Rdnr. 58). Eine Sendung iSd. § 20 liegt daher vor, wenn für eine Öffentlichkeit gemeinsam mit dem Fernsehsignal fortlaufend Textsignale (als Videotext oder Kabeltext) gesendet und zyklisch zum Zugriff für den Fernsehteilnehmer wiederholt werden (vgl. *Hillig* in *Fuhr/Rudolf/Wasserburg* [Hrsg.] S. 384/425 f.; *Wandtke/Bullinger/ Ehrhardt*[3] §§ 20–20b Rdnr. 11 mwN), ebenso bei den Übertragungen von **Near-on-Demand-Diensten**, bei denen die Inhalte in festen Intervallen zum Zugriff ausgestrahlt werden (s. § 19a Rdnr. 54; vgl. *Kröger* CR 2001, 316/318; *Poll* GRUR 2007, 476/481; *Kleinke* AfP 2008, 460/464; *Dünnwald/Gerlach* § 78 Rdnr. 16, 20; *Fromm/Nordemann/Dustmann*[10] § 19a Rdnr. 25; *Grützmacher* in *Wandtke/Bullinger*[3] § 69c Rdnr. 51; *Castendyk*, Fs. für Loewenheim, S. 31/41 f.; sa. *Reinbothe* GRUR Int. 2001, 733/736; *Bauer/v. Einem* MMR 2007, 698/699; aA *Bullinger* in *Wandtke/Bullinger*[3] Rdnr. 19 ff.; *Dreier* in *Dreier/Schulze*[3] § 19a Rdnr. 10, § 20 Rdnr. 16; *Rüberg*, S. 316 ff.). Ausstrahlungen von **Mehrkanaldiensten** (Multi-Channel-Services), dh. von Unternehmen, die eng spezialisierte Programme – insbesondere von Musik bestimmter Art – senden, unterfallen dementsprechend dem Senderecht, selbst wenn sie in Hörschleifen immer wieder dieselben Werke senden (vgl. BGH GRUR 2004, 669/670 – Musikmehrkanaldienst; *Walter* MR 2002, 217/218; sa. *v. Lewinski* GRUR Int. 1997, 667/675; s. weiter Rdnr. 24). Die besondere Intensität der Werkverwertung, die den Vertrieb von Tonträgern erheblich beeinträchtigen könnte, rechtfertigt die Zuordnung zum Verbreitungsrecht nicht (vgl. dazu und zum Rechtsschutz der ausübenden Künstler und der Hersteller von Tonträgern in diesem Fall *v. Lewinski* S. 149/164 ff.; *dies.* in *Schricker* [Hrsg.], Informationsgesellschaft, S. 269 ff.; sa. *Haller* MR 1998, 61/64; s. weiter Rdnr. 10).

Eine Sendung iSd. § 20 ist dagegen nicht gegeben, wenn nur durch mehrfache, auf Einzelabruf hin durchgeführte Übertragungen insgesamt – von Ausnahmefällen abgesehen sukzessive – eine Öffentlichkeit angesprochen wird, wie zB bei Abrufdiensten (insbes. **On-Demand-Diensten**), bei denen Werke (die zB in Videos oder aufgezeichneten Rundfunksendungen enthalten sind) auf Anforderung aus elektronischen Speichern zur Nutzung übermittelt werden. Die einzelne Übertragung eines zu diesem Zweck zum Abruf bereitgehaltenen Werkes fällt vielmehr unter das Abrufübertragungsrecht als ein unbenanntes Recht der öffentlichen Wiedergabe (§ 15 Rdnr. 22, 27, § 19a Rdnr. 33); auf die Bereithaltung des Werkes ist § 19a anzuwenden.

III. Zugänglichmachen

10 § 20 sieht die Werknutzung bereits darin, dass das Werk einer Öffentlichkeit durch Funk zugänglich gemacht wird. Auf den tatsächlichen Empfang (durch Rundfunkempfangsgeräte, Computer oder Mobiltelefone) kommt es für § 20 nicht an; der tatsächliche Empfängerkreis kann – wie teilweise bei Internetsendungen – recht klein sein (s. Rdnr. 5). Die **Ermöglichung des Empfangs** durch eine Öffentlichkeit (von Letztverbrauchern, s. Rdnr. 8) genügt (vgl. BGHZ 123, 149/152 – Verteileranlagen; BGH GRUR 1996, 875/876 – Zweibettzimmer im Krankenhaus; sa. – zu § 17 öUrhG – OGH GRUR Int. 2002, 938/939 – Kabelnetz Breitenfurt). Es kommt nicht darauf an, ob die Sendung einen neuen Empfängerkreis erschließt; auch eine Sendung an eine Öffentlichkeit, die lediglich der technischen Verbesserung des Empfangs dient, fällt unter § 20 (vgl. BGH GRUR 2000, 699/700 – Kabelweitersendung). Die Sendung muss einen zeitgleichen Empfang durch den Empfängerkreis ermöglichen, wobei technisch bedingte geringfügige Zeitdifferenzen bei den Empfangsmöglichkeiten (wie etwa bei Sendungen im Internet) dem Charakter einer urheberrechtlichen Werknutzung als Sendung an eine Öffentlichkeit nicht entgegenstehen. Nicht erforderlich ist es, dass das übertragene Werk von einer Öffentlichkeit nicht nur zeitgleich empfangen, sondern auch zeitgleich wahrgenommen werden kann und soll. Eine Sendung liegt auch dann vor, wenn die Empfänger das Werk aufgrund von Aufzeichnungen der Sendung jeder für sich zu verschiedenen Zeitpunkten wahrnehmbar machen können (vgl. BGH GRUR 2009, 845/848 Tz. 35 – Internet-Videorecorder, mit Anm. *Becker* = NJW 2009, 3511/3515 mit Anm. *Rössel*; abw. *Katzenberger*, Elektronische Printmedien und Urheberrecht, 1996, S. 48 f.). Die Aufzeichnung muss in einem solchen Fall aber jedenfalls schon für den einzelnen Empfänger stattfinden und diesem den unmittelbaren Zugriff ermögli-

chen. Dies kann auch durch Vervielfältigung auf einem für den Empfänger bestimmten Speicherplatz in der Datenbank eines Dritten geschehen (vgl. BGH GRUR 2009, 845/848 Tz. 30 ff. – Internet-Videorecorder; zu Massen-E-Mails s. Rdnr. 49). Das Eingreifen des Senderechts ist weiterhin unabhängig davon, in welcher Form die angesprochene Öffentlichkeit die Sendung weiter nutzen kann (etwa zur Aufzeichnung der gesendeten Werke in besonderer Aufnahmequalität).

Eine einheitliche Ausstrahlung im Sinne des § 20 ist auch in den Fällen der **Sendungen im Internet** (s. vor §§ 20 ff. Rdnr. 7, § 20 Rdnr. 45) und bei der Übertragung von Rundfunksendungen an mobile Endgeräte (sog. **Mobile-TV** und **Handy-TV;** s. vor §§ 20 ff. Rdnr. 2) anzunehmen (sa. – zum österreichischen Recht – OGH GRUR Int. 2009, 751/754 – UMTS-Mobilfunknetz I = MR 2009, 34/38 mit Anm. *Walter* = ZUM 2009, 892 mit Anm. *Hillig,* zur Weiterverbreitung von Rundfunksendungen über das UMTS-Mobilfunknetz im Wege des Live-Streaming). Gegen die Anwendung des § 20 spricht nicht, dass sich die Empfänger in die laufende Übertragung einschalten müssen und kein einheitliches Sendesignal erhalten. Für die Auslegung der Verwertungsrechte ist letztlich nicht entscheidend eine Analyse der technischen Vorgänge, sondern eine Analyse des Nutzungsvorgangs (s. § 15 Rdnr. 15, § 20 Rdnr. 45; aA *Dreier* in *Dreier/Schulze*[3] § 19a Rdnr. 10, § 20 Rdnr. 16). In der Wirkung empfängt der Nutzer die Sendung in diesen Fällen nicht anders als herkömmliche Rundfunksendungen (sa. OGH GRUR Int. 2009, 751/754 – UMTS-Mobilfunknetz I = MR 2009, 34/38 mit Anm. *Walter; Gey* S. 145 ff.; *Rüberg,* S. 303 ff.). Die Weitersendung einer Rundfunksendung über das Mobilfunknetz ist nach § 20 eine urheberrechtlich selbständige Nutzungshandlung (anders zum österreichischen Recht OGH MR 2009, 140 – UMTS-Mobilfunknetz II, mit Anm. *Walter*).

Das Senderecht erfasst nach seinem Tatbestand nicht **Empfangsvorgänge** (sa. Rdnr. 26 ff.; 11 BGHZ 123, 149/153 f. – Verteileranlagen; OGH GRUR Int. 1991, 920/921 – TELE UNO II = MR 1991, 195/197 f. mit Anm. *Walter*) und ein sich anschließendes Wahrnehmbarmachen des gesendeten Werkes für die menschlichen Sinne. Das Senderecht aus § 20 greift deshalb grundsätzlich nicht ein, wenn Funksendungen drahtlos in das Inland hinein an eine Öffentlichkeit ausgestrahlt werden (anders zum österreichischen Recht OGH GRUR Int. 1991, 920/923 – TELE-UNO II = MR 1991, 195/199 mit Anm. *Walter;* OGH GRUR Int. 1992, 933/934 – Direktsatellitensendung III = MR 1992, 194/195 mit Anm. *Walter;* vgl. dazu vor §§ 20 ff. Rdnr. 52 ff.; vor §§ 120 ff. Rdnr. 141 ff.). Das öffentliche Wahrnehmbarmachen von Funksendungen fällt als weiterer Akt der öffentlichen Wiedergabe unter § 22.

Einer Öffentlichkeit zugänglich gemacht wird auch eine **verschlüsselt ausgestrahlte Sen-** 12 **dung** (zB Pay-TV), wenn eine als Öffentlichkeit anzusehende Mehrzahl von Personen in der Lage ist, die Sendung entschlüsselt wahrnehmbar zu machen. Anderes gilt nur, wenn Dritte die Sendungen gegen den Willen des Sendenden empfangen können, weil die Mittel zur Decodierung unbefugt verbreitet worden sind, und das System der verschlüsselten Ausstrahlung noch nicht zusammengebrochen ist (s. dazu auch Rdnr. 8; § 20a Rdnr. 17; § 87 Rdnr. 21).

Wer einen Vortrag oder eine Aufführung gemäß **§ 19 Abs. 3** in mehrere Räume überträgt, 13 um die Darbietungen dort selbst öffentlich wahrnehmbar zu machen, macht die dargebotenen Werke durch die Übertragung als solche nicht öffentlich zugänglich. Er greift daher durch den Übertragungsvorgang auch nicht in das Senderecht ein. Die Übertragung ist dagegen ein Sendevorgang, wenn sich eine Öffentlichkeit die Übertragung wie bei einer Verteileranlage (s. Rdnr. 24) aufgrund eigener Entscheidung wahrnehmbar machen kann. Zur Abgrenzung von § 19 Abs. 3 und § 20 s. § 19 Rdnr. 35.

Nur wer das Werk durch Funk einer Öffentlichkeit **unmittelbar zugänglich** macht, sendet 14 iSd. § 20 (sa. Rdnr. 8; § 87 Rdnr. 15). Wer Sendungen durch Richtfunk oder Kabel überträgt zu den Kopfstationen von Kabelnetzen oder zu Rundfunksendeanlagen, die sich erst ihrerseits an eine Öffentlichkeit wenden, erfüllt nicht den Tatbestand des § 20 (ebenso *Ulmer*[3] § 53 IV; *Flechsig* ZUM 1991, 1/13; so auch die hM zu Art. 11bis RBÜ hinsichtlich der Behandlung von Fernmeldesatellitensendungen, die nicht für eine Öffentlichkeit empfangbar sind. Nachw. hierzu s. vor §§ 20 ff. Rdnr. 35). Dies ist auch dann nicht der Fall, wenn die Sendung auf diese Weise gleichzeitig an eine Mehrzahl derartiger Sendestationen übermittelt wird, da deren Personal keine Öffentlichkeit iSd. § 20 ist (s. Rdnr. 8). Zu rein technisch bedingten, nur kurzzeitigen **Zwischenspeicherungen,** wie sie etwa bei Live-Streaming (s. vor §§ 20 ff. Rdnr. 7) im Verlauf der Sendung notwendig werden können, s. Rdnr. 23, § 20a Rdnr. 15.

Eine andere Frage ist es, ob ein Unternehmen, das einem Sendeunternehmen im In- oder 15 Ausland geschützte Werke auf nichtöffentlichem Weg zur Ausstrahlung an eine Öffentlichkeit übermittelt hat, dem Urheberberechtigten dafür haftet, wenn für die Ausstrahlung an die Öffentlichkeit nicht dessen Sendegenehmigung eingeholt worden ist (vgl. dazu SchweizBG

§ 20 Senderecht

GRUR Int. 1981, 642/644 f. – Kabelfernsehanlage Rediffusion II; *Dreier* S. 23 Fn. 61; *Bornkamm*, GRUR-Fs., S. 1349/1392 f.; sa. *Ulmer*[3] § 54 III 3; *Dietz* UFITA 108 [1988] 73/76 f.).

IV. Werknutzer

16 Wer sich der Sendetechnik zum Zweck der öffentlichen Wiedergabe des Werkes bedient, ist unerheblich; Werknutzer können auch andere als Sendeunternehmen sein. Die von § 20 erfassten Verwertungshandlungen sind nicht gleichbedeutend mit den technischen Vorgängen des Funks, sondern Vorgänge der Werknutzung (vgl. dazu auch BGHZ 123, 149/154 – Verteileranlagen; Begr. des RegE für den „2. Korb" [s. Rdnr. 34], BTDrucks. 16/1828 S. 23). Es verwertet nicht, wer die technischen Mittel (insb. Sendeanlagen) für die Übermittlung der Sendung zur Verfügung stellt, sondern derjenige, der sich dieser Mittel bedient, um das Werk einer Öffentlichkeit mitzuteilen, dh. derjenige, der entscheidet, welche Sendungen an eine Öffentlichkeit ausgestrahlt werden (vgl. BGH GRUR 2010, 530/531 Tz. 23 – Regio-Vertrag; *Dreier* S. 23; *v. Ungern-Sternberg* UFITA 94 [1982] 79/94; sa. BGHZ 152, 317/327 – Sender Felsberg; s. weiter § 15 Rdnr. 15, 47; § 19 a Rdnr. 55; vor §§ 20 ff. Rdnr. 48; § 20 Rdnr. 45; § 20 a Rdnr. 18; § 87 Rdnr. 16). Das bloße Aufstellen von Fernsehgeräten in den Gästezimmern eines Hotels ist keine urheberrechtliche Nutzungshandlung; anders die Weiterleitung von Rundfunksendungen mittels der Zentralantenne des Hotels an eine unbestimmte Anzahl dort wohnender Hotelgäste (vgl. EuGH GRUR 2007, 225/227 Tz. 45 f. – SGAE/Rafael; EuGH, Beschl. v. 18. 3. 2010 – C-136/09, Tz. 33 ff.; BGH GRUR 2010, 530/532 Tz. 25 – Regio-Vertrag; s. weiter Rdnr. 41). Strahlt ein Telekommunikationsunternehmen wie die T-Systems, ein Tochterunternehmen der Deutschen Telekom AG, das Programm eines Sendeunternehmens für dieses über seine Sendeanlagen aus, sendet es nicht selbst iSd. § 20, sondern das Sendeunternehmen. Die Frage, ob das Telekommunikationsunternehmen in einem solchen Fall ggf. für eine etwaige Urheberrechtsverletzung mithaftet, ist nach den allgemeinen Grundsätzen zu beantworten (s. § 97 Rdnr. 61 ff.). Unternimmt es dagegen der Betreiber eines Kabelnetzes, aufgrund eigener Entscheidung – nicht lediglich als Dienstleister beim Signaltransport – drahtlos ausgestrahlte Rundfunksendungen durch Einspeisung in Kabelanlagen weiterzuübertragen, sendet er selbst iSd. § 20 und ist dafür selbst urheberrechtlich verantwortlich (BGH GRUR 1988, 206/209 – Kabelfernsehen II; BGH GRUR 2010, 530/531 Tz. 31 – Regio-Vertrag; *Schricker* Kabelrundfunk S. 22 ff.; *Schwertfeger* S. 18 ff.; *Dreier* S. 108; *Gounalakis/Mand* S. 35 ff.; eingehend zu dieser Frage *Mand* S. 54 ff., 73 ff.; ders. UFITA 2005, 19/21 ff.; aA lediglich – für den Versorgungsbereich der Sendeunternehmen – *Gounalakis* ZUM 2009, 447/451 f., dessen Ansicht aber schon mit Art. 11bis Abs. 1 Nr. 2 RBÜ nicht vereinbar ist). Für europäische Satellitensendungen vgl. nunmehr die ausdrückliche Regelung in § 20 a Abs. 3 (s. § 20 a Rdnr. 15). Zur Frage, ob eine urheberrechtlich relevante Werknutzung stattfindet, wenn ein Kabelbetreiber Rundfunkprogramme aufgrund öffentlich-rechtlicher Übertragungspflichten weitersendet, sa. *Mand* S. 79 ff.; s. weiter Rdnr. 39. Wer lediglich einen **Hyperlink** auf eine laufende Webradiosendung setzt, nimmt dadurch nicht selbst eine Werknutzung iSd. § 20 UrhG vor (sa. *Wolff* ITRB 2009, 177/180; s. weiter § 15 Rdnr. 16, § 19 a Rdnr. 46).

V. Sendung durch Rundfunk

17 Der für die Werknutzung entscheidende Vorgang ist bei drahtlosen **erdgebundenen Sendungen** die Ausstrahlung der einzelnen Sendestelle an eine Öffentlichkeit. Ob die Einräumung eines Senderechts zur Ausstrahlung über alle Anlagen eines Unternehmens berechtigt, richtet sich nach dem Sendevertrag (s. Rdnr. 4).

18 Der **Empfang** ist urheberrechtlich frei (s. Rdnr. 11; vor §§ 20 ff. Rdnr. 52 ff.).

VI. Sendung durch Satellitenrundfunk

1. Verhältnis des Rechts aus § 20 zum Recht aus § 20 a

19 Die Rechte der Urheber bei Satellitensendungen an eine Öffentlichkeit sind in § 20 und § 20 a geregelt. In § 20 ist (seit dem 4. UrhGÄndG, s. vor §§ 20 ff. Rdnr. 29) auch der Satellitenrundfunk unter den dem Urheber vorbehaltenen Verwertungsformen aufgeführt. Diese ausdrückliche Anerkennung des Rechts des Urhebers an der Satellitensendung bedeutet für sich keine sachliche Änderung, weil bereits das Senderecht aus § 20 aF nach allgM Satellitensendun-

gen geschützter Werke an eine Öffentlichkeit erfasst hat. Durch die gleichzeitige Einfügung des § 20a in das UrhG (in Umsetzung der Satelliten- und Kabelrichtlinie, s. vor §§ 20ff. Rdnr. 28f.) wurden jedoch die Rechte des Urhebers an sog. europäischen Satellitensendungen (insb. an Satellitensendungen, die innerhalb der EU und des EWR ausgeführt werden) gesondert geregelt und damit der **Anwendungsbereich des § 20 bei Satellitensendungen** erheblich beschränkt. Das Recht aus § 20 kann grundsätzlich nur dann eingreifen, wenn keine europäische Satellitensendung iSd. § 20a vorliegt. Die Vorschrift des § 20a gibt dem Urheber Rechte an Verwertungshandlungen iSd. § 20a Abs. 3, wenn diese im Inland ausgeführt oder durch § 20a Abs. 2 dem deutschen Recht unterworfen werden. § 20a regelt nicht lediglich Sonderfälle des Senderechts iSd. § 20, sondern knüpft unter den Voraussetzungen des § 20a Abs. 1 und 2 das Recht des Urhebers an der Satellitensendung an eine – in § 20a Abs. 3 – selbständig definierte Verwertungshandlung an (s. § 20a Rdnr. 1). Auch wenn keine europäische Satellitensendung iSd. § 20a vorliegt, ist § 20 grundsätzlich nur anwendbar, wenn die Satellitensendung im Inland durch eine Öffentlichkeit empfangen werden kann und der Sitz des ausstrahlenden Sendeunternehmens im Inland liegt (s. vor § 20ff. Rdnr. 58ff.; vor §§ 120ff. Rdnr. 141ff.).

Mit dem Inkrafttreten des § 20a (am 1. 6. 1998) ist das darin geregelte Verwertungsrecht **20** dinglich an die Stelle des entsprechenden früheren Rechts aus § 20 getreten (vgl. BGH GRUR 2005, GRUR 2005, 320/323 – Kehraus). Die **Übergangsvorschrift** des § 137h Abs. 1, die Art. 7 Abs. 2 der Satelliten- und Kabelrichtlinie umgesetzt hat, bestimmt jedoch, dass § 20a auf Verträge, die vor dem Inkrafttreten des 4. UrhGÄndG vom 8. 5. 1998 (BGBl. I S. 902) am 1. 6. 1998 geschlossen worden sind, erst ab dem 1. 1. 2000 anzuwenden ist, sofern diese nach diesem Zeitpunkt ablaufen. Diese Vorschrift kann nur Bedeutung für die schuldrechtlichen Beziehungen der Vertragspartner haben. Dabei ist zu berücksichtigen, dass eine Satellitensendung iSd. § 20a zwar eine andere Verwertungshandlung als eine Satellitensendung iSd. § 20 ist (s. Rdnr. 21), Senderverträge sich aber nach ihrem Zweck auf Sendungen als bestimmte wirtschaftliche Nutzungssachverhalte beziehen.

Nach der abstrakten Regelung der Verwertungsrechte gibt es im UrhG seit dem 4. UrhG- **21** ÄndG **kein einheitliches Verwertungsrecht an Satellitensendungen** mehr, sondern unterschiedliche Rechte aus § 20 und § 20a für verschiedene Fallgestaltungen, in denen Satellitensendungen an eine Öffentlichkeit durchgeführt werden (s. § 20a Rdnr. 1; ebenso *Bullinger* in *Wandtke/Bullinger*[3] §§ 20–20b Rdnr. 3; aA *Dreier* in *Dreier/Schulze*[3] § 20a Rdnr. 4). Wirtschaftlich gesehen ergänzen sich aber die einzelnen Rechte des Urhebers an Satellitensendungen aus § 20 und § 20a zu einer einheitlichen Verwertungsbefugnis. Es ist deshalb berechtigt, zusammenfassend vom Recht des Urhebers an der Satellitensendung zu sprechen (vgl. auch § 15 Abs. 2, der bei den „insbesondere" genannten Rechten der öffentlichen Wiedergabe nur das Senderecht aus § 20 anführt), sowie § 87, der mit seinem Begriff „Funksendung" in gleicher Weise auf § 20 und § 20a Bezug nimmt, s. § 87 Rdnr. 20).

2. Verwertungshandlung

Die Definition der Satellitensendung in § 20a Abs. 3 gilt nur für europäische Satellitensen- **22** dungen iSd. § 20a Abs. 1 und 2. Für § 20 ist deshalb eigenständig zu bestimmen, worin die **Verwertungshandlung bei Satellitensendungen** im Sinne dieser Vorschrift zu sehen ist. Satellitenrundfunk iSd. § 20 ist die Ausstrahlung des geschützten Werkes durch den Satelliten an eine Öffentlichkeit (vgl. *Flechsig* ZUM 1991, 1/13; *Dreyer* in HK-UrhR[2] Rdnr. 8; *v. Ungern-Sternberg* S. 28 ff., 143 f., 146; *Wandtke/Bullinger/v. Welser*[3] vor §§ 120 ff. Rdnr. 18). Dies ist allerdings nicht unbestritten (sa. vor §§ 20 ff. Rdnr. 36). Nach aA ist bereits die Abstrahlung zum Satelliten (uplink) ein Teil der Verwertungshandlung des Satellitenrundfunks. Die Sendung zum Satelliten und dessen Ausstrahlung an eine Öffentlichkeit wird dabei als ein Gesamtvorgang angesehen, der insgesamt unter den Tatbestand des Senderechts fällt (*Ulmer*[3] § 54 III 2 mwN; *Breidenstein* S. 38 ff.). Die Abstrahlung zum Satelliten ist jedoch als solche ebensowenig eine Rundfunksendung wie eine Richtfunk- oder Kabelzuleitung, die einer terrestrischen Ausstrahlung an eine Öffentlichkeit vorausgeht (vgl. *v. Ungern-Sternberg* S. 28 Fn. 48). Wirtschaftlich entscheidend ist bei einer Sendung, dass das Werk einer Öffentlichkeit zugänglich gemacht wird. Dies bewirkt bei der Satellitensendung – nicht anders als bei einer terrestrischen Ausstrahlung – allein die Ausstrahlung an eine Öffentlichkeit als solche. Die Ansicht, nach der bereits die Abstrahlung zum Satelliten als Teil der Verwertungshandlung des Satellitenrundfunks zu sehen ist, erklärt sich aus dem Bestreben sicherzustellen, dass Satellitensendungen an eine Öffentlichkeit dem Urheberrecht unterfallen und deshalb jedenfalls das Recht desjenigen Landes anzuwenden ist, von dem aus die Satellitensendung eingeleitet wurde. Auch für diese Problematik bietet jedoch die Ansicht, nach der die Verwertungshandlung bei Satellitensendungen im Gesamtvorgang der Abstrahlung zum Satelliten und dessen Ausstrahlung an eine Öffentlichkeit zu sehen ist, keine praktischen Vorteile (vgl. vor §§ 20 ff. Rdnr. 61). Die Frage des Anwendungsbereichs des deutschen Rechts und des anwendbaren Rechts (vgl. dazu vor §§ 20 ff. Rdnr. 57 ff.; vor §§ 120 ff. Rdnr. 141 ff.) ist von der Frage der Tatbestandsvoraussetzungen des § 20 zu unterscheiden (aA *Ullrich* [S. 308 ff., 322 ff.], der den Tatbestand des § 20 aufgrund einer teleologischen Auslegung der Vorschrift dahin erweitern will, dass er auch die Fälle der bestimmungsmäßigen Empfangsmöglichkeit einer direkten Satellitensendung im Inland erfasst, wenn die Empfangsmöglichkeit eine erhebliche wirtschaftliche und/oder ideelle Bedeutung hat). Welche Bedeutung es für diese Fragen hat, von welchem Land aus eine Sendung zum Satelliten abgestrahlt wird, ist unabhängig davon zu beurteilen, ob die Abstrahlung zum Satelliten Teil der dem Urheber vorbehaltenen Verwertungshandlung ist, und hat deshalb mit der Frage der Tatbestandsmerkmale des Satellitenrundfunks als Verwertungsvorgang nichts zu tun (vgl. weiter zu dieser Problematik *v. Ungern-Sternberg* S. 142 ff.). Keinesfalls ist die Abstrahlung zum Satelliten ein notwendiger Bestandteil einer Satellitensendung iSd. § 20; sie könnte vielmehr auch in der Verantwortung eines anderen Sendeunternehmens liegen (zB bei Programmübernahmen eines Satellitensendeunternehmens). Für sich genommen kann die Abstrahlung zu einem Satelliten, selbst wenn dieser unmittelbar an eine Öffentlichkeit ausstrahlen soll, nach nun wohl allgM nicht als Satellitenrundfunk iSd. § 20 angesehen werden (vgl. dazu auch *Walter*, Fs. 50 Jahre URG, S. 245 f./255; *Dreier* GRUR Int. 1988, 753/756; *Ullrich* S. 298 f., 363 f.).

VII. Sendung durch Kabelfunk

23 1. Durch **Kabelfunk** wird ein Werk Empfängern zugänglich gemacht, wenn es in Form von Funksignalen von einer Sendestelle aus leitungsgebunden einer Mehrzahl von Empfangsanlagen übermittelt wird, durch die das Werk wieder für die menschlichen Sinne wahrnehmbar gemacht werden kann (vgl. AmtlBegr. UFITA 45 [1965] 240/265; BGHZ 79, 350/353 – Kabelfernsehen in Abschattungsgebieten; BGH GRUR 1988, 206/209/210 – Kabelfernsehen II). Das Recht an der Kabelfunksendung erfasst nicht nur leitergebundene Hörfunk- und Fernsehübertragungen mit rundfunkartiger Breitenwirkung (Kabelrundfunk), sondern auch Werkübertragungen in kleineren Kabelsystemen (zB Hotelvideo, s. Rdnr. 24, 43; vor §§ 20 ff. Rdnr. 5). Eine Kabelfunksendung ist als urheberrechtliche Nutzungshandlung ein Vorgang der öffentlichen Wiedergabe. Entscheidend für die Annahme einer einheitlichen Werknutzung durch Kabelfunk ist deshalb eine natürliche Betrachtungsweise, nicht eine Analyse der technischen Vorgänge. Rein technisch bedingte, nur kurzzeitige Zwischenspeicherungen unterbrechen grundsätzlich die einheitliche Nutzungshandlung nicht (s. dazu Rdnr. 16; § 15 Rdnr. 15, 47; § 20 a Rdnr. 15; vgl. dazu auch Erwgr. 24 der Richtlinie 2007/65/EG vom 11. 12. 2007 zur Änderung der Richtlinie 89/552/EWG [ABl. L 332 vom 18. 12. 2007 S. 27]: „Bei Fernsehprogrammen sollte der Begriff des zeitgleichen Empfangs auch den quasi-zeitgleichen Empfang erfassen, da aus technischen Gründen, die durch den Übertragungsvorgang bedingt sind, bei der kurzen zeitlichen Verzögerung, die zwischen der Übertragung und dem Empfang der Sendung liegt, Schwankungen auftreten können.").

24 2. Eine Sendung durch Kabelfunk, die das Senderecht des § 20 berührt, liegt stets vor, wenn ein selbständiges Programm veranstaltet und an eine Öffentlichkeit übertragen wird, sei es durch selbst gestaltete Sendungen oder auch nur durch zeitversetzte, veränderte oder selektive Übertragung von Rundfunksendungen (allgM). Ebenso erfasst § 20 die (digitale) Kabelübertragung von Werken an eine Öffentlichkeit durch Mehrkanaldienste mit Hilfe von Tonträgern (vgl. BGH GRUR 2004, 669/670 – Musikmehrkanaldienst; s. Rdnr. 9). Auch die Sendung über kleinere Verteilersysteme in einem räumlich begrenzten Bereich fällt unter diesen Voraussetzungen unter das Senderecht. Ein Hotel, das nach eigener Auswahl Videofilme mit Hilfe von Bildtonträgern durch ein Verteilernetz in seine Gastzimmer überträgt (sog. **Hotelvideo**), sendet daher iSd. § 20 (vgl. BGHZ 123, 149/151 – Verteileranlagen). Die gegenteilige Rechtsprechung des OGH zum österreichischen Recht (OGH GRUR Int. 1986, 728 ff. – Hotel-Video – mit Anm. *Hodik* = JBl. 1986, 655 mit Anm. *Skolik*; *Hügel* ÖBl. 1983, 153 ff. und ÖBl. 1985, 113 ff.), die vor der Umsetzung der Informationsgesellschafts-Richtlinie ergangen ist, ist danach nicht mehr haltbar (s. weiter Rdnr. 41, 43). Eine Sendung iSd. § 20 ist auch die gleichzeitige Übertragung von Werken mittels Bild- oder Tonträgern über eine Verteileranlage in einem Rei-

sezug oder Flugzeug (sa. Rdnr. 43, § 22 Rdnr. 11). Es genügt, wenn die Werkwiedergabe über die Verteileranlage öffentlich iSd. § 15 Abs. 3 ist; § 20 setzt keine Wiedergabe für eine breitere Öffentlichkeit voraus (s. Rdnr. 8 und 31). *Dittrich* (RfR 1984, 30/39; aA *Hügel* ÖBl. 1985, 113/122 f.) nimmt eine öffentliche Wiedergabe an, wenn mehr als 15 Anschlüsse vorliegen.

Ebenso ist eine Sendung iSd. § 20 anzunehmen, wenn an eine Öffentlichkeit zeitgleich **25** Rundfunksendungen übertragen werden, die nicht durch eine Antenne, die in räumlichem Zusammenhang mit der Kabelanlage steht, „aus der Luft" empfangen werden, sondern eigens über Richtfunk, Kabel oder durch eine der Öffentlichkeit nicht zugängliche Fernmeldesatellitensendung zugeleitet wurden (sa. OLG Hamburg GRUR 1989, 590; *Herrmann* GRUR Int. 1984, 578/588; *Dreier* S. 16 f.; *Hillig* in *Fuhr/Rudolf/Wasserburg* [Hrsg.] S. 384/399; *Schwertfeger* S. 9). Bei einer derartigen **gesonderten Programmzuleitung** ist die Weiterübertragung kein urheberrechtsfreier Empfangsvorgang, sondern eine selbständige öffentliche Wiedergabe.

Bei der zeitgleichen **Weiterübertragung von Rundfunksatellitensendungen** an eine Öf- **26** fentlichkeit ist dagegen für die Frage, ob Kabelfunk anzunehmen ist, wie bei der Weiterübertragung terrestrischer Rundfunksendungen entscheidend, ob die Weiterübertragung selbst Sendung oder Empfang ist (sa. Rdnr. 27 ff.).

3. Dass auch eine **zeitgleiche, vollständige und unveränderte Weiterübertragung von** **27** **Rundfunksendungen** durch ein Verteilernetz nach einem Empfang „aus der Luft" von § 20 erfasst werden kann, ist nicht mehr str. und wird in § 20 b vorausgesetzt (s. weiter EuGH GRUR 2007, 225/226 Tz. 32 ff. – SGAE/Rafael; BGH GRUR 1988, 206/209 – Kabelfernsehen II; SchweizBG GRUR Int. 1981, 404/408 f. – Kabelfernsehanlage Rediffusion I). Die Satelliten- und Kabelrichtlinie (Richtlinie 93/83/EWG vom 27. 9. 1993; s. vor §§ 20 ff. Rdnr. 28) hat die Einführung eines Rechts an der Kabelweitersendung noch bewusst den nationalen Gesetzgebern überlassen (EuGH GRUR Int. 2000, 548/549 Tz. 24 ff. – Satelliten-Fernsehen im Hotelzimmer; *Dreier* ZUM 1995, 458/459; s. weiter Rdnr. 37). Gemäß Art. 3 Abs. 1 der Informationsgesellschafts-Richtlinie ist den Urhebern aber ein solches Recht zu gewähren (vgl. EuGH GRUR Int. 2000, 548/549 Tz. 26 ff. – Satelliten-Fernsehen im Hotelzimmer; *Mahr* MR 2000, 152/157). Nach allgM ist es gleichgültig, ob das Ursprungsunternehmen oder ein anderes Unternehmen weiterüberträgt. Sehr str. sind jedoch die Voraussetzungen, unter denen bei der zeitgleichen Weiterübertragung von Rundfunksendungen ein Eingriff in das Senderecht anzunehmen ist. Maßgeblich ist dafür nunmehr, ob die Weiterübertragung als „öffentliche Wiedergabe" iSd. Art. 3 Abs. 1 der Informationsgesellschafts-Richtlinie anzusehen ist. Als gemeinschaftsrechtlicher Begriff ist der Begriff der „öffentlichen Wiedergabe" in der gesamten Gemeinschaft autonom und einheitlich auszulegen (vgl. EuGH GRUR 2007, 225/226 Tz. 30 f. – SGAE/Rafael; sa. § 15 Rdnr. 40). Die Auslegung, unter welchen Voraussetzungen eine zeitgleiche, vollständige und unveränderte Weiterübertragung von Rundfunksendungen eine „öffentliche Wiedergabe" ist, wird deshalb letztlich durch den EuGH vorzunehmen sein. Die Erfüllung des Tatbestands der Weitersendung ist auch Voraussetzung für das Eingreifen des § 20 b (s. dort Rdnr. 8) und des § 87 Abs. 5.

a) Nach *Walter* (UFITA 69 [1973] 95/115 ff.), *Platho* (S. 24 ff., 67; *ders.* UFITA 97 [1984] 105/ **28** 120 ff.) und *Schwertfeger* (S. 89 ff., insb. 99 f.) ist § 20 bei jeder Kabelübertragung eines Werkes anwendbar, wenn „Öffentlichkeit" iSd. § 15 Abs. 3 gegeben ist. Nach diesen Autoren ist der Tatbestand des Senderechts deshalb bereits bei kleinen Gemeinschaftsantennenanlagen gegeben, da solche Anlagen auch schon bei Mehrfamilienhäusern alle technischen Merkmale des Kabelfunks (s. vor § 20 ff. Rdnr. 5) aufweisen. Die Urheberrechtsfreiheit kleiner Gemeinschaftsantennenanlagen begründet *Walter* damit, dass das Gesetz insoweit stillschweigend eine freie Werknutzung anerkannt habe, *Platho* mit dem Rechtsgedanken der unzulässigen Rechtsausübung. Für die Ansicht von *Platho* und *Walter* spricht scheinbar der Wortlaut des § 20. Die Bestimmung ist jedoch einschränkend auszulegen, soweit es um die zeitgleiche Weiterübertragung von Rundfunksendungen geht. Zur Zeit der Beratung des UrhG – wie auch der des Art. 11bis RBÜ in Brüssel 1948 – wurde es allgemein als selbstverständlich angesehen, dass Übertragungsvorgänge beim Empfang von Rundfunksendungen das Senderecht nicht berühren (s. dazu OLG München GRUR 1985, 537/541 – Breitbandkabelanlage II – als Vorinstanz zu BGH GRUR 1988, 206 – Kabelfernsehen II – mit näherer Begr. und mwN; *Dittrich* S. 17 f., 38 ff. und RfR 1982, 25/27 ff.). Die dem Gesetzgeber selbstverständliche **Unterscheidung zwischen Sende- und Empfangsvorgängen** muss – auch wenn sie im Wortlaut des § 20 keinen Ausdruck gefunden hat – bei der Auslegung dieser Bestimmung zugrundegelegt werden. Davon geht auch die ganz hM aus (s. zB *Ulmer*[3] § 54 II 3; *Schricker* GRUR Int. 1984, 593/596; *Gounalakis/Mand* S. 25; sa.

SchweizBG GRUR Int. 1981, 404/408 – Kabelfernsehanlage Rediffusion I – und GRUR Int. 1994, 442/445 f. – CNN International; vgl. dagegen Hoge Raad GRUR Int. 1995, 83/84 – Kabelfernsehunternehmen III – mit Anm. *Cohen Jehoram*). Die Meinungen, nach welchen Kriterien die (urheberrechtlich relevanten) Sendevorgänge von den (urheberrechtsfreien) Empfangsvorgängen abzugrenzen sind, gehen aber ansonsten weit auseinander. Für die Entscheidung dieser Frage kommt es im Übrigen nicht auf die umstrittene Frage an, ob eine Erschöpfung des Senderechts möglich ist (s. vor §§ 20 ff. Rdnr. 13 ff.). Denn der Erschöpfungsgrundsatz könnte der Ausübung des Senderechts gegen die Kabelweiterübertragung einer Rundfunksendung nur entgegenstehen, wenn die Rundfunksendung urheberrechtlich zulässig war. Bei der Kabelweiterübertragung rechtswidriger Rundfunksendungen stellt sich somit in jedem Fall die Frage der Abgrenzung zwischen Sende- und Empfangsvorgängen.

29   **b)** Hinsichtlich bestimmter **ungeeigneter Abgrenzungskriterien** besteht allerdings weitgehende Übereinstimmung: Eine Abgrenzung nach **technischen Kriterien** ist nicht möglich, da auch in kleinen Gemeinschaftsantennenanlagen im technischen Sinn Sendevorgänge stattfinden (s. dazu OGH GRUR Int. 1975, 68/69 – Gemeinschaftsantenne Feldkirch; SchweizBG GRUR Int. 1981, 404/408 – Kabelfernsehanlage Rediffusion I; *Dreier* S. 120; *Gounalakis/Mand* S. 25; *Katzenberger* MR 2003, Beilage zu Heft 4 S. 1/3). Eine Weiterübertragung einer Rundfunksendung ist weiterhin nicht schon dann vom Urheberrecht freigestellt, wenn sie im **Direktempfangsbereich** des Sendeunternehmens stattfindet, dh. in dem Bereich, in dem die Rundfunksendungen auch ohne Anschluss an das Kabelsystem mit dem bei privaten Empfängern üblichen Antennenaufwand in annehmbarer Qualität empfangen werden können (s. dazu BGH GRUR 1988, 206/210 – Kabelfernsehen II; Hoge Raad GRUR Int. 1982, 463/464 – Kabelfernsehunternehmen; SchweizBG GRUR Int. 1985, 412/414 – Gemeinschaftsantenne Altdorf; *Schricker* Kabelrundfunk S. 54 ff.; *Gounalakis* S. 115 ff.; *Hillig* in *Fuhr/Rudolf/Wasserburg* [Hrsg.] S. 402 f. mwN; *Frohne* S. 113 f.; aA nur *Sack* GRUR 1988, 163/164/167 ff. und *Schwertfeger* S. 143 ff., 193 im Zusammenhang mit der von ihnen befürworteten Anwendung eines Erschöpfungsgrundsatzes auf das Senderecht).

30   Nicht maßgeblich ist für die Erfüllung des Tatbestands des § 20 auch, ob die leitergebundene Übertragung nur der **Verbesserung des technischen Empfangs** der drahtlos ausgestrahlten Rundfunksendung dient oder einen **neuen Empfängerkreis** erschließt (BGH GRUR 1988, 206/209 – Kabelfernsehen II; BGH GRUR 2000, 699/700 – Kabelweitersendung). § 20 entspricht insoweit Art. 11bis Abs. 1 Nr. 2 RBÜ (s. dazu Hoge Raad GRUR Int. 1982, 463/464 – Kabelfernsehunternehmen I; SchweizBG GRUR Int. 1981, 404/405 f. – Kabelfernsehanlage Rediffusion I; *Isenegger* S. 29 ff., 59 ff.; *Walter* GRUR Int. 1974, 119 ff. und FuR 1975, 752/753 ff.; *Neumaier* UFITA 2003, 639/648 ff.; *v. Ungern-Sternberg* S. 24 ff.; sa. Rdnr. 38). Als Abgrenzungsmerkmal ungeeignet ist auch der Umstand, ob das Verteilernetz **gewerbsmäßig** betrieben wird (s. dazu BGHZ 36, 171/179 – Rundfunkempfang im Hotelzimmer I; *Platho* UFITA 97 [1984] 105/117; *Mand* S. 24 mwN).

31   **c)** Nach einer früher von *Ulmer* (GRUR 1980, 582/585 ff. und GRUR Int. 1981, 372/376 ff.; ähnlich *Schricker* FuR 1984, 63/68 und Kabelrundfunk S. 51, der jedoch einen eigenen Vorschlag zur typologischen Abgrenzung nach dem Charakter des jeweiligen Übertragungssystems gemacht hat) vertretenen Ansicht sollte für die Abgrenzung zwischen Sende- und Empfangsvorgängen der **Begriff der Öffentlichkeit** entscheidend sein. Dieser sei – dem Wesen der Sendung entsprechend – in § 20 anders zu verstehen als sonst im Recht der öffentlichen Wiedergabe. § 20 setze eine Empfangsmöglichkeit für eine breitere Öffentlichkeit voraus. Eine zeitgleiche leitungsgebundene Weiterübertragung von Rundfunksendungen sei deshalb nur dann eine Sendung, wenn sie für ein räumlich ausgedehnteres Netz von Empfangsanlagen (nicht nur für einen Häuserblock oder benachbarte Häuser) bestimmt sei; andernfalls sei sie nur eine Hilfe für den Empfang. Mit dem BGH (vgl. zuletzt BGHZ 152, 317/327 – Sender Felsberg) war dagegen schon unter der Geltung des § 15 Abs. 3 aF daran festzuhalten, dass die Legaldefinition des Begriffs „öffentlich" in § 15 Abs. 3 auch für das Senderecht gilt (s. weiter Rdnr. 8, 24). Seit dem Inkrafttreten der Informationsgesellschafts-Richtlinie ist die Ansicht, dass eine Sendung iSd. § 20 die Empfangsmöglichkeit für eine breitere Öffentlichkeit voraussetze, nicht mehr vertretbar. Nach der Rechtsprechung des EuGH (GRUR 2007, 225/227 Tz. 36 ff. – SGAE/Rafael) ist der Begriff der öffentlichen Wiedergabe iSd. Art. 3 der Richtlinie weit zu verstehen; eine Wiedergabe an eine breitere Öffentlichkeit ist nicht erforderlich (vgl. weiter § 15 Rdnr. 62).

32   **d)** Nach einer vor allem in der älteren Literatur weit verbreiteten Meinung ist die zeitgleiche **Kabelweiterübertragung** von Rundfunksendungen **im Versorgungsbereich** des ursprüng-

lichen Sendeunternehmens in jedem Fall urheberrechtsfrei, gleichgültig, ob das Sendeunternehmen die Kabelübertragung selbst durchführt oder ob dies ein Dritter tut. Nach dieser – im Einzelnen jeweils in unterschiedlicher Form vertretenen Rechtsmeinung – ist in solchen Fällen bereits der Tatbestand des Senderechts nicht erfüllt (*Herrmann* GRUR Int. 1984, 578/589 ff.; *Möller* FuR 1983, 455 ff.; *Fechner* JZ 2001, 412/413; *Gounalakis/Mand* S. 24 ff.; *Flechsig* in Loewenheim[2] § 41 Rdnr. 31 f.; *Mand* GRUR 2004, 395/398; sa. *Bornkamm* FuR 1984, 512/515; *Hillig* UFITA 138 [1999] 5/14 f.; ders. AfP 2001, 31/32; dagegen BGH GRUR 2000, 699/700 – Kabelweitersendung; KG ZUM 2010, 342/344). Eine Sondermeinung vertritt nunmehr *Gounalakis* (ZUM 2009, 447/451 f.): Danach sollen Weitersendungen im Versorgungsbereich eines Sendeunternehmens zwar unter das Senderecht fallen, aber dem Ursprungsunternehmen zuzurechnen sein (dagegen zu Recht KG ZUM 2010, 342/345). Diese Ansicht ist schon mit Art. 11bis Abs. 1 Nr. 2 RBÜ nicht vereinbar (s. dazu auch *Fischer* ZUM 2009, 465/468; s. weiter oben Rdnr. 16). Auch der BGH geht ohne weiteres davon aus, dass die Weitersendung von Rundfunksendungen, die ein Dritter im Sendegebiet des ursprünglichen Sendeunternehmens vornimmt, diesem selbst zuzurechnen ist (vgl. BGH GRUR 2010, 530/531 Tz. 20, 22 f. – Regio-Vertrag).

Der **Begriff Versorgungsbereich** wird unterschiedlich definiert. Nach der einen – vorherrschenden – Auffassung ist Versorgungsbereich dasjenige Gebiet, das ein Sendeunternehmen kraft gesetzlichen Auftrags oder – bei privatrechtlicher Organisation – satzungsgemäß zu versorgen hat (vgl. BGH GRUR 1988, 206/210 – Kabelfernsehen II; *Dreier* S. 15; *Mand* GRUR 2004, 395/398, jeweils mwN). Nach einer weitergehenden Meinung gehört zum Versorgungsbereich auch das Gebiet, für das die Rundfunksendungen bestimmt sind (intendierter Sendebereich).

Die Versorgungsbereichstheorien nehmen teilweise an, dass die Senderechtseinräumung an das 33 ursprüngliche Sendeunternehmen das Einverständnis enthält, dass die Sendung allen Rundfunkteilnehmern im Versorgungsbereich dieses Sendeunternehmens zugänglich gemacht werden (s. dazu BGH GRUR 2000, 699/700 f. – Kabelweitersendung; Hoge Raad GRUR Int. 1985, 124/126 – Kabelfernsehunternehmen II; vgl. auch § 15 Rdnr. 35). Gemeinsam ist ihnen die Annahme, dass die Anwendung des Senderechts auf Weiterübertragungen im Versorgungsbereich zu einer ungerechtfertigten Doppelbelastung der Kabelteilnehmer führen würde, da diese bereits über die Rundfunkgebühr ein Entgelt für die Nutzung der gesendeten Werke gezahlt hätten (zu diesem Argument s. BGH GRUR 1988, 206/211 – Kabelfernsehen II; BGH GRUR 2000, 699/700 – Kabelweitersendung; SchweizBG GRUR Int. 1981, 404/409 f. – Kabelfernsehanlage Rediffusion I; Hoge Raad GRUR Int. 1985, 124/125 f. – Kabelfernsehunternehmen II – mit Anm. *Cohen Jehoram*; *Ulmer* GRUR Int. 1981, 372/374; vgl. auch § 15 Rdnr. 7, 12, 35). Mit dieser Begründung für eine Freistellung des Versorgungsbereichs de lege ferenda *Mand* S. 29 ff.

Vor allem in der Rechtsprechung, aber auch vielfach in der Literatur sind die Versorgungsbe- 34 reichstheorien in ihren verschiedenen Abwandlungen als Mittel der Abgrenzung von Sende- und Empfangsvorgängen zu Recht abgelehnt worden (OGH GRUR Int. 1975, 68/69 – Gemeinschaftsantenne Feldkirch; Hoge Raad GRUR Int. 1985, 124/125 – Kabelfernsehunternehmen II; SchweizBG GRUR Int. 1981, 404/405 ff. – Kabelfernsehanlage Rediffusion I – und GRUR Int. 1985, 412 ff. – Gemeinschaftsantenne Altdorf; sa. belg. Cour de Cassation GRUR Int. 1982, 448 f. – Le Boucher IV; *Frohne* S. 112 ff.; *Dreier* S. 119 f., 124, 198 f.; *Cohen Jehoram* GRUR Int. 1987, 95/96; *Isenegger* S. 64 f.; *Platho* S. 48 ff. und GRUR Int. 1984, 598/604 f.; *Schricker* FuR 1984, 63/67, GRUR Int. 1984, 593/596 f. und Kabelrundfunk S. 54 ff., 75; *Stern* FuR 1975, 771/775 ff. und Fs. 100 Jahre URG, S. 187/196 ff.; *Pichler* S. 71 ff.; *Gounalakis* S. 119 ff.; *Schwertfeger* S. 54 ff.; *Katzenberger* MR 2003, Beilage zu Heft 4 S. 1/7 ff.; *Schwarz/Reber* in Loewenheim[2] § 21 Rdnr. 88 f.; *Castendyk* ebd. § 75 Rdnr. 41; *Rüberg* S. 163 ff., 166 f.; *v. Ungern-Sternberg* UFITA 94 [1982] 79/84 f./107). Der BGH hat in der Entscheidung „Kabelweitersendung" (GRUR 2000, 699/700 f.) erhebliche Bedenken gegen die Versorgungsbereichstheorien geltend gemacht, diese Frage aber letztlich – als nicht entscheidungserheblich – offengelassen. In der Entscheidung „Regio-Vertrag" geht der BGH ohne weiteres davon aus, dass auch eine Weitersendung im Versorgungsbereich des ursprünglichen Sendeunternehmens unter das Senderecht fällt (BGH GRUR 2010, 530/531 Tz. 20; sa. EuGH GRUR 2007, 225 = SGAE/Rafael).

Die Versorgungsbereichstheorien sind weder mit § 20 noch mit Art. 11bis Abs. 1 RBÜ vereinbar, da nach Wortlaut und Entstehungsgeschichte beider Bestimmungen die Einordnung einer Kabelweiterübertragung als Sendung im urheberrechtlichen Sinn nicht davon abhängt, ob durch die Übertragung ein neuer Empfängerkreis erreicht wird (vgl. BGH GRUR 2000, 699/700 – Kabelweitersendung; s. Rdnr. 30; aA *Mand* S. 41 ff.). Sie sind nunmehr auch im Hinblick auf Art. 3 Abs. 1 der Informationsgesellschafts-Richtlinie und Art. 8 WCT nicht mehr

§ 20 Senderecht

vertretbar (s. Rdnr. 41; ebenso *Katzenberger* MR 2003, Beilage zu Heft 4 S. 1/10f.; sa. *Haberstumpf* in *Büscher/Dittmer/Schiwy* Rdnr. 10; aA *Mand* S. 51f.). Das Zweite Gesetz zur Regelung des Urheberrechts in der Informationsgesellschaft vom 26. Oktober 2007 (BGBl. I S. 2513; „2. Korb") hat die Vorschläge, die Kabelweitersendung im Versorgungsbereich des ursprünglichen Sendeunternehmens vom Tatbestand des Senderechts auszunehmen, zurückgewiesen (vgl. Begr. des RegE BTDrucks. 16/1828 S. 22f.).

35   e) Der richtige Ansatzpunkt für die Bestimmung des Anwendungsbereichs des § 20 bei der zeitgleichen leitungsgebundenen Weiterübertragung von Rundfunksendungen durch Kabelfunk liegt im **Begriff der Sendung** (ebenso *Guthmann* ZUM 1989, 67/73; *Poll* ZUM 1991, 122/123; *v. Ungern-Sternberg* UFITA 94 [1982] 79/90ff./108ff.; sa. SchweizBG GRUR Int. 1994, 442/446 – CNN International; *Ulmer*[3] § 54 II 3; *Haberstumpf*[2] Rdnr. 271ff.; *Rüberg* S. 181, 184ff., 196). Das Kabelfunkrecht ist ein Recht an Sendevorgängen (vgl. auch § 20b „Kabelweitersendung"). Senden im urheberrechtlichen Sinn ist jedoch nicht lediglich ein technischer Vorgang, sondern der soziale Vorgang einer selbständigen öffentlichen Wiedergabe, die sich bestimmter technischer (Sende-)Mittel bedient (s. dazu Rdnr. 16). Entscheidend ist deshalb, ob bei einer zeitgleichen Weiterübertragung von Rundfunksendungen durch ein Verteilernetz eine – gegenüber der vorausgegangenen Rundfunksendung – selbständige öffentliche Wiedergabe des Werkes anzunehmen ist. Dies ist aufgrund wertender Betrachtung zu beurteilen (vgl. BGHZ 123, 149/153f. – Verteileranlagen; BGH GRUR 2009, 845/848 Tz. 32 – Internet-Videorecorder, mit Anm. *Becker;* BGH GRUR 2010, 530/531 Tz. 19 – Regio-Vertrag; KG ZUM 2010, 342/345; *Dreier* in *Dreier/Schulze*[3] Rdnr. 12; *Schwarz/Reber* in Loewenheim[2] § 21 Rdnr. 91; *Haberstumpf* in *Büscher/Dittmer/Schiwy* Rdnr. 7; *Fromm/Nordemann/Dustmann*[10] Rdnr. 18; *Dreyer* in HK-UrhR[2] Rdnr. 5; *Mand* GRUR 2004, 395/397; sa. Begr. des RegE für den „2. Korb" [s. Rdnr. 34], BTDrucks. 16/1828 S. 23; vgl. dazu auch die von *Schricker* Kabelrundfunk S. 51 und *Dreier* S. 124 vertretene typologische Abgrenzung). Entscheidend ist nicht, ob ein Senden im engeren Sprachsinn vorliegt, sondern ob die Weiterübertragung als Werkwiedergabe durch einen selbständig handelnden Werkvermittler anzusehen ist (vgl. dazu auch BGH GRUR 2009, 845/848 Tz. 32 – Internet-Videorecorder). Die Wertung ergibt Folgendes: Eine Sendung ist bei einem Empfang der Rundfunksendung „aus der Luft" (bei gesonderter Zuleitung der Programmsignale durch Richtfunk oder Kabel s. Rdnr. 25) grundsätzlich jedenfalls dann anzunehmen, wenn die Übertragung in einem räumlich ausgedehnteren Verteilernetz stattfindet, dh. nicht nur innerhalb eines Häuserblocks oder in benachbarten Häusern (s. dazu auch § 17 Abs. 3 öUrhG; Art. 22 Abs. 2 schweizURG; sa. SchweizBG GRUR Int. 1994, 442/446 – CNN International; *Dittrich* S. 87ff.; *Herrmann* GRUR Int. 1984, 578/588f.; *Hillig* UFITA 91 [1981] 1/23f.; *ders.,* UFITA 138 [1999] 5/13f.; *Charissé* K&R 2002, 164/168f.; *Schmittmann* ZUM 1999, 113ff.; *Haberstumpf* Rdnr. 273; *Katzenberger* MR 2003, Beilage zu Heft 4 S. 1/3ff.). Dabei ist es ohne Belang, ob eine herkömmliche Rundfunksendung weiterübertragen wird oder eine direkte Satellitensendung.

Im Ergebnis übereinstimmend hat der **Rechtsausschuss des Deutschen Bundestages** in seiner Beschlussempfehlung vom 11. 2. 1998 zu dem Entwurf des 4. UrhGÄndG (BTDrucks. 13/9856 S. 3/4) folgende Stellungnahme abgegeben: „Der Rechtsausschuss hat im Laufe seiner Beratungen speziell die Frage der urheberrechtlichen Behandlung von Gemeinschaftsantennenanlagen geprüft. Er ist der Auffassung, dass der Betrieb von Gemeinschaftsantennenanlagen im nachfolgenden Rahmen erlaubnis- und vergütungsfrei möglich sein muss. Eine ausdrückliche gesetzliche Freistellungsregelung wird allerdings nicht für erforderlich gehalten. Der Rechtsausschuss geht vielmehr davon aus, dass ein im Sinne von § 20 des Urheberrechtsgesetzes relevanter Akt der (Weiter-)Sendung durch Kabelfunk dann nicht vorliegt, wenn ein gesendetes Werk innerhalb einer Gemeinschaftsantennenanlage zeitgleich, unverändert und vollständig weiterübertragen wird. In Übereinstimmung mit den von der WIPO und UNESCO erarbeiteten ‚annotated principles' zu Artikel 11bis der Revidierten Berner Übereinkunft zum Schutz von Werken der Literatur und Kunst kann dies allerdings nur für eine auf nachbarschaftliche Verhältnisse beschränkte Gemeinschaftsantennenanlage gelten. Ein solches nachbarschaftliches Verhältnis liegt insbesondere dann vor, wenn die Gemeinschaftsantenne der Versorgung eines einzelnen Gebäudes (unabhängig von der Zahl der angeschlossenen Wohnungen, Gebäudeeingänge, Treppenhäuser etc.) dient. Ein nachbarschaftliches Verhältnis ist ferner dann anzunehmen, wenn in verschiedenen Gebäuden befindliche Wohnungen an die Gemeinschaftsantenne angeschlossen sind; dabei müssen diese Gebäude jedoch in enger räumlicher Nähe zueinander liegen. Die Zahl der angeschlossenen Wohnungen muss sich dabei im Rahmen der oben entwickelten Grenzen halten." Die Begründung des RegE eines Zweiten Gesetzes zur Regelung des Urheberrechts in der Informationsgesellschaft („2. Korb") hat darauf hingewiesen, dass es in der Praxis bei Gemeinschaftsantennenanlagen üblich geworden sei, eine Kabelweitersendung ab einer Grenze von 75 Wohnungseinheiten anzunehmen; eine Festlegung durch den Gesetzgeber sei danach nicht erforderlich (BTDrucks. 16/1828 S. 23; sa. *Pfennig* ZUM 2008, 363/366).

Für die zeitgleiche **Kabelweiterübertragung von Sendungen der öffentlich-rechtlichen Rundfunkanstalten** in deren gesetzlichem Versorgungsbereich gilt schon im Hinblick auf die Entwicklung des Rundfunkwesens nichts anderes. Anders als früher können an Kabelsysteme angeschlossene Rundfunkteilnehmer heute eine Vielzahl von Programmen öffentlich-rechtlicher und privater Sendeunternehmen des In- und Auslands empfangen. Die Programme der öffentlich-rechtlichen Rundfunkanstalten, in deren gesetzlichem Versorgungsbereich der Empfänger lebt, bilden nur noch einen immer kleiner werdenden Teil der über Kabel übertragenen Programmvielfalt. Entsprechend gering ist auch die tatsächliche Belastung der Empfänger, die gerade für die zeitgleiche Kabelübertragung von Rundfunksendungen öffentlich-rechtlicher Rundfunkanstalten in deren gesetzlichem Versorgungsbereich anfällt. Von einer „Doppelbelastung" durch die Rundfunkgebühren und die Kabelvergütungen kann schon deshalb unter den heutigen Verhältnissen keine Rede sein (vgl. *Dreier* S. 113 ff.; aA *Gounalakis/Mand* S. 26 ff.). Eine Sonderbehandlung der zeitgleichen Weiterübertragung von Rundfunksendungen im gesetzlichen Versorgungsbereich erscheint daher immer weniger gerechtfertigt. Dies gilt umso mehr, als das „intendierte" Sendegebiet der öffentlich-rechtlichen Rundfunkanstalten seit jeher (mit Rücksicht auf die kulturelle Aufgabenstellung des öffentlich-rechtlichen Rundfunks, zunehmend aber auch wegen der Abhängigkeit von Werbeeinnahmen) weit über den gesetzlichen Versorgungsbereich hinausgeht; bei einer Ausstrahlung der Sendungen von Rundfunkanstalten durch einen Direktsatelliten ist der gesetzliche Versorgungsbereich nur noch ein kleiner Teil des Empfangsgebiets. 36

Die hier vertretene Auffassung macht Abgrenzungsentscheidungen, die nicht einfach sind, notwendig. Die **Abgrenzung** der (dem Senderecht unterfallenden) Sendevorgänge von den (urheberrechtsfreien) Empfangsvorgängen erfordert jedoch nach jeder der bisher zur urheberrechtlichen Beurteilung der zeitgleichen Kabelweiterübertragung von Rundfunksendungen vertretenen Theorien solche Abgrenzungsentscheidungen (vgl. insb. zu den Versorgungsbereichstheorien in ihren verschiedenen Abwandlungen Rdnr. 32 f.). Die ausgeuferte Diskussion um die Kabelweiterübertragung von Rundfunksendungen hat jedenfalls gezeigt, dass es nach geltendem Recht keine für jeden Einzelfall Klarheit schaffende, einfache und zugleich sachgerechte Lösung für die Bestimmung des Rechts an der Kabelweiterübertragung gibt. Eine genaue Abgrenzung, die durch schematisierende Vorgaben rascher und einfacher Rechtssicherheit schaffen könnte als – notwendig auf den jeweiligen Einzelfall bezogene – Gerichtsentscheidungen, durch den Gesetzgeber wäre zweckmäßig (vgl. dazu die Prüfungsanregung des Bundesrates im Gesetzgebungsverfahren vor dem Erlass des 4. UrhGÄndG mit der Gegenäußerung der Bundesregierung, BTDrucks. 13/4726 S. 25 und 26; vgl. weiter Hoge Raad GRUR Int. 1995, 83/84 – Kabelfernsehunternehmen III; s. dazu § 17 Abs. 3 öUrhG; Art. 22 schweizURG; zur Rechtslage im Ausland s. weiter *Mand* S. 32 ff.). Der Rechtsausschuss des Deutschen Bundestages hat allerdings in seiner Beschlussempfehlung zu dem Entwurf eines 4. UrhGÄndG eine gesetzliche Regelung der urheberrechtlichen Behandlung von Gemeinschaftsantennenanlagen nicht für erforderlich gehalten; auch das Zweite Gesetz zur Regelung des Urheberrechts in der Informationsgesellschaft vom 26. Oktober 2007 (BGBl. I S. 2513; „2. Korb") hat eine solche Regelung nicht getroffen (s. dazu näher Rdn. 35). Zu Erwägungen de lege ferenda s. auch *Kreile* ZUM 1985, 360/363 f.; *Schricker* Kabelrundfunk S. 53 f./62/67 f./72; *Dreier* S. 126 ff.; *Platho* S. 71; *Hillig* in *Fuhr/Rudolf/Wasserburg* [Hrsg.] S. 384/402; *Bornkamm,* GRUR-Fs., S. 1349/1388; *Mand* S. 29 ff.; *Rüberg* S. 200 f. Die Abgrenzung wird aber letztlich der EuGH durch Auslegung des Begriffs der „öffentlichen Wiedergabe" iSd. Art. 3 Abs. 1 der Informationsgesellschafts-Richtlinie vornehmen müssen (vgl. Rdnr. 27). 37

f) Sonderfälle. In BGHZ 79, 350 ff. – **Kabelfernsehen in Abschattungsgebieten** – wurde entschieden, dass kein (weiterer) Eingriff in das Senderecht vorliege, wenn Rundfunkprogramme im Sendebereich des Ursprungsunternehmens mittels einer zentralen Antennen- und Kabelanlage ausschließlich an Empfänger in einem Gebiet, das im Funkschatten von Hochhäusern liegt (sog. Abschattungsgebiet), zeitgleich weitergeleitet werden. Der **BGH** nahm für diesen Fall (den die spätere Entscheidung GRUR 1988, 206/210 – Kabelfernsehen II – ausdrücklich als 38

Sonderfall bezeichnet) zwar eine dem Senderecht unterliegende Funksendung iSd. § 20 an, versagte aber Ansprüche aus dem Senderecht. Die Sendung eröffne keine neue erweiterte Werknutzung, erschließe keine neuen Empfängerkreise, sondern beschränke sich auf die – technisch notwendige – Weiterleitung der Sendung an die Hörerkreise, denen nach dem Willen des Urhebers sein Werk durch die Rundfunksendung zugänglich gemacht werden solle. Das Senderecht sei hinsichtlich dieses Empfängerkreises erschöpft. Diese Entscheidung ist überholt. Der Gedanke der Erschöpfung des Rechts kann auf das Recht der öffentlichen Wiedergabe nicht angewendet werden (s. vor §§ 20 ff. Rdnr. 13 f.; § 15 Rdnr. 31 ff.). In der neueren Rechtsprechung ist anerkannt, dass auch eine Sendung an eine Öffentlichkeit, die lediglich der Verbesserung des Empfangs dient, unter das Senderecht fällt (vgl. BGH GRUR 2000, 699/700 – Kabelweitersendung). Ebenso lässt es Art. 11bis Abs. 1 RBÜ nicht zu, einen Eingriff in das Senderecht mit der Erwägung abzulehnen, die Kabelübertragung erschließe keinen neuen Empfängerkreis (zur Rechtslage nach der RBÜ sa. *Ulmer* GRUR Int. 1981, 372/374; *Schricker* Kabelrundfunk S. 65 f.; s. weiter Rdnr. 30; vor §§ 20 ff. Rdnr. 39). Diese Regelung darf auch nicht durch den Gedanken umgangen werden, die Geltendmachung urheberrechtlicher Ansprüche sei in einem solchen Fall rechtsmissbräuchlich (sa. *Rüberg* S. 169; aA für den Fall der Kabelweitersendung in Abschattungsgebieten *Schack*5 Rdnr. 454). Für die Kabelweiterleitung von Rundfunksendungen in Abschattungsgebieten gelten danach dieselben Grundsätze wie auch sonst für die Kabelweiterübertragung von Rundfunksendungen.

39 Öffentlich-rechtliche **Außenantennenverbote** rechtfertigen ebensowenig eine Ausnahme vom Senderecht. Die dem Urheber gewährten Ansprüche greifen ohne Rücksicht darauf ein, aus welchem Grund eine Werknutzung stattfindet. Da § 20 auch dann anzuwenden ist, wenn die Weiterübertragung einer Sendung nur der Verbesserung des Rundfunkempfangs dient (s. Rdnr. 30), besteht der Anspruch aus dem Senderecht erst recht, wenn die Kabelübertragung eine Öffentlichkeit erreichen soll, der sonst ein Empfang der Sendung nicht möglich wäre (vgl. BGH GRUR 1988, 206/211 – Kabelfernsehen II; SchweizBG GRUR Int. 1981, 404/410 – Kabelfernsehanlage Rediffusion I – und GRUR Int. 1985, 412/415 – Gemeinschaftsantenne Altdorf; *Schricker* Kabelrundfunk S. 62 ff., 76; aA *Platho* S. 68; *Gounalakis* S. 152 f., 262 f. und ZUM 1986, 638/651 f.). Zur Weiterübertragung von Rundfunkprogrammen in einem Kabelnetz aufgrund öffentlich-rechtlicher Übertragungspflichten sa. *Mand* S. 79 ff.; Rdnr. 16).

VIII. Werkübertragung durch „ähnliche technische Mittel"

40 **1.** Das Verwertungsrecht aus § 20 bezieht sich nicht nur auf Rundfunk und Kabelfunk als Verwertungshandlungen, sondern auch auf Handlungen, die das Werk durch „ähnliche technische Mittel" einer Öffentlichkeit zugänglich machen. (In der Fassung vor Inkrafttreten des 4. UrhGÄndG – s. vor §§ 20 ff. Rdnr. 29 – sprach § 20 noch von „ähnlichen technischen Einrichtungen". Dies war ungenau, weil es hier um technische Vorgänge, nicht Einrichtungen geht). Das weit gefasste Tatbestandsmerkmal soll es ggf. auch ermöglichen, im Verlauf der technischen Entwicklung neu entstehende Nutzungsformen mit dem Senderecht zu erfassen, wenn sie der Werknutzung durch Sendung „ähnlich" sind.

41 **2.** Funk durch „ähnliche technische Mittel" ist die zeitgleiche Weiterübertragung von Rundfunksendungen durch **Rundfunkverteileranlagen**, wie sie in Hotels, Heimen oder Justizvollzugsanstalten benutzt werden (früher als Rundfunkvermittlungsanlagen bezeichnet; zum Begriff s. vor §§ 20 ff. Rdnr. 7). Die Anwendbarkeit des Senderechts in diesen Fällen ist seit dem Urteil des BGH „Verteileranlagen" klargestellt (BGHZ 123, 149/151; BGH GRUR 2010, 530/531 Tz. 20 – Regio-Vertrag; ebenso BGH GRUR 1994, 797 – Verteileranlage im Krankenhaus; vgl. weiter OLG Köln GRUR-RR 2007, 305; zur Anwendbarkeit der Satelliten- und Kabelrichtlinie s. Rdnr. 27). Da Verteileranlagen die Rundfunksendungen lediglich zeitgleich weiterübertragen, senden sie aus der Sicht der Rundfunkempfänger nicht selbst, sondern vermitteln nur den Anschluss an die Programmquelle Rundfunk; sie sind deshalb an sich der Empfangsseite zuzurechnen. Gleichwohl liegt auch hier eine vom Urheberrecht erfasste Werknutzung durch öffentliche Wiedergabe vor. Denn der Betreiber einer Rundfunkverteileranlage beschränkt sich – anders als der Betreiber einer kleinen Gemeinschaftsantennenanlage – nicht darauf, die Sendungen weiterzuleiten, sondern stellt den Benutzern auch die Empfangsgeräte zur Verfügung. Dies unterscheidet seine Tätigkeit bei wertender Betrachtung vom bloßen Empfang und macht sie zu einer Werknutzung, die den anderen Werknutzungen, die dem Urheber durch das Senderecht vorbehalten sind, vergleichbar ist (vgl. Schiedsstelle ZUM 2009, 180/182 f.). Auf die

Frage, ob für die einzelnen Empfangsgeräte Rundfunkgebühren bezahlt werden, stellt der BGH deshalb zu Recht nicht ab (vgl. BGHZ 123, 149 – Verteileranlagen; BGH GRUR 2010, 530/531 Tz. 20 – Regio-Vertrag; anders noch BGHZ 36, 171 – Rundfunkempfang im Hotelzimmer I [zum LUG]; aA *Schack*[5] Rdnr. 456). Da es für das Eingreifen des Senderechts auf den Vorgang der Werknutzung ankommt, ist auch nicht maßgeblich, ob es sich bei den Empfangsgeräten um handelsübliche Geräte für den Einzelempfang oder unselbständige Empfangsstellen handelt (vgl. LG Hamburg ZUM 2004, 232/233). Der in früheren Entscheidungen des BGH auch auf das Recht der öffentlichen Wiedergabe angewandte Gedanke der Erschöpfung des Rechts wird in der Entscheidung BGHZ 123, 149 – Verteileranlagen – zu Recht nicht mehr angesprochen (s. dazu vor §§ 20 ff. Rdnr. 13 ff.; s. weiter oben Rdnr. 38; § 15 Rdnr. 31 ff.).

Auch gemäß Art. 3 Abs. 1 **Informationsgesellschafts-Richtlinie** ist den Urhebern ein Recht an der Weiterübertragung von Rundfunksendungen ihrer Werke durch Rundfunkverteileranlagen zu gewähren (vgl. EuGH GRUR Int. 2000, 548/549 Tz. 26 ff. – Satelliten-Fernsehen in Hotelzimmer; EuGH GRUR 2007, 225 – SGAE/Rafael). Dieses Recht bezieht sich auf das Zugänglichmachen der Werke mittels der Verteileranlage und den mit dieser verbundenen Empfangsgeräten (*Ricke/Simon* MMR 2007, 166/167; vgl. EuGH, Beschl. v. 18. 3. 2010 – C-136/09, Tz. 33 ff.). Das bloße (körperliche) Bereitstellen von Empfangsgeräten in Hotelzimmern, die einen Rundfunkempfang ermöglichen, ist als solches ohnehin keine öffentliche Wiedergabe im Sinne der Richtlinie (vgl. EuGH GRUR 2007, 225/227 Tz. 45 f. – SGAE/Rafael; vgl. EuGH, Beschl. v. 18. 3. 2010 – C-136/09, Tz. 40). Aber auch die Benutzung von Empfangsgeräten, die in den Hotelzimmern Rundfunksendungen mittels eigener Antennen (dh. aus der Luft) empfangen, fällt mangels einer Werkübermittlung durch den Hotelbetreiber nicht unter das Recht der öffentlichen Wiedergabe iSd. Art. 3 Abs. 1 der Informationsgesellschafts-Richtlinie. Der Entscheidung des EuGH „SGAE/Rafael" lässt sich nichts anderes entnehmen (aA *Fromm/Nordemann/Dustmann*[10] § 15 Rdnr. 16, § 20 Rdnr. 19, § 22 Rdnr. 10; *Ullrich* ZUM 2008, 112/118 ff.). Der EuGH hat entsprechend den Vorlagefragen (vgl. EuGH GRUR 2007, 225/226 Tz. 32) nur entschieden, dass die Verbreitung eines über Satellit oder erdgebundene Systeme empfangenen Fernsehsignals durch Kabel an Fernsehapparate in Hotelzimmern eine öffentliche Wiedergabe iSd. Art. 3 Abs. 1 der Informationsgesellschafts-Richtlinie darstellt (vgl. auch EuGH, Beschl. v. 18. 3. 2010 – C-136/09, Tz. 33 ff.). Er hat sich dementsprechend in seiner Begründung auf Art. 11bis Abs. 1 Nr. 2 RBÜ und Art. 8 WCT gestützt (vgl. EuGH GRUR 2007, 225/227 Tz. 40, 43, 45, 47 – SGAE/Rafael).

Als Rundfunkverteileranlage wäre auch ein **Übertragungssystem in einem Reisezug** zu werten, das den Reisenden ermöglicht, laufende Rundfunkprogramme mittels Kopfhörern oder Fernsehempfangsgeräten an den Rücksitzen des Vordersitzes zu verfolgen (sa. § 22 Rdnr. 11, § 19a Rdnr. 54).

Die Anforderungen der Rechtsprechung an die **Öffentlichkeit** der Wiedergabe über eine Rundfunkverteileranlage sind nicht hoch (s.a. § 15 Rdnr. 62). Nach der Entscheidung des BGH „Regio-Vertrag" (GRUR 2010, 530/531 Tz. 2, 20) ist die Weiterleitung einer Rundfunksendung an Empfangsstellen in 47 Hotelzimmern eine öffentliche Wiedergabe. **42**

Werden über ein Verteilernetz geschützte Werke nach eigener Auswahl des Betreibers öffentlich zugänglich gemacht (zB bei dem sog. **Hotelvideo**), liegt nicht eine Werknutzung durch „ähnliche technische Mittel", sondern eine Sendung vor (s. Rdnr. 24; vgl. auch § 19 Rdnr. 41; § 21 Rdnr. 9). Dies ist auch der Fall bei – mit Hilfe von Tonträgern veranstalteten – Musikübertragungen in einem Reisezug, die von den Reisenden mit Kopfhörern zeitgleich an ihren Plätzen gehört werden können (vgl. dazu auch Rdnr. 24, § 22 Rdnr. 11). **43**

Die **Revidierte Berner Übereinkunft** (RBÜ) erfasst mit ihrem Art. 11bis Abs. 1 Nr. 2 auch die Weiterübertragung von Rundfunksendungen durch Verteileranlagen (vgl. EuGH GRUR 2007, 225/227 Tz. 40 ff. – SGAE/Rafael = ÖBl. 2007, 88 mit kritischer Anm. *Dittrich*; s. weiter SchweizBG GRUR Int. 1994, 442/445 f. – CNN International, das bei der Übertragung von Rundfunksatellitensendungen durch eine Verteileranlage in einem Hotelgebäude einen Schutz durch das Senderecht aus Art. 11bis Abs. 1 RBÜ Nr. 2 RBÜ und Art. 12 Abs. 1 Nr. 6 schweizURG aF abgelehnt hat). **44**

3. Als Funksendung durch „ähnliche technische Mittel" werden vom Senderecht auch alle Arten von **Sendungen im Internet** (s. vor §§ 20 ff. Rdnr. 7, § 20 Rdnr. 10) erfasst, die zu einem vom Sendenden bestimmten Zeitpunkt zeitgleich an eine Öffentlichkeit gerichtet sind. So sind insbesondere Sendungen eines sog. Internetradios **(Webradio)** oder Internet-TV **(Web-TV)** Sendungen iSd. § 20 (ganz hM; s. *Schwarz* ZUM 2000, 816/822; *Sasse/Waldhausen* ZUM 2000, **45**

837/842; *Flechsig* in Loewenheim[2] § 41 Rdnr. 45; *Staudt* in *Kreile/Becker/Riesenhuber*[2] Kap. 10 Rdnr. 81; *Bullinger* in *Wandtke/Bullinger*[3] § 19a Rdnr. 34; *Rigopoulos* S. 262 ff.; *Poll* GRUR 2007, 476/480; *Castendyk*, Fs. für Loewenheim, S 31/42 f.; *Gey* S. 146 ff.; *Rüberg* S. 303 ff.). Dabei ist es unerheblich, ob die Sendung im Internet zeitgleich mit einer herkömmlichen Programmausstrahlung stattfindet (sog. **Simulcasting**) oder (als sog. **Webcasting**) ausschließlich im Internet (sa. vor §§ 20 ff. Rdnr. 7; § 20 b Rdnr. 8). Der Abruf durch einen Internetnutzer, der den Übertragungsablauf nicht beeinflussen kann, entspricht in diesen Fällen dem Einschalten eines Empfangsgeräts bei herkömmlichen Rundfunksendungen (vgl. *Castendyk* MMR 2000, 294/295; *Gey* S. 148 f.; sa. *Bühler* S. 200 f.; *Kleinke* AfP 2008, 460/463 f.; *Dünnwald/Gerlach* § 78 Rdnr. 20; aA *Dreier* in *Dreier/Schulze*[3] § 19a Rdnr. 10, § 20 Rdnr. 16). Nicht entscheidend ist, dass das Sendegut in diesen Fällen nicht wie bei herkömmlichen Rundfunksendungen an den Endverbraucher unabhängig von dessen Abruf herangetragen wird (bei drahtlosen Rundfunksendungen sozusagen „in der Luft" liegt), sondern an ihn erst auf Abruf gezielt übertragen wird. Entscheidend für die Einordnung unter das Senderecht ist der Umstand, dass der Internetnutzer nicht (wie im Fall des § 19 a) die Zeit des Abrufs frei wählen kann (vgl. *Handig* GRUR Int. 2007, 206/209; *Büchner* CR 2007, 473/478). Aus diesem Grund sind auch Near-on-Demand-Übertragungen Sendungen iSd. § 20 (s. § 19 a Rdnr. 54, § 20 Rdnr. 9, 45). Die Anwendung des Senderechts ist auch nicht ausgeschlossen, wenn zur Durchführung der Sendungen technisch **Zwischenspeicherungen** notwendig sind (vgl. dazu *Bortloff* GRUR Int. 2003, 669/670). Falls technische Mittel iSd. § 20 eingesetzt werden, kommt es nicht auf den technischen Ablauf im Einzelnen an. Als Verwertungsrecht bezieht sich § 20 nicht auf technische Vorgänge als solche, sondern auf Vorgänge der Werknutzung durch eine zeitgleiche Werkwiedergabe an die Öffentlichkeit zu einem von dem Sendenden bestimmten Zeitpunkt (s. dazu Rdnr. 16). Sendungen im Internet sind weder Rundfunk noch Kabelfunk, weil das Internet drahtlose und kabelgebundene Übertragungsformen nebeneinander benutzt. Strahlt ein Sendeunternehmen sein Programm zeitgleich im herkömmlichen Rundfunk und als simulcast im Internet aus, handelt es sich jeweils um (Erst-)Sendungen iSd. § 20; die Sendung im Internet ist schon deshalb keine Kabelweitersendung iSd. § 20 b, weil beide Sendevorgänge von demselben Sendeunternehmen durchgeführt werden (vgl. *Pfennig* ZUM 2008, 363/365; sa. § 20 b Rdnr. 8).

Eine Sendung iSd. § 20 nimmt auch vor, wer Rundfunksendungen empfängt und zeitgleich an eine Mehrzahl von Kunden (als einer Öffentlichkeit) auf Datenbankspeicherplätze überträgt, die ausschließlich dem individuellen Bereich der Kunden zuzurechnen sind (sog. **Internet-Videorecorder**), auch wenn sich die Speicherplätze auf einem Zentralspeicher des Übertragenden befinden (vgl. BGH GRUR 2009, 845/848 Tz. 31 ff. – Internet-Videorecorder, mit Anm. *Becker* = NJW 2009, 3511/3515 mit Anm. *Rössel*).

46 Wird dagegen den Endverbrauchern die Möglichkeit gegeben, **Rundfunksendungen** oder sog. **Podcasts** (im Internet bereitgehaltene Audio- oder Video-Beiträge wie zB Interviews oder Filme sog. Podcaster) im Internet zu einem späteren, von ihnen selbst gewählten Zeitpunkt abzurufen, greift das Senderecht nicht ein (vgl. *Sasse/Waldhausen* ZUM 2000, 837/842; *Bullinger* in *Wandtke/Bullinger*[3] § 19a Rdnr. 14; *Gey* S. 150); solche Werknutzungen fallen unter das Bereithaltungsrecht des § 19 a (s. § 19 a Rdnr. 1) sowie das (unbenannte) Abrufübertragungsrecht (s. § 15 Rdnr. 27; § 19 a Rdnr. 33; vor §§ 20 ff. Rdnr. 7; sa. § 87 Rdnr. 17).

47 Die rechtliche Einordnung der Übertragungen sog. **Push-Dienste** (auch Push-Medien genannt) hängt davon ab, in welcher Art und Weise diese durchgeführt werden (ebenso *Poll* GRUR 2007, 476/481; *Kleinke* AfP 2008, 460/464 f.; *Dreier* in *Dreier/Schulze*[3] § 19a Rdnr. 10; *Gey* S. 150 ff.; aA *Nieland* S. 161 ff.: durchweg Anwendung des § 19 a). Push-Dienste übermitteln Endverbrauchern ohne deren Zutun teilweise vom Push-Dienst selbst zusammengestelltes Material (zB Newsletter), teilweise Material nach Auswahlkriterien, die der Endverbraucher zuvor dem Dienst mitgeteilt hat, während bei sog. **Pull-Diensten** der Abruf bereitgehaltenen Materials in der Initiative des Nutzers liegt. Wegen der individuellen Auswahl erhalten Endverbraucher vielfach unterschiedliches Material. Die Übertragung an die Endverbraucher wird meist nicht gleichzeitig stattfinden, sondern erst nach einem individuellen Abruf. Die Übertragungen von Push-Diensten werden daher nur dann unter das Senderecht fallen, wenn ein geschütztes Werk zu einem vom Push-Dienst bestimmten Zeitpunkt ausnahmsweise zeitgleich an eine Öffentlichkeit übermittelt wird (vgl. *Werner* in *Ensthaler/Weidert*[2], Kap. 3 Rdnr. 78; *Koch* in Loewenheim[2] § 78 Rdnr. 71; *Klett* S. 86 ff.; *Bauer/v. Einem* MMR 2007, 698/699; sa. *Castendyk*, Fs. für Loewenheim, S. 31/44 f., der selbst § 19 a für anwendbar hält; aA *Leupold* ZUM 1998, 99/106 f.; *Flechsig* ZUM 1998, 139/144; *Bechtold* GRUR 1998, 18/25 f.; *Dreyer* in HK-UrhR[2] Rdnr. 19). Das Bereithaltungsrecht des § 19 a kann betroffen sein, wenn der Push-Dienst seinem Kundenkreis lediglich die Mitteilung überträgt,

Senderecht § 20

dass er Material zum Abruf bereithält, ebenso das Abrufübertragungsrecht (s. § 15 Rdnr. 27; § 19a Rdnr. 33), wenn ein in dieser Weise bereitgehaltenes Werk an einen Endverbraucher übertragen wird. Darauf, ob der Übertragungsvorgang bei dem Nutzer zur Herstellung eines Vervielfältigungsstücks führt, kommt es für die rechtliche Einordnung der Übertragungen von Push-Diensten unter § 19a oder § 20 nicht an (aA *Theiselmann* S. 69).

Übermittelt der Push-Dienst von sich aus zu unterschiedlichen Zeiten urheberrechtlich ge- **48** schütztes Material an Endverbraucher nach individualisierten Auswahlkriterien, greift weder das Senderecht noch das Bereithaltungsrecht des § 19a oder das (unbenannte) Abrufübertragungsrecht ein (s. *Bullinger* in *Wandtke/Bullinger*³ § 19a Rdnr. 30; aA *Rigopoulos* S. 264ff.). In diesen Fällen kann ein unbenanntes Verwertungsrecht der öffentlichen Wiedergabe (vgl. § 15 Rdnr. 22) eingreifen (**Online-Verbreitungsrecht**, s. dazu Rdnr. 8; § 15 Rdnr. 27, 71; § 19a Rdnr. 45; s. weiter *Wandtke/Bullinger/Grützmacher*³ § 69c Rdnr. 51; *Werner* in *Ensthaler/Weidert*² Kap. 3 Rdnr. 78; *Heinz* S. 197ff., 283; *Schwarz* ZUM 2000, 816/827f.; *Poll* GRUR 2007, 476/481; aA *Schack* GRUR 2007, 639/643; *Wandtke/Bullinger/Heerma*³ § 15 Rdnr. 13 [Anwendung des Verbreitungsrechts]).

E-Mails als private Kommunikation zwischen zwei Beteiligten werden als nicht öffentlich **49** grundsätzlich von keinem Recht der öffentlichen Wiedergabe erfasst (sa. Schlussanträge der Generalanwältin *Trstenjak* in der Rs. C-5/08, Tz. 118; OLG München ZUM-RD 2007, 347/358; *Dreier* in *Dreier/Schulze*³ § 19a Rdnr. 7; *Haupt* ZUM 2002, 797/800; *Dittrich* RfR 2004, 25/27). Wer aber ein geschütztes Werk durch **E-Mail** anhand einer Verteilerliste gleichzeitig an eine Öffentlichkeit (s. Rdnr. 8) übermittelt, sendet iSd. § 20 (vgl. *Werner* in *Ensthaler/Weidert*² Kap. 3 Rdnr. 74; *Klett* S. 150ff.; *Koch* GRUR 1997, 417/421; sa. *Dittrich* RfR 2004, 25/27; aA *Dünnwald/Gerlach* § 78 Rdnr. 16; *Dreier* in *Dreier/Schulze*³ § 19a Rdnr. 7 [für die Anwendung des § 19a bei einer massenhaften Versendung inhaltsgleicher E-Mails]). Die Übersendung an die Postfächer der Empfänger auf deren E-Mail-Servern genügt. Auf den Zeitpunkt des Wahrnehmbarmachens des Werkes durch den Empfänger kommt es nicht an, weil nach dem Tatbestand des § 20 nur maßgeblich ist, dass das Werk einer Öffentlichkeit zugänglich gemacht wird (s. Rdnr. 10). Ebenso ist unerheblich, ob die zeitgleich ausgesandten E-Mails aus technischen Gründen, etwa wegen unterschiedlicher Übertragungswege, die Empfänger genau zeitgleich erreichen (s. dazu § 15 Rdnr. 15; aA *Heermann* MMR 1999, 3/5f.). Wird den Empfängern nur mitgeteilt, dass der Abruf des Werkes vom Server des E-Mail-Versenders möglich ist, greift nicht das Senderecht, sondern – wegen der Bereithaltung des Werkes auf dem Server – § 19a ein (ebenso *Schöwerling* S. 140). Unerheblich wäre es dabei, wenn für die einzelnen Adressaten jeweils schon Vervielfältigungen des geschützten Werkes in verschiedenen Accounts individualisiert sein sollten (s. dazu § 19a Rdnr. 48; aA *Harder* S. 134f.; *Horn* S. 69f.). Die Vorschrift des § 19a greift jedoch nicht ein, wenn das Werk auf Abruf nicht automatisch, sondern aufgrund einer Einzelentscheidung übertragen wird (vgl. auch § 15 Rdnr. 27).

Dagegen fallen **E-Mail-Übertragungen** geschützter Werke, mit denen zwar ein als Öffent- **50** lichkeit anzusehender Empfängerkreis, aber nicht zeitgleich, erreicht werden soll und mit denen der Versender von sich aus (etwa aufgrund von Abonnements) ausgewählte Nachrichten uÄ. als Serviceleistung an zahlreiche Empfänger übermittelt, nicht unter § 20. In diesen Fällen kommt jedoch die Annahme eines unbenannten Verwertungsrechts in Betracht (s. *Wawretschek* S. 148ff.; *Schöwerling* S. 139f.; sa. *Rüberg* S. 243ff.; *Harder* S. 137ff.; *Horn* S. 69f.; § 15 Rdnr. 21ff., 27). Der **Kopienversand auf Bestellung** unter Einsatz von E-Mails durch eine der Öffentlichkeit zugängliche Einrichtung ist als solcher nicht öffentlich (aA *G. Schulze* ZUM 2008, 836ff.) und fällt nicht unter die Annahme eines unbenannten Verwertungsrechts (s. § 15 Rdnr. 27).

Zur urheberrechtlichen Einordnung der Werkübertragung durch sog. **Routing** (Datenüber- **51** tragung zwischen Netzwerken oder Netzwerksegmenten im Internet) s. § 17 Rdnr. 22; *Werner* in *Ensthaler/Weidert*² Kap. 3 Rdnr. 80ff.; *Rigopoulos* S. 257ff.; *Theiselmann* S. 45ff.; *Bollacher* S. 37; *Grassmann*, Der elektronische Kopienversand im Rahmen der Schrankenregelungen, 2006, S. 49; *Ernst* in *Hoeren/Sieber*, Handbuch Multimedia-Recht, Stand 2008, Teil 7.1 Rdnr. 61, 70. Zur Übertragung von Dateien im Internet im Wege des Routings werden die Daten in kleine Datenpakete aufgeteilt, die unabhängig voneinander, vielfach auch auf unterschiedlichen Kommunikationswegen, dem Empfänger übermittelt werden. Das Senderecht ist bei dieser Übertragungstechnik nicht berührt. Wegen ihres geringen Umfangs verkörpern die einzelnen Datenpakete jeweils für sich ohnehin kaum urheberrechtlich schutzfähige Werke oder Werkteile. Selbst wenn dies aber der Fall sein sollte, wären die Werkteile in dieser Verkörperung einer Nutzung nicht zugänglich.

§ 20 a Europäische Satellitensendung

(1) Wird eine Satellitensendung innerhalb des Gebietes eines Mitgliedstaates der Europäischen Union oder Vertragsstaates des Abkommens über den Europäischen Wirtschaftsraum ausgeführt, so gilt sie ausschließlich als in diesem Mitgliedstaat oder Vertragsstaat erfolgt.

(2) ¹Wird eine Satellitensendung im Gebiet eines Staates ausgeführt, der weder Mitgliedstaat der Europäischen Union noch Vertragsstaat des Abkommens über den Europäischen Wirtschaftsraum ist und in dem für das Recht der Satellitensendung das in Kapitel II der Richtlinie 93/83/EWG des Rates vom 27. September 1993 zur Koordinierung bestimmter urheber- und leistungsschutzrechtlicher Vorschriften betreffend Satellitenrundfunk und Kabelweiterverbreitung (ABl. EG Nr. L 248 S. 15) vorgesehene Schutzniveau nicht gewährleistet ist, so gilt sie als in dem Mitgliedstaat oder Vertragsstaat erfolgt,
1. in dem die Erdfunkstation liegt, von der aus die programmtragenden Signale zum Satelliten geleitet werden, oder
2. in dem das Sendeunternehmen seine Niederlassung hat, wenn die Voraussetzung nach Nummer 1 nicht gegeben ist.

²Das Senderecht ist im Fall der Nummer 1 gegenüber dem Betreiber der Erdfunkstation, im Fall der Nummer 2 gegenüber dem Sendeunternehmen geltend zu machen.

(3) Satellitensendung im Sinne von Absatz 1 und 2 ist die unter der Kontrolle und Verantwortung des Sendeunternehmens stattfindende Eingabe der für den öffentlichen Empfang bestimmten programmtragenden Signale in eine ununterbrochene Übertragungskette, die zum Satelliten und zurück zur Erde führt.

Schrifttum: *Auer*, Die Umsetzung urheberrechtlicher Richtlinien am Beispiel der Satellitenrichtlinie, in *Dittrich* (Hrsg.), Beiträge zum Urheberrecht V, 1997, S. 19; *Breidenstein*, Urheberrecht und Direktsatellit, 1993; *Castendyk/Kirchherr*, „Man spricht deutsh" zwischen den Instanzen – Zum Verhältnis von nationalem und europäischem Urheberrecht am Beispiel des § 137 h Abs. 2 UrhG, ZUM 2005, 283; *Deutsche Vereinigung für gewerblichen Rechtsschutz und Urheberrecht*, Eingabe zum Referentenentwurf eines Vierten Gesetzes zur Änderung des Urheberrechtsgesetzes betreffend Satellitenrundfunk und Kabelweitersendung, GRUR 1995, 570; *Christmann*, Sonderfragen zur territorialen Rechtevergabe und territorialen Adressierung bei Pay-TV am Beispiel Film und Sport, ZUM 2006, 23; *Diesbach*, Verkauf von territorial begrenzten Senderechten in Europa und Verschlüsselungsverlangen gegenüber Free-TV-Veranstaltern, ZUM 2002, 680; *Dreier*, Rundfunk und Urheberrechte im Binnenmarkt – Das Grundsatzpapier der EG-Kommission zu den urheberrechtlichen Fragen im Bereich der Satellitensendungen und Kabelweiterverbreitung, GRUR Int. 1991, 13; *ders.*, Die Umsetzung der Richtlinie zum Satellitenrundfunk und zur Kabelweiterleitung, ZUM 1995, 458; *Flechsig*, Europäische Satellitenverbreitung im Lichte nationaler Koproduktion, ZUM 2003, 192; *Gamerith*, Die wichtigsten Änderungen der Urheberrechtsgesetznovelle 1996, ÖBl. 1997, 99; *Gounalakis*, Das Vierte Gesetz zur Änderung des Urheberrechtsgesetzes – Kritische Bemerkungen zur Hypertrophie des Urheberschutzes, NJW 1999, 545; *Hillig*, Das Vierte Gesetz zur Änderung des Urheberrechtsgesetzes, UFITA 138 (1999) 5; *Hohloch*, EG-Satellitenrichtlinie versus Bogsch-Theorie – Anmerkungen zum Kollisionsrecht des Senderechts, IPRax 1994, 387; *Hugenholtz*, Die Satelliten- und Kabelrichtlinie: Vergangenheit, Gegenwart und Zukunft, IRIS plus 08/2009, 7 (www.obs.coe.int/medium/radtv.html); *Klingner*, Die Umsetzung der urheberrechtlichen Richtlinien der EU in das deutsche Urheberrecht, ZUM 1995, 472; *Lutz*, Das Vierte Gesetz zur Änderung des Urheberrechtsgesetzes, ZUM 1998, 622; *Müßig*, Die Sicherung von Verbreitung und Zugang beim Satellitenrundfunk in Europa, 2006; *Neumaier*, Zur Umsetzung der europäischen Richtlinie 93/83/EWG vom 27. September 1993 „Kabel- und Satellitenrichtlinie" durch den Bundesgesetzgeber, Archiv PT 1998, 354; *Pichler*, EG-Richtlinie über Urheberrecht, Satellitenrundfunk und Kabelweiterverbreitung vom 27. September 1993, MR 1994, 54; *Reindl*, Der Einfluß des Gemeinschaftsrechts auf das österreichische Urheberrecht, in *Koppensteiner* (Hrsg.), Österreichisches und europäisches Wirtschaftsprivatrecht, Teil 2, 1996, S. 249; *Roth*, Angleichung des IPR durch sekundäres Gemeinschaftsrecht, IPRax 1994, 165; *Rumphorst*, Erwerb des Satellitensenderechts für ein bestimmtes Territorium?, GRUR Int. 1993, 934; *Sack*, Das internationale Wettbewerbs- und Immaterialgüterrecht nach der EGBGB-Novelle, WRP 2000, 269; *Schanda*, Satellitenrundfunk: Was heißt „Sendung in Österreich?", MR 1996, 133; *Ullrich*, Urheberrecht und Satellitenrundfunk: Kollisionsrecht und materielles Recht, 2009; *Vogel*, Vorschlag der EG-Kommission für eine Richtlinie zur Koordinierung bestimmter urheber- und leistungsschutzrechtlicher Vorschriften betreffend Satellitenrundfunk und Kabelweiterverbreitung, ZUM 1992, 21; *Walter* (Hrsg.), Europäisches Urheberrecht, 2001.
S. auch die Schrifttumsnachweise vor §§ 20 ff.

Übersicht

	Rdnr.
A. Allgemeines	1–5
I. Wesen des Rechts	1, 2
II. Entstehungsgeschichte. Europäisches Gemeinschaftsrecht	3–4 a
III. Vereinbarkeit mit der Berner Übereinkunft	5

	Rdnr.
B. Inhalt des Verwertungsrechts	6–18
I. Ort der europäischen Satellitensendung (Abs. 1)	6–9
II. Fiktive Orte der europäischen Satellitensendung (Abs. 2)	10–13
III. Verwertungshandlung der europäischen Satellitensendung (Abs. 3)	14–18
C. Rechtseinräumung	19

A. Allgemeines

I. Wesen des Rechts

Die Vorschrift des § 20 a über die sog. europäische Satellitensendung ist die Grundlage für ein **1** **eigenständiges Recht** des Urhebers, auch wenn dies in seinem Wortlaut nicht hinreichend zum Ausdruck kommt (vgl. dazu auch die Verpflichtung aus Art. 2 der Satelliten- und Kabelrichtlinie [s. vor §§ 20 ff. Rdnr. 28], ein Recht an der Satellitensendung iSd. Richtlinie vorzusehen; aA *Ullrich* S. 467 ff., der annimmt, § 20 a präzisiere lediglich für bestimmte Konstellationen Inhalt und Ort der nach § 20 maßgeblichen Verwertungshandlung). Die Bestimmung regelt nicht lediglich Sonderfälle des Senderechts iSd. § 20, sondern knüpft unter den Voraussetzungen der Abs. 1 und 2 das Recht des Urhebers an der Satellitensendung an eine in Abs. 3 selbständig definierte Verwertungshandlung an (s. § 20 Rdnr. 21). Die für das Recht aus § 20 a maßgebliche Verwertungshandlung unterscheidet sich erheblich von derjenigen der Satellitensendung iSd. § 20 (s. § 20 Rdnr. 22). Dies hat seinen Grund darin, dass mit der Bestimmung, worin bei einer europäischen Satellitensendung die Verwertungshandlung zu sehen ist, auch erreicht werden sollte, dass eine europäische Satellitensendung stets nur eine Verwertungshandlung in einem einzigen Mitgliedstaat der EU oder EWR-Vertragsstaat darstellt, dessen nationalem Recht sie dann auch allein unterliegt (s. weiter Rdnr. 6 ff.; vor §§ 120 ff. Rdnr. 142). Weiter zum Verhältnis des Rechts aus § 20 a zum Recht aus § 20 s. § 20 Rdnr. 19 f.

Auf **erdgebundene Rundfunksendungen** ist § 20 a nicht anwendbar (s. vor §§ 20 ff. Rdnr. 54, 64), ebenso nicht auf die Werkverbreitung in digitalen Netzen wie dem **Internet** (s. *Dreier* in *Dreier/Schulze*[3] Rdnr. 5 mwN).

Das Recht aus § 20 a zur Durchführung einer europäischen Satellitensendung ist ein aus- **2** schließliches Verwertungsrecht, das allerdings unter den Voraussetzungen des Abs. 2 Ansprüche nur gegen den Betreiber der Erdfunkstation bzw. das Sendeunternehmen gibt. Das Recht ist ein **Recht der öffentlichen Wiedergabe** des Werkes in unkörperlicher Form (§ 15 Abs. 2 Nr. 2; s. weiter § 15 Rdnr. 45 ff.; vor §§ 20 ff. Rdnr. 8). Zu den **Schranken** des Rechts s. vor §§ 20 ff. Rdnr. 12.

II. Entstehungsgeschichte. Europäisches Gemeinschaftsrecht

Die Vorschrift des § 20 a über die europäische Satellitensendung wurde durch das **4. UrhG-** **3** **ÄndG** vom 8. 5. 1998 mit Wirkung vom 1. 6. 1998 (Art. 3 des 4. UrhGÄndG) in das UrhG eingefügt (s. vor §§ 20 ff. Rdnr. 29). Mit dieser Neuregelung wurden die Vorschriften der sog. **Satelliten- und Kabelrichtlinie** (Richtlinie 93/83/EWG vom 27. 9. 1993) umgesetzt (zur Richtlinie vgl. vor §§ 20 ff. Rdnr. 28). Für die **Auslegung** des § 20 a ist daher in Zweifelsfällen der Inhalt der Richtlinie (einschließlich der Erwägungsgründe) heranzuziehen (vgl. Begr. des RegE des 4. UrhGÄndG, BTDrucks. 13/4796 S. 8; zur richtlinienkonformen Auslegung s. weiter § 15 Rdnr. 40; § 87 a ff. Rdnr. 14). Zur Auslegung der Satelliten- und Kabelrichtlinie s. EuGH GRUR 2006, 50/51 Tz. 19 ff. – Lagardère/SPRE und GVL; s. weiter insbes. *Walter/Dreier*, Europäisches Urheberrecht, S. 399 ff. Von der durch Art. 3 Abs. 2 bis 4 der Richtlinie eröffneten Möglichkeit, unter bestimmten Voraussetzungen Gesamtverträge zwischen Verwertungsgesellschaften und Sendeunternehmen auf nicht vertretene Rechtsinhaber zu erstrecken, hat der Gesetzgeber im Hinblick auf die bewährte Vertragspraxis in Deutschland bei der Einräumung von Erstsenderechten keinen Gebrauch gemacht (vgl. Begr. des RegE des 4. UrhGÄndG, BTDrucks. 13/4796 S. 9).

Nach der **Übergangsvorschrift** des § 137 h Abs. 1 ist § 20 a auf Verträge, die vor dem 1. 6. **4** 1998 geschlossen worden sind, erst ab dem 1. 1. 2000 anzuwenden, sofern diese nach diesem Zeitpunkt ablaufen. Zur Auslegung nationaler und internationaler Filmkoproduktionsverträge, die vor dem 1. 1. 1995 geschlossen worden sind, hinsichtlich der Wahrnehmung des Rechts zur Satellitensendung s. Art. 7 Abs. 3 Satelliten- und Kabelrichtlinie, § 137 h Abs. 2 (vgl. BGH

GRUR 2005, 48 – man spricht deutsh; BGH GRUR 2005, 320/323 – Kehraus; sa. BGHZ 136, 380/388 – Spielbankaffaire; vgl. weiter § 137h Rdnr. 5; *Castendyk/Kirchherr* ZUM 2005, 283ff.; *Fromm/Nordemann/Dustmann*[10] Rdnr. 5ff.; *Ullrich* S. 540ff.). Zur Frage, ob der Übergangsvorschrift des § 137h Abs. 2 schuldrechtliche oder dingliche Bedeutung zukommt, sa. BGH GRUR 2005, 48/50 – man spricht deutsh; *Flechsig* ZUM 2003, 192/197f.; *Castendyk/ Kirchherr* ZUM 2005, 283/288. In Art. VII der österreichischen UrhG-Novelle 1996, der Art. 7 der Satelliten- und Kabelrichtlinie umgesetzt hat, ist bestimmt, dass das Erfordernis der Zustimmung des Koproduzenten nur schuldrechtlich wirkt (Art. VII: „Der Mithersteller eines Filmwerks *darf* einem anderen die Rundfunksendung des Filmwerks über Satellit *nur mit Zustimmung* des beeinträchtigten Mitherstellers (Z 5) *gestatten,* wenn ...“; vgl. dazu auch die Begründung zu Art. VII der Regierungsvorlage der UrhG-Nov. 1996).

4a Die **Informationsgesellschafts-Richtlinie** hat den Regelungsbereich des § 20a nicht betroffen (Art. 1 Abs. 2 lit. c der Richtlinie; s. vor §§ 20ff. Rdnr. 29a).

III. Vereinbarkeit mit der Berner Übereinkunft

5 Nach **Art. 11bis Abs. 1 RBÜ** haben die Urheber von Werken der Literatur und Kunst ua. ausschließliche Rechte an der Rundfunksendung ihrer Werke und an der öffentlichen Wiedergabe eines durch Rundfunk gesendeten Werkes, wenn diese Wiedergabe von einem anderen als dem ursprünglichen Sendeunternehmen vorgenommen wird. Nach allgM erfassen diese Rechte auch die öffentliche Wiedergabe eines geschützten Werkes durch Satellitensendungen (s. vor §§ 20ff. Rdnr. 35). Ob bei Satellitensendungen die dem Urheber nach Art. 11bis Abs. 1 RBÜ vorbehaltene Verwertungshandlung nur in der Ausstrahlung durch den Satelliten an die Öffentlichkeit oder im Gesamtvorgang der Abstrahlung zum Satelliten und dessen Ausstrahlung an die Öffentlichkeit besteht, ist str. (s. vor §§ 20ff. Rdnr. 36). Mit der Bestimmung, dass die Verwertungshandlung bei einer europäischen Satellitensendung in der Eingabe der Programmsignale in eine Übertragungskette zum Satelliten und zurück zur Erde liegen soll, knüpft aber Art. 1 Abs. 2 lit. a der Richtlinie und ihm folgend § 20a Abs. 3 in jedem Fall das ausschließliche Recht des Urhebers bei Satellitensendungen an einen anderen Tatbestand als Art. 11bis Abs. 1 RBÜ an. Dies verstößt jedoch nicht gegen Art. 11bis Abs. 1 RBÜ (sa. *Ullrich* S. 455ff.). Auch durch die von der Richtlinie vorgeschriebene Regelung wird dem Urheber ein ausschließliches Recht gegeben, mit dem es ihm vorbehalten ist, die Satellitensendung iSd. Art. 11bis RBÜ zu erlauben oder zu verbieten. Die Rechte der Urheber aus Art. 11bis RBÜ sind auch dann gewahrt, wenn mehrere Sendeunternehmen aufgrund derselben Eingabe der Programmsignale in eine ununterbrochene Übertragungskette über einen oder mehrere Satelliten das geschützte Werk an die Öffentlichkeit ausstrahlen (vgl. dazu Rdnr. 15). Der Umstand, dass § 20a jeweils nur das Recht eines bestimmten Staates für anwendbar erklärt (s. Rdnr. 7), widerspricht nicht Art. 11bis Abs. 1 RBÜ. Denn diese Vorschrift verpflichtet zwar die Verbandsländer, den Urhebern auch bei direkten Satellitensendungen Schutz zu gewähren, hindert die Verbandsländer aber nicht daran, ihrer Verpflichtung auch dadurch nachzukommen, dass sie ggf. das materielle Recht eines anderen Staates für anwendbar erklären, wenn sich nur aus diesem das geforderte Schutzrecht der Urheber herleiten lässt (vgl. *v. Ungern-Sternberg,* Die Rechte der Urheber bei Rundfunk- und Drahtfunksendungen, 1973, S. 150f.).

B. Inhalt des Verwertungsrechts

I. Ort der europäischen Satellitensendung (Abs. 1)

6 **Abs. 1** bestimmt, dass eine Satellitensendung, die innerhalb des Gebiets eines EU-Mitgliedstaates oder eines EWR-Vertragsstaates ausgeführt wird, ausschließlich als in diesem Mitgliedstaat oder Vertragsstaat erfolgt behandelt werden soll. **Satellitensendung iSd. Abs. 1** ist nicht eine Sendung durch Satellitenrundfunk iSd. § 20, sondern nach der Definition des Abs. 3 „die unter der Kontrolle und Verantwortung des Sendeunternehmens stattfindende Eingabe der für den öffentlichen Empfang bestimmten programmtragenden Signale in eine ununterbrochene Übertragungskette, die zum Satelliten und zurück zur Erde führt". Dies kann auch eine Handlung sein, die der Satellitensendung iSd. allgemeinen Sprachgebrauchs weit vorgelagert ist, wie zB die Eingabe der Programmsignale, in denen die Wiedergabe des Werkes verkörpert ist, in eine Richtfunkverbindung zu einer Erdfunkstation, von der aus die Programmsignale dann zu einem Rundfunksatelliten gestrahlt werden (s. weiter Rdnr. 14).

Die **Definition der Satellitensendung in Abs. 3**, die sich weit vom allgemeinen Sprachgebrauch entfernt, erklärt sich durch die Zielsetzung der Satelliten- und Kabelrichtlinie, in deren Umsetzung § 20a geschaffen wurde (s. Rdnr. 3). Die Richtlinie sollte, soweit sie die Rechte der Urheber an Satellitensendungen betrifft, Hindernisse beseitigen, die sich für Rundfunksendungen über Satelliten aus unterschiedlichen nationalen Urheberrechtsvorschriften ergeben können, und zugleich ein hohes Schutzniveau für die Urheber gewährleisten. Zu diesem Zweck hat die Richtlinie nicht nur die Mitgliedstaaten verpflichtet, dem Urheber das ausschließliche Recht zu gewähren, die öffentliche Wiedergabe geschützter Werke über Satellit zu erlauben, sondern für die sog. europäischen Satellitensendungen auch die Merkmale der urheberrechtlich relevanten Verwertungshandlung bindend vorgeschrieben.

Die Definition der öffentlichen Wiedergabe über Satellit in Art. 1 Abs. 2 lit. a der Richtlinie (der § 20a Abs. 3 entspricht) dient der **Vereinheitlichung der sachrechtlichen Voraussetzungen**, unter denen ein Mitgliedstaat der EU oder ein EWR-Vertragsstaat als Schutzland (Art. 8 Abs. 1 Rom II-VO) dem Urheber bei einer europäischen Satellitensendung ein Senderecht gewähren kann (vgl. zu dieser Frage EuGH GRUR 2006, 50/53 Tz. 42 – Lagardère/SPRE und GVL; *Dreier* in *Dreier/Schulze*³ Rdnr. 3; *Walter/Dreier,* Europäisches Urheberrecht, S. 418 Rdnr. 7; *Walter* ebd. Rdnr. 46; *Roth* IPRax 1994, 165/172 f.; *Castendyk/Kirchherr* ZUM 2005, 283/284; *Sack* WRP 2008, 1405/1416 f.; MünchKomm.BGB/*Drexl*⁴, Band 11, IntImmGR, Rdnr. 99; *Ullrich* S. 396 ff., 466 f.; aA Voraufl.). Als Verwertungshandlung ist bei der europäischen Satellitensendung eine Handlung bestimmt worden, die jeweils nur an einem einzigen Ort vorgenommen werden kann, nämlich die Eingabe der Programmsignale in die Übertragungskette über den Satelliten. Würde Schutz in anderen Mitgliedstaaten oder Vertragsstaaten des EWR als Schutzland beansprucht, könnte die Klage nicht mit der Einspeisung der Programmsignale begründet werden, weil dort die Verwertungshandlung des Abs. 3 nicht stattgefunden hat. Andere in diesen Schutzländern lokalisierte Handlungen dürfen nicht als urheberrechtlicher Nutzungstatbestand anerkannt werden (s. Rdnr. 8). Eine Klage wegen einer europäischen Satellitensendung, die darauf gestützt ist, dass die Einspeisung der Programmsignale in einem bestimmten Mitgliedstaat oder Vertragsstaat des EWR stattgefunden hat, wird dementsprechend grundsätzlich dahin auszulegen sein, dass für diesen Staat als Schutzland Schutz beansprucht wird (vgl. dazu auch BGH GRUR 2004, 855/856 – Hundefigur).

Ein Schutz des Urhebers besteht bei der europäischen Satellitensendung nur nach dem Recht des Mitgliedstaates der Europäischen Union oder des EWR-Vertragsstaates, in dessen Gebiet die Verwertungshandlung iSd. Abs. 3 durchgeführt worden ist. Die anderen Mitgliedstaaten der EU oder EWR-Vertragsstaaten sind aufgrund der Richtlinie verpflichtet, das in diesem Staat bestehende Verwertungsrecht an der europäischen Satellitensendung anzuerkennen; sie sind zugleich daran gehindert, dem Urheber ihrerseits weitere Rechte zu geben, die an andere bei einer Satellitensendung verwirklichte Tatbestände anknüpfen (wie zB die Abstrahlung zum Satelliten oder die Ausstrahlung des Satelliten auf das jeweilige Staatsgebiet). Bei einer europäischen Satellitensendung iSd. § 20a Abs. 1 iVm. Abs. 3 ist deshalb § 20 nicht anwendbar.

Die Zielsetzung, nicht nur das materielle Recht zu vereinheitlichen, sondern auch die kumulative Anwendung mehrerer nationaler Rechte bei europäischen Satellitensendungen zu verhindern, liegt Art. 1 Abs. 2 lit. b der Richtlinie, den Abs. 1 umgesetzt hat, nach dem Erwgr. 14 der Richtlinie klar zugrunde. Die Richtlinie schließt es dementsprechend nicht nur aus, auf eine europäische Satellitensendung das Recht eines Mitgliedstaates oder eines Vertragsstaates des EWR anzuwenden, in dem die europäische Satellitensendung nicht stattgefunden hat, sondern verbietet auch die Anwendung des Rechts eines Drittstaates auf eine europäische Satellitensendung, auch wenn dieser als Schutzland die vorgenommene Satellitensendung als urheberrechtliche Nutzungshandlung ansehen sollte (aA *Ullrich* S. 403 f.).

Die Frage des Urheberschutzes bei Satellitensendungen, die keine europäischen Satellitensendungen sind (**nichteuropäische Satellitensendungen**), ist nicht gesetzlich geregelt s. vor §§ 20 ff. Rdnr. 58 ff.; vor §§ 120 ff. Rdnr. 143. Die Satelliten- und Kabelrichtlinie hat dazu keine Regelungen getroffen (s. dazu *Walter/Dreier,* Europäisches Urheberrecht, S. 427 Rdnr. 26).

II. Fiktive Orte der europäischen Satellitensendung (Abs. 2)

Zweck des Abs. 2 ist es zu verhindern, dass Sendeunternehmen bei Satellitensendungen die nach Abs. 3 maßgebliche Verwertungshandlung deshalb in das Gebiet von Drittstaaten verlegen, weil den Urhebern dort nur ein geringeres Schutzniveau gewährleistet wird, als nach Kapitel II der Satelliten- und Kabelrichtlinie vorgesehen ist. Abs. 2 fingiert demgemäß in bestimmten Fällen dieser Art den Ort der Satellitensendung iSd. Abs. 3 als innerhalb der EU oder des EWR gelegen. Dies hat zur Folge, dass der Urheber wegen der Satellitensendung in einem bestimmten Staat der EU oder des EWR Rechte geltend machen kann. Dabei knüpft die Vorschrift in erster Linie an den Ort der Erdfunkstation an, von der aus die programmtragenden Signale zum Satelliten geleitet werden, hilfsweise an den Ort der Niederlassung des Sendeunternehmens.

11 Ob das **Schutzniveau im Drittstaat** dem des Kapitels II der Richtlinie entspricht, ist abstrakt und nicht danach zu bestimmen, ob im Einzelfall der gleiche Schutz erreicht würde (ebenso *Dreier* in *Dreier/Schulze*[3] Rdnr. 11; *Haberstumpf* in *Büscher/Dittmer/Schiwy* Rdnr. 7). Dafür spricht nicht nur der Wortlaut der Vorschrift ("Schutzniveau"), sondern auch das Erfordernis der Rechtssicherheit. Soweit es darum geht, ob der Drittstaat dem Urheber das ausschließliche Recht an der öffentlichen Wiedergabe seines Werkes über Satellit gewährt, wird es genügen, wenn der Drittstaat den Gesamtvorgang der Satellitensendung in irgendeiner Weise durch ein ausschließliches Recht der Kontrolle des Urhebers unterworfen hat. Ob der Drittstaat – wie nach Art. 1 Abs. 2 lit. a der Richtlinie und § 20a Abs. 3 – gerade die Einspeisung der Programmsignale, die für den Empfang durch eine Öffentlichkeit bestimmt sind, in die Übertragungskette als die maßgebliche Verwertungshandlung ansieht, ist für die Erreichung des erforderlichen Schutzniveaus nicht wesentlich. Erforderlich ist jedenfalls, dass die Rechtsinhaber eine Rechtsstellung haben, die es ihnen ermöglicht, eine – auch unter Berücksichtigung des Erwgr. 17 – angemessene Vergütung zu erreichen (vgl. *Walter/Dreier,* Europäisches Urheberrecht, S. 426 Fn. 76; sa. *Ullrich* S. 425; aA *Reindl* S. 249/348). Abs. 2 bestimmt – wie die Richtlinie – nicht klar, ob von den fiktiven Orten der europäischen Satellitensendung auch dann auszugehen ist, wenn im Drittstaat zwar die Rechte der Urheber mit gleichem Schutzniveau geregelt sind, nicht aber auch die Rechte der ausübenden Künstler, der Tonträgerhersteller und der Sendeunternehmen, für die Kapitel II der Richtlinie ebenfalls Schutzrechte vorsieht. Der Wortlaut des Abs. 2 (und des Art. 1 Abs. 2 lit. d der Richtlinie) spricht dafür, darauf abzustellen, ob im Drittstaat bei Satellitensendungen das in Kapitel II der Richtlinie festgelegte Schutzniveau für alle Rechtsinhaber erreicht wird (für die Richtlinie im Ergebnis ebenso *Walter/Dreier,* Europäisches Urheberrecht, S. 433 Rdnr. 41, der jedoch der Ansicht ist, dass nach Abs. 2 – gegenüber der Richtlinie einschränkend – allein der Umfang des Satellitensenderechts maßgebend ist).

12 Der fiktive Ort der Satellitensendung wird nach **Abs. 2 Satz 1 Nr. 2** hilfsweise in Anknüpfung an die Niederlassung des Sendeunternehmens bestimmt. Bei mehreren Niederlassungen in der EU oder im EWR ist dabei diejenige Niederlassung maßgebend, die bezogen auf dieses Gebiet als Hauptniederlassung anzusehen ist (vgl. Art. 1 Abs. 2 lit. d (ii) der Satelliten- und Kabelrichtlinie). Es kommt nicht darauf an, ob das Sendeunternehmen außerhalb der EU oder des EWR noch andere Niederlassungen hat oder der Sitz des Unternehmens außerhalb der EU oder des EWR liegt. Nach dem Wortlaut des Abs. 2 Nr. 2 wäre Abs. 2 auch dann anwendbar, wenn weder die Satellitensendung iSd. Abs. 3 in der EU oder im EWR stattfindet noch die Satellitenausstrahlung dort empfangbar ist, wenn nur das Sendeunternehmen in der EU oder im EWR eine Niederlassung hat. Insofern ist Abs. 2 Nr. 2 jedoch einschränkend auszulegen. Die Satelliten- und Kabelrichtlinie, die durch Abs. 2 umgesetzt worden ist, hat nicht den Zweck, die Rechte der Urheber bei Satellitensendungen zu sichern, die in Gebiete abgestrahlt werden, die außerhalb der EU oder des EWR liegen. Sinn der Richtlinie ist vielmehr, die urheberrechtliche Verantwortung für grenzüberschreitende Rundfunksendungen (insb. über Satellit und Kabel) innerhalb dieses Gebiets zu regeln (vgl. insb. Erwgr. 3, 5, 7, 12 ff.). Die Vorschrift des Abs. 2 Satz 1 Nr. 2 greift deshalb nicht ein, wenn die Satellitensendung innerhalb der EU oder des EWR nicht empfangbar ist, auch wenn das Sendeunternehmen (auch) dort eine Niederlassung besitzt (im Ergebnis ebenso *Ullrich* S. 430 f.) Das in Abs. 2 Satz 1 Nr. 2 genannte Sendeunternehmen ist dasjenige, das die Satellitensendung verantwortet (vgl. Art. 1 Abs. 2 lit. d (ii) Satelliten- und Kabelrichtlinie: „in Auftrag gegeben hat"). Deshalb ist es nicht angebracht, an das Vorliegen einer Niederlassung iSd. Abs. 2 Satz 1 Nr. 2 zu strenge Anforderungen zu stellen (vgl. dazu auch *Fromm/Nordemann/Dustmann*[10] Rdnr. 11; *Dreier* in *Dreier/Schulze*[3] Rdnr. 10).

13 Nach **Abs. 2 Satz 2** ist das Senderecht im Fall des Abs. 2 Satz 1 Nr. 1 gegenüber dem Betreiber der Erdfunkstation und im Fall des Abs. 2 Satz 1 Nr. 2 gegenüber dem Sendeunternehmen geltend zu machen. Dies bedeutet jedoch nicht, dass Ansprüche nur gegen diese Unternehmen geltend gemacht werden können (vgl. *Walter/Dreier,* Europäisches Urheberrecht, S. 427 Rdnr. 24). In den Fällen des Abs. 2 fingiert die Richtlinie, dass der Ort der Satellitensendung iSd. Abs. 3 in einem bestimmten Mitgliedstaat der EU oder Vertragsstaat des EWR liegt. Abs. 2

Satz 2 ergänzt diese Fiktion durch die notwendige Regelung, wer in diesen Fällen als Nutzender angesehen werden soll. Dies bedeutet jedoch nicht, dass nur die im Gesetz genannten Unternehmen als urheberrechtlich verantwortlich in Anspruch genommen werden können. Es besteht kein Anhaltspunkt dafür, dass die Satelliten- und Kabelrichtlinie, die mit § 20a umgesetzt werden sollte, die Grundsätze über die Mithaftung anderer Tatbeteiligter für unanwendbar erklären wollte. Welche Unternehmen danach neben den in Abs. 2 Satz 2 genannten haften, richtet sich nach dem Recht des Staates, dessen Gebiet nach Abs. 2 als Ort der Nutzungshandlung fingiert wird.

III. Verwertungshandlung bei der europäischen Satellitensendung (Abs. 3)

Die **Definition der Satellitensendung** in Abs. 3 gilt nach dessen ausdrücklicher Vorschrift 14 nur für die europäische Satellitensendung iSd. § 20a. Entscheidend ist danach die Eingabe der Programmsignale in eine ununterbrochene Übertragungskette, die zum Satelliten und zurück zur Erde führt (sa. Rdnr. 6). Diese Handlung ist möglicherweise der Satellitensendung iSd. allgemeinen Sprachgebrauchs (der Ausstrahlung zum und vom Satelliten) weit vorgelagert. Seinen Grund hat die Begriffsbestimmung in dem Ziel der Satelliten- und Kabelrichtlinie, die von § 20a umgesetzt wurde, im Interesse der Erleichterung von Satellitensendungen innerhalb der EU und des EWR das für diese geltende materielle Recht und die Rechtsanwendungsregeln zu vereinheitlichen (s. dazu Rdnr. 1, 7 f.). Als Satellitensendung iSd. Abs. 3 wird demgemäß nur die öffentliche Wiedergabe über den Satelliten erfasst. Nutzungshandlungen, die einer Satellitensendung (nach der Rückkehr der Programmsignale auf die Erde) nachgeschaltet sind, sind auch dann nicht mehr Teil einer Satellitensendung iSd. Abs. 3, wenn sie auf der Grundlage einer Satellitenübertragung zeitgleich mit dieser stattfinden (vgl. EuGH GRUR 2006, 50/52 Tz. 39 f. – Lagardère/SPRE und GVL; BGHZ 152, 317/328 – Sender Felsberg; davon geht auch § 59a öUrhG aus; vgl. weiter Schlussanträge des Generalanwalts *Tizzano* Rs. C-192/04 Tz. 26 ff.). Ob in analoger oder digitaler Sendetechnik gesendet wird, ist für das Eingreifen des § 20a unerheblich (s. dazu auch § 20 Rdnr. 6).

Das **Zustandekommen einer ununterbrochenen Übertragungskette** zum Satelliten und 15 zurück zur Erde ist Voraussetzung dafür, dass die Eingabe der Programmsignale als Satellitensendung iSd. Abs. 3 behandelt wird. Bei Abbrechen der Übertragungskette (zB wegen einer technischen Störung des Satelliten) liegt kein Eingriff in das Senderecht vor (vgl. EuGH GRUR 2006, 50/52 Tz. 39 ff. – Lagardère/SPRE und GVL, anders bei einer nur kurzzeitigen Verzögerung (sa. *Dreier* in *Dreier/Schulze*[3] Rdnr. 14). Eine Satellitensendung iSd. Abs. 3 ist ein Vorgang der Werknutzung durch öffentliche Wiedergabe. Entscheidend für die Annahme einer solchen Sendung ist deshalb, ob bei natürlicher Betrachtung eine ununterbrochene Übertragungskette vorliegt, nicht die Analyse technischer Besonderheiten im Verlauf der Übertragung der programmtragenden Signale (vgl. Erwgr. 14 der Richtlinie; s. weiter § 15 Rdnr. 15, 47; § 20 Rdnr. 16, 23). So wird zB eine kurzzeitige Speicherung im Satelliten (etwa zum Zweck der besseren Einpassung der Sendung in das laufende Rundfunkprogramm) nicht als Unterbrechung der Übertragungskette zu werten sein. Eine ununterbrochene Übertragungskette kann auch dann vorliegen, wenn die Programmsignale vor der Satellitenausstrahlung an eine Öffentlichkeit über einen oder mehrere dazwischengeschaltete Satelliten oder mehrere terrestrische Richtfunkstationen geleitet werden (vgl. Begr. des RegE zu § 20a, BTDrucks. 13/4796 S. 11). Ein Kuriertransport einer Aufzeichnung der programmtragenden Signale genügt dagegen nicht, es hier an einer ununterbrochenen Übertragungskette fehlt (aA *Dreier* in *Dreier/Schulze*[3] Rdnr. 14).

Programmtragende Signale sind alle Signale, die dazu bestimmt sind, Teil einer Rund- 16 funkausstrahlung zu sein, unabhängig davon, ob sie als solche schon ein Programm oder einen Teil davon verkörpern. Die in die Übertragungskette eingegebenen Programmsignale, in denen das geschützte Werk verkörpert ist, müssen als solche (vgl. EuGH GRUR 2006, 50/52 Tz. 34 ff. – Lagardère/SPRE und GVL) zur Ausstrahlung durch einen Satelliten **für den öffentlichen Empfang bestimmt** sein, dh. dazu bestimmt sein, das Werk durch Satellitenausstrahlung einer Öffentlichkeit zugänglich zu machen (vgl. BGHZ 152, 317/328 – Sender Felsberg). Für den Begriff der Öffentlichkeit ist § 15 Abs. 3 nur mit Einschränkungen maßgeblich (aA *Lutz* ZUM 1998, 622/623; vgl. dazu auch *Deutsche Vereinigung für gewerblichen Rechtsschutz und Urheberrecht* GRUR 1995, 570; s. weiter § 20 Rdnr. 8). Die Satelliten- und Kabelrichtlinie hat zwar auf eine Definition des Begriffs der Öffentlichkeit verzichtet (vgl. Begr. des RegE zu § 20a, BT-Drucks. 13/4796 S. 12; vgl. auch Erwgr. 32 der Richtlinie; *Dreier* ZUM 1995, 458/460); sie setzt aber der näheren Bestimmung des Begriffs im nationalen Recht Grenzen. Öffentlichkeit kann danach nur ein unbestimmter Personenkreis sein; ein begrenzter Personenkreis, der die Satellitensignale nur mit professionellem Gerät empfangen kann, ist keine Öffentlichkeit iSd. Richtlinie (vgl. EuGH GRUR 2006, 50/52 Tz. 31 – Lagardère/SPRE und GVL). Unerheblich ist, ob die Ausstrahlung zum Empfang durch eine Öffentlichkeit nach den Kriterien des Fernmelderechts von einem Direktsatelliten oder einem Fernmeldesatelliten durchgeführt wird. Eine Ausstrahlung über einen Fernmeldesatelliten ist jedoch keine Satellitensendung iSd. Abs. 3, wenn bei dieser nicht ein Individualempfang der Sendung möglich ist, der dem bei einer Ausstrahlung über Direktsatelliten vergleichbar ist (vgl. EuGH GRUR 2006, 50/51 Tz. 25 ff. – Lagardère/SPRE und GVL; BGHZ 152, 317/328 f. – Sender Felsberg).

17   Eine **Verschlüsselung der programmtragenden Signale** ist ohne Bedeutung, wenn die Mittel zur Decodierung der Sendung durch das Sendeunternehmen selbst oder mit seiner Zustimmung der Öffentlichkeit zugänglich gemacht worden sind (vgl. Art. 1 Abs. 2 lit. c der Richtlinie; sa. Begr. des RegE, BTDrucks. 13/4796 S. 9; s. weiter § 20 Rdnr. 12; § 87 Rdnr. 21). Die Frage, ob eine unverschlüsselte Sendung anzunehmen ist, wenn die Sendung zwar verschlüsselt ausgestrahlt wird, die Mittel zur Decodierung aber unbefugt in der Öffentlichkeit vertrieben werden, ist nach Sinn und Zweck der Regelung in Art. 1 Abs. 2 lit. c der Richtlinie zu entscheiden. Nach dieser ist nicht bereits dann eine öffentliche Satellitensendung anzunehmen, wenn Dritte, die zusammen eine Öffentlichkeit ausmachen, die Sendung gegen den Willen des Sendenden empfangen können, weil ihnen die Mittel zur Decodierung unbefugt zugänglich gemacht worden sind. Solche „Ausreißer" machen eine Satellitensendung noch nicht zu einer öffentlichen Sendung. Anders liegt es aber jedenfalls, wenn das System der verschlüsselten Ausstrahlung zusammengebrochen ist, weil die Mittel zur Decodierung ohne weiteres frei erhältlich sind. In einem solchen Fall ist trotz des Wortlauts des Art. 1 Abs. 2 lit. e der Richtlinie eine öffentliche Satellitensendung anzunehmen (im Ergebnis ebenso *Walter/Walter,* Europäisches Urheberrecht, S. 435 Rdnr. 48).

18   Die Satellitensendung iSd. Abs. 3 ist als Nutzungshandlung nicht dem tatsächlich Handelnden, sondern demjenigen **Sendeunternehmen** zuzurechnen, unter dessen Kontrolle und Verantwortung die Eingabe der Programmsignale in die Übertragungskette stattfindet. Dieser für den Geltungsbereich des § 20 selbstverständliche Rechtsgedanke (s. § 20 Rdnr. 16; sa. § 87 Rdnr. 16) ist in Abs. 3, in Umsetzung des Art. 1 Abs. 2 lit. b der Richtlinie, ausdrücklich ausgesprochen (vgl. Begr. des RegE zu § 20a, BTDrucks. 13/4796 S. 12). Das Sendeunternehmen ist – wie sich aus dem Begriff selbst ergibt – zugleich das Unternehmen, das die mit der Einspeisung der programmtragenden Signale in die Übertragungskette ermöglichte Ausstrahlung an eine Öffentlichkeit kontrolliert und verantwortet. Führt die Eingabe programmtragender Signale, in denen das geschützte Werk verkörpert ist, zur gleichzeitigen öffentlichen Satellitenausstrahlung des Werkes durch mehrere Sendeunternehmen (mit Hilfe eines oder mehrerer Satelliten), sendet jedes dieser Sendeunternehmen iSd. Abs. 3. Denn jedes dieser Sendeunternehmen hat die Eingabe der programmtragenden Signale in die Übertragungskette für die Zwecke seines Programms veranlasst und hat deshalb mit die Kontrolle über die Eingabe ausgeübt und die Verantwortung für die Eingabe mit übernommen. Die Annahme einer eigenständigen Nutzungshandlung jedes Sendeunternehmens, das zusammen mit anderen die Eingabe der Programmsignale für seine Programmzwecke mit kontrolliert und verantwortet, wird auch von Art. 11bis Abs. 1 RBÜ gefordert, weil dieser dem Urheber bei Ausstrahlung seines Werkes durch verschiedene Unternehmen ein Schutzrecht hinsichtlich jeder Ausstrahlung gewährt (s. Rdnr. 5). Unternehmen, die an der Durchführung einer Satellitenübertragung (von der Einspeisung der Programmsignale bis zur Ausstrahlung durch den Satelliten) beteiligt sind, nehmen keine Verwertungshandlung iSd. Abs. 3 vor, wenn sie nicht die Eingabe der Programmsignale kontrollieren und verantworten; sie haften aber unter Umständen als Teilnehmer einer Urheberrechtsverletzung nach den allgemeinen Vorschriften (vgl. dazu auch § 20 Rdnr. 16). Der Betreiber einer Erdfunkstation haftet allerdings gemäß Abs. 2 Satz 2 unter den Voraussetzungen des Abs. 2 Satz 1 auch dann, wenn er die Satellitensendung nicht iSd. Abs. 3 verantwortet. Diese Sonderregelung soll eine einfache Rechtsdurchsetzung innerhalb der EU und dem EWR ermöglichen.

C. Rechtseinräumung

19   Die **Einräumung der Rechte zur Durchführung einer Satellitensendung** iSd. Abs. 3 kann dinglich (insb. zeitlich) beschränkt werden (vgl. Erwgr. 15 und 16 der Richtlinie; sa.

Schanda MR 1996, 133/134; *Castendyk/Albrecht* GRUR Int. 1992, 734/738; *Müßig* S. 66 ff.; aA Begr. des RegE des 4. UrhGÄndG, BTDrucks. 13/4796 S. 7; s. weiter vor §§ 20 ff. Rdnr. 19; sa. § 20 Rdnr. 4). Soweit deutsches Recht anwendbar ist, richtet sich die Abspaltbarkeit dinglich beschränkter Nutzungsrechte nach den dafür geltenden allgemeinen Grundsätzen (vgl. BGH GRUR 2005, 48/49 – man spricht deutsh; vor §§ 28 ff. Rdnr. 85 ff.). Die Befugnis zur Satellitensendung kann nur mit schuldrechtlicher Wirkung auf die Ausstrahlung über einen bestimmten Satelliten beschränkt werden (s. dazu auch BGHZ 152, 233/238 f. – CPU-Klausel). Das Recht zur Satellitensendung iSd. § 20 a kann nur für das gesamte Bundesgebiet vergeben werden (vgl. *Ullrich* S. 488 ff.). Eine räumliche Begrenzung der Rechtseinräumung auf die Empfangbarkeit in deutschsprachigem Gebiet ist nicht mit dinglicher Wirkung möglich, weil eine entsprechende Beschränkung der Ausstrahlung technisch nicht durchgeführt werden kann (vgl. BGH GRUR 2005, 48/49 – man spricht deutsh; sa. *Castendyk* in Loewenheim[2] § 75 Rdnr. 64; *Müßig* S. 72; *Ullrich* S. 487 f.). Eine territoriale Begrenzung in der Form, dass die Sendung nur verschlüsselt ausgestrahlt werden darf und Decoder nur in einem bestimmten Gebiet vertrieben werden, kann nur schuldrechtlich wirksam vereinbart werden, weil eine territoriale Begrenzung des Empfängerkreises auf diese Weise (nach gegenwärtigem technischem Stand) nicht sichergestellt werden kann (s. dazu auch *Walter/Dreier*, Europäisches Urheberrecht, S. 423 f. Rdnr. 17; *Diesbach* ZUM 2002, 680/687 ff.; s. weiter *Castendyk/Albrecht* GRUR Int. 1992, 734/737; *Daum* MR 2003, Beilage zu Heft 4 S. 22/23; *Castendyk* in Loewenheim[2] § 75 Rdnr. 64; *Müßig* S. 80 ff.; *Christmann* ZUM 2006, 23 ff.).

Zur Verteilung des Rechts aus § 20 a in **Altverträgen** s. § 20 Rdnr. 20.

§ 20 b Kabelweitersendung

(1) [1]Das Recht, ein gesendetes Werk im Rahmen eines zeitgleich, unverändert und vollständig weiterübertragenen Programms durch Kabelsysteme oder Mikrowellensysteme weiterzusenden (Kabelweitersendung), kann nur durch eine Verwertungsgesellschaft geltend gemacht werden. [2]Dies gilt nicht für Rechte, die ein Sendeunternehmen in Bezug auf seine Sendungen geltend macht.

(2) [1]Hat der Urheber das Recht der Kabelweitersendung einem Sendeunternehmen oder einem Tonträger- oder Filmhersteller eingeräumt, so hat das Kabelunternehmen gleichwohl dem Urheber eine angemessene Vergütung für die Kabelweitersendung zu zahlen. [2]Auf den Vergütungsanspruch kann nicht verzichtet werden. [3]Er kann im voraus nur an eine Verwertungsgesellschaft abgetreten und nur durch eine solche geltend gemacht werden. [4]Diese Regelung steht Tarifverträgen, Betriebsvereinbarungen und gemeinsamen Vergütungsregeln von Sendeunternehmen nicht entgegen, soweit dadurch dem Urheber eine angemessene Vergütung für jede Kabelweitersendung eingeräumt wird.

Schrifttum: *Auer,* Die Umsetzung urheberrechtlicher Richtlinien am Beispiel der Satellitenrichtlinie, in *Dittrich* (Hrsg.), Beiträge zum Urheberrecht V, 1997, S. 19; *Büchner,* Wie kommt der Ball ins Netz? Fußball im IPTV und Mobile-TV, CR 2007, 473; *Conrad,* Die Feuerzangenbowle und das Linsengericht: Der Vergütungsanspruch nach § 20 b II UrhG, GRUR 2003, 561; *Deutsche Vereinigung für gewerblichen Rechtsschutz und Urheberrecht,* Eingabe zum Referentenentwurf eines Vierten Gesetzes zur Änderung des Urheberrechtsgesetzes betreffend Satellitenrundfunk und Kabelweitersendung, GRUR 1995, 570; *Dreier,* Die Umsetzung der Richtlinie zum Satellitenrundfunk und zur Kabelweiterleitung, ZUM 1995, 458; *Dünnwald/Gerlach,* Recht des ausübenden Künstlers, 2008; *Ehrhardt,* 32 + 32 a = 20 b – 20 b – Ist § 20 b Abs. 2 zu streichen?, ZUM 2004, 300; *Fischer,* Der Begriff des Sendens aus urheberrechtlicher und aus rundfunkrechtlicher Sicht, ZUM 2009, 465; *Geppert/Salevic,* Alter Wein in neuen Schläuchen – Besonderheiten beim Einkauf von IPTV-Weitersendungsrechten für moderne Glasfasernetze (NGA)?, K&R 2010, 303; *Götting,* Der Vergütungsanspruch nach § 20 b Abs. 2 UrhG, 2005; *Gounalakis,* Das Vierte Gesetz zur Änderung des Urheberrechtsgesetzes – Kritische Bemerkungen zur Hypertrophie des Urheberschutzes, NJW 1999, 545; *ders.,* Der Begriff des Sendens aus urheberrechtlicher Sicht, ZUM 2009, 447; *Gounalakis/Mand,* Kabelweiterleitung und urheberrechtliche Vergütung, 2003; *Hein/Schmidt,* Entgelte für die Übertragung von Rundfunksignalen über das Breitbandkabel, K&R 2002, 409; *Hillig,* Das Vierte Gesetz zur Änderung des Urheberrechtsgesetzes, UFITA 138 (1999) S.; *ders.,* Urheberrechtliche Fragen des Netzzugangs in der Kabelkommunikation, MMR 2001, Beilage Nr. 2 S. 34; *Hoeren,* Neue Nutzungsformen und Verbreitungswege im Bereich des Rundfunks und ihre urheberrechtliche Einordnung: IP-TV, Handy-TV, Triple-Play, in: Vierzig Jahre Institut für Rundfunkrecht – Rückblick und Perspektiven, 2007, S. 65; *ders.,* Urheberrechtliche Fragen rund um IP-TV und Handy-TV, MMR 2008, 139; *Hoeren/Veddern,* Voraussetzungen und Grenzen klauselmäßiger Beteiligungen der Sendeunternehmen an den gesetzlichen Vergütungsansprüchen, UFITA 2002, 7; *Klingner,* Die Umsetzung der urheberrechtlichen Richtlinien der EU in das deutsche Urheberrecht, ZUM 1995, 72; *Kreile/Becker/Riesenhuber* (Hrsg.), Recht und Praxis der GEMA, 2. Aufl. 2008; *Kruczek,* Die Bewertung der Kabelweitersenderechte der Sendeunternehmen in Deutschland und den USA, 2005; *Langhoff,* „Virtuelle Personal Video Recorder" – eine Übertragungsform zwischen Sendung und öffentlicher Zugänglichmachung?, UFITA 2007, 403; *Lutz,* Das Vierte Gesetz zur Änderung des Urheberrechtsgesetzes, ZUM 1998, 622; *Mand,* § 20 b Abs. 2 UrhG und das neue Urhebervertragsrecht, ZUM 2003, 812; *ders.,*

§ 20b Kabelweitersendung

Das Recht der Kabelweitersendung, 2004; *ders.*, Die urheberrechtliche Verantwortlichkeit für die Kabelweiterleitung von Rundfunkprogrammen im „Transportmodell", UFITA 2005, 19; *ders.*, Der gesetzliche Vergütungsergänzungsanspruch gem. § 20b II UrhG, GRUR 2005, 720; *Niederalt*, Das Urheberrecht vor einem 3. Korb: Ausgewählte Handlungsfelder, ZUM 2008, 397; *Ory*, Rechtliche Überlegungen aus Anlass des „Handy-TV" nach dem DMB-Standard, ZUM 2007, 7; *Ott*, Schritte zu einem gesetzlichen Urhebervertragsrecht, ZRP 1996, 385; *Pfennig*, Die Umsetzung der Satelliten-Richtlinie und das Urhebervertragsrecht, ZUM 1996, 134; *ders.*, Reformbedarf beim Kabelweitersenderecht?, ZUM 2008, 363; *Pichler*, EG-Richtlinie über Urheberrecht, Satellitenrundfunk und Kabelweiterverbreitung vom 27. September 1993, MR 1994, 54; *Plate*, Die Verwertungsgesellschaftenpflicht für urheberrechtliche Vergütungsansprüche und ausschließliche Verwertungsrechte, 2003; *Poll*, Neue internetbasierte Nutzungsformen, GRUR 2007, 476; *Reber*, Die Beteiligung von Urhebern und ausübenden Künstlern an der Verwertung von Filmwerken in Deutschland und den USA, 1998; *ders.*, Aktuelle Fragen zu Recht und Praxis der Verwertungsgesellschaften, GRUR 2000, 203; *Rüberg*, Vom Rundfunk- zum Digitalzeitalter, 2007; *Schalast/ Schalast*, Das Recht der Kabelweitersendung von Rundfunkprogrammen, MMR 2001, 436; *Schmittmann*, Satellitengemeinschaftsantennen im Brennpunkt der neuen §§ 20, 20b UrhG, ZUM 1999, 113; *Schwarz*, Der Referentenentwurf eines Vierten Gesetzes zur Änderung des Urheberrechtsgesetzes, ZUM 1995, 687; *Spindler*, Die Einspeisung von Rundfunkprogrammen in Kabelnetze, MMR 2003, 1; *Staudt*, Die Rechteübertragungen im Berechtigungsvertrag der GEMA, 2006; *Stöhr*, Gesetzliche Vergütungsansprüche im Urheberrecht, 2007; *Ullrich*, Die „öffentliche Wiedergabe" von Rundfunksendungen in Hotels nach dem Urteil „SGAE" des EuGH (Rs. C-306/05), ZUM 2008, 112; *Vogel*, Vorschlag der EG-Kommission für eine Richtlinie zur Koordinierung bestimmter urheber- und leistungsschutzrechtlicher Vorschriften betreffend Satellitenrundfunk und Kabelweiterverbreitung, ZUM 1992, 21; *Wagner*, Die Digitalisierungsfalle, Fs. für Raue, 2006, S. 723; *Walter* (Hrsg.), Europäisches Urheberrecht, 2001; *Weisser/Höppener*, Kabelweitersendung und urheberrechtlicher Kontrahierungszwang, ZUM 2003, 597; *Wolff*, Rechtsfragen im Umgang mit Webradio-Angeboten ITRB 2009, 177.
S. auch die Schrifttumsnachweise vor §§ 20 ff.

Übersicht

	Rdnr.
I. Entstehungsgeschichte. Europäisches Gemeinschaftsrecht	1–7a
II. Verwertungsgesellschaftenpflicht des Rechts der Kabelweitersendung (Abs. 1 Satz 1)	8–13
III. Rechte eines Sendeunternehmens in Bezug auf seine Sendungen (Abs. 1 Satz 2)	14–20
IV. Vergütungsanspruch bei der Kabelweitersendung (Abs. 2)	21–29
V. Entsprechende Anwendung des § 20b	30, 31

I. Entstehungsgeschichte. Europäisches Gemeinschaftsrecht

1   **1.** Die Vorschrift des **§ 20b Abs. 1** über die Wahrnehmung des Rechts der Kabelweitersendung wurde durch das **4. UrhGÄndG** vom 8. 5. 1998 in das UrhG eingefügt (s. vor §§ 20 ff. Rdnr. 29; Inkrafttreten gemäß Art. 3 des 4. UrhGÄndG am 1. 6. 1998). Grund dafür war die Umsetzung der sog. **Satelliten- und Kabelrichtlinie** (zur Richtlinie s. vor §§ 20 ff. Rdnr. 28; zur Umsetzung der Richtlinie s. *Lutz* ZUM 1998, 622/623 f.). Für die **Auslegung** des § 20b ist daher in Zweifelsfällen der Inhalt der Richtlinie (einschließlich der Erwägungsgründe) heranzuziehen (vgl. Begr. des RegE 4. UrhGÄndG, BTDrucks. 13/4796 S. 8; zur richtlinienkonformen Auslegung s. weiter § 15 Rdnr. 40; vor §§ 87a ff. Rdnr. 14). Dabei ist zu berücksichtigen, dass die Satelliten- und Kabelrichtlinie nur auf eine Mindestharmonisierung abzielt (vgl. EuGH GRUR 2007, 225/226 Tz. 30 – SGAE/Rafael). Zur Auslegung der Richtlinie vgl. insbesondere *Walter/Dreier*, Europäisches Urheberrecht, S. 399 ff.

2   Die Wahrnehmung des Rechts der Kabelweitersendung ist durch Art. 8 ff. der Satelliten- und Kabelrichtlinie harmonisiert worden, um die grenzüberschreitende Programmverbreitung zu erleichtern. Die Einführung einer **Verwertungsgesellschaftenpflicht** für das Recht der Kabelweitersendung (mit einer Ausnahme zugunsten der Sendeunternehmen) trägt dem Umstand Rechnung, dass ein rechtzeitiger Einzelerwerb aller erforderlichen urheber- und leistungsschutzrechtlichen Befugnisse durch ein Unternehmen, das Rundfunkprogramme zeitgleich weitersenden will, praktisch ausgeschlossen ist. Wegen des Problems der sog. Außenseiter könnte ein lückenloser Rechtserwerb nicht allein dadurch ermöglicht werden, dass Vereinigungen von Urheber- und Leistungsschutzberechtigten mit Betreibern von Kabelunternehmen Pauschalverträge über die Kabelweitersendung von Rundfunksendungen schließen (vgl. dazu Erwgr. 28 der Richtlinie; vgl. weiter *Schricker*, Kabelrundfunk, S. 85 ff.; zur rechtspolitischen Diskussion dieser Problematik vor Erlass der Satelliten- und Kabelrichtlinie s. vor §§ 20 ff. Rdnr. 28). Das Verbotsrecht des Urhebers sollte jedoch als solches erhalten bleiben und nur die Art der Ausübung des Kabelweitersendungsrechts geregelt werden (Erwgr. 28 der Richtlinie). Demgemäß kann weiterhin an beliebige Dritte ein Nutzungsrecht für Kabelweitersendung iSd. Abs. 1 Satz 1 eingeräumt und übertragen werden, wobei es dem Rechtsinhaber dann freisteht, ob er das Recht von einer Verwertungsgesellschaft wahrnehmen lassen oder einem Sendeunternehmen

einräumen will (vgl. Erwgr. 28 und 29 der Richtlinie). Die Ausübung des Urheberpersönlichkeitsrechts wird vom Regelungsbereich der Richtlinie nicht erfasst (Erwgr. 28 der Richtlinie).

Für Rechte, die ein **Sendeunternehmen** in Bezug auf seine eigenen Sendungen geltend macht, dh. hinsichtlich der ihm selbst als Unternehmen zustehenden Rechte (insb. aus §§ 85, 87 und 94) oder der ihm von den Urheberberechtigten und den Inhabern verwandter Schutzrechte übertragenen Rechte, sieht Abs. 1 Satz 2 entsprechend der Vorgabe des Art. 10 der Richtlinie eine Ausnahme von der Verwertungsgesellschaftspflicht vor. Zur Zuständigkeit der Schiedsstelle für Streitigkeiten zwischen Sendeunternehmen und Kabelunternehmen über die Verpflichtung nach § 87 Abs. 5 zum Abschluss eines Vertrages über die Kabelweitersendung s. § 14 WahrnG Rdnr. 1. 3

Die **Verwertungsgesellschaftspflicht** gemäß Abs. 1 erfasst das Recht der Kabelweitersendung **unabhängig vom Herkunftsland des weitergesendeten Programms**. Sie ist nicht beschränkt auf Kabelweitersendungen innerhalb der EU oder des EWR, die allein Gegenstand der Satelliten- und Kabelrichtlinie sind (vgl. Erwgr. 32 sowie Art. 1 Abs. 3 der Richtlinie). Sie gilt vielmehr auch für die zeitgleiche Kabelweitersendung von Programmen, die innerhalb Deutschlands oder in Drittstaaten außerhalb der EU oder des EWR gesendet werden. Die Begründung des RegE des 4. UrhGÄndG hat dazu ausgeführt, für eine Ungleichbehandlung sei kein sachlicher Grund ersichtlich (BTDrucks. 13/4796 S. 9/13; sa. *Dreier* ZUM 1995, 458/ 461 f.). Unberücksichtigt blieb dabei, dass die Verwertungsgesellschaftspflicht – mit der Folge des Abschlusszwangs aus § 11 WahrnG – damit auch die Kabelweitersendung von Sendungen aus Drittstaaten erfasst, in denen die inländischen Rechtsinhaber wegen Fehlens von Urheberrechtsschutz oder des Bestehens gesetzlicher Lizenzen oder von Zwangslizenzen die Ausgangssendung nicht kontrollieren können. Unter den gegenwärtigen Verhältnissen wird dies allerdings keine größere Schutzlücke zur Folge haben. 4

Nach Art. 3 Abs. 1 der **Informationsgesellschafts-Richtlinie** (s. § 19a Rdnr. 22 f.) ist den Urhebern auch das ausschließliche Recht vorzubehalten, die „drahtgebundene oder drahtlose öffentliche Wiedergabe ihrer Werke ... zu erlauben oder zu verbieten". Die Regelung möglicher Ausnahmen und Beschränkungen in Art. 5 Abs. 3 der Richtlinie ist abschließend (Erwgr. 32; sa. Rdnr. 7 a). Ausnahmen und Beschränkungen für das Recht an der Weitersendung von Sendungen sind danach nicht vorgesehen; die Voraussetzungen des Art. 5 Abs. 3 lit. o der Richtlinie sind bei der Kabelweitersendung nicht gegeben. Die Regelung des § 20b Abs. 1 kann sich jedoch weiterhin auf Art. 8 der Satelliten- und Kabelrichtlinie, die im Verhältnis zu Art. 3 Abs. 1 der Informationsgesellschafts-Richtlinie die speziellere Vorschrift ist, stützen. Die Kabelweitersendung von Programmen, die innerhalb Deutschlands ausgestrahlt werden, wird allerdings durch die Satelliten- und Kabelrichtlinie nicht erfasst (s. Rdnr. 4), da insoweit eine gemeinschaftsrechtliche Regelung nicht für erforderlich angesehen worden ist (Erwgr. 32). Die Satelliten- und Kabelrichtlinie enthält nur eine Mindestharmonisierung (s. Rdnr. 1). Es wurde bewusst den Mitgliedstaaten überlassen, die Vorschriften über die Kabelweitersendung von Programmen aus anderen Mitgliedstaaten auf inländische Programme zu erstrecken. Es ist nichts dafür ersichtlich, dass die Informationsgesellschafts-Richtlinie daran etwas ändern wollte. Es ist daher als Redaktionsversehen zu werten, dass bei der Fassung des Art. 5 Abs. 3 dieser Richtlinie nicht ausdrücklich auch Beschränkungen des Rechts an der Kabelweitersendung zugelassen wurden, die der Regelung der Satelliten- und Kabelrichtlinie entsprechen. 5

2. Die Vorschrift des **§ 20b Abs. 2**, durch die ein Vergütungsanspruch des Urhebers für den Fall der Kabelweitersendung begründet wurde, ist wie Abs. 1 durch das **4. UrhGÄndG** in das UrhG eingefügt worden (s. Rdnr. 1; vor §§ 20 ff. Rdnr. 29). Die **Übergangsvorschrift** des § 137h Abs. 3 bestimmt, dass § 20b Abs. 2 nur anzuwenden ist, sofern der Vertrag über die Einräumung des Kabelweitersendungsrechts nach dem 1. 6. 1998 geschlossen wurde. Eine Rückwirkung ist damit ausgeschlossen (vgl. *Dreier* in *Dreier/Schulze*³ Rdnr. 5). 6

§ 20b Abs. 2 beruht nicht wie Abs. 1 auf einer Vorgabe der Satelliten- und Kabelrichtlinie (s. Rdnr. 1), sondern stellt eine im Wege des nationalen Gesetzgebungsverfahrens erreichte Verbesserung der Rechtsstellung der Urheber dar, die nach verschiedenen Vorschriften auch für andere Rechtsinhaber entsprechend gilt (s. Rdnr. 30). Kritisch zum Vergütungsanspruch, auch im Hinblick auf die den Urhebern nunmehr aus § 32 und § 32a (jeweils idF vom 1. 7. 2002) zustehenden urhebervertragsrechtlichen Ansprüche, *Götting* S. 21 ff.; *Conrad* GRUR 2003, 561 ff. sowie *Gounalakis/Mand* S. 57 f. und *Mand* S. 93 ff. (ebenso GRUR 2005, 720/726 ff.), die sogar die Ansicht vertreten, dass § 20b Abs. 2 durch die Neuregelung des Urhebervertragsrechts 7

§ 20b

verfassungswidrig geworden sei. Zu dieser Kritik s. *Dreier* in *Dreier/Schulze*[3] Rdnr. 14; *Pfennig* ZUM 2008, 363/368 f.; *Dünnwald/Gerlach* § 78 Rdnr. 43; *Kruczek* S. 183 ff., sa. § 32 Rdnr. 4. Der Vorschlag eines Vergütungsanspruchs der Urheber und der ausübenden Künstler im Fall der Kabelweitersendung war bereits im RefE des 4. UrhGÄndG enthalten, stieß aber auf erhebliche Widerstände (vgl. dazu Begr. des RegE des 4. UrhGÄndG, BT-Drucks. 13/4796 S. 11; *Lutz* ZUM 1998, 622/623 ff.; *Schwarz* ZUM 1995, 687/690 ff.; *Pfennig* ZUM 1996, 134 ff.; *Ott* ZRP 1996, 385/386 f.; *Deutsche Vereinigung für gewerblichen Rechtsschutz und Urheberrecht* GRUR 1995, 570/571; *Gounalakis* NJW 1999, 545/546 f.; *Reber* S. 143 ff.; *ders.* GRUR 2000, 203/207 f.). Auf der Grundlage der Beschlussempfehlung und des Berichts des BT-Rechtsausschusses vom 11. 2. 1998 (BTDrucks. 13/9856) wurde Abs. 2 idF des RegE (BTDrucks. 13/4796 S. 4/10 f./12 ff.) durch die Sätze 3 und 4 ergänzt (zur Entstehungsgeschichte im Einzelnen s. *Lutz* ZUM 1998, 622/623 ff.). Auf einer Beschlussempfehlung des Rechtsausschusses beruht auch die Übergangsvorschrift des § 137 h Abs. 3 sowie die Regelung, dass § 94 Abs. 4 zugunsten der Filmhersteller nicht nur die entsprechende Anwendung des Abs. 1, sondern auch des Abs. 2 anordnet (s. dazu Rdnr. 30).

7a   Durch Art. 1 Nr. 2 des Zweiten Gesetzes zur Regelung des Urheberrechts in der Informationsgesellschaft vom 26. 10. 2007 (BGBl. I S. 2513; **„2. Korb"**) wurden in Abs. 2 Satz 4 gemeinsame Vergütungsregeln (§ 36) den Tarifverträgen und Betriebsvereinbarungen gleichgestellt. Im Übrigen blieb § 20 b unverändert. Der Deutsche Bundestag hat jedoch zugleich mit der Verabschiedung der Gesetzesnovelle am 5. 7. 2007 das Bundesministerium der Justiz durch Entschließung aufgefordert, die Regelung der Kabelweitersendung in § 20 b darauf zu überprüfen, ob **Handlungsbedarf des Gesetzgebers** besteht und gegebenenfalls Lösungsvorschläge zu unterbreiten „wegen einer technologieneutralen Ausgestaltung angesichts der fortschreitenden technischen Entwicklung (zB Internet-TV), im Hinblick auf den Anwendungsbereich der Kabelweitersendung und im Hinblick auf die Vergütung nach § 20 b Abs. 2 des Urheberrechtsgesetzes" (vgl. die Beschlussempfehlung des Rechtsausschusses BTDrucks. 16/5939 S. 3 f.). Der Bundesrat hat sich in seiner Stellungnahme zum RegE des „2. Korbs" dafür ausgesprochen, den Vergütungsanspruch aus § 20 b Abs. 2 technologieneutral auszugestalten. Der Vergütungsanspruch gelte nicht für die terrestrische Ausstrahlung sowie die Verbreitung über Satellit. Gründe dafür, nur die Kabelweitersendung mit einem Vergütungsanspruch zu belasten und dadurch diesen Übertragungsweg gegenüber den anderen zu diskriminieren, seien nicht ersichtlich (vgl. BTDrucks. 16/1828 S. 37 sowie die Gegenäußerung der Bundesregierung dazu BTDrucks. 16/1828 S. 46). Eine Ausdehnung des § 20 b Abs. 1 auf die drahtlose Weitersendung von Programmen wäre allerdings mit der Informationsgesellschafts-Richtlinie nicht vereinbar (aA *Dreier* in *Dreier/Schulze*[3] Rdnr. 9). Der abschließende Katalog der Ausnahmen und Beschränkungen in Art. 5 Abs. 3 der Richtlinie sieht eine Verwertungsgesellschaftspflicht bei Rundfunksendungen nicht vor (s. dazu auch Rdnr. 5, 9).

II. Verwertungsgesellschaftenpflicht des Rechts der Kabelweitersendung (Abs. 1 Satz 1)

8   1. Der **Begriff der Kabelweitersendung** wird in Abs. 1 Satz 1 gesetzlich definiert als die Weitersendung eines gesendeten Werkes im Rahmen eines zeitgleich, unverändert und vollständig übertragenen Programms durch Kabelsysteme oder Mikrowellensysteme. Diese Legaldefinition setzt die Definition der „Kabelweiterverbreitung" in Art. 1 Abs. 3 der Satelliten-Richtlinie um, wobei die Anknüpfung an die Begriffe des deutschen Rechts Vereinfachungen ermöglicht hat. Die weitergesendete Erstsendung muss an eine Öffentlichkeit gerichtet sein, dh. an einen öffentlichen Empfängerkreis von Letztverbrauchern (s. § 20 Rdnr. 8). Die begriffliche Abgrenzung zwischen der Kabelweitersendung und dem urheberrechtsfreien Empfang durch Gemeinschaftsantennenanlagen hat die Satelliten- und Kabelrichtlinie nicht geregelt. Maßgeblich ist dafür aber nunmehr der Begriff der „öffentlichen Wiedergabe" iSd. Art. 3 Abs. 1 der Informationsgesellschafts-Richtlinie. Dieser Begriff ist als gemeinschaftsrechtlicher Begriff in der gesamten Gemeinschaft autonom und einheitlich auszulegen (vgl. EuGH GRUR 2007, 225/226 Tz. 30 f. – SGAE/Rafael). Letztlich wird daher die Auslegung durch den EuGH vorzunehmen sein (s. dazu § 20 Rdnr. 27). Ob eine Kabelweitersendung vorliegt, ist jedenfalls nach denselben Grundsätzen zu beurteilen, wie bei § 20 (s. dort Rdnr. 27 ff.). Dies bedeutet, dass § 20 b auch dann gilt, wenn ein Werk im Rahmen eines zeitgleich, unverändert und vollständig übertragenen Programms durch eine Verteileranlage weitergesendet wird (ebenso *Dreier* in *Dreier/Schulze*[3]

Kabelweitersendung § 20b

Rdnr. 9; s. § 20 Rdnr. 41; aA *Wandtke/Bullinger/Ehrhardt*[2] Rdnr. 20; *Ullrich* ZUM 2008, 112/ 114; sa. *Schack*[5] Rdnr. 456 Fn. 124). Der Umstand, dass Verteileranlagen unter den Begriff der „ähnlichen technischen Mittel" iSd. § 20 fallen (s. § 20 Rdnr. 41), ändert daran nichts. Für den Anwendungsbereich des § 20b ist die Legaldefinition der Kabelweitersendung in Abs. 1 maßgeblich; deren Voraussetzungen sind bei einer Verteileranlage erfüllt.

Sendungen im Internet sind weder Rundfunk noch Kabelfunk, weil das Internet drahtlose und kabelgebundene Übertragungsformen nebeneinander benutzt (s. § 20 Rdnr. 45). Eine Weitersendung im Internet, die sich nicht nur an angeschlossene Teilnehmer, sondern an jedermann richtet, ist deshalb keine Kabelweitersendung iSd. Abs. 1 (im Ergebnis ebenso LG Hamburg ZUM 2009, 582/585f.; *Fromm/Nordemann/Dustmann*[10] § 20 Rdnr. 14, § 20b Rdnr. 13; aA *Poll* GRUR 2007, 476/480; *Weber* ZUM 2009, 460/461f.; sa. *Hoeren* MMR 2008, 139/142; *Castendyk*, Fs. für Loewenheim, 2009, S. 31/46f.).

Für das Eingreifen der Verwertungsgesellschaftenpflicht ist es unerheblich, durch welche Art von Funk iSd. § 20 das Werk, das weitergesendet werden soll, zuvor gesendet worden ist. Unerheblich ist auch, ob das gesendete Werk verschlüsselt oder unverschlüsselt übertragen wurde. Der Begriff der Kabelweitersendung in Abs. 1 ist enger als nach sonstigem urheberrechtlichem Sprachgebrauch, wo er auch die selbständige Weitersendung einzelner Werke durch Kabelfunk, dh. unabhängig von deren Einbettung in ein Programm, umfasst.

Der Einsatz von **Mikrowellensystemen** für Sendezwecke ist in Deutschland ungebräuchlich. **9** Diese wurden in die Neuregelung einbezogen, um die Vorschrift des Art. 2 Abs. 3 der Satelliten- und Kabelrichtlinie vollständig umzusetzen, zumal die Nutzung solcher Übertragungssysteme für die Zukunft nicht mit Sicherheit ausgeschlossen werden kann (Begr. des RegE, BTDrucks. 13/ 4796 S. 12; zu den Gründen der Aufnahme der Mikrowellensysteme in die Richtlinie s. *Büchner* CR 2007, 473/479). Auf andere Formen des Funks (zB **Mobile-TV, Handy-TV**) kann die Regelung über die Mikrowellensysteme nicht ausgedehnt werden (vgl. dazu *Büchner* CR 2007, 473/479; *Hoeren* MMR 2008, 139/142f.; *Walter/Dreier,* Europäisches Urheberrecht, S. 429 Rdnr. 32; *Dreier* in *Dreier/Schulze*[3] Rdnr. 9; aA *Ory* ZUM 2007, 7/8f.; *Hillig* ZUM 2009, 895/896; vgl. auch *Pfennig* ZUM 2008, 363/366f./370; *Weber* ZUM 2009, 460/461f.). Einer (analogen) Anwendung des § 20b Abs. 1 steht die Informationsgesellschafts-Richtlinie entgegen, die es ausschließt, das Recht an Weitersendungen als ein Recht der öffentlichen Wiedergabe über die Satelliten- und Kabelrichtlinie hinaus durch eine Verwertungsgesellschaftenpflicht einzuschränken (s. Rdnr. 7a; aA *Dreier* in *Dreier/Schulze*[3] Rdnr. 9).

Die Zusammenfassung der Weiterübertragung durch Kabelfunk und durch Mikrowellensysteme in Abs. 1 unter den Gesetzesbegriff der „Kabelweitersendung" bedeutet nicht, dass die Einräumung von Rechten zur „Kabelweitersendung" in einem Vertrag ohne weiteres auch das Recht zur Weitersendung durch Mikrowellensysteme umfasst (§ 31 Abs. 5). Um dies zu verdeutlichen, wäre es zweckmäßig gewesen, die Weitersendung durch Mikrowellensysteme in einem eigenen Absatz durch Anordnung der entsprechenden Geltung des Abs. 1 zu regeln.

2. Mit **Programm** iSd. Abs. 1 Satz 1 ist ein gestaltetes Programm gemeint, das an die All- **10** gemeinheit oder auch bestimmte Zielgruppen (zB als Kinder- oder Sportprogramm) gerichtet sein kann (sa. *Weisser/Höppener* ZUM 2003, 597/601ff.). Die Aneinanderreihung von Sendungen auf der Grundlage von Bild- oder Tonträger-"Konserven" – mag diese auch auf einer gewissen Auswahl nach dem Geschmack bestimmter Zielgruppen beruhen (zB durch Mehrkanaldienste für Popmusik oder klassische Musik, s. § 87 Rdnr. 14) –, genügt jedenfalls nicht (aA *Dreyer* in HK-UrhR[2] Rdnr. 5; sa. *Fromm/Nordemann/Dustmann*[10] § 20 Rdnr. 11). Der Satelliten- und Kabelrichtlinie ging es – wie vielfach aus ihren Erwägungsgründen hervorgeht – um die Erleichterung der Weitersendung von Rundfunkprogrammen als Mittel zur Förderung der Ziele der Gemeinschaft, die zugleich politischer, wirtschaftlicher, sozialer, kultureller und rechtlicher Art sind (vgl. zB Erwgr. 3ff.), nicht um die Förderung der Werkverbreitung mithilfe bestimmter Übertragungstechniken wie der drahtlosen oder leitungsgebundenen Sendetechnik.

Zum Begriff des Programms vgl. auch die Legaldefinition des Begriffs „Fernsehprogramm" in Art. 1 lit. e der **Richtlinie über audiovisuelle Mediendienste** (Richtlinie 2010/13/EU des Europäischen Parlaments und des Rates vom 10. März 2010 zur Koordinierung bestimmter Rechts- und Verwaltungsvorschriften der Mitgliedstaaten über die Bereitstellung audiovisueller Mediendienste [kodifizierte Fassung], ABl. Nr. L 95 S. 1 vom 15. 4. 2010). Danach bezeichnet der Begriff „‚Fernsehprogramm' (dh. ein linearer audiovisueller Mediendienst) einen audiovisuellen Mediendienst, der von einem Mediendiensteanbieter für den zeitgleichen Empfang von Sendungen auf der Grundlage eines Sendeplans bereitgestellt wird". Nach Art. 1 lit. d der

§ 20b

Richtlinie ist „Mediendiensteanbieter" die natürliche oder juristische Person, die die redaktionelle Verantwortung für die Auswahl der audiovisuellen Inhalte des audiovisuellen Mediendienstes trägt und bestimmt, wie diese gestaltet werden".

11 3. Der Rechtserwerb für die Zwecke der Kabelweitersendung wird nach dem Wortlaut des Abs. 1 Satz 1 nur erleichtert, wenn das gesendete Werk **im Rahmen eines zeitgleich, unverändert und vollständig weiterübertragenen Programms** weitergesendet werden soll. Das Recht an der Kabelweitersendung ist deshalb nicht verwertungsgesellschaftpflichtig, wenn es darum geht, einem Unternehmen die Weitersendung zu gestatten, das eine inhaltliche Auswahl aus dem Programm treffen will (etwa um aus mehreren Programmen ein neues zu machen) oder das Veränderungen am Programminhalt vornehmen will, insbesondere indem es in das weiterzusendende Programm Werbung einschiebt oder einblendet oder auch die in dem Programm enthaltene Werbung auswechselt oder ausblendet (vgl. LG Hamburg ZUM 2004, 232/233). Eine Weitersendung im Rahmen eines unveränderten und vollständigen Programms wird aber nach Sinn und Zweck der Regelung auch in Fällen anzunehmen sein, in denen die Weitersendung des Programms aus Gründen, die mit dem Programminhalt nichts zu tun haben, allgemein oder in besonderen Einzelfällen nicht vollständig oder unverändert stattfinden kann (vgl. dazu auch *Dreier* in *Dreier/Schulze*[3] Rdnr. 8). So wird die Verwertungsgesellschaftenpflicht auch dann eingreifen, wenn das weitersendende Unternehmen eine medienrechtliche Genehmigung nur für einen Teil der Sendezeit des Sendeunternehmens besitzt, dessen Programm es übernimmt (ebenso *Walter/Dreier*, Europäisches Urheberrecht, S. 430 Rdnr. 33), oder auch dann, wenn bei einer Kabelweitersendung aus besonderem Anlass Notstandsmeldungen oder wichtige Verkehrsdurchsagen eingeblendet werden, oder die Programmübernahme aus technischen Gründen (wie Reparaturarbeiten) unterbrochen werden muss. Auch rein technische Änderungen der Programmsignale (zB die Umwandlung analoger in digitale Signale) sind nicht als eine iSd. Abs. 1 relevante Veränderung eines weitergesendeten Programms anzusehen (vgl. *Rüberg* S. 159; aA *Wagner*, Fs. für Raue, S. 723/733 f.). Gleiches gilt, wenn das Programm lediglich in einer technischen Form weitergesendet wird, die nicht eine Wiedergabe in voller Qualität ermöglicht (zB bei Verteileranlagen in Heimen). Es genügt, dass der Kabelunternehmer die in einem Programm gesendeten Werke grundsätzlich so, wie sie sind, übernimmt, ohne eine Kontrolle über den Inhalt des von ihm weitergesendeten ausüben zu wollen (s. dazu auch *Weisser/Höppener* ZUM 2003, 597/602; *Büchner* CR 2007, 473/479). Dies ist auch der Fall, wenn der Kabelunternehmer nicht sämtliche Programme eines ihm zeitgleich übermittelten Pakets von Programmen weitersendet (vgl. *Wagner*, Fs. für Raue, S. 723/734 f.).

12 4. Die Art und Weise der **Rechtswahrnehmung durch die Verwertungsgesellschaften** ist im Gesetz über die Wahrnehmung von Urheberrechten und verwandten Schutzrechten (WahrnG) geregelt (sa. § 87 Rdnr. 48). Verwertungsgesellschaften sind verpflichtet, aufgrund der von ihnen wahrgenommenen Rechte jedermann auf Verlangen zu angemessenen Bedingungen Nutzungsrechte einzuräumen (§ 11 WahrnG). In Streitfällen über die Verpflichtung einer Verwertungsgesellschaft zum Abschluss eines Vertrages über die Kabelweitersendung kann nach § 14 Abs. 1 Nr. 2 WahrnG die bei dem Deutschen Patent- und Markenamt gebildete Schiedsstelle angerufen werden (vgl. dazu auch Erwgr. 33 und 34, Art. 11, 12 und 13 der Richtlinie). Die gesetzliche Vermutung des § 13c Abs. 2 Satz 1 WahrnG (§ 13b Abs. 2 Satz 1 WahrnG aF) für die Wahrnehmungsbefugnis der Verwertungsgesellschaft ist verfassungsgemäß (BVerfG GRUR 2001, 48 – Gesetzliche Vermutung). Für die Rechtswahrnehmung in Fällen, in denen ein Rechtsinhaber keiner Verwertungsgesellschaft die Wahrnehmung seines Rechts übertragen hat (sog. Außenseiterproblematik), gelten § 13c Abs. 3 und 4 WahrnG (§ 13b Abs. 3 und 4 WahrnG aF). Die Berechtigungsfiktion des § 13c Abs. 3 Satz 1 und 2 WahrnG ist unwiderleglich. Sie gilt jedoch nicht für die Wahrnehmung von Rechten, die das Sendeunternehmen innehat, dessen Sendung weitergesendet wird (§ 13c Abs. 3 Satz 3 WahrnG). Die Voraussetzungen des § 13c Abs. 3 Satz 3 WahrnG hat als Ausnahme zu beweisen, wer sich darauf beruft (ebenso *Walter/Dreier*, Europäisches Urheberrecht, S. 486 Rdnr. 4 sowie – zum öUrhG – *Walter* ebd. S. 487 Rdnr. 7). Für diese Beweislastverteilung spricht auch der Zweck der gesetzlichen Regelung (die Art. 9 Abs. 2 der Satelliten- und Kabelrichtlinie umgesetzt hat), es zu ermöglichen, dass die Kabelweitersenderechte wirksam wahrgenommen und von den Werknutzern auf einfachem Weg erworben werden können (sa. Erwgr. 10, 27 bis 29 der Richtlinie). Die Geltendmachung des Urheberpersönlichkeitsrechts bleibt von der Verwertungsgesellschaftenpflicht des Rechts der Kabelweitersendung unberührt (Erwgr. 28 der Richtlinie).

Zur gegenwärtigen und früheren **Praxis der Rechtswahrnehmung** bei der zeitgleichen und unveränderten Weitersendung durch Kabelfunk s. vor §§ 20 ff. Rdnr. 24 f.; sa. *Dreier* in

Dreier/Schulze[3] Rdnr. 1, 17; *Fromm/Nordemann/Dustmann*[10] Rdnr. 14 f.; *Dünnwald/Gerlach* § 78 Rdnr. 52; *Pfennig* ZUM 2008, 363/369. Zur Wahrnehmung des Rechts der Kabelweitersendung durch die GEMA s. § 1 lit. m des Berechtigungsvertrags (idF vom 24./25. Juni 2008, GEMA-Jahrbuch 2009/2010 S. 170, abrufbar unter www.gema.de); *Staudt* in *Kreile/Becker/Riesenhuber*[2] Kap. 10 Rdnr. 79, 89 ff. Zur Angemessenheit eines Tarifs der VG Media für die Kabelweitersendung von Fernsehprogrammen s. den Einigungsvorschlag der Schiedsstelle vom 22. 2. 2010 (K&R 2010, 360; vgl. dazu *Geppert/Salevic* K&R 2010, 303).

5. Die Verwertungsgesellschaftenpflicht ändert nichts an der **Abtretbarkeit des Rechts der Kabelweitersendung** und lässt auch das Verbotsrecht als solches unberührt, das aber – von Ansprüchen wegen Verletzung des Urheberpersönlichkeitsrechts abgesehen – von der Verwertungsgesellschaft auszuüben ist (Erwgr. 28 sowie Art. 9 Abs. 1 der Satelliten- und Kabelrichtlinie; zur abweichenden Rechtslage bei nicht verwertungsgesellschaftspflichtigen Rechten s. BGH GRUR 2009, 939/941 Tz. 30 – Mambo No. 5). Die Rechtsinhaberschaft richtet sich nach den allgemeinen Vorschriften. 13

Die Kabelweitersendung ohne einen Erwerb der Nutzungsrechte auf vertraglichem Weg oder gemäß § 11 Abs. 2 WahrnG ist rechtswidrig (s. § 11 WahrnG Rdnr. 9 ff.). Kann sich eine Verwertungsgesellschaft in Fällen, in denen Rechtsinhaber (sog. Außenseiter) ihre Rechte keiner Verwertungsgesellschaft übertragen haben, auf die Berechtigungsfiktion des § 13 c Abs. 3 WahrnG (§ 13 b Abs. 3 WahrnG aF) berufen, ist sie auch zur **Ausübung des Verbotsrechts** befugt. Art. 9 Abs. 2 der sog. Satelliten- und Kabelrichtlinie (Richtlinie des Rates 93/83/EWG vom 27. 9. 1993 zur Koordinierung bestimmter urheber- und leistungsschutzrechtlicher Vorschriften betreffend Satellitenrundfunk und Kabelweiterverbreitung, ABl. Nr. L 248 S. 15, abgedr. in GRUR Int. 1993, 936) beschränkt die Befugnisse der Verwertungsgesellschaft zur Wahrnehmung der Rechte des Rechtsinhabers in einem solchen Fall nicht auf die finanziellen Aspekte dieser Rechte (vgl. EuGH GRUR 2006, 752/753 Tz. 19 ff. – Uradex/RTD). Für Ansprüche aus einer Rechtsverletzung vor Inkrafttreten des § 20 b (s. Rdnr. 1) gilt die frühere Rechtslage (BGH GRUR 2000, 699/700 – Kabelweitersendung). Der in Umsetzung der Satelliten- und Kabelrichtlinie geschaffene Abs. 1 Satz 1 sollte den Erwerb der Rechte für eine Kabelweitersendung erleichtern, nicht die Durchsetzung bereits aufgrund einer Rechtsverletzung entstandener Ansprüche regeln.

III. Rechte eines Sendeunternehmens in Bezug auf seine Sendungen (Abs. 1 Satz 2)

1. Nach **Abs. 1 Satz 2**, mit dem Art. 10 der Satelliten- und Kabelrichtlinie umgesetzt wurde, sind Rechte, die ein Sendeunternehmen in Bezug auf seine (s. dazu Rdnr. 17 f.) Sendungen geltend macht, nicht verwertungsgesellschaftenpflichtig. Da nach dem UrhG nur natürliche Personen Urheber sein können (§ 7), betrifft die Regelung in ihrem unmittelbaren Anwendungsbereich nur abgeleitete Rechte der Sendeunternehmen. Abs. 1 Satz 2 erhält den Sendeunternehmen hinsichtlich ihrer eigenen Sendungen das Verbotsrecht gegenüber Kabelweitersendungen, während Verwertungsgesellschaften nach § 11 WahrnG dem Abschlusszwang unterliegen. Im Vergleich zu Verwertungsgesellschaften ist deshalb die Verhandlungsposition von Sendeunternehmen gegenüber Kabelunternehmen – trotz § 87 Abs. 5 – stärker als die von Verwertungsgesellschaften. Dies lag nicht in der Absicht der Richtlinie (vgl. dazu *Dreier* ZUM 1995, 458/459/462 f.). Nach der Zielsetzung der Satelliten- und Kabelrichtlinie, den Erwerb der Rechte für Kabelweitersendungen zu erleichtern, erschien es lediglich nicht erforderlich, eine Verwertungsgesellschaftspflicht auch für Rechte vorzusehen, die von den Sendeunternehmen geltend gemacht werden, deren Sendungen weiterübertragen werden sollen. Sendeunternehmen können durch Verträge Kabelunternehmen einen gebündelten Erwerb der von ihnen gehaltenen Rechte ermöglichen; die sog. Außenseiterproblematik (dh. die Schwierigkeit, Rechte von Rechtsinhabern zu erwerben, die keiner Verwertungsgesellschaft angehören, und deshalb schwer zu ermitteln sind), stellt sich hier nicht. Zur Kritik an Art. 10 der Satelliten- und Kabelrichtlinie, der mit Abs. 1 Satz 2 umgesetzt wurde, s. *Walter/Dreier,* Europäisches Urheberrecht, S. 485 Rdnr. 3. 14

2. Die Regelung des Abs. 1 Satz 2 soll keinen Einfluss auf die **Vergabe der Rechte** ausüben. Die Rechtsinhaber selbst sind darin frei, ob sie ihre Kabelweitersendungsrechte in eine Verwertungsgesellschaft einbringen oder an ein Sendeunternehmen vergeben (vgl. Erwgr. 29 der Richtlinie). Abs. 1 Satz 2 hindert die Sendeunternehmen nicht, die Kabelweitersendungsrechte an ihren Sendungen ganz oder teilweise in eine Verwertungsgesellschaft einzubringen. 15

§ 20b

16　3. Der **Begriff des Sendeunternehmens** ist derselbe wie in § 87 (s. dort Rdnr. 12f.). Ein Sendeunternehmen iSd. Abs. 1 Satz 2 ist danach jedes Unternehmen, das mit Hilfe von Funk iSd. § 20 (dh. durch „Ton- und Fernsehrundfunk, Satellitenrundfunk, Kabelfunk oder ähnliche technische Mittel") oder durch Satellitensendung iSd. § 20a Abs. 3 Funksendungen (zum Begriff s. § 87 Rdnr. 19ff.) veranstaltet, die zum unmittelbaren gleichzeitigen Empfang durch die Öffentlichkeit bestimmt sind. Unternehmen, die (wie zB Kabelunternehmen) stets lediglich Sendungen anderer unverändert und zeitgleich weitersenden, sind keine Sendeunternehmen (s. § 87 Rdnr. 13). Unerheblich ist es, ob das Sendeunternehmen selbst ein Programm iSd. Abs. 1 Satz 1 (s. Rdnr. 10) veranstaltet: Abs. 1 Satz 2 gilt auch zugunsten eines Sendeunternehmens, dessen Sendung in zeitgleicher Übernahme von einem anderen Sendeunternehmen in dessen Programm ausgestrahlt wird, das dann als solches iSd. Abs. 1 Satz 1 mittels eines Kabel- oder Mikrowellensystems weitergesendet wird (s. Rdnr. 17).

17　4. Jedes Sendeunternehmen ist in Bezug auf **seine Sendungen** von der Verwertungsgesellschaftenpflicht der Kabelweitersendungsrechte freigestellt. Die Freistellung bezieht sich auch auf Einzelsendungen, die in das weiterzusendende Programm (zeitgleich oder zeitverschoben) übernommen werden, und kommt deshalb nicht nur dem Sendeunternehmen zugute, dessen Programm weitergesendet wird.

18　Die Freistellung betrifft die **Rechte an allen Sendungen** der Sendeunternehmen, nicht nur die Rechte an eigenen Funksendungen iSd. § 87 (s. dort Rdnr. 22ff.). Der Wortlaut des Abs. 1 Satz 2 ist insofern klar. Bedenken dagegen könnten sich aber daraus ergeben, dass Art. 10 der Satelliten- und Kabelrichtlinie, der durch Abs. 1 Satz 2 umgesetzt wurde (s. Rdnr. 1), von den Rechten spricht, die ein Sendeunternehmen in Bezug auf „seine *eigenen* Sendungen" geltend macht. Nach Sinn und Zweck des Art. 10 der Satelliten- und Kabelrichtlinie (und des Abs. 1 Satz 2) erfasst aber die Freistellung die Kabelweitersendungsrechte der Sendeunternehmen hinsichtlich ihrer sämtlichen Sendungen (vgl. Art. 10 in der englischen Fassung „rights exercised by a broadcasting organization in respect of its own *transmission*"). Die Sonderregelung für die Sendeunternehmen wurde getroffen, weil bei den von den Sendeunternehmen in ihren Sendungen wahrgenommenen Rechten eine Verwertungsgesellschaftenpflicht nicht erforderlich erschien (s. Rdnr. 14). Eine Unterscheidung zwischen Rechten an Sendungen, an denen das Sendeunternehmen ein eigenes Schutzrecht aus § 87 besitzt, und Sendungen, die es lediglich von anderen Sendeunternehmen übernimmt, würde es ausschließen, dass Sendeunternehmen auch für übernommene Sendungen die Rechte zur Kabelweitersendung erwerben und dann selbst für ihr gesamtes Programm gebündelt an Kabelunternehmen vergeben. Dies stünde in Widerspruch zur Zielsetzung des Art. 10 der Richtlinie, den Rechtserwerb für Kabelweitersendungen von Programmen zu erleichtern.

19　5. Für die **Wahrnehmung von Rechten an fremden Sendungen und/oder für fremde Rechnung** durch Sendeunternehmen gilt Abs. 1 Satz 2 nicht. Insoweit greift die Verwertungsgesellschaftenpflicht des Abs. 1 Satz 1 ein; ebenso ist in diesen Fällen § 1 WahrnG anzuwenden (vgl. Begr. des RegE des 4. UrhGÄndG, BTDrucks. 13/4796 S. 9).

20　6. Für die Art und Weise der **Wahrnehmung der Rechte des Sendeunternehmens** an seinen Sendungen gilt § 87 Abs. 5. Die Sende- und die Kabelunternehmen sind sich unter den dort genannten Voraussetzungen gegenseitig zum Abschluss eines Vertrages über die Kabelweitersendung verpflichtet (s. § 87 Rdnr. 48ff.).

IV. Vergütungsanspruch bei der Kabelweitersendung (Abs. 2)

21　1. Nach Abs. 2 hat der Urheber einen unverzichtbaren Vergütungsanspruch bei Kabelweitersendungen seines Werkes, der nur durch eine Verwertungsgesellschaft geltend gemacht werden kann. Für ausübende Künstler und Filmhersteller gilt die Regelung entsprechend (s. Rdnr. 30). Soweit es um den Schutz der Urheber und der ausübenden Künstler geht, ist es nach der Begründung des RegE des 4. UrhGÄndG (BTDrucks. 13/4796 S. 2, 10, 13f.) **Zweck des Abs. 2**, das zu Lasten der Urheber und ausübenden Künstler bestehende Machtgefälle bei der Verhandlung über die Vergabe des Rechts zur Kabelweitersendung auszugleichen. Die angemessene Teilhabe des Urhebers sei aber in Frage gestellt, wenn – wie dies vielfach zu beobachten sei – Werkverwerter wie Sendeunternehmen und Filmhersteller, denen bereits ein eigenes Leistungsschutzrecht der Kabelweitersendung zustehe (§§ 87, 94, 95), sich das Recht des Urhebers ohne eine besondere Vergütung zusätzlich einräumen ließen. Nach dem Gerechtigkeitsgedanken des

Urheberrechts solle der Urheber dagegen tunlichst an dem wirtschaftlichen Nutzen beteiligt werden, der aus seinem Werk gezogen werde. Die vorgesehene Regelung solle dies sicherstellen. Die Gewährung des unverzichtbaren Vergütungsanspruchs steht weder mit dem Wortlaut der Satelliten- und Kabelrichtlinie noch mit ihrer Zielsetzung, grenzüberschreitende Rundfunksendungen zu erleichtern, in Widerspruch (aA *Hillig* UFITA 138 [1999] 5/24 ff.; *Mand* S. 130 ff.). Die Satelliten- und Kabelrichtlinie zielt nur auf eine Mindestharmonisierung ab (vgl. EuGH GRUR 2007, 225/226 Tz. 30 – SGAE/Rafael). Das Zweite Gesetz zur Regelung des Urheberrechts in der Informationsgesellschaft vom 26. Oktober 2007 (BGBl. I S. 2513; „2. Korb") hat am Vergütungsanspruch des Abs. 2 festgehalten (vgl. Begr. des RegE BTDrucks. 16/1828 S. 22 f.).

Die Vorschrift des Abs. 2 ermöglicht es, die dem Urheber und dem ausübenden Künstler für Kabelweitersendungen zu zahlende Vergütung genauer an den tatsächlichen Umfang der Nutzung anzupassen, als dies regelmäßig nach den ursprünglichen Verwertungsverträgen der Fall ist. Sie erreicht dies durch die Zuerkennung eines aus dem umfassenden Urheberrecht fließenden gesetzlichen Vergütungsanspruchs, der sich gegen das weitersendende Kabelunternehmen richtet. Seiner **Rechtsnatur** nach ist Abs. 2 somit eine gesetzliche Anspruchsnorm, keine urhebervertragsrechtliche Regelung (ebenso *Gounalakis/Mand* S. 40 f.; *Ehrhardt* ZUM 2004, 300/301; *Mand* S. 100 ff.; anders Begr. des RegE des 4. UrhGÄndG, BTDrucks. 13/4796 S. 10 r. Sp. unten). Der Anspruch knüpft an die Tatsache der Kabelweitersendung als solche an. Er ist dementsprechend auf eine angemessene Vergütung für diese Nutzungshandlung gerichtet, nicht auf eine Ergänzung einer Vergütung für die Kabelweitersendung, die in einem Vertrag iSd. Abs. 2 Satz 1 vereinbart worden ist (s. weiter Rdnr. 26). Nach **internationalem Urheberrecht** richtet sich deshalb die Anwendbarkeit der Anspruchsnorm nach dem Recht des Schutzlandes, nicht nach dem Vertragsstatut (ebenso *Dreier* in *Dreier/Schulze*[3] Rdnr. 12; aA *Schwarz* ZUM 1995, 687/692). Zur Frage der Anwendbarkeit des Abs. 2 bei Sachverhalten mit Auslandsbezug s. weiter vor §§ 120 ff. Rdnr. 150. 22

2. Für den **Begriff der Kabelweitersendung** iSd. Abs. 2 Satz 1 gelten die Ausführungen zu Abs. 1 entsprechend (Rdnr. 8 ff.). Eine völlig inhaltsgleiche Auslegung des Begriffs der Kabelweitersendung in Abs. 1 und Abs. 2 erscheint jedoch nach der unterschiedlichen Zweckrichtung der Regelungen – trotz ihrer Zusammenfassung in einer Vorschrift unter einer einheitlichen Überschrift – nicht angebracht: So wäre es zB mit dem Schutzzweck des Abs. 2 kaum vereinbar, wenn der Vergütungsanspruch nur bei einer iSd. Abs. 1 zeitgleichen, unveränderten und vollständigen Weiterübertragung eines Programms gegeben sein sollte, nicht aber auch dann, wenn ein Programm zwar zeitgleich, aber teilweise unter Einschub von Werbeblöcken weiterübertragen wird, oder wenn ein Programm durch die jeweils zeitgleiche Weitersendung von Sendungen zusammengestellt werden sollte (vgl. dazu auch *Deutsche Vereinigung für gewerblichen Rechtsschutz und Urheberrecht* GRUR 1995, 570/571; aA *Dreier* in *Dreier/Schulze*[3] Rdnr. 15; *Dreyer* in HK-UrhR[2] Rdnr. 6). 23

3. Der Vergütungsanspruch hängt nach dem Wortlaut des Abs. 2 Satz 1 davon ab, dass der Urheber das Recht der Kabelweitersendung zuvor einem Sendeunternehmen oder einem Tonträger- oder Filmhersteller eingeräumt hat. Aber auch bei einer früheren **Rechtseinräumung an einen anderen Verwerter** (zB einen Verlag oder eine Agentur), insbesondere mit der Befugnis zur Weiterübertragung des Rechts, gebührt dem Urheber nach der Zielsetzung der Bestimmung eine angemessene Beteiligung an der Nutzung seines Werkes durch eine Kabelweitersendung (aA *Dreyer* in HK-UrhR[2] Rdnr. 10; *Fromm/Nordemann/Dustmann*[10] Rdnr. 19; *Mand* S. 98 f.; *ders.* GRUR 2005, 720/721). Bei sinngemäßer Auslegung von Abs. 2 Satz 1 ist deshalb davon auszugehen, dass die ausdrücklich genannten Arten von Unternehmen nur beispielhaft als typische Verwerter des Rechts der Kabelweitersendung aufgeführt sind. Eine andere Auslegung der Vorschrift würde auch der Systematik des Urheberrechts widersprechen, nach der die Rechte der Urheber grundsätzlich nur an den Vorgang der Werknutzung als solchen anknüpfen, und zudem breiten Raum für Umgehungshandlungen lassen. 24

4. Anspruchsgegner ist nach Abs. 2 Satz 1 das **Kabelunternehmen**. Dies ist das Unternehmen, das die urheberrechtliche Verantwortung für die Weitersendung als urheberrechtliche Nutzungshandlung trägt; es kann auch ein anderes Unternehmen als der Betreiber des Kabelnetzes sein (ebenso *Gounalakis/Mand* S. 41 f.; *Mand* UFITA 2005, 19/21 ff./26 ff.; vgl. weiter § 20 Rdnr. 16; s. dazu auch *Mand* S. 54 ff., 89 ff.). 25

5. Nach Abs. 2 Satz 1 ist eine **angemessene Vergütung** „für die Kabelweitersendung" zu bezahlen. Darauf, ob bereits in einem Vertrag iSd. Abs. 2 Satz 1 eine Vergütung für die Kabelweitersendung vereinbart worden ist, kommt es schon nach dem Wortlaut der Vorschrift nicht 26 an (sa. § 32 Rdnr. 4; *Dreyer* in HK-UrhR² Rdnr. 11; aA *Mand* S. 104 ff.; ders. GRUR 2005, 720/722 f.). Der Anspruch nach Abs. 1 Satz 1 ist kein Vergütungsergänzungsanspruch, sondern knüpft an die Tatsache der Kabelweitersendung an. Ansprüche nach Abs. 2 Satz 1 können nach der gesetzlichen Regelung nur durch eine Verwertungsgesellschaft geltend gemacht werden (Abs. 2 Satz 3). Abgesehen davon, dass es vielfach ohnehin nicht möglich wäre, den in Verträgen nach Abs. 2 Satz 1 gerade auf die Kabelweitersendung entfallenden Vergütungsanteil zu bestimmen, wäre die Berücksichtigung der in solchen Einzelverträgen gegebenen jeweils besonderen Vergütungsverhältnisse bei der Festsetzung der angemessenen Vergütung, die eine Verwertungsgesellschaft fordern kann, praktisch undurchführbar (sa. *Mand* S. 115 f.; ders. GRUR 2005, 720/723). Eine Auslegung des Abs. 2 Satz 1 entgegen seinem Wortlaut, die zu einem derart unpraktikablen Ergebnis führen würde, ist mit dem auf Vereinfachung des Rechtserwerbs abzielenden Sinn und Zweck des Gesetzes, wie er auch in der Verwertungsgesellschaftenpflichtigkeit des Anspruchs zum Ausdruck kommt, nicht vereinbar.

Zur Bestimmung der Höhe der gemäß Abs. 2 Satz 1 zu zahlenden angemessenen Vergütung vgl. auch § 32 Abs. 2 (§ 32 ist auf gesetzliche Vergütungsansprüche zwar nicht anwendbar, aus der Regelung des § 32 sind jedoch gewisse Anhaltspunkte für § 20 b zu gewinnen); sa. *Conrad* GRUR 2003, 561/569 f.; *Gounalakis/Mand* S. 47 ff./96 ff.; *Mand* ZUM 2003, 812 ff.; *Dreier* in *Dreier/Schulze*³ Rdnr. 17; *Spindler* MMR 2003, 1/5 ff.; *Ehrhardt* ZUM 2004, 300/302 f.; Erläuterungen zu § 11 Abs. 1 WahrnG (s. dort Rdnr. 5 f.). Die Vorschrift des § 32 hat im Übrigen § 20 b Abs. 2 nicht überflüssig gemacht (s. § 32 Rdnr. 4; s. aber auch *Mand* S. 118 ff. und GRUR 2005, 720/725 ff., der sich für eine Streichung des § 20 b Abs. 2 ausspricht).

27   6. Der Vergütungsanspruch ist zum Schutz des Urhebers (s. dazu Rdnr. 21) gemäß **Abs. 2 Satz 2** unverzichtbar. Diese Regelung ist § 27 Abs. 1 Satz 2 nachgebildet (Begr. des RegE des 4. UrhGÄndG, BTDrucks. 13/4796 S. 10 f./13/14) und ist strenger als § 32 a Abs. 3 Satz 1, der nur ausschließt, dass auf den Anspruch im Voraus verzichtet wird. Umgehungsgeschäfte sind nichtig (§ 134 BGB).

28   7. Nach **Abs. 2 Satz 3** kann der Vergütungsanspruch im Voraus nur an eine Verwertungsgesellschaft abgetreten werden. Dadurch werden im Interesse des Urhebers – von den Fällen des Abs. 2 Satz 4 abgesehen – Vereinbarungen zwischen ihm und Verwertern über die erst künftig entstehenden Ansprüche ausgeschlossen (vgl. dazu die Beschlussempfehlung und den Bericht des BT-Rechtsausschusses, BTDrucks. 13/9856 S. 5; vgl. auch Begr. des RegE des 4. UrhGÄndG, BTDrucks. 13/4796 S. 14). Zur Frage, ob einzelvertragliche Regelungen (zB in Verträgen zwischen Sendeunternehmen und freien Mitarbeitern) wirksam sind, wenn sie inhaltsgleich auf Tarifverträge oder Betriebsvereinbarungen verweisen, sa. *Lutz* ZUM 1998, 622/625. Die Anordnung, dass der Vergütungsanspruch nur durch eine Verwertungsgesellschaft geltend gemacht werden kann, entlastet den Anspruchsgegner, weil dadurch die Zahl der Anspruchsinhaber begrenzt und eine pauschale Abgeltung der Ansprüche ermöglicht wird. Die Regelung des Abs. 2 Satz 3 ist § 27 Abs. 1 Satz 3, Abs. 3 nachgebildet (vgl. dazu auch *Ott* ZRP 1996, 385/386 f.). Zur Wahrnehmung des Vergütungsanspruchs durch die GEMA s. *Staudt* S. 138 f., 146 f., 297 f.; dies. in *Kreile/Becker/Riesenhuber*² Kap. 10 Rdnr. 247.

Nach *Schulze* in *Dreier/Schulze*³ § 13 c UrhWG Rdnr. 23 gilt für die Aktivlegitimation einer Verwertungsgesellschaft bei der Wahrnehmung des Vergütungsanspruchs eine gesetzliche Vermutung.

Eine **Umgehung des Abs. 2 Satz 3** ist unwirksam. Die Abtretung bestehender Vergütungsansprüche wird zwar durch Abs. 2 Satz 3 nicht ausgeschlossen. Die Möglichkeit, dies zu tun, besteht aber nach einer Vorausabtretung an eine Verwertungsgesellschaft nicht mehr. Die Befugnis, den Vergütungsanspruch an eine Verwertungsgesellschaft zu übertragen, kann nicht durch Rechtsgeschäft ausgeschlossen werden (§ 137 BGB; vgl. *Stöhr* S. 117 f.). Die schuldrechtliche Verpflichtung, über künftige Vergütungsansprüche nicht zugunsten einer Verwertungsgesellschaft zu verfügen, ist unwirksam. Bei einer Vereinbarung in Allgemeinen Geschäftsbedingungen greift bereits § 307 Abs. 1 Satz 1, Abs. 2 Nr. 1 BGB ein; bei einer Individualvereinbarung folgt die Unwirksamkeit aus einer analogen Anwendung des Abs. 2 Satz 3 (abweichend *Stöhr* S. 118 ff.: Nichtigkeit nach § 138 BGB). Zur Rückübertragung eines entstandenen Vergütungsanspruchs durch die Verwertungsgesellschaft zum Zweck der Übertragung an den Verwerter vgl. *Stöhr* S. 120 f. Die Abtretung eines künftigen Vergütungsanspruchs unter der aufschiebenden Bedingung der Anspruchsentstehung scheitert daran, dass dem Urheber im maßgeblichen Zeitpunkt des Abschlusses eines solchen Rechtsgeschäfts noch die Verfügungsbefugnis fehlt (vgl. *Stöhr* S. 121). Ein Verwerter kann das wirtschaftliche Ergebnis einer Abtretung künftiger Vergütungsanspruche auch nicht dadurch erreichen, dass er sich im Vertrag über die Einräumung der Nutzungsrechte den künftigen Ausschüttungsanspruch gegen die Verwertungsgesellschaft abtreten lässt. Einer solchen Regelung in Allgemeinen Geschäftsbedingungen steht § 307 Abs. 1 Satz 1, Abs. 2 Nr. 1 BGB entgegen; ihre Vereinbarung in einem Individualvertrag ist in analoger Anwendung des Abs. 2 Satz 3 unwirksam (abweichend *Stöhr* S. 206ff.: Nichtigkeit nach § 138 BGB).

8. Die Frage der Vergütung kann gemäß **Abs. 2 Satz 4** weiterhin in Tarifverträgen, Betriebsvereinbarungen und gemeinsamen Vergütungsregeln (§ 36) von Sendeunternehmen geregelt werden (s. dazu auch *Hillig* UFITA 138 [1999] 5/22ff.; zu Regelungen in Dienstvereinbarungen öffentlich-rechtlicher Rundfunkanstalten sa. *Flechsig* in Loewenheim[2] § 41 Rdnr. 67). Soweit – aber auch nur soweit – dadurch dem Urheber eine angemessene Vergütung für jede Kabelweitersendung eingeräumt wird, schließt dies die Geltendmachung von Ansprüchen durch Tarifvertrag oder Betriebsvereinbarung gebundener Urheber durch Verwertungsgesellschaften aus (s. dazu auch Rdnr. 28). Zu den abgeschlossenen Tarifverträgen s. *Castendyk* in Loewenheim[2] § 75 Rdnr. 226f. Die Einbeziehung der gemeinsamen Vergütungsregeln (§ 36) in Abs. 2 Satz 4 beruht auf Art. 1 Nr. 2 des Zweiten Gesetzes zur Regelung des Urheberrechts in der Informationsgesellschaft vom 26. Oktober 2007 (BGBl. I S. 2513; „2. Korb"). 29

V. Entsprechende Anwendung des § 20 b

1. Das **UrhG** ordnet in verschiedenen Vorschriften die entsprechende Anwendung des § 20 b an. Gemäß § 78 Abs. 4 (früher § 76 Abs. 3 idF des 4. UrhGÄndG, s. Rdnr. 1) gilt § 20 b für die ausübenden Künstler entsprechend (s. dazu Rdnr. 21). Die Regelung, dass § 20 b nach § 94 Abs. 4 insgesamt auch zugunsten der Filmhersteller entsprechend anwendbar ist, geht auf eine Beschlussempfehlung des Rechtsausschusses des Deutschen Bundestages zum 4. UrhGÄndG zurück (s. Rdnr. 7), in der sie wie folgt begründet ist: „Damit wird berücksichtigt, dass es sich bei den in Deutschland tätigen Filmherstellern im Wesentlichen um mittelständische Unternehmen handelt. Deren Position ist zwar nicht so schwach wie der Urheber und ausübenden Künstler. Allerdings sind auch sie gegenüber den Sendeunternehmen regelmäßig in einer schwächeren Position, so dass die für die vom Ausschuss vorgenommene Ergänzung des § 20 b Abs. 2 maßgeblichen Gründe in ähnlicher Weise gelten." Die Vorschrift gilt zudem entsprechend für den Schutz von wissenschaftlichen Ausgaben (§ 70 Abs. 1), von Lichtbildern (§ 72 Abs. 1) sowie den Schutz der Herausgeber nachgelassener Werke (§ 71 Abs. 1) und der Hersteller von Laufbildern (§ 95 i.V. mit § 94 Abs. 4). 30

2. Eine analoge Anwendung des § 20 b Abs. 1 auf **drahtlose Weitersendungen** wäre mit der Informationsgesellschafts-Richtlinie nicht vereinbar (s. Rdnr. 5). 31

§ 21 Recht der Wiedergabe durch Bild- oder Tonträger

¹Das Recht der Wiedergabe durch Bild- oder Tonträger ist das Recht, Vorträge oder Aufführungen des Werkes mittels Bild- oder Tonträger öffentlich wahrnehmbar zu machen. ²§ 19 Abs. 3 gilt entsprechend.

I. Allgemeines

1. Wesen und Schranken des Rechts

Das ausschließliche Verwertungsrecht der Wiedergabe durch Bild- oder Tonträger (§ 21) ist ein **Recht der öffentlichen Wiedergabe** des Werkes in unkörperlicher Form (§ 15 Abs. 2, vgl. § 15 Rdnr. 45 ff.). Zur Bezeichnung des Rechts aus § 21 als Zweitverwertungsrecht vgl. § 15 Rdnr. 50 und § 19 Rdnr. 2. Das Recht aus § 21 unterliegt den allgemeinen **Schranken** des Urheberrechts gemäß §§ 44a ff., dh. den Schranken aus § 45 Abs. 3 (Rechtspflege und öffentliche Sicherheit), § 48 Abs. 1 (Öffentliche Reden), § 49 (Zeitungsartikel und Rundfunkkommentare), § 50 (Berichterstattung über Tagesereignisse), § 51 (Zitate), § 52 (Öffentliche Wiedergabe), § 56 (Vervielfältigung und öffentliche Wiedergabe in Geschäftsbetrieben), § 57 (Unwesentliches Beiwerk) und des § 59 Abs. 1 (Werke an öffentlichen Plätzen). 1

2. Wahrnehmung des Rechts

2 Das Recht kann regelmäßig nur kollektiv sinnvoll verwaltet werden. Es wird daher als typisches Verwertungsgesellschaftenrecht in weitem Umfang von der GEMA, der VG Wort und der VG Bild-Kunst wahrgenommen (Wahrnehmungsverträge abrufbar unter www.gema.de, www.vgwort.de, www.bildkunst.de; s. weiter *Wandtke/Bullinger/Ehrhardt*[3] Rdnr. 7; *Staudt* in *Kreile/Becker/Riesenhuber*, Recht und Praxis der GEMA, 2. Aufl. 2008, Kap. 10 Rdnr. 123, 126 ff.; *dies.,* Die Rechteübertragungen im Berechtigungsvertrag der GEMA, 2006, S. 167 ff., 174 ff., 299 f.; *Reber* GRUR 2000, 203/206).

3. Rechtsentwicklung

3 a) Das **LUG** gewährte dem Urheber kein besonderes Recht der Wiedergabe seines Werkes mittels Bild- oder Tonträger. Derartige Wiedergaben wurden jedoch als Vortrag oder Aufführung behandelt (§ 11 LUG). Der Anwendungsbereich des § 22 a LUG, der im Interesse der Schallplattenindustrie öffentliche Wiedergaben mit Hilfe von rechtmäßig hergestellten Tonträgern genehmigungsfrei zuließ, wurde durch den BGH (BGHZ 11, 135/140 – Lautsprecherübertragung; BGHZ 33, 1/6 – Künstlerlizenz Schallplatten) weitestgehend eingeschränkt. Im Einklang mit Art. 11 Abs. 1 Nr. 1 und Art. 11ter Abs. 1 Nr. 1 RBÜ (Pariser Fassung) erkennt § 21 nunmehr ohne eine § 22 a LUG entsprechende Einschränkung das Recht zu, Vorträge oder Aufführungen des Werkes mittels Bild- oder Tonträger öffentlich wahrnehmbar zu machen. Zum früheren Recht vgl. weiter *Krüger-Nieland* GRUR 1957, 535/538; *Möhring* UFITA 47 (1966) 134/141. Zur Behandlung der Wiedergabe mittels Bild- oder Tonträger in **§ 18 MinE 1959** vgl. § 15 Rdnr. 51.

b) Das **URG-DDR** enthielt in seinem § 18 keine dem § 21 entsprechende Werknutzungsbefugnis (s. dazu auch § 15 Rdnr. 52).

4. Konventionsrecht

Das Verwertungsrecht aus § 21 entspricht den Rechten aus Art. 11 Abs. 1 Nr. 1 und Art. 11ter Abs. 1 Nr. 1 der **Berner Übereinkunft** (RBÜ; allgemein zu dieser vgl. vor §§ 120 ff. Rdnr. 41 ff.). Zur Befugnis der Verbandsstaaten, gewisse „**kleine Ausnahmen**" vorzusehen (sog. petites réserves, zB für religiöse Feiern und Unterrichtszwecke, s. vor §§ 20 ff. Rdnr. 44; ablehnend *Brand* in *Busche/Stoll*, TRIPs, 2007, Art. 9 Rdnr. 58, 63. Das **TRIPS-Übereinkommen** hat den Schutzgehalt der Berner Übereinkunft übernommen (vgl. dazu vor §§ 120 ff. Rdnr. 17 f.; *Brand* aaO Kommentierung zu Art. 9).

5. Europäisches Recht

Art. 3 der Informationsgesellschafts-Richtlinie (s. vor § 19 a Rdnr. 22 f.) schreibt kein entsprechendes Recht vor; diese Vorschrift betrifft nur öffentliche Wiedergaben, die durch ein Distanzelement gekennzeichnet sind (s. § 15 Rdnr. 55, vor §§ 20 ff. Rdnr. 29 a, § 19 a Rdnr. 18, 22).

II. Inhalt des Verwertungsrechts

1. Gegenstand des Rechts

4 § 21 gibt dem Urheber das Recht, Vorträge oder Aufführungen des Werkes mittels Bild- oder Tonträger öffentlich wahrnehmbar zu machen. Gegenstand des Rechts sind daher alle Werke, die Gegenstand eines Vortrags (§ 19 Abs. 1) oder einer Aufführung (§ 19 Abs. 2) sein können, dh. Sprachwerke, Musikwerke und pantomimische Werke (§ 2 Abs. 1 Nr. 1–3).

5 Die Vorführung von Filmwerken wird nicht von § 21, sondern von § 19 Abs. 4 erfasst. Wird ein Film vorgeführt, ist damit aber zugleich eine Wiedergabe der zur Herstellung des Filmwerkes benutzten Werke (zB Drehbuch oder Roman) iSd. § 21 verbunden, wenn diese dabei in der Form eines Vortrags oder einer Aufführung in ihren wesentlichen Zügen verwertet werden (str.; vgl. § 19 Rdnr. 39). Die Wiedergabe der Filmmusik bei der öffentlichen Vorführung eines Filmwerkes fällt stets unter § 21 (str.; vgl. § 19 Rdnr. 38).

2. Verwertungshandlung

6 Nach § 21 S. 1 steht dem Urheber das Recht zu, Vorträge oder Aufführungen seines Werkes mittels Bild- oder Tonträger öffentlich wahrnehmbar zu machen. Das Verwertungsrecht bezieht sich auf Werkwiedergaben durch **Vorträge** iSd. § 19 Abs. 1 und **Aufführungen** iSd. § 19 Abs. 2 (sa. § 15 Rdnr. 27, § 19 Rdnr. 5). Die Vorträge und Aufführungen müssen nicht selbst öffentlich sein (allgM; vgl. *Wandtke/Bullinger/Ehrhardt*[3] Rdnr. 4; s. weiter § 19 Rdnr. 5 und 9). **Bild- oder Tonträger** sind nach der Legaldefinition des § 16 Abs. 2 Vorrichtungen zur wiederholbaren Wiedergabe von Bild- oder Tonfolgen (Schallplatten, Kassetten, Filme, Festplatten usw.). Rechtswidrig hergestellte Vervielfältigungsstücke des Werkes dürfen nach § 96 Abs. 1 nicht zu einer Wiedergabe iSd. § 21 verwendet werden; bei einem Verstoß gegen diese Bestimmung bleibt auch § 21 anwendbar.

Die Vorträge oder Aufführungen müssen durch die Wiedergabe öffentlich **wahrnehmbar** 7 gemacht, dh. unmittelbar für die menschlichen Sinne wiedergegeben werden (vgl. BGHZ 123, 149/151 f. – Verteileranlagen). Dies ist bei einer Sendung (§ 20), durch die das Werk der Öffentlichkeit nur zugänglich gemacht wird, nicht der Fall. Das optische Bild eines Vortrags oder einer Musikaufführung ist nicht selbst Vortrag oder Aufführung des Sprach- oder Musikwerkes. Durch die Stummfilmaufnahme einer Konzertaufführung oder eines Vortragsabends werden daher die dargebotenen Musik- und Sprachwerke nicht gemäß § 21 wiedergegeben. Bei Aufführungen von Bühnenwerken können dagegen uU die wesentlichen Züge des Werkes auch durch Bild- oder Tonträger allein wiedergegeben werden. Dann greift § 21 ein (*Ulmer*[3] § 55 I 2).

Das Recht der Wiedergabe durch Bild- oder Tonträger setzt nicht voraus, dass die verwende- 8 te Aufzeichnung das Werk unverändert oder nur mit Änderungen enthält, die keine Bearbeitung oder Umgestaltung iSd. § 23 darstellen (so *v. Gamm* Rdnr. 6 und zu § 16 Rdnr. 6), solange nur mittels des Bild- oder Tonträgers die wesentlichen Züge des Werkes wiedergegeben werden.

Öffentlich ist die Wiedergabe unter den Voraussetzungen des § 15 Abs. 3 (§ 15 Rdnr. 57 ff.). 9 § 21 S. 1 greift jedoch nur ein, wenn der Empfängerkreis an einem Ort versammelt ist und die Wiedergabe für ihn gemeinsam wahrnehmbar ist (vgl. BGHZ 123, 149/152 – Verteileranlagen; aA – zu § 11 Abs. 2 LUG – LG Berlin Schulze LGZ 98 S. 4 ff. – Schallplatten-Espresso – mit Anm. *Schatz;* vgl. weiter Rdnr. 10; sa. § 19 Rdnr. 9, 41). § 21 ist daher nicht anwendbar, wenn zB ein Hotel in die Gastzimmer Videobänder nach eigener Auswahl überspielt (sog. **Hotelvideo**; im Ergebnis ebenso *Poll* FuR 1983, 9/13; *Dreier* in *Dreier/Schulze*[3] Rdnr. 3; aA *Ulmer*[3] § 53 III 2; *Schricker,* Fs. für Oppenhoff, 1985, S. 367/380; s. weiter § 19 Rdnr. 41; § 20 Rdnr. 24 und 43). Eine sog. sukzessive Öffentlichkeit (wie zB bei Musikwiedergaben durch Audio-Guides in Museen oder bei wiederholten Wiedergaben eines digital gespeicherten Buches mittels der Vorlesefunktion des Speichergeräts für jeweils einzelne Nutzer) genügt für das Eingreifen des § 21 nicht (s. § 15 Rdnr. 71).

3. Entsprechende Anwendung des § 19 Abs. 3

Das Recht der Wiedergabe durch Bild- oder Tonträger umfasst nach **§ 21 S. 2** iVm. § 19 10 Abs. 3 die Befugnis, die Wiedergabe außerhalb des Raumes, in dem sie stattfindet, durch Bildschirm, Lautsprecher oder ähnliche technische Einrichtungen öffentlich wahrnehmbar zu machen. Diese Regelung zeigt, dass § 21 S. 1 davon ausgeht, dass der Empfängerkreis an einem Ort versammelt ist und die Wiedergabe gemeinsam wahrnehmen kann (vgl. BGHZ 123, 149/152 – Verteileranlagen; vgl. weiter § 15 Rdnr. 70 f.; zur entsprechenden Problematik bei § 22 s. dort Rdnr. 11). Die **Auslegungsregel** des § 37 Abs. 3 gilt auch für die Einräumung von Nutzungsrechten gemäß § 21.

4. Abgrenzung von anderen Verwertungsrechten

Zur Abgrenzung von dem Recht aus **§ 19** vgl. § 19 Rdnr. 2, 35, 43. Mit dem Recht aus 11 § 22 gibt es keine Überschneidungen. Wird die Aufzeichnung einer Funksendung oder eines iSd. § 19a öffentlich zugänglich gemachten Werkes zur öffentlichen Wiedergabe benutzt, greift nur § 22 ein (s. § 22 Rdnr. 7).

§ 22 Recht der Wiedergabe von Funksendungen und von öffentlicher Zugänglichmachung

[1]Das Recht der Wiedergabe von Funksendungen und der Wiedergabe von öffentlicher Zugänglichmachung ist das Recht, Funksendungen und auf öffentlicher Zugänglichmachung beruhende Wiedergaben des Werkes durch Bildschirm, Lautsprecher oder ähnliche

technische Einrichtungen öffentlich wahrnehmbar zu machen. ²§ 19 Abs. 3 gilt entsprechend.

I. Allgemeines

1. Wesen und Schranken des Rechts

1   Das ausschließliche „Recht der Wiedergabe von Funksendungen und von öffentlicher Zugänglichmachung" ist ein **Recht der öffentlichen Wiedergabe** des Werkes in unkörperlicher Form (§ 15 Abs. 2; vgl. § 15 Rdnr. 45 ff.). Es ist ein Recht am öffentlichen Wahrnehmbarmachen von Werken, die durch eine Funksendung iSd. § 20 oder § 20a oder durch eine Abrufübertragung eines gemäß § 19a bereitgehaltenen Werkes zugänglich gemacht worden sind. Zur Bezeichnung des Rechts aus § 22 als Zweitverwertungsrecht vgl. § 15 Rdnr. 50 und § 19 Rdnr. 2.

Das Recht unterliegt den allgemeinen **Schranken** des Urheberrechts, soweit diese für das Recht der öffentlichen Wiedergabe gelten: § 45 Abs. 3 (Rechtspflege und öffentliche Sicherheit), § 48 Abs. 1 (Öffentliche Reden), § 49 (Zeitungsartikel und Rundfunkkommentare), § 50 (Berichterstattung über Tagesereignisse), § 51 (Zitate), § 52 (Öffentliche Wiedergabe), § 52a (Öffentliche Zugänglichmachung für Unterricht und Forschung), § 56 (Vervielfältigung und öffentliche Wiedergabe in Geschäftsbetrieben), § 57 (Unwesentliches Beiwerk) und des § 59 Abs. 1 (Werke an öffentlichen Plätzen). Zur Abgrenzung des Rechts vom Vorführungsrecht s. § 19 Rdnr. 44.

2. Wahrnehmung des Rechts

2   Ebenso wie die Rechte aus § 21 (vgl. dort Rdnr. 2) werden die Rechte aus § 22 in weitem Umfang von der GEMA, der VG Wort und der VG Bild-Kunst wahrgenommen (Wahrnehmungsverträge abrufbar unter www.gema.de, www.vgwort.de, www.bildkunst.de; s. weiter *Staudt* in *Kreile/Becker/Riesenhuber*, Recht und Praxis der GEMA, 2. Aufl. 2008, Kap. 10 Rdnr. 101 ff., 111 ff.; *dies.*, Die Rechteübertragungen im Berechtigungsvertrag der GEMA, 2006, S. 151 ff., 162 ff., 298 f.; *Reber* GRUR 2000, 203/206/211; zur Wahrnehmung durch andere Verwertungsgesellschaften s. *Wirtz* in *Bröcker/Czychowski/Schäfer*, Praxishandbuch Geistiges Eigentum im Internet, 2003, § 8 Rdnr. 243 f.).

3. Rechtsentwicklung

3   a) Anders als das RG (RGZ 136, 377) hat der BGH bereits unter der Geltung des **LUG** die öffentliche Wiedergabe von Werken auf der Grundlage von Funksendungen als selbständige Werknutzung angesehen (BGHZ 33, 38/41 – Künstlerlizenz Rundfunk; BGHZ 37, 1/9 – AKI; BGHZ 38, 356 – Fernsehwiedergabe von Sprachwerken; zur Rechtsentwicklung s. *Krüger-Nieland* GRUR 1957, 535/537).

4   b) In Übereinstimmung mit Art. 11bis Abs. 1 Nr. 3 RBÜ (Brüsseler und Pariser Fassung) hat das **UrhG** in § 22 ausdrücklich ein entsprechendes Verwertungsrecht gewährt. Zum Regelungsvorschlag des § 18 MinE 1959 vgl. § 15 Rdnr. 51.

Bereits vor Inkrafttreten der UrhG-Novelle 2003 (s. Rdnr. 5) war das Recht, ein Werk nach dessen Abruf aus einer öffentlich zugänglichen Datenbank auf einem Bildschirm öffentlich wahrnehmbar zu machen, als unbenanntes Recht der öffentlichen Wiedergabe anzuerkennen (sa. § 15 Rdnr. 25, 27).

5   c) Durch Art. 1 Abs. 1 Nr. 6 des Gesetzes zur Regelung des Urheberrechts in der Informationsgesellschaft vom 10. 9. 2003 (**UrhG-Novelle 2003**; BGBl. I S. 1774; Inkrafttreten gemäß Art. 6 Abs. 1 des Gesetzes am 11. 9. 2003) wurde § 22 neu gefasst und dem Urheber auch ausdrücklich ein ausschließliches Recht gewährt, zu erlauben oder zu verbieten, dass sein Werk auf der Grundlage einer öffentlichen Zugänglichmachung (§ 19a) durch Bildschirm, Lautsprecher oder ähnliche technische Einrichtungen öffentlich wahrnehmbar gemacht wird. Die sprachliche Fassung der Vorschrift ist wenig geglückt. Das Recht der öffentlichen Zugänglichmachung aus § 19a bezieht sich nur auf ein Bereithalten des Werkes zum Abruf durch eine Öffentlichkeit (s. § 19a Rdnr. 1, 42). Es ist sprachlich nicht sinnvoll, von der Wiedergabe einer Zugänglichmachung zu sprechen. Das Verwertungsrecht könnte als „Recht des Wahrnehmbarmachens öffentlich zugänglich gemachter Werke" bezeichnet werden.

d) Das **URG-DDR** enthielt in seinem § 18 keine dem § 22 entsprechende Werknutzungsbefugnis (s. dazu auch § 15 Rdnr. 52). 6

4. Konventionsrecht

Das durch § 22 gewährte Recht der Wiedergabe von Funksendungen entspricht dem Recht aus Art. 11bis Abs. 1 Nr. 3 RBÜ (Brüsseler und Pariser Fassung) der **Berner Übereinkunft** (RBÜ; allgemein zu dieser vgl. vor §§ 120 ff. Rdnr. 41 ff.). Zur Befugnis der Verbandsstaaten, gewisse „kleine Ausnahmen" vorzusehen (sog. petites réserves, zB für religiöse Feiern und Unterrichtszwecke) s. vor §§ 20 ff. Rdnr. 44 (ablehnend *Brand* in *Busche/Stoll*, TRIPs, 2007, Art. 9 Rdnr. 61). Das **TRIPS-Übereinkommen** hat den Schutzgehalt der Berner Übereinkunft übernommen (vgl. dazu vor §§ 120 ff. Rdnr. 17 f.; *Brand* aaO Kommentierung zu Art. 9).

5. Europäisches Recht

Art. 3 der Informationsgesellschafts-Richtlinie (s. vor § 19 a Rdnr. 22 f.) schreibt kein entsprechendes Recht vor; diese Vorschrift betrifft nur öffentliche Wiedergaben, die durch ein Distanzelement gekennzeichnet sind (s. § 15 Rdnr. 55; vor §§ 20 ff. Rdnr. 29 a, § 19 a Rdnr. 18, 22).

II. Inhalt des Verwertungsrechts

1. Gegenstand des Rechts

Das Recht aus § 22 bezieht sich auf geschützte Werke aller Art (§§ 2–4), die gemäß § 20 oder 7 § 20 a gesendet oder gemäß § 19 a öffentlich zugänglich gemacht wurden. Es ist ohne Belang, ob das Werk vor der Ausstrahlung durch Funksendung oder vor der öffentlichen Zugänglichmachung fixiert war.

2. Verwertungshandlung

Das Recht der **Wiedergabe von Funksendungen** ist das Recht, ein durch Funk gemäß 8 § 20 oder § 20 a gesendetes Werk durch Bildschirm, Lautsprecher oder ähnliche technische Einrichtungen öffentlich wahrnehmbar zu machen (zB Wiedergabe in Gaststätten). § 22 greift auch dann ein, wenn das durch Funk gesendete oder öffentlich zugänglich gemachte Werk erst nach einer **zwischengeschalteten Aufzeichnung** für die öffentliche Wiedergabe benutzt wird (vgl. OLG Frankfurt aM GRUR 1989, 203/204; *Dreier* in *Dreier/Schulze*³ Rdnr. 6). Eine aA (*Fromm/Nordemann/Dustmann*¹⁰ Rdnr. 6) sieht es als ungeschriebenes Tatbestandsmerkmal des § 22 an, dass das zeitgleich laufender Sende- oder Abrufvorgang wiedergegeben wird, und sieht in einem solchen Fall § 21 bzw. § 19 Abs. 4 als einschlägig an. Nach dieser Ansicht entstehen jedoch vom Gesetz nicht gewollte Schutzlücken, weil sich § 19 Abs. 4 nicht auf alle Werkarten bezieht (s. § 19 Rdnr. 36 f.).

Von der Wiedergabe einer „**Funksendung**" kann nur bei einer Sendung an eine Öffentlichkeit gesprochen werden, nicht auch bei einer Übertragung im Wege der Individualkommunikation, wie zB einer E-Mail-Übermittlung (vgl. § 20 Rdnr. 3, 50; § 87 Rdnr. 15; vgl. auch Art. 11bis Abs. 1 Nr. 3 RBÜ). Funksendung iSd. Sendevorgangs ist nach der Terminologie des Urheberrechtsgesetzes nur eine an die Öffentlichkeit gerichtete Ausstrahlung (vgl. insb. § 20, § 52 Abs. 3, § 55 Abs. 1, § 94 Abs. 1). Dementsprechend liegt auch eine Wiedergabe von Funksendungen nur dann vor, wenn eine Ausstrahlung an eine Öffentlichkeit vorausgegangen ist. Dies ist nicht anders als bei einer Wiedergabe aufgrund einer Abrufübertragung. Auch diese wird von § 22 nach dessen klarem Wortlaut nicht erfasst, wenn die Abrufübertragung nicht lediglich eine Individualkommunikation war, sondern ihr eine öffentliche Zugänglichmachung iSd. § 19 a vorausgegangen ist. Einen gewissen Hinweis auf diese Rechtslage gibt auch § 96 Abs. 2, nach dem rechtswidrig veranstaltete „Funksendungen" nicht öffentlich wiedergegeben werden dürfen: Nur Sendungen iSd. § 20 können „rechtswidrig veranstaltete Funksendungen" sein, weil das UrhG an nichtöffentlichen Sendungen keine Schutzrechte anerkennt (sa. § 20 Rdnr. 50; aA *Dreier* in *Dreier/Schulze*³ Rdnr. 6; *Dreyer* in HK-UrhR² Rdnr. 9 [anders dagegen § 19 Rdnr. 42]; *Haberstumpf* in *Büscher/Dittmer/Schiwy* Rdnr. 4). Der Schutz der Urheber ergibt sich hier jedoch aus § 19 Abs. 4 und – soweit diese Vorschrift wegen der Art des Werkes nicht eingreift – aus einem unbenannten Verwertungsrecht gemäß § 15 Abs. 2 (vgl. hierzu auch *Dreier* in *Dreier/Schulze*³ Rdnr. 6; *Haberstumpf* in *Büscher/Dittmer/Schiwy* Rdnr. 4; sa. § 15 Rdnr. 27).

9   Das sog. Recht der **Wiedergabe von öffentlicher Zugänglichmachung** bezieht sich auf das öffentliche Wahrnehmbarmachen von Werken, nachdem diese iSd. § 19a öffentlich zugänglich gemacht worden sind. Dies kann zB der Fall sein, wenn im Internet bereitgehaltene Werke (Filme, Musik usw.) nach Abruf für eine Öffentlichkeit (etwa auf einem Bildschirm oder einer Leinwand, durch Lautsprecher) wahrnehmbar gemacht werden. Das Werk muss von einem Mitglied der Öffentlichkeit, die durch die öffentliche Zugänglichmachung angesprochen worden ist, abgerufen worden sein (aA *Haberstumpf* in *Büscher/Dittmer/Schiwy* Rdnr. 4). Der Empfängerkreis, dem das Werk wahrnehmbar gemacht wird, muss an einem Ort versammelt sein und die Wiedergabe gemeinsam wahrnehmen können (s. Rdnr. 11). Das nichtöffentliche Wahrnehmbarmachen ist frei.

10 **Wahrnehmbar** gemacht wird das Werk, wenn es unmittelbar für die menschlichen Sinne wiedergegeben wird (sa. BGH GRUR 1996, 875/876 – Zweibettzimmer im Krankenhaus). Eine veränderte Wiedergabe der Funksendung steht der Anwendung des § 22 nicht entgegen, solange noch die wesentlichen Züge des gesendeten Werkes wiedergegeben werden.

11 **Öffentlich** ist die Wiedergabe unter den Voraussetzungen des § 15 Abs. 3 (§ 15 Rdnr. 57 ff.). § 22 S. 1 geht davon aus, dass der Empfängerkreis an einem Ort versammelt ist und die Wiedergabe für ihn gemeinsam wahrnehmbar ist (vgl. – zu § 15 Abs. 3 aF – BGH GRUR 1996, 875/876 – Zweibettzimmer im Krankenhaus: Fernsehwiedergabe von Musik- und Sprachwerken mittels Kopfhörern im Patientenzimmer; die ablehnende Anmerkung von *Schricker* EWiR 1996, 1047/1048 berücksichtigt nicht, dass die Weiterübertragung einer Fernsehsendung durch die Verteileranlage eines Krankenhauses als solche durch § 20 erfasst wird, s. dort Rdnr. 41; vgl. weiter nachstehend Rdnr. 12). Andernfalls fehlt es an einem öffentlichen Wahrnehmbarmachen. Das Recht aus § 22 greift deshalb nicht ein, wenn in einem Hotel Rundfunksendungen mittels einer **Verteileranlage** in den einzelnen Gastzimmern (und damit jeweils in der privaten Sphäre der Gäste, vgl. BGHZ 36, 171/174 ff. – Rundfunkempfang im Hotelzimmer I) wahrnehmbar gemacht werden (*v. Ungern-Sternberg* GRUR 1973, 16/24; *Walter* UFITA 69 [1973] 95/104; vgl. weiter § 20 Rdnr. 41) oder Hörfunksendungen in einem Reisezug oder Flugzeug zeitgleich zu den einzelnen Plätzen übertragen werden und dort von den Reisenden mit Kopfhörern genutzt werden (vgl. § 20 Rdnr. 41; aA *Haberstumpf* in *Büscher/Dittmer/Schiwy* § 21 Rdnr. 9, der in solchen Fällen ein öffentliches Wahrnehmbarmachen annimmt, weil die Kopfhörer – wie Lautsprecher oder Verstärker bei einer öffentlichen Aufführung – dem Wahrnehmbarmachen für das versammelte Publikum dienten).

Das Wahrnehmbarmachen eines öffentlich zugänglich gemachten Werkes fällt ebenfalls nur dann unter § 22, wenn ein und derselbe Wiedergabevorgang das Werk an ein und demselben Ort einem als Öffentlichkeit anzusehenden Empfängerkreis gleichzeitig wahrnehmbar macht. Der Tatbestand des § 22 ist deshalb nicht gegeben, wenn das öffentlich zugänglich gemachte Werk gleichzeitig an eine Mehrzahl von Terminals in einem Raum übertragen wird, auch wenn es so insgesamt von einem öffentlichen Empfängerkreis an den Terminals wahrgenommen wird. In einem solchen Fall kommt die Anwendung des § 20 in Betracht (vgl. auch § 20 Rdnr. 43). Die Vorschrift des § 22 greift ebenfalls nicht ein, wenn ein als öffentlich anzusehender Empfängerkreis das öffentlich zugänglich gemachte Werk in einem gemeinsamen Raum jeweils für sich an verschiedenen Terminals abrufen kann (sa. § 19a Rdnr. 52).

3. Entsprechende Anwendung des § 19 Abs. 3

12 Das Verwertungsrecht umfasst nach § 22 S. 2 die Befugnis, die Wiedergabe außerhalb des Raumes, in dem sie stattfindet, durch Bildschirm, Lautsprecher oder ähnliche technische Einrichtungen öffentlich wahrnehmbar zu machen. Diese Regelung zeigt, dass § 22 S. 1 (ebenso wie § 21 S. 1) davon ausgeht, dass der Empfängerkreis an einem Ort versammelt ist (vgl. auch § 15 Rdnr. 70; *v. Ungern-Sternberg* GRUR 1973, 16/24). Die **Auslegungsregel** des § 37 Abs. 3 gilt auch für die Einräumung von Nutzungsrechten gemäß § 22.

4. Abgrenzung von anderen Verwertungsrechten

13 Zur Abgrenzung von **§ 19 Abs. 3** s. § 19 Rdnr. 35, von **§ 19 Abs. 4** s. § 19 Rdnr. 44, von **§ 19a** s. § 19a Rdnr. 57, von **§ 20** s. Rdnr. 11 und § 20 Rdnr. 11, von **§ 21** s. § 21 Rdnr. 11.

§ 23 Bearbeitungen und Umgestaltungen

¹Bearbeitungen oder andere Umgestaltungen des Werkes dürfen nur mit Einwilligung des Urhebers des bearbeiteten oder umgestalteten Werkes veröffentlicht oder verwertet werden. ²Handelt es sich um eine Verfilmung des Werkes, um die Ausführung von Plänen und Entwürfen eines Werkes der bildenden Künste, um den Nachbau eines Werkes der Baukunst oder um die Bearbeitung oder Umgestaltung eines Datenbankwerkes, so bedarf bereits das Herstellen der Bearbeitung oder Umgestaltung der Einwilligung des Urhebers.

Schrifttum: *v. Becker*, Poesie, Plagiat, Poe – ein Rundblick zum Plagiat in der Literatur, Fs. für Hertin, 2000, S. 3; *Berger*, Die wandernde Melodie im Urheberrecht, Diss. Köln 2000; *Brockmann*, Volksmusikbearbeitung und Volksmusikschutz im Lichte der Urheberrechtsnovelle 1985, 1998; *Brugger*, Der Begriff der Bearbeitung und Verfilmung im neuen Urheberrechtsgesetz, UFITA 51 (1968) 89; *ders.*, Zur Frage der Abgrenzung zwischen urheberrechtlichem und wettbewerbsrechtlichem Plagiatsschutz, GRUR 1957, 325; *Bullinger/Garbers-von Boehm*, Der Blick ist frei – Nachgestellte Fotos aus urheberrechtlicher Sicht, GRUR 2008, 24; *Bußmann*, Änderung und Bearbeitung im Urheberrecht, Fs. für Möhring, 1965, S. 201; *Chakraborty*, Das Rechtsinstitut der freien Benutzung im Urheberrecht, 1997; *Deumeland*, Der „Diebstahl" geistigen Eigentums bei Übersetzungen, ZVglRWiss. 81 (1982) 320; *v. Einem*, Zum Streit um die Lizenzierungspraxis bei monophonen und polyphonen Klingeltönen, ZUM 2005, 540; *Erdmann*, Verwendung zeitgenössischer Literatur für Unterrichtszwecke am Beispiel Harry Potter, WRP 2002, 1329; *Ernst*, Krytomnesie als Einrede in Plagiatsprozessen, in Rehbinder (Hrsg.), Die psychologische Dimension des Urheberrechts, 2003, S. 101; *Fellerer*, Bearbeitung und Elektronik als musikalisches Problem im Urheberrecht, 1965; *Fischötter*, Gedanken zum Plagiat, zur Bearbeitung und zur Parodie in der Musik, in: FS Hertin, 2000, S. 69; *Fuchs*, Urheberrechtsgedanke und -verletzung in der Geschichte des Plagiats unter besonderer Berücksichtigung der Musik, Diss. Stuttgart 1983; *Gerstenberg*, Stilbildung oder Plagiat?, Mitt. 1966, 204; *Gutsche*, Urheberrecht und Volksmusik, 1996; *Haberstumpf*, Zum Umfang der Verbietungsrechte des Verlegers, Fs. für Schricker 2005, S. 309; *Hanser-Strecker*, Das Plagiat in der Musik, Diss. Frankfurt/M, 1968; *Hertin*, Das Musikzitat im deutschen Urheberrecht, GRUR 1989, 159; *ders.*, Zum Umgang mit Musikbearbeitungen bei der Cover-Version, Fs. für W. Nordemann 2004, S. 35; *Hörnig*, Das Bearbeitungsrecht und die Persönlichkeitsrechte im Urheberrecht unter besonderer Berücksichtigung von Werken der Literatur, UFITA 99 (1985) 13; *Honscheck*, Der Schutz des Urhebers vor Änderungen und Entstellungen durch den Eigentümer, GRUR 2007, 944; *Jörger*, Das Plagiat in der Popularmusik, 1992; *Kastner*, Das Plagiat – literarische und rechtliche Aspekte, NJW 1983, 1151; *Kawohl/Kretschmer*, DJing, Coverversionen und andere „produktive Nutzungen" – Warum die Kategorien des Musikurheberrechts nicht mehr gerecht werden, UFITA 2007/II, S. 363; *Kröner/Schimpf*, (Endlich) Konkretes zu Abstracts oder: Möglichkeiten und Grenzen der Publikation von Zusammenfassungen, AfP 2005, 333; *Leistner/Stang*, Die Bildersuche im Internet aus urheberrechtlicher Sicht, CR 2008, 499; *Maaßen*, Urheberrechtliche Probleme der elektronischen Bildbearbeitung, ZUM 1992, 338; *Mehrings*, Information und Dokumentation (IuD) – Ein Stiefkind der Urheberrechtsnovelle?, GRUR 1983, 275; *v. Moltke*, Das Urheberrecht an Werken der Wissenschaft, Diss. Berlin 1992; *Nordemann*, Das Recht der Bearbeitung gemeinfreier Werke, GRUR 1964, 118; *J. B. Nordemann*, Neue Einbindung von Büchern anderer Verlage, ZUM 2009, 809; *Ott*, Mashups – neue rechtliche Herausforderungen im Web 2.0-Zeitalter?, K&R 2007, 623; *Pimat*, Beweisprobleme der (angeblich) unbewußten Entlehnung in der Musik, 2002; *Plassmann*, Bearbeitungen und andere Umgestaltungen in § 23 UrhG, 1996; *Reuter*, Digitale Bild- und Filmbearbeitung im Lichte des Urheberrechts, GRUR 1997, 23; *Riedel*, Die musikalische Bearbeitung, UFITA 55 (1970) 169; 56 (1970) 161; 57 (1970) 189; 58 (1970) 141; 59 (1971) 165; *ders.*, Originalmusik und Musikbearbeitung, 1971; *Sattler*, Das Sakrileg ein Plagiat?, ZUM 2006, 612; *Schmidt-Hern*, Die Fortsetzung von urheberrechtlich geschützten Werken, 2001 (UFITA-Schriftenreihe Bd. 188); Schricker (Hrsg.), Urheberrecht auf dem Weg zur Informationsgesellschaft, 1997 (Verfasser: Dreier, Katzenberger, v. Lewinski, Schricker); *Schulz*, „Remixes" und „Coverversionen", Fs für Hertin, 2000, S. 213ff.; *Schulze*, Urheberrecht und neue Musiktechnologien, ZUM 1994, 15; *Schulze/Petzl/Schwenn/Neumeister/Becker/Schneider/Riedel*, Plagiat, 1959; *Schwarz*, Urheber- und Verlagsrecht, in Schwarz (Hrsg.), Recht im Internet, 1996 ff.; *Schunke*, Das Plagiat in der Musik und dessen Wahrnehmung durch die GEMA, 2008; *Seifert*, Plagiatsgeschichte(n), Fs. für Traub, 1994, S. 343 ff.; *Ulmer*, Originalwerk und Bearbeitung im internationalen Urheberrecht, GRUR Int. 1964, 613.; *v. Ungern-Sternberg*, Das Urheberrecht, der Hörfunk und das Fernsehen, Deutsche handels- und wirtschaftsrechtliche Berichte vor IX. Internationalen Kongreß für Rechtsvergleichung in Teheran, 1974, S. 51; *Vianello*, Lizenzierung von Musik in nutzergenerierten Videos – Der steinige Weg zur Verwendung im Internet, MMR 2009, 90; *Vogel*, Die Entfaltung des Übersetzungsrechts im deutschen Urheberrecht des 19. Jahrhunderts, GRUR 1991, 16.
Siehe auch die Literaturangaben bei § 24.

Übersicht

	Rdnr.
I. Zweck und Bedeutung der Norm	1, 2
II. Bearbeitungen und andere Umgestaltungen	3–14
1. Terminologie	3–6
2. Bearbeitungen	7–12
3. Andere Umgestaltungen	13, 14
III. Das bearbeitete Werk	15, 16
IV. Verwertung, Veröffentlichung, Herstellung	17–22
1. Verwertung und Veröffentlichung	17, 18
2. Herstellung	19–22
V. Einwilligung	23–27
1. Erforderlichkeit	23, 24
2. Rechtsnatur, Erteilung und Umfang	25–27

§ 23 Bearbeitungen und Umgestaltungen

	Rdnr.
VI. Sonderfragen	28–35
1. Plagiat	28–30
2. Unbewusste Entlehnung	31, 32
3. Doppelschöpfung	33–35

I. Zweck und Bedeutung der Norm

1 § 23 bestimmt, dass dem Urheber die Verwertung seines Werkes nicht nur in der Originalfassung, sondern auch in umgestalteter Form vorbehalten ist, und dass in den Fällen des S. 2 bereits das Herstellen der Umgestaltung seiner Einwilligung bedarf. Damit wird nicht ein besonderes Verwertungsrecht neben denjenigen der §§ 15 ff. begründet (so aber Fromm/Nordemann/ *A. Nordemann*[10] § 23/24 Rdnr. 2; Dreier/*Schulze*[3] § 23 Rdnr. 9; *Haberstumpf* Hdb. des Urheberrechts[2] Rdnr. 290; wohl auch v. Gamm Rdnr. 2 ff.; Hörnig UFITA 99 (1983) 13/74 f.), sondern der **Schutzumfang** des Urheberrechts geregelt: Das Recht zur Verwertung des Werkes umfasst auch das Recht, die Verwertung bzw. Veröffentlichung in umgestalteter Form zu bewilligen oder zu untersagen (*Ulmer*[3] § 56 II 2; Wandtke/Bullinger/*Bullinger*[3] § 23 Rdnr. 1; *Plassmann* S. 59 ff., 267 ff.). Die Vorschrift des § 23 hat damit in ihrem Schwerpunkt verwertungsrechtlichen Charakter. Daneben stehen die Normen, die überwiegend dem persönlichkeitsrechtlichen Schutz des Urhebers vor Änderungen und Beeinträchtigungen seines Werkes dienen, nämlich §§ 14, 39 und 62 sowie § 93. Von § 3 unterscheidet sich § 23 dadurch, dass dort nicht der Schutzumfang, sondern die Frage geregelt wird, ob der Bearbeiter an der Umgestaltung ein Urheberrecht erwirbt (dazu näher § 3 Rdnr. 2).

2 Das Zustimmungserfordernis des § 23 rechtfertigt sich daraus, dass jede Umgestaltung das Originalwerk (in abgeänderter Form) enthält und damit die Benutzung der schöpferischen Leistung eines anderen darstellt. Diese Erkenntnis war früher keineswegs selbstverständlich. Vor allem das Übersetzungsrecht war heftig umkämpft und wurde, auch als das Prinzip der allgemeinen Übersetzungsfreiheit aufgegeben wurde, dem Urheber zunächst nur mit erheblichen Einschränkungen gewährt. In Deutschland hat sich voller Übersetzungsschutz erst mit dem LUG von 1901 durchgesetzt (dazu eingehend *Vogel* GRUR 1991, 16 ff.; sa. *Ulmer*[3] § 56 II). Durch das IuKDG v. 22. 7. 1997 (BGBl. I S. 1870) wurde in Umsetzung von Art. 5 lit. b der Datenbankrichtlinie (Richtlinie 96/9/EG v. 11. 3. 1996) in S. 2 die Bearbeitung oder Umgestaltung von Datenbankwerken eingefügt.

II. Bearbeitungen und andere Umgestaltungen

1. Terminologie

3 Der Oberbegriff, von dem das Gesetz bei Bearbeitungen und anderen Umgestaltungen ausgeht, ist der der **Umgestaltung.** Die Umgestaltung ist abhängige Nachschöpfung, dh. eine Gestaltung, bei der wesentliche Züge des Originalwerks übernommen werden (*Ulmer*[3] § 56 I 1). Durch die Übernahme wesentlicher Züge des Originalwerks unterscheidet sich die Umgestaltung von der freien Benutzung, bei der dies nicht der Fall ist, sondern bei der das Originalwerk lediglich als Anregung für das eigene Werkschaffen dient (dazu § 24 Rdnr. 10). Für das **Verhältnis zur Vervielfältigung** gilt, dass eine Umgestaltung, die mit einer körperlichen Festlegung verbunden ist, ihrem Wesen nach eine Vervielfältigung des Originalwerks in umgestalteter Form ist (*Ulmer*[3] § 56 IV 1; vgl. auch § 16 Rdnr. 8); in der Praxis wird allerdings oft unter Vervielfältigung die unveränderte, unter Umgestaltung (Bearbeitung) die veränderte Übernahme verstanden.

4 **Bearbeitungen** verfolgen nach der Amtlichen Begründung zum Urheberrechtsgesetz stets den Zweck, das Originalwerk bestimmten Verhältnissen anzupassen, es zum Beispiel in eine andere Sprache oder in eine andere Kunstform zu übertragen oder es für andere Ausdrucksmittel einzurichten. Der Bearbeiter wolle dabei die Identität des Originalwerkes unberührt lassen und nur dessen Verwertungsmöglichkeiten erweitern. Dem hat der Gesetzgeber Umarbeitungen gegenübergestellt, bei denen der Umarbeitende nicht das Originalwerk zur Geltung bringen wolle, sondern es als eigenes Werk ausgeben wolle (Plagiat) oder (vergeblich) versuche, es frei zu benutzen (BTDrucks. IV/270 S. 51). Geht man von dieser gesetzgeberischen Begriffsbestimmung aus, so liegt der **Unterschied zwischen Bearbeitungen und anderen Umgestaltungen** darin, dass die **Bearbeitung dem Werk dient** und es einem veränderten Zweck anpassen will, während dies bei anderen Umgestaltungen nicht der Fall ist (OLG Düsseldorf GRUR 1990, 263/266 – Automaten-Spielplan; KG GRUR-RR 2004, 129/131 – Modernisierung einer Liedaufnahme; Dreier/*Schulze*[3] § 23 Rdnr. 5 ff.; *Ulmer*[3] § 28 V 1 und 56 V 1; *Chakraborty* S. 34). Unter den Begriff der Bearbeitung fallen daher Übersetzungen in eine andere Sprache, Dramatisierungen und Verfilmungen sowie die Neubearbeitung wissenschaftlicher Werke, nicht aber das Plagiat, das eine (unerlaubte) andere Umgestaltung iSd. § 23 ist (zum Plagiat vgl. Rdnr. 28 ff.).

Diese Abgrenzung ist allerdings **bestritten**. Teilweise werden als Bearbeitungen solche Änderungen eines Werkes angesehen, bei denen der **Grad einer persönlichen geistigen Schöpfung erreicht** wird, während der Begriff der anderen Umgestaltung solchen Änderungen vorbehalten sein soll, bei denen dies nicht der Fall ist (LG Köln GRUR 1973, 88 – Kinder in Not; Fromm/Nordemann/*A. Nordemann*[10] §§ 23/24 Rdnr. 9 f.; Wandtke/Bullinger/*Bullinger*[3] § 23 Rdnr. 3; *Schack*[4], Urheber- und Urhebervertragsrecht, Rdnr. 237; Loewenheim/*Hoeren*, Handbuch des Urheberrechts[2], § 9 Rdnr. 207; *Rehbinder*[15] Rdnr. 216). Zu weiteren Abgrenzungsvorschlägen vgl. *Möhring/Nicolini/Ahlberg*[2] Rdnr. 11 f.; *Haberstumpf* Hdb. des Urheberrechts[2] Rdnr. 153). Dem ist aber nicht zu folgen. Ganz abgesehen davon, dass man die gesetzgeberischen Überlegungen nicht einfach beiseite schieben und sie mit Wandtke/Bullinger/*Bullinger*[3] § 23 Rdnr. 5 als überholt bezeichnen kann, solange das Gesetz nicht geändert wird (so völlig zutreffend Dreier/*Schulze*[3] § 23 Rdnr. 5), wäre auch das Kriterium der persönlichen geistigen Schöpfung in § 23 am systematisch falschen Standort angesiedelt. § 23 macht Umgestaltungen eines Werks bzw. ihre Veröffentlichung oder Verwertung von der Zustimmung des Urhebers abhängig, wobei es keine Rolle spielt, ob diese Umgestaltungen ihrerseits persönliche geistige Schöpfungen sind oder nicht. Ob eine persönliche geistige Schöpfung vorliegt, ist erst für die Frage von Bedeutung, ob die Umgestaltung ihrerseits Urheberschutz genießt, es handelt sich deshalb um ein Problem des § 3 und nicht des § 23 (s. a. *Dreyer/Kotthoff/Meckel*[2], § 3 Rdnr. 18, die zutreffend darauf hinweisen, dass dabei der Unterschied zwischen dem Begriff der Bearbeitung und den Schutz nach § 3 vermischt wird). Stellt die Umgestaltung eine persönliche geistige Schöpfung dar, so ist sie im Fall einer Bearbeitung unmittelbar nach § 3, im Fall einer anderen Umgestaltung in dessen entsprechender Anwendung geschützt (vgl. § 3 Rdnr. 4; zum Verhältnis von § 3 und § 23 auch § 3 Rdnr. 2). Für die Anwendung des § 23 kommt es allerdings auf diese Abgrenzung nicht an, da der Gesetzgeber Bearbeitungen und andere Umgestaltungen in dieser Vorschrift gleichgestellt hat (s. dazu auch die AmtlBegr. BTDrucks. IV/270 S. 51).

Als **Bearbeitungsrechte** bezeichnet man die Befugnis des Urhebers, gemäß § 23 die Veröffentlichung und Verwertung bzw. (in den Fällen des § 23 S. 2) die Herstellung von Bearbeitungen zu erlauben oder zu verbieten. Je nach Art der Bearbeitung spricht man vom Übersetzungsrecht, Dramatisierungsrecht, Instrumentations- und Adaptionsrecht, Nachbildungsrecht, Verfilmungsrecht usw.

2. Bearbeitungen

Die Bearbeitung setzt eine **Veränderung des Originalwerkes** voraus, die Übernahme ohne Änderungen ist keine Bearbeitung (BGH GRUR 1990, 669/673 – Bibelreproduktion; BGH GRUR 2002, 532/534 – Unikatrahmen; vgl. auch BGH GRUR 1994, 41/43 – Videozweitauswertung II; BGH GRUR 2006, 319/322 – Alpensinfonie). Die Veränderung darf auch nicht in nur völlig unerheblichem Umfang erfolgen; in diesem Sinne ist die bloße Aneinanderreihung von Originalarbeiten vom BGH nicht als Bearbeitung angesehen worden (BGH GRUR 1990, 669/673 – Bibelreproduktion; vgl. ferner OLG Köln GRUR 1987, 42/44 – Lichtbildkopien). Eine Veränderung des Originalwerks kann allerdings auch dann vorliegen, wenn es in seiner Substanz nicht verändert wird. Das urheberrechtlich geschützte Werk ist ein Immaterialgut, das im Werkstück lediglich konkretisiert wird (BGH GRUR 2002, 532/534 – Unikatrahmen; s. a. BGH GRUR 2006, 319 – Alpensinfonie; vgl. ferner § 2 Rdnr. 10); eine Veränderung kann daher auch darin liegen, dass das Werk in einen anderen Sachzusammenhang gestellt wird und dadurch ein anderer Gesamteindruck entsteht (Dreier/*Schulze*[3] § 23 Rdnr. 8). So ist eine Bearbeitung dann anzunehmen, wenn ein geschütztes Werk in ein neues „Gesamtkunstwerk" derart integriert wird, dass es als dessen Teil erscheint, etwa wenn Bilder in Rahmen eingepasst werden, die nach den aufgemalten Motiven jeweils in besonderer Weise den jeweiligen Bildern angepasst sind (BGH GRUR 2002, 532/534 – Unikatrahmen). Die **unveränderte Werkwiedergabe** in Form einer körperlichen Festlegung wird meist als Vervielfältigung bezeichnet (vgl.

§ 23 Bearbeitungen und Umgestaltungen

zB BGH aaO; BGH GRUR 1994, 41/43 – Videozweitauswertung II; sa. AmtlBegr. zum UrhG, BTDrucks. IV/270 S. 46), dabei ist aber zu beachten, dass auch die Bearbeitung (und die andere Umgestaltung) ihrem Wesen nach eine Vervielfältigung des Originalwerks in umgestalteter Form ist (vgl. Rdnr. 3).

8 **Keine Bearbeitung** ist die **Digitalisierung** von Werken (*Dreyer*/Kotthoff/Meckel[2], § 3 Rdnr. 10; *Schricker* in Schricker [Hrsg.], Informationsgesellschaft, S. 40;); es wird lediglich das Format des Werkes, die Art seiner Verkörperung berührt; das Werk als geistige Wesenheit bleibt unverändert. Ebenso wenig ist die **Werkinterpretation** eine Bearbeitung; mit der Schaffung der §§ 73 ff. wollte der Gesetzgeber die systematisch verfehlte Regelung des LUG gerade aufgeben (näher vor §§ 73 ff. Rdnr. 3). Durch die Veränderung des Originalwerkes unterscheidet sich die Bearbeitung auch von der **freien Benutzung;** bei dieser wird keine veränderte Fassung des Originalwerkes geschaffen, sondern das Originalwerk dient lediglich als Anregung für eigenes selbständiges Werkschaffen (vgl. näher § 24 Rdnr. 10). Keine Bearbeitung, sondern freie Benutzung ist die Übertragung eines Werkes in eine ganz **andere Kunstform** (Sprachwerke/Musikwerke/Werke der bildenden Künste), beispielsweise die Komposition eines Musikstücks oder die Gestaltung einer Plastik nach einem Gedicht (vgl. § 24 Rdnr. 23). Bei der Übertragung in eine andere Werkart kann dagegen eine Bearbeitung vorliegen, zB bei der Verfilmung eines Romans (vgl. OLG Hamburg UFITA 86 [1980] 289/293 – Häschenschule) oder seiner Umsetzung in ein pantomimisches oder choreographisches Werk, weiter bei der Erstellung eines Lichtbild- oder Filmwerks nach einem Werk der bildenden Kunst oder einer Darstellung wissenschaftlicher oder technischer Art. Zur Abgrenzung von abhängiger Nachschöpfung und freier Benutzung im Einzelnen vgl. § 24 Rdnr. 8 ff.

9 **Einzelfälle:** Die **Übersetzung** in eine andere Sprache oder Mundart ist, wie sich schon aus § 3 ergibt, stets Bearbeitung. Eine freie Benutzung liegt nicht vor, weil das Originalwerk ja nicht als bloße Anregung dienen, sondern in der anderen Sprachform wiedergegeben werden soll. Auch die **Dramatisierung** eines Romans oder einer Erzählung ist in aller Regel Bearbeitung (BGHZ 26, 52/55 – Sherlock Holmes; *Ulmer*[3] § 56 III 1; *Rehbinder*[15] Rdnr. 368;), ebenso die Herstellung eines Drehbuchs (LG Hamburg GRUR-RR 2004, 233 – Die Päpstin) oder Librettos (OLG Hamburg ZUM 2001, 507/510), und zwar auch dann, wenn Handlungsablauf und Personen weitgehend verändert werden (OLG Hamburg UFITA 86 [1980] 289/293 – Häschenschule). Es reicht aus, dass der Bearbeiter den individuellen Gehalt des Originalwerkes, vor allem dessen auf der schöpferischen Phantasie des Originalurhebers beruhende Fabel übernommen hat (OLG Hamburg UFITA 86 [1980] 289/294; OLG Karlsruhe GRUR 1957, 395 – Trotzkopf; s.a. OLG Hamburg GRUR-RR 2007, 222; *Ulmer*[3] § 56 III 1; vgl. auch § 24 Rdnr. 19). Dabei ist zu berücksichtigen, dass nach der Rechtsprechung des BGH bei Romanen nicht nur die konkrete Textfassung oder die unmittelbare Formgebung eines Gedankens geschützt sind, sondern auch die eigenpersönlich geprägten Bestandteile und formbildenden Elemente des Werkes, die im Gang der Handlung, in der Charakteristik und Rollenverteilung der handelnden Personen, der Ausgestaltung von Szenen und in der „Szenerie" des Romans liegen (BGH GRUR 1999, 984/987 – Laras Tochter; weitere Nachweise in § 2 Rdnr. 56).

10 Eine Bearbeitung oder andere Umgestaltung kann auch darin liegen, das zu einem Roman ein **Fortsetzungsroman** geschrieben wird (BGH GRUR 1999, 984/987 – Laras Tochter; zur Fortsetzung von Werken vgl. *Schmidt-Hern* S. 48 ff.) oder dass ein Roman von einer Buchform in eine **andere Buchform** (z.B. ein Lehrbuch für die Schule) transferiert wird (LG Hamburg GRUR-RR 2004, 65/67 – Harry Potter; dazu auch *Loewenheim* ZUM 2004, 89). Bei **Kürzungen, Streichungen** oder dem Herstellen von **Auszügen** wird es sich in der Regel um eine Wiedergabe des Originalwerks in veränderter Form und damit eine Bearbeitung handeln, auch bei **Erweiterungen** kann dies so sein (zur Schutzfähigkeit der Bearbeitung in solchen Fällen vgl. § 3 Rdnr. 17, 19). Die Erstellung von **abstracts** oder anderen Publikationen für die Aufnahme in Datenbanken oder andere Sammlungen stellt oft eine Bearbeitung dar (OLG Frankfurt GRUR 2008, 249/251 – Abstracts; sa. *Mehrings* GRUR 1983, 275); auch bei **Leitsätzen** kann dies der Fall sein (BGH GRUR 1992, 382 – Leitsätze; OLG Köln ZUM 2009, 243; zur Schutzfähigkeit vgl. § 3 Rdnr. 18; § 2 Rdnr. 101). Ausschlaggebend ist, ob abstract oder Leitsatz eine veränderte Wiedergabe des Originalwerks (Kürzung oder Auszüge) darstellen oder ob lediglich der (nicht geschützte) Inhalt des Originalwerks in eigener Darstellung wiedergegeben wird (OLG Frankfurt GRUR 2008, 249/252f. – Abstracts). Bei der Frage, ob es sich bei abstracts um eine Bearbeitung oder um eine freie Benutzung handelt, will das OLG Frankfurt die vom BGH für Parodie und Satire (dazu § 24 Rdnr. 27 ff.) entwickelten Grundsätze des inneren Abstands (dazu § 24 Rdnr. 12) anwenden (OLG Frankfurt GRUR 2008, 249/251 – Abstracts). Dem steht allerdings entgegen, dass die antithematische Auseinandersetzung mit dem benutzten Werk, die die Grundlage für die Rechtsfigur des inneren Abstands bildet, bei abstracts nicht vorliegen kann. Das OLG Frankfurt will dies durch eine Reihe der anderer Kriterien ausgleichen (OLG Frankfurt GRUR 2008, 249/252 – Abstracts), wobei sich allerdings die Frage stellt, ob es dann noch des Rückgriffs auf die Grundsätze des inneren Abstands bedurft hätte. Keine Bearbeitung sind die sog. **indikativen abstracts**, die lediglich bibliographische Hinweise auf das Originalwerk enthalten. Zur Modernisierung eines Bühnenwerks durch Einfügung von Chorszenen s. KG NJOZ 2005, 4094/4095 – Die Weber.

Bei **Musikwerken** sind Variationen, Einrichtungen für andere Instrumente (zB Klavierauszüge) **11** und dgl. typische Beispiele für Bearbeitungen. Zustimmungspflichtige Bearbeitungen liegen aber auch dann vor, wenn wegen Fehlens einer schöpferischen Leistung bei der Bearbeitung ein Bearbeiterurheberrecht nicht entsteht, zB bei der Umstellung einzelner Sätze oder Teile oder der Umsetzung in einen anderen Takt. Zu Kürzungen, Streichungen, Auszügen und Erweiterungen s. Rdnr. 10. Zu Remixes und Coverversionen s. *Schulz*, Fs für Hertin, S. 213 ff.; keine Bearbeitung eines Musikwerkes ist seine Verbindung mit dem Bildteil eines Films (BGH GRUR 2006, 319 – Alpensinfonie; aA Dreier/*Schulze*[3] § 23 Rdnr. 21). Ebenso sind Nachbildungen im Bereich der **bildenden Kunst** zu beurteilen. Wiedergaben in einer anderen Technik, zB Radierungen, Kupferstiche oder Holzschnitte nach Gemälden oder Plastiken sind meist Bearbeitungen (bzw. andere Umgestaltungen), auch dann, wenn eine schöpferische Leistung dabei nicht erreicht wird (*Ulmer*[3] § 56 III 3; sa. § 3 Rdnr. 33). Die digitale Bildmanipulation wird stets eine Bearbeitung (oder andere Umgestaltung) darstellen (vgl. dazu *Maaßen* ZUM 1992, 338/346; zur digitalen Bearbeitung von Bildern und Filmen vgl. auch *Reuter* GRUR 1997, 23 ff.). Die Wiedergabe in einem anderen Größenverhältnis ist keine Bearbeitung oder Umgestaltung, sondern bloße Vervielfältigung (§ 3 Rdnr. 20). Daher fällt auch die Herstellung von thumbnails nicht unter § 23, sondern unter § 16 (LG Erfurt ZUM 2007, 566; aA OLG Jena GRUR-RR 2008, 223; LG Hamburg MMR 2004, 558/561; *Leistner/Stang* CR 2008, 499/501).

Dass der Gesetzgeber die **Verfilmung** als Bearbeitung ansieht, ergibt sich bereits aus § 23 S. 2 **12** (sa. BGH GRUR 1994, 41/42 – Videozweitauswertung II). Keine Bearbeitung ist dagegen die bloße Fernsehaufzeichnung einer Konzertaufführung (BGH GRUR 2006, 319 – Alpensinfonie) oder die Filmaufnahme eines Theaterstücks, bei der lediglich Laufbilder iSd. § 95 entstehen (*Rehbinder*[15] Rdnr. 372; vgl. auch *v. Ungern-Sternberg* ZHR-Beiheft Nr. 46 [1974] 51/58). Hier erfolgt keine Veränderung des Originalwerkes (vgl. Rdnr. 7); es handelt sich vielmehr um eine Vervielfältigung in unveränderter Form, die, soweit nicht die Voraussetzungen des § 53 vorliegen, nach § 15 Abs. 1 Nr. 1 der Erlaubnis des Urhebers bedarf. Das KG hat zwar die Aufnahme eines Happenings auf Videoband als Bearbeitung angesehen (KG GRUR 1984, 507/508 – Happening); dem hat aber der BGH in der Revisionsentscheidung nicht zugestimmt, sondern die Frage ausdrücklich offengelassen (BGH GRUR 1985, 529 – Happening). Zur Umwandlung von Textpassagen aus einem Drehbuch s. OLG München ZUM 2008, 520.

3. Andere Umgestaltungen

Andere Umgestaltung ist die Abänderung eines Werkes, die nicht dazu bestimmt ist, diesem **13** Werk zu dienen und es einem veränderten Zweck anzupassen (vgl. Rdnr. 4; sa. LG Düsseldorf ZUM 2009, 975/977). Sie kann, muss aber nicht eine persönliche geistige Schöpfung darstellen (vgl. Rdnr. 5). Stellt sie eine solche dar, so erwirbt der Verfasser der Umgestaltung Urheberrechtsschutz in entsprechender Anwendung des § 3 (vgl. § 3 Rdnr. 4). Ebenso wie die Bearbeitung (dazu Rdnr. 7) setzt auch die andere Umgestaltung eine **Veränderung des Originalwerkes** voraus; auch ist sie, soweit eine körperliche Festlegung erfolgt, ihrem Wesen nach keine Vervielfältigung des Originalwerks in umgestalteter Form (s. Rdnr. 3 und 7). Durch die Veränderung des Originalwerkes unterscheidet sich auch die andere Umgestaltung von der **freien Benutzung**, bei der keine veränderte Fassung des Originalwerkes geschaffen wird, sondern das Originalwerk lediglich als Anregung für eigenes selbständiges Werkschaffen dient. Andere Umgestaltungen bilden die Hauptfälle, in denen sich in der Praxis die Frage der freien oder unfreien Benutzung stellt.

Einzelfälle: In der AmtlBegr. sind das Plagiat (vgl. dazu Rdnr. 28 ff.) sowie der Fall genannt, **14** dass der Verfasser der Umgestaltung bei dem Versuch, das fremde Werk zu einer neuen selbständigen Schöpfung frei zu benutzen, scheitert, weil er sich von seinem Vorbild nicht genügend frei machen kann (BTDrucks. IV/270 S. 51). Eine andere Umgestaltung stellt auch die unbewusste Entlehnung dar (dazu Rdnr. 31 f.), ferner die Fortsetzung (dazu OLG Karlsruhe ZUM 1996,

§ 23 Bearbeitungen und Umgestaltungen

810 – Laras Tochter), Karikatur, Satire und Parodie, soweit es sich bei ihnen nicht um eine freie Benutzung handelt (dazu § 24 Rdnr. 24 ff., 27 ff.). Eine Umgestaltung ist auch die Benutzung urheberrechtlich geschützter Musik als Handy-Klingelton (OLG Hamburg GRUR 2008, 282 – Anita; OLG Hamburg GRUR 2006, 323 – Handy-Klingeltöne II; OLG Hamburg GRUR-RR 2002, 249 – Handy-Klingeltöne). Zum „Nachfotografieren" eines fotografischen Motivs s. Bullinger/Garbers-von Boehm GRUR 2008, 24.

III. Das bearbeitete Werk

15 **Gegenstand einer Bearbeitung** kann jedes urheberrechtlich geschützte Werk sein, also auch Sammelwerke und nach § 3 geschützte Bearbeitungen (vgl. zB BGH GRUR 1991, 531 – Brown Girl I; BGH GRUR 1991, 533 – Brown Girl II). Anders als bei § 3 (vgl. dort Rdnr. 10) kommt es bei § 23 allerdings nicht auf die Schutzfähigkeit des bearbeiteten Werks, sondern auf dessen **tatsächliches Geschütztsein** an. Gemeinfreie Werke können zwar bearbeitet werden (und es können Bearbeiterurheberrechte entstehen), sie können aber nicht Gegenstand von Bearbeitungsrechten sein. Sind nur Teile eines geschützten Werkes in abhängiger Nachschöpfung übernommen worden, so liegt eine zustimmungspflichtige Bearbeitung nur vor, wenn gerade diese Teile persönliche geistige Schöpfungen darstellen (BGH GRUR 1981, 267 – Dirlada; OLG Hamburg GRUR 1991, 589/590).

16 Soll festgestellt werden, ob eine **Bearbeitung oder eine freie Benutzung** vorliegt, so ist zunächst zu fragen, ob und gegebenenfalls welche Teile des Originalwerkes in veränderter Form übernommen wurden. Dies erfordert die Feststellung, durch welche objektiven Merkmale die schöpferische Eigentümlichkeit des benutzten Werks bestimmt wird (ständige Rechtsprechung, vgl. BGH GRUR 2004, 855/857 – Hundefigur; BGH GRUR 1994, 191/192 – Asterix-Persiflagen; BGH GRUR 1991, 533/534 – Brown Girl II; BGH GRUR 1988, 810/811 – Fantasy; BGH GRUR 1988, 812/814 – Ein bißchen Frieden; BGH GRUR 1988, 533/535 – Vorentwurf II; BGH GRUR 1987, 704/705 – Warenzeichenlexika; BGH GRUR 1981, 267/269 – Dirlada; BGH GRUR 1980, 853/854 – Architektenwechsel; OLG Stuttgart GRUR 2008, 1084/1086 – TK 50; KG GRUR 1997, 128 – Verhüllter Reichstag I). Grundsätzlich sind nur die im Schutzbereich des benutzten Werks liegenden Entlehnungen rechtlich relevant (BGH GRUR 1991, 533/534 – Brown Girl II; BGH GRUR 1988, 810/811 – Fantasy; BGH GRUR 1988, 812/814 – Ein bißchen Frieden; BGH GRUR 1982, 37/39 – WK-Dokumentation; BGH GRUR 1981, 267 – Dirlada; OLG Stuttgart GRUR 2008, 1084/1086 – TK 50; sa. BGH GRUR 1994, 191/194 – Asterix-Persiflagen); maßgeblich ist dabei allerdings der Gesamteindruck (BGH GRUR 2004, 855/857 – Hundefigur; BGH GRUR 1991, 533/534 – Brown Girl II; BGH GRUR 1988, 533/535 – Vorentwurf II; BGH GRUR 1987, 704/705 – Warenzeichenlexika; OLG Stuttgart GRUR 2008, 1084/1086 – TK 50). Damit ist nicht entscheidend, ob ein nach Umfang und inhaltlicher Bedeutung wesentlicher Teil entlehnt wird, sondern ausschließlich, ob der entlehnte Teil des Werkes als solcher den urheberrechtlichen Schutzvoraussetzungen genügt. Fehlt einem Werkteil die eigenpersönliche Prägung, so ist seine Benutzung zulässig (BGH GRUR 1961, 631/633 – Fernsprechbuch; BGH GRUR 1958, 402/404 – Lili Marleen; BGHZ 9, 262/267 – Lied der Wildbahn I; OLG Stuttgart GRUR 2008, 1084/1086 – TK 50). Vgl. dazu auch § 24 Rdnr. 14).

IV. Verwertung, Veröffentlichung, Herstellung

1. Verwertung und Veröffentlichung

17 In den Fällen des § 23 S. 1 bedarf die Verwertung und Veröffentlichung der Bearbeitung oder Umgestaltung der Einwilligung des Urhebers des Originalwerks. Was **Verwertung** ist, bestimmt sich nach §§ 15–22, vor allem handelt es sich um die in § 15 genannten Fälle körperlicher und unkörperlicher Verwertung. Allerdings hat der Gesetzgeber die Verwertungsrechte in § 15 nicht abschließend aufzählen wollen („insbesondere"), das Bearbeitungsrecht des Urhebers umfasst also auch in § 15 nicht genannte Verwertungsarten (vgl. dazu § 15 Rdnr. 21 f.; Dreier/*Schulze*[3] § 15 Rdnr. 12). In gleicher Weise ist die Einwilligung des Urhebers für Verwertungsarten erforderlich, die noch nicht für die Originalfassung des Werks, sondern erst für die umgestaltete Fassung in Betracht kommen; es muss also beispielsweise der Autor eines Romans der Aufführung der dramatisierten Fassung zustimmen (*Ulmer*[3] § 56 I 2).

Das Recht, die **Veröffentlichung** der Bearbeitung oder Umgestaltung zu untersagen, bezieht **18** sich auf das Recht des Urhebers nach § 12, zu bestimmen, ob und wie sein Werk zu veröffentlichen ist. Der Schutzumfang dieses Rechts erstreckt sich nach § 23 auch auf umgestaltete Werkfassungen (sa. *Plassmann* S. 268 ff.). Da es sich bei § 12 um das Recht zur Erstveröffentlichung handelt (vgl. § 12 Rdnr. 7), wird vielfach angenommen, dass der Urheber die Veröffentlichung der umgestalteten Fassung – soweit nicht die Veröffentlichung gleichzeitig einen Verwertungsakt darstellt – dann nicht mehr untersagen kann, wenn das Originalwerk bereits veröffentlicht ist; dann ist nämlich das Erstveröffentlichungsrecht verbraucht und kann nicht durch § 23 neu begründet werden (*Dreyer/Kotthoff/Meckel*[2], § 23 Rdnr. 9; *Möhring/Nicolini/Ahlberg*[2] § 23 Rdnr. 17; *Ulmer*[3] § 56 I 2; *Rehbinder*[15] Rdnr. 369; *Plassmann* S. 266; sa. Vorauflage Rdnr. 14). Der Urheber sollte aber verhindern können, dass eine veränderte Fassung seines Werkes an die Öffentlichkeit gelangt. Dogmatisch lässt sich das damit begründen, dass nach § 12 der Urheber nicht nur bestimmen kann, ob, sondern auch wie sein Werk zu veröffentlichen ist. Würde er selbst sein Werk umgestalten, so könnte er gemäß § 12 über die Veröffentlichung der umgestalteten Fassung entscheiden; nichts anderes sollte gelten, wenn ein anderer die Umgestaltung vornimmt (so Dreier/*Schulze*[3] § 23 Rdnr. 17; Fromm/Nordemann/*A. Nordemann*[10] §§ 23/24 Rdnr. 24; Wandtke/Bullinger/*Bullinger*[3] § 23 Rdnr. 7; *Schack*[4], Urheber- und Urhebervertragsrecht, Rdnr. 424; *Hörnig* UFITA 99 [1985] 13/68 ff.). Der **Begriff der Veröffentlichung** bestimmt sich nach § 15 Abs. 3 (Dreier/*Schulze*[3] § 23 Rdnr. 17).

2. Herstellung

Aus der gesetzlichen Regelung, dass in § 23 S. 1 nur die Verwertung und die Veröffentlichung an die Einwilligung des Urhebers gebunden ist, folgt, dass die **Herstellung der umgestalteten Fassung in den Fällen des S. 1 frei** ist. Jeder darf also, sofern nicht ein Fall des § 23 S. 2 vorliegt, fremde Werke bearbeiten und umgestalten, solange dies in der Privatsphäre geschieht und damit nicht ein Akt der Veröffentlichung oder Verwertung verbunden ist (Dreier/*Schulze*[3] § 23 Rdnr. 16; Fromm/Nordemann/*A. Nordemann*[10] §§ 23/24 Rdnr. 15; Wandtke/Bullinger/*Bullinger*[3] § 23 Rdnr. 9). Ein solcher Akt der Veröffentlichung oder Verwertung ist zum Beispiel mit der Herstellung verbunden, wenn der Interpret eines Musikstückes bei der Aufführung improvisiert und das Stück somit in umgestalteter Form darbietet (*Ulmer*[3] § 56 IV 1). Die **reine Vervielfältigung** bedarf dagegen, sofern nicht ein Fall des § 53 oder einer sonstigen Schrankenbestimmung vorliegt, auch in der Privatsphäre nach § 15 Abs. 1 Nr. 1 der Zustimmung des Berechtigten. Das Gleiche gilt für Umgestaltungen, die so geringfügig sind, dass sie noch als Vervielfältigung anzusehen sind (Dreier/*Schulze*[3] § 23 Rdnr. 16). Die Herstellung der umgestalteten Fassung schließt deren **körperliche Festlegung** ein, auch sie bedarf also nicht der Einwilligung des Urhebers (*Ulmer*[3] § 56 IV 1). Weitere Festlegungen stellen dagegen, soweit sie nicht Veränderungen gegenüber der ersten Festlegung enthalten und damit wiederum Bearbeitungen sind, Vervielfältigungen nach § 16 dar und bedürfen als solche der Einwilligung des Berechtigten, soweit nicht eine der Schrankenbestimmungen eingreift. § 23 S. 1 stellt also nur die Erstfestlegung einer Bearbeitung frei, nicht dagegen deren weitere Festlegungen.

In den **Fällen des § 23 S. 2** umfasst das Bearbeitungsrecht des Urhebers dagegen nicht nur **20** die Verwertung und Veröffentlichung der Bearbeitung oder Umgestaltung, sondern bereits deren Herstellung. § 23 S. 2 wird durch § 69c Nr. 2 ergänzt; nach dieser Vorschrift erstreckt sich das Recht des Urhebers auch auf die Bearbeitung von **Computerprogrammen,** und zwar bereits auf die Herstellung der Bearbeitung (vgl. dazu § 69c Rdnr. 12). Die Erstreckung des Bearbeitungsrechts auf die Herstellung beruht auf der Überlegung des Gesetzgebers, dass sich diese Fälle nicht im privaten Bereich abspielen und meist bereits in der Absicht gewerblicher Verwertung vorgenommen werden, außerdem wird auf die hohen Herstellungskosten hingewiesen (AmtlBegr. BTDrucks. IV/270 S. 51; vgl. auch Bericht des Rechtsausschusses zu BT-Drucks. IV/3401 S. 3). Die Aufnahme von Datenbankwerken beruht auf Art. 5 lit. b der Datenbankrichtlinie (Richtlinie 96/9/EG v. 11. 3. 1996). Bei der **Verfilmung** betrifft das Einwilligungserfordernis nur die Verfilmung selbst, die Herstellung eines Exposés ist nicht nach § 23 S. 2 einwilligungspflichtig (OLG München UFITA 60 [1971] 317). Das Gleiche gilt für sonstige vorbereitende Arbeiten; die Verfilmung beginnt mit der Aufnahme der Dreharbeiten (Dreier/*Schulze*[3] § 23 Rdnr. 20; Fromm/Nordemann/*A. Nordemann*[10] §§ 23/24 Rdnr. 18; vgl. auch § 90 S. 2). Die vorbereitenden Arbeiten haben jedoch intern zu bleiben; werden sie veröffentlicht oder verwertet, so ist die Zustimmung des Berechtigten bereits nach § 23 S. 1 erforderlich (Dreier/*Schulze*[3] § 23 Rdnr. 20). Keine Verfilmung ist die bloße **Film- oder Fernsehaufzeichnung**

§ 23   Bearbeitungen und Umgestaltungen

eines Theaterstücks oder einer Konzertaufführung (BGH GRUR 2006, 319 – Alpensinfonie; näher dazu Rdnr. 12).

21   Für die **Werke der bildenden Künste** gilt, dass nur die Ausführung der Pläne oder Entwürfe eine Einwilligung erfordert, eine Umgestaltung der Pläne selbst fällt nicht unter § 23 S. 2, es bleibt hier bei der Regelung des S. 1 (Möhring/Nicolini/*Ahlberg*² § 23 Rdnr. 22; *Dreyer*/Kotthoff/Meckel², § 23 Rdnr. 19; *v. Gamm* § 23 Rdnr. 11). Zur Abgrenzung der Werke der bildenden Künste von denen der angewandten Kunst vgl. § 2 Rdnr. 158). Ähnlich ist es bei den **Werken der Baukunst,** erst der Nachbau wird durch § 23 S. 2 erfasst, nicht bereits die Benutzung des Bauwerks zur Herstellung von Plänen für den Nachbau (*Dreyer*/Kotthoff/Meckel², § 23 Rdnr. 19). Die Herstellung von Modellen in kleinem Maßstab ist kein Nachbau; sie ist entweder Vervielfältigung und unterfällt dann dem Verwertungsrecht des Urhebers nach § 15 Abs. 1 Nr. 1 oder eine Umgestaltung, die bei Veröffentlichung oder Verwertung nach § 23 S. 1 der Zustimmung des Berechtigten bedarf (Fromm/Nordemann/*A. Nordemann*[10] §§ 23/24 Rdnr. 20; *Rehbinder*[15] Rdnr. 373; differenzierend *Dreyer*/Kotthoff/Meckel², § 23 Rdnr. 20). Auf die Ausführung von Plänen und Entwürfen zu Werken der bildenden Künste sowie den Nachbau von Werken der Baukunst in nicht umgestalteter Form findet § 53 Abs. 7 Anwendung (dazu § 53 Rdnr. 80).

22   Bei **Datenbankwerken** ist zu berücksichtigen, dass Gegenstand des Schutzes lediglich die Struktur der Datenbank ist und nicht ihr Inhalt (vgl. § 4 Rdnr. 44; sa. Fromm/Nordemann/*A. Nordemann*[10] §§ 23/24 Rdnr. 21). Die Herstellung einer Bearbeitung von in einem Datenbankwerk enthaltenen Werken wird also durch § 23 S. 2 nicht untersagt. Zum Datenbankwerk gehören ferner nicht die zur Herstellung und zum Betrieb der Datenbank verwendeten Computerprogramme (vgl. § 4 Abs. 2 S. 2; dazu dort Rdnr. 43). § 55a gestattet die Bearbeitung eines Datenbankwerkes durch den berechtigten Eigentümer, soweit sie für den Zugang zu dessen Inhalt und für seine übliche Benutzung erforderlich ist. Bei **Computerprogrammen** bedarf die Herstellung einer Bearbeitung nach § 69c Nr. 2 der Einwilligung des Urhebers.

V. Einwilligung

1. Erforderlichkeit

23   Nach § 23 ist die Einwilligung des Urhebers im Regelfall nur für die Verwertung oder Veröffentlichung der Bearbeitung oder anderen Umgestaltung erforderlich, lediglich in den Fällen des S. 2 muss sie bereits für deren Herstellung vorliegen (zu Computerprogrammen vgl. § 69c Nr. 12). Dem Vorschlag, generell die Herstellung an die Einwilligung des Urhebers zu binden und einen Ausnahmebereich für die Herstellung lediglich zum persönlichen Gebrauch zu schaffen, ist der Gesetzgeber aus Praktikabilitätsüberlegungen nicht gefolgt (vgl. BTDrucks. IV/270 S. 51). Dass hinter der Beschränkung der Zustimmungspflicht auf Verwertung und Veröffentlichung die gesetzgeberische Überlegung stand, Umgestaltungen im privaten Bereich zuzulassen, zeigt die Begründung zu den Ausnahmefällen des § 23 S. 2, in der hervorgehoben wird, dass sich die Verfilmung eines Werkes anders als sonstige Umgestaltungen gerade nicht im privaten Bereich abspiele (AmtlBegr. aaO).

24   Eine Einwilligung ist nur insoweit erforderlich, als sich die Umgestaltung auf **urheberrechtlich geschützte Teile** des Originalwerkes bezieht. Auf Abänderungen von ungeschützten Elementen des benutzten Werks, die ihm entnommen werden, findet § 23 keine Anwendung (vgl. BGH GRUR 1981, 267 – Dirlada; BGH GRUR 1988, 812/814 – Ein bißchen Frieden; BGH GRUR 1994, 191/198 – Asterix-Persiflagen). Eine Umgestaltung kann aber vorliegen, wenn im Rahmen eines geschützten Werkes ungeschützte Teile ersetzt, modifiziert oder weggelassen werden und dadurch der Gesamteindruck des Werkes verändert wird.

2. Rechtsnatur, Erteilung und Umfang

25   Die dem Urheber durch § 23 eingeräumten Rechte gehören zum Schutzumfang des Urheberrechts (vgl. Rdnr. 1). Die Einwilligung wird sich in der Regel als die **Einräumung gegenständlicher Nutzungsrechte** am Urheberrecht darstellen, und zwar inhaltlich beschränkt auf die Bearbeitung oder andere Umgestaltung des Werks (Fromm/Nordemann/*A. Nordemann*[10] §§ 23/24 Rdnr. 13; Dreier/*Schulze*³ § 23 Rdnr. 10; Wandtke/Bullinger/*Bullinger*³ § 23 Rdnr. 8, 11; *Dreyer*/Kotthoff/Meckel², § 23 Rdnr. 24; *Hörnig* UFITA 99 [1985] 13/73 ff.). Das bedeutet, dass auf Erteilung und Umfang der Einwilligung idR die Vorschriften der §§ 31 ff. anzuwenden

sind. Der Urheber kann also die Einwilligung in ausschließlicher oder einfacher Form erteilen und das Nutzungsrecht sachlich, räumlich oder zeitlich beschränken(s. Rdnr. 27); ferner kann die Befugnis zur Umgestaltung im Rahmen des § 34 übertragen werden. Es ist aber auch die Erteilung einer rein **schuldrechtlichen vertraglichen Nutzungsgestattung** (vgl. vor §§ 28 ff. Rdnr. 54) oder die Erlaubnis durch **einseitige Einwilligung** (vgl. vor §§ 28 ff. Rdnr. 57) möglich (Dreier/*Schulze*³ § 23 Rdnr. 14).

Die **Erteilung** der Einwilligung kann nicht nur **ausdrücklich,** sondern auch **konkludent** 26 erfolgen. Beim Fehlen einer ausdrücklichen Abrede ist auf den erkennbar übereinstimmend verfolgten Zweck des Werkschaffens und die zwischen den Beteiligten bestehende Beziehung zurückzugehen und zu fragen, ob zur Erreichung dieses Zwecks auch die Einräumung des Bearbeitungsrechts erforderlich ist (BGH GRUR 1986, 458/459 – Oberammergauer Passionsspiele I). Zu Fragen der Erteilung einer Einwilligung vgl. auch OLG Hamburg ZUM 2001, 507/510.

Der **Umfang** der Einwilligung kann nach § 31 Abs. 1 S. 2 räumlich, zeitlich und inhaltlich 27 beschränkt werden (Dreier/*Schulze*³ § 23 Rdnr. 13: Fromm/Nordemann/*A. Nordemann*¹⁰ §§ 23/24 Rdnr. 13). Im Zweifel ist von der Erteilung einer einfachen und nicht einer ausschließlichen Nutzungsbefugnis auszugehen (*Dreyer/Kotthoff/Meckel*², § 23 Rdnr. 26); es kommt aber jeweils auf den Zweck der Rechtseinräumung an, so wird etwa bei der Einräumung des Verlagsrechts oder des Verfilmungsrechts von einem ausschließlichen Nutzungsrecht auszugehen sein. Mangels ausdrücklicher Vereinbarung bestimmt sich der Umfang der Einwilligung gemäß der Zweckübertragungsregel (§ 31 Abs. 5) nach dem Zweck der Bearbeitung (Dreier/*Schulze*³ § 23 Rdnr. 11; Fromm/Nordemann/*A. Nordemann*¹⁰ §§ 23/24 Rdnr. 13; *Dreyer/Kotthoff/Meckel*², § 23 Rdnr. 26). Dabei sind im Wege einer Interessenabwägung auch die urheberpersönlichkeitsrechtlichen Interessen des Urhebers zu berücksichtigen, insbesondere der Gesichtspunkt einer Entstellung des Werkes (BGH GRUR 1989, 106/107 – Oberammergauer Passionsspiele II). Je nach Zweck und Art der Bearbeitung kann der Urheber mit der Einräumung des Nutzungsrechts auch einschneidenden, das künstlerische Konzept berührenden Veränderungen seines Werkes zugestimmt haben (BGH GRUR 1989, 106/108 – Oberammergauer Passionsspiele II; *Dreyer/Kotthoff/Meckel*², § 23 Rdnr. 27).

VI. Sonderfragen

1. Plagiat

Der Begriff des Plagiats ist im Laufe der Zeiten in sehr unterschiedlichem Sinne verwendet 28 worden (dazu näher *Ulmer*³ § 57 III; *Fuchs* S. 7 ff.; *Jörger* S. 23 ff.; *Kastner* NJW 1983, 1151; sa. *Seifert*, Fs. für Traub, S. 343 ff.; *v. Becker*, Fs. für Hertin, 2000, S. 3 ff.). In seinem Kern enthält er den Vorwurf der Aneignung fremden Geistesguts. Plagiat lässt sich als diejenige **Urheberrechtsverletzung** bezeichnen, bei der sich jemand **fremde Urheberschaft bewusst anmaßt** (in diesem Sinne BGH GRUR 1960, 500/503 – Plagiatsvorwurf; OLG Köln GRUR-RR 2003, 26/27 – Taschenlampe; OLG München ZUM 2004, 491/ 492; Dreier/*Schulze*³ § 23 Rdnr. 27; Fromm/Nordemann/*A. Nordemann*¹⁰ §§ 23/24 Rdnr. 60; *Dreyer/Kotthoff/Meckel*², Anhang zu §§ 23, 24 Rdnr. 2; Wandtke/Bullinger/*Bullinger*³ § 24 Rdnr. 12; *Rehbinder*¹⁵ Rdnr. 385; *Hertin* GRUR 1989, 159/160; *Kastner* NJW 1983, 1151/1152; *Seifert*, Fs. für Traub, S. 343/359 ff.; vgl. auch OLG Köln GRUR-RR 2003, 26/27 – Taschenlampe). Es muss also zunächst eine Urheberrechtsverletzung vorliegen; wer gemeinfreie Werke als eigene Schöpfung ausgibt, ist kein Plagiator im Rechtssinne. Die Urheberrechtsverletzung kann einmal in einer Verletzung des **Urheberpersönlichkeitsrechts** liegen; ein Plagiat liegt also auch bei Zitaten oder anderen zulässigen Entlehnungen vor, bei denen die nach § 63 erforderliche Quellenangabe fehlt und dadurch der Eindruck entsteht, das Entlehnte stamme vom Entlehnenden; ebenso dann, wenn ein Nutzungsrecht eingeräumt ist, der Nutzungsberechtigte sich aber selbst als Urheber ausgibt (*Ulmer*³ § 57 III 2; Fromm/Nordemann/*A. Nordemann*¹⁰ §§ 23/24 Rdnr. 60). Die Urheberrechtsverletzung kann ferner in der Verletzung eines **Verwertungsrechts** liegen, sei es, dass der Plagiator das Werk in unveränderter oder dass er es in abgeänderter Form übernimmt. Das Plagiat setzt weiter die **Anmaßung fremder Urheberschaft** voraus, die unberechtigte Benutzung fremder Werke unter Nennung des Autors ist Urheberrechtsverletzung, aber kein Plagiat (BGH GRUR 1960, 500/503 – Plagiatsvorwurf; Fromm/Nordemann/*A. Nordemann*¹⁰ §§ 23/24 Rdnr. 60). Schließlich muss die Anmaßung **bewusst** erfolgen, fehlt es daran, so handelt es sich nicht um ein Plagiat, sondern um eine unbewusste Entlehnung (dazu Rdnr. 31 f.).

Der Plagiator versucht sich dem Plagiatsvorwurf vielfach dadurch zu entziehen, dass er sein Plagiat als Parodie ausgibt. Diese ist jedoch dadurch gekennzeichnet, dass sie erkennbar auf das parodierte Werk Bezug nimmt, was beim Plagiat gerade nicht der Fall ist (näher zur Parodie § 24 Rdnr. 27 ff.).

29 Das Gesetz kennt den Begriff des Plagiats nicht. Wird der Vorwurf des Plagiats erhoben, so kommt es rechtlich darauf an, ob ein Tatbestand der **Urheberrechtsverletzung** erfüllt ist. Die bewusste Anmaßung fremder Urheberschaft stellt stets einen Verstoß gegen das in § 13 geregelte Recht auf Anerkennung der Urheberschaft dar (s. § 13 Rdnr. 8; *Dreyer/Kotthoff/Meckel*[2], Anh. zu §§ 23, 24 Rdnr. 3). Als unzulässige Verwertung fremder Werke verletzt das Plagiat bei unveränderter Übernahme die Verwertungsrechte der §§ 15 ff., bei Übernahme in abgeänderter Form handelt es sich um eine andere Umgestaltung iSd. § 23, die dem Bearbeitungsrecht des Urhebers unterliegt (vgl. auch Rdnr. 4).

30 Verschiedentlich wird auch der Begriff des **Selbstplagiats** verwendet. Damit sind Fälle gemeint, in denen der Urheber eigene frühere Werke für späteres Schaffen benutzt. Angesichts des mit dem Begriff des Plagiats verbundenen moralischen Vorwurfs ist die Bezeichnung unglücklich, denn prinzipiell ist die Verwendung eigener früherer Werke natürlich erlaubt. Eine Rechtsverletzung kann nur darin liegen, dass der Urheber sich vertraglich gebunden hat, indem er anderen Nutzungsrechte eingeräumt und sich selbst Enthaltungspflichten auferlegt hat, gegen die er durch die spätere Benutzung früherer Werke verstößt. Das ist aber eine Problematik des Urhebervertragsrechts und nicht des § 23 (vgl. Dreier/*Schulze*[3] § 23 Rdnr. 27; Fromm/Nordemann/*A. Nordemann*[10] §§ 23/24 Rdnr. 61; *Ulmer*[3] § 57 III 2 und § 102 II; *Schack*[4], Urheber- und Urhebervertragsrecht, Rdnr. 256; *Rehbinder*[15] Rdnr. 386; eingehend *Schricker*, Verlagsrecht[3] § 2 Rdnr. 9 ff.).

2. Unbewusste Entlehnung

31 Bei der unbewussten Entlehnung handelt es sich um die urheberrechtsverletzende **unbewusste Übernahme fremden Geistesguts.** Vom Plagiat unterscheidet sich also die unbewusste Entlehnung nur dadurch, dass ihr das subjektive Merkmal der bewussten Anmaßung fehlt, die objektiven Voraussetzungen des Plagiats (vgl. Rdnr. 28) müssen vorliegen (Fromm/Nordemann/*A. Nordemann*[10] §§ 23/24 Rdnr. 62 f.; *Schack*[4], Urheber- und Urhebervertragsrecht, Rdnr. 254; vgl. auch BGH GRUR 1960, 251/252 – Mecki-Igel II). Zur Abgrenzung von der Doppelschöpfung vgl. Rdnr. 33. Auch die unbewusste Entlehnung ist **abhängige Nachschöpfung,** dadurch unterscheidet sie sich von der freien Benutzung. Mit Recht wird darauf hingewiesen, dass die unbewusste Entlehnung nicht nur eine Ausrede ertappter Plagiatoren ist, sondern dass es tatsächlich zahlreiche Fälle gibt, in denen aufgenommene Eindrücke in das Unterbewusstsein absinken, um dann später als vermeintlich eigene Ideen wieder aufzutauchen (Fromm/Nordemann/*A. Nordemann*[10] §§ 23/24 Rdnr. 62 mit Beispielen; *Hertin* GRUR 1989, 159/160). Der Psychologie ist dies als Kryptomnesie ein bekanntes Phänomen.

32 Ungeachtet der Tatsache, dass der unbewussten Entlehnung im Gegensatz zum Plagiat der moralische Vorwurf fehlt, handelt es sich bei ihr um eine **Urheberrechtsverletzung** (BGH GRUR 1988, 810/811 – Fantasy; BGH GRUR 1971, 266/268 – Magdalenenarie; BGH GRUR 1960, 251 – Mecki-Igel II; Fromm/Nordemann/*A. Nordemann*[10] §§ 23/24 Rdnr. 63; Dreier/*Schulze*[3] § 23 Rdnr. 28; *Dreyer/Kotthoff/Meckel*[2] Anhang zu §§ 23, 24 Rdnr. 6). Soweit, wie meist, die Entlehnung als abgeänderte Übernahme erfolgt (bei identischer Übernahme größerer Teile kann man unbewusstes Handeln meist ausschließen), liegt eine andere Umgestaltung iSd. § 23 vor. In der Praxis wird meist darum gestritten, ob es sich um eine unbewusste Entlehnung (und damit um eine abhängige Nachschöpfung) oder um eine freie Benutzung iSd. § 24 handelt (vgl. zB BGH GRUR 1971, 266 – Magdalenenarie; BGH GRUR 1988, 810 – Fantasy; BGH GRUR 1988, 812 – Ein bißchen Frieden).

3. Doppelschöpfung

33 Von der unbewussten Entlehnung ist die Doppelschöpfung zu unterscheiden, bei der **mehrere Urheber unabhängig voneinander übereinstimmende Werke geschaffen** haben, ohne dass der eine bewusst oder unbewusst auf das Werk des anderen zurückgegriffen hätte. Eine hundertprozentige Übereinstimmung wird zwar nach menschlicher Erfahrung kaum eintreten. Im Ähnlichkeitsbereich liegende Gestaltungen sind aber durchaus möglich, besonders wenn der Spielraum für individuelles Schaffen begrenzt ist und die Individualität nur in bescheidenem Maße zutage tritt (vgl. BGHZ 50, 340/350 – Rüschenhaube; Fromm/Nordemann/*A. Norde-*

mann[10] §§ 23/24 Rdnr. 64f.; *Hertin* GRUR 1989, 159/160; *v. Moltke* S. 208). Am ehesten finden sich solche Fälle im Bereich der kleinen Münze (zu diesem Begriff § 2 Rdnr. 39ff.), etwa bei Prospekten, Tabellen und dgl. oder bei leichter Unterhaltungsmusik (KG GRUR-RR 2002, 49/50 – Vaterland; *Schulze* ZUM 1994, 15/19, Fromm/Nordemann/*A. Nordemann*[10] §§ 23/24 Rdnr. 65; Dreier/*Schulze*[3] § 23 Rdnr. 29), ferner dann, wenn die beteiligten Urheber auf gemeinfreies Kulturgut zurückgreifen, das sie in eigenschöpferischer, aber ähnlicher Weise zu einem Werk formen (vgl. BGH GRUR 1971, 266 – Magdalenenarie; KG GRUR-RR 2002, 49/50 – Vaterland).

Bei Beurteilung der **Frage, ob eine Doppelschöpfung vorliegt,** ist davon auszugehen, 34 dass angesichts der Vielfalt der individuellen Schaffensmöglichkeiten auf literarischem und künstlerischem Gebiet eine weitgehende Übereinstimmung von Werken, die auf selbständigem Schaffen beruhen, nach menschlicher Erfahrung nahezu ausgeschlossen erscheint (BGH GRUR 1988, 812/814f. – Ein bißchen Frieden; BGH GRUR 1971, 266/268 – Magdalenenarie; BGHZ 50, 344/350f. – Rüschenhaube; Fromm/Nordemann/*A. Nordemann*[10] §§ 23/24 Rdnr. 64f.; Dreier/*Schulze*[3] § 23 Rdnr. 29; *Ulmer*[3] § 2 III; *v. Moltke* S. 208). Weitgehende Übereinstimmungen legen deshalb in der Regel die Annahme nahe, dass der Urheber des jüngeren Werkes das ältere Werk bewusst (Plagiat, dazu Rdnr. 28) oder unbewusst (unbewusste Entlehnung, dazu Rdnr. 31) benutzt hat, insoweit kann man von einem **Anscheinsbeweis** ausgehen (BGH GRUR 1988, 810/811 – Fantasy; BGH GRUR 1971, 266/268 – Magdalenenarie; BGH GRUR 1991, 533/535 – Brown Girl II; KG GRUR-RR 2002, 49/50 – Vaterland; KG GRUR-RR 2001, 292/294 – Bachforelle; OLG Köln GRUR 2000, 43/44 – Klammerpose; Dreyer/Kotthoff/Meckel[2] Anhang zu §§ 23, 24 Rdnr. 9; Wandtke/Bullinger/*Bullinger*[3] § 23 Rdnr. 21; *Schricker* Anm. zu BGH GRUR 1988, 812, 815/816; *Hertin* GRUR 1989, 159/160). Dieser Anscheinsbeweis ist allerdings dann als ausgeräumt anzusehen, wenn nach den Umständen ein anderer Geschehensablauf nahe liegt, nach dem sich die Übereinstimmungen auch auf andere Weise als durch ein Zurückgreifen des Schöpfers des neuen Werks auf das ältere erklären lassen (vgl. BGH GRUR 1988, 810/811 – Fantasy; BGH GRUR 1988, 812/814 – Ein bißchen Frieden; BGH GRUR 1971, 266/268f. – Magdalenenarie; LG Mannheim NJW-RR 1998, 45/46f. – Hippos; OLG Köln GRUR 2000, 43/44 – Klammerpose).

Die Doppelschöpfung stellt **keine Urheberrechtsverletzung** dar (BGH GRUR 1988, 35 810/811 – Fantasy; BGH GRUR 1971, 266/268 – Magdalenenarie; OLG Köln GRUR 2000, 43/44 – Klammerpose; Fromm/Nordemann/*A. Nordemann*[10] §§ 23/24 Rdnr. 64f.; Dreier/*Schulze*[3] § 23 Rdnr. 29; Dreyer/Kotthoff/Meckel[2] Anhang zu §§ 23, 24 Rdnr. 8; *Ulmer*[3] § 2 III; *v. Moltke* S. 208; *Schulze* ZUM 1994, 15/19; *Chakraborty* S. 44). Keiner der beiden Urheber kann dem anderen die Benutzung und Verwertung der Übereinstimmungen untersagen (Dreier/*Schulze*[3] § 23 Rdnr. 29). Das Urheberrecht schützt die persönliche geistige Schöpfung und folgt anders als die gewerblichen Schutzrechte nicht dem Grundsatz der Priorität. Es setzt nur subjektive, nicht objektive Neuheit voraus (vgl. § 2 Rdnr. 42). Auch soweit einer der beiden Urheber Nutzungsrechte an dem von ihm geschaffenen Werk einräumt, liegt darin keine Verletzung des Urheberrechts des anderen Urhebers. Im Übrigen kann aber jeder der beiden Urheber Dritten die ungenehmigte Benutzung seines Werks untersagen.

§ 24 Freie Benutzung

(1) **Ein selbständiges Werk, das in freier Benutzung des Werkes eines anderen geschaffen worden ist, darf ohne Zustimmung des Urhebers des benutzten Werkes veröffentlicht und verwertet werden.**

(2) **Absatz 1 gilt nicht für die Benutzung eines Werkes der Musik, durch welche eine Melodie erkennbar dem Werk entnommen und einem neuen Werk zugrunde gelegt wird.**

Schrifttum: *v. Becker*, Poesie, Plagiat, Poe – ein Rundblick zum Plagiat in der Literatur, Fs. für Hertin, 2000, S. 3; *ders.*, Parodiefreiheit und Güterabwägung – Das „Gies-Adler"-Urteil des BGH, GRUR 2004, 104; *ders.*, Neues zur Parodie, in Fs. für Loewenheim, 2009, S. 3; *Brauneck*, Kritische Anmerkungen zur konventionellen gerichtlichen Prüfungsmethodik bei satirischen Darstellungen, ZUM 2004, 887; *Brauns*, Die Entlehnungsfreiheit im Urheberrechtsgesetz, 2001; *Brockmann*, Volksmusikbearbeitung und Volksmusikschutz im Lichte der Urheberrechtsnovelle 1985, 1995; *Bullinger/Garbers-von Boehm*, Der Blick ist frei – nachgestellte Fotos aus urheberrechtlicher Sicht, GRUR 2008, 24; *Erdmann*, Verwendung zeitgenössischer Literatur für Unterrichtszwecke am Beispiel Harry Potter, WRP 2002, 1329; *Chakraborty*, Das Rechtsinstitut der freien Benutzung im Urheberrecht, 1997; *Fellerer*, Bearbeitung und Elektronik als musikalisches Problem im Urheberrecht, 1965; *Franzen/v. Olenhusen*, Lichtbildwerke, Lichtbilder und Fotoimitate, Abhängige Bearbeitung oder freie Benutzung?, UFITA 2007/II, S. 435; *Fromm*,

§ 24 Freie Benutzung

Das Recht zur Fortsetzung eines urheberrechtlich geschützten Werks, UFITA 29 (1959) 321; *v. Gamm*, Fortsetzung eines fremden Werks, Fs. für Wendel, 1969, S. 85; *Grossmann*, Die Schutzfähigkeit von Bearbeitungen gemeinfreier Musikwerke, 1995; *Gutsche*, Urheberrecht und Volksmusik, 1996; *Heath*, Parodies Lost, Fs für Dietz, 2002, S. 401; *Hanser-Strecker*, Das Plagiat in der Musik, Diss. Frankfurt, 1968; *Hefti*, Die Parodie im Urheberrecht, 1977; *ders.*, Die Parodie im Urheberrecht, FuR 1977, 515; *ders.*, Die Parodiebehandlung in der Bundesrepublik Deutschland, FuR 1976, 742; *Hess*, Urheberrechtsprobleme der Parodie, 1993; *Hoeren*, Sounds von der Datenbank – Zur urheber- und wettbewerbsrechtlichen Beurteilung des Samplings in der Popmusik, GRUR 1989, 11; *Hörnig*, Das Bearbeitungsrecht und die Bearbeitung im Urheberrecht unter besonderer Berücksichtigung von Werken der Literatur, UFITA 99 (1985) 13; *Jörger*, Das Plagiat in der Popularmusik, 1992 (UFITA-Schriftenreihe Bd. 99); *Joseph/Schwanhäußer*, Das Recht auf Fortsetzung, GRUR 1962, 444; *Klatt*, Zur Reichweite des Laufbildschutzes bei der Frage der freien Benutzung iS des § 24 I UrhG, AfP 2008, 350; *Loewenheim*, Die Benutzung urheberrechtlich geschützter Schriftwerke in Sekundärliteratur für den Schulunterricht, ZUM 2004, 89; *Mauch*, Die rechtliche Beurteilung von Parodien im nationalen Urheberrecht der Mitgliedstaaten der Europäischen Union, 2003; *Münker*, Urheberrechtliche Zustimmungserfordernisse beim Digital Sampling, 1995; *Noll*, Parodie und Variation, M&R 2006, 196; *v. Olenhusen/Ling*, Parodie und Urheberrechtsverletzung in der Schweiz und in Deutschland, insbesondere im Bereich der bildenden Künste, UFITA 2003 Bd. III, 695; *Ott*, Zulässigkeit der Erstellung von Thumbnails durch Bilder- und Nachrichtensuchmaschinen?, ZUM 2007, 119; *Platho*, Die Parodie: Eine „freie Bearbeitung" nach § 23 UrhG, GRUR 1992, 360; *Poll*, „TV-Total" – Alles Mattscheibe, oder was?, ZUM 2004, 511; *v. Rauscher auf Weeg*, Das Urheberrecht der Musik und seine Verwertung, Fs. zum hundertjährigen Bestehen der Deutschen Vereinigung für Gewerblichen Rechtsschutz und Urheberrecht, 1991, S. 1265 (zitiert: GRUR-Fs.); *Rehbinder*, Zum Urheberrechtsschutz für fiktive Figuren, insbesondere für die Träger von Film- und Fernsehserien, Fs. für Schwarz, 1988, S. 163 ff.; *Reinhart*, Das Institut der freien Benutzung im Urheberrecht, UFITA 103 (1986) 65; *Riedel*, Originalmusik und Musikbearbeitung, 1971; *Röhl*, Die urheberrechtliche Zulässigkeit des Tonträger-Sampling, K & R 2009, 172; *Ruijsenaars*, Comic-Figuren und Parodien, Teil II: Beurteilungskriterien für die zulässige Parodie, GRUR Int. 1993, 918; *Rütz*, Die Parodie in der Informationsgesellschaft – zugleich Anm. zu BGH Giesadler, WRP 2004, 323; *Schlingloff*, Unfreie Benutzung und Zitierfreiheit bei urheberrechtlich geschützten Werken der Musik, 1990; *Schmidt-Hern*, Die Fortsetzung von urheberrechtlich geschützten Werken, 2001 (UFITA-Schriftenreihe Bd. 188); *Schmieder*, Der Wettbewerbsgedanke im Urheberrecht dargestellt an Fragen der Werkfortsetzung, des Selbstplagiats und der Parodie, UFITA 80 (1977) 127; *ders.*, Freiheit der Kunst und freie Benutzung urheberrechtlich geschützter Werke, UFITA 93 (1982) 63; *Slopek*, Die Parodie im Urheberrecht, WRP 2009, 20; *Stuhlert*, Die Behandlung der Parodie im Urheberrecht, 2002; *Schulz* „Remixes" und „Coverversionen", Fs. für Hertin, 2000, S. 213; *Schulze G.*, Urheberrecht und neue Musiktechnologien, ZUM 1994, 15; *Schulze/Petzl/Schwenn/Neumeister/Becker/Schneider/Riedel*, Plagiat, 1959; *Strömholm*, Zur Problematik der Fortsetzung eines urheberrechtlich geschützten Werkes, GRUR 1968, 187; *Vianello*, Lizenzierung von Musik in nutzergenerierten Videos – Der steinige Weg zur Verwendung im Internet, MMR 2009, 90; *Vinck*, Parodie und Urheberschutz, GRUR 1973, 251; *Vogel*, Überlegungen zum Schutzumfang der Leistungsschutzrechte des Filmherstellers – angestoßen durch die TV-Total-Entscheidung des BGH, in Fs. für Loewenheim, 2009, S. 367; *Wanscher*, Probleme der Fortsetzung eines urheberrechtlich geschützten Werks, Diss. München 1976; *Weßling*, Der zivilrechtliche Schutz gegen digitales Sound-Sampling, 1995; *Wolpert*, Der Schutz der Melodie im neuen Urheberrechtsgesetz, UFITA 50 (1967) 769; *Würtenberger*, Karikatur und Satire aus strafrechtlicher Sicht, NJW 1982, 610.
Siehe auch die Literaturangaben bei § 23.

Übersicht

	Rdnr.
A. Zweck und Bedeutung der Norm	1, 2
B. Gemeingut	3–7
C. Freie Benutzung	8–31
I. Selbständiges Werk	9
II. Freiheit der Benutzung	10–21
III. Das benutzte Werk	22
IV. Einzelfragen	23–31
1. Übertragung in eine andere Kunstform	23
2. Fortsetzungswerke	24–26
3. Parodie	27–31
D. Melodienschutz	32–36

A. Zweck und Bedeutung der Norm

1 § 24 regelt Fälle, in denen im Gegensatz zu § 23 bei der Benutzung eines fremden Werkes die Einwilligung des Urhebers nicht erforderlich ist. Frei benutzbar ist zunächst alles, was kulturelles **Gemeingut,** dh. urheberrechtlich nicht bzw. nicht mehr geschützt ist (dazu Rdnr. 3 ff.). Das ergibt sich unmittelbar aus den Schutzgrenzen des Urheberrechts, einer Heranziehung des § 24 bedarf es insoweit nicht. Unter § 24 fallen vielmehr die Sachverhalte, in denen jemand das geschützte Werk eines anderen für sein eigenes Werkschaffen benutzt, wobei aber diese Benutzung nicht in einer Umgestaltung des fremden Werkes liegt (dann wäre § 23 anzuwenden), sondern das fremde Werk lediglich als Anregung für das eigene Werkschaffen dient. Diese Fälle werden als **freie Benutzung** (dazu Rdnr. 8 ff.) bezeichnet. Die Inanspruchnahme fremder Leistung

weist also bei der freien Benutzung einen wesentlich geringeren Intensitätsgrad als bei der Umgestaltung auf (vgl. auch OLG Frankfurt/M ZUM 1996, 97/98). Sie kann ohne Zustimmung des Urhebers des benutzten Werks erfolgen. § 24 findet auch auf den Schutz wissenschaftlicher Ausgaben (§ 70 Abs. 1), den Lichtbildschutz (§ 72 Abs. 1), sowie den Laufbildschutz (BGH GRUR 2000, 703/706 – Mattscheibe; BGH GRUR 2008, 693/695 – TV-Total; s. dazu *v. Becker* in Fs. für Loewenheim, S. 3/10 ff.; *Vogel* in Fs. für Loewenheim, S. 367/373 ff.) Anwendung.

Der **Grund für diese Regelung** liegt darin, dass kulturelles Schaffen nicht ohne ein Aufbauen auf früheren Leistungen anderer Urheber denkbar ist. Die Auseinandersetzung mit fremden Werken und die Aufnahme von Anregungen aus ihnen gehören zum Wesen geistigschöpferischer Tätigkeit und lassen sich durch zahllose Beispiele belegen. Viele Werke der Literatur und der bildenden Künste sind durch frühere Schöpfungen inspiriert, in der Musik sind Variationen oder Phantasien über ein fremdes Thema eine gängige Gestaltungsform. Nicht nur freie, sondern auch geschützte Werke werden dabei in Anspruch genommen. Dem trägt § 24 ebenso Rechnung wie früher § 13 LUG und § 16 KUG. Die Inanspruchnahme fremder Leistung in diesem Rahmen rechtfertigt sich dadurch, dass auch der Urheber, dessen Werk in Anspruch genommen wird, seinerseits wieder auf fremden Schöpfungen aufgebaut hat bzw. aufbauen konnte. Grenzen müssen solcher Inanspruchnahme allerdings gezogen werden. Dies geschieht in § 24 dadurch, dass ein selbständiges neues Werk entstehen muss (dazu Rdnr. 9) und dass es sich um eine freie Benutzung handeln muss, bei der angesichts der Individualität des neuen Werks die Wesenszüge des benutzten Werks verblassen (dazu Rdnr. 10 ff.). 2

B. Gemeingut

Zum frei benutzbaren (vgl. auch Rdnr. 1) Gemeingut zählen zunächst **tatsächliche Gegebenheiten und Ereignisse,** alles, was **durch Natur oder Geschichte vorgegeben** ist. Dazu gehören die gesamte physische Umwelt des Menschen wie Länder und Landschaften, Fauna, Flora, Naturerscheinungen usw., historische Personen und Geschehnisse (sa. OLG München ZUM 1995, 427/428; LG Hamburg GRUR-RR 2003, 233/234, 240 – Die Päpstin), Tagesereignisse und Nachrichten tatsächlichen Inhalts (dazu OLG Hamburg GRUR 1978, 307/308 – Artikelübernahme), tatsächliche Angaben in Verzeichnissen und dgl. (BGH GRUR 2002, 958/959 – Technische Lieferbedingungen; BGH GRUR 1999, 923/924 – Tele-Info-CD), Naturgesetze und Daten (dazu BGH GRUR 1987, 704/705 – Warenzeichenlexika). Auch die Ereignisse des eigenen Lebens sind als solche frei und können von anderen dargestellt werden. Diese tatsächlichen Gegebenheiten und Ereignisse können von jedermann und immer wieder zum Gegenstand der Darstellung gemacht werden und fallen als solche auch dann, wenn sie künstlerisch bearbeitet werden, nicht in den Schutzbereich des Urheberrechts. Das gilt auch dann, wenn die Feststellung dieser Gegebenheiten und Ereignisse mit erheblicher Mühe und Aufwand verbunden ist (vgl. OLG München ZUM 1995, 427/428); Mühe, Aufwand und Kosten, die für eine Leistung aufgewendet werden, begründen nicht deren urheberrechtliche Schutzfähigkeit (vgl. § 2 Rdnr. 47). Siehe zum freien Gemeingut auch Fromm/Nordemann/*A. Nordemann*[10] § 24 Rdnr. 30 ff.; Dreier/*Schulze*[3] § 24 Rdnr. 4. 3

Frei benutzbares Gemeingut sind auch solche **vom menschlichen Geist geschaffenen Gestaltungen,** die **dem Urheberschutz nicht unterliegen** (Fromm/Nordemann/*A. Nordemann*[10] § 24 Rdnr. 31 ff.). Das sind einmal alle Gestaltungen, die von vornherein nicht schutzfähig sind, weil es an der persönlichen geistigen Schöpfung, insbesondere an der erforderlichen Individualität fehlt (zu den Schutzvoraussetzungen vgl. § 2 Rdnr. 11 ff.). Das sind weiter alle Gestaltungen, die zwar an sich schutzfähig, aber so alt sind, dass der Urheberschutz inzwischen abgelaufen ist oder die in einer Zeit entstanden sind, als es noch keinen Urheberschutz gab. Auch die berühmtesten Werke können 70 Jahre nach dem Tode ihres Urhebers (§ 64) von jedermann benutzt werden. Gemeinfrei ist auch das gesamte kulturelle Geistesgut, dessen Urheber nie bekannt geworden ist, wie Sagen, Fabeln, Märchen, Volkslieder oder alte Werke unbekannter Meister (Mestmäcker/Schulze/*Haberstumpf* § 24 Rdnr. 11). Die Nachbildung einer aus dem 15. Jahrhundert stammenden Madonnenstatue kann daher keine Urheberrechtsverletzung sein (BGHZ 44, 288/292 – Apfelmadonna); allerdings kann, wenn solche Werke in fremdem Eigentum stehen, in deren Benutzung (etwa im Anfertigen und Verwerten von Lichtbildern) eine Eigentumsverletzung liegen (BGH GRUR 1975, 500 – Schloß Tegel; BGHZ 44, 288/293 – Apfelmadonna). Der bloße Umstand, dass der Urheber nicht feststellbar ist, macht freilich ein 4

Werk nicht gemeinfrei, eine Rechtsverfolgung wird jedoch meist aus praktischen Gründen ausscheiden.

5 Zum frei benutzbaren Gemeingut zählt weiter der Inhalt von **Gedanken und Lehren** (Fromm/Nordemann/*A. Nordemann*[10] § 24 Rdnr. 34; Mestmäcker/Schulze/*Haberstumpf* § 24 Rdnr. 12 ff.). Die Rücksicht auf die Freiheit des geistigen Lebens fordert es, dass Gedanken und Lehren in ihrem Kern, ihrem gedanklichen Inhalt, in ihrer politischen, wirtschaftlichen oder gesellschaftlichen Aussage, Gegenstand der freien geistigen Auseinandersetzung bleiben, dass ihre Diskussion und Kritik nicht urheberrechtlich untersagt werden kann. Das betrifft nicht nur überlieferte Gedanken und Lehren, sondern auch solche, die in geschützten Werken neu offenbart werden oder vom Urheber erst erdacht worden sind (vgl. auch § 2 Rdnr. 59). Der Begriff des Gemeinguts ist insofern ein normativer Begriff (*Ulmer*[3] § 19 IV 1). Dies gilt auch für **wissenschaftliche Lehren und Theorien.** Sie müssen im Interesse des wissenschaftlich-technischen Evolutionsprozesses frei gehalten werden, der in der ständigen Auseinandersetzung mit dem Ideengut anderer und dessen Überprüfung mit dem Ziel der Verifizierung oder Falsifizierung besteht (vgl. näher § 2 Rdnr. 61 ff., insb. Rdnr. 65). Frei ist aber nur der gedankliche Inhalt, die Form der Darstellung dieses Inhalts ist schutzfähig (näher dazu § 2 Rdnr. 59 ff.). So darf etwa ein juristisches Lehrbuch nicht kopiert oder in umgestalteter Form verwertet werden, das in ihm enthaltene wissenschaftliche Gedankengut ist dagegen frei.

6 Unter urheberrechtlichen Gesichtspunkten frei benutzbar sind auch **wirtschaftliche und kaufmännische Organisationsmethoden oder -systeme** sowie **Spielsysteme für Gesellschafts- und sonstige Spiele** (dazu § 2 Rdnr. 6), die **Methode** des Schaffens, der **Stil**, die **Manier** und die **Technik** der Darstellung (dazu § 2 Rdnr. 49) sowie **Ideen** und **Motive** (dazu § 2 Rdnr. 51 ff.). Frei ist auch, was zum musikalischen Allgemeingut gehört wie die formalen Gestaltungselemente, die auf den Lehren von der Harmonik, Rhythmik und Melodik beruhen (s. dazu § 2 Rdnr. 122). Grenzen für die Benutzung können sich allerdings aus dem Recht gegen den unlauteren Wettbewerbs ergeben (sa. Fromm/Nordemann/*A. Nordemann*[10] § 24 Rdnr. 37; Dreier/*Schulze*[3] § 24 Rdnr. 4).

7 Ist **Gemeingut bereits zu einer Werkschöpfung benutzt** worden, so bleibt die Benutzung des gemeinfreien Originals auch insoweit frei, als es in eigenschöpferischen Nachbildungen seinen Niederschlag gefunden hat. Der Nachbildner einer mittelalterlichen Madonnenstatue kann daher auch dann, wenn er an seiner Nachbildung ein Bearbeiterurheberrecht erworben hat, Dritten weitere Nachbildungen des Originals nicht untersagen, selbst dann nicht, wenn zur Übernahme bestimmter Züge des Originals ein Werkstück des Nachbildners benutzt wird (BGHZ 44, 288/293 – Apfelmadonna). Ein fotografisches Motiv (Szene aus einem Theaterstück) darf nachgestellt und erneut fotografiert werden, es sei denn, diese Szene genießt ihrerseits Urheberrechtsschutz (OLG Hamburg ZUM-RD 1997, 217/221 – Troades; *Bullinger, Garbers-von Boehm* GRUR 2008, 24/30). Andererseits dürfen die individuellen Züge der Nachbildung nicht benutzt werden. Legt ein Komponist einer Rhapsodie ein gemeinfreies Volkslied zugrunde, so darf ein zweiter Komponist nur das Volkslied, nicht aber individuelle Züge der Benutzung des Liedes in der Rhapsodie übernehmen (LG Frankfurt/M UFITA 22 [1956] 372 – Schwedenmädel).

C. Freie Benutzung

8 Freie Benutzung iSd. § 24 ist die **Benutzung eines geschützten Werks** und nicht Benutzung freien Gemeinguts (vgl. Rdnr. 1). Sie setzt nach dem Gesetzeswortlaut voraus, dass ein **selbständiges Werk** entsteht (dazu Rdnr. 9) und dass es in **freier Benutzung** geschaffen wird (dazu Rdnr. 10 ff.). Beide Tatbestandsmerkmale überschneiden sich freilich; der im Anschluss an die bisherige Rechtsprechung in das UrhG 1965 neu aufgenommene Begriff des selbständigen Werkes wird von der Rechtsprechung weitgehend durch die freie Benutzung ausgefüllt (vgl. Rdnr. 9). Das in unfreier Benutzung geschaffene Werk ist regelmäßig kein selbständiges Werk, sondern abhängige Nachschöpfung.

I. Selbständiges Werk

9 § 24 setzt die Schaffung eines Werkes voraus. Das bedeutet im Hinblick auf § 2 Abs. 2, dass durch die Benutzung des fremden Werks eine **persönliche geistige Schöpfung** (dazu § 2

Rdnr. 8 ff.) entstehen muss (Dreier/*Schulze*[3] § 24 Rdnr. 5; Fromm/Nordemann/*A. Nordemann*[10] § 24 Rdnr. 42; Möhring/Nicolini/*Ahlberg*[2] § 24 Rdnr. 2; Wandtke/Bullinger/*Bullinger*[3] § 24 Rdnr. 2). Erst die Bereicherung des kulturellen Gesamtguts durch eine neue eigenschöpferische Leistung rechtfertigt die Inanspruchnahme fremden Schaffens (vgl. auch Rdnr. 2). Das entstehende Werk muss aber darüber hinaus in seiner schöpferischen Ausdruckskraft gegenüber dem benutzten Werk **selbständig** sein (BGH GRUR 2009, 403/406 – Metall auf Metall; BGH GRUR 2008, 693/695 – TV-Total). Maßgebend dafür ist der Abstand, den das neue Werk zu den entlehnten eigenpersönlichen Zügen des benutzten Werks hält, wobei kein zu milder Maßstab anzulegen ist (BGH GRUR 2009, 403/406 – Metall auf Metall; BGH GRUR 2008, 693/695 – TV-Total; BGH GRUR 2002, 799/800 – Stadtbahnfahrzeug; BGH GRUR 1999, 984/987 – Laras Tochter; BGH GRUR 1994, 191/193 – Asterix-Persiflagen; LG Mannheim GRUR-RR 2007, 265); es muss ein auf eigener schaffender Tätigkeit beruhendes neues Werk entstehen (BGH GRUR 1961, 631/632 – Fernsprechbuch). Zum Verhältnis zum Tatbestandsmerkmal der freien Benutzung vgl. Rdnr. 8. Zur Frage, ob auch bei der Anwendung des § 24 auf das Leistungsschutzrecht des Laufbildschutzes nach § 95 (vgl. Rdnr. 1) die Schaffung eines selbständigen Werkes erforderlich ist vgl. *v. Becker* in Fs. für Loewenheim, 2009, S. 3/15 ff.; *Vogel* in Fs. für Loewenheim, S. 367/374 ff.

II. Freiheit der Benutzung

Freie Benutzung setzt voraus, dass das fremde Werk nicht in identischer oder umgestalteter 10 Form übernommen wird, auch nicht als Vorbild oder Werkunterlage, sondern lediglich als **Anregung für das eigene Werkschaffen** dient (BGH GRUR 2003, 956/958 – Gies-Adler; BGH GRUR 2002, 799/801 – Stadtbahnfahrzeug; BGH GRUR 1999, 984/987 – Laras Tochter; BGH GRUR 1994, 191/193 – Asterix-Persiflagen; BGH GRUR 1994, 206/208 – Alcolix; OLG Köln GRUR 2000, 43/44 – Klammerpose; KG GRUR 1997, 128 – Verhüllter Reichstag I; OLG München ZUM 1992, 649/650; OLG München GRUR-RR 2002, 281/282 – Conti; OLG München GRUR 1990, 674/675 – Forsthaus Falkenau; OLG Hamburg Schulze OLGZ 190, 8 – Häschenschule; LG Hamburg GRUR-RR 2004, 65/66 – Harry Potter; OLG Düsseldorf GRUR-RR 2005, 2 – Beuys-Kopf; LG München GRUR 1988, 36/37 – Hubschrauber mit Damen; Dreier/*Schulze*[3] § 24 Rdnr. 7; Fromm/Nordemann/*A. Nordemann*[10] § 24 Rdnr. 44; *Ulmer*[3] § 58 II; *Erdmann* WRP 2002, 1329/1335). Das ist dann der Fall, wenn die **dem geschützten älteren Werk entnommenen individuellen Züge gegenüber der Eigenart des neugeschaffenen Werks verblassen** (BGH GRUR 2009, 403/406 – Metall auf Metall; BGH GRUR 2008, 693/695 – TV-Total; BGH GRUR 2003, 956/958 – Gies-Adler; BGH GRUR 2002, 799/800 – Stadtbahnfahrzeug; BGH GRUR 1999, 984/987 – Laras Tochter; BGH GRUR 1994, 191/193 – Asterix-Persiflagen; BGH GRUR 1994, 206/208 – Alcolix; BGH GRUR 1981, 352/353 – Staatsexamensarbeit; BGH GRUR 1980, 853/854 – Architektenwechsel; BGH GRUR 1971, 588/589 – Disney-Parodie; BGH GRUR 1965, 45/47 – Stadtplan; BGH GRUR 1961, 631/632 – Fernsprechbuch; BGH GRUR 1960, 251/253 – Mecki-Igel II; OLG Frankfurt GRUR 2008, 249/251 – Abstracts; OLG Düsseldorf ZUM 2008, 140 – Bronzeengel; KG GRUR 2006, 54 – Bauhaus-Glasleuchte II; OLG München GRUR-RR 2002, 281/282 – Conti; OLG Hamburg GRUR-RR 2003, 33/36 – Maschinenmensch; KG GRUR 1997, 128 – Verhüllter Reichstag I; OLG Karlsruhe AfP 1997, 717/718; OLG Frankfurt/M ZUM 1996, 97/98; OLG Hamburg GRUR 1997, 823/824; OLG Hamburg ZUM 1996, 315/318; OLG München ZUM 1992, 202/204; OLG München ZUM 1992, 649/650; OLG München ZUM 1997, 388/390; OLG Brandenburg NJW 1997, 1162/1163; LG München I ZUM-RD 2008, 446; LG Düsseldorf ZUM 2007, 556 – Bronzeengel; LG Hamburg GRUR-RR 2003, 233/235 – Die Päpstin; LG Hamburg GRUR Int. 2004, 148/152 f. – thumbnails; LG München GRUR 1988, 36/37 – Hubschrauber mit Damen; Dreier/*Schulze*[3] § 24 Rdnr. 8; Fromm/Nordemann/*A. Nordemann*[10] § 24 Rdnr. 43; Mestmäcker/Schulze/*Haberstumpf* § 24 Rdnr. 25; Möhring/Nicolini/*Ahlberg*[2] § 24 Rdnr. 7; *Dreyer*/Kotthoff/Meckel[2], § 24 Rdnr. 12; *Schack*[4], Urheber- und Urhebervertragsrecht, Rdnr. 243; *Erdmann* WRP 2002, 1329/1335; *v. Becker*, Fs. für Hertin, S. 3/21).

Dies ist namentlich dann anzunehmen, wenn im neuen Werk das ältere nicht mehr in relevantem Umfang benutzt wird (BGH GRUR 2000, 703/706 – Mattscheibe; BGH GRUR 2003, 956/958 – Gies-Adler; BGH GRUR 1999, 984/987 – Laras Tochter; BGH GRUR 1994, 191/193 – Asterix-Persiflagen; BGH GRUR 1994, 206/208 – Alcolix). Dabei ist der 11

§ 24   Freie Benutzung

Grad der Individualität des benutzten und des neu geschaffenen Werkes zu berücksichtigen: Je ausgeprägter die Individualität des älteren Werkes ist, desto weniger wird es gegenüber dem neugeschaffenen Werk verblassen, umgekehrt wird es umso eher verblassen, je stärker die Individualität des neuen Werks ist (BGH GRUR 1991, 531/532 – Brown Girl I; BGH GRUR 1991, 533/534 – Brown Girl II; BGH GRUR 1982, 37/39 – WK-Dokumentation; BGH GRUR 1981, 267/269 – Dirlada; BGH GRUR 1978, 305 – Schneewalzer; BGH GRUR 1971, 266/268 – Magdalenenarie; BGH GRUR 1960, 251/253 – Mecki-Igel II; BGH GRUR 1958, 500/502 – Mecki-Igel I; OLG Hamburg GRUR-RR 2004, 285/286 – Markentechnik; OLG Hamburg GRUR-RR 2003, 33/36 – Maschinenmensch; OLG München GRUR-RR 2002, 281/282 – Conti; KG ZUM 2003, 867/869 f. – Anna Marx; OLG München ZUM 1992, 202/204; OLG München ZUM 1992, 649/650; OLG Hamburg ZUM 1989, 523/524; LG München I GRUR-RR 2004, 1/3 – Lagerhalle; Mestmäcker/Schulze/*Haberstumpf* § 24 Rdnr. 28; Dreier/*Schulze*[3] § 24 Rdnr. 8; Fromm/Nordemann/*A. Nordemann*[10] § 24 Rdnr. 49; *Dreyer*/Kotthoff/Meckel[2], § 24 Rdnr. 15; Möhring/Nicolini/*Ahlberg*[2] § 24 Rdnr. 7; *Schack*[4], Urheber- und Urhebervertragsrecht, Rdnr. 243; *v. Becker* Fs. für Hertin, S. 3/24; vgl. aber bei der Benutzung von durch Leistungsschutzrechte geschützten Werken Rdnr. 22).

12   Eine freie Benutzung liegt aber nicht nur dann vor, wenn die aus dem geschützten älteren Werk entlehnten eigenpersönlichen Züge in dem neuen Werk in einem wörtlichen Sinn verblassen und demgemäß in diesem so zurücktreten, dass das ältere in dem neuen Werk nur noch schwach und in urheberrechtlich nicht mehr relevanter Weise durchschimmert. Vielmehr kann eine künstlerische Auseinandersetzung mit einem älteren Werk es erforderlich machen, dass dieses und seine Eigenheiten, soweit sie Gegenstand der Auseinandersetzung sind, **im neuen Werk erkennbar** bleiben. Der für eine freie Benutzung erforderliche Abstand zu den entnommenen individuellen Zügen des benutzten Werkes kann, selbst bei deutlichen Übernahmen gerade in der Formgestaltung, auch darin bestehen, dass das neue Werk aufgrund seiner Individualität zu den entnommenen eigenpersönlichen Zügen des älteren Werkes einen so großen **inneren Abstand** hält, dass das neue Werk seinem Wesen nach als selbständig anzusehen ist. Auch in einem solchen Fall verblassen in einem weiteren Sinn die entlehnten eigenpersönlichen Züge des älteren Werks gegenüber dem neuen; sie werden von dessen Individualität überlagert (BGH GRUR 2008, 693/695 – TV-Total; BGH GRUR 2003, 956/958 – Gies-Adler; BGH GRUR 2000, 703/704 – Mattscheibe; BGH GRUR 1999, 984/987 – Laras Tochter; BGH GRUR 1994, 191/193 – Asterix-Persiflagen; BGH GRUR 1994, 206/208 – Alcolix; OLG Frankfurt GRUR 2008, 249/252 – Abstracts; Dreier/*Schulze*[3] § 24 Rdnr. 16, 25; Fromm/Nordemann/*A. Nordemann*[10] § 24 Rdnr. 43; *Dreyer*/Kotthoff/Meckel[2] § 24 Rdnr. 19; Möhring/Nicolini/*Ahlberg*[2] § 24 Rdnr. 27; *Erdmann* WRP 2002, 1329/1336; *Loewenheim* ZUM 2004, 89/92; zur Entwicklung der Rechtsprechung vgl. *v. Becker* in Fs. für Loewenheim, 2009, s. 3/8 ff.).

13   Dieser erforderliche innere Abstand wird bei einer weitgehenden Übernahme in der Formgestaltung regelmäßig nur dann bestehen, wenn sich **das neue Werk mit dem älteren auseinandersetzt**, wie dies etwa bei einer Parodie (dazu Rdnr. 27 ff.) oder Satire der Fall ist (BGH GRUR 2008, 693/695 – TV-Total; BGH GRUR 2003, 956/958 – Gies-Adler; BGH GRUR 1999, 984/987 – Laras Tochter; BGH GRUR 2000, 703/704 – Mattscheibe; BGH GRUR 1994, 191/193 – Asterix-Persiflagen; BGH GRUR 1994, 206/208 – Alcolix). Aber auch in anderen Fällen kann eine freie Benutzung vorliegen (BGH GRUR 1994, 191/193 – Asterix-Persiflagen; BGH GRUR 1994, 206/208 – Alcolix), der erforderliche innere Abstand kann durch eigenschöpferisches Schaffen in verschiedener Weise hergestellt werden (BGH GRUR 1999, 984/987 – Laras Tochter; BGH GRUR 1994, 191/199 – Asterix-Persiflagen; vgl. als Beispiel BGH GRUR 1994, 191/199 sub. 10 b). Eine bloße parodistische Zielsetzung gibt aber noch keinen Freibrief für unfreie Entlehnungen (BGH GRUR 2000, 703/704 – Mattscheibe; BGH GRUR 1971, 588, 590 – Disney-Parodie). Vielmehr ist gerade in solchen Fällen ein **strenger Maßstab** anzulegen, ob das neue Werk durch eigenschöpferische Leistung den erforderlichen inneren Abstand zu den entlehnten eigenpersönlichen Zügen gewonnen hat (BGH GRUR 1999, 984/987 – Laras Tochter; BGH GRUR 2000, 703/704 – Mattscheibe; BGH GRUR 1994, 206/208 – Alcolix; BGH GRUR 1994, 191/193 – Asterix-Persiflagen; vgl. auch Rdnr. 17). Diese Frage ist nicht vom Standpunkt eines Durchschnittsbetrachters des benutzten Werkes aus zu beurteilen, sondern vom Standpunkt eines Betrachters aus, der die Vorlage kennt, aber auch das für das neue Werk erforderliche intellektuelle Verständnis besitzt (BGH GRUR 2000, 703/706 – Mattscheibe; BGH GRUR 1994, 191/194 – Asterix-Persiflagen; BGH GRUR 1994, 206/208 f. – Alcolix).

14   Bei der vergleichenden Beurteilung des benutzten und des neugeschaffenen Werks ist zunächst festzustellen, **durch welche objektiven Merkmale die schöpferische Eigentümlichkeit des**

Freie Benutzung § 24

benutzten Werks bestimmt wird (BGH GRUR 2004, 855/857 – Hundefigur; BGH GRUR 1994, 191/192 – Asterix-Persiflagen; BGH GRUR 1991, 533/534 – Brown Girl II; BGH GRUR 1988, 810/811 – Fantasy; BGH GRUR 1988, 812/814 – Ein bißchen Frieden; BGH GRUR 1988, 533/535 – Vorentwurf II; BGH GRUR 1987, 704/705 – Warenzeichenlexika; BGH GRUR 1981, 267/269 – Dirlada; BGH GRUR 1980, 853/854 – Architektenwechsel; KG GRUR 1997, 128 – Verhüllter Reichstag I; OLG München ZUM-RD 2010, 37/41; Fromm/Nordemann/*A. Nordemann*[10] § 24 Rdnr. 46; Dreier/*Schulze*[3] § 24 Rdnr. 12; vgl. auch BGH GRUR 1976, 261/263 – Gemäldewand). Maßgebend dafür ist ein Gesamtvergleich mit den vorbekannten Gestaltungen, bei dem vom Gesamteindruck des Originals und der Gestaltungsmerkmale, auf denen dieser beruht, auszugehen ist. Das Ergebnis dieses Gesamtvergleichs bestimmt zugleich den Grad der Eigentümlichkeit, von der der Schutzumfang abhängt (BGH GRUR 2004, 855/857 – Hundefigur). Grundsätzlich sind **nur die im Schutzbereich des benutzten Werks liegenden Entlehnungen rechtlich relevant** (BGH GRUR 1991, 533/534 – Brown Girl II; BGH GRUR 1988, 810/811 – Fantasy; BGH GRUR 1988, 812/814 – Ein bißchen Frieden; BGH GRUR 1982, 37/39 – WK-Dokumentation; BGH GRUR 1981, 267 – Dirlada; sa. BGH GRUR 1994, 191/194 – Asterix-Persiflagen; Fromm/Nordemann/*A. Nordemann*[10] § 24 Rdnr. 47); maßgeblich ist dabei allerdings der **Gesamteindruck** (BGH GRUR 2004, 855/857 – Hundefigur; BGH GRUR 1991, 533/534 – I; BGH GRUR 1991, 531 – Brown Girl I; BGH GRUR 1988, 533/535 – Vorentwurf II; BGH GRUR 1987, 704/705 – Warenzeichenlexika; OLG München GRUR-RR 2002, 281/284 – Conti). Damit ist nicht entscheidend, ob ein nach Umfang und inhaltlicher Bedeutung wesentlicher Teil entlehnt wird, sondern ausschließlich, ob der entlehnte Teil des Werkes als solcher den urheberrechtlichen Schutzvoraussetzungen genügt (zum Schutz von Werkteilen § 2 Rdnr. 67). Fehlt einem Werkteil die eigenpersönliche Prägung, so ist seine Benutzung zulässig (BGH GRUR 1961, 631/633 – Fernsprechbuch; BGH GRUR 1958, 402/404 – Lili Marleen; BGHZ 9, 262/267 – Lied der Wildbahn I; sa. OLG Hamburg GRUR 1997, 822/824 – Edgar-Wallace-Filme).

In diesem Rahmen kommt es auf die **Übereinstimmungen,** nicht dagegen auf die Verschiedenheiten zwischen beiden Werken an (BGH GRUR 2004, 855/857 – Hundefigur; BGH GRUR 2003, 786/787 – Innungsprogramm; BGH GRUR 1981, 267/269 – Dirlada; BGH GRUR 1965, 45/48 – Stadtplan; BGH GRUR 1961, 635/638 – Stahlrohrstuhl; KG GRUR 2006, 54 – Bauhaus-Glasleuchte II; OLG Karlsruhe GRUR 1957, 395/396 – Trotzkopf; Dreier/*Schulze*[3] § 24 Rdnr. 13; Fromm/Nordemann/*A. Nordemann*[10] § 24 Rdnr. 47). Daher ist für die Annahme einer freien Benutzung noch nicht ausreichend, dass das neugeschaffene Werk weiterführende, über die Entlehnung hinausgehende Teile von selbständiger und schöpferischer Eigenart enthält (BGH GRUR 1981, 352/353 – Staatsexamensarbeit). Die Aufnahme eines Happenings auf Video-Band stellt daher auch dann eine abhängige Bearbeitung und keine freie Benutzung dar, wenn der Geschehensablauf mit Musik unterlegt, Bildaufnahmen eingeblendet und zusätzlich ein Einführungsvortrag aufgenommen wird (KG GRUR 1984, 507/508 – Happening; vgl. dazu auch BGH GRUR 1985, 529 – Happening). Erst recht kann nicht das bloße Weglassen einzelner Teile oder eine Anbringung unschöpferischer Änderungen eine freie Benutzung begründen (BGH GRUR 1965, 45/47 – Stadtplan; BGH GRUR 1961, 631/632 – Fernsprechbuch). Eine freie Benutzung liegt nicht in der Verkleinerung eines Werkes auf ein Thumbnail durch Reduzierung der Pixelanzahl (OLG Jena GRUR-RR 2008, 223/224 – Thumbnails). 15

Andererseits ergibt sich eine abhängige Bearbeitung nicht stets schon aus einer **deutlichen Bezugnahme auf das ältere Werk.** Gerade bei sehr bekannten Werken reichen oft schon geringe Andeutungen aus, um einen deutlichen Bezug zu dem älteren Werk herzustellen. Es ist dann im Einzelfall zu prüfen, ob in einer solchen Bezugnahme die Übernahme individueller Merkmale liegt (BGH GRUR 1994, 191/194 – Asterix-Persiflagen; BGH GRUR 1994, 206/208 – Alcolix; BGH GRUR 1971, 588/591 – Disney-Parodie; OLG Karlsruhe AfP 1997, 717/718; OLG Hamburg ZUM 1996, 315/318). So können beispielsweise bei einer Benutzung der Hauptgestalten der Asterix-Serie schon geringe Andeutungen hinsichtlich des Körperbaus, der Kostümierung oder der Haartracht einen solchen Bezug herstellen, ohne dass deswegen freie Benutzung von vornherein auszuschließen wäre (BGH GRUR 1994, 191/194 – Asterix-Persiflagen; BGH GRUR 1994, 206/208 – Alcolix). 16

Bei der Beurteilung, ob eine freie Benutzung vorliegt, legt die Rechtsprechung mit Recht einen **strengen Maßstab** an (BGH GRUR 2008, 693/695 – TV-Total; BGH GRUR 2008, 693l; BGH GRUR 1999, 984/987 – Laras Tochter; BGH GRUR 1994, 206/208 – Alcolix; BGH GRUR 1994, 191/193 – Asterix-Persiflagen; BGH GRUR 1981, 267/269 – Dirlada; BGH GRUR 1978, 305/306 – Schneewalzer; BGH GRUR 1971, 588/589 – Disney-Parodie; 17

Loewenheim

BGH GRUR 1965, 45/47 – Stadtplan; KG GRUR 2006, 54 – Bauhaus-Glasleuchte II; KG GRUR 1997, 129 – Verhüllter Reichstag I; OLG Hamburg ZUM 1989, 523/524; OLG München ZUM 1997, 388/390; LG Hamburg GRUR-RR 2003, 233/235 – Die Päpstin; LG München GRUR 1988, 36/37 – Hubschrauber mit Damen; ebenso das Schrifttum, vgl. etwa Dreier/ Schulze[3] § 24 Rdnr. 9; Fromm/Nordemann/A. Nordemann[10] § 24 Rdnr. 43; Möhring/Nicolini/ Ahlberg[2] § 24 Rdnr. 10; Dreyer/Kotthoff/Meckel[2] § 24 Rdnr. 14; Wandtke/Bullinger/Bullinger[3] § 24 Rdnr. 9; Ulmer[3] § 58 II 1). Dem Urheber soll zwar nicht die für ihn unentbehrliche Möglichkeit genommen werden, Anregungen aus bereits bestehenden fremden Werken zu entnehmen, er soll sich aber nicht auf diese Weise eigenes persönliches Schaffen ersparen (BGH GRUR 1981, 267/269 – Dirlada, BGH GRUR 1978, 305/306 – Schneewalzer; BGH GRUR 1958, 500/502 – Mecki-Igel I; OLG Hamburg Schulze OLGZ 190, 9 – Häschenschule).

18 Maßgeblich ist auch der **für eine Neugestaltung verbleibende Spielraum.** Ist dieser sehr eng, so können schon verhältnismäßig geringe Änderungen ausreichen, um eine freie Benutzung zu begründen, soweit anderenfalls eine erneute Darstellung unzumutbar erschwert würde (BGH GRUR 1981, 352/355 – Staatsexamensarbeit; KG CR 1994, 739 f. – Englisch-Wörterbuch; OLG Hamm GRUR 1967, 608/611 – Baupläne; Dreier/Schulze[3] § 24 Rdnr. 15). Dem benutzten Werk ist hier nur ein relativ kleiner Schutzbereich zuzumessen.

19 Liegt nicht nur eine Benutzung der Form, sondern auch (oder nur) eine **Benutzung des Inhalts** vor, so kommt es darauf an, ob dieser Inhalt als persönliche geistige Schöpfung geschützt ist. Das kann der Fall sein, soweit es sich nicht um freies Gemeingut (dazu Rdnr. 3 ff.) handelt (vgl. im Einzelnen § 2 Rdnr. 56 ff.). Insbesondere ist bei Werken der Dichtkunst die auf der individuellen Phantasie des Dichters beruhende **Fabel** geschützt (vgl. die Nachweise in § 2 Rdnr. 58). Zwar ist die einem Buch oder Bühnenwerk zugrundeliegende **Idee** regelmäßig nicht schutzfähig (vgl. § 2 Rdnr. 51). Wenn aber diese Idee eine individuelle Gestalt angenommen hat und zu einem Handlungsablauf geworden ist, so liegt ein schutzfähiges Werk vor, bei dem nicht nur die konkrete Textfassung oder die unmittelbare Formgebung eines Gedankens gegen Entlehnungen geschützt ist, sondern auch unabhängig von der Wortgestaltung der Gang der Handlung und die Anordnung des Stoffes (OLG Hamburg Schulze OLGZ 190, 9 – Häschenschule; Ulmer[3] § 21 II 2). Daher liegt eine unfreie Benutzung vor, wenn in weitem Umfang ein eigenschöpferisch gestalteter Romanstoff übernommen wird, auch wenn an keiner Stelle aus dem älteren Werk Teile in das jüngere einfach übertragen worden sind (BGH GRUR 1999, 984 – Laras Tochter; LG Hamburg GRUR-RR 2003, 233 – Die Päpstin; LG Hamburg ZUM 2009, 581), wenn ein Roman in ein Lehrbuch für die Schule transferiert wird (LG Hamburg GRUR-RR 2004, 65/67 – Harry Potter; ebenso Loewenheim ZUM 2004, 89; Schack[4], Urheber- und Urhebervertragsrecht, Rdnr. 245; aA Erdmann WRP 2002, 1329, der sich dabei auf den Bildungsauftrag der Schule stützt) oder wenn eine nicht dem Gemeingut zuzurechnende Fabel, die einen Schultag vermenschlichter Hasenkinder schildert, in ihrem Kern übernommen wird (OLG Hamburg Schulze OLGZ 190, 10 ff.; weiteres Beispiel: OLG Karlsruhe GRUR 1957, 395 – Trotzkopf; sa. § 2 Rdnr. 56 sowie Dreier/Schulze[3] § 24 Rdnr. 22). Anders ist es dann, wenn die Fabel ihrerseits freies Gemeingut (dazu Rdnr. 3 ff.) zum Inhalt hat, selbst wenn die Stoffsammlung mit erheblicher Mühe und Aufwand verbunden war (vgl. Rdnr. 3). So ist die Lebensgeschichte eines Straftäters gegen eine Benutzung der in ihr enthaltenen Fakten auch dann nicht geschützt, wenn die Befragung des Straftäters langwierig und schwierig war, Geduld und Einfühlungsvermögen erforderte und verwertbare Antworten nur aufgrund psychologisch fundierter Fragen zu erreichen waren (OLG München ZUM 1995, 427/428).

20 Bei **Schriftwerken wissenschaftlichen und technischen Inhalts** ist dagegen der Spielraum für eine freie Benutzung größer (Dreier/Schulze[3] § 24 Rdnr. 27; Möhring/Nicolini/ Ahlberg[2] § 24 Rdnr. 15; Ulmer[3] § 58 II 2). Lehren und Theorien sind in ihrem Kern, in ihrem gedanklichen Inhalt und in ihrer Aussage ohnehin nicht geschützt (vgl. Rdnr. 5; sa. § 2 Rdnr. 65). Die Form der Darstellung unterliegt zwar dem Urheberrechtsschutz. Bei der Auseinandersetzung mit wissenschaftlichen Lehren und Theorien muss aber auch eine Anlehnung an die Formulierungen, die zu ihrer Begründung und Entwicklung gemacht worden sind, möglich sein (Ulmer[3] § 58 II 2). Insoweit muss daher eine freie Benutzung möglich sein, besonders dann, wenn der für eine Neugestaltung verbleibende Freiraum gering ist (vgl. Rdnr. 18). Nach der Rechtsprechung des BGH kann bei gleichem Material und Thema und damit gleicher Fachsprache eine freie Benutzung auch dann noch vorliegen, wenn eine Vielzahl von Sätzen des benutzten Werks durch Umstellung einzelner Worte oder Satzteile nur neuformuliert worden ist, ohne dass sich der Aussageinhalt geändert hat (BGH GRUR 1981, 352/354,355 – Staatsexamensarbeit). Das ist allerdings dann nicht unproblematisch, wenn sich der Weg des wissen-

schaftlichen Zitats anbietet. Auch eine übereinstimmende Gliederung kann noch im Rahmen der freien Benutzung liegen, wenn sie durch Sachgesichtspunkte vorgegeben ist (zB Beschreibung einer Calamitenspezies von innen nach außen, vgl. BGH GRUR 1981, 352/353 f. – Staatsexamensarbeit). Dies gilt selbst dann, wenn die Möglichkeit umgekehrten Vorgehens besteht (BGH aaO), anderenfalls würden die Möglichkeiten wissenschaftlicher Darstellung unzumutbar eingeschränkt. Auch bei Bauplänen können Übereinstimmungen noch eine freie Benutzung darstellen, wenn sie durch die Begrenzung der Planungsmöglichkeiten vorgegeben sind (OLG Hamm GRUR 1967, 608/610 – Baupläne).

Bei **Werken der bildenden Künste** liegt eine freie Benutzung vor, wenn lediglich der einem Kunstwerk zugrundeliegende begriffliche Inhalt übernommen wird, da Kunstwerke erst durch die Verbindung des Inhalts mit der Form individualisiert werden (OLG München Schulze OLGZ 19, 4). Zulässig ist daher die Darstellung desselben Motivs, ebenso die Übernahme freier Formelemente wie Technik, Manier und Stil (BGH GRUR 1970, 250/251 – Hummel III; Grenzfall: OLG Köln ZUM-RD 1997, 19 – Parfum Miro –, die Unzulässigkeit ergibt sich hier eher aus der Verwendung des Namens als aus der Übernahme der Stilelemente Miros). Zulässig ist auch die Übernahme der Idee, Bären in unanständigen Posen darzustellen (LG München I ZUM-RD 2006, 139/143); zur freien Benutzung eins fotografischen Motives vgl. LG Hamburg ZUM 2009, 165; zur Benutzung von Kabelbindern als künstlerisches Gestaltungsmittel LG München I ZUM-RD 2008, 446. Grundsätzlich keine freie Benutzung ist dagegen die Wiedergabe eines Werkes in einem anderen Verfahren, zB ein Stich als Zeichnung, oder in einer anderen Dimension, zB. ein Gemälde als Plastik (*Rehbinder*[15] Rdnr. 384; s. dazu auch Dreier/*Schulze*[3] § 24 Rdnr. 33; Möhring/Nicolini/ *Ahlberg*[2] § 24 Rdnr. 19 f.). Zur unfreien Benutzung eines Kaminmodells vgl. LG Köln ZUM-RD 2009, 33. Bei der Übernahme einer Vielzahl geschützter Elemente aus einer **topographischen Karte** in eine Radtourenkarte begründen zusätzliche Informationen wie farbig hervorgehobene Symbole noch keine freie Benutzung (OLG Stuttgart GRUR 2008, 1084/1085 – TK 50). **21**

III. Das benutzte Werk

Das benutzte Werk muss geschützt sein; ist dies nicht der Fall, so bedarf es einer Anwendung des § 24 nicht (sa. Rdnr. 1 und 3 ff.). Werden Teile eines Werkes benutzt, so müssen diese geschützt sein (sa. Rdnr. 14). Der Schutz muss nicht in einem Urheberrechtsschutz nach § 2 bestehen, er kann sich auch aus einem **Leistungsschutzrecht** ergeben. In §§ 70 Abs. 1, 71 Abs. 1 S. 3, 72 Abs. 1 wird ausdrücklich auf die Anwendung der Vorschriften über das Urheberrecht bzw. auf § 24 verwiesen; die Rechtsprechung wendet darüber hinaus § 24 auf das Recht des Tonträgerherstellers (§ 85 Abs. 1) entsprechend an (BGH GRUR 2009, 403/405 f. – Metall auf Metall) sowie auf Laufbilder nach § 95 (BGH GRUR 2008, 693/695 – TV Total; BGH GRUR 2000, 703/704 – Mattscheibe; OLG Frankfurt ZUM 2005, 477/480; eingehend zu diesen Fragen *Vogel* in Fs. für Loewenheim, S. 367 ff.). Leistungsschutzrechtlich geschützte Werke weisen, wenn überhaupt, gegenüber urheberrechtlich geschützten Werken regelmäßig eine sehr viel geringere Eigenprägung auf. Da es für eine freie Benutzung erforderlich ist, dass das benutzte Werk gegenüber dem neuen Werk verblasst und dies umso eher der Fall ist, je stärker die Individualität des neuen Werks gegenüber dem benutzten Werke zutage tritt (vgl. Rdnr. 11), kann sich an sich der erforderliche Individualitätsabstand des neuen Werkes gegenüber leistungsschutzrechtlich geschützten Werken eher als gegenüber urheberrechtlich geschützten Werken ergeben. Das darf aber nicht dazu führen, dass die freie Benutzung leistungsschutzrechtlich geschützter Werke in deutlich weitergehendem Umfang als bei urheberrechtlich geschützten Werken möglich ist (so auch OLG Frankfurt ZUM 2005, 477/480). Auch insoweit gilt, dass strenge Maßstäbe anzulegen sind (vgl. Rdnr. 17). Ausreichend ist aber, dass sich das neue Werk mit der benutzten Vorlage kritisch auseinandersetzt, etwa als Parodie oder Satire (BGH GRUR 2000, 703/704 – Mattscheibe; OLG Frankfurt ZUM 2005, 477/480). Ferner muss es sich um eine Situation handeln, in der das fremde Werk als Anregung für das eigene Werkschaffen dient; die Übernahme fremder Leistung lediglich zur Ersparnis eigener Aufwendungen ist durch § 24 nicht gedeckt (sa. oben Rdnr. 17). **22**

IV. Einzelfragen

1. Übertragung in eine andere Kunstform

Bei der Übertragung eines Werkes in eine andere Kunstform (Sprachwerke – Musikwerke – Werke der bildenden Künste) liegt idR freie Benutzung vor, zB bei der Komposition eines Musik- **23** stücks oder der Gestaltung einer Plastik nach einem Gedicht oder einer Erzählung (Dreier/ *Schulze*³ § 24 Rdnr. 19; Fromm/Nordemann/*A. Nordemann*¹⁰ § 24 Rdnr. 39; Dreyer/Kotthoff/ Meckel² § 24 Rdnr. 26; *Schack*⁴, Urheber- und Urhebervertragsrecht, Rdnr. 244; *Rehbinder*¹⁵ Rdnr. 380; *Ulmer*³ § 57 II; noch weitergehend Möhring/Nicolini/*Ahlberg*² § 24 Rdnr. 25). Wesenszüge und Ausdrucksformen dieser drei Kunstarten sind so unterschiedlich, dass der Inhalt des benutzten Werkes nur in sehr abstrakter Form erfasst und nur mit völlig anderen Darstellungsmitteln wiedergegeben werden kann. Dadurch verblasst das benutzte Werk gegenüber der Eigenart des neugeschaffenen Werks. Bei der Übertragung in eine andere Werkgattung kann dagegen eine unfreie Benutzung vorliegen, zB bei der Verfilmung eines Romans (vgl. § 23 Rdnr. 8).

2. Fortsetzungswerke

24 Fortsetzungswerke knüpfen an den Inhalt eines fremden Stücks an, übernehmen dessen Figuren und führen die Handlung weiter, etwa in einem späteren Lebensabschnitt oder der nächsten Generation (Beispiele: BGH GRUR 1999, 984/987 – Laras Tochter; KG GRUR 1926, 441 – Alt-Heidelberg – Jung-Heidelberg). Bei ihnen stellt sich die Frage, ob in dieser Anknüpfung eine freie oder eine unfreie Benutzung zu sehen ist (vgl. auch *Rehbinder*, Fs. für Schwarz, S. 174 ff.; *Schmidt-Hern* S. 48 ff.; aA *Joseph/Schwanhäußer* GRUR 1962, 444/448, die die Problematik über das Urheberpersönlichkeitsrecht lösen wollen – dagegen *Hörnig* UFITA 99 [1985] 13/48 f. und *Strömholm* GRUR 1968, 187, der in erster Linie das Wettbewerbsrecht anwenden will). Soweit sich eine Urheberrechtsverletzung nicht schon aus einer Übernahme der äußeren Form der Darstellung ergibt, ist zunächst zu prüfen, ob es sich bei den **inhaltlichen Elementen des fortgesetzten Werkes**, an die angeknüpft wird, um **freies Gemeingut oder um die urheberrechtlich geschützte Fabel** (dazu Rdnr. 19*)* handelt. Ist Letzteres der Fall, so ist weiter zu fragen, ob die eigenpersönlich geprägten Bestandteile und formbildenden Elemente des Werkes, die im Gang der Handlung, in der Charakteristik und Rollenverteilung der handelnden Personen, der Ausgestaltung von Szenen und in der „Szenerie" des Romans liegen (BGH GRUR 1999, 984/987 – Laras Tochter), ob das Milieu der Handlung oder sogar Handlungsteile aus dem fortgesetzten Werk in Form von Rückblenden, Weiterführungen oder sonstigen Bezugnahmen übernommen worden sind (vgl. dazu die Nachweise in § 2 Rdnr. 56).

25 Das ist jedenfalls anzunehmen, wenn das jüngere Werk **wesentliche Züge der Romanwelt des älteren Werks** mit ihren handelnden Personen, dem Geflecht ihrer Beziehungen untereinander, ihrem Schicksal und ihrer gesamten sonstigen Lebenssituation bis hin zu Schauplätzen, an denen sich entscheidendes Geschehen abspielt, übernimmt. Dies gilt besonders, wenn die dichterische Welt aus dem älteren Werk nicht nur als Folie verwendet wird, vor der eine von Beginn an vollständig neue Handlung in Szene gesetzt wird, sondern wenn das jüngere Werk die Handlungsstränge so geschickt mit dem älteren Werk verknüpft, dass der Leser vom Autor in den Anfangskapiteln weiter in der Romanwelt dieses Werkes geführt werden kann (BGH GRUR 1999, 984/986 – Laras Tochter; vgl. auch OLG München NJW-RR 2000, 268/269 – Das doppelte Lottchen). Auch die Übertragung der Handlung in ein anderes Milieu kann ausreichen (BGH GRUR 1994, 191/203 – Asterix-Persiflagen). In diesen Fällen liegt unfreie Benutzung vor, das frühere Werk verblasst (vgl. Rdnr. 10) dann gerade nicht gegenüber der Fortsetzung, sondern liefert für diese tragende Elemente (s. dazu auch Dreier/*Schulze*³ § 24 Rdnr. 23; Möhring/Nicolini/*Ahlberg*² § 24 Rdnr. 30 f.; Fromm/Nordemann/*A. Nordemann*¹⁰ § 24 Rdnr. 69; *Schack*⁴, Urheber- und Urhebervertragsrecht, Rdnr. 245; *Ulmer*³ § 58 II 1; *Hörnig* UFITA 99 (1985) 13/46; vgl. auch OLG Karlsruhe AfP 1997, 717/718; *Strömholm* GRUR 1968, 187/ 190). Eine freie Benutzung ist jedenfalls dann ausgeschlossen, wenn das zweite Werk ohne das Erste unverständlich ist und sich in der Durchführung so weit an das frühere Werk anschließt, dass der Eindruck eines engen geistigen Zusammenhangs hervorgerufen wird (KG GRUR 1926, 441/443 – Alt-Heidelberg – Jung-Heidelberg).

26 Auf der anderen Seite ist die **Bezugnahme auf Figuren aus fremden Werken nicht schlechthin unzulässig,** freie Benutzung liegt zB dann vor, wenn es sich nur um eine Anspielung auf Namen und äußere Aufmachung der Personen eines fremden Werkes handelt, die Darstellung im Übrigen aber eigene Wege geht (BGHZ 26, 52/57 f. – Sherlock Holmes; BGH GRUR 1958, 402/404 – Lili Marleen; BGH GRUR 1971, 588/589 – Disney-Parodie; *Ulmer*³ § 58 II 1). Auch bei den Fortsetzungsfällen kommt es auf die **Übereinstimmungen**, nicht dagegen auf die Verschiedenheiten an (vgl. Rdnr. 15). Eine Anknüpfung an frühere Werke kann auch in der Übernahme von deren Titel (oder in der Anspielung darauf) liegen, insoweit gelten die Grundsätze des Titelschutzes (dazu § 2 Rdnr. 69 ff.).

3. Parodie und Satire

Parodie und Satire sind durch die **antithematische Behandlung** eines Werks gekennzeichnet (BGH GRUR 2008, 693/695 – TV-Total; BGH GRUR 2003, 956/958 – Gies-Adler; BGH GRUR 2000, 703/704 – Mattscheibe; BGH GRUR 1971, 588/589 – Disney-Parodie; BGHZ 26, 52/57 – Sherlock Holmes; OLG Frankfurt/M ZUM 1996, 97/99; OLG München ZUM 1992, 649/650; OLG München ZUM 1991, 432/434; Dreier/*Schulze*[3] § 24 Rdnr. 25; Fromm/Nordemann/*A. Nordemann*[10] § 24 Rdnr. 89 ff.; Mestmäcker/Schulze/*Haberstumpf* § 24 Rdnr. 38; Dreyer/Kotthoff/Meckel[2] § 24 Rdnr. 20; Möhring/Nicolini/*Ahlberg*[2] § 24 Rdnr. 26; *v. Becker* GRUR 2004, 104, ders. in Fs. für Loewenheim, 2009, S. 3/4; eingehend *Hess* S. 63 ff.; sa. *Slopek* WRP 2009, 20; *Stuhlert*, Die Behandlung der Parodie im Urheberrecht, 2002). Sie setzt sich mit dem parodierten Werk inhaltlich oder künstlerisch auseinander (BGH GRUR 1994, 191/193 – Asterix-Persiflagen; BGH GRUR 1994, 206/208 – Alcolix), dabei behält sie zumeist Stil und Manier des Vorbildes bei, schiebt diesem aber einen nicht mehr entsprechenden Inhalt unter, wodurch die angegriffenen Eigenschaften ins Komische oder Satirische gezogen werden (BGH GRUR 1971, 588/589 – Disney-Parodie; OLG Frankfurt/M ZUM 1996, 97/99; OLG München ZUM 1991, 432/434; LG Berlin GRUR 1974, 231/232 – Von Kopf bis Fuß; vgl. auch *Vinck* GRUR 1973, 251; eingehend *Hefti* S. 63 ff.; *Hess* S. 110 ff.; *v. Olenhusen/Ling*, UFITA 2003 Bd. III, 695/697 ff.). Dabei besteht der Unterschied zwischen Parodie und Satire (im grafischen Bereich Karikatur) darin, dass sich die Parodie mit einem Werk auseinandersetzt, während Satire und Karikatur Personen oder gesellschaftlich-politische Zustände zum Gegenstand ihrer Karikaturen machen (*v. Becker* in Fs. für Loewenheim, 2009, S. 3/4). Probleme der freien Benutzung im Rahmen des § 24 treten auf, wenn Parodie und Satire bzw. Karikatur für ihre Darstellung geschützte Werke in Anspruch nehmen. 27

Das **entscheidende Kriterium** von Parodie und Satire ist die **inhaltliche oder künstlerische Auseinandersetzung** mit bestimmten Aussagen und Eigenheiten des parodierten Werks. Tritt die Auseinandersetzung mit diesen Aussagen und Eigenheiten nicht zutage, so liegt keine Parodie oder Satire vor (BGH GRUR 2008, 693/695 – TV-Total; BGH GRUR 1971, 588/589 – Disney-Parodie; OLG München ZUM 1992, 202/205). Die bloße Verfremdung des Originalwerks, die eine selbständige inhaltliche oder künstlerische Auseinandersetzung nicht enthält, reicht nicht aus (BGH GRUR 1994, 191/193 – Asterix-Persiflagen), zB die Versetzung von Figuren einer Comic-Serie aus der Vergangenheit in die Gegenwart (BGH aaO S. 196 sub. 7b) oder in ein anderes Lebensalter (BGH aaO S. 200 sub. 12 b). Ebenso wenig begründet die Absicht, durch die Bezugnahme auf ein fremdes Werk Heiterkeit hervorzurufen (BGH GRUR 2008, 693/695 – TV-Total) und dadurch die Absatzchancen der eigenen Produkte zu fördern, eine Parodie oder Satire (OLG Frankfurt/M ZUM 1996, 97/99 – Kunstwerke auf Kondompackungen). Dass sich die kritische Auseinandersetzung mit dem künstlerischen Mittel der Karikatur nicht auf das verwendete Werk selbst, sondern auf dessen thematisches Umfeld bezieht, ist unschädlich (BGH GRUR 2003, 956/958 – Gies-Adler); andererseits soll bei der Verfremdung eines Badeszene-Fotos von einer politischen Persönlichkeit in der Presse keine Parodie oder Satire vorliegen, wenn es nicht um eine parodistische oder kritische Auseinandersetzung mit dem als Vorlage dienenden Foto geht, sondern um eine Auseinandersetzung mit dem dem Foto zugrundeliegenden Geschehen (OLG im München ZUM 2003, 571/574). Eine Parodie oder Satire liegt ferner nicht vor, wenn sich die antithematische Behandlung nicht gegen das parodierte Werk, sondern gegen mit dem Werk nicht in Zusammenhang stehende Dritte richtet (LG Berlin GRUR 1974, 231/232 – Von Kopf bis Fuß); wohl aber reicht aus, dass sich die Parodie auf das thematische Umfeld des parodierten Werkes bezieht (BGH GRUR 2003, 956/958 – Gies-Adler). Ob es sich um eine Parodie oder Satire handelt, beurteilt sich objektiv danach, ob die parodistische Art der Behandlung für denjenigen erkennbar ist, dem das parodierte Werk bekannt ist und der das für die Wahrnehmung der Parodie erforderliche intellektuelle Verständnis hat (BGH GRUR 1971, 588/589 – Disney-Parodie; BGH GRUR 1994, 191/194 – Asterix-Persiflagen; BGH GRUR 2000, 703/706 – Mattscheibe; OLG Hamburg WRP 1989, 602/603). Ein Werk wird nicht dadurch zur Parodie, dass es als solche bezeichnet wird, andererseits entfällt die Eigenschaft eines Werkes als Parodie nicht dadurch, dass diese nicht von allen als solche verstanden wird (BGH GRUR 1971, 588/589 – Disney-Parodie). 28

Eine ausdrückliche gesetzliche Regelung haben Parodie und Satire nicht erfahren (zum internationalen Vergleich s. *Ruijsenaars* GRUR Int. 1993, 918). Ihre **urheberrechtliche Zulässigkeit** bestimmt sich, abgesehen von der nach § 14 zu beurteilenden Frage der Entstellung des parodierten Werks, nach § 24 (BGH GRUR 1999, 984/987 – Laras Tochter; BGH GRUR 29

2000, 703/704 – Mattscheibe; BGH GRUR 1971, 588/589 – Disney-Parodie; OLG München ZUM 1992, 649/650; hM auch im Schrifttum, vgl. etwa Dreier/*Schulze*[3] § 24 Rdnr. 25; Fromm/Nordemann/*A. Nordemann*[10] § 24 Rdnr. 90; *Dreyer/Kotthoff/Meckel*[2] § 24 Rdnr. 20; *Schricker* JZ 2004, 312; *Schack*[4], Urheber- und Urhebervertragsrecht, Rdnr. 249; *Hess* S. 143 ff.; aA *v. Becker* GRUR 2004, 104 ff., der eine rechtsfortbildende teleologische Reduktion des § 23 vorschlägt – vgl. aber *ders.* in Fs. für Loewenheim, 2009, s. 3/5; *Platho* GRUR 1992, 360, der eine Lösung über § 23 vorzieht, und *Schmieder* UFITA 93 [1982] 63/67 f., der das Zitatrecht analog anwenden will). Für die rechtliche Beurteilung kommt es letztlich nicht darauf an, ob eine Parodie oder Satire vorliegt, sondern ob die **Voraussetzungen des § 24 erfüllt** sind (BGH GRUR 1994, 191/205 – Asterix-Persiflagen; BGH GRUR 1994, 206/208 – Alcolix). Nicht jede Parodie oder Satire ist nach § 24 zulässig; umgekehrt sind Parodie und Satire nur eine der möglichen Formen einer freien Benutzung (BGH GRUR 1994, 206/208 – Alcolix). Entscheidend ist deshalb, ob die Parodie oder die Satire ein in freier Benutzung des parodierten Werkes geschaffenes selbständiges Werk darstellt. Erforderlich ist damit, dass die Züge des parodierten Werkes gegenüber der schöpferischen Eigenart der Parodie verblassen (vgl. Rdnr. 10). Die Schwierigkeit hierbei liegt darin, dass die Parodie ihrem Wesen nach erkennbar auf das parodierte Werk Bezug nehmen muss; verblasst das parodierte Werk derart, dass diese Bezugnahme nicht mehr erkennbar ist, so geht der Charakter als Parodie verloren. Eine Parodie oder Satire ginge ins Leere, wenn nicht mehr erkennbar bliebe, was parodiert wird. Die Rechtsprechung begegnet dem dadurch, dass sie für das „Verblassen" den „inneren Abstand" ausreichen lässt, der sich vornehmlich aus der inhaltlichen oder künstlerischen Auseinandersetzung mit dem parodierten Werk ergibt (vgl. näher Rdnr. 12; sa. *Ruijsenaars* GRUR Int. 1993, 918/925). Auch weitgehende Übernahmen können danach zulässig sein, sofern sie durch den Parodiezweck geboten sind. Jedoch muss die Parodie ein selbständiges Werk von solcher Eigenart sein, dass ihr die eigentliche Bedeutung zukommt und der entlehnte Teil nur als notwendiger Anknüpfungspunkt für den parodistischen Gedanken erscheint (BGH GRUR 1971, 588/590 – Disney-Parodie; OLG München ZUM 1992, 202/205; sa. BGH GRUR 2003, 956/958 – Gies-Adler).

30   Dabei ist ein **strenger Maßstab** anzulegen (BGH GRUR 2008, 693/695 – TV-Total; BGH GRUR 2000, 703/704 – Mattscheibe; BGH GRUR 1994, 191/193 – Asterix-Persiflagen; BGH GRUR 1994, 206/208 – Alcolix; sa. BGH GRUR 1999, 984/987 – Laras Tochter*;* vgl. auch Rdnr. 13 und 17; für großzügigere Maßstäbe *Hess* S. 148 ff.). Keinesfalls darf aus einer parodistischen oder satirischen Zielsetzung ein Freibrief für unfreie Entlehnungen entnommen werden; der Urheber des parodierten Werkes müsste sonst selbst umfangreiche Entnahmen dulden, die er ohne die parodistische Tendenz des neuen Werkes nicht hinzunehmen hätte (BGH GRUR 1971, 588/589 – Disney-Parodie; OLG München ZUM 1992, 202/205; *Vinck* GRUR 1973, 251/253; *Hefti* S. 109). Die Praxis zeigt, dass in zunehmendem Maße versucht wird, die Bekanntheit fremder Werke unter dem Deckmantel der Parodie für sich geschäftlich auszubeuten (vgl. etwa BGH GRUR 1994, 191 – Asterix-Persiflagen; sowie BGH GRUR 1994, 206 – Alcolix: Benutzung der bekannten Comic-Figuren Asterix und Obelix für eine eigene Serie; OLG Frankfurt/M ZUM 1996, 97: Verwendung von Werken berühmter Künstler auf Kondompackungen).

31   In welchem **Umfang** eine Parodie geschützte Teile des parodierten Werkes enthalten darf, ist eine Frage des Einzelfalls (BGH GRUR 1971, 588/589 f. – Disney-Parodie; instruktiv die Entscheidungen BGH GRUR 1994, 191 – Asterix-Persiflagen – sowie BGH GRUR 1994, 206 – Alcolix). Die bloße Quantität ist als solche nicht ausschlaggebend (*Vinck* GRUR 1973, 251/253), maßgeblich ist vielmehr, dass die **Bezugnahme auf das parodierte Werk und die inhaltliche oder künstlerische Auseinandersetzung mit ihm erkennbar** werden muss (vgl. Rdnr. 29). Auch deutliche Übernahmen können danach zulässig sein (BGH GRUR 2003, 956/958 – Gies-Adler). Es soll auch nicht darauf ankommen, ob die Übernahmen erforderlich waren, weil das nicht dem Wesen urheberrechtlichen Schaffens entsprechen würde (BGH GRUR 2000, 703/704 – Mattscheibe); da aber auch die Interessen des Urhebers des parodierten Werks zu berücksichtigen sind, erscheint es richtiger, vom Parodisten zu verlangen, sich vom parodierten Werk lösen, sobald die Bezugnahme verständlich geworden ist (wie hier *Vinck* GRUR 1973, 251/253). Einen künstlerischen Spielraum wird man dem Parodisten lassen müssen, bei einer Übernahme geschützter Merkmale, die über die erforderliche Bezugnahme zum parodierten Werk weit hinausgeht, wird es aber am inneren Abstand zum parodierten Werk fehlen. Bei **Sprachwerken** kann schon eine Bezugnahme auf den Inhalt ausreichen (*Vinck* GRUR 1973, 251/254), so dass eine wörtliche Entlehnung durch § 24 nicht mehr gedeckt ist. Bei **Werken der bildenden Kunst** wird sich dagegen eine teilweise Inanspruchnahme der

Ausdrucksform des parodierten Werks meist nicht vermeiden lassen (zB bei der Verwendung des Bundesadlers, vgl. BGH GRUR 2003, 956/958 – Gies-Adler; ebenso *Vinck* GRUR 1973, 251/254). Die Entscheidung „Disney-Parodie" des BGH (GRUR 1971, 588) bildet ein Beispiel für einen Fall, in dem die entlehnten Teile gegenüber der neu entstandenen Bildergeschichte derart im Vordergrund standen, dass sie mehr als nur ein Mittel zur Anknüpfung und damit zur Durchführung der Parodie waren (zu dieser Entscheidung abl. *Schmieder* NJW 1971, 2169 und *Dünnwald* AfP 1972, 274; zust. *Nordemann* in Anm. zur Entscheidung GRUR 1971, 590; vgl. ferner OLG Hamburg WRP 1989, 602 – Schlümpfe-Parodie). Bei Comic-Figuren ist die Rechtsprechung davon ausgegangen, dass keine nach § 24 zulässige Parodie vorliegt, wenn das neue Werk nicht nur auf einzelne kennzeichnende Merkmale dieser Figuren anspielt, sondern sie in ihren eigenpersönlichen Zügen übernimmt (BGH GRUR 1994, 191/200 – Asterix-Persiflagen). Bei **Werken der Musik** scheitert eine freie Benutzung auch im Falle der Parodie meist bereits an § 24 Abs. 2 (sa. OLG München ZUM 1991, 432/434; zu § 24 Abs. 2 s. Rdnr. 32 ff.).

D. Melodienschutz

Abs. 2 begründet für Werke der Musik einen gegenüber anderen Werken **erweiterten Schutzumfang.** Geschützt sind die in einem Werk enthaltenen Melodien (dazu Rdnr. 34 f.) gegen ihre erkennbare (dazu Rdnr. 36) Entnahme und Verwendung in einem neuen Werk. Bei diesem sog. **starren Melodienschutz** finden also nicht die allgemeinen Grundsätze über die Unfreiheit oder Freiheit der Benutzung (vgl. Rdnr. 10 ff.) Anwendung, sondern es kommt darauf an, ob die Melodie „erkennbar" dem benutzten Werk entnommen und dem neuen Werk zugrundegelegt ist (vgl. *Schricker* in Anm. zu BGH GRUR 1988, 812/816 – Ein bißchen Frieden). Ist das der Fall, so ist eine **freie Benutzung ausgeschlossen.** Die Zulässigkeit der Übernahme beurteilt sich vielmehr nach § 23. Dessen Anwendung hängt (ebenso wie die Begriffe der erkennbaren Entnahme und Zugrundelegung, vgl. Rdnr. 36) wiederum davon ab, ob der Komponist des neuen Musikstücks die Melodie aus dem älteren Musikstück gekannt hat. Ist das nicht der Fall, so liegt eine Doppelschöpfung vor, die keine Urheberrechtsverletzung darstellt (dazu § 23 Rdnr. 33 ff.). Hat er sie dagegen gekannt, so liegt ein Fall der bewussten Übernahme oder der unbewussten Entlehnung (dazu § 23 Rdnr. 31 f.) vor, die beide unter § 23 fallen. Über einen eventuellen Rechtserwerb des Schöpfers des neuen Werks besagt § 24 Abs. 2 nichts, dieser beurteilt sich allein nach § 3. Die Freiheit des musikalischen Zitats (§ 51 Nr. 3) wird durch § 24 Abs. 2 nicht berührt. 32

Den bereits nach § 13 Abs. 2 LUG gewährten starren Melodienschutz (zur Entwicklung vgl. *Schlingloff* S. 97 ff.) wollte der RegE abschaffen (vgl. BTDrucks. IV/270 S. 51 f.), konnte sich aber in den Ausschussberatungen gegenüber den Verbandsstellungnahmen nicht durchsetzen (Näheres bei *Wolpert* UFITA 50 [1967] 769 ff.). Die **Berechtigung der Regelung** ist bis heute umstritten (dafür zB Fromm/Nordemann/*A. Nordemann*[10] § 24 Rdnr. 54; *Rehbinder*[15] Rdnr. 388; *Schlingloff* S. 102 ff.; differenzierend Dreier/*Schulze*[3] § 24 Rdnr. 43 f.; *Schack*[4], Urheber- und Urhebervertragsrecht, Rdnr. 246; entgegen *Schmieder* UFITA 93 [1985] 63/69 lässt sich § 24 Abs. 2 aber nicht als „schlicht verfassungswidrig" bezeichnen). Seine Bedeutung hat der Melodienschutz vor allem im Bereich der Schlager- und Unterhaltungsmusik sowie bei Operetten. Hier ist anzuerkennen, dass die freie Benutzung von Melodien allzu leicht in eine Ausbeutung fremden Musikschaffens umschlagen kann. Bedenklich erscheint der Melodienschutz dagegen bei der ernsten Musik. Hier gilt mehr als bei der leichten Musik der Grundsatz, dass eigenes Schaffen auf früheren Schöpfungen aufbauen können muss (vgl. Rdnr. 2); zahlreiche Werke der klassischen Musikliteratur, zB Variationen über Melodien anderer Meister, wären nach den Grundsätzen des § 24 Abs. 2 unzulässig gewesen (sa. *Ulmer*[3] § 58 II 1; *Schulze* ZUM 1994, 15/18; aA *Schlingloff* S. 103 f.). 33

Der **Begriff der Melodie** ist als Rechtsbegriff zu verstehen; musikwissenschaftliche Melodiebegriffe sind zu unklar und zu unbestimmt, um rechtliche Maßstäbe liefern zu können (ebenso OLG München ZUM 2000, 408/409; *Rehbinder*[15] Rdnr. 387; *Wolpert* UFITA 50 [1967] 769/776, 785 ff.; *Münker* S. 154; *Schlingloff* S. 93). Im Allgemeinen versteht man unter Melodie eine **in sich geschlossene und geordnete Tonfolge, die dem Werk seine individuelle Prägung gibt** (vgl. BGH GRUR 1988, 810/811 – Fantasy; BGH GRUR 1988, 812/814 – Ein bißchen Frieden; OLG München ZUM 2000, 408/409; LG München ZUM 2003, 245/247; Dreier/*Schulze*[3] § 24 Rdnr. 45; Fromm/Nordemann/*A. Nordemann*[10] § 24 Rdnr. 55; 34

Dreyer/Kotthoff/*Meckel*² § 24 Rdnr. 39; Wandtke/Bullinger/*Bullinger*³ § 24 Rdnr. 16; *Rehbinder*¹⁵ Rdnr. 387; zu weiteren Definitionen vgl. die erste Aufl. Rdnr. 23; *Münker* S. 154 f.; *Schlingloff* S. 92 ff.). Das beinhaltet, dass die Melodie auch für sich genommen eine **persönliche geistige Schöpfung** ist, insb. die erforderliche Individualität aufweist; nur was schutzfähig ist, kann gegen Entnahme geschützt sein (OLG München ZUM 2000, 408/409; OLG Hamburg ZUM 1989, 523/525; *Dreyer*/Kotthoff/*Meckel*² § 24 Rdnr. 39; *Hoeren* GRUR 1989, 11/12). Auch die Benutzung von Teilen einer Melodie fällt unter Abs. 2 (OLG München ZUM 1997, 275), vorausgesetzt natürlich, dass der Teil auch für sich genommen urheberrechtlich geschützt ist (zur Schutzfähigkeit von Werkteilen vgl. § 2 Rdnr. 67 f.). Dass sich die Melodie singen lässt (so *v. Gamm* Rdnr. 19), ist hingegen nicht erforderlich (Dreier/*Schulze*³ § 24 Rdnr. 45; *Wolpert* UFITA 50 [1967] 769/801 f.).

35 Schwierigkeiten kann die **Abgrenzung der Melodie gegenüber sehr kurzen Tonfolgen** bereiten. Jedenfalls negativ kann man sich hier an der Schutzfähigkeit orientieren: eine Tonfolge, die keine persönliche geistige Schöpfung darstellt, ist auch nicht nach § 24 Abs. 2 geschützt (vgl. Rdnr. 34). Beim musikalischen **Thema** und musikalischen **Motiv** (dazu § 2 Rdnr. 125) kommt es auf den Einzelfall an; häufig geben gerade sie dem Werk seine individuelle Prägung und erfüllen dann den Melodiebegriff des § 24 Abs. 2. Keine Melodie ist dagegen der einzelne **Ton** oder **musikalische Akkord** (sa. § 2 Rdnr. 125). Bedeutung hat die Frage vor allem für das **Sound-Sampling** (dazu § 2 Rdnr. 128), bei dem unter Umständen kleinste Teile eines Musikstückes übernommen werden. Grundsätzlich wird man davon auszugehen haben, dass der Sound durch § 24 Abs. 2 nicht geschützt ist (näher dazu *Hoeren* GRUR 1989, 11/12 f.; *Münker* S. 160 ff.; *Weßling* S. 116 ff.; weitere Nachweise bei § 2 Rdnr. 128; vgl. aber zum Tonträgerherstellerrecht BGH GRUR 2009, 403 f. – Metall auf Metall, sowie § 85 Rdnr. 43), schon deswegen, weil es sich dabei in der Regel nicht um eine persönliche geistige Schöpfung handelt (vgl. § 2 Rdnr. 125). Die Übernahme von **Harmonie, Rhythmus, Eigenart der Instrumentierung** oder besonderen **Klangeffekten** wird durch § 24 Abs. 2 nicht ausgeschlossen, sie stellen für sich genommen keine Melodie dar (sa. *Wolpert* UFITA 50 [1967] 769/813 f.).

36 Die Melodie muss erkennbar dem älteren Werk entnommen und dem neuen zugrundegelegt sein. **Erkennbarkeit** liegt vor, wenn sich eine zumindest assoziative Verbindung zum benutzten Werk herstellen lässt (sa. *Münker* S. 159); dabei braucht nicht bekannt zu sein, um welches Werk es sich handelt. Maßgeblich hierfür ist das Urteil der mit musikalischen Fragen einigermaßen vertrauten und hierfür aufgeschlossenen Verkehrskreise (Dreier/*Schulze*³ § 24 Rdnr. 47; *Münker* S. 159; *Schlingloff* S. 95; *Wolpert* UFITA 50 [1967] 769/816 ff.). Beim Begriff des **Zugrundelegens** wird man nicht verlangen können, dass die entnommene Melodie das charakteristische kompositorische Material des neuen Werkes darstellt (so *Münker* S. 158); der Schutzbereich des § 24 Abs. 2 wäre sonst zu eng. Es muss ausreichen, dass die entnommene Melodie im neuen Werk benutzt wird. Entnahme und Zugrundelegung haben auch ein **subjektives Element:** Sie setzen voraus, dass der Komponist des neuen Werkes das ältere Werk gekannt und bewusst oder unbewusst darauf zurückgegriffen hat (BGH GRUR 1988, 810/811 – Fantasy; BGH GRUR 1988, 812/814 – Ein bißchen Frieden – mit insoweit zust. Anm. *Schricker;* BGH GRUR 1971, 266/268 – Magdalenenarie). Ist das nicht der Fall, so liegt eine Doppelschöpfung vor, die nicht urheberrechtsverletzend ist (dazu § 23 Rdnr. 33 f.).

Unterabschnitt 4. Sonstige Rechte des Urhebers

§ 25 Zugang zu Werkstücken

(1) **Der Urheber kann vom Besitzer des Originals oder eines Vervielfältigungsstückes seines Werkes verlangen, daß er ihm das Original oder das Vervielfältigungsstück zugänglich macht, soweit dies zur Herstellung von Vervielfältigungsstücken oder Bearbeitungen des Werkes erforderlich ist und nicht berechtigte Interessen des Besitzers entgegenstehen.**

(2) **Der Besitzer ist nicht verpflichtet, das Original oder das Vervielfältigungsstück dem Urheber herauszugeben.**

Schrifttum: *Erdmann,* Sacheigentum und Urheberrecht, Fs. für Piper, 1996, S. 655; *Honscheck,* Der Schutz des Urhebers vor Änderungen und Entstellungen durch den Eigentümer, GRUR 2007, 944; *Schmelz,* die Werkzerstörung als ein Fall des § 11 UrhG, GRUR 2007, 565; *Schöfer,* Die Rechtsverhältnisse zwischen dem Urheber eines Werkes der bildenden Kunst und dem Eigentümer des Originalwerkes, 1984.

Übersicht

	Rdnr.
I. Allgemeines	1–7
1. Rechtsentwicklung	2, 3
2. Sinn und Zweck sowie Bedeutung der Vorschrift	4, 5
3. Systematische Stellung und Wesen des Zugangsrechts	6, 7
II. Die Regelung im Einzelnen	8–19
1. Anspruchsberechtigter, Verpflichteter, sachlicher Geltungsbereich	8–10
2. Einschränkende Voraussetzungen des Zugangs	11–19
a) Zur Herstellung von Vervielfältigungsstücken oder Bearbeitungen des Werkes	12–15
b) Interessenabwägung	16–19
III. Sonstige Fragen	20–23
1. Vertragliche Absprachen	20
2. Unübertragbarkeit und Unverzichtbarkeit	21, 22
3. Erhaltungspflicht und Vernichtung des Werkoriginals	23

I. Allgemeines

Sind Besitz des Werkstücks und Urheberrecht nicht mehr in der Person des Werkschöpfers **1** vereint, sorgt im Spannungsverhältnis von Sach- und geistigem Eigentum das Zugangsrecht nach § 25 für einen **Interessenausgleich** im Hinblick auf die fortdauernden ideellen Beziehungen des Urhebers zu seinem Werk (zum Verhältnis von Sach- und geistigem Eigentum sa. § 44 Rdnr. 1, 2 mwN; speziell mit Blick auf § 25 *Erdmann*, Fs. für Piper, S. 655/666 ff.).

1. Rechtsentwicklung

LUG und KUG kannten noch keine Verpflichtung des Werkbesitzers, dem Urheber zum **2** Zweck der Vervielfältigung oder Bearbeitung Zugang zum Original oder zu einem Vervielfältigungsstück seines Werkes zu gewähren (*Osterrieth/Marwitz* KUG § 10 D IV; RGZ 79, 397/400 – Felseneiland mit Sirenen). Dem **internationalen Urheberrecht** ist sogar bis heute eine dem § 25 entsprechende Regelung fremd. Entwicklungsgeschichtlich hat sich das Zugangsrecht erst nach Inkrafttreten von LUG und KUG im Zuge der Entfaltung des Urheberpersönlichkeitsrechts durch Rechtsprechung und Lehre herausgebildet. Um die aus der fehlenden gesetzlichen Regelung folgenden Härten auszugleichen, wurde zunächst in Teilen der Literatur der Rückgriff auf die allgemeinen Bestimmungen der §§ 226, 242 und 826 BGB befürwortet (*Marwitz/ Möhring* LUG § 1 Anm. 9; *Voigtländer/Elster*[3] § 8 Anm. 1a; ebenso 4. Aufl. [*Kleine*] § 8 Anm. 1), während für die Durchsetzung von urheberrechtlichen Unterlassungsansprüchen schon immer der Besichtigungsanspruch nach § 809 BGB für anwendbar gehalten wurde, wenn für das Vorliegen eines Unterlassungsanspruchs ein gewisser Grad an Wahrscheinlichkeit bestand (RGZ 69, 401/405 – Nietzsche – Briefe).

Nach **Vorbildern in den Vorkriegsentwürfen** (Marwitz-E [1929] § 23; RJM-E [1932] **3** § 24; Hoffmann-E [1933] § 35 – dort erstreckt auf den Inhaber von Nutzungsrechten – und Akademie-E [1939] § 23), **der Befürwortung in der Literatur** (*Ulmer*[1] § 47) **und der Anerkennung** eines Zugangsrechts als Teil des unveräußerlichen Persönlichkeitsrechts **in der Rspr.** (BGH GRUR 1952, 257/258 – Krankenhauskartei; später auch BAG GRUR 1961, 491/492 – Nahverkehrschronik) gehörte eine gegenüber der endgültigen Fassung des § 25 nur durch redaktionelle Änderungen abweichende Bestimmung zu allen **Entwürfen nach dem Zweiten Weltkrieg** (RefE § 37; MinE § 40; RegE § 25).

2. Sinn und Zweck sowie Bedeutung der Vorschrift

Sinn und Zweck. Als spezifisch urheberrechtliche Regelung durchbricht das Zugangsrecht **4** die eigentums- und besitzrechtlichen Regelungen des Sachenrechts und eröffnet dem Urheber den Zugang zum Original oder zu einem Vervielfältigungsstück eines von ihm geschaffenen Werkes, nachdem dieses seinen Herrschaftsbereich verlassen hat. § 25 gewährt keinen Herausgabeanspruch (Abs. 2), sondern dient – den Grundvorstellungen des Urheberrechtsgesetzes entsprechend – **der Aufrechterhaltung der ideellen Bande** zwischen dem Schöpfer und seinem Werk, indem er ein Recht auf Zugang unter den beiden einschränkenden Voraussetzungen statuiert, dass der Zugang erstens zum Zwecke der Herstellung eines Vervielfältigungsstückes oder einer Bearbeitung erfolgt und zweitens die berechtigten Interessen des Besitzers gewahrt bleiben. Im Rahmen dieser Einschränkungen ermöglicht § 25 dem Urheber, ungeachtet des jeweiligen Besitzes am Werkoriginal, durch dessen Bearbeitung an früheres Werkschaffen anzuknüpfen, mit der Herstellung von Vervielfältigungsstücken sein Gesamtschaffen zu dokumentieren und – im Hinblick auf das einheitliche, urheberpersönlichkeits- wie vermögensrechtliche Interessen gleichermaßen schützende Urheberrecht – unter Umständen auch sein Werk zu verwerten, soweit er daran ohne Zugang zum Original gehindert ist. Hingegen schließt die Vorschrift das Recht der Veränderung des Werkstücks ebenso aus wie einen Zugang aus anderen als urheberrechtlichen Zwecken.

Trotz einer gewissen Ähnlichkeit mit dem **Besichtigungsanspruch nach § 809 BGB** weist das neben ihm bestehende Zugangsrecht zu diesem jedoch entscheidende Unterschiede auf. Denn anders als der allgemeine Besichtigungsanspruch gewährt § 25 keinen Hilfsanspruch zur Vorbereitung der Geltendmachung eines weiteren Anspruchs gegen den Besitzer (BGH GRUR 2002, 1046 – Faxkarte).

5   Besondere **Bedeutung** erlangt § 25 **bei häufig nur als Unikat existierenden Werken der bildenden Kunst und der Architektur**, deren künstlerische Gestaltung allein im Original uneingeschränkt zum Ausdruck kommt (sa. Rdnr. 10).

3. Systematische Stellung und Wesen des Zugangsrechts

6   Das Zugangsrecht findet seine – nicht ganz glückliche – **systematische Stellung** im Gesetz unter den sonstigen Rechten des 4. Unterabschnitts des Kapitels über den Inhalt des Urheberrechts, die wegen ihres fehlenden Ausschließlichkeitscharakters nach der AmtlBegr. weder den reinen Persönlichkeits- noch den ausschließlichen Verwertungsrechten zuzurechnen sind (AmtlBegr. UFITA 45 [1965] 240/267). Erstmals im UrhG gesetzlich geregelt ist es wie die vermögensrechtlichen Vergütungsansprüche der §§ 26, 27 Ausfluss des umfassenden Urheberrechts, ohne aber mit diesen Vorschriften die Rechtsnatur zu teilen (ebenso *v. Gamm* Rdnr. 1; *Möhring/Nicolini/Spautz*[2] Rdnr. 1).

7   Seinem **Wesen** nach zählt das Zugangsrecht zu den **urheberpersönlichkeitsrechtlichen Vorschriften im weiteren Sinne** (allgM; *v. Gamm* Rdnr. 1; *Möhring/Nicolini*[1] Anm. 1b; *Ulmer*[3] § 42 II), die über die Urheberpersönlichkeitsrechte im engeren Sinne (§§ 12–14) hinaus die persönlichen und geistigen Interessen des Urhebers unter Schutz stellen (Einzelheiten vor §§ 12ff. Rdnr. 8ff.). Dies schließt angesichts der monistischen Konzeption des Urheberrechtsgesetzes und der ihm eigenen Verklammerung materieller und ideeller Elemente nicht aus, dass im Einzelfall vermögensrechtliche Belange des Urhebers den Zugang nach § 25 teilweise oder gar alleine rechtfertigen (vor §§ 12ff. Rdnr. 11ff. mwN; *v. Gamm* Rdnr. 1; *Möhring/Nicolini/Spautz*[2] Rdnr. 1, *Wandtke/Bullinger/Bullinger* Rdnr. 1). Trotz seiner persönlichkeitsrechtlichen Natur kann das Zugangsrecht **vertraglich eingeschränkt** werden. In seinem Kerngehalt ist es aber wegen des untrennbaren geistigen Bandes zwischen Urheber und seinem Werk **unübertragbar** und **unverzichtbar** (*Möhring/Nicolini/Spautz*[2] Rdnr. 2; *Dreier/Schulze/Schulze* Rdnr. 2, 5; *v. Gamm* Rdnr. 4; *Fromm/Nordemann/W. Nordemann*[9] Rdnr. 1; BGH GRUR 1952, 257/258 – Krankenhauskartei; s. dazu auch Rdnr. 21f.). Anders noch als im Hoffmann-E (s. Rdnr. 3) ist das Zugangsrecht wesensmäßig auf den Urheber und seinem Rechtsnachfolger beschränkt, kann also auf einen vertraglichen Nutzungsberechtigten auch nicht sinngemäß erstreckt werden (*Möhring/Nicolini/Spautz*[2] Rdnr. 2; für eine Wahrnehmungsbefugnis des Nutzungsberechtigten *Dreier/Schulze/Schulze* Rdnr. 5; für ein Zugangsrecht des Nutzungsberechtigten de lege ferenda *Fromm/Nordemann/W. Nordemann*[9] Rdnr. 1).

II. Die Regelung im Einzelnen

1. Anspruchsberechtigter, Verpflichteter, sachlicher Geltungsbereich

8   Der Anspruch steht dem **Urheber** (§ 7) bzw. seinem Rechtsnachfolger (§ 30) zu, nicht jedoch einem Nutzungsberechtigten, den der Urheber freilich als Hilfsperson ermächtigen kann, für ihn das Zugangsrecht auszuüben (weitergehend *Dreier/Schulze/Schulze* Rdnr. 5 unter Hinweis auf *Berger* CR 2006, 505/507, der ein Zugangsrecht des Softwarelizenznehmers zum Quellcode befürwortet, dabei jedoch die urheberpersönlichkeitsrechtliche Vorschrift überstrapaziert, zumal der Lizenznehmer sich an den Urheber selbst wenden kann; so auch *Fromm/Nordemann/A. Nordemann*[10] Rdnr. 7; zur Einschaltung von Hilfspersonen sa. Rdnr. 11). Bei **Miturheberschaft** (§ 8) erfordert die besondere persönlichkeitsrechtliche Prägung des Urheberrechts, die gesamthänderische Bindung der urheberrechtlichen Befugnisse auf die in § 8

Abs. 2 ausdrücklich genannten Fälle der Änderung, Veröffentlichung und Verwertung des Werkes zu beschränken, eine darüber hinausgehende entsprechende Anwendung der für vermögensrechtliche Gemeinschaften passenden Bestimmungen der Gesamthandsgemeinschaft jedoch auszuschließen und insoweit, dh. auch hinsichtlich des Zugangsrechts, nach allgemeinen urheberrechtlichen Bestimmungen zu verfahren (ebenso § 8 Rdnr. 10; *Ulmer*[3] § 34 III 3; *Fromm/ Nordemann/W. Nordemann*[10] § 8 Rdnr. 23; im Ergebnis ebenso *Dreier/Schulze/Schulze* Rdnr. 4: Zugangsrecht betrifft keinen einmaligen Anspruch; gegen *v. Gamm* § 8 Rdnr. 12, 15; *Sontag*, Das Miturheberrecht, 1972, S. 29 ff.). Folglich kann jeder Miturheber individuell und unabhängig von den übrigen Miturhebern Zugang zum Original oder zu einem Vervielfältigungsstück des gemeinschaftlich geschaffenen Werkes verlangen (*Schöfer* S. 184 f.; OLG Düsseldorf GRUR 1969, 550/551 – Geschichtsbuch für Realschulen = Schulze OLGZ 99 m. zust. Anm. *Kleine*; aA *v. Gamm* Anm. 6). Entsprechendes gilt für **Urheber verbundener Werke** (*Fromm/Nordemann/W. Nordemann*[9] Rdnr. 1). Bei **bearbeiteten Werken** sind **Urheber und Bearbeiter** gleichermaßen und unabhängig voneinander hinsichtlich ihres schöpferischen Werkbeitrags anspruchsberechtigt. Abweichungen für den **angestellten Urheber** ergeben sich nicht (Einzelheiten dazu § 43 Rdnr. 95 ff.).

Der **Anspruch** aus § 25 richtet sich **gegen den Besitzer** des Werkstücks, gleich, ob er Eigen- oder Fremdbesitzer (Verwahrer, Pächter, Mieter, Entleiher etc.) ist, nicht jedoch gegen den Besitzdiener. Der Besitz kann sich dabei auch vom Urheber als Eigentümer des Werkes ableiten. In jedem Falle trifft die Verpflichtung, den Zugang zu gewähren, denjenigen, der die tatsächliche Sachherrschaft ausübt (§ 854 BGB), ungeachtet eines etwa entgegenstehenden Verbots des Eigentümers und ungeachtet einer Zugangsgewährung durch den Besitzer eines weiteren Vervielfältigungsstücks bzw. des Originals (ebenso *v. Gamm* Rdnr. 6; *Dreier/Schulze/Schulze* Rdnr. 6; *Möhring/Nicolini/Spautz*[2] Anm. 4). In letzterem Falle tritt freilich in der Regel das Zugangsinteresse des Urhebers gegenüber dem Besitzerinteresse zurück (vgl. Rdnr. 16). 9

In **sachlicher Hinsicht** beschränkt sich das Zugangsrecht **auf das Original oder auf Vervielfältigungsstücke eines noch geschützten Werkes jeder Gattung**. Zugang ist somit grundsätzlich zu allen Werkarten nach § 2 Abs. 1, einschließlich etwaiger unbenannter Werkarten, zu gewähren, ferner zu Sammelwerken und Datenbankwerken (§ 4 Abs. 1 und 2), zu Computerprogrammen (§ 69 a Abs. 4) und zu den geschützten Leistungen des Verfassers wissenschaftlicher Ausgaben (§ 70 Abs. 1) und des Fotografen (§ 72 Abs. 2). Der praktische Anwendungsschwerpunkt von § 25 liegt allerdings in den Bereichen der **bildenden Kunst und der Architektur**, in denen – insbesondere auf Bestellung angefertigte – Werke oft nur als Unikate existieren, so dass eine Dokumentation des Werkschaffens oder eine weitere Verwertung des Werkes allein nach Zugang zu dem in fremder Hand liegenden Werkstück und der Herstellung eines Vervielfältigungsstücks möglich ist. Ein praktisches Bedürfnis auf Zugang kommt aber auch bei **Schrift- oder Musikwerken** in Betracht, nicht allein wenn diese (noch) in handschriftlicher Fassung bei einem Dritten vorhanden sind, sondern auch bei Autographen, die die Entstehung eines Werkes widerspiegeln und gegenüber seiner erschienen Fassung durchaus als ein anderes Werk erscheinen können. 10

Grundsätzlich richtet sich der Umfang des Zugangsrechts auf das **Werk als Ganzes**. Eine Beschränkung des Zugangs auf die schutzfähigen Teile eines Werkes ist nach dem eindeutigen Wortlaut der Vorschrift („Original oder eines Vervielfältigungsstücks des Werkes") unzulässig (*Fromm/ Nordemann/A. Nordemann*[10] Rdnr. 11). Bei der gebotenen Interessenabwägung (s. Rdnr. 16 ff.) kann sich der Zugang jedoch ausnahmsweise auf die urheberrechtlich geschützten **Teile eines Werkes** beschränken (etwa kein Zugang zu den für sich nicht schutzfähigen Kellerräumen eines Gebäudes) oder auf die Teile eines Werkes, die der Urheber nicht mehr in Besitz hat, wie dies bei Mappenwerken der Fall sein kann (vgl. OLG Hamburg Schulze OLGZ 174, 8 (zur Interessenabwägung beim Zugang zu Bauwerken) sowie OLG Düsseldorf GRUR 1969, 550/551 – Geschichtsbuch für Realschulen; *Fromm/Nordemann/A. Nordemann*[10] Rdnr. 11; *Dreier/Schulze/ Schulze* Rdnr. 17; *Dreyer* in HK-UrhG Rdnr. 8).

2. Einschränkende Voraussetzungen des Zugangs

Der Besitzer des Werkstücks ist verpflichtet, dem Urheber dieses **zugänglich** zu machen. Nach der ausdrücklichen Regelung des Gesetzes (Abs. 2) begründet das Zugangsrecht **keinen Herausgabeanspruch**, so dass die Verschaffung des auch nur zeitlich beschränkten unmittelbaren Besitzes grundsätzlich nicht geboten ist (so bereits BGH GRUR 1952, 257/258 – Krankenhauskartei; ebenso *Möhring/Nicolini/Spautz*[2] Anm. 5; sa. *Schöfer* S. 173 ff.). Vielmehr ist **Zugang** 11

nur in geeigneter Weise – dh. sachlich, örtlich und zeitlich im Rahmen des Notwendigen – zu gestatten, damit einerseits dem Zugangszweck der Herstellung eines Vervielfältigungsstücks oder einer Bearbeitung des Werkes genügt werden kann (s. Rdnr. 12f.) und andererseits die berechtigten Interessen des Besitzers gewahrt bleiben (s. Rdnr. 16ff.). Deshalb braucht der Urheber den Zugang nicht persönlich vornehmen, wenn dies dem Besitzer oder dem Urheber selbst entgegenkommt (so auch *Fromm/Nordemann/A. Nordemann*[10] Rdnr. 9). In Betracht kommt je nach dem vom Urheber verfolgten Zweck die **Einschaltung von Hilfspersonen** für den im Einzelfall erforderlichen Transport des Originals oder des Vervielfältigungsstücks in ein Fotolabor, eine Kopieranstalt oder eine Gießerei und für die Fertigung des Vervielfältigungsstücks oder der Bearbeitung, gegebenenfalls unter Aufsicht des Besitzers. Die anfallenden **Kosten** für sachgemäßen Transport und Versicherung des Originals sowie die Herstellung des Vervielfältigungsstücks hat der Urheber zu tragen und eventuell vorzuschießen. Ebenso ist er nach § 101a Abs. 4 iVm. § 811 Abs. 2 BGB bei Verlust oder Beschädigung des Originals ungeachtet eines Verschuldens zur Schadenersatzleistung verpflichtet (*Fromm/Nordemann/A. Nordemann*[10] Rdnr. 2; *v. Gamm* Rdnr. 7; *Möhring/Nicolini/Spautz*[2] Rdnr. 6; *Dreier/Schulze/Schulze* Rdnr. 24; *Dreyer* in HK-UrhG Rdnr. 14).

12   a) § 25 bindet das Recht auf Zugang an die einschränkende Voraussetzung, dass der Zugang **zur Herstellung von Vervielfältigungsstücken oder zur Bearbeitung** des Werkes **erforderlich** ist. Auf den damit vom Urheber verfolgten Zweck kommt es nur insoweit an, als der Anspruch aus anderen als den **urheberrechtlichen Zwecken** der Vervielfältigung oder Bearbeitung entfällt (*Wandtke/Bullinger/Bullinger* Rdnr. 9; aA hinsichtlich der Überwachung der Wahrung des Urheberrechts *Dreier/Schulze/Schulze* Rdnr. 14: Zugang schon während der Entstehung des Werkes; *Fromm/Nordemann/W. Nordemann*[9] Rdnr. 5; kritisch auch *Schöfer* S. 170ff.). Folglich kann der Urheber Zugang zu seinem Werk verlangen, um es zu veröffentlichen (sa. § 12 Rdnr. 15). Aus dem Zweck der Vorschrift, dem Urheber durch die Herstellung von Vervielfältigungsstücken die Dokumentation seines Werkschaffens zu ermöglichen (Rdnr. 4), folgt jedoch als ein Minus gegenüber ihrem Wortlaut, dass der Urheber den Zugang auch zur Erstellung eines Werkverzeichnisses verlangen kann (OLG Nürnberg ZUM-RD 2003, 260/266 – Künstler und Mäzen im Anschluss an *Haberstumpf*, Rdnr. 147; ebenso *Fromm/Nordemann/A. Nordemann*[10] Rdnr. 13; einen Anspruch des Urhebers und erst Recht Dritter auf Aufnahme eines Werkes in ein von fremder Hand erstelltes Werkverzeichnis hat das OLG Hamm GRUR 2005, 177 – Karl Hofer verneint). Jedoch kann der Urheber **keinen Zugang** verlangen, um lediglich zu kontrollieren, ob das Werk sich noch im originalen Zustand befindet, und auch der gekündigte Architekt vermag sich nicht unter Berufung auf § 25 den Zutritt zu dem von ihm entworfenen Bauwerk zur bloßen Besichtigung und zur Prüfung der plangerechten, seine Rechte aus § 14 wahrenden Ausführung zu verschaffen, um Informationen für einen möglichen Rechtsstreit gegen den Bauherrn zu erlangen (OLG Düsseldorf GRUR 1979, 318f. – Treppenwangen = Schulze OLGZ 208 m. zust. Anm. *Gerstenberg*; *Wandtke/Bullinger/Bullinger* Rdnr. 9; großzügiger insoweit *Dreier/Schulze/Schulze* Rdnr. 14). Anders verhält es sich freilich, wenn derartige Rechtsverletzungen beiläufig offenbar werden. Während der Entstehung des Bauwerks ist dem Architekten der Zugang nach § 25 ebenfalls verwehrt, weil das fragliche Werk, zu dem die persönlichen Bande aufrechterhalten werden sollen, in seiner dreidimensionalen Form noch gar nicht existiert. § 25 dient nicht der Vorbereitung von Unterlassungs- und Schadensersatzansprüchen (aA *Dreier/Schulze/Schulze* Rdnr. 14). Auch der Schöpfer eines Bildes, einer Plastik oder – wie im vom KG entschiedenen Fall – einer Totenmaske kann nicht unter Berufung auf § 25 die Herausgabe des betreffenden Werkstücks zum Zwecke seiner Ausstellung durchsetzen (KG GRUR 1981, 742/743 – Totenmaske I). Wohl aber kann der Urheber eines Werkes – etwa der Architekt in den oben erwähnten Fallgestaltungen – zur Vergewisserung, ob ihm gegen den Besitzer des Werkstücks ein Anspruch in Ansehung eben dieses Werkstückes zusteht, unter den näheren Voraussetzungen des § 809 BGB dessen Vorlegung oder Besichtigung verlangen (vgl. BGH GRUR 2002, 1046/1047f. – Faxkarte; *Dreier/Schulze/Schulze* Rdnr. 15). Zur Vorbereitung eines Zugangsrechts nach § 25 hat das LG Hamburg (ZUM-RD 2008, 27) dem Künstler gegen seinen Galeristen einen Anspruch auf Bekanntgabe der Namen und Adressen der Erwerber seiner Bilder zugesprochen und diesen mit den besonderen, sich aus dem Urheberpersönlichkeitsrecht ergebenden Pflichten des Galeristen begründet.

13   Das Merkmal der **Erforderlichkeit** setzt voraus, dass dem Urheber ein anderer Zugang zu seinem Werk verwehrt oder unzumutbar ist, sei es, weil er selbst kein Vervielfältigungsstück besitzt, sei es, weil das Werk nicht in einer öffentlichen Bibliothek, einem Museum oder an einem öffentlichen Platz zugänglich ist, sei es, weil es sich in einem entfernten Land oder an einem unerreichbaren Ort befindet (*Fromm/Nordemann/A. Nordemann*[10] Rdnr. 16; *v. Gamm* Rdnr. 7). Erforderlich ist der Zugang regelmäßig auch dann, wenn zwar weitere Vervielfältigungsstücke existieren, diese aber ebenso wie das Exemplar des in Anspruch genommenen Besitzers in privater Hand liegen (*Fromm/Nordemann/A. Nordemann*[10] Rdnr. 16; *Möhring/Nicolini/Spautz*[2] Rdnr. 6). Wegen der Eigenart und der Bedeutung des Originals in den Bereichen der bildenden Kunst und der Architektur kann trotz des Eigenbesitzes eines Vervielfältigungsstücks der Zugang des Urhebers erforderlich sein, etwa wenn der Bildhauer nur eine Fotografie seiner Plastik besitzt (vgl. OLG Hamburg Schulze OLGZ 174, 2; *Schöfer* S. 179 f.). Auf einen anderen Besitzer braucht sich der Urheber nur im Rahmen der Interessenabwägung verweisen lassen (ebenso *v. Gamm* Rdnr. 5; zur Interessenabwägung Rdnr. 16 ff.).

Unter **Vervielfältigung** ist jede körperliche Festlegung des Werkes zu verstehen, unabhängig **14** davon, in welcher Art und Weise sie erfolgt ist (Einzelheiten § 16 Rdnr. 6 ff. mwN). Die **Bestimmung des Verfahrens der Vervielfältigung,** deretwegen der Zugang verlangt wird, trifft wegen der persönlichkeitsrechtlichen Natur der Vorschrift grundsätzlich der Urheber nach seinen künstlerischen Vorstellungen. Ihm steht es frei zu wählen, ob er das Original seines Werkes abmalt oder fotografiert, seine Originalplastik als Skizze vervielfältigt oder einen Abguss fertigt, seine Partitur abschreibt oder kopiert. Einschränkungen können sich auch insoweit allein aus einer Abwägung mit den Interessen des Besitzers ergeben, etwa wenn das Original von Schaden bedroht ist (sa. unten Rdnr. 18; KG GRUR 1983, 507/508 – Totenmaske II; Einzelheiten bei *Schöfer* S. 173 ff.). Der Begriff der **Bearbeitung** in Abs. 1 betrifft nicht etwa das Recht der Bearbeitung des zugänglich gemachten Werkstücks – das würde dem Eigentums- bzw. Besitzrecht widersprechen –, sondern lediglich die Herstellung eines Vervielfältigungsstücks dieses Werkes in bearbeiteter Form iSd. § 23 wie zB eine Radierung eines Ölgemäldes ua. (allgM; *Fromm/Nordemann/W. Nordemann*[9] Rdnr. 3; *Möhring/Nicolini/Spautz*[2] Rdnr. 6; *v. Gamm* Rdnr. 7).

Die **Beweislast für die Erforderlichkeit** trifft nach allgemeinem Beweisrecht und nach **15** dem Wortlaut der Bestimmung den Urheber. Da ihm jedoch der Beweis dafür, dass keine andere zumutbare Möglichkeit der Herstellung eines Vervielfältigungsstücks oder einer Bearbeitung besteht, in aller Regel nicht gelingen kann, würde die Durchsetzung des Zugangsrechts meist an der Beweislast scheitern. In **Umkehrung der Beweislast** hat deshalb der Besitzer zu beweisen, dass der Zugang nicht erforderlich iSd. § 25 ist. Zweifel gehen zu seinen Lasten (ebenso *Fromm/Nordemann/A. Nordemann*[10] Rdnr. 21; *Dreier/Schulze/Schulze* Rdnr. 20; *v. Gamm* Rdnr. 7; einschränkend *Möhring/Nicolini/Spautz*[2] Rdnr. 12: Beweislast des Urhebers hinsichtlich der Erforderlichkeit, nicht dagegen, dass keine anderen Werkstücke zugänglich sind; dem folgend *Wandtke/Bullinger/Bullinger* Rdnr. 13, aA *Dreyer* in HK-UrhG Rdnr. 11: Beweislast des Urhebers, jedoch mit Beweiserleichterungen wie Vermutung der Erforderlichkeit des Zugangs wegen fehlenden Eigenbesitzes eines Werkexemplars).

b) Ist der Zugang erforderlich, hat eine **Abwägung der Interessen des Urhebers und der** **16** **entgegenstehenden ideellen wie materiellen Interessen des Besitzers** zu erfolgen. Dabei kann es um die zeitlichen, örtlichen und sachlichen Umstände des Zugangs gehen, aber auch um seine Verweigerung. Auf Seiten des Urhebers spielen die Schöpfungshöhe und die Bedeutung des Werkes für sein Gesamtschaffen eine gewichtige Rolle. Die in jedem Fall gebotene Rücksichtnahme auf die Besitzerinteressen erfordert, dass Terminabsprachen rechtzeitig getroffen werden und der zu betreibende Aufwand so gering wie möglich gehalten wird (*Erdmann,* Fs. für Piper, S. 655/668; *v. Gamm* Rdnr. 7). Deshalb kann der Besitzer den Zugang zur Unzeit, bei Krankheit oder Umzug ebenso wie bei unverhältnismäßigem technischem Aufwand für die Herstellung von Vervielfältigungsstücken verweigern und den Urheber auf passendere Umstände verweisen. Auch der Erhaltungszustand des Originals und seine mögliche Gefährdung durch die Vervielfältigung können Art und Weise des Zugangs und des Vervielfältigungsverfahrens (Fotografie statt Abguss; Abschrift statt Fotokopie) beeinflussen.

Eine vollständige **Verweigerung des Zugangs** ist wegen der Bedeutung dieses Rechts für **17** den Schutz der Urheberpersönlichkeit **nur ausnahmsweise** statthaft. Gründe der Zurückweisung des Zugangsanspruchs können sich aus dem **allgemeinen Persönlichkeitsrecht des Besitzers** ergeben, sofern das betreffende Werk einen privaten Bezug aufweist und unveröffentlicht ist (*Dreier/Schulze/Schulze* Rdnr. 21; *Wandtke/Bullinger/Bullinger* Rdnr. 15). Der in der Amtl.-Begr. (UFITA 45 [1965] 240/267) genannte Fall eines ausschließlich für den Besitzer persönlich angefertigten Werkes rechtfertigt eine Verweigerung jedoch dann nicht, wenn es lediglich um die Herstellung eines Vervielfältigungsstücks für das private Archiv des Urhebers geht (so zu

Recht *Ulmer*³ § 42 IV; zur Verbreitung oder öffentlichen Zurschaustellung von Personenbildnissen s. Kapitel „Recht am eigenen Bild" Anh. zu § 60/§ 23 KUG). Andererseits sind Fälle denkbar, bei denen die bereits erfolgte Veröffentlichung des Bildes der Verweigerung des Zugangs nicht zwangsläufig entgegensteht (*Fromm/Nordemann/A. Nordemann*[10] Rdnr. 17). Seine Zurückweisung kommt dagegen in Betracht, wenn, wie bei Massenartikeln, Werkstücke problemlos käuflich zu erwerben sind (ebenso *v. Gamm* Rdnr. 7). Auch aus materiellen Erwägungen kann der Besitzer unter Umständen den Zugang verweigern, etwa wenn der Urheber ihn begehrt, um einen Vertragsbruch vorzubereiten. So kann der Inhaber des Verlagsrechts dem Urheber den Zugang zum Manuskript verwehren, wenn dieser unter Verletzung eines gültigen Verlagsvertrages einen anderen mit dem Verlag des Werkes beauftragen möchte (s. *Ulmer*³ § 42 IV). Ohne bindenden Verlagsvertrag hingegen hat das OLG Düsseldorf einem Verleger trotz eines eventuell rückzahlbaren Honorarvorschusses das Recht abgesprochen, dem Autor den Zugang zum Manuskript unter Geltendmachung eines Zurückbehaltungsrechts zu verwehren (GRUR 1969, 550/551 – Geschichtsbuch für Realschulen). Denkbar sind auch eng umrissene, dem Zugang entgegenstehende vertragliche Absprachen zwischen Urheber und Besitzer, sofern sie keinen vollständigen Verzicht auf das Zugangsrecht beinhalten (s. Rdnr. 7; *Möhring/Nicolini/Spautz*² Rdnr. 7).

Die Berücksichtigung eines Zurückbehaltungsrechts im Rahmen der Interessenabwägung nach § 25 begegnet freilich insofern Bedenken, als seine Geltendmachung nur zur Verurteilung Zug um Zug führt (§ 274 Abs. 1 BGB), während überwiegende berechtigte Interessen des Besitzers zur Zurückweisung des Zugangsanspruchs führen müssen (vgl. *Schäfer* S. 179 f.).

Der Anspruch gemäß § 25 kann auch dann zurückgewiesen werden, wenn der Urheber bereits bei einem anderen Besitzer Zugang zu einem Vervielfältigungsstück hatte und keine besonderen Umstände den erneuten Zugang rechtfertigen.

18 Ist das Werkstück in seiner Integrität durch das Zugangsbegehren gefährdet, weil bei der Vervielfältigung eine Beschädigung des Werkstücks zu befürchten ist, überwiegt in der Regel **das Interesse des Besitzers an der Unversehrtheit seines Werkstücks** dasjenige des Urhebers an der Herstellung eines Vervielfältigungsstücks. In einem besonderen Falle hat das KG dem Besitzer die Gefahr der Beschädigung jedoch zugemutet, weil dem Urheber das Original durch eine strafbare Handlung abhanden gekommen war und er das Eigentum gegen seinen Willen durch Ersitzung verloren hatte (vgl. KG GRUR 1983, 507/508 – Totenmaske II). Das **Interesse** des Besitzers **an der Unikateigenschaft** freilich überragt das Urheberinteresse am Zugang schon nach dem Wortlaut der Vorschrift nicht (KG GRUR 1983, 507/508 – Totenmaske II). Wohl aber hat der Urheber angefertigte Vervielfältigungsstücke den Usancen des Kunsthandels entsprechend zu kennzeichnen, wenn er das Werk als Unikat oder als Exemplar einer limitierten Auflage ausgewiesen hat (*Dreier/Schulze/Schulze* Rdnr. 13).

Die **Einzigartigkeit und der Wert der handschriftlichen Fassung eines Werkes** sollten in der Regel ein berechtigtes Interesse des Eigentümers begründen, den Urheber oder dessen Erben anstelle der begehrten Herstellung eines Faksimiles auf die Abschrift der Handschrift verweisen zu können, um den Handelswert des Autographen nicht zu vermindern (im Grundsatz zustimmend *Fromm/Nordemann/A. Nordemann*[10] Rdnr. 17). Die Verfügbarkeit der letztlich erschienenen Fassung des Werkes schließt den Urheber nicht von seinem Recht auf Zugang zu der Urfassung aus. Im Übrigen hat es der Besitzer hinzunehmen, wenn der Urheber sein Zugangsrecht nutzt, um ein ähnliches Werk zu schaffen. Ob der Urheber aus ideellen oder materiellen Gründen Zugang zu seinem Werk begehrt, spielt keine Rolle (*Wandtke/Bullinger/Bullinger* Rdnr. 10).

19 Die **Beweislast für das Vorliegen berechtigter Interessen**, die die Verweigerung des Zugangs rechtfertigen, trägt der Besitzer des Werkstücks (*Möhring/Nicolini/Spautz*² Rdnr. 13; *Dreyer* in HK-UrhG Rdnr. 13).

III. Sonstige Fragen

1. Vertragliche Absprachen

20 Zur Ausräumung von Zweifeln empfiehlt es sich, das Zugangsrecht im Einzelnen vertraglich festzulegen. Üblicherweise wird im **Architektenvertrag** der Architekt berechtigt, auch nach Beendigung des Vertrages das Bauwerk oder die bauliche Anlage in Abstimmung mit dem Bauherrn zu betreten, um fotografische und sonstige Aufnahmen zu fertigen (§ 7 Abs. 4 Allg. Vertragsbestimmungen für Architektenverträge in BAnz. v. 10. 4. 1985). Vertragliche Absprachen

haben den Vorteil, dass sie anders als § 25 für alle Bauwerke ungeachtet ihrer urheberrechtlichen Schutzfähigkeit iSd. § 2 Abs. 1 Nr. 4 gelten. Andererseits sind sie auf die Dauer des Vertrages beschränkt (vgl. OLG Hamburg Schulze OLGZ 174) und entfalten Wirkung nur inter partes, also nicht gegenüber einem späteren Erwerber des Bauwerks.

2. Unübertragbarkeit und Unverzichtbarkeit

Wegen seines urheberpersönlichkeitsrechtlichen Charakters ist das Zugangsrecht **unübertragbar**. Der Urheber kann lediglich Dritte, etwa Fotografen oder einen Assistenten, mit der Wahrnehmung des Zugangsrechts beauftragen, muss allerdings bei der Auswahl dieser Person auf die berechtigten Interessen des Besitzers Rücksicht nehmen (*Ulmer*[3] § 42 II; *v. Gamm* Rdnr. 4; sa. BGH GRUR 1952, 257/258 – Krankenhauskartei; *Schöfer* S. 180f.; aA *Dreyer* in HK-UrhG 24: Zugangsrecht kann auch Gegenstand einer Lizenz sein, soweit nicht der Kernbereich des Rechts betroffen ist). 21

Als urheberpersönlichkeitsrechtliche Befugnis ist das Zugangsrecht **im Kern auch unverzichtbar**. Statthaft ist ein Verzicht lediglich im Einzelfall, wobei der Umfang des Verzichts genau bestimmt sein muss. Der Verzicht eines Architekten auf sämtliche mit einem Bauvorhaben zusammenhängenden Ansprüche gleich welcher Art umfasst daher nicht den Verzicht auf das Zugangsrecht (OLG Hamburg Schulze OLGZ 174). Ein genereller Verzicht für die Zukunft hingegen scheidet aus (ebenso *Möhring/Nicolini/Spautz*[2] Rdnr. 2; *Fromm/Nordemann/W. Nordemann*[9] Rdnr. 1; *Dreyer* in HK-UrhG Rdnr. 25; *Schöfer* S. 181f.). 22

3. Erhaltungspflicht und Werkvernichtung

Alle übrigen Besitz- oder Eigentumsrechte am Original oder Vervielfältigungsstück des geschützten Werkes bleiben von § 25 unberührt. So begründet § 25 **keine Aufbewahrungspflicht und grundsätzlich keine Erhaltungspflicht** im Hinblick auf eine mögliche zukünftige Geltendmachung des Zugangsrechts (vgl. AmtlBegr. UFITA 45 [1965] 240/267). Gegen Beeinträchtigungen stehen dem Urheber im Übrigen das Schikaneverbot und § 14 zur Seite, der bei hochwertigen Originalen von Werken der bildenden Kunst den Urheber auch gegen die **Vernichtung** des Werkes als der extremsten Form der Werkbeeinträchtigung durch eine Anbietungspflicht des Eigentümers schützt und ihm damit das Recht auf Zugang zum Werkstück erhält (Einzelheiten zur umstrittenen Frage der Werkvernichtung s. *Erdmann*, Fs. für Piper, S. 655/672f.: nicht allein Recht auf Unversehrtheit des Werkes, sondern auch auf Fortbestand, sofern es sich nicht um aufgedrängte Werke handelt; ihm folgend *Honscheck* GRUR 2007, 944/949ff.; s. ferner § 14 Rdnr. 37ff. mwN; mit anderer Begründung *Schmelz* GRUR 2007, 565/570f., der den Schutz des Urhebers vor einer Werkzerstörung aus § 11 herleitet). 23

§ 26 Folgerecht

(1) [1]Wird das Original eines Werkes der bildenden Künste oder eines Lichtbildwerkes weiterveräußert und ist hieran ein Kunsthändler oder Versteigerer als Erwerber, Veräußerer oder Vermittler beteiligt, so hat der Veräußerer dem Urheber einen Anteil des Veräußerungserlöses zu entrichten. [2]Als Veräußerungserlös im Sinne des Satzes 1 gilt der Verkaufspreis ohne Steuern. [3]Ist der Veräußerer eine Privatperson, so haftet der als Erwerber oder Vermittler beteiligte Kunsthändler oder Versteigerer neben ihm als Gesamtschuldner; im Verhältnis zueinander ist der Veräußerer allein verpflichtet. [4]Die Verpflichtung nach Satz 1 entfällt, wenn der Veräußerungserlös weniger als 400 Euro beträgt.

(2) [1]Die Höhe des Anteils des Veräußerungserlöses beträgt:
1. 4 Prozent für den Teil des Veräußerungserlöses bis zu 50 000 Euro,
2. 3 Prozent für den Teil des Veräußerungserlöses von 50 000,01 bis 200 000 Euro,
3. 1 Prozent für den Teil des Veräußerungserlöses von 200 000,01 bis 350 000 Euro,
4. 0,5 Prozent für den Teil des Veräußerungserlöses von 350 000,01 bis 500 000 Euro,
5. 0,25 Prozent für den Teil des Veräußerungserlöses über 500 000 Euro.

[2]Der Gesamtbetrag der Folgerechtsvergütung aus einer Weiterveräußerung beträgt höchstens 12 500 Euro.

(3) [1]Das Folgerecht ist unveräußerlich. [2]Der Urheber kann auf seinen Anteil im Voraus nicht verzichten.

§ 26 Folgerecht

(4) Der Urheber kann von einem Kunsthändler oder Versteigerer Auskunft darüber verlangen, welche Originale von Werken des Urhebers innerhalb der letzten drei Jahre vor dem Auskunftsersuchen unter Beteiligung des Kunsthändlers oder Versteigerers weiterveräußert wurden.

(5) ¹Der Urheber kann, soweit dies zur Durchsetzung seines Anspruchs gegen den Veräußerer erforderlich ist, von dem Kunsthändler oder Versteigerer Auskunft über den Namen und die Anschrift des Veräußerers sowie über die Höhe des Veräußerungserlöses verlangen. ²Der Kunsthändler oder Versteigerer darf die Auskunft über Namen und Anschrift des Veräußerers verweigern, wenn er dem Urheber den Anteil entrichtet.

(6) Die Ansprüche nach den Absätzen 4 und 5 können nur durch eine Verwertungsgesellschaft geltend gemacht werden.

(7) ¹Bestehen begründete Zweifel an der Richtigkeit oder Vollständigkeit einer Auskunft nach Absatz 4 oder 5, so kann die Verwertungsgesellschaft verlangen, dass nach Wahl des Auskunftspflichtigen ihr oder einem von ihm zu bestimmenden Wirtschaftsprüfer oder vereidigten Buchprüfer Einsicht in die Geschäftsbücher oder sonstige Urkunden so weit gewährt wird, wie dies zur Feststellung der Richtigkeit oder Vollständigkeit der Auskunft erforderlich ist. ²Erweist sich die Auskunft als unrichtig oder unvollständig, so hat der Auskunftspflichtige die Kosten der Prüfung zu erstatten.

(8) Die vorstehenden Bestimmungen sind auf Werke der Baukunst und der angewandten Kunst nicht anzuwenden.

Schrifttum: *Bachler/Dünnebier,* Bruckmann's Handbuch der modernen Druckgraphik, 1973; *Becker,* Das Folgerecht der bildenden Künstler, 1995; *Beseler,* Die Harmonisierung des Urheberrechts aus europäischer Sicht, ZUM 1995, 437; *Booton,* A Critical Analysis of the European Commission's Proposal for a Directive Harmonising the Droit de Suite, Intellectual Proberty Quarterly (I.P. Q.) 1998, 165; *Braun,* Joseph Beuys und das deutsche Folgerecht bei ausländischen Kunstauktionen, IPRax 1995, 227; *Deutsche Vereinigung für Gewerblichen Rechtsschutz und Urheberrecht,* Stellungnahme zum Referentenentwurf eines Gesetzes zur Umsetzung der Richtlinie über das Folgerecht des Urhebers des Originals eines Kunstwerkes, GRUR 2005, 488; *Dietz,* A modern concept for the right of the community of authors (domaine public payant), Copyright bulletin (UNESCO) Vol. 24 No. 4 (1990), 13; *ders.,* Einige Thesen zum Urhebergemeinschaftsrecht, ZUM 1991, 129 = in *Dittrich* (Hrsg.), Domaine Public Payant, 1993, S. 12; *ders.,* Das Projekt Künstlergemeinschaftsrecht der IG Medien, ZRP 2001, 165; *Doutrelepont,* Le droit et l'objet d'art: le droit de suite des artistes plasticiens dans l'Union Européenne, 1996; *Duchemin, J.-L.,* Le droit de suite des artistes, 1948; *Duchemin, W.,* La Directive Communautaire sur le droit de suite, Revue Internationale du Droit d'Auteur (RIDA) Vol. 191 (janvier 2002), 3; *Ehrler,* Das Folgerecht/Le Droit de Suite. Eine rechtsvergleichende Untersuchung im Lichte des europäischen Rechts, 2001; *Fischer,* Schweiz ohne Folgerecht (droit de suite), KUR 2008, 66; *Froehlich,* Das Recht der elektronischen Galerie, ZUM 2003, 453; *Gamerith,* Gedanken zur Harmonisierung des Folgerechts in der EG, Fs. für Dittrich, 2000, S. 71; *Gaster,* Harmonisierung des Folgerechts in der EG, Fs. für Dittrich, 2000, S. 91; *Hamann,* Der urheberrechtliche Originalbegriff der bildenden Kunst, 1980; *ders.,* Grundfragen der Originalfotografie, UFITA 90 (1981) 45; *Handig,* „Neuer Wein in alten Schläuchen" des Folgerechts, ZUM 2006, 546; *Heinbuch,* Kunsthandel und Kundenschutz, NJW 1984, 15; *Heinz,* Das sogenannte Folgerecht („droit de suite") als künftige europaweite Regelung? – Zur Theorie des urheberrechtlichen Eigentums –, GRUR 1998, 786; *Hoelscher,* Das Folgerecht nach § 26 Abs. 1 Urheberrechtsgesetz im Umsatzsteuerrecht, GRUR 1991, 800; *Hughes,* Droit de Suite: A Critical Analysis of the Approved Directive, EIPR 1997, 694; *Ibbotsen,* Droit de suite – Why the EC Directive Should be Supported, 63 Copyright World 21 (1996); *Katzenberger,* Das Folgerecht im deutschen und ausländischen Urheberrecht, 1970; *ders.,* Die Durchsetzung des Folgerechts, GRUR 1971, 495; *ders.,* Die Neuregelung des Folgerechts durch die Urheberrechtsnovelle 1972, UFITA 68 (1973) 71; *ders.,* Das Folgerecht in rechtsvergleichender Sicht, GRUR Int. 1973, 660; *ders.,* Die Diskussion um das „domaine public payant" in Deutschland, Fs. für Roeber, 1982, S. 193; *ders.,* Deutsches Folgerecht und ausländische Kunstauktionen, GRUR Int. 1992, 567; *ders.,* Harmonisierung des Folgerechts in Europa, GRUR Int. 1997, 309; *ders.,* Einführung, in: *Möhring/Schulze/Ulmer/Zweigert,* Quellen des Urheberrechts, 1962 ff. (Loseblatt), Europ. GemeinschaftsR/II/7 – Richtlinie 2001/84/EG des Europäischen Parlaments und des Rates vom 27. September 2001 über das Folgerecht des Urhebers des Originals eines Kunstwerks; *ders.,* Die europäische Richtlinie über das Folgerecht, GRUR Int. 2004, 20; *ders.,* Neues zum Folgerecht bei Auslandsbezug. Fs. für Schricker, 2005, S. 377; *Koschatzky,* Die Kunst der Graphik, 8. Aufl. 1985; *Küfner,* Die Vergütungsansprüche des Urhebers nach dem Urheberrechtsgesetz, Diss. Erlangen-Nürnberg, 1971; *Lang,* Das Folgerecht des bildenden Künstlers, 1978; *Lehmann,* Die Folgerechts-Richtlinie: Eine Einführung, KUR 2001, 130; *Locher,* Das Recht der bildenden Kunst, 1970; *Lohs, F. D. P.-* Gesetzentwurf für ein neues Folgerecht in Deutschland – Drucksache 14/3555 vom 7. 6. 2000 –, KUR 2000, 148; *Lück,* Das Folgerecht in Deutschland und Österreich vor dem Hintergrund der Novelle des § 26 des deutschen Urheberrechtsgesetzes – Ein Vergleich, GRUR Int. 2007, 884; *Merryman,* The Wrath of Robert Rauschenberg, UFITA 124 (1994) 199; *ders.,* The proposed generalisation of the Droit de Suite in the European Communities, 1996 = Intellectual Property Quarterly (I.P. Q.) 1997, 16; *Meyer,* Folgerecht – Die Schweiz folgt nicht ganz recht – Segen oder Fluch?, KUR 2008, 71; *Neumann,* The Berne Convention and Droit de Suite Legislation in the United States – Domestic and International Consequences of Federal Incorporation of State Law for Treaty Implementation, 23 IIC 45 (1992); *Nordemann,* Dix ans de droit de suite en Allemagne Fédérale, RIDA 91 (1977) 77; *Pfefferle,* Das deutsche Folgerecht in Fällen mit Auslandsberührung, GRUR 1996, 338; *Pfennig,* Die Entwicklung der Verwertungsgesellschaften für Bildende Kunst, Fotografie und Film im europäischen Rahmen, in *Becker* (Hrsg.), Die Verwertungsgesellschaften im Europäischen Binnenmarkt, Symposion für Reinhold Kreile zum 60. Geburtstag, 1990, S. 63; *ders.,* Die Funktionärsclique aus Frankfurt, in *Pfennig/VGBild-Kunst/Schwarz* (Hrsg.), Die Zukunft der

Bilder, 1993, S. 12; *ders.*, Das Folgerecht in der Europäischen Union, Fs. für Kreile, 1994, S. 491; *ders.*, Stellungnahme zum Vorschlag für eine Richtlinie des Europäischen Parlaments und des Rates zur Harmonisierung des Folgerechts der Mitgliedstaaten, ZUM 1996, 777; *ders.*, The resale right of artists (droit de suite), Copyright bulletin (UNESCO) Vol. 31 No. 3 (1997), 20; *ders.* Die Harmonisierung des Folgerechts in der EU, ZUM 2002, 195; *ders.*, Die Wahrnehmung der Urheberrechte Bildender Künstler in Deutschland, in: Fs. für Raue, 2006, S. 593; *de Pierredon-Fawcett,* The droit de suite in literary and artistic property – a comparative law study, 1991; *Rossbach,* Die Vergütungsansprüche im deutschen Urheberrecht, 1990; *Sack,* Zur Zweistufentheorie im internationalen Wettbewerbs- und Immaterialgüterrecht. Fs. für Lorenz, 2004, S. 659; *Schack*, Kunst und Recht, 2. Aufl. 2009; *Schmidt-Werthern,* Die Richtlinie über das Folgerecht des Urhebers des Originals eines Kunstwerks, 2003; *Schmidtchen/Koboldt/Kirstein,* Rechtsvereinheitlichung beim „droit des suite"? Ökonomische Analyse des Richtlinienentwurfs der Europäischen Kommission, Fs. für Fikentscher, 1998, S. 774; *dies.*, Die EU-Richtlinie zum Folgerecht – Eine ökonomische Gesetzesfolgenanalyse, GRUR 2002, 860; *Schneider,* Das Recht des Kunstverlags, 1991; *Schneider-Brodtmann,* Das Folgerecht des bildenden Künstlers im europäischen und internationalen Urheberrecht, 1996; *ders.*, Joseph Beuys und die Folgen, KUR 2004, 147; *ders.*, Anwendung des deutschen Folgerechts bei der Veräußerung einer inländischen Kunstsammlung ins Ausland, NJW 2009, 740; *Schulze,* Das Urheberrecht und die bildende Kunst, Fs. zum hundertjährigen Bestehen der Deutschen Vereinigung für Gewerblichen Rechtsschutz und Urheberrecht, 1991, S. 1303 (zitiert: GRUR-Fs.); *Schwarz,* Die Einführung des Folgerechts in Österreich, MR 1994, 210; *Siehr,* Das urheberrechtliche inländische Künstler nach Versteigerung ihrer Werke im Ausland, IPRax 1992, 29; *ders.*, Joseph Beuys und das Internationale Folgerecht: Eine Zwischenbilanz, IPRax 1992, 219; *Smith,* Droit de Suite – The Case Against the Initiative of the European Commission, 63 Copyright World 25 (1996); *Vicente Domingo,* El Droit de Suite de los Artistas Plasticos, Madrid 2007; *Vorpeil,* Deutsches Folgerecht und Versteigerung eines Werkes im Ausland, GRUR Int. 1992, 913; *Walter,* Domaine Public Payant, in *Dittrich* (Hrsg.), Domaine Public Payant, 1993, S. 22; *ders.*, Das Folgerecht und seine Harmonisierung in Europa, in *Reichelt* (Hrsg.), Neues Recht zum Schutz von Kulturgut. Internationaler Kulturgüterschutz, 1997, S. 95. *ders.*, Folgerecht-Richtlinie (Gemeinsamer Standpunkt), in *Walter* (Hrsg.), Europäisches Urheberrecht Kommentar, 2001, S. 959; *ders.*, Diskussionsentwurf für die Umsetzung der Folgerecht-RL in österreichisches Recht, MuR 2005, 244; *Weller,* Die Umsetzung der Folgerechtsrichtlinie in den EG-Staaten: Nationale Regelungsmodelle und europäisches Kollisionsrecht, ZEuP 2008, 252; *ders.*, Folgerecht (droit de suite) für Verkäufe in der Schweiz?, KUR 2008, 62; *v. Welser,* Wettbewerbs- und urheberrechtliche Probleme bei Online-Auktionen, ZUM 2000, 472; *Wiesner,* Die Rechte des bildenden Künstlers nach Veräußerung des Werkstückes, 2008; *Wyler,* Der Kunstverlag, Diss. Zürich 1983; *dies.*, Der Kunstverlag aus urheber- und urhebervertragsrechtlicher Sicht, FuR 1983, 481.

Übersicht

	Rdnr.
A. Allgemeines	1–17
I. Begriff und Merkmale, Rechtsnatur und systematische Stellung des Folgerechts	1–6
II. Rechtfertigung des Folgerechts. Entstehungsgeschichte des § 26	7–10
III. Das Folgerecht in der Praxis	11–15
IV. Vereinbarkeit des § 26 mit der Verfassung	16, 17
B. Vom Folgerecht begünstigte Werke. Begriff des Originals	18–29
I. Werke der bildenden Künste. Sprachwerke, Werke der Musik, Lichtbildwerke?	18–21
II. „Reine" Kunst – Baukunst, angewandte Kunst	22–24
III. Begriff des Originals	25–29
C. Einzelfragen bei Anwendung des § 26	30–52
I. Vom Folgerecht erfasste Veräußerungen	30–35
II. Ansprüche aus dem Folgerecht. Berechtigte und Verpflichtete	36–45
III. Schutzdauer und Verjährung. Erbfolge. Rechtsgeschäftliche Verfügungen. Zwangsvollstreckung und Konkurs	46–50
IV. Anwendbarkeit des § 26 bei Veräußerungen mit Auslandsbezug oder im Ausland?	51
V. Rechtsstellung ausländischer Urheber	52

A. Allgemeines

I. Begriff und Merkmale, Rechtsnatur und systematische Stellung des Folgerechts

1. Das **Folgerecht** ist das Recht des Urhebers eines Werkes der bildenden Künste oder eines 1 Lichtbildwerkes (su. Rdnr. 20) auf eine Geldleistung bei Weiterveräußerung des Originals des Werkes. Der Begriff Folgerecht ist eine Übersetzung des französischen Ausdrucks „droit de suite"; in Frankreich war dieses Recht erstmals (durch ein Spezialgesetz von 1920) eingeführt worden (vgl. *Katzenberger* S. 27, 39).

Rechtsvergleichend und historisch betrachtet gibt es Unterschiede in der Ausformung des 2 Folgerechts: bezüglich der erfassten Werke und Weiterveräußerungsvorgänge, der Höhe der Urheberbeteiligung und der Berechtigung nach dem Tode des Urhebers sowie insbesondere nach dem System der Gewinn- und dem der Erlösbeteiligung (vgl. im einzelnen *Becker* S. 5 ff.; *Doutrelepont* S. 19 ff.; *Duchemin* S. 166 ff.; *Katzenberger* S. 35 ff. und GRUR Int. 1973, 660 ff.; *Pfennig*, Fs. für Kreile, S. 491/494 ff.; *de Pierredon-Fawcett* S. 1 ff.; *Schneider-Brodtmann* S. 34 ff.; *Ulmer*[3] § 60 I 2). Das europäische und mit ihm das deutsche Recht folgen wie die meisten anderen Staaten, die das Folgerecht anerkennen, dem System der Erlösbeteiligung, das dem Urheber einen Erlösanteil unabhängig davon zuspricht, ob der Weiterveräußerer einen Gewinn erzielt oder einen Verlust erlitten hat.

3 2. Das Folgerecht ist nach der heute allgemein vertretenen Auffassung (so auch BGH BGHZ 126, 252/257 – Folgerecht bei Auslandsbezug) eine **echte urheberrechtliche Befugnis** (aA nach Erlass des UrhG wohl nur *Samson* UFITA 47 (1966) 1/38) und insbesondere nicht ein mit dem Urheberrecht nur verwandtes Schutzrecht.

4 Im Einzelnen ist das Folgerecht eine **besondere** und eigengeartete **vermögensrechtliche Befugnis** des Urhebers (ebenso Erwägungsgrund 2 der Folgerechtsrichtlinie 2001/84/EG (su. Rdnr. 10); BGH BGHZ 126, 252/257 – Folgerecht bei Auslandsbezug; *Ulmer*[3] § 60 III; *Katzenberger* S. 71 f.; *Dreier/Schulze*[3] Rdnr. 2; *Küfner* S. 95 f.; *Müller-Katzenburg* in Mestmäcker/Schulze Rdnr. 3; *Rossbach* S. 75 f.; grundsätzlich auch *Schmidt-Werthern* S. 27; *Schneider-Brodtmann* S. 74/76/89). Es ist kein Recht auf urheberpersönlichkeitsrechtlicher Grundlage (gegen *v. Gamm* Rdnr. 2, 3) und auch keine nur schwerpunktmäßig vermögensrechtliche Befugnis (gegen *Dreyer* in HK-UrhR[2] Rdnr. 5): Die Unveräußerlichkeit und die Unverzichtbarkeit des Folgerechts bzw. der aus ihm entspringenden Ansprüche (s. Rdnr. 48, 49) dienen nur dem Schutz des Urhebers vor unbedachten oder erzwungenen Verfügungen, nicht einem wie immer gearteten ideellen Interesse des Urhebers. Von den Verwertungsrechten unterscheidet sich das Folgerecht dadurch, dass es **kein Ausschlussrecht** ist.

5 Das Folgerecht ist als Bestandteil des Urheberrechts ein **gegenständliches Recht** (ebenso *Müller-Katzenburg* in Mestmäcker/Schulze Rdnr. 2) an einem Werk der bildenden Künste als solches sowohl vom Eigentum und anderen dinglichen Rechten am Werkoriginal als auch von den einzelnen **Zahlungsansprüchen** zu unterscheiden, die für den Urheber bei konkreten Weiterveräußerungen des Originals entstehen (zu letzterem ebenso *Ulmer*[3] § 60 III; *Müller-Katzenburg* in Mestmäcker/Schulze Rdnr. 2; ausführlich *Katzenberger* S. 67 f., 73; *Küfner* S. 84 ff.; *Lang* S. 20; *Rossbach* S. 65 ff.; *Schmidt-Werthern* S. 27; *Schneider-Brodtmann* S. 70/89). Da das Folgerecht kein ausschließliches Recht ist (s. Rdnr. 4), stellt eine Vernichtung eines Werkoriginals keine Verletzung des Folgerechts, sondern allenfalls eine solche des Urheberpersönlichkeitsrechts dar (s. § 14 Rdnr. 37 ff.); die Nichtzahlung eines dem Urheber nach § 26 zustehenden Erlösanteils kann nicht als Urheberrechtsverletzung iSd. §§ 97 ff. qualifiziert werden (vgl. *Katzenberger* S. 107 f.; *Müller-Katzenburg* in Mestmäcker/Schulze Rdnr. 3; *Schneider-Brodtmann* S. 85).

6 Das Folgerecht ist im übrigen zu unterscheiden von dem Beteiligungsanspruch des Urhebers nach § 36 aF (jetzt § 32 a), einer Bestimmung des Urhebervertragsrechts, (vgl. dazu näher *Katzenberger* S. 6 f. und GRUR Int. 1973, 660/663; zum Verhältnis des § 26 zu §§ 32, 32 a nF s. *Froehlich*, ZUM 2003, 453/457 ff.) sowie von der nicht Gesetz gewordenen Urhebernachfolgevergütung („domaine public payant") der §§ 73 ff. des RegE von 1962 (BTDrucks. IV/270 S. 15 f., 81 ff.; s. dazu Näheres unten § 64 Rdnr. 3, 4). An eine Kombination von Folgerecht und Urhebernachfolgevergütung kann aber de lege ferenda gedacht werden (vgl. *Dietz* Copyright bulletin (UNESCO) Vol. 24 No. 4 (1990), 13/19 f.; *ders.* ZUM 1991, 129/130 = in Dittrich (Hrsg.) S. 12/16; *ders.*, ZRP 2001, 165/170 f.; *Katzenberger* UFITA 68 (1973) 71/92 f. und Fs. für Roeber, 1982, S. 193/225 ff.; *Walter* in Dittrich (Hrsg.) S. 22/39 ff.).

II. Rechtfertigung des Folgerechts. Entstehungsgeschichte des § 26

7 1. **Grundgedanke** des Folgerechts ist derjenige der **Gewinnbeteiligung,** vor allem in Fällen hoher Wertsteigerungen von Kunstwerken in der Hand von Händlern und Sammlern bei gleichzeitiger materieller Not der Schöpfer dieser Werke und ihrer Nachkommen (vgl. *Duchemin* S. 35 ff.; *Katzenberger* S. 19 f. und GRUR Int. 1973, 660/661 f.). Das Folgerecht soll daneben auch der faktischen Benachteiligung der bildenden Künstler gegenüber Schriftstellern und Komponisten Rechnung tragen (vgl. RegE BTDrucks. IV/270 S. 52; Erwägungsgrund 3 der Folgerechtsrichtlinie 2001/84/EG, su. Rdnr. 10; *Katzenberger* S. 11): Letztere partizipieren am steigenden Wert ihrer Werke durch zunehmende Einnahmen aus dem vermehrten Absatz von Büchern und der Zunahme der Aufführungen. Dagegen findet der steigende Wert von Werken der bildenden Künste im Wesentlichen nur in den Steigerungen der Preise der Werkoriginale

Folgerecht §26

Ausdruck. Hat der Künstler sie veräußert, kann er an den Wertsteigerungen nur durch das Folgerecht teilhaben.

Für das im deutschen und europäischen Recht eingeführte **Erlösanteil-Folgerecht** (s. Rdnr. 2) sprechen vor allem die einfachere praktische Realisierung und die Parallele der vom Gewinn des Veräußerers unabhängigen Taxen und Provisionen der Versteigerer und Kunsthändler sowie der Umsatzsteuer (vgl. *Katzenberger* GRUR Int. 1973, 660/662 mwN). Auch die Folgerechtsrichtlinie 2001/84/EG (su. Rdnr. 10) sieht nach ihrem Erwägungsgrund 20 nur in einem Erlösanteil-Folgerecht eine auch in der Praxis tragfähige Lösung. Im übrigen liegt die spezifisch urheberrechtliche Rechtfertigung dieser Form des Folgerechts in der besonderen Wertschätzung des Originals in der bildenden Kunst, welche seine Weiterveräußerung mit anderen Formen der urheberrechtlich relevanten Werkverwertung, wie der Verbreitung und öffentlichen Wiedergabe, vergleichbar erscheinen lässt (*Katzenberger* S. 11 f.; *Rehbinder*[15] § 31 II; *Ulmer*[3] § 60 I 2). 8

2. In Deutschland ist das Folgerecht erstmals durch das **UrhG von 1965** gesetzlich eingeführt worden (zur Vorgeschichte *Katzenberger* S. 22 ff.). In seiner **ursprünglichen Fassung** erwies sich § 26 aF freilich als unzulänglich für eine Durchsetzung des Folgerechts in der Praxis (s. dazu im Einzelnen die Vorauflage). § 26 aF wurde daher im Rahmen der **Urheberrechtsnovelle 1972** reformiert. Der Urheberanteil am Weiterveräußerungserlös wurde von 1% auf 5% wesentlich angehoben und die Mindesterlösgrenze, bei der das Folgerecht zum Zuge kommt, deutlich von DM 500,– auf DM 100,– herabgesetzt. Insbesondere aber wurde in § 26 Abs. 3 aF ein allgemeiner, gegen Kunsthändler und Versteigerer gerichteter Anspruch auf Auskunft über folgerechtspflichtige Veräußerungen normiert, verbunden mit einer Klarstellung über den Inhalt des Auskunftsanspruchs in Abs. 4 aF und mit der in Abs. 5 aF enthaltenen Bestimmung, dass die Auskunftsansprüche – nicht aber die Zahlungsansprüche – nur durch eine Verwertungsgesellschaft geltend gemacht werden können. Ergänzt wurden diese Neuerungen durch die Einführung eines Einsichtsrechts einer Verwertungsgesellschaft in die Geschäftsbücher und sonstigen Urkunden des Kunsthandels (§ 26 Abs. 6 aF). Bestimmt wurde ferner (in § 26 Abs. 7 aF), dass die Ansprüche aus dem Folgerecht in zehn Jahren verjähren (vgl. zum Vorstehenden insgesamt *Katzenberger* UFITA 68 (1973) 71 ff.). In § 26 Abs. 1 S. 2 ist als Folge der Einführung des Euro als europäische Währung durch Art 16 Nr. 1 des Gesetzes zur Bereinigung von Kostenregelungen auf dem Gebiet des geistigen Eigentums vom 13. 12. 2001 (BGBl. I S. 3656/3677) der folgerechtspflichtige Mindesterlös auf **50 Euro** anstelle von früher 100 DM festgesetzt worden. Die Neuregelung ist am 1. 1. 2002 in Kraft getreten (Art. 30 Abs. 1 des Gesetzes vom 13. 12. 2001, BGBl. I S. 3656/3687). **§ 26 Abs. 7 aF** wurde im Zuge der allgemeinen Neuregelung des deutschen Verjährungsrechts durch Art. 5 Abs. 25 Nr. 1 des Gesetzes zur Modernisierung des Schuldrechts (SMG) vom 26. 11. 2001 (BGBl. I S. 3138/3185) aufgehoben (Näheres s. Rdnr. 46). Die Maßnahme ist ebenfalls am 1. 1. 2002 in Kraft getreten (Art. 9 Abs. 1 S. 3 SMG, BGBl. I S. 3138/3187), zusammen mit der Übergangsbestimmung des § 137i (Näheres s. dort). 9

Die bis in das Jahr 1977 zurückreichenden Bemühungen um eine Harmonisierung des Folgerechts in Europa (s. dazu u. § 121 Rdnr. 15) haben im Jahre 2001 zum Erlass der **europäischen Folgerechtsrichtlinie**, genauer der Richtlinie 2001/84/EG des Europäischen Parlaments und des Rates vom 27. 9. 2001 über das Folgerecht des Urhebers des Originals eines Kunstwerks (ABl. L 272/32 vom 13. 10. 2001, GRUR Int. 2002, 238) geführt. Die Richtlinie verfolgt im Wesentlichen drei Ziele: zum ersten, die bildenden Künstler der EU auf einem einheitlichen und angemessenen Schutzniveau am Erfolg ihrer Werke wirtschaftlich zu beteiligen und so einen Ausgleich dafür zu schaffen, dass andere Kunstschaffende aus der fortgesetzten Verwertung ihrer Werke Einnahmen erzielen (s. Erwägungsgründe 3, 4, 14; sa. oben Rdnr. 7); zum zweiten, binnenmarktschädlichen Wettbewerbsverzerrungen und Handelsverlagerungen, bedingt durch Anerkennung oder Nichtanerkennung des Folgerechts (s. § 121 Rdnr. 15) sowie durch seine unterschiedliche Ausgestaltung und Anwendung in den Mitgliedstaaten (s. *Katzenberger* S. 35 ff.), entgegenzuwirken (s. Erwägungsgründe 9–15, 23, 24); und zum dritten, den Mitgliedstaaten im Sinne der Subsidiarität und Verhältnismäßigkeit Freiräume für die nationale Ausgestaltung des Folgerechts dort zu belassen, wo nach Ansicht der Richtlinienverfasser Wettbewerbsverzerrungen und schädliche Auswirkungen auf den Binnenmarkt weniger zu befürchten sind (s. Erwägungsgründe 13, 15–18, 22, 25, 27–30). Im Vergleich mit dem früheren deutschen Recht weist die Richtlinie insbes. im Bereich der Vergütungssätze (degressiv 4, optional 5% bis 0,25% gegenüber einheitlich 5%) und im Hinblick auf einen im deutschen Recht früher unbekannten Höchstbetrag der Urheberrechtsvergütung (12 500 Euro) je Veräußerung deutliche Verschlechterungen zu Lasten der Urheber auf. Umso bedauerlicher ist es, dass der **deutsche** 10

§ 26   Folgerecht

Gesetzgeber bei der verspäteten (Art. 12 Abs. 1 der Richtlinie: vor dem 1. 1. 2006) **Umsetzung** der Richtlinie durch das **Fünfte Gesetz zur Änderung des Urheberrechtsgesetzes** vom 10. 11. 2006 (BGBl. I S. 2587) die von der Richtlinie gewährten Möglichkeiten zugunsten der Urheber in Bezug auf das unterste Erlössegment (su. Rdnr. 36) nicht ausgeschöpft hat. Bereits der **Referentenentwurf** des BMJ zu diesem Gesetz aus dem Jahre 2005 (abgedruckt in KUR 2005, 74) hat diesbezüglich zB Kritik von Seiten der Deutschen Vereinigung für Gewerblichen Rechtsschutz und Urheberrecht (GRUR) erfahren (s. deren Stellungnahme in GRUR 2005, 488 f.). Eine nochmalige Verschlechterung (Verzicht auf die Option eines Anteils von 5% im untersten Erlössegment, Mindesterlös für das Eingreifen des Folgerechts in Höhe von 1000 Euro gegenüber 500 Euro im Referentenentwurf) im **Regierungsentwurf** vom 31. 3. 2006 (BT-Drucks. 16/1107 S. 5 ff.) wurde erst nach Intervention des **Bundesrats** (BT-Drucks. 16/1107 S. 8) und nach erneuter Verweigerung von Seiten der **Bundesregierung** (s. BT-Drucks. 16/1173) durch den **Rechtsausschuss des Deutschen Bundestags**, beschränkt auf den zweiten Kritikpunkt, zurückgenommen und mit dem Gesetz (§ 26 Abs. 1 S. 4 nF) gewordenen Betrag von 400 Euro geringfügig verbessert (s. BT-Drucks. 16/2019 S. 2).

III. Das Folgerecht in der Praxis

11   1. Unter Geltung des § 26 aF in seiner ursprünglichen Fassung, also von 1966–1972, erlangte das Folgerecht kaum praktische Bedeutung. Die Situation verbesserte sich durch die Urheberrechtsnovelle 1972 (s. Rdnr. 9), durch erfolgreiche Musterprozesse der das Folgerecht wahrnehmenden VG Bild-Kunst und durch Gegenseitigkeitsverträge dieser Gesellschaft mit den französischen und belgischen Schwestergesellschaften, verbunden mit amtlichen Bekanntmachungen über die Gewährleistung der Gegenseitigkeit im Schutz durch das Folgerecht im Verhältnis der Bundesrepublik Deutschland zu Frankreich und Belgien nach § 121 Abs. 5 in den Jahren 1975 und 1977 (s. § 121 Rdnr. 17; zum Vorstehenden insgesamt *Nordemann* RIDA 91 (1977) 77 ff.; *Pfennig* in Die Zukunft der Bilder S. 12 ff.; ders. in *Becker* (Hrsg.) S. 63/71 f.).

12   2. Unter dem Eindruck dieser Entwicklung kam es im Jahre 1980 zu einem Rahmenvertrag zwischen der VG Bild-Kunst und sechs in einem „Arbeitskreis Deutscher Kunsthandelsverbände" zusammengeschlossenen Verbänden deutscher Kunsthändler und Kunstversteigerer über eine pauschale Abgeltung der von der VG Bild-Kunst wahrgenommenen Folgerechtsansprüche (s. den Bericht in FuR 1980, 584 ff.; *Pfennig* in Die Zukunft der Bilder S. 12/18). Nach der zuletzt am 5. 9. 2006 vereinbarten Neufassung des Rahmenvertrags und der weiteren Entwicklung sind es auf der Händlerseite nunmehr drei Verbände, die den Arbeitskreis Deutscher Kunsthandelsverbände bilden. Der Rahmenvertrag sieht zugleich die Gründung einer Ausgleichsvereinigung iSd. § 32 KSVG und deren Führung als Verwaltungsabteilung bei der VG Bild-Kunst vor.

13   Die „Ausgleichsvereinigung Kunst" erhält von den ihr angeschlossenen Kunsthändlern pauschal einen bestimmten Prozentsatz (2009: Galerien 1,5%, Gemäldegroßhändler 2,4%, Versteigerer 1,9%) von deren Umsatz mit allen seit dem 1. 1. 1900 entstandenen Originalen von Werken der bildenden Kunst und der Fotografie (Kunst des 20. und jetzt auch 21. Jahrhunderts), und zwar unabhängig davon, ob diese von deutschen oder ausländischen Künstlern stammen und urheberrechtlich noch geschützt sind. Die „Ausgleichsvereinigung Kunst" erfüllt mit diesen Mitteln die Verpflichtungen der beteiligten Händler gegenüber der VG Bild-Kunst aus § 26 sowie gegenüber der Künstlersozialkasse (KSK) nach dem Künstlersozialversicherungsgesetz (KSVG). Vorgesehen sind auch Auskünfte der Kunsthändler an die VG Bild-Kunst über die folgerechtspflichtigen Umsätze (Künstlername, Werkbezeichnung und Entstehungsjahr des Werkes sowie Veräußerungserlös), welche der VG Bild-Kunst die Verteilung ihrer Einnahmen an die Berechtigten ermöglichen.

14   3. Geschäftsgrundlage des Rahmenvertrags von 1980/2006 ist, dass die an die „Ausgleichsvereinigung Kunst" zu zahlende jährliche Pauschale Folgerechtsvergütungen und KSK-Abgaben abdeckt. 1980 waren dies 1,5 Mio. DM (ca. 750 000 Euro). Die VG Bild-Kunst erzielte im Jahre 2004 aus dem Folgerecht 2,7 Mio. Euro (s. den Geschäftsbericht 2004 der VG Bild-Kunst), im Jahr 2007, noch auf der Grundlage des § 26 aF, sogar mehr als 4,5 Mio. Euro, was zum Teil auch darauf zurückzuführen ist, dass aufgrund der europäischen Harmonisierung des Folgerechts die Zuflüsse aus dem Ausland, insbes. aus Großbritannien, erheblich gestiegen sind (s. den Geschäftsbericht 2007 der VG Bild-Kunst). Die Folgerechtserlöse der VG Bild-Kunst reichen im übrigen in aller Regel aus, um den Berechtigten die in § 26 Abs. 2 vorgesehenen vollen Anteile der sie jeweils betreffenden Weiterveräußerungserlöse zuzuteilen. (Zu den Folgerechtserlösen im

europäischen Ausland s. vor der europäischen Harmonisierung *Pfennig,* Copyright Bulletin (UNESCO) Vol. 31 No. 3 (1997), 20/24; *Schmidt-Werthern* S. 49 ff.).

4. Der Verteilungsplan der VG Bild-Kunst sieht für die Folgerechtserlöse Folgendes vor: Von **15** den Erlösen werden grundsätzlich 12%, bei bildenden Künstlern, die der VG Bild-Kunst nur die Wahrnehmung des Folgerechts übertragen haben, 15% zur Deckung der Verwaltungskosten einbehalten. Vom verbleibenden Überschuss erhält ein lebender bildender Künstler mindestens 80% der ihn betreffenden Erlöse, 10% werden an eine Einrichtung zur Förderung der zeitgenössischen bildenden Kunst in Deutschland (Stiftung Kunstfonds) und bis zu 10% an das Sozialwerk der VG Bild-Kunst verteilt. Rechtsnachfolger eines verstorbenen bildenden Künstlers erhalten 90% vom verbleibenden Überschuss, die restlichen 10% gehen an die Stiftung Kunstfonds. Das Sozialwerk der VG Bild-Kunst wird an den Folgerechtserlösen für Werke solcher Künstler nicht beteiligt.

IV. Vereinbarkeit des § 26 mit der Verfassung

1. § 26 verletzt keine in der Verfassung verankerten Grundrechte. Gegen das zu § 26 aF er- **16** gangene Urteil des BGH vom 7. 6. 1971 (BGHZ 56, 256 – Urheberfolgerecht) war von einem verurteilten Auktionshaus Verfassungsbeschwerde eingelegt worden. Das BVerfG hat diese mit Beschluss vom 23. 2. 1972 (I BvR 338/71) nach § 93a Abs. 3 BVerfGG mangels hinreichender Erfolgsaussichten nicht zur Entscheidung angenommen.

2. In der Kunsthändler-Entscheidung vom 21. 1. 1982 (GRUR 1982, 308/311) hat der BGH **17** unter Berufung auf diesen Beschluss des BVerfG Zweifel an der Verfassungsmäßigkeit des § 26 nF zurückgewiesen, da sich durch die Novellierung dieser Vorschrift im Jahre 1972 (s. Rdnr. 9) die Verfassungsfragen nicht grundlegend geändert hätten (vgl. auch OLG Frankfurt/M GRUR 1980, 916/919 – Folgerecht ausländischer Künstler; *Katzenberger* S. 77 ff.). Es gibt keinen Zweifel, dass auch die Neufassung des § 26 aufgrund der europäischen Folgerechtsrichtlinie (s. Rdnr. 10) jedenfalls unter dem Blickwinkel der Rechtsstellung der durch das Folgerecht betroffenen Eigentümer und Kunsthändler einer erneuten verfassungsrechtlichen Überprüfung standhalten würde, zumal die Rechte der Urheber durch die Neufassung des § 26 nicht unerheblich geschwächt worden sind (s. Rdnr. 10).

B. Vom Folgerecht begünstigte Werke. Begriff des Originals

I. Werke der bildenden Künste und Lichtbildwerke. Sprachwerke und Werke der Musik?

1. Vom Folgerecht begünstigt sind nach § 26 Abs. 1 nur **Werke der bildenden Künste und** **18** **Lichtbildwerke.** Diese sind auch in § 2 Abs. 1 Nr. 4 und 5 als eigene Werkkategorien genannt, so dass für die Frage, welche Werke im einzelnen den bildenden Künsten und den Lichtbildwerken zuzurechnen sind, auf die Erläuterungen zu diesen Vorschriften (§ 2 Rdnr. 133 ff., 177 ff.) verwiesen werden kann.

2. § 26 kann im übrigen auch **nicht** analog auf Sprachwerke (§ 2 Abs. 1 Nr. 1) und Werke **19** der Musik (§ 2 Abs. 1 Nr. 2) bzw. auf die **Originalhandschriften der Schriftsteller und Komponisten** angewendet werden. Der Gesetzgeber hat sie in Kenntnis der sie umfassenden Regelung des Art. 14bis Abs. 1 RBÜ (Brüsseler Fassung) nicht in den Wirkungsbereich des Folgerechts einbezogen, weil mit diesem Recht eine spezifische Benachteiligung der bildenden Künstler ausgeglichen werden sollte (s. Rdnr. 7; s. zum Ergebnis auch *Schack*[4] Rdnr. 452; *Schmidt-Werthern* S. 33 und *Schneider-Brodtmann* S. 79 f. rechtsvergleichend). Auch die europäische Folgerechtsrichtlinie (s. Rdnr. 10) schließt sie nach ihrem Erwägungsgrund 19 ausdrücklich von der Harmonisierung aus.

3. Anders war bereits nach früherem Recht die Sach- und Rechtslage bei **Lichtbildwerken** **20** (Werken der Fotografie) zu beurteilen, die das UrhG als selbständige Werkkategorie behandelt (§ 2 Abs. 1 Nr. 5). Mit der begrüßenswerten ausdrücklichen Einbeziehung der Lichtbildwerke in die Neufassung des § 26 Abs. 1 S. 1 im Anschluss an Art. 2 Abs. 1 der europäischen Folgerechtsrichtlinie (s. Rdnr. 10) ist damit aus der Sicht des deutschen Rechts nur eine Klarstellung erfolgt. Erst in neuerer Zeit, und daher vom Gesetzgeber des UrhG noch nicht beachtet, wer-

§ 26 den auch von bestimmten künstlerischen Lichtbildwerken Abzüge bzw. Vergrößerungen nach Art von Originalen in limitierter Zahl hergestellt, numeriert und signiert und auf dem Kunstmarkt zu Preisen ähnlich denen von Originalen der Druckgraphik gehandelt (dazu *Gerstenberg* GRUR 1976, 131; *Hamann* FuR 1976, 667 und UFITA 90 (1981) 45/46 f.). Die Schöpfer solcher Werke befinden sich in der gleichen Situation wie bildende Künstler, woraus sich eine planwidrige Lücke im Gesetz ergab, die durch analoge Anwendung des § 26 zu schließen war (ähnlich *Hamann* UFITA 90 (1981) 45/47 f.; zustimmend *Dreyer* in HK-UrhR Rdnr. 14; *Fromm/Nordemann*[9] Rdnr. 2; *Möhring/Nicolini*[2] Rdnr. 6; *Schack*[3] Rdnr. 452; *Schulze,* GRUR-Fs., S. 1303/1339). In der Praxis wurde das Folgerecht an Lichtbildwerken von der VG Bild-Kunst nach früherem Recht jedoch nicht realisiert (s. *Pfennig*, ZUM 2002, 195/199). Auf einfache, nach § 72 geschützte **Lichtbilder,** auch solche von zeitgeschichtlicher Bedeutung iSd. § 72 Abs. 3 aF, war § 26 aF wegen der anders gearteten Gründe für deren Wertschätzung aber auch nicht analog anwendbar. Nichts anderes gilt auch für die Neufassung des § 26 (ebenso *Dreier/Schulze*[3] Rdnr. 9; *Müller-Katzenburg* in Mestmäcker/Schulze Rdnr. 18; Wandtke/Bullinger[3] § 72 Rdnr. 31).

21 4. Im Übrigen handelt es sich um ein Werk der bildenden Künste, wenn ein Künstler bei der Schaffung eines Werkes lediglich lichtempfindliches Material verwendet, ohne dieses mittels einer fotografischen Kamera zu belichten, oder wenn er neben künstlerischen auch fotografische Techniken anwendet (vgl. dazu rechtstatsächlich *Koschatzky* S. 34; sa. OLG Koblenz GRUR 1987, 435 f. – Verfremdete Fotos). Durch die ausdrückliche Einbeziehung der Lichtbildwerke in den Schutz durch das Folgerecht gemäß der Neufassung des § 26 Abs. 1 S. 1 hat dieser Aspekt allerdings an praktischer Bedeutung verloren. Art. 2 der Folgerechtsrichtlinie (s. Rdnr. 10) beurteilt Lichtbildwerke sogar lediglich als Untergruppe der Werke der bildenden Künste.

II. „Reine" („freie", „hohe") Kunst – Baukunst und angewandte Kunst

22 1. Nach § 2 Abs. 1 Nr. 4 gehören zu den Werken der bildenden Künste auch Werke der Baukunst und der angewandten Kunst. Auf sie erstreckt sich das Folgerecht jedoch nicht (§ 26 Abs. 8). Die amtliche Begründung (BTDrucks. IV/270 S. 53) verweist dazu auf die vielfach nicht kunstbezogenen Faktoren für die Preisbemessung und Wertsteigerung solcher Werke. Der bereits in § 26 Abs. 8 aF vorgesehene **Ausschluss der angewandten Kunst** aus dem Wirkungsbereich des Folgerechts ist unverändert in die Neuregelung der Bestimmung übernommen worden, obwohl Art. 2 Abs. 1 der Folgerechtsrichtlinie (s. Rdnr. 10) zu den vom Folgerecht erfassten Gegenständen ausdrücklich auch **Tapisserien, Keramiken und Glasobjekte** zählt, die üblicherweise dem Bereich der angewandten Kunst zugerechnet werden. Da die Richtlinie gemäß ihrem Erwägungsgrund 21 eine Harmonisierung der dem Folgerecht unterliegenden Werkgattungen anstrebt, ist der Schutzausschluss für Werke der angewandten Kunst durch § 26 Abs. 8 nunmehr entsprechend einschränkend auszulegen (so auch die AmtlBegr. BT-Drucks. 16/1107 S. 6). Dem kann über die in der Richtlinie nur beispielhaft genannten Objekte hinaus am besten dadurch entsprochen werden, dass man als kennzeichnendes Merkmal der Werke der angewandten Kunst nicht deren Gebrauchszweck im weitesten, auch einen Zier- und Schmuckzweck umfassenden Sinne betrachtet, wie es zB der BGH, GRUR 1995, 581/582 – Silberdistel, tut, sondern mit der hier vertretenen Auffassung die Bestimmung für die handwerkliche oder industrielle Serienfertigung, die im Regelfall auch die für das Eingreifen des Folgerechts erforderliche Eigenschaft eines Gegenstandes als Original ausschließt (s. zu den beiden Deutungen des Begriffs der angewandten Kunst unten Rdnr. 24). Eigentlicher Gegenstand des Folgerechts sind daher mit der vorgenannten Einschränkung nur die Werke der sog. **„reinen", „freien" oder „hohen" Kunst.** Zu ihnen zählen alle Werke der bildenden Künste, die nicht Werke der Baukunst oder der angewandten Kunst in dem beschriebenen Sinne sind.

23 2. **Werke der Baukunst** sind künstlerisch gestaltete Bauten aller Art, gleich ob mit oder ohne Gebrauchszweck (s. § 2 Rdnr. 151 sowie *Katzenberger* S. 83 f.). Nicht Werke der Baukunst, sondern urheberrechtlich selbständige Werke der reinen Kunst sind mit Bauwerken fest verbundene Mosaiken, Fresken und Skulpturen (s. *v. Gamm* 2 Rdnr. 21). Sinngemäß sind sie gleichwohl vom Folgerecht ausgeschlossen, wenn sie nicht selbständig verkehrsfähig sind. Werden mit Bauten verbundene künstlerische Plastiken, Bildtafeln etc. aber vom Gebäude getrennt weiterveräußert, so greift das Folgerecht Platz (ebenso *Dreier/Schulze*[3] Rdnr. 25). Letzteres gilt auch für **Entwürfe** zu Werken der Baukunst, weil auf sie das gesetzgeberische Motiv (so. oben Rdnr. 22) nicht zutrifft, aufgrund dessen Bauwerke vom Schutz durch das Folgerecht ausge-

Folgerecht § 26

schlossen sind (aA *Fromm*/Nordemann[10] Rdnr. 13; zur Originaleigenschaft von Werkentwürfen su. Rdnr. 26).

3. Kennzeichnendes Merkmal der **Werke der angewandten Kunst** ist nicht deren Ge- 24 brauchszweck (so aber *Dreyer* in HK-UrhR[2] Rdnr. 15; *Fromm/Nordemann*[10] § 2 Rdnr. 139; *v. Gamm* Rdnr. 5 und § 2 Rdnr. 21; *Möhring/Nicolini*[2] Rdnr. 27, § 2 Rdnr. 26; *Wandtke/ Bullinger*[3] Rdnr. 11; wohl auch *Ulmer*[3] § 25 III; ebenso BGH GRUR 1995, 581/582 – Silberdistel; OLG Düsseldorf ZUM 2008, 140/142 – Bronzeengel; OLG Karlsruhe ZUM 2000, 327/329 – Happy Hippos; OLG Koblenz GRUR 1967, 262/264 – Barockputten; sa. § 2 Rdnr. 158), sondern die Bestimmung eines Werkes zur Verwertung in Handwerk oder Industrie (so die *deutsche Landesgruppe der AIPPI* GRUR Int. 1960, 197/198; *Henssler* GRUR Int. 1961, 397/398; *Heydt* GRUR 1968, 530/532 f.; *Katzenberger* S. 84 ff.; im Ergebnis zustimmend *Dreier/ Schulze*[3] Rdnr. 34; *Schulze,* GRUR-Fs., S. 1303/1338 f.). Vom Folgerecht erfasst sein können daher auch künstlerisch gestaltete Gebrauchsgegenstände, wie Vasen, Schalen, Gläser, Teppiche (so. Rdnr. 22). Das Folgerecht erstreckt sich auf sie und auf Ziergegenstände aber dann nicht, wenn sie aus einer handwerklich oder industriell hergestellten Serie stammen (sie sind dann idR auch keine Originale, s. Rdnr. 25 ff.). Das Folgerecht greift aber Platz, wenn Kunstwerke, wie zB Werke der Druckgraphik, sowohl als Originale wie als Reproduktionen auf den Markt kommen (im Ergebnis ebenso *v. Gamm* Rdnr. 5; ebenso für Möbel *Schulze,* GRUR-Fs., S. 1303/ 1339); vom Folgerecht erfasst werden in einem solchen Fall aber nur die Originale. Für Schmuckgegenstände aus Edelmetallen und -steinen ist das Folgerecht aber mit Rücksicht auf das Motiv für § 26 Abs. 8 (s. Rdnr. 22) sinngemäß stets ausgeschlossen (*Katzenberger* S. 89; aA offensichtlich *v. Gamm* Rdnr. 5).

III. Begriff des Originals

1. Das Folgerecht gewährt dem Urheber Ansprüche nur bei der Weiterveräußerung von 25 **Originalen** (§ 26 Abs. 1 S. 1, Abs. 4). Das UrhG verwendet den Begriff des Originals mehrfach, zumeist iS einer gegenüber bloßen Vervielfältigungsstücken herausgehobenen Werkverkörperung (so in §§ 6 Abs. 2, 10 Abs. 1, 17, 18, 25, 44, 107 Nr. 1 und 2, 114, 116), in § 107 Nr. 2 aber auch iSd. Unterscheidung zwischen Originalwerk und Bearbeitung (s. dazu § 3 Rdnr. 5). In § 26 hat der Begriff des Originals die erstgenannte Bedeutung. ISd. § 26 Abs. 1, 3 ist daher unter einem Original das Urstück eines Werkes zu verstehen, dh. diejenige Werkverkörperung, die das Werk erstmals in vollendeter Weise wiedergibt und nicht nur Reproduktion, Kopie oder Nachbildung ist (*Katzenberger* S. 90 f.; *Ulmer*[3] §§ 2 II 1/60 IV 1; zust. *Dreyer* in HK-UrhR[2] Rdnr. 13; eingehend zum Originalbegriff *Hamann* insb. S. 35 ff./65 ff.; sa. *Heinbuch* NJW 1984, 15/18 f.; *Schack* Kunst und Recht[2] S. 16 ff.; *Schneider* S. 58 ff.; *Wyler* S. 14 ff./60 ff.; dies. FuR 1983, 481/482 ff.).

2. Bei Gemälden, Zeichnungen, Steinskulpturen, Bildnissen der Holzschnitzerei und sons- 26 tigen **Unikaten** sind Originale die vom Künstler selbst hergestellten ersten Werkexemplare (*v. Gamm* Rdnr. 5; *Gerstenberg* § 44 Anm. 2; *Katzenberger* S. 91 f.; *Möhring*/*Nicolini*[2] Rdnr. 7; *Schneider* S. 59; *Schneider-Brodtmann* S. 78; *Ulmer*[3] § 60 IV 1; *Wyler* S. 63 f.; sa. unten § 44 Rdnr. 24; ausführlich *Hamann* S. 35 ff.). Dazu zählen auch vom Künstler eigenhändig wiederholte Stücke, soweit sie noch je eine selbständige künstlerische Gestaltung aufweisen, nicht aber identische Wiederholungen, sei es durch Dritte oder durch den Künstler selbst (*Hamann* S. 121 ff./130, zu letzterem gegen *Samson* UFITA 50 (1967) 491/499). Auch Skizzen und Entwürfe sowie unikate Werkstücke, die Abwandlungen anderer eigener oder fremder Werke (Bearbeitungen iSd. § 3) enthalten, können Originale sein (s. *Dreier/Schulze*[3] Rdnr. 10; *Dreyer* in HK-UrhR[2] Rdnr. 13; *v. Gamm* § 114 Rdnr. 4; *Hamann* S. 117 ff., 124 ff.; *Möhring/Nicolini*[2] Rdnr. 7).

3. Schwieriger und teilweise str. ist die Bestimmung des Originals bei Werken der **Druckgra-** 27 **phik** und **plastischen Werken**, die durch **Abguss** hergestellt werden. Maßgebend ist die Anschauung der am Kunstmarkt beteiligten Kreise (so *Gerstenberg* Anm. 3, § 44 Anm. 2; *Katzenberger* S. 91; *Samson* UFITA 50 (1967) 491/499; *Schneider-Brodtmann* S. 78; sa. unten § 44 Rdnr. 21, 25 f.; dazu kritisch *Hamann* S. 81 ff.; *Schneider* S. 60 ff./64 ff.; sinngemäß auch *Wyler* S. 60 ff.; dies. FuR 1983, 481, 483 f.; diese Autoren vertreten einen spezifischen, auf die unikate oder multiple Erstfixierung eines Kunstwerkes abstellenden urheberrechtlichen Originalbegriff). Zu den maßgeblichen Kreisen des Kunstmarkts zählen nicht nur Künstler und Kunsthändler, sondern auch Kunstsachverständige, Museumsfachleute und Kunstsammler, was der Durchsetzung einseitiger Interessenstandpunkte, zB von Künstlererben und Kunsthändlern bezüglich Nachlassdrucken und

§ 26

-abgüssen (gegen deren Originaleigenschaft zB *Fromm/Nordemann*[10] Rdnr. 11; *Heinbuch* NJW 1984, 15/18; *Schack* Kunst und Recht[2] S. 20; *Schneider* S. 69; sa. unten § 44 Rdnr. 28; aA Cour de cassation (Frankreich) RIDA 129 (1986), 138 – Rodin; Hinweise auf unterschiedliche Beurteilungen im französischen Schrifttum bei *Schneider-Brodtmann* S. 78 f. Fn. 191), entgegenwirkt. Als für das Urheberrecht unverbindlicher Anhaltspunkt ist der Originalbegriff des Steuer- und Zollrechts (dazu *Bachler/Dünnebier* S. 114 ff.; *Hamann* S. 33/58 ff.; *Schack* Kunst und Recht[2] S. 20 sowie EuGH Slg. 1977, 1985 und Slg. 1988, 6449 zur zollrechtlichen Beurteilung künstlerischer Farbsiebdrucke und Steindrucke als Originale; zu ersteren aus der Sicht des Umsatzsteuerrechts auch BFH BStBl. II 1994, 777; zu Mehrfachoriginalen sa. § 6 Rdnr. 33) verwertbar.

28 Allgemein gilt, dass bei Werken der **Druckgraphik** alle Drucke bzw. Abzüge Originale sind, die von der vom Künstler bearbeiteten Druckform von diesem selbst oder nach seiner Weisung bzw. mit seiner Zustimmung von einem Dritten abgezogen worden sind (so *Gerstenberg* § 44 Anm. 2; *Katzenberger* S. 92; *Schneider-Brodtmann* S. 78; wohl auch *Bachler/Dünnebier* S. 123/132 ff.; *Dreier/Schulze*[3] Rdnr. 10, enger *Schack* Kunst und Recht[2] S. 18 Fußn. 6; sa. unten § 44 Rdnr. 25). Zu stark einschränkend wäre es, mit *Möhring/Nicolini* § 6 Anm. 4c bzw. *Möhring/Nicolini* Nachtrag Anm. 2b eigenhändige Herstellung der Abzüge durch den Künstler bzw. mit *Fromm/Nordemann*[10] Rdnr. 10; *Schack* Kunst und Recht[2] S. 18 und *Ulmer*[3] § 60 IV 1 Aufsicht des Künstlers über den Druckvorgang zu verlangen (wie hier insoweit *Hamann* S. 181 ff.; *Schneider* S. 66 f.; nur noch Mitwirkung des Künstlers verlangen *Möhring/Nicolini*[2] Rdnr. 7). Allerdings ist nicht ausgeschlossen, dass sich die strengere Auffassung mit Rücksicht auf Art. 2 Abs. 2 S. 1 der Folgerechtsrichtlinie (s. Rdnr. 10) durchsetzt. Dort wird die Eigenschaft als Originale für Exemplare von Kunstwerken fingiert, die vom Künstler selbst oder unter seiner Leitung ... hergestellt wurden; s. dazu auch *Fromm/Nordemann*[10] Rdnr. 10; *Schack* Kunst und Recht[2] S. 214). Indiz, letztlich aber weder notwendig noch ausreichend für die Originaleigenschaft druckgraphischer Blätter sind Nummerierung und Signatur durch den Künstler (*Bachler/Dünnebier* S. 135 ff./143; *Gerstenberg* § 44 Anm. 2; *Hamann* S. 131 ff./192 ff./196 f.; *Katzenberger* S. 93; *Locher* S. 69 f.; *Schack* Kunst und Recht[2] S. 18; *Schneider* S. 68 f.; *Schneider-Brodtmann* S. 78 f.; *Wyler* S. 68; *dies.* FuR 1983, 481/484; sa. unten § 44 Rdnr. 25). Dieses Ergebnis entspricht auch Art. 2 Abs. 2 S. 2 der Folgerechtsrichtlinie (s. Rdnr. 10). Danach müssen als Originale geltende Exemplare von Kunstwerken nur „in der Regel" nummeriert, signiert oder vom Künstler auf andere Weise ordnungsgemäß autorisiert sein. Abzulehnen ist die Auffassung *v. Gamms* Rdnr. 5 und § 114 Rdnr. 4, dass nur die Druckform das Original sei (allgM). Zu Einzelheiten bei den verschiedenen, auch modernen druckgraphischen Techniken vgl. *Bachler/Dünnebier* S. 114 ff.; *Hamann* S. 141 ff.; *Heinbuch* NJW 1984, 15/18; *Koschatzky* S. 27 ff.; *Schneider* S. 59 ff.; *Wyler* S. 14 ff./60 ff.

29 Entsprechend dem zur Druckgraphik Gesagten kann es auch bei im Abgussverfahren hergestellten **plastischen Werken** mehrere Werkoriginale geben, wobei es wiederum auf die Signatur durch den Künstler nicht entscheidend ankommt. S. hierzu sowie zum Originalbegriff bei **Lichtbildwerken** oben Rdnr. 20. Näheres unten § 44 Rdnr. 26, 27.

C. Einzelfragen bei Anwendung des § 26

I. Vom Folgerecht erfasste Veräußerungen

Das Folgerecht greift nur bei entgeltlichen Weiterveräußerungen von Werkoriginalen unter Beteiligung eines Kunsthändlers oder Versteigerers Platz (§ 26 Abs. 1 S. 1).

30 1. Unter einer Weiter**veräußerung** ist nach **bisher** hM die rechtsgeschäftliche Eigentumsübertragung, also das dingliche Verfügungsgeschäft über das Eigentum unter Beteiligung von Veräußerer und Erwerber, zu verstehen (ebenso in einem obiter dictum BGH BGHZ 126, 252/259 – Folgerecht bei Auslandsbezug; AG Bremervörde NJW 1990, 2005 – Bauernhaus am Moorkanal; LG Frankfurt/M, 8. 10. 2003, Aktz. 2/6 O 523/02 – Sammlung Ahlers I, S. 18, dazu ausführlich *Schneider-Brodtmann* KUR 2004, 147 ff.; bisher auch *Katzenberger* S. 94 f.; *ders.* GRUR Int. 1992, 567/582 f.; *Schneider-Brodtmann* S. 82 f.; *Vorpeil* GRUR Int. 1992, 913 f.), nicht die bloße Entäußerung der unbeschränkten Verfügungsmacht (gegen *v. Gamm* Rdnr. 7) und auch nicht das der Eigentumsübertragung zugrunde liegende Verpflichtungsgeschäft, im Verkauf, oder auch die Gesamtheit von Verpflichtungs- und Verfügungsgeschäft (aA *Braun* IPRax 1995, 227/229 f.; *Schack* Anm. zu BGH – Folgerecht bei Auslandsbezug –, JZ 1995, 357/358 f.; *Wandtke/*

Bullinger[3] Vor §§ 120ff. Rdnr. 20; *v. Welser* ZUM 2000, 472/476f.; jetzt auch *Katzenberger* Fs. für Schricker, 2005, S. 377/383; *Schneider-Brodtmann* KUR 2004, 147/152f.; wohl auch *Ulmer*[3] § 60 V 1; im Ergebnis zust, OLG Frankfurt/M, 7. 6. 2005, Aktz. 11 U 63/03 – Sammlung Ahlers II, S. 12f.; im letzteren, Verpflichtungs- und Verfügungsgeschäft umfassenden Sinne **nunmehr** auch BGH BGHZ 177, 319/329, Rdnr. 31 – Sammlung Ahlers; *Dreier/Schulze*[3] Rdnr. 5; *Müller-Katzenburg* in Mestmäcker/Schulze Rdnr. 20; letztere unter Hinweis auch auf den Sprachgebrauch der Folgerechtsrichtlinie, s. Rdnr. 10; im Anschluss an den BGH *Dreyer* in HK-UrhR[2] Rdnr. 9). Vermietung und Verpfändung sind keine Veräußerungen (*v. Gamm* Rdnr. 7; *Katzenberger* S. 95). Bei Kommissionsgeschäften kommt es zu einer Veräußerung erst, wenn der Kommissionär das Original an den Erwerber übereignet, die Übergabe seitens des Kommittenten an den Kommissionär ist noch keine Veräußerung (*Möhring/Nicolini*[2] Rdnr. 8; *Müller-Katzenburg* in Mestmäcker/Schulze Rdnr. 22). Sicherungsübereignung und treuhänderische Übereignung genügen nicht (*Dreyer* in HK-UrhR[2] Rdnr. 10; *Fromm/Nordemann*[10] Rdnr. 24; *Katzenberger* S. 95; zur ersteren auch *v. Gamm* Rdnr. 7). Einer Veräußerung steht es aber gleich, wenn Pfandgläubiger oder Sicherungseigentümer bei Nichterfüllung der gesicherten Forderung Eigentum erwerben bzw. Pfandverkauf erfolgt (*Katzenberger* S. 95). Folgerechtspflichtige Veräußerungen sind auch Eigentumsübertragungen im Zusammenhang mit Versteigerungen, seien diese freiwillige Versteigerungen, gesetzlich für bestimmte Fälle vorgesehene sog. öffentliche Versteigerungen oder Zwangsversteigerungen (s. zu diesen Versteigerungsarten in Bezug auf das Folgerecht *Katzenberger* GRUR 1971, 495/498f.; zum Ergebnis *Fromm/Nordemann*[18] Rdnr. 23; *v. Gamm* Rdnr. 6; *Katzenberger* S. 97f.).

2. Eine **Weiter**veräußerung ist jede Veräußerung mit Ausnahme der ersten Veräußerung **31** durch den Urheber oder dessen Erben selbst (allgM). Gibt ein Künstler ein Original einem Kunsthändler in Kommission, so ist die durch diesen bewirkte Veräußerung noch keine Weiterveräußerung, weil es an einer vorangehenden Erstveräußerung durch den Urheber fehlt (s. Rdnr. 30). Auf Entgeltlichkeit der Erstveräußerung durch den Urheber kommt es aber nicht an, sie kann auch eine Schenkung sein (*Fromm/Nordemann*[18] Rdnr. 20; *Katzenberger* S. 94; *Möhring/Nicolini*[2] Rdnr. 8; *Ulmer*[3] § 60 IV 2; AG Bremervörde NJW 1990, 2005 – Bauernhaus am Moorkanal). Im Interesse der Künstler liegt es, dass der Kunsthandel ihre Werkoriginale erwirbt und nicht nur in Kommission nimmt. Um solche Erwerbe zu fördern, sieht Art. 1 Abs. 3 der Folgerechtsrichtlinie (s. Rdnr. 10) vor, dass die Mitgliedstaaten die einem solchen Erwerb folgende Veräußerung, die an sich bereits eine Weiterveräußerung ist, vom Eingreifen des Folgerechts ausnehmen können, wenn der betreffende Erwerb weniger als drei Jahre vor der Weiterveräußerung stattgefunden hat und der Weiterveräußerungserlös 10000 Euro nicht übersteigt, also eine Veräußerung von geringerer Bedeutung vorliegt (s. zu Letzterem oben Rdnr. 10). Der deutsche Gesetzgeber hat von dieser Gestaltungsmöglichkeit keinen Gebrauch gemacht, weil die Praxis der VG Bild-Kunst bei der Wahrnehmung des Folgerechts (so. Rdnr. 11 ff.) dem Anliegen der betroffenen Kunstgalerien ohnehin schon Rechnung zu tragen scheint (s. *Fromm/Nordemann*[18] Rdnr. 21 ohne Hinweis auf *Pfennig* ZUM 2002, 195/199). Es gibt allerding Zweifel daran, dass diese Praxis sich an die einschränkenden Vorgaben der Richtline hält (s. die Stellungnahme des Arbeitskreises Deutscher Kunsthandelsverbände (ADK) zum Referentenentwurf des BMJ von 2005 (so. Rdnr. 10) in KUR 2005, 109/113 unter 2.), und damit auch daran, ob sie mit der Richtlinie und ihren Harmonisierungszielen (so. Rdnr. 10) vereinbar ist. Berichtet wird, dass **Frankreich, Großbritannien, Italien, Liechtenstein** (zum EWR s. *Katzenberger* GRUR Int. 2004, 20/27) und **Österreich** Art. 1 Abs. 3 der Richtlinie in nationales Recht umgesetzt haben (so *Weller* ZEuP 2008, 252/256).

3. Das Erfordernis der **Entgeltlichkeit** der Weiterveräußerung ergibt sich aus dem Anspruch **32** des Urhebers auf eine Beteiligung am Erlös (*Katzenberger* S. 95; *Müller-Katzenburg* in Mestmäcker/Schulze Rdnr. 23; *Schneider-Brodtmann* S. 83), nicht aus dem Begriff der Veräußerung (so aber *Möhring/Nicolini*[2] Rdnr. 8). Weiterveräußerungen durch Schenkung führen daher zu keinen Ansprüchen der Urheber, wohl aber solche durch Tausch oder gemischte Schenkung, bei denen der Verkehrswert der Gegenleistung den Weiterveräußerungserlös darstellt (s. dazu *Dreyer* in HK-UrhR[2] Rdnr. 10; *Fromm/Nordemann*[10] Rdnr. 27; *v. Gamm* Rdnr. 7; *Katzenberger* S. 95; *Möhring/Nicolini*[2] Rdnr. 8; *Ulmer*[3] § 60 V 2).

4. Rein private Weiterveräußerungsgeschäfte führen zu keinen Folgerechtsansprüchen. Dies **33** entspricht nach ihrem Erwägungsgrund 18 auch dem Standpunkt der Folgerechtsrichtlinie (s. Rdnr. 10). § 26 Abs. 1 S. 1 verlangt die **Beteiligung eines Kunsthändlers oder Versteigerers,** Art 1 Abs. 2 der Folgerechtsrichtlinie im gleichen Sinne die Beteiligung von Vertretern

§ 26

des Kunsthandels, wie Auktionshäusern, Kunstgalerien und allgemein Kunsthändlern, jeweils als **Erwerber, Veräußerer** oder **Vermittler** bzw. als Verkäufer, Käufer oder Vermittler. Diese Begriffe sind in einem weiten Sinne zu verstehen (so auch BGH BGHZ 177, 319/323, Rdnr. 15 – Sammlung Ahlers mit Nachw. aus dem Schrifttum; sa. OLG Frankfurt/M ZUM 2005, 653/655 – Sammlung Ahlers II). Kunsthändler ist jeder, der zu Erwerbszwecken bzw. nach BGH aaO aus eigenem wirtschaftlichen Interesse mit Kunstwerken handelt, sei es, wie bei Kaufhäusern und Bilderrahmengeschäften, auch nur nebenbei (vgl. *Möhring/Nicolini*^{2} Rdnr. 10; sa. *Dreier/Schulze*^{3} Rdnr. 15; *v. Gamm* Rdnr. 7 verlangt Gewerbsmäßigkeit). Kunsthändler ist auch, wer als bloßer Vermittler Sammler und Kunstinteressenten beim Kauf oder Verkauf von Kunstwerken nur berät und dafür eine Provision, wie zB in Form eines Prozentsatzes des Kaufpreises, erhält; bezeichnet sich ein solcher Händler als Kunstberater, so ändert dies am Ergebnis nichts (s. zu beiden Aspekten BGH BGHZ 177, 319/323 f.; Rdnr. 15/16 – Sammlung Ahlers). Die bloße Erstellung von Kunstexpertisen genügt dazu aber nicht (so wohl BGH aaO Rdnr. 16). Vom Folgerecht erfasst werden sowohl freiwillige und in bestimmten Fällen gesetzlich vorgesehene sog. öffentliche Versteigerungen als auch solche im Wege der Zwangsvollstreckung (s. oben Rdnr. 30), wobei bei den letzteren der Gerichtsvollzieher der Versteigerer ist (s. § 814 ZPO; sa. *Dreyer* in HK-UrhR^2 Rdnr. 16), im übrigen auch Weiterveräußerungen auf Ausstellungen und Messen sowie durch Versteigerer außerhalb von Auktionen (*Katzenberger* S. 97) und über das Internet (s. dazu *Froehlich*, ZUM 2003, 453/461 f.; *v. Welser*, ZUM 2000, 472/476). Das Folgerecht greift aber nicht Platz, wenn Privatpersonen Kunstwerke an **Museen** weiterveräußern, die nicht auf Gewinn ausgerichtet und der Öffentlichkeit zugänglich sind (so Erwägungsgrund 18 der Folgerechtsrichtlinie). Dies gilt aber nicht, wenn eine solche Veräußerung von einem Kunsthändler im weitesten Sinne vermittelt wird.

34 Als **Vermittler** wird ein Kunsthändler oder Versteigerer schon dann tätig, wenn er in eigenem wirtschaftlichen Interesse das Veräußerungsgeschäft fördert. Es genügen Hinweise, die Aufnahme in einen Katalog oder Ausstellungen oder Beratung beim Kunsthandel gegen Provision (vgl. BGH BGHZ 177, 319/323 f., Rdnr. 15/16 – Sammlung Ahlers; *Dreier/Schulze*^{3} Rdnr. 16; *Fromm/Nordemann*^{1B} Rdnr. 22 sogar für den Fall kostenloser Gefälligkeitsvermittlung; *Katzenberger* S. 97; *Ulmer*^{3} § 60 IV 3; zu eng *Möhring/Nicolini*^{2} Rdnr. 11, die eine offizielle, buchmäßig zu erfassende Vermittlung verlangen).

35 5. Zu Weiterveräußerungen **über die Staatsgrenzen** hinweg oder **im Ausland** su. vor §§ 120 ff. Rdnr. 146.

II. Ansprüche aus dem Folgerecht. Berechtigte und Verpflichtete

36 1. Bei jeder Weiterveräußerung iSd. unter Rdnr. 30–35 Gesagten steht dem Urheber ein Anspruch auf einen **Anteil am Veräußerungserlös** zu, es sei denn der Erlös beträgt weniger als 400 Euro (§ 26 Abs. 1 S. 1, 4). Auf einen Gewinn des Weiterveräußerers kommt es nicht an; auch wenn er einen Verlust erlitten hat, steht dies dem Anspruch des Urhebers nicht entgegen (s. Rdnr. 7, 8). Der Anteil betrug bis zur Umsetzung der Folgerechtsrichtlinie (s. Rdnr. 10) gemäß § 26 Abs. 1 S. 1 aF einheitlich 5%, in den anderen EU-Staaten, die das Folgerecht seinerzeit schon anerkannten, zwischen 3% und 6% mit einem Schwerpunkt bei ebenfalls 5% (s. *Katzenberger* GRUR Int. 2004, 20/25). Demgegenüber verpflichtete Art. 4 Abs. 1 der Folgerechtsrichtlinie die Mitgliedstaaten als Ergebnis eines Kompromisses zur Einführung **degressiv gestaffelter Anteilssätze** zwischen **4%** für die niedrigste (bis 50 000 Euro) und **0,25%** für die höchste (über 500 000 Euro) Tranche der jeweiligen Kaufpreises. Mit der Degression des Anteilssatzes verfolgt die Richtlinie das Ziel, vor allem im Hochpreissegment und zugunsten Großbritanniens als Kunsthandelszentrum einer Verlagerung des Handels aus der EU in folgerechtsfreie Zentren, wie die Schweiz und die USA, entgegenzuwirken (s. Erwägungsgrund 24 der Richtlinie; *Katzenberger* GRUR Int. 2004, 20/25). Dem Vereinheitlichungsziel der Richtlinie (s. Erwägungsgrund 23) folgt die Neuregelung des § 26 Abs. 2, wobei an die Stelle des Richtlinienbegriffs des Kaufpreises der in Deutschland traditionelle Begriff des Veräußerungserlöses tritt. Die Neuregelung bezieht den jeweiligen Anteilssatz nicht auf den Veräußerungserlös bis zu bzw. über einem bestimmten Betrag als solchen, sondern stets auf einen **Teil** (Tranche iSd. Richtlinie) des Veräußerungserlöses. Daraus folgt, dass sich bei Veräußerungserlösen über 50 000 Euro die Höhe des jeweiligen Folgerechtsanspruchs nicht als einheitlicher Prozentsatz des Gesamterlöses bis zum Höchstbetrag des jeweils erreichten Erlössegments, sondern als Summe der Anteile der jeweils betroffenen Erlössegmente errechnet. So beträgt der Folgerechtsanspruch

Folgerecht **§ 26**

bei einem Veräußerungserlös von 150 000 Euro, also im Falle des § 26 Abs. 2 S. 1 Nr. 2, nicht 3% von diesem Betrag, also 4500 Euro, sondern 5000 Euro (4% von 50 000 Euro = 2000 Euro plus 3% von 100 000 Euro = 3000 Euro; sa. das Berechnungsbeispiel bei *Müller-Katzenburg* in Mestmäcker/Schulze Rdnr. 30: zum Ergebnis die AmtBegr. BT-Drucks. 16/1107 S. 7; *Dreier/ Schulze*[3] Rdnr. 17; *Wandke/Bullinger*[3] Rdnr. 17). Zusätzlich sieht § 26 Abs. 2 S. 2 im Anschluss an Art. 4 Abs. 1 der Folgerechtsrichtlinie für jede einzelne Veräußerung eines einzelnen Kunstwerks (nicht einer Verkaufsveranstaltung oder mehrerer Werke eines Künstlers) eine **Kappungsgrenze** bzw. **Deckelung** in Höhe von **12 500 Euro** vor, die nicht überschritten werden darf. Sie wird mit einem Veräußerungserlös in Höhe von 2 Mio. Euro erreicht (s. *Dreier/Schulze*[3] Rdnr. 17; *Fromm/Nordemann*[10] Rdnr. 31: *Katzenberger* GRUR Int. 2004, 20/25). Darüber hinausgehende Erlöse führen zu keiner weiteren Erhöhung des Folgerechtsanspruchs, sie sind damit insoweit folgerechtsfrei.

Nicht Gebrauch gemacht hat der deutsche Gesetzgeber von der durch Art. 4 Abs. 2 der Folgerechtsrichtlinie gewährten Möglichkeit, den Folgerechtsanteil im **niedrigsten Erlössegment** (bis 50 000 Euro) auf wie nach früherem Recht **5%** festzusetzen (zur Begründung s. BT-Drucks. 11/1107 S. 7 sowie nach Kritik des Bundesrats aaO. S. 8 BT-Drucks. 16/1173). Unter den anderen EU- und EWR-Staaten haben sich zB **Großbritannien, Irland, Liechtenstein** (zur Geltung der Folgerechtsrichtlinie für die EWR-Staaten s. *Katzenberger* GRUR Int. 2004, 20/27) und **Österreich** ebenfalls für den Regelsatz von 4% entschieden (s. *Weller* ZEuP 2008, 252/258). Der **untere Schwellenwert** für das Eingreifen des Folgerechts in Höhe von **400 Euro** nach § 26 Abs. 1 S. 4 war im Gesetzgebungsverfahren umstritten. Art. 3 Abs. 2 der Folgerechtsrichtline gewährt einen Spielraum bis zu **3.000 Euro**, der zB von **Irland, Italien** und **Österreich** ausgeschöpft wurde (s. *Weller* ZEuP 2008, 252/259). Nach 500 Euro im Referentenentwurf (s. KUR 2005, 74 f.) folgten besonders kunsthandelsfreundliche **1000 Euro** im Regierungsentwurf (BT-Drucks. 16/1107 S. 5/6 f.; ebenso **Großbritannien**, s. *Weller* ZEuP 2008, 252/259) bis zu den Gesetz gewordenen 400 Euro nach einem Beschluss des Rechtsausschusses des Deutschen Bundestags (BT-Drucks. 11/2019 S. 1/4). Ob diese Absenkung ausreicht, um, wie beabsichtigt, auch Urhebern grafischer Werke, wie von Lithografien, und von Lichtbildwerken das Folgerecht nicht faktisch vorzuenthalten, bleibt abzuwarten. Nach früherem Recht betrug der Schwellenwert 50 Euro, die Deutsche Vereinigung für Gewerblichen Rechtsschutz und Urheberrecht (GRUR 2005, 488/489) hatte für 100 Euro plädiert.

2. Veräußerungserlös ist der vom Veräußerer erzielte Kaufpreis nach Abzug von Steuern **37** (§ 26 Abs. 1 S. 2, Art. 5 der Folgerechtsrichtlinie, s. Rdnr. 10), aber ohne Abzug von Kosten und Provisionen; nicht zum Veräußerungserlös zählt jedoch das bei Versteigerungen vom Erwerber zusätzlich an den Versteigerer zu zahlende Aufgeld (*Dreier/Schulze*[3] Rdnr. 17; *Dreyer* in HK-UrhR[2] Rdnr. 17; *Fromm/Nordemann*[10] Rdnr. 26, aber irrtümlich ohne Steuerabzug; *v. Gamm* Rdnr. 8 (Bruttoerlös); *Katzenberger* S. 108 f.; *Möhring/Nicolini*[2]; *Wandtke/Bullinger*[3] Rdnr. 16; aA zum Aufgeld *Gerstenberg* Anm. 6). Der Zahlungsanspruch des Urhebers entsteht mit Fälligkeit des Kaufpreises, nicht erst mit dessen tatsächlicher Bezahlung (so *v. Gamm* Rdnr. 8; *Katzenberger* S. 108 f.; *Dreyer* in HK-UrhR[2] Rdnr. 19; *Wandtke/Bullinger*[3] Rdnr. 16; *Schack* in Anm. zu BGH – Folgerecht bei Auslandsbezug, JZ 1995, 357/359; jetzt auch *Fromm/Nordemann*[18] Rdnr. 24; aA *Schneider-Brodtmann* S. 83; zur Möglichkeit des Urhebers, bei Nichtzahlung des Kaufpreises durch den Erwerber vom Veräußerer Abtretung des Kaufpreisanspruchs zu verlangen, und zu den Konsequenzen *Ulmer*[3] § 60 V 2). Zum Zeitpunkt der Entstehung des Folgerechtsanspruchs bei Veräußerungen unter Eigentumsvorbehalt sowie zur Berechnung des Erlösanteils bei Werkverbindungen s. *Katzenberger* S. 95 f., 109 f.

3. Der Durchsetzung des Zahlungsanspruchs des Urhebers nach § 26 Abs. 1, 2 dienen die in **38** § 26 Abs. 4–6 geregelten **Auskunftsansprüche** sowie das **Recht auf Einsicht in die Geschäftsbücher** und sonstigen Urkunden der Kunsthändler und Versteigerer nach § 26 Abs. 7. Es handelt sich bei den Auskunftsansprüchen zwar um Ansprüche der Urheber, sie können aber, anders als die Zahlungsansprüche nach § 26 Abs. 1, 2 nach § 26 Abs. 6 ebenso wie das Recht auf Einsicht in die Geschäftsbücher nach § 26 Abs. 7 im Interesse der betroffenen Händler und Versteigerer **nur durch eine Verwertungsgesellschaft**, in der Praxis die VG Bild-Kunst, geltend gemacht werden (zur Bewertung dieser Regelung *Katzenberger* UFITA 68 (1973) 71/83 f.; *Möhring/Nicolini*[2] Rdnr. 23). Die auch bereits in § 26 Abs. 5 aF vorgesehene Regelung ist durch Art. 6 Abs. 2 der Folgerechtsrichtlinie gedeckt. Die Bestimmung sieht vor, dass die Mitgliedstaaten die Wahrnehmung des Folgerechts obligatorisch oder fakultativ einer Verwertungsgesellschaft übertragen können. Üblicherweise nimmt in Deutschland die VG Bild-Kunst als Verwer-

§ 26 Folgerecht

tungsgesellschaft nicht nur die Auskunfts- und Einsichtsansprüche der Urheber, sondern auch deren Zahlungsansprüche wahr (so. Rdnr. 11 ff.). Deutschland hat dabei als Mitgliedstaat der EU Sorge dafür zu tragen, dass dies transparent, effizient und ohne auch nur faktische Diskriminierung auch zugunsten der Urheber aus anderen Mitgliedstaaten geschieht (s. Erwägungsgrund 28 der Richtlinie). Eine **individuelle vertragliche Auskunftsabrede**, dh. eine vertragliche Vereinbarung, in der sich ein Kunsthändler (oder Versteigerer) gegenüber einem Urheber oder dessen Rechtsnachfolger zu regelmäßigen Auskünften (und Zahlungen) bezüglich folgerechtspflichtiger Geschäftsvorgänge verpflichtet, ist aber wirksam; der Händler kann sich einer solchen Verpflichtung nicht dadurch entziehen, dass er sich nachträglich dem Rahmenvertrag mit der VG Bild-Kunst (s. oben Rdnr. 12) anschließt (so AG München GRUR 1991, 606 f. – Folgerecht; zust. *Dreier/Schulze*[3] Rdnr. 28; *Möhring/Nicolini*[2] Rdnr. 24; *Fromm/Nordemann*[10] Rdnr. 44).

Von den Gerichten sind der VG Bild-Kunst teilweise wichtige prozessuale Hilfen bei der Durchsetzung der Auskunftsansprüche gewährt worden (vgl. insb. OLG Frankfurt/M GRUR 1980, 916/918 – Folgerecht ausländischer Künstler, und neuerdings ZUM 2005, 653/656 f. – Sammlung Ahlers II, zur Darlegungslast bezgl. des Inlandbezugs einer Veräußerung; LG Stuttgart FuR 1979, 102/104; vom BGH in GRUR 1982, 308 – Kunsthändler – und BGHZ 177, 319/328 f., Rdnr. 30 – Sammlung Ahlers – offengelassen). Der Gesetzgeber hat im Übrigen mit der Urheberrechtsnovelle 1985 durch Einführung des neuen § 13 b Abs. 1 WahrnG (BGBl. I S. 1137/1140) den Schwierigkeiten Rechnung getragen, denen sich die VG Bild-Kunst bei der gerichtlichen Geltendmachung der Auskunftsansprüche durch die Forderung der beklagten Kunsthändler ausgesetzt sah, sämtliche Wahrnehmungsverträge der Gesellschaft mit denjenigen Künstlern vorzulegen, für deren Werke Auskunft verlangt wurde. § 13 b Abs. 1 WahrnG enthält eine gesetzliche Vermutung dafür, dass eine Verwertungsgesellschaft die Rechte aller Berechtigten wahrnimmt, wenn sie einen Anspruch geltend macht, der nur durch eine Verwertungsgesellschaft geltend gemacht werden kann. Die gesetzliche Regelung des § 26 Abs. 4–7 wird nunmehr praktisch weitgehend ersetzt durch den im Jahre 1980 abgeschlossenen und zuletzt im Jahre 2006 neugefassten Rahmenvertrag zwischen der VG Bild-Kunst und dem Arbeitskreis Deutscher Kunsthandelsverbände (s. Rdnr. 12 ff.). Sie bleibt aber, iVm. § 13 b Abs. 1 WahrnG, weiterhin von praktischer Bedeutung für die Durchsetzung des Folgerechts durch die VG Bild-Kunst gegenüber solchen Kunsthändlern, die sich dem Rahmenvertrag nicht angeschlossen haben.

39   a) § 26 Abs. 4 regelt den vom BGH in BGHZ 56, 256 – Urheberfolgerecht – unter Geltung des § 26 aF in der ursprünglichen Fassung von 1965 abgelehnten, von konkreten, bekanntgewordenen Veräußerungen unabhängigen **allgemeinen Auskunftsanspruch**. Nunmehr ist jeder Kunsthändler und Versteigerer (s. Rdnr. 33) auf Verlangen des Urhebers bzw. (nach § 26 Abs. 6, so. Rdnr. 38) der Verwertungsgesellschaft verpflichtet, Auskunft darüber zu geben, welche Originale von Werken dieses Urhebers bzw. der der Verwertungsgesellschaft angeschlossenen Urheber unter seiner Beteiligung weiterveräußert worden sind. Die Auskunftspflicht bezieht sich nicht nur auf Veräußerungen durch den Kunsthändler oder Versteigerer, sondern auch auf seine Erwerbungen und Vermittlungen (*Katzenberger* UFITA 68 (1973) 71/82). Sie ist im Interesse der Kunsthändler und Versteigerer gesetzlich auf Weiterveräußerungen innerhalb der letzten drei Jahre vor dem Auskunftsersuchen begrenzt. Die Neuregelung läuft im Ergebnis darauf hinaus, dass ein Kunsthändler oder Versteigerer nach jeder Weiterveräußerung, an welcher er beteiligt ist, drei Jahre lang verpflichtet ist, über sie in einer Verwertungsgesellschaft, in der Praxis der VG Bild-Kunst (s. Rdnr. 12 ff.), Auskunft darüber zu geben, dass sie stattgefunden hat (so *Dreier/Schulze*[3] Rdnr. 26; *Fromm/Nordemann*[10] Rdnr. 37; *Katzenberger* GRUR Int. 2004, 20/26)). In den meisten Fällen aber gebührt insoweit dem Rahmenvertrag der VG Bild-Kunst mit den Kunsthandelsverbänden von 1980/2006 (s. Rdnr. 12/13) der Vorrang. Die nach § 26 Abs. 3 aF geltende Frist von einem vor dem Auskunftsersuchen abgelaufene Kalenderjahr wurde in § 26 Abs. 4 nF in Anpassung an Art. 9 der Folgerechtsrichtlinie (s. Rdnr. 10) nicht nur auf drei Jahre verlängert. Vielmehr wurde auch davon abgerückt, wie bisher auf abgelaufene Kalenderjahre abzustellen, weil dies, anders als in der Richtlinie vorgesehen, auch zu einer längeren Frist als drei Jahren (=3 × 365 Tage) vor dem Auskunftsersuchen hätte führen können (s. die AmtlBegr. BT-Drucks. 16/1107 S. 7 zu § 26 Abs. 4).

40   b) Bei über ein Auskunftsersuchen nach § 26 Abs. 4 oder sonst bekanntgewordenen Weiterveräußerungen ist der Kunsthändler oder Versteigerer nach § 26 Abs. 5 verpflichtet, dem Urheber bzw. (nach § 26 Abs. 6, so. Rdnr. 38) der Verwertungsgesellschaft **Namen und Anschrift des Veräußerers** und die **Höhe des Weiterveräußerungserlöses** zu nennen, soweit dies zur

Durchsetzung des Folgerechtsanspruchs erforderlich ist. Dies gilt auch, wenn es für den erforderlichen Inlandsbezug (s. Vor §§ 120 ff. Rdnr. 146) nur gewichtige Indizien gibt (s. OLG Frankfurt/M ZUM 2005, 653/656 – Sammlung Ahlers II). Str. ist, ob die in § 26 Abs. 4 vorgesehene zeitliche Begrenzung des allgemeinen Auskunftsanspruchs auch für den konkreten Auskunftsanspruch des § 26 Abs. 5 gilt (bejahend *Dreier/Schulze*[3] Rdnr. 27; *Fromm/Nordemann*[10] Rdnr. 40; verneinend *Dreyer* in HK-UrhR[2] Rdnr. 29; *Müller-Katzenburg* in Mestmäcker/Schulze Rdnr. 43). Der Gesetzestext gibt auf diese Frage keine Antwort, nach früherem Recht war die Frage nach allgemeiner Ansicht zu verneinen (s. die Vorauflage). Art. 9 der Folgerechtsrichtlinie (s. Rdnr. 10) bezieht sich nach ihrem Erwägungsgrund 30 auf „alle notwendigen Auskünfte" und damit zweifellos auch auf diejenige des § 26 Abs. 5. Die Bestimmung ist daher auch im Sinne der Anwendbarkeit der Frist richtlinienkonform auszulegen. Zur Wahrung der **Anonymität des Veräußerers** kann der Kunsthändler oder Versteigerer die Auskunft nach § 26 Abs. 4 verweigern, wenn er den Urheberanteil am Weiterveräußerungserlös selbst bezahlt.

c) Bestehen, zB aufgrund von Testkäufen oder sonst bekanntgewordenen Veräußerungen, **41** begründete Zweifel an der Richtigkeit oder Vollständigkeit einer Auskunft nach § 26 Abs. 4 oder 5, so kann die Verwertungsgesellschaft entsprechende **Einsicht in die Geschäftsbücher** und sonstigen Urkunden des auskunftspflichtigen Kunsthändlers oder Versteigerers verlangen; dieser kann allerdings selbst entscheiden, ob er die Einsicht der Verwertungsgesellschaft oder einem von ihm zu bestimmenden Wirtschaftsprüfer oder vereidigten Buchprüfer gewährt (§ 26 Abs. 7 S. 1). Die Kosten trägt die Verwertungsgesellschaft, es sei denn, dass die Auskunft sich als unrichtig oder unvollständig erweist (§ 26 Abs. 7 S. 2). Zur Bewertung dieser Regelung s. *Katzenberger* UFITA 68 (1973) 71/84 f.; *Möhring/Nicolini*[2] Rdnr. 25; kritisch *Fromm/Nordemann*[10] Rdnr. 42, dort auch zur Vorgeschichte der Regelung; *Nordemann* GRUR 1973, 1/2. Für die Praxis der VG Bild-Kunst enthält der Rahmenvertrag mit den Kunsthandelsverbänden von 1980/2006 (s. Rdnr. 12 ff.) eine vorrangige Vereinbarung über stichprobenartige Überprüfungen durch einen Angehörigen der steuerberatenden Berufe als Treuhänder (s. dazu auch *Fromm/Nordemann*[10] Rdnr. 42).

4. Inhaber des Folgerechts und Gläubiger der aus ihm entspringenden Ansprüche (s. **42** Rdnr. 5) ist, entsprechend den Grundsätzen der §§ 1, 7, der Urheber als Schöpfer des Werkes (§ 26 Abs. 1, 3–5). Diese auch schon nach früherem Recht selbstverständliche Rechtslage (s. § 26 Abs. 1–3, 5 aF) hat sich durch die europäische Folgerechtsrichtlinie (s. Rdnr. 10) nicht geändert (s. dort Art. 1 Abs. 1, Art. 6 Abs. 1 und Erwägungsgrund 27). Darauf, ob das Werkoriginal mit dem Namen des Künstlers, seinem Künstlerzeichen oder einem Pseudonym versehen oder anonym ist, kommt es nicht an (*Katzenberger* S. 99/102; sa. Rdnr. 28, 29). Versieht der Schöpfer eines Werkes das Original mit dem Namen eines anderen Künstlers, liegt also eine Kunstfälschung vor, so ist gleichwohl der Fälscher als Urheber Inhaber des Folgerechts. In diesem Fall wie allgemein kommt der Urheberbezeichnung auf dem Werkoriginal jedoch wesentliche Bedeutung für den Beweis der Urheberschaft und damit auch der Berechtigung aus dem Folgerecht zu (vgl. *Katzenberger* S. 102 f.; sowie die Kommentierung zu § 10).

Bei **Miturheberschaft** gilt § 8 mit gewissen Modifikationen (vgl. *Katzenberger* S. 99 ff.): Das **43** Folgerecht steht allen Miturhebern zur gesamten Hand zu (§ 8 Abs. 2 S. 1), jeder Miturheber ist aber berechtigt, Folgerechtsansprüche geltend zu machen, vorausgesetzt er verlangt Leistung an die Miturheber (§ 8 Abs. 2 S. 3 analog). Im Innenverhältnis gebühren die Erträgnisse aus dem Folgerecht den Miturhebern nach dem Umfang ihrer Mitwirkung (§ 8 Abs. 3). Mit Rücksicht auf § 26 Abs. 3 scheidet eine analoge Anwendung des § 8 Abs. 4, wonach ein Miturheber auf seinen Anteil an den Verwertungsrechten (§ 15) zugunsten der anderen Miturheber verzichten kann, aus (sa. Rdnr. 49).

5. Schuldner der **Zahlungsansprüche** aus dem Folgerecht ist der **(Weiter-)Veräußerer 44** (§ 26 Abs. 1 S. 1), nicht aber der Erwerber des Originals oder der Vermittler des Veräußerungsgeschäfts. Nach früherem Recht hafteten letztere auch nicht für die Erfüllung der Ansprüche durch den Veräußerer (BGHZ 56, 256/257 – Urheberfolgerecht; *Katzenberger* S. 103/107 f.; *Schneider-Brodtmann* S. 85). Für den Fall, dass der Veräußerer seine Zahlungsverpflichtung aus dem Folgerecht nicht erfüllte, schied eine sekundäre Haftung des nicht als Veräußerer tätigen Kunsthändlers oder Versteigerers auch unter dem Aspekt der Beteiligung an einer Urheberrechtsverletzung aus (so. Rdnr. 5). Die europäische Folgerechtsrichtlinie (s. Rdnr. 10) folgt in ihrem Art. 1 Abs. 4 S. 1 mit Erwägungsgrund 25 ebenfalls dem Grundsatz, dass die Folgerechtsvergütung vom Veräußerer abzuführen ist. Jedoch gestattet sie es in Art. 1 Abs. 4 S. 2 den Mitgliedstaaten, eine Regelung zu treffen, nach der eine vom Veräußerer verschiedene natürliche

§ 26 Folgerecht

oder juristische Person allein oder gemeinsam mit dem Veräußerer für die Zahlung der Folgerechtsvergütung haftet. Von dieser Möglichkeit hat der deutsche Gesetzgeber in § 26 Abs. 1 S. 3 Gebrauch gemacht. Beschränkt auf den Fall, dass der **Veräußerer** eine **Privatperson** ist, sieht die Bestimmung vor, dass der als **Erwerber** oder **Vermittler** beteiligte Kunsthändler oder Versteigerer neben ihm **als Gesamtschuldner haftet;** nur im Verhältnis zueinander ist der Veräußerer zur Zahlung der Folgerechtsvergütung allein verpflichtet. Wie auch die AmtlBegr. (BT-Drucks. 16/1107 S. 6 zu § 26 Abs. 1) annimmt, ist diese zusätzliche Haftung vor allem dann von praktischer Bedeutung, wenn der Veräußerer zahlungsunfähig oder nicht erreichbar ist. Für das **Innenverhältnis** stellt § 26 Abs. 1 S. 3 eine andere Bestimmung iSd. § 426 Abs. 1 S. 1 BGB dar, der für den Regelfall eines Gesamtschuldverhältnisses eine Verpflichtung zu gleichen Teilen statuiert (so die AmtlBegr. aaO). Zur weitergehenden Verpflichtung, **Auskunft** zu geben und **Einsicht** in die Geschäftsbücher zu gewähren, s. Rdnr. 39–41.

45 **Veräußerer** iSd. § 26 Abs. 1 S. 1, 3 ist nach Erwägungsrund 25 S. 3 der Folgerechtsrichtlinie (s. Rdnr. 10) diejenige Person oder dasjenige Unternehmen, in deren Namen die Veräußerung erfolgt. Dies ist, wie auch schon nach früherem Recht, der Eigentümer, der im eigenen Namen selbst veräußert oder sich durch einen in seinem, des Eigentümers Namen handelnden unmittelbaren Stellvertreter iSd. § 164 Abs. 1 BGB vertreten läßt; letzterer ist auch dann nicht Veräußerer, wenn er Kunsthändler oder Versteigerer ist (BGHZ 56, 256/258 f. – Urheberfolgerecht; *Dreier/Schulze*[3] Rdnr. 20; *Dreyer* in HK-UrhR[2] Rdnr. 22/23; *v. Gamm* Rdnr. 3; *Katzenberger* S. 104; *Schneider-Brodtmann* S. 84; *Ulmer*[3] § 60 V 1). Bei einer Veräußerung über einen Kommissionär (vgl. § 383 HGB) ist jedenfalls dieser Veräußerer, weil er im eigenen Namen veräußert (BGHZ 56, 256/258 f. – Urheberfolgerecht; *Dreier/Schulze*[3] Rdnr. 20; *Fromm/Nordemann*[10] Rdnr. 17; *Schneider-Brodtmann* S. 84; *Ulmer*[3] § 60 V 1; *Wandtke/Bullinger*[3] Rdnr. 5; jetzt auch *Möhring/Nicolini*[2] Rdnr. 12; aA LG München I GRUR 1979, 155 – Kunstauktionator). Neben ihm haftete jedenfalls nach früherem Recht gesamtschuldnerisch aber auch der Kommittent (so OLG München GRUR 1979, 641/642 – Kommissionsverkauf; LG Düsseldorf IPRax 1990, 46/47 – Joseph Beuys; *Dreier/Schulze* Rdnr. 20; *v. Gamm* Rdnr. 6; *Hubmann/Rehbinder*[3] § 29 II und *Rehbinder*[13] § 31 II; *Katzenberger* S. 104 ff.; *Schneider-Brodtmann* S. 85; aA wohl *Ulmer*[3] § 60 V 1). Gleiches wird auch für das jetzt geltende Recht vertreten (s. *Dreier/Schulze*[3] Rdnr. 20; *Dreyer* in HK-UrhR[2] Rdnr. 23; *Rehbinder*[15] § 31 II; wohl auch *Fromm/Nordemann*[18] Rdnr. 18). Jedoch dürfte dieses an sich wünschenswerte Ergebnis nunmehr daran scheitern, dass Erwägungsgrund 25 S. 3 der Folgerechtsrichtlinie für den Begriff des Veräußerers nur darauf abstellt, in wessen Namen – und nicht auf wessen Rechnung – veräußert wird. Bei Kommissionsgeschäften ist dies der Kommissionär und nicht der Kommittent.

III. Schutzdauer und Verjährung. Erbfolge. Rechtsgeschäftliche Verfügungen. Zwangsvollstreckung und Konkurs

46 1. Die **Schutzdauer** des **Folgerechts** umfasst wie diejenige des Urheberrechts insgesamt grundsätzlich die Lebenszeit des Urhebers und 70 Jahre nach seinem Tod; es gelten die allgemeinen Regeln der §§ 64 ff. (*Dreier/Schulze*[3] Rdnr. 31; *Katzenberger* S. 113; *Möhring/Nicolini*[2] Rdnr. 26; *Ulmer*[3] § 60 V 4). Dies entspricht auch der Rechtslage seit Umsetzung der europäischen Folgerechtsrichtlinie (s. Rdnr. 10), die diesbezüglich auf Art. 1 der Schutzdauerrichtlinie 93/98/EWG (jetzt Art. 1 der kodifizierten Fassung dieser Richtlinie 2006/116/EG, s. § 64 Rdnr. 14) verweist (s. Art. 8 Abs. 1 und Erwägungsgrund 17 der Folgerechtsrichtlinie). Keinen Gebrauch machen konnte Deutschland bei Umsetzung der Folgerechtsrichtlinie von der dort in Art. 8 Abs. 2 und 3 für eine befristete Übergangszeit vorgesehenen Möglichkeit, das Folgerecht auf die nach dem Tod eines Künstlers an sich anspruchsberechtigten Rechtsnachfolger nicht anzuwenden. Diese Möglichkeit war nur Mitgliedstaaten eröffnet, die wie Großbritannien und Österreich im Zeitpunkt der Veröffentlichung der Richtlinie im Amtsblatt der EG, dem 13. 10. 2001, das Folgerecht in ihrer innerstaatlichen Gesetzgebung noch nicht anerkannten. Deutschland gehörte nicht zu diesen Staaten (so. Rdnr. 9). Für den einzelnen aus dem Folgerecht entspringenden **Anspruch** galt dagegen früher eine besondere **Verjährungsfrist** von zehn Jahren (§ 26 Abs. 7 aF). Diese Bestimmung ist im Rahmen der Neuregelung des deutschen Verjährungsrechts mit Wirkung vom 1. 1. 2002 aufgehoben worden (so. Rdnr. 9). Es gelten nunmehr die **allgemeinen Verjährungsregeln** der §§ 194 ff. BGB nF (sa. § 102). Danach beträgt die regelmäßige Verjährungsfrist drei Jahre (§ 195 BGB nF), gerechnet vom Schluss des Jahres, in dem der (Folgerechts-)Anspruch entstanden ist und der Gläubiger dieses Anspruchs (s. Rdnr. 42 f.)

Folgerecht § 26

von der den Anspruch begründenden Weiterveräußerung (s. Rdnr. 30 ff.) Kenntnis erlangt hat oder ohne grobe Fahrlässigkeit erlangen musste (§ 199 Abs. 1 BGB nF), ohne Rücksicht auf diese Kenntnis oder grob fahrlässige Unkenntnis zehn Jahre von der Entstehung des Anspruchs an (§ 199 Abs. 4 BGB nF). Zum **zeitlichen Übergangsrecht** s. die Kommentierung des § 137i. Als besondere zu einem Anspruchsverlust führende Frist ist nunmehr nur noch die Dreijahresfrist zu beachten, innerhalb derer die Auskunftsansprüche nach § 26 Abs. 4 und 5 geltend gemacht werden müssen (so. Rdnr. 39/40).

2. Das Folgerecht ist mit dem Urheberrecht insgesamt **vererbbar;** es gelten die allgemeinen 47 Regeln der §§ 28–30 (*Katzenberger* S. 113f.). Ein einzelner Miterbe kann Auskunft (nach § 26 Abs. 4–6 über eine Verwertungsgesellschaft) gemäß § 2038 Abs. 1 BGB und Zahlung des Erlösanteils an alle Miterben gemäß § 2039 BGB verlangen (BGH GRUR 1982, 308/310 – Kunsthändler; vgl. auch OLG Frankfurt/M GRUR 1980, 916/919 – Folgerecht ausländischer Künstler; OLG München GRUR 1979, 641 – Kommissionsverkauf). Die europäische Folgerechtsrichtlinie (s. Rdnr. 10) hat an dieser Rechtslage nichts geändert. Ihr Art. 6 Abs. 1 nennt lediglich als Anspruchsberechtigte nach dem Tod des Urhebers dessen Rechtsnachfolger. Nach Erwägungsgrund 27 S. 2 der Richtlinie bleibt das Erbrecht der Mietgliedstaaten unberührt. Abgesehen von der auf Deutschland nicht anwendbaren Bestimmung des Art. 8 Abs. 2 und 3 der Richtlinie (so. Rdnr. 46) müssen die Rechtsnachfolger des Urhebers nach dessen Tod das Folgerecht in vollem Umfang wahrnehmen können (Erwägungsgrund 27 S. 3).

3. Das **Folgerecht** ist als Bestandteil des Urheberrechts wie dieses grundsätzlich **nicht** durch 48 Rechtsgeschäft unter Lebenden **übertragbar;** eine Ausnahme gilt für Übertragungen in Erfüllung einer Verfügung von Todes wegen oder an Miterben im Wege der Erbauseinandersetzung (§ 29). Die Unveräußerlichkeit des Folgerechts als solchen ist nunmehr in § 26 Abs. 3 S. 1 im Anschluss an Art. 1 Abs. 1 und Erwägungsgrund 1 der Folgerechtsrichtlinie (s. Rdnr. 10) auch ausdrücklich bezeichnet (s. dazu auch die AmtlBegr. BT-Drucks. 16/1107 S. 7 zu § 26 Abs. 3). Das Folgerecht ist daher auch nicht verpfändbar (§ 1274 Abs. 2 BGB) und auch im Voraus **nicht verzichtbar** (s. Art. 1 Abs. 1 der Folgerechtsrichtlinie; *Dreier/Schulze*[3] Rdnr. 24; *Katzenberger* S. 115; *Müller-Katzenburg* in Mestmäcker/Schulze Rdnr. 32; *Schneider-Brodtmann* S. 80; *Ulmer*[3] § 60 III). Es unterliegt auch **nicht der Zwangsvollstreckung** und wird von der **Insolvenz** des Urhebers **nicht** umfasst (*Katzenberger* S. 115f.; zust. *Dreier/Schulze*[3] Rdnr. 24; *Dreyer* in HK-UrhR[2] Rdnr. 24).

Der vom Folgerecht zu unterscheidende einzelne **Zahlungsanspruch** (s. Rdnr. 5) ist, zum 49 Schutz des Urhebers vor unbedachten und erzwungenen Verfügungen, **im Voraus nicht übertragbar** und **nicht verzichtbar** und daher auch nicht verpfändbar (§ 26 Abs. 3 S. 1, § 1274 Abs. 2 BGB). Das Gesetz nennt diesen Zahlungsanspruch Anteil (ebenso: *Wandtke/Bullinger*[3] Rdnr. 19) und sah früher gemäß § 26 Abs. 2 S. 2 aF vor, dass die Anwartschaft darauf nicht der Zwangsvollstreckung unterliegen und eine Verfügung über sie unwirksam sein sollte. Diese Anwartschaft war nichts anderes als der zukünftige Zahlungsanspruch (s. dazu die Vorauf. mwN). Da die Unverzichtbarkeit dieses Anspruchs im Voraus bereits in § 26 Abs. 3 S. 2 (§ 26 Abs. 2 S. 1 aF) bestimmt ist und sich mit ihr auch die Unübertragbarkeit im Voraus und der Ausschluss von Zwangsvollstreckung und Insolvenz verbindet, konnte in der Neuregelung auf die Bestimmung über die Anwartschaft verzichtet werden (s. die AmtlBegr. BT-Drucks. 16/1107 S. 7 zu § 26 Abs. 3, die dabei allerdings dogmatisch kaum überzeugend auf die Akzessorietät der Anwartschaft zum Folgerecht als solchen abstellt). Die frühere Rechtslage sollte jedenfalls nicht verändert werden (s. *Dreier/Schulze*[3] Rdnr. 24; *Dreyer* in HK-UrhR[2] Rdnr. 24). Sobald ein Zahlungsanspruch dagegen mit einer Weiterveräußerung entstanden ist (s. Rdnr. 37), ist er (nach §§ 398ff. BGB) übertragbar, verpfändbar und verzichtbar, unterliegt er der Zwangsvollstreckung und wird er von der Insolvenz des Urhebers erfasst (*Dreier/Schulze*[3] Rdnr. 25; *Dreyer* in HK-UrhR[2] Rdnr. 26; *Fromm/Nordemann*[10] Rdnr. 33; *v. Gamm* Rdnr. 4; *Katzenberger* S. 114ff.; *Möhring/Nicolini*[2] Rdnr. 17–19; *Schneider-Brodtmann* S. 81; *Ulmer*[3] § 60 V 3).

4. Mit dem Schutzzweck des § 26 Abs. 3 vereinbar, im Hinblick auf § 26 Abs. 6 geradezu 50 geboten und daher rechtlich zulässig und wirksam ist die **treuhänderische Übertragung** des Folgerechts bzw. der aus ihm entspringenden zukünftigen Zahlungs- und Auskunftsansprüche **auf eine Verwertungsgesellschaft,** in der Praxis die VG Bild-Kunst (s. *Küfner* S. 189f./229f.; *Rossbach* S. 148; *Ulmer*[3] § 88 II; sa. *Dreier/Schulze*[3] Rdnr. 22; *Dreyer* in HK-UrhR[2] Rdnr. 25 sowie unten vor §§ 28ff. Rdnr. 32). Daher anerkennen die Gerichte die Klagebefugnis dieser Gesellschaft aufgrund solcher Rechtsübertragung (vgl. insb. BGH GRUR 1982, 308/309 – Kunsthändler; OLG Frankfurt/M GRUR 1980, 916/917 – Folgerecht ausländischer Künstler).

IV. Anwendbarkeit des § 26 bei Veräußerungen mit Auslandsbezug oder im Ausland?

Zur Frage der Anwendbarkeit des § 26 bei Veräußerungen über die staatlichen Grenzen Deutschlands hinweg oder im Ausland su. Vor §§ 120 ff. Rdnr. 146.

V. Rechtsstellung ausländischer Urheber

Das UrhG enthält in § 121 Abs. 5 eine Sonderregelung über das Folgerecht ausländischer Urheber. Vgl. dazu und zum Verhältnis dieser Regelung zu den internationalen urheberrechtlichen Übereinkommen § 121 Rdnr. 16 ff. Dort (Rdnr. 14 f.) auch zum Verhältnis des § 121 Abs. 5 zu Art. 12 EG (Art. 6 EG-Vertrag, Art. 7 EWG-Vertrag), zu Art. 4 EWR-Abkommen und zur Folgerechtsrichtlinie (Rdnr. 10).

§ 27 Vergütung für Vermietung und Verleihen

(1) ¹Hat der Urheber das Vermietrecht (§ 17) an einem Bild- oder Tonträger dem Tonträger- oder Filmhersteller eingeräumt, so hat der Vermieter gleichwohl dem Urheber eine angemessene Vergütung für die Vermietung zu zahlen. ²Auf den Vergütungsanspruch kann nicht verzichtet werden. ³Er kann im voraus nur an eine Verwertungsgesellschaft abgetreten werden.

(2) ¹Für das Verleihen von Originalen oder Vervielfältigungsstücken eines Werkes, deren Weiterverbreitung nach § 17 Abs. 2 zulässig ist, ist dem Urheber eine angemessene Vergütung zu zahlen, wenn die Originale oder Vervielfältigungsstücke durch eine der Öffentlichkeit zugängliche Einrichtung (Bücherei, Sammlung von Bild- oder Tonträgern oder anderer Originale oder Vervielfältigungsstücke) verliehen werden. ²Verleihen im Sinne von Satz 1 ist die zeitlich begrenzte, weder unmittelbar noch mittelbar Erwerbszwecken dienende Gebrauchsüberlassung; § 17 Abs. 3 Satz 2 findet entsprechende Anwendung.

(3) **Die Vergütungsansprüche nach den Absätzen 1 und 2 können nur durch eine Verwertungsgesellschaft geltend gemacht werden.**

Schrifttum: *Ahlberg*, Die Erschöpfung und das freie Recht der Vermietung und des Verleihs von Vervielfältigungsstücken nach § 27 UrhG, GRUR 1985, 362; *Berger*, Urheberrechtliche Fragen der Vermietung von Schulbüchern durch öffentliche Schulen, ZUM 2005, 19; *Erdmann*, Das urheberrechtliche Vermiet- und Verleihrecht, Fs. für Brandner, 1996, S. 361; *Ermer*, Die Einführung eines Büchergelds an Bayerischen Schulen unter urheberrechtlichen Gesichtspunkten, ZUM 2005, 356; *Jacobs*, Der neue urheberrechtliche Vermietbegriff, GRUR 1998, 246; *Kreile/Becker*, Die Neuordnung des Urheberrechts in der Europäischen Union, GRUR Int. 1994, 901; *Kröber*, Stärkt das neue Vermietrecht die Position der schöpferischen Menschen?, ZUM 1995, 854; *v. Lewinski*, Die urheberrechtliche Vergütung für das Vermieten und Verleihen von Werkstücken, 1990; *dies.*, Die Bibliothekstantieme im Rechtsvergleich, GRUR Int. 1992, 432; *dies.*, Die Umsetzung der Richtlinie zum Vermiet- und Verleihrecht, ZUM 1995, 442; *Loewenheim*, Vergütungspflicht für das Auslegen von Zeitungen und Zeitschriften in Wartezimmern?, GRUR 1980, 550; *Melichar*, Das Lesezirkelproblem, Fs. für Schricker 2005, S. 447; *ders.*, Videovermietung nach der EG-Richtlinie zum Vermiet- und Verleihrecht, Fs. für Kreile, 1994, S. 409; *Nordemann*, Das dritte Urheberrechtsänderungsgesetz, NJW 1995, 2534; *Pflüger/Heeg*, Die Vergütungspflicht nichtkommerzieller Nutzung urheberrechtlich geschützter Werke in öffentlichen Bildungs-, Kultur- und Wissenschaftseinrichtungen – ein Plädoyer für einen einheitlichen Vergütungstatbestand, ZUM 2008, 649; *Reinbothe/v. Lewinski*, The EC Directive on Rental and Lending Rights and on Piracy, London 1993; *Sack*, Die Vergütungspflicht gemäß § 27 I UrhG bei „erwerbsmäßigem Verleihen" von Vervielfältigungsstücken, GRUR 1979, 522; *Scheuermann/Strittmatter*, Die Angemessenheit der Vergütung nach § 27 UrhG für das Vermieten/Verleihen von Bildtonträgern in Videotheken, Fs. für Reichardt, 1990, S. 169; *dies.*, Die Vergütungspflicht nach § 27 UrhG für das Vermieten/Verleihen von Bildtonträgern in Videotheken, ZUM 1990, 218 und 338; *Schulze*, Vermieten von Bestsellern, ZUM 2006, 543.

Übersicht

	Rdnr.
I. Allgemeines	1–4
1. Zweck und Bedeutung der Norm	1, 2
2. Entstehungsgeschichte	3, 4
II. Vergütungsanspruch bei Einräumung des Vermietrechts	5–10
1. Übersicht	5–7
2. Anspruchsvoraussetzungen	8
3. Anspruchsinhaber und -verpflichtete	9
4. Unverzichtbarkeit und Abtretbarkeit	10

Vergütung für Vermietung und Verleihen **§ 27**

	Rdnr.
III. Vergütungsanspruch beim Verleihen	11–20
1. Übersicht	11–14
2. Anspruchsvoraussetzungen	15–18
3. Vergütungsanspruch	19, 20
IV. Verwertungsgesellschaftenpflichtigkeit	21, 22

I. Allgemeines

1. Zweck und Bedeutung der Norm

§ 27 regelt Vergütungsansprüche des Urhebers beim Vermieten und Verleihen von Werkstücken. Das Vermieten und Verleihen ist urheberrechtlich als Verbreitung iSd. § 17 zu qualifizieren (vgl. aber § 17 Rdnr. 30) und unterliegt damit dem Verbreitungsrecht, gleichwohl ist durch das Bestehen dieses Rechts den Interessen des Urhebers beim Vermieten und Verleihen noch nicht ausreichend Rechnung getragen. Für das Verleihen ergibt sich dies daraus, dass sich das Verbreitungsrecht beim ersten Inverkehrbringen der Werkstücke mit Zustimmung des Berechtigten erschöpft, der Urheber also die weitere Verbreitung und damit auch das Verleihen nicht untersagen kann (vgl. im Einzelnen § 17 Rdnr. 42 ff.). Für Werknutzungen, die durch das Ausleihen von Werkstücken erfolgen, würde der Urheber also keine Vergütung erhalten (vgl. näher Rdnr. 12); dem trägt das Gesetz durch den Vergütungsanspruch des Abs. 2 Rechnung. Beim Vermietrecht tritt zwar seit 1995 eine Erschöpfung durch das Inverkehrbringen nicht mehr ein (§ 17 Abs. 2); nach den bisherigen Erfahrungen bei der Tonträger- und Filmproduktion war aber zu erwarten, dass sich die Hersteller von den Urhebern das Vermietrecht einräumen lassen, ohne dass die Urheber hierfür eine angemessene Ausgleich erhalten (vgl. näher Rdnr. 6). Dem begegnet Abs. 1 durch einen unverzichtbaren Vergütungsanspruch. 1

Bei § 27 handelt es sich der Sache nach um **europäisches Urheberrecht** innerhalb des deutschen Urheberrechtsgesetzes (vgl. dazu auch die AmtlBegr. zum 2. UrhGÄndG, BT-Drucks. 12/4022 S. 8, zur gleichgelagerten Situation bei §§ 69 a ff.). Das bedeutet, dass die **Auslegung** der Vorschrift **richtlinienkonform** zu erfolgen hat; es sind also die operativen Artikel und die Erwägungsgründe der Vermiet- und Verleihrechtsrichtlinie (Richtlinie 92/100/EWG, abgedr. in GRUR Int. 1993, 144) heranzuziehen (AmtlBegr. zum 3. UrhGÄndG, BT-Drucks. 13/115 S. 11). Das gilt nicht nur für den Vergütungsanspruch nach Abs. 1, sondern auch für den Vergütungsanspruch nach Abs. 2 und die Verwertungsgesellschaftenpflicht nach Abs. 3, bei denen sich zwar in der Sache nichts geändert hat, die aber die Umsetzung der in der Richtlinie getroffenen Regelungen darstellen. Zur **Anwendung der Neuregelung auf vor dem 30. 6. 1995 geschaffene Werke** vgl. § 137 e. 2

2. Entstehungsgeschichte

Nach § 11 Abs. 1 S. 1 **LUG** und 15 Abs. 1 S. 1 **KUG** erstreckte sich das Recht zur Vervielfältigung und gewerbsmäßigen Verbreitung nicht auf das Verleihen. Im Hinblick auf ihre Entstehungsgeschichte wurden diese Normen von der ganz hM dahingehend interpretiert, dass das Verleihen auch die entgeltliche Gebrauchsüberlassung, also das Vermieten, umfasste; der Gesetzgeber hatte nämlich seine Entscheidung im Hinblick auf die Bedeutung getroffen, die die Leihbüchereien damals für das kulturelle Leben hatten, namentlich auch für Bevölkerungskreise, die sich den Kauf von Büchern nicht in entsprechendem Umfang leisten konnten (vgl. dazu Ulmer[2] § 39 II 1 mwN; AmtlBegr. BTDrucks. IV/270 S. 53 f.). Das **UrhG 1965** führte eine Vergütungspflicht für das Vermieten von Vervielfältigungsstücken ein (vgl. dazu die AmtlBegr. BTDrucks. IV/270 S. 54). Diese stand allerdings unter einer doppelten Einschränkung: Einmal erfasste sie nur den Tatbestand der entgeltlichen Gebrauchsüberlassung (Vermieten) und nicht den der unentgeltlichen (Verleihen), zum anderen musste das Vermieten zu Erwerbszwecken erfolgen, wodurch die öffentlichen Bibliotheken von der Vergütungspflicht ausgeschlossen blieben. Angesichts der zurückgehenden Bedeutung von Leihbibliotheken gegenüber öffentlichen Büchereien war damit die Vergütungspflicht nur von geringer praktischer Bedeutung. Eine gegen diese Regelung eingelegte Verfassungsbeschwerde blieb erfolglos. Das BVerfG entschied, dass die verfassungsrechtliche Eigentumsgarantie es nicht gebiete, dem Urheber jede nur denkbare wirtschaftliche Verwertungsmöglichkeit zuzuordnen und dass bereits mit der Einräumung des Verbreitungsrechts den grundgesetzlichen Anforderungen Rechnung getragen sei; ebenso wurde ein Verstoß gegen den Gleichheitssatz verneint (BVerfG GRUR 1972, 485/486 – Biblio- 3 theksgroschen; ebenso BVerfG GRUR 1988, 687/689 – Zeitschriftenauslage). Auch eine gegen Werkbüchereien angestrengte Klage blieb erfolglos: der BGH ging zwar davon aus, dass die Buchausgabe durch Betriebsbüchereien an Werkangehörige Erwerbszwecken des Unternehmens diente, verneinte aber das Tatbestandsmerkmal des Vermietens (BGH GRUR 1972, 617 – Werkbücherei).

4   Bemühungen der Autorenverbände und die Einsicht des Gesetzgebers, dass eine Bevorzugung öffentlicher Bibliotheken zu Lasten der Urheber nicht gerechtfertigt sei, führten dann dazu, dass § 27 durch die **Novelle 1972** um einen Vergütungsanspruch für das Verleihen erweitert wurde; damit war auch die Absicht verbunden, einen Teil des Gebührenaufkommens einem Fonds zur sozialen Absicherung der Urheber in Form einer Sozial- und Altersversorgung zukommen zu lassen (Schriftl. Bericht des Rechtsausschusses, BTDrucks. VI/3264 S. 4). Gleichzeitig wurden die Ansprüche aus § 27 verwertungsgesellschaftenpflichtig. Seine jetzige Fassung erhielt § 27 durch das **3. UrhGÄndG** v. 23. 6. 1995 (BGBl. I S. 842), das die Vermiet- und Verleihrechtsrichtlinie (s. Rdnr. 2) umsetzte (vgl. auch § 17 Rdnr. 2). Der Vergütungsanspruch für das Vermieten konnte entfallen, da durch die Neufassung des § 17 das **Vermietrecht** als Verbotsrecht ausgestaltet und von der Erschöpfung nicht mehr erfasst wurde (vgl. 17 Rdnr. 30); es wurde jedoch der unverzichtbare Vergütungsanspruch des Abs. 1 eingeführt (dazu näher Rdnr. 5 ff.). Beim **Verleihrecht** hat der Gesetzgeber von der durch Art. 5 der Richtlinie eröffneten Möglichkeit Gebrauch gemacht und das Verleihrecht nicht als Verbotsrecht ausgestaltet, sondern es beim gesetzlichen Vergütungsanspruch belassen (vgl. auch Rdnr. 11). Auch für Computerprogramme hat der Gesetzgeber entgegen Forderungen der Softwarehersteller und -anbieter kein ausschließliches Verleihrecht im Sinne eines Verbotsrechts eingeführt (vgl. näher Rdnr. 14). Damit blieb der Vergütungsanspruch für das Verleihen im Kern unverändert und ist jetzt in Abs. 2 geregelt. S. zur Entstehungsgeschichte auch eingehend *Erdmann* in Fs. für Brandner S. 361 ff.

II. Vergütungsanspruch bei Einräumung des Vermietrechts

1. Übersicht

5   Durch den Vergütungsanspruch nach Abs. 1 wird Art. 4 der Vermiet- und Verleihrechtsrichtlinie umgesetzt. Dieser Anspruch **unterscheidet sich vom Vergütungsanspruch nach § 27 aF** dadurch, dass nach altem Recht die Vermietung nach dem Inverkehrbringen der Werkstücke nicht untersagt werden konnte (vgl. § 17 Rdnr. 30), aber durch einen gesetzlichen Vergütungsanspruch kompensiert wurde (vgl. näher 1. Aufl. Rdnr. 1). Nach der neuen Rechtslage kann der Urheber die Vermietung auch nach dem Inverkehrbringen der Werkstücke verbieten und damit von der Zahlung einer Vergütung abhängig machen; insoweit ist ein gesetzlicher Vergütungsanspruch nicht mehr erforderlich. Hat er aber sein Vermietrecht einem Dritten eingeräumt, so besteht diese Möglichkeit nicht mehr; er kann nur, sofern dies wirtschaftlich durchsetzbar ist, vom Erwerber des Vermietrechts eine Vergütung für dessen Einräumung verlangen.

6   An diese Situation knüpft die Regelung in Abs. 1 an. Sie dient dem **Schutz der Urheber und ausübenden Künstler** und beruht auf den Erfahrungen bei der Vermarktung von Bild- und Tonträgern. Deren Produzenten haben ein Interesse, über die Art und Weise der Vermarktung ihrer Produkte die alleinige Entscheidungsbefugnis zu erwerben; sie werden bestrebt sein, dass beteiligte Urheber und ausübende Künstler ihr Vermietrecht nicht gesondert ausüben können und sich deshalb, wie bisher schon das Vervielfältigungs- und Verbreitungsrecht, nunmehr auch das Vermietrecht zur ausschließlichen Nutzung einräumen lassen. Damit ist die Gefahr verbunden, dass die Urheber und ausübenden Künstler als regelmäßig schwächere Vertragspartei für diese Einräumung keine angemessene Beteiligung an der künftigen wirtschaftlichen Verwertung durch Vermietung aushandeln können (AmtlBegr. zum 3. UrhGÄndG, BTDrucks. 13/115 S. 7; sa. 15. Erwgr. der Vermiet- und Verleihrechtsrichtlinie; *Reinbothe/v. Lewinski* S. 65 ff.; zur Kritik von Produzentenseite an dieser Regelung vgl. *Kreile/Becker* GRUR Int. 1994, 901/907). Die **gegenständliche Beschränkung** des Vergütungsanspruchs auf die Vermietung von Bild- und Tonträgern beruht darauf, dass andere Medien in der Praxis bei weitem nicht so häufig vermietet werden. Eine Erweiterung der Regelung auf andere Bereiche, etwa Verlagsverträge, hat der Gesetzgeber mit Recht nicht vorgenommen, weil es sich bei dem unverzichtbaren Vergütungsanspruch um einen Eingriff in die urhebervertragsrechtliche Gestaltungsfreiheit der Parteien handelt, mit dem zunächst Erfahrungen gesammelt werden sollten (AmtlBegr. BTDrucks. 13/115 S. 14).

Vergütung für Vermietung und Verleihen § 27

In ihrer Konzeption lehnt sich die Regelung weitgehend an den bisherigen Vergütungsanspruch für die Vermietung geschützter Werke nach § 27 aF an (AmtlBegr. BTDrucks. 13/115 S. 7). Ebenso wie bisher stellt der Anspruch seiner **Rechtsnatur** nach kein Verwertungsrecht iSd. § 15 dar (vgl. § 15 Rdnr. 5), sondern einen besonderen, aus dem Urheberrecht fließenden vermögensrechtlichen Anspruch eigener Art (LG Oldenburg GRUR 1996, 487/488 – Videothek-Treffpunkt; Dreier/*Schulze*³ § 27 Rdnr. 10; zur alten Rechtslage BGH GRUR 1985, 131/132 – Zeitschriftenauslage beim Friseur; BGH GRUR 1985, 134 – Zeitschriftenauslage in Wartezimmern; BGH GRUR 1986, 736/738 – Schallplattenvermietung; sa. *v. Lewinski,* Die urheberrechtliche Vergütung für das Vermieten und Verleihen von Werkstücken, S. 8 f.). Er ist schuldrechtlicher Natur und unterliegt nicht der Regelung des § 29, seine Abtretung (dazu Rdnr. 10) erfolgt nach §§ 398 ff. BGB (*v. Lewinski,* aaO, S. 11). 7

2. Anspruchsvoraussetzungen

Der Vergütungsanspruch nach Abs. 1 setzt voraus, dass der Urheber das Vermietrecht nach § 17 an einem Bild- oder Tonträger dem Tonträger- oder Filmhersteller eingeräumt hat. Für den Begriff des **Vermietrechts** gilt die Legaldefinition des § 17 Abs. 3 (dazu § 17 Rdnr. 32). Für ein Vermietrecht an anderen Werkstücken als Bild- und Tonträgern besteht der Anspruch nicht (vgl. auch Rdnr. 6); was **Bild- und Tonträger** sind, beurteilt sich nach § 16 Abs. 2. Zum Begriff des **Tonträgerherstellers** vgl. § 85 Rdnr. 30 ff., zum Begriff des **Filmherstellers** vor §§ 88 ff. Rdnr. 31 ff.). Bei der **Einräumung des Vermietrechts** muss es sich nach dem Gesetzeszweck (dazu Rdnr. 6) um eine Rechtseinräumung handeln, bei der sich der Urheber seines eigenen Verbotsrechts begibt; solange er sein ausschließliches Recht weiter selbst ausüben oder durch eine Verwertungsgesellschaft für sich ausüben lassen kann, bedarf er keines Vergütungsanspruchs (AmtlBegr. BTDrucks. 13/115 S. 13). In der Regel wird dies die vertragliche Einräumung eines ausschließlichen Nutzungsrechts (§ 31 Abs. 3) oder die Rechtseinräumung aufgrund einer gesetzlichen Auslegungsregel oder kraft gesetzlicher Fiktion sein, so in den Fällen des § 92 und des § 137 e Abs. 4. 8

3. Anspruchsinhaber und -verpflichtete

Inhaber des Anspruchs sind neben den Urhebern auch Verfasser wissenschaftlicher Ausgaben (§ 70 Abs. 1), Herausgeber einer editio princeps (§ 71 Abs. 1 S. 3), Lichtbildner (§ 72 Abs. 1) und ausübende Künstler (§ 77 Abs. 2 S. 2), nicht dagegen Datenbankhersteller, Sendeunternehmen sowie Tonträger- und Filmhersteller, § 27 Abs. 1 ist in §§ 87 b Abs. 2, 87 Abs. 4, 85 Abs. 4 und 94 Abs. 4 nicht genannt (s. dazu auch Dreier/*Schulze*³ § 27 Rdnr. 11; Loewenheim/*Dünnwald,* Handbuch des Urheberrechts², § 87 Rdnr. 24 ff.; teilweise mißverständlich in Bezug auf das Recht aus § 27 Abs. 1 Fromm/Nordemann/*W. Nordemann*¹⁰ § 27 Rdnr. 8). Der Anspruch richtet sich nicht gegen den Produzenten, sondern gegen den Vermieter der Werkstücke (Dreier/*Schulze*³ § 27 Rdnr. 12). Der Gesetzgeber knüpfte damit an die bisherige Konzeption des Vergütungsanspruchs an, die sich gerade unter Einschaltung der Verwertungsgesellschaften bewährt hatte. Zudem ging er mit Recht davon aus, dass diese Lösung den Urhebern und ausübenden Künstlern die stärkeren Garantien für die Durchsetzung einer echten finanziellen Beteiligung an den Vermieterlösen geben würde, während eine Ausrichtung des Anspruchs auf den Produzenten diesem mehr Verhandlungsmacht gegeben und eine vollständigere Kontrolle über die Gesamtfinanzierung seiner Produktion ermöglicht hätte (AmtlBegr. BTDrucks. 13/115 S. 14). Da es sich nicht um einen deliktischen Anspruch handelt (zur Rechtsnatur vgl. Rdnr. 7), haften mehrere Vermieter nicht nach § 840 BGB als Gesamtschuldner (im Ergebnis auch LG Oldenburg GRUR 1996, 487/488 – Videothek-Treffpunkt). 9

4. Unverzichtbarkeit und Abtretbarkeit

Mit der **Unverzichtbarkeit** des Vergütungsanspruchs nach Abs. 1 S. 2 wird Art. 4 Abs. 2 der Richtlinie umgesetzt. Diese Regelung soll Urheber und ausübende Künstler vor unvorteilhaften Entäußerungen ihrer Rechte in der Verhandlungssituation gegenüber Tonträger- oder Filmproduzenten schützen (AmtlBegr. BTDrucks. 13/115 S. 14). Die grundsätzliche **Abtretbarkeit** des Anspruchs ergibt sich aus Abs. 1 S. 3. Nach dieser Vorschrift ist der Anspruch aber im Voraus, dh. vor seiner Entstehung, nur an eine Verwertungsgesellschaft abtretbar, also insbesondere nicht an die Produzenten, denen das Vermietrecht eingeräumt wird. Nach seiner Entstehung wird eine Abtretung schon aus praktischen Gründen nicht in Frage kommen, nicht zuletzt deswegen, 10 weil der Anspruch gemäß Abs. 3 nur durch eine Verwertungsgesellschaft geltend gemacht werden kann (sa. v. Lewinski ZUM 1995, 442/446). Eine Abtretung erfolgt nach §§ 398 ff. BGB (vgl. Rdnr. 7).

III. Vergütungsanspruch beim Verleihen

1. Übersicht

11   Im Gegensatz zum Vermietrecht hat der Gesetzgeber mit dem 3. UrhGÄndG das Verleihrecht **nicht als Verbotsrecht** ausgestaltet, sondern von der durch Art. 5 der Vermiet- und Verleihrechtsrichtlinie eröffneten Möglichkeit Gebrauch gemacht und es beim gesetzlichen Vergütungsanspruch für das öffentliche Verleihen belassen. Mit dieser Entscheidung sollte der kultur-, bildungs- und erziehungspolitischen Aufgabenstellung der öffentlichen Bibliotheken und der damit verbundenen sozialpolitischen Komponente der bisherige Handlungsspielraum gesichert werden (AmtlBegr. zum 3. UrhGÄndG, BTDrucks. 13/115 S. 8). Im Kern konnte es somit bei der früheren Regelung des § 27 Abs. 1 aF, die nunmehr in Abs. 2 enthalten ist, bleiben (AmtlBegr. aaO S. 13). Der Vergütungsanspruch steht nicht nur den Urhebern, sondern auch Verfassern wissenschaftlicher Ausgaben (§ 70 Abs. 1), Herausgebern einer editio princeps (§ 71 Abs. 1 S. 3), Lichtbildnern (§ 72 Abs. 1), ausübenden Künstlern (§ 77 Abs. 2 S. 2) und im Gegensatz zum Anspruch aus Abs. 1 auch Tonträgerherstellern (§ 85 Abs. 4), Datenbankherstellern (§ 87 b Abs. 2) und Filmherstellern (§ 94 Abs. 4, § 95) zu, nicht aber Sendeunternehmen (sa. Rdnr. 19).

12   Der **Zweck des Vergütungsanspruchs nach Abs. 2** besteht in einer **Kompensation für den Verlust potentieller Vergütungsvorgänge.** Das Verbreitungsrecht erschöpft sich beim ersten Inverkehrbringen der Werkstücke mit Zustimmung des Berechtigten, hiervon ist das Verleihen im Gegensatz zur Vermietung nicht ausgenommen. Der Urheber (oder sonstige Berechtigte) kann damit die weitere Verbreitung einschließlich des Verleihens nicht untersagen (vgl. im Einzelnen § 17 Rdnr. 42 ff.). Das würde in Fällen, in denen sich Endnutzer den Kauf von Werkstücken durch deren Leihe ersparen, dazu führen, dass dem Urheber (bzw. dem sonstigen Berechtigten) potentielle Vergütungen entgehen, und dem Grundsatz widersprechen, dass der Urheber an allen Nutzungen seines Werks angemessen zu beteiligen ist. Die Regelung des § 27 Abs. 2 trägt dem Rechnung, indem sie einen Vergütungsanspruch gewährt (zur insoweit unveränderten früheren Rechtslage BGH GRUR 1985, 131/132 – Zeitschriftenauslage beim Friseur; BGH GRUR 1985, 134/135 – Zeitschriftenauslage in Wartezimmern; sa. 1. Aufl. Rdnr. 1). Diese Regelung verstößt weder gegen Art. 14 Abs. 1 S. 1 GG noch gegen Art. 3 Abs. 1 GG (BVerfG GRUR 1988, 687 – Zeitschriftenauslage).

13   Damit gilt für das Verleihen von Werkstücken Folgendes:
(1) Solange das Werkstück nicht iSd. § 17 Abs. 2 mit Zustimmung des Berechtigten im Wege der Veräußerung in den Verkehr gebracht worden ist (dazu § 17 Rdnr. 46 ff.), besteht das Verleihrecht als ausschließliches Recht, dh. der Urheber (oder sonstige Berechtigte) kann das Verleihen untersagen.
(2) Nach dem Inverkehrbringen ist das Verleihrecht gemäß § 17 Abs. 2 erschöpft (vgl. näher § 17 Rdnr. 42 ff.). Das Verleihen kann nicht mehr untersagt werden.
(3) Erfolgt das Verleihen durch eine der Öffentlichkeit zugängliche Einrichtung (dazu Rdnr. 18), so besteht der Vergütungsanspruch nach Abs. 2.

14   Abs. 2 erfasst auch den öffentlichen **Verleih von Computerprogrammen.** Während des Gesetzgebungsverfahrens war äußerst umstritten, ob insoweit ein Verbotsrecht eingeführt werden sollte. In der Computerprogrammrichtlinie war das Verleihen von Computerprogrammen nicht geregelt worden (16. Erwgr. der Richtlinie 91/250/EWG); der Gesetzgeber hatte bei der Umsetzung der Computerprogrammrichtlinie gegenüber Forderungen auf Einführung eines solchen Verbotsrechts auf die Umsetzung der Vermiet- und Verleihrechtsrichtlinie verwiesen (AmtlBegr. zum 2. UrhGÄndG, BTDrucks. 12/4022 S. 12). Bei deren Umsetzung wurde von den Verbänden der Softwarehersteller und -anbieter erneut ein Verbotsrecht mit der Begründung verlangt, dass der Verleih von Computerprogrammen durch öffentliche Bibliotheken eine Quelle für das unerlaubte Kopieren von Software sei; zumindest der Verleih bestimmter Computerprogramme müsse untersagt werden können (AmtlBegr. zum 3. UrhGÄndG, BTDrucks. 13/115 S. 9). Nach einer Selbstverpflichtungserklärung der öffentlichen Bibliotheken zur Einschränkung der Ausleihe von Computerprogrammen (abgedruckt in Bibliotheksdienst 1995, 1833) nahm der Gesetzgeber von der Einführung eines Verbotsrechts Abstand und beließ es beim Vergütungsanspruch nach Abs. 2 (vgl. auch Dreier/*Schulze*[3] § 27 Rdnr. 3). Nach dieser Selbstverpflichtungs-

erklärung, die der Entwicklung angepaßt wird, werden Systemsteuerungsprogramme, Kommunikationssoftware, Textverarbeitungsprogramme, Tabellenkalkulationsprogramme, Grafik- und CAD-Programme sowie allgemeine Datenhaltungsprogramme nur mit Gestattung der Rechtsinhaber an Bibliotheksbenutzer verliehen.

2. Anspruchsvoraussetzungen

Der Vergütungsanspruch nach Abs. 2 setzt voraus, dass es sich um das **Verleihen** von Originalen oder Vervielfältigungsstücken eines Werkes handelt, weiter, dass die Weiterverbreitung der Werkstücke nach § 17 Abs. 2 zulässig, also das **Verbreitungsrecht erschöpft** ist (zur Erschöpfung vgl. § 17 Rdnr. 42 ff.) und schließlich, dass das Verleihen durch eine **der Öffentlichkeit zugängliche Einrichtung** erfolgt. Während § 27 aF nur das Verleihen von Vervielfältigungsstücken betraf, erfasst § 27 seit seiner Novellierung durch das 3. UrhGÄndG (dazu Rdnr. 4) auch das Verleihen von Originalen. **Ausgenommen** vom Vergütungsanspruch sind in entsprechender Anwendung des § 17 Abs. 3 S. 2 das Verleihen von Bauwerken, Werken der angewandten Kunst sowie das Verleihen im Rahmen von Arbeits- und Dienstverhältnissen (§ 27 Abs. 2 S. 2, 2. Halbs.; s. dazu § 17 Rdnr. 40 f.). 15

Der **Begriff des Verleihens** ist in Abs. 2 S. 2 definiert. Es muss sich um eine **zeitlich begrenzte Gebrauchsüberlassung** handeln. Insoweit entspricht der Begriff des Verleihens dem der Vermietung (vgl. dazu § 17 Rdnr. 33 ff.). Insbesondere muss es sich um die **Überlassung körperlicher Werkstücke** handeln; die **Online-Übertragung** von Werken stellt kein Verleihen dar (vgl. dazu § 17 Rdnr. 5 f.); ebensowenig der unter § 53 fallende **Kopienversand durch öffentliche Bibliotheken auf Bestellung**, weil es sich hierbei nicht um eine zeitlich begrenzte Gebrauchsüberlassung von Gegenständen handelt. Im Übrigen ist der Begriff des Verleihens als Gegenstück zur Vermietung konzipiert: während die Vermietung unmittelbar oder mittelbar Erwerbszwecken dienen muss (§ 17 Abs. 3 S. 1), darf das beim Verleihen nicht der Fall sein. Es braucht kein Leihverhältnis iSd. § 598 ff. BGB vorzuliegen (LG München I GRUR-RR 2003, 300/302 – Bibliothekstantieme; Dreier/*Schulze*³ § 27 Rdnr. 17; *Dreyer/Kotthoff/Meckel*² § 27 Rdnr. 23; Möhring/Nicolini/*Spautz*² Rdnr. 10; *Erdmann* Fs. für Brandner, S. 361/369); es ist weder auf einen alleinigen unmittelbaren Besitz beim Entleiher abzustellen (LG München I aaO), noch kommt es auf die Unentgeltlichkeit der Gebrauchsüberlassung an. Maßgeblich ist allein, dass die zeitlich begrenzte Gebrauchsüberlassung keinen Erwerbszwecken dient; ist das doch der Fall, so handelt es sich um Vermietung. Beim Begriff des Erwerbszwecks kann von den entsprechenden Begriffen in § 27 aF und § 52 Abs. 1 ausgegangen werden (*Erdmann*, Fs. für Brandner, S. 361/369), zumal es im Kern bei der bisherigen Regelung bleiben sollte (AmtlBegr. BTDrucks. 13/115 S. 13). Danach liegt ein Erwerbszweck vor, wenn die Gebrauchsüberlassung der Werkstücke den **wirtschaftlichen Interessen** des Verleihers dient (BGH GRUR 1972, 617/618 – Werkbücherei; Dreier/*Schulze*³ § 27 Rdnr. 18; Wandtke/Bullinger/*Heerma*³ § 27 Rdnr. 26; Fromm/Nordemann/ *W. Nordemann*¹⁰ § 27 Rdnr. 5; Möhring/Nicolini/*Spautz*² Rdnr. 14; *Jacobs* GRUR 1998, 246/249; vgl. auch § 17 Rdnr. 38 und § 52 Rdnr. 12). Nach den Erwägungsgründen der Richtlinie, die bei der Auslegung zu berücksichtigen sind (vgl. Rdnr. 2), dient die Gebrauchsüberlassung nicht Erwerbszwecken, wenn bei einem Verleihen durch eine der Öffentlichkeit zugängliche Einrichtung ein Entgelt gezahlt wird, dessen Betrag das für die Deckung der Verwaltungskosten der Einrichtung erforderliche Maß nicht überschreitet (Erwgr. 14). 16

Ferner fällt unter Verleihen im Sinne der Richtlinie nicht die „Überlassung zwischen der Öffentlichkeit zugänglichen Einrichtungen" sowie die „Überlassung zu Ausstellungszwecken oder zur Einsichtnahme an Ort und Stelle" (Erwgr. 13). Umstritten ist, ob daraus der Schluss zu ziehen ist, dass die **Präsenznutzung** in Bibliotheken nicht als Verleihen iSd. § 27 Abs. 2 S. 2 anzusehen ist (so Wandtke/Bullinger/*Heerma*³ § 27 Rdnr. 11; Mestmäcker/Schulze/*Haberstumpf* § 27 Rdnr. 52; *Haberstumpf*, Hdb. des Urheberrechts², Rdnr. 305; *Schack*⁴, Urheber- und Urhebervertragsrecht, Rdnr. 460; *Rehbinder*, Urheberrecht, Rdnr. 336; *Jacobs* GRUR 1998, 246/249; aA (also Präsenznutzung stellt ein Verleihen dar) LG München I GRUR-RR 2003, 300/303 – Bibliothekstantiemen; Dreier/*Schulze*³ § 27 Rdnr. 17; Fromm/Nordemann/*W. Nordemann*¹⁰ § 27 Rdnr. 5; Möhring/Nicolini/*Spautz*² Rdnr. 10; *Erdmann*, Fs. für Brandner, S. 361/369; zur entsprechenden Problematik bei der Vermietung vgl. § 17 Rdnr. 34). In der Amtl. Begr. zu § 27 wird zu Recht betont, dass die Aufzählung der vom Vermiet- und Verleihbegriff auszuschließenden Überlassungsvorgänge nur beispielhaft und nicht erschöpfend gemeint und dass ein gemeinsamer Grundgedanke nicht sicher erkennbar sei (AmtlBegr. BTDrucks. 13/115 S. 13). Vom Sinn und Zweck der Richtlinie spricht vieles dafür, auch die Präsenznutzung in Bibliothe- 17 ken als Verleihvorgang zu erfassen. Wie die anderen europäischen Richtlinien bezweckt auch die Vermiet- und Verleihrechtsrichtlinie eine angemessene Vergütung der Urheber und ausübenden Künstler und sieht zu diesem Zweck einen angemessenen Schutz von urheberrechtlich geschützten Werken vor (vgl. nur Erwgr. 5 ff. der Richtlinie; sa. *Erdmann*, Fs. für Brandner, S. 361/368). In der Intensität der Werknutzung und der damit verbundenen Inanspruchnahme der schöpferischen Leistung besteht zwischen der Präsenznutzung in Bibliotheken und der Ausleihe kein nennenswerter Unterschied. Da die Ausleihe unzweifelhaft als Verleihen erfasst wird, erscheint es von der Zielsetzung der Richtlinie her nicht sinnvoll, die Präsenznutzung anders zu behandeln. Zum **Auslegen von Zeitungen und Zeitschriften in Geschäftsräumen und Wartezimmern** vgl. § 17 Rdnr. 35.

18   Beim Begriff der **der Öffentlichkeit zugänglichen Einrichtung** lässt sich an das gleich lautende Tatbestandsmerkmal in § 27 Abs. 1 aF anknüpfen; weder die Vermiet- und Verleihrechtsrichtlinie noch das Gesetzgebungsverfahren bei ihrer Umsetzung geben Anhaltspunkte für einen abweichenden Begriff, vielmehr sollte es im Kern bei der bisherigen Regelung bleiben (AmtlBegr. BTDrucks. 13/115 S. 13; sa. *Erdmann*, Fs. für Brandner, S. 361/373). Das Gesetz nennt als Beispiele Büchereien sowie Sammlungen von Bild- oder Tonträgern oder anderer Originale oder Vervielfältigungsstücke. Daraus ergibt sich, dass es sich bei der **Einrichtung** um eine Institution handeln muss, die Vervielfältigungsstücke systematisch sammelt und dem Benutzer zur Verfügung stellt (sa. *Loewenheim* GRUR 1980, 550/558 f.; *v. Lewinski* S. 26). Der Begriff der **Öffentlichkeit** beurteilt sich grundsätzlich nach § 15 Abs. 3; allerdings hat die Auslegung sich auch an der Vermiet- und Verleihrechtsrichtlinie zu orientieren (*Schack*[4], Urheber- und Urhebervertragsrecht, Rdnr. 459). Zur Öffentlichkeit gehört danach jeder, der nicht mit der verleihenden Institution oder anderen Benutzern durch persönliche Beziehungen verbunden ist (sa. Schriftl. Bericht des Rechtsausschusses, BTDrucks. VI/3264 S. 5; Dreier/*Schulze*[3] § 27 Rdnr. 19; Fromm/Nordemann/*W. Nordemann*[10] § 27 Rdnr. 3; *Dreyer*/Kotthoff/Meckel[2] § 27 Rdnr. 24; *v. Lewinski* S. 27). Der Öffentlichkeit zugängliche Einrichtungen sind demnach die **Bibliotheken und Sammlungen des Staates,** der Gemeinden und anderer öffentlicher Körperschaften, zB Staatsbibliotheken, Stadt- und Universitätsbibliotheken, Gemeindebüchereien, Volksbüchereien, kirchliche Bibliotheken sowie Behördenbibliotheken, sofern sie von der Öffentlichkeit mitbenutzt werden können, zB Rechtsanwälten zugängliche Gerichtsbibliotheken; auch die meisten Instituts- und Seminarbibliotheken der Universitäten sind der Öffentlichkeit zugänglich. Ebenso fallen aber **nichtstaatliche Bibliotheken und Sammlungen** unter Abs. 2, sofern sie der Öffentlichkeit zugänglich sind.

3. Vergütungsanspruch

19   Der Anspruch aus § 27 Abs. 2 steht neben den Urhebern kraft Verweisung auch Verfassern wissenschaftlicher Ausgaben (§ 70 Abs. 1), Herausgebern einer editio princeps (§ 71 Abs. 1 S. 3), Lichtbildnern (§ 72 Abs. 1), ausübenden Künstlern (§ 77 Abs. 2 S. 2), Datenbankherstellern (§ 87 b Abs. 2), Tonträgerherstellern (§ 85 Abs. 4) und Filmherstellern (§ 94 Abs. 4) zu, nicht aber Sendeunternehmen (sa. Dreier/*Schulze*[3] § 27 Rdnr. 24; Fromm/Nordemann/*W. Nordemann*[10] § 27 Rdnr. 8; Loewenheim/*Dünnwald,* Handbuch des Urheberrechts[2], § 87 Rdnr. 24 ff.). Ebenso wie der Anspruch aus Abs. 1 (vgl. Rdnr. 7) stellt der Anspruch aus Abs. 2 kein Verwertungsrecht iSd. § 15 dar (vgl. § 15 Rdnr. 5), sondern einen besonderen, aus dem Urheberrecht fließenden **vermögensrechtlichen Anspruch eigener Art** (Dreier/*Schulze*[3] § 27 Rdnr. 23). Insbesondere handelt es sich nicht um eine Nachwirkung des Verbreitungsrechts, das auch nicht in einer zu einem Vergütungsanspruch abgeschwächten Form fortbesteht (BGH GRUR 1985, 131/132 – Zeitschriftenauslage bei Friseur; BGH GRUR 1985, 134 – Zeitschriftenauslage in Wartezimmern; BGH GRUR 1986, 736/738 – Schallplattenvermietung). Der Anspruch ist schuldrechtlicher Natur und unterliegt nicht der Regelung des § 29 (Dreier/*Schulze*[3] § 27 Rdnr. 23). Er richtet sich gegen den Verleiher. Unverzichtbarkeit und Abtretbarkeit im Voraus nur an eine Verwertungsgesellschaft sind beim Anspruch nach Abs. 2 zwar im Gegensatz zu Abs. 1 nicht ausdrücklich geregelt. Die Schutzbedürftigkeit der Urheber spricht aber für eine Gleichbehandlung, ebenso die Regelung in § 63 a. § 27 Abs. 1 S. 2 und 3 sollten also auf den Anspruch nach Abs. 2 entsprechend angewendet werden (im Ergebnis ebenso Dreier/*Schulze*[3] § 27 Rdnr. 25; *Dreyer*/Kotthoff/Meckel[2] § 27 Rdnr. 26).

20   Bei der **Höhe des Anspruchs** ist zu berücksichtigen, dass der Kreis der Berechtigten durch das 3. UrhGÄndG erweitert wurde und mit den Leistungsschutzberechtigten neue Anspruchsinhaber hinzugekommen sind. Deren Ansprüche können aus dem bisherigen, für die Urheber bestimmten Aufkommen nicht gedeckt werden (vgl. auch *Kröber* ZUM 1995, 857). Der Gesetzgeber hat zwar unter dem Aspekt, dass die Vergütungsschuldner nicht unbegrenzt belastbar sind,

Vorbemerkung Vor § 28

die Gefahr einer Schmälerung der Urhebervergütung für den öffentlichen Verleih durch das Hinzutreten anderer Anspruchsberechtigter angesprochen (BTDrucks. 13/115 S. 8), ist aber doch davon ausgegangen, dass sich das 3. UrhGÄndG durch die Erweiterung der an der Bibliothekantieme zu Beteiligenden tendenziell kostenerhöhend auf die öffentlichen Haushalte auswirkt (BTDrucks. 13/115 S. 2). In einem vor der Schiedsstelle (vgl. § 14 WahrnG) geschlossenen Vergleich zwischen der Zentralstelle Bibliothekstantieme (ZBT; dazu Rdnr. 22) einerseits und dem Bund und den Ländern andererseits ist vereinbart worden, dass an den bisherigen (für die Urheber festgelegten) Tarifen des Gesamtvertrags über die Bibliothekstantieme die Leistungsschutzberechtigten nicht zu beteiligen sind; diese haben vielmehr eigene Ansprüche.

IV. Verwertungsgesellschaftenpflichtigkeit

Die Vergütungsansprüche nach Abs. 1 und 2 können gemäß Abs. 3 **nur durch eine Verwertungsgesellschaft geltend gemacht** werden. Für den Anspruch nach § 27 aF bestand diese Regelung seit 1972; maßgeblich für diese Regelung waren Gründe der Praktikabilität gewesen: Die Ansprüche sollten gebündelt, die Anwendung des Wahrnehmungsgesetzes sichergestellt und die Einführung eines Sozialfonds erleichtert werden (vgl. BTDrucks. IV/1076 S. 2). Mit der Regelung in Abs. 3 hat der Gesetzgeber an die positiven Erfahrungen mit der Wahrnehmung der Ansprüche durch die Verwertungsgesellschaften angeknüpft, bezüglich des Anspruchs nach Abs. 1 hat er dabei von der Möglichkeit des Art. 4 Abs. 4 der Vermiet- und Verleihrechtsrichtlinie Gebrauch gemacht. Die Verwertungsgesellschaftenpflichtigkeit gilt kraft Verweisung auch für die übrigen Vergütungsberechtigten, nämlich ausübende Künstler (§ 77 Abs. 2 S. 2), Datenbankhersteller (§ 87b Abs. 2), Tonträgerhersteller (§ 85 Abs. 4) und Filmhersteller (§ 94 Abs. 4), ferner für Herausgeber wissenschaftlicher Ausgaben (§ 70 Abs. 1 und 2) und nachgelassener Werke (§ 71 Abs. 1 S. 3) sowie Lichtbildner (§ 70 Abs. 1 und 2). Zur Geltendmachung der Ansprüche werden die entsprechenden Nutzungsrechte von den Berechtigten den Verwertungsgesellschaften durch entsprechende Wahrnehmungsverträge treuhänderisch zur Wahrnehmung eingeräumt. Zur gesetzlichen Vermutung der Wahrnehmungsbefugnis der Verwertungsgesellschaften vgl. § 13b Abs. 2 WahrnG; diese Vermutung erstreckt sich auch auf die Geltendmachung von Vergütungsansprüchen nach § 27 Abs. 1 UrhG aus der Vermietung von Bildtonträgern ausländischer Herkunft (BGH GRUR 1989, 819 – Gesetzliche Vermutung I) und aus Verträgen, welche die Vergütungsansprüche nach § 27 UrhG zum Gegenstand haben (BGH GRUR 1991, 595 – Gesetzliche Vermutung II).

Für Bildtonträger werden die Rechte der Urheber von der **Zentralstelle für Videovermietung** (ZVV) wahrgenommen, in der die GEMA, die VG Wort, die VG Bild-Kunst, die GÜFA, die GWFF und die GVL unter Federführung der GEMA zusammengeschlossen sind (vgl. dazu Loewenheim/*Melichar*, Handbuch des Urheberrechts², § 46 Rdnr. 25). Für die Bibliothekstantieme werden die Rechte der Urheber von der **Zentralstelle Bibliothekstantieme** (ZBT) wahrgenommen, deren Gesellschafter die VG Wort, die VG Bild-Kunst, die GEMA, die GVL, die VGF, die GWFF und die VFF sind (dazu Loewenheim/*Melichar*, Handbuch des Urheberrechts, § 46 Rdnr. 22); die Vergütung erfolgt zur Zeit nach dem mit Bund und Ländern geschlossenen Vertrag von Dezember 2008 (zu den einzelnen Verwertungsgesellschaften auch vor §§ 1 ff. WahrnG sowie Loewenheim/*Melichar*, Handbuch des Urheberrechts, § 46; die Gesellschaftsverträge der ZVV und der ZBT sowie die Satzungen der Verwertungsgesellschaften sind bei *Hillig* [Hrsg.], Urheber- und Verlagsrecht, Beck-Texte im dtv, 12. Aufl. 2008, abgedruckt). Eingehend zur Rechtewahrnehmung Loewenheim/*Dünnwald*, Handbuch des Urheberrechts, § 87 Rdnr. 30 ff.

21

22

Abschnitt 5. Rechtsverkehr im Urheberrecht

Vorbemerkung

Schrifttum: *Acker/Thum*, Zulässigkeit der Vereinbarung der freien Weiterübertragbarkeit von urheberrechtlichen Nutzungsrechten durch AGB, GRUR 2008, 671; *Ahlberg*, Der Einfluß des § 31 IV UrhG auf die Auswertungsrechte von Tonträgerunternehmen, GRUR 2002, 313; *C. Ahrens*, Ausschließlichkeitsbefugnisse des Lizenznehmers im Spannungsfeld der Urheberinteressen, Ufita 2001, 649; *H.J. Ahrens*, Brauchen wir einen Allgemeinen Teil der Rechte des Geistigen Eigentums?, GRUR 2006, 617; *Alich*, Neue Entwicklungen auf dem Gebiet der Lizenzierung von Musikrechten durch Verwertungsgesellschaften in Europa, GRUR Int. 2008, 996; *Appt*, Der Buy-out-Vertrag im Urheberrecht, 2008; *Asprogerakas-Grivas*, Die Mängel und die Mängelhaftung bei den Urheberrechtsverträgen, Diss. München 1960; *Bappert*, Entspricht das gesetzliche Verlagsrecht den modernen Bedürfnissen?, GRUR 1959, 582; *Bappert/Wagner*, Rechtsfragen des Buchhandels², 1958; *Beck*, Der Lizenzvertrag im Verlagswesen, 1961; *Becker,* Musik im Film, 1993; *v. Becker,* Vertrieb von Verlagserzeugnissen, ZUM 2002, 171; *Beier/Götting/Lehmann/Moufang* Urhebervertragsrecht, Festgabe für Gerhard Schricker zum 60. Geburtstag, 1995; *Beigel,* Das Urheberrecht des Architekten, 1984; *Beilharz,* Der Bühnenvertriebsvertrag als Beispiel eines urheberrechtlichen Wahrnehmungsvertrages, 1970; *Berberich,* Die Doppelfunktion der Zweckübertragungslehre bei der AGB-Kontrolle, ZUM 2006, 205; *Berger/Wündisch* (Hrsg.), Urhebervertragsrecht, 2008; *Block,* Die Lizenzierung von Urheberrechten für die Herstellung und den Vertrieb von Tonträgern im Europäischen Binnenmarkt, 1997; *Börsenverein des Deutschen Buchhandels* (Hrsg.), Recht im Verlag, 1995; *Brandi-Dohrn,* Der urheberrechtliche Optionsvertrag, 1967; *Brinkmann,* Urheberschutz und wirtschaftliche Verwertung, 1989; *Brugger,* Die neuen audiovisuellen Systeme, 1970; *ders.,* Aktuelle Vertragsformen für die Produktion von Fernseh- und Kinofilmen, FuR 1974, 758; *ders.,* Grundlagen eines Fernsehvertragsrechts, NJW 1961, 49; *Brugger/Wedel,* Das Recht des Filmherstellers zur audiovisuellen Verwertung von Filmen unter Berücksichtigung der Zweckübertragungstheorie, UFITA 65 (1972) 159; *Buchner,* Die arbeitnehmerähnliche Person, das unbekannte Wesen, ZUM 2000, 624; *Büchler,* Die Übertragung des Urheberrechts unter spezieller Berücksichtigung der Rechtswirkungen einschränkender Vertragsklauseln nach deutschem und schweizerischem Recht, 1925; *Castendyk,* Neue Ansätze zum Problem der unbekannten Nutzungsart in § 31 Abs. 4 UrhG, ZUM 2002, 332; *ders.,* Lizenzverträge und AGB-Recht, ZUM 2007, 169; *Clément,* Urheberrecht und Erbrecht, 1993; *Delp,* Der Verlagsvertrag, 8. Aufl. 2008; *Dietz,* Das primäre Urhebervertragsrecht in der Bundesrepublik Deutschland und in den anderen Mitgliedstaaten der europäischen Gemeinschaft, 1984 (zitiert: Das primäre UrhVR); *ders.,* Das Urhebervertragsrecht in seiner rechtspolitischen Bedeutung, in: Beier/Götting/Lehmann/Moufang [Hrsg.] S. 1; *ders.,* Die sozialen Bestrebungen der Schriftsteller und Künstler und das Urheberrecht, GRUR 1972, 11; *ders.,* Zur Weiterentwicklung des Rechts der Sendeverträge durch Urhebertarifverträge, GRUR Int. 1983, 390; *Dittrich,* Das österreichische Verlagsrecht, 1969; *Dittrich* (Hrsg.), Urhebervertragsrecht. Stand – Entwicklung, 1986; *Donhauser,* Der Begriff der unbekannten Nutzungsart gemäß § 31 Abs. 4 UrhG, 2001; *Donle,* Die Bedeutung des § 31 Abs. 5 UrhG für das Urhebervertragsrecht, 1992; *Drewes,* Neue Nutzungsarten im Urheberrecht, 2001; *Eggersberger,* Die Übertragbarkeit des Urheberrechts in historischer und rechtsvergleichender Sicht, 1992; *Erdmann,* Vereinbarungen über Werksänderungen, in Fs. für Loewenheim, 2009, S. 81; *ders.,* Kartellrecht und Urhebervertragsrecht, Fs. für Odersky, 1996, S. 959; *Fink-Hooijer,* Fristlose Kündigung im Urhebervertragsrecht, 1991; *Fischer/Reich,* Urhebervertragsrecht, 1993; *Fitzek,* Die unbekannte Nutzungsart, 2000; *Forkel,* Lizenzen an Persönlichkeitsrechten durch gebundene Rechtsübertragung, GRUR 1988, 491; *v. Gamm/Dittrich/Ulmer* (Hrsg.), Neuordnung des Urhebervertragsrechts?, 1977; *Genthe,* Der Umfang der Zweckübertragungstheorie im Urheberrecht, 1981; *Gerlach,* Das Urheberrecht des Architekten und die Einräumung von Nutzungsrechten nach dem Architektenvertrag, GRUR 1976, 613; *Gleiss, A.-O.,* Fehlen und Wegfall des Schutzrechts bei Lizenz- und Nutzungsverträgen – Patent- und Urheberrecht, 1994; *Gorščak,* Der Verlagsvertrag über U-Musik, 2003; *Gottschalk,* Wettbewerbsverbote in Verlagsverträgen, ZUM 2005, 359; *Haberstumpf,* Verfügungen über urheberrechtliche Nutzungsrechte im Verlagsrecht, Fs. für Hubmann, 1985, S. 127; *ders.,* Archivverträge, Fs. für W. Nordemann, 2004, S. 167 *Haberstumpf/Hintermeier,* Einführung in das Verlagsrecht, 1985; *Hagen,* Der Bestsellerparagraph im Urheberrecht, 1990; *Hahn,* Das Verbotsrecht des Lizenznehmers im Urhebervertragsrecht – Grundlagen, Inhalt, Einräumung und Reichweite, 2007; *v. Hartlieb/Schwarz,* Handbuch des Film-, Fernseh- und Videorechts, 4. Aufl. 2004; *v. Hase,* Der Musikverlagsvertrag, 1974; *Haupt,* Electronic Publishing, 2002; *Hegemann,* Das Nachforderungsrecht im deutschen und der Rückruf im amerikanischen Urheberrecht, 1987; *Herbst,* Die rechtliche Ausgestaltung der Lizenz und ihre Einordnung in das System des bürgerlichen Rechts, Diss. Göttingen 1968; *Herschel,* Tarifverträge mit Urheberrechtsbezug, UFITA 94 (1982) 35; *ders.,* Freie Mitarbeiter, Arbeitnehmer und arbeitnehmerähnliche Personen im Medienbereich, FuR 1980, 573; *Hertin,* Urhebervertragsrecht, in M. Schulze (Hrsg.), Leitfaden zum Urhebervertragsrecht des Künstlers, 1997, S. 69 ff.; *ders.,* Zum Umgang mit Musikbearbeitungen bei der Cover-Version, Fs. für W. Nordemann, 2004, S. 35; *ders.,* AGB-Gesetz und Urhebervertragsrecht, AfP 1978, 72; *ders.,* Honorarbedingungen für freie Mitarbeiter beim Rundfunk, FuR 1983, 151; *Hillig,* Das Urhebervertragsrecht des Fernsehens und Hörfunks, UFITA 73 (1975) 107; *Hilty,* Unübertragbarkeit urheberrechtlicher Befugnisse: Schutz des Urhebers oder dogmatisches Ammenmärchen?, Fs. Für Rehbinder, 2002, S. 259; *ders.,* Vergütungssystem und Schrankenregelungen – Neue Herausforderungen an den Gesetzgeber, GRUR 2005, 819; *Hilty/Peukert,* Das neue deutsche Urhebervertragsrecht im internationalen Kontext, GRUR Int. 2002, 643; *Hinrichsen,* Die Übertragung des musikalischen Urheberrechts an Musikverleger und Musikverwertungsgesellschaften, 1934; *Hoeren,* Multimedia als noch nicht bekannte Nutzungsart, CR 1995, 710; *Horz,* Gestaltung und Durchführung von Buchverlagsverträgen, 2005; *Hubmann,* Rechtsprobleme musikwissenschaftlicher Editionen, 1960; *ders.,* Urhebervertragsrecht und Urheberschutz, UFITA 74 (1975), 1; *ders.,* Die geplante Neuregelung der Sendeverträge, GRUR 1978, 468; *Hübner/Rehbinder/v. Sell/Kunze,* Freie Mitarbeiter in den Rundfunkanstalten, 1973; *v. Hülsen,* Das Zeitungs- und Zeitschriftenunternehmen, 1989; *Jaeger/Metzger,* Open Source Software, 2. Aufl. 2006; *Jani,* Der Buy-Out-Vertrag im Urheberrecht, 2003; *Joos,* Die Erschöpfungslehre im Urheberrecht, 1991; *Junker,* Die Rechte des Verfassers bei Verzug des Verlegers, GRUR 1988, 793; *Karow,* Die Rechtsstellung des Subverlegers im Musikverlagswesen, Diss. München 1970; *Katzenberger,* Elektronische Printmedien und Urheberrecht, 1996; *Kraßer,* Verpflichtung und Verfügung im Immaterialgüterrecht, GRUR Int. 1973, 230; *Kraßer/Schricker,* Patent- und Urheberrecht an Hochschulen, 1988; *Kreile/Becker/Riesenhuber* (Hrsg.), Recht und Praxis der GEMA, 2. Aufl. 2008; *Krüger,* Zur Wahrnehmung des sog. Filmherstellungsrechts duch die GEMA, Fs. für Reichardt, 1990, S. 79; *Krüger-Nieland,* Zur außerordentlichen Kündigung eines Musikverlagsvertrages aus wichtigem Grund seitens des Komponisten, UFITA 89 (1981) 17; *Küfner,* Die Vergütungsansprüche des Urhebers nach dem Urheberrechtsgesetz, Diss. Erlangen 1971; *Lange,* Der Lizenzvertrag im Verlagswesen, 1979; *Leßmann,* Übertragbarkeit und Teilübertragbarkeit urheberrechtlicher Befugnisse, Diss. Münster 1967; *Liebrecht,* Die Zweckübertragungslehre im ausländischen Urheberrecht, 1983; *Loewenheim,* Die Behandlung von vor der Wiedervereinigung eingeräumten vertraglichen Vertriebs- und Verwertungsrechten in den alten und neuen Bundesländern, GRUR 1993, 934; *Loewenheim/Koch* (Hrsg.), Praxis des Online-Rechts, 1998; *Lütje,* Die Rechte der Mitwirkenden am Filmwerk, 1986; *ders.,* Die unbekannte Nutzungsart im Bereich der Filmwerke – alles Klimbim?, Fs. für Schwarz, S. 115; *Mäger,* Die Abtretung urheberrechtlicher Vergütungsansprüche in Verwertungsverträgen, 2000; *Marshall,* Grenzen der Aufspaltbarkeit von Nutzungsrechten unter dem Gesichtspunkt der fortschreitenden wirtschaftlichen, technischen und politischen Entwicklung, Fs. für Reichardt, 1990, S. 125; *Mauhs,* Der Wahrnehmungsvertrag, 1990; *Melichar,* Urheberrecht in Theorie und Praxis, 1999; *Metzger,* Rechtsgeschäfte über das Droit moral im deutschen und französischen Urheberrecht, 2002; *ders.,* Rechtsgeschäfte über das Urheberpersönlichkeitsrecht nach dem neuen Urhebervertragsrecht – Unter besonderer Berücksichtigung der französischen Rechtslage, GRUR Int. 2003, 9; *Mielke,* Urheberrechtsfragen der Videogramme, 1987; *Möller,* Die Urheberrechtsnovelle '85. Entstehungsgeschichte und

Vorbemerkung   Vor § 28

verfassungsrechtliche Grundlagen, 1986; *Moser/Scheuermann* (Hrsg.), Handbuch der Musikwirtschaft, 6. Aufl. 2003; *Movsessian,* Urheberrechte und Leistungsschutzrechte an Filmwerken, UFITA 79 (1977) 213; *dies.,* Spielfilmauswertung – Zweckübertragungstheorie und neue audio-visuelle Medien, GRUR 1974, 371; *Muttenzer,* Der urheberrechtliche Lizenzvertrag, 1970; *Neufeldt,* Neue Tarifverträge für Film- und Fernsehschaffende, FuR 1980, 127; *Nordemann,* Urhebervertragsrecht für Sendeanstalten, GRUR 1978, 88; *ders.,* Vorschlag für ein Urhebervertragsgesetz, GRUR 1991, 1; *J. B. Nordemann,* Die erlaubte Einräumung von Rechten für unbekannte Nutzungsarten, Fs. für W. Nordemann S. 193 ff.; *ders.,* Urhebervertragsrecht und neues Kartellrecht gem. Art. 81 EG und § 1 GWB, GRUR 2007, 203; *Obergfell,* Filmverträge im deutschen und internationalen Privatrecht, 2001; *Ohly,* „Volenti non fit iniuria" – Die Einwilligung im Privatrecht, 2002; *v. Olenhusen,* Der Urheber- und Leistungsrechtsschutz der arbeitnehmerähnlichen Personen, GRUR 2002, 11; *Pahlow,* Das einfache Nutzungsrecht als schuldrechtliche Lizenz, ZUM 2005, 865; *Paschke,* Urheberrechtliche Grundlagen der Filmauftragsproduktion, FuR 1984, 403; *ders.,* Strukturprinzipien eines Urhebersachenrechts, GRUR 1984, 858; *Peifer,* Wissenschaftsmarkt und Urheberrecht: Schranken, Vertragsrecht, Wettbewerbsrecht, GRUR 2009, 22; *Peter,* Verlagsverträge über wissenschaftliche Werke, Fs. für Hubmann, 1985, S. 335; *Pilny,* Der englische Verlagsvertrag, 1989; *Poll* (Hrsg.), Videorecht, Videowirtschaft. Ein Handbuch, 1986; *Reber,* Die Bekanntheit der Nutzungsart im Filmwesen, GRUR 1997, 162; *Rehbinder/Grossenbacher,* Schweizerisches Urhebervertragsrecht, 1979; *Reimer, D.,* Schranken der Rechtsübertragung im Urheberrecht, GRUR 1962, 619; *ders.,* Urheberrechtsfragen der neuen audio-visuellen Medien, GRUR Int. 1973, 315; *Reimer, D.* (Hrsg.), Vertragsfreiheit im Urheberrecht, 1977; *Reupert,* Der Film im Urheberrecht, 1995; *Riesenhuber,* Die Auslegung und Kontrolle des Wahrnehmungsvertrags, 2004; *ders.,* Beim Abschluss des Wahrnehmungsvertrag sind die Berechtigten Unternehmer i. S. v. § 14 BGB – Zur AGB-Kontrolle des Wahrnehmungsvertrags, ZUM 2002, 777; *Rossbach,* Die Vergütungsansprüche im deutschen Urheberrecht, 1990; *Rott,* Die Privatkopie aus der Perspektive des Verbraucherrechts, in Hilty/Peukert (Hrsg.), Interessenausgleich im Urheberrecht, 2004, S. 267; *Runge,* Die urheberrechtlichen Nutzungsrechte, UFITA 66 (1973) 1; *Samson,* Notizen zur Struktur des Urhebervertragsrechts, FuR 1979, 342; *Schack,* Neuregelung des Urhebervertragsrechts, ZUM 2001, 453; *ders.,* Urhebervertragsrecht im Meinungsstreit, GRUR 2002, 853; *ders.,* Kunst und Recht[2], 2009; *Schadel,* Das französische Urhebervertragsrecht, 1966; *Schaefer,* Vom Nutzen neuer Nutzungsarten, Fs. für W. Nordemann S. 227 ff.; *Scheuermann,* Urheber- und vertragsrechtliche Probleme der Videoauswertung von Filmen, 1990; *Schlecht,* Das Urhebervertragsrecht im Bereich des Graphikdesigns, 1999; *Schmaus,* Der E-Book-Verlagsvertrag, 2002; *Schmidt, R.,* Urheberrecht und Vertragspraxis des Graphik-Designers, 1983; *Schmidt, St.,* Urheberrechtsprobleme in der Werbung, 1982; *Schmitt-Kammler,* Die Schaffensfreiheit des Künstlers in Verträgen über künftige Geisteswerke, 1978; *Schneider,* Das Recht des Kunstverlags, 1991; *Scholz,* Das Verlagsrecht und die urheberrechtlichen Nutzungsverträge, Diss. Frankfurt 1960; *Schricker,* Zur Bedeutung des Urheberrechtsgesetzes von 1965 für das Verlagsrecht, GRUR Int. 1983, 446; *ders.,* Urheberrechtliche Probleme des Kabelrundfunks, 1986; *ders.* (Hrsg.), Urheberrecht auf dem Weg zur Informationsgesellschaft, 1997; *ders.,* Verlagsrecht[3], Kommentar, 2001; *Schulz,* Das neue Erhebungssystem für Urhebertantiemen an Bühnen, FuR 1977, 220; *G. Schulze,* Kündigung von Verlagsverträgen, in: Handbuch der Musikwirtschaft[6], S. 684 ff.; *Schwaiger/Kockler,* Zum Inhalt und Anwendungsbereich der sog. Zweckübertragungstheorie, UFITA 73 (1975) 21; *Schwenzer,* Die Rechte des Musikproduzenten, 1998; *Schweyer,* Die Zweckübertragungstheorie im Urheberrecht, 1982; *Seidel,* Der Medienmensch im Tarifvertrag – was leisten die Tarifverträge für Arbeitnehmerähnliche?, ZUM 2000, 660; *Shieh,* Kündigung aus wichtigem Grund und Wegfall der Geschäftsgrundlage bei Patentlizenz- und Urheberrechtsverträgen, 1990; *Siebert,* Die Auslegung der Wahrnehmungsverträge unter Berücksichtigung der digitalen Technik, 2002; *Sieger,* Die Verlags- und Übersetzungsnormverträge, ZUM 1986, 319; *Sosnitza,* Gedanken zur Rechtsnatur der ausschließlichen Lizenz, Fs. für Schricker 2005, S. 183; *Spautz,* Wann kommt das Urhebervertragsgesetz?, ZUM 1992, 186; *Srocke,* Das Abstraktionsprinzip im Urheberrecht, GRUR 2008, 867; *Steinberg,* Urheberrechtliche Klauseln in Tarifverträgen, 1998; *Stögmüller,* Deutsche Einigung und Urheberrecht, 1994; *Strömholm,* La concurrence entre l'auteur d'une œuvre de l'esprit et le concessionnaire d'un droit d'exploitation, 1969; *Troller,* Die Bildung des Urhebervertragsrechts, UFITA 80 (1977) 173; *Uhl,* Die rechtsgeschäftliche Verfügung im schweizerischen Urheberrecht, 1987; *Ulmer,* Gutachten zum Urhebervertragsrecht, hrsg. v. Bundesminister der Justiz, 1977 (zitiert: Urhebervertragsrecht); *Ulmer-Eilfort,* US-Filmproduzenten und deutsche Vergütungsansprüche, 1993; *Urek,* Die Abgrenzung des Filmherstellungsrechts von den Filmauswertungsrechten, ZUM 1993, 168; *Ventroni,* Das Filmherstellungsrecht, 2001; *Vogel,* Kollektives Urhebervertragsrecht unter besonderer Berücksichtigung des Wahrnehmungsrechts, in: Beier/Götting/Lehmann/Moufang [Hrsg.] S. 117; *Wandtke,* Zum Bühnentarifvertrag und zu den Leistungsschutzrechten der ausübenden Künstler im Lichte der Urheberrechtsreform 2003, ZUM 2004, 505; *Wegner/Wallenfels/Kaboth,* Recht im Verlag, 2004; *Wente/Härle,* Rechtsfolgen einer außerordentlichen Vertragsbeendigung auf die Verfügung in einer „Rechtskette" im Filmlizenzgeschäft und ihre Konsequenzen für die Vertragsgestaltung, GRUR 1997, 96 ff.; *Wille,* Einräumung von Rechten an unbekannten Nutzungsarten als überraschende Klausel i. S. des § 305 c I BGB, GRUR 2009, 470; *Wyler,* Der Kunstverlag aus urheber- und urhebervertragsrechtlicher Sicht, FuR 1983, 481; *Zentek/Meinke,* Urheberrechtsreform 2002, 2002; *Zimmer,* Urheberrechtliche Verpflichtungen und Verfügungen im internationalen Privatrecht, 2006.
S. ferner das Schrifttum zum Urhebervertragsgesetz von 2002 vor Rdnr. 6.

Übersicht

	Rdnr.
I. Systematischer Überblick über das Urhebervertragsrecht	1–73
1. Begriff und Bedeutung	1, 2
2. Entwicklung	3–19
a) Bis zum Urhebervertragsgesetz von 2002	3–5
b) Das Urhebervertragsgesetz von 2002	6–16
c) Weitere Entwicklungen	17–19
3. Tarifverträge, Normverträge, allgemeine Geschäftsbedingungen	20–44
a) Tarifverträge	20–22
b) Normverträge, Vertragsmuster, Empfehlungen	23–29
c) Recht der allgemeinen Geschäftsbedingungen	30–44
4. Arten des Rechtsverkehrs im Urheberrecht	45–73
a) Übertragung des Urheberrechts	45, 46

	Rdnr.
b) Einräumung von Nutzungsrechten	47
c) Terminologie: Verwertungsrecht, Nutzungsrecht, Lizenz	48, 49
d) Übertragung der Nutzungsrechte, Einräumung von Nutzungsrechten zweiter oder späterer Stufe	50–53
e) Rein schuldrechtliche Geschäfte, Einwilligung in Eingriffe	54–57
f) Geschäfte über Urheberpersönlichkeitsrechte	58
g) Geschäfte über Vergütungsansprüche	59–63
h) Geschäfte über verwandte Schutzrechte	64–67
i) Übertragung und Rechtseinräumung zur Wahrnehmung	68–72
j) Sonstige besondere Formen von Rechtsgeschäften	73
II. Dogmatische Grundlagen	74–108
1. Die Begründung von Nutzungsrechten als konstitutive Rechtseinräumung	74–79
2. Ausschließliche und einfache Nutzungsrechte. Beschränkungen. Grenzen der Aufspaltbarkeit	80–97
3. Verhältnis von Verpflichtung und Verfügung	98–101
4. Kein gutgläubiger Erwerb	102
5. Die Auslegung von Verträgen	103–108
III. Typen von Urheberrechtsverträgen	109–183
1. Buch-, Zeitschriften- und Zeitungsverlag	109–120
a) Buchverlag	109–115
b) Zeitschriften- und Zeitungsverlag	116–120
2. Musikverlag	121–124
3. Bühnenverlag	125, 126
4. Kunstverlag	127–137
5. Aufführungsvertrag	138–143
a) Nichtbühnenmäßige Aufführung	138
b) Bühnenmäßige Aufführung	139–143
6. Sendevertrag	144–154
7. Filmverträge	155–172
a) Verfilmungsvertrag	155–163
b) Verträge über die Mitwirkung bei der Filmherstellung	164, 165
c) Verträge der Filmverwertung	166–172
8. Sonstige Urheberrechtsverträge	173–183
IV. Zwangslizenz. Gesetzliche Lizenz	184–185
V. Internationales Recht und Rechtsvergleichung	186–191

I. Systematischer Überblick über das Urhebervertragsrecht

1. Begriff und Bedeutung

1 Urheber sind in den seltensten Fällen in der Lage, ihr Werk selbst zu verwerten. Soweit sie nicht in Arbeitsverhältnissen tätig werden und eine Werkverwertung durch den Arbeitgeber erfolgt, sind sie auf die **Hilfe kommerzieller Verwerter** angewiesen, die das Bindeglied zwischen dem kreativen Urheber und dem Werknutzer darstellen. Diesen müssen durch den Urheber die zur Verwertung erforderlichen Rechte verschafft werden, dem Urheber als der regelmäßig schwächeren Vertragspartei ist eine angemessene Vergütung zu gewähren und seine Rechte dürfen nicht übermäßig beschnitten werden. **Aufgabe des Urhebervertragsrechts** ist es, diese Rechtsbeziehungen zu regeln. Der Bereich der Vertragsbeziehungen zwischen Urheber und Erstverwertern wird vielfach als **primäres Urhebervertragsrecht**, der der Vertragsbeziehungen zwischen Erstverwertern und Verwertern einer späteren Stufe als **sekundäres Urhebervertragsrecht** bezeichnet (s. dazu auch *Berger*/Wündisch, Urhebervertragsrecht, § 1 Rdnr. 4). Aufgabe des Urhebervertragsrechts ist es aber auch, den Rechtsverkehr zwischen Urhebern und anderen Beteiligten, insbesondere Verwertungsgesellschaften zu regeln.

2 Die **Bedeutung des Urhebervertragsrechts** läßt sich kaum unterschätzen. Es bildet die Grundlage für die Kulturwirtschaft, für die Verwertung urheberrechtlich geschützter Werke, indem es eine Brücke schlägt zwischen den Schöpfern und den Nutzern von Kulturgut. Mit der zunehmenden Bedeutung des Urheberrechts, seiner Erstreckung auf neue Formen von Kommunikation und Medien und seiner zunehmend internationalen Dimension geht ebenfalls eine wachsende Bedeutung des Urhebervertragsrechts einher. Von einschlägigen gesetzlichen Regelungen wird das Urhebervertragsrechts nur zu einem geringen Teil erfaßt; zum größten Teil beruht es auf von der Kulturwirtschaft geschaffenen Regelungsmustern, die meist in Formularverträgen und Allgemeinen Geschäftsbedingungen, aber auch in zwischen Organisationen der Vertragsparteien geschaffenen Modellverträgen bestehen. Reine Individualverträge sind eher selten.

2. Entwicklung

a) Bis zum Urhebervertragsgesetz von 2002. Unter dem Titel „Rechtsverkehr im Ur- **3** heberrecht" enthielt der Fünfte Abschnitt des Gesetzes von 1965 eine **rudimentäre Regelung,** die die Thematik bei weitem nicht erschöpfte. Die Unvollständigkeit war dem Gesetzgeber bewusst; die AmtlBegr. verweist in der Vorbemerkung zu § 31 auf ein noch zu schaffendes **Urhebervertragsgesetz** (BT-Drucks. IV/270 S. 56):

> „Da der Entwurf keine umfassende Regelung des Urhebervertragsrechts vorsieht, vielmehr geplant ist, diese einem besonderen, im Anschluss an das Urheberrechtsgesetz auszuarbeitenden Urhebervertragsgesetz vorzubehalten, ist der Vorschlag gemacht worden, die vertragsrechtlichen Bestimmungen ganz zu streichen, um dem späteren Gesetz nicht vorzugreifen. Es handelt sich jedoch entweder um Vorschriften, die in den geltenden Urheberrechtsgesetzen bereits enthalten sind und nicht gut – wenn auch nur vorübergehend – ersatzlos gestrichen werden können, oder besonders vordringliche, seit langem im Rahmen der Urheberrechtsreform geforderte Schutzbestimmungen zugunsten des Urhebers, deren Zurückstellung bis zu dem in Aussicht genommenen Urhebervertragsgesetz nicht zumutbar erscheint. Die Bestimmungen können ohne Schwierigkeit später aus dem Urheberrechtsgesetz herausgelöst und in das Urhebervertragsgesetz übernommen werden."

Die Absicht, ein Urhebervertragsgesetz zu schaffen, wurde mehrfach bekräftigt (vgl. *Ulmer*[3] § 91 III und *Ulmer*, Urhebervertragsrecht, S. 1 f.; s. dort auch das Vorwort des Bundesministers der Justiz; vgl. ferner *Roeber* FuR 1974, 697; *Samson* FuR 1975, 299; *Dietz* GRUR Int. 1983, 390; *ders.* UFITA 87 [1980] 1/2 f.). *Ulmer* hatte in seinem im Auftrag des Bundesjustizministeriums erstatteten Gutachten (veröffentlicht unter dem Titel „Urhebervertragsrecht", 1977) ein stufenweises Vorgehen vorgeschlagen: Es empfehle sich, mit dem **Recht der Sendeverträge** beginnend, zunächst die wichtigsten Vertragstypen zu regeln und die Regelungen dann zusammenzufügen und durch allgemeine Grundsätze zu ergänzen. Diese Konzeption hat teils Zustimmung gefunden (so die Stellungnahme der *Deutschen Vereinigung für gewerblichen Rechtsschutz und Urheberrecht*, GRUR 1980, 1046 ff.; *Hubmann* GRUR 1978, 468 ff.; *Nordemann* GRUR 1978, 88 ff.; *Schricker* GRUR Int. 1983, 446), teils ist sie auf Kritik gestoßen (*Samson* FuR 1979, 342 ff.; *v. Gamm* FuR 1979, 339 f.; *Pakuscher* FuR 1979, 130; *Roeber* FuR 1979, 77 ff.; *Flechsig* GRUR 1980, 1046 ff. mwN.; generell ablehnend gegenüber dem Plan eines Urhebervertragsgesetzes *Sieger* UFITA 77 [1976] 79 ff.). Zur Situation in Österreich s. *Dittrich* (Hrsg.) Urhebervertragsrecht.

Der Bundestag hat in einem zusammen mit der Verabschiedung der Urheberrechtsnovelle **4** 1985 (BGBl. I S. 1137; Materialien s. UFITA 102 [1986] 113 ff.; s. dazu die Gesamtdarstellung von *Möller*, Urheberrechtsnovelle '85, s. ferner *Nordemann* GRUR 1985, 837 ff.; *Hillig* UFITA 102 [1986] 11 ff.; *Günther* AfP 1986, 19; *Hubmann* JZ 1986, 117; *Kreile* ZUM 1985, 609; zu den Auswirkungen s. *Melichar* und *Schulze* ZUM 1987, 47 ff. sowie den Diskussionsbericht von *Heker* ZUM 1987, 57 f.) gefassten Beschluss die Bundesregierung aufgefordert zu prüfen, ob Änderungen des Urhebervertragsrechts im Hinblick auf Verträge mit Rundfunkanstalten geboten seien. Beifall verdiente an diesem Beschluss, dass die Schaffung eines Urhebervertragsgesetzes neue Impulse erhielt und dass das rechtspolitisch wohl vordringlichste Regelungsanliegen angesprochen wurde. Verwundern musste, dass sich der Beschluss auf eine Prüfungsempfehlung beschränkte. In der Tat kann nicht zweifelhaft sein, dass das Urhebervertragsrecht einer gesetzlichen Regelung bedarf; ohne eine solche werden die dem Urheber zugedachten Rechte nicht voll realisiert (s. dazu umfassend *Dietz* in Beier/Götting/Lehmann/Moufang [Hrsg.] S. 1 ff., 49 ff., der einen mehrdimensionalen Ansatz entwickelt). Dies gilt umso mehr, als der BGH den vertraglichen Schutz der Urheber nicht auf dem Weg einer Inhaltskontrolle der allgemeinen Geschäftsbedingungen nach dem AGB-Gesetz verwirklicht (s.u. Rdnr. 40 ff.).

Eine Gesamtreform des Urhebervertragsrechts hätte auch das **Verlagsrecht** einzubeziehen. **5** Das VerlG von 1901 ist bei der Urheberrechtsreform von 1965 bewusst ausgespart worden (Amtl. Begr. BT-Drucks. IV/270 S. 28); lediglich §§ 3, 13, 42 VerlG wurden aufgehoben und durch die Regelungen der §§ 38, 39 UrhG ersetzt. Grundsätzlich lässt das UrhG als jüngeres allgemeines Gesetz das VerlG als älteres Spezialgesetz unberührt. Indessen heischen die Regeln des UrhG über das Urheberrecht im Rechtsverkehr (§§ 28 ff.) auch für den Verlagsbereich Geltung; gewisse Modifikationen ergeben sich ferner daraus, dass das Verlagsrecht auf urhebergesetzlichen Begriffen aufbaut, die sich zT geändert haben. Umgekehrt pflegt man gewisse verlagsrechtliche Regelungen für andere Typen von Nutzungsverträgen analog heranzuziehen, die einer eigenen Regelung ermangeln (§ 31 Rdnr. 27). Insgesamt lässt sich sagen, dass das UrhG von 1965 und das VerlG von 1901 in einer komplizierten Wechselwirkung stehen (Näheres s. bei *Schricker*, Verlagsrecht[3], Einl. Rdnr. 19 ff.; *ders.*, GRUR Int. 1983, 446 ff. Zu einer gewissen Vereinfachung hat die Aufhebung des § 28 VerlG durch das Urhebervertragsgesetz von 2002 geführt, s. § 34 Rdnr. 4ff.); eine organische Gesamtregelung in einem auf das UrhG abgestimmten Urhebervertragsgesetz erscheint angezeigt. Dabei wird insbesondere zu prüfen sein, inwieweit von dem durchwegs dispositiven Charakter des Verlagsgesetzes abzugehen sein wird und zwingende Vorschriften zum Schutz des Urhebers erforderlich sind (s. zu den Reformproblemen im Einzelnen *Schricker*, Verlagsrecht³, Einl. Rdnr. 28, 29).

b) Das Urhebervertragsgesetz von 2002

Schrifttum: *Andernach*, Die vertragliche Beteiligung nach dem neuen Urhebervertragsrecht Deutschlands und dem Urheberrecht Frankreichs, 2004; *Bayreuther*, Die Vereinbarkeit des neuen Urhebervertragsrechts mit dem Grundgesetz, UFITA 2002, 623; *v. Becker*, Juristisches Neuland, ZUM 2005, 303; *ders./Wegner*, Offene Probleme der angemessenen Vergütung, ZUM 2005, 695; *C. Berger*, Zum Anspruch auf angemessene Vergütung (§ 32 UrhG) und weitere Beteiligung (§ 32a UrhG) bei Arbeitnehmer-Urhebern, ZUM 2003, 173; *ders.*, Der Rückruf bei Unternehmensveräußerungen nach § 34 Abs. 3 S. 2, Fs. für Schricker 2005, S. 223; *ders.*, Das neue Urhebervertragsrecht, 2003; *ders.* Grundfragen der „weiteren Beteiligung" des Urhebers nach § 32a UrhG, GRUR 2003, 675; *D. Berger*, Der Anspruch auf angemessene Vergütung gemäß § 32: Konsequenzen für die Vertragsgestaltung, ZUM 2003, 521; *Brauner*, Das Haftungsverhältnis mehrerer Lizenznehmer eines Filmwerks innerhalb einer Lizenzkette bei Inanspruchnahme aus § 32a UrhG, ZUM 2004, 96; *Czychowski*, Die angemessene Vergütung im Spannungsfeld zwischen Urhebervertrags- und Arbeitnehmererfindungsrecht – ein Beitrag zur Praxis des neuen Urhebervertragsrechts im Bereich der angestellten Computerprogrammierer, in: Fs. für W. Nordemann, S. 157 ff.; *Delp*, Der Verlagsvertrag, 8. Aufl. 2008; *Dietz*, Der Entwurf zur Neuregelung des Urhebervertragsrechts, AfP 2001, 261; *ders.*, Die Pläne der Bundesregierung zu einer gesetzlichen Regelung des Urhebervertragsrechts. Ein Beitrag aus der Sicht der Entwurfsverfasser, ZUM 2001, 276; *ders.*, Amendment of German Copyright Law in Order to Strengthen the Contractual Position of Authors and Performers, 33 IIC 828 (2002); *ders./Dörr/Schiedermair/Haus*, Urheberrechtsnovelle versus Europarecht, K&R 2001, 608; *Erdmann*, Urhebervertragsrecht im Meinungsstreit, GRUR 2002, 923; *Flechsig*, Der Entwurf eines Gesetzes zur Stärkung der vertraglichen Stellung von Urhebern und ausübenden Künstlern – Eine kritische Stellungnahme zu Chancen und Risiken des nunmehr in ein konkretes Stadium tretenden Vorhabens zur Schaffung eines Urhebervertragsrechts, ZUM 2000, 484; *Flechsig/Hendricks*, Konsensorientierte Streitschlichtung im Urhebervertragsrecht, ZUM 2002, 423; *Fuchs*, Die weitere Beteiligung des Urhebers, KUR 2005, 129; *Geulen/Klinger*, Verfassungsrechtliche Aspekte des Filmurheberrechts, ZUM 2000, 891; *Goldmann, B.*, New Law on Contracts in Germany, Copyright World, August 2002, 12; *Gounalakis/Heinze/Dörr*, Urhebervertragsrecht, 2001; *Grzesick*, Der Anspruch des Urhebers auf angemessene Vergütung: Zulässiger Schutz jenseits der Schutzpflicht, AfP 2002, 383; *Haas*, Das neue Urhebervertragsrecht, 2002; *Haupt/Flisak*, Angemessene Vergütung in der urheberrechtlichen Praxis, KUR 2003, 41; *Heinze*, Arbeits- und verfassungsrechtliche Aspekte des Gesetzentwurfs zur Reform des Urhebervertragsrechts, K&R 2002, 1; *Hertin*, Urhebervertragsnovelle 2002: Update von Urheberrechtsverträgen, MMR 2003, 16; *Hillig*, Zum neuen Urhebervertragsrecht, AfP 2003, 9; *Hilty/Peukert*, Das neue deutsche Urhebervertragsrecht im internationalen Kontext, GRUR Int. 2002, 643; *dies.*, Equitable Remuneration in Copyright Law 22 Cardozo LJ 401 ff. (2004); *Höckelmann*, Der neue „Bestsellerparagraph", ZUM 2005, 526; *Hoeren*, Auf der Suche nach dem „iustum pretium". Der gesetzliche Vergütungsanspruch im Urhebervertragsrecht, MMR 2000, 449; *ders.*, Ende gut, alles schlecht? Überlegungen zur Neuregelung des Urhebervertragsrechts, MMR 2002, 137; *ders.*, Auswirkungen der §§ 32, 32a UrhG n.F. auf die Dreiecksbeziehung zwischen Urheber, Produzent und Sendeanstalt im Filmbereich, in Fs. für W. Nordemann S. 181 ff.; *Homburg/Klarmann*, Betriebswirtschaftliche Auswirkungen möglicher Veränderungen der Honorarsituation in Verlagen als Folge der Urheberrechtsnovellierung, ZUM 2004, 704 ff.; *Hucko*, Das neue Urhebervertragsrecht, 2002; *ders.*, Zweiter Korb, 2007; *Jani*, Der Buy-Out-Vertrag im Urheberrecht, 2002; *Jacobs*, Das neue Urhebervertragsrecht, NJW 2002, 1905; *Katzenberger*, Neuregelung des Urhebervertragsrechts aus rechtsvergleichender Sicht, AfP 2001, 265; *Joppich*, § 34 UrhG im Unternehmenskauf, K&R 2003, 211; *Koch-Sembdner*, Das Rückrufsrecht des Autors bei Veränderungen im Verlagsunternehmen, AfP 2004, 211; *J. Kreile*, Die Pläne der Bundesregierung zu einer gesetzlichen Regelung des Urhebervertragsrechts. Ein Beitrag aus der Sicht der Film- und Fernsehproduzenten, ZUM 2001, 300; *Lober*, Nachschlag gefällig?, Urheberrecht und Websites, K&R 2002, 526; *Loschelder/Wolff*, Der Anspruch des Urhebers auf „weitere Beteiligungen" nach § 32a UrhG bei Schaffung einer Marke, Fs. für Schricker 2005, S. 425; *v. Lucius*, Das neue Urhebervertragsrecht – Ein Schritt in die Zukunft?, K&R 2002, 2; *Mand*, § 20b Abs. 2 UrhG und das neue Urhebervertragsrecht, ZUM 2003, 812; *W. Nordemann*, Das neue Urhebervertragsrecht, 2002; *Nordemann/Pfennig*, Plädoyer für eine neue Vertrags- und Vergütungsstruktur im Film- und Fernsehbereich, ZUM 2005, 689; *Nordemann-Schiffel*, Zur internationalen Anwendbarkeit des neuen Urhebervertragsrechts in Fs. für W. Nordemann, S. 479 ff.; *Obergfell*, Deutscher Urheberschutz auf internationalem Kollisionskurs, K&R 2003, 118; *Ory*, Gesamtverträge als Mittel des kollektiven Urhebervertragsrechts, AfP 2002, 426; *ders.*, Das neue Urhebervertragsrecht, AfP 2002, 93; *Pakuscher*, Urheberrecht in der Praxis, K&R 2003, 182; *Partsch/Reich*, Die Change-of-Control-Klausel im neuen Urhebervertragsrecht, AfP 2002, 298; *Pöppelmann*, Voll aufgedreht, journalist 9/2001, 10; *Poll*, Die Pläne der Bundesregierung zu einer gesetzlichen Regelung des Urhebervertragsrechts. Ein Beitrag aus der Sicht der Spitzenorganisation der deutschen Filmwirtschaft (SPIO), ZUM 2001, 306; *Reber*, Das neue Urhebervertragsrecht, ZUM 2000, 31; *ders.*, Die Pläne der Bundesregierung zu einer gesetzlichen Regelung des Urhebervertragsrechts. Ein Beitrag aus rechtsvergleichender Sicht (Deutschland/USA), ZUM 2001, 282; *ders.*, Die Redlichkeit der Vergütung (§ 32 UrhG) im Film- und Fernsehbereich, GRUR 2003, 393; *Reinhard/Distelkötter*, Die Haftung des Dritten bei Bestsellerwerken nach § 32a Abs. 2 UrhG, ZUM 2003, 269; *Ritgen*, Vertragsparität und Vertragsfreiheit, JZ 2002, 114; *Schack*, Urhebervertragsrecht im Meinungsstreit, GRUR 2002, 853; *Schaefer*, Einige Bemerkungen zum Referentenentwurf für ein Urhebervertragsrecht. Ein Beitrag aus der Sicht der Deutschen Landesgruppe der IFPI e.V., ZUM 2001, 315; *Schaub*, Der „Fairnessausgleich" nach § 32a UrhG im System des Zivilrechts, ZUM 2005, 212; *Schierenberg*, § 31 Abs. 5 UrhG im Kontext des neuen Urhebervertragsrechts, AfP 2003, 391; *Schlink/Poscher*, Verfassungsfragen der Reform des Urhebervertragsrechts, 2002; *Schimmel*, Die Pläne der Bundesregierung zu einer gesetzlichen Regelung des Urhebervertragsrechts. Ein Beitrag aus der Sicht von Journalisten und Schriftstellern, ZUM 2001, 289; *ders.*, Das Urhebervertragsrecht – Fehlschlag oder gelungene Reform? ZUM 2010, 95; *Schmidt, U.*, Der Vergütungsanspruch des Urhebers nach der Reform des Urhebervertragsrechts, ZUM 2002, 781; *Schmitt, M.*, § 36 UrhG – Gemeinsame Vergütungsregelungen europäisch gesehen, GRUR 2003, 294;

Vorbemerkung Vor § 28

Schricker, Urhebervertragsrecht im Meinungsstreit, MMR 2000, 713; *ders.*, Zum Begriff der angemessenen Vergütung im Urheberrecht − 10% vom Umsatz als Maßstab?, GRUR 2002, 737; *ders.*, Zum neuen deutschen Urhebervertragsrecht, GRUR Int. 2002, 797; *ders.*, Auswirkungen des Urhebervertragsgesetzes auf das Verlagsrecht in Fs. für W. Nordemann, S. 243 ff.; *G. Schulze*, Nachschlag bei Dinner for One in Fs. für W. Nordemann, S. 251 ff.; *Spautz*, Was sagt uns die „Zauberflöte" zum Urhebervertragsrecht? Ein Beitrag aus der Sicht der Deutschen Orchestervereinigung e. V., ZUM 2001, 317; *Stickelbrock*, Ausgleich gestörter Vertragsparität durch das neue Urhebervertragsrecht? GRUR 2001, 1087; *Thüsing*, Tarifvertragliche Schimären – verfassungsrechtliche und arbeitsrechtliche Überlegungen zu den gemeinsamen Vergütungsregeln nach § 36 UrhGE nF, GRUR 2002, 203; *Wallraff*, Entwurf eines Gesetzes zur Stärkung der vertraglichen Stellung von Urhebern und ausübenden Künstlern (Tagungsbericht) AfP 2001, 291; *Wandtke*, Zur Reform des Urhebervertragsrechts, K&R 2001, 601; *ders.*, Aufstieg und Fall des § 31 Abs. 4 UrhG?, Fs. für W. Nordemann S. 267 ff.; *Weber*, Die Pläne der Bundesregierung zu einer gesetzlichen Regelung des Urhebervertragsrechts. Ein Beitrag aus der Sicht des öffentlich-rechtlichen Fernsehens, ZUM 2001, 311; *v. Welser*, Neue Eingriffsnormen im internationalen Urhebervertragsrecht, IPRax 2002, 364; *Zentek/Meinke*, Urheberrechtsreform 2002, 2002; *Zirkel*, Das neue Urhebervertragsrecht und der angestellte Urheber, WRP 2003, 59.

Die **weitere Entwicklung** war zunächst kaum geeignet, Hoffnungen auf eine baldige Neuordnung des Urhebervertragsrechts zu erwecken (s. das Kapitel „Urhebervertragsrecht, insbesondere Sendevertragsrecht" im Bericht der Bundesregierung über die Auswirkungen der Urheberrechtsnovelle 1985, BTDrucks. 11/4929 S. 53 ff. sowie den Bericht der Bundesregierung über die Entwicklung des Urhebervertragsrechts, BTDrucks. 12/7489 v. 6. 5. 1994; s. dazu *Peper* ZUM 1996, 193 ff.). Die Arbeiten zur Umsetzung der urheberrechtlichen EG-Richtlinien ließen das Urhebervertragsrecht in den Hintergrund treten. Die EG-Harmonisierung hat sich nur punktuell mit urhebervertragsrechtlichen Themen befasst (so insbesondere die Computerprogrammrichtlinie und die Vermiet- und Verleihrechtsrichtlinie, die Satelliten- und Kabelrichtlinie sowie die Datenbankrichtlinie; s. zur Analyse der Richtlinien unter dem Aspekt des Urhebervertragsrechts *Schricker*, Verlagsrecht[3] Einl. Rdnr. 31 ff.); Pläne zu einer umfassenden Harmonisierung des Urhebervertragsrechts scheinen in der EU nicht zu bestehen. Die Mitteilung der Kommission zur Wahrnehmung von Urheberrechten und verwandten Schutzrechten vom 16. 4. 2004, KOM (2004) 261 endg. S. 16, sieht beim Individualurhebervertragsrecht keinen unmittelbaren Handlungsbedarf auf Gemeinschaftsebene. Auch das Grünbuch „Urheberrechte in der wissensbestimmten Wirtschaft" (KOM [2008] 466 endg.) sieht keine allgemeine Regelung des Urhebervertragsrechts vor, sondern beschränkt sich auf Fragen, die den Zugang und die Nutzung von Wissen in einer wissensbasierten Wirtschaft betreffen. In diesem Bereich werden allerdings auch urhebervertragsrechtliche Regelungsprobleme angesprochen. 6

Der engagierte Vorstoß *Nordemanns* in Richtung auf eine konsequente Verwirklichung des Beteiligungsprinzips hat im politischen Raum zwar Widerhall gefunden, ist jedoch zunächst ohne eine gesetzgeberische Umsetzung geblieben (s. *Nordemann* GRUR 1991, 1 ff.; sa. *Spautz* ZUM 1992, 186; *Dietz* in *Beier/Götting/Lehmann/Moufang* [Hrsg.] S. 1, 31 ff.; sa. *Ott* ZRP 1996, 385; *Peper* NJW 1996, 1394. Zurückhaltend *Junker* in Die Entwicklung des Urheberrechts im europäischen Rahmen, hrsg. von *Prütting* ua. 1999, S. 73 ff.). Wie *Dietz* überzeugend herausgearbeitet hat, bedarf es eines mehrdimensionalen Ansatzes zur Verbesserung der vertragsrechtlichen und damit der wirtschaftlichen Stellung der Urheber im Urheberrechtssystem (*Dietz* in Beier/Götting/Lehmann/Moufang [Hrsg.] S. 1, 22 ff.).

Es hat viele überrascht und die verbreitet geäußerte Skepsis widerlegt (s. noch die 2. Auflage vor §§ 28 ff. Rdnr. 3), als auf Initiative der Bundesministerin der Justiz *Däubler-Gmelin* nun doch mit den jahrzehntelangen gesetzgeberischen Versprechungen ernst gemacht und nach relativ kurzer, aber bewegter Vorgeschichte am 22. 3. 2002 das **Gesetz zur Stärkung der vertraglichen Stellung von Urhebern und ausübenden Künstlern** erlassen wurde (BGBl. I 1155; im Folgenden als „Urhebervertragsgesetz" bezeichnet. S. zur Entstehungsgeschichte Einl. Rdnr. 121 ff.; § 36 Rdnr. 1 ff.; *Hucko*, Urhebervertragsrecht, S. 7 ff.; *Schack* GRUR 2002, 853 ff.; *Schmidt* ZUM 2002, 781 ff.; Loewenheim/*v. Becker*, Handbuch des Urheberrechts[1], § 29 Rdnr. 15 ff.; Fromm/Nordemann/*Czychowski*[10] Einl. Rdnr. 31. 7

Nach einer vom BJM veranstalteten Anhörung der Verbände am 29. 2. 2000 war im Mai 2000 ein auf Anregung der Bundesministerin der Justiz von *Dietz/Loewenheim/Nordemann/Schricker/Vogel* ausgearbeiteter **„Professorenentwurf"** vorgelegt und in einer geringfügig überarbeiteten Fassung in GRUR 2000, 765 ff. mit einem Vorwort von *Däubler-Gmelin*, S. 764/765 abgedruckt worden. Auf dem Professorenentwurf bauen ein Referentenentwurf vom 16. 5. 2001 (Ufita 2002, 483), ferner ein Gesetzesentwurf aus dem Kreis der SPD-Fraktion und der Fraktion Bündnis 90/Die Grünen vom 26. 6. 2001 (BT-Drucks. 14/6433) und der **Regierungsentwurf** vom 23. 11. 2001 (BT-Drucks. 14/7564) auf. Es kam zu einer Stellungnahme des Bundesrats und einer Gegenäußerung der Bundesregierung (abgedruckt bei *Hucko*, Urhebervertragsrecht, 2002, S. 133 ff., 143 ff.). 8

9 Inzwischen hatte sich im Kreis der Verwerterindustrien und ihrer Verbände eine vehemente **Kritik** erhoben (s. die Nachweise in § 36 Rdnr. 3 ff.). Manche der Angriffe auf das Gesetzgebungsvorhaben erledigten sich in ihrer Widersprüchlichkeit von selbst; vielfach lagen auch Missverständnisse oder forcierte Fehldeutungen zugrunde. Zurückzuweisen war der Angriff der Verfassungswidrigkeit (Verfassungsverstöße rügte zB das Gutachten von *Gounalakis/Heinze/Dörr*, Urhebervertragsrecht, 2001; *Heinze*, K&R 2002, 1 ff.; *Geulen/Klinger*, ZUM 2000, 891 ff.; „erhebliche Zweifel" hat *Bayreuther* Ufita 2002, 623 ff.; zur Widerlegung s. § 36 Rdnr. 14; *Schlink/Poscher*, Verfassungsfragen der Reform des Urhebervertragsrechts, 2002; *Grzeszick* AfP 2002, 383 ff.). Unzutreffend war auch mancher rechtsvergleichende Hinweis (ein unverzerrtes Bild gibt dagegen *Katzenberger* AfP 2001, 265 ff.; s. auch *Reber* ZUM 2000, 729 ff.; *ders.* ZUM 2001, 282 ff. zur Lage in den USA; zum französischen Recht *Andernach*, Die vertragliche Beteiligung nach dem neuen Urhebervertragsrecht Deutschlands und dem Urheberrecht Frankreichs). Im Kern verständlich blieb freilich, dass sich Verwerterindustrien gegen eine Verbesserung der Vergütungssituation der Urheber und ausübenden Künstler wehren wollten, die primär zu Lasten der Verwerter gehen musste und hinsichtlich deren die Möglichkeit der Abwälzung auf den Letztverbraucher in der aktuellen Konjunktursituation unsicher erschien. Der Einbruch sozialstaatlicher Prinzipien in eine seit Jahrhunderten zugunsten der Verwerterseite abgeschirmte Oase der Vertragsfreiheit stieß auf Missbehagen und löste düstere Zukunftsvisionen aus (s. die Zusammenfassung der Kritikpunkte bei *Haas* Rdnr. 20 ff.).

10 Die Kritik blieb nicht ohne Wirkung. In einer „**Formulierungshilfe**" des BJM vom 19. 11. 2001/14. 1. 2002, die der Sache nach eine Änderung des Regierungsentwurfs bildete (abgedruckt bei *Hucko*, Urhebervertragsrecht, S. 149 ff.; s. dort auch den Änderungsantrag des Rechtsausschusses des Deutschen Bundestags vom 23. 1. 2002, S. 169 ff.; kritisch zum Endstadium der Gesetzgebung *v. Becker* GRUR 2002, 687) wurde eine Reihe der vorgeschlagenen Einzelregelungen fallen gelassen (so namentlich zum Filmrecht, s. die Kritik von *J. Kreile* ZUM 2001, 300 ff.; *Poll* ZUM 2001, 306 ff.; *Geulen/Klinger* ZUM 2000, 891 ff.); in den Hauptpunkten – angemessene Vergütung und gemeinsame Vergütungsregeln – wurden nicht unerhebliche Modifikationen konzediert. In der Fassung der Beschlussempfehlung und des Berichts des Rechtsausschusses vom 23. 1. 2002 (BT-Drucks. 14/8058) wurde schließlich der Regierungsentwurf vom 23. 11. 2001 im Bundestag nahezu einstimmig angenommen und der im Wesentlichen identische Fraktionsentwurf für erledigt erklärt. In der Sitzung des Bundesrates vom 1. 3. 2002 wurde der Vermittlungsausschuss nicht angerufen (*Haas* Rdnr. 19). Verkündet wurde das Gesetz am 22. 3. 2002; es trat am 1. 7. 2002 in Kraft (Art. 3).

11 Als **Ergebnis** lässt sich sagen, dass ungeachtet des Zeitdrucks der zu Ende gehenden Legislaturperiode und der im Namen ganzer Wirtschaftszweige mit allen Mitteln vorgetragenen massiven Kritik doch Wesentliches zur Stärkung der vertraglichen Stellung von Urhebern und ausübenden Künstlern – wenn auch als „kleine Lösung" – erreicht wurde (man könnte auch von einer „mittleren Lösung" sprechen, s. § 36 Rdnr. 14). Der weitere Reformbedarf im Urhebervertragsrecht hängt davon ab, wie die Mechanismen des Gesetzes funktionieren, insbesondere ob das Instrument der gemeinsamen Vergütungsregeln die ihm zugedachte Funktion erfüllt; die bisherigen Ergebnisse waren allerdings nicht gerade ermutigend. Offen bleibt jedenfalls das Petitum der Kodifikation der wichtigsten Typen von Urheberrechtsverträgen und insbesondere der Reform des Verlagsrechts („große Lösung"; kritisch zur „großen Lösung" *Schack* GRUR 2002, 853).

12 Die **Begründung zum Regierungsentwurf** (BT-Drucks. 14/7564, abgedruckt auch bei *Hucko*, Urhebervertragsrecht, S. 100 ff.; s. zu Entstehungsgeschichte und Gesetzeszweck auch *Jacobs* NJW 2002, 1905 f.; *Nordemann*, Das neue Urhebervertragsrecht, S. 55 ff., 64 f.; *Ory* AfP 2002, 93 ff.; *Dietz* ZUM 2001, 276 ff.; *Erdmann* GRUR 2002, 923 f.; *Flechsig* ZUM 2000, 484 ff.; *Wandtke* K&R 2001, 601 ff.) betont die Bedeutung des Urheberrechts als „Grundlage für das Schaffen aller Kreativen" und als Regelung für die Verwertung und Nutzung ihrer Werke. Damit diene es der Kultur, der demokratischen Meinungsbildung und der Volkswirtschaft. Der Gesetzesentwurf bezwecke den **Ausgleich der durch das wirtschaftliche Ungleichgewicht der Vertragsparteien gestörten Vertragsparität** (s. auch Wandtke/Bullinger/*Wandtke/Grunert*[3] § 32 Rdnr. 2; Dreier/*Schulze*[3] vor § 31 Rdnr. 2; *Schimmel* ZUM 2001, 289 ff.; kritisch *Ritgen* JZ 2002, 114; einen vergleichbaren Regelungsbedarf konstatiert *Hilty* für die Schweiz, der die Schweiz in Zugzwang bringe, s. in Hilty/Berger, Urheberrecht am Scheidewege, 2002, S. 87 ff., 121). Die Rechtsstellung der Urheber und ausübenden Künstler als der regelmäßig schwächeren Partei solle gegenüber den Verwerterunternehmen gestärkt werden (Loewenheim/*v. Becker*, Handbuch des Urheberrechts[2], § 29 Rdnr. 4 erinnert in diesem Zusammenhang

Vorbemerkung Vor § 28

an die vom BVerfG betonte soziale Verantwortung der Verwerter). Das Gesetzesvorhaben wird mit Recht als überfällig bezeichnet. Die strukturell bedingte wirtschaftliche und organisatorische Unterlegenheit der Kreativen gegenüber den Werkverwertern wird im Einzelnen begründet, die Regelungsdefizite des geltenden Rechts werden dargestellt. Insgesamt enthält die Begründung eine eindrucksvolle Zusammenschau der jahrzehntelangen Diskussion um die Reform des Urhebervertragsrechts und legt deren Notwendigkeit in überzeugender Weise dar. Das Gesetz geht – wie auch bei den bisherigen Urheberschutzvorschriften etwa des § 31 Abs. 4, § 31 Abs. 5 – generalisierend vor; bei der Gesetzesanwendung braucht nicht im Einzelfall geprüft werden, ob wirklich ein strukturelles Defizit vorliegt (so aber wohl Loewenheim/*v. Becker*, Handbuch des Urheberrechts[2], § 29 Rdnr. 7).

Kernpunkte der Reform bilden der Anspruch der Urheber und ausübenden Künstler auf 13 angemessene Vergütung (§§ 32, 32a sowie 75 Abs. 4a.F., nunmehr in § 79 Abs. 2 S. 2 geregelt) und die gemeinsamen Vergütungsregeln (§§ 36, 36a sowie 75 Abs. 4a.F., nunmehr in § 79 Abs. 2 S. 2 geregelt). Der Anspruch auf angemessene Vergütung ist im Rahmen der Erläuterungen zu §§ 32 und 32a kommentiert; für die gemeinsamen Vergütungsregeln ist die Kommentierung zu § 36 und § 36a einschlägig. Im vorliegenden Zusammenhang ist Folgendes hervorzuheben: Während noch im Regierungsentwurf ein einheitlicher, an die gesamte Werknutzung anknüpfender **gesetzlicher Anspruch auf angemessene Vergütung gegen den Nutzer** vorgesehen war, in dem auch der Bestsellerparagraph § 36 aF aufgehen sollte, ist nunmehr die Wahrnehmung des gesetzgeberischen Anliegens auf **zwei Vorschriften** verteilt: Neben dem für die Einräumung von Nutzungsrechten und die Erlaubnis zur Werknutzung gegebenen Anspruch auf eine (anfänglich) angemessene Vergütung, der als Anspruch auf Änderung des Vertrags instrumentiert ist, tritt bei (nachträglichem) Eintritt eines auffälligen Missverhältnisses zwischen Gegenleistung und Erträgen ein an den alten Bestsellerparagraphen angelehnter Korrekturanspruch. Die **Angemessenheit** richtet sich nach Tarifvertrag oder gemeinsamer Vergütungsregel; im Übrigen ist maßgeblich, was „üblicher- und redlicherweise zu leisten ist" (§ 32 Abs. 2 S. 2) bzw. es ist eine „angemessene Beteiligung" (§ 32a Abs. 1 S. 1) geschuldet. Die Anknüpfung an die Üblichkeit bildet eine Konzession an die Kritik von Verwerterseite; die Üblichkeit wird freilich durch das Kriterium der Redlichkeit wertend korrigiert.

Nicht ins Gesetz aufgenommen wurde der Vorschlag, Nutzungsverträge nach 30 Jahren 14 kündigen zu können (s. dazu *Haas* Rdnr. 130). Noch stärkere Spuren hat die Kritik bei den „**gemeinsamen Vergütungsregeln**" hinterlassen. Während ursprünglich die Aufstellung solcher Regeln von der Urheberseite gegenüber dem einzelnen Werknutzer mit Hilfe der Gerichte erzwingbar sein sollte, kann nunmehr das Verfahren nur bis zum Einigungsvorschlag einer besonderen Schlichtungsstelle getrieben werden, denen Annahme frei steht. Die wesentliche Errungenschaft der §§ 36, 36a liegt in der Möglichkeit der Schaffung einvernehmlicher gemeinsamer Vergütungsregeln, in der Hoffnung auf die zumindest faktische Wirkung eines Einigungsvorschlags und in der Freistellung der Vergütungsregeln vom Kartellrecht (s. dazu Amtl. Begr. BT-Drucks. 14/7564 iVm. BT-Drucks. 14/6433 S. 12, abgedruckt auch bei *Hucko*, Urhebervertragsrecht, S. 115; *Jani* S. 295; so im Ergebnis auch § 36 Rdnr. 26–28; s. zur Frage der Anwendbarkeit des EG-Kartellrechts einerseits [kritisch] *Dörr/Schiedermair/Haus* K&R 2001, 608ff.; *M. Schmitt* GRUR 2003, 294ff.; andererseits [gegen Annahme eines Kartellrechtsverstoßes] *Schlink/Poscher* S. 64ff; vgl. auch *Schack* GRUR 2002, 853, 857; § 36 Rdnr. 26–28; *Drexl* in Fs. für Schricker, 2005, S. 651ff.) Durch gemeinsame Vergütungsregeln dürfte meist die gemeinschaftsrechtliche Spürbarkeitsgrenze nicht überschritten sein; im Übrigen sind auch im Wettbewerbsrecht die urheberrechtlichen Schutzziele zu berücksichtigen, so insbesondere das in der Richtlinie zur Informationsgesellschaft bekräftigte Ziel der Sicherung einer „angemessenen Vergütung" der Urheber (s. Erwägungsgründe Nr. 10, GRUR Int. 2001, 745, 746; vgl. zum Ganzen *Schricker*, Verlagsrecht[3], Einl. Rdnr. 68ff.).

Vom **sonstigen Inhalt des Urhebervertragsgesetzes** seien hier – unter Hinweis auf die 15 Kommentierung bei den einschlägigen Paragraphen – noch erwähnt:
– die Ergänzung des § 11 durch den Schutzzweck der Sicherung einer angemessenen Vergütung;
– die im Wesentlichen klarstellende Neufassung von § 29, § 31 Abs. 1–3, 5, § 33, § 35;
– das Rückrufsrecht des Urhebers bei Gesamtveräußerung eines Verlagsunternehmens und die Erweiterung der Erwerberhaftung, § 34 Abs. 3–5;
– die international-privatrechtliche Sicherung der Anwendung der Regelung über die angemessene Vergütung in § 32b;

– nach § 63 a bei gesetzlichen Vergütungsansprüchen die Unverzichtbarkeit und Abtretbarkeit ursprünglich nur an Verwertungsgesellschaften, später auch an Verleger unter bestimmten Voraussetzungen (vgl. § 63 a Rdnr. 18 ff.);
– gewisse Modifikationen des Filmrechts betreffend §§ 88, 89, 90, 91, 95;
– die Regelung der intertemporalen Geltung des Gesetzes in § 132 Abs. 3, 4.

16 Nach § 132 Abs. 3, 4 gilt für Verträge oder sonstige Sachverhalte, die vor dem 1. 7. 2002 geschlossen worden oder entstanden sind, grundsätzlich das **alte Recht** weiter (s. im Einzelnen die Kommentierung zu § 132 Abs. 3, 4, dort Rdnr. 12–22). Für dieses ist auf die Erläuterungen in der **2. Aufl. des Urheberrechtskommentars** zu verweisen.

17 c) **Weitere Entwicklungen.** 17 Weitere Änderungen brachte zunächst das **Gesetz zur Regelung des Urheberrechts in der Informationsgesellschaft** (1. Korb) vom 10. 9. 2003 (BGBl. I S. 1774), durch das die europäische Richtlinie vom 22. 5. 2001 zur Harmonisierung bestimmter Aspekte des Urheberrechts und der verwandten Schutzrechte in der Informationsgesellschaft (ABl. EG L 167/10; GRUR Int. 2001, 745) umgesetzt wurde. Auf dem Gebiet des Urhebervertragsrechts führte das neben einer Neufassung des § 36 a Abs. 6 (Kostenregelung bei Verfahren vor der Schlichtungsstelle zur Aufstellung gemeinsamer Vergütungsregeln) und der Einfügung des § 42 a (Zwangslizenz zur Herstellung von Tonträgern) vor allem zu einer Neugestaltung des Rechts der ausübenden Künstler (dazu vor §§ 73 ff. Rdnr. 6 ff.).

18 Wesentliche Änderungen des Urhebervertragsrechts erfolgten durch das **zweite Gesetz zur Regelung des Urheberrechts in der Informationsgesellschaft** (2. Korb) vom 26. 10. 2007 (BGBl. I S. 2513). Die Unwirksamkeit der Einräumung von Nutzungsrechten für noch nicht bekannte Nutzungsarten und von Verpflichtungen dazu (§ 31 Abs. 4 aF.) wurde aufgehoben und durch eine Regelung ersetzt, die für Verträge über unbekannte Nutzungsarten die Schriftform und ein Widerrufsrecht (§ 31 a) sowie einen Anspruch auf eine gesonderte angemessene Vergütung (§ 32 c) vorsieht (vgl. dazu im einzelnen die Kommentierungen zu §§ 31 a und 32 c). Ferner wurde die Bestimmung des § 63 a über die Abtretbarkeit gesetzlicher Vergütungsansprüche geändert (vgl. dazu § 63 a Rdnr. 5 ff.). Dabei wurden die gesetzlichen Vermutungen der §§ 88 und 89 beim Erwerb der Rechte des Filmproduzenten auf unbekannte Nutzungsarten erstreckt und das Widerrufsrecht des § 31 a ausgeschlossen (§ 88 Abs. 1 S. 2 und § 89 Abs. 1 S. 2).

19 Zusammen mit der Annahme des 2. Korbs hat der Bundestag am 5. 7. 2007 eine Entschließung gefasst, in der das BMJ gebeten wird, weitere Fragen zu prüfen, die im 2. Korb keine Regelung gefunden hatten (abgedruckt bei *Hucko*, Zweiter Korb, S. 297). Für diesen **3. Korb** sind unter anderem vorgesehen die Prüfung eines Zweitverwertungsrechts für Urheber von wissenschaftlichen Beiträgen, die überwiegend im Rahmen einer mit öffentlichen Mitteln finanzierten Lehr- und Forschungstätigkeit entstanden sind sowie die Prüfung einer Widerrufsmöglichkeit von Filmurhebern bei unbekannten Nutzungsarten.

3. Tarifverträge, Normverträge, allgemeine Geschäftsbedingungen

20 a) **Tarifverträge.** Die langjährige Abstinenz des Gesetzgebers und die Verbreitung dispositiver Vorschriften im Bereich des Urhebervertragsrechts legen eine autonome Normierung durch beteiligte Verbände nahe, wie sie nun auch durch das Urhebervertragsgesetz von 2002 vorrangig angestrebt wird (s. zur Entwicklung auch § 36 Rdnr. 7 ff.). Für Arbeitnehmerurheber kommt als Mittel kollektiver Normierung der **Tarifvertrag** in Betracht. Tarifverträge mit urhebervertragsrechtlicher Thematik finden sich vor allem im Gebiet von Presse, Rundfunk und Film (s. allgemein Dreier/*Schulze*[3] vor § 31 Rdnr. 11; Fromm/Nordemann/*J. B. Nordemann*[10] vor §§ 31 ff. Rdnr. 296; *Ulmer*[3] § 91 II 1; *ders.* Urhebervertragsrecht Rdnr. 20; *Wandtke* ZUM 2004, 505; *Herschel* UFITA 94 [1982] 35; *Neufeldt* FuR 1980, 127 ff.; *Samson* UFITA 64 [1972] 181 ff.; *Vogel* in Beier/Götting/Lehmann/Moufang [Hrsg.] S. 117 ff.; *Dietz* in Beier/Götting/Lehmann/Moufang [Hrsg.] S. 1, 37 ff.; *Steinberg*, Urheberrechtliche Klauseln in Tarifverträgen, 1998; s. ferner die Zusammenstellung „Tarifvertragliche Regelungen für Urheber und Leistungsschutzberechtigte bei Film und Rundfunk" UFITA 92 [1982] 87 ff. sowie die bei *Schulze*, Urhebervertragsrecht[3] als Materialien Nr. 49, 52, 53, 108–111 abgedruckten Tarifverträge; zu tarifvertraglichen Urheberrechtsregelungen für Redakteure an Tageszeitungen s. *Hesse* AfP 1986, 201 ff.; s. auch Berger/Wündisch/*Wallraf*, Urhebervertragsrecht, § 27 Rdnr. 19 ff., Berger/Wündisch/*Mercker*, Urhebervertragsrecht, § 29 Rdnr. 45 ff.; v. Hartlieb/Schwarz/*Altenburg*, Handbuch des Film-, Fernseh- und Videorechts[4], 282. Kap. Rdnr. 11; s. ferner die Wiedergabe von aktuellen Tarifverträgen bei *Hillig* [Hrsg.], Urheber- und Verlagsrecht, Beck-Texte im dtv, 12. Aufl. 2008, S. 145 ff.). Die Möglichkeit der tarifvertraglichen Regelung urheberrechtlicher

Vorbemerkung **Vor § 28**

Fragen und die bestehenden Tarifverträge werden im Einzelnen im Rahmen der Kommentierung des Arbeitnehmerurheberrechts behandelt (§ 43 Rdnr. 47, 104 ff., 110 ff., 115 ff., 122 ff.).

Durch die Einführung von § 12a des Tarifvertragsgesetzes wurde die Möglichkeit geschaffen, 21 Tarifverträge auch für **arbeitnehmerähnliche Personen** zu vereinbaren (s. den Tarifvertrag für arbeitnehmerähnliche freie Journalisten und Journalistinnen an Tageszeitungen idF v. 14. 9. 2006 [abgedruckt bei *Hillig* [Hrsg.], Urheber- und Verlagsrecht, Beck-Texte im dtv, 12. Aufl. 2008, S. 145]; s. ferner Dreier/*Schulze*[3] vor § 31 Rdnr. 11; Wandtke/Bullinger/*Wandtke*[3] § 43 Rdnr. 11; *Ulmer*[3] § 91 II 1; *ders.* Urhebervertragsrecht Rdnr. 20–22; *Buchner* ZUM 2000, 624 ff.; *v. Olenhusen* GRUR 2002, 11 ff.; *Seidel* ZUM 2000, 660 ff.; *Dietz* GRUR Int. 1983, 390 ff. zur Entwicklung im Bereich der Sendeverträge; *Wiese,* Buchautoren als arbeitnehmerähnliche Personen, 1980; *Sieger* UFITA 77 (1976) 79/91 ff.; *Herschel* FuR 1980, 573; zur Regelung für arbeitnehmerähnliche Journalisten s. *Schricker,* Verlagsrecht[3], § 42/§ 38 UrhG Rdnr. 13; s. zu § 12a und den auf seiner Grundlage geschaffenen tarifvertraglichen Regelungen ferner unten § 43 Rdnr. 18, 109; s. die neueren Fassungen einschlägiger Tarifverträge bei *Hillig* [Hrsg.], Urheber- und Verlagsrecht, Beck-Texte im dtv,12. Aufl. 2008, S. 145 ff.).

Das Verhältnis tarifvertraglicher Vergütungsregelungen zu dem durch das **Urhebervertrags-** 22 **gesetz** eingeführten Anspruch des Urhebers auf Gewährung einer angemessenen Vergütung (§ 32) und ggf. auf weitere Beteiligung (§ 32a) wird im Sinne eines Vorrangs der Tarifregelung gelöst: Der Urheber hat gemäß § 32 Abs. 4 keinen Anspruch nach § 32 Abs. 1 S. 3, soweit die Vergütung für die Nutzung seiner Werke tarifvertraglich bestimmt ist. Ebenso ist gemäß § 32a Abs. 4 eine Berufung auf § 32a Abs. 1 ausgeschlossen, soweit die Vergütung tarifvertraglich bestimmt worden ist und ausdrücklich eine weitere angemessene Beteiligung für den Fall des § 32a Abs. 1 vorgesehen ist. Der Urheber muss dann ggf. den tariflichen Anspruch auf weitere Beteiligung geltend machen. Wegen der Einzelheiten sei auf die Kommentierung zu § 32 Abs. 4 und § 32a Abs. 4 verwiesen.

b) Normverträge, Vertragsmuster, Empfehlungen. Auch soweit es an der Möglichkeit 23 fehlt, kollektivvertragliche Regelungen in Form von Tarifverträgen abzuschließen, begegnen im Urheberrecht von Verbänden der Urheber und Verwerter gemeinsam geschaffene **Normverträge,** die allerdings nur den Charakter von **Vertragsmustern** oder **Empfehlungen** besitzen.

Zu erwähnen ist vor allem der **verlagsrechtliche Bereich** (*Schricker,* Verlagsrecht[3] Einl. 24 Rdnr. 9). So wurden zwischen dem Hochschulverband und dem Börsenverein des Deutschen Buchhandels „Vertragsnormen für wissenschaftliche Verlagswerke" vereinbart (Fassung 2000 – mit Musterverträgen; abgedr. bei *Schricker,* Verlagsrecht[3], Anh. S. 776 ff.; abrufbar unter http://www.boersenverein.de/sixcms/media.php/976/wiss_vertragsnormen.pdf ; s. auch *Peter,* Fs. für Hubmann, S. 335 ff.), zwischen dem Verband deutscher Schriftsteller in der IG Druck und Papier und dem Börsenverein ein „Normvertrag für den Abschluss von Verlagsverträgen" für belletristische Werke, vergleichbare Werke im Sachbuchbereich sowie Kinder- und Jugendbücher (Fassung von 1999, abgedr. bei *Schricker,* Verlagsrecht[3], Anh. S. 825 ff., abrufbar unter http://vs.verdi.de/urheberrecht/mustervertraege/data/must_Verlagsvertrag) und ein „Normvertrag für den Abschluss von Übersetzungsverträgen" (*Schricker,* Verlagsrecht[3], Anh. S. 835 ff.; abrufbar unter http://www.literaturebersetzer.de/download/wissenswertes/Normvertrag.pdf; sa. *Wegner/Wallenfels/Kaboth,* Recht im Verlag, S. 322 ff.; *Sieger* ZUM 1986, 319 ff.). Die für den Kunstverlag geschaffenen „Richtlinien für Abschluss und Auslegung von Verträgen zwischen bildenden Künstlern und Verlegern" haben zwar formell keine Geltung mehr, beeinflussen die Praxis aber noch heute (*Schricker,* Verlagsrecht[3], Anh. S. 845 ff.; su. Rdnr. 127 ff.). Aus dem Filmbereich sei der zwischen dem Verband deutscher Filmproduzenten und dem Deutschen Komponistenverband vereinbarte „Filmmusikvertrag" genannt (abgedruckt bei *Schulze,* Urhebervertragsrecht [3] S. 783 ff.; abrufbar unter http://www.fafo.at/download/Mustervertraege/Filmmusik-Vertrag.pdf).

Zu erwähnen sind schließlich **Honorarempfehlungen** wie zB die bis 1999 (seitdem nicht 25 mehr) empfohlenen Honorarempfehlungen der Mittelstandsgemeinschaft literarischer Übersetzerinnen und Übersetzer, der Mittelstandsgemeinschaft deutschsprachiger Schriftsteller (2005, abrufbar unter http://www.vs-in-leipzig.de/index.php?option=com_content&view=article&id=62&Itemid=58), sowie der Mittelstandsgemeinschaft Journalismus (2005), abrufbar unter http://www.mediafon.net/meldung_volltext.php3?&id=43148927868f7&akt=empfehlungen_empfehlungen), ferner Honorarempfehlungen des Bundes Deutscher Grafik-Designer, Bildhonorare – Marktübersicht der Mittelstandsgemeinschaft Foto-Marketing, abrufbar unter http://www.mediafon.net/empfehlungen_empfehlungen.php3); Regelsammlung der Verlage (Vertrie-

Vor § 28   Vorbemerkung

be)/Bühnen von 1998, ausgehandelt von den Bühnen- und Medienverlagen des Verbands Deutscher Bühnen- und Medienverlage und den Theatern im Deutschen Bühnenverein, Bundesverband deutscher Theater unter Mitwirkung der Dramatiker Union, s. dazu auch Dreier/*Schulze*[3] vor § 31 Rdnr. 12).

26   Die von Urheber- und Verwerterverbänden geschaffenen Normverträge, Richtlinien und Vertragsmuster haben im Gegensatz zu den Tarifverträgen **keine unmittelbare normative Wirkung** auf den Einzelvertrag zwischen Verwerter und Urheber. Dessen Inhalt können sie nur mittelbar prägen, indem sie die Vertragschließenden veranlassen, sich an das Muster zu halten. Darüber hinaus können aus Normverträgen, Richtlinien und Vertragsmustern aber auch Rückschlüsse auf **Usancen, Bräuche und Verkehrssitten** (*Ulmer*[3] § 91 II 2) sowie uU auch auf die **ethische Bewertung** gewisser Praktiken durch beteiligte Kreise gezogen werden (vgl. BGHZ 22, 347/356 f. – Clemens Laar; betreffend die Sittenwidrigkeit einer Optionsklausel). Einerseits pflegen sich Empfehlungen und Muster nach existierenden Standards zu richten; andererseits sind sie im Zug längerer Übung geeignet, Sitte und Anstandsgefühl zu beeinflussen. Als Indiz für eine entsprechende Verkehrssitte können derartige Vertragsnormen, Richtlinien und Vertragsmuster insbesondere über § 157 BGB Bedeutung für die **Auslegung** von Einzelverträgen gewinnen (*Schricker*, Verlagsrecht[3], Einl. Rdnr. 10 S. 29 f.; *Haberstumpf/Hintermeier* § 11 I; Dreier/*Schulze*[3] vor § 31 Rdnr. 12 m. w. Nachw.).

27   Im Schrifttum ist die Forderung erhoben worden, in verstärktem Umfang Möglichkeiten für eine **arbeitsrechtliche Ausgestaltung des Urhebervertragsrechts** durch bindende Kollektivverträge zu schaffen, auch soweit es sich nicht um Arbeitnehmer- oder arbeitnehmerähnliche Urheber handelt (*Dietz*, Urhebervertragsrecht, S. 15 ff., 147 ff.; *ders.* in Beier/Götting/Lehmann/Moufang [Hrsg.] S. 1/37 ff.; kritisch *Sieger* UFITA 77 [1976] 79/88 ff. mwN). Diese arbeitsrechtliche Entwicklungslinie korrespondiert mit den **sozialpolitischen Bestrebungen zur Verbesserung der Lage der Urheber** (*Dietz* GRUR 1972, 11 ff.; *Fohrbeck/Wiesand*, Der Autorenreport, 1972; *dies.*, Der Künstlerreport, 1975; *Fohrbeck/Wiesand/Wolterek*, Arbeitnehmer oder Unternehmer? Zur Rechtssituation der Kulturberufe, 1976; Bericht der Bundesregierung über die wirtschaftliche und soziale Lage der künstlerischen Berufe (Künstlerbericht), BTDrucks. 7/3071 v. 13. 1. 1975; sa. *Ifo-Institut für Wirtschaftsforschung*, Die volkswirtschaftliche Bedeutung des Urheberrechts, 1989, BTDrucks. 11/4929) und der **organisatorischen Annäherung von Urheberverbänden an Gewerkschaften;** in diesem Zusammenhang ist schließlich auch das – anfänglich umstrittene – **Künstlersozialversicherungsgesetz** (BGBl. 1981 I S. 705) zu sehen (s. dazu *Schneider* ZUM 1987, 175 ff.; *ders.* ZUM 1987, 555; *ders.* ZUM 1989, 1 ff.; *Finke/Brachmann/Nordhausen*, Künstlersozialversicherungsgesetz, Kommentar, 4. Aufl. 2009; Wandtke/Bullinger/*Ehrhardt*[3] § 18 Rdnr. 45).

28   Von den Tarifverträgen und den zwischen Verbänden der Urheber und der Verwerter vereinbarten Normverträgen und Richtlinien abgesehen, wird das Urhebervertragsrecht von **einseitig aufgestellten Vertragsmustern und Formularverträgen** beherrscht, die zumeist von den Verwerterunternehmen und deren Verbänden herstammen (s. die zahlreichen bei *Schulze*, Urhebervertragsrecht[3] im Teil Materialien abgedruckten Muster- und Standardverträge. Hilfe bei Vertragsschluss geben verschiedene Formularsammlungen, so insbesondere das Münchener Vertragshandbuch Bd. 3, 6. Aufl. 2009, Teil IX, hrsg. von *Schütze/Weipert*, Verfasser *W. Nordemann/J. B. Nordemann/Nordemann-Schiffel/Hertin/Vinck;* s. ferner *Beck'sche* Formularsammlung zum gewerblichen Rechtsschutz und Urheberrecht, 4. Aufl. 2009; *Wegner/Wallenfels/Kaboth*, Recht im Verlag, 2004; *Delp*, Der Verlagsvertrag, 8. Aufl. 2008). Soweit in der heutigen Urhebervertragspraxis schriftliche Verträge abgeschlossen werden, erscheinen sie von unterschiedlichen Firmenusancen, Normverträgen, gängigen Mustern und Standardverträgen geprägt, zT wirken noch ältere Formulierungsgepflogenheiten fort, die mit dem geltenden Recht nicht immer in Einklang stehen (s. zu den Verhältnissen im Verlagsgewerbe *Schricker*, Verlagsrecht[3], Einl. Rdnr. 11).

29   Mit den **gemeinsamen Vergütungsregeln** der §§ 36, 36 a sieht das Urhebervertragsgesetz von 2002 (s. dazu allgemein oben Rdnr. 6 ff.) Kollektivverträge neuen Typs vor. Abweichend von den Gesetzesvorschlägen sind derartige Regelungen nach der in Kraft getretenen Gesetzesfassung nicht erzwingbar. Wo sie zustande kommen, wird gemäß § 32 Abs. 2 S. 1 unwiderleglich vermutet, dass die hiernach ermittelte Vergütung angemessen ist. Zugleich wird auch der Anspruch des Urhebers auf weitere Beteiligung (§ 32 a) ausgeschlossen, soweit die Vergütung nach einer gemeinsamen Vergütungsregel bestimmt worden ist und ausdrücklich eine weitere angemessene Beteiligung vorgesehen ist (§ 32 a Abs. 4). Im Einzelnen sei auf die Kommentierung zu §§ 32, 32 a, 36 und 36 a verwiesen.

c) **Recht der allgemeinen Geschäftsbedingungen.** Vertragsmuster, Standardverträge und 30
Formulare, die Beteiligte beim Vertragsschluss verwenden, aber auch Verbands- und sonstige
Empfehlungen solcher Vertragsbedingungen wurden zunächst der Kontrolle nach dem **Gesetz
zur Regelung des Rechts der allgemeinen Geschäftsbedingungen (AGBG)** vom 9. 12.
1976 (BGBl. I S. 3317; s. zu seiner Anwendung für den Verlagsbereich *Schricker*, Verlagsrecht[3],
Einl. Rdnr. 14, 15.) unterworfen. Das Schuldrechtsmodernisierungsgesetz vom 26. 11. 2001
(BGBl. I S. 3138) regelt die Gestaltung rechtsgeschäftlicher Schuldverhältnisse durch Allgemeine
Geschäftsbedingungen nunmehr in §§ 305–310 BGB. Sanktionen und Verfahren sind im Unterlassungsklagegesetz vom 26. 11. 2001 geregelt.

Die Regelung ist auf **„Allgemeine Geschäftsbedingungen (AGB)"** anwendbar, dh. auf 31
für eine „Vielzahl von Verträgen vorformulierte Vertragsbedingungen, die eine Vertragspartei
(Verwender) der anderen Vertragspartei bei Abschluss eines Vertrags stellt" (§ 305 Abs. 1 S. 1
BGB). Es kommt dabei nicht darauf an, dass es sich um gedruckte Bedingungen handelt; nach
§ 305 Abs. 1 S. 2 BGB spielen die Schriftart und die äußere Anordnung keine Rolle. In den
Anwendungsbereich des Gesetzes fallen insbesondere die von Verwerterunternehmen gegenüber
Urhebern verwendeten Standard- oder Formularverträge.

Nur beschränkt anwendbar sind die §§ 305 ff., wenn AGB gegenüber einem **Unternehmer** 32
verwendet werden (§ 310 Abs. 1). Unternehmer ist nach § 14 Abs. 1 BGB ua., wer bei Abschluss
eines Rechtsgeschäfts in Ausübung seiner selbständigen beruflichen Tätigkeit handelt. Die Definition trifft auf freischaffende **Urheber,** die ihre Werke vermarkten, grundsätzlich zu; sie werden
auch im UWG, GWB und EG-Wettbewerbsrecht als Unternehmer betrachtet (sa. Einl.
Rdnr. 50 ff., 59 ff.). Auch eine nebenberufliche unternehmerische Tätigkeit fällt unter § 14 (*Palandt/Ellenberger*, BGB[68], § 14 Rdnr. 2 mwN.); erforderlich ist freilich eine nachhaltige Betätigung.
Insofern hat sich die Rechtslage gegenüber § 24 Abs. 1 Nr. 1, Abs. 2 AGBG geändert, der die Ausnahme auf Kaufleute bezog, so dass Urheber idR nicht erfasst wurden. Die Unternehmer betreffende Ausnahme in § 310 Abs. 1 bedeutet Unanwendbarkeit der Einbeziehungsvorschriften (§ 305
Abs. 2, 3) und der Klauselverbote (§ 308, § 309) (so auch *Jani* S. 236 f.; *Riesenhuber* ZUM 2002,
777 ff.; *Fromm/Nordemann/J. B. Nordemann*[10] vor §§ 31 ff. Rdnr. 195; *Dreier/Schulze*[3] vor § 31
Rdnr. 14; sa. *Acker/Thum* GRUR 2008, 671/672). Da es sich bei Urhebern – Verbrauchern vergleichbar – um die regelmäßig schwächere Vertragspartei handelt, sollte dann aber eine strengere
Inhaltskontrolle (§ 307 Abs. 1, 2 i. V. m. § 310 Abs. 1 S. 2 erfolgen (so auch Dreier/*Schulze*[3] vor § 31
Rdnr. 14; Fromm/Nordemann/*J. B. Nordemann*[10] vor §§ 31 ff. Rdnr. 195). Die für Unternehmer
gemachte Ausnahme greift auch ein, wenn es sich um AGB im Verhältnis zwischen Verwerterunternehmen handelt oder wenn ein Urheber einem Verwerterunternehmen AGB stellt.

Für Verträge zwischen Urheberrechtsinhabern und **Verwertungsgesellschaften** sah § 23 33
Abs. 2 Nr. 6 AGBG eine Ausnahme hinsichtlich der Dauer der Verträge vor; im Übrigen galt
das AGBG grundsätzlich auch für Verwertungsgesellschaften (*Staudinger/Schlosser* BGB[12] § 23
AGBG Rdnr. 35; *Melichar* S. 64; vgl. für die Berechtigungsverträge der GEMA BGH GRUR
1986, 62/65 – GEMA-Vermutung I). Unter die verbandsrechtliche Ausnahme des § 23 Abs. 1
AGBG (jetzt § 310 Abs. 4 S. 1 BGB) fielen jedoch Satzung und Verteilungspläne der Verwertungsgesellschaften (s. im Einzelnen – zT abweichend – *Wolf/Horn/Lindacher* AGB-Gesetz[2] § 23
Rdnr. 350 ff.). § 309 Nr. 9 BGB übernimmt die in § 23 Abs. 2 Nr. 6 AGBG enthaltene Ausnahme. Nach der hier vertretenen Meinung von der Unternehmereigenschaft der Urheber ist
allerdings § 309 auf Geschäftsbedingungen gegenüber diesen unanwendbar; ganz leer läuft § 309
Nr. 9 gleichwohl im Hinblick auf § 310 Abs. 1 S. 2 nicht.

Gemäß § 23 Abs. 1 AGBG fand das Gesetz keine Anwendung auf **Arbeitsverträge.** Demge- 34
genüber geht § 310 Abs. 4 S. 2 BGB die Anwendung auf Arbeitsverträge aus (ohne § 305
Abs. 2 und 3, s. § 310 Abs. 4 S. 2): die im Arbeitsrecht geltenden Besonderheiten sind angemessen zu berücksichtigen (keine Anwendung auf Tarifverträge, s. § 310 Abs. 4 S. 1). Strittig war
die Behandlung der Verträge mit **arbeitnehmerähnlichen Personen** (*Staudinger/Schlosser*
BGB[12] § 23 AGBG Rdnr. 3 mwN; MünchKomm. BGB/*Kötz*[3] § 23 AGBG Rdnr. 6; dahingestellt vom BGH GRUR 1984, 45/47 – Honorarbedingungen: Sendevertrag –, sowie von BGH
GRUR 1984, 119/120 – Synchronisationssprecher; für Anwendbarkeit der materiell-rechtlichen
Regelungen des AGBG *Palandt/Heinrichs* BGB[57] §§ 23/24 AGBG Rdnr. 2). Nach der gesetzlichen Erstreckung auf Arbeitnehmer durch § 310 Abs. 4 S. 2 sind arbeitnehmerähnliche Personen erst recht einzubeziehen (Fromm/Nordemann/*J. B. Nordemann*[10] vor §§ 31 ff. Rdnr. 195;
Wandtke/Bullinger/*Grunert*[3] vor §§ 31 ff. Rdnr. 98; *Castendyk* ZUM 2007, 169/170).

Das AGBG ist nicht anwendbar, soweit Vertragsbedingungen zwischen den Vertragsparteien 35
im Einzelnen ausgehandelt sind (§ 305 Abs. 1 S. 3 BGB). Im Bereich der Urheberverwer-

tungsverträge werden häufig allgemeine Geschäftsbedingungen mit Individualvereinbarungen gemischt vorkommen; der Anwendung des Rechts der AGB unterliegen dann nur Erstere (Palandt/*Grüneberg*, BGB[68], § 305 Rdnr. 18; *Castendyk* ZUM 2007, 169/171; vgl. auch *Hertin* AfP 1978, 72/74). Individuelle Abreden haben Vorrang vor allgemeinen Geschäftsbedingungen (§ 305 b BGB; sa. Wandtke/Bullinger/*Grunert*[3] vor §§ 31 ff. Rdnr. 104).

Nach § 307 Abs. 3 S. 1 BGB gelten die Vorschriften über die Inhaltskontrolle des § 307 Abs. 1 und 2 sowie die §§ 308 und 309 nur für Bestimmungen in Allgemeinen Geschäftsbedingungen, durch die von Rechtsvorschriften abweichende oder diese ergänzende Regelungen vereinbart werden. Dies ist so zu verstehen, dass insbesondere eine Kontrolle der vertraglichen **Gegenleistung** ausscheidet (s. dazu auch § 11 Rdnr. 8; eine individualvertragliche Gegenleistungskontrolle wurde nun in den §§ 32, 32 a geregelt); sa. die Ausnahme für nicht klare und verständliche Bestimmungen in § 307 Abs. 3 S. 2.

Da im Bereich des Urhebervertragsrechts die allgemeinen Geschäftsbedingungen in den schriftlichen Vertrag integriert zu werden pflegen, dürften Probleme der **Einbeziehung** nur selten auftreten (nach BGH GRUR 1984, 119/129 – Synchronisationssprecher – genügt es für eine Einbeziehung zumindest im Wege nachträglicher Vertragsänderung, wenn über längere Zeit die Praxis betätigt wird, dass nach telefonischer Beauftragung und Ausführung des Auftrags mit der Gagenabrechnung die AGB übersandt werden, die vom Rechtsinhaber unterschrieben werden).

36 **Überraschende Klauseln** werden nicht Vertragsbestandteil (§ 305 c Abs. 1 BGB). Erforderlich ist die Ungewöhnlichkeit der Klausel und ihr Überraschungs- bzw. Überrumpelungseffekt (Palandt/*Grüneberg*, BGB[68], § 305 c Rdnr. 3 f.; Wandtke/Bullinger/*Grunert*[3] vor §§ 31 ff. Rdnr. 102 f.; Fromm/Nordemann/*J. B. Nordemann*[10] vor §§ 31 ff. Rdnr. 199; Möhring/Nicolini/*Spautz*[2] § 31 Rdnr. 51; s. für den Rundfunkbereich *Hertin* AfP 1978, 72/73 f.) Aus der Rechtsprechung ist hervorzuheben: Die Einräumung auch der Schallplattenrechte durch Filmsynchronisationssprecher in AGB des Auftraggebers ist keine überraschende Klausel (BGH GRUR 1984, 119/121 – Synchronisationssprecher); die Berechtigung der Druckerei, bei Zahlungsverzug die Drucksachen selbst zu vertreiben und entsprechende Urheberrechte zu erwerben, ist als überraschende Klausel unwirksam (OLG Frankfurt/M GRUR 1984, 515/516 – Übertragung von Nutzungsrechten). Bedenken, eine überraschende Klausel in der Einräumung der Rechte zur Nutzung „im Wege audiovisueller Verfahren" in einem Vertrag von 1972 zu erblicken, hat BGH ZUM 1995, 713/715 – Videozweitauswertung III. Eine überraschende Klausel wäre eine „Mindesthonorargarantie" für mehrere Werke, bei der die die Garantiesumme übersteigenden Absatzhonorare für ein Werk nicht ausbezahlt werden, solange für ein anderes Werk die Absatzhonorare die Garantiesumme nicht erreichen (OLG Frankfurt/M ZUM 1991, 551).

37 Praktisch nicht unwichtig dürfte die **Unklarheitenregel** des § 305 c Abs. 2 BGB sein: Danach gehen Zweifel bei der Auslegung allgemeiner Geschäftsbedingungen zu Lasten des Verwenders, dh. praktisch zu Lasten des Verwerterunternehmens, das als Vertragspartner des Urhebers sich der allgemeinen Geschäftsbedingungen bedient. Die Vorschrift gilt neben dem Zweckübertragungsgrundsatz (Wandtke/Bullinger/*Grunert*[3] vor §§ 31 ff. Rdnr. 105; Dreier/*Schulze*[3] vor § 31 Rdnr. 16; *Kuck* GRUR 200, 285/286; s. a. *Berberich* ZUM 2006, 205 ff.; einschränkend Fromm/Nordemann/*J. B. Nordemann*[10] vor §§ 31 ff. Rdnr. 198).

38 Die **Inhaltskontrolle** der allgemeinen Geschäftsbedingungen findet einerseits – wie bereits vor der Geltung des AGBG – in Form einer zivilgerichtlichen **Inzidentkontrolle** statt, wobei freilich nunmehr die materiell-rechtlichen Vorschriften des Gesetzes einen detaillierteren Prüfungsmaßstab zur Verfügung stellen als die früher allein anwendbaren §§ 138 Abs. 1, 242 BGB. Zusätzlich hat das AGBG ein **„abstraktes Kontrollverfahren"** eingeführt, in dessen Rahmen gegen den Verwender unwirksamer allgemeiner Geschäftsbedingungen nach Maßgabe des Gesetzes über Unterlassungsklagen bei Verbraucherrechts- und anderen Verstößen vom 26. 11. 2001 (BGBl. I S. 3173) auf Unterlassung der Verwendung geklagt werden kann. Ein Unterlassungs- und Widerrufsanspruch besteht ferner gegen denjenigen, der AGB für den rechtsgeschäftlichen Verkehr empfiehlt. Hierunter fallen auch von Urheber- und Verwerterverbänden abgegebene Empfehlungen von Vertragsnormen oder Musterverträgen, selbst wenn es sich um gemeinsame Empfehlungen von Verbänden beider Seiten handelt. Zur **Klage befugt** sind nach §§ 3 f. des Gesetzes vom 26. 11. 2001 sog. „qualifizierte Einrichtungen" zum Schutz von Verbraucherinteressen, Verbände zur Förderung gewerblicher Interessen, Industrie- und Handelskammern sowie Handwerkskammern. Wie bei § 13 UWG, der als Vorbild für die Verbandsklage des AGB-Gesetzes gedient hat, ist der Begriff der „Verbände zur Förderung gewerblicher

Interessen" weit auszulegen; es fallen hierunter auch Verbände freiberuflich Tätiger und insbesondere **Urheberverbände** (Wandtke/Bullinger/*Grunert*³ vor §§ 31 ff. Rdnr. 112; *Hertin* AfP 1978, 72/73). So hat der BGH die Klage der Dramatikerunion eV, eines Vereins, der die Berufsinteressen der dramatischen Wort- und Musikautoren für Bühne, Film, Rundfunk und Fernsehen vertritt, gegen die „Honorarbedingungen für freie Mitarbeiter" des Senders Freies Berlin zugelassen (BGH GRUR 1984, 45/47 – Honorarbedingungen: Sendevertrag; sa. *Hertin* FuR 1983, 151).

Zuständigkeit, Verfahren und Urteilswirkung sind in §§ 5 ff. des Unterlassungsklagengesetzes geregelt.

Prüfungsmaßstab für die Kontrolle allgemeiner Geschäftsbedingungen ist die in § 307 BGB **39** enthaltene **Generalklausel,** die durch die in §§ 308 und 309 aufgelisteten **Klauselverbote** ergänzt und konkretisiert wird.

Nach der **Generalklausel** sind Bestimmungen in allgemeinen Geschäftsbedingungen unwirksam, wenn sie den Vertragspartner des Verwenders entgegen den Geboten von Treu und Glauben unangemessen benachteiligen (§ 307 Abs. 1 S. 1). Eine unangemessene Benachteiligung kann sich auch daraus ergeben, dass die Bestimmung nicht klar und verständlich ist (§ 307 Abs. 1 S. 2). Eine unangemessene Benachteiligung ist im Zweifel anzunehmen, wenn eine Bestimmung mit wesentlichen Grundgedanken der gesetzlichen Regelung, von der abgewichen wird, nicht zu vereinbaren ist (§ 307 Abs. 2 Nr. 1) oder wesentliche Rechte oder Pflichten, die sich aus der Natur des Vertrags ergeben, so einschränkt, dass die Erreichung des Vertragszwecks gefährdet ist (§ 307 Abs. 2 Nr. 2).

Rechtsfolge ist die Unwirksamkeit der Klausel; der Vertrag bleibt grundsätzlich im Übrigen wirksam (§ 306 Abs. 1). Die unwirksame Klausel wird durch dispositives Gesetzesrecht ersetzt (§ 306 Abs. 2); fehlt solches, muss mit einer ergänzenden Vertragsauslegung (§§ 157, 133 BGB) geholfen werden. Im Fall einer unzumutbaren Härte ist ausnahmsweise der ganze Vertrag nichtig (§ 306 Abs. 3).

Bei der **Inhaltskontrolle** von allgemeinen Geschäftsbedingungen im Bereich des Urheber- **40** vertragsrechts sind namentlich die **„wesentlichen Grundgedanken"** des UrhG – und für Verlagsverträge auch des **VerlG** (*Schricker*, Verlagsrecht³, Einl. Rdnr. 15) – nach Maßgabe von § 307 Abs. 2 Nr. 1 BGB zu berücksichtigen. Solche Grundgedanken finden sich vor allem in § 11 und § 31 Abs. 5 UrhG (Wandtke/Bullinger/*Grunert*³ vor §§ 31 ff. Rdnr. 108; *Haberstumpf/Hintermeier* § 10 III 3; *Hertin* FuR 1983, 151/153 f. S. zur Beurteilung von Buy-Out-Verträgen *Jani* S. 235 ff.), ferner in § 34 UrhG (*Haberstumpf/Hintermeier* § 10 III 1, 3), § 33, § 35 und § 44 UrhG.

Nach **anderer Auffassung**, insbesondere der Rechtsprechung (BGH GRUR 1984, 45 – **41** Honorarbedingungen: Sendeverträge; BGH GRUR 1984, 119/121 – Synchronisationssprecher; BGH GRUR 1974, 786 ff. – Kassettenfilm; KG GRUR 1984, 509/513 f. – Honorarbedingungen Urheber/Fernsehen; im Schrifttum vgl. insb. *Castendyck* ZUM 2007, 169/173 f. m. w. Nachw. in Fußn. 31; *Kuck* GRUR 2000, 285/288 f.) – sollen Auslegungsregeln wie §§ 31 Abs. 5 und 88 Abs. 2 UrhG für die Inhaltskontrolle nicht zu verwerten sein, da sie lediglich „Ersatzfunktion", nicht aber „Leitbildfunktion" hätten (BGH GRUR 1984, 45/48 ff.). Die Anwendung von § 307 Abs. 2 Nr. 1 BGB (seinerzeit § 9 Abs. 2 Nr. 1 AGBG) kann aber nicht von der begrifflichen Differenzierung zwischen dispositivem Rechtssatz und Auslegungsregel abhängig gemacht werden. Bei dieser Unterscheidung wird nicht berücksichtigt, „dass das Gesetz denselben Erfolg, den es durch eine materiale Auslegungsregel erreicht, häufig auch durch eine dispositive Norm hätte erreichen können und umgekehrt", so dass „beides ineinander übergeht und eine scharfe Grenze nicht gezogen werden kann" (*Larenz/Wolf* BGB Allg. Teil⁹ § 28 Rdnr. 107; sa. Palandt/*Ellenberger* BGB⁶⁸ § 133 Rdnr. 22). Richtigerweise ist § 31 Abs. 5 UrhG auch bei der Inhaltskontrolle zu berücksichtigen (so auch LG Berlin ZUM-RD 2008, 18/19 für § 11 S. 2 UrhG; Dreier/*Schulze*³ vor § 31 Rdnr. 16 und § 31 Rdnr. 114 ff.; Wandtke/Bullinger/*Grunert*³ vor §§ 31 ff. Rdnr. 108 f.; *Haberstumpf/Hintermeier* § 10 III 3; *Schack*, Urheber- und Urhebervertragsrecht⁴, Rdnr. 958; *Jani* S. 247 ff. mwN.; s. a. *Berberich* ZUM 2006, 205/210; offengelassen in LG Berlin ZUM-RD 2008, 18/22 für § 31 Abs. 5 UrhG).

Für die hier vertretene Auffassung spricht auch, dass nach dem ausdrücklichen Willen des Ge- **42** setzgebers das in § 11 S. 2 UrhG niedergelegte **Prinzip der angemessenen Vergütung** Leitbildfunktion haben soll (BT-Drucks. 14/8058 S. 17 f.) und auch § 31 Abs. 5 UrhG diesem Ziel dient (Dreier/*Schulze*³ vor § 31 Rdnr. 16 und § 31 Rdnr. 116). Ferner ist zu berücksichtigen, dass es für die Inhaltskontrolle von allgemeinen Geschäftsbedingungen nicht auf die begriffliche Einordnung einer Norm ankommen kann; maßgeblich ist vielmehr der sie tragende **Gerechtigkeitsgehalt**

(MünchKomm. BGB/*Kieninger*⁵ § 307 BGB Rdnr. 61 unter Hinweis auf die Entstehungsgeschichte; *Staudinger/Coester* BGB (Neubearbeitung 2006) § 307 BGB Rdnr. 247 ff.). Außerhalb des Urheberrechts ist es ständige Praxis, AGB auch an Auslegungsregeln zu messen (*Haberstumpf/ Hintermeier* § 10 III 3 mwN). Dass § 31 Abs. 5 UrhG einen „Grundgedanken" kodifiziert, „auf dem die Urheberrechtsreform weitgehend beruht" (*v. Gamm,* § 31 Rdnr. 18), ist nicht zu verkennen. Die Vorschrift vermag zwar durch entsprechend verklausulierte Individualverträge rechtswirksam entkräftet zu werden; wenn das in ihr enthaltene Prinzip jedoch in Formularverträgen generell beiseitegeschoben wird, liegt die Annahme einer Unwirksamkeit nach § 307 BGB nahe (OLG Zweibrücken ZUM 2001, 346/347 f.; OLG Düsseldorf GRUR-RR 2002, 121/124; *Schricker,* Verlagsrecht³, Einl. Rdnr. 15, § 5 Rdnr. 8; *Hertin* AfP 1978, 72/79, *ders.* FuR 1983, 151/153 f.; *Haberstumpf/Hintermeier* § 10 III 3; *Hubmann* UFITA 74 [1975] 3/8 f.; *Donle* S. 211 ff.; *Fischer/Reich* S. 63 f.).

Zur Kritik fordert ferner heraus, dass der BGH einen Verstoß gegen den aus der verfassungsrechtlichen Garantie des geistigen Eigentums hergeleiteten Grundsatz, der Urheber sei tunlichst am wirtschaftlichen Nutzen seines Werkes zu beteiligen, im abstrakten Kontrollverfahren für in der Regel nicht feststellbar erklärt, da es auf die „im jeweiligen Einzelfall getroffenen **Honorarvereinbarungen**" ankomme (BGH GRUR 1984, 45/49 – Honorarbedingungen: Sendevertrag; im Ergebnis auch KG GRUR 1984, 509/515 – Honorarbedingungen Urheber/Fernsehen; s. ferner BGH GRUR 1984, 119/121 – Synchronisationssprecher: Bei einem Synchronisationssprecher sei die formularmäßige Einräumung auch der Schallplattenrechte nicht nach § 9 Abs. 1 AGBG zu beanstanden, da sie durch die Vergütung mit abgegolten sei). Wie in der Literatur hervorgehoben wird, kann aber ein angeblich besonders günstiger, **formularmäßig** festgelegter Preis regelmäßig keine Rechtfertigung für anstößige AGB bilden; ein **nicht formularmäßig** festgesetzter Preis vermag in keinem Fall harte Formularbedingungen auszugleichen (BGHZ 22, 90/98; BGHZ 33, 216/219; BGHZ 77, 126/131; BGHZ 120, 216/226; BGH NJW-RR 2008, 818/820; MünchKomm. BGB/*Kieninger*⁵ § 307 BGB Rdnr. 41 f.; *Staudinger/Coester* BGB (Neubearbeitung 2006) Rdnr. 129 ff.; beide mwN.; Palandt/*Grüneberg,* BGB⁶⁸, § 307 Rdnr. 14). Die Inhaltskontrolle allgemeiner Geschäftsbedingungen, die den Urheber weitgehend seiner Nutzungsrechte berauben und diese vertraglich praktisch zu einem Vergütungsanspruch herabstufen, kann demgemäß nicht mit der Begründung verweigert werden, es sei ja nicht auszuschließen, dass im Einzelfall ein „gutes" Honorar gezahlt werde.

Es ist ferner die Tendenz zu missbilligen, den Schutz der Urheber vor unzumutbaren Vertragsbedingungen dem Gesetzgeber zuzuschieben, weil die „erwartete umfassende Regelung des Urhebervertragsrechts bisher ausgeblieben" sei, mithin „eine unbegrenzte Vertragsfreiheit" bestehe (BGH GRUR 1984, 45/48 – Honorarbedingungen: Sendevertrag). Damit wird die Funktion des AGBG und namentlich die Bedeutung seiner Generalklausel nicht richtig gewürdigt. Durch das **Urhebervertragsgesetz** von 2002 ist die AGB-Kontrolle nicht eingeschränkt worden; ganz im Gegenteil bringt § 11 S. 2 eine im AGB-Recht zu beachtende Wertungsdirektive (s. § 11 Rdnr. 8; Dreier/*Schulze*³ vor § 31 Rdnr. 116; Wandtke/Bullinger/*Grunert*³ vor §§ 31 ff. Rdnr. 108).

43   Die Generalklausel des § 307 BGB bildet im Urhebervertragsrecht einen umso wichtigeren Prüfungsmaßstab, als die **Klauselverbote** in erster Linie auf bürgerlich-rechtliche Kauf-, Werk- und sonstige Alltagsverträge, insbesondere mit Letztverbrauchern, zugeschnitten sind. Schon unter der Geltung des AGBG waren sie im Urhebervertragsrecht seltener relevant (*Ulmer*³ § 90 II 3); nunmehr nimmt § 310 Abs. 1 sie bei AGB gegenüber Unternehmern – das sind idR auch Urheber – von der Anwendung aus (s. Rdnr. 32).

Allgemein ist zu sagen, dass die **Möglichkeiten der AGB-Kontrolle** bei der Beurteilung von Urheberrechtsverträgen **noch nicht ausgeschöpft** sind. Erwartungen, dass das zweite Gesetz zur Regelung des Urheberrechts in der Informationsgesellschaft (zweiter Korb) neue Impulse für die Diskussion über die AGB-Inhaltskontrolle nach §§ 305 ff. BGB geben wird (Spindler NJW 2008, 9/10) haben sich allerdings bislang nicht erfüllt. Eine AGB-Kontrolle bietet sich aber nicht nur im regulären Bereich von Urheberrechtsverträgen, insbesondere bei Verwertungsverträgen an, sondern auch dort, wo gesetzliche Formulierungen das gesetzgeberische Ziel verfehlt haben (vgl. § 63 a Rdnr. 7); ebenso können sie eine Vorreiterrolle bei vom Gesetzgeber noch nicht erfaßten neuen Entwicklungen spielen, etwa bei Fragen des Informationszugangs auf Wissensmärkten.

44   Aus der **bisherigen Rechtsprechung** sind folgende Entscheidungen hervorzuheben (s. auch den Überblick bei Dreier/*Schulze*³ vor § 31 Rdnr. 17 ff.):

BGH GRUR 1985, 45 – Honorarbedingungen: Sendevertrag. Für unwirksam wurde die Ermächtigung der Sendeanstalt erklärt, bei Einschaltung von Dritten den Nutzungsvertrag im

Namen des Vertragspartners mit einer noch näher zu bestimmenden Auswertungsfirma abzuschließen (S. 52). Unwirksam ist hiernach ferner die Verpflichtung des Vertragspartners, bei Rückruf gemäß § 41 UrhG eine Entschädigung in Höhe des empfangenen Honorars zu leisten, sowie die generelle Einräumung des Vertonungsrechts an die Rundfunkanstalt. Im Übrigen zeigt die Entscheidung größte Zurückhaltung bei der Inhaltskontrolle, s. die Kritik Rdnr. 41 f.).

KG GRUR 1984, 509 – Honorarbedingungen Urheber/Fernsehen. Die formularmäßige Einräumung der „ausschließlichen, räumlich, zeitlich und inhaltlich unbeschränkten Rechte, das Werk des Vertragspartners in unveränderter, bearbeiteter oder umgestalteter Form ganz oder teilweise, beliebig oft für alle Zwecke des Rundfunks sowie die unter Benutzung des Werks hergestellte Produktion im gleichen Umfang für alle Zwecke des Films und der audiovisuellen Verwertung zu nutzen", wurde nicht als unangemessene Benachteiligung des Vertragspartners angesehen. Auch die Berechtigung der Rundfunkanstalt, die eingeräumten Rechte ganz oder teilweise auf Dritte zu übertragen oder diesen Nutzungsrechte einzuräumen, sei wirksam, da mit dem Urhebervertragsrecht (§§ 31, 34, 35 UrhG) vereinbar. Auch gegen diese Entscheidung richten sich die oben Rdnr. 41 ausgeführten Bedenken.

OLG Karlsruhe UFITA 92 (1982) 229/231 f.: Vorrang der Individualabrede nach § 4 AGBG.

OLG Frankfurt/M GRUR 1984, 515 – Übertragung von Nutzungsrechten: Klausel in den AGB einer Druckerei, dass sie bei Zahlungsverzug des Auftraggebers den Vertrieb der Drucksachen selbst durchführen darf und hierzu die „erforderlichen" Urheberrechte erhält, ist als überraschende Klausel nach § 3 AGBG unwirksam und widerspricht dem Leitbild des UrhG, insbesondere gemäß §§ 29, 113 UrhG.

OLG Celle ZUM 1986, 213 – Arno Schmidt: Eine Vertragsbestimmung, wonach der Verfasser dem Verlag sämtliche Verlagsrechte für alle Auflagen und Ausgaben räumlich unbeschränkt auf die Dauer der Schutzfrist einräumt, ist auch dann nicht unwirksam, wenn sie als AGB anzusehen ist.

LG Hamburg AfP 1986, 352: Wirksamkeit der Festsetzung eines sog. Blockierungshonorars in den AGB einer Bildagentur für den Fall, dass überlassene Dias von Kunden nicht fristgerecht zurückgegeben werden.

OLG München ZUM-RD 1998, 113: Sanktionen bei nicht ordnungsgemäßer Behandlung von dem Verlag zur Ansicht überlassenen Diapositiven in AGB eines Photographen sind wirksam; vgl. auch AG Hamburg ZUM-RD 1999, 459; LG Hamburg ZUM 2004, 148 – unangemessene Blockierungsgebühr.

OLG Hamburg AfP 1999, 357: AGB wonach ein Drehbuchautor das Werk nach Wünschen und Vorgaben des Produzenten herzustellen hat und Letzterer nach billigem Ermessen über die Abnahme entscheidet und bei Nichtabnahme eine billige Entschädigung zu leisten hat, sind wirksam.

OLG Hamburg ZUM-RD 1999, 497: Eine überhöhte Vertragsstrafe für Kopierverbot von Schulungs-Videokassetten in AGB ist unwirksam.

OLG Zweibrücken ZUM 2001, 346: Eine Verpflichtung der Komponisten in Verträgen des ZDF, die Verlagsrechte zur Wahrnehmung an einen dem ZDF nahe stehenden Verlag zu übertragen, stellt eine unangemessene Benachteiligung dar.

OLG Düsseldorf GRUR-RR 2002, 121/122: Die Klausel einer Fernsehanstalt, die die Videorechte nicht erworben hat, wonach deren Verwertung durch den Produzenten von der Zustimmung der Anstalt abhängig ist, ist unwirksam.

BGH KUR 2003, 74 – CPU-Klausel: Eine Zusatzvergütung in Softwarelizenzvertrag beim Einsatz stärkerer Rechner ist nicht unangemessen; s. dazu auch *Spindler* JZ 2003, 1117 ff.

LG Frankfurt GRUR-RR 2006, 395 – Preiserhöhungsklausel: Eine Preiserhöhungsklausel bei Änderung der Vergütungs- und Umsatzsteuersätze in AGB der GEMA ist wirksam.

OLG München MMR 2006, 748: Ausschluss der Abtretbarkeit von Nutzungsrechten an Computerprogrammen in AGB des Lizenzgebers ist wirksam.

OLG München ZUM 2007, 751: Ein in den AGB eines Verlagsvertrages enthaltenes Wettbewerbsverbot, das für die gesamte Laufzeit des Vertrages vereinbart ist, ist nach § 307 Abs. 1 S. 1 BGB wegen unangemessener Benachteiligung des Verfassers unwirksam.

LG Berlin ZUM-RD 2008, 18: AGB eines Verlags, wonach die Entrichtung eines zusätzlichen Nutzungsentgelts für weitere neben der Primärnutzung mögliche Nutzungen zur Disposition des Verlags gestellt ist, widersprechen dem Leitbild des § 11 Satz 2 UrhG und verstoßen damit gegen § 307 Abs. 2 Ziff. 1, Abs. 3 BGB.

OLG München ZUM 2008, 875/877: Ist einem Übersetzungsvertrag keine klare Aussage zur Auswertungspflicht des Verlegers zu entnehmen, so gehen Zweifel bei der Auslegung Allgemeiner Geschäftsbedingungen zu Lasten des Verwenders, sodass von einer Auswertungspflicht des Verlegers auszugehen ist.

BAG NJW 2008, 780: Weisungsrecht gegenüber einer Filmschauspielerin: Das Transparenzgebot des § 307 I 2 BGB verlangt von dem Verwender nicht, alle möglichen Konkretisierungen der Arbeitspflicht und des Weisungsrechts ausdrücklich zu regeln. Vielmehr ist das gesetzliche Weisungsrecht (§ 106 GewO) Ausfluss und Folge der vertraglichen Festlegung der Arbeitspflicht (Leitsatz).

BGH GRUR 2009, 395/400 – Klingeltöne für Mobiltelefone: Unwirksamkeit der Klausel „Beschließt die Mitgliederversammlung in Zukunft Abänderungen des Berechtigungsvertrags, so gelten auch diese Abänderungen als Bestandteil des Vertrags" im Berechtigungsvertrag der GEMA.

4. Arten des Rechtsverkehrs im Urheberrecht

45 **a) Übertragung des Urheberrechts.** Verkehrsvorgang von größter Tragweite ist die **Übertragung des Urheberrechts im Ganzen oder in Teilen.** Sie wird vom Gesetz nurmehr in Form der **Vererbung** (§ 28 Abs. 1) sowie als Übertragung in **Erfüllung einer Verfügung von Todes wegen** oder **an Miterben im Weg der Erbauseinandersetzung** (§ 29 Abs. 1) gestattet. Im Übrigen ist das Urheberrecht unübertragbar, dh. außer in den in § 29 Abs. 1 geregelten Fällen kann das Urheberrecht **unter Lebenden wirksam nicht übertragen** werden (§ 29 Abs. 1). Dies bedeutet, dass die rechtsgeschäftliche Übertragung als **Verfügung** nichtig ist; der schuldrechtliche Vertrag bleibt wirksam; der Anspruch auf Leistung ist ausgeschlossen (§§ 275 Abs. 1, 311a Abs. 1 BGB); es kommt ein Anspruch auf Schadensersatz oder Aufwendungsersatz in Betracht (§ 311a Abs. 2 BGB).

46 Die Regel von der Unübertragbarkeit des Urheberrechts gilt in gleicher Weise für seine vermögensrechtliche Seite in isolierter Betrachtung, dh. die **Verwertungsrechte** des § 15. Sie können weder im ganzen noch in Teilen übertragen werden. Ebenso wenig kann der Urheberrechtsinhaber das einzelne Verwertungsrecht übertragen (s. im Einzelnen § 29 Rdnr. 14). Dies gilt wiederum für die Verfügung; das schuldrechtliche Geschäft ist nach §§ 275 Abs. 1, 311a BGB zu beurteilen (§ 29 Rdnr. 9).

47 **b) Einräumung von Nutzungsrechten.** Das Gesetz erlaubt es jedoch, dass der Urheber **Nutzungsrechte** hinsichtlich einzelner oder mehrerer, im Extremfall aller Verwertungsrechte, **konstitutiv als Tochterrechte einräumt** (§ 29 Abs. 2; s. Rdnr. 74 ff.). Die Einräumung eines gegenständlichen Nutzungsrechts bildet ein Verfügungsgeschäft; es kann von dem zugrundeliegenden Verpflichtungsgeschäft gedanklich unterschieden werden (Trennungsprinzip, s. Rdnr. 98). In der Praxis werden Verpflichtungs- und Verfügungsgeschäfte idR zusammen vorgenommen (*Ulmer*[3] § 90 I 1; OLG Hamburg NJW-RR 1986, 996). Die Verfügung eines Nichtberechtigten ist unwirksam; sie kann vom Berechtigten genehmigt werden (BGH GRUR 1999, 579, 580/581 – Hunger und Durst).

Für die Nutzungsrechte besteht im Urheberrecht zwar kein numerus clausus wie im Sachenrecht des BGB; die **gegenständliche Aufspaltung** des Urheberrechts ist aber nur in bestimmten **Grenzen** möglich (Rdnr. 85 ff.).

Die Einräumung von Nutzungsrechten und die sich auf sie beziehenden Verträge werden in §§ 31 ff. UrhG relativ ausführlich behandelt. Die Nutzungsrechte können sich auf das unveränderte Werk oder auf eine **Bearbeitung** oder **Umgestaltung** des Werkes beziehen (§ 23 Rdnr. 25; s. zu Änderungsvereinbarungen auch *Erdmann* in Fs. für Loewenheim, 2009, S. 81 ff.).

Die Grundkonzeption des deutschen UrhG – Unübertragbarkeit und Nutzungsrechte – wird durch die bisher vorliegenden EG-Richtlinien nicht in Zweifel gezogen, auch soweit sie – ausnahmsweise (vgl. insb. §§ 69b, 69d) – zu Regelungen geführt haben, die für den Rechtsverkehr bedeutsam sind (vgl. auch *Lehmann* in Lehmann [Hrsg.] Rechtsschutz und Verwertung von Computerprogrammen[2], 1993, S. 10 Rdnr. 9). Das Urhebervertragsgesetz von 2002 (Rdnr. 6 ff.) ergänzt den Urheberschutz durch die Sicherung der angemessenen Vergütung.

48 **c) Terminologie: Verwertungsrecht, Nutzungsrecht, Lizenz.** Terminologisch unterscheidet das UrhG zwischen **Verwertungsrechten und Nutzungsrechten,** auch wenn sie im Einzelfall inhaltlich übereinstimmen, dh. sich auf dieselbe Art der Werkverwertung beziehen mögen. In der Hand des Urheberrechtsinhabers liegt eine unübertragbare vermögensrechtliche Komponente des Urheberrechts in Form eines „Verwertungsrechts" (§ 15) vor; wird die Verwertungsbefugnis dagegen einem anderen eingeräumt, so spricht das Gesetz von einem „Nut-

zungsrecht" iSd. § 31 (kritisch zu dieser Terminologie, insbesondere im Blick auf den internationalen Sprachgebrauch, *Strömholm* GRUR Int. 1973, 350 ff.).

Der Unterschied zwischen Verwertungsrecht und Nutzungsrecht ist in erster Linie ein **funktionaler** (*Strömholm* GRUR Int. 1973, 350/354). **Inhaltlich** pflegt man unter „Verwertungsrechten" meist die im Gesetz in § 15 und §§ 16 ff. schematisch und abstrakt umschriebenen Typen von Rechten in ihrem gesetzlich vorgegebenen Zuschnitt (Vervielfältigungsrecht, Verbreitungsrecht, Senderecht etc.) zu verstehen, während die Nutzungsrechte entsprechend § 31 Abs. 1, 5 als konkret auf die jeweilige wirtschaftliche Nutzungsart bezogene Rechte vorgestellt werden (*Schweyer* S. 79 ff.). Um systematische Inkohärenzen zu vermeiden, ist es jedoch vorzuziehen, den Begriff „Verwertungsrecht" nicht rigide auf die gesetzlichen Grundtypen zu beschränken, sondern auch zur Bezeichnung von Ausschnitten aus den gesetzlich vorgegebenen Verwertungsrechten einzusetzen. Das Recht des Urhebers etwa, sein Werk in Verlag zu geben, kann zwanglos ebenfalls als „Verwertungsrecht" bezeichnet werden, obwohl es nur einen konkreten Ausschnitt aus dem Vervielfältigungsrecht der §§ 15 Abs. 1 Nr. 1, 16 und aus dem Verbreitungsrecht der §§ 15 Abs. 1 Nr. 2, 17 Abs. 1, dh. den gesetzlich vertypten „Grundverwertungsrechten", umfasst. So verstanden, entspricht das Verwertungsrecht des Urhebers zu verlagsmäßiger Verwertung des Werks inhaltlich dem Verlagsrecht (§ 8 VerlG), das er als Nutzungsrecht zum Zweck dieser Verwertung dem Verleger einräumt.

In der Praxis werden Nutzungsrechte vielfach als **„Lizenzen"** bezeichnet, ein Sprachgebrauch, der durch die Analogie zum Patentrecht gestützt wird (Amtl. Begr. BT-Drucks. IV/270 S. 55). Manche haben dabei nur bestimmte Typen von Nutzungsrechten, insbesondere nur einfache Nutzungsrechte oder gar nur die rein schuldrechtlichen Berechtigungen (Rdnr. 55) bei dem Begriff der „Lizenz" im Auge. Andererseits werden unter „Lizenzen" zumindest in bestimmten Bereichen, so etwa im Verlagsrecht (*Schricker*, Verlagsrecht[3] § 28 Rdnr. 22 mwN), **Nutzungsrechte zweiter Stufe** verstanden, dh. „Enkel"-Nutzungsrechte, die der Inhaber eines als „Tochterrecht" aus dem Urheberrecht abgeleiteten Nutzungsrechts einräumt (vgl. § 35). Aufgrund einer derartigen **„Verlagslizenz"** kann dann uU wiederum eine **Unterlizenz** erteilt werden (Beispiel: Der Autor hat ein Verlagsrecht eingeräumt; der Inhaber des Verlagsrechts erteilt eine ausschließliche Taschenbuchlizenz; der Inhaber dieser Verlagslizenz räumt einem weiteren Verleger eine einfache Unterlizenz für eine bestimmte Taschenbuchausgabe ein, vgl. *Schricker*, Verlagsrecht[3] § 28 Rdnr. 23).

Angesichts dieser schwankenden Terminologie sollte man jedenfalls für Nutzungsrechte erster Stufe nur den gesetzlichen Begriff des **„Nutzungsrechts"** verwenden (anders *Haberstumpf* Rdnr. 424, der als Lizenzverträge alle Nutzungsverträge bezeichnen will, die sich nicht in einen gesetzlich geregelten Typ einordnen lassen). Auch abgeleitete Rechte zweiter und späterer Stufe sind „Nutzungsrechte" iSd. Gesetzes (vgl. § 35); wo sich dies eingebürgert hat, wie im Verlagsrecht, mag man die Ausdrücke **„Lizenz"** und **„Unterlizenz"** verwenden. Ansonsten sollte der Begriff der Lizenz im Interesse der Klarheit im Urheberrecht besser vermieden werden.

d) Übertragung der Nutzungsrechte, Einräumung von Nutzungsrechten zweiter oder späterer Stufe. Hinsichtlich der Nutzungsrechte stellt sich – wie für das Urheberrecht – die Frage nach ihrer **Übertragbarkeit**. Diese wird vom Gesetz bejaht; grundsätzlich ist hierzu die Zustimmung des Urhebers erforderlich (§ 34).

Aufgrund ausschließlicher Nutzungsrechte können – einfache oder ausschließliche – **weitere Nutzungsrechte eingeräumt** werden (§ 35). Zwischen (translativer) Übertragung und (konstitutiver) Einräumung von Nutzungsrechten ist zu unterscheiden; beide Geschäfte sind möglich, und es kann eine Frage der Auslegung sein, was gewollt ist (*Schricker*, Verlagsrecht[3] § 28 Rdnr. 22 S. 495 f.; *Fromm/Nordemann*[10] § 34 Rdnr. 9; *Haberstumpf*, Fs. für Hubmann, S. 127/130 ff.). Der Inhaber eines ausschließlichen Nutzungsrechts, der ein Nutzungsrecht weiterer Stufe eingeräumt hat, verliert nicht die Möglichkeit, Rechtsverletzungen zu verfolgen (BGH GRUR Int. 1993, 257/258 f. – ALF; OLG München GRUR 1984, 524/525 – Nachtblende; OLG München Schulze OLGZ 6; sa. § 31 Rdnr. 13). Bei einfachen Nutzungsrechten ist die Einräumung weiterer Nutzungsrechte nicht möglich; im Gegensatz zu § 31 Abs. 3 sieht § 31 Abs. 2 dies nicht vor (h. M., vgl. Loewenheim/*Loewenheim/J. B. Nordemann*, Handbuch des Urheberrechts[2], § 25 Rdnr. 9; *Berger/Wündisch*, Urhebervertragsrecht, § 1 Rdnr. 51; *v. Gamm* § 35 Rdnr. 1, 3; aA. *Dreier/Schulze*[3] § 31 Rdnr. 55; *Fromm/Nordemann/J. B. Nordemann*[10] § 35 Rdnr. 5; sa. § 35 Rdnr. 1).

Sowohl bei der Übertragung von Nutzungsrechten wie auch bei der Einräumung von Nutzungsrechten zweiter oder späterer Stufe aufgrund von Nutzungsrechten früherer Stufe ist wiederum gedanklich zwischen **Verpflichtung** und **Verfügung** zu unterscheiden, auch wenn beide Geschäfte in der Praxis zusammenfallen mögen. Bei der Übertragung von Nutzungsrechten mag ein Rechtskauf zugrunde liegen (vgl. §§ 453 m. 433 ff. BGB) oder ein sonstiges schuldrechtliches Geschäft, wie Tausch, Schenkung, Gesellschaftsvertrag (*Schricker*, Verlagsrecht³ § 28 Rdnr. 12; Loewenheim/*Loewenheim*/*J. B. Nordemann*, Handbuch des Urheberrechts² § 28 Rdnr. 3). Die Einräumung eines weiteren Nutzungsrechts wird regelmäßig aufgrund eines schuldrechtlichen Vertrags besonderer Art erfolgen.

53 Die zugrundeliegenden schuldrechtlichen Verträge und Verfügungsgeschäfte sind grundsätzlich **formfrei** (Loewenheim/*Loewenheim*/*J. B. Nordemann*, Handbuch des Urheberrechts² § 26 Rdnr. 5 f.; Dreier/*Schulze*³ vor § 31 Rdnr. 22; zu der bis Ende 1998 bestehenden Formvorschrift des § 34 aF GWB s. BGH GRUR 1999, 776 – Coverdisk); bei Verträgen betreffend künftige Werke ist § 40 zu beachten. Die **Übertragung von Nutzungsrechten** als Verfügungsgeschäft, nicht aber auch die Verpflichtung hierzu, ist nach Maßgabe von § 34 zustimmungsbedürftig (§ 34 Rdnr. 10). Für die **Einräumung weiterer Nutzungsrechte** gilt § 35.

54 **e) Rein schuldrechtliche Geschäfte, Einwilligung in Eingriffe.** Die Übertragung des Urheberrechts – soweit sie ausnahmsweise zulässig ist – und die Einräumung von Nutzungsrechten implizieren eine **Verfügung über das Urheberrecht** (bei den einfachen Nutzungsrechten ist dies nicht unstrittig, s. Rdnr. 83); der Verfügung liegt in der Regel ein schuldrechtlicher Verpflichtungsvertrag zugrunde (zum Verhältnis von Verpflichtung und Verfügung Rdnr. 96 ff.).

55 Die Werknutzung kann aber auch ohne Gewährung eines gegenständlichen Rechts **rein schuldrechtlich** erlaubt werden (§ 29 Abs. 2; s. dazu *Haas*, Rdnr. 74; Loewenheim/*Loewenheim*/*J. B. Nordemann*, Handbuch des Urheberrechts² § 25 Rdnr. 15; *Wegner/Wallenfels/Kaboth* S. 34/35; OLG Hamburg UFITA 67 [1973] 245/257). Derartige Verträge können dahin gedeutet werden, dass sich der Rechtsinhaber verpflichtet, dem Vertragspartner die Nutzung zu gestatten und sein Verbotsrecht nicht auszuüben (Dreier/*Schulze*³ § 31 Rdnr. 6 ff.; *Schricker*, Verlagsrecht³ § 8 Rdnr. 5 c S. 259; vgl. auch *Runge* UFITA 66 [1973] 1/4 f.). Der rein schuldrechtlich Nutzungsberechtigte ist auf seine Ansprüche gegen demjenigen angewiesen, der Partner des schuldrechtlichen Vertrags ist; ein Sukzessionsschutz gegenüber Dritten steht ihm nicht zu (Fromm/Nordemann/*J. B. Nordemann*¹⁰ § 29 Rdnr. 24; s. a. § 33 Rdnr. 22). Schuldrechtliche Nutzungsverträge tragen meist miet- bzw. pachtrechtliche Züge. Sie begegnen insbesondere bei nachträglichen Nutzungserlaubnissen, etwa in Form einer Aufbrauchsfrist Dreier/*Schulze*³ § 31 Rdnr. 8). Die §§ 31 ff. sind hierfür nicht gedacht; von Fall zu Fall kann aber eine analoge Anwendung in Betracht kommen (*v. Gamm* § 33 Rdnr. 5).

56 Ob ein Vertrag sich auf die Einräumung eines Nutzungsrechts richtet oder ob nur eine rein schuldrechtliche Berechtigung gewollt wird, ist mangels ausdrücklicher Regelung durch **Auslegung** zu klären (zu den Besonderheiten des Verfilmungsvertrages s. § 88 Rdnr. 24). Wesentlich ist der Vertragszweck: Fehlt es an einer ausdrücklichen Bezeichnung des Nutzungsrechts, so ist nach § 31 Abs. 5 S. 2 zu entscheiden, ob ein Nutzungsrecht eingeräumt wird. Für eine bloß schuldrechtliche Berechtigung sprechen der ephemere Charakter und die geringe wirtschaftliche Tragweite der vertraglich vorgesehenen Nutzung (vgl. *v. Gamm* § 33 Rdnr. 5). Zu beachten ist bei der Auslegung auch, dass gegenständliche Rechte nicht in beliebigem Zuschnitt eingeräumt werden können: Die gegenständliche Aufspaltbarkeit des Urheberrechts findet ihre Grenze insbesondere am Verkehrsschutzinteresse der Allgemeinheit (vgl. Rdnr. 85 ff.). Dagegen können sich rein schuldrechtliche Verträge auch auf kleiner dimensionierte Ausschnitte aus dem Bereich der Verwertungsrechte beziehen, für die ein gegenständliches Recht nicht begründet werden kann. Bei derartigen enger spezifizierten Nutzungen wird deshalb die Annahme einer rein schuldrechtlichen Berechtigung nahe liegen.

57 Der Urheberrechtsinhaber kann Eingriffe in seine Verwertungsrechte auch durch schlichte **einseitige Einwilligung** erlauben, dh. gestatten, dass ein anderer eine Nutzung des Werks vornimmt, die das Gesetz dem Urheber vorbehält. Die Einwilligung bildet eine zumindest rechtsgeschäftsähnliche Handlung und unterliegt grundsätzlich den Regeln über Willenserklärungen (Wandtke/Bullinger/*Grunert*³ § 31 Rdnr. 37; Loewenheim/*Loewenheim*/*J. B. Nordemann*, Handbuch des Urheberrechts² § 25 Rdnr. 16; *Haas* Rdnr. 73; umfassend *Ohly*, „Volenti non fit iniuria" – Die Einwilligung im Privatrecht, s. die Zusammenfassung S. 468 ff.). Die Einwilligung lässt die Rechtswidrigkeit entfallen (vgl. § 97 Rdnr. 32). Die Einwilligung kann sich auf die Nutzung des Werks in identischer oder in bearbeiteter oder umgestalteter Form beziehen (vgl. § 23, der die Einwilligung als Mindestvoraussetzung erwähnt; es können aber auch schuldrecht-

liche oder gegenständliche Berechtigungen geschaffen werden, § 23 Rdnr. 25; zur „Gestattung" der Verfilmung s. § 88 Rdnr. 24).

f) Geschäfte über Urheberpersönlichkeitsrechte. Die grundsätzliche Unübertragbarkeit 58 des Urheberrechts (Rdnr. 45 f.) gilt auch für die **Urheberpersönlichkeitsrechte** im ganzen oder in einzelnen Teilen (§ 29 Rdnr. 14). Eine **Verfügung über das Urheberpersönlichkeitsrecht,** die mit der Einräumung von Nutzungsrechten vergleichbar wäre, ist im Gesetz nicht vorgesehen. Gleichwohl sind in gewissen Grenzen **Rechtsgeschäfte** möglich, die es erlauben, dass ein anderer urheberpersönlichkeitsrechtliche Befugnisse in ihrem **positiven Gehalt** ausübt (etwa Erstveröffentlichung) und/oder urheberpersönlichkeitsrechtliche **Verbotsrechte** geltend macht (etwa Entstellungsschutz). In der Regel sind derartige, das Urheberpersönlichkeitsrecht berührende Geschäfte mit der Einräumung von Nutzungsrechten verbunden und werden dann in vertraglicher Form vorgenommen (*Schricker*, Verlagsrecht³ § 8 Rdnr. 3 mwN; Wandtke/Bullinger/*Grunert*³ vor §§ 31 ff. Rdnr. 36 ff.; *v. Welser,* Die Wahrnehmung urheberpersönlichkeitsrechtlicher Befugnisse durch Dritte, 2000). Es ist aber auch eine einseitige, die Rechtswidrigkeit ausräumende **Einwilligung** in den Eingriff möglich. Die dogmatische Deutung der Geschäfte über Urheberpersönlichkeitsrechte ist nicht einheitlich (*Forkel* S. 176 ff., 192 ff., spricht von „gebundenen Rechtsübertragungen"; sa. *ders.* GRUR 1988, 491/496 ff.; hierauf beziehen sich auch Wandtke/Bullinger/*Grunert*³ vor §§ 31 ff. Rdnr. 38). Die umfassende Darstellung von *Metzger,* Rechtsgeschäfte über das Droit moral im deutschen und französischen Urheberrecht 2001, zieht der herrschenden Kerntheorie mit Recht die sog. Vorhersehbarkeitslehre vor (so auch Loewenheim/*Dietz,* Handbuch des Urheberrechts² § 15 Rdnr. 18 f.); die Grenzen ihrer Zulässigkeit sind nicht abschließend geklärt (s. vor §§ 12 ff. Rdnr. 26 ff.). Insbesondere im Blick auf die digitalen Werknutzungen wäre eine gesetzliche Regelung der Rechtsgeschäfte über Urheberpersönlichkeitsrechte erwünscht. Der Urheberpersönlichkeitsschutz sollte erhalten bleiben; für Dispositionen hierüber sollte aber eine klare Grundlage geschaffen werden (*Schricker* in *Schricker* [Hrsg.], Urheberrecht auf dem Weg zur Informationsgesellschaft, 1997, S. 79 ff., 100). Der dem **Urhebervertragsgesetz von 2002** zugrunde liegende „Professorenentwurf" sah in § 39 eine derartige Regelung vor (GRUR 2000, 704, 767), die zunächst im Regierungsentwurf übernommen wurde (abgedruckt bei *Hucko,* Das neue Urhebervertragsrecht, S. 96/97), dann aber aufgrund von Bedenken vor allem aus der Filmindustrie – die auf einem Missverständnis beruhen dürften – in der „Formulierungshilfe" fallen gelassen wurde (s. *Hucko* S. 166). Zur mangelnden Koordinierung mit § 29 Abs. 2 s. § 29 Rdnr. 8; im Ergebnis sind wohl weiter die bisher geltenden ungeschriebenen Regeln anwendbar; s. zur Problematik umfassend *Metzger,* Rechtsgeschäfte über das Droit moral im deutschen und französischen Urheberrecht, 2002; *ders.* GRUR Int. 2003, 9 ff.

g) Geschäfte über Vergütungsansprüche. Vergütungsansprüche können dem Urheber- 59 rechtsinhaber oder dem Inhaber eines Nutzungsrechts auf **vertraglicher Basis** zustehen oder **aufgrund Gesetzes.** Es handelt sich um **schuldrechtliche Geldforderungen** (*Ulmer*³ § 88 I). Von den Vergütungsansprüchen zu unterscheiden ist das Stammrecht, aus dem sie fließen (*Rossbach* S. 62 ff.); es unterliegt der Regel der Unübertragbarkeit des Urheberrechts (§ 29 Rdnr. 18; vgl. auch *Küfner* S. 86 ff., 155 ff.).

Über Vergütungsansprüche kann **verfügt** werden, insbesondere durch Abtretung (§§ 398 ff. 60 BGB; *Rossbach* S. 104 ff.; *Mäger,* Die Abtretung urheberrechtlicher Vergütungsansprüche in Verwertungsverträgen, 2000, S. 30 ff.); das Übertragungsverbot des § 29 S. 2 gilt für diese vom Urheberrecht sich ablösenden schuldrechtlichen Ansprüche nicht (§ 29 Rdnr. 18). Im neueren Recht wird die Tendenz deutlich, dem Urheber die ihm zugedachten Vergütungsansprüche durch **Abtretungs- und Verzichtsverbote** zu erhalten. So erklärt § 27 Abs. 1 S. 2, 3 den bei Einräumung des Vermietrechts dem Urheber verbleibenden Vergütungsanspruch für unverzichtbar und im Voraus nur für an Verwertungsgesellschaften abtretbar (Näheres s. bei § 27 Rdnr. 10). Entsprechende Einschränkungen verfügt § 20a Abs. 2 S. 2, 3, § 76 Abs. 3 für den Vergütungsanspruch bei Einräumung des Kabelweitersenderechts; s. schließlich auch § 26 Abs. 3 (dort Rdnr. 49). Der durch das Urhebervertragsgesetz von 2002 eingeführte **§ 63 a** generalisiert diese Regelungen (s. dazu 29 Rdnr. 6 und § 63 a Rdnr. 2 f.). in die gleiche Richtung weisen Regelungen, nach denen ein gesetzlicher Vergütungsanspruch nur durch eine Verwertungsgesellschaft geltendgemacht werden kann (etwa in §§ 26 Abs. 6, 27 Abs. 3, 52a Abs. 4 S. 2, 52b S. 4, 53a Abs. 2 S. 2, 54h Abs. 1); auch sie dienen dazu, die Vergütung dem Urheber zu erhalten. Soweit die Abtretungsverbote nicht eingreifen, ist auch eine Verfügung über **künftige Ansprüche** möglich, sofern sie hinreichend bestimmt oder zumindest bestimmbar sind (*Ulmer*³

§ 88 I; *Küfner* S. 164 ff.; *Rossbach* S. 121 f.). Ist der Grund für den Vergütungsanspruch bereits gelegt, so liegt in der Vorausabtretung eine Verfügung über das Anwartschaftsrecht, so dass der Anspruch sogleich, ohne Durchgangserwerb, in der Hand des Zessionars entsteht (*Palandt/ Grüneberg* BGB[68] § 398 Rdnr. 11 f.; *Rossbach* S. 123 f.). Bei gesetzlichen Vergütungsansprüchen liegt der Entstehungsgrund in der gesetzlichen Regelung; es besteht eine unentziehbare Anwartschaft, ohne dass es darauf ankäme, ob das Werk bereits existiert; die Vorausabtretung führt zum Direkterwerb. Wenn der Autor eines Werks der Literatur beispielsweise seine künftigen Vergütungsansprüche aus § 27 oder § 54 UrhG an eine Verwertungsgesellschaft abtritt, wachsen die Ansprüche mit ihrer Entstehung dieser unmittelbar zu.

61 Durch die Vorausverfügung begibt sich der Inhaber des Vergütungsanspruchs seiner Verfügungsmacht (MünchKomm. BGB/*Roth*[5] § 398 Rdnr. 96). Von mehreren zeitlich aufeinander folgenden Verfügungen ist deshalb nur die erste wirksam; es sei denn, **gutgläubiger Erwerb** zugunsten des Zessionars eines späteren Geschäfts scheidet aus (MünchKomm. BGB/*Roth*[5] § 398 Rdnr. 27 f.; *Rossbach* S. 135 f.). Hat ein Autor seine bestehenden oder künftigen gesetzlichen Vergütungsansprüche an eine Verwertungsgesellschaft abgetreten (vgl. *Melichar* S. 62 f.; *Rossbach* S. 136 ff.), so geht die spätere Abtretung an einen Werknutzer, etwa einen Verleger, ins Leere (*Ulmer*[3] § 88 III; *Melichar* S. 62; vgl. auch kritisch *Stolz* UFITA 101 [1985] 29 ff.). Der Autor kann allenfalls noch über bereits entstandene Ansprüche verfügen, insbesondere über ihm erwachsene Ansprüche auf Ausschüttung gegen die Verwertungsgesellschaft auf Auszahlung der ihm zustehenden Ausschüttung (vgl. BGH GRUR 1964, 326/332 – Subverleger); die Abtretung kann freilich vertraglich ausgeschlossen oder von der Zustimmung der Verwertungsgesellschaft abhängig gemacht werden (§ 399 BGB; *Ulmer*[3] § 88 III).

62 Auch bei der Abtretung von Vergütungsansprüchen ist zwischen der Abtretung als Verfügung über den Anspruch und dem **zugrundeliegenden schuldrechtlichen Geschäft** zu unterscheiden, selbst wenn beide Geschäfte in der Praxis vielfach zusammenfallen werden (MünchKomm. BGB/*Roth*[5] § 398 Rdnr. 23, 25; *Rossbach* S. 118).

63 Die Verfügung über Vergütungsansprüche kann **vertraglich** (vgl. § 399 BGB) oder **gesetzlich beschränkt** sein; hier ist insbesondere auf § 63a zu verweisen (s. Rdnr. 60). Wenn auch eine Verfügung über die Anwartschaft auf den Vergütungsanspruch des Urhebers aus dem Folgerecht ausgeschlossen ist (so noch ausdrücklich § 26 Abs. 2 S. 2 aF; durch die Neufassung durch das 5. Urheberrechtsänderungsgesetz v. 10. 11. 2006 sollte sich aber inhaltlich nichts ändern, vgl. die Amtl. Begr. BT-Drucks. 16/1107 S. 7; sa. Dreier/*Schulze*[3] § 26 Rdnr. 24), so ist doch mit *Ulmer*[3] (§ 88 II) eine Übertragung zur Wahrnehmung an eine Verwertungsgesellschaft für zulässig zu erachten, da sie mit dem Schutzzweck der Vorschrift vereinbar, ja im Blick auf § 26 Abs. 5 praktisch geboten ist; s. § 26 Rdnr. 48–50; *Rossbach* S. 148); s. ferner § 27 Abs. 1 S. 2, 3 (dazu oben Rdnr. 60). Ein Abtretungsausschluss besteht ferner gemäß §§ 400 BGB, 850 ff. ZPO, soweit die Vergütungsansprüche Arbeitseinkommen iSv. § 850 ZPO bilden, dh. es sich um eine Vergütung für eine Tätigkeit handelt, die die Erwerbstätigkeit des Schuldners vollständig oder zu einem wesentlichen Teil in Anspruch nimmt (*Ulmer*[3] § 88 IV); nach dem Schutzzweck gilt dieser Abtretungsausschluss nicht für die Übertragung zur Wahrnehmung an Verwertungsgesellschaften.

64 **h) Geschäfte über verwandte Schutzrechte.** Hinsichtlich einzelner verwandter Schutzrechte erklärt das Gesetz die Vorschriften des Teils 1 des UrhG und damit auch diejenigen über den **Rechtsverkehr im Urheberrecht** (§§ 28 ff.) für **entsprechend anwendbar**, so § 70 Abs. 1 für den **Schutz wissenschaftlicher Ausgaben** und § 72 Abs. 1 für den Schutz von **Lichtbildern und Erzeugnissen, die ähnlich wie Lichtbilder hergestellt werden**. Es handelt sich dabei um Rechte, die eine **urheberpersönlichkeitsrechtliche** Komponente beinhalten. Was vorstehend für den Rechtsverkehr im Urheberrecht ausgeführt wurde, gilt grundsätzlich auch für diese verwandten Schutzrechte. So ist von der Regel der **Unübertragbarkeit unter Lebenden** auszugehen (§ 29 Abs. 1); es können **Nutzungsrechte** eingeräumt werden (Rdnr. 47), **rein schuldrechtliche Berechtigungen** sind denkbar (Rdnr. 54–57); Geschäfte über **Urheberpersönlichkeitsrechte** sind nur beschränkt möglich (Rdnr. 58). Im Einzelnen ist auf die Kommentierung zu § 70 und zu § 72 zu verweisen.

65 Für das verwandte Schutzrecht der **ausübenden Künstler** wurde der Rechtsverkehr durch das erste und zweite Gesetz zur Regelung des Urheberrechts in der Informationsgesellschaft neu geordnet (§ 79). Danach sind die Verwertungsrechte und Ansprüche der §§ 77, 78 grundsätzlich übertragbar. Es können Nutzungsrechte eingeräumt werden; § 79 verweist auf die urhebervertragsrechtlichen Regelungen einschließlich der §§ 32, 32a (s. im Einzelnen die Erl. zu § 79).

Vorbemerkung Vor § 28

Nicht zu den gemäß § 79 abtretbaren Befugnissen gehören das Recht auf Anerkennung gemäß § 74 und der Entstellungsschutz gemäß § 75; insoweit gelten die allgemeinen Grundsätze betreffend Rechtsgeschäfte über Urheberpersönlichkeitsrechte (vor §§ 12 ff. Rdnr. 26 ff.; sa. die Erl. zu § 83).

Die sonstigen verwandten Schutzrechte enthalten keine persönlichkeitsrechtliche Komponente; sie sind als Vermögensrechte ganz oder teilweise **übertragbar** (§§ 413 mit 398 ff. BGB). Ausdrücklich ist die Übertragbarkeit bestimmt in § 71 Abs. 2 für das Recht an der **Ausgabe nachgelassener Werke** (s. dazu *Klinkenberg* GRUR 1985, 419/422) und in § 94 Abs. 2 S. 1 für das Recht des **Filmherstellers** und des **Herstellers von Laufbildern** (§§ 95 mit 94 Abs. 2). Für die verwandten Schutzrechte des **Tonträgerherstellers** (§ 85 Abs. 2 S. 1) und des **Sendeunternehmens** (§ 87 Abs. 2 S. 1) gilt dasselbe (*v. Gamm* § 85 Rdnr. 3; § 87 Rdnr. 2), ebenso für das **Datenbankrecht** (vor §§ 87a ff. Rdnr. 32). 66

An verwandten Schutzrechten können, soweit entsprechende Verwertungsbefugnisse im Schutzbereich des jeweiligen Rechts enthalten sind, wie beim Urheberrecht **Nutzungsrechte** eingeräumt werden. Für das Recht an **wissenschaftlichen Ausgaben** ergibt sich dies aus der Verweisung in § 70 Abs. 1 auf die Vorschriften im Teils 1 des Gesetzes; für das Recht an **Lichtbildern** und **Erzeugnissen, die ähnlich wie Lichtbilder hergestellt werden,** aus § 72 Abs. 1 (§ 72 Rdnr. 42 ff.). Für das Recht der **ausübenden Künstler** s. die ausdrückliche Regelung in § 79 Abs. 2. Möglich sind Nutzungsrechte auch beim Recht der **Tonträgerhersteller** (§ 85 Abs. 2 S. 2) **Sendeunternehmen** (§ 87 Abs. 2), **Filmhersteller** (§ 94 Abs. 2 S. 2), **Hersteller von Laufbildern** und **Datenbanken**. 67

Die Abtretung von **Vergütungsansprüchen** der Inhaber verwandter Schutzrechte beurteilt sich nach den in Rdnr. 59–63 dargestellten Grundsätzen.

i) Übertragung und Einräumung von Rechten zur Wahrnehmung. Soweit Rechte übertragen oder eingeräumt werden können, kann dies zu vollem Recht geschehen, so dass der Erwerber eine ungeschmälerte Rechtsstellung erhält. Das Rechtsgeschäft kann aber auch von beschränkenden Abreden begleitet sein, die die nach außen geschaffene volle Rechtsstellung im Innenverhältnis einschränken, wie dies für **treuhänderische Rechtsgeschäfte** charakteristisch ist. 68

So kann einem **Verwerterunternehmen** (zB Bühnen- oder Musikverlag) ein Recht übertragen oder eingeräumt werden, damit es im Interesse – zumindest auch – des Rechtsinhabers verwertet werde (vgl. zB BGH GRUR 1962, 595 – Kleine Leute – große Reise), wobei die Erlöse – zumindest teilweise – an den Rechtsinhaber auszuschütten sind (s. zur Wahrnehmung durch Bühnenverlage *Ulmer*[3] § 96; *Schricker*, Verlagsrecht[3] § 1 Rdnr. 84 f.; *Beilharz* S. 20 ff., 26 ff., 66 ff., und unten Rdnr. 125 ff.). Haben die Erben eines Schriftstellers einen Dritten ermächtigt, die Verwertungsrechte am Werk treuhänderisch wahrzunehmen, so ist der Dritte auch zur Kündigung eines bestehenden Verlagsvertrages berechtigt; er kann die Rechte in eigenem Namen geltendmachen (OLG München ZUM 1995, 721/723 f. – Hanns Heinz Ewers). Den praktisch wichtigsten Fall bilden die Rechtsübertragungen und -einräumungen der Inhaber von Urheberrechten und verwandten Schutzrechten zur Wahrnehmung an **Verwertungsgesellschaften** (Näheres zu Entwicklung und Wesenszügen s. vor §§ 1 ff. WahrnG Rdnr. 1 ff.); man spricht von Wahrnehmungsverträgen oder Berechtigungsverträgen (*Melichar* S. 61), die in der Regel formularmäßig ausgestaltet sind (zur Anwendung des Rechts der AGB Rdnr. 30 ff.).

Inwieweit bei Geschäften zur Wahrnehmung von Urheberrechten und verwandten Schutzrechten **Besonderheiten gegenüber dem allgemeinen Urhebervertragsrecht** gelten und ob hierbei zwischen Verträgen mit Verwerterunternehmen und Verwertungsgesellschaften zu differenzieren ist, erscheint noch wenig geklärt. Einen Anhaltspunkt für eine Sonderbehandlung von Wahrnehmungsverträgen gibt **§ 35 Abs. 1 S. 2**, wonach es der Zustimmung des Urhebers zur Einräumung einfacher Nutzungsrechte seitens des Inhabers eines ausschließlichen Nutzungsrechts nicht bedarf, wenn das ausschließliche Nutzungsrecht „nur zur Wahrnehmung der Belange des Urhebers eingeräumt ist" (s. § 35 Rdnr. 17). Das Gesetz schätzt das Schutzbedürfnis des Urhebers gegenüber einem Vertragspartner, der im Interesse des Urhebers selbst tätig wird, offenbar geringer ein als bei sonstigen Verträgen; das Zustimmungserfordernis „passt nicht für Fälle, in denen das ausschließliche Nutzungsrecht nur zur Wahrnehmung der Belange des Urhebers eingeräumt ist, wie insbesondere bei den Verwertungsgesellschaften und Bühnenvertrieben ...", stellt die AmtlBegr. fest (BT-Drucks. IV/270 S. 57). In dieselbe Richtung deuten Ausnahmen von Abtretungsverboten zugunsten von Transaktionen gegenüber Verwertungsgesellschaften (§ 27 Abs. 1 S. 3, § 20 Abs. 2 S. 3, § 63a S. 2). Auch der BGH sieht „grundsätzlich 69

Vor § 28 Vorbemerkung

einen Unterschied darin, ob der Urheber einem Dritten oder einer Verwertungsgesellschaft Nutzungsrechte einräumt" (BGH GRUR 1986, 62/65 – GEMA-Vermutung I; die früher damit verbundene Frage, ob § 31 Abs. 4 auch auf das Verhältnis zwischen Urheber und Verwertungsgesellschaft anwenden ist (so BGH GRUR 1986, 62/65 – GEMA-Vermutung I; BGH GRUR 1988, 296 – GEMA-Vermutung IV; aA OLG München GRUR 1983, 571/572 – Spielfilm-Videogramme; OLG Köln GRUR 1983, 568/569 – Video-Kopieranstalt; s. dazu auch *Rossbach* S. 141 ff. sowie Vorauflage § 31 Rdnr. 29) hat sich durch die Aufhebung von § 31 Abs. 4 erledigt.

Mit Zurückhaltung hat das LG Düsseldorf (ZUM 1986, 158/159) einen Wahrnehmungsvertrag ausgelegt: Nach der Zweckübertragungstheorie sei anzunehmen, dass der Berechtigungsvertrag der GEMA über musikalische Werke die Benutzung in der Hörfunkwerbung nicht beinhalte. Zur AGB-Kontrolle des GEMA-Berechtigungsvertrages s. BGH GRUR 2009, 395 – Klingeltöne für Mobiltelefone; s. ferner BGH GRUR 2005, 757 – PRO-Verfahren.

Zur Anwendung von § **88** s. dort Rdnr. 28.

70 Die **mit Verwertungsgesellschaften geschlossenen Wahrnehmungsverträge** bilden urheberrechtliche Nutzungsverträge eigener Art, die Elemente des **Auftrags**, insbesondere der **Treuhandschaft**, sowie des **Gesellschafts-, Dienst- und Geschäftsbesorgungsvertrags** aufweisen (BGH GRUR 1966, 567/568 f. – GELU; BGH GRUR 1968, 321/327 – Haselnuß; BGH GRUR 1982, 308/309 – Kunsthändler; LG Köln ZUM 1998, 168/169 f. – Kunstklotz; Wandtke/Bullinger/*Gerlach*[3] § 6 WahrnG Rdnr. 4; Loewenheim/*Melichar*, Handbuch des Urheberrechts[2], § 47 Rdnr. 15 ff.; *Melichar* S. 61 ff.; *Mauhs* S. 43 ff.; sa. *Riesenhuber*, Die Auslegung und Kontrolle des Wahrnehmungsvertrags, 2004, S. 7 ff.; BGH GRUR 2005, 757/759 – PRO-Verfahren; Einzelheiten sa. WahrnG vor §§ 1 ff. Rdnr. 6, § 6 Rdnr. 4 ff.; zum Berechtigungsvertrag der GEMA *Staudt/Czapla*, in Kreile/Becker/Riesenhuber, Kap. 10). Nutzungsrechte werden in ausschließlicher Form zur Weitergabe einfacher Nutzungsrechte eingeräumt (LG Köln ZUM 1998, 168/169 – Kunstklotz), Vergütungsansprüche zum Inkasso abgetreten. Von einem normalen Inkassozessionar unterscheiden sich die Verwertungsgesellschaften jedoch durch die **Verselbständigung ihrer Stellung** (BGH GRUR 1968, 321/327 – Haselnuß; BGH GRUR 1982, 308/309 – Kunsthändler). Die Verwertungsgesellschaft ist von den Weisungen des einzelnen Treugebers weitgehend unabhängig; ihre Stellung richtet sich nach Gesetz und Statuten. Die Rechte werden gemeinsam für alle Beteiligten wahrgenommen, die Erlöse zT den Verteilungsplänen entsprechend (vgl. § 7 WahrnG) gar nicht an die einzelnen Treugeber ausgeschüttet, sondern Vorsorge- und Unterstützungseinrichtungen zugeführt (§ 8 WahrnG). Auch Ausschüttungen an die einzelnen Verwertungsberechtigten sind vielfach pauschaliert (Loewenheim/ *Melichar*, Handbuch des Urheberrechts[2], § 47 Rdnr. 31 ff.; *Melichar* S. 64 ff.; kritisch zur Praxis *Hauptmann*, Die Vergesellschaftung des Urheberrechts, 1994). Bei der Vergabe von Nutzungsrechten findet die Befugnis der Verwertungsgesellschaft ihre Grenze beim Schutz der Urheberpersönlichkeitsrechte (Dreier/*Schulze*[3] vor § 15 Rdnr. 130).

71 Die Rechtsprechung hat aus den Unterschieden zum normalen Treuhandverhältnis verschiedentlich **Konsequenzen** gezogen. So kann ein von der Verwertungsgesellschaft wegen Verletzung von ihr wahrgenommener Urheberrechte auf Schadensersatz in Anspruch Genommener ihr gegenüber nicht wie gegen einem normalen Inkassozessionar mit Ansprüchen aufrechnen, die ihm gegenüber dem ursprünglichen Berechtigten zustehen (BGH GRUR 1968, 321 – Haselnuß; zur Klageberechtigung des Urhebers selbst s. LG Hamburg GRUR 1980, 920 – Kammermusik; LG Berlin UFITA 91 [1981] 245). Die Verwertungsgesellschaften lassen sich Nutzungsrechte und Vergütungsansprüche idR auch künftiger Werke abtreten (Vorausverfügung über die Anwartschaft, vgl. Rdnr. 60). Der Urheber kann insoweit dann nicht mehr verfügen, etwa in einem später abgeschlossenen Verlagsvertrag (OLG München ZUM 2006, 473/477; OLG Köln ZUM 1998, 505, 507; Dreier/*Schulze*[3] vor § 31 Rdnr. 129). Die Befugnis der Verwertungsgesellschaft zur Geltendmachung von Vergütungsansprüchen für die während der Dauer des Wahrnehmungsvertrages entstandenen Rechte bleibt grundsätzlich auch nach der Beendigung des Wahrnehmungsvertrages bestehen (BGH GRUR 1982, 308, 309 – Kunsthändler; Dreier/*Schulze*[3] vor § 31 Rdnr. 131).

72 Im Ganzen lässt sich feststellen, dass die Verwertungsgesellschaften nicht nur formal Inhaber der wahrzunehmenden Rechte werden; es besteht vielmehr eine in der Verwertungsgesellschaft **institutionalisierte materielle Teilhabe des Kollektivs der Wahrnehmungsberechtigten** an den einzelnen eingebrachten Rechten neben der materiellen Rechtsinhaberschaft des einzelnen Wahrnehmungsberechtigten. Deshalb kann der Verwertungsgesellschaft auch das Recht zur Erhebung der **Verfassungsbeschwerde** im Bereich der wahrgenommenen Rechte nicht abge-

sprochen werden, wie die Entscheidung BVerfGE 31, 275/280 – Schallplatten – dies unter Hinweis auf die Treuhänderschaft getan hat. Jedenfalls ist die Verfassungsbeschwerdebefugnis für **verwertungsgesellschaftenpflichtige** Rechte anzuerkennen, da sonst eine Schutzlücke entstünde (so nunmehr auch BVerfG GRUR 1988, 687/688f. – Zeitschriftenauslage).

S. zu den Einzelheiten der rechtlichen Behandlung der Wahrnehmungsverträge unten § 6 WahrnG Rdnr. 4ff. Zur **nachträglichen Erweiterung** des Rechtekatalogs in Wahrnehmungsverträgen s. *Platho* ZUM 1987, 77ff.; *Rossbach* S. 141ff; *Mauhs* S. 102f., 157; *Vogel* GRUR 1993, 513/525; *Hoeren* AfP 2001, 8f.; KG ZUM-RD 1999, 374; *Loewenheim/Melichar* § 47 Rdnr. 19ff., 22ff. m.w. Nachw.; zur Abänderung des Wahrnehmungsvertrages durch Beschluß der Mitgliederversammlung und stillschweigende Zustimmung der Wahrnehmungsberechtigten auf Grund von AGB s. BGH GRUR 2009, 395 – Klingeltöne für Mobiltelefone.

S. zum Wahrnehmungsrecht ferner *Siebert,* Die Auslegung der Wahrnehmungsverträge unter Berücksichtigung der digitalen Technik, 2002; *Becker* (Hrsg.), Die Wahrnehmung von Urheberrechten an Sprachwerken, 1999; *Wirtz,* Die Kontrolle von Verwertungsgesellschaften, 2002; *Hilty* (Hrsg.), Die Verwertung von Urheberrechten in Europa, 1995; *Reber,* Aktuelle Fragen zu Recht und Praxis der Verwertungsgesellschaften, GRUR 2000, 203ff.; *Dreier/Schulze*[3] vor § 31 Rdnr. 118ff.; *Riesenhuber,* Die Auslegung und Kontrolle des Wahrnehmungsvertrags, in Kreile/Becker/Riesenhuber (Hrsg.), Recht und Praxis der GEMA, 2. Aufl. 2008, Kap. 9; *ders.* GRUR 2005, 712ff.; *Müller,* Der Verteilungsplan der GEMA, 2006; *Staudt/Czapla,* Der Berechtigungsvertrag, in Kreile/Becker/Riesenhuber (Hrsg.), Recht und Praxis der GEMA, 2. Aufl. 2008, Kap. 10; s. ferner die Literaturangaben vor §§ 1ff. WahrnG.

j) Sonstige besondere Formen von Rechtsgeschäften. Hinzuweisen ist noch auf folgende besonderen Formen oder Gestaltungen von Rechtsgeschäften über Urheberrechte und verwandte Schutzrechte: **73**

Verträge über künftige Werke, insbesondere **Optionen:** S. die Erl. zu § 40;
Verträge mit Arbeitnehmern: S. die Erl. zu § 43;
Verträge über Werkstücke, dh. Originale oder Vervielfältigungsstücke: S. die Erl. zu § 44;
Rechtsverzichte: S. § 29 Rdnr. 22ff.;
Verpfändung und Nießbrauchsbestellung: Am Urheberrecht selbst sind diese Geschäfte mangels Übertragbarkeit als solche nicht möglich (*Ulmer*[3] § 83 IV). Jedoch können Nutzungsrechte eingeräumt werden, die inhaltlich so zugeschnitten sind, dass sie Pfandrecht und Nießbrauch im Wesentlichen entsprechen (s. im Einzelnen *Ulmer*[3] § 83 IV). Für die **Sicherungsübertragung** von Urheberrechten gilt Entsprechendes.

An einem **Nutzungsrecht,** das der Urheber einem anderen eingeräumt hat, zB an einem Verlagsrecht, ist eine Pfandrechts- und Nießbrauchsbestellung möglich, sofern das Recht übertragbar ist (Wandtke/Bullinger/*Grunert*[3] § 31 Rdnr. 2; s. im Einzelnen *Schricker,* Verlagsrecht[3] § 28 Rdnr. 29ff.).

Rechtsgeschäfte zwischen **Miturhebern:** s. § 8 Rdnr. 10ff.; zwischen **Urhebern verbundener Werke:** s. § 9 Rdnr. 7ff.

Einbringung von Nutzungsrechten in **Gesellschaften** und Auseinandersetzung s. OLG München ZUM 1995, 488.

Zur besonderen Problematik der **„aufeinander bezogenen Urheberrechtsverträge",** dh. der Vertragslage beim Erfordernis des Rechtserwerbs für ein und denselben Nutzungsvorgang von mehreren Rechtsinhabern s. *Dreier* in *Beier/Götting/Lehmann/Moufang* [Hrsg.] S. 193ff.

II. Dogmatische Grundlagen

1. Die Begründung von Nutzungsrechten als konstitutive Rechtseinräumung

Mit der in § 29 Abs. 1 bestimmten grundsätzlichen Unübertragbarkeit des Urheberrechts und der in §§ 29 Abs. 2, 31 Abs. 1 erwähnten Möglichkeit der Einräumung von Nutzungsrechten erklärt sich das Gesetz in bewusster Abweichung vom vorher geltenden Recht für eine **dogmatische Konzeption,** die in der AmtlBegr. wie folgt erläutert wird (BT-Drucks. IV/270 S. 55): **74**

„Das Urheberrecht soll grundsätzlich weder als Ganzes noch in seinen Teilen (zB Verwertungsrechte) übertragbar sein, der Urheber soll vielmehr einem anderen die Verwertung seines Werkes nur dadurch überlassen können, dass er ihm ein vom Urheberrecht abgeleitetes Nutzungsrecht einräumt, ähnlich wie die auf dem Gebiet des Patentrechts übliche Lizenz. Diese Konstruktion ermöglicht es, dem bereits für das geltende Recht entwickelten Gedanken, dass die vermögensrechtlichen Befugnisse auch nach ihrer Abtretung bis zu einem gewissen Grade im Banne des Urheberrechts verbleiben, zwanglos Rechnung zu tragen."

Zulässig ist somit nicht eine translative Übertragung, sondern nur eine **konstitutive Rechtseinräumung:** Gewisse Verwertungsbefugnisse werden vom Urheberrecht abgelöst und als Gegenstand eines entsprechenden Nutzungsrechts in die Rechtszuständigkeit eines anderen überführt, wobei ein Zusammenhang mit dem Stammrecht erhalten bleibt, der in verschiedenen Regelungen (Zustimmungsbedürftigkeit der Weiterübertragung, Rückruf, Heimfall) seinen Ausdruck findet (Näheres zur Dogmatik der konstitutiven Rechtsübertragung s. bei *Ulmer*³ § 83 I, II; *Leßmann* S. 29 ff.; *Eggersberger* S. 142 ff.; *Forkel* S. 133 f. mwN, der von „gebundener Übertragung" spricht).

Das Nutzungsrecht läßt sich wegen seiner fortdauernden Prägung durch das Stammrecht auch als **„Tochterrecht"** des Urheberrechts (als des **„Mutterrechtes"**) bezeichnen. Die Rechtseinräumung ist **mehrstufig** möglich, dh. aufgrund eines ausschließlichen Tochterrechts (das einfache Nutzungsrecht ermöglicht dagegen keine weitere Rechtseinräumung, *v. Gamm* § 34 Rdnr. 2; *Schricker*, Verlagsrecht³ § 28 Rdnr. 23 S. 504; a. A. Dreier/*Schulze*³ § 35 Rdnr. 5; Fromm/Nordemann/*J. B. Nordemann*¹⁰ § 35 Rdnr. 5) kann nach § 35 UrhG ein – ausschließliches oder einfaches (vgl. *Forkel* S. 232 f.; *Schricker*, Verlagsrecht³ § 28 Rdnr. 23 S. 504 f.) – **„Enkelrecht"** eingeräumt werden, um im genealogischen Bilde zu bleiben, wobei das ausschließliche Enkelrecht wiederum die Grundlage für die Einräumung von Nutzungsrechten weiterer Stufen bilden kann (arg. § 35 Abs. 1 S. 1; s. für den Verlagsbereich *Schricker*, Verlagsrecht³ § 28 Rdnr. 23 S. 504 f.).

Mit der **Belastung des Eigentums durch dingliche Rechte** lässt sich das Verhältnis von Urheberrecht und Nutzungsrecht nur entfernt vergleichen (*Forkel* S. 166, sa. die Nachw. S. 133 f.): Einerseits ist das Band zum Mutterrecht stärker und wird durch die persönlichkeitsrechtlichen Befugnisse des Urhebers betont; andererseits zeigt das Tochterrecht auch eine gesteigerte Selbständigkeit, insofern es nach dem Verzicht auf das Mutterrecht bestehen bleibt (vgl. § 33 S. 2; sa. *Ulmer*³ § 103 I 4; *Schricker*, Verlagsrecht³ § 8 Rdnr. 4).

75 Die konstitutive Rechtseinräumung bildet die **Verfügung** über das Urheberrecht oder das ausschließliche Nutzungsrecht, auf dessen Grundlage das betreffende Nutzungsrecht eingeräumt wird (*Ulmer*³ § 103 I 1; *Schricker*, Verlagsrecht³ § 8 Rdnr. 4; Fromm/Nordemann/*J. B. Nordemann*¹⁰ § 35 Rdnr. 6; *Haberstumpf*² Rdnr. 384; *Schack*, Urheber- und Urhebervertragsrecht⁴, Rdnr. 536). Nach allgemeinen Regeln ist sie nur wirksam, wenn derjenige, der sie vornimmt, **Verfügungsmacht** hat, oder wenn der Inhaber der Verfügungsmacht der Verfügung des Nichtberechtigten **zustimmt** (§ 185 BGB; *Schricker*, Verlagsrecht³ § 9 Rdnr. 3; Wandtke/Bullinger/*Grunert*³ vor §§ 31 ff. Rdnr. 28; Loewenheim/*Loewenheim/J. B. Nordemann*, Handbuch des Urheberrechts² § 26 Rdnr. 1; *Berger*/Wündisch, Urhebervertragsrecht, § 1 Rdnr. 78; OLG Brandenburg NJW-RR 1999, 839/840). Die Verfügungsmacht liegt beim Inhaber des Urheberrechts oder des als Basis der Rechtseinräumung dienenden Nutzungsrechts; im letzteren Fall ist freilich regelmäßig zusätzlich die Zustimmung des Urheberrechtsinhabers erforderlich (§§ 34, 35 UrhG).

76 Ein **gutgläubiger Erwerb** ist im Urheberrecht ausgeschlossen (s. dazu Rdnr. 102). Bei mehrfachen kollidierenden Verfügungen ist somit nur die erste wirksam; durch sie begibt sich der Verfügende insoweit seiner Verfügungsmacht, so dass spätere Verfügungen der Wirksamkeit entbehren (*Ulmer*³ § 83 III 2; *Schricker*, Verlagsrecht³ § 8 Rdnr. 35; Wandtke/Bullinger/*Grunert*³ vor §§ 31 ff. Rdnr. 28). Eingeschränkt wird dies in § 89 Abs. 2; s. § 89 Rdnr. 22.

77 Das **Rechtsgeschäft der Einräumung von Nutzungsrechten** wird in § 31 Abs. 1 S. 1 zwar erwähnt, aber nicht näher geregelt; auch die folgenden Vorschriften betreffen nur Einzelfragen. Aus allgemeinen Grundsätzen folgt, dass es zur Einräumung eines **Vertrages** bedarf (*Berger*/Wündisch, Urhebervertragsrecht, § 1 Rdnr. 64); die Überschrift von § 37 erwähnt denn auch „Verträge über die Einräumung von Nutzungsrechten". Für den Vertrag gelten die Regeln im Allgemeinen Teil des BGB (so kann zB eine auflösende Bedingung vereinbart werden, OLG München UFITA 90 [1981] 166; solange die vorgesehene Honoraraufteilung nicht vereinbart ist, kommt der Vertrag nicht zustande, auch wenn über die Nutzungsrechte bereits Übereinstimmung besteht, § 154 Abs. 1 BGB; vgl. OLG Hamburg ZUM 2001, 507). Ergänzend zu den urheberrechtlichen Vorschriften sind die §§ 398 ff. BGB heranzuziehen (§ 413 BGB; *Ulmer*³ § 83 III vor 1; Wandtke/Bullinger/*Grunert*³ vor §§ 31 ff. Rdnr. 22).

78 Die Einräumung von Nutzungsrechten ist grundsätzlich **formfrei** (Ausnahmen § 31a, § 40 Abs. 1); sie kann also auch mündlich, konkludent oder stillschweigend geschehen (Dreier/*Schulze*³ vor § 31 Rdnr. 22 f.; Loewenheim/*Loewenheim/J. B. Nordemann*, Handbuch des Urheberrechts² § 26 Rdnr. 5; Wandtke/Bullinger/*Grunert*³ vor §§ 31 ff. Rdnr. 45; *Schack*, Urheber- und Urhebervertragsrecht⁴, Rdnr. 536; *Berger*/Wündisch, Urhebervertragsrecht, § 1 Rdnr. 82);

s. zB OLG München ZUM 2001, 173, 177 zur konkludenten Einräumung des Rechts zur Nutzung von Musik in der Werbung; s. zur elektronischen Lizenzierung urheberrechtlich geschützter Werke *Briem* MMR 1999, 256 ff. Die **ausdrückliche „einzelne Bezeichnung"** der eingeräumten Rechte spielt aber für die Auslegung des Vertrags eine Rolle, s. § 31 Abs. 5 (dazu § 31 Rdnr. 64 ff.). Zu der für ältere Verträge kartellrechtlich gebotenen Schriftform s. Dreier/*Schulze*[3] vor § 31 Rdnr. 23; Fromm/Nordemann/*J. B. Nordemann*[10] vor §§ 31 ff. Rdnr. 82.

Eine Sonderregelung gilt für die Bestellung des **Verlagsrechts** gemäß § 9 VerlG: Zur vertraglichen Einigung muss die Ablieferung des Manuskripts hinzukommen (*Schricker*, Verlagsrecht[3] § 9 Rdnr. 3, 4). Die Vorschrift des § 9 VerlG ist aber nicht zwingend; abweichende vertragliche Regelungen sind möglich (*Schricker*, Verlagsrecht[3] § 9 Rdnr. 5).

Ebenso wie nach §§ 398 ff. BGB die Vorausabtretung zukünftiger Forderungen möglich ist 79 (für Vergütungsansprüche s. Rdnr. 60), wird eine **Vorausverfügung** in Form der Einräumung von Nutzungsrechten an **künftigen Werken** zugelassen (s. dazu auch *Ulmer*[3] § 83 III 1, 94; *Schricker*, Verlagsrecht[3] § 9 Rdnr. 5). Die betreffenden Werke müssen bestimmt oder bestimmbar sein. Die Vorausverfügung begründet eine Anwartschaft, die mit Schaffung des Werkes zum Vollrecht erstarkt (*Schricker*, Verlagsrecht[3] § 9 Rdnr. 5; Wandtke/Bullinger/*Grunert*[3] vor §§ 31 ff. Rdnr. 32 ff.). Für **schuldrechtliche Verträge** über künftige Werke, nicht auch für die Vorausverfügung, gilt § 40; die Vorschrift kann sich gemäß Abs. 3 aber auch auf Verfügungen auswirken (dazu *Ulmer*[3] § 83 III 1; *v. Gamm* § 40 Rdnr. 4; s. im Einzelnen unten § 40 Rdnr. 3, 17).

2. Ausschließliche und einfache Nutzungsrechte. Beschränkungen. Grenzen der Aufspaltbarkeit

Die durch konstitutive Verfügung eingeräumten Nutzungsrechte sind **gegenständliche** 80 **Rechte** (vielfach wird auch von „dinglichen" oder „quasidinglichen" Rechten gesprochen). Das Rechtsverhältnis erschöpft sich nicht in Rechtsbeziehungen zum Vertragspartner wie bei schuldrechtlichen Forderungen, sondern es bestehen Rechtswirkungen auch im Verhältnis zu Dritten, zumindest im Sinn eines Sukzessionsschutzes (vgl. § 33).

Unbestritten ist die gegenständliche Natur heute bei den **ausschließlichen Nutzungsrech-** 81 **ten,** wie sie § 31 Abs. 1 S. 2, Abs. 3 aufführt (BGH GRUR 1959, 200/202 – Der Heiligenhof; Fromm/Nordemann/*J. B. Nordemann*[10] § 31 Rdnr. 92; Dreier/*Schulze*[3] § 31 Rdnr. 56; *Ulmer*[3] § 85; *v. Gamm* § 31 Rdnr. 11; Möhring/Nicolini/*Spautz*[2] § 31 Rdnr. 40; *Rehbinder*[15] Rdnr. 560; *Forkel* S. 219 ff.; *Berger*/Wündisch, Urhebervertragsrecht, § 1 Rdnr. 45; zur ausschließlichen Verlagslizenz *Schricker*, Verlagsrecht[3] § 28 Rdnr. 23 mwN; eine rein schuldrechtliche Deutung erwägt *Sosnitza* in Fs. für Schricker, 2005, S. 183 ff.). Sie beinhalten ein exklusives **positives Benutzungsrecht** und **negatives Verbotsrecht**, das im Zweifel auch den Urheberrechtsinhaber selbst ausschließt (Fromm/Nordemann/*J. B. Nordemann*[10] § 31 Rdnr. 93), jedoch kann nach § 31 Abs. 3 S. 2 bestimmt werden, dass die Nutzung dem Urheber vorbehalten bleibt. Strittig ist, ob und inwieweit der Urheber auch ein **Klagerecht** hat (s. zum Verlagsbereich *Schricker*, Verlagsrecht[3] § 9 Rdnr. 19; zum Verhältnis Urheber/Verwertungsgesellschaft einerseits LG Hamburg GRUR 1980, 920 – Kammermusik: Klage zulässig; andererseits LG Berlin UFITA 91 [1981] 245. Zum Klagerecht des Lizenznehmers, der seinerseits eine ausschließliche Lizenz eingeräumt hat s. BGH GRUR Int. 1993, 257/258 f. – ALF; BGH GRUR Int. 1999, 884/885, 888 – Laras Tochter m. Anm. von *Schricker* in EWiR 1999, 967/968: Schadensersatz aber nur für eigenen Schaden; zum Patentrecht s. BGH GRUR 2008, 896 – Tintenpatrone). Die Frage ist grundsätzlich zu bejahen (OLG Hamburg ZUM 2001, 1005/1007 und ZUM 2001, 330/332; Dreier/*Schulze*[3] vor § 31 Rdnr. 59; Fromm/Nordemann/*J. B. Nordemann*[10] § 31 Rdnr. 96; Wandtke/Bullinger/*Grunert*[3] § 31 Rdnr. 36; Dreyer/*Kotthoff*/Meckel[2] § 31 Rdnr. 105; *C. Ahrens* Ufita 2001, 649 ff.). Weder ein Urheber noch beim ausschließlichen Lizenznehmer hindert die Vergabe ausschließlicher Nutzungsrechte die eigene Klage: An der Behauptung der zugrundeliegenden Rechtsposition gegenüber Dritten besteht idR ein relevantes Interesse (s. in diesem Sinne bereits BGH GRUR Int. 1999, 884/885 – Laras Tochter; BGH GRUR 1993, 257/258 f. – ALF; BGH GRUR 2001, 826/827 – Barfuß ins Bett; OLG Hamburg GRUR 1991, 207/208 – ALF). Dem Klagerecht des ausschließlichen Lizenznehmers steht nicht entgegen, dass der Urheber zuvor einfache Nutzungsrechte vergeben hat (OLG Hamburg ZUM 2001, 330).

Das **Verbotsrecht** kann in der Praxis **weiter reichen als das positive Benutzungsrecht** 82 (*Ulmer*[3] §§ 85 II, 115 V; *v. Gamm* § 11 Rdnr. 8 mwN; Dreier/*Schulze*[3] vor § 31 Rdnr. 56; Dreyer/*Kotthoff*/Meckel[2] § 31 Rdnr. 105); maßgeblich ist diesbezüglich die ausdrückliche oder durch

Auslegung zu ermittelnde vertragliche Regelung (*Ulmer*³ § 115 V). Das Verbotsrecht erstreckt sich in der Regel nicht auf eine andere Nutzungsart, BGH GRUR 1992, 310/311 – Taschenbuch-Ausgabe; *Wegner/Wallenfels/Kaboth* S. 33 Rdnr. 110; abw. wohl *v. Gamm* § 11 Rdnr. 8, der offenbar annimmt, das Verbotsrecht reiche immer sachlich weiter als das positive Benutzungsrecht; ebenso BGH GRUR Int. 1999, 884/885 – Laras Tochter; Wandtke/Bullinger/*Grunert*³ § 31 Rdnr. 29. Das Urhebervertragsgesetz von 2002 hat die Frage der Reichweite von Nutzungsrecht und Verbotsrecht ausdrücklich der Zweckübertragungsregel unterstellt, § 31 Abs. 5 S. 2. Zum Sonderproblem der Abgrenzung beider Komponenten bei § 37 s. dort Rdnr. 2. Es können auch schuldrechtliche Enthaltungs- bzw. Schutzpflichten bestehen (Fromm/Nordemann/*J. B. Nordemann*¹⁰ vor §§ 31 ff. Rdnr. 45 f.; zu weitgehend Wandtke/Bullinger/*Grunert*³, die offenbar in jedem Fall schuldrechtliche Enthaltungspflichten aus § 242 BGB ableiten wollen, s. vor §§ 31 ff. Rdnr. 117). Vgl. aus der Praxis zB BGH GRUR 1983, 370 – Mausfigur: Das Recht der Verwertung zu Rundfunkzwecken ermöglicht nicht ein Vorgehen gegen eine kommerzielle Auswertung einer Figur aus einem Trickfilm durch Herstellung von Puppen; s. andererseits OLG München ZUM 1995, 328: Wer im ausschließliches Senderecht für ein bestimmtes Gebiet vergeben hat, muss bei der Vergabe eines weiteren Senderechts für ein angrenzendes Gebiet nach Treu und Glauben Sorge dafür tragen, dass das Senderecht nicht durch gezielte Ausstrahlung aus dem angrenzenden Gebiet beeinträchtigt wird. Zur Verletzung einer ungeschriebenen Enthaltungspflicht vgl. BGH GRUR 1985, 1041/1043 f. – Inkasso-Programm; weitere Beispiele bei Fromm/Nordemann/*J. B. Nordemann*¹⁰ vor §§ 31 ff. Rdnr. 46. Kraft Gesetzes (§ 9 VerlG) besteht ein genereller Überschuss des Verbotsrechts über das positive Benutzungsrecht im Verlagsrecht (*Schricker*, Verlagsrecht³ § 8 Rdnr. 5 c, 9, 21 ff.). Der Inhaber eines ausschließlichen Nutzungsrechts ist gegen eine rechtsgeschäftliche Beeinträchtigung seiner Position geschützt (**Sukzessionsschutz**): Geht das Urheberrecht oder das Nutzungsrecht, aus dem er sein Recht herleitet, auf einen anderen über, so bleibt das ausschließliche Nutzungsrecht bestehen (s. im Einzelnen die Kommentierung zu § 33). Es kann auch durch die spätere Begründung eines kollidierenden ausschließlichen oder einfachen Nutzungsrechts nicht beeinträchtigt werden, da für die neuerliche Verfügung die Verfügungsmacht insoweit fehlt (Rdnr. 75).

83 Der gemäß § 33 bestehende Sukzessionsschutz ist ein wesentliches Argument dafür, dass auch **einfache Nutzungsrechte** (zB Konzertaufführungsrechte, Filmvorführungsrechte, Schallplattenrechte) heute von der überwiegenden Meinung als gegenständliche Rechte gedeutet werden, während eine Gegenmeinung eine bloß schuldrechtliche Rechtsposition annimmt. Eine gegenständliche Rechtsnatur nehmen an LG München I GRUR-RR 2004, 350 – GPL-Verstoß; *Ulmer*³ § 85 III; Dreier/*Schulze*³ vor § 31 Rdnr. 52; Fromm/Nordemann/*J. B. Nordemann*¹⁰ vor §§ 31 ff. Rdnr. 87; Wandtke/Bullinger/*Grunert*³ § 31 Rdnr. 31; Mestmäcker/Schulze/*Scholz* § 29 Rdnr. 20 und § 31 Rdnr. 53 f., der auf die gesetzgeberische Diskussion aus Anlass des Urhebervertragsgesetzes hinweist; Dreyer/Kotthoff/*Meckel*² § 31 Rdnr. 17; *v. Gamm* § 31 Rdnr. 11, § 32 Rdnr. 14, § 33 Rdnr. 2, 3; Loewenheim/*Loewenheim*/*J. B. Nordemann*, Handbuch des Urheberrechts² § 25 Rdnr. 1; *Berger*/Wündisch, Urhebervertragsrecht, § 1 Rdnr. 45; *Schack*, Urheber- und Urhebervertragsrecht⁴, Rdnr. 540; *Rehbinder*¹⁵ Rdnr. 556; *Forkel* S. 222 ff. mit ausführlicher Begründung und weiteren Nachweisen; *ders.* NJW 1983, 1764 ff.; *Rintelen* S. 260; *Runge* UFITA 66 (1973) 1/4; *Haberstumpf/Hintermeier* § 5 III 2 b, § 22 I 2; *Haberstumpf* Rdnr. 389; *Fischer*/Reich Rdnr. 10; *Wohlfahrt*, Das Taschenbuchrecht, S. 134 ff.; für die Verlagslizenz in diesem Sinn *Schricker*, Verlagsrecht³ § 28 Rdnr. 23 mwN.; aA – nur schuldrechtliche Natur – Möhring/Nicolini/*Spautz*², § 31 Rdnr. 39; *Götting* in: Beier/Götting/Lehmann/Moufang (Hrsg.), Urhebervertragsrecht (Fs für Schricker 1995), S. 53/68; *Pahlow*, ZUM 2005, 865 ff.; *Samson* S. 135 f.; *Schramm*, Grundlagenforschung, 1954, S. 85. Im Sinne bloß schuldrechtlicher Berechtigung auch eine Bemerkung in der AmtlBegr. zu § 33 (BT-Drucks. IV/270 S. 56); so wohl auch BGH GRUR 1959, 200/202 – Der Heiligenhof. Für die einfache Patentlizenz nahm BGH GRUR 1982, 411/412 f. – Verankerungsteil – grundsätzlich schuldrechtliche Natur an, ließ aber offen, ob in Einzelfällen auch dingliche Wirkungen möglich seien; Sukzessionsschutz wurde versagt, was im Schrifttum ganz überwiegend kritisiert wurde. Durch Gesetz v. 15. 8. 1986 (BGBl. I S. 1446) wurde dann in § 15 Abs. 3 PatG für alle Lizenzen Sukzessionsschutz eingeführt; die hM scheint denn inzwischen eher von einem dinglichen Charakter auszugehen, s. Benkard/*Ullmann*, Patentgesetz¹⁰ § 15 Rdnr. 99).

Große Bedeutung kommt dem Theorienstreit freilich nicht zu (*Kraßer* GRUR Int. 1973, 230/234 f.): Einigkeit besteht darüber, dass der Inhaber einer einfachen Lizenz keine Abwehrrechte gegenüber Dritten hat, sondern allenfalls in Prozessstandschaft die Ansprüche seines Lizenzgebers geltendmachen kann (BGH GRUR 1959, 200/201 – Der Heiligenhof; OLG Hamburg UFITA 67 [1973] 245/257 – Theateraufführungsvertrag; Dreier/*Schulze*[3] vor § 31 Rdnr. 51; Dreyer/*Kotthoff*/Meckel[2] § 31 Rdnr. 102; Loewenheim/*Loewenheim*/*J. B. Nordemann*, Handbuch des Urheberrechts[2] § 25 Rdnr. 8; *v. Gamm* § 31 Rdnr. 13f.; *Ulmer*[3] § 85 III; *Forkel* S. 220ff., 226ff.; *Schricker*, Verlagsrecht[3] § 28 Rdnr. 23; *Lange* S. 41; *Kraßer* GRUR Int. 1973, 230/234. Einen eigenen Schutz des Lizenznehmers gegen Verruf, Warnungen, unberechtigte Klagen usw. nehmen *Haberstumpf*/*Hintermeier* § 5 III 2b an; jedoch dürfte es näher liegen, ihn aus dem UWG oder subsidiär aus dem Unternehmensschutz des § 823 Abs. 1 BGB abzuleiten); das positive Benutzungsrecht entzieht sich einer eindeutigen Qualifikation als dinglich oder obligatorisch (*Kraßer* GRUR Int. 1973, 230/235), und der Sukzessionsschutz ist im Gesetz in § 33 geregelt; er wäre auch zugunsten eines obligatorischen Rechts denkbar. Bei Annahme einer gegenständlichen Rechtsnatur ist der Zuschnitt des Nutzungsrechtes jedoch an die Grenzen der Aufspaltbarkeit (Rdnr. 87ff.) gebunden (*Schricker*, Verlagsrecht[3] § 28 Rdnr. 23), während rein schuldrechtliche Berechtigungen beliebig zugeschnitten werden können (Rdnr. 96).

Ob ein ausschließliches oder einfaches Nutzungsrecht eingeräumt werden soll, unterliegt der **Parteivereinbarung;** mangels ausdrücklich geäußerten Willens ist die Tragweite des Vertrages durch **Auslegung** unter Heranziehung der einschlägigen Regeln des UrhG zu ermitteln (Rdnr. 103ff.; vgl. OLG Jena GRUR-RR 2002, 379 zur Einräumung eines einfachen Nutzungsrechts für ein Plakatmotiv). Hiernach entscheidet mangels ausdrücklicher Bestimmung sich auch, ob überhaupt ein gegenständliches Nutzungsrecht eingeräumt werden soll oder ob es bei einer bloß schuldrechtlichen Berechtigung verbleibt (§ 31 Rdnr. 20ff.). Das Urhebervertragsgesetz von 2002 unterstellt diese Fragen ausdrücklich der **Zweckübertragungsregel,** § 31 Abs. 5 S. 2. Letzteres gilt auch für die Frage, **wer** nutzen darf: im Zweifel nur der Vertragspartner (OLG Hamburg ZUM 2002, 833, 835 will regelmäßig auch konzerneigene Unternehmen einbeziehen, wobei freilich Vorsicht geboten ist). **84**

Die – mangels ausdrücklicher Formulierung durch Auslegung zu ermittelnde (§ 31 Rdnr. 20ff.) – Parteivereinbarung ist grundsätzlich auch für den **zeitlichen, räumlichen und gegenständlichen Zuschnitt des Nutzungsrechts** maßgeblich, wobei freilich gewisse Grenzen der Aufspaltbarkeit zu beachten sind (Rdnr. 87ff.). **85**

Für die vertragliche Regelung einer Nutzung hält das Gesetz im Einzelnen folgende Optionen bereit:
– Einräumung eines Nutzungsrechtes oder bloß schuldrechtliche Berechtigung;
– Einfaches oder ausschließliches Nutzungsrecht (§ 31 Abs. 1 S. 2);
– Bezug auf einzelne, mehrere oder alle Nutzungsarten (§ 31 Abs. 1 S. 1);
– Räumliche, zeitliche oder inhaltliche Beschränkung des Nutzungsrechts (§ 31 Abs. 1 S. 2).

Das Verhältnis der Spezifizierung nach Nutzungsarten gemäß § 31 Abs. 1 S. 1 UrhG einerseits und der räumlichen, zeitlichen und inhaltlichen Beschränkung gemäß § 31 Abs. 1 S. 2 andererseits ist nicht klar. Am nächsten liegt die Deutung, dass beide Vorschriften sich mindestens teilweise überschneiden: Die Bestimmung einer Nutzungsart impliziert im Allgemeinen bereits gewisse inhaltliche, uU auch räumliche und zeitliche Beschränkungen; Abs. 2 S. 2 will insofern nur deutlich machen, dass auch noch zusätzliche Beschränkungen grundsätzlich möglich sind (*Schweyer* S. 84ff. mwN). „**Nutzungsart**" ist dabei mit der hM als ein vorwiegend wirtschaftlich zu bestimmender Begriff aufzufassen, der sich mit den abstrakt in § 15 aufgezählten Verwertungsrechten nicht zu decken braucht, sondern auch Ausschnitte aus einem solchen Verwertungsrecht oder mehreren Verwertungsrechten beinhalten kann (§ 31 Rdnr. 85f.). **Insgesamt** ist § 31 Abs. 1 zu entnehmen, dass Nutzungsrechte auf wirtschaftlich abzugrenzende Nutzungsarten zugeschnitten werden können und dass dabei das Nutzungsrecht in räumlicher, zeitlicher und inhaltlicher Hinsicht modifiziert werden kann. **86**

Die Modifizierbarkeit nach Nutzungsarten und räumlichen, zeitlichen und inhaltlichen Bedingungen scheint nach dem Gesetzeswortlaut unbegrenzt zu sein, insbesondere besteht **kein numerus clausus der möglichen gegenständlichen Rechte** (*Ulmer*[3] § 84 I). Indessen sind im Interesse der Rechts- und Verkehrssicherheit doch gewisse Grenzen zu ziehen. Während **rein schuldrechtliche Berechtigungen,** die nur zwischen den Parteien wirken, von diesen nach Gutdünken im Rahmen der Vertragsfreiheit definiert werden können, ist bei den gegenständlichen Rechten zu bedenken, dass ihnen – zumindest im Sinn eines Sukzessionsschutzes – auch Wirkung gegenüber Dritten zukommt. Der Rechtsverkehr soll nicht mit beliebig zugeschnittenen Rechten konfrontiert werden, sondern nur mit den herkömmlichen Rechtsfiguren oder doch mit Rechten, die klar abgrenzbar sind und vernünftigen wirtschaftlichen Bedürfnissen entsprechen. Der **Aufspaltbarkeit der urheberrechtlichen Verwertungsbefugnisse** in gegenständliche Nutzungsrechte werden von der hM deshalb Grenzen gezogen, die von Fall zu **87**

Vor § 28

Fall unter Berücksichtigung einerseits des Interesses des Urhebers an einer optimal differenzierten und intensiven Verwertung, andererseits des Verkehrsschutzinteresses der Allgemeinheit bestimmt werden müssen: Gegenständliche Nutzungsrechte sind nur für **nach der Verkehrsauffassung als solche hinreichend klar abgrenzbare, wirtschaftlich-technisch als einheitlich und selbständig sich abzeichnende Nutzungsarten** zulässig (BGH GRUR 2005, 48/49 – man spricht deutsh; BGH GRUR 2005, 937/939 – Der Zauberberg; BGH GRUR 2003, 416/418 – CPU-Klausel; BGH GRUR 2001, 153/154 – OEM-Version; BGH GRUR 1997, 215/217 – Klimbim; BGH GRUR 1992, 310/311 – Taschenbuch-Lizenz; BGH GRUR 1990, 669/671 – Bibelreproduktion; OLG Köln ZUM 2007, 401/402; OLG Hamburg GRUR 2006, 323/325 – Handy-Klingeltöne II; KG GRUR 2002, 252/254 – Mantellieferung; OLG München GRUR 1996, 972/973 – Accatone; OLG Hamburg GRUR 1991, 599/600 – Rundfunkwerbung; Fromm/Nordemann/*J. B. Nordemann*[10] § 31 Rdnr. 11; Dreier/*Schulze*[3] § 31 Rdnr. 28; Dreyer/*Kotthoff*/Meckel[2] § 31 Rdnr. 107; Wandtke/Bullinger/*Grunert*[3] § 31 Rdnr. 16; *Schack*, Urheber- und Urhebervertragsrecht[4], Rdnr. 545; Loewenheim/*Loewenheim*/*J. B. Nordemann*, Handbuch des Urheberrechts[2] § 27 Rdnr. 2; *Ulmer*[3] § 84 I, § 108 IV; *D. Reimer* GRUR 1962, 619/624ff., ders. GRUR Int. 1972, 221/222, 224; *Lange* S. 62ff.; *Forkel* S. 234ff.; *Schricker*, Verlagsrecht[3] § 28 Rdnr. 23, § 8 Rdnr. 14, 28; *Beck* S. 50ff., 60f.; *Joos* S. 97ff.; grundlegend *Büchler* passim. Für weitergehende Zulässigkeit wohl *v. Gamm* § 17 Rdnr. 9; *Leiss* § 8 Anm. 19; vgl. auch *Hubmann*[6] § 41 III 1 S. 209, der eine Aufspaltung nach Verkehrskreisen erlaubt; ebenso *Rehbinder*[15] Rdnr. 564; ähnlich *Leßmann* S. 170ff., 200f.).

88 Was die Möglichkeiten zu einer **gegenständlichen Aufspaltung der Nutzungsrechte** betrifft, so ergibt sich nach dem vorstehend Gesagten im Einzelnen folgendes Bild, wobei die verschiedenen Typen der Beschränkung auch kombiniert werden können (Dreier/*Schulze*[3] § 31 Rdnr. 47):

Keine Schwierigkeiten bereitet die **zeitliche Beschränkung** von Nutzungsrechten (Befristung des Rechts, aber auch Beendigung durch Kündigung, vgl. § 29 Abs. 3 VerlG; s. a. Wandtke/Bullinger/*Grunert*[3] § 31 Rdnr. 11f.; Loewenheim/*Loewenheim*/*J. B. Nordemann*[3], Handbuch des Urheberrechts[3] § 27 Rdnr. 8; Dreier/*Schulze*[3] § 31 Rdnr. 34f.; Fromm/Nordemann/ *J. B. Nordemann*[10] vor §§ 31 ff. Rdnr. 53). Sie ist üblich; der Verkehr muss mit ihr rechnen, auch wenn sie für den Außenstehenden nicht oder nur schwer erkennbar sein mag (die Nutzungsrechtseinräumung „nur für eine bestimmte Zeit" wird auch in der AmtlBegr. angeführt (BT-Drucks. IV/270, S. 56). Um sicherzugehen, muss der Verkehr ohnehin prüfen, **ob** ein Nutzungsrecht besteht; die weitere Prüfung, ob das Nutzungsrecht **noch** besteht, impliziert nichts grundsätzlich anderes (s. zB zur zeitlichen Beschränkung der Verfilmungsrechte BGHZ 5, 116 – Parkstraße 13).

89 Aus denselben Gründen ist auch eine **quantitative Beschränkung** der Nutzungsrechte in der Regel zulässig (zB durch Vereinbarung von Auflagenzahl und -höhe beim Verlagsvertrag, s. § 29 Abs. 1 VerlG; Zahl der Aufführungen bei musikalischen und Bühnenwerken, Beschränkung auf Erstsendung und Wiederholungssendung beim Senderecht, s. KG GRUR 1986, 536 – Kinderoper: bei vereinbarter Erstsendung im 1. Programm und Wiederholungssendung im 3. Programm darf nicht zuerst im 3. Programm gesendet werden etc.; Loewenheim/*Loewenheim*/*J. B. Nordemann*, Handbuch des Urheberrechts[2] § 27 Rdnr. 9, Fromm/Nordemann/*J. B. Nordemann*[10] vor §§ 31 ff. Rdnr. 57; *Berger*/Wündisch, Urhebervertragsrecht, § 1 Rdnr. 159).

90 Bei der **räumlichen Beschränkung** ist zu unterscheiden. Geht es um den **Vertrieb von Werkstücken**, so ist der Geltungsbereich des UrhG als einheitliches Wirtschaftsgebiet zu beachten; eine Aufspaltung des Verbreitungsrechtes innerhalb des Staatsgebietes ist im Interesse der Rechtsklarheit und -sicherheit mit gegenständlicher Wirkung nicht zuzulassen (Fromm/Nordemann/*J. B. Nordemann*[10] § 31 Rdnr. 47; Dreier/*Schulze*[3] § 31 Rdnr. 30; Wandtke/Bullinger/ *Grunert*[3] § 31 Rdnr. 9; Loewenheim/*Loewenheim*/*J. B. Nordemann*, Handbuch des Urheberrechts[2] § 27 Rdnr. 9; *Schack*, Urheber- und Urhebervertragsrecht[4], Rdnr. 541; *Berger*/Wündisch, Urhebervertragsrecht, § 1 Rdnr. 152; *Ulmer*[3] § 103 II 2; *Deutsch* UFITA 79 (1977) 9/11f.; *Blachian* S. 83f.; *D. Reimer* GRUR Int. 1972, 221/226; *Koppensteiner* AWD 1971, 357/362f.; ausführlich *Joos* S. 106ff.; *Haberstumpf*[2] Rdnr. 399; s. zum „geteilten Verlagsrecht" *Schricker*, Verlagsrecht[3] § 8 Rdnr. 15; zur Problematik alte/neue Bundesländer s. § 17 Rdnr. 21, s. a. BGH GRUR 2003, 699 – Eterna: Vor dem 3. 10. 90 vereinbarte nach DDR/BRD gespaltene Lizenzgebiete bleiben bestehen; KG GRUR 2003, 1039 – sojus multifilm. Vgl. auch KG AfP 2004, 59). Bei **anderen Nutzungsarten als der Verbreitung von Werkstücken** ist eine räumliche Aufspaltung innerhalb der Bundesrepublik dagegen möglich (so auch Dreier/*Schulze*[3] § 31 Rdnr. 32; Fromm/ Nordemann/*J. B. Nordemann*[10] vor §§ 31 ff. Rdnr. 50). So kann das Aufführungsrecht an einem

Vorbemerkung   Vor § 28

Bühnenwerk einem Theater unter lokaler Beschränkung (bei Ausschluss auswärtiger Gastspiele) eingeräumt werden; Rundfunkunternehmen können das Senderecht für ihr auf ein Bundesland oder auch enger begrenztes Sendegebiet (bzw. ihren Versorgungsbereich) erhalten (Wandtke/Bullinger/*Grunert*[3] § 31 Rdnr. 10; Loewenheim/*Loewenheim/J.B. Nordemann*, Handbuch des Urheberrechts[2] § 27 Rdnr. 7).

In jedem Fall ist die **territoriale Segmentierung nach Staaten** möglich (so auch die 91
AmtlBegr. BT-Drucks. IV/270 S. 56; vgl. ferner BGH GRUR 1985, 924/925 – Schallplattenimport II; BGH GRUR 1986, 736/738 – Schallplattenvermietung; BGH GRUR 1988, 373/375 – Schallplattenimport III: Für den Bereich der Schallplattenherstellung entspricht die räumlich auf das Territorium eines Staates beschränkte Lizenzvergabe dem Regelfall), dh. zB für das Gebiet der Bundesrepublik, für Österreich, für die Schweiz, Frankreich, USA etc. oder für **Staatengruppen,** etwa die EU, das Benelux-Gebiet, Deutschland, Österreich und die Schweiz zusammengenommen als Kernverbreitungsgebiet einer Illustrierten (OLG Hamburg NJW-RR 1986, 996 f.; sa. OLG Stuttgart ZUM 2003, 146: Sonderrecht für Deutschland, Österreich, deutschsprachige Schweiz, Südtirol gilt auch bei Kabel und Satellitensendung) u. dgl. In der EU bzw. dem EWR kann die territoriale Aufteilung freilich die in § 17 Abs. 2 kodifizierte gemeinschaftsweite Erschöpfung nicht aufhalten (Fromm/Nordemann/*J.B. Nordemann*[10] vor §§ 31 ff. Rdnr. 48; *Berger*/Wündisch, Urhebervertragsrecht, § 1 Rdnr. 152; *Haberstumpf*[2] Rdnr. 399). Teilweise wird die Aufspaltbarkeit in der EU bzw. dem EWR abgelehnt (Dreier/*Schulze*[3] § 17 Rdnr. 20; Dreyer/Kotthoff/Meckel[2], § 17 Rdnr. 49; *Marshall,* Fs. für Reichardt, S. 125/138 f.; Wandtke/Bullinger/*Grunert*[3] § 31 Rdnr. 9 halten die Aufspaltbarkeit des EU-Gebiets für „sehr zweifelhaft"; für Zulässigkeit – vorbehaltlich der gemeinschaftsweiten Erschöpfung – dagegen Loewenheim/*Loewenheim/J.B. Nordemann*, Handbuch des Urheberrechts[2] § 27 Rdnr. 5 f.; *Dreier*/Schulze[3] § 31 Rdnr. 31; sa. § 17 Rdnr. 21). Eine „Beschränkung des Nutzungsrechts" im eigentlichen Sinn liegt bei der Vergabe nach Staaten nicht vor; die Rechtsvergabe folgt vielmehr den durch die Staatsgrenzen vorgegebenen territorialen Grenzen des Urheberrechts (s. zum Territorialitätsprinzip vor §§ 120 ff. Rdnr. 120 ff.). Ein Vertrag, der sich auf mehrere Staaten bezieht, vergibt mehrere Nutzungsrechte; ein lediglich auf die Bundesrepublik „beschränkter" Vertrag vergibt in Wirklichkeit das volle, territorial unbeschränkte Nutzungsrecht für die Bundesrepublik, ohne dass weitere Nutzungsrechte an den in anderen Staaten belegenen Urheberrechten eingeräumt würden. In der Vertragspraxis wird die international-privatrechtliche Problematik der das Gebiet eines Staates transzendierenden Verträge freilich vielfach verwischt. Zu den Schwierigkeiten der territorialen Beschränkung bei der Nutzung im Internet s. Dreyer/*Kotthoff*/Meckel[2] § 31 Rdnr. 125.

Die meisten Probleme bereitet die **sachliche Beschränkung** der Nutzungsrechte. Möglich 92
ist in jedem Fall eine Aufspaltung nach Maßgabe der im Gesetz vorgesehenen Verwertungsrechte (§§ 15 ff.). Aber auch weitere Beschränkungen sind nicht ausgeschlossen und in der Praxis verbreitet. Bei der Prüfung ihrer Zulässigkeit ist von Fall zu Fall nach der oben (Rdnr. 87) aufgestellten Regel zu verfahren (s. im Einzelnen Dreier/*Schulze*[3] § 31 Rdnr. 36 ff. und Loewenheim/*Loewenheim*/J.B. Nordemann, Handbuch des Urheberrechts[2] § 27 Rdnr. 12 f., die eine Übersicht über die Praxis geben). Maßgebliche Kriterien sind einerseits das Bedürfnis des Urhebers nach optimaler Gestaltung der Verwertung seiner Rechte und andererseits die Rechts- und Verkehrssicherheit. Eine gewisse Zurückhaltung ist gegenüber vertriebs- und preispolitischen Zwecken der Verwerterunternehmen geboten.

Im **Verlagsbereich** ist die Aufspaltbarkeit insbesondere hinsichtlich folgender Nutzungsmo- 93
dalitäten heute anerkannt (s. die Nachw. bei *Schricker*, Verlagsrecht[3] § 8 Rdnr. 27, 28 a, § 28 Rdnr. 23; s. ferner *Joos* S. 112 ff.): Einzelausgabe/Gesamtausgabe/Ausgabe in Sammelwerken; Luxusausgabe/normale Hardcoverausgabe/Volksausgabe/Paperback-/Taschenbuchausgabe (vgl. zB LG Stuttgart FuR 1983, 608; OLG Köln ZUM-RD 1998, 213/215 – Picasso-Monografie; s. für die Taschenbuchausgabe BGH GRUR 1992, 310/311 f. – Taschenbuch-Lizenz); Ausgabe zum Vertrieb im Buchhandel/Buchgemeinschaftsausgabe oder Buchgemeinschaftsvertrieb (s. für letztere Beschränkung auch die AmtlBegr. BT-Drucks. IV/270 S. 56; BGH GRUR 1959, 200 – Der Heiligenhof; ; BGH GRUR 1990, 669/671 – Bibelreproduktion; OLG München GRUR 1996, 972/973 f. – Accatone). Nicht möglich wäre dagegen eine gegenständliche Beschränkung auf den Buchhandelsvertrieb unter Ausschluss von Kaufhäusern oder Haustürverkäufen oder unter Abspaltung des Vertriebs über Kaffeefilialgeschäfte von den Nebenmärkten neben Sortimentsbuchhandel und Buchgemeinschaften (Kaufhäuser, Supermärkte, Versandhäuser, Zeitungsverlage) (so BGH GRUR 1990, 669/671 – Bibelreproduktion; aA Wandtke/Bullinger/*Grunert*[3] § 31 Rdnr. 17) oder gar die Beschränkung des Verlagsrechts zum Vertrieb nur zu einem be-

stimmten Ladenpreis (BGH GRUR 1992, 310/312 – Taschenbuchlizenz vgl. auch die Amtl-Begr. BT-Drucks. IV/270 S. 56, wonach Einschränkungen „nur in bestimmter Weise, beispielsweise nur zum privaten Gebrauch", nicht möglich sein sollen; sa. BGH GRUR 1986, 736 – Schallplattenvermietung – praktisch überholt durch den Ausschluss des Vermietrechts von der Erschöpfung in § 17 Abs. 2 nF). Nicht möglich ist auch eine gegenständliche Beschränkung, nach der Werkstücke von **Computerprogrammen** nur an Erwerber früherer Versionen veräußert werden dürfen, so OLG München ZUM 1998, 107 – Updates. Aufspaltbar dagegen in sog. OEM-Versionen, die an den Kauf neuer Hardware gekoppelt sind und normaler Handelsware (OLG Frankfurt ZUM 2000, 763; dahingestellt von BGH GRUR 2001, 153/154; ablehnend Wandtke/Bullinger/*Grunert*[3] § 31 Rdnr. 19, 28; s. zur Kritik *Schricker* in Fs. für Dietz S. 447, 452 Fn. 1; sa. § 31 Rdnr. 97 und § 69c Rdnr. 30).

94 Im **Fotobereich** kann auf die Auflistung in den „Bildhonoraren" der Mittelstandsgemeinschaft Fotomarketing (MFM; abgedruckt in ZUM 1999, 695 ff) verwiesen werden. Ist danach keine eigenständige Nutzungsart gegeben, so sollte auch keine Abspaltbarkeit mit dinglicher Wirkung im Rahmen der Nutzungsrechtseinräumung zugelassen werden.

Im **Filmbereich** kann zB aufgespalten werden nach Kinoauswertung/Fernsehauswertung/Videorechten (vgl. BGH GRUR 1976, 382/384 – Kaviar; BGH GRUR 1991, 133/136 – Videozweitauswertung; Wandtke/Bullinger/*Grunert*[3] § 31 Rdnr. 18). Auch das ausschließliche Recht zur Vermietung von Videokassetten mit Filmen ist – schon im Hinblick auf § 17 Abs. 2 – selbständig abspaltbar und übertragbar (sa. BGH GRUR 1987, 37/38 – Videolizenzvertrag). Zur Sendung per **Internet-TV** vgl. Fromm/Nordemann/*J. B. Nordemann*[10] § 31 Rdnr. 78 mit weit. Nachw.).

95 Die Frage, ob und inwieweit eine Aufspaltung der Nutzungsrechte mit gegenständlicher Wirkung möglich ist, besitzt insbesondere für das Verbreitungsrecht des § 17 Bedeutung, und zwar speziell im Blick auf die **Erschöpfung** (§ 17 Abs. 2; s. zu diesem Zusammenhang § 17 Rdnr. 59 ff. und Wandtke/Bullinger/*Grunert*[3] § 31 Rdnr. 24 ff.). Bringt der Inhaber eines gegenständlich beschränkten Verbreitungsrechtes Werkexemplare in Verkehr, so kann dadurch nur **sein** Verbreitungsrecht erschöpft werden, nicht auch ein gegenständlich anders zugeschnittener Teil des Verbreitungsrechts, der beim Urheber zurückgeblieben ist oder in Form eines weiteren Nutzungsrechtes einem Dritten eingeräumt wurde (§ 17 Rdnr. 59 ff.; OLG Frankfurt ZUM 2000, 763/765. S. hierzu auch – im Grundsatz wenig klar – BGH GRUR 1986, 736/737 – Schallplattenvermietung).

96 Von der gegenständlichen Beschränkung der Nutzungsrechte durch entsprechende Aufspaltung sind die **schuldrechtlichen Beschränkungen in der Ausübung der Nutzungsrechte** zu unterscheiden (*Ulmer*[3] §§ 84 II, 103 II vor 1; *Schricker*, Verlagsrecht[3] § 8 Rdnr. 18; Dreier/*Schulze*[3] § 31 Rdnr. 48). Der Einräumung eines Nutzungsrechts pflegt ein **schuldrechtlicher Vertrag** als Rechtsgrund zugrunde zu liegen (dazu Rdnr. 98). Er zielt auf die Einräumung des betreffenden Nutzungsrechts; die Nutzung wird in den vorgesehenen Grenzen idR auch schuldrechtlich erlaubt. Überschreitet der Inhaber des Nutzungsrechtes bei der Werkverwertung die seinem Nutzungsrecht im Wege der Aufspaltung gegenständlich gesetzten Grenzen, so liegt regelmäßig eine Urheberrechtsverletzung und zusätzlich eine Vertragsverletzung vor.

97 Die zugleich im Verhältnis der Anspruchskonkurrenz gegebenen schuldrechtlichen Ansprüche sind von relativ geringer Bedeutung, wenn die gegenständliche Reichweite des Nutzungsrechts mit dem Inhalt der schuldrechtlichen Verpflichtungen übereinstimmt. Die **schuldrechtlichen Pflichten** können aber über die **gegenständlichen Beschränkungen** hinausgehen, dh. es kann dem Erwerber schuldrechtlich etwas verboten werden, was er an sich im Rahmen seines Nutzungsrechts urheberrechtlich tun dürfte. Schuldrechtlich können insbesondere auch solche Einschränkungen und Modalitäten der Nutzung vereinbart werden, die durch Abspaltung von Nutzungsrechten nicht statuiert werden können. Die Aufspaltung muss sich an klar abgrenzbaren, wirtschaftlich selbständigen Nutzungsarten orientieren (Rdnr. 87); schuldrechtlich können dagegen beliebige weitere Beschränkungen aufgestellt werden; das Schuldrecht kann als Instrument zur Feinabstimmung der Interessen der Vertragspartner dienen. So werden im **Verlagsbereich** etwa schuldrechtliche Abreden über die Ausstattung der Werkexemplare, die Modalitäten des Vertriebs und den Ladenpreis getroffen. Es kann auch über die Reihenfolge der Ausübung verschiedener Nutzungsrechte eine schuldrechtliche Vereinbarung getroffen werden (vgl. KG GRUR 1986, 536 – Kinderoper: Wenn Erstsendung im 1. Programm, Wiederholung im 3. Programm vereinbart ist, darf nicht als erstes im 3. Programm gesendet werden. Das KG ging offenbar von einer gegenständlichen Beschränkung der Nutzungsrechte aus, s. Rdnr. 89). Hält sich der Inhaber des Nutzungsrechts in dessen gegenständlichen Grenzen und verletzt er lediglich die ihm schuldrechtlich auferlegten Pflichten, so liegt keine Urheberrechtsverletzung, sondern nur eine Vertragsverletzung vor (Wandtke/Bullinger/*Grunert*[3] § 31 Rdnr. 7, 33f.; s. im Übrigen zu der – gesetzlich in § 2 VerlG vertypten – Enthaltungspflicht des Verfassers *Schricker*, Verlagsrecht[3] § 2 Rdnr. 1, 9 ff.).

3. Verhältnis von Verpflichtung und Verfügung

Die Einräumung eines gegenständlichen Nutzungsrechtes – handele es sich um ein ausschließliches oder einfaches Recht – bildet eine **Verfügung** über das Urheberrecht oder das ausschließliche Nutzungsrecht, auf der Basis dessen das Nutzungsrecht eingeräumt wird (Rdnr. 75). Im System unseres Privatrechts trennt man gedanklich zwischen Verpflichtung und Verfügung (**Trennungsprinzip**, vgl. *Larenz/Wolf* BGB AT[9] § 23 Rdnr. 31 ff., 35 ff.); dies gilt auch für Geschäfte über Urheberrechte (*Schricker*, Verlagsrecht[3] § 9 Rdnr. 3; Loewenheim/*Loewenheim/J. B. Nordemann*, Handbuch des Urheberrechts[2] § 26 Rdnr. 2; Dreier/*Schulze*[3] § 31 Rdnr. 16; Wandtke/Bullinger/*Grunert*[3] vor §§ 31 ff. Rdnr. 6; Fromm/Nordemann/*J. B. Nordemann*[10] vor §§ 31 ff. Rdnr. 33 und § 31 Rdnr. 30 ff.; *Schack*, Urheber- und Urhebervertragsrecht[4], Rdnr. 527; *Wente/Härle* GRUR 1997, 96); ein Argument hierfür liefert § 40 Abs. 1 S. 1 und Abs. 3 (§ 40 Rdnr. 3).

Während das Verpflichtungsgeschäft grundsätzlich nur Rechte und Pflichten zwischen den Beteiligten schafft, wirkt die Verfügung unmittelbar auf den Bestand eines Rechtes ein und begründet damit auch Rechtswirkungen gegenüber Dritten, bei Übertragungsgeschäften namentlich durch Änderung der Zuordnung des betreffenden Rechts (*Larenz/Wolf* BGB AT[9] § 23 Rdnr. 31, 35).

In der Praxis werden Verfügungen regelmäßig durch **Verpflichtungsgeschäfte** angebahnt und getragen: Der Urheber verpflichtet sich etwa, unter bestimmten Modalitäten, insbesondere gegen ein vereinbartes Entgelt, ein Nutzungsrecht gewisser Art einzuräumen. Faktisch werden beide Geschäfte häufig zusammentreffen, dh. zugleich abgeschlossen und nicht förmlich voneinander unterschieden werden. Gleichwohl sind sie nach Voraussetzungen und Wirkungen getrennt zu prüfen. So wird, wenn jemand über ein fremdes Recht in eigenem Namen kontrahiert, regelmäßig die Verpflichtung wirksam sein; die Wirksamkeit der Verfügung dagegen von der Zustimmung des Berechtigten (§ 185 BGB) abhängen (*Schricker*, Verlagsrecht[3] § 9 Rdnr. 3).

Im deutschen bürgerlichen Recht gilt zusätzlich zum Trennungsprinzip das **Abstraktionsprinzip**, dh. die Verfügungsgeschäfte sind in ihrer Gültigkeit grundsätzlich von Bestand und Gültigkeit der zugrundeliegenden Verpflichtungsgeschäfte unabhängig (*Larenz/Wolf* BGB AT[9] § 23 Rdnr. 78 ff.). Obwohl seine Geltung im Bürgerlichen Recht unumstritten ist, ist vielfach grundsätzliche Kritik am Abstraktionsprinzip geübt worden (vgl. etwa *Rother* AcP 169 [1969] 1 ff.; *Jauernig* BGB[12] Vorbem. Rdnr. 13; sa. *Larenz/Wolf* BGB AT[9] § 23 Rdnr. 87 jeweils mwN.). Es handelt sich um eine Besonderheit des deutschen Rechts, die sich allerdings im Zuge der europäischen Rechtsvereinheitlichung auf Dauer nicht behaupten dürfte (Palandt/*Ellenberger*, BGB[68], Überblick vor § 104 Rdnr. 22; *Wacke* ZEuP 2000, 254). Nicht zuletzt im Hinblick darauf besteht kein Anlaß, es in das zunehmend europäisch geprägte Urheberrecht zu übernehmen, auch im übrigen ist kein zwingender Grund dafür erkennbar.

Was zunächst das **Verlagsrecht** betrifft, so erlischt das Nutzungsrecht des Verlegers (Verlagsrecht im subjektiven Sinn) gemäß § 9 Abs. 1 VerlG „mit der Beendigung des Vertragsverhältnisses". Dies wird allgemein als ein Ausschluß des Abstraktionsgrundsatzes im Sinn einer kausalen Bindung des gegenständlichen Verlagsrechtes an Bestand und Wirksamkeit des schuldrechtlichen Verlagsvertrags verstanden (BGHZ 27, 90/94 f.; *Schricker*, Verlagsrecht[3] § 9 Rdnr. 3; Fromm/Nordemann/*J. B. Nordemann*[10] § 31 Rdnr. 33; *Riedel* § 9 VerlG Anm. 2; *Ulmer*[3] § 92 I; *Forkel* S. 156, 159 f.; *Kraßer* GRUR Int. 1973, 230 ff.; *Krüger-Nieland* UFITA 89 [1981] 18/19; *Wente/Härle* GRUR 1997, 96/97). Fehlt der obligatorische Verlagsvertrag oder ist er unwirksam, so entsteht auch das subjektive Verlagsrecht nicht; wird der obligatorische Verlagsvertrag beendet, so kommt auch das Verlagsrecht automatisch in Fortfall.

Ob im **sonstigen Urhebervertragsrecht** das Abstraktionsprinzip gilt oder nicht, ist strittig (für Geltung BGHZ 27, 90/95 f.; anders wohl BGH GRUR 1982, 308/309 – Kunsthändler; BGH GRUR 1966, 567/569 – GELU – für den Fall der Beendigung von Wahrnehmungsverträgen; für Geltung des Abstraktionsprinzips *v. Gamm* Einf. Rdnr. 70; *Schack*, Urheber- und Urhebervertragsrecht[4], Rdnr. 525 f.; *Riedel* § 31 Anm. B 7; *Schwarz/Klingner* GRUR 1998, 103 ff.; *Sieger* FuR 1983, S. 580 ff.; *Brandi-Dohrn* GRUR 1983, 146; vgl. auch *Rehbinder*[15] Rdnr. 602, der aber für eine „Milderung" durch regelmäßige Annahme einer stillschweigenden Bedingtheit eintritt; bejahend mit Einschränkungen OLG Brandenburg GRUR 2000, 98. Gegen Geltung des Abstraktionsprin-

98

99

100

zips die hM, s. OLG Karlsruhe ZUM-RD 2007, 76/78; OLG Köln GRUR-RR 2007, 33/34 – Computerprogramm für Reifenhändler, allerdings für den Rückruf gemäß § 41 UrhG das Abstraktionsprinzip grundsätzlich anwendend; OLG Hamburg GRUR 2002, 335/336 – Kinderfernseh-Sendereihe; OLG Hamburg GRUR Int. 1998, 431/435 – Feliksas Bajoras; OLG Brandenburg NJW-RR 1999, 839/840; OLG München Schulze OLGZ 248, 3 ff.; OLG München ZUM RD 1997, 551/553 – Das Piano; LG Hamburg ZUM 1999, 859/860 – Sesamstraße; LG Köln GRUR-RR 2006, 357/359 – Warenwirtschaftsprogramm; Fromm/Nordemann/*J. B. Nordemann*[10] § 31 Rdnr. 30 ff.; Loewenheim/*Loewenheim*/*J. B. Nordemann*, Handbuch des Urheberrechts[2] § 26 Rdnr. 3; Wandtke/Bullinger/*Wandtke*/*Grunert*[3] § 31 Rdnr. 6; Dreyer/*Kotthoff*/Meckel[2] § 31 Rdnr. 18; Möhring/Nicolini/*Spautz*[2] § 31 Rdnr. 14; *Ulmer*[3] § 92 I; *Kraßer* GRUR Int. 1973, 230 ff.; *Haberstumpf*, Fs. für Hubmann, S. 127/137 f.; *Forkel* S. 155 ff. mwN; *Beilharz* S. 17; *Brandi-Dohrn* S. 27 ff.; *Beck* S. 93; *Schricker*, Verlagsrecht[3] § 28 Rdnr. 24; *Götting* in Beier/Götting/Lehmann/Moufang [Hrsg.] S. 53, 70 f.; *Fischer*/*Reich* Rdnr. 5; im Grundsatz auch Dreier/*Schulze*, UrhG, § 31 Rdnr. 19; vgl. auch *Wente*/*Härle* GRUR 1997, 96/98 ff., die die kausale Abhängigkeit aber auf die Verfügungen zwischen Urheber und Ersterwerber beschränken wollen; so auch für einen Schallplattenproduktionsvertrag KG UFITA 86 (1980) 230/238; s. zum Ganzen auch *Srocke*, Das Abstraktionsprinzip im Urheberrecht, GRUR 2008, 867 ff.).

Die **Ablehnung des Abstraktionsprinzips im Urheberrecht** durch die überwiegende Meinung des Schrifttums hat die besseren **Gründe** für sich. Das Ergebnis wird durch eine analoge Heranziehung des § 9 Abs. 1 VerlG gestützt, wie auch durch die Tatsache, dass § 40 Abs. 3 UrhG ein Durchschlagen des Kausalverhältnisses auf die Verfügung anordnet. Ganz allgemein ist im Urheberrecht die Verfügung mit dem Verpflichtungsvertrag enger verknüpft, da sie erst durch diesen ihre Konturen gewinnt, nicht dagegen durch einen numerus clausus dinglicher Rechte auf vorbestimmte Rechtsfiguren festgelegt wird. Auch sind die zugunsten des Abstraktheitsgrundsatzes angeführten Argumente der Rechts- und Verkehrssicherheit für das Urheberrecht nicht stichhaltig, da dort ein Gutglaubensschutz fehlt (Rdnr. 102). Ferner kann für das Urheberrecht die historische Legitimation des Abstraktionsprinzips aus dem Pandektenrecht nicht ins Feld geführt werden. Schließlich kommt die kausale Bindung der Verfügung an das Verpflichtungsgeschäft tendenziell dem Gedanken entgegen, dem Urheber möglichst seine Rechte zu erhalten, wie er in § 31 Abs. 5 zum Ausdruck gelangt (Gedanke der Zweckbindung).

Es ist somit davon auszugehen, dass die Einräumung von Nutzungsrechten regelmäßig von Bestand und Wirksamkeit des zugrundeliegenden schuldrechtlichen Vertrages **kausal abhängt**; mit dem Wegfall des Vertrags erlischt das Nutzungsrecht automatisch, ohne dass es zurückübertragen werden müsste (Fromm/Nordemann/*J. B. Nordemann*[10] § 31 Rdnr. 32). Nicht ausgeschlossen ist jedoch, dass die Parteien diese **kausale Bindung** – ganz oder in einzelnen Stücken – **lösen** und ein – voll oder teilweise – abstrakt gültiges Nutzungsrecht einräumen, das bei Fehlen oder Wegfall des schuldrechtlichen Vertrags fortbesteht, nur einem Bereicherungsanspruch unterliegt (in diesem Sinn wohl auch *Forkel* S. 163). Im Zweifel ist aber von kausaler Abhängigkeit als der regelmäßigen Gestaltung auszugehen.

101 Von den Geschäften über die Einräumung von Nutzungsrechten sind diejenigen der **Übertragung bereits abgespaltener Nutzungsrechte** oder – ausnahmsweise (vgl. § 29 S. 1) – des **Urheberrechts** zu unterscheiden. Während die Einräumung von Nutzungsrechten spezifisch urheberrechtliche Züge trägt, sind diese Übertragungsgeschäfte eher dem bürgerlich-rechtlichen Schema (insbesondere der Figur des Rechtskaufs) zuzuordnen. Die Gesichtspunkte der Prägung der gegenständlichen Rechte durch das obligatorische Geschäft und der Zweckbindung im Interesse des Urhebers sind hier nicht einschlägig. Für derartige Übertragungsgeschäfte ist deshalb nicht nur vom Trennungsgrundsatz, sondern auch vom Abstraktionsprinzip auszugehen (*Ulmer*[3] § 92 I 4 b; Fromm/Nordemann/*J. B. Nordemann*[10] vor §§ 31 ff. Rdnr. 231; § 31 Rdnr. 41; *Schricker*, Verlagsrecht[3] § 28 Rdnr. 12; *Forkel* S. 157, 164; Loewenheim/*Loewenheim*/*J. B. Nordemann*, Handbuch des Urheberrechts[2] § 28 Rdnr. 4 f.). Konstitutive Verfügungen zweiter oder späterer Stufe, etwa die Einräumung einer Verlagslizenz, unterliegen dagegen der kausalen Bindung (anders offenbar *Wente*/*Härle* GRUR 1997, 96/99, die zwischen translativer und konstitutiver Übertragung hier nicht unterscheiden und alle Übertragungen späterer Stufe dem Abstraktionsprinzip unterstellen wollen).

4. Kein gutgläubiger Erwerb

102 Im Urheberrecht fehlt es an Publizitäts- und Rechtsscheintatbeständen, an die ein Gutglaubensschutz anknüpfen könnte, wie an den Besitz im Sachenrecht oder an die Eintragung in öf-

fentliche Register. Nach allgemeiner Meinung ist deshalb ein **gutgläubiger Erwerb** gegenständlicher Rechte vom Nichtberechtigten ausgeschlossen (BGHZ 5, 116/119 – Parkstraße 13; BGH GRUR 1959, 200/203 – Der Heiligenhof; KG ZUM 1997, 397/398 – Franz Hessel; KG GRUR 2002, 252/256f. – Mantellieferung; LG Hamburg ZUM 1999, 858/860; Fromm/Nordemann/*J. B. Nordemann*[10] § 31 Rdnr. 42; Dreier/*Schulze*[3] § 31 Rdnr. 24; Wandtke/Bullinger/*Wandtke/Grunert*[3] vor §§ 31 ff. Rdnr. 47; Dreyer/*Kotthoff*/Meckel[2] § 31 Rdnr. 35; *v. Gamm* § 31 Rdnr. 6 mwN; *Ulmer*[3] § 83 III 2; *Schricker*, Verlagsrecht[3] § 8 Rdnr. 35; Loewenheim/*Loewenheim*/*J. B. Nordemann*, Handbuch des Urheberrechts[2] 26 Rdnr. 9; *Haberstumpf*[2] Rdnr. 394; *Schack*, Urheber- und Verlagsrecht[4], Rdnr. 537; Möhring/Nicolini/*Spautz*[2] § 31 Rdnr. 14). Bei doppelter Einräumung von Nutzungsrechten ist der zeitlich erste Erwerbsakt wirksam, der spätere unwirksam; der leer ausgehende Vertragspartner kann Schadensersatzansprüche geltendmachen (vgl. BGH GRUR 1992, 605/606 – Schadensbegrenzungsvergleich; Wandtke/Bullinger/*Wandtke/Grunert*[3] vor §§ 31 ff. Rdnr. 47).

Dies bedeutet freilich nicht, dass der Gedanke des Verkehrsschutzes dem Urheberrecht ganz fremd wäre. Hinzuweisen ist vielmehr auf die Urheberschaftsvermutungen des § 10 und vor allem auf den Erschöpfungsgrundsatz des § 17 Abs. 2.

Nicht ausgeschlossen ist im Urheberrecht auch die Anwendung bürgerlich-rechtlicher Rechtsscheinvorschriften, soweit die Voraussetzungen ihrer Anwendung gegeben sind, so etwa der Gutglaubensschutzvorschriften des **Vertretungsrechtes** (§§ 169 ff. BGB, Grundsätze der Rechtsscheinvollmacht) und des **Abtretungsrechtes** (§§ 407 ff. BGB, etwa § 409 BGB, *Ulmer*[3] § 83 III) sowie der **allgemeinen Grundsätze des Schutzes von Treu und Glauben** (*Ulmer*[3] § 83 III).

5. Die Auslegung von Verträgen

Verträge im Bereich des Urheberrechts werden nicht selten **mündlich**, ja **stillschweigend** 103 geschlossen. Sofern nicht § 31a oder § 40 eingreifen, gilt **Formfreiheit** (s. Rdnr. 53; zu den Gründen hierfür Amtl. Begr. BT-Drucks. IV/270 S. 56). Auch wenn schriftliche Abmachungen getroffen werden, bleiben sie oft **fragmentarisch und unvollkommen.** Vom Verlagsbereich abgesehen, sind spezifische **dispositive Vorschriften,** die in die Lücke treten könnten, nur spärlich vorhanden. Das Urhebervertragsgesetz von 2002 sichert zwar die angemessene Vergütung (s. Rdnr. 7 ff.), konnte aber die gesetzgeberische Ausgestaltung der wachsenden Vielfalt von Urheberrechtsverträgen nicht leisten. Praktisch erlangt deshalb die Ermittlung der geltenden Vertragsregelung durch **Auslegung** besondere Bedeutung (s. a. § 31 Rdnr. 20 ff.).

Die §§ 31 ff. UrhG geben Hilfen in Form von **Auslegungsregeln** (s. insb. §§ 37, 38, 44, 104 s. ferner §§ 88, 89). Als ein Grundsatz von übergreifender Bedeutung ist insbesondere die **Zweckübertragungsregel** des § 31 Abs. 5 zu erwähnen, eine Vorschrift, deren Tragweite sich nicht in der Eigenschaft einer bloßen Auslegungsregel erschöpft (s. im Einzelnen § 31 Rdnr. 64 ff.).

In § 31 Abs. 5, §§ 34, 35, 37 und 44, aber auch in den zwingenden Rechtssätzen der §§ 29 105 Abs. 1 sowie in § 40 wird die Sorge des Gesetzgebers deutlich, den Urheber vor einer **pauschalen und zu weitreichenden Rechtsvergabe** zu schützen. Der Gesetzgeber konnte dabei an Grundsätze anknüpfen, die bereits vor der Geltung des UrhG sich in Lehre und Rechtsprechung entwickelt hatten und die in dem Satz zusammengefasst werden können, dass „das Urheberrecht gleichsam die Tendenz habe, soweit wie möglich beim Urheber zurückzubleiben" (*Ulmer*[3] § 80 II 2). Dennoch wird man nicht annehmen können, dass im Urheberrecht für die Auslegung generell der Satz „in dubio pro autore" gelte (ablehnend auch Wandtke/Bullinger/*Grunert*[3] vor §§ 31 ff. Rdnr. 114; Dreyer/*Kotthoff*/Meckel[2] § 32 Rdnr. 31; für das Verlagsrecht *Schricker*, Verlagsrecht[3] § 1 Rdnr. 6.; aA Fromm/Nordemann/*A. Nordemann*[10] § 1 Rdnr. 1; Dreier/*Schulze*[3] § 1 Rdnr. 2). Das UrhG enthält durchaus auch Auslegungsregeln, die im Zweifel für die Einräumung weitgehender Rechte, insbesondere ausschließlicher Rechte sprechen (§§ 88, 89, 38 Abs. 1 S. 1). Man wird deshalb immer von Fall zu Fall zu prüfen haben, ob angesichts der Interessenlage und des Zwecks des Rechtsgeschäftes nicht Abweichungen von der Tendenz einer möglichst „zurückhaltenden" Annahme einer Rechtsvergabe am Platze sind.

Für Verträge auf dem Gebiet des Urheberrechts können auch **bürgerlich-rechtliche Vor-** 106 **schriften** heranzuziehen sein (§ 31 Rdnr. 28 ff.). So kommen für **schuldrechtliche Verpflichtungen** grundsätzlich die Vorschriften des **allgemeinen Teils des Schuldrechts** in Betracht. Mit der gebotenen Rücksichtnahme auf die Besonderheiten des Urheberrechts kann auch auf Normierungen für bestimmte Vertragstypen im besonderen Teil des Schuldrechts zurückzugreifen sein, so insbesondere auf Vorschriften über **Kauf, Miete, Pacht, Dienst- und Werkvertrag, Auftrag** (*Ulmer*[3] § 90 II 1). Es ist freilich dabei immer zu fragen, ob nicht urheberrechtliche Wertungen einer Heranziehung der bürgerlich-rechtlichen Regeln entgegenstehen. Urheberrechtliche Lizenzverträge sind **Verträge eigener Art,** die Elemente verschiedener gesetzlich normierter Vertragstypen enthalten (Dreier/*Schulze*[3] vor § 31 Rdnr. 6; s. auch BGH GRUR 1989, 68/70 – Präsentbücher – zur Frage, ob die kaufrechtlichen Elemente zu einer Anwendung des Abzahlungsgesetzes führen; BGH GRUR 2007, 693 – Archivfotos – zur Auslegung eines Vertrages über die Aufnahme von Fotos eines Fotografen in ein Verlagsarchiv).

Zum Rechtsgeschäft der **Einräumung von Nutzungsrechten** s. Rdnr. 77 ff.

107 **Insgesamt** sind, will man den Regelungsgehalt von Rechtsgeschäften im Bereich des Urheberrechts ermitteln, folgende **Kriterien** in Betracht zu ziehen:
- die **ausdrückliche rechtsgeschäftliche Regelung;**
- **zwingende Rechtsnormen,** insbesondere des Urheberrechts, die den Regelungsgehalt begrenzen bzw. reduzieren;
- **dispositives Recht,** und zwar im Verlagsbereich aus dem **Verlagsgesetz,** im sonstigen Urhebervertragsrecht unter Umständen in Analogie zum Verlagsrecht (Rdnr. 5), ansonsten aus dem **UrhG** (zum Verhältnis von VerlG und UrhG s. *Schricker*, Verlagsrecht[3] Einl. Rdnr. 19 ff.). Erst in zweiter Linie kommen dispositive Vorschriften des **BGB** in Betracht.
- Bei der Vertragsauslegung sind die **Auslegungsregeln des UrhG** zu berücksichtigen (unter Umständen des VerlG). Im Übrigen gelten die **allgemeinen Grundsätze der Vertragsauslegung** gemäß §§ 133, 157 BGB. Hinsichtlich der Verkehrssitte und der rechtsethischen Wertung können **Vertragsnormen** u. dgl. Anhaltspunkte geben (Rdnr. 26).
- **Allgemeine Geschäftsbedingungen** unterliegen der Kontrolle nach §§ 305 ff. BGB (Rdnr. 30 ff.).

108 Das **Verhältnis von ergänzender Auslegung und dispositivem Recht** ist im Einzelnen nicht unstrittig (*Larenz/Wolf* BGB AT[9] § 28 Rdnr. 109 ff.; Palandt/*Ellenberger* BGB[68] § 157 Rdnr. 4 ff.; Bamberger/Roth/*Wendtland*, Beck'scher Online-Kommentar BGB § 157, Rdnr. 38 f.). Ein genereller Vorrang eines der beiden Elemente besteht nicht. Es ist vielmehr zu fragen, ob typengeeignetes dispositives Recht vorhanden ist, das zur Ausfüllung gerade der Regelungslücken des vorliegenden Vertrages passt oder ob dem besonderen Zuschnitt des Vertrages eher eine spezifische Fortentwicklung der vereinbarten Regelung durch ergänzende Vertragsauslegung gerecht wird.

Zur privatrechtlichen Natur eines Vertrages, durch den die Vermessungsbehörde einem Verlag Nutzungsrechte an topographischen Kartenwerken einräumt s. BGH GRUR 1988, 33 – Topographische Landeskarten. Zur Pflicht des Gerichts, den Parteien Gelegenheit zur Äußerung zu dem Ergebnis seiner eigenen Vertragsauslegung zu geben s. BGH ZUM 1993, 421/422 f. Zur Auslegung eines Filmproduktionsvertrags unter dem Aspekt der direkten Satellitensendung s. BGH GRUR 2005, 320 – Kehraus. Zur Berücksichtigung der Mehrwertsteuer bei einem Videoproduktionsvertrag s. BGH ZUM-RD 2002, 407; zur Abrechnung bei Einschaltung eines weiteren Verlegers OLG Hamburg ZUM-RD 2002, 537. Zur Unwirksamkeit eines für die gesamte Vertragslaufzeit geltenden Wettbewerbsverbots in einem Verlagsvertrag s. OLG München ZUM 2007, 751. Zur Wirksamkeit der Kündigung eines zwischen Komponisten und Musikverlag geschlossenen Generalvertrages LG München ZUM 2007, 580.

III. Typen von Urheberrechtsverträgen

S. dazu auch die Darstellung bei Fromm/Nordemann/*J. B. Nordemann*[10] vor §§ 31 ff. Rdnr. 295 ff.; Dreier/*Schulze*[3] vor § 31 Rdnr. 150 ff.; *Schack*, Urheber- und Urhebervertragsrecht[4], Rdnr. 992 ff.; Wandtke/Bullinger/*Grunert*[3] vor §§ 31 ff. Rdnr. 67 ff.

1. Buch-, Zeitschriften- und Zeitungsverlag

109 a) **Buchverlag.** Der **Buchverlag** bildet den Kern des dem VerlG von 1901 zugewiesenen Regelungsbereichs (zum Verhältnis des VerlG zum UrhG s. Rdnr. 5). Das VerlG gilt nur für Werke der Literatur und Tonkunst (§ 1 S. 1 VerlG; s. im Einzelnen *Schricker*, Verlagsrecht[3] § 1 Rdnr. 33 ff.; zu den Abbildungen s. unten Rdnr. 127; s. ferner *Wegner/Wallenfels/Kaboth* S. 71 f. Rdnr. 19). Begriffswesentlich für den Verlagsvertrag im Sinne des VerlG ist einerseits die Verpflichtung des Verfassers oder sonstigen Verlaggebers (§ 48 VerlG), dem Verleger (zur Bestimmung des Verlegers, wenn mit einer „Verlagsgruppe" abgeschlossen wird, s. OLG München

Vorbemerkung **Vor § 28**

NJW 1998, 1406 – Verlagsgruppe; s. dazu *Schricker* EWiR 1997, 1101) das Werk zur Vervielfältigung und Verbreitung auf eigene Rechnung zu überlassen und andererseits die **Auswertungspflicht des Verlegers** (§ 1 VerlG, s. im Einzelnen *Schricker*, Verlagsrecht³ § 1 Rdnr. 7 ff. Zum Rücktritt des Autors wegen Verzugs des Verlegers mit der Drucklegung s. LG Ulm ZUM-RD 1999, 236. Zur Klage des Autors auf Erfüllung s. OLG Frankfurt EWiR 2005, 907 m. Kurzkommentar *Schricker*). Unter das VerlG fällt nur die verlagstypische Vervielfältigung in Print-Form, außerhalb bleiben die elektronischen Vervielfältigungen (*Schricker*, Verlagsrecht³ § 1 Rdnr. 51; für eine weitere Auslegung *Schmaus*, Der E-Book-Verlagsvertrag, 2002, S. 40 ff.). Die **Vergütungspflicht** bildet nach dem Gesetz kein wesentliches Merkmal des Verlagsvertrags (kritisch *Schricker*, Verlagsrecht³ Einl. Rdnr. 29, § 22 Rdnr. 1 VerlG). Der Anspruch auf angemessene Vergütung und weitere Beteiligung ergibt sich nunmehr aus §§ 32, 32 a UrhG; vgl. zu den Vergütungsformen *Wegner/Wallenfels/Kaboth* S. 93 ff.; zur Verrechnung von Honorarvorschüssen s. OLG Karlsruhe ZUM 1986, 405). Regelmäßig räumt der Verfasser dem Verleger ein **gegenständliches subjektives Verlagsrecht** ein, dh. das ausschließliche Recht zur Vervielfältigung und Verbreitung im Rahmen des Vertrags (§§ 8, 9 VerlG); es bildet ein ausschließliches Nutzungsrecht iSv. § 31 (OLG Stuttgart FuR 1984, 393/397). Das subjektive Verlagsrecht bedeutet für den Verleger insbesondere die Basis für ein Vorgehen gegen dritte Rechtsverletzer. Angesichts dessen wurde die Schaffung eines besonderen verwandten Schutzrechts für Verleger auch von Verlegerkreisen abgelehnt (s. die zutreffenden Gründe gegen ein solches Schutzrecht bei *Schack*, Urheber- und Urhebervertragsrecht⁴, Rdnr. 1007 f.). Im Einzelfall kann freilich auch ein einfaches Nutzungsrecht eingeräumt sein (KG ZUM-RD 1997, 81/83 – Hans Fallada); § 38 Abs. 3 S. 1 nimmt dies idR für Zeitungsbeiträge an. Verlagsverträge sind jedoch auch ohne Einräumung eines gegenständlichen Rechts möglich; das Verlagsvertragsverhältnis beschränkt sich dann auf rein schuldrechtliche Abmachungen. Dies gilt insbesondere für **Verlagsverträge über gemeinfreie Werke** (§§ 39, 40 VerlG). Kein Verlagsvertrag liegt vor, wenn sich der Verwerter des Werks nicht zur Vervielfältigung und Verbreitung verpflichtet, so insbesondere wenn er sich ohne eine Auswertungspflicht ein Werk auf Bestellung anfertigen lässt (**Bestellvertrag**, § 47 VerlG, *Schricker*, Verlagsrecht³ § 47 Rdnr. 7 ff.).

Die Verträge **literarischer Übersetzer** sind im Zweifel Verlagsverträge, nicht Bestellverträge, **110** auch wenn ein Pauschalhonorar vorgesehen ist (OLG München GRUR-RR 2001, 151 – SEIDE, bestätigt durch BGH ZUM 2005, 61/65; zumindest ist bei unklaren Geschäftsbedingungen ein Verlagsvertrag anzunehmen, BGH GRUR 2005, 148 – Oceano Mare, s. dazu die Anm. von *Schricker* LMK 2005, 30; s. dort auch zur Rechtslage bezüglich Neuauflagen). Dass ein Einmalhonorar bei gehobenen Übersetzungen auch Folgeauflagen und sonstige Verwertungsformen abgilt (so KG AfP 2001, 514) kann heute nicht mehr als Regel betrachtet werden (kritisch zur Entscheidung des OLG München *v. Becker* ZUM 2001, 378 ff.; *Wegner/Wallenfels/Kaboth* S. 115 f.; wie hier Dreier/*Schulze*³ vor § 31 Rdnr. 164, 197; s. allgemein zum Übersetzervertrag *Wegner/Wallenfels/Kaboth* S. 119 ff.).

Inhalt und Umfang der dem Verleger zugewiesenen Rechtsposition zu bestimmen **111** und sie gegenüber den Rechten des Verfassers abzugrenzen, ist in erster Linie Sache des Verlagsvertrags. Mangels entsprechender Regelung tritt das VerlG in die Lücke, das heute kombiniert mit den urhebervertragsrechtlichen Regeln des UrhG anzuwenden ist. Hiernach muss – insbesondere unter Heranziehung der Zweckübertragungslehre des § 31 Abs. 5 UrhG – bestimmt werden, wie weit sich das **positive Nutzungsrecht** des Verlegers erstreckt. Sein **negatives Verbotsrecht** reicht nach der Regelung des § 9 VerlG darüber hinaus (*Schricker*, Verlagsrecht³ § 8 Rdnr. 7 ff.). Vom gegenständlichen Verbotsrecht des Verlegers – das auch gegenüber dem Verfasser besteht – zu unterscheiden ist die **schuldrechtliche Enthaltungspflicht** des Verfassers gegenüber dem Verleger (§ 2 VerlG). Sie deckt sich inhaltlich weitgehend mit dem Bereich des Verbotsrechts, kann aber weiter gehen (*Schricker*, Verlagsrecht³ § 2 Rdnr. 1, 4, 35 ff.; kritisch *Gottschalk* ZUM 2005, 359 ff.; zur Rechtslage bei Bearbeitungen s. § 37 Rdnr. 6). Vgl. aber zur Unwirksamkeit eines für die gesamte Vertragslaufzeit geltenden **Wettbewerbsverbots** in einem Verlagsvertrag OLG München ZUM 2007, 751.

In den heute üblichen Verlagsverträgen, namentlich im Bereich der Belletristik, lassen sich **112** Verleger meist über die buchmäßige Vervielfältigung und Verbreitung hinaus noch weitere Nutzungsrechte einräumen, die sog. **Nebenrechte** (*Schricker*, Verlagsrecht³ § 8 Rdnr. 5 e, g). In der Praxis unterscheidet man „buchnahe" (zB Buchgemeinschafts-, Taschenbuch-, Reprint-, Mikrofilmrechte, Recht zum Abdruck in Periodika) und „buchferne" Nebenrechte (zB Filmrechte, Schallplatten- und Kassettenrechte, Senderecht, digitale Online- und Offline-Nutzung). Die Grenze zwischen dem eigentlichen Verlagsrecht, den buchnahen und den buchfernen Nebenrechten ist fließend (zu den Schranken der gegenständlichen Aufspaltbarkeit Rdnr. 88 ff.). Für die Vertragsauslegung gewinnt die Zweckübertragungsregel des § 31 Abs. 5 UrhG zentrale Bedeutung, wonach es mangels ausdrücklicher Bezeichnung der Nutzungsarten auf den Vertragszweck ankommt (s. im Einzelnen § 31 Rdnr. 64 ff.; *Schricker*, Verlagsrecht[3] § 8 Rdnr. 5 e ff.). Die buchfernen, vielfach aber auch buchnahen Nebenrechte pflegen nicht vom Verleger selbst ausgewertet zu werden, sondern die Auswertung erfolgt über Dritte, denen der Verleger abgeleitete Rechte einräumt oder die betreffenden Nebenrechte überträgt, wozu er regelmäßig der Zustimmung des Urhebers bedarf (§§ 34, 35 UrhG). Die Stellung des Verlegers ähnelt insofern derjenigen einer Agentur zur Vermarktung von Nutzungsrechten. Am Erlös dieser Verwertung wird der Urheber idR prozentual beteiligt (*Schricker*, Verlagsrecht[3] § 8 Rdnr. 5 g). Bei den vom Verlagsrecht abgeleiteten Rechten kann es sich um **Verlagslizenzen** oder sonstige abgeleitete Nutzungsrechte handeln (Rdnr. 49, 51 ff.).

113 Für die Auslegung und rechtliche Behandlung der Verlagsverträge ist ihr **besonderer Charakter** zu berücksichtigen: Im Buchverlag werden herkömmlicherweise Vertragsverhältnisse von längerer Dauer eingegangen, die von persönlichem Vertrauen getragen werden und eine **besondere Treuebindung** begründen (*Schricker*, Verlagsrecht[3] § 1 Rdnr. 19 ff.). Vielfach handelt es sich um komplexe Beziehungen, die sich nicht nur auf ein einzelnes Werk, sondern auf wesentliche Teile des Werkschaffens des Verfassers beziehen und die Verwertung in umfassender Weise in die Wege leiten. Dem persönlichen Treue- und Vertrauensverhältnis entsprechend sind die den Vertrag begleitenden Schutz-, Fürsorge- und Erhaltungspflichten zu bemessen und die Rechtsfolgen von Vertragsverletzungen zu bestimmen (s. den Überblick über die möglichen Rechtsfolgen bei *Schricker*, Verlagsrecht[3] § 35 Rdnr. 28; insbesondere zur Kündigung aus wichtigem Grund – heute § 314 BGB – *Schricker*, Verlagsrecht[3] § 35 Rdnr. 24 f.; allgemein zur Vertragsbeendigung § 31 Rdnr. 41 ff.; s. zum Verzug des Verlegers *Junker* GRUR 1988, 793 ff.).

114 Für die nähere Befassung mit dem Verlagsrecht sei auf folgende **Literatur** verwiesen: *Ulmer*[3] (§§ 100–110) (grundlegende Darstellung der Dogmatik des Verlagsrechts); *Hubmann*[6], Urheberrecht, (§§ 44–46) und *Rehbinder*[15], Urheberrecht, (§§ 48–51) (Überblick über die Grundzüge); *Haberstumpf/Hintermeier*, Einführung in das Verlagsrecht, 1985 (eingehende lehrbuchartige Darstellung); *Schricker*, Verlagsrecht[3] 2001 (ausführlicher Kommentar); Dreier/*Schulze*[3] vor § 31 Rdnr. 192–196; Loewenheim/*J. B. Nordemann*, Handbuch des Urheberrechts[2], § 64 sowie ebendort *Czychowski*, § 65 (eingehende Darstellung der Vertragspraxis); *Schack*, Urheber- und Urhebervertragsrecht[4], § 30 (lehrbuchartige Darstellung); Berger/Wündisch/*Krakies*, Urhebervertragsrecht, § 17 sowie ebendort *Wegner* §§ 18–19; sowie ebendort *v. Rom* § 20 (eingehende handbuchartige Darstellung); *Wegner/Wallenfels/Kaboth* S. 70 ff. (eingehende handbuchartige Darstellung); *Delp*, Verlagsvertrag[8], 2008, S. 19 ff. (Übersichtsdarstellung); s. ferner *Knaak* in Beier/Götting/Lehmann/Moufang (Hrsg.) S. 263 ff. zum Verlagsvertrag im Bereich der Belletristik sowie *Straus* ebenda S. 291 ff. zum Verlagsvertrag bei wissenschaftlichen Werken. Rechtsvergleichend s. *Dietz* Urhebervertragsrecht S. 66 ff.; *Pilny*, Der englische Verlagsvertrag, 1989; *v. Münchhausen*, Der Verlagsvertrag im italienischen Recht, 1988; s. ferner die rechtssoziologische Untersuchung von *Horz*, Gestaltung und Durchführung von Buchverlagsverträgen, 2005. Zum **Vertrieb von Verlagserzeugnissen** allgemein s. die Überblicksdarstellung von *v. Becker* ZUM 2002, 171 ff.; zum **Hörbuchverlag** s. *Haupt* Ufita 2002, 323 ff.; zum **electronic publishing** Berger/Wündisch/*Wegner*, Urhebervertragsrecht, § 19; *Schmaus*, Der E-Book-Verlagsvertrag, 2002; *Haupt*, Electronic Publishing, 2002; s. ferner *Schricker*, Verlagsrecht[3] § 1 Rdnr. 51; vgl. auch Rehbinder/*Schmaus* ZUM 2002, 167 ff.; *A. Vogel*, Media Perspektiven 1996, 526 ff., 1999, 73 ff.; zum **printing on demand** s. *Melichar* in Fs. für Dittrich S. 229 ff.; zum Hörbuchverlag *Wegner/Wallenfels/Kaboth* S. 134 ff.

115 Angesichts der dispositiven Natur des Verlagsgesetzes wird es weitgehend durch vertragliche Regelungen verdrängt, die sich an Normverträge anlehnen und vielfach in Gestalt von allgemeinen Geschäftsbedingungen auftreten (vgl. Rdnr. 20 ff., 30 ff.). Die wichtigsten **Normverträge** sind bei *Schricker*, Verlagsrecht[3] Anh. S. 776 ff. abgedruckt; s. nunmehr *Börsenverein*, Recht im Verlag, S. 4 ff.; vgl. dazu auch *Sieger* ZUM 1986, 319. **Vertragsmuster** finden sich bei *Delp*, Verlagsvertrag[8], 2008, S. 34 ff.; im MünchVertragshandbuch[6] Bd. 3/II, 2009, Teil XI Nr. 4–7 (bearbeitet von *Nordemann-Schiffel*) und in *Börsenverein*, Recht im Verlag, S. 42 ff.; sowie bei *Wegner/Wallenfels/Kaboth*, Recht im Verlag, 2004. S. ferner die Muster- und Normverträge bei *Schulze*[3] S. 353 ff.; s. zur **Rechtsprechung** auch § 31 Rdnr. 94.

116 **b) Zeitschriften- und Zeitungsverlag.** Der Zeitschriften- und Zeitungsverlag wird weitgehend durch die Tätigkeit **angestellter Redakteure, Journalisten und sonstiger Mitwir-**

Vorbemerkung | Vor § 28

kender geprägt. Für ihre Vertragssituation sind zT **Tarifverträge** bestimmend (Rdnr. 20), die auch in Bezug auf **arbeitnehmerähnliche Personen** abgeschlossen werden können (Rdnr. 21); im Übrigen sind die Grundsätze des **Arbeitnehmerurheberrechts** anwendbar (s. die Kommentierung zu § 43, insb. Rdnr. 103–114).

Von den Besonderheiten des Arbeitnehmerurheberrechts abgesehen, kommen auch im Zeitschriften- und Zeitungsverlag **Verlagsverträge** nach Maßgabe des VerlG vor. Dieses gibt in §§ 41–46 Sonderregeln für Beiträge zu periodischen Sammelwerken. Ein Verlagsvertrag liegt vor, wenn den Verleger eine Pflicht zur Vervielfältigung und Verbreitung trifft. Dies ist nach § 45 Abs. 2 VerlG anzunehmen, wenn dem Verfasser vom Verleger der Zeitpunkt bezeichnet worden ist, in welchem der Beitrag erscheinen soll; eine Verwertungspflicht des Verlegers kann aber auch in sonstigen Fällen vereinbart werden (*Schricker*, Verlagsrecht³ § 45 Rdnr. 8–10). 117

Fehlt es an der Verwertungspflicht, so ist kein Verlagsvertrag gegeben, sondern ein Nutzungsvertrag anderer Art (**Abdruckvertrag**, *Schricker*, Verlagsrecht³ § 42/§ 38 UrhG Rdnr. 4). Er ist nach Maßgabe der urhebervertragsrechtlichen Regeln des UrhG zu beurteilen; das VerlG ist analog anzuwenden, soweit nicht das Fehlen einer Pflicht zur Vervielfältigung und Verbreitung Abweichungen begründet (*Schricker*, Verlagsrecht³ § 45 Rdnr. 10).

Von der Frage, ob ein Verlagsvertrag vorliegt, ist die weitere Frage zu unterscheiden, ob der Verleger bei Beiträgen zu Periodika ein **gegenständliches Recht** erwirbt und welche Natur diesem Recht zukommt. Gemäß § 38 Abs. 3 S. 1 erlangt der Verleger oder Herausgeber bei Zeitungen im Zweifel ein **einfaches Nutzungsrecht** (Abdruckrecht), bei sonstigen Periodika, also insbesondere bei Zeitschriften, ein **ausschließliches Nutzungsrecht zur Vervielfältigung und Verbreitung**. Sind ausschließliche Rechte eingeräumt, so endet die Ausschließlichkeit im Zweifel bei Zeitungen sogleich nach Erscheinen des Beitrags (§ 38 Abs. 3 S. 2), bei sonstigen Periodika nach Ablauf eines Jahres seit Erscheinen (§ 38 Abs. 1 S. 2). Im Einzelnen ist auf die Kommentierung zu § 38 zu verweisen; s. auch *Schricker*, Verlagsrecht³ § 42/§ 38 UrhG. 118

Periodika sind typischerweise auf Dauer angelegte **wirtschaftliche Veranstaltungen**. Grundlegend für die rechtliche Behandlung ist, wem das Periodikum zusteht, wer „**Herr des Unternehmens**" ist. Die Inhaberschaft kann beim Verlag liegen, beim Herausgeber oder evtl. auch bei einem Dritten, etwa einer wissenschaftlichen Vereinigung, Akademie, einem Berufsverband o. dgl. (s. im Einzelnen § 4 Rdnr. 28 ff.; *Schricker*, Verlagsrecht³ § 41 Rdnr. 13 ff.). Je nachdem, wer „Herr des Unternehmens" ist, das sich in dem Periodikum verkörpert, werden die Vertragsverhältnisse unterschiedlich gestaltet sein (*Schricker*, Verlagsrecht³ § 41 Rdnr. 15 ff. mwN). Ein urhebervertragsrechtlicher Einschlag der Rechtsverhältnisse des **Herausgebers** kann insbesondere dadurch begründet werden, dass der Herausgeber ein Urheberrecht an dem Periodikum als Sammelwerk (§ 4) erwirbt, hinsichtlich dessen dem Verleger ein Nutzungsrecht (Verlagsrecht) einzuräumen ist (*Schricker*, Verlagsrecht³ § 41 Rdnr. 18; vgl. auch § 4 Rdnr. 28 ff.; *Dreier/Schulze*³ vor § 31 Rdnr. 199 ff., *Schierholz/Müller* in Fs. für *Nordemann* S. 115 ff.). 119

Nähere Aufschlüsse über den Zeitungs- und Zeitschriftenverlag geben die in Rdnr. 114 zitierten Werke, sa. Loewenheim/*Czychowski*, Handbuch des Urheberrechts² § 67; *Ulmer*³ § 111 (S. 477 ff.); *Schack*, Urheber- und Urhebervertragsrecht⁴, Rdnr. 1050 ff.; *Haberstumpf/Hintermeier* §§ 27/28 (S. 225 ff.) sowie bei *Schricker*, Verlagsrecht³ die Kommentierung zu §§ 41 ff.; s. ferner *Löffler/Ricker*, Handbuch des Presserechts⁵, 2006, Kap. 68, S. 580 ff.; *Berger/Wündisch/Wallraf*, Urhebervertragsrecht, § 27; *Rauch*, Publizistische Fotografie, Honorare und Handelsbräuche⁵, 1986; *May*, Das neue Urheberrecht für Fotografen, 1985; *v. Hülsen*, Das Zeitungs- und Zeitschriftenunternehmen, 1989. Zum Recht der „elektronischen Presse" s. *Waldenberger* AfP 2000, 237 ff. 120

Vertragsmuster finden sich im MünchVertragshandbuch⁶ Bd. 3/II, 2009, Teil XI Nr. 8, 9, 10, 11 (bearbeitet von *Nordemann-Schiffel*) sowie in *Börsenverein*, Recht im Verlag, S. 71 ff. S. zur **Rechtsprechung** auch § 31 Rdnr. 94.

2. Musikverlag

Verlagsverträge über Werke der Tonkunst fallen nach § 1 VerlG unter das **Verlagsgesetz**. Im Vergleich zum Bereich der literarischen Werke bestehen aber nicht unerhebliche Besonderheiten. Die Herstellung und Verbreitung von Notenmaterial (das sog. „**Papiergeschäft**"; s. zur Beteiligung des Komponisten am Vermietungserlös KG Schulze KGZ 41) erfüllt heute meist nur eine dienende Rolle gegenüber der Verwertung der **Nebenrechte**, insbesondere des Aufführungsrechts, Senderechts sowie Tonträgerrechts. Die Nebenrechte werden überwiegend über die Verwertungsgesellschaft **GEMA** ausgewertet (zum Verhältnis zwischen dem von der GEMA wahrge- 121

Vor § 28 Vorbemerkung

nommenen Recht der mechanischen Vervielfältigung und Verbreitung und den graphischen Rechten des Musikverlegers bei Einfuhr von Matrizen aus dem Ausland s. BGH GRUR 1965, 323 – Cavalleria rusticana; zur Auslegung der sog. GEMA-Normalverträge für die phonographische Industrie s. BGH GRUR 1987, 632 – Symphonie d'Amour; zur Verletzung der Treuhandpflicht des Musikverlegers s. OLG München UFITA 53 [1969] 322; eingehend zur GEMA Kreile/ Becker/Riesenhuber (Hrsg.), Recht und Praxis der GEMA, 2. Aufl. 2008, Kap. 9 ff. mwN.), in die sie die Urheber bzw. Verleger einbringen, wobei die Erträge an beide Gruppen ausgeschüttet werden. Nicht von der GEMA wahrgenommen wird das Recht der bühnenmäßigen Aufführung dramatisch-musikalischer Werke (vgl. § 19 Rdnr. 16 ff.). Der Schwerpunkt der Tätigkeit der Musikverleger bei der Erfüllung der Verlagsverträge liegt darin, durch Anbahnung geeigneter Kontakte, Werbung und Zurverfügungstellung von Notenmaterial und Tonaufzeichnungen die Aufführung und Sendung des Werkes, das Schallplatten- und Kassettengeschäft und sonstige Arten der Nutzung zu fördern (*Haberstumpf/Hintermeier* § 26; *Schricker*, Verlagsrecht[3] § 1 Rdnr. 82 f.; *Schulze*, Urhebervertragsrecht[3] S. 62 ff.; sa. den Berechtigungsvertrag der GEMA im GEMA-Jahrbuch 2007/2008, S. 174 ff.). Zur Übereignung des Originalmanuskripts an den Verleger und Rückübereignungspflicht bei vorzeitiger Vertragsbeendigung s. BGH GRUR 1999, 579 – Hunger und Durst.

122 Diesen wirtschaftlichen Gegebenheiten entsprechend sind die Verlagsverträge **auf Dauer** und auf **möglichst umfassende Einbeziehung der Nebenrechte** angelegt. Besonderes Gewicht hat im Gefüge der Vertragspflichten die Pflicht des Verlegers zur **Förderung der Vermarktung des Werks** im Wege der Aufführung, Bild- und Tonaufzeichnung, Hörfunk- und Fernsehsendung uä. Die **Herstellung und Verbreitung von Noten** ist hierauf abzustimmen; gegenüber dem Buchverlag können die einschlägigen Anforderungen modifiziert und insbesondere reduziert sein (vgl. *Schricker*, Verlagsrecht[3] § 14 Rdnr. 17; *Haberstumpf/Hintermeier* § 26 S. 225; s. aus der Rspr. BGH GRUR 1988, 303/305 – Sonnengesang). Meist werden dem Musikverleger relativ weitgehende Rechte hinsichtlich **Änderungen und Bearbeitungen des Werks** konzediert. Die Rechtsprechung zeigt, dass es bei derartigen langdauernden und umfassenden Vertragsverhältnissen nicht ganz selten zu Spannungen kommt, die zum Versuch einer **außerordentlichen Vertragslösung** führen (*Schricker*, Verlagsrecht[3] § 35 Rdnr. 23 ff. mwN; unten § 31 Rdnr. 42 ff., 63). Zur Auslegung eines Musikverlagsvertrages vgl. auch OLG München GRUR-RR 2008, 208 – Concierto.

123 Namentlich zur Auslandsverwertung werden von den Musikverlegern **Subverlagsverträge** geschlossen, dh. – üblicherweise ausschließliche – Lizenzen erteilt (*Schricker*, Verlagsrecht[3] § 28 Rdnr. 25 S. 509 mwN; ausführlich auch Loewenheim/*Czychowski*, Handbuch des Urheberrechts[2] § 68 Rdnr. 75 ff.; Dreier/*Schulze*[3] vor § 31 Rdnr. 228 ff.). Zum **Musikproduktionsvertrag** s. BGH GRUR 2001, 764; zur Auslegung eines **Tonträger-Vertrags** OLG Hamburg GRUR-RR 2002, 153 – Der grüne Tisch; zum Musiklizenzerwerb durch **Online-Dienste** *Ventroni/Poll* MMR 2002, 648 ff. Umfassend zu den Tonträgerverträgen Loewenheim/*Rossbach*, Handbuch des Urheberrechts § 69; Dreier/*Schulze*[3] vor § 31 Rdnr. 233 ff.; s. a. Fromm/Nordemann/*J. B. Nordemann*[10] vor §§ 31 ff. Rdnr. 366. Zum Verhältnis **Künstlervertrag**/Musikverlagsvertrag s. OLG Frankfurt GRUR 2004, 144. Sa. die Kommentierung zu § 79.

124 Ein **Überblick** über die Gestaltung und Probleme des Musikverlagsvertrages findet sich bei *Schricker*, Verlagsrecht[3] § 14 Rdnr. 82 f., § 8 Rdnr. 42; Loewenheim/*Czychowski*, Handbuch des Urheberrechts[2], § 68; Dreier/*Schulze*[3] vor § 31 Rdnr. 221 ff.; Fromm/Nordemann/*J. B. Nordemann*[10] vor §§ 31 ff. Rdnr. 358 ff.; Berger/Wündisch/*Fierdag*, Urhebervertragsrecht, § 23; *Haberstumpf/Hintermeier* § 26 S. 223 ff.; s. ferner *Rossbach/Joos* in Beier/Götting/Lehmann/Moufang (Hrsg.) S. 333 ff.; *Rauscher auf Weeg*, Das Urheberrecht der Musik und seine Verwertung, GRUR-Fs., S. 1265 ff.; *Schack*, Urheber- und Urhebervertragsrecht[4], Rdnr. 1065 ff.; *Sikorski*, Musikverlag-Gewerbe zwischen Kommerz und Mäzenatentum, Fs. für Kreile, 1994, S. 643 ff.; *Delp*, Verlagsrecht[8], 2008, S. 19. Von den **monographischen Darstellungen** seien genannt *v. Hase*, Der Musikverlagsvertrag, 1961; *Karow*, Die Rechtsstellung des Subverlegers im Musikverlagswesen, 1970; *Reindl*, Die Nebenrechte im Musikverlagsvertrag, 1993; *Schwenzer*, Die Rechte des Musikproduzenten, 1998; *Block*, Die Lizenzierung von Urheberrechten für die Herstellung und den Vertrieb von Tonträgern im Europäischen Binnenmarkt, 1997; *Gorščak*, Der Verlagsvertrag über U-Musik, 2003; s. ferner (zur außerordentlichen Kündigung) *Krüger-Nieland* UFITA 89 (1981) 17 ff. sowie das durch umfangreiche Materialien dokumentierte Werk *Schulze*, Urheberrecht der Musik, 5. Aufl. 1981. Nicht an Fachjuristen, sondern an weitere Kreise wendet sich das Buch von *Movsessian/Seifert*, Einführung in das Urheberrecht der Musik, 1982. Auf eine Verbreitung über die beteiligten Fachkreise hinaus ist auch das von *Moser/Scheuermann* herausgegebene Handbuch der Musikwirtschaft angelegt (3. Aufl. 2003).

Vorbemerkung **Vor § 28**

Vertragsmuster finden sich im MünchVertragshandbuch[6] Bd. 3/II, 2009, Teil XI Nr. 16–22 (bearbeitet von *Czychowki* und *J. B. Nordemann*), bei *Delp*, Verlagsvertrag[8], 2008, S. 68 ff. und bei *Schulze*[3] S. 501 ff.; s. insbes. den zwischen dem Deutschen Komponistenverband und dem Deutschen Musikverlegerverband vereinbarten Mustervertrag, dazu *Nordemann* ZUM 1988, 389.

3. Bühnenverlag

Das im Buchverlag heute mehr und mehr in Erscheinung tretende, beim Musikverlag gesteigerte Bedeutung gewinnende, jedoch durch die Einschaltung der GEMA modifizierte Moment der **Wahrnehmung der Rechte der Urheber** (zusammenfassend *Ulmer*[3] § 96) tritt beim Bühnenverlag derart in den Vordergrund, dass man in der Regel nicht mehr von Verlagsverträgen sprechen kann (die Überschrift „Verlagsvertrag" für sich allein ändert daran nichts, LG München I UFITA 90 (1981) 227/230), sondern von **Nutzungsverträgen eigener Art,** die Elemente des Pacht-, Gesellschafts-, Dienst- oder Werkvertrags sowie des Verlagsrechtes enthalten und bei denen das Moment der Geschäftsbesorgung (§ 675 BGB) besonderes Gewicht erlangt (*Schricker*, Verlagsrecht[3] § 1 Rdnr. 85 mwN). Zur Vervielfältigung und Verbreitung des **Text- und Notenmaterials** tritt der sog. **Bühnenvertrieb** hinzu, dh. der Bühnenverlag erwirbt das ausschließliche Recht der bühnenmäßigen Aufführung und der Sendung sowie uU noch weitere Nebenrechte, bemüht sich um eine entsprechende Verwertung und führt die eingezogenen Vergütungen anteilig an den Urheberrechtsinhaber ab.

125

Mit den Bühnen werden **Aufführungsverträge** geschlossen (Rdnr. 138 ff.).

In der **Literatur** finden sich Übersichtsdarstellungen zum Bühnenverlag bei *Schricker*, Verlagsrecht[3] § 1 Rdnr. 84 f., Loewenheim/*Schlatter*, Handbuch des Urheberrechts[2], § 72; Dreier/*Schulze*[3] vor § 31 Rdnr. 204 ff.; Fromm/Nordemann/*J. B. Nordemann*[10] vor §§ 31 ff. Rdnr. 336 ff.; *Ulmer*[3] § 96; *Delp*, Verlagsvertrag[8], 2008, S. 19 und *Schulze*, Urhebervertragsrecht[3] S. 59 f.; s. auch allgemein *Wandtke,* Theater und Recht, 1994; *Kurz,* Praxishandbuch Theaterrecht, 1999. Als monographische Abhandlung ist das Werk von *Beilharz,* Der Bühnenvertriebsvertrag als Beispiel eines urheberrechtlichen Wahrnehmungsvertrages, 1970, zu nennen; sa. *v. Olenhusen,* Der Bühnenvertriebsvertrag, FuR 1974, 628.

126

Vertragsmuster zum Bereich der Bühnenverwertung enthält das MünchVertragshandbuch[6] Bd. 3/II, 2009, Teil XI Nr. 46–56 (bearbeitet von *Vinck*); sa. *Schulze*, Urhebervertragsrecht[3] S. 437 ff.; s. ferner die Vorschläge zur Vertragsgestaltung bei *Beilharz* S. 93 ff.; zum Normalvertrag Bühne s. den Kommentar von Nix/Hegemann/Hemke (Hrsg.) Normalvertrag Bühne, 2008.

Aus der **Rechtsprechung** s. zB BGH GRUR 1975, 495 – Lustige Witwe (Vergabe der Bühnenrechte „für die Dauer des gesetzlichen Schutzrechts"); OLG München GRUR 1980, 912 – Genoveva (fristlose Kündigung durch den Urheber bei unterbliebener Unterrichtung über Neuinszenierungen); s. ferner LG München I UFITA 90 (1981) 227 (auf unbestimmte Zeit geschlossene Verträge jederzeit kündbar, bei auf Dauer der Schutzfrist geschlossenen Verträgen Rückruf nach § 41 möglich); OLG Frankfurt ZUM 2008, 963 (bühnenmäßige Aufführung von Musicals).

4. Kunstverlag

Verträge über die Vervielfältigung und Verbreitung von Werken der bildenden Kunst, Lichtbildwerken, Lichtbildern und sonstigen Abbildungen sind idR zu den **Verlagsverträgen** im Sinn des VerlG zu rechnen, sofern es sich um einen Abdruck als Illustration oder schmückendes Beiwerk in Büchern oder Periodika handelt; ein Kunstverlag im eigentlichen Sinn liegt dann nicht vor (*Schricker*, Verlagsrecht[3] § 1 Rdnr. 33 f., 86; *Wegner/Wallenfels/Kaboth* S. 71 f.; sa. Dreier/*Schulze*[3] vor § 31 Rdnr. 250; Loewenheim/*Schulze*, Handbuch des Urheberrechts[2] § 70 Rdnr. 50; Fromm/Nordemann/*J. B. Nordemann*[10] vor §§ 31 ff. Rdnr. 387; s. aus der Praxis zB BGH GRUR 1985, 378 – Illustrationsvertrag). Der **Kunstverlag im engeren Sinn** (besser Kunstwerkverlag) betrifft Herstellung und Vertrieb von Kunstblättern, Druckgraphik (Stiche, Radierungen, Holz- oder Linolschnitte, Lithographien, Siebdrucke oder dgl.) sowie Plastiken (in Bronze, Stein, Ton, Gips, Kunststoff etc.); zu den unmittelbar vom VerlG erfassten Gegenständen gehören die Geschäfte dieses Bereiches nicht (*Schricker*, Verlagsrecht[3] § 1 Rdnr. 86; *Ulmer*[3] § 117 II; Dreier/*Schulze*[3] vor § 31 Rdnr. 247; Fromm/Nordemann/*J. B. Nordemann*[10] vor §§ 31 ff. Rdnr. 379 f.; *Wyler* FuR 1983, 481 ff.).

127

In der Praxis begegnen unterschiedliche Vertragsgestaltungen (*Rehbinder*, Urheberrecht[15] Rdnr. 755 ff.; *Ulmer*[3] § 117 II; *Schricker*, Verlagsrecht[3] § 1 Rdnr. 88; *Schneider* S. 124 ff.). Liegt

128

Vor § 28 Vorbemerkung

eine Auswertungspflicht des Verlegers vor, so gewinnt der Vertrag **verlagsvertragsähnliche Züge**; das VerlG kann entsprechend angewendet werden (BGH GRUR 1976, 706/707 – Serigrafie, betreffend Vertrag über Vervielfältigung und Verbreitung einer Serigrafie mit Auswertungspflicht; Unmöglichkeit der Abnahme). Im Übrigen kann, je nach dem Zuschnitt des Vertragsverhältnisses, dieses auf die Einräumung eines **ausschließlichen oder einfachen Nutzungsrechtes** abzielen; auch **rein schuldrechtliche Berechtigungen** sind denkbar (*Schricker*, Verlagsrecht[3] § 1 Rdnr. 91). Schließlich finden sich **Kommissionsverträge** (*Schricker*, Verlagsrecht[3] § 1 Rdnr. 92). Zum **Bestellvertrag** s. *Ott* ZUM 1988, 452 ff.

129 **Inhaltlich** sind die Verträge häufig auf bestimmte Vervielfältigungs- und Verbreitungsarten beschränkt, wobei die technischen Gegebenheiten (Stoff, Format, Reproduktionstechnik) bestimmend zu sein pflegen (*Schricker*, Verlagsrecht[3] § 1 Rdnr. 89, § 8 Rdnr. 43). In der Regel wird eine entsprechende Aufspaltbarkeit in gegenständliche Rechte anzuerkennen sein, da die verschiedenen Reproduktionsarten im Verkehr unterschieden werden und ein schützenswertes Interesse der Rechtsinhaber an einer entsprechend differenzierten Verwertung anzuerkennen sein wird.

130 Die **Reichweite der Rechtsübertragung** ist nach § 31 Abs. 5 zu bestimmen (vor 1965 wurde die allgemeine Zweckübertragungslehre angewendet, vgl. OLG München GRUR 1958, 458 f. – Kirchenfoto: Die Einräumung von Befugnissen zur Herstellung von Kunsttafeln berechtigt im Zweifel nicht, auch Postkarten herzustellen und zu verbreiten; s. ferner OLG München UFITA 25 [1958] 561 – Buchillustration; OLG Hamm UFITA 28 [1959] 352 – Werbepostkarte; sa. *Bappert/Wagner*[2], Rechtsfragen des Buchhandels, S. 345 f.: Wer das Recht zur Vervielfältigung und Verbreitung eines Gemäldes in einem kunstwissenschaftlichen Buch erworben hat, darf dieses nicht auch in einem Kunstkalender reproduzieren). Ist zwischen den Parteien eines Kinderbuch-Illustrationsvertrags offengeblieben, ob die Honorierung nur die erste, nicht auch weitere Auflagen abgilt, kann aus der Tatsache des Scheiterns von Verhandlungen über ein Wiederholungshonorar nicht schon gefolgert werden, dass die Künstlerin auf ein solches verzichte (BGH GRUR 1985, 378/379 – Illustrationsvertrag). S. zum **Illustrationsvertrag** allgemein *Dreier/Schulze*[3] vor § 31 Rdnr. 254 ff.; *Fromm/Nordemann/J. B. Nordemann*[10] vor §§ 31 ff. Rdnr. 390 ff.

Beim **angestellten Urheber** werden regelmäßig – meist stillschweigend – dem Vertragszweck entsprechende Nutzungsrechte eingeräumt (s. zB BGH GRUR 1974, 480/481 – Hummelrechte; s. im Einzelnen § 43 Rdnr. 37 ff.).

131 Die Übertragung des **Eigentums am Original** des Kunstwerks schließt im Zweifel die Einräumung von Nutzungsrechten nicht ein (§ 44 Abs. 1; s. die Erl. dort; sa. OLG Hamburg UFITA 90 [1981] 174 zur umgekehrten Frage, ob die Einräumung von Nutzungsrechten an einer Graphik die Übereignung des Originals impliziert). S. näher zum Verkauf des Werkoriginals *Dreier/Schulze*[3] vor § 31 Rdnr. 242 ff.

132 Im Jahr 1926 waren zwischen dem Reichswirtschaftsverband bildender Künstler und Verlegervereinigungen „**Richtlinien für Abschluss und Auslegung von Verträgen zwischen bildenden Künstlern und Verlegern**" beschlossen worden, die die Verkehrssitte aufzeichnen und den Besonderheiten des Kunstverlages entsprechende Regelungen niederlegen sollten. Die Richtlinien waren bis 1936 formell in Geltung; sie haben aber weiterhin eine gewisse Bedeutung als Quelle für Usancen und Verkehrssitte behalten (*Ulmer*[3] § 117 II; *Schricker*, Verlagsrecht[3] § 1 Rdnr. 88; *Dreier/Schulze*[3] vor § 31 Rdnr. 250; *Berger/Wündisch/Mues*, Urhebervertragsrecht, § 30 Rdnr. 8; zweifelnd OLG München GRUR 1958, 458 – Kirchenfoto; berücksichtigt aber in BGH GRUR 1985, 378/379 – Illustrationsvertrag; skeptisch *Schneider* S. 8 ff.: Die Richtlinien seien heute in der Praxis weitgehend unbekannt und auch angesichts der modernen Techniken überholt; kritisch auch *Ohly* in Beier/Götting/Lehmann/Moufang S. 427/448). Zu beachten ist freilich, dass die Richtlinien durch das UrhG von 1965 überlagert worden sind; so ist die in §§ 36 ff. der Richtlinien vorgesehene „Übertragung des Urheberrechts" heute regelmäßig nicht mehr möglich, s. § 29 Abs. 1 UrhG. Die Richtlinien sind abgedruckt bei *Schricker*, Verlagsrecht[3] Anh. S. 845 ff.

133 Ein **Überblick über das Recht des Kunstverlags** findet sich bei *Schricker*, Verlagsrecht[3] § 1 Rdnr. 86 ff.; *Dreier/Schulze*[3] vor § 31 Rdnr. 250 ff.; *Berger/Wündisch/Mues*, Urhebervertragsrecht, § 30; *Loewenheim/Schulze*, Handbuch des Urheberrechts[2] § 70; *Fromm/Nordemann/ J. B. Nordemann*[10] vor §§ 31 ff. Rdnr. 387; *Ulmer*[3] § 117; *Rehbinder*, Urheberrecht, Rdnr. 755 ff.; *Ohly* in Beier/Götting/Lehmann/Moufang S. 427 ff.; *Schack*, Urheber- und Urhebervertragsrecht[4], Rdnr. 1061 ff.; *ders.*, Kunst und Recht, S. 67 ff.; *Delp*, Verlagsvertrag[8], 2008, S. 19; sa. die umfassende Darstellung von *Schneider*, Das Recht des Kunstverlags, 1991, s. ferner *Henssler*, Ur-

Vorbemerkung **Vor § 28**

heberschutz in der angewandten Kunst und Architektur, 1950; *Pfister,* Der Gebrauchsgraphiker und das Recht, 1968; *Fischer/Reich* (Hrsg.), Der Künstler und sein Recht, 1992; *Picker,* Praxis des Kunstrechts, 1990; s. zum deutschen und schweizerischen Recht *Wyler,* Der Kunstverlag aus urheber- und urhebervertragsrechtlicher Sicht, FuR 1983, 481; *Schlecht,* Das Urhebervertragsrecht im Bereich des Graphikdesigns, 1999. Zum Beruf des Galeristen s. *Fesel* KUR 1999, 133; zur Frage eines Leistungsschutzrechts für Galeristen *Blanke* KUR 2004, 33 ff. Allgemein zu Verträgen über bildende Kunst Fromm/Nordemann/*J. B. Nordemann*[10] vor §§ 31 ff. Rdnr. 377 ff.; zum Fotografie- und Illustrationsvertrag s. *Wegner/Wallenfels/Kaboth* S. 131 ff.

Vertragsmuster gibt das MünchVertragshandbuch[6] Bd. 3/II, 2009, Teil XI Nr. 37–66 (bearbeitet von *Vinck*); s. ferner *Wegner/Wallenfels/Kaboth,* Recht im Verlag, 2004, S. 348 (Illustratorenvertrag); *R. Schmidt,* Urheberrecht und Vertragspraxis des Grafik-Designers, 1983. Zur Vertragspraxis der **VG Bild-Kunst** s. *Schneider* S. 245 ff.

Zum **Ausstellungsvertrag** betreffend Werke der bildenden Kunst s. Fromm/Nordemann/ **134** *J. B. Nordemann*[10] vor §§ 31 ff. Rdnr. 383 ff.; *Schack,* Ausstellungsrecht und Ausstellungsvergütung, ZUM 2008, 817; *Mues,* Der Ausstellungsvertrag, 2003; *Beyer,* Ausstellungsrecht und Ausstellungsvergütung, 2000 (s. dort auch zu den Problemen de lege ferenda S. 103 ff.); Dreyer/ *Kotthoff*/Meckel[2] § 31 Rdnr. 77; s. das Vertragsmuster im MünchVertragshandbuch[6] Bd. 3/II, 2009, Teil XI Nr. 59 (bearbeitet von *Vinck*).

Über die Regelung des Verhältnisses zwischen dem Urheber eines Werks der bildenden Kunst **135** und dem **Eigentümer des Originals** s. §§ 25, 44. Vgl. dazu umfassend *Schöfer,* Die Rechtsverhältnisse zwischen dem Urheber eines Werkes der bildenden Kunst und dem Eigentümer des Originalwerks, 1983. Vertragsmuster für die Veräußerung von Kunstwerken im MünchVertragshandbuch[6] Bd. 3/II, 2009, Teil XI Nr. 61 (bearbeitet von *Vinck*).

Zur Verwertung von **Lichtbildern** s. § 72 Rdnr. 46 ff.; s. dazu *A. Nordemann* in Beier/Göt- **136** ting/Lehmann/Moufang (Hrsg.) S. 477 ff.; Loewenheim/*A. Nordemann,* Handbuch des Urheberrechts[2] § 73; Dreier/*Schulze*[3] vor § 31 Rdnr. 272 ff.; Dreyer/*Kotthoff*/Meckel[2] § 31 Rdnr. 82; *Schack,* Kunst und Recht[2], Rdnr. 855 ff.. Einen Muster-Agenturvertrag zwischen Fotografen und Bildagentur gibt das MünchVertragshandbuch[6] Bd. 3/II, 2009, Teil XI Nr. 65 (bearbeitet von *Vinck*). S. ferner *Maaßen,* Vertragshandbuch für Fotografen und Bildagenturen, 1995; *Rauch,* Publizistische Fotografie. Honorare + Handelsbräuche, 5. Aufl. 1986; *May,* Das neue Urheberrecht für Fotografen, 1985; *Mielke/Mielke,* Allgemeine Liefer- und Geschäftsbestimmungen im Fotobereich, ZUM 1998, 646; *J. B. Nordemann* zu den MFM-Bildhonorarempfehlungen in ZUM 1998, 642. S. zB aus der Praxis BGH ZUM 2002, 141 zur Rückgabepflicht des Kunden gegenüber der Bildagentur bezüglich überlassener Original-Diapositive und zum Schadensersatz beim Verlust. OLG München AfP 2004, 142 zur Rückgabepflicht überlassener Papierabzüge.

Zu den Verwertungsverträgen im Bereich der **Baukunst** s. *Heath* in Beier/Götting/Leh- **137** mann/Moufang (Hrsg.) S. 459 ff.; s. auch unten Rdnr. 175. S. ferner *Schack*[2], Kunst und Recht Rdnr. 766 ff. Zur Verwertung von **angewandter Kunst** und **Design** s. *Kur* in Beier/Götting/ Lehmann/Moufang (Hrsg.) S. 503 ff.; Dreier/*Schulze*[3] vor § 31 Rdnr. 258 f.; Fromm/Nordemann/*J. B. Nordemann*[10] vor §§ 31 ff. Rdnr. 394 ff; Berger/Wündisch/*Mercker,* Urhebervertragsrecht, § 32; Dreyer/*Kotthoff*/Meckel[2] § 31 Rdnr. 78; *Schack,* Kunst und Recht[2], Rdnr. 817 ff.

5. Aufführungsvertrag

a) Nichtbühnenmäßige Aufführung. Handelt es sich um eine Aufführung von Werken **138** der **Musik** oder eine **nichtbühnenmäßige Aufführung von musikalisch-dramatischen Werken** (sog. kleines Recht), so werden in der Regel die erforderlichen Rechte – in Form von einfachen Nutzungsrechten – von der GEMA gegen Zahlung der entsprechenden Tarifgebühren vergeben (*Ulmer*[3] § 112 I; sa. § 19 Rdnr. 12 ff., 27 ff.). Es handelt sich um Einzel- oder Pauschalverträge, die sich in der Regel auf das gesamte GEMA-Repertoire beziehen. Die Vergütung richtet sich nach Ortsklasse und Saalgröße. Entsprechende Verträge schließt die GEMA für die Vervielfältigung und Verbreitung auf **Ton- oder Bildtonträgern** und die **Sendung** nichtbühnenmäßiger Aufführungen von musikalischen und musikalisch-dramatischen Werken (*Ulmer*[3] § 97 I 4, 5, § 112 I). S. zum Ganzen *Rossbach/Joos* in Beier/Götting/Lehmann/Moufang (Hrsg.) S. 333, 336 ff.; *Seifert/Pappi/Nicklas/Wolf/Becker,* in Kreile/Becker/Riesenhuber (Hrsg.), Recht und Praxis der GEMA, 2. Aufl. 2008, Kap. 15 Rdnr. 1 ff.

b) Bühnenmäßige Aufführung. Zur Aufführung von **dramatischen Werken** und zur **139** **bühnenmäßigen Aufführung musikalisch-dramatischer** Werke (sog. großes Recht; vgl. § 19 Rdnr. 16 ff., 27 ff.) werden von Urhebern, Bühnen- und Musikverlagen oder sonstigen

Rechtsinhabern **Aufführungsverträge** geschlossen, die Urheberrechtsnutzungsverträge eigener Art bilden (BGHZ 13, 115/119 – Platzzuschüsse; OLG Hamburg UFITA 67 (1973) 245/261 – Die englische Geliebte; Fromm/Nordemann/*J. B. Nordemann*[10] vor §§ 31 ff. Rdnr. 339; Dreier/ *Schulze*[3] vor § 31 Rdnr. 208; Loewenheim/*Schlatter*, Handbuch des Urheberrechts[2], § 72 Rdnr. 52 ff.; § *Ulmer*[3] § 113; *Rossbach/Joos* in Beier/Götting/Lehmann/Moufang [Hrsg.] S. 333, 358 ff. Zu Stellung und Tätigkeit der Bühnenverlage so. Rdnr. 125 f.). Bei der – im Allgemeinen üblichen – Vereinbarung einer **Aufführungspflicht** des Theaterunternehmens kommt eine entsprechende Anwendung gewisser verlagsrechtlicher Regeln in Betracht (BGHZ 13, 115/119 – Platzzuschüsse, *v. Gamm* Einf. Rdnr. 88; Loewenheim/*Schlatter*, Handbuch des Urheberrechts[2], § 72 Rdnr. 52; *Schack*, Urheber- und Urhebervertragsrecht[4], Rdnr. 1072; aA *Ulmer*[3] 113 I; s. zur Vertragsstrafe wegen Verletzung der Aufführungspflicht durch Nichtaufführung LG Berlin Schulze LGZ 147).

140 Der **Deutsche Bühnenverein** hat mit den **Verbänden der Autoren und Verleger** 1965 ein Vertragswerk aufzustellen versucht, wobei an ältere (zuletzt 1933 vereinbarte) Regelungen angeknüpft wurde (Rahmenvertrag, Allgemeine Bestimmungen für den Geschäftsverkehr zwischen Bühnenunternehmern und Werkberechtigten mit Zusatzprotokoll, Aufführungsvertrag nebst Schiedsvereinbarung, Landesbühnenabkommen, Verfahrensordnung für das Bühnenschiedsgericht für Aufführungsrechte), s. UFITA 25 (1958) 420 ff. Der Vertragsschluss scheiterte jedoch an der Beanstandung durch das Bundeskartellamt (*Ulmer*[3] § 113 II). Die Praxis neigt dazu, jedenfalls Teile des Vertragswerkes im Sinn eines Hinweises auf herrschende Bühnenbräuche zu betrachten (*Ulmer*[3] 113 II; vgl. auch BGHZ 13, 115/121 – Platzzuschüsse). Bühnenverlage und Bühnenunternehmen sind ferner 1976 über die Erarbeitung einer die Übung – einschließlich Vergütungsregeln – konkretisierenden **Regelsammlung** übereingekommen (*Ulmer*[3] § 113 II; die Regelsammlung ist abgedruckt bei *Schulze*[3], Urhebervertragsrecht, S. 748 ff.; s. auch Dreier/ *Schulze*[3] vor § 31 Rdnr. 209; Loewenheim/*Schlatter*, Handbuch des Urheberrechts[2], § 72 Rdnr. 55; Fromm/Nordemann/*J. B. Nordemann*[10] vor §§ 31 ff. Rdnr. 342 ff.).

141 **Rechte und Pflichten** der Vertragsteile können bei den Bühnenaufführungsverträgen unterschiedlich ausgestaltet sein. Das Theaterunternehmen kann eine bloße **schuldrechtliche Rechtsstellung** (vgl. oben Rdnr. 55) erlangen (so zB bei Tourneeunternehmen). Es hat dann – selbst bei Erstaufführungs- oder Ausschließlichkeitszusagen – keine urheberrechtliche Rechtsposition, die ein Vorgehen gegen konkurrierende Theaterunternehmen ermögliche (OLG Hamburg UFITA 67 [1973] 245 – Die englische Geliebte; sa. Loewenheim/*Schlatter*, Handbuch des Urheberrechts[2], § 72 Rdnr. 54); allenfalls kommt die Geltendmachung unlauteren Wettbewerbs, etwa wegen Verleitung zum Vertragsbruch oder unlauterer Ausnutzung fremden Vertragsbruchs, in Betracht.

Auch aufgrund **einfacher Nutzungsrechte** besteht kein selbständiges Klagerecht (Rdnr. 83). Die in der Praxis häufige Einräumung des Aufführungsrechts unter räumlicher Beschränkung (Rdnr. 90) bei gleichzeitiger paralleler Rechtseinräumung zugunsten von Bühnen an anderen Orten (vgl. *Ulmer*[3] § 113 III) wird idR als einfaches Nutzungsrecht zu deuten sein. Damit verbundene Uraufführungs- und Erstaufführungszusagen werden in der Regel bloß schuldrechtlichen Charakter haben (*Ulmer*[3] § 113 III; vgl. auch zur Sicherung der Uraufführung mit Hilfe des Veröffentlichungsrechts § 12 Rdnr. 12).

Es kann aber auch ein **ausschließliches Aufführungsrecht** für die gesamte Bundesrepublik oder einzelne Teile derselben (Rdnr. 90) erteilt werden (*Ulmer*[3] § 113 III; *Beilharz* S. 18).

Die Rechte werden meist **zeitlich beschränkt** eingeräumt, zB für eine Spielzeit (*Ulmer*[3] § 113 III).

Zusätzlich zur Rechtseinräumung stellen die Musik- und Bühnenverlage meist auch **Material** (Textbücher, Noten) zur Verfügung, wofür eine Materialleihgebühr vereinbart werden kann (Loewenheim/*Schlatter*, Handbuch des Urheberrechts[2], § 72 Rdnr. 53; *Ulmer*[3] § 113 III; *Beilharz* S. 36 ff.).

Für die Aufführung darf das Werk nur insoweit **geändert** werden als der Urheber nach Treu und Glauben seine Einwilligung nicht versagen kann; weitergehende Änderungen bedürfen der Einwilligung des Rechtsinhabers (§ 39; im Einzelnen § 39 Rdnr. 20 f.). Zu beachten ist dabei auch der Entstellungsschutz des § 14 (s. die Erläuterungen zu § 14; zur Einwilligung in entstellende Eingriffe vor §§ 12 ff. Rdnr. 28 ff.; *Erdmann* in Fs. für Loewenheim, 2009, S. 81 ff. und *Schricker*, Fs. für Hubmann, S. 409 ff.).

142 Zu der üblichen Berechnung der vom Theaterunternehmen zu leistenden **Vergütung** Loewenheim/*Schlatter*, Handbuch des Urheberrechts[2], § 72 Rdnr. 56; *Ulmer*[3] § 113 V und ausführlich die Regelsammlung bei *Schulze*, Urhebervertragsrecht[3] S. 748 ff.; s. ferner *Schulz* FuR 1977,

Vorbemerkung Vor § 28

220 ff. Häufig wird eine pauschalierte **Mindesttantieme** vereinbart (LG Berlin Schulze LGZ 147: Zahlung von Vertragsstrafe wegen Vertragsverletzung neben Mindesttantieme). Zur **Materialmiete** s. Dreier/*Schulze*[3] vor § 31 Rdnr. 212 ff.; Loewenheim/*Schlatter*, Handbuch des Urheberrechts[2], § 72 Rdnr. 53.

Einen **Überblick** über das Recht der Aufführungsverträge geben Fromm/Nordemann/ 143 *J. B. Nordemann*[10] vor §§ 31 ff. Rdnr. 339 ff.; Loewenheim/*Schlatter*, Handbuch des Urheberrechts[2], § 72 Rdnr. 52 ff.; Dreier/*Schulze*[3] vor § 31 Rdnr. 208 ff.; *Ulmer*[3] § 113; *Schack*, Urheber- und Urhebervertragsrecht[4], Rdnr. 1071 ff. Rechtsvergleichend *Dietz*, Urhebervertragsrecht S. 101 ff.

Vertragsmuster finden sich im MünchVertragshandbuch[6] Bd. 3/II, 2009, Teil XI Nr. 47 ff. (bearbeitet von *Vinck*), ferner bei *Schulze*[3], Urhebervertragsrecht, S. 748 ff.

6. Sendevertrag

Unter Sendeverträgen sollen hier Verträge zur Einräumung von Rechten für **Rundfunksen-** 144 **dungen im Sinn des § 20** verstanden werden, ganz gleich, ob es sich um die drahtlose terrestrische, drahtlose über Satelliten vermittelte oder die Draht- oder Kabelsendung handelt (s. im Einzelnen Loewenheim/*Castendyk*, Handbuch des Urheberrechts[2], § 75; Fromm/Nordemann/ *J. B. Nordemann*[10] vor §§ 31 ff. Rdnr. 372 ff.; Berger/Wündisch/*Merten*, Urhebervertragsrecht, § 22; *Schack*, Urheber- und Urhebervertragsrecht[4], Rdnr. 1075 ff; *Ulmer* Urhebervertragsrecht Rdnr. 82 ff.; Möhring/Nicolini/*Spautz*[2] § 31 Rdnr. 25 ff.; zu den verschiedenen Typen der Kabelsendung *Schricker*, Urheberrechtliche Probleme des Kabelrundfunks, S. 12 ff.).

Auf der Seite der **Rechtsinhaber** figuriert, soweit es sich um Werke der Musik handelt, die 145 nicht in bühnenmäßiger Aufführung gesendet werden (kleine Rechte), die GEMA. Sie schließt mit den Sendeunternehmen Pauschalverträge ab (s. im Einzelnen *Ulmer* Urhebervertragsrecht Rdnr. 59; *Pappi* in Kreile/Becker/Riesenhuber (Hrsg.), Recht und Praxis der GEMA, 2. Aufl. 2008, Kap. 15 Rdnr. 56 ff.). Bei dramatischen und musikalisch-dramatischen Werken liegen die Rechte (große Rechte) in der Regel in der Hand von Bühnen- und Musikverlagen (*Ulmer* Urhebervertragsrecht Rdnr. 60); die üblichen Vertragsbedingungen finden sich in den Regelsammlungen Bühnenverlag/Rundfunk-Fernsehen und Bühnenverlag/Rundfunk-Hörfunk (abgedr. bei *Schulze*[3], Urhebervertragsrecht, S. 438 ff.). Über die Senderechte an Filmen verfügen die Filmproduzenten (vgl. §§ 88 Abs. 1 Nr. 4, 89). Zu Fremdproduktion/Eigenproduktion/Koproduktion s. Dreier/*Schulze*[3] vor § 31 Rdnr. 173. Im literarischen Bereich liegen die Senderechte vielfach bei den Buchverlagen, die sie sich von den Urhebern als Nebenrechte einräumen lassen (Rdnr. 112). Die VG Wort nimmt ein „kleines Senderecht" an erschienenen Werken für kurze Lesungen (10 Minuten im Fernsehen, 15 Minuten im Hörfunk) wahr (*Melichar* S. 109 f.; Fromm/Nordemann/*J. B. Nordemann*[10] vor §§ 31 ff. Rdnr. 374); Bildrechte werden von der VG Bild-Kunst wahrgenommen.

Soweit die Sendeverträge mit den Urheberrechtsinhabern selbst abgeschlossen werden, ist 146 zu unterscheiden: Handelt es sich um bei den Sendeanstalten **angestellte Urheber,** sind die Abmachungen in den Arbeitsverträgen maßgeblich; für Arbeitnehmer (Rdnr. 20 mwN) und arbeitnehmerähnliche Personen (Rdnr. 21 mwN) bestehen einschlägige Tarifverträge (s. zu den Rechtsverhältnissen der beim Rundfunk angestellten Urheber im Einzelnen § 43 Rdnr. 115 ff.).

Für **freie Urheber** werden die Allgemeinen Geschäftsbedingungen (Honorarbedingungen) der Sendeanstalten zugrundegelegt (*Ulmer* Urhebervertragsrecht Rdnr. 57, 62 ff., 91 ff. mit ausführlicher kritischer Analyse und Vorschlägen de lege ferenda. Die Honorarbedingungen des SFB sind bei *Schulze*[3], Urhebervertragsrecht, S. 1008 abgedruckt. Zur Anwendung des Rechts der Allgemeinen Geschäftsbedingungen auf Honorarbedingungen des Rundfunks s. Rdnr. 38 ff.; zu kartellrechtlichen Missbrauchsverfahren s. *Ulmer* Urhebervertragsrecht S. 59; Loewenheim/*Castendyk*, Handbuch des Urheberrechts[2], § 75 Rdnr. 109; zu Rechtsfragen der Abnahme von Auftragsproduktionen *Ladeur* FuR 1979, 292 ff.). Entsprechendes gilt für die ausübenden Künstler (*Ulmer* Urhebervertragsrecht Rdnr. 64 ff., 73 ff.). Hier besteht ein Anwendungsgebiet für gemeinsame Vergütungsregeln (§ 36), die allerdings noch nicht zustandegekommen sind.

Als **Werknutzer** figurieren bei den Sendeverträgen in erster Linie die **öffentlich-recht-** 147 **lichen Sendeanstalten der ARD sowie das ZDF.** Hinzu kommt eine wachsende Zahl von **privaten Sendeunternehmen.** Als Sendeunternehmen der Kabelweitersendung wurde bisher hauptsächlich die Deutsche Telekom AG tätig (s. zur urheberrechtlichen Haftung für Kabelsendungen im Einzelnen *Schricker*, Urheberrechtliche Probleme des Kabelrundfunks, S. 22 ff.).

Außer den Sendeunternehmen treten als Vertragspartner der Urheberrechtsinhaber auch **Produktionsunternehmen** auf, die Rundfunkprogramme, namentlich Fernsehprogramme für Sendeunternehmen, insbesondere als **Auftragsproduktionen** herstellen (*Ulmer*[3] § 114 I 1; *Paschke* FuR 1984, 403 ff.). **Filmlizenzhändler** bieten Filme zur Sendung meist im Paket an (s. dazu *Raitz v. Frentz/Becker* ZUM 2001, 382 ff. mwN; zu den internationalen Lizenzverträgen s. *Straßer* ZUM 1999, 928 ff.).

148   Inhaltlich ist beim Sendevertrag zwischen dem im Vordergrund der Betrachtung stehenden Vertrag über die **Primärsendung** (einschließlich Wiederholungssendungen) und dem Vertrag über die **Weitersendung,** insbesondere über die zeitgleiche unveränderte Kabelweitersendung zu unterscheiden (vgl. aus der Praxis KG GRUR 1986, 536 – Kinderoper: Die Erlaubnis zur einmaligen Ausstrahlung im Gemeinschaftsprogramm der ARD und zu einer Wiederholung in der Nordkette des 3. Programms berechtigt nicht zur Erstausstrahlung in der Nordkette unter Anschluss des 3. Programms des WDR – auch wenn die Ausstrahlung im Gemeinschaftsprogramm unterblieben ist.).

149   Was die **Kabelweitersendung** betrifft, so fällt der Unterschied von Erst- und Weitersendung weniger ins Gewicht, wo die Rechte durch Verwertungsgesellschaften vergeben werden, da diese über beide Typen von Sendungen pauschale Verträge abschließen. Gleiches gilt, soweit die Weitersenderechte in der Hand von Rundfunkunternehmen sind. Anders liegen die Dinge, soweit einzelne Urheber oder deren Rechtsnachfolger das Weitersenderecht zu vergeben haben. Vor allem im Fall der zeitgleichen Weitersendung erscheint ein vorgängiger Vertragsschluss mit den einzelnen Rechtsinhabern praktisch unmöglich. In Frage kommt allenfalls der Abschluss von Kollektivverträgen zwischen Verbänden der Kabelweitersendeunternehmen einerseits und andererseits den Rundfunkanstalten, Verwertungsgesellschaften und sonstigen Verbänden von Rechtsinhabern, wie sie in Belgien, den Niederlanden und in skandinavischen Ländern zustande gekommen sind (s. im Einzelnen *Schricker*, Urheberrechtliche Probleme des Kabelrundfunks, S. 85 ff.; *Dreier*, Kabelweiterleitung im Urheberrecht, 1991, S. 203 ff.; *M. Schwarz*, Kabelweitersendung in Europa, Fs. für W. Schwarz, 1988, S. 75 ff.; weitere Nachweise s. § 20 b Rdnr. 12). Beim Scheitern einer kollektivvertraglichen Einigung oder im Fall, dass sie eine ungestörte Kabelweitersendung nicht ermöglicht, kommen gesetzliche Eingriffe in Frage (gesetzliche Lizenz wie in Österreich und Dänemark, Verwertungsgesellschaftenpflicht der Ausschließlichkeitsrechte; s. im Einzelnen *Schricker*, Urheberrechtliche Probleme des Kabelrundfunks, S. 85 ff.; *Dreier*, Kabelweiterleitung im Urheberrecht, 1991, S. 85 ff.; s. dort auch zu den Aktivitäten der EU-Kommission, urheberrechtliche Hindernisse der freien grenzüberschreitenden Kabelweitersendung in der Gemeinschaft abzubauen, *Schricker*, Urheberrechtliche Probleme des Kabelrundfunks, S. 34 f., 91 ff. mit Abdruck des Entwurfs einer Harmonisierungsrichtlinie im Anhang. Am 6. 10. 1993 wurde die **Richtlinie betreffend Satellitenrundfunk und Kabelweiterverbreitung** erlassen (GRUR Int. 1993, 936; s. Einl. Rdnr. 78). Die Richtlinie sieht vor, dass Satelliten- und Kabelsendungen grundsätzlich auf vertraglicher Basis erfolgen (Art. 3, 8). Für die Kabelweiterverbreitung wird Verwertungsgesellschaftenpflicht angeordnet (Art. 9), von der eine – umstrittene – Ausnahme zugunsten von Sendeunternehmen Platz greifen kann (Art. 10); s. nunmehr § 20 a f. UrhG.

150   Was die **Verträge der Primärsendung** (einschließlich evtl. Wiederholungssendungen, unter Umständen auch der Weitersendung) betrifft, so sind außer den **allgemeinen urhebervertragsrechtlichen Regeln** der §§ 31 ff. auf Fernsehwerke die für **Filmwerke** geltenden §§ 88 und 89 anzuwenden; bei Laufbildern gilt gemäß § 95 ebenfalls die Regel des § 88 (*Ulmer*[3] § 114 II).

151   Die Praxis unterscheidet Verträge mit **Urhebern vorbestehender Werke,** mit **Bearbeitern, Arrangeuren, Übersetzern, Redakteuren,** die vorbestehende Werke für Sendezwecke umarbeiten, sowie Verträge mit **Urhebern, die speziell für Sendezwecke Werke schaffen** (Auftragswerke, *Ulmer*[3] § 114 I 3, VI: Die Verträge tragen werkvertragliche Züge); eingehend dazu Loewenheim/*Castendyk*, Handbuch des Urheberrechts[2], § 75 Rdnr. 113 ff., 177 ff.

152   Im Mittelpunkt der Verträge steht die Verpflichtung zur **Einräumung des Senderechts,** und zwar in der Regel des ausschließlichen Rechts (*Ulmer*[3] § 114 III), begleitet meist von der entsprechenden Rechtseinräumung als Verfügungsakt (*Ulmer*[3] § 114 V; vgl. allgemein Rdnr. 98 ff.). Das Senderecht pflegt außer der Erstsendung auch die Wiederholungssendung und Übernahme durch andere Rundfunkanstalten zu beinhalten. Die Rechtseinräumung kann befristet sein oder unbefristet für die ganze Schutzfrist erfolgen (kritisch zur unbefristeten Einräumung ausschließlicher Rechte *Ulmer*[3] § 114 III 1); zu regeln ist auch der räumliche Geltungsbereich; eingehend dazu Loewenheim/*Castendyk*, Handbuch des Urheberrechts[2], § 75 Rdnr. 31 ff.

Vorbemerkung **Vor § 28**

Neben dem Senderecht pflegen die Rundfunkanstalten sich (über § 55 hinausgehende) **Rechte der Ton- und Bildaufzeichnung** und deren Verwertung zu Sendezwecken einräumen zu lassen. Öffentlich-rechtlich ist nicht ganz unstrittig, ob und inwieweit die Rundfunkanstalten eine nicht Rundfunkzwecken dienende Verwertung durchführen können, zB in Form von Kinofilmen, Schallplatten, Videogrammen (Frage der sog. Randnutzung, *Ulmer*[3] § 114 IV 1 mwN).

Die Sendeunternehmen schließen regelmäßig eine **Auswertungspflicht** (Sendepflicht) aus (Loewenheim/*Castendyk*, Handbuch des Urheberrechts[2], § 75 Rdnr. 25; kritisch hierzu *Ulmer*[3] § 114 VII 1, der auch auf das Rückrufsrecht des § 41 hinweist. Im Sinn des Nichtbestehens einer Sendepflicht LG Baden-Baden UFITA 83 [1978] 247; Dreier/*Schulze*[3] vor § 31 Rdnr. 174).

Die **Vergütung** der Urheber erfolgt zT pauschal, zT werden Wiederholungs- und Übernahmesendungen eigens berücksichtigt. Allgemeinen urheberrechtlichen Gedanken entspräche eine auf Art und Umfang der Verwertung abgestimmte Vergütung, bei der der Urheber auch an der nicht zu Rundfunkzwecken erfolgenden Nutzung angemessen beteiligt wird (*Ulmer*[3] § 114 IV 2 und ausführlich Urhebervertragsrecht Rdnr. 156 ff.). Das Urhebervertragsgesetz von 2002 eröffnet in §§ 32, 32a nunmehr die Chance, eine angemessene Vergütung individualvertraglich durchzusetzen. Zur Verjährung der Vergütungsansprüche s. *Flechsig* AfP 1978, 192 ff.

Für die **Auslegung** von Senderverträgen ist heute namentlich **§ 31 Abs. 5 UrhG** zu berücksichtigen (Loewenheim/*Castendyk*, Handbuch des Urheberrechts[2], § 75 Rdnr. 35; näher dazu §§ 31 Rdnr. 64 ff.). Grundlegend ist die **Kassettenfilm I-Entscheidung des BGH** (GRUR 1974, 786). Sie betrifft den Vertrag eines Urhebers mit einem Auftragsproduzenten von Fernsehprogrammen; entsprechend wäre auch ein Vertrag zwischen Urheber und Rundfunkanstalt zu beurteilen. Verpflichtet sich der Urheber gegenüber dem Hersteller von Fernsehfilmen zur Ausarbeitung eines sendefähigen Manuskripts, so erwirbt der Hersteller nach der Entscheidung selbst dann nicht über das Senderecht hinaus auch das Recht zur herkömmlichen Schmalfilmverwertung durch Vorführung über Projektoren auf Leinwand im nicht gewerblichen Bereich, wenn nach dem Wortlaut der allgemeinen Vertragsbedingungen das Recht zur Verwendung des Werkes für „alle Rundfunk- und Filmzwecke" eingeräumt, die Nutzungsart, Schmalfilme für die Vorführung im privaten Bereich herzustellen und zu vertreiben, jedoch im Vertrag nicht einzeln bezeichnet worden ist. Der Hersteller ist bei solcher Vertragsgestaltung auch nicht berechtigt, von dem für Fernsehzwecke geschaffenen Film Kassettenfilme im Super-8-Format zur Wiedergabe im nichtöffentlichen Bereich – durch Projektoren oder mittels Zusatzgeräten auf dem Fernsehschirm – in den Verkehr zu bringen (Leitsatz). Die Entscheidung ist für die Präzisierung der Zweckübertragungsregel des § 31 Abs. 5 von grundlegender Bedeutung: Im Zweifel werden nicht mehr Rechte übertragen als die nach dem Vertrag vorgesehene und konkretisierte Verwertung des Urheberguts erfordert; pauschale Rechtseinräumungen sind, auch wenn sie als „unbeschränkt" deklariert werden, gegenständlich nach dem jeweiligen Vertragszweck zu beschränken (BGH GRUR 1974, 786/787 – Kassettenfilm I).

Überblicksdarstellungen des Rechts der Senderverträge finden sich vor allem bei Loewenheim/*Castendyk*, Handbuch des Urheberrechts[2], § 75; Fromm/Nordemann/*J. B. Nordemann*[10] vor §§ 31 ff. Rdnr. 372 ff.; Berger/Wündisch/*Merten*, Urhebervertragsrecht, § 22; *Schack*, Urheber- und Urhebervertragsrecht[4], Rdnr. 1075 ff; *Ulmer*[3] § 114; s. zu den Fernsehverwertungsverträgen auch *v. Hartlieb/Schwarz*[4] Kap. 250–262. Einer **eingehenden kritischen Analyse mit Vorschlägen de lege ferenda** hat *Eugen Ulmer* das Recht der Senderverträge in seinem Urhebervertragsrecht S. 57 ff. unterworfen. Rechtsvergleichend s. *Dietz* Urhebervertragsrecht S. 116 ff.

Vertragsmuster und **Honorarbedingungen** sind enthalten im MünchVertragshandbuch[6] Bd. 3/II, 2009, Teil XI Nr. 37–43 (bearbeitet von *Ehrhardt* und *Hertin*) sowie bei Berger/Wündisch/*Merten*, Urhebervertragsrecht, § 22 Rdnr. 51 ff.; s. ferner *Schulze*, Urhebervertragsrecht[3] S. 1008 ff.; s. zur Rspr. auch §§ 31 Rdnr. 92 f.

153

154

7. Filmverträge

S. dazu umfassend Loewenheim/*Schwarz/Reber*, Handbuch des Urheberrechts[2], § 74; Henning-Bodewig in Beier/Götting/Lehmann/Moufang (Hrsg.) S. 389 ff.; Berger/Wündisch/*Diesbach*, Urhebervertragsrecht, § 21; *v. Hartlieb/Schwarz*[4] Kap. 82–104; s. ferner Dreier/*Schulze*[3] vor § 31 Rdnr. 290 ff.; *Schack*, Urheber- und Urhebervertragsrecht[4], Rdnr. 1090 ff.; *Rehbinder*, Urheberrecht, Rdnr. 741 ff.; Möhring/Nicolini/*Spautz*[2] § 31 Rdnr. 30 ff. Zur Abgrenzung von Filmherstellungsrecht und Filmverwertungsrecht s. *Urek* ZUM 1993, 168; umfassend *Ventroni*, Das Filmherstellungsrecht, 2001. Zur Stellung der Musik s. *Becker*, Musik im Film, 1993.; sa.

auch *Becker/Rehbinder,* Europäische Co-Produktion in Film und Fernsehen, 1989; *Obergfell,* Filmverträge im deutschen und internationalen Privatrecht, 2001. Zur Auslegung eines Filmproduktionsvertrags s. BGH GRUR 2005, 320 – Kehraus.

155 **a) Verfilmungsvertrag.** Das Gesetz unterscheidet einerseits die Verträge über die bei der Filmherstellung **benutzten Werke** (§ 88), wie Roman, Drehbuch und Filmmusik (vgl. § 89 Abs. 3) und andererseits die Verträge mit den **bei der Filmherstellung** in urheberrechtlich relevanter Weise **Mitwirkenden** (§ 89: Regisseur, Kameramann, Cutter etc. (dazu § 2 Rdnr. 195; zu Verhältnis und Anwendung von §§ 88, 89 im Einzelnen s. vor §§ 88 ff. Rdnr. 38 ff.). Im ersteren Fall spricht man vom Verfilmungsvertrag (bzw. speziell von Filmmanuskriptvertrag und Filmdrehbuchvertrag) (Loewenheim/*Schwarz/Reber,* Handbuch des Urheberrechts[2], § 74 Rdnr. 12 f.; *Rehbinder,* Urheberrecht, Rdnr. 742 ff.; Dreier/*Schulze*[3] vor § 31 Rdnr. 290; Möhring/Nicolini/*Spautz*[2] § 31 Rdnr. 31; abweichender Sprachgebrauch bei *Ulmer*[3] § 115 I, der auch die Verträge mit Filmschaffenden als Verfilmungsverträge bezeichnet). Der Verfilmungsvertrag kann sich auf unabhängig von den filmischen Zwecken bestehende Werke beziehen oder auf Werke, die eigens für die Verfilmung geschaffen werden, wie etwa ein Filmdrehbuch (zur Rechtsnatur des Drehbuchauftrags – Vertrag eigener Art – OLG Hamburg UFITA 25 [1958] 463) oder nicht selten die Filmmusik (s. zu den einzelnen Arten von Werken Loewenheim/*Schwarz/Reber,* Handbuch des Urheberrechts[2], § 12 Rdnr. 3 ff.; *v. Hartlieb/Schwarz*[4] Kap. 93; Berger/Wündisch/*Diesbach,* Urhebervertragsrecht, § 21 Rdnr. 11). Im letzteren Fall gewinnt der Vertrag werkvertragliche Züge (*Ulmer*[3] § 115 I; *v. Hartlieb/Schwarz*[4] Kap. 93 Rdnr. 3).

Auch bei **Laufbildern** (§ 95) können benutzte Werke zugrunde liegen und insofern ein „Verfilmungsvertrag" im weiteren Sinn anzunehmen sein (zB Filmaufnahme einer Opernaufführung, s. *Ulmer*[3] § 115 I).

156 § 88 und § 90 geben für den Verfilmungsvertrag spezielle Auslegungsregeln, bzw. es werden einschlägige urheberrechtliche Vorschriften modifiziert; § 93 reduziert den persönlichkeitsrechtlichen Entstellungsschutz (s. *Wallner,* Der Schutz von Urheberwerken gegen Entstellung unter besonderer Berücksichtigung der Verfilmung, 1995; *Peifer,* Werbeunterbrechungen in Spielfilmen, 1994). Hinsichtlich der Einzelheiten ist auf die Erl. zu diesen Vorschriften zu verweisen.

157 Kernstück des Verfilmungsvertrages ist die Verpflichtung zur Gewährung des **Verfilmungsrechtes** (zur Terminologie s. Berger/Wündisch/*Diesbach,* Urhebervertragsrecht, § 21 Rdnr. 12; *Dünnwald* FuR 1974, 76) und meist zugleich dessen gegenständliche Einräumung. Für einen bestimmten Film erworbene Rechte an Kompositionen oder an einem Drehbuch dürfen nicht für einen ganz anderen Film verwendet werden (BGH GRUR 1957, 611 – Bel ami; BGH UFITA 24 [1957] 399 – Lied der Wildbahn III; s. zum Beginn des Rechts des Filmherstellers, Bearbeitungen herstellen zu lassen, beim Optionsvertrag BGH GRUR 1963, 441 – Mit Dir allein; zum Rückruf von Verfilmungsrechten OLG München ZUM 2007, 519). Das Verfilmungsrecht wird nach § 88 Abs. 1 im Zweifel als ausschließliches Recht eingeräumt; ein ausdrückliche Vereinbarung oder der Zweckübertragungsgrundsatz des § 31 Abs. 5 können jedoch zu einem anderen Ergebnis führen (Loewenheim/*Schwarz/Reber,* Handbuch des Urheberrechts[2], § 74 Rdnr. 20; zu Problemen der Vertragsgestaltung bei der Produktion von Filmen und Fernsehfilmen s. *Friccius* ZUM 1991, 392 ff.; *M. Schwarz* ZUM 1991, 381 ff.; *J. Kreik* ZUM 1991, 386 ff.). Das Verfilmungsrecht pflegt als Weltverfilmungsrecht oder in Begrenzung auf Staaten oder Gruppen von Staaten vergeben zu werden (s. dazu § 88 Rdnr. 50 f.). Auch begegnen zeitliche Beschränkungen. Vielfach wird zugleich das **Recht zur Wiederverfilmung** eingeräumt (s. dazu Loewenheim/*Schwarz/Reber,* Handbuch des Urheberrechts[2], § 74 Rdnr. 25 f.; vgl. aber § 88 Abs. 2 S. 1). Bleibt es beim Urheberrechtsinhaber, so unterliegt dieser doch einer – im Zweifel auf 10 Jahre begrenzten – Enthaltungspflicht (§ 88 Abs. 2 S. 2, s. im Einzelnen § 88 Rdnr. 54 ff.).

158 Mit dem Verfilmungsrecht werden im Allgemeinen auch **Rechte zur Filmverwertung** (Vervielfältigung und Verbreitung, Vorführung, Sendung, s. § 88 Abs. 1 Nr. 2–4 a. F.; nunmehr Erweiterung auf „alle bekannten Nutzungsarten" in § 88 Abs. 1 n. F.; dazu näher Loewenheim/*Schwarz/Reber,* Handbuch des Urheberrechts[2], § 74 Rdnr. 37 ff.) und **Nebenrechte** (Videorechte, Rechte zur Schallplattenauswertung der Filmmusik, Merchandising-Rechte etc.) vergeben (Loewenheim/*Schwarz/Reber,* Handbuch des Urheberrechts[2], § 74 Rdnr. 56 ff.; s. zu den Video- und Schallplattenrechten auch *Ulmer*[3] § 115 II 2; Einzelheiten in § 88 Rdnr. 37 ff)

159 Angesichts der Bedürfnisse nach Anpassung der Vorlage, etwa eines Romans, an das filmische Medium, beinhaltet das Verfilmungsrecht im Zweifel auch das Recht, das benutzte Werk zu **bearbeiten und umzugestalten** (§ 88 Abs. 1); einbezogen wird ferner das Recht, Überset-

Vorbemerkung

zungen und andere filmische Bearbeitungen oder Umgestaltungen des Filmwerks zu verwerten (§ 88 Abs. 1) (s. dazu § 88 Rdnr. 50 ff.).

Der Urheber des benutzten Werkes hat bei einer **konkurrierenden Verwertung** auf die Interessen des Filmherstellers nach Treu und Glauben angemessene Rücksicht zu nehmen (so etwa bei der Fernsehverwertung, wenn dem Filmhersteller das Senderecht nicht eingeräumt ist; BGH GRUR 1969, 364 – Fernsehauswertung;). Bei der Annahme ungeschriebener Wettbewerbsenthaltungspflichten ist heute jedoch Zurückhaltung geboten (*Ulmer*[3] § 115 V; *Schricker*, Verlagsrecht[3] § 1 Rdnr. 99; vgl. auch zum Verlagsbereich *Schricker*, Verlagsrecht[3] § 2 Rdnr. 8). 160

Bei **Werken der Musik** räumen die Urheber der GEMA idR sowohl Verfilmungsrecht (Filmherstellungsrecht, s. *Kühlberg* FuR 1981, 359; *W. Schwarz/M. Schwarz* ZUM 1988, 429; *Urek* ZUM 1993, 168; *Krüger*, Fs. für Reichardt, 1990, S. 79 ff.; *Joch*, Fs. für W. Schwarz, 1988, S. 131 ff.; *Ventroni*, Das Filmherstellungsrecht, 2001; *G. Schulze* GRUR 2001, 1084 ff.) als auch Filmvorführungsrecht ein (sa. § 88 Rdnr. 30, 46; allgemein zu dem Problemkreis *Becker* [Hrsg.], Musik im Film, 1993; sa. Loewenheim/*Schwarz/Reber*, Handbuch des Urheberrechts[2], § 74 Rdnr. 119). Das Filmherstellungsrecht kann zurückübertragen werden, so dass der Urheber darüber mit dem Filmhersteller individuelle vertragliche Regelungen zu treffen vermag. Das Vorführungsrecht wird von der GEMA wahrgenommen, die die entsprechende Urhebervergütung bei den Filmtheatern erhebt (vgl. BGH GRUR 1977, 42 – Schmalfilmrechte; Berger/Wündisch/*Diesbach*, Urhebervertragsrecht, § 21 Rdnr. 85 ff.; *Ulmer*[3] § 115 II 2). 161

Hauptpflicht des Filmherstellers ist die Pflicht zur Zahlung einer **Vergütung,** die als Pauschbetrag oder in Form einer Ertragsbeteiligung vereinbart werden kann (*Ulmer*[3] § 115 VI). 162

Eine **Auswertungspflicht** (Verfilmungspflicht) ist dem Vertrag nach heute hM nicht immanent, so dass die verlagsgesetzlichen Regeln für den Verfilmungsvertrag nicht passen. Eine Auswertungspflicht kann aber vereinbart werden. Vom Verlagsvertrag unterscheidet sich der Verfilmungsvertrag auch dadurch, dass regelmäßig eine Umsetzung in ein anderes Medium erfolgt (s. zur fehlenden Auswertungspflicht und Unanwendbarkeit des VerlG RGZ 107, 62; BGHZ 27, 90; OLG Hamburg UFITA 25 [1958] 463; *Schricker*, Verlagsrecht[3] § 1 Rdnr. 98; *Rehbinder*, Urheberrecht, Rdnr. 747; *Ulmer*[3] § 115 VI; *v. Hartlieb/Schwarz*[4], Kap. 93 Rdnr. 4; vgl. aber auch BGH UFITA 37 (1962) 336: ist der Urheber am Erlös beteiligt, darf der Produzent nicht willkürlich von der Herstellung des Films absehen). Der Verfilmungsvertrag ist ein **Urheberrechtsverwertungsvertrag eigener Art** (BGHZ 5, 116 – Parkstraße 13; *v. Hartlieb/Schwarz*[4], Kap. 93 Rdnr. 3; Berger/Wündisch/*Diesbach*, Urhebervertragsrecht, § 21 Rdnr. 53).

Hat der Urheber ein ausschließliches Verfilmungsrecht eingeräumt, kann er gemäß § 41 bei unterbliebener Verfilmung wegen Nichtausübung das **Rückruf** erklären; im Übrigen ist das Rückrufsrecht eingeschränkt (§ 90 S. 1, 2; s. § 41 Rdnr. 10; s. dazu OLG München ZUM 2007, 519; *Ulmer*[3] § 115 VI; *v. Hartlieb/Schwarz*[4], Kap. 93 Rdnr. 14; Berger/Wündisch/*Diesbach*, Urhebervertragsrecht, § 21 Rdnr. 65).

Überblicksdarstellungen des Verfilmungsvertrags finden sich bei *Schack*, Urheber- und Urhebervertragsrecht[4], Rdnr. 1092 ff.; *Rehbinder*, Urheberrecht, Rdnr. 742 ff.; Möhring/Nicolini/*Spautz*[2] § 31 Rdnr. 31 ff.; *Ulmer*[3] § 115 und *Schricker*, Verlagsrecht[3] § 1 Rdnr. 98/99. Ausführlich sind Recht und Praxis der Verfilmungsverträge dargestellt bei Loewenheim/*Schwarz/Reber*, Handbuch des Urheberrechts[2], § 74 Rdnr. 12 ff.; Berger/Wündisch/*Diesbach*, Urhebervertragsrecht, § 21 Rdnr. 52 ff.; *v. Hartlieb/Schwarz*[4], Kap. 93; *Uhlig*, Der Koproduktionsvertrag der Filmherstellung, 2007; *Obergfell*, Filmverträge im deutschen und internationalen Privatrecht, S. 110 ff.; s. ferner *Lütje*, Die Rechte der Mitwirkenden am Filmwerk, 1986, S. 171 ff.; *Reupert*, Der Film im Urheberrecht, 1995, S. 205 ff.; rechtsvergleichend s. *Dietz* Urhebervertragsrecht S. 131 ff.; Ulmer-Eilfort, US-Filmproduzenten und deutsche Vergütungsansprüche. 163

Vertragsmuster sind enthalten im MünchVertragshandbuch[6] Bd. 3/II, 2009, Teil XI Nr. 28–32 (bearbeitet von *Hertin* und *Klages*) sowie bei *Schulze*, Urhebervertragsrecht[3] S. 776 ff.

b) Verträge über die Mitwirkung bei der Filmherstellung. Bei den an der Filmherstellung Mitwirkenden kann es sich um **Filmurheber** handeln (Regisseur, Kameramann, Cutter sowie ggf. weitere schöpferische Beteiligte, s. § 2 Rdnr. 195; vor §§ 88 ff. Rdnr. 52 ff.), um ausübende Künstler und andere **Leistungsschutzberechtigte** und um **sonstige Mitwirkende**. Soweit Urheberrechte zugrunde liegen, gelten §§ 89, 90, 93; hinsichtlich der Leistungsschutzrechte sind §§ 92, 93 zu beachten; auf Laufbilder ist § 95 anwendbar. Die Verträge verpflichten die Filmschaffenden zur entgeltlichen Mitwirkung bei der Herstellung des Films; sofern Urheber- und Leistungsschutzrechte in Frage stehen, pflegen Nutzungsrechte eingeräumt zu werden (*v. Hartlieb/Schwarz*[4], Kap. 94 Rdnr. 1, 2, 7, 13; s. zum Umfang der Rechtseinräumung § 89 Rdnr. 10 ff.). 164

Vor § 28 Vorbemerkung

165 Filmschaffende sind vielfach **Arbeitnehmer;** insoweit handelt es sich um Arbeitsverträge (§ 43 Rdnr. 122 ff.; sa. Berger/Wündisch/*Diesbach*, Urhebervertragsrecht, § 21 Rdnr. 102 ff.). Zwischen Verbänden der Film- und Fernsehproduzenten und der Rundfunk-Fernseh-Filmunion (RFFU) im DGB wurde 1979 ein **Tarifvertrag** geschlossen, der mit Wirkung vom 22. 12. 1983 für allgemeinverbindlich erklärt worden ist (abgedr. bei *Schulze*, Urhebervertragsrecht³ S. 859 ff.; s. dazu *v. Hartlieb/Schwarz*⁴, Kap. 94 Rdnr. 8 ff.; *Reupert,* Der Film im Urheberrecht, 1995, S. 252 ff.). Nunmehr gilt der Tarifvertrag für Film- und Fernsehschaffende v. 24. Mai 1996 (auszugsweise abgedruckt bei *Hillig* [Hrsg.], Urheber- und Verlagsrecht, Beck-Texte im dtv, 12. Aufl. 2008, S. 151 ff.).

Eine **ausführliche Darstellung** der Verträge der Filmschaffenden geben *v. Hartlieb/Schwarz*⁴, Kap. 94, sowie Loewenheim/*Schwarz/Reber*, Handbuch des Urheberrechts², § 74 Rdnr. 126 ff.; *Obergfell,* Filmverträge im deutschen und internationalen Privatrecht, S. 130 ff.

Vertragsmuster finden sich bei *Schulze,* Urhebervertragsrecht³ S. 799 ff.

166 c) **Verträge der Filmverwertung.** Der Filmhersteller schließt über die **Kinoauswertung des Films Verwertungsverträge mit Verleihfirmen,** denen in bestimmten räumlichen und zeitlichen Grenzen das ausschließliche Verbreitungsrecht eingeräumt wird sowie das Recht, Filmtheaterunternehmern die Filmvorführung zu gestatten. Ferner erhalten die Verleihfirmen das nötige Material (Filmkopien, Standphotos etc.) zur Weitergabe an die Filmtheater (s. zum Verhältnis der urheberrechtlichen Nutzungsrechte zu den Besitz- und Eigentumsrechten an Filmkopien BGH GRUR 1971, 481 – Filmverleih). Es handelt sich um einen urheberrechtlichen Nutzungsvertrag eigener Art (BGHZ 2, 331; BGHZ 9, 262; *Ulmer*³ § 116 II 2; *Rehbinder,* Urheberrecht, Rdnr. 751; ausführlich *v. Hartlieb/Schwarz*⁴, Kap. 153 ff.; Loewenheim/*Schwarz/Reber*, Handbuch des Urheberrechts², § 74 Rdnr. 224; *Obergfell,* Filmverträge im deutschen und internationalen Privatrecht, S. 145 ff.; Berger/Wündisch/*Diesbach*, Urhebervertragsrecht, § 21 Rdnr. 168; jeweils mit Darstellung der verschiedenen Vertragstypen; *Schack,* Urheber- und Urhebervertragsrecht⁴, Rdnr. 1102: Pachtvertrag; s. ferner *Lütje* S. 217 ff.; zur Rechts- und Sachmängelhaftung s. BGHZ 2, 331; zur Auswertungspflicht des Filmverleihers BGH UFITA 71 [1974] 184). S. aus der Praxis OLG München ZUM 2000, 1093: Pflicht des Verleihers gegenüber dem Produzenten zu einem interessengerechten Einsatz des Films; bei Verletzung Schadensersatz.

Vertragsmuster finden sich im MünchVertragshandbuch⁶ Bd. 3/II, 2009, Teil XI Nr. 34–35 (bearbeitet von *Hertin* und *Klages*) sowie bei *Schulze,* Urhebervertragsrecht³ S. 812 ff.

167 Das Filmverleihunternehmen (ausnahmsweise auch direkt der Filmhersteller) schließt mit den Filmtheatern – für einzelne Filme oder ganze „Blöcke" aus der Produktion des Herstellers – **Vorführungsverträge** ab, die idR ein einfaches Vorführungsrecht und im Zweifel auch eine Vorführungspflicht beinhalten (*Ulmer*³ § 116 III; *Schack,* Urheber- und Urhebervertragsrecht⁴, Rdnr. 1103 f.; ausführlich *v. Hartlieb/Schwarz*⁴, Kap. 177 ff.; *Obergfell,* Filmverträge im deutschen und internationalen Privatrecht, S. 158 ff.; s. zur Vertragsauslegung BGH GRUR 2003, 173 – Filmauswertungspflicht; s. dazu *Obergfell* ZUM 2003, 292 ff.).

Vertragsmuster sind enthalten im MünchVertragshandbuch⁶ Bd. 3/II, 2009, Teil XI Nr. 36 (bearbeitet von *Hertin* und *Klages*) sowie bei *Schulze,* Urhebervertragsrecht³ S. 828 ff.

168 Zur **Fernsehverwertung** von Filmen, insbesondere durch Einschaltung von Filmlizenzhändlern s. oben Rdnr. 144 ff.; ferner *v. Hartlieb/Schwarz*⁴, Kap. 257 f.; *Obergfell,* Filmverträge im deutschen und internationalen Privatrecht, S. 165; zu den internationalen Film-/Fernsehlizenzverträgen s. Loewenheim/*Schwarz/Reber*, Handbuch des Urheberrechts², § 74 Rdnr. 305 ff.; *Straßer* ZUM 1999, 928 ff.

169 Bei der **Videoverwertung** von Filmen geht es um deren Vervielfältigung und Verbreitung in Form von Videokassetten, Bildplatten oder sonstigen Videogrammen (s. im Einzelnen Poll (Hrsg.), Videorecht, Videowirtschaft, 1986, mit Beiträgen mehrerer Autoren; Loewenheim/*Schwarz/Reber*, Handbuch des Urheberrechts², § 74 Rdnr. 285 ff.; *v. Hartlieb/Schwarz*⁴, Kap. 218 ff.; *Obergfell,* Filmverträge im deutschen und internationalen Privatrecht, S. 165 ff.; *Th. Mielke,* Urheberrechtsfragen der Videogramme, 1987; *Scheuermann,* Urheber- und vertragsrechtliche Probleme der Videoauswertung von Filmen, 1990). Die Videogramme werden vom Videoproduktionsunternehmen (zur Frage ihres Leistungsschutzes s. § 94 Rdnr. 12 ff.) über Großhändler und Einzelhändler an den Letztverbraucher oder an Videotheken veräußert, die sie an den Letztverbraucher vermieten. Der Vertrieb ist unterschiedlich organisiert: Der Filmhersteller mag zugleich Videoproduzent sein; die Produktion kann an den Großhandel ausgelagert sein; mitunter wird auch direkt unter Ausschluss von Handelsstufen vertrieben. Im Vordergrund

steht der Kassetten- bzw. DVD-Vertrieb zur **privaten Vorführung;** daneben werden Kassetten und DVDs auch zur **öffentlichen Vorführung** vertrieben (zB in Hotels), s. dazu Loewenheim/ *Schwarz/Reber,* Handbuch des Urheberrechts[2], § 74 Rdnr. 285 f.; *Schricker,* Fs. für Oppenhoff, 1985, S. 367 ff.; *v. Büren* GRUR Int. 1986, 443; *Poll* in Poll [Hrsg.], Videorecht, Videowirtschaft, S. 104 ff.; *Scheuermann,* Urheber- und vertragsrechtliche Probleme der Videoauswertung von Filmen, 1990, S. 53 ff.; sa. *Rehbinder,* Urheberrecht[15], Rdnr. 753 f.; *Schack,* Urheber- und Urhebervertragsrecht[4], Rdnr. 1105 ff.). Nach LG München I ZUM 1999, 338 ist unter „audiovisueller Verwertung" nach dem „üblichen Sprachgebrauch" und der „Terminologie im Film- und Fernsehrecht" nur die Verwertung zum nichtöffentlichen Gebrauch zu verstehen.

Vom Inhaber des Rechts zur Vervielfältigung und Verbreitung des Films in Form von Videogrammen – bei neueren Filmen wird dies in der Regel der Filmhersteller sein – muss das Videoproduktions- und Vertriebsunternehmen eine entsprechende **Videolizenz** erhalten (s. zum Videoauswertungsvertrag OLG München GRUR 1984, 524 – Nachtblende). Musikalische Rechte werden meist von der GEMA wahrgenommen (s. zur Auseinandersetzung zwischen Videounternehmen und der GEMA zB BGH GRUR 1986, 62 – GEMA-Vermutung I; BGH GRUR 1986, 66 – GEMA-Vermutung II – und BGH GRUR 1986, 376 – Filmmusik; OLG Hamm GRUR 1983, 575 – Musikuntermalung bei Pornokassetten; OLG München GRUR 1983, 571 – Spielfilm-Videogramme; OLG München GRUR 1983, 578 – Musiknutzung bei Videokassetten; OLG München ZUM 1985, 269; OLG Köln GRUR 1983, 568 – Video-Kopieranstalt; OLG Hamburg ZUM 1985, 440; OLG Hamburg ZUM 1986, 151; OLG Hamburg ZUM 1992, 303; LG Berlin FuR 1984, 326; s. auch *Poll* in Poll [Hrsg.], Videorecht, Videowirtschaft, S. 60 ff. sowie *Schricker* ebenda S. 76 ff.; s. ferner *Schneider,* GEMA-Vermutung, Werkbegriff und das Problem sog. „GEMA-freier Musik", GRUR 1986, 657 ff.). **170**

Mit der rechtmäßigen Veräußerung der Videogramme tritt **Erschöpfung des Verbreitungsrechts** ein (§ 17 Rdnr. 42 ff.); das Vermietrecht ist jedoch von der Erschöpfung ausgenommen, s. § 17 Abs. 2 aE). Durch die Veräußerung wird jedoch nur das Verbreitungsrecht, nicht das Recht der öffentlichen Vorführung erschöpft (BGH GRUR 1986, 742 – Videofilmvorführung). Für den Verleih von Videogrammen ist nach Maßgabe von § 27 UrhG eine Vergütung zu bezahlen (s. dazu *Poll* in Poll [Hrsg.], Videorecht, Videowirtschaft, S. 90 ff.). **171**

S. zu den **Videoverwertungsverträgen** im Einzelnen Loewenheim/*Schwarz/Reber,* Handbuch des Urheberrechts[2], § 74 Rdnr. 285 ff.; *v. Hartlieb/Schwarz*[4], Kap. 218 ff.; *Obergfell,* Filmverträge im deutschen und internationalen Privatrecht, S. 165 ff.; *Reimer* GRUR Int. 1973, 315 ff.; *Poll* FuR 1981, 505 ff.; *ders.* FuR 1982, 356 ff.; *ders.* FuR 1983, 9 ff. **172**

Vertragsmuster enthält das MünchVertragshandbuch[6] Bd. 3/II, 2009, Teil XI Nr. 44, 45 (bearbeitet von *Hertin*).

8. Sonstige Urheberrechtsverträge

Die Rechte zur Vervielfältigung und Verbreitung von Werken der Musik auf **Schallplatten oder sonstigen Tonträgern** werden regelmäßig von der GEMA vergeben (sog. mechanische Rechte, vgl. dazu Loewenheim/*Rossbach,* Handbuch des Urheberrechts[2], § 69; *Ulmer*[3] § 97 I 5; *Melichar* S. 98; *Rossbach/Joos* in Beier/Götting/Lehmann/Moufang [Hrsg.] S. 333 ff.; *Schack,* Urheber- und Urhebervertragsrecht[4], Rdnr. 1108 ff.; *Rehbinder,* Urheberrecht, Rdnr. 738 ff.; *Block,* Die Lizenzierung von Urheberrechten für die Herstellung und den Vertrieb von Tonträgern im Europäischen Binnenmarkt, 1997). Über die Zwangslizenz zur Herstellung von Tonträgern s. § 42a. Zu den Verträgen der ausübenden Künstler für Tonträgerproduktion und -vertrieb s. die Erl. zu § 78. **173**

Vertragsmuster finden sich im MünchVertragshandbuch[6] Bd. 3/II, 2009, Teil XI Nr. 23–25B (bearbeitet von *Hertin*).

Zum Leistungsschutzrecht der **Sendeunternehmen** s. die Kommentierung zu § 87; s. ferner *Stolz,* Die Rechte der Sendeunternehmen nach dem Urheberrechtsgesetz und ihre Wahrnehmung, 1987. **174**

Zu den Rechtsverhältnissen der **Architekten** s. Loewenheim/*G. Schulze,* Handbuch des Urheberrechts[2], § 71; Berger/Wündisch/*Dammerth,* Urhebervertragsrecht, § 28; Dreier/*Schulze*[3] vor § 31 Rdnr. 260 ff.; Dreyer/*Kotthoff*/Meckel § 31 Rdnr. 77; *Ulmer*[3] § 117 III 2; *Schack,* Urheber- und Urhebervertragsrecht[4], Rdnr. 1120 ff.; *Beigel,* Urheberrecht des Architekten. Erläuterungen anhand der Rechtsprechung, 1984; *Gerlach,* Das Urheberrecht des Architekten und die Einräumung von Nutzungsrechten, GRUR 1976, 613; *Heath* in Beier/Götting/Lehmann/ Moufang (Hrsg.) S. 459 ff.; *Mäger* in Fs. für Nordemann 1999, S. 123 ff.; s. aus der Rechtspre- **175** chung zB OLG Frankfurt/M UFITA 94 (1982) 322 (Vorleistungspflicht des Architekten hinsichtlich der Nutzung seiner Pläne); OLG Düsseldorf GRUR 1979, 318 – Treppenwangen (zum Recht des planenden Architekten, dem Bauherrn eine eigenmächtige Detailgestaltung zu untersagen); OLG Hamburg Schulze OLGZ 174 (Verzicht auf das Zugangsrecht); OLG Frankfurt GRUR-RR 2007, 307 (Urheberrecht des Architekten bei Teilverwendung seiner Planung); s. ferner die Beispiele bei § 31 Rdnr. 95.

176 Über die Verträge betreffend geschützte Werke in der **Werbebranche** s. Dreier/*Schulze*[3] vor § 31 Rdnr. 179ff.; Dreyer/*Kotthoff*/Meckel[2] § 31 Rdnr. 80; *Löhr* MA 1985, 123ff.; *v. Tucher*, Urheberrechtliche Fragen im Spannungsverhältnis zwischen Werbeagentur und Auftraggeber, 1997; vgl. auch *Schricker*, Der Urheberrechtsschutz von Werbeschöpfungen, Werbeideen, Werbekonzeptionen und Werbekampagnen, GRUR 1996, 815ff.; s. zur Rechtsprechung die Beispiele bei § 31 Rdnr. 92 (Werbefilme), Rdnr. 97 (Werbespruch); allgemein zur Vertragsgestaltung OLG Köln GRUR 1986, 889/891 f. – ARD-1.

177 Zu **Merchandising-Verträgen** (unternehmerische, insbesondere werbliche Verwertung von Figuren, Namen, Motiven aus urheberrechtlich geschützten Werken) s. Loewenheim/*Schertz*, Handbuch des Urheberrechts[2], § 79; Berger/Wündisch/*Freitag*, Urhebervertragsrecht, § 33; Fromm/Nordemann/*J. B. Nordemann*[10] vor §§ 31ff. Rdnr. 422ff.; Dreier/*Schulze*[3] vor § 31 Rdnr. 186ff.; Wandtke/Bullinger/*Grunert*[3] vor §§ 31ff. Rdnr. 89f.; Dreyer/*Kotthoff*/Meckel[2] § 31 Rdnr. 81; *Walter*, Die geschäftliche Verwertung von Werbesymbolen durch Lizenzvergabe, 1979; s. ferner *Pagenberg*, Ausstattung und Character Merchandising, in *Schricker*/Stauder (Hrsg.), Handbuch des Ausstattungsrechts, 1986, S. 1071ff.; *Ruijsenaars* in Beier/Götting/Lehmann/Moufang (Hrsg.) S. 597ff.; *ders.*, Character Merchandising – Eine rechtsvergleichende Untersuchung zum Schutz der Vermarktung fiktiver Figuren, 1997, S. 228ff.; einen Mustervertrag gibt *Delp*[8] S. 204ff. S. aus der Rechtsprechung beispielsweise LG Düsseldorf ZUM 1986, 158/159 f.: Das Recht zur Verwertung einer Melodie aus einem Musical („I like to be in America" – Westside Story) in der Hörfunkwerbung für Automobile steht nach dem Zweck des Berechtigungsvertrags nicht der GEMA zu; diese ist somit nicht der richtige Partner, um die Merchandising-Benutzung zu erlauben. BGH GRUR 1983, 370 – Mausfigur: Das Recht zur Rundfunkverwertung einer Mausfigur in einem Zeichentrickfilm gibt kein Recht zur Untersagung der Verwertung durch Herstellung und Vertrieb von Puppen; die Rundfunkanstalt hat kein eigenes schutzwürdiges Interesse, die diesbezüglichen Rechte eines Miturhebers in gewillkürter Prozessstandschaft gegen den anderen geltend zu machen; s. ferner die Beispiele bei Berger/Wündisch/*Freitag*, Urhebervertragsrecht, § 33 Rdnr. 27ff.

178 Zu den Verträgen über die Erstellung, Lieferung oder Lizenzierung von **Computersoftware** s. die Kommentierung zu § 69d (vgl. aus dem neueren Schrifttum Loewenheim/*Lehmann*, Handbuch des Urheberrechts[2], § 76; Berger/Wündisch/*Frank*/Wimmers, Urhebervertragsrecht, § 24; *Schack*, Urheber- und Urhebervertragsrecht[4], Rdnr. 1134ff.; *Rehbinder*, Urheberrecht[15], Rdnr. 770ff.; *Hilty*, Der Softwarevertrag – ein Blick in die Zukunft, MMR 2003, 3ff.). **Vertragsmuster** zu Verträgen über Computerprogramme bei Loewenheim/*Lehmann*, Handbuch des Urheberrechts[2], § 76 Rdnr. 42ff.

179 Zu der vertraglichen Ausgestaltung der Verwertung von Urheberrechten in Form der **Online-Nutzung**, bei **Datenbanken** und in sonstiger **digitaler Form** vgl. Loewenheim/*Koch*, Handbuch des Urheberrechts[2], §§ 77 und 78; Dreier/*Schulze*[3] vor § 31 Rdnr. 175ff.; Wandtke/Bullinger/*Grunert*[3] vor §§ 31ff. Rdnr. 70ff.; *Rehbinder*, Urheberrecht[15], Rdnr. 763f.; *Katzenberger* in *Bullinger* (Hrsg.), Rechtsfragen der elektronischen Textkommunikation, 1984, S. 99/121 ff.; *Schricker* in Internationales Urheberrechtssymposium, hrsg. vom Börsenverein des Deutschen Buchhandels, 1986, S. 216/222 f.; *Sellier* BBl. 1985, 2242 ff. (mit Vertragsmustern); *ders.* FuR 1976, 368 ff.; *Goebel* CR 1986, 73 (zum Downloading-Vertrag); *Scheller*, Elektronisches Publizieren – Von juristischem Interesse, CR 1987, 13 ff.; *Moufang*, Datenbankverträge, in Beier/Götting/Lehmann/Moufang (Hrsg.) S. 571 ff.; *Lehmann* (Hrsg.), Internet- und Multimediarecht (Cyberlaw), 1996; *Katzenberger* in *Schricker* (Hrsg.), Urheberrecht auf dem Weg zur Informationsgesellschaft, 1997, S. 181 ff.; *Hilty* (Hrsg.), Information Highway, 1996; *Katzenberger*, Elektronische Printmedien und Urheberrecht, 1996; *Lutz*, Verträge für die Multimedia-Produktion, 1996; *Ebnet*, Der Informationsvertrag, 1995; *Loewenheim*/*Koch*, Praxis des Online-Rechts, 2001; *Lutz*, Verträge für die Multimedia-Produktion, 1996; sa. die Erl. zu § 87e zum Datenbankvertrag. **Vertragsmuster** zu Datenbankverträgen bei Loewenheim/*Koch*, Handbuch des Urheberrechts[2], § 77 Rdnr. 188, zu Internetverträgen aaO. § 78 Rdnr. 89.

180 Zum Vertrag über die **Archivierung des literarischen Nachlasses eines Schriftstellers** s. KG ZUM 1986, 550 und dazu *Sieger* ZUM 1986, 527; s. zur Problematik allgemein *Freys*, Das

Recht der Nutzung und des Unterhalts von Archiven, 1989; *Haberstumpf* in Fs. für W. Nordemann S. 167ff. Zur Frage der **Kündigung eines Archivvertrages** über den literarischen Nachlass eines Schriftstellers (hier: Ödön v. Horváth) s. BGH GRUR 1988, 396 – Archivvertrag. Zur **Überlassung von Foto-Abzügen an eine Zeitschrift zu Archivzwecken** s. OLG Hamburg GRUR 1989, 912 – Spiegel-Fotos. Zur Auslegung eines Vertrages über die Aufnahme von Fotos eines Fotografen in ein Verlagsarchiv s. BGH GRUR 2007, 693 – Archivfotos.

Zur **Beauftragung eines Autors, eine Biographie** zu verfassen und zur Frage, ob deren Veröffentlichung verhindert werden kann, s. KG ZUM 1997, 213 – Willi-Kollo-Biographie.

Zu einem **Gesellschaftsvertrag** zwischen einem Komponisten und ausübendem Künstler einerseits und andererseits einem ausübenden Künstler und Verleger s. BGH ZUM 1998, 405 – Gesellschaftsvertrag zwischen Künstlern.

Zum **Agenturvertrag** (Literaturagentur, Werbeagentur, Bildagentur, Künstleragentur) s. Dreier/*Schulze*[3] vor § 31 Rdnr. 121f.; Loewenheim/*J. B. Nordemann*, Handbuch des Urheberrechts[2], § 64 Rdnr. 162; Loewenheim/*Schwarz/Reber*, Handbuch des Urheberrechts[2], § 74 Rdnr. 218.

181

182

183

IV. Zwangslizenz. Gesetzliche Lizenz

Zur Thematik des Rechtsverkehrs im Urheberrecht kann auch die Rechtsfigur der **Zwangslizenz** gerechnet werden: Bei ihr wird ein Urheberrechtsverwertungsvertrag geschlossen, jedoch nicht im Zeichen der Vertragsfreiheit, sondern aufgrund einer – im Einzelfall durch gerichtliches Urteil konkretisierten – gesetzlichen Verpflichtung. Das Gesetz legt dem Inhaber eines Ausschließlichkeitsrechts die Pflicht auf, unter gewissen Bedingungen dem Interessenten an der Nutzung ein Nutzungsrecht zu angemessenen Bedingungen einzuräumen. Die Pflicht kann durch Klage vor Gericht durchgesetzt werden (s. im Einzelnen vor §§ 44a ff. Rdnr. 6; *Ulmer*[3] § 62 II 2, III mit rechtsvergleichenden Hinweisen). Das deutsche UrhG kennt nur einen Fall von Zwangslizenz; er betrifft die Tonträgerbranche, s. § 42a und die Erl. hierzu.

184

Bei der **gesetzlichen Lizenz** wird dagegen der Bereich rechtsgeschäftlichen Handelns verlassen: Das Gesetz selbst erlaubt bestimmte Arten der Nutzung gegen Vergütung. Anstelle eines Ausschließlichkeitsrechtes besteht nur ein Vergütungsanspruch (s. vor §§ 44a ff. Rdnr. 23ff.; *Ulmer*[3] § 62 II, III; kritisch *Nordemann* GRUR 1979, 280ff.). In der Praxis kann sich je nach der Vertragslage und der Rolle der Verwertungsgesellschaften ein Vergütungsanspruch für die Urheberseite als günstiger darstellen als das Ausschließlichkeitsrecht, s. dazu *Hilty* in Fs. für Schricker 2005 S. 325ff.

185

V. Internationales Recht und Rechtsvergleichung

Der Bereich des Rechtsverkehrs im Urheberrecht wird **konventionsrechtlich** ziemlich stiefmütterlich behandelt. Gegenstand der internationalen Konventionen sind in erster Linie die dem Urheber zustehenden Rechte. Lediglich im Wege der Inländerbehandlung (Art. 5 Abs. 1 RBÜ, Art. 9 Abs. 1 TRIPS, Art. 2 Rom-Abkommen) erscheint eine Anwendung nationaler urhebervertraglicher Vorschriften möglich.

186

Die **RBÜ** gewährt gemäß Art. 2 Abs. 6 S. 2 den Schutz der Konvention „zugunsten des Urhebers und seiner Rechtsnachfolger oder sonstiger Inhaber ausschließlicher Werknutzungsrechte". Im maßgeblichen französischen Text ist jedoch nur von den „ayants droit" die Rede (englisch: „successors in title"). Der Schutz des **Rechtsnachfolgers** – gleich auf welchem Rechtsgrund die Rechtsnachfolge beruht (*Masouyé*, Kommentar zur Berner Übereinkunft, 1981, Art. 2 Anm. 2.22) – soll nach der Meinung der Kommentare unter Berufung auf den amtlichen deutschen Text zwar außer dem Gesamtrechtsnachfolger auch dem Inhaber eines ausschließlichen Nutzungsrechts zustehen, nicht aber dem Inhaber eines einfachen Nutzungsrechts (*Nordemann/Vinck/Hertin* RBÜ Art. 2 Rdnr. 8; *Bappert/Wagner* Art. 2 RBÜ Rdnr. 24; vgl. auch *Masouyé* Art. 2 Anm. 2.22 Fn. 1). Der französische (und auch der englische) Text zwingt freilich nicht zu einer solchen Unterscheidung. Dem Sinn der Vorschrift würde es besser entsprechen, den Schutz **allen Inhabern gegenständlicher Nutzungsrechte** zu gewähren, auch wenn es sich um einfache Rechte handelt (s. zu deren Rechtsnatur Rdnr. 83) und nur die rein schuldrechtlichen Berechtigungen auszuschließen. In diese Richtung deuten auch andere Publikationen (*Ricketson/Ginsburg*, International Copyright and Neighbouring Rights, 2. Aufl. 2006, Kap. 7, 7.23 (S. 378): „protection may also be claimed by successors in title such as assignees, beneficiaries, and so on"; *v. Lewinski*, International Copyright Law and Policy, 2008, Kap. 5. 5.

187

93 (S. 132): "not only are the author's heirs his successors, but also any others ... who follow the author in all or some of his rights ...".
Im Übrigen enthält die RBÜ gelegentlich **Auslegungsregeln für Rechtsgeschäfte bzw. Vermutungen** (vgl. Art. 11bis Abs. 3, Art. 14bis Abs. 2); ansonsten wird die Thematik des Rechtsverkehrs im Urheberrecht und namentlich das Urhebervertragsrecht dem nationalen Recht der Mitgliedstaaten überlassen (*Bappert/Wagner* Art. 2 RBÜ Rdnr. 25; vgl. auch *Nordemann/Vinck/Hertin* RBÜ Art. 2 Rdnr. 27; Art. 14/14bis Rdnr. 10).

188 Das **Rom-Abkommen** enthält keine speziellen Regelungen zum Urhebervertragsrecht; das **TRIPS-Abkommen** verweist insoweit in Art. 9 Abs. 1 nur auf die materiell-rechtlichen Vorschriften der RBÜ; auch WCT und WPPT enthalten sich spezifischer Vorschriften.

189 Welches nationale Recht auf einen Transaktionsvorgang jeweils zur Anwendung kommt, bestimmt sich nach dem **internationalen Privatrecht** (s. vor §§ 120 ff. Rdnr. 147 ff.). Dabei ist für gewisse grundlegende Rechtsverhältnisse zwingend das **Recht des Schutzlandes** einschlägig, zB für die Frage, ob das Urheberrecht im Territorium des Schutzlandes übertragbar ist, welche Nutzungsrechte zugelassen werden ua. (s. im Einzelnen vor §§ 120 ff. Rdnr. 150). Ansonsten ist das **Rechtsgeschäftsstatut** (meist Vertragsstatut) zu suchen, was idR auch Raum für eine Rechtswahl der Parteien gibt (s. im Einzelnen vor §§ 120 ff. Rdnr. 148, 152 ff.). Eine Sonderregelung besteht in § 32 b für die Anwendung der §§ 32, 32 a.

190 Für die **Rechtsvergleichung** im Urhebervertragsrecht ist das Werk von *Dietz,* Das primäre Urhebervertragsrecht in der Bundesrepublik Deutschland und in den anderen Mitgliedstaaten der Europäischen Gemeinschaft, 1984, grundlegend. Einführungen und weiterführende Hinweise enthält der Abschnitt Urhebervertragsrecht in ausgewählten Ländern bei Beier/Götting/Lehmann/Moufang (Hrsg.) (*Cornish,* Großbritannien, S. 643 ff.; *v. Lewinski,* Frankreich, S. 685 ff.; *Levin/Kur,* Skandinavien, S. 725 ff.; *Schlatter/Götz,* Spanien, S. 771 ff.; *Bodewig,* USA, S. 833 ff.). S. ferner *Vanhees,* Urhebervertragsrecht in Belgien, GRUR Int. 1994, 202; *v. Münchhausen,* Der Verlagsvertrag im italienischen Recht, 1988; *Pilny,* Der englische Verlagsvertrag, 1989; *Boytha,* Die Entwicklung der Regelung von Urheberverträgen in verschiedenen Ländern, UFITA 110 (1989) 5.

191 Zum **Urhebervertragsrecht der DDR,** das unter Umständen noch zur Anwendung gelangt (vor §§ 120 ff. Rdnr. 35 ff.) s. *Arends,* Das Urhebervertragsrecht der DDR, 1991; *Haupt* ZUM 1999, 380 ff.; *ders.* Ufita 2003, 33 (zur Filmproduktion in der DDR); s. zu Einigungsvertrag und Urheberrecht auch *Wandtke*/Bullinger[3] Einl. UrhG Rdnr. 61 ff.

§ 28 Vererbung des Urheberrechts

(1) **Das Urheberrecht ist vererblich.**

(2) [1]**Der Urheber kann durch letztwillige Verfügung die Ausübung des Urheberrechts einem Testamentsvollstrecker übertragen.** [2]**§ 2210 des Bürgerlichen Gesetzbuchs ist nicht anzuwenden.**

Schrifttum: *Brändel,* Das postmortale Persönlichkeitsrecht als Nachlassgegenstand, Fs. für Erdmann, 2002, S. 49; *Clément,* Urheberrecht und Erbrecht, 1993; *Eggersberger,* Die Übertragbarkeit des Urheberrechts in historischer und rechtsvergleichender Sicht, 1991; *Fromm,* Die neue Erbrechtsregelung im Urheberrecht, NJW 1966, 1244; *Hunziker,* Immaterialgüterrechte nach dem Tod des Schöpfers, 1983; *Krüger,* Zum postmortalen Schutz des Künstlerpersönlichkeitsrechts, Fs. für Dietz, 2001, S. 101; *Müller, H.,* Rechtsprobleme bei Nachlässen in Bibliotheken und Archiven, 1983; *Rehbinder,* Die Familie im Urheberrecht, ZUM 1986, 365; *Schack,* Das Persönlichkeitsrecht der Urheber und ausübenden Künstler nach dem Tode, GRUR 1985, 352.

Übersicht

	Rdnr.
I. Allgemeines	1–4
1. Entstehungsgeschichte	1, 2
2. Zweck und Bedeutung der Norm	3, 4
II. Die Vererblichkeit des Urheberrechts (Abs. 1)	5–12
1. Gegenstand der Vererbung	5–8
2. Anwendung erbrechtlicher Vorschriften	9–12
III. Testamentsvollstreckung (Abs. 2)	13–15
IV. Vererblichkeit verwandter Schutzrechte	16–18

Vererbung des Urheberrechts § 28

I. Allgemeines

1. Entstehungsgeschichte

Bereits in § 8 Abs. 1 LUG, § 10 Abs. 1 KUG war bestimmt, dass das **Recht des Urhebers** 1 **auf die Erben übergeht** (s. zur historischen Entwicklung *Eggersberger* S. 3 ff.). Zur Zeit der Schaffung dieser Gesetze betrachtete man das Urheberrecht allerdings als auch durch Rechtsgeschäft unter Lebenden übertragbar. Heute begründet die in § 29 Abs. 1 des geltenden Gesetzes verfügte grundsätzliche Unübertragbarkeit unter Lebenden (§ 29 Rdnr. 14) ein gesteigertes Interesse an der Klarstellung, dass das Urheberrecht – trotz seiner persönlichkeitsrechtlichen Komponenten – gleichwohl vererblich bleibt, was sich freilich auch aus der Schutzfristbemessung ableiten lässt (*Fromm* NJW 1966, 1244 f.).

Das geltende Gesetz hat die früher anwendbare Regel aufgehoben, dass das Urheberrecht, 2 soweit es dem Erblasser zustand (also nicht ganz oder teilweise bereits übertragen war), erlosch, wenn der **Fiskus oder eine andere juristische Person gesetzlicher Erbe** war (§ 8 Abs. 2 LUG, § 10 Abs. 2 KUG). Das hierin sich äußernde Misstrauen gegenüber der Ausübung des Urheberrechts durch juristische Personen und die Benachteiligung der Nachlassgläubiger erscheinen nicht gerechtfertigt (Amtl. Begr. BT-Drucks. IV/270 S. 55; *Ulmer*[3] § 81). Wenn juristische Personen heute Urheberrechte auch nicht originär erwerben können, so vermögen sie doch durch Rechtsnachfolge von Todes wegen wie natürliche Personen Inhaber solcher Rechte zu werden (Loewenheim/*A. Nordemann*, Handbuch des Urheberrechts[2], § 23 Rdnr. 17 ff.; s. dort auch zu den Problemen bei Auflösung einer Gesellschaft; Fromm/Nordemann/*J. B. Nordemann*[10] § 28 Rdnr. 7; Dreier/*Schulze*[3] § 28 Rdnr. 6). Ein nach der alten Regelung erloschenes Urheberrecht würde freilich – auch wenn die Schutzfrist an sich noch gelaufen wäre – durch das geltende Gesetz nicht wieder in Kraft gesetzt (§ 129 Abs. 1 S. 1; *v. Gamm* § 28 Rdnr. 1).

2. Zweck und Bedeutung der Norm

§ 28 Abs. 1 bedeutet **volle Unterstellung des Urheberrechts unter die erbrechtlichen** 3 **Regelungen des BGB.** Das ganze Urheberrecht wird vom Erbgang erfasst; er richtet sich nach den allgemeinen Vorschriften; das Urheberrecht kann – bis zum Ende der Schutzfrist – auch mehrfach vererbt werden. Der Rechtsnachfolger hat gemäß § 30 grundsätzlich alle dem Urheber zustehenden Rechte (§ 30 Rdnr. 4 ff.). Um die Verwirklichung erbrechtlicher Regelungen zu ermöglichen, erlaubt das Gesetz in § 29 Abs. 1 ausnahmsweise sogar eine Übertragung des Urheberrechts unter Lebenden (§ 29 Rdnr. 20 ff.).

§ 28 gilt für das **Urheberrecht im Ganzen,** dh. als **Stammrecht** in der Hand des Urhe- 4 berrechtsinhabers, wobei sich die letztwillige Verfügung auch auf die Abspaltung einzelner Komponenten, etwa von Nutzungsrechten, richten kann (gegen eine Teilvererbung Loewenheim/ *A. Nordemann*, Handbuch des Urheberrechts[2], § 23 Rdnr. 21; Fromm/Nordemann/*J. B. Nordemann*[10] § 28 Rdnr. 9; der Grundsatz der Einheitlichkeit des Urheberrechts hat hier aber zurückzutreten. Es muss sich freilich um ein abgrenzbares Recht handeln). Die Vererbung einzelner, vom Urheberrecht bereits **abgespaltener** und einem anderen eingeräumter **gegenständlicher Nutzungsrechte,** bereits entstandener **gesetzlicher Vergütungsansprüche** oder bezüglich des Urheberrechts vereinbarter **schuldrechtlicher Rechte** richtet sich beim Tod des jeweiligen Rechtsinhabers dagegen nach allgemeinen Vorschriften (§§ 1922 ff. BGB; § 34 Rdnr. 19; für die Vererbung des Verlagsrechts *Schricker*, Verlagsrecht[3] § 28 Rdnr. 39 ff.; für gesetzliche Vergütungsansprüche *Rossbach* S. 149).

II. Die Vererblichkeit des Urheberrechts (Abs. 1)

1. Gegenstand der Vererbung

Die Vererblichkeit gilt für das **Urheberrecht im Ganzen mit allen seinen Komponen-** 5 **ten.** Nicht nur die zwanglos unter den Begriff des „Vermögens" in § 1922 Abs. 1 BGB subsumierbaren **Verwertungsrechte** gehen auf den Erben über, sondern auch das **Urheberpersönlichkeitsrecht** (s. im Einzelnen vor §§ 12 ff. Rdnr. 29 ff.; Dreier/*Schulze*[3] § 28 Rdnr. 2; Wandtke/ Bullinger/*Block*[3] § 28 Rdnr. 8; *Schack* GRUR 1985, 352 ff.; *v. Welser*, Die Wahrnehmung urheberpersönlichkeitsrechtlicher Befugnisse durch Dritte, 2000, S. 141 ff.). Der monistischen Deutung des Urheberrechts entsprechend, bleiben beide Komponenten beim Erbfall verbunden (*Ulmer*[3]

§ 82 mit rechtsvergleichenden Hinweisen; s. zur Rechtsvergleichung ausführlich *Eggersberger* S. 154 ff.). Sowohl **Ausschließlichkeitsrechte** als auch **Vergütungsansprüche** (*Ulmer*³ § 82 II; die Vergütungsbefugnis als Stammrecht wird nach § 28, der einzelne Vergütungsanspruch nach § 1922 vererbt, vgl. *Rossbach* S. 149) und **sonstige Rechte** des Urhebers werden vererbt.

6 Durch die Vererblichkeit unterscheidet sich das Urheberpersönlichkeitsrecht von anderen Persönlichkeitsrechten, insbesondere dem **allgemeinen Persönlichkeitsrecht:** Letzteres ist in seiner ideellen Komponente unvererblich; es besteht diesbezüglich lediglich ein begrenzter postmortaler Persönlichkeitsschutz, zu dessen Wahrung die nächsten Angehörigen berufen sind (MünchKomm. BGB/*Rixecker*⁵ Anhang zu § 12 Rdnr. 31 ff. mwN; Dreier/*Schulze*³ § 28 Rdnr. 2). Vererblich ist dagegen die vermögensrechtliche Komponente (s. BGH GRUR 2000, 709, 712 – Marlene Dietrich; vgl. *Schulze Wessel*, Die Vermarktung Verstorbener, 2001; *Brändel* in Fs. für Erdmann S. 49 ff.; *Götting* NJW 2000, 585 f.; kritisch *Peukert* ZUM 2000, 710 ff.). Ist zB ein Wissenschaftler Mitautor eines posthum erscheinenden Werks, so steht es den Erben zu, gemäß § 13 vorzugehen, wenn der Verstorbene bei der Publikation nicht als Urheber genannt wird. Ist der Verstorbene dagegen nicht Miturheber des Forschungsberichts, aber maßgeblich an den Forschungsergebnissen beteiligt, so ist es Sache der nächsten Angehörigen, die durch Verschweigen seiner Mitwirkung gekränkte postmortale Wissenschaftlerehre des Verstorbenen zu wahren (vgl. *Hubmann* Persönlichkeitsrecht² S. 233 ff., 238 ff.; *Engel* GRUR 1982, 705/709 ff.).

7 Vererbt wird das Urheberrecht grundsätzlich **in der Lage, in der es sich beim Erblasser befand.** Hatte der Erblasser **gegenständliche Nutzungsrechte** eingeräumt, so bestehen diese fort; auch in die Rechtsstellung des Erblassers aus **schuldrechtlichen Verträgen** über das Urheberrecht (Dreier/*Schulze*³ § 28 Rdnr. 4; Dreyer/*Kotthoff*/Meckel² § 28 Rdnr. 6; Wandtke/Bullinger/*Grunert*³ vor §§ 31 ff. Rdnr. 35; *Fromm* NJW 1966, 1244/1246) tritt der Erbe ein. Im Einzelnen können sich freilich Besonderheiten ergeben, so insbesondere hinsichtlich gewisser urheberpersönlichkeitsrechtlicher Positionen (§ 30 Rdnr. 9).

8 § 28 Abs. 1 gilt nicht nur für den Erbfall nach dem Urheber, sondern erlaubt beliebig oft die **Weitervererbung,** solange das Recht nicht durch Ablauf der Schutzfrist erloschen ist (Dreier/*Schulze*³ § 28 Rdnr. 6; Fromm/Nordemann/*J. B. Nordemann*¹⁰ § 28 Rdnr. 10; Wandtke/Bullinger/*Block*³ § 28 Rdnr. 12; *Ulmer*³ § 81 II 2; Dreyer/*Kotthoff*/Meckel² § 28 Rdnr. 5). Die Anregung, die mehrfache Vererbung lediglich im Kreis der nächsten Angehörigen zuzulassen und im Übrigen nur einmalige Vererbung zu erlauben, hat man mit Recht verworfen (Amtl. Begr. BT-Drucks. IV/270 S. 55).

2. Anwendung erbrechtlicher Vorschriften

9 Mit der Zulassung der Vererblichkeit eröffnet § 28 die Anwendung der **allgemeinen Vorschriften des BGB (§§ 1922 ff.).** Möglich ist hiernach Vererbung aufgrund **gesetzlicher Erbfolge** oder aufgrund **letztwilliger Verfügung,** dh. durch Testament oder Erbvertrag (Fromm/Nordemann/*J. B. Nordemann*¹⁰ § 28 Rdnr. 5; *Rehbinder* ZUM 1986, 365/368 f.; *Clément* S. 33 ff.). Der Inhalt der letztwilligen Verfügung kann **Erbeinsetzung** (auch Vor- und Nacherbschaft, *Ulmer*³ § 81 II) sein, **Vermächtnis** (*Fromm* NJW 1966, 1244/1245; s. zur Übertragung sämtlicher Nutzungsrechte durch Vermächtnis LG Mannheim ZUM 1992, 205), auch Vorausvermächtnis zugunsten eines Miterben (*Ulmer*³ § 81 II 1), **Auflage** (Möhring/Nicolini/*Spautz*² § 30 Rdnr. 7), Anordnung der **Testamentsvollstreckung** (s. im Einzelnen Rdnr. 10 ff.).

10 Sind mehrere Erben berufen, so treten sie in das Verhältnis der bürgerlich-rechtlichen **Miterbengemeinschaft** (§§ 2032 ff.), nicht dasjenige der Miturheberschaft des § 8 UrhG, da letzteres nur durch gemeinsame Werkschöpfung begründet wird (OLG Frankfurt/M GRUR 1980, 916/919 – Folgerecht ausländischer Künstler; Fromm/Nordemann/*J. B. Nordemann*¹⁰ § 28 Rdnr. 6; Dreier/*Schulze*³ § 28 Rdnr. 10; Möhring/Nicolini/*Spautz*² Rdnr. 2; *v. Gamm* § 30 Rdnr. 3; s. aus der Praxis zB BGH GRUR 1982, 308 – Kunsthändler: Einer von mehreren Miterben eines Künstlers kann einen Verwertungsvertrag auf Wahrnehmung des Auskunftsersuchens mit der VG Bild-Kunst als notwendige Maßnahme nach § 2038 Abs. 1 S. 2 Halbs. 2 schließen) S. ferner BGH GRUR 1997, 236/237 – Verlagsverträge: Um Rechte an Werken im ungeteilten Nachlass zu übertragen (insbesondere das Recht zur Kündigung von Verlagsverträgen) bedarf es der Mitwirkung aller Miterben. Die gemeinschaftliche Verfügung (§ 2040 Abs. 1 BGB) erfordert keine Gleichzeitigkeit oder rechtliche Gleichartigkeit bei allem Miterben, OLG München ZUM 1995, 721/724 – Hanns Heinz Ewers.

11 Hinsichtlich der Auseinandersetzung unter den Miterben kann der Erblasser **Teilungsanordnungen** treffen (*v. Gamm* Rdnr. 2; *Ulmer*³ § 81 II 1), zB Verteilung des Urheberrechts an den

einzelnen Werken unter die Miterben oder Zuteilung nur an einzelne von ihnen anordnen. Vermächtnisse oder Teilungsanordnungen können auch auf die Abspaltung und gesonderte Zuteilung von Nutzungsrechten abzielen. Der Erblasser vermag über die Ausübung des Urheberpersönlichkeitsrechts gesondert zu disponieren, soweit hierüber unter Lebenden Regelungen getroffen werden können (*v. Gamm* Rdnr. 2; s. im Einzelnen vor §§ 12 ff. Rdnr. 26 ff.).

Soweit das Urheberrecht in Erfüllung einer Verfügung von Todes wegen oder an Miterben im Weg der Erbauseinandersetzung zu übertragen ist, greift § 29 S. 1 ein (s. dort Rdnr. 20 ff.). **12**

III. Testamentsvollstreckung (Abs. 2)

Abs. 2 „soll es dem Urheber ermöglichen, für den Fall, dass ihm seine Erben zur Wahrung **13** seines geistigen Nachlasses nicht geeignet erscheinen, die Ausübung des Urheberrechts einer **besser geeigneten Persönlichkeit** anzuvertrauen, ohne jedoch zugleich seinen Erben die wirtschaftlichen Früchte aus der Nutzung seiner Werke zu entziehen" (Amtl. Begr. BT-Drucks. IV/270 S. 55). Die Anwendung des § 2210 BGB wurde ausgeschlossen, um die nach dieser Vorschrift grundsätzlich eintretende **30-jährige Befristung** zu vermeiden. Testamentsvollstreckung kann somit für die ganze Dauer der Urheberschutzfrist oder kürzer befristet angeordnet werden, etwa bis zum Tod des Erben oder des Testamentsvollstreckers (Wandtke/Bullinger/*Block*[3] § 28 Rdnr. 23; Möhring/Nicolini/*Spautz*[2] § 28 Rdnr. 4). Auch die in § 2210 S. 3 enthaltene Verweisung auf § 2163 Abs. 2 entfällt (Möhring/Nicolini/*Spautz*[2] § 28 Rdnr. 4).

Im Übrigen gelten die **bürgerlich-rechtlichen Vorschriften über die Testamentsvoll- 14 streckung (§§ 2197 ff.)**. Der Erblasser kann einen oder mehrere Testamentsvollstrecker ernennen (§ 2197); für den Fall des Todes des Testamentsvollstreckers kann ein Nachfolger bestimmt werden (Loewenheim/*A. Nordemann*, Handbuch des Urheberrechts[2], § 23 Rdnr. 14). Das Amt des Testamentsvollstreckers kann darauf beschränkt werden, nur die Urheberrechte, nicht auch den sonstigen Nachlass zu verwalten (§ 2208); eine weitere Eingrenzung seiner Aufgaben (etwa nur Verwaltung der Nutzungsrechte oder bestimmter Nutzungsrechte oder nur Wahrnehmung von Urheberpersönlichkeitsrechten) ist möglich (*Ulmer*[3] § 81 II 2). Für die Auslegung derartiger Anordnungen sind neben erbrechtlichen auch urheberrechtliche Grundsätze zu beachten (vgl. Dreier/*Schulze*[3] § 28 Rdnr. 9). Soweit die Verwaltungsbefugnis des Testamentsvollstreckers reicht, ist nur er zur Geltendmachung von Ansprüchen, auch vor Gericht, berechtigt. Betrifft die Testamentsvollstreckung nur Verwertungsrechte, bleibt es dem Erben unbenommen, die Urheberpersönlichkeitsrechte, ggf. auch gegen den Testmentsvollstrecker, geltendzumachen (vgl. Dreier/*Schulze*[3] § 28 Rdnr. 10).

§ 28 Abs. 2 ist auch zugunsten der **Rechtsnachfolger in das Urheberrecht im Ganzen, 15 insbesondere der Erben, anzuwenden**; dies folgt – entgegen *Fromm* (NJW 1966, 1244/1245) – aus § 30 (so auch Fromm/Nordemann/*J. B. Nordemann*[10] § 28 Rdnr. 14; Wandtke/Bullinger/*Block*[3] § 28 Rdnr. 27). Auch beim Rechtsnachfolger kann die in der AmtlBegr. erwähnte Sorge um die Bestellung einer geeigneten Persönlichkeit als Verwalter gegeben sein (Rdnr. 13); die 30-jährige Befristung in § 2210 kann unpassend sein, da die Schutzfrist noch länger laufen mag.

IV. Vererblichkeit verwandter Schutzrechte

Hinsichtlich der Vererblichkeit verwandter Schutzrechte ist zu unterscheiden (undifferenziert **16** für Vererblichkeit nach BGB Dreyer/*Kotthoff*/*Meckel*[2] § 28 Rdnr. 3): Die §§ 28 ff. gelten entsprechend für das Recht an **wissenschaftlichen Ausgaben** (§ 70 Abs. 1), das Recht an **Lichtbildern und Erzeugnissen, die ähnlich wie Lichtbilder hergestellt werden** (§ 72 Abs. 1); die Rechte sind somit nach Maßgabe der §§ 28 ff. vererblich (Wandtke/Bullinger/*Block*[3] § 28 Rdnr. 14; Fromm/Nordemann/*J. B. Nordemann*[10] § 28 Rdnr. 16).

Beim **ausübenden Künstler** (§§ 73 ff.) sind die gemäß § 79 übertragbaren Befugnisse nach **17** allgemeinen Vorschriften vererblich. Hinsichtlich des Anerkennungsrechts und des Entstellungsschutzes trifft § 76 eine Sonderregelung. Soweit hiernach die Rechte nicht mit dem Tod erlöschen, stehen sie den Angehörigen zu; eine Vererbung ist somit ausgeschlossen (s. die Erl. zu § 76).

Die sonstigen verwandten Schutzrechte enthalten keine persönlichkeitsrechtliche Komponen- **18** te; es bestehen keine Bedenken, eine Vererblichkeit nach allgemeinen Regeln anzunehmen. Das Gesetz erklärt sie denn zT auch ausdrücklich für übertragbar, so § 71 Abs. 2 für das Recht an **Ausgaben nachgelassener Werke**, § 94 Abs. 2 für das Recht des **Filmherstellers** sowie § 95 mit § 94 Abs. 2 für das Recht der **Herstellers von Laufbildern,** § 85 Abs. 2 für das Recht des **Tonträgerherstellers** und § 87 Abs. 2 für das Recht des **Sendeunternehmens.** Vererblich sind außer den genannten Rechten in gleicher Weise das Recht des **Veranstalters** (§ 81). Alle diese Rechte sind vererblich, falls sie einer natürlichen Person zustehen (Fromm/Nordemann/*J. B. Nordemann*[10] § 28 Rdnr. 16; Wandtke/Bullinger/*Block*[3] § 28 Rdnr. 14). Gleiches gilt für das **Datenbankrecht** (vgl. vor §§ 87a Rdnr. 32).

§ 29 Rechtsgeschäfte über das Urheberrecht

(1) **Das Urheberrecht ist nicht übertragbar, es sei denn, es wird in Erfüllung einer Verfügung von Todes wegen oder an Miterben im Wege der Erbauseinandersetzung übertragen.**

(2) **Zulässig sind die Einräumung von Nutzungsrechten (§ 31), schuldrechtliche Einwilligungen und Vereinbarungen zu Verwertungsrechten sowie die in § 39 geregelten Rechtsgeschäfte über Urheberpersönlichkeitsrechte.**

Schrifttum: *Boytha,* Fragen der Unveräußerlichkeit des Urheberrechts, Fs. für Kreile, 1994, S. 109 ff.; *Eggersberger,* Die Übertragbarkeit des Urheberrechts in historischer und rechtsvergleichender Sicht, 1991; *Haupt,* Die Übertragung des Urheberrechts, ZUM 1999; 899; *Hilty,* Unübertragbarkeit urheberrechtlicher Befugnisse: Schutz des Urhebers oder dogmatisches Ammenmärchen?, Fs. für Rehbinder, 2002, S. 259; *Metzger,* Rechtsgeschäfte über das Urheberpersönlichkeitsrecht nach dem neuen Urhebervertragsrecht, GRUR Int. 2003, 9; *Nordemann,* Heimfallrecht und Rechtsverzicht im Urheberrecht, GRUR 1969, 127; *Osenberg,* Die Unverzichtbarkeit des Urheberpersönlichkeitsrechts, 1979; *Rehbinder,* Die Familie im Urheberrecht, ZUM 1986, 365; *Seetzen,* Der Verzicht im Immaterialgüterrecht, 1969; *Schricker,* Die Einwilligung des Urhebers in entstellende Änderungen des Werks, Fs. für Hubmann, 1985, S. 409.

Übersicht

	Rdnr.
I. Allgemeines	1–13
II. Der Grundsatz der Unübertragbarkeit unter Lebenden	14–19
III. Ausnahmen vom Grundsatz der Unübertragbarkeit	20, 21
IV. Verzicht auf das Urheberrecht	22–27
V. Heimfall	28, 29

I. Allgemeines

1   Nach **der gesetzlichen Regelung vor 1965** war das Urheberrecht nicht nur von Todes wegen (s. jetzt § 28), sondern auch unter Lebenden beschränkt oder unbeschränkt übertragbar (§ 8 Abs. 3 LUG; § 10 Abs. 3 KUG). Freie Übertragbarkeit wird auch in vielen ausländischen Rechtsordnungen konzediert (*Ulmer*[3] § 80; *Dietz,* Urheberrecht in der Europ. Gemeinschaft, Rdnr. 503 ff.; s. zur Geschichte und Rechtsvergleichung umfassend *Eggersberger* S. 3 ff., 154 ff.; s. ferner *Boytha,* Fs. für Kreile, S. 109 ff.; *Haupt* ZUM 1999, 898 ff.). Schon unter der Geltung der alten Gesetze hatten sich im deutschen Recht aber gewisse Beschränkungen der Übertragbarkeit herauskristallisiert: Zumindest im Kern wurde das Urheberpersönlichkeitsrecht als unübertragbar betrachtet (s. zur älteren Entwicklung *v. Gamm* Rdnr. 1; umfassend *Forkel* S. 123 ff.).

2   Die Amtl.Begr. zum **UrhG von 1965** (BT-Drucks. IV/270 S. 55) erklärt die Einführung der Unübertragbarkeit aus den Schwierigkeiten, die „sich bei der Abgrenzung der dem Urheber verbleibenden Befugnisse von den übertragenen Bestandteilen" ergeben und mit dem Gedanken, „dass die vermögensrechtlichen Befugnisse auch nach ihrer Abtretung bis zu einem gewissen Grade im Banne des Urhebers bleiben", welcher Konzeption bei Annahme einer Unübertragbarkeit besser Rechnung getragen werden könne (s. zur Entstehungsgeschichte im Einzelnen *Möhring/Nicolini*[1] Anm. 1a; *Forkel* S. 119 ff.; *Eggersberger* S. 106 ff.).

3   Im Gesetz von 1965 war die **Regel der Unübertragbarkeit** systematisch wenig glücklich in § 29 S. 2 platziert; sie hätte dem Abschnitt eigentlich voranstehen sollen. Sie wird in § 28 für die Vererbung aufgehoben und wurde in § 29 S. 1 aF für gewisse Geschäfte unter Lebenden durchbrochen, die mit der Vererbung in Zusammenhang stehen. Zusammenfassend lässt sich somit sagen, dass die Übertragung des Urheberrechts von Todes wegen samt gewisser Ausführungsgeschäfte zulässig ist; die Übertragung durch Rechtsgeschäft unter Lebenden ist grundsätzlich ausgeschlossen.

§ 29 wurde durch das **Gesetz zur Stärkung der vertraglichen Stellung von Urhebern und ausübenden Künstlern** vom 22. 3. 2002 (BGBl. I 1155; s. zur Entstehungsgeschichte vor §§ 28 ff. Rdnr. 6 ff.; *Haas*, Nr. 46 ff.) neu gefasst. Die Neufassung verfolgte zwei Ziele: Zum einen sollte die Regel der Unübertragbarkeit systemrichtig an den Anfang gestellt und dadurch „der das deutsche Urheberrecht insgesamt prägende Kerngedanke" der **Unübertragbarkeit des Urheberrechts** als solcher stärker hervorgehoben werden (Begründung zum Regierungsentwurf, abgedruckt bei *Hucko,* Das neue Urhebervertragsrecht, S. 118). Der bisherige § 29 wurde damit „sachlich unverändert" zu Abs. 1 des neuen § 29.

Das zweite Ziel bestand darin, die wichtigsten im Urheberrecht möglichen **Rechtsgeschäfte unter Lebenden** aufzulisten, und zwar aufgegliedert in Rechtsgeschäfte betreffend Verwertungsrechte, Urheberpersönlichkeitsrechte und gesetzliche Vergütungsansprüche. Entsprechend erhielt § 29 die weitergefasste Überschrift „Rechtsgeschäfte über das Urheberrecht". Im Regierungsentwurf waren in Abs. 2 die Geschäfte über Verwertungsrechte und Urheberpersönlichkeitsrechte behandelt; in Abs. 3 war bestimmt, dass der Urheber auf gesetzliche Vergütungsansprüche nicht im Voraus verzichten könne; sie könnten nur an eine Verwertungsgesellschaft abgetreten werden (s. den Text des Regierungsentwurfs bei *Hucko,* Urhebervertragsrecht, S. 92/93).

Was zunächst die **gesetzlichen Vergütungsansprüche** betrifft, so wurde die für sie einschlägige Regelung in § 29 Abs. 3 durch die Formulierungshilfe vom 14. 1. 2002 gestrichen und „systematisch richtig ... als § 63 a ... eingefügt" (so die Begründung zur Formulierungshilfe s. *Hucko,* Urhebervertragsrecht, S. 158; s. auch *Haas* Nr. 76 ff.; sa. § 63 a Rdnr. 3 f.). Entsprechend hebt die Begründung zur Formulierungshilfe zu § 63 a hervor: „§ 63 a enthält inhaltlich unverändert die in § 29 Abs. 3 des Gesetzesentwurfs vorgeschlagene Regelung" (*Hucko,* Urhebervertragsrecht, S. 166). Der neue Standort stelle klar, dass die Bestimmung nicht den aus § 32 Abs. 1 S. 3 erwachsenden Zahlungsanspruch betreffe, sondern gesetzliche Vergütungsansprüche „wie etwa nach §§ 54, 54 a".

Das nach der Begründung bezweckte Vorhaben einer unveränderten Transferierung der in § 29 Abs. 3 geplanten Regelung für gesetzliche Vergütungsansprüche in den § 63 a ist jedoch nur teilweise geglückt. Während sich § 29 a Abs. 3 auf gesetzliche Vergütungsansprüche jeder Art bezog, schließt § 63 a nur solche „nach diesem Abschnitt", dh. nach dem sechsten Abschnitt des Gesetzes ein. Folgt man dem wörtlich, so ist § 63 a auf die Vergütungsansprüche bei Kabelweitersendung gemäß § 20 b Abs. 2 und auf die Vergütungsansprüche für Vermietung und Verleih gemäß § 27 Abs. 1, 2 nicht anwendbar. In Bezug auf § 20 b Abs. 2 ist dies zu verschmerzen, da § 20 b Abs. 2 S. 2, 3 bereits eine inhaltlich übereinstimmende Regelung enthält. Entsprechendes gilt für § 27 Abs. 1 (s. § 27 Abs. 1 S. 2, 3) und für § 26 Abs. 1 (s. Abs. 2). Dagegen sieht **§ 27 Abs. 3 in Bezug auf § 27 Abs. 2** nur die Verwertungsgesellschaftenpflicht, aber kein Verbot der Abtretung an Dritte vor. Der ursprünglich mit § 29 Abs. 3 verbundene Gesetzeszweck, alle gesetzlichen Vergütungsansprüche als Teil der angemessenen Vergütung dem Urheber zu sichern (s. *Hucko,* Urhebervertragsrecht, S. 118) wird somit verfehlt. Da nirgends ersichtlich ist, dass dieser Gesetzeszweck aufgegeben oder eingeschränkt werden sollte, die Begründung zu § 63 a im Gegenteil insofern von einer „inhaltlich unveränderten" Übernahme ausgeht (*Hucko,* Urhebervertragsrecht, S. 166), wird man die Beschränkung auf Vergütungsansprüche des 6. Abschnitts als Redaktionsversehen zu behandeln haben (wobei es bei dem ausdrücklich erwähnten Ausschluss der Zahlungsansprüche des § 32 Abs. 1 S. 3 bleibt). § 63 a mit seinem Ausschluss des Verzichts im Voraus in S. 1 und – in S. 2 – dem Verbot der Abtretung an andere Zessionare als Verwertungsgesellschaften und Verleger unter den Voraussetzungen des § 63 a (S. 2) ist somit **auch auf die gesetzlichen Vergütungsansprüche nach § 27 UrhG anwendbar** (ebenso Dreier/*Schulze*[3] § 63 a Rdnr. 9; aA. Fromm/Nordemann/*Schaefer*[10] § 63 a Rdnr. 11; s. auch § 63 a Rdnr. 4).

In Bezug auf § 29 ist noch ein weiteres Redaktionsversehen zu beklagen (vgl. auch *Erdmann* GRUR 2002, 923, 929). Es betrifft die Regelung für **Urheberpersönlichkeitsrechte** in § 29 Abs. 2. Darin werden in textlicher Übereinstimmung mit dem Regierungsentwurf „die in § 39 geregelten Rechtsgeschäfte über Urheberpersönlichkeitsrechte" als zulässig bezeichnet. Infolge der Änderung des § 39 hat die Verweisung auf diese Vorschrift jedoch einen anderen Inhalt bekommen. Im Regierungsentwurf regelte § 39 unter der Überschrift „Rechtsgeschäfte über Urheberpersönlichkeitsrechte" umfassend solche Geschäfte betreffend das Veröffentlichungsrecht (Abs. 1), die Urheberbezeichnung und Urhebernennung (Abs. 2) sowie die Werkänderung (Abs. 3, 4). Zweck des Vorschlags war, den Grundsatz der Unübertragbarkeit des Urheberpersönlichkeitsrechts durch die ausdrückliche Zulassung gewisser auf konkrete Einzelnutzungen bezogener Rechtsgeschäfte über Urheberpersönlichkeitsrechte abzumildern und an die praktischen Bedürfnisse anzupassen (*Hucko*, Urhebervertragsrecht, S. 127; zustimmend *Schack* GRUR 2002, 853/858 f.). Die Regelungen hatten dabei im Wesentlichen klarstellenden Charakter (Begründung, s. *Hucko*, Urhebervertragsrecht, S. 128). In der Formulierungshilfe des BJM vom 14. 1. 2002 wurde der Vorschlag einer Neufassung des § 39 aber ersatzlos gestrichen; § 39 wird nunmehr in der geltenden Fassung beibehalten (*Hucko*, Urhebervertragsrecht, S. 155, 166). In § 29 Abs. 2 wurde die Verweisung auf § 39 jedoch nicht entsprechend berichtigt. Es könnte so der Eindruck entstehen, dass in Zukunft nur mehr Rechtsgeschäfte bezüglich der Werkänderung möglich sind, wie sie § 39 regelt, nicht mehr jedoch Geschäfte über andere Persönlichkeitsrechte, insbesondere betreffend das Veröffentlichungsrecht und die Urheberbezeichnung. Es entspricht aber geltendem, wenn auch ungeschriebenem Recht, dass unter bestimmten Voraussetzungen auch andere Urheberpersönlichkeitsrechte als das Recht auf Werkintegrität zum Gegenstand von Rechtsgeschäften gemacht werden können, wobei „§ 39 … bereits in seiner bisherigen Fassung als Beleg für die Zulässigkeit rechtsgeschäftlicher Verfügungen über das Urheberpersönlichkeitsrecht herangezogen werden konnte", wie die Begründung zum Regierungsentwurf hervorhebt (*Hucko*, Urhebervertragsrecht, S. 128). Dass nach neuem Recht Rechtsgeschäfte nurmehr über die Werkänderung und nicht mehr über andere Urheberpersönlichkeitsrechte möglich sein sollten, wäre ein grundlegender, durch nichts zu rechtfertigender Eingriff in die Urheberrechtsdogmatik. Der Zweck des § 29 Abs. 2, die Zulässigkeit von Rechtsgeschäften über Urheberpersönlichkeitsrechte auch im Blick auf die internationale Diskussion zu verdeutlichen (s. Begründung *Hucko*, Urhebervertragsrecht, S. 118) würde verfehlt. § 29 Abs. 2 ist somit so zu lesen, dass **Rechtsgeschäfte über Urheberpersönlichkeitsrechte zulässig sind, wie sie in § 39 geregelt werden und wie sie nach geltenden ungeschriebenen Regeln bisher zugelassen werden** (so auch *Dietz* vor §§ 12 ff. Rdnr. 28 a; s. ferner *Haas* Nr. 52 ff.; Loewenheim/*Dietz*/*Peukert*, Handbuch des Urheberrechts², § 15 Rdnr. 18; Dreier/*Schulze*³ § 29 Rdnr. 20; Dreyer/*Kotthoff*/Meckel² § 29 Rdnr. 12; *Metzger* GRUR Int. 2003, 9/10; Näheres in der Kommentierung vor §§ 12 ff. Rdnr. 28 a ff.).

9   Soweit schließlich **Rechtsgeschäfte über Verwertungsrechte** in § 29 Abs. 2 angesprochen werden, handelt es sich um eine Klarstellung, dass trotz des Grundsatzes der Unübertragbarkeit unter Lebenden „konstitutive Rechtsübertragungen in Form der Einräumung von Nutzungsrechten wie auch schuldrechtliche Vereinbarungen über Verwertungsrechte zulässig bleiben" (Begründung zum Regierungsentwurf, *Hucko*, Urhebervertragsrecht, S. 118). Man hat den Wortlaut von § 29 Abs. 1 insofern im Sinne der bisher geltenden Dogmatik zu verstehen (s. vor §§ 28 ff. Rdnr. 45 ff.): Zulässig sind Nutzungsrechtseinräumungen mit gegenständlicher Wirkung, schuldrechtliche Verträge wie auch schlichte (einseitige) Einwilligungen in Rechtseingriffe (so auch *Haas* Nr. 71 ff.; Mestmäcker/Schulze/*Scholz* § 29 Rdnr. 20 ff. unter Kritik an dem missglückten Gesetzeswortlaut).

10 **Zusammenfassend** lässt sich, wenn man der hier vorgeschlagenen Auslegung folgt, somit feststellen, dass § 29 nF lediglich klarstellende Funktion hat und nicht zu Änderungen des bisherigen Rechtszustandes führt.

11 **Dogmatisch** steht der Grundsatz der Unübertragbarkeit mit der herrschenden monistischen Auffassung des Urheberrechts (vor §§ 12 ff. Rdnr. 11 ff.) in Zusammenhang (*v. Gamm* Rdnr. 1): Wenn sich persönlichkeitsrechtliche und verwertungsrechtliche Elemente untrennbar verbinden und das Urheberpersönlichkeitsrecht unübertragbar ist, liegt es nahe, diesen Charakter der Unübertragbarkeit auch auf das Vermögensrecht übergreifen zu lassen; § 29 lässt sich insofern als eine Regel des Urheberpersönlichkeitsrechts iwS auffassen (vor §§ 12 ff. Rdnr. 9). Zwingend wäre eine derartige Auswirkung des Urheberpersönlichkeitsrechts nicht gewesen; für die geltende Regelung der Unübertragbarkeit spricht aber doch der Gedanke des Urheberschutzes (vgl. *Forkel* S. 128): Ebenso wie der Zweckübertragungsgrundsatz des § 31 Abs. 5 sorgt die Unübertragbarkeit dafür, dass das Urheberrecht „gleichsam die Tendenz hat, soweit wie möglich beim Urheber zurückzubleiben" (*Ulmer*³ § 80 II 2); der Urheber wird dagegen geschützt, dass er sich durch pauschale, in ihrer Tragweite nicht zu überblickende Rechtsgeschäfte Nachteile zufügt. Zudem können auch die Verwertungsrechte zugleich dem Schutz ideeller Interessen dienen (*Ulmer*³ § 18), was ihren Bezug zu den Persönlichkeitsrechten verstärkt und für Unübertragbarkeit spricht.

Praktisch sind die Konsequenzen des Übergangs der gesetzlichen Regelung von der Übertragbarkeit zur Unübertragbarkeit freilich nicht allzu einschneidend (Möhring/Nicolini/*Spautz* § 29 Rdnr. 1; *Forkel* S. 128).

12 Für **Altverträge** gilt die Übergangsregelung des § 137 UrhG.

International-privatrechtlich bezieht sich die Regel der Unübertragbarkeit nur auf das territorial in Deutschland belegene Urheberrecht. § 29 hindert nicht, dass das Urheberrecht für andere Länder übertragen wird; die Gültigkeit des Geschäfts beurteilt sich nach dem dort anwendbaren Recht (vor §§ 120 ff. Rdnr. 150). 13

II. Der Grundsatz der Unübertragbarkeit unter Lebenden

Nach der Amtl.Begr. besagt der Grundsatz der Unübertragbarkeit, dass das Urheberrecht „**weder als Ganzes noch in seinen Teilen** (zB Verwertungsrechte)" soll übertragen werden können (BT-Drucks. IV/270 S. 55). Hierunter fällt zunächst die Übertragung des ganzen Urheberrechts oder eines ideellen Teils. Unübertragbar sind jedoch auch „reale" Teile des Urheberrechts, wie insbesondere die Verwertungsrechte im ganzen (§ 15) oder das Urheberpersönlichkeitsrecht (Forkel S. 120). Auch der Anteil der Miturheber ist unübertragbar (§ 8 Rdnr. 12); zum Verzicht s. Rdnr. 22 ff. 14

Die dem § 29 S. 2 zuwiderlaufende **Verfügung** ist nichtig. Anders als nach § 306 BGB aF ist der auf eine solche Verfügung gerichtete **schuldrechtliche Vertrag** nicht nichtig, sondern kann zu Schadensersatz oder Aufwendungsersatz verpflichten (§ 311 a BGB). Der Anspruch auf Leistung ist ausgeschlossen (§ 275 Abs. 1 BGB) (zur Auslegung Rdnr. 17). 15

Macht man mit der vom Gesetz intendierten Unübertragbarkeit der **Teile** des Urheberrechts ernst, so muss die Übertragung nicht nur aller oder mehrerer Verwertungsrechte, sondern sogar diejenige eines einzelnen Verwertungsrechts, etwa des Vervielfältigungsrechts, durch den Urheberrechtsinhaber ausscheiden (so auch Forkel S. 120 f.). In der Tat ist die Regel, dass das Urheberrecht auch in seinen Teilen nicht übertragbar sein soll, nicht **quantitativ** zu begrenzen; der Unterschied zu den zulässigen Geschäftstypen ist vielmehr ein **qualitativer:** Der Urheber soll „einem anderen die Verwertung seines Werkes nur dadurch überlassen können, dass er ihm ein **vom Urheberrecht abgeleitetes Nutzungsrecht** einräumt, ähnlich wie die auf dem Gebiet des Patentrechts übliche Lizenz" (Amtl. Begr. BT-Drucks. IV/270 S. 55). Möglich ist somit die **konstitutive Einräumung von Nutzungsrechten** (s. hierzu vor §§ 28 ff. Rdnr. 74 ff.), nicht aber die translative Übertragung. Umfangmäßig kann die Einräumung freilich mehrere Nutzungsrechte, im Extremfall die Nutzungsrechte für alle Nutzungsarten (vgl. § 31 Abs. 1 S. 1) erfassen, wenn der Vertrag entsprechend formuliert ist oder sich dies aus dem Vertragszweck ergibt (vgl. § 31 Abs. 5). 16

Im praktischen Fall mag der Unterschied zwischen konstitutiver Einräumung von Nutzungsrechten und translativer Übertragung von Verwertungsrechten nicht groß sein; die konstitutive Einräumung von Nutzungsrechten kann dogmatisch als eine Übertragung im weiteren Sinn betrachtet werden. Ist in Verträgen von der **„Übertragung"** einzelner Verwertungsrechte die Rede, so wird heute denn auch meist die Einräumung von Nutzungsrechten gemeint sein; der Vertrag kann so **ausgelegt** werden, dass sein Inhalt sich auf das rechtlich mögliche Geschäft der Einräumung von Nutzungsrechten richtet (Loewenheim/A. Nordemann, Handbuch des Urheberrechts, § 23 Rdnr. 3). Ergibt die Auslegung freilich, dass der Vertrag in der Tat eine translative Übertragung will, so ist er zwar nicht, wie nach § 306 BGB aF nichtig, sondern wirksam (§ 311 a nF); aber es 0besteht keine Leistungspflicht (§ 275 Abs. 1 nF), sondern allenfalls ein Anspruch nach § 311 a Abs. 2 BGB. 17

Als ein „Teil" des Urheberrechts können auch die dem Urheber erwachsenden **gesetzlichen Vergütungsansprüche** betrachtet werden, etwa im Fall der Vervielfältigung zum eigenen Gebrauch (§§ 54, 54 c) oder bei der Vervielfältigung und Verbreitung in Sammlungen für den Kirchen-, Schul- oder Unterrichtsgebrauch (§ 46). Nach allgemeiner Meinung sind diese Vergütungsansprüche abtretbar, und zwar auch für die Zukunft im Weg der Vorausverfügung, soweit nicht besondere Vorschriften entgegenstehen, wie insbesondere § 63 a (s. dazu oben Rdnr. 6 f.; allgemein zur Abtretbarkeit vor §§ 28 ff. Rdnr. 59 ff.; v. Gamm § 26 Rdnr. 4, § 27 Rdnr. 3; Ulmer[3] § 88 II; Forkel S. 214 ff.; Rossbach S. 113 ff.; vgl. OLG Köln GRUR 1980, 913/915 – Presseschau CN). Es macht gewisse Schwierigkeiten, die Möglichkeit einer Abtretung mit der in § 29 S. 2 statuierten Unübertragbarkeit des Urheberrechts zu vereinbaren, die ja auch für Teile des Urheberrechts gelten soll. Hubmann behilft sich mit der Annahme einer dem Vergütungsanspruch zugrunde liegenden Stammbefugnis, etwa des Folgerechts, die als solche unübertragbar sei, während die daraus entspringenden Geldansprüche abgetreten werden könnten (Hubmann[6] § 40 I; Dreyer/Kotthoff/Meckel[2] § 29 Rdnr. 5; Rossbach S. 116 f.). Dem ist zuzustimmen. In der Tat sind bei den gesetzlichen Vergütungsansprüchen, zB dem Folgerecht, die zugrundeliegenden 18

Rechte begrifflich von den einzelnen Vergütungsansprüchen zu unterscheiden; das Stammrecht gehört zum Inhalt des Urheberrechts (*Ulmer*[3] § 60 III; sa. oben § 26 Rdnr. 48f.) und unterliegt dem Grundsatz der Unübertragbarkeit. Dagegen ist die Abtretung der Vergütungsansprüche nach ihrer wirtschaftlichen Tragweite der Einräumung von Nutzungsrechten gleich zu erachten; § 29 S. 2 steht nicht im Weg. S. zu den Rechtsgeschäften über Vergütungsansprüche im Einzelnen vor §§ 28 ff. Rdnr. 59 ff.

19   Zur Übertragbarkeit von **Urheberpersönlichkeitsrechten** s. vor §§ 28 ff. Rdnr. 58; vor §§ 12 ff. Rdnr. 26 ff.; zur Übertragbarkeit von **verwandten Schutzrechten** vor §§ 28 ff. Rdnr. 64 ff.; zur **Pfandrechts- und Nießbrauchsbestellung** vor §§ 28 ff. Rdnr. 73.

III. Ausnahmen vom Grundsatz der Unübertragbarkeit

20   Gemäß § 29 Abs. 1 kann das Urheberrecht **in Erfüllung einer Verfügung von Todes wegen** unter Lebenden ausnahmsweise übertragen werden. Die Amtl.Begr. nennt die Fälle des **Vermächtnisses (§ 2174 BGB)** oder der **Auflage (§ 2192 BGB)** (BT-Drucks. IV/270 S. 55). Bei Vermächtnis und Auflage geht das Urheberrecht zunächst auf den Erben über (§ 29 Abs. 1); der Erbe hat das Recht dann an den Vermächtnisnehmer oder den von der Auflage Begünstigten unter Lebenden zu übertragen, was § 29 Abs. 1 erlaubt. Als letztwillige Verfügung kommt dabei ein **Testament** oder ein **Erbvertrag** in Betracht (Dreier/*Schulze*[3] § 29 Rdnr. 4; Möhring/Nicolini/*Spautz*[2] § 29 Rdnr. 3).

§ 29 Abs. 1 erlaubt ferner die **Übertragung an Miterben im Weg der Erbauseinandersetzung.** Die Übertragung kann vom Erblasser im Weg der Teilungsanordnung (§ 2048) bestimmt sein; es kann sich aber auch um eine lediglich unter den Miterben vereinbarte oder durch Testamentsvollstrecker oder Gericht verfügte Übertragung handeln. Empfänger der Übertragung darf keine andere Person als ein Miterbe sein. Die Veräußerung des Nachlasses durch die Miterben an Dritte fällt somit nicht unter die Vorschrift (Dreier/*Schulze*[3] § 29 Rdnr. 7; Fromm/Nordemann/*J. B. Nordemann*[10] § 29 Rdnr. 10; Möhring/Nicolini/*Spautz*[2] § 29 Rdnr. 4).

21   **Gemeinsam für beide Alternativen** des § 29 Abs. 1 gilt:
– Übertragbar ist hier ausnahmsweise das **Urheberrecht im Ganzen und** – in den Grenzen der gegenständlichen Aufspaltbarkeit – **in Teilen** und auch das Urheberpersönlichkeitsrecht (Möhring/Nicolini/*Spautz*[2] § 29 Rdnr. 2).
– Der Erwerber wird **Rechtsnachfolger iSd. § 30** (s. im Einzelnen dort Rdnr. 1 ff.).
– § 29 Abs. 1 gilt nicht nur für die Vererbung durch den Urheber, sondern auch durch **andere Urheberrechtsinhaber,** zB Urhebererben (Dreier/*Schulze*[3] § 29 Rdnr. 5).
– Eine **Rückübertragung** wird von Sinn und Zweck des § 29 Abs. 1 nicht gedeckt (Loewenheim/*A. Nordemann*, Handbuch des Urheberrechts[2], § 23 Rdnr. 16; Dreier/*Schulze*[3] § 29 Rdnr. 5; Fromm/Nordemann/*J. B. Nordemann*[10] § 29 Rdnr. 9 f.; sa. *Nordemann* GRUR 1969, 127/128 f.): Grund für die Ausnahme ist bei Vorliegen einer letztwilligen Verfügung der Erblasserwille (Amtl. Begr. BT-Drucks. IV/270 S. 55), dem bei einer Rückübertragung gerade zuwidergehandelt wird. Bei der Übertragung unter Miterben würde die Ermöglichung einer Rückübertragung (und konsequent auch der erneuten Weiterübertragung etc.) über den die Ausnahme rechtfertigenden Auseinandersetzungszweck hinausgehen.

IV. Verzicht auf das Urheberrecht

22   Aus der Unübertragbarkeit des Urheberrechts im ganzen und in seinen Teilen wird abgeleitet, dass das Urheberrecht grundsätzlich **unverzichtbar** sei; eine Dereliktion ist nicht möglich (Wandtke/Bullinger/*Grunert*[3] § 31 Rdnr. 1). Dies bedeutet freilich nicht, dass auf urheberrechtliche Rechtspositionen unter keinen Umständen verzichtet werden könnte, es sind vielmehr verschiedene Fallgestaltungen zu unterscheiden. Ausdrückliche gesetzliche Verzichtsverbote bestehen nach § 20b Abs. 2 S. 2 (Vergütung für Kabelweitersenderecht), § 26 Abs. 2 S. 1 (Folgerecht), § 27 Abs. 1 S. 2 (Vermietrecht), § 31a Abs. 4 (Verträge über unbekannte Nutzungsarten), § 32a Abs. 3 S. 1 (Anspruch auf weitere Beteiligung des Urhebers), § 34 Abs. 5 S. 1 (Rückrufsrecht, Erwerberhaftung) und §§ 41 Abs. 4 S. 1, 42 Abs. 2 S. 1 (Rückrufsrecht), § 63a S. 1 (Gesetzliche Vergütungsansprüche). Im Übrigen gilt Folgendes:

23   Was zunächst das **Urheberrecht im Ganzen** betrifft, so erlaubt § 8 Abs. 4 den Verzicht eines **Miturhebers** auf seinen Anteil an den Verwertungsrechten. Ansonsten kann auf das Urheberrecht im ganzen, auf die Verwertungsrechte im ganzen oder auf das Urheberpersönlichkeitsrecht ein wirksamer Verzicht nicht geleistet werden (Dreier/*Schulze*[3] § 29 Rdnr. 10; Fromm/

Nordemann/*J. B. Nordemann*[10] § 29 Rdnr. 121; Wandtke/Bullinger/*Block*[3] § 29 Rdnr. 15; Möhring/Nicolini/*Spautz*[2] § 29 Rdnr. 7; *v. Gamm* Rdnr. 5; *Osenberg* S. 18 f. mwN).

Zulässig ist dagegen ein Verzicht auf bereits entstandene **Ansprüche aus der Verletzung des** 24 **Urheberrechts** oder entstandene **gesetzliche Vergütungsansprüche** (Wandtke/Bullinger/ *Block*[3] § 29 Rdnr. 19; Fromm/Nordemann/*J. B. Nordemann*[10] § 29 Rdnr. 12; Dreier/*Schulze*[3] § 29 Rdnr. 10; *Riedel* § 11 Anm. B; *Seetzen* S. 64; *Schricker*, Fs. für Hubmann, S. 409/413; *Rossbach* S. 112 f.). Der Verzicht auf schuldrechtliche Ansprüche erfolgt durch **Erlassvertrag** (§ 397 BGB).

Ob auf **einzelne Verwertungsrechte** wirksam verzichtet werden kann, ist strittig (dafür *Ul-* 25 *mer*[3] § 84 V; Loewenheim/*A. Nordemann*, Handbuch des Urheberrechts[2], § 23 Rdnr. 11; Dreyer/ *Kotthoff*/Meckel[2] § 29 Rdnr. 7; so auch das ältere Schrifttum, s. die Nachweise bei *Seetzen* S. 46; dagegen Fromm/Nordemann/*J. B. Nordemann*[10] § 29 Rdnr. 12; *v. Gamm* Rdnr. 6; wohl auch Wandtke/Bullinger/*Block*[3] § 29 Rdnr. 18).

Aus § 31 Abs. 4 aF folgte, dass bis zum 31. 12. 2007 auf Verwertungsrechte für **nicht bekannte Nutzungsarten** nicht verzichtet werden konnte, (*Ulmer*[3] § 84 V), bei Verträgen ab dem 1. 1. 2008 hat der Urheber nach § 31 a Abs. 1 ein Widerrufsrecht, auf das er nach § 31 a Abs. 4 nicht verzichten kann (Dreier/*Schulze*[3] § 29 Rdnr. 10). Ferner kann der Urheber nicht in einem derartigen Umfang auf einzelne Verwertungsrechte verzichten, dass es sich praktisch um einen unzulässigen **Generalverzicht** (so. Rdnr. 23) handelt (*Ulmer*[3] § 84 V).

Ansonsten kann der Urheber in dem Umfang, in dem er Nutzungsrechte einzuräumen vermag, einem **bestimmten Partner** gegenüber auch auf seine Verwertungsrechte verzichten. Der Verzicht mag als eine Vorausverfügung über die aus der Verletzung entstehenden Ansprüche gedeutet werden (Erlass, § 397 BGB) oder – einfacher – als eine rechtfertigende Einwilligung in den Urheberrechtseingriff (so im Ergebnis auch *Ulmer*[3] § 84 V; s. zur Einwilligung vor §§ 28 ff. Rdnr. 57). Im „Verzicht" zugunsten einer bestimmten Person kann im Einzelfall auch ein Angebot zur Einräumung des entsprechenden Nutzungsrechts liegen (*Nordemann* GRUR 1969, 127/128; *Seetzen* S. 48).

Auf einzelne Verwertungsrechte kann der Urheber aber auch **generell** durch Erklärung gegen- 26 über der Allgemeinheit verzichten, etwa durch den Vermerk „Nachdruck gestattet" auf Vervielfältigungsstücken des Werks (*Ulmer*[3] § 84 V; *Seetzen* S. 46 ff., 64 ff.; Loewenheim/*A. Nordemann*, Handbuch des Urheberrechts[2], § 23 Rdnr. 11; Dreier/*Schulze*[3] § 29 Rdnr. 10, aA Möhring/Nicolini/*Spautz*[2] § 29 Rdnr. 7: Der Verzicht zugunsten der Allgemeinheit sei unwirksam; es werde die Einräumung einfacher Nutzungsrechte an jedermann bewirkt. Auf die Konstruktion des Verzichts durch Einräumung eines einfachen Nutzungsrechts für jedermann greift § 32 Abs. 3 S. 3 zurück. In dieser Form kann auf den Anspruch auf angemessene Vergütung verzichtet werden (s. § 32 Rdnr. 43). Gegen Zulässigkeit jedes Verzichts *v. Gamm* § 29 Rdnr. 6). Gegenständliche Verwertungsrechte, die der Urheber eingeräumt hat, werden durch den Verzicht gegenüber der Allgemeinheit gemäß § 33 S. 2 (Sukzessionsschutz) nicht berührt (*Hubmann*[6] § 41 I 4; vgl. auch *Seetzen* S. 70 f., der ein Fortbestehen nur bei ausschließlichen Berechtigungen annimmt).

Man wird freilich bei Verzichtserklärungen unter Heranziehung von § 31 Abs. 5 fragen müssen, auf welche Nutzungsarten sie sich beziehen. Gerade bei einem Verzicht gegenüber der Allgemeinheit ist besondere Zurückhaltung geboten (Dreier/*Schulze*[3] § 29 Rdnr. 10; Möhring/ Nicolini/*Spautz*[2] § 29 Rdnr. 7); so mag der Vermerk „Nachdruck gestattet" im Einzelfall nur bedeuten, dass ein Nachdruck zu Zwecken der Berichterstattung freigestellt wird, nicht aber eine Ausgabe als besondere Schrift. Ferner darf durch die Zulassung des Verzichts auf einzelne Rechte nicht das Verbot von Pauschalverzichten (oben Rdnr. 23) ausgehöhlt werden.

Zur besonderen Problematik der **Public Domain Software** s. Vorbem. vor §§ 69 a Rdnr. 19 f.

Hinsichtlich der **Urheberpersönlichkeitsrechte** ist die Verzichtbarkeit noch weiter einge- 27 schränkt: Ein Verzicht gegenüber der Allgemeinheit ist unzulässig (Dreier/*Schulze*[3] § 29 Rdnr. 11); es kann im Voraus nur in einzelne, in ihrer Tragweite überblickbare Eingriffe eingewilligt werden (Dreier/*Schulze*[3] § 29 Rdnr. 11; Fromm/Nordemann/*J. B. Nordemann*[10] § 29 Rdnr. 12; wohl auch Loewenheim/*A. Nordemann*, Handbuch des Urheberrechts[2], § 23 Rdnr. 11; sa. vor §§ 12 ff. Rdnr. 28 und *Schricker*, Fs. für Hubmann, S. 409 ff.).

V. Heimfall

Findet die Einräumung eines Nutzungsrechts ihr Ende, etwa aufgrund Befristung, auflösender 28 Bedingung, Rücktritts vom Vertrag etc., so fällt die Nutzungsbefugnis an den Urheber zurück und verbindet sich mit dem Stammrecht; der Kreis seiner Verwertungsrechte wird insofern wieder komplettiert (Dreier/*Schulze*[3] § 29 Rdnr. 16; Loewenheim/*W. Nordemann*, Handbuch des Urheberrechts, § 4 Rdnr. 11; Fromm/Nordemann/*J. B. Nordemann*[10] § 29 Rdnr. 23; Wandtke/Bullinger/*Block*[3] § 29 Rdnr. 23). Man spricht diesbezüglich vom **„Heimfall"** des Nutzungsrechts.

29 Heimfall tritt auch ein, wenn der **Erwerber** auf das ihm eingeräumte Nutzungsrecht dem Urheber gegenüber oder zugunsten der Allgemeinheit **verzichtet;** das Nutzungsrecht wächst dann automatisch dem Urheber zu (Amtl.Begr. BT-Drucks. IV/270 S. 30, 55; BGH GRUR 1966, 567/569 – GELU; KG Schulze KGZ 16, 7 – Der Sänger mit der Maske; Fromm/Nordemann/*J. B. Nordemann*[10] § 29 Rdnr. 23; Wandtke/Bullinger/*Block*[3] § 29 Rdnr. 23; Möhring/Nicolini/*Spautz*[2] § 29 Rdnr. 7; *Seetzen* S. 72 f.; *Nordemann* GRUR 1969, 127/128). Ein derartiger Verzicht ist dem Erwerber des Nutzungsrechts freigestellt; das Übertragungsverbot des § 29 Abs. 1 steht nicht entgegen (*v. Gamm* § 29 Rdnr. 7).

§ 30 Rechtsnachfolger des Urhebers

Der Rechtsnachfolger des Urhebers hat die dem Urheber nach diesem Gesetz zustehenden Rechte, soweit nichts anderes bestimmt ist.

Schrifttum: S. die Schrifttumsnachweise vor §§ 28 ff.

Übersicht

	Rdnr.
I. Begriff des Rechtsnachfolgers	1–3
II. Rechtsstellung des Rechtsnachfolgers	4–9
1. Grundsatz	4, 5
2. Beschränkungen	6–9

I. Begriff des Rechtsnachfolgers

1 **Rechtsnachfolger** des Urhebers iSd. § 30 ist nur der Erwerber des ganzen Urheberrechts oder eines Teiles kraft Erbgangs (Erbe, Miterbe, s. § 28 S. 1) oder kraft – ausnahmsweise zulässiger (§ 29 S. 1) – Übertragung unter Lebenden (Vermächtnisnehmer, Begünstigter einer Auflage, Erbe, Miterbe; s. *Rehbinder* ZUM 1986, 365/369), nicht aber derjenige, dem lediglich ein Nutzungsrecht oder mehrere Nutzungsrechte eingeräumt oder eine persönlichkeitsrechtliche Befugnis zur Ausübung überlassen wurde (Dreier/*Schulze*[3] § 30 Rdnr. 2; Fromm/Nordemann/*J. B. Nordemann*[10] § 30 Rdnr. 6; Wandtke/Bullinger/*Block*[3] § 30 Rdnr. 4; Möhring/Nicolini/*Spautz*[2] § 30 Rdnr. 2; *Ulmer*[3] § 82). Keine Rolle spielt dabei, ob die Rechtsnachfolge nach dem Urheber selbst (einstufig) eintritt oder ob (mehrstufig) ein Rechtsnachfolger des Urhebers iSd. § 30 oder mehrere solche Rechtsnachfolger eingeschaltet sind (*v. Gamm* Rdnr. 2). Wer dagegen den Inhaber nur eines Nutzungsrechts, etwa des Verlagsrechts, beerbt, ist ebenso wenig Rechtsnachfolger des Urhebers wie der Erblasser (Dreier/*Schulze*[3] § 30 Rdnr. 2; Fromm/Nordemann/*J. B. Nordemann*[10] § 30 Rdnr. 7).

2 Beim **Vermächtnisnehmer** kommt es darauf an, ob ihm das ganze Urheberrecht oder ein an ihn zu übertragender Teil desselben vermacht wurde (translative Übertragung) – dann ist er Rechtsnachfolger iSd. § 30 – oder ob sich das Vermächtnis nur auf die konstitutive Einräumung eines oder mehrerer Nutzungsrechte, etwa des Verlagsrechts, bezieht – in letzterem Fall ist § 30 unanwendbar.

3 Der **Miturheber,** dem der Anteil eines Miturhebers durch dessen Verzicht auf die Verwertungsrechte zugewachsen ist (§ 8 Abs. 4), ist Rechtsnachfolger nur in die Verwertungsrechte; die Anwachsung bezieht sich nicht auf das Urheberpersönlichkeitsrecht.

II. Rechtsstellung des Rechtsnachfolgers

1. Grundsatz

4 Der Rechtsnachfolger in das Urheberrecht im Ganzen hat grundsätzlich die **gleiche Rechtsstellung wie der Urheber.** Es stehen ihm nicht nur die **Verwertungsrechte,** sondern auch

die **Urheberpersönlichkeitsrechte** in vollem Umfang zu (Dreier/*Schulze*[3] § 30 Rdnr. 4; Fromm/Nordemann/*J. B. Nordemann*[10] § 30 Rdnr. 8; Möhring/Nicolini/*Spautz*[2] § 30 Rdnr. 3; Loewenheim/*A. Nordemann*, Handbuch des Urheberrechts[2], § 23 Rdnr. 22; Dreyer/*Kotthoff*/Meckel[2] § 30 Rdnr. 3; einschränkend *Clément* S. 55 ff.; s. die Kritik hieran von Dreier/*Schulze*[3] § 30 Rdnr. 4). So kann der Rechtsnachfolger etwa unveröffentlichte nachgelassene Werke veröffentlichen, das Pseudonym des Urhebers aufdecken oder das Werk anonymisieren; er kann das Werk ändern, bearbeiten, ja sogar verstümmeln oder entstellen (*Möhring/Nicolini/Spautz*[2] Rdnr. 1 mit Hinweis auf – nicht realisierte – Vorschläge einer abweichenden Regelung, wobei sich aber eine Grenze aus dem postmortalen Persönlichkeitsrecht ergibt (Fromm/Nordemann/*J. B. Nordemann*[10] § 30 Rdnr. 10; sa. unten Rdnr. 8); s. ferner *Rehbinder* ZUM 1986, 365 ff.; zum Recht der Autoren-Erben auf Ablehnung nicht genehmer Regisseure *Samson* FuR 1981, 587). Urheberrechtlich kann ihm dies niemand verbieten, da er selbst und nur er Inhaber der entsprechenden Urheberpersönlichkeitsrechte ist (*Ulmer*[3] § 82 III 1). S. zur Stellung des Rechtsnachfolgers hinsichtlich der Urheberpersönlichkeitsrechte im Einzelnen vor §§ 12 ff. Rdnr. 29 ff. Das Recht, bei Verletzung des Urheberpersönlichkeitsrechts immateriellen Schadensersatz gemäß § 97 Abs. 2 zu verlangen, kann dem Rechtsnachfolger nicht abgesprochen werden (so auch Dreier/*Schulze*[3] § 30 Rdnr. 5; Fromm/Nordemann/*J. B. Nordemann*[10] § 30 Rdnr. 10; Dreyer/*Kotthoff*/Meckel[2] § 30 Rdnr. 5). Die Gegenmeinung (OLG Hamburg ZUM 1995, 430/433; Möhring/Nicolini/*Spautz*[2] § 30 Rdnr. 4; weitere Nachweise bei Wandtke/Bullinger/*Block*[3] § 30 Rdnr. 11, die die Frage als nicht geklärt bezeichnen), die auf den Wortlaut allein des § 97 Abs. 2 abstellt, übersieht § 30 und läuft auf eine ungerechtfertigte Entlastung des Schädigers hinaus. Sie verkennt den Werkbezug des Urheberpersönlichkeitsrechts und seine enge Verknüpfung mit den Verwertungsrechten (vor §§ 12 ff. Rdnr. 11). Beim Rechtsnachfolger kann allenfalls die Interessenabwägung im Rahmen des § 97 Abs. 2 anders ausfallen (vgl. vor §§ 12 ff. Rdnr. 31).

Nehmen **mehrere Personen** die Stellung des Rechtsnachfolgers ein, so kommen ihnen die 5 Rechte gemeinsam zu; die Ausübung regelt sich nach den für die Gemeinschaft geltenden Vorschriften, insbesondere über die Miterbengemeinschaft (§§ 2032 ff. BGB; *Rehbinder* ZUM 1986, 365/369).

2. Beschränkungen

Beschränkungen unterliegt die Stellung des Rechtsnachfolgers in mehrfacher Hinsicht: 6

a) Zunächst kann der Erblasser, von dem der Rechtsnachfolger sein Recht herleitet – insbesondere der Urheber – die Stellung des Rechtsnachfolgers **erbrechtlich** durch Zuordnung nur eines Teiles des Urheberrechts sowie durch Auflagen oder durch Anordnung der Testamentsvollstreckung einschränken, etwa die Veröffentlichung eines Werks untersagen oder die Art der Werknutzung regeln (Dreier/*Schulze*[3] § 30 Rdnr. 7; Fromm/Nordemann/*J. B. Nordemann*[10] § 30 Rdnr. 12 mit Beispielen). Insofern gelten die Vorschriften des BGB. Zur Möglichkeit des Urhebers, die Rechtsnachfolger ohne Einhaltung erbrechtlicher Formen zu binden, s. vor § 12 ff. Rdnr. 30.

b) Gegen den Rechtsnachfolger gelten die **Verfügungen,** die seine Rechtsvorgänger über 7 das Urheberrecht getroffen haben, insbesondere durch Einräumung gegenständlicher Rechte (Dreier/*Schulze*[3] § 30 Rdnr. 7; *v. Gamm* § 30 Rdnr. 3). So wirkt zB die vom Urhebererben getätigte Einräumung des Verlagsrechts an einen Verleger auch gegen den Erben des Urhebererben oder gegen denjenigen, dem dieser das Urheberrecht vermacht. Dabei kann auch die Ausübung des auf den Rechtsnachfolger übergehenden **Urheberpersönlichkeitsrechts** beschränkt werden (Fromm/Nordemann/*J. B. Nordemann*[10] § 30 Rdnr. 12; s. im Einzelnen *Clément* S. 22 ff., 57 ff.). Hat der Urheber etwa durch Verfügung unter Lebenden seinen geistigen Nachlass in die Obhut eines Dritten gegeben, so sind die Erben des Urhebers, soweit ihnen Nutzungsrechte nicht zustehen, an die Bestimmung des Dritten über Art und Umfang der Auswertung der nachgelassenen Werke gebunden. Urheberpersönlichkeitsrechtliche Ansprüche können die Erben nur geltendmachen, wenn der Dritte durch die Ausübung der Befugnisse die ideellen Interessen des Urhebers am Werke verletzt (BGHZ 15, 249 – Cosima Wagner). Hat der Urheber dem Werknutzer eine Änderungsbefugnis eingeräumt, müssen die Urhebererben dies gegen sich gelten lassen. Es ist dann freilich noch zu prüfen, ob nicht eine Entstellung vorliegt, wobei in erster Linie auf die urheberpersönlichkeitsrechtlichen Interessen des Urhebers abzustellen ist, die mit dem zeitlichen Abstand freilich an Gewicht verlieren können (BGH GRUR 1983, 106/107 – Oberammergauer Passionsspiele II – m. Anm. von *Loewenheim*). **Schuldrechtliche Verpflichtungen,** die ein Rechtsvorgänger eingegangen ist, binden den Rechtsnachfolger dagegen

§ 31   Einräumung von Nutzungsrechten

nur, soweit er für die Verbindlichkeiten des Rechtsvorgängers haftet, etwa als Erbe (abweichend *v. Gamm* § 30 Rdnr. 3, der offenbar in jedem Fall einen Eintritt auch in schuldrechtliche Beziehungen annehmen will, was sich aber weder aus § 30 ergibt noch bürgerlich-rechtlich haltbar erscheint).

8   c) Ausnahmsweise mag es sich ergeben, dass der Rechtsnachfolger in das posthum von den Angehörigen des Urhebers wahrgenommene **allgemeine Persönlichkeitsrecht** des Urhebers eingreift, dass er etwa die Ehre des Urhebers in einer Weise verletzt, die über den Schutzbereich des Urheberpersönlichkeitsrechts – das der Rechtsnachfolger selbst wahrnimmt – hinausgeht (so auch Loewenheim/*A. Nordemann*, Handbuch des Urheberrechts[2], § 23 Rdnr. 22; Dreier/*Schulze*[3] § 30 Rdnr. 6).

9   d) Schließlich behält § 30 **urhebergesetzliche Abweichungen** hinsichtlich der Stellung des Rechtsnachfolgers vor. Es handelt sich um das Widerrufsrecht bei Einräumung von Rechten an unbekannten Nutzungsarten, das nach § 31a Abs. 2 S. 3 beim Tod des Urhebers erlischt, um das Maßgeblichbleiben des Todes des Urhebers für die **Schutzfristberechnung** (§§ 64 ff.), die Ausübung des **Rückrufsrechts wegen gewandelter Überzeugung** (§ 42 Abs. 1 S. 2, s. die Erl. dort, vgl. auch § 46 Abs. 2 S. 1 mit § 42 Abs. 1 S. 2), um die Regelung der Zulässigkeit von **Änderungen bei Sammlungen für den Kirchen-, Schul- und Unterrichtsgebrauch** (§ 62 Abs. 4 S. 2, s. § 62 Rdnr. 26) und um die **Zwangsvollstreckung gegen den Rechtsnachfolger** (§§ 115–117, 118; s. die Erl. dort).

Unterabschnitt 2. Nutzungsrechte

§ 31   Einräumung von Nutzungsrechten

(1) [1]**Der Urheber kann einem anderen das Recht einräumen, das Werk auf einzelne oder alle Nutzungsarten zu nutzen (Nutzungsrecht).** [2]**Das Nutzungsrecht kann als einfaches oder ausschließliches Recht sowie räumlich, zeitlich oder inhaltlich beschränkt eingeräumt werden.**

(2) **Das einfache Nutzungsrecht berechtigt den Inhaber, das Werk auf die erlaubte Art zu nutzen, ohne dass eine Nutzung durch andere ausgeschlossen ist.**

(3) [1]**Das ausschließliche Nutzungsrecht berechtigt den Inhaber, das Werk unter Ausschluss aller anderen Personen auf die ihm erlaubte Art zu nutzen und Nutzungsrechte einzuräumen.** [2]**Es kann bestimmt werden, dass die Nutzung durch den Urheber vorbehalten bleibt.** [3]**§ 35 bleibt unberührt.**

(4) *[aufgehoben]*

(5) [1]**Sind bei der Einräumung eines Nutzungsrechts die Nutzungsarten nicht ausdrücklich einzeln bezeichnet, so bestimmt sich nach dem von beiden Partnern zugrunde gelegten Vertragszweck, auf welche Nutzungsarten es sich erstreckt.** [2]**Entsprechendes gilt für die Frage, ob ein Nutzungsrecht eingeräumt wird, ob es sich um ein einfaches oder ausschließliches Nutzungsrecht handelt, wie weit Nutzungsrecht und Verbotsrecht reichen und welchen Einschränkungen das Nutzungsrecht unterliegt.**

Schrifttum: *C. Ahrens,* Ausschließlichkeitsbefugnisse des Lizenznehmers im Spannungsfeld der Urheberinteressen, UFITA 2001, 649; *Alich,* Neue Entwicklungen auf dem Gebiet der Lizenzierung von Musikrechten durch Verwertungsgesellschaften in Europa, GRUR Int. 2008, 996; *Beck,* Der Lizenzvertrag im Verlagswesen, 1961; *Berberich,* Die Doppelfunktion der Zweckübertragungslehre bei der AGB-Kontrolle, ZUM 2006, 205; *Donle,* Die Bedeutung des § 31 Abs. 5 UrhG für das Urhebervertragsrecht, 1992; *Fette,* Die Zweckübertragungslehre – immer noch und immer wieder aktuell, Fs. für Hertin, 2000, S. 53; *Fink-Hooijer,* Fristlose Kündigung im Urhebervertragsrecht, 1991; *Genthe,* Der Umfang der Zweckübertragungstheorie im Urheberrecht, 1981; *Hucko,* Das neue Urhebervertragsrecht, 2002; *ders.,* Zweiter Korb, 2007; *Lange,* Der Lizenzvertrag im Verlagswesen, 1979; *Jordan,* „SALOME IV" – Eine Nachbetrachtung, Fs. für Erdmann, S. 117 ff.; *Liebrecht,* Die Zweckübertragungslehre im ausländischen Urheberrecht, 1983; *Pahlow,* Lizenz und Lizenzvertrag im Recht des Geistigen Eigentums, 2006; *ders.,* Das einfache Nutzungsrecht als schuldrechtliche Lizenz, ZUM 2005, 8; *Schweyer,* Die Zweckübertragungstheorie im Urheberrecht, 1982; *Sosnitza,* Gedanken zur Rechtsnatur der ausschließlichen Lizenz, Fs. für Schricker 2005, S. 183.
Vgl. im übrigen die Schrifttumsnachweise vor §§ 28 ff.

Übersicht

	Rdnr.
I. Allgemeines	1–5
1. Zweck und Bedeutung der Norm	1–3
2. Rechtsentwicklung	4, 5
II. Die Einräumung von Nutzungsrechten	6–63
1. Konstitutive Rechtseinräumung	6–9
2. Ausschließliche und einfache Nutzungsrechte	10–15
a) Ausschließliche Nutzungsrechte	11–13
b) Einfache Nutzungsrechte	14, 15
3. Beschränkte Nutzungsrechte. Schranken der Aufspaltung	16–19
4. Vertragsauslegung	20–26
5. Rechte und Pflichten der Beteiligten an Urheberrechtsverträgen	27–40
6. Umgestaltung und Beendigung von Verträgen	41–63
III. Die Zweckübertragungsregel (§ 31 Abs. 5)	64–97
1. Entwicklung	64–68
2. Wesen und Bedeutung	69–73
3. Anwendungsbereich	74–84
4. Begriff der Nutzungsart	85, 86
5. Vertragszweck	87–90
6. Praktische Beispiele	91–97
a) Film/Fernsehen/Video	92
b) Rundfunk	93
c) Verlagswesen einschließlich Illustrationen	94
d) Architektur	95
e) Digitale Nutzungsformen	96
f) Sonstige Verträge	97

Hinweis: § 31 Abs. 4 wurde durch das zweite Gesetz zur Regelung des Urheberrechts in der Informationsgesellschaft (2. Korb) mit Wirkung vom 31. 12. 2007 aufgehoben (sa. Rdnr. 5). Die Kommentierung der unbekannten Nutzungsarten erfolgt bei § 31 a.

I. Allgemeines

1. Zweck und Bedeutung der Norm

§ 31 bildet das Kernstück des **Urhebervertragsrechts**; die **Nutzungsrechte** sind das wichtigste rechtliche Instrument für die wirtschaftliche Verwertung von Urheberrechten. Nach der Konzeption des UrhG ist das Urheberrecht zwar vererbbar (§ 28), unter Lebenden grundsätzlich aber **unübertragbar** (§ 29 Abs. 1). Eine **gegenständliche**, Dritten gegenüber gesicherte Rechtsposition kann der Urheberrechtsinhaber dem Werknutzer jedoch durch die **Einräumung von Nutzungsrechten** verschaffen, etwa des Verlagsrechts an einem Schriftwerk, des Aufführungsrechts an musikalischen oder Bühnenwerken, des Vorführungsrechts an einem Film, des Ausstellungsrechts an einem Werk der bildenden Kunst, des Senderechts usw. (zum Recht des ausübenden Künstlers, das übertragbar ist und Gegenstand von Nutzungsrechten bilden kann s. die Erl. zu § 79). 1

Daneben bleibt es dem Urheberrechtsinhaber unbenommen, **schuldrechtliche** Abmachungen über die Werknutzung zu treffen, sei es als Basis für die Einräumung von Nutzungsrechten, sei es als alleinige Regelung des Nutzungsverhältnisses (vor §§ 28 ff. Rdnr. 55 f.). Eine schlichte **Einwilligung** genügt, um dem Urheberrechtseingriff die Rechtswidrigkeit zu nehmen (vor §§ 28 ff. Rdnr. 57). In der Praxis wird die Werknutzung ganz überwiegend auf gegenständliche Nutzungsrechte gestützt; rein schuldrechtliche Nutzungsverhältnisse oder schlichte Einwilligungen bilden die seltene Ausnahme; insbesondere bei Nutzungen von geringer Tragweite sind sie anzutreffen. 2

Systematik: § 31 regelt in seinem Abs. 1 die Zulässigkeit der Einräumung von Nutzungsrechten, in Abs. 2 werden die einfachen, in Abs. 3 die ausschließlichen Nutzungsrechte definiert. Abs. 5 enthält die Zweckübertragungsregel. Abs. 4 enthielt das Verbot der Einräumung von Nutzungsrechten für noch nicht bekannte Nutzungsarten, er wurde durch das zweite Gesetz zur Regelung des Urheberrechts in der Informationsgesellschaft vom 26. 10. 2007 (2. Korb; BGBl. I S. 2513) aufgehoben; Verträge über unbekannte Nutzungsarten sind nunmehr in § 31a, die Vergütungsansprüche für später bekannt gewordene Nutzungsarten in § 32c geregelt. Zur Weiterwirkung von Nutzungsrechten (Sukzessionsschutz) vgl. § 33, zur Übertragung von Nutzungsrechten § 34, zur Einräumung weiterer Nutzungsrechte an Nutzungsrechten (Enkelrechte) § 35. 3

2. Rechtsentwicklung

4 Die ursprüngliche Fassung des § 31 wurde durch das **Urhebervertragsgesetz** (Gesetz zur Stärkung der vertraglichen Stellung von Urhebern und ausübenden Künstlern vom 22. 3. 2002, BGBl. I 1155) geändert. Dabei ging es um klarstellende Änderungen und um eine Anpassung der Regelung an die Entwicklung der Rechtsprechung und der herrschenden Meinung (BT-Drucks. 14/6433 S. 14; Dreier/*Schulze*[3] § 31 Rdnr. 2). Dabei wurde der **frühere** § 32 in § 31 Abs. 1 S. 2 eingearbeitet, in § 31 Abs. 2 wurde die Definition des **einfachen Nutzungsrechts** klarer gefasst, beim **ausschließlichen Nutzungsrecht** in Abs. 3 zum Ausdruck gebracht, dass der Inhaber des Nutzungsrechts weitere Nutzungsrechte jeder Art, dh. im Rahmen seiner Befugnis auch ausschließliche Nutzungsrechte einräumen kann, sowie dass die Nutzung durch den Urheber vorbehalten bleiben kann. Die Neufassung des § 31 Abs. 5 sollte deutlich machen, dass die **Zweckübertragungsregel** nicht nur für die Ermittlung der erfassten Nutzungsarten gelten soll, sondern auch für sonstige Modalitäten des Rechtsgeschäfts (dh. für das „Ob" der Rechtseinräumung, für die Frage ausschließliches/einfaches Nutzungsrecht, für die Reichweite von Nutzungsbefugnis/Verbotsrecht und für die Einschränkungen des Nutzungsrechts). Vgl. näher dazu Vorauflage § 31 Rdnr. 1.

5 Die jetzige Fassung des § 31 geht auf das **zweite Gesetz zur Regelung des Urheberrechts in der Informationsgesellschaft** vom 26. 10. 2007 (2. Korb; BGBl. I S. 2513) zurück. Durch dieses Gesetz wurde das Verbot der Einräumung von Nutzungsrechten für noch nicht bekannte Nutzungsarten sowie Verpflichtungen hierzu in § 31 Abs. 4 aufgehoben und durch die Regelungen in § 31a (Verträge über unbekannte Nutzungsarten) und 32c (Vergütung für später bekannt gewordene Nutzungsarten) ersetzt (Näheres in den Erläuterungen zu § 31a und § 32c).

II. Die Einräumung von Nutzungsrechten

1. Konstitutive Rechtseinräumung

6 Die Nutzungsrechte werden durch das **Verfügungsgeschäft der konstitutiven Rechtseinräumung** begründet und stellen sich im Verhältnis zum Urheberrecht als dem „**Mutterrecht**" als „**Tochterrechte**" dar. Mit dem Eigentum und den das Eigentum belastenden dinglichen Rechten im BGB ist dieses Verhältnis nur entfernt vergleichbar (s. im Einzelnen vor §§ 28 ff. Rdnr. 74 f.).

7 Terminologisch unterscheidet das UrhG zwischen den „**Verwertungsrechten**" in der Hand des Urheberrechtsinhabers (§§ 15 ff.) und den davon abgespaltenen „**Nutzungsrechten**" (§ 31), die dem Vertragspartner eingeräumt werden (vor §§ 28 ff. Rdnr. 48; s. dort auch zum Begriff der „Lizenz" Rdnr. 49).

8 Der Einräumung gegenständlicher Nutzungsrechte als **Verfügungsgeschäft** liegt regelmäßig ein schuldrechtlicher Vertrag als **Verpflichtungsgeschäft** zugrunde, wenn beide Geschäfte in der Regel auch zusammen abgeschlossen werden (**Trennungsprinzip**, s. dazu vor §§ 28 ff. Rdnr. 98). Nach überwiegender Meinung gilt hinsichtlich der Einräumung von Nutzungsrechten für das Verhältnis von Verpflichtung und Verfügung im Urheberrecht **nicht das Abstraktionsprinzip**, sondern die Verfügung ist kausal mit dem Verpflichtungsgeschäft verbunden: Fehlt eine wirksame Verpflichtung oder kommt sie in Fortfall, wirkt sich dies regelmäßig auch auf die Verfügung aus (vor §§ 28 ff. Rdnr. 99 ff.).

Ein **gutgläubiger Erwerb** ist im Urheberrecht ausgeschlossen (vor §§ 28 ff. Rdnr. 102).

9 Aufgrund eines **ausschließlichen Nutzungsrechts** kann dessen Inhaber **weitere** – ausschließliche oder einfache – **Nutzungsrechte** einräumen („**Enkelrechte**" oder Rechte noch späteren Ranges; § 31 Abs. 3 S. 1; s. im Einzelnen vor §§ 28 ff. Rdnr. 51, 74). Bei einfachen Nutzungsrechten ist dies nicht möglich (s. dazu vor §§ 28 ff. Rdnr. 51).

Die Nutzungsrechte sind **übertragbar** (s. dazu vor §§ 28 ff. Rdnr. 50 ff.); zur Übertragung bedarf der Rechtsinhaber regelmäßig der **Zustimmung des Urhebers** (dazu § 34 Rdnr. 31 ff.). Auch die Einräumung ausschließlicher und einfacher weiterer Nutzungsrechte aufgrund eines ausschließlichen Nutzungsrechts ist grundsätzlich von der Zustimmung des Urhebers abhängig (s. dazu § 35 Rdnr. 3).

Die Inhaber gegenständlicher Nutzungsrechte genießen sog. **Sukzessionsschutz**, dh. der Bestand ihres Rechts wird nicht davon berührt, dass der Inhaber des Rechts, aufgrund dessen das Nutzungsrecht eingeräumt wurde, sein Recht überträgt, er auf dieses verzichtet oder ein weiteres Nutzungsrecht einräumt (§ 33).

Einräumung von Nutzungsrechten § 31

2. Ausschließliche und einfache Nutzungsrechte

Nach § 31 Abs. 1 S. 2, Abs. 2, 3 sind **ausschließliche** und **einfache Nutzungsrechte** zu 10 unterscheiden.

a) **Ausschließliche Nutzungsrechte.** Das **ausschließliche Nutzungsrecht** berechtigt den 11 Inhaber, das Werk unter Ausschluss aller anderen Personen einschließlich des Urheberrechtsinhabers auf die Art zu nutzen, die den Inhalt des Rechts bildet, und weitere Nutzungsrechte einzuräumen (§ 31 Abs. 3, **volle Ausschließlichkeit**). Die Ausschließlichkeit kann aber auch gemäß Abs. 3 S. 2 zugunsten des Urhebers eingeschränkt sein (**Ausschließlichkeit schwächerer Wirkung**): es kann bestimmt werden, dass der Inhaber des ausschließlichen Rechts eine konkurrierende Nutzung durch den Urheberrechtsinhaber dulden muss (s. für das Verlagsrecht *Schricker*, Verlagsrecht[3] § 8 Rdnr. 14). Beispielsweise kann ein Graphiker einer Galerie das ausschließliche Verbreitungsrecht an seinen Blättern einräumen, sich aber selbst den Vertrieb an Privatkunden vorbehalten. Ebenso kann eine konkurrierende Nutzung durch einen Dritten, insbesondere den Inhaber eines einfachen Nutzungsrechts, vorbehalten sein, (Loewenheim/*Loewenheim*/*J. B. Nordemann*, Handbuch des Urheberrechts[2], § 25 Rdnr. 3; Wandtke/Bullinger/*Wandtke*/*Grunert* § 31 Rdnr. 36; Dreier/*Schulze* § 31 Rdnr. 58; Mestmäcker/Schulze/*Scholz* § 31 Rdnr. 75f.); letztere Situation kann sich insbesondere ergeben, wenn der Urheberrechtsinhaber bereits vorher einem Dritten ein einfaches Nutzungsrecht eingeräumt hatte (§ 33; s. dort Rdnr. 4).

§ 31 Abs. 3 aF erwähnte zwar nur die Befugnis des Inhabers des ausschließlichen Nutzungs- 12 rechts, **einfache Nutzungsrechte** einzuräumen; aus dem Wesen seines Rechts ergab sich aber auch die Möglichkeit der Einräumung **ausschließlicher weiterer Rechte** (*v. Gamm* § 35 Rdnr. 4; *Ulmer*[3] § 86 II; sa. unten § 35 Rdnr. 3, 19). Dies wird in der Neufassung des § 31 Abs. 3 und des § 35 Abs. 1 S. 1 durch das Urhebervertragsgesetz von 2002 implizit dadurch anerkannt, dass umfassend von der Einräumung von „Nutzungsrechten" bzw. „weiterer Nutzungsrechte" die Rede ist (s. § 35 Rdnr. 3f.).

Unstrittig kommt den **ausschließlichen Nutzungsrechten** der Charakter eines **gegen-** 13 **ständlichen (quasidinglichen) Rechts** zu (vor §§ 28 ff. Rdnr. 81). Soweit sein Recht reicht, hat der Inhaber eines ausschließlichen Rechts sowohl das **positive Nutzungsrecht** (dh. das Recht, die betreffenden Nutzungshandlungen vorzunehmen) als auch das **negative Verbotsrecht** gegenüber Dritten (dh. ein eigenes Klagerecht), einschließlich des Urhebers, sofern er nicht die Nutzung zu dulden hat, insbesondere seine Ausschließlichkeit entsprechend eingeschränkt ist. Das negative Verbotsrecht bedeutet, dass ihm die in §§ 97 ff. geregelten Rechtsbehelfe zu Gebote stehen (s. § 97 Rdnr. 48). Das negative Verbotsrecht kann sich über den Bereich des positiven Nutzungsrechts hinaus erstrecken (vor §§ 28 ff. Rdnr. 82). Der Inhaber eines ausschließlichen Nutzungsrechts kann gegen Verletzer grundsätzlich selbst dann vorgehen, wenn er ein weiteres ausschließliches Nutzungsrecht vergeben hat (vor §§ 28 ff. Rdnr. 82). Ein Interesse, die Integrität seines Rechtes zu wahren, wird er so gut wie immer haben; es liegt auf der Hand, wenn die Verletzungshandlung sich auf das Lizenzentgelt auswirkt (BGH GRUR Int. 1993, 257/258 – ALF; OLG Hamburg GRUR 1991, 207/208 – ALF; sa. BGHZ 22, 209/212 – *Europapost*; BGH GRUR 1960, 251/252 – *Mecki-Igel II*; BGH GRUR 1957, 614/615 – *Ferien vom Ich*; OLG Düsseldorf GRUR 1993, 503/507 – Bauhausleuchte; Loewenheim/*Loewenheim*/ *J. B. Nordemann*, Handbuch des Urheberrechts[2], § 25 Rdnr. 4). Der Inhaber umfassender ausschließlicher Nutzungsrechte kann die unfreie Bearbeitung des Werks selbst dann untersagen, wenn ihm die Werknutzung in dieser Form nicht gestattet ist. Dies gilt auch, wenn der Rechtsinhaber (Verlag) ein ausschließliches Unterverlagsrecht eingeräumt hat, falls er ein berechtigtes Interesse an der Rechtsverfolgung hat, etwa wegen Beteiligung an den Einnahmen des Unterlizenznehmers (so BGH GRUR 1999, 984/985 – Laras Tochter).

b) **Einfache Nutzungsrechte.** Die Rechtsnatur des **einfachen Nutzungsrechts** ist strittig. 14 Während die heute überwiegende Meinung es als **gegenständliches Recht** auffasst, wird von einer starken Gegenmeinung immer noch der früher herrschende Standpunkt verfochten, wonach das einfache Nutzungsrecht nur eine schuldrechtliche Benutzungsbefugnis darstelle (s. im Einzelnen vor §§ 28 ff. Rdnr. 83). Den Vorzug verdient die Konzeption des gegenständlichen Rechts.

Vom ausschließlichen Nutzungsrecht unterscheidet sich das einfache Nutzungsrecht vor allem 15 durch das **Fehlen eines negativen Verbotsrechts**. Der Inhaber eines einfachen Nutzungsrechts kann nicht aus eigenem Recht gegen Dritte klagen; er vermag allenfalls das Verbotsrecht desjenigen, der ihm das Recht eingeräumt hat, mit dessen Ermächtigung in gewillkürter Prozessstandschaft geltend zu machen (vor §§ 28 ff. Rdnr. 83). Der Inhaber eines einfachen Nutzungsrechts kann auch **keine weiteren Nutzungsrechte** einräumen (vor §§ 28 ff. Rdnr. 51). Er genießt jedoch nach § 33 **Sukzessionsschutz**.

3. Beschränkte Nutzungsrechte. Schranken der Aufspaltung

16 Gegenständliche Nutzungsrechte können mit **unterschiedlichem Inhalt** eingeräumt werden. § 31 unterscheidet als Grundtypen zunächst die **einfachen und ausschließlichen Nutzungsrechte,** wobei die Ausschließlichkeit wiederum voll oder eingeschränkt sein kann (Rdnr. 11). Ferner lässt § 31 Abs. 1 S. 1 erkennen, dass das Recht sich auf **eine Nutzungsart, mehrere Nutzungsarten** oder **alle Nutzungsarten** beziehen kann. Zusätzlich erlaubt § 31 Abs. 1 S. 2 (früher § 32) **räumliche, zeitliche** und **inhaltliche** Beschränkungen, die auch wieder unter sich kombiniert werden können.

17 Unter „**Nutzungsart**" iSd. § 31 versteht die herrschende Meinung die nach der Verkehrsauffassung als solche hinreichend klar abgrenzbare, wirtschaftlich-technisch als einheitlich und selbständig sich abzeichnende konkrete Art und Weise der Nutzung (dazu näher vor §§ 28 ff. Rdnr. 87, unten Rdnr. 85).
Für den Zuschnitt des Nutzungsrechts im Einzelnen kann dabei sowohl von den in Abs. 1 S. 1 als auch in Abs. 2 S. 2 vorgegebenen Beschränkungsmöglichkeiten Gebrauch gemacht werden. Es hat wenig Sinn, die beiden Sätze des Abs. 1 hinsichtlich der Beschränkungsmöglichkeiten gegenseitig so abzugrenzen, dass sie sich nicht überschneiden. Näher liegt es, in Abs. 1 S. 1 die Grobeinteilung, in Abs. 1 S. 2 die Feineinteilung zu erblicken, wobei beide Vorschriften sich begrifflich zum Teil überdecken und kombiniert zur Anwendung gelangen können (s. dazu vor §§ 28 ff. Rdnr. 86).

18 Der **Zuschnitt der gegenständlichen Rechte** durch Vereinbarung von Einschränkungen ist nicht ins Gutdünken der Parteien gestellt, sondern nur in gewissen **Grenzen** möglich. Während schuldrechtliche Benutzungsbefugnisse beliebig definiert werden können, ist bei gegenständlichen Rechten zwar kein numerus clausus wie im Sachenrecht des BGB zu beachten, aber es ist doch auf den Verkehrsschutz Rücksicht zu nehmen, der mit den Interessen des Urheberrechtsinhabers und des Werknutzers abgestimmt werden muss. Gegenständliche Rechte sind nur insofern konfigurierbar und abspaltbar, als es sich nach der Verkehrsauffassung um wirtschaftlich-technisch einheitliche und abgrenzbare konkrete Nutzungsformen handelt (s. die Definition Rdnr. 17; sa. Rdnr. 85 und vor §§ 28 ff. Rdnr. 87). Zwischen **zeitlichen, quantitativen, räumlichen** und **sachlichen** Beschränkungen ist dabei zu unterscheiden (s. im Einzelnen vor §§ 28 ff. Rdnr. 88 ff.).

19 Der Begriff der Nutzungsart ist für den ganzen Bereich des § 31 derselbe: Sowohl für die Frage der Abspaltbarkeit als auch für diejenige der Reichweite des Nutzungsrechts unter § 31 Abs. 5. Ebenso gilt der Begriff der Nutzungsart des § 31 für die für die Frage der Bekanntheit der Nutzungsart in § 31 a, 32 c und 137 l (entsprechend der früheren Regelung in § 31 Abs. 4). Es kommt darauf an, dass es sich um wirtschaftlich-technisch sich als selbständig profilierende Nutzungsarten handelt. Dies dürfte bisher unstrittig gewesen sein; ein Differenzierungsgrund ist nicht ersichtlich. Die Praxis hat sich allerdings bei der Anwendung des § 31 Abs. 4 aF. zum Teil widersprüchlich verhalten: Die Kabel- und Satellitensendung sollte zwar keine selbständige Nutzungsart bilden, wenn es um § 31 Abs. 4 ging (BGH GRUR 1997, 215/217 – Klimbim; OLG Hamburg GRUR 1989, 590; LG München I ZUM 1986, 484, 486); es sollten aber gegenständliche Rechte für solche Nutzungen eingeräumt werden können (vgl. OLG Koblenz AfP 1988, 39; OLG Hamburg ZUM 1989, 471/472). Hinter diesen Entscheidungen dürfte die Absicht gestanden haben, den Anwendungsbereich des § 31 Abs. 4 möglichst zu reduzieren, was allerdings durch die Aufhebung dieser Vorschrift (vgl. Rdnr. 5) überholt ist.

4. Vertragsauslegung

20 Im Urheberrecht stellt sich sowohl die Aufgabe der Auslegung **schuldrechtlicher Verpflichtungsverträge** als auch – darauf aufbauender und in der Regel damit zusammen abgeschlossener – **Verfügungsverträge über die Einräumung gegenständlicher Rechte**. Beide Arten von Geschäften sind grundsätzlich **formfrei** (vor §§ 28 ff. Rdnr. 53, 78). Ausnahmen bestehen für Verträge über unbekannte Nutzungsarten (§ 31 a) und gewisse schuldrechtliche Verträge über künftige Werke (§ 40); für die Einräumung des Verlagsrechts als eines gegenständlichen Nutzungsrechts sieht § 9 Abs. 1 VerlG ausnahmsweise – und nicht zwingend – das Erfordernis der Manuskriptübergabe vor (*Schricker*, Verlagsrecht[3] § 9 Rdnr. 3–5). Ferner können

Formvorschriften aus anderen Gesetzen anwendbar sein. In der Praxis liegen nicht selten **mündliche oder konkludent abgeschlossene Rechtsgeschäfte** vor, die auslegungsbedürftig zu sein pflegen. Vielfach werden aber auch schriftliche Verträge geschlossen, und zwar häufig in der Form von Standardverträgen unter Zugrundelegung **allgemeiner Geschäftsbedingungen,** bei denen es nicht nur um die Auslegung, sondern auch um eine über § 138 BGB hinausgreifende spezielle Inhaltskontrolle nach §§ 305 ff. BGB geht (dazu vor §§ 28 ff. Rdnr. 30 ff.). Nicht auf der Ebene der Vertragsauslegung, sondern der **individuellen Inhaltskontrolle** liegen die Regelungen des § 32 (angemessene Vergütung) und § 32 a (weitere Beteiligung des Urhebers). Die Vertragsauslegung geht der Anwendung dieser Vorschriften voraus; sie setzen bei dem durch Auslegung gewonnenen Ergebnis an.

Für die Vertragsauslegung bleibt freilich **kein Raum,** wenn die Frage, um die es geht, im 21 Vertragswortlaut klar und eindeutig geregelt ist und keine Anhaltspunkte für einen vom Wortlaut abweichenden wahren Willen der Parteien vorliegen (KG GRUR 1986, 536 f. – Kinderoper). Andererseits kann auch bei Fehlen schriftlicher Abmachungen die Einräumung urheberrechtlicher Nutzungsbefugnisse aus dem **schlüssigen Verhalten** der Parteien abgeleitet werden, wozu die gesamten Umstände – ein oft äußerst komplexer Sachverhalt – zu würdigen sind (s. zB BGH GRUR 1971, 362 – Kandinsky II).

Für die **Vertragsauslegung** gelten **besondere urheberrechtliche Grundsätze** (Rdnr. 24), 22 die durch die allgemeinen privatrechtlichen Auslegungsregeln zu ergänzen sind; insofern ist auf die im **bürgerlichen Recht** um die §§ 133, 157 BGB entwickelten Regeln zu verweisen (vgl. vor §§ 28 ff. Rdnr. 103 ff.; s. allgemein Staudinger/*Roth,* BGB (Neubearbeitung 2003), § 157 Rdnr. 3 ff.; Palandt/Ellenberger, BGB⁶⁸, § 133 Rdnr. 7 ff., § 157 Rdnr. 2 ff.). Zur Auslegung von Verlagsverträgen s. *Schricker, Verlagsrecht*³ § 1 Rdnr. 19 ff.; aus der Praxis zur Auslegung nach §§ 133, 157 BGB vgl. zB BGH GRUR 2007, 609 – Archivfotos: Übernimmt ein Verlag von einem Fotografen zugesandte Fotos in sein Archiv, folgt daraus ohne besondere Anhaltspunkte nicht, dass die Parteien einen Kaufvertrag geschlossen und das Eigentum an den Abzügen übertragen haben, auch wenn die Zahlung einer Archivgebühr vereinbart wird (Leitsatz); OLG Koblenz AfP 1988, 39: Die Einräumung terrestrischer Fernsehrechte an Filmen erfasse trotz entgegenstehender Vertragsklauseln auch die Sendung über Gemeinschafts- bzw. Ortsantennennetze, Relaisverstärker und Umsetzer; dahingestellt von OLG Hamburg ZUM 1989, 469/472; s. ferner OLG Hamburg GRUR 1999, 87 – Mehrfachveröffentlichung: Ergänzende Auslegung des Vertrags eines Photographen führt zum Anspruch auf weiteres Honorar bei erneuter Veröffentlichung; OLG Hamburg ZUM 2004, 128 ff.: Auslegung anhand von Vertragstext, Umständen und Vertragszweck führt zur Annahme der Einräumung eines Nutzungsrechts; OLG Hamm ZUM 2007, 923: Vertrag eines Auswerters mit einer Musikgruppe, der eine umfassende Übertragung der Verwertungs- und Leistungsschutzrechte und einen Abrechnungsmodus über den Umsatz vorsieht, ist ein Bandübernahmevertrag und kein Kauf- oder Dienstvertrag; LG Düsseldorf ZUM-RD 2008, 556: In Arbeitsverhältnissen ist von einer stillschweigenden Einräumung von Nutzungsrechten auszugehen, wenn der Arbeitnehmer die Werke in Erfüllung seiner Verpflichtung aus dem Arbeitsverhältnis herstellt und ihm bekannt ist, dass die Werke vom Arbeitgeber verwertet werden und sein Arbeitsentgelt auch für die Einräumung der Rechte gezahlt wird. S. auch BGH GRUR 2009, 939 – Mambo No. 5: hat ein Urheber einem Dritten Nutzungsrechte eingeräumt, die er vorher schon einer Verwertungsgesellschaft zur Wahrnehmung überlassen hatte, so dass die Rechtseinräumung an den Dritten wirkungslos ist, so ist nicht anzunehmen, dass der Urheber dem Dritten jedenfalls die Ansprüche abgetreten habe, die ihm für den Fall einer Urheberrechtsverletzung angesichts seines eigenen Interesses an einer Rechtsverfolgung neben der Verwertungsgesellschaft zustehen.

Dispositives Recht zur Füllung von Lücken steht im **UrhG** nur spärlich, im **Verlagsrecht** 23 in reicherem Maß zur Verfügung (s. zum Verhältnis der Anwendung dispositiven Rechts zur ergänzenden Vertragsauslegung vor §§ 28 ff. Rdnr. 108; vgl. zB OLG Frankfurt/M ZUM 1992, 143/144 f.).

Im **Urheberrecht** gilt zwar nicht allgemein eine **Auslegungsregel** „in dubio pro auctore" 24 (so auch für das Verlagsrecht *Schricker,* Verlagsrecht³ § 1 Rdnr. 24; s. ferner Wandtke/Bullinger/ *Grunert*³ vor §§ 31 ff. Rdnr. 114; *Berger*/Wündisch, Urhebervertragsrecht, § 1 Rdnr. 16; *Riesenhuber* GRUR 2005, 712/713), jedoch ist beherrschend das Prinzip, dass dem Urheberrecht gleichsam die Tendenz innewohnt, möglichst weitgehend dem Urheber zu verbleiben (*Ulmer*³ § 84 IV), damit dieser die Chance hat, an den wirtschaftlichen Früchten, die aus der Nutzung seines Werks gezogen werden, tunlichst zu partizipieren und darüber hinaus jede ins Gewicht fallende Nutzung kontrollieren zu können, zumindest aber ein angemessenes Entgelt für sie zu erhalten (*Schricker/Katzenberger* GRUR 1985, 87/92/94f., unter Hinweis auf die Rechtsprechung des BVerfG und des BGH). Als maßgebliche Regel für eine interessengerechte Auslegung von Urheberrechtsverträgen hat sich schon vor der Geltung des UrhG von 1965 die Zweckübertragungslehre herauskristallisiert.

25 Das **UrhG** enthält **allgemeine und besondere Auslegungsregeln**. Wichtigste allgemeine Auslegungsvorschrift ist die **Zweckübertragungsregel des § 31 Abs. 5** (s. dazu Rdnr. 64ff.). Besondere Auslegungsregeln finden sich namentlich in § 37 (insbesondere bezüglich Bearbeitungen) und § 38 für Sammelwerke. Spezifisch für Filmwerke sind §§ 88, 89 zu beachten; § 88 gilt auch für Laufbilder, s. § 95.

26 Zur Vertragsauslegung nach dem Recht der **DDR** siehe KG ZUM-RD 1999, 484; KG GRUR 1999, 721; KG GRUR 1999, 328 – Barfuß ins Bett; KG ZUM-RD 2000, 384; sa. Fromm/Nordemann/*J. B. Nordemann*[10] § 31 Rdnr. 3.

5. Rechte und Pflichten der Beteiligten an Urheberrechtsverträgen

27 Als einziger Urheberrechtsvertrag ist der **Verlagsvertrag** im VerlG ausführlich geregelt (s. dazu vor §§ 28 ff. Rdnr. 109 ff. – Buchverlag, Rdnr. 116 ff. – Zeitschriften- und Zeitungsverlag, Rdnr. 121 ff. – Musikverlag, Rdnr. 125 f. – Bühnenverlag; zum Verhältnis des VerlG zum UrhG s. vor §§ 28 ff. Rdnr. 5). Wesentlich ist für den Verlagsvertrag die Verpflichtung des Werknutzers (Verlegers) zur Verwertung des Werks (dh. zur Vervielfältigung und Verbreitung) (§ 1 S. 2 VerlG, sa. BGH UFITA 33 (1961) 96/98 – Heldensagen; *Schricker*, Verlagsrecht[3] § 1 Rdnr. 7). Auf andere Werknutzungsverträge, die eine entsprechende **Ausübungspflicht** statuieren, können verlagsrechtliche Vorschriften uU analog angewendet werden, so etwa auf **Filmverwertungsverträge** (BGHZ 2, 231/235; *v. Gamm* Einf. Rdnr. 69, 88; Dreier/*Schulze*[3] vor § 31 Rdnr. 40, 61; s. auch BGH GRUR 2003, 173 – Filmauswertungspflicht zur Auslegung des Filmverleihvertrages) und **Schallplattenproduktionsverträge** (KG UFITA 86 [1980] 230/238 f.). Fehlt eine Ausübungspflicht, wie etwa bei Verfilmungsverträgen (vor §§ 28 ff. Rdnr. 155), kommt eine entsprechende Heranziehung des Verlagsgesetzes in der Regel nicht in Betracht (*Schricker*, Verlagsrecht[3] § 1 Rdnr. 98; *Ulmer*[3] § 93 I, § 115 VI). Es ist gleichwohl nicht ausgeschlossen, gelegentlich auf verlagsrechtliche Vorschriften zurückzugreifen, soweit sie allgemeingültige urhebervertragsrechtliche Regelungsgedanken enthalten.

28 Im Übrigen kann bei der Bestimmung der Rechte und Pflichten der Vertragsparteien auf eine entsprechende Anwendung **bürgerlich-rechtlicher Regeln** zurückgegriffen werden, insbesondere auf Kaufrecht, Miet- und Pachtrecht, Auftragsrecht, Dienst- und Werkvertragsrecht sowie Gesellschaftsrecht (Dreier/*Schulze*[3] vor § 31 Rdnr. 29; Fromm/Nordemann/*J. B. Nordemann*[10] vor §§ 31 ff. Rdnr. 164; Loewenheim/*J. B. Nordemann*, Handbuch des Urheberrechts[2] § 59 Rdnr. 20; *v. Gamm* Einf. Rdnr. 69; *Ulmer*[3] § 90 II 1) wie auch auf die Regeln des **allgemeinen Teils des Schuldrechts** (§§ 241 ff. BGB und bei gegenseitigen Verträgen §§ 320 ff. BGB; vgl. Fromm/Nordemann/*J. B. Nordemann*[10] vor §§ 31 ff. Rdnr. 164). Es ist von Fall zu Fall zu prüfen, welche bürgerlich-rechtlichen Vorschriften dem Typus des jeweiligen Urheberrechtsvertrags entsprechen und welche Modifikationen sich aus den besonderen Verhältnissen ergeben; im Allgemeinen sind Urheberrechtsverträge als **Verträge eigener Art** zu werten (Wandtke/Bullinger/*Grunert*[3] vor §§ 31 ff. Rdnr. 67; Loewenheim/*Götting*, Handbuch des Urheberrechts[2] 3 Rdnr. 10; Loewenheim/*v. Becker*, Handbuch des Urheberrechts[2] § 80 Rdnr. 2; BGH GRUR 1989, 68/70 – Präsentbücher). Prinzipiell herrscht **Vertragsfreiheit**: Es „bieten sich für die Ausgestaltung eines Auswertungsvertrages ... neben den Vertragstypen des allgemeinen bürgerlichen Rechts, wie Kauf, Dienstvertrag oder Werkvertrag, auch Sonderformen wie des Lizenz-, Verlags- oder Bestellvertrages an, ohne dass damit die rechtsgeschäftlichen Gestaltungsformen erschöpft wären" (BGH UFITA 33 [1961] 96/98 – Heldensagen – unter Berufung auf *Ulmer;* sa. *Götting* in Beier/Götting/Lehmann/Moufang [Hrsg.] S. 58).

29 Ein urheberrechtlicher Nutzungsvertrag, der ein wegen fehlender schöpferischer Eigentümlichkeit nicht bestehendes – von den Vertragspartnern aber vorausgesetztes – Urheberrecht zum Gegenstand hat, wurde nicht ohne Weiteres als auf eine nach § 306 aF BGB unmögliche Leistung gerichtet angesehen, wenn der Lizenznehmer trotz der sog. **Leerübertragung** eine wirtschaftliche Vorzugsstellung erlangt hat (BGH GRUR 1993, 40/41 f. – Keltisches Horoskop; sa. LG Oldenburg GRUR 1996, 481/484 – Subventions-Analyse-Programm). In der Regel wurde eine Kündigung aus wichtigem Grund erlaubt. Der BGH wandte hier einen im Patent-, Gebrauchsmuster- und Geschmacksmusterrecht entwickelten Gedanken an. In die gleiche Richtung deutete § 437 Abs. 1 aF BGB (s. nunmehr §§ 311 a, 275, 326 nF BGB, vgl. Dreier/

*Schulze*³ § 31 Rdnr. 14; Wandtke/Bullinger/*Grunert*³ vor §§ 31 ff. Rdnr. 125; Loewenheim/ *v. Becker*, Handbuch des Urheberrechts², § 80 Rdnr. 12; *Manz/Ventroni/Schneider* ZUM 2002, 409/412 f.). Zu den Besonderheiten des Verlagsrechts s. *Schricker*, Verlagsrecht³ §§ 39/40 Rdnr. 2; s. allgemein *Gleiss* S. 170 ff.

Eine Heranziehung von **Kaufrecht** (§§ 433 ff. BGB; zur Frage der Anwendung des Abzahlungsgesetzes s. BGH GRUR 1989, 68 – Präsentbücher; s. nunmehr §§ 501 ff. BGB) kommt vor allem bei Verträgen in Betracht, die auf eine **Zuordnungsänderung** abzielen (Fromm/Nordemann/*J. B. Nordemann*¹⁰ vor §§ 31 ff. Rdnr. 165; Loewenheim/*J. B. Nordemann*, Handbuch des Urheberrechts² § 59 Rdnr. 23; sa. *Castendyk* ZUM 2007, 169, 175). Hierunter fallen einerseits Verträge über eine – nur ausnahmsweise zulässige, s. § 29 Abs. 1 – **Übertragung des Urheberrechts** (sofern nicht erbrechtliche Sonderregeln eingreifen) sowie die – nach § 34 zu beurteilende – **Übertragung gegenständlicher Nutzungsrechte** (*Ulmer*³ § 92 I 3, 4). Andererseits gilt auch für Verträge über die „Belastung" des Urheberrechts durch die **Einräumung gegenständlicher Nutzungsrechte** in entsprechender Anwendung das Kaufrecht des BGB (*Manz/Ventroni/Schneider* ZUM 2002, 409, 412; gegen eine kaufrechtliche Einordnung von Softwareverträgen *Hilty* MMR 2003, 3 ff.; sa. LG Hamburg ZUM 1999, 858/859). So sind bei Unterbleiben einer vertragsgemäßen Rechtsverschaffung die kaufrechtlichen Regeln über die Rechtsmängelhaftung (§§ 435, 437 BGB; *Manz/Ventroni/Schneider* ZUM 2002, 409, 414; sa. BGH ZUM 2003, 776) entsprechend heranzuziehen (*Ulmer*³ § 92 II), zB wenn das einzuräumende ausschließliche Nutzungsrecht vertragswidrig durch ein vorbestehendes einfaches Nutzungsrecht beschränkt wird (§ 33, s. dazu OLG München ZUM 1993, 431: Hat der Inhaber der Verlagsrechte an einer Autobiographie Kenntnis von einer Vorauflage, muss er bei Veräußerung der Rechte an den Erwerber hierauf hinweisen; vgl. ferner OLG Hamburg ZUM-RD 2000, 443: Frage der Rechtsmängelhaftung bei Verträgen auf eine „Schutzrechtslücke"). Bei Mängeln des Werks kann eine **Sachmängelhaftung** (§§ 434, 437 BGB) in Betracht kommen; allerdings ist dabei im Hinblick auf das Verlagsrecht Zurückhaltung geboten (*Schricker*, Verlagsrecht³ § 31 Rdnr. 4 ff.). Dem künstlerisch Schaffenden ist eine nicht zu eng zu definierende **Gestaltungsfreiheit** zuzubilligen, die künstlerische Eigenart, Schöpferkraft und Schöpferwirken zur Entfaltung bringen kann (KG ZUM-RD 1999, 337 – Dokumentarfilm). S. aus der Praxis zB BGH GRUR 1966, 390 – Werbefilm – zur Mängelhaftung aus einem Werkvertrag über die Herstellung eines Werbefilms. S. umfassend zur Mängelhaftung *Asprogerakas-Grivas*, Die Mängel und die Mängelhaftung bei den Urheberrechtsverträgen, Diss. München 1960; s. ferner Wandtke/Bullinger/*Grunert*³ vor §§ 31 ff. Rdnr. 119 ff.; Dreier/*Schulze*³ vor § 31 Rdnr. 34 ff. mwN).

Miet- und pachtrechtliche Vorschriften (§§ 535 ff., 581 ff. BGB) können entsprechend auf schuldrechtliche Verträge angewendet werden, die auf eine dauernde Werknutzung abzielen (Fromm/Nordemann/*J. B. Nordemann*¹⁰ § 31 Rdnr. 165; Loewenheim/*J. B. Nordemann*, Handbuch des Urheberrechts² § 59 Rdnr. 22; s. zB *Beck* S. 31 für die Verlagslizenz).

Wahrnehmungsverträge implizieren Merkmale des **Auftragsrechts** (§§ 662 ff. BGB) bzw. des **Geschäftsbesorgungsdienst- oder -werkvertrags** (§ 675 BGB) (Fromm/Nordemann/*J. B. Nordemann*¹⁰ § 31 Rdnr. 168; Loewenheim/*J. B. Nordemann*, Handbuch des Urheberrechts² § 59 Rdnr. 26; *Ulmer*³ § 90 II 1; sa. vor §§ 28 ff. Rdnr. 68 ff.). Auch auf sonstige Urheberrechtsverwertungsverträge kann, wenn sie unentgeltlich sind, Auftragsrecht zur Anwendung gelangen (so für eine Auftragskomposition OLG Düsseldorf Schulze OLGZ 157 mit krit. Anm. *Neumann*).

Verträge über erst zu schaffende Werke tragen häufig (zusätzlich zur Nutzungsregelung) **dienst- oder werkvertragliche Züge** (§§ 611 ff., 631 ff. BGB); zu verweisen ist hier auf den in § 47 VerlG geregelten Bestellvertrag (s. dazu sowie zu ähnlichen Verträgen *Schricker*, Verlagsrecht³ § 47 Rdnr. 2 ff., 7 ff.; s. im übrigen Fromm/Nordemann/*J. B. Nordemann*¹⁰ § 31 Rdnr. 166; Loewenheim/*J. B. Nordemann*, Handbuch des Urheberrechts² § 59 Rdnr. 24. Aus der Praxis s. BGHZ 19, 382 – Vertrag über die Gestaltung eines Kirchenfensters mit gewissen Vorgaben des Bestellers, von denen der Künstler abwich; BGH GRUR 1982, 37 – WK-Dokumentation; BGH GRUR 1984, 754 – Gesamtdarstellung rheumatischer Krankheiten – Werkvertrag über Erstellung einer medizinischen Publikation in Sukzessivlieferungen ohne Auswertungspflicht des Verlags; BGH GRUR 1984, 528 – Bestellvertrag; BGH GRUR 1985, 1041 – Inkasso-Programm – Werkvertrag über Erstellung von Computersoftware; OLG Köln AfP 1979, 409 – Vertrag zwischen Rundfunkanstalt und freiem Mitarbeiter als Werkvertrag; OLG Hamburg Schulze OLGZ 152 – Vertrag zwischen Verleger und Mitarbeiter über ein mit einem Dritten zu erarbeitendes Buchmanuskript; OLG Karlsruhe UFITA 73 [1975] 292 – bestelltes Gruppenportrait – zur Frage der Gestaltungsfreiheit des Malers; OLG Stuttgart ZUM-RD 2007, 80/84 – zu einem Filmproduktionsvertrag; LG München I MMR 2005, 267/268 zur Erstellung einer Webseite.

34 Weiterhin können sich Urheberrechtsinhaber und Werknutzer zu dem gemeinsamen Zweck der Werknutzung **gesellschaftsrechtlich** (§§ 705 ff. BGB) verbinden, oder es kann doch ein in einzelnen Stücken gesellschaftsrechtlich zu beurteilendes Vertragsverhältnis vorliegen (Fromm/Nordemann/*J. B. Nordemann*[10] § 31 Rdnr. 169; Loewenheim/*J. B. Nordemann*, Handbuch des Urheberrechts[2] § 59 Rdnr. 28; *v. Gamm* Einf. Rdnr. 69; s. für den Verlagsbereich *Schricker*, Verlagsrecht[3] § 1 Rdnr. 55, 73. Aus der Praxis s. etwa BGH WM 1982, 1226 und BGH v. 12. 6. 1986 – I ZR 91/84 – Zusammenarbeit eines Produktions- und Vertriebsunternehmens bei Herstellung und Vermarktung eines Nachschlagewerks „Die Persönlichkeiten Europas" als Gesellschaft nach §§ 705 ff. BGB, Schlechterfüllung der Vertriebs-, insbesondere Werbepflicht als positive Vertragsverletzung; BGH WM 1982, 588 – Lizenzvertrag zwischen Buchverlag und Buchgemeinschaft über Buchgemeinschaftsausgabe ist keine Gesellschaft, sondern Austauschvertrag; s. ferner BGH ZUM 1998, 405: Gesellschaftsvertrag zwischen Komponist und ausübendem Künstler einerseits, andererseits ausübendem Künstler und Verleger; OLG Nürnberg ZUM-RD 2003, 260: Zusammenarbeit zwischen einem Künstler und einem befreundetem Mäzen als Gesellschaftsverhältnis.

35 Schließlich kommen auch **Kommissionsverhältnisse** vor (Fromm/Nordemann/*J. B. Nordemann*[10] § 31 Rdnr. 168; Loewenheim/*J. B. Nordemann*, Handbuch des Urheberrechts[2] § 59 Rdnr. 27; s. zum Kommissionsverlag *Schricker*, Verlagsrecht[3] § 1 Rdnr. 73 ff.; zu einem Kommissionsverhältnis zwischen Filmproduzenten und Filmverleiher s. LG München I Schulze LGZ 80; zu einem Galerievertrag LG Hamburg ZUM-RD 2008, 27/28).

36 Zu den in **Arbeits- oder Dienstverhältnissen** stehenden Urhebern s. § 43 und die Erl. hierzu; s. ferner Fromm/Nordemann/*J. B. Nordemann*[10] § 31 Rdnr. 167; Loewenheim/*J. B. Nordemann*, Handbuch des Urheberrechts[2] § 59 Rdnr. 21; vgl. auch BGH GRUR 1974, 480 – Hummelrechte: Anwendung der für Urheber in Dienst- und Abhängigkeitsverhältnissen entwickelten Grundsätze auf eine in die klösterliche Lebensgemeinschaft eingegliederte Ordensschwester; BAG NJW 2008, 780: Weisungsrecht gegenüber einer Filmschauspielerin, AGB-Kontrolle.

37 Bezüglich der jeweils in Betracht kommenden allgemein-privatrechtlichen Regeln ist freilich stets zu prüfen, ob sie nach ihrem Sinn und Zweck auf den Urheberrechtsvertrag passen. Bei Verträgen, die Züge verschiedener Typen aufweisen, kann eine **Kombination** bürgerlich-rechtlicher Vorschriften in Betracht kommen, soweit nicht die Merkmale eines Typs derart überwiegen, dass die Abweichungen **absorbiert** werden (*v. Gamm* Einf. Rdnr. 69).

38 Häufig begegnende **gemeinsame Züge von Urheberrechtsverträgen** sind **Rechtsverschaffungspflicht** (*Ulmer*[3] § 92 II), **Enthaltungspflicht bzw. Wettbewerbsverbot** (dazu Dreier/*Schulze*[3] vor § 31 Rdnr. 41 ff.; s. zB BGH GRUR 1969, 364 – Fernsehauswertung: Pflicht des Urhebers eines Bühnenstücks, der bessen Fernsehauswertung auf die einem Filmhersteller eingeräumten Rechte zur Filmherstellung Rücksicht zu nehmen; BGH GRUR 1957, 614 – Ferien vom Ich: Der Inhaber der Filmnutzungsrechte kann einer unfreien Wiederverfilmung durch den Inhaber des Filmurheberrechts nur entgegentreten, wenn hierdurch seine Auswertungsrechte beeinträchtigt werden, BGH GRUR 1985, 1041/1043 f. – Inkasso-Programm: stillschweigend vereinbarte werkvertragliche Nebenpflicht, das „exklusiv" für einen bestimmten Auftraggeber erstellte Computerprogramm nicht identisch oder im Wesentlichen identisch anderweitig zu verwerten, KG GRUR 1984, 526 – Trabbel für Henry: zur Auslegung einer Wettbewerbsklausel in einem Taschenbuchlizenzvertrag, OLG München ZUM 2007, 751: Unwirksamkeit eines für die gesamte Vertragslaufzeit geltenden Wettbewerbsverbots in einem Verlagsvertrag; s. allgemein Dreier/*Schulze*[3] vor § 31 Rdnr. 29 ff.; Fromm/Nordemann/*J. B. Nordemann*[10] vor §§ 31 ff. Rdnr. 45 ff.; *Straus* in Beier/Götting/Lehmann/Moufang (Hrsg.) S. 325 ff.; zum Verlagsrecht *Schricker*, Verlagsrecht[3] § 2 Rdnr. 4 ff.; *Gottschalk* ZUM 2005, 359). Weitere typische Regelungen in Urheberrechtsverträgen betreffen die **Vergütungspflicht** (dazu Fromm/Nordemann/*J. B. Nordemann*[10] vor §§ 31 ff. Rdnr. 159 ff.; Dreier/*Schulze*[3] vor § 31 Rdnr. 49 ff.; zum Verlagsrecht *Schricker*, Verlagsrecht[3] § 22 Rdnr. 1, 2; zur Behandlung des Autorenvorschusshonorars – grundsätzlich keine Rückzahlung – s. OLG Karlsruhe AfP 1986, 76; zum Honorar in Form einer Erlösbeteiligung s. allgemein *Hertin* FuR 1975, 303; zum Anspruch des Urhebers auf angemessene Vergütung s. nunmehr § 32, zur weiteren Beteiligung des Urhebers § 32 a, Nebenansprüche auf **Auskunft und Rechnungslegung** (dazu Fromm/Nordemann/*J. B. Nordemann*[10] vor §§ 31 ff. Rdnr. 162; vgl. auch § 34 VerlG) sowie – namentlich bei Dauerverhältnissen – personenrechtlich geprägte **Treue- und Schutzpflichten** (Dreier/*Schulze*[3] vor § 31 Rdnr. 46; s. für das Verlagsrecht *Schricker*, Verlagsrecht[3] § 1 Rdnr. 20), deren Verletzung eine Vertragspflichtverletzung (§ 241 Abs. 2 BGB) bilden und unter Umständen zur fristlosen Kündigung (§ 314 BGB) berechtigen kann (sa. Rdnr. 55).

Einräumung von Nutzungsrechten § 31

Hinsichtlich der einzelnen Arten von Urheberrechtsverträgen ist im Übrigen auf die **Übersicht** vor §§ 28 ff. Rdnr. 109 ff. zu verweisen; zum Ganzen auch umfassend Dreier/*Schulze*³ vor § 31 Rdnr. 29 ff.

Zur **Nichtigkeit von Verträgen wegen Gesetzes- und Sittenverstoßes** (§§ 134, 138 BGB) s. BGH GRUR 1981, 530 – PAM-Kino (Verleihvertrag über pornographischen Spielfilm); BGH GRUR 1989, 198 – Künstlerverträge (einseitiger und übermäßig beschwerender Vertrag zwischen einem Künstler/Komponisten und Musikproduzenten unter Ausnutzung der jugendlichen Unerfahrenheit des ersteren); OLG Hamburg GRUR 1984, 663 – Video Intim; OLG Hamburg GRUR 1980, 998 – Tiffany (Übertragung von Nutzungsrechten an pornographischem Film auf Verwertungsgesellschaft); OLG Hamburg MDR 1975, 141; OLG Karlsruhe ZUM-RD 2007, 76/78 (Nichtigkeit eines Künstlervertrages wegen auffälligen Missverhältnisses zwischen den beiderseitigen Leistungen); OLG Hamburg ZUM 2008, 144/146 f. (keine Nichtigkeit eines Künstleragenturvertrages wegen finanzieller Beteiligung des Managers an sämtlichen Einkünften des Künstlers); LG Berlin GRUR 1983, 438 – Joseph Roth (Knebelung des Autors durch dauernden Ausschluss von jeder Einwirkung auf die Verwertung seiner wesentlichen Werke); LG Berlin ZUM 2007, 754/756 (Nichtigkeit eines Managementvertrages, wenn die künstlerische Freiheit des Künstlers weitestgehend zu Gunsten der Entscheidungsbefugnis des Managers beschränkt und Vergütungs- und Abrechnungsregelung ebenfalls weitestgehend zu Gunsten des Managers geregelt ist); LG Köln ZUM-RD 2009, 282 (Unwirksamkeit eines Künstler-Management-Vertrags wegen weitgehender Beschränkung der künstlerischen Freiheit des Künstlers zugunsten der Entscheidungsbefugnis des Managers und eines hohen an den Manager zu zahlenden Entgelts); LG Berlin ZUM-RD 2008, 72 (grobes Missverhältnis nach § 138 BGB, wenn das vereinbarte Honorar weniger als die Hälfte der unteren Vergütungsgrenze eines Beteiligungshonorares beträgt. Eine Anwendung von § 138 BGB wird nur in Fällen eines groben Missbrauchs in Betracht zu ziehen sein (*Jani* S. 217 ff.; Dreier/*Schulze*³ vor § 31 Rdnr. 9, § 31 Rdnr. 117; Wandtke/Bullinger/*Grunert*³ vor §§ 31 ff. Rdnr. 108 ff.). Ein Verstoß gegen das UWG bedeutet noch nicht Sittenwidrigkeit iS des § 138 BGB (BGH GRUR 1998, 945 – Co-Verlagsvereinbarung betreffend Absprache über die Sendung von Musiktiteln zwischen Musikverlag und Sendeanstalt, welche ein gegen § 1 UWG verstoßendes Werbeverhalten impliziert. Zur **bereicherungsrechtlichen Abwicklung** eines formnichtigen Lizenzvertrages s. BGH GRUR 2000, 685 – Formunwirksamer Lizenzvertrag). Dem Urheberrechtsschutz steht die Gesetz- oder Sittenwidrigkeit des Werkes nicht entgegen (vgl. § 2 Rdnr. 48).

Zur Haftung aufgrund **culpa in contrahendo** (§ 311 Abs. 2 BGB) aus den Verhandlungen über einen Verlagsvertrag s. OLG München ZUM 2000, 965; OLG Celle ZUM-RD 2001, 549 zur Haftung für Verlust von Bildmaterial bei Rücksendung; LG München I ZUM 1999, 491 zur Kostenhaftung für gescheitertes Filmprojekt.

6. Umgestaltung und Beendigung von Verträgen

Urheberrechtsverträge sehen als Dauerschuldverhältnisse vielfach ein Recht zur ordentlichen **Kündigung** vor (s. zB zur Auslegung einer Änderungskündigung OLG München ZUM-RD 2000, 117; s. allgemein Loewenheim/*Loewenheim*/*J. B. Nordemann*, Handbuch des Urheberrechts² § 26 Rdnr. 15; *G. Schulze* in Moser/Scheuermann [Hrsg.], Handbuch der Musikwirtschaft⁶, S. 684 ff.). Es kann auch eine Befristung vereinbart werden, s. OLG Düsseldorf ZUM 2004, 307.

Eine Pflicht des Werknutzers, in eine **Änderung des Vertrags** einzuwilligen, damit dem Urheber eine angemessene Vergütung gesichert wird, sieht der durch das **Urhebervertragsgesetz** von 2002 eingeführte § 32 vor. Eine weitere Gegenleistungskorrektur ermöglicht § 32 a; auf die Erläuterung dieser Vorschriften wird verwiesen. § 32 a gehört wie § 36 aF in den dogmatischen Zusammenhang der Lehre von der Geschäftsgrundlage (s. § 32 a Rdnr. 6). Im Regelungsbereich des § 36 aF und des § 32 a nF ist eine Anwendung der allgemeinen Regeln über Fortfall bzw. Änderung der Geschäftsgrundlage hinsichtlich der dort geregelten Äquivalenzstörungen ausgeschlossen; im Übrigen sind diese allgemeinen Grundsätze auf Urheberrechtsverträge anwendbar (s. Rdnr. 47 ff.).

Zum Problemkreis der Geschäftsgrundlage gehört auch das in **§ 35 VerlG** geregelte Recht des Verfassers, vom Verlagsvertrag zurückzutreten, wenn unvorhersehbare Umstände eintreten, die den Verfasser bei Kenntnis der Sachlage und verständiger Würdigung von der Herausgabe des Werks abgehalten haben würden (s. im Einzelnen *Schricker*, Verlagsrecht³ § 35 Rdnr. 1 ff.).

39

40

41

42

43

§ 31   Einräumung von Nutzungsrechten

Zu erwähnen ist schließlich § 18 VerlG, wonach der Verleger das Vertragsverhältnis kündigen kann, wenn der Zweck entfällt, dem das Werk dienen sollte, oder wenn die Vervielfältigung eines Sammelwerks unterbleibt (s. im Einzelnen die Erl. zu § 18 bei *Schricker*, Verlagsrecht³).

44 **Außerordentliche Behelfe zur Beendigung von Nutzungsverhältnissen** enthalten § 34 Abs. 3 S. 2, 3 (Rückrufsrecht bei Unternehmensveräußerung), § 41 (Rückrufsrecht wegen Nichtausübung) und § 42 (Rückrufsrecht wegen gewandelter Überzeugung). Auf die Kommentierung dieser Vorschriften wird verwiesen (s. insb. zum Anwendungsbereich des § 41 Rdnr. 7–11; zu demjenigen von § 42 Rdnr. 13–16a). Gegenüber §§ 41 und 42 sind in dem von ihnen erfassten Regelungsbereich die allgemeinen Grundsätze über **Kündigung aus wichtigem Grund** und **Wegfall der Geschäftsgrundlage** subsidiär (§ 41 Rdnr. 12; § 42 Rdnr. 22).

45 Differenzierte Sonderregeln über die Vertragsbeendigung, insbesondere Rücktritt und Kündigung, enthält das **Verlagsrecht** (§§ 17, 18, 19, 29–38, 45). Sie können bei entsprechender Interessenlage auch auf sonstige Urheberrechtsverträge mit Ausübungspflicht angewendet werden. Manche Vorschriften enthalten darüber hinaus Grundgedanken, deren Anwendung auch für Urheberrechtsverträge ohne Ausübungspflicht in Betracht zu ziehen ist. Dies dürfte insbesondere hinsichtlich der Regelungsmodelle der §§ 18, 29, 30–35, 38 VerlagsG gelten.

46 Im Übrigen richtet sich die Vertragsbeendigung nach den **bürgerlich-rechtlichen Regeln** des jeweils passenden Typs von besonderem Schuldverhältnis (Rdnr. 28–37) und – soweit hierdurch nicht ausgeschlossen – den Regeln des allgemeinen Schuldrechts, bei gegenseitigen Verträgen insbesondere nach den §§ 323 ff. BGB. Daneben treten die Möglichkeiten der Berufung auf den Wegfall der Geschäftsgrundlage (Rdnr. 47 ff.) und der außerordentlichen Kündigung aus wichtigem Grund (Rdnr. 55 ff.). Die von *Fink-Hooijer* (S. 182 ff.) vorgeschlagene analoge Anwendung von § 567 aF BGB (Kündigungsrecht nach 30 Jahren) erscheint de lege lata nicht haltbar; die jeweiligen Gegebenheiten sind zu verschieden. Der Vorschlag des Professorenentwurfs zum Urhebervertragsrecht (GRUR 2000, 765, 766) und des Regierungsentwurfs (s. bei *Hucko*, Urhebervertragsrecht, S. 94), ein **Kündigungsrecht bei Nutzungsrechtseinräumungen nach 30 Jahren** einzuführen, wurde angesichts massiver Kritik von Verwerterseite nicht verwirklicht.

47 Soweit die vorstehend (Rdnr. 42–45) erwähnten Einschränkungen nicht eingreifen, sind sowohl im Verlagsrecht (s. im Einzelnen *Schricker*, Verlagsrecht³ § 35 Rdnr. 13–22) als auch im sonstigen Urhebervertragsrecht (Fromm/Nordemann/*J. B. Nordemann*[10] vor §§ 31 Rdnr. 100 ff., 155; Wandtke/Bullinger/*Grunert*³ vor §§ 31 ff. Rdnr. 17 ff.; *v. Gamm* Einf. Rdnr. 77; *Shieh* S. 191 ff.) die in § 313 BGB kodifizierten allgemeinen Grundsätze über die Rechtsfolgen **einer Änderung oder eines Wegfalls der Geschäftsgrundlage** anzuwenden. Es empfiehlt sich, dabei zwischen der subjektiven und der objektiven Geschäftsgrundlage zu unterscheiden, wenn beide Fälle auch ineinander übergehen können (so auch OLG München ZUM 1988, 581/583; Dreier/*Schulze*³ vor § 31 Rdnr. 63; Fromm/Nordemann/*J. B. Nordemann*[10] § 31 Rdnr. 102; Fischer/Reich Rdnr. 118). Auch § 313 BGB erfasst beide Fälle (*Palandt/Grüneberg*, BGB[68], § 313 Rdnr. 2 ff.).

48 Die **subjektive Geschäftsgrundlage** ist mit *Larenz/Wolf* (BGB AT⁹ § 38 III Rdnr. 12) zu definieren als „die bei beiden Parteien oder doch bei einer von ihnen vorhandenen, von der anderen Partei wenigstens erkannten Vorstellungen, die die betreffende Partei zur Grundlage ihrer Überlegungen und ihres Entschlusses genommen hat". § 313 Abs. 2 BGB spricht in diesem Sinne davon, dass „wesentliche Vorstellungen, die zur Grundlage des Vertrags geworden sind, sich als falsch herausstellen".

Es handelt sich um einen **Irrtum** beider Teile über gewisse konkret vorgestellte Grundlagen für das Geschäft, wobei es auch um Motive oder Zukunftserwartungen gehen kann. Das Risiko der Fehlvorstellung darf aber nach Treu und Glauben nicht einseitig zu Lasten einer Partei gehen. **Rechtsfolge** ist, falls nicht eine Anpassung des Vertrags möglich und zumutbar erscheint (die Anpassung hat Vorrang gegenüber der Vertragsauflösung, § 313 Abs. 3 S. 1 BGB, s. a. BGH GRUR 1990, 1005/1007 – Salome I; BGH GRUR 1996, 763 – Salome II; BGH GRUR 1997, 215/219 – Klimbim), ein Rücktrittsrecht für den benachteiligten Teil (§ 313 Abs. 3 S. 1). An die Stelle des Rücktrittsrechts tritt für Dauerschuldverhältnisse das Recht der Kündigung (§ 313 Abs. 3 S. 2). Zur Frage der Neuverhandlungspflichten s. *Eidenmüller* ZIP 1995, 1063. Über Aufwendungen, Schadensfolgen etc. ist nach allgemeinen Vorschriften zu entscheiden.

49 Die **objektive Geschäftsgrundlage** betrifft, um wiederum mit *Larenz/Wolf* (BGB AT⁹ § 38 III Rdnr. 13, unter Bezugnahme auf Esser/Schmidt) zu sprechen, „die Gesamtheit solcher außerhalb des Geschäfts liegender Umstände, deren Vorhandensein oder Fortdauer auch ohne konkrete Vorstellung allgemein sinngemäß vorausgesetzt werden muss, damit das Geschäft im

Hinblick auf den typischen oder den im Geschäftsinhalt zum Ausdruck kommenden Geschäftszweck noch als eine sinnvolle Regelung zu bestehen vermag".

Wichtigste Fallgruppen sind die **Äquivalenzstörung** (Palandt/*Grüneberg*, BGB[68], § 313 Rdnr. 25; Wandtke/Bullinger/*Grunert*[3] vor §§ 31 ff. Rdnr. 18; Fromm/Nordemann/*J. B. Nordemann*[10] § 31 Rdnr. 103; s. zB BGH GRUR 1990, 1005 – Salome I; GRUR 1996, 763 – Salome II; OLG München ZUM 1988, 581: Zur Frage der Anpassung der Vergütungsregelung eines Altvertrages über die Aufführung einer Oper an die veränderten wirtschaftlichen Verhältnisse s. ferner BGH GRUR 1993, 595 – Hemingway-Serie: keine Vertragsanpassung, wenn eine Partei eigenmächtig statt einer sechsteiligen eine achtteilige Serie herstellt; so schon OLG München ZUM 1991, 542) und die **Zweckvereitelung** (MünchKomm. BGB/*Roth*[5] § 313 Rdnr. 213 ff.). Die Veränderung darf nicht einseitig einer Partei anzulasten sein, sei es, dass sie sie zu vertreten hat, sei es, dass sie allein in ihren Risikobereich fällt. Die **Rechtsfolgen** bemessen sich wiederum nach § 313 Abs. 3 BGB: Anpassung des Vertrags, wenn nicht möglich oder unzumutbar Rücktritt, bei Dauerschuldverhältnis Kündigung.

Kommt es zu einer Anpassung des Vertrags, so betrifft sie nur die **schuldrechtliche Ebene**, 50 nicht unmittelbar auch die Ebene der gegenständlichen Nutzungsrechte (ebenso Wandtke/Bullinger/*Grunert*[3] vor §§ 31 Rdnr. 20; Fromm/Nordemann/*J. B. Nordemann*[10] vor §§ 31 ff. Rdnr. 109). Führt die Anpassung zu einer Verpflichtung, Nutzungsrechte einzuräumen, bedarf sie gesonderter Erfüllung. Verringert sich die Verpflichtung zur Einräumung von Nutzungsrechten, schlägt der Wegfall des Rechtsgrunds allerdings wegen des fehlenden Abstraktionsprinzips (vor §§ 28 ff. Rdnr. 100) auf die Nutzungsrechtslage durch (s. dazu – für die Folgen der deutschen Einigung – BGH GRUR 1997, 215/219 – Klimbim; LG München I GRUR 1992, 169/170; Fromm/Nordemann/*J. B. Nordemann*[10] vor §§ 31 ff. Rdnr. 109; *Schricker* IPRax 1992, 216/219; *Loewenheim* GRUR 1993, 934/940; *Stögmüller* S. 136 f.; s. ferner OLG Frankfurt/M GRUR Int. 1996, 247/251: Anpassung eines Sendevertrages durch Verpflichtung zur Einräumung territorial weiterreichender Nutzungsrechte bei der Satellitensendung; OLG München ZUM-RD 2002, 77/85 f. – Kehraus und BGH GRUR 2005, 320/324 f. – Kehraus: Recht zur Ausstrahlung von Programmen über Satellit nach der Wiedervereinigung.

Im Einzelnen ist festzustellen, dass die neuere Rechtsprechung die Anwendung der Lehre von 51 der Geschäftsgrundlage als **subsidiär** behandelt (dies gilt auch für die Neuregelung, *Wandtke/Grunert* vor §§ 31 ff. Rdnr. 17) und ihr im Allgemeinen mit **Zurückhaltung** gegenübersteht; sie sei nur am Platz, „wenn das zur Vermeidung eines unerträglichen, mit Recht und Gerechtigkeit nicht zu vereinbarenden Ergebnisses unabweisbar erscheint" (s. die Nachweise bei *Schricker*, Verlagsrecht[3] § 35 Rdnr. 15; ferner BGH GRUR 2005, 320/323, 325 – Kehraus; BGH GRUR 2001, 826/830 – Barfuß ins Bett; BGH GRUR 1996, 763/764 – Salome II; BGH GRUR 1993, 595/596 – Hemingway-Serie; BGH GRUR 1990, 1005/1007 – Salome; s. auch den Überblick bei Dreier/*Schulze*[3] vor § 31 Rdnr. 65 ff.). Entgegenkommender zeigt sich der BGH, soweit es um die Änderung der Verhältnisse bei der Patentlizenz geht (BGH GRUR 1978, 166 – Banddüngerstreuer; BGH GRUR 1982, 481 – Hartmetallkopfbohrer). In der Banddüngerstreuer-Entscheidung beruft sich der Patentsenat dabei auf die **Musikverleger-I-Entscheidung** (BGH GRUR 1970, 40). Dort wurden jedoch nicht die Regeln über die Geschäftsgrundlage angewendet, sondern es griff eine – vorrangige – Vertragsauslegung Platz, durch die die Förderungspflicht des Verlegers (§ 14 VerlG) dahingehend konkretisiert wurde, dass sie einen gewissen Ermessensspielraum des Verlegers bei der Entscheidung impliziere, ob es vertretbar sei, ein älteres Werk der Unterhaltungsmusik neu zu verbreiten. Wenn angesichts der Wandlungen des Publikumsgeschmacks die Erträge den Kostenaufwand nicht rechtfertigen und die Auswertung des Werks somit nicht sinnvoll erscheine, bilde es keine Vertragsverletzung, wenn der Verleger von der Verbreitung absehe (s. im Einzelnen *Schricker*, Verlagsrecht[3] § 35 Rdnr. 15 S. 599).

Zurückgewiesen wurde die Berufung auf den Wegfall der Geschäftsgrundlage beim Streit 52 über das Recht zur Ausstrahlung von Programmen über Satellit nach der Wiedervereinigung (BGH GRUR 2005, 320/324 f. – Kehraus); für den Honoraranspruch der Verfassererben in einem Fall, in dem im Jahr 1900 ein *Erbenhonorar* für 1000 Druckexemplare von 250,– Mark ausbedungen war, der Ladenpreis seinerzeit 8,–, nunmehr 33,– Mark betrug (LG München I Schulze LGZ 130; s. ferner zur Einwirkung der Kriegs- und Nachkriegsereignisse OLG Köln GRUR 1950, 579/584). S. ferner BGH GRUR 1954, 129/131 – Besitz der Erde: Gegenüber dem vertraglichen Honoraranspruch des Herausgebers einer Sammlung belletristischer Werke kann sich der Verleger nicht auf eine Verschlechterung der Absatzlage und seiner wirtschaftlichen Verhältnisse berufen. Erfolglos blieb auch der Versuch der Partei eines Video-Lizenzvertrages die nachträglich zu entrichtende Mehrwertsteuer teilweise auf den Vertragspartner abzu-

§ 31

wälzen, so BGH GRUR 2003, 84. Auf den Wegfall der Geschäftsgrundlage kann sich nicht berufen, wer die entscheidende Änderung der Verhältnisse selbst herbeigeführt hat (BGH GRUR 2005, 320/325 – Kehraus; OLG Frankfurt GRUR 2006, 138/141 – Europa ohne Frankreich?; OLG Hamm ZUM-RD 2008, 8: Kein Recht zur fristlosen Kündigung einer Nutzungsvereinbarung aufgrund des Wegfalls der Geschäftsgrundlage, da die Änderung der Umstände in der Risikosphäre der betreffenden Partei lagen; vgl. aus neuerer Zeit auch LG Berlin ZUM-RD 2008, 417; LG Hamburg ZUM 2008, 530.

53   **Erfolgreich** war die auf eine Änderung der Geschäftsgrundlage durch Einführung neuer weitstrahlender Fernmeldesatelliten (ASTRA) gerichtete Klage bei einem Sendevertrag; die Inhaber der fraglichen Filmrechte hätten die erweiterte Ausleuchtzone gegen eine höhere Lizenzgebühr einzubeziehen (OLG Frankfurt/M GRUR Int. 1996, 247).

54   **Teilweisen Erfolg** hatte die Berufung auf die Änderung der Geschäftsgrundlage im Salome-Fall betreffend die Vergütung für Opernaufführungen BGH GRUR 1990, 1005 – Salome I; GRUR 1996, 763 – Salome II; GRUR 2000, 869 – Salome III; OLG München ZUM 1988, 581 mit Anm. von *Dietz* ZUM 1988, 566 f.; s. a. *Jordan* in Fs. für Erdmann S. 117 ff.; s. ferner BGH GRUR 2001, 826/830 – Barfuß ins Bett; KG GRUR 1999, 328/330; OLG München ZUM-RD 2002, 77 mit Anm. von *Flechsig* ZUM 2002, 328 ff.; Dreier/*Schulze*[3] § 31 Rdnr. 33. Zur Berufung auf die Änderung der Geschäftsgrundlage im Gefolge der **deutschen Einigung** s. vor §§ 120 ff. Rdnr. 38; s. insb. BGH GRUR 1997, 215 – Klimbim; BGH GRUR 2005, 320/324 f. – Kehraus; OLG Köln ZUM 1995, 206; sa. *Schricker* IPRax 1992, 216/219.

55   Größere Bedeutung hat im Urhebervertragsrecht das Rechtsinstitut der **außerordentlichen Kündigung aus wichtigem Grund** erlangt (s. zur Kündigung im Verlagsrecht *Schricker*, Verlagsrecht[3] § 35 Rdnr. 23–25; allgemein im Urhebervertragsrecht Fromm/Nordemann/ *J. B. Nordemann*[10] vor §§ 31 ff. Rdnr. 121 ff.; Dreier/*Schulze*[3] § 31 Rdnr. 83 ff.; Wandtke/ Bullinger/*Grunert*[3] vor §§ 31 ff. Rdnr. 6 ff.; *v. Gamm* Einf. Rdnr. 76; *Shieh* S. 169 ff.; *Fink-Hooijer* S. 136 ff.; bei Musikverlagsverträgen *G. Schulze* in Moser/Scheuermann [Hrsg.] 6. Aufl. S. 864 ff.; Schenz/Platho ZUM 1979, 227 ff. S. zum Verhältnis zu §§ 41 f. oben Rdnr. 44. Zur Frage, ob in einem Lizenzvertrag ein **ordentliches Kündigungsrecht** vereinbart ist, s. BGH GRUR 1986, 91/93 – Preisabstandsklausel). Das Bürgerliche Recht sieht für Dauerschuldverhältnisse, wie Miete, Pacht, Dienstvertrag und Gesellschaft in § 314 BGB die Möglichkeit einer außerordentlichen Kündigung aus wichtigem Grund vor; die Regelung gilt auch für Urheberrechtsverträge, denen – wie dies regelmäßig der Fall ist – der Charakter eines längerdauernden Schuldverhältnisses zukommt (so für den Musikverlagsvertrag BGH GRUR 1990, 443/444 – Musikverleger IV; sa. *Manz/Ventroni/Schneider* ZUM 2002, 409, 419 f.; v. umfassend Loewenheim/*Loewenheim*/ *J. B. Nordemann*, Handbuch des Urheberrechts, § 26 Rdnr. 17 ff.).

56   Die Kündigung aus wichtigem Grund kann zwar individualvertraglich reguliert, insbesondere auch eingeschränkt, jedoch **nicht ausgeschlossen** werden (*Schricker*, Verlagsrecht[3] § 35 Rdnr. 23; *Krüger-Nieland* UFITA 89 [1981] 17/21; Palandt/*Heinrichs*, BGB[68], § 314 Rdnr. 3). Gegen die Möglichkeit einer Beschränkung wendet sich *Shieh* (S. 169 f.). In der Tat wird eine Beschränkung einengend auszulegen oder zu überspringen sein, wenn Treu und Glauben angesichts des Gewichts des Kündigungsgrundes dies als unumgänglich erscheinen lassen.

Auch bei einem **Wegfall der Geschäftsgrundlage** kann sich als Rechtsfolge ein Kündigungsrecht ergeben (§ 313 Abs. 3 S. 2 BGB); jedoch gibt es auch andere Kündigungsgründe; die beiden Rechtsinstitute überschneiden sich, decken sich aber nicht (*Schricker*, Verlagsrecht[3] § 35 Rdnr. 24 S. 604). Die fristlose Kündigung verdrängt die Grundsätze der Geschäftsgrundlage, soweit es um die Vertragslösung geht, Palandt/*Grüneberg*, BGB[68], § 313 Rdnr. 14; vgl. auch Fromm/Nordemann/*J. B. Nordemann*[10] vor §§ 31 ff. Rdnr. 110; *v. Gamm* Einf. Rdnr. 77).

57   Ein zur Kündigung berechtigender **wichtiger Grund** liegt vor, wenn dem kündigenden Teil unter Berücksichtigung aller Umstände des Einzelfalls und unter Abwägung der beiderseitigen Interessen die Fortsetzung des Vertragsverhältnisses bis zur vereinbarten Beendigung oder bis zum Ablauf einer Kündigungsfrist nicht zugemutet werden kann (§ 314 Abs. 1 S. 2 BGB; in diesem Sinne bereits BGH GRUR 1959, 51/53 – Subverlagsvertrag; BGH GRUR 1977, 551/553 – Textdichteranmeldung; BGH GRUR 1982, 41/43/45 – Musikverleger III; BGH GRUR 1984, 754/755 – Gesamtdarstellung rheumatischer Krankheiten; BGH GRUR 2001, 1134/1138 – Lepo Sumera; sa. Fromm/Nordemann/*J. B. Nordemann*[10] vor §§ 31 ff. Rdnr. 122; Loewenheim/ *Loewenheim*/*J. B. Nordemann*, Handbuch des Urheberrechts[2], § 26 Rdnr. 18; *Schricker*, Verlagsrecht[3] § 35 Rdnr. 24; *Shieh* S. 173 ff.; *v. Gamm* Einf. Rdnr. 76). Die Erschütterung des Vertragsverhältnisses kann sich aus einer einzelnen schweren Störung oder der Aufsummierung mehrerer, für sich genommen weniger gravierender Verstöße ergeben (OLG Schleswig ZUM 1995, 867/873 –

Werner-Serie; Fromm/Nordemann/*J. B. Nordemann*[10] vor §§ 31 ff. Rdnr. 123 mwN). Hierbei sind die Besonderheiten der Vertragsbeziehungen und die gegebene Interessenlage zu berücksichtigen, wie auch Art und Maß der Störung der Vertragsbeziehungen (Einzelfälle s. bei *Shieh* S. 177 f.; s. auch BGH GRUR 1990, 669/672 – Bibelreproduktion; OLG München ZUM-RD 2008, 410/412; OLG Hamm GRUR-RR 2008, 154 – Copyrightvermerk; OLG Frankfurt GRUR-RR 2005, 361 – „Alles ist möglich"). Eine Rolle kann auch spielen, ob Auseinandersetzungen bereits nach außen gedrungen sind (OLG Frankfurt/M ZUM 1989, 39/42). Ein Nachschieben erst nach der Kündigung entstandener Kündigungsgründe ist im Rahmen der Gesamtabwägung zulässig (Loewenheim/*Loewenheim*/*J. B. Nordemann*, Handbuch des Urheberrechts[2], § 26 Rdnr. 18; Dreier/*Schulze*[3] Vor § 31 Rdnr. 87).

Auf ein **Verschulden** kommt es nicht an, auch wenn es vielfach eine Rolle spielen wird, insbesondere als Argument dafür dienen kann, dass in die Vertragstreue und Redlichkeit des Partners kein Vertrauen mehr zu setzen ist. Ein wichtiger Grund kann aber auch vorliegen, wenn es an einem Verschulden des Kündigungsgegners fehlt oder beiden Vertragsparteien ein Verschulden zur Last fällt (BGH GRUR 1977, 551, 553 – Textdichteranmeldung; BGH GRUR 1959, 51/53 – Subverlagsvertrag; KG Schulze KGZ 53, 8; Fromm/Nordemann/*J. B. Nordemann*[10] vor §§ 31 ff. Rdnr. 125). Die vom BAG entwickelten Grundsätze der **Verdachtskündigung** können entsprechend angewendet werden (BGH GRUR 1977, 551/553 – Textdichteranmeldung; Wandtke/Bullinger/*Grunert*[3] vor §§ 31 ff. Rdnr. 11; Fromm/Nordemann/*J. B. Nordemann*[10] vor §§ 31 ff. Rdnr. 126). Das Verhalten eines Subunternehmers (zB Subverlegers) ist dem Werknutzer nicht ohne Weiteres nach **§ 278 BGB** anzulasten; es kommt vielmehr darauf an, ob der Werknutzer den Subverleger deckt oder ob er sich um Abhilfe bemüht (BGH GRUR 1964, 326/331 – Subverleger). 58

Im Einzelfall bedarf es einer **sorgfältigen Prüfung**, ob das Vertrauensverhältnis zwischen den Partnern so weit erschüttert ist, dass die Fortsetzung des Vertrags nicht mehr zugemutet werden kann. Die Kündigung aus wichtigem Grund bildet die **ultima ratio,** die nur in Betracht kommt, wenn eine Bereinigung auf anderem Weg nicht möglich oder zumutbar ist (Dreier/*Schulze*[3] vor § 31 Rdnr. 84; Fromm/Nordemann/*J. B. Nordemann*[10] vor §§ 31 ff. Rdnr. 124; *Schricker*, Verlagsrecht[3] § 35 Rdnr. 24; *Fischer/Reich* S. 29 Rdnr. 96; OLG Celle ZUM 1986, 213/217 – Arno Schmidt). Insbesondere bei Verträgen von sehr langer Dauer ist es dem durch eine Vertragsverletzung belasteten Partner in der Regel zuzumuten, den anderen Teil zunächst einmal zur Erfüllung anzuhalten und ihn auf die Folgen einer Nichterfüllung des Vertrags nachdrücklich hinzuweisen (BGH GRUR 1984, 754/756 – Gesamtdarstellung rheumatischer Krankheiten), wobei unter Umständen auch zugemutet werden muss, bestehende Ansprüche gerichtlich geltend zu machen (BGH GRUR 1974, 789/792 f. – Hofbräuhaus-Lied; BGH GRUR 1982, 41/45 – Musikverleger III; OLG Schleswig ZUM 1995, 867/873 – Werner-Serie). Besteht der wichtige Grund in der Verletzung einer Pflicht aus dem Vertrag, bestimmt § 314 Abs. 2 S. 1 BGB, dass die Kündigung erst nach erfolglosem Ablauf einer **zur Abhilfe bestimmten Frist** oder nach erfolgloser **Abmahnung** zulässig ist (vgl. dazu auch OLG Stuttgart ZUM-RD 2007, 80/85). Durch die Verweisung in § 314 Abs. 2 S. 2 BGB auf den Katalog des § 323 Abs. 2 BGB wird aber klar gestellt, dass in den dort genannten Fällen eine Kündigung auch ohne Abmahnung zulässig ist (MünchKomm. BGB/*Gaier*[5] § 314 Rdnr. 17). 59

Allgemein bestimmt § 314 Abs. 3 BGB, dass nur innerhalb einer **angemessenen Frist** nach Erlangung der Kenntnis vom Kündigungsgrund gekündigt werden kann. Die Frist soll insbesondere zur Ermittlung des Sachverhalts und zur Überlegung dienen (BGH GRUR 1977, 551/554 f. – Textdichteranmeldung). Die Frist ist auch zu gewähren, um die Zustimmung anderer Beteiligter einzuholen; die Zweiwochenfrist des § 626 BGB ist hierfür in der Regel zu kurz (BGH GRUR 1982, 41/43 – Musikverleger III; OLG Frankfurt/M ZUM 1989, 39/42: angemessene Nachprüfungs- und Überlegungsfrist; BGH GRUR 2001, 1134/1134 – Lepo Sumera; OLG München ZUM-RD 1997, 505: bei Vorliegen besonderer Umstände kann die Frist einen erheblichen Zeitraum einschließen; sa. Fromm/Nordemann/*J. B. Nordemann*[10] vor §§ 31 ff. Rdnr. 142; MünchKomm. BGB/*Gaier*[5] § 314 Rdnr. 20). Auf der anderen Seite darf nicht so lange gewartet werden, dass der Zusammenhang der Kündigung mit der Vertragsstörung verloren geht und der Schluss sich rechtfertigt, der Kündigende werte die Umstände nicht als schwerwiegend. Bisher wurde hier mit Verwirkung gearbeitet (BGH GRUR 1971, 35/40 – Maske in Blau; OLG München UFITA 70 [1974] 302/304; LG Passau NJW-RR 1992, 759: Verwirkung bei einer neun Monate bzw. 1 Jahr verzögerten Kündigung; sa. BGH GRUR 2007, 693/695 – Archivfotos). Die Kündigungserklärung muss klar und eindeutig sein (OLG München OLG Report 21/2000 S. 315). 60

§ 31 Einräumung von Nutzungsrechten

61 **Rechtsfolge** des Ausspruchs der Kündigung ist bei Vorliegen eines wichtigen Grundes die Auflösung des Vertrags mit Wirksamwerden der Kündigung (§ 130 BGB); der Kündigende kann jedoch eine Frist konzedieren. Anders als der Rücktritt zielt die Kündigung auf eine Vertragslösung **ex nunc** ab, nicht auf eine Rückabwicklung (BGH GRUR 1982, 369/371 – Allwetterbad; *Schricker*, Verlagsrecht³ § 35 Rdnr. 25). Im Voraus Geleistetes ist entsprechend §§ 346 ff. BGB zurückzugewähren (vgl. Dreier/*Schulze*³ vor § 31 Rdnr. 116; aA – Rückabwicklung nach Bereicherungsrecht – Wandtke/Bullinger/*Grunert*³ vor §§ 31 ff. Rdnr. 15). Sind Nutzungsrechte eingeräumt worden, so kommt es darauf an, ob sie in dem fortbestehenden, aber durch Kündigung beendigten Teil des Vertrags ihre Rechtsgrundlage haben (und damit behalten) oder ob sie Vorleistungen im Blick auf den durch die Kündigung abgeschnittenen Vertragsteil bilden (vgl. BGH GRUR 1982, 369/371 – Allwetterbad; vgl. auch OLG Köln ZUM-RD 1998, 450, 453: ab Wirksamwerden der Kündigung kann die Auswertung nicht mehr fortgesetzt werden; Nutzungsrechte fallen zurück, auch wenn sie unbefristet erteilt wurden; s. auch Loewenheim/ *Loewenheim*/*J. B. Nordemann*, Handbuch des Urheberrechts², § 26 Rdnr. 23). § 314 Abs. 4 BGB stellt klar, dass die Berechtigung **Schadensersatz** zu verlangen, durch die Kündigung nicht ausgeschlossen wird.

62 Eine **Teilkündigung** für einzelne von mehreren vertragsgegenständlichen Werken ist grundsätzlich möglich (so auch OLG Nürnberg ZUM-RD 2003, 260/266; LG München I ZUM 2007, 580/583); der Kündigende darf sich jedoch nicht widersprüchlich verhalten; der Kündigungsgegner kann unter Umständen nach Treu und Glauben das Recht haben, sich vom Rest des Vertrags zu lösen (BGH GRUR 1964, 326/329 f. – Subverleger; vgl. auch LG München UFITA 90 [1981] 227/230; *Schricker*, Verlagsrecht³ § 35 Rdnr. 25). Ist durch die Störung hinsichtlich einzelner Werke die gesamte Vertrauensgrundlage erschüttert, kann der ganze Vertrag gekündigt werden (BGH GRUR 1977, 551/554 – Textdichteranmeldung). Bei **Miturhebern** müssen stets sämtliche Beteiligten kündigen; dies gilt regelmäßig auch bei **verbundenen Werken** (s. im Einzelnen *Schricker*, Verlagsrecht³ § 35 Rdnr. 25; s. insb. BGH GRUR 1982, 743 – Verbundene Werke; BGH GRUR 1982, 41 – Musikverleger III; KG Schulze KGZ 63; OLG Frankfurt GRUR 2004, 144, 145). Liegt nur in der Person eines Miturhebers ein wichtiger Grund zur fristlosen Kündigung eines Musikverlagsvertrages vor, so können grundsätzlich sämtliche Miturheber als Gesamthandsgemeinschaft die Kündigung aussprechen (BGH GRUR 1990, 443/446 – Musikverleger IV). Zur Kündigung einzelner im Rahmen des Notverwaltungsrechts des § 744 Abs. 2 BGB s. *Fink-Hooijer* S. 166 ff., 176 ff.

63 Aus der **Rechtsprechung zur Kündigung aus wichtigem Grund** ist auf folgende Fälle hinzuweisen (s. auch den Überblick bei Dreier/*Schulze*³ vor § 31 Rdnr. 89 ff.):
BGHZ 15, 209 (Kündigung eines **Verlagsvertrags** bei Unfähigkeit eines in der Nachkriegszeit nicht zugelassenen Verlags zur Veranstaltung von Neuauflagen);
BGH GRUR 1959, 51/53 – Subverlagsvertrag (Kündigung eines Vorvertrags zu einem **Subverlagsvertrag**);
BGH GRUR 1964, 326/329 ff. – Subverleger (Kündigung eines **Musikverlagsvertrags** wegen komplexer Streitigkeiten);
BGH GRUR 1970, 40/41 – Musikverleger I (Kündigung eines **Musikverlagsvertrags** wegen Nichtwahrnehmung des Copyright, ungenügender Verbreitung ua.);
BGH GRUR 1974, 789 – Hofbräuhaus-Lied (Kündigung eines **Musikverlagsvertrags** ua. wegen unzureichender Förderung und unkorrekter Abrechnung);
BGH GRUR 1977, 551 – Textdichteranmeldung (Verdachtskündigung eines **Musikverlagsvertrags,** wenn der Verleger sich selbst als Textdichter nicht vorhandener Texte angemeldet hat);
BGH GRUR 1982, 41 – Musikverleger III (Kündigung eines **Vertrags über Management und Promotion, Verlagstätigkeit sowie Schallplattenaufnahmen** wegen persönlicher Zerwürfnisse, s. dazu auch die Instanzurteile in FuR 1979, 272);
BGH WM 1982, 588 (fristlose Kündigung eines Lizenzvertrags über eine Buchgemeinschaftsausgabe);
BGH GRUR 1982, 369 – Allwetterbad (die Kündigung eines **Werkvertrags** zwischen einem Bauherrn und einem Dritten führt zur Beendigung des Werkvertragsverhältnisses ex nunc, lässt aber den Werkvertrag für die Vergangenheit als Rechtsgrund ebenso bestehen wie die zuvor in Erfüllung des Vertrags, aber unabhängig von seinem Fortbestand erfolgte Übertragung des Nachbaurechts durch den Dritten, wenn dieser das Nachbaurecht seinerseits wirksam vom Architekten mit der Befugnis der Weiterübertragung an den Bauherrn eingeräumt erhalten hat);

BGH GRUR 1984, 754 – Gesamtdarstellung rheumatischer Krankheiten (Kündigung eines **Werkvertrags über die Erstellung eines medizinischen Werks** in Lieferungen wegen Abweichung vom Themenkatalog vor erschöpfender Diskussion der Meinungsverschiedenheiten);

BGH GRUR 1990, 443 – Musikverleger IV: Zur Frage der fristlosen Kündigung von Musikverlagsverträgen durch den Urheber aufgrund von persönlichen Zerwürfnissen, die ihre Grundlage in einem gleichzeitig mit der Übertragung der Verlagsrechte abgeschlossenen **Arbeitsverhältnis** zwischen Urheber und Verlag haben.

KG Schulze KGZ 41 (Kündigung eines **Musikverlagsvertrags** wegen Verheimlichung der Erträge aus der Notenvermietung);

KG Schulze KGZ 53 (Kündigung eines **Musikverlagsvertrags** wegen längerer Ungewissheit über die Erbfolge nach dem verstorbenen Verleger und Ruhen der verlegerischen Tätigkeit);

KG Schulze KGZ 63 (Rückruf und Kündigung im **Streitfall Walter Kollo,** vgl. auch BGH Musikverleger I und II);

OLG Hamm GRUR 1978, 436 – Herz mit Paprika (Kündigung einer **Buchgemeinschaftslizenz** wegen Verramschens der Originalausgabe);

OLG Celle ZUM 1986, 213 – Arno Schmidt (erfolglose Kündigung von **Verlagsverträgen** wegen unzureichender Förderung);

OLG Köln GRUR 1986, 679 – Unpünktliche Honorarzahlung (Zur Kündigung eines **Verlagsvertrages** aus wichtigem Grund, wenn der Verleger dem Autor über einen längeren Zeitraum hin die Honorare regelmäßig unpünktlich auszahlt).

OLG Frankfurt/M ZUM 1989, 39 (**Persönliche Differenzen** zwischen dem zugleich als Lektor beschäftigten Autor und dem Musikverleger, seinem Arbeitgeber, die auch nach außen gedrungen sind und das Vertrauensverhältnis tiefgreifend und unheilbar zerstört haben, rechtfertigen die Kündigung durch den Autor).

OLG Hamburg ZUM 1991, 145 (**befristeter Vertrag,** stillschweigende Verlängerung, ordentliche Kündigung).

KG NJW-RR 1992, 758 (Kündigung eines **Herausgebervertrages** aus wichtigem Grund, wenn Herausgeber verschwiegen hat, dass sein Autorenbeitrag bereits in einem anderen Verlag erschienen war).

OLG Schleswig ZUM 1995, 867/873 f. – Werner-Serie (Kündigung eines **Stoffrechtevertrages** wegen ua. Unregelmäßigkeiten in der Abrechnung).

LG Passau NJW-RR 1992, 759/760 (nachteilige **öffentliche Meinung** wegen ungeschickten Verhaltens des Autors noch kein Kündigungsgrund).

LG München I Schulze LGZ 118 (Kündigung einer **Taschenbuchlizenz** wegen Preisbindungsverletzung und unberechtigter Neuauflage);

LG München I Schulze LGZ 80 – Oh, diese Bayern (fristlose Kündigung eines **Kommissionsverhältnisses zwischen Filmproduzent und Filmverleiher** wegen Zerrüttung des Vertrauensverhältnisses durch unterlassene bzw. verspätete Abrechnung der Einspielergebnisse und Nichteinhaltung der Zahlungsverpflichtungen des Verleihers sowie durch unbefugte Unterlizenzierung);

LG Berlin UFITA 21 (1956) 94 (dem Komponisten oder seinem Rechtsnachfolger kann nicht zugemutet werden, dass ohne sein Einverständnis die **Musik mit einem anderen Text** versehen wird; wenn der Verlag rechtlich nicht mehr in der Lage ist, die ursprünglichen Texte zu verwenden, kann der Komponist unabhängig von der Verschuldensfrage aus wichtigem Grund kündigen).

OLG Köln ZUM-RD 1998, 450 (Kündigung des „**Künstlervertrags**" eines Autors, Komponisten und Texters wegen trotz vielfacher Mahnungen nicht abgestellter schwerwiegender Abrechnungsmängel).

OLG Hamburg GRUR Int. 1999, 76, 81/82 (Kündigung des von der Urheberrechtsorganisation VAAP mit einem deutschen Verlag für einen **estnischen Komponisten** geschlossenen Vertrages entbehrt bei ordnungsgemäßer Vertragserfüllung des wichtigen Kündigungsgrundes).

OLG München ZUM-RD 2000, 60 (Fristlose Kündigung eines Verlagsvertrags betreffend ein **Vorlesungsverzeichnis** wegen Versands nicht autorisierter Werbeschreiben durch den Verlag).

OLG Nürnberg ZUM-RD 2003, 260 (Kündigung des Gesellschaftsverhältnisses zwischen Künstler und Mäzen).

OLG Berlin ZUM-RD 2002, 257 (Fristlose Kündigung einer **Optionsverpflichtung** in einem Bandübernahmevertrag bei ernsthafter Störung der Zusammenarbeit).

OLG Frankfurt ZUM 2003, 957: Zur Frage der **Vertragseinheit** für Künstlervertrag und Musikverträgen.

BGH GRUR 2003, 699 – Eterna: Kündigung eines Nutzungsvertrages wegen **Konkurs des Vertragspartners**.

OLG Frankfurt GRUR-RR 2005, 361: Kündigung eines Herausgebervertrages wegen Zerrüttung des **Vertrauensverhältnisses**.

OLG Stuttgart ZUM-RD 2007, 80/85: Kündigung eines **Fernseh-Produktionsvertrages**.

OLG München GRUR-RR 2008, 208 – Concierto und LG München I ZUM 2007, 580: Wirksamkeit der Kündigung eines **zwischen Komponisten und Musikverlag geschlossenen Generalvertrages**.

LG Berlin ZUM-RD 2008, 417: Kündigung eines **Fernseh-Produktionsvertrages**.

OLG Hamm ZUM-RD 2008, 8: Unwirksamkeit der Kündigung eines **Nutzungsvertrages an Softwareprogramm** für den Hotelbereich.

OLG München ZUM-RD 2008, 410: (nicht erfolgreiche) außerordentliche Kündigung eines **Testimonialvertrages**.

OLG München ZUM 2008, 154: (nicht erfolgreiche) außerordentliche Kündigung eines Verlagsvertrages wegen **Verspätung der Abrechnungen**, da damit für den Kläger keine substantiellen Nachteile verbunden waren.

OLG München GRUR RR 2008, 236 – mangelhaftes Manuskript: Mängel der Qualität des vom Autoren vorgelegten Manuskripts begründen in der Regel kein Kündigungsrecht des Verlegers nach §§ 30, 31 VerlG (Leitsatz).

III. Die Zweckübertragungsregel (§ 31 Abs. 5)

1. Entwicklung

64   In ihrer **Entwicklung** geht die Zweckübertragungsregel des § 31 Abs. 5 auf einen seit den zwanziger Jahren im deutschen Urheberrecht durchgesetzten Grundsatz zurück (s. zur Entwicklung *Schweyer* S. 1–64; *Genthe* S. 5 ff.; *Donle* S. 6 ff.; zur Rechtsvergleichung s. *Liebrecht* S. 31 ff.), der vor dem Inkrafttreten des UrhG von 1965 als so genannte **„allgemeine Zweckübertragungslehre"** ausgeprägt war (vgl. BGH GRUR 1991, 133/135 – Videozweitauswertung; KG 1991, 596/598 f.; OLG München ZUM 2001, 173, 177: auf Altverträge ist die allgemeine Zweckübertragungslehre anzuwenden; sa. OLG Köln GRUR-RR 2009, 208 f. – Frosch mit der Maske, Dr. Mabuse u. Winnetou; übergangen wird sie in OLG München ZUM 1995, 484; OLG Frankfurt ZUM 2000, 595, 596 will offenbar § 31 Abs. 4 und 5 rückwirkend auf einen Altvertrag anwenden). Dabei handelte es sich im Kern um eine **Auslegungsregel:** Im Zweifel ist davon auszugehen, dass der Urheber Rechte nur in dem Umfang überträgt, der für die Erreichung des Vertragszwecks erforderlich ist (vgl. *Ulmer*[3] § 66 II und § 84 III; *Schweyer* S. 64 ff. mwN). Diese Auslegungsmaxime führt dazu, dass, wie *Ulmer* in einer vielzitierten Wendung formuliert hat (*Ulmer*[2] § 66 II), „das Urheberrecht gleichsam die Tendenz hat, so weit als möglich beim Urheber zurückzubleiben" (vgl. BGH GRUR 1979, 637/639 – White Christmas – mwN; BGH GRUR 1998, 680, 682 – Comic-Übersetzungen; OLG Hamburg NJW-RR 1999, 1495, 1497).

65   **Rechtspolitisch** steht dahinter das Schutzbedürfnis des Urhebers; die Zweckübertragungstheorie soll letzten Endes zur praktischen Verwirklichung des Postulats einer möglichst weitgehenden **Beteiligung** des Urhebers an den wirtschaftlichen Früchten der Verwertung seines Werkes beitragen (vgl. BGH GRUR 2002, 248/251 – Spiegel-CD-ROM; BGH GRUR 1998, 680/682 – Comic-Übersetzungen; BGH GRUR 1974, 786/787 – Kassettenfilm; Fromm/Nordemann/ *J. B. Nordemann*[10] § 31 Rdnr. 108; Dreier/*Schulze*[3] § 31 Rdnr. 110; Dreyer/*Kotthoff*/Meckel[2] § 31 Rdnr. 131; *v. Gamm* § 31 Rdnr. 18 f. mwN; *Schweyer* S. 117. S. allgemein zum Beteiligungsgrundsatz *Andernach* S. 5 ff.

66   **Dogmatisch** hat die Zweckübertragungslehre ihre Wurzel in dem Grundsatz der teleologischen Auslegung; sie hatte sich jedoch bereits vor 1965 zu einem spezifisch urheberrechtlichen, über die Bedeutung einer bloßen Auslegungsmaxime hinausgehenden Grundsatz entwickelt (s. das Resümee bei *Schweyer* S. 64 ff.; *Schricker*, Verlagsrecht[3] § 8 Rdnr. 5 a; vgl. auch *Liebrecht* S. 16 ff.; *Donle* S. 77 ff.). Dieser Zweckübertragungsgrundsatz galt auch im **Recht der DDR** (*Stögmüller*, Deutsche Einigung und Urheberrecht, 1994, S. 124 m. Nachw.; LG Erfurt ZUM-RD 1997, 23/24; Wandtke/Bullinger/*Grunert*[3] § 31 Rdnr. 93; *Fette* in Fs. für Hertin S. 53 ff.). Im Übrigen schlägt § 31 Abs. 5 auf Altverträge aus dem DDR-Bereich durch, s. vor §§ 120 ff. Rdnr. 36.

67   Abs. 5 wurde auf **Vorschlag des Rechtsausschusses** eingefügt (zu BT-Drucks. IV/3401 S. 5; s. zur Entstehungsgeschichte auch *Schweyer* S. 83 f.). Der Ausschuss erwog eine Spezifizie-

rungspflicht mit Nichtigkeitsfolge bei Nichterfüllung, befürchtete von der Nichtigkeitsfolge jedoch Nachteile für den Urheber. Man entschied sich deshalb für einen der bisherigen Praxis entsprechenden Auslegungsgrundsatz, der für den Fall der nicht oder nicht ausreichend spezifizierten Einräumung von Nutzungsrechten zur zwingenden Rechtsnorm erhoben wurde. Der Sache nach übernahm man damit einen von *Dietrich Reimer* (GRUR 1962, 619/623) gemachten Vorschlag.

Das **Urhebervertragsgesetz** hat § 31 Abs. 5 klarstellend unter Berücksichtigung seiner bisherigen Auslegung im Schrifttum überarbeitet und neu gefasst (s. i. Einzelnen Rdnr. 4 und Voraufl. Rdnr. 1). Ergänzend gilt weiter die allgemeine Zweckübertragungsregel (*Haas* Nr. 93). **68**

2. Wesen und Bedeutung

Die Bedeutung des Abs. 5 geht über diejenige einer Auslegungsregel hinaus (*Genthe* S. 47 f.; *Schricker*, Verlagsrecht³ § 8 Rdnr. 5 b; Wandtke/Bullinger/*Grunert*³ § 31 Rdnr. 40; Dreier/*Schulze*³ § 31 Rdnr. 110 ff.; *Donle* S. 77 ff.; aA etwa *Schack*⁴, Urheber- und Urhebervertragsrecht, Rdnr. 547; *Berger,* Das neue Urhebervertragsrecht, Rdnr. 19, 22 sowie *Berger*/Wündisch, Urhebervertragsrecht, § 1 Rdnr. 94, die eine schlichte Auslegungsregel annehmen). Sie bewirkt eine **Spezifizierungslast** des Rechtserwerbers: Sorgt er nicht dafür, dass die Nutzungsarten „ausdrücklich einzeln bezeichnet" werden, so wird die Auslegung zwingend auf den Vertragszweck fixiert, was – jedenfalls tendenziell – einen Rechtsnachteil für den Erwerber bedeutet. Der Nachteil tritt freilich nicht ein, wenn der Vertragszweck dem gewünschten Umfang der Abmachung entspricht; er realisiert sich jedoch, wenn der Vertragszweck hinter dem Wortlaut der Abmachung bzw. hinter dem nach allgemeinen Regeln resultierenden Auslegungsergebnis zurückbleibt. Insbesondere kann § 31 Abs. 5 dazu führen, dass pauschale Formulierungen reduziert und auf einzelne Nutzungsarten zurückgeführt werden (*Schricker*, Verlagsrecht³ § 8 Rdnr. 5 b; Loewenheim/*Loewenheim*/J. B. Nordemann, Handbuch des Urheberrechts², § 26 Rdnr. 36; *Liebrecht* S. 22; sa. LG München I ZUM-RD 2007, 257: keine Anwendung des § 31 Abs. 5, wenn die einzelnen Nutzungsarten explizit genannt sind). **69**

§ 31 Abs. 5 kann zugleich auch als **Formvorschrift mit abgeschwächter Sanktionierung** verstanden werden, bei deren Nichteinhaltung nicht Unwirksamkeit, sondern die Rechtsfolge einer besonderen, tendenziell einschränkenden Auslegung eintritt (*Schricker*, Verlagsrecht³ § 8 Rdnr. 5 b). Abs. 5 verlangt dabei **nicht Schriftform**; der Gesetzgeber hat hiervon bewusst Abstand genommen (zu BT-Drucks. IV/3401 S. 5); es genügt an sich auch eine mündliche Spezifizierung (Dreier/*Schulze*³ § 31 Rdnr. 104, 112). Die Spezifizierung setzt aber eine **ausdrückliche Benennung** voraus (*Jani* S. 288; *Haas* Nr. 90; Wandtke/Bullinger/*Grunert*³ § 31 Rdnr. 47 verlangen eine „konkrete Bezeichnung"). In der Praxis dürfte sich die Vorschrift aber dahin auswirken, dass mehr als bisher schriftliche Verträge abgeschlossen werden. Dies folgt schon aus **Beweisgründen.** Die **Beweislast** dafür, dass ein Recht vom Vertrag gedeckt wird, trägt, wer sich auf die Einräumung des Nutzungsrechts beruft; er hat bei Fehlen einer „einzelnen Bezeichnung" zu beweisen, dass der Vertragszweck entsprechend weit reicht (Fromm/Nordemann/J. B. Nordemann¹⁰ § 31 Rdnr. 189; Dreier/*Schulze*³ § 31 Rdnr. Rdnr. 103; BGH GRUR 1996, 121/123 – Pauschale Rechtseinräumung; OLG München ZUM-RD 1997, 334/335; KG GRUR 2002, 252/254 – Mantellieferung; OLG Hamburg GRUR 1991, 599/600 – Rundfunkwerbung). Diese Beweislastverteilung gilt auch für Altverträge (LG München I GRUR 1991, 377/379 – Veit Harlan-Videorechte). **70**

In der Praxis hat § 31 Abs. 5 bewirkt, dass die Verwerterunternehmen der Vertragsformulierung mehr Aufmerksamkeit als bisher schenken und versuchen, umfassende Kataloge der einzuräumenden Rechte aufzustellen und ihren Vertragspartnern vorzuschlagen. In den Urheberrechtsverträgen hat dies zu einer für das kontinental-europäische Recht ungewohnten Kasuistik geführt (vgl. *Brugger* FuR 1974, 758/765 f.). Wenn eine weitreichende Rechtseinräumung angestrebt wird, könnte außer dem Mittel der möglichst detaillierten und weiterstreckten „einzelnen Bezeichnung" der Nutzungsarten freilich auch dasjenige der Definition und Sicherung eines entsprechend umfangreichen Vertragszwecks benutzt oder beide Methoden könnten kombiniert werden (gegenüber unzutreffenden pauschalen Vertragszweckdeklarationen ist freilich Vorsicht geboten, s. Rdnr. 88). **71**

Man hat kritisiert, dass die **Wirkung des § 31 Abs. 5** letzten Endes insofern begrenzt ist, als die Verwerter durch geschickte Vertragsformulierung praktisch doch jeden gewünschten Umfang der Rechtseinräumung erreichen können (vgl. *Schweyer* S. 117 ff.; *Katzenberger* GRUR Int. 1983, 410/412; *Schack* ZUM 2001, 453, 456; Mestmäcker/Schulze/*Scholz* § 31 Rdnr. 113; sa. **72**

Dreier/*Schulze*³ § 31 Rdnr. 113; generell kritisch auch *Holeschofsky* FuR 1984, 518; *ders.* FuR 1979, 231 ff.). Demgegenüber ist darauf hinzuweisen, dass jedenfalls bei Standard- oder Formularverträgen eine Kontrolle nach den Regeln des Rechts der **Allgemeinen Geschäftsbedingungen** (§§ 305 ff. BGB) Platz greift (vgl. vor §§ 28 ff. Rdnr. 30 ff.; sa. *Schricker*, Verlagsrecht³ § 8 Rdnr. 5 f.; *Donle* S. 211 ff.; *Berberich* ZUM 2006, 205); ausnahmsweise mag ferner das **GWB** eingreifen (*Schricker*, Verlagsrecht³ § 8 Rdnr. 5 f.; *Donle* S. 280 ff.) und in besonders krassen Fällen **§ 138 BGB** (s. Rdnr. 39, s. zB aus der älteren Praxis BGH GRUR 1962, 256/257 – Im weißen Rößl: zeitlich und örtlich uneingeschränkte Übertragung von Bühnenaufführungsrechten gegen ein geringes Pauschalentgelt wirksam; s. dagegen LG Berlin GRUR 1983, 438 – Joseph Roth: Ein Vertrag, durch den ein Autor auf Dauer von jeder Einwirkung auf die Verwertung seiner wesentlichen Werke abgeschnitten wird, der ihn der Wirkung nach urheberrechtlich für immer entmündigt, ist regelmäßig nach § 138 Abs. 1 BGB sittenwidrig; s. ferner BGH GRUR 1998, 673, 657 f. – Popmusikproduzenten, Wirksamkeit eines Gesellschaftsvertrags. S. auch Rdnr. 39). Auch hiervon abgesehen, ist als positive Auswirkung des Abs. 5 doch zu buchen, dass der Urheber auf den Umfang seiner Rechte aufmerksam gemacht wird, wenn sie ihm in einem Katalog „einzelner Bezeichnung" vor Augen geführt werden (s. zu diesem Transparenzgesichtspunkt *Schierenberg* AfP 2003, 391, 394). Er mag sich dann eher fragen, ob er die Reichweite der Einräumung akzeptieren soll und ob das gebotene Entgelt angemessen erscheint. Insofern wird eine die Position des Urhebers verbessernde Transparenz erzielt, ohne dass tiefer in die Vertragsfreiheit eingegriffen würde (vgl. *Ulmer*³ 84 III; *Schweyer* S. 119); sa. Dreier/*Schulze*³ § 31 Rdnr. 113.

73 Die durch das **Urhebervertragsgesetz** 2002 eingeräumte Gegenleistungskontrolle (s. § 32, § 32 a) macht § 31 Abs. 5 nicht überflüssig. § 31 Abs. 5 dient vielmehr als Ansatzpunkt für die Entgeltskontrolle, die primär bei der „Einräumung von Nutzungsrechten" ansetzt (§ 32 Abs. 1 S. 1) und somit voraussetzt, dass bestimmt wird, welche Nutzungsrechte eingeräumt werden. Die Einführung von §§ 32, 32 a bedeutet nicht, dass man bei der Anwendung von § 31 Abs. 5 nunmehr hinsichtlich der Rechtsübertragung großzügiger sein könne (so *Schierenberg* AfP 2003, 391, 392 ff.), da ein verbliebenes Verwertungsrecht dem Urheber eine wesentlich bessere Verhandlungsposition gibt als der Anspruch auf angemessene Vergütung.

3. Anwendungsbereich

74 § 31 Abs. 5 gilt als eine urhebervertragsrechtliche Fundamentalnorm im **gesamten Bereich des Urheberrechts,** einschließlich des **Verlagsrechts** (*Schricker*, Verlagsrecht³ § 8 Rdnr. 5 e) des **Arbeitnehmerurheberrechts** (Dreier/*Schulze*³ § 31 Rdnr. 118; sa. § 43 Rdnr. 48 ff., sowie des Rechts der **Verwertungsgesellschaften** (Wandtke/Bullinger/*Grunert*³ § 31 Rdnr. 62), und ist auch auf **verwandte Schutzrechte** anwendbar (s. zum alten Recht BGH GRUR 1979, 637 – White Christmas; BGH GRUR 1984, 119/121 – Synchronisationssprecher; *v. Gamm* § 78 Rdnr. 6; *Schricker*, Verlagsrecht³ § 8 Rdnr. 5 c S. 260; *Liebrecht* S. 26 f.; *Nordemann* WRP 1979, 695 ff.; *ders.* UFITA 58 [1970] 1/9; *Krüger* WRP 1980, 30 ff.; *Schweyer* S. 100 ff.); s. für die ausübenden Künstler § 79 Abs. 2 S. 2 (dort Rdnr. 5, 11; sa. BGH GRUR 2003, 234/236 – EROC III), s. ferner § 81 S. 2, § 87 Abs. 2 S. 3, § 94 Abs. 2 S. 3. Ergänzt wird die Zweckübertragungsregel des § 31 Abs. 5 durch die **allgemeine Zweckübertragungslehre** (*Schricker*, Verlagsrecht³ § 8 Rdnr. 5 c; Fromm/Nordemann/*J. B. Nordemann*¹⁰ § 31 Rdnr. 112). Ihr Anwendungsbereich geht über denjenigen des § 31 Abs. 5 hinaus; nach ihr bestimmt sich bei einer pauschal formulierten Einräumung urheberrechtlicher Nutzungsrechte der (inhaltliche, räumliche und zeitliche) Umfang der Rechtseinräumung nach dem mit dem Vertrag verfolgten Zweck. Dies gilt auch, wenn der Wortlaut der Rechtseinräumung eindeutig ist (BGH GRUR 1996, 121/122 – Pauschale Rechtseinräumung). Der Rückgriff auf die allgemeine Zweckübertragungslehre erübrigt sich, wo bereits der durch das Urhebervertragsgesetz erweiterte Wortlaut des § 31 Abs. 5 greift.

75 Die Vorschrift des § 31 Abs. 5 steht neben den **speziellen Auslegungsregeln** der §§ 37, 38, 88, 89. Grundsätzlich gilt ein Verhältnis gegenseitiger Ergänzung, soweit die Spezialvorschriften nicht den Vorrang beanspruchen (Näheres s. bei *Schweyer* S. 94 ff.; zum Verhältnis des § 31 Abs. 5 zu § 37 s. dort Rdnr. 4, zu § 38 s. dort Rdnr. 15; zu §§ 88, 89 s. § 88 Rdnr. 3–6, 9 ff., 25; § 89 Rdnr. 3; vgl. auch *Movsessian* UFITA 79 [1977] 213/219 ff.; *dies.* GRUR 1974, 371 ff.); s. BGH GRUR 2005, 937, 939 – Der Zauberberg: § 89 Abs. 1 hat gegenüber § 31 Abs. 5 den Vorrang).

76 Obgleich die Zweckübertragungslehre im besonderen Schutzbedürfnis des **Urhebers** wurzelt, wendet die herrschende Meinung sie auch auf Rechtsgeschäfte an, die **zwischen Verwer-**

Einräumung von Nutzungsrechten **§ 31**

terunternehmen getätigt werden, zB die Erteilung einer Verlagslizenz durch einen Verleger an einen anderen Verleger (BGH GRUR 1960, 197/199 – Keine Ferien für den lieben Gott – mwN; BGHZ 28, 234/238 f. – Verkehrskinderlied; KG AfP 1997, 919/921; OLG Düsseldorf GRUR-RR 2002, 121/123 für das Verhältnis zwischen Filmhersteller und Sendeanstalt; Dreier/ Schulze³ § 31 Rdnr. 118; Fromm/Nordemann/*J. B. Nordemann*[10] § 31 Rdnr. 118; *v. Gamm* § 31 Rdnr. 1; *Schweyer* S. 66 f.; *Beck* S. 58 f.; *Lange* S. 72 ff.; *Liebrecht* S. 13. Kritisch hierzu *Schricker*, Verlagsrecht³ § 28 Rdnr. 22; Dreyer/*Kotthoff*/Meckel² § 31 Rdnr. 133; *Nordemann* UFITA 58 [1970] 1/5).

§ 31 Abs. 5 gilt in erster Linie für den Verfügungsakt der **Nutzungsrechtseinräumung**. **77** Nach der ursprünglichen Rechtsprechung des BGH wurde eine Nutzungsrechtseinräumung nur angenommen, wenn nach dem unzweideutig zum Ausdruck gekommenen Parteiwillen eine solche anzunehmen war (BGHZ 22, 209/212 – Europapost; BGHZ 24, 55/70 – Ledigenheim; BGH GRUR 1957, 611/612 – Bel ami; BGH GRUR 1966, 629/631 – Curt Goetz-Filme; BGH GRUR 1971, 362/363 – Kandinsky II; OLG Hamburg UFITA 67 [1973] 245/259/263; *v. Gamm* § 31 Rdnr. 21; *Hubmann*[6] § 41 III 4). Ab den achtziger Jahren wurde § 31 Abs. 5 auch auf die Frage des „ob" der Nutzungsrechtseinräumung angewendet; es wurde betont, dass der „unzweideutige Parteiwille" sich auch aus dem Vertragszweck, aus den Begleitumständen und dem schlüssigen Verhalten der Beteiligten ergeben könne (BGH GRUR 1984, 656/657 – Vorentwurf; BGH GRUR 1984, 528/529 – Bestellvertrag; BGH GRUR 1986, 458/459 – Oberammergauer Passionsspiele; OLG Frankfurt/M ZUM 1992, 143/144; OLG Düsseldorf GRUR 1991, 759/760 – Armutsgelübde: stillschweigende Einräumung von Nutzungsrechten beim Eintritt in den Jesuitenorden). Mit dem Urhebervertragsgesetz wurde diese Rechtsprechung kodifiziert: (§ 31 Abs. 5 S. 2 unterstellt die Frage, ob ein Nutzungsrecht eingeräumt wird, nunmehr ausdrücklich dem Zweckübertragungsgrundsatz. Ist das Nutzungsrecht nicht explizit erwähnt, entscheidet der Vertragszweck. So ist auch nach § 31 Abs. 5 S. 2 zu entscheiden, ob mit dem **Einstellen ins Internet** die Einräumung eines unentgeltlichen Nutzungsrechts für jedermann verbunden ist (vgl. § 32 Abs. 3 S. 3). Im Zweifel ist dies nicht anzunehmen (s. § 32 Rdnr. 43).

Bei der Annahme einer **stillschweigenden Nutzungsrechtseinräumung** ist Zurück- **78** haltung geboten (LG Hamburg NJOZ 2008, 4130/4132; Wandtke/Bullinger/*Wandtke*/*Grunert*³ vor §§ 31 ff. Rdnr. 45). Eine stillschweigende Nutzungsrechtseinräumung außerhalb des Vertragszwecks scheidet aus (LG Hamburg NJOZ 2008, 4130/4132; Wandtke/Bullinger/*Wandtke*/ *Grunert*³ vor §§ 31 ff. Rdnr. 45; anders BGH GRUR 2004, 938 f. – Comic-Übersetzungen III mwN insofern, als sich aus einer Branchenübung ein Wille des Urhebers, dem Vertragspartner über den unmittelbaren Vertragszweck hinausgehende Nutzungsrechte einzuräumen, dann ergeben kann, wenn diese Branchenübung Rückschlüsse auf einen entsprechenden objektivierten rechtsgeschäftlichen Erklärungswillen der Vertragsparteien erlaubt; s. zur Kritik *Schricker* EWiR 2004, 1247; wie BGH wohl Wandtke/Bullinger/*Grunert*³ § 31 Rdnr. 46 und 52).

Nach § 31 Abs. 5 bemisst sich auch, ob ein **ausschließliches oder ein einfaches Nut-** **79** **zungsrecht** anzunehmen ist (§ 31 Abs. 5 S. 2; s. zum früheren Recht bereits OLG Düsseldorf GRUR 1988, 541 – Warenkatalogfotos; KG AfP 1997, 919; s. zur fehlenden Ausschließlichkeit bei der Überlassung von Photos für ein Buch LG Köln ZUM-RD 2002, 307; vgl. auch LG Hamburg GRUR-RR 2002, 96). Sowohl die **Reichweite des positiven Nutzungsrechts** als auch des **negativen Verbotsrechts** ist gemäß § 31 Abs. 5 S. 2 an der Zweckübertragungslehre zu messen (Fromm/Nordemann/*J. B. Nordemann*[10] § 31 Rdnr. 119); beide Komponenten können voneinander abweichen, die negative insbesondere weiter reichen als die positive (vor §§ 28 ff. Rdnr. 82; zur besonderen Situation im Verlagsrecht s. *Schricker*, Verlagsrecht³ § 8 Rdnr. 5 c). Nach dem Zweckübertragungsgedanken bemisst sich auch die **Dauer der Nutzungsrechtseinräumung** (OLG Hamburg NJR-RR 1999, 1495, 1496 f.) und die Frage, ob und welchen Beschränkungen das Nutzungsrecht (auch im Rahmen einer bestimmten Nutzungsart) unterliegt (§ 31 Abs. 5 S. 2 aE).

Außer der Nutzungseinräumung unterliegt dem § 31 Abs. 5 zugleich auch der zur Verfügung **80** verpflichtende – mit der Verfügung in der Praxis meist zusammenfallende – **schuldrechtliche Vertrag**, denn es wäre widersinnig, wenn § 31 Abs. 5 zwar die Verfügung begrenzte, die Verpflichtung aber unbegrenzt pauschal bestehen ließe, so dass der Urheber letzten Endes doch entsprechend weitreichende Nutzungsrechte einzuräumen hätte (*Schricker*, Verlagsrecht³ § 8 Rdnr. 5 c S. 259; Fromm/Nordemann/*J. B. Nordemann*[10] § 31 Rdnr. 119; Dreier/*Schulze*³ § 31 Rdnr. 118).

Nicht anwendbar ist § 31 Abs. 5 dagegen auf **rein schuldrechtliche Nutzungsverträge,** **81** die nicht auf die Einräumung eines gegenständlichen Rechts abzielen. Rein schuldrechtliche

Berechtigungen können beliebig zugeschnitten werden (vor §§ 28 ff. Rdnr. 87); die Verweisung auf die selbständig abspaltbaren Nutzungsarten, an die die gegenständlichen Rechte gebunden sind, macht hier keinen Sinn. Es gilt für die Auslegung rein schuldrechtlicher Nutzungsverträge jedoch die allgemeine Zweckübertragungslehre (*Schricker*, Verlagsrecht[3] § 8 Rdnr. 5c; Loewenheim/*Loewenheim*/*J. B. Nordemann*, Handbuch des Urheberrechts[2], § 26 Rdnr. 38; Fromm/Nordemann/*J. B. Nordemann*[10] § 31 Rdnr. 121; Dreier/*Schulze*[3] § 31 Rdnr. 118; Dreyer/*Kotthoff*/*Meckel*[2] § 31 Rdnr. 133).

82 Die Zweckübertragungsregel ist auf die Abtretung **gesetzlicher Vergütungsansprüche** entsprechend anzuwenden; auch bei diesen geht es um den Schutz der vermögensrechtlichen Interessen des Urhebers vor „unüberlegter Pauschalvergabe" (OLG Köln GRUR 1980, 913/915 – Presseschau CN; *Schricker*, Verlagsrecht[3] § 8 Rdnr. 5c; Fromm/Nordemann/*J. B. Nordemann*[10] § 31 Rdnr. 121; Wandtke/Bullinger/*Grunert*[3] § 31 Rdnr. 62; *Forkel* S. 215; *Küfner* S. 173 ff.; *Rossbach* S. 129 f., 147; sa. unten vor §§ 44a ff. Rdnr. 25).

83 Dagegen passt der Gedanke der Entgeltsicherung weniger auf **urheberpersönlichkeitsrechtliche Befugnisse**. Soweit Rechtsgeschäfte über sie möglich sind (vor §§ 12 ff. Rdnr. 26 ff.), gilt für die Auslegung die allgemeine Zweckübertragungsregel (BGHZ 15, 249/258 – Cosima Wagner; BGH GRUR 1977, 551/55 – Textdichteranmeldung; Fromm/Nordemann/*J. B. Nordemann*[10] § 31 Rdnr. 121; Wandtke/Bullinger/*Grunert*[3] § 31 Rdnr. 61; Loewenheim/*Loewenheim*/*J. B. Nordemann*, Handbuch des Urheberrechts[2], § 26 Rdnr. 38; *Schricker*, Verlagsrecht[3] § 8 Rdnr. 5c; *v. Gamm* § 31 Rdnr. 4; *Forkel* S. 195; *Genthe* S. 93 ff.; *Liebrecht* S. 13; aA (§ 31 Abs. 5 anwendbar) Dreier/*Schulze*[3] § 31 Rdnr. 118).

84 Schließlich ist die allgemeine Zweckübertragungslehre auch heranzuziehen, wenn es um die Frage geht, ob der Urheber das **Eigentum am Original**, etwa an Originalillustrationen, auf den Nutzer überträgt (BGH GRUR 2007, 693/695 – Archivfotos; OLG München GRUR 1984, 516/517 – Tierabbildungen; vgl. auch OLG Hamburg GRUR 1980, 909 – Gebrauchsgrafik für Werbezwecke; *Schricker*, Verlagsrecht[3] § 8 Rdnr. 5c; sa. § 44 Rdnr. 5 f.; Fromm/Nordemann/*J. B. Nordemann*[10] § 31 Rdnr. 121 mwN; Wandtke/Bullinger/*Grunert*[3] § 31 Rdnr. 61; Loewenheim/*Loewenheim*/*J. B. Nordemann*, Handbuch des Urheberrechts[2], § 26 Rdnr. 11 f.; *Paschke* GRUR 1984, 858/860 ff.; zu der Lage beim Arbeitnehmerurheber s. § 43 Rdnr. 40 ff.). Wird in einem Sicherungsübereignungsvertrag von der „Eigentumsübertragung" an einem Computerprogramm gesprochen, so ist durch Auslegung unter Berücksichtigung des Zweckgedankens zu prüfen, ob (auch) Nutzungsrechte übertragen sind (BGH GRUR 1994, 363/365 – Holzhandelsprogramm).

4. Begriff der Nutzungsart

85 § 31 Abs. 5 bezweckt, den Urheber vor pauschaler Rechtsvergabe zu schützen und ihm möglichst die Chance zu erhalten, ein angemessenes Entgelt für die Werknutzung auszuhandeln. Mit **„Nutzungsart"** kann deshalb nicht das in **§§ 15 ff. geregelte, gesetzlich definierte Verwertungsrecht** gemeint sein, denn diese Rechte sind pauschal umschrieben und schließen meist mehrere, oft zahlreiche verschiedene wirtschaftliche Nutzungsmöglichkeiten in sich. Der Begriff der Nutzungsart ist – wie bei § 31a (vgl. dort Rdnr. 28) – vielmehr **wirtschaftlich** zu bestimmen. Unter „Nutzungsart" iSd. § 31 Abs. 5 ist die konkrete technisch und wirtschaftlich eigenständige Verwendungsform des Werkes zu verstehen, also eine bestimmte Art und Weise der wirtschaftlichen Nutzung des Urheberrechts (so – mit gewissen terminologischen Variationen – BGH GRUR 2005, 937/939 – Der Zauberberg; BGH GRUR 2001, 153, 154 – OEM-Version; BGH GRUR 1997, 215/217 – Klimbim; BGH GRUR 1997, 464/465 – CB-Infobank II; BGH GRUR 1995, 212/213 – Videozweitauswertung III; BGH GRUR 1992, 310/311 – Taschenbuchlizenz; BGH GRUR 1991, 133/136 – Videozweitauswertung; BGH GRUR 1990, 669/671 – Bibelreproduktion; BGH GRUR 1986, 62/64 – GEMA-Vermutung I; BGH GRUR 1974, 786/787 – Kassettenfilm; OLG Hamburg GRUR 1991, 599/600 – Rundfunkwerbung; OLG München GRUR 1996, 972/973; im Schrifttum etwa Fromm/Nordemann/*J. B. Nordemann* § 31 Rdnr. 10; Wandtke/Bullinger/*Grunert*[3] § 31 Rdnr. 2; Loewenheim/*Loewenheim*/*J. B. Nordemann*, Handbuch des Urheberrechts[2], § 24 Rdnr. 5; Möhring/Nicolini/*Spautz*[2] § 31 Rdnr. 17; *Schricker*, Verlagsrecht[3] § 8 Rdnr. 5b; *Schack*[4], Urheber- und Urhebervertragsrecht, Rdnr. 535; *Reimer* GRUR Int. 1973, 315/322; *Schweyer* S. 79 ff.; *Genthe* S. 54 ff.; *Donle* S. 137 ff.; *Katzenberger*, Elektronische Printmedien, S. 82 ff.; *Movsessian* GRUR 1974, 371/374; *Platho* ZUM 1986, 572 ff.; aA *v. Gamm* § 31 Rdnr. 2, 15; *Schwaiger*/*Kockler* UFITA 73 [1975] 21/35 f.; *Brugger* UFITA 56 [1970] 1/7 ff.; *ders.* FuR 1974, 758 ff.; kritisch auch *Dünn*-

wald GRUR 1974, 788 f.). Nutzungsarten beschreiben den konkreten Einsatzbereich des Werkes; im Gegensatz zu den Verwertungsrechten können sich Nutzungarten aufgrund von technischer und sozialer Entwicklung und Verbrauchergewohnheiten laufend ändern. Eine Nutzungsart kann mehrere Verwertungsrechte umfassen (so erfordert die verlagsrechtliche Nutzung die Einräumung des Vervielfältigungs- und des Verbreitungsrechts); die Nutzungsart kann aber auch enger als das Verwertungsrecht sein (der Vertrieb von Büchern über den Sortimentsbuchhandel und über Buchgemeinschaften sind als eigenständige Nutzungsarten anerkannt, vgl. § 17 Rdnr. 24, obwohl nur ein Verwertungsrecht, nämlich das Verbreitungsrecht, betroffen ist).

Da es bei der Anwendung des § 31 Abs. 5 darum geht, wie gegenständliche Nutzungsrechte zugeschnitten werden, ist als „Nutzungsart" iSd. Vorschrift nur die **selbständig abspaltbare** (dazu vor §§ 28 ff. Rdnr. 87 ff.) **Nutzungsart** zu verstehen, die nach der Verkehrsauffassung einheitlich und abgrenzbar ist (BGH GRUR 2009, 395/397 Tz. 19 – Klingeltöne für Mobiletelefone m. Anm. *G. Schulze*; BGH GRUR 2005, 48/49 – man spricht deutsh; BGH GRUR 2005, 937/939 – Der Zauberberg; BGH GRUR 2003, 416/418 – CPU-Klausel; BGH GRUR 2001, 153/154 – OEM-Version; BGH GRUR 1997, 215/217 – Klimbim; BGH GRUR 1992, 310/311 – Taschenbuch-Lizenz; BGH GRUR 1990, 669/671 – Bibelreproduktion; OLG Köln ZUM 2007, 401/402; OLG Hamburg GRUR 2006, 323/325 – Handy-Klingeltöne II; KG GRUR 2002, 252/254 – Mantellieferung; OLG München GRUR 1996, 972/973 – Accatone; OLG Hamburg GRUR 1991, 599/600 – Rundfunkwerbung; *Schricker*, Verlagsrecht[3] § 8 Rdnr. 5 b; Fromm/Nordemann/*J. B. Nordemann*[10] § 31 Rdnr. 10; Dreier/*Schulze*[3] § 31 Rdnr. 9; Wandtke/Bullinger/*Grunert*[3] § 31 Rdnr. 2; Dreyer/*Kotthoff*/Meckel[2] § 31 Rdnr. 134; *Schweyer* S. 88; *Krüger* GRUR 1979, 639/641). Die gegenständlich wirkende Begrenzung des Nutzungsrechts hat auch eine Beschränkung der Erschöpfung nach § 17 Abs. 2 zur Folge (BGH GRUR 2001, 153, 154 – OEM-Version mwN; s. im Einzelnen § 17 Rdnr. 59). Die Anerkennung selbständiger Nutzungsarten dient im Ergebnis sowohl den Urheberinteressen (namentlich im Blick auf § 31 Abs. 5 und §§ 31 a, 32 c) als auch der Fungibilität der Verwertungsrechte; der Verkehrsschutz spielt demgegenüber allenfalls bei der körperlichen Verwertung eine Rolle, kaum aber bei der unkörperlichen Wiedergabe. Es besteht deshalb kein Grund, an die äußere Erkennbarkeit der jeweiligen Nutzungsart allzu strenge Anforderungen zu stellen. Bei der Anerkennung selbständiger Nutzungsarten ist vielmehr Großzügigkeit am Platze, um eine optimale Verwirklichung des Beteiligungsprinzips zu ermöglichen. Dies gilt namentlich für die neuen digitalen Nutzungsarten (zustimmend *Castendyk* ZUM 2002, 332/336; aA *Marschall*, Fs. für Reichardt, 1990, S. 125: Die wirtschaftliche, technische und politische Entwicklung führe eher zu einer stärkeren Begrenzung der Möglichkeiten einer Aufspaltung). Einer Nutzungsart ist die Selbständigkeit nicht schon deswegen gegenüber einer anderen abzusprechen, weil sie Letztere zu substituieren geeignet ist (*Reber* ZUM 1998, 481 ff.). Der Begriff ist für § 31 Abs. 5 und §§ 31 a, 32 c **einheitlich**.

86

5. Vertragszweck

Wenn die Nutzungsarten nicht einzeln bezeichnet sind, kommt es nach § 31 Abs. 5 auf den **„Vertragszweck"** an (s. dazu allgemein *Genthe* S. 60 ff.; umfassend *Donle* S. 169 ff.). Die Vorschrift stellte in der ursprünglichen Fassung auf den **subjektiv** „verfolgten" Vertragszweck ab. Die Einräumung von über den Vertragszweck hinausgehenden Nutzungsrechten kann nach BGH angenommen werden, wenn ein dahingehender Parteiwille – und sei es nur aufgrund der Begleitumstände und des schlüssigen Verhaltens der Beteiligten – unzweideutig zum Ausdruck gekommen ist (BGH GRUR 1998, 680, 682 – Comic-Übersetzungen mwN; sa. Rdnr. 77).

87

Die Parteien können den Vertragszweck ausdrücklich im Vertrag definieren, etwa in Form einer Präambel, und ihn so **zum Vertragsinhalt** machen. Er kann auch implizit im Vertrag angegeben werden; für die Auslegung der betreffenden Vertragspassagen gelten die allgemeinen Auslegungsregeln (eingehend Fromm/Nordemann/*J. B. Nordemann*[10] § 31 Rdnr. 128 ff.). In der Mehrzahl der Fälle wird der Vertragszweck nicht im Vertrag bestimmt sein; es handelt sich um einen **außerhalb des Vertrags** liegenden Umstand, der diesen nach Art einer subjektiven Geschäftsgrundlage trägt. Maßgeblich ist nur der von **beiden Parteien** verfolgte oder doch jedenfalls akzeptierte Zweck, nicht eine einseitige Zwecksetzung (§ 31 Abs. 5 S. 1; s. dazu auch *Schricker*, Verlagsrecht[3] § 8 Rdnr. 5 b S. 257; *v. Gamm* § 31 Rdnr. 10; *Schweyer* S. 116; *Schwaiger*/*Kockler* UFITA 73 [1975] 21/36 f.). Vorsicht ist gegenüber pauschalen und umfassenden **Vertragszweckdeklarationen** geboten. Verwerter könnten versuchen, § 31 Abs. 5 durch solche Erklärungen auszuschalten und zu umgehen. Wo solche Vertragszweckdeklarationen als bloße

88

„Lippenbekenntnisse" erscheinen, die dem gemeinsamen Vertragswillen nicht entsprechen, sind sie unbeachtlich, bzw. sie müssen inhaltlich auf den zutreffenden Kern zurückgeführt werden (*Schricker*, Verlagsrecht³ § 8 Rdnr. 5 b; zustimmend Dreier/*Schulze*³ § 31 Rdnr. 121; sa. *Schweyer* S. 77 f., der mit Recht die von *Reichel* BBl. 1966 Nr. 32 S. 808/812 vorgeschlagene umfassende Vertragszweckdeklaration für unbehelflich erklärt. Bedenklich BGH GRUR 2003, 234, 236 – EROC III, wo aus der pauschalen Einwilligung auf einen pauschalen Vertragszweck geschlossen wird).

89 Die **Ermittlung des Vertragszwecks** ist, streng genommen, nicht Vertragsauslegung, sondern Feststellung eines für die Auslegung maßgeblichen Elements. Es ist dabei jedoch ähnlich wie bei der Vertragsauslegung zu verfahren. Aufschlüsse wird entsprechend §§ 133, 157 BGB geben, was üblicherweise nach **Treu und Glauben und der Verkehrssitte** zum Zweck von Verträgen des betreffenden Zuschnitts gemacht wird (BGH GRUR 1986, 885/886 – META-XA; *Schricker*, Verlagsrecht³ § 8 Rdnr. 5; Fromm/Nordemann/*J. B. Nordemann*¹⁰ § 31 Rdnr. 128; *Schack*⁴, Urheber- und Urhebervertragsrecht, Rdnr. 548; Dreyer/*Kotthoff*/Meckel² § 31 Rdnr. 137; *Schierenberg* AfP 2003, 391, 392; *Dünnwald* GRUR 1973, 245/248). Es kommt dabei auf die Üblichkeit **zum Zeitpunkt des Vertragsschlusses** an (BGH GRUR 1974, 786/787 – Kassettenfilm; Fromm/Nordemann/*J. B. Nordemann*¹⁰ § 31 Rdnr. 129), da regelmäßig nur diese, nicht die künftige Entwicklung die Zweckvorstellung der Parteien geprägt haben wird. Bei einem Werbeplakat für eine wiederkehrende Veranstaltung kann der Vertragszweck und damit die Dauer des Nutzungsrechts aber durch die Vorstellung bestimmt werden, dass es um ein „Daueranliegen" ging (OLG Thüringen ZUM 2003, 55/57 f. mit Anm. von *Nennen*). Dass eine bestimmte Verwertungsmöglichkeit zum Zeitpunkt des Vertragsschlusses bereits bekannt war, aber nicht üblicherweise mit eingeschlossen wurde, bedeutet für sich allein noch nicht, dass der Vertragszweck sich auf sie erstrecken müsste (BGH GRUR 1974, 786/787 – Kassettenfilm). Rückschlüsse auf den Vertragszweck können ferner Vorverhandlungen, Begleitumstände, ähnliche Vertragsverhältnisse, übliche Tätigkeit, Geschäftszuschnitt und gewöhnlicher Geschäftsgang der Beteiligten erlauben (vgl. BGH GRUR 1974, 786/787 – Kassettenfilm; BGH GRUR 1996, 121/122 – Pauschale Rechtseinräumung; *Schricker*, Verlagsrecht³ § 8 Rdnr. 5 b; sa. Dreier/*Schulze*³ § 31 Rdnr. 122 ff.). Zur Bestimmung des Vertragszwecks bei Arbeits- und Dienstverhältnissen s. § 43 Rdnr. 52 ff.; *Donle* S. 198 ff.; bei einer Auftragsproduktion OLG Hamburg GRUR 2000, 45/46 f.

90 Sofern es nach § 31 Abs. 5 auf den Vertragszweck ankommt, reicht die Rechtseinräumung nur so weit, wie ein **zweifelsfreier, gemeinsam verfolgter Zweck** sich ermitteln lässt (Dreier/*Schulze*³ § 31 Rdnr. 121). Im Zweifel verbleibt das Recht beim Urheber (Fromm/Nordemann/*J. B. Nordemann*¹⁰ § 31 Rdnr. 126; *Schricker*, Verlagsrecht³ § 8 Rdnr. 5 b; Dreier/*Schulze*³ § 31 Rdnr. 127; *Schack*⁴, Urheber- und Urhebervertragsrecht, Rdnr. 547; *Genthe* S. 60 ff., 87; *Schweyer* S. 96; *Reimer* GRUR Int. 1973, 315/323; aA *Schweiger/Kockler* UFITA 73 [1975] 21/37/48 f.: Es sei dann nach „allgemeinen Auslegungsgrundsätzen" zu verfahren).

6. Praktische Beispiele

91 Im Folgenden wird ein nach Verwertungsbereichen geordneter Überblick über die Rechtsprechung sowohl zur allgemeinen Zweckübertragungslehre vor dem UrhG als auch zur Anwendung von § 31 Abs. 5 UrhG gegeben. S. im Übrigen die Auflistung von Einzelfällen bei Dreier/*Schulze*³ § 31 Rdnr. 128 ff.; Fromm/Nordemann/*J. B. Nordemann*¹⁰ § 31 Rdnr. 136 ff.; Dreyer/*Kotthoff*/Meckel² § 31 Rdnr. 138 ff.). Zur praktischen Tragweite der Zweckübertragungsregel sa. für den Verlagsbereich *Schricker*, Verlagsrecht³ § 8 Rdnr. 5 e; im Film-/Videobereich *Brugger* FuR 1974, 75; *Brugger/Wedel* UFITA 65 [1972] 159; *Poll* in Poll [Hrsg.], Videorecht, Videowirtschaft, 1986, S. 86 ff.; *Dünnwald* GRUR 1973, 245 ff.).

92 **a) Film/Fernsehen/Video.** S. allgemein zum Vertragsrecht vor §§ 28 ff. Rdnr. 144 ff., 155 ff.; speziell zum Verfilmungsrecht § 88 Rdnr. 24 ff., zum Filmvorführungs- und Senderecht § 88 Rdnr. 44 f., 47):

BGHZ 9, 262 – Lied der Wildbahn I: Der Erwerb des ausschließlichen Vorführungsrechts an einem Filmwerk schließt im Zweifel nicht den Erwerb des fotografischen Urheberrechts an den **einzelnen Lichtbildern des Films** ein.

BGH GRUR 1957, 611 – Bel ami: Ein Filmproduzent, dem die Rechte an **für einen bestimmten Film geschaffenen Kompositionen und Liedertexten** übertragen werden, erwirbt im Zweifel die Rechte zur filmischen Auswertung von Musik und Texten nur für die Filmschöpfung, für die diese Werke verfasst wurden. Der Umfang der Rechtsübertragung ist nach den Parteiabsichten, wie sie sich aus dem Sinn und Zweck des Vertragswerks als Ganzem ergeben, abzugrenzen.

BGH GRUR 1960, 609 – Wägen und Wagen: Wird die Herstellung eines **Werbekulturfilms** in Auftrag gegeben, der nach Richtlinien des Bestellers für dessen Werbezwecke geschaffen werden soll, so ist der Filmhersteller im Zweifel zur Übertragung sämtlicher urheberrechtlicher Nutzungsbefugnisse an dem Filmwerk auf den Besteller verpflichtet, wenn er sich gegen Zahlung eines festen Kostenbetrags, in dem auch die Honorare aller an der Filmherstellung schöpferisch Beteiligten einbegriffen sind, zur „Lieferung des Films" verpflichtet hat, ohne sich eigene Auswertungsrechte an dem Film vorzubehalten (vgl. auch BGH GRUR 1960, 199 – Tofifa: stillschweigende Übertragung des Urheberrechts an einem Werbefilm durch die an der Herstellung des Films schöpferisch Beteiligten auf das Filmunternehmen).

BGH GRUR 1969, 143 – Curt Goetz-Filme II: Überträgt der Verfasser eines Bühnenstücks einem Filmhersteller das Recht zu dessen Verfilmung und sind sich beide darüber einig, dass der Film in Filmtheatern vorgeführt werden soll, so ist der Filmhersteller zur Auswertung des Films im **Fernsehen** nur dann berechtigt, wenn ihm auch diese Nutzungsart im Vertrag eindeutig übertragen worden ist (vgl. auch BGH UFITA 54 (1969) 278 – Fernsehauswertung: Zu Lasten des Urheberrechtsinhabers kann aber im negativen Fall hinsichtlich der Fernsehauswertung eine vertragliche Enthaltungspflicht bestehen.).

BGH GRUR 1976, 382 – Kaviar (m. Anm. von *D. Reimer,* der auf die vorhergehende Rechtsprechung eingeht): Werden an einem literarischen Stoff örtlich und zeitlich uneingeschränkte Weltverfilmungs- und Wiederverfilmungsrechte zur Herstellung von Filmen eingeräumt, die zur Vorführung in Lichtspieltheatern bestimmt sind, so berechtigt eine Vertragsbestimmung, wonach die Aufnahme und Vorführung an kein besonderes System gebunden sind und sich insbesondere auch auf „Television" erstrecken sollen, nicht zur Verwendung des Stoffs für Filme (hier Wiederverfilmung), die ausschließlich zur **Sendung durch Funk** bestimmt sind. Denn Zweckbestimmung des Vertrags war Herstellung eines Kinospielfilms; der Rechtserwerber war auch nur mit der Produktion solcher Filme befasst. Die „Televisions"-Klausel sollte nur die Fernsehzweitnutzung ermöglichen, nicht aber die Verwertung von ausschließlich oder doch in erster Linie für Fernsehsendungen bestimmten Filmen.

BGH GRUR 1982, 727 – Altverträge (sa. die Instanzentscheidungen LG München I FuR 1979, 610; OLG München FuR 1980, 213): Werden in **Verträgen zwischen Filmurhebern und Filmproduzenten,** die zwischen 1939 und 1942 geschlossen wurden, ausdrücklich auch die Rechte für den **„gefunkten Film"** übertragen, so ist dies als Einräumung des Fernsehsenderechts aufzufassen. Für eine Anwendung der schon unter der Herrschaft des früheren Rechts entwickelten Zweckübertragungstheorie ist kein Raum, wenn die einzelnen Nutzungsarten – wie hier – im Vertrag aufgeführt sind. Es liegt auch keine noch nicht bekannte Nutzungsart vor. Vgl. aber OLG Frankfurt ZUM 2000, 595: Das Recht zur Wiedergabe in Tonfilm und Rundfunk in einem Verlagsvertrag der fünfziger Jahre impliziert nicht die Fernsehrechte und Merchandisingrechte; ihre Einräumung folgt auch nicht aus dem Vertragszweck.

BGH GRUR 1971, 35/39 f. – Maske in Blau: Ist in einem Vertrag über die **bühnenmäßige Aufführung einer Operette** das Recht zur Übertragung des Werks auf Bild- oder Tonträgern nicht unzweideutig eingeräumt, so ist eine Verfilmung von geschützten Teilen des Werks, um sie in die bühnenmäßige Aufführung einzublenden, nicht zulässig; aus dem Zweck des Aufführungsvertrags kann die Berechtigung zu solcher Nutzung nicht entnommen werden.

BGH GRUR 1974, 786/787 f. – Kassettenfilm (vgl. auch das Berufungsurteil OLG München GRUR 1973, 39 – Anneliese Rothenberger; s. ferner *Schweyer* S. 74 ff.; *Movsessian* FuR 1974, 549 ff.; *Hillig* FuR 1974, 576 ff.; *Brugger* FuR 1974, 758 ff.): Der Verfasser hatte sich 1966 einer Herstellerin von Fernsehfilmen gegenüber zur **Ausarbeitung eines sendefähigen Manuskripts für einen Fernsehfilm** verpflichtet und formularmäßig ua. das Recht zur Verwendung des Werks für „alle Rundfunk- (Fernsehrundfunk, Hörrundfunk, Drahtfunk) und Filmzwecke" eingeräumt. Der BGH entschied, dass das Recht zur herkömmlichen Schmalfilmverwertung durch Vorführung über Projektoren auf Leinwand im nichtgewerblichen Bereich dabei nicht impliziert sei. Aus § 31 Abs. 5 folge, dass selbst aus einer dem Vertragswortlaut nach „uneingeschränkten" Übertragung eines im Gesetz umschriebenen Verwertungsrechts, wie beispielsweise des Rechts der Vervielfältigung oder des Verbreitungsrechts, über den Umfang der Rechtsübertragung regelmäßig nichts Abschließendes entnommen werden könne. Die pauschale Einräumung dieser Rechte sei vielmehr gegenständlich nach dem jeweiligen Vertragszweck zu beschränken. Im entschiedenen Fall erstreckten sich die eingeräumten Nutzungsrechte nur auf diejenigen filmischen Zwecke, die mit der Auswertung eines zur Sendung durch Funk bestimmten Films üblicherweise verbunden seien. Dass hier zum Zeitpunkt des Vertragsabschlusses auch die herkömmliche Schmalfilmauswertung über Projektoren auf Leinwand im privaten Bereich gehört hätte, habe das BerG nicht festgestellt; es handle sich um eine unterschiedliche Verwertungsmöglichkeit gegenüber der Sendung. Dass die Verwertungsmöglichkeit bereits bekannt gewesen war, begründe kein abweichendes Ergebnis. Den Rundfunkanstalten, in deren Auftrag die Vertragspartnerin arbeite, sei auch eine erwerbswirtschaftliche Tätigkeit, von so genannten Randnutzungen abgesehen, untersagt. Da schon das Recht zur herkömmlichen Schmalfilmauswertung nicht eingeräumt sei, gelte Entsprechendes erst recht für das Recht, Kassettenfilme in Super-8-Format herzustellen und zum Verkauf zur häuslichen Vorführung anzubieten, ohne dass entschieden zu werden bräuchte, ob insoweit eine „noch nicht bekannte Nutzungsart" iSd. § 31 Abs. 4 vorliege.

BGH GRUR 1977, 42 – Schmalfilmrechte (vgl. auch LG Berlin GRUR 1973, 36 – Schmaltonfilmvertrieb): Wer von dem Hersteller eines zur Vorführung in Lichtspieltheatern bestimmten Tonfilms die Schmalfilmrechte erworben hat, bedarf zur Vermietung oder zum Verkauf von Schmaltonfilmkopien im 16-mm-Format zum Zweck der **öffentlichen Filmvorführung** auch außerhalb von Lichtspieltheatern nicht der Erlaubnis der GEMA. Dagegen bedarf der Erwerber der Schmalfilmrechte der Erlaubnis der GEMA zur Vermietung oder zum Verkauf dieser Schmaltonfilmkopien für die **nicht** öffentliche Filmvorführung. Denn Zweck des Filmmusikvertrags zwischen Komponist und Filmhersteller ist es, dem Filmhersteller die öffentliche Vorführung des Films zu ermöglichen. Es sind keine Gründe ersichtlich, dass die Komponisten bereit gewesen sein sollten, ihre Leistungen für eine gewerbliche Nutzung zum Zweck privater Tonfilmvorführungen ohne eine Beteiligung an den Einnahmen aus Vermietung und Verkauf der Schmalfilme zur Verfügung zu stellen.

BGH GRUR 1987, 37 – Videolizenzvertrag: Das ausschließliche **Vermietungsrecht an Filmen auf Videokassetten** ist eine selbständig abspaltbare und weiterübertragbare Befugnis im Rahmen des Verbreitungsrechts (s. dazu *Reemann* GRUR 1987, 339 ff.; *Scheuermann* S. 28 ff.).

LG Hamburg UFITA 25 (1958) 480: Die Übertragung des Auswertungsrechts an **Filmen** im Normalformat umfasst nicht ohne Weiteres auch das **Recht zur Vorführung im Schmalfilmformat**. Die Übertragung der „uneingeschränkten Auswertungsrechte" umfasst nur die Rechte, die üblicherweise nach dem Sinn und Zweck des Vertrags und den ganzen Umständen bei solchen Geschäften übertragen zu werden pflegen. In der Filmwirtschaft wird zwischen der Auswertung im Normalfilmformat und der Schmalfilmauswertung streng unterschieden.

OLG München ZUM 1995, 798/799 f.: Werden „die Nutzungsrechte an dem Foto, jedoch nur zum Zweck der Werbung für den Film …" eingeräumt, so ist auch die Benutzung als **Coverbild auf Videokassetten** eingeschlossen, wenn zum Zeitpunkt des Vertragsschlusses auch eine Videonutzung ins Auge gefasst war.

Die – eine beliebig oft wiederholbare Nutzung im privaten Bereich ermöglichende – **Videozweitauswertung** von (Kino-)Spielfilmen bildet gegenüber der herkömmlichen Auswertung im Wege der öffentlichen Filmvorführung eine besondere Nutzungsart (BGH GRUR 1991, 133/136 – Videozweitauswertung). Zur Nutzung der **Filmmusik** durch Videozweitauswertung von – unverändert übernommenen – Kinospielfilmen bedarf es allein der Übertragung der Vervielfältigungs- und Verbreitungsrechte; ein selbständiges Video-Verfilmungsrecht besteht in solchen Fällen nicht (BGH GRUR 1994, 41 – Videozweitauswertung II; vgl. auch OLG Hamburg ZUM 1992, 303; LG Hamburg ZUM-RD 1997, 256; *Scheuermann* S. 96 ff.).

LG Köln AfP 2000, 196: Der Auftraggeber eines **Werbefilms** erhält nach der Zweckübertragungstheorie nur die für den werblichen Einsatz erforderlichen Nutzungsrechte, nicht auch Rechte betreffend eine „Erinnerungssendung" über den Werbefilmer.

93 **b) Rundfunk.** Sonstige Verträge aus dem Rundfunkbereich (s. allgemein vor §§ 28 ff. Rdnr. 144 ff.):

BGH GRUR 1985, 874/876 – Schulfunksendung: Die Einräumung von Rechten zur „**Nutzung für Tonrundfunkzwecke**" impliziert nicht die Befugnis der Rundfunkanstalt, einer Landesbildstelle zu gestatten, von Arbeitsbändern des Rundfunks Aufzeichnungen von Schulfunksendungen für Schulen herzustellen.

LG Stuttgart Schulze LGZ 83: Die Berechtigung eines Rundfunksenders, „das Werk für die Zwecke des Tonrundfunks über alle ihm zur Verfügung stehenden Sender auszustrahlen und auch über **Drahtfunk** zu verbreiten", umgreift auch das Recht zur Ausstrahlung über einen ausländischen Drahtfunk.

OLG Hamburg GRUR 1991, 599: Die Benutzung eines musikalischen Werks in der **Rundfunkwerbung** ist eine eigenständige Nutzungsart.

LG Düsseldorf ZUM 1986, 158 – West Side Story: Das **Recht zur Verwertung musikalischer Werke in der Hörfunkwerbung** für branchenfremde Erzeugnisse (hier Kraftfahrzeuge) wird nicht auf die GEMA übertragen. Sinn und Zweck des Berechtigungsvertrags mit der GEMA sei lediglich, die Aufführungs-, Sende- und mechanischen Rechte wahrzunehmen, um die künstlerische Leistung möglichst ertragreich zu verwerten; hierunter falle nicht die Kopplung mit einem branchenfremden Erzeugnis zur Werbung für dieses.

LG München I AfP 1986, 252: Bei „**Kabel- und Satellitenrechten**" soll es sich weder um eine unbekannte Nutzungsart noch um eine selbständige, von der Nutzungsart der terrestrischen Abstrahlung zu trennende Nutzungsart handeln (s. dazu auch *Platho* ZUM 1986, 572). Die Entscheidung ist abzulehnen; s. im Einzelnen § 88 Rdnr. 48; s. dort auch zu Kabelweitersendung, Pay-TV und Satellitenfernsehen. Sowohl die Kabelsendung als auch die Satellitensendung heben sich vom herkömmlichen drahtlosen Rundfunk durch eine grundlegend neue Technik ab. Auch wirtschaftlich ist die Nutzung abweichend organisiert (Kabelanschluss und -Abonnement, Satellitenantennenanlage). Die Voraussetzungen einer wirtschaftlich-technisch selbständigen und abgrenzbaren Nutzungsart sind somit in überzeugender Weise erfüllt. Dies verkennt die „Klimbim"-Entscheidung des BGH (GRUR 1997, 215/217 – zur Anwendung des § 31 Abs. 4; ebenso BGH GRUR 2001, 826, 828 – Barfuß ins Bett; zustimmend Dreyer/*Kotthoff*/*Meckel*[2] § 31 Rdnr. 118; s. zur Kritik *Schricker* EWiR 1997, 1139; *Loewenheim* GRUR 1997, 220/221; *Möhring*/*Nicolini*/*Spautz*[2] Rdnr. 44; *Wandtke*/*Bullinger*/*Grunert*[3] § 31 Rdnr. 44f. mwN; *Lütje* in FS Schwarz S. 115, 123ff.; *Reber* GRUR 1998, 792, 794ff.; wie der BGH schon OLG Hamburg GRUR 1989, 590. Eine eigene Nutzungsart nimmt *v. Gamm* ZUM 1994, 591/595 an). Für die urheberrechtliche Selbständigkeit der Kabel- und Satellitennutzung spricht im Übrigen auch ihre gesonderte Behandlung in der einschlägigen EG-Richtlinie (vgl. *Hoeren* ZUM 1994, 552/553).

OLG Frankfurt/M GRUR 1989, 203 – Wüstenflug: Die Einräumung der Nutzungsrechte an einem Fernsehfilm über den Segelflugsport an eine Rundfunkanstalt belässt, wenn sie sich auf die „ausschließlich fernsehmäßigen Verwertungsrechte" beschränkt, das Recht zur **öffentlichen Wiedergabe einer die Sendung aufzeichnenden Videokassette** beim Rechtsinhaber. Dies gilt jedenfalls dann, wenn die Wiedergabe nicht zur Werbung für den Sender erfolgt.

OLG München ZUM 1998, 101: Die Übertragung „sämtlicher Nutzungsrechte" in einem Vertrag über eine Fernsehproduktion erfasst im Zweifel nicht das Recht zur **Videoauswertung**; Letzteres wird auch nicht durch die Formel „Rechte der fernsehmäßigen Verwertung" erfasst, so OLG Düsseldorf GRUR-RR 2002, 121, 123.

OLG München ZUM 1998, 413: Zur Einbeziehung der **Video-on-demand-Rechte** in einem 1995 geschlossenen Vertrag über Verwertung in allen audiovisuellen Verfahren (s. dazu die mit Recht kritische Anm. von *Lauktien* MMR 1998, 369ff.).

OLG Hamburg NJW-RR 2003, 112: Einräumung der Rechte zur **filmischen Verwertung einer Plastik** deckt nicht den Abdruck eines Photos in einer Zeitschrift.

OLG Köln GRUR-RR 2005, 179: Ausschließliche Nutzungsberechtigung an Auftragsproduktion schließt auch Verwendung als **Standbild im Internet** ein.

c) Verlagswesen einschließlich Illustrationen. S. allgemein vor §§ 28ff. Rdnr. 109ff.; **94** ferner den Überblick bei *Wegner*/*Wallenfels*/*Kaboth*, Recht im Verlag, S. 76ff.

BGH GRUR 1955, 201/203f. – Cosima Wagner: Durch die Übereignung ihrer **Tagebücher** an ihre Tochter Eva Chamberlain hat Cosima Wagner auch das Urheberrecht an den Aufzeichnungen einschließlich des persönlichkeitsrechtlichen Veröffentlichungsrechts übertragen, da der Zweck der Übereignung die Sicherung der Vertraulichkeit der Aufzeichnungen war.

BGH GRUR 1959, 200/203 – Der Heiligenhof: Eine Verlagslizenz über eine „Volksausgabe" eines Romans umfasst nicht das Recht der **Verbreitung über eine Buchgemeinschaft,** wenn dieses nicht ausdrücklich mit einbezogen ist. Die Buchgemeinschaftsausgabe wird heute allgemein als selbständige Nutzungsart erachtet (s. statt aller *Donhauser* S. 20ff., 139ff.; *Wegner*/*Wallenfels*/*Kaboth*, Recht im Verlag, Rdnr. 106).

BGH GRUR 1968, 152/153f. und BGH Schulze BGHZ 196 (zweite Revisionsentscheidung) – Angélique: Ob ein **Übersetzer** mangels ausdrücklicher Vereinbarung mit der Übertragung der Nutzungsrechte in einem Werkvertrag auf der Basis eines Pauschalhonorars auch das Recht des **Buchgemeinschaftsvertriebs** überträgt und die Zustimmung zur Einräumung einer Buchgemeinschaftslizenz stillschweigend erteilt, bestimmt sich nach dem Zweck des Vertrags. Wesentlich ist dabei, welche Übung zum Zeitpunkt des Vertragsschlusses in einschlägigen Kreisen geherrscht hat. Ist es 1955 üblich gewesen, dass auch bei Vereinbarung eines Pauschalhonorars dem Verleger die Befugnis zur Vergabe von Lizenzen an Buchgemeinschaften in eindeutiger Weise eingeräumt ist, so ist eine derartige Rechtsvergabe mangels eindeutigen Ausschlusses anzunehmen (s. dazu mit Recht kritisch *Schweyer* S. 46 ff. In solchen Fällen werden nunmehr § 30 und § 32 dem Übersetzer eine angemessene Vergütung verschaffen, s. § 32 Rdnr. 31). Im Übrigen kann heute nicht mehr davon ausgegangen werden, dass mit dem Pauschalhonorar des Übersetzers nach dem Vertragszweck auch Folgeauflagen und sonstige Verwertungen abgegolten würden (so aber für ältere Verträge KG AfP 2001, 514).

BGH GRUR 1984, 528 – Bestellvertrag (sa. OLG München FuR 1982, 586): Für einen **Bestellvertrag** (hier über ein Buch „Ihr Baby im ersten Lebensjahr", das zugleich für bestimmte Kindernahrungsmittel werben sollte) gilt die Regel des § 5 Abs. 1 S. 1 VerlG (im Zweifel Rechte nur für eine Auflage) nicht. Ob die Rechtseinräumung sich auch auf weitere Auflagen erstreckt, ist mangels ausdrücklicher Abmachungen „aus dem Vertragszweck, aus den Begleitumständen und dem schlüssigen Verhalten der Beteiligten" zu entnehmen. Ebenso BGH GRUR 1998, 680, 682 – Comic-Übersetzungen: Eine Einräumung über den Vertragszweck hinausgehender Nutzungsrechte kann nur bei einem unzweideutig zum Ausdruck gekommenen Parteiwillen angenommen werden. Verträge über literarische Übersetzungen sind heute im Zweifel als Verlagsverträge zu werten (so auch Dreier/*Schulze*[3] § 31 Rdnr. 130; OLG München ZUM 2001, 427, 432). S. zur Kritik an der Figur der stillschweigenden über den Vertragszweck hinausgehenden Nutzungsrechtseinräumung Rdnr. 78.

BGH GRUR 1985, 378 – Illustrationsvertrag: Bei einem Vertrag über **Illustrationen für Kinderbücher** handelt es sich nicht um einen Bestellvertrag gemäß § 47 VerlG, wenn es an einer engen Einbindung des Beauftragten in die vom Besteller gezogenen Grenzen fehlt. Ist zunächst offengeblieben, ob durch das Honorar nur die erste Auflage abgegolten ist oder auch Rechte für weitere Auflagen eingeräumt werden, kann aus der Tatsache, dass Verhandlungen über ein Wiederholungshonorar gescheitert sind, noch nicht gefolgert werden, dass die Künstlerin auf ein solches verzichtet.

BGH GRUR 1960, 443 – Orientteppich: Räumt der Urheber geschützter Abbildungen dem Eigentümer von Vorrichtungen **(Klischees, Galvanos)**, die zur Vervielfältigung dieser Abbildungen geeignet sind, die freie Verfügungsbefugnis über diese Vorrichtungen ein, so ist es eine nach den Gesamtumständen zu entscheidende Auslegungsfrage, ob und in welchem Umfang damit Vervielfältigungsrechte übertragen werden. Vgl. auch BGH ZUM 2002, 141, zur Rückgabepflicht des Kunden bezüglich überlassener **Original-Diapositive** und zum Schadensersatz wegen Verlusts.

LG München I Schulze LGZ 133: Legt ein Fotograf einem Verlag **Auswahlfotos für eine Bildstory** vor, erwirbt dieser Nutzungsrechte allenfalls an den zur Veröffentlichung ausgewählten Fotos, nicht jedoch an den nicht veröffentlichten.

KG AfP 1997, 729: Zur Auslegung einer sog. **Poolregelung bzgl. Bildberichterstattung in einem Strafprozess.**

OLG Karlsruhe GRUR 1984, 522 – Herrensitze in Schleswig-Holstein: Hinsichtlich **Fotos**, die ein Fotograf aufgrund eines Bestellvertrags für einen Zeitschriftenverlag angefertigt hat, führt mangels ausdrücklicher Abrede die zweckgerechte Auslegung zum Ergebnis, dass dem Verlag ein einfaches Nutzungsrecht im Rahmen seines Verlagsprogramms zusteht, das zu einmaliger oder wiederholter Veröffentlichung in den Zeitschriften des Verlags berechtigt. Der Zweck des Vertrags werde durch seinen Gesamtinhalt und die miteinander zu vereinbarenden oder widerstreitenden Interessen der Parteien bestimmt.

KG GRUR-RR 2002, 125 – Gruß aus Potsdam: Ein beschränktes Nutzungsrecht an Dias zur Verwertung für **Ansichtskarten und Kalender** ist wirksam.

KG K&R 2002, 148: Gibt ein Fotograf Fotos zum Abdruck in einer Tageszeitung, wird nicht auch das Recht zur Verwendung in einer **Internet-Homepage**, im **Internet-Archiv** und für **Zeitungs-Mantellieferungen** eingeräumt.

BGH GRUR 1990, 669 – Bibelreproduktion: Der **Buchvertrieb über Kaffeefilialgeschäfte** stellt gegenüber dem Vertrieb über sonstige Nebenmärkte außerhalb des Sortimentsbuchhandels keine selbständig abspaltbare Nutzungsart iSv. § 31 Abs. 5 UrhG dar.

BGH GRUR 1992, 310/311 f. – Taschenbuch-Lizenz (sa. KG GRUR 1991, 596/599 – Schopenhauer-Ausgabe; *Wohlfahrt*, Das Taschenbuchrecht, S. 81 ff.; *Donhauser* S. 22 ff., 139 ff.): **Hardcover-Ausgaben** und **Taschenbuchausgaben** bilden aufgrund ihrer unterschiedlichen äußeren Gestaltungsmerkmale selbständige Nutzungsarten (s. zu den einzelnen Nutzungsarten im Verlagswesen auch *Wegner/Wallenfels/Kaboth* S. 31). Der in der Regel niedrigere Preis der Taschenbuchausgaben ist ein diese charakterisierendes, nicht aber die Nutzungsart selbst kennzeichnendes Merkmal. Auch bei Hardcoverausgaben ist zu unterscheiden: Gegenüber einer Künstlermonographie DIN A 4 bildet eine billigere **„Midi-Ausgabe"** in Hardcover und Softcover in wesentlich verkleinertem Format eine selbständige Nutzungsart, für die es einer gesonderten Erlaubnis bedarf, so OLG Köln ZUM-RD 1998, 213. Der Lizenznehmer für eine **Taschenbuchausgabe** als selbständige Nutzungsart hat kein Verbietungsrecht bezüglich einer billigen Hardcover-Sonderausgabe (so bereits OLG München ZUM 1989, 585/587).

BGH GRUR 1997, 464/465 – CB-infobank II: Die Verwertung von **Zeitungsartikeln in Informationsdiensten** kann eine neue Nutzungsart sein.

KG NJW-RR 1990, 1065: Die Einräumung eines Nebenrechts zum Abdruck in Zeitungen oder Zeitschriften in einem Verlagsvertrag berechtigt nicht zum Abdruck in einem satirischen Flugblatt in Form einer **gefälschten Zeitung**.

KG GRUR 1991, 596/599: Mit der Vertragsformulierung einer Nutzungsrechtseinräumung für **„alle Ausgaben"** kommt der Verleger seiner Spezifizierungslast gem. § 31 Abs. 5 nicht nach; im Zweifel erwirbt er nur das Recht zu einer Normalausgabe im Sortimentsbuchhandel, nicht auch die Buchgemeinschafts- und Taschenbuchrechte.

OLG München ZUM 2000, 404: Die Einräumung von Nutzungsrechten an einem **Beitrag für ein Handbuch der deutschen Gegenwartsliteratur** gilt nach der Zweckübertragungstheorie nur für die konkrete Ausgabe, nicht auch für eine Neuherausgabe.

OLG Hamburg NJOZ 2005, 4335/4337 f.: Im Jahr 1980 schloss auf der Grundlage der Zweckübertragungstheorie die Übertragung von Verwertungsrechten für die Nutzung einer Zeitung nicht die Form einer **Internet-Ausgabe** ein, da es sich um eine damals noch unbekannte Nutzungsart handelte.

BGH NJW-RR 2007, 1530: Die **Übernahme von Fotos eines Berufsfotografen** durch einen Zeitungsverleger in seine Archiv bedeutet auch bei Zahlung einer Archivgebühr nicht, dass der Verleger Eigentum an den Fotos erworben hat.

OLG Köln GRUR-RR 2008, 47: **Nutzungsrechte an einer (deutsch) untertitelten Originalfassung eines Films** und an der (deutschen) Synchron-/Voice-over-Fassung können getrennt und verschiedenen Berechtigten eingeräumt werden. Die vom Urheber erhaltene Berechtigung, den Originalfilm in jeder beliebigen Sprache mit Untertiteln zu versehen, enthält ohne weitere Anhaltspunkte nicht die Befugnis, den Film auch zu synchronisieren (Leitsätze).

LG Köln ZUM 2008, 76: Die Anfertigung von **Bewerbungsfotos** durch ein Fotostudio berechtigt nach der Zweckübertragungstheorie den Fotografierten noch nicht, diese Fotos auf seiner Homepage im Internet öffentlich zugänglich zu machen.

LG München I GRUR-RR 2009, 332: Die Zweckübertragungslehre spricht für die **unbefristete Einräumung des Nutzungsrechts** an einem Foto für CD-Cover, eine Befristung wäre von demjenigen zu beweisen, der das Nutzungsrecht eingeräumt hat.

d) Architektur. BGH GRUR 1981, 196/197 – Honorarvereinbarung: Ein **Architekt** hatte eine **Gesamtplanung für ein Fabrikgelände** erstellt, dann aber den Auftrag zur Einzelplanung nur eines zunächst zu errichtenden Teilbereichs erhalten. Später wurden Erweiterungsbauten unter Verwendung seiner Einzelplanung ohne seine Hinzuziehung errichtet. Der BGH verweist auf § 31 Abs. 5: Zweck des Vertrags sei allein die Planung und Errichtung der Erstbauten gewesen; Erweiterungsmöglichkeiten in konkreter Gestaltung hätten hierzu noch nicht gehört. „Auch von der Interessenlage her" habe keine Veranlassung zu einer Nutzungsrechtseinräumung bezüglich der Erweiterungsbauten bestanden. Eines ausdrücklichen Vorbehalts der Rechte für die Erweiterungsbauten habe es nicht bedurft. 95

BGH GRUR 1984, 656 – Vorentwurf: Aus der Übernahme eines Einzelauftrags zur Erstellung eines **Vorentwurfs** für ein Bauwerk durch einen **Architekten** kann regelmäßig noch nicht auf die Einräumung urheberrechtlicher Nutzungsbefugnisse, insbesondere des Nachbaurechts, geschlossen werden. Fehlt es an einer ausdrücklichen vertraglichen Regelung der Einräumung von Nutzungsrechten, ist auf den von den Parteien nach dem Gesamtvertragsinhalt erkennbar übereinstimmend verfolgten Vertragszweck zurückzugehen und zu fragen, ob und in welchem Umfang zur Zweckerreichung eine Nutzungsrechtseinräumung erforderlich ist (§ 31 Abs. 5). Die Rechtseinräumung kann dabei auch stillschweigend erfolgen. Im entschiedenen Fall sprach gegen eine Nutzungsrechtseinräumung vor allem, dass die Gesamtbeauftragung des Architekten noch ungeklärt war (vgl. aber BGH GRUR 1975, 445/446 – Wohnhausneubau: Fertigt der Architekt vertragsgemäß nicht nur den Vorentwurf, sondern auch Entwurf sowie

Bauvorlagen an, wird das Nachbaurecht übertragen). S. ferner OLG Frankfurt GRUR-RR 2007, 307: Wird ein Architekt zunächst nur mit der Genehmigungsplanung beauftragt, soll ihm aber im Falle der Durchführung des Bauvorhabens auch die Ausführungsplanung übertragen werden, so kann ohne nähere Anhaltspunkte nicht von einer Übertragung des urheberrechtlichen Nachbaurechts an den Bauherrn ausgegangen werden (Leitsatz).

BGH GRUR 1996, 121 – Pauschale Rechtseinräumung: Die Vereinbarung in einem **Gesellschaftsvertrag**, dass bei Ausscheiden eines Gesellschafters (Architekt) der Gesellschaft ein ausschließliches Nutzungsrecht an seinen Werken zustehen soll, ist nach der allgemeinen Zweckübertragungslehre auf eine vertragszweckkonforme Nutzungsrechtseinräumung zu reduzieren (zust. *Schricker* EWiR 1996, 1221; *ders.* JZ 1996, 522; krit. *Hoeren* CR 1996, 84).

OLG Hamburg Schulze OLGZ 137: Erwerb von Nutzungsrechten seitens einer Stadtverwaltung an **Planungsgutachten**, die im Rahmen von Entwurfsseminaren an einer Hochschule, auch unter Beteiligung von Studenten, erarbeitet wurden.

OLG Frankfurt/M NJW-RR 1989, 407/409: In dem Vertrag, mit dem ein Architekt mit der gesamten **Bauplanung** beauftragt wird, werden konkludent die Nutzungsrechte eingeräumt, die dieser zur Durchführung des Baus benötigt. Eine spätere Kündigung soll hieran nichts ändern.

Vgl. auch vor §§ 28 ff. Rdnr. 175.

96 e) **Digitale Nutzungsformen.** Was die neuen digitalen Nutzungsformen in der Informationsgesellschaft betrifft, so ist zunächst davon auszugehen, dass die **Digitalisierung** als solche noch nicht notwendig zu einer neuen Nutzungsart führt; es kommt vielmehr auf die technisch-wirtschaftliche Art der Verwertung der digitalisierten Werke an (vgl. Dreier/*Schulze*³ § 31 Rdnr. 46; *v. Gamm* ZUM 1994, 591/593 f.; vgl. auch § 2 Rdnr. 75). Im Einzelnen kristallisieren sich dabei zahlreiche selbständige Nutzungsarten heraus (Dreier/*Schulze*³ vor § 31 Rdnr. 177). Grundsätzlich abzugrenzen sind die Online-Nutzungen und die Offline-Nutzungen (*Katzenberger*, Elektronische Printmedien, S. 97 f.). Untergruppierungen sind nach der jeweiligen Produktkonfiguration und Vertriebsgestaltung vorzunehmen. So sind im Bereich der Sprachwerke neben den verschiedenen Print-Nutzungsarten (s. Rdnr. 94) die Werkfixierungen auf herkömmlichen elektronischen Datenträgern (Hörkassetten) einerseits und andererseits die CD-ROM-Ausgaben als jeweils selbständige Nutzungsarten zu erachten (*Katzenberger* aaO S. 98); ebenso Zeitschriften in Printform und in digitaler Form (OLG Hamburg NJOZ 2005, 4335/4337 f.). Die Überlassung von Photos zum Abdruck in einer Tageszeitung berechtigt nicht zur Nutzung auf der Internet-Homepage und im Internet-Archiv sowie für Mantellieferungen, KG K&R 2002, 148 mit zust. Anm. von *Schricker* EWiR 2001, 1113 f.; LG Berlin ZUM-RD 2001, 36. Das Recht zum Abdruck von Fotografien in einer Zeitschrift berechtigt nicht zur Aufnahme in eine später erschienene CD-ROM-Ausgabe der Jahrgangsbände, so zutreffend BGH GRUR 2002, 246 – SPIEGEL-CD-ROM. Entsprechendes gilt auch für Abbildungen von Kunstwerken, so LG Hamburg ZUM 2001, 711 und für die CD-ROM-Nutzung von zum Abdruck überlassenen Zeitungsartikeln, so AG Hamburg ZUM-RD 2002, 261. Zustimmend zum Urteil des BGH *Feldmann* ZUM 2002, 210 ff. Zu unterscheiden sind je nach Telekommunikationsweg und Produktgestaltung diverse Formen der Online-Nutzung (*Katzenberger* aaO S. 98). So kann das Nutzungsrecht einer Datenbank (hier GENIOS-Wirtschaftsdatenbank) zu Recherchen darauf begrenzt werden, dass der Datenbankbenutzer die Ergebnisse nur zum Eigenbedarf, ein Informationsvermittler nur für den Auftraggeber, aber nicht für Dritte nutzen darf (LG Köln AfP 1996, 183/184). Entsprechend spezifisch profilierte Nutzungsarten sind im Musik-, Film-, Hörfunk- und Fernsehbereich anzunehmen, wie etwa Pay-TV und Video-on-demand (vgl. *v. Gamm* ZUM 1994, 591/593; *Schwarz* in Becker/Dreier [Hrsg.], Urheberrecht und digitale Technologie, 1994, S. 105/119). Zu selbständigen Nutzungsarten führt darüber hinaus die multimediale Werkverwendung (*Hoeren* CR 1995, 710 ff.; Wandtke/Bullinger/*Wandtke/Grunert*³ § 31 Rdnr. 47). Zur Frage des Zeitpunkts der Bekanntheit der neuen Nutzungsarten s. § 31 a Rdnr. 29 ff.

97 f) **Sonstige Verträge.** BGH GRUR 1962, 51 – Zahlenlotto: Die Zweckübertragungstheorie ist nicht ohne Weiteres auf einen Sachverhalt anwendbar, bei dem der Bestand von Urheberrechten streitig ist und gerade auch dieser Streit durch einen **Abfindungsvergleich** beigelegt werden soll.

BGH GRUR 1966, 691 – Schlafsäcke: Aus dem Vertragszweck kann sich bei der Einräumung urheberrechtlicher Nutzungsrechte an einem **Werbespruch** ergeben, dass diese Rechte zu Werbezwecken zeitlich und sachlich unbeschränkt vergeben werden (s. allgemein zur Werknutzung in der Werbung Dreier/*Schulze*³ vor § 31 Rdnr. 179 ff.).

BGH GRUR 1986, 885/886 – METAXA: Zum Umfang der Nutzungsrechtseinräumung bei einem Auftrag zur Herstellung einer Fotomontage für einen **Verkaufskarton**.

BGH GRUR 1988, 300 – Fremdenverkehrsbroschüre: Zur Frage des Umfangs der Nutzungsrechtseinräumung bei der Beauftragung eines Designers mit der Gestaltung einer **Fremdenverkehrsbroschüre**. Das Nutzungsrecht erstrecke sich nicht nur auf die einmalige Verwendung, sondern umfasse auch künftige Nachdrucke.

OLG Hamburg, AfP 1987, 691/692: Die Einräumung eines Nutzungsrechts an einem Photo zur einmaligen Verwendung für **Schallplattenhüllen** berechtigt nicht zur Benutzung auf Plakaten für Tourneekonzerte.

OLG Düsseldorf GRUR 1988, 541 – Warenkatalogfotos: Wenn ein Fotograf für einen **Automobil-Zubehör-Katalog** Fotos anfertigt und dem Besteller die Original-Fotos (Diapositive) übereignet, rechtfertigt dies noch nicht die Annahme eines ausschließlichen Nutzungsrechts, wenn ein einfaches Nutzungsrecht zur Erfüllung des Vertragszwecks ausreicht.

BGH GRUR 1971, 480/481 – Schwarzwaldfahrt: Besteht der Zweck des Vertrags darin, der Klägerin weltweite Verwendung der Musik als **Hintergrundmusik** zu ermöglichen, dann hat sie trotz formularmäßiger Übertragung aller Urheberrechte durch den Komponisten weder das Verlagsrecht noch das große Aufführungsrecht erworben.

LG Hamburg CR 2002, 198: Die Verwendung von Musik als **Handy-Klingelton** ist eine eigene Nutzungsart, die von den GEMA-Berechtigungsverträgen 1997/1998 nicht erfasst wird, ebenso OLG Hamburg GRUR-RR 2002, 249 sowie GRUR 2006, 323/325 und GRUR-RR 2008, 282/283; s. dazu auch BGH GRUR 2009, 395/397 Tz. 19 – Klingeltöne für Mobiltelefone m. Anm. *G. Schulze*; LG Hamburg ZUM 2005, 483, 485; *Landfermann*, Handy-Klingeltöne im Urheber- und MarkenR, 2006; *Rehmann/Bahr* CR 2002, 229 ff.; *Poll* MMR 2004, 67 ff. und ZUM 2006, 379; *Castendyck* ZUM 2005, 9; *v. Einem* ZUM 2005, 540.

BGH GRUR 1985, 529 – Happening (s. dazu auch KG GRUR 1984, 507 – Happening): Erteilt ein Gastprofessor einer Universität die Einwilligung, ein von ihm im Rahmen seiner Vorlesung veranstaltetes **Happening auf Videoband aufzuzeichnen,** umfasst die Einwilligung im Zweifel nicht die Verwertung der Videoaufzeichnung zu außeruniversitären Zwecken. Die Vermutung des § 88 Abs. 1 – eine Konkretisierung der Zweckübertragungstheorie des § 31 Abs. 5 – gelte nur „im Zweifel"; sie greife nicht ein, wenn, wie im entschiedenen Fall, sich aus den Umständen eine entgegenstehende Zweckrichtung des Vertrags ergibt. Der Hochschullehrer sei kein Film- oder Videoproduzent; er habe lediglich ermöglichen wollen, die Videoaufnahmen insoweit zu veröffentlichen und zu verbreiten, als dies mit dem Zweck seiner Lehrveranstaltung vereinbar war.

BGH GRUR 1985, 1041 – Inkasso-Programm (sa. LG Mannheim BB 1981, 1543; OLG Karlsruhe GRUR 1983, 300 – Inkasso-Programm. S. zum Streitfall – zum Teil kritisch – *Schulze* GRUR 1985, 997 ff.; *Bauer* CR 1985, 5 ff.; *Haberstumpf* GRUR 1986, 222 ff.): Aus dem Werkvertrag über die „exklusive" Erstellung eines **Computerprogramms** für einen bestimmten Auftraggeber wird die stillschweigend vereinbarte Nebenpflicht abgeleitet, das Programm nicht in identischer oder wesentlich identischer Form anderweitig zu verwerten (eine mittelbare Benutzung werde dagegen von der Nebenpflicht nicht erfasst). Das OLG-Urteil hatte die Urheberrechtsschutzfähigkeit des Programms bejaht und Einräumung eines ausschließlichen Nutzungsrechts angenommen. Eine inhaltliche Beschränkung auf die Verwendung einer bestimmten Programmiersprache und Hardware sei nicht anzunehmen; nach § 37 Abs. 1 beziehe sich das Recht aber nur auf die Originalform, nicht auch auf schöpferische Bearbeitungen. Der BGH verwies zur Klärung der Frage der Urheberrechtsschutzfähigkeit zurück. S. zu den Verträgen über Computersoftware vor §§ 69a ff. Rdnr. 56 ff. In der Entscheidung OEM-Version (GRUR 2001, 153, 154) hat der BGH es dahingestellt sein lassen, ob die Beschränkung des Verbreitungsrechts für Computersoftware zum Vertrieb nur mit der Hardware einen zulässigen Zuschnitt des gegenständlichen Nutzungsrechts bildet. Die Frage ist – ebenso wie für den Buchgemeinschaftsvertrieb – zu bejahen. Zur Erschöpfungsproblematik s. § 17 Rdnr. 42 ff.

BGH GRUR 1986, 458 – Oberammergauer Passionsspiele: Wer als Spielleiter der Oberammergauer Passionsspiele **Bühnenbilder** der Dorfgemeinschaft ausschließlich und vorbehaltlos zur Verfügung gestellt hat, hat damit stillschweigend auch das Bearbeitungsrecht eingeräumt (kritisch dazu *Sack* JZ 1986, 1017 f.).

LG Hamburg NJOZ 2008, 4130 und OLG Hamburg GRUR-RR 2008, 378 – Restwertbörse: **Bilder von Kfz-Schäden**, die ein Sachverständiger gemacht und im Rahmen seiner Begutachtung der Kfz-Versicherung gegen Berechnung übergeben hat, darf diese nicht in das Internet einstellen (sa. AG Magdeburg Urteil vom 28. 5. 2008 – 150 C 1120/08).

§ 31a Verträge über unbekannte Nutzungsarten

LG Hamburg MMR 2006, 697: Die Übertragung des Rechts zur Vervielfältigung einer urheberrechtlich geschützten **Comicdarstellung** in begrenzter Zahl als Hochglanzposter und auf Postkarten beinhaltet nicht die Übertragung des Rechts zum öffentlichen Zugänglichmachen im Internet (Leitsatz).

§ 31a Verträge über unbekannte Nutzungsarten

(1) ¹Ein Vertrag, durch den der Urheber Rechte für unbekannte Nutzungsarten einräumt oder sich dazu verpflichtet, bedarf der Schriftform. ²Der Schriftform bedarf es nicht, wenn der Urheber unentgeltlich ein einfaches Nutzungsrecht für jedermann einräumt. ³Der Urheber kann diese Rechtseinräumung oder die Verpflichtung hierzu widerrufen. ⁴Das Widerrufsrecht erlischt nach Ablauf von drei Monaten, nachdem der andere die Mitteilung über die beabsichtigte Aufnahme der neuen Art der Werknutzung an den Urheber unter der ihm zuletzt bekannten Anschrift abgesendet hat.

(2) ¹Das Widerrufsrecht entfällt, wenn sich die Parteien nach Bekanntwerden der neuen Nutzungsart auf eine Vergütung nach § 32c Abs. 1 geeinigt haben. ²Das Widerrufsrecht entfällt auch, wenn die Parteien die Vergütung nach einer gemeinsamen Vergütungsregel vereinbart haben. ³Es erlischt mit dem Tod des Urhebers.

(3) Sind mehrere Werke oder Werkbeiträge zu einer Gesamtheit zusammengefasst, die sich in der neuen Nutzungsart in angemessener Weise nur unter Verwendung sämtlicher Werke oder Werkbeiträge verwerten lässt, so kann der Urheber das Widerrufsrecht nicht wider Treu und Glauben ausüben.

(4) **Auf die Rechte nach den Absätzen 1 bis 3 kann im Voraus nicht verzichtet werden.**

Schrifttum: *Berger,* Verträge über unbekannte Nutzungsarten nach dem „zweiten Korb", GRUR 2005, 907; *Czychowski,* Wenn der Dritte Korb aufgemacht wird ..., GRUR 2008, 586; *Ehmann/Fischer,* Zweitverwertung rechtswissenschaftlicher Texte im Internet, GRUR Int. 2008, 284; *Frey/Rudolph,* Verfügungen über unbekannte Nutzungsarten: Anmerkungen zum Regierungsentwurf des Zweiten Korbs, ZUM 2007, 13; *GRUR-Stellungnahme* v. 12.11.2004, GRUR 2005, 743; *Hoeren,* Der Korb hinter dem Korb – Überlegungen zur Reform des Urheberrechts, MMR 2004, 429; *ders.,* Der Zweite Korb – eine Übersicht zu den geplanten Änderungen im Urheberrechtsgesetz, MMR 2007, 615; *Klickermann,* Sendarchive im Fokus unbekannter Nutzungsarten, MMR 2007, 221; *Klöhn,* Unbekannte Nutzungsarten nach dem Zweiten Korb der Urheberrechtsreform, K&R 2008, 77; *Kreile,* Neue Nutzungsarten – Neue Organisation der Rechtsverwaltung?, ZUM 2007, 682; *W. Nordemann,* Die Reform des § 31 Abs. 4 UrhG – gut gemeint, aber daneben getroffen?, Fs. für Raue, 2006, S. 587; *Schuchardt,* Verträge über unbekannte Nutzungsarten nach dem „Zweiten Korb", 2009; *Schulze,* Die Urheberrechte an unbekannter Nutzungsarten nach neuem Urheberrecht, UFITA 2007/III, 641; *Seibold,* Neue Nutzungsarten – Neue Organisation der Rechteverwaltung?, ZUM 2007, 702; *Spindler/Heckmann,* Der rückwirkende Entfall unbekannter Nutzungsrechte (§ 137l UrhG-E) – schließt die Archive?, ZUM 2006, 620; *Verweyen,* Pacta sunt servanda? Anmerkungen zu § 31a UrhG nF, ZUM 2008, 217; *Wandtke,* Korb II und die unbekannten Nutzungsarten im Arbeitsverhältnis, Fs. für Loewenheim, 2009, S. 393; *Weber,* Neue Nutzungsarten – neue Organisation der Rechteverwaltung?, ZUM 2007, 688; *Wille,* Die kollisionsrechtliche Geltung der urheberrechtlichen Neuregelungen zu den unbekannten Nutzungsarten – §§ 32a, 32c UrhG im Lichte des Internationalen Privatrechts, GRUR Int. 2008, 389; *Wille,* Die Kategorie der sog. Risikogeschäfte – eine überholte Rechtsprechung?, AfP 2008, 575; *Wille,* Einräumung von Rechten an unbekannten Nutzungsarten als überraschende Klauseln, GRUR 2009, 470.

Schrifttum zur Reform: *Castendyk/Kirchherr,* Das Verbot der Übertragung von Rechten an nicht bekannten Nutzungsarten – erste Überlegungen für eine Reform des § 31 Abs. 4 UrhG, ZUM 2003, 751; *J. B. Nordemann/W. Nordemann,* Für eine Abschaffung des § IV UrhG im Filmbereich, GRUR 2003, 947; *Schwarz,* Das Damoklesschwert des § 31 Abs. 4 UrhG – Regelungsbedarf für neue Nutzungsarten, ZUM 2003, 733; *Wandtke/Holzapfel,* Ist § 31 IV UrhG noch zeitgemäß?, GRUR 2004, 284.

Schrifttum zu § 31 Abs. 4 aF: *Ahlberg,* Der Einfluss des § 31 IV UrhG auf die Auswertungsrechte von Tonträgerunternehmen, GRUR 2002, 313; *Castendyk,* Neue Ansätze zum Problem der unbekannten Nutzungsart in § 31 Abs. 4 UrhG, ZUM 2002, 332; *ders.,* Gibt es ein „Klingelton-Herstellungsrecht"? – Zur Einräumung von Rechten zur Herstellung und Nutzung von Handy-Klingeltönen nach dem aktuellen GEMA-Berechtigungsvertrag, ZUM 2005, 9; *Donhauser,* Der Begriff der unbekannten Nutzungsart gem. § 31 Abs. 4 UrhG, 2001; *Drewes,* Neue Nutzungsarten im Urheberrecht, 2002; *Endter,* Internet – die unbekannte Nutzungsart, Fs. für Engelschall, 1996, S. 199; *Fitzek,* Die unbekannte Nutzungsart, 2000; *Hoeren,* Multimedia als noch nicht bekannte Nutzungsart, CR 1995, 710; *Katzenberger,* Film auf DVD als neue Nutzungsart, GRUR Int. 2003, 809; *ders.,* Film auf DVD – Neue Fakten und Überlegungen zu § 31 Abs. 4, GRUR Int. 2005, 215; *Kitz,* Die unbekannte Nutzungsart im Gesamtsystem des urheberrechtlichen Interessengefüges, GRUR 2006, 548; *Loewenheim,* Die Verwertung alter Spielfilme auf DVD – eine noch nicht bekannte Nutzungsart, GRUR 2004, 36; *Lütje,* Die unbekannte Nutzungsart im Bereich der Filmwerke – alles Klimbim?, Fs. für Schwarz, 1999, S. 115; *J. B. Nordemann,* Die erlaubte Einräumung von Rechten für unbekannte Nutzungsarten, Fs. für Nordemann, 2004, S. 193ff.; *Presser/Williams/Nelson et al.,* Interpretating Old Grants in a Digital World: A U.S. Perspective, Fs. für Nordemann, 2004, S. 729; *Reber,* Die Bekanntheit der Nutzungsart im Filmwesen, GRUR 1997, 162; *ders.,* Digitale Verwertungstechniken – neue Nutzungsarten: Hält das Urheberrecht der technischen Entwicklung noch stand?, GRUR 1998, 792; *ders.,* Die Substituierbarkeit von Nutzungsformen im Hinblick auf § 31 Abs. 4 und 5, ZUM 1998, 481; *Rehmann/Bahr,* Klingeltöne für Handys – eine neue Nutzungsart?, CR 2002, 229; *Sasse/Waldhausen,* Musikverwertung im Internet und

Verträge über unbekannte Nutzungsarten　　　　　　　　　　　　　　　　　　**§ 31a**

deren vertragliche Gestaltung – MP3, Streaming, Webcast, On-Demand-Service etc., ZUM 2000, 837; *Schaefer,* Vom Nutzen neuer Nutzungsarten, Fs. für Nordemann, 2004, S. 227; *Stieper/Frank,* DVD als neue Nutzungsart?, MMR 2000, 643; *Straßer/Stumpf:* Neue Nutzungsarten in Filmverwertungsverträgen nach deutschem und US-amerikanischem Urheberrecht, GRUR Int. 1997, 801; *Wandtke,* Aufstieg und Fall des § 31 Abs. 4 UrhG?, Fs. für Nordemann, 2004, S. 267; *Wandtke/Schäfer,* Music on Demand – Neue Nutzungsart im Internet, GRUR Int. 2000, 187; *Zscherpe,* Zweitverwertungsrecht und § 31 Abs. 4 UrhG, 2004.

Übersicht

	Rdnr.
I. Allgemeines	1–27
1. Rechtsentwicklung	1–5
2. Internationales und Auslandsrecht	6–9
3. Sinn und Zweck der Vorschrift – Bedeutung	10
4. Verfassungsrechtlicher Hintergrund. Grundsätzliches zur Auslegung	11
5. Verhältnis zu anderen Vorschriften	12–14
6. Anwendungsbereich	15–27
II. Unbekannte Nutzungsarten (Abs. 1 S. 1)	28–54
1. Nutzungsart	28
2. Unbekannt	29–54
III. Schriftform für Verträge (Abs. 1 S. 1)	55–72
1. Überblick	55–60
2. Vertragsgegenstand	61–63
3. Zweckübertragungslehre	64
4. Schriftform	65–67
5. Ausnahme vom Schriftformerfordernis: Open Content	68–70
6. Rechtsfolgen und Heilung	71, 72
IV. Widerruf (Abs. 1 S. 3)	73–84
1. Schutzzweck	73
2. Widerrufsberechtigter	74
3. Ausübung des Widerrufs	75–79
4. Beweislast	80
5. Rechtsfolge	81–84
V. Mitteilung, Widerrufsfrist, Erlöschen (Abs. 1 S. 4)	85–97
1. Überblick	85–88
2. Mitteilungspflichtiger	89, 90
3. Form und Inhalt	91, 92
4. Mitteilung der Adresse durch Urheber	93, 94
5. Frist	95, 96
6. Beweislast	97
VI. Wegfall des Widerrufsrecht (Abs. 2)	98–108
1. Vereinbarung einer Vergütung	98–101
2. Vereinbarung vor Bekanntwerden der Nutzungsart	102–103
3. Vereinbarung nach Bekanntwerden der Nutzungsart	104–106
4. Widerrufsrecht zu Lebzeiten des Urhebers	107
5. Beweislast	108
VII. Mehrere Urheber (Abs. 3)	109–116
1. Überblick	109, 110
2. Mehrere Werke oder Werkbeiträge	111–113
3. Ausübung des Widerrufsrechts nach Treu und Glauben	114, 115
4. Beweislast	116
VIII. Unverzichtbarkeit (Abs. 4)	117, 118

I. Allgemeines[1]

1. Rechtsentwicklung

§ 31a UrhG ersetzt die lange Zeit gültige Regelung des § 31 Abs. 4 UrhG aF, die eine ver- **1** tragliche Bestimmung und Verfügung über Rechte an bei Vertragsschluss unbekannte Nutzungsarten für unwirksam erklärte. Damit sollte dem Schutz des Urhebers gedient werden; „ihm soll, wenn neue Nutzungsarten entwickelt werden, stets die Entscheidung darüber vorbehalten bleiben, ob und gegen welches Entgelt er mit der Nutzung seines Werks auch auf die neue Art einverstanden ist" (Begr. RegE BT-Drucks. IV/270, S. 56; *Fitzek* S. 21 ff.; *Castendyk* ZUM 2002, 332/335;). Es können auch persönlichkeitsrechtliche Überlegungen ins Spiel kommen (Loewenheim/*J. B. Nordemann*[2] § 26 Rdnr. 40; *Wandtke/Holzapfel* GRUR 2004, 284/286 f./ 292). Die Vorschrift war aber nur auf Verträge nach dem 1. Januar 1966 anwendbar (§ 132 Abs. 1 S. 1 aF, § 143 Abs. 2 aF), für ältere Verträge konnte allenfalls mit einer einengenden Ver-

---

[1] Die Kommentierung beruht zum Teil auf der früheren Kommentierung des § 31 UrhG von *Schricker*.

§ 31a

tragsauslegung nach dem Zweckübertragungsgedanken (BGH GRUR 1991, 133/135 – Videozweitauswertung) oder einer Korrektur nach § 138 BGB geholfen werden (vgl. zur älteren Rechtsprechung *v. Gamm* § 31 Rdnr. 15; *Ulmer*[3] § 84 II S. 363f.; *Haupt* ZUM 1999, 898/904; s. zur Auslegung eines Altvertrages LG München I GRUR 1991, 377/379 – Veit Harlan-Videorechte; OLG München ZUM 2000, 61/65 – Paul Verhoeven: Mitübertragung setzte ausdrückliche Einbeziehung voraus; LG Hamburg ZUM-RD 1999, 134 – Heinz Erhardt-Rechte; LG München I ZUM 1999, 332/335). Daran hat auch § 1371 UrhG nichts geändert, der ebenfalls nur für Verträge ab dem 1. Januar 1966 gilt, s. § 1371 Rdnr. 1. Zur Lage in der DDR s. *Haupt* UFITA 2003/I, 33/53f.

2   Die Vorschrift stand indes immer wieder im Kreuzfeuer der Kritik, führte sie doch zu erheblichen Problemen in internationalen Lizenzverträgen, da andere Rechtsordnungen kein derart strenges Verbot kannten, insbesondere nicht die US-amerikanische Rechtsordnung. Auch führte § 31 Abs. 4 aF dazu, dass gerade bei komplexen Werken wie Filmen in nicht unerheblichem Maße nachlizenziert werden musste (zur Entwicklung der Praxis *Lütje*, Fs. für Schwarz, 1988, S. 115ff.). Daher wurde etwa für den Filmbereich die vollständige Abschaffung des § 31 Abs. 4 aF vorgeschlagen (*J. B.* und *W. Nordemann* GRUR 2003, 947ff.; s. auch *Schwarz* ZUM 2003, 733ff.; *Castendyk/Kirchherr* ZUM 2003, 751ff.; *Schmechel-Gaumé* K&R 2001, 74ff.) oder dessen Herabstufung zu einem Vergütungsanspruch (s. dazu *Donhauser* S. 152ff.) oder zu einer bloßen Vertragsanpassungsnorm (vgl. *Schaefer*, Fs. für Nordemann, 2004, S. 227ff.). Andererseits schob § 31 Abs. 4 aF der Macht der Verwerter einen wirksamen Riegel vor, da sonst die Gefahr bestand, in Formularverträgen von vornherein sämtliche Rechte zu übertragen – was die US-amerikanische Praxis eindrucksvoll belegt.

3   Der Professorenentwurf zum **Urhebervertragsgesetz** (GRUR 2000, 765/766) schlug vor, die Bekanntheit der Nutzungsart zu definieren. Ferner sollte klargestellt werden, dass die Vorschrift keine Anwendung finden solle, wenn das Nutzungsrecht einer Verwertungsgesellschaft eingeräumt wird (kritisch hierzu *Schack* GRUR 2002, 853/854). Letztlich zielte der Entwurf auf eine vorsichtige Anpassung des § 31 Abs. 4 aF ab und sollte dessen Schutz weitgehend beibehalten (so auch *Fitzek* S. 241; generell gegen Abschaffung des § 31 Abs. 4 aF auch *Wandtke*, Fs. für Nordemann, 2004, S. 267ff.; *Wandtke/Holzapfel* GRUR 2004, 284ff.; *Schulze* GRUR 2005, 828/831ff.) Die Vorschläge wurden vom Regierungsentwurf allerdings nicht übernommen (für eine Übersicht der einzelnen Vorschläge zur Reform des § 31 Abs. 4 siehe *Castendyk/Kirchherr* ZUM 2003, 751/755).

4   Vielmehr bemüht sich der „Zweite Korb" (**Zweites Gesetz zur Regelung des Urheberrechts in der Informationsgesellschaft** (Einl. Rdnr. 126)) um einen Kompromiss. Die Vorschläge des Referentenwurfes v. 27. 9. 2004 (Abrufbar unter http://www.bmj.bund.de/media/archive/760.pdf; Stand: 17. 10. 09), die bereits von einer Aufhebung des § 31 Abs. 4 ausgingen (Art. 1 Nr. 2) und stattdessen die Schriftform sowie ein Widerrufsrecht und einen Vergütungsanspruch für den Urheber als Eckpfeiler vorsahen, fanden letztlich Eingang in das Gesetz. Damit sollte eine „der wenigen effizienten Schutzbestimmungen zu Gunsten der Urheber" gestrichen werden (*Hoeren* MMR 2004, 429/430). Kritisiert wurde schon im Gesetzgebungsverfahren, dass die Vorschrift durch die Kautelarpraxis ebenso überspielt werden würde wie die Spezifizierungslast des § 31 Abs. 5 nF. Auch das Widerrufsrecht ermuntere die Verwerter geradezu, nach dem Prinzip „Augen zu und durch" zu verfahren (Vorauf. § 31 Rdnr. 25a). Die Schutzfunktion des § 31 Abs. 4 aF zugunsten des Urhebers, der im Verhältnis zum Verwerter allgemein die schwächere Vertragspartei ist, könne nicht aufgegeben werden, solange nicht erwiesen sei, dass die in den §§ 32ff. enthaltenen Rechte und Ansprüche einen Ausgleich für die Aufhebung leisten können (*GRUR-Stellungnahme* GRUR 2005, 743; *Schulze* GRUR 2005, 828/832; dies verneinend *Castendyk/Kirchherr* ZUM 2003, 751/756; *Schwarz* ZUM 2003, 733/740). Das Risiko des Verwerters, der sich wirksam sämtliche Nutzungsrechte einräumen ließ, das Werk möglicherweise ohne das erforderliche Recht für die unbekannte Nutzungsart zu nutzen, entfalle, während sich das Risiko des Urhebers verdopple, der nicht nur beweisen muss, welche Vergütung angemessen ist, sondern auch, dass die Nutzungsart unbekannt ist und ihm hierfür eine gesonderte Vergütung zusteht (*Schulze* GRUR 2005, 829/831). Er trage das Prozessrisiko, einen etwaigen Anspruch auf angemessene Vergütung nach § 32c Abs. 1 durchzusetzen (*Frey/Rudolph* ZUM 2007, 13/20; *Klickermann* MMR 2007, 221/224; ähnlich *W. Nordemann*, Fs. für Raue, 2006, S. 587/590; so zu § 32a auch *Wandtke*, Fs. für Nordemann, 2004, S. 268/270). Wenn der Urheber die Nutzung seines Werkes nicht länger verbieten kann, solange die Vergütungsfrage nicht geklärt ist, sondern der Verwerter erst einmal mit der Nutzung beginnen kann und erst anschließend eine angemessene Vergütung auszuhandeln ist, sei die Verhandlungsposition des Urhebers so weit geschwächt,

dass unsicher ist, ob der Urheber in der Lage ist, ein faires Entgelt auszuhandeln (*Wandtke/ Holzapfel* GRUR 2004, 284/293). Mit der Aufhebung des § 31 Abs. 4 aF werde der gesetzliche Automatismus beseitigt, dass aufgrund der gem. § 31 Abs. 4 aF fehlenden Möglichkeit von Vorausverfügungen hinsichtlich noch unbekannter Nutzungsarten neue Befugnisse automatisch in der Person des Urhebers entstehen (*Wandtke*, Fs. für Nordemann, 2004, S. 268/270). Bisher musste die Initiative zur Nutzung des Werkes durch eine neue Nutzungsart von den Verwertern ausgehen, während nun der wirtschaftlich unterlegene Urheber der Nutzung widersprechen muss (*Klickermann* MMR 2007, 221/224). Schließlich hätte es zur Behebung des Problems, dass gerade bei Mehrautorenwerken die einzelnen Urheber nur noch schwer ermittelbar sind, nicht der Erstreckung des neuen § 31a auch auf Einzelautorenwerke bedurft, zumal hier über die Abrechnungen der Vergütung der einzelne Autor oftmals dem Rechteverwerter bekannt ist (zutr. die Kritik von Dreier/*Schulze*[3] Rdnr. 3; *Frey/Rudolph* ZUM 2007, 13/18; *GRUR-Stellungnahme* GRUR 2005, 743). Stattdessen wurde gefordert, § 31 Abs. 4 aF nur bei Filmwerken ggf. bei Beiträgen zu Sammelwerken oder anderen Werken mit einer unüberschaubaren Zahl von Urhebern oder einer Bindung der Urheber zur einheitlichen Verwertung einzuschränken (*GRUR-Stellungnahme* GRUR 2005, 743; *Schulze* GRUR 2005, 829/832; *W. Nordemann*, Fs. für Raue, 2006, S. 587/588; sa. umfassend zur Reform *Schuchardt* S. 16 ff.).

Der Gesetzgeber blieb von dieser Kritik und anderen Vorstößen unbeeindruckt. Trotz der Aufhebung der alten Schutzregel des § 31 Abs. 4 aF sieht der Gesetzgeber den primären Zweck des § 31a in dem Schutz des Urhebers durch die zwingende Schriftform und durch die Einräumung eines Widerrufsrechts (BT-Drucks. 16/1828, S. 22, 24). Auch bleibt es bei den schon früher bestehenden Abgrenzungsproblemen, wann eine Nutzungsart gegenüber bestehenden bekannten Nutzungsarten als neue und damit unbekannte Nutzungsart angesehen werden kann (dazu Rdnr. 29 ff.; ebenso *Mestmäcker/Schulze/Scholz* (45. EL, Dez. 2007) Rdnr. 11 ff., die aber eine andere Auslegung des Begriffs der neuen Nutzungsart in Betracht ziehen: Für eine sich noch aus der nun aufgehobenen Nichtigkeitsfolge des § 31 Abs. 4 aF ergebende zurückhaltende Einstufung einer Nutzungsart als neu bestehe kein Anlass mehr; dies gelte insbesondere auch für die durch die technische Weiterentwicklung erfolgende Substitution einer Werkform (s. hierzu Rdnr. 34); in diesem Sinne wohl auch *Wandtke*/Bullinger/*Grunert*[3] Rdnr. 18); diese Probleme werden lediglich verlagert, genauso wie umstritten bleibt, wann eine bisher unbekannte Nutzungsart bekannt geworden ist (Dreier/*Schulze*[3] Rdnr. 5). Denn Voraussetzung für die Anwendung der Norm, insbesondere auch der Schriftform und des Widerrufsrechts, ist nach wie vor, dass es sich um eine bei Vertragsschluss unbekannte Nutzungsart handelt (s. Rdnr. 29). Gleiches gilt für die Anwendung der Übergangsnorm in § 1371 UrhG (s. § 1371 Rdnr. 1, 13; zum Ganzen auch Dreier/*Schulze*[3] Rdnr. 2; *Wandtke*/Bullinger/*Grunert*[3] Rdnr. 18 ff.; *Czychowski* GRUR 2008, 586/587 f.).

2. Internationales und Auslandsrecht

Die Bundesregierung hat sich für die Regelung des § 31a UrhG-E an dem französischen Art. L. 131–6 Code de la propriété intellectuelle orientiert (Gesetzesentwurf der Bundesregierung v. 22. 3. 2006, BR-Drucks. 257/06, S. 49). Hiernach können Nutzungsrechte in einer am Tag des Vertragsschlusses unvorhersehbaren oder nicht vorgesehenen Art eingeräumt werden, sofern dies ausdrücklich vereinbart wird und eine Beteiligung des Urhebers im Verhältnis zum Verwertungsergebnis festgesetzt wird. Handelt es sich jedoch um eine allgemein unbekannte Nutzungsart, ist eine Festlegung des Umfangs der gestatteten Verwertung nicht möglich, so dass sowohl das Erfordernis der ausdrücklichen Nennung als auch das der prozentualen Beteiligung nicht erfüllt werden können (*Drewes* S. 95). Diese Kritik nimmt der Regierungsentwurf auf, wenn dort ausgeführt wird, dass eine zum Zeitpunkt des Vertragsschlusses unbekannte Nutzungsart selbstverständlich nicht im Einzelnen bezeichnet werden könne. Anknüpfend an das Erfordernis der ausdrücklichen Formulierung in der französischen Regelung könne eine vergleichbare Schutzfunktion durch die jetzige Schriftformklausel des § 31a gewährleistet werden, die eine pauschale Rechtseinräumung ermöglicht, bei der die Vereinbarung auch Nutzungsrechte an erst künftig entstehenden Technologien erfassen kann.

Das US-amerikanische Recht behandelt unbekannte Nutzungsarten aufgrund seiner unterschiedlichen Konzeption anders: Dem Urheber sollen die Vorteile gesichert werden, die aus seinem Arbeitsaufwand bei der Herstellung des Werkes gezogen werden („The primary purpose of copyright is to secure the general benefits derived by the public from the labors of authors" (*Nimmer/Nimmer* Nimmer on Copyright (Rel. 67–8/05), Vol. 1 § 1.03 [A])). Es geht gerade

§ 31a

nicht davon aus, dass das Urheberrecht unmittelbar mit dem Persönlichkeitsrecht des Urhebers verknüpft ist, sondern behandelt es als verkehrsfähiges Wirtschaftsgut (*Straßer/Stumpf* GRUR Int. 1997, 801/806). Das Urheberecht kann daher als Ganzes übertragen werden („The ownership can be transferred in whole [...]" Sect. 201 (d) (1) US Copyright Act). Der mit dem Urheberpersönlichkeitsrecht verbundene Schutzzweck des § 31 Abs. 4 aF bzw. § 31a nF, dem Urheber bei der Entwicklung neuer Nutzungsarten die Entscheidung vorzubehalten, ob und gegen welches Entgelt er mit der Nutzung seines Werks auch auf die neue Art einverstanden ist (Begr. RegE BT-Drucks. IV/270, S. 56) kommt hier nicht zum Tragen. Sect. 201 (d) (1) US Copyright Act erfordert für eine Lizenzierung gerade nicht, dass eine zu lizenzierende Nutzungsart bereits bekannt ist (vgl. *Goldstein* International Copyright, 2001, § 5.2.2 S. 217, § 5.2.2.1 S. 220). Eine Verbotsvorschrift für die Einräumung von Rechten an unbekannten Nutzungsarten existiert im US-Copyright nicht, sondern ob der Verwerter solche Rechte eingeräumt bekommen hat, ist eine Frage der Auslegung des Vertragstextes (*Presser/Williams/Nelson* et al., Fs. für Nordemann, 2004, S. 729/730). Die in Sect. 106 US Copyright Act abschließend aufgezählten ausschließlichen Verwertungsrechte erfassen alle derzeit bekannten und künftigen Verwertungsformen (*H. Spindler* GRUR Int. 1977, 421/425). Da das Urheberrecht als solches übertragen werden kann, entstehen also auch Verwertungsrechte an neuen Nutzungsarten unmittelbar beim Erwerber des Urheberrechts (*Straßer/Stumpf* GRUR Int. 1997, 801/806). Denn wird das Copyright vollständig auf einen Dritten übertragen, gebühren ihm auch sämtliche Nutzungsmöglichkeiten (*Drewes* S. 95). Bei einer vollständigen Übertragung behalte der Urheber nichts zurück, aufgrund dessen er eine später entstandene Nutzungsmöglichkeit ausüben könnte.

8 Auch für die Einräumung von Rechten an unbekannten Nutzungsarten gilt grundsätzlich das Territorialitätsprinzip und damit das Schutzlandprinzip (s. Vor § 120 ff. Rdnr. 120 ff., 147 ff.). Schon zum alten Recht galt aber, dass das Verbot der Rechteeinräumung an unbekannten Nutzungsarten zwingendes Recht war und somit auch für im Ausland geschlossene Verträge galt (oder wenn ausländisches Recht gewählt wurde), sofern es um in Deutschland verwendete Nutzungsarten ging. Entsprechende Klauseln, insbesondere in US-amerikanischen Lizenzverträgen, waren demgemäß für Deutschland unwirksam (Vor §§ 120 ff. Rdnr. 150; *Dreier/Schulze/Schulze*[3] Rdnr. 24). Daran hat sich trotz der Liberalisierung und der Möglichkeit der Einräumung von Rechten an unbekannten Nutzungsarten im Grundsatz nichts geändert: Sowohl die Schriftform als auch die Widerrufsmöglichkeit bleiben zwingendes Recht (*Dreier/Schulze*[3] Rdnr. 24; im Ergebnis wohl auch *Mestmäcker/Schulze/Scholz* (45. EL, Dez. 2007) Rdnr. 48, der aber zu bedenken gibt, dass gegen eine zwingende Anwendung sprechen könnte, dass § 32 b im Zuge des Zweiten Korbes nicht geändert, vor allem nicht auf die §§ 31a, 32c erstreckt wurde); aA *Fromm/Nordemann/J. B. Nordemann*[10] Rdnr. 13: Eine Anknüpfung über das Schutzlandprinzip scheidet aus; sowohl Schriftformgebot als auch Widerrufsrecht sind vertraglicher Natur, so dass an das Vertragsstatut (Art. 27 EGBGB) angeknüpft werden sollte), auch wenn jetzt eine Klausel bezüglich unbekannter Nutzungsarten in einem ausländischen Recht unterliegenden Lizenzvertrag zulässig ist. Zwar ist für Schriftformerfordernisse auch eine Sonderanknüpfung nach Art. 11 EGBGB möglich (vgl. *Wille* GRUR Int. 2008, 389/390); auch gilt generell im Internationalen Privatrecht, dass Formvorschriften nach dem Recht des Ortes des Vertragsschlusses angeknüpft werden, also grundsätzlich das Schriftformerfordernis des § 31a Abs. 1 S. 1 nicht verfangen würde (so *Fromm/Nordemann/Nordemann-Schiffel*[10] vor §§ 120 ff. Rdnr. 88). Indes ersetzt § 31a den früheren Schutz des Urhebers nach § 31 Abs. 4 aF, so dass aus den gleichen Gründen wie früher der zwar abgesenkte, aber dennoch erforderliche Schutz des Urhebers gewährleistet sein muss (so auch *Dreier/Schulze*[3] Rdnr. 24). Sieht das ausländische Vertragsstatut noch strengere Regeln als das deutsche Recht vor, ist dieses neben den zwingenden Vorgaben des deutschen Rechts anzuwenden, etwa wenn im ausländischen Recht die Einräumung von Rechten an unbekannten Nutzungsarten unwirksam ist (*Dreier/Schulze*[3] Rdnr. 24).

9 Selbst wenn man somit nach deutschem Recht aber eine zwingende Wirkung des § 31a hinsichtlich Schriftformgebot und Widerrufsrecht selbst gegenüber dem Vertragsstatut eines ausländischen Staates annimmt (siehe hierzu Vor §§ 120 ff. Rdnr. 163), besteht die Gefahr einer anderen Sichtweise durch die Gerichte des jeweiligen Staates, in dem Rechtschutz begehrt wird. Einer solchen Gefahr kann durch die Vereinbarung der Geltung deutschen Rechts für den jeweiligen Vertrag und damit für die Einräumung von Rechten an unbekannten Nutzungsarten begegnet werden. Jedoch würde diese Rechtswahl nur die Einräumung der Rechte an unbekannten Nutzungsarten bzw. die Verpflichtung hierzu betreffen, nicht jedoch die **Nutzung im Ausland** selbst. Die Auslegung des Begriffs der Nutzungsart sowie die Bestimmung des Bekanntheitszeitpunkts würden sich jedoch wiederum entsprechend dem Schutzlandprinzip nach

3. Sinn und Zweck der Vorschrift – Bedeutung

Auch nach Aufhebung des § 31 Abs. 4 aF und einer deutlichen Berücksichtigung der Positionen der Rechteverwerter soll der primäre Zweck des § 31a in dem Schutz des Urhebers bestehen bleiben (BT-Drucks. 16/1828, S. 22, 24). Demgemäß hat sich auch die Auslegung hieran zu orientieren. Ausdruck dieses Schutzes des Urhebers ist ferner der auch § 31a beherrschende **Beteiligungsgrundsatz**, wonach der Urheber möglichst an dem wirtschaftlichen Erfolg seines Werkes zu beteiligen ist (BGHZ 129, 66/72 – Mauer-Bilder; BGH GRUR 1974, 786/787 – Kassettenfilm; s. auch § 31 Rdnr. 65). Diese gebotene Beteiligung kommt nicht zuletzt auch in den Möglichkeiten zum Widerruf sowie der zwingenden angemessenen gesonderten Vergütung nach § 32c zum Ausdruck (Begr. RegE BT-Drucks. 16/1828, S. 25).

4. Verfassungsrechtlicher Hintergrund

Anders als im Rahmen von § 137l (s. dazu *Spindler/Heckmann* ZUM 2006, 620/622 ff.; *Spindler/Heckmann* GRUR Int. 2008, 271/277 ff.; *Heckmann* Die retrospektive Digitalisierung von Printpublikationen, erscheint demnächst; dagegen *Schulze* UFITA 2007/III, 641/647 f.) bestehen für § 31a in demselben Maße verfassungsrechtliche Bedenken. Denn an sich ist im Rahmen der von Art. 2 Abs. 1 GG geschützten Privatautonomie die Übertragung auch zukünftiger Rechte möglich. Den Staat trifft hier allerdings eine Schutzpflicht, sofern die Urheber typischerweise des Schutzes vor unüberlegten Entscheidungen oder vor der Marktmacht ihres Vertragspartners bedürfen (BVerfG NJW 1990, 1469/1470; BVerfG NJW 1994, 36/38; BVerfG NJW 1994, 2749/2750; BVerfG NJW 1996, 2021; BVerfG NJW 2001, 957/958; BVerfG GRUR 2005, 880/882). In diesem Rahmen ist besonders zu berücksichtigen, dass die Verfügung über Nutzungsrechte auch das Urheberpersönlichkeitsrecht als Ausprägung des allgemeinen Persönlichkeitsrechts nach Art. 2 Abs. 1 iVm Abs. 1 GG (BGH NJW 1954, 1404/1405 – Dr. H. Schacht & Co.; BGH NJW 1955, 197/198 – Leserbrief; BGH NJW 1957, 1146/1147 – Krankenpapiere; BGH NJW 1971, 885/886 – Petite Jacqueline) berührt. Zwar wird dem Urheber schon durch § 14 ein unentziehbares und unverzichtbares Recht gegen Beeinträchtigungen und Entstellungen gewährt (dies hält *Kreile* ZUM 2007, 682/687 für ausreichend; dagegen Dreier/*Schulze*[3] Rdnr. 4); doch ist das Selbstbestimmungsrecht auch im Rahmen von § 31a und dessen Auslegung, insbesondere hinsichtlich der Interessenabwägung zu berücksichtigen (ähnlich Dreier/*Schulze*[3] Rdnr. 4). Schon das alte Recht trug dem besonderen Interesse des Urhebers an der Art und Weise, wie sein Werk durch zuvor nicht vorhergesehene Formen genutzt wird, gerade im Hinblick auf sein Persönlichkeitsrecht Rechnung (Begr. RegE BT-Drucks. IV/270, S. 56). Aus verfassungsrechtlicher Sicht bestehen daher gegen die weitgehend als zwingendes Recht ausgestalteten Regelungen des § 31a weit weniger Bedenken als gegen § 137l UrhG – das BVerfG hat bislang eine konkrete Stellungnahme vermieden und im Rahmen der Subsidiarität als ausreichend erachtet (BVerfG GRUR 2010, 332 Tz. 56 ff.; dazu *Wille* ZUM 2010, 240).

5. Verhältnis zu anderen Vorschriften

§ 31a ist eine Sonderregelung zu **§ 31**, so dass sämtliche Grundsätze des § 31 auch für § 31a gelten (Dreier/*Schulze*[3] Rdnr. 6; Fromm/Nordemann/*J. B. Nordemann*[10] Rdnr. 82; Wandtke/Bullinger/*Grunert*[3] Rdnr. 4). Anknüpfungspunkt bleiben nach wie vor die beim Urheber entstehenden Verwertungsrechte, sofern sie nicht bereits gesetzlich dem Auftraggeber/Arbeitgeber wie etwa für Computerprogramme (§ 69b) zustehen. Demgemäß gelten auch hier die Grundsätze über die konstitutive Rechtseinräumung, die Unterscheidung von einfachen und ausschließlichen Nutzungsrechten, deren mögliche Beschränkung in sachlicher, räumlicher oder zeitlicher Hinsicht (dazu § 31 Rdnr. 6 ff.), ebenso auch die Zweckübertragungslehre (dazu § 31 Rdnr. 64 ff.). Ergänzend können die Regeln über die Inhaltskontrolle nach § 305 ff. BGB eingreifen, die allerdings gegenüber den spezielleren Regeln der §§ 31 ff. UrhG zurücktreten (näher etwa zu § 305c BGB *Wille* GRUR 2009, 470 ff.).

Gegenüber **§ 32** sind §§ 31a, 32c leges speciales (*Wandtke*/Bullinger/*Grunert*[3] Rdnr. 4) und betreffen andere Anwendungsfälle: § 32 bezieht sich nur auf bekannte Nutzungsarten. Wird die zum Zeitpunkt des Vertragsschlusses unbekannte Nutzungsart aber bekannt, greift auch § 32c ein, mit der Folge, dass der Urheber gem. § 32 Abs. 1 S. 1 eine Anpassung des Vertrages an die gem. § 32c geschuldete angemessene Vergütung verlangen kann (Dreier/*Schulze*[3] Rdnr. 59). Widerruft der Urheber, wird das Werk aber bis dahin in der neuen Weise genutzt, behält der Urheber den Anspruch nach § 32 c (ausführlich zum Verhältnis von § 32 zu § 32 c unter § 32 c Rdnr. 5).

14   Zum Verhältnis des § 31 a zu § 88 siehe § 88 Rdnr. 2; zu § 89 siehe § 89 Rdnr. 2.

6. Anwendungsbereich

15   **a) Sachlicher Anwendungsbereich.** § 31 a gilt für sämtliche Werkarten, einschließlich des Films. Gerade der Film mit seiner Vielzahl an beteiligten Kreativen war u. a. Auslöser der Novellierung, § 31 a findet hier – ebenso wie schon § 31 Abs. 4 aF (BGH GRUR 1991, 133/135 – Videozweitauswertung; BGH GRUR 2005, 937/939 – Der Zauberberg) – grundsätzlich Anwendung. So muss auch für den Filmvertrag die Schriftform beachtet werden, ebenso das Recht auf besondere angemessene Vergütung gem. § 32 c (Dreier/*Schulze*[3] Rdnr. 8). Allerdings gilt für den Film gem. § 88 Abs. 1 S. 2 das Widerrufsrecht des Urhebers nicht, so dass hier die Verwerter eine noch stärkere Stellung als ohnehin schon besitzen (s. dazu § 88 Rdnr. 2, § 89 Rdnr. 2). Auch kommt es nicht darauf an, ob es sich um Mehrautorenwerke oder Einzelwerke handelt (BT-Drucks. 16/1828, S. 22).

16   Die Vorschrift gilt aber **nur für unbekannte Nutzungsarten** (dazu Rdnr. 29); bei bekannten Nutzungsarten findet sie keine Anwendung, so dass hier die Nutzungsrechte auch mündlich oder gar stillschweigend eingeräumt werden können (vgl. § 31 Rdnr. 20). Ebenso wenig hat der Urheber einen Anspruch auf gesonderte angemessene Vergütung nach § 32 c oder ein Widerrufsrecht, wohl aber den allgemeinen Anspruch auf angemessene Vergütung nach § 32.

17   Nur eingeschränkte Anwendung findet § 31 a auf **verwandte Schutzrechte:** Wie schon für § 31 Abs. 4 aF (BGH GRUR 2003, 234/235 – EROC III; Begr. RegE BT-Drucks. 14/8058 S. 21; aA *Ahlberg* GRUR 2002, 313/315 f.) gilt § 31 a nur für diejenigen Schutzrechte, die auf den ersten Teil verweisen. Damit ist § 31 a nur auf die Schutzrechte zugunsten der Verfasser wissenschaftlicher Ausgaben (§ 70 Abs. 1) sowie der Lichtbildner (§ 72 Abs. 1) anwendbar, nicht aber auf andere Schutzrechte, insbesondere nicht auf Veranstalter (§ 81), Tonträgerhersteller (§ 85), Sendeunternehmen (§ 87), Datenbank- (§ 87 a) und Filmhersteller (§ 94) (allg. M.; Dreier/*Schulze*[3] Rdnr. 9; Fromm/Nordemann/*J. B. Nordemann*[10] Rdnr. 19; *Wandtke*/Bullinger/*Grunert*[3] Rdnr. 4). Dies schließt nicht aus, dass diese Rechteinhaber ihren Anspruch auf Vergütung für unbekannte Nutzungsarten im Rahmen von § 32 geltend machen (ebenso Dreier/*Schulze*[3] Rdnr. 9) und etwa § 31 Abs. 4 aF – Zweckübertragungslehre – für sie angewandt werden kann (zu § 31 aF BGH GRUR 2003, 234/236 – EROC III; BGH GRUR 1979, 637/638 f. – White Christmas). Die anderen Rechte bzw. Schutzmechanismen des § 31 a greifen indes für sie nicht ein.

18   **b) Persönlicher Anwendungsbereich. aa) Urheber und Rechtsnachfolger.** Die in § 31 a bestimmten Rechte können vom **Urheber** und dessen **Rechtsnachfolger** (§ 30) wahrgenommen werden – mit Ausnahme des Widerrufsrechts, für das § 31 a Abs. 2 S. 3 ausdrücklich die Höchstpersönlichkeit anordnet, so dass der Rechtsnachfolger hiervon ausgeschlossen ist. Alle anderen von §§ 31 a, 32 c vorgesehenen Rechte stehen im Umkehrschluss aber auch dem Rechtsnachfolger zu (Dreier/*Schulze*[3] Rdnr. 10; Mestmäcker/Schulze/*Scholz* (45. EL, Dez. 2007) Rdnr. 42).

19   **bb) Arbeitsverhältnis.** Für das alte Recht war umstritten, inwieweit § 31 Abs. 4 aF im Arbeitsverhältnis abbedungen werden konnte (offengelassen in BGH GRUR 1991, 133/135 – Videoauswertung; dafür § 43 Rdnr. 36, 49; dagegen Dreier/*Schulze*[3] Rdnr. 13; *Schulze* GRUR 1994, 855/868; *Zscherpe* S. 45). Für § 31 a ist diese Frage nicht mehr relevant, da sich der Arbeitgeber jetzt von dem Urheber bei Einhaltung der Schriftform und gegen eine angemessene Vergütung im Vorhinein die Rechte an unbekannten Nutzungsarten sich einräumen lassen kann; der Arbeitgeber nimmt hier keine Sonderrolle ein (ebenso Dreier/*Schulze*[3] Rdnr. 13; *Wandtke*/Bullinger[3] § 43 Rdnr. 68; nach Mestmäcker/Schulze/*Scholz* (45. EL, Dez. 2007) Rdnr. 29 kommt ein Widerruf ausnahmsweise nicht in Betracht, wenn ihm das Wesen des Arbeitsvertrages entgegensteht; für eine Abdingbarkeit des § 31 a im Arbeitsverhältnis entgegen Abs. 4 Fromm/Nordemann/*J. B. Nordemann*[10] Rdnr. 18). Umgekehrt kann der Arbeitnehmer nach Maßgabe seines Arbeitsverhältnisses verpflichtet sein, seine Rechte dem Arbeitgeber einzuräumen (näher dazu § 43 Rdnr. 22 ff., 37 ff.) (ausführlich zur Anwendung des § 31 a auf das Arbeitsverhältnis *Wandtke*, Fs. für Loewenheim, 2009, S. 393 ff.). Wenig ausgelotet ist allerdings bislang, inwieweit hier eine Inhaltskontrolle nach § 307 BGB eingreift.

20   **cc) Verwerter und Dritte.** § 31 a schützt den Urheber als ursprünglichen Inhaber aller Rechte und ist Ausfluss seines Urheberpersönlichkeitsrechts. Der **Verwerter** und jeder andere Dritte, der die Rechte vom Urheber eingeräumt erhalten hat, benötigt dagegen nicht den

Schutz des § 31 a – wie dies schon zuvor für § 31 Abs. 4 aF angenommen wurde (LG München I ZUM 1993, 370/375 – NS-Propagandafilme: Keine Anwendung des § 31 Abs. 4 auf Verträge zwischen Nutzungsberechtigten). Demgemäß bedarf es für Verträge zwischen einem Verwerter und einem Dritten nicht der Schriftform; ebenso wenig kommt das Widerrufsrecht zwingend zum Tragen (vgl. BT-Drucks. 16/1828, S. 22, 24; Dreier/*Schulze*³ Rdnr. 11, 63). Vielmehr besteht hier in der Lizenzkette Vertragsfreiheit. Daher kann der Verwerter sich auch verpflichten, die Rechte an unbekannte Nutzungsarten einem Dritten zu übertragen, auch wenn der Urheber das Widerrufsrecht hat – in der Praxis ist der Verwerter natürlich gut beraten, für einen Gleichklang und entsprechende Kündigungs- oder Ausstiegsklauseln zu sorgen (zu Vertragsgestaltungen, die für den Sublizenzgeber das Risiko des Rückfalls abgeleiteter Rechte verringern, siehe Fromm/Nordemann/*J. B. Nordemann*¹⁰ Rdnr. 61, § 31 Rdnr. 37 ff.).

dd) Verwertungsgesellschaften. Für Verwertungsgesellschaften gilt § 31 a grundsätzlich **21** ebenfalls, allerdings nur sofern es sich nicht um Rechte handelt, die von Gesetzes wegen nur durch die Verwertungsgesellschaften wahrgenommen werden können. Hier kann kein Raum für § 31 a sein, da diese Rechte von vornherein nicht durch den Urheber geltend gemacht werden können, daher der entsprechende Schutz durch § 31 a ins Leere läuft (so schon für § 31 Abs. 4 aF Vorauß. Rdnr. 29; BGH GRUR 1986, 62/65 – GEMA-Vermutung I). Insbesondere für die gesetzlichen Vergütungsansprüche, die nach § 63 a im Vorhinein nur an eine Verwertungsgesellschaft abgetreten werden können, gilt § 31 a daher nicht (für § 31 Abs. 4 aF: Dreier/*Schulze*³ Rdnr. 16; Fromm/Nordemann/*J. B. Nordemann*¹⁰ Rdnr. 20; *Rossbach* Die Vergütungsansprüche im deutschen Urheberrecht, 1990, S. 142 f.); gerade hier wäre es ein Widerspruch, wenn man etwa das Widerrufsrecht des Urhebers zulassen würde.

Anders liegen die Dinge dagegen für die nicht verwertungsgesellschaftspflichtigen Rechte: **22** Hier greift § 31 a grundsätzlich ein, da es dem Urheber überlassen bleibt, ob er einen Wahrnehmungsvertrag mit der – gem. § 11 Abs. 1 UrhWahrnG kontrahierungspflichtigen – Verwertungsgesellschaft abschließt. Schon für das alte Recht wurde teilweise die Anwendung des § 31 Abs. 4 aF angenommen (so vor allem BGH GRUR 1986, 62/65 – GEMA Vermutung I; BGH GRUR 1988, 296/298 – GEMA-Vermutung IV; OLG Hamburg ZUM 2002, 480/481 – Handy-Klingelton; Dreier/*Schulze*³ Rdnr. 14; *Haberstumpf* Rdnr. 406; *Wandtke/Holzapfel* GRUR 2004, 284/288 f.; diff. *Riesenhuber* Die Auslegung und Kontrolle des Wahrnehmungsvertrags, 2003, S. 59 ff.; einschränkend Vorauß. § 31 Rdnr. 29). Die für das frühere Recht noch vorgebrachten Bedenken einer unnötigen Komplikation und der Verweis auf die Möglichkeit des Rückrufs des Rechts (Vorauß. § 31 Rdnr. 29; *J. B. Nordemann*, Fs. für Nordemann, 2004, S. 193/196 f.; *Castendyk* ZUM 2002, 332/343; *Fitzek* S. 204 f. ist für die Anwendung des Rechtsgedankens des § 43 auf Wahrnehmungsverträge und damit für eine teleologische Reduktion des § 31 Abs. 4 aF, sobald die Treuhandfunktion der Verwertungsgesellschaft in den Vordergrund tritt. Denn dann ergäbe sich nämlich aus dem Wahrnehmungsvertrag etwas anderes iSd. § 43) sind durch das neue Recht weitgehend obsolet geworden. Vielmehr besteht jetzt kein Grund mehr, § 31 a nicht auch auf die Wahrnehmungsverträge mit Verwertungsgesellschaften anzuwenden, da es außerhalb des Bereichs der nicht gesetzlich den Verwertungsgesellschaften zugewiesenen Rechten weiterhin Sache des Urhebers bleiben muss, ob und wie er neue Nutzungsarten verwerten will – dann aber räumt das neue Recht genügend Flexibilität und Spielraum bei gleichzeitiger Wahrung der Rechte des Urhebers durch die Möglichkeit des Widerrufs ein.

Probleme bereitet bei einer Einräumung der Rechte für unbekannte Nutzungsarten das Fehlen **23** eines Tarifs zum Zeitpunkt der Rechteinräumung. Denn der Kontrahierungszwang nach § 11 Abs. 1 UrhWahrnG ist verknüpft mit den angemessenen Bedingungen für die Rechteinräumung – die aber eben noch nicht existieren (darauf weist zu Recht Dreier/*Schulze*³ Rdnr. 17 hin). Indes sind diese Probleme nicht unüberwindlich, da nichts dagegen spricht, dass die Einräumung nur bedingt erfolgt, insbesondere dann, wenn eine Primärverwertung nach Bekanntwerden der Nutzungsart in Rede steht, die von einer Verwertungsgesellschaft nicht wahrgenommen werden soll. Ferner steht dem Urheber ein nicht entziehbares und auch durch den Kontrahierungszwang der Verwertungsgesellschaft nicht betroffenes Widerrufsrecht zu, so dass keine Gründe bestehen, die Übertragung unbekannter Nutzungsarten auf eine Verwertungsgesellschaft zu verwehren (ähnlich im Ergebnis Dreier/*Schulze*³ Rdnr. 17).

Dies gilt auch – und gerade – für die **Einräumung künftiger Rechte**, die den bisherigen **24** eingeräumten Rechten entsprechen, sofern diese neue Nutzungsarten umfassen – wie es etwa § 1 lit. l) des GEMA-Berechtigungsvertrages vorsieht. Eine stillschweigende Erklärung, wie sie bislang für zulässig angesehen wurde (BGH GRUR 1988, 296/298 – GEMA-Vermutung IV; LG Hamburg ZUM 2001, 711/712 für die VG Bild-Kunst) ist hier nicht mehr zulässig, sofern es sich um neue Nutzungsarten handelt. Nur bei bekannten Nutzungsarten kann eine solche stillschweigende Erklärung genügen, sofern hier wiederum § 308 Nr. 5 BGB beachtet wird.

25   c) **Zeitlicher Anwendungsbereich.** § 31a findet erst ab dem 1. 1. 2008 Anwendung. Für **Verträge, die in der Zeit vom 1. 1. 1966 und dem 31. 12. 2007 geschlossen wurden**, gilt im Hinblick auf unbekannte Nutzungsarten § 137l UrhG. § 31 Abs. 4 aF findet für diesen Zeitraum insoweit Anwendung, als es um die Frage der Nichtigkeit von Umgehungsversuchen geht, etwa durch Optionsverträge oder Verpflichtungen, nach Bekanntwerden einer Nutzungsart entsprechende Rechte einzuräumen. Alle solche Vertragsklauseln waren, da es für die Frage der Bekanntheit der Nutzungsart auf den Zeitpunkt des Vertragsschlusses ankommt (BGH GRUR 1974, 786/788 – Kassettenfilm), nichtig ohne Heilungsmöglichkeit (Voraufl. § 31 Rdnr. 25; Dreier/*Schulze*[3] Rdnr. 19).

26   Für **Verträge vor dem 1. 1. 1966** greift weder § 31a noch § 137l UrhG ein (für § 31 Abs. 4 aF BGH GRUR 1986, 62/66 – GEMA-Vermutung I; GRUR 1988, 296/299 – GEMA-Vermutung IV; GRUR 1999, 152/154 – Spielbankaffaire; eingehend *Heckmann* Die retrospektive Digitalisierung von Printpublikationen, erscheint demnächst). Einer Schriftform bedurfte es damals nicht, allerdings galt auch die Zweckübertragungslehre, so dass nicht ohne weiteres von einer Einräumung von Rechten an unbekannten Nutzungsarten ausgegangen werden konnte (BGH GRUR 1988, 296/299 – GEMA-Vermutung IV; BGH GRUR 1991, 133/135 – Videozweitauswertung; Fromm/Nordemann/*J. B. Nordemann*[10] Rdnr. 5; *Wandtke*/Bullinger/*Grunert*[3] § 31 Rdnr. 39). Die Zweckübertragungslehre führte regelmäßig dazu, dass neue Nutzungsarten nicht umfasst waren, selbst wenn keinerlei Einschränkungen für die eingeräumten Rechte vorgesehen waren. Schon das Reichsgericht entschied, dass eine Übertragung etwa von Senderechten deutlich dem Vertrag hätte entnommen werden müssen (RGZ 123, 312/318 – Wilhelm Busch), für Tonverfilmungen eine prozentuale Beteiligung an deren späteren Erlösen vereinbart werden musste (RGZ 140, 255/258 – Der Hampelmann). Dies setzte der BGH weitgehend fort (BGH GRUR 1957, 611/612 – Bel ami; BGH GRUR 1960, 197/199 – Keine Ferien für den lieben Gott; zuvor schon BGHZ 11, 135/143 – Schallplattenlautsprecherübertragung). Daher ist es nicht verwunderlich, dass die heutige Rechtsprechung davon ausgeht, dass es keinen Erfahrungssatz dergestalt gegeben habe, wonach die Urheber auch Rechte an unbekannten Nutzungsarten eingeräumt hätten (OLG Köln MMR 2009, 337/339; OLG München ZUM 1985, 514/515 – Olympiafilm; LG München I ZUM 1993, 370/374 – NS-Propagandafilme; GRUR 1991, 377/379 – Veit Harlan-Videorechte). Wurden diese nicht ausdrücklich eingeräumt, hat der Verwerter den Erwerb der Nutzungsrechte zu beweisen. Zweifelhaft ist daher die Annahme, dass etwa bei Wochenschauen aufgrund der mangelnden Nennung der Filmurheber auch unbekannte Nutzungsarten stillschweigend eingeräumt worden seien (so LG München I ZUM-RD 1998, 89/92 – Wochenschauen; krit. zu Recht Dreier/*Schulze*[3] Rdnr. 22). Nach damaligem Recht konnten Rechte an unbekannten Nutzungsarten jedoch wirksam eingeräumt werden, sofern dies ausdrücklich geschah, so etwa für Videorechte an einem Film aus den fünfziger Jahren (OLG München ZUM 2000, 61/65f.; LG Hamburg ZUM-RD 1999, 134/136). Dies soll auch für Tarifverträge gelten (LG München I ZUM 1999, 332/334f. – Der Ölprinz).

27   Zum räumlichen Anwendungsbereich s. oben Rdnr. 6 „Internationales und Auslandsrecht".

II. Unbekannte Nutzungsarten (Abs. 1 S. 1)

1. Nutzungsart

28   Was als lizenzierbare Nutzungsart gelten kann, bestimmt sich nach wie vor nach den für § 31 herausgearbeiteten Kriterien (s. § 31 Rdnr. 17). Unter **„Nutzungsart"** ist in § 31a deshalb nicht begriffsjuristisch das gesetzlich definierte Verwertungsrecht iSd. §§ 15 ff. zu verstehen, sondern wie bei § 31 Abs. 5 in wirtschaftlicher Sicht eine sich aus als wirtschaftlich-technisch selbständige und abgrenzbare Art und Weise der Auswertung darstellende konkrete Nutzungsart (BGH GRUR 1991, 133/136 – Videozweitauswertung; GRUR 1992, 310/311 – Taschenbuch-Lizenz; BGH GRUR 1995, 212/213f. – Videozweitauswertung III; BGH GRUR 1997, 215/217 – Klimbim; BGH GRUR 1997, 464/465 – CB-infobank II; Fromm/Nordemann/*J. B. Nordemann*[10] § 31 Rdnr. 10; Möhring/Nicolini/*Spautz*[2] § 31 Rdnr. 17; *Wandtke*/Bullinger/*Grunert*[3] § 31 Rdnr. 2; *Reber* GRUR 1997, 162/168; *Castendyk* ZUM 2002, 332/337ff.; aA *v. Gamm* § 31 Rdnr. 2, 15; *Brugger* UFITA 56 (1970), 1/7ff.; *Schwaiger/Kockler* UFITA 73 (1975), 21/35f.; kritisch auch *Dünnwald* GRUR 1973, 245/248; ders. GRUR 1974, 788f.; *Fitzek* S. 30ff. S. zum

Meinungsstand *Reber* GRUR 1997, 162 ff.; s. auch Voraufl. § 31 Rdnr. 26). Der Begriff der Nutzungsart in § 31 Abs. 4 aF ist derselbe wie in § 31 Abs. 5 (so auch *Mielke* UFITA-Schriftenreihe 74 (1987), 24). Nur dann kann wegen der möglichen Einschränkung der Verkehrsfähigkeit der betreffenden Werkstücke eine dingliche Wirkung des Nutzungsrechts in Betracht kommen (BGH NJW 2000, 3571/3572; *Schack* UrhG[5] Rdnr. 609). Der Rechtsverkehr muss nur mit den üblichen Beschränkungen rechnen. Was keine selbständige Nutzungsart ist, kann auch keine zulässige inhaltliche Beschränkung des Nutzungsrechts sein (*Schack* UrhR[5] Rdnr. 608 f.). Bloße Vereinbarungen über die Ausübung eine Nutzungsrechts können demnach keine dingliche Wirkung gegenüber Dritten entfalten, sondern stellen lediglich den Vertragspartner bindende schuldrechtliche Vereinbarungen dar (BGH GRUR 1992, 310/311 – Taschenbuch-Lizenz; *Ulmer*[3] § 84 I 3). Sowohl § 31 Abs. 4 aF als auch § 31 Abs. 5 dienen dem Schutz des Urhebers und wollen einen weitgehenden Rechtsübergang an den Verwerter beschränken (*Reber* ZUM 1998, 481/483). Dem Urheber nützt im Zweifel eine möglichst enge Definition der Nutzungsart. Die Grenze liegt freilich beim Schutz des Allgemeininteresses an Rechtsklarheit. Auch dieses Interesse ist in beiden Fällen gleich; es liegt kein Grund vor, es bei § 31 Abs. 4 aF stärker ins Gewicht fallen zu lassen als bei § 31 Abs. 5, wie der BGH in der Klimbim-Entscheidung (BGH GRUR 1997, 215/217). Der Begriff der Nutzungsart ist somit **einheitlich** (so auch *Donhauser* S. 132; aA *Castendyk* ZUM 2002, 332/336 f. S. a. Loewenheim/*J. B. Nordemann*[2] § 24 Rdnr. 5 die die Meinung des BGH referieren, mwN.). Abzulehnen ist demgemäß die vom BGH mit der Klimbim-Entscheidung gemachte Einschränkung, von einer neuen Nutzungsart könne nicht gesprochen werden, wenn eine bisherige Nutzungsmöglichkeit durch den technischen Fortschritt nur erweitert und verstärkt werde, ohne dass die Nutzung in der Sicht der Endverbraucher entscheidend verändert werde (BGH GRUR 1997, 215/217 – Klimbim; s. zum Ganzen *Katzenberger* GRUR Int. 2003, 889/890 f.; *ders.* GRUR Int. 2005, 213/216; *Donhauser* S. 119 ff. mwN). Die Haltung des BGH ist eingestandenermaßen ergebnisbestimmt: Er möchte die Folge der Vertragsnichtigkeit möglichst vermeiden; § 31 Abs. 4 aF wurde die Gefolgschaft versagt (kritisch *Schricker* EWiR 1996, 1139/1140; *Katzenberger* GRUR Int. 2003, 889/897; *Reber* GRUR 1998, 792/794 f.; *ders.* ZUM 1998, 481 ff.). Dieser Ausgangspunkt des BGH – die Nichtigkeit des Vertrages – ist mit der Reform des § 31 a nunmehr erst recht entfallen, so dass kein Grund besteht, die Frage der Nutzungsarten unterschiedlich zu behandeln (ähnlich Mestmäcker/Schulze/*Scholz* (45. EL, Dez. 2007) Rdnr. 13: Mit dem Wegfall der einschneidenden Rechtsfolge der Nichtigkeit liege es nicht fern, eine neue Nutzungsart unter weniger strengen Voraussetzungen als nach altem Recht zu bejahen; wohl zustimmend *Wandtke*/Bulllinger/*Grunert*[3] Rdnr. 18).

2. Unbekannt

Wann eine **Nutzungsart als noch nicht bekannt** anzusehen ist, muss nach Sinn und Zweck der Vorschrift bestimmt werden. Zwar ist der frühere unbedingte Schutz des § 31 Abs. 4 aF wesentlich abgeschwächt worden; doch bleibt es für den Schutz des Urhebers nach § 31 a dabei, dass er durch die zwingenden Vorgaben des § 31 a vor Geschäften geschützt werden soll, deren **wirtschaftliche Tragweite** noch nicht abgeschätzt werden kann. Maßgeblich für die Bekanntheit einer Nutzungsart ist der Zeitpunkt des Vertragsschlusses (BGH GRUR 1974, 786/788 – Kassettenfilm; Dreier/*Schulze*[3] Rdnr. 29, 39; *Wandtke*/Bullinger/*Grunert*[3] Rdnr. 21; *Kotthoff* in HK-UrhR[2] Rdnr. 8; aA Zeitpunkt der Nutzungshandlung: Fromm/Nordemann/ *J. B. Nordemann*[10] Rdnr. 23; *Schwarz* ZUM 2000, 816/825). Ist jedoch jährlich eine Freigabeerklärung vorgesehen, kommt es für die Bekanntheit der Nutzungsart auf den Zeitpunkt der letzten Freigabeerklärung an (OLG Köln ZUM 2003, 317/318; Dreier/*Schulze*[3] Rdnr. 56). Einer solchen Erklärung, in der ausdrücklich die Freigabe für sämtliche Nutzungsrechte erteilt wird, komme vertragsändernde Wirkung zu.

„**Bekannt**" ist eine neue Nutzungsart nicht schon dann, wenn Techniker oder andere Experten sie erschließen können oder von ihr wissen, sondern die Bekanntheit ist aus **Urhebersicht** zu beurteilen. Denn das Gesetz will den Urheber vor einer Rechtsvergabe hinsichtlich Nutzungen schützen, deren Tragweite er zum Zeitpunkt des Vertragsschlusses (*Castendyk* ZUM 2002, 332/341) noch nicht absehen kann (Fromm/Nordemann/*J. B. Nordemann*[10] Rdnr. 43; Möhring/Nicolini/*Spautz*[2] § 31 Rdnr. 42; *Wandtke*/Bullinger/*Grunert*[3] Rdnr. 22; stärker objektivierend *v. Gamm* § 31 Rdnr. 15; ähnlich *Ulmer*[3] § 84 III, der auf die weitere Korrekturmöglichkeit nach § 31 Abs. 5 verweist). Im Interesse der Rechtssicherheit kann dabei freilich nicht auf den jeweils als Vertragspartner auftretenden Urheber abgestellt werden; „bekannt" zielt auf einen generalisierenden Maßstab ab. Entscheidend ist, ob die Nutzungsart **in den einschlägi-**

gen **Urheberkreisen** bereits hinlänglich bekannt war; es kommt auf den **durchschnittlichen Urheber** an (Fromm/Nordemann/*J. B. Nordemann*[10] Rdnr. 43; *Wandtke*/Bullinger/*Grunert*[3] Rdnr. 22; Möhring/Nicolini/*Spautz*[2] Rdnr. 42; Dreier/*Schulze*[3] Rdnr. 29; *Kotthoff* in HK-UrhR[2] § 31 a Rdnr. 8; *Zentek/Meinke* Urheberrechtsreform 2002, 2002, S. 35 f.; *Donhauser* S. 137 f.; *Castendyk* ZUM 2002, 332/342; *Zscherpe* S. 112 f.; OLG Köln ZUM 2003, 317/318; diff. *Fitzek* S. 167 ff. der auf das Wissen des durchschnittlichen Urhebers in Relation zur Kenntnis des Werknutzers abstellt. Auf Hersteller und Durchschnitt der Urheber hebt OLG München ZUM-RD 1997, 354/356 ab. Der BGH lässt es in GRUR 1991, 133/136 offen, ob auf die konkreten Vertragsparteien oder den durchschnittlichen Urheber abzustellen ist). Jedenfalls ist Bekanntheit iSd § 31 a aber anzunehmen, wenn die Nutzungsart dem **Publikum** bekannt war, insbesondere infolge der faktischen Verbreitung der Nutzungsart, der Information durch die Presse oder andere Massenmedien u. dgl. (vgl. BGH GRUR 1982, 727/730 f. – Altverträge – worin zwar nicht § 31 Abs. 4 aF angewendet wurde, da es sich um Altverträge handelte, der Sache nach aber doch nach der Vorhersehbarkeit einer neuen Nutzungsart – Fernsehverwertung von Filmen – gefragt und zu diesem Zweck eine Fülle von Fakten und Publikationen ausgewertet wurde). **Bekanntheit** bedeutet dabei, dass sich die Nutzungsart nicht nur als technisch möglich, sondern auch wirtschaftlich relevant abzeichnet, auch wenn die Praktizierung noch in den Anfängen steckt (BGH GRUR 1986, 62/65 – GEMA-Vermutung I; BGH GRUR 1991, 133/136 – Videozweitauswertung; Möhring/Nicolini/*Spautz*[2] Rdnr. 43; Dreier/*Schulze*[3] Rdnr. 29; zu weitgehend *v. Gamm* § 31 Rdnr. 15, wonach auch wirtschaftlich völlig bedeutungslose Nutzungsarten schon bekannt sein sollen). Auch wenn die Absatzzahlen der neuen im Verhältnis zur herkömmlichen Verwendungsform noch nicht über einen längeren Zeitraum hinweg beobachtet werden konnten, muss die Frage, ob eine neue Verwendungsform eine neue Nutzungsart iSd § 31 a ist, vom Gericht entschieden werden, so dass der Tatrichter aufgrund seiner eigenen Erfahrungen die Konsumgewohnheiten der Verbraucher aufgrund der vorhandenen Anhaltspunkte prognostizieren darf (BGH GRUR 2005, 937/940; krit. für § 31 Abs. 4 aF *Stieper* MMR 2005, 842/843; Dreier/*Schulze*[3] Rdnr. 29, aber anders für das neue Recht).

31 Die Nutzungsart braucht zwar noch keinen bedeutsamen wirtschaftlichen Erfolg aufzuweisen; sie muss sich aber bereits als **wirtschaftlich bedeutsam** und verwertbar darstellen (BGH GRUR 1986, 62/63 – GEMA-Vermutung I; BGH GRUR 1988, 296/298 – GEMA-Vermutung IV; BGH GRUR 1991, 133/136 – Videozweitauswertung; BGH GRUR 1995, 212/213 f. – Videozweitauswertung III; BGH GRUR 1997, 464/465 – CB-infobank II; OLG München ZUM-RD 1997, 354/355. S. zu Umfang und Intensität der Kenntnis auch *Fitzek* S. 169 ff.).

32 Für das alte Recht hatte der BGH darüber hinaus den Begriff der **Risikogeschäfte** über eine technisch zwar bekannte, aber wirtschaftlich zunächst noch bedeutungslose Nutzungsart entwickelt, sofern die neue Nutzungsart konkret benannt, ausdrücklich vereinbart und von den Vertragspartnern auch erörtert und damit erkennbar zum Gegenstand von Leistung und Gegenleistung gemacht wird; § 31 Abs. 4 aF greife in diesen Fällen nicht ein (BGH GRUR 1995, 212/214 – Videozweitauswertung; ähnlich OLG München GRUR 1994, 115/116 und ZUM-RD 1997, 354/357; Fromm/Nordemann/*Hertin*[9] §§ 31/32 Rdnr. 11). Die früher daran geübte Kritik, dass § 31 Abs. 4 aF reduziert würde (s. Voraufl. § 31 Rdnr. 27; *Fitzek* S. 198 ff.), ist indes durch die Neufassung des § 31 a obsolet geworden; denn der Urheber wird durch die Schriftform geschützt, gerade Risikogeschäfte sollen auch durch die nunmehr ermöglichte Einräumung von Rechten an unbekannten Nutzungsarten erfasst werden (s. auch *Kotthoff* in HK-UrhR[2] Rdnr. 9; aA *Fitzek* S. 202). Für diese Begriffskategorie besteht daher kein Bedürfnis mehr, auch dann nicht, wenn die Rechte nicht schriftlich etc. eingeräumt wurden (wie hier *Wille* AfP 2008, 575/577 ff.; anders aber Dreier/*Schulze*[3] Rdnr. 30; Mestmäcker/Schulze/*Scholz* Rdnr. 21). Denn der Schutz des § 31 a hängt nur von dem Begriff der unbekannten Nutzungsart ab, alles andere wäre, das Verhältnis von Tatbestand und Rechtsfolge umkehren.

33 Es genügt für § 31 a, wenn eine Nutzungsart bekannt ist, auch wenn die mit ihr verbundenen Verwertungshandlungen **noch nicht rechtlich geschützt** sind, da es auf die mögliche **wirtschaftliche** Tragweite ankommt. Für den Fall der Einführung eines Rechtsschutzes können somit wirksame Rechtsgeschäfte geschlossen werden (zu § 31 Abs. 4 aF Fromm/Nordemann/*Hertin*[9] §§ 31/32 Rdnr. 12; *Schweyer* Die Zweckübertragungstheorie im Urheberrecht, 1982, S. 90 f.). Zwischen der Abgrenzung der Nutzungsart und der Definition der Schranken des Urheberrechts, etwa in § 53, besteht kein zwingender Normzusammenhang (BGH GRUR 1997, 464/465 f. – CB-infobank II).

34 Für das frühere Recht hatte die Rechtsprechung für die sog. **technische Substitution** eine Einschränkung des § 31 Abs. 4 aF entwickelt: Demnach musste sich eine neue Nutzungsart signifikant von den bisherigen Nutzungsarten unterscheiden, was nicht der Fall sei, wenn die bisherige Nutzung nur iRd technischen Fortschritts durch eine andere Technologie substituiert würde, ohne sich aber aus Sicht des Endnutzers wesentlich zu verändern. Ohne die Erschließung neuer Märkte und neuer Erwerbsmöglichkeiten läge keine unbekannte Nutzungsart vor. Daher sah die Rechtsprechung in Satellitensendungen oder Kabelweitersendungen trotz technisch unterschiedlicher Empfangsgeräte keine neue Nutzungsart, da der Werkgenuss und die Werkvermittlung für den Endnutzer unverändert sei (BGH GRUR 1997, 215/217 – Klimbim). Auch für die DVD wurde keine neue Nutzungsart gegenüber einer Videokassette angenommen (BGH GRUR 2005, 937/ 939 – Zauberberg). Hinter dieser Rechtsprechung stand der Gedanke, dass die wirtschaftlich-technische Fortentwicklung nicht durch die Annahme unbekannter Nutzungsarten behindert werden dürfe (BGH GRUR 1997, 215/217 – Klimbim; zusammenfassend zur Kritik Voraufl. § 31 Rdnr. 26; Dreier/*Schulze*[3] Rdnr. 36). Diese Rechtsprechung hat indes durch die Reform bezüglich § 31a ihre Berechtigung verloren: Da Rechte an unbekannten Nutzungsarten jetzt auch von vornherein eingeräumt werden können, gibt es keinen Grund mehr für eine einschränkende Auslegung; der vom BGH gerade betonte Schutz durch den Bestsellerparagraphen wird jetzt durch § 32c UrhG übernommen, Entwickler neuer Technologien können sich die Rechte einräumen lassen. Entscheidend für das Vorliegen einer neuen Nutzungsart ist vielmehr, ob eine wirtschaftlich relevante zusätzliche Ausbeutung besteht, die etwa schon in Qualitätssteigerungen (hochauflösende Filme, Möglichkeiten der interaktiven Auswertung von Werken, Szenenbestimmungen etc.) bestehen können. Keine Rolle können etwa veränderte Herstellungstechnologien spielen, sofern die Nutzung des Werkes dadurch nicht verändert wird, so etwa beim Übergang zu einem neuen Druckverfahren (RGZ 123, 312/316 – Wilhelm Busch) und damit vom Bleisatzverfahren auf das Offsetverfahren beim Drucken eines Buches.

Umstritten bleibt allerdings, **welche Sichtweise** hierfür maßgeblich ist. In Betracht kommt 35 diejenige des **Endverbrauchers**. Hiergegen wird eingewendet, dass es für den Endverbraucher gleichgültig sein könne, ob er ein Buch als Hardcover oder als Taschenbuch, als CD-Rom oder Buchclubausgabe bekomme (so Dreier/*Schulze*[3] Rdnr. 38). Indes verkennt dies, dass es ökonomisch stets auf die Substituierbarkeit von Produkten ankommt; diese liegt eben gerade nicht vor bei Märkten wie Hardcover und Taschenbücher. Gleiches gilt aber auch für eine CD-ROM, die völlig andere Möglichkeiten der Nutzung bietet als ein gedrucktes Buch. Gerade diese Änderung aber, die Schaffung neuer Möglichkeiten der Nutzung und damit neuer Märkte, die Veränderung der Substitutionsmöglichkeiten, ist ausschlaggebend für die Annahme neuer Nutzungsarten. Zwar findet sich die Definition, dass es sich bei einer neuen Nutzungsart um eine „selbständige Nutzungsart mit dinglicher Wirkung" handeln müsse (so Dreier/*Schulze*[3] Rdnr. 38); doch ist diese Formel letztlich inhaltsleer, da die dingliche Wirkung erst die Rechtsfolge ist, Voraussetzung für dinglich wirkende Nutzungsrechte aber eine selbständige Nutzungsart ist (vgl. Rdnr. 28). Die dingliche Wirkung sagt jedoch nichts darüber aus, wann eine neue Nutzungsart vorliegt. Im Ergebnis kommt aber auch diese Auffassung zu ähnlichen Ergebnissen, etwa wenn ein Qualitätssprung für ausschlaggebend gehalten wird, wie von der Vinyl-Platte zur CD (Dreier/*Schulze*[3] Rdnr. 38; *Reber* ZUM 1998, 481 f.). Gleiches gilt für den Zwang, sich neue Abspiel- oder Empfangsgeräte zu verschaffen (Dreier/*Schulze*[3] Rdnr. 38; aA insofern BGH GRUR 2005, 937/939 f. – Zauberberg: Filme auf DVD gegenüber der Auswertung auf Videokassette keine neue Nutzungsart; BGH GRUR 1997, 215/217 – Klimbim: Satellitensendung keine neue Nutzungsart; ebenso *Weber* ZUM 2007, 688: nur Substitution, da kein anderes Zuschauerpublikum erreicht werden kann).

Pauschale Einräumungen von Nutzungsarten haben stets das Problem aufgeworfen, ob 36 die in Streit stehende Nutzungsart bereits wirtschaftlich bedeutsam und bekannt war. Allein eine pauschale Einräumung, etwa „alle bekannten Nutzungsarten", kann jedenfalls nicht dazu führen, dass auch Rechte an einer Nutzungsart, die zwar technisch bekannt ist aber erst in Zukunft wirtschaftlich bedeutsam wird, ebenfalls eingeräumt wären. Da anderenfalls das Risiko der Prognose in mit dem Schutzzweck des § 31 Abs. 4 aF nicht zu vereinbarender Weise auf den Urheber übertragen würde, können die Parteien über bekannte aber wirtschaftlich zunächst noch bedeutungslose Nutzungsarten nur dann wirksame Vereinbarungen schließen, wenn die Nutzungsart konkret benannt, ausdrücklich vereinbart und von den Vertragspartnern auch erörtert und damit erkennbar zum Gegenstand von Leistung und Gegenleistung gemacht wird (BGH GRUR 1995, 212/214 – Videoauswertung III; ähnlich Dreier/*Schulze*[3] Rdnr. 31; auch gegen die Zulässigkeit derartiger Risikogeschäfte *Wandtke*/Bullinger/*Grunert*[3] Rdnr. 23, da diese im Erfolgsfall zu Lasten des Urhebers gehen und die so vorgenommene enge Auslegung des § 31 Abs. 4 aF dessen Zweck als die Interessen den Urhebers schützende Norm widerspricht; aA

Schwarz ZUM 1997, 94). Dementsprechend lehnte die Rechtsprechung es ab, für die Rechteinräumung bei einem Filmwerk für „alle bekannten Nutzungsarten" auch die damals jedenfalls aus wirtschaftlicher Sicht noch unsichere Videozweitauswertung als einbezogen anzusehen (BGH GRUR 1991, 133/136 – Videozweitauswertung; BGH GRUR 1995, 212/214 – Videozweitauswertung II). Diese Grundsätze gelten auch für gleich lautende Klauseln in **Tarifverträgen** (OLG München NJW-RR 1998, 335 – Videozweitauswertung; Dreier/*Schulze*[3] Rdnr. 31). Andererseits genügt eine auslegungsfähige **Konkretisierung des Risikogeschäfts**, also von Nutzungen, die die Gattung der Nutzungsart umfassten, auch wenn die konkrete Nutzungsart zwar technisch bekannt, aber wirtschaftlich noch nicht bedeutsam war. So konnte die Formulierung „im Wege audiovisueller Verfahren" auch die Videozweitauswertung erfassen (BGH GRUR 1995, 212/214 – Videozweitauswertung III). Entscheidend kommt es in Zweifelsfällen auf den Horizont beider Vertragspartner insbesondere des Urhebers an, ob bei Risikogeschäften eine Nutzungsart bereits bekannt war (ähnlich Dreier/*Schulze*[3] Rdnr. 32; nach *Kotthoff* in HK-UrhR[2] Rdnr. 9 ist eine Nutzungsart schon dann nicht mehr unbekannt und mithin der Anwendungsbereich des § 31a nicht eröffnet, wenn der Urheber wenigstens die Möglichkeit einer neuen Nutzungsart erkannt hat). Dementsprechend müssen beide Vertragspartner bei Vertragsschluss **Kenntnis** gehabt haben, dass die „riskante" Nutzungsart realistischerweise auch wirtschaftliche Bedeutung erlangen wird, etwa bei Videokassetten von Filmen (OLG München GRUR 1994, 115/116 – Audiovisuelle Verfahren). Je konkreter die Bezeichnung ist, desto eher kann von dieser Kenntnis ausgegangen werden, bei pauschalen Bezeichnungen dagegen nicht. Voraussetzung ist daher, dass die Nutzungsart von den Parteien erörtert wurde (BGH GRUR 1995, 212/214), so dass ein deutlicher Verweis auf die Nutzungsart erforderlich ist. Eine solche Erörterung setzt jedoch nicht zwingend eine individualvertragliche Vereinbarung voraus, kann also auch in einem Formularvertrag enthalten sein (BGH GRUR 1995, 212/214; kritisch Fromm/Nordemann/*J. B. Nordemann*[10] Rdnr. 46: „Erörtern" setze eine eingehende Besprechung oder Diskussion voraus). Die Beweislast dafür, dass eine solche Erörterung erfolgt ist, trägt der Verwerter bzw. Nutzer (Dreier/*Schulze*[3] Rdnr. 34; *Kotthoff* in HK-UrhR[2] Rdnr. 10). Schließlich galt schon zum alten Recht und aufgrund des eingeführten Schriftformerfordernisses erst recht für das neue Recht, dass die Nutzungsart sich in der Vergütung bzw. der Gegenleistung niederschlagen muss. Dementsprechend kommt bei einem Missverhältnis zwischen vereinbarter Vergütung und tatsächlichen Erträgen eine Vertragsanpassung nach § 32a (§ 36 aF) in Betracht (BGH GRUR 1995, 212/214 – Videozweitauswertung III).

37 In **Zweifelsfällen** sollte von einer unbekannten Nutzungsart ausgegangen werden, da neue Technologien nicht mehr durch die Unwirksamkeit von Verträgen behindert werden, andererseits der Urheber zwingend eine angemessene Vergütung erhält (ebenso Dreier/*Schulze*[3] Rdnr. 40; Mestmäcker/Schulze/*Scholz* (45. EL, 2007) Rdnr. 13). Auch das Widerrufsrecht lässt die Entwicklung neuer Technologien dadurch nicht unpraktikabel erscheinen.

3. Einzelfälle

38 **a) Audio-Visuelle Verwertungen.** In der **Praxis** (s. auch den Überblick von *Castendyk* ZUM 2002, 332/333 ff.; Dreier/*Schulze*[3] Rdnr. 41 ff.; *Donhauser* Rdnr. 17 ff.) hat der BGH (GRUR 1982, 727/730 – Altverträge) die Feststellung der Instanzgerichte gebilligt, dass die wirtschaftlichen Auswirkungen des **Fernsehens** bereits 1939 erkennbar gewesen seien (Bekanntheit bereits 1938 nimmt OLG München ZUM 1995, 484/485 an. AA LG Berlin GRUR 1983, 438/440 – Joseph Roth: 1939 sei das Fernsehen noch nicht bekannte Nutzungsart gewesen). Den daneben erforderlichen ausdrücklichen Hinweis auf die einzuräumende Nutzungsart sah der BGH in der im Vertrag verwendeten Bezeichnung „gefunkter Film". Mit dieser Bezeichnung sei ersichtlich die Vorführung eines Films mit Mitteln der Funktechnik gemeint, wobei der Begriff „Funk" in seiner physikalisch-technischen Bedeutung zu verstehen sei. Danach umfasse Funk entsprechend der amtl. Begründung zu § 20 UrhG (BT-Drucks. IV/270, S. 50) jede Übertragung von Zeichen, Tönen oder Bildern durch elektromagnetische Wellen, die von einer Sendestelle ausgesandt werden und an anderen Orten von einer beliebigen Zahl von Empfangsanlagen aufgefangen und wieder in Zeichen, Töne oder Bilder verwandelt werden können. In anderen Fällen, etwa wenn nur die Schmalfilmauswertung eingeräumt wird, werden damit nicht die Fernsehrechte erfasst (BGH GRUR 1960, 197/199 – Keine Ferien für den lieben Gott).

39 Strittig ist, ab wann die **audio-visuelle Verwertung von Filmen**, d. h. die Vervielfältigung und Verbreitung von Videogrammen durch Verkauf an das Publikum bzw. an Mietunternehmen, als bekannt betrachtet werden kann; die Schätzungen schwanken zwischen etwa 1970 und

Verträge über unbekannte Nutzungsarten § 31a

1980 (ausführlich *Hubmann,* in Poll (Hrsg.), Videorecht-Videowirtschaft, S. 66 ff.; s. umfassend *Zielinski* Zur Geschichte des Videorecorders, 1986; *Mielke* UFITA-Schriftenreihe 74 (1987), S. 20 ff.; *Scheuermann* Urheber- und vertragsrechtliche Probleme der Videoauswertung von Filmen, 1990, S. 95 (1970 als Jahr der Bekanntheit für sämtliche Werknutzungsformen im Videobereich). S. dazu auch BGH GRUR 1995, 212 ff. – Videozweitauswertung III). Jedenfalls 1936 war die Herstellung und Verbreitung von Videokassetten als Nutzungsart völlig unbekannt (OLG München ZUM 1985, 514/515 – Olympiafilm), aber auch 1967 lag noch eine nicht bekannte Nutzungsart vor (LG München I FuR 1984, 664; s. dazu *Moser* MR 5/1984, 15; vgl. auch § 89 Rdnr. 12); gleiches gilt für das Jahr 1968 (BGH GRUR 1991, 133/136 – Videozweitauswertung; OLG München GRUR 1987, 908/909 – Videozweitverwertung; OLG München ZUM 1989, 146/148) und auch noch für 1972 (OLG München GRUR 1994, 115/116) und bis 1975 (OLG München NJW-RR 1998, 335/336). Angesichts des langsamen Anlaufens der wirtschaftlichen Auswertung ist mit *Wandtke*/Bullinger/*Grunert*[3] Rdnr. 47/48 Bekanntheit erst ab ca. 1980 anzunehmen (aA (ab 1977 bekannt) BGH GRUR 1995, 212/213 – Videozweitauswertung III; OLG München NJW-RR 1998, 335/336; Dreier/*Schulze*[3] Rdnr. 33, 45). Zur Auslegung eines Altvertrages s. LG München I GRUR 1991, 377 – Veit Harlan-Videorechte; zu DVD s. *Wandtke*/Bullinger/*Grunert*[3] Rdnr. 50 und unten Rdnr. 47; zu UMTS und anderen Auswertungen von Fernsehsendungen und Kinofilmen per Mobiltelefon s. *Wandtke*/Bullinger/*Grunert*[3] Rdnr. 69. Die Nutzung von Fotos für Schallplattencovers war 1982 schon bekannt; das OLG Hamburg will zu ergänzender Vertragsauslegung auch die Nutzung für CD-Covers legitimieren (OLG Hamburg GRUR 2000, 45/48 – CD-Cover). Für Musik-Videos gilt, dass sie erst Anfang der 80er Jahre durch MTV etc. bekannt wurden (ebenso *Mahlmann* in *Moser*/*Scheuermann*[6], Handbuch der Musikwirtschaft, S. 178/188; Fromm/Nordemann/*Hertin*[9] § 31/32 Rdnr. 15; Dreier/*Schulze*[3] Rdnr. 46).

Für die **Kabel- und Satellitensendung** will der BGH eine Anwendung von § 31 Abs. 4 aF **40** bzw. § 31 a offenbar schon deshalb ausschließen, weil es sich nicht um eigene Nutzungsarten handele (BGH GRUR 1997, 215/217 – Klimbim; s. zur Kritik *Schricker* EWiR 1996, 1139/1140; *Loewenheim* GRUR 1997, 220/221; *Marshall,* Fs. für Reichardt, 1990, S. 125/132). Die Entscheidung stellt unzutreffend auf die Perspektive des Fernsehzuschauers ab (dies kritisieren auch Möhring/Nicolini/*Spautz*[2] Rdnr. 44) und erfasst auch diese nicht in überzeugender Weise; im Ergebnis läuft sie auf eine wesentliche Entwertung des § 31 Abs. 4 aF bzw. § 31 a hinaus (ablehnend auch *Donhauser* S. 147 ff.; *Wandtke*/Bullinger/*Grunert*[3] Rdnr. 24/25 m. w. N.; *Fitzek* S. 94 ff.). Die Konsequenz wäre – bei einem einheitlichen Begriff der Nutzungsart –, dass die Kabel- und Satellitenrechte auch nicht mit gegenständlicher Wirkung abgespalten und für sich eingeräumt werden könnten, was aber in der Praxis durchaus üblich ist (s. zB OLG Koblenz AfP 1988, 39; OLG Hamburg ZUM 1989, 471/472). Wie der BGH für das Kabelfernsehen auch OLG Hamburg GRUR 1989, 590; OLG München ZUM-RD 2002, 77/84 – Kehraus für Satelliten- u. Kabelfernsehen; OLG Stuttgart ZUM 2003, 239/240 (für Satellitensendung); LG München I ZUM 1986, 484/486; *Platho* ZUM 1986, 572/577.

b) Digitale Nutzungsarten. Für die **digitalen Nutzungsarten** lassen sich einheitliche Be- **41** kanntheitsdaten nicht angeben (so für Multimedia *Dreier* in Becker/ders. (Hrsg.), Urheberrecht und digitale Technologie, 1994, S. 123/145; Loewenheim/*J. B. Nordemann*[2] § 26 Rdnr. 47; *Donhauser* Rdnr. 27 ff., 141 ff.; *Hoeren* CR 1995, 710, 712); zwischen Offline- und Online-Medien ist dabei zu unterscheiden (s. zum Ganzen *Wandtke*/Bullinger/*Grunert*[3] Rdnr. 33 ff.; Zentek/*Meinke* Urheberrechtsreform 2002, 2002, S. 35 ff.; *Schulze* ZUM 2000, 432 ff.; *Fitzek* S. 109 ff., zu den Bekanntheitszeitpunkten S. 213 ff.; *Reber* GRUR 1998, 792 ff. Durchweg restriktiv *Wegner*/Wallenfels/*Kaboth* Recht im Verlag, 2004, S. 76 ff.). § 31 Abs. 4 aF kann umgehen, wer bereits das Vorliegen einer eigenen Nutzungsart verneint und eine bloße irrelevante „technische Fortentwicklung" einer bekannten Nutzungsart annimmt (so der BGH beim Kabel- und Satellitenfernsehen, s. Nachweise und Kritik in Rdnr. 30, 44; s. dazu – referierend – auch Loewenheim/*J. B. Nordemann*[2] § 26 Rdnr. 44 ff.). Im Einzelnen ergibt sich folgendes Bild:

Musik auf CD: Nach OLG Düsseldorf NJW-RR 1996, 420 jedenfalls noch 1971, *Wandtke*/ **42** Bullinger/*Grunert*[3] Rdnr. 30 bis Anfang der 80iger Jahre unbekannte Nutzungsart, ähnlich Dreier/*Schulze*[3] Rdnr. 47, die Bekanntheit ab 1983 bejahen. Das Vorliegen einer eigenen Nutzungsart wird von manchen in unzutreffender Restriktion des § 31 Abs. 4 aF bzw. § 31 a geleugnet: Trotz des andersartigen Abspielgeräts, der digitalen Aufnahmetechnik und der höheren Verschleißtoleranz handele es sich bei der CD lediglich um eine Anpassung der technisch veral-

§ 31a

teten Schallplatte an neuzeitliche Gegebenheiten ohne grundlegende Veränderung von Nutzungsrichtung und Nutzungsintensität (OLG Hamburg GRUR-RR 2002, 153/157). Der Vorgang der Werkvermittlung sei gegenüber der Schallplatte seiner Art nach im Wesentlichen unverändert geblieben (OLG Köln ZUM 2001, 166/172). Aus der Sicht des Nutzers stelle die CD nur einen ebenfalls über die bisherigen Vertriebswege zu erwerbenden alternativen Tonträger dar (*Kotthoff* in HK-UrhR[2] § 31 Rdnr. 114). Dem steht jedoch entgegen, dass die Rezeptionsmöglichkeit CD zu einer quantitativen Veränderung des Adressatenkreises und dadurch zu einem eigenständigen Nachfragemarkt geführt hat (*Fitzek* S. 104): Verbesserte Klangqualität, erhöhte Speicherkapazität sowie vereinfachte Handhabung führen zu neuen Verwendungsmöglichkeiten und gerade die technischen Verbesserungen, insbesondere die verlustfreie Wiedergabe, haben zu Mehrfachkäufen geführt ebenso wie zu Vermietungen (OLG Düsseldorf ZUM 2001, 164/166). Der taktgenaue Zugriff auf ein Musikstück ermöglicht nicht nur ein bewussteres Anhören, sondern auch verbesserte Recherchemöglichkeiten, was die Annahme einer neuen Nutzungsart rechtfertigt (KG NJW-RR 2000, 270/271). Auch besteht eine wesentlich umfangreichere Einsatzmöglichkeit, insbesondere eine weitergehende Nutzung sowie eine andersartige Handhabung (OLG Düsseldorf ZUM 2001, 164/166; *Reber* GRUR 1998, 792/796; aA *Schack* UrhR[5] Rdnr. 624; Fromm/Nordemann/*J. B. Nordemann*[10] Rdnr. 39: Keine wirtschaftliche Eigenständigkeit, sondern nur Verbesserung; *Castendyk* ZUM 2002, 332/344: Mehrfachverkäufe nur in Übergangsphase; offen BGH GRUR 2003, 234/235 – EROC III). Verträge vor 1983, die dem Verwerter nur die mechanischen Vervielfältigungsrechte einräumten, erstrecken sich grundsätzlich nicht auf die Digitalisierung, sondern müssen hinsichtlich der Nutzung auf CD (sowie andere digitale Medien) ergänzt werden (zutr. Dreier/*Schulze*[3] Rdnr. 47). Dies gilt in gleicher Form auch für Wahrnehmungsverträge mit Verwertungsgesellschaften (*Lehmann*, in ders. (Hrsg.) Internet- und Multimediarecht (Cyberlaw), 1997, S. 57/62). S. zum Ganzen auch die Nachweise bei Loewenheim/*J. B. Nordemann*[2] § 26 Rdnr. 47.

43 Das **Sound-Sampling** ist ebenfalls als neue Nutzungsart zu qualifizieren. Darunter ist neben dem Aufnahmeverfahren konkreter Klangsequenzen der Vorgang der Ausarbeitung oder Gestaltung entnommer Sequenzen durch computergesteuerte Vorrichtungen zu verstehen (*Salagean* Sampling im deutschen, schweizerischen und US-amerikanischen Urheberrecht, 2008, S. 21). Bekannt ist Sampling erst ab Mitte der 80er Jahre (Fromm/Nordemann/*Hertin*[9] §§ 31/32 Rdnr. 18; Dreier/*Schulze*[3] Rdnr. 48). Urheberrechtliche Relevanz kann das Sampling jedoch nur dann haben, wenn die verwendeten Klangteile schutzfähig sind, was umso eher ausscheidet, je kürzer die entnommenen Fragmente sind (*Schulze* ZUM 1994, 15/19). Die Vervielfältigung von Teilen eines Werkes und ihre Integration in ein neues Werk in umgestalteter oder identischer Form ist eine über die bloße Werkvervielfältigung hinausgehende eigenständige Nutzung des Werkes (*Häuser* Sound und Sampling, S. 72). Folglich reicht allein die Einräumung des Vervielfältigungsrechts nicht aus, sondern es ist das Einverständnis des Rechtsinhabers mit der Teilvervielfältigung sowie der Umgestaltung und Bearbeitung des entstehenden Werkteile einzuholen. Der Erwerb entsprechender Nutzungsrechte erfolgt im Rahmen eines sog. Sample-Clearance-Vertrags (*Salagean* Sampling im deutschen, schweizerischen und US-amerikanischen Urheberrecht, 2008, S. 113). Die vertragliche Legitimierung erfolgt durch eine sog. Sampling-Lizenz, durch die der Urheber dem Abnehmer die benötigte Vervielfältigungs- und ggf. Bearbeitungslizenz – grundsätzlich gegen eine Vergütung – erteilt (ausführlich zum Sampling-Vertrag *Zimmermann* in Moser/Scheuermann (Hrsg.), Handbuch der Musikwirtschaft[6], S. 1180 ff.).

44 Als Spielart des Sound-Sampling kann auch die Verwendung von Musik als **Handyklingelton** gewertet werden. Diese ist als erst ab ca. 1999 absehbare Nutzungsart zu qualifizieren (BGH GRUR 2009, 395 Tz. 19 f. (1999 noch unbekannt); OLG Hamburg ZUM 2002, 480/484; OLG Hamburg MMR 2003, 49/52; OLG Hamburg MMR 2006, 315/317; LG Hamburg ZUM 2001, 443/444; Dreier/*Schulze*[3] Rdnr. 55 (2000); *Rehmann/Bahr* CR 2002, 229/233; *Castendyk* ZUM 2005, 9/13 (Ende 1999). Ebenso *Kotthoff* in HK-UrhR[2] Rdnr. 115; *Wandtke*/'Bullinger/*Grunert*[3] Rdnr. 32 unter Berufung auf OLG Hamburg ZUM 2002, 480 und Fromm/Nordemann/*J. B. Nordemann*[10] Rdnr. 48 unter Berufung auf LG Hamburg 2001, 443/444). Die Nutzung als Handyklingelton stellt gerade nicht die Wahrnehmung der Tonfolge als Musikwerk in Form eines sinnlich-klanglichen Erlebnisses dar, sondern dient als rein funktionales Erkennungszeichen, für das der künstlerische Gehalt und dramaturgische Komposition des Werkes nur nebensächlich sind und ein vorhandener ästhetischer Spannungsbogen durch das „Annehmen" des Gesprächs gerade bewusst zerstört wird (OLG Hamburg ZUM 2002, 480/482). Das Werk als Klingelton soll in seiner ureigensten Zweckbestimmung gerade nicht (vollständig) erklingen, sondern nur die ersten Töne bzw. Tonfolgen als prägnantes Erkennungszeichen genutzt werden.

Klingeltöne werden auf eigenen Vertriebswegen eigenständig neben den ursprünglichen Musikstücken vermarktet, so dass eine neue, selbstständige Einnahmequelle und ein eigenständiger Markt entstanden sind (*Castendyk* ZUM 2005, 9/13).

CD-ROM-Nutzung von Zeitungen und Zeitschriften: *Katzenberger* gibt als Zeitpunkt 45 des Bekanntwerdens 1988 an (Elektronische Printmedien 1996, S. 102; s. auch *ders.* AfP 1997, 434/440 f. S. allgemein zur CD-ROM als Nutzungsart *Fitzek* S. 123 ff.); *Nordemann/Schierholz* AfP 1998, 365/367 gehen von 1995 aus. Nach LG Hamburg CR 1998, 32/33 war die CD-ROM-Nutzung von Zeitungen und Zeitschriften 1989 nicht mehr unbekannt. BGH GRUR 2002, 248 – SPIEGEL-CD-ROM – hat für die CD-ROM-Verwertung bis 1993 veröffentlichter Photographien dagegen mit Recht angenommen, dass die alten Verträge die neue Nutzungsart nicht abdecken; dies dürfte allgemein auch die richtige zeitliche Grenze für die CD-ROM Nutzung von Zeitungen, Zeitschriften, aber auch von Büchern sein. Es bildet keine unzulässige Rechtsausübung, wenn der Rechtsinhaber gegen die ungenehmigte Verwertung mit der Unterlassungsklage vorgeht; so im Ergebnis auch OLG Hamburg MMR 1999, 225; anders LG Hamburg CR 1998, 32. Zu der – in der Rechtsprechung zutreffend abgelehnten – These *Katzenbergers* der Rechtsinhaber sei nach Treu und Glauben zur Duldung verpflichtet s. *Schicker*[2] §§ 31, 32 Rdnr. 30; s. auch die Kritik von *Schulze* ZUM 2000, 432/445 f.; *Dreier/Schulze*[3] § 37 Rdnr. 22.

Eng im Zusammenhang damit steht die Digitalisierung von Bildern. Diese stellt eine selb- 46 ständige Nutzungsart dar (*Maaßen* ZUM 1992, 338/349; *Schulze* GRUR 1994, 855/865; aA *Schwarz* GRUR 1996, 836/837 wonach die Digitalisierung als solche noch nicht zu einer neuen Nutzungsart führt) und erfasst insbesondere das **Picture-Sampling.** Die digitale Erfassung von Bildern ist seit 1988 jedenfalls technisch bekannt (*Maaßen* ZUM 1992, 338/349; *Schulze* GRUR 1994, 855/865). Hinsichtlich der wirtschaftlichen Bekanntheit lässt sich angesichts der zahlreichen und sich deutlich unterscheidenden Verwendungsbereiche digitaler Bildnutzung kein einheitlicher Bekanntheitszeitpunkt nennen, sondern dieser muss für jeden Einzelfall gesondert festgestellt werden (zutr. *Dreier/Schulze*[3] Rdnr. 49; *Schulze* GRUR 1994, 855/865; *Lehmann* in ders. (Hrsg.) Internet- und Multimediarecht (Cyberlaw), 1997, S. 57/61 f. Differenzierend *Dreier* in Lehmann (Hrsg.), Internet- und Multimediarecht (Cyberlow), 1997, S. 119/127: Werden innerhalb eines Produktionsvorgangs analoge Bearbeitungsschritte lediglich durch digitale ersetzt, um ein nach wie vor analoges Produkt zu erzeugen, so könne in wirtschaftlicher Hinsicht nicht von einer neuen Nutzungsart gesprochen werden; ähnlich *Wandtke*/Bullinger/*Grunert*[3] Rdnr. 28).

Als neue, eigenständige Nutzungsart hat auch die **Verwertung von Filmen auf DVD** zu 47 gelten (so *Katzenberger* GRUR Int. 2003, 889/897 ff.; *ders.* GRUR Int. 2005, 215/216; *Reber* GRUR 1998, 792/797; *Stieper/Frank* MMR 2000, 643/646; *Dreier/Schulze*[3] Rdnr. 51; *Wandtke*/Bullinger/*Grunert*[3] Rdnr. 50; OLG Köln ZUM 2003, 317/318: 1998 bekannt; LG München ZUM 2002, 71/73: 1980 unbekannt; zustimmend *Zentek/Meinke* Urheberrechtsreform 2002, 2002, S. 37 ff.; aA LG München ZUM 2003, 147/149 f.; OLG München GRUR 2003, 50/53; *Castendyk* ZUM 2002, 332/345 f.; *Fette* ZUM 2003, 49/50 ff.; *Loewenheim* GRUR 2004, 36/37 ff.; *Kotthoff* in HK-UrhR[2] § 31 Rdnr. 120). Die Einführung der DVD habe im Vergleich zur Verwertung auf Video nicht zur Entstehung eines neuen signifikanten Marktes geführt, so dass der Nutzungsart die wirtschaftliche Eigenständigkeit fehle (*Castendyk* ZUM 2002, 332/345). Beide Verwertungsformen seien austauschbar, neue Nutzerkreise würden nicht erschlossen. Die DVD sei gerade nur ein Bild- und Tonträger, der die Videokassette substituieren soll und auch tatsächlich ersetze (*Kotthoff* in HK-UrhR[2] § 31 Rdnr. 120). Trotz der qualitativen und quantitativen Verbesserungen, höheren Benutzerfreundlichkeit und gegenüber der Videokassette verschiedenen Art und Weise der Nutzung sei eine entscheidende Wesensänderung aus der Sicht der Endverbraucher mit der DVD nicht verbunden. Wie bisher werde der Film zu einem selbst gewählten Zeitpunkt und an einem selbst gewählten Ort betrachtet (*Loewenheim* GRUR 2005, 36/38). Der BGH (GRUR 2005, 937 – Der Zauberberg) hat sich letzterer Auffassung angeschlossen und das Vorliegen einer neuen Nutzungsart im Verhältnis zur herkömmlichen Videozweitverwertung verneint. Allerdings vermögen diese Begründungen nicht zu überzeugen. Denn mit der Reform des § 31 a hat die restriktive Rechtsprechung ihre Legitimation verloren, da es nicht mehr um die Behinderung neuer Technologien gehen kann (s. oben Rdnr. 34). Was für die CD gilt, muss auch für die DVD gelten, da sie ein „Mehr" an Nutzung gegenüber der klassischen Videocassette ermöglicht.

Eigenständige Nutzungsarten sind das Abonnement- oder Bezahlfernsehen ganzer Programme **(Pay-TV)** oder ausgewählter Programmteile **(Pay-per-View).** (*Dreier/Schulze*[3] Rdnr. 44; 48

Donhauser S. 149; *Kotthoff* in HK-UrhR[2] § 31 Rdnr. 119; *Ernst* GRUR 1997, 592/596. S. im Einzelnen *Wandtke/Bullinger/Grunert*[3] Rdnr. 46; *Fitzek* S. 130 ff. (Pay-TV), 139 ff. (Pay-per-view). Jedenfalls seit den 90er Jahren sind beide Nutzungsarten als bekannt zu betrachten (*Dreier/Dreier*[3] Rdnr. 44; *Reber* GRUR 1998, 792/798; *Ernst* GRUR 1997, 592/596; nach *v. Hartlieb* Handbuch des Film- Fernseh- und Videorechts[3], S. 518 Rdnr. 11 handelt es sich bei Pay-TV um keine vor Inkrafttreten des UrhG noch unbekannte Nutzungsart, da dies bereits seit den zwanziger Jahren bekannt sei). Nach KG ZUM-RD 2000, 384/386; Fromm/Nordemann/ *J.B. Nordemann*[10] Rdnr. 37; *Platho* ZUM 1986, 572/578 ist Pay-TV keine eigenständige Nutzungsart; die neue Technik soll sich allein auf die Verhinderung der Erschleichung dieser Nutzung, nicht auf die Nutzung selbst beziehen (so *Platho* ZUM 1986, 572/578; *Schwarz* ZUM 1997, 94/95); dagegen zutreffend *Fitzek* S. 130 ff.; *Reber* GRUR 1998, 792/796 f.). Das Bezahlfernsehen stellt eine Alternative zum Free-TV dar, soll dieses jedoch nicht ersetzen. Es finanziert sich über Gebühren und nicht durch Werbung, so dass sich das wirtschaftliche Konzept des Bezahlfernsehens maßgeblich von jenem des frei empfangbaren Fernsehens unterscheidet (*Kotthoff* in HK-UrhR[2] Rdnr. 119). Hierin liegt nicht allein eine Änderung der Vergütungsstruktur (so aber Fromm/Nordemann/*J.B. Nordemann*[10] Rdnr. 37), sondern auch die konkrete technische und wirtschaftliche Ausprägung der beschriebenen Nutzungsmöglichkeiten weicht vom herkömmlichen Fernsehen ab. Diesem ist eine individuelle, zeitunabhängige Auswahl eines ganz bestimmten Programms bzw. einzelner Programmbestandteile fremd (*Reber* GRUR 1998, 792/ 796). Die Pay-TV-Dienste ermöglichen den durch Rundfunkgebühr oder Werbung finanzierten Veranstaltern damit zusätzliche Einnahmen, an denen die Urheber somit zu beteiligen sind (*Schack* UrhR[5] Rdnr. 624; *Ernst* GRUR 1997, 592/596).

49   **Video on Demand** (VoD) und **Music on Demand** (MoD): Video on Demand stellt eine selbständige Nutzungsart dar (umfassend *Ostermaier* Video on Demand, 1997, S. 130 ff.; ebenso für selbständige Nutzungsart *Fitzek* S. 135 ff.; *Reber* GRUR 1998, 792/796). Diese soll seit 1995 bekannt sein (so OLG München MMR 1998, 365/368; *Donhauser* S. 147). Dies dürfte angesichts der fehlenden Vermarktung und wirtschaftlichen Bedeutung zu diesem Zeitpunkt aber kaum der Fall sein (kritisch auch *Lauktien* MMR 1998, 369/371: seit 1995 nur im Rahmen von Pilotprojekten; vgl. auch *Zentek/Meinke* Urheberrechtsreform 2002, 2002, S. 41 f.) *Wandtke/ Bullinger/Grunert*[3] Rdnr. 43 gehen von Bekanntheit von VoD und Music on Demand (MoD) ab 2000 aus (ebenso für neue Nutzungsarten Dreier/*Schulze*[3] Rdnr. 52; *Donhauser* S. 146 f. (VoD), 151 (MoD); *Wandtke/Schäfer* GRUR Int. 2000, 187/188 f.). Zwar sollen Video und Music on Demand mangels wirtschaftlicher Eigenständigkeit keine neue Nutzungsarten sein, da eine Substitution der Trägermedien in Betracht komme, sofern eine – wenn auch nur temporäre – beliebig häufige Nutzung vorliegt (Fromm/Nordemann/*J.B. Nordemann*[10] Rdnr. 41). Speziell im Fall des von Music on Demand erfassten mp3-Downloads sprechen indes die wirtschaftliche Realität und die zahlreichen Download-Plattformen gegen eine bloße Substitution. Music on Demand in Form des Downloads zur permanenten und beliebig häufigen Nutzung entspricht wirtschaftlich nicht dem CD-Verkauf (so aber Fromm/Nordemann/*J.B. Nordemann*[10] Rdnr. 41). Abrufdienste sind mit den herkömmlichen Mitteln der Werknutzung nicht zu vergleichen, denn der Nutzer kann einfach, billig, schnell und ohne das Haus zu verlassen die Werke jederzeit mit grds. weltweiter Verfügbarkeit abrufen (*Wandtke/Bullinger/Grunert* Rdnr. 44; *Donhauser* S. 151). Er bestimmt Ort, Zeitpunkt und Inhalt der Übertragung individuell, Lieferzeiten und -schwierigkeiten entfallen (*Wandtke/Schäfer* GRUR Int. 2000, 187/189). Nach erfolgtem Download kann die Musik sofort angehört, auf einen portablen Player überspielt oder auf einen CD-Rohling gebrannt werden, womit Music on Demand von den herkömmlichen Arten, Musik körperlich oder unkörperlich zu verwerten, deutlich abgrenzbar ist (*Wandtke/Schäfer* GRUR Int. 2000, 187/189). Gerade der Download eines bestimmten Songs ohne den Zwang, sich das komplette Album eines Künstlers kaufen zu müssen, oder bei einer fehlenden Single-Auskopplung, spricht für einen eigenständigen Absatzmarkt, da nicht lediglich der Vertrieb mittels körperlichem Werkstück gegen den durch Download ersetzt wird. Gerade aber wenn noch gar kein eigenständiger Markt für die separate Nutzung auf Trägermedien bestand, und erst die on-demand Nutzung auf individuellem Abruf eine Nutzung eröffnet, ist eine neue Nutzungsart zu bejahen (so auch Fromm/Nordemann/*J.B. Nordemann*[10] Rdnr. 41). Eine Substitution der Werknutzung auf CD kommt mithin allenfalls für den Verkauf kompletter Alben in Betracht. Hier spricht jedoch vieles dafür, dass die Nachfrage nach Werken auf Tonträgern bestehen bleibt, so dass sich der Markt für Music on Demand neben dem für Tonträger etablieren und diesen nicht verdrängen (*Donhauser* S. 151), mithin als alternativer Vertriebsweg genutzt wird (*Müller* in *Hoeren/Sieber* Handbuch Multimediarecht (21. EL, 2008), Teil 7.5 Rdnr. 57).

Ebenso für den Download einer mp3-Datei als eigenständige Nutzungsart Loewenheim/ *Czychowski*² § 68 Rdnr. 97; *Kotthoff* in HK-UrhR² § 31 Rdnr. 115; *Sasse/Waldhausen* ZUM 2000, 837/840 f.); s. auch zur historischen Entwicklung digitaler Musiknutzung Loewenheim/ *Czychowski*² § 68 Rdnr. 92 ff.). Konvergenztendenzen zum CD-Verkauf durch das Rippen von CDs mit anschließender Nutzung am PC oder Überspielung auf einen MP3-Player sind zwar nicht zu verkennen sprechen aber nicht zwingend gegen die Annahme von Music on Demand als neue Nutzungsart.

c) Internet-Nutzung. Zu den **Internet-Rechten** s. umfassend *Schwarz* ZUM 2000, 50 816 ff.; *Schulze* ZUM 2000, 432 ff. Eine Online-Nutzung von Werken im Internet ist aufgrund der Eröffnung einer wesentlich intensiveren Nutzung durch Zusatzfunktionen oder digitale Bearbeitungsmöglichkeiten neue Nutzungsart (*Schack* UrhR⁵ Rdnr. 624). Der Online-Bereich unterliegt eigenen technischen und wirtschaftlichen Gesetzmäßigkeiten, da Werke hier neue Kundenschichten erreichen und zu neuen Produkten kombiniert werden können. Dementsprechend finden sich auch für diesen Bereich eigene Benutzerkreise, eigene Zeitschriften und eigene Dienstleister. Bedeutung als Verbreitungsform für die Allgemeinheit hinsichtlich einer hinreichend klar abgrenzbaren, wirtschaftlich-technischen Verwertungsform hat das Internet erst ab dem Jahre 1995 (OLG Hamburg ZUM 2000, 870/873; OLG München GRUR-RR 2004, 33/34; *Hoeren* CR 1995, 710/714; *Schulze* ZUM 2000, 432/443). Da seine Anwendungsmöglichkeiten völlig verschieden sind, ist für jede konkrete Nutzungsart im Einzelfall festzustellen, ob diese zum Zeitpunkt des Vertragsschlusses schon bekannt war (*Wandtke*/Bullinger/*Grunert*³ Rdnr. 41).

Zeitung im Internet war nach OLG Hamburg ZUM 2000, 870/873 im Jahre 1980 noch 51 unbekannt. OLG München nimmt Bekanntheit ab 1995 an (GRUR-RR 2004, 33/34 – Pumuckl-Illustrationen – für Kinderbücher); vgl. auch *Endter*, Fs. für Engelschall, 1996, S. 199 ff.). *Katzenberger* gibt für die Online-Nutzung von Zeitungen und Zeitschriften 1982–1984 als Jahre des Bekanntwerdens an (Elektronische Printmedien 1996, S. 99; s. auch *ders*. AfP 1997, 434/ 440 f. (1984); *ders*. AfP 1998, 479/485 (1984); *Rath-Glawatz/Dietrich* AfP 2000, 222/230 (1984); ebenso *Rehbinder/Lausen/Donhauser* UFITA 2000/II S. 395/401. Vgl. auch BGH GRUR 1997, 464/465 – CB-Infobank II); *Nordemann/Schierholz* AfP 1998, 365/367 gehen von 1995 aus; nach *Schulze* ZUM 2000, 432/443 ist dies die „wohl herrschende Meinung". S. ausführlich Wandtke/Bullinger/*Grunert*³ Rdnr. 38 ff., allgemein zur Nutzung im Internet auch *Wandtke*/ Grunert/*Ohst* KUR 2001, 8/15 ff.; *Fitzek* S. 110 ff.; *Dreier*/*Schulze*³ Rdnr. 52). Die Onlineverwertung speziell von wissenschaftlichen Texten ist ab 1993 bekannt (*Ehmann/Fischer* GRUR Int. 2008, 284/286).

Die Nutzung eines **Fernsehmagazinbeitrags im Internet** war 1996 noch eine unbekannte 52 Nutzungsart; eine Pflicht bei älteren Verträgen nach Treu und Glauben dem Nacherwerb zuzustimmen, besteht nicht. So LG München MMR 2000, 291/294; (aA für die Online-Nutzung von Print-Beiträgen freier Autoren *Rath-Glawatz/Dietrich* AfP 2000, 222, 227 unter Berufung auf *Katzenberger*; s. hierzu oben Rdnr. 45).

Zu **eBooks** siehe Loewenheim/*J. B. Nordemann*² § 64 Rdnr. 97. 53

d) Sonstiges. Merchandising war für Verlagsverträge in den 50er Jahren jedenfalls nicht all- 54 gemein üblich (OLG Frankfurt ZUM 2000, 595/596 – Sturm am Tegernsee). In Deutschland setzte eine strategisch geplante Vermarktung von Lizenzthemen erst Anfang der 70er Jahre ein (*Böll* Merchandising und Licensing, 1999, S. 22; *Ruijsenaars*, Fs. für Schricker, 1995, S. 597/ 601). Neben den klassischen Urheberrechtsverträgen in der Film- und Medienwirtschaft hat sich der Merchandising-Vertrag als eine eigenständige Vertragsform entwickelt (Loewenheim/ *Schertz*² § 79 Rdnr. 2). Merchandisingverträge sind dadurch gekennzeichnet, dass die Primärnutzung der meisten Merchandising-Objekte im Zusammenhang mit einer Unterhaltungs- oder Werbefunktion erfolgt, die Sekundärnutzung im Rahmen des Merchandising dann auf der durch die Primärnutzung erlangten Popularität auf (Fromm/Nordemann/*J. B. Nordemann*¹⁰ Vor §§ 31 ff. Rdnr. 422; Loewenheim/*Schertz*² § 79, Rdnr. 4). Gerade diese Trennung zwischen Primär- und Sekundärverwertung spielt eine entscheidende Rolle bei der Frage, welche konkreten Nutzungsrechte in einem Vertrag unter dem Begriff „Merchandisingrechte" übertragen werden. Der Gegenstand von Merchandisingverträgen lässt sich daher definieren als die umfassende, neben die jeweilige Primärverwertung tretende Sekundärverwertung von populären Erscheinungen, insb. fiktiven Figuren, realen Persönlichkeiten, Namen, Titeln etc. (Loewenheim/ *Schertz*² § 79, Rdnr. 6).

III. Schriftform für Verträge (Abs. 1 S. 1)

1. Überblick

55 § 31a räumt dem Urheber jetzt die Möglichkeit ein, auch für die unbekannten Nutzungsarten die Nutzungsrechte vorab einzuräumen. Allerdings steht diese Übertragung unter der Bedingung, dass der Urheber bei Bekanntwerden der Nutzungsart die Rechteeinräumung nicht widerruft. Dies kann nicht abbedungen werden kann. Damit handelt es sich um eine gesetzlich zwingende Bedingung, die auch **gegenüber Dritten** wirkt, § 32c Abs. 2, was entsprechende Auswirkungen auch in der Lizenzkette haben kann. Da es einen gutgläubigen Erwerb von Rechten nicht gibt, kann auch ein Dritter die Nutzungsrechte nur in dem Umfang erwerben, wie sie der ursprüngliche Lizenznehmer erhalten hat, ein Widerruf schlägt demgemäß folgerichtig auch auf den Dritten durch (Dreier/*Schulze*[3] Rdnr. 60, 80; Fromm/Nordemann/*J. B. Nordemann*[10] Rdnr. 61; *Wandtke*/Bullinger/*Grunert*[3] Rdnr. 75, 82). Mit dem Widerruf fällt das Recht uneingeschränkt an den Urheber zurück. Zur Treuepflicht gegenüber dem Lizenznehmer bzw. Verwerter s. unten Rdnr. 82.

56 Ferner gewährt § 32c dem Urheber zwingend einen Anspruch auf eine gesonderte angemessene Vergütung, falls die unbekannte Nutzungsart genutzt wird. Das im Grundsatz vertragliche Schuldverhältnis wird durch das Gesetz teilweise zwingend ausgestaltet, zu dem Vertrag tritt mit Nutzung der Rechte an den unbekannten Nutzungsarten ein gesetzliches Schuldverhältnis hinzu (Dreier/*Schulze*[3] Rdnr. 58).

57 Die Regelung über unbekannte Nutzungsarten erfasst indes nicht nur die eigentliche Einräumung der Rechte an unbekannten Nutzungsarten, sondern – wie schon der Wortlaut von § 31a Abs. 1 S. 1 nahelegt – auch eine Verpflichtung dazu, also auch **Optionen** (Dreier/*Schulze*[3] Rdnr. 77; Fromm/Nordemann/*J. B. Nordemann*[10] Rdnr. 16). Ausführlich hierzu § 40 Rdnr. 5ff.

58 Die Einordnung der Übertragung oder Verpflichtung hierzu als bedingt durch das Widerrufsrecht löst indes noch nicht die Frage, ob der Widerruf aufschiebende (§ 158 I BGB) oder auflösende (§ 158 II BGB) Wirkung hat. Bei einer aufschiebenden Bedingung wäre die von der Bedingung abhängig gemachte Rechtsfolge einstweilen suspendiert. Der Widerruf würde somit die Rechtseinräumung oder Verpflichtung mit **ex-tunc-Wirkung** aufheben, der Verwerter würde die Rechte an den unbekannten Nutzungsarten rückwirkend verlieren (Bamberger/Roth/*Rövekamp* BGB Bd. 1², § 158 Rdnr. 20). Bei der auflösenden Bedingung träte die Rechtsfolge sofort ein, so dass der frühere Rechtszustand **ex-nunc** wieder hergestellt würde, der Verwerter hätte also die Rechte bis zur Ausübung des Widerrufsrechts (Bamberger/Roth/*Rövekamp* BGB Bd. 1², § 158 Rdnr. 23). Erst dann würden eingeräumte Nutzungsrechte wieder an den Urheber zurückfallen.

59 Gegen eine ex-tunc und für eine ex-nunc-Wirkung des Widerrufs wird angeführt, dass der Wortlaut des § 31a für eine aufschiebende Bedingung („kein Widerruf") nichts hergebe (Fromm/Nordemann/*J. B. Nordemann*[10] Rdnr. 59). Die §§ 31a, 32c enthielten kein Verbot der Aufnahme der Nutzung auf die neue Nutzungsart vor Ablauf der Widerspruchsfrist (*Kotthoff* in HK-UrhR² Rdnr. 15). Systematisch spreche insbesondere § 32c Abs. 1 S. 3 gegen eine ex-tunc-Wirkung, wonach dem Einräumungsempfänger die (legale) Möglichkeit zustehe, die Rechte auch ohne Entscheidung des Urhebers, nicht zu widerrufen, zu nutzen. Sonst könnte eine (vertraglich) angemessene Vergütung nach § 32c nicht geschuldet sein, sondern nur nach § 97 als Schadensersatz in Form einer angemessenen Lizenzgebühr. Die Geltendmachung einer vertraglichen Vergütung neben einem deliktischen Anspruch für dieselbe Nutzungshandlung sei aber konstruktiv unmöglich (Fromm/Nordemann/*J. B. Nordemann*[10] Rdnr. 59; ebenso für eine ex-nunc-Wirkung Mestmäcker/Schulze/*Scholz* (45. EL, Dez. 2007) Rdnr. 31; wohl auch *Berger* GRUR 2005, 907/909). Dem ist entgegenzuhalten, dass § 32c als zusätzlicher gesetzlicher Vergütungsanspruch ausgestaltet ist (BT-Drucks. 16/1828 S. 22, 25). Dieser besteht zusätzlich zu einem vertraglichen Anspruch, soweit der vertragliche Anspruch den gesetzlichen Anspruch nicht bereits abdeckt (Dreier/*Dreier*[3] § 32c Rdnr. 9). Ein Nebeneinander von vertraglicher Vergütung und deliktischem Anspruch liegt somit nicht vor. § 32c enthält zudem lediglich eine finanzielle Kompensation (BT-Drucks. 16/1828 S. 25). Das Widerrufsrecht dient gerade der Wahrung der urheberpersönlichkeitsrechtlichen Interessen des Urhebers darüber zu entscheiden, ob er überhaupt mit der Nutzung des Werkes auf die neue Art einverstanden ist. Der Verwerterseite wird damit der Einwand genommen, es sei zwischenzeitlich bereits über die vom Rückfall tangierten Rechte zu Lasten des Urhebers verfügt worden. Das Widerrufskonzept dürfe nicht

Verträge über unbekannte Nutzungsarten   § 31a

dazu dienen, den Verwertern durch das Unterlassen der Mitteilung der neuen Art der Werknutzung die (heimliche) Schaffung vollendeter Tatsachen zu Lasten der Urheber zu ermöglichen (*Hertin* UrhR[2] S. 119 Rdnr. 388).

Vor allem aber die mit dem beabsichtigten Schutz des Urhebers zusammenhängende **Beweislastverteilung** spricht dafür, von einer aufschiebenden Bedingung auszugehen: Wer aus einem Rechtsgeschäft Rechte herleitet, trägt die Beweislast dafür, dass das Rechtsgeschäft ohne aufschiebende Bedingung vorgenommen worden ist (BGH NJW 1985, 497; BGH NJW 2002, 2862/2863). Er ist ebenso für den Bedingungseintritt beweispflichtig (BGH NJW 1981, 2403/2404; BGH NJW 1998, 1302). Die Gegenpartei trägt die Beweislast für die Vereinbarung und den Eintritt einer auflösenden Bedingung (BGH MDR 1966, 571; BGH NJW 2000, 362/363). Da das Widerrufsrecht zwingend ist, steht die Rechtseinräumung oder eine Verpflichtung hierzu schon von Gesetzes wegen stets unter der Bedingung der Nichtausübung. Der Beweis des Gegenteils kann somit niemals erbracht werden. Allerdings bleibt die Beweislast für den Eintritt der Bedingung, mithin der Nichtausübung des Widerrufs. Geht man von einer aufschiebenden Bedingung aus, obliegt es dem Verwerter bzw. Lizenznehmer nachzuweisen, dass der Urheber über die neue Nutzungsart informiert wurde und keinen Widerruf ausgeübt hat. Der Gesetzgeber hat zwar hierzu keine eindeutige Stellung bezogen (Begr RegE BT-Drucks. 16/1828 S. 24), doch spricht der vom Gesetzgeber eindeutig in den Vordergrund gestellte Schutz des Urhebers dafür, die Beweislast für den nicht erfolgten Widerruf dem Verwerter aufzubürden. Dem entspricht eine Qualifikation des Widerrufs als aufschiebende Bedingung (ebenso Dreier/*Schulze*[3] Rdnr. 61; *Wandtke*/Bullinger/*Grunert*[3] Rdnr. 75: *Schulze* UFITA 2007/III, 641/671; *Hertin* UrhR[2] S. 119 Rdnr. 388). Nimmt man eine auflösende Bedingung an, müsste der Urheber beweisen, dass der Widerruf erfolgt ist und damit der Rechtserwerb aufgehoben wurde. § 31a soll aber gerade weiterhin Schutzvorschrift zu Gunsten des Urhebers sein, gleichzeitig aber die Verwertung von Werken erleichtern, indem die langwierige und kostspielige Suche nach den Urhebern entfällt. Sofern also nicht gerade dieser Zweck der Rechtsänderung berührt ist, dürften dem Urheber durch die Rechtsänderung nicht mehr Obliegenheiten auferlegt werden, als er bereits aufgrund des § 31 Abs. 4 aF hatte. Folglich dürfte die Ausübung des Widerrufs dem Urheber nicht mehr Aufwand kosten als die Berufung auf § 31 Abs. 4 aF. In diesem Fall hätte aber der Verwerter, der geltend macht, Inhaber von Nutzungsrechten zu sein, beweisen müssen, dass die entsprechende Nutzungsart zum Zeitpunkt des Vertragsschlusses nicht unbekannt war. Darüber hinaus kann dem Verwerter zugemutet werden, sich darum zu bemühen, dass Klarheit herrscht, ob der Urheber den Widerruf ausüben will, sei es durch Nachfragen oder gar durch eine einvernehmliche Regelung. In der **Insolvenz** ändert sich an dem Widerrufsrecht des Urhebers nichts: Da das Urheberrecht gem. § 29 Abs. 1 grds. unveräußerliches Recht ist, fällt es gem. § 36 Abs. 1 S. 2 InsO iVm. § 857 Abs. 3 ZPO nicht in die Insolvenzmasse (Fromm/Nordemann/*Boddien*[10] Nach § 119 Rdnr. 2). § 857 Abs. 3 ZPO erfasst sowohl die Urheberrechte als Ganzes als auch die einzelnen aus dem Urheberpersönlichkeitsrecht folgenden Berechtigungen (Dreier/*Schulze*[3] § 112 Rdnr. 4; Fromm/Nordemann/*Boddien*[10] Nach § 119 Rdnr. 2; Wandtke/Bullinger/*Kefferpütz*[3] § 112 Rdnr. 9). Da das Widerrufsrecht auch Ausdruck des Urheberpersönlichkeitsrechts ist (s. oben Rdnr. 1, 10 f.; *Castendyk* ZUM 2002, 332/333; *Kitz* GRUR 2006, 548/549), wird das Widerrufsrecht folglich nicht von den insolvenzrechtlichen Verfügungsbeschränkungen des § 80 Abs. 1 InsO erfasst, so dass der Urheber in der Insolvenz weiterhin die Einräumung von Nutzungsrechten an unbekannten Nutzungsarten widerrufen kann (ebenso Dreier/*Schulze*[3] Rdnr. 61). Aber auch in der Insolvenz des Erwerbers kann der Urheber noch die Einräumung der Nutzungsrechte widerrufen (so Dreier/*Schulze*[3] Rdnr. 61). § 103 InsO enthält ein Wahlrecht des Insolvenzverwalters, einen gegenseitigen Vertrag, der von beiden Seiten noch nicht vollständig erfüllt wurde, zu erfüllen oder die Erfüllung abzulehnen. Das Wahlrecht besteht dabei sowohl im Interesse der allgemeinen Gläubiger (vgl. § 1 S. 1 InsO) als auch zum Schutz des Vertragspartners (Wandtke/*Bullinger*[3] §§ 103, 105, 108 InsO Rdnr. 2). Es soll dem Insolvenzverwalter ermöglichen, das Massevermögen zu Gunsten der allgemeinen Gläubiger bestmöglich zu vermehren und vor Verlusten zu bewahren (Wandtke/*Bullinger*[3] §§ 103, 105, 108 InsO Rdnr. 2). Da urheberrechtliche Nutzungsverträge regelmäßig als Dauernutzungsverträge zu qualifizieren sind (BGH GRUR 2006, 435/437; s. a. § 31 Rdnr. 31), kann § 103 InsO auch hier zur Anwendung kommen. Die Ausübung des Widerrufsrechts könnte somit dieses Wahlrecht des Insolvenzverwalters unterlaufen. Jedoch gelten bedingt begründete Rechte im Insolvenzfall als bereits bestehend (BGH NJW 2003, 2744/2746; BGH NJW 2006, 435/436). Dies gilt selbst dann, wenn die Bedingung erst nach Insolvenzeröffnung eintritt (BGH NJW 1955, 544; BGH NJW 1978, 642/643). Zur Insolvenzmasse gehören folglich solche Nut-

§ 31a zungsrechte nicht, die dem Schuldner nur aufschiebend bedingt eingeräumt wurden (BGH GRUR 2006, 435/436). Da die Einräumung von Nutzungsrechten an unbekannten Nutzungsarten aufschiebend bedingt hinsichtlich der Nichtausübung des Widerrufs erfolgt, dürften Nutzungsrechte an unbekannten Nutzungsarten somit nicht in die Insolvenzmasse des Lizenznehmers fallen. Anderes würde hinsichtlich der Verpflichtung zur Einräumung von Rechten an unbekannten Nutzungsarten als der Nutzungsrechtseinräumung zugrunde liegendes Verpflichtungsgeschäft (vgl. § 31 Rdnr. 6) gelten. Hier tritt erst mit Einräumung der Nutzungsrechte an unbekannten Nutzungsarten Erfüllung ein. Mithin würde das Verpflichtungsgeschäft grds. unter § 103 InsO fallen. Sofern der insolvente Verwerter seine regelmäßig in einem Geldbetrag bestehende Gegenleistung erbracht hat, wäre aber der Vertrag bereits vom Schuldner erfüllt und damit der Anwendungsbereich des § 103 Abs. 1 InsO nicht eröffnet. Jedenfalls aber wäre bei der Verwertung der so eingeräumten Nutzungsrechte des Einwilligungserfordernis des § 34 Abs. 1 zu beachten.

2. Vertragsgegenstand

61 Erfasst werden können von § 31a nur Rechteeinräumungen an urheberrechtlich geschützten Werken, in der Form, wie es der Urheber veröffentlicht hat. Mit der Einräumung von unbekannten Nutzungsarten ist **nicht das Recht zur Bearbeitung oder Umgestaltung** verbunden (Dreier/*Schulze*[3] Rdnr. 64). Geht mit der unbekannten Nutzungsart eine solche Bearbeitung einher, müssen die hierfür erforderlichen Rechte gesondert eingeräumt werden. Zwar lassen sich auch solche Rechte von vornherein einräumen, doch bedürfen sie der hinreichenden Konkretisierung (Vor §§ 12 ff. Rdnr. 28 b), was gerade bei unbekannten Nutzungsarten schwierig sein dürfte.

62 Eingeräumt werden die unbekannten Nutzungsarten entsprechend den allgemeinen urhebervertraglichen Grundsätzen (§ 31 Rdnr. 6 ff.) als Ausschnitt aus dem jeweiligen Verwertungsrecht, so dass alle üblichen lizenzvertraglichen Prinzipien hier zur Anwendung gelangen. Anders als die bekannten Nutzungsarten **müssen die unbekannten Nutzungsarten selbstverständlich nicht näher bezeichnet** werden, was logisch ein Unding wäre (Begr RegE BT-Drucks. 16/1828 S. 24). Konkretisierungen, die aber nicht auf die Nutzungsart bezogen sind, können allenfalls hinsichtlich bereits absehbarer Änderungen oder Anpassungen des Werkes erforderlich sein (Dreier/*Schulze*[3] Rdnr. 67). Spricht der Vertrag nur allgemein von „allen" Nutzungsarten, so sollen davon nicht die unbekannten Nutzungsarten umfasst sein, selbst bei Einhaltung der Schriftform (so Dreier/*Schulze*[3] Rdnr. 67; Fromm/Nordemann/*J. B. Nordemann*[10] Rdnr. 53; *Schulze* UFITA 2007/III, 641/661). Indes wird es hier entsprechend den allgemeinen Vertragsauslegungsgrundsätzen darauf ankommen, was die Parteien gewollt haben, so dass bei gemeinsamem Grundverständnis davon auch die unbekannten Nutzungsarten umfasst sein können.

63 Eingeräumt werden können sowohl **einfache als auch ausschließliche Nutzungsrechte**. Ebenso können räumlich, zeitliche oder inhaltlich beschränkte Rechte eingeräumt werden, wobei allerdings die gleichen Einschränkungen für eine dingliche Wirkung wie bei bekannten Nutzungsarten gelten (Siehe hierzu bereits oben Rdnr. 28; Loewenheim/*J. B. Nordemann*[2] § 27 Rdnr. 2 f.), die aber schuldrechtlich nicht eingreifen. So können die unbekannten Nutzungsarten auf bestimmte Technologien beschränkt werden, zB Verbreitungsformen bzw. -technologien (BT-Drucks. 16/1828 S. 24). Das Widerrufsrecht ist indes absolut zwingend und kann nicht in irgendeiner Form unterlaufen werden.

3. Zweckübertragungslehre

64 Auch für § 31a gilt die Zweckübertragungslehre nach § 31 Abs. 5 (so auch Dreier/*Dreier*[3] Rdnr. 74; Fromm/Nordemann/*J. B. Nordemann*[10] § 31 Rdnr. 172; *Wandtke*/Bullinger/*Grunert*[3] Rdnr. 14; *Schuchardt* S. 58). § 31a regelt lediglich einen Sonderfall des § 31. Anders als für die Konkretisierung der Nutzungsart selbst, die per se nicht vorgenommen werden kann, können für die genaue Umschreibung der Bereiche, für die die Rechte an der unbekannten Nutzungsart verwandt werden sollen, ähnliche Anforderungen wie für bekannte Nutzungsarten gestellt werden. So kann auch für unbekannte Nutzungsarten verlangt werden, dass die Nutzerkreise oder Märkte angegeben werden, für die die Rechte an der unbekannten Nutzungsart verwandt werden sollen – vorausgesetzt, dass sich dies schon zum Zeitpunkt des Vertragsschlusses konkretisieren lässt (Dreier/*Schulze*[3] Rdnr. 74; *Schulze* UFITA 2007/III, 641/661; dagegen *Klöhn* K&R 2008, 77/79: Da die Nutzungsart noch unbekannt ist, sei eine den Anforderungen des § 31

Abs. 5 genügende Bestimmung bei zukünftigen Nutzungsarten überhaupt nicht möglich; so auch *Schuchardt* S. 56). Auch Weiterübertragungsrechte für Rechte an unbekannten Nutzungsarten müssen ausdrücklich eingeräumt werden (Dreier/*Schulze*[3] Rdnr. 74; *Schulze* UFITA 2007/III, 641/661).

4. Schriftform

Die Schriftform nach § 126 BGB ist zwingend einzuhalten, kann aber auch durch die elektronische Schriftform nach § 126a BGB mit einer qualifizierten elektronischen Signatur (zu deren inhaltlichen Anforderungen siehe § 7 SigG) ersetzt werden. Als Schriftform gilt eine von beiden Vertragspartnern eigenhändig unterzeichnete oder zwei gleichlautende und von jeweils einem Vertragspartner unterzeichnete Urkunden (§ 126 Abs. 2 S. 1, 2 BGB). Vorschläge, nur die Textform gem. § 126b BGB genügen zu lassen (*Berger* GRUR 2005, 907/909) haben sich zu Recht wegen der Warnfunktion der Schriftform nicht durchgesetzt. Denn das Formerfordernis des § 31a Abs. 1 S. 1 dient nicht nur Dokumentations- und Informationszwecken, sondern soll vor allem dem Urheber die Tragweite seiner Rechtseinräumung vor Augen führen (*Schuchardt* S. 61). 65

Nur die Einräumung der Rechte an den **unbekannten** Nutzungsarten oder die Verpflichtung hierzu muss schriftlich fixiert werden, nur hierauf bezieht sich die Schriftform. Die Schriftform muss aber überall dort beachtet werden, wo unbekannte Nutzungsarten einbezogen werden sollen, etwa bei allen Änderungen bestehender Verträge, Erstreckung von bereits bestehenden Rechtseinräumung auf unbekannte Nutzungsarten, etwa Umgestaltung des Werkes etc. (Dreier/*Schulze*[3] Rdnr. 76); ansonsten bleiben diese Rechte beschränkt auf bekannte Nutzungsarten. Demgegenüber können Rechte an bekannten Nutzungsarten wie bislang auch mündlich eingeräumt werden – wenngleich dies in der Praxis nur selten der Fall sein dürfte, da schon aufgrund der Zweckübertragungslehre § 31 Abs. 5 möglichst zahlreiche Rechte und Nutzungsarten aufgeführt und dokumentiert werden. 66

Schon der Wortlaut des § 31a Abs. 1 („Vertrag") legt nahe, dass die Schriftform sich auf den **ganzen Vertragsinhalt** erstreckt, der mit der Einräumung der Rechte an unbekannten Nutzungsarten oder der Verpflichtung hierzu verbunden ist, und nicht nur die Einräumung der Rechte oder Verpflichtung selbst. Haben die Parteien etwa eine Vergütungsregelung schon vorab vereinbart – auch wenn der Anspruch auf angemessene Vergütung erst mit der Aufnahme der neuen Art der Werknutzung entsteht, § 32c Abs. 1 S. 1 – erstreckt sich die Schriftform auch hierauf. Zwingend ist indes eine solche Vergütungsregelung nicht. 67

5. Ausnahme vom Schriftformerfordernis: Open Content

Eine Ausnahme vom Schriftformerfordernis enthält § 31a Abs. 1 S. 2 für unentgeltlich eingeräumte Nutzungsrechte für jedermann. Damit will der Gesetzgeber explizit – ähnlich wie in §§ 32 Abs. 3 S. 3, 32c Abs. 3 S. 2 – keine formalen Hindernisse für die Open Content- und Open Source-Bewegung aufstellen, um jedermann die Weiterentwicklung von Inhalten aufgrund dieser Lizenzformen zu ermöglichen (BT-Drucks. 16/5939, S. 44). Eine Werknutzung soll ohne direkten Kontakt zu dem Urheber möglich sein, was zudem angesichts der typischerweise kollaborativ erstellten Werke mit entsprechend vielen Urhebern auch gar nicht möglich wäre (näher zu Open Content- und Open Access-Lizenzen *Mantz* in Spindler (Hrsg.), Rechtliche Rahmenbedingungen von Open Access-Publikationen, S. 55 ff.; zu Open Source-Lizenzen *Jaeger/Metzger* Open Source Software[2], 2006, S. 19 ff.). Zwar ist durchaus fraglich, ob es tatsächlich solcher Sonderregelungen bedarf, da gerade die Open Content- und Open Source-Lizenzen häufig darauf beruhen, dass bei jeder neuen Bearbeitung fiktiv davon ausgegangen wird, dass die Lizenz neu vereinbart wird (so *Jaeger/Metzger* Open Source Software[2], 2006, Rn. 27, 126; krit. *Spindler* in Ders. (Hrsg.), Rechtsfragen bei Open Source, 2004, S. 21/53 ff.). Insofern würden bei Bekanntwerden neuer Nutzungsarten diese gleich von der dann wiederum erteilten Lizenz umfasst. 68

Es muss sich um **einfache Nutzungsrechte** handeln (s. dazu § 31 Rdnr. 14). Die Rechteeinräumung darf nicht auf bestimmte Personen beschränkt sein, es muss sich um ein Angebot an **jedermann**, ad incertas personas handeln (so für die Open Source-Lizenz auch *Jaeger/Metzger* Open Source Software[2], 2006, Rdnr. 27, 126; allgemein zu einem Angebot ad incertas personas (MünchKommBGB/*Kramer*[5] § 145 Rdnr. 10 ff.; BGH NJW 2002, 363/364, BGH NJW 2005, 53/54). Mehr verlangt das Gesetz allerdings nicht, insbesondere nicht, dass – wie häufig bei Creative Commons- oder Open Source-Lizenzen anzutreffen – die Rechteeinräumung da- 69

§ 31a — Verträge über unbekannte Nutzungsarten

von abhängig gemacht wird, dass der Lizenznehmer sich verpflichtet, sein neues Werk wiederum unter die gleiche Lizenz zu stellen.

70 Auch wenn das Gesetz keine Schriftform in diesen Fällen fordert, muss doch wenigstens erkennbar sein, dass der Urheber die Rechte an unbekannten Nutzungsarten einräumen will und nicht nur an bekannten Nutzungsarten (ähnlich Dreier/*Schulze*[3] Rdnr. 84). Denn auch hier gilt die Zweckübertragungslehre, § 31 Abs. 5 (*Spindler* in ders. (Hrsg.), Rechtsfragen bei Open Source, 2004, S. 21/71 Rdnr. 59 ff.) In der Regel ist allerdings gerade bei Open Content (Creative Commons) Lizenzen davon auszugehen, dass sie keine Beschränkungen unterliegen sollen, um die freie Weiterentwicklung des Werkes zu gewährleisten.

6. Rechtsfolgen und Heilung

71 Wird die Schriftform nicht eingehalten, ist der Vertrag über die unbekannte Nutzungsarten und die Einräumung der Rechte unwirksam. Eine Heilungsmöglichkeit, etwa indem der Verwerter ohne Widerruf und ohne Widerspruch des Urhebers die Nutzung der neuen Nutzungsarten aufnimmt, besteht nicht (Fromm/Nordemann/*J. B. Nordemann*[10] Rdnr. 51; Mestmäcker/Schulze/*Scholz* (45. EL, Dez. 2007) Rdnr. 18; *Wandtke*/Bullinger/*Grunert*[3] Rdnr. 61). Gerade bei einer im Gesetz nicht vorgesehenen Heilung durch Erfüllung liefe der Schutzzweck des § 31a leer (*Wandtke*/Bullinger/*Grunert*[3] Rdnr. 61). Eine Heilung des Formmangels ist damit nur durch erneute Vornahme des formungültigen Rechtsgeschäfts durch Urheber und Vertragspartner entsprechend der Formvorschrift möglich (§ 141 BGB) (*Wandtke*/Bullinger/*Grunert*[3] Rdnr. 62; Fromm/Nordemann/*J. B. Nordemann*[10] Rdnr. 51). Bei Verletzung der Schriftform verbleiben die Rechte somit beim Urheber, allerdings nur hinsichtlich der Rechte an unbekannten Nutzungsarten. Nur diese sind vom Schriftformerfordernis erfasst (Begr. RegE BT-Drucks. 16/1828, S. 24; Dreier/*Schulze*[3] Rdnr. 79; *Schulze* UFITA 2007/III, 641/663; dagegen Mestmäcker/Schulze/*Scholz* (45. EL, Dez. 2007) Rdnr. 18; *Wandtke*/Bullinger/*Grunert*[3] Rdnr. 57: Entsprechend § 139 BGB sei der Vertrag im Zweifel im Ganzen nichtig, nicht nur der formbedürftige Teil über unbekannte Nutzungsarten). Inwieweit sich der Verwerter auf den Einwand des Rechtsmissbrauchs (§ 242) durch den Urheber berufen kann, ist bislang ungeklärt. In Ausnahmefällen kann die Berufung des Urhebers auf den Formmangel nach den allgemeinen Grundsätzen von Treu und Glauben unbeachtlich sein, etwa dann, wenn die Parteien die Vereinbarung bei Kenntnis der Werknutzung auch auf unbekannte Nutzungsarten längere Zeit als gültig behandelt haben, und auch der Urheber hieraus erhebliche Vorteile gezogen hat, bspw. für die Werknutzung auf unbekannte Nutzungsarten angemessen vergütet wurde (*Wandtke*/Bullinger/*Grunert*[3] Rdnr. 63). Da die Schriftform gerade dem Schutz des Urhebers dienen soll, dürfte ein solcher Ausnahmefall selten vorliegen und damit der Einwand des Rechtsmissbrauchs gegenüber der Verletzung der Schriftform in aller Regel nicht durchschlagen.

72 Die **Beweislast** für die Einhaltung der Schriftform trägt der Lizenznehmer bzw. Vertragspartner, da er für sich die Rechte an den unbekannten Nutzungsarten reklamiert (Dreier/*Schulze*[3] Rdnr. 82; *Schulze* UFITA (2007/III), 641/663). Dies entspricht auch dem Schutzzweck der Norm bzw. dem Schutz des Urhebers. Auch für die Open Content-Klausel gilt, dass derjenige, der sich hierauf beruft, die Voraussetzungen darlegen und beweisen muss, mithin, dass es sich um eine für jedermann zugängliche Einräumung von einfachen Nutzungsrechten handelt (Dreier/*Schulze*[3] Rdnr. 85).

IV. Widerruf (Abs. 1 S. 3)

1. Schutzzweck

73 Neben der Schriftform dient vor allem das zwingende, nicht abdingbare Recht auf Widerruf dem Schutz des Urhebers. Damit soll dem Urheber die Gelegenheit gegeben werden, seine frühere Entscheidung zu überdenken, wenn die neue Nutzungsart bekannt geworden ist. Dies soll gleichzeitig auch das in der Regel bestehende Ungleichgewicht zwischen den Vertragspartnern ausgleichen (Begr. RegE BT-Drucks. 16/1828 S. 24). Das Gesetz schlägt damit eine Kompromisslinie zwischen einer vollständigen, endgültigen Einräumung von Rechten von Anfang an, wie sie etwa das US-amerikanische Recht kennt, und der früheren Regel des deutschen Urheberrechts ein. Dadurch wird erreicht, dass sich der Verwerter gerade bei mehreren Urhebern (und erst recht bei deren Rechtsnachfolgern) in einer besseren Rechtsposition als früher befindet, andererseits aber der Urheber sich nicht von vornherein seiner Rechte vollständig begibt. Während der Diskussion um die Reform ist zwar die Befürchtung geäußert worden, dass

der Urheber sofort nach Vertragsschluss die gerade eben eingeräumten Rechte widerrufen könne (so *Berger* GRUR 2005, 907/909 ähnlich *Bornkamm* Stellungnahme zum Entwurf eines Zweiten Gesetzes zum Urheberrecht in der Informationsgesellschaft, S. 3: Das Widerrufsrecht berücksichtige nicht ein etwaiges berechtigtes Interesse des Vertragspartners an der Nutzung, abrufbar unter http://www.urheberrecht.org/topic/Korb-2/st/ra-2006-nov/teil-5/Prof_Born kamm.pdf (Stand: 17. 10. 09); Für eine ersatzlose Streichung des Widerrufsrechts, da der Urheber durch den Anspruch auf angemessene Vergütung und urheberpersönlichkeitsrechtliche Vorschriften ausreichend geschützt sei *Stellungnahme der Filmwirtschaft zum Gesetzentwurf der Bundesregierung für ein Zweites Gesetz zur Regelung des Urheberrechts in der Informationsgesellschaft „Zweiter Korb",* S. 3, abrufbar unter: http://www.urheberrecht.org/topic/Korb-2/st/ra-2006-nov/teil-5/SPIO.pdf (Stand: 17. 10. 09); in diesem Sinne auch Fromm/Nordemann/*J. B. Nordemann*[10] Rdnr. 56); dies ist in der Praxis bislang aber offenbar nicht eingetreten und ist auch nicht zu erwarten, da der Urheber ja bezüglich der bekannten Nutzungsarten wie vor in einer vertraglichen Bindung gegenüber seinem Lizenznehmer steht (so auch Dreier/*Schulze*[3] Rdnr. 86). Zwar gibt es hinsichtlich der Retrodigitalisierung etwa im akademischen Bereich durchaus Bestrebungen, die elektronischen Rechte möglichst von den Printrechten abzuspalten; doch betrifft dies zum einen Spezialfälle, die nicht verallgemeinert werden können, zum anderen können Urheber in solchen Fällen durchaus legitime Interessen haben, ihre Rechte an andere Verwerter zu vergeben, die eher in der Lage sind, die neuen Nutzungsarten wahrzunehmen, etwa wenn ein Verwerter (Verlag) nicht die Investitionen in den Aufbau von Datenbankstrukturen leisten kann.

2. Widerrufsberechtigter

Entsprechend dem Schutzzweck des § 31 a dient das Widerrufsrecht nicht nur den wirtschaftlichen, sondern auch den urheberpersönlichkeitsrechtlichen Interessen des Urhebers. Es steht nur dem Urheber bis zu dessen Tod, nicht aber dessen Rechtsnachfolger und Erben zu, § 31 a Abs. 2 S. 3. Aufgrund dieses urheberpersönlichkeitsrechtlichen Einschlags und dem Ausschluss eines Übergangs auf den Rechtsnachfolger oder Erben des Urhebers ist das Widerrufsrecht insofern als **höchstpersönliches Recht** ausgestaltet (so auch Fromm/Nordemann/*J. B. Nordemann*[10] Rdnr. 57). Auch wenn der primär verfolgte Zweck des Erlöschens des Widerrufsrechts mitunter darin gesehen wird, die Verwertung bestehender Werke auf Grundlage umfassender Nutzungsverträge ohne das Erfordernis der mühsamen Nachverfolgung oder Ermittlung etwaiger Rechtsnachfolger zu ermöglichen (*Wandtke*/Bullinger/*Grunert*[3] Rdnr. 66; *Klöhn* K&R 2008, 77/78), so kann dieser Zweck nach dem Tod des Urhebers jedoch nur gerade deswegen vorrangig sein, weil dem Urheberpersönlichkeitsrecht mit dem Tode des Urhebers nach Abwägung mit vorgenanntem Zweck nicht mehr der Vorrang einzuräumen ist (so gerade BT-Drucks. 16/1828, S. 24). Der Urheber kann demnach sein Widerrufsrecht auch nicht einem Dritten übertragen (Dreier/*Schulze*[3] Rdnr. 87; Fromm/Nordemann/*J. B. Nordemann*[10] Rdnr. 57; Nach *Wandtke*/Bullinger/*Grunert*[3] Rdnr. 65 ist das Widerrufsrecht als akzessorisches Gestaltungsrecht ausgestaltet, das jedenfalls nicht isoliert vom Nutzungsrecht abtretbar ist), auch nicht in Form einer Treuhandlösung. Kann der Urheber selbst seinen Willen nicht mehr erklären, übt für den Urheber dessen Vormund oder Betreuer das Widerrufsrecht aus. Erst recht kann der Urheber einen Dritten mit der Erklärung beauftragen, selbst einen Rechtsanwalt; dieser darf jedoch nicht nach seinem freien Ermessen den Widerruf erklären, sondern nur als Bote, eine Vertretung scheidet aus (missverständlich Dreier/*Schulze*[3] Rdnr. 87; Fromm/Nordemann/*J. B. Nordemann*[10] Rdnr. 57).

3. Ausübung des Widerrufs

Der Widerruf selbst ist eine einseitige, empfangsbedürftige Willenserklärung und unterliegt den allgemeinen Regeln zur Willenserklärung (so auch Fromm/Nordemann/*J. B. Nordemann*[10] Rdnr. 58; Mestmäcker/Schulze/*Scholz* (45. EL, Dez. 2007) Rdnr. 22; *Schuchardt* S. 89). Dementsprechend ist auch eine Anfechtung etwa nach § 119 BGB möglich, da die §§ 119 ff. BGB für alle Arten von Willenserklärungen gelten (MünchKommBGB/*Kramer*[5] § 119 Rdnr. 11). Die Anfechtung hätte in diesen Fällen allerdings den Schadensersatz nach § 122 Abs. 1 BGB zur Folge. Eine besondere **Form** ist für den Widerruf nicht vorgeschrieben (so auch Fromm/Nordemann/*J. B. Nordemann*[10] Rdnr. 58; *Kotthoff* in HK-UrhR[2] Rdnr. 14; Mestmäcker/Schulze/*Scholz* (45. EL, Dez. 2007) Rdnr. 22; *Wandtke*/Bullinger/*Grunert*[3] Rdnr. 71; *Schuchardt* S. 90; *Verweyen* ZUM 2008, 217). Aus Gründen der Beweissicherung sind jedoch die üblichen für eine empfangsbedürftige Willenserklärung möglichen Mittel der Dokumentation, dass der Vertragspartner den Widerruf erhalten hat, ratsam, etwa Einschreiben mit Rückschein oder E-Mail mit

Lesebestätigung (Einzelheiten bei MünchKommBGB/*Einsele*[5] § 130 Rdnr. 46 ebenso mit Hinweis auf die Schriftform des § 126 BGB *Schuchardt* S. 90). Ebenso wenig muss der Urheber den Widerruf begründen; er ist frei in seiner Entscheidung. Der Widerruf muss nicht ausdrücklich als solcher bezeichnet werden (Fromm/Nordemann/*J. B. Nordemann*[10] Rdnr. 58; *Wandtke/Bullinger/Grunert*[3] Rdnr. 71; *Schuchardt* S. 90).

76 Die **Widerrufserklärung** selbst kann beschränkt werden auf die Rechte an jetzt erst bekannt gewordenen Nutzungsarten, so dass Rechte an noch unbekannten Nutzungsarten von dem Widerruf nicht erfasst werden. Der Widerruf kann aber auch pauschal für die Rechte an allen bei Vertragsschluss unbekannten Nutzungsarten erklärt werden (so auch Fromm/Nordemann/ *J. B. Nordemann*[10] Rdnr. 57). Auch kann sich der Widerruf auf mehrere Verträge erstrecken oder nur auf bestimmte Verträge beschränkt werden (s. auch Dreier/*Schulze*[3] Rdnr. 90). Gegebenenfalls muss durch Auslegung der Erklärung und des Verhaltens des Urhebers ermittelt werden (§§ 133, 157 BGB), ob er die Einräumung der unbekannten Nutzungsarten bzw. die Verpflichtung hierzu widerrufen wollte und für welche Werke.

77 Der Widerruf kann **an den Vertragspartner, aber auch an einen Dritten, der Rechteinhaber geworden ist,** gerichtet werden. Das Gesetz sieht einen bestimmten Erklärungsempfänger nicht vor. Adressat des Widerrufs ist zunächst grundsätzlich der Vertragspartner des Urhebers (Dreier/*Schulze* Rdnr. 92; *Schulze* UFITA 2007/III, 641/669; Mestmäcker/Schulze/ *Scholz* Rdnr. 25). Erhält der Urheber die Mitteilung iSd. § 31a Abs. 1 S. 4 von einem Dritten, der die Rechte innerhalb der Lizenzkette erworben hat, so kann auch ihm gegenüber widerrufen werden (Dreier/*Schulze* Rdnr. 92, allerdings ohne nähere Begründung; *Schulze* UFITA 2007/III, 641/669). Dies schließt nicht den Widerruf gegenüber dem bisherigen Vertragspartner aus. Denn es ist nicht Sache des Urhebers, die Lizenzkette zu erforschen und den jetzigen Rechteinhaber aufzufinden (aA Fromm/Nordemann/*J. B. Nordemann*[10], Rdnr. 62: Widerruf muss gegenüber dem Dritten erfolgen; *Schuchardt* S. 91 ff.: Widerruf nur gegenüber dem Dritten, da volle Änderung der Rechtszuständigkeit, aber Mitteilungspflicht des Vertragspartners von der Übertragung). Jedenfalls kann das Widerrufsrecht nicht allein dadurch entfallen, dass der Vertragspartner das Nutzungsrecht auf einen Dritten überträgt. Ansonsten könnte das Widerrufsrechts durch eine dem Ersterwerb unmittelbar nachfolgende Übertragung auf einen Dritten umgangen werden (*Wandtke*/Bullinger/*Grunert*[3] Rdnr. 81). Dem Urheber darf durch die Rechtsübertragung kein Nachteil entstehen (*Schuchardt* S. 91). Da diese Frage durch die Rspr. noch nicht geklärt wurde, sollte der Urheber seine Widerrufserklärung sowohl an den Vertragspartner als auch an den Zweiterwerber richten (*Hertin* UrhR[2] S. 118 Rdnr. 384).

78 Fraglich ist, ob der Urheber auch **gegenüber den Inhabern von Unterlizenzen** widerrufen kann. Gegenstand des Widerrufs kann nach § 31a Abs. 1 S. 1, 3 sowohl das Verpflichtungs- als auch das Verfügungsgeschäft sein. Das Verpflichtungsgeschäft zwischen Vertragspartner und Drittem enthält keine Verpflichtung des Urhebers Rechte an unbekannten Nutzungsarten einzuräumen. Anknüpfungspunkt kann daher von vornherein nur die Rechtseinräumung an den Erstverwerter sein. Dem Gesetzeswortlaut nach könne aber nur „diese Rechtseinräumung" selbst widerrufen werden, so dass danach an sich von dem Ersterwerber erteilte Unterlizenzen nicht Gegenstand eines Widerrufs sein könnten (so Mestmäcker/Schulze/*Scholz* (45. EL, Dez. 2007) Rdnr. 26). Da das Widerrufsrecht jedoch den Zweck habe, dem Urheber ein umfassendes Recht an die Hand zu geben, seine Gestattung der Werknutzung auf neue Art zu revidieren, könne die Widerrufsmöglichkeit gegenüber abgeleitet Berechtigten nicht davon abhängig gemacht werden, ob diesem Rechte vom Ersterwerber übertragen oder im Wege der Unterlizenz eingeräumt wurden. Der Urheber kann aber auf jeden Fall dem Vertragspartner gegenüber allein den Widerruf erklären, so dass der Dritte automatisch die Rechte verliert.

79 Sind die Rechte an unbekannten Nutzungsarten einer **Verwertungsgesellschaft** eingeräumt worden, kann selbstverständlich auch dieser gegenüber der Widerruf erklärt werden (Dreier/ *Schulze*[3] Rdnr. 93). Ist der ursprüngliche Vertragspartner nicht mehr existent, sei es durch Insolvenz, Umwandlung, Fusion etc. oder nicht mehr bekannt, etwa durch Sitzverlegung ins Ausland, oder sind dessen Rechtsnachfolger nicht bekannt, muss der Urheber gegebenenfalls durch **öffentliche Zustellung**, § 132 Abs. 2 BGB, §§ 185 ff. ZPO, den Widerruf erklären (ebenso Dreier/*Schulze*[3] Rdnr. 92; Mestmäcker/Schulze/*Scholz* (45. EL, Dez. 2007) Rdnr. 25).

4. Beweislast

80 Wenn man davon ausgeht, dass die Rechtseinräumung bzw. die Verpflichtung hierzu unter der aufschiebenden Bedingung der Nichtausübung des Widerrufs stehen, liegt die **Darlegungs-**

und Beweislast für den Eintritt dieser Bedingung beim Vertragspartner des Urhebers. Sofern der Urheber jedoch den Gegenbeweis antreten muss, mithin beweisen muss, dass der Widerruf erfolgte, ist fraglich, welche Anforderungen an die Beweisführung zu stellen sind. Während das Gesetz für den Lizenznehmer bzw. Vertragspartner Erleichterungen vorsieht, indem es nach § 31a Abs. 1 S. 4 genügt, dass die Mitteilung über die Aufnahme neuer Nutzungsarten an die letztbekannte Anschrift des Urhebers gesandt wird, fehlt es an vergleichbaren Regelungen für den Urheber. Dementsprechend wird vorgeschlagen, dass ähnlich § 31a Abs. 1 S. 4 für den Urheber der Nachweis genüge, dass er unter zumutbaren Aufwand versucht habe, die konkrete Anschrift des Vertragspartners ausfindig zu machen, er den Widerruf ansonsten er an die zuletzt bekannte Anschrift richten könne (so Dreier/*Schulze*[3] Rdnr. 94). Allerdings bietet gerade das Verfahren der öffentlichen Zustellung einen Behelf für den Urheber, während der Lizenznehmer sich häufig einer Mehrheit von Urhebern gegenüber sieht. Nicht damit zu verwechseln ist die Frage, ob den Verwerter bzw. den Dritten eine Mitteilungsobliegenheit trifft, seinerseits Adressenänderungen und Änderungen der Inhaberschaft dem Urheber mitzuteilen, wenn es um die Frage geht, ob die Frist zur Ausübung des Widerrufsrechts in Gang gesetzt wurde (dazu Rdnr. 95).

5. Rechtsfolge

Übt der Urheber sein Widerrufsrecht aus, entfallen ex tunc die Rechte an den zuvor unbekannten Nutzungsarten (Dreier/*Schulze*[3] Rdnr. 96; *Wandtke*/Bullinger/*Grunert*[3] Rdnr. 75; *Schulze* UFITA 2007/III, 641/671; *Hertin* UrhR[2] S. 119 Rdnr. 388; aA Fromm/Nordemann/ *J. B. Nordemann*[10] Rdnr. 59; Mestmäcker/Schulze/*Scholz* (45. EL, Dez. 2007) Rdnr. 31; wohl auch *Berger* GRUR 2005, 907/909) – auch in der Lizenzkette und mit Wirkung für die Dritten – (s. Rdnr. 55). Sofern der Vertrag auch eine Einräumung von Rechten an bekannten Nutzungsarten enthält, ist diese vom Widerruf nicht erfasst (Fromm/Nordemann/*J. B. Nordemann*[10] Rdnr. 59; *Wandtke*/Bullinger/*Grunert*[3] Rdnr. 75; *Berger* GRUR 2005, 907/909). Da das Urheberrecht keinen gutgläubigen Erwerb von Rechten kennt, ändern auch weitere Transaktionen des Vertragspartners oder von Dritten nichts daran; die Rechte fallen an den Urheber zurück. 81

Hat der Urheber die Einräumung nicht widerrufen, verbleiben die Rechte beim Verwerter bzw. Lizenznehmer und ggf. bei Dritten, die diese Rechte vom Lizenznehmer eingeräumt erhielten. Solange der Urheber nicht widerrufen hat, kann er nicht über die Rechte anderweitig verfügen; davon unberührt bleiben indes schuldrechtliche Verpflichtungen, die der Urheber eingehen kann, sei es als Option für den Fall des Widerrufs, sei es als unbedingte Pflicht, auch wenn der Urheber sich dadurch aus dem Vertrag gegenüber dem Lizenznehmer schadensersatzpflichtig macht. Schließlich kann der Widerruf durch den Urheber seine **Treuepflichten** gegenüber dem bisherigen Vertragspartner verletzen, wenn der Urheber den Widerruf ausübt, um anderweitig zu verfügen (Dreier/*Schulze*[3] Rdnr. 81) und dadurch in ein Konkurrenzverhältnis zum bisherigen Vertragspartner tritt (*Schulze* ZUM 2000, 432/446). Da § 31a für die Ausübung des Widerrufsrechts aber gerade keine Beschränkung durch das Vorliegen eines berechtigten Interesses enthält, kann diese allenfalls nach § 242 BGB durch das Verbot widersprüchlichen Verhaltens (venire contra factum proprium) oder den allgemeinen Grundsatz von Treu und Glauben begrenzt sein (*Wandtke*/Bullinger/*Grunert*[3] Rdnr. 73; ähnlich Fromm/ Nordemann/*J. B. Nordemann*[10] Rdnr. 56). Dies soll etwa dann der Fall sein, wenn der Urheber dem Verwerter zu verstehen gibt, er werde die neue Werknutzung nicht widerrufen und begrüße diese sogar und der Verwerter mit Kenntnis des Urhebers im Vertrauen auf den Bestand hierauf bereits Investitionen tätigt, der Urheber aber dennoch mit dem Widerruf droht, etwa um eine höhere Vergütung durchzusetzen (*Wandtke*/Bullinger/*Grunert*[3] Rdnr. 73). Ebenso wie sich nach alter Rechtslage aus dem Grundsatz von Treu und Glauben generell eine Verpflichtung des Urhebers ergeben konnte, seinem Vertragspartner die Nutzungsrechte auch für die neue Nutzungsart einräumen (BGH GRUR 2002, 248/252 – Spiegel-CD-ROM), müsste auch über § 31a Abs. 3 hinaus die freie Widerrufbarkeit durch Treu und Glauben begrenzt sein (*Kotthoff* in HK-UrhR[2] Rdnr. 13). Allerdings kann man derartige Treuepflichten nur in besonderen Ausnahmefällen annehmen, da sonst der unbedingte Schutz des Urhebers und sein Recht auf Widerruf ausgehöhlt würden. Dies gilt vor allem deshalb, da in der Ausübung gesetzlich verankerter Rechte kein Vertragsbruch gesehen werden kann (*Verweyen* ZUM 2008, 217/219). 82

Der Vertragspartner kann im Fall des Widerrufs keine Entschädigung vom Urheber verlangen (so auch Mestmäcker/Schulze/*Scholz* (45. EL, Dez. 2007 Rdnr. 31); andernfalls wäre das Ziel des Gesetzgebers, dem Urheber zu seinem Schutz ein frei ausübbares Widerrufsrecht zu gewäh- 83 ren, unterlaufen (Begr RegE BT-Drucks. 16/1828 S. 24: Ausübung des Widerrufs bleibt uneingeschränkt und folgenlos).

84 Nutzt der Vertragspartner das Werk bereits auf die zuvor unbekannte Nutzungsart, hat er ohne Rechtsgrundlage gehandelt, da die Rechte ex tunc an den Urheber zurückfallen (zutr. Dreier/*Schulze*³ Rdnr. 98; *Wandtke*/Bullinger/*Grunert*³ Rdnr. 75; aA Mestmäcker/Schulze/ *Scholz* Rdnr. 30). Der Urheber kann daher nach § 97 sowohl Schadensersatz einschließlich des dreifach berechneten Schadens (§ 97 Rdnr. 145) als auch Herausgabe des Erlangten nach § 812 BGB verlangen; umgekehrt hat der Urheber die bereits vom Verwerter geleistete Vergütung im Falle des Herausgabeverlangens zu erstatten (für eine analoge Anwendung der §§ 346 ff. BGB Fromm/Nordemann/*J. B. Nordemann*¹⁰ Rdnr. 60; für §§ 812 ff. BGB *Verweyen* ZUM 2008, 217/219). Der Ausschluss des Widerrufs nach Mitteilung soll den Verwerter vor Schäden durch sinnlose Investitionen schützen (*Hucko* „Zweiter Korb", 2007, S. 23). Die Nutzung ohne zumutbare Information des Urhebers beinhaltet die Gefahr entsprechender Konsequenzen, das Werk infolge eines späteren Widerrufs nicht mehr nutzen zu dürfen und nicht nur die angemessene Vergütung, sondern ggf. auch Schadensersatz wegen einer Urheberrechtsverletzung leisten zu müssen (Dreier/*Dreier*³ Rdnr. 101). Somit hat der Vertragspartner zwar die Möglichkeit, den Urheber zu einer Entscheidung zu „zwingen", ob er widerrufen möchte (Fromm/Nordemann/ *J. B. Nordemann*¹⁰ Rdnr. 63). Für den Zeitraum von drei Monaten kann der Vertragspartner aber gerade nicht sicher sein, ob er das Werk wie geplant auf die neue Nutzungsart wird nutzen können oder nicht (*Klett* K&R 2008, 1/2). Da der Widerruf für den Urheber gerade uneingeschränkt und folgenlos möglich sein soll (s o.), können sich für die Schwebefrist grundsätzlich keine Besonderheiten ergeben. Fraglich ist, ob besondere Anforderungen an die Treuepflichten des Urheber zu stellen sind, wenn der Vertragspartner ihn detailliert auf seine geplante Verwertung und die Wichtigkeit der Nutzung hinweist und der Urheber dann kurz vor Ende der Dreimonatsfrist widerruft. Dagegen spricht, dass der Vertragspartner über die Ausschlussmöglichkeiten des Widerrufs gem. § 31a Abs. 2 S. 1, 2 Rechtssicherheit erlangen kann (aA Fromm/ Nordemann/*J. B. Nordemann*¹⁰ Rdnr. 65: Die Dreimonatsrist könne durch Parteivereinbarung verkürzt werden. Es sei nicht ersichtlich, warum der Verwerter drei Monate warten muss, wenn der Urheber verbindlich erklärt, dass er sein Widerrufsrecht nicht ausübt).

V. Mitteilung, Widerrufsfrist und Erlöschen (Abs. 1 S. 4)

1. Überblick

85 Das Widerrufsrecht besteht zeitlich nicht unbeschränkt; vielmehr kann der Vertragspartner durch eine Mitteilung über die beabsichtigte Aufnahme einer vormals unbekannten Nutzungsart dafür sorgen, dass der Urheber sich erklären muss, da sonst sein Widerrufsrecht nach drei Monaten erlischt. Das Widerrufsrecht beginnt mit dem Tag des Vertragsabschlusses und läuft bis zum Ablauf der genannten Frist; der Widerruf kann daher sofort und jederzeit erklärt werden (allg. M., Dreier/*Schulze*³ Rdnr. 99). Die Mitteilungspflicht nach § 31a Abs. 1 ist nicht zu verwechseln mit der Unterrichtungspflicht nach § 32c Abs. 1 S. 3, die sicherstellen soll, dass der Urheber die gesonderte angemessene Vergütung erhält.

86 Das Widerrufsrecht **endet mit dem Ablauf der Frist** von drei Monaten, nachdem die Mitteilung über die beabsichtigte Nutzungsaufnahme gem. § 31a Abs. 1 S. 4 abgesandt wurde. Weitergehenden Vorstellungen des RegE, nach dem das Widerrufsrecht schon mit Beginn der Nutzung erlöschen sollte (Begr. RegE BT-Drucks. 16/1828 S. 5, 24) ist zu Recht eine Absage erteilt worden (BT-Rechtsausschuss BT-Drucks. 16/5939 S. 44; *GRUR-Stellungnahme* GRUR 2005, 743). Dem Urheber muss nicht zwingend die neue Nutzungsart bekannt sein. Entsprechende Recherchen können nicht von ihm verlangt werden.

87 Die Mitteilung ist **keine sanktionslose Obligation**, sondern ist – jedenfalls nach der Gesetzesbegründung (BT-Rechtsausschuss BT-Drucks. 16/5939, S. 44) – vom Gesetzgeber als echte Pflicht des Vertragspartners oder des Dritten vorgesehen, bevor die neue Nutzung aufgenommen wird (ebenso Dreier/*Schulze*³ Rdnr. 101; Mestmäcker/Schulze/*Scholz* (45. EL, Dez. 2007) Rdnr. 37; aA *Schuchardt* S. 101). Neben der Gesetzesbegründung spricht auch der Zweck der Mitteilung, den Urheber in die Lage zu versetzen, sein Widerrufsrecht noch vor der Nutzungsaufnahme auszuüben, für eine echte Pflicht (Mestmäcker/Schulze/*Scholz* (45. EL, Dez. 2007) Rdnr. 37). Sie fließt auch nicht allein aus dem Vertragsverhältnis zwischen Vertragspartner und Urheber, sondern ist gesetzlich angeordnet. Kommt der Verwerter bzw. Vertragspartner seiner Pflicht nicht nach, bleibt das Widerrufsrecht bestehen. Der Rechtserwerb steht weiterhin unter

der aufschiebenden Bedingung der Nichtausübung des Widerrufsrechts. Die Nutzung durch den Vertragspartner stellt dann eine zum Schadensersatz verpflichtende Urheberrechtsverletzung dar (Dreier/*Schulze*[3] Rdnr. 101; *Wandtke*/Bullinger/*Grunert*[3] Rdnr. 90; *Schulze* UFITA 2007/III, 641/682). Verletzt der Vertragspartner oder Dritte seine Pflicht rechtzeitiger Unterrichtung des Urhebers, so hat er den Urheber schadensrechtlich so zu stellen, wie er bei ordnungsgemäßer Unterrichtung stünde (Mestmäcker/Schulze/*Scholz* (45. EL, Dez. 2007) Rdnr. 38).

Die Mitteilung muss sich eindeutig auf die **Absicht** über die Aufnahme der Nutzung auf die 88 neuen Nutzungsarten beziehen. Voraussetzung ist daher jedenfalls, dass die Nutzungsart zum Zeitpunkt der Mitteilung bekannt ist. Damit ist ausgeschlossen, dass der Vertragspartner quasi auf Vorrat Mitteilungen an den Urheber sendet, um die Widerrufsfrist ablaufen zu lassen. Es genügt folglich nicht, wenn der Vertragspartner die beabsichtigte Nutzung ohne nähere Bestimmung mitteilt oder Nutzungsarten umschreibt, die mangels technischer und wirtschaftlicher Bedeutung zum Zeitpunkt der Mitteilung noch gar nicht bekannt sind (*Wandtke*/Bullinger/*Grunert*[3] Rdnr. 84). Um dem Vertragspartner aber schon frühzeitig die für seine weiteren Aktivitäten notwendige Klarheit zu verschaffen, ob ein Widerruf erfolgt oder er mit den Rechten arbeiten kann, müssen aber an die Absicht des Vertragspartners keine zu hohen Anforderungen gestellt werden. Eine beabsichtigte Werknutzung liegt danach schon dann vor, wenn der Vertragspartner die Nutzung als realistische geschäftliche Option behandelt (Fromm/Nordemann/*J. B. Nordemann*[10] Rdnr. 64; weitergehend *Schuchardt* S. 103 f.: Das schon die Herausbildung konkreter Nutzungspläne häufig mit erheblichen Kosten verbunden sei, sei ein umfassender Planungs- und Investitionsschutz nur gewährleistet, wenn der Verwerter die Mitteilung auch ohne konkrete Nutzungspläne direkt nach technischem Bekanntwerden der Nutzungsart absenden kann). Für die Frage, ob eine Nutzungsart bekannt ist, gelten die unter Rdnr. 30 dargelegten Kriterien. Sendet der Verwerter oder Vertragspartner an den Urheber eine Mitteilung, ohne dass die Nutzungsart bereits bekannt ist, wird die Frist nicht in Gang gesetzt (Dreier/*Schulze*[3] Rdnr. 102; ähnlich Fromm/Nordemann/*J. B. Nordemann*[10] Rdnr. 64; *Wandtke*/Bullinger/*Grunert*[3] Rdnr. 84); allerdings verbleibt das Risiko der Beurteilung, ob eine Nutzungsart noch unbekannt ist, beim Urheber.

2. Mitteilungspflichtiger

Voraussetzung für das Erlöschen des Widerrufsrechts ist eine Mitteilung des Vertragspartners 89 oder des Rechteinhabers (Dritter) an den Urheber. **Wer diese Mitteilung abzugeben hat**, lässt das Gesetz offen; vielmehr spricht es nur von dem „anderen". Eine Einschränkung ergibt sich schon daraus, dass Gegenstand der Mitteilung die beabsichtigte Aufnahme der Nutzung sein muss. Folglich muss derjenige, der die Mitteilung abgibt und damit die Frist auslösen will, selbst Berechtigter also Inhaber der Rechte sein. Hat etwa der ursprüngliche Vertragspartner die Rechte an einen Dritten weiterübertragen, so kann eine Mitteilung des Vertragspartners diese Frist nicht mehr in Gang setzen (ebenso Dreier/*Schulze*[3] Rdnr. 104; Mestmäcker/Schulze/*Scholz* (45. EL, Dez. 2007) Rdnr. 35; *Wandtke*/Bullinger/*Grunert*[3] Rdnr. 83, 87).

Besonderheiten bestehen bei der **Verwertung der Rechte durch eine Verwertungsge-** 90 **sellschaft:** Denn diese nutzt die Werke nicht selbst, sondern vergibt nur Rechte an Nutzer (Dritte). Der vom Urheber mit der Verwertungsgesellschaft abgeschlossene Vertrag ist ein urheberrechtlicher Nutzungsvertrag eigener Art, der Elemente des Auftrags, insbesondere der Treuhandschaft, sowie des Gesellschafts-, Dienst- und Geschäftsbesorgungsvertrags aufweist (BGH GRUR 1966, 567/569. – GELU; BGH GRUR 1968, 321/327 – Haselnuss; BGH GRUR 1982, 308/309 – Kunsthändler; LG Köln ZUM 1998, 1043/1045; s. a. Vor §§ 28 ff. Rdnr. 70). Diese Einräumung von Nutzungsrechten erfolgt in der Regel exklusiv iS § 31 Abs. 3, dass der Berechtigte über die Rechte nicht noch einmal verfügen kann (Loewenheim/*Melichar*[2] § 47 Rdnr. 16). Die Nutzungsrechte werden somit in ausschließlicher Form zur Weitergabe einfacher Nutzungsrechte eingeräumt (LG Köln ZUM 1998, 168/169). Dementsprechend erhält die Verwertungsgesellschaft zwar selbst die Rechte auch an unbekannten Nutzungsarten bzw. nimmt diese wahr, sie überträgt diese aber nur zur Nutzung an die Dritten. Allein die Verfügung über urheberrechtliche Befugnisse stellt aber keine Werknutzung dar (BGH GRUR 1999, 152/154 – Spielbankaffaire; BGH ZUM 1999, 478/480 – Hunger und Durst; BGH NJW 2002, 3393). Eine Werknutzung erfolgt erst durch den Dritten, dem von der Verwertungsgesellschaft Nutzungsrechte eingeräumt werden. Der Wahrnehmungsvertrag begründet jedoch ausschließlich Verpflichtungen zwischen der Verwertungsgesellschaft und dem jeweiligen Berechtigten (Dreier/*Schulze* Vor § 31 Rdnr. 125). Vertragspartner des Urhebers ist somit ausschließlich die Verwertungsgesellschaft, nicht jedoch der Dritte, dem die Verwertungsgesellschaft Nutzungsrechte einräumt. Gegenstand des Widerrufsrechts kann somit nur die Rechtseinräumung an die Verwertungsgesellschaft sein. Betrifft die Nutzungsrechtseinräumung durch die Verwertungsgesellschaft eine Nutzungsart, die zum Zeitpunkt der Rechtseinräumung an die Verwertungsgesellschaft noch unbekannt, zum Zeitpunkt der Einräumung durch die Verwertungsgesellschaft an den Dritten jedoch mittlerweile bekannt ist, so trifft die Verwertungsgesellschaft aufgrund der fehlenden eigenen Werknutzung keine Mitteilungspflicht; beim Dritten selbst fehlt es jedenfalls für eine Mitteilungspflicht an der Unbekanntheit der Nutzungsart. Jedoch würde – da § 31a auch gegenüber Verwertungsgesellschaften gilt (Rdnr. 21) – so das Widerrufsrecht des Urhebers umgangen. Dieser müsste daher eine Mitteilung über die beabsichtigte Nutzung durch den Dritten von der Verwertungsgesellschaft erhalten, um sein Widerrufsrecht ausüben zu können. Eine Unterlizenzierung durch den Vertragspartner des Urhebers an einen Dritten soll diesen gerade nicht aus seiner Verantwortung entlassen, für eine Mitteilung zu sorgen (*Wandtke*/Bullinger/*Grunert* Rdnr. 83). Die Verwertungsgesellschaft müsste demnach verpflichtet sein, dem Urheber die Mitteilung iSd. § 31a zukommen zu lassen oder für eine Mitteilung durch den Dritten zu sorgen, sobald sie diesem Nutzungsrechte am Werk für eine bei Vertragsschluss mit dem Urheber noch unbekannte mittlerweile aber bekannte Nutzungsart einräumt (unklar, ob die Verwertungsgesellschaft eine solche Pflicht trifft Dreier/*Schulze*[3] Rdnr. 105: „Sinnvollerweise"; ähnlich Fromm/Nordemann/*J. B. Nordemann*[10] Rdnr. 64: Als Nutzung iSd Mitteilungspflicht soll auch die Einräumung der Rechte an Dritte gelten, die ihrerseits nutzen).

3. Form und Inhalt

91   Eine bestimmte **Form** für die Mitteilung schreibt das Gesetz nicht vor; doch spricht es von „Anschrift", wobei dies vom Gesetzgeber kaum als technischer Begriff gemeint sein dürfte, sondern viel mehr als Adresse, unter der der Urheber Nachrichten empfangen kann. Dies können daher sowohl die traditionelle postalische Adresse als auch E-Mail oder Faxanschluss sein (Dreier/*Schulze*[3] Rdnr. 106; *Wandtke*/Bullinger/*Grunert*[3] Rdnr. 87; *Schulze* UFITA 2007/III, 641/665; aA *Schuchardt* S. 105). Die Mitteilung kann ebenfalls mündlich erfolgen, zB bei einem persönlichen Zusammentreffen (Fromm/Nordemann/*J. B. Nordemann*[10] Rdnr. 63). Ebenso sollte auch ein Telefonat hierunter fallen, sofern dem Urheber eine Mitteilung gemacht werden kann – denn entscheidend ist allein, dass der Urheber von dem Vorhaben des Verwerters in Kenntnis gesetzt wird. Die Schriftform ergibt sich dementsprechend auch nicht aus der Bezeichnung „Absendung" in Abs. 1 S. 4, weil sich diese Regelung nur auf den Fall der Unerreichbarkeit des Urhebers bezieht (Fromm/Nordemann/*J. B. Nordemann*[10] Rdnr. 63). Aus Dokumentations- und Beweisgründen ist freilich in der Regel mindestens Textform ratsam (ebenso Fromm/Nordemann/*J. B. Nordemann*[10] Rdnr. 63). Der Verwerter sollte sich daher bei der Wahl der Form von Erwägungen der Beweisbarkeit leiten lassen (*Kotthoff* in HK-UrhR[2] Rdnr. 17) und daher einen Kommunikationsweg wählen, der ihm einen anerkannten und einfachen Nachweis der Absendung einschließlich des Datums ermöglicht (*Wandtke*/Bullinger/*Grunert*[3] Rdnr. 87). Stets ist aber die Mitteilung an den Urheber selbst erforderlich; eine Mitteilung an die Allgemeinheit, etwa in einem Verlagsprogramm, genügt nicht (zutr. Dreier/*Schulze*[3] Rdnr. 106).

92   Die Mitteilung muss ferner **Aussagen über die beabsichtigte Aufnahme** der neuen Nutzungsart enthalten, damit dem Urheber ermöglicht wird, sich selbst ein Bild darüber zu machen, ob er die Einräumung der Rechte widerrufen. Auch muss die Mitteilung den konkreten Widerruf durch eine hinreichend konkrete Bezeichnung der Nutzungsart ermöglichen (Dreier/*Schulze*[3] Rdnr. 107; Fromm/Nordemann/*J. B. Nordemann*[10] Rdnr. 63; *Kotthoff* in HK-UrhR[2] Rdnr. 18; *Wandtke*/Bullinger/*Grunert*[3] Rdnr. 84). Darüber hinaus soll der Absender der Mitteilung den Urheber **über seine Rechte** sowie über das Absendedatum als maßgeblichen Termin für die Berechnung der Frist **belehren**; dies folge aus der Schutzfunktion der Norm sowie aus den Nebenpflichten der getroffenen Vereinbarung über die Einräumung (so Dreier/*Schulze*[3] Rdnr. 108; *Schulze* UFITA 2007/III, 641/665; wohl zustimmend *Wandtke*/Bullinger/*Grunert*[3] Rdnr. 84, dagegen *Schuchardt* S. 104). Dem kann indes nur hinsichtlich der vertraglich geschuldeten Treuepflichten zwischen Urheber und ursprünglichem Vertragspartner zugestimmt werden; solche Treuepflichten bestehen hier aufgrund des dauerschuldähnlichen Charakters. Sind die Rechte jedoch an einen Dritten übertragen worden, fehlt es an einer entsprechenden Rechtsgrundlage, da hier keine vertraglichen Beziehungen zum Urheber bestehen. Die in Rede stehenden außervertraglichen Belehrungspflichten, deren Verletzung auch entsprechende

Rechtsfolgen nach sich ziehen müssten, bedürften indes einer gesetzlichen Grundlage (Fromm/Nordemann/*J. B. Nordemann*[10] Rdnr. 64; *Kothoff* in HK-UrhR[2] Rdnr. 18; *Klett* K&R 2008, 1/2). Auch wäre fraglich, was der nötige Inhalt der Belehrung (außer der Information über das Absendedatum) wäre, um Rechtsfolgen daraus abzuleiten. Außerhalb von vertraglichen Beziehungen bestehen daher erhebliche Bedenken, über die vom Gesetz geforderte Mitteilung hinaus derartige Pflichten anzunehmen. Schließlich kann dem Bedürfnis des Urhebers nach Mitteilung des Absendedatums dadurch Rechnung getragen werden, dass dieser sich auf das Datum der Mitteilung verlassen können muss; bei Mitteilung per Fax oder Mail dürfte sich diese Frage daher kaum stellen, ebenso wenig hinsichtlich der Einräumung von Nutzungsrechten bei gleichzeitiger Mitteilung der Einräumung durch Verwertungsgesellschaften.

4. Mitteilung der Adresse durch Urheber

Zustellproblemen, die in der Vergangenheit insbesondere durch die Rechtsnachfolge auf Urheberseite entstanden, begegnet § 31a auch dadurch, dass die Absendung der Mitteilung durch den Verwerter an die ihm zuletzt bekannte Anschrift des Urhebers genügt. Da diese nicht mit der aktuellen Anschrift übereinstimmen muss, liegt es im Interesse des Urhebers dafür zu sorgen, dass dem Verwerter stets die aktuelle Anschrift bekannt ist (BT-Rechtsausschuss BT-Drucks. 16/5939 S. 44). Diese Mitteilung ist somit bloße Obliegenheit des Urhebers, sein Widerrufsrecht zu erhalten (*Wandtke*/Bullinger/*Grunert*[3] Rdnr. 86). Allerdings bleibt offen, wem der Urheber seine Anschrift mitzuteilen hat, ebenso wie zu verfahren ist, wenn der Urheber von einer Änderung auf Seiten des Vertragspartners oder Verwerters nichts erfährt. Statt etwa für die Einrichtung einer Clearing-Stelle hat sich der Gesetzgeber nur für einseitig formulierte Pflichten bzw. Obliegenheiten ausgesprochen (s. auch die Kritik bei Dreier/*Schulze*[3] Rdnr. 109). Auch wenn der Gesetzeswortlaut keine entsprechende Pflicht der Rechteinhaber bzw. Vertragspartner zur Mitteilung von Änderungen der Anschrift enthält, entspricht es doch gerade dem vom Gesetzgeber intendierten Schutzzweck der Norm, dass der Urheber seine Rechte ausüben können soll. Daher trifft auch die Verwerter bzw. Vertragspartner eine Pflicht zur Mitteilung von Änderungen der Anschrift, aber auch der Rechteinhaberschaft (Dreier/*Schulze*[3] Rdnr. 109). Versäumt der Verwerter dies, kann er sich nicht auf die Regelung berufen, dass er seinerseits die Mitteilung an die zuletzt bekannte Anschrift des Urhebers gerichtet habe. Schließlich muss es genügen, dass der Urheber seine Anschrift dem Vertragspartner bekannt gibt, wenn er von diesem keine Mitteilung über die Änderung der Inhaberschaft erhalten hat (ähnlich, aber wohl weitergehender Dreier/*Schulze*[3] Rdnr. 109).

Das Gesetz sieht zwar vor, dass der Verwerter die Mitteilung an die ihm zuletzt bekannte Anschrift des Urhebers senden kann; es legt damit aber nicht etwa einen objektiven Maßstab zugrunde, sondern einen subjektiven, indem es auf die **Kenntnis des Verwerters** abstellt. Doch ging der Gesetzgeber klar von einer Rechercheplicht des Verwerters aus (BT-Rechtsausschuss BT-Drucks. 16/5939 S. 44). Dies kommt zwar nicht der Einrichtung einer Clearing-Stelle gleich, ist aber ein Schritt in die richtige Richtung. Dem Verwerter ist daher zumindest eine Nachfrage bei einer Verwertungsgesellschaft zuzumuten, da diese oftmals in Besitz der gültigen Adressen des Urhebers ist (Dreier/*Schulze*[3] Rdnr. 110; Fromm/Nordemann/*J. B. Nordemann*[10] Rdnr. 65; dagegen *Wandtke*/Bullinger/*Grunert*[3] Rdnr. 86; *Hoeren* MMR 2007, 615/616; *Hucko* „Zweiter Korb", 2007, S. 23: Eine Rechercheplicht des Verwerters enthält das Gesetz nicht). Aber auch eine Recherche im Internet erscheint zumutbar (ebenso Fromm/Nordemann/*J. B. Nordemann*[10] Rdnr. 65: Internetrecherche unter Benutzung der gängigen Suchmaschinen ebenso zumutbar wie die Recherche in öffentlich zugänglichen Adressverzeichnissen); demgegenüber wird eine Einwohnermeldeauskunft nicht erforderlich sein, da der Gesetzgeber dann auch eine öffentliche Zustellung hätte verlangen können. Vielmehr lässt das Gesetz erkennen, dass es sich mit weniger zufrieden gibt. Die Zumutbarkeit hängt auch davon ab, wieviele Urheber betroffen sind; bei mehreren Urhebern ist das Widerrufsrecht von vornherein beschränkt (s. dazu Rdnr. 114).

5. Frist

Die Frist von drei Monaten beginnt entgegen den üblichen bürgerlich-rechtlichen **Zugangsregeln** der §§ 130ff. BGB bereits mit der Absendung der Mitteilung (Dreier/*Schulze*[3] Rdnr. 111; Fromm/Nordemann/*J. B. Nordemann*[10] Rdnr. 66; *Wandtke*/Bullinger/*Grunert*[3] Rdnr. 88). Der Verwerter muss somit nicht den Zugang der Mitteilung beweisen (Dreier/*Schulze*[3] Rdnr. 111; *Wandtke*/Bullinger/*Grunert*[3] Rdnr. 87; *Hoeren* MMR 2007, 615/616). Gegen einen Fristbeginn erst mit Zugang der Mitteilung, der damit begründet wird, dass dem Urheber lediglich das Risiko fehlenden Zugangs infolge eines ihm unbekannt gebliebenen Wohnsitzwechsels des Urhebers genommen werden solle (so Mestmäcker/Schulze/*Scholz* (45. EL, Dez. 2007) Rdnr. 33, 34), spricht der eindeutige Wortlaut des Gesetzes. Zugunsten des Verwerters unterstellt das Gesetz, dass sich der die Kenntnisnahme ermöglichende Machtbereich des Urhebers unter der dem Verwerter zuletzt bekannten Anschrift befindet (*Wandtke*/Bullinger/*Grunert*[3] Rdnr. 87). Das Absendedatum ist auch nicht gleichzusetzen mit dem Datum des Schreibens, sondern mit dem Datum, zu welchem ein Schreiben zur Post gegeben wurde, also dem Poststempel (Dreier/*Schulze*[3] Rdnr. 112), bei anderen Kommunikationsmitteln mit dem „Einlieferungsdatum", was aber oft mit dem Empfangsvorgang zusammen fällt; allerdings wird es hier manchmal schwierig sein, das Absendedatum korrekt zu erfassen, etwa durch Log Files. Einen richtigen Grund für diese Regelung und Privilegierung gibt es letztlich nicht, da zahlreiche andere Gläubiger sich mit Zugangsproblemen auseinandersetzen müssen. Zumindest muss der Verwerter seiner Pflicht Genüge getan haben, die aktuelle Anschrift zu ermitteln. Hat er dies versäumt, sondern die Mitteilung weiteres an eine alte Anschrift gesandt, ist sein Einwand, dass die Mitteilung abgesandt worden sei, rechtsmissbräuchlich; die Mitteilung muss wiederholt werden (im Ergebnis ebenso Dreier/*Schulze*[3] Rdnr. 111). Erst recht kann sich der Verwerter im Falle eines späteren Widerrufs nicht darauf berufen, er habe die Mitteilung ordnungsgemäß abgesendet, wenn die Sendung als unzustellbar zurückkommt, der Faxbericht negativ ist oder auf die E-Mail eine Nachricht zur Unzustellbarkeit folgt. Denn dann ist für den Verwerter erkennbar, dass die Mitteilung den Urheber nicht erreicht hat (*Wandtke*/Bullinger/*Grunert*[3] Rdnr. 87).

96 Ferner muss die Mitteilung zwingend an die **letzte ihm bekannte Anschrift** gesandt werden; dies gilt auch dann, wenn der Verwerter der Auffassung ist – selbst nach Recherchen – dass die ihm als einzige bekannte letzte Anschrift, nicht mehr die richtige ist (zutr. Dreier/*Schulze*[3] Rdnr. 111).

Beweislast

97 Es obliegt dem Verwerter, seine Anstrengungen zur Ermittlung der Anschrift darzulegen und zu beweisen (Dreier/*Schulze*[3] Rdnr. 111). Auch muss er den Absendetag an die ihm zuletzt bekannte Anschrift nachweisen (*Wandtke*/Bullinger/*Grunert*[3] Rdnr. 87). Der Urheber ist dagegen beweispflichtig für die Mitteilung seiner Anschrift gegenüber dem Vertragspartner oder Verwerter.

VI. Wegfall des Widerrufsrechts (Abs. 2)

98 Abs. 2 enthält drei abschließend aufgezählte Ausnahmen von der Regel des Widerrufsrechts; Raum für weitere Ausnahmen besteht nicht, auch nicht im Wege der Analogie, da damit sonst der vom Gesetzgeber intendierte Schutz des Urhebers ausgehöhlt würde.

1. Vereinbarung einer Vergütung

99 Das Widerrufsrecht entfällt nach § 31a Abs. 2 S. 1, 2, wenn die Parteien eine Vergütung vereinbart haben. Hierbei unterscheidet das Gesetz zwei Unterfälle: Die Vergütungsvereinbarung auf der Grundlage einer gemeinsamen Vergütungsregel, die auch – entgegen dem missverständlichen Wortlaut des Gesetzes – schon möglich ist, wenn die neue Nutzungsart noch nicht bekannt ist (Satz 2), und auf der Grundlage einer individuellen Vereinbarung, aber erst nach Bekanntwerden der neuen Nutzungsart (Satz 1).

100 Die Einigung muss zwischen dem Urheber und dem Vertragspartner oder demjenigen zustande kommen, der das Nutzungsrecht übertragen erhalten hat. Das Gesetz enthält hier zwar keine Festlegung; doch muss der Vertragspartner nicht derjenige sein, der auch die Nutzungsrechte erhalten hat, da schuldrechtlich auch der Vertragspartner des Urhebers diesem die Vergütung einräumen kann (im Ergebnis ähnlich Dreier/*Schulze*[3] Rdnr. 119).

101 Einer **besonderen Form** bedarf die Einigung in keinen der beiden Fälle (allg. M., Dreier/*Schulze*[3] Rdnr. 118; Fromm/Nordemann/*J. B. Nordemann*[10] Rdnr. 68; *Wandtke*/Bullinger/*Grunert*[3] Rdnr. 93).

2. Vereinbarung vor Bekanntwerden der Nutzungsart

102 Existiert eine gemeinsame Vergütungsregel (oder ein Tarifvertrag, s. Rdnr. 103) kann trotzdem die Nutzungsart noch nicht bekannt ist, bereits das Widerrufsrecht entfallen, wenn beide

Parteien sich auf eine solche Regel einigen. Der Grund hierfür liegt darin, dass in derartigen Fällen kollektiver Vereinbarungen oder Regeln das Ungleichgewicht zwischen beiden Vertragsparteien beseitigt wird; bei Vorliegen einer gemeinsamen Vergütungsregel iSd. § 36 gilt als angemessen, was dort für die betreffende Branche niedergelegt ist, so dass für eine vertraglich vereinbarte Vergütung die unwiderlegliche gesetzliche Vermutung der Angemessenheit gilt, wenn sie der jeweiligen Vergütungsregel entspricht (so für § 32 Abs. 2 Loewenheim/*v. Becker*[2] § 80 Rdnr. 28).

Voraussetzung ist eine **gemeinsame Vergütungsregel** im Sinne von § 32 – was gerade bei unbekannten Nutzungsarten aber eher die Ausnahme sein dürfte. Denn eine solche Nutzungsart ist zum relevanten Zeitpunkt allenfalls technisch existent, hat sich jedoch wirtschaftlich noch nicht durchgesetzt (Dreier/*Schulze*[3] Rdnr. 125). Solange aber die wirtschaftlichen Möglichkeiten nicht hinreichend klar absehbar sind, wird eine gemeinsame Vergütungsregel kaum aufzustellen sein (*Kotthoff* in HK-UrhR[2] Rdnr. 20). Darüber hinaus muss die jeweilige Vereinigung repräsentativ, unabhängig und befugt sein, um solche Regeln zu vereinbaren (näher dazu Loewenheim/*v. Becker*[2] § 29 Rdnr. 83 ff.). Aber auch ein Tarifvertrag muss für die Anwendung von § 31a Abs. 2 S. 2 genügen, da er nach der Systematik von § 32 Vorrang vor einer gemeinsamen Vergütungsregel hat. Es wäre nicht einzusehen, warum eine solche Regel eher in der Lage sein sollte, das Widerrufsrecht zu beseitigen als ein Tarifvertrag. 103

3. Vereinbarung nach Bekanntwerden der Nutzungsart

Der Gesetzgeber hat bewusst keine Vergütungsabrede bei Einräumung der Rechte an unbekannten Nutzungsarten oder der Verpflichtung hierzu genügen lassen, um das Widerrufsrecht entfallen zu lassen. Denn gerade bei Vertragsabschluss können sich beide Parteien noch nicht über die wirtschaftliche Bedeutung der unbekannten Nutzungsarten im Klaren sein, zumal der Urheber zwecks Veröffentlichung und Verwertung seines Werkes eher geneigt sein wird, seine Rechte vollständig zu übertragen, wobei die zwingend geschuldete angemessene Vergütung keinen adäquaten Ausgleich bietet. Mit dem Modell der gemeinsamen Vergütungsregeln soll den Parteien ein Selbstregulierungsmodell zur Verfügung gestellt werden, in dessen Rahmen sie die in ihren Branchen gebündelte Fachkompetenz zur Festlegung von Vergütungssätzen nutzen können (Loewenheim/*v. Becker*[2] § 29 Rdnr. 72). Dadurch, dass der Urheber sich diese Fachkompetenz zu Nutze machen kann, wird der strukturellen Unterlegenheit des Urhebers gegenüber der Verwerterseite entgegengewirkt. Andernfalls hätte es auch nahe gelegen, ganz auf das US-amerikanische Modell einer vollständigen, unbedingten Übertragung von Rechten auch an unbekannten Nutzungsarten zu wechseln. 104

Ob die neue Nutzungsart bekannt ist, bestimmt sich nach den oben dargelegten Kriterien (Rdnr. 30). 105

Erforderlich ist eine **gesonderte angemessene Vergütung nach § 32 c Abs. 1**, die nur für die jetzt bekannt gewordene Nutzungsart gilt. Sie tritt zu der ursprünglich vereinbarten Vergütung hinzu. Ob die Vergütung angemessen ist, bestimmt sich nach den Kriterien des § 32 Abs. 2, 4, mithin zunächst nach einer tariflichen Vergütung, sodann nach einer gemeinsamen Vergütungsregel und schließlich nach der redlicherweise und üblichen angemessenen Vergütung. Allerdings ist die Festlegung einer solchen Vergütung außerordentlich schwierig, erst recht, wenn es sich um eine unbekannte Nutzungsart handelt; allein jede noch so geringe Vergütung kann nicht ausreichen, so dass die Vereinbarung einer unangemessenen Vergütung das Widerrufsrecht nicht entfallen lässt (Dreier/*Schulze*[3] Rdnr. 122; Fromm/Nordemann/*J. B. Nordemann*[10] Rdnr. 68; *Schulze* UFITA 2007/III, 641/672, differenzierend *Schuchardt* S. 109; aA *Kotthoff* in HK-UrhR[2] Rdnr. 19; *Wandtke*/Bullinger/*Grunert*[3] Rdnr. 92; *Berger* GRUR 2005, 907/909). Denn die zwingende angemessene Vergütung soll ebenso wie § 32 letztlich das Ungleichgewicht zwischen den Parteien beseitigen. Allein ein Anspruch auf Vertragsänderung (§ 32) gäbe dem Urheber nur ein schwächeres Druckmittel in die Hand (so aber Mestmäcker/Schulze/Scholz (45. EL, Dez. 2007) Rdnr. 40; ähnlich *Kotthoff* in HK-UrhR[2] Rdnr. 19: Dem Urheber bliebe der Korrekturanspruch nach § 32 Abs. 1 S. 3; *Wandtke*/Bullinger/*Grunert*[3] Rdnr. 92: Soweit die Vereinbarung keine angemessene Vergütung vorsieht, könne der Urheber die Differenz zur angemessenen Vergütung nach § 32 c Abs. 1 geltend machen). Nicht jede Vereinbarung kann nach § 31a Abs. 2 S. 1 den Wegfall des Widerrufsrechts zur Folge haben, sondern nur eine solche, die nach den Kriterien des § 32 Abs. 2, 4 angemessen ist. Den Schwierigkeiten bei der Vereinbarung einer angemessenen Vergütung steht gerade die Alternative gegenüber, von einer gemeinsamen Vergütungsregel Gebrauch zu machen. Zudem könnte sonst das Widerrufsrecht 106 leicht beseitigt werden, so dass dann der Urheber damit belastet wäre, eine angemessene Vergütung erst geltend zu machen womöglich auf dem Klageweg. Dies wäre jedoch mit dem Schutzzweck des § 31 a nicht zu vereinbaren (siehe hierzu auch die Kritik von Dreier/*Dreier*[3] Rdnr. 122: „Missbrauch würde Tür und Tor geöffnet").

4. Widerrufsrecht zu Lebzeiten des Urhebers

107 Das Widerrufsrecht des Urhebers ist höchstpersönlich ausgestaltet, es vererbt sich nicht (BT-Drucks. 16/1828 S. 24), einerlei um welche Form der Erbfolge es sich handelt, ob testamentarisch oder gesetzlich. Auch wenn der Urheber noch zu Lebzeiten einen Widerruf abgesandt haben sollte, dieser bis zu seinem Tod aber noch nicht zugegangen ist, ist der Widerruf unwirksam (Dreier/*Schulze*[3] Rdnr. 131). Gegen die Unvererbbarkeit des Widerrufsrechts werden im Hinblick auf Art. 14 GG verfassungsrechtliche Bedenken geäußert (Dreier/*Schulze*[3] Rdnr. 129 ff.; Mestmäcker/Schulze/*Scholz* (45. EL, Dez. 2007) Rdnr. 42; *Wandtke*/Bullinger/ *Grunert*[3] Rdnr. 99; *Frey*/*Rudolph* ZUM 2007, 13/19; *Klickermann* MMR 2007, 221/224). Vor dem Hintergrund, dass das Urheberrecht als geistiges Eigentum von Art. 14 Abs. 1 GG geschützt werde, müsse der Gesetzgeber eine der aktuellen Regelung nicht zu entnehmende konkrete Interessenabwägung vornehmen (*Frey*/*Rudolph* ZUM 2007, 13/19). Das Erlöschen des Widerrufsrechts widerspreche zudem der Systematik des UrhG, da die vermögenswerten Bestandteile des Urheberrechts vollständig auf die Erben übergehen, was somit auch für das vermögenswerte Interessen des Urhebers schützende Widerrufsrecht gelten müsse (*Klickermann* MMR 2007, 221/224; ähnlich Mestmäcker/Schulze/*Scholz* (45. EL, Dez. 2007) Rdnr. 42). Diese Argumente vermögen jedoch nicht zu überzeugen (ebenso Fromm/Nordemann/ *J. B. Nordemann*[10] Rdnr. 71). Die Erbrechtsgarantie des Art. 14 Abs. 1 S. 1 gewährleistet zwar das Erbrecht als Rechtsinstitut und als Individualrecht (BVerfG NJW 1977, 1677; BVerfG NJW 1985, 1455; BVerfG NJW 1995, 2977; BVerfG NJW 1999, 1853). Inhalt und Schranken werden jedoch gem. Art. 14 Abs. 1 S. 2 GG durch den Gesetzgeber bestimmt (BVerfG NJW 1966, 195/196; BVerfG NJW 1977, 1677; BVerfG NJW 1985, 1455; BVerfG NJW 1999, 1853/1854). Welche Befugnisse einem Eigentümer in einem bestimmten Zeitpunkt konkret zustehen, ergibt sich somit aus der Zusammenschau aller in diesem Zeitpunkt geltenden, die Eigentümerstellung regelnden gesetzlichen Vorschriften (BVerfG NJW 1982, 745/749). In Abwägung der verschiedenen Interessen dürfte sich die Regelung insgesamt als verfassungsgemäß darstellen, zumal die Erben über die zwingende angemessene Vergütung einen Ausgleich erhalten. Zwar geht das Urheberrecht im Unterschied zu anderen Persönlichkeitsrechten als Ganzes nicht nur mit den vermögenswerten, sondern auch den ideellen Bestandteilen auf die Erben über (siehe § 28 Rdnr. 5). Allerdings ist nicht recht ersichtlich, warum der Urheber über seinen Tod hinaus aus persönlichkeitsrechtlichen Erwägungen heraus die Einräumung von unbekannten Nutzungsarten widerrufen können soll; Beeinträchtigungen seiner Persönlichkeit werden dadurch nicht tangiert, da das Urheberpersönlichkeitsrecht nicht durch § 31 a durchbrochen wird (kritisch Dreier/*Schulze*[3] Rdnr. 129: Zwar würden durch diesen Anspruch die materiellen Interessen der Erben bedacht, andererseits ihnen aber das Selbstbestimmungsrecht hierüber genommen).

5. Beweislast

108 Die Darlegungs- und Beweislast für das Vorliegen der Voraussetzungen des § 31 a Abs. 2, insbesondere auch der Einigung über die Vergütung, trägt der Verwerter.

VII. Mehrere Urheber (Abs. 3)

1. Überblick

109 Haben mehrere Urheber ein Werk erschaffen, sei es als Miturheber, als Werkgesamtheit oder in einem Sammelwerk, stellte sich für den Verwerter bei Bekanntwerden neuer Nutzungsarten regelmäßig das Problem, dass er die Einräumung der Rechte durch jeden Urheber benötigte, um das gesamte Werk in der neuen Art zu nutzen. Oftmals waren (und sind) die Aufenthaltsorte dieser Urheber oder ihrer Rechtsnachfolger nicht bekannt, so dass etwa eine Digitalisierung von Sammelwerken aufgrund der ungeklärten Rechtslage unterbleiben musste (zur Retrodigitalisierung s. die Kommentierung von *Katzenberger* § 137 Rdnr. 1, 36). Der Gesetzgeber wollte mit der Einschränkung des Widerrufsrechts für diese Fälle ausdrücklich eine Erleichterung herbeiführen (Begr. RegE BT-Drucks. 16/1828, S. 24 f.), ohne dass das Widerrufsrecht damit aufgehoben wäre. Daraus folgt aber auch die Ratio der Norm, dass die Ausübung des Widerrufsrechts umso mehr eingeschränkt wird, je mehr Urheber an einem Werk beteiligt sind, um das Schicksal und die Verwertung der Werkgesamtheit nicht zu gefährden. Damit kommt es auf die gegenseitige Rücksichtnahme nicht nur im Verhältnis zum Verwerter, sondern auch der Urheber untereinander an. Die kann aber auch der Verwerter vorbringen; ansonsten würde § 31a Abs. 3 nur eine Selbstverständlichkeit wiederholen, nämlich dass jede Rechtsausübung unter dem Vorbehalt von Treu und Glauben bzw. fehlenden Rechtsmissbrauchs steht. Zwar waren schon bislang mehrere Urheber in der Regel zur Ausübung ihrer Rechte nach Treu und Glauben aufgrund der zwischen ihnen bestehenden Verwertungsgemeinschaft verpflichtet (siehe § 9 Rdnr. 2), erst recht bei der Miturheberschaft nach § 8 (siehe § 8 Rdnr. 16; *Spindler*, Fs. für Schricker, 2005, 539/545 f.). Doch greift diese Pflicht nur für die Urheber untereinander ein, sie kann nicht vom Verwerter bzw. Vertragspartner bzw. Verwerter ins Feld geführt werden. Demgegenüber ermöglicht § 31a Abs. 3, die Treubindungen als Einwand gegenüber der Rechtsausübung eines (Mit-)Urhebers geltend zu machen.

Eine weitergehende Regelung hat der Gesetzgeber des zweiten Korbs für Filme vorgesehen: Hier steht im Zweifel gem. §§ 88 Abs. 1, 89 Abs. 1 das Recht für alle Nutzungsarten ohne Widerrufsrecht der Urheber dem Filmhersteller zu, um der besonderen Situation der Vielzahl an Urhebern beim Film gerecht zu werden (siehe § 88 Rdnr. 2). 110

2. Mehrere Werke oder Werkbeiträge

Das Gesetz stellt nicht auf eine Mehrzahl von Urhebern ab, sondern allein darauf, ob mehrere Werke oder Werkbeiträge so zu einer Gesamtheit zusammengefasst sind, dass die Verwertung in einer neuen Nutzungsart nur unter Verwendung sämtlicher Werke oder Werkbeiträge möglich ist, § 31a Abs. 3. Selbst wenn nur ein Urheber mehrere Werkbeiträge geschaffen hat, die miteinander verbunden werden, steht demnach sein Widerrufsrecht unter dem Vorbehalt der Ausübung nach Treu und Glauben – auch wenn der Gesetzgeber selbst offenbar nur an den Fall mehrerer Urheber gedacht hat (Begr. RegE BT-Drucks. 16/1828 S. 24: „viele Mitwirkende"). Handelt es sich um einen einzelnen Urheber mit mehreren Werkbeiträgen, besteht daher nach der Ratio der Norm, dem Verwerter die Bürde der Nachlizenzierung zu erleichtern, kein Bedürfnis, das Widerrufsrecht gleich strengen Kautelen wie im Fall mehrerer Urheber zu unterwerfen (ebenso Dreier/*Schulze*³ Rdnr. 133). 111

Als **Gesamtheiten von Werken oder Werkbeiträgen** kommen Werkverbindungen nach § 9, etwa Opern, Operetten, Musicals, Lieder und Schlager als Verbindung von Musik und Text, Verbindungen von Sprachwerken mit Werken der bildenden Kunst oder Lichtbildwerke wie Kunstbücher und Buchillustrationen sowie Comic-Strips, naturwissenschaftliche und technische Bücher, in denen Darstellungen wissenschaftlicher Art mit Text verbunden werden (*Wandtke*/Bullinger/*Grunert*³ § 9 Rdnr. 9), Ballett als Verbindung zwischen Choreographie, Musik und Balletterzählung (Fromm/Nordemann/*J. B. Nordemann*¹⁰ § 9 Rdnr. 10) (Einzelheiten unter § 9 Rdnr. 4) ebenso wie Sammelwerke nach § 4, zB Lexika aus Beiträgen mehrerer Autoren oder Zeitschriftenbände, desweiteren sowohl unperiodisch erscheinende Sammlungen wie wissenschaftliche Festschriften, Konversationslexika, Handbücher, Enzyklopädien, Gedichtsammlungen als auch periodisch erscheinende Sammlungen wie Zeitungen und Zeitschriften (*Wandtke*/Bullinger/*Grunert*³ § 4 Rdnr. 7) (Einzelheiten unter § 4 Rdnr. 5) in Betracht. Auswahl und Anordnung der im Sammelwerk enthaltenen Elemente müssen eine persönliche geistige Schöpfung erkennen lassen (BGH GRUR 1990, 669/673 – Bibelreproduktion). Nicht als Sammelwerk geschützt sind daher bloß alphabetisch geordnete Telefonbücher (BGH GRUR 1999, 923/924 – Tele-Info-CD) oder eine schlichte Gesetzeswiedergabe, die sich auf eine routinemäßige Auswahl oder Anordnung beschränkt (BGH GRUR 1954, 129/130). Gleiches gilt für die Miturheberschaft an einem gemeinsamen einheitlichen Werk nach § 8, etwa Computerprogrammen (BGH GRUR 1994, 39/40 – Buchhaltungsprogramm), juristischen Kommentaren, sofern die Individualität der einzelnen Co-Autoren auch in die Gestaltung des Gesamtwerks eingeflossen ist (*Wandtke*/Bullinger/*Grunert*³ § 8 Rdnr. 14) sowie dem Film, für den aber §§ 88, 89 vorgehen. Neben diesen Fällen der gemeinsamen, quasi „horizontalen" Schaffung von Werken oder Werkgesamtheiten erfasst § 31a Abs. 3 aber auch die „vertikale" Verbindung von mehreren Urhebern, insbesondere wenn eine Bearbeitung eines Werkes verwertet werden soll, da hier sowohl der ursprüngliche Urheber als auch der Bearbeiter über ein Urheberrecht an dem bearbeiteten Werk verfügen (Dreier/*Schulze*³ Rdnr. 136). 112

113 Probleme wirft der Fall auf, dass der **Verwerter selbst die Werke bzw. Werkbeiträge zu einer Gesamtheit zusammengefügt** hat. § 31a Abs. 3 differenziert nicht danach, wer die Gesamtheit letztlich hergestellt hat, sondern stellt nur auf die Verbindung der Werke ab. Ausweislich der Gesetzesbegründung wollte der Gesetzgeber gerade auch diese Fälle unter den Vorbehalt des § 31a Abs. 3 stellen (Begr. RegE BT-Drucks. 16/1828 S. 25). Damit habe es der Verwerter nun in der Hand, Werke von bislang nicht in Beziehung zueinander stehenden Urhebern zusammenzuführen und dadurch die Ausübung der betroffenen Urheber zu erschweren (Mestmäcker/Schulze/*Scholz* (45. EL, Dez. 2007) Rdnr. 45; *Frey/Rudolph* ZUM 2007, 13/19: Vereinbarkeit mit Art. 14 GG zweifelhaft). Der Gesetzgeber geht über die schon bestehenden internen Bindungen von Urhebern bei Verwertungsgemeinschaften hinaus, da auch die ohne Wissen und Wollen der Urheber gebildeten Gesamtheiten erfasst werden. Allerdings begrenzt das Urheberpersönlichkeitsrecht den Verwerter, verschiedene Werke beliebig neu zu kombinieren (ebenso Dreier/*Schulze*[3] Rdnr. 137; ähnlich Mestmäcker/Schulze/*Scholz* (45. EL, Dez. 2007) Rdnr. 45: Zusammenführung darf nicht in urheberrechtliche Ausschlussbefugnisse eingreifen; anders *Kotthoff* in HK-UrhR[2] Rdnr. 24: Persönlichkeitsrechtliche Belange könnten im Rahmen der Abwägung berücksichtigt werden, ob der Widerruf mit Treu und Glauben vereinbar ist). Dies wird zwar etwa bei der Neuzusammenstellung von Beiträgen und Aufsätzen zu einem Thema in einem Sammelband eher selten betroffen sein, wohl aber bei der Unterlegung von Gedichten mit Musik eines anderen Urhebers, wenn dadurch das Werk einen neuen, vom Urheber nicht intendierten Charakter erhält (Einzelheiten unter § 14 Rdnr. 21 ff.). Fraglich ist, **wann die Zusammenstellung** erfolgen muss: Nach der gesetzgeberischen Intention (keine Blockade durch einzelne Urheber, keine Behinderung der Entwicklungsoffenheit des Gesetzes hinsichtlich neuartiger Werkkombinationen (BT-Drucks. 16/1828, S. 24f.)) ist eine Gesamtheit von Werken oder Werkbeiträgen auch dann anzunehmen, wenn diese erst durch den Verwerter im Rahmen der neuen Nutzung hergestellt wird bzw. sinnvoll hergestellt werden kann (Mestmäcker/Schulze/*Scholz* (45. EL, Dez. 2007) Rdnr. 45; Fromm/Nordemann/*J. B. Nordemann*[10] Rdnr. 74; ähnlich *Berger* GRUR 2005, 907/909f.). Es sind durchaus unbekannte Nutzungsarten vorstellbar, die erst durch eine Kombination von Werken ihren prägenden Charakter erhalten (*Kotthoff* in HK-UrhR[2] Rdnr. 24; aA aber unter Berufung auf den Gesetzeswortlaut Dreier/*Schulze*[3] Rdnr. 137).

3. Ausübung des Widerrufsrechts nach Treu und Glauben

114 Bilden die Urheber eine Urhebergemeinschaft (Miturheberschaft nach § 8, Werkverbindung, § 9) können sie ihren Widerruf nur gemeinschaftlich ausüben (§ 8 Rdnr. 14, § 9 Rdnr. 11; s. auch *Spindler*, Fs. für Schricker, 2005, 539, 548f.). Denn alle Rechte, die das gemeinsame Werk betreffen, können nur gemeinschaftlich ausgeübt werden. Allerdings bleibt es den Urhebern unbenommen, im Innenverhältnis andere Regeln zu treffen (s. hierzu etwa § 8 Rdnr. 14; s. auch *Spindler*, Fs. für Schricker, 2005, 539/544ff.). Ohne eine solche Urhebergemeinschaft steht jedem Urheber selbst sein Widerrufsrecht zu.

115 Für die Ausübung nach Treu und Glauben kommt es im Wesentlichen darauf an, welches Gewicht der einzelne Urheber mit seinem Werk bzw. Werkbeitrag an dem gesamten Werk hat. Dies gilt erst recht, wenn große Teile des Werkes entweder gemeinfrei geworden sind oder das Widerrufsrecht der anderen Autoren durch deren Tod erloschen ist. Andererseits trifft den Urheber keine Pflicht zur Zustimmung bzw. zum Verzicht auf sein Widerrufsrecht; hat er sachliche Gründe, um den Widerruf zu erklären, kann ihm die Ausübung seines Widerrufsrechts nicht verwehrt werden. Auch kommt es auf die Art des Beitrags des jeweiligen Urhebers an, etwa ob dadurch das Gesamtwerk eine gewisse Prägung erhält. Eine rein quantitative Betrachtungsweise würde den persönlichkeitsrechtlichen Wurzeln nicht gerecht. Diese sollten im Rahmen der Abwägung besonders berücksichtigt werden (so *Wandtke*/Bullinger/*Grunert*[3] Rdnr. 110). Letztlich kommt es auf eine umfassende Würdigung aller Umstände des Einzelfalls an (Dreier/*Schulze*[3] Rdnr. 140; Fromm/Nordemann/*J. B. Nordemann*[10] Rdnr. 76; *Kotthoff* in HK-UrhR[2] Rdnr. 26; *Wandtke*/Bullinger/*Grunert*[3] Rdnr. 110) – was naturgemäß ein erhebliches Maß an Rechtsunsicherheit mit sich bringt.

4. Beweislast

116 Die Darlegungs- und Beweislast dafür, dass der Widerruf durch den Urheber gegen Treu und Glauben verstößt, trägt der Verwerter.

VIII. Unverzichtbarkeit (Abs. 4)

Die Regelungen des § 31 a sind zwingend, der Urheber kann nicht im Voraus auf seinen **117** Schutz verzichten. Der Gesetzgeber trägt damit dem strukturellen Verhandlungsungleichgewicht zwischen den Vertragsparteien Rechnung (Begr. RegE BT-Drucks. 16/1818, S. 24) und flankiert so den durch das Widerrufsrecht gewährten Schutz, indem ein sich aus der Verhandlungsmacht des Verwerters ergebender Vorausverzicht auf das Widerrufsrecht nicht möglich ist (ebenso Dreier/*Schulze*[3] Rdnr. 142; *Kotthoff* in HK-UrhR[2] Rdnr. 27; *Wandtke*/Bullinger/ *Grunert*[3] Rdnr. 115). Auch einem Verzicht nahekommende Regelungen in einem Vertrag, zB Vertragsstrafen für die Ausübung eines Widerrufs oder pauschalierter Schadensersatz, unterfallen dem Verbot (*Spindler* NJW 2008, 9; *Verweyen* ZUM 2008 217/219; aA Fromm/Nordemann/ *J. B. Nordemann*[10] Rdnr. 77: Eine solche Erschwerung des Widerrufsrechts könne grundsätzlich erfolgen, sofern die nach § 31 a zu schützenden wirtschaftlichen und urheberpersönlichkeitsrechtlichen Interessen des Urhebers berücksichtigt werden). Ebenso sind andere inhaltsgleiche Regelungen unwirksam, in denen der Urheber nicht ausdrücklich auf die Rechte nach Abs. 1–3 verzichtet (Mestmäcker/Schulze/*Scholz* (45. EL, Dez. 2007) Rdnr. 47; *Wandtke*/Bullinger/ *Grunert*[3] Rdnr. 115). Unwirksam ist danach eine Regelung, wonach der Urheber auf einen späteren Widerruf verzichtet, der Widerruf insgesamt ausgeschlossen ist, die Rechtseinräumung unbekannter Nutzungsarten „unwiderruflich" ist, oder der Urheber erklärt, seine Rechte nicht auszuüben *(Wandtke*/Bullinger/*Grunert*[3] Rdnr. 115).

Demgegenüber kann der Urheber **nachträglich auf sein Widerrufsrecht verzichten** – **118** allerdings erst dann wenn die neue Nutzungsart bekannt geworden ist und er eine Mitteilung hierüber erhält (Dreier/*Schulze*[3] Rdnr. 142; Fromm/Nordemann/*J. B. Nordemann*[10] Rdnr. 80, aA *Schuchardt* S. 138: Lediglich Regelung über Ausübung des Widerrufsrechts zulässig). Andernfalls wäre dem Missbrauch Tür und Tor geöffnet, dass der Urheber kurz nach dem Vertragsabschluss auch einen „nachträglichen" Verzicht erklären müsste.

§ 32 Angemessene Vergütung

(1) ¹**Der Urheber hat für die Einräumung von Nutzungsrechten und die Erlaubnis zur Werknutzung Anspruch auf die vertraglich vereinbarte Vergütung.** ²**Ist die Höhe der Vergütung nicht bestimmt, gilt die angemessene Vergütung als vereinbart.** ³**Soweit die vereinbarte Vergütung nicht angemessen ist, kann der Urheber von seinem Vertragspartner die Einwilligung in die Änderung des Vertrages verlangen, durch die dem Urheber die angemessene Vergütung gewährt wird.**

(2) ¹**Eine nach einer gemeinsamen Vergütungsregel (§ 36) ermittelte Vergütung ist angemessen.** ²**Im Übrigen ist die Vergütung angemessen, wenn sie im Zeitpunkt des Vertragsschlusses dem entspricht, was im Geschäftsverkehr nach Art und Umfang der eingeräumten Nutzungsmöglichkeit, insbesondere nach Dauer und Zeitpunkt der Nutzung, unter Berücksichtigung aller Umstände üblicher- und redlicherweise zu leisten ist.**

(3) ¹**Auf eine Vereinbarung, die zum Nachteil des Urhebers von den Absätzen 1 und 2 abweicht, kann der Vertragspartner sich nicht berufen.** ²**Die in Satz 1 bezeichneten Vorschriften finden auch Anwendung, wenn sie durch anderweitige Gestaltungen umgangen werden.** ³**Der Urheber kann aber unentgeltlich ein einfaches Nutzungsrecht für jedermann einräumen.**

(4) **Der Urheber hat keinen Anspruch nach Absatz 1 Satz 3, soweit die Vergütung für die Nutzung seiner Werke tarifvertraglich bestimmt ist.**

1. Materialien: Entwurf eines Gesetzes zur Stärkung der vertraglichen Stellung von Urhebern und ausübenden Künstlern (sog. Professorenentwurf, zweite Fassung) mit Vorwort von *Herta Däubler-Gmelin,* Bundesministerin der Justiz, GRUR 2000, 764, 765; Gesetzentwurf der Bundesregierung – Entwurf eines Gesetzes zur Stärkung der vertraglichen Stellung von Urhebern und ausübenden Künstlern vom 23. 11. 2001 (BT-Drs. 14/7564 iVm. BT-Drs. 14/6433), UFITA Bd. 2002/II, S. 484 (zit. RegE*);* Beschlussempfehlung und Bericht des Rechtsausschusses des Bundestages vom 23. Januar 2002 (BT-Drs. 14/8058), UFITA Bd. 2002/II, S. 552 (zit. RA-Beschlussempfehlung); Gemeinsame Vergütungsregeln für Autoren belletristischer Werke in deutscher Sprache, abrufbar unter http://www.bmj.de/verguetungsregeln.

2. Schrifttum: *Basse,* Gemeinsame Vergütungsregeln im Urhebervertragsrecht, Berlin 2008; *Bayreuther,* Die Vereinbarkeit des neuen Urhebervertragsrechts mit dem Grundgesetz, UFITA 2002, 623; *ders.,* Zum Verhältnis zwischen Arbeits-, Urheber- und Arbeitnehmererfindungsrecht, GRUR 2003, 570; *v. Becker,* § 29 Vergütung von

Nutzungsrechten, in: Loewenheim (Hrsg.), Handbuch des Urheberrechts, 2010; *ders.*, „Juristisches Neuland". Angemessene Vergütung, Vergütungsregeln, Zweckübertragungsregel, ZUM 2005, 303; *ders.*, Die angemessene Übersetzervergütung – Eine Quadratur des Kreises?, ZUM 2007, 249; *ders./Wegner*, Offene Probleme der angemessenen Vergütung, ZUM 2005, 695; *C. Berger*, Zum Anspruch auf angemessene Vergütung (§ 32 UrhG) und weitere Beteiligung (§ 32a UrhG) bei Arbeitnehmer-Urhebern, ZUM 2003, 173; *ders.*, Das neue Urhebervertragsrecht, 2003; *ders.*, § 2 Die Vergütung des Urhebers, in: *Berger/Wündisch* (Hrsg.), Urhebervertragsrecht – Handbuch, 2008; *ders.*, Grundfragen der weiteren Beteiligung des Urhebers nach § 32a UrhG, GRUR 2003, 675; *D. Berger*, Der Anspruch auf angemessene Vergütung gemäß § 32 UrhG: Konsequenzen für die Vertragsgestaltung, ZUM 2003, 521; *Brauner*, Das Haftungsverhältnis mehrerer Lizenznehmer eines Filmwerks innerhalb einer Lizenzkette bei Inanspruchnahme aus § 32a UrhG, ZUM 2004, 96; *Czychowski*, Die angemessene Vergütung im Spannungsfeld zwischen Urhebervertrags- und Arbeitnehmererfindungsrecht – ein Beitrag zur Praxis des neuen Urhebervertragsrechts im Bereich der angestellten Computerprogrammierer, Fs. für für Nordemann, München 2004, S. 157 ff.; *Dietz*, Amendment of German Copyright Law in Order to Strengthen the Contractual Position of Authors and Performers, 33 IIC 828 (2002); *Drexl*, Der Anspruch der Werkschöpfer und ausübenden Künstler auf angemessene Vergütung in der europäischen Wettbewerbsordnung, in: Fs. für Schricker zum 70. Geburtstag, 2005, S. 651; *Erdmann*, Urhebervertragsrecht im Meinungsstreit, GRUR 2002, 923; *Flechsig/Hendricks*, Konsensorientierte Streitschlichtung im Urhebervertragsrecht. Die Neuregelung der Findung gemeinsamer Vergütungsregeln im Schlichtungsverfahren, ZUM 2002, 423; *dies.*, Zivilprozessuales Schiedsverfahren zur Schließung urheberrechtlicher Gesamtverträge – Zweckmäßige Alternative oder Sackgasse?, ZUM 2000, 721; *Gounalakis/Heinze/Dörr*, Urhebervertragsrecht, 2001; *Grabig*, Die Bestimmung einer weiteren angemessenen Beteiligung in gemeinsamen Vergütungsregeln und in Tarifverträgen nach § 32a UrhG, Berlin 2005; *Grzeszick*, Der Anspruch des Urhebers auf angemessene Vergütung: Zulässiger Schutz jenseits der Schutzpflicht, AfP 2002, 383; *Haas*, Das neue Urhebervertragsrecht, 2002; *Gutsche*, New Copyright Contract Legislation in Germany: Rules on Equitable Remuneration Provide „Just Rewards" to Authors and Performers, E. I. P. R. 2003, 366; *Haupt/Flisak*, Angemessene Vergütung in der urheberrechtlichen Praxis, KUR 2003, 41; *Höckelmann*, Der neue „Bestsellerparagraph", ZUM 2005, 526; *Hoeren*, Auswirkungen der §§ 32, 32a UrhG nF auf die Dreiecksbeziehung zwischen Urheber, Produzent und Sendeanstalt im Filmbereich, in: Fs. für Nordemann 2004, S. 181 ff.; *Homburg/Klarmann*, Betriebswirtschaftliche Auswirkungen möglicher Veränderungen der Honorarsituation in Verlagen als Folge der Urheberrechtsnovellierung, ZUM 2004, 704; *Hucko*, Das neue Urhebervertragsrecht, 2002; *Jacobs*, Die angemessene und die unangemessene Vergütung – Überlegungen zum Verständnis der §§ 32, 32a UrhG –, in: Fs. für Ullmann 2006, S. 79; *ders.*, Das neue Urhebervertragsrecht, NJW 2002, 1905; *Jani*, Der Buy-Out-Vertrag im Urheberrecht, 2003; *Kotthoff*, Kommentar zu §§ 32, 32a, 36 und 36a, in: Dreyer/Kotthoff/Meckel; *Loschelder/Wolff*, Der Anspruch des Urhebers auf „weitere Beteiligungen" nach § 32a UrhG bei Schaffung einer Marke, in: Fs. für Schricker zum 70. Geburtstag, 2005, S. 425; *v. Lucius*, Das neue Urhebervertragsrecht – ein Schritt in die richtige Richtung? KUR 2002, 2; *W. Nordemann*, Das neue Urhebervertragsrecht, 2002; *Ory*, Erste Entscheidungen zur angemessenen und redlichen Vergütung nach § 32 UrhG, AfP 2006, 10; *ders.*, Das neue Urhebervertragsrecht, AfP 2002, 93; *ders.*, Durchsetzung einer Gemeinsamen Vergütungsregel nach § 36 UrhG gegen den Willen der anderen Partei, ZUM 2006, 914; *Poll*, Darf's noch ein bisschen mehr sein? – Zur Unangemessenheit der Anwendung des Bestellerparagraphen (§ 32a) auf den Filmbereich, ZUM 2009, 611; *Reber*, Das neue Urhebervertragsrecht. Der Gesetzentwurf zur Stärkung der vertraglichen Stellung von Urhebern und ausübenden Künstlern – die angemessene Beteiligung der Kreativen in den Medien!?, ZUM 2000, 729; *ders.*, Die Redlichkeit der Vergütung (§ 32 UrhG) im Film- und Fernsehbereich, GRUR 2003, 393; *ders.*, „Gemeinsame Vergütungsregelungen" in den Guild Agreements der Film- und Fernsehbranche in den USA – ein Vorbild für Deutschland (§§ 32, 32a, 36 UrhG)?, GRUR Int. 2006, 9; *Schaub*, Der „Fairnessausgleich" nach § 32a UrhG im System des Zivilrechts, ZUM 2005, 212; *Schack*, Urhebervertragsrecht im Meinungsstreit, GRUR 2002, 853; *Schmidt, U.*, Der Vergütungsanspruch des Urhebers nach der Reform des Urhebervertragsrechts, ZUM 2002, 781; *Schmitt*, § 36 UrhG – Gemeinsame Vergütungsregelungen europäisch gesehen, GRUR 2003, 294; *Schricker*, Zum Begriff der angemessenen Vergütung im Urheberrecht – 10% vom Umsatz als Maßstab?, GRUR 2002, 737; *ders.*, Auswirkungen des Urhebervertragsgesetzes auf das Verlagsrecht, in: Fs. für Nordemann 2004, S. 243; *ders.*, Zum neuen deutschen Urhebervertragsrecht, GRUR Int. 2002, 797; *ders.*, Teil „Deutschland/V/1/a" (Einführung in das neue Urhebervertragsrecht), in: Katzenberger et al. (Hrsg.), Quellen des Urheberrechts (Stand 53. Aktualisierung Oktober 2003); *G. Schulze*, Nachschlag bei Dinner for One, in: Fs. für Nordemann 2004, S. 251; *ders.*, Kommentar zu §§ 32, 32a, 36 und 36a, in: Dreier/Schulze, Urheberrechtsgesetz. Kommentar, 3. Aufl. 2008; *ders.*, Vergütungssystem und Schrankenregelungen – Neue Herausforderungen an den Gesetzgeber, GRUR 2005, 828; *Thüsing*, Neue Formen des Tarifrechts: Die Gesamtvereinbarung nach § 36 UrhG, in: Thüsing (Hrsg.), Tarifautonomie im Wandel, 2003, S. 191 (vorläufige Fassung u. d. T. „Tarifvertragliche Chimären – Verfassungsrechtliche und arbeitsrechtliche Überlegungen zu den gemeinsamen Vergütungsregeln nach § 36 UrhG nF", GRUR 2002, 203); *Voss*, Der Anspruch des Urhebers auf die angemessene Vergütung und die weitere angemessene Beteiligung. Dogmatik, Bestimmung der Angemessenheit gemeinsamer Vergütungsregeln, 2005; *Wandtke/Grunert*, Kommentar zu §§ 32, 32a, 36 und 36a, in: Wandtke/Bullinger, Praxiskommentar zum Urheberrecht, 2009; *v. Westphalen*, Die angemessene Vergütung nach § 32 Abs. 2 S. 2 UrhG und der richterliche Inhaltskontrolle, AfP 2008, 21; *Zentek/Meinke*, Urheberrechtsreform 2002. Die neuen Rechte und Pflichten für Urheber und Verwerter, 2002; *Zirkel*, Das neue Urhebervertragsrecht und der angestellte Urheber, WRP 2003, 59; S. auch vor §§ 28 ff. Rdnr. 3 a.

Übersicht

	Rdnr.
I. Allgemeines	1–4
1. Rechtsentwicklung	1
2. Die individualrechtliche Angemessenheitskontrolle	2, 3
3. Verhältnis zu anderen Regelungen; örtlicher und zeitlicher Anwendungsbereich	4
II. Voraussetzungen der Anwendung	5–18
1. Einräumung von Nutzungsrechten und Erlaubnis zur Werknutzung	5–13
2. Modalitäten der Werknutzung	14–16
3. Abtretbarkeit, Beteiligung von Verwertungsgesellschaften	17, 18

Angemessene Vergütung § 32

	Rdnr.
III. Die angemessene Vergütung	19–41
1. System des § 32	19–27
2. Die Angemessenheit der Vergütung	28–41
IV. Zwingender Charakter und Umgehungsschutz	42, 43
V. Verjährung	44, 45

I. Allgemeines

1. Grundlagen

Die Regelung des § 32 in der geltenden Fassung wurde durch das **Gesetz zur Stärkung** 1 **der vertraglichen Stellung von Urhebern und ausübenden Künstlern vom 22. März 2002** (BGBl. I 1155) eingeführt. Zweck und Genese des Gesetzes wurden bereits an anderer Stelle dargestellt, worauf hier verwiesen werden kann (vor §§ 28 ff. Rdnr. 7 ff.; s. auch Vorauflage, § 36 Rdnr. 2 ff.). Bei der Auslegung des § 32 ist stets zu berücksichtigen, dass das Urheberrecht als das Recht der Kulturwirtschaft (s. dazu Einl. Rdnr. 4) einen Interessenausgleich zwischen dem Urheber und den Verwertern zu gewährleisten hat. Durch §§ 32, 32a, 36, 36a soll dem Urheber eine angemessene Vergütung für die Verwertung seiner Werke und Leistungen gesichert werden. Zur Stärkung seiner Rechtsstellung gegenüber den Verwertern wird die Vertragsautonomie des Urhebers eingeschränkt. Er kann keine unangemessen niedrigen Vergütungssätze vereinbaren und damit insbesondere auch nicht in solche Vereinbarungen gedrängt werden.

Um eine angemessene Vergütung des Urhebers zu gewährleisten, wird eine **Inhaltskontrolle des Einzelvertrags** in Form einer **Gegenleistungskontrolle** eingeführt (vgl. *Erdmann* GRUR 2002, 923, 925: objektive Inhaltskontrolle). Das Gesetz schlägt zur Bestimmung der Angemessenheit der Gegenleistung des Urhebers sowohl einen individualrechtlichen als auch einen kollektivrechtlichen Weg ein. **Individualrechtlich** kann der Urheber bei nicht angemessener Vergütung nach § 32 Abs. 1 von seinem Vertragspartner die Einwilligung in eine Änderung des Vertrags verlangen, durch die dem Urheber die angemessene Vergütung gewährt wird. Fehlt es an einer Bestimmung der Höhe der Vergütung, hat der Urheber einen unmittelbaren Anspruch auf angemessene Vergütung (§ 32 Abs. 1 S. 2). Zusätzlich gibt § 32a dem Urheber einen Vertragsanpassungsanspruch, wenn sich nach Abschluss des Vertrages herausstellt, dass die Bedingungen der Nutzungsrechtseinräumung zu einem auffälligen Missverhältnis von Gegenleistung und Erträgnissen führen. **Kollektivrechtlich** ermöglicht § 36 die einvernehmliche Schaffung gemeinsamer Vergütungsregeln (s. im Einzelnen die Kommentierung zu §§ 36, 36a). Individualrechtliche und kollektivrechtliche Maßstäbe sind in der Weise verzahnt, dass den letzteren der Vorrang zukommt: Eine nach einer gemeinsamen Vergütungsregel ermittelte Vergütung gilt unwiderleglich als angemessen (§ 32 Abs. 2 S. 1); der individualrechtliche Anspruch entfällt bei tarifvertraglicher Bestimmung (§ 32 Abs. 4). Entsprechendes gilt für die Gegenleistungskorrektur nach § 32a, soweit ausdrücklich eine solche Korrektur kollektivrechtlich vorgesehen ist (vgl. § 32a Abs. 4).

Gem. § 79 Abs. 2 S. 2 gilt § 32 für den ausübenden Künstler; s. im Einzelnen die Kommentierung dort; ferner ist § 32 kraft Verweisung zugunsten des Herausgebers wissenschaftlicher Ausgaben (§ 70 Abs. 1) und des Lichtbildners (§ 72 Abs. 1) anwendbar (RegE S. 12; *Dreyer/Kotthoff/Meckel/Kotthoff*[2] 32 Rdnr. 5). Auf die Inhaber sonstiger verwandter Schutzrechte ist die Vorschrift nicht anwendbar. Dem **Rechtsnachfolger des Urhebers iSd. § 30,** insbesondere dem Urhebererben, steht das Recht des § 32 ebenfalls zu (Begründung zum Regierungsentwurf S. 14); Entsprechendes gilt für Rechtsnachfolger iSd. § 30 von Verfassern wissenschaftlicher Ausgaben und von Lichtbildnern. Zur Stellung der Rechtsnachfolger ausübender Künstler s. § 79. Hinsichtlich der Behandlung **mehrerer Berechtigter** ist auf das zu § 32a Ausgeführte zu verweisen (s. dort Rdnr. 23/24). Im Folgenden soll der Einfachheit halber nur vom Urheber die Rede sein.

2. Die individualrechtliche Angemessenheitskontrolle

Anders als in der geltenden Fassung des § 32 war im Regierungsentwurf – in Übereinstim- 2 mung mit dem Vorschlag des Professorenentwurfs – vorgesehen, dass der Urheber einen **gesetzlichen Anspruch auf angemessene Vergütung** für jede mit seiner Erlaubnis erfolgende Nutzung des Werks gegen den Nutzer erhalten sollte. Die Kritik am Gesetzesentwurf (*Haas*

Rdnr. 132 ff.; *Berger* Rdnr. 63) machte ua. konstruktive Schwierigkeiten geltend (Verhältnis zu vertraglichen Ansprüchen, Abtretbarkeit, Verzicht, Haftung mehrerer Nutzungsberechtigter; s. zB die Stellungnahme des Bundesrates, BT-Drs. 14/7564, S. 6 ff.). Die RA-Beschlussempfehlung des BJM kam der Kritik entgegen und schlug das jetzige Regelungsmodell vor. Der Anspruch auf angemessene Vergütung wird an den **Vertrag** geknüpft (s. *Wandtke/Bullinger/ Wandtke/Grunert*[3] vor §§ 31 ff. Rdnr. 62: Es handelt sich um einen vertraglichen Anspruch eigener Art, so *Erdmann* GRUR 2002, 923, 925. Der Anspruch richtet sich gegen den Vertragspartner (nicht auch gegen Dritte, wie § 32 a Abs. 2, vgl. *Zentek/Meinke* S. 57/58; *Dreier/Schulze/ Schulze* Rdnr. 17; *Hoeren*, in: Fs. für Nordemann S. 181 f.). Im Regelfall besteht bei unangemessenen Vertragsbedingungen kein direkter Anspruch auf angemessene Vergütung gegen den Nutzer, sondern nur ein **Anspruch gegen den Vertragspartner auf Einwilligung in eine entsprechende Änderung des Vertrages** (§ 32 Abs. 1 S. 3). Der Vertragspartner wird sich gegenüber dem Nutzer (zB der Filmproduzent gegenüber der Sendeanstalt) idR bei einer Nachforderung auch nicht auf eine Störung der Geschäftsgrundlage berufen können (*Hoeren*, in: Fs. für Nordemann S. 181 ff., der für eine Einbeziehung wirtschaftlich schwacher Dokumentarfilmer in den Schutz des § 32 de lege ferenda eintritt).

Die Angemessenheit wird auf die im Vertrag vorgesehene „Einräumung von Nutzungsrechten und die Erlaubnis zur Werknutzung" bezogen (§ 32 Abs. 1 S. 1), ganz gleich, ob der Vertragspartner das Werk nutzt oder nicht (*Wandtke/Bullinger/Wandtke/Grunert*[3] Rdnr. 14). Was angemessen ist, wird in § 32 Abs. 2 festgelegt. Als angemessen gilt die nach einer gemeinsamen Vergütungsregel ermittelte Vergütung (§ 32 Abs. 2 S. 1). Im Übrigen ist die Vergütung nach der Generalklausel des § 32 Abs. 2 S. 2 angemessen, wenn sie im Zeitpunkt des Vertragsschlusses dem entspricht, was „**üblicher- und redlicherweise** zu leisten ist". Der Begriff der Redlichkeit impliziert eine Interessenabwägung und -wertung (s. die Begründung der RA-Beschlussempfehlung BT-Drs. 14/8058 S. 19; s. im Einzelnen die folgende Kommentierung) und führt zu erheblichen Unsicherheiten. Der Urheber hat keinen Anspruch nach Abs. 1 S. 3, soweit die Vergütung für die Nutzung seiner Werke tarifvertraglich bestimmt ist (§ 32 Abs. 4).

3 § 32 nF wird durch **§ 32 a** ergänzt, der eine **überarbeitete Fassung des Bestsellerparagraphen § 36 aF** darstellt. Das neue Regelungsmodell macht eine entsprechende Vorschrift erforderlich, da die Vertragskorrektur nach § 32 auf den Zeitpunkt des Vertragsschlusses abstellt und die nachträgliche Entwicklung damit außer Betracht lässt. Ausschlaggebend ist dabei das Eintreten eines **„auffälligen" Missverhältnisses** zwischen den Erträgen und der Gegenleistung. Damit soll die Eingriffsschwelle gegenüber dem „groben Missverhältnis" des geltenden Rechts „deutlich herabgesetzt" werden (so die Begründung zur RA-Beschlussempfehlung BT-Drs. 14/8058, S. 19).

3. Verhältnis zu anderen Regelungen; örtlicher und zeitlicher Anwendungsbereich

4 S. zum Verhältnis von § 32 und § 32 a die Kommentierung bei § 32 a Rdnr. 9. Zur Bedeutung der Angemessenheitskorrektur für das Recht der Allgemeinen Geschäftsbedingungen s. § 11 Rdnr. 7 f. sowie *v. Westphalen* AfP 2008, 21. Zur Berufung auf die Störung der Geschäftsgrundlage s. § 32 a Rdnr. 10. Zur kollisionsrechtlichen Regelung s. § 32 b, zur intertemporalen Anwendbarkeit § 132 Abs. 3.

Gegenüber **§ 138 BGB** ist § 32 insoweit speziell, als ein Vertrag mit unangemessener Vergütung auch bei einem krassen Missverhältnis von Leistung und Gegenleistung wirksam bleibt, so dass der Urheber einen Anspruch auf Vertragsanpassung und folglich auch einen vertraglichen Erfüllungsanspruch geltend machen kann (vgl. LG München I ZUM 2006, 154, 157). Weiter hat der Urheber die Wahl, ob er den Vertrag gem. **§ 123 BGB** anfechten oder die vereinbarte Vergütung verlangen will.

Die Vorschrift des § 32 gilt – unter Beachtung von § 43 – auch für **Urheber in Arbeits- und Dienstverhältnissen** (so *Hilty/Peukert* GRUR Int. 2002, 643, 648; *Thüsing* GRUR 2002, 203, 210; *Jacobs* NJW 2002, 1905, 1906; *Mestmäcker/Schulze/Lindner* § 32 Anm. 5; *Dreier/ Schulze/Schulze* Rdnr. 13; *Wegner/Wallenfels/Kaboth* S. 48; *Flechsig/Hendriks* ZUM 2002, 423, 425; *Wandtke/Bullinger/Wandtke/Grunert*[3] § 32 Rdnr. 4; *Nordemann* S. 87; *Schack*[4] Rdnr. 967a; *ders.* GRUR 2002, 853, 855; *Pakuscher* K & R 2003, 182; *Zirkel* WRP 2003, 59 ff.; aA *Ory* AfP 2002, 93, 95; *Bayreuther* GRUR 2003, 570, 573 ff.; *Berger/Wündisch/Berger* § 2 Rdnr. 40 ff.; *ders.* ZUM 2003, 173 ff.; *Hillig* AfP 2003, 94 f.; *Loewenheim/v. Becker*[2] § 29 Rdnr. 56, 99. Differenzierend *Haas* Rdnr. 35, 209, 419 ff., 425, 433: anwendbar auf Arbeitnehmer, nicht aber auf öffentlich-rechtliche Dienstverhältnisse. S. auch unten § 43 Rdnr. 43, 72). Es ist das ausgesprochene

Ziel des Urhebervertragsgesetzes, die vertragliche Stellung aller Urheber und ausübenden Künstler zu stärken, auch wenn die freiberuflich Tätigen besonders herausgestellt werden (s. die Begründung BT-Drs. 14/6433, S. 1). Dass die ursprünglich geplante Regelung in § 43 (s. Regierungsentwurf, BT-Drs. 14/6433 S. 5, 18) nach Bedenken von Seiten des Bundesrats (vgl. BT-Drs. 14/7546, S. 9) fallen gelassen wurde, bedeutet nicht Unanwendbarkeit von § 32 und § 32a; es wurde vielmehr von einer Regelung überhaupt abgesehen und es beim geltenden § 43 belassen. Die Verweisung auf die Abgrenzung zu den tarifvertraglichen Regelungen in § 32 Abs. 4 und § 32a Abs. 4 und die Begründung der RA-Beschlussempfehlung (BT-Drs. 14/8058 S. 21) anerkennen implizit, dass § 32 und § 32a auch auf Arbeitnehmer Anwendung finden können. Für die in § 43 gleichgestellten Bediensteten kann nichts anderes gelten (aA *Haas* Rdnr. 35). Ob es sich im Einzelfall um „Pflichtwerke" oder sonstige Werke handelt, macht für die Anwendbarkeit des § 32 keinen Unterschied, ist aber – soweit überhaupt ein Nutzungsverhältnis vorliegt – bei der Beurteilung der Angemessenheit zu berücksichtigen. Bei Pflichtwerken wird der Arbeitslohn häufig bereits die angemessene Vergütung enthalten (weitergehend *Berger/Wündisch/Berger* § 2 Rdnr. 40ff.; *Dreyer/Kotthoff/Meckel/Kotthoff*² Rdnr. 6: Anwendung nur auf freie Werke, nicht auf Pflichtwerke von Arbeitnehmern. So im Ergebnis auch *Zirkel* ZUM 2004, 626, 630). § 32 greift auch zugunsten des angestellten oder bediensteten Urhebers von Computerprogrammen ein (*Zentek/Meinke* S. 98. Für Zurückhaltung *Loewenheim* unten § 69b Rdnr. 17f. Differenzierend *Haas* Rdnr. 427/428: § 32 nur für Arbeitnehmer, nicht für Bedienstete anwendbar. Gegen Anwendbarkeit auf Programmierer *Czychowski*, in: Fs. für Nordemann S. 157ff.). § 69b steht nicht entgegen; § 32 betrifft nicht die Ausübung von Vermögensrechten am Werk, sondern die vertragliche Gegenleistung (anders – für die Rechtslage vor Einführung des § 32 – BGH GRUR 2001, 155, 157 – Wetterführungspläne, der aus § 69b grundsätzliche Vergütungsfreiheit herleitet; s. auch BGH GRUR 2002, 149, 152f. – Wetterführungspläne II, wonach jedoch § 36 aF zur Anwendung gelangen kann).

Auf **Treuhandverträge**, insbesondere **Wahrnehmungsverträge mit Verwertungsgesellschaften**, sind § 32 und § 32a nicht anwendbar. Es fehlt an einem Verhältnis, das auf eine Werknutzung gegen eine Gegenleistung gerichtet wäre. Da Verwertungsgesellschaften den Interessen der Urheber verpflichtet sind, kommt der Interessenkonflikt nicht zum Tragen, der für die Schaffung von §§ 32, 32a ausschlaggebend war. Für den Vertragsinhalt von Wahrnehmungsverträgen ist weiterhin die Sonderregelung des § 6 Abs. 1 S. 1 WahrnG maßgeblich, den die Neuregelung nicht berührt. Die Verteilung der Einnahmen richtet sich nach § 7 Abs. 1 WahrnG (*Schricker* GRUR Int. 2002, 797, 804; *Dreier/Schulze/Schulze* Rdnr. 8; *Wandtke/Bullinger/Wandtke/Grunert*³ Rdnr. 7; *Berger* Rdnr. 29, 78; *Berger/Wündisch/Berger* § 2 Rdnr. 49).

Der **Kabelweitersendevergütungsanspruch** gemäß § 20b Abs. 2 ist neben dem Anspruch nach § 32 gegeben. Bei der Angemessenheitsprognose im Rahmen des § 32 (s. Rdnr. 27) ist aber in Rechnung zu stellen, was der Urheber aus der Wahrnehmung des Anspruchs aus § 20b Abs. 2 zu erwarten hat (aA – Subsidiarität des § 20b Abs. 2 gegenüber § 32 *Mand* ZUM 2003, 812, 819f.; wie hier *Ehrhardt* ZUM 2004, 300ff.).

II. Voraussetzungen der Anwendung

1. Einräumung von Nutzungsrechten und Erlaubnis zur Werknutzung

§ 32 will dem Urheber für die „**Einräumung von Nutzungsrechten und die Erlaubnis zur Werknutzung**" eine angemessene Vergütung verschaffen. Das Gesetz knüpft damit an **rechtsgeschäftliche Transaktionen** und nicht an die Arbeitsleistung als solche an. Hierauf deutet auch die in S. 2 enthaltene Bezugnahme auf die „vertraglich vereinbarte" Vergütung hin. Die Vorschrift ist auf **alle Arten von Rechtsgeschäften** anwendbar, die (zumindest auch) die Nutzung eines urheberrechtlich geschützten Werkes (zur Anwendung auf Verträge über verwandte Schutzrechte s. Rdnr. 1) erlauben (*Wandtke/Bullinger/Wandtke/Grunert*³ Rdnr. 4). Bei „gemischten" Verträgen, die neben einem Entgelt für das Nutzungsrecht zusätzlich andere Vergütungselemente beinhalten, zB für Korrekturlesen oder Teilnahme an Werbeleistungen, ist die Angemessenheitskontrolle nur für die Bestandteile möglich, die auf das Nutzungsrecht entfallen (*Berger/Wündisch/Berger* § 2 Rdnr. 32). § 32 ist auch dann anwendbar, wenn das Vertragsangebot von Seiten des Urhebers an den Nutzer herangetragen wurde (LG Stuttgart ZUM 2008, 163, 167). Gleiches gilt bei Vertragsverhältnissen, bei denen Pauschalvergütungen vereinbart wurden (LG Stuttgart ZUM 2008, 163, 167; s. auch Rdnr. 35). Der Schutz kommt auch Werken der kleinen Münze zugute (*Berger* Rdnr. 68). Die Vorschrift des § 32 gilt auch für **Verlagsverträge**

§ 32 Angemessene Vergütung

(*Schricker,* in: Fs. für Nordemann S. 243 ff. unter Berufung auf die Begründung. Abweichend *Haas* Rdnr. 159 ff., 179, der davon ausgeht, das Verlagsgesetz habe als lex specialis Vorrang; im Ergebnis zeigt sich jedoch kein nennenswerter Unterschied).

Zwar ist die „gestörte Vertragsparität" kein Tatbestandsmerkmal des § 32, so dass es nicht auf die konkrete wirtschaftliche Lage der Vertragsparteien ankommt (*Berger/Wündisch/Berger* § 2 Rdnr. 37). Dennoch ist die Vorschrift in den Fällen unanwendbar, in denen schon von vornherein bei abstrakt-genereller Betrachtung typischerweise diejenige Gefährdungslage für die Urheber nicht besteht, die Ausgangspunkt für § 32 UrhG war. Gleiches gilt für Situationen, in denen andere, sachnähere Ausgleichsmechanismen bestehen (aA Vorauflage). Letzteres gilt insbesondere für **Gesellschaftsverträge,** da sich hier die inhaltliche Überprüfung der Gewinnausschüttung an vorrangigen gesellschaftsrechtlichen Kontrollinstrumenten zu orientieren hat (so auch *Berger/Wündisch/Berger* § 2 Rdnr. 46). Auf **Vergleichsverträge** ist § 32 nicht anzuwenden, soweit durch den Vergleich Konflikte über die Vergütung beigelegt werden sollen (i. Erg. auch *Berger/Wündisch/Berger* § 2 Rdnr. 53; aA Vorauflage).

6   Nicht in den Anwendungsbereich der Vorschrift fallen die Werknutzungen, die das **Gesetz** erlaubt, wie insbesondere im Rahmen gesetzlicher Lizenzen (*Wandtke/Bullinger/Wandtke/Grunert*[3] Rdnr. 6; *Berger* Rdnr. 38; *Dreier/Schulze/Schulze* Rdnr. 9, 19), wie auch die **unberechtigten Werknutzungen,** die Ansprüche nach §§ 97 ff. auslösen (in diesem Sinne schon die Begründung zum Regierungsentwurf, BT-Drs. 14/6433, S. 15; s. ferner *Wandtke/Bullinger/Wandtke/Grunert*[3] Rdnr. 6, 37; *Berge/Wündisch/Berger* Rdnr. 52, *ders.,* Rdnr. 37, 53, 73; *Dreier/Schulze/Schulze* Rdnr. 10, 18). Zum Verhältnis des Maßstabs der angemessenen Vergütung in § 32 zur Schadensberechnung bei widerrechtlicher Verletzung des Urheberrechts gemäß § 97 s. dort.

7   Für die Anwendung des § 32 kommen alle Rechtsgeschäfte in Betracht, durch die eine Werknutzung legitimiert werden kann. Das Gesetz nennt **„die Einräumung von Nutzungsrechten"** und **„die Erlaubnis zur Werknutzung".** Zum Verständnis kann auf die Begründung zum Regierungsentwurf verwiesen werden, wonach sich der Anspruch gegen jede Werknutzung „... aufgrund eines Nutzungsrechts oder einer schuldrechtlichen Erlaubnis oder Einwilligung des Urhebers ..." richtet (BT-Drs. 14/6433, S. 15). Zwar knüpfte der seinerzeitige Vorschlag an die Nutzung als solche an; die Werknutzung war jedoch nur relevant, wenn sie auf rechtsgeschäftlicher Basis erfolgte. Die in Betracht kommenden Rechtsgeschäfte wurden bereits als das „vom Urheber eingeräumte Nutzungsrecht" und die „Erlaubnis zur Werknutzung" bezeichnet; auf das Verständnis dieser Passage bezieht sich die vorstehend zitierte Wendung aus der Begründung. Es erscheint deshalb geboten, diesen Begründungswortlaut zu berücksichtigen, zumal er mit der Systematik der im Urheberrecht möglichen Rechtsgeschäfte übereinstimmt (s. dazu vor §§ 28 ff. Rdnr. 45 ff.).

Demgemäß findet § 32 bei folgenden Typen von Rechtsgeschäften Anwendung (so auch *Dreier/Schulze/Schulze* Rdnr. 7):
– bei der Einräumung gegenständlicher Nutzungsrechte;
– bei schuldrechtlichen vertraglichen Nutzungserlaubnissen;
– bei der einseitigen Einwilligung in die Werknutzung.

Zusammenfassend kann man von rechtsgeschäftlichen Nutzungsverhältnissen sprechen (zustimmend *Dreyer/Kotthoff/Meckel/Kotthoff* Rdnr. 5).

8   Bei der **Einräumung von Nutzungsrechten** handelt es sich um konstitutive Rechtsübertragungen in Form der Begründung ausschließlicher oder einfacher Nutzungsrechte (vgl. vor §§ 28 ff. Rdnr. 47 ff.). Der Umfang der Rechtseinräumung ist nach allgemeinen Regeln, insbesondere unter Berücksichtigung der Zweckübertragungsregel zu bestimmen (vgl. *v. Becker* ZUM 2005, 303, 305 f.). Da die Regelung nach ihrem Zweck nur dem Urheber (und gemäß § 32 auch dem gleichgestellten Rechtsnachfolger, s. unten Rdnr. 16) zu Gute kommen soll, scheidet die Einräumung von Nutzungsrechten zweiter oder späterer Stufe durch den Inhaber eines Nutzungsrechts früherer Stufe für die Anwendung des § 32 grundsätzlich aus, ebenso wie die Übertragung von Nutzungsrechten durch deren Inhaber (s. zu diesen Geschäften vor §§ 28 ff. Rdnr. 49 ff.). Die Gründe, die für eine entsprechende Anwendung des § 31 Abs. 5 zugunsten von Nutzungsberechtigten angeführt werden (s. § 31 Rdnr. 74) schlagen hier nicht durch. Das Verhältnis von Nutzungsrechtsinhabern in der Lizenzkette wird im Gesetz nur ausnahmsweise angesprochen (s. § 32 a Abs. 2); nichts deutet darauf hin, dass die allein den Kreativen zugedachte Begünstigung des § 32 analog auch den Nutzungsrechtsinhabern gewährt werden sollte (so im Ergebnis auch *Wandtke/Bullinger/Wandtke/Grunert*[3] Rdnr. 7; *Dreier/Schulze/Schulze* Rdnr. 16; *Dreyer/Kotthoff/Meckel/Kotthoff*[2] § 32 Rdnr. 3, 5; *Berger* Rdnr. 29; *Hillig* AfP 2003, 94; *Haas*

Rdnr. 181). Der vom Urheber in Anspruch genommene Verwerter kann freilich einen Ausgleich mit seinem Lizenznehmer vereinbaren (*Haas* Rdnr. 182). Besondere Überlegungen sind allerdings bei Treuhandverhältnissen, insbesondere bei der Wahrnehmung von Nutzungsrechten durch Verwertungsgesellschaften am Platze (s. Rdnr. 18).

Die Einräumung von Nutzungsrechten erfolgt in der Regel aufgrund eines **schuldrechtlichen Verpflichtungsvertrages,** der zumindest gedanklich von der Nutzungsrechtseinräumung zu trennen ist (vor §§ 28ff. Rdnr. 54, 98). Es fragt sich, ob der schuldrechtliche Vertrag oder die gegenständliche Nutzungsrechtseinräumung oder beides den Anspruch nach § 32 Abs. 1 S. 3 auslöst. Hierauf wird zu antworten sein, dass § 32 Abs. 1 S. 3 jedenfalls auf das **kumulative Rechtsgeschäft** anwendbar ist, wenn Verpflichtung und Verfügung zusammenfallen, wie dies in der Praxis häufig geschieht (vgl. vor §§ 28ff. Rdnr. 98). Die in § 32 Abs. 1 S. 1 angesprochene „vertragliche Vergütung" bezieht sich dann auf die schuldrechtliche Vereinbarung der Gegenleistung; bei der Angemessenheitsprüfung ist unter dem Aspekt der Leistung des Urhebers die Einräumung des Nutzungsrechts in Rechnung zu stellen. 9

Wenn das schuldrechtliche **Verpflichtungsgeschäft** und die **Verfügung** der Bestellung des Nutzungsrechts **auseinanderfallen,** insbesondere die Verpflichtung vorangeht, die Verfügung später nachfolgt (vgl. zB die Verhältnisse im Verlagsrecht, s. *Schricker,* Verlagsrecht³, § 9 Rdnr. 3/4), so ist im Interesse des Urheberschutzes für § 32 an das zeitlich frühere Element anzuknüpfen, insbesondere bei einem der Verfügung vorhergehenden Verpflichtungsvertrag bereits an diesen. Wenn der Verpflichtungsvertrag auch noch keine Einräumung eines Nutzungsrechts impliziert, so bedeutet er doch bereits eine „Erlaubnis zur Werknutzung" im Sinne des § 32 Abs. 1 S. 1, worunter ja auch isolierte schuldrechtliche Nutzungsverträge zu subsumieren sind (s. Rdnr. 7). Die „vertraglich vereinbarte Vergütung" wird durch den schuldrechtlichen Vertrag bestimmt, die Leistung des Urhebers durch die intendierte Nutzung und Nutzungsrechtseinräumung. 10

Geht die Einräumung des Nutzungsrechts voran und folgt der schuldrechtliche Vertrag nach, so führt bereits die Einräumung des Nutzungsrechts zur Anwendung des § 32. Ist zum maßgeblichen Entscheidungszeitpunkt der schuldrechtliche Vertrag bereits nachgeholt, so kann wie bei kumulativen Rechtsgeschäften (s. Rdnr. 9) vorgegangen werden. Fehlt es am schuldrechtlichen Vertrag, liegt insbesondere der praktisch seltene Fall einer isolierten, von schuldrechtlichen Verpflichtungen losgelösten, nur von einer Rechtsgrundabrede begleiteten Nutzungsrechtseinräumung vor, so knüpft der Anspruch nach § 32 Abs. 1 S. 3 an die Einräumung des Nutzungsrechts an. Soweit die „Höhe der Vergütung nicht bestimmt" ist (§ 32 Abs. 1 S. 2), gelangt man unmittelbar zum Anspruch auf „angemessene Vergütung" (§ 32 Abs. 1 S. 2). Für die Anwendung des § 32 Abs. 1 S. 2 kann es keine Rolle spielen, ob ein Vertrag vorliegt, der eine Lücke hinsichtlich der Bestimmung der Vergütung aufweist, oder ob es an einem Vertrag überhaupt fehlt, wie zB bei der isolierten Einwilligung. Wenn schon die Vertragslücke den Anspruch auf angemessene Vergütung auslöst, gilt dies umso mehr beim Fehlen eines Vertrages (s. Rdnr. 21).

Rein **schuldrechtliche Nutzungsvereinbarungen,** die nicht auf die Einräumung eines gegenständlichen Nutzungsrechts abzielen, fallen unter den Begriff der „Erlaubnis zur Werknutzung" iSd. § 32 Abs. 1 S. 1. Gleiches gilt für **einseitige Einwilligungen** (*D. Berger* ZUM 2003, 521, 522). Soweit bei ihnen eine vertragliche Vereinbarung über die Vergütung nicht vorliegt, wird die angemessene Vergütung geschuldet (s. Rdnr. 10, 19ff.). 11

Vereinbarungen über die **Abtretung gesetzlicher Vergütungsansprüche** fallen nicht unter § 32. Die gesetzlichen Vergütungsansprüche sind dem Urheber zugedacht und sollen ihm als Teil seiner angemessenen Vergütung verbleiben (Begründung zum Regierungsentwurf, BT-Drs. 14/6433, S. 15). Ein Verzicht im Voraus ist deshalb ausgeschlossen (§ 63a S. 1). Um den Zugriff Dritter insbesondere von Verwerterunternehmen zu verhindern, ist auch die Abtretbarkeit im Voraus in § 63a S. 2 ausgeschlossen; eine Ausnahme wird nur zugunsten der Vorausabtretung an Verwertungsgesellschaften gemacht (s. zum Umfang des Abtretungsverbots § 29 Rdnr. 6 und die Kommentierung zu § 63a). 12

Nach ihrer Entstehung können gesetzliche Vergütungsansprüche abgetreten werden; es handelt sich dann um Geldforderungen; die Abtretung wird weder von § 63a noch von § 32 Abs. 3 S. 1 erfasst. Soweit es sich um Ansprüche auf Ausschüttungen gegenüber Verwertungsgesellschaften handelt, sehen deren Wahrnehmungsverträge in der Regel Beschränkungen der Abtretbarkeit vor.

Die Frage ist zu stellen, ob § 32 auf **Vereinbarungen über die Ausübung von Persönlichkeitsrechten** angewendet werden kann (s. zu diesen § 29 Rdnr. 8; vor §§ 12ff. Rdnr. 26ff.). 13

Soweit solche Vereinbarungen möglich sind, ist in Betracht zu ziehen, dass sich jemand urheberpersönlichkeitsrechtliche Befugnisse gleichsam „abkaufen" lässt, dh. gegen Zahlung auf deren Ausübung verzichtet oder diese einem anderen überlässt. Es kann hierin zwar keine „Einräumung von Nutzungsrechten" gesehen werden, aber möglicherweise doch eine „Erlaubnis zur Werknutzung" iSd. § 32 Abs. 1 S. 1.

In der Regel wird die persönlichkeitsrechtliche Disposition mit verwertungsrechtlichen Abmachungen Hand in Hand gehen, etwa mit der Einräumung eines Bearbeitungsrechts. Im Rahmen der Angemessenheitsprüfung bezüglich der Werkverwertung können dann auch urheberpersönlichkeitsrechtliche Wertungen mit einfließen. Für die Anknüpfung vermögensrechtlicher Rechtsfolgen an ideelle Eingriffe liefert § 97 Abs. 2 ein Argument. Seltener wird die isolierte, von Verwertungsrechten unabhängige Disposition über Urheberpersönlichkeitsrechte vorkommen. Es muss dabei von Fall zu Fall entschieden werden, ob eine vermögensrechtliche Kompensation angemessen ist und damit die Regelung des § 32 ausgelöst wird.

2. Modalitäten der Werknutzung

14   Die Einräumung von Nutzungsrechten und die Erlaubnis zur Werknutzung können **unterschiedliche Modalitäten der Werknutzung** zum Inhalt haben. Während der Zuschnitt gegenständlicher Nutzungsrechte gewisse, im Interesse des Verkehrsschutzes gesetzte Grenzen einhalten muss (s. vor §§ 28 ff. Rdnr. 87 ff.), sind rein schuldrechtliche Nutzungsverträge und Einwilligungen zur Werknutzung an solche Grenzen nicht gebunden. Für § 32 gilt, dass – von der begrenzten Aufspaltbarkeit gegenständlicher Nutzungsrechte abgesehen – die Nutzungsrechtseinräumungen und Erlaubnisse Werknutzungen jeder Art erfassen können, ganz gleich, was ihr **persönlicher, sachlicher, zeitlicher, quantitativer und räumlicher Geltungsbereich** ist (internationalprivatrechtliche Anwendbarkeit, s. § 32 b, und intertemporale Anwendbarkeit, s. § 132 Abs. 3, vorausgesetzt). Die Tragweite des Rechtsgeschäfts ist bei der Bemessung der angemessenen Vergütung zu berücksichtigen. Wesentlich ist, dass bei dem Rechtsgeschäft eine Werknutzung involviert wird, die dem Urheber vorbehalten ist.

Die **faktische Werknutzung**, die Gegenstand des eingeräumten Nutzungsrechts oder der Erlaubnis bildet, braucht nicht schon stattgefunden zu haben oder auch nur in Angriff genommen worden zu sein. Anders als der Professorenentwurf knüpft die jetzige Regelung nicht an die Werknutzung, sondern die **rechtsgeschäftliche Eröffnung der Möglichkeit zu einer Werknutzung** an (s. einerseits Professorenentwurf, GRUR 2000, 764, 772 und Regierungsentwurf BT-Drs. 14/6433, S. 15, andererseits RA-Beschlussempfehlung BT-Drs. 14/8058 S. 18; s. zum Ganzen auch *C. Berger* Rdnr. 153; *Dreier/Schulze/Schulze* Rdnr. 11). Dagegen stellt § 32a auf die „Erträge und Vorteile aus der Nutzung des Werks" ab; somit wird es in der Regel bereits zu einer Werknutzung gekommen sein (s. § 32a Rdnr. 17).

15   Voraussetzung für die Anwendung des § 32 ist, dass die Einräumung von Nutzungsrechten oder die Erlaubnis zur Werknutzung **rechtswirksam** ist (vgl. *C. Berger*, Rdnr. 66). Unter § 32 fallen auch **befristete Rechtsgeschäfte** (vgl. § 29 VerlG). Bei **bedingten Verträgen, Optionen und Vorverträgen** kommt es darauf an, ob damit bereits eine Vorzugstellung des Begünstigten und Bindung des Urhebers hinsichtlich der Werknutzung impliziert wird, bei der eine Urhebervergütung angemessen erscheint (aA *Berger/Wündisch/Berger* § 2 Rdnr. 22, der die Anwendung von § 32 bei Optionsverträgen generell ablehnt). Eine solche Vorzugstellung liegt jedenfalls bei qualifizierten Optionen (vgl. § 40 Rdnr. 5) vor (s. auch *D. Berger* ZUM 2003, 521, 526). So hat der BGH über eine Optionsabrede im Verlagsbereich entschieden, dass sie als sittenwidrig nach § 138 Abs. 1 BGB zu betrachten ist, wenn der Verleger nicht eine angemessene Gegenleistung für die Option, insbesondere in Form einer Optionspauschale, übernimmt (BGHZ 22, 374; s. dazu *Schricker*, Verlagsrecht³, § 1 Rdnr. 48). Soweit derartige Verträge nicht bereits mangels Gegenleistung sittenwidrig und nichtig sind, unterliegen sie dem § 32, dh. der Urheber hat Anspruch auf angemessene Vergütung (*Dreier/Schulze/Schulze* Rdnr. 12; s. auch unten § 40 Rdnr. 11a).

16   § 32 Abs. 1 knüpft an die **Einräumung von Nutzungsrechten und die Erlaubnis zur Werknutzung** an, während der Professorenentwurf auf die Nutzung als solche abstellte (s. zum Wechsel des Gesichtspunkts die RA-Beschlussempfehlung S. 18). Nach der jetzigen Gesetzesfassung wird die angemessene Vergütung auch dann geschuldet, wenn (noch) gar keine Nutzung stattgefunden hat (*Wandtke/Bullinger/Wandtke/Grunert*³ Rdnr. 14). Entsprechend bezeichnet das Gesetz in § 32 Abs. 2 S. 2 die Vergütung als eine solche für die „eingeräumte **Nutzungsmöglichkeit**".

3. Abtretbarkeit, Beteiligung von Verwertungsgesellschaften

Der Anspruch auf Vertragsänderung bildet ein **akzessorisches Nebenrecht** zu dem Verwertungsrecht, auf das sich die Nutzungsrechtseinräumung oder Erlaubnis zur Werknutzung bezieht. Davon zu unterscheiden ist der **Vergütungsanspruch,** der sich aufgrund der Vertragsänderung ergibt. Letzterer ist als Geldanspruch nach allgemeinen Grundsätzen abtretbar, soweit nicht § 32 Abs. 3 entgegensteht. Das Abtretungs- und Verzichtsverbot des § 63a gilt für den Zahlungsanspruch aus § 32 Abs. 1 S. 3 nicht (so ausdrücklich die Begründung zur RA-Beschlussempfehlung S. 21).

Für akzessorische Nebenrechte ist davon auszugehen, dass sie grundsätzlich nicht isoliert, sondern nur zusammen mit dem Hauptrecht, auf das sie sich beziehen, **abgetreten** werden können (MünchKomBGB/*Roth*[4] § 399 Rdnr. 18). Urheberrechtliche Verwertungsrechte sind als solche freilich – wie das Urheberrecht im Ganzen – unübertragbar (§ 29 Rdnr. 14); eine Abtretung des Vertragsänderungsanspruchs zusammen mit der Übertragung eines Verwertungsrechts scheidet somit aus. Der Zweck der Unabtretbarkeit akzessorischer Rechte, dass nämlich Zusammengehöriges nicht auseinander gerissen werden soll, bliebe allerdings gewahrt, wenn man den Vertragsänderungsanspruch mit dem jeweils eingeräumten Nutzungsrecht, um dessen Vergütung es geht, in Verbindung setzte und mit diesem zur Abtretung brächte. Insofern wäre jedoch zu befürchten, dass der Erwerber des Nutzungsrechts und Schuldner des Vertragsänderungsanspruchs sich diesen von vornherein mit übertragen ließe, so dass der Urheber leer ausginge. Um dies zu verhindern, war im Regierungsentwurf bestimmt, dass der gesetzliche Anspruch auf angemessene Vergütung im Voraus nur an eine Verwertungsgesellschaft abgetreten werden könne (§ 32 Abs. 4 S. 2 des Regierungsentwurfs; s. auch die Begründung S. 15). Die RA-Beschlussempfehlung verfolgt dasselbe Ziel in § 32 Abs. 3 durch eine allgemeiner gehaltene Formulierung, die sich an Regelungsmodelle in der Neufassung des BGB anlehnt (s. Begründung S. 19). Eine Abtretung des Vertragsänderungsanspruchs an den Vertragspartner oder an einen sonstigen Zessionar, durch die dem Urheber die ihm zugedachte angemessene Vergütung entzogen würde, scheidet somit grundsätzlich aus. Die Unabtretbarkeit ergibt sich auch aus der höchstpersönlichen Natur des Anspruchs auf Vertragsänderung. Der Anspruch dient dazu, das nach Auffassung des Gesetzgebers bei Vertragsschluss bestehende Ungleichgewicht zwischen Urheber und Verwerter aufzuwiegen und damit das Selbstbestimmungsrecht des Urhebers zu gewährleisten (*Berger/Wündisch/Berger* § 2 Rdnr. 25; *ders.* Rdnr. 62). Damit wird auch eine Pfändung ausgeschlossen (*Berger/Wündisch/Berger* § 2 Rdnr. 25; *ders.* Rdnr. 62).

Der von § 32 Abs. 3 intendierte Schutz des Urhebers würde dagegen eine **treuhänderische Geltendmachung** des Vertragsänderungsanspruchs, insbesondere durch **Verwertungsgesellschaften,** nicht ausschließen (vgl. *Berger/Wündisch/Berger* § 2 Rdnr. 39: „Ermächtigung zur Ausübung" sei trotz Unabtretbarkeit möglich). Hier entsteht freilich eine konstruktive Schwierigkeit. Denn die Verwertungsgesellschaften schließen die Nutzungsverträge über die ihnen eingeräumten Rechte in der Regel in eigenem Namen (vgl. § 1 Abs. 1 WahrnG; *Melichar,* Die Wahrnehmung von Urheberrechten durch Verwertungsgesellschaften, S. 66). Der mögliche Korrekturanspruch nach § 32 kann aber nur den Urhebern erwachsen. Es fehlt somit, formal betrachtet, an dem in § 32 Abs. 1 vorausgesetzten Nutzungsverhältnis mit dem Urheber, an das der Anspruch auf Vertragsänderung anknüpfen könnte. Die Verwertungsgesellschaften sind zwar Partner des Nutzungsverhältnisses, ihnen wird aber von § 32 der Anspruch auf angemessene Vergütung nicht gegeben, da sie nicht Urheber sind. Aus diesem Dilemma gäbe es zwei Auswege: Entweder ruft der Urheber das der Verwertungsgesellschaft erteilte Nutzungsrecht nach Maßgabe des Wahrnehmungsvertrages zurück, schließt einen eigenen Verwertungsvertrag mit dem Nutzer und wahrt seinen Anspruch auf angemessene Vergütung im Anschluss an diesen Vertrag; oder aber der Nutzer überträgt seinen Anspruch auf angemessene Vergütung zur treuhänderischen Wahrnehmung an die Verwertungsgesellschaft bezüglich der von dieser wahrgenommenen Rechte. In der Praxis dürfte wohl der zweite Weg sich empfehlen. Im Interesse des Urheberschutzes muss die Abtretung des Vertragsänderungsanspruchs zusammen mit dem Nutzungsrecht an die Verwertungsgesellschaft erlaubt werden (*Dreier/Schulze/Schulze* Rdnr. 8; so im Ergebnis auch *Nordemann* S. 88/89). Dies führt ausnahmsweise dazu, dass der Anspruch auf angemessene Vergütung nicht an die Einräumung eines Nutzungsrechts erster Stufe, sondern zweiter Stufe anknüpft.

Die Problematik wird freilich dadurch entschärft, dass die Verwertungsgesellschaften ohnehin verpflichtet sind, Nutzungsrechte oder Einwilligungen zu „angemessenen Bedingungen" zu erteilen; die Angemessenheit ist auch beim Abschluss von Gesamtverträgen und der Aufstellung von Tarifen zu wahren (§ 11 Abs. 1, § 12, § 13 WahrnG). Die Angemessenheit der Bedingungen ist nicht nur im Blick auf den Werknutzer zu bestimmen, sondern muss auch eine angemessene Vergütung des Urhebers enthalten (§ 11 WahrnG Rdnr. 5, § 12 Rdnr. 9); (s. dazu auch *Dreier/Schulze/Schulze*, § 32 Rdnr. 8). Eine Diskrepanz könnte sich indessen insofern ergeben, als die Gesamtverträge und Tarife der Verwertungsgesellschaften die Angemessenheit generell an der Gesamtheit der Nutzungsvorgänge auszurichten haben, während § 32 auf eine individuelle Vergütungskontrolle abzielt.

III. Die angemessene Vergütung

1. System des § 32

19 § 32 dient dem in § 11 S. 2 formulierten Ziel, dem Urheber eine **angemessene Vergütung** für die Ermöglichung der Nutzung des Werks zu sichern. Zentraler Behelf zur Erreichung dieses Zieles ist der in § 32 Abs. 1 S. 3 statuierte **Anspruch des Urhebers** (zu sonstigen Anspruchsberechtigten s. Rdnr. 1) **gegen seinen Vertragspartner auf Einwilligung in die Änderung des Vertrags,** durch die dem Urheber die angemessene Vergütung gewährt wird. Der Änderungsanspruch betrifft nur die Vergütungsregelung, nicht auch andere Vertragsbestandteile (*Berger/Wündisch/Berger* § 2 Rdnr. 24, 26). Anders als bei § 32a ist der Anspruch nur gegen den Vertragspartner, nicht aber gegen Dritte, etwa Lizenznehmer gegeben (*C. Berger* Rdnr. 77, 79). Dies gilt auch nach Übertragung des Nutzungsrechts; der Veräußerer bleibt Vertragspartner und damit für den Korrekturanspruch passiv legitimiert; § 34 Abs. 4 ändert hieran nichts (*C. Berger* Rdnr. 80). Voraussetzung für den Korrekturanspruch gegen den Vertragspartner ist, dass die vereinbarte Vergütung zu Lasten des Urhebers (vgl. *Dreier/Schulze/Schulze* Rdnr. 26) nicht angemessen ist. Im Einzelnen sind folgende Fälle zu unterscheiden:

20 Die **vertragliche Vergütung ist bestimmt und angemessen.** Der Urheber hat Anspruch auf die vereinbarte Vergütung (§ 32 Abs. 1 S. 1) und muss sich mit dieser zunächst begnügen. § 32 Abs. 1 S. 1 hat insofern nur deklaratorische Bedeutung (*Wandtke/Bullinger/Wandtke/Grunert*[3] Rdnr. 8). Eine nachträgliche Korrektur ist nur über § 32a mit Blick auf die weitere Entwicklung möglich.

21 Die Höhe der Vergütung ist **nicht bestimmt.** Es gilt die angemessene Vergütung als vereinbart (§ 32 Abs. 1 S. 2). Da mit der vorliegenden Gesetzesfassung die Konstruktion eines gesetzlichen Anspruchs auf angemessene Vergütung aufgegeben werden sollte (s. Begründung zur RA-Beschlussempfehlung S. 18), ist die Fiktion als solche eines vertraglichen Anspruchs zu deuten. Ein bestehender lückenhafter Vertrag ist insofern zu ergänzen (näheres so. Rdnr. 10/11). Fehlt es an einem Vertrag, wird gleichwohl ein vertraglicher Anspruch fingiert. Der Anspruch richtet sich unmittelbar auf Zahlung der angemessenen Vergütung; angesichts der gesetzlichen Fiktion bedarf es keiner Einwilligung des Partners in eine vertragliche Vereinbarung (*Dreier/Schulze/Schulze* Rdnr. 24). Vom Beginn der Nutzung des Werkes ist die Entstehung des Anspruchs nicht abhängig, da es sich um einen vertraglichen Anspruch als Gegenleistung für die Möglichkeit der Werknutzung handelt, der an die Einräumung des Nutzungsrechts anknüpft (aA *Nordemann* S. 92 Rdnr. 57). Zur Vereinbarung einer unentgeltlichen Werknutzung s. Rdnr. 36 und § 32a Rdnr. 16.

22 Die vertragliche Vergütung ist **bestimmt und nicht angemessen.** Hier greift der zentrale Anspruch auf Einwilligung in eine die angemessene Vergütung gewährende Vertragsänderung ein (§ 32 Abs. 1 S. 3). Es handelt sich um einen Anspruch auf Abgabe einer entsprechenden Vertragserklärung, die vom Kläger konkludent angenommen wird (*Berger/Wündisch/Berger* § 2 Rdnr. 74). Aus dem geänderten Vertrag ergibt sich unter Beibehaltung der Identität des Anspruchs und damit auch unter Wahrung der für den Anspruch bestellten Sicherungsrechte der Anspruch auf Zahlung der angemessenen Vergütung (*C. Berger* Rdnr. 60/61; *Berger/Wündisch/Berger* § 2 Rdnr. 61). Zur Durchsetzung und Verjährung Rdnr. 44ff.

Einer besonderen Betrachtung bedarf der Fall, dass eine **Vergütung vertraglich ausgeschlossen** ist. Zwar sind Schenkungen der Angemessenheitskontrolle nicht entzogen (so aber *Dreyer/Kotthoff/Meckel/Kotthoff*[2] Rdnr. 46f.). Vielmehr besteht gerade bei Schenkungen eine erhebliche Missbrauchsgefahr, so dass die Angemessenheit der Vereinbarung der Unentgeltlichkeit besonders gründlich zu prüfen ist. Jedoch müssen Schenkungen trotz § 32 Abs. 3 S. 1 allein schon aus Gründen der Wahrung der Privatautonomie möglich sein, auch wenn nicht die Ausnahmeregelung des § 32 Abs. 3 S. 3 greift. § 32 Abs. 3 S. 1 steht Schenkungen nicht entgegen, da bei einer ernstlich von beiden Parteien gewollten Schenkung keine Abweichung zum Nachteil des Urhebers iSv. § 32 Abs. 3 S. 1 erfolgt (aA Vorauflage; *Wandtke/Bullinger/Grunert*³ § 32 Rdnr. 11; wie hier *Berger/Wündisch/Berger* § 2 Rdnr. 18; i. Erg. ähnlich *Dreyer/Kotthoff/Meckel/Kotthoff*² Rdnr. 46 f.).

Wenn § 32 Abs. 3 S. 1 aufgrund der Umstände des Einzelfalls ausnahmsweise eine Berufung des Vertragspartners auf die vereinbarte Unentgeltlichkeit ausschließt, etwa weil der Urheber in einen solchen Vertrag gedrängt worden ist, so führt dies zur Angemessenheitskontrolle des § 32 Abs. 1 S. 3. Sie greift auch ein, wenn die Vergütung vertraglich auf Null gestellt wird, ohne dass es sich um eine Schenkung handelt (*Dreier/Schulze/Schulze* Rdnr. 23, 27). *Nordemann* (S. 66, ebenso *Wandtke/Bullinger/Wandtke/Grunert*³ Rdnr. 10) will im Falle des Ausschlusses einer Vergütung § 32 Abs. 1 S. 2 anwenden. Letztere Vorschrift betrifft aber den Fall der Füllung einer Vertragslücke, § 32 Abs. 1 S. 3 denjenigen der Korrektur einer von den Parteien getroffenen Vertragsregelung, die auch in der Festsetzung der Höhe der Vergütung auf Null liegen kann.

Die Vergütung für die Nutzung der Werke ist **tarifvertraglich** bestimmt. Der Anspruch auf **23** Vertragsänderung nach § 32 Abs. 1 S. 3 entfällt im Rahmen des sachlichen und persönlichen Geltungsbereichs des Tarifvertrags (*Wandtke/Bullinger/Wandtke/Grunert*³ Rdnr. 46), soweit die tarifvertragliche Bestimmung reicht (§ 32 Abs. 4). Außerhalb des tarifvertraglichen Geltungsbereichs hat der Tarifvertrag allenfalls indizielle Wirkung (*Dreier/Schulze/Schulze* Rdnr. 82). Es fragt sich, ob der Vorrang des Tarifvertrags auch für den Direktanspruch auf angemessene Vergütung (Rdnr. 21) nach § 32 Abs. 1 S. 2 gilt. Dies ist zu bejahen (so auch *Dreier/Schulze/Schulze* Rdnr. 82; *Dreyer/Kotthoff/Meckel/Kotthoff*² Rdnr. 14). Soweit eine gemeinsame Vergütungsregel besteht, ergibt sich der Vorrang des Tarifvertrags auch für § 32 Abs. 1 S. 2 bereits aus der generellen Regel des § 36 Abs. 1 S. 3. Aus der systematischen Abstufung der Bestimmungsgründe für die Angemessenheit folgt auch, dass sich der Tarifvertrag gegenüber der individuell nach § 32 Abs. 1 S. 2 durchzuführenden Angemessenheitsbestimmung durchsetzt. Es besteht kein Grund für die Durchbrechung des Systems in diesem Fall. Wenn der Tarifvertrag unangemessenen Vertragsregelungen vorgeht, muss Gleiches gelten, wenn es an einer Bestimmung der Höhe der Vergütung überhaupt fehlt. Dass § 32 Abs. 1 S. 2 in § 32 Abs. 4 nicht genannt wird, ist somit als Redaktionsversehen zu behandeln.

Der **Vorrang des Tarifvertrags** ist gemäß § 32 Abs. 4 und § 36 Abs. 1 S. 3 **absolut**; der Tarifvertrag bestimmt die Angemessenheit unwiderleglich (*Wandtke/Bullinger/Wandtke/Grunert*³ Rdnr. 25). Dies gilt für Tarifverträge sowohl für Arbeitnehmer als auch für arbeitnehmerähnliche Personen (*Haas* Rdnr. 204). Zu Beispielen tarifvertraglicher Bestimmung s. *Wandtke/Bullinger/Wandtke/Grunert*³ Rdnr. 25. Für die Vorrangwirkung des Tarifvertrags ist erforderlich, dass die Vergütung für die Nutzung der betreffenden Werke tarifvertraglich bestimmt ist. Der zu entscheidende Sachverhalt muss in den sachlichen und persönlichen Geltungsbereich des Tarifvertrags einzuordnen sein (*Wandtke/Bullinger/Wandtke/Grunert*³ Rdnr. 25; *Haas* Rdnr. 205 ff.). Dies wird für freie Werke und außerbetriebliche Nutzungen in der Regel nicht der Fall sein (*Haas* Rdnr. 206/207). Für die Vorrangwirkung des Tarifvertrags genügt es nicht, wenn der Individualvertrag auf einen – an sich unanwendbaren – Tarifvertrag Bezug nimmt (so aber *C. Berger* Rdnr. 75; *Berger/Wündisch/Berger* § 2 Rdnr. 38; *Ory* AfP 2002, 93, 96; *Zentek/Meinke* S. 53; *Loewenheim/v. Becker*² § 29 Rdnr. 70; *Dreyer/Kotthoff/Meckel/Kotthoff*² Rdnr. 14); der Verwerter soll sich nicht durch Verweisung auf einen für andere Fälle konzipierten Tarifvertrag, der eine niedrige Vergütung und ggf. andere Regeln, wie zB über Urlaub, enthalten mag, der Angemessenheitskontrolle entziehen können. Die Vergütungsbestimmung durch Verweisung auf einen Tarifvertrag ist somit nach § 32 Abs. 1 S. 3 zu überprüfen, wobei der Tarifvertrag eine gewisse Indizwirkung haben kann (die mit Vorsicht zu behandeln ist, so zutreffend *Dreier/Schulze/Schulze* Rdnr. 83/84).

Fällt der Vertrag in den Geltungsbereich des Tarifs, so richtet sich die angemessene Vergütung nach dem Tarif; sie wird vermutet, ohne dass der Tarifvertrag einer Nachprüfung unterläge.

Der Vorrang des Tarifvertrags reicht so weit wie sich seine Wirkung erstreckt (so auch *Nordemann* S. 86 f.; *Ory* AfP 2002, 93, 96. S. zum Geltungsbereich von Tarifen statt aller *Dütz*, Arbeitsrecht, 12. Aufl. 2007, S. 272 ff.). Der Tarifvertrag verdrängt unangemessene Vergütungsregelungen; fehlt es an einer vertraglichen Bestimmung der Vergütung, tritt die tarifliche Bestimmung in die Lücke. Eine übertariflich vertraglich vereinbarte Vergütung ist nach dem Sinn und Zweck des Gesetzes nicht ausgeschlossen (*Zentek/Meinke* S. 55; *Dreier/Schulze/Schulze* Rdnr. 84); ein Vorrang des Tarifs gegenüber § 32 Abs. 1 S. 1 ist in § 32 Abs. 4 nicht bestimmt. Hier wäre auch auf das tarifvertragliche Günstigkeitsprinzip zu verweisen (*Dütz* S. 282 ff.).

Die **gemeinsamen Vergütungsregeln** schließen nicht wie Tarifverträge den Anspruch auf **24** Vertragsänderung aus, sondern gelten nur als Maßstab für die Angemessenheit (§ 32 Abs. 2 S. 1),

§ 32 Angemessene Vergütung

wobei Tarifverträge den Vorrang haben (§ 36 Abs. 1 S. 3). An die gemeinsamen Vergütungsregeln knüpft sich eine unwiderlegliche Vermutung der Angemessenheit (*Wandtke/Bullinger/ Wandtke/Grunert*[3] Rdnr. 26; *Haas* Rdnr. 166). Diese tritt sowohl ein, wenn die vereinbarte Vergütung nicht bestimmt ist, als auch, wenn es um die Angemessenheit der vertraglichen Vergütung geht. Während bei Vorliegen eines Tarifvertrags der Änderungsanspruch des § 32 Abs. 1 S. 3 entfällt, so dass die tarifliche Vergütung unmittelbar eingeklagt werden kann, muss die Wirkung der gemeinsamen Vergütungsregeln gegenüber einer nicht angemessenen vertraglichen Vereinbarung im Streitfall mit der Änderungsklage durchgesetzt werden. Ein weiterer Unterschied besteht hinsichtlich des persönlichen Geltungsbereichs: Während die tarifvertragliche Bestimmung nicht weiter reicht als der Anwendungsbereich des Tarifvertrags, wird die Wirkung der gemeinsamen Vergütungsregeln in personeller Hinsicht nicht beschränkt; sie gilt insbesondere nicht nur für die Angehörigen der beteiligten Verbände (Rdnr. 28. Vgl. *Ory* AfP 2002, 93, 96; § 36 Rdnr. 45).

Wie Tarifverträge gelten auch gemeinsame Vergütungsregeln **absolut** (vgl. Rdnr. 23). Die unwiderlegliche Angemessenheitsregel des § 32 Abs. 2 S. 1 würde ausgehöhlt, die vom Gesetzgeber bezweckte Rechtssicherheit zunichte gemacht, wenn die gemeinsame Vergütungsregel einer Nachprüfung auf Angemessenheit unterläge. Gerichtlich überprüfbar ist allerdings das wirksame Zustandekommen (weitergehend *Berger/Wündisch/Berger*, § 2 Rdnr. 166: Überprüfbarkeit auch auf die evidente Nichtbeachtung allgemein anerkannter Bewertungsmaßstäbe). Ist die gemeinsame Vergütungsregel nicht wirksam zustande gekommen, etwa weil die jeweilige Vereinigung nicht repräsentativ, unabhängig oder ermächtigt war, dann kommt der Vergütungsregel keine Indizwirkung zu (*Dreier/Schulze/Schulze* Rdnr. 31; *Berger/Wündisch/Berger*, Rdnr. 113 ff.). Eine im Schlichtungsverfahren gescheiterte Vergütungsregel kann Indizwirkung haben, die allerdings eingeschränkt ist, wenn eine Partei die Vergütungsregelung wegen Unangemessenheit abgelehnt hat (§ 36 Rdnr. 35; zweifelnd *Dreyer/Kotthoff/Meckel/Kotthoff*[2] Rdnr. 23). Ist die Vergütungsregelung nur deshalb nicht verbindlich, weil die Handelnden als vollmachtlose Vertreter gehandelt hatten, um die von ihnen repräsentierten Unternehmen nicht zu binden, kann von einer gewissen Indizwirkung ausgegangen werden (OLG München, ZUM 2007, 142, 148).

Zur Problematik mehrerer konkurrierender Vergütungsregelungswerke s. unten § 36 Rdnr. 70; s. auch *Berger/Wündisch/Berger* § 2 Rdnr. 119 ff.; *Dreier/Schulze/Schulze* Rdnr. 35.

25 Insgesamt ergibt sich eine **Hierarchie der Kriterien für die Prüfung der Angemessenheit** (so auch *Dreier/Schulze/Schulze* Rdnr. 29). Voran steht der Tarifvertrag (§ 32 Abs. 4, § 36 Abs. 1 S. 3); es folgen die gemeinsamen Vergütungsregeln (§ 32 Abs. 2 S. 1); erst nachrangig wird der Weg für die individuelle Bestimmung anhand § 32 Abs. 2 S. 2 frei. Während der Regierungsentwurf an tarifvertragliche und gemeinsame Vergütungsregelungen nur eine (widerlegliche) Vermutung der Angemessenheit anknüpfen wollte (s. Regierungsentwurf § 32 Abs. 1), ist nun eine absolute Bindung an die Kollektivregelungen bestimmt, wobei der Tarifvertrag der gemeinsamen Vergütungsregel vorgeht. Eine zu überprüfende vertragliche Regelung hält stand, wenn sie der Angemessenheit nach Maßgabe des jeweils einschlägigen kollektivrechtlichen Kriteriums entspricht oder zugunsten des Urhebers (arg. § 32 Abs. 3 S. 1) über dieses hinausgeht.

26 Einer genaueren Abgrenzung bedarf der Fall der **nicht bestimmten Höhe der Vergütung** von demjenigen der **bestimmten aber nicht angemessenen Vergütung.** Während im ersten Fall unmittelbar die angemessene Vergütung verlangt werden kann, richtet sich der Anspruch im zweiten Fall auf eine Vertragsänderung (Rdnr. 21/22). Es fragt sich, ob die **„Bestimmung" ausdrücklich** erfolgen muss oder ob es genügt, wenn die Höhe der Vergütung durch **Auslegung des Vertrages,** erforderlichenfalls durch ergänzende Auslegung nach allgemeinen Regeln, ermittelt werden kann. Aus dem Aufbau des § 32 Abs. 1 lässt sich entnehmen, dass bei der Ermittlung der Vergütung – soweit nicht ein Tarifvertrag eingreift – die vertragliche Vereinbarung den Vorrang haben soll. Für die Anwendung des § 32 Abs. 1 S. 1 und S. 3 muss es deshalb genügen, wenn sich durch Vertragsauslegung eine bestimmte Höhe der Vergütung ermitteln lässt (so im Ergebnis auch *Haas* Rdnr. 141. Für Verlagsverträge gilt nichts Abweichendes, *Haas* Rdnr. 159 ff.). Die so ermittelte Vergütung ist dann auf Angemessenheit zu überprüfen, § 32 Abs. 1 S. 3. Erst wenn die Auslegung nicht zum Erfolg führt, greift die – nach dem Vorbild des § 22 Abs. 2 VerlG konzipierte – gesetzliche Regel des § 32 Abs. 1 S. 2 UrhG ein; es kann unmittelbar die angemessene Vergütung verlangt werden.

27 Was den maßgeblichen **Zeitpunkt für die Bestimmung der Angemessenheit** der Vergütung betrifft, so kommt es, wie sich aus § 32 Abs. 2 S. 2 entnehmen lässt, auf den **Zeitpunkt des Vertragsschlusses** an (*C. Berger* Rdnr. 141; *Berger/Wündisch/Berger* § 2 Rdnr. 110; *ders.* GRUR 2003, 675, 676; *Schack* GRUR 2002, 853, 855; *Erdmann* GRUR 2002, 923, 926;

Schmidt ZUM 2002, 781, 784f.; *D. Berger* ZUM 2003, 521, 523; *Loewenheim/v. Becker*[2] § 29 Rdnr. 24; *Mestmäcker/Schulze/Lindner* § 32 Anm. 3; *Dreier/Schulze/Schulze* Rdnr. 44; *Dreyer/Kotthoff/Meckel/Kotthoff*[2] Rdnr. 28; OLG München ZUM 2007, 317, 326, BGH I ZR 230/06 Rdnr. 20). Da die angemessene Vergütung für die Rechtseinräumung gezahlt wird, ist der Zeitpunkt des Beginns der Werknutzung bzw. der Ablieferung des Werkes hingegen unerheblich (*Berger/Wündisch/Berger* § 2 Rdnr. 110). Ergeben sich Zweifel an der Angemessenheit aufgrund von Entwicklungen nach Vertragsschluss, etwa wegen des besonderen Erfolgs des Werkes, kommt die weitere Beteiligung des Urhebers gem. § 32 a in Betracht.

§ 32 bezieht sich unmittelbar nur auf die individuelle Bestimmung der Angemessenheit. Für die Anwendung von Tarifverträgen und gemeinsamen Vergütungsregeln kann aber nichts anderes gelten. Tarifverträge sind anwendbar, wenn der Vertragsschluss in den zeitlichen Anwendungsbereich des Tarifvertrags fällt; gemeinsame Vergütungsregeln sind entsprechend zu behandeln. Abweichendes gilt, soweit die Tarifverträge oder gemeinsamen Vergütungsregeln ihren Anwendungsbereich anders bestimmen (vgl. auch § 32 a Abs. 4).

Die angemessene Vergütung ist im Wege der **Prognose** für die **gesamte Laufzeit des Vertrages** vom Zeitpunkt des Vertragsschlusses an zu berechnen (Begründung zur RA-Beschlussempfehlung S. 18; vgl. auch *Loewenheim/v. Becker*[2] § 29 Rdnr. 16, 24, 36; BGH I ZR 38/07 – Talking to Addison, Rdnr. 19). Dabei ist nicht nur die zukünftige Entwicklung, sondern **rückwirkend** auch die – bis zum Zeitpunkt des Vertragsschlusses zurückverfolgte – Vergangenheit mit in Rechnung zu stellen (*Wandtke/Bullinger/Wandtke/Grunert* Rdnr. 19; *Dreier/Schulze/Schulze* Rdnr. 28; *Dreyer/Kotthoff/Meckel/Kotthoff*[2] Rdnr. 10, 28, 29). Der Urheber kann jede, auch eine geringfügige Unterschreitung der Angemessenheit geltend machen; eine **Bagatellklausel** wurde bewusst nicht ins Gesetz aufgenommen (*Haas* Rdnr. 184; *Berger/Wündisch/Berger* § 2 Rdnr. 128, ders. Rdnr. 31, 71; *Schack* GRUR 2002, 853, 856; *Haupt/Flisak* KUR 2003, 41, 43; *Loewenheim/v. Becker*[2] § 29 Rdnr. 23; OLG München ZUM 2007, 142, 148). Dagegen verlangt § 32 a ein „auffälliges" Missverhältnis (*C. Berger* Rdnr. 251).

Die **spätere Entwicklung** nach dem Vertragsschluss kann im Rahmen von § 32 nur in Form der Prognose berücksichtigt werden; für die Anpassung an die faktische Entwicklung ist § 32 a zuständig (so auch *Jacobs* NJW 2002, 1905, 1907; *ders., in:* Fs. für Ullmann, S. 79, 81; *Nordemann* S. 70/71; *Ory* AfP 2002, 93, 97; *Mestmäcker/Schulze/Lindner* § 32 Anm. 3; *Berger/Wündisch/Berger* § 2 Rdnr. 110 ff.). Die Ansicht von *Dreier/Schulze/Schulze* Rdnr. 45, dass nicht nur ex ante auf den Zeitpunkt des Vertragsschlusses, sondern zusätzlich ex post auf den jeweiligen Zeitpunkt der Nutzung abzustellen sei, kann nicht geteilt werden. § 32 dient dazu, das zum Zeitpunkt des Vertragsschlusses vorliegende Ungleichgewicht zwischen Urheber und Verwerter auszugleichen. Die Behandlung späterer, zum Zeitpunkt des Vertragsschlusses nicht absehbarer Entwicklungen richtet sich nach § 32 a. Würde man für die Bestimmung der Angemessenheit gem. § 32 spätere Entwicklungen in Rechnung stellen, bliebe für § 32 a kaum mehr ein Anwendungsbereich. Auch ist das Kriterium der Redlichkeit bei § 32 mit dem Handeln beim Vertragsschluss verbunden; es kann nicht als unredlich bezeichnet werden, wenn eine unvorhersehbare spätere Entwicklung nicht vorhergesehen wurde (ebenso OLG München ZUM 2007, 317, 326, wonach später eingetretene Abweichungen eine anfängliche Unbilligkeit nicht nachträglich „heilen" können).

Hinsichtlich des **Entstehungszeitpunkts des Anspruchs auf angemessene Vergütung**, genauer gesagt der Aufstockung des vertraglichen Vergütungsanspruchs (*C. Berger* Rdnr. 93), ist zu differenzieren:

– Soweit § 32 Abs. 1 S. 2 mangels Bestimmung der Höhe der Vergütung die angemessene Vergütung fingiert, gilt diese als von Anfang an vereinbart.
– Soweit ein Tarifvertrag oder eine gemeinsame Vergütungsregel durchschlägt, kommt es auf deren zeitliche Geltung an. Im Normalfall der beim Vertragsschluss bereits bestehenden kollektiven Regelungen gelten diese vom Vertragsschluss an.
– Wird die Angemessenheit über § 32 Abs. 1 S. 3 durch Vertragsänderung erreicht, so fragt sich, ob die Erhöhung des Vergütungsanspruchs ex nunc mit der – freiwilligen oder gerichtlich erzwungenen – Erteilung der Einwilligung erfolgt oder ob ihr Rückwirkung auf den Zeitpunkt des Vertragsschlusses beizumessen ist. Da es um den Vergütungsanspruch geht, den der Werkverwerter schon im Vertrag, dh. von Anfang an hätte gewähren sollen, ist eine Rückwirkung anzunehmen. Der Anspruch ist nicht nur auf die gesamte Nutzung ab Vertragsschluss zu beziehen, sondern in Übereinstimmung mit den vorstehend behandelten Fällen auch so anzusehen, als sei er bereits zum Vertragsschluss entstanden. Solange der Vertrag nicht geändert worden ist, ist der Verwerter mangels eines fälligen Zahlungsanspruchs mit der Entrichtung des

erhöhten Entgelts allerdings nicht in Verzug (vgl. C. Berger Rdnr. 92, *Berger/Wündisch*/Berger § 2 Rdnr. 60; vgl. die Parallele im Mietrecht bei Mieterhöhungsverlangen im Zustimmungsrechtsstreit, BGH NJW 2005, 2310).

Für Fälle der Beteiligung **mehrerer Anspruchsteller** gilt das zu § 32a Ausgeführte entsprechend (s. § 32a Rdnr. 23/24).

Die **Darlegungs- und Beweislast** im Prozess trägt, wer die angemessene Vergütung geltend macht (su. Rdnr. 46; vgl. *Jani* S. 304; *C. Berger* Rdnr. 101; *Dreyer/Kotthoff/Meckel/Kotthoff*[2] Rdnr. 13). Für den Auskunftsanspruch gelten die allgemeinen Regeln, insbesondere kann eine vertragliche Nebenpflicht auf Auskunftserteilung bestehen (s. Rdnr. 46; *Nordemann* S. 90; *Jani* S. 304/305; *Berger/Wündisch/Berger* § 2 Rdnr. 71; RA-Beschlussempfehlung S. 18).

2. Die Angemessenheit der Vergütung

28 Angemessen ist – wenn nicht ein Tarifvertrag eingreift, § 32 Abs. 4 – gemäß § 32 Abs. 2 S. 1 „die **nach einer gemeinsamen Vergütungsregel (§ 36) ermittelte Vergütung**". Die Angemessenheit wird bei Vorliegen dieser Voraussetzung unwiderleglich vermutet (Begründung zur RA-Beschlussempfehlung S. 18; *Berger/Wündisch/Berger* Rdnr. 128; *Erdmann* GRUR 2002, 923, 925). Dies soll auch dann gelten, wenn die Vergütungsregel einen Rahmen vorsieht und sich das vereinbarte Entgelt in dieser Spanne bewegt (RA-Beschlussempfehlung S. 18). Wie die Begründung hervorhebt, genießen „in allen diesen Fällen ... Urheber und Verwerter Rechtssicherheit" (RA-Beschlussempfehlung S. 18). Es kann sich somit nicht nur der Verwerter bei Konformität (zumindest mit der unteren Marge des Rahmens, s. *Dreyer/Kotthoff/Meckel/Kotthoff*[2] Rdnr. 15) auf Angemessenheit, sondern bei Unterschreitung auch der Urheber auf Unangemessenheit berufen (anders wohl *Haas* Rdnr. 173/174; *Haupt/Flisak* KUR 2003, 41, 42: Es handele sich um eine bloße Empfehlung; vgl. auch *D. Berger* ZUM 2003, 521, 529; *Dreyer/ Kotthoff/Meckel/Kotthoff*[2] Rdnr. 17).

Die Wendung „nach einer gemeinsamen Vergütungsregel **ermittelt**" bedeutet nicht etwa, dass die Parteien die Geltung der Vergütungsregel vereinbaren oder auf sie Bezug nehmen müssen (so aber *Hucko* S. 12; *Erdmann* GRUR 2002, 923, 925 f.; *D. Berger* ZUM 2003, 521, 528; *Loewenheim/v. Becker*[2] § 29 Rdnr. 93 und wohl auch *Jani* S. 296/297). Die Vergütungsregelung findet auch auf Außenseiter Anwendung, sofern diese sich innerhalb des Regelungsbereichs der Vergütungsregel befinden. Die „Ermittlung" bezieht sich vielmehr auf die Angemessenheitsprüfung, erforderlichenfalls durch das Gericht; die Vergütungsregel schlägt in ihrem Anwendungsbereich ohne Weiteres durch (so zutreffend *Haas* S. 167 ff.; *Dreier/Schulze/Schulze* Rdnr. 36. S. auch § 36 Rdnr. 16, 69). Es würde die Wirkung der Vergütungsregel wesentlich schwächen, wenn ihre Anwendung vom Individualvertrag abhängig wäre. Möglich ist aber, dass Parteien, die an sich nicht vom Anwendungsbereich der Vergütungsregel erfasst werden, gleichwohl auf diese Bezug nehmen; sie bildet dann ein Indiz für die Angemessenheit im Rahmen dieses Vertrags (für unwiderlegliche Wirkung in diesem Fall *Mestmäcker/Schulze/Schulze* § 32 Anm. 4b unter Berufung auf *Ory* AfP 2002, 93, 96; s. auch *Dreyer/Kotthoff/Meckel/Kotthoff*[2] Rdnr. 16).

Voraussetzung für das Eingreifen der gesetzlichen Vermutung, die sich an die gemeinsame Vergütungsregel knüpft, ist, dass sie wirksam zustande gekommen ist (*Berger/Wündisch/Berger* § 2 Rdnr. 117) und dass das fragliche Nutzungsverhältnis in den **Regelungsbereich** der gemeinsamen Vergütungsregel fällt (vgl. § 36 Abs. 1 S. 2; *Dreier/Schulze/Schulze*, Rdnr. 32; *Berger/ Wündisch/Berger* Rdnr. 114 ff. Zur **Konkurrenz mehrerer Vergütungsregeln** s. § 36 Rdnr. 70 sowie auch *Berger/Wündisch/Berger* Rdnr. 119 ff.; *Dreyer/Kotthoff/Meckel/Kotthoff*[2] Rdnr. 20; *Dreier/Schulze/Schulze* Rdnr. 35). In sachlicher Hinsicht ist dabei auf die betreffende Branche, den Typus des Nutzungsverhältnisses und die Art der Nutzung abzustellen (*Haas* Rdnr. 171). In persönlicher Hinsicht wird die Anwendbarkeit der gemeinsamen Vergütungsregel jedenfalls zu bejahen sein, wenn die Parteien den an der gemeinsamen Vergütungsregel beteiligten Vereinigungen angehören. Die Regelung gilt darüber hinaus aber auch für Nichtmitglieder, soweit die Vereinigungen als **„repräsentativ"** zu erachten sind (vgl. § 36 Abs. 2; § 36 Rdnr. 52 ff.; *Dreier/ Schulze/Schulze*, Rdnr. 31; *Hoeren*, in: Fs. für Nordemann S. 181, 183; *Mestmäcker/Schulze/ Lindner* § 32 Anm. 4b; § 36 Rdnr. 45; *Haas* Rdnr. 170; aA *Erdmann* GRUR 2002, 923, 925 f.; *Haupt/Flisak* KUR 2003, 41, 42: Bindung nur für „beteiligte Urheber und Verwerterkreise"; s. auch *Dreyer/Kotthoff/Meckel/Kotthoff*[2] Rdnr. 22/23). Eine **Ermächtigung** der Vereinigung durch die jeweils betroffenen Parteien ist nicht zu verlangen; es genügt, wenn die Mitglieder der Vereinigung diese generell zur Aufstellung gemeinsamer Vergütungsregeln ermächtigt haben (§ 36 Rdnr. 58). Im Übrigen ist auf die Kommentierung zu § 36 zu verweisen.

Die Vermutungswirkung der Vergütungsregel setzt voraus, dass sie zum **Zeitpunkt des Vertragsschlusses** bereits vorhanden war (*Jani* S. 297). Auf Kenntnis der Parteien kommt es nicht an. Einer nach Vertragsschluss geschaffenen Vergütungsregel kann eine gewisse Indizwirkung zukommen.

Wenn die Vergütungsregel nur **teilweise** auf das Nutzungsverhältnis anwendbar ist, weil dieses weiter greift, insbesondere atypische Abmachungen enthält, kommt eine teilweise Anwendung der Vermutung in Betracht; im Übrigen ist die Angemessenheit nach allgemeinen Grundsätzen zu ermitteln (vgl. auch *Dreier/Schulze/Schulze* Rdnr. 34). Erweist sich nur ein Teil der vertraglichen Vereinbarung als unangemessen, so richtet sich der Anspruch des § 32 Abs. 1 S. 3 auf eine auf den betreffenden Teil beschränkte Vertragsänderung.

Die zwingende Vermutungswirkung **endet,** wo der Regelungsbereich der jeweiligen allgemeinen Vergütungsregeln überschritten wird. Eine gewisse Ausstrahlungswirkung als Wertungsfaktor können die allgemeinen Vergütungsregeln aber auch außerhalb ihres Regelungsbereichs haben. So kann die Bestimmung einer angemessenen Vergütung für Übersetzer an die gemeinsamen Vergütungsregeln vergleichbarer Branchen, d.h. etwa für Autoren belletristischer Literatur, angelehnt werden (OLG München ZUM 2007, 142, 148, 151; OLG München ZUM 2007, 308, 325; BGH I ZR 230/06 Rdnr. 31 ff.; hierzu *v. Becker* ZUM 2007, 249, 252). Dabei ist aber den Unterschieden zwischen den Branchen hinreichend Rechnung zu tragen.

In Tarifverträgen enthaltene Regelungen gehen gemeinsamen Vergütungsregeln vor (§ 36 Abs. 1 S. 3).

Die „Angemessenheit" ist ein unbestimmter Rechtsbegriff, dessen Konkretisierung erhebliche **29** Schwierigkeiten bereitet. Dies gilt insbesondere, soweit – wie bisher zumeist – nicht tarifvertragliche Vergütungsregelungen (Rdnr. 23) oder gemeinsame Vergütungsregeln (Rdnr. 24) eingreifen. In diesen Fällen haben die Gerichte nach der **Generalklausel des § 32 Abs. 2 S. 2** über die Angemessenheit zu entscheiden. Sie enthält zum einen das **zentrale Kriterium der Angemessenheitskontrolle;** maßgeblich ist danach

„was im Geschäftsverkehr ... üblicher- und redlicherweise zu leisten ist" (Rdnr. 29 ff.),

zum anderen werden **Regeln für die Prüfung** gegeben; diese hat nach

„Art und Umfang der eingeräumten Nutzungsmöglichkeit, insbesondere nach Dauer und Zeitpunkt der Nutzung, unter Berücksichtigung aller Umstände" (Rdnr. 32 ff.)

zu erfolgen. Angemessenheit soll dabei einen **Rahmen** bedeuten, in dem sich eine vertragliche Vereinbarung bewegen kann (Regierungsentwurf S. 4; *Ory* AfP 2002, 93, 96; *Jani* S. 301/302). Der Gesetzgeber hat nicht näher verdeutlicht, was er für einen „gerechten Preis" hält. Dies war ihm allerdings auch nicht möglich, da die Präferenzen der Marktbeteiligten äußerst komplex sind, die Verhältnisse sich in den einzelnen Branchen stark unterscheiden und jede gerichtliche oder gesetzgeberische Preisfestlegung bzw. -kontrolle notwendigerweise schnell an ihre Grenzen stößt. Es bleibt abzuwarten, ob die Gerichte, denen der Gesetzgeber die undankbare Aufgabe der Ermittlung angemessener Vergütungsregeln übertragen hat, hinreichend klare Leitlinien entwickeln können (vgl. dazu LG Hamburg ZUM 2008, 603 – n. rkr.; s. auch LG München I ZUM 2006, 154, 156, wonach trotz der erheblichen Unsicherheiten, die diese Generalklauseln mit sich bringen, eine Vorlage an das BVerfG nach Art. 100 Abs. 1 GG nicht veranlasst sei, da sich die Auslegung der unbestimmten Rechtsbegriffe „angemessen", „üblich" und „redlich" unter Nutzung der juristischen Methodik bewältigen lasse). Da die Möglichkeiten der Gerichte zur Ermittlung des angemessenen Preises notwendigerweise begrenzt sind, muss es in erster Linie Sache der Verbände sein, gemeinsame Vergütungsregeln zu vereinbaren; die Festlegung der „Angemessenheit" durch die Gerichte kann demgegenüber immer nur der zweitbeste Weg sein. Es wird den Gerichten kaum möglich sein, angemessene Regelungen aufzustellen, wenn sich die sachnäheren Verbände nicht auf gemeinsame Vergütungsregeln einigen können.

Der **Regierungsentwurf** konkretisierte die Angemessenheit lediglich durch den Hinweis auf „Art und Umfang der Werknutzung"; die Begründung verwies weiter auf die „Marktverhältnisse, Investitionen, Risikotragung, Kosten, Zahl der hergestellten Werkstücke oder öffentlichen Wiedergaben, zu erzielende Einnahmen" und bezeichnete das üblicher- und redlicherweise für vergleichbare Werknutzungen in der jeweiligen Branche Bezahlte als „Anhaltspunkt" (Regierungsentwurf S. 14). Für die Ermittlung der Angemessenheit ist eine **generalisierende Betrachtungsweise** und nicht eine individuelle Einzelfallbetrachtung erforderlich (OLG München ZUM 2007, 308, 312; zustimmend *v. Becker* ZUM 2007, 249, 254; ebenso OLG München ZUM-RD 2007, 166, 175; 182, 188).

§ 32   Angemessene Vergütung

Das Beteiligungsprinzip sei als Wertungsfaktor in Rechnung zu stellen (Regierungsentwurf S. 14f.). Dass das „üblicher- und redlicherweise" zu Leistende von einem unter anderen Auslegungsgesichtspunkten zum zentralen Kriterium aufgerückt ist, begründet die **RA-Beschlussempfehlung** unter Hinweis auf die Rechtssicherheit. Die Redlichkeitsprüfung impliziere eine Interessenabwägung und -wertung. Bei Fehlen einer redlichen Branchenübung sei nach billigem Ermessen zu entscheiden. Hinsichtlich der Billigkeit wird auf das Beteiligungsprinzip und auf die in der Begründung zum Regierungsentwurf genannten Umstände verwiesen (RA-Beschlussempfehlung S. 18). Die Zusätze „im Zeitpunkt des Vertragsschlusses" und „insbesondere nach Dauer und Zeitpunkt der Nutzung" wurden im **Änderungsantrag vom 23. 1. 2002** zur Klarstellung noch in die Generalklausel eingefügt (RA-Beschlussempfehlung BT-Drs. 14/8058 S. 5).

30   Zentrales Kriterium der Angemessenheit ist nach § 32 Abs. 2 S. 2 **„was im Geschäftsverkehr ... üblicher- und redlicherweise zu leisten ist"** (s. dazu umfassend *Andernach* S. 132ff.). Die Begründung zur Einführung dieses Kriteriums durch die RA-Beschlussempfehlung spricht von „Branchenübung" oder „Branchenpraxis" (RA-Beschlussempfehlung S. 18). Demnach ist in erster Linie auf die **Branche** (*Loewenheim/v. Becker*[2] § 29 Rdnr. 41) **und den Nutzungstyp** abzustellen, denen das Nutzungsverhältnis zuzurechnen ist (*C. Berger* Rdnr. 121ff.). Einen Überblick über übliche Vergütungen, nach Sparten gegliedert, geben *Haupt/Flisak* KUR 2003, 41, 44ff.; s. auch *Loewenheim/v. Becker*[2] § 29 Rdnr. 42ff.; zum Verlagsbereich *Wegner/Wallenfels/Kaboth* S. 39ff.). Die Üblichkeit ist eine der Beweisaufnahme zugängliche Tatfrage (*Erdmann* GRUR 2002, 923, 926). Es kommt auf den kommerziellen Verkehr an (*Haas* Rdnr. 147). Als Angemessenheitsmaßstab können auch die Tarife von Verwertungsgesellschaften herangezogen werden (*Dreier/Schulze/Schulze* Rdnr. 53; vgl. BGH GRUR 2002, 602, 604 – Musikfragmente). Für bestimmte Bereiche kann auch Ansätze zu gemeinsamer Regelung (vgl. *Dreier/Schulze/Schulze* Rdnr. 38ff.), wie etwa auf Regelsammlungen zurückgegriffen werden, wie sie zB im Theaterbereich bestehen (s. dazu *Wandtke/Bullinger/Wandtke/Grunert*[3] Rdnr. 28; *C. Berger* Rdnr. 123) sowie auf Honorarempfehlungen zB der Mittelstandsgemeinschaften Übersetzer, Schriftsteller und Journalisten (s. dazu *Zentek/Meinke* S. 52, 163ff.) und der Mittelstandsgemeinschaft Foto-Marketing (s. dazu *J. B. Nordemann* ZUM 1998, 642; BGH GRUR 2006, 136, 138 – Pressefotos). Bestehende Empfehlungen erhalten aber nicht automatisch den Status einer gemeinsamen Vergütungsregel nach § 36 (*Haupt/Flisak* KUR 2003, 41, 42). Werkarten und Nutzungen in anderen Branchen und die dort nach redlicher Übung geleisteten Vergütungen mögen als Vergleichsparameter dienen (s. auch Rdnr. 28: Indizwirkung der gemeinsamen Vergütungsregeln der Autoren hinsichtlich Übersetzervergütungen); einem angenommenen Schlichtungsvorschlägen mag eine indizielle Wirkung zukommen (s. Bericht des Rechtsausschusses; *Erdmann* GRUR 2002, 923, 926f. unter Hinweis auf BGH GRUR 2001, 1139, 1142 – Gesamtvertrag privater Rundfunk). Zurückhaltung ist hinsichtlich des Vergleichs mit ausländischen Verhältnissen geboten; anderes Urheberrechtsverständnis und abweichende Marktstrukturen stehen der Vergleichbarkeit vielfach im Wege (positiver *C. Berger* Rdnr. 128; zur Vorbildfunktion der US-amerikanischen Guild Agreements in der Film- und Fernsehbranche vgl. *Reber* GRUR Int. 2006, 9, 16). Bleibt die Vergütung hinter dem Üblichen zurück, liegt schon aus diesem Grund Unangemessenheit vor (*Haas* Rdnr. 176). Entspricht die Vergütung dem Üblichen, so kommt es auf die Redlichkeitskontrolle an. Dies gilt auch, soweit es um die Einordnung der Vergütung in eine Spanne der Üblichkeit geht.

31   Zur näheren Bestimmung des „üblicherweise zu Leistenden" kann auf die Definition der **Verkehrssitte** im Rahmen von § 157 BGB zurückgegriffen werden (*Wandtke/Bullinger/Wandtke/Grunert* Rdnr. 29 verweisen auf § 242 BGB). Die Rechtsprechung versteht unter der Verkehrssitte die „den Verkehr tatsächlich beherrschende Übung" (s. hierzu und zum Folgenden die Nachweise im MünchKomBGB/*Busche* § 157 Rdnr. 16). Erforderlich ist demnach zum einen ein faktisches Element, dh. ein hoher Grad eines im Wesentlichen gleichförmigen Verhaltens in der betreffenden Branche, wodurch zumindest ein Rahmen abgesteckt wird (*Haas* Rdnr. 149; *Dreyer/Kotthoff/Meckel/Kotthoff*[2] Rdnr. 33/34). Zum anderen ist das Moment einer sozialnormativen (nicht rechtlichen) Geltung des Geübten zu verlangen, was in der gesetzlichen Formel mit der Wendung „was ... zu leisten ist" zum Ausdruck kommt. Auf Kenntnis der Beteiligten oder Erkennbarkeit des Üblichen kommt es nicht an (*Nordemann* S. 83 Rdnr. 35; *Jani* S. 298f.).

Die hiernach zu bestimmende als geltend praktizierte Übung unterliegt dem normativen Korrektiv der **Redlichkeit** (*Wandtke/Bullinger/Wandtke/Grunert*[3] Rdnr. 29; *Haas* Rdnr. 178; für den Film- und Fernsehbereich s. ausführlich *Reber* GRUR 2003, 393ff.; *ders.* GRUR Int. 2006,

9, 11 ff.; sa. *Loewenheim/v. Becker*² § 29 Rdnr. 33). Die Begründung zur RA-Beschlussempfehlung bemerkt hierzu (RA-Beschlussempfehlung S. 18):

„Der Begriff der Redlichkeit berücksichtigt neben der Interessenlage der Verwerter gleichberechtigt die Interessen der Urheber und ausübenden Künstler. Sofern eine übliche Branchenpraxis feststellbar ist, die nicht der Redlichkeit entspricht, bedarf es einer wertenden Korrektur nach diesem Maßstab."

Als Beispiel wird auf die unzureichende Vergütung der **Übersetzer** verwiesen (RA-Beschlussempfehlung S. 18; vgl. *Haupt/Flisak* KUR 2003, 41, 45. S. hierzu auch die Zahlenbeispiele bei *Wandtke/Bullinger/Wandtke/Grunert*³ Rdnr. 30; zur bisherigen Übung des Einmalhonorars KG ZUM 2002, 291; s. auch OLG München ZUM 2003, 684, 686, 970, wonach übliche Übersetzerhonorare häufig in einem groben Missverhältnis zu den Erträgen der Verlage stehen, m. w. Nachw.; s. auch BGH I ZR 36/07 – Talking to Addison; LG Berlin ZUM 2005, 904, 906, m. Anm. *Beisler* S. 907 f., konstatiert, dass die Branchenübung nicht der Redlichkeit entspricht, und gewährt ein ergänzendes Absatzhonorar; so auch LG München ZUM 2007, 228, 230 – n. rkr., wonach die gegebene Branchenübung wegen des Fehlens jeglicher Absatzbeteiligung einseitig die Interessen der Verwerter begünstige, so dass sie nicht als redlich anzusehen sei; vgl. auch LG Berlin ZUM 2005, 901; LG München ZUM 2006, 73 m. krit. Anm. von *v. Becker* aaO S. 39 ff. Nach OLG München ZUM 2007, 142 entspricht es der Angemessenheit, dem Übersetzer eine Absatzvergütung zu gewähren). Bei Buchübersetzungen durchschnittlicher Art sei eine Absatzvergütung des Übersetzers in Höhe von 2% des Nettoladenverkaufspreises des Buches als Ausgangspunkt einer in Abhängigkeit der verkauften Originale sich steigernden Staffelung angemessen (OLG München ZUM 2007, 142, 149; ebenso OLG München ZUM 2007, 317, 322). Nach BGH I ZR 38/07 kann der Übersetzer eines literarischen Werks, dem für die zeitlich unbeschränkte und inhaltlich umfassende Einräumung sämtlicher Nutzungsrechte an seiner Übersetzung ein übliches und angemessenes Seitenhonorar als Garantiehonorar zugesagt ist, ab dem 5000. verkauften Exemplar eine zusätzliche Vergütung beanspruchen, die bei gebundenen Büchern 0,8 und bei Taschenbüchern 0,4% des Nettoladenverkaufspreises beträgt. Besondere Umstände können es als angemessen erscheinen lassen, diese Vergütungssätze zu erhöhen oder zu senken.

Die aus der Einräumung von Nebenrechten an der Übersetzung erzielten Nettoerlöse sind grds. hälftig zwischen Verlag und Übersetzer zu teilen (BGH I ZR 230/06 Rdnr. 43 ff.). Es ist allerdings zweifelhaft, ob sich aus dieser Entscheidung allgemeine Grundsätze für die Bestimmung der „angemessenen Vergütung" ableiten lassen. Entschieden wurde über ein Einautorenwerk in Form eines Sachbuches, das der Preisbindung unterliegt. Vgl. auch (OLG München ZUM 2007, 317, 327. Ebenso OLG München ZUM 2007, 308 ff.; 317 ff.; LG Hamburg ZUM 2008, 603, 606; aA noch LG München ZUM 2007, 73, 78; LG Hamburg ZUM 2006, 683, 687; krit. *v. Becker* ZUM 2007, 249, 252 f. S. weiter BGH GRUR 2005, 148 – Oceano Mare mit Anm. von *Schricker* LMK 2005, 30; s. dazu auch *Gergen* NJW 2005, 569 ff.).

Die Redlichkeit ist ein **rechtlich-normatives Kriterium** (*Erdmann* GRUR 2002, 923, 926). Wie in § 157 BGB „Treu und Glauben" der „Verkehrssitte" vorgehen (MünchKomBGB/*Busche* § 157 Rdnr. 17), ist auch die Redlichkeit in § 32 Abs. 2 S. 2 UrhG ein der Übung übergeordnetes Kriterium (auf Treu und Glauben als Maßstab für die Redlichkeit verweisen auch *Wandtke/Bullinger/Wandtke/Grunert*³ Rdnr. 29). Die der Redlichkeit widersprechende Übung ist unbeachtlich. Wie die Begründung deutlich macht (RA-Beschlussempfehlung S. 18), impliziert die Redlichkeit eine umfassende Interessenabwägung und -wertung, wobei „neben der Interessenlage der Verwerter gleichberechtigt die Interessen der Urheber und ausübenden Künstler" zu berücksichtigen sind (vgl. auch *Dreier/Schulze/Schulze* Rdnr. 50; *Haas* Rdnr. 150, 152; *Berger/Wündisch/Berger* § 2 Rdnr. 93). Lt BGH I ZR 230/06 Rdnr. 24 sind die Interessen des Urhebers grds. nur dann ausreichend gewahrt, wenn er an jeder wirtschaftlichen Nutzung seines Werkes angemessen beteiligt ist. Objekt der Redlichkeitsprüfung ist die Vergütungsregelung als solche, was nicht ausschließt, dass auch das Verhalten des Verwerters in Rechnung zu stellen ist (*Nordemann* § 32 Rdnr. 11; enger *C. Berger* Rdnr. 126). Der Werkbezug ist dabei zu wahren. Zutreffend hebt *Berger/Wündisch/Berger* § 2 Rdnr. 106 ff. hervor, dass weder die rein persönlichen Umstände des Urhebers noch einseitige subjektive Merkmale des Verwerters, zB dessen Zahlungsschwierigkeiten (so auch LG Berlin ZUM 2008, 603, 607 – n. rkr.), noch das vertragsunabhängige Verhalten der Parteien Berücksichtigung finden können. Auch der zeitliche Aufwand des Urhebers spielt keine Rolle. Er kann allerdings mittelbar für die Höhe des Seitenhonorars von Bedeutung sein (BGH I ZR 230/06 Rdnr. 54 f.). § 32 gewährt eine angemessene Vergütung für die Einräumung von Nutzungsrechten und ist nicht am sozialrechtlichen Prinzip der Alimentation ausgerichtet (vgl. OLG München ZUM 2007, 317, 326). Wesentlich ist eine ob-

§ 32 Angemessene Vergütung

jektive Sichtweise, dh. die berechtigten Verwertungserwartungen vor dem Hintergrund der objektiven Realität, insbesondere der Marktlage. Auf die Sichtweise der Parteien kommt es nicht an (*Loewenheim/v. Becker*[2] § 29 Rdnr. 31, *Dreyer/Kotthoff/Meckel/Kotthoff*[2] Rdnr. 30; aA Vorauflage).

Hinsichtlich des Verhältnisses von Üblichkeit und Redlichkeit liegt ein Vergleich mit dem Verständnis des § 1 UWG a F nahe. Auch dort besagt die kaufmännische Sitte, dh. die Übung der Branche, nichts Abschließendes. (s. Hefermehl/*Köhler*/Bornkamm UWG[26], § 3 UWG Rdnr. 36 ff.; vgl. auch *Schricker*, Gesetzesverletzung und Sittenverstoß 1970, S. 200 ff.).

In ähnlicher Weise ist bei der redlichen Übung des § 32 Abs. 2 S. 2 zu werten. Zu berücksichtigen sind **ethische und rechtliche Kriterien.** Vorrangig in Rechnung zu stellen sind die **Grundrechtspositionen** von Verwertern und Urhebern (bzw. ausübenden Künstlern) (s. Begründung zum Regierungsentwurf S. 14 f.; *Wandtke/Bullinger/Wandtke/Grunert*[3] Rdnr. 27; *Haas* Rdnr. 151). *Nordemann* Rdnr. 26, verweist im Übrigen auf das kartellrechtliche Vergleichsmarktprinzip, den Beteiligungsgrundsatz und die Verteilungspläne der Verwertungsgesellschaften. (Einschränkend *Dreyer/Kotthoff/Meckel/Kotthoff*[2] Rdnr. 37: Nur Prüfung auf missbräuchliche Ausnutzung eines strukturellen Ungleichgewichts).

32 Soweit eine **Branchenübung nicht festgestellt** werden kann, ist die angemessene Vergütung der Begründung zufolge „**nach billigem Ermessen** festzusetzen" (RA-Beschlussempfehlung S. 18). Der Begriff des „billigen Ermessens" erinnert an die bürgerlich-rechtliche Regelung der Leistungsbestimmung durch einen Vertragspartner, bei Unbilligkeit durch das Gericht, gemäß § 315 Abs. 1 S. 3 BGB. Auch diese Generalklausel ist freilich nach heute hM (s. MünchKomBGB/*Gottwald*[3] § 315 Rdnr. 31) durch eine Interessenabwägung und Wertung auszufüllen, die „Austauschgerechtigkeit im Einzelfall" schaffen soll (*Gottwald* aaO, Rdnr. 31). Insofern liegt Gleichklang mit dem Korrektiv der Redlichkeit vor (Rdnr. 30). In der Tat verweist die Begründung auch für den Fall auf die Billigkeit, dass zwar eine Übung besteht, sie aber nicht der Redlichkeit entspricht (RA-Beschlussempfehlung S. 18). Bei oberflächlicher Betrachtung mag die Textstelle den Anschein geben, als gehe es um zwei Kriterien: zum einen um die Redlichkeit, nach der die Übung zu überprüfen ist und zum anderen um die Billigkeit, die an die Stelle einer unredlichen oder fehlenden Übung tritt. Andererseits ist drei Sätze vorher in der Begründung davon die Rede, dass bei einer Branchenübung, die nicht der Redlichkeit entspricht, es „einer wertenden Korrektur **nach diesem Maßstab**" bedarf (RA-Beschlussempfehlung S. 18). Hieraus ist zu folgern, dass der „Redlichkeitstest" einer bestehenden Übung und die Ausfüllung der Lücke bei fehlender oder unredlicher Übung nach einem einheitlichen Maßstab zu erfolgen hat, wie dies auch der Sache entspricht (ebenso *Loewenheim/v. Becker*[2] § 29 Rdnr. 33 FN 61; aA *Dreyer/Kotthoff/Meckel/Kotthoff*[2] Rdnr. 37). In beiden Fällen ist nach einer Abwägung und Wertung der Interessen zu entscheiden. „Redlichkeit" und „Billigkeit" sind zwei Bezeichnungen für ein und dieselbe Generalklausel (s. im Ergebnis wohl auch *Nordemann* S. 83 Rdnr. 36).

33 Schon die Begründung zum Regierungsentwurf verweist auf das **Beteiligungsprinzip** als wichtigen Wertungsfaktor für die Beurteilung der Angemessenheit der Vergütung (S. 18; s. dazu auch *Nordemann* S. 71; *Reber* GRUR 2003, 393; s. auch OLG München ZUM 2007, 142, 147; BGH I ZR 230/06 Rdnr. 24). Die Begründung zur RA-Beschlussempfehlung führt diesen Gedanken fort (S. 18). Nach dem Professorenentwurf sollte der Beteiligungsgrundsatz sogar ins Gesetz aufgenommen werden; nach dem Beteiligungsprinzip war die „angemessene Vergütung" im Regelfall zu berechnen (GRUR 2000, 764, 766). Dass das Beteiligungsprinzip nicht mehr im Gesetzestext aufscheint, bedeutet kein Votum gegen seine Geltung, sondern im Gegenteil, dass es als selbstverständliche ungeschriebene Maxime vorausgesetzt wird (seine Bedeutung betont besonders *Andernach* S. 152 ff.).

Der Beteiligungsgrundsatz setzt die Urhebervergütung zu dem Ertrag in Beziehung, den der Werknutzer durch die Verwertung des Werks erzielt. Das Reichsgericht hat betont und der BGH bekräftigt, dass der Urheber tunlichst an dem wirtschaftlichen Nutzen zu beteiligen ist, der aus seinem Werk gezogen wird (Einl. Rdnr. 13, vor § 31 Rdnr. 65 m. Nachw.). Gemäß § 13 Abs. 3 S. 1 WahrnG sollen Berechnungsgrundlage für die Tarife der Verwertungsgesellschaften regelmäßig die geldwerten Vorteile sein, die durch die Verwertung erzielt werden (s. dazu BGH GRUR 2001, 1139, 1142 – Gesamtvertrag privater Rundfunk). Auf dem Beteiligungsprinzip beruhen der Bestsellerparagraph § 36 aF und die Neufassung in § 32 a.

Nach überwiegender Auffassung ist entscheidend für die Beteiligung der durch die Werkverwertung erzielte **Bruttoerlös**, dh. Nettoladenverkaufspreis und somit der Umsatz, nicht dagegen der Gewinn (vgl. § 13 WahrnG Rdnr. 7 mwN; LG Berlin ZUM 2005, 904, 906;

Angemessene Vergütung § 32

BGH I ZR 38/07 – Talking to Addison; *Fromm/Nordemann*[9] § 13 WahrnG Rdnr. 4; *Schack*[4] Rdnr. 1211; *Andernach* S. 153 ff.; *Dreier/Schulze/Schulze* Rdnr. 55; *Reber* GRUR 2003, 393, 396; *Grabig* S. 187; s. auch 2. Aufl. zu § 36 Rdnr. 10 aF; vgl. auch *Jacobs*, in: Fs. für Ullmann S. 79, 86 ff., der betont, dass es sich bei dem Bruttoerlös um einen „rein fiktiven Parameter" handle, der mit den Bruttoeinnahmen des Urhebers nicht gleichzusetzen sei, der sich allerdings in der Praxis als nützlich erwiesen habe). Art. 14 GG gebietet, dass die vermögenswerten Ergebnisse der Verwertung des geistigen Eigentums grundsätzlich dem Urheber zuzuordnen sind (Regierungsentwurf S. 14; vgl. auch die Kommentierung vor §§ 44a ff. Rdnr. 7/8). Andererseits erhebt der Werknutzer Anspruch auf das wirtschaftliche Ergebnis seiner gewerblichen Tätigkeit. In Abwägung beider Positionen ist zu fragen, „welcher Anteil an dem Endprodukt jeweils der Leistung des Werknutzers und welcher dem Beitrag des Urhebers zuzurechnen ist" (Regierungsentwurf S. 14). Dabei sind „alle relevanten Umstände zu berücksichtigen, wie Art und Umfang der Nutzung, Marktverhältnisse, Investitionen, Risikotragung, Kosten, Zahl der hergestellten Werkstücke oder öffentlichen Wiedergaben, zu erzielende Einnahmen" (Regierungsentwurf S. 14; s. auch *Wandtke/Bullinger/Wandtke/Grunert*[3] Rdnr. 27, 31 ff.; *Berger/Wündisch/Berger* Rdnr. 88). Sämtliche Nutzungsarten sind zu berücksichtigen, auf die sich der Vertrag bezieht (*Reber* GRUR 2003, 393, 395; *Dreier/Schulze/Schulze* Rdnr. 21).

Als „Faustregel" kann gelten, dass die Leistung des Urhebers und diejenige des Werkverwerters als gleichgewichtig einzuschätzen sind, so dass eine **hälftige Verteilung der Bruttoerträge** als angemessen erscheint (zustimmend *Reber* GRUR 2003, 393, 398 sowie BGH I ZR 230/06 Rdnr. 47 für die Verteilung des Nettoerlöses aus den Nebenrechten; ablehnend *Dreyer/Kotthoff/Meckel/Kotthoff*[2] Rdnr. 39. Eingehend zur Verteilung in der Filmbranche *Andernach* S. 157 ff.). In der Praxis hat freilich das Übergewicht der Verwerterseite dazu geführt, dass die Urheber eine hälftige Beteiligung am Verwertungsertrag kaum je erreichen können. Hier besteht Korrekturbedarf. Insbesondere gilt dies gegenüber der in vielen Verwertungsbereichen als „Richtzahl" fungierenden Marge von **10% vom Umsatz** (wo 10% üblich ist, wäre aber 5% jedenfalls unangemessen, so *Wandtke/Bullinger/Wandtke/Grunert*[3] Rdnr. 40). Die Größe von 10% stammt aus dem Verlagsgewerbe, genauer gesagt aus der Notzeit nach dem 1. Weltkrieg (s. zur Geschichte und Kritik *Schricker* GRUR 2002, 737 ff.; *Andernach* S. 157 f.; *Dreier/Schulze/Schulze* Rdnr. 48; *Haupt/Flisak* KUR 2003, 41, 43, 47. Kritisch zur schweizerischen 10%-Regel *Marbach/Riva* in *Hilty* (Hrsg.), Die Verwertung von Urheberrechten in Europa, 1995, S. 59 ff.; *Reber* GRUR 2003, 393, 398). Die 10%-Beteiligung am Ladenpreis ist in Wirklichkeit keine allgemein gültige Größe (so auch *Hertin* MMR 2003, 16; *Wegner/Wallenfels/Kaboth* S. 39 f., 95 f.; *Homburg/Klarmann* ZUM 2004, 704 ff.); bei ihrer Übertragung auf andere Verwertungsbereiche werden gravierende Systemfehler begangen. Denn der Ansatz am Ladenpreis bedeutet, dass der Ertrag nachgeordneten Verteilungsstufen zum Ausgangspunkt gemacht wird, die keine urheberrechtlich relevanten Handlungen beinhalten. Rechnet man das Urheberhonorar vom Ertrag des Verlegers, des eigentlichen Werknutzers, so ergeben die 10% vom Ladenpreis je nach der Höhe des Buchhändlerrabatts einen Honorarsatz von 20 bis 25% (*Schricker* GRUR 2002, 737, 741/742; *Haberstumpf/Hintermeier* S. 131; *Reber* GRUR 2003, 393, 398). Von diesem Prozentsatz wäre auszugehen, wenn man die Angemessenheit des Urheberhonorars beurteilt oder Anhaltspunkte für die Vergütungshöhe in anderen Branchen sucht (s. auch *Dreier/Schulze/Schulze* Rdnr. 48). Zu berücksichtigen wäre dabei auch, dass der Verleger körperliche Werkstücke produziert und vertreibt, die vom Abnehmer im Ladenpreis mit entgolten werden. Wo es an derartigen sächlichen Werten fehlt, wie bei Formen der unkörperlichen Verwertung zB im Internet, ist dies im Sinne einer vergleichsweise höheren Bewertung des Urheberbeitrags zu berücksichtigen.

34

Die **prozentuale Beteiligung** des Urhebers an den Erträgen des Verwerters hat den Vorteil einer **Anpassung an die Ertragsentwicklung** und stellt regelmäßig die gebotene Form der Vergütung dar, da sie das **Beteiligungsprinzip** verwirklicht. Es wird die **Marktlage** berücksichtigt, von der der Verwertungserfolg abhängt. Die Proportionalität der Urhebervergütung zum Ertrag der Werkverwertung kann deshalb wesentlich zur Sicherung der Angemessenheit beitragen. Es kommt dann nur noch auf den Beteiligungsprozentsatz an, der seinerseits flexibel sein kann, etwa mit der Auflagenhöhe angemessen zu steigen hat. Allerdings ist gem. OLG München ZUM 2007, 308, 316; 142 sowie BGH I ZR 38/07 – Talking to Addision Rdnr. 43 – in Abweichung zu den Vergütungsregeln für Autoren – zugunsten des Übersetzers eine Progression des Beteiligungssatzes bei steigenden Absatzzahlen nicht zwingend geboten, da für Absatzsteigerungen die Leistungen des Autors oder des Verwerters, kaum aber jemals die des Übersetzers maßgeblich sind.

35

Gerade bei der Vergütung für Übersetzer ist zu berücksichtigen, dass eine an den Seitenumfang des Buches anknüpfende, eher geringe Vergütung, gepaart mit einer prozentualen Beteiligung an der Veräußerung bei Bestsellern, zu ganz erheblichen Erlösen bei einigen Übersetzern führen kann, wogegen die größte Zahl der Übersetzer neben dem Seitenhonorar keine weitere Beteiligung erhält. Dies entspricht zwar dem urheberrechtlichen Beteiligungsgrundsatz, mag aber bei Übersetzungen auf Bedenken stoßen, da hier der Erfolg sehr häufig vom Originalwerk bzw. dem Namen des Autors determiniert ist und die Übersetzer keinen Einfluss darauf haben, welchen Stoff und welchen Autor zu übersetzen sie beauftragt wurden. Zudem führt dieses Modell dazu, dass die Übersetzer anspruchsvoller, also im Regelfall besser vergüteter und umfangreicher Texte, selten eine Beteiligung am Verkaufserfolg geltend machen können.

Zwar entspricht es dem urheberrechtlichen Beteiligungsgrundsatz in besonderem Maße, wenn die Vergütung des Urhebers mit dem Absatz der Vervielfältigungsstücke verknüpft wird, insbesondere mit Preis und Stückzahl der verkauften Werke (OLG München ZUM 2007, 147). Das heißt freilich nicht, dass § 32 eine Honorierung in **Festbeträgen** in Kombination mit einer Beteiligungsvergütung oder auch in Form eines einmaligen Pauschalhonorars für eine umfassende Einräumung von Nutzungsrechten (**„Buy-Out"**) generell ausschließen würde, wie von Kritikern der Reform befürchtet wurde (s. dazu umfassend *Jani*, Der Buy-Out-Vertrag im Urheberrecht, S. 39 ff., 277 ff.; s. ferner *Andernach* S. 184 ff.; *Dreier/Schulze/Schulze* Rdnr. 56 ff.; *Wandtke/Bullinger/Wandtke/Grunert*[3] Rdnr. 38; *Dreyer/Kotthoff/Meckel/Kotthoff*[2] Rdnr. 38; *Berger/Wündisch/Berger* § 2 Rdnr. 103; *Loewenheim/v. Becker*[2] § 29 Rdnr. 61; *Erdmann* GRUR 2002, 923, 927; *Jacobs*, in: Fs. für Nordemann, S. 79, 85; *Hertin* MMR 2003, 16, 17; *Poll*, ZUM 2009, 611, 615 (für den Filmbereich); kritisch *Reber* GRUR 2003, 393, 394; *Schack* GRUR 2002, 853, 855; ablehnend *Nordemann* S. 78 f., 79 ff.). Eine Pauschalvergütung kann der Redlichkeit entsprechen (BGH I ZR 230/06 Rdnr. 25). Insbesondere im Filmbereich führen Pauschalhonorare nicht generell zu unangemessenen Ergebnissen (LG Berlin, ZUM 2009, 781). Derartige Vergütungsstrukturen sollen nach der Begründung zur RA-Beschlussempfehlung unberührt bleiben, soweit sie üblich und redlich sind; als Beispiele werden Sammelwerke im Verlagsbereich sowie die Werbewirtschaft genannt (Regierungsentwurf S. 14 f.). Nachdrücklich für die Angemessenheit von Buy-out-Verträgen im Filmbereich *Poll*, ZUM 2009, 611. Diese Beispiele zeigen allerdings, dass ein „Buy-Out" nach dem Willen des Gesetzgebers nur für spezielle Fallkonstellationen als redlich angesehen werden kann, während in der Regel eine Beteiligung des Urhebers an der gesamten Werknutzung geboten ist (OLG München ZUM 2007, 308, 313; BGH I ZR 230/05 Rdnr. 24). Demnach ist auch hier eine Interessenabwägung und Wertung am Platze, wobei auch Verwaltungs- und Kostenfaktoren der Honorierung berücksichtigt werden können, insbesondere bei zahlreichen nur jeweils geringfügig Beteiligten (kritisch *Reber* GRUR 2003, 393, 395/396). Wesentlich ist gerade bei Einmalbeiträgen die Höhe; es darf nicht so sein, dass dem Urheber im Rahmen eines Minimalhonorars die Verwertungsrisiken einseitig überbürdet werden, während die positive Entwicklung allein dem Verwerter zugute kommt (*Reber* GRUR 2003, 393, 396/397). Der Bemessungsmodus ist bei der Angemessenheitsprüfung mit einzubeziehen. In einem Fall, in dem sich der Verleger sämtliche Nutzungsrechte an der Übersetzung eines Sachbuches räumlich, zeitlich und inhaltlich unbeschränkt hat einräumen lassen, sah der BGH die Vereinbarung einer vom Umfang der Nutzung des Werkes unabhängigen Pauschalvergütung als unangemessen an, weil sie den Urheber nicht ausreichend an den Chancen einer erfolgreichen Verwertung beteiligt (BGH I ZR 230/06).

„Innovativen Vergütungsmodellen" will im Übrigen die RA-Beschlussempfehlung den Weg nicht versperren, soweit dabei das Prinzip der Redlichkeit beachtet wird: „**Quersubventionierungen** und **Mischkalkulationen** bleiben zulässig, wenn hierbei den Interessen der Urheber hinreichend Rechnung getragen wird" (RA-Beschlussempfehlung S. 18 f.; *Berger/Wündisch/Berger* § 2 Rdnr. 101; *Dreier/Schulze/Schulze* Rdnr. 58. Skeptisch *Nordemann*, S. 81. Zur Verteidigung der Mischkalkulation aus Verlagssicht s. *Loewenheim/v. Becker*[2] § 29 Rdnr. 30; für den Filmbereich *Poll*, ZUM 2009, 611, 616).

36 Wie die Begründung zum Regierungsentwurf hervorhebt, gilt das **Beteiligungsprinzip nicht absolut:** „Nicht überall wo Einnahmen erzielt werden, ist eine Beteiligung begründbar; aber auch wo keine Einnahmen erzielt werden, kann sich durchaus ein Vergütungsanspruch ergeben" (Regierungsentwurf S. 14 f.). Als Beispiel für die erste Fallgruppe wird der Verlag von Dissertationen oder von Festschriften in kleiner Auflage genannt, der sich angesichts von Kosten und Absatzmöglichkeiten nur honorarfrei oder gar nur mit Hilfe eines Druckkostenzuschusses bewerkstelligen lässt. Die **angemessene Vergütung schrumpft dann zu Null** (vgl. *Loewenheim/v. Becker*[2] § 29 Rdnr. 61 f.; *Dreier/Schulze/Schulze* Rdnr. 20, 61/62; *Jacobs*, in: Fs. für Nordemann S. 79, 85). Ein Nachforderungsrecht nach § 32a kann jedoch entstehen, wenn sich ein lukrativer Absatz entwickelt (Regierungsentwurf S. 15; vgl. auch *Nordemann* S. 82; *Zentek/ Meinke* S. 51). Bei der Vergütung kann in solchen Fällen auch zu berücksichtigen sein, dass der Verfasser die abzuliefernden Pflichtexemplare als Freiexemplare erhält (s. zur Frage, ob die Vergütung in Geld zu leisten ist, Rdnr. 37).

Die zweite Fallgruppe ist zB einschlägig, wenn ein Verlag eine Jahresgabe für Geschäftsfreunde herstellt, die unentgeltlich verteilt wird; es besteht kein Grund, dem Verfasser das Honorar vorzuenthalten (Regierungsentwurf S. 15). Allgemein gilt, dass der Urheber nicht nur dort zu beteiligen ist, wo die Werkverwertung einen Ertrag abwirft; der Urheber hat vielmehr von Verfassungs wegen grundsätzlich **immer einen Vergütungsanspruch, wenn das Werk genutzt wird** (Einl. Rdnr. 13 m. Nachw.; BVerfG GRUR 1980, 44, 48 – Kirchenmusik).

Nach § 22 Abs. 2 VerlG ist eine „angemessene Vergütung **in Geld** als vereinbart anzusehen", 37 wenn die Höhe der Vergütung nicht bestimmt ist. Der gesetzliche Verweis auf die Geldzahlung gilt freilich nur bei mangelnder Bestimmung der geschuldeten Vergütung; bestimmt werden kann auch eine nicht in Geld bestehende Vergütung. Die festgesetzte Vergütung kann in jeder vermögenswerten Leistung liegen, insbesondere auch in der Lieferung von Freiexemplaren (*Schricker*, Verlagsrecht³, § 22 Rdnr. 6). Ist die vertraglich bestimmte Vergütung angemessen, so bleibt es dabei, auch wenn die Vergütung nicht in Geld besteht. Erst bei Unangemessenheit gelangt man zum Geldanspruch des § 22 Abs. 2 VerlG.

In § 32 UrhG wird die angemessene Vergütung nicht als Vergütung in Geld definiert. Bei der Angemessenheitsprüfung sind „alle relevanten Umstände" zu berücksichtigen (RA-Beschlussempfehlung S. 18). Der Weg zu „neuen, innovativen Vergütungsmodellen" soll nicht versperrt werden; „Quersubventionierungen und Mischkalkulationen" sollen zulässig bleiben (RA-Beschlussempfehlung aaO). Dies alles deutet darauf hin, dass bei der Angemessenheitsprüfung – wie im Verlagsrecht – alle relevanten Vermögensvorteile in Rechnung zu stellen sind, die als eine Gegenleistung für die fragliche Einräumung von Nutzungsrechten oder die Erlaubnis zur Werknutzung zu werten sind (so auch *C. Berger* Rdnr. 87, 129; *Dreier/Schulze/Schulze* Rdnr. 20).

Es fragt sich weiter, ob bei Feststellung der Unangemessenheit der Ausgleich – wie im Verlagsrecht – immer durch eine Geldzahlung zu erfolgen hat oder ob auch ein sonstiger Vermögensvorteil – etwa in Fortführung einer vertraglichen Regelung – den Ausgleich bringen kann. Richtet sich die Angemessenheit nach einem Tarifvertrag oder nach einer gemeinsamen Vergütungsregelung, so wird es sich im Allgemeinen um eine Geldzahlung handeln. Sie wird auch bei individueller Bestimmung der Angemessenheit meist am Platze sein. Nur in Ausnahmefällen wird sich zur Erreichung der Angemessenheit ein anderer Vergütungsmodus nach den bestehenden Beziehungen und den Umständen anbieten (generell für Geldanspruch *Haas* Rdnr. 142). Nicht ausweichen kann der Verwerter jedenfalls auf eine Reduktion der Leistung des Urhebers, etwa durch Rückgabe eines Teils der Nutzungsrechte (*Berger/Wündisch/Berger* § 2 Rdnr. 57).

Bei der Bestimmung der angemessenen Vergütung sind „Art und Umfang der eingeräumten 38 Nutzungsmöglichkeit, insbesondere ... Dauer und Zeitpunkt der Nutzung, unter Berücksichtigung aller Umstände" in Rechnung zu stellen (§ 32 Abs. 2 S. 2). Die Begründung zum Regierungsentwurf und die RA-Beschlussempfehlung stellen auf **„alle relevanten Umstände"** ab und erwähnen beispielhaft außer den ins Gesetz aufgenommenen Faktoren noch Marktverhältnisse, Investitionen, Risikotragung, Kosten, Zahl der Werkstücke oder öffentlichen Wiedergaben und zu erzielende Einnahmen (Regierungsentwurf S. 14; RA-Beschlussempfehlung S. 18; s. zur Auslegung im Einzelnen *Dreier/Schulze/Schulze* Rdnr. 52, 63 ff.; *Nordemann* S. 73 ff.; *C. Berger* Rdnr. 121 ff., *Berger/Wündisch/Berger* § 2 Rdnr. 95 ff. Eine Checkliste der relevanten Umstände geben *Haupt/Flisak* KUR 2003, 41, 48; s. auch *Loewenheim/v. Becker*² § 29 Rdnr. 34 ff.). Weitere Faktoren wären etwa sachliche Reichweite und Art der Lizenz (zur Bewertung von Nebenrechten s. *D. Berger* ZUM 2003, 521, 525; *Wegner/Wallenfels/Kaboth* S. 40) sowie die Berücksichtigung vorheriger, späterer oder konkurrierender Nutzungen. Zurückhaltung ist gegenüber einer Differenzierung nach der **Schöpfungshöhe des Werkes** geboten (auf sie wollen aber *C. Berger* Rdnr. 130, *Berger/Wündisch/Berger* § 2 Rdnr. 98, *Ory* AfP 2000, 93, 98 und *Dreyer/Kotthoff/Meckel/Katthoff*² Rdnr. 31 abstellen; ablehnend *Zentek/Meinke* S. 51; *Grabig* S. 182; OLG München ZUM 2007, 308, 314). Sie stößt auf Schwierigkeiten, wenn das Werk zum Zeitpunkt des Vertragsschlusses (vgl. Rdnr. 27) noch nicht geschaffen ist. Es widerspricht auch der Üblichkeit, dass zB „gute" wissenschaftliche Lehrbücher besser als „schlechte" honoriert werden. Gerade triviale Werke mögen oft zum Markterfolg führen, hochstehende Werke einen Misserfolg verzeichnen. § 7 Satz 2 WahrnG legt es zwar Verwertungsgesellschaften auf,

§ 32 Angemessene Vergütung

„kulturell bedeutende Werke" zu fördern; bei § 32 UrhG ist eine derartige Kulturförderung aber nicht impliziert. Es liegt auf der Hand, dass eine Interpretation vom „grünen Tisch" die Vielfalt von in Betracht kommenden Umständen bei weitem nicht ausschöpft. Hier müssen die in der Praxis auftauchenden Fragestellungen und Wertungen weiterhin abgewartet werden (s. zu den Umständen des Einzelfalles *Wandtke/Bullinger/Wandtke/Grunert*[3] Rdnr. 31 ff.).

39 Wörtlich genommen kann die Verknüpfung der angemessenen Vergütung bereits mit der Einräumung des Nutzungsrechts gewisse Schwierigkeiten machen, insbesondere beim **Absatzhonorar**. So ist es im Verlagsgewerbe üblich, dass spätestens mit der Manuskriptübergabe das Verlagsrecht eingeräumt wird (§ 9 Abs. 1 VerlG; s. dazu *Schricker*, Verlagsrecht[3], § 9 Rdnr. 1, 5); eine Vergütung ist aber regelmäßig erst dann zu leisten, wenn Werkexemplare hergestellt und vertrieben werden, wobei das Beteiligungshonorar vom Ladenpreis der abgesetzten Exemplare berechnet wird (vgl. *Schricker*, Verlagsrecht[3], § 22 Rdnr. 7). Die Vergütung knüpft nach der gängigen Praxis somit an die Vervielfältigung und Verbreitung der Werkexemplare an, nicht bereits an die Einräumung des Nutzungsrechts, sofern nicht ein Vorschusshonorar gewährt wird. Man wird davon ausgehen können, dass diese bewährte, an den Absatz geknüpfte Art der Honorierung in Zukunft nicht ausgeschlossen werden soll, auch wenn der Anspruch auf angemessene Vergütung nach § 32 bereits mit der Einräumung des Nutzungsrechts bzw. der Erlaubnis zur Werknutzung entsteht. Insofern wird zwar die bisherige verlagsrechtliche Rechtslage, nach der der Honoraranspruch nicht zu den wesentlichen Erfordernissen des Verlagsvertrags gehörte (vgl. *Schricker*, Verlagsrecht[3], § 22 Rdnr. 1), durch das neue Urhebervertragsrecht überlagert (s. im Einzelnen *Schricker*, in: Fs. für Nordemann S. 243 ff.). Nicht ausgeschlossen ist aber, dass der Honoraranspruch als Beteiligungsanspruch nach wie vor an den Absatz der Werkexemplare anknüpft und insofern zeitlich hinausgeschoben ist. Die Regelung bedeutet zum einen, dass die Höhe der Vergütung erst durch den Absatz konkretisiert wird, und zum anderen, dass die Fälligkeit des Anspruchs erst nach dem Absatz (und Verstreichen der Abrechnungsfrist, vgl. *Schricker*, Verlagsrecht[3], § 23 Rdnr. 7 a) eintritt. Während der Professorenentwurf eine eigene **Fälligkeitsregelung** vorsah (§ 32 Abs. 2 S. 2, 3 des Entwurfs) verweist die RA-Beschlussempfehlung auf § 271 BGB und gibt abweichenden vertraglichen Abreden Raum (RA-Beschlussempfehlung S. 19. S. dazu *Nordemann* S. 89; *Haas* Rdnr. 157; *Loewenheim/v. Becker*[2] § 29 Rdnr. 147).

40 Ob der Gesamtkomplex einer derartigen Honorarregelung der Angemessenheit entspricht, hängt von allen Umständen ab, wobei insbesondere zu berücksichtigen ist, ob der Verleger zur Vervielfältigung und Verbreitung verpflichtet ist, wie dies dem gesetzlichen Modell des **Verlagsvertrages** entspricht (vgl. § 1 Satz 2 VerlG; *Schricker*, Verlagsrecht[3], § 1 VerlG Rdnr. 7). Besteht eine solche Auswertungspflicht nicht, wie beim Bestellvertrag (vgl. § 47 Abs. 1 VerlG; *Schricker* Verlagsrecht[3] § 47 VerlG Rdnr. 13), so wird die Angemessenheit verlangen, dass die Vergütung bereits bei der Einräumung des Nutzungsrechts im Blick auf die ermögliche Nutzung zu zahlen ist (vgl. *Schricker* Verlagsrecht[3] § 47 VerlG, Rdnr. 20). Unangemessen wäre jedenfalls eine Regelung, die dem Urheber nur ein Absatzhonorar gewährt, den Vertragspartner aber zur Verwertung nicht verpflichtet, so dass offen bleibt, ob der Urheber überhaupt etwas erhält oder ganz leer ausgeht.

41 Ergibt sich, dass die vereinbarte Vergütung unangemessen ist, so ist der Vertrag nicht nur insoweit zu korrigieren, als dies unter Berücksichtigung der gesamten Beziehungen der Parteien erforderlich ist, um die Unangemessenheit gerade noch zu beseitigen. Vielmehr ist angesichts der urheberfreundlichen Tendenz des Gesetzes eine Abänderung des Vertrages vorzunehmen, die zu einer umfassend angemessenen Vergütung führt. Dies ergibt sich aus Sinn und Zweck des § 32, der darauf abzielt, das fehlende Gleichgewicht der Kräfte zwischen Verwerter und Urheber herzustellen (OLG München ZUM 2007, 142, 148; *Dreyer/Kotthoff/Meckel/Kotthoff*[2] § 32 Rdnr. 12). Anderenfalls würde der Verwerter privilegiert, der keine angemessene Vergütung leistet, da er allenfalls damit rechnen müsste, eine gerade nicht mehr unangemessene Vergütung leisten zu müssen. Der Urheber kann also innerhalb des Angemessenen ein durchschnittliches Honorar verlangen.

IV. Zwingender Charakter und Umgehungsschutz

42 Nach § 32 Abs. 3 S. 1 UrhG ist der Gesamtkomplex der in § 32 enthaltenen Regelungen – **einseitig zugunsten des Urhebers** – **zwingend**. Das Gesetz orientiert sich dabei an Regelungsmodellen des (neuen) bürgerlichen Rechts (RA-Beschlussempfehlung S. 19). Durch die Formulierung wird auch sichergestellt, dass „der Nutzungsvertrag mit den sonstigen Rechten und Pflichten wirksam bleibt" (RA-Beschlussempfehlung S. 19. S. dazu auch *Nordemann* S. 83 ff. mit Beispielen; *Haas* Rdnr. 193; *C. Berger*, Rdnr. 109 f.; *Dreier/Schulze/Schulze* Rdnr. 75).

§ 32 Abs. 3 S. 2 enthält einen zusätzlichen **Umgehungsschutz**. Abtretungen seitens des Urhebers an den Verwerter, an diesem nahe stehende Unternehmen oder sonstige Praktiken, wie etwa Verzichte, konzerninterne Erlösverschiebungen udgl., die die zwingenden Vorschriften des § 32 Abs. 1, 2 ganz oder teilweise aushöhlen oder entwerten, werden durch § 32 Abs. 3 S. 2 ausgeschlossen (*Loewenheim/v. Becker*[2] § 29 Rdnr. 66; *Dreier/Schulze/Schulze* Rdnr. 78/79; *Dreyer/Kotthoff/Meckel/Kotthoff*[2] Rdnr. 45). Die Wahrnehmung der Ansprüche des Urhebers durch Verwertungsgesellschaften bildet keine Umgehungspraktik zum Schaden des Urhebers; sie ist nach allgemeinen Grundsätzen möglich (so. Rdnr. 18). Dagegen ist gegenüber Erlassverträgen Zurückhaltung geboten. Auf einen im Voraus vereinbarten Erlass oder auf die Verpflichtung zu einem solchen kann sich der Vertragspartner nicht berufen. Zu akzeptieren ist ein Erlass dagegen, wenn sich die Parteien über den Anspruch auf Zahlung der angemessenen Vergütung einig geworden sind (*Berger/Wündisch/Berger* § 2 Rdnr. 79. AA *Dreier/Schulze/Schulze* Rdnr. 77).

Nicht berührt werden von § 32 Abs. 3 S. 2 im Innenverhältnis zwischen dem Verwerter und dessen Vertragspartnern, etwa Lizenznehmern, getroffene Abreden, die für den Anspruch des Urhebers einen internen Ausgleich schaffen (*Hillig* AfP 2003, 94; *Haas* Rdnr. 182). Bei missbräuchlichen Abreden, die darauf abzielen, die Urhebervergütung zu schmälern, kann § 32 Abs. 3 S. 2 eingreifen (*Dreier/Schulze/Schulze* Rdnr. 17).

43 Die so genannte **„Linux-Klausel"** des § 32 Abs. 3 S. 3 will Open-Source- Vertriebssystemen, insbesondere von Computersoftware, entgegenkommen, bei denen die Urheber auf die Vergütung verzichten und ihre Werke jedermann zur Nutzung zur Verfügung stellen, beispielsweise unter der General Public License (GPL) (vgl. näher *Jaeger/Metzger*, Open Source Software[2] Rdnr. 26 ff.). In diesen Fällen ist dem Urheber nicht an der durch § 32 Abs. 1 gewährleisteten angemessenen Vergütung gelegen. Vielmehr ist sicherzustellen, dass Softwareentwickler, die ihre Programme einer Open-Source-Lizenz unterstellen, gegen Lizenznehmer nicht nachträglich Vergütungsansprüche stellen können, da sich anderenfalls erhebliche Unsicherheiten für das Vertriebssystem ergäben. Um dies zu vermeiden, schließt § 32 Abs. 3 S. 3 UrhG die Geltendmachung des Anspruchs auf angemessene Vergütung aus, wenn ein unentgeltliches einfaches Nutzungsrecht an jedermann eingeräumt worden ist (*Jaeger/Metzger*, Open Source Software[2] Rdnr. 135 f.). Sollte es sich jedoch ergeben, dass es sich beim Vertragspartner des Urhebers nicht um den Nutzer handelt, sondern um einen Verwerter wie zB ein Softwareunternehmen, das den Urheber zwingt zu erklären, jedermann könne das Werk unentgeltlich verwerten, so läge eine Umgehung iSv. § 32 Abs. 3 S. 2 vor.

Eine Rolle könnte § 32 Abs. 3 S. 3 auch für Werke spielen, die ins **Internet** eingestellt werden, etwa von Wissenschaftlern in Vollzug des **„Open Access"**-Systems. Die Sicherung des freien Zugangs durch Einstellen ins Internet bedeutet freilich noch nicht, dass unentgeltlich ein einfaches Nutzungsrecht, etwa zur Vervielfältigung und Verbreitung im Sinne des § 32 Abs. 3 S. 3 für jedermann eingeräumt wird (so auch *Dreier/Schulze/Schulze* Rdnr. 81). Mangels ausdrücklicher einzelner Bezeichnung bleibt es vielmehr dabei, dass im Zweifel ein Nutzungsrecht nicht eingeräumt wird. Es besteht dann Kopierfreiheit nur nach Maßgabe des § 53, was den Bedürfnissen idR auch genügen wird.

V. Verjährung

44 Hinsichtlich der Verjährung enthält § 32 keine Regelung. § 102 UrhG ist unanwendbar, da es sich nicht um Verletzungsansprüche handelt (aA *Wandtke/Bullinger/Wandtke/Grunert*[3] Rdnr. 21). Es gelten die **allgemeinen Vorschriften der §§ 194 ff. BGB** (*Berger/Wündisch/Berger* § 2 Rdnr. 65). Zwischen verschiedenen Ansprüchen ist zu unterscheiden (vgl. Rdnr. 20 ff.). Zum einen geht es um den Anspruch auf Einwilligung in die Änderung des Vertrags (§ 32 Abs. 1 S. 3), zum anderen um den Anspruch auf die angemessene Vergütung, wenn sie von vornherein vertraglich vereinbart oder durch nachträgliche freiwillige oder im Klageweg erreichte Vertragsänderung festgelegt ist. Auf die angemessene Vergütung kann auch unmittelbar geklagt werden, wenn der Vertrag die Höhe der Vergütung nicht bestimmt (§ 32 Abs. 1 S. 2). Auf den Beginn der Nutzung kommt es nicht an, da Anknüpfungspunkt für den Anspruch die Einräumung von Nutzungsrechten ist (so. Rdnr. 14). Es handelt sich in jedem Fall um vertragliche Ansprüche, ganz gleich, ob sich die Angemessenheit nach Tarifvertrag, gemeinsamer Vergütungsregel oder individueller Bestimmung bemisst.

45 Die **Verjährungsfrist** beträgt 3 Jahre (§ 195 BGB). Sie beginnt mit dem Schluss des Jahres, in dem der Anspruch entstanden ist und der Gläubiger von den den Anspruch begründenden Umständen und der Person des Schuldners Kenntnis erlangt oder ohne grobe Fahrlässigkeit erlangen müsste (§ 199 Abs. 1 BGB). Ohne Rücksicht auf die Kenntnis oder grobfahrlässige Unkenntnis verjährt der Anspruch in 10 Jahren von der Entstehung an (§ 199 Abs. 4 BGB). Der Anspruch auf Änderung des Vertrags entsteht mit Vertragsschluss. Ergibt sich der Anspruch auf angemessene Vergütung erst aus der Änderung des Vertrags, entsteht der Anspruch nicht, bevor diese erfolgt ist. Soweit der Anspruch von der Unangemessenheit der Vergütung abhängt, ist die Kenntnis bzw. grobfahrlässige Unkenntnis auf die zugrunde liegenden Umstände zu beziehen (insbesondere Üblichkeit, Redlichkeit, Existenz einer tarifvertraglichen Bestimmung oder gemeinsamen Vergütungsregel) (vgl. auch *Wandtke/Bullinger/Wandtke/Grunert*[3] § 32 Rdnr. 21; *Nordemann* S. 92/93; *Loewenheim/v. Becker*[2] § 29 Rdnr. 150 ff.; *Dreier/Schulze/Schulze* Rdnr. 89/90).

VI. Rechtsdurchsetzung

46 Zur Vorbereitung der Ansprüche nach § 32 Abs. 1 S. 2 und 3 kann nach allgemeinen Regeln auf **Auskunft und Rechnungslegung** geklagt werden, insbesondere im Weg der Stufenklage (*Wandtke/Bullinger/Wandtke/Grunert* Rdnr. 20; *Berger/Wündisch/Berger* Rdnr. 71 f.; *Dreier/Schulze/Schulze* Rdnr. 85; *Dreyer/Kotthoff/Meckel/Kotthoff*[2] Rdnr. 9; *Loewenheim/v. Becker*[2] § 29 Rdnr. 161 ff.). S. LG Berlin ZUM 2009, 781. Ein Auskunftsanspruch ist insbesondere erforderlich, wenn ein Absatzhonorar vereinbart ist oder wenn sich gemeinsame Vergütungsregelungen am Absatz des Werkes orientieren. Auskunft über die Verwertung seines Werkes benötigt der Urheber aber auch im Falle eines Pauschalhonorars, da auch dann ein Anspruch auf angemessene Vergütung besteht und der Urheber die Voraussetzungen dieses Anspruchs prüfen können muss (*Dreier/Schulze/Schulze* Rdnr. 85). Der Auskunftsanspruch ergibt sich regelmäßig als Nebenpflicht aus dem Nutzungsvertrag (vgl. RA-Beschlussempfehlung S. 18), anderenfalls aus § 242 (vgl. *Berger/Wündisch/Berger* § 2 Rdnr. 71). Über den Auskunftsanspruch kann bei einer Stufenklage durch Teilurteil entschieden werden (OLG München ZUM 2007, 142, 146).

Mit dem Anspruch auf Vertraganpassung gem. § 32 Abs. 1 S. 3 (Durchsetzung nach § 894 ZPO, *Berger/Wündisch/Berger* § 2 Rdnr. 61) kann bereits der **Anspruch auf Zahlung der Differenz verbunden** werden (*Berger/Wündisch/Berger* § 2 Rdnr. 73; *Wandtke/Bullinger/Wandtke/Grunert*[2] Rdnr. 18; *Haas* Rdnr. 190; *Erdmann* GRUR 2002, 923, 925; *Dreyer/Kotthoff/Meckel/Kotthoff*[2] Rdnr. 10; OLG München, ZUM 2007, 142, 146; LG Hamburg ZUM 2008, 603, 608). Ggf. muss zunächst ein Teilurteil zur Vertragsanpassung ergehen (LG München ZUM 2006, 73, 79) oder die vorläufige Vollstreckbarkeit des Zahlungstitels muss entfallen, weil der Vertrag vor Rechtskraft noch nicht wirksam angepasst worden ist (*Dreier/Schulze/Schulze* Rdnr. 87).

Das Begehren muss bereits im Klageantrag **ziffernmäßig bestimmt** werden. Dafür genügt es, dass in der Klage eine **Größenordnung angegeben** wird (*Berger/Wündisch/Berger* § 2 Rdnr. 74; LG Stuttgart ZUM 2008, 163; aA OLG München ZUM 2007, 308, 315 sowie ZUM 2007, 142, 148, wonach die Bestimmung der Angemessenheit in das Ermessen des Gerichts gelegt werden kann und dieses nach freier Überzeugung die angemessenen Höhe schätzt und unter Würdigung aller Umstände entscheidet). Soweit der Kläger im Wege der Stufenklage vorgeht, kann er sich die Angabe des Erhöhungsbetrags, den er der Größenordnung nach zu benennen hat, bis zur Erteilung der Auskunft vorbehalten (*Berger/Wündisch/Berger* § 2 Rdnr. 72).

Angesichts der Rückwirkung des Anspruchs nach § 32 Abs. 1 S. 3 (s. oben Rdnr. 27) kann der Kläger **neben dem Anspruch auf Vertragsänderung für die Zukunft gleichzeitig Zahlung der erhöhten Vergütung für die Vergangenheit** geltend machen (*Berger/Wündisch/Berger* § 2 Rdnr. 72; *Loewenheim/v. Becker*[2] § 29 Rdnr. 159).

Entsprechend den allgemeinen Regeln zur **Beweislast** trägt der Urheber die Beweislast für die Unangemessenheit der vereinbarten Vergütung sowie dafür, welche Vergütung angemessen wäre (LG Berlin ZUM 2005, 904, 906; OLG München ZUM 2007, 308, 313; so. Rdnr. 27). Ggf. muss ein Sachverständigengutachten eingeholt werden (BGH GRUR 2006, 136, 138 – Pressefotos).

§ 32a Weitere Beteiligung des Urhebers

(1) ¹Hat der Urheber einem anderen ein Nutzungsrecht zu Bedingungen eingeräumt, die dazu führen, dass die vereinbarte Gegenleistung unter Berücksichtigung der gesamten Beziehungen des Urhebers zu dem anderen in einem auffälligen Missverhältnis zu den Erträgen und Vorteilen aus der Nutzung des Werkes steht, so ist der andere auf Verlangen des Urhebers verpflichtet, in eine Änderung des Vertrages einzuwilligen, durch die dem Urheber eine den Umständen nach weitere angemessene Beteiligung gewährt wird. ²Ob die Vertragspartner die Höhe der erzielten Erträge oder Vorteile vorhergesehen haben oder hätten vorhersehen können, ist unerheblich.

(2) ¹Hat der andere das Nutzungsrecht übertragen oder weitere Nutzungsrechte eingeräumt und ergibt sich das auffällige Missverhältnis aus den Erträgnissen oder Vorteilen eines Dritten, so haftet dieser dem Urheber unmittelbar nach Maßgabe des Absatzes 1 unter Berücksichtigung der vertraglichen Beziehungen in der Lizenzkette. ²Die Haftung des anderen entfällt.

(3) ¹Auf die Ansprüche nach den Absätzen 1 und 2 kann im Voraus nicht verzichtet werden. ²Die Anwartschaft hierauf unterliegt nicht der Zwangsvollstreckung; eine Verfügung über die Anwartschaft ist unwirksam. ³Der Urheber kann aber unentgeltlich ein einfaches Nutzungsrecht für jedermann einräumen.

(4) Der Urheber hat keinen Anspruch nach Absatz 1, soweit die Vergütung nach einer gemeinsamen Vergütungsregel (§ 36) oder tarifvertraglich bestimmt worden ist und ausdrücklich eine weitere angemessene Beteiligung für den Fall des Absatzes 1 vorsieht.

Schrifttum: S. die Schrifttumsnachweise zu § 32; s. auch vor §§ 28 ff. Rdnr. 3a.

Übersicht

	Rdnr.
I. Allgemeines	1–10
1. Altes und neues Recht	1–3
2. Entstehungsgeschichte des § 32 a	4
3. Wesen, Bedeutung	5–7
4. Verhältnis zu anderen Vorschriften	8–10
II. Voraussetzungen der Anwendung	11–24
1. Einräumung eines Nutzungsrechts	11–14
2. Auffälliges Missverhältnis	15–22
3. Mehrere Berechtigte	23, 24
III. Rechtsfolgen	25–34
1. Anspruch gegenüber dem Vertragspartner auf Änderung des Vertrags	25–29
2. Haftung bei Einschaltung Dritter	30–34
IV. Unverzichtbarkeit, Unveräußerlichkeit, Unpfändbarkeit	35
V. Vorrang der kollektivrechtlichen Regelungen	36–38
VI. Verjährung	39

I. Allgemeines

1. Altes und neues Recht

Der durch das **Urhebervertragsgesetz von 2002** geschaffene § 32a bildet eine **Weiterentwicklung des alten Bestsellerparagraphen § 36 aF** (zu dessen Kommentierung s. die 2. Aufl.; zu Entwicklungstendenzen bei § 36a aF s. 3. Aufl. § 32a Rdnr. 7). Wie Letzterer hat § 32a die Aufgabe, einen **„Fairnessausgleich ex post"** zu gewährleisten, was nach der alten Regelung nur unzureichend gelungen war. Die Maßstäbe von altem und neuem Recht differenzieren: Früher wurde ein „grobes Missverhältnis" und Unerwartetheit verlangt (s. 2. Aufl. § 36 Rdnr. 12), nunmehr genügt ein „auffälliges Missverhältnis" und es ist unerheblich, ob die Erträge oder Vorteile vorhergesehen oder vorhersehbar waren (§ 32a Abs. 1 S. 2). Der Anspruch kann sowohl gegenüber Vertragspartnern (Abs. 1) als auch gegenüber Dritten geltend gemacht werden, denen Nutzungsrechte eingeräumt worden sind (Abs. 2). Damit können auch solche Verwerter Schuldner des Anspruchs sein, mit denen der Urheber keinen Vertrag geschlossen hat. Die Grundstruktur des § 36 aF Abs. 1 ist beibehalten worden (s. zum Ganzen die RA-Beschlussempfehlung, S. 19). Soweit nicht eine Änderung beabsichtigt ist, kann auf die zur Auslegung des § 36 aF entwickelten Grundsätze zurückgegriffen werden (RA-Beschlussempfehlung, S. 19; *Wandtke/Bullinger/Wandtke/Grunert*[3] Rdnr. 1; *C. Berger* Rdnr. 249; *Berger/Wündisch/Berger* § 2 Rdnr. 222; *Dreier/Schulze/Schulze* Rdnr. 6).

2   Im Übrigen behält § 36 aF unter bestimmten Voraussetzungen seine Anwendbarkeit für **Altverträge:** Nach § 132 Abs. 3 S. 1 ist auf Verträge und Sachverhalte, die vor dem 1. Juli 2002 geschlossen wurden oder entstanden sind, grundsätzlich weiter die am 28. März 2002 geltende Fassung des UrhG anzuwenden. Gemäß § 132 Abs. 3 S. 2 findet jedoch § 32 a auf Sachverhalte Anwendung, die nach dem 28. März 2002 entstanden sind. Relevante Sachverhalte im letzteren Sinne sind die faktischen Voraussetzungen für das „auffällige Missverhältnis" des § 32 a Abs. 1, also insbesondere die „Erträge und Vorteile aus der Nutzung des Werks" (*Haas* Nr. 499; s. auch unten § 132 Rdnr. 15). Tritt das Missverhältnis nach dem 28. 3. 2002, dem Tag der Verkündung des Urhebervertragsgesetzes im Bundesgesetzblatt, ein, ist somit neues Recht anzuwenden, ganz gleich, ob es sich um einen Alt- oder Neuvertrag handelt (*Wandtke/Bullinger/Wandtke/Grunert*[3] Rdnr. 37; *Loewenheim/v. Becker*[2] § 29 Rdnr. 134; *Dreier/Schulze/Schulze* Rdnr. 1, 11, 38; OLG Naumburg ZUM 2005, 759, 760 f.). Eine vor dem Stichtag gewährte Vergütung ist hinsichtlich der Frage, ob ein auffälliges Missverhältnis nach dem Stichtag eingetreten ist, zu berücksichtigen (LG Berlin ZUM 2009, 781). Bei einem vor dem 28. 3. 2002 eintretenden Missverhältnis – und dabei wird es sich um Altverträge handeln – ist altes Recht anzuwenden (s. OLG Hamm GRUR-RR 2008, 154, 156). Denkbar ist bei einem Altvertrag auch eine kumulative Anwendung von § 36 aF (für ein vor dem 28. 3. 2002 eintretendes Missverhältnis) und von § 32 a (für ein nach dem 28. 3. 2002 eintretendes Missverhältnis) (so auch *Nordemann* § 132 Rdnr. 2). Die Verweisung auf das alte Recht verbietet es in diesem Fall, die „alten" Erträge mit den „neuen" aufzusummieren und einzubeziehen in die Prüfung nach § 32 a mit einzubeziehen (*Haas* Nr. 499, 501; *Dreier/Schulze/Schulze* Rdnr. 11); allerdings ist im Rahmen der „Berücksichtigung der gesamten Beziehungen" der gesamte Vertragslauf ins Auge zu fassen (*Haas* Nr. 502). Wie § 32 a auf ein altes Nutzungsverhältnis bei bis in die Gegenwart getätigter Nutzungen anwendbar ist, zeigt *G. Schulze* in Bezug auf den Silvester-Klassiker „Dinner for One" (in Fs. für Nordemann S. 251 ff.).

3   Die Anwendung des § 32 a auf Altverträge bezeichnet die Begründung als **„unechte Rückwirkung"** (RA-Beschlussempfehlung S. 22). Es fragt sich, wie weit sie zurückgreift. Bei nach dem 28. März 2002 entstandenen relevanten Sachverhalten unterliegen jedenfalls Verträge, die zwischen dem 1. 1. 1966 (Inkrafttreten des UrhG von 1965) und dem 1. Juli 2002 geschlossen wurden, der Korrektur nach § 32 a UrhG; § 36 aF wird insoweit verdrängt. Die RA-Beschlussempfehlung besagt darüber hinaus, dass der Fairnessausgleich „zeitlich unbegrenzt für alle Altverträge gilt", dh. also auch für vor dem 1. 1. 1966 geschlossene Verträge (aaO S. 22; *Wandtke/Bullinger/Braun/Jani* § 132 Rdnr. 10; *Wandtke/Bullinger/Wandtke/Grunert*[3] § 32 a Rdnr. 37; *Dreier/Schulze/Schulze* Rdnr. 11; ablehnend *Mestmäcker/Schulze/Lindner* § 32 a Anm. 7), obgleich § 36 aF nach § 132 Abs. 1 S. 1 auf diese nicht anwendbar war (s. zur Problematik auch unten § 132 Rdnr. 14). Erforderlich ist für die Anwendung des § 32 a somit nur, dass der für § 32 a relevante Sachverhalt erst nach dem 28. 3. 2002 entstanden ist (so auch OLG Naumburg GRUR-RR 2006, 82, 83); auf den Zeitpunkt des Vertragsschlusses kommt es nicht an (natürlich muss das Werk zum Zeitpunkt der fraglichen Nutzung noch geschützt sein).

Bei Verträgen **ausübender Künstler** ist zu beachten, dass § 36 aF auf sie nicht anwendbar war. Gemäß § 79 Abs. 2 S. 2 gilt für sie ab 1. 7. 2002 der neue § 32 a (§ 132 Abs. 3 S. 1). Altverträge führen freilich nur zu einer Korrektur, soweit die relevanten Missverhältnis-Sachverhalte erst nach dem 28. 3. 2002 entstanden sind (§ 132 Abs. 3 S. 2) (s. auch *Nordemann*, § 132 Rdnr. 3). Die folgende Kommentierung beschränkt sich im Wesentlichen auf die Ansprüche der Urheber, gilt aber grundsätzlich auch für die ausübenden Künstler. Wegen der Besonderheiten des Rechts der ausübenden Künstler sei auf die Erläuterungen zu § 79 verwiesen.

Die Einzelheiten des intertemporalen Rechts werden in der Kommentierung von § 132 Abs. 3 behandelt.

Was die Erläuterung von § 36 aF betrifft, so ist die 2. Aufl. heranzuziehen. Wegen der geänderten Verjährungsregelung s. unten Rdnr. 39.

2. Entstehungsgeschichte des § 32 a (s. dazu *Haas* Nr. 276 ff.)

4   Nach dem **„Professorenentwurf"** (GRUR 2000, 765 ff.) und dem **Regierungsentwurf** (BT-Drs. 14/6433 iVm. 14/7564) knüpfte der vorgesehene gesetzliche Anspruch auf angemes-

sene Vergütung an die jeweilige Nutzung des Werks an; der Bestsellerparagraph war deshalb entbehrlich (Begründung zum Regierungsentwurf S. 14). Unter dem Eindruck der Kritik von Verwerterseite kehrte die RA-Beschlussempfehlung BT-Drs. 14/8058 dann jedoch zu dem Schema der Vertragskorrektur zurück. Diese wurde in zwei Spielarten vorgesehen: Zum einen als anfängliche Angemessenheitskontrolle zum Zeitpunkt des Vertragsschlusses in § 32 und zum anderen als nachträgliche Missverhältniskontrolle im Laufe der Nutzung des Werkes in § 32a. Die nachträgliche Kontrolle richtete sich nach dem Vorbild des alten § 36; die schwer handhabbare Vorschrift sollte jedoch griffiger ausgestaltet, die Eingriffsschwelle deutlich herabgesetzt werden (RA-Beschlussempfehlung S. 19). Einer ausdrücklichen Regelung wurde dabei auch die bisher der Interpretation in der Lehre (s. 2. Aufl. § 36 Rdnr. 8) überlassene Frage der Dritthaftung zugeführt (§ 32a Abs. 2).

3. Wesen, Bedeutung

§ 32a gibt einen Anspruch auf Einwilligung in eine **Vertragsänderung** zugunsten des Urhebers, durch die ihm ein vertraglicher Anspruch auf eine **weitere angemessene Beteiligung** gewährt wird. Es geht dabei um einen vertraglichen, nicht einen gesetzlichen Anspruch (vgl. auch die 2. Aufl. § 36 Rdnr. 3; s. zum Sonderfall der Dritthaftung unten Rdnr. 30 ff.). 5

Der alte Bestsellerparagraph § 36 aF war in den Problemkreis der **Lehre von der Geschäftsgrundlage** einzuordnen (2. Aufl. § 36 Rdnr. 3). Das Erfordernis der Unerwartetheit begründete eine Nähe zur so genannten **subjektiven Geschäftsgrundlage** (s. dazu § 31 Rdnr. 42, 47; *Palandt/Heinrichs* BGB, 68. Aufl., § 313 Rdnr. 3), bei der gemeinsame Vorstellungen oder Erwartungen der Parteien durch die faktische Situation falsifiziert werden. Auf Erwartungen soll es bei § 32a gemäß Abs. 1 S. 2 nicht mehr ankommen; die objektive Lage entscheidet. Tritt das auffällige Missverhältnis ein, so wird der Korrekturanspruch ausgelöst, auch wenn die Parteien die Höhe der erzielten Erträge oder Vorteile vorhergesehen haben oder hätten vorhersehen können. Damit kann die Neuregelung der so genannten **objektiven Geschäftsgrundlage** zugeordnet werden (vgl. § 31 Rdnr. 47 ff.), bei der eine Änderung der Verhältnisse das Wesentliche ist. § 32a stellt sich als Fall der Äquivalenzstörung dar; konsequent wird ein Vertragsänderungsanspruch gegeben. Über das herkömmliche Schema der objektiven Geschäftsgrundlage, wonach die fraglichen Umstände ganz außerhalb der Vorstellungen der Parteien liegen müssen und nicht vorhergesehen wurden (vgl. § 313 Abs. 1 BGB) geht freilich der – lediglich einen Teilbereich bildende – Fall hinaus, dass das Missverhältnis vorhergesehen wurde, den § 32a Abs. 1 S. 2 ausdrücklich einbezieht (auch im Fall der Vorhersehbarkeit wird die Lehre von der Geschäftsgrundlage prinzipiell für unanwendbar gehalten, s. *Palandt/Heinrichs* BGB, 68. Aufl., § 313 Rdnr. 23 m. Nachw., und § 36 aF gleichwohl als Fall der Lehre von der Geschäftsgrundlage behandelt, obgleich § 36 auch bei Vorhersehbarkeit zur Anwendung gelangte, s. 2. Aufl. § 36 Rdnr. 12). Durch diese Modifikation und Erweiterung des Anwendungsbereichs wird aber die grundsätzliche dogmatische Einordnung in die Lehre von der Geschäftsgrundlage nicht berührt (s. RA-Beschlussempfehlung S. 19: „Grundstruktur des geltenden § 36 Abs. 1 wird beibehalten"; s. auch *Hucko* S. 13/14. Ebenso mit ausführlicher Begründung *Schaub* ZUM 2005, 212, 215 ff. AA *Wandtke/Bullinger/Wandtke/Grunert*[3] § 32a Rdnr. 15; *Hilty/Peukert* GRUR Int. 2002, 643, 646: „inhaltsändernder Korrekturanspruch"; *Jani* S. 309; *Haas* Nr. 283, 300: „Norm der Inhaltskontrolle"; *C. Berger* Rdnr. 255 ff.; *Berger/Wündisch/Berger*, § 2 Rdnr. 227 f.: „bereicherungsrechtlicher Ausgleichsanspruch", s. auch *ders.* GRUR 2003, 675, 677; ebenso *Dreyer/Kotthoff/Meckel/Kotthoff*[2] Rdnr. 1; *Dreier/Schulze/Schulze* Rdnr. 4, 8: „Inhaltskontrolle"; *Jacobs* in Fs. für Ullmann S. 79, 92: „geschlossenes Vergütungssystem zusammen mit § 32"). 6

Über die **praktische Bedeutung** des § 32a kann naturgemäß noch wenig ausgesagt werden (s. aus der Praxis OLG Naumburg ZUM 2005, 759; OLG München GRUR-RR 2008, 37 – n. rkr.; OLG Hamm GRUR-RR 2008, 154; LG Berlin ZUM-RD 2007, 194 – n. rkr.; LG Hamburg ZUM 2008, 608 – n. rkr.; LG Hamburg ZUM 2008, 530 – n. rkr.; LG Berlin, ZUM 2009, 781, n. rkr.; LG München I ZUM 2009, 794 – n. rkr.). Der Gesetzgeber erwartet von § 32a, dass „die Hürde, die nach dem geltenden § 36 (grobes Missverhältnis) vor dem Anspruch auf Vertragsanpassung aufgestellt war ... deutlich herabgesetzt" werde (RA-Beschlussempfehlung S. 19). Dies nährt die Hoffnung, dass es in Zukunft häufiger zu erfolgreichen Korrekturen unzureichender Gegenleistungen kommt (eine entsprechende Tendenz zeichnet sich in der Rspr. ab: LG München GRUR-RR 2007, 187, 189 – insofern bestätigt von OLG München GRUR-RR 2008, 37, 40 f. – Pumuckl-Illustrationen, n. rkr.; LG Berlin ZUM-RD 2007, 194, 197 – n. rkr.). 7

4. Verhältnis zu anderen Vorschriften

8 Gemäß § 32a Abs. 4 haben **gemeinsame Vergütungsregeln (§ 36)** und **Tarifverträge** Vorrang vor § 32a (und dabei gehen Tarifverträge wiederum den gemeinsamen Vergütungsregeln vor, § 36 Abs. 1 S. 3). Voraussetzung ist freilich, dass die erwähnten kollektiven Regelungen ausdrücklich eine weitere angemessene Beteiligung für den Fall des Absatzes 1 des § 32a vorsehen. Ob eine derartige Regelung vorliegt, unterliegt richterlicher Nachprüfung. § 32a Abs. 4 nimmt auf Regelungen im Sinne des Abs. 1 Bezug; es muss also um die Korrektur auffälliger Missverhältnisse gehen. Nicht jedes Beteiligungshonorar wird diese Voraussetzung erfüllen (*Wandtke/Bullinger/Wandtke/Grunert*[3] § 32a Rdnr. 23). Ist eine einschlägige kollektivrechtliche Regelung gegeben, so bemisst sich die Angemessenheit der weiteren Beteiligung nach dieser Regelung.

9 Hinsichtlich des **Verhältnisses von § 32 und § 32a** ist davon auszugehen, dass für die Anwendung des § 32 ex ante auf den Zeitpunkt des Vertragsschlusses (§ 32 Abs. 2 S. 2), für diejenige des § 32a hingegen ex post auf die weitere Entwicklung abzustellen ist (BGH I ZR 36/07 – Talking to Addison, Rdnr. 19; *Jacobs* in Fs. für Ullmann, S. 79, 82; *Schack*[4] Rdnr. 966, 968; *v. Becker/Wegner* ZUM 2005, 695 ff.; *Schaub* ZUM 2005, 212 f.; *Loewenheim/v. Becker*[2] § 29 Rdnr. 103 f.; so im Grundsatz auch *Dreier/Schulze/Schulze* Rdnr. 7; *C. Berger* Rdnr. 64, 250; *Berger/Wündisch/Berger* § 2 Rdnr. 223; kritisch zur unklaren Abgrenzung durch die Rspr. *Ory* AfP 2006, 9, 11). Aus der Formulierung des § 32a Abs. 1 S. 1 ist zu entnehmen, dass „Erträge und Vorteile aus der Nutzung des Werkes" erzielt worden sein müssen. Die Angemessenheitsprüfung des § 32 hat zwar ebenfalls diese Erträgnisse und Vorteile in Rechnung zu stellen, aber da sie noch nicht angefallen sein werden, kann dies regelmäßig nur im Sinne einer Prognose geschehen. So ist bei § 32 auf die objektiv zu erwartenden Erträgnisse und Vorteile, bei § 32a auf die tatsächlich angefallenen abzustellen („Verlaufskontrolle", s. *C. Berger* Rdnr. 64, 250; *Mestmäcker/Schulze/Lindner* § 32a Anm. 2; *Dreyer/Kotthoff/Meckel/Kotthoff*[2] Rdnr. 2). Die Erwartung muss sich anhand der Realität und des objektiven Maßstabs der Üblichkeit und Redlichkeit nachvollziehen lassen (s. § 32 Rdnr. 38; vgl. auch *D. Berger* ZUM 2003, 521, 523). Dies erklärt, warum auch eine erwartete Entwicklung zur Anwendung von § 32a führen kann (s. § 32a Abs. 1 S. 2) und nicht schon notwendig im Rahmen der Prognose von § 32 aufgefangen werden muss. Wenn freilich die Erwartungen der Parteien mit der beim Vertragsschluss anzustellenden objektiven Prognose übereinstimmen, wird die Lösung bereits über § 32 zu suchen sein; es braucht nicht abgewartet zu werden, ob sich die objektivierten Erwartungen auch realisieren, so dass § 32a zum Zuge käme. Ein Vorgehen nach § 32 hat für den Urheber den Vorteil, dass bereits die einfache Unterschreitung des Angemessenen anspruchsbegründend ist, während § 32a die Überwindung der höheren Schwelle des „auffälligen" Missverhältnisses voraussetzt (für einen Vorrang des § 32a dagegen *Loewenheim/v. Becker*[2] § 29 Rdnr. 116). Die Angemessenheitskontrolle nach § 32 muss nicht rückgängig gemacht werden, wenn sich die Erfolgsprognose nicht realisiert; insofern trägt der Werknutzer das Risiko. Will er es mit dem Urheber teilen, ist ein Beteiligungshonorar am Platze, wie es das Verlagsgewerbe kennt (vgl. *Hertin* MMR 2003, 16, 18).

§ 32 und § 32a können auch **nebeneinander angewendet** werden (*Dreyer/Kotthoff/Meckel/Kotthoff*[2] Rdnr. 2; *Dreier/Schulze/Schulze* § 32 Rdnr. 92, § 32a Rdnr. 7). Dies kann geschehen, wenn das vertraglich Vereinbarte hinter der angemessenen Vergütung zurückbleibt, wie sie sich in objektiver Prognose beim Vertragsschluss darstellt und wenn zusätzlich die Prognose durch die tatsächlich erzielten Erträge und Vorteile überholt wird. In diesem Sinne spricht § 32a Abs. 1 S. 1 von der „weiteren angemessenen Beteiligung" (*Haas* Nr. 301, 321. Vgl. dazu auch *Wandtke/Bullinger/Wandtke/Grunert*[3] § 32 Rdnr. 47 ff., § 32a Rdnr. 33). Ist § 32 bereits verjährt oder findet der Anpassungsanspruch nach § 132 Abs. 3 keine Anwendung, kann gem. § 32a nur der Betrag verlangt werden, um den die tatsächlichen Einnahmen das „Angemessene" überschreiten (su. § 32a Rdnr. 19; wie hier *Zentek* ZUM 2006, 117, 119; aA *Dreier/Schulze/Schulze* Rdnr. 7, 38).

10 Was die Anwendung allgemeiner Behelfe betrifft, so gilt das zu § 36 aF Ausgeführte (s. 2. Aufl., § 36 Rdnr. 4): Die **Regeln über die Störung der Geschäftsgrundlage (§ 313 BGB)** sind hinsichtlich der in § 32 und § 32a geregelten Verhältnisse unanwendbar; die Berufung auf die Störung der Geschäftsgrundlage tritt subsidiär zurück (*Dreyer/Kotthoff/Meckel/Kotthoff*[2] § 32 Rdnr. 4; *Wandtke/Bullinger/Wandtke/Grunert*[3] § 32 Rdnr. 51; aA *Dreier/Schulze/Schulze* Rdnr. 8). Gegenüber **§§ 138, 826 BGB** sind §§ 32, 32a leges speciales, soweit der Schutz des Urhebers betroffen ist. Der Vertrag bleibt auch bei einem krassen Missverhältnis von Leistung und Gegenleistung zu-

gunsten des Urhebers wirksam (LG München I ZUM 2006, 154, 157; ähnlich auch *Haas* Nr. 323/324, der trotz Nichtigkeit des Vertrags dem Urheber eine Berufung auf § 32a erlauben will; tendenziell anders noch die Vorauflage). Die **Kündigung aus wichtigem Grund** (§ 314 BGB) bleibt neben § 32a möglich (s. auch *Wandtke/Bullinger/Wandtke/Grunert*[3] § 32 Rdnr. 52). Die Anwendung der §§ 32, 32a neben dem neuen § 32c bleibt unberührt (BT-Drs. 16/1828, S. 25; ebenso *Berger/Wündisch/Berger* § 2 Rdnr. 290 mwN).

II. Voraussetzungen der Anwendung

1. Einräumung eines Nutzungsrechts

§ 32a gilt zugunsten des **Urhebers** und seines **Rechtsnachfolgers** iSd. § 30. Verwerter als 11 bloße Inhaber eines Nutzungsrechts können sich auf § 32a nicht berufen (LG Hamburg ZUM 2008, 530, 533; *C. Berger* Rdnr. 260; *Berger/Wündisch/Berger* § 2 Rdnr. 231; *Dreier/Schulze/ Schulze* Rdnr. 22); es gilt hier dasselbe wie für § 32 (s. dort Rdnr. 8). § 32a ist kraft Verweisung in § 79 Abs. 2 S. 2 auch zugunsten des ausübenden Künstlers anwendbar (s. Rdnr. 12; vgl. *C. Berger* Rdnr. 258, *Berger/Wündisch/Berger* § 2 Rdnr. 231) und gilt gem. § 70 Abs. 1 für den Herausgeber wissenschaftlicher Ausgaben sowie nach § 72 Abs. 1 für den Lichtbildner (*Dreyer/ Kotthoff/Meckel/Kotthoff*[2] Rdnr. 6). Voraussetzung für die unmittelbare Anwendung des § 32a ist das Vorliegen eines **geschützten Werks,** dessen Schutz in den zeitlichen Anwendungsbereich der Vorschrift fällt (s. Rdnr. 2/3). § 32a gilt insbesondere auch für Verlagsverträge über geschützte Werke (*Dreier/Schulze/Schulze* Rdnr. 13). Anders als § 36 aF ist § 32a auch zugunsten der **Filmurheber** anwendbar (s. § 90 nF, der den in § 90 S. 2 aF enthaltenen Ausschluss nicht mehr vorsieht). Die Neuregelung des § 90 wird der im Schrifttum geübten Kritik an der bisherigen Schlechterstellung der Filmurheber gerecht (s. 2. Aufl. § 36 Rdnr. 6; äußerst kritisch dagegen *Poll*, ZUM 2009, 611).

Wie § 36 aF gilt § 32a auch für Urheber im Rahmen von **Arbeits- oder Dienstverhältnissen** (s. für Computerprogramme unten § 69 Rdnr. 17). Die für § 36 aF vorgenommene Differenzierung zwischen Arbeits- und Dienstverhältnissen unter Ausschluss Letzterer (vgl. 2. Aufl., § 43 Rdnr. 71/72) ist für § 32 und § 32a nicht haltbar (aA § 43 Rdnr. 72). Aus den Gesetzesmaterialien ist dafür nichts zu entnehmen. Generell lässt das UrhG erkennen, dass beide Gruppen gleich behandelt werden sollen (s. § 43, § 69b); die Vergütungspraxis zeigt zunehmend Konvergenz. Die vergütungsrechtliche Situation soll nicht von der oft zufälligen Einordnung einer Stelle als Angestellten- oder Beamtenposition abhängen. Besonderheiten des Beamtenverhältnisses können im Rahmen der „Berücksichtigung der gesamten Beziehungen des Urhebers zu dem anderen" in Rechnung gestellt werden (für Anwendung des § 32a auf Arbeits- und Dienstverhältnisse *Jacobs* NJW 2002, 1905f.; *Haas* Nr. 436ff.; ebenso bezüglich Arbeitnehmern *Zentek/Meinke* S. 69, 97; *Bayreuther* GRUR 2003, 570, 572/573; *Zirkel* WRP 2003, 59ff.; *Grabig* S. 70f./231; *Dreier/Schulze/Schulze* Rdnr. 16; *Berger* ZUM 2003, 173, 178f., aber unter Ausschluss Beamter Rdnr. 44ff., 48; *Berger/Wündisch/Berger* § 2 Rdnr. 231. AA [keine Anwendung auf Arbeits- und Dienstverhältnisse] *Ory* AfP 2002, 95; *Loewenheim/v. Becker*[2] § 29 Rdnr. 124. Gegen Anwendung für angestellte Programmierer *Czychowski*, in: Fs. für Nordemann S. 157ff.; vgl. auch OLG Düsseldorf ZUM 2004, 756. Zur Anwendung des § 32 auf Arbeitnehmer und Bedienstete s. § 32 Rdnr. 4). Einzubeziehen sind **Bestellverträge** (*Wandtke/ Bullinger/Wandtke/Grunert*[3] Rdnr. 2; *Haas* Nr. 287; *Dreier/Schulze/Schulze* Rdnr. 16; s. bereits BGH GRUR 1998, 680, 683 – Comic-Übersetzungen für § 36 aF; s. auch 2. Aufl., § 36 Rdnr. 6); die Anwendung der Vorschrift ist nicht auf bestimmte Vertragstypen beschränkt (*Wandtke/Bullinger/Wandtke/Grunert*[3] Rdnr. 2).

Nach § 79 Abs. 2 S. 2 ist § 32a entsprechend auf die **ausübenden Künstler** anwendbar. Der 12 Regierungsentwurf ging bereits für § 32 in diese Richtung; die RA-Beschlussempfehlung bezog § 32a in § 75 Abs. 4 aF ein. Das Gesetz vom 10. 9. 2003 transponierte die Regelung in § 79 Abs. 2 S. 2. Die Anwendung von §§ 32 und 32a zugunsten der ausübenden Künstler entspricht dem in der Begründung zum Regierungsentwurf aufgezeigten Schutzbedürfnis der gesamten Gruppe der Kreativen (RA-Beschlussempfehlung S. 7ff.). Im Einzelnen ist auf die Kommentierung des § 79 zu verweisen.

Die in § 70 Abs. 1 enthaltene Gesamtverweisung auf die urheberrechtlichen Vorschriften im ersten Teil des Gesetzes führt zu einer entsprechenden Anwendung des § 32a für **wissenschaftliche Ausgaben,** die in § 72 Abs. 1 aufgestellte Gesamtverweisung zu einer solchen für **Lichtbilder.** Die Inhaber sonstiger Leistungsschutzrechte können sich nicht auf § 32a berufen (*Dreier/*

Dreier/Schulze Rdnr. 15). Je nach den Umständen des Einzelfalls kann eine Anwendung der Regeln über die Störung der Geschäftsgrundlage in Betracht kommen (s. im Einzelnen § 31 Rdnr. 47 ff.).

13 Voraussetzung für die Anwendung des § 32a ist nach dem Wortlaut des Abs. 1 S. 1 die Einräumung eines **Nutzungsrechts.** Wie bei § 36 aF ist darunter das gegenständliche – ausschließliche oder einfache – Nutzungsrecht zu verstehen (vgl. 2. Aufl., § 36 Rdnr. 7), wobei es auf den zugrunde liegenden Vertragstyp nicht ankommt (*Wandtke/Bullinger/Wandtke/Grunert*[3] Rdnr. 7). Bei § 36 aF war der – als Modell dienende – identische Wortlaut so zu interpretieren, dass rein schuldrechtliche oder auf einer einseitigen Einwilligung beruhende Nutzungsverhältnisse nicht unter den Fairnessausgleich fielen. Für § 32a ist die entsprechende Beschränkung auf gegenständliche Nutzungsrechte nicht ohne Weiteres einleuchtend. Denn die anfängliche Angemessenheitskontrolle schließt auch die nicht-gegenständliche **„Erlaubnis zur Werknutzung"** mit ein (s. zur Tragweite dieser Formel § 32 Rdnr. 7). Es wäre schwer verständlich, wenn zwar die anfängliche Kontrolle derartige Nutzungsverhältnisse einbezöge, nachträglich aber auffällige Missverhältnisse diesbezüglich hingenommen werden müssten. Der Bedarf nach einem nachträglichen Fairnessausgleich besteht hier in gleicher Weise; die dogmatische Konstruktion kann nicht ausschlaggebend sein. Der erst – in Eile – durch die Formulierungshilfe eingeführte § 32a muss deshalb im Lichte des § 32 verstanden und wie dieser nicht nur auf die Einräumung gegenständlicher Nutzungsrechte, sondern zumindest analog auch auf die sonstigen Formen rechtsgeschäftlicher Erlaubnis zur Werknutzung angewendet werden (so im Ergebnis auch *Dreier/Schulze/Schulze* Rdnr. 24; ablehnend *Haas* Nr. 286). Die Einbeziehung der rein schuldrechtlichen Nutzungsverhältnisse bereitet dabei keine konstruktiven Schwierigkeiten. Für sie spricht auch, dass es dann auf die Entscheidung des Streits um die gegenständliche Natur des einfachen Nutzungsrechts (s. 2. Aufl., vor §§ 28 ff. Rdnr. 49) nicht ankommt: Verträge über einfache Nutzungsrechte fallen unter § 32a, ganz gleich, ob man sie als gegenständlich oder als rein schuldrechtlich betrachtet. Rein einseitige Erlaubnisse, die nicht von einem schuldrechtlichen Vertrag begleitet sind, werden in der Praxis selten zu Erträgen oder Vorteilen führen, die für § 32a relevant sind; meist handelt es sich um ephemere, wenig ins Gewicht fallende Nutzungen. Wenn es doch zu einer Anwendung des § 32a kommt, richtet sich der Korrekturanspruch analog § 32 Abs. 1 S. 2 direkt auf die angemessene Beteiligung (vgl. im Einzelnen § 32 Rdnr. 21).

14 Ebenso wie § 32 (vgl. § 32 Rdnr. 4) ist § 32a auf **treuhänderische Nutzungsrechtseinräumungen und Erlaubnisse,** insbesondere zugunsten von **Verwertungsgesellschaften** unanwendbar (so auch *Wandtke/Bullinger/Wandtke/Grunert*[3] § 32a Rdnr. 2; *Dreier/Schulze/Schulze* Rdnr. 17). Entsprechend wurde bereits § 36 aF verstanden (2. Aufl., § 36 Rdnr. 7).

§ 32a gilt ferner nicht für **gesetzliche Lizenzen** und für die **unerlaubte Werknutzung** (*Wandtke/Bullinger/Wandtke/Grunert*[3] § 32a Rdnr. 2; *Dreier/Schulze/Schulze* Rdnr. 19/20; vgl. oben § 32 Rdnr. 6).

2. Auffälliges Missverhältnis der Gegenleistung zu den Erträgen und Vorteilen aus der Nutzung des Werkes

15 Die Anwendung des § 32a ist von einer Vergleichsrechnung abhängig, bei der von der **vereinbarten Gegenleistung** für die Einräumung des Nutzungsrechts (bzw. die Erlaubnis zur Werknutzung, s. Rdnr. 13) auszugehen ist (sa. Rdnr. 19). Hierunter ist in erster Linie die Vergütung in Geld zu verstehen; es gehören aber auch sonstige vertragsgemäße Zuwendungen dazu, wie etwa Freiexemplare oder Sonderdrucke (*Haas* Nr. 293; *C. Berger* Rdnr. 273, *Berger/Wündisch/Berger* § 2 Rdnr. 244; *Zentek/Meinke* S. 70; *Dreier/Schulze/Schulze* Rdnr. 26). Nicht zur Gegenleistung gehören Leistungen, die der Werknutzer auch im eigenen Interesse erbringt, wie Werbe- und Vertriebsmaßnahmen (*Wandtke/Bullinger/Wandtke/Grunert*[3] § 32a Rdnr. 9); jedoch können Aufwendungen des Nutzers für die Werkverwertung im Rahmen der „gesamten Beziehungen" berücksichtigungsfähig sein (Rdnr. 18).

16 § 32a gilt nicht nur bei Vereinbarung eines **Pauschalhonorars,** sondern auch bei derjenigen eines – sich als unzureichend erweisenden – **Beteiligungshonorars** (*Wandtke/Bullinger/Wandtke/Grunert*[3] § 32a Rdnr. 8; *Haas* Nr. 294; *Dreier/Dreier/Schulze* Rdnr. 26; so schon zu § 36 aF die 2. Aufl. § 36 Rdnr. 9 mwN), etwa im Verlagsbereich eines bescheidenen Honorarprozentsatzes vom Ladenpreis, der auch bei hohen Verkaufszahlen nicht entsprechend erhöht wird.

§ 32a kann auch zur Anwendung gelangen, wenn der Urheber keine vertragliche Gegenleistung erhält, der Vertrag **honorarfrei** ist oder der Urheber einen **Druckkostenzuschuss** leisten muss. Wenn sich gleichwohl ein lukrativer Absatz entwickelt, kann ein Korrekturanspruch entstehen (s. zu diesen Verträgen im Blick auf den Anspruch auf angemessene Vergütung Begründung zum Regierungsentwurf S. 15; vgl. auch 2. Aufl. § 36 Rdnr. 9).

Die **unentgeltliche Einräumung von Nutzungsrechten,** die donandi causa erfolgt, ist von § 32a auszunehmen (*C. Berger* Rdnr. 275, *Berger/Wündisch/Berger* § 2 Rdnr. 246; *Dreier/Schulze/Schulze* Rdnr. 26, aA Vorauflage). Haben die Parteien eine Schenkung vereinbart, ohne dass der Urheber missbräuchlich in einen solchen Vertrag gedrängt worden ist, so ist das Fehlen einer Gegenleistung nicht unangemessen iSv. § 32a. Ein Anspruch ergibt sich im Falle einer Schenkung konsequenterweise allerdings auch dann nicht, wenn mit dem überlassenen Werk lukrative Geschäfte gemacht werden (so aber *Dreier/Schulze/Schulze* Rdnr. 26; *Dreyer/Kotthoff/Meckel/Kotthoff*[2] Rdnr. 11; *Wandtke/Bullinger/Wandtke/Grunert*[3] Rdnr. 10). Eine solche Ausnahme von § 32a wäre mit dem Gedanken der Rechtssicherheit unvereinbar, würde die Privatautonomie unnötig weit beschränken und stünde in Widerspruch zur Unanwendbarkeit des § 32a auf Schenkungen. Denn schließlich kommt § 32a seinem gesetzgeberischen Zweck nach gerade dann zur Anwendung, wenn lukrative Geschäfte gemacht werden, und wäre somit aufgrund dieser Gegenausnahme bei Schenkungen dann doch stets anwendbar.

Ausgenommen vom Anspruch auf weitere Beteiligung gem. § 32a ist auch die Einräumung eines einfachen Nutzungsrechts für jedermann gem. § 32a Abs. 3 S. 3. Die Privilegierung galt sinngemäß bereits vor der Einfügung von § 32a Abs. 3 S. 3 (vgl. Vorauflage Rdnr. 43). Um einer befürchteten Rechtsunsicherheit für Open-Source-Programme und anderen **Open Content** auch für Bestsellerfälle entgegen zu wirken, wurde mit dem Zweiten Korb § 32a Abs. 3 S. 3, der mit § 32 Abs. 3 S. 3 wortgleich ist, eingefügt (BT-Drs. 16/1828, S. 25). Somit ist klargestellt, dass auch durch § 32a die unentgeltliche Einräumung eines einfachen Nutzungsrechts gegenüber jedermann nicht beschränkt wird (s. § 32 Rdnr. 43 zur sogenannten „**Linux-Klausel**" und § 32a Rdnr. 35). Demnach entfällt bei unentgeltlich lizenzierter Computersoftware der Korrekturanspruch im Verhältnis zwischen dem Urheber und dem Nutzer der Software (als einem Dritten im Sinn des § 32a Abs. 2); (vgl. auch § 32 Rdnr. 43).

Für die Anwendung des § 32a ist die vertragsgemäße Gegenleistung zu den „**Erträgen und Vorteilen**" aus der Nutzung des Werks in Bezug zu setzen. Unter „**Erträgen**" sind die aus der Werkverwertung erzielten Vermögensvorteile (abzüglich Mehrwertsteuer, *Nordemann* § 32a Rdnr. 8; *Mestmäcker/Schulze/Lindner* § 32a Anm. 2 b) zu verstehen, und zwar der **Nettoüberschuss** unter Absetzung von Herstellungs-, Vertriebskosten, allgemeinen Kosten u. dgl. (so auch *C. Berger* Rdnr. 262; *Berger/Wündisch/Berger* § 2 Rdnr. 233, *ders.* GRUR 2003, 675. Ebenso *Schaub* ZUM 2005, 212, 218 sowie *Jacobs,* in: Fs. für Ullmann, S. 79, 90ff.; *Poll,* ZUM 2009, 611, 615f.; *Wandtke/Bullinger/Wandtke/Grunert*[3] Rdnr. 11). Auf diese Weise partizipiert der Urheber an dem Gewinn und es können die den Gewinn schmälernden Aufwendungen des Verwerters berücksichtigt werden. Außerdem kann nur diese Berechnungsweise ein hinreichendes Maß an Planungssicherheit für den Verwerter gewährleisten (so auch *Jacobs,* in: Fs. für Nordemann, S. 79, 90ff. AA die Vorauflage; *Dreier/Schulze/Schulze* Rdnr. 28; *Nordemann* § 32 Rdnr. 8; *Erdmann* GRUR 2002, 923, 928; *Mestmäcker/Schulze/Lindner* § 32a Anm. 2b; LG Berlin ZUM-RD 2007, 194, 197 – n. rkr.). Dass eine Orientierung an den Bruttoeinnahmen für § 36 aF galt (s. die 2. Aufl., § 36 Rdnr. 10 mwN; BGH GRUR 2002, 153, 154 – Kinderhörspiele), spielt für die Auslegung von § 32a keine Rolle, da bei § 32a eine besonders enge Orientierung am Beteiligungsprinzip geboten ist.

Unter § 36 aF war zweifelhaft, ob auch Vermögensvorteile zu berücksichtigen waren, die nicht durch Verwertung des Werks auf dem Markt, sondern durch dessen Einsatz in einem eigenen Betrieb erzielt wurden (für Einbeziehung die 2. Aufl., § 36 Rdnr. 10 mwN). Die ausdrückliche Bezugnahme auf „**Vorteile**" im Text des § 32a bekräftigt die Berücksichtigungsfähigkeit solch „interner" Vermögensvorteile (so ausdrücklich die RA-Beschlussempfehlung S. 19, die als Beispiel den Einsatz in der Werbung nennt; s. auch *C. Berger* Rdnr. 265/266, *Berger/Wündisch/Berger* § 2 Rdnr. 236; *Dreier/Schulze/Schulze* Rdnr. 29; *Zentek/Meinke* S. 70; OLG Naumburg ZUM 2005, 759, 760; s. ferner *Wandtke/Bullinger/Wandtke/Grunert*[3] Rdnr. 12, 13, die auch den Fall der Gelder aus Fördermaßnahmen anführen).

Die Erträge und Vorteile müssen bereits **angefallen** sein (*C. Berger* Rdnr. 269, 270; *Berger/Wündisch/Berger* § 2 Rdnr. 240); dabei ist auch der Wert erlangter Zahlungsansprüche zu berücksichtigen. Dass die Erträge und Vorteile „**aus der Nutzung des Werks**" stammen müssen, bedeutet nicht, dass der Vertragspartner das Werk selbst nutzen muss; auch Einnahmen aus der rechtsgeschäftlichen Verwertung, insbesondere der Lizenzierung sind zu berücksichtigen (*C. Berger* Rdnr. 267; *Brauner* ZUM 2004, 96, 97f.). Allerdings kann die Drittthaftung nach Abs. 2

hier dazu führen, dass der Anspruch gegen den Lizenzgeber entfällt; dies muss aber nicht notwendig der Fall sein (s. Rdnr. 30 ff.). Zur besonderen Situation bei der Schaffung einer Marke s. *Loschelder/Wolff*, in: Fs. für Schricker zum 70. Geburtstag, S. 425 ff.; zu einem Firmenlogo s. OLG Naumburg ZUM 2005, 759, das einen Anspruch auf Vertragsanpassung gem. § 32 a UrhG verneint (kritisch hierzu *Zentek* ZUM 2006, 117, 121; *Jacobs*, in: Fs. für Ullmann, S. 79, 88).

18 Beim Vergleich der Gegenleistung mit den Erträgen und Vorteilen sind die **„gesamten Beziehungen"** des Urhebers zum Vertragspartner zu berücksichtigen. Die Formel ist aus § 36 aF übernommen. So können besondere Aufwendungen des Vertragspartners bei der Verwertung des betreffenden Werkes in Rechnung gestellt werden (*Dreier/Schulze/Schulze* Rdnr. 33). Verhältnisse bezüglich anderer Werke des Urhebers (etwa bei früheren Werken erlittene Verluste) können nur mit größter Zurückhaltung berücksichtigt werden, da und soweit dies Mischkalkulation und Quersubventionieren für den Verwender unmöglich machen würde (aA Vorauflage, ablehnend auch *Berger*, GRUR 2003, 675, 678; zur Gegenansicht *Wandtke/Bullinger/Wandtke/Grunert*[3] Rdnr. 14 sowie zu § 36 aF BGH GRUR 2002, 153, 154 – Kinderhörspiele). Verluste aus den Werken anderer Urheber können nicht berücksichtigt werden (*Dreier/Schulze/Schulze* Rdnr. 34; LG Berlin ZUM-RD 2007, 194, 197 – n. rkr.). Eine Rolle können auch ausländische Nutzungsverhältnisse spielen (*Hilty/Peukert* GRUR Int. 2002, 643, 664). Im Sinne eines Missverhältnisses kann auch mit in Rechnung gestellt werden, dass sich der Verwerter gesetzliche Vergütungsansprüche abtreten lässt und sich damit Einnahmen verschafft, die das Gesetz dem Urheber zugedacht hat. Mit *Wandtke/Bullinger/Wandtke/Grunert*[3] (Rdnr. 14) ist in jedem Fall ein **Bezug der fraglichen Umstände zu der Werknutzung** zu verlangen, hinsichtlich derer § 32 a angerufen wird. „Unter Berücksichtigung" der Beziehungen bedeutet, dass mit ihnen nicht rein mechanisch-rechnerisch umzugehen ist, sondern dass sie als Wertungsfaktoren im Rahmen der Prüfung des Missverhältnisses zu behandeln ist. Bei einer krassen Abweichung von der angemessenen Vergütung spricht freilich eine tatsächliche Vermutung für ein relevantes Missverhältnis (BGH GRUR 1991, 901 – Horoskop-Kalender; BGH GRUR 2002, 153, 154/155 – Kinderhörspiele; BGH GRUR 2002, 602, 604 – Musikfragmente – sämtliche Entscheidungen zu § 36 aF, aber auf § 32 a erst recht anwendbar); will sich der Werknutzer auf modifizierende Umstände berufen, trifft ihn die Darlegungs- und Beweislast. Die Üblichkeit der Vergütung braucht der Annahme eines auffälligen Missverhältnisses nicht entgegen zu stehen (vgl. BGH GRUR 2002, 602, 604 – Musikfragmente: Was üblich ist, kann sogar ein grobes Missverhältnis implizieren).

19 § 32 a setzt voraus, dass sich bei dem Gesamtvergleich zwischen einerseits der vereinbarten Gegenleistung (Rdnr. 15/16) und andererseits den Erträgen und Vorteilen (Rdnr. 17) unter Berücksichtigung der gesamten Beziehungen (Rdnr. 18) in objektiver Betrachtung (*Dreier/Schulze/Schulze* Rdnr. 35) ein **„auffälliges Missverhältnis"** ergibt. Der Vergleich hat, genauer gesagt, die vereinbarte Gegenleistung und die den Erträgen, Vorteilen und gesamten Beziehungen entsprechende angemessene Vergütung gegenüber zu stellen (*Haas* Nr. 299). An die Stelle der ursprünglich vereinbarten Gegenleistung tritt die – freiwillig durch Vertragsänderung herbeigeführte oder über § 32 Abs. 1 S. 3 erstrittene – **angemessene Vergütung**, sie ist dann die vertragliche Gegenleistung. Wurde noch keine angemessene Vergütung vereinbart bzw. erstritten, sondern ist die Vergütung unangemessen, so ist dennoch von der angemessenen Vergütung als Vergleichsmaßstab auszugehen (so. § 32 a Rdnr. 9; so auch *Berger/Wündisch/Berger* § 2 Rdnr. 248 ff.; *Dreyer/Kotthoff/Meckel/Kotthoff*[2] Rdnr. 3; *Schack*[4], Rdnr. 968; aA Vorauflage). Der Anspruch auf Zahlung einer angemessenen Vergütung ist in § 32 verortert, geht – anders als § 32 a – von einer ex-ante-Perspektive aus und kann ein anderes Schicksal als derjenige nach § 32 a haben, bei der Verjährung (*Dreyer/Kotthoff/Meckel/Kotthoff*[2] Rdnr. 3; *Ory* AfP 2002, 93, 100). Es muss vermieden werden, dass die Anspruchsvoraussetzungen des § 32 umgangen werden, indem die angemessene Vergütung iSv. § 32 innerhalb des § 32 a geltend gemacht wird. Außerdem müsste andernfalls der Unterlizenznehmer im Rahmen der Dritthaftung (§ 32 a Abs. 2) nicht nur für die weitere Beteiligung aufkommen, sondern auch für den Vergütungsteil, den der Ersterwerber und Vertragspartner des Urhebers als angemessene Vergütung schuldet (*C. Berger* Rdnr. 277 ff., ders. GRUR 2003, 675, 679; *Berger/Wündisch/Berger* § 2 Rdnr. 248 ff.). Die Belastung des Urhebers, der praktisch gezwungen wird, sowohl nach § 32 als auch nach § 32 a vorzugehen ist hinzunehmen (aA Vorauflage). Beide Ansprüche können im Wege der objektiven Klagehäufung gem. § 260 ZPO geltend gemacht werden (*Berger/Wündisch/Berger* § 2 Rdnr. 249; aA noch die Vorauflage; s. auch *Höckelmann* ZUM 2005, 526, 528).

§ 36 aF stellte auf ein „grobes Missverhältnis" ab. Wie die Gesetzesmaterialien besagen, wird „die Hürde, die dem geltenden § 36 (grobes Missverhältnis) vor dem Anspruch auf Vertragsanpassung aufgestellt war, ... damit deutlich herabgesetzt" (RA-Beschlussempfehlung S. 19; s. auch *Haas* Nr. 281, 296). **„Auffällig"** ist demnach weniger als ein die Erkennbarkeit betreffendes Kriterium zu verstehen als vielmehr eine quantitative Bestimmung.

Zur Interpretation des Begriffs des **Missverhältnisses** ist bei § 32 anzusetzen, mit dem § 32a in engem Zusammenhang steht (so auch *Wandtke/Bullinger/Wandtke/Grunert*³ Rdnr. 17). Hält sich die Gegenleistung im Rahmen der angemessenen Vergütung, ist ein Missverhältnis auszuschließen. Ein Missverhältnis wird begründet, wenn der Rahmen der Angemessenheit zum Nachteil des Urhebers unterschritten wird. Im Gegensatz zu § 32 genügt die bloße Unterschreitung jedoch bei § 32a nicht als Ansatzpunkt für eine Korrektur (*Berger/Wündisch/Berger* § 2 Rdnr. 252 f.). Das Defizit muss bei § 32a vielmehr ein bestimmtes Ausmaß erreichen; es muss „auffällig" sein. Als „auffällig" ist das Missverhältnis dann zu erachten, wenn es eine evidente, bei objektiver Betrachtung erheblich ins Gewicht fallende Abweichung von der Angemessenheit impliziert. Die früher maßgebliche Schwelle des „groben" Missverhältnisses (s. hierzu *Dreier/Schulze/Schulze* Rdnr. 36) braucht dabei nicht erreicht zu sein (*C. Berger* Rdnr. 282, *Berger/Wündisch/Berger* § 2 Rdnr. 253) und schon gar nicht die Marge der Sittenwidrigkeit (§ 138 BGB).

Unter Berücksichtigung dieser Anhaltspunkte kann eine **Quantifizierung** versucht werden, **20** wobei freilich die Umstände, insbesondere die Berücksichtigung der „gesamten Beziehungen" im Einzelfall zu deutlichen Abweichungen führen können (s. zu den Quantifizierungsversuchen in der Literatur *Loewenheim/v. Becker*² § 29 Rdnr. 108 ff.; *Berger/Wündisch/Berger* § 2 Rdnr. 253 f.). Nach der Begründung zur RA-Beschlussempfehlung (S. 19) liegt ein auffälliges Missverhältnis jedenfalls dann vor, wenn die vereinbarte Vergütung zu 100% von der angemessenen Beteiligung abweicht (so auch *C. Berger* Rdnr. 282, 284; vgl. auch *Dreyer/Kotthoff/Meckel/Kotthoff*² Rdnr. 18), dh. die gewährte Vergütung nur 50% der angemessenen Vergütung erreicht (vgl. *Berger/Wündisch/Berger* § 2 Rdnr. 253; *Dreier/Schulze/Schulze* Rdnr. 37; *Loewenheim/v. Becker*² § 29 Rdnr. 109; *Dreyer/Kotthoff/Meckel/Kotthoff*² Rdnr. 18; *Wandtke/Bullinger/Wandtke/Grunert*³ Rdnr. 19; *Nordemann* Rdnr. 7; *Höckelmann* ZUM 2005, 526, 527; OLG München ZUM 2006, 473, 479 – n. rkr.).

Nach Maßgabe der Umstände könnten aber auch bereits geringere Abweichungen ein auffälliges Missverhältnis begründen (so auch *Erdmann* GRUR 2002, 923, 928; *Dreier/Schulze/Schulze* Rdnr. 37; vgl. ferner *Andernach* S. 214 ff.). Verwiesen wird auf den Anpassungsanspruch des französischen Rechts, der bei einer Differenz von mehr als ⁷/₁₂ eingreift. Der BGH hat zu § 36 aF angenommen, dass eine tatsächliche Vermutung für das Vorliegen eines groben Missverhältnisses spricht (BGH GRUR 1991, 901, 903 – Horoskop-Kalender), wenn das vereinbarte Honorar nur rund 20% bzw. 35% eines an der unteren Vergütungsgrenze orientierten Beteiligungshonorars (von 3%) erreicht. Da das „auffällige" Missverhältnis nach der Gesetzesbegründung deutlich weniger krass als das „grobe" Missverhältnis zu sein braucht, gehen *Wandtke/Bullinger/Wandtke/Grunert*³ von einer Eingriffsschwelle aus, die bei einer Unterschreitung der üblichen und redlichen Vergütung um 20 bis 30% liegt (§ 32a Rdnr. 20 unter Berufung auf *Hagen*, der bereits bei einer Unterschreitung von 20% ein grobes Missverhältnis annimmt; s. ferner die Beispiele bei *Wandtke/Bullinger/Wandtke/Grunert*³ Rdnr. 21. Ablehnend *Berger/Wündisch/Berger* § 2 Rdnr. 254 mit dem Hinweis darauf, dass die Festlegung geringerer Abweichungen unpraktikabel sei, da eine Abgrenzung zwischen einer noch angemessenen Vergütung, einem „bloßen" Missverhältnis und einem „auffälligen Missverhältnis" kaum rational nachvollziehbar vorgenommen werden könne). Nicht zuletzt angesichts der – praktisch kaum zu bewältigenden – Abgrenzungsschwierigkeiten sind Quantifizierungen insofern mit Vorsicht zu handhaben, als sowohl der Rahmen der angemessenen Vergütung als auch der unter Berücksichtigung der „gesamten Beziehungen" zu bestimmende Begriff des Missverhältnisses keine festen Größen sind, sondern Wertungen implizieren. Insofern bildet das Defizit der Vereinbarten gegenüber dem Üblichen nur ein Indiz.

Wie bei § 36 aF (s. 2. Aufl. § 36 Rdnr. 12) spielen auch bei § 32a **Kausalitätserwägungen** **21** für die Begründung des Korrekturanspruchs grundsätzlich keine Rolle (*Wandtke/Bullinger/Wandtke/Grunert*³ Rdnr. 14; *Mestmäcker/Schulze/Lindner* § 32a Anm. 2c; *Dreier/Schulze/Schulze* Rdnr. 30; *Dreyer/Kotthoff/Meckel/Kotthoff*² Rdnr. 15; *C. Berger* Rdnr. 276; *Erdmann* GRUR 2002, 923, 928). Wenn das Werk in gesteigertem, ertragbringendem Umfang genutzt wird, ist dies unter den Voraussetzungen des § 32a zugunsten des Urhebers zu berücksichtigen, ohne dass es darauf ankäme, wie der Erfolg zustande gekommen ist (in diesem Sinne auch die Begründung zur RA-Beschlussempfehlung S. 19). Auch bei einem Werk der „kleinen Münze", dessen Nutzung etwa durch eine Modeströmung gefördert wird, kann der Urheber eine Teilhabe an den gesteigerten Erträgnissen beanspruchen (vgl. zu § 36 aF BGH GRUR 2002, 153, 155 – Kinderhörspiele; BGH GRUR 1991, 901/902 – Horoskop-Kalender). Dies schließt nicht aus, dass den Erfolg fördernde besondere Leistungen des Werknutzers im Rahmen der Missverhältnisprüfung berücksichtigt werden (Rdnr. 18). Wird allerdings der Beitrag des Urhebers nicht verwendet, beispielsweise die Leistung des Übersetzers im Zusammenhang mit Merchandising-Artikeln, entfällt der Anspruch.

Eine Anwendung des § 32 a kommt auch bei untergeordneten Leistungen in Betracht. Ihr geringes Gewicht ist beim Merkmal des auffälligen Missverhältnisses zu berücksichtigen; eine pauschale Abgeltung kann hier angemessen und zweckmäßig sein (die RA-Beschlussempfehlung (S. 19) spricht von einer „zurückhaltenden Anwendung" des § 32 a; vgl. auch *Loewenheim/v. Becker*[2] § 29 Rdnr. 142 unter Hinweis auf die Begründung; s. ferner *Zentek/Meinke* S. 70/71; *Dreyer/Kotthoff/Meckel/Kotthoff*[2] Rdnr. 15; OLG Naumburg ZUM 2005, 759, 761: Gestaltung eines Firmenlogos nur von untergeordneter Bedeutung für den Unternehmenserfolg. Kritisch hierzu *Zentek* ZUM 2006, 117, 121. S. zu § 36 aF BGH GRUR 2002, 153, 155 – Kinderhörspiele; BGH GRUR 2002, 602, 603/604 – Musikfragmente). Zur Beteiligung mehrerer Berechtigter s. Rdnr. 23/24.

22 Gemäß § 32 a Abs. 1 S. 2 ist unerheblich, ob die Vertragspartner die Höhe der erzielten Erträge oder Vorteile **vorhergesehen haben** oder **hätten vorhersehen können**. Bei § 36 kam es nach bisherigem Verständnis zwar nicht auf die Vorhersehbarkeit an (2. Aufl., § 36 Rdnr. 12), jedoch musste das Missverhältnis **„unerwartet"** sein (2. Aufl., § 36 Rdnr. 12 m. Nachw.; BGH GRUR 2002, 602, 604 – Musikfragmente; vgl. auch *Dreier/Schulze/Schulze* Rdnr. 39). In der Praxis zu § 36 aF spielte dieses – ungeschriebene – einschränkende Kriterium eine nicht unerhebliche Rolle im Sinne eines Anspruchsausschlusses.

3. Mehrere Berechtigte bei § 32 a Abs. 1

23 Treffen die Voraussetzungen des § 32 a Abs. 1 auf mehrere Urheber zu, so kommt es auf das Verhältnis an, in dem sie sich befinden. Handelt es sich um **Miturheber** (§ 8 UrhG), so stehen die Ansprüche nach § 32 a, da sie der Verwertung des gemeinsamen Werkes zuzuordnen sind, der Miturhebergemeinschaft zu und sind grundsätzlich von dieser geltend zu machen (§ 8 Rdnr. 10, 13; *Loewenheim/v. Becker*[2] § 29 Rdnr. 144. AA – Alleinbefugnis des Miturhebers – *Dreier/Schulze/Schulze* Rdnr. 66, LG München I, ZUM 2009, 794, 800). Da die gesetzliche Prozessstandschaft des § 8 Abs. 2 S. 3 nur auf Urheberrechtsverletzungen, nicht aber auf die Geltendmachung vertraglicher Ansprüche anwendbar ist (*Wandtke/Bullinger/Thum* § 8 Rdnr. 39) kann eine auf § 32 a gestützte Klage des einzelnen Miturhebers mit § 8 Abs. 2 S. 3 nicht begründet werden. Ein einzelner Miturheber kann den Anspruch des § 32 a aber in Notgeschäftsführung im Rahmen der Gesamthand (*Wandtke/Bullinger/Thum* § 8 Rdnr. 39) geltend machen. Ferner können die Miturheber, im Rahmen der Regelung des Geschäftsführung und Vertretung einzelne Miturheber zur Anspruchserhebung für alle legitimieren (vgl. § 8 Rdnr. 14). Wird für eine Miturhebergemeinschaft nach § 32 a vorgegangen, so kann dies nur für die Werknutzung im Ganzen erfolgen; die interne Verteilung im Innenverhältnis muss nach § 8 Abs. 3 vorgenommen werden. Könnte ein einzelner Miturheber ohne Rücksicht auf weitere Miturheber vorgehen, so ergäbe sich die Gefahr, dass der Verwerter insgesamt mehr als die angemessene Vergütung entrichten müsste.

24 Handelt es sich um **verbundene Werke** mehrerer Urheber (§ 9 UrhG), so richtet sich die Geltendmachung von Ansprüchen aus § 32 a nach den Regelungen der zwischen den Urhebern bestehenden BGB-Gesellschaft (vgl. § 9 Rdnr. 9, 11, 14). Dies wird in der Regel zu einem einheitlichen Korrekturanspruch für alle beteiligten Urheber mit interner Aufteilung wie bei der Miturheberschaft führen. Der einzelne Urheber ist dagegen für sich legitimiert, wenn es um die gesonderte Verwertung seines Werkes geht.

In sonstigen Fällen mehrerer Beteiligter (Beiträger zu **Sammelwerken, Herausgeber und Beiträger, Originalautoren und Bearbeiter**) kann sich jeder Beteiligte für sich auf § 32 a berufen (zum Online-Bereich s. *Lober* K & R 2002, 526, 529). Bei der Bemessung der angemessenen Vergütung als Basis für die Prüfung des Missverhältnisses ist freilich die anteilige Teilhabe an der gesamten Vergütung für die Nutzung der von den mehreren Urhebern verfassten Werksgesamtheit in Rechnung zu stellen. In dem Maße, wie es für den Beteiligten angemessen ist, am ursprünglich veranschlagten vertraglichen Gesamthonorar zu partizipieren, kommt auch eine Beteiligung an der Aufstockung in Betracht. Entsprechendes gilt für das Verhältnis von **Urhebern und Leistungsschutzberechtigten,** insbesondere **ausübenden Künstlern,** wenn es um eine gemeinsame Verwertung von Werk und Leistung geht und die Erträge und Vorteile für diese einheitliche Nutzung angefallen sind.

III. Rechtsfolgen

1. Anspruch gegenüber dem Vertragspartner

Liegen die Voraussetzungen des § 32a Abs. 1 vor, so erwirbt der Urheber gegenüber seinem 25
Vertragspartner einen **Anspruch auf Einwilligung in eine Vertragsänderung** (*Haas* Nr. 309; kritisch *Berger* Rdnr. 288; *Berger/Wündisch/Berger* § 2 Rdnr. 260; *ders.* GRUR 2003, 675, 677/678: unmittelbarer Zahlungsanspruch – was praktikabel sein mag, mit dem Wortlaut aber unvereinbar ist), durch die dem Urheber eine den Umständen nach weitere angemessene Beteiligung gewährt wird. Wie bei § 36 aF handelt es sich um einen Anspruch, nicht um ein Gestaltungsrecht (s. die Nachw. in der 2. Aufl. § 36 Rdnr. 14). Der Anspruch richtet sich auf die Abgabe einer vertragsändernden Willenserklärung, die, vom Berechtigten angenommen, zu einer Vertragsanpassung in puncto Gegenleistung führt. Erforderlichenfalls ist der Anspruch einzuklagen. Mit der Klage ist die gewünschte Vertragsänderung zu bezeichnen oder es ist auf eine vom Gericht festzusetzende angemessene Beteiligung anzutragen, die der Größenordnung nach festzulegen ist. Die **Vollstreckung** des Vertragsänderungsanspruchs erfolgt nach § 894 ZPO. Der Klageantrag muss nicht beziffert sein, allerdings ist eine Größenordnung anzugeben (*Berger/Wündisch/Berger* § 2 Rdnr. 279; enger (keine Bezifferung) noch die Vorauflage und *Dreier/Schulze/Schulze*, Rdnr. 63; *Wandtke/Bullinger/Wandtke/Grunert*[3] Rdnr. 24).

Der Urheber kann immer dann, wenn aufgrund nachprüfbarer Tatsachen klare Anhaltspunkte 26
für seinen Vertragsänderungsanspruch bestehen, **Auskunft** und gegebenenfalls **Rechnungslegung** verlangen, um im Einzelnen die weiteren Voraussetzungen dieses Anspruchs ermitteln und die zu zahlende Vergütung berechnen zu können (so zu § 36 aF BGH GRUR 2002, 602, 603 – Musikfragmente; zu § 32a s. OLG München GRUR-RR 2008, 37, 40 – Pumuckl-Illustrationen II – n. rkr.; LG München I, ZUM 2009, 794; LG Berlin, ZUM 2009, 781; *Zentek/Meinke* S. 73; *Loewenheim/v. Becker*[2] § 29 Rdnr. 161 ff.; *Dreier/Schulze/Schulze* Rdnr. 63/64; *Dreyer/Kotthoff/Meckel/Kotthoff*[2] Rdnr. 24). Die Grenzen des Auskunftsanspruchs ergeben sich aus Treu und Glauben. Er scheidet nicht nur dann aus, wenn auf Seiten des Berechtigten die geforderten Angaben zur Erreichung des Vertragszwecks nicht unbedingt erforderlich sind, sondern setzt auch auf Seiten des Verpflichteten voraus, dass er dem Auskunftsverlangen ohne zumutbaren Aufwand und ohne Beeinträchtigung berechtigter Interessen nachkommen kann (BGH GRUR 2002, 602, 603, 604 – Musikfragmente). Der Auskunftsanspruch wird nicht allein dadurch ausgeschlossen, dass die Erteilung der Auskunft dem Schuldner Mühe bereitet und ihn Zeit und Geld kostet. Vielmehr kann die Auskunft „unschwer" erteilt werden, wenn die Belastungen des Schuldners in Anbetracht der Darlegungs- und Beweisnot des Gläubigers nicht unbillig sind (OLG München GRUR-RR 2008, 37, 41 – Pumuckl-Illustrationen II – n. rkr.).

Der Vertragsänderungsanspruch zielt darauf ab, dem Urheber „**eine den Umständen nach** 27
weitere angemessene Beteiligung" zu gewähren. Unter § 36 aF war strittig, ob der Anspruch nur soweit reiche, dass das grobe Missverhältnis eben noch ausgeräumt würde (so die 2. Aufl., § 36 Rdnr. 15 m. Nachw.) oder ob die Vertragsanpassung das Niveau der angemessenen Vergütung erreichen müsste. Der BGH hat sich für die – bereits vom Wortlaut des § 36 aF nahegelegte – zweitgenannte Auffassung entschieden (BGH GRUR 2002, 153, 155 – Kinderhörspiele). Dem ist beizutreten. Entsprechend ist § 32a auszulegen (so auch *Erdmann* GRUR 2002, 923, 927; *Dreier/Schulze/Schulze* Rdnr. 41; *Schack*[4] Rdnr. 968; so wohl auch BGH I ZR 230/06 sowie BGH I ZR 38/07 – Talking to Addison). Es sind somit zwei Grenzen zu unterscheiden: Die Eingriffsschwelle des „auffälligen Missverhältnisses" und das Anspruchsziel der „angemessenen Beteiligung". Ist die höhere Eingriffsschwelle überwunden, wird eine Anpassung des Vertrags an den Maßstab voller Angemessenheit geschuldet (so auch *Mestmäcker/Schulze/Lindner* § 32a Anm. 2d; *Höckelmann* ZUM 2005, 526, 529; *Wandtke/Bullinger/Wandtke/Grunert*[3] § 32a Rdnr. 25; *Loewenheim/v. Becker*[2] § 29 Rdnr. 110; *Haas* Nr. 304 ff.; *Berger/Wündisch/Berger* § 2 Rdnr. 261. AA *Dreyer/Kotthoff/Meckel/Kotthoff*[2] Rdnr. 21/22; *Loewenheim/v. Becker*[2], § 29 Rdnr. 110; *Zentek* ZUM 2006, 117, 119). Dass dadurch der Urheber, dessen Vergütung in einem auffälligen Missverhältnis zu seiner Leistung steht, besser gestellt ist als derjenige, dessen Vergütung trotz Vorliegens eines Missverhältnisses diese Schwelle nicht erreicht und der daher keine weitere Beteiligung verlangen kann, ist hinzunehmen. Der Gesetzgeber hat entschieden, Urheber nur oberhalb der Eingriffsschwelle des „auffälligen" Missverhältnisses zu schützen und ein einfaches Missverhältnis hinzunehmen.

Wenn in § 32a von der „**weiteren**" **angemessenen Beteiligung** die Rede ist, so wird da- 28
mit implizit auf § 32 Bezug genommen (*Haas* Nr. 305). Welche Ansprüche der Urheber bei

Vertragsschluss hat, ergibt sich aus § 32, ohne dass die Korrektur von einem „auffälligen" Missverhältnis abhängig wäre. § 32a baut auf der nach § 32 zu beanspruchenden angemessenen Vergütung auf und ermöglicht bei auffälligem Missverhältnis eine weitere Vertragskorrektur (s. zum Verhältnis von § 32 und 32a auch oben Rdnr. 9, 19). Bei einer entsprechenden Entwicklung der Erträge und Vorteile ist, insbesondere bei Pauschalhonoraren, auch eine mehrfache, stufenweise Anwendung des § 32a denkbar (*C. Berger* Rdnr. 291; *Berger/Wündisch/Berger* § 2 Rdnr. 262; *Dreier/Schulze/Schulze* Rdnr. 42; LG Berlin ZUM 2005, 901, 904).

29   Die im § 32a in Bezug genommene **„angemessene Beteiligung"** ist im wirtschaftlichen Sinne zu verstehen. Es muss sich nicht notwendig um ein Beteiligungshonorar im technischen Sinne handeln, obgleich das Beteiligungsprinzip durch einen vom Ertrag berechneten Prozentsatz am ehesten wird verwirklicht werden können. Die Gewährung eines (weiteren) Pauschalhonorars ist jedoch nicht ausgeschlossen; sie wird insbesondere nahe liegen, wenn nicht an „Erträge", sondern an „Vorteile" anzuknüpfen ist.

Die Verweisung auf die **„Umstände"** in § 32a Abs. 1 S. 1 bringt gegenüber der mit der Angemessenheitsprüfung bereits nach § 32 verbundenen umfassenden Wertung (§ 32 Rdnr. 28 ff.) nichts wesentlich Neues. Die von § 32a als Anpassungsziel genannte „weitere angemessene Beteiligung" ist ihrer Natur nach nichts anderes als die „angemessene Vergütung" des § 32, die jedoch der Höhe nach im Lichte der aus der Nutzung des Werks sich ergebenden Umstände zu bestimmen ist.

2. Haftung bei Einschaltung Dritter

30   Nach der ursprünglich im Professoren- und Regierungsentwurf vorgesehenen gesetzlichen Haftung für die Nutzung des Werks aufgrund eines Nutzungsrechts oder einer Erlaubnis erstreckte sich die Zahlungspflicht ohne Weiteres auf Dritte, die diese Voraussetzungen erfüllten. Die Kritik erblickte in der Haftung mehrerer und dem möglichen Regress zwischen ihnen jedoch „kaum lösbare Schwierigkeiten" (s. zB Stellungnahme des Bundesrats zum RegE BT-Drs. 14/7564 S. 7). Die RA-Beschlussempfehlung vom 23. 1. 2002 ging zum Modell eines vertraglichen Vergütungsanspruchs mit Korrektur ex ante und ex post über und wollte für den – in Anlehnung an § 36 aF gebildeten – zweiten Fall den Regressanspruch zwischen dem Vertragspartner und Lizenzgeber einerseits und dem Lizenznehmer andererseits regeln (s. *Hucko* S. 153, 163). Der Änderungsantrag vom 23. 1. 2002 gab einer **Durchgriffshaftung** der Dritten den Vorzug und schlug im Wesentlichen den nunmehr im Gesetz enthaltenen Text vor. Die Begründung nahm darauf Bezug, dass in der Lehre schon unter § 36 aF (s. 2. Aufl., § 36 Rdnr. 8) eine Dritthaftung angenommen worden war (RA-Beschlussempfehlung S. 19; *Wandtke/Bullinger/Wandtke/Grunert*³ Rdnr. 26 mwN.). Zur Kritik am Terminus „Haftung" in diesem Zusammenhang s. *Berger* GRUR 2003, 675, 680.

31   Erste Voraussetzung für die Dritthaftung ist nach § 32a Abs. 2 S. 1, dass der Vertragspartner des Urhebers – wirksam (*C. Berger* Rdnr. 294; *Berger/Wündisch/Berger* § 2 Rdnr. 265) – das **Nutzungsrecht übertragen** oder **weitere Nutzungsrechte eingeräumt** hat. Mit „Übertragung" ist die – von § 29 Abs. 1 nicht ausgeschlossene – volle Übertragung des abgeleiteten Rechts zu verstehen, unter der „Einräumung weiterer Nutzungsrechte" die konstitutive Begründung ausschließlicher oder einfacher weiterer Nutzungsrechte. Bei der Übertragung können mehrere Übertragungsakte hintereinander folgen; abgeleitete Nutzungsrechte können mehrstufig begründet werden (*Wandtke/Bullinger/Wandtke/Grunert*³ Rdnr. 27. Vgl. vor §§ 28 ff. Rdnr. 43, § 35 Rdnr. 1). Die Erwähnung der „Lizenzkette" in § 32a Abs. 2 S. 1 aE bekräftigt dies. Es kann – in den Grenzen der Aufspaltbarkeit – das Nutzungsrecht auch aufgeteilt werden oder es können nebeneinander bestehende abgeleitete Nutzungsrechte eingeräumt werden (*Reinhard/Distelkötter* ZUM 2003, 269, 271 ff.).

Vorstehend (Rdnr. 13) wurde die analoge Anwendung des § 32a Abs. 1 auf **schuldrechtliche Nutzungsverträge und einseitige Einwilligungen** begründet. Diese Analogie gilt entsprechend auch für § 32a Abs. 2. Unter § 32a Abs. 2 fällt somit auch die – vom Urheber zugelassene (vgl. § 399 BGB) – Übertragung schuldrechtlicher Nutzungsrechte und einseitiger Einwilligungen sowie die Gewährung schuldrechtlicher Unterbefugnisse.

Gegenüber dem bloßen **Erwerber von Werkstücken** kann § 32a Abs. 2 mangels Einräumung urheberrechtlicher Befugnisse nicht ins Feld geführt werden. Veräußert der Erwerber ein Werk der bildenden Kunst weiter, kommt jedoch das Folgerecht gem. § 26 in Betracht.

32   Hinsichtlich der weiteren Voraussetzungen der Dritthaftung verweist § 32a Abs. 2 auf Abs. 1, wobei auf die „Ertragnisse oder Vorteile" des Dritten abzustellen ist und die „vertraglichen Be-

ziehungen in der Lizenzkette" zu berücksichtigen sind. Die Haftung des ursprünglichen Vertragspartners des Urhebers entfällt (§ 32a Abs. 2 S. 2).

Was zunächst das Abstellen auf die **„Ertrāgnisse oder Vorteile des Dritten"** betrifft (wenn § 32a Abs. 1 S. 1 von „Erträgen", Abs. 2 S. 1 von „Erträgnissen" spricht, so dürfte dies keinen Unterschied machen, ebenso wenig wie die Abweichung, dass es in Abs. 2 S. 1 im Gegensatz zu Abs. 1 S. 1 „oder" statt „und" heißt, sinngemäß ist in beiden Fällen „und/oder" gemeint), so bedeutet dies im Verein mit der Verweisung auf Abs. 1, dass das **Missverhältnis abschnittsweise zu beurteilen ist**. Dabei ist in erster Linie von den Erträgnissen und Vorteilen des Dritten auszugehen. Die Erträge und Vorteile aus der Nutzung des Werks sind zur vereinbarten Gegenleistung in Beziehung zu setzen. Sinngemäß gemeint ist dabei nicht die von dem Dritten, sondern **die von dem ursprünglichen Vertragspartner des Urhebers diesem zu erbringende Gegenleistung** (so auch *Wandtke/Bullinger/Wandtke/Grunert*[3] Rdnr. 30; *Dreier/Schulze/Schulze* Rdnr. 49; *Höckelmann* ZUM 2005, 526, 530; *Reinhard/Distelkötter* ZUM 2003, 269, 270. Anders noch *Schricker* in Quellen des Urheberrechts, Deutschland V/1/a S. 41 ff.; anders auch *Dreyer/Kotthoff/Meckel/Kotthoff*[2] Rdnr. 31/32; *Schaub* ZUM 2005, 212, 219; *Schack*[4] Rdnr. 968b). Maßgeblich ist die „angemessene" Vergütung. Sofern die im ursprünglichen Vertrag vereinbarte Gegenleistung angemessen ist, ist diese maßgeblich. Anderenfalls ist die fiktive angemessene Vergütung zugrunde zu legen (*Berger/Wündisch/Berger* § 2 Rdnr. 270, 249; s. auch oben Rdnr. 19). Bei mehreren beteiligten Zessionaren kommt es für jeden auf das Verhältnis zwischen der Gegenleistung und den von ihm erzielten Erträgen und Vorteilen an (*Brauner* ZUM 2004, 96, 98 ff.; *Wegner/Wallenfels/Kaboth* S. 43). Wie im Rahmen des Abs. 1 (Rdnr. 17) gehören zu den Erträgen und Vorteilen nicht nur Einnahmen aus der Nutzung des Werks (so aber wohl *Wandtke/Bullinger/Wandtke/Grunert*[3] Rdnr. 28), sondern auch rechtsgeschäftliche Einnahmen, insbesondere aus der Lizenzierung (so auch *Brauner* ZUM 2004, 96, 97 f.; *Reinhard/Distelkötter* ZUM 2003, 269, 271).

„Unter Berücksichtigung der vertraglichen Beziehungen in der Lizenzkette" bedeutet, dass die Haftung jedes Beteiligten sich nach den jeweiligen vertraglichen Vereinbarungen zu richten hat und jede einzelne Vereinbarung im Verhältnis zum Urheber auf ihre Angemessenheit hin zu untersuchen ist. Eine Addition der Erträge mehrerer Beteiligter findet nicht statt. Anderenfalls würde den letzten Lizenznehmer wegen der Freistellung der übrigen Lizenznehmer gem. Abs. 2 S. 2 die gesamte Last treffen (*Berger/Wündisch/Berger* § 2 Rdnr. 275; *ders.* GRUR 2003, 675, 681; so auch *Dreyer/Kotthoff/Meckel/Kotthoff*[2] Rdnr. 36; *Dreier/Schulze/Schulze* Rdnr. 51/52; aA *Nordemann* § 32a Rdnr. 16; *Hertin* MMR 2003, 16, 20; *Schack*[4], Rdnr. 968b). Jeder hat für das einzustehen, was er im Rahmen seiner Berechtigung erzielt (*Berger* GRUR 2003, 675, 681). Greift der Nutzungsberechtigte in der Lizenzkette über seine Berechtigung hinaus, liegt insoweit eine für § 32a unbeachtliche, nach §§ 97 ff. zu verfolgende Urheberrechtsverletzung vor. 33

Nach den vertraglichen Regelungen in der Lizenzkette sind auch die für die **Missverhältnisprüfung** heranzuziehenden Erträge und „gesamten Beziehungen" zu bestimmen. Die vom Lizenznehmer dem Lizenzgeber zu erbringende Gegenleistung ist dabei zu berücksichtigen (*Loewenheim/v. Becker*[2] § 29 Rdnr. 119; *Dreier/Schulze/Schulze* Rdnr. 51/52; *Brauner* ZUM 2004, 96, 100. AA, wenn auch zweifelnd, *Zentek/Meinke* S. 67, 71/72). Der Lizenznehmer kann die Gegenleistung (nicht aber sonstige Kosten, so auch *Höckelmann* ZUM 2005, 526, 535; aA *Brauner* ZUM 2005, 96, 104) von seinen Erträgen abziehen; sie schlägt aber bei dem Lizenzgeber zu Buche. Es soll verhindert werden, dass der Urheber mehrfach dieselben Erträge liquidieren kann. Dem Urheber gegenüber haftet jedes Glied der Kette nach dem Verhältnis seiner Erträge und Vorteile zur Gegenleistung, die dem Urheber zu gewähren war. Es liegt keine Gesamtschuld vor (*Brauner* ZUM 2004, 96, 98 ff. mwN, aA *Schack*[4] Rdnr. 968b). Die Verweisung auf die „vertraglichen Beziehungen in der Lizenzkette" bedeutet jedoch nicht, dass im Innenverhältnis begründete Freistellungs- und Regressansprüche nach außen durchschlagen, da dies ein unzulässiger Vertrag zu Lasten Dritter wäre (so auch *C. Berger,* Rdnr. 301; *Berger/Wündisch/Berger* § 2 Rdnr. 272; *Nordemann* S. 102 Rdnr. 17; *Dreier/Schulze/Schulze* Rdnr. 55; LG München ZUM-RD 2007, 302, 311 – n. rkr.). Es soll allerdings für die Verwerter nicht möglich sein, durch geschickte Dispositionen in der Lizenzkette hohe Erträge zu verschieben und unbeachtlich werden zu lassen (*Dreier/Schulze/Schulze* Rdnr. 53/54). In solchen Missbrauchsfällen, etwa bei zahlreichen Weiterlizenzierungen innerhalb eines Konzerns, bei denen jeweils die Voraussetzungen für die Anwendung des § 32a gerade nicht erfüllt sind, wird der Anspruch zu gewähren sein (*Dreyer/Kotthoff/Meckel/Kotthoff*[2] Rdnr. 36).

Außerdem soll § 32a Abs. 2 S. 2 gewährleisten, dass die einzelnen Verwerter nicht unangemessen belastet werden, indem sie für Erlöse einstehen müssen, die andere Verwerter in der

Rechtekette erzielt haben. Soweit eine weitere angemessene Vergütung von einem Dritten geschuldet wird, **entfällt die Haftung des ursprünglichen Vertragspartners des Urhebers**, aber auch diejenige anderer vorhergehender Kettenglieder (so auch *Wandtke/Bullinger/Wandtke/Grunert*[3] Rdnr. 30; *C. Berger* Rdnr. 303; *Berger/Wündisch/Berger* § 2 Rdnr. 274; *Reinhard/Distelkötter* ZUM 2003, 269, 273; *Brauner* ZUM 2004, 96, 102. AA *Höckelmann* ZUM 2005, 526, 531; *Schack*[4] Rdnr. 968b).

Es kommt dabei auf das Bestehen eines Anspruchs, nicht auf seine Durchsetzung an (*Haas* Nr. 314). Der ursprüngliche Vertragspartner haftet jedoch, soweit er aus einer eigenen Nutzung unmittelbar Erträge und Vorteile erzielt (so auch *Reinhard/Distelkötter* ZUM 2003, 269, 272; *Berger* GRUR 2003, 675, 680; *Dreyer/Kotthoff/Meckel/Kotthoff*[2] Rdnr. 37). Entsprechendes gilt für die übrigen Glieder der Kette (*Reinhard/Distelkötter* ZUM 2003, 269, 273).

Es besteht die Gefahr, dass durch **Freistellungsvereinbarungen**, die jedes Glied in der Lizenzkette mit seinem Lizenzgeber vereinbart, letztlich doch der erste Lizenznehmer für sämtliche Ansprüche des Urhebers haftet, die diesem gegenüber den einzelnen Verwertern wegen ihrer Erträgnisse zustehen. Im Einzelfall mag eine solche Freistellungsklausel gem. § 138 unwirksam sein (vgl. *Dreier/Schulze/Schulze* Rdnr. 55, ebenso *Wandtke/Bullinger/Wandtke/Grunert*[3] Rdnr. 30; *Hoeren*, in: Fs. für Nordemann S. 187; aA *Schack*[4] Rdnr. 968b). Generell sind Freistellungsklauseln allerdings eine übliche und sinnvolle Maßnahme des Lizenzgebers, die nicht als sittenwidrig qualifiziert werden kann. Für eine entsprechende Anwendung von § 32a Abs. 2 S. 2, der unmittelbar für das Verhältnis zwischen Urheber und Erstverwerter gilt, auf das Verhältnis zwischen den weiteren Lizenznehmern (*Dreyer/Kotthoff/Meckel/Kotthoff*[2] Rdnr. 39), ist kein Raum, da es den einzelnen Verwertern in der Rechtekette unbenommen ist, ihre Rechtsverhältnisse entsprechend ihren Interessen zu gestalten.

Die vorstehend begründete Auslegung sei an einigen Beispielen erläutert:
– Der Vertragspartner des Urhebers hat einem Dritten gegen eine mäßige Lizenzgebühr eine ausschließliche Lizenz eingeräumt. Der Dritte erzielt gute, wenn auch nicht exorbitante Erträge. Die Missverhältnisprüfung ist zum einen im Verhältnis zwischen Urheber und Lizenzgeber und zum anderen zwischen Urheber und Lizenznehmer durchzuführen. Führt sie beide Male zu einem negativen Ergebnis, so besteht kein Anspruch. Eine Zusammenrechnung der Erträge findet nicht statt.
– Der Vertragspartner nutzt selbst sehr erfolgreich und hat zusätzlich eine Lizenz vergeben; der Lizenznehmer erzielt mäßige Erträge. Hier wird der Lizenznehmer nicht haften; der Lizenzgeber haftet, wenn seine Erträge aus der Eigennutzung zuzüglich der Lizenzgebühren insgesamt in einem Missverhältnis zu der mit dem Urheber vereinbarten Gegenleistung stehen.
– Der Vertragspartner hat eine ausschließliche Lizenz gegen mäßige Gebühr vergeben. Der Lizenznehmer erzielt exorbitante Erträge. Hier kann ein Missverhältnis zwar nicht in Bezug auf den Lizenzgeber, aber in Bezug auf den Lizenznehmer gegeben sein. Der Lizenznehmer kann seine Lizenzzahlungen absetzen; er haftet gleichwohl, wenn seine restlichen Erträge immer noch in einem Missverhältnis zu der mit dem Urheber vereinbarten Gegenleistung stehen. Der Lizenzgeber haftet nicht.
– Der Vertragspartner hat eine ausschließliche Lizenz gegen hohe Gebühr vergeben; der Lizenznehmer erzielt hohe Erträge. Die Haftung des Lizenznehmers hängt davon ab, ob nach Abzug der Lizenzgebühren immer noch ein Missverhältnis zur Gegenleistung besteht. Der Lizenzgeber haftet zwar nicht für die Erträge des Lizenznehmers, aber doch so weit, als die von ihm eingenommenen Lizenzgebühren ihrerseits ein Missverhältnis zur Gegenleistung begründen. Je nachdem wie die Missverhältnisprüfung ausfällt, können Lizenzgeber, Lizenznehmer, beide oder keiner von ihnen haften.
– Der Vertragspartner hat eine ausschließliche Lizenz gegen niedrige Gebühr vergeben; der Hauptlizenznehmer erzielt niedrige Erträge. Der Unterlizenznehmer erzielt hohe Erträge, hat aber mit dem Hauptlizenznehmer vereinbart, dass die Nutzung frei von Rechten Dritter erfolgt und er von jeglichen Ansprüchen Dritter freigestellt wird. Der Urheber kann, falls ein Missverhältnis zwischen seiner Lizenzgebühr und den Erträgen des Unterlizenznehmers besteht, gegen den Unterlizenznehmer vorgehen. Da für die Sittenwidrigkeit der – in der Praxis allgemein üblichen – Garantie keine Anhaltspunkte ersichtlich sind, kann der Lizenznehmer Regreß beim Lizenzgeber nehmen.

34 § 32a Abs. 2 gewährt wie Abs. 1 dem **Urheber** (und seinem Rechtsnachfolger nach § 30) einen Anspruch; Inhaber abgeleiteter Rechte können sich darauf nicht berufen (*C. Berger* Rdnr. 295; *Berger/Wündisch/Berger* § 2 Rdnr. 266). Der Anspruch gegen den Dritten ist zwar ein **gesetzlicher Anspruch;** er ist aber „nach Maßgabe des Absatzes 1" zu konstruieren. § 32a

Abs. 1 gibt einen Anspruch auf Änderung des Vertrages. Da keine vertragliche Beziehung zum Dritten besteht und diese wegen der Grundsätze der Privatautonomie nicht erzwungen werden kann, richtet sich der Anspruch des Abs. 2 auf Zahlung, **nicht** hingegen auf den **Abschluss eines auf die Gewährung einer angemessenen Beteiligung gerichteten Vertrages** (*Wandtke/Bullinger/Wandtke/Grunert*³ Rdnr. 29, *Dreyer/Kotthoff/Meckel/Kotthoff*² Rdnr. 30; *Schaub* ZUM 2005, 212, 219; *Berger/Wündisch/Berger* § 2 Rdnr. 277; aA noch die Vorauflage; aA auch *Dreier/Schulze/Schulze* Rdnr. 48 m.w. Nachw.). Es handelt sich um einen Einzelanspruch, keine gesamtschuldnerische Haftung (*C. Berger* Rdnr. 293, *Berger/Wündisch/Berger* § 2 Rdnr. 264. Anders die Haftung nach § 34 Abs. 4). Zum Auskunftsanspruch so. Rdnr. 26 sowie *C. Berger* Rdnr. 307/308, *Berger/Wündisch/Berger* § 2 Rdnr. 278.

IV. Unverzichtbarkeit, Unveräußerlichkeit, Unpfändbarkeit

Das Gesetz möchte den Änderungsanspruch des § 32a und den Anspruch auf die sich daraus 35 ergebende Zusatzvergütung dem Urheber möglichst erhalten. Deshalb wird **Unverzichtbarkeit im Voraus** angeordnet (Abs. 3 S. 1); dies bedeutet auch einen Ausschluss der Verpflichtung zu einem Verzicht (*Dreyer/Kotthoff/Meckel/Kotthoff*² Rdnr. 40). Die zukünftigen Ansprüche sind **unveräußerlich und unpfändbar** (Abs. 3 S. 2). Die Ansprüche gegen Dritte gemäß Abs. 2 werden ausdrücklich einbezogen. Eine Ausnahme für die Abtretung an Verwertungsgesellschaften wird – anders als etwa in § 63a S. 2 – nicht gemacht (vgl. *Berger/Wündisch/Berger* § 2 Rdnr. 280). Nach dem Schutzzweck des § 32a Abs. 3 wäre eine Abtretung der Anwartschaft an Verwertungsgesellschaften zur treuhänderischen Wahrnehmung nicht ausgeschlossen, soweit es sich um Rechte handelt, die die Verwertungsgesellschaft wahrnimmt. Insofern entsteht dieselbe Problematik wie bei § 32 (s. dort Rdnr. 18). Allerdings ist der Anspruch nach § 32a stärker einzelfallbezogen als derjenige nach § 32; eine „gemeinsame Auswertung" für mehrere Rechtsinhaber im Sinne des § 1 Abs. 1 WahrnG dürfte praktisch ausscheiden.

Ist der **Honoraranspruch** aufgrund der – freiwilligen oder gerichtlich durchgesetzten – Vertragsänderung entstanden, so sind Verzicht, Abtretung, Verpfändung und Pfändung nach allgemeinen Grundsätzen möglich (so auch *Wandtke/Bullinger/Wandtke/Grunert*³ Rdnr. 32; *Dreier/Schulze/Schulze* Rdnr. 56; *Nordemann* S. 103 Rdnr. 19; *Haas* Nr. 317; *Hertin* MMR 2003, 16, 18; *C. Berger* Rdnr. 311; vgl. auch 2. Aufl., § 36 Rdnr. 13).

Auch die unentgeltliche Einräumung eines einfachen Nutzungsrechts bleibt möglich: Mit dem Zweiten Gesetz zur Regelung des Urheberrechts in der Informationsgesellschaft (BGBl. I 2007 S. 2513) wurde § 32a Abs. 3 S. 3 eingefügt, um einer befürchteten Rechtsunsicherheit für Open-Source-Programme und anderen „Open Content" auch für Bestsellerfälle entgegen zu wirken (BT-Drs. 16/1828, S. 25; siehe bereits § 32a Rdnr. 16 sowie § 32 Rdnr. 43; vgl. auch *Dreier/Schulze/Schulze* Rdnr. 57a).

V. Vorrang der kollektivrechtlichen Regelungen

Nach § 32a Abs. 4 kann der Anspruch des Urhebers nach Abs. 1 bei Vorhandensein einer 36 **gemeinsamen Vergütungsregel** (§ 36) oder eines **Tarifvertrages** entfallen. Da § 32a Abs. 2 auf Abs. 1 verweist, gilt der Vorrang der kollektivrechtlichen Regelungen auch für Drittansprüche nach Abs. 2 (*C. Berger* Rdnr. 287; *Dreier/Schulze/Schulze* Rdnr. 58).

Voraussetzung des Vorrangs ist zum einen, dass die Vergütung nach der gemeinsamen Vergütungsregel oder tarifvertraglich bestimmt worden ist, zum anderen, dass kollektivrechtlich ausdrücklich eine weitere angemessene Beteiligung für den Fall des Absatzes 1 vorgesehen ist (*Dreyer/Kotthoff/Meckel/Kotthoff*² Rdnr. 41). Es soll mit anderen Worten, wenn für § 32 der kollektivrechtliche Weg einzuschlagen ist, dieser auch für den Bereich des § 32a gelten, sofern für diesen Fall kollektivrechtliche Vorsorge getroffen ist. § 32a Abs. 4 soll für die **Kohärenz des Systems** sorgen.

Die Wendung „**bestimmt worden ist**" in § 32a Abs. 4 ist deshalb nicht so zu verstehen, 37 dass der Vertrag auf die kollektivrechtliche Regelung Bezug genommen haben muss oder dass eine Vertragskorrektur unter Anwendung der kollektivrechtlichen Regelung bereits stattgefunden haben muss, sondern es kommt darauf an, dass bei einer Vertragskorrektur nach Maßgabe der gesetzlichen Vorschriften die kollektivrechtliche Regelung zur Anwendung zu gelangen hat. Dies ist der Fall, wenn ein **Tarifvertrag** existiert, der für das fragliche Nutzungsverhältnis gilt und der die Vergütung regelt (§ 32 Abs. 4, § 36 Abs. 1 S. 3; *Haas* Rdnr. 327. S. auch oben § 32

Rdnr. 23, 27). Der Vorrang der kollektivrechtlichen Regelung gilt auch, wenn eine – nicht durch einen Tarifvertrag ausgeschaltete (§ 36 Abs. 1 S. 3) – **gemeinsame Vergütungsregel** vorhanden ist, in deren Anwendungsbereich der Vertrag fällt (§ 32 Abs. 2 S. 1, § 36; s. oben § 32 Rdnr. 24, 27). Auch in letzterem Fall spielt es keine Rolle, ob die angemessene Vergütung unter Bezugnahme auf die Vergütungsregel festgesetzt wurde (*Haas* Rdnr. 328).

38 Der Vorrang der kollektivrechtlichen Regelung setzt voraus, dass sie „**ausdrücklich eine weitere angemessene Beteiligung für den Fall des Absatzes 1 vorsieht**". Es muss sich um eine Regelung für Sachverhalte handeln, die typologisch unter das Modell des § 32a Abs. 1 subsumiert werden können (zu den Schwierigkeiten einer solchen Regelung s. *Zentek/Meinke* S. 72/73). Wesentlich ist die Anknüpfung an das Verhältnis der Gegenleistung zu den Erträgen und Vorteilen aus der Nutzung des Werks und die Gewährung einer „weiteren angemessenen Beteiligung" bei einem „auffälligen Missverhältnis". Ob eine derartige auf eine Aufstockung zielende Regelung gegeben ist, unterliegt richterlicher Nachprüfung (s. auch Rdnr. 8). Was die Angemessenheit der weiteren Beteiligung betrifft, so ist sie analog § 32 Abs. 2 S. 1 unwiderleglich zu vermuten; der absolute Vorrang des Tarifvertrags (§ 32 Abs. 4, § 36 Abs. 1 S. 3) führt zum selben Ergebnis (*Haas* Rdnr. 327; *Dreyer/Kotthoff/Meckel/Kotthoff* Rdnr. 42). Dies wird durch die vom Gesetz angestrebte Rechtssicherheit geboten. Der kollektivrechtlichen Regelung bleibt auch überlassen, ob sie eine Dritthaftung vorsehen will oder ob es eine solche nicht geben soll.

VI. Verjährung

39 Die Verjährung richtet sich nach den – reformierten – allgemeinen Vorschriften des BGB (*Wandtke/Bullinger/Wandtke/Grunert*[3] Rdnr. 31; *Haas* Nr. 318/319; *C. Berger* Rdnr. 313). § 102 UrhG ist nicht einschlägig, da es sich nicht um Verletzungsansprüche handelt. Gemäß §§ 194, 195 BGB beträgt die Verjährungsfrist drei Jahre. Die Verjährung beginnt mit dem Schluss des Jahres, in dem der Anspruch entstanden ist und der Gläubiger von den den Anspruch begründenden Umständen und der Person des Schuldners Kenntnis erlangt hat oder ohne grobe Fahrlässigkeit erlangen musste (§ 199 Abs. 1 BGB). Ohne Rücksicht auf die Kenntnis oder grob fahrlässige Unkenntnis verjähren die Ansprüche in 10 Jahren von ihrer Entstehung an (§ 199 Abs. 4 BGB). Die Darlegungslast hinsichtlich der Kenntnis liegt bei dem Werknutzer (LG Berlin ZUM-RD 2007, 194, 197 – n. rkr. – noch zu § 36 aF; *Dreier/Schulze/Schulze* Rdnr. 67). Die kurze Verjährungsfrist ist nicht unproblematisch, weil sich die Durchsetzung von Ansprüchen gem. § 32a oft erst nach Ablauf eines längeren Zeitraums lohnt, soweit sich erst dann hohe Nachforderungen ergeben.

Zu den anspruchsbegründenden Umständen, auf deren Kenntnis oder grob fahrlässige Unkenntnis es ankommt, gehören die das „auffällige Missverhältnis" begründenden Tatsachen, insbesondere die „Erträge und Vorteile". Dass der Urheber das Marktgeschehen nicht beobachtet, dürfte noch keine grobe Fahrlässigkeit begründen (so auch *Wandtke/Bullinger/Wandtke/Grunert*[3] Rdnr. 31). S. zur vertraglichen Verkürzung der Verjährung *Hertin* MMR 2003, 16, 18/19, der mit Recht auf § 32 Abs. 3 hinweist.

§ 32 b Zwingende Anwendung

Die §§ 32 und 32a finden zwingend Anwendung,
1. **wenn auf den Nutzungsvertrag mangels einer Rechtswahl deutsches Recht anzuwenden wäre oder**
2. **soweit Gegenstand des Vertrages maßgebliche Nutzungshandlungen im räumlichen Geltungsbereich dieses Gesetzes sind.**

Schrifttum: *Ahrens*, Internationales Privatrecht des Urhebervertragsrechts, in Berger/Wündisch (Hrsg.), Urhebervertragsrecht. Handbuch, 2008, S. 223; *Czychowski*, „Wenn der dritte Korb aufgemacht wird …". Das zweite Gesetz zur Regelung des Urheberrechts in der Informationsgesellschaft, GRUR 2008, 586; *Dietz*, Amendment of German Copyright Law in Order to Strengthen the Contractual Position of Authors and Performers, 33 IIC (2002) 828; *Haas*, Das neue Urhebervertragsrecht, 2002; *Hertin*, Urhebervertragsnovelle 2002: Up-Date von Urheberrechtsverträgen, MMR 2003, 16; *Hilty/Peukert*, Das neue deutsche Urhebervertragsrecht im internationalen Kontext, GRUR Int. 2002, 643; *dies.*, „Equitable Remuneration" in Copyright Law: The Amended German Act as a Trap for the Entertainment Industry in the U.S.?, 22 Cardozo Arts & Entertainment Law Journal 401 (2004); *Hucko*, Das neue Urhebervertragsrecht, 2002; *Nordemann*, Das neue Urhebervertragsrecht, 2002; *W. Nordemann/ J. B. Nordemann*, Die US-Doktrin des „work made for hire" im neuen deutschen Urhebervertragsrecht – ein Bei-

Zwingende Anwendung § 32b

trag insbesondere zum Umfang der Rechtseinräumung für Deutschland, in Fs. für Schricker, 2005, S. 473; *Nordemann-Schiffel*, Zur internationalen Anwendbarkeit des neuen Urhebervertragsrechts, in Fs. für Nordemann, 2004, S. 479; *Obergfell*, Verlags- und Filmverträge, in: *Reithmann/Martiny*, Internationales Vertragsrecht, 6. Aufl., 2004, S. 1267; *dies.*, Deutscher Urheberschutz auf internationalem Kollisionskurs, K&R 2003, 118; *Ory*, Das neue Urhebervertragsrecht, AfP 2002, 93; *Peukert*, Protection of Authors and Performing Artists in International Law – Considering the Example of Claims for Equitable Remuneration Under German and Italian Law, 35 IIC (2004), 900; *Pütz*, Parteiautonomie im internationalen Urhebervertragsrecht – Eine rechtsdogmatische und rechtspolitische Betrachtung der Grenzen freier Rechtswahl im internationalen Urhebervertragsrecht unter besonderer Berücksichtigung des neuen deutschen Urhebervertragsrechts, 2005; *dies.*, Zum Anwendungsbereich des § 32 b UrhG: Internationales Urhebervertragsrecht und angestellte Urheber, IPRax 2005, 13; *Schack*, Urhebervertragsrecht im Meinungsstreit, GRUR 2002, 853; *ders.*, International zwingende Normen im Urhebervertragsrecht, in Fs. für Heldrich, 2005, S. 997; *Thorn*, Entwicklungen des Internationalen Privatrechts 2000–2001, IPRax 2002, 350; *v. Welser*, Neue Eingriffsnormen im internationalen Urhebervertragsrecht, IPRax 2002, 364; *Wille*, Die kollisionsrechtliche Geltung der urheberrechtlichen Nutzungsregelungen zu den unbekannten Nutzungsarten – §§ 31 a, 32 c UrhG im Lichte des Internationalen Privatrechts, GRUR Int. 2008, 389; s. ferner die Schrifttumsnachweise vor §§ 28 ff. Rdnr. 3 a und zu vor §§ 120 ff.

Übersicht

	Rdnr.
I. Zweck und Bedeutung des § 32 b	1–7
II. International zwingender Charakter der §§ 32, 32 a bei engster Verbindung des Vertrags mit Deutschland trotz Wahl ausländischen Rechts (§ 32 b Nr. 1)	9–13
III. International zwingender Charakter der §§ 32, 32 a aufgrund maßgeblicher Nutzungshandlungen in Deutschland als Vertragsgegenstand (§ 32 b Nr. 2)	14–19
IV. Rechtsfolgen der international zwingenden Anwendbarkeit der §§ 32, 32 a	20
V. Von § 32 b begünstigte und betroffene Vertragsparteien	21–23
VI. Rechtsstellung von Ausländern	24–32
VII. International zwingender Charakter anderer urhebervertragsrechtlicher Bestimmungen	33–35
VIII. Prozessuale Fragen	36–42
IX. Zeitliches Übergangsrecht	43

I. Zweck und Bedeutung des § 32 b

§ 32 b ist im Rahmen des neuen **Urhebervertragsgesetzes** aus dem Jahre **2002** (s. dazu vor §§ 28 ff. Rdnr. 7 ff.) neu in das Gesetz eingefügt worden. Seine unmittelbaren Bezugsbestimmungen sind der seinerzeit neugefasste **§ 32** und der neue **§ 32 a**. Als Kernpunkte der Reform des Urhebervertragsrechts normieren diese Bestimmungen den **Anspruch des Urhebers auf angemessene Vergütung** für die Einräumung von Nutzungsrechten und die Erlaubnis zur Werknutzung, und zwar sowohl zu Anfang der vertraglichen Beziehung an (§ 32) als auch in Bezug auf den nachträglichen Eintritt eines auffälligen Missverhältnisses zwischen Leistung und Gegenleistung (§ 32 a). Für Fälle unangemessener vertraglicher Vergütungsvereinbarungen sehen beide Bestimmungen zugunsten des betroffenen Urhebers Ansprüche auf Einwilligung in eine Vertragsänderung vor, durch die dem Urheber eine angemessene (§ 32 Abs. 1 S. 3) bzw. eine weitere angemessene Vergütung (§ 32 a Abs. 1 S. 1) gewährt wird; § 32 a ist dabei dem früheren sog. Bestsellerparagraphen (§ 36 aF) nachgebildet (s. zum Ganzen zusammenfassend vor §§ 28 ff. Rdnr. 13 sowie die Kommentierung der §§ 32 und 32 a). 1

Der Anspruch des Urhebers auf anfänglich angemessene vertragliche Vergütung ist – einseitig zugunsten des Urhebers – **zwingend** ausgestattet (§ 32 Abs. 3 S. 1; s. § 32 Rdnr. 42) und gegen Umgehung geschützt (§ 32 Abs. 3 S. 2; s. § 32 Rdnr. 42). Gleiches gilt für den Anspruch auf weitere angemessene Vergütung: Auf diesen Anspruch kann im Voraus nicht verzichtet werden, und eine Verfügung über die Anwartschaft ist unwirksam (§ 32 a Abs. 3; s. dazu § 32 a Rdnr. 35). 2

In einem sehr späten Stadium des Gesetzgebungsverfahrens, nämlich im Rahmen einer Formulierungshilfe der Bundesregierung vom 14. 1. 2002 (abgedruckt bei *Hucko* S. 149 ff.), wurde die Einführung des § 32 b vorgeschlagen, um „die Vergütungsansprüche gegen Umgehungen durch die **Flucht in ausländisches Recht**" zu schützen (s. *Hucko* S. 149). 3

Hintergrund dieses Vorschlags und seines Motivs und damit auch des **§ 32 b** selbst sind einerseits die Regeln des **internationalen Urhebervertragsrechts** und andererseits der grundsätzlich (s. aber unten Rdnr. 23) **vertragsrechtliche Charakter** der in den §§ 32 und 32 a geregelten Ansprüche (zu Letzteren s. § 32 Rdnr. 2, § 32 a Rdnr. 5; besonders ausführlich *Hilty/Peukert* GRUR Int. 2002, 643/645 f.). Abgesehen von Vorbehalten zugunsten des auf das Urheberrecht 4

§ 32b

als solches anwendbaren Rechts finden auf Urheberrechtsverträge die für schuldrechtliche Verträge geltenden Regeln des Internationalen Privatrechts (IPR) Anwendung (s. dazu vor §§ 120 ff. Rdnr. 148 ff.). Diese Regeln gehen von der **freien Wahl des anwendbaren Rechts** durch die Vertragsparteien aus (Art. 27 EGBGB nF, ab 17. 12. 2009 Art. 3 Rom I-VO, s. dazu vor §§ 120 ff. Rdnr. 152, sog. subjektive Anknüpfung), mangels einer solchen Rechtswahl von der Anwendbarkeit des Rechts desjenigen Staates, mit dem der Vertrag die **engsten Verbindungen** aufweist (Art. 28 Abs. 1 S. 1 EGBGB nF, Art. 4 Abs. 2–4 Rom I-VO, sog. objektive Anknüpfung). Letztere führt in der Regel zur Anwendbarkeit des Rechts des Staates, in dem die Vertragspartei, welche die charakteristische Leistung zu erbringen hat, im Zeitpunkt des Vertragsschlusses ihren gewöhnlichen Aufenthalt bzw. ihre Haupt- oder geschäftsführende Niederlassung hat (Art. 28 Abs. 2 S. 1, 2 EGBGB nF, Art. 4 Abs. 2, Art. 19 Abs. 1 Rom I-VO; s. zum Ganzen vor §§ 120 ff. Rdnr. 153 f.).

5 Kommt aus deutscher Sicht auf einen Urheberrechtsvertrag auf die vorstehend (Rdnr. 4) geschilderte eine oder andere Art und Weise **ausländisches Recht** zur Anwendung, so werden durch dieses grundsätzlich nicht nur die dispositiven, sondern auch die **zwingenden Vorschriften des deutschen Rechts verdrängt;** dies gilt sogar dann, wenn im Falle der Wahl ausländischen Rechts bei fiktiver objektiver Anknüpfung (s. Rdnr. 4) deutsches Recht anwendbar wäre (s. vor §§ 120 ff. Rdnr. 153/163). Allgemein ausgeschlossen ist das letztere Ergebnis nur, wenn die Anwendung fremden Rechts auf ein Vertragsverhältnis vereinbart wird, welches keinerlei Auslandverbindungen aufweist (Art. 27 Abs. 3 EGBGB nF, Art. 3 Abs. 3 Rom I-VO, s. vor §§ 120 ff. Rdnr. 153).

6 § 32 b verfolgt das **Ziel,** die zugunsten der Urheber (s. Rdnr. 2) **zwingenden Ansprüche nach §§ 32, 32a gegen Umgehung mit Mitteln des IPR** zu schützen, wie sie sich aus den vorstehend (Rdnr. 4/5) dargestellten Regeln ergeben. Er hat dabei ausweislich seiner Nr. 1 und 2 **zwei Fallkonstellationen enger Verbindung mit der deutschen Rechtsordnung** im Auge: zum einen die **Wahl ausländischen Rechts** bei so starker, nämlich „engster" **Verbindung** eines Vertragsverhältnisses **mit Deutschland,** dass mangels einer solchen Wahl aufgrund objektiver Anknüpfung deutsches Recht anwendbar wäre (Nr. 1; s. Rdnr. 4), und zum anderen, unabhängig vom Geltungsgrund (Rechtswahl oder objektive Anknüpfung; s. Rdnr. 4) des ausländischen Rechts, die **Vornahme maßgeblicher Nutzungshandlungen im deutschen Inland** als Vertragsgegenstand (Nr. 2; s. zu beiden Alternativen auch die Begründung der Formulierungshilfe vom 14. 1. 2002 bei *Hucko* S. 164, und der Beschlussempfehlung des Rechtsausschusses des Deutschen Bundestags vom 23. 1. 2002, BT-Drucks. 14/8058, S. 20). Dies entspricht im Grundsatz auch der schon bisher vertretenen, wenn auch umstrittenen Auffassung von der Sonderanknüpfung zwingender Normen des deutschen Urhebervertragsrechts im allgemeinen (s. dazu vor §§ 120 ff. Rdnr. 164/166 f.).

7 **Nicht ausreichend** für eine international zwingende Anwendung der §§ 32 und 32a (und anderer national zwingender Vorschriften des deutschen Urhebervertragsrechts) sind andere denkbare, mehr oder weniger enge Verbindungen eines Urheberrechtsvertrags mit der deutschen Rechtsordnung. Dies gilt zB für die **deutsche Staatsangehörigkeit des Urhebers** und für seinen **Wohnsitz** bzw. **ständigen Aufenthalt in Deutschland,** jeweils **als solche.** Die Berücksichtigung nur deutscher Urheber stünde im Widerspruch zum Diskriminierungsverbot des europäischen Rechts (s. § 120 Rdnr. 4) oder müsste nach dem konventionsrechtlichen Grundsatz der sog. Inländerbehandlung (s. vor §§ 120 ff. Rdnr. 19/47 zu TRIPS und RBÜ) auch konventionsgeschützten ausländischen Urhebern zugestanden werden (s. unten Rdnr. 27 ff.). Ähnliches gilt für die **erste Veröffentlichung** bzw. das **erste Erscheinen** eines Werkes **im deutschen Inland** (s. vor §§ 120 ff. Rdnr. 17/46, § 121 Rdnr. 5 ff.). Nicht ausreichend ist auch der **Sitz** oder die **Niederlassung des Verwerterunternehmens in Deutschland,** wiederum jeweils für sich genommen. Ein anderes Ergebnis hätte einen durch nichts gerechtfertigten Standortnachteil für deutsche Unternehmen zur Folge. Mutmaßungen gehen im Gegenteil dahin, dass speziell § 32 b Nr. 2 sogar der **Standortsicherung** dienen soll, indem er durch Unterwerfung maßgeblicher Nutzungshandlungen als Vertragsgegenstand unter §§ 32 und 32a deutschen Unternehmen einen Anreiz nimmt, zur Vermeidung von Ansprüchen der Urheber aus diesen Bestimmungen gemäß § 32b Nr. 1 ihren Sitz ins Ausland zu verlegen (so *Hilty/Peukert* GRUR Int. 2002, 643/644; *Obergfell* K & R 2003, 118/125).

8 **Vorbild** für § 32b sind die Vorbehalte zugunsten zwingender Regeln des objektiv anwendbaren Rechts bei Rechtswahl in Verbraucher- und Arbeitsverträgen (Art. 29, 29a, 30 EGBGB nF, Art. 6 Abs. 2, Art. 8 Abs. 1 Rom I-VO; s. dazu auch die Begründungen der Formulierungshilfe vom 14. 1. 2002 bei *Hucko* S. 164, und der Beschlussempfehlung des Rechtsausschusses des

Zwingende Anwendung **§ 32b**

Deutschen Bundestags vom 23. 1. 2002, BT-Drucks. 14/8058, S. 20) sowie die Lehre von der sog. Sonderanknüpfung zwingender Normen zugunsten der schwächeren Vertragspartei (s. vor §§ 120 ff. Rdnr. 163 f.). Der international zwingende Charakter der deutschen urhebervertragsrechtlichen Bestimmungen zugunsten der Urheber ist im Hinblick auf Art. 34 EGBGB nF, Art. 9 Rom I-VO im allgemeinen umstritten (s. vor §§ 120 ff. Rdnr. 166), bezüglich der §§ 32 und 32 a aber durch § 32 b außer Streit gestellt.

II. International zwingender Charakter der §§ 32, 32 a bei engster Verbindung des Vertrags mit Deutschland trotz Wahl ausländischen Rechts (§ 32 b Nr. 1)

Weist ein Urheberrechtsvertrag seine **engste Verbindung mit Deutschland** auf und haben 9 die Vertragsparteien **keine Rechtswahl** getroffen, so ist auf diesen Vertrag deutsches Urhebervertragsrecht insgesamt anwendbar (Art. 28 EGBGB nF, Art. 4 Abs. 2–4 Rom I-VO; s. Rdnr. 4). Als Bestandteile des deutschen Urhebervertragsrechts gelten die §§ 32 und 32 a ohne Weiteres, ohne dass es eines Rückgriffs auf § 32 b oder einer sonstigen Sonderanknüpfung (s. Rdnr. 8) bedarf. Als national zwingende Bestimmungen (s. Rdnr. 2) sind die §§ 32 und 32 a ebenfalls unabhängig von § 32 b oder einer anderen Sonderanknüpfung anwendbar, wenn zwar **ausländisches Recht gewählt** worden ist, der Urheberrechtsvertrag jedoch abgesehen von dieser Rechtswahl **keinerlei Auslandsverbindungen** aufweist (Art. 27 Abs. 3 EGB nF, Art. 3 Abs. 3 Rom I-VO; s. Rdnr. 5).

Die AmtlBegr. (Formulierungshilfe vom 14. 1. 2002 bei *Hucko* S. 164, und Beschlussempfeh- 10 lung des Rechtsausschusses des Deutschen Bundestags vom 23. 1. 2002, BT-Drucks. 14/8058, S. 20) nennt als **Beispielsfall** für die Anwendbarkeit deutschen Rechts aufgrund fiktiver objektiver Anknüpfung und für die Anwendbarkeit der §§ 32 und 32 a gemäß **§ 32 b Nr. 1** trotz Wahl eines ausländischen Rechts einen urheberrechtlichen Nutzungsvertrag mit einem **Lizenznehmer mit Sitz im Ausland**, der **keine Ausübungspflicht** (zu dieser Pflicht gleichgestellten Umständen s. vor §§ 120 ff. Rdnr. 156/158) vorsieht. In diesem Falle erbringt nicht der ausländische Lizenznehmer, sondern der Lizenzgeber bzw. der **Urheber mit ständigem Aufenthalt in Deutschland** die charakteristische Leistung iSd. Art. 28 Abs. 2 Satz 1 EGBGB nF, Art. 4 Abs. 2 Rom I-VO, welche im Regelfall die nach Art. 28 Abs. 1 Satz 1 EGBGB nF für das objektiv anwendbare Recht entscheidende engste Verbindung mit einem bestimmten Staat begründet, bzw. nach Art. 4 Abs. 2 Rom I-VO den Regelfall einer solchen Verbindung darstellt (s. Rdnr. 4; zum Ergebnis s. vor §§ 120 ff. Rdnr. 156 sowie *Schack*[4] Rdnr. 1144, auf dessen Vorauf. die Begründung verweist).

Trifft im **amtlichen Beispielsfall** (Rdnr. 10) das ausländische Verwerterunternehmen ver- 11 tragsgemäß eine **Ausübungspflicht,** so erbringt dieses Unternehmen und nicht der deutsche Urheber die charakteristische Leistung (s. vor §§ 120 ff. Rdnr. 156). Folge davon ist, dass die fiktive objektive Anknüpfung des Vertragsverhältnisses auf das betreffende ausländische und nicht auf das deutsche Recht verweist. Eine international zwingende Anwendung der §§ 32 und 32 a über **§ 32 b Nr. 1 scheidet aus.** In Betracht kommt lediglich eine Anwendung kraft **§ 32 b Nr. 2** (su. Rdnr. 14 ff.) oder unter der Voraussetzung, dass die Vertragsparteien die Anwendung deutschen Rechts vereinbart haben (so. Rdnr. 4).

Bei vertauschten Rollen, also im Fall eines Urheberrechtsvertrags zwischen einem **Urheber** 12 mit **gewöhnlichem Aufenthalt im Ausland** (s. Rdnr. 4) und einem **Verwerterunternehmen mit Niederlassung in Deutschland** (s. Rdnr. 4), verhalten sich die Dinge **umgekehrt** zum amtlichen Beispielsfall. **§ 32 b Nr. 1** und über ihn auch §§ 32 und 32 a sind wegen fiktiver objektiver Anknüpfung an das deutsche Recht **anwendbar,** wenn die Vertragsparteien zwar die Anwendung des **ausländischen Aufenthaltsrechts des Urhebers vereinbart** haben, aber das Verwerterunternehmen eine **Ausübungspflicht** trifft. Das deutsche Unternehmen erbringt hier die zur fiktiv-objektiven Anknüpfung an das deutsche Recht führende charakteristische Leistung (s. vor §§ 120 ff. Rdnr. 156). Bei **fehlender Ausübungspflicht** führt die fiktive objektive Anknüpfung zum ausländischen Recht, und eine Anwendbarkeit der §§ 32 und 32 a kann sich nur aus **§ 32 b Nr. 2** ergeben.

Sind die objektiven Anknüpfungskriterien (gewöhnlicher Aufenthalt und Haupt- oder ge- 13 schäftsführende Niederlassung, s. Rdnr. 4) hinsichtlich **beider Vertragsparteien in Deutschland** gegeben, so sind bei gleichwohl erfolgter Wahl eines ausländischen Rechts (zu einer solchen Wahl s. vor §§ 120 ff. Rdnr. 153) die §§ 32 und 32 a über **§ 32 b Nr. 1** anwendbar, wenn

§ 32b

das Vertragsverhältnis zB wegen der Einräumung von Nutzungsrechten für zwei oder mehr Staaten oder gar von Weltrechten Auslandsbeziehungen aufweist, mangels solcher Beziehungen über Art. 27 Abs. 3 EGBGB nF, Art. 3 Abs. 3 Rom I-VO (so. Rdnr. 5/9). Bei Vorliegen jener Kriterien **im Ausland** kann sich eine Anwendbarkeit der §§ 32 und 32a nur aus **§ 32b Nr. 2** oder der Wahl deutschen Rechts durch die Vertragsparteien ergeben.

III. International zwingender Charakter der §§ 32, 32a aufgrund maßgeblicher Nutzungshandlungen in Deutschland als Vertragsgegenstand (§ 32b Nr. 2)

14   Die AmtlBegr. (wie unter Rdnr. 10) geht davon aus, dass die **Mehrzahl** der IPR-Sachverhalte, auf welche die §§ 32 und 32a wegen ihres international zwingenden Charakters anwendbar sind, nicht über § 32b Nr. 1, sondern über **§ 32b Nr. 2** erfasst werde. Nach dieser Bestimmung genügt es für die Anwendbarkeit der §§ 32 und 32a, wenn **maßgebliche Nutzungshandlungen in Deutschland** (s. Rdnr. 17ff.) **Vertragsgegenstand** sind. Weder die Wahl ausländischen Rechts durch die Vertragsparteien noch die engste Verbindung der Vertragsverhältnisse mit einem ausländischem Staat iSd. objektiven Anknüpfung (s. Rdnr. 4) stehen unter dieser Voraussetzung der Anwendbarkeit der §§ 32 und 32a entgegen. In diesem Falle sind diese Bestimmungen daher insbesondere auch dann anwendbar, wenn ein Urheber mit ständigem Aufenthalt in Deutschland vertraglich mit einem ausländischen Verwertungsunternehmen verbunden ist, welches eine Ausübungspflicht übernommen hat oder dessen Recht gewählt worden ist (s. Rdnr. 11), sowie im Fall vertauschter Rollen bei fehlender Ausübungspflicht des inländischen Unternehmens oder Wahl des ausländischen Aufenthaltsrechts des Urhebers (s. Rdnr. 12).

15   Als **Anwendungsfall** des § 32b Nr. 2 werden in der AmtlBegr. (wie unter Rdnr. 10) Nutzungsverträge von Urhebern mit Lizenznehmern im Ausland über **inländische Verwertungshandlungen** genannt, wobei es unerheblich sei, ob die Parteien ein Recht gewählt hätten. Unerheblich ist es dabei aber auch, ob der Urheber seinen ständigen Aufenthalt in Deutschland oder im Ausland hat und ob das Verwerterunternehmen (den Lizenznehmer) eine Ausübungspflicht trifft oder nicht.

16   Aus den vorgenannten Umständen ergibt sich auch, dass eine Sitz- bzw. **Niederlassungsverlagerung deutscher Verwerterunternehmen ins Ausland,** wie insbesondere in die deutschsprachigen Länder Österreich oder Schweiz, keinen Vorteil derart verspricht, sich dadurch Ansprüchen der Urheber als Vertragspartei aus den §§ 32 und 32a entziehen zu können; es sei denn, sie verzichten zugleich auf Deutschland als den weitaus größten deutschsprachigen Markt. Dies ist mit der bereits erwähnten (s. Rdnr. 7) Funktion des § 32b Nr. 2 als Faktor der **Standortsicherung** gemeint.

17   Die Anwendung des § 32b Nr. 2 setzt voraus, dass **maßgebliche Nutzungshandlungen in Deutschland Vertragsgegenstand** sind. Neben den bereits erwähnten (s. Rdnr. 15) Nutzungsverträgen von Urhebern mit Lizenznehmern im Ausland über inländische Verwertungshandlungen als Anwendungsfall des § 32b Nr. 2 besagt die AmtlBegr. (wie unter Rdnr. 10) zu dieser Bestimmung nur, dass sich über sie die §§ 32 und 32a gegenüber ausländischem Recht durchsetzen, „soweit eine **maßgebliche Nutzungshandlung im Inland** vorliegt" (Hervorhebung hinzugefügt). Dies bedeutet aber nicht, dass eine solche Nutzungshandlung tatsächlich vorgenommen werden oder worden sein muss. Nach dem entscheidenden Gesetzeswortlaut reicht es vielmehr für die Anwendung des § 32b Nr. 2 aus, dass eine solche Nutzungshandlung **Vertragsgegenstand** ist (ebenso *Dreier/Schulze*[3] Rdnr. 9; *Fromm/Nordemann*[10] Rdnr. 9). Dies entspricht auch dem Grundkonzept der §§ 32 und 32a: Auch für den Anspruch des Urhebers auf angemessene Vergütung nach § 32 ist eine tatsächliche Nutzung des Werkes des Urhebers nicht Voraussetzung (s. § 32 Rdnr. 2), und selbst ein Anspruch des Urhebers auf weitere Beteiligung gemäß § 32a wegen eines auffälligen Missverhältnisses zwischen seiner Vergütung und den Erträgen und Vorteilen des Nutzungsberechtigten „aus der Nutzung des Werkes" (§ 32a Abs. 1 Satz 1) hat eine tatsächliche Nutzungshandlung nicht zur Bedingung, es genügen zB Lizenzeinnahmen (s. § 32a Rdnr. 17) oder auch die Teilnahme an den Ausschüttungen deutscher Verwertungsgesellschaften.

18   **Nutzungshandlungen im Inland** als Vertragsgegenstand sind jedenfalls alle Handlungen, die in ein dem Urheber durch die §§ 15ff. UrhG vorbehaltenes Verwertungsrecht, wie das Vervielfältigungsrecht, das Verbreitungsrecht und das Recht der öffentlichen Wiedergabe, eingreifen. Erfasst sind damit zB auch Vervielfältigungen für den Export (s. vor §§ 120ff. Rdnr. 136;

ebenso *Dreier/Schulze*³ Rdnr. 9; *Schack* in Fs. für Heldrich S. 997/999 Fn. 13; aA *Berger* Rdnr. 338), Funksendungen von Deutschland aus für das Ausland, sei es als europäische Satellitensendungen (s. § 20a sowie vor §§ 120 ff. Rdnr. 142), sei es terrestrisch (so BGHZ 152, 317/322 ff. – Sender Felsberg; kritisch dazu vor §§ 120 ff. Rdnr. 143), Import nach und Export aus Deutschland (s. vor §§ 120 ff. Rdnr. 137/138), nicht aber der bloße Transit (s. vor §§ 120 ff. Rdnr. 139) und der nach Deutschland einwirkende unvermeidliche spill over ausländischer Funksendungen (s. vor §§ 120 ff. Rdnr. 141; im Ergebnis ebenso *Fromm/Nordemann*¹⁰ Rdnr. 9; *Schack* in Fs. Für Heldrich S. 997/999; *v. Welser* IPRax 2002, 364/365).

Die AmtlBegr. (wie unter Rdnr. 10) gibt keinen ausdrücklichen Hinweis darauf, nach welchen Kriterien zu beurteilen ist, ob eine Nutzungshandlung in Deutschland als Vertragsgegenstand **maßgeblich** ist. Ausgehend von der Konzeption des § 32b Nr. 2, die auf den Vertragsgegenstand und nicht auf eine tatsächliche Nutzung abstellt (s. Rdnr. 17), ist davon auszugehen, dass grundsätzlich bereits die Einräumung eines Nutzungsrechts für Deutschland ausreicht, um die Voraussetzung der Maßgeblichkeit annehmen zu können. Dies gilt insbesondere für die im Film- und Verlagsbereich verbreitet übliche Einräumung ausschließlicher und räumlich unbegrenzter sog. Weltrechte für die filmische oder verlagsmäßige Werkverwertung (in diesem Sinne auch *Dreier/Schulze*³ Rdnr. 9; *Wandtke/Bullinger*³ § 32b Rdnr. 4; *v. Welser* IPRax 2002, 364/365; aA *Obergfell* K & R 2003, 118/125). Insoweit muss auch kein Schwellenwert quantitativer oder qualitativer Art überschritten sein (so Fromm/Nordemann¹⁰ Rdnr. 9; *Nordemann-Schiffel,* Fs. für Nordemann, S. 479/483). Auch kommt es nicht darauf an, in welchem Verhältnis die Werknutzung in Deutschland zu derjenigen in anderen Ländern vertraglich vorgesehen ist oder praktiziert wird (ebenso Fromm/Nordemann¹⁰ Rdnr. 9; *Nordemann-Schiffel,* Fs. für Nordemann, S. 479/483; *Wandtke/Bullinger*³; Rdnr. 4; aA *Obergfell* K & R 2003, 118/125, die eine Nutzung in Deutschland als primär beabsichtigt fordert). Eine konkrete Verwertungsabsicht in Bezug auf Deutschland (so *Wandtke/Bullinger*³ § 32b Rdnr. 4) oder der große Erfolg eines US-amerikanischen Filmes in Deutschland (so *Nordemann* § 32b Rdnr. 6) sind aber zusätzliche Indizien für die Anwendbarkeit des § 32b Nr. 2. Nicht ausreichend sind nur ganz untergeordnete Nutzungshandlungen in Deutschland als Vertragsgegenstand (so *Haas* Rdnr. 478) und grenzüberschreitende Nutzungshandlungen, die ohnehin nicht in deutsche urheberrechtliche Befugnisse eingreifen (so *v. Welser* IPRax 2002, 364/365; sa. *Fromm/Nordemann*¹⁰ Rdnr. 9; Schack in Fs. für Heldrich S. 997/999 und oben Rdnr. 18). Ob und in welcher Höhe bei darüber hinausgehend für Deutschland eingeräumten Nutzungsrechten und tatsächlicher Werknutzung hier Ansprüche des Urhebers nach §§ 32 und 32a bestehen, ist eine Frage der Auslegung und Anwendung dieser Vorschriften, nicht des § 32b (ebenso im Ergebnis wohl *Nordemann-Schiffel,* Fs. für Nordemann, S. 479/783; s. auch *Kotthoff* in HK-UrhR², § 32b Rdnr. 9).

IV. Rechtsfolgen der international zwingenden Anwendbarkeit der §§ 32, 32a

In den **Rechtsfolgen** unterscheiden sich die Alternativen des § 32b Nr. 1 und Nr. 2. Nach ganz überwiegender, aber nicht einheiliger Auffassung sind bei der Beurteilung von Ansprüchen des Urhebers nach den §§ 32 und 32a im Fall der **Nr. 1** die Nutzungen und Nutzungserträgnisse des Werkverwerters insgesamt, ohne Beschränkung auf die Verhältnisse in Deutschland zugrundezulegen, im Fall der **Nr. 2** jedoch nur die Nutzungen und Nutzungserträgnisse im deutschen Inland (so *Dreier/Schulze*³ Rdnr. 7/9; *Fromm/Nordemann*¹⁰ Rdnr. 5/10, jedoch unter Berücksichtigung aller Erlöse und Vergütungen gem. Rdnr. 11; *Kotthoff* in HK-UrhR², § 32b Rdnr. 8; *Nordemann-Schiffel,* Fs. für Nordemann, S. 479/482/483f.; *Obergfell* in: *Reithmann/Martiny* Rdnr. 1812; *dies.* K & R 2003, 118/124; wohl auch *Nordemann* § 32b Rdnr. 4/6; zu § 32b Nr. 2 *Berger* Rdnr. 338; *Wandtke/Bullinger*³ Rdnr. 4; *v. Welser* IPRax 2002, 364/365; aA *Hilty/Peukert* GRUR Int. 2002, 643/663). Der hM ist zuzustimmen.

V. Von § 32b begünstigte und betroffene Vertragsparteien

§ 32b betrifft wie die §§ 32 und 32a Nutzungsverträge und gleichgestellte rechtsgeschäftliche Nutzungsverhältnisse (s. § 32 Rdnr. 7, § 32a Rdnr. 13), an denen einerseits ein **Urheber** oder Urhebererbe oder sonstiger Rechtsnachfolger iSd. § 30 (s. 32 Rdnr. 8, § 32a Rdnr. 11) und andererseits ein nutzungsberechtigter **Werkverwerter** beteiligt ist. Ungeachtet der in der AmtlBegr. zu § 32b (wie unter Rdnr. 10) etwas ungewöhnlich verwendeten Begriffe Lizenzgeber und Lizenznehmer findet § 32b wie die §§ 32 und 32a (s. § 32 Rdnr. 8, § 32a Rdnr. 11) auf

§ 32b Zwingende Anwendung

urheber- oder verlagsrechtliche Lizenzverträge oder sonstige Rechtsgeschäfte zwischen Werkverwertern und damit zugunsten der Inhaber bloßer Nutzungsrechte keine Anwendung (wie hier *Dreier/Schulze*[3] Rdnr. 10; *Haas* Rdnr. 480; *Kotthoff* in HK-UrhR[2], § 32b Rdnr. 3).

22 Kraft ausdrücklicher gesetzlicher Verweisung in §§ 70 Abs. 1, 72 Abs. 1 und 79 Abs. 2 Satz 2 findet § 32b ebenso wie die §§ 32 und 32a auch Anwendung auf Nutzungsverträge etc. von **Verfassern wissenschaftlicher Ausgaben, Lichtbildnern** und **ausübenden Künstlern**. Die Nichterwähnung des § 32b in § 74 Abs. 4 idF des Urhebervertragsgesetzes aus dem Jahre 2002 (s. Rdnr. 1) betreffend Nutzungsverträge ausübender Künstler beruhte auf einem unschädlichen Redaktionsversehen (so die AmtlBegr. zur aktuell gültigen Fassung des § 79 Abs. 2, BT-Drucks. 15/38, S. 24; ebenso *Dreier/Schulze*[3] § 79 Rdnr. 7; im Ergebnis auch *Nordemann* § 75 Rdnr. 1; aA *Hertin* MMR 2003, 16/19; *Hilty/Peukert* GRUR Int. 2002, 643/644; *Nordemann-Schiffel*, Fs. für Nordemann, S. 479 Fs. 4; wohl auch *Kotthoff* in HK-UrhG[2], § 32b Rdnr. 3).

23 § 32a Abs. 2 S. 1 statuiert in Bezug auf eine weitere Beteiligung des Urhebers die **Haftung eines Dritten,** wenn der Vertragspartner des Urhebers das erworbene Nutzungsrecht auf den Dritten übertragen oder ihm ein weiteres Nutzungsrecht eingeräumt hat und sich das auffällige Missverhältnis zur Vergütung des Urhebers aus den Erträgnissen oder Vorteilen des Dritten ergibt. Die Haftung des Dritten gilt nach Maßgabe des § 32a Abs. 1. Es handelt sich hierbei um einen **gesetzlichen Anspruch** des Urhebers, der auf den Abschluss eines Vertrages mit dem Dritten gerichtet ist, durch den dem Urheber eine angemessene Beteiligung gewährt wird (sa. teilweise abweichend § 32a Rdnr. 34). Internationalprivatrechtlich ist aus der Qualifikation dieses Anspruchs als eines gesetzlichen und nicht vertragsrechtlichen Anspruchs geschlossen worden, dass die Frage seiner Anwendbarkeit nicht nach den Regeln des § 32b und den allgemeinen Regeln des internationalen Urhebervertragsrechts (s. Rdnr. 4), sondern nach den für das internationale Urheberrecht geltenden Regeln über die Anwendbarkeit des Rechts des jeweiligen Schutzlandes (s. vor §§ 120ff. Rdnr. 124, 150) zu beurteilen ist (so *Obergfell* in: Reithmann/Martiny Rdnr. 1855); *dies.* K & R 2003, 118/124; s. auch *Ory* AfP 2002, 93/101). Demgegenüber ist der Gesetzgeber bei der Formulierung des § 32b mit seiner uneingeschränkten Bezugnahme auf § 32a offensichtlich von der Anwendbarkeit der Regeln des internationalen Urhebervertragsrechts auch auf den Anspruch des Urhebers nach § 32a Abs. 2 Satz 1 ausgegangen. Er hat damit einen Annexaspekt zu § 32a Abs. 1 Satz 1 (so zutreffend *Hilty/Peukert* GRUR Int. 2002, 643/647) verbindlich den Regeln über das internationale Urhebervertragsrecht und nicht dem Urheberrechtsstatut zugeordnet.

VI. Rechtsstellung von Ausländern

24 Geht man davon aus, dass gesetzliche Bestimmungen über vertragliche Ansprüche der Urheber, wie die §§ 32 und 32a, überhaupt Teil des „Urheberrechts" und des „urheberrechtlichen Schutzes" iSd. §§ 120ff. sind (so zutreffend *Dreier/Schulze*[3] Rdnr. 11; *Fromm/Nordemann*[10] Rdnr. 17; *Hertin* MMR 2003, 16/19; *Hilty/Peukert* GRUR Int. 2002, 643/652; *Nordemann* § 32b Rdnr. 7; *Nordemann-Schiffel*, Fs. für Nordemann, S. 479/486; aA *Loewenheim/Walter* § 57 Rdnr. 180), so ist damit auch die Frage nach den **persönlichen** und **fremdenrechtlichen Voraussetzungen** (s. vor §§ 120ff. Rdnr. 1ff.) für das Bestehen solcher Ansprüche und folglich auch für die Anwendbarkeit des § 32b zu beantworten.

25 Ohne Weiteres gegeben sind diese Voraussetzungen bei **deutschen** Urhebern (§ 120 Abs. 1, 2 Nr. 1) sowie bei Urhebern, die Staatsangehörige anderer **EU-** und **EWR-Staaten** sind (§ 120 Abs. 2 Nr. 2). Dasselbe gilt für die übrigen Anspruchsberechtigten (s. Rdnr. 22), nämlich Verfasser wissenschaftlicher Ausgaben, Lichtbildner und ausübende Künstler (§§ 124, 125 Abs. 1). Bei Rechtsnachfolgern als Anspruchsberechtigten kommt es auf die Staatsangehörigkeit der Urheber oder sonstigen originär Berechtigten als ihrer Rechtsvorgänger an (s. § 120 Rdnr. 10).

26 Urheber und andere Berechtigte aus **Drittstaaten** können sich auf die §§ 32, 32a und 32b jedenfalls berufen, wenn die Schutzvoraussetzungen der §§ 121 Abs. 1, 2 oder 125 Abs. 2 bis 4 (s. jeweils die Kommentierung dieser Bestimmungen) erfüllt sind oder die Gegenseitigkeit gewährleistet und amtlich bekannt gemacht ist (§§ 121 Abs. 4 S. 2, 125 Abs. 5 S. 2); eine solche Bekanntmachung ist bisher aber nicht erfolgt (s. § 121 Rdnr. 13, § 125 Rdnr. 16).

27 Darüber hinaus verweisen die deutschen fremdenrechtlichen Vorschriften (§§ 121 Abs. 4 S. 1, 125 Abs. 5 S. 1) auf den Schutz nach Inhalt der Staatsverträge, also durch **internationale Abkommen.** In der Praxis hat dieser Schutz für Angehörige von Drittstaaten im Vergleich mit dem vorgenannten (Rdnr. 26) Schutz aufgrund bereits des deutschen Fremdenrechts die bei weitem

Zwingende Anwendung § 32b

größte Bedeutung (s. § 121 Rdnr. 2). Die nur für die Urheber wichtigsten dieser Abkommen sind heute die **Revidierte Berner Übereinkunft** (RBÜ, s. vor §§ 120 ff. Rdnr. 41 ff.), der **WIPO-Urheberrechtsvertrag** (WCT, s. vor §§ 120 ff. Rdnr. 50 ff.) und, für die in Deutschland weit verbreiteten Werke und Leistungen US-amerikanischer Urheber und Künstler, das bilaterale **deutsch-amerikanische Urheberrechts-Übereinkommen** von 1892 (s. vor §§ 120 ff. Rdnr. 72) und auch noch, mit inzwischen verminderter Bedeutung, das **Welturheberrechts-abkommen** (s. vor §§ 120 ff. Rdnr. 58 ff.). Dem internationalen Schutz ua. der ausübenden Künstler dienen das **Rom-Abkommen** (s. vor §§ 120 ff. Rdnr. 75 ff.) und der **WIPO-Vertrag über Darbietungen und Tonträger** (WPPT, s. vor §§ 120 ff. Rdnr. 84 ff.). Beide Gruppen Kreativer, also sowohl Urheber als auch ausübende Künstler, können sich darüber hinaus auf das **TRIPS-Übereinkommen** (s. vor §§ 120 ff. Rdnr. 13 ff.) berufen.

Von namhafter Seite wird die **These** vertreten, dass **alle diese Abkommen** zwar Urheber- 28 rechte und das verwandte Schutzrecht der ausübenden Künstler, **nicht** aber deren **vertragsrechtliche Ansprüche schützen,** welche die innerstaatliche Gesetzgebung der Mitgliedstaaten vorsieht; ausländische Urheber und Künstler könnten sich demgemäß auch nicht über den in allen diesen Abkommen verankerten Grundsatz der Inländerhandlung (s. zB zu TRIPS, RBÜ und Rom-Abkommen vor §§ 120 ff. Rdnr. 19, 47, 79) auf die §§ 32, 32 a und 32 b berufen (so grundlegend *Hilty/Peukert* GRUR Int. 2002, 643/652 ff.; zust. *Hertin* MMR 2003, 16/19; aA und wie hier *Fromm/Nordemann*[10] Rdnr. 18; *Dietz* 33 IIC [2002] 828/840; *Nordemann* § 32 b Rdnr. 7; *Nordemann-Schiffel,* Fs. für Nordemann, S. 479/487 mit Ausnahme des Abkommensschutzes ausübender Künstler).

Der vorgenannten (Rdnr. 28) These kann **nicht zugestimmt** werden. Bei ihrer Überprü- 29 fung ist von der **Revidierten Berner Übereinkunft** (RBÜ) als dem ältesten hier relevanten Staatsvertrag auszugehen. In ihrem Art. 5 Abs. 1 formuliert sie die Inländerbehandlung, im Fall der §§ 32, 32 a und 32 b also die Gleichstellung mit deutschen Urhebern (s. Rdnr. 25), dahingehend, dass die Urheber für ihre konventionsgeschützten Werke in allen Verbandländern „die Rechte (genießen), die die einschlägigen Gesetze den inländischen Urhebern gegenwärtig gewähren oder in Zukunft gewähren werden". Unter diesen **Rechten** sind auch gesetzlich vorgesehene **vertragsrechtliche Rechtspositionen und Ansprüche** zu verstehen. Zwar finden sich in der Übereinkunft nur wenige spezielle Bestimmungen vertragsrechtlicher Art (Art 11bis Abs. 3 S. 1, 14bis Abs. 2, b)–d), Abs. 3), darunter mit Art. 11bis Abs. 3 S. 1 aber doch auch eine vertragsrechtliche Schutzbestimmung zugunsten der Urheber über den Umfang der vertraglichen Rechtseinräumung (s. Näheres bei *Katzenberger,* Fs. für Schricker, 1995, S. 225/236 f.). Im Zusammenhang mit möglichen gesetzlichen oder Zwangslizenzen zugunsten von Sendeunternehmen ist außerdem in Art. 11bis Abs. 2 S. 2 RBÜ vorgesehen, dass solche Lizenzen in keinem Fall den Anspruch des Urhebers auf eine angemessene Vergütung beeinträchtigen dürfen. Darüber hinaus folgt die Einbeziehung des vertragsrechtlichen Urheberschutzes in die Schutzziele der Übereinkunft in allgemeiner Art und Weise aus Art. 5 Abs. 2 RBÜ: Diese zentrale Vorschrift unterscheidet in ihrem Satz 1 in Anknüpfung an den Grundsatz der Inländerbehandlung in Bezug auf die weiteren konventionsrechtlichen Grundprinzipien der Formfreiheit und der Unabhängigkeit des Schutzes von demjenigen im Ursprungsland eines Werkes (s. vor §§ 120 ff. Rdnr. 47) zwischen dem „Genuss" und der „Ausübung" der dem Urheber gewährten Rechte. Unter der Rechtausübung ist dabei auch der Abschluss von Urheberrechtsverträgen gemeint (s. *Boytha* ZfRV 1987, 179/186; *ders.,* Fs. für Kreile, S. 109/116 f.; *Katzenberger,* Fs. für Schricker, 1995, S. 225/238; *Ricketson,* The Berne Convention, S. 223 f.; zu TRIPS auch *Hilty/Peukert* GRUR Int. 2002, 643/655). Damit ist über den Aspekt der Rechtausübung auch der vertragsrechtliche Urheberschutz Gegenstand der Übereinkunft. In die gleiche Richtung weist der in der Präambel geäußerte Wunsch nach einem möglichst wirksamen Schutz der Rechte der Urheber; dieser ist ohne entsprechende vertragsrechtliche Komponente nicht gewährleistet (s. vor §§ 28 ff. Rdnr. 12). Demgegenüber kann insbesondere der Hinweis auf die Rechtesituation bei Unterzeichnung der RBÜ im Jahre 1886 (s. *Hilty/Peukert* GRUR Int. 2002, 643/654) nicht voll überzeugen. Auszugehen ist allenfalls von der Rechtslage in den Verbandsländern der Berner Union im Jahre 1971 anlässlich der Unterzeichnung der derzeit jüngsten Konventionsfassung der RBÜ (s. vor §§ 120 ff. Rdnr. 41), als es nationale vertragsrechtliche Schutzbestimmungen zugunsten der Urheber längst gab (s. den rechtsvergleichenden Überblick bei *Katzenberger* AfP 2001, 265/267 ff.).

Zählen im Rahmen der RBÜ Bestimmungen über den vertragsrechtlichen Schutz der **Urhe-** 30 **ber** zu dem durch die Übereinkunft gewährleisteten „Umfang des Schutzes" (s. Rdnr. 29), so gilt dies auch für das **TRIPS-Übereinkommen.** Dieses übernimmt in seinem Art. 9 Abs. 1

§ 32b

S. 1 den Schutzgehalt der RBÜ in deren Fassung von 1971 (s. vor §§ 120ff. Rdnr. 18) und erläutert in seiner Anmerkung 3 den Schutz in Form der Inländerbehandlung gemäß Art. 3 dahingehend, dass er ua. den Umfang der Rechte des Geistigen Eigentums einschließt. Die in dieser Anmerkung daneben enthaltene Beschränkung des Schutzes betreffend die Ausübung von Rechten des Geistigen Eigentums auf Angelegenheiten, die im TRIPS-Übereinkommen ausdrücklich behandelt werden, findet ihre Erklärung im Hinblick auf verfahrensrechtliche Aspekte der Rechtsdurchsetzung (s. *Katzenberger* GRUR Int. 1995, 447/460). Einen Ausschluss vertragsrechtlicher Befugnisse der Urheber vom TRIPS-Schutz rechtfertigt sie nicht (aA *Hilty/Peukert* GRUR Int. 2002, 643/655). Das zur RBÜ dargestellte Ergebnis (s. Rdnr. 29) gilt kraft Verweisung ua. auf Art. 5 RBÜ in seinem Art. 3 auch für den **WIPO-Urheberrechtsvertrag** (WCT) (konsequent aA *Hilty/Peukert* GRUR Int. 2002, 643/654) sowie aufgrund seiner weiten Formulierung der Inländerbehandlung in Art. II Abs. 1 und 2 und auf den Kontext mit der RBÜ (s. vor §§ 120ff. Rdnr. 61) für das **Welturheberrechtsabkommen** in seinen beiden Fassungen von 1952 und 1971 (s. vor §§ 120ff. Rdnr. 58/64; im Ergebnis wiederum aA *Hilty/Peukert* GRUR Int. 2002, 643/354). Fraglich ist das Ergebnis somit lediglich im Hinblick auf das **deutsch-amerikanische Urheberrechts-Übereinkommen** von 1892, weil dieses in seinem Art. 1 nur den Schutz des Urheberechts gegen Nachbildung benennt (s. *Hilty/Peukert* GRUR Int. 2002, 643/6555).

31 Nicht einbezogen in den staatsvertraglichen Schutz sind die **Ansprüche der ausübenden Künstler** nach den §§ 32, 32a und 32b aus der Sicht des **TRIPS-Übereinkommens**. Dieses nämlich bestimmt in seinem Art. 3 Abs. 1 S. 2, dass die Verpflichtung der Mitglieder zur Inländerbehandlung ua. solcher Künstler nur für diejenigen Rechte gilt, die in dem Übereinkommen selbst vorgesehen sind (s. vor §§ 120ff. Rdnr. 19). Dies sind die in Art. 14 Abs. 1 TRIPS geregelten Rechte, zu denen vertragsrechtliche Befugnisse nicht gehören (so auch *Hilty/Peukert* GRUR Int. 2002, 643/655). Ebenfalls ist die Inländerbehandlung in Art. 4 Abs. 1 des **WIPO-Vertrags über Darbietungen und Tonträger** (WPPT) wie im TRIPS-Übereinkommen ausdrücklich auf die in diesem Abkommen ausdrücklich gewährten Rechte beschränkt, zu denen vertragliche Ansprüche ebenfalls wieder nicht zählen (s. vor §§ 120ff. Rdnr. 86; im Ergebnis wie hier *Hilty/Peukert* GRUR Int. 2002, 643/655). **Anders** verhält es sich aber beim **Rom-Abkommen.** Dort ist einerseits in Art. 2 Abs. 1 der Grundsatz der Inländerbehandlung weit formuliert (s. vor §§ 120ff. Rdnr. 79) und an denjenigen der RBÜ angelehnt (s. *Katzenberger*, Fs. für Dietz, S. 481/489), andererseits entgegen einer neueren Lehre nicht auf die in dem Abkommen selbst definierten Rechte limitiert (s. vor §§ 120ff. Rdnr. 79; *Katzenberger*, Fs. für Dietz, S. 481/487ff.; aA speziell auch zum Vertragsrecht *Hilty/Peukert* GRUR Int. 2002, 643/655).

32 Folgt man entgegen den vorstehenden Ausführungen (Rdnr. 29–31) der Auffassung, dass die Ansprüche der Urheber und ausübenden Künstler nach §§ 32, 32a und 32b als vertragsrechtliche Befugnisse generell keine Rechte oder Schutzinhalte der einschlägigen internationalen Abkommen (s. Rdnr. 27) sind, so stellt sich mit grundsätzlich gleicher Berechtigung die Frage, ob es sich bei solchen Befugnissen um einen „**urheberrechtlichen**" Schutz iSd. §§ 120ff. handelt. Verneint man die Frage entgegen der zutreffenden hM (so. Rdnr. 24), so sind die Ansprüche nach den §§ 32, 32a und 32b sowie alle sonstigen vertragsrechtlichen Rechtspositionen und Ansprüche des Urheberrechtsgesetzes allen ausländischen Urhebern und Künstlern ohne Weiteres und vollinhaltlich zu gewähren, weil dann das allgemeine zivilrechtliche Prinzip der Nichtdiskriminierung Platz greift (s. zu diesem Prinzip *Schack*[4] Rdnr. 797; zu den Konsequenzen im vorliegenden Zusammenhang *Hilty/Peukert* GRUR Int. 2002, 643/652).

VII. International zwingender Charakter anderer urhebervertragsrechtlicher Bestimmungen

33 Der **international zwingende Charakter,** der den §§ 32 und 32a durch § 32b ausdrücklich beigelegt wird, kommt nach verbreiteter, wenn auch umstrittener Auffassung auch **anderen urhebervertragsrechtlichen Bestimmungen** aufgrund ungeschriebener allgemeiner Rechtsgrundsätze iVm. Art. 34 EGBGB zu (s. vor §§ 120ff. Rdnr. 164/166f.). Daran hat sich durch die Sonderregelung des § 32b in Bezug nur auf die im Jahre 2002 neugefassten bzw. neu eingeführten Bestimmungen der §§ 32 und 32a (s. Rdnr. 1) nichts geändert. Insbesondere ist diesbezüglich kein Umkehrschluss erlaubt (aA *Fromm/Nordemann*[10] Rdnr. 22f.; *Hilty/Peukert* GRUR Int. 2002, 643/650; *W. Nordemann/J. B. Nordemann*, Fs. für Schricker, 2005, S. 473/482; *Ober-*

gfell K & R 2003, 118/125; *Wandtke/Bullinger*³ § 32b Rdnr. 2; *v. Welser* IPRax 2002, 364/365; gegen einen Umkehrschluss wie hier, aber überwiegend kritisch zum Ergebnis *Schack* in Fs. für Heldrich S. 997/1001; s. zu Letzterem auch *ders.*⁴ Rdnr. 1148). Ein Automatismus dieser Art ist nicht angebracht. Vielmehr ist nach der gesamten, bereits in seinem Titel zum Ausdruck kommenden Zweckrichtung des Urhebervertragsgesetzes von 2002 (s. vor §§ 28 ff. Rdnr. 7) zu konstatieren, dass sein Ziel die Stärkung der vertraglichen Stellung der Urheber und Künstler ist und nicht eine Schwächung dieser Stellung. Eine solche aber wäre die Folge, wenn die bisherige Rechtslage in Bezug auf den international zwingenden Charakter der herkömmlichen urhebervertragsrechtlichen Schutzinstrumente durch einen Umkehrschluss aus § 32b geändert würde. Diese Bestimmung hat vielmehr lediglich klarstellende Funktion speziell im Hinblick auf die §§ 32 und 32a (s. Rdnr. 8). Auch kann der AmtlBegr. (wie unter Rdnr. 10) nichts Abweichendes entnommen werden.

34 Im Gegenteil: Neben der Klarstellung zu §§ 32 und 32a findet sich in der Amtl. Begr. aaO im Zusammenhang mit § 32b Nr. 1 die weiterführende Bemerkung, dass diese Bestimmung „auch im Sinne eines **Programmsatzes**" (Hervorhebung hinzugefügt) zu verstehen sei. Dies wiederholt die Aussage der Motive zum neuen § 11 Satz 2, dass das dort verankerte Prinzip der angemessenen Vergütung „künftig **Leitbildfunktion**" habe (Hervorhebung hinzugefügt) und „als wesentlicher **Grundgedanke** des Urheberrechts zu achten" (Hervorhebung hinzugefügt) sei (s. hierzu die Formulierungshilfe vom 14. 1. 2002 bei *Hucko* S. 158, und die Beschlussempfehlung des Rechtsausschusses des Deutschen Bundestags vom 31. 1. 2002, BT-Drucks. 14/8058, S. 17/18 zu Nr. 1). Bedenkt man, dass die wichtigsten Bestimmungen des Urhebervertragsrechts sich am Schutz des Urhebers als der regelmäßig schwächeren Vertragspartei (s. vor §§ 120 ff. Rdnr. 164/166 ff.) und damit auch an seinem Vergütungsinteresse orientieren, so ist als Folge jenes Leitbildes und Grundgedankens der Schluss nahe liegend, diesen Bestimmungen weiterhin international zwingenden Charakter zuzugestehen, und zwar nunmehr in **Analogie zu § 32b**. Den Urhebern und Künstlern muss aus der Sicht des deutschen Rechts mit diesem Vorbild und seinem Programmcharakter billig sein, was zB den Handelsvertretern in Bezug auf ihren international zwingenden Ausgleichsanspruch nach Vertragsbeendigung europarechtlich recht ist (s. dazu die Ingmar-Entscheidung des EuGH, Slg. 2000 I, S. 9305 f./9327 ff. – Rs. C-381/98). Ihr liegt die europäische Richtlinie Nr. 86/653/EWG vom 18. 12. 1986 zur Koordinierung der Rechtsvorschriften der Mitgliedstaaten betreffend die selbständigen Handelsvertreter (ABl. L 382, S. 317) zugrunde, die neben ihrem Harmonierungsziel auch den Schutz der Handelsvertreter bezweckt. Letzteres kommt in den Schlussanträgen des Generalanwalts *Léger* (Slg. 2000 I, S. 9307/9316 f./9319) deutlicher zum Ausdruck als in der Entscheidung des EuGH selbst.

35 Für Urheber, Verfasser wissenschaftlicher Ausgaben, Lichtbildner und ausübende Künstler (s. Rdnr. 21/22), die ihre kreativen Leistungen im Rahmen von **Arbeitsverhältnissen** erbringen, kann sich der international zwingende Charakter der §§ 32 und 32a (ebenso *Hilty/Peukert* GRUR Int. 2002, 643/648; *Obergfell*, in: *Reithmann/Martiny* Rdnr. 1856) sowie der übrigen zwingenden urhebervertragsrechtlichen Bestimmungen (s. vor §§ 120 ff. Rdnr. 163; *Katzenberger*, Fs. für Schricker, 1995, S. 225/253 f.; *Schack*⁴ Rdnr. 1149; *Wandtke/Bullinger*³ Rdnr. 6; aA *Obergfell*, in: *Reithmann/Martiny* Rdnr. 1856) auch aus Art. 30 EGBGB nF, Art. 8 Rom I-VO mit den dort geregelten Besonderheiten ergeben (s. vor §§ 120 ff. Rdnr. 163; zum Verhältnis des § 32b zu Art. 30 EGBGB s. im Einzelnen *Pütz* S. 244 ff.; *dies.*, IPRax 2005, 13 ff.).

VIII. Prozessuale Fragen

36 Im Schrifttum (*Hilty/Peukert* GRUR Int. 2002, 643/661; sa. *Fromm/Nordemann*¹⁰ Rdnr. 16; *Nordemann-Schiffel*, Fs. für Nordemann, S. 479/488) ist es als die „eigentliche Achillesferse" der neuen §§ 32a und 32 bezeichnet worden, dass deren international zwingende Geltung gemäß § 32b den Urhebern und Künstlern nichts bringe, wenn von den Werk- oder Leistungsverwertern bewirkte **Gerichtsstandsklauseln** den deutschen Gerichten die internationale Zuständigkeit entziehen und sie ausländischen Gerichten zuweisen, welche auf der Grundlage des zudem gewählten ausländischen Rechts (so. Rdnr. 4/9 ff.) das deutsche Vertragsrecht und damit auch die §§ 32 ff. nicht anwenden. Dabei ist zutreffend die Rechtslage nach deutschem und nach europäischem Recht unterschieden worden (aaO S. 660 f./661 f.). Insgesamt betrachtet ist aber die Rechtslage aus der Sicht der Urheber und Künstler weniger ungünstig, als das eingangs wiedergegebene Zitat vermuten lässt.

§ 32b

37 Was dabei zunächst das **deutsche Recht** betrifft, so sind Gerichtsstandsvereinbarungen nicht unbeschränkt zulässig. Eine Zulässigkeit solcher Vereinbarungen unter Kaufleuten (etc.) gemäß § 38 Abs. 1 ZPO scheitert im Kontext mit den §§ 32 ff. daran, dass Urheber und Künstler, auch wenn sie selbständig und damit freiberuflich tätig sind, kein Gewerbe betreiben und damit auch keine Kaufleute sind (s. § 1 HGB und dazu *Baumbach/Hopt*, HGB Kommentar[33], 2008, § 1 Rdnr. 19; sa. *Hilty/Peukert* GRUR Int. 2002, 643/662, Fn. 313). Die Zuständigkeit eines ausländischen Gerichts kann auch nicht nach § 38 Abs. 2 ZPO vereinbart werden, wenn beide Vertragsparteien einen allgemeinen Gerichtsstand, wie zB den Wohnsitz des Urhebers oder Künstlers (§ 13 ZPO) und den Sitz des Verwertungsunternehmens (§ 17 ZPO), im deutschen Inland haben (§ 38 Abs. 2 Satz 1 ZPO). Eine gemäß § 38 Abs. 3 Nr. 1 ZPO zulässige Gerichtsstandsvereinbarung nach Entstehen der Streitigkeit ist weniger schädlich, weil vermeidbar, als eine solche bereits in dem der Streitigkeit zugrunde liegenden Nutzungsvertrag.

38 Es bleiben nach § 38 Abs. 2 ZPO zulässige Vereinbarungen der ausschließlichen Zuständigkeit ausländischer Gerichte, wenn zB das Verwerterunternehmen als Partei eines Nutzungsvertrages seinen Sitz im Ausland hat. Hierzu haben *Hilty/Peukert*, GRUR Int. 2002, 643/662, freilich selbst auf eine Tendenz der deutschen Gerichte verwiesen, eine vertragliche Derogation der an sich zuständigen deutschen Gerichte nicht zu beachten, wenn dadurch zwingendes deutsches Sachrecht, wie dasjenige der §§ 32, 32a und 32b, ausgeschaltet würde (sa. *Zöller* ZPO Kommentar[25], 2005, § 38 Rdnr. 30; aA *Nordemann-Schiffel*, Fs. für Nordemann, S. 479/489). Die Zuständigkeit der deutschen Gerichte für Klagen gegen ausländische Unternehmen kann sich dabei außerhalb des vorrangigen europäischen Rechts vor allem aus § 23 ZPO unter dem Gesichtspunkt eines in Deutschland belegenen Vermögens, wie der Beteiligung an einer deutschen Tochtergesellschaft, von Ansprüchen gegen einen deutschen Lizenz- oder Abnehmer oder der Teilhabe an Ausschüttungen einer deutschen urheberrechtlichen Verwertungsgesellschaft, ergeben.

39 Großzügiger als im nationalen deutschen Recht ist die Zulässigkeit von Gerichtsstandsvereinbarungen im **europäischen Recht** geregelt. In seinem Anwendungsbereich kommt diesem der Vorrang vor dem deutschen Recht zu (s. *Kropholler*, Europäisches Zivilprozeßrecht Kommentar[8], 2005, Einl. Rdnr. 19; *Schlosser*, EU-Zivilprozeßrecht Kommentar[3], 2009, Einl. Rdnr. 4, Art. 2 EuGVVO Rdnr. 1). Rechtsgrundlage ist Art. 23 der Verordnung (EG) Nr. 44/2001 des Rates über die gerichtliche Zuständigkeit und die Anerkennung und Vollstreckung von Entscheidungen in Zivil- und Handelssachen vom 22. 12. 2000 (EuGVVO oder auch EuGVO, ABl. 2001 L 12, S. 1). Diese ist am 1. 3. 2002 für alle EG-Mitgliedstaaten mit Ausnahme Dänemarks (s. Art. 1 Abs. 3 EuGVVO, jetzt obsolet durch das Dänemark-Abk. v. 2005, ABl. 2005 L 299/62) in Kraft getreten und hat in ihrem Geltungsbereich von diesem Zeitpunkt an das Brüsseler Übereinkommen gleichen Namens vom 27. 9. 1968 (EuGVÜ oder auch Brüssel I-Übereinkommen, ABl. 1972 L 299, S. 32, BGBl. 1972 II S. 774) ersetzt. Dieses regelt Gerichtsstandsvereinbarungen weitgehend gleichlautend wie die EuGVVO in seinem Art. 17. Dieser Bestimmung wiederum entspricht Art. 17 des ebenfalls gleichnamigen Lugano-Übereinkommens vom 16. 9. 1988 (ABl. 1988 L 319, S. 9, BGBl. 1994 II S. 2658, revidiert am 30. 10. 2007, ABl. 2009 L 147, S. 5), welches nunmehr die EU-Staaten mit den EFTA-Staaten Island, Norwegen und Schweiz verbindet.

40 Voraussetzung für die Anwendung von Art. 23 EuGVVO auf eine Gerichtsstandsvereinbarung ist im Prinzip lediglich, dass mindestens eine der Vertragsparteien ihren Wohnsitz (bzw. Sitz, s. Art. 60 EuGVVO) in einem Mitgliedstaat hat und vereinbart ist, dass ein Gericht oder die Gerichte eines Mitgliedstaats einen Rechtsstreit entscheiden sollen; mangels anderweitiger Vereinbarung sind die gewählten Gerichte ausschließlich zuständig (Art. 23 Abs. 1 EuGVVO; zu Einzelheiten s. *Kropholler*, aaO [Rdnr. 39], Art. 23 Rdnr. 1 ff.; *Schlosser* aaO [Rdnr. 39], Art. 23 EuGVVO Rdnr. 2 ff.). Für reine Inlandsfälle eines Mitgliedstaates gilt diese Bestimmung aber nicht (s. *Kropholler*, aaO, Art. 23 Rdnr. 2; *Schlosser*, aaO, Art. 23 EuGVVO Rdnr. 6). Ua. aus Art. 23 Abs. 5 EuGVVO iVm. Art. 13, 17 und 21 EuGVVO über die mögliche Unwirksamkeit von Gerichtsstandsvereinbarungen nur in Versicherungs-, Verbraucher- und Arbeitssachen wird von der wohl hM der Grundsatz abgeleitet, dass eine solche Unwirksamkeit jedenfalls nicht auf zwingende Normen einer nationalen Rechtsordnung gestützt werden kann (s. *Kropholler*, aaO, Art. 23 Rdnr. 17/86 ff./91; *Schlosser*, aaO, Art. 23 EuGVVO Rdnr. 31/32). Auch dies ist im Vergleich mit dem nationalen deutschen Recht (so. Rdnr. 38) für die internationale Durchsetzbarkeit der §§ 32, 32a und 32b ungünstig (sa. *Hilty/Peukert* GRUR Int. 2002, 643/661; *Nordemann-Schiffel*, Fs. für Nordemann, S. 479/488).

41 Diese ungünstige europäische Rechtslage im Zusammenhang mit Gerichtsstandsvereinbarungen zugunsten der Gerichte anderer europäischer Staaten wird aber durch **Art. 9 Rom I-VO**

(Verordnung (EG) Nr. 593/2008 vom 17. 6. 2008 über das auf vertragliche Schuldverhältnisse anzuwendende Recht (Rom I), ABl. 2008 L 177/6), früher **Art. 7 EVÜ** (Europäisches Übereinkommen über das auf vertragliche Schuldverhältnisse anwendbare Recht vom 19. 6. 1980, BGBl. 1986 II S. 810), weitgehend kompensiert. Er bestimmt auf der Ebene des Internationalen Privatrechts der EU-Staaten, dass bei der Anwendung ihres Rechts den zwingenden Bestimmungen des Rechts eines anderen Staates, mit dem der Sachverhalt eine enge Verbindung aufweist, Wirkung verliehen werden kann, soweit diese Bestimmungen ohne Rücksicht darauf anzuwenden sind, welchem Recht der Vertrag unterliegt. Dem entspricht der internationale Anwendungswille des § 32b (im Ergebnis ebenso *Hilty/Peukert* GRUR Int. 2002, 643/657 f. mit Hinweisen auf Vorbehaltserklärungen einzelner EU-Mitgliedstaaten zu Art. 7 EVÜ sowie auch auf die Rechtslage in der Schweiz und den USA als Nicht-EU-Mitgliedstaaten; *Kotthoff* in HK-UrhR² § 32b UrhG Rdnr. 11; *Nordemann-Schiffel*, Fs. für Nordemann, S. 879/889 f.).

Jedenfalls im Geltungsbereich des europäischen Rechts ist darüber hinaus auch damit zu **42** rechnen, dass die **Anerkennung** und **Vollstreckung** deutscher, auf der Grundlage der §§ 32, 32a und 32b ergangener Gerichtsentscheidungen nach Art. 33 Abs. 1, 34 Nr. 1 EuGVVO (Art. 26 Abs. 1, 27 Nr. 1 EuGVÜ und Lugano-Übereinkommen, Art. 32 ff. revidiertes Lugano-Übereinkommen v. 30. 10. 2007) keinen ernsten Schwierigkeiten begegnen wird (idS auch *Hilty/Peukert* GRUR Int. 2002, 643/659 mit Hinweisen auch auf die Rechtslage in den USA; *Kotthoff* in HK-UrhR² § 32b UrhG Rdnr. 12; *Nordemann-Schiffel*, Fs. für Nordemann, S. 479/489).

IX. Zeitliches Übergangsrecht

Der **zeitliche Anwendungsbereich** des im Jahre 2002 neu geregelten Urhebervertragsrechts **43** und damit auch der §§ 32, 32a und 32b ist in **§ 132 Abs. 3 und 4** geregelt. Bezüglich der Einzelheiten s. die Kommentierung dieser Bestimmungen.

§ 32c Vergütung für später bekannte Nutzungsarten

(1) ¹Der Urheber hat Anspruch auf eine gesonderte angemessene Vergütung, wenn der Vertragspartner eine neue Art der Werknutzung nach § 31a aufnimmt, die im Zeitpunkt des Vertragsschlusses vereinbart, aber noch unbekannt war. ²§ 32 Abs. 2 und 4 gilt entsprechend. ³Der Vertragspartner hat den Urheber über die Aufnahme der neuen Art der Werknutzung unverzüglich zu unterrichten.

(2) ¹Hat der Vertragspartner das Nutzungsrecht einem Dritten übertragen, haftet der Dritte mit der Aufnahme der neuen Art der Werknutzung für die Vergütung nach Absatz 1. ²Die Haftung des Vertragspartners entfällt.

(3) ¹Auf die Rechte nach den Absätzen 1 und 2 kann im Voraus nicht verzichtet werden. ²Der Urheber kann aber unentgeltlich ein einfaches Nutzungsrecht für jedermann einräumen

Schrifttum: S. auch § 31a sowie § 32. *Berger*, Verträge über unbekannte Nutzungsarten nach dem „Zweiten Korb", GRUR 2005, 907; *Frey/Rudolph*, Verfügungen über unbekannte Nutzungsarten: Anmerkungen zum Regierungsentwurf des Zweiten Korbs, ZUM 2007, 13; *W. Nordemann*, Die Reform des § 31 Abs. 4 UrhG – gut gemeint, aber daneben getroffen?, Fs. für Raue, 2006, S. 587; *Schack*, Urhebervertragsrecht im Meinungsstreit, GRUR 2002, 853; *Peifer*, Zur angemessenen Vergütung im Urhebervertragsrecht, AfP 2008, 545; *Schulze*, Wann beginnt eine urheberrechtlich relevante Nutzung?, Fs. für Nordemann, 1999, S. 237 = ZUM 2000, 126; *Spindler/ Heckmann*, Der rückwirkende Entfall unbekannter Nutzungsrechte (§ 137l UrhG-E) – Schließt die Archive?, ZUM 2006, 620; *Wandtke/Holzapfel*, Ist § 31 IV UrhG noch zeitgemäß?, GRUR 2004, 284; *Wille*, Die kollisionsrechtliche Geltung der urheberrechtlichen Neuregelungen zu den unbekannten Nutzungsarten – §§ 31a, 32c UrhG im Lichte des Internationalen Privatrechts, GRUR Int. 2008, 393.

Übersicht

	Rdnr.
I. Allgemeines	1–6
1. Bedeutung	1, 2
2. Anwendungsbereich	3–5
3. Verhältnis zu anderen Normen	6

§ 32c

Vergütung für später bekannte Nutzungsarten

	Rdnr.
II. Anspruch auf angemessene Vergütung (Abs. 1)	7–32
1. Gesonderte angemessene Vergütung	7–14
2. Vergütungshöhe	15–18
3. Unterrichtungspflicht (Abs. 1 S. 3)	19–30
4. Rechtsfolgen	31
5. Beweislast	32
III. Haftung (Abs. 2)	33–43
1. Überblick	33
2. Verhältnis zum vertraglichen Vergütungsanspruch	34
3. Haftung des Dritten	35–39
4. Haftung des Vertragspartners	40
IV. Zwingendes Recht	41, 42
V. Open Content-Klausel	43

I. Allgemeines

1. Bedeutung

1   Die in § 32c zwingend vorgesehene Vergütung soll die von § 31a ermöglichte Einräumung von unbekannten Nutzungsarten flankieren (BT-Drucks. 16/1828, S. 1, 25). Unbeschadet vertraglicher Vereinbarungen hat der Urheber einen gesonderten, zwingenden gesetzlichen Vergütungsanspruch, für den auch ein Dritter haftet, wenn er das Nutzungsrecht übertragen erhalten hat. An der Regelung ist zu Recht kritisiert worden, dass nunmehr der Urheber aktiv werden muss, um zu seinem Geld zu kommen, da selbst die Verletzung der Mitteilungspflicht nach Abs. 1 S. 3 nicht vom Gesetz mit Sanktionen belegt ist (so auch Fromm/Nordemann/ *Czychowski*[10] Rdnr. 14), mithin der Urheber selbst klären muss, ob eine neue Nutzungsart vorliegt und er die angemessene Vergütung notfalls einklagen muss (Dreier/*Schulze*[3] Rdnr. 2; *Schulze* GRUR 2005, 828/831; *W. Nordemann*, Fs. für Raue, 2006, 587/590; Fromm/Nordemann/ *Czychowski*[10] Rdnr. 20, kritisch zur Regelung § 31a/§ 32c auch *Schack* UrhR[5] Rdnr. 619; ähnliche Kritik auch schon von Fraktionsseite im Gesetzgebungsverfahren, BT-Drucks. 16/5939, S. 38). Zudem ist die Regelung lückenhaft hinsichtlich der Unterrichtungspflichten, wenn die Rechte auf einen Dritten übertragen wurden (*W. Nordemann*, Fs. für Raue, 2006, 587/590; Fromm/Nordemann/*Czychowski*[10] Rdnr. 15; s. außerdem unten Rdnr. 22f.). Auch wäre es sachgerecht gewesen, den Vergütungsanspruch verwertungsgesellschaftspflichtig zu machen für den Fall, dass der Urheber nicht mehr erreichbar ist, vergleichbar der Regelung in § 137l Abs. 5 S. 3 (zu Recht krit. Dreier/*Schulze*[3] Rdnr. 30; Fromm/Nordemann/*Czychowski*[10] Rdnr. 14 will hier durch eine Mitwirkungspflicht des Urhebers zur Mitteilung seiner Adresse Abhilfe schaffen; siehe dazu auch *Berger* GRUR 2005, 907/910, der die Bennennung einer Verwertungsgesellschaft als Empfangsbevollmächtigte für die Unterrichtung empfiehlt; s. auch unten Rdnr. 28). Entsprechendes war aus Praktikabilitätsgründen auch schon vom PEN-Verband in der öffentlichen Anhörung zum Zweiten Korb vorgeschlagen worden (Sitzungsprotokoll des Rechtsausschusses vom 29. November 2006 zur Urheberrechtsnovelle „2. Korb" Teil V: Unbekannte Nutzungsarten, S. 5f.). Gegenstimmen wiesen auf die mangelnde Berücksichtigung der Bedeutung der Werke im Einzelfall hin, auf die durch die Tarifierung der Vergütung bei einer etwaigen Verwertungsgesellschaftenpflichtigkeit nicht eingegangen werden könne (Sitzungsprotokoll, S. 7f.).

2   Ein gewisses Vorbild hat der gesetzliche Vergütungsanspruch im sog. Professoren-Entwurf vom 26. Juni 2001, der weitergehend sogar den Anspruch auf angemessene Vergütung sowohl für die Nutzung aufgrund bekannter als auch zunächst unbekannter Nutzungsarten in § 32 Prof-E als gesetzlichen Anspruch ausgestalten wollte (BT-Drucks. 14/6433, S. 3, 12; näher zum Professorenentwurf siehe *Schack* GRUR 2002, 853ff.). Im Gesetzgebungsverfahren blieb § 32c trotz der umfangreichen Diskussionen im Rechtsausschuss letztlich unverändert. Die vom Bundesrat geforderte Einordnung der Regelung als vertraglichen Anspruch und dessen Verankerung im Rahmen von § 32 wurde nicht umgesetzt. Damit soll nach Ansicht des Gesetzgebers die Bedeutung des Vergütungsanspruchs als „unverzichtbares Element" im System der Neuregelung des Umgangs mit unbekannten Nutzungsarten unterstrichen werden (Gegenäußerung der Bundesregierung, BT-Drucks. 16/1828, S. 47).

2. Anwendungsbereich

3   Wie bei § 31a auch gilt der zwingende Vergütungsanspruch nur gegenüber dem Urheber, hier allerdings auch für dessen Erben oder Rechtsnachfolger, zB iSv. § 34 UrhG, nicht aber

für Rechtsinhaber bzw. Verwerter (*Wandtke*/Bullinger/*Grunert*³ Rdnr. 4; Dreier/*Schulze*³ Rdnr. 3 f.; Mestmäcker/Schulze/*Scholz* (45. EL, Dez. 2007) Rdnr. 17). Im Arbeitsverhältnis hat der Arbeitnehmer, der als Urheber Werke für den Arbeitgeber schafft, ebenfalls einen Anspruch auf eine gesonderte Vergütung, wenn mit den neuen Nutzungsarten zusätzliche wirtschaftliche Werte geschaffen werden können (Dreier/*Schulze*³ Rdnr. 5). Unberechtigte Nutzer begehen eine Urheberrechtsverletzung und haften gem. §§ 97 ff. auf Schadensersatz (*Wandtke*/Bullinger/*Grunert*³ Rdnr. 6). § 32 c gilt auch im Filmbereich, da er in § 88 Abs. 1 S. 2 nicht aufgezählt ist.

Der zeitliche Anwendungsbereich erstreckt sich nur auf Verträge, die ab Inkrafttreten der Regelung am 1. 1. 2008 geschlossen wurden. Für Verträge, die zwischen dem 1. 1. 1966 und dem 31. 12. 2007 geschlossen wurden, finden die Bestimmungen über die Vergütung in § 1371 Abs. 5, der Übergangsregelung zu den unbekannten Nutzungsarten, Anwendung (näher dazu § 1371 Rdnr. 58; *Spindler/Heckmann* ZUM 2006, 620/622, 629 f.; *Berger* GRUR 2005, 907/910 ff.; *Dietrich* UFITA 2008, 359/364 ff.), der die Einräumung von Nutzungsrechten für auch zum Zeitpunkt des Vertragsschlusses noch unbekannte Nutzungsarten fingiert, falls bereits im Vertrag alle wesentlichen Nutzungsrechte ausschließlich sowie räumlich und zeitlich ungeschränkt eingeräumt wurden. Für vor dem 1. 1. 1966 geschlossene Verträge bestand noch kein Verbot über die Einräumung von Rechten für unbekannte Nutzungsarten, sodass eine Anwendung sowohl von § 1371 als auch von §§ 31 a, 32 c ausscheidet und stattdessen die Vergütung anhand der Regelung in den geschlossenen Verträgen gegebenenfalls durch ergänzende Vertragsauslegung zu ermitteln ist (*Spindler/Heckmann* ZUM 2006, 620/627 f.).

Kollisionsrechtlich gehört § 32 c zu den zwingenden Normen (s. auch unten Rdnr. 41) und kann auch durch Rechtswahl nicht abbedungen werden (lex loci protectionis; *Wille* GRUR Int. 2008, 389/391; *Schack* UrhR⁵ Rdnr. 622 bei Fn. 98); § 32 b bleibt auch hier anwendbar, wenn für die neue Nutzungsart unabhängig vom gesetzlichen Vergütungsanspruch eine vertragliche Vergütungsvereinbarung geschlossen wird.

3. Verhältnis zu anderen Normen

Die Regelung in § 32 c geht als Spezialregelung § 32 Abs. 1 S. 1 vor; lediglich für Vergütungsvereinbarungen über die ehemals unbekannte Nutzungsart nach deren Bekanntwerden ist nur § 32 anwendbar (*Wandtke*/Bullinger/*Grunert*³ Rdnr. 23 f.; Mestmäcker/Schulze/*Scholz* (45. EL, Dez. 2007) Rdnr. 25; aA *Kotthoff* in HK-UrhR² Rdnr. 5, 11: § 32 c nur klarstellend bis auf die Regelung in § 32 c Abs. 2 S. 1). § 32 a und § 32 c stehen in Anspruchskonkurrenz zueinander (*Wandtke*/Bullinger/*Grunert*³ Rdnr. 25; Mestmäcker/Schulze/*Scholz* (45. EL, Dez. 2007) Rdnr. 25; *Kreile* ZUM 2007, 682/684). Dadurch, dass dem Urheber über die Regelung in § 32 c zu einer angemessenen Vergütung verholfen werden kann, scheidet eine Kündigung des Vertrags zwischen Urheber und Verwerter wegen unangemessen niedriger Vergütung als wichtigem Grund und damit die Anwendung von § 314 Abs. 1 BGB aus (Fromm/Nordemann/*Czychowski*¹⁰ Rdnr. 22).

II. Anspruch auf angemessene Vergütung, Abs. 1

1. Gesonderte angemessene Vergütung

Der Anspruch des Urhebers ist gesetzlich zwingend vorgesehen, entspricht also nicht einem vertraglichen Anspruch nach § 32 Abs. 1, so dass der Gesetzgeber bewusst nur auf § 32 Abs. 2, 4 verwiesen hat (Begr. RegE BT-Drucks. 16/1828, S. 25). Demgemäß besteht auch kein Anspruch auf Vertragsanpassung hinsichtlich der vereinbarten Vergütung (*Wandtke*/Bullinger/*Grunert*³ Rdnr. 14); vielmehr entsteht und besteht der Anspruch auf Zahlung einer Vergütung in angemessener Höhe für die Verwertung in einer neuen Nutzungsart von Gesetzes wegen **gesondert**, dh völlig **unabhängig von vertraglichen Vereinbarungen**, allerdings seinerseits abhängig von der vertraglichen Einräumung der Rechte an den unbekannten Nutzungsarten (zu dem Fall, dass es an der Einräumung fehlt, s. auch unten Rdnr. 8). Da aber andererseits der gesetzliche Anspruch nicht weitergehen soll oder noch zu einem vertraglichen Anspruch hinzutreten soll, kann es nur darum gehen, dass der gesetzliche Anspruch den vertraglichen Anspruch auf eine Vergütung für die Verwertung in einer zunächst unbekannten Nutzungsart überlagert bzw. ergänzt. Der Anspruch nach § 32 c steht damit neben dem Anspruch aus § 32 (Begr. RegE BT-Drucks. 16/1828 S. 25; Dreier/*Schulze*³ Rdnr. 8; *Wandtke*/Bullinger/*Grunert*³ Rdnr. 13 ff.),

§ 32c

Vergütung für später bekannte Nutzungsarten

ist aber auf diesen ggf. anzurechnen (Dreier/*Schulze*³ Rdnr. 8: kann darin „aufgehen"), sodass der Urheber insgesamt eine Vergütung in angemessener Höhe nur einmal verlangen kann. Die nach § 32c einforderbare Vergütung muss als gesonderter Berechnungsposten bei der Abrechnung der Vergütung notiert werden (*Hoeren* MMR 2007, 615/616). Bedeutsam ist der Anspruch aus § 32c, wenn keine vertraglichen Beziehungen bestehen, zB etwa gegenüber Dritten (dann Abs. 2; zutr. Dreier/*Schulze*³ Rdnr. 7) oder wenn der vertraglich festgeschriebene Anspruch der Höhe nach hinter einer angemessenen Vergütung zurückbleibt. Ist hingegen die in einer Vergütungsabsprache getroffene Vergütung angemessen hoch, kommt dem Anspruch aus § 32c keine eigenständige Bedeutung zu (*Wandtke*/Bullinger/*Grunert*³ Rdnr. 15).

8 Voraussetzung für die Anwendbarkeit von § 32c ist eine wirksame Einräumung des Nutzungsrechts nach § 31a. Fehlt es daran, liegt eine Urheberrechtsverletzung vor und es kommt nicht § 32c, sondern §§ 97ff. zur Anwendung (*Kotthoff* in HK-UrhR² Rdnr. 3). Damit kommt es also auf eine genaue Abgrenzung an, welche noch unbekannten bzw. noch als unbekannt geltenden Nutzungsarten mit in den Vertrag einbezogen sind oder nicht (*Hoeren* MMR 2007, 615/616).

9 Wird die neue Nutzungsart aufgenommen, kann der Urheber eine Vereinbarung nach § 32 beanspruchen, einschließlich der angemessenen Vergütung – die dann aber vertraglichen Charakter hat (Dreier/*Schulze*³ Rdnr. 9). Eine Anrechnung dieser dann vertraglich vereinbarten Vergütung auf die nach § 32c forderbare Vergütung kann dann ergeben, dass die Höhe der vertraglich vereinbarten Vergütung angemessen ist und aus § 32c kein höherer Betrag gefordert werden kann. Dass das Gesetz die angemessene Vergütung als gesonderte Vergütung erwähnt, hat für den Urheber insbesondere dann eine Bedeutung, wenn die ursprüngliche Vergütung als **Pauschalvergütung** vereinbart war. Das Gesetz stellt dadurch nämlich klar, dass durch diese Pauschalvergütung grundsätzlich die neuartige Nutzung noch nicht mitabgegolten ist (Fromm/Nordemann/*Czychowski*¹⁰ Rdnr. 8, so auch Dreier/*Schulze*³ Rdnr. 8; *Wandtke*/Bullinger/*Grunert*³ Rdnr. 16; *Kotthoff* in HK-UrhR² Rdnr. 6), weil dies grundsätzlich dem vom Gesetzgeber beabsichtigten Schutz des Urhebers vor frühzeitiger endgültiger Begebung seiner wirtschaftlichen Beteiligungsmöglichkeiten widerspricht (*Wandtke*/Bullinger/*Grunert*³ Rdnr. 22). Gleichwohl kann eine in einem Vertrag vereinbarte Pauschalvergütung, wenn sie laut Vertrag sowohl die Verwertung in den bekannten als auch in unbekannten Nutzungsarten abdecken soll, im Einzelfall hoch genug sein, um in angemessener Höhe sowohl die Verwertung in ursprünglich bekannten als auch den ursprünglich unbekannten Nutzungsarten zu entgelten (Fromm/Nordemann/*Czychowski*¹⁰ Rdnr. 8), und zwar inklusive der eventuellen Mehrerträge aufgrund verbesserter wirtschaftlicher Auswertungsmöglichkeiten (sonst fehlt es gerade an der neuen Nutzungsart, BGHZ 163, 109/115f. – Zauberberg; darauf weisen auch Fromm/Nordemann/*Czychowski*¹⁰ Rdnr. 8 und *Klöhn* K&R 2008, 77/78 bei Fn. 16 hin; s. auch oben § 31a Rdnr. 36; der 1. Referentenentwurf vom 27. 9. 2004, S. 49 berücksichtigt dies nicht; auch Dreier/*Schulze*³ Rdnr. 8, 17 und *Berger* GRUR 2005, 907/910, die auf dies den RefE verweisen, übersehen dies). Insbesondere wenn eine bislang unbekannte Nutzungsart die Verwertung in der schon bekannten, durch Pauschalzahlung vergüteten Nutzungsart vollständig ablöst und ersetzt, trifft dies zu (aA Dreier/*Schulze*³ Rdnr. 8: neben Pauschalvergütung tritt in jedem Fall noch eine zusätzliche Vergütung nach § 32c, Mitabgeltung hingegen nur bei **fortlaufender Zahlung**, s. dazu unten Rdnr. 16).

10 Aber auch bei Scheitern einer vertraglichen Vergütungsvereinbarung hat der Urheber den gesetzlichen Vergütungsanspruch aus § 32c. Sowohl § 32a als auch § 32b finden nach wie vor Anwendung, wenn der Urheber eine vertragliche Vergütungsvereinbarung abgeschlossen hat (Dreier/*Schulze*³ Rdnr. 10f.). Selbst wenn der Urheber die Einräumung der neuen Nutzungsarten nach § 31a Abs. 1 **widerruft**, besitzt er den gesetzlich zwingenden Vergütungsanspruch für die Zeit, in der der Verwerter das Werk in der neuen Art nutzt bzw. genutzt hat (Dreier/*Schulze*³ Rdnr. 14; Mestmäcker/Schulze/*Scholz* (45. EL, Dez. 2007) Rdnr. 6); ab dem Widerruf steht dem Urheber zudem ein Schadensersatzanspruch zu (s. dazu oben § 31a Rdnr. 84).

11 Der **Anspruch entsteht** erst, wenn die bei Vertragsabschluss unbekannte Nutzungsart bekannt geworden ist (zum Begriff des Bekanntwerdens so. § 31a Rdnr. 30), mithin noch nicht mit der vertraglichen Einräumung der Rechte an den unbekannten Nutzungsarten, was sich auch daraus begründet, dass zunächst jegliche Anhaltspunkte für die Bestimmung einer angemessenen Vergütung fehlen (*Berger* GRUR 2005, 907/910). Allein das Bekanntwerden der neuen Nutzungsart genügt jedoch nicht, der Vertragspartner (oder der Dritte) muss auch die neue Form der Werknutzung aufgenommen haben (s. dazu unten Rdnr. 23) – ohne Nutzung muss der Verwerter keine Vergütung nach § 32c leisten (*Berger* GRUR 2005, 907/910; Dreier/

Vergütung für später bekannte Nutzungsarten　　　　　　　　　　　　　　　　　　§ 32c

*Schulze*³ Rdnr. 12; Fromm/Nordemann/*Czychowski*¹⁰ Rdnr. 7). Die gegenteilige Auslegung (Mestmäcker/Schulze/*Scholz* (45. EL, Dez. 2007) Rdnr. 13) stützt sich maßgeblich auf eine ergänzende Vertragsauslegung iSd §§ 133, 157 BGB (unter Verweis auf BGH, GRUR 2005, 148/150 – Oceano Mare) – was aber in Widerspruch zur Ausgestaltung des Anspruchs nach § 32c als gesetzlichem Anspruch steht.

Mit Beginn der Auswertung wird die Vergütung **fällig** (Fromm/Nordemann/*Czychowski*¹⁰ **12** Rdnr. 7). Dass die Rechte auf einen Dritten übertragen worden sind, genügt für die Fälligkeit noch nicht; erst wenn dieser mit der Nutzung in der neuen Form beginnt, wird der Anspruch fällig, nicht bereits mit der Übertragung der Rechte, da diese keine urheberrechtlich relevante Nutzung darstellt (s. dazu § 15 Rdnr. 16; ferner BGH GRUR 1999, 579/580 – Hunger und Durst; Dreier/*Schulze*³ Rdnr. 13; *Berger* GRUR 2005, 907/910; anders aber *Schulze* ZUM 2000, 126/131. S. auch unten Rdnr. 23).

Der Anspruch auf die Vergütung **verjährt** gem. § 195 BGB nach 3 Jahren, die gem. § 199 **13** Abs. 2 BGB mit dem Ende des Jahres beginnen, in dem der Urheber Kenntnis von der Entstehung des Vergütungsanspruchs erlangt bzw. ohne grobe Fahrlässigkeit hätte erlangen können. Diese Kenntnis muss alle anspruchsbegründenden Tatsachen umfassen. Dazu gehört insbesondere die Kenntnis des Urhebers davon, dass sein Werk in der neuen Nutzungsart verwertet wird. Von der Kenntnis des Urhebers in dieser Hinsicht ist auszugehen, wenn der Verwerter den Urheber gem. § 32c Abs. 1 S. 3 ordnungsgemäß unterrichtet hat. Hinzukommen müssen aber auch noch Kenntnisse, ob Umsätze bei der Verwertung erzielt wurden (*Wandtke*/Bullinger/ *Grunert*³ Rdnr. 48). Problematisch ist, dass die Entstehung des Anspruchs auch von dem Bekanntwerden einer neuen Nutzungsart abhängt und damit vom Ergebnis der Auslegung eines unbestimmten Rechtsbegriffs (Fromm/Nordemann/*Czychowski*¹⁰ Rdnr. 7). Hier wird man verlangen müssen, dass der Urheber keine vernünftigen Zweifel an dem Bekanntwerden einer neuen Nutzungsart kommen dürfen (Fromm/Nordemann/*Czychowski*¹⁰ Rdnr. 7 und dort § 32 Rdnr. 23), zB aufgrund höchstrichterlicher Rechtsprechung zu der in Rede stehenden Nutzungsart. Spätestens 10 Jahre nach Aufnahme der Verwertung in der neuen Nutzungsart ist der Anspruch gem. § 199 Abs. 4 BGB verjährt (*Wandtke*/Bullinger/*Grunert*³ Rdnr. 48). Allerdings gilt es noch zu beachten, dass der Anspruch auf angemessene Vergütung nach § 32c nicht einmalig entsteht, sondern laufend für die gesamte Nutzungszeit. Dementsprechend sind immer nur Ansprüche auf Vergütungen für die Nutzung in dem Zeitraum bis 3 Jahre vor Geltendmachung verjährt (Fromm/Nordemann/*Czychowski*¹⁰ Rdnr. 7 und dort § 32 Rdnr. 23).

Anspruchsgegner ist der Vertragspartner des Urhebers (bzw. seiner Erben bzw. Rechtsnach- **14** folger), bei Übertragung der Rechte an einen Dritten dieser, § 32c Abs. 2 (Mestmäcker/ Schulze/*Scholz* (45. EL, Dez. 2007) Rdnr. 17; Fromm/Nordemann/*Czychowski*¹⁰ Rdnr. 10; *Wandtke*/Bullinger/*Grunert*³ Rdnr. 5f.). Eine besondere Situation ergibt sich, wenn der Vertragspartner die Rechte zwar nicht überträgt, aber einem Dritten einräumt (§ 35); denn hier bleibt an sich der Vertragspartner derjenige, der die Rechte inne hat. Dennoch stellt das Gesetz allein darauf ab, ob die Nutzung des Werkes in der neuen Art aufgenommen wird, so dass sich der gesetzliche Anspruch auf die Zahlung der Vergütung auch gegen den Dritten richtet, der nur die Rechte eingeräumt erhalten hat; damit wird das Insolvenzrisiko des Vertragspartners nicht dem Urheber aufgebürdet (im Ergebnis ebenso Dreier/*Schulze*³ Rdnr. 16).

2. Vergütungshöhe

Das Gesetz stellt wie in § 32 auf die Angemessenheit der Vergütung ab. Dazu verweist die **15** Norm hier explizit auf § 32 Abs. 2, 4. Die dortigen Maßstäbe gelten dementsprechend auch für § 32c (Fromm/Nordemann/*Czychowski*¹⁰ Rdnr. 8). Die heranzuziehenden Vergleichsmaßstäbe sind auch in der Reihenfolge die gleichen wie in § 32 Abs. 2, 4, nämlich zuerst ein Tarifvertrag, dann die gemeinsamen Vergütungsregeln und schließlich das, was üblicher- und redlicherweise für die jeweilige Nutzungsart vergütet wird (näher § 32 Rdnr. 25; zu den Problemen bei der Ausfüllung dieses unbestimmten Rechtsbegriffs *Schack* GRUR 2002, 853/855; *Jacobs*, Fs. für Ullmann, S. 79 ff.). Bis auf die Anmerkung, dass die wirtschaftlichen Rahmenbedingungen bei der Bestimmung der Vergütungshöhe zu beachten sind, enthält sich der Gesetzgeber weiterer Hinweise; die Konkretisierung der Angemessenheit soll der Rechtsprechung überlassen bleiben (BT-Drucks. 16/1828, S. 25).

Als erster **Anhaltspunkt für die Bestimmung der Vergütungshöhe** kann dabei die Aus- **16** gangsvergütung in Betracht kommen (Sitzungsprotokoll Rechtsausschuss vom 29. November 2006, S. 31). Wurde etwa eine **prozentuale Beteiligung** für eine Nutzungsart vereinbart und erfolgt die Verwertung in der neuen Nutzungsart daneben in ähnlichem wirtschaftlichen Umfang, spricht viel dafür, dass die angemessene Vergütung auch hier in einer prozentualen Beteiligung, auch in derselben Höhe, besteht (weitergehend Dreier/*Schulze*[3] Rdnr. 17: auch bei Ersatz der Verwertung in der bekannten Nutzungsart durch die „neue" Nutzungsart). Bei Pauschalvergütungen kann sich ergeben, dass die Höhe der im Vertrag vereinbarten **Pauschalvergütung** auch die Verwertung in der unbekannten Nutzungsart in ihrer Höhe mit abdeckt, so dass darüber hinausgehend aus § 32 c nichts weiter verlangt werden kann (s. auch schon oben, Rdnr. 9). War im Vertrag eine **fortlaufend** zu zahlende Vergütung für die Verwertung in der bekannten Nutzungsart vereinbart, kann nicht angenommen werden, dass diese die Verwertung in der neuen Nutzungsart abgilt, egal, wie hoch sie ist (anders Dreier/*Schulze*[3] Rdnr. 17), da auch weiterhin eine Nutzung in dieser Nutzungsart erfolgt (ansonsten fehlte es bei bloßer **vollständiger Substitution** schon an der unbekannten Nutzungsart, s. Nachw. oben bei Rdnr. 9). Auch die Vergütung gem. § 32 c mag dann als fortlaufend zu zahlende Vergütung festgesetzt werden. Maßstab für die Höhe können zB der wirtschaftliche Erfolg der Verwertung in der neuen Nutzungsart (BT-Drucks. 16/1828, S. 25) bzw. die Erfolgsmöglichkeiten sein (*Berger* GRUR 2005, 907/910); weitere Maßstäbe können sich aus der Schöpfungshöhe bzw. dem Grad der Individualität des geschützten Werkes, Reichweite des Werkes bzw. der bei den Rezipienten erreichten Aufmerksamkeit, Exklusivität zB durch Erst- oder Zweitverwertung und dem Arbeitsaufwand bei der Erschaffung des Werkes ergeben (*Peifer* AfP 2008, 545/548 ff.). Bei Erfolglosigkeit der neuen Nutzungsart kann die Vergütung sehr gering ausfallen und „gegen Null" gehen (*Kreile* ZUM 2007, 682/685; Fromm/Nordemann/*Czychowski*[10] Rdnr. 8; *Klöhn* K&R 2008, 77/78). Wird umgekehrt aufgrund der Verwertung des Werkes in der neuen Nutzungsart das Werk in einer bei Vertragsschluss bekannten Nutzungsart gar nicht mehr verwertet und war dafür eine fortlaufend zu zahlende Vergütung unter der Bedingung der fortlaufenden Nutzung vereinbart, sinkt diese vertraglich vereinbarte Vergütung auf Null, während für die neue Nutzungsart die Vergütung gem. § 32 c zu zahlen ist (*Wandtke*/Bullinger/*Grunert*[3] Rdnr. 20).

17 Entscheidender **Zeitpunkt** für die Bestimmung der Angemessenheit der Höhe der Vergütung ist abweichend von der Regelung zu § 32 nicht der Vertragsschluss, sondern der Zeitraum der Nutzung, für den konkret der Vergütungsanspruch geltend gemacht wird (*Wandtke*/Bullinger/*Grunert*[3] Rdnr. 19; aA *Kotthoff* in HK-UrhR[2] Rdnr. 7: Vertragsschluss). Verändert sich die Einnahmelage, so steigt oder fällt auch das nach § 32 c erforderliche Niveau der angemessenen Vergütung (*Klöhn* K&R 2008, 77/78).

18 Haben sich die Parteien auf eine Vergütung, die den Anforderungen des § 32 c Abs. 1 an eine angemessene Vergütung genügt, **geeinigt**, bewirkt dies, dass der Urheber gem. § 31 a Abs. 2 S. 1 **sein Widerrufsrecht** gegen die Aufnahme der Verwertung in der neuen Nutzungsart **verliert** (so. § 31 a Rdnr. 104 ff.). Ob die Einigung der Höhe nach den Vorgaben von § 32 c genügt oder ein aus § 32 c begründeter, darüber hinausgehender Anspruch auf weitere Zahlung besteht, ist einer gerichtlichen Überprüfung zugänglich, in deren Zentrum die Prüfung von § 32 c iVm § 32 Abs. 2 und 4 steht (unentschieden noch *Berger* GRUR 2005, 907/910). Kommt eine Einigung zwischen den Parteien auf eine den Anforderungen des § 32 c genügende Vergütung nicht zustande, kann nicht ohne weiteres auf die §§ 315–316 BGB zurückgegriffen werden (so aber Fromm/Nordemann/*Czychowski*[10] Rdnr. 8), da § 32 c gerade nicht auf dem Prinzip beruht, dass eine Partei einseitig über die angemessene Höhe der Vergütung bestimmt. Vielmehr sollen nach dem Willen des Gesetzgebers bei der Bestimmung der Angemessenheit die wirtschaftlichen Rahmenbedingungen beachtet werden (Begr. RegE BT-Drucks. 16/1828, S. 25), was eher für die Vornahme eines umfassenden Interessenausgleichs spricht, was wiederum dem Gedanken einer einseitigen Festsetzung zuwider läuft. Daher kann der Anspruchsberechtigte anstatt weitere Anstrengungen zu unternehmen, um zu einer Einigung über die Vergütung zu kommen, umgehend aus § 32 c gegen den Anspruchsgegner vorgehen und die angemessen hohe Vergütung einklagen. Gleichwohl bleibt es den Parteien unbenommen, in dem Vertrag, die die Übertragung der Rechte für die Verwertung in der neuen Nutzungsart regelt, ein Verfahren vorzusehen, um die Höhe der Vergütung für die Verwertung in der unbekannten Nutzungsart zu konkretisieren. Allerdings bindet ein solches Verfahren nicht die gerichtliche Kontrolle und Festsetzung der Vergütung nach § 32 c. Damit sollen die Parteien aber bei Vertragsschluss ohne Festlegung einer konkreten Vergütung die Wahrscheinlichkeit erhöhen können, dass die später noch zu findende Vergütungsregelung ihrer Höhe nach dem entspricht, was der Anspruchsberechtigte auch aus § 32 c fordern könnte (Fromm/Nordemann/*Czychowski*[10] Rdnr. 8). Keinesfalls aber kann ein solches Verfahren den durch § 32 c vorgesehenen zwingenden Anspruch bzw. die gerichtliche Kontrolle aushebeln.

3. Unterrichtungspflicht (Abs. 1 S. 3)

§ 32c Abs. 1 S. 3 sieht eine Unterrichtungspflicht gegenüber dem Urheber vor, wenn der **19** Verwerter die neue Art der Werknutzung aufnimmt. Diese Unterrichtung ist unabhängig von der Mitteilung nach § 31a Abs. 1 S. 4 (s. dazu § 31a Rdnr. 85), die die Frist zur Ausübung des Widerrufsrechts für den Urheber in Gang setzt (so auch *Wandtke*/Bullinger/*Grunert*[3] Rdnr. 33). Die Mitteilungen können zwar miteinander verbunden werden, was sich jedoch nicht empfiehlt, da sie zwecks Vermeidung von Rechtsunsicherheit und Schadensersatzansprüchen zu unterschiedlichen Zeitpunkten erfolgen sollten: Die Mitteilung nach § 31a, sobald die neue Nutzungsart bekannt und deren wirtschaftliche Auswertung konkret abgeschätzt werden kann; die Unterrichtung nach § 32c nach Beginn der Verwertung versehen mit konkreten Informationen, auf deren Basis die Vergütungshöhe bemessen werden kann. Da erst nach Ablauf der Widerspruchsfrist ohne die Gefahr einer Schadensersatzpflicht mit der Verwertung begonnen werden darf (so. § 31a Rdnr. 84), werden idR zwischen der Mitteilung nach § 31a und der Aufnahme der Verwertung – dem Zeitpunkt für die nach § 32c notwendige Unterrichtung – 3 Monate vergehen (so auch *Wandtke*/Bullinger/*Grunert*[3] Rdnr. 33). Verzichtet der Verwerter gleichwohl auf die zunächst erforderliche Mitteilung nach § 31a, so wird erst durch die Unterrichtung die 3-monatige Widerspruchsfrist in Gang gesetzt (*Wandtke*/Bullinger/*Grunert*[3] Rdnr. 36; *Kotthoff* in HK-UrhR[2] Rdnr. 8). Fallen Unterrichtung und Mitteilung zusammen, kann der Verwerter sich hinsichtlich der Unterrichtung nicht auf § 31a Abs. 1 S. 4 berufen. Der Urheber soll mit dieser Unterrichtung in die Lage versetzt werden, seinen Vergütungsanspruch geltend zu machen. Die Unterrichtungspflicht nach § 32c Abs. 1 S. 3 ist als gesetzliche Pflicht ausgestaltet, die wiederum **neben vertraglich geschuldeten Mitteilungspflichten** besteht, die aus dem Lizenzvertrag zwischen dem Urheber und dem Verwerter resultieren. Denn der Verwerter ist aufgrund seines Informationsvorsprungs und den mit der neuen Nutzung des Werkes auch verbundenen vertraglichen Ansprüchen des Urhebers gehalten, den Urheber davon zu unterrichten, dass und in welchem Umfang er die Verwertung in einer neuen Nutzungsart aufgenommen hat (s. näher unten Rdnr. 27). Dogmatisch handelt es sich bei der Unterrichtungspflicht um die spezialgesetzliche Ausgestaltung der allgemein anerkannten Pflicht zur Auskunft bzw. zur Rechnungslegung über alle Angaben, die zur Feststellung eines Anspruchs erforderlich sind; daneben braucht auf § 242 BGB nicht mehr zurückgegriffen werden (wohl anders Mestmäcker/Schulze/*Scholz* (45. EL, Dez. 2007) Rdnr. 36: Auskunftsanspruch aus § 242 BGB besteht weiter).

Anspruchsberechtigter ist der Urheber, aber auch seine Erben und Rechtsnachfolger **20** (Fromm/Nordemann/*Czychowski*[10] Rdnr. 9), da es sich anders als beim Widerrufsrecht nicht um die Ausübung des höchstpersönlichen Rechts handelt, sondern „nur" um den gesetzlichen Vergütungsanspruch (so auch Mestmäcker/Schulze/*Scholz* (45. EL, Dez. 2007) Rdnr. 29). Neben dem gesetzlichen Anspruch kann der Urheber aber aus dem vertraglichen Anspruch (Rdnr. 19) vorgehen – im Gegensatz zur Verletzung der gesetzlichen Unterrichtungspflicht kann der Urheber in letzterem Fall dann sogar einen Anspruch auf Schadensersatz geltend machen, wenn der Vertragspartner seine Pflichten verletzt (*Berger* GRUR 2005, 907/910; Dreier/*Schulze*[3] Rdnr. 22, s. auch unten Rdnr. 31; von einer anderen Regelung ausgehend, aber kritisch dazu *Frey/Rudolph* ZUM 2007, 13/20). Anspruchsberechtigt sind aufgrund der Verweisungen auch die Herausgeber wissenschaftlicher Ausgaben (§ 70 Abs. 1) und Lichtbildner (§ 72 Abs. 1). Mangels Übernahme in die Aufzählung in § 79 Abs. 2 können ausübende Künstler den Anspruch aus § 32c nicht geltend machen (Fromm/Nordemann/*Czychowski*[10] Rdnr. 9 mit Verweis auf BGH GRUR 2003, 234/235 – EROC III). Eine Vergütung für die Verwertung in neuen Nutzungsarten können ausübende Künstler daher nur in dem Umfang geltend machen, wie es bei Vertragsschluss mit dem Vertragspartner festgelegt wurde.

Schwieriger ist dagegen die Frage zu beurteilen, wer **Unterrichtungspflichtiger** ist: Das **21** Gesetz selbst sieht in § 32c Abs. 1 nur vor, dass der Vertragspartner des Urhebers zur Mitteilung über die Aufnahme der Nutzung verpflichtet ist, was sich auch dann nichts ändert, wenn das Recht an einen Dritten übertragen worden ist, s. dazu unten Rdnr. 24.

Hinsichtlich **Dritter** trifft das UrhG jedoch keine ausdrücklichen Regelungen. Ausgangs- **22** punkt ist zunächst, dass § 32c Abs. 2 nur bestimmte „Dritte" betrifft. So sind Dritte iSv. § 35 UrhG und Dritte iSv. § 414ff. BGB überhaupt nicht von § 32c Abs. 2 erfasst. Wer durch schuldrechtliche **Vertragsübernahme** Rechtsnachfolger des ursprünglichen Vertragspartners des Urhebers wird, ist von vornherein nicht „Dritter", sondern nach § 414 BGB schon nach § 32c Abs. 1 S. 3 UrhG als Vertragspartner des Urhebers zur Mitteilung verpflichtet (Mestmäcker/Schulze/*Scholz* (45. EL, Dez. 2007) Rdnr. 38). Da der ursprüngliche Vertragspartner

§ 32c

des Urhebers dann nicht mehr Vertragspartner ist, ist er nicht mehr nach § 32c zur Unterrichtung verpflichtet. Für ihn können sich Informationspflichten nur noch aus nachvertraglichen Pflichten gem. § 241 BGB ergeben. Wem Nutzungsrechte nur **eingeräumt** wurden, wer also **Unterlizenznehmer** ist, ist gem. § 35 Abs. 2 mangels Verweises auf die gesamtschuldnerische Haftung mit dem Unterlizenzgeber in § 34 Abs. 4 hingegen nicht zur Mitteilung an den Urheber verpflichtet. Allerdings ist der Unterlizenznehmer dem Unterlizenzgeber gem. § 32c Abs. 1 S. 3 in analoger Anwendung zur Mitteilung über die Aufnahme einer neuen Art der Nutzung verpflichtet, was letzterer dann dem Urheber mitteilen muss (Mestmäcker/Schulze/*Scholz* (45. EL, Dez. 2007) Rdnr. 40), was sich iR erweiternder Auslegung aus § 32c Abs. 1 S. 3 ergibt (s. zur Vergütungspflicht des Unterlizenznehmers außerdem unten Rdnr. 36).

23   Wem die dinglichen Nutzungsrechte gem. § 34 **übertragen** worden sind, wer also ein Dritter iSv. § 32c Abs. 2 ist (Mestmäcker/Schulze/*Scholz* (45. EL, Dez. 2007) Rdnr. 39), wird ebenfalls vom Gesetz dem Wortlaut nach nicht zur Mitteilung angehalten, da das Gesetz hier nur die Haftung für die Vergütung, nicht aber die Pflicht zur Unterrichtung auf den Dritten überleitet (Mestmäcker/Schulze/*Scholz* (45. EL, Dez. 2007) Rdnr. 44; *Frey*/*Rudolph* ZUM 2007, 13/20). Die gegenteilige Auffassung (Fromm/Nordemann/*Czychowski*[10] Rdnr. 15) geht von § 32c Abs. 2 S. 1 als Rechtsgrundverweisung aus und nimmt eine Unterrichtungspflicht des Dritten an. Dies übersieht indes, dass die Unterrichtung nicht zu den Tatbestandsvoraussetzungen für die Vergütungspflicht des Vertragspartners bzw. des Dritten gehört, sondern die Vergütungspflicht auch ohne die Unterrichtung entsteht, die Unterrichtungspflicht mithin nicht Tatbestandsvoraussetzung ist, auf die für den Dritten nur mittels Annahme einer Rechtsgrundverweisung in § 32c Abs. 2 S. 1 zurückzugreifen wäre. Entscheidend ist allein, welche Pflichten § 32c Abs. 2 selbst für den Dritten statuiert. Ausgeschieden werden muss in diesem Zusammenhang auch von vornherein die Auffassung, dass allein die Rechteübertragung eine urheberrechtlich relevante Nutzung darstellt (§ 15 Rdnr. 16; BGH GRUR 1999, 579/580 – Hunger und Durst; *Berger* GRUR 2005, 907/910; so aber *Schulze* ZUM 2000, 126/131) – was gerade im Fall der unbekannten Nutzungsarten auch unsinnig wäre, da die Nutzungsarten im Zeitpunkt der Rechteübertragung nicht bekannt sein müssen (ähnlich Dreier/*Schulze*[3] Rdnr. 25). Das Gesetz weist damit im Fall der Rechteübertragung auf einen Dritten einen **konstruktiven Fehler** auf, da der Dritte derjenige ist, der über die Aufnahme der neuen Nutzungsart entscheidet und hierüber informiert ist, nicht aber der ursprüngliche Vertragspartner. Der Ausgestaltung des Vergütungsanspruchs als gesetzlichen Anspruch, der nach dem Vertragspartner denjenigen trifft, der das Werk in neuer Art nutzt, hätte es entsprochen, wenn auch die Mitteilungspflicht auf den Dritten erstreckt wird. Hier muss von einer planwidrigen Regelungslücke und damit von einer **analogen Anwendung des § 32c Abs. 1 S. 3 auf den Dritten** ausgegangen werden, da sonst die Unterrichtungspflicht in derartigen Fällen ins Leere geht (so auch Wandtke/Bullinger/*Grunert*[3] Rdnr. 29, 45; ähnlich Dreier/*Schulze*[3] Rdnr. 26). Dies trifft für alle **Dritten in der Lizenzkette** zu. Der Vertragspartner (der Ersterwerber) selbst verfügt möglicherweise über keine Informationen, wann der Dritte die Nutzung aufnimmt (so auch Mestmäcker/Schulze/*Scholz* (45. EL, Dez. 2007) Rdnr. 45). Er ist aber schon aus seinen vertraglichen Nebenpflichten heraus verpflichtet, dem Urheber die zustellungsfähige Adresse des Dritten mitzuteilen, und, falls er über entsprechende Informationen über die Aufnahme der neuen Nutzungsart verfügt, auch diese (ebenso Dreier/*Schulze*[3] Rdnr. 25; Wandtke/Bullinger/*Grunert*[3] Rdnr. 45; im Ergebnis ebenso Mestmäcker/Schulze/*Scholz* (45. EL, Dez. 2007) Rdnr. 44). Denn ansonsten könnte der Urheber den ihm nach § 32c Abs. 2 S. 1 gegen den Dritten zustehenden Vergütungsanspruch nicht geltend machen, da er diesen nicht einmal kennt. Weil ihm aber gleichzeitig gem. § 32c Abs. 2 S. 2 der Vergütungsanspruch gegen seinen Vertragspartner genommen wird, muss der Urheber vom diesem zumindest Informationen über wiederum dessen Nacherwerber erhalten können, damit der Anspruch des Urhebers aus § 32c Abs. 2 S. 1 nicht leerläuft. Verletzt der Vertragspartner diese Pflicht, hat der Urheber vertragliche Ansprüche auf Schadensersatz gegen den Vertragspartner (weitergehender Dreier/*Schulze*[3] Rdnr. 25).

Auch den **Dritten trifft die Pflicht, dem Urheber die Anschrift des nächsten Rechteerwerbers mitzuteilen:** Zwar hat das Gesetz die Unterrichtung nicht ausdrücklich als eine allgemeine Auskunftspflicht ausgestaltet (im Ergebnis ebenso Dreier/*Schulze*[3] Rdnr. 26; für eine solche Auskunftspflicht auch Fromm/Nordemann/*Czychowski*[10] Rdnr. 14), sondern nur als eine Mitteilungspflicht des Verwerters an den Urheber, die nur das Ob, Wann und Wie der Aufnahme der Werknutzung in einer neuen Nutzungsart betrifft. Der Vergütungsanspruch würde aber gerade bei Lizenzketten leerlaufen, wenn der Urheber nicht wenigstens Informationen über die Person des Folgeerwerbers vom Vorerwerber verlangen könnte. Ein umfassender Auskunftsan-

Vergütung für später bekannte Nutzungsarten § 32c

spruch ist also letztlich notwendige Voraussetzung, um den Urheber an seinem Werk wirtschaftlich teilhaben zu lassen, wie es die Begründung des RegE, BT-Drucks. IV/240, S. 54 und darauf bezugnehmend BGHZ 97, 37/41 – Zeitschriftenauslage in Wartezimmern, st. Rspr., verlangt.

Das Gesetz regelt auch nicht, ob der **ursprüngliche Vertragspartner** des Urhebers von seinen Unterrichtspflichten **frei** wird, wenn man (Rdnr. 23) eine Unterrichtungspflicht des Dritten annimmt (*Wandtke*/Bullinger/*Grunert*[3] Rdnr. 45). Dem Wortlaut lässt sich keine eindeutige Aussage entnehmen. § 32c Abs. 2 S. 2 bezieht sich jedenfalls auf § 32c Abs. 2 S. 1, der ebenfalls von „hafte(n)" spricht und sich dabei auf den gesamten § 32c Abs. 1 bezieht, der in S. 3 auch die Unterrichtungspflicht enthält. Eine Befreiung des ursprünglichen Vertragspartners würde jedoch dem Schutzzweck des § 32c widersprechen, da der Urheber keinen Einblick in die Vorgänge bei seinem Vertragspartner hat. Der ursprüngliche Vertragspartner kann zudem Vorsorge treffen, um die nötigen Informationen von den folgenden Erwerbern zu erhalten (anders *Wandtke*/Bullinger/*Grunert*[3] Rdnr. 45); allerdings wird man dies auf Vorgänge im Verhältnis zum Vertragspartner auf der jeweils nächsten Stufe einer Lizenzkette beschränken müssen. 24

Erforderlich ist ferner die **Aufnahme der Nutzung** in einer neuen Art die gestattet worden war, einerlei in welcher Verwertungshandlung. Entscheidend ist also der Beginn der Nutzungshandlung (*Wandtke*/Bullinger/*Grunert*[3] Rdnr. 10). 25

Das Gesetz schreibt **keine besondere Form** für die Unterrichtung des Urhebers vor, mithin genügt auch eine Textform; selbst eine mündliche Unterrichtung wäre ausreichend (Mestmäcker/Schulze/*Scholz* (45. EL, Dez. 2007) Rdnr. 34), was aber aus Beweisführungsgründen eher ausscheiden wird (Dreier/*Schulze*[3] Rdnr. 29; *Wandtke*/Bullinger/*Grunert*[3] Rdnr. 31). Ebenso wenig sieht das Gesetz eine besondere **Frist** für die Unterrichtung vor, sie muss jedoch unverzüglich, also ohne schuldhaftes Zögern (§ 121 Abs. 1 S. 1 BGB), nach der Aufnahme der Nutzung erfolgen (Dreier/*Schulze*[3] Rdnr. 31; Mestmäcker/Schulze/*Scholz* (45. EL, Dez. 2007) Rdnr. 30). Allerdings löst eine Verletzung der Pflicht keine besondere Sanktion aus (s. dazu unten Rdnr. 31). 26

Vom **Inhalt der Unterrichtung** her muss diese dem Urheber konkret die aufgenommene neue Nutzungsart bezeichnen; sonst kann der Urheber nicht einschätzen, welchen Vergütungsanspruch er geltend machen könnte, den er aber beziffern muss. Auch muss der Zeitpunkt der Aufnahme der neuen Nutzungsart angegeben werden (Dreier/*Schulze*[3] Rdnr. 28). Hat der Vertragspartner des Urhebers die Rechte an einen Dritten übertragen, muss dies in der Unterrichtung angegeben werden, versehen mit Einzelheiten zu Person und Erreichbarkeit, insbesondere zustellungsfähiger Anschrift des Dritten. 27

Die Unterrichtung ist eine **empfangsbedürftige Wissenserklärung**, auf die die Vorschriften über die Geschäftsfähigkeit sowie über die Abgabe, den Zugang und die Auslegung von Willenserklärungen entsprechend anwendbar sind: Wie bei Willenserklärungen auch ist im Fall des § 32c Abs. 1 S. 3 an die Unterrichtung eine Rechtsfolge geknüpft (MünchKommBGB/*Kramer*[5] vor § 116 Rdnr. 36), nämlich der Lauf der Verjährung (im Ergebnis so auch *Wandtke*/Bullinger/*Grunert*[3] Rdnr. 31). Im Gegensatz zu § 31a Abs. 1 S. 4 gewährt das Gesetz dem Vertragspartner aber keine Erleichterung hinsichtlich der Recherchepflichten (s. dazu oben, § 31a Rdnr. 94) bei der Zustellung der Unterrichtung, indem dieser die Unterrichtung an die letzte bekannte Anschrift zustellen könnte. § 31a Abs. 1 S. 4 kann als Ausnahmeregelung auch nicht analog angewandt werden, obwohl die Mitteilung nach § 31a der Unterrichtung nach § 32c stets vorauszugehen hat. Damit fehlt in § 32c Abs. 1 S. 2 ein Hinweis, welche Anstrengungen der Verwerter zu unternehmen hat, um mit der Unterrichtung den Urheber auch tatsächlich zu erreichen. Der Vertragspartner muss versuchen, die aktuelle zustellungsfähige Adresse des Urhebers ausfindig zu machen, ggf. über die öffentliche Zustellung §§ 185 ff. ZPO die Unterrichtung zuzustellen (enger der Vorschlag von *Berger* GRUR 2005, 907/910: Zustellung durch Veröffentlichung im Bundesanzeiger, wie auch § 46 Abs. 3 S. 2 vorsieht, wenn sich die Parteien darauf geeinigt haben). 28

Aber auch den **Urheber** trifft eine **Obliegenheit**, seinen Vertragspartner über seine aktuelle Anschrift zu informieren (strenger Fromm/Nordemann/*Czychowski*[10] Rdnr. 14: Mitwirkungspflicht). Gegen die Annahme einer solchen Obliegenheit spricht auch nicht, dass es in § 32c an einer dem § 31a Abs. 1 S. 4 aE entsprechenden Formulierung fehlt (so auch *Kotthoff* in HK-UrhR[2] Rdnr. 9: In der Sache entsprechende Anwendung von § 31a Abs. 1 S. 4 auf § 32c), dem eine Mitwirkungspflicht bzw. Obliegenheit zur Informationsweitergabe durch den Urheber entnommen werden kann (dazu näher oben § 31a Rdnr. 93). In § 31a war eine solche Regelung nötig, da an die Absendung der Mitteilung der Lauf der Widerrufsfrist geknüpft ist, deren 29

Spindler 751

Ablauf für den endgültigen Rechtserwerb und damit hinsichtlich der Frage einer Urheberrechtsverletzung entscheidend ist. Bei § 32 c fehlt es an einer solch schwerwiegenden Folge für das Unterbleiben der Unterrichtung des Urhebers durch den Dritten, so dass der Gesetzgeber auf eine entsprechende Regelung verzichten konnte. Zudem kann im Vertrag mit dem Urheber eine solche Pflicht **schuldrechtlich statuiert werden**, auch mit Wirkung gegenüber späteren Erwerbern bzw. Nachfolgern in der Lizenzkette (Fromm/Nordemann/*Czychowski*[10] Rdnr. 15).

30 Ist der Urheber nicht mehr ausfindig zu machen, fehlt es an einer vergleichbaren Regelung wie in § 1371 Abs. 5 S. 3, die den Vergütungsanspruch den Verwertungsgesellschaften zuführen würde (die Einführung einer solchen Regelung fordernd *GRUR-Stellungnahme* GRUR 2005, 743/744; sich anschließend Dreier/*Schulze*[3] Rdnr. 30); denn der Vertragspartner (bzw. der Dritte) ist in der Lage, das Werk zu nutzen, ohne dass der Vergütungsanspruch geltend gemacht werden könnte (darauf weisen auch *Frey/Rudolph* ZUM 2007, 13/20). Eine analoge Anwendung von § 1371 Abs. 5 S. 3 scheidet jedoch aus.

4. Rechtsfolgen

31 Verletzt der Vertragspartner seine gesetzliche Unterrichtungspflicht, drohen ihm keine besonderen urheberrechtlichen **Rechtsfolgen**, insbesondere liegt in einer gleichwohl ohne Unterrichtung durchgeführten Verwertung in der neuen Nutzungsart keine Urheberrechtsverletzung (so auch *Berger* GRUR 2005, 907/910 und auch Dreier/*Schulze*[3] Rdnr. 31 f., anders nur für den Fall, dass zuvor auch nicht gem. § 31 a mitgeteilt wurde, dass die Nutzung beabsichtigt ist, Dreier/*Schulze*[3] Rdnr. 31, 33; kritisch zu den sich daraus ergebenden Problemen *Wandtke/Holzapfel* GRUR 2004, 284/292: Kredit für den Verwerter zulasten des Urhebers sowie Einbuße einer besseren Verhandlungsposition des Urhebers bei den Verhandlungen über die Vergütungshöhe). Der Vergütungsanspruch bleibt von einer Verletzung der Unterrichtungspflicht unberührt, er entsteht auch ohne die Unterrichtung (Dreier/*Schulze*[3] Rdnr. 32). Einen besonderen urheberrechtlichen Schadensersatz kann der Urheber nicht geltend machen (für einen solchen Anspruch de lege ferenda, nämlich in Gestalt eines erhöhten Vergütungssatzes Dreier/*Schulze*[3] Rdnr. 32). Unberührt bleiben davon aber vertragliche Nebenpflichten, die jedoch nicht von § 32 c selbst erfasst werden (weitergehender Mestmäcker/Schulze/*Scholz* (45. EL, Dez. 2007) Rdnr. 33: vom Gesetz angeordnete vertragliche Nebenpflicht; Fromm/Nordemann/*Czychowski*[10] Rdnr. 15; anders *Frey/Rudolph* ZUM 2007, 13/20: keine Ansprüche, was die Autoren heftig kritisieren; offen *Berger* GRUR 2005, 907/910).

5. Beweislast

32 Soweit es um die Geltendmachung des Vergütungsanspruchs und seiner Höhe geht, ist der Urheber darlegungs- und beweisbelastet (Dreier/*Schulze*[3] Rdnr. 19, 34). Auch muss er den Beginn der neuen Nutzungsart beweisen, wobei konkrete Anhaltspunkte hierfür genügen; dann muss der Verwerter bzw. Vertragspartner darlegen und beweisen, dass er mit der Nutzung noch nicht begonnen habe. Die ordnungsgemäße Unterrichtung inklusive des Zugangs muss hingegen der zur Unterrichtung Verpflichtete beweisen (Dreier/*Schulze*[3] Rdnr. 29; *Wandtke*/Bullinger/*Grunert*[3] Rdnr. 31).

III. Haftung (Abs. 2)

1. Überblick

33 Mit § 32 c Abs. 2 sollte eine dem § 32 a Abs. 2 vergleichbare Regelung getroffen werden. Beabsichtigt war vom Gesetzgeber, die Haftung für die Vergütungsansprüche nur demjenigen aufzuerlegen, der tatsächlich die neue Nutzungsart aufgenommen hat; der Vertragspartner soll nicht gesamtschuldnerisch mit dem Dritten zusammen für die Vergütung einstehen (Mestmäcker/Schulze/*Scholz* (45. EL, Dez. 2007) Rdnr. 46). Ob eine solche Regelung wirklich sinnvoll ist, kann sehr bezweifelt werden (kritisch mit Hinweis auf das Insolvenzrisiko Mestmäcker/Schulze/*Scholz* (45. EL, Dez. 2007) Rdnr. 47). Zudem wird der Vertragspartner bei unbekannten Nutzungsarten besser gestellt, als wenn er die Rechte an bekannten Nutzungsarten überträgt (*GRUR-Stellungnahme* GRUR 2005, 743/744; Dreier/*Schulze*[3] Rdnr. 36; *Frey/Rudolph* ZUM 2007, 13/20).

2. Verhältnis zum vertraglichen Vergütungsanspruch

Schwierig zu bestimmen ist das **Verhältnis zum vertraglichen Vergütungsanspruch**: Der 34 Anspruch nach § 32c ist als gesetzlicher Vergütungsanspruch ausgestaltet, so dass die vertraglichen Verhältnisse zum Vertragspartner unberührt bleiben. Wird aber eine Nutzungsart aufgenommen, so entsteht auch der Anspruch aus § 32 Abs. 1 auf Abschluss einer Vergütungsvereinbarung zu angemessener Bedingung, die sich gegen den Vertragspartner richtet. Für diesen wird aber zu Recht darauf hingewiesen, dass der Vertragspartner weiterhin nach § 34 Abs. 4 gesamtschuldnerisch haftet, auch wenn er die Nutzungsrechte einem Dritten übertragen hat (Dreier/*Schulze*[3] Rdnr. 37). Dem scheint zwar § 32c Abs. 2 entgegenzustehen, der ausdrücklich den Vertragspartner aus der Haftung entlässt; doch betrifft § 32c Abs. 2 nur den gesetzlichen Vergütungsanspruch, nicht den vertraglichen.

3. Haftung des Dritten

Der Dritte muss zunächst **überhaupt wirksam das Recht auf Nutzung in der neuen** 35 **Nutzungsart erworben** haben. Nach § 34 Abs. 1 bedarf es für die Übertragung eines Nutzungsrechts der Zustimmung des Urhebers, wobei das Recht zur Weiterübertragung als selbständig einräumbares Nutzungsrecht angesehen wird. Dessen Einräumung und damit die Möglichkeit der Weiterübertragung müssen daher explizit dem Vertragspartner eingeräumt werden (so. § 31 Rdnr. 85ff.). Auch wenn daher dem Vertragspartner das Recht zur Nutzung des Werkes in unbekannten Nutzungsarten eingeräumt wurde, bleibt das Recht zur Weiterübertragung beim Urheber, wenn es nicht ebenfalls dem Vertragspartner eingeräumt wurde. Ohne solche Einräumung kann der Dritte nicht die neue Nutzungsart aufnehmen, da er das Recht nicht wirksam vom Vertragspartner erwerben konnte; dem Urheber stehen dann sämtliche Ansprüche aus § 97 gegen den Dritten zur Verfügung, aber auch gegen den Vertragspartner, da dieser ebenfalls an der Urheberrechtsverletzung mitgewirkt hat (Dreier/*Schulze*[3] Rdnr. 38). Auch im Falle der Veräußerung eines Unternehmens oder Unternehmensteils mit samt allen Rechten kann der Urheber die Rechte nach § 34 Abs. 3 zurückrufen (Einzelheiten § 34 Rdnr. 41).

Strittig ist die Rechtslage, wenn der Dritte das **Nutzungsrecht** nicht erwirbt, sondern es nur 36 seinerseits vom Vertragspartner nach § 35 **eingeräumt erhält**. Denn in diesem Fall bleibt der Urheber vertraglich an den Vertragspartner gebunden, das Gesetz sieht hier keinen gesetzlichen Vergütungsanspruch gegen den Dritten vor. Trotzdem soll der Dritte auch hier haften, da der gesetzliche Vergütungsanspruch sich gegen jeden richte, der das Werk erlaubtermaßen nutze (so Dreier/*Schulze*[3] Rdnr. 41; *Wandtke*/Bullinger/*Grunert*[3] Rdnr. 37). Dem widerspricht aber neben dem eindeutigen Wortlaut des Gesetzes in § 35 Abs. 2, der nicht auf § 34 Abs. 4 verweist (Mestmäcker/Schulze/*Scholz* (45. EL., Dez. 2007) Rdnr. 40), auch die Konstruktion der Einräumung: Denn der Dritte kann das Werk nur im Rahmen der vertraglichen Absprachen mit dem Vertragspartner nutzen, er kann nicht nach seinem Belieben entscheiden, ob und wie das Werk in der neuen Nutzungsart verwertet. Das Gesetz sieht aber eindeutig vor, dass die Haftung des Vertragspartners für den gesetzlichen Vergütungsanspruch nur dann entfällt, wenn er die Rechte auf einen Dritten übertragen hat, § 32c Abs. 2 S. 3; dem Urheber bleibt der Vergütungsanspruch – sowohl vertraglich als auch gesetzlich – gegenüber dem Vertragspartner. Warum der Vertragspartner, bei dem die Rechte letztlich ja verbleiben, hier nicht das Insolvenzrisiko desjenigen, der wiederum sein Vertragspartner ist, tragen soll, und den er sich schließlich selbst gewählt hat, wäre ansonsten nicht recht nachvollziehbar (ähnlich Mestmäcker/Schulze/*Scholz* (45. EL, Dez. 2007) Rdnr. 40).

Wer der Dritte ist, bestimmt sich nach der **Kette** der (wirksamen) Übertragungen. Auch ein 37 weiterer Dritter kann „Dritter" im Sinne der Vorschrift sein (*Wandtke*/Bullinger/*Grunert*[3] Rdnr. 38, 44). Ist die Übertragung etwa unwirksam, auch durch Anfechtung, und fällt das Recht wieder zurück, etwa an den Vorerwerber, wird dieser Dritter; derjenige, der dann das Werk in der neuen Nutzungsart nutzt, begeht eine Urheberrechtsverletzung. Ansprüche richten sich dann nicht nach § 32c, sondern nach § 97 (*Wandtke*/Bullinger/*Grunert*[3] Rdnr. 39).

Nehmen Dritte neben dem Vertragspartner die Nutzung auf, zB aufgrund einfacher Lizen- 38 zen, so besteht der Anspruch des Urhebers gegen jeden einzelnen Dritten aus § 32c Abs. 2 S. 1 neben dem Anspruch gegen den Vertragspartner aus § 32c Abs. 1 S. 1 (*Wandtke*/Bullinger/ *Grunert*[3] Rdnr. 43).

Die neue Nutzungsart muss **aufgenommen** worden sein (so. Rdnr. 25). Ist die neue Nut- 39 zungsart bereits vom Vertragspartner begonnen worden, liegt streng genommen keine Aufnahme der neuen Nutzungsart durch den Dritten vor (*Wandtke*/Bullinger/*Grunert*[3] Rdnr. 40). Auch

§ 32c — Vergütung für später bekannte Nutzungsarten

kann der Urheber inzwischen eine Vergütungsvereinbarung mit dem Vertragspartner geschlossen haben. Allerdings ist es möglich, dass der Urheber keine Kenntnis von der Aufnahme der neuen Nutzungsart hat, insbesondere wenn die Nutzung ohne Unterrichtung des Urhebers aufgenommen wurde. Daher erscheint es gerechtfertigt, den Dritten für den auf ihn entfallenden Anteil der Nutzung in der neuen Art auch dann haften zu lassen, wenn er selbst gar nicht die neue Nutzungsart aufgenommen hat; andernfalls müsste der Urheber das Insolvenzrisiko des Vertragspartners und die Folgen aus einer mangelnden Unterrichtung tragen (im Ergebnis ebenso Dreier/*Schulze*[3] Rdnr. 44).

4. Haftung des Vertragspartners

40 Der Vertragspartner wird – entgegen den allgemeinen Regeln bei der Übertragung von Nutzungsrechten gem. § 34 Abs. 4 (so auch schon *Berger* GRUR 2005, 907/910) – von der Haftung für den gesetzlichen (nicht den vertraglichen!) Vergütungsanspruch befreit, sobald das Nutzungsrecht auf den Dritten übertragen worden ist (kritisch dazu Wandtke/Bullinger/*Grunert*[3] Rdnr. 42 mwN mit Verweis auf das Insolvenzrisiko). Eine reine Einräumung nach § 35 genügt hierfür nicht (so. Rdnr. 17). Ferner darf der Vertragspartner selbst nicht mit der neuen Nutzungsart begonnen haben, da sich sonst der gesetzliche Vergütungsanspruch direkt gegen ihn richtet. Schließlich bedarf es der Unterrichtung des Urhebers, auch hinsichtlich der Übertragung des Nutzungsrechts (s. oben Rdnr. 27), da er andernfalls in jedem Falle weiter haftet.

Die Haftung für den vertraglichen Vergütungsanspruch bleibt von § 32c Abs. 2 S. 2 unberührt. Alle schuldrechtlichen Verpflichtungen bleiben zwischen Urheber und Vertragspartner bestehen, auch die Pflicht, eine angemessene Vergütung nach § 32 mit dem Urheber zu vereinbaren.

IV. Zwingendes Recht

41 Wie die meisten Regelungen zur Vergütung im Urhebervertragsrecht, ist auch § 32c als zwingendes Recht ausgestaltet, § 32c Abs. 3 S. 1, der seinerseits § 32a Abs. 3 nachgebildet ist (Begr. RegE BT-Drucks. 16/1828 S. 25). Ein Verzicht im Voraus auf den Vergütungsanspruch ist daher ebenso wenig möglich wie ein Verzicht auf die Unterrichtungspflicht oder den Anspruch gegenüber dem Dritten (Wandtke/Bullinger/*Grunert*[3] Rdnr. 46). Auch Regelungen, die die Ausübung der Rechte des Urhebers beeinträchtigen können, unterfallen dem Verbot, etwa Vertragsstrafen oder Schadenspauschalen, insoweit kann auf § 134 BGB zurückgegriffen werden (Mestmäcker/Schulze/*Scholz* (45. EL, Dez. 2007) Rdnr. 48). Erfasst sind sowohl ein ausdrücklicher Rechtsverzicht als auch inhaltsgleiche Regelungen, zB Vergütungsvereinbarungen, die bestimmen, dasss durch eine Pauschalzahlung auch der Anspruch aus § 32c abgegolten sein soll (Wandtke/Bullinger/*Grunert*[3] Rdnr. 46). Ein nachträglicher Verzicht nach Bekanntwerden der neuen Nutzungsart ist demgegenüber möglich (allgM, Dreier/*Schulze*[3] Rdnr. 48). Die Ausgestaltung als zwingendes Recht steht auch der Auffassung entgegen, die in AGB eine nähere Konkretisierung zugunsten des Urhebers, zB hinsichtlich der Einführung eines Schriftformerfordernisses der Unterrichtung, zulassen will (so aber Mestmäcker/Schulze/*Scholz* (45. EL, Dez. 2007) Rdnr. 34; strenger Fromm/Nordemann/*Czychowski*[10] Rdnr. 21: Keine vertraglichen Änderungen möglich).

42 Der Schutz des § 32c bedingt aber auch, dass der Vergütungsanspruch nicht im Vorhinein abgetreten werden kann – denn hiermit könnte wiederum der Urheber seiner Rechte beraubt werden, etwa indem er sie an bestimmte Organisationen abtreten müsste. Davon ausgenommen sind jedoch Verwertungsgesellschaften, die im Interesse der Urheber die Ansprüche geltend machen können, zumal hier ein praktisches Bedürfnis besteht, wenn der Urheber nicht mehr ermittelbar ist (so. Rdnr. 1; ebenso Dreier/*Schulze*[3] Rdnr. 49).

V. Open Content-Klausel

43 Wie in anderen Vergütungsvorschriften auch hat der Gesetzgeber für eine spezielle Ausnahme zugunsten von unentgeltlichen einfachen Nutzungsrechten für jedermann gesorgt, die typisch sind für sog. Open Content-Lizenzen (Open Source, Creative Commons, näher dazu § 31a Rdnr. 68 sowie § 32 Rdnr. 43, dort auch zur Anwendbarkeit der Open Content – Klauseln auf Open Access zB im Wissenschaftsbereich). Die Regelung ist insofern die logische Fortsetzung der

Privilegierung derartiger Lizenzen, wie schon § 31a Abs. 1 S. 2, § 32 Abs. 3 S. 3 und § 32a Abs. 3 S. 3 zeigen, mit denen der Gesetzgeber einer Rechtsunsicherheit bei Open Source und Open Content vorbeugen wollte (*Wandtke*/Bullinger/*Grunert*[3] Rdnr. 47). Mittels dieser auch Linux-Klausel genannten Ausnahmeregelung (Mestmäcker/Schulze/*Scholz* (45. EL, Dez. 2007) Rdnr. 49) kann der Urheber sehr wohl im Voraus auf seinen Vergütungs- und Unterrichtungsanspruch verzichten. Voraussetzung ist allerdings nicht nur, dass der Urheber unentgeltlich jedermann ein einfaches Nutzungsrecht eingeräumt hat, sondern auch, dass die Auslegung ergibt, dass sich dies auch auf unbekannte Nutzungsarten bezieht (*Wandtke*/Bullinger/*Grunert*[3] Rdnr. 47).

§ 33 Weiterwirkung von Nutzungsrechten

[1] Ausschließliche und einfache Nutzungsrechte bleiben gegenüber später eingeräumten Nutzungsrechten wirksam. [2] Gleiches gilt, wenn der Inhaber des Rechts, der das Nutzungsrecht eingeräumt hat, wechselt oder wenn er auf sein Recht verzichtet.

Schrifttum: *Forkel*, Gebundene Rechtsübertragungen, 1. Bd. 1977, S. 84–88; *ders.*, Zur dinglichen Wirkung einfacher Lizenzen, NJW 1983, 1764; *Hucko*, Das neue Urhebervertragsrecht, 2002; *ders.*, Zweiter Korb, 2007; *Krasser*, Verpflichtung und Verfügung im Immaterialgüterrecht, GRUR Int. 1973, 230; *Platho*, Rückfall, Rück- und Weiterübertragung von Nutzungsrechten und erteilte Unterlizenzen im Urheberrecht, FuR 1984, 135; *Sieger*, Sukzessionsschutz im Urheberrecht, FuR 1983, 580.
S. ferner die Schrifttumsnachweise vor §§ 28ff. Rdnr. 1 sowie das Schrifttum zum Urhebervertragsgesetz, vor §§ 28ff. Rdnr. 6.

Übersicht

	Rdnr.
I. Allgemeines	1–8
1. Zweck und Bedeutung der Norm	1–4
2. Entstehungsgeschichte	5–7
3. Anwendungsbereich	8
II. Tatbestandvoraussetzungen	9–21
1. Sukzessionsschutz bei späterer Einräumung von Nutzungsrechten (S. 1)	9–14
2. Sukzessionsschutz bei Inhaberwechsel und Verzicht (S. 2)	15–21
III. Rechtsfolgen	22–27

I. Allgemeines

1. Zweck und Bedeutung der Norm

§ 33 gewährt dem Inhaber bestehender Nutzungsrechte einen Bestandsschutz gegenüber der **1** späteren Einräumung von Nutzungsrechten, dem Inhaberwechsel des Mutterrechts oder dem Verzicht auf dieses **(Sukzessionsschutz).** Zweck des § 33 ist es damit, „unbillige Ergebnisse" zu vermeiden, dh. das Vertrauen des Rechtsinhabers auf den Fortbestand seines Rechts zu schützen und ihm die Amortisation seiner Investitionen zu erlauben (Amtl. Begr. BT-Drucks. IV/270 S. 56), s. zur Interessenlage *Forkel* S. 86 mwN). Dem Sukzessionsschutz liegt der Gedanke zugrunde, daß der Urheber nur noch die Rechte übertragen kann, die er selbst noch besitzt (BGH GRUR 1986, 91/93 – Preisabstandsklausel). An sich folgt der Sukzessionsschutz bei gegenständlichen Nutzungsrechten schon aus dem (partiellen) Verbrauch des Verfügungsrechts durch die Rechtseinräumung (*Forkel* S. 84f.; Wandtke/Bullinger/*Wandtke*/*Grunert*[3] § 33 Rdnr. 1; vgl. auch *v. Gamm* Rdnr. 4).

Der bereits in § 33 aF (s. dazu Rdnr. 5) angeordnete Sukzessionsschutz zugunsten einfacher **2** Nutzungsrechte ist **rechtsdogmatisch** von nicht unerheblicher Bedeutung. Nach der Amtl. Begr. (BT-Drucks. IV/270 S. 56) brachte die Bestimmung „eine Ausnahme von dem Grundsatz, dass ein einfaches Nutzungsrecht nur schuldrechtliche Wirkung hat". Die Amtl. Begr. knüpfte mit dieser Bemerkung an die früher verbreitete Lehre von der **rein schuldrechtlichen Natur des einfachen Nutzungsrechts** an. Gleichwohl gesteht die heute überwiegend vertretene Meinung dem einfachen Nutzungsrecht die Rechtsnatur eines **gegenständlichen Rechts** zu (s. im Einzelnen vor §§ 28ff. Rdnr. 83). Die schuldrechtliche Konzeption kann jedenfalls nach der ausdrücklichen Zuerkennung des sogenannten **Sukzessionsschutzes** in § 33 nicht mehr aufrechterhalten werden, auch wenn die Amtl.Begr. möglicherweise glaubte, sie könne fortbestehen (*v. Gamm* Rdnr. 2; Wandtke/Bullinger/*Wandtke*/*Grunert*[3] § 33 Rdnr. 2).

§ 33

3 Der Unterschied zwischen der schuldrechtlichen und der gegenständlichen Deutung des einfachen Nutzungsrechts ist freilich **praktisch** nicht allzu bedeutsam: Der Sukzessionsschutz ergibt sich in jedem Fall aus § 33; ein Verbotsrecht gegenüber Dritten besteht auch bei einem gegenständlich aufgefassten einfachen Recht nicht; allerdings setzt die gegenständliche Rechtsnatur der Aufspaltbarkeit Grenzen, die für rein schuldrechtliche Abreden nicht bestehen (s. im Einzelnen vor §§ 28 ff. Rdnr. 87).

4 Der von § 33 aF (s. dazu Rdnr. 5) gewährte Sukzessionsschutz war **nicht zwingend;** er konnte nach dem letzten Halbsatz der Vorschrift abbedungen werden (s. auch die Amtl.Begr. BT-Drucks. IV/270 S. 56; vgl. OLG Stuttgart, FuR 1984, 393/397). Auch wenn diese Präzisierung nicht in den neuen Text übernommen wurde, hat sich doch in der Sache nichts geändert (*Haas* Nr. 98; Loewenheim/*Loewenheim/J. B. Nordemann*, Handbuch des Urheberrechts[2], § 26 Rdnr. 32; Mestmäcker/Schulze/*Scholz* § 33 Rdnr. 23; Dreier/*Schulze*[3] § 33 Rdnr. 6; Dreyer/ *Kotthoff*/Meckel[2] § 33 Rdnr. 5). Da der Sukzessionsschutz zu den wesentlichen Merkmalen des gegenständlichen Rechts gehört, ist die Vereinbarung einer Berechtigung, bei der er von vornherein völlig ausgeschlossen ist, als Einräumung einer **rein schuldrechtlichen Nutzungsbefugnis** (vor §§ 28 ff. Rdnr. 54, 83) anzusehen. Anders kann eine Beschränkung des Sukzessionsschutzes zugunsten einzelner kollidierender Nutzungen zu beurteilen sein, die den Voraussetzungen eines wirksamen Zuschnitts gegenständlicher Rechte (s. oben vor §§ 28 ff. Rdnr. 87 ff.) entspricht (s. zur Zulässigkeit von Einschränkungen allgemein § 31 Abs. 1 Satz 2, Abs. 5 Satz 2 aE). Der Charakter eines gegenständlichen Rechts kann dabei bestehen bleiben. So kann sich der Urheber zB bei der Einräumung eines ausschließlichen Verlagsrechts vorbehalten, einem Dritten ein Taschenbuchrecht zu gewähren; das Verlagsrecht ist hierdurch beschränkt und genießt insoweit keinen Sukzessionsschutz (vgl. auch Mestmäcker/Schulze/*Scholz* § 33 Rdnr. 24). Eine vertragliche Beschränkung des Sukzessionsschutzes kann auch durch Vereinbarung einer auflösenden Bedingung erreicht werden (Dreyer/*Kotthoff*/Meckel[2] § 33 Rdnr. 5).

2. Entstehungsgeschichte

5 Die **bis zum 30. 6. 2002 geltende Fassung** des § 33 regelte nur den Sukzessionsschutz des älteren einfachen Nutzungsrechts gegenüber einem später eingeräumten ausschließlichen Nutzungsrecht. Das Gesetz zur Stärkung der vertraglichen Stellung von Urhebern und ausübenden Künstlern vom 22. März 2002 (BGBl. I 1155; s. oben vor §§ 28 ff. Rdnr. 6 ff.) hat den Gedanken des Sukzessionsschutzes auf weitere Fälle der Kollision von Verfügungen ausgedehnt. Wie die Begründung zum Regierungsentwurf (*Hucko*, Urhebervertragsrecht, S. 123) betont, war der alte § 33 insoweit zu eng gefasst; deshalb sollten nunmehr die Fälle einbezogen werden, in denen die Vorschrift schon bisher analog angewendet worden sei (s. zu dieser erweiternden Auslegung 2. Aufl. Rdnr. 7 ff.; es handelte sich nicht nur um eine Analogie, sondern auch um eine Anwendung allgemeiner Prinzipien; insoweit bringt die Neufassung lediglich eine Klarstellung).

6 Die im **Regierungsentwurf** vorgeschlagene Neufassung des § 33 wurde unverändert Gesetz. Der **Professorenentwurf** (GRUR 2000, 765/766) hatte noch einen Satz 3 vorgesehen, wonach Nutzungsrechte erlöschen sollten, wenn das Recht, aufgrund dessen sie eingeräumt worden sind, in Wegfall gerät. Der Regierungsentwurf sah von diesem Zusatz ab; die Streitfrage solle nicht präjudiziert, sondern der Rechtsprechung zur Klärung überlassen bleiben (S. dazu unten Rdnr. 21).

7 Für Verträge, die **vor dem 1. 7. 2002 geschlossen** wurden, gilt weiter § 33 aF (§ 132 Abs. 3 Satz 1). Da schon § 33 aF erweiternd ausgelegt wurde, fällt der Unterschied der Rechtsgrundlage nicht ins Gewicht (s. auch Wandtke/Bullinger/*Wandtke*/Grunert[3] § 33 Rdnr. 12; Dreier/*Schulze*[3] § 33 Rdnr. 2).

3. Anwendungsbereich

8 § 33 gilt auch im Bereich der **verwandten Schutzrechte** (§ 70 Abs. 1, § 71, § 72 Abs. 1, § 79 Abs. 2, § 81, § 85 Abs. 2, § 87 Abs. 2, § 87a, § 94 Abs. 2, § 95 (Dreier/*Schulze*[3] § 33 Rdnr. 3; Fromm/Nordemann/*J. B. Nordemann*[10] § 33 Rdnr. 6).

II. Tatbestandvoraussetzungen

1. Sukzessionsschutz bei späterer Einräumung von Nutzungsrechten (S. 1)

9 § 33 aF gewährte Sukzessionsschutz für den Fall, dass der **Urheber** ein **einfaches Nutzungsrecht** vor Einräumung eines **ausschließlichen Nutzungsrechts** eingeräumt hat; das einfache Nutzungsrecht bleibt gegenüber dem Inhaber des ausschließlichen Nutzungsrechts wirksam. Dieser Sachverhalt, der weiterhin als Grundfall des Sukzessionsschutzes betrachtet werden kann, ist nunmehr in § 33 nF Satz 1 (zusammen mit dem Fall eines älteren ausschließlichen Rechts) geregelt (s. zu Letzterem Rdnr. 11). Vorausgesetzt wird beim Grundfall die **Einräumung eines einfachen gegenständlichen Nutzungsrechts** (vor §§ 28 ff. Rdnr. 83). Der Inhaber dieses Rechts genießt Schutz gegen die nachfolgende Einräumung eines ausschließlichen Nutzungsrechts. Die Einräumung des ausschließlichen Nutzungsrechts ist zwar wirksam, das ausschließliche Recht ist aber gleichsam mit dem einfachen Nutzungsrecht belastet: der Erwerber des ausschließlichen Nutzungsrechts kann gegen den Inhaber des einfachen Nutzungsrechts urheberrechtliche Ansprüche ebenso wenig erheben, wie dies der Urheberrechtsinhaber selbst vermag (Wandtke/Bullinger/*Wandtke/Grunert*³ § 33 Rdnr. 8; Möhring/Nicolini/*Spautz*² § 33 Rdnr. 4). Umgekehrt kann freilich auch der einfach Nutzungsberechtigte nicht gegen den Inhaber des ausschließlichen Nutzungsrechts vorgehen, sondern er hat nur einen Duldungsanspruch, da ihm ein urheberrechtliches Verbotsrecht gegenüber Dritten in keinem Fall zusteht (§ 31 Rdnr. 15).

Dem Erwerber des ausschließlichen Nutzungsrechts bleibt es freilich unbenommen, gegen **10** den Urheberrechtsinhaber **vertragliche Ansprüche** zu erheben. Wurde schuldrechtlich die Gewährung uneingeschränkter Ausschließlichkeit vereinbart, kommt eine Rechtsmängelhaftung in Frage (vgl. Fromm/Nordemann/*J. B. Nordemann*¹⁰ § 33 Rdnr. 10; Dreier/*Schulze*³ § 33 Rdnr. 6; Wandtke/Bullinger/*Wandtke/Grunert*³ § 33 Rdnr. 11; Möhring/Nicolini/*Spautz*² § 33 Rdnr. 7.

Sukzessionsschutz gilt nach § 33 Satz 1 auch – erst recht – für den Fall, dass der **Urheber** **11** nach Einräumung eines **ausschließlichen Nutzungsrechts** ein weiteres **ausschließliches Nutzungsrecht** einräumt (so schon nach der früheren Rechtslage, vgl. 2. Aufl. Rdnr. 8). Sowohl einfache als auch ausschließliche Nutzungsrechte werden durch den Sukzessionsschutz begünstigt. Nach der weiten Formulierung des § 33 gilt er zu Lasten von Nutzungsrechten schlechthin, also sind auch auf der passiven Seite sowohl **ausschließliche als auch einfache Nutzungsrechte** einzubeziehen. Dass aus einfachen Nutzungsrechten nicht gegen Inhaber älterer Nutzungsrechte vorgegangen werden kann, ergibt sich freilich schon aus deren mangelnder Drittwirkung (vgl. § 31 Rdnr. 15).

Im Ganzen ergibt sich folgendes Bild: der Grundfall, bei dem ein ausschließliches auf ein **12** einfaches Nutzungsrecht folgt, wurde bereits behandelt; es ergibt sich Koexistenz (s. Rdnr. 9). **Folgt ein weiteres einfaches Nutzungsrecht auf ein früher eingeräumtes einfaches Nutzungsrecht**, so ergibt sich die Koexistenz bereits aus der Definition des einfachen Nutzungsrechts (Mestmäcker/Schulze/*Scholz* § 33 Rdnr. 14; Fromm/Nordemann/*J. B. Nordemann*¹⁰ § 33 Rdnr. 9; Dreier/*Schulze*³ § 33 Rdnr. 8); beide haben sich zu tolerieren. Wer nur ein einfaches Nutzungsrecht erwirbt, muss damit rechnen, dass weitere einfache Rechte bestehen oder erteilt werden. Der Urheberrechtsinhaber kann dem Erwerber eines einfachen Rechts allerdings rein schuldrechtlich die Ausschließlichkeit zusichern; bei Verletzung der Abrede ist ein Vertragsanspruch gegen die Urheberrechtsinhaber gegeben (zu möglichen vertraglichen Ansprüchen sa. Wandtke/Bullinger/*Wandtke/Grunert*³ § 33 Rdnr. 11). Wird dagegen **nach Einräumung eines ausschließlichen Nutzungsrechts ein kollidierendes ausschließliches Nutzungsrecht eingeräumt**, so ist der zweite Verfügungsakt wegen Verbrauchs der Verfügungsmacht unwirksam; das erste Nutzungsrecht besteht ungeschmälert fort (Mestmäcker/Schulze/*Scholz* § 33 Rdnr. 15; Dreier/*Schulze*³ § 33 Rdnr. 8). Gleiches gilt, wenn **auf die Einräumung eines ausschließlichen Nutzungsrechts diejenige eines einfachen Nutzungsrechts folgt**. In den letzten beiden Fällen liegt auf der Hand, dass es um den Verbrauch der Verfügungsmacht nach allgemeinen Grundsätzen geht, unter Ausschluss eines gutgläubigen Erwerbs. Die Neufassung des § 33 wollte an diesem schon von der bisherigen Lehre angenommenen Ergebnis (s. 2. Aufl. Rdnr. 8) nichts ändern. Die Rechtsfolgen sind freilich unterschiedlich: Beim Grundfall des Sukzessionsschutzes und beim Zusammentreffen einfacher Nutzungsrechte tritt Koexistenz ein, in den Fällen des Verbrauchs der Verfügungsmacht ist die jüngere Nutzungsrechtseinräumung unwirksam. Der Unterschied ist damit zu erklären, dass in der ersten Fallgruppe die Verfügungsmacht nur teilweise, in der letzten völlig verbraucht ist. Letzten Endes könnten alle Fälle mit dem Argument der Verfügungsmacht erklärt werden.

Während § 33 aF auf die Rechtseinräumung durch den Urheber abstellte, nimmt § 33 nF auf **13** die Einräumung von Nutzungsrechten schlechthin Bezug. Es kann sich also auch handeln um **Nutzungsrechte, die ein Nutzungsrechtsinhaber vergibt** (Dreier/*Schulze*³ § 33 Rdnr. 7; Fromm/Nordemann/*J. B. Nordemann*¹⁰ § 33 Rdnr. 5). Die Vergabe weiterer Nutzungsrechte ist freilich nur dem **Inhaber eines ausschließlichen Nutzungsrechts** möglich; er kann im Rahmen seiner Berechtigung sowohl ausschließliche als auch einfache Nutzungsrechte vergeben (§ 31 Abs. 3), wobei das Zustimmungserfordernis des § 35 zu beachten ist. Der Sukzessionsschutz gilt dabei wiederum für alle Kombinationen von Rechtskollisionen, wie sie vorstehend für den Urheber erörtert wurden (Rdnr. 9, 11, 12).

14 Der durch den Sukzessionsschutz Begünstigte kann sich auf diesen Schutz auch gegenüber dem Urheber berufen, mit dessen Zustimmung sein Nutzungsrecht entstanden ist und auf dessen Verfügung es letzten Endes zurückgeht (Wandtke/Bullinger/*Wandtke/Grunert*[3] § 33 Rdnr. 4; sa. 2. Aufl. Rdnr. 9).

2. Sukzessionsschutz bei Inhaberwechsel und Verzicht (S. 2)

15 Nach § 33 S. 2 wird Sukzessionsschutz auch in dem Fall gewährt, dass der **Inhaber,** der das Recht eingeräumt hat, **wechselt** (Wandtke/Bullinger/*Wandtke/Grunert*[3] § 33 Rdnr. 6; ebenso das bisherige Recht, s. 2. Aufl. § 33 Rdnr. 9 f.).

16 Dies betrifft zunächst den Wechsel der **Inhaberschaft am Urheberrecht.** Soweit es sich dabei um einen Inhaberwechsel durch Erbfall handelt, ergibt sich der Sukzessionsschutz schon daraus, dass der Rechtsnachfolger in die Stellung des Urhebers eintritt (§ 30) und die vom Urheber eingeräumten gegenständlichen Nutzungsrechte mit Wirkung zu Lasten des Rechtsnachfolgers fortbestehen (§ 30 Rdnr. 7). Gleiches gilt aber auch für den Fall, dass eine Übertragung des Urheberrechts unter Lebenden ausnahmsweise nach § 29 Abs. 1 zulässig ist (§ 30 Rdnr. 1, 7). Der Rechtsnachfolger wird im Blick auf den Sukzessionsschutz so behandelt, wie wenn er das fragliche Nutzungsrecht selbst eingeräumt hätte.

17 § 33 S. 2 betrifft weiterhin den **Wechsel des Inhabers eines ausschließlichen Nutzungsrechts.** Wird dieses Recht von Todes wegen oder unter Lebenden übertragen (in letzterem Fall ist § 34 zu beachten, vgl. § 34 Rdnr. 19), so muss der Erwerber die von seinem Rechtsvorgänger wirksam (vgl. § 35) eingeräumten gegenständlichen Nutzungsrechte gegen sich gelten lassen; sie genießen Sukzessionsschutz (so schon das bisherige Recht, s. 2. Aufl. § 33 Rdnr. 10 mwN).

18 Schließlich gewährt § 33 S. 2 Sukzessionsschutz auch für den Fall, dass der Inhaber des Rechts, der das Nutzungsrecht eingeräumt hat, auf sein Recht **verzichtet.** Auf das Urheberrecht im Ganzen kann der **Urheber** allerdings nicht verzichten (näher dazu § 29 Rdnr. 22 ff.). Zwar erlaubt § 8 Abs. 4 den Verzicht des **Miturhebers** auf seinen Anteil an den Verwertungsrechten; da er aber an seinem Anteil keine Nutzungsrechte einzuräumen vermag (§ 8 Rdnr. 12), kann die Konstellation eines Sukzessionsschutzes zugunsten solcher Rechte nicht eintreten. Der Fall, dass alle Miturheber ein Nutzungsrecht bestellt haben und dann ein Miturheber verzichtet, ist unter die Alternative des (partiellen) Inhaberwechsels zu subsumieren.

19 Möglich ist ein Verzicht des **Inhabers eines ausschließlichen Nutzungsrechts;** es tritt dann ein **Heimfall** des Nutzungsrechts an den Urheber ein (§ 29 Rdnr. 28 f.). § 33 S. 2 gewährt auch hier zugunsten der von dem verzichtenden Nutzungsrechtsinhaber eingeräumten gegenständlichen (ausschließlichen oder einfachen) Nutzungsrechte Sukzessionsschutz, dh. der Urheber muss diese Rechte (wenn sie wirksam bestellt worden waren, s. § 35) weiter gegen sich gelten lassen.

20 Entsprechendes gilt bei einer **mehrstufigen Kette von Nutzungsrechtseinräumungen:** Der Heimfall tritt hier zugunsten des Nutzungsrechtsinhabers ein, der das Nutzungsrecht, auf das verzichtet wurde, eingeräumt hatte. Ihm gegenüber kann der Inhaber eines von dem Verzichtenden eingeräumten Nutzungsrechts Sukzessionsschutz beanspruchen. Der Schutz besteht auch gegenüber dem Urheber, auf dessen Verfügung die Nutzungsrechtskette immer noch beruht.

21 Der Verzicht auf ein ausschließliches Nutzungsrecht, das die Basis für ein weiteres Nutzungsrecht bildet, ist ein Unterfall der **allgemeineren Problematik des Fortbestands von Nutzungsrechten, deren Grundlage entfallen ist.** Prototypische Konstellation ist der Wegfall eines Verlagsrechtes, aufgrund dessen der Verleger eine Taschenbuchlizenz erteilt hatte. Die herrschende, aber nicht unbestrittene Auffassung geht davon aus, dass nicht nur das primäre Nutzungsrecht (hier Verlagsrecht) sondern auch das weitere Nutzungsrecht (hier Taschenbuchrecht) an den Urheber zurückfällt, da die Verfügungsmacht endet, auf die sich der Bestand des weiteren Rechts stützt; ein Sukzessionsschutz wird nicht gewährt (s. § 34 Rdnr. 51, § 35 Rdnr. 22 mwN). Der Professorenentwurf eines Urhebervertragsgesetzes schlug vor, die urheberfreundliche hM in § 33 S. 3 zu kodifizieren („Im Übrigen erlöschen Nutzungsrechte, wenn

das Recht, aufgrund dessen sie eingeräumt worden sind, in Wegfall gerät", s. GRUR Int. 2000, 764, 766/775); lediglich für den Verzicht sollte eine Ausnahme im Sinne des Sukzessionsschutzes gemacht werden. Grund für die Ausnahme war die Nähe des Verzichts zum Fall der Übertragung wie auch das Bedürfnis eines Schutzes des Inhabers des weiteren Rechts gegen einseitige Eingriffe in seine Rechtsstellung. Die in Kraft getretene Fassung des Gesetzes hat die Ausnahme beibehalten, die Regel aber offen gelassen und einer gerichtlichen Klärung anheim gestellt (s. näher die Nachw. bei § 35 Rdnr. 22; sa. Wandtke/Bullinger/*Wandtke/Grunert*[3] vor §§ 31 ff. Rdnr. 49; Dreier/*Schulze*[3] § 33 Rdnr. 10; *Haas* Nr. 99).

III. Rechtsfolgen

Der Sukzessionsschutz nach § 33 greift nur zugunsten **gegenständlicher Nutzungsrechte** 22 ein, nicht auch zum Schutz rein schuldrechtlicher Befugnisse. Die **vom Sukzessionsschutz begünstigten Rechte „bleiben ... wirksam",** wenn die Voraussetzungen des Sukzessionsschutzes erfüllt sind. Die fortbestehende Wirkung richtet sich nach dem jeweiligen Rechtstypus: Ausschließliche Nutzungsrechte wirken gegenüber jedermann und geben auch Abwehransprüche (Wandtke/Bullinger/*Wandtke/Grunert*[3] § 33 Rdnr. 9); Letztere fehlen bei einfachen Nutzungsrechten, die sich auf eine Nutzungsbefugnis im Verhältnis zu denjenigen beschränken, denen gegenüber die Rechte wirksam sind (Wandtke/Bullinger/*Wandtke/Grunert*[3] § 33 Rdnr. 9; Dreier/*Schulze*[3] § 33 Rdnr. 5).

Die **Rechte, zu deren Nachteil der Sukzessionsschutz eingreift,** sind unwirksam, so- 23 weit dem Einräumenden die Verfügungsbefugnis fehlt (Wandtke/Bullinger/*Wandtke/Grunert*[3] § 33 Rdnr. 10; Dreier/*Schulze*[3] § 33 Rdnr. 8); im Übrigen haben ihre Inhaber die begünstigten Rechte zu tolerieren; es tritt Koexistenz ein (s. Rdnr. 9, 11, 12; Wandtke/Bullinger/*Wandtke/Grunert*[3] § 33 Rdnr. 4, 8).

Was den **gegenständlichen Zuschnitt** der Rechte betrifft, die Sukzessionsschutz genießen, 24 so bemisst er sich nach dem beim Eintritt des Sukzessionsschutzes geltenden Rechtszustand.

Die zugrunde liegenden **schuldrechtlichen Verträge** werden vom Sukzessionsschutz nicht 25 modifiziert. In den Fällen des § 33 S. 1 bleibt weiter Vertragspartner, wer das Recht eingeräumt hat. Nach den schuldrechtlichen Verträgen ist insbesondere zu entscheiden, ob durch die Existenz des Sukzessionsschutz genießenden älteren Rechts Vertragspflichten gegenüber dem Inhaber des jüngeren Rechts verletzt sind (s. auch Rdnr. 10).

Im Falle des **Inhaberwechsels** (§ 33 S. 2) unter Lebenden bleibt, wenn zwischen den Betei- 26 ligten nichts anderes vereinbart wird, der alte Inhaber Partner des schuldrechtlichen Vertrages. Zwischen ihm und dem Inhaber des Sukzessionsschutz genießenden Rechts ist nach Maßgabe ihrer schuldrechtlichen Beziehungen zu prüfen, ob aus dem Inhaberwechsel Ansprüche herzuleiten sind. Bei der Rechtsnachfolge von Todes wegen sind die schuldrechtlichen Beziehungen nach erbrechtlichen Grundsätzen zu beurteilen.

Wenn der Inhaber eines vom Urheber eingeräumten ausschließlichen Nutzungsrechts auf dieses 27 **verzichtet,** sind hinsichtlich des schuldrechtlichen Vertrages zwischen dem Verzichtenden und dem Inhaber des Sukzessionsschutz genießenden Nutzungsrechts verschiedene Konstellationen denkbar. Die naheliegendste Lösung wäre, dass Verzichtender, Urheber und Inhaber des wirksam bleibenden Nutzungsrechts eine Vertragsübernahme vereinbaren, durch die der schuldrechtliche Vertrag auf den Urheber und den Inhaber des wirksam bleibenden Rechts übergeleitet wird, so dass der Anspruch auf Lizenzgebühren dem Urheber zusteht. Kommt es nicht zur Vertragsübernahme, so bleibt der Verzichtende Vertragspartner und kann insbesondere weiter Lizenzgebühren kassieren. Ob der Verzichtende diese Erträge behalten darf, hängt von seinen schuldrechtlichen Abmachungen mit dem Urheber ab. Soweit es keinen Rechtsgrund für das Behalten der Erträge gibt, sind sie dem Urheber bereicherungsrechtlich herauszugeben. Bezieht sich der Verzicht auch auf den schuldrechtlichen Vertrag mit dem Inhaber des wirksam bleibenden Rechts, so entfällt der Anspruch des Verzichtenden auf Lizenzgebühren. Der Urheber hat keine vertraglichen Ansprüche gegen den Inhaber des wirksam bleibenden Rechts. Gegenüber dem Urheber bildet das wirksam bleibende Recht einen Rechtsgrund für die in seinem Rahmen veranstaltete Werknutzung. Der Rechtsgrund deckt aber nur die entgeltliche Nutzung nach Maßgabe des bisherigen Vertrages. Der Urheber wird deshalb bereicherungsrechtlich ein entsprechend zu bemessendes Nutzungsentgelt von dem Inhaber des wirksam bleibenden Rechts verlangen können.

Die Situation beim Verzicht in einer längeren Kette abgeleiteter Rechte ist entsprechend zu beurteilen.

§ 34 Übertragung von Nutzungsrechten

(1) ¹Ein Nutzungsrecht kann nur mit Zustimmung des Urhebers übertragen werden. ²Der Urheber darf die Zustimmung nicht wider Treu und Glauben verweigern.

(2) Werden mit dem Nutzungsrecht an einem Sammelwerk (§ 4) Nutzungsrechte an den in das Sammelwerk aufgenommenen einzelnen Werken übertragen, so genügt die Zustimmung des Urhebers des Sammelwerkes.

(3) ¹Ein Nutzungsrecht kann ohne Zustimmung des Urhebers übertragen werden, wenn die Übertragung im Rahmen der Gesamtveräußerung eines Unternehmens oder der Veräußerung von Teilen eines Unternehmens geschieht. ²Der Urheber kann das Nutzungsrecht zurückrufen, wenn ihm die Ausübung des Nutzungsrechts durch den Erwerber nach Treu und Glauben nicht zuzumuten ist. ³Satz 2 findet auch dann Anwendung, wenn sich die Beteiligungsverhältnisse am Unternehmen des Inhabers des Nutzungsrechts wesentlich ändern.

(4) Der Erwerber des Nutzungsrechts haftet gesamtschuldnerisch für die Erfüllung der sich aus dem Vertrag mit dem Urheber ergebenden Verpflichtungen des Veräußerers, wenn der Urheber der Übertragung des Nutzungsrechts nicht im Einzelfall ausdrücklich zugestimmt hat.

(5) ¹Der Urheber kann auf das Rückrufsrecht und die Haftung des Erwerbers im Voraus nicht verzichten. ²Im Übrigen können der Inhaber des Nutzungsrechts und der Urheber Abweichendes vereinbaren.

Schrifttum: *Beck,* Der Lizenzvertrag im Verlagswesen, 1961; *C. Berger,* Der Rückruf urheberrechtlicher Nutzungsrechte bei Unternehmensveräußerungen nach § 34 Abs. 3 S. 2 UrhG, Fs. für Schricker, 2005, S. 223; *Castendyk,* Lizenzverträge und AGB-Recht, ZUM 2007, 169; *Forkel,* Gebundene Rechtsübertragungen, 1. Bd. 1977; *Haas,* Das neue Urhebervertragsrecht, 2002; *Haberstumpf,* Verfügungen über urheberrechtliche Nutzungsrechte im Verlagsrecht, Fs. für Hubmann, 1985, S. 127; *v. Hase,* Der Musikverlagsvertrag, 1961; *Held,* Weiterübertragung von Verlagsrechten – Zur Weitergeltung von § 28 VerlG, GRUR 1983, 161; *Hemler,* Das Urheberrecht bei Veränderungen im Verlagsunternehmen, 1993; *ders.,* Die Stellung des Autors beim Verlagsverkauf, GRUR 1994, 578; *Joppich,* § 34 UrhG im Unternehmenskauf, K&R 2003, 211; *Karow,* Die Rechtsstellung des Subverlegers im Musikverlagswesen, Diss. München 1970; *Koch-Sembdner,* Das Rückrufsrecht des Autors bei Veränderungen im Verlagsunternehmen, AfP 2004, 211; *Lange,* Der Lizenzvertrag im Verlagswesen, 1979; *Leßmann,* Übertragbarkeit und Teilübertragbarkeit urheberrechtlicher Befugnisse, Diss. Münster 1967; *Lößl,* Rechtsnachfolge in Verlagsverträge, 1997; *Nordemann,* Die Rechtsstellung des Lizenznehmers bei vorzeitiger Beendigung des Hauptvertrags im Urheberrecht, GRUR 1970, 174; *Partsch/Reich,* Die Change-of-Control-Klausel im neuen Urhebervertragsrecht, AfP 2002, 298; *Platho,* Rückfall, Rück- und Weiterübertragung von Nutzungsrechten und erteilte Unterlizenzen im Urheberrecht, FuR 1984, 135; *Scholz,* Zum Fortbestand abgeleisteter Nutzungsrechte nach Wegfall der Hauptlizenz, GRUR 2009, 1117; *Schricker,* Auswirkungen des Urhebervertragsgesetzes auf das Verlagsrecht, Fs. für W. Nordemann, 2004; *Sieger,* Sukzessionsschutz im Urheberrecht, FuR 1983, 580; *Wohlfahrt,* Das Taschenbuchrecht, 1991.

S. ferner die Schrifttumsnachweise vor §§ 28 ff. Rdnr. 1 sowie das Schrifttum zum Urhebervertragsgesetz, vor §§ 28 ff. Rdnr. 6.

Übersicht

	Rdnr.
I. Allgemeines	1–23
1. Zweck und Bedeutung der Norm	1, 2
2. Entstehungsgeschichte	3–9
3. Anwendungsbereich	10–23
II. Vertragliche Regelungen der Übertragbarkeit (Abs. 5 S. 2)	24–29
III. Zustimmungserfordernis bei Fehlen vertraglicher Regelungen (Abs. 1–3)	30–49
1. Grundsatz (Abs. 1 S. 1)	30
2. Zustimmungspflicht nach Treu und Glauben (Abs. 1 S. 2)	31–37
3. Sammelwerk (Abs. 2)	38
4. Unternehmensveräußerung (Abs. 3)	39–49
IV. Rechtsfolgen bei zulässiger Übertragung (Abs. 5)	50–54
V. Haftung des Erwerbers gegenüber dem Urheber (Abs. 4)	55–59

I. Allgemeines

1. Zweck und Bedeutung der Norm

1   Die Vorschrift hat, wie die Amtl.Begr. hervorhebt (BT-Drucks. IV/270 S. 57) zum einen eine **persönlichkeitsrechtliche Wurzel;** sie kann zu den urheberpersönlichkeitsrechtlichen Rege-

lungen im weiteren Sinn gerechnet werden (vgl. vor §§ 12 ff. Rdnr. 9; *Schricker*, Verlagsrecht[3] § 28 Rdnr. 1 S. 478; Fromm/Nordemann/*J. B. Nordemann*[10] § 34 Rdnr. 2; Wandtke/Bullinger/ *Wandtke/Grunert*[3] § 34 Rdnr. 1; Dreyer/*Kotthoff*/Meckel[2] § 34 Rdnr. 1; Loewenheim/*Loewenheim*/*J. B. Nordemann*, Handbuch des Urheberrechts[2], § 28 Rdnr. 6). Zum anderen werden aber auch **verwertungsrechtliche Gesichtspunkte** berührt (Fromm/Nordemann/*J. B. Nordemann*[10] § 34 Rdnr. 2; Dreier/*Schulze*[3] § 34 Rdnr. 1; *v. Gamm* § 34 Rdnr. 10; *Forkel* S. 147; OLG Frankfurt CR 1998, 525/526; *C. Berger* in Fs. für Schricker 2005, S. 223 f.): Welches Verwerterunternehmen sich mit der Nutzung des Werks befasst, kann für die Wahrung der Vermögensinteressen des Urhebers von entscheidender Bedeutung sein. Strukturell gehört § 34 – wie § 31 Abs. 5, § 35, § 37 – zu den Vorschriften, die den Urheber vor weitgehender Rechtsvergabe schützen, ihm die Kontrolle seiner Rechte möglichst erhalten wollen. Der Schutz wird allerdings dadurch abgeschwächt, dass Abs. 1–3 dispositiv ist (Abs. 5 S. 2); nur auf das Rückrufsrecht und die Erwerberhaftung kann der Urheber im Voraus nicht verzichten (Abs. 5 S. 1).

Die vom Gesetz mangels abweichender Vereinbarung in Abs. 1–3 vorgesehene differenzierte Regelung bemüht sich um einen angemessenen **Ausgleich zwischen den Interessen des Urhebers und des Nutzungsrechtsinhabers.** Die Regelung ist zT von dem – nunmehr aufgehobenen – **§ 28 VerlG** inspiriert; sie bringt diesem gegenüber aber nicht unerhebliche Verbesserungen für die Position des Urhebers.

2. Entstehungsgeschichte

Die **Gesetzgebung vor dem UrhG von 1965** enthielt außer der Sondervorschrift des § 28 VerlG keine einschlägigen Bestimmungen. Die hM hatte jedoch aus dem persönlichkeitsrechtlichen Kern des Urheberrechts den Grundsatz abgeleitet, dass die Weiterübertragung eines Nutzungsrechts regelmäßig der Zustimmung des Urhebers bedurfte (Fromm/Nordemann/ *J. B. Nordemann*[10] § 34 Rdnr. 3; Dreier/*Schulze*[3] § 34 Rdnr. 4; *Möhring/Nicolini*[1] Rdnr. 1 a). Dieser Grundsatz wird nunmehr in Abs. 1 S. 1 ausgesprochen, denn „es erscheint nicht gerechtfertigt, dass das Nutzungsrecht ohne Wissen des Urhebers in die Hand von Personen gelangt, die sein Vertrauen nicht besitzen und von denen er befürchten muss, dass sie von dem Nutzungsrecht einen seinen Absichten zuwiderlaufenden Gebrauch machen werden". „Der Urheber soll den Vorbehalt seiner Zustimmung jedoch nicht dazu missbrauchen dürfen, eine seine Interessen in keiner Weise beeinträchtigende Übertragung des Nutzungsrechts willkürlich zu verhindern", weshalb S. 2 angefügt wurde (Amtl. Begr. BT-Drucks. IV/270 57). Abs. 3 wurde „in Anlehnung an § 28 Abs. 1 VerlG" geschaffen, Abs. 5 „in Anlehnung an § 28 Abs. 2 VerlG" (Amtl. Begr. BT-Drucks. IV/270 57; s. zur Vorbildfunktion des § 28 VerlG *C. Berger* in Fs. für Schricker 2005 S. 223/225 f.). In der Entwicklung vom **RefE** (§ 27) über den **MinE** (§ 29) zum **RegE** hat die Vorschrift gewisse Metamorphosen durchgemacht, die vom Streben nach einem perfektionierten Interessenausgleich ein lehrreiches Zeugnis ablegen.

Das **Gesetz zur Stärkung der vertraglichen Stellung von Urhebern und ausübenden Künstlern** vom 22. 3. 2002 (BGBl. I 1155, s. oben vor §§ 28 ff. Rdnr. 6 ff.) hat § 34 mit dem Ziel der Verbesserung des Urheberschutzes in einigen Punkten modifiziert. Sie gehören zwar nicht zu den tragenden Teilen der Neuregelung, sind aber doch nicht ohne Bedeutung.

Zum einen hat das Urhebervertragsgesetz bei der **Gesamtveräußerung von Unternehmen und Unternehmensteilen,** bei der nach wie vor die Nutzungsrechte ohne Zustimmung des Urhebers übertragen werden können, ein **Rückrufsrecht des Urhebers** für den Fall der Unzumutbarkeit eingeführt (§ 34 Abs. 3 S. 2, s. Rdnr. 41. Es greift auch Platz, wenn sich die **Beteiligungsverhältnisse** am Unternehmen wesentlich ändern (§ 34 Abs. 3 S. 3). Die Neuregelung war wortgleich schon im Professorenentwurf vorgeschlagen worden (GRUR 2000, 765/766); dort war auch die Unzumutbarkeit bereits vorgesehen (§ 34 Abs. 5 S. 1). Die Begründung zum Regierungsentwurf verweist auf einen „von Urhebern vielfach vorgebrachten Wunsch" und auf die Tatsache, dass die hM bereits nach geltendem Recht die Möglichkeit einer Kündigung aus wichtigem Grund gewähre (s. zur damaligen hM 2. Aufl. § 33 Rdnr. 20 m. Nachw.). In der Tat hatte die Konzentrationsbewegung im Verlagsgewerbe zu zahlreichen Unternehmensübertragungen geführt, bei denen sich auch prominente Autoren als „verkauft" fühlten; das vom Schrifttum postulierte Kündigungsrecht war praktisch nicht zur Erprobung gelangt. Angesichts des bereits bestehenden Kündigungsrechts und der eine Interessenabwägung gebietenden Unzumutbarkeitsklausel erscheint die von Verwerterseite vorgebrachte Kritik nicht begründet, dass Nutzungsrechtspakete durch die Neuregelung in untragbarer Weise entwertet würden (zustimmend zum Rückrufsrecht *Schack* GRUR 2002, 853/858). Hinsichtlich der

Voraussetzungen des Rückrufs kann § 314 BGB erläuternd herangezogen werden (*Haas* Nr. 109); jedoch setzt der Rückruf konstruktiv nicht beim schuldrechtlichen Grundverhältnis, sondern beim Nutzungsrecht an (vgl. Rdnr. 47).

6 Der zweite Punkt der Änderungen durch das Urhebervertragsgesetz betrifft die **Erwerberhaftung**. Nach bisherigem Recht war eine gesamtschuldnerische Haftung des Erwerbers nur in den Fällen vorgesehen, in denen die Übertragung des Nutzungsrechts nach Vertrag oder kraft Gesetzes ohne Zustimmung des Urhebers zulässig war (s. dazu BGH, GRUR 2001, 826/830 – Barfuß ins Bett – betreffend den Übergang von Nutzungsrechten an der Filmregie aus der DDR). Die Haftung entfiel demgemäß, wenn es einer Zustimmung bedurfte. Die Amtliche Begründung zum Gesetz von 1965 rechtfertigte dies mit dem Argument, der Urheber könne ja seine Zustimmung von der Übernahme einer Haftung abhängig machen. Die zugrunde liegende Annahme, dass der Urheber bei der Erteilung der Zustimmung das Problem der Haftung erkennen würde und eine vertragliche Haftungsübernahme durch den Erwerber durchsetzen könnte, erscheint freilich wenig realitätsnah. Der Professorenentwurf schlug deshalb eine zwingende Haftung für alle Übertragungsfälle vor (GRUR 2000, 765/766). Die Kritik von Verwerterseite führte zu einer Beschränkung der Haftung im Regierungsentwurf auf die Fälle, in denen der Urheber nicht „im Einzelfall ausdrücklich zugestimmt hat"; eine entsprechende Regelung fand Aufnahme ins Gesetz (§ 34 Abs. 4). Wie die Begründung hervorhebt, kann dem Erfordernis der ausdrücklichen Zustimmung nicht in Pauschal- oder Formularverträgen, sondern nur in Individualabreden genügt werden (abgedruckt bei *Hucko*, Urhebervertragsrecht, S. 94 f., 123, 124).

7 Als dritte Änderung ist die **Streichung der verlagsrechtlichen Sonderregelung des § 28 VerlG** zu vermerken (Art. 2 des Gesetzes zur Stärkung der vertraglichen Stellung von Urhebern und ausübenden Künstlern vom 22. 3. 2002). Die Aufhebung des § 28 wurde bereits im Professorenentwurf vorgeschlagen (GRUR 2002, 765/767 f.); § 28 VerlG erschien angesichts der vom Professorenentwurf vorgesehenen umfassenden Erwerberhaftung (Rdnr. 6) als überflüssig (Begründung, GRUR 2000, 765/778). Die Tragweite der Streichung des § 28 VerlG hat sich jedoch durch die Einschränkung der Erwerberhaftung im Regierungsentwurf und Gesetz verändert; aus Urhebersicht gänzlich überflüssig (so aber die Begründung zum Regierungsentwurf bei *Hucko*, Urhebervertragsrecht, S. 133) wäre § 28 VerlG nun nicht mehr gewesen. Denn dass nach § 28 Abs. 2 S. 2 VerlG der Erwerber dem Urheber haftete, wenn sich der Erwerber gegenüber dem Veräußerer verpflichtet hatte, hätte auch einmal zum Tragen kommen können, wenn die Haftung nach § 34 Abs. 4 UrhG wegen ausdrücklicher Zustimmung entfallen wäre, ohne dass sich der Urheber durch eine Haftung des Erwerbers ihm gegenüber hätte sichern können. Insofern führt die Streichung des § 28 zu einer – zumindest theoretischen – Verschlechterung der Situation des Urhebers. Dass auch der Ausschluss der Schadensersatzansprüche von der Erwerberhaftung in § 28 Abs. 2 S. 3 gefallen ist, begründet insofern keine Verbesserung für den Urheber, als der Ausschluss für die Haftung nach § 34 ohnehin nicht galt (*Schricker*, Verlagsrecht[3], § 28 Rdnr. 1, 20).

8 Andere Effekte der Streichung des § 28 VerlG führen dagegen zu einer Stärkung der Position des Urhebers, wie sie im Sinne des Urhebervertragsgesetzes liegt. Dies gilt zunächst allgemein für die **Klärung** des komplizierten und immer noch umstrittenen Nebeneinander von § 34 UrhG und § 28 VerlG (s. dazu 2. Aufl. Rdnr. 3 f.). Ferner entfällt die in § 28 Abs. 1 S. 4 zugunsten des Verlegers statuierte starre **Ultimatumsregelung** (*Haas* Nr. 119).

9 Zweifelhaft erscheint, was hinsichtlich der Übertragung **schuldrechtlicher Nutzungsrechte** des Verlegers oder sonstigen Werkverwerters zu gelten hat. Nach § 28 VerlG war das grundsätzliche Erfordernis der Zustimmung des Urhebers auch auf schuldrechtliche Rechte anzuwenden, da § 28 von „Rechten des Verlegers" schlechthin sprach (*Schricker*, Verlagsrecht[3] § 28 Rdnr. 1, 7). Dagegen bezieht sich § 34 UrhG nur auf „Nutzungsrechte", worunter die hM lediglich gegenständliche Rechte versteht (s. 2. Aufl. Rdnr. 5). § 34 sollte aber schon bisher analog auf die unter § 28 fallenden schuldrechtlichen Rechte angewendet werden (s. 2. Aufl., Rdnr. 3). Angesichts der Zwecksetzung des Urhebervertragsgesetzes, wie sie auch in § 11 S. 2 UrhG zum Ausdruck kommt, und der Absicht, mit § 28 VerlG nur Überflüssiges zu streichen, erscheint es angebracht, § 34 UrhG nunmehr allgemein auf die Abtretung schuldrechtlicher Nutzungsrechte in Analogie anzuwenden (*Schricker* in Fs. für W. Nordemann S. 243/249 f.; aA Dreier/*Schulze*[3] § 34 Rdnr. 10; Wandtke/Bullinger/*Wandtke/Grunert*[3] § 34 Rdnr. 4; sa. Fromm/Nordemann/*J. B. Nordemann*[10] § 34 Rdnr. 8: analoge Anwendung des § 35; s. ferner Rdnr. 12). Das Schutzbedürfnis des Urhebers ist jedenfalls das gleiche wie bei den gegenständlichen Rechten; auch im Rahmen von § 32 werden gegenständliche und schuldrechtliche Nutzungsbefug-

Übertragung von Nutzungsrechten § 34

nisse gleichgestellt (s. § 32 Rdnr. 11). In der Praxis kommen allerdings rein schuldrechtliche Nutzungsvereinbarungen relativ selten vor (vgl. vor §§ 28 ff. Rdnr. 54 ff.), noch seltener ist die Übertragung solcher Rechte.

3. Anwendungsbereich

Das grundsätzliche Zustimmungserfordernis des § 34 gilt für die **Übertragung gegenständ-** 10 **licher Nutzungsrechte als Verfügungsgeschäft,** nicht auch für das zugrundeliegende **Verpflichtungsgeschäft,** das Rechtskauf, Schenkung, Einbringung in eine Gesellschaft oder dgl. sein kann (Dreier/*Schulze*³ § 34 Rdnr. 10; Fromm/Nordemann/*J. B. Nordemann*¹⁰ § 34 Rdnr. 9; Wandtke/Bullinger/*Wandtke/Grunert*³ § 34 Rdnr. 4; *Schricker*, Verlagsrecht³ § 28 Rdnr. 1 und 12; *v. Gamm* § 34 Rdnr. 10; Loewenheim/*Loewenheim/J. B. Nordemann*, Handbuch des Urheberrechts², § 28 Rdnr. 2; zur Unterscheidung von Verpflichtung und Verfügung s. vor §§ 28 ff. Rdnr. 52; ausführlich zur Behandlung von schuldrechtlichen und gegenständlichen Positionen *Lößl* S. 21 ff.).

Sowohl die Übertragung **ausschließlicher** als auch diejenige **einfacher Nutzungsrechte** 11 (vor §§ 28 ff. Rdnr. 80 ff.) fällt unter § 34 (Dreier/*Schulze*³ § 34 Rdnr. 11; Fromm/Nordemann/*J. B. Nordemann*¹⁰ § 34 Rdnr. 8; Wandtke/Bullinger/*Wandtke/Grunert*³ § 34 Rdnr. 4; Möhring/Nicolini/*Spautz*² § 34 Rdnr. 3; *v. Gamm* § 34 Rdnr. 2; *Joppich* K&R 2003, 211/212).

Auf die Übertragung **schuldrechtlicher Rechte** sollte § 34 nach bisher herrschender Mei- 12 nung nur im Verlagsbereich im Zusammenhang mit § 28 VerlG zur Anwendung gelangen (s. 2. Aufl. Rdnr. 5 m. Nachw.). Nach der Streichung des § 28 VerlG durch das Urhebervertragsgesetz von 2002 (s. Rdnr. 7) ist die Aufgabe, die Übertragung schuldrechtlicher Nutzungsrechte zu kontrollieren, dem § 34 zugewachsen. Auch wenn unter „Nutzungsrecht" primär nur das gegenständliche Nutzungsrecht zu verstehen ist (vgl. § 29 Abs. 2, § 31 Abs. 1 S. 1), erscheint angesichts der Zwecksetzung des Urhebervertragsgesetzes doch eine analoge Anwendung auf schuldrechtliche Nutzungsbefugnisse geboten, zumindest sollte § 35 analog anwendbar sein (s. Rdnr. 9). Damit wird Gleichklang zu § 35 hergestellt, der schon bisher auf schuldrechtliche Nutzungsbefugnisse, die der Inhaber eines gegenständlichen Rechtes erteilt, für analog anwendbar gehalten wird (§ 35 Rdnr. 8). Auf andere schuldrechtliche Rechte als Nutzungsrechte (insbesondere Vergütungsansprüche – anders *Roßbach* S. 130 f. –) ist § 34 dagegen unanwendbar.

Nicht unter § 34 fällt die **Veräußerung von Werkstücken** (OLG Frankfurt, NJW-RR 13 1997, 494 für Computersoftware).

Soweit **urheberpersönlichkeitsrechtliche Befugnisse** überhaupt übertragen werden kön- 14 nen (vor §§ 12 ff. Rdnr. 26 f.), bedarf eine Weiterübertragung grundsätzlich der Zustimmung des Urhebers (Fromm/Nordemann/*J. B. Nordemann*¹⁰ § 34 Rdnr. 8; Dreier/*Schulze*³ § 34 Rdnr. 12; Wandtke/Bullinger/*Wandtke/Grunert*³ § 34 Rdnr. 7). Eine analoge Anwendung von § 34 kommt für urheberpersönlichkeitsrechtliche Befugnisse in Betracht, die der Ausübung von Nutzungsrechten zu dienen bestimmt sind und diese begleiten (zB Verlagsrecht und Erstveröffentlichungsrecht; Aufführungsrecht und Recht der Übersetzung eines Bühnenwerkes).

§ 34 gilt auch im **Arbeits- und Dienstverhältnis** (OLG Düsseldorf ZUM-RD 2009, 63/ 15 66; sa. § 43 Rdnr. 56 ff.; abw. *C. Berger* in Fs. für Schricker 2005 S. 223/231, wonach dem Arbeitnehmer-Urheber der Rückruf nach § 34 Abs. 3 S. 2 versagt werden soll). Im **Filmbereich** wird die Anwendung des § 34 durch § 90 eingeschränkt; s. im Einzelnen § 90 Rdnr. 4, 5, 14. § 34 gilt auch zugunsten der Inhaber von **verwandten Schutzrechten an wissenschaftlichen Ausgaben** (§ 70) und **Lichtbildern** (§ 72), wenn diese Nutzungsrechte eingeräumt haben (*Schricker*, Verlagsrecht³ § 28 Rdnr. 1 S. 478); sowie für **ausübende Künstler** s. § 79 Abs. 2 S. 2. Auf andere Leistungsschutzrechte ist § 34 nicht anwendbar (Dreier/*Schulze*³ § 34 Rdnr. 13).

Mit **„Übertragung"** iSd. § 34 ist die volle Änderung der Rechtszuständigkeit gemeint; die 16 bloße **„Belastung"** von Nutzungsrechten durch Einräumung von Nutzungsrechten zweiter oder weiterer Stufe (vor §§ 28 ff. Rdnr. 51) fällt dagegen unter § 35 (Fromm/Nordemann/*J. B. Nordemann*¹⁰ § 34 Rdnr. 8; Wandtke/Bullinger/*Wandtke/Grunert*³ § 34 Rdnr. 4; *v. Gamm* § 34 Rdnr. 2), ebenso wie – in entsprechender Anwendung des § 35 – die vom Nutzungsrechtsinhaber einem Dritten gewährte bloße **schuldrechtliche Benutzungsbefugnis** (§ 35 Rdnr. 8; Dreier/*Schulze*³ § 34 Rdnr. 5).

Gesellschaftsrechtliche Änderungen, die nicht zu einer Änderung der Rechtszuständig- 17 keit führen (insbesondere Übertragungen von Anteilen an einer juristischen Person) fallen nicht unter § 34 Abs. 1 (s. dazu auch Rdnr. 39 f.; wie hier Mestmäcker/Schulze/*Scholz* § 34 Rdnr. 37; zT abweichend *Lößl* S. 78 ff.; Wandtke/Bullinger/*Wandtke/Grunert*³ § 34 Rdnr. 22).

Jedoch hat das Urhebervertragsgesetz das Rückrufsrecht des § 34 Abs. 3 S. 1 auch auf die wesentliche Änderung der Beteiligungsverhältnisse am Unternehmen des Inhabers des Nutzungsrechts erstreckt (§ 34 Abs. 3 S. 3, s. Rdnr. 5). **Hilfspersonen**, die der Nutzungsrechtsinhaber zur Ausübung seines Nutzungsrechts einschaltet, erhalten dagegen weder eine gegenständliche noch eine schuldrechtliche Rechtsposition gegenüber dem Urheber; ihr Handeln ist unmittelbar dem Nutzungsrechtsinhaber zuzurechnen, der nach § 278 für sie einzustehen hat. §§ 34, 35 scheiden aus (OLG Frankfurt CR 1998, 525; Dreier/*Schulze*[3] § 34 Rdnr. 9; *Schricker*, Verlagsrecht[3] § 28 Rdnr. 10; *v. Gamm* § 34 Rdnr. 4).

18   Die **Weiterübertragung von Nutzungsrechten** durch den Zessionar ist erneut und selbständig den Regeln des § 34 zu unterwerfen (*Schricker*, Verlagsrecht[3] § 28 Rdnr. 8; Dreier/ *Schulze*[3] § 34 Rdnr. 6; *v. Gamm* § 34 Rdnr. 5; *Riedel* § 28 VerlG Anm. 3; *Beck* S. 13 f.; zT abweichend *Lößl* S. 55 ff.); zustimmen muss stets der Urheber (bzw. sein Rechtsnachfolger nach § 30), nicht auch der bloße Inhaber eines Nutzungsrechts (Dreier/*Schulze*[3] § 34 Rdnr. 6, 15; Wandtke/Bullinger/*Wandtke*/*Grunert*[3] § 34 Rdnr. 8; Dreyer/*Kotthoff*/Meckel[2] § 34 Rdnr. 4; *Schricker*, Verlagsrecht[3] § 28 Rdnr. 1 S. 478).

19   Der Rechtsausschuss ging davon aus, dass § 34 „nur für die Übertragung von Nutzungsrechten unter Lebenden gilt. Von Todes wegen sollen Nutzungsrechte frei übertragbar sein", wobei eine ausdrückliche Klarstellung nicht für erforderlich erklärt wurde (zu BT-Drucks. IV/3401 S. 5). Die **Vererbung von Nutzungsrechten** – gleich ob aufgrund einer Verfügung von Todes wegen oder kraft Gesetzes – fällt somit nicht unter § 34 (Fromm/Nordemann/*J. B. Nordemann*[10] § 34 Rdnr. 10; Dreier/*Schulze*[3] § 34 Rdnr. 8; Dreyer/*Kotthoff*/Meckel[2] § 34 Rdnr. 5; *v. Gamm* § 34 Rdnr. 7; Loewenheim/*Loewenheim*/*J. B. Nordemann*, Handbuch des Urheberrechts[2], § 28 Rdnr. 2; *C. Berger* in Fs für Schricker 2005 S. 223/229; aA *Lößl* S. 204 ff.). Auch die Rechtsgeschäfte unter Lebenden zur Erfüllung eines **Vermächtnisses** oder einer **Auflage** oder zwischen Miterben im Wege der **Erbauseinandersetzung** sind entsprechend § 29 S. 1 von § 34 freizustellen (*Schricker*, Verlagsrecht[3] § 28 Rdnr. 41 mwN; so wohl auch *v. Gamm* § 34 Rdnr. 7). Dagegen ist § 34 anwendbar, wenn Erben Nutzungsrechte an Dritte übertragen (*Schricker*, Verlagsrecht[3] § 28 Rdnr. 39).

20   Soweit von Todes wegen ein Rechtsinhaberwechsel eintritt, der die Belange des Urhebers in unzumutbarer Weise beeinträchtigt, kommt eine **Kündigung aus wichtigem Grund** in Betracht, die das Nutzungsrecht zurückfallen lässt (*v. Gamm* Rdnr. 8).

Die **Vererbung von Nutzungsrechten** kann dadurch **ausgeschlossen** werden, dass sie nur auf die Lebenszeit des Nutzers vergeben werden.

21   § 34 gilt auch für die **Sicherungsübertragung** von Nutzungsrechten sowie entsprechend für ihre Belastung mit einem **Nießbrauch** und für ihre **Verpfändung** (Dreier/*Schulze*[3] § 34 Rdnr. 7; Fromm/Nordemann/*J. B. Nordemann*[10] § 34 Rdnr. 9; Einzelheiten bei *Schricker*, Verlagsrecht[3] § 28 Rdnr. 29–31; *Lößl* S. 181 ff.).

22   Die **Pfändung von Nutzungsrechten in der Zwangsvollstreckung** unterliegt ebenfalls dem § 34 (Dreier/*Schulze*[3] § 34 Rdnr. 7; Fromm/Nordemann/*J. B. Nordemann*[10] § 34 Rdnr. 9; *v. Gamm* § 34 Rdnr. 19; s. im Einzelnen *Schricker*, Verlagsrecht[3] § 28 Rdnr. 32–38), wie auch die Übertragung von Nutzungsrechten durch den **Insolvenzverwalter** (*Schricker*, Verlagsrecht[3] § 36 Rdnr. 19 f.; in die Masse fallen die Rechte aber, ohne dass § 34 im Wege stünde; strittig, s. *Schricker*, Verlagsrecht[3] § 36 Rdnr. 3 mwN; Dreier/*Schulze*[3] § 34 Rdnr. 7).

23   In **zeitlicher Hinsicht** findet die Neufassung des § 34 (insbesondere das Rückrufsrecht des § 34 Abs. 3 S. 2, 3, Abs. 5 S. 1 und die Neuregelung der Haftung in Abs. 4) gemäß § 132 Abs. 3 S. 1 auf Übertragungsakte Anwendung, die nach dem 1. Juli 2002 stattfinden; vorher erfolgte Transaktionen beurteilen sich nach altem Recht. Letzteres gilt nach allgemeinen intertemporalrechtlichen Regeln auch für die Anwendung des ab 1. 7. 2002 weggefallenen § 28 VerlG (Fromm/Nordemann/*J. B. Nordemann*[10] § 34 Rdnr. 6; anders Wandtke/Bullinger/*Wandtke*/ *Grunert*[3] Rdnr. 42, die § 28 auch für alte Verträge ausschließen und dadurch § 34 aF ersetzen wollen). Maßgeblich ist dabei der Zeitpunkt der Übertragung des Nutzungsrechts (vgl. *Koch-Sembdner* AfP 2004, 211/214 f.); wann das Nutzungsrecht vertraglich begründet wurde, spielt keine Rolle. Für Nutzungsrechtsübertragungen vor dem 1. Juli 2002 gilt somit die alte Fassung des § 34, gegebenenfalls im Verein mit § 28 VerlG (s. 2. Aufl. Rdnr. 3 f.).

II. Vertragliche Regelungen der Übertragbarkeit (Abs. 5 S. 2)

24   Gemäß Abs. 5 S. 2 ist § 34 mit Ausnahme des Rücktrittsrechts und der Erwerberhaftung dispositiv; **abweichende vertragliche Regelungen sind zulässig.** Eine vertragliche Verein-

barung kann einerseits das **Zustimmungserfordernis einschränken oder ganz aufheben;** dh. der Urheber kann Zugeständnisse jeder Art machen bis hin zu der Abrede, die es dem Nutzungsberechtigten von vornherein freistellt, das Nutzungsrecht zu übertragen, an wen und unter welchen Umständen er immer will (vgl. Fromm/Nordemann/*J. B. Nordemann*[10] § 34 Rdnr. 38; *Ulmer*[3] § 86 I 4; *Schricker*, Verlagsrecht[3] § 28 Rdnr. 2). Andererseits kann auch eine **Verschärfung des Zustimmungserfordernisses** verabredet werden, bis hin zur vertraglichen Vereinbarung der Unveräußerlichkeit des Nutzungsrechts ohne Zustimmung des Urhebers (*Schricker*, Verlagsrecht[3] § 28 Rdnr. 4; *Haberstumpf/Hintermeier* § 22 vor I; vgl. zB OLG München GRUR 1984, 524/525 – Nachtblende); § 137 BGB wird insofern durch § 34 derogiert (Rdnr. 29).

Eine derartige Vereinbarung kann **ausdrücklich** getroffen werden, sie kann sich aber auch **25** durch **Auslegung** aus den Umständen ergeben, dh. konkludent (stillschweigend) abgeschlossen werden (BGH GRUR 2005, 860/862 – Fash 2000; Fromm/Nordemann/*J. B. Nordemann*[10] § 34 Rdnr. 14; Dreier/*Schulze*[3] § 34 Rdnr. 16; Wandtke/Bullinger/*Wandtke/Grunert*[3] § 34 Rdnr. 9; *Schricker*, Verlagsrecht[3] § 28 Rdnr. 2; *v. Gamm* § 34 Rdnr. 11; Loewenheim/*Loewenheim/J. B. Nordemann*, Handbuch des Urheberrechts[2], § 28 Rdnr. 12). Anders ist es nur, wenn es sich um Nutzungsarten zu noch unbekannten Nutzungsarten handelt; hier ist gemäß § 31 a Schriftform erforderlich (Dreier/*Schulze*[3] § 34 Rdnr. 16). Bei der Auslegung ist vor allem auf den **Zweck des Vertrags** Rücksicht zu nehmen (*Schricker*, Verlagsrecht[3] § 28 Rdnr. 2; Fromm/Nordemann/*J. B. Nordemann*[10] § 34 Rdnr. 14; Dreier/*Schulze*[3] § 34 Rdnr. 16; *Forkel* S. 146). Auch der **Charakter des Werks**, insbesondere dessen ideologischer Anspruch kann eine Rolle spielen (Fromm/Nordemann/*J. B. Nordemann*[10] § 34 Rdnr. 15; Dreier/*Schulze*[3] § 34 Rdnr. 49). Wer sich auf eine von der dispositiven Gesetzesregelung abweichende Vereinbarung berufen will, hat sie im Streitfall zu **beweisen** (*Schricker*, Verlagsrecht[3] § 28 Rdnr. 2; Fromm/Nordemann/*J. B. Nordemann*[10] § 34 Rdnr. 43; *Leiss* § 28 Anm. 15; *Held* GRUR 1983, 161). Generell ist bei der Annahme einer konkludenten oder stillschweigenden Abdingung des Zustimmungserfordernisses Zurückhaltung geboten (Dreyer/*Kotthoff*/Meckel[2] § 34 Rdnr. 20).

Wenn es den Parteien ersichtlich nur um eine enge, individuelle Bindung zu tun ist, wenn der **26** Urheber etwa einem Verleger die Rechte an mehreren Werken zur Betreuung langfristig überlässt (Generalvertrag), wird man vielfach eine Abdingung der Übertragbarkeit ohne Zustimmung des Urhebers annehmen können (*Schricker*, Verlagsrecht[3] § 28 Rdnr. 2; *Goldbaum*[3] S. 273; aA *Hoffmann*, Das Reichsgesetz über das Verlagsrecht, 1925, S. 108). Dagegen wird bei **Rechtseinräumungen zur Wahrnehmung** in der Regel das Zustimmungserfordernis für die dem Wahrnehmungszweck entsprechenden Übertragungen im Zweifel als stillschweigend abbedungen zu betrachten sein (vgl. den Gedanken des § 35 Abs. 1 S. 2; Fromm/Nordemann/*J. B. Nordemann*[10] § 34 Rdnr. 15; Dreier/*Schulze*[3] § 34 Rdnr. 50).

Ist zwischen dem Urheber und dem Werknutzer im Vertrag über die Einräumung des Nutzungsrechts, in einem Zusatzvertrag, einer sonstigen Abrede oder durch schlüssiges, als vertraglich auszulegendes Verhalten die **freie Übertragbarkeit** der eingeräumten Nutzungsrechte vereinbart worden, so kann der Nutzungsrechtsinhaber sein Nutzungsrecht nach Belieben übertragen (*Schricker*, Verlagsrecht[3] § 28 Rdnr. 3). Der Nutzer darf den Urheber aber nicht vorsätzlich durch eine Rechtsübertragung schädigen (§§ 826, 242 BGB); er darf durch die Modalitäten der Übertragung, insbesondere durch die Wahl des Partners, nicht schuldhaft vertragliche Treue- und Obhutspflichten verletzen. Bei Pflichtverletzung ist die Übertragung zwar wirksam; der Nutzer ist aber aus dem Gesichtspunkt der Vertragspflichtverletzung zu Schadensersatz verpflichtet. Verstößt die Übertragung selbst gegen die guten Sitten, tritt Nichtigkeit nach § 138 Abs. 1 BGB ein (*Schricker*, Verlagsrecht[3] § 28 Rdnr. 3; *Beck* S. 10).

Gegen eine **formularmäßige Vereinbarung der freien Übertragbarkeit** bestehen im **28** Grundsatz Bedenken; dies gilt zumindest, aber nicht nur bei Werken anspruchsvollen Niveaus mit erheblichen urheberpersönlichkeitsrechtlichen Implikationen (vgl. § 307 BGB; vor §§ 28 ff. Rdnr. 40 ff.; *Schricker*, Verlagsrecht[3] § 28 Rdnr. 3; *Ulmer*[3] § 108 II 3; *Haberstumpf*[2] Rdnr. 412; Wandtke/Bullinger/*Wandtke/Grunert*[3] § 34 Rdnr. 40; Dreier/*Schulze*[3] § 34 Rdnr. 51; Dreyer/*Kotthoff*/Meckel[2] § 34 Rdnr. 19; ausführlich *Lößl* S. 227 ff.; vgl. auch BGH GRUR 1984, 45 – Honorarbedingungen: Sendevertrag; s. vor §§ 28 ff. Rdnr. 44; aA LG Berlin ZUM-RD 2008, 18/23; Fromm/Nordemann/*J. B. Nordemann*[10] § 34 Rdnr. 41; Wandtke/Bullinger/*Wandtke/Grunert*[3] § 34 Rdnr. 9). Nach OLG Frankfurt (GRUR 1984, 515 – AGBG – Übertragung von Nutzungsrechten) ist eine Klausel in den AGB einer Druckerei, nach der bei Zahlungsverzug des Auftraggebers die Druckerei berechtigt ist, den Vertrieb der hergestellten Drucksachen selbst zu übernehmen und sich aus dem Erlös zu befriedigen, und wonach zu diesem Zweck der Auftraggeber sämtliche dafür erforderlichen Rechte („z.B. aus UrhG usw.") an die Druckerei abtritt, dann unwirksam, wenn es sich um urheberrechtlich geschützte Vorlagen (hier: Fototapeten) handelt. Andererseits können formularmäßige Regelungen bei Vorliegen besonderer Umstände sinnvoll sein. So sollte bei umfangreichen Werken mit vielen Autoren, etwa bei Fernstudienmaterial, bei dem zahlreiche Autoren mitwirken, eine formularmäßige Vereinbarung der freien Übertragbarkeit möglich sein (Loewenheim/*Loewenheim*/*J. B. Nordemann*, Handbuch des Urheberrechts[2], § 25 Rdnr. 14; sa. *Berger*/Wündisch, Urhebervertragsrecht, § 1 Rdnr. 165). Dafür spricht auch die Bestimmung des § 34 Abs. 2, die gerade für solche Fälle Erleichterungen vorsieht.

Auch wenn eine zustimmungsfreie Übertragung wirksam vereinbart ist, gilt doch die zwingende Haftungsregelung des § 34 Abs. 4.

29   Ist die **Übertragbarkeit vertraglich ausgeschlossen,** dh. ist sie in jedem Fall nur mit Zustimmung des Urhebers möglich (wobei die Zustimmung praktisch Konsens zu einem die Unübertragbarkeit aufhebenden Vertrag bedeutet), so hat dies nicht nur schuldrechtliche Wirkung zwischen den Parteien, sondern es liegt – entsprechend § 399 BGB, wobei das Recht zu einem unveräußerlichen iSd. § 137 BGB wird – im Interesse der Rechtsklarheit und des Urheberschutzes eine absolute, gegenüber jedermann wirkende Verfügungsbeschränkung vor (BGH GRUR 1987, 37/39 – Videolizenzvertrag; OLG München GRUR 1984, 524/525 – Nachtblende; OLG Frankfurt CR 1998, 525/526; Dreier/*Schulze*[3] § 34 Rdnr. 52; *Schricker*, Verlagsrecht[3] § 28 Rdnr. 4 mwN; Fromm/Nordemann/*J. B. Nordemann*[10] § 34 Rdnr. 17; Wandtke/Bullinger/*Wandtke*/*Grunert*[3] § 34 Rdnr. 36; *Leiss* § 28 Anm. 14; *Haberstumpf*/*Hintermeier* § 22 vor I; *Goldbaum*[3] S. 273; *Partsch*/*Reich* AfP 2002, 298, 299; so im Ergebnis auch *Lößl* S. 48 ff.). Gleiches gilt für eine Regelung, nach der die Übertragung nur an bestimmte Empfänger zulässig ist (aA OLG München GRUR 1996, 972/973, das diese Beschränkung der Übertragbarkeit unter dem Aspekt der zulässigen Aufspaltung der Nutzungsrechte erörtert; es geht jedoch um die Frage der Rechtsinhaberschaft, bei der, wie § 34 zeigt, Einzelfallregelungen immer möglich sind, der Verkehr mit individuell bestimmtem Inhaberwechsel rechnen muss). Ein **gutgläubiger Erwerb** ist **ausgeschlossen** (Dreier/*Schulze*[3] § 34 Rdnr. 52; Fromm/Nordemann/*J. B. Nordemann*[10] § 34 Rdnr. 16; Wandtke/Bullinger/*Wandtke*/*Grunert*[3] § 34 Rdnr. 10; *Schricker*, Verlagsrecht[3] § 28 Rdnr. 4; *v. Gamm* § 34 Rdnr. 9; *Ulmer*[3] S. 360; *Berger*/Wündisch, Urhebervertragsrecht, § 1 Rdnr. 162; zT abweichend *Lößl* S. 51 ff. mwN). Tritt der Nutzungsrechtsinhaber das Nutzungsrecht gleichwohl ab, begeht er eine Vertragspflichtverletzung (Fromm/Nordemann/*J. B. Nordemann*[10] § 34 Rdnr. 17), die Übertragung ist unwirksam; der Erwerber, der das vermeintlich erworbene Recht ausübt, begeht eine Urheberrechtsverletzung (Wandtke/Bullinger/*Wandtke*/*Grunert*[3] § 34 Rdnr. 10; *Schricker*, Verlagsrecht[3] § 28 Rdnr. 4).

III. Zustimmungserfordernis bei Fehlen vertraglicher Regelungen (Abs. 1–3)

1. Grundsatz (Abs. 1 S. 1)

30   Haben Urheber und Werknutzer hinsichtlich der Übertragbarkeit des Nutzungsrechts Vereinbarungen nicht getroffen, so gilt nach § 34 Abs. 1 S. 1 der Grundsatz, dass eine Übertragung des Rechts der **Zustimmung des Urhebers** bedarf, dh. in der Wirkung von dieser abhängt (Dreier/*Schulze*[3] § 34 Rdnr. 22; Fromm/Nordemann/*J. B. Nordemann*[10] § 34 Rdnr. 20; *v. Gamm* § 34 Rdnr. 10). Das grundsätzliche Zustimmungserfordernis gilt auch für das Verlagsrecht. Die Zustimmung darf nicht wider Treu und Glauben verweigert werden (Rdnr. 31 ff.). Einer Zustimmung bedarf es nach Abs. 3 ausnahmsweise bei Gesamt- oder Teilveräußerung des Unternehmens des Nutzungsrechtsinhabers nicht (Rdnr. 39). Gewisse Erleichterungen bestehen nach Abs. 2 bei Sammelwerken (Rdnr. 38). Die Zustimmung kann in Form einer vorherigen Einwilligung oder einer nachträglichen Genehmigung erteilt werden (§§ 182 ff. BGB); fehlt die Einwilligung, ist die Übertragung bis zur Erteilung oder Versagung der Genehmigung schwebend unwirksam (Fromm/Nordemann/*J. B. Nordemann*[10] § 34 Rdnr. 16; *Schricker*, Verlagsrecht[3] § 28 Rdnr. 14 mwN; *v. Gamm* § 34 Rdnr. 18; Möhring/Nicolini/*Spautz*[2] § 34 Rdnr. 4; *Schricker*, Verlagsrecht[3] § 28 Rdnr. 14 mwN; *Lange* S. 51; *Samson* S. 138; *Haberstumpf*/*Hintermeier* § 22 II 3; Wandtke/Bullinger/*Wandtke*/*Grunert*[3] § 34 Rdnr. 10: die Genehmigung hat Rückwirkung, § 184 Abs. 2 BGB).

2. Zustimmungspflicht nach Treu und Glauben (Abs. 1 S. 2)

31   Nach dem Wortlaut des Abs. 1 S. 2 kann die **Zustimmung regelmäßig verweigert** werden, sofern dies nicht **ausnahmsweise wider Treu und Glauben** (§ 242 BGB) verstößt. Bei

Übertragung von Nutzungsrechten § 34

Verweigerung der Zustimmung muss derjenige, der sich auf die Ausnahme beruft, deren Voraussetzungen im Streitfall beweisen (Fromm/Nordemann/*J. B. Nordemann*[10] § 34 Rdnr. 43). Im Zweifel besteht keine Verpflichtung zur Zustimmung (Dreier/*Schulze*[3] § 34 Rdnr. 18; *Schricker*, Verlagsrecht[3] § 28 Rdnr. 13; *Haberstumpf/Hintermeier* § 22 II 4; *Held* GRUR 1983, 161/164). Nach § 28 Abs. 1 S. 3 VerlG war dagegen umgekehrt die Verweigerung der Zustimmung die Ausnahme; die verlagsrechtliche Regelung wurde insofern durch § 34 zugunsten des Urhebers modifiziert (*Schricker*, Verlagsrecht[3] § 28 Rdnr. 13).

Ob ein Verstoß gegen Treu und Glauben vorliegt, ist aufgrund einer **umfassenden Abwägung** **32** **und Wertung der Interessen des Urhebers und des Werknutzers** zu bestimmen (Fromm/Nordemann/*J. B. Nordemann*[10] § 34 Rdnr. 18; Dreier/*Schulze*[3] § 34 Rdnr. 18; Wandtke/Bullinger/*Wandtke/Grunert*[3] § 34 Rdnr. 11; Dreyer/*Kotthoff*/Meckel[2] § 34 Rdnr. 8; *Schricker*, Verlagsrecht[3] § 28 Rdnr. 13; Berger/Wündisch, Urhebervertragsrecht, § 1 Rdnr. 167; *v. Gamm* § 34 Rdnr. 16f.; s. zur faktischen Lage der Interessen *Beck* S. 8f.). Treuwidrig ist nicht allein die willkürliche Verweigerung (Amtl.Begr. BT-Drucks. IV/270 S. 57), die jedes sachlichen Grundes entbehrt, sondern auch die Verweigerung, bei der sich aufgrund der Interessenabwägung und -wertung ergibt, dass den Urheberinteressen so schwerwiegende Interessen des Nutzers entgegenstehen, dass dem Nutzer eine Blockierung der Übertragung seiner Rechte nicht zugemutet werden kann. Urheber- und Verwerterinteresse sind dabei gleichermaßen mit dem ihnen eigenen Gewicht in Rechnung zu stellen (*Schricker*, Verlagsrecht[3] § 28 Rdnr. 13). Insbesondere sind die ideellen, urheberpersönlichkeitsrechtlichen Interessen des Urhebers zu berücksichtigen; sie wiegen je nach Niveau und persönlicher Prägung des Werkes verschieden schwer (Fromm/Nordemann/*J. B. Nordemann*[10] § 34 Rdnr. 19; Möhring/Nicolini/*Spautz*[2] § 34 Rdnr. 7; Berger/Wündisch, Urhebervertragsrecht, § 1 Rdnr. 167; *v. Gamm* § 34 Rdnr. 17; *Schricker*, Verlagsrecht[3] § 28 Rdnr. 13). Bei der Prüfung sind Zweck und Umstände des Vertrags in Rechnung zu stellen (Möhring/Nicolini/*Spautz*[2] Rdnr. 7ff.; *Schricker*, Verlagsrecht[3] § 28 Rdnr. 13; *Lange* S. 50). So werden Weisungsabhängigkeit des Verfassers im Rahmen einer Auftragsproduktion oder eines Dienst- oder Arbeitsverhältnisses für Übertragbarkeit sprechen (Fromm/Nordemann/*J. B. Nordemann*[10] § 34 Rdnr. 19; Wandtke/Bullinger/*Wandtke/Grunert*[3] § 34 Rdnr. 13; *v. Gamm* Rdnr. 17; *Schricker*, Verlagsrecht[3] § 28 Rdnr. 13; s. im Einzelnen unten § 43 Rdnr. 56ff.). Die Abwägung und Wertung hat auch auf die Verhältnisse des Erwerbers Bedacht zu nehmen, insbesondere seine persönliche Eignung, die Tendenz seines Unternehmens, dessen Geschäftszuschnitt sowie Geschäftsgebaren, Konkurrenzsituation, Ruf, Ansehen usw. (*Schricker*, Verlagsrecht[3] § 28 Rdnr. 13). Begründete negative Erwartungen können für eine Verweigerung der Zustimmung ausreichen (Loewenheim/*Loewenheim/J. B. Nordemann*, Handbuch des Urheberrechts[2], § 28 Rdnr. 10). Auf der Seite des Werknutzers sind vor allem betriebswirtschaftliche Gegebenheiten zu berücksichtigen, Konsequenzen seiner Geschäftspolitik, wirtschaftliche Zwänge, aber auch ideelle Momente, wie etwa Änderung der Tendenz, Konflikte mit anderen Urhebern etc. (*Schricker*, Verlagsrecht[3] § 28 Rdnr. 13).

Für die Abwägung und Wertung anhand des Maßstabes von Treu und Glauben kann die **33** **Verkehrssitte** und die von beiden Teilen anzuerkennende **Branchenübung** Anhaltspunkte liefern (Fromm/Nordemann/*J. B. Nordemann*[10] § 34 Rdnr. 19; Wandtke/Bullinger/*Wandtke/Grunert*[3] § 34 Rdnr. 13; *v. Gamm* § 34 Rdnr. 17; *Schricker*, Verlagsrecht[3] § 28 Rdnr. 13). Eine **Verwertungsgesellschaft** kann die Zustimmung zur Weiterübertragung der von ihr eingeräumten einfachen Nutzungsrechte verweigern, weil eine solche Weiterübertragung die Kontrolle über die Nutzung erschweren würde und ein potentieller Erwerber im Hinblick auf § 11 UrhWG die Rechte bei ihr unmittelbar erwerben kann (OLG München ZUM-RD 2008, 360/369).

Ergebnis der Abwägung und Wertung kann auch sein, dass der Urheber **nur unter gewissen** **34** **Modalitäten** zur Zustimmung verpflichtet ist, insbesondere nur unter der Voraussetzung, dass der Erwerber auch in die Vertragspflichten eintritt. Ein Argument hierfür liefert die Amtl. Begr. zu Abs. 5 (BT-Drucks. IV/270 S. 57). Es widerspricht nicht Treu und Glauben, wenn der Urheber vernünftige Bedingungen stellt, wozu auch das Verlangen einer angemessenen Vergütung gehören kann (Fromm/Nordemann/*J. B. Nordemann*[10] § 34 Rdnr. 19; Dreyer/*Kotthoff*/Meckel[2] § 34 Rdnr. 8).

Ergibt sich nach Treu und Glauben ein **Anspruch des Nutzers auf Erteilung der Zu-** **35** **stimmung,** die der Urheber verweigert, so kann der Anspruch eingeklagt werden. Der Erwerber hat kein eigenes Klagerecht mangels eines materiellrechtlichen Anspruchs (Fromm/Nordemann/*J. B. Nordemann*[10] § 34 Rdnr. 44; *Schricker*, Verlagsrecht[3] § 28 Rdnr. 16; Berger/Wündisch, Urhebervertragsrecht, § 1 Rdnr. 168; *Beck* S. 12); er kann vom Veräußerer jedoch zur Klage in gewillkürter Prozessstandschaft ermächtigt werden (Fromm/Nordemann/*J. B. Nordemann*[10] § 34 Rdnr. 44; Wandtke/Bullinger/*Wandtke/Grunert*[3] § 34 Rdnr. 14; Dreier/*Schulze*[3] § 34 Rdnr. 20). Eine zur Genehmigung verurteilende rechtskräftige Entscheidung ersetzt die Genehmigung nach § 894 ZPO; sie macht die Übertragung rückwirkend wirksam (*Schricker*, Verlagsrecht[3] § 28 Rdnr. 14; *Ulmer*[3] § 108 II 2; *v. Gamm* § 34 Rdnr. 15). Bereits geschehene Nutzungshandlungen des Erwerbers sind dann als von vornherein rechtmäßig zu betrachten. Wird der Anspruch abgewiesen, bilden sie eine Urheberrechtsverletzung (*Riedel* § 28 VerlG Anm. 1; *Schricker*, Verlagsrecht[3] § 28 Rdnr. 14). Es steht damit fest, dass der Nutzungsrechtsinhaber an diesen Erwerber im Rahmen des betreffenden Geschäfts das Recht nicht übertragen kann (*Schricker*, Verlagsrecht[3] § 28 Rdnr. 15).

36   Der **Veräußerer** haftet dem **Erwerber** bei Unwirksamkeit der Übertragung mangels Zustimmung des Urhebers, wenn nichts anderes vereinbart ist, nach den allgemeinen Vorschriften des BGB. Ist die Erteilung der Genehmigung unsicher, erscheint es für den Veräußerer ratsam, sie zur Wirkungsbedingung für den Veräußerungsvertrag zu machen. Die wider Treu und Glauben erfolgende **Verweigerung der Genehmigung durch den Urheber** bildet eine Vertragspflichtverletzung, die bei Verschulden zum Schadensersatz verpflichten und uU auch eine fristlose Kündigung des Nutzers aus wichtigem Grund rechtfertigen kann (Wandtke/Bullinger/ *Wandtke/Grunert*[3] § 34 Rdnr. 12, 14; Fromm/Nordemann/*J. B. Nordemann*[10] § 34 Rdnr. 20).

37   Die **Zustimmung** – Einwilligung oder Genehmigung, vgl. §§ 182ff. BGB – erfolgt durch – ausdrückliche oder konkludente, auch stillschweigende – **empfangsbedürftige Willenserklärung** (BGH GRUR 2005, 860/862 – Fash 2000; BGH GRUR 1984, 528/529 – Bestellvertrag; Fromm/Nordemann/*J. B. Nordemann*[10] § 34 Rdnr. 14; Dreier/*Schulze*[3] § 34 Rdnr. 16; Wandtke/Bullinger/*Wandtke/Grunert*[3] § 34 Rdnr. 9; *v. Gamm* § 34 Rdnr. 15; *Schricker*, Verlagsrecht[3] § 28 Rdnr. 15); Gleiches gilt für die Versagung der Zustimmung. Die Erklärung kann gegenüber dem Veräußerer oder dem Erwerber abgegeben werden (§ 182 Abs. 1 BGB; *Schricker*, Verlagsrecht[3] § 28 Rdnr. 16); sie ist grundsätzlich formfrei (§ 182 Abs. 2 BGB); nur soweit es sich um Nutzungsrechte an noch unbekannten Nutzungsarten handelt, ist gemäß § 31a Schriftform erforderlich (Dreier/*Schulze*[3] § 34 Rdnr. 16). Ob im Einzelfall eine stillschweigende Zustimmung angenommen werden kann, ist an Hand aller Umstände, insbesondere des Vertragszwecks, zu entscheiden; eine Rolle spielt dabei insbesondere auch die Handhabung in vorausgegangenen vergleichbaren Fällen (BGH GRUR 1984, 528/529 – Bestellvertrag; BGH GRUR 2005, 860/ 862 – Fash 2000; Dreier/*Schulze*[3] § 34 Rdnr. 16).

3. Sammelwerk (Abs. 2)

38   Nach Abs. 2 genügt, soweit ein Zustimmungserfordernis besteht, die Zustimmung des **Urhebers des Sammelwerks** (§ 4). Sie deckt nicht nur die Übertragung des Nutzungsrechts am eigenen Urheberrecht des Zustimmenden, sondern auch diejenige der Nutzungsrechte an den in das Sammelwerk aufgenommenen **Beiträgen;** die Urheber Letzterer brauchen nicht zuzustimmen. Dies gilt freilich nur, soweit dem Übertragenden Nutzungsrechte eingeräumt waren (vgl. Dreier/*Schulze*[3] § 34 Rdnr. 26). Die Vorschrift soll die Übertragung der Nutzungsrechte am Sammelwerk erleichtern (Amtl.Begr. BT-Drucks. IV/270 S. 57). Die Vorschrift ist naturgemäß nur auf schutzfähige Sammelwerke im Sinn des § 4 UrhG anwendbar; andernfalls gibt es keinen „Urheber des Sammelwerks" im Rechtssinn (Fromm/Nordemann/*J. B. Nordemann*[10] § 34 Rdnr. 22; *Lößl* S. 87; Dreier/*Schulze*[3] § 34 Rdnr. 27; Wandtke/Bullinger/*Wandtke/Grunert*[3] § 34). Abs. 2 ist abdingbar (§ 34 Abs. 5 S. 2; sa. *v. Gamm* § 34 Rdnr. 13).

4. Unternehmensveräußerung (Abs. 3)

39   Nach Abs. 3 ist die Zustimmung des Urhebers entbehrlich, wenn die Übertragung im Rahmen der „**Gesamtveräußerung eines Unternehmens**" oder der „**Veräußerung von Teilen eines Unternehmens**" geschieht; es wäre für die Beteiligten unzumutbar, wenn die Zustimmung aller Urheberrechtsinhaber eingeholt werden müsste (Amtl.Begr. BT-Drucks. IV/270 S. 57). Der Veräußerung des Unternehmens sind gesellschaftsrechtliche Zuordnungsänderungen bei Personengesellschaften gleichzusetzen, wie Aufnahme oder Ausscheiden von Gesellschaftern und Umwandlung von Gesellschaften, soweit sie das ganze Unternehmen oder Teile desselben erfassen und zu einer **Änderung der Rechtszuständigkeit** führen (*Schricker*, Verlagsrecht[3] § 28 Rdnr. 6; Mestmäcker/Schulze/*Scholz* § 34 Rdnr. 36; Fromm/Nordemann/*J. B. Nordemann*[10] § 34 Rdnr. 25; s. auch Dreier/*Schulze*[3] § 34 Rdnr. 30f.); Wandtke/Bullinger/*Wandtke/ Grunert*[3] § 34 Rdnr. 21f. und *Joppich* K&R 2003, 211/212, die Fälle des Anteilerwerbs ohne

Zuständigkeitsänderung einbeziehen. Differenzierend *C. Berger* in Fs. für *Schricker* 2005 S. 223/ 228). Kommt es nicht zu einer Änderung der Rechtszuständigkeit, bedarf es einer Freistellung nach § 34 Abs. 3 S. 1 aber nicht; es fehlt schon an einer Übertragung des Nutzungsrechts (*Haas* Nr. 117; Dreyer/*Kotthoff*/Meckel[2] § 34 Rdnr. 10). Dies wird durch Abs. 3 S. 3 bestätigt; einer Erstreckung des Rückrufsrechts hätte es nicht bedurft, wenn die wesentliche Änderung der Beteilungsverhältnisse bereits als Veräußerung im Sinn des Abs. 3 S. 1 zu werten wäre (Wandtke/ Bullinger/*Wandtke*/*Grunert*[3] § 34 Rdnr. 26 messen dem Abs. 3 S. 3 denn auch nur deklaratorische Bedeutung zu). Es kommt nicht darauf an, ob eine **Gesamtrechtsnachfolge** vorliegt; in der Regel werden Unternehmensveräußerungen im Wege der Einzelrechtsnachfolge abgewickelt; nur der schuldrechtliche Vertrag zielt auf das Ganze (vgl. *v. Gamm* § 34 Rdnr. 14 aE).

Das „**Unternehmen**" braucht nicht ein spezielles Verwerterunternehmen zu sein (*v. Gamm* **40** § 34 Rdnr. 14). Der Begriff des Unternehmens ist weit zu verstehen (s. i. Einzelnen Fromm/ Nordemann/*J. B. Nordemann*[10] § 34 Rdnr. 24; Wandtke/Bullinger/*Wandtke*/*Grunert*[3] § 34 Rdnr. 18). Als „**Teil eines Unternehmens**" ist zB die nach sachlichen Gesichtspunkten abgegrenzte Fachabteilung eines Verlages anzusehen (Näheres bei *Schricker*, Verlagsrecht[3] § 28 Rdnr. 6; s. auch *v. Gamm* § 34 Rdnr. 14) oder im Rahmen einer Schallplattenfirma der der ernsten Musik gewidmete Betrieb (*Ulmer*[3] § 86 I 3 a) oder die unter einem Verlagslabel laufende Produktion (*Wegner/Wallenfels/Kaboth* Rdnr. 113). Das zum Unternehmen gehörende Vermögen kann unterschiedlich beschaffen sein; wesentlich ist, dass alle Unternehmenssubstrate oder abgeschlossenen Teile im Wesentlichen voll übertragen werden. Hat zB ein Verlag – durch Kriegseinwirkung oder durch eine wirtschaftliche Krise – alle Vermögenswerte bis auf die Verlagsrechte verloren, so genügt für Abs. 3 die Übertragung der Verlagsrechte en bloc oder nach selbständigen Abteilungen zusammengefasst (vgl. OLG Köln GRUR 1950, 579/580).

Die **Beweislast** für die Voraussetzungen des Abs. 3 trägt, wer sich auf die Zustimmungsfreiheit beruft (Fromm/Nordemann/*J. B. Nordemann*[10] § 34 Rdnr. 43).

Auch wenn nach Abs. 3 eine Zustimmung des Urhebers nicht vonnöten ist, können im Ein- **41** zelfall durch besondere Umstände berechtigte Interessen des Urhebers derart schwerwiegend verletzt sein, dass es ihm nicht zuzumuten sein kann, die Nutzung seiner Rechte durch den Erwerber hinzunehmen (etwa bei Übertragung an ein Unternehmen konträrer Tendenz). Nach bisherigem Recht wurde es deshalb dem Urheber erlaubt, in solchen Fällen der Übertragung zu widersprechen; ging der Veräußerer hierauf nicht ein, konnte der Urheber den Vertrag aus wichtigem Grund kündigen (*v. Gamm,* § 34 Rdnr. 18; *Schricker,* Verlagsrecht[3] § 28 Rdnr. 6 mwN; *Ulmer*[3] § 108 II 2; Fromm/Nordemann/*Hertin*[9] Rdnr. 12; *Hemler* GRUR 1994, 5778/ 582 ff.; *Lößl* S. 71 ff.; *Wandtke/Grunert* Rdnr. 23). Dies gilt noch für vor dem 1. 7. 2002 geschlossene Altverträge (Dreier/*Schulze*[3] § 34 Rdnr. 4). Das Urhebervertragsgesetz hat diesen Gedanken aufgegriffen und gewährt in § 34 Abs. 3 S. 1 dem Urheber ein **Rückrufsrecht,** wenn ihm die Ausübung des Nutzungsrechts durch den Erwerber nach Treu und Glauben nicht zuzumuten ist (s. dazu umfassend *C. Berger* in Fs. für *Schricker* 2005 S. 223 ff.). Das Rückrufsrecht greift auch Platz, wenn sich die Beteiligungsverhältnisse am Unternehmen des Inhabers des Nutzungsrechts wesentlich ändern (Abs. 2 S. 3). Der Urheber kann auf das Rückrufsrecht nicht im Voraus verzichten (Abs. 5 S. 1). Das Rückrufsrecht entfällt aber, wenn der Urheber der Veräußerung zugestimmt hat (*Haas* Nr. 108). Gegenüber dem Rückruf sind die Berufung auf die Störung der Geschäftsgrundlage und die Kündigung aus wichtigem Grund subsidiär (Wandtke/Bullinger/*Wandtke*/*Grunert*[3] § 34 Rdnr. 24; sa. Fromm/Nordemann/*J. B. Nordemann*[10] § 34 Rdnr. 27). Das Rückrufsrecht bildet eine für den Urheber günstigere Spezialregelung (*Koch-Sembdner* AfP 2004, 211/212 ff.). Eine Kontinuität zum bisherigen Recht postuliert dagegen *C. Berger* in Fs. für *Schricker* 2005 S. 223/227 ff.

Wie die Treu und Glauben-Klausel des § 34 Abs. 1 S. 2 setzt diejenige des Abs. 3 S. 2 eine **Inte- 42 ressenabwägung und -wertung** voraus (Rdnr. 32). Dabei sind die Interessen des Urhebers, des bisherigen Inhabers des zu übertragenden Nutzungsrechts und des Erwerbers in Rechnung zu stellen (Fromm/Nordemann/*J. B. Nordemann*[10] § 34 Rdnr. 30; dagegen wollen Wandtke/ Bullinger/*Wandtke*/*Grunert*[3] § 34 Rdnr. 25, Dreier/*Schulze*[3] § 34 Rdnr. 37 und *Partsch/Resch* AfP 2002, 298/299, offenbar nur auf die Urheber- und Erwerberinteressen abstellen; die Veräußerbarkeit der Nutzungsrechte berührt aber wesentlich auch das Interesse des Veräußerers, den das Recht nicht schutzlos lassen kann; vgl. auch Mestmäcker/Schulze/*Scholz* § 34 Rdnr. 50). Hinsichtlich der zu berücksichtigenden Gesichtspunkte kann auf das zu § 34 Abs. 1 S. 2 Ausgeführte verwiesen werden (Rdnr. 32). Ein Unterschied in der Wertung wird dadurch begründet, dass bei § 34 Abs. 1 S. 2 die Zustimmung regelmäßig verweigert werden kann, die Verweigerung nur ausnahmsweise als treuwidrig zu beurteilen ist (Rdnr. 31), während bei § 34 Abs. 3 die zustimmungs-

§ 34 Übertragung von Nutzungsrechten

freie Übertragung die Regel bildet, der Rückruf als Ausnahme statuiert ist (vgl. auch Fromm/ Nordemann/*J. B. Nordemann*[10] § 34 Rdnr. 30; *Dreyer/Kotthoff/Meckel*[2] § 34 Rdnr. 11; *Haas* Nr. 109; *Berger* in Fs. für *Schricker* 2005 S. 223/229 f.). Bei § 34 Abs. 1 S. 2 ist zu fragen, ob die Übertragung dem Urheber ausnahmsweise gegen seinen Willen zuzumuten ist, bei § 34 Abs. 3, ob der Urheber ausnahmsweise seinen gegen die Übertragung gerichteten Willen durchsetzen kann, weil ihm die Ausübung des Nutzungsrechts durch den Erwerber nicht zuzumuten ist. Entsprechend unterschiedlich ist die **Beweislastverteilung:** Für die eine Treuwidrigkeit begründenden Umstände des § 34 Abs. 1 S. 2 ist der Inhaber des Nutzungsrechts, für die den Rückruf nach § 34 Abs. 2 S. 2 tragenden Umstände der Urheber beweisbelastet (*C. Berger* in Fs. für *Schricker* 2005 S. 223/230; sa. Fromm/Nordemann/*J. B. Nordemann*[10] § 34 Rdnr. 43).

43 Beim Rückruf des Abs. 3 müssen so **schwerwiegende Umstände zu Lasten des Urhebers** vorliegen, dass die Anwendung des vom Gesetzgeber in § 34 Abs. 1 statuierten Grundsatzes der freien Übertragbarkeit bei der Gesamtveräußerung als unzumutbar erscheint (vgl. auch Mestmäcker/Schulze/*Scholz* § 34 Rdnr. 50; Dreier/*Schulze*[3] § 34 Rdnr. 37; Fromm/Nordemann/*J. B. Nordemann*[10] § 34 Rdnr. 31). Es kommt auf die Situation beim Erwerber an; sie ist zu derjenigen beim Veräußerer in Vergleich zu setzen. Die Nutzungssituation für den Urheber muss sich wesentlich verschlechtern. In der Regel wird es um persönlichkeitsrechtliche Komponenten gehen, wie etwa eine konträre Tendenz beim Erwerber oder schwere Auseinandersetzungen mit dem Erwerber aus anderem Anlass. Wirtschaftliche Erwägungen sind aber nicht ausgeschlossen (*Joppich* K&R 2003, 211/213 f., sa. Fromm/Nordemann/*J. B. Nordemann*[10] § 34 Rdnr. 31). Dass das Werk des Urhebers durch die Übertragung in Konkurrenz zu anderen vom Erwerber betreuten Werken gerät, wird in der Regel für den Rückruf nicht genügen; es sei denn, die Befürchtung ist begründet, dass der Erwerber das Werk des Urhebers in unzumutbarer Weise vernachlässigen würde. Die eine Unzumutbarkeit begründenden Umstände müssen gerade durch die Übertragung des Nutzungsrechts begründet sein und somit ohne die Übertragung nicht vorliegen. Insofern ist der Rückruf des § 34 Abs. 3 von demjenigen wegen gewandelter Überzeugung nach § 42 abzugrenzen. Letzterer hängt nicht vom jeweiligen Inhaber des Nutzungsrechts ab, sondern ist gegenüber jedem Inhaber gegeben.

44 Nach Abs. 3 S. 3 findet der das Rückrufsrecht statuierende Abs. 2 auch dann Anwendung, wenn sich die **Beteiligungsverhältnisse am Unternehmen des Inhabers des Nutzungsrechts wesentlich ändern** (kritisch hierzu Dreyer/*Kotthoff*/*Meckel*[2] § 34 Rdnr. 12). Führt die Änderung der Beteiligungsverhältnisse zu einem Wechsel der Rechtszuständigkeit, kommen bereits S. 1 und 2 zur Anwendung (s. Rdnr. 39). S. 3 betrifft die sonstigen gesellschaftsrechtlichen Änderungen, also insbesondere die Übertragung von Anteilen an Kapitalgesellschaften wie AG und GmbH (vgl. Mestmäcker/Schulze/*Scholz* § 34 Rdnr. 45; Dreier/*Schulze*[3] § 34 Rdnr. 38; Wandtke/Bullinger/*Wandtke*/*Grunert*[3] § 34 Rdnr. 26; Fromm/Nordemann/*J. B. Nordemann*[10] § 34 Rdnr. 35 und Dreyer/*Kotthoff*/*Meckel*[2] § 34 Rdnr. 13 stellen auf die Veränderung der Kontrolle über das Unternehmen ab). „Wesentlich" ist die Änderung der Beteiligungsverhältnisse, wenn von ihnen die für den Rückruf relevante Verschlechterung der Lage des Urhebers zu befürchten ist (vgl. Rdnr. 42 f.; s. auch Wandtke/Bullinger/*Wandtke*/*Grunert*[3] § 34 Rdnr. 27; Mestmäcker/Schulze/*Scholz* § 34 Rdnr. 46). Auszugehen ist von der Sicht des Autors, die jedoch im Lichte von Treu und Glauben eine gewisse Objektivierung zu erfahren hat (vgl. *Joppich* K&R 2003, 211/213). Dies wird regelmäßig von einer mehrheitlichen Anteilsübertragung zu erwarten sein, die einen für den Urheber erheblich nachteiligen Wechsel der Unternehmenspolitik bedeutet (vgl. *Partsch/Reich* AfP 2002, 298/301 f., die auf die Verschiebung der einfachen Mehrheit abstellen; zurückhaltend Wandtke/Bullinger/*Wandtke*/ *Grunert*[3] § 34 Rdnr. 22; *Haas* Nr. 117 und Dreier/*Schulze*[3] § 34 Rdnr. 38 gehen in Übereinstimmung mit dem Normvertrag VS/Börsenverein von einem Richtwert von mindestens 25% aus, s. dazu aber Fromm/Nordemann/*J. B. Nordemann*[10] § 34 Rdnr. 35; Wandtke/Bullinger/*Wandtke*/*Grunert*[3] § 34 Rdnr. 28; auch schon Verschiebungen unterhalb der 25%-Grenze können relevant sein (Loewenheim/*Loewenheim*/*J. B. Nordemann*, Handbuch des Urheberrechts[2], § 28 Rdnr. 14).

45 Auch für den Fall des § 34 Abs. 3 S. 1 gilt gemäß § 34 Abs. 5 S. 2, dass **abweichende Vereinbarungen** zulässig sind, insbesondere kann die freie Übertragbarkeit ausgeschlossen oder beschränkt werden oder es kann ein Rückrufsrecht des Urhebers über die gesetzlichen Voraussetzungen hinaus vereinbart werden (s. hierzu zB den Normvertrag VS/Börsenverein; *Hemler* GRUR 1994, 578/579 ff.; *Joppich* K&R 2003, 211/212; *C. Berger* in Fs. für *Schricker* 2005 S. 223/229).

46 Auf das Rückrufsrecht des § 34 Abs. 3 S. 2, 3 kann im Voraus nicht **verzichtet** werden (Abs. 5 S. 1); ein nachträglicher Verzicht auf das bereits entstandene Rückrufsrecht ist möglich

(Dreier/*Schulze*³ § 34 Rdnr. 47; Wandtke/Bullinger/*Wandtke*/*Grunert*³ § 34 Rdnr. 36; Fromm/ Nordemann/*J. B. Nordemann*¹⁰ § 34 Rdnr. 39; *Haas* Nr. 123). Wie bei der außerordentlichen Kündigung sind vertragliche Konkretisierungen möglich, soweit sie keine wesentliche Einschränkung des Rückrufsrechts bedeuten (vgl. *Haas* Nr. 124 f.).

Im Falle der bloßen Änderung der Beteiligungsverhältnisse ohne Wechsel der Rechtszuständigkeit (§ 34 Abs. 3 S. 3) ist der Rückruf dem Inhaber des Nutzungsrechts zu **erklären**. Die Erklärung des Rückrufs hat entsprechend § 314 Abs. 3 BGB in angemessener **Frist** zu erfolgen (*Haas* Nr. 112; Dreier/*Schulze*³ § 34 Rdnr. 39; abweichend *Partsch*/*Reich* AfP 2002, 298/300 f.: bei hinreichender Information Monatsfrist analog § 613a Abs. 6 BGB; so auch Loewenheim/ *Loewenheim*/*J. B. Nordemann*, Handbuch des Urheberrechts², § 28 Rdnr. 14; *C. Berger* in Fs. für Schricker 2005 S. 233/231 f.; *Koch-Sembdner* AfP 2004, 211/213 ff.; s. ferner *Hertin* MMR 2003, 16, 21 und *Berger*/Wündisch, Urhebervertragsrecht, § 1 Rdnr. 175, die Vereinbarung einer Monatsfrist empfehlen; Dreyer/*Kotthoff*/*Meckel*² Rdnr. 15 verlangt unverzügliche Erklärung; aA *Joppich* K&R 2003, 211/214 f.: Es besteht keine Ausschlussfrist; lediglich Verwirkung kommt in Betracht; ähnlich Mestmäcker/Schulze/*Scholz* § 34 Rdnr. 56). Der Rückruf bewirkt, dass ein gegenständliches Nutzungsrecht an den Urheber **zurückfällt** (wie bei § 41, s. dort Rdnr. 24; aA *C. Berger* in Fs für Schricker 2005 S. 223/232 f. und *Berger*/Wündisch, Urhebervertragsrecht, § 1 Rdnr. 177: Rückfall an den Veräußerer); ein schuldrechtliches Nutzungsrecht erlischt. Für die von *Haas* (Nr. 113 f.) postulierte „soziale Auslauffrist" gibt das Gesetz keinen Anhaltspunkt. Der Erwerber muss bei einschlägigen Veräußerungsvorgängen mit dem Rückruf rechnen und die Rückrufsfrist abwarten oder sich der Zustimmung des Urhebers vergewissern, bevor er investiert. Der zugrunde liegende schuldrechtliche Vertrag wird aufgelöst (vgl. § 41 Rdnr. 24; s. auch *Haas* Nr. 115). Eine Entschädigungspflicht wie bei § 41 Abs. 6 besteht nicht (*Koch-Sembdner* AfP 2004, 211/214).

Im Falle der Übertragung des Nutzungsrechts (§ 34 Abs. 3 S. 2) kann der Rückruf entsprechend § 182 Abs. 1 BGB **sowohl dem Veräußerer als auch dem Erwerber gegenüber erklärt** werden (aA *Haas* Nr. 111; Dreier/*Schulze*³ § 34 Rdnr. 39: Erklärung nur gegenüber dem Erwerber; Wandtke/Bullinger/*Wandtke*/*Grunert*³ § 34 Rdnr. 24: Erklärung gegenüber dem bisherigen Nutzungsberechtigten oder dem Erwerber). Auch hier ist die Rechtsfolge Heimfall eines gegenständlichen, Erlöschen eines schuldrechtlichen Nutzungsrechts sowie Wegfall zugrunde liegender schuldrechtlicher Beziehungen. Die Erwerberhaftung (Abs. 4) entfällt, da es an einer Übertragung fehlt.

Zur **Insolvenz** s. OLG Köln GRUR-RR 2010, 151; Dreier/*Schulze*³ § 34 Rdnr. 34–36; für den Verlagsbereich s. die Kommentierung zu § 36 VerlG bei *Schricker*, Verlagsrecht³.

IV. Rechtsfolgen bei zulässiger Übertragung (Abs. 5)

Ist die Übertragung des Nutzungsrechts wirksam erfolgt, so wird der Erwerber dessen Inhaber, dh. er erwirbt das jeweils den Rechtsinhalt bildende **positive Nutzungsrecht und negative Verbotsrecht,** und kann diese Befugnisse ausüben, ohne dass der Urheber aufgrund seines Urheberrechts dagegen vorgehen könnte. § 28 Abs. 2 S. 1 VerlG sprach diese Rechtsfolge für das Recht zur Vervielfältigung und Verbreitung klarstellend noch eigens aus (*Schricker*, Verlagsrecht³ § 28 Rdnr. 17; weitergehend *Haberstumpf*, Fs. für Hubmann, S. 127/132 f.).

Der Veräußerer kann **nicht mehr Rechte übertragen als er selbst hat;** ein **gutgläubiger Erwerb scheidet aus** (vor §§ 28 ff. Rdnr. 102). Da Existenz und Inhalt des Nutzungsrechts sich wegen seiner kausalen Bindung nach dem zugrunde liegenden **schuldrechtlichen Vertrag** (vor §§ 28 ff. Rdnr. 98 ff.) richten, schlägt dieser insoweit auf den Erwerber durch (*Haberstumpf*, Fs. für Hubmann, S. 127/137 f.), ohne Rücksicht darauf, ob er in die Rechte und Pflichten aus dem schuldrechtlichen Vertrag eintritt oder für die daraus fließenden Verpflichtungen haftet. Wenn der Veräußerer zB aufgrund des Verlagsvertrags zu einer Auflage von 1000 Stück berechtigt ist und er schon 600 Stück gedruckt hat, kann der Erwerber nicht mehr als ein Verlagsrecht zu 400 Stück erwerben (*Schricker*, Verlagsrecht³ § 28 Rdnr. 15). Ist der zwischen Urheber und Veräußerer geschlossene Vertrag ungültig oder enden seine Wirkungen, so **erlischt das Nutzungsrecht** auch in der Hand des Erwerbers und fällt an den Urheber zurück (*Schricker*, Verlagsrecht³ § 28 Rdnr. 9; Loewenheim/*Loewenheim*/*J. B. Nordemann*, Handbuch des Urheberrechts², § 26 Rdnr. 14; *Haberstumpf*/Hintermeier § 22 IV 1; *Forkel* S. 164; *Beck* S. 15; *Haberstumpf*, Fs. für Hubmann, S. 127/138; *Haas* Nr. 99; aA Dreyer/*Kotthoff*/*Meckel*² § 34 Rdnr. 7; s. jetzt auch für den Wegfall des ausschließlichen Mutterrechts aufgrund eines Rückrufs nach § 41

BGH GRUR 2009, 946 – Reifen progressiv, dazu *Scholz* GRUR 2009, 1107 und Anm. *Reber* in ZUM 2009, 855). Dies folgt aus der kausalen Zweckbindung des Nutzungsrechts. Das Ergebnis ist namentlich für die verwandte Problematik des Erlöschens eines Nutzungsrechts strittig, aufgrund dessen ein weiteres Nutzungsrecht eingeräumt wurde (s. § 35 Rdnr. 22); sa. vor §§ 28 ff. Rdnr. 100

52   Durch die Übertragung des Nutzungsrechts als solchem kommen noch **keine vertraglichen Beziehungen** zwischen Urheber und Erwerber zustande; Partner des der ursprünglichen Rechtseinräumung zugrundeliegenden schuldrechtlichen Vertrags bleibt der Veräußerer (s. im Einzelnen *Schricker*, Verlagsrecht[3] § 28 Rdnr. 19). Der Veräußerer haftet nicht für den Erwerber nach § 278 BGB (*Schricker*, Verlagsrecht[3] § 28 Rdnr. 17; *Haberstumpf/Hintermeier* § 22 III 1 a; *Wandtke/Bullinger/Wandtke/Grunert*[3] § 34 Rdnr. 32; *Dreier/Schulze*[3] § 34 Rdnr. 40; aA *Fromm/Nordemann/J. B. Nordemann*[10] § 34 Rdnr. 36). Die Beteiligten können diese schuldrechtliche Situation jedoch durch entsprechende **Vereinbarungen** im Rahmen der Vertragsfreiheit mehr oder weniger weitgehend modifizieren (Rdnr. 53). Ferner sind gewisse **gesetzliche Folgen** auf der schuldrechtlichen Ebene in Rechnung zu stellen (Rdnr. 55 ff.).

53   Nahe liegt es, dass Veräußerer und Erwerber vereinbaren, dass ersterer an letzteren zusammen mit dem Nutzungsrecht die ihm gegenüber dem Urheber zustehenden **schuldrechtlichen Ansprüche und sonstigen Rechte abtritt** (§§ 398 ff. BGB). Aus dem Vertragszweck wird sich häufig ergeben, dass eine derartige Abtretung gewollt ist, auch wenn sie nicht ausdrücklich vereinbart wurde (*Schricker*, Verlagsrecht[3] § 28 Rdnr. 17).

54   Eine **befreiende Übernahme** der dem Veräußerer gegenüber dem Urheber obliegenden Pflichten setzt die Mitwirkung des Letzteren voraus (§§ 414, 415 BGB) (*Schricker*, Verlagsrecht[3] § 28 Rdnr. 20, 21; *Dreier/Schulze*[3] § 34 Rdnr. 40). Möglich ist auch ein zwischen Urheber und Veräußerer vereinbarter Erlassvertrag (*Schricker*, Verlagsrecht[3] § 28 Rdnr. 20 a). Gegen eine formularmäßige Haftungsfreistellung des Veräußerers bestehen nach AGB-Recht Bedenken (*Fromm/Nordemann/Hertin*[9] Rdnr. 14; *Lößl* S. 250 ff.; *Dreier/Schulze*[3] § 34 Rdnr. 40).

Ohne Zustimmung des Urhebers können Erwerber und Veräußerer nur eine **kumulative Schuldübernahme** oder eine **Erfüllungsübernahme** vereinbaren.

Schließlich können Abtretung und Schuldübernahme auch zur **Vertragsübernahme** kombiniert werden: Die drei Beteiligten können vereinbaren, dass mit dem Nutzungsrecht das gesamte Vertragsverhältnis auf den Erwerber übergeht.

V. Haftung des Erwerbers gegenüber dem Urheber (Abs. 4)

55   Für den Fall, dass der Urheber der Übertragung nicht im Einzelfall ausdrücklich zugestimmt hat, bestimmt die ab 1. 7. 2002 geltende Fassung des Gesetzes in Abs. 4 eine **gesamtschuldnerische Haftung des Erwerbers** für die Erfüllung der sich aus dem Vertrag mit dem Urheber ergebenden Verpflichtungen des Veräußerers (s. zum vorherigen Recht und zur Neufassung Rdnr. 3 ff.). Die Haftung ist verfassungsgemäß, sie verstößt nicht gegen Art. 14 GG (BVerfG GRUR 2006, 410 – Nachhaftung des Verlegers).

56   **Ausdrückliche Zustimmung „im Einzelfall"** bedeutet, dass der jeweilige Übertragungsvorgang bezüglich eines bestimmten Erwerbers Gegenstand einer ausdrücklichen (nicht nur konkludenten oder stillschweigenden) Zustimmung gebildet haben muss (kritisch *Haas* Nr. 121). Es scheiden deshalb die in allgemeinen Geschäftsbedingungen oder sonst pauschal erteilten Zustimmungen aus (Amtl.Begr., *Hucko*, Urhebervertragsrecht, S. 123/124; *Fromm/Nordemann/J. B. Nordemann*[10] § 34 Rdnr. 37; *Dreier/Schulze*[3] § 34 Rdnr. 43; *Loewenheim/Loewenheim/J. B. Nordemann*, Handbuch des Urheberrechts[2], § 28 Rdnr. 16; anders zu § 34 Abs. 5 aF LG Mannheim ZUM 2003, 415/416). Die Zustimmung kann als vorherige Einwilligung oder nachträgliche Genehmigung erteilt werden. Abs. 4 lässt nicht erkennen, dass er sich auf die Fälle beschränkt, in denen eine Zustimmung erforderlich ist. Die Vorschrift erfasst vielmehr auch die Fälle, in denen das Gesetz von einer Zustimmung absieht, insbesondere gemäß Abs. 3 oder in denen die Zustimmungspflicht generell vertraglich abbedungen ist (vgl. Abs. 5 S. 2; *Haas* Nr. 121; *Dreier/Schulze*[3] § 34 Rdnr. 41, 46). Denn in diesen Fällen bestand bereits nach bisherigem Recht eine Haftung (s. 2. Aufl., § 34 Rdnr. 25); die Neuregelung wollte die Haftung nicht reduzieren, sondern ausdehnen, indem sie den Gedanken der ursprünglichen Gesetzesbegründung aufgriff, dass die Haftung nur entfallen soll, wenn der Urheber die Chance hatte, im Einzelfall eine Haftung auszuhandeln (vgl. Rdnr. 6). Die Beweislast für die ausdrückliche Zustimmung im Einzelfall obliegt dem Erwerber, der eine Ausnahme von der Haftung geltend

macht (vgl. Dreier/*Schulze*³ § 34 Rdnr. 43; sa. Fromm/Nordemann/*J. B. Nordemann*¹⁰ § 34 Rdnr. 43).

Die Haftung des Erwerbers aus Abs. 4 tritt **gesamtschuldnerisch** neben diejenige des Ver- 57 äußerers. Sie erfasst alle Haupt- und Nebenansprüche aus dem Vertrag und beurteilt sich nach §§ 421 ff. BGB (Fromm/Nordemann/*J. B. Nordemann*¹⁰ § 34 Rdnr. 36; Wandtke/Bullinger/ Wandtke/*Grunert*³ § 34 Rdnr. 31; Dreier/*Schulze*³ § 34 Rdnr. 42; Einzelheiten bei *Schricker*, Verlagsrecht³ § 28 Rdnr. 20 a). Der Korrekturanspruch nach § 32 Abs. 1 S. 3 kann nicht gegen den Erwerber geltend gemacht werden, da der Erwerber den Vertrag nicht ändern kann; wohl haftet der Erwerber aber für den Anspruch auf Zahlung einer angemessenen Vergütung. Die Erwerberhaftung nach § 32 a Abs. 2 ist besonders geregelt. Auf die Haftung gemäß Abs. 4 kann im Voraus nicht verzichtet werden (Abs. 5 S. 1); sie ist **zwingenden Rechts** (s. zB OLG München ZUM 1995, 890: Fallen die Nutzungsrechte, die der Urheber einem Subverleger eingeräumt hat, kraft vertraglicher Befristung an den Originalverleger zurück und werden sie von diesem an einen anderen Subverleger vergeben, haftet der neue Subverleger entsprechend § 34 Abs. 4). Ist vertraglich eine Schuld- oder Erfüllungsübernahme vereinbart, so tritt die gesetzliche Haftung daneben (*Schricker*, Verlagsrecht³ § 28 Rdnr. 18). Abs. 5 ist auch im **Verlagsrecht** anwendbar (*Schricker*, Verlagsrecht³ § 28 Rdnr. 6; *Ulmer*³ § 108 II 4; *Haberstumpf*, Fs. für Hubmann, S. 127/135).

Das Erfordernis der „ausdrücklichen Zustimmung im Einzelfall" bezieht sich nur auf die 58 **Haftung**; es ist damit nicht gesagt, dass nicht im Rahmen von § 34 Abs. 1 S. 1 auch eine pauschale Zustimmung für die Übertragung genügen könnte. Sie löst dann freilich eine Erwerberhaftung aus. Vorbehalte bestehen indessen gegenüber der Wirksamkeit der Abdingung des Zustimmungserfordernisses durch allgemeine Geschäftsbedingungen (sa. Rdnr. 28).

Eine gesetzliche Haftung des Erwerbers kann sich schließlich aus dem Gesichtspunkt der 59 **Übernahme eines Handelsgeschäfts (§ 25 HGB)** (dazu Wandtke/Bullinger/*Wandtke*/*Grunert*³ § 34 Rdnr. Rdnr. 31) ergeben.

§ 35 Einräumung weiterer Nutzungsrechte

(1) ¹**Der Inhaber eines ausschließlichen Nutzungsrechts kann weitere Nutzungsrechte nur mit Zustimmung des Urhebers einräumen.** ²**Der Zustimmung bedarf es nicht, wenn das ausschließliche Nutzungsrecht nur zur Wahrnehmung der Belange des Urhebers eingeräumt ist.**

(2) **Die Bestimmungen in § 34 Abs. 1 Satz 2, Abs. 2 und Abs. 5 Satz 2 sind entsprechend anzuwenden.**

Schrifttum: S. die Schrifttumsnachweise zu § 34.

Übersicht

	Rdnr.
I. Allgemeines	1–12
1. Zweck und Bedeutung der Norm	1, 2
2. Entstehungsgeschichte	3, 4
3. Systematik der Vorschrift	5–8
4. Anwendungsbereich	9–12
II. Tatbestandsvoraussetzungen	13–19
1. Zustimmungserfordernis	13–16
2. Ausnahmen vom Zustimmungserfordernis	17–19
III. Rechtsfolgen	20, 21
IV. Fortfall des Tochterrechts	22–24

I. Allgemeines

1. Zweck und Bedeutung der Norm

Zusammen mit § 34 sichert § 35 die Stellung des Urhebers gegenüber Dritten, denen 1 Rechtspositionen an seinem Recht zum Zwecke der Verwertung verschafft werden. § 34 stellt eine Sicherung gegenüber einer **translativen Übertragung** gegenständlicher Nutzungsrechte dar, dh. gegenüber Rechtsgeschäften, die eine volle Änderung der Rechtszuständigkeit bewirken (§ 34 Rdnr. 16). Der Inhaber eines ausschließlichen Nutzungsrechts kann Dritte aber auch dadurch zu Inhabern gegenständlicher Nutzungsrechte machen, dass er **konstitutiv Nutzungsrechte weiterer Stufe einräumt** (vor §§ 28 ff. Rdnr. 51; Wandtke/Bullinger/*Wandtke/ Grunert*[3] § 35 Rdnr. 3). Der diese „Enkelrechte" kreierende Inhaber des ausschließlichen Nutzungsrechts (des „Tochterrechts" im Verhältnis zum Urheberrecht als dem „Mutterrecht") begibt sich dadurch seiner Rechtsstellung in Bezug auf das Urheberrecht zwar nicht völlig; Folge ist aber doch, dass ein Dritter Nutzungsrechte mit Wirkung gegenüber dem Urheber erlangt. Hieraus resultiert ein Schutzbedürfnis des Urhebers, das demjenigen bei § 34 gleichkommt: Der Urheber soll die Kontrolle darüber behalten, wer sein Recht verwertet (Loewenheim/*Loewenheim*/*J. B. Nordemann*, Handbuch des Urheberrechts[2], § 25 Rdnr. 10; sa. § 34 Rdnr. 1 ff.) Dementsprechend trifft § 35 eine Regelung in weitgehender Parallele zu § 34.

2   Nur der Inhaber eines **ausschließlichen Nutzungsrechts,** nicht auch derjenige eines einfachen Nutzungsrechts, kann ein weiteres Nutzungsrecht einräumen; im Gegensatz zu § 31 Abs. 3 sieht § 31 Abs. 2 dies nicht vor (h. M., vgl. Loewenheim/*Loewenheim*/*J. B. Nordemann*, Handbuch des Urheberrechts[2] § 25 Rdnr. 9; *Berger*/Wündisch, Urhebervertragsrecht, § 1 Rdnr. 51; *v. Gamm* § 35 Rdnr. 1, 3; aA. Dreier/*Schulze*[3] § 31 Rdnr. 55; Fromm/Nordemann/ *J. B. Nordemann*[10] § 35 Rdnr. 5). Dementsprechend beschränkt sich die Regelung in § 35 auf die Inhaber ausschließlicher Nutzungsrechte und bezieht Inhaber einfacher Nutzungsrechte nicht ein; auf diese ist § 35 nicht anzuwenden (aA. Dreier/*Schulze*[3] § 35 Rdnr. 5; Fromm/Nordemann/*J. B. Nordemann*[10] § 35 Rdnr. 5; offengelassen bei *Berger*/Wündisch, Urhebervertragsrecht, § 1 Rdnr. 186).

2. Entstehungsgeschichte

3   Das Gesetz erwähnte in der Fassung von 1965 nur einfache Nutzungsrechte; eine Unvollständigkeit, für die die heute zunehmend überholte Konzeption der einfachen Nutzungsrechte als rein schuldrechtliche Rechtsfigur eine Rolle gespielt haben mag (*v. Gamm* § 35 Rdnr. 2). Nach heute hM sind nicht nur ausschließliche, sondern auch einfache Nutzungsrechte als **gegenständliche Rechte** anzusehen (vor §§ 28 ff. Rdnr. 83). Des Schutzes bedarf der Urheber bei Schaffung jeder Art von gegenständlichen Nutzungsrechten weiterer Stufe, ganz gleich, ob es sich um **einfache oder ausschließliche Rechte** handelt (s. zum älteren Recht *Möhring/ Nicolini*[1] Anm. 1 a). § 35 in der Fassung von 1965 galt unmittelbar nur den Fall, dass der Inhaber eines ausschließlichen Nutzungsrechts ein einfaches Nutzungsrecht einräumt; für die Einräumung eines ausschließlichen Nutzungsrechts wurde die Vorschrift von der hM. entsprechend angewendet (*Schricker*, Verlagsrecht[3] § 28 Rdnr. 25; *Leiss* § 28 Anm. 82; *Haberstumpf/Hintermeier* § 22 II 1; *Ulmer*[3] § 86 II; *Lange* S. 46 f.; *Lößl* S. 155 f.; zT abweichend offenbar *v. Gamm* § 35 Rdnr. 4: bei ausschließlichen Rechten sei immer Zustimmung erforderlich).

4   Das **Urhebervertragsgesetz** (Gesetz zur Stärkung der vertraglichen Stellung von Urhebern und ausübenden Künstlern vom 22. 3. 2002, BGBl. I S. 1155, s. dazu vor §§ 28 ff. Rdnr. 6 ff.) hat die im Gesetz zunächst verbliebene, von der Lehre durch Analogie ausgefüllte Lücke geschlossen, indem § 31 Abs. 3 „Nutzungsrechte" schlechthin und § 35 jede Einräumung von „weiteren Nutzungsrechten" erfasst, seien sie einfache, seien sie ausschließliche Rechte (Dreier/ *Schulze*[3] § 35 Rdnr. 8). Nach der Begründung zum Regierungsentwurf handelt es sich um eine Klarstellung (abgedruckt bei *Hucko*, Urhebervertragsrecht, S. 124); gegenüber dem bereits unter der alten Fassung herrschenden Verständnis wird die Rechtslage nicht geändert. In § 35 Abs. 2 wurde die Verweisung auf § 34 an dessen Neufassung angepasst; auch hierin liegt sachlich keine Änderung.

3. Systematik der Vorschrift

5   § 35 folgt weitgehend der Regelung des § 34. Das **Zustimmungserfordernis des § 34 Abs. 1 S. 1** wird in § 35 Abs. 1 S. 1 wiederholt. Der folgende **§ 34 Abs. 1 S. 2** ist gemäß § 35 Abs. 2 entsprechend anwendbar. Gleiches gilt für **§ 34 Abs. 2** betreffend Sammelwerke. **Abs. 3 des § 34** wird nicht aufgenommen, da eine entsprechende Konstellation wohl schwer vorstellbar war. Immerhin mag etwa bei einer Unternehmensverpachtung eine umfassende Erteilung ausschließlicher oder einfacher Nutzungsrechte zugunsten des Pächters in Betracht kommen; es wäre zu erwägen, § 34 Abs. 3 wegen der Vergleichbarkeit der Interessenlage entsprechend heranzuziehen. Dagegen spricht freilich, dass auch eine dem § 34 Abs. 5 aF (jetzt § 34 Abs. 4) entsprechende Regelung in § 35 fehlt, die im Rahmen des § 34 als Korrektiv fun-

giert. Man wird sich deshalb damit begnügen müssen, die besondere Situation der Geschäfte über das ganze Unternehmen oder über Unternehmensteile im Rahmen der Interessenabwägung und -wertung nach § 35 Abs. 1 in Verbindung mit § 34 Abs. 1 S. 2 zu berücksichtigen (Wandtke/Bullinger/*Wandtke/Grunert*³ § 35 Rdnr. 1; *v. Gamm* § 35 Rdnr. 5; für analoge Anwendung von § 34 Abs. 3 und § 34 Abs. 5 Fromm/Nordemann/*J. B. Nordemann*¹⁰ § 35 Rdnr. 13; *Lößl* S. 152 ff.) **Abs. 5 S. 2 (früher Abs. 4) des § 34** wird in § 35 Abs. 2 wiederum für entsprechend anwendbar erklärt.

Als zusätzlichen Regelungsgehalt gegenüber § 34 weist **§ 35 Abs. 1** den **Satz 2** auf, der eine **6** Ausnahme von der Zustimmungspflicht macht, da sie nicht für Fälle passe, „in denen das ausschließliche Nutzungsrecht nur zur Wahrnehmung der Belange des Urhebers eingeräumt ist, wie insbesondere bei den Verwertungsgesellschaften und Bühnenvertrieben, deren Aufgabe es gerade ist, das ausschließliche Recht durch Vergabe von einfachen Nutzungsrechten auszuwerten" (Amtl. Begr. BT-Drucks. IV/270 S. 57). Die in Abs. 1 S. 2 enthaltene Regel bringt einen verallgemeinerungsfähigen Gedanken zum Ausdruck, mit dessen Hilfe auch in anderem Zusammenhang eine Privilegierung der Wahrnehmungsverträge begründet werden kann (vor §§ 28 ff. Rdnr. 69).

In jedem Fall können ausschließliche und einfache Nutzungsrechte aber nur in den Konturen **7** begründet werden, hinsichtlich derer eine **gegenständliche Aufspaltung möglich** ist (vor §§ 28 ff. Rdnr. 87 ff.).

§ 35 ist analog anwendbar, wenn der Inhaber eines gegenständlichen Nutzungsrechts einem **8** Dritten eine **rein schuldrechtliche Nutzungsbefugnis** erteilt (Dreier/*Schulze*³ § 35 Rdnr. 9; Fromm/Nordemann/*J. B. Nordemann*¹⁰ § 35 Rdnr. 8; Wandtke/Bullinger/*Wandtke/Grunert*³ § 35 Rdnr. 6; *v. Gamm* § 34 Rdnr. 4, § 35 Rdnr. 2; *Haberstumpf/Hintermeier* § 22 II 1; aA *Lößl* S. 157). Entsprechend ist § 34 zu verstehen, s. dort Rdnr. 12.

4. Anwendungsbereich

Da die Neufassung des § 35 den Wortlaut nur an die bisherige Rechtslage angepasst hat, spielt **9** die zeitliche Abgrenzung der Anwendbarkeit des § 35 in der Neufassung praktisch keine Rolle (Wandtke/Bullinger/*Wandtke/Grunert*³ § 35 Rdnr. 14). Entsprechend wie bei § 34 ist anzunehmen, dass Einräumungen weiterer Nutzungsrechte, die nach dem 1. 7. 2002 stattfinden als **neue Sachverhalte** unter neues Recht, ältere unter altes Recht fallen (vgl. § 34 Rdnr. 23).

Auf die Einräumung gegenständlicher Nutzungsrechte durch den Verleger **(Verlagslizenzen) 10** wendet die bisher hM grundsätzlich im Verein mit § 35 UrhG die Vorschrift des § 28 VerlG an (s. 2. Aufl. § 35 Rdnr. 4). Für die Aufhebung des § 28 VerlG durch Art. 2 des Urhebervertragsgesetzes fehlt es zwar an einer ausdrücklichen intertemporalen Regelung, jedoch wird man nach allgemeinen Grundsätzen annehmen können, dass es auch insoweit darauf ankommt, ob die Nutzungsrechtseinräumung vor oder nach dem 1. 7. 2002 erfolgt ist.

Für den so genannten **Subverlag im Musikverlagswesen** ist, entsprechend § 35 Abs. 1 S. 2 **11** eine Ausnahme vom Zustimmungserfordernis zu machen (*Schricker*, Verlagsrecht³ § 28 Rdnr. 25; ähnlich *Beck* S. 69 f. und unter Berufung auf ihn BGH GRUR 1964, 326, 321 – Subverleger – in einem obiter dictum mit kritischer Anm. von *D. Reimer* GRUR 1964, 332 ff.; abweichend *Karow* S. 20 ff.: § 28 VerlG sei an sich anwendbar, aber in der Regel abbedungen. Nach *v. Gamm* Rdnr. 6 ist § 35 Abs. 1 S. 2 auf die Vergabe ausschließlicher Lizenzen unanwendbar).

Im **Filmbereich** ist die Anwendung des § 35 weitgehend ausgeschlossen (§ 90 S. 1; s. § 90 **12** Rdnr. 4, 5, 14).

II. Tatbestandsvoraussetzungen

1. Zustimmungserfordernis

Das grundsätzliche Erfordernis der Zustimmungsbedürftigkeit gilt wie bei § 34 (s. dort **13** Rdnr. 10) für das **Verfügungsgeschäft**, dh. die Einräumung eines gegenständlichen – einfachen oder ausschließlichen – Nutzungsrechts. der dem Verfügungsgeschäft zugrundeliegende **Verpflichtungsvertrag** untersteht dem § 35 nicht (*Schricker*, Verlagsrecht³ § 28 Rdnr. 25; Dreier/*Schulze*³ § 35 Rdnr. 7). Wie bei § 34 (s. dort Rdnr. 12) ist § 35 auf die **Erteilung rein schuldrechtlicher Nutzungsermächtigungen analog** anzuwenden (Fromm/Nordemann/ *J. B. Nordemann*¹⁰ § 35 Rdnr. 8; Wandtke/Bullinger/*Wandtke/Grunert*³ § 35 Rdnr. 6; Dreier/ *Schulze*³ § 35 Rdnr. 9).

14 Gemäß § 35 Abs. 2 mit § 34 Abs. 5 S. 2 ist bei § 35 die Regelung in vollem Umfang **dispositiv**. Vgl. zu den Möglichkeiten vertraglicher Regelung und zur Vertragsauslegung § 34 Rdnr. 24–29; s. dazu ferner Loewenheim/*Loewenheim*/*J. B. Nordemann*, Handbuch des Urheberrechts[2], § 25 Rdnr. 14; Dreier/*Schulze*[3] § 35 Rdnr. 21.

15 Soweit das Zustimmungserfordernis nicht vertraglich abbedungen ist und es auch nicht nach Abs. 1 S. 2 oder Abs. 2 mit § 34 Abs. 2 (s. dazu § 34 Rdnr. 38) entfällt, ist zur Rechtseinräumung die **Zustimmung des Urhebers** (bzw. seines Rechtsnachfolgers iS des § 30) erforderlich. Sie muss eindeutig erklärt werden oder sich eindeutig aus den Umständen des Vertragsschlusses ergeben (LG Leipzig ZUM 2007, 671/672). Der Urheber darf die Zustimmung **nicht wider Treu und Glauben versagen** (§ 35 Abs. 2 mit § 34 Abs. 1 S. 2). Die Treu und Glauben-Klausel ist durch eine umfassende Interessenabwägung und -wertung zu konkretisieren (s. im Einzelnen § 34 Rdnr. 31–37). Im Zweifel kann keine Zustimmung verlangt werden (Dreier/*Schulze*[3] § 35 Rdnr. 12). Bei Versagung der Zustimmung muss der Rechtsinhaber auf Erteilung der Zustimmung klagen, wenn er Treuwidrigkeit geltend machen will (Loewenheim/*Loewenheim*/*J. B. Nordemann*, Handbuch des Urheberrechts[2], § 25 Rdnr. 12f.; sa. oben § 34 Rdnr. 35).

16 Nicht von § 35 geregelt wird die Frage, ob, wer vom **Inhaber eines ausschließlichen Nutzungsrechts** ein abgeleitetes ausschließliches Nutzungsrecht erworben hat, (auch) der Zustimmung **seines Vormannes** bedarf, um einem Dritten eine Unterlizenz einzuräumen. Die Antwort hängt von den vertraglichen Abmachungen ab; ein Zustimmungsvorbehalt ist weithin üblich, insbesondere bei Film- und Videolizenzverträgen (s. dazu BGH GRUR 1987, 37/38 ff. – Videolizenzvertrag; sa. LG Leipzig ZUM 2007, 671/672; aA *Lößl* S. 168 ff. für den Verlagsbereich: das Erfordernis der Zustimmung durch den Verleger ergebe sich aus § 28 VerlG). Der Zustimmungsvorbehalt hat nach hM. dingliche Wirkung (GRUR 1987, 37/39 – Videolizenzvertrag; OLG Frankfurt/M. CR 1998, 525, 526; Fromm/Nordemann/*J. B. Nordemann*[10] § 35 Rdnr. 9; Dreier/*Schulze*[3] § 35 Rdnr. 11; Wandtke/Bullinger/*Wandtke*/*Grunert*[3] § 35 Rdnr. 11; aA. Vorauft. Rdnr. 8; *Schricker*, Verlagsrecht[3] § 28 Rdnr. 23 aE: nur schuldrechtliche Wirkung).

2. Ausnahmen vom Zustimmungserfordernis

17 Eine **Ausnahme von Zustimmungserfordernis** macht **§ 35 Abs. 1 S. 2,** wenn das ausschließliche Nutzungsrecht, das als Basis für die Einräumung weiterer Nutzungsrechte dient, „**nur zur Wahrnehmung der Belange des Urhebers**" eingeräumt ist. Nach der Amtl.Begr. (BT-Drucks. IV/270 S. 57) ist dabei insbesondere an **Verwertungsgesellschaften** und **Bühnenvertriebe** gedacht; hierher dürften auch **Musikverlage** (vgl. vor §§ 28ff. Rdnr. 121ff.) rechnen, die schwerpunktmäßig Nutzungsrechte zur Ausübung durch Dritte vermarkten (Loewenheim/*Loewenheim*/*J. B. Nordemann*, Handbuch des Urheberrechts[2], § 25 Rdnr. 11; *v. Gamm* Rdnr. 6; enger Dreyer/*Kotthoff*/Meckel[2] § 35 Rdnr. 6), nicht aber schon die bloße **Nebenrechtsverwertung durch Buchverlage** (so auch Dreier/*Schulze*[3] § 35 Rdnr. Rdnr. 15), sofern nicht der Wahrnehmungszweck bei der Rechtseinräumung an den Verleger das Bild beherrscht. Die bloße Nutzungsrechtsausübung durch den Inhaber einer ausschließlichen Lizenz durch Einräumung einfacher Nutzungsrechte fällt ebenfalls nicht unter § 35 Abs. 1 S. 2, sondern bildet den Grundfall des § 35 Abs. 1 S. 1 (LG München I ZUM 2003, 73/76). Nicht unter § 35 Abs. 1 S. 2 fällt auch die **Sicherungstreuhand** (*v. Gamm* § 35 Rdnr. 6).

18 Eine **weitere Ausnahme vom Zustimmungserfordernis** besteht gemäß § 35 Abs. iVm § 34 Abs. für Sammelwerke: Die Zustimmung der Urheber der einzelnen in das Sammelwerk aufgenommenen Beiträge ist nicht erforderlich, es genügt die Zustimmung des Urhebers des Sammelwerks (vgl. näher § 34 Rdnr. 38). Eine § 34 Abs. 3 entsprechende Ausnahme bei Übernehmensveräußerungen besteht nicht; vgl. Rdnr. 5.

19 Die Ausnahme des § 35 Abs. 1 S. 2 gilt im Übrigen sowohl für die Vergabe **einfacher** als auch **ausschließlicher** Rechte (Dreier/*Schulze*[3] Rdnr. 14; vgl. *Ulmer*[3] § 86 II: zB Einräumung eines ausschließlichen Aufführungsrechts durch Bühnenverlag; aA *v. Gamm* § 35 Rdnr. 6: Keine Anwendung auf die Vergabe ausschließlicher Rechte).

III. Rechtsfolgen

20 Wird die Zustimmung erteilt, erlangt der Nutzungsberechtigte das ihm eingeräumte einfache oder ausschließliche Nutzungsrecht zweiter (oder weiterer) Stufe. **Vertragliche Beziehungen zum Urheber** werden dadurch nicht hergestellt (*Haberstumpf*/*Hintermeier* § 22 III 2), sofern nicht entsprechende Übertragungsgeschäfte (Abtretung, Schuldübernahme, Vertragsübernahme) getätigt werden. Eine Haftung kraft Gesetzes (vgl. § 34 Abs. 4) trifft den Erwerber nicht (so auch Dreier/*Schulze*[3] Rdnr. 20; *Berger*/Wündisch, Urhebervertragsrecht, § 1 Rdnr. 191; *Haberstumpf*/Hintermeier § 22 III 2: auch eine analoge Anwendung scheidet aus; aA *Lößl* S. 171 f.).

Ist ein Zustimmung erforderlich, wird sie aber nicht erteilt, so ist eine gleichwohl vorgenommene Nutzungsrechtseinräumung **unwirksam**, ein gutgläubiger Erwerb ist nicht möglich (vgl. § 34 Rdnr. 29). Räumt der Nutzungsrechtsinhaber ein Nutzungsrecht gleichwohl ein, so begeht er eine Vertragspflichtverletzung; der Erwerber, der das vermeintlich erworbene Nutzungsrecht ausübt, begeht eine Urheberrechtsverletzung (vgl. § 34 Rdnr. 29). **21**

IV. Fortfall des Tochterrechts

Sehr strittig ist, ob bei **Wegfall des ausschließlichen Nutzungsrechts früherer Stufe**, aufgrund dessen das Nutzungsrecht späterer Stufe erteilt wurde, das letztere in Fortfall kommt (s. zur entsprechenden Problematik bei § 34 dort Rdnr. 51). Erlischt etwa, so fragt sich, die von einem Verleger erteilte Taschenbuchlizenz, wenn der Hauptverlagsvertrag unwirksam wird oder endet, insbesondere durch ordentliche oder außerordentliche Kündigung, und damit das kausal gebundene (vgl. § 9 Abs. 1 VerlG) Verlagsrecht entfällt? Die **überwiegende Meinung** (OLG München FuR 1983, 605; OLG Stuttgart FuR 1984, 393/397; OLG Hamburg GRUR Int. 1998, 431/435; OLG Hamburg ZUM 2001, 1005/1008; OLG Köln MMR 2006, 750/751; LG München ZUM-RD 1997, 510; LG Hamburg ZUM 1999, 858/860; vgl. auch BGHZ 27, 90/95 (obiter dictum); im Schrifttum insb. Dreier/*Schulze*[3] § 35 Rdnr. 16; Wandtke/Bullinger/*Wandtke*/Grunert[3] § 35 Rdnr. 7 ff.; *Schricker*, Verlagsrecht[3] § 28 Rdnr. 27; ders. EWiR § 34 1/99, 275; Möhring/Nicolini/*Spautz*[2] § 35 Rdnr. 6; Dreyer/*Kotthoff*/Meckel[2] § 35 Rdnr. 8; Loewenheim/*Loewenheim*/J. B. Nordemann, Handbuch des Urheberrechts, § 26 Rdnr. 31; *Leiss* § 28 Anm. 82–90; *Ulmer*[3] § 108 IV 2; *Goldbaum*[3] S. 272; *Nordemann* GRUR 1970, 174 ff.; *Wente*/Härle GRUR 1997, 96/99; *Scheuermann*, Urheber- und vertragsrechtliche Probleme der Videoauswertung von Filmen, 1990, S. 160 ff.; *Lößl* S. 173 ff.; *Haas* Nr. 99; s. aber Fromm/Nordemann/*J. B. Nordemann*[10] § 35 Rdnr. 7: nur bei Erlöschen der Rechtseinräumung durch den Urheber fallen davon abgeleitete Rechte zurück, nicht aber bei Erlöschen anderer höherstufiger Rechte von bloßen Nutzungsberechtigten) plädiert für einen Wegfall auch des Schutzrechts weiterer Stufe und stützt sich dabei auf konstruktive Erwägungen (niemand kann mehr Rechte übertragen als er selbst hat) sowie vor allem auf den Gedanken der zum Schutz des Urhebers zu beachtenden Zweckbindung, aus der ein isoliert fortbestehendes Sub-Recht nicht gleichsam ausbrechen dürfe (s. zu Einzelfragen Wandtke/Bullinger/*Wandtke*/Grunert[3] vor §§ 31 ff. Rdnr. 49 ff.; sa. vor §§ 28 ff. Rdnr. 100). Aus § 34 Abs. 1 ergibt sich nichts anderes (OLG Hamburg ZUM 2001, 1005, 1008). Die **Gegenmeinung** argumentiert mit dem Interesse des Inhabers des Rechts späterer Stufe sowie der Verkehrssicherheit und will den Gedanken des § 33 heranziehen (für den Wegfall des ausschließlichen Mutterrechts aufgrund eines Rückrufs nach § 41 BGH GRUR 2009, 946 – Reifen progressiv, dazu *Scholz* GRUR 2009, 1107 und Anm. *Reber* in ZUM 2009, 855; s. ferner OLG Köln GRUR-RR 2007, 33/34 – Computerprogramm für Reifenhändler, für den Rückruf gemäß § 41 UrhG; *Berger*/Wündisch, Urhebervertragsrecht, § 1 Rdnr. 195; *Sieger* FuR 1983, 580 ff.; ders. UFITA 82 [1978] 287/307; *Brandi-Dohrn* GRUR 1983, 146; *Held* GRUR 1983, 161; *Reber* ZUM 2009, 855; *Schwarz*/Klingner GRUR 1998, 103, 110 ff. für Filmsublizenzen; *Wohlfahrt*, Das Taschenbuchrecht, 1991, S. 165 ff.; kritisch hierzu *Nordemann* NJW 1992, 1372; LG Stuttgart FuR 1983, 608; sa. vor §§ 28 ff. Rdnr. 100). Zwischen beiden Extremen haben sich vermittelnde Meinungen ausgebildet, die etwa die normale Vertragsbeendigung, nicht aber außerordentliche Lösungsgründe auf das Recht späterer Stufe durchschlagen lassen wollen (*Beck* S. 82 ff.; *Karow* S. 82 ff.; *v. Hase* S. 44 ff.; ähnlich *Lange* S. 92 ff.; *Platho* FuR 1984, 135/137 f.; *Haberstumpf*/Hintermeier § 22 IV 2 d; *Haberstumpf*, Handbuch des Urheberrechts[2], Rdnr. 418; ders., Fs. für Hubmann, S. 127/140 ff.). **22**

Die erstgenannte überwiegende Meinung hat die überzeugenderen Gründe für sich; sie wird der Interessenlage besser gerecht (eingehende Begründung bei *Schricker*, Verlagsrecht[3] § 28 Rdnr. 27). Nicht ausgeschlossen ist freilich, dass bei einer einverständlichen Auflösung eines Verlagsvertrages die Vertragsbeendigung nur teilweise mit der Maßgabe vereinbart wird, dass die Vertragsbeziehungen insoweit fortdauern sollen, als es für den Fortbestand der aufgrund des Verlagsvertrages erteilten Taschenbuchlizenz erforderlich ist; diese hat dann in Wirklichkeit ihre Basis nicht verloren und besteht fort (BGH ZUM 1986, 278 – Alexis Sorbas; vgl. dazu auch OLG München FuR 1983, 605, worin jedoch eine volle Beendigung des Verlagsvertrages mit **23**

Rückfall der Taschenbuchrechte angenommen wurde; s. im Übrigen zur Vertragsgestaltung *Wente/Härle* GRUR 1997, 96/99 ff.).

24 Das **Urhebervertragsgesetz** vom 22. 3. 2002 hat insofern eine (partielle) Änderung gebracht, als im Fall des **Verzichts** auf das Basisrecht Sukzessionsschutz gemäß § 33 S. 2 gewährt wird. Dem Vorschlag des Professorenentwurfs, im Übrigen der hM zu folgen, hat sich der Regierungsentwurf nicht angeschlossen; die Streitfrage solle nicht präjudiziert werden, sondern der Rechtsprechung zur Klärung überlassen bleiben (*Hucko*, Urhebervertragsrecht, S. 123; sa. oben § 33 Rdnr. 6).

§ 36 Gemeinsame Vergütungsregeln

(1) ¹Zur Bestimmung der Angemessenheit von Vergütungen nach § 32 stellen Vereinigungen von Urhebern mit Vereinigungen von Werknutzern oder einzelnen Werknutzern gemeinsame Vergütungsregeln auf. ²Die gemeinsamen Vergütungsregeln sollen die Umstände des jeweiligen Regelungsbereichs berücksichtigen, insbesondere die Struktur und Größe der Verwerter. ³In Tarifverträgen enthaltene Regelungen gehen gemeinsamen Vergütungsregeln vor.

(2) Vereinigungen nach Absatz 1 müssen repräsentativ, unabhängig und zur Aufstellung gemeinsamer Vergütungsregeln ermächtigt sein.

(3) ¹Ein Verfahren zur Aufstellung gemeinsamer Vergütungsregeln vor der Schlichtungsstelle (§ 36 a) findet statt, wenn die Parteien dies vereinbaren. ²Das Verfahren findet auf schriftliches Verlangen einer Partei statt, wenn

1. die andere Partei nicht binnen drei Monaten, nachdem eine Partei schriftlich die Aufnahme von Verhandlungen verlangt hat, Verhandlungen über gemeinsame Vergütungsregeln beginnt,
2. Verhandlungen über gemeinsame Vergütungsregeln ein Jahr, nachdem schriftlich ihre Aufnahme verlangt worden ist, ohne Ergebnis bleiben oder
3. eine Partei die Verhandlungen endgültig für gescheitert erklärt hat.

(4) ¹Die Schlichtungsstelle hat den Parteien einen begründeten Einigungsvorschlag zu machen, der den Inhalt der gemeinsamen Vergütungsregeln enthält. ²Er gilt als angenommen, wenn ihm nicht innerhalb von drei Monaten nach Empfang des Vorschlages schriftlich widersprochen wird.

Schrifttum: S. die Schrifttumsnachweise zu § 32 und vor §§ 28 ff. Rdnr. 4

Übersicht

	Rdnr.
I. Allgemeines	1–43
1. Grundgedanken der Regelung in §§ 36/36 a	1–6
2. Rechtspolitischer Entwicklungsgang	7–29
a) Unzulänglichkeiten des ersten Anlaufs 1974 zur Ermöglichung kollektivvertraglicher Lösungen im Urhebervertragsrecht	7–12
b) Wechsel von der quasi-arbeitsrechtlichen Lösung zum System der Vergütungsregeln (Systemwechsel) und seine Konsequenzen	13–18
c) Die gesetzliche Lösung als – auch kartellrechtlich – juristisches Neuland	19–29
3. Entstehungsgeschichte des § 36 (und des § 36 a)	30–43
a) in gesetzestechnischer Hinsicht	30
b) in inhaltlicher Hinsicht: Wirkung der Vergütungsregeln	31–33
c) Schlichtungsverfahren und Einigungsvorschlag	34–38
d) Anforderungen an Vereinigungen	39, 40
e) Verhältnis zu Tarifverträgen	41–43
II. Aufstellung gemeinsamer Vergütungsregeln	44–73
1. Zweck: Bestimmung der Angemessenheit von Vergütungen nach § 32	44, 45
2. Aufstellung gemeinsamer Vergütungsregeln als vom Gesetzgeber gewünschter, geförderter und geforderter Vorgang (keine bloße Parteivereinbarung)	46, 47
3. Die an der Aufstellung gemeinsamer Vergütungsregeln beteiligten Parteien	48–51
4. Gesetzliche Anforderungen an zur Aufstellung gemeinsamer Vergütungsregeln befugte Vereinigungen	52–62
5. Gegenstand gemeinsamer Vergütungsregeln	63–66
6. Dauer und Beendigung gemeinsamer Vergütungsregeln	67–70
7. Vorrang von Tarifverträgen	71–73

	Rdnr.
III. Schlichtungsverfahren	74–92
1. Allgemeines	74–77
2. Das obligatorische Schlichtungsverfahren	78–85
3. Ergebnis des Schlichtungsverfahrens: Einigungsvorschlag	86–92
IV. Erfahrungen aus der bisherigen Praxis von Verhandlungen nach § 36	93–98

I. Allgemeines

1. Grundgedanken der Regelung in §§ 36/36a

Die sachlich zusammenhängende Regelung in den §§ 36 und 36a, die erst aufgrund der von Bundestag und Bundesrat unverändert angenommenen RA-Beschlussempfehlung (BT-Drs. 14/8058) zweckmäßigerweise in zwei Vorschriften aufgeteilt wurde (su. Rdnr. 30), steht in wechselseitiger Beziehung zu § 32 und realisiert mit diesem (und mit § 32a, der die frühere Regelung über den sog. „Bestsellerparagraphen" des § 36 in verbesserter Fassung weiterführt) den **Grundgedanken des Gesetz zur Stärkung der vertraglichen Stellung von Urhebern und ausübenden Künstlern vom 22. März 2002** (BGBl. I 1155). Dieser besteht nach den Worten von *Hucko* als dem für die Gesetzesvorbereitung verantwortlichen Abteilungsleiter im Bundesministerium der Justiz im Kern aus nur zwei Vorgaben: „Die Verwerter sollen ihre Urheber angemessen vergüten. Die Verbände der Verwerter und der Urheber sollen sich zusammensetzen und vereinbaren, was jeweils angemessen ist" (s. *Hucko* S. 8). Der Grundsatz der angemessenen Vergütung ist dementsprechend in § 32, die Aufstellung von Angemessenheitsmaßstäben durch die beiderseitigen Verbände (gegebenenfalls gefolgt durch ein Verfahren vor einer Schlichtungsstelle) in den §§ 36 und 36a verankert worden. Diese wechselseitige Beziehung kommt auch in der ausdrücklichen gegenseitigen in Bezugnahme des § 36 in § 32 Abs. 2 S. 1 (wie in § 32a Abs. 4) einerseits und des § 32 in § 36 Abs. 1 S. 1 andererseits zum Ausdruck. Danach ist zum einen eine nach einer gemeinsamen Vergütungsregel (§ 36) ermittelte Vergütung iS einer **unwiderleglichen Vermutung** angemessen; zum anderen stellen Vereinigungen von Urhebern mit Vereinigungen von Werknutzern oder einzelnen Werknutzern derartige gemeinsame Vergütungsregeln auf. Kraft Verweisung in § 79 Abs. 2 S. 2 gelten die Vorschriften in §§ 36 und 36a auch für ausübende Künstler und ihre Vereinigungen (allgemein dazu *Haas* Rdnr. 347 ff.), kraft allgemeiner Verweisung auf Teil 1 des UrhG in § 70 Abs. 1 und § 72 Abs. 1 darüber hinaus auch für Verfasser wissenschaftlicher Ausgaben und für Lichtbildner und ihre jeweiligen Vereinigungen (sa. oben § 32 Rdnr. 1 und 14 sowie § 32a Rdnr. 11 f.; die letzteren Anwendungsfälle bleiben hier im Wesentlichen unberücksichtigt).

Die Regelung in den §§ 36 und 36a ist demnach vor dem Hintergrund des Gesetzes zur Stärkung der vertraglichen Stellung von Urhebern und ausübenden Künstlern zu sehen, wie sie in besonders konziser Form in der Einführung zur **RA-Beschlussempfehlung** (UFITA, Bd. 2002/II S. 552; weitgehend übereinstimmend bereits Einführung zum RegE, UFITA, Bd. 2002/II S. 484; BT-Drs. 14/6433 iVm. 14/7564) zum Ausdruck kommt. Urheber und ausübende Künstler erhalten einen gesetzlichen Anspruch auf Anpassung des Nutzungsvertrags, wenn keine angemessene Vergütung vereinbart ist. **Konkretisiert wird die Angemessenheit über gemeinsame Vergütungsregeln,** die Verbände von Urhebern gemeinsam mit Verbänden von Werknutzern oder einzelnen Werknutzern unter Nutzung der Fachkunde der jeweils Betroffenen selbst aufstellen. Auf diese Weise, so jedenfalls die Vorstellung des Gesetzgebers, sollen die Beteiligten in einem konsensorientierten Verfahren selbst bestimmen, was in den einzelnen, ganz unterschiedlichen Bereichen der Kulturwirtschaft angemessen ist. Unterschiede und Besonderheiten, zB die von kleinen Verlagen oder Verwertungszyklen, könnten und sollten hierbei berücksichtigt werden. Auch im Verfahren vor der Schlichtungsstelle (§ 36a) könnte der Sachverstand der Branche eingebracht werden.

Die durch diese rechtspolitischen Kernüberlegungen des Gesetzgebers charakterisierte Gesamtregelung (einschließlich der Regelung in den §§ 36 und 36a) ist im Übrigen Ausdruck eines **politischen Kompromisses.** Vorausgegangen war ein **heftiger Meinungsstreit,** insb. auch bezüglich des ursprünglich vorgeschlagenen Systems der Gesamtverträge nach § 36 Professorenentwurf bzw. der Vergütungsregeln nach § 36 RegE (kritisch ua. *Flechsig* ZUM 2000, 484, 493 f.; *ders.* ZRP 2000, 529, 530 ff.; *Flechsig/Hendricks* ZUM 2000, 721 ff.; *Hoeren* MMR 2000, Heft. 7 S. V; *ders.* MMR 2000, 449 f.; *ders.* MMR 2001 Heft 7 S. V f.; *Ory* AfP 2000, 426 ff.; *ders.* ZUM 2001, 195 ff.; *Schack* ZUM 2001, 453 ff.; *Stickelbrock* GRUR 2001, 1087, 1091 ff.; *Weber* ZUM 2001, 311, 313; sowie das im Auftrag der deutschen Medienwirtschaft erstellte umfangreiche Gutachten zur verfassungs- und europarechtlichen Bewertung des RegE von *Gounalakis/Heinze/Dörr* 2001; dezidiert aA iSd. Vereinbarkeit mit Grundgesetz und Gemeinschaftsrecht das im Auftrag des Deutschen Journalisten-Verbands und der Vereinigten Dienstleistungsgewerkschaft erstellte Gutachten von *Schlink/Poscher* 2002; befürwortend auch *Dietz* ZUM 2001, 276, 279 ff.; *ders.* AfP 2001, 261, 262 ff.; *Götz von Olenhusen* ZUM 2000, 736 ff.; *ders./Steyert* ZRP 2000, 526, 529; *Reber* – insbes. unter Hinweis auf die für Filmschaffende günstige kollektivvertragliche Situation in den USA – ZUM 2000, 729 ff.; *ders.* ZUM 2001, 282 f; *Schimmel* ZUM 2001, 289, 292 ff.; *Schricker* MMR 2000, 713, 714; *Spautz* ZUM 2001, 317 ff.; *Vogel* in *Schwarze/Becker* [Hrsg.], Regulierung S. 29, 37 ff.; *Wandtke* K & R 2001, 601 ff.).

4 Hinzu kam eine vor allem von Verwerterseite mit großem publizistischem Aufwand auch in der **Tagespresse geführte Kampagne** zur Verhinderung oder doch „Entschärfung" des Gesetzesvorhabens (s. die Einzelnachweise bei *Mestmäcker/Schulze/Dördelmann* § 36 Rdnr. 6; vgl. auch *v. Becker* § 29 Rdnr. 23 Fn. 59; *Erdmann* GRUR 2003, 923; *Hoeren* MMR 2002, 137 f.; *Hucko* S. 8; *v. Lucius* KUR 2002, 2, 3: „nachhaltige Öffentlichkeits- und Lobbyarbeit der Verbände"; *W. Nordemann,* Das neue UVR, Vorwort S. V sowie Einführung S. 57; *Schack* GRUR 2002, 853; kritisch dazu *Breinersdorfer* in: *Klages* [Hrsg.], Grundzüge des Filmrechts S. 95, 97: „gehässige Kampagne", sowie *Hilty* S. 103 f.).

5 Den **Kritikern des Gesamtkonzepts** des Gesetzes zur Stärkung der vertraglichen Stellung von Urhebern und ausübenden Künstlern ist entgegenzuhalten, dass dem Urheberrecht insgesamt (einschließlich des Urhebervertragsrechts) im Rahmen seiner europäischen Harmonisierung eine über die verfassungsrechtliche Absicherung in den Art. 1, 2 und 14 GG hinausweisende eigenständige, moderne **rechtspolitische Rechtfertigung** zugewachsen ist (*Dietz* ZUM 2002, 276/277 ff.; allgemein bereits *Schricker* GRUR 1992, 242/244 f.).

6 Aufgrund einer spezifischen Mischung sozial-, industrie- und kulturpolitischer Postulate geht die Regelung der §§ 36, 36a ua. von der **Notwendigkeit der rechtlichen und wirtschaftlichen Absicherung** und – wo nötig – Besserstellung der Kreativen (Urheber und ausübenden Künstler) in der Gesellschaft aus, insb. im Kontext moderner Kultur- und Medienindustrien und der dabei zu beobachtenden nationalen und internationalen Konzentrationstendenzen. Eine Zusammenfassung der rechtspolitischen Ziele hinter moderner Urheberrechtsgesetzgebung findet sich dabei in den Erwägungsgründen 22 der EU-Richtlinie 2001/29/EG vom 22. Mai 2001 zur Harmonisierung bestimmter Aspekte des Urheberrechts und der verwandten Schutzrechte in der Informationsgesellschaft (ABl. Nr. L 167 v. 22. 6. 2001, S. 10/11; dazu *Dietz* ZUM 2001, 276/278 f.; *Hensche* Rdnr. 933 sowie *Schlink/Poscher* S. 68 f.). Die dem Gesetz zur Stärkung der vertraglichen Stellung von Urhebern und ausübenden Künstlern zugrunde liegenden rechtspolitischen Grundgedanken und Leitideen, insbes. die durch einen speziellen kooperativen Verhandlungs- und Schlichtungsmechanismus erleichterte und gesetzlich geförderte Durchsetzung des Anspruchs auf eine angemessene Vergütung, stimmen mit diesem modernen Leitbild des europäischen Urheberrechts überein.

2. Rechtspolitischer Entwicklungsgang

7 a) **Unzulänglichkeiten des ersten Anlaufs 1974 zur Ermöglichung kollektivvertraglicher Lösungen im Urhebervertragsrecht.** Die **Inaussichtstellung einer ergänzenden Regelung zum Urhebervertragsrecht** im Rahmen der Vorbereitung des UrhG von 1965 (s. BT-Drs. IV/270, *M. Schulze,* Materialien, Bd. 1, S. 16, S. 63 und S. 125/126) beruhte erkennbar noch auf der Vorstellung von einer **„großen Lösung"** bei der Schaffung eines umfassenden Urhebervertragsgesetzes, das „für alle Vertragstypen auf dem Gebiet des Urheberrechts Vorschriften enthalten" sollte (vgl. die Kritik an der „großen Lösung" bei *Schack* GRUR 2002, 853; *ders.* ZUM 2001, 453, 455 gegenüber der vom ihm favorisierten „kleinen" bzw. „punktuellen" Lösung; sa. *Dietz* AfP 2001, 261/262; *Gounalakis/Heinze/Dörr/Gounalakis* passim, insb. S. 33 ff. und S. 86 f. sowie den dort S. 273 ff. abgedruckten, auf einer **„kleinen Lösung"** beruhenden Vorschlag aus der Medienwirtschaft für ein Urhebervertragsrecht; *Stickelbrock* GRUR 2001, 1087 f.; *Vogel* in *Schwarze/Becker* [Hrsg.], Regulierung S. 29/39). Dieser Ausbau des individuellen Urhebervertragsrechts anhand von Regelungen über Vertragstypen wurde aber vom Gesetzgeber im weiteren Verlauf kaum weiter verfolgt, wenn man davon absieht, dass mit dem sog. Ulmer-Gutachten (Urhebervertragsrecht 1977) noch einmal der – letztlich gescheiterte – Versuch unternommen worden war, der gesetzlichen Regelung eines Teilbereichs, nämlich des Sendevertrags, näher zu treten (sa. *Ory* AfP 2002, 93).

Demgegenüber wurde, auch unter dem Eindruck nachdrücklicher **Reformbegehren der** 8
organisierten Urheberschaft (insbs. deutscher Schriftstellerkongress vom November 1970 in
Stuttgart und Kongress deutscher Künstler vom Juni 1971 in Frankfurt; Nachweise bei *Dietz*
GRUR 1972, 11/13), ein *außerhalb des UrhG angesiedelter Reformversuch* gestartet, und zwar durch
Heranziehung von Gestaltungsmitteln des kollektiven Arbeitsrechts (vgl. allgemein *Steinberg*
S. 22 ff.). Durch Einführung des § 12a in das Tarifvertragsgesetz (TVG) aufgrund Art. II des
Gesetzes zur Änderung des Heimarbeitsgesetzes (Heimarbeitsänderungsgesetz) vom 29. 10. 1974
(BGBl. I 1974, S. 2879/2884) wurde sog. arbeitnehmerähnlichen, dh. wirtschaftlich abhängigen
und vergleichbar einem Arbeitnehmer sozial schutzbedürftigen Personen (vgl. zu diesem Begriff
und zu der – ständig zunehmenden – Anzahl der potentiell Betroffenen *Steinberg* S. 31 ff. bzw.
S. 38 ff. und S. 49 ff. sowie *Götz v. Olenhusen*, Freie Mitarbeit Rdnr. 1 ff., 14 ff., 33 ff.) die **Möglichkeit des Abschlusses von Tarifverträgen** mit der „Quasi-Arbeitgeberseite" eröffnet
(§ 12a Abs. 1 Nr. 1 TVG). Dies galt unter den erleichterten Voraussetzungen des § 12a Abs. 1
iVm. Abs. 3 TVG insbes. auch für schutzbedürftige Personen aus dem Bereich des Urheber-
und Künstlerschaffens (s. im Einzelnen *Dietz*, in: Fs. für Schricker zum 60. Geburtstag S. 39;
Götz v. Olenhusen, Freie Mitarbeit, Rdnr. 59 ff.).

Insgesamt betrachtet erwies sich diese Regelung aber als nur eingeschränkt wirksam (ebenso 9
Hucko S. 7). Zwar kam es **beim Abschluss von Tarifverträgen** nach § 12a TVG, soweit diese
auch oder ausschließlich Urheberrechts-, insb. Vergütungsfragen behandelten, durchaus zu **anfänglichen Erfolgen** (vgl. *Dietz*, in: Fs. für Schricker zum 60. Geburtstag S. 39 sowie *Steinberg*
S. 41 ff.; sa. den Textanhang bei *Götz v. Olenhusen*, Freie Mitarbeit S. 147 ff. [im Vergleich dazu
ders. Medienarbeitsrecht, CD-ROM-Anhang S. 7 ff.: Zusammenstellung „echter" Arbeitnehmertarifverträge bei Hörfunk und Fernsehen; ähnlich *ders.* für den Bereich von Film und Fernsehen, in: Film und Fernsehen S. 56 ff.] sowie die bei *Hillig*[10] S. 130 ff. abgedruckten Tarifverträge in ihrer heute geltenden Fassung; vgl. allgemein die Kommentierung zu § 12a TVG von
Reinecke in: *Däubler* [Hrsg.], Kommentar zum Tarifvertragsgesetz, 2003; daneben *Junker* in:
Entwicklung des Urheberrechts ... S. 73/84 ff.; *Ory* ZUM 2001, 195 f.; Wandtke/Bullinger/
Wandtke/Grunert § 32 Rdnr. 25; sowie die Zusammenstellungen bei *Götz v. Olenhusen* GRUR
2002, S. 11, 15 ff.; *ders.* Freie Mitarbeit Rdnr. 59 ff. und 259 ff.; *Wandtke* in: *Wandtke/Bullinger*
§ 43 Rdnr. 122; *Zentek/Meinke* S. 82 und S. 123 ff. und die detaillierten Übersichten über
Normverträge/Tarifverträge, Vergütungsempfehlungen und Vertragsmuster bei *A. Nordemann/
Czychowski* S. 1328 ff.; wegen des auf „echte" Arbeitnehmer zugeschnittenen Tarifvertrags für
Film- und Fernsehschaffende [mit gekündigter Urheberrechtsklausel] s. *Götz v. Olenhusen*, Film
und Fernsehen S. 56 ff. [Text] und S. 75 ff. [Kommentar]; *Homann*[2], Praxishandbuch Filmrecht
S. 250 ff. sowie *Steinberg* S. 23 f.; Angaben über Einkommensverhältnisse von Kreativen im Bereich Hörfunk und Fernsehen bei *Hummel* ZUM 2001, 660 ff.). Den anfänglichen Erfolgen
standen aber im weiteren Verlauf **Blockadesituationen** gegenüber, so dass trotz Bemühens der
Urheberverbände der Abschluss derartiger Tarifverträge und entsprechende Verhandlungen darüber nicht mehr gelangen (s. Begr. des RegE zu § 36, S. 16: ein „nicht länger hinzunehmender
Zustand struktureller Benachteiligung der Urheber"; s. auch *Grzeszick* AfP 2002, 383/384; *Hensche* Rdnr. 901; *Reber* ZUM 2000, 729/730 sowie allgemein *Schimmel* ZUM 2001, S. 289 ff.;
insoweit zust. auch *Schack*[4] Rdnr. 952). Dies zeigte sich deutlich im Bereich des Buchverlagswesens, in Teilen des öffentlichrechtlichen Rundfunks sowie insb. im Bereich des Privatfernsehens
(vgl. *Steinberg* S. 45 f.).

Die **Unzulänglichkeit der quasi-arbeitsrechtlichen Lösung** nach § 12a TVG beruhte 10
insb. auf der mangelnden Erzwingbarkeit von Vertragsabschlüssen oder von deren Substituten
etwa in der Form verbindlicher Schiedsentscheidungen. Genau an dieser Stelle sollte demgemäß
eine verbesserte Lösung gesucht werden (vgl. *Götz v. Olenhusen* Mitarbeit Rdnr. 240; sa. *Schlink/
Poscher* S. 18 zur Berechtigung des Staates, das Defizit durch eine staatliche Regelung zu kompensieren). Hier traten erwartungsgemäß aber auch die größten Widerstände gegen eine wirklich
durchgreifende Lösung und die heftigsten Interessengegensätze zu Tage (s. bereits oben Rdnr. 3).
Hervorzuheben ist jedoch, dass der Ausbau kollektivvertraglicher Gestaltungen anstelle der nicht
mehr weiterverfolgten „großen Lösung" eines Urhebervertragsgesetzes unter gleichzeitiger Klärung der kartellrechtlichen Zulässigkeit einer derartigen Regelung zunächst fast einhellig befürwortet worden war, insb. in verschiedenen **Dokumenten mehrerer Bundesregierungen**
(s. Bericht der Bundesregierung über die Auswirkungen der Urheberrechtsnovelle 1985 und
Fragen des Urheber- und Leistungsschutzrechts, BT-Drs. 11/4929 v. 7. 7. 1989, S. 58 ff. sowie –
insoweit zurückhaltender – Bericht der Bundesregierung über die Entwicklung des Urhebervertragsrechts, BT-Drs. 12/7489 v. 6. 5. 1994, S. 12 f.; weitere Nachweise bei *Dietz,* in: Fs. für

§ 36 Gemeinsame Vergütungsregeln

Schricker zum 60. Geburtstag S. 42 f.; wegen der „Ersatzlösung" der Vorlage einseitiger oder zweiseitiger Honorarempfehlungen s. die Nachweise bei *Zentek/Meinke* S. 56 und 83 sowie deren auszugsweisen Abdruck S. 163 ff.).

11 Auch der sog. **Professorenentwurf** (zweite Fassung abgedruckt in GRUR 2000, 765 ff.; ausführlich dazu auch *Mestmäcker/Schulze/Dördelmann* § 36 Rdnr. 3 ff.; *Haas* Rdnr. 3 ff. und Rdnr. 214; *Ory* AfP 2002, 93 f.) versuchte den quasi-arbeitsrechtlichen Lösungsweg iSd. Überwindung der aufgetretenen Schwierigkeiten weiterzuentwickeln (sa. *Hensche* Rdnr. 904 und 914), freilich in Form einer allgemeinen Lösung, die konsequenterweise *im Urheberrechtsgesetz selbst* verankert werden sollte. Auch wenn der in erster Linie betroffene Personenkreis mit den arbeitnehmerähnlichen Personen iSv. § 12 a TVG vermutlich auf weite Strecken übereinstimmen würde (s. allgemein *Bayreuther* UFITA Bd. 2002/III, S. 663 ff.; *Thüsing*, Neue Formen S. 191/196; der Hinweis auf Schüler und Studenten bei *Ory* ZUM 2001, 195/196 f. ist wenig überzeugend), sollte gemäß § 36 Abs. 1 Professorenentwurf iS einer besonderen Ausprägung des Gedankens vom „Schutz des Schwächeren" (*Schricker* MMR 2000, 713/714; *ders.* GRUR Int. 2002, 797/798; *Vogel*, in: Fs. für Schricker S. 117/122 ff.; *ders.*, in: *Schwarze/Becker* [Hrsg.], Regulierung S. 29/37 f.; aA *Gounalakis/Heinze/Dörr/Gounalakis* S. 61 f., S. 94 ff.) allen Verbänden von Urhebern (und ausübenden Künstlern) zugunsten ihrer Mitglieder ohne Rücksicht auf deren beruflichen Status der **Abschluss verbindlicher Gesamtverträge** ermöglicht werden (in der kritischen Nachbetrachtung bei *v. Lucius* KUR 2002, 2, 4: „Kollektivrecht vor Vertragsrecht" sowie bei *Schack* GRUR 2002, 853 „Zwangskollektivierung"; dagegen *Hensche* Rdnr. 928: Ausgleich bestehender Disparität). Dabei sollten Gesamtverträge über Mindestvergütungen und andere Mindestbedingungen von Verträgen über die Einräumung von Nutzungsrechten zwischen Urheberverbänden einerseits und einzelnen Werknutzern oder zum Abschluss ermächtigten Vereinigungen von Werknutzern andererseits zugelassen werden. Von den Gesamtverträgen sollte zu Lasten der betroffenen Urheber nicht abgewichen werden können.

12 Trotz der vorgesehenen Verallgemeinerung des quasi-arbeitsrechtlichen Ansatzes waren aber die **Schwächen der bisherigen Lösung in § 12 a TVG** damit noch nicht überwunden. Dies sollte vielmehr dadurch geschehen, dass in Blockadesituationen (Scheitern oder Nichtzustandekommen von Verhandlungen über Gesamtverträge) die Möglichkeit eines Verfahrens vor der Schiedsstelle nach § 14 WahrnG (gegebenenfalls mit anschließendem Überprüfungsverfahren vor dem OLG) oder eines Schiedsverfahrens nach §§ 1025 ff. ZPO sollte eröffnet werden können, so dass es letztlich zu einer **verbindlichen Festsetzung von Mindestvergütungen und Mindestbedingungen** sollte kommen können (kritisiert als staatliche Zwangsschlichtung; s. *Bayreuther* UFITA Bd. 2002/III S. 676; *Gounalakis/Heinze/Dörr/Gounalakis* S. 43, S. 48; *Heinze*, in: *Gounalakis/Heinze/Dörr* S. 201 ff.; *Ory* AfP 2000, 426/427; *Schack* ZUM 2001, 453/462; *ders.* GRUR 2002, 853/857 sowie *Schack*[4] Rdnr. 966; *Thüsing*, Neue Formen S. 191/192). Letzteres sollte freilich mit der Maßgabe gelten, dass Vereinigungen von Werknutzern mit der Erklärung, nicht zum Abschluss ermächtigt zu sein, das Verfahren durch Einstellung ohne Resultat zu Ende bringen können (§ 36 Abs. 2 bis 5 ProfE). In einem solchen Fall sollte auch der Weg des Abschlusses eines Gesamtvertrages mit einem einzelnen Werknutzer gewählt werden können, dem naturgemäß das Argument mangelnder Ermächtigung zum Abschluss nicht mehr hätte zu Gebote stehen können. Der letztere Weg sollte im Übrigen iS einer Alternative auch von Anfang an offen stehen (wegen einer entsprechenden Regelung in dem jetzigen § 36 Abs. 1 S. 1 iVm. Abs. 2 su. Rdnr. 50).

13 **b) Wechsel von der quasi-arbeitsrechtlichen Lösung zum System der Vergütungsregeln (Systemwechsel) und seine Konsequenzen.** Im Laufe des Gesetzgebungsverfahrens, insb. schon in der Phase der öffentlich angekündigten (s. Vorwort von *Däubler-Gmelin* GRUR 2000, 764 f.) Erarbeitung des RegE (wegen der Entwicklung vom Professorenentwurf zum RegE sa. *Haas* Rdnr. 8 ff.; *Ory* AfP 2002, 93/94 f., und *Thüsing*, Neue Formen S. 191/192), zeigte sich nicht zuletzt angesichts zahlreicher **teils dogmatischer, teils interessengeleiteter Einwände** (s. bereits oben Rdnr. 4 sowie die Zusammenstellung der Kritikpunkte bei *Haas* Rdnr. 20 ff. und Rdnr. 132 ff.), dass das dem Professorenentwurf zugrunde liegende Konzept einer verallgemeinerten quasi-arbeitsrechtlichen bzw. tarifvertragsähnlichen Lösung verbunden mit Elementen der Erzwingbarkeit nicht durchsetzbar war (s. auch *Haas* Rdnr. 39 ff.). Die in § 36 RegE vorgeschlagene Regelung sowie die schließlich angenommene gesetzliche Regelung selbst vollzogen demgemäß eine **Schwenkung von der quasi-arbeitsrechtlichen hin zu einer ganz eigenständigen Lösung,** und zwar in Form der vom Gesetzgeber mehr als nur erwünschten, sondern im Sinne eines Appells an die betroffenen Parteien durchaus geforderten

und auch geförderten **Aufstellung gemeinsamer Vergütungsregeln** (vgl. die Formulierung „stellen ... auf" in § 36 Abs. 1 S. 1; dazu unten Rdnr. 46).

Diese neue und eigenständige Lösung bedeutet zwar iS einer **gesetzestechnisch „mittleren** **14** **Lösung"** (s. *Dietz* AfP 2001, 261/262; *Grzeszick* AfP 2002, 383/384 und 386) ebenfalls die Abstandnahme von einer „großen" gesetzlichen Lösung. Ihre rechtliche Funktion besteht aber ausschließlich in der unwiderlegbaren Konkretisierung des unbestimmten Rechtsbegriffs der angemessenen Vergütung (s. auch *C. Berger* Rdnr. 35 sowie Rdnr. 118 ff.) nach § 32 Abs. 1 S. 1 für Rechtsanwender (etwa Parteien eines individuellen Urheberrechtsvertrags, Anwälte, Gerichte), also für die *allgemeine Rechts- und Vertragspraxis* (insoweit ebenso *Bayreuther* UFITA Bd. 2002/III, S. 650). Insb. gilt hier nicht das Prinzip der Tarifbindung (insoweit ebenso *Haas* Rdnr. 170). Dieser **Systemwechsel** vom Professorenentwurf zum RegE (nach *Haas* Rdnr. 215 eine bloße Umwandlung in einigen Punkten; nach *Bayreuther* UFITA Bd. 2002/III, S. 624: eine erhebliche Abänderung) und schließlich zur gesetzlichen Regelung selber hat den besonderen unter dem Gesichtspunkt des Art. 9 GG gegen den Vorschlag in § 36 Professorenentwurf vorgebrachten Einwänden (s. insb. *Gounalakis/Heinze/Dörr/Gounalakis* S. 113 ff. und *Gounalakis/Heinze/Dörr/Heinze* S. 139 ff; *ders.* K&R 2002, 1 ff.; aA *Schlink/Poscher* S. 12 ff. aus der Sicht des Art. 9 Abs. 3 GG sowie S. 18 ff. aus der Sicht des Art. 9 Abs. 1 GG; s. auch *Hensche* Rdnr. 913 f.; *Wandtke* K&R 2001, 601, 604 f.; s. allgemein bereits oben Rdnr. 3) weitgehend den Boden entzogen (s. allgemein *Schlink/Poscher* passim sowie *W. Nordemann,* Das neue UVR, § 36 Rdnr. 1; *Flechsig/Hendricks* ZUM 2002, 423/432: unter dem Gesichtspunkt der Subsidiarität richtig und zielführend; *Hensche* Rdnr. 906; *Bayreuther* UFITA Bd. 2002/III, S. 683 ff.: nach wie vor erhebliche Zweifel an der Verfassungsmäßigkeit der Regelung in §§ 32 und 36 trotz Anerkennung einer besonderen „Sozialordnung" für symbiotische Rechtsverhältnisse und entsprechender Abwägung von Grundrechtspositionen; s. demgegenüber *Grzeszick* AfP 2002, 383: bisherige Diskussion verfassungsrechtlich defizitär). Im Übrigen leiden diese kritischen Gegenpositionen auch daran, dass sie die **Notwendigkeit schützender und unterstützender Zuwendung des Gesetzgebers zu den Kreativen** insb. mit Mitteln des Urheberrechts, die auf einer spezifischen Mischung kultur- und sozialstaatlicher Erwägungen und Erfordernisse beruht (s. bereits oben Rdnr. 5 f. sowie unten Rdnr. 23), weitgehend außer Acht lassen.

Tarifverträge über Urhebervergütungen (wegen des Unterschieds sa. *Loewenheim/* **15** *v. Becker*[2] § 29 Rdnr. 75; *ders.* § 29 Rdnr. 76 f. zur Vergleichbarkeit mit Gesamtverträgen nach § 12 WahrnG; *W. Nordemann,* Das neue UVR, § 32 Rdnr. 43 ff.; zum Inhalt und zur rechtlichen Qualifizierung von Urheberrechtsklauseln in Tarifverträgen s. allgemein *Wandtke/Bullinger/Wandtke* § 43 Rdnr. 125 ff.; zur verfassungsrechtlichen Zulässigkeit einerseits und zur ggf. korrektiven Verbindlichkeit urheberrechtlicher Grundsätze andererseits vgl. *Steinberg* S. 54 ff. bzw. 76 ff. sowie – speziell zum zulässigen Inhalt von Tarifverträgen nach § 12a TVG – S. 106 ff.) können nach allgemeinem Arbeitsrecht ebenso wie nach § 12a TVG selbstverständlich auch weiterhin geschlossen werden, wie sich bereits aus § 36 Abs. 1 S. 3 ergibt (vgl. auch § 32 Abs. 4 und § 32a Abs. 4). Dies bedeutet eine Ausweitung der strategischen Optionen der Urhebervereinigungen, soweit es sich dabei um Gewerkschaften handelt; demgemäß haben letztere die Reform des Urhebervertragsrecht auch durchwegs unterstützt (s. nur *Schimmel* ZUM 2001, 289; aA – erhebliche Einschränkung der Gewerkschaftstätigkeit – *Thüsing,* Neue Formen S. 191/195). **Anders als Tarifverträge** begründen die Vergütungsregeln nach § 36 als solche weder für die sie aufstellenden Parteien (Vereinigungen) noch für deren Mitglieder direkte vertragliche Anwendungsverpflichtungen, da die Vergütungsregeln eben nicht unmittelbar für diese Parteien, sondern **für die allgemeine Rechtspraxis bestimmt** sind (insoweit ebenso *Bayreuther* UFITA Bd. 2002/III, S. 650 ff.; sa. *C. Berger* Rdnr. 18: nicht auf Privatautonomie, sondern auf gesetzlicher Ermächtigung beruhend; ebenso *ders.* in: *Berger/Wündisch* § 2 Rdnr. 157; aA *Schmitt* GRUR 2003, 294: gegenseitige Bindung). Die gemeinsamen Vergütungsregeln beinhalten als solche keinen Vertrag; es handelt sich lediglich um kooperativ ermittelte Maßstäbe einer angemessenen Vergütung (so *Schlink/Poscher* S. 27). Sie sind akzessorisch zur gerichtlichen Vertragsauslegung (so. *Hensche* Rdnr. 911) und eher dem DIN-Normen-Modell vergleichbar (su. Rdnr. 21 f.).

Demgemäß sind die Vergütungsregeln bei der Auslegung und Konkretisierung des in § 32 **16** verankerten Gebots zur Angemessenheit von Vergütungen (etwa durch Parteien von Urheberrechtsverträgen, Anwälte und Gerichte) immer dann heranzuziehen, wenn gerade die Angemessenheit der zu vereinbarenden bzw. vereinbarten Vergütung geltend gemacht werden soll oder strittig ist und die angemessene Vergütung gemäß § 32 Abs. 2 S. 1 **nach dem Maßstab einer einschlägigen Vergütungsregel „ermittelt"** wird (sa. § 32 Rdnr. 28 sowie unten Rdnr. 69 und die dort zitierten kontroversen Positionen). *Haas* (Rdnr. 222) demgegenüber will aufgestellten Vergütungsregeln eine in diesem Sinne unmittelbare und allgemeine Wirkung absprechen. Es bestehe keine Rechtspflicht, die in gemeinsamen Vergütungsregeln vorgesehenen Vergütungssätze bei Abschluss eines Nutzungsvertrages anzuwenden. Sie seien nur eine Empfehlung für die Parteien (ihm folgend *Haupt/Flisak* KUR 2003, 41/42; für die Möglichkeit einer stillschweigenden Einbeziehung von gemeinsamen Vergütungsregeln sowie jedenfalls für den allgemeinverbindlichen Angemessenheitscharakter von nicht dahinter zurückbleibenden, insb. früheren individualvertraglichen Vergütungsabreden *v. Hartlieb/Schwarz/U. Reber* Kap. 53. Rdnr. 5 und 23). Die Natur einer bloßen Empfehlung mag gemeinsam aufgestellten Vergütungsregeln bzgl. des Abschlusses von Individualverträgen und der damit möglicherweise verbundenen Vereinbarung ihrer Übernahme oder in Bezugnahme zukommen, welche demgemäß auch unterbleiben können. Wenn diese Auffassung jedoch bedeuten sollte, dass eine Berufung auf eine solche Vergütungsregel ohne entsprechende vertragliche Vereinbarung (Übernahme oder in Bezugnahme) unzulässig wäre, so wäre die gesamte politisch so heiß umkämpfte Regelung nach § 32 Abs. 2 S. 1 iVm. § 36 angesichts der dem stärkeren Vertragspartners des Kreativen gebotenen Möglichkeit, eine vertragliche Vereinbarung über die „Ermittlung" der Vergütung nach einer Vergütungsregeln zu verweigern, ein Schlag ins Wasser (sa. oben § 32 Rdnr. 28 sowie *Bayreuther* UFITA Bd. 2002/III, S. 650). Es kommt deshalb ausschließlich darauf an, ob sich der einzelne Kreative (ggf. auch ein Werknutzer) bei einem Streit über die Vergütung innerhalb oder außerhalb eines gerichtlichen Verfahrens auf deren fehlende Angemessenheit beruft und ob für den betroffenen Regelungsbereich (konkret für die betroffene Vergütung) eine einschlägige gemeinsame Vergütungsregel besteht, nach der die Vergütung dann ermittelt werden kann, aber auch zu ermitteln ist (ebenso *Breinersdorfer* in: *Klages* [Hrsg.], Grundzüge des Filmrechts S. 95/96; aA *Homann*[2] Praxis-Handbuch des Filmrechts S. 107; sa. oben § 32 Rdnr. 28 und unten Rdnr. 69).

17 Vergütungsregeln als solche, also der eigentliche Gegenstand der Aufstellungsverhandlungen der Parteien gemäß § 36 Abs. 1 S. 1, sind daher wegen des **fehlenden Verpflichtungscharakters** im Verhältnis zwischen der sie aufstellenden Parteien (ebenso wenig wie ein etwaiger Vergütungsregeln aufstellender Einigungsvorschlag der Schlichtungsstelle; su. Rdnr. 89) **auch nicht vollstreckbar** (zu Letzterem *Dreier/Schulze/Schulze* § 36 Rdnr. 36; ebenso *Flechsig/Hendricks* ZUM 2002, 423/428). Deshalb kann es sich um privatrechtliche Verträge oder Vereinbarungen nur insoweit handeln, als es um den prozeduralen Aspekt (Rahmenvereinbarung über das gemeinsame Vorgehen bei der Aufstellung gemeinsamer Vergütungsregeln) geht (wie hier *Schlink/Poscher* S. 27; zu undifferenziert insbesondere *Haas* Rdnr. 215 und passim, wo stets nur von Vereinbarungen schlechthin die Rede ist; ähnlich *Wandtke/Bullinger/Wandtke/Grunert*[3] § 36 Rdnr. 7 sowie Rdnr. 24 f.). Demgemäß sind die Vorschriften des BGB zur Wirksamkeit, Anfechtung (zB wegen arglistiger Täuschung über die Ermächtigung der anderen Vereinigung gemäß § 36 Abs. 2) und Kündbarkeit allenfalls unter dem Gesichtspunkt dieser Rahmenvereinbarung anwendbar, also soweit es das (wirksame) Zustandekommen für Bestand und Dauer der Vergütungsregeln betrifft (ohne eine solche Differenzierung *C. Berger* Rdnr. 186; *ders*. in: *Berger/Wündisch* § 2 Rdnr. 159; *Loewenheim/v. Becker*[2] § 29 Rdnr. 91; ebenso *W. Nordemann*, Das neue UVR, § 32 Rdnr. 10: Vergütungsregeln als Dauerschuldverhältnis; sa. die Kündigungsklausel in § 9 – sechs Monate zum Jahresende – der unbefristet beschlossenen Vergütungsregeln für Autoren belletristischer Werke unten Rdnr. 95). Die Auslegung der Vergütungsregeln selber erfolgt nach allgemeinen Grundsätzen.

18 Eine über den konkreten Anwendungsbereich des betreffenden Einzelnutzers hinaus reichende (allgemeine) Rechtswirkung entsteht selbst dann, wenn auf der Nutzerseite gemäß § 36 Abs. 1 S. 1 bei der Aufstellung der gemeinsamen Vergütungsregeln **ein einzelner Werknutzer** handelt. Zwar sind die Vergütungsregeln in diesem Fall sicherlich in erster Linie auf die Verhältnisse in dem betroffenen Nutzerunternehmen zugeschnitten, doch beruht ihre Rechtswirkung schon ihm selbst gegenüber ausschließlich auf § 32 Abs. 2 S. 1, nicht etwa auf einer ebenso wenig anzunehmenden Vereinbarung. Die Vergütungsregeln können darüber hinaus aber durchaus auch als verallgemeinerte Angemessenheitsmaßstäbe in Frage kommen, soweit es um Nutzungen in anderen vergleichbaren Unternehmen geht (ebenso *Haas* Rdnr. 170; *Dreier/Schulze/Schulze* § 36 Rdnr. 8 unter Hinweis auf die Beweislast für das Zustandekommen einer Vergütungsregel). Wegen der bei Einzelnutzern sinnvollerweise nicht zu fordernden Voraussetzung der Repräsentativität (su. Rdnr. 50) muss bei erweiterter Anwendung der mit einem Einzelnutzer gemeinsam aufgestellten Vergütungsregeln aber nach beiden Seiten ein strenger Maßstab angelegt werden; auch ist stets der Einwand zu prüfen, ob nicht „geschönte" oder „konstruierte" oder möglicherweise sogar missbräuchlich durch kollusives Zusammenwirken entstandene Vergütungsregeln vorliegen. Praktisch wird es sich in diesen Fällen deshalb vielfach nicht einfach

um die Anwendung der Angemessenheitsfiktion nach § 32 Abs. 2 S. 1, sondern um Heranziehung der betroffenen Vergütungsregeln als Bezugs- und Vergleichsgröße im Vergütungsstreit handeln. Etwas anderes – im Sinne verstärkter Wirkung nach § 32 Abs. 2 S. 1 – mag gelten, wenn – wie im Falle der Vergütungsregeln für Autoren belletristischer Werke (su. Rdnr. 94) – eine ganze Reihe von Verlagen unterschiedlicher Größe und programmatischer Ausrichtung iS einer losen Gruppierung uno actu identische gemeinsame Vergütungsregeln jeweils für sich akzeptiert haben, so dass die Annahme der Aufstellung der Vergütungsregeln durch eine *Nutzervereinigung* ohnehin nahe liegt. Hier wird zumindest faktisch ein gewisses Maß an Repräsentativität erreicht, das bei der Anwendung der Vergütungsregeln nicht unbeachtet bleiben kann (vgl. insoweit die vergleichsweise Heranziehung der Vergütungsregeln für Autoren belletristischer Werke in den Übersetzervergütungsfällen durch die Gerichte, exemplarisch LG München I AfP 2005, 569/574 sowie OLG München ZUM 2007, 142/148 – n. rkr.; kritisch *v. Becker* ZUM 2007, 249/252). Es ergeben sich allerdings wegen der Unterschiedlichkeit der einzelnen Branchen Schwierigkeiten bei der Übertragung einer Vergütungsregelung in andere Bereiche, so dass gewisse Zu- und Abschläge in Betracht kommen. Klare Kriterien, anhand derer die Vergütungsregeln auf andere Märkte übertragen und angepasst werden könnten, sind allerdings bisher nicht ersichtlich (kritisch auch *v. Becker* ZUM 2007, 249/252) und dürften sich auch zukünftig nur schwer finden lassen.

Wegen des fehlenden Vereinbarungscharakters der gemeinsam aufgestellten Vergütungsregeln entstehen weder bei ihrer gemeinsamen Aufstellung mit Vereinigungen von Nutzern noch bei Aufstellung mit einem Einzelnutzer *unmittelbare vertragliche* Anwendungspflichten (ebenso *Loewenheim/v. Becker*[2] § 29 Rdnr. 9). Die Vergütungsregeln haben in allen Fällen nur insofern **mittelbare Rechtswirkung** für die Parteien, als sie die unwiderlegliche Vermutung der Angemessenheit der von ihnen aufgestellten Vergütungsregeln in den sie (im späteren Verlauf) gegebenenfalls selbst betreffenden *Anwendungsfällen* auch für und gegen sich gelten lassen müssen. Anders als bei Einzelnutzern wird dies bei den im Rahmen des § 36 handelnden Vereinigungen bzw. Verbänden selbst eher die seltene Ausnahme sein, da sie kaum als Werknutzer auftreten werden.

c) Die gesetzliche Lösung als – auch kartellrechtlich – juristisches Neuland. Die 19 konstruktive Lösung über gemeinsame Vergütungsregeln betritt in der Tat auch nach Auffassung der Bundesregierung (Begr. d. RegE UFITA Bd. 2002/II, S. 506) **juristisches Neuland** (s. auch *Loewenheim/v. Becker*[2] § 29 Rdnr. 69 „eine vollkommen neuartige rechtssystematische Konstruktion"; *Gounalakis/Heinze/Dörr/Gounalakis* S. 22 „im deutschen Zivilrecht unbekannt", ähnlich *ders.* S. 63; *Wandtke/Bullinger/Wandtke/Grunert*[3] § 36 Rdnr. 1: eine Art kollektives Urheberrecht auch für Freischaffende; ähnlich *C. Berger* Rdnr. 163). Die Regelung in § 36 legt die konkrete Bestimmung der Angemessenheit von Vergütungen **in die Hände der Verbände** der betroffenen Kreativen und ihrer primären Vertragspartner bei der Verwertung ihrer Werke und Leistungen (**Selbstregulierungsmodell;** so Begr. des RegE zu § 36, S. 16 f.; *Hucko* S. 11 f.; *Loewenheim/v. Becker*[2] § 29 Rdnr. 70; *Erdmann* GRUR 2002, 923/929: eine sinnvolle flankierende Regelung; *Schack*[4] Rdnr. 967 „an die Verbände delegiert"; *Schmidt* ZUM 2002, 781/788; *Wandtke/Bullinger/Wandtke/Grunert*[3] § 36 Rdnr. 2; *Zentek/Meinke* S. 54 „Pioniertat"; kritisch *Bayreuther* UFITA Bd. 2002/III, S. 654 ff. und – noch bezüglich des RegE – *Gounalakis/Heinze/Dörr/Heinze* S. 200 sowie *Ritgen* JZ 2002, 114/115; sa. *Schack* ZUM 2001, 453/465: „parlamentarische Gesetzgebung auf sachkundige Vereinigungen delegiert"). Freilich bedeutet dies lediglich die **Ausfüllung und Konkretisierung des im Gesetz selbst – subsidiär – bereits angelegten Maßstabs von Üblichkeit und Redlichkeit** gemäß § 32 Abs. 2 S. 2, was auch für die kartellrechtliche Beurteilung von Bedeutung ist (su. Rdnr. 21 u. 26 ff.).

Dieses vom Gesetzgeber derart zugrunde gelegte „**in die Hände legen**" impliziert insbe- 20 sondere, dass er eine solche Regelung – etwa iSd. ursprünglich geplanten großen Lösung – hätte selber treffen können; dabei würde es sich speziell bei den Vergütungsvorschriften dem Typus nach um eine gesetzliche Honorarordnung handeln, wie sie bei freien Berufen so etwa in Form der VO über die Honorare für Leistungen der Architekten und der Ingenieure (HOAI) besteht. Die Vergleichbarkeit besteht darin, dass die Honorarordnungen der freien Berufe jedenfalls *auch* auf Einkommenssicherung der freiberuflich Tätigen ausgerichtet sind (s. Begr. des RegE zu § 36, S. 16; *Dietz*, in: Fs. für Schricker zum 60. Geburtstag S. 42 f.; daneben *Bayreuther* UFITA Bd. 2002/III, S. 656).

Bei Urhebern und ausübenden Künstlern ist der Gesetzgeber bewusst einen anderen Weg ge- 21 gangen. Für die Aufgabe der näheren Ausfüllung und **Konkretisierung des im Gesetz** grundsätzlich bereits verankerten Angemessenheitsgebots (§ 11 S. 2 und § 32 Abs. 1) und abstrakt vorgegebenen Angemessenheitsmaßstabs (§ 32 Abs. 2 S. 2) bedient er sich wegen deren größerer Sachnähe und Sachkenntnis privater Organisationen bzw. Vereinigungen, die die konkreten Maßstäbe einer angemessenen Vergütung lediglich kooperativ ermitteln sollen (so *Schlink/Poscher* S. 27; s. auch *dies.* S. 68 wegen des Vergleichs mit kommunalen Mietspiegeln, die unter Mitwirkung von Mieter- und Vermieterverbänden zustande kommen und Auskunft über Mietniveaus geben; s. auch *Hensche* Rdnr. 902 und 911 „Mandat der Verbände zur Feststellung der Angemessenheit"; *ders.* Rdnr. 927). Eine **ähnliche gesetzliche Inbezugnahme** erfolgt auch beim DIN-Normen-Modell, bei dem es Vereinszweck (des DIN Deutsches Institut für Normung) ist, durch Gemeinschaftsarbeit der interessierten Kreise zum Nutzen der Allgemeinheit Normen oder andere Arbeitsergebnisse, die der Rationalisierung, der Qualitätssicherung, der Sicherheit und der Verständigung in Wirtschaft, Technik, Wissenschaft, Verwaltung und Öffentlichkeit dienen, aufzustellen, sie zu veröffentlichen und ihre Anwendung zu fördern (zitiert bei BVerfG GRUR 1999, 226/227 – DIN-Normen II; vgl. auch die ausführliche Erläuterung des DIN-Normensystems sowie der Entstehung der Normen und ihrer Bezugnahme durch den Gesetzgeber in der Antwort der Bundesregierung auf die Kleine Anfrage der FDP-Fraktion [BT-Drs. 15/248] zur Änderung von § 5 UrhG, BT-Drs. 15/319 v. 15. 1. 2003, S. 2 ff.). Nach den Ausführungen der Bundesregierung (aaO S. 3 zu Frage 1) hat sie ein starkes Interesse an der Aufrechterhaltung der Normung durch private Institutionen. Auch der Gesetzgeber nutze diese Normen häufig, indem er auf sie in Gesetzen, Rechtsverordnungen, amtlichen Verlautbarungen etc. Bezug nimmt. Der Gesetzgeber erspare es sich, eigene Regelungen zu erarbeiten, was häufig sehr lange Zeit in Anspruch nähme und erhebliche Kosten verursachen würde. Nichts anderes gilt letztlich auch für die Festlegung konkreter Maßstäbe für angemessene Vergütungen im Bereich des Urhebervertragsrechts.

22 Die hier angesprochene in Bezugnahme, die bei technischen Normen etwa in dem vom BGH entschiedenen Fall (GRUR 1990, 1003, 1004 – DIN-Normen; sa. den Nichtannahmebeschluss des BVerfG GRUR 1999, 226 – DIN-Normen II in der gleichen Sache) jeweils bezüglich bestimmter Normen durch Gesetze (Bauordnungen) der Länder erfolgt ist, ist bei den Vergütungsregeln nach §§ 36, 36a in Form der unwiderleglichen Vermutung der Angemessenheit unmittelbar in § 32 Abs. 2 S. 1 verankert und wird hier gewissermaßen **in allgemeiner Form vorweggenommen.** Dabei wird die Aufstellung der in Bezug zu nehmenden Vergütungsregeln nach §§ 36 und 36a nicht nur als eine Möglichkeit vorgesehen; angesichts der dahinter stehenden rechtspolitischen Ziele wird diese Aufstellung von den betroffenen Parteien im Sinne eines Appells zur Kooperation vielmehr erwartet (ähnlich *Loewenheim/v. Becker*[2] § 29 Rdnr. 69; *Dreyer/Kotthoff/Meckel/Kotthoff*[2] § 36 Rdnr. 2; *Schack*[4] Rdnr. 969: § 36 „ermuntert" zur Aufnahme von Verhandlungen; *Zentek/Meinke* S. 84: Urheberverbände und Verwertervereinigungen sind „aufgefordert"). Letzteres ergibt sich auch aus dem normativen Indikativ in § 36 Abs. 1 S. 1 („Zur Bestimmung der Angemessenheit von Vergütungen nach § 32 *stellen* Vereinigungen ... gemeinsame Vergütungsregeln *auf*"); diese Formulierung führt über die bloße Möglichkeitsform („können aufstellen") deutlich hinaus, und zwar im Sinne eines wenn auch letztlich **sanktionslosen rechtlichen Sollens** (ähnlich *Wandtke/Bullinger/Wandtke/Grunert*[3] § 36 Rdnr. 5; aA *Haas* Rdnr. 228: keine Rechtsverpflichtung, bloßer Appell; s. auch *ders.* Rdnr. 215: „Normalfall").

23 Auf diese Weise versucht der Gesetzgeber auf indirektem Wege die ihm kraft der sozialen Funktion des Urheberrechts (so *Schricker* GRUR 1992, 242, 246) bzw. kraft seiner **Fürsorgepflicht aufgrund des Sozialstaats- wie des Kulturstaatsprinzips** obliegende Aufgabe der speziellen Zuwendung zu den Kreativen zu erfüllen (s. bereits oben Rdnr. 5 und 6; s. daneben BVerfG v. 8. 4. 1987, BVerfGE 75, 108/159 = ZUM 1987, 574/583: das Verhältnis von Künstlern und Publizisten einerseits und Vermarktern andererseits als *kulturgeschichtlicher Sonderbereich*; zustimmend *Dreyer/Kotthoff/Meckel/Kotthoff*[2] § 31 Rdnr. 6; sa. *Grzeszick* AfP 2002, 383/385 ff. und 389 f.; zweifelnd an der Tragfähigkeit der Berufung auf das Sozialstaatsprinzip *Bayreuther* UFITA Bd. 2002/III, S. 632 ff.; jedoch *ders.* aaO S. 642 ff.: beachtlicher Regelungsspielraum des Gesetzgebers jedenfalls im Hinblick auf die Prognostizierbarkeit der Wirkungen, nicht jedoch bezüglich der Beurteilung der Ausgangslage der Neuregelung; ähnlich *Gounalakis/Heinze/Dörr/Gounalakis* S. 58 ff.; *Grzeszick* AfP 2002, 383/389 demgegenüber vermisst hier die Rechtfertigung durch den Gesetzgeber; sie liegt aber jeder urheberrechtlichen Regelung als deren ratio von vorneherein zugrunde; sa. BVerfGE 36, 321 = NJW 1974, 689: Kulturstaat als Staatszielbestimmung; ähnlich zuletzt BVerfG ZUM 2004, 306/307 [Nichtannahmebeschluss]: Aufgabe des Staates zur Erhaltung und Förderung eines freiheitlichen Kunstlebens; s. daneben die **Empfehlung im Zwischenbericht der Enquete-Kommission „Kultur in Deutschland"** v. 1. 6.

Gemeinsame Vergütungsregeln § 36

2005 [BT-Drucks. 15/5560] **zur Verankerung der Kultur als Staatsziel** in einem zu schaffenden Art. 20b GG; vgl. allgemein auch *Fechner,* Geistiges Eigentum und Verfassung S. 296 f. und S. 359 ff.: das Kulturstaatsprinzip als wichtige Orientierungsfunktion für die grundsätzliche Ausrichtung der Rechtsvorschriften des geistigen Eigentums; *Ermecke,* Die Verantwortung von Staat und Gesellschaft für das geistige Schöpfertum, 1956; *Jänecke,* Das urheberrechtliche Zerstörungsverbot S. 124 ff.). Es geht hier insbes. auch darum, die **strukturell bedingte wirtschaftliche und organisatorische Unterlegenheit der Kreativen** gegenüber den Primärverwertern ihrer Werke und Leistungen auch im allgemeinen Interesse der Kreativitäts- und Kulturförderung zu korrigieren oder doch zu kompensieren (s. Begr. des RegE UFITA Bd. 2002/II, S. 500; sa. *Hensche* Rdnr. 926 f.; *Schack*[4] Rdnr. 952; *Schlink/Poscher* S. 36 ff.; *Wandtke/Bullinger/Wandtke/Grunert*[3] § 32 Rdnr. 2 und § 36 Rdnr. 1). Es handelt sich darüber hinaus um einen spezifischen Fall des **Schutzes der Schwächeren** (*Grzeszick* AfP 2002, 383/388 f.; s. bereits oben Rdnr. 11). Dass sich der Gesetzgeber selber der hier letztlich zugrunde liegenden sozial- und kulturpolitischen Fürsorgepflicht durchaus bewusst war, ergibt sich auch daraus, dass er sich dann erneut zum Handeln aufgerufen fühlt, wenn ein wichtiges Teilstück der schließlich getroffenen Regelung, nämlich das Konzept der obligatorischen Schlichtung, die zugrunde liegenden Erwartungen nicht zu erfüllen vermag (s. Begründung der RA-Beschlussempfehlung zu § 36, UFITA Bd. 2002/II, S. 574; sa. *Hucko* S. 10; *Dreyer/Kotthoff/Meckel/Kotthoff*[2] § 36 Rdnr. 2; *Schmidt* ZUM 2002, 781, 790).

Die **Etablierung allgemein anwendbarer Maßstäbe für die angemessene Vergütung** 24 bei der Verwertung von Rechten und Leistungen von Kreativen zur Ausfüllung des gesetzlichen Angemessenheitsgebots nach § 32 Abs. 1 ist also **das der Regelung zugrunde liegende rechtspolitische Ziel,** das bereits durch den (subsidiären) Maßstab von Üblichkeit und Redlichkeit gemäß § 32 Abs. 2 S. 2 abstrakt ausgefüllt wird und durch Einschaltung der Fachorganisationen und Branchenvereinigungen beider betroffenen Seiten konkret realisiert werden soll; letzteres Anliegen wird durchaus mit einem gewissen Nachdruck des Gesetzes selbst gefordert und gefördert (s. obligatorisches Schlichtungsverfahren; dazu unten Rdnr. 74 ff., insbes. 78 ff.; sa. *Wandtke/Bullinger/Wandtke/Grunert*[3] § 36 Rdnr. 2: ein gewisser Druck, sich gemeinsam zu einigen). Von sachkundigen Vereinigungen beider Seiten aufgestellte gemeinsame Vergütungsregeln entfalten ihre Wirkung demgemäß anders als Tarifverträge **nicht etwa nur für deren Mitglieder, sondern für alle davon konkret betroffenen Urheber und ausübenden Künstler** (s. bereits oben Rdnr. 15 sowie unten Rdnr. 45). Freilich kann die Herstellung des gewünschten Resultats – die Aufstellung gemeinsamer Vergütungsregeln als unwiderlegliche Vergütungsmaßstäbe gemäß § 32 Abs. 2 S. 1 – letztlich nicht erzwungen werden; dies gilt auch deswegen, weil das Ergebnis eines obligatorischen Schlichtungsverfahrens (Einigungsvorschlag) gemäß § 36 Abs. 4 S. 2 von den Parteien abgelehnt werden kann, so dass die Rechtswirkung nach § 32 Abs. 2 S. 1 nicht eintreten kann.

Die Etablierung solcher Maßstäbe kann **im wohlverstandenen Interesse beider Seiten** 25 liegen, insb. bezüglich Transparenz, Rechtssicherheit und Akzeptanz unter den Betroffenen (s. Begründung des RegE S. 2, 16 f.; ebenso *D. Berger* ZUM 2003, 521/527; *v. Lucius* KUR 2002, 2/5; *W. Nordemann,* Das neue UVR, § 36 Rdnr. 2; *Zentek/Meinke* S. 91 sowie *Haas* Rdnr. 166 und 222, Letzterer unter besonderer Betonung des Schutzes des Verwerters vor einem Erhöhungsverlangen des Urhebers; ähnlich *Haupt/Flisak* KUR 2003, 41/42; *Schmidt* ZUM 2002, 781/791; *Wandtke/Bullinger/Wandtke/Grunert*[3] § 36 Rdnr. 4 und 26). Die bisherigen Erfahrungen haben diese Erwartungen allerdings nur teilweise erfüllt. Insbesondere viele Verwerterverbände scheinen keinen Anlass zu sehen, sich auf dieses Verfahren einzulassen (su. Rdnr. 93 ff.; skeptisch bezüglich des potentiellen Interesses der Verwerterverbände *C. Berger* Rdnr. 164; *ders.* in: *Berger/Wündisch* § 2 Rdnr. 133; zweifelnd ebenso *Jacobs* NJW 2002, 1905/1907).

Die **Rechtsnatur der Vergütungsregeln** nach § 36/36a muss also im Licht des gesetzgeberischen Ziels der Aufstellung gemeinsamer Vergütungsregeln iSd. – unwiderlegbaren – Konkretisierung des Angemessenheitsmaßstabs gem. § 32 und nicht aus der Sicht der verhandelnden Parteien verstanden werden, was auch für die **kartellrechtliche Betrachtungsweise** entsprechende Konsequenzen hat. Die Aufstellung von Vergütungsregeln kommt demgemäß auch insoweit weder dem Abschluss von Vergütungsvereinbarungen iSv. (grundsätzlich verbotenen) Preisvereinbarungen (oder abgestimmten Verhaltensweisen) noch Preisempfehlungen (§§ 1 und 2 Abs. 2 und 22 GWB bzw. Art 81 Abs. 1 Buchst. a EGV) gleich (so aber *Schmidt* ZUM 2002, 781/788 und 790; *Homann*[2] Praxishandbuch Filmrecht S. 108; wie hier *Hensche* Rdnr. 932; *Schlink/Poscher* S. 67. aA *C. Berger* Rdnr. 184; *ders.* in: *Berger/Wündisch* § 2 Rdnr. 158; *W. Nordemann,* Das neue UVR, Einführung S. 57 sowie § 36 Rdnr. 2; *J. B. Nordemann* GRUR 2007, 203/

§ 36 Gemeinsame Vergütungsregeln

210 f.; *Schack* GRUR 2002, 853/857: „lex specialis"; vgl. auch *ders.* ZUM 2001, 453/462 sowie *Schack*[4] Rdnr. 954 und 965; ebenso *Schmidt* ZUM 2002, 781/789: „lex specialis zum kartellrechtlichen Empfehlungsverbot"; vgl. daneben *Schmitt* GRUR 2003, 294; *Schricker*[3]/*Schricker* vor §§ 28 ff. Rdnr. 3 f mwN. sowie *ders.* GRUR Int. 2002, 797/798; *Dreier/Schulze/Schulze* § 36 Rdnr. 3; *Wandtke/Bullinger/Wandtke/Grunert*[3] § 36 Rdnr. 3; *Zentek/Meinke* S. 83/84 „kartellrechtlich notwendige Ermächtigungsgrundlage; s. zum Ganzen auch *Schricker*, Verlagsrecht, 3. Aufl., Einl., Rdnr. 68 ff.; wegen der kartellrechtlichen Unbedenklichkeit von Urheberrechtsklauseln in Tarifverträgen für arbeitnehmerähnliche Personen s. *Steinberg* S. 155 f.).

27 Gemeinsam aufgestellte Vergütungsregeln im Sinne von § 32 Abs. 2 S. 1 iVm. § 36 sind demgemäß **kartellrechtlich als ein aliud** gegenüber schlichten Vergütungsvereinbarungen anzusehen und müssen deshalb auch nicht in besonderer Weise als Ausnahme vom Kartellverbot gerechtfertigt werden; dies gilt auch für die Beurteilung aus der Sicht des europäischen Gemeinschaftsrechts (zweifelnd insoweit *Loewenheim/v. Becker*[2] § 29 Rdnr. 102; *Flechsig/Hendricks* ZUM 2002, 423/425; *Gutsche* E. I. P. R. 2002, 366/370; *Schack* GRUR 2002, 853/857; betont aA *Schmitt* GRUR 2003, 294/295; zurückhaltender *Schmidt* ZUM 2002, 781/788 f.). Die Vergütungsregeln sind Ergebnis der vom Gesetzgeber gewünschten, geförderten und geforderten Erstellung von Auslegungshilfen für die allgemeine Rechtspraxis bei der Anwendung des unbestimmten Rechtsbegriffs der angemessenen Vergütung (ebenso *Schlink/Poscher* S. 30 f.; ähnlich *Hensche* Rdnr. 911; s. bereits oben Rdnr. 14 ff.). Kartellrechtliche Einwände aus der Sicht des europäischen Wettbewerbsrechts müssten demgemäß an der gesetzlichen Regelung selbst festgemacht werden (zu den „wettbewerbsrechtlichen Pflichten der Mitgliedstaaten außerhalb von Art. 86 EG" allgemein *Mestmäcker/Schweitzer*[2] § 31 VII), was im Hinblick auf die sozial- und kulturpolitische Fürsorgepflicht des Gesetzgebers (so. Rdnr. 23 und unten Rdnr. 28) gegenüber den Kreativen auch im Hinblick auf den „Kulturartikel" (Art. 151 EG, insb. dessen Abs. 4) abzulehnen wäre (vgl. auch *Drexl*, in: Fs. für Schricker zum 70. Geburtstag: Da die gemeinsamen Vergügungsregeln ausgewogene Wettbewerbsverhältnisse begründen und potentielles Wettbewerbsversagen gerade ausschließen sollen, ist das Vorliegen einer Wettbewerbsbeschränkung aufgrund einer normativen Wertung abzulehnen bzw. liegt eine ungeschriebene Bereichsausnahme vor). **Der Begriff der gemeinsamen Vergütungsregeln** ist demnach insbes. auch kartellrechtlich als auf der Grundlage von § 36 im Sinne einer Sollvorschrift zur Bestimmung der Angemessenheit von Vergütungen von den Parteien **gemeinsam aufgestellte iSv. kooperativ ermittelte Vergütungsregeln** zu definieren, deren Rechtswirkung nicht auf Vereinbarung beruht, sondern sich unmittelbar aus dem Gesetz (§ 32 Abs. 2 S. 1) ergibt (trotz grundsätzlicher Bedenken wie hier *Thüsing*, Neue Formen S. 197 und 204: keine unzulässige Delegation, da die Geltungsanordnung selbst staatlich bleibt).

28 Die Rechtswirkung gemäß § 32 Abs. 2 S. 1 wird aus **sozial- und kulturpolitischen Gründen** (dazu *Dietz* ZUM 2001, 276/277 ff.; *Schricker*[3]/*Schricker* vor § 28 ff. Rdnr. 3 f.) für notwendig erachtet; sie setzt zwar das Tätigwerden branchenkundiger Vereinigungen voraus, ist aber – abgesehen davon, dass es gerade kooperativ erarbeitete *gemeinsame* Vergütungsregeln sein müssen – **nicht von deren Verbindlichkeitswollen abhängig**. Diese Besonderheit übersehen die Stimmen in der Literatur, die die Vereinbarkeit der in § 32 iVm. § 36 getroffenen Lösung mit dem (europäischen) Kartellrecht nach wie vor in Zweifel ziehen (s. insb. *Thüsing*, Neue Formen S. 193 ff. und 204 ff. sowie *Bayreuther* UFITA Bd. 2002/III, S. 623 ff.; zweifelnd bezüglich der Vereinbarkeit mit Art. 81 EGV auch *Ory* AfP 2002, 93/94 und 104; *Homann*[2] Praxishandbuch Filmrecht S. 108 sowie *J. B. Nordemann* GRUR 2007, 203/210 f.; eher zurückhaltend *Schack* GRUR 2002, 853/857 und *Dreyer/Kotthoff/Meckel/Kotthoff*[2] § 36 Rdnr. 3 f.; s. auch *Gutsche* E. I. P. R. 2002, 366/370; *Schmidt* GRUR 2003, 294 ff.; *Schmidt* ZUM 2002, 781/789; noch aus der Sicht des RegE *Gounalakis/Heinze/Dörr/Dörr* S. 231 ff., 253 ff.; *Dörr/Schiedermair/Haus* K & R 2001, 608 ff., 613 ff.; dezidiert aA das Gegengutachten von *Schlink/Poscher* S. 67 ff.; sowie *Hensche* Rdnr. 931 ff.; zum Ganzen ausführlich *Grabig* Teil II 2. ee) (2); iS einer meist nicht erreichten gemeinschaftsrechtlichen Spürbarkeitsgrenze und der Berücksichtigung urheberrechtlicher Schutzzwecke auch im Wettbewerbsrecht *Schricker*[3]/*Schricker* vor §§ 28 ff. Rdnr. 3 f mwN; ebenso bereits bzgl. Tarifverträgen für arbeitnehmerähnliche Personen nach § 12 a TVG *Steinberg* S. 157 f.; sa. oben Rdnr. 27). Es gilt vielmehr umgekehrt: Die Vergütungsregeln bewirken keine unangemessene Preisfestsetzung, sondern beschreiben eine Grenze, unterhalb derer Vergütungen aufgrund unredlicher Vertragspraxis unangemessen niedrig sind. Solche Vergütungen wären dann eine Folge wirtschaftlicher Marktmacht, die zu kompensieren auch im Interesse eines funktionsfähigen Wettbewerbs liegt (so *Hensche* Rdnr. 934 im Anschluss an *Schlink/Poscher* S. 68 ff.; vgl. auch *Drexl*, in: Fs. für Schricker zum 70. Geburtstag, S. 651, 668).

Gemeinsame Vergütungsregeln haben andererseits auch **keine normative Wirkung** wie Ta- 29
rifverträge (s. *Schlink/Poscher* S. 37: keine private Rechtsetzung, sondern kooperative Selbstauskunft von Urhebern und Werknutzern; ebenso *Hensche* Rdnr. 911 und 925; aA *Hertin* MMR, 16/17 „Normcharakter"), dienen aber als Grundlage der Bemessung der im Gesetz grundsätzlich bereits vorgeschriebenen Angemessenheit von Vergütungen (so *C. Berger* Rdnr. 145), und haben insofern jedenfalls **normausfüllenden Charakter** (aA offenbar *Bayreuther* UFITA Bd. 2002/III, S. 627 „privatautonomer Willensakt"; s. aber *ders.* aaO S. 657, 668 und 678 „wesentlich schwächere Wirkung als Tarifnormen" und „noch nicht einmal unmittelbar"; vgl. auch *Ory* AfP 2002, 93/102: dem schuldrechtlichen Teil von Tarifverträgen nachgebildete rechtsgestaltende Vereinbarungen). Wegen ihres vom Gesetz angeordneten normausfüllenden Charakters findet auch keine AGB-Kontrolle von Vergütungsregeln statt (ähnlich *Schmidt* ZUM 2002, 781/784: „in demselben Umfang wie Tarifverträge der gerichtlichen Nachprüfung entzogen"; *Homann*[2] Praxishandbuch Filmrecht S. 107 f.; *Berger/Wündisch/Berger* § 2 Rdnr. 167; aA *Ory* AfP 2002, 93/103).

3. Entstehungsgeschichte des § 36 (und des § 36 a)

a) in gesetzestechnischer Hinsicht. Der **Gesamtkomplex der Vorschriften** über die 30
Aufstellung gemeinsamer Vergütungsregeln und über ein sich gegebenenfalls anschließendes Schiedsstellenverfahren bzw. – in der endgültigen Fassung der Regelung – eines Verfahrens vor der Schlichtungsstelle war im Professorenentwurf ebenso wie noch im RegE gesamthaft in dem darin jeweils vorgeschlagenen neuen § 36 geregelt. Dieser Regelungskomplex ist auf Empfehlung des Rechtsausschusses (s. RA-Beschlussempfehlung UFITA Bd. 2002/II, S. 559 f., diese wiederum gestützt auf eine entsprechende Formulierungshilfe des BMJ, s. UFITA Bd. 2002/II, S. 542/547) auf zwei Vorschriften (§ 36 und § 36 a) aufgeteilt worden; dabei wurden die verfahrensrechtlichen Teile (in der Gesetzesfassung nicht mehr auf einem Schieds-, sondern auf einem Schlichtungsverfahren beruhend) zum größeren Teil aus § 36 ausgegliedert und in § 36 a aufgenommen (s. aber die verbleibenden Bestimmungen in § 36 Abs. 3 und 4; su. Rdnr. 78 ff.). Die Regelung hat in **formaler und gesetzestechnischer Hinsicht** dadurch an Übersichtlichkeit gewonnen, wirft jedoch auch einige Auslegungsfragen auf (su. § 36 a Rdnr. 1, 3 und 8).

b) in inhaltlicher Hinsicht: Wirkung der Vergütungsregeln. Bedeutsame Änderungen 31
auch noch im Vergleich zum RegE brachte die schließlich angenommene gesetzliche Regelung aber ebenso **in inhaltlicher Hinsicht**. Hatte der RegE im Sinne des Systemwechsels (so. Rdnr. 13 ff.) im Vergleich zum Professorenentwurf bereits den Schritt weg von der quasi-arbeitsrechtlichen Verbändevereinbarung von Mindestvergütungen hin zur gemeinsamen Aufstellung von Vergütungsregeln für die allgemeine Rechtspraxis getan, so liegen die bedeutsamsten inhaltlichen **Unterschiede zwischen RegE und gesetzlicher Regelung** bei der Ausgestaltung des zunächst vorgesehenen Schiedsstellenverfahrens (§ 36 Abs. 3–8 RegE) bzw. des schließlich gewählten Schlichtungsverfahrens (§ 36 Abs. 3 und 4 sowie § 36 a) und bei der damit verbundenen bedeutsamen Frage der **Vorbedingungen für die Erreichung der rechtlichen Verbindlichkeit der Vergütungsregeln.** Der RegE hatte im Sinne einer den Parteien zur Wahl gestellten Alternative entweder ein Verfahren vor der Schiedsstelle nach dem Urheberrechtswahrnehmungsgesetz oder ein Schiedsverfahren im Wesentlichen nach den Regeln der ZPO vorgesehen, in beiden Fällen mit dem Ziel, zur **Aufstellung verbindlicher Vergütungsregeln** wenn nicht schon durch freiwillige Verhandlungen der betroffenen Vereinigungen bzw. Verbände so wenigstens durch Schiedsspruch bzw. Einigungsvorschlag der Schiedsstelle zu gelangen. Letztendlich sollte dies (bei Schiedssprüchen nur im Fall der Beteiligung eines einzelnen Werknutzers als Partei) sogar in einem im Anschluss daran möglichen Gerichtsverfahren (§ 36 Abs. 6 bzw. 8 RegE) erreicht werden können.

Nach den Vorstellungen des RegE (§ 36 Abs. 5–8) sollten also idR verbindliche Vergütungs- 32
regeln erreicht werden können, wenn auch mit der bedeutsamen Ausnahme einer Erklärung der Nichtbereitschaft von Vereinigungen gemäß § 36 Abs. 4 RegE. Solche Vergütungsregeln wären aber gemäß § 32 Abs. 1 S. 3 RegE noch mit einer weniger weitreichenden **rechtlich-funktionalen Wirkung**, nämlich einer bloß widerleglichen Vermutung ihrer Angemessenheit verbunden gewesen (sa. *Zentek/Meinke* S. 52 f.). Angesichts des bereits im RegE vollzogenen Systemwechsels (so. Rdnr. 13 ff.) war es im Übrigen wenig systemkonform, wenn gemäß § 32 Abs. 1 S. 3 RegE Tarifverträge bezüglich der (noch widerleglich) vermuteten Angemessenheit der in ihnen festgelegten Vergütungen mit Vergütungsregeln gleichbehandelt werden sollten; dieser Regelungsvorschlag wurde mit Recht nicht übernommen (s. jedoch nunmehr die Vor-

§ 36

rangregelung in § 32 Abs. 4 und entsprechend in § 32a Abs. 4; dazu oben § 32 Rdnr. 24 bzw. § 32a Rdnr. 36 ff.). Die gesetzliche Regelung (§ 32 Abs. 2 S. 1) demgegenüber hat eine **verstärkte rechtliche Wirkung, nämlich die unwiderlegliche Vermutung der Angemessenheit** einer nach einer gemeinsamen Vergütungsregel ermittelten Vergütung (§ 32 Abs. 2 S. 1) eingeführt.

33   Diese **verstärkte Wirkung** wurde im Rahmen des schließlich gefundenen politischen Kompromisses (vgl. *Hucko* S. 16; *Mestmäcker/Schulze/Dördelmann* § 36 Rdnr. 9; *Schmidt* ZUM 2002, 781/789), aber mit einer wesentlich **geringeren Chance** verbunden, im Falle fehlender Einigung der beteiligten Vereinigungen **zu einem verbindlichen Schlichtungsspruch (Einigungsvorschlag der Schlichtungsstelle) zu gelangen;** dessen Verbindlichkeit hängt nämlich vollständig vom Willen der beteiligten Parteien ab (§ 36 Abs. 4 S. 2). Der erhöhte Grad der rechtlichen Wirkung (unwiderlegliche Vermutung der Angemessenheit) besteht im Falle fehlender Einigung der Parteien demgemäß nur bei einem solchen Einigungsvorschlag der Schlichtungsstelle, dem die Parteien nicht innerhalb von drei Monaten nach Empfang schriftlich widersprochen haben. Ein gewisses, allerdings stark abgeschwächtes Erzwingungselement ist aber auch in der gesetzlichen Lösung insofern erhalten geblieben, als ein Schlichtungsverfahren unter den Voraussetzungen des § 36 Abs. 3 S. 2 auch auf das schriftliche Verlangen *nur einer* Partei stattfindet, dessen Durchführung sich die andere Partei (auch Vereinigungen nicht, wie dies nach § 36 Abs. 4 RegE noch der Fall gewesen wäre; so. Rdnr. 32; s. auch *Bayreuther* UFITA Bd. 2002/III S. 678; *Haas* Rdnr. 256; *Zentek/Meinke* S. 93) zunächst nicht entziehen kann **(obligatorisches Schlichtungsverfahren).** Dies gilt, obwohl die Partei (Vereinigung oder einzelner Werknutzer) dem Einigungsvorschlag als Ergebnis des Verfahrens letztendlich doch widersprechen und ihm damit seine unmittelbare Rechtswirkung entziehen kann (s. im Einzelnen unten Rdnr. 86 ff.).

34   c) **Schlichtungsverfahren und Einigungsvorschlag.** Das gemäß § 36 Abs. 3 S. 2 also auch gegen den Willen einer Partei durchsetzbare und insoweit **obligatorische Schlichtungsverfahren** (su. Rdnr. 78 ff.) setzt allerdings zwingend voraus, dass das einseitige Verlangen auf seine Durchführung einen Vorschlag über die Aufstellung gemeinsamer Vergütungsregeln enthält (su. § 36a Rdnr. 22). Diese in § 36a Abs. 4 enthaltene Regelung fand kein unmittelbares Vorbild im RegE, wohl aber in § 36 Abs. 2 Professorenentwurf, wonach die Schiedsstelle nach dem WahrnG nur unter Vorlage des von der betreffenden Partei angestrebten Gesamtvertrages sollte angerufen werden können. Eine solche Regelung sollte und soll vermeiden, dass der angerufene Spruchkörper (im Gesetz die ad hoc zu bildende Schlichtungsstelle) ohne jede Grundlage und ohne genauere Informationen über die einschlägigen Vorstellungen und Wünsche der das Verfahren betreibenden Partei entscheiden müsste. Das unter dieser Voraussetzung obligatorisch durchzuführende Schlichtungsverfahren, dessen Ergebnis (Einigungsvorschlag) im Hinblick auf seine Rechtswirkung dennoch unter dem Vorbehalt widerspruchsloser Akzeptanz durch beide Parteien steht (§ 36 Abs. 4 S. 2), ist Teil des im Laufe des Gesetzgebungsverfahrens gefundenen politischen Kompromisses (s. auch *Mestmäcker/Schulze/Dördelmann* § 36 Rdnr. 9; *Dreier/Schulze/ Schulze* § 36 Rdnr. 2).

35   Teil dieses Kompromisses ist aber auch die Vorstellung des Gesetzgebers, dass ein nach Durchführung des Schlichtungsverfahrens vorgelegter begründeter Einigungsvorschlag selbst im Falle seiner Ablehnung, so dass es nicht zu effektiven gemeinsamen Vergütungsregeln kommt, gleichwohl Wirkungen entfalten kann (so ausdrücklich Begr. der RA-Beschlussempfehlung S. 20). In der Rechtsanwendung insb. durch die Gerichte könnten derartige nicht verbindliche Einigungsvorschläge nach dieser Auffassung als **Indiz zur Bestimmung der Angemessenheit der Vergütung** (scil. gemäß § 32 Abs. 1 und 2) herangezogen werden (sa. § 32 Rdnr. 24; ebenso *Loewenheim/v. Becker*[2] § 29 Rdnr. 99; *Erdmann* GRUR 2002, 923/926 f. unter Hinweis auf die Berücksichtigung eines nicht angenommenen Einigungsvorschlags der Schiedsstelle nach dem WahrnG durch den BGH im Fall „Gesamtvertrag privater Rundfunk", BGH GRUR 2001, 1139/1142; *Schricker* GRUR Int. 2002, 797/805 „eine gewisse Ausstrahlungswirkung als Wertungsfaktor"; *Dreier/Schulze/Schulze* § 36 Rdnr. 2 und 34; *Zentek/Meinke* S. 54; ablehnend *C. Berger* Rdnr. 242; *ders.* in: *Berger/Wündisch* § 2 Rdnr. 216 f.; *Ory* AfP 2002, 93/96 und 99; *ders.* ZUM 2006, 914/916: „indirekte Indizwirkung"). Allerdings muss jeweils geprüft werden, ob die indizielle Wirkung im Einzelfall angemessen ist. Zweifel daran ergeben sich insbesondere dann, wenn schwere Verfahrensmängel vorliegen.

36   Die Bedeutung, die der Gesetzgeber dieser von ihm erhofften **indirekten Wirkung nicht angenommener Einigungsvorschläge** beimisst, ergibt sich nicht zuletzt aus der in der Begr. des Rechtsausschusses (RA-Beschlussempfehlung, BT-Drs. 14/8058 S. 20) getroffenen Feststellung,

dass nach Inkrafttreten des Gesetzes sorgfältig zu beobachten sei, ob sich die Erwartungen erfüllen, die diesem Konzept der obligatorischen Schlichtung zugrunde liegen, und dass, sollte dies nicht der Fall sein, der Gesetzgeber erneut zum Handeln aufgerufen wäre (s. auch *Mestmäcker/Schulze/ Dördelmann* § 36 Rdnr. 29; *Dreier/Schulze/Schulze* § 36 Rdnr. 2). An dem **allgemeinen politischen Ziel,** für möglichst viele Branchen zu möglichst verbindlichen und durch Gerichte handhabbaren Maßstäben für Vergütungen der Urheber (und ausübenden Künstlern) zu gelangen, wird also auch insoweit festgehalten.

Das in der gesetzlichen Regelung allein als **Schlichtungsverfahren** (wegen vergleichbarer Fälle s. *Flechsig/Hendricks* ZUM 2002, 423) ausgestaltete **Verfahren zur Lösung von Konflikten** der Parteien bei (gescheiterten oder von vornherein nicht zustande gekommenen) Verhandlungen über die Aufstellung gemeinsamer Vergütungsregeln (§ 36 Abs. 3 und 4 sowie § 36a) ist nunmehr **selbständig geregelt, dh. ohne direkte Bezugnahme oder Verweisung auf Vorschriften des Urheberrechtswahrnehmungsgesetzes** (WahrnG), wenn auch unter teilweiser Verweisung auf Vorschriften der ZPO (s. § 36a Abs. 3). Bestimmte Formulierungen, insbesondere der Begriff des *Einigungsvorschlags* selbst (§ 36 Abs. 4) verraten dennoch eine gewisse Anlehnung an Regelungsgedanken im WahrnG (etwa § 14a WahrnG). Im Professorenentwurf demgegenüber war entsprechend der dort vorgesehenen Möglichkeit einer verbindlichen Entscheidung des Konflikts noch das aus dieser Sicht sich anbietende Verfahren nach §§ 14ff. WahrnG als Regellösung vorgesehen, obwohl alternativ auch der Weg über eine Schiedsvereinbarung nach § 1029 ZPO in Frage kommen sollte (§ 36 Abs. 2 ProfE). Dementsprechend wurde für die Einzelheiten des Verfahrens in § 36 Abs. 6 Professorenentwurf nicht nur auf eine Reihe von Vorschriften in den §§ 14ff. WahrnG verwiesen, sondern es wurden auch Regelungsvorbilder des WahrnG in abgewandelter Form übernommen (s. § 36 Abs. 3 und 4 Professorenentwurf einerseits und 14a WahrnG sowie § 1 Abs. 3 Urheberrechtsschiedsstellenverordnung v. 20. 12. 1985 andererseits).

Demgegenüber war die in § 36 Abs. 3–6 RegE vorgeschlagene Regelung – insoweit noch in Übereinstimmung mit dem Professorenentwurf – von der Möglichkeit einer verbindlichen Entscheidung in einem Schiedsverfahren in Anlehnung an §§ 1025 ff. ZPO (bzw. in einem daran anschließenden Gerichtsverfahren) ausgegangen; alternativ war dabei – wenn sich die Parteien darauf geeinigt hätten – aber ebenfalls die Möglichkeit der Festsetzung von Vergütungsregeln durch die **Schiedsstelle nach dem WahrnG** vorgesehen (§ 36 Abs. 3 RegE). Dementsprechend wurde in § 36 Abs. 7 und 8 RegE teils in Anlehnung an Formulierungen des WahrnG, teils unter Verweisung auf eine Reihe seiner Vorschriften die notwendige Detailregelung getroffen. Dass die nunmehr vorgesehene gesetzliche Regelung (§ 36 Abs. 3 iVm. § 36a Abs. 1) dagegen von einer **in jedem Einzelfall ad hoc zu bildenden Schlichtungsstelle** ausgeht (su. § 36a Rdnr. 12 sowie *C. Berger* Rdnr. 200; *ders.* in: *Berger/Wündisch* § 2 Rdnr. 173; *Mestmäcker/ Schulze/Dördelmann* § 36a Rdnr. 5; *Schack*[4] Rdnr. 969; *Dreier/Schulze/Schulze* § Rdnr. 35 und § 36a Rdnr. 2) und demgemäß auf die Vorteile einer institutionalisierten Lösung ganz verzichtet, ist freilich zu bedauern. Die große Erfahrung der Schiedsstelle nach dem WahrnG mit der Lösung von Urheberrechtsstreitigkeiten, insbesondere von Vergütungsstreitigkeiten, hätte auch bei einem zum Schlichtungsverfahren abgeschwächten Lösungsweg Berücksichtigung verdient (ähnlich *Mestmäcker/Schulze/Dördelmann* § 36a Rdnr. 11). Dies hätte im Sinne des Grundanliegens des Stärkungsgesetzes zu einer verbesserten Gesamtposition der Kreativen auch in ihrer verbandlich organisierten Form erheblich beitragen können, da bekanntlich Ungleichgewichte insb. in der Finanzausstattung gerade auch auf der Verbandsebene bestehen. Die durch das Gesetz zur Regelung des Urheberrechts in der Informationsgesellschaft vom 10. 9. 2003 erfolgte Verbesserung der Kostenregelung in § 36a Abs. 6 (su. § 36a Rdnr. 2 und 27) ist nur ein erster, wenn auch wichtiger Schritt in diese Richtung.

d) Anforderungen an Vereinigungen. Ein Anklang an die gesetzliche Voraussetzung, dass die betroffenen Vereinigungen gemäß § 36 Abs. 2 repräsentativ, unabhängig und zur Aufstellung gemeinsamer Vergütungsregeln ermächtigt sein müssen (su. Rdnr. 52ff.), findet sich bezüglich des **Ermächtigungserfordernisses** bereits in § 36 Abs. 1 S. 1 Professorenentwurf, ergänzt durch § 36 Abs. 3 ProfE; danach sollte für Vereinigungen von Werknutzern, die von Urheberverbänden in das Schiedsverfahren hineingezogen wurden, jederzeit, auch noch im Verfahren vor der Schiedsstelle, die Erklärung fehlender Ermächtigung möglich sein. Die noch weitergehende Vorschrift in § 36 Abs. 4 RegE, die es Vereinigungen von Urhebern wie von Werknutzern jederzeit erlauben sollte zu erklären, dass sie zur Aufstellung der betreffenden Vergütungsregeln nicht bereit seien, ist dagegen nicht übernommen worden. Dies lässt die Frage entstehen, wann bzw. wie lange und wem gegenüber das Fehlen des Ermächtigungserfordernisses und der beiden anderen Erfordernisse gemäß § 36 Abs. 2 (Repräsentativität und Unabhängigkeit) geltend gemacht bzw. von wem sie geprüft werden können oder müssen (su. Rdnr. 61 f.). Das Fehlen einer Regelung entsprechend § 36 Abs. 4 RegE (jederzeitige Möglichkeit der Erklärung der Nichtbereitschaft) im nunmehr geltenden Recht ist jedoch auch vor dem Hintergrund der deutlichen Verminderung der Chance, zu verbindlichen Vergütungsregeln zu kommen, zu sehen (so. Rdnr. 33). Die nunmehr für alle in Frage kommenden Parteien vorgesehene Möglichkeit, einem Einigungsvorschlag der Schlichtungsstelle gemäß § 36 Abs. 4 S. 2 schriftlich zu widersprechen, ließ eine zusätzliche Sicherung wie in § 36 Abs. 4 RegE, der noch das Ziel der Erreichung verbindlicher Schiedsstellen- bzw. Gerichtsentscheidungen verfolgt hatte, entbehrlich erscheinen.

40 Die Voraussetzungen für das wirksame **schriftliche Verlangen nur einer Partei,** ein Verfahren zur Aufstellung gemeinsamer Vergütungsregeln vor der Schlichtungsstelle nach § 36a **durchzuführen,** sind in § 36 Abs. 3 S. 2 unverändert aus der entsprechenden Regelung in § 36 Abs. 3 RegE (dort jedoch für ein Schiedsverfahren nach näherer Maßgabe der ZPO) übernommen worden: fehlender Beginn von Verhandlungen binnen drei Monaten oder ergebnislose Verhandlungen nach einem Jahr oder Erklärung des endgültigen Scheitern der Verhandlungen durch eine Partei (su. Rdnr. 81 ff.). In § 36 Abs. 2 Professorenentwurf waren diese Voraussetzungen (dort wiederum für die Durchführung eines Schiedsverfahren nach § 14 WahrnG) bereits in ähnlicher Weise, nämlich ergebnisloses Verhandeln nach einem Jahr oder Weigerung einer Partei zur Aufnahme von Verhandlungen, formuliert worden.

41 **e) Verhältnis zu Tarifverträgen.** Auch das **Verhältnis gemeinsamer Vergütungsregeln nach § 36 zu Tarifverträgen** über Urhebervergütungen (su. Rdnr. 71 ff.), insbesondere solchen nach § 12a TVG (so. Rdnr. 8 ff., insb. die Hinweise auf bestehende Vergütungstarifverträge oben Rdnr. 9), ist in den jeweiligen Entwicklungsstadien der Regelung in teilweise unterschiedlicher Weise bestimmt worden. Gemäß § 36 Abs. 1 S. 3 Professorenentwurf sollte § 12a TVG unberührt bleiben, es sollte also – trotz der inneren Verwandtschaft der im Professorenentwurf noch vorgeschlagenen tarifvertragsähnlichen Gesamtverträge mit Tarifverträgen (ähnlich *Flechsig/ Hendricks* ZUM 2002, 423/425) – bei vorbestehenden Tarifverträgen für arbeitnehmerähnliche Kreative nach § 12a TVG (von Tarifverträgen für echte Arbeitnehmerurheber war hier nicht die Rede) nicht nach dem Grundsatz der lex posterior, sondern allgemein nach dem Grundsatz des Vorrangs von Tarifverträgen vor Gesamtverträgen verfahren werden, naturgemäß nur, soweit es sich bei den Urhebern (oder ausübenden Künstlern) um tarifgebundene Personen handeln würde (wegen nicht tarifgebundener Personen s. *Zentek/Meinke* S. 83).

42 Nach dem Wechsel zum System der gemeinsamen Aufstellung von Vergütungsregeln im RegE wie in der gesetzlichen Regelung selber (so. Rdnr. 13 ff.) war das Verhältnis der Vor- oder Nachrangigkeit schon deswegen neu zu bestimmen, weil die **rechtlich-funktionale Wirkung sowie der betroffene Personenkreis bei Tarifverträgen einerseits und gemeinsamen Vergütungsregeln andererseits nunmehr gänzlich unterschiedlich sind** (so. Rdnr 24 sowie *W. Nordemann, Das neue UVR,* § 32 Rdnr. 9). Dies wurde offenbar noch verkannt, als gemäß § 32 Abs. 1 S. 3 RegE Tarifverträge (ohne Beschränkung auf solche für Arbeitnehmer) und gemeinsame Vergütungsregeln gleichbehandelt und für die darin jeweils festgelegten Vergütungen in gleicher Weise die Angemessenheit (bei Tarifverträgen für wen?) vermutet werden sollte (s. bereits oben Rdnr. 32 sowie § 32 Rdnr. 25). Diese Regelung wurde im Rechtsausschuss zu Recht fallen gelassen und durch die Vorschrift in § 32 Abs. 4 ersetzt, dass der (einzelne) Urheber keinen Anspruch auf Vertragsänderung nach § 32 Abs. 1 S. 3 (also auch nicht nach dem Angemessenheitsmaßstab aufgrund gemeinsamer Vergütungsregeln gemäß § 32 Abs. 2 S. 1) hat, soweit die Vergütung für die Nutzung seiner Werke tarifvertraglich bestimmt ist. Es gilt also im Rahmen des § 32 – insoweit in Übereinstimmung schon mit dem Professorenentwurf – ebenso wie beim „Fairnessausgleich" gemäß § 32a Abs. 4 der Vorrang von Tarifverträgen vor gemeinsamen Vergütungsregeln (s. oben § 32a Rdnr. 36 ff.; *Hensche* Rdnr. 922; *Dreyer/Kotthoff/ Meckel/Kotthoff²* § 32a Rdnr. 41 ff.; *Dreier/Schulze/Schulze* § 32a Rdnr. 58 ff.).

43 Gemäß § 36 Abs. 1 S. 3 RegE sollten im Übrigen in **Tarifverträgen *für Arbeitnehmer*** enthaltene Regelungen gemeinsamen Vergütungsregeln vorgehen (s. auch Begr. des RegE UFITA Bd. 2002/II, S. 517). Angesichts der Bedeutung von Tarifverträgen für arbeitnehmerähnliche Urheber (und ausübende Künstler) nach § 12a TVG war die hier (genau umgekehrt wie im Professorenentwurf; so. Rdnr. 42) vorgenommene Einschränkung auf Tarifverträge *nur für Arbeitnehmer,* die in der Begr. nicht näher erläutert wurde, wenig einsichtig. Dementsprechend ist diese

Einschränkung, falls sie im RegE so überhaupt gewollt war (die Begr. der RA-Beschlussempfehlung UFITA Bd. 2002/II, S. 573 spricht von einer Klarstellung), in der gesetzlichen Regelung (§ 36 Abs. 1 S. 3) fallen gelassen worden: nach der Begr. des Rechtsausschusses (aaO) ist mit der Streichung des Zusatzes „für Arbeitnehmer" in § 36 Abs. 1 S. 3 die Klarstellung enthalten, dass *auch* Tarifverträge arbeitnehmerähnlicher Personen (nach § 12a TVG) Vorrang vor gemeinsamen Vergütungsregeln genießen (sa. *Schlink/Poscher* S. 18: dadurch keine Beeinträchtigung der materiellen Tarifautonomie). Diese Klarstellung wird der Bedeutung und dem Stellenwert solcher Tarifverträge nach § 12a TVG gerecht, soll aber **Tarifverträge für „echte" Arbeitnehmerurheber naturgemäß nicht ausschließen** (sa. oben § 32 Rdnr. 4 und 23 ebenso *Bayreuther* UFITA Bd. 2002/III, S. 661; s. im Einzelnen unten Rdnr. 71 ff.). Der hier ebenso wie in § 32 Abs. 4 (s. auch oben § 32 Rdnr. 23) bestimmte Vorrang von Tarifverträgen vor gemeinsamen Vergütungsregeln gilt selbstverständlich nur, soweit ein Urheber (ausübender Künstler) durch den Tarifvertrag gebunden ist (su. Rdnr. 72f.). Die ursprünglich im RegE vorgesehene (vermutlich so nicht gewollte) Einschränkung auf Tarifverträge nur für Arbeitnehmer weist aber darauf hin, dass die Auffassung, das gesamte System der gemeinsamen Vergütungsregeln sei im Bereich angestellter Urheber und damit auf Tarifverträge für (echte) Arbeitnehmerurheber von vornherein nicht anwendbar (so aber *Loewenheim/v. Becker*[2] § 29 Rdnr. 124; *C. Berger* Rdnr. 40 ff. insb. 44 sowie Rdnr. 155; *ders.* in: *Berger/Wündisch*, Rdnr. 40 ff.), abzulehnen ist (su. Rdnr. 71 sowie oben § 32 Rdnr. 4).

II. Aufstellung gemeinsamer Vergütungsregeln

1. Zweck: Bestimmung der Angemessenheit von Vergütungen nach § 32

Die wechselseitige Inbezugnahme von § 36 in § 32 Abs. 2 S. 1 einerseits und von § 32 (scil. von § 32 Abs. 2 S. 1) in § 36 andererseits verdeutlicht die Funktion und rechtliche Wirkung der nach Maßgabe der §§ 36/36a durch Verhandlungen oder Schlichtungsspruch (Einigungsvorschlag) aufgestellten gemeinsamen Vergütungsregeln. Sie sollen das in § 32 zugunsten von Kreativen (Urhebern und ausübenden Künstlern) auf der Grundlage zivilrechtlicher Ansprüche allgemein verankerte **gesetzliche Gebot zur Gewährung angemessener Vergütungen** für die Einräumung von Nutzungsrechten ausfüllen, konkretisieren und für die Rechtsanwendung handhabbar machen. Demgemäß gelten nach gemeinsamen Vergütungsregeln im Sinne der §§ 36/36a ermittelte Vergütungen (so. § 32 Rdnr. 28) aufgrund der unwiderleglichen Vermutung nach § 32 Abs. 2 S. 1 als angemessen. Diese Rechtswirkung entsteht kraft Gesetzes und beruht nicht auf dem Parteiwillen der betreffenden Verhandlungspartner, die diese Rechtswirkung im Falle erfolgreich verlaufener Verhandlungen zwar intendieren, sie den von ihnen kooperativ aufgestellten gemeinsamen Vergütungsregeln ohne den gesetzlichen Befehl aber nicht beilegen können (auch die Auslegung als bloße „Empfehlungen" an die Parteien, so *Haas* Rdnr. 222 und ihm folgend *Haupt/Flisak* KUR 2003, 41/42 geht an der Sache vorbei). Folgerichtig ist in § 36 Abs. 1 S. 1 von der **Aufstellung, nicht aber der Vereinbarung** gemeinsamer Vergütungsregeln durch Vereinigungen von Urhebern (kraft Verweisung in § 79 Abs. 2 S. 2 auch Vereinigungen von ausübenden Künstlern) einerseits und Vereinigungen von Werknutzern (bzw. kraft derselben Verweisung von Nutzern von Darbietungen ausübender Künstler) andererseits die Rede; nichts anderes gilt, wenn einzelne Werknutzer (Nutzer von Darbietungen) an der Aufstellung der Vergütungsregeln beteiligt waren (so. Rdnr. 18).

44

Sind derartige gemeinsame Vergütungsregeln, sei es durch Verhandlungen, sei es durch einen beiderseits widerspruchslos hingenommenen Einigungsvorschlag (§ 36 Abs. 4 S. 2) einmal wirksam aufgestellt worden, so kann ihnen die Rechtswirkung nach § 32 Abs. 2 S. 1 durch einseitige Erklärung einer Partei nicht mehr genommen werden (wegen der Beendigung bzw. Ersetzung bestehender Vergütungsregeln su. Rdnr 67). Sie gelten insb. auch für sog. **„Außenseiter"**, also Nichtmitglieder der die Vergütungsregeln aufstellenden Vereinigungen (so. § 32 Rdnr. 24; ebenso *Bayreuther* UFITA Bd. 2002/III, S. 647 ff.; kritisch jedoch *ders.* aaO S. 686; wie hier *Haas* Rdnr. 170; *Jacobs* NJW 2002, 1905/1909; *Dreier/Schulze/Schulze* § 32 Rdnr. 36 und § 36 Rdnr. 16 unter Hinweis auf eine eingeschränkte Widerlegbarkeit der Angemessenheitsvermutung; *Zentek/Meinke* S. 54; einschränkend für den Fall unmittelbar für ihre Mitglieder verhandelnder Berufsverbände *Wandtke/Bullinger/Wandtke/Grunert*[3] § 36 Rdnr. 21; ablehnend – keine zwingende Anwendung – *Ory* AfP 2002, 93/96 und 98 f.; *Erdmann* GRUR 2002, 922/925 f; ebenso *Dreyer/Kotthoff/Meckel/Kotthoff*[2] § 32 Rdnr. 22, jedoch für Bedeutung im Sinne einer vorsichtig zu handhabenden Indizwirkung). **In dieser Breitenwirkung liegt gerade ein we-**

45

sentliches rechtspolitisches Ziel des Gesetzes zur Stärkung der vertraglichen Stellung von Urhebern und ausübenden Künstlern. Verfahrensvorschriften für die Erstellung der Vergütungsregeln bestehen nicht (*Dreyer/Kotthoff/Meckel/Kotthoff*² § 36 Rdnr. 9; *W. Nordemann*, Das neue UVR, § 36 Rdnr. 3), doch ist Schriftform oder zumindest Textform praktisch unumgänglich (so *Haas* Rdnr. 229; *Kotthoff* aaO). Die zwingende Vermutungswirkung gilt nur für den Regelungsbereich der Vergütungsregeln; doch kann ihnen darüber hinaus eine gewisse Ausstrahlungswirkung als Wertungsfaktor zukommen (so. § 32 Rdnr. 28).

2. Aufstellung gemeinsamer Vergütungsregeln als vom Gesetzgeber gewünschter, geförderter und geforderter Vorgang (keine bloße Parteivereinbarung)

46   Dass der Gesetzgeber des StärkungsG entsprechend dem Grundanliegen zur Stärkung der vertraglichen Stellung der Kreativen das Zustandekommen gemeinsamer Vergütungsregeln durchaus wünscht und fördern will, ergibt sich auch aus dem in Abs. 1 S. 1 verwendeten **normativen Indikativ** „stellen ... auf", der einem (sanktionslosen) **Sollensgebot** sehr nahe kommt (s. bereits oben Rdnr 22). Dieses Anliegen wird noch dadurch verstärkt, dass der Mechanismus der §§ 36/36a im Rahmen des „obligatorischen Schlichtungsverfahrens" (su. Rdnr. 78 ff.) darauf angelegt ist, im konkreten Fall seiner Ingangsetzung möglichst zu irgendeiner **ausformulierten Fassung gemeinsamer Vergütungsregeln** zu gelangen, selbst wenn diesen mangels widerspruchsloser Annahme durch beide Parteien nicht die Rechtswirkung nach § 32 Abs. 2 S. 1 zukommt. Eine **Indizwirkung** für die Bestimmung der Angemessenheit von Vergütungen können nämlich nach Auffassung des Gesetzgebers bei der Rechtsanwendung auch abgelehnte (nicht verbindliche) Einigungsvorschläge für Vergütungsregeln entfalten (s. bereits oben Rdnr. 35 sowie unten Rdnr. 92). Zwar wurde iSd. während des Gesetzgebungsverfahrens gefundenen politischen Kompromisses (so. Rdnr. 32 f.) der ursprüngliche Plan, in jedem konkreten Fall der Ingangsetzung des Mechanismus nach §§ 36/36a, sei es letztlich auch durch Schiedsspruch oder Gerichtsentscheidung, zu wirksamen Vergütungsregeln zu gelangen, fallen gelassen; dies ändert jedoch nichts daran, das das Maß an Verbindlichkeit von Vergütungsregeln gemäß § 32 Abs. 2 S. 1, dass nach dem Mechanismus der geltenden §§ 36/36a dennoch noch erreichbar ist, vom Gesetzgeber gewollt und gesetzlich angeordnet ist.

47   Es wäre verfehlt, diese vom Gesetz gewollte Rechtsfolge durch **kartellrechtliche Einwände** wieder in Frage zu stellen, weil an der *Aufstellung* der Vergütungsregeln privatrechtlich verfasste Vereinigungen (oder einzelne Werknutzer) beteiligt sind (so insbes. *Schmitt* GRUR 2003, 294 f. unter dem Gesichtspunkt des Art. 81 EGV; sa. die Nachw. oben Rdnr. 28). Vielmehr bedient sich ihrer Gesetzgeber im Rahmen der §§ 32 und 36/36a, um soweit wie möglich zu dem rechtspolitischen Ziel der Etablierung allgemein anwendbarer Vergütungsmaßstäbe zu gelangen (so. Rdnr. 19 ff.). In diesem Sinne wäre auch eine **öffentliche Verlautbarung** ggf. sogar eine halbamtliche Veröffentlichung wirksam aufgestellter gemeinsamer Vergütungsregeln etwa im Bundesanzeiger (vgl. wegen einer entsprechenden Regelung für Tarife von Verwertungsgesellschaften § 13 Abs. 2 WahrnG) oder zumindest in der Fachpresse oder auch bei einer zentralen Einsichtstelle angebracht (so *Mestmäcker/Schulze/Dördelmann* § 36a Rdnr. 11; *Dreier/Schulze/Schulze* § 36a Rdnr. 22; ähnlich *Dreyer/Kotthoff/Meckel/Kotthoff*² § 36 Rdnr. 9; *W. Nordemann*, Das neue UVR, § 36 Rdnr. 16 und *Thüsing*, Neue Formen S. 211; *Hertin* MMR 2003, 16/17 unter Berufung auf den „Normcharakter" der Vergütungsregeln; aA – keine Notwendigkeit, da Informierung der interessierten Öffentlichkeit im eigenen Interesse der Parteien – *Haas* Rdnr. 230). Entsprechend der gesetzlich festgelegten Funktion der Vergütungsregeln als Auslegungshilfen für die allgemeine Rechtspraxis, die deren Bekanntgabe und öffentliche Zugänglichkeit voraussetzt, wäre die Vereinbarung der Geheimhaltung oder ein einseitig an die Bedingung ihrer Geheimhaltung erklärter Bindungsvorbehalt unbeachtlich. Jedenfalls bezüglich widerspruchslos angenommener Einigungsvorschläge der Schlichtungsstelle könnten die öffentliche Verlautbarung und das entsprechende Verfahren in der nach § 36a Abs. 8 vorgesehenen Rechtsverordnung (ebenso *C. Berger* Rdnr. 197 und *ders.* in: *Berger/Wündisch* § 2 Rdnr. 170), ggf. auch bereits in einer Parteivereinbarung nach § 36a Abs. 7 als Teil einer Regelung über Einzelheiten des Schlichtungsverfahrens verankert werden (su. § 36a Rdnr. 17 und 18).

3. Die an der Aufstellung gemeinsamer Vergütungsregeln beteiligten Parteien

48   Gemäß Abs. 1 S. 1 werden die gemeinsamen Vergütungsregeln auf Seiten der Kreativen durch Vereinigungen von Urhebern sowie kraft Verweisung ua. auf § 36 in § 79 Abs. 2 S. 2 durch

§ 36

Vereinigungen ausübender Künstler, auf Nutzerseite durch Vereinigungen von Werknutzern (bzw. kraft derselben Verweisung durch Vereinigungen von Nutzern künstlerischer Darbietungen) oder durch einzelne Werknutzer (bzw. einzelne Nutzer von Darbietungen) aufgestellt (wegen der zusätzlichen Verweisungen betreffend Verfasser wissenschaftlicher Ausgaben und Lichtbildner so. Rdnr. 1). Der bewusst rechtsformenneutral gewählte **Begriff der Vereinigung lässt unterschiedliche Rechts- und Organisationsformen** zu, insbesondere Vereine und Gesellschaften (auch solche bürgerlichen Rechts), Berufsverbände, Gewerkschaften (s. *C. Berger* Rdnr. 171/172; *ders.* in: *Berger/Wündisch* § 2 Rdnr. 143f.; *Flechsig/Hendricks* ZUM 2002, 423/424f.; *Dreier/Schulze/Schulze* § 36 Rdnr. 7; *Wandtke/Bullinger/Wandtke/Grunert*[3] § 36 Rdnr. 12 und 14 mit zahlreichen konkreten Beispielen), soweit diese die Voraussetzungen nach Abs. 2 (Repräsentativität, Unabhängigkeit und Ermächtigung) erfüllen (su. Rdnr. 52ff.). Eine mitgliedschaftliche Organisationsform ist aber vorausgesetzt, so dass etwa die gemeinsame Beauftragung eines Rechtsanwalts ausscheidet (so *C. Berger* Rdnr. 171 und *ders.* in: *Berger/Wündisch* § 2 Rdnr. 144). Verwertungsgesellschaften zählen jedoch nicht dazu (su. Rdnr. 57). Streitig ist, ob es sich bei Vereinigungen nach § 36 um Koalitionen gem. Art. 9 Abs. 3 GG handelt (hierzu *Grabig* Teil II 2. bb). Auch ausländische Werknutzer können in Frage kommen, aber nur für Nutzungen im Inland (aA offenbar *Hilty/Peukert* GRUR Int. 2002, 643/663 und 664, dort These 10). Ihre im Ausland erlangte Rechts- und Parteifähigkeit ist dann anzuerkennen, wenn sie sie in einem Mitgliedsstaat der Europäischen Union erlangt hat (*Berger/Wündisch/Berger* § 2 Rdnr. 144 unter Berufung auf EuGH NJW 2002, 3614 – Überseering). Zweifelhaft ist, ob auch **ausländische gemeinsame Vergütungsregeln,** wie etwa die Vereinbarungen der amerikanischen Guilds (s. im Einzelnen *N. Reber,* Die Beteiligung von Urhebern ..., S. 308ff.; *ders.* GRUR Int. 2006, 9/15f. sowie *v. Hartlieb/Schwarz/U. Reber* Kap. 53 Rdnr. 25), für die Auswertung in Deutschland eine unwiderlegliche Angemessenheitsvermutung iSv. § 32 Abs. 2 S. 1 begründen können (so *v. Hartlieb/Schwarz/U. Reber* Kap. 53. Rdnr. 5 und 13); hier wäre zumindest zu fordern, dass sie den Anforderungen nach § 36 Abs. 2 gerade für die Auswertung in Deutschland entsprechen und dass sie ihre Anwendung als gemeinsame Vergütungsregeln gerade *auch* für die Auswertung in Deutschland intendieren. Sind diese Voraussetzungen nicht gegeben, so können sie allenfalls als Beweismittel für die Üblichkeit und Redlichkeit von Vergütungen im Rahmen von § 32 Abs. 2 S. 2 dienen.

Gemäß dem Grundanliegen der Neuregelung zum Urhebervertragsrecht, die *kollektive Verhandlungsmacht der Kreativen zu stärken und dabei allgemein anwendbare Maßstäbe* für angemessene Vergütungen zu erreichen, wäre es im Übrigen nicht sinnvoll gewesen, auch auf Seiten der Kreativen **einzelnen Urhebern (ausübenden Künstlern)** als solchen die gesetzliche Befugnis zur Aufstellung allgemein anwendbarer gemeinsamer Vergütungsregeln mit der Verwerterseite zu verleihen; für was außer für sich selber sollten sie verhandeln? (Im Ergebnis ebenso *Wandtke/Bullinger/Wandtke/Grunert*[3] § 36 Rdnr. 16; *C. Berger* Rdnr. 166 unter Hinweis auf die dann weiterhin bestehende strukturelle Unterlegenheit des Einzelurhebers; *ders.* in: *Berger/Wündisch* Rdnr. 138; *Flechsig/Hendricks* ZUM 2002, 423/424). Die Aushandelung der für sie jeweils angemessenen Vergütung für ihre konkret zur Nutzung angebotenen Werke und Darbietungen (also im Wesentlichen für Einzelfälle) erfolgt ohnehin, gegebenenfalls gestützt auf bereits vorhandene Vergütungsregeln, auf der Grundlage des Anspruchs auf angemessene Vergütung nach § 32. Naturgemäß können einzelne Urheber und ausübende Künstler an Verhandlungen nach § 36 aber als Verhandlungsführer oder Vertreter der betroffenen Vereinigungen beteiligt sein und dort ihre eigenen Erfahrungen auch aus persönlich abgeschlossenen Nutzungsverträgen einbringen. **49**

Sinnvoll und notwendig erschien die Öffnung des Weges zur Aufstellung gemeinsamer Vergütungsregeln dagegen für **einzelne Unternehmen (einzelne Werknutzer oder einzelne Nutzer von Darbietungen) auf Verwerterseite,** da Nutzer von Werken und Darbietungen in der Regel eine Mehrzahl, abhängig von der Größe von Verwerterunternehmen (Medienunternehmen) uU eine enorm große Zahl von Werken und Darbietungen zahlreicher Kreativer unter ähnlichen Gegebenheiten nutzen (ähnlich *Wandtke/Bullinger/Wandtke/Grunert*[3] § 36 Rdnr. 16; *C. Berger* Rdnr. 170: aus praktischen Gründen nur größere Verwerterunternehmen; *ders.* in: *Berger/Wündisch* § 2 Rdnr. 138). Außerdem kann es für die Vereinigungen der Kreativen angesichts der unterschiedlichen Gegebenheiten in unterschiedlichen Branchen mit unterschiedlichem Organisationsgrad der Verwerterseite einfacher, ggf. sogar die einzige Möglichkeit sein, zu Verhandlungsergebnissen iSd. Aufstellung gemeinsamer Vergütungsregeln zu gelangen, wenn sie mit einem einzelnen Werknutzer (Nutzer von Darbietungen) verhandeln. Dieser kann sich überdies nicht mit dem Argument fehlender Repräsentativität, Unabhängigkeit oder Er- **50** mächtigung (durch wen?) den Verhandlungen entziehen (arg. aus § 36 Abs. 2; s. auch *C. Berger* Rdnr. 222; *Flechsig/Hendricks* ZUM 2002, 423/424; *Dreier/Schulze/Schulze* § 36 Rdnr. 8; nicht gefolgt werden kann *Bayreuther* UFITA Bd. 2002/III, S. 680 ff. und S. 687, der verbandsangehörige Verwerter im Falle bestehender mit dem Verband abgeschlossener Vergütungsregeln vor separater Inanspruchnahme schützen will; ebenso *Dreyer/Kotthoff/Meckel/Kotthoff*[2] § 36 Rdnr. 22; *Ory* AfP 2002, 93/102; das widerspräche aber der Zulässigkeit des Nebeneinanderbestehens konkurrierender Vergütungsregeln; su. Rdnr. 70). In der Sache würde durch das Bestehen zusätzlicher spezieller, mit einzelnen Werknutzern aufgestellter gemeinsamer Vergütungsregeln die Berücksichtigung des gesetzlichen Kriteriums von Struktur und Größe der Verwerter gemäß § 36 Abs. 1 S. 2 eher erleichtert.

51 Angesichts der bisherigen Erfahrungen mit dem neuen Recht und der dabei zu Tage getretenen Schwierigkeiten bei der Erreichung des Ziels gemeinsamer Vergütungsregeln in Verhandlungen mit Nutzervereinigungen (su. Rdnr. 93 ff.) mag der Weg über **Verhandlungen mit einzelnen Werknutzern** (Nutzern von Darbietungen) möglicherweise als erfolgversprechender erscheinen: Dies gilt insb. auch deswegen, weil solche mit einem einzelnen Werknutzer aufgestellten gemeinsamen Vergütungsregeln in ihrer Anwendung keineswegs auf das betroffene Nutzerunternehmen beschränkt sind (s. bereits oben Rdnr. 18), wenn nur die Vergütungsregel den Bereich erfasst, in dem es im Nutzungsvertrag geht (*Haas* Rdnr. 171; dagegen *D. Berger* ZUM 2003, 521/528). All dies gilt selbst im Hinblick darauf, dass auch dem Einzelnutzer die Möglichkeit zu Gebote steht, sich Verhandlungen oder deren erfolgreichem Abschluss zu verweigern (arg. aus § 36 Abs. 3 S. 2) oder einem Einigungsvorschlag der Schlichtungsstelle im Ergebnis eines Schlichtungsverfahrens (Abs. 3 und 4 sowie § 36 a), das er als solches nicht verhindern kann, zu widersprechen. Angesichts der normalerweise relativ überschaubaren Verhältnisse bei einem Einzelunternehmen wird aber die vom Gesetzgeber erwartete Indizwirkung nicht angenommener Einigungsvorschläge bei vergleichbaren Verhältnissen in anderen Unternehmen gerade hier zur Geltung kommen (s. bereits oben Rdnr. 35).

4. Gesetzliche Anforderungen an zur Aufstellung gemeinsamer Vergütungsregeln befugte Vereinigungen

52 Vereinigungen, die nach Abs. 1 in wirksamer Weise gemeinsame Vergütungsregeln mit ihren Verhandlungspartnern aufstellen wollen und im Sinne der Erwartungshaltung des Gesetzgebers auch entsprechend initiativ werden sollen, müssen gemäß Abs. 2 **repräsentativ, unabhängig und zur Aufstellung ermächtigt** sein (s. bereits oben Rdnr. 39), und zwar zum Zeitpunkt der Aufstellung der Vergütungsregeln (*Dreyer/Kotthoff/Meckel/Kotthoff*[2] § 36 Rdnr. 16). Die **Voraussetzung der Repräsentativität** (grundsätzliche Zweifel an der Handhabbarkeit dieses Kriteriums bei *Thüsing*, Neue Formen S. 191/205 f.) soll angesichts der rechtlichen Wirkung, die erfolgreich aufgestellten Vergütungsregeln gemäß § 32 Abs. 2 S. 1 für die allgemeine Rechtspraxis zukommt (unwiderlegliche Vermutung der Angemessenheit der darin enthaltenen Vergütungen), verhindern, dass nichtrepräsentative unbedeutende Gruppierungen gutgläubig oder in manipulativer Absicht, ggf. im Zusammenspiel mit willigen Verhandlungspartnern auf der Gegenseite (Beispiele bei *W. Nordemann*, Das neue UVR, § 32 Rdnr. 9), zur Aufstellung untauglicher oder unangemessener Vergütungsregeln gelangen (s. auch *Loewenheim/v. Becker*[2] § 29 Rdnr. 84; *Homann*[2], Praxishandbuch Filmrecht S. 106).

53 Das **Kriterium der Repräsentativität** ist nach einem gemischt qualitativen und quantitativen Maßstab zu messen (vgl. *Hilty/Peukert* GRUR Int. 2002, 643/663 „Gesamtschau"; ähnlich trotz grundsätzlicher Zweifel auch *Thüsing*, Neue Formen S. 191/206, im Vergleich mit dem Begriff der „représentativité" des franz. Arbeitsrechts). Dabei ist ua. nach der Zahl der angeschlossenen Mitglieder im Verhältnis zu der Gesamtzahl der auf dem betreffenden Verwertungsgebiet (und zwar bezogen auf Deutschland; so *Haas* Rdnr. 225) tätigen Personen oder Unternehmen, also zur näher zu bestimmenden Branche (so *C. Berger* Rdnr. 173; *ders.* in: *Berger/Wündisch* § 2 Rdnr. 146; *Loewenheim/v. Becker*[2] § 29 Rdnr. 85/86; *W. Nordemann*, Das neue UVR, § 36 Rdnr. 7; *Zentek/Meinke* S. 92; für hohe Anforderungen *Ory* AfP 2002, 93/102; sa. *Flechsig/Hendricks* ZUM 2002, 423/425), aber auch im Verhältnis zu anderen Gruppierungen auf dem gleichen Verwertungsgebiet und nach der geografischen Verteilung der Mitglieder zu fragen. Auch wohlorganisierte regionale Vereinigungen können repräsentativ sein (ebenso *C. Berger* Rdnr. 174; *ders.* in: *Berger/Wündisch* § 2 Rdnr. 147; *Hensche* Rdnr. 920; aA *W. Nordemann*, Das neue UVR, § 36 Rdnr. 7: nur auf Bundesebene tätige Vereinigungen), insbesondere, aber nicht nur wenn sie die einzige einschlägige Vereinigung darstellen (*Dreier/Schulze/Schulze*

§ 36 Rdnr. 18; sa. *Loewenheim/v. Becker*[2] § 29 Rdnr. 85/86: „Größe, Erfahrung, Alter, Ansehen, wirtschaftliche Bedeutung und Organisationsdichte"; ähnlich *Hensche* Rdnr. 920). Auch nach der Bedeutung entsprechender Aktivitäten der Vereinigung (ggf. auch ihrer Mitglieder) im gesellschaftlich-politischen Raum u. dgl. kann gefragt werden (für eine Orientierung an den Kriterien für klagebefugte Verbände nach § 13 Abs. 2 Nr. 2 UWG *W. Nordemann,* Das neue UVR, § 36 Rdnr. 7 mwN; ebenso *Hensche* Rdnr. 919; *Dreyer/Kotthoff/Meckel/Kotthoff*[2] § 36 Rdnr. 18; *Dreier/Schulze/Schulze* § 36 Rdnr. 18; vgl. auch *Erdmann* GRUR 2002, 923/929; ähnlich – auch im Hinblick auf die Kriterien für klagebefugte Verbände in § 3 Abs. 1 S. 1 Nr. 2 UKlaG –, doch eher zweifelnd *Wandtke/Bullinger/Wandtke/Grunert*[3] § 36 Rdnr. 11).

Zweifelhaft ist, ob die Tätigkeit einer Vereinigung **auf Dauer angelegt** sein muss (so *Dreyer/Kotthoff/Meckel/Kotthoff*[2] § 36 Rdnr. 18); jedenfalls in Bereichen, in denen es insbesondere auf Verwerterseite noch keine repräsentativen oder zur Aufstellung von Vergütungsregeln ermächtigten Vereinigungen gibt, kann ad hoc gegründeten Vereinigungen nicht schon deswegen die Repräsentativität abgesprochen werden (im Falle der Bildung entsprechend spezialisierter Vereinigungen – nach dem Beispiel der Initiative des Börsenvereins – letztlich ebenso *Dreyer/Kotthoff/Meckel/Kotthoff*[2] § 36 Rdnr. 21; die Dauer dieser spezialisierten Verlegervereinigungen steht aber zunächst nicht fest; s. auch unten Rdnr. 96). Praktisch ist die Repräsentativität dieser und der anderen bisher in Verhandlungen nach § 36 in Erscheinung getretenen Organisationen (Beispiele bei *Loewenheim/v. Becker*[2] § 29 Rdnr. 86 und *C. Berger* Rdnr. 175; *ders.* in: *Berger/Wündisch* § 2 Rdnr. 148; zu bisherigen praktischen Erfahrungen su. Rdnr 93 ff.) offensichtlich noch kaum in Zweifel gezogen worden (vgl. auch die konkreten Beispiele für Fachverbände auf Urheber- wie Verwerterseite bei *W. Nordemann,* Das neue UVR, § 36 Rdnr. 7; *Dreier/Schulze/Schulze* § 36 Rdnr. 19 und 20). 54

Die Frage der Repräsentativität steht auch in Zusammenhang mit der Frage, ob auf ein und demselben Verwertungsgebiet mehrere Vereinigungen uU **konkurrierende und sich widersprechende Vergütungsregeln** aufstellen können. Auch wenn mehrere, sich in ihrer Mitgliederstruktur nicht deckende, sondern allenfalls überschneidende Vereinigungen auf beiden Seiten durchaus Repräsentativität erreichen können (ebenso *C. Berger* Rdnr. 174; *ders.* in: *Berger/Wündisch* § 2 Rdnr. 147; *Hensche* Rdnr. 920 und 930; *Thüsing,* Neue Formen S. 191/205 ff.), vermag dieses Erfordernis immerhin das **leichtfertige Auftreten unbedeutender Parallelvereinigungen** zu behindern (so. Rdnr. 52). Im Übrigen sollten bei mehreren einschlägigen Vergütungsregeln, deren Zustandekommen selten sein wird, aber nicht ausgeschlossen werden kann, im konkreten Einzelfall diejenigen Regeln zur Anwendung kommen, die dem betreffenden Kreativen nach den gesamten Umständen, auch unter Berücksichtigung der Mitgliederstruktur der betroffenen Vereinigungen, am ehesten zuzurechnen sind (su. Rdnr. 70; s. auch *Erdmann* nach Diskussionsprotokoll *Meier-Ewert* GRUR 2002, 867/868: Zuordnung der in Rede stehenden Schöpfung nach ihrem Schwerpunkt an eine der sich überschneidenden Nutzervereinigungen; aA *Zentek/Meinke* S. 86: bei konkurrierenden Vergütungsregeln Wegfall von deren Verbindlichkeit). 55

Die **Voraussetzung der Unabhängigkeit** der Vereinigung nach Abs. 1 ist ähnlich wie im kollektiven Arbeitsrecht als Gegnerfreiheit, also als Unabhängigkeit von der jeweiligen Verhandlungsgegenseite zu verstehen (*C. Berger* Rdnr. 177; *ders.* in: *Berger/Wündisch* § 2 Rdnr. 149 f.; *Loewenheim/v. Becker*[2] § 29 Rdnr. 87; *Hensche* Rdnr. 918; *Dreyer/Kotthoff/Meckel/Kotthoff*[2] § 36 Rdnr. 19; *W. Nordemann,* Das neue UVR, § 36 Rdnr. 8; *Ory* AfP 2002, 93/101; *ders.* ZUM 2006, 914/915; s. auch *Dreier/Schulze/Schulze* § 36 Rdnr. 21; *Haas* Rdnr. 226; stark zweifelnd *Thüsing,* Neue Formen S. 191/194; ähnlich *Wandtke/Bullinger/Wandtke/Grunert*[3] § 36 Rdnr. 10; kritisch, aber zu stark arbeitsrechtlich orientiert und deswegen zu rigoros *Gounalakis/Heinze/Dörr/Heinze* S. 199 f.). Mitglieder, die ggf. in anderen beruflichen oder gewerblichen Zusammenhängen entgegengesetzte Interessen verfolgen oder zu vertreten haben (etwa ein einem Schriftstellerverband angehöriger, zugleich als Verleger oder Verlagsgeschäftsführer tätiger Schriftsteller), dürfen in der Vereinigung insoweit keinen bestimmenden Einfluss haben (ähnlich *Mestmäcker/Schulze/Dördelmann* § 36 Rdnr. 17 bezüglich der Unabhängigkeit von einem kleinen, aber einflussreichen Teil der potentiell Vertretenen; zu streng jedoch *Thüsing,* Neue Formen S. 191/194). Auch insoweit ist in praktischer Hinsicht die **Unabhängigkeit der im Rahmen von § 36 bereits aktiv gewordenen Vereinigungen** offenbar nicht in Frage gestellt worden. Weitere Anforderungen an die Unabhängigkeit etwa iS organisatorischer Selbständigkeit gegenüber umfassenderen Trägerorganisationen (zB der Schriftstellerverband oder der Übersetzerverband im Rahmen der Dienstleistungsgewerkschaft Ver.di) sind nicht gerechtfertigt (ebenso *Hensche* Rdnr. 918; *W. Nordemann,* Das neue UVR, § 36 Rdnr. 8). Auch öffentlich- 56 rechtlich organisierte Verwerter können Vergütungsregeln vereinbaren. Allerdings muss ihre Freiheit von unmittelbaren staatlichen Bindungen gewährleistet sein, so dass beispielsweise Gebietskörperschaften ausscheiden (*Berger/Wündisch/Berger* § 2 Rdnr. 149). Das vom Gesetzgeber durchaus gewünschte System der Aufstellung gemeinsamer Vergütungsregeln sollte durch zu anspruchsvolle organisatorische Anforderungen nicht konterkariert werden.

57 Nicht geeignet als Vereinigungen gemäß Abs. 1 und 2 erscheinen aber **Verwertungsgesellschaften**, da diese dem Wahrnehmungsgesetz unterfallen (*Mestmäcker/Schulze/Dördelmann* § 36 Rdnr. 18 und 23; aA für den Fall, dass sie nur Interessen von Kreativen vertreten, *Dreier/Schulze/Schulze* § 36 Rdnr. 26); soweit sie neben Urhebern oder ausübenden Künstlern auch andere Personen (zB Verleger) als reguläre Mitglieder oder Wahrnehmungsberechtigte in sich vereinigen, fehlt es ohnehin an der geforderten Unabhängigkeit. Im Übrigen aber sind ihre Aufgaben, insbesondere im Hinblick auf die Bestimmungen über die Aufstellung von Tarifen (§ 13 WahrnG) und den Abschluss von Gesamtverträgen (§ 12 WahrnG) im WahrnG in eigenständiger Weise geregelt, eine Kompetenz zu Verhandlungen nach § 36/36a UrhG kommt ihnen nicht zu (ebenso *C. Berger* Rdnr. 178; *ders.* in: *Berger/Wündisch* § 2 Rdnr. 151; *Wandtke/Bullinger/Wandtke/Grunert*[3] § 36 Rdnr. 13). Vereinigungen, die abgeleitete Urheberrechte – ggf. durchaus auch im Interesse der Urheber – vertreten (wie etwa der Verband der Bühnenverleger), können nicht als Urhebervereinigungen fungieren; demgemäß ist die strukturell möglicherweise mit Vergütungsregeln vergleichbare Regelsammlung Verlage (Vertriebe)/Bühnen nicht als solche zu werten (*Dreier/Schulze/Schulze* § 36 Rdnr. 22 und § 32 Rdnr. 39), es sei denn, sie würde durch ausdrückliche Aufnahme in auszuhandelnde gemeinsame Vergütungsregeln gewissermaßen umgewidmet (so. *Wandtke/Bullinger/Wandtke/Grunert*[3] § 36 Rdnr. 22/23; sa. *Haupt/Flisak* KUR 2003, 41/42).

58 Als dritte Voraussetzung müssen die Vereinigungen nach Abs. 1 auch zur **Aufstellung gemeinsamer Vergütungsregeln ermächtigt sein**. Die Ermächtigung legitimiert die in § 32 Abs. 1 S. 2, Abs. 2 S. 1 geregelte Maßgeblichkeit der gemeinsamen Vergütungsregel für den Einzelvertrag (*Berger/Wündisch/Berger* § 2 Rdnr. 151). Sie betrifft nur das Innenverhältnis zu den Mitgliedern; eine irgendwie geartete behördliche Ermächtigung ist damit nicht gemeint (s. *Homann*[2] Praxishandbuch Filmrecht S. 107). Eine Ermächtigung zum Abschluss von Tarifverträgen ist nicht ausreichend (*Berger/Wündisch/Berger* § 2 Rdnr. 152f.). Ausreichend ist jedenfalls, dass eine Mehrheit von Mitgliedern der Vereinigung diese bzw. ihre handelnden Organe zur Führung und zum Abschluss von entsprechenden Verhandlungen ermächtigt haben. Ad hoc (zum Beispiel in Mitgliederversammlungen oder veranlasst durch Rundbriefe) erklärte Ermächtigungen durch die einzelnen Mitglieder, die aus Beweisgründen jedoch schriftlich erfolgen oder jedenfalls im Versammlungsprotokoll dokumentiert sein sollten, sind ausreichend (*C. Berger* Rdnr. 181; *Loewenheim/v. Becker*[2] § 29 Rdnr. 83; *W. Nordemann*, Das neue UVR, § 36 Rdnr. 9; *Dreier/Schulze/Schulze* § 36 Rdnr. 23; enger – nur Ermächtigung durch Satzung – *Zentek/Meinke* S. 92; ähnlich *Breyer/Kotthoff/Meckel/Kotthoff*[2] § 36 Rdnr. 20; *Ory* AfP 2002, 93/101; wesentlich weitergehend demgegenüber *Hensche* Rdnr. 917: die bisher an den Tag gelegte Praxis eines Verbands ausreichend). Am besten erscheint eine **ausdrückliche Verankerung der Ermächtigung** in der Satzung der betroffenen Vereinigung dahin, dass es sich gerade um Verhandlungen zur Aufstellung gemeinsamer Vergütungsregeln im Rahmen von § 36 handeln soll und kann (generell zu den Anforderungen an die Ermächtigung LG Frankfurt am Main ZUM 2006, 948/949 mwN.). Dabei reicht eine Ermächtigung durch eine relevante Zahl von Mitgliedern aus; eine lückenlose Ermächtigung durch alle oder die übergroße Mehrheit der Mitglieder kann nicht verlangt werden, soweit dies nicht von der Satzung ausdrücklich gefordert ist (ebenso *C. Berger* Rdnr. 182; *ders.* in: *Berger/Wündisch* § 2 Rdnr. 151).

59 Eine zu Beginn bestehende Ermächtigung bleibt für die laufenden Verhandlungen über die Aufstellung von Vergütungsregeln erhalten, weil anderenfalls im Falle nicht genehmer Entwicklungen manipulative Verhaltensweisen (Verhinderung des obligatorischen Schlichtungsverfahrens im Falle des Scheitern der Verhandlungen) zu befürchten sind (ebenso *Hensche* Rdnr. 917; *W. Nordemann*, Das neue UVR, § 36 Rdnr. 9; aA *C. Berger* Rdnr. 183 sowie *ders.* in: *Berger/Wündisch* § 2 Rdnr. 156: Wegfall der Ermächtigung hat Außenwirkung). Dies gilt insb. für den Fall, dass während oder nach erfolglos abgebrochenen Verhandlungen die vorher bestehende **Ermächtigung zurückgezogen** oder sonst beendet wird. Eine bloße Erklärung der ursprünglich ermächtigten Vereinigung, nicht mehr ermächtigt zu sein, ist demnach unbeachtlich mit der Folge, dass sich die Vereinigung dem obligatorischen Schlichtungsverfahren nach § 36 Abs. 3 und 4 und § 36a auf diese Weise nicht entziehen kann. Es verbleibt ihr ohnehin die Möglichkeit, einem von der Schlichtungsstelle vorgelegten Einigungsvorschlag zu widersprechen (Abs. 4

S. 2). Es ist in solchen Fällen allerdings genau zu prüfen, wie weit die Indizwirkung einer solchen – gescheiterten – Vergütungsregel reichen kann. Ein rein taktisches Verhalten, das nach Beginn von Verhandlungen auf die Verhinderung eines derartigen Schlichtungsverfahrens abzielt, sollte im Interesse der hinter der Regelung der §§ 36/36a stehenden gesetzgeberischen Intentionen (so. Rdnr. 13 und 46f.) weitgehend unbeachtlich sein (ebenso *Dreier/Schulze/Schulze* § 36 Rdnr. 24).

60 Das sollte auch gelten, wenn trotz einschlägiger Verhandlungen über die Aufstellung gemeinsamer Vergütungsregeln von einer beteiligten Vereinigung erklärt wird, dass „formelle" Verhandlungen iSv. Abs. 1 nicht beabsichtigt seien oder gewesen seien oder dass sich das Verhandlungsmandat nur auf „freiwillige" Verhandlungen unter Ausschluss eines Mandats für eine Schlichtung erstreckt habe. Hier stellt sich die Frage des unbeachtlichen **venire contra factum proprium**. Außerdem findet das Schlichtungsverfahren gemäß dem normativen Indikativ in Abs. 3 S. 2 auf schriftliches Verlangen einer der Parteien eben gerade dann statt (su. Rdnr. 78ff.), wenn eine der dort genannten Voraussetzungen (etwa Scheitern der Verhandlungen über gemeinsame Vergütungsregeln) eingetreten ist, ohne dass dies der Zustimmung der Gegenpartei bedürfte. Dann ist aber auch ein entsprechender Vorbehalt unbeachtlich; es gibt also **insoweit nur einen Typus von Verhandlungen über gemeinsame Vergütungsregeln** gemäß § 36, von dem kein Fall „informeller" oder nur „freiwilliger" Verhandlungen über gemeinsame Vergütungsregeln iS dieser Vorschrift unterschieden werden könnte. Dennoch ist jedenfalls Vereinigungen von Kreativen eine genaue Prüfung der Ernsthaftigkeit einer von der Gegenseite erklärten Bereitschaft zum Eintritt in Verhandlungen nach Abs. 1 zu empfehlen (ähnlich *Ory* AfP 2002, 93/101; *ders.* ZUM 2006, 914/915ff.), insb. im Hinblick auf die Tatsache, dass der stets offen stehende alternative Weg der Verhandlung mit einzelnen Werknutzern das Problem der fehlenden Ermächtigung erst gar nicht entstehen lässt.

61 Die **Prüfung auf das Vorliegen der drei Voraussetzungen** nach Abs. 2 kann nicht durch die Schlichtungsstelle erfolgen, da diese auch wegen des fehlenden institutionellen Unterbaus nicht mit Aufgaben überfrachtet werden kann (su. § 36a Rdnr. 8; vgl. auch *Ory* AfP 2002, 93/102; *ders.* ZUM 2006, 914). In Frage kommt jedoch eine **Prüfung dieser Voraussetzungen durch das Oberlandesgericht** im Rahmen seiner Kompetenzen nach § 36a Abs. 3 (Ersatzbestellung des Vorsitzenden und Entscheidung über die Zahl der Beisitzer der Schlichtungsstelle) iVm. § 1062 Abs. 1 Nr. 2 ZPO (so auch *Ory* AfP 2002, 93/102; *ders.* ZUM 2006, 914/915; *Dreyer/Kotthoff/Meckel/Kotthoff*[2] § 36 Rdnr. 15; su. § 36a Rdnr. 14; anders noch Vorauflage: nur Offensichtlichkeitsprüfung durch das OLG). Die Prüfung erfolgt auf entsprechende Rüge bzw. auf Antrag der Gegenpartei auf Feststellung der Unzulässigkeit des Schlichtungsverfahrens. Fehlt eine der Voraussetzungen nach Abs. 2 bei mindestens einer der beteiligten Vereinigungen und liegt auch kein Fall des venire contra factum proprium vor (s. Rdnr. 60), so stellt das OLG die Unzulässigkeit des Schlichtungsverfahrens fest (su. § 36a Rdnr. 14).

62 Die **Prüfung der Voraussetzungen nach Abs. 2** (nicht aber die Nachprüfung der Vergütungsregeln auf Angemessenheit; so. § 32 Rdnr. 24; aA *Dreyer/Kotthoff/Meckel/Kotthoff* § 32 Rdnr. 17; differenzierend *Berger/Wündisch/Berger* § 2 Rdnr. 166: Überprüfbarkeit auch auf die evidende Nichtbeachtung allgemein anerkannter Bewertungsmaßstäbe) kann auch in jedem **Zivilprozess** erfolgen, in dem die Angemessenheit einer nach einer gemeinsamen Vergütungsregel ermittelten Vergütung nach Maßgabe von § 32 Abs. 2 S. 1 geltend gemacht wird. Da die Prüfung in unterschiedlichen Zivilprozessen allerdings zu erheblicher Rechtsunsicherheit führen kann, sollte eine Prüfung der Voraussetzungen des Abs. 2 durch das OLG mit umfassender Kontrolldichte vorgeschaltet werden (so Rdnr. 61; vgl. auch *Ory* ZUM 2006, 914/917f.; zur Beweislast bezüglich des Nachweises der Wirksamkeit von Vergütungsregeln *Dreier/Schulze/Schulze* § 32 Rdnr. 31 und § 36 Rdnr. 16). Vergütungsregeln, die unter Verstoß gegen die Voraussetzungen des § 36 Abs. 2 aufgestellt wurden, ermangeln der Rechtswirkung nach § 32 Abs. 2 S. 1 und können vom Gericht deshalb auch nicht iS einer unwiderleglichen Vermutung als Vergütungsmaßstab herangezogen werden. Ob derartige mangelhafte, aber ausformulierte Vergütungsregeln, die ohne Rücksicht auf diesen Verstoß in ansonsten erfolgreichen Verhandlungen oder ggf. im Schlichtungsverfahren aufgestellt wurden, wenigstens die Indizwirkung entsprechend der gesetzgeberischen Erwartung (so. Rdnr. 35) entfalten können, muss der Beurteilung im Einzelfall überlassen bleiben. Zu berücksichtigen ist dabei auch, ob die Mängel unmittelbar Einfluss auf die Vergütungsregeln hatten, sowie inwieweit der vom Gericht festgestellte Mangel während der Verhandlungen oder ggf. während des Schlichtungsverfahrens ohne Weiteres erkennbar gewesen wäre oder nur nach Klärung schwieriger Tatsachen- und Rechtsfragen hätte festgestellt werden können.

5. Gegenstand gemeinsamer Vergütungsregeln

63 **Gegenstand und Inhalt gemeinsamer Vergütungsregeln** nach § 36 Abs. 1 S. 1 ergeben sich zwanglos aus ihrer rechtlichen Funktion zur Bestimmung der Angemessenheit von Vergütungen nach § 32 im Sinne von Mindestvergütungen (*C. Berger* Rdnr. 191; *ders.* in: *Berger/Wündisch* § 2 Rdnr. 160 ff.). Jede Form von Vergütung, die Urheber (bzw. kraft der Verweisung in § 79 Abs. 2 S. 2 auch ausübende Künstler) für die Einräumung eines Nutzungsrechts oder für eine Erlaubnis zur Werknutzung im Einzelfall vereinbaren können (s. bereits oben § 32 Rdnr. 5 ff.), kann auch Gegenstand gemeinsamer Vergütungsregeln sein, es sei denn die betreffende Vergütungsform eignet sich ausnahmsweise nicht zu einer Verallgemeinerung. Es besteht insgesamt eine **große Freiheit für die Regelung** (*Haas* Rdnr. 218; *Dreyer/Kotthoff/Meckel/Kotthoff*[2] § 36 Rdnr. 7; *Wandtke/Bullinger/Wandtke/Grunert*[3] § 36 Rdnr. 5; zum Vorbild- bzw. Orientierungscharakter bereits bestehender Honorarempfehlungen mit detaillierten praktischen und Zahlenbeispielen, insbesondere für den Bereich literarischer Übersetzer und von Grafik- und Foto-Designern *Zentek/Meinke* S. 87 ff. und mit weiteren Angaben S. 163 ff.; ähnlich *Flechsig/Hendricks* ZUM 2002, 423/426; *Haupt/Flisak* KUR 2003, 41/44 ff.; wegen ihrer möglichen Heranziehung als Branchenübung so. § 32 Rdnr. 30). **Beispiele geeigneter Vergütungsformen** sind insbesondere alle Arten von Beteiligungsvergütungen (Prozentsätze oder Royalties), weil diese jedenfalls bei andauernden Nutzungen von Werken oder Darbietungen dem Gedanken der angemessenen Beteiligung der Kreativen am ehesten entsprechen (s. *Schricker* GRUR Int. 2002, 797/806 f.; *ders.* GRUR 2002, 737 ff.; sa. § 32 Rdnr. 32 ff.). Das schließt die Einbeziehung anderer Vergütungsmethoden wie etwa die Aufteilung in Auftrags- oder Grundvergütungen und Zusatz- oder Wiederholungsvergütungen wie ggf. auch Einmalvergütungen (Pauschalvergütungen) nicht aus (s. oben § 32 Rdnr. 35 ff. zu den unterschiedlichen Vergütungsformen; s. auch *Haupt/Flisak* KUR 2003, 41/47; *Dreyer/Kotthoff/Meckel/Kotthoff*[2] § 31 Rdnr. 37 ff. sowie zu Buy-Out-Verträgen § 32 Rdnr. 37; *Dreier/Schulze/Schulze* § 32 Rdnr. 54 ff. und § 36 Rdnr. 9; *Schricker,* in: Quellen des Urheberrechts S. 21 ff.; *Zentek/Meinke* S. 45; *Reber* GRUR Int. 2006, 9/10; zum eher prekären Charakter von sog. Buy-Out-Verträgen auch im Verhältnis zum Beteiligungsprinzip sa. oben § 32 Rdnr. 33 ff.).

64 Gemeinsame Vergütungsregeln können auch einen **Vergütungsrahmen** vorsehen, innerhalb dessen Angemessenheit definiert ist (so RA-Beschlussempfehlung UFITA Bd. 2002/II, S. 569; s. auch *Erdmann* GRUR 2003, 923/925; *Lindner* § 32 Anm. 4b; *Dreier/Schulze/Schulze* § 32 Rdnr. 30; *Wandtke/Bullinger/Wandtke/Grunert*[3] § 36 Rdnr. 5; *Zentek/Meinke* S. 54 und S. 87; einschränkend *C. Berger* Rdnr. 71: Vergütungsrahmen entbindet weder Kläger noch Richter davon, einen exakten Betrag zu bestimmen bzw. zu ermitteln). Auch die Frage der weiteren angemessenen Beteiligung iSv. § 32 a Abs. 1 kann gemäß § 32 a Abs. 4 Gegenstand gemeinsamer Vergütungsregeln sein (so. § 32 a Rdnr. 36 ff.; ebenso *C. Berger* Rdnr. 189; *ders.* in: *Berger/Wündisch* § 2 Rdnr. 162; zweifelnd wegen Nichterwähnung des § 32 a in § 36 *Zentek/Meinke* S. 84; dem ist jedoch die – insoweit durchaus ausreichende – ausdrückliche Verweisung auf § 36 in § 32 a Abs. 4 entgegenzuhalten). Naturgemäß sind Vergütungsregeln wegen ihrer Bestimmung zur allgemeinen Anwendung abstrakt und müssen sich vom Einzelfall lösen (s. *Loewenheim/v. Becker*[2] § 29 Rdnr. 89 „Schaffung abstrakter Normen" sowie *Dreier/Schulze/Schulze* § 36 Rdnr. 11; wegen der uU möglichen Einbeziehung unbekannter Nutzungsarten *Dreier/Schulze/Schulze* § 32 Rdnr. 33; für die Anwendbarkeit von § 36 im Rahmen der Bestimmung einer angemessenen Vergütung für unbekannte Nutzungsarten s. *Klickermann,* MMR 2007, 223); sie dürfen auch nicht willkürlich ungleich behandeln, müssen – wie notwendig – aber auch differenzieren (so *C. Berger* Rdnr. 192; *ders.* in: *Berger/Wündisch* § 2 Rdnr. 165).

65 Vergütungsregeln können nicht nur aus einfachen Tarifen iSv. bloßen Zahlentabellen beispielsweise bezogen auf Auflagenziffern bei Buchverlagen bestehen, schon weil sie gemäß Abs. 1 S. 2 von Gesetzes wegen die **Umstände des jeweiligen Regelungsbereichs,** insbesondere die Struktur und Größe der Verwerter berücksichtigen sollen (wegen des Charakters von Abs. 1 S. 2 als – sanktionslose – Sollvorschrift *Dreier/Schulze/Schulze* § 36 Rdnr. 13; *Wandtke/Bullinger/Wandtke/Grunert*[3] § 36 Rdnr. 7; zweifelnd am Sinn von Abs. 1 S. 2 *W. Nordemann,* Das neue UVR, § 36 Rdnr. 4 und *Haas* Rdnr. 219; s. auch *C. Berger* Rdnr. 190: keine Nivellierung von Marktgegebenheiten; nach *Thüsing,* Neue Formen S. 211 f. nur relative Wirksamkeit der Vergütungsregeln bei Verstoß gegen die Sollvorschrift des § 36 Abs. 1 S. 2; für deren Nichtigkeit *Flechsig/Hendricks* ZUM 2002, 423/426). Auch wenn die in § 36 Abs. 1 Professorenentwurf ursprünglich vorgeschlagene Regelung nicht aufgegriffen wurde, wonach Gesamtverträge über Mindestvergütungen und *andere Mindestbedingungen* von Verträgen über die Einräumung von

Nutzungsrechten sollten abgeschlossen werden können, müssen die Vergütungsregeln doch derart in die jeweils einschlägigen **Umstände der Werknutzung** (Nutzung von Darbietungen) „eingebettet" werden, dass für die Anwendung nach § 32 deutlich wird, für welche konkreten Umstände die einzelne Vergütung gedacht ist (ebenso *Hensche* Rdnr. 912; vgl. auch die „Checkliste" vergütungsrelevanter Umstände bei *Haupt/Flisak* KUR 2003, 41/48), insb. auch gemäß der Struktur und Größe der betroffenen Verwerterunternehmen (s. *Dreyer/Kotthoff/Meckel/Kotthoff*[2] § 36 Rdnr. 8; zweifelnd bezüglich der Notwendigkeit einer Differenzierung nach Größe *Dreier/Schulze/Schulze* § 36 Rdnr. 12) sowie gemäß der Bedeutung des jeweiligen schöpferischen Beitrags (s. *Ory* AfP 2002, 93/103: Abgrenzung der kleinen Münze). Für eine Verrechenbarkeit von Erfolgen und Misserfolgen als Element der „Angebotsstruktur" (so *Ory* AfP 2002, 93/103) ist im Rahmen von Vergütungsregeln jedoch kein Raum (*Dreier/Schulze/Schulze* § 36 Rdnr. 12).

Nicht mit Vergütungen zusammenhängende Fragen wie beispielsweise Fragen der Dauer oder der Kündigung eines Nutzungsvertrags oder des Urheberpersönlichkeitsrechts können nicht Inhalt von Vergütungsregeln sein, es sei denn die betreffende Regelung soll die Bestimmung der Höhe einer Vergütung direkt beeinflussen (sa. *C. Berger* Rdnr. 187/188; *ders.* in *Berger/Wündisch* § 2 Rdnr. 160 f.; für eine Gesamtbetrachtung *Dreier/Schulze/Schulze* § 36 Rdnr. 10; weitergehend iSd. Zulässigkeit auch nicht vergütungsbezogener Regeln *Loewenheim/v. Becker*[2] § 29 Rdnr. 90; *Dreyer/Kotthoff/Meckel/Kotthoff*[2] § 36 Rdnr. 7 und 13; *Wandtke/Bullinger/Wandtke/Grunert*[3] § 36 Rdnr. 6; wesentlich einschränkender *Ory* AfP 2002, 93/102). **Vorbilder aus der Praxis** können sowohl die aufgrund § 12a TVG geschlossenen Tarifverträge, soweit sie sich auf Vergütungen beziehen (insoweit nur teilweise abgedruckt bei *Hillig*[10] S. 130 ff.), sowie von Verwertungsgesellschaften aufgestellte Tarife (§ 13 WahrnG) bzw. von ihnen abgeschlossene Gesamtverträge (§ 12 WahrnG), insbesondere aber auch bereits bestehende Honorarempfehlungen (so *Zentek/Meinke* S. 87 ff.) darstellen.

6. Dauer und Beendigung gemeinsamer Vergütungsregeln

Gemeinsame Vergütungsregeln, deren rechtliche Funktion in der unwiderleglichen Vermutung der Angemessenheit von Vergütungen nach § 32 besteht, können angesichts des stetigen Wandels der Verhältnisse nicht unwandelbar bleiben (ähnlich *C. Berger* Rdnr. 196; *ders.* in: *Berger/Wündisch* § 2 Rdnr. 169; *Dreyer/Kotthoff/Meckel/Kotthoff*[2] § 36 Rdnr. 10; s. auch *Thüsing,* Neue Formen S. 191/209: „statische Fixierungen eines angemessenen Gehaltsniveaus"); sie müssen auf die eine oder andere Weise **den Verhältnissen angepasst werden** können. Die einfachste – dem System des Abschlusses von Tarifverträgen nachgebildete (s. etwa die bei *Hillig*[10] S. 148 ff. und S. 169 ff. abgedruckten Tarifverträge des WDR jeweils am Ende) – Lösung liegt in einer in den ausgehandelten Vergütungsregeln selbst oder in unmittelbarem Zusammenhang damit festgelegte zeitliche Begrenzung (ggf. mit Verlängerungsmöglichkeit) oder Kündigungsmöglichkeit (ebenso *Dreyer/Kotthoff/Meckel/Kotthoff*[2] § 36 Rdnr. 10; *Dreier/Schulze/Schulze* § 36 Rdnr. 37; im letzteren Sinn – Abschluss auf unbestimmte Zeit mit sechsmonatiger Kündigungsfrist jeweils zum Jahresende – § 9 der ersten nach § 36 aufgestellten gemeinsamen Vergütungsregeln, su. Rdnr. 95). Dem Argument *Thüsings* (Neue Formen S. 191/210), eine – zeitlich einschränkende – Regelung in der Vereinbarung könne die sich aus dem Gesetz ergebende Angemessenheitswirkung nicht beschränken, ist entgegenzuhalten, dass § 32 Abs. 2 S. 1 nach § 36 *wirksam* aufgestellte Vergütungsregeln voraussetzt, die demgemäß über die zeitlichen Grenzen ihrer Wirksamkeit selbst bestimmen können. Demgemäß können gemeinsame Vergütungsregeln durch die beteiligten Vereinigungen – gewissermaßen in einem umgekehrten Aufstellungsverfahren – kooperativ auch nachträglich beendet werden, sei es im Zusammenhang mit Neuverhandlungen oder ohne einen solchen. Durch **zeitlichen Ablauf, Kündigung oder nachträgliche Beendigung** unwirksam gewordene gemeinsame Vergütungsregeln können die erwähnte rechtliche Wirkung gemäß § 32 Abs. 2 S. 1 nicht mehr entfalten; es kann ihnen freilich bei ihrem ersatzlosem Wegfall ähnlich wie nicht angenommenen Einigungsvorschlägen der Schlichtungsstelle (so. Rdnr. 35 sowie unten Rdnr. 92) nach wie vor eine gewisse Indizwirkung zur Bestimmung der Angemessenheit von Vergütungen etwa durch Gerichte zukommen (ähnlich *Dreyer/Kotthoff/Meckel/Kotthoff*[2] § 36 Rdnr. 11; *Dreier/Schulze/Schulze* § 32 Rdnr. 37).

Auch wenn keine Festlegungen über die Dauer, die Möglichkeit der Kündigung oder die nachträgliche Beendigung von gemeinsamen Vergütungsregeln getroffen worden sind, bleibt es den beteiligten Vereinigungen ebenso wie anderen Vereinigungen unbenommen, den geänderten Verhältnissen angepasste neue Vergütungsregeln aufzustellen, denen dann ebenfalls die

Rechtswirkung nach § 32 Abs. 2 S. 1 zukommt (sa. *Ory* AfP 2002, 93/103: keine ewige Sperrwirkung, aber bei einseitigem Verlangen neues Verfahren zwischen denselben Parteien in Entsprechung zu § 40 Abs. 1 nur nach Ablauf von fünf Jahren). Es kommt dann entscheidend darauf an, nach welcher die **zeitlich aufeinander folgenden gemeinsamen Vergütungsregeln** eine Vergütung iSv. § 32 Abs. 2 S. 1 konkret ermittelt wird.

69 Bezüglich der **Ermittlung von Vergütungen** gemäß dieser Vorschrift kann man freilich allgemein wie auch in diesem Fall **nicht allein auf den Willen der Vertragsparteien** eines Nutzungsvertrags nach § 32 Abs. 1 S. 1 abstellen, da andernfalls eine entsprechende Weigerung des Vertragspartners des Urhebers oder ausübenden Künstlers, die Vergütung nach einer bestimmten gemeinsamen Vergütungsregel zu ermitteln, den gesamten Schutzmechanismus nach den §§ 32/36 aushebeln könnte (s. bereits oben Rdnr. 16 sowie § 32 Rdnr. 28; ebenso *Schricker* GRUR Int. 2002, 797/805; aA – Wirkung nur durch Verweisung im Individualvertrag – *Loewenheim/v. Becker*[2] § 29 Rdnr. 92/93; *Erdmann* GRUR 2002, 923/926). Die Vergütung ist demgemäß auch hier **im Rahmen der Rechtsanwendung, also insbesondere durch die Gerichte** bei der Lösung eines Vergütungsstreits nach objektiven Gesichtspunkten zu ermitteln, bei sich überschneidenden Vergütungsregeln ggf. auch unter Heranziehung der Vorstellungen der Parteien (ähnlich *C. Berger* Rdnr. 154; *ders.* in: *Berger/Wündisch* § 2 Rdnr. 157). Auch eine Bindung an die von Urheber und Werknutzer vertraglich vereinbarte Anwendung einer bestimmten Vergütungsregel (so aber *Dreyer/Kotthoff/Meckel/Kotthoff*[2] § 32 Rdnr. 16 und 19) ist aus diesem Grund dann abzulehnen, wenn die Heranziehung der Vergütungsregel willkürlich erfolgt, sie nach objektiven Gesichtspunkten deutlich als nicht einschlägig angesehen werden kann und den Urheber deshalb benachteiligt. Dem Angemessenheitsgebot nach § 32 würde damit nicht mehr Genüge getan. Den Urheber begünstigende Vereinbarungen dieser Art können stets getroffen werden.

70 Beim **Nebeneinanderbestehen zeitlich älterer und jüngerer Vergütungsregeln** derselben Vereinigungen auf beiden Seiten und entsprechend geänderten Verhältnissen wird in der Regel die besser geeignete jüngere Vergütungsregel anzuwenden sein, falls die älteren ohnehin nicht durch Kündigung oder Aufhebung außer Kraft gesetzt wurden (möglicherweise auch durch konkludentes Handeln). Bei **unterschiedlichen Vergütungsregeln unterschiedlicher Vereinigungen** auf einer oder auf beiden Seiten der verhandelnden Vereinigungen sollten ohnehin diejenigen Vergütungsregeln zur Anwendung kommen, die dem betreffenden Urheber oder ausübenden Künstler nach den gesamten Umständen am ehesten zuzurechnen sind (s. bereits oben Rdnr. 55), also die sachnähere, den Tätigkeitsbereich des Urhebers näher umschreibende Regel. Die Mitgliedschaft in den betroffenen Vereinigungen ist ebenso wie eine vertraglich vereinbarte Inbezugnahme einer bestimmten Vergütungsregel ein sehr starkes Indiz für die beste Zurechnung der betreffenden Vergütungsregel zu werten. Bei konkurrierenden Vergütungsregeln kann insgesamt ein Rahmen der Angemessenheit abgesteckt sein (so *Dreier/Schulze/Schulze*, § 32 Rdnr. 35; insoweit ebenso *C. Berger* Rdnr. 152; *ders.* in: *Berger/Wündisch* § 2 Rdnr. 120; *Ory* AfP 2002, 96).

7. Vorrang von Tarifverträgen

71 Gemäß Abs. 1 S. 3 gehen in Tarifverträgen enthaltene Regelungen gemeinsamen Vergütungsregeln vor. Durch diesen Grundsatz des Vorrangs von Tarifverträgen vor gemeinsamen Vergütungsregeln (s. bereits oben Rdnr. 41 ff.), der indirekt auch in § 32 Abs. 4 verankert ist (s. oben Rdnr. 42 sowie § 32 Rdnr. 24 f.), soll berücksichtigt werden, dass in vielen Bereichen gut funktionierende Tarifverträge bestehen und in Tarifverträgen regelmäßig angemessene Bedingungen und Vergütungen vereinbart werden (so Begr. des RegE UFITA Bd. 2002/II, S. 517; zum verfassungsrechtlichen Aspekt des Schutzes der Koalitionsfreiheit s. *Bayreuther* UFITA Bd. 2002/III, S. 671; zum Wegfall des Schutzbedürfnisses im Verhältnis Arbeitgeber/Arbeitnehmer einerseits und zu der bei Urheberrechtsklauseln möglicherweise fortbestehenden Schutzbedürftigkeit einzelner Urheber-Mitglieder andererseits s. *Steinberg* S. 122 ff. bzw. S. 125 ff. und S. 146 f.). Die gegenüber dem Vorschlag in § 36 Abs. 1 S. 3 RegE durch den Beschluss des Rechtsausschusses erfolgte Streichung des Zusatzes „für Arbeitnehmer" in Abs. 1 S. 3 bedeutet im Sinne einer Klarstellung (s. RA-Beschlussempfehlung UFITA Bd. 2002/II, S. 573 sowie bereits oben Rdnr. 43), dass *auch* Tarifverträge arbeitnehmerähnlicher Personen nach § 12a TVG Vorrang genießen (*Flechsig/Hendricks* ZUM 2002, 423/425). Dieses „auch" impliziert andererseits, dass Tarifverträge über Urhebervergütungen für **„echte" Arbeitnehmerurheber** gegenüber gemeinsamen Vergütungsregeln ebenfalls Vorrang genießen (so. § 32 Rdnr. 4 und § 32 a Rdnr. 11),

was aber wiederum dafür spricht, dass solche gemeinsamen Vergütungsregeln, falls entsprechende tarifvertragliche Regelungen fehlen (dies freilich eher als Ausnahmefall; s. *Bayreuther* UFITA Bd. 2002/III, S. 662; *ders.* GRUR 2003, 570/575), auch für Urheber in Arbeitsverhältnissen aufgestellt werden können (ebenso *Bayreuther* UFITA Bd. 2002/III, S. 661 f.; *ders.* GRUR 2003, 570/574; *Jacobs* NJW 2002, 1905/1906; *Schricker* in: *Hartmer/Detmer* [Hrsg.] Hochschulrecht S. 419/430 und – unter Ausschluss der Anwendung auf im öffentlich-rechtlichen Dienstverhältnis geschaffene Werke und erbrachte Darbietungen – *Haas* Rdnr. 35 und Rdnr. 430; aA *Loewenheim/v. Becker*[2] § 29 Rdnr. 124; *C. Berger* Rdnr. 44 und 155; *ders.* in: *Berger/Wündisch* § 2 Rdnr. 124; *Ory* AfP 2002, 93/95 und 102). Naturgemäß müssen dabei gemäß Abs. 1 S. 2 die Umstände eines solchen Regelungsbereichs, also insbesondere die Tatsache, dass es sich um *angestellte* Urheber (oder ausübende Künstler) handelt, berücksichtigt werden (sa. oben § 32 Rdnr. 4). Eine zwischen selbständigen und angestellten Urhebern bzw. ausübenden Künstlern nicht näher differenzierende allgemeine Vergütungsregel dürfte schon aus diesem Grund den gesetzlichen Anforderungen nicht gerecht werden. Eine entsprechende Anwendung dieser Grundsätze auf **Betriebsvereinbarungen** über „rein" urheberrechtliche Nutzungsentgelte kann durchaus in Betracht kommen (so *Wandtke/Bullinger/Wandtke/Grunert*[3] § 36 Rdnr. 9; aA *C. Berger* Rdnr. 158 und *ders.* in: *Berger/Wündisch* § 2 Rdnr. 127).

Missverständlich ist die zu Abs. 1 S. 3 (Fassung des RegE) in der Begr. des RegE (S. 17) geäußerte Auffassung, dass, soweit bereits Tarifverträge bestehen, keine gemeinsamen Vergütungsregeln mehr aufgestellt werden können (ebenso offenbar *Dreyer/Kotthoff/Meckel/Kotthoff*[2] § 36 Rdnr. 13: Maßgeblich sei der vom Tarifvertrag geregelte „Lebenssachverhalt", möglich jedoch die Aufnahme von Verhandlungen über Vergütungsregeln). Diese Auffassung ist im Zusammenhang mit der in § 32 Abs. 1 S. 3 RegE vorgeschlagenen, später jedoch zu Recht fallen gelassenen Regelung (s. bereits oben Rdnr. 42) zu sehen, wonach auch die Angemessenheit von in einem Tarifvertrag festgelegten Vergütungen vermutet werden sollte. Es kann davon ausgegangen werden, dass damit, auch nur im Sinne einer widerlegbaren Vermutung, Tarifverträgen Außenwirkung zugunsten nicht tarifgebundener Personen zugesprochen werden sollte. Eine solche Regelung hätte die unterschiedlichen persönlichen und sachlichen Reichweiten von Tarifverträgen und Vergütungsregeln verkannt (ebenso *Loewenheim/v. Becker*[2] § 29 Rdnr. 95; *Hensche* Rdnr. 925; *W. Nordemann,* Das neue UVR, § 32 Rdnr. 43 und § 36 Rdnr. 5; *Zentek/Meinke* S. 84 f.; ebenso für den VTV Design LG Stuttgart ZUM 2008, 163/168: Der VTV Design könne allenfalls als Anhaltspunkt für die angemessene Vergütung dienen, aus ihm ergebe sich jedoch nicht bereits selbst die Angemessenheit der verlangten Vergütung). Gelten erstere – abgesehen von der hier kaum praktizierten Möglichkeit der Allgemeinverbindlicherklärung nach § 5 TVG (s. *Zentek/Meinke* S. 82) – nur für tarifgebundene Personen (Arbeitnehmer bzw. arbeitnehmerähnliche Personen), so gelten gemeinsame Vergütungsregeln im Sinne der unwiderleglichen Vermutung des § 32 Abs. 2 S. 1 **als Anwendungsregeln für alle einschlägigen Fälle** (soweit nicht der Vorrang eines Tarifvertrags eingreift), und zwar ohne Rücksicht auf die Zugehörigkeit des betreffenden Urhebers zu der Vereinigung, die auf Seiten der Kreativen die Vergütungsregeln ausgehandelt bzw. an deren Aufstellung mitgewirkt hat, also auch für sog. Außenseiter oder „Außenstehende" (s. bereits oben Rdnr. 45 sowie § 32 Rdnr. 24; *Bayreuther* UFITA Bd. 2002/III, S. 647 ff.; *Haas* Rdnr. 170 und Rdnr. 221; *W. Nordemann,* Das neue UVR, § 32 Rdnr. 9; *Schricker* GRUR Int. 2002, 797/804 f.; wegen einer gewissen begrenzten Indizwirkung auch von Tarifverträgen für nicht tarifgebundene Kreative vgl. *W. Nordemann,* Das neue UVR, § 32 Rdnr. 43 ff.).

Der in § 36 Abs. 1 S. 3 sowie mittelbar auch in § 32 Abs. 4 verankerte Vorrang von Tarifverträgen vor gemeinsamen Vergütungsregeln gilt daher nur im **Geltungsbereich des jeweils betroffenen Tarifvertrags**, nur für die davon betroffenen tarifgebundenen Personen und nur dann, wenn der Tarifvertrag für die konkrete Werknutzung eine Vergütung vorsieht (s. *Bayreuther* UFITA Bd. 2002/III, S. 671 f.; *Haas* Rdnr. 221; *Hensche* Rdnr. 929; *Dreier/Schulze/Schulze* § 36 Rdnr. 14; *Thüsing,* Neue Formen S. 191/209). Der Vorrang gilt freilich auch für später abgeschlossene Tarifverträge gegenüber früher aufgestellten gemeinsamen Vergütungsregeln (ebenso *C. Berger* Rdnr. 157; *ders.* in: *Berger/Wündisch* § 2 Rdnr. 126). Andererseits können auch in Bereichen, in denen bereits Tarifverträge bestehen, dennoch noch gemeinsame Vergütungsregeln aufgestellt werden (*Bayreuther* UFITA Bd. 2002/III, S. 672; *Zentek/Meinke* S. 84/85), und zwar selbst während laufender Tarifverhandlungen (aA wegen angeblicher Rechtsmissbräuchlichkeit *Ory* AfP 2002, 93/102; zur Kündigung von Tarifverträgen zwecks Abschlusses von Vergütungsregeln s. *Hensche* Rdnr. 923); diese finden im Sinne der unwiderleglichen Vermutung der Angemessenheit nach § 32 Abs. 2 S. 1 freilich nur auf Werke und Darbietungen solcher Urheber und ausübender Künstler Anwendung, die von den bestehenden Tarifverträgen nicht erfasst werden (*Hensche* Rdnr. 929). Auch die auf beiden Seiten verhandelnden Vereinigungen (etwa Gewerkschaften oder bestimmte Nutzervereinigungen bzw. Einzelnutzer) sind in beiden Fällen nicht notwendigerweise identisch; schon deshalb wäre die Nichtzulassung von Verhandlungen über gemeinsame Vergütungsregeln bei auf dem gleichen Verwertungsgebiet bestehenden Tarifverträgen nicht angängig (ähnlich *Dreier/Schulze/Schulze* § 36 Rdnr. 14; *Zentek/ Meinke* S. 85 gegen *Ory* AfP 2002, 93/102). Naturgemäß werden Vereinigungen, die in ihrem Sinne günstige Tarifverträge über Urhebervergütungen ausgehandelt haben, nicht ohne Weiteres geneigt sein, möglicherweise kurz danach zum selben Thema gemäß § 36 Abs. 1 Verhandlungen zu führen oder anzustreben. Angesichts der Vielgestaltigkeit der Verhältnisse und möglicher taktischer Überlegungen ist das jedoch auch nicht auszuschließen und jedenfalls rechtlich zulässig.

III. Schlichtungsverfahren
1. Allgemeines

74   Im Interesse der tatsächlichen Erreichung der vom Gesetzgeber erwünschten Maßstäbe für die angemessene Vergütung von Kreativen (Urhebern und ausübenden Künstlern) nach § 32 ist für den Fall des Nichtzustandekommens gemeinsamer Vergütungsregeln auf dem Verhandlungswege (Abs. 1 und 2; so. Rdnr. 44 ff.) ein besonderes Verfahren vor der in § 36 a näher geregelten Schlichtungsstelle vorgesehen, das in § 36 a Abs. 1 *und* 4 vom Gesetz selbst **Schlichtungsverfahren** genannt wird (wegen der Mischnatur dieses Verfahrens bestehend aus Elementen des Schiedsstellenverfahrens nach § 14 ff. WahrnG, des Schiedsgerichtsverfahrens nach §§ 1025 ff. ZPO und des Verfahrens der Einigungsstelle in §§ 76/77 BetrVG; s. *Loewenheim/v. Becker*[2] § 29 Rdnr. 56, *ders.* ZUM 2005, 303/304; *ders.* ZUM 2007, 249/255; *C. Berger* Rdnr. 199 und *ders.* in: *Berger/Wündisch* § 2 Rdnr. 172; wegen der Ansätze einer Mediation su. § 36 a Rdnr. 21 und 23 f.). Das Verfahren ist teilweise – bzgl. der Voraussetzungen seiner Ingangsetzung und bzgl. seines Ergebnisses (Einigungsvorschlag) – bereits in § 36 Abs. 3 und 4, im Übrigen – insbesondere bzgl. der Bildung, Zusammensetzung und Beschlussfassung der Schlichtungsstelle und bzgl. der näheren Ausgestaltung des Schlichtungsverfahrens sowie seiner Kosten – in § 36 a geregelt (wegen der Vorgeschichte der erst im Laufe des Gesetzgebungsverfahrens aufgeteilten Regelung s. bereits oben Rdnr. 1 und 30).

75   Gemäß Abs. 3 sind dabei alternativ zwei Möglichkeiten zur Ingangsetzung eines Schlichtungsverfahrens vorgesehen, nämlich zum einen kraft Vereinbarung der Parteien (Abs. 3 S. 1), zum anderen auf schriftliches Verlangen nur einer der Parteien nach Maßgabe der Voraussetzungen gemäß Abs. 3 S. 2, wenn dieses Verlangen gleichzeitig einen Vorschlag über die Aufstellung der erstrebten gemeinsamen Vergütungsregeln enthält (§ 36 a Abs. 4; su. § 36 a Rdnr. 22; zum Begriff der Parteien des Schlichtungsverfahrens, der dem Abs. 1 S. 1 entspricht, su. § 36 a Rdnr. 4). Bei Vorliegen dieser Voraussetzungen soll die Gegenpartei die Ingangsetzung des Schlichtungsverfahrens bis hin zur Vorlage eines begründeten Einigungsvorschlags nicht verhindern können (**obligatorisches Schlichtungsverfahren**), obwohl es ihr unbenommen bleibt, dem später vorgelegten Einigungsvorschlag gemäß Abs. 4 S. 2 zu widersprechen und somit seine rechtliche Wirkung gemäß § 32 Abs. 2 S. 1 (unwiderlegliche Vermutung der Angemessenheit der darin enthaltenen Vergütungen) zu verhindern (wegen der Bedeutung dieser Gesamtregelung iS eines politischen Kompromisses so. Rdnr. 33 ff.; *Schack* GRUR 2002, 853, 858 erblickt darin die möglicherweise verfassungswidrige „Durchführung eines Zwangsschlichtungsverfahrens"; zweifelnd auch *Flechsig/Hendricks* ZUM 2002, 423/427). Das obligatorische Schlichtungsverfahren soll – auch im Hinblick auf die Indizwirkung eines nicht angenommenen Einigungsvorschlags (so. Rdnr. 35) – einen Anreiz für die Parteien geben, sich an dem Verfahren zu beteiligen, um Einfluss auf den Inhalt des Schlichtungsspruchs nehmen zu können (so *Schmidt* ZUM 2002, 781/790). Die bisherige Praxis erfüllt diese Erwartungen allerdings nicht. Vielmehr ergibt sich der Eindruck, dass das Zwangsschlichtungsverfahren bewirkt, dass die potentiellen Parteien eines Schlichtungsverfahrens schon die Aufnahme von Verhandlungen verweigern.

76   Die erste der beiden Möglichkeiten, nämlich die Ingangsetzung eines **Schlichtungsverfahrens kraft Parteivereinbarung,** erscheint beinahe als eine Selbstverständlichkeit, da es den Verhandlungsparteien im Falle fehlender Einigung über die aufzustellenden Vergütungsregeln nach allgemeinen Grundsätzen jederzeit freisteht, die Durchführung eines Schieds- oder Schlichtungsverfahrens zu vereinbaren (sa. *Wandtke/Bullinger/Wandtke/Grunert*[3] § 36 Rdnr. 28). Die Besonderheit des Schlichtungsverfahrens kraft Parteivereinbarung nach Abs. 3 S. 1 besteht

aber darin, dass nur das Ergebnis eines solchen speziellen Verfahrens im Falle seines erfolgreichen Abschlusses (beidseitig nicht widersprochener Einigungsvorschlag) die erwähnte Rechtswirkung gemäß § 32 Abs. 2 S. 1 entfalten kann (ähnlich *Wandtke/Bullinger/Wandtke/Grunert*[3] § 36 Rdnr. 28). Wenn nämlich § 32 Abs. 2 S. 1 von „einer gemeinsamen Vergütungsregel (§ 36)" spricht, so ist damit nicht etwa nur eine durch Verhandlungen der Parteien selbst gemäß § 36 Abs. 1 erfolgreich erarbeitete (aufgestellte) gemeinsame Vergütungsregel gemeint, sondern auch ein von der Schlichtungsstelle gemäß Abs. 4 – aber eben nur von einer solchen – vorgelegter begründeter (und von beiden Seiten nicht widersprochener) Einigungsvorschlag, „der den Inhalt der gemeinsamen Vergütungsregeln enthält". Auch wenn es die Schlichtungsstelle ist, die – im Normalfall durchaus im Zusammenwirken mit den Parteien – die Vergütungsregeln erarbeitet hat, so machen die Parteien sich diese durch widerspruchslose Hinnahme des Schlichtungsspruchs (Einigungsvorschlags) so zu eigen, dass die Vergütungsregeln in der Tat *„gemeinsame Vergütungsregeln"* mit der Rechtswirkung nach § 32 Abs. 2 S. 1 werden.

Denkbar ist freilich auch die **Durchführung anderweitiger Schieds-, Schlichtungs- oder Mediationsverfahren** außerhalb des Verfahrens nach § 36 a, deren Ergebnis dann als *Verhandlungsergebnis* im Sinne von Abs. 1 zu interpretieren ist (so in der Tat das Zustandekommen der ersten Vergütungsregeln nach § 36 aufgrund einer Mediation des BMJ; su. Rdnr. 95). Der Weg, wie die Parteien zu einvernehmlichen Lösungen (Aufstellung gemeinsamer Vergütungsregeln im Sinne von Abs. 1) kommen, ist schließlich nicht vorgeschrieben. Daran zeigt sich, dass die eigentliche Bedeutung der Regelung nach Abs. 3 in deren zweiter Möglichkeit, nämlich der Ingangsetzung eines Schlichtungsverfahrens auf schriftliches Verlangen nur einer der Parteien, also dem obligatorischen Schlichtungsverfahren liegt. 77

2. Das obligatorische Schlichtungsverfahren

Das obligatorische Schlichtungsverfahren findet vor der gemäß § 36 a zu bildenden Schlichtungsstelle (su. § 36 a Rdnr. 3 ff.) statt, wenn eine der Parteien dies unter den in § 36 Abs. 3 S. 2 genannten Voraussetzungen schriftlich verlangt. Dieses Verlangen nach § 36 Abs. 3 S. 2 ist identisch mit dem in § 36 a Abs. 1 als eine der beiden Alternativen für die Bildung einer Schlichtungsstelle genannten **einseitigen Verlangen auf Durchführung eines Schlichtungsverfahrens** (über diesen Zusammenhang von § 36 Abs. 3 und § 36 a Abs. 1 su. § 36 Rdnr. 3). Dieses **Verlangen** hat **schriftlich zu erfolgen** und ist – am sichersten mit Empfangsbekenntnis – an die jeweils andere Partei zu richten (*Dreier/Schulze/Schulze* § 36 Rdnr. 29; *Haas* Rdnr. 223). Es muss in eindeutiger Weise das Verlangen nach Durchführung eines Schlichtungsverfahrens (und damit nach Bildung einer Schlichtungsstelle) gemäß § 36 a zum Ausdruck bringen, den Grund für dieses Verlangen (ggf. auch mehrere davon) nach Maßgabe der drei in Abs. 3 S. 2 genannten Voraussetzungen (kein Verhandlungsbeginn binnen drei Monaten, ergebnislose Verhandlungen nach einem Jahr oder Erklärung des endgültigen Scheiterns) nennen (su. Rdnr. 81 ff.) und gemäß § 36 a Abs. 4 gleichzeitig einen Vorschlag über die im konkreten Fall erstrebten gemeinsamen Vergütungsregeln enthalten (*Dreyer/Kotthoff/Meckel/Kotthoff*[2] § 36 a Rdnr. 7; wegen der nicht zu hohen Anforderungen an die Perfektion eines solchen Vorschlags s. *Haas* Rdnr. 238). Ist Letzteres der Fall und liegt eine der Voraussetzungen nach Abs. 3 S. 2 vor, so kann sich die andere Partei dem obligatorischen Schlichtungsverfahren als solchem nicht mehr entziehen. 78

In Entsprechung zu § 1044 ZPO ist hier davon auszugehen, dass **das Schlichtungsverfahren** bereits **mit dem Tag beginnt,** an dem die andere Partei das schriftliche Verlangen unter Angabe des Grundes sowie des Vorschlags gemeinsamer Vergütungsregeln empfangen hat. Auch der Wortlaut des § 36 Abs. 3 S. 2 („Das Verfahren *findet* auf schriftliches Verlangen einer Partei *statt,* wenn ...") bestätigt dieses Ergebnis. Die andere Partei hat demgemäß im *Rahmen eines bereits begonnenen Schlichtungsverfahrens* gemäß § 36 a Abs. 1 mit der das Verfahren verlangenden Partei in Verhandlungen über die konkrete Bildung einer Schlichtungsstelle in der Zusammensetzung gemäß § 36 a Abs. 2 einzutreten (s. des Näheren unten § 36 a Rdnr. 5 ff.). 79

Weigert sich die andere Partei jedoch, in derartige **Verhandlungen über die konkrete Bildung der Schlichtungsstelle** einzutreten, so kann die das Verfahren verlangende Partei wegen des Anspruchs auf Bildung einer Schlichtungsstelle nicht auf den Prozessweg verwiesen werden (ebenso *Haas* Rdnr. 239; anders wohl KG ZUM 2005, 229/230 im Fall eines wegen Weiterverweisung an das LG Frankfurt am Main unentschieden gebliebenen Begehrens auf Feststellung der Einlassungspflicht der anderen Partei), gerade weil das Schlichtungsverfahren in Entsprechung zu § 1044 ZPO bereits begonnen hat. Dies wird durch die übrige Regelung in § 36 a Abs. 3 (Ersatzbestellung der Person des Vorsitzenden und Entscheidung über die Zahl der Bei- 80 sitzer durch das zuständige OLG) bestätigt, die darauf abzielt, die Durchführung des Schlichtungsverfahrens auch bei entsprechenden Differenzen zwischen den Parteien zu gewährleisten. Die dabei genannten Fallgestaltungen, dass **keine Einigung über die Person des Vorsitzenden zustande kommt und keine Einigung über die Zahl der Beisitzer** erzielt wird, schließen bei weiter Auslegung auch den Fall ein, dass die andere Partei Verhandlungen über die Bildung einer Schiedsstelle überhaupt verweigert; die Einigung über die Zahl der Beisitzer und über die Person des Vorsitzenden machen ohnehin den wesentlichen Inhalt der Vereinbarungen über die Bildung einer Schiedsstelle aus (su. § 36a Rdnr. 7). Das nach § 1062 ZPO zuständige Oberlandesgericht hat daher auch in diesem Fall ersatzweise einen Vorsitzenden zu bestellen bzw. über die Zahl der Beisitzer zu entscheiden (wegen der in bestimmten Fällen gebotenen Offensichtlichkeitsprüfung des (Nicht-)Vorliegens der gesetzlichen Voraussetzungen für die Durchführung eines Schlichtungsverfahrens durch das OLG su. § 36a Rdnr. 9).

81 Die drei in Abs. 3 S. 2 Nrn. 1–3 genannten **alternativen Voraussetzungen für das** auf Verlangen nur einer Partei in Gang zu setzende und insoweit **obligatorische Schlichtungsverfahren** stehen in einem **chronologischen Zusammenhang**, auch wenn eine scharfe zeitliche Abgrenzung in der Praxis nicht immer möglich sein wird (so *Dreyer/Kotthoff/Meckel/Kotthoff*² § 36 Rdnr. 24). Sie schließen sich im Regelfall aber gegenseitig aus: Entweder es wurden binnen drei Monaten nach schriftlichem Aufnahmeverlangen Verhandlungen überhaupt nicht begonnen (Nr. 1) oder diese sind nach ihrer effektiven Aufnahme nach einem Jahr ergebnislos geblieben (Nr. 2) oder sie wurden schon vorher von einer der Parteien (ggf. auch von beiden Parteien) endgültig für gescheitert erklärt (Nr. 3). Freilich können Verhandlungen auch nach Ablauf der Dreimonatsfrist gemäß Nr. 1 noch aufgenommen worden sein, die aber nach Jahresfrist dann doch ohne Ergebnis bleiben können, so dass ursprünglich der Grund nach Nr. 1, später derjenige nach Nr. 2 gegeben ist. Auch kann eine Erklärung über das endgültige Scheitern nach Nr. 3 noch nach Ablauf der erwähnten Jahresfrist aus Nr. 2 erfolgen, wenn auch danach noch etwa in der (letztlich unbegründeten) Erwartung eines möglicherweise doch erfolgreichen Abschlusses weiterverhandelt worden war. In einem solchen Fall kann zur Ingangsetzung des obligatorischen Schlichtungsverfahrens wahlweise auf den Zeitablauf nach Nr. 2 oder auf die Erklärung über das endgültige Scheitern nach Nr. 3 oder auf beides gleichzeitig abgestellt werden.

82 Ebenso wie das Verlangen auf Durchführung des Schlichtungsverfahrens selbst muss im Falle des **Abs. 3 S. 2 Nr. 1 (kein Verhandlungsbeginn binnen drei Monaten nach schriftlichem Aufnahmeverlangen)** auch das an die andere Partei zu richtende Verlangen nach Aufnahme von Verhandlungen schriftlich erfolgt sein. Als zeitlicher Bezugspunkt für die Dreimonatsfrist ist das möglichst durch entsprechenden Nachweis (Empfangsbekenntnis) dokumentierte Datum des Zugangs des Aufnahmeverlangens bei der Gegenpartei anzunehmen. Da das konkrete Datum des Beginns von Verhandlungen nicht immer genau zu bestimmen ist, es andererseits aber für die Geltendmachung der Voraussetzung nach Abs. 3 S. 2 Nr. 1 gerade auf den Beginn der Verhandlungen innerhalb von drei Monaten ankommt, ist zu empfehlen, dass in dem das Aufnahmeverlangen enthaltenden Schreiben dazu ein konkreter zeitlicher Bezugspunkt genannt wird, etwa der Beginn der ersten gemeinsamen Verhandlungsrunde (ähnlich *W. Nordemann*, Das neue UVR, § 36 Rdnr. 12; *Dreier/Schulze/Schulze* § 36 Rdnr. 30). Der Eingang eines bloßen Bestätigungsschreibens ohne jede inhaltliche Erörterung kann noch nicht als fristgerechter Beginn von Verhandlungen gewertet werden. Auch hier sollen im Interesse des der Regelung insgesamt zugrunde liegenden Schutzgedankens unzumutbare Verzögerungen bei der Aufstellung gemeinsamer Vergütungsregeln vermieden werden, wie gerade die relativ kurze Dreimonatsfrist zeigt. Sie ist gerade in den Fällen von Bedeutung, in denen die Bereitschaft der anderen Seite, in ernsthafte Verhandlungen zur gemeinsamen Aufstellung von Vergütungsregeln einzutreten, von vorneherein erkennbar fehlt.

83 Auch der Fall des **Abs. 3 S. 2 Nr. 2 (ergebnislose Verhandlungen ein Jahr nach dem schriftlichen Aufnahmeverlangen)** setzt als zeitlichen Bezugspunkt den Zugang (möglichst mit Empfangsbekenntnis) des schriftlichen Aufnahmeverlangens bei der Gegenpartei voraus. Anders als der Beginn von Verhandlungen (so. Rdnr. 82) ist deren Ergebnislosigkeit wohl leichter festzustellen, weil ihr Erfolg vom Willen beider beteiligter Parteien abhängt. Voraussetzung ist aber weder, dass die Verhandlungen andauern, noch dass sie förmlich beendet sind (so *Haas* Rdnr. 236). Zweifelsfragen können allenfalls dann auftreten, wenn über bestimmte Vergütungen oder Vergütungskomplexe bereits eine **Teileinigung** erzielt ist, weitere Vergütungskomplexe oder Vergütungen aber weiterhin strittig sind. In diesem Fall könnte von einem Teilergebnis gesprochen werden, das aber im Sinne der darin enthaltenen Vergütungsregeln verselbständigt

werden müsste. Da aber auch dies das Einvernehmen der Parteien voraussetzt, ist ein positives (End-)Ergebnis der Verhandlungen nur anzunehmen, wenn die Parteien gerade hierüber einig sind und die dann gemeinsam erarbeiteten Vergütungsregeln zumindest ihren Mitgliedern, möglichst aber auch der Fachöffentlichkeit mitteilen (wegen deren wünschenswerter öffentlicher Verlautbarung oder Veröffentlichung s. bereits oben Rdnr. 47).

Ab wann der dritte Fall (**Abs. 3 S. 2 Nr. 3**), dass nämlich eine Partei die **Verhandlungen endgültig für gescheitert erklärt** hat, eintreten kann, muss im Zusammenhang mit den übrigen Fällen (Abs. 3 S. 2 Nrn. 1 und 2) geklärt werden. Verhandlungen können nur dann endgültig für gescheitert erklärt werden, wenn zuvor überhaupt verhandelt wurde (ähnlich *Dreier/Schulze/Schulze* § 36 Rdnr. 32); im Falle des Nichtverhandelns reichen gemäß Nr. 1 ohnehin bereits drei Monate aus, um ein einseitiges Verlangen nach einem Schlichtungsverfahren zu begründen, so dass es einer Erklärung nach Nr. 3 nicht bedarf. Kommt es dagegen zu Verhandlungen, so braucht es die Gegenpartei selbst bei erheblichen Positionsunterschieden nicht hinzunehmen, dass die andere Partei gewissermaßen aus dem Stand gleich zu Beginn das Scheitern erklärt, um möglichst rasch zu einem obligatorischen Schlichtungsverfahren zu gelangen (ähnlich *Ory* AfP 2002, 93/103: ultima ratio). Naturgemäß ist iSv. Abs. 3 S. 1 die *Vereinbarung* eines Schlichtungsverfahrens jederzeit, also auch gleich zu Beginn der Verhandlungen möglich. Andererseits muss auch nicht der Ablauf der Jahresfrist nach Abs. 3 S. 2 Nr. 2 abgewartet werden, wenn sich nach einer gewissen Dauer der Verhandlungen trotz entsprechenden Bemühens der Parteien wegen der Gegensätzlichkeit ihrer Positionen abzeichnet, dass mit einem positiven Abschluss der Verhandlungen nicht (mehr) gerechnet werden kann (ebenso *C. Berger* Rdnr. 217; ders. in: *Berger/Wündisch* § 2 Rdnr. 191 sowie schon für den ersten Dreimonatszeitraum *Dreier/Schulze/Schulze* § 36 Rdnr. 32).

Die **Erklärung des Scheiterns** kann auch von derjenigen Partei ausgehen, die dies sodann selbst zum Anlass eines schriftlichen Verlangens auf Einleitung eines obligatorischen Schlichtungsverfahrens nimmt (ebenso *Haas* Rdnr. 237), ja dies von vornherein beabsichtigt hat. Die Erklärung ist am besten schriftlich mit Empfangsbekenntnis an die andere Partei zu richten, obwohl eine mündliche Erklärung gegenüber den Vertretern der anderen Partei etwa im Verhandlungsraum in diesem Fall ausreicht (Arg. aus Nrn. 1 und 2). Eine mögliche Lösung im Falle unvereinbarer Positionen der Parteien besteht auch darin, dass die Erklärung des Scheiterns – ggf. bereits zu Beginn der Verhandlungen – einvernehmlich durch eine oder auch beide der Parteien erfolgt, wenn beide Parteien an einer alsbaldigen Klärung durch die Schlichtungsstelle interessiert sind. Dies entspricht praktisch aber einer Vereinbarung der Parteien über die Durchführung eines Schlichtungsverfahrens iSv. Abs. 3 S. 1, die um der Klarheit willen dann aber ausdrücklich und ohne Rückgriff auf den (einseitigen) Grund nach Abs. 3 S. 2 Nr. 3 getroffen werden sollte.

3. Ergebnis des Schlichtungsverfahrens: Einigungsvorschlag

Gemäß Abs. 4 hat die Schlichtungsstelle, deren Bildung, Zusammensetzung, Verfahren und Beschlussfassung in § 36a (s. dort) näher geregelt sind, den Parteien einen **begründeten Einigungsvorschlag** zu machen, der den Inhalt der gemeinsamen Vergütungsregeln enthält. Dies gilt in allen Fällen des Tätigwerdens der Schlichtungsstelle, also sowohl im Falle einer entsprechenden Parteienvereinbarung nach Abs. 3 S. 1 als auch aufgrund des schriftlichen Verlangens einer Partei nach Abs. 3 S. 2. Im letzteren Fall muss der Schlichtungsstelle gleichzeitig ein entsprechender Vorschlag dieser Partei über die Aufstellung der von ihr erstrebten gemeinsamen Vergütungsregeln unterbreitet worden sein (s. bereits oben Rdnr. 78). Die Schlichtungsstelle wird sich bei der **Formulierung ihres Einigungsvorschlags** an diesem unterbreiteten Vorschlag ebenso wie an den von der Gegenseite unterbreiteten Gegenvorschlägen und Gegenvorstellungen orientieren (*Flechsig/Hendricks* ZUM 2002, 423/427), ist aber bei der Beschlussfassung über den Einigungsvorschlag nicht daran gebunden; iS eines auf einen weitest möglichen Ausgleich der gegenseitigen Interessen angelegten Schlichtungsverfahrens ist eine Bindung an die Vorschläge und Vorstellungen der Parteien etwa nach dem Grundsatz *ne ultra petita* also nicht gegeben (ebenso *Dreyer/Kotthoff/Meckel/Kotthoff*[2] § 36 Rdnr. 27; aA *W. Nordemann* § 36a Rdnr. 4). Naturgemäß hat sich die Schlichtungsstelle aber an den betroffenen Regelungsbereich zu halten. Waren die Vorgaben aber unangemessen, kann die Schlichtungsstelle auch davon abweichen; insoweit steht ihr ein Gestaltungsspielraum zu (ebenso *Dreier/Schulze/Schulze* § 36 Rdnr. 33; *C. Berger* Rdnr. 218 unter Einschränkung auf den Fall eines Vorschlags gemäß § 36a Abs. 4; für Zulässigkeit der Aufnahme anderer Elemente als die bloße Vergütung *Dreyer/*

§ 36 Gemeinsame Vergütungsregeln

*Kotthoff/Meckel/Kotthoff*² § 36 Rdnr. 27; für Orientierung auch an der Gegenleistung *Flechsig/ Hendricks* ZUM 2002, 423/427; sa. oben Rdnr. 66).

87 Eine zu enge Fassung der **Befugnisse der Schlichtungsstelle** ist schon deswegen abzulehnen, weil das Verfahren teilweise Mediationscharakter aufweist und insoweit ohnehin unter der Kontrolle der Parteien verbleibt (su. § 36 a Rdnr. 21 und 23 f.; s. auch *Dreier/Schulze/Schulze* § 36a Rdnr. 10); schließlich kann jede Partei dem Einigungsvorschlag gemäß Abs. 4 S. 2 widersprechen und damit das Eintreten der Rechtswirkung nach § 32 Abs. 2 S 1 verhindern (ebenso *Dreyer/Kotthoff/Meckel/Kotthoff*² § 36 Rdnr. 27). Es gibt gegen den Einigungsvorschlag **keinen Rechtsbehelf** (*Dreier/Schulze/Schulze* § 36 Rdnr. 34; wegen der möglichen Indizwirkung eines nicht angenommenen Einigungsvorschlags su. Rdnr. 92).

88 Der Begriff des (begründeten) Einigungsvorschlags ist aus § 14a WahrnG übernommen, wie überhaupt eine Reihe von Vorschriften des WahrnG dem Schlichtungsverfahren als Vorbild gedient haben, so § 14 Abs. 2 S. 1 und 2 sowie § 14c Abs. 1 S. 1 WahrnG für Abs. 4 S. 1 und § 14a Abs. 3 S. 1 WahrnG für Abs. 4 S. 2 (wegen entsprechender Zusammenhänge aus der Entstehungsgeschichte so. Rdnr. 37f.). Der Einigungsvorschlag enthält „den **Inhalt der gemeinsamen Vergütungsregeln**" (dazu *Haas* Rdnr. 258), was insofern ungenau ist, als die darin vorgeschlagenen Vergütungsregeln erst dann zu „*gemeinsamen* Vergütungsregeln" mit der Rechtswirkung nach § 32 Abs. 2 S. 1 (unwiderlegliche Vermutung der Angemessenheit der nach ihnen ermittelten Vergütungen) werden (s. bereits oben Rdnr. 76), wenn der Einigungsvorschlag von beiden Parteien angenommen wurde oder iS einer Annahmefiktion (*Dreyer/ Kotthoff/Meckel/Kotthoff*² § 36 Rdnr. 28) als angenommen gilt, weil ihm nicht innerhalb von drei Monaten nach Empfang des Einigungsvorschlages von einer der Parteien oder beiden schriftlich widersprochen wurde (sa. unten Rdnr. 91). Dabei ist auf den **Eingang des Widerspruchs** bei der Schlichtungsstelle bzw. bei deren Vorsitzendem abzustellen (so *Mestmäcker/Schulze/ Dördelmann* § 36 Rdnr. 27; *Wandtke/Bullinger/Wandtke/Grunert*³ § 36 Rdnr. 30; zweifelnd wegen der mangelnden Dauerhaftigkeit der Schlichtungsstelle *Dreier/Schulze/Schulze* § 36 Rdnr. 35). Nach *Kotthoff* (Dreyer/Kotthoff/Meckel/Kotthoff § 36 Rdnr. 30) handelt es sich bei einem unwidersprochen gebliebenen Einigungsvorschlag um einen Vergleichsvertrag (ähnlich *Flechsig/Hendricks* ZUM 2002, 423/428); dessen vertragliche Elemente können aber nur soweit reichen wie der Vereinbarungscharakter gemeinsam aufgestellter Vergütungsregeln selber (so. Rdnr. 17); die rechtliche Wirkung iSd. unwiderleglichen Vermutung der Angemessenheit von Vergütungen beruht nicht auf Vereinbarung (Vergleichsvertrag), sondern auf dem Gesetzesbefehl des § 32 Abs. 2 S. 1 iVm. § 36 Abs. 4.

89 Ab dem Zeitpunkt seiner **widerspruchslosen Hinnahme** nach Ablauf der Dreimonatsfrist wirken die in dem Einigungsvorschlag enthaltenen Vergütungsregeln in gleicher Weise wie solche, die von den Parteien gemäß Abs. 1 direkt ohne Zwischenschaltung einer Schlichtungsstelle durch erfolgreiche Verhandlungen gemeinsam aufgestellt wurden (ebenso *C. Berger* Rdnr. 237; *ders.* in: *Berger/Wündisch* § 2 Rdnr. 211; *Mestmäcker/Schulze/Dördelmann* § 36 Rdnr. 28). Sie begründen auch in dieser Gestalt keine vertraglichen Verpflichtungen zwischen den Parteien, sondern bilden kraft gesetzlicher Anordnung den allgemeinen Angemessenheitsmaßstab nach § 32 Abs. 2 S. 1, und zwar konkret dann, wenn ein Urheber sich auf die Vergütungsregel beruft bzw. gegen den Verwerter den Anspruch auf Abänderung des Nutzungsvertrages (letztlich im Klagewege) geltend macht (s. bereits oben Rdnr. 16 und 69; vgl. auch *C. Berger* Rdnr. 237/ 238). Aus eben diesem Grund findet auch keine AGB-Kontrolle nach §§ 305 BGB statt (im Ergebnis ebenso *Dreier/Schulze/Schulze* § 36 Rdnr. 36; *Flechsig/Hendricks* ZUM 2002, 423/429; *Berger/Wündisch/Berger* § 2 Rdnr. 159). Der Einigungsvorschlag als solcher ist nicht vollstreckbar (so. Rdnr. 17), auch wenn auf seiner Grundlage gemäß § 32 Abs. 1 iVm. Abs. 2 S. 1 von den einzelnen Urhebern und ausübenden Künstlern angemessene Vergütungen beansprucht werden können (so *Dreier/Schulze/Schulze* § 36 Rdnr. 36; *Flechsig/Hendricks* ZUM 2002, 423/428; s. auch unten § 36a Rdnr. 15; wegen der im Gegensatz zu einem nicht möglichen Widerruf möglichen Berichtigung analog § 319 ZPO s. *C. Berger* Rdnr. 236 und *ders.* in: *Berger/Wündisch* § 2 Rdnr. 210).

90 Die **Begründung des Einigungsvorschlags** wird sich mit den Vorstellungen der Parteien, insbesondere mit dem Vorschlag auseinander zu setzen haben, der von einer das Schlichtungsverfahren einseitig betreibenden Partei gemäß § 36a Abs. 4 zu unterbreiten war, und zwar sowohl wenn die Schlichtungsstelle den darin enthaltenen Vorschlägen folgt, als auch wenn sie sie verwirft oder davon abweicht. Im Hinblick auf die Rechtswirkung eines angenommenen (nicht widersprochenen) Einigungsvorschlags iSd. Aufstellung allgemein anwendbarer Angemessenheitsmaßstäbe nach § 32 darf auch erwartet werden, dass die Begründung des Einigungsvor-

schlags ebenso wie bereits die Formulierung der darin enthaltenen Vergütungsregeln mit einem Blick auf die Rechtsanwender sowie die interessierte Fachöffentlichkeit erfolgt (wegen einer zu empfehlenden Veröffentlichung der Vergütungsregeln s. bereits oben Rdnr. 47). Die Begründung sollte sowohl die **Struktur als auch die Einzelheiten der Vergütungsregeln** (ebenso *W. Nordemann,* Das neue UVR, 36 Rdnr. 13; sa. *C. Berger* Rdnr. 232), insb. deren prozentuale oder absolute Bezifferung ansprechen; eine kommentarhafte Darlegung aller Einzelheiten wird man aber nicht erwarten können. Eine aufschlussreiche Begründung ist aber iSd. Indizwirkung (so. Rdnr. 35) eines möglicherweise dann nicht angenommenen Einigungsvorschlags von Bedeutung (*Haas* Rdnr. 259).

Der Einigungsvorschlag bedarf grundsätzlich der **Annahme,** da eine Zwangsschlichtung **91** nicht stattfindet und ein abgelehnter Einigungsvorschlag nicht iSd. § 32 Abs. 2 S. 1 wirksam werden kann (s. bereits oben Rdnr. 33). Die Annahme *kann* auch ausdrücklich erklärt werden; zur Ausschaltung der **Annahmefiktion** nach § 36 Abs. 4 S. 2 (*Dreyer/Kotthoff/Meckel/Kotthoff*[2] § 36 Rdnr. 28) muss aber bei fehlender ausdrücklicher Annahme jedenfalls die Ablehnung erklärt werden (so *C. Berger* Rdnr. 233; *ders.* in: *Berger/Wündisch* § 2 Rdnr. 207). Schweigen gilt als Einverständnis (s. auch *Flechsig/Hendricks* ZUM 2002, 423/428: Notfrist mit der Möglichkeit der Wiedereinsetzung in den vorigen Stand). Die Annahme kann im Übrigen nicht selektiv erfolgen, sondern muss sich auf den gesamten Einigungsvorschlag beziehen (*C. Berger* Rdnr. 234; *ders.* in: *Berger/Wündisch* § 2 Rdnr. 208). Wurde demgemäß einem von der Schlichtungsstelle vorgelegten begründeten Einigungsvorschlag fristgerecht (innerhalb von drei Monaten bzw. innerhalb der von den Parteien einvernehmlich verkürzten oder verlängerten Frist; so *C. Berger* Rdnr. 235; *ders.* in: *Berger/Wündisch* § 2 Rdnr. 209) nach Empfang des Vorschlags von einer Partei oder von beiden Parteien durch Erklärung gegenüber dem Vorsitzenden (*Haas* Rdnr. 262 und *Nordemann* § 36 Rdnr. 14) widersprochen, so vermögen der Einigungsvorschlag bzw. die in ihm enthaltenen Vergütungsregeln, da sie nicht zu *gemeinsamen* Vergütungsregeln werden konnten, die Rechtswirkung nach § 32 Abs. 2 S. 1 nicht zu entfalten (s. auch *Haas* Rdnr. 261). Rechtsbehelfe sind nicht vorgesehen (*C. Berger* Rdnr. 244; *ders.* in: *Berger/Wündisch* § 2 Rdnr. 218), auch nicht im Sinne eines nachgeschalteten Gerichtsverfahrens etwa vergleichbar mit § 16 WahrnG (wegen der nur beschränkten Möglichkeit der Rechtsbeschwerde gegen Entscheidungen des OLG gemäß § 36a Abs. 3 s u. § 36a Rdnr. 16).

Nach den zugrunde liegenden Vorstellungen des Gesetzgebers (so. Rdnr. 35) sollen aber der- **92** artige nichtverbindliche Einigungsvorschläge dennoch nicht ohne jede Wirkung bleiben; sie sollen gewissermaßen mit der ihnen innewohnenden Überzeugungskraft auf die Praxis einwirken, und zwar jedenfalls als **Indizien zur Bestimmung der Angemessenheit von Vergütungen** bei der Auslegung des § 32 neben anderen Indizien (wegen der zustimmenden und ablehnenden Äußerungen s. bereits die Nachweise oben Rdnr. 35). Wie weit die Indizwirkung gehen kann, muss jeweils unter Würdigung der Umstände des Einzelfalls entschieden werden. Zu berücksichtigen ist, dass in abgelehnten Einigungsvorschlägen enthaltene Vergütungsregeln das Ergebnis der Überlegungen und Diskussionen von und mit Sachkennern beider Seiten ist, auch wenn sie gerade wegen ihrer fehlenden Annahme durch mindestens eine Partei auf zumindest teilweise kontroversen Annahmen beruhen werden. Zu berücksichtigen ist andererseits aber auch der Grund für die Ablehnung, insbesondere die Auffassung der Partei, die die gefundene Vergütungsregel ggf. für unangemessen hält. Zu denken ist ggf. auch an eine einverständliche Fortsetzung des Schlichtungsverfahrens selbst nach Ablehnung des Einigungsvorschlags durch eine Partei oder auch beide Parteien (so *C. Berger* Rdnr. 240/241; *ders.* in: *Berger/Wündisch* § 2 Rdnr. 214 f. ähnlich *Flechsig/Hendricks* ZUM 2002, 423/428).

IV. Die bisherige Praxis von Verhandlungen nach § 36

Erwartungsgemäß bedurfte es einer gewissen Anlaufzeit, bis sich erste **konkrete Ergebnisse** **93** aus der Anwendung der §§ 36 und 36a abzeichneten (kritisch zu den bisherigen Ergebnissen *Berger/Wündisch/Berger* § 2 Rdnr. 133 und *G. Schulze* GRUR 2005, 828 ff.). Wichtige Verwerter-Verbände scheinen keinen Anlass zu sehen, sich auf das Verfahren der gemeinsamen Vergütungsregeln einzulassen. Andere Verbände erkennen in gemeinsamen Vergütungsregeln hingegen Vorteile und Effizienzsteigerungen, da Vergütungsregeln für sie eine verlässliche Kalkulationsgrundlage bilden würden. Angesichts der anfangs sehr kontroversen Debatte um das Urhebervertragsrecht war absehbar, dass sich die tatsächliche Bestimmung der angemessenen Vergütung durch Urheber und Verwerter mindestens ebenso schwierig gestalten würde wie das Gesetzge-

§ 36

bungsverfahren selber (vgl. schon die Kleine Anfrage aus den Kreisen der Bundestagsfraktion der FDP im April 2004, BT-Drucksache 15/2937 vom 21. 4. 2004). Hinzu kommt, dass Verhandlungen über Vergütungsvereinbarungen ausgesprochen komplex sind, da sich die Vergütungen aus unterschiedlichen Faktoren (gestaffelte prozentuale Beteiligung, Mindestzahlungen etc.) zusammensetzen. Außerdem wird in einigen Bereichen eine große Zahl von Einzelverträgen zwischen Verwerter und Urhebern abgeschlossen, so dass sich bei einer möglichen Anpassung von Verträgen erhebliche praktische Schwierigkeiten ergeben könnten. Bis heute (Stand Dezember 2009) konnten sich die Beteiligten lediglich auf eine gemeinsame Vergütungsregel einigen, die allerdings im Rahmen einer **Mediation durch das Bundesjustizministerium und nicht aufgrund eines Schlichtungsverfahrens** gem. §§ 36, 36a zustande gekommen ist (Gemeinsame Vergütungsregeln für Autoren belletristischer Werke in deutscher Sprache, abgedruckt bei *Hillig*, Urheber- und Verlagsrecht, 11. Aufl. 2008; s. dazu auch *G. Schulze* GRUR 2005, 828, 830). Nach diesen gemeinsamen **Belletristik-Vergütungsregeln** werden Autoren im Regelfall mit 10% am Nettoladenverkaufspreis jedes Hardcover-Exemplars beteiligt. Besondere Sätze gelten für Taschenbuch- und Sonderausgaben sowie für die Erlösbeteiligung bei Nebenrechtsverwertung.

94 Bemerkenswert an den **Belletristik-Vergütungsregeln** ist das **vorausgegangene Scheitern einer Verbandslösung auf Verlegerseite**. Wie *Loewenheim/v. Becker*[2] (§ 29 Rdnr. 88, sa. Rdnr. 44 (1. Aufl.)) berichtet (zu den Vorverhandlungen sa. *Delp*, Recht des geistigen Schaffens, 2. Aufl. 2003, S. 400 Fn. 299 sowie *Schmitt* GRUR 2003, 294), hatte der Verlegerausschuss des Börsenvereins zunächst entschieden, die von den Urheberorganisationen vorgeschlagenen Verhandlungen nicht durch den Börsenverein selbst, sondern durch **ausgegründete Gruppierungen** der Verlegerschaft zu führen, die, als BGB-Gesellschaften organisiert, für jedes Spektrum des Verlagswesens Verhandlungskommissionen bilden sollten, um so die erforderliche **Differenzierung und Vielfalt der Tarifgestaltung** zu garantieren. Die zu diesem Zweck eigens als BGB-Gesellschaft gegründete „Verlegervereinigung Belletristik" hat sich wieder aufgelöst, als die Verhandlungen zunächst ergebnislos blieben und ein Schlichtungsverfahren drohte. Den Ausweg bot schließlich die erwähnte Mediation im BMJ, die freilich auf Verlegerseite nicht mehr zu einer echten Verbandslösung, sondern allenfalls zu einer **losen Gruppenbildung** führte.

95 Unter dem Gesichtspunkt von § 36 Abs. 1 (Vereinigung von Werknutzern oder einzelne Werknutzer) ist diese Lösung dahin zu interpretieren, dass auf Nutzerseite (Verlegerseite) **keine Nutzervereinigung, sondern nur eine Reihe lose verbundener Einzelnutzer (Verlage)** stehen, die je für sich – wenn auch uno actu – gemeinsame Vergütungsregeln mit der Urhebervereinigung VS/ver.di aufgestellt haben. Angesichts der Vorgeschichte der Verhandlungen wollten die beteiligten Verlage ganz offensichtlich nicht als Vereinigung von Werknutzern auftreten. Fragen der Repräsentativität, der Unabhängigkeit oder der Ermächtigung (§ 36 Abs. 2) sind damit sowohl bzgl. der jeweiligen Einzelnutzer (so. Rdnr. 50) aber auch bzgl. der losen Gruppierung gegenstandslos. Diese Lösung des Parallelverhandelns mit mehreren Einzelnutzern hat den Vorteil, dass die Wirksamkeit der Vergütungsregeln hier nicht unter Berufung auf § 36 Abs. 2 in Frage gestellt werden kann, doch wird sie damit erkauft, dass die Reichweite der Angemessenheitsfiktion nach § 32 Abs. 2 S. 1 relativiert wird. Je größer die Zahl der in loser Gruppierung bei den Verhandlungen auftretenden Einzelnutzer (Verlage) und ihre Differenziertheit nach Größe und Struktur (vgl. § 36 Abs. 1 S. 2) jedoch ist, desto mehr können sie zumindest faktisch als repräsentativ für die gesamte Branche angesehen werden. Die Frage der Repräsentativität der an der Erstellung der Vergütungsregeln Belletristik beteiligten Vereinigung ist von der Rechtsprechung bei der Übertragung auf andere Branchen nicht problematisiert worden.

96 Die **Rechtswirkung** der auf diese Weise jeweils von den einzelnen Verlagen gemeinsam mit der Urhebervereinigung aufgestellten Vergütungsregeln ist deshalb nicht notwendigerweise auf die betroffenen Einzelnutzer (Verlage) beschränkt. Es handelt sich schließlich nicht um (Haus-) Tarifverträge und um das damit verbundene Kriterium der Tarifbindung. Das rechtspolitische Ziel hinter § 32 Abs. 1 S. 1, nämlich die Etablierung von verallgemeinerungsfähigen Maßstäben für die angemessene Urhebervergütung (so. Rdnr. 24ff.), muss auch hier im Auge behalten werden. Die Belletristik-Vergütungsregeln sind daher – über die unmittelbar betroffenen Verlage hinaus – jedenfalls bei gleichgearteten Verhältnissen anderer Einzelnutzer (zB Struktur und Größe der Verlage iSv. § 36 Abs. 1 S. 2) als **Bezugs- und Vergleichsgröße im Vergütungsstreit** einsetzbar. Sie können auch als Orientierungsgröße für andere Branchen dienen, insbesondere für Übersetzer. Dabei muss allerdings den Unterschieden zwischen den Branchen hinreichend Rechnung getragen werden (vgl. *v. Becker* ZUM 2006, 39, 40, der die erheblichen Unterschiede zwischen Autoren und Übersetzern sowie ihren jeweiligen Interessen betont). Die **Indizwirkung dieser Vergütungsregeln** ergibt sich ähnlich wie bei nicht angenommenen Einigungsvorschlägen der Schlichtungsstelle (so. Rdnr. 35) aus der Tatsache, dass die – hier sogar wirksam aufgestellten – Vergütungsregeln von Sachkennern beider Seiten formuliert bzw. im Rahmen einer Mediation ausgehandelt und akzeptiert wurden. Sie wird allerdings durch die Branchenferne relativiert.

Die zunächst eingeleiteten **Verhandlungen über Vergütungsregeln im Bereich der literarischen Übersetzer** sind hingegen gescheitert (s. auch den Vorschlag für Übersetzervergütungsregeln des Verbands deutscher Schriftsteller – Bundessparte Übersetzer, veröffentlicht in KUR 2002, 110; sa. *Loewenheim/v. Becker*[1] § 29 Rdnr. 43 Fn. 86). Eine Schlichtungsstelle ist zwar gebildet, aber ein Schlichtungsverfahren nicht eingeleitet worden. Die Nutzerseite hatte zuletzt in Form von BGB-Gesellschaften (Verlegervereinigung Belletristik und Verlegervereinigung Sachbuch) mit der Übersetzerseite verhandelt, sich nach dem Scheitern der Verhandlungen aber aufgelöst, um sich einem Schlichtungsverfahren entziehen zu können, und zwar – wie die KG-Entscheidung bekräftigt – mit Erfolg (vgl. KG ZUM 2005, 229/230). Wegen des zusätzlichen Begehrens auf Feststellung der Verpflichtung des Börsenvereins, sich auf das Schlichtungsverfahren einzulassen, ist die Sache zuständigkeitshalber an das LG Frankfurt am Main verwiesen worden, das die Klage abgewiesen hat (LG Frankfurt am Main ZUM 2006, 948: Der Börsenverein sei nicht passivlegitimiert und infolgedessen nicht iSd. § 36 Abs. 2 zur Aufstellung gemeinsamer Vergütungsregeln ermächtigt). Statt dessen wird gegenwärtig dem Vernehmen nach mit einzelnen Verlagen über die Vereinbarung gemeinsamer Vergütungsregeln verhandelt. Ob diese Verhandlungen Erfolg haben werden, bleibt abzuwarten. Hintergrund hierfür ist eine gewisse Unzufriedenheit mit dem Vergütungsmodell des OLG München (ZUM 2007, 142) bei einigen Übersetzern. Eine an den Seitenumfang des Buches anknüpfende, eher geringe Vergütung, gepaart mit einer prozentualen Beteiligung an der Veräußerung bei Bestsellern, kann zu ganz erheblichen Erlösen bei einigen Übersetzern führen, wogegen die meisten Übersetzer neben dem Seitenhonorar keine weitere Beteiligung erhalten würden. Dies stößt auf Bedenken, da es häufig auf Zufall beruht, welches Werk der einzelne Übersetzer bearbeitet und der Erfolg sehr häufig vom Originalwerk bzw. dem Namen des Autors determiniert ist und weniger von der Qualität der Übersetzung.

Parallel zu den Verhandlungen über gemeinsame Vergütungsregeln hat eine ganze Reihe von Übersetzern Klage auf Vertragsanpassung nach § 32 erhoben (vgl. LG München I AfP 2005, 569, 573 ff.; LG Berlin ZUM 2005, 904 ff.; LG München ZUM 2006, 73 ff. – n. rkr.; LG München ZUM 2006, 159 ff. – n. rkr.; LG München ZUM 2006, 154 ff. – n. rkr.; LG München ZUM 2006, 164 ff. – n. rkr.; LG Hamburg ZUM 2006, 683 ff.; LG Berlin ZUM 2006, 942 ff. – n. rkr.; LG Berlin ZUM-RD 2007, 194 ff.; OLG München ZUM 2007, 142 ff.; OLG München ZUM 2007, 308 ff. – n. rkr.; OLG München ZUM 2007, 317 ff. – n. rkr.; OLG München ZUM-RD 2007, 166 ff.; OLG München ZUM-RD 2007, 182 ff. – n. rkr.). Insoweit haben die Belletristik-Vergütungsregeln eine gewisse faktische **Signal- und Indizwirkung**, da die genannten Urteile auf die Vergütungsregeln Bezug nehmen und von diesem Ausgangspunkt her unter Abschlägen die angemessene Vergütung für Übersetzer zu ermitteln versuchen (vgl. insbesondere BGH I ZR 230/06; BGH I ZR 38/07 – Talking to Addision; kritisch *v. Becker*, ZUM 2006, 39). Nicht zuletzt könnten die Urteile ein Druckmittel in der Hand der Urheber darstellen, da zu erwarten ist, dass die Verwerter die Aufstellung gemeinsamer Vergütungsregeln, an denen sie unmittelbar mitwirken können, gegenüber der Festlegung des Angemessenheitsmaßstabs durch die Gerichte vorziehen werden.

§ 36a Schlichtungsstelle

(1) **Zur Aufstellung gemeinsamer Vergütungsregeln bilden Vereinigungen von Urhebern mit Vereinigungen von Werknutzern oder einzelnen Werknutzern eine Schlichtungsstelle, wenn die Parteien dies vereinbaren oder eine Partei die Durchführung des Schlichtungsverfahrens verlangt.**

(2) **Die Schlichtungsstelle besteht aus einer gleichen Anzahl von Beisitzern, die jeweils von einer Partei bestellt werden, und einem unparteiischen Vorsitzenden, auf dessen Person sich die beiden Parteien einigen sollen.**

(3) [1]**Kommt eine Einigung über die Person des Vorsitzenden nicht zustande, so bestellt ihn das nach § 1062 zuständige Oberlandesgericht.** [2]**Das Oberlandesgericht entscheidet**

auch, wenn keine Einigung über die Zahl der Beisitzer erzielt wird. ³Für das Verfahren vor dem Oberlandesgericht gelten die §§ 1063, 1065 der Zivilprozessordnung entsprechend.

(4) Das **Verlangen auf Durchführung des Schlichtungsverfahrens gemäß § 36 Abs. 3 Satz 2 muss einen Vorschlag über die Aufstellung gemeinsamer Vergütungsregeln enthalten.**

(5) ¹Die Schlichtungsstelle fasst ihren Beschluss nach mündlicher Beratung mit Stimmenmehrheit. ²Die Beschlussfassung erfolgt zunächst unter den Beisitzern; kommt eine Stimmenmehrheit nicht zustande, so nimmt der Vorsitzende nach weiterer Beratung an der erneuten Beschlussfassung teil. ³Benennt eine Partei keine Mitglieder oder bleiben die von einer Partei genannten Mitglieder trotz rechtzeitiger Einladung der Sitzung fern, so entscheiden der Vorsitzende und die erschienenen Mitglieder nach Maßgabe der Sätze 1 und 2 allein. ⁴Der Beschluss der Schlichtungsstelle ist schriftlich niederzulegen, vom Vorsitzenden zu unterschreiben und beiden Parteien zuzuleiten.

(6) ¹Die Parteien tragen ihre eigenen Kosten sowie die Kosten der von ihnen bestellten Beisitzer. ²Die sonstigen Kosten tragen die Parteien jeweils zur Hälfte. ³Die Parteien haben als Gesamtschuldner auf Anforderung des Vorsitzenden zu dessen Händen einen für die Tätigkeit der Schlichtungsstelle erforderlichen Vorschuss zu leisten.

(7) Die Parteien können durch Vereinbarung die Einzelheiten des Verfahrens vor der Schlichtungsstelle regeln.

(8) Das Bundesministerium der Justiz wird ermächtigt, durch Rechtsverordnung ohne Zustimmung des Bundesrates die weiteren Einzelheiten des Verfahrens vor der Schlichtungsstelle zu regeln sowie weitere Vorschriften über die Kosten des Verfahrens und die Entschädigung der Mitglieder der Schlichtungsstelle zu erlassen.

Schrifttum: Vgl. das Schrifttumsverzeichnis zu § 32.

Übersicht

	Rdnr.
I. Allgemeines. Entstehungsgeschichte	1, 2
II. Schlichtungsverfahren und Bildung der Schlichtungsstelle	3–12
III. Einschaltung des Oberlandesgerichts	13–16
IV. Regelung der Einzelheiten des Verfahrens	17–19
V. Ablauf der Schlichtung. Beratung und Beschlussfassung	20–27
1. Vorbereitung der Sitzung	20
2. Beratung durch die Schlichtungsstelle	21, 22
3. Beschlussfassung der Schlichtungsstelle	23–26
4. Kostenregelung	27

I. Allgemeines. Entstehungsgeschichte

1 § 36a hängt mit § 36 inhaltlich zusammen und ergänzt und konkretisiert die dort in Abs. 3 und 4 enthaltenen Vorschriften über das Schlichtungsverfahren und die Schlichtungsstelle in verfahrensmäßiger Hinsicht (vgl. bereits oben § 36 Rdnr. 74). Als **Teil des gesamten Regelungskomplexes über die Aufstellung gemeinsamer Vergütungsregeln** und über ein gegebenenfalls daran anschließendes Schiedsstellenverfahren bzw. – in der endgültigen Regelung des Gesetzes – ein Schlichtungsverfahren waren die konkreten Verfahrensregeln sowohl im Professorenentwurf wie im RegE noch nicht aus der dort jeweils vorgeschlagenen Gesamtregelung in § 36 ausgegliedert (vgl. § 36 Abs. 2–6 Professorenentwurf und § 36 Abs. 3–8 RegE). Zu den Grundgedanken der Gesamtregelung in den §§ 36 und 36a sowie zum rechtspolitischen Hintergrund und zur allgemeinen Entstehungsgeschichte (wegen der inzwischen eingetretenen Änderung des Abs. 6 s. die nachfolgende Rdnr. 2) ist daher auf die Ausführungen zu § 36 zu verweisen (s. dort Rdnr. 1 ff., insbes. 6 und 30 ff., insbesondere 34 ff.). Die nach Beschlussempfehlung des Rechtsausschusses erfolgte Aufteilung der endgültigen Regelung über das Schlichtungsverfahren und die Schlichtungsstelle auf § 36 Abs. 3 und 4 einerseits sowie § 36a andererseits (so. § 36 Rdnr. 30) wirft aber einige Auslegungsfragen auf (s. auch *Dreyer/Kotthoff/Meckel/Kotthoff*² § 36a Rdnr. 1 „kein in sich geschlossenes oder voll durchdachtes Konzept"), die insbesondere das Verhältnis zwischen § 36 Abs. 3 und § 36a Abs. 1 betreffen (s. *Mestmäcker/*

Schulze/Dördelmann § 36a Rdnr. 3), jedoch gelöst werden können (su. Rdnr. 3 und 8). Die **praktische Bedeutung** des Schlichtungsverfahrens ist gegenwärtig denkbar gering. Bis jetzt (Oktober 2008) wurde noch kein Schlichtungsverfahren gemäß §§ 36, 36a erfolgreich zum Abschluss gebracht.

Die ursprünglich in Abs. 6 enthaltene **Kostenregelung** („Soweit zwischen den Parteien kei- 2 ne anderweitige Vereinbarung getroffen wird, trägt der Antragsteller die Kosten des Schlichtungsverfahrens") ist bereits kurze Zeit nach ihrem Erlass aufgrund Art. 1 Nr. 6a des Gesetzes zur Regelung des Urheberrechts in der Informationsgesellschaft vom 10. 9. 2003 (in Kraft getreten am 13. 9. 2003) mit Recht durch die jetzige Regelung in Abs. 6 ersetzt worden (zur Kritik an der freilich wegen ihrer kurzzeitigen Geltung nicht praktisch gewordenen ursprünglichen Regelung s. Vorauflage, § 36a Rn, 2; *Nordemann* § 36a Rdnr. 6; *Wandtke/Bullinger/Wandtke/Grunert*[3] Ergänzungsband § 36a Rdnr. 1; sowie *Dreier/Schulze/Schulze* § 36a Rdnr. 15; *Zentek/Meinke* S. 94).

II. Schlichtungsverfahren und Bildung der Schlichtungsstelle

Die Vorschrift über die Bildung der Schlichtungsstelle in Abs. 1 muss in engem Zusammenhang 3 mit der ihr logisch vorgelagerten Vorschrift über das „Stattfinden" des Schlichtungsverfahrens in § 36 Abs. 3 gesehen und verstanden werden (s. bereits oben Rdnr. 1). Dieser Zusammenhang wird im Gesetz selbst durch Verweisung auf § 36a in § 36 Abs. 3 sowie umgekehrt – für den Teilaspekt eines erforderlichen eigenen Vorschlags der ein Schlichtungsverfahren verlangenden Partei – durch die Verweisung auf § 36 Abs. 3 S. 2 in § 36a Abs. 4 hergestellt; letztere Vorschrift stellt im Übrigen ausdrücklich klar, dass das in § 36 Abs. 3 S. 2 angesprochene „schriftliche Verlangen" dem „Verlangen auf Durchführung des Schlichtungsverfahren" iSv. § 36a Abs. 1 (zweite Alt.) entspricht. Der Zusammenhang zwischen diesen beiden Vorschriften hätte freilich durch eine allgemeine Rückverweisung auf § 36 Abs. 3 in § 36a Abs. 1 noch stärker verdeutlicht werden können. Dennoch ist im Ergebnis klar, dass das in § 36a Abs. 1 als zweite Alternative genannte **Verlangen (nur) einer Partei auf Durchführung eines Schlichtungsverfahrens** identisch ist mit dem „schriftlichen Verlangen einer Partei" gemäß § 36 Abs. 3 S. 2 (im Ergebnis ebenso *Mestmäcker/Schulze/Dördelmann* § 36a Rdnr. 3, sa. *Dreyer/Kotthoff/Meckel/Kotthoff*[2] § 36a Rdnr. 6); das schriftliche Verlangen auf Durchführung eines Schlichtungsverfahrens ist also *gleichzeitig Voraussetzung und Anlass* für die Bildung einer Schlichtungsstelle durch die Parteien gemäß § 36a Abs. 1. Diese Bildung der Schlichtungsstelle wird vom Gesetz im Übrigen entsprechend dem normativen Indikativ („bilden" = sollen bilden) ausdrücklich verlangt.

Demgegenüber muss eine **Vereinbarung beider Parteien über die Bildung einer Schlich-** 4 **tungsstelle** zur Aufstellung gemeinsamer Vergütungsregeln iSd. *ersten* Alternative des § 36a Abs. 1 nicht, kann aber durchaus auch (teil-) identisch oder zumindest eng verbunden sein mit der logisch **vorgelagerten Vereinbarung über die Durchführung eines Schlichtungsverfahrens vor der Schlichtungsstelle** gemäß § 36 Abs. 3 S. 1. Diese beiden inhaltlich zu differenzierenden Arten von Vereinbarungen der Parteien (ebenso *C. Berger* Rdnr. 200) können zeitlich demnach auseinander fallen, etwa in dem Sinn, dass man sich zunächst grundsätzlich auf die Durchführung eines Schlichtungsverfahrens einigt und sich erst in einem späteren Zeitpunkt über die konkrete Bildung der Schlichtungsstelle verständigt. Der Begriff der Parteien ergibt sich hier wie dort aus § 36 Abs. 1 S. 1; er umfasst demgemäß auf Seiten der Kreativen Vereinigungen von Urhebern und/oder ausübenden Künstlern, auf Nutzerseite Vereinigungen von Werknutzern oder einzelne Werknutzer (so. § 36 Rdnr. 48 ff.; ebenso *C. Berger* Rdnr. 221/2; *ders.* in: *Berger/Wündisch* § 2 Rdnr. 137 f.; wegen der möglichen Beteiligung ausländischer Werknutzer und Kreativer s. *Hilty/Peukert* GRUR Int. 2002, 643, 663 sowie *Berger/Wündisch/Berger* § 2 Rdnr. 144). Soweit die Einzelregelung des Schlichtungsverfahrens nach § 36a betroffen ist, findet bezüglich der Nutzerseite keine weitere Differenzierung nach Vereinigungen und einzelnen Werknutzern statt (wegen einer solchen Differenzierung bei § 36 Abs. 2 so. § 36 Rdnr. 50 f.).

Das Schlichtungsverfahren findet demnach effektiv statt, wenn entweder eine Parteivereinba- 5 rung über die konkrete Bildung einer Schlichtungsstelle oder das schriftliche Verlangen (nur) einer Partei auf Durchführung eines Schlichtungsverfahrens (als Voraussetzung und Anlass für die Bildung einer Schlichtungsstelle) vorliegt. In entsprechender Anwendung von § 1044 ZPO (so. § 36 Rdnr. 79 f.) ist dabei anzunehmen, dass das **Schlichtungsverfahren mit dem Tag beginnt,** der von den Parteien vereinbart wurde, bzw. für den Fall des schriftlichen Verlangens (nur) einer Partei (obligatorisches Schlichtungsverfahren nach § 36 Abs. 3 S. 2) mit dem Tag, an

§ 36a   Schlichtungsstelle

dem das schriftliche Verlangen nebst Angabe des Grundes sowie des Vorschlags gemäß § 36a Abs. 4 von der anderen Partei empfangen wurde (ebenso *C. Berger* Rdnr. 200: einseitige Verfahrenseinleitung nach Maßgabe des § 36 Abs. 3 S. 2).

6 Der nächste Schritt *im Rahmen des auf diese Weise bereits begonnenen Schlichtungsverfahrens* ist sodann die **eigentliche Bildung der Schlichtungsstelle** iSv. § 36a Abs. 1 (wegen der Abfolge der Schritte bei der Bildung der Schlichtungsstelle s. auch *Haas* Rdnr. 240 ff.); wie sich indirekt aus Abs. 2 und 3 ergibt, bedeutet dies in erster Linie die einvernehmliche Festlegung der (gleichen) Anzahl von Beisitzern (nicht notwendigerweise auch schon deren konkrete Benennung; arg. aus Abs. 5 S. 3; ebenso *C. Berger* Rdnr. 201; *Haas* Rdnr. 247; *Dreier/Schulze/Schulze* § 36a Rdnr. 6) sowie die Einigung auf einen unparteiischen Vorsitzenden, wobei Letzteres auch den Beisitzern überlassen werden kann (*C. Berger* Rdnr. 205; *ders.* in: *Berger/Wündisch* § 2 Rdnr. 179). In dem vom Gesetz stillschweigend vorausgesetzten Regelfall macht all dies (erneut) entsprechende Verhandlungen und Vereinbarungen der beteiligten Parteien über eben diese konkrete Bildung der Schlichtungsstelle erforderlich (sie müssen sich „einigen"; so *Zentek/Meinke* S. 93; in diesem Sinne wohl auch das wegen Weiterverweisung an das LG Frankfurt am Main unentschieden gebliebene Feststellungsbegehren im Falle KG ZUM 2005, 229; kritisch zu diesem „etwas hilflos wirkenden" Ergebnis *v. Becker* ZUM 2005, 303/305). Dies gilt selbst in bestimmten Fällen des obligatorischen Schlichtungsverfahrens auf Verlangen nur einer Partei, in denen – etwa im Falle des § 36 Abs. 3 S. 2 Nr. 1 – überhaupt noch keine Verhandlungen zwischen den Parteien vorausgegangen waren. Ergebnis solcher Verhandlungen und Vereinbarungen, die in erster Linie die Besetzung der Schlichtungsstelle betreffen, kann im Übrigen zusätzlich die den Parteien gemäß Abs. 7 zustehende Regelung von Einzelheiten des Schlichtungsverfahrens sein (su. Rdnr. 17).

7 Die Weigerung einer der Parteien, in solche vom Gesetz in Abs. 1 an sich stillschweigend vorausgesetzte Gespräche und Verhandlungen über die Bildung der Schlichtungsstelle einzutreten, kann freilich nicht das Ende des Schlichtungsverfahrens bedeuten (wegen der Folgen fehlender Einlassung oder fehlender Einigung s. bereits oben § 36 Rdnr. 80 sowie unten Rdnr. 9); die in Abs. 2, 3 und 5 getroffenen gesetzlichen Vorkehrungen lassen vielmehr erkennen, dass die Bildung der Schlichtungsstelle auch bei fehlender Einigung der Parteien sowie ggf. auch gegen den Widerstand oder gegen die **Verweigerungshaltung der anderen Partei** soll erfolgen können; einer besonderen Klage auf Feststellung der Pflicht der Gegenpartei, sich auf das Schlichtungsverfahren einzulassen bedarf es nicht (aA offenbar KG ZUM 2005, 229/230: Verweisung der Klage auf Feststellung einer Verpflichtung zur Durchführung eines Schlichtungsverfahrens an das LG Frankfurt am Main (LG Frankfurt am Main ZUM 2006, 948)). Kritisch aus der Sicht der gerichtlichen Zuständigkeit *v. Becker* ZUM 2005, 303, 305; kritisch auch *Ory* ZUM 2006, 914/918; wegen der schwerwiegenden praktischen Konsequenzen einer generellen Verweigerungshaltung s. *Haas* Rdnr. 257). Demgemäß kann das nach § 1062 ZPO zuständige Oberlandesgericht (su. Rdnr. 13) nicht nur dann zwecks Bestellung des unparteiischen Vorsitzenden angerufen werden, wenn sich die Parteien trotz entsprechender Verhandlungen und trotz der ausdrücklichen Aufforderung des Gesetzes (s. Abs. 2: die Parteien „sollen" sich einigen) nicht über dessen Person einigen konnten. Das OLG kann vielmehr auch dann angerufen werden, wenn eine solche Einigung deswegen nicht zustande kommt, weil wegen der Verweigerungshaltung einer Partei überhaupt keine derartigen Verhandlungen oder Gespräche zur konkreten Bildung der Schlichtungsstelle im Sinne von Abs. 1 stattgefunden haben, denn auch dies steht letztlich einer fehlenden Einigung gleich (im Ergebnis ebenso *Haas* Rdnr. 239; sa. KG ZUM 2005, 229/230: Bestellungsverfahren soll schnelle Bildung der Schlichtungsstelle ermöglichen; Bedenken gegen die Zulässigkeit des Schlichtungsverfahrens wie etwa bzgl. der Repräsentativität der antragstellenden Vereinigung oder des Ermächtigtseins des Antragsgegners hindern nur, wenn ganz offensichtlich). Entsprechendes gilt bei fehlender Einigung über die Zahl der Beisitzer. Jede andere Lösung würde dem Grundgedanken des in § 36 Abs. 3 und 4 sowie in § 36a verankerten (obligatorischen) Schlichtungsverfahrens nicht gerecht und das Ziel des Gesetzes vereiteln, bei mangelnder Einigung der Parteien über die Aufstellung von Vergütungsregeln jedenfalls zu einem von Sachkennern ausformulierten (von den Parteien am Ende entweder angenommenen oder gemäß § 36 Abs. 4 durch Widerspruch abgelehnten) Einigungsvorschlag für Vergütungsregeln zu gelangen (zur Indizwirkung eines nicht angenommenen Einigungsvorschlags so. § 36 Rdnr. 35).

8 Wegen des Zusammenhangs zwischen § 36a Abs. 1 – 4 und § 36 Abs. 3 hat die Bildung der Schlichtungsstelle unter den dort geregelten Voraussetzungen, insbesondere im Falle eines einseitigen Parteiverlangens (obligatorisches Schlichtungsverfahren) nach den **Vorgaben in § 36**

Abs. 3 S. 2 zu erfolgen (so. § 36 Rdnr. 81 ff.). Eine selbständige Auslegung des § 36a Abs. 1, die von dem konkreten Zusammenhang mit § 36 Abs. 3 absehen und die Bildung einer Schlichtungsstelle zur Aufstellung gemeinsamer Vergütungsregeln in jedem Fall ermöglichen würde, in dem – nach dem Wortlaut des § 36a Abs. 1–4 – eine Partei die Durchführung eines Schlichtungsverfahrens verlangt, also selbst wenn die Voraussetzungen nach § 36 Abs. 3 S. 2 nicht gegeben wären, wäre nicht sinnvoll und würde den Interessen des Gegners, der ohne haltbare Begründung in das Schlichtungsverfahren hereingezogen wird, nicht gerecht. Fraglich ist jedoch, wann und von welcher Stelle das Vorliegen dieser Voraussetzungen geprüft werden soll (Überblick hierzu bei *v. Becker* ZUM 2007, 249/255; ausführlich *Ory* ZUM 2006, 914).

Da eine – auch abgelehnte – Vergütungsregel, selbst wenn sie im Rahmen eines verfahrensfehlerhaften Schlichtungsverfahrens zustande gekommen ist, gewisse Indizwirkungen entfalten kann, und da die Schlichtungsstelle organisatorisch nicht in der Lage sein dürfte, die Zulässigkeitsvoraussetzungen des Schiedsverfahrens im Einzelnen zu überprüfen, spricht vieles dafür, dem OLG die Kompetenz zur umfassenden Überprüfung der Frage zu geben, ob die andere Seite zu Recht gegen ihren Willen in das Schlichtungsverfahren gezwungen wird, ob also die Voraussetzungen des § 36 Abs. 1 und 2 vorliegen (su. Rdnr. 14; *Ory* ZUM 2006, 914; *ders*. AfP 2002, 93, 102; in diesem Sinne tendenziell auch *v. Becker* ZUM 2005, 303, 305; *Berger/Wündisch/Berger* § 2 Rdnr. 181). Damit beschränkt sich die Prüfungskompetenz des OLG nicht auf eine **Offensichtlichkeitsprüfung auf Vorliegen der gesetzlichen Voraussetzungen** des Schlichtungsverfahrens nach § 36 Abs. 3 S. 2 sowie nach § 36a Abs. 4, ggf. auch nach § 36 Abs. 2 (so aber die Vorauflage sowie im Ergebnis KG ZUM 2005, 229/230 bzgl. der Anforderungen aus § 36a Abs. 4 – wenn Unzulässigkeit des Schlichtungsverfahrens ganz offensichtlich –, nicht aber bzgl. Bedenken aus § 36 Abs. 2). 9

Die Bildung der Schlichtungsstelle ist erst abgeschlossen, wenn sie – mit oder ohne Einschaltung des OLG (su. Rdnr. 13) – die gemäß Abs. 2 **vorgeschriebene Zusammensetzung,** bestehend aus einer gleichen Anzahl (also einer geraden Anzahl; *Dreyer/Kotthoff/Meckel/Kotthoff*[2] § 36a Rdnr. 8) von Beisitzern und einem unparteiischen Vorsitzenden, aufweist (wegen der Kriterien für die Unparteilichkeit des Vorsitzenden *Wandtke/Bullinger/Wandtke/Grunert*[3] § 36a Rdnr. 6; wegen seiner möglichen Abberufung wegen später begründeter Parteilichkeit durch Anrufung des OLG entsprechend Abs. 3 S. 1 *Dreyer/Kotthoff/Meckel/Kotthoff*[2] § 36a Rdnr. 9; ein eine Partei begünstigender Einigungsvorschlag oder schon die Erkennbarkeit einer entsprechenden Beurteilung darf aber nicht als Parteilichkeit gedeutet werden). Wegen der Qualifikation der Mitglieder der Schlichtungsstelle (Vorsitzender und Beisitzer) trifft das Gesetz keine Aussagen (*Flechsig/Hendricks* ZUM 2002, 423, 430); es sollten fach- und branchenkundige Personen (keineswegs nur Juristen) bestellt werden. Aus dem Gesamtzusammenhang der Vorschriften in Abs. 2, 3 und 5 ergibt sich dabei, dass eine Schlichtungsstelle in der Besetzung mit nur einem Schlichter (dem Vorsitzenden allein) nicht gebildet werden kann; neben dem Vorsitzenden ist auf jeder Seite mindestens ein Beisitzer **(Dreierlösung als Mindestlösung)** vorzusehen (ebenso *Dreier/Schulze/Schulze* § 36a Rdnr. 6; *Wandtke/Bullinger/Wandtke/Grunert*[3] § 36a Rdnr. 4; *Berger/Wündisch/Berger* § 2 Rdnr. 174; sa. KG ZUM 2005, 229/230: fünf Beisitzer auf jeder Seite). Fällt ein Beisitzer weg, so ist ein neuer Beisitzer zu bestellen, ohne dass das Schlichtungsverfahren nochmals von vorne beginnen müsste (so. *C. Berger* Rdnr. 202; *ders.* in: *Berger/Wündisch* § 2 Rdnr. 175). Bei Teilnahme mehrerer Interessenverbände mit der damit meist gegebenen Notwendigkeit der Herstellung konsensfähiger Ergebnisse innerhalb der Gruppe ist eine ungerade Zahl von Beisitzern für jede Seite zu empfehlen (so. *Wandtke/Bullinger/Wandtke/Grunert*[3] § 36a Rdnr. 4). Wie sich jedoch aus Abs. 5 S. 3 (erste Alternative) ergibt, müssen nicht alle Beisitzer beider Parteien konkret benannt sein (su. Rdnr. 18), so dass auch eine in diesem Sinne unvollständig besetzte Schlichtungsstelle funktions- und beschlussfähig ist. Andererseits müssten zur Herbeiführung der Beschlussfähigkeit gemäß Abs. 5 S. 3 iSd. hier geforderten Plurals („die erschienenen Mitglieder") neben dem Vorsitzenden mindestens zwei Beisitzer der Parteien erschienen sein; bei nur einem erschienenen Beisitzer wäre eine Beschlussfassung im ersten Durchgang „zunächst unter den Beisitzern" (su. Rdnr. 23) gemäß Abs. 5 S. 2 1. Hs. demnach ausgeschlossen. Eine solche Situation würde insbesondere bei einer sog. Dreierlösung eintreten, wenn zwar der einzige Beisitzer der einen Partei in der Sitzung erscheint, der einzige bestellte, ggf. auch benannte Beisitzer der anderen Partei ihr jedoch fernbleibt. 10

Zu fragen ist deshalb, ob ganz generell wie insb. speziell in diesem Fall der Dreierlösung das **Erscheinen nur eines Beisitzers** (neben dem Vorsitzenden) für die Beschlussfähigkeit ausreicht. Man könnte etwa trotz des Plurals in Abs. 5 S. 2 und 3 im ersten Durchgang eine Beschlussfassung ohne Einschaltung des Vorsitzenden auch durch nur einen Beisitzer zulassen, der 11 dann das Ergebnis allein bestimmen würde, so dass ein zweiter Durchgang gar nicht mehr erforderlich wäre. Sicherlich wäre eine solche Lösung besonders unter dem den §§ 36 und 36a zugrunde liegenden Gesichtspunkt des beiderseitigen „Aushandelns" von Vergütungsregeln äußerst zweifelhaft; andererseits ist jedoch zu bedenken, dass es die andere Partei bei einer Dreierlösung stets in der Hand hätte, durch Nichterscheinen ihres einzigen Beisitzers die gesamte Beschlussfassung zu blockieren. Im Ergebnis wird man deshalb die Beschluss*fähigkeit* auch bei Anwesenheit nur eines einzigen Beisitzers neben dem Vorsitzenden bejahen müssen, gleichzeitig aber eine Beschluss*fassung* nur unter Einschaltung des Vorsitzenden nach Maßgabe des Abs. 5 S. 2 2. Hs. bzw. S. 3, also unmittelbar im zweiten Durchgang (bei Ausfall des ersten Durchgangs) zulassen müssen. Im Ergebnis muss also zur Herbeiführung der Beschlussfähigkeit neben dem Vorsitzenden mindestens ein Beisitzer irgendeiner der Parteien erschienen sein; in der Besetzung allein mit dem Vorsitzenden ist die Schlichtungsstelle nicht ausreichend besetzt und nicht beschlussfähig, so weit es sich nicht um reine Verfahrensbeschlüsse (zB Anberaumung eines neuen Sitzungstermins) handelt.

12   Die private, nicht hoheitliche (so. *Jacobs* NJW 2002, 1905, 1908) Schlichtungsstelle ist im Übrigen **für jeden Fall ad hoc neu zu bilden.** In Anbetracht der großen Zahl von Urheberverbänden, Verwertergruppen und Medienbranchen könnte es deshalb, falls das Schlichtungsverfahren von der Praxis angenommen werden sollte, zu einer Vielzahl unterschiedlicher Schlichtungsstellen für unterschiedliche Bereiche kommen (vgl. *Wandtke/Bullinger/Wandtke/Grunert*[3] § 36a Rdnr. 1). Das **Fehlen eines institutionellen Unterbaus** (s. bereits oben § 36 Rdnr. 38) bzw. einer Dauereinrichtung (so. *Dreier/Schulze/Schulze* § 36a Rdnr. 2) erschwert aber die Erreichung rascher Ergebnisse, da bei mangelnder Einigung der Parteien und der damit verbundenen Einschaltung des OLG schon die Bildung der Schlichtungsstelle selbst die Überwindung einer Reihe von Verfahrenshindernissen erfordert (so. Rdnr. 6ff.). Es bleibt den Parteien (ggf. auch solchen aus mehreren Branchen und Teilbranchen) aber unbenommen, eine bestimmte Besetzung der Schlichtungsstelle aus früheren Verfahren erneut zu vereinbaren oder eine solche Besetzung iS einer Rahmenvereinbarung festzulegen und dabei ein Minimum an institutionellem Unterbau (zB ein Sekretariat) selbst zu schaffen.

III. Einschaltung des Oberlandesgerichts

13   Die **Zuständigkeit des** OLG für Entscheidungen nach Abs. 3 S. 1 (Bestellung des Vorsitzenden) und S. 2 (Festlegung der *Zahl* der Beisitzer, nicht etwa der – allein von den Parteien bestimmten – *Personen* der Beisitzer; s. *Wandtke/Bullinger/Wandtke/Grunert*[3] § 36a Rdnr. 4 und 7) ergibt sich kraft der entsprechenden Verweisung in Abs. 3 S. 1 aus § 1062 ZPO, der freilich im Hinblick darauf, dass das Buch 10 der ZPO (§§ 1025–1066) das schiedsrichterliche Verfahren, nicht aber Verfahren vor Schlichtungsstellen betrifft, nur entsprechend anwendbar ist; Letzteres gilt auch für die übrigen einschlägigen Vorschriften des Zehnten Buches (arg. aus § 1066 ZPO; so *Nordemann* § 36a Rdnr. 3). Zuständig ist der für Urheberrechtsstreitsachen zuständige Senat innerhalb des OLG. Auch wenn das Schlichtungsverfahren keine Urheberrechtsstreitsache als Klageverfahren ist, werden urheberrechtliche Fragen behandelt (so auch *Dreier/Schulze/Schulze*, § 36a Rdnr. 4). Örtlich zuständig für Entscheidungen nach § 36a Abs. 3 ist danach das in einer Vereinbarung der Parteien (zu den mehreren dabei in Frage kommenden Vereinbarungen so. Rdnr. 4) bezeichnete OLG oder, wenn eine solche Bezeichnung fehlt, das OLG, in dessen Bezirk der **Ort des Schlichtungsverfahrens** liegt. Ort des Schlichtungsverfahrens wäre gemäß der impliziten Verweisung auf § 1043 in § 1062 ZPO entweder wiederum der von den Parteien vereinbarte Ort oder beim Fehlen einer solchen Vereinbarung der von der Schlichtungsstelle bestimmte Ort. Da aber die Schlichtungsstelle jedenfalls vor der Bestellung des Vorsitzenden noch nicht gebildet ist, das OLG mangels Einigung der Parteien aber gerade darüber entscheiden soll, hilft die Verweisung auf § 1043 ZPO insoweit nicht weiter (ebenso *Haas* Rdnr. 243 und 249). Es liegt vielmehr nahe, in entsprechender Anwendung von § 1062 Abs. 3 iVm. § 1025 Abs. 3 ZPO und § 1035 ZPO die Zuständigkeit des OLG anzunehmen, in dessen Bezirk der Antragsteller iSv. § 36a Abs. 3 S. 1 (Steller des Antrags auf Bestellung des Vorsitzenden der Schlichtungsstelle durch das OLG) oder auch der Antragsgegner seinen Sitz hat (ebenso *Haas* Rdnr. 243 und 249; *Dreier/Schulze/Schulze* § 36a Rdnr. 4 sowie KG ZUM 2005, 229/230; aA *Nordemann/Fromm/Cychowski* § 36a Rdnr. 5: wegen entsprechender Anwendung von § 1062 Abs. 2 ZPO nur Sitz des Antragsgegners). Der Antragsteller hat die Wahl (vgl. § 35 ZPO; *Berger/Wündisch/Berger* § 2 Rdnr. 181). Dies ermöglicht es Vereinigungen von Kreativen,

Schlichtungsstelle § 36a

die in den meisten Fällen die aktiven Betreiber von Schlichtungsverfahren sein werden, bei fehlender Einigung der Parteien das ihnen örtlich am nächsten liegende OLG, ggf. aber auch dasjenige des Sitzes der Gegenpartei einzuschalten. Ist der Vorsitzende der Schlichtungsstelle auf diesem Wege durch Entscheidung des OLG bestellt und deren Bildung durch Bestimmung der Zahl der Beisitzer (ggf. ebenfalls durch das OLG) abgeschlossen (so. Rdnr. 10), so steht es der Schlichtungsstelle in entsprechender Anwendung von § 1043 Abs. 1 S. 2 und 3 ZPO immer noch frei, unter Berücksichtigung aller Umstände und der Eignung des Ortes für die Parteien den Ort des Schlichtungsverfahren (anders) zu bestimmen.

Eine **weitere Zuständigkeit des OLG** ist gemäß § 1062 Abs. 1 Nr. 2 ZPO für Entscheidungen über die Feststellung der Zulässigkeit oder Unzulässigkeit des Schlichtungsverfahrens anzunehmen (gegen eine Anwendung des § 1062 Abs. 1 Nr. 2 ZPO jedoch KG ZUM 2005, 229/230; nicht ganz widerspruchsfrei dabei der Hinweis des Gerichts auf Fälle ganz offensichtlicher Unzulässigkeit des Schlichtungsverfahrens), obwohl § 36a Abs. 3 ausdrücklich nur Entscheidungen über die Bestellung des Vorsitzenden und über die Zahl der Beisitzer anspricht. Es kann jedoch dem OLG nicht verwehrt werden, die Zulässigkeit eines auf Verlangen (nur) einer Partei beruhenden (obligatorischen) Schlichtungsverfahrens anhand der Voraussetzungen nach § 36 Abs. 3 S. 2 und § 36a Abs. 4, ggf. sogar anhand der gesetzlichen Anforderungen an Vereinigungen gemäß § 36 Abs. 2 zu prüfen (s. bereits oben Rdnr. 9; ausführlich *Ory* ZUM 2006, 914/915 ff.; *ders.* AfP 2002, 93/102; ebenso *C. Berger* Rdnr. 204; *ders.,* in: Berger/Wündisch § 2 Rdnr. 181; *Haas* Rdnr. 245 und 250 – inzidente Prüfung; aA *Dreyer/Kotthoff/Meckel/Kotthoff*² § 36a Rdnr. 11: Aussetzung und Entscheidung im Wege der Feststellungsklage; wie hier andeutungsweise auch *v. Becker* ZUM 2005, 303, 305). Allerdings muss jeweils eine entsprechende Rüge der betroffenen Gegenpartei bzw. iSv. § 1062 Abs. 1 Nr. 2 ZPO ein Antrag auf Feststellung der Unzulässigkeit des Schlichtungsverfahrens verlangt werden (s. auch *Dreier/Schulze/Schulze* § 36a Rdnr. 9: Bei Nichtvorliegen des Regelungsvorschlags nach § 36a Abs. 4 braucht weder die andere Partei noch das OLG tätig zu werden). Eine Prüfung aus eigener Initiative findet durch das OLG allerdings nicht statt, das nach dem Sinn der Regelung in Abs. 3 in erster Linie „eine schnelle Bildung der Schlichtungsstelle ermöglichen soll" (so. KG ZUM 2005, 229/230). Fehlt eine der erwähnten Voraussetzungen, so hat das OLG den Antrag auf Bestellung eines Vorsitzenden für unzulässig zu erklären, was in entsprechender Anwendung von § 1032 Abs. 2 iVm. § 1062 Abs. 1 Nr. 2 ZPO zur Feststellung der Unzulässigkeit des Schlichtungsverfahrens führt (wegen der Anfechtbarkeit su. Rdnr. 16). Die Bildung der Schlichtungsstelle wäre auf diese Weise – zumindest vorläufig – gescheitert. Bei Heilbarkeit des Mangels hat das Gericht jedoch eine Frist zur Behebung (zB nachträgliche Vorlage eines ausformulierten eigenen Vorschlags der Partei gemäß § 36a Abs. 4) zu gewähren und bei fristgerechter Behebung des Mangels den Vorsitzenden nachträglich zu bestellen.

Eine Zuständigkeit des OLG nach § 1062 Abs. 1 Nr. 3 (vorläufige und sichernde Maßnahmen) und Nr. 4 ZPO (Aufhebung bzw. Vollstreckbarerklärung des Schiedsspruchs) dagegen scheidet wegen der **andersartigen Natur des Schlichtungsverfahrens** von vorneherein aus; dieses kennt angesichts seiner in der Aufstellung gemeinsamer Vergütungsregeln bestehenden Finalität nicht die Anordnung vorläufiger oder sichernder Maßnahmen; auch ist das Ergebnis (der begründete Einigungsvorschlag nach § 36 Abs. 4), abgesehen von der einem angenommenen Einigungsvorschlag von Gesetzes wegen zukommenden Vermutungswirkung nach § 32 Abs. 2 S. 1, in keiner Weise vollstreckbar (so. § 36 Rdnr. 17 und 89).

Im Übrigen gelten gemäß § 36a Abs. 3 S. 3 für das **Verfahren vor dem OLG** die §§ 1063, 1065 ZPO entsprechend. Angesichts der andersartigen Natur des Schlichtungsverfahrens nach §§ 36, 36a kommen für eine entsprechende Anwendung jedoch nur § 1063 Abs. 1 (Entscheidung durch Beschluss nach Anhörung des Gegners; *Dreyer/Kotthoff/Meckel/Kotthoff*² § 36a Rdnr. 10) und Abs. 4 (Anträge und Erklärungen zu Protokoll der Geschäftsstelle vor Anordnung einer mündlichen Verhandlung) sowie die Vorschriften über Rechtsmittel in § 1065 in Frage. Letztere gelten jedoch ebenfalls nur in stark eingeschränkter Form, da die wichtigsten Entscheidungen das OLG im Rahmen von § 36a Abs. 3, nämlich die Bestellung des Vorsitzenden sowie die Entscheidung über die Zahl der Beisitzer, in entsprechender Anwendung von § 1065 Abs. 1 S. 1 und S. 2 iVm. § 1062 Abs. 1 Nr. 1 ZPO (Bestellung eines Schiedsrichters) unanfechtbar sind (insoweit ebenso *C. Berger* Rdnr. 203; *ders.* in: *Berger/Wündisch* § 2 Rdnr. 181; *Dreyer/Kotthoff/Meckel/Kotthoff*² § 36a Rdnr. 10; *Dreier/Schulze/Schulze* § 36a Rdnr. 7; *Wandtke/Bullinger/Wandtke/Grunert*³ § 36a Rdnr. 7; aA offenbar *Haas* Rdnr. 244). Anfechtbar durch **Rechtsbeschwerde zum BGH** (§§ 574 ff. ZPO) sind dagegen in entsprechender Anwendung von § 1065 Abs. 1 S. 1 iVm. § 1062 Abs. 1 Nr. 2 ZPO (Feststellung der Zulässigkeit oder Un-

§ 36a

zulässigkeit eines schiedsrichterlichen Verfahrens) die Entscheidungen des OLG über die Unzulässigkeit des Schlichtungsverfahrens wegen **offensichtlichen Nichtvorliegens** der gesetzlichen Anforderungen an Vereinigungen nach § 36 Abs. 2 sowie der Voraussetzungen des (obligatorischen) Schlichtungsverfahrens nach § 36 Abs. 3 S. 2 und § 36a Abs. 4 (so. Rdnr. 14 sowie § 36 Rdnr. 61).

IV. Regelung von Einzelheiten des Verfahrens

17   Grundsätzlich hat das Verfahren vor der Schlichtungsstelle allgemeinen rechtsstaatlichen Grundsätzen, insbes. dem Grundsatz des rechtlichen Gehörs zu genügen (s. *Wandtke/Bullinger/Wandtke/Grunert*[3] § 36a Rdnr. 11; *Dreyer/Kotthoff/Meckel/Kotthoff*[2] § 36a Rdnr. 4). Die Einzelheiten des Schlichtungsverfahrens können gemäß Abs. 7 und 8 durch Vereinbarung der Parteien wie insbesondere auch durch Rechtsverordnung geregelt werden. **Die Regelung durch Parteivereinbarung** kann entweder bereits anlässlich der (grundsätzlichen) Vereinbarung des Schlichtungsverfahrens gemäß § 36 Abs. 3 S. 1 oder anlässlich der Vereinbarung über die Bildung einer Schlichtungsstelle gemäß § 36a Abs. 1 (erste Alt.) erfolgen (zur Regelung von Kostenfragen in diesem Rahmen s. *Flechsig/Hendricks* ZUM 2002, 423, 431). Da im Regelfall selbst dann, wenn die Bildung der Schlichtungsstelle aufgrund eines schriftlichen Verlangens nur einer Partei (§ 36a Abs. 1, zweite Alt.) erfolgt, entsprechende Gespräche und Verhandlungen über deren konkrete Besetzung zu führen sind, kann eine solche Vereinbarung über die Einzelheiten des Schlichtungsverfahrens auch noch in diesem Rahmen getroffen werden (so. Rdnr. 6). Im Übrigen kann eine solche Vereinbarung gewissermaßen auch isoliert auch noch nach diesem Zeitpunkt sowie jederzeit auch bereits vorher, ggf. auch als Rahmenvereinbarung für mehrere Fälle von Schlichtungsverfahren nach den §§ 36, 36a getroffen werden (wegen der möglichen Probleme bei der Übernahme „fremder" Verfahrensregeln s. *Haas* Rdnr. 266). Eine Abweichung von den Vorschriften in § 36a Abs. 2–5 ist zwar möglich, doch handelt es sich dann im strengen Sinn nicht mehr um „das" Schlichtungsverfahren nach § 36 Abs. 4, sondern um ein selbstbestimmtes Verfahren zur konsensualen Aufstellung von Vergütungsregeln iSv. § 36 Abs. 1 (so *Wandtke/Bullinger/Wandtke/Grunert*[3] § 36a Rdnr. 9/10). Bei einseitigem Parteiverlangen gemäß § 36 Abs. 3 S. 2 bzw. § 36a Abs. 1 (zweite Alt.) kann die Partei auf der Anwendung der gesetzlichen Vorschriften für das Schlichtungsverfahren bestehen.

18   Die **Regelung durch Rechtsverordnung** des Bundesministeriums der Justiz (ohne Zustimmung des Bundesrates) aufgrund der Ermächtigung in Abs. 8 betrifft die „weiteren" Einzelheiten des Verfahrens vor der Schlichtungsstelle. Dies ist zunächst als Ergänzung zu den in Abs. 5 enthaltenen Vorschriften (insbesondere über die Beschlussfassung der Schlichtungsstelle) zu verstehen, die das Verfahren *vor* der Schlichtungsstelle, dh. das Verfahren im Rahmen der bereits gebildeten Schlichtungsstelle, also die eigentliche Schlichtung betreffen. Bei weiter Auslegung können darunter aber auch weitere Einzelheiten des Schlichtungsverfahrens insgesamt einschließlich der die Bildung der Schlichtungsstelle regelnden Vorschriften in § 36 Abs. 3 und § 36a Abs. 1–4 fallen, zumal § 36 Abs. 3 ganz allgemein vom „*Verfahren* zur Aufstellung gemeinsamer Vergütungsregeln *vor der Schlichtungsstelle*" handelt. In Frage kommen also etwa Vorschriften über den genauen Beginn der in § 36 Abs. 3 Nr. 1 und 2 geregelten Fristen, über den Zugang des schriftlichen Verlangens der Partei gemäß § 36 Abs. 3 S. 2 oder über formale Einzelheiten bezüglich des Ergebnisses des Schlichtungsverfahrens, nämlich Vorlage eines begründeten Einigungsvorschlags gemäß § 36 Abs. 4; hier wäre etwa an Vorschriften bzgl. der Zuleitung des Einigungsvorschlags an die Parteien zu denken, eine Frage, wie sie unter dem Gesichtspunkt der Zuleitung des Beschlusses der Schlichtungsstelle bereits in § 36a Abs. 5 S. 4 angesprochen ist. Auch Vorschriften über die Veröffentlichung der Einigungsvorschläge iSd. vom Gesetzgeber durchaus gewünschten Breitenwirkung (so. § 36 Rdnr. 47) können in Frage kommen (ebenso *Dreier/Schulze/Schulze* § 36a Rdnr. 22). In entsprechender Weise ist die zusätzliche Ermächtigung zum Erlass „weiterer" Vorschriften über die Kosten des Verfahrens und die Entschädigung der Mitglieder der Schlichtungsstelle in Abs. 8 iS Einer Ergänzung zu den bereits bestehenden Vorschriften über die Kosten in Abs. 6 zu verstehen (su. Rdnr. 27). Im Übrigen wäre eine baldige derartige Regelung weiterer Einzelheiten des Schlichtungsverfahrens durch Rechtsverordnung, die bisher (nach dem Stand vom Dezember 2009) nicht erlassen wurde, durchaus wünschenswert (ebenso mit Nachdruck *Haas* Rdnr. 267; *Dreyer/Kotthoff/Meckel/Kotthoff*[2] § 36a Rdnr. 3; aA *C. Berger* Rdnr. 212; *Nordemann* § 36a Rdnr. 8: mit Ausnahme einer sofort notwendigen KostenVO Erlass zunächst noch aufschieben; zweifelnd *Flechsig/*

Hendricks ZUM 2002, 423, 431). Kurzfristig ist allerdings nicht mit einer solchen Rechtsverordnung zu rechnen.

Die Regelung „weiterer" Einzelheiten des Verfahrens durch Rechtsverordnung bezieht sich 19 trotz der insoweit systematisch etwas verfehlten Abfolge von Abs. 7 und 8 im Übrigen *nicht* auf die ebenfalls zugelassene Regelung der Einzelheiten des Schlichtungsverfahrens durch Parteivereinbarung (so. Rdnr. 17), schon weil die Regelungen auf unterschiedlichen Ebenen liegen. Die Regelung durch Rechtsverordnung bezieht sich auf alle gemäß §§ 36, 36a durchzuführenden Schlichtungsverfahren, während sich die Parteivereinbarung jeweils nur auf ein konkretes, zwischen den betroffenen Parteien durchzuführendes Schlichtungsverfahren (ggf. im Sinne einer Rahmenvereinbarung auch auf mehrere konkrete Verfahren dieser Art; so. Rdnr. 12) bezieht. Auch aus praktischer Sicht wäre es dem Verordnungsgeber – von zufälligen Kenntnissen abgesehen – kaum möglich, einschlägige Regelungen von Verfahrenseinzelheiten in Vereinbarungen von Parteien zu kennen, die dann durch die Regelung „weiterer" Einzelheiten ergänzt werden könnten. Dennoch stellt sich die Frage des **Verhältnisses von Regelungen durch Parteivereinbarung nach Abs. 7 zu solchen kraft Rechtsverordnung nach Abs. 8**. Genauso wenig wie die Parteien die zwingenden gesetzlichen Vorschriften in § 36a Abs. 5 (oder auch § 36 Abs. 4) durch vertragliche Vereinbarungen beiseite setzen könnten, könnten sie dies auch nicht gegenüber durch Rechtsverordnung geregelten Einzelheiten des Schlichtungsverfahrens tun, soweit dort nicht ausdrücklich eine abweichende Regelung durch Parteivereinbarung zugelassen wird (aA *C. Berger* Rdnr. 211 und *ders.* in: *Berger/Wündisch* § 2 Rdnr. 186; *Haas* Rdnr. 268: Verordnung im Wesentlichen subsidiär).

V. Ablauf der Schlichtung. Beratung und Beschlussfassung

1. Vorbereitung der Sitzung

Unter Berücksichtigung der in § 36a Abs. 2–6 sowie § 36 Abs. 4 enthaltenen grundsätzlichen 20 Vorschriften über Besetzung und Beschlussfassung der Schlichtungsstelle sowie über die Vorlage eines begründeten Einigungsvorschlags zeichnet sich für den Regelfall ein **bestimmter Ablauf des Verfahrens** vor der Schlichtungsstelle ab (s. im Einzelnen auch *Haas* Rdnr. 251 ff.), vorausgesetzt ihre – durch Einigung der Parteien oder Ersatzbestellung durch das OLG zustande gekommene – Zusammensetzung mit dem unparteiischen Vorsitzenden und einer gleichen Anzahl von Beisitzern steht fest (so. Rdnr. 10). Andererseits wird es aber zunächst Aufgabe des Vorsitzenden sein, zu der ersten Sitzung (später auch zu weiteren Sitzungen) der Schlichtungsstelle an dem von den Parteien vereinbarten oder von ihm festzulegenden Ort einzuladen (vgl. *C. Berger* Rdnr. 208; *ders.* in: *Berger/Wündisch* § 2 Rdnr. 183; *Dreyer/Kotthoff/Meckel/Kotthoff*[2] § 36a Rdnr. 13; *Wandtke/Bullinger/Wandtke/Grunert*[3] § 36a Rdnr. 12); spätestens zu diesem Zeitpunkt hat er die Parteien auch zur Benennung der von ihnen in die Schlichtungsstelle zu entsendenden Beisitzer innerhalb einer solchen Frist aufzufordern, dass eine rechtzeitige Einladung der sodann benannten Beisitzer gemäß § 36a Abs. 5 S. 3 noch möglich ist (so sinngemäß *Nordemann* § 36a Rdnr. 5; für eine einvernehmliche Bestimmung dieser Frist durch die Parteien *C. Berger* Rdnr. 201). Freilich kann der Vorsitzende bis zum Beginn der Sitzung nicht sicher sein, ob die gemäß Abs. 5 mindestens erforderliche Zahl von Beisitzern der Parteien auch konkret benannt wird und nach der erforderlichen Einladung sodann auch erscheint. Auch wenn sitzungsvorbereitende Absprachen zwischen dem Vorsitzenden und den Beisitzern (etwa über den konkreten Sitzungsort) außerhalb der Sitzungen möglich sind, erfolgt die Beschlussfassung gemäß Abs. 5 S. 1 zwingend nach mündlicher Beratung, also in mündlicher Verhandlung (s. *Wandtke/Bullinger/Wandtke/Grunert*[3] § 36a Rdnr. 11; s. auch *Dreier/Schulze/Schulze* § 36a Rdnr. 11). Unter dem Gesichtspunkt der Kostenreduzierung wird man auch Videokonferenzen, ggf. sogar Telefonkonferenzen zuzulassen haben (*C. Berger* Rdnr. 229; *ders.* in: *Berger/Wündisch* § 2 Rdnr. 200). Ein rein schriftliches Verfahren (etwa ein rein schriftliches Umlauf- und Anhörungsverfahren) entsprechend § 1047 ZPO ist demnach ausgeschlossen (ebenso *Mestmäcker/Schulze/Dördelmann* § 36a Rdnr. 9; *Dreier/Schulze/Schulze* § 36a Rdnr. 11; s. daneben *C. Berger* Rdnr. 226 sowie *ders.* in: *Berger/Wündisch* § 2 Rdnr. 200: Nur Beratung des Spruchkörpers ist zwingend mündlich; im Übrigen kann Verfahren auch schriftlich erfolgen oder auf andere Weise etwa durch Videokonferenz). Der Ausschluss des rein schriftlichen Verfahrens ergibt sich auch aus der Regelung über die Folgen des Erscheinens oder Nichterscheinens benannter Beisitzer in Abs. 5 S. 3.

2. Beratung durch die Schlichtungsstelle

21 Die **Beratung durch die Schlichtungsstelle** dient – vorbehaltlich der Beschlussfassung iSv. Abs. 5 (su. Rdnr. 23 ff.) – naturgemäß ganz dem Ziel, möglichst einvernehmlich zur Aufstellung gemeinsamer Vergütungsregeln mit der Rechtswirkung gemäß § 32 Abs. 2 S. 1 für die betreffende Branche oder Teilbranche der Kultur- und Medienwirtschaft zu gelangen. Die gemäß Abs. 5 S. 1 zwingende mündliche Beratung muss den Mindestanforderungen an ein rechtsstaatliches Verfahren, insbesondere dem Grundsatz des rechtlichen Gehörs genügen (s. *Wandtke/Bullinger/Wandtke/Grunert*[3] § 36 a Rdnr. 11). Die Verhandlung ist jedoch nicht öffentlich (*C. Berger* Rdnr. 227; *ders.* in: *Berger/Wündisch* § 2 Rdnr. 201). Dem Vorsitzenden kommt im Übrigen, wie auch der Regelung über die Beschlussfassung im ersten Durchgang nach Abs. 1 S. 2 zeigt, teilweise eine nur moderierende Rolle im Sinne eines Mediators zu, wie überhaupt das Schlichtungsverfahren Züge einer Mediation aufweist (ähnlich *Haas* Rdnr. 255; s. auch *Dreier/Schulze/Schulze* § 36 a Rdnr. 5; die Mediation vor dem BMJ im konkreten Fall der Vergütungsregeln für belletristische Autoren – so. § 36 Rdnr. 95 – fand jedoch außerhalb des Verfahrens nach § 36 a statt). Aus diesem Grunde unterliegen auch die von den Parteien benannten Beisitzer (anders als etwa alle Schiedsrichter gemäß § 1035 ZPO, s. insb. dort Abs. 5 S. 1) nicht dem Gebot der Unabhängigkeit, sondern können an Weisungen der Parteien gebunden werden (ebenso *Dreier/Schulze/Schulze* § 36 a Rdnr. 3; aA *Berger/Wündisch/Berger* § 2 Rdnr. 184: Schlichter sind unabhängig und Weisungen nicht unterworfen; gegen Angehörige der Parteien als ernannte Beisitzer auch *Dreyer/Kotthoff/Meckel/Kotthoff*[2] § 36 a Rdnr. 9). Im Gesetz kommt die Zulässigkeit von Parteiweisungen an die von ihnen bestellten Beisitzer indirekt durch Charakterisierung nur des Vorsitzenden (und gerade nicht der Beisitzer) als unparteiisch zum Ausdruck (Abs. 2). Die Beisitzer fungieren demnach als Vertreter der Parteien, die sie benannt haben, auch wenn ihnen ein gewisser Verhandlungsspielraum zugestanden werden muss. Sie sollen eben den Sachverstand beider Parteien repräsentieren und in der Schlichtungsstelle zusammenführen (s. Begründung des RegE S. 517: das vorhandene Sachwissen aller Beteiligten in prozesshafter Weise zu verobjektivieren; ähnlich *Wandtke/Bullinger/Wandtke/Grunert*[3] § 36 a Rdnr. 3), was laufende (informelle) Rücksprachen mit anderen Fachleuten der beteiligten Parteien naturgemäß nicht ausschließt. Die formelle Beiziehung weiterer Sachverständiger sollte aber aus eben diesem Grund normalerweise unterbleiben, es sei denn, die Parteien einigen sich vorweg über die Kostentragung.

22 Im Falle eines auf Verlangen (nur) einer Partei gemäß § 36 Abs. 3 S. 2 durchgeführten (obligatorischen) Schlichtungsverfahrens ist der Beratung zunächst der **Vorschlag über die Aufstellung gemeinsamer Vergütungsregeln** zugrunde zu legen, der von dieser Partei gemäß Abs. 4 zugleich mit dem schriftlichen Verlangen auf Durchführung des Schlichtungsverfahrens vorzulegen war. Die Vorlage ist eine Verfahrensvoraussetzung (*Nordemann* § 36 a Rdnr. 4: Verfahrensgrundlage) des Schlichtungsverfahrens, die von der Schlichtungsstelle aus eigener Initiative zu prüfen ist (ebenso KG ZUM 2005, 229/230; zum praktischen Aspekt – Wechsel von Schriftsätzen – s. *Flechsig/Hendricks* ZUM 2002, 423, 430). Ist in den Fällen nach Abs. 3 S. 1 der Vorsitzende durch das OLG bestellt worden, so ist diese Voraussetzung im Zweifel bereits vom OLG geprüft worden (so. Rdnr. 14). Jedenfalls der **Entwurf** eines Regelungsvorschlags muss als Voraussetzung für die einseitige Verfahrenseinleitung vorliegen (aA Vorauflage; wie jetzt hier *Dreier/Schulze/Schulze* § 32 Rdnr. 9). Sind beide Parteien jedoch darüber einig, dass die Sacherörterung unabhängig vom Vorliegen oder Fehlen des Parteivorschlags erfolgen soll (was letztlich einer einvernehmlichen Durchführung des Schlichtungsverfahrens gemäß § 36 Abs. 3 S. 1 gleichkommt), wird man von der Heilung des Verfahrensmangels ausgehen können (ebenso, sogar im Sinne eines ohne Vorschlag dennoch wirksamen Schlichtungsverlangens, *Wandtke/Bullinger/Wandtke/Grunert*[3] § 36 a Rdnr. 8). Im Übrigen wird ein solcher Fall angesichts des letztlich dem gesamten (obligatorischen) Schlichtungsverfahren zugrunde liegenden Interesses der betroffenen Partei, um zu für sie günstigen Vergütungsregeln zu gelangen und dabei von vorneherein eine günstige Ausgangsposition einzunehmen, kaum praktisch werden. Es ist vielmehr aus demselben Grund damit zu rechnen, dass spätestens nach Beginn der Sacherörterung auch die Gegenpartei ihre ggf. modifizierten Vorschläge erneut oder etwa im Falle des § 36 Abs. 3 Nr. 1 (einseitiges Schlichtungsverlangen wegen fehlenden Verhandlungsbeginns) erstmals auf den Tisch legt.

3. Beschlussfassung der Schlichtungsstelle

23 Die **Beschlussfassung der Schlichtungsstelle** ist in Abs. 5 Sätze 1–4 geregelt; dabei wird in S. 3 ohne einleuchtenden Grund der in § 36 a (auch in Abs. 5 Sätze 1 und 2) ansonsten verwendete Begriff des Beisitzers durch den Begriff „Mitglied" ersetzt, was möglicherweise auf

einem Redaktionsversehen beruht. Die Beschlussfassung, die vielfach auch in Teilschritten vor sich gehen wird (*Nordemann* § 36a Rdnr. 5), erfolgt nach mündlicher Beratung grundsätzlich mit Stimmenmehrheit (Abs. 5 S. 1), wobei dem Vorsitzenden zunächst eine auffallend zurückhaltende Rolle als Mediator zugewiesen ist (so. Rdnr. 21). Im **ersten Durchgang** erfolgt die Beschlussfassung gemäß Abs. 5 S. 2 nämlich zunächst nur unter den Beisitzern. Dabei ist jedoch davon auszugehen, dass mindestens zwei Beisitzer (und sei es auch nur einer Partei) erschienen sein müssen; das Erscheinen nur eines Beisitzers würde eine Beschlussfassung im ersten Durchgang nicht zulassen (so. Rdnr. 10). Im ersten Durchgang ist also stets die Abstimmung unter mindestens zwei Beisitzern erforderlich, die freilich etwa bei einer „Fünferlösung" auch nur von einer Partei benannt sein können; denn auch bei Nichterscheinen aller benannten Mitglieder (Beisitzer) einer Partei erfolgt die Beschlussfassung gemäß Abs. 5 S. 3 dennoch zunächst nach Maßgabe des S. 2, also im ersten Durchgang ohne Teilnahme des Vorsitzenden (ebenso *Wandtke/Bullinger/Wandtke/Grunert*[3] § 36a Rdnr. 13).

Ein erster Durchgang der **Beschlussfassung ohne Teilnahme des Vorsitzenden** entspricht im Übrigen durchaus dem Kerngedanken des Schlichtungsverfahrens nach §§ 36, 36a, das den durch die Parteien und ihre benannten Beisitzer repräsentierten Sachverstand zur Aufstellung gemeinsamer Vergütungsregeln für die Urheberrechtspraxis fruchtbar machen will. So ist es nur konsequent, wenn diese Fachleute sich zunächst untereinander zu einigen versuchen und dem Vorsitzenden insofern zunächst die Rolle eines Mediators zukommt. In der Konstellation, dass im ersten Durchgang nur Beisitzer einer Partei beteiligt sind, ist dies freilich nicht voll überzeugend; doch liegt die Verhinderung eines solchen Ergebnisses durchaus in der Hand der anderen Partei, und zwar schlicht durch Benennung und Entsendung ihrer Beisitzer. Im Übrigen kann die „unterlegene" Partei einen im Ergebnis der Beschlussfassung vorgelegten begründeten Einigungsvorschlag iSv. § 36 Abs. 4 ohnehin durch schriftlichen Widerspruch ablehnen und ihm dadurch die Rechtswirkung nach § 32 Abs. 2 S. 1 (unwiderlegliche Vermutung der Angemessenheit der vorgeschlagenen Vergütungen) nehmen; für die durchaus auch vom Gesetzgeber erwünschte Indizwirkung eines nicht angenommenen Einigungsvorschlags (so. § 36 Rdnr. 35) gilt dies freilich nicht. 24

Erst wenn eine Stimmenmehrheit unter den Beisitzern nicht zustande kommt, nimmt der Vorsitzende **im zweiten Durchgang** nach weiterer Beratung an der erneuten Beschlussfassung teil (Abs. 5 S. 2); hier lässt er also die Rolle des bloßen Mediators hinter sich und stimmt mit den übrigen Mitgliedern (Beisitzern) der Schlichtungsstelle als gleichberechtigter Schlichter ohne Vorzugsstimme nach dem Grundsatz der Stimmenmehrheit (Abs. 5 S. 1) ab (s. auch *C. Berger* Rdnr. 230; *ders.* in: *Berger/Wündisch* § 2 Rdnr. 204; *Wandtke/Bullinger/Wandtke/Grunert*[3] § 36a Rdnr. 14). Dies gilt im Übrigen auch dann, wenn eine Partei keine Mitglieder (Beisitzer) benennt, worunter auch der Fall der nicht vollständigen Benennung zu zählen ist (ebenso *Wandtke/Bullinger/Wandtke/Grunert*[3] § 36a Rdnr. 16), wenn also von der Partei eine geringere Anzahl von Mitgliedern (Beisitzern) benannt wird, als nach gemäß Abs. 2 und 3 S. 2 an sich zustehen. Auch in diesem Fall der (und sei es auch nur teilweise) fehlenden Benennung von Mitgliedern (Beisitzern) erfolgt die Abstimmung nach Maßgabe der Sätze 1 und 2, das heißt, der Vorsitzende nimmt auch hier erst im zweiten Durchgang an der Beschlussfassung teil (s. bereits die voranstehende Rdnr. 24; ebenso *Wandtke/Bullinger/Wandtke/Grunert*[3] § 36a Rdnr. 15). Wegen der in diesem Fall unter Umständen nur einseitigen Besetzung der Beisitzerbank wird es hier sogar mit geringerer Wahrscheinlichkeit überhaupt zu einem zweiten Durchgang kommen. All dieses gilt auch für den in Abs. 5 S. 3 ebenfalls angesprochenen Fall, dass Mitglieder (Beisitzer) von einer Partei zwar benannt wurden, der Sitzung jedoch trotz rechtzeitiger Einladung fernbleiben (wegen der insoweit erforderlichen Geduld s. *Nordemann* § 36a Rdnr. 5; ebenso *C. Berger* Rdnr. 231 und *ders.* in: *Berger/Wündisch* § 2 Rdnr. 205: Vorsitzender kann bzw. – bei höherer Gewalt – muss vertagen). Bei endgültigem Fernbleiben der Beisitzer entscheidet die erschienenen Mitglieder (Beisitzer) und der Vorsitzenden auch hier allein (s. auch *Dreier/Schulze/Schulze* § 36a Rdnr. 13), jedoch ausdrücklich nach Maßgabe der Sätze 1 und 2, dh. im ersten Durchgang ohne Teilnahme und – falls notwendig – im zweiten Durchgang unter Teilnahme des Vorsitzenden an der Beschlussfassung. Auch Mischsituationen sind denkbar etwa in dem Sinne, dass nur ein Teil der von einer Partei oder auch der anderen Partei benannten Mitglieder nicht erscheint; es gelten die gleichen Regeln. 25

Der Beschluss der Schlichtungsstelle ist gemäß Abs. 5 S. 4 schriftlich niederzulegen, vom Vorsitzenden zu unterschreiben und beiden Parteien zuzuleiten (am besten durch Empfangsbekenntnis oder Einschreiben mit Rückschein; s. *Nordemann* § 36a Rdnr. 6; *Dreier/Schulze/Schulze* § 36a Rdnr. 14). Der bedeutsamste Beschluss der Schlichtungsstelle ist die **Vorlage eines be-** 26 gründeten **Einigungsvorschlags** gemäß § 36 Abs. 4, der den Inhalt der Vergütungsregeln enthält (*Dreyer/Kotthoff/Meckel/Kotthoff*[2] § 36a Rdnr. 16; s. auch *Dreier/Schulze/Schulze* § 36a Rdnr. 14). Auf diesen Beschluss (Einigungsvorschlag) hin ist das gesamte Schlichtungsverfahren nach §§ 36, 36a ausgerichtet (wegen der inhaltlichen Bedeutung des Einigungsvorschlags so. § 36 Rdnr. 86ff.). Geht man jedoch davon aus, dass die Schlichtungsstelle die Voraussetzungen für die Ingangsetzung eines obligatorischen Schlichtungsverfahrens nach § 36 Abs. 3 S. 2 (kein rechtzeitiger Verhandlungsbeginn; ergebnislose Verhandlungen oder Erklärung des Scheiterns) zumindest kursorisch (so. Rdnr. 8), ebenso wie das Vorliegen eines eigenen Vorschlags der das Verfahren verlangenden Partei nach § 36a Abs. 4 als Verfahrensvoraussetzung (so. Rdnr. 22) zu prüfen hat, so kann die Beschlussfassung auch Entscheidungen zu diesen Vorfragen betreffen. Sind die Voraussetzungen nach Auffassung der Mehrheit der Schlichter gegeben, so bedarf es insoweit jedoch keiner eigenen Beschlüsse; soweit das Vorliegen der Voraussetzungen zuvor strittig war, kann in der Begründung des Einigungsvorschlags darauf eingegangen werden. Sind eine oder mehrere dieser Voraussetzungen nach mehrheitlicher Auffassung der Schlichtungsstelle auf Dauer nicht gegeben (wegen der möglichen Heilung eines Mangels so. Rdnr. 22), so hat die Schlichtungsstelle die Beendigung des Schlichtungsverfahrens durch Beschluss festzustellen (entsprechend § 1056 Abs. 2 ZPO).

4. Kostenregelung

27 Die seit ihrem Erlass bereits einmal revidierte Kostenregelung in Abs. 6 ist im Vergleich zum ursprünglichen Wortlaut ausgewogener (so. Rdnr. 2). Nach dem Prinzip der Kostenteilung gemäß S. 1 und 2 tragen die Parteien jeweils ihre eigenen Kosten sowie die Kosten der von ihnen bestellten Beisitzer (einschließlich ihrer Honorare; s. im Einzelnen *Wandtke/Bullinger/Wandtke/Grunert*[3] Ergänzungsband § 36a Rdnr. 5/6), während die übrigen Kosten, also insbesondere des unparteiischen Vorsitzenden (einschließlich seiner Vergütung; s. auch *Dreyer/Kotthoff/Meckel/Kotthoff*[2] § 36a Rdnr. 19: Festlegung durch den Vorsitzenden selbst gem. § 317 BGB) sowie die Sachkosten des Verfahrens (Sekretariatskosten etc.) von den Parteien jeweils zur Hälfte getragen werden (s. im Einzelnen *Wandtke/Bullinger/Wandtke/Grunert*[3] Ergänzungsband § 36a Rdnr. 7, s. auch *dies.* Rdnr. 8/9 wegen der Erstellungskosten für den Vorschlag nach § 36a Abs. 4). Durch Rechtsverordnung gemäß Abs. 8 können weitere Vorschriften über die Kosten des Verfahrens und die Entschädigung der Mitglieder der Schlichtungsstelle erlassen werden (zur Dringlichkeit einer solchen Regelung wegen der Vergütungsfrage *Haas* Rdnr. 274). Im Gegensatz zum Wortgebrauch in Abs. 5 (so. Rdnr. 23) ist hier unter dem Begriff „Mitglieder" neben den Beisitzern auch der Vorsitzende zu verstehen, weil gerade dessen Entschädigung wegen der hälftigen Kostentragung durch die Parteien möglicherweise einer nach oben begrenzenden Regelung bedarf. Auch hier ist das **Grundanliegen des Gesetzes zum Urhebervertragsrecht** zu beachten, den Kreativen und ihren Vereinigungen bei der Erarbeitung von Angemessenheitsmaßstäben für die Urhebervergütung gesetzliche Hilfestellung zu leisten, was durch unangebracht hohe Verfahrenskosten wieder konterkariert werden könnte (ebenso *Mestmäcker/Schulze/Dördelmann* § 36a Rdnr. 13 unter Hinweis auf das wesentlich preisgünstigere Verfahren der Schiedsstelle nach dem WahrnG). Mit dieser Überlegung ist die Regelung in Abs. 6 S. 3 (s. im Einzelnen *Wandtke/Bullinger/Wandtke/Grunert*[3] Ergänzungsband § 36a Rdnr. 10ff.) allerdings nur schwer vereinbar, wonach die Parteien *als Gesamtschuldner* auf Anforderung des Vorsitzenden zu dessen Händen einen für die Tätigkeit der Schlichtungsstelle erforderlichen Vorschuss zu leisten haben. Die hälftige Teilung dieser Verpflichtung wäre auch hier angebracht gewesen (s. auch *Dreier/Schulze/Schulze* § 36a Rdnr. 18; *Wandtke/Bullinger/Wandtke/Grunert*[3] Ergänzungsband § 36a Rdnr. 13).

§ 37 Verträge über die Einräumung von Nutzungsrechten

(1) **Räumt der Urheber einem anderen ein Nutzungsrecht am Werk ein, so verbleibt ihm im Zweifel das Recht der Einwilligung zur Veröffentlichung oder Verwertung einer Bearbeitung des Werkes.**

(2) **Räumt der Urheber einem anderen ein Nutzungsrecht zur Vervielfältigung des Werkes ein, so verbleibt ihm im Zweifel das Recht, das Werk auf Bild- oder Tonträger zu übertragen.**

(3) **Räumt der Urheber einem anderen ein Nutzungsrecht zu einer öffentlichen Wiedergabe des Werkes ein, so ist dieser im Zweifel nicht berechtigt, die Wiedergabe außerhalb**

der Veranstaltung, für die sie bestimmt ist, durch Bildschirm, Lautsprecher oder ähnliche technische Einrichtungen öffentlich wahrnehmbar zu machen.

Schrifttum: S. die Schrifttumsnachweise Vor §§ 28 ff.

Übersicht

	Rdnr.
I. Allgemeines	1–6
1. Entstehungsgeschichte	1, 2
2. Bedeutung	3
3. Verhältnis zu anderen Vorschriften	4–6
II. Die Regelung im Einzelnen	7–14
1. Bearbeitungen (Abs. 1)	7–10
2. Bild- oder Tonträger (Abs. 2)	11, 12
3. Öffentliche Wahrnehmbarmachung einer öffentlichen Wiedergabe (Abs. 3)	13, 14

I. Allgemeines

1. Entstehungsgeschichte

Den Kern der Vorschrift bildet **Abs. 1**. Er baut auf den im Wesentlichen gleich lautenden Regelungen des **§ 14 LUG** und **§ 2 Abs. 2 VerlG** auf, führt für die dort enumerierten Einzelfälle aber den Oberbegriff „Bearbeitung des Werks" ein, was der Regelung eine nicht unerheblich erweiterte Tragweite verleiht (die AmtlBegr. *Haertel/Schiefler* S. 195 f. scheint sich darüber allerdings nicht volle Rechenschaft zu geben). § 2 Abs. 2 VerlG ist durch das UrhG weder aufgehoben noch textlich angetastet worden; das Verhältnis zu § 37 Abs. 1 ist aber nicht unproblematisch (Rdnr. 6). 1

Abs. 2 betrifft die vor Inkrafttreten des UrhG systematisch und in der Sache unbefriedigend unter die Bearbeitungen eingereihten Fälle der Vervielfältigung auf Bild- und Tonträger (näher Rdnr. 11); bereits der **RefE** sah dafür einen eigenen Abs. 2 vor. **Abs. 3** wurde erst im **RegE** angefügt.

Auffällig ist in § 37 die unterschiedliche Formulierung der **Rechtsfolge:** Nach Abs. 1 verbleibt dem Urheber das Einwilligungsrecht, nach Abs. 2 das Recht, die betreffende Nutzung vorzunehmen; in Abs. 3 schließlich ist nicht vom Urheber die Rede, sondern von der mangelnden Berechtigung des Werknutzers. Der Unterschied der Formulierung ist nicht ohne praktische Bedeutung; die Entstehungsgeschichte kann hierzu Aufschlüsse geben. Der RefE (§ 29) versagte dem Nutzer in Abs. 1 die Einwilligung und enthielt ihm in Abs. 2 das Recht der Nutzung vor. Der MinE (§ 32) stellte beide Absätze – wenn auch in Nuancen unterschiedlich formuliert – um, „um klarzustellen, dass im Fall der Einräumung eines ausschließlichen Nutzungsrechts der Nutzungsberechtigte im Zweifel weder selbst eine Bearbeitung des Werks verwerten noch die Verwertung einer Bearbeitung durch den Urheber verbieten kann" (Erläuternde Bem. S. 41). Dem Urheber sollte mit anderen Worten im fraglichen Bereich einen das positive Nutzungsrecht verbleiben, und er sollte zum anderen auch nicht einem (überschießenden) Verbotsrecht des Nutzungsrechtsinhabers ausgesetzt sein (zum Verhältnis von positivem Benutzungsrecht und negativem Verbotsrecht s. allgemein Vor §§ 28 ff. Rdnr. 81 f.). 2

In der Endfassung von **Abs. 1** ist zwar in einer weiteren Abwandlung des Textes vom „Recht der Einwilligung" die Rede; die AmtlBegr. macht aber deutlich, dass an der Konzeption der parallelen Erfassung von positivem Benutzungsrecht und negativem Verbotsrecht festgehalten werden soll. Es heißt zu Abs. 1 (*Haertel/Schiefler* S. 195):

„Danach darf beispielsweise ein Verleger, dem der Urheber das Nutzungsrecht zur Vervielfältigung und Verbreitung an einem Roman eingeräumt hat, im Zweifel nur die Originalfassung des Romans vervielfältigen und verbreiten, nicht dagegen eine Übersetzung, eine Dramatisierung oder eine Verfilmung. Auch sein Verbotsrecht erstreckt sich im Zweifel nicht auf solche Bearbeitungen des Werks, dh. er kann die Vervielfältigung und Verbreitung der Bearbeitungen weder dem Urheber noch einem Dritten verbieten."

Für **Abs. 2** wird diese Konzeption ausdrücklich bestätigt (*Haertel/Schiefler* S. 195):

„Wie Abs. 1 hat auch diese Bestimmung eine doppelte Bedeutung: Der Erwerber des Nutzungsrechts zur Vervielfältigung darf im Zweifel weder selbst das Werk auf Tonträger übertragen noch dem Urheber oder einem Dritten eine solche Übertragung verbieten."

Demgegenüber soll mit der abweichenden Fassung des **Abs. 3,** der nicht vom Recht des Urhebers, sondern von der mangelnden (positiven) Berechtigung des Nutzungsrechtsinhabers spricht, eine abweichende Rechtsfolge statuiert werden (*Haertel/Schiefler* S. 196):
„Im Gegensatz zu den Auslegungsregeln in den Absätzen 1 und 2 beschränkt sich Abs. 3 auf die positive Seite des Nutzungsrechts: Der Erwerber des Nutzungsrechts soll lediglich im Zweifel selbst eine Bildschirm- oder Lautsprecherübertragung nicht vornehmen dürfen; sein Recht, eine solche Übertragung Dritten oder auch dem Urheber selbst zu verbieten, bleibt unberührt; denn der Urheber hat seinerseits kein schutzwürdiges Interesse daran, gegen den Willen des Nutzungsberechtigten eine Bildschirm- oder Lautsprecherübertragung anderen zu gestatten oder selbst vorzunehmen."

2. Bedeutung

3   § 37 gehört zu den **urhebervertragsrechtlichen Regelungen** des Gesetzes, hinsichtlich deren noch im Rechtsausschuss diskutiert wurde, ob sie nicht herausgelöst und bis zum Erlass eines Urhebervertragsgesetzes zurückgestellt werden sollten (vgl. *Haertel/Schiefler* S. 196; *Möhring/Nicolini*[1] Anm. 1 a), die aber dann doch als entweder im geltenden Recht bereits enthaltene und unentbehrliche Vorschriften oder aber als besonders vordringliche Regelungen ins UrhG aufgenommen wurden (AmtlBegr. *Haertel/Schiefler* S. 186).
Inhaltlich ist § 37 – wie die §§ 29 Abs. 1, 31 Abs. 5, 34, 35 – den Regeln des Gesetzes zuzuordnen, die darauf hinwirken sollen, dass „das Urheberrecht gleichsam die Tendenz hat, soweit wie möglich beim Urheber zurückzubleiben" (*Ulmer*[3] § 84 IV), um dem Urheber die Chance zu geben, ein **angemessenes Entgelt** für jeden Bereich der Nutzung seines Werkes auszuhandeln (*Schack*[4] Rdnr. 547; *Wandtke/Bullinger/Wandtke/Grunert*[3] Rdnr. 1). Eine spürbare Verbesserung der Rechtsstellung des Urhebers bringt gegenüber dem früheren Recht vor allem Abs. 1. Allerdings ist § 37 als **Auslegungsregel** konzipiert. Abweichende Vereinbarungen sind zulässig. Aufgrund dieses dispositiven Charakters der Norm ist die ausdrückliche Einräumung des Bearbeitungsrechts in allgemeinen Geschäftsbedingungen nicht gem. § 307 BGB unwirksam; es wird lediglich der gesetzgeberisch eröffnete Gestaltungsspielraum ausgefüllt (LG Berlin K&R 2007, 588/591). Abs. 3 bringt potentiell – in Abweichung vom Grundcharakter der Norm – auch eine Auslegungsregel zugunsten des Nutzers und zwar hinsichtlich des negativen Verbotsrechts.
Als Auslegungsregel gilt § 37 für die Einräumung des Nutzungsrechts als **Verfügungsgeschäft;** zugleich ist aber auch der Inhalt des zugrundeliegenden **Verpflichtungsgeschäfts** entsprechend auszulegen (*Dreier/Schulze/Schulze*[3] Rdnr. 4, 9. S.; allgemein zum Verhältnis von Verpflichtung und Verfügung s. Vor §§ 28 ff. Rdnr. 98 ff.).
Nach seinem Wortlaut erfasst § 37 vom **Urheber** getätigte Rechtsgeschäfte; die Vorschrift gilt auch zugunsten seines Rechtsnachfolgers iSd. § 30 sowie kraft Verweisung für Verfasser wissenschaftlicher Ausgaben (§ 70 Abs. 1), Lichtbildner (§ 72 Abs. 1) und ausübende Künstler (§ 79 Abs. 2 S. 2). Ob § 37 ferner sinngemäß heranzuziehen ist, wenn der **Inhaber eines ausschließlichen Nutzungsrechts** ein weiteres Nutzungsrecht einräumt, erscheint sehr zweifelhaft (vgl. allgemein Vor §§ 28 ff. Rdnr. 50 ff.; *Schricker*[3] § 8 Rdnr. 5 c; für Anwendung auch bei Weiterübertragung *v. Gamm* Rdnr. 1; *Dreier/Schulze/Schulze*[3] Rdnr. 5; s. dort auch zu den verwandten Schutzrechten). Gegen eine solche, über den Wortlaut hinausgehende Anwendung der Vorschrift spricht in teleologischer Hinsicht, dass sich Inhaber ausschließlicher Nutzungsrechte anders als Urheber nicht in einer strukturell schwächeren Verhandlungsposition befinden, die durch gesetzliche Regelungen wie § 37 ausgeglichen werden soll. Auf Vertragsverhältnisse zwischen Nutzungsrechtsinhabern sollten daher die allgemeinen Auslegungsgrundsätze angewendet werden, die die Interessen beider Vertragsparteien gleichrangig berücksichtigen.
§ 37 ist auch auf die **Rechtseinräumung zur Wahrnehmung** anwendbar. Für Wahrnehmungsverträge mit Verwertungsgesellschaften dürfte die Frage freilich angesichts der üblicherweise umfassenden Formulierung solcher Verträge kaum Bedeutung besitzen.
Auf **Altverträge**, die vor dem 1. 1. 1966 abgeschlossen worden sind, ist die Vorschrift gem. § 132 Abs. 1 S. 1 nicht anzuwenden. Freilich kommt dann das auch schon zum früheren Recht anerkannte, allgemeine Zweckübertragungsprinzip zum Tragen (siehe § 132 Rdnr. 3; *Dreier/Schulze/Schulze*[3] Rdnr. 7; *Schack*[4] Rdnr. 970 f.).

3. Verhältnis zu anderen Vorschriften

4   § 37 und **§ 31 Abs. 5** streben im Wesentlichen dasselbe Regelungsziel an; sie ergänzen sich gegenseitig. § 37 knüpft in allen drei Absätzen an eine Situation des „Zweifels" an, dh. es darf hinsichtlich der in der Vorschrift behandelten Nutzungsarten ein eindeutiger Vertragsinhalt we-

Verträge über die Einräumung von Nutzungsrechten **§ 37**

der im positiven noch im negativen Sinn vorliegen, insbesondere nicht bereits aus einer Vertragsauslegung nach allgemeinen Vorschriften zu gewinnen sein, wozu nach § 157 BGB auch Treu und Glauben und die Verkehrssitte gehören (s. LG Berlin K&R 2007, 588/591; *Möhring/Nicolini/Spautz*[2] Rdnr. 4). Bei dieser Vertragsauslegung ist § 31 Abs. 5 zu berücksichtigen, dh. mangels spezieller Bezeichnung der Nutzungsarten kommt es auf den **Vertragszweck** an. § 31 Abs. 5 erwähnt ausdrücklich die Frage der Reichweite von Nutzungsrecht und Verbotsrecht; die Antwort kann für beide unterschiedlich sein. Zum Wandel der Vertragszwecke im digitalen Bereich s. *Dreier/Schulze/Schulze*[3] Rdnr. 21/22. Bleibt die Erfassung der fraglichen Nutzungsarten nach dem Vertragszweck zweifelhaft, so ist eine diesbezügliche Rechtseinräumung schon nach § 31 Abs. 5 nicht anzunehmen (§ 31 Rdnr. 41). Insofern konvergieren § 31 Abs. 5 und § 37 im Ergebnis; die selbständige Bedeutung der Vorschrift reduziert sich (so auch *Schweyer* S. 95 f.; *Fromm/Nordemann/J. B. Nordemann*[10] Rdnr. 1; s. auch *Kotthoff* in HK[2] Rdnr. 2). Die Hauptbedeutung des § 37 neben § 31 Abs. 5 dürfte in der Präzisierung der Tragweite der Nutzungsrechtseinräumung bezüglich des positiven Benutzungsrechts und des negativen Verbotsrechts liegen. Bleibt die Einräumung der in Abs. 1 und Abs. 2 behandelten Rechte nach einer Vertragsauslegung anhand aller Umstände des Einzelfalles zweifelhaft, so ergibt sich, dass beide Komponenten des Verwertungsrechts beim Urheber verbleiben (so auch *Dreier/Schulze/Schulze*[3] Rdnr. 2). Bei Abs. 3 wird dem Urheber dagegen nur das positive Benutzungsrecht belassen, das negative Verbotsrecht aber dem Werknutzer zugestanden (*Dreier/Schulze/Schulze*[3] Rdnr. 2). Im Übrigen verfolgt § 37 den Zweck, die in § 31 Abs. 5 nicht klar ausgesprochene Regel der Auslegung „in dubio pro auctore" (*Schack*[4] Rdnr. 547 f.; *Mestmäcker/Schulze*[3] § 31 Anm. 5; *Schricker*[3] § 8 Rdnr. 5 a) für den behandelten Bereich explicite zum Ausdruck zu bringen.

§§ 88, 89 gehen als spezielle Auslegungsregeln dem § 37 vor, soweit darin die Rechtseinräumung auch auf Bearbeitungen erstreckt wird (§ 88 Rdnr. 8). Vgl. aber LG München UFITA 56 (1970) 354, worin § 37 Abs. 1 ohne Diskussion von § 88 auf die Bearbeitung eines in den Film aufgenommenen musikalischen Werkes angewendet wird.

Für das Verhältnis des § 37 Abs. 1 zu §§ 23, 39 gilt Folgendes: Auszugehen ist davon, dass im Bereich der Bearbeitungen bei der Rechtsstellung des Urhebers eine änderungsrechtliche und eine verwertungsrechtliche Komponente zu unterscheiden sind; erstere hat auch persönlichkeitsrechtliche Implikationen (*Forkel* S. 181 f.). Es fragt sich, ob der Urheber hinnehmen muss, dass das Werk in veränderter Gestalt in Erscheinung tritt (hierfür gelten §§ 23 und 39, vgl. § 39 Rdnr. 7, 11) und weiter, ob die Verwertung des geänderten Werkes in den Schutzumfang seines Verwertungsrechtes fällt (hierfür gilt § 23). 5

Geht es um die Veröffentlichung oder Verwertung einer vom Urheber selbst oder von einem Dritten mit seiner Zustimmung hergestellten Bearbeitung, so wird nur die verwertungsrechtliche Komponente berührt; für sie gilt § 37 Abs. 1. Soll die Bearbeitung erst durch den Nutzer oder einen nicht vom Urheber autorisierten Dritten hergestellt werden, so wird auch die änderungsrechtliche Komponente betroffen. Die Herstellung der Bearbeitung ist, sofern nicht § 23 S. 2 eingreift, frei (§ 23 Rdnr. 15). Frei sind auch Änderungen, die sich im Rahmen des § 39 Abs. 2 halten. Ansonsten braucht der Urheber die Veröffentlichung oder Verwertung eines geänderten Werkes schon nach § 39 Abs. 1 im Zweifel – dh. bei Fehlen einer zweifelsfrei im Sinn einer Zustimmung auslegbaren Vereinbarung – nicht hinzunehmen, auch wenn es sich um eine Bearbeitung handelt; der Heranziehung des § 37 Abs. 1 bedarf es insofern nicht (vgl. *Dreier/Schulze/Schulze*[3] Rdnr. 15). Geht es um die Veröffentlichung oder Verwertung einer vom Urheber nicht autorisierten Bearbeitung, muss man somit zum einen fragen, ob sich das Recht des Nutzers überhaupt auf Bearbeitungen erstreckt – die Antwort gibt im Zweifel § 37 – und zum anderen, ob die konkret vorliegende Bearbeitung vom Urheber toleriert werden muss – die Antwort folgt aus §§ 23, 39.

Nach der Regelung des **§ 2 VerlG** verbleibt dem Verfasser mangels anderweitiger Vereinbarung hinsichtlich der in § 2 Abs. 2 Nr. 1–3 aufgezählten Bearbeitungsformen das positive Nutzungsrecht, und er wird auch von Enthaltungspflicht und Verbotsrecht (§ 9 Abs. 2 VerlG) freigestellt. Bezüglich sonstiger Bearbeitungen stand dem Verfasser vor Einführung des § 37 Abs. 1 zwar an sich das positive Nutzungsrecht zu, dessen Ausübung war aber durch die Enthaltungspflicht des Verfassers und das Verbotsrecht des Verlegers praktisch paralysiert (*Schricker* GRUR Int. 1983, 446/453 f.). § 37 Abs. 1 will, wie in der AmtlBegr. besonders betont wird (Rdnr. 2), nunmehr hinsichtlich aller Bearbeitungen dem Urheber im Zweifel sowohl das positive Nutzungsrecht als auch das negative Verbotsrecht vorbehalten. Wie das dabei erwähnte verlagsrechtliche Beispiel zeigt, soll dies auch für das Verlagsrecht gelten. Enthaltungspflicht des Verfassers und Verbotsrecht des Verlegers werden somit zugunsten des Verfassers gegenüber der bisherigen 6

§ 37   Verträge über die Einräumung von Nutzungsrechten

verlagsrechtlichen Regelung eingeschränkt, was tendenziell durchaus im Sinn des UrhG liegt; auch an anderen Punkten, zB. in der Unübertragbarkeitsregelung, wirkt sich das UrhG in dieser Weise auf das Verlagsrecht aus (*Schricker*[3] § 2 Rdnr. 12; *Schricker* GRUR Int. 1983, 446/453 f.; *Dreier/Schulze/Schulze*[3] Rdnr. 16; *Kotthoff* in HK[2] Rdnr. 5; *Wegner/Wallenfels/Kaboth* S. 75 f., 83 f.; *Haberstumpf* in FS Schricker 70 S. 311, 322). Allzu groß ist die praktische Bedeutung der Einwirkung des § 37 Abs. 1 auf das Verlagsrecht freilich nicht, da § 2 Abs. 2 Nr. 1–3 VerlG bereits die wichtigsten Fälle der Bearbeitung iSd. § 37 Abs. 1 regelt. Ausnahmsweise kann, auch soweit § 37 Abs. 1 die Bearbeitung freistellt, deren konkurrierender Nutzung eine verlagsvertragsimmanente Treuepflicht entgegenstehen (*Schricker*[3] § 2 Rdnr. 12 S. 179; *Wandtke/Bullinger/Wandtke/Grunert*[3] Rdnr. 6; *Möhring/Nicolini/Spautz*[2] Rdnr. 4). Erst recht kann sich der Verfasser auf sein Recht an der Bearbeitung nicht berufen, wenn dessen Ausübung eine vorsätzliche sittenwidrige Schädigung des Verlegers bildet (*Fromm/Nordemann/Hertin*[9] Rdnr. 2).

II. Die Regelung im Einzelnen

1. Bearbeitungen (Abs. 1)

7   Abs. 1 gilt für die Auslegung des verpflichtenden und verfügenden Teils (Rdnr. 3) von Rechtsgeschäften, die sich auf die Einräumung eines **gegenständlichen Nutzungsrechts** (Vor §§ 28 ff. Rdnr. 47) richten. Für rein schuldrechtlich verpflichtende Nutzungserlaubnisse gilt § 37 analog (*Dreier/Schulze/Schulze*[3] Rdnr. 9). Entsprechendes ergibt sich aber auch aus der – allgemeinen – Zweckübertragungslehre (vgl. *Schricker*[3] § 8 Rdnr. 5 c). Es kann sich um **Nutzungsrechte jeder Art** handeln (§§ 15–22).

8   Die Auslegungsregel des Abs. 1 gilt „**im Zweifel**", dh. wenn aus der Auslegung des Vertrages nach allgemeinen Regeln (Rdnr. 4) nicht ein zweifelsfreies – positives oder negatives – Ergebnis resultiert. Da nach den allgemeinen Regeln der Rechtsgeschäftslehre auch stillschweigende Vereinbarungen Vorrang genießen, greift Abs. 1 nicht bereits dann ein, wenn eine **ausdrückliche** Vereinbarung fehlt (siehe *Möhring/Nicolini/Spautz*[2] Rdnr. 3; *Fromm/Nordemann/J. B. Nordemann*[10] Rdnr. 10; zutreffend *Mestmäcker/Schulze* Anm. 1). Wird ein Bearbeitungsrecht eingeräumt, legitimiert dies im Zweifel nur zu einer Bearbeitung, nicht zu mehreren (arg. § 88 Abs. 2 S. 1; s. *Dreier/Schulze/Schulze*[3] Rdnr. 12).

9   Nach der Auslegungsregel des Abs. 1 steht dem Urheber das „Recht der Einwilligung zur Veröffentlichung oder Verwertung der Bearbeitung des Werkes" zu. Die Vorschrift bezieht sich, wie die in der AmtlBegr. gebrachten Beispiele erkennen lassen (Rdnr. 2), nur auf solche **Bearbeitungen** (§ 3 Rdnr. 5), die schutzfähige Werke iSd. § 3 bilden (*Schricker*[3] § 2 Rdnr. 12; *Dreier/Schulze/Schulze*[3] Rdnr. 16; *Kotthoff* in HK[2] Rdnr. 3; *Schricker* GRUR Int. 1983, 446/454; so wohl auch OLG Karlsruhe GRUR 1983, 300/309 – Inkasso-Programm. Nicht erörtert wird § 37 Abs. 1 in KG ZUM 1997, 397, wo es um unterschiedlich ausgestaltete Gesamtausgaben ging. S. im einzelnen zur Problematik des Bearbeitungsbegriffs in diesem Zusammenhang *Haberstumpf* in FS Schricker S. 311, 318 ff.). Bei Bearbeitungen und sonstigen Umgestaltungen, die die Voraussetzungen für den Urheberrechtsschutz nicht erreichen, wäre es zwar unschädlich, dem Urheber im Zweifel das positive Nutzungsrecht zu belassen; nicht sachgerecht erschiene es aber, auch das Verbotsrecht des Nutzers auszuschalten, wie dies zum Regelungsgehalt des Abs. 1 gehört (Rdnr. 10). Andernfalls wäre der Nutzer im Zweifel konkurrierenden Verwertungen schutzlos ausgesetzt, denen ein nur leicht abgeändertes Werk zugrunde liegt. Bei Umgestaltungen unterhalb des Niveaus der schutzfähigen Bearbeitung bleibt es somit bei den allgemeinen Regeln der Vertragsauslegung.

10   Die Auslegungsregel behält dem Urheber jede **Verwertung** der Bearbeitung vor, dh. alle Formen der Verwertung iSd. §§ 15–22 (vgl. § 23 Rdnr. 13). Dem Urheber wird jeweils sowohl das **positive Nutzungsrecht** als auch das **negative Verbotsrecht** zugeordnet (Rdnr. 2; *v. Gamm* Rdnr. 2; *Mestmäcker/Schulze* Anm. 1 a; *Wandtke/Bullinger/Wandtke/Grunert*[3] Rdnr. 5; *Kotthoff* in HK[2] Rdnr. 4. Abweichend *Möhring/Nicolini/Spautz*[2] Rdnr. 4: Ob dem Nutzungsberechtigten nicht doch das Verbotsrecht zustehe, sei von Fall zu Fall zu entscheiden. Die Auslegung nach den Umständen des Einzelfalls geht aber der Anwendung des § 37 voran [Rdnr. 4]; eine erneute Heranziehung der Umstände zu einer abschließenden Ergebniskorrektur ist methodisch nicht korrekt.). Auch **Dritten** kann der Nutzungsrechtsinhaber eine Verwertung der Bearbeitung nicht verbieten, ganz gleich, ob sie vom Urheber autorisiert sind oder nicht (*Schricker*[3] § 2 Rdnr. 12, § 8 Rdnr. 22; *Mestmäcker/Schulze* Anm. 1 a; *Ulmer*[3] § 103 III 1; *Dreier/Schulze/Schulze*[3] Rdnr. 16; *Rintelen* S. 310; vgl. auch *v. Gamm* Rdnr. 2. Abweichend nehmen

*Bußmann/Pietzcker/Kleine*³ S. 424 ein Verbotsrecht gegenüber nicht autorisierten Dritten an. So im Ergebnis auch BGH GRUR Int. 1999, 884/885 – Laras Tochter unter Übergehung des § 37, s. zur Kritik *Schricker* EWiR 1999, 967/968).

Mit **Veröffentlichung** ist die Erstveröffentlichung iSd. § 12 gemeint (vgl. § 23 Rdnr. 18; § 12 Rdnr. 7 ff.).

2. Bild- oder Tonträger (Abs. 2)

Sinn und Zweck des Abs. 2 erschließen sich nicht sofort. Die Übertragung eines Werkes auf Bild- oder Tonträger stellt gem. § 16 Abs. 2 eine Vervielfältigung dar; im Musikbereich ist diese Vervielfältigungsart inzwischen der wirtschaftliche Normalfall. Obwohl § 37 Abs. 2 die Einräumung des Vervielfältigungsrechts betrifft, soll dem Urheber im Zweifel das Recht verbleiben, das Werk auf Bild- oder Tonträger – zu denen auch digitale Speichermedien zählen (*Wandtke/Bullinger/Wandtke/Grunert*³ Rdnr. 7) – zu übertragen. Der Vorbehalt zugunsten gerade dieser Vervielfältigungsakte hat historische Gründe. In § 14 LUG und noch heute in § 2 Abs. 2 Nr. 4 VerlG wurden bzw. werden diese Nutzungshandlungen als Bearbeitungen eingeordnet. In Fortführung des in § 37 Abs. 1 niedergelegten Auslegungsgrundsatzes sollten auch sie im Zweifel beim Urheber verbleiben. Klassischer Anwendungsfall ist demgemäß der **Musikverlagsvertrag**, der im Zweifel nicht die Befugnis des Verlags zur Vervielfältigung auf Bild- und Tonträgern umfasst (*Schack*⁴ Rdnr. 548). Soweit der Nutzungsvertrag seinem Zweck nach aber gerade auf diese Medien ausgerichtet ist, folgt die Einräumung des Vervielfältigungsrechts aus §§ 133, 157 BGB (*Dreier/Schulze/Schulze*³ Rdnr. 21). 11

Abs. 2 setzt die Einräumung eines **gegenständlichen Nutzungsrechts zur Vervielfältigung** iSd. § 16 Abs. 1 voraus, das mehr oder weniger eingeschränkt sein kann. Die Auslegungsregel des Abs. 2 gilt für Verpflichtung und Verfügung (Rdnr. 7). Abs. 2 setzt voraus, dass bei der Vertragsauslegung hinsichtlich der Einbeziehung des Rechts zur Übertragung auf Bild- oder Tonträger (als eines Teiles des Vervielfältigungsrechts, § 16 Abs. 2) **Zweifel** bestehen bleiben (Rdnr. 8). Abs. 2 behebt Auslegungszweifel dadurch, dass das Vervielfältigungsrecht für Bild- und Tonträger hinsichtlich des positiven Nutzungsrechts und des negativen Verbotsrechts (Rdnr. 10) dem **Urheber** zugeordnet wird (*Wandtke/Bullinger/Wandtke/Grunert*³ Rdnr. 7). Abs. 2 ist sowohl anwendbar, wenn Zweifel bezüglich der Bildträger- oder Tonträgervervielfältigung bestehen, als auch, wenn nur **eine** der beiden Vervielfältigungsarten vom Auslegungszweifel betroffen ist. Entsprechend gilt Abs. 2 auch für den Fall, dass nur eine **Unterart** der Bild- oder Tonträgerrechte in Zweifel steht, zB die Nutzung eines Musikwerkes auf DVD, wenn ein Nutzungsrecht zur Vervielfältigung auf CDs eingeräumt wurde. Ferner ist der Gedanke des Abs. 2 auch heranzuziehen, wenn Bild- oder Tonträgerrechte zweifelsfrei eingeräumt sind, aber andere Arten der Vervielfältigung in Frage stehen (aA *Fromm/Nordemann/J. B. Nordemann*¹⁰ Rdnr. 15). Zur Frage, inwieweit hier selbständige Nutzungsarten anzunehmen und damit eigene Nutzungsrechte möglich sind, s. § 31 Rdnr. 16 ff.; s. auch *Dreier/Schulze/Schulze*³ Rdnr. 20 ff. Allerdings gilt § 37 Abs. 2 auch für rein schuldrechtliche Vereinbarungen, die an die Grenzen der Aufspaltbarkeit in gegenständliche Nutzungsrechte nicht gebunden sind (vgl. Rdnr. 7). 12

3. Öffentliche Wahrnehmbarmachung einer öffentlichen Wiedergabe (Abs. 3)

Abs. 3 betrifft das wirtschaftlich wenig bedeutsame, zum Vortrags- und Aufführungsrecht gehörende Recht, **Vorträge und Aufführungen** außerhalb des Raumes, in dem die persönliche Darbietung stattfindet, durch Bildschirm, Lautsprecher oder ähnliche technische Einrichtungen öffentlich wahrnehmbar zu machen (§ 19 Abs. 3) sowie das zum Recht der **öffentlichen Wiedergabe von Vorträgen oder Aufführungen durch Bild- oder Tonträger** gehörende entsprechende Recht (§ 21 Abs. 3 mit § 19 Abs. 3; vgl. *v. Gamm* § 21 Rdnr. 3). Allerdings spricht Abs. 3 im Gegensatz zu § 19 Abs. 3 nicht von „**Raum**", in dem die Wiedergabe „stattfindet", sondern von der „**Veranstaltung**", für die sie „**bestimmt**" ist, „weil bei einer Auslegungsregel nicht auf objektive Merkmale, sondern auf den subjektiven Willen der Vertragsparteien abzustellen ist" (AmtlBegr. *Haertel/Schiefler* S. 196; kritisch *Samson* S. 140). Folglich kann die Videoübertragung eines Theaterstücks im Foyer für zu spät kommende Besucher als vom Nutzungsvertrag erfasst angesehen werden, weil die Wiedergabe noch im Rahmen der Veranstaltung erfolgt, wenn auch außerhalb des Zuschauerraums (siehe *Dreier/Schulze/Schulze*³ Rdnr. 26). 13

Wie die AmtlBegr. weiter erläutert (Rdnr. 2), soll durch die unterschiedliche Formulierung der Rechtsfolge dem Urheber nur das **positive Nutzungsrecht** vorbehalten werden, nicht aber 14 das **negative Verbotsrecht,** dh. der Werknutzer ist im Zweifel zwar nicht zur öffentlichen Wahrnehmbarmachung berechtigt, er kann sie aber einem Dritten und ggf. auch dem Urheber, der in der Regel an einer eigenständigen Verwertung dieser Nutzung kein eigenständiges Interesse hat, verbieten (*v. Gamm* Rdnr. 2; *Möhring/Nicolini/Spautz*[2] Rdnr. 9; *Wandtke/Bullinger/ Wandtke/Grunert*[3] Rdnr. 8; *Dreier/Schulze/Schulze*[3] Rdnr. 27; *Kotthoff* in HK[2] Rdnr. 7).

Vgl. zu den **Verträgen,** auf die sich Abs. 3 bezieht, Rdnr. 7; zur Wendung **„im Zweifel"** Rdnr. 8.

§ 38 Beiträge zu Sammlungen

(1) [1]Gestattet der Urheber die Aufnahme des Werkes in eine periodisch erscheinende Sammlung, so erwirbt der Verleger oder Herausgeber im Zweifel ein ausschließliches Nutzungsrecht zur Vervielfältigung und Verbreitung. [2]Jedoch darf der Urheber das Werk nach Ablauf eines Jahres seit Erscheinen anderweit vervielfältigen und verbreiten, wenn nichts anderes vereinbart ist.

(2) Absatz 1 Satz 2 gilt auch für einen Beitrag zu einer nicht periodisch erscheinenden Sammlung, für dessen Überlassung dem Urheber kein Anspruch auf Vergütung zusteht.

(3) [1]Wird der Beitrag einer Zeitung überlassen, so erwirbt der Verleger oder Herausgeber ein einfaches Nutzungsrecht, wenn nichts anderes vereinbart ist. [2]Räumt der Urheber ein ausschließliches Nutzungsrecht ein, so ist er sogleich nach Erscheinen des Beitrags berechtigt, ihn anderweit zu vervielfältigen und zu verbreiten, wenn nichts anderes vereinbart ist.

Schrifttum: *Ehmann/Fischer,* Zweitverwertung rechtswissenschaftlicher Texte im Internet, GRUR Int. 2008, 284; *Haberstumpf/Hintermeier,* Einführung in das Verlagsrecht[3], 1985, § 27, § 28; *Hansen,* Zugang zu wissenschaftlicher Information – alternative urheberrechtliche Ansätze, GRUR Int. 2005, 378; *ders.,* Für ein Zweitveröffentlichungsrecht für Wissenschaftler, GRUR Int. 2009, 799; *Hirschfelder,* Anforderungen an eine rechtliche Verankerung des Open Access Prinzips, 2008; *ders.,* Open Access-Zweitveröffentlichungsrecht und Anbietungspflicht als europarechtlich unzulässige Schrankenregelung?, MMR 2009, 444; *v. Hülsen,* Das Zeitungs- und Zeitschriftenunternehmen, 1989; *Melichar,* Die Begriffe „Zeitung" und „Zeitschrift" im Urheberrecht, ZUM 1988, 14; *Reimer E.,* Die Rechte der Autoren und Verleger bei Vervielfältigungen von Zeitschriften im Wege der Mikrophotographie, GRUR 1948, 98; *Schricker*[3] § 3/§ 38 UrhG, § 42/§ 38 UrhG; *ders.,* Zur Bedeutung des Urheberrechtsgesetzes von 1965 für das Verlagsrecht, GRUR Int. 1983, 446; *ders.,* Verlagsrechtliche Fragen bei Zeitschriftenbeiträgen, MittHV 1983, 319; *Schulze,* Die Einräumung unbekannter Nutzungsrechte nach neuem Urheberrecht, UFITA 2007/III, 641; *Sellier,* Die Rechte der Herausgeber, Mitarbeiter und Verleger bei Sammelwerken, Diss. München 1964; *Spindler/Heckmann,* Der rückwirkende Entfall unbekannter Nutzungsrechte (§ 137l UrhG-E). Schließt die Archive?, ZUM 2006, 620; *Tetzner,* Zur Rechtslage bei der Vervielfältigung von Büchern und Zeitschriften durch Herstellung von Mikraten, SJZ 1949, 179 ff.

Übersicht

	Rdnr.
I. Allgemeines	1–3 c
1. Entstehungsgeschichte	1, 2
2. Bedeutung und Zweck	3–3 c
II. Aufbau, Anwendungsbereich, Verhältnis zu anderen Vorschriften	4–16
1. Aufbau	4–6
2. Begriff der periodischen Sammlung, Zeitung und Zeitschrift	7–14
a) Sammlung	7–10 a
b) Periodische Sammlung, Zeitung, Zeitschrift	11–14
3. Verhältnis zu anderen Vorschriften	15–15 a
4. Zur Vertragsauslegung	16
III. Die Regelung im Einzelnen	17–21
1. Periodisch erscheinende Sammlungen	17, 18
2. Nichtperiodische Sammlungen	19
3. Zeitungen	20, 21

I. Allgemeines

1. Entstehungsgeschichte

1   Vor Inkrafttreten des UrhG gewährte **§ 3 VerlG** bei Sammelwerken ohne Verfasservergütung dem Verfasser das Recht anderweitiger Verwendung nach einem Jahr seit Ablauf des Kalenderjahrs des Erscheinens; **§ 42 VerlG** enthielt bei periodischen Sammelwerken eine Vermutung

gegen die Ausschließlichkeit des Rechts des Verlegers; bei ausschließlicher Berechtigung war die anderweitige Verfügung nach einem Jahr, bei Zeitungen alsbald nach dem Erscheinen freigestellt. In **§ 11 Abs. 1 KUG** fand sich eine im Wesentlichen dem § 42 VerlG entsprechende Regelung, die von § 1 Abs. 2 KUG auf nichtperiodische Sammelwerke bei Vergütungsfreiheit erstreckt wurde. Die genannten Vorschriften wurden durch das UrhG aufgehoben; ihre Regelungsaufgabe ist nunmehr dem § 38 unterstellt.

Die **AmtlBegr**. (*Haertel/Schiefler* S. 196 f.) weist darauf hin, dass bei periodischen Sammlungen die geltende Regelung zu Zweifeln und Unklarheiten geführt habe; die Herausgeber oder Verleger wollten in der Regel ausschließliche Rechte an den Beiträgen erwerben und dies erscheine auch gerechtfertigt. Die Befugnis des Verfassers zu anderweitiger Verfügung nach einem Jahr werde beibehalten; jedoch solle das Jahr nicht vom Ablauf des Kalenderjahres nach dem Erscheinen, sondern unmittelbar vom Erscheinen an gerechnet werden, um zufallsabhängige Schwankungen der Fristlänge, die unzweckmäßig und nicht gerechtfertigt erschienen, auszuschließen (kritisch zur Fristverkürzung *Kleine* UFITA 19 [1955] 142/150 f.). Für nicht periodische Sammlungen ohne Vergütungsanspruch halte sich § 38 Abs. 2 in Übereinstimmung mit dem früheren Recht. Abs. 3 des RegE enthielt zunächst nur den jetzigen S. 2. Auf Vorschlag des Rechtsausschusses, der sich das Votum des Ausschusses für Kulturpolitik und Publizistik zu eigen machte, wurde der heutige Abs. 3 S. 1 eingefügt, „der der besonderen Interessenlage bei Zeitungen besser Rechnung trägt" (*Haertel/Schiefler* S. 198). Eine Definition der Begriffe „Zeitung" und „Zeitschrift" hielt der Rechtsausschuss nicht für erforderlich (s. dazu Rdnr. 12–14).

Sieht man von dem – wenig überzeugenden (vgl. *Schricker* GRUR Int. 1983, 446/449) – Unklarheitsargument ab, so wird die wesentliche Neuerung in § 38, nämlich die Umstellung der Vermutung vom einfachen auf das ausschließliche Recht bei Zeitschriftenbeiträgen, durch das **Verwerterinteresse** begründet, das der Gesetzgeber als gerechtfertigt anerkennt. § 38 gehört damit zu den wenigen Vorschriften des UrhG, die partiell zu einer „Verschlechterung" der Rechtslage für die Urheber führten. Eine sachliche Berechtigung für diese gesetzliche Wertung der Interessenlage kann allerdings nicht bestritten werden; auch waren in der Praxis schon zuvor meist ausschließliche Rechte vereinbart worden (*Ulmer*³ § 111 II 2 a).

Zum Übergangsrecht s. § 132.

2. Bedeutung und Zweck

Da bei Zeitungs- und Zeitschriftenbeiträgen und zT auch bei nicht periodischen Sammelwerken schriftliche Verträge vielfach nicht geschlossen werden, ist § 38 von **nicht unerheblicher praktischer Bedeutung.** Sie liegt vor allem im **Verlagsbereich,** genauer gesagt bei den **Zeitungen und Zeitschriften.** § 38 als **dispositive Vorschrift** (*Wandtke/Bullinger/Wandtke/Grunert*³ Rdnr. 1) wird hier allerdings durch **tarifvertragliche Regelungen** für Arbeitnehmer und arbeitnehmerähnliche Personen zT ergänzt und überlagert (s. im Einzelnen *Dreier/Schulze/Schulze*³ Rdnr. 2; s. ferner oben zu §§ 28 ff. Rdnr. 20 ff.; § 43 Rdnr. 103 ff.; s. zB den Tarifvertrag für arbeitnehmerähnliche freie Journalisten und Journalistinnen an Tageszeitungen vom 14. 9. 2006, abgedruckt bei *Hillig* [Hrsg.], Urheber- und Verlagsrecht¹², 145 ff. S. dort auch weitere Tarifverträge für Zeitungen und Zeitschriften. Zur Geltung des § 38 für Arbeitnehmer und Beamte s. allgemein § 43 Rdnr. 61 f.). § 38 gilt sowohl für die Bestimmung des Inhalts der **gegenständlichen Nutzungsrechte** zur Vervielfältigung und Verbreitung als auch der zugrunde liegenden (vgl. Vor §§ 28 ff. Rdnr. 47) **schuldrechtlichen Verträge** (*Wandtke/Bullinger/Wandtke/Grunert*³ Rdnr. 1; *Dreier/Schulze/Schulze*³ Rdnr. 4; anders offenbar *v. Gamm* Rdnr. 2, 3).

Geregelt wird das Verhältnis zwischen dem Verleger oder Herausgeber der Sammlung (s. Rdnr. 17) einerseits und dem **Inhaber des Urheberrechts am Einzelbeitrag** andererseits. Für die vom **Urheber des Sammelwerks** als Ganzem (§ 4) abgeschlossenen Verträge gilt § 38 seinem Sinn und Zweck nach (s. Rdnr. 3b) nicht; es sind vielmehr die allgemeinen urhebervertragsrechtlichen Regeln anwendbar (*Wandtke/Bullinger/Wandtke/Grunert*³ Rdnr. 4; *Dreier/Schulze/Schulze*² Rdnr. 6). Im Übrigen kann § 38 auf geschützte Werke jeder Art angewandt werden (*Dreier/Schulze/Schulze*³ Rdnr. 7). In Bezug auf **schutzunfähige Beiträge** gilt im Verlagsbereich § 39 VerlG; § 38 kann zur näheren Bestimmung der Enthaltungspflicht analog herangezogen werden (*v. Gamm* Rdnr. 4; *Wandtke/Bullinger/Wandtke/Grunert*³ Rdnr. 2). Kraft ausdrücklicher Verweisungen gilt § 38 entsprechend für **Verträge über die verwandten Schutzrechte** der Verfasser wissenschaftlicher Ausgaben (§ 70 Abs. 1), Lichtbildner (§ 72 Abs. 1) und seit dem Inkrafttreten des Gesetzes zur Regelung des Urheberrechts in der Informationsgesellschaft am 13. 9. 2003 für Nutzungsverträge ausübender Künstler (§ 79 Abs. 2 S. 2), Veranstalter (§ 81 S. 2), Tonträgerhersteller (§ 85 Abs. 2 S. 3), Sendeunternehmen (§ 87 Abs. 2 S. 3) und Filmhersteller (§ 94 Abs. 2 S. 3; s. *Dreier/Schulze/Schulze*[3] Rdnr. 4), wenn deren Leistungen Bestandteil einer Sammlung (dazu unten Rdnr. 7 ff.) werden sollen.

3b Die entsprechende Anwendung des § 38 auf Verträge über verwandte Schutzrechte wurde damit begründet, dass die Vorschrift weder eine vertragsrechtliche Konkretisierung des Urheberpersönlichkeitsrechts darstelle noch dem Schutz des Urhebers als der regelmäßig schwächeren Vertragspartei diene (s. BT-Drucks. 15/38, 25). **Zweck der Regelung** ist es vielmehr, dem Urheber oder Inhaber verwandter Schutzrechte die Befugnis vorzubehalten, das Werk bzw. die Leistung außerhalb der Sammlung zu verwerten und damit im eigenen sowie im Interesse der Allgemeinheit **alternative Verwertungs- und Zugangsmöglichkeiten zu erschließen**; die Werke und Leistungen sollen nicht nur als Bestandteil der einen, ggf. vergriffenen oder hochpreisigen Sammlung verfügbar sein (in diesem Sinne die Begründung zu § 3 VerlG, abgedr. bei *Schulze*, Materialien I[2], 53: wissenschaftliche Festgaben pflegten als Ganzes nur geringen Absatz zu finden, während die Nachfrage nach einzelnen Beiträgen häufig eine Stärkere sei). Um dies zu erreichen, spricht sich das Gesetz im Zweifel gegen eine zeitlich und sachlich uneingeschränkte, ausschließliche Nutzungsrechtseinräumung aus. Aufgrund dieses generellen Zwecks wird man § 38 anders als die spezifisch urheberschützende Norm des § 37 (siehe dort Rdnr. 3) auch auf die **Einräumung von Nutzungsrechten auf zweiter oder späterer Stufe** anwenden können (s. allgemein Vor §§ 28 ff. Rdnr. 50 ff.).

3c In Fortentwicklung dieses Zwecks ist in der Literatur vorgeschlagen worden, die dispositive Vorschrift des § 38 Abs. 1 für wissenschaftliche Beiträge **de lege ferenda** zu einer zwingenden Regelung auszugestalten. Ein **unabdingbares Zweitverwertungsrecht** soll die Zugänglichkeit wissenschaftlicher Information im Internet verbessern („Open Access", s. *Hansen* GRUR Int. 2005, 378, 387 f.; *Hirschfelder* S. 134 ff.). Dieser Vorschlag wurde vom Bundesrat während der Beratungen zum „Zweiten Korb" (o. Einleitung Rdnr. 88) aufgegriffen. Demnach hat der Urheber „an wissenschaftlichen Beiträgen, die im Rahmen einer überwiegend mit öffentlichen Mitteln finanzierten Lehr- und Forschungstätigkeit entstanden sind und in Periodika erscheinen, ... auch bei Einräumung eines ausschließlichen Nutzungsrechts das Recht, den Inhalt längstens nach Ablauf von sechs Monaten seit Erstveröffentlichung anderweitig öffentlich zugänglich zu machen, soweit dies zur Verfolgung nicht kommerzieller Zwecke gerechtfertigt ist und nicht in der Formatierung der Erstveröffentlichung erfolgt. Dieses Recht kann nicht abbedungen werden." (s. BT-Drucks. 16/1828, 39). Die Bundesregierung wies dieses Ansinnen zurück, weil fraglich sei, ob es sich hierbei um eine europarechtlich unzulässige Schrankenregelung handele und deutschen Wissenschaftlern ggf. der Zugang zu internationalen Zeitschriften mit hoher Reputation erschwert werde (aaO., 47). In einer Entschließung hat der Bundestag jedoch gefordert, die Zulässigkeit und Erforderlichkeit eines solchen Zweitverwertungsrechts für öffentlich finanzierte, wissenschaftliche Beiträge eingehend zu prüfen (BT-Drucks. 16/5939, 3). Konventions- und europarechtliche Bedenken werden insoweit zu Unrecht geltend gemacht, da eine urheber*vertragsrechtliche* Regelung und keine generelle Einschränkung der ausschließlichen Rechte diskutiert wird.

II. Aufbau, Anwendungsbereich, Verhältnis zu anderen Vorschriften

1. Aufbau

4 § 38 Abs. 1 und Abs. 3 befassen sich im jeweiligen 1. Satz zunächst mit der Frage, ob ein **ausschließliches oder einfaches Nutzungsrecht** eingeräumt wird. Die Antwort ergibt sich in erster Linie aus der – ausdrücklichen oder konkludenten – **vertraglichen Vereinbarung**, deren Inhalt, wenn er nicht klar zu Tage liegt, durch **Auslegung** nach allgemeinen Grundsätzen zu ermitteln ist (*v. Gamm* Rdnr. 2). Lässt sich ein zweifelsfreies Auslegungsergebnis nicht gewinnen, so greift die gesetzliche Vermutung ein: Sie spricht bei **Zeitungen** für ein einfaches Nutzungsrecht (§ 38 Abs. 3 S. 1), bei allen anderen periodischen Sammlungen, also insbesondere bei **Zeitschriften,** für ein ausschließliches Nutzungsrecht (§ 38 Abs. 1 S. 1).

Für die in § 38 Abs. 2 behandelten Beiträge zu **nichtperiodischen Sammlungen,** für deren Überlassung dem Urheber **kein Anspruch auf Vergütung** zusteht, fehlt eine derartige Vermutung. Hierin liegt weder ein Redaktionsversehen, das durch Annahme einer Verweisung auf den ganzen Abs. 1 zu korrigieren wäre noch ein Ansatzpunkt für einen Gegenschluss im Sinn der Vermutung eines einfachen Nutzungsrechts. Am nächsten liegt die Annahme, dass der Gesetzgeber **keine Vermutung** aufstellen, sondern es bei den allgemeinen Auslegungsgrundsätzen belassen wollte, wie sie auch unter der alten Regelung des § 3 VerlG galten (s. im Einzelnen *Schricker*[3] § 3/§ 38 UrhG Rdnr. 1), wobei für Verlagsverträge § 8 VerlG freilich regelmäßig zugunsten eines ausschließlichen Rechtes spricht (*Schricker*[3] § 8 Rdnr. 2; vgl. auch *v. Gamm* Rdnr. 7). Gegen die Hypothese eines Redaktionsversehens spricht im Übrigen, dass der RefE in § 30 Abs. 2, der dem heutigen § 38 Abs. 2 entspricht, in der Tat auf Abs. 1 schlechthin verwiesen hatte und dass der MinE dies bewusst in die Verweisung auf Abs. 1 S. 2 abänderte, wobei die Begründung zum MinE (S. 42 zu § 33) auf diese Modifikation des RefE ausdrücklich hinweist und sie als Klarstellung bezeichnet.

Eine Vermutungsregelung fehlt schließlich auch für **Beiträge zu nichtperiodischen Sammlungen, die vergütet werden;** für sie gelten die allgemeinen Auslegungsgrundsätze. Nicht selten kommen diesbezüglich Bestellverträge vor (§ 47 VerlG; Näheres bei *Schricker*[3] § 47 Rdnr. 10 ff.).

Soweit als Vertragsinhalt – infolge Auslegung oder nach Maßgabe der gesetzlichen Vermutung **5** – ein **einfaches Nutzungsrecht** anzunehmen ist, kann der Urheber den Beitrag ohne Weiteres anderweitig verwerten, und zwar auch zum gleichzeitigen oder sogar vorherigen anderweitigen Erscheinen. Schuldrechtlich können freilich Vorzugsrechte oder Enthaltungspflichten vereinbart werden. So kann der Urheber einem Nutzungsrechtsinhaber zusichern, dass der Beitrag bei ihm zuerst erscheinen werde; der Urheber sollte dies freilich durch komplementäre Abreden mit anderen Nutzungsrechtsinhabern absichern. Die schuldrechtlichen Vereinbarungen wirken nur zwischen den Parteien, nicht auch zu Lasten eines anderen Nutzungsrechtsinhabers (vgl. vor §§ 28 ff. Rdnr. 98).

Für den Fall, dass sich die Einräumung eines **ausschließlichen Nutzungsrechts** als Vertragsin- **6** halt ergibt, sehen Abs. 1 S. 2, Abs. 2 und Abs. 3 S. 2 **Beschränkungen der Ausschließlichkeit** vor. Diese ergänzen den Vertrag als dispositive Normen, wenn – was der Nutzungsrechtsinhaber darzulegen und zu beweisen hat – „nichts anderes vereinbart ist". Die Beschränkungen bedeuten, dass die Ausschließlichkeit zu einem gesetzlich bestimmten Zeitpunkt endet, dh. das **ausschließliche Nutzungsrecht** wandelt sich in ein **einfaches Nutzungsrecht** um (*v. Gamm* Rdnr. 5; *Möhring/Nicolini/Spautz*[2] Rdnr. 6; *Schricker*[3] § 42/§ 38 UrhG Rdnr. 11; *Wandtke/Bullinger/ Wandtke/Grunert*[3] Rdnr. 8). Für Beiträge zu **periodischen Sammlungen, die nicht Zeitungen** sind, tritt diese Wirkung 1 Jahr nach Erscheinen ein (Abs. 1 S. 2); Gleiches gilt für **nicht vergütete Beiträge zu nichtperiodischen Sammlungen** (Abs. 2), während bei **Zeitungen** die Ausschließlichkeit mit Erscheinen des Beitrags endet (Abs. 3 S. 2). Für **vergütete Beiträge zu nicht periodischen Sammlungen** fehlt eine Regelung; die Gesetzeslücke, die schon im vorhergehenden Recht vorhanden war, ist gewollt; es verbleibt insoweit bei der vertraglichen Regelung, dh. die Ausschließlichkeit besteht mangels einer solchen bis zum Ende des Nutzungsrechts fort. Diese Differenzierungen entsprechen dem Zweck der Regelung: Je kürzer das exklusive Auswertungsinteresse des Verlegers/Herausgebers und je intensiver die Eingliederung des Beitrags in eine Sammlung, desto eher wird dem Urheber die Möglichkeit zu einer gesonderten Zweitverwertung seines Werks eröffnet.

2. Begriff der periodischen Sammlung, Zeitung und Zeitschrift

a) Sammlung. § 38 baut auf dem Begriff der **„Sammlung"** auf, während die §§ 3, 42 **7** VerlG sowie auch § 11 KUG auf **„Sammelwerke"** abstellten. „Sammlung" wird in § 4 Abs. 1 UrhG als Oberbegriff für urheberrechtlich schutzfähige Sammelwerke und sonstige Sammlungen aus „Werken, Daten oder anderen unabhängigen Elementen" verwendet (s. zur Terminologie § 4 Rdnr. 2; *Ulmer*[3] § 29 I). Der Begriff der „Sammlung" wird in § 4 einerseits und § 38 andererseits in unterschiedlicher Funktion eingesetzt: Bei § 4 geht es darum, den Rahmen abzustecken, in dem die schöpferische Auswahl und Anordnung Urheberrechtsschutz begründen kann; bei § 38 ist der Begriff dagegen auf die in der Vorschrift getroffenen urhebervertragsrechtlichen Regelungen zu beziehen, und es ist zu fragen, ob es sich um eine Zusammenstellung handelt, bei der die im Zweifel zugelassene gesonderte Vervielfältigung und Verbreitung unter den Voraussetzungen des § 38 als sach- und interessengerecht erscheint. Bei dieser **funktionsspezifischen Differenzierung** ergibt sich für § 38 ein **eigenständiger Begriff der Sammlung** (*Schricker*[3] 3/§ 38 UrhG Rdnr. 2; *Schricker* GRUR Int. 1983, 446/448 f.).

So ergibt sich aus dem Gesamtzusammenhang, dass § 38 eine **„Sammlung"** voraussetzt, die **8** zumindest **ein** geschütztes Werk enthält (vgl. *v. Gamm* Rdnr. 4; *Möhring/Nicolini/Spautz*[2] Rdnr. 3. Nicht hierher gehört deshalb zB eine Gesetzessammlung, auch wenn sie ein schutzfähiges Sammelwerk iSd. § 4 bilden kann, vgl. OLG Frankfurt/M GRUR 1986, 242 – Gesetzessammlung). Es muss sich um eine von einem Verleger oder Herausgeber veranstaltete Sammlung handeln, die nicht nur Werke ein und desselben Urhebers enthält (s. im Einzelnen *Schricker*[3] § 3/§ 38 UrhG Rdnr. 3). Auf § 38 soll sich nur berufen können, wer seinen Beitrag zur Aufnahme in die Sammlung verfasst oder eigens für diese überlassen hat (so auch *Fromm/Nordemann/Nordemann-Schiffel*[10] Rdnr. 10; aA *Riedel* § 41 VerlG Anm. 1; *Leiss* § 41 Anm. 2), denn es ist die vom Urheber übernommene Zweckbindung, die regelmäßig sein Bedürfnis nach anderweitiger Verwertung rechtfertigt. Dem Regelungsgehalt entspricht es, mindestens 3 Beiträge zu verlangen (*Dreier/Schulze/Schulze*[3] Rdnr. 8; vgl. auch *v. Gamm* § 4 Rdnr. 6), da sonst kaum ein Interesse an einer gesonderten Zweitverwertung des einzelnen Beitrags besteht. Die Beiträge müssen zum Bereich von Literatur, Wissenschaft und Kunst gehören, gleichgültig ob sie geschützt sind (*v. Gamm* Rdnr. 6; *Ulmer*[3] § 29 I 1, 2). Sie können gleicher oder unterschiedlicher Kunstgattung angehören. Ein inneres Band ist nicht erforderlich; es genügt der verkehrsübliche engere äußere Zusammenhang. Es braucht sich nicht um ein urheberrechtlich schutzfähiges Sammelwerk iSd. § 4 zu handeln (hM; so auch *Wandtke/Bullinger/Wandtke/Grunert*[3] Rdnr. 7; *Kotthoff* in HK[2] Rdnr. 4). Auf die Art des Speichermediums (analog/digital) kommt es nicht an.

9   Die Sammlung des § 38 ist zu unterscheiden vom **Reihenwerk (Serienwerk)**, bei dem die Einzelbeiträge in der Regel nicht eigens für das Werk geschaffen oder zur Verfügung gestellt werden und es an einer engeren Verbindung fehlt (zB wissenschaftliche Schriftenreihe, Reihe von Gesetzeskommentaren, Romanheften, Reclams Universalbibliothek etc.; Einzelheiten bei *Schricker*[3] § 3/§ 38 UrhG Rdnr. 3; *v. Gamm* Rdnr. 3; *Sellier* S. 7 ff.; *Dreier/Schulze/Schulze*[3] Rdnr. 9; OLG Köln GRUR 1950, 579/582 – Bücherei des ...; sa. bereits RGSt. 16, 355 – Aus dem Reich für das Reich). Keine „Sammlungen" iSd. § 38 sind auch **Lieferungs- oder Fortsetzungswerke**, insbesondere in Form von **Subskriptionswerken** (*Schricker*[3] § 3/§ 38 UrhG Rdnr. 3). Es handelt sich um einheitliche Werke, die aus technischen und/oder wirtschaftlichen Gründen in Teillieferungen erscheinen. Ebenfalls keine Beiträge zu „Sammlungen" stellen Updates elektronischer Datenbanken dar, weil hier lediglich ein bestehendes Werk aktualisiert, nicht aber ein Bestand gesonderter Werke erweitert wird (s. *Dreier/Schulze/Schulze*[3] Rdnr. 10). Ferner gehören nicht zu den „Sammlungen" die **Gesamtausgaben**, die in **Miturheberschaft** geschaffenen Werke, die **verbundenen Werke** mehrerer Urheber (*Schricker*[3] § 3/§ 38 UrhG Rdnr. 3 m. Nachw.).

10   Als **Beispiele** für „Sammlungen" iSd. § 38 nennt die AmtlBegr. Zeitung, Zeitschrift, Kalender, Almanach oder dgl. (*Haertel/Schiefler* S. 196 f.). In der Tat wird die Vorschrift in der Hauptsache Anwendungsfälle aus dem Bereich der Printmedien haben, in dem das Recht zur Vervielfältigung und Verbreitung, auf das sich die Vorschrift bezieht, hauptsächlich in Betracht kommt. Über den Verlagsbereich hinaus kommen auch Kunstmappen, Sammlungen von Photographien, Photothéken und dgl. in Betracht, ferner Sammlungen von Bild- und/oder Tonaufzeichnungen, seien es analoge Medien wie Schallplatten uÄ oder digitale wie eine CD, DVD usw. Die **Datenbankrichtlinie** 96/6/EG lässt die Rechte am Inhalt der Datenbank unberührt (Art. 3 Abs. 2) und regelt demgemäß das Verhältnis zwischen dem Inhaber der Rechte an der Datenbank und den Inhabern der Rechte an darin aufgenommenen Werken nicht; insofern kommt eine Anwendung von § 38 UrhG in Betracht. Zu Zeitungskorrespondenzen s. *Schricker*[3] § 41 Rdnr. 8, zur Fernsehberichterstattung *Dreier/Schulze/Schulze*[3] Rdnr. 24.

10a   Sammlungen der vorgenannten Art, insbesondere Zeitungen und Zeitschriften, werden vermehrt auch im Internet verwertet. Diese technisch-wirtschaftliche Entwicklung ist in § 38 nicht reflektiert. Im historisch begründeten Fokus auf Printmedien wird lediglich die Einräumung der Rechte zur Vervielfältigung und Verbreitung geregelt, nicht jedoch die **öffentliche Zugänglichmachung gem. § 19 a**, die die Verbreitung körperlicher Werkstücke zunehmend ersetzt. Diese Lücke widerspricht sowohl dem Interesse der Verleger/Herausgeber von Zeitschriften und anderen periodischen Sammlungen, im Zweifel ein ausschließliches Recht zur öffentlichen Zugänglichmachung gem. § 38 Abs. 1 zu erwerben (so. Rdnr. 1 f.), als auch dem Zweitverwertungsinteresse des Urhebers und der Allgemeinheit im Hinblick auf eine interaktive Online-Nutzung des Beitrags. § 38 ist daher auf das Recht der öffentlichen Zugänglichmachung entsprechend anzuwenden (*Ehmann/Fischer* GRUR Int. 2008, 284/288; i. Erg. auch *Dreier/Schulze/Schulze*[3] Rdnr. 11).

11   **b) Periodische Sammlung, Zeitung, Zeitschrift.** § 38 unterscheidet zwischen periodischen (Abs. 1) und nichtperiodischen Sammlungen (Abs. 2). Unter **periodischen Sammlungen** versteht man Sammlungen, die darauf angelegt sind, in ständiger und unbegrenzter (regel-

mäßiger oder unregelmäßiger) Folge zu erscheinen (*Schricker*[3] § 3/§ 38 UrhG Rdnr. 3; vgl. auch die Erl. zu § 4). Meist handelt es sich um Sammelwerke iSd. § 4; Hauptbeispiele sind Zeitungen und Zeitschriften. **Nichtperiodische Sammlungen** sind zB Festschriften, Enzyklopädien, Handbücher etc. (*v. Gamm* Rdnr. 7).

Der Rechtsausschuss hielt die **Begriffe „Zeitung" und „Zeitschrift"** einer gesetzlichen Definition nicht für bedürftig: „In Übereinstimmung mit dem geltenden Recht sind unter Zeitungen die lediglich Tagesinteressen dienenden periodischen Sammlungen zu verstehen, wobei es sich nicht notwendig um Tageszeitungen zu handeln braucht, während Zeitschriften in ihren Beiträgen vorwiegend Fragen von bleibendem Interesse behandeln" (*Haertel/Schiefler* S. 198). In der Praxis ist die Abgrenzung jedoch nicht so einfach; durch neue Formen von Presseerzeugnissen verwischen sich die Konturen. Entscheidend ist, ob unter Berücksichtigung des Zwecks der Regelung (oben Rdnr. 3 b) dem typologischen Zuschnitt des Periodikums ein schutzwürdiges Ausschließlichkeitsinteresse entspricht oder ob ein einfaches Nutzungsrecht angemessen erscheint. Bei der typologischen Einordnung kommt es auf folgende Merkmale an (*Schricker*[3] § 41 Rdnr. 5, 6; vgl. auch *v. Gamm* Rdnr. 6; *Möhring/Nicolini/Spautz*[2] Rdnr. 8; *Dreier/Schulze/Schulze*[3] Rdnr. 20/21; *Wandtke/Bullinger/Wandtke/Grunert*[3] Rdnr. 11. Allein auf den Inhalt stellen *Haberstumpf/Hintermeier* § 27 I 2 b ab; *Melichar* will unter Zeitungen iSd. § 38 (anders für § 49, s. dort Rdnr. 5) nur Tageszeitungen verstehen, ZUM 1988, 14/18). 12

Zeitungen dienen der Übermittlung von Tagesneuigkeiten (politische Berichterstattung, kulturelle, wirtschaftliche, sportliche Tagesereignisse). Ihrem Zweck entsprechend erscheinen sie in relativ kurzer, regelmäßiger Periodizität, vielfach täglich, bisweilen mehrmals täglich, manchmal 3–4 mal wöchentlich; es gibt aber auch Wochenzeitungen. Das Interesse der Leserschaft und damit das Interesse des Nutzungsrechtsinhabers an einer exklusiven Verwertung der Werke erlischt typischerweise sehr schnell, so dass eine Zweitverwertungsbefugnis des Urhebers auch im Interesse einer schnellen Information der Öffentlichkeit (Lichtbilder) bereits mit dem Erscheinen zumutbar erscheint. 13

Demgegenüber sind **Zeitschriften** nicht unmittelbar von den Tagesereignissen abhängig, da sie nicht in erster Linie der Nachrichtenübermittlung, jedenfalls nicht der Übermittlung von Tagesneuigkeiten dienen. An den gesammelten Beiträgen besteht folglich ein intensiveres und längerfristiges Exklusivitätsinteresse des Nutzungsrechtsinhabers, das im Zweifel den Erwerb ausschließlicher Rechte und einen einjährigen Aufschub der Zweitverwertung rechtfertigt. Mit den politischen und wirtschaftlichen Nachrichtenmagazinen ist freilich ein Zeitschriftentypus entstanden, der thematisch manchen Zeitungen, etwa Wochenzeitungen, nahe kommt, sich aber durch Aufmachung, Bebilderung und Format von diesen unterscheidet (so auch *Wandtke/Bullinger/Wandtke/Grunert*[3] Rdnr. 12). Zeitschriften dienen häufig der Pflege eines bestimmten, meist wissenschaftlichen, wirtschaftlichen, kulturellen oder gesellschaftlichen Gebietes (insbesondere auch im Bereich der Freizeitbeschäftigung). Ihre Ausstattung ist in der Regel aufwändiger als diejenige von Zeitungen; sie werden meist in Form von Heften herausgegeben (Näheres s. bei *Sachon*, Wettbewerbsrechtliche Probleme des Vertriebs von Freistücken auf dem Fachzeitschriftenmarkt, 1980, S. 26 ff.; *Sellier* S. 24 f.). Zeitungen und Zeitschriften können auch kombiniert auftreten (zB illustrierte Wochenbeilagen zu Tageszeitungen). Das **Presserecht** kennt einen eigenen Begriff der Zeitung und Zeitschrift (*Löffler* Presserecht[5] Bd. I S. 11 f. Rdnr. 25, 26). Er stimmt im Wesentlichen mit der urheberrechtlichen Begriffsbildung überein; für das Urheberrecht ist er jedoch nicht maßgeblich. Gewisse Abweichungen gelten auch für den – funktional anders eingesetzten – Begriff der Zeitung iSd. **§ 49 UrhG** (§ 49 Rdnr. 5, 6; s. OLG München ZUM 2002, 555, 557/558; für eine funktionale Begriffsdifferenzierung auch *Melichar* ZUM 1988, 14/16). 14

3. Verhältnis zu anderen Vorschriften

Zur allgemeinen **Zweckübertragungsregel des § 31 Abs. 5** steht § 38 in einem Verhältnis gegenseitiger Ergänzung, wobei § 38 als der spezielleren Regelung partiell der Vorrang zukommt (*Schricker*[3] § 42/§ 38 UrhG Rdnr. 7; *Wandtke/Bullinger/Wandtke/Grunert*[3] Rdnr. 1; vgl. auch *Schweyer* S. 97 f.; ähnlich wohl *v. Gamm* Rdnr. 2). Ist hinsichtlich der Rechtseinräumung nichts ausdrücklich vereinbart noch durch Vertragsauslegung zu erschließen, so führt § 38 Abs. 1 S. 1 zur Annahme eines ausschließlichen, § 38 Abs. 3 S. 1 zur Annahme eines einfachen Nutzungsrechts. Die allgemeine Auslegungsregel, dass im Zweifel gegen die Einräumung eines gegenständlichen Rechts zu entscheiden ist (*v. Gamm* § 31 Rdnr. 21; *Schricker*[3] § 8 Rdnr. 5 c; OLG Hamburg UFITA 67 [1973] 245/259/263), wird insofern ausgeschaltet. Das vom Gesetz 15 gewollte Ergebnis ist auch nicht gemäß § 31 Abs. 5 daraufhin zu überprüfen, ob es im Einzelfall konkret dem Vertragszweck entspricht; der Gesetzgeber hat sich in § 38 für eine typisierende Regelung entschieden. § 31 Abs. 5 ist aber zur **näheren Bestimmung von Inhalt und Umfang des Nutzungsrechts** heranzuziehen. Denn § 38 besagt nur, dass ein – ausschließliches oder einfaches – Nutzungsrecht zur Vervielfältigung, Verbreitung und öffentlichen Zugänglichmachung (Rdnr. 10a) **in der betreffenden Sammlung** anzunehmen ist (*v. Gamm* Rdnr. 5; vgl. auch § 4 VerlG), wobei für die Ausschließlichkeit mangels anderer Vereinbarung zeitliche Grenzen gesetzt werden. Offen bleibt dagegen, was für andere Arten der Vervielfältigung und Verbreitung gilt, etwa für eine separate Buchausgabe des Beitrags, welche Nebenrechte eingeräumt werden etc. Insoweit ist der Vertrag unter Heranziehung von § 31 Abs. 5 auszulegen; auch § 37 ist anwendbar. Bei Zeitungen, Zeitschriften und sonstigen periodischen Sammelwerken sind darüber hinaus ggf. die **§§ 41, 43 ff.** VerlG anzuwenden; sie sind durch das UrhG nicht außer Kraft gesetzt worden (OLG Frankfurt/M GRUR 1967, 151/153 – Archiv; *v. Gamm* Rdnr. 2; *Schulze* Urhebervertragsrecht[3] S. 70; *Schricker*[3] § 41 Rdnr. 1; *Dreier/Schulze/Schulze*[3] Rdnr. 3. Vgl. für Sammelwerke auch § 18 Abs. 2 VerlG – Unterbleiben der Vervielfältigung eines Sammelwerks und § 25 Abs. 3 VerlG – Freiexemplare als Sonderdrucke).

15a Bedeutsam sind ferner die Implikationen einer Beschränkung des Nutzungsrechts gem. § 38 Abs. 1 S. 2, Abs. 2, Abs. 3 S. 2 für die **Übergangsregelung für neue Nutzungsarten**. Gem. § 137 l Abs. 1 S. 1 gelten die zum Zeitpunkt eines zwischen dem 1.1.1966 und dem 1.1.2008 geschlossenen Nutzungsvertrags unbekannten Nutzungsarten als eingeräumt, wenn diese Nutzungsrechtseinräumung „ausschließlich sowie räumlich und zeitlich unbegrenzt" war. Nach überwiegender Meinung ist diese Voraussetzung nicht gegeben, wenn der Urheber gem. § 38 ein eigenes Verwertungsrecht zurückerlangt und so die Ausschließlichkeit des Verlegers/Herausgebers eingeschränkt wird. Das hätte zur Folge, dass es nicht zu einem umfassenden Rechtserwerb des Verlags hinsichtlich unbekannter Nutzungsarten kommen würde und daher die Archive von Zeitschriften, Zeitungen und anderen periodischen Sammlungen vielfach nicht öffentlich zugänglich gemacht werden dürften (s. *Spindler/Heckmann* ZUM 2006, 620/627; *Langhoff/Oberndörfer/Jani* ZUM 2007, 593/599 f.; *Ehmann/Fischer* GRUR Int. 2008, 284/288). Für eine Anwendung der Einräumungsfiktion des § 137 l Abs. 1 S. 1 auch in den Fällen des § 38 spricht indes, dass beide Regelungen die intensive Auswertung von Zeitschriften- und Zeitungsbeiträgen bezwecken (s. Rdnr. 3 b). Überdies liegt in den problematischen Fällen gerade eine ausschließliche Nutzungsrechtseinräumung vor, die lediglich ex post zugunsten einer gesonderten Verwertung des Beitrags beschränkt wird (im Ergebnis ebenso *Schulze* UFITA 2007/III, 641/691).

4. Zur Vertragsauslegung

16 Die Regelung des § 38 ist **dispositiv**; sie kommt nur „im Zweifel" zur Anwendung, „wenn nichts anderes vereinbart ist" (*Kotthoff* in HK[2] Rdnr. 3). Vertragliche Regelungen - auch in allgemeinen Geschäftsbedingungen (s. LG Berlin K&R 2007, 588/593) – haben Vorrang; ihr Inhalt ist erforderlichenfalls durch Auslegung zu ermitteln (Näheres s. bei *Schricker*[3] § 42/§ 38 UrhG Rdnr. 7).

Eine wichtige Rolle bei der Auslegung werden der Zuschnitt der Sammlung und die dafür entwickelten Vertragsgewohnheiten spielen, sofern sie dem Urheber bekannt sind. So deutet etwa der stehende Vermerk „Nachdruck nur mit Genehmigung des Verlags" darauf hin, dass der Verlag ein ausschließliches Recht erwerben möchte; lässt sich der Verfasser hierauf ohne Widerspruch ein, kann ein entsprechender Vertragsinhalt anzunehmen sein. Auch die Gewährung eines verhältnismäßig hohen Honorars kann für ein ausschließliches Recht sprechen. Hat das Periodikum ein großes Verbreitungsgebiet, so dass es räumlich mit Vielzahl ähnlicher Blätter in Konkurrenz steht, so deutet dies ebenfalls auf das Interesse am Erwerb ausschließlicher Rechte hin. Bei einem Lokalblatt von beschränktem Verbreitungsgebiet wird man sich eher mit einfachen Abdruckrechten begnügen. Wurde der Beitrag vom Verleger angeregt oder bestellt, spricht dies für ein ausschließliches Recht, ebenso wie eine intensive ständige Mitarbeit des Verfassers mit entsprechender gesteigerter Treuepflicht. Dies gilt erst recht, wenn der Urheber Arbeitnehmer des Verwerterunternehmens ist (s. im Einzelnen § 43 Rdnr. 51 ff., 60, 103 ff.). Legt der Verfasser seinen Beitrag in einer äußeren Form vor, die erkennen lässt, dass mehrere Exemplare existieren und dass auch andere Wege gleichzeitiger Nutzung beschritten werden, lässt dies auf die Absicht des Verfassers schließen, nur ein einfaches Recht einzuräumen. Werden einer großen deutschsprachigen Illustrierten Abdruckrechte an einer Photoserie exklusiv eingeräumt, ist nach dem Vertragszweck ein ausschließliches Nutzungsrecht für das gesamte Kernverbrei-

III. Die Regelung im Einzelnen
1. Periodisch erscheinende Sammlungen

§ 38 Abs. 1 betrifft periodisch erscheinende Sammlungen (zum Begriff o. Rdnr. 7ff.), insbesondere **Zeitschriften**. Abs. 1 kommt in Betracht, wenn der Urheber die Aufnahme des Werks in die betreffende Sammlung „**gestattet**", dh. zumindest einseitig in die Aufnahme einwilligt (so auch *Katzenberger*, Elektronische Printmedien, S. 89; *Möhring/Nicolini/Spautz*[2] Rdnr. 2). Dies kann ausdrücklich oder konkludent erfolgen, beispielsweise auch durch kommentarlose Einsendung eines Beitrags an die Redaktion, wenn sie als Einverständnis mit dem Abdruck anzusehen ist, was regelmäßig angenommen werden kann (*Wandtke/Bullinger/Wandtke/Grunert*[3] Rdnr. 6). Neuerdings begegnet man – vor allem im Blick auf den Erwerb der elektronischen Rechte – zunehmend der formularmäßigen Rechtseinräumung mit Hilfe einer vom Verlag übersandten Annahmeerklärung oder eines Fahnenbegleitzettels (s. das Muster in den Vertragsnormen für wissenschaftliche Verlagswerke S. 62. Vgl. auch *Dreier/Schulze/Schulze*[3] Rdnr. 13). Dass eine Gestattung vorliegt, muss außer Zweifel stehen; dies ist die Voraussetzung für das Eingreifen des § 38.

Welches Nutzungsrecht im Zusammenhang mit der Gestattung eingeräumt wird, richtet sich in erster Linie nach den **vertraglichen Abmachungen** der Beteiligten, die erforderlichenfalls **auszulegen** sind (Rdnr. 16). Führt die Auslegung nicht zu einem zweifelsfreien Ergebnis, greift die gesetzliche Regel ein: Der Verwerter erwirbt mit Rücksicht auf sein Auswertungsinteresse **ein ausschließliches Nutzungsrecht zur Vervielfältigung, Verbreitung und öffentlichen Zugänglichmachung in der betreffenden Sammlung** (vgl. Rdnr. 10a, 15).

Das ausschließliche Recht steht dem „**Verleger oder Herausgeber**" zu. Die Bestimmung des Partners ist problemlos, wenn es nur einen Verleger gibt, ein Herausgeber fehlt; oder wenn nur ein Herausgeber vorhanden ist, dieser etwa noch nicht mit einem Verlag in Verbindung steht. Sind sowohl Verleger als auch Herausgeber vorhanden, kommt es darauf an, wem der Urheber die Aufnahme des Werkes in die Sammlung gestattet hat (so auch *Möhring/Nicolini/Spautz*[2] Rdnr. 4; *Dreier/Schulze/Schulze*[3] Rdnr. 14; *Kotthoff* in HK[2] Rdnr. 5; unklar *v. Gamm* Rdnr. 3). Kontrahiert der Urheber mit dem Verleger, erwirbt dieser das Nutzungsrecht. Ist der Herausgeber Adressat der Gestattung, kommt es darauf an, ob er in eigenem Namen oder in Vertretung des Verlegers handelt (vgl. *Schricker*[3] § 41 Rdnr. 18; sa. *Ulmer*[3] § 111 II: Soll der Vertrag mit einer die Herausgabe der Sammlung tragenden Institution geschlossen werden, gilt § 38 entsprechend). Auf einer anderen Regelungsebene als derjenigen des Urhebervertragsrechts liegt die Frage, wem die Sammlung, insbesondere die Zeitschrift oder Zeitung, als dem „**Herrn des Unternehmens**" zusteht und wie seine Rechtsverhältnisse zu den anderen Beteiligten zu beurteilen sind (zu dieser unternehmens- und wettbewerbsrechtlichen Problematik s. § 4 Rdnr. 31; ausführlich *Schricker*[3] § 41 Rdnr. 13ff. mwN; s. aus der Praxis zB OLG Frankfurt/M GRUR 1986, 242 – Gesetzessammlung (Abgrenzung zwischen Urheberrecht am Sammelwerk, Herausgeberschaft und Inhaberschaft am Sammelwerk); BGH AfP 1986, 126 (Kündigung eines Herausgeberdienstvertrages durch den Verlag).

Nach Ablauf eines Jahres seit Erscheinen (§ 6 Abs. 2) endet, wenn nichts anderes vereinbart ist, die Ausschließlichkeit; das **ausschließliche** wird zum **einfachen Nutzungsrecht** (Rdnr. 6). Damit entfällt auch das Recht des Verwerters, ein Nachdruckrecht zu vergeben (vgl. § 35; *Dreier/Schulze/Schulze*[3] Rdnr. 16. S. dort und bei *Schricker*[3] § 43 Rdnr. 1 auch zur Frage, ob dem Verleger noch eigene Nachdrucke gestattet sind). Der Urheber ist nunmehr frei, anderweitige Nutzungsverträge abzuschließen und Rechte einzuräumen. Er wird darin auch durch vertragsimmanente Treuepflichten regelmäßig nicht beschränkt (*Schricker*[3] § 42/§ 38 UrhG Rdnr. 11. Zur Lage der Arbeitnehmer s. unten § 43 Rdnr. 60). Ob der Urheber von seinem Recht zur anderweitigen Verwertung Gebrauch macht oder nicht, ist für dessen Entstehung belanglos (OLG Frankfurt/M GRUR 1967, 151/153 – Archiv). Räumt der Urheber ein ausschließliches Recht ein, genießt der Inhaber des – nunmehr – einfachen Nutzungsrechts nach § 33 Sukzessionsschutz. Zum Erscheinen des Beitrags in mehreren Folgen s. Rdnr. 21.

2. Nichtperiodische Sammlungen

In § 38 Abs. 2 ist nur der Fall geregelt, dass der Urheber für die Überlassung eines Beitrags zu einer nicht periodisch erscheinenden Sammlung **keinen Vergütungsanspruch** erhält (hinsichtlich vergüteter Beiträge s. Rdnr. 6 aE). Auf die Vergütungshöhe kommt es für die Annahme eines vergüteten Beitrags nicht an; es muss sich jedoch um eine echte, nicht nur eine Scheingegenleistung handeln (*Möhring/Nicolini/Spautz*[2] Rdnr. 7). Abzustellen ist dabei auf die vertragliche Vereinbarung, nicht das Ergebnis einer Vergütungskontrolle nach §§ 32, 32a, 32c UrhG, da für die Nutzungsrechtslage von vornherein Klarheit bestehen sollte. Fehlt es am vertraglichen Vergütungsanspruch, gilt über § 38 Abs. 2 die Regel des Abs. 1 S. 2, auch wenn sich über § 32 und/oder §§ 32a, 32c ein Vergütungsanspruch ergibt. Wenn der Verleger den Beitrag honorarfrei stellt, gibt er im Zweifel zu erkennen, dass dieser ihm den Erwerb eines permanenten Ausschließlichkeitsrechts nicht wert ist. Ob eine Gestattung der Aufnahme in die Sammlung gegeben ist, ob ein ausschließliches oder einfaches Nutzungsrecht eingeräumt wird (vgl. Rdnr. 4), wer – Herausgeber oder Verleger – Vertragspartner ist und ob ein Vergütungsanspruch besteht (vgl. dazu auch § 22 Abs. 1 S. 2 VerlG), ist nach den allgemeinen, für die **Vertragsauslegung** geltenden Regeln, unter Heranziehung auch von § 31 Abs. 5 zu ermitteln (vgl. Rdnr. 16). Ergibt sich, dass eine Gestattung vorliegt, dass ein ausschließliches Nutzungsrecht eingeräumt und keine Vergütung geschuldet wird, so greift Abs. 2 in Verbindung mit Abs. 1 S. 2 ein: Die **Ausschließlichkeit endet** (vgl. Rdnr. 6) mit Ablauf eines Jahres seit Erscheinen (§ 6 Abs. 2) der Sammlung. Als Beispiel sind die in der Regel honorarfreien Beiträge zu Festschriften zu nennen: Auch wenn Herausgeber oder Verleger ein ausschließliches Nutzungsrecht (Verlagsrecht) beanspruchen, erhält der Autor mangels anderer Vereinbarung 1 Jahr nach Erscheinen der Festschrift das Recht, den Beitrag anderweitig, zB in einer Zeitschrift, zu publizieren.

3. Zeitungen

20 Für Beiträge zu **Zeitungen** (Begriff Rdnr. 13) gilt Abs. 3. Auch hier ist zunächst – erforderlichenfalls durch Auslegung – zu ermitteln, ob überhaupt eine „Überlassung" des Beitrags – dh. die Gestattung des Abdrucks – vorliegt, wer Vertragspartner ist und ob sich hinsichtlich des Nutzungsrechts eine zweifelsfreie Vereinbarung feststellen lässt (vgl. Rdnr. 17). Ist Letzteres nicht der Fall, so ist nach Abs. 3 S. 1 ein **einfaches Nutzungsrecht** anzunehmen. Der Urheber ist dann von Anfang an zu anderweitiger Nutzung berechtigt.

21 Ergibt sich, dass die Einräumung eines ausschließlichen Nutzungsrechts vereinbart ist, so wird gemäß Abs. 3 S. 2 mangels anderer Vereinbarung – für die der Verwerter darlegungs- und beweispflichtig ist - die **Ausschließlichkeit mit dem Erscheinen (§ 6 Abs. 2) des Beitrags beendet** (vgl. Rdnr. 6). Der Nutzungsrechtsinhaber kann somit nur verbieten, dass der Beitrag vorher oder gleichzeitig anderweit erscheint (*Wandtke/Bullinger/Wandtke/Grunert*[3] Rdnr. 13). Grund für diese knappe Bemessung der Ausschließlichkeit ist das besondere Aktualitätsinteresse, das für Zeitungsbeiträge charakteristisch ist und ihre Verwertung bestimmt. Erscheint der Beitrag in mehreren Fortsetzungen, so endet die Ausschließlichkeit erst mit der letzten Folge, es sei denn, die Folgen sind gesondert verwertbar (*Fromm/Nordemann/Nordemann-Schiffel*[10] Rdnr. 16; *Schricker*[3] § 42/§ 38 UrhG Rdnr. 11; *Dreier/Schulze/Schulze*[3] Rdnr. 23).

§ 39 Änderungen des Werkes

(1) **Der Inhaber eines Nutzungsrechts darf das Werk, dessen Titel oder Urheberbezeichnung (§ 10 Abs. 1) nicht ändern, wenn nichts anderes vereinbart ist.**

(2) **Änderungen des Werkes und seines Titels, zu denen der Urheber seine Einwilligung nach Treu und Glauben nicht versagen kann, sind zulässig.**

Schrifttum: S. die Schrifttumsnachweise zu § 14 und vor §§ 12 ff.

Übersicht

	Rdnr.
I. Allgemeines	1–6
1. § 39 als Teil einer änderungsrechtlichen Gesamtregelung mit Schwerpunkt in § 14	1–4
2. Entstehungsgeschichte des § 39	5, 6
II. Die Anwendung des § 39 im Bereich von Nutzungsverträgen	7–24
1. Der primäre Anwendungsbereich	7
2. Vereinbarungen über Änderungen (Abs. 1)	8–13
3. Allgemeine Beurteilungsgrundsätze bei der Interessenabwägung (Abs. 2)	14–16
4. Beurteilungsgrundsätze in einzelnen Verwertungsbereichen	17–24
III. Analoge Anwendung des § 39 im Verhältnis zum Eigentümer (bzw. Besitzer) eines Werkstücks	25–27
IV. Rechtsfolgen der Verletzung des Änderungsverbots	28, 29

Änderungen des Werkes § 39

I. Allgemeines

1. § 39 als Teil einer änderungsrechtlichen Gesamtregelung mit Schwerpunkt in § 14

§ 39 bildet zusammen mit § 14, § 62 sowie § 93 Abs. 1 für Filmwerke den Gesamtkomplex 1
der änderungsrechtlichen Vorschriften, die den überwiegend persönlichkeitsrechtlichen Schutz
des Urhebers vor Änderungen und Beeinträchtigungen seines Werkes bezwecken (so. § 14
Rdnr. 1 ff.); im Verlagsbereich tritt bei ungezeichneten Beiträgen zu Periodika noch § 44 VerlG
hinzu. Konstruktiv ist demgemäß § 39 **nicht als selbständige Verbotsnorm neben § 14** zu
verstehen, da ein Änderungsverbot neben dem Beeinträchtigungsverbot des § 14 weder semantisch
noch sachlich begründbar ist; dementsprechend auch die Gleichordnung von Änderung
und Beeinträchtigung in Art. 6 bis Abs. 1 RBÜ (wie hier *Wandtke/Bullinger/Wandtke/Grunert*[3]
Rdnr. 3 f.; *Grunert*, Werkschutz, S. 167 f.; *Kotthoff* in HK-UrhR[2] § 39 UrhG Rdnr. 4; *Haberstumpf*[2] Rdnr. 218; *Schricker* in *Hartmer/Detmer* [Hrsg.], Hochschulrecht, S. 419/447; wohl auch
LG Berlin GRUR 2007, 964/967 – Hauptbahnhof Berlin; aA BGH GRUR 1982, 107/109 –
Kirchen-Innenraumgestaltung; LG Hamburg GRUR-RR 2001, 259/260 – Handy-Klingeltöne; *Dreyer* in HK-UrhR[2] § 14 UrhG Rdnr. 7 ff.; *v. Gamm* Rdnr. 3, 5, 8; *Schöfer* S. 122 f., S. 198
sowie *Möhring/Nicolini/Kroitzsch*[2] § 14 Rdnr. 2, eher wie hier aber *Möhring/Nicolini/Spautz*[2]
§ 39 Rdnr. 1 und *Möhring/Nicolini/Gass*[2] § 62 Rdnr. 3). § 39 hat vielmehr eine **klarstellende
Funktion** (ebenso LG Köln ZUM-RD 2009, 90/93; *Jänecke* S. 81; *Kotthoff* aaO; *Haberstumpf*[2]
Rdnr. 218; *Schack*[4] Rdnr. 351; *Schilcher* S. 56; *Wandtke/Bullinger/Wandtke/Grunert*[3] Rdnr. 3;
wohl auch *Fromm/Nordemann/A. Nordemann*[10] Rdnr. 2), und zwar in mehrfacher Hinsicht. Er
bekräftigt das in § 14 allgemein geregelte Beeinträchtigungs- und Änderungsverbot gegenüber
dem Inhaber eines Nutzungsrechts, lässt aber Vereinbarungen über Änderungen (und damit
auch über Beeinträchtigungen und Entstellungen iSv. § 14) ausdrücklich zu. Andererseits relativiert
er das grundsätzlich ausgesprochene Änderungsverbot iS einer Interessenabwägung nach
Treu und Glauben, was ebenfalls eine klarstellende Wiederholung des in § 14 allgemein
verankerten Gebots zur Interessenabwägung darstellt (so. § 14 Rdnr. 3 f.). Die nach hM entsprechende
Anwendung des § 39 auf das Verhältnis zum Eigentümer eines Werkstücks ist in gleicher
Weise als entsprechende Klarstellung zu deuten, obwohl sich bei unmittelbarer Anwendung des
§ 14 auch ohne Rückgriff auf § 39 am Ergebnis nichts ändern würde (s. schon § 14
Rdnr. 15 ff.). Zum Verhältnis von § 13 S. 2 (Bestimmungsrecht über die Urheberbezeichnung)
und § 39 Abs. 1 (Verbot der Änderung der Urheberbezeichnung) vgl. *Dreier/Schulze/Schulze*[3]
Rdnr. 8; *Hock* S. 39; *v. Welser* S. 32 ff.; *Müller* S. 144.

Im Sinne eines allgemeinen Wertungsmaßstabs für die stets und so auch hier vorzunehmende 2
Interessenabwägung ist dem Abs. 1 jedoch der Gedanke zu entnehmen, dass das persönlichkeitsrechtliche,
gleichzeitig aber auch vermögensrechtliche **Interesse des Urhebers an einer unveränderten
Präsentation** des von ihm zur Verwertung freigegebenen Werkes ohne entsprechende
Änderungsvereinbarung gegen Eingriffe von Seiten des Nutzungsrechtsinhabers
weitgehenden Schutz verdient. Insbesondere bei Nutzungsverträgen ohne Bearbeitungscharakter
(so. § 14 Rdnr. 11) sind demgemäß im Rahmen der Interessenabwägung Eingriffe nur ganz
beschränkt zulässig (ebenso *Riekert* S. 133). Bei Nutzungsverträgen mit Bearbeitungscharakter
oder Nutzungsverträgen ohne Bearbeitungscharakter, aber unter Umsetzung des Werkes in eine
andere Darbietungsform (zB Bühnenaufführungen; so. § 14 Rdnr. 13) wird andererseits – sei es
über die Annahme von (stillschweigenden) Änderungsvereinbarungen, sei es über die Interessenabwägung
– ein erhebliches Maß an Eingriffsbefugnissen zugestanden (vgl. zB BGH GRUR
1971, 35 – Maske in Blau; Näheres unten Rdnr. 20).

Die Zulassung von Vereinbarungen über Änderungen des Werks, seines Titels oder der Ur- 3
heberbezeichnung nach Abs. 1 betrifft wegen des Gesamtzusammenhangs der Regelung auch
Vereinbarungen über entstellende Eingriffe oder Beeinträchtigungen des Werkes (wie hier
Dreier/Schulze/Schulze[3] Vor § 12 Rdnr. 12; *Jänecke* S. 82). Sie beseitigen die Indizwirkung einer
objektiv vorliegenden Entstellung oder Beeinträchtigung iSd. Gefährdung der Urheberinteressen
nach § 14 (so. § 14 Rdnr. 11, 27; ähnlich *Schricker*, Fs. für Hubmann, S. 409/417 sowie – selbst
für den Fall der Annahme einer gröblichen Entstellung iSd. § 93 aF – OLG München GRUR
1986, 460/463 – Die unendliche Geschichte). Im Hinblick auf die auch insoweit nicht auszuräumende
Unübertragbarkeit des Kerns des Urheberpersönlichkeitsrechts (so. Vor §§ 12 ff.
Rdnr. 27) bleibt aber auch beim Vorliegen von Änderungsvereinbarungen **Raum für die Anwendung
der Interessenabwägung,** jedenfalls dann, wenn die Tragweite der Änderungen
zum Zeitpunkt der Vereinbarung wegen der Pauschalität der Änderungsklausel oder aus sachli-

Dietz/Peukert

§ 39

chen Gründen für den Urheber nicht erkennbar war (vgl. allgemein auch *Schilcher* S. 162 ff. sowie *Schricker,* Informationsgesellschaft, S. 89 ff.). Die von *Schricker* dort empfohlene ausdrückliche gesetzliche Regelung über die Voraussetzungen von Rechtsgeschäften über die Gestattung von Werkänderungen oder sonstigen Beeinträchtigungen ideeller Interessen ist trotz eines entsprechenden Anlaufs des Gesetzgebers im Zusammenhang mit der Reform des Urhebervertragsrechts durch Gesetz vom 22. 3. 2002 gescheitert; es verbleibt beim bisherigen Rechtszustand, der freilich von der vorgeschlagenen klarstellenden Regelung kaum abweicht (so. Vor §§ 12 ff. Rdnr. 28 a; vgl. auch *Jänecke* S. 189 ff.; *Kotthoff* in HK-UrhR[2] § 29 UrhG Rdnr. 12; *Wandtke/ Bullinger/Wandtke/Grunert*[3] Rdnr. 2).

4 Die klarstellende Wirkung des § 39 (Betonung des Schutzes vor Änderungen in Abhängigkeit von einer Interessenabwägung sowie Zulässigkeit von Änderungsvereinbarungen) erstreckt sich nicht nur entsprechend der hM auf das Verhältnis zwischen Urheber und Eigentümer von Werkstücken, sondern nach ausdrücklicher Vorschrift in § 62 Abs. 1 S. 2 auch auf das Verhältnis zu den nach §§ 44 a ff. gesetzlich Nutzungsberechtigten. Darüber hinaus lässt § 62 Abs. 2–4 bei seiner Anwendung auf die einzelnen Urheberrechtsschranken eine Reihe von Wertungsgesichtspunkten erkennen, die auch außerhalb der eigentlichen Vorschriften über die Urheberrechtsschranken im Rahmen der Interessenabwägung herangezogen werden können (so. § 14 Rdnr. 33 sowie unten Rdnr. 15).

2. Entstehungsgeschichte des § 39

5 Im Gegensatz zu § 14, der heute den Schwerpunkt der Gesamtregelung zum Werkschutzrecht des Urhebers bildet, hatte § 39 im früheren Recht bereits unmittelbare Vorläufer, und zwar in § 9 LUG und § 12 KUG sowie in dem durch § 141 Nr. 4 UrhG aufgehobenen § 13 VerlG mit der – aufrechterhaltenen – Sondervorschrift des § 44 VerlG (vgl. *Schricker,* Verlagsrecht[3], § 13/§ 39 UrhG Rdnr. 1, § 44 VerlG Rdnr. 1). Anders aber als die heutige allgemeine Regelung in § 39 sowie bereits § 9 LUG und § 12 KUG hatte § 13 VerlG keine ausdrückliche Vorschrift über die Zulassung von Änderungsvereinbarungen enthalten (wegen der nur begrenzten Bedeutung dieser Tatsache vgl. *Schricker,* Verlagsrecht[3], § 13/§ 39 UrhG Rdnr. 10). Andererseits war der Schutzgedanke des heutigen § 14 iS eines allgemein urheberrechtlich begründeten Änderungsverbots auch nach früherem Recht bereits anerkannt (so. § 14 Rdnr. 6), wobei der schon für das frühere Recht anzunehmende Gesamtzusammenhang von Entstellungs- und Änderungsschutz positivrechtlich eben in § 9 LUG und § 12 KUG verankert war. Durch die Nichterwähnung der Urheberbezeichnung in Abs. 2 unterscheidet sich § 39 im Übrigen von allen Vorläuferbestimmungen. **Änderungen der Urheberbezeichnung** ohne Vereinbarung mit dem Urheber sind demgemäß dem Maßstab von Treu und Glauben und damit auch der Interessenabwägung entzogen (ebenso *Haberstumpf*[2] Rdnr. 224; wegen Anwendung des Abs. 2 auch auf die Urheberbezeichnung in gewissen zwangsläufigen Fällen der Änderung der Urheberbeteiligung, insbesondere bei Werkbearbeitungen vgl. aber *Fromm/Nordemann/A. Nordemann*[10] Rdnr. 14; ähnlich *Schricker,* Verlagsrecht[3], § 13/§ 39 UrhG Rdnr. 11; vgl. auch *Hock* S. 38 ff.). Abgesehen von dieser Besonderheit bei der Urheberbezeichnung weist § 39 nur geringe inhaltliche Differenzen gegenüber den Vorläuferbestimmungen in § 9 LUG und § 12 KUG auf.

6 Im Laufe des Gesetzgebungsverfahrens (RefE 1954 § 31; MinE 1959 § 34; RegE 1962 § 39) erfuhr die Regelung des späteren § 39, abgesehen von der vorübergehenden Eliminierung der ausdrücklichen Erwähnung der Zulässigkeit von Änderungsvereinbarungen im MinE 1959 (§ 34), nur geringfügige Korrekturen. Durch den in § 14 schwerpunktmäßig verankerten Gedanken des persönlichkeitsrechtlichen Änderungsschutzes hat sich jedoch die relative Bedeutung des § 39 iS einer bloßen Klarstellung verschoben.

II. Die Anwendung des § 39 im Bereich von Nutzungsverträgen

1. Der primäre Anwendungsbereich

7 Das primäre Anwendungsgebiet des § 39 iSd. ihm zukommenden Klarstellungsfunktionen (so. Rdnr. 1) liegt nach Wortlaut und systematischer Stellung im Unterabschnitt des Gesetzes über die Nutzungsrechte (§§ 31 ff.) **im Bereich der vertraglichen Werknutzung.** Dazu gehört – wie sich aus §§ 23 und 37 Abs. 1 ergibt – auch die vertragliche Einräumung von Rechten zur Veröffentlichung oder Verwertung einer **Bearbeitung des Werkes.** Im Hinblick auf den ver-

Änderungen des Werkes **§ 39**

wertungsrechtlichen Charakter der Regelung über Bearbeitungen und Umgestaltungen in § 23 (so. § 14 Rdnr. 11) gelten die Vorschriften des § 39 (in Zusammenschau mit § 14) auch insoweit, freilich im Lichte des § 23, dh. unter gebührender Berücksichtigung der bei Bearbeitungen auftretenden Besonderheiten (wegen des Verhältnisses von § 23 und § 39 Abs. 2 sa. oben § 14 Rdnr. 11 a), insbesondere der mit dem Sinn und Zweck einer Bearbeitung bereits notwendigerweise verbundenen Änderungen (vgl. *Schricker,* Verlagsrecht³, § 13/§ 39 UrhG Rdnr. 6; *v. Gamm* Rdnr. 7; *Grohmann* S. 74 f.; *Rehbinder*[15] Rdnr. 416; zur Frage der Zulässigkeit von Änderungen und Bearbeitungen im privaten Bereich bzw. zum Verhältnis von § 23 zu § 53 iVm. § 62 Abs. 1 su. § 62 Rdnr. 10 f.). Für **Beiträge zu Periodika** ist § 44 VerlG zu beachten (s. dazu die Erl. bei *Schricker,* Verlagsrecht³, § 44 Rdnr. 1 ff.).

2. Vereinbarungen über Änderungen (Abs. 1)

In Übereinstimmung mit den Erfordernissen der Praxis sind im Zusammenhang mit der Einräumung von Nutzungsrechten **Vereinbarungen über die Änderung des Werks, seines Titels oder auch der Urheberbezeichnung** (wegen der Anwendung auf Werktitel und Urheberbezeichnung vgl. *Dreier/Schulze/Schulze*³ Rdnr. 7 f.) nach Abs. 1 ausdrücklich zugelassen (zur Rechtsnatur der Änderungsvereinbarung vgl. *Wandtke/Bullinger/Wandtke/Grunert*³ Rdnr. 7: kein Nutzungsrecht, sondern Ausdruck des Verzichts des Urhebers; ähnlich *Heeschen* S. 71 ff. iS eines Verzichts mit der rechtlichen Wirkung einer Einwilligung). Im Hinblick auf den Gesamtzusammenhang der Regelung in § 14 und § 39 betrifft dies alle direkten und indirekten Eingriffe in das Werk (so. § 14 Rdnr. 23 ff.), also alle zum Oberbegriff der Beeinträchtigung (einschließlich der Entstellung als deren schwerwiegendster Fall) zählenden Eingriffe (vgl. auch *Schricker,* Fs. für Hubmann, passim, insb. S. 417; *ders.,* Informationsgesellschaft S. 93 f; sowie *v. Gamm* Rdnr. 6; *Metzger* GRUR Int. 2003, 9/12; *Müller* S. 181 ff.; *Rehbinder*[15] Rdnr. 409; *Ulmer*³ § 41 II; *Dreier/Schulze/Schulze*³ Rdnr. 1; vgl. für den Fall der Entstellung auch *Heeschen* S. 78 ff., S. 91 f.; aA jedenfalls für den Fall stillschweigender Vereinbarungen auch BGH GRUR 1986, 458/459 – Oberammergauer Passionsspiele I; dazu *Sack* JZ 1986, 1015). Selbst wenn der Begriff der Änderung auf **direkte Eingriffe** iS von Substanzänderungen zu beschränken wäre (so. § 14 Rdnr. 22), können auch **indirekte Eingriffe** iS der Herstellung eines das Werk beeinträchtigenden Sachzusammenhangs Gegenstand entsprechender Vereinbarungen werden. Im Rahmen der **Interessenabwägung** nach § 39 Abs. 2 bzw. § 14 wird damit die Indizwirkung für die Gefährdung der Urheberinteressen so weit beseitigt, als Rechtsgeschäfte über Urheberpersönlichkeitsrechte überhaupt möglich sind. Die ausdrückliche Erwähnung der Zulässigkeit von Änderungsvereinbarungen in Abs. 1 stellt im Übrigen einen Beleg für die grundsätzliche Zulässigkeit derartiger vertraglicher Dispositionen über Teilelemente des Urheberpersönlichkeitsrechts dar (wegen eines gescheiterten Vorstoßes zu einer allgemeinen klarstellenden Regelung der Zulässigkeit gewisser Rechtsgeschäfte und Verfügungen über Urheberpersönlichkeitsrechte so. Rdnr. 3 und § 12 ff. Rdnr. 28 a). 8

Nicht jede Zustimmung des Urhebers zu Änderungen seines Werkes hat den Charakter einer Änderungsvereinbarung iSd. Abs. 1, auch wenn diese häufig als stillschweigend abgeschlossen anzusehen ist (zur rechtlichen Konstruktion vgl. auch *Schricker,* Verlagsrecht³, § 13/§ 39 UrhG Rdnr. 10 sowie die Nachw. oben Vor §§ 12 ff. Rdnr. 28). Vielmehr handelt es sich in vielen Fällen, insbesondere bei audiovisuellen Werken und ihren Vorstufen (zB Drehbüchern oder Sendemanuskripten; vgl. etwa BGH GRUR 1971, 269/271 – Das zweite Mal) oder bei Werken der Gebrauchskunst oder der kleinen Münze des Urheberrechts, um **Phasen oder Stufen des Entstehungsprozesses des Werkes** selbst, bis das vom Urheber ggf. unter Berücksichtigung der Wünsche der Verwertungspartner oder Auftraggeber mehrfach geänderte oder umgestaltete Werk in seiner endgültigen, vom Urheber autorisierten Form vorliegt (wegen der Unbrauchbarkeit eines statischen Werkbegriffs s. bereits oben Vor §§ 12 ff. Rdnr. 27). 9

Bei **pauschalen Änderungsvereinbarungen** ohne konkrete Bestimmung von Reichweite, Ausmaß und Tendenz der Änderung steht dem Urheber im Rahmen der Interessenabwägung (so. § 14 Rdnr. 27) der Rückgriff auf das im Kern unübertragbare UPR immer offen, so dass jedenfalls gröbliche Entstellungen stets verhindert werden können (KG ZUM-RD 2005, 381/385 – Die Weber; *Wandtke/Bullinger/Wandtke/Grunert*³ Rdnr. 9; *Müller* S. 181 f.; *Schricker,* Informationsgesellschaft, S. 93 f.). In **allgemeinen Geschäftsbedingungen** sind pauschale Änderungsvorbehalte wegen Unvereinbarkeit mit den wesentlichen Grundgedanken des Urheberpersönlichkeitsrechts gem. § 307 Abs. 2 Nr. 2 BGB unwirksam, es sei denn, sie enthalten die Einschränkung, dass die Bearbeitung und Umgestaltung „unter Wahrung der geistigen Eigenart" des Werkes zu erfolgen hat (vgl. BGH GRUR 1984, 45/51 – Honorarbedingungen: Sendever- 10 trag; KG ZUM-RD 2005, 381/385 – Die Weber; LG Hamburg ZUM-RD 2008, 30/32 – Gerhard Schröder; LG Hannover juris Urt. v. 3. 7. 2007, 18 O 384/05 Rdnr. 25 ff.; wegen eines eklatanten Verstoßes gegen die vereinbarte „Wahrung der geistigen Eigenart" des Werkes vgl. KG UFITA 59 [1971] 279/282 f. – Kriminalspiel; kritisch wegen des nicht ausreichenden Schutzes gegen Entstellungen in Tarifverträgen *Samson* UFITA 64 [1972] 181/188). Im Übrigen sind bei Änderungsvereinbarungen strenge Anforderungen an Konkretisierung und Präzision zu stellen (so *Schricker*, Fs. für Hubmann, S. 409/419). Je schwerer der Eingriff ist, desto konkreter muss er dem Urheber vor der Einwilligung bekannt gewesen sein (KG ZUM-RD 2005, 381/386 – Die Weber; LG Hannover juris Urt. v. 3. 7. 2007, 18 O 384/05 Rdnr. 25 ff.).

11   Das eigentliche Anwendungsgebiet für die Annahme **stillschweigender Änderungsvereinbarungen** liegt im Bereich der Gestattung von **Werkverwertungen mit Bearbeitungscharakter** (so. § 14 Rdnr. 11 ff.; *v. Gamm* Rdnr. 7; *Haberstumpf*[2] Rdnr. 223; *Heeschen* S. 90; *Rehbinder*[15] Rdnr. 418; *Riekert* S. 134; *Ulmer*[3] § 41 II 1; *Schack*[4] Rdnr. 352). Die Annahme stillschweigender Änderungsvereinbarungen ohne weitere Anhaltspunkte unter bloßer Berufung auf angebliche Branchenübungen ist jedoch abzulehnen, weil sie die wirtschaftliche Schwächeposition des Urhebers zu wenig berücksichtigt (vgl. *Schmidt* S. 115; ebenso mit Nachdruck *Heeschen* S. 83 f. und S. 91; *Riekert* S. 162 ff. sowie für den Leserbriefbereich *Bock* GRUR 2001, 397/398). Die praktisch erforderlichen und dem Urheber zumutbaren Resultate sind hier vielmehr aus der Interessenabwägung zu gewinnen (su. Rdnr. 14 ff.). Im Übrigen ist die Abgrenzung stillschweigender Änderungsvereinbarungen nach Abs. 1 von im Ergebnis der Interessenabwägung nach Abs. 2 (iVm. § 14) zulässigen Änderungen im Einzelfall ohnehin schwierig, zumal gerade bei Nutzungsverträgen mit Bearbeitungscharakter (so. § 14 Rdnr. 11 ff.) eine vertragsgemäße Werkverwertung ohne die notwendigen Bearbeitungseingriffe nicht erfolgen kann.

12   **Änderungsklauseln in Nutzungsverträgen** sind gemäß allgemeinen zivilrechtlichen Grundsätzen (§§ 133, 157 BGB) nach dem Maßstab von Treu und Glauben und der Verkehrssitte auszulegen (vgl. *Grohmann* S. 186; zust. *Heeschen* S. 80 f.; *Riekert* S. 137). Im Ergebnis erfolgt damit die Beurteilung von Änderungen, sei es auf der Grundlage ausdrücklicher oder stillschweigender Änderungsvereinbarungen, sei es nach dem Maßstab des Abs. 2 iVm. § 14, in jedem Fall anhand einer Abwägung nach Treu und Glauben bzw. einer Interessenabwägung (ebenso *Schilcher* S. 170). Methodisch und prozessual reicht demgemäß die Feststellung der **Zulässigkeit von Änderungen im Rahmen der Interessenabwägung** nach Abs. 2 iVm. § 14 insbesondere dann aus, wenn stillschweigende Änderungsvereinbarungen (vgl. dazu ausführlich *Grohmann* S. 188 ff.) in Rede stehen. Die rechtfertigende Wirkung ist in beiden Fällen gleich (vgl. auch *Grohmann* S. 96; *Flechsig* FuR 1976, 589/595 sowie *Gerlach* GRUR 1974, 622). Die Zulässigkeit von Änderungen gemäß Abs. 2 ergibt sich dabei unmittelbar aus dem Gesetz; die Zustimmung des Urhebers, die er in diesem Fall nicht versagen könnte, braucht nicht besonders eingeholt zu werden (LG Hamburg ZUM-RD 2008, 30/32 – Gerhard Schröder: gesetzliche Änderungsbefugnis im Interesse des Nutzungsberechtigten; *Kotthoff* in HK-UrhR[2] § 39 UrhG Rdnr. 9; wegen der Änderungsrechte des Softwarebenutzers vgl. *Günther* CR 1994, 321 mwN). Bei Zwischenschaltung von Dritten – etwa von Verwertungsgesellschaften oder Verlagen – bedeutet dies, dass es bei für den Urheber von Anfang an vorhersehbaren Änderungen durch Bearbeitung auf der Basis des über den Dritten eingeräumten Nutzungsrechts keiner getrennten und nachträglichen Gestattung durch den Urheber mehr bedarf (so. § 14 Rdnr. 11 a).

13   Die Besonderheit bei vertraglichen **Nutzungsverhältnissen ohne Bearbeitungscharakter** und ohne Umsetzung in eine andere Darbietungsform (so. § 14 Rdnr. 11 und 13) besteht darin, dass das Bestands- und Integritätsinteresse des Urhebers im Sinne des Schutzes vor Änderungen besonderes Gewicht hat, so dass Gegeninteressen, die andere als nur minimal korrigierende Eingriffe im Interesse der Werkverwertung rechtfertigen könnten, in der Regel nicht anzuerkennen sind (zust. *Heeschen* S. 91; *Riekert* S. 134; obiter auch OLG Frankfurt ZUM 2006, 58/60). Insoweit kommt ausdrücklichen Änderungsvereinbarungen in Ergänzung zur Interessenabwägung nach Abs. 2 (iVm. § 14) ein erhebliches praktisches Gewicht zu (ebenso *Schilcher* S. 168; wegen der Verhältnisse bei Leserbriefen kritisch *Bock* GRUR 2001, 397 ff. mwN: der allgemein praktizierte Kürzungsvorbehalt der Redaktionen als Freibrief und die Notwendigkeit einer Einigung durch Rückfrage beim Leserbriefschreiber).

3. Allgemeine Beurteilungsgrundsätze bei der Interessenabwägung (Abs. 2)

14   Der BGH hat in mehreren Entscheidungen sowohl im unmittelbaren Anwendungsbereich des § 39 (so BGH GRUR 1971, 35/37 – Maske in Blau) wie im Bereich der entsprechenden Anwen-

Änderungen des Werkes § 39

dung auf das Eigentümer-Urheber-Verhältnis (so BGH GRUR 1974, 675/676 – Schulerweiterung) deutlich gemacht, dass insgesamt starre allgemeingültige Richtlinien, welche Änderungen nach Treu und Glauben zu gestatten sind, nicht aufgestellt werden können. Die Interessenabwägung ist definitionsgemäß **konkret und einzelfallbezogen** (zustimmend *Riekert* S. 168 ff. mit einer Zusammenstellung der für und gegen die Zulässigkeit von Coverversionen sprechenden und der insoweit unerheblichen Aspekte; für den Fall von Änderungen an Computerprogrammen vgl. *Haberstumpf* in: *Lehmann* [Hrsg.], Rechtsschutz², Rdnr. 109). Ein von vornherein feststehendes Rangverhältnis der betroffenen Interessen, etwa zugunsten geistiger Interessen des Urhebers und zuungunsten bloß wirtschaftlich-finanzieller Interessen seines Vertragspartners, ist nicht anzunehmen; Urheber und Werknutzer haben unter Berücksichtigung der Verkehrssitte auf die Interessen des anderen Rücksicht zu nehmen (s. bereits oben § 14 Rdnr. 29; KG ZUM-RD 2005, 381/386 – Die Weber; LG Hamburg ZUM-RD 2008, 30/32 – Gerhard Schröder; ebenso *Federle* S. 48 ff.; *Kotthoff* in HK-UrhR² § 39 UrhG Rdnr. 10; *v. Gamm* Rdnr. 80; aA offenbar LG Köln ZUM-RD 2009, 90/93; *Möhring/Nicolini/Spautz*² Rdnr. 10; *Gerlach* GRUR 1976, 613/622).

Zu den **allgemeinen Kriterien** bei der Interessenabwägung (s. dazu schon § 14 Rdnr. 28 f.) zählen insbesondere der **Vertragszweck bzw. der vereinbarte Verwertungszweck** (zB Werbung; dabei ist auch der Gedanke der Zweckübertragung entsprechend heranzuziehen; siehe *Metzger*, Rechtsgeschäfte S. 200 ff.; ders. GRUR Int. 2003, 9/21 ff. im Rahmen der sog. „erweiterten Vorhersehbarkeitslehre"; ebenso *Grohmann* S. 153 sowie insb. S. 178 ff.; *Riekert* S. 91 f. und S. 131 ff.; *Schilcher* S. 171 ff.; *Tölke* S. 71; vgl. etwa die instruktive Entscheidung über die Zulässigkeit der Anpassung der Farbgebung eines Werbeprospekts nach Umgestaltung des zugrunde liegenden Produkts, LG München I Schulze LGZ 41, 4; s. auch unten Rdnr. 24), **der künstlerische Rang** des in Rede stehenden Werks (LG Hamburg ZUM-RD 2008, 30/32 – Gerhard Schröder: bei einem geringen Maß schöpferischer Gestaltung seien Änderungen eher zulässig, während bei Werken mit künstlerischer Individualität selbst geringe Änderungen unzulässig seien) und die **Intensität des Eingriffs** bzw. dessen Erforderlichkeit im Hinblick auf die im Rahmen der vertragsgemäßen Ausübung des Nutzungsrechts eingesetzte Verwertungstechnik, zB das verwendete Reproduktionsverfahren (wegen der Bewertungskriterien aus der Sicht des Nutzungsberechtigten vgl. *Federle* S. 56 ff.). Dabei können die in § 62 Abs. 2–4 für den Fall gesetzlicher Nutzungsberechtigungen erkennbaren gesetzgeberischen Wertungen bei sonst gleichen Voraussetzungen auch hier zum Tragen kommen (so. § 14 Rdnr. 33; vgl. auch *Dreier/Schulze/Schulze*³ Rdnr. 16). Bei Werken der bildenden Kunst können dementsprechend Verkleinerungen bzw. Dimensionsänderungen, Vergrößerungen oder nicht voll farbechte Wiedergaben im Rahmen des vertraglich vereinbarten Reproduktionsverfahrens gerechtfertigt sein (vgl. *Tölke* S. 45 f., S. 69 f.).

Einen Sonderfall bilden die Fälle der notwendigen Anpassung eines Werks aufgrund bindender **Entscheidungen übergeordneter Institutionen,** denen sich die Beteiligten kraft Gesetzes beugen müssen oder denen sie sich freiwillig unterworfen haben (so *Grohmann* S. 104; vgl. auch *Schilcher* S. 119 f.). Dies gilt etwa für Entscheidungen der freiwilligen Selbstkontrolle der Filmwirtschaft (einschränkender *Huber* S. 46 und *Fromm/Nordemann/Hertin*⁹ § 14 Rdnr. 16, insb. § 93 Rdnr. 2). Doch rechtfertigt die Berufung des Intendanten einer öffentlich-rechtlichen Rundfunkanstalt auf seine rundfunkrechtliche Verantwortlichkeit keinen tendenzändernden Eingriff ohne Zustimmung des Urhebers, sondern allenfalls Umgestaltungen zur Überwindung medienspezifischer technischer Schwierigkeiten (so LG Saarbrücken UFITA 79 [1977] 358/362 f.; bestätigt durch OLG Saarbrücken Schulze LGZ 176 mit Anm. v. *Neumann;* vgl. auch *Flechsig* FuR 1976, 589 ff.).

4. Beurteilungsgrundsätze in einzelnen Verwertungsbereichen

Insbesondere **im Bereich des Verlagswesens** sind vor Durchführung der Interessenabwägung zunächst (zulässige) Maßnahmen aus der Betrachtung auszuscheiden, die überhaupt keinen Änderungscharakter haben (vgl. die Beispiele bei *Schricker,* Verlagsrecht³, § 13/§ 39 UrhG Rdnr. 7; zu den Usancen im Verlagswesen vgl. auch *Dreier/Schulze/Schulze*³ Rdnr. 19; *Möhring/Nicolini/Spautz*² Rdnr. 4). Dabei handelt es sich etwa um äußerliche Zugaben wie die Beifügung der Namens- und Firmenbezeichnung des Verlegers, der Erscheinungszeit und des Erscheinens- und Druckortes und des sogenannten Verlagssignets, wozu der Verleger regelmäßig presserechtlich verpflichtet ist. Gleiches gilt für die Beifügung von Verlagsanzeigen am Schluss einer Buchausgabe oder das Einheften von Reklameblättern in Einzelhefte einer Zeitschrift, nicht jedoch für die Einfügung von Werbeseiten in den fortlaufenden Text einer Buchausgabe.

§ 39 Änderungen des Werkes

Insgesamt ist hier darauf zu achten, dass nicht die Grenze zu einem indirekten Eingriff im Sinne eines das Werk beeinträchtigenden Sachzusammenhangs überschritten wird (vgl. § 14 Rdnr. 23). Um relevante und ohne Zustimmung des Urhebers in der Regel **nicht zulässige Änderungen** handelt es sich etwa bei Zusätzen und Kürzungen (OLG Frankfurt ZUM 2006, 58/60) sowie bei Änderungen an Rechtschreibung und Zeichensetzung, die der Autor in charakteristischer Weise verwendet (ebenso *Kotthoff* in HK-UrhR[2] § 39 UrhG Rdnr. 10). Jedenfalls für mehr als für Tagesinteressen bestimmte Texte, insb. im belletristischen Bereich, bedarf auch eine Umstellung auf die neue Rechtschreibung der Einwilligung des Autors (*Rehbinder*[15] Rdnr. 414 im Anschluss an *Wasmuth* ZUM 2001, 858/861 ff.). In der Regel zulässig ist hingegen die bloße Korrektur offenkundiger Flüchtigkeitsfehler, Zeichensetzungsfehler und falscher Zahlenangaben, bei einem Sammelwerk die Vereinheitlichung der Formatierung (vgl. *Schierholz/Müller*, Fs. für Nordemann, S. 115/130, dort auch wegen unzulässiger Eingriffe des Herausgebers eines Sammelwerks) sowie beim Verlag von Werken der sog. E-Musik die Änderung der Akzentuierung (so KG ZUM 1986, 470/473; weitere Beispiele bei *Schricker*, Verlagsrecht[3], § 13/§ 39 UrhG Rdnr. 11 sowie bei *Reichel* BBl. 1967, 1579/1583). Nicht zulässig sind im Regelfalle ferner die Beigabe von Abbildungen, die Textunterlegung eines Musikstücks (vgl. die insoweit wenig ergiebige Entscheidung BGH GRUR 1977, 551/555 m. Anm. v. *Reimer* – Textdichteranmeldung) wie umgekehrt die Musikbegleitung eines Dramas (*Rehbinder*[15] Rdnr. 414), Redaktionsbemerkungen oder die Vermengung von Ausführungen des Verfassers mit gegnerischen Erörterungen anderer Verfasser sowie im eigentlichen Kunstverlag Änderungen der Größenordnung oder der Farbe des Werkes (Einzelheiten bei *Schricker*, Verlagsrecht[3], § 13/§ 39 UrhG Rdnr. 6, 14).

18   Bei **Beiträgen zu periodischen Sammelwerken** ohne Namensnennung des Verfassers gilt als Sondervorschrift die erweiterte Änderungsbefugnis des Verlegers nach § 44 VerlG, der im Gegensatz zu § 13 VerlG nicht durch das UrhG von 1965 aufgehoben wurde (vgl. *Schricker*, Verlagsrecht[3], § 44 Rdnr. 1; *Dreier/Schulze/Schulze*[3] Rdnr. 20). Ähnlich wie bei § 62 Abs. 2–4 (so. Rdnr. 4) können dieser Vorschrift somit Elemente gesetzgeberischer Wertung im Rahmen der Interessenwertung nach § 39 Abs. 2 entnommen werden (zum Änderungsrecht in der periodischen Presse vgl. auch *v. Gamm* Rdnr. 9; *Rehbinder*[15] Rdnr. 415; *Ulmer*[3] § 105 II 2; *Rojahn* S. 120 ff.; su. § 43 Rdnr. 87).

19   **Im Bereich der Musikverwertung** soll die Kürzung und lediglich auszugsweise Darbietung einer Schlagermusik im Rahmen einer Werbesendung eine zulässige Änderung darstellen (so LG Frankfurt/M, Bericht in FuR 1966, 158/159 – Wochenend und Sonnenschein). Erfolgt die Nutzung freilich im Bereich des GEMA-Repertoires, so bestehen heute Zweifel an diesem Ergebnis im Hinblick auf § 1 lit. k des GEMA-Berechtigungsvertrags (Fassung Juni 2007), wonach die Befugnis des Berechtigten unberührt bleibt, die Einwilligung zur Benutzung eines Werkes als Werbespot zu erteilen. Anders als bei der Benutzung von Ruftonmelodien (so. § 14 Rdnr. 11 a) kann hier in der Tat nicht von dem erforderlichen Maß an Vorhersehbarkeit der mit der einzelnen Werbeverwendung verbundenen Änderungen (Ein- und Abblendungen, Schnitte und Kürzungen) ausgegangen werden (in diesem Sinn *Hertin* KUR 2004, 101, 110 ff.; aA wohl *Kotthoff* in HK-UrhR[2] § 39 UrhG Rdnr. 12; einschränkender unter Hinweis auf den Berechtigungsvertrag der GEMA *Riekert* S. 224 f. sowie *G. Schulze* ZUM 1993, 255/257 f./263 ff., der den bloßen Erwerb des Senderechts nicht ausreichen lassen will; *Dreier/Schulze/Schulze*[3] Rdnr. 22: grundsätzlich zustimmungsbedürftig; ebenso *Riekert* S. 224 f.; weniger streng, aber bezogen auf die Verwendung des Chorstücks „O fortuna" aus Carl Orffs „Carmina Burana" zur Einstimmung auf einen Boxkampf ebenso *Russ* ZUM 1995, 32 mit Erwiderung von *v. Have/Eickmeier* ZUM 1995, 321; s. dazu LG München ZUM 2005, 574 – O Fortuna und oben § 14 Rdnr. 11 c; vgl. auch *Schmieder* NJW 1990, 1945/1949; wegen der Verhältnisse beim „Digital Sampling", bei Musikcollagen und bei der Multimedia-Nutzung von Musikwerken s. *Riekert* S. 230 ff. jeweils mwN sowie *Becker* in *Becker/Dreier*, Urheberrecht und digitale Technologie, S. 54 ff.). Jedenfalls für Werke der sog. E-Musik geht die Beurteilung durch das LG Frankfurt/M (aaO) zu weit, da die GEMA Ansprüche wegen der Verletzung der persönlichkeitsrechtlichen Befugnisse nicht geltend machen und darüber auch nicht verfügen kann (vgl. *Ulmer* Anm. u BGH GRUR 1971, 35/41 – Maske in Blau; zur einschränkenden Auslegung des Berechtigungsvertrages der GEMA bezüglich einer Benutzung im Werbefunk s. LG Düsseldorf AfP 1986, 78; sa. oben Vor §§ 12 ff. Rdnr. 28 c). Auch darf § 39 Abs. 2 nicht dazu führen, dass das Ausgangswerk in seinem wesentlichen Aussagegehalt verändert wird (so OLG München GRUR 1993, 332/333 – Christoph Columbus). Wegen Änderungen des Notensatzes vgl *Dreier/Schulze/Schulze*[3] Rdnr. 22.

Änderungen des Werkes § 39

Für den Bereich der Inszenierung von Bühnenwerken muss zwischen dem zulässigen In- 20
terpretations- und Modernisierungsspielraum einerseits und den hiervon nicht mehr gedeckten
Änderungen, Verzerrungen und sonstigen Entstellungen unterschieden werden (so *Dreier/
Schulze/Schulze*[3] Rdnr. 21). Hier wurden durch den BGH maßgebliche Kriterien für die Inter-
essenabwägung (GRUR 1971, 35 – Maske in Blau – mit zust. Anm. von *Ulmer*; KG ZUM-RD 2005,
381/383 – Die Weber) entwickelt (vgl. allgemein *Grunert*, Werkschutz, passim, insbes. S. 198 ff.,
220 ff.; *Wandtke/Bullinger/Wandtke/Grunert*[3] Rdnr. 27 ff. und *Wandtke/Bullinger/Bullinger*[3] § 14
UrhG Rdnr. 54 f.; *Krüger-Nieland* UFITA 64 [1972] 129 ff.; *Rehbinder* ZUM 1996, 613/616;
Schack GRUR 1983, 555/556; *Schmieder* UFITA 63 [1972] 133/142 f.; *Erdmann*, Fs. für Nirk,
S. 209; *Schmieder* NJW 1990, 1945/1946 ff.; zu den faktischen Gegebenheiten des Theaterbetriebs vgl. insb. *Schultze* FuR 1972, 250/252 ff.; vgl. auch die von *Streller*, Das Orchester
Nr. 2/2000, S. 2 ff. geschilderten Beispiele moderner Opernregie; zum Begriff der Werktreue
vgl. insb. *v. Foerster* S. 41 ff. sowie – auch aus theaterwissenschaftlicher Sicht – *Raschèr* UFITA
117 [1991] 21/26; *ders.*, Für ein Urheberrecht des Bühnenregisseurs, 1989, S. 66 ff.;). Da jede
Bühnenaufführung von den Realitäten des jeweiligen Theaters, von seinen räumlichen Verhältnissen, der Zusammensetzung seines künstlerischen Personals sowie dem für die Ausstattung zur
Verfügung stehenden Etat abhängig ist, ist die Theaterpraxis darauf angewiesen, nicht zu eng an
die Werkfassung des Bühnenautors, insbesondere an seine etwaigen Regieanweisungen gebunden zu sein. Der Regisseur darf daher unwesentliche Kürzungen oder Streichungen kleiner
Rollen sowie Anpassungen an die erforderliche Spieldauer vornehmen (vgl. auch *Grohmann*
S. 183 sowie grundsätzlich aus der Sicht des modernen Regietheaters *Raschèr* aaO mit zahlreichen wN.). Er ist unter den Bedingungen des modernen Theaterbetriebs nicht nur als „Gehilfe"
des Urhebers anzusehen, sondern ist bei der Umsetzung des Schriftwerks von der begrifflichen
in die sinnlich fassbare Sphäre durchaus schöpferisch tätig (sa. § 14 Rdnr. 13). Nicht gerechtfertigt ist demgegenüber die Änderung des Werkes in seinen wesentlichen Zügen oder in seinem
wesentlichen Aussagegehalt, ohne Rücksicht darauf, ob die Werk ändernden Regieeinfälle
vom künstlerischen Standpunkt vertretbar oder erfolgsfördernd sind. Trotz des etwa bei älteren
Operetten wegen des Wandels des Publikumsgeschmacks dem Regisseur gewährten Moderni-
sierungsspielraums sind Eingriffe iS einer „Verhohnepiepelung" unter Vornahme von zahlreichen Änderungen oder von Streichungen wesentlicher Musikstücke, unter Einfügung größerer
fremder Musikstücke oder unter mit dem Wesensgehalt des Stücks nicht zu vereinbarenden
Charakteränderungen der Hauptpersonen nicht mehr hinzunehmen.

Ein **Beispiel für eine nicht mehr zulässige Änderung** ist für den Fall der Besetzung mit 20a
weiblichen Schauspielern bei vom Autor dezidert als männlich konzipierten Rollen anzunehmen, zumindest wenn sich der Autor ausdrücklich dagegen wendet (vgl. den Fall „Warten auf
Godot" von Beckett; gegen den Autor entschieden von Arrondissementsrechtbank Haarlem In-
formatierecht/AMI 1988, 83 m. Anm. v. *Cohen Jehoram*, unter Berufung auf den allgemein-
menschlichen Charakter des Stücks und seiner Rollen; zugunsten des Autors bzw. seines Testamentsvollstreckers dagegen entschieden vom Tribunal de grande instance Paris RIDA 155 [1993]
225 = Informatierecht/AMI 1994, 14 m. Anm. v. *Quaedvlieg*, unter Berufung auf die Notwendigkeit der Respektierung des ausdrücklich geäußerten Willens des Urhebers; zustimmend auch
Schack[4] Rdnr. 354; wegen ähnlicher Auseinandersetzungen in Deutschland, die in zwei Fällen
zum Verbot bzw. zum Verzicht auf Aufführungen führten, vgl. den Bericht in FuR 1982, 492;
vgl. auch den von *Schmieder* NJW 1990, 1945 geschilderten Fall der historisierend uminterpretie-
renden Aufführung der Oper „Der Wald" von R. Liebermann; für den Fall tendenzändernder
Zusätze und Streichungen bei einem ernsten Thema der Zeitgeschichte ähnlich KG UFITA 58
[1970] 285/289 – Jeder von uns). Die Aufnahme von Chortexten mit Tötungsphantasien in Bezug auf namentlich genannte prominente Bürger und einfache Mitarbeiter von Arbeitsämtern in
eine Inszenierung von Gerhart Hauptmanns „Die Weber" wurde als unzulässige Entstellung eingeordnet, die auch vom vertraglich zugestandenen Bearbeitungsrecht nicht mehr gedeckt sei, weil
das Werk dadurch in den „Grenzbereich des Skandalträchtigen" hineingezogen werde (KG
ZUM-RD 2005, 381/385 ff. – Die Weber). Keine Beeinträchtigung liegt dagegen vor bei im
Wesentlichen durch eislaufkünstlerische Gegebenheiten bestimmten Kurzdarstellungen von Operetten im Rahmen von so genannten Eisrevuen (BGH GRUR 1966, 570/572 – Eisrevue III).

Im umgekehrten Fall der Geltendmachung des Änderungsschutzes für eine einer Interpreten- 21
leistung zumindest nahestehende **Regieleistung** sind – selbst bei hypothetischer Annahme eines
Urheberrechts des Bühnenregisseurs (so mit Nachdruck *Raschèr*, so. Rdnr. 20) – im Hinblick auf
die in Betracht zu ziehenden Leistungen der Ensemblemitglieder und die Realitäten des Theaterlebens Eingriffe iS einer auf der ursprünglichen Inszenierung basierenden, abgeänderten Neu-

§ 39

inszenierung mit „hauseigenen Mitteln" weitgehend zulässig (so OLG Frankfurt/M GRUR 1976, 199/201 – Götterdämmerung – gegen die Vorinstanz LG Frankfurt/M UFITA 77 [1976] 278 f.; anders dagegen LG Leipzig ZUM 2000, 331 wegen eines – auf Publikumsproteste reagierenden – Eingriffs der Intendanz in ein Regiekonzept bezüglich einer umstrittenen Aufführung der Operette „Die Czárdásfürstin" von Kálmán, wobei das Gericht der Inszenierung Werkqualität zuspricht; im Ergebnis bestätigt von OLG Dresden ZUM 2000, 955, wenn auch primär unter Rückgriff auf die Leistungsschutzrechte des Theaterregisseurs gemäß § 83 aF [§ 75]; vgl. die näheren Angaben bei *Wandtke/Bullinger/Wandtke/Grunert*[3] Rdnr. 32 sowie eingehend dazu *Grunert* ZUM 2001, 210 ff.; *ders.* KUR 2000, 128 ff.; im letzteren Sinn ebenso OLG München ZUM 1996, 598: Beeinträchtigung einer Regieleistung bei Eliminierung eines in eine Schauspielinszenierung eingefügten Bewegungschores im Zuge der Wiederaufnahme des Stücks; wegen der weiteren Frage, inwieweit Streichungen und Abänderungen eines Texts die Voraussetzung für eine schutzfähige Bearbeitung begründen, vgl. BGH UFITA 64 [1972] 288 – Biografie: Ein Spiel).

22 Für **Filmwerke und Laufbilder** muss im Hinblick auf den Gesamtzusammenhang der einschlägigen Vorschriften (§§ 14, 39 und 93 Abs. 1; so. § 14 Rdnr. 1 ff.) auch bei der Auslegung des § 39 die Sondervorschrift des § 93 Abs. 1 berücksichtigt werden, die ihrerseits im Lichte von § 88 Abs. 1 sowie § 89 Abs. 1 auszulegen ist. In der Einräumung des Rechts zur Verfilmung eines vorbestehenden Werkes (einschließlich solcher Werke, die zur Herstellung des Filmwerks unmittelbar geschaffen werden wie Drehbuch und Filmmusik; vgl. § 89 Abs. 3) liegt nach § 88 Abs. 1 im Zweifel auch die Einräumung des ausschließlichen Rechts, das Werk „unter Bearbeitung oder Umgestaltung zur Herstellung eines Filmwerks" und das Filmwerk selbst sowie Übersetzungen und andere filmische Bearbeitungen [scil. davon] zu nutzen. Auch die eigentlichen Urheber des Filmwerkes iS von § 89 Abs. 1 räumen im Rahmen einer umfassenden Vermutung Rechte zur filmischen Bearbeitung oder Umgestaltung des Filmwerks ein, was insbesondere für den Filmregisseur von Bedeutung ist (zur Reichweite der ausdrücklichen tarifvertraglichen Klausel, wonach ein Film „teilweise ... beliebig oft" genutzt werden darf, vgl. OLG Köln GRUR-RR 2005, 179 f.: die Veröffentlichung kommentierter Standbilder im Internet sei gem. der Klausel iVm. § 39 Abs. 2 zulässig, weil jene im Rahmen einer sachgerechten Begleitung des Films erfolge und Belange des Urhebers nicht berührt seien). Für beide Fälle (§ 88 und § 89) reduziert § 93 Abs. 1 den Schutz der betroffenen Urheber hinsichtlich der Herstellung und Verwertung des Filmwerkes auf gröbliche Entstellungen oder andere gröbliche Beeinträchtigungen des Filmwerkes selbst oder der zu seiner Herstellung benutzten Werke. Die beteiligten Urheber (und Inhaber verwandter Schutzrechte) haben überdies aufeinander und auf den Filmhersteller angemessen Rücksicht zu nehmen. Im Rahmen dieser Vermutungsregelungen wird somit **ein unter dem Gesichtspunkt der Filmherstellung notwendiges und umfassendes Maß an Änderungsbefugnissen** eingeräumt (ebenso *Haberstumpf*[2] Rdnr. 227; *Dreier/Schulze/ Schulze*[3] Rdnr. 27). Bei der Anwendung des § 39 Abs. 1 ist hier also immer schon von dem Vorliegen mindestens stillschweigender und vermutungsweise eingeräumter Änderungsbefugnisse auszugehen. Darüber hinaus bleibt im Hinblick auf den reduzierten Beeinträchtigungsschutz nach § 93 Abs. 1 und den Grundsatz der einheitlichen Interessenabwägung, für die – isolierte – Anwendung des § 39 Abs. 2 kein Raum (aA offensichtlich *Peifer* S. 207 ff. für den Fall von Werbeunterbrechungen in Spielfilmen; sa. unten § 93 Rdnr. 14 ff. sowie die dort erwähnte Rechtsprechung und Literatur; vgl. auch *Flechsig* FuR 1976, 589/594 ff.). Letztlich kommt es also zu einer durch die gesetzlichen Kriterien der Gröblichkeit und der gegenseitigen Rücksichtnahme der an der Filmherstellung Beteiligten akzentuierten einzigen und einheitlichen Interessenabwägung, in deren Rahmen zudem das hohe Investitionsrisiko bei der Filmherstellung entsprechend zu berücksichtigen ist (vgl. auch *Möhring/Nicolini/Lütje*[2] § 93 Rdnr. 5; *Wandtke/Bullinger/ Manegold*[3] § 93 Rdnr. 2 und 11; beide iS einer gesetzlich typisierten Vorwegnahme der Interessenabwägung). Ähnliche Überlegungen wie bei der filmischen Nutzung können bei der **Nutzung für multimediale Zwecke** angestellt werden (Näheres bei *Dreier/Schulze/Schulze*[3] Rdnr. 28; zu den hier zu beachtenden Grenzen vgl. bereits oben § 14 Rdnr. 12).

23 Bei der **Schaffung von Werken in Erfüllung von Verpflichtungen aus einem Arbeits- oder Dienstverhältnis (§ 43)** führt die Interessenabwägung auch unter dem Gesichtspunkt der Zweckübertragung zu einem nicht unerheblichen Maß von Änderungsbefugnissen des Dienstherrn oder Arbeitgebers (ebenso *Dreier/Schulze/Schulze*[3] Rdnr. 12). Dabei spielt der Gesichtspunkt der rein faktischen Einflussnahme des Dienstherrn oder Arbeitgebers während der Entstehungsphase des Werkes bereits eine maßgebliche Rolle (vgl. oben Rdnr. 9). Eine letzte **Auffangposition des Urhebers** zum Schutz vor unzumutbaren Eingriffen in seine persönlichen und geistigen Interessen bleibt aber auch hier bestehen (vgl. *v. Gamm* Rdnr. 8; *Rojahn*

S. 119; *Vinck,* Die Rechtsstellung, S. 50 ff.; *ders.* NJW 1975, 162/165; sa. § 14 Rdnr. 34; zu weitgehend, weil allzu pauschal, wenn auch in der Hilfserwägung iS einer Interessenabwägung im Ergebnis wohl zutreffend KG ZUM-RD 1997, 175/180 = Schulze KGZ 98 m. Anm. v. *M. Schulze* im Fall „POLDOK", bei dem ohne Zustimmung des betroffenen Hochschullehrers lediglich bestimmte Teile einer von ihm mit erarbeiteten politikwissenschaftlichen Dokumentation mit Erlaubnis seines Dienstherrn von einem Dritten weiterverwertet wurden). Eine erhebliche Zahl der im Arbeits- oder Dienstverhältnis geschaffenen Werke aber wird ohnehin eher **im unteren Bereich des Schutzfähigen** angesiedelt sein; außerdem ist der Gebrauchszweck dem Urheber schon bei der Entstehung des Werkes in der Regel erkennbar (wegen der Verhältnisse in der Presse bzw. bei Funk und Fernsehen vgl. *Rojahn* S. 120 ff., 128 ff.). Bei Werken höheren Rangs (zB bei Fernsehspielen eines angestellten Filmregisseurs) muss dieser Gesichtspunkt jedoch gegenüber dem Persönlichkeitsinteresse des Urhebers stärker zurücktreten; im Bereich von Film und Fernsehen sind andererseits die sich aus § 93 ergebenden Besonderheiten auch im Rahmen von Dienst- und Arbeitsverhältnissen zu berücksichtigen (so. Rdnr. 22; s. im Einzelnen auch § 43 Rdnr. 83 ff.).

Im **Bereich der Werbung** sind ähnlich wie im Bereich der **Gebrauchskunst und der** 24 **kleinen Münze sowie bei Computerprogrammen** zwecks Anpassung an die betrieblichen Gegebenheiten (so *Rehbinder*[15] Rdnr. 415) die finanziellen und betriebswirtschaftlichen Interessen der Nutzungsberechtigten, die sich auf täglich veränderte Situationen einstellen müssen, in besonderer Weise zu berücksichtigen (so. § 14 Rdnr. 31; vgl. allgemein *v. Gamm* Rdnr. 8, 9; *Rehbinder*[15] Rdnr. 415; *Schmidt* S. 116 ff.; daneben *Tölke* S. 71). So ist die Anpassung der Farbgebung eines Werbeprospekts nach Umgestaltung des zugrundeliegenden Produkts zulässig (LG München I Schulze LGZ 41, 4; aA *Fromm/Nordemann/Vinck*[9] Rdnr. 4 jedoch unter Relativierung des eigenen Standpunkts bei Änderung des Zeitgeschmacks in der Werbung). Andererseits ist das nachträgliche Versehen eines mit menschlichen Gesichtszügen ausgestatteten gläsernen Eisbechers mit einem vom Künstler zuvor bewusst weggelassenen Glasstiel auf einem Werbeplakat nicht zulässig, wenn nach Abwägung im Rahmen von Treu und Glauben keine zwingenden Gründe für eine Auswertung in veränderter Form vorliegen (so LG München I UFITA 57 [1970] 339/341 f. – JOPA-Eiskrem). Als ebenso rechtswidrig eingeordnet wurde die Nutzung eines in verschiedener Hinsicht veränderten **Lichtbildwerkes**, das der Fotograf vom ehemaligen Kanzler Gerhard Schröder zur Verwendung in der Wahlwerbung erstellt hatte. Der allgemeine Hinweis, das Foto sei für den konkreten Verwendungszweck nicht geeignet gewesen und der Abgebildete habe für neue Fotos nicht zur Verfügung gestanden, genüge nicht, um eine Kürzung der Haare, die Bearbeitung eines Ohrs und des Kragens, die Aufhellung der Gesichtsfarbe und die Retuschierung von Falten zu rechtfertigen (LG Hamburg ZUM-RD 2008, 30 ff. – Gerhard Schröder; allgemein zur bildenden Kunst sowie zu Lichtbildwerken *Dreier/Schulze/ Schulze*[3] Rdnr. 24 und 26).

III. Analoge Anwendung des § 39 im Verhältnis zum Eigentümer (bzw. Besitzer) eines Werkstücks

Soweit es an einer ausdrücklichen oder stillschweigenden Vereinbarung über etwaige Ände- 25 rungen fehlt, findet § 39 im Verhältnis zum Eigentümer bzw. Besitzer eines Werkstücks nach hM entsprechende Anwendung (grundlegend für den Bereich von Bauwerken BGH GRUR 1974, 675/676 – Schulerweiterung; ebenso OLG Frankfurt/M GRUR 1986, 244 – Verwaltungsgebäude; andeutungsweise auch OLG München GRUR-RR 2001, 177/180 – Kirchenschiff; vgl. auch LG Berlin Schulze LGZ 143, 5 und LG München I Schulze LGZ 158, 5 f.; einschränkend, nämlich nur in dem Fall, dass irgendwelche vertraglichen Beziehungen zum Urheber bestehen, *Schöfer* S. 123 ff.; wie hier *Rehbinder*[15] Rdnr. 411). Dies kann jedoch im Hinblick auf den **Grundsatz der Einheitlichkeit der Interessenabwägung** nur unter Berücksichtigung der „Zusammenschau" mit § 14 geschehen (ähnlich *Tölke* S. 78; vgl. allgemein auch *Grohmann* S. 33 sowie *Schilcher* S. 58; s. schon oben Rdnr. 1 sowie § 14 Rdnr. 1, 15 ff.). Nicht richtig wäre demgemäß ein isoliertes Abstellen allein auf § 39. Die analoge Anwendung betrifft den Grundsatz der Interessenabwägung nach dem Maßstab von § 39 Abs. 2 (iVm. § 14) sowie die Klarstellung, dass im Verhältnis zwischen Urheber und Eigentümer bzw. Besitzer eines Werkstücks Änderungsvereinbarungen ebenfalls zulässig sind.

Bei der Interessenabwägung ist zwischen Eingriffen in **Werkoriginale** einerseits und in 26 **Werkexemplare ohne Originalcharakter** andererseits zu unterscheiden. Im ersteren Fall

§ 39 Änderungen des Werkes

können jedenfalls bei Werken von einem gewissen Rang auch Eingriffe in der Privatsphäre des Eigentümers untersagt werden, im letzteren Falle dagegen auch schwer entstellende Eingriffe nur dann, wenn die Öffentlichkeit davon Kenntnis erlangt (wegen Einzelheiten so. § 14 Rdnr. 15 ff.).

27 Bei **Bauwerken** bietet der Architektenvertrag im Hinblick auf darin oft enthaltene Urheberrechtsklauseln ggf. Anhaltspunkte für die direkte Anwendung des § 39 (vgl. *Schöfer* S. 41 f., 125 sowie *Gerlach* GRUR 1976, 613/625; siehe ferner OLG Hamm GRUR 1970, 565/566 – Aulaanbau; OLG Hamburg UFITA 81 [1978] 263/268 – Reihenhäuser; LG München I Schulze LGZ 158, 5 f.; LG Berlin GRUR 2007, 964/968 – Hauptbahnhof Berlin, zur Unterscheidung zwischen erlaubten Änderungen und nicht zulässiger Entstellung). Aber auch dies führt methodisch und inhaltlich nicht über den Rahmen der einheitlichen Interessenabwägung nach den §§ 14 und 39 Abs. 2 hinaus (s. im Einzelnen oben § 14 Rdnr. 17, 35 ff.). Auch bei Bauwerken hat der Urheber grundsätzlich ein schützenswertes Interesse an der Erhaltung seines Werkes in dessen unveränderter individueller Gestalt (so BGH GRUR 1974, 675/677 – Schulerweiterung, wenn auch im konkreten Fall wegen der geringen schöpferischen Individualität des Bauwerks kein Eingriff gegeben war; anders iSd. Interessenabwägung zugunsten des Urhebers OLG München GRUR-RR 2001, 177/178 – Kirchenschiff). Keine Beeinträchtigung bedeutet freilich das bloße Abbrechen eines Herstellungsvorgangs im Falle der Weigerung des Bestellers, ein Werk nach der ursprünglichen Planung ausführen zu lassen, da gegen die Behinderung künstlerischer Eigendarstellung kein Schutz besteht (so KG Schulze KGZ 73, 4 – Kugelobjekt; wegen der Frage der Werkvernichtung so. § 14 Rdnr. 37 ff.). Eine Verletzung des Urheberinteresses setzt andererseits die Fertigstellung des Bauwerks nicht voraus, sondern kann gerade auch dann eintreten, wenn der Bauherr **bei der Errichtung des Bauwerks** vom Bauplan des Architekten abweicht. Die Vorstellung des Architekten muss jedoch im Bauplan des Architekten sichtbar ihren Niederschlag gefunden haben, andernfalls handelt es sich nicht um eine änderungsrechtliche Problematik (so BGH Schulze BGHZ 201, 6 – Farbanstrich – entgegen KG Schulze KGZ 45, 6 f.; wie BGH LG Berlin Schulze LGZ 143, 4 bzw. 8 sowie OLG Düsseldorf GRUR 1979, 318 – Treppenwangen; kritisch dazu *Gerlach* GRUR 1976, 613/627; vgl. auch *Grohmann* S. 200).

IV. Rechtsfolgen der Verletzung des Änderungsverbots

28 Die Änderung eines Werkes durch den Werknutzungsberechtigten ohne Zustimmung des Urhebers und ohne Rechtfertigung im Ergebnis der Interessenabwägung nach § 39 Abs. 2 (iVm. § 14 und ggf. § 93) stellt nicht nur eine Verletzung des Werknutzungsvertrags dar, sondern auch eine Urheberrechtsverletzung mit den **zivilrechtlichen Folgen** nach den §§ 97 ff. (BGH GRUR 2002, 532/535 = JZ 2002, 716/718 m. Anm. v. *Schricker* = Schulze BGHZ 496 m. Anm. v. *Müller-Katzenberg* – Unikatrahmen; vgl. allgemein *Grohmann* S. 222 ff.; *Dreier/Schulze/Schulze*[3] Rdnr. 29; *Möhring/Nicolini/Spautz*[2] Rdnr. 6; für den Verlagsvertrag *Schricker*, Verlagsrecht[3], § 13/§ 39 UrhG Rdnr. 12; ausführlich zu Ansprüchen bei Verstößen im Bereich von Coverversionen *Riekert* S. 170 ff.; zur möglichen Formulierung von Unterlassungsanträgen vgl. *Dreier/Schulze/Schulze*[3] Rdnr. 30). **Strafrechtlich** ist ein Verstoß gegen das Änderungs- und Beeinträchtigungsverbot wie allgemein gegen das UPR (su. § 106 Rdnr. 1) nicht sanktioniert (wegen der früheren Strafbestimmungen vgl. *Möhring/Nicolini/Spautz*[2] Rdnr. 6), abgesehen von dem Spezialfall der unzulässigen Anbringung der Urheberbezeichnung nach § 107; vgl. dazu die Spezialuntersuchung von *Sieg* sowie *Tölke* S. 64 ff.; sa. oben § 14 Rdnr. 42 und unten die Erl. zu § 107).

29 Auch im Verhältnis zum Inhaber eines vertraglich eingeräumten Nutzungsrechts kommt bei einem Verstoß gegen das Änderungs- und Beeinträchtigungsverbot neben Schadensersatz wegen Urheberrechtsverletzung nach § 97 Abs. 2 S. 1–3 auch die Möglichkeit einer billigen **Geldentschädigung wegen des erlittenen immateriellen Schadens** in Frage (§ 97 Abs. 2 S. 4; zur Geltendmachung vgl. *Ulmer* Anm. zu BGH GRUR 1971, 35/41 – Maske in Blau). Entsprechend ist die Rechtslage im Rahmen der analogen Anwendung des § 39 (iVm. § 14) im Verhältnis zum Eigentümer oder Besitzer eines Werkstücks (so. § 14 Rdnr. 41). Mit *Samson* (S. 95) kann der Verzicht auf die Geltendmachung eines Entstellungsverbots gegen ein „Schweigegeld" als vorweggenommene Geldentschädigung nach § 97 Abs. 2 S. 4 gedeutet werden. Als mindere Form der Sanktionierung eines Verstoßes gegen das Änderungs- und Beeinträchtigungsverbot kommt auch die Ausübung des Namensnennungsverbots auf der Grundlage des § 13 in Frage

(so ausdrücklich die beiden Entscheidungen im Fall „Geschichte des Saarlands" LG Saarbrücken UFITA 79 [1977] 358/361 ff. und OLG Saarbrücken Schulze OLGZ 176, 4; sa. oben § 13 Rdnr. 15).

§ 40 Verträge über künftige Werke

(1) ¹Ein Vertrag, durch den sich der Urheber zur Einräumung von Nutzungsrechten an künftigen Werken verpflichtet, die überhaupt nicht näher oder nur der Gattung nach bestimmt sind, bedarf der schriftlichen Form. ²Er kann von beiden Vertragsteilen nach Ablauf von fünf Jahren seit dem Abschluß des Vertrages gekündigt werden. ³Die Kündigungsfrist beträgt sechs Monate, wenn keine kürzere Frist vereinbart ist.

(2) ¹Auf das Kündigungsrecht kann im voraus nicht verzichtet werden. ²Andere vertragliche oder gesetzliche Kündigungsrechte bleiben unberührt.

(3) Wenn in Erfüllung des Vertrages Nutzungsrechte an künftigen Werken eingeräumt worden sind, wird mit Beendigung des Vertrages die Verfügung hinsichtlich der Werke unwirksam, die zu diesem Zeitpunkt noch nicht abgeliefert sind.

Schrifttum: *Schricker*³ § 1 Rdnr. 16 ff., 35 ff.; *Bock,* Die Option im Musik- und Buchverlag, 2002; *Brandi-Dohrn,* Der urheberrechtliche Optionsvertrag, 1967; *Brauneck/Brauner,* Optionsverträge über künftige Werke im Filmbereich, ZUM 2006, 513; *Holzer,* Die Übertragung urheberrechtlicher Befugnisse an künftigen Werken, 1963; *Isele,* Optionsrechte des Verlegers, Fs. für Bappert, 1964, S. 87; *Samson,* Bemerkungen zu einigen Vorschriften des Urheberrechtsgesetzes, UFITA 50 (1967) 491; *Schmitt-Kammler,* Die Schaffensfreiheit des Künstlers in Verträgen über künftige Geisteswerke, 1978.

Übersicht

	Rdnr.
I. Allgemeines	1–11
1. Entstehungsgeschichte	1
2. Bedeutung	2
3. Anwendungsbereich: Verträge über künftige Werke, Vorverträge, Optionen	3–7
4. Unverzichtbarkeit (Abs. 2 S. 1)	8
5. Verhältnis zu anderen Vorschriften	9–11 a
II. Die Regelung im Einzelnen	12–17
1. Voraussetzungen für Schriftform und Kündigungsrecht (Abs. 1 S. 1)	12, 13
2. Rechtsfolgen	14–17
a) Schriftform	14
b) Kündigung	15
c) Wirkungen der Kündigung	16, 17

I. Allgemeines

1. Entstehungsgeschichte

Die Vorschrift ist ohne Vorbild im **früheren Recht.** Exzessive vertragliche Bindungen für die Zukunft unterlagen nur einer Kontrolle nach allgemeinen Vorschriften, insbesondere § 138 BGB (*Möhring/Nicolini/Spautz*² Anm. 1 a; *v. Gamm* Rdnr. 1; s. zB BGH GRUR 1957, 387 – Clemens Laar – betreffend die Nichtigkeit einer Optionsvereinbarung). 1

Die **AmtlBegr.** (*Haertel/Schiefler* S. 199) will an der grundsätzlichen Zulässigkeit von Verträgen über künftige Werke festhalten:

> „Sie begegnen keinen Bedenken, sofern sie sich auf ein bestimmtes vom Urheber zu schaffendes Werk beziehen, weil sich der Urheber in diesem Fall über den Umfang seiner Verpflichtungen stets klar sein wird. Verpflichtet sich jedoch der Urheber zur Einräumung von Nutzungsrechten an allen seinen künftigen Werken oder an einer bestimmten Gattung dieser Werke (zB an allen Romanen), so liegt darin eine ungewöhnlich starke, in ihren wirtschaftlichen Folgen kaum abzusehende Bindung, die nicht unüberlegt eingegangen werden darf und eine Überprüfung des Vertragsverhältnisses nach einiger Zeit erforderlich macht."

Der **RegE** (§ 32) hatte noch keine Schriftform, sondern nur Kündbarkeit nach 4 Jahren mit 1-Jahresfrist vorgesehen. Der **MinE** (§ 35) führte zur Beweiserleichterung und als Übereilungsschutz die Schriftform ein; im Interesse namentlich der Verleger wissenschaftlicher Fachbücher wurde die Höchstbindungsfrist auf 5 Jahre verlängert, dafür aber die Kündigungsfrist verkürzt (s. erläuternde Bemerkungen S. 42).

§ 40 Verträge über künftige Werke

Gemäß § 132 gilt § 40 auch für Verträge, die **vor dem Inkrafttreten des UrhG** abgeschlossen worden sind; die Fünfjahresfrist des § 40 Abs. 1 S. 2 begann jedoch frühestens mit dem Inkrafttreten des Gesetzes zu laufen (1. 1. 1966).

2. Bedeutung

2   § 40 gehört zu den Vorschriften, die den Urheber **vor zu weitgehenden Bindungen** schützen sollen (*v. Gamm* Rdnr. 1; *Wandtke/Bullinger/Wandtke*³ Rdnr. 1; *Dreier/Schulze/Schulze*³ Rdnr. 1). Es geht dabei in erster Linie um die wirtschaftliche Tragweite solcher Geschäfte (*Forkel* S. 141); sie lassen fürchten, dass dem Urheber eine **angemessene Beteiligung an dem Ertrag der Werknutzung** vorenthalten wird. Das Kündigungsrecht soll dem Urheber die Möglichkeit geben, die Vergütung neu auszuhandeln. Das Recht auf angemessene Vergütung nach § 32 UrhG lässt das Interesse an einer Verhandlungsposition nicht entfallen (s. auch Rdnr. 11 a; vgl. *Kotthoff* in HK² Rdnr. 1). Daneben können allgemein-persönlichkeitsrechtliche Aspekte berührt sein (*Forkel* S. 141; s. insb. *Schmitt-Kammler* S. 42, 48 f.: Recht auf Schaffensfreiheit als Ausfluss des allgemeinen Persönlichkeitsrechts). Im Interesse der Waffengleichheit steht das Kündigungsrecht aber auch dem anderen Vertragsteil zu Gebote. Die hauptsächliche Bedeutung der Vorschrift dürfte im Verlagsbereich liegen (vgl. *Schricker*³ § 1 Rdnr. 16 ff.).

3. Anwendungsbereich: Verträge über künftige Werke, Vorverträge, Optionen

3   § 40 bezieht sich seinem Wortlaut nach auf Verträge, die zur Einräumung von Nutzungsrechten an künftigen Werken verpflichten. Er zielt demnach auf **schuldrechtliche Verpflichtungsverträge** (*Fromm/Nordemann/J. B. Nordemann*¹⁰ Rdnr. 10; *v. Gamm* Rdnr. 2, 4; *Wandtke/Bullinger/Wandtke*³ Rdnr. 2; *Dreier/Schulze/Schulze*³ Rdnr. 7; *Schack*⁴ Rdnr. 557), gleich welchen Typs (*Schmitt-Kammler* S. 185), wie sie der Einräumung von Nutzungsrechten zugrunde liegen und von der Einräumung selbst als **Verfügungsgeschäft** gedanklich zu trennen sind, auch wenn in der Praxis beide Geschäfte zusammenfallen mögen (vor §§ 28 ff. Rdnr. 98 ff.). Die Vorschrift ist gem. §§ 70 Abs. 1, 72 Abs. 1, 79 Abs. 2 S. 2 **entsprechend anwendbar** auf Verträge der Verfasser wissenschaftlicher Ausgaben, Lichtbildner und ausübender Künstler. Sie gilt nicht für Nutzungsverträge von Rechtsnachfolgern, die selbst keine künftigen Werke/Leistungen erbringen können (*Dreier/Schulze/Schulze*³ Rdnr. 9).

Ohne weiteres fallen unter § 40 dabei die **isolierten Verpflichtungsverträge**, aufgrund deren noch keine Verfügung erfolgt ist, sondern bei denen die Einräumung des Nutzungsrechtes erst nachfolgen soll, etwa wenn das Werk abgeliefert wird.

Aber auch Verpflichtungsverträge, bei denen bereits in Erfüllung der Verpflichtung des Urhebers eine **Vorausverfügung** über das Urheberrecht am künftigen Werk (Vor §§ 28 ff. Rdnr. 61) erfolgt ist, fallen unter § 40, wie sich aus § 40 Abs. 3 ergibt (*Wandtke/Bullinger/Wandtke*³ Rdnr. 3; *Ulmer*³ § 94 III 1; *Forkel* S. 141 Fn. 110; *Schmitt-Kammler* S. 181 ff.; *Bock* S. 235/236; *Kotthoff* in HK² Rdnr. 4; *Möhring/Nicolini/Spautz*² Rdnr. 2. AA *v. Gamm* Rdnr. 4). **Formvorschrift und Kündigungsrecht** gelten jedoch auch hier nur für den Verpflichtungsvertrag, **nicht für die Verfügung** (*Dreier/Schulze/Schulze*³ Rdnr. 7; vgl. *v. Gamm* Rdnr. 4). Freilich haben sowohl ein Formmangel (dazu unten Rdnr. 14) als auch die Kündigung des Verpflichtungsgeschäfts (dazu Abs. 3 und Rdnr. 17) Auswirkungen auf die Verfügungsebene.

§ 40 gilt auch für **Wahrnehmungsverträge**, genauer gesagt, deren schuldrechtlichen Teil (*Schack*⁴ Rdnr. 73; *Wandtke/Bullinger/Wandtke*³ Rdnr. 4; *Dreier/Schulze/Schulze*³ Rdnr. 4; vgl. auch *Ulmer*³ § 94 III 1; aA *Rehbinder*¹⁵ Rdnr. 581; *Fromm/Nordemann/J. B. Nordemann*¹⁰ Rdnr. 7). Dagegen entspricht es den besonderen Verhältnissen bei **Arbeits- oder Dienstverträgen** und ist mit dem Schutzzweck des § 40 vereinbar, auf die in ihnen enthaltene Verpflichtung zur Einräumung künftiger Nutzungsrechte § 40 nicht anzuwenden (LG Köln MMR 2007, 465 f.; § 43 Rdnr. 43 f. mwN.; *Kraßer/Schricker* S. 112; *Dreier/Schulze/Schulze*³ Rdnr. 5; *Rehbinder*¹⁵ Rdnr. 637; *Fromm/Nordemann/J. B. Nordemann*¹⁰ Rdnr. 7; aA *Wandtke/Bullinger/Wandtke*³ Rdnr. 4; *Schack*⁴ Rdnr. 557). Dies gilt für die sog. Pflichtwerke; außerhalb dieses Bereichs ist § 40 dagegen anwendbar (*Dreier/Schulze/Schulze*³ Rdnr. 5).

4   Von den schuldrechtlichen Verträgen, die zur Einräumung eines Nutzungsrechtes verpflichten, sind die **Vorverträge** zu unterscheiden. Vorverträge verpflichten nicht schon zur Erbringung der letzten Endes angestrebten Leistung, hier der Einräumung des Nutzungsrechts, sondern lediglich zum Abschluss eines auf die Leistungserbringung gerichteten (schuldrechtlichen) **Hauptvertrags**. Wirksamkeitsvoraussetzung des Vorvertrags ist dabei, dass der Inhalt des Hauptvertrags genügend **bestimmt** oder doch soweit **bestimmbar** ist, dass der Richter im

Verträge über künftige Werke § 40

Streitfall zumindest durch ergänzende Auslegung den Inhalt des Hauptvertrages feststellen kann (*Palandt/Ellenberger* BGB[68] Einf. v. § 145 Rdnr. 20 mwN.; *Schricker*[3] § 1 Rdnr. 50). Vorverträge pflegen geschlossen zu werden, wenn bereits eine Bindung gewünscht wird, der Hauptvertrag jedoch noch nicht eingegangen werden kann, insbesondere weil rechtliche oder faktische Hindernisse im Wege stehen. Im urheberrechtlichen Bereich sind Vorverträge selten. Zielt ein Vorvertrag auf einen unter § 40 fallenden Hauptvertrag ab, so **unterliegt bereits der Vorvertrag dem § 40,** dh. es gilt Schriftform, und es besteht das Kündigungsrecht; andernfalls könnte § 40 durch Abschluss von Vorverträgen umgangen werden (*v. Gamm* Rdnr. 6; *Schricker*[3] § 1 Rdnr. 50; *Haberstumpf/Hintermeier* § 9 IV 3; *Schack*[4] Rdnr. 974; *Wandtke/Bullinger/Wandtke*[3] Rdnr. 6, 11).

Von den Vorverträgen sind die **Optionsverträge** (Vorrechtsverträge) zu unterscheiden; sie begründen nur eine einseitige Bindung (s. zum Begriff *Schricker*[3] § 1 Rdnr. 40ff.; *Isele,* Fs. für Bappert, S. 87ff.; *Brandi-Dohrn* S. 10ff., 60ff.; *Schmitt-Kammler* S. 177ff.; *Bock* S. 34ff., 78ff.; *Dreier/Schulze/Schulze*[3] Vor § 31 Rdnr. 153ff.; *Brauneck/Brauner* ZUM 2006, 513/516ff.; allgemein *M. Weber* JuS 1990, 249ff.). 5

Unter einem **Optionsvertrag im engeren Sinn** (qualifizierten oder absoluten Optionsvertrag) versteht man einen Vertrag, der dem Optionsberechtigten das Gestaltungsrecht verleiht, durch einseitige Erklärung einen Vertrag bestimmten Inhalts in Geltung zu setzen. Der Verfasser räumt dem Verleger beispielsweise das Recht ein, ein noch zu schaffendes Werk in Verlag zu nehmen, wobei durch Ausübung der Option ein Verlagsvertrag bestimmten Inhalts zustande kommt. Konstruktiv könnte ein entsprechendes Ergebnis auch dadurch erreicht werden, dass der Verfasser ein bindendes Vertragsangebot mit langzeitiger Annahmefrist abgibt, das der Verleger zum gegebenen Zeitpunkt annehmen kann. Voraussetzung ist in jedem Fall, dass der Vertrag, der zustande kommen soll, bereits in den wesentlichen Punkten festgelegt ist. In der Praxis wird die Option häufig mit einem bereits abgeschlossenen Verlagsvertrag über ein anderes Werk verbunden; hinsichtlich der Bedingungen kann dann auf diesen Bezug genommen werden.

Beim **Optionsvertrag im weiteren Sinn** (einfachen oder relativen Optionsvertrag) unterliegt der eine Vertragsteil einer Anbietungspflicht. Geht der andere Teil auf die Option ein, ist ein entsprechender Hauptvertrag, etwa ein Verlagsvertrag, zu schließen. Strittig ist, ob und inwieweit der Optionsverpflichtete gehalten ist, sich bei Ausübung der Option auf den Vertragsschluss einzulassen. Während eine Meinung annimmt, er sei verpflichtet, einen Vertrag zu „angemessenen Bedingungen" abzuschließen (*Voigtländer/Elster* VerlG[3] § 1 Anm. 12 II b; *Bappert* BBl. 1955, 87f.), verneint die gegenteilige herrschende Meinung einen Abschlusszwang; der Optionsverpflichtete dürfe mit einem anderen Werknutzer aber nur abschließen, wenn dieser günstigere Bedingungen biete (BGH GRUR 1957, 387/388 – Clemens Laar; *Möhring/Nicolini/Spautz*[2] Rdnr. 3; *Schricker*[3] § 1 Rdnr. 42; *Ulmer*[3] § 94 I 2; *Schmitt-Kammler* S. 179; *Brandi-Dohrn* S. 61, 75, 102; *Isele,* Fs. für Bappert, S. 87/94; *Brauneck/Brauner* ZUM 2006, 513/517; differenzierend *Bock* S. 95ff.). Richtigerweise wird man annehmen müssen, dass es den Parteien freisteht, welche der beiden Alternativen sie vereinbaren: Sie bewegen sich im Rahmen der Vertragsfreiheit und können selbst entscheiden, ob sie sich stärker oder nur lockerer binden wollen. Ratsam ist dabei freilich, die Optionsbedingungen im Vertrag klar auszuformulieren. Lässt sich aus dem Vertrag nicht zweifelsfrei entnehmen, welche Alternative gewollt ist, muss angesichts der Unüblichkeit einer Verpflichtung zum Vertragsschluss auf „angemessene Bedingungen" und der mit ihr verbundenen Praktikabilitätsschwierigkeiten angenommen werden, dass nicht diese, sondern nur die lockere Optionsbindung gewollt ist, die als die typische Gestaltung betrachtet werden kann. zB LG Hamburg ZUM 2002, 158). 6

Zur **praktischen Durchführung der Optionsverträge** s. im Einzelnen *Bock* S. 266ff.; *Schricker*[3] § 1 Rdnr. 44–47; s. dort (Rdnr. 48) auch zur Beurteilung der Gültigkeit von Optionen unter dem Gesichtspunkt der **Sittenwidrigkeit (§ 138 BGB)** mit Hinweis insbesondere auf BGH GRUR 1957, 387 – Clemens Laar. S. ferner KG NJWE-WettbR 1998, 269/270: Keine sittenwidrige Knebelung, wenn die Option sich nur auf das nächste Werk bezieht; OLG Karlsruhe ZUM 2003, 785ff., BVerfG GRUR 2005, 880/882, OLG Karlsruhe ZUM-RD 2007, 76ff. – Xavier Naidoo: Sittenwidrigkeit eines Künstlervertrags u. a. wegen einer einseitigen Option des Produzenten zur Verlängerung des Vertrags um mehr als fünf Jahre. Zur Möglichkeit eines höchstpersönlichen Optionsrechts s. OLG München ZUM-RD 1998, 130. Zur Frage der Rückgabe von Unterlagen bei Nichtausübung der Option s. OLG München ZUM 2000, 66/68; vgl. auch BGH ZUM 1999, 478 – Hunger und Durst. Zur fristlosen Kündigung einer Option s. LG Berlin ZUM-RD 2002, 257. 7

§ 40   Verträge über künftige Werke

Jedenfalls die **Optionsverträge im engeren Sinn** fallen unter § 40. Praktisch binden sie den Urheber; ob die Bindung realisiert wird, hängt allein vom Belieben des Optionsberechtigten ab. Das Schutzbedürfnis des Urhebers ist hier in der Sache nicht anders einzuschätzen als bei den sonstigen unter § 40 fallenden Vertragsgestaltungen (*Fromm/Nordemann/J. B. Nordemann*[10] Rdnr. 8; *v. Gamm* Rdnr. 6; *Möhring/Nicolini/Spautz*[2] Rdnr. 5; *Wandtke/Bullinger/Wandtke*[3] Rdnr. 8; *Bock* S. 239; *Kotthoff* in HK[2] Rdnr. 6; *Schricker*[3] § 1 Rdnr. 18, 49; *Ulmer*[3] § 94 III 3; *Schmitt-Kammler* S. 178; *Brandi-Dohrn* S. 102. AA. *Samson* S. 143; sa. ders. UFITA 50 [1967] 491 ff. – entsprechende Anwendung möglich).

Aber auch beim **einfachen Optionsvertrag** ist eine zumindest **analoge Anwendung des § 40** angezeigt (OLG Schleswig ZUM 1995, 867/872; *Fromm/Nordemann/J. B. Nordemann*[10] Rdnr. 8; *v. Gamm* Rdnr. 6; *Möhring/Nicolini/Spautz*[2] Rdnr. 5; *Schack*[4] Rdnr. 974; *Wandtke/Bullinger/Wandtke*[3] Rdnr. 8; *Schricker*[2] § 1 Rdnr. 18, 49; *Ulmer*[3] § 94 III 3; *Brandi-Dohrn* S. 102; *Schmitt-Kammler* S. 179; differenzierend *Bock* S. 239/240; *Kotthoff* in HK[2] Rdnr. 7; aA. *Samson* S. 143). Wenn der Urheber sein Werk verwerten will und sich günstigere Bedingungen anderwärts nicht finden lassen, besteht auch hier praktisch eine Bindung, wie sie § 40 in Grenzen halten will.

Durch die Anwendbarkeit des § 40 auf Optionsverträge ist die ältere Rechtsprechung zu § 138 BGB in diesem Bereich weitgehend überholt (OLG Schleswig ZUM 1995, 867/872).

4. Unverzichtbarkeit (Abs. 2 S. 1)

8   Das in Abs. 2 S. 1 enthaltene Verbot eines Vorausverzichts auf das Kündigungsrecht gilt nicht nur für den **Urheber,** sondern auch den **anderen Vertragsteil** (AmtlBegr. *Haertel/Schiefler* S. 199). Das Kündigungsrecht ist insoweit zwingend und unabdingbar.

Verzicht „**im Voraus**" bedeutet, dass auf das Kündigungsrecht nicht vor seiner Entstehung (dh. vor dem Ablauf der Fünfjahresfrist) verzichtet werden kann (*v. Gamm* Rdnr. 3); auf das entstandene Kündigungsrecht kann dagegen – einseitig oder durch Vertrag – Verzicht geleistet werden, es beginnt dann eine neue Fünfjahresfrist zu laufen (vgl. *Ulmer*[3] § 94 IV; *Dreier/Schulze/Schulze*[3] Rdnr. 20. Abweichend, wenn auch im Ergebnis ähnlich *Möhring/Nicolini/Spautz* Rdnr. 12: Es könne zwar nicht vor der Ausübung verzichtet, die ausgesprochene Kündigung aber zurückgenommen und durch Erneuerung des Vertrags eine neue Fünfjahresfrist begründet werden.

5. Verhältnis zu anderen Vorschriften

9   Gemäß Abs. 2 S. 2 bleiben „andere vertragliche oder gesetzliche Kündigungsrechte unberührt". Wie allgemein bei Dauerschuldverhältnissen kann eine **vertragliche Kündigung** vereinbart werden. Sie ist in allen Modalitäten zulässig, insbesondere in kürzerer Frist (*Dreier/Schulze/Schulze*[3] Rdnr. 19 f.); es darf nur – für keinen der beiden Partner – das Kündigungsrecht des Abs. 1 S. 2 im Voraus abbedungen werden (Rdnr. 7). Gleiches muss für die Vereinbarung eines – bei Dauerschuldverhältnissen freilich weniger gut passenden – **vertraglichen Rücktrittsrechts** gelten (§ 346 BGB).

Ferner kommen **gesetzliche Kündigungsrechte** in Betracht, so etwa die außerordentliche Kündigung aus wichtigem Grund gem. § 314 BGB (*Möhring/Nicolini/Spautz*[2] Rdnr. 13; *Schack*[4] Rdnr. 974; *Wandtke/Bullinger/Wandtke*[3] Rdnr. 17; *Kotthoff* in HK[2] Rdnr. 15; s. dazu im Einzelnen § 31 Rdnr. 41 ff.). **Gesetzliche Rücktrittsrechte** (zB wegen Verzugs oder Unmöglichkeit – soweit sie nicht bei Dauerschuldverhältnissen durch Kündigungsrechte ersetzt werden) bleiben ebenfalls unberührt, auch wenn sie im Gesetz nicht genannt werden (vgl. *v. Gamm* Rdnr. 3). Entsprechendes gilt für das **Lösungsrecht beim Wegfall der Geschäftsgrundlage** gem. § 313 BGB (s. dazu allgemein § 31 Rdnr. 44).

10   Keiner Erwähnung im Gesetz bedurfte, dass die nach allgemeinen Vorschriften gegebenen **Nichtigkeitsgründe** für die Verträge des § 40 in Geltung bleiben, so insbesondere **§ 138 BGB** (AmtlBegr. *Haertel/Schiefler* S. 199 f.; *v. Gamm* Rdnr. 3; *Möhring/Nicolini/Spautz*[2] Rdnr. 4; *Schack*[4] Rdnr. 973; *Wandtke/Bullinger/Wandtk*[3] Rdnr. 5; *Dreier/Schulze/Schulze*[3] Vor § 31 Rdnr. 156; *Ulmer*[3] § 94 II 1, 2). Nach BGH (GRUR 1957, 387 – Clemens Laar) sind verlagsrechtliche Optionsvereinbarungen, die einen Verfasser verpflichten, künftige Werke zuerst einem bestimmten Verleger zum Abschluss eines Verlagsvertrages anzubieten, wegen Verstoßes gegen die guten Sitten nichtig, wenn sie ohne zeitliche oder gegenständliche Beschränkung für das gesamte künftige Schaffen des Verfassers gelten sollen und der Verleger für die Einräumung des Optionsrechtes keine angemessene Gegenleistung übernimmt. Eine Anwendung von § 138 BGB wird heute freilich seltener in Betracht kommen, da die Bindung bereits durch das zwin-

gende Kündigungsrecht des § 40 reduziert wird (*Schmitt-Kammler* S. 174) und ein zwingender Anspruch auf angemessene Vergütung gem. §§ 32 ff. besteht. In Betracht kommen Fälle der Ausbeutung des Urhebers, vor allem bei Optionsverträgen im engeren Sinn (*Schricker*[3] § 1 Rdnr. 49; siehe OLG Karlsruhe ZUM 2003, 785 ff., BVerfG GRUR 2005, 880/882, OLG Karlsruhe ZUM-RD 2007, 76 ff. – Xavier Naidoo).

Allein nach allgemeinen Regeln ist zu entscheiden, ob die **Verpflichtung zur Übereignung von Werkstücken,** insbesondere bei Werken der bildenden Kunst, ohne gleichzeitige Verpflichtung zur Einräumung von Nutzungsrechten (vgl. § 44) eine übermäßige und damit unwirksame Bindung impliziert bzw. unter welchen Voraussetzungen sie beendet werden kann. Die Bedeutung der Veräußerung von Werkstücken ist sehr unterschiedlich; sie ist nicht generell mit derjenigen der Einräumung von Nutzungsrechten zu vergleichen (so im Ergebnis auch *Brandi-Dohrn* S. 90; *Fromm/Nordemann/J. B. Nordemann*[10] Rdnr. 12. Für entsprechende Anwendung des § 40 dagegen *Schmitt-Kammler* S. 176 f.; *Dreier/Schulze/Schulze*[3] Rdnr. 8 mwN.).

§ 40 gilt auch für Verpflichtungsverträge im Anwendungsbereich des **VerlG** (*Schricker*[3] § 1 Rdnr. 16, 49; *Wandtke/Bullinger/Wandtke*[3] Rdnr. 4); unberührt bleiben insbesondere die §§ 11 Abs. 2, 30, 34, 35, 38 VerlG (vgl. *Fromm/Nordemann/Hertin*[9] Rdnr. 6; *v. Gamm* Rdnr. 3). Dem § 40 unterliegt dabei nicht nur ein dem Verlagsvertrag zeitlich vorgeordneter Verpflichtungsvertrag, wie *v. Gamm* Rdnr. 3 meint, sondern auch die Verpflichtungskomponente im Verlagsvertrag selbst, sofern sich jene auf ein künftiges Werk richtet und die Voraussetzungen des § 40 erfüllt sind (*Schricker*[3] § 1 Rdnr. 16; *Haberstumpf/Hintermeier* § 9 IV 3). 11

Die Anwendung der Vorschriften über die **angemessene Vergütung (§§ 32, 32 a)** wird durch § 40 nicht ausgeschlossen. In der Regel wird es um § 32 gehen, der die angemessene Vergütung an die Eröffnung der Möglichkeit der Werknutzung knüpft (s. § 32 Rdnr. 14), während § 32 a voraussetzt, dass bereits Erträge angefallen sind (s. § 32 a Rdnr. 9). Für Vorverträge und Optionen gilt § 32, wenn sie eine relevante Vorzugsstellung des Begünstigten und Bindung des Urhebers implizieren. Bei qualifizierten Optionen wird dies regelmäßig der Fall sein (vgl. auch § 32 Rdnr. 15). 11a

II. Die Regelung im Einzelnen

1. Voraussetzungen für Schriftform und Kündigungsrecht (Abs. 1 S. 1)

§ 40 gilt für Verpflichtungsverträge, die auf die Einräumung von **Nutzungsrechten** abzielen (*v. Gamm* Rdnr. 5), auch wenn es sich um Vorverträge oder Optionen handelt (Rdnr. 3–7). **Rein schuldrechtliche Nutzungsverhältnisse,** bei denen eine Verpflichtung zur Einräumung von Nutzungsrechten nicht ins Auge gefasst wird (Vor §§ 28 ff. Rdnr. 54 ff.), fallen nicht unter die Vorschrift; sie sind praktisch unbedeutend und geben dem Urheber mehr Bewegungsfreiheit. 12

Die Verpflichtung zur Einräumung muss sich auf künftige Werke beziehen, dh. zum Zeitpunkt des Vertragsabschlusses dürfen die Werke noch nicht geschaffen sein, genauer gesagt, noch nicht vollendet. Nach dem Schutzzweck der Vorschrift muss es genügen, wenn es sich um *ein künftiges Werk* handelt (*Fromm/Nordemann/J. B. Nordemann*[10] Rdnr. 15; *Wandtke/Bullinger/Wandtke*[3] Rdnr. 12; *Dreier/Schulze/Schulze*[3] Rdnr. 10; aA *v. Gamm* Rdnr. 5; *Schmitt-Kammler* S. 175).

Nicht jeder Vertrag über künftige Werke fällt unter § 40, sondern nur der Vertrag, der sich seinem Inhalt nach – der erforderlichenfalls durch Auslegung zu ermitteln ist – entweder auf **„überhaupt nicht näher"** bestimmte künftige Werke oder **nur „der Gattung nach"** bestimmte künftige Werke bezieht, dh. bei dem es an einer näheren Konkretisierung (damit wird mehr als nur Bestimmbarkeit – s. zu dieser *Holzer* S. 51 ff. – verlangt, *v. Gamm* Rdnr. 5) fehlt. Bei genügender Konkretisierung fallen auch Langzeitverträge nicht unter § 40; die Bindung ist dann überschaubar (aA – analoge Anwendung des § 40 – *Schmitt-Kammler* S. 186 f.). 13

Überhaupt nicht näher bestimmt dürfte der Vertragsgegenstand nur selten sein. Zu denken ist an Verträge, die das gesamte Schaffen eines Urhebers auf Lebenszeit oder in einem bestimmten Zeitabschnitt dem Vertrag unterstellen (*Fromm/Nordemann/J. B. Nordemann*[10] Rdnr. 16; *Wandtke/Bullinger/Wandtke*[3] Rdnr. 13).

„Nur der Gattung nach" bestimmt sind künftige Werke, wenn sie nicht (durch Titel, Werkplan, Skizze oder Beschreibung, vgl. *Möhring/Nicolini/Spautz*[2] Rdnr. 7; s. zB OLG Hamburg NJW-RR 1999, 1495/1497 für einen Vertrag über die Nutzungsrechtseinräumung an Dias) individualisiert, sondern nur durch allgemeine Merkmale bezeichnet werden, die für mehrere, zu einer Gattung zusammenfassbare Werke gelten, wie durch Bezugnahme auf Werkform, Werkinhalt oder Art der Werkverwertung (*v. Gamm* Rdnr. 5). Nur gattungsmäßig bestimmt sind zB alle oder alle in bestimmter Zeit produzierten Romane, Theaterstücke, Fachveröffentlichungen zu einem bestimmten Wissensgebiet, Biographien, Ölbilder, Plastiken, Opern, Kammermusikwerke, Hörspiele etc. eines bestimmten Urhebers (vgl. *v. Gamm* Rdnr. 5). Die Grenze zwischen den als hinreichend individualisiert zu betrachtenden und den nur gattungsmäßig bestimmten Werken ist im Einzelfall in einer wertenden, am Schutzzweck der Norm ausgerichteten Betrachtung zu ermitteln. Unter § 40 fällt auch ein auf „das nächste Werk" bezogener Vertrag (*Fromm/Nordemann/J. B. Nordemann*[10] Rdnr. 16; *Schricker*[3] § 1 Rdnr. 16; *Haberstumpf/Hintermeier* § 9 IV 3; *Wandtke/Bullinger/Wandtke*[3] Rdnr. 13. S. zur Auslegung dieser Klausel BGHZ 9, 237 – Gaunerroman: „Nächstes Werk" ist das erste nach Vertragsschluss fertiggestellte Werk, das der Verfasser zur Veröffentlichung für geeignet erachtet). Die Verpflichtung des Herausgebers eines periodischen Sammelwerkes hinsichtlich der künftigen Folgen erscheint dagegen hinreichend konkretisiert (*Schricker*[3] § 1 Rdnr. 16; iErg. ebenso OLG Frankfurt GRUR-RR 2005, 361/362: Ein Herausgebervertrag verpflichte lediglich zur Auswahl der Werke von Drittautoren, so dass § 40 auch nicht entsprechend anwendbar sei). Nicht unter § 40 fallen zB ein Vertrag über ein Werkverzeichnis eines bestimmten Malers (OLG Frankfurt/M ZUM 1992, 143/144) sowie ein Stoffrechtevertrag über die Bücher einer bestimmten, durch die Titelfigur charakterisierten Reihe („Werner-Serie"), so OLG Schleswig ZUM 1995, 867/874f.; zustimmend *Dreier/Schulze/Schulze*[3] Rdnr. 13; kritisch *Loewenheim/J. B. Nordemann*[2] § 26 Rdnr. 7 mwN.; *Kotthoff* in HK[2] Rdnr. 8.

§ 40 bezieht sich seinem Wortlaut nach nicht isoliert auf die Verpflichtung zur Einräumung von Nutzungsrechten an nicht näher oder nur der Gattung nach bestimmten künftigen Werken, sondern auf den gesamten *Vertrag*, durch den sich der Urheber zu solchen Nutzungsrechtseinräumungen verpflichtet. Die Vorschrift ist daher auch dann anwendbar, wenn sich ein **einheitlicher Verpflichtungsvertrag** sowohl auf nicht näher bestimmte künftige Werke als auch auf bestehende oder bestimmte künftige Werke bezieht. Die sich hieraus ergebenden Folgen für die Schriftform und das unabdingbare, den gesamten Vertrag beschlagende Kündigungsrecht sollten bei der Einbeziehung unbestimmter künftiger Werke in einen Nutzungsvertrag von beiden kündigungsberechtigten Parteien bedacht werden.

2. Rechtsfolgen

14 **a) Schriftform.** Der unter Abs. 1 S. 1 fallende Vertrag (Rdnr. 12/13) bedarf der **Schriftform;** insofern gilt eine Ausnahme von der im Urheberrecht sonst herrschenden Formfreiheit. Die Voraussetzungen der Schriftform bestimmen sich nach § 126 BGB (Unterzeichnung durch beide Parteien auf derselben Urkunde oder zwei Ausfertigungen mit je einer Unterschrift für den jeweils anderen oder notarielle Beurkundung; Briefwechsel genügt nicht, *Fromm/Nordemann/J. B. Nordemann*[10] Rdnr. 18). Die Schriftform kann durch die elektronische Form ersetzt werden (§§ 126 Abs. 3, 126a BGB). Wird die Form nicht gewahrt, ist der Vertrag **nichtig** (§ 125 S. 1 BGB), ohne die Möglichkeit einer Heilung (helfen kann nur eine formgerechte Neuvornahme oder Bestätigung, § 141 BGB). Nach *v. Gamm* Rdnr. 6; *Bock* S. 245 kann sie auch in der Ablieferung des Werkes liegen, *Ulmer*[3] § 94 III 2. Insofern ist aber Zurückhaltung geboten, *Loewenheim/J. B. Nordemann*[2] § 26 Rdnr. 8). Bildet die nichtige Vereinbarung den **Teil eines einheitlichen Vertrags** (zB Optionsabrede als Teil eines Verlagsvertrags), so ist dieser nach dem Wortlaut von § 40 insgesamt formbedürftig und damit ggf. nichtig (s. allgemein *Palandt/Ellenberger*[68] § 125 BGB Rdnr. 7; für Anwendung der Teilnichtigkeitsregeln hingegen Vorauf./*Schricker* Rdnr. 14; *Haberstumpf/Hintermeier* § 9 IV 3; *Dreier/Schulze/Schulze*[3] Rdnr. 15). Die an sich nicht von § 40 erfassten, aber im Vertrag ggf. enthaltenen **Vorausverfügungen** hinsichtlich unbestimmter künftiger Werke (o. Rdnr. 3) sollen nach dem Willen der Parteien idR mit den zugrunde liegenden Verpflichtungen „stehen und fallen". Aufgrund dieses rechtlichen Zusammenhangs erstreckt sich der Formzwang und eine hieraus ggf. folgende Nichtigkeit auch auf diese Verfügungen (s. allgemein BGH NJW 1988, 132 mwN.). Zu den Auswirkungen auf Verträge, die aufgrund einer Option entstanden sind s. *Bock* S. 251 ff.

15 **b) Kündigung.** Das **gesetzliche Kündigungsrecht** des Abs. 1 S. 2 entsteht für jede der beiden Parteien nach Ablauf von 5 Jahren (vgl. § 188 Abs. 2 BGB) nach dem Abschluss des Vertrages. Es kommt auf den Beginn der vertraglichen Wirkung an, nicht auf die bloße Unterzeichnung (*Möhring/Nicolini/Spautz*[3] Rdnr. 9; *Wandtke/Bullinger/Wandtke*[3] Rdnr. 14; *Kotthoff* in HK[2] Rdnr. 11 m. Beispielen *J. B. Nordemann*[10] Rdnr. 23).

Die gesetzliche **Kündigungsfrist** beträgt sechs Monate; sie kann vertraglich verkürzt, aber nicht verlängert werden (Abs. 1 S. 3; *Fromm/Nordemann/J. B. Nordemann*[10] Rdnr. 23; *Wandtke/*

Bullinger/Wandtke[3] Rdnr. 14; *Kotthoff* in HK[2] Rdnr. 13; *v. Gamm* Rdnr. 8). Die Formvorschrift des Abs. 1 S. 1 gilt nicht für Vereinbarungen über die Kündigungsfrist (*Möhring/Nicolini/Spautz*[2] Rdnr. 11). Die – nicht formgebundene – Kündigung kann schon vor Ablauf der 5 Jahre (*v. Gamm* Rdnr. 8; aA Voraufl./*Schricker* Rdnr. 15) erklärt werden; ihre Wirkungen treten aber frühestens zum gesetzlich geregelten Zeitpunkt ein (*Möhring/Nicolini/Spautz*[2] Rdnr. 10; aA *Wandtke/Bullinger/Wandtke*[2] Rdnr. 14).

c) **Wirkungen der Kündigung.** Die Kündigung **beendet den gesamten schuldrechtlichen Vertrag ex nunc** (o. Rdnr. 13 aE; zur Einheit des Vertrages auch *Ulmer*[3] § 94 III 1). Eine Teilkündigung nur hinsichtlich der Verpflichtungen für nicht näher oder nur der Gattung nach bestimmte künftige Werke ist grundsätzlich unzulässig, weil sich sonst ein einseitiges Gestaltungsrecht zur Änderung des Vertrages im Widerspruch zum Grundsatz pacta sunt servanda ergäbe (allgemein BGH NJW 1993, 1320/1322; *Palandt/Grüneberg*[68] v. § 346 Rdnr. 12). 16

Der Vertrag ist auf den Kündigungszeitpunkt abzuwickeln; anwendbar sind die Regeln des BGB (AmtlBegr. *Haertel/Schiefler* S. 200), dh. insbesondere §§ 812 ff. (*Möhring/Nicolini/Spautz*[2] Rdnr. 15; *Wandtke/Bullinger/Wandtke*[3] Rdnr. 21; *Dreier/Schulze/Schulze*[3] Rdnr. 23; *Rehbinder*[15] Rdnr. 580; *Brandi-Dohrn* S. 102; vgl. auch *Schack*[4] Rdnr. 975, der §§ 346 ff. und §§ 812 ff. kombinieren will. AA *Ulmer*[3] § 94 IV, der auf eine Vertragsauslegung nach Treu und Glauben abstellen will: Sie bestimmt aber nur, inwieweit der ex nunc gelöste Vertrag als Rechtsgrund reicht; die Abwicklung erfolgt nach §§ 812 ff.). Eine **Vergütung**, zB Optionspauschale, die als Gegenleistung für die Verpflichtung des Urhebers bis zum Kündigungszeitpunkt anzusehen ist, verbleibt dem Urheber; ebenso bleiben die im Rahmen bereits erfolgter Werkverwertungen erbrachten Leistungen unberührt (*v. Gamm* Rdnr. 9; *Dreier/Schulze/Schulze*[3] Rdnr. 23). Dagegen sind auf die weitere Laufdauer des Vertrags bezogene, bereits entrichtete Vergütungen gem. § 812 Abs. 1 S. 2 BGB (sa. § 537 Abs. 1 S. 2 BGB) zurückzugewähren; der Rechtsgrund für sie ist entfallen. Zurückzuzahlen sind insbesondere Vorschüsse auf die Verwertung künftiger Werke, sofern es zu einer solchen nicht kommt (vgl. Abs. 3; *Ulmer*[3] § 94 IV; *Rehbinder*[15] Rdnr. 580).

Die Kündigung beendet den schuldrechtlichen Vertrag; auf **Verfügungen** ist § 40 Abs. 1 nicht anwendbar (Rdnr. 3). Nach allgemeinen Regeln würden mit der Beendigung des schuldrechtlichen Vertrages auch diejenigen Verfügungen ihre Basis verlieren und unwirksam werden, die sich auf den aufgehobenen Vertrag stützen; das Abstraktionsprinzip gilt insofern nach hM nicht (Vor §§ 28 ff. Rdnr. 98 ff.). Abs. 3 trifft eine hiervon abweichende Regelung, wonach es entscheidend auf die **Ablieferung** des Werkes ankommt. 17

Hinsichtlich der zum Zeitpunkt der Vertragsbeendigung (Wirksamwerden der Kündigung) bereits **geschaffenen und abgelieferten Werke** bleibt - wie sich im Umkehrschluss aus Abs. 3 ergibt - die Vorausverfügung, die mit Entstehung des Werkes die Wirkung einer voll durchgeführten Einräumung des Nutzungsrechts erlangt hat, in ihrer Wirksamkeit trotz der Vertragsbeendigung bestehen (*Wandtke/Bullinger/Wandtke*[3] Rdnr. 20). Der Verwerter bleibt Inhaber der Nutzungsrechte und kann diese im Verhältnis zu Dritten und – je nach Reichweite der Nutzungsrechtseinräumung – auch im Verhältnis zum Urheber weiterhin geltend machen. Allerdings hat die Kündigung das Verpflichtungsgeschäft in seiner Gesamtheit beendet, nicht nur die Verpflichtungen hinsichtlich der noch nicht abgelieferten Werke (o. Rdnr. 16). Daher kann der Urheber die wirksam eingeräumten Nutzungsrechte gem. § 812 Abs. 1 S. 2 Alt. 1 BGB kondizieren, weil der rechtliche Grund für ihre Innehabung ex nunc weggefallen ist. Diese komplizierte Konstruktion ist praktisch durchaus sinnvoll (sa. *Schack*[4] Rdnr. 558): Einerseits ist der Verwerter in der Lage, die vom Urheber immerhin abgelieferten Werke zunächst weiter zu nutzen. Andererseits kann der Urheber über die Geltendmachung des Kondiktionsanspruchs auch insoweit verbesserte Vertragsbedingungen durchsetzen.

Ist ein Werk zum Zeitpunkt der Vertragsbeendigung zwar geschaffen, aber **noch nicht abgeliefert** (vgl. *Möhring/Nicolini/Spautz*[2] Rdnr. 16), so ist an sich die Vorausverfügung bereits zur vollen Wirksamkeit gelangt – soweit es nach § 9 Abs. 1 VerlG nicht zusätzlich auf die Ablieferung ankommt –; der Gesetzgeber statuiert aber dennoch die Unwirksamkeit der Verfügung. Ein bereits entstandenes Nutzungsrecht fällt automatisch an den Urheber zurück (OLG Karlsruhe ZUM-RD 2007, 46; *v. Gamm* Rdnr. 9; *Wandtke/Bullinger/Wandtke*[3] Rdnr. 19; *Dreier/Schulze/Schulze*[3] Rdnr. 25). Entsprechendes gilt, wenn Werke weder abgeliefert noch auch nur geschaffen worden sind; hier werden die Vorausverfügung und das durch sie begründete Anwartschaftsrecht unwirksam. Für diese Werke muss der Verwerter also einen neuen Nutzungsvertrag abschließen (*Rehbinder*[15] Rdnr. 580).

Dass der Gesetzgeber auf die **„Ablieferung"** abgestellt hat, reflektiert das vertragskonforme und beim Nutzungsrechtsinhaber Vertrauen schaffende Verhalten des Urhebers und dürfte sich zudem aus dem Streben nach Rechtsklarheit sowie einer Anknüpfung an § 9 Abs. 1 VerlG erklären. Für den Begriff der Ablieferung kann somit auf verlagsrechtliche Lehren zurückgegriffen werden; Ablieferung verlangt eine zum Zweck der Vertragserfüllung erfolgende Verschaffung eines körperlichen Werkexemplars an den Werknutzer (*Schricker*[3] § 9 Rdnr. 4; *v. Gamm* Rdnr. 9; *Dreier/Schulze/Schulze*[3] Rdnr. 26). Verweigert der Urheber die Ablieferung eines Werks in treuwidriger Weise, haftet er wegen Pflichtverletzung und ggf. gem. § 826 BGB auf Schadensersatz (*Dreier/Schulze/Schulze*[3] Rdnr. 26); außerdem kann er sich mit Blick auf die Wirkungen des Abs. 3 nicht auf die fehlende Ablieferung berufen, so dass der Vertragspartner Inhaber der Nutzungsrechte bleibt (§ 242 BGB; i. Erg. ebenso *Brauneck/Brauner* ZUM 2006, 513/521).

Bei **Wahrnehmungsverträgen** erscheint das Abstellen auf die Ablieferung nicht sachgerecht; hier ist sinngemäß ein Rückfall aller Rechte ex nunc anzunehmen (*Ulmer*[3] § 94 III 1; *Dreier/Schulze/Schulze*[3] Rdnr. 27).

§ 41 Rückrufsrecht wegen Nichtausübung

(1) [1]**Übt der Inhaber eines ausschließlichen Nutzungsrechts das Recht nicht oder nur unzureichend aus und werden dadurch berechtigte Interessen des Urhebers erheblich verletzt, so kann dieser das Nutzungsrecht zurückrufen.** [2]**Dies gilt nicht, wenn die Nichtausübung oder die unzureichende Ausübung des Nutzungsrechts überwiegend auf Umständen beruht, deren Behebung dem Urheber zuzumuten ist.**

(2) [1]**Das Rückrufsrecht kann nicht vor Ablauf von zwei Jahren seit Einräumung oder Übertragung des Nutzungsrechts oder, wenn das Werk später abgeliefert wird, seit der Ablieferung geltend gemacht werden.** [2]**Bei einem Beitrag zu einer Zeitung beträgt die Frist drei Monate, bei einem Beitrag zu einer Zeitschrift, die monatlich oder in kürzeren Abständen erscheint, sechs Monate und bei einem Beitrag zu anderen Zeitschriften ein Jahr.**

(3) [1]**Der Rückruf kann erst erklärt werden, nachdem der Urheber dem Inhaber des Nutzungsrechts unter Ankündigung des Rückrufs eine angemessene Nachfrist zur zureichenden Ausübung des Nutzungsrechts bestimmt hat.** [2]**Der Bestimmung der Nachfrist bedarf es nicht, wenn die Ausübung des Nutzungsrechts seinem Inhaber unmöglich ist oder von ihm verweigert wird oder wenn durch die Gewährung einer Nachfrist überwiegende Interessen des Urhebers gefährdet würden.**

(4) [1]**Auf das Rückrufsrecht kann im voraus nicht verzichtet werden.** [2]**Seine Ausübung kann im voraus für mehr als fünf Jahre nicht ausgeschlossen werden.**

(5) **Mit Wirksamwerden des Rückrufs erlischt das Nutzungsrecht.**

(6) **Der Urheber hat den Betroffenen zu entschädigen, wenn und soweit es der Billigkeit entspricht.**

(7) **Rechte und Ansprüche der Beteiligten nach anderen gesetzlichen Vorschriften bleiben unberührt.**

Schrifttum: *Schricker*[3] § 32 Rdnr. 9 S. 565 ff.; *Budde,* Das Rückrufsrechts des Urhebers wegen Nichtausübung in der Musik, 1997; *Graef,* Das Recht am „Remake" – Rückrufmöglichkeiten des Wiederverfilmungsrechts GRUR-Prax 2010, 192; *Fink-Hooijer,* Fristlose Kündigung im Urhebervertragsrecht, 1991; *Forkel,* Gebundene Rechtsübertragungen, 1. Bd. 1977, S. 151 ff.; *Koch-Sembdner,* Das Rückrufsrecht des Urhebers bei Unternehmensveräußerungen, 2004; *Pahlow,* Von Müttern, Töchtern und Enkeln – Zu Rechtscharakter und Wirkung des urhebervertraglichen Rückrufs, GRUR 2010, 112; *Schricker,* Zur Bedeutung des Urheberrechtsgesetzes von 1965 für das Verlagsrecht, GRUR Int. 1983, 446.

Übersicht

	Rdnr.
I. Allgemeines	1–5
1. Entstehungsgeschichte	1–3
2. Wesen und Bedeutung	4, 5
II. Aufbau, Anwendungsbereich und Abgrenzung von anderen Vorschriften	6–12
1. Aufbau	6
2. Anwendungsbereich	7–11
3. Abgrenzung von anderen Vorschriften (Abs. 7)	12
III. Voraussetzungen des Rückrufs	13–21
1. Fehlende oder unzureichende Ausübung (Abs. 1 S. 1)	13, 14

	Rdnr.
2. Erhebliche Verletzung berechtigter Interessen (Abs. 1 S. 1)	15
3. Unzumutbarkeit der Behebung der Gründe (Abs. 1 S. 2)	16
4. Befristung (Abs. 2), Nachfrist (Abs. 3)	17–20
5. Unverzichtbarkeit (Abs. 4)	21
IV. Rechtsfolgen des Rückrufs	22–25
1. Ausübung. Teilrückruf	22, 23
2. Wirkung des Rückrufs (Abs. 5)	24
3. Entschädigungspflicht (Abs. 6)	25

I. Allgemeines

1. Entstehungsgeschichte

Das **frühere Recht** sah eine entsprechende Vorschrift nicht vor; jedoch fanden sich in der **1** Praxis Ansätze zur Gewährung eines Rückrufsrechts bei dauernder pflichtwidriger Vernachlässigung der Auswertung (*Möhring/Nicolini/Spautz*[2] Rdnr. 1/2 mwN).

Nach der AmtlBegr. (*Haertel/Schiefler* S. 200 f.) gilt die Vorschrift in erster Linie dem **schutz-** **2** **würdigen Interesse des Urhebers** daran, dass sein **Werk bekannt** werde. Durch Nichtausübung eines vom Urheber vergebenen ausschließlichen Nutzungsrechts könne das Bekanntwerden verhindert werden. Im **Verlagsrecht** gebe zwar § 32 VerlG in Verbindung mit § 30 VerlG im Fall der Nichtausübung die Möglichkeit des Rücktritts. Diese Vorschriften versagten aber bei Fehlen einer Ausübungspflicht und bei der Übertragung des Verlagsrechts auf einen Dritten. § 41 solle auch in diesen Fällen und über das Verlagsrecht hinaus allgemein ein Rückrufsrecht geben; die bürgerlich-rechtlichen Regeln über Leistungsstörungen reichten nicht aus.

Eine dem § 41 entsprechende Vorschrift findet sich fast unverändert bereits in § 33 des RefE. Auf Vorschlag des Rechtsausschusses wurde für **Zeitungs- und Zeitschriftenbeiträge**, um deren Aktualitätscharakter Rechnung zu tragen, in § 41 Abs. 2 S. 2 eine kürzere Frist eingeführt (*Haertel/Schiefler* S. 202 f.).

§ 41 gilt auch für **vor dem Inkrafttreten des UrhG geschlossene Verträge**, s. § 132 **3** Abs. 1 S. 2.

2. Wesen und Bedeutung

Das schutzwürdige Interesse des Urhebers am Bekanntwerden des Werkes, dem § 41 dient, **4** kann zum einen die ideellen Belange des Urhebers berühren und zum anderen im materiellen Verwertungsinteresse begründet sein; letzteres wird besonders deutlich, wenn sich das Honorar am Umfang der Verwertung orientiert. § 41 hat deshalb eine Doppelnatur: Einerseits kann man darin eine **urheberpersönlichkeitsrechtliche Vorschrift im weiteren Sinne** sehen (vor §§ 12 ff. Rdnr. 9), die mit dem stärker urheberpersönlichkeitsrechtlich akzentuierten § 42 eng zusammenhängt und auch mit dem Veröffentlichungsrecht des § 12 in Verbindung steht (§ 42 Rdnr. 6). Andererseits handelt es sich um eine die **vermögensrechtliche Verwertung** unterstützende Norm (für gemischte urheberpersönlichkeits- und verwertungsrechtliche Natur auch BGH GRUR 2009, 946/948 – Reifen Progressiv; *v. Gamm* Rdnr. 8; *Mestmäcker/Schulze* Anm. 5; *Schricker*[3] § 32 Rdnr. 9; *Forkel* S. 153; *Katzenberger* GRUR Int. 1983, 410/411; *Rehbinder*[15] Rdnr. 586; *Wandtke/Bullinger/Wandtke*[3] Rdnr. 2; *Budde* S. 37 ff.; *Kotthoff* in HK[2] Rdnr. 1; allein Urheberpersönlichkeitsrecht *Ulmer*[3] § 87).

Konstruktiv bildet der Rückruf einen außerordentlichen Behelf zur Vertragslösung eigener Art, vom Rücktritt ist der Rückruf zu unterscheiden.

In der Praxis ist § 41 nicht so unbedeutend wie § 42 (s. dort Rdnr. 3, 35). Namentlich bei **5** Streitigkeiten um die Lösung langfristiger, komplexer Verträge spielt die Vorschrift immer wieder eine Rolle.

II. Aufbau, Anwendungsbereich und Abgrenzung von anderen Vorschriften

1. Aufbau

Der Aufbau des § 41 hat gewisse Strukturmerkmale mit § 42 gemeinsam (§ 42 Rdnr. 12). **6** Die **Voraussetzungen** für die Anwendung hat der Gesetzgeber in drei Gruppen gegliedert:
– Die **fehlende oder unzureichende Ausübung** und **erhebliche Interessenverletzung** mit der Einschränkung durch die Klausel der **Zumutbarkeit** der Behebung der zugrundeliegenden Umstände (Abs. 1, s. Rdnr. 13–16);

§ 41 Rückrufsrecht wegen Nichtausübung

– die differenzierte **aufschiebende Befristung** der Geltendmachung des Rückrufs (Abs. 2, s. Rdnr. 17–19);
– die **Nachfristsetzung,** die ausnahmsweise entfallen kann (Abs. 3, s. Rdnr. 20).

In den Zusammenhang der Voraussetzungen gehört ferner die Regelung der **Verzichtbarkeit** und des **vertraglichen Ausschlusses** (Abs. 4, s. Rdnr. 21).

Als **Folgen** der Ausübung des Rückrufs regelt das Gesetz das **Erlöschen des Nutzungsrechts** (Abs. 5, s. Rdnr. 22–24) und die **Entschädigungspflicht** (Abs. 6, s. Rdnr. 25). Die Regelung ist unvollständig; übergangen werden namentlich die Auswirkungen auf zugrundeliegende **schuldrechtliche Verträge** (Rdnr. 24).

Der Schlussabsatz klärt die Frage des **Zusammentreffens mit anderen Vorschriften** im Sinn einer kumulativen Anspruchskonkurrenz; hier sind jedoch mit Blick auf allgemeine Rechtsinstitute gewisse Abstriche zu machen (Abs. 7, s. Rdnr. 12).

2. Anwendungsbereich

7 § 41 ist im **gesamten Gebiet des Urheberrechts** anwendbar, und zwar auch im Bereich des **Verlagsrechts;** dort tritt das Rückrufsrecht neben die Behelfe der §§ 32 mit 30, 17, 45 VerlG und §§ 314, 323 ff. BGB (*Ulmer*[3] §§ 87 II 1, 110 I 2, 110 II 1; *Möhring/Nicolini/Spautz*[2] Rdnr. 1, 21; *Budde* S. 25; *Mestmäcker/Schulze* Anm. 7; *Schricker*[3] § 32 Rdnr. 9 S. 566 f. mwN; *Wandtke/Bullinger/Wandtke*[3] Rdnr. 3, 6; *Dreier/Schulze/Schulze*[3] Rdnr. 7; OLG München ZUM-RD 1997, 451/453; OLG München ZUM 2008, 154. AA *v. Gamm* Rdnr. 2, 5; *Kotthoff* in HK[2] Rdnr. 20; OLG München UFITA 70 [1974] 302/303; BGH GRUR 1988, 303/305 – Sonnengesang. Dahingestellt in BGH GRUR 1986, 613 – Ligäa: Fehlt es an einer Auswertungspflicht des Verlegers, so dass kein Verlagsvertrag im technischen Sinn vorliegt, ist § 41 jedenfalls anwendbar; LG München I GRUR-RR 2007, 195/196 f. – T.C. Boyle, zu § 17 VerlG). Für die hM der Literatur sprechen (s. im Einzelnen *Schricker*[3] § 32 Rdnr. 9) die Vorschrift des § 41 Abs. 7 in Verbindung mit der AmtlBegr. wie auch das Schutzbedürfnis des Verfassers bei Weiterübertragung des Verlagsrechts und bei vertraglichem Abbau der Rechte aus dem VerlG.

Den Rückruf nach § 41 kann auch der **Rechtsnachfolger** des Urhebers iSd. § 30 (*v. Gamm* Rdnr. 8), nicht aber, wer nur Inhaber eines Nutzungsrechts ist, erklären (*Fromm/Nordemann/J. B. Nordemann*[10] Rdnr. 9).

8 § 41 gilt ferner zugunsten der Inhaber **verwandter Schutzrechte,** soweit diese eine persönlichkeitsrechtliche Komponente beinhalten und die Einräumung ausschließlicher Nutzungsrechte erlauben, soweit nicht aufgrund Sonderregelung ein Ausschluss anzunehmen ist (vgl. vor §§ 28 ff. Rdnr. 64 ff.). Für das Recht an **wissenschaftlichen Ausgaben** (§ 70) und an **Lichtbildern** (§ 72) folgt die Anwendbarkeit aus der Verweisung auf die für Urheberrechte geltenden Vorschriften (*v. Gamm* § 70 Rdnr. 8, § 72 Rdnr. 6; *Wandtke/Bullinger/Wandtke*[3] Rdnr. 10). Nach der Neuregelung im Gesetz vom 10. 9. 2003 steht auch dem **ausübenden Künstler** das Rückrufsrecht zu (§ 79 Abs. 2 S. 2; *Dreier/Schulze/Schulze*[3] Rdnr. 6).

9 Das Rückrufsrecht des § 41 besteht grundsätzlich auch zugunsten des **angestellten Urhebers** (*Wandtke/Bullinger/Wandtke*[3] Rdnr. 4; *Budde* S. 109 ff.; *Dreier/Schulze/Schulze*[3] Rdnr. 5), wobei sich freilich aus dem Wesen des Arbeits- oder Dienstverhältnisses gewisse Einschränkungen ergeben (§ 43 Rdnr. 88 ff.; vgl. auch § 42 Rdnr. 11).

10 Eine Einschränkung der Anwendbarkeit des § 41 im Bereich der **Filmwerke** verfügt § 90 Abs. 1; sie gilt über § 95 auch für **Laufbilder** (s. die Kommentierung zu § 90).

11 § 41 ist anwendbar, wenn ein **ausschließliches Nutzungsrecht** vergeben wurde; nur ein solches kann Gegenstand des Rückrufs gemäß § 41 sein. Es spielt dabei keine Rolle, ob der Urheber selbst das betreffende ausschließliche Nutzungsrecht vergeben hat oder ob es als ein **Recht zweiter oder späterer Stufe** vom Inhaber eines ausschließlichen Nutzungsrechts eingeräumt wurde (vgl. Vor §§ 28 ff. Rdnr. 50 ff.). Der Rückruf steht aber nur dem **Urheber** zu (und seinem Rechtsnachfolger nach § 30); im Fall eines Rechts zweiter oder späterer Stufe – etwa einer Verlagslizenz – oder nach Übertragung des ausschließlichen Nutzungsrechts ist der Rückruf unmittelbar gegenüber dem Inhaber dieses Rechts gegeben und diesem gegenüber zu erklären; es fällt an den Urheber zurück (BGH GRUR 09, 946/948 – Reifen Progressiv; KG GRUR 2006, 53/55 – Bauhaus Glasleuchte II; OLG München ZUM 2008, 519 f.; *Schricker*[3] § 32 Rdnr. 9 S. 567; *Forkel* S. 153; *Dreier/Schulze/Schulze*[3] Rdnr. 7, 13; *Wandtke/Bullinger/Wandtke*[3] Rdnr. 9; *Haberstumpf* Rdnr. 233; *Budde* S. 92 f.; *Kotthoff* in HK[2] Rdnr. 3, 4).

Ein **einfaches Nutzungsrecht** kann gemäß § 41 nicht zurückgerufen werden, da es dem Urheber eine anderweitige Nutzung nicht versperrt (BGH GRUR 2009, 946/948 – Reifen Progressiv; *v. Gamm* Rdnr. 3; *Budde* S. 22; zum Rückfall einfacher Enkelrechte u. Rdnr. 24). Hinsichtlich eines **ausschließlichen Nutzungsrechts schwächerer Wirkung** (§ 31 Abs. 3 S. 2), das entgegen dem gesetzlichen Normalbild den Urheberrechtsinhaber von der Nutzung nicht ausschließt (vgl. § 31 Rdnr. 16ff.), ist der Rückruf grundsätzlich gegeben; die eigene Nutzungsmöglichkeit des Urheberrechtsinhabers kann jedoch im Rahmen von § 41 Abs. 1 S. 1 die erhebliche Interessenverletzung entfallen lassen; dabei ist auch der Gedanke des § 41 Abs. 1 S. 2 heranzuziehen.

Zur analogen Anwendung des § 41 Abs. 4 S. 2 auf den Rückruf des Benennungsrechts bei Bezeichnungsabreden s. § 13 Rdnr. 29; OLG München GRUR-RR 2004, 22/34 ff.

3. Abgrenzung von anderen Vorschriften (Abs. 7)

Gemäß § 41 Abs. 7 bleiben Rechte und Ansprüche der Beteiligten nach **anderen gesetz-** 12 **lichen Vorschriften** unberührt. Für den **Verlagsbereich** sind hier in erster Linie die §§ 32 mit 30, 17, 45 VerlG zu nennen (Rdnr. 7). In Betracht kommen ferner die **§§ 320 ff. BGB**, insbesondere die Regelung des Verzugs (*Dreier/Schulze/Schulze*[3] Rdnr. 31 ff.). Ferner können herangezogen werden die Grundsätze der **Vertragspflichtverletzung** (§§ 280 ff.), **der Kündigung aus wichtigem Grund** (§ 314 BGB; vgl. BGH GRUR 1973, 328/330 – Musikverleger II; s. dazu allgemein oben § 31 Rdnr. 41 ff.) und der **Wegfall der Geschäftsgrundlage** (§ 313 BGB; s. oben § 31 Rdnr. 48 f.). Vom Gesetzgeber gewollte Beschränkungen des Rückrufsrechts – etwa die Zeitgrenze des § 41 Abs. 2 – dürfen nicht durch Heranziehung allgemeiner Rechtsbehelfe übersprungen werden, sofern nicht zusätzliche Umstände vorliegen, die dies rechtfertigen (s. im Einzelnen *Schricker*[3] § 35 Rdnr. 28; *Dreier/Schulze/Schulze*[3] Rdnr. 39/40; vgl. auch *v. Gamm* Rdnr. 5; vgl. ferner unten § 42 Rdnr. 20 ff.). Durch § 41 nicht beschränkt werden vertraglich eingeräumte Rückrufsrechte (OLG Schleswig ZUM 1995, 867/871).

Wenn sich der Urheber **in nicht näher spezifizierter Weise vom Vertrag löst,** entsteht die Frage, welches von mehreren ihm zustehenden Lösungsrechten er ausübt. In der Regel wird hier anzunehmen sein, dass der Urheber in erster Linie die ihm günstigere Lösungsmöglichkeit anstrebt (*Budde* S. 27), hilfsweise andere Rechte (Einzelheiten s. bei *Schricker*[3] § 32 Rdnr. 9).

Zur Anwendung von **§§ 32, 32a** s. Rdnr. 24.

III. Voraussetzungen des Rückrufs

1. Fehlende oder unzureichende Ausübung (Abs. 1 S. 1)

Grundfall des § 41 ist die **Nichtausübung,** dh. die ganz unterbliebene Ausübung (s. zur voll- 13 ständigen Einstellung des Geschäftsbetriebs OLG Köln GRUR-RR 2005, 303 – Entwurfsmaterial; zur Frage, ob in der Herausgabe eines Musikstückes auch eine Ausübung hinsichtlich eines darin enthaltenen anderen Musikstücks liegt, s. BGH GRUR 1986, 613 f. – Ligäa). Ihr steht die **unzureichende Ausübung** gleich. Ob die Ausübung unzureichend ist, muss objektiv anhand des Vertrags bestimmt werden, wobei der Vertragszweck zu berücksichtigen ist (*Wandtke/Bullinger/Wandtke*[3] Rdnr. 12 mwN; *Kotthoff* in HK[2] Rdnr. 6; OLG München ZUM-RD 1997, 451/452 f.; OLG München ZUM 2008, 154; LG München I GRUR-RR 2007, 195/197 – T.C. Boyle). Eine Ausübungspflicht wird von § 41 freilich nicht vorausgesetzt (*Möhring/Nicolini/Spautz*[2] Rdnr. 3); die Ausübung ist vielmehr eine Obliegenheit, eine **„Last"** des Nutzungsberechtigten (*Ulmer*[3] § 87 II 1; *Forkel* S. 153). Bei Nutzungsverträgen, die, wie der Verlagsvertrag, eine Ausübungspflicht implizieren, fällt die Prüfung auf unzureichende Ausübung im Sinn des § 41 aber praktisch mit der Frage zusammen, ob der Nutzungsberechtigte seiner Vertragspflicht genügt hat (*Schricker*[3] § 32 Rdnr. 9; *Dreier/Schulze/Schulze*[3] Rdnr. 14).

Ob der Nutzungsberechtigte seine Ausübungslast ausreichend wahrgenommen hat, ist im Ein- 14 zelfall nach Maßgabe des Vertragszwecks aufgrund einer **Interessenabwägung** nach Treu und Glauben unter Berücksichtigung der Verkehrssitte zu ermitteln (LG München I GRUR-RR 2007, 195/197 – T.C. Boyle; *Möhring/Nicolini/Spautz*[2] Rdnr. 3; *Wandtke/Bullinger/Wandtke*[3] Rdnr. 13; *Dreier/Schulze/Schulze*[3] Rdnr. 15/16; vgl. auch *v. Gamm* Rdnr. 11). Unzureichende Ausübung wird regelmäßig vorliegen, wenn die Ausübung im Planungsstadium stecken bleibt (wobei je nach der Art des Werkes auch eine längere Vorbereitung erforderlich sein kann, so für das Werkverzeichnis eines Malers, s. OLG Frankfurt/M ZUM 1992, 143/145); wenn beim Verlagsvertrag nur vervielfältigt, nicht verbreitet wird; wenn die Verwertung von Nebenrechten nicht aktiv betrieben wird (OLG München ZUM 2008, 154/155: Rückruf des Nebenrechts für Taschenbuch- oder Buchgemeinschaftsausgaben im Verlagsvertrag); wenn der Nutzungsberechtigte gegen

Rechtsverletzungen erheblichen Umfangs nicht vorgeht (*Möhring/Nicolini/Spautz*² Rdnr. 4). Nicht erforderlich ist hingegen die Neuauflage eines Buches im Hardcover neben einer Taschenbuchausgabe (LG München I GRUR-RR 2007, 195/197 – T.C. Boyle). Zu prüfen ist auch, ob der Nutzungsberechtigte – etwa der **Musikverleger** – das zur Förderung des Absatzes Gebotene – insbesondere durch Werbung, Kontaktaufnahme, Verteilung von Noten, Bandaufnahmen etc. – getan hat (*Mestmäcker/Schulze* Anm. 2; vgl. auch BGH GRUR 1970, 40/43 – Musikverleger I; BGH GRUR 1973, 328 – Musikverleger II; OLG München ZUM 2008, 154 f. Zu niedrig sind die Anforderungen an die Tätigkeit des Verlegers in BGH GRUR 1974, 789 – Hofbräuhaus-Lied – angesetzt. Eingehend zu den Verhältnissen im Musikverlag *Budde* S. 47 ff.). Ob der Musikverleger durch photomechanische Vervielfältigung des Notenmanuskripts seiner Pflicht entspricht, hängt davon ab, ob die Kopien in Form und Qualität (Lesbarkeit) einer gedruckten Partitur entsprechen. Zumeist genügt der Verleger seiner Pflicht, indem er, dem Bedarf entsprechend, eine beschränkte Anzahl von Exemplaren herstellt und erst bei Bestellung die erforderliche größere Anzahl. Eine Verpflichtung zum Besuch der Frankfurter Musikmesse kann nicht angenommen werden; dies steht im Ermessen des Verlegers; wichtiger kann der Kontakt zu Rundfunk und zu Musikern sein (KG ZUM 1986, 470/471). Der **Bühnenverleger** muss das ihm anvertraute Werk immer wieder anbieten, und zwar nicht nur in Prospekten, Katalogen und Hauszeitschriften, sondern auch durch persönliche Kontaktaufnahme, und es, soweit erforderlich, durch Neuauflagen und moderne Übersetzungen fördern (LG München I UFITA 90 [1981] 227/230).

Die **Beweislast** dafür, dass nur eine unzureichende Ausübung vorliegt, trägt nach allgemeinen Regeln der Urheber. Soweit es sich um für ihn schwer zugängliche, für den Nutzungsberechtigten dagegen ohne Weiteres beweisbare Umstände handelt, etwa Interna aus der Sphäre des Letzteren, sind nach dem Grundsatz der redlichen Prozessführung Beweiserleichterungen in Richtung auf eine Umkehrung der Darlegungs- und Beweislast zu gewähren (*Dreier/Schulze/Schulze*³ Rdnr. 18).

2. Erhebliche Verletzung berechtigter Interessen (Abs. 1 S. 1)

15 Nur diejenige Nichtausübung oder unzureichende Ausübung, durch die **berechtigte Interessen** des Urheberrechtsinhabers **erheblich** verletzt werden, berechtigt zum Rückruf. Es kann sich um persönlichkeitsrechtliche und/oder vermögensrechtliche Interessen handeln. Das Gesetz stellt dabei allein auf die Interessen des Urhebers ab, verlangt also keine Interessenabwägung wie in Abs. 3 S. 2 aE (*Schricker*³ § 32 Rdnr. 9 S. 569; *Möhring/Nicolini/Spautz*² Rdnr. 5; *Kotthoff* in HK² Rdnr. 7. AA *v. Gamm* Rdnr. 10; *Samson* S. 146), wohl aber ein gewisses absolutes Gewicht der Beeinträchtigung („erheblich") (*Ulmer*³ § 87 II 2a). Den Interessen des Nutzers tragen Abs. 1 S. 2, Abs. 2, 3 und 6 Rechnung.

Wegen des Interesses des Urhebers an einer Nutzung des Werks wird die fehlende oder unzureichende Ausübung regelmäßig eine **erhebliche Interessenverletzung implizieren** (OLG Köln GRUR-RR 2005, 303 – Entwurfsmaterial; OLG München ZUM 2008, 154/155; OLG München ZUM 2008, 519 f.; *Fromm/Nordemann/J. B. Nordemann*¹⁰ Rdnr. 23; *Möhring/Nicolini/Spautz*² Rdnr. 5; *Budde* S. 65). Auch wenn der Urheber kein weiteres Honorar zu erwarten hat (vgl. *Rehbinder*¹⁵ Rdnr. 586), besteht – jedenfalls bei Werken mit intensiven ideellen Bezügen (vgl. *v. Gamm* Rdnr. 11) – doch ein erhebliches Interesse daran, dass das Werk (weiter) ans Publikum gebracht wird. Die Interessenklausel bedeutet eine „Sicherung gegen einen Missbrauch des Rückrufsrechts" (AmtlBegr. *Haertel/Schiefler* S. 201; OLG Köln GRUR-RR 2005, 303 f. – Entwurfsmaterial), die nur ausnahmsweise den Rückruf ausschließen wird. In letzterem Sinn kann zu berücksichtigen sein, dass es sich um ein Werk von geringer Schöpfungshöhe handelt, dessen praktische Verwendung von vornherein unsicher war und für das der Urheber voll abgegolten wurde (*v. Gamm* Rdnr. 11); dies bedeutet freilich nicht, dass die „kleine Münze" vom Rückruf ausgeschlossen wäre (*Wandtke/Bullinger/Wandtke*³ Rdnr. 15; *Dreier/Schulze/Schulze*³ Rdnr. 17). Nicht berechtigt ist das Interesse an einem Rückruf ausschließlicher Nutzungsrechte an einer Übersetzung, wenn die Rechte am Originalwerk beim auswertungsverpflichteten Verlag bleiben und der Übersetzer seine Bearbeitung daher auch nach dem Rückruf nicht verwerten könnte (siehe LG München I GRUR-RR 2007, 195/196 f. – T.C. Boyle mit Verweis auf BGH GRUR 2005, 148/151 f. – Oceano Mare zu § 17 VerlG).

3. Unzumutbarkeit der Behebung der Gründe (Abs. 1 S. 2)

16 Nach der AmtlBegr. (*Haertel/Schiefler* S. 201) ist mit der Rückrufsschranke des Abs. 1 S. 2 besonders an den Fall gedacht, dass ein Werk wegen **veränderter Umstände** nicht herausge-

bracht werden kann, es dem Urheber aber zumutbar ist, das Werk den veränderten Umständen anzupassen. Ein Beispiel bildet etwa die erforderliche Anpassung eines Lehrbuchs an den aktuellen Wissensstand oder eines Gesetzeskommentars an das geltende Recht (*v. Gamm* Rdnr. 11). Hierher gehören ferner Fälle, in denen eine **vertragswidrige Beschaffenheit des Werkes oder mangelnde Ausgabefähigkeit** eines Verlagswerkes vorliegt (*Schricker*[3] § 31 Rdnr. 4ff., 11f.); der Urheber kann sich den wegen der Mangelhaftigkeit des Werkes gegebenen Ansprüchen des Nutzers nicht ohne Weiteres durch Rückruf entziehen. Es kann dem Urheber auch zuzumuten sein, an der Behebung von Schwierigkeiten mitzuwirken, die durch teilweise Übereinstimmung zwischen mehreren Werken des Urhebers entstehen (BGH GRUR 1986, 613/614 – Liäga). Zurückhaltung ist gegenüber der Zumutung geboten, der Urheber möge sich an den Publikumsgeschmack anpassen (vgl. *Wandtke/Bullinger/Wandtke*[3] Rdnr. 18; ausführlich *Budde* S. 68ff.; *Dreier/Schulze/Schulze*[3] Rdnr. 21; *Kotthoff* in HK[2] Rdnr. 8).

„Zumutbarkeit" impliziert eine **Interessenabwägung und -wertung.** Wohlgemerkt genügt es für Abs. 1 Nr. 2, wenn die fraglichen Umstände „überwiegend" die Nichtausübung oder mangelnde Ausübung bedingen; der Nutzer mag daneben auch noch andere Gründe haben.

4. Befristung (Abs. 2), Nachfrist (Abs. 3)

Die **Zweijahresfrist** des Abs. 2 S. 1 wird von der AmtlBegr. (*Haertel/Schiefler* S. 201) als für den Regelfall angemessen bezeichnet. Die aus Urheberkreisen vorgebrachten Wünsche nach einer Fristverkürzung führten im Rechtsausschuss zur Aufnahme der gestaffelten Fristen von **3/6/12 Monaten bei Periodika,** um dem Aktualitätsinteresse zu genügen. Die kürzeren Fristen gelten für „Beiträge" zu Zeitungen und Zeitschriften, ohne dass die Werkgattung näher bestimmt wäre; es kommen somit nicht nur Wortbeiträge, sondern beispielsweise auch Fotos und sonstige Illustrationen in Betracht (*Möhring/Nicolini/Spautz*[2] Rdnr. 10; *Dreier/Schulze/Schulze*[3] Rdnr. 22). Zur Frage, wann bei Periodika ein ausschließliches Nutzungsrecht gegeben ist, s. § 38 Abs. 1, 3; zum Begriff der Zeitschrift und Zeitung s. § 38 Rdnr. 13, 14. 17

Die Fristen können vertraglich bis zu maximal 5 Jahren verlängert werden (*v. Gamm* Rdnr. 10). Besondere Schwierigkeiten bei der Ausübung des Nutzungsrechts sind nicht durch eine im Gesetz nicht angelegte, pauschale Verlängerung der Wartefristen zu berücksichtigen, sondern im Rahmen der Prüfung der unzureichenden Ausübung (so OLG Frankfurt GRUR 1991, 601/602; im Ergebnis auch *Dreier/Schulze/Schulze*[3] Rdnr. 25) bzw. der Angemessenheit der Nachfrist.

Die Frist läuft jeweils grundsätzlich von der **Einräumung des Nutzungsrechts** an (dh. vom Verfügungsgeschäft, *v. Gamm* Rdnr. 10; s. dazu Vor §§ 28ff. Rdnr. 98ff.), bei späterer Ablieferung des Werks von der **Ablieferung** an. Im Verlagsrecht fallen beide Zeitpunkte regelmäßig zusammen (§ 9 Abs. 1 VerlG). Wird das Nutzungsrecht **übertragen** (vgl. Vor §§ 28ff. Rdnr. 50ff.), so läuft eine neue Frist (*Budde* S. 75/76); bei späterer Ablieferung ist diese maßgeblich. Nach der AmtlBegr. (*Haertel/Schiefler* S. 201) soll das Zustimmungserfordernis des § 34 den Urheber dagegen schützen, dass der Rückruf durch fortgesetzte Übertragung vereitelt wird; dies trifft aber freilich nicht zu, soweit die Zustimmung abbedungen ist (anders wohl *v. Gamm* Rdnr. 10). In Missbrauchsfällen kann aber der Gedanke des Abs. 4 in Verbindung mit §§ 242, 826 BGB herangezogen werden (*Fromm/Nordemann/J. B. Nordemann*[10] Rdnr. 30; *Dreier/Schulze/Schulze*[3] Rdnr. 23. Einschränkend *Kotthoff* in HK[2] Rdnr. 10: neue Frist nur, wenn der Urheber der Übertragung ausdrücklich zugestimmt hat). 18

Der Rechtsausschuss hatte erörtert, ob nicht ein **vorzeitiger Rückruf** gestattet werden solle, wenn der Nutzungsberechtigte eindeutig zu erkennen gibt, dass er das Nutzungsrecht nicht ausüben will; man meinte im Ergebnis aber, dass „nicht über den allgemeinen Grundsatz von Treu und Glauben hinausgegangen" und dass deshalb von einer ausdrücklichen Regelung abgesehen werden solle (*Haertel/Schiefler* S. 203). In der Tat kann der Vertrag gem. § 314 BGB aus wichtigem Grund gekündigt werden, wenn die Ausübung vom Nutzer definitiv **verweigert** wurde (*Kotthoff* in HK[2] Rdnr. 12), so dass es eines vorzeitigen Rückrufs gem. § 41 nicht bedarf (hierfür Vorauf./*Schricker* Rdnr. 19; *Möhring/Nicolini/Spautz*[2] Rdnr. 15). 19

Ist der Nutzungsberechtigte zur Nutzung verpflichtet, so entfällt der Erfüllungsanspruch bei dauernder **Unmöglichkeit** der Nutzung (§§ 275, 326 BGB. Vgl. *Wandtke/Bullinger/Wandtke*[3] Rdnr. 23 zum Fall der Insolvenz); das Nutzungsrecht erlischt bei dauernder Unmöglichkeit ohnehin (*Schricker*[3] § 32 Rdnr. 9 S. 569).

Der Rückruf wird grundsätzlich erst nach fruchtlosem Ablauf einer angemessenen **Nachfrist** wirksam (Abs. 3 S. 1). Der Nutzungsberechtigte muss im Zusammenhang mit der Nachfristset- 20 zung zur zureichenden Ausübung **aufgefordert** und es muss der Rückruf **angekündigt** werden. Die Nachfrist kann nicht vor Ablauf der Frist gemäß Abs. 2 zu laufen beginnen, kann aber – ebenso wie der Rückruf selbst – schon vorher erklärt werden (*Möhring/Nicolini/Spautz*[2] Rdnr. 13; *Dreier/Schulze/Schulze*[3] Rdnr. 26). Die Frist muss **angemessen**, dh. unter Abwägung der Interessen und der Verhältnisse der Parteien ausreichend sein, um dem Nutzungsberechtigten eine Chance zu ausreichender Nutzung zu geben, ohne den Urheber mit einer unzumutbaren Verzögerung zu belasten. Zeitliche Durchschnittswerte der betreffenden Branche können dabei Anhaltspunkte geben, die Prüfung ist aber individualisierend durchzuführen, da es um eine – außerordentliche – Korrektur der individuellen Vertragsverhältnisse der Parteien geht (OLG München ZUM 2008, 519 f.). Bei Verfilmungsverträgen wird eine Nachfrist von 6 bis 12 Monaten als angemessen betrachtet (OLG München ZUM 2008, 519 f.; zu weiteren Durchschnittsfristen *Dreier/Schulze/Schulze*[3] Rdnr. 27).

Eine vom Urheber zu kurz bemessene Nachfrist setzt eine angemessene Frist in Lauf (*v. Gamm* Rdnr. 10; *Fromm/Nordemann/J. B. Nordemann*[10] Rdnr. 33; *Möhring/Nicolini/Spautz*[2] Rdnr. 13; *Budde* S. 79/80); an eine zu lang bemessene Nachfrist ist der Urheber aber gebunden; der Nutzungsberechtigte darf darauf vertrauen (*Dreier/Schulze/Schulze*[3] Rdnr. 28).

Die Nachfristsetzung ist gemäß Abs. 3 S. 2 bei **Unmöglichkeit** rechtzeitiger Ausübung (zB Mangel an Finanzmitteln, Stilllegung des Betriebs: OLG Köln GRUR-RR 2005, 303 f. – Entwurfsmaterial; auf Vertretenmüssen kommt es dabei nicht an, *Fromm/Nordemann/J. B. Nordemann*[10] Rdnr. 35), bei – definitiver – **Verweigerung** oder bei **Gefährdung überwiegender Interessen** (aufgrund ausnahmsweise besonderer Dringlichkeit begründender Umstände, vgl. *Fromm/Nordemann/J. B. Nordemann*[10] Rdnr. 36) des Urhebers durch die Gewährung der Nachfrist entbehrlich (sa. *Budde* S. 81 ff.; *Dreier/Schulze/Schulze*[3] Rdnr. 29).

5. Unverzichtbarkeit (Abs. 4)

21 Einzelne Verwertungsrechte sind verzichtbar (§ 29 Rdnr. 26 f.), Persönlichkeitsrechte als solche dagegen nicht (Vor §§ 12 ff. Rdnr. 58). Die Regelung des Abs. 4 ordnet für die Frage der Verzichtbarkeit das Rückrufsrecht des § 41 dem persönlichkeitsrechtlichen Regelungsmodell zu. Abs. 4 S. 1 statuiert demgemäß **Unverzichtbarkeit des Rechtes** als solches. S. 2 schränkt weiterhin die – ansonsten bezüglich Urheberpersönlichkeitsrechten zulässigen – **vertraglichen Abreden über die Ausübung des Rechts im konkreten Einzelfall** zeitlich ein (*Schricker*, Fs. für Hubmann, 1985, S. 409/416 f.). Bis zur Grenze von 5 Jahren sind solche Abreden aber zulässig (s. OLG München ZUM 2008, 519 f.).

Zulässig ist ein **nachträglicher Verzicht** auf ein – bei Erfüllung aller Voraussetzungen – bereits entstandenes Rückrufsrecht (*v. Gamm* Rdnr. 10; *Möhring/Nicolini/Spautz*[2] Rdnr. 17; *Dreier/Schulze/Schulze*[2] Rdnr. 35). Es entfällt damit; eine neue Frist beginnt zu laufen (*Fromm/Nordemann/J. B. Nordemann*[10] Rdnr. 49).

Ein entstandenes Rückrufsrecht kann **verwirkt** werden; im Übrigen ist eine Verwirkung ausgeschlossen (offenbar gegen jede Verwirkung *Fromm/Nordemann/J. B. Nordemann*[10] Rdnr. 51; für Zulässigkeit der Verwirkung *v. Gamm* Rdnr. 9, 10; für Zulässigkeit der Verwirkung des konkreten Rückrufs in Abgrenzung zum Rückrufsrecht *Dreier/Schulze/Schulze*[3] Rdnr. 36).

IV. Rechtsfolgen des Rückrufs

1. Ausübung. Teilrückruf

22 Der Rückruf erfolgt als Ausübung eines Gestaltungsrechts (*v. Gamm* Rdnr. 7) durch einseitige empfangsbedürftige Willenserklärung (*Möhring/Nicolini/Spautz*[2] Rdnr. 6; *Dreier/Schulze/Schulze*[3] Rdnr. 2, 31), die bei Vorliegen der Voraussetzungen des § 41 mit Zugang (§ 130 BGB) **wirksam** wird (*Fromm/Nordemann/J. B. Nordemann*[10] Rdnr. 38). Fehlt es dagegen an den Voraussetzungen des § 41, so ist der erklärte Rückruf wirkungslos (BGH GRUR 1986, 613 – Ligäa). Die Erklärung ist formlos gültig; aus Gründen des Beweises ist aber zumindest Schriftform ratsam.

23 Nicht unstrittig ist, ob und inwieweit bei einer komplexen Einräumung von Nutzungsrechten ein **Teilrückruf** einzelner Rechte oder eines Rechts möglich ist (für Zulässigkeit OLG München ZUM 2008, 154/155; *Schricker*[3] § 32 Rdnr. 9 S. 567 f.; *Wandtke/Bullinger/Wandtke*[3] Rdnr. 3; *Budde* S. 28 ff.; *Dreier/Schulze/Schulze*[3] Rdnr. 10; *Haberstumpf/Hintermeier* § 24 III 2; einschränkend *v. Gamm* Rdnr. 12). Auszugehen ist davon, dass bei **mehreren vertragsgegen-**

ständlichen **Werken** jedes einzelne auch für sich allein Gegenstand eines Rückrufs bilden kann (*Fromm/Nordemann/J. B. Nordemann*[10] Rdnr. 20; *Schricker*[3] § 32 Rdnr. 9; vgl. BGH GRUR 1970, 40/43 – Musikverleger I; LG München I UFITA 90 [1981] 227/230). Sind von mehreren Werken nur einzelne nicht hinreichend gefördert, so sind die Rechte nur bezüglich dieser rückrufbar, nicht auch die Rechte an den anderen Werken (BGH GRUR 1973, 328/330 – Musikverleger II).

Bei **Miturheberschaft** muss der Rückruf von allen Miturhebern erklärt werden (*Budde* S. 31 ff.; *Dreier/Schulze/Schulze*[3] Rdnr. 32). Bei **verbundenen Werken** – etwa Text und Musik bei Liedern – besteht zwischen den beteiligten Urhebern eine BGB-Gesellschaft, wie dies von § 9 UrhG anerkannt wird (*Ulmer*[3] § 35 II 2; s. § 9 Rdnr. 6 ff.). Bei gemeinschaftlicher Geschäftsführung (§ 709 Abs. 1 BGB) muss der Rückruf von allen Gesellschaftern ausgeübt werden (BGH GRUR 1973, 328/329 – Musikverleger II – entschieden für § 17 VerlG; vgl. auch BGH GRUR 1964, 326/330 – Subverleger – für die Kündigung aus wichtigem Grund; sa. *Budde* S. 33 ff.). Fehlt es an einer gesellschaftlichen Verbundenheit (vgl. BGH GRUR 1964, 326/330 – Subverleger), kann jeder Beteiligte den Rückruf gesondert für sich ausüben (*Dreier/Schulze/Schulze*[3] Rdnr. 33).

Sind **mehrere Nutzungsrechte hinsichtlich eines Werkes** eingeräumt, kann der Rückruf für jedes selbständig abspaltbare Nutzungsrecht (vgl. vor §§ 28 ff. Rdnr. 52 ff.) ausgeübt werden (OLG München ZUM 2008, 154/155: Rückruf des Nebenrechts für Taschenbuch- oder Buchgemeinschaftsausgaben im Verlagsvertrag; s. im Einzelnen *Schricker*[3] § 32 Rdnr. 9 S. 567 f.).

Ist ein Teilrückruf wirksam ausgeübt, bestimmt sich das Schicksal des verbleibenden Teils des Rechtsgeschäfts **entsprechend § 139 BGB** (*Fromm/Nordemann*[9] Rdnr. 2).

2. Wirkung des Rückrufs (Abs. 5)

Mit Wirksamwerden **erlischt das Nutzungsrecht** (Abs. 5), dh. es fällt ohne Weiteres an den 24 Urheberrechtsinhaber zurück; das in seiner Hand verbliebene Mutterrecht, von dem das Nutzungsrecht als Tochterrecht abgespalten war, erstarkt ex nunc insoweit wieder zum Vollrecht (OLG München ZUM 2008, 519 f.; *Möhring/Nicolini/Spautz*[2] Rdnr. 19; *v. Gamm* Rdnr. 13; *Samson* S. 147; *Wandtke/Bullinger/Wandtke*[3] Rdnr. 28; *Budde* S. 89).

Nach hM fallen auch die vom Inhaber des ausschließlichen Nutzungsrechts gem. § 30 UrhG eingeräumten weiteren Nutzungsrechte (sog. **Enkelrechte**) an den Urheber zurück (siehe Voraufl./*Schricker*, § 33 Rdnr. 16, § 35 Rdnr. 11 mwN; *ders.*[3], § 28 Rdnr. 27). Dafür wird vorgebracht, der das Urhebervertragsrecht beherrschende Zweckbindungsgedanke gebiete einen Rückfall im Interesse des Urhebers, niemand könne mehr Rechte vergeben, als er selbst innehabe, und einen gutgläubigen Erwerb von Nutzungsrechten gebe es nicht. Der Sublizenznehmer könne sich an seinen Vertragspartner halten oder den Fortbestand der Lizenz vertraglich regeln. Demgegenüber hat der BGH entschieden (GRUR 2009, 946 ff. – Reifen Progressiv mwN; zustimmend *Reber* ZUM 2009, 855 ff.), jedenfalls bei einem wirksamen Rückruf eines ausschließlichen Nutzungsrechts nach § 41 bleibe ein einfaches „Enkelrecht" bestehen. Diese Problematik sei in § 41 nicht ausdrücklich geregelt und vom Gesetzgeber offengelassen worden (s. BT-Drucks. 14/6433, 16). § 33 S. 2 verdeutliche, dass die einmal eingeräumten, weiteren einfachen Nutzungsrechte nach ihrer Abspaltung vom „Tochterrecht" von dessen Fortbestand unabhängig seien. Da nur ein einfaches Nutzungsrecht bestehen bleibe, sei der Urheber nicht übermäßig in einer Nutzung seines Rechts beeinträchtigt, während der Sublizenznehmer ein häufig erhebliches Interesse am Erhalt seines Nutzungsrechts habe (aaO, 947 f.). Die Entscheidung lässt erkennen, dass der BGH generell, also auch in anderen Fällen der Beendigung ausschließlicher Nutzungsrechtseinräumungen (so. § 31 Rdnr. 41 ff.), vom Fortbestand hiervon abgeleiteter, weiterer Nutzungsrechte in der Lizenzkette ausgeht. Fraglich ist allerdings, ob und wenn ja wem der Sublizenznehmer für die weitere Nutzung eine Vergütung schuldet. Da sich sein Nutzungsrecht nicht mehr vom Hauptlizenznehmer ableitet, sondern direkt das Urheberrecht belastet (siehe BGH aaO., 948), wird man konsequenterweise auch nur dem Urheber in entsprechender Anwendung der §§ 32b Abs. 2, 32c Abs. 2 einen Anspruch auf angemessene Vergütung zusprechen müssen, während die Rechte und Pflichten des Hauptlizenznehmers auch gegenüber dem Sublizenznehmer entfallen (ebenso *Pahlow*, GRUR 2010, 112/118).

Zugleich wird auch der zugrundeliegende **schuldrechtliche Vertrag** aufgelöst; strittig ist, ob ex tunc oder ex nunc; entsprechend § 314 BGB sowie im Interesse der Rechtssicherheit ist die Lösung ex nunc vorzuziehen (Einzelheiten s. bei *Schricker*[3] § 32 Rdnr. 9; für Lösung ex nunc auch *Haberstumpf/Hintermeier* § 34 III 1; *Dreier/Schulze/Schulze*[3] Rdnr. 37; *Wandtke/Bullinger/*

§ 42

Wandtke[3] Rdnr. 28; *Budde* S. 90). Ein „Auslaufrecht" bezüglich bereits hergestellter Werkexemplare besteht nicht (*Budde* S. 91).

Da das Nutzungsverhältnis ex nunc aufgelöst wird, kann für den Zeitraum bis zur Auflösung eine Anwendung von §§ 32, 32a, 32c in Betracht kommen (Beispiel: Der Verleger hat das Werk zunächst massiv gegen eine unangemessene Vergütung genutzt; er stellt dann die – an sich aussichtsreiche – Förderung des Werks ein. §§ 32, 32a, 32c und 41 können kumuliert werden; dafür spricht auch § 41 Abs. 7. Die Entschädigungspflicht, § 41 Abs. 6, ist nur für den Zeitraum nach der Auflösung zu prüfen).

3. Entschädigungspflicht (Abs. 6)

25   Ob und in welcher Höhe der Urheber den Nutzungsberechtigten zu entschädigen hat, ist aufgrund einer umfassenden **Abwägung und Wertung der Interessen** unter Berücksichtigung aller relevanten Umstände zu entscheiden; insbesondere ist die Zahlung eines **Entgelts** durch den Nutzungsberechtigten und die Erbringung von Aufwendungen in Betracht zu ziehen (AmtlBegr. *Haertel/Schiefler* S. 202). In der Regel wird keine Entschädigung zu leisten sein (*Dreier/Schulze/Schulze*[2] Rdnr. 38). Eine Rolle kann insbesondere spielen, ob der Nutzungsberechtigte die mangelnde Ausübung zu vertreten hat und welcher Gewinn ihm entgeht (OLG München ZUM-RD 1997, 451/453). Die Billigkeitsentschädigung ist aber einem Schadensersatz nicht gleichzusetzen (*Möhring/Nicolini/Spautz*[2] Rdnr. 20; *Wandtke/Bullinger/Wandtke*[3] Rdnr. 31; *Fink-Hooijer* S. 79; so im Ergebnis auch *v. Gamm* Rdnr. 15, 16). „Betroffener" iSd. Abs. 6 ist nur, wer durch den Rückruf ein Nutzungsrecht verliert; eine Drittentschädigung gewährt das Gesetz nicht (*Möhring/Nicolini/Spautz*[2] Rdnr. 20; *Wandtke/Bullinger/Wandtke*[3] Rdnr. 31).

§ 42 Rückrufsrecht wegen gewandelter Überzeugung

(1) [1]**Der Urheber kann ein Nutzungsrecht gegenüber dem Inhaber zurückrufen, wenn das Werk seiner Überzeugung nicht mehr entspricht und ihm deshalb die Verwertung des Werkes nicht mehr zugemutet werden kann.** [2]**Der Rechtsnachfolger des Urhebers (§ 30) kann den Rückruf nur erklären, wenn er nachweist, dass der Urheber vor seinem Tode zum Rückruf berechtigt gewesen wäre und an der Erklärung des Rückrufs gehindert war oder diese letztwillig verfügt hat.**

(2) [1]**Auf das Rückrufsrecht kann im voraus nicht verzichtet werden.** [2]**Seine Ausübung kann nicht ausgeschlossen werden.**

(3) [1]**Der Urheber hat den Inhaber des Nutzungsrechts angemessen zu entschädigen.** [2]**Die Entschädigung muss mindestens die Aufwendungen decken, die der Inhaber des Nutzungsrechts bis zur Erklärung des Rückrufs gemacht hat; jedoch bleiben hierbei Aufwendungen, die auf bereits gezogene Nutzungen entfallen, außer Betracht.** [3]**Der Rückruf wird erst wirksam, wenn der Urheber die Aufwendungen ersetzt oder Sicherheit dafür geleistet hat.** [4]**Der Inhaber des Nutzungsrechts hat dem Urheber binnen einer Frist von drei Monaten nach Erklärung des Rückrufs die Aufwendungen mitzuteilen; kommt er dieser Pflicht nicht nach, so wird der Rückruf bereits mit Ablauf dieser Frist wirksam.**

(4) **Will der Urheber nach Rückruf das Werk wieder verwerten, so ist er verpflichtet, dem früheren Inhaber des Nutzungsrechts ein entsprechendes Nutzungsrecht zu angemessenen Bedingungen anzubieten.**

(5) **Die Bestimmungen in § 41 Abs. 5 und 7 sind entsprechend anzuwenden.**

Schrifttum: (s. auch die Schrifttumsnachweise Vor §§ 12 ff.) *Bollack,* Die Rechtsstellung des Urhebers im Dienst- oder Arbeitsverhältnis, GRUR 1976, 74; *Hirsch, E. E.,* Zum „Rückrufsrecht" des Urhebers wegen gewandelter Überzeugung, Fs. für Nipperdey, 1965, Bd. 1 S. 351; *Leiss,* Verlagsgesetz, 1973, § 35 Anm. 1 ff. und 25 ff.; *Rauda,* Der Rückruf wegen gewandelter Überzeugung nach § 42 UrhG, GRUR 2010, 22; *Rohlfing/Kobusch,* Das urheberrechtliche Rückrufsrecht an Dissertationen wegen gewandelter Überzeugung, ZUM 2000, 305; *Schricker,* Verlagsrecht[3], § 12 Rdnr. 2 ff. und insb. § 35 Rdnr. 27 f.; *ders.,* Zur Bedeutung des Urheberrechtsgesetzes von 1965 für das Verlagsrecht, GRUR Int. 1983, 446.

Übersicht

	Rdnr.
I. Allgemeines	1–11
1. Bedeutung des Rückrufsrechts wegen gewandelter Überzeugung	1–6a
2. Entstehungsgeschichte	7–11

	Rdnr.
II. Aufbau, Anwendungsbereich und Abgrenzung zu anderen Vorschriften	12–22
1. Aufbau	12
2. Anwendungsbereich	13–16a
3. Abgrenzung zu anderen Vorschriften	17–22
a) Namensnennungsverbot (§ 13 UrhG) und Änderungsrecht (§ 12 VerlG)	17–19
b) Rücktrittsrecht des Verfassers (Urhebers) nach § 35 VerlG	20, 21
c) Wegfall der Geschäftsgrundlage und Kündigung aus wichtigem Grund	22
III. Einzelfragen	23–35
1. Nachgewiesener Überzeugungswandel und Unzumutbarkeit	23–26
a) Überzeugungswandel	23, 24
b) Unzumutbarkeit der weiteren Verwertung des Werkes	25, 26
2. Die Einschränkung des Rückrufsrechts im Falle der Geltendmachung durch den Rechtsnachfolger	27
3. Unzulässigkeit von Vorausverzicht und Ausschluss der Ausübung	28
4. Die Pflicht des Urhebers zur Entschädigung des Nutzungsrechtsinhabers	29–32
5. Das Abwicklungsverhältnis nach Ausübung des Rückrufs	33, 34
6. Zeitlicher Anwendungsbereich	35

I. Allgemeines

1. Bedeutung des Rückrufsrechts wegen gewandelter Überzeugung

Das Rückrufsrecht wegen gewandelter Überzeugung hat einen besonderen Bezug zu den 1
persönlichen und geistigen Anschauungen, Auffassungen und Überzeugungen des Urhebers (su. Rdnr. 23) und dient demgemäß typischerweise auch in erster Linie den persönlichen und geistigen Interessen des Urhebers. Es hat also primär **urheberpersönlichkeitsrechtlichen Charakter** und ist ein wichtiger Bestandteil des UPR iwS. (s. schon Vor §§ 12 ff. Rdnr. 9; ebenso OLG München v. 16. 11. 2006, 29 U 3271/06, Rdnr. 38 (juris), in GRUR-RR 2007, 186/187 – Lizenz für Tonträger, nicht abgedruckt; ferner *v. Gamm* Rdnr. 2; *Ulmer*³ § 38 II 2 und § 87 III; *Hirsch*, Fs. für Nipperdey, 1965, S. 351/362; *Möhring/Nicolini/Spautz*² Rdnr. 2; *Wandtke/Bullinger/Wandtke*³ Rdnr. 1). Im Hinblick auf die Verklammerung materieller und ideeller Interessen bei allen urheberpersönlichkeitsrechtlichen (wie vermögensrechtlichen) Befugnissen (so. Vor §§ 12 ff. Rdnr. 10 ff.) können freilich der Geltendmachung des Rückrufsrechts durchaus auch finanzielle Erwägungen des Urhebers zugrunde liegen, zB die Gefährdung des Absatzes von durch eine neue Überzeugung geprägten Werken; dies macht die Ausübung des Rückrufsrechts nicht etwa unzulässig, sondern kann allenfalls bei der Prüfung der Zumutbarkeit (su. Rdnr. 25 f.) eine Rolle spielen, falls dieses Motiv überhaupt zum Ausdruck kommt (anders dagegen die Entscheidung der französischen Cour de Cassation RIDA 151 [1992] 272 m. Anm. v. *Sirinelli*, wonach die Geltendmachung der entsprechenden Vorschrift des französischen Urheberrechts über das „droit de repentir ou de retrait" aufgrund einer rein vermögensrechtlichen Zielsetzung rechtsmissbräuchlich ist; im französischen Recht – Art. L.121–4 des Code de la propriété intellectuelle – fehlt allerdings das Merkmal des Überzeugungswandels, das im deutschen Recht gemäß § 42 Abs. 1 auf jeden Fall gefordert ist; su. Rdnr. 23 f.).

Das Rückrufsrecht wegen gewandelter Überzeugung hat einen besonderen **Bezug zum** 2
Veröffentlichungsrecht nach § 12 (so. § 12 Rdnr. 12, 18 sowie allgemein *Strömholm* Bd. II 2 S. 219 ff.). Steht bei § 12 die Entscheidung über das Ob und das Wie der (ersten) Veröffentlichung inmitten, so geht es bei § 42 darum, eine in Gang befindliche Verwertung des Werks soweit wie möglich rückgängig zu machen oder doch für die Zukunft zu verhindern (wegen der Grenzen der Wirkung des Rückrufs su. Rdnr. 15 f.; vgl. auch *Kotthoff* in HK-UrhR² § 42 UrhG Rdnr. 1; *Rehbinder*¹⁵ Rdnr. 588 f.; *Schack*⁴ Rdnr. 319: Ermöglichung eines begrenzten Rückzugs aus der Öffentlichkeit).

Insbesondere in der **französischen Rechtslehre** hat das Rückrufsrecht wegen gewandelter 3
Überzeugung (droit de repentir) als eine der vier Hauptbefugnisse des droit moral eine besondere Hervorhebung erfahren (s. schon Vor §§ 12 ff. Rdnr. 19 sowie *Desbois*, Le droit d'auteur en France, 3. Aufl. 1978, Rdnr. 392 ff.; *Lucas/Lucas*, Traité de la propriété littéraire & artistique, 2006³, Rdnr. 390 ff.; rechtsvergleichend *Dietz*, Droit moral, S. 72 ff.; *ders.*, Urheberrecht in der Europ. Gemeinschaft, Rdnr. 170 ff. sowie allgemein *Strömholm* Bd. II 2 S. 208 ff., 300 ff.). Die auch im französischen Recht vorgesehene Verpflichtung zu einer der Ausübung des Rückrufsrecht vorangehenden Entschädigung (für die entsprechende Regelung im deutschen Recht su. Rdnr. 29 f.) lässt jedoch an der **praktischen Bedeutung** dieser urheberpersönlichkeitsrechtlichen Befugnis im französischen wie im deutschen Recht zweifeln (vgl. jedoch Cour de Cassa-

§ 42 Rückrufsrecht wegen gewandelter Überzeugung

tion aaO oben Rdnr. 1; vgl. auch den Hinweis auf vom Markt selbst erzwungene Aktualisierungen von Werken bei *Dreier/Schulze/Schulze*[3] Rdnr. 3 und 23). Jedenfalls ist deutsche Rechtsprechung zu § 42 bislang kaum bekannt geworden (s. jedoch OLG Celle ZUM 2000, 325/326 – Dissertationsexemplare; s. dazu unten Rdnr. 13 und 14; obiter OLG München v. 16. 11. 2006, 29 U 3271/06, Rdnr. 38 (juris), in GRUR-RR 2007, 186/187 – *Lizenz für Tonträger*, nicht abgedruckt: konkludenter Rückruf wegen gewandelter Überzeugung und Relevanz für die Wahrnehmungsbefugnis der zuständigen Verwertungsgesellschaft; vgl. *Müller* S. 198; *Samson* S. 149; *Ulmer* Urhebervertragsrecht Rdnr. 177; für das frühere Recht vgl. *Hirsch*, Fs. für Nipperdey, 1965, S. 351/369; Zweifel an der sachlichen Bedeutung insbes. bei *Samson* S. 146/149; *Rojahn* S. 142). AG Berlin-Charlottenburg (GRUR-RR 2002, 187) erörtert § 42 ausschließlich im Hinblick auf die – sodann verneinte – Möglichkeit der analogen Anwendung der Entschädigungspflicht im Fall des Widerrufs der Einwilligung zur Verbreitung eines Bildnisses.

4   Der **urhebervertragsrechtliche Charakter des Rückrufsrechts wegen gewandelter Überzeugung** wird durch seine systematische Stellung im Abschnitt des UrhG über den Rechtsverkehr im Urheberrecht sowie durch seine Verwandtschaft mit § 35 VerlG verdeutlicht (su. unten Rdnr. 20 f.). **Rechtspolitisch** ließe sich eine Verbesserung zugunsten des Urhebers wohl eher durch eine grundsätzliche Stärkung der Position des Urhebers bei der Auflösung langdauernder Vertragsbeziehungen erreichen. Bedauerlicherweise ist aber ein entsprechender Vorstoß des Gesetzgebers zur Einführung eines Kündigungsrechts bei Einräumungen von Nutzungsrechten nach dreißig Jahren (vgl. noch § 32 Abs. 5 RegE eines Gesetzes zur Verbesserung der vertraglichen Stellung der Urheber und ausübenden Künstler, UFITA Bd. 2002/II S. 484/487, auf der Grundlage eines entsprechenden Vorschlags in § 32 Abs. 3 des ProfE, GRUR 2000, 765/766) im weiteren Gesetzgebungsverfahren gescheitert. Jedenfalls bleibt ein wegen der Entschädigungspflicht gemäß Abs. 3 (su. Rdnr. 29 ff.), die im Rahmen der gegebenen Lösung freilich kaum zu beanstanden ist (su. Rdnr. 32), letztlich nur „vermögenden" Urhebern zu Gebote stehendes Gestaltungsrecht **insgesamt fragwürdig** (vgl. *Dietz*, Droit moral, S. 81; *Hirsch*, Fs. für Nipperdey, 1965, S. 351/356; *Möhring/Nicolini/Spautz*[2] Rdnr. 16; *Wandtke/Bullinger/Wandtke*[3] Rdnr. 11).

5   Im **internationalen Urheberrecht** hat das Rückrufsrecht wie schon das Veröffentlichungsrecht selbst (so. Vor §§ 12 ff. Rdnr. 7, 24 sowie § 12 Rdnr. 3) bislang keinen Niederschlag gefunden. Im Hinblick auf den urhebervertragsrechtlichen Charakter dieser Befugnis und die ohnehin ganz spärliche Normierung des Urhebervertragsrechts im internationalen Urheberrecht ist dies nicht verwunderlich (vgl. *Nordemann/Vinck/Hertin* Einl. Rdnr. 27 und RBÜ Art. 14/Art. 14bis Rdnr. 10). Wegen des Rechtszustands in den 15 EU-Ländern vor der Osterweiterung, von denen außer Deutschland nur Frankreich, Griechenland, Italien, Portugal und Spanien eine Form des Rückrufsrechts kennen, vgl. *Doutrelepont* S. 340 ff.; auch in einer Reihe von Ländern Mittel- und Osteuropas hat das Rückrufsrecht inzwischen Fuß gefasst (vgl. jeweils den Abschnitt II.3 über den Inhalt des Urheberrechts in den Länderberichten bei *Wandtke*, Urheberrecht in Mittel- und Osteuropa, 2 Bde., 1997 und 2002).

6   § 42 steht auch in **Zusammenhang mit dem Rückrufsrecht wegen Nichtausübung** nach § 41. Dies ergibt sich nicht nur aus der entsprechenden Anwendung von § 41 Abs. 5 und 7 aufgrund der Verweisung in § 42 Abs. 5, sondern auch durch die ähnliche Struktur der beiden Vorschriften (su. Rdnr. 10, 20) sowie durch deren innere Verwandtschaft. Auch die Regelung in § 41 hat einen Bezug zum Veröffentlichungsrecht des Urhebers als „Grundnorm" des Urheberrechtsschutzes (so. § 12 Rdnr. 1), insofern sie die Durchsetzung des Veröffentlichungsinteresses des Urhebers gegen den Inhaber eines ausschließlichen Nutzungsrechtes ermöglichen soll, der dieses Recht – aus welchen Gründen auch immer – nicht oder nur unzureichend ausübt. Wenn also § 41 dem Veröffentlichungsinteresse des Urhebers dienen, so will § 42 umgekehrt die Möglichkeit bieten, die (weitere) Veröffentlichung des Werks aus ideellen Gründen zu verhindern (vgl. *Rehbinder*[15] Rdnr. 588; vgl. auch *Schack*[4] Rdnr. 319).

6a   Gem. § 79 Abs. 2 S. 2 gilt das Rückrufsrecht wegen gewandelter Überzeugung entsprechend für Verträge, in denen der **ausübende Künstler** einem anderen das Recht einräumt, die Darbietung auf einzelne oder alle der ihm vorbehaltenen Nutzungsarten zu nutzen (zur Entstehungsgeschichte unten § 79 Rdnr. 1 ff.; zur Frage, ob die urhebervertragsrechtlichen Regelungen auch bei translativer Übertragung der Verwertungsrechte gem. § 79 Abs. 1 entsprechend gelten, siehe unten Rdnr. 16 a und § 79 Rdnr. 5; zum zeitlichen Anwendungsbereich unten Rdnr. 35). Demnach kann der Interpret ein vertragliches Nutzungsrecht gegenüber jedem Inhaber zurückrufen, wenn die Darbietung seiner Überzeugung nicht mehr entspricht und ihm deshalb die Verwertung der Darbietung nicht mehr zugemutet werden kann. Wie im Urheberrecht ist diese Befugnis ein Aspekt des Künstlerpersönlichkeitsrechts iwS., wonach der ausübende Künstler das Recht hat, in Bezug auf seine Darbietung als solcher anerkannt zu werden (§ 74), rufgefährdende Beeinträchtigungen der Darbietung zu verbieten (§ 75) und durch die Ausübung der Verwertungsrechte zugleich über das Ob und Wie einer Veröffentlichung zu entscheiden (dazu unten § 77 Rdnr. 1).

2. Entstehungsgeschichte

Einen unmittelbaren **Vorläufer im früheren Recht** hatte § 42 ebenso wenig wie die ihm vorgelagerte Grundnorm über das Veröffentlichungsrecht in § 12 Abs. 1 (vgl. § 12 Rdnr. 4). Für den Teilbereich der Verlagsverträge existierte jedoch seit dem Gesetz über das Verlagsrecht (VerlG) vom 19. 6. 1901 die besondere Vorschrift des § 35 VerlG über das Rücktrittsrecht des Verfassers bis zum Beginn der Vervielfältigung im Falle unvorhergesehener Umstände (su. Rdnr. 20 f.). Auch hatte das Schrifttum, über § 35 VerlG hinausgehend, im Falle schwerwiegender Beeinträchtigung persönlicher Interessen des Urhebers bereits nach früherem Recht ein sog. Widerrufsrecht befürwortet (vgl. *Ulmer*[2] § 56 III 1; sowie *Ulmer*[3] § 87 I; *Möhring/Nicolini/Spautz*[2] Rdnr. 1). 7

Im **Gesetzgebungsverfahren** (§ 34 RefE; § 37 MinE; § 42 RegE) lag die Grundstruktur des – iS einer Verallgemeinerung und Erweiterung des § 35 VerlG gemeinten (vgl. schon Begr. des RefE zu § 34) – Rückrufsrechts wegen gewandelter Überzeugung sowie dessen Regelung in der Nachbarschaft und unter teilweiser entsprechender Heranziehung des Rückrufsrechts wegen Nichtausübung (§ 33 RefE; § 36 MinE; § 41 RegE) von Anfang an fest. In der Fassung des § 34 RefE betraf die entsprechende Anwendung der Vorschriften über das Rückrufsrecht wegen Nichtausübung noch die Pflicht zur Entschädigung des Nutzungsrechtsinhabers nach dem Maßstab der Billigkeit. Seit dem MinE war demgegenüber die später ins Gesetz übernommene, darüber hinausgehende Entschädigungspflicht nach dem Maßstab der Angemessenheit mit dem Aufwendungsersatz als Mindestentschädigung vorgesehen (su. Rdnr. 29 ff.). Auch wurde seit dem MinE das Rückrufsrecht des Rechtsnachfolgers des Urhebers auf Fälle der nachgewiesenen Rückrufsberechtigung des Urhebers selbst beschränkt (su. Rdnr. 27). 8

Die **Entschädigungsregelung** wurde zuungunsten des Urhebers schrittweise noch dadurch verschärft (§ 37 Abs. 4 S. 2 und 3 MinE; § 42 Abs. 4 S. 3 und 4 RegE), dass es dem Inhaber des Nutzungsrechts zunächst (§ 37 Abs. 4 MinE) ermöglicht wurde, durch eine Aufforderung mit Fristsetzung die Wirksamkeit des Rückrufs bis zum Aufwendungsersatz oder zur Sicherheitsleistung durch den Urheber zu suspendieren, und dass sodann (§ 42 Abs. 4 RegE) die Wirksamkeit des Rückrufs von Gesetzes wegen an Aufwendungsersatz oder Sicherheitsleistung durch den Urheber gebunden wurde. Die im RegE dabei noch vorgesehene Frist von einem Monat für die Mitteilung der Aufwendungen durch den Nutzungsrechtsinhaber wurde vom Rechtsausschuss schließlich auf drei Monate verlängert. Dies bedeutete unter dem Aspekt einer möglichst raschen Wirkung des Rückrufs eine zusätzliche Verschärfung zu Lasten des Urhebers, doch kann der längere Zeitraum „für die Ermittlung der Aufwendungen des Nutzungsberechtigten" (so der schriftliche Bericht des Rechtsausschusses zu BTDrucks. IV/3401 bzgl. § 42) uU auch den Urheber davor schützen, dass ihm allzu rasche und pauschale Rechnungen über entstandene Aufwendungen präsentiert werden. Schließlich wurde seit dem MinE auch die Verpflichtung des Urhebers vorgesehen, dem früheren Inhaber des Nutzungsrechts im Falle der Wiederverwertung ein entsprechendes Nutzungsrecht zu angemessenen Bedingungen anzubieten. Abgesehen von der dargelegten Fristverlängerung auf drei Monate und von einer minimalen Änderung bei der Zählung der Absätze wurde die Regelung in § 42 RegE im Übrigen unverändert in das Gesetz übernommen. 9

Die im Gesetzgebungsverfahren von Stufe zu Stufe erfolgte Verschärfung zu Lasten des Urhebers macht die **Bedenken gegenüber einem Missbrauch der Regelung** deutlich; sie ist wohl eine der Ursachen für deren bisher erkennbare praktische Bedeutungslosigkeit (so. Rdnr. 3; vgl. auch die Warnung bei *Fromm/Nordemann/Nordemann*[9] Rdnr. 9 aE vor einem umgekehrten Missbrauch der Vorschrift durch den Verwerter). 10

Ein wichtiger Nebenaspekt, nämlich die Frage der **Ausübung des Rückrufsrechts durch angestellte Urheber,** fand ursprünglich eine teilweise Regelung in § 35 RefE und § 38 MinE. Darin wurde die Ausübung des Rückrufsrechts durch angestellte Urheber im Bereich der Werke der angewandten Kunst (im RefE auch noch bei ohne Urheberbenennung von öffentlichen Rechtsträgern herausgegebenen Werken) ausgeschlossen. Diese Regelung wurde weder in den RegE noch in das geltende Gesetz übernommen, sondern vielmehr durch die allgemeine Rege- 11 lung über die Urheber in Arbeits- oder Dienstverhältnissen (§ 43) ersetzt. Nach hM ist im Gegensatz zur ursprünglichen Intention des RefE und des MinE grundsätzlich davon auszugehen, dass § 42 auch bei Urhebern im Arbeits- oder Dienstverhältnis anwendbar bleibt, da auch beim angestellten Urheber ein Überzeugungswandel eintreten kann (so *Dreier/Schulze/Schulze*[3] Rdnr. 7; *Wandtke/Bullinger/Wandtke*[3] Rdnr. 2; *v. Gamm* § 43 Rdnr. 2; *Kraßer* FS Schricker 1995 S. 95; *Rojahn* S. 141; *Schacht* S. 194; *Vinck*, Die Rechtsstellung des Urhebers im Arbeits- und Dienstverhältnis, 1972, S. 75 ff.; *Bollack* GRUR 1976, 74/76; einschränkend *Osenberg* S. 75; eher verneinend auch RegE Begründung zu § 43, BTDrucks. IV/270 S. 62; Einzelheiten su. § 43 Rdnr. 92 ff.). Der Ausgleich erfolgt hier im Hinblick auf die besondere Interessenlage im Rahmen der Zumutbarkeitsprüfung (so *v. Gamm* Rdnr. 6; vgl. auch *Rojahn* S. 141; *Vinck* S. 76 f.).

II. Aufbau, Anwendungsbereich und Abgrenzung zu anderen Vorschriften

1. Aufbau

12   Der **Aufbau** des § 42, nämlich: Voraussetzungen der Ausübung des Rückrufsrechts (Abs. 1), Ausschluss des Rechtsverzichts (Abs. 2), Entschädigungspflicht (Abs. 3), Wiederanbietungspflicht (Abs. 4) sowie Wirkung des Rückrufs und Abgrenzung zu anderen Vorschriften (Abs. 5 iVm. § 41 Abs. 5 u. 7) entspricht in einer Reihe struktureller Elemente dem Aufbau der Vorschrift des § 41 über das Rückrufsrecht wegen Nichtausübung. Eine direkte Verbindung beider Vorschriften wird auch durch die Verweisung in § 42 Abs. 5 auf § 41 Abs. 5 (Erlöschen des Nutzungsrechts mit Wirksamwerden des Rückrufs) und Abs. 7 (Unberührtbleiben von Rechten und Ansprüchen nach anderen gesetzlichen Vorschriften) hergestellt.

2. Anwendungsbereich

13   Anders als das Rückrufsrecht wegen Nichtausübung nach § 41, das auf den Fall der vorausgegangenen Einräumung eines ausschließlichen Nutzungsrechts beschränkt ist, kann das Rückrufsrecht wegen gewandelter Überzeugung im Falle **jeglicher Einräumung** eines – ausschließlichen oder einfachen – Nutzungsrechts geltend gemacht werden. Dies ist gegenüber jedem beliebigen derivativen Rechtsinhaber möglich, selbst wenn es sich nicht um den ursprünglichen Vertragspartner des Urhebers handelt, zB im Falle einer Verlagslizenz (*Schricker*, Verlagsrecht[3], § 35 Rdnr. 27 S. 624; *Haberstumpf*[2] Rdnr. 233; weniger deutlich *v. Gamm* Rdnr. 1; *Möhring/Nicolini/Spautz*[2] Rdnr. 5; *Wandtke/Bullinger/Wandtke*[3] Rdnr. 2 f.; vgl. auch *Mues* S. 134 für den Fall des Ausstellungsrechts). Dies ist nicht nur dem Wortlaut der Vorschrift „**gegenüber dem Inhaber**" zu entnehmen, sondern auch eine unmittelbare Folge des Grundgedankens dieses besonderen Gestaltungsrechts, nämlich im Falle gewandelter Überzeugung weitere Verwertungen des Werkes unter den im Gesetz genannten Voraussetzungen unterbinden zu können. Der Rückruf ist eine einseitige, empfangsbedürftige Willenserklärung, die nach allgemeinen Grundsätzen auch konkludent erklärt werden kann (vgl. OLG München v. 16. 11. 2006, 29 U 3271/06, Rdnr. 38 (juris), in GRUR-RR 2007, 186/187 – Lizenz für Tonträger, nicht abgedruckt: Erklärung, dass 10 Jahre alte Tonaufnahmen so „grauenhaft" seien, dass sie von den Kritikern „zerrissen" würden), während eine allgemeine öffentliche Verlautbarung nicht genügt (so *Kotthoff* in HK-UrhR[2] § 42 UrhG Rdnr. 3). Der Rückruf kann nach Einräumung mehrerer Nutzungsrechte auch für **einzelne Nutzungsrechte** separat erklärt werden (*Homann*[2], Praxishandbuch Filmrecht, S. 128), doch wird der Überzeugungswandel bei Weiterverwertung in anderen Bereichen kaum zu begründen sein, wenn nicht gerade die betroffene Nutzung die Unzumutbarkeit begründet. Bezüglich des Ausstellungsrechts ist das Rückrufsrecht mit der erstmaligen Veröffentlichung (zB der ersten Ausstellung durch den Erwerber des Werkoriginals) verbraucht (*Dreier/Schulze/Schulze*[3] Rdnr. 10); es besteht kein Nutzungsrecht mehr. Entsprechendes gilt nach Erschöpfung des Verbreitungsrechts, etwa nach Ablieferung der Pflichtexemplare einer Dissertation an die Universität, die nicht herausverlangt werden können (so OLG Celle ZUM 2000, 325/326 – Dissertationsexemplare; dazu *Rohlfing/Kobusch* ZUM 2000, 305 ff.; vgl. auch *Dreier/Schulze/Schulze*[3] Rdnr. 10).

14   Eine erhebliche Einschränkung erfährt die Möglichkeit der Ausübung des Rückrufsrechts wegen gewandelter Überzeugung allerdings aufgrund der **Sonderregelung für Filmwerke** in § 90, die entsprechend auf Laufbilder anzuwenden ist (§ 95). Danach gilt ua. die Bestimmung über das Rückrufsrecht wegen gewandelter Überzeugung nicht für die in § 88 Abs. 1 und § 89

Abs. 1 bezeichneten Rechte. Dies findet freilich gemäß § 90 S. 2 – bis zum Beginn der Dreharbeiten – keine Anwendung auf das Recht zur Verfilmung, also das sog. Filmherstellungsrecht (sa. *Homann*[2], Praxishandbuch Filmrecht, S. 130). Die Auswertung eines bereits in Herstellung befindlichen wie insbes. eines bereits hergestellten Filmwerks kann demnach im Falle eines Überzeugungswandels auch von den Urhebern vorbestehender Werke nicht mehr verhindert werden (su. § 90 Rdnr. 6, 8 ff., 14).

Die Wirkung des Rückrufs ist außerdem insofern beschränkt, als der Urheber im Eigentum **15** Dritter befindliche Werkstücke nicht zurückrufen kann (vgl. *Müller* S. 197 f. wegen des Rückrufs bei noch in der Planungs- oder Bauphase befindlichen Projekten von Bauwerken). Auch die **Berufung auf Schrankenvorschriften** (insbesondere etwa das Zitatrecht nach § 51) durch die Allgemeinheit unter Benutzung rechtmäßigerweise in den Verkehr gelangter Werkstücke kann er nicht unterbinden (vgl. *Dreier/Schulze/Schulze*[3] Rdnr. 12; *v. Gamm* Rdnr. 1; *Haberstumpf*[2] Rdnr. 238; *Wandtke/Bullinger/Wandtk*[3] Rdnr. 4; *Samson* S. 149 f.; vgl. auch OLG Celle ZUM 2000, 325/326 – Dissertationsexemplar; s. aber unten Rdnr. 16). Eine entsprechende Anwendung der Rückrufgedankens ist allerdings in § 46 Abs. 5 S. 1 und § 42a Abs. 1 S. 1 Hs. 2 für die dort geregelten Urheberrechtsschranken (gesetzliche Lizenz zugunsten von Sammlungen für Kirchen-, Schul- oder Unterrichtsgebrauch und Zwangslizenz zur Herstellung von Tonträgern) vorgesehen (vgl. *Dietz*, Droit moral, S. 88). Konstruktiv handelt es sich bei dieser dem § 42 nachgebildeten, aber **selbständigen Gestaltungsmöglichkeit** speziell und nur im Bereich dieser beiden Urheberrechtsschranken um die Wiederherstellung des Verbotsrechts des Urhebers (*Schricker*, Verlagsrecht[3], § 35 Rdnr. 27), so dass diese Schrankenbestimmungen nach einer entsprechenden Erklärung des Überzeugungswandels des Urhebers – bezogen auf die betroffenen Werke – unanwendbar werden und er sich sodann gegen entsprechende Nutzungen wehren kann. Für den Fall jedoch, dass (noch) irgendein Nutzungsrecht an dem betroffenen Werk besteht – und das wird regelmäßig in Frage kommen –, wird zusätzlich gefordert, dass der Urheber dieses Nutzungsrecht gemäß § 42 wirksam zurückgerufen *hat*, und zwar bereits *vor* dem Zugang der Mitteilung nach § 46 Abs. 3 bzw. der Mitteilung des Wunsches nach einer Zwangslizenz (so. § 46 Rdnr. 26 und § 42a Rdnr. 17). Insoweit bedeutet die **Regelung in § 46 Abs. 5 S. 1 und § 42a Abs. 1 S. 1 Hs. 2** also eine erweiterte, vom Urheber jedoch **separat geltend zu machende Rechtswirkung der Ausübung des Rückrufsrechts** nach § 42. All dem liegt der Gedanke zugrunde, dass ohne die vorausgehende Ausübung des Rechts nach § 42 der behauptete Überzeugungswandel im Rahmen der betroffenen Urheberrechtsschranken nicht ernst zu nehmen wäre, zumal diese spezielle Gestaltungsmöglichkeit nicht mit einer Entschädigungspflicht verbunden ist. Im Übrigen sieht § 46 Abs. 5 S. 2 die entsprechende Anwendung von § 136 Abs. 1 und 2 vor. Demgemäß bleibt in diesem Spezialfall selbst nach Ausübung des Rückrufs noch die Vollendung der Herstellung von Vervielfältigungsstücken sowie die Verbreitung bereits hergestellter oder zulässigerweise noch herzustellender Vervielfältigungsstücke zulässig (vgl. *v. Gamm* § 46 Rdnr. 16).

Wegen des **Ausschlusses des Rückrufsrechts im Filmbereich nach § 90** (so. Rdnr. 14) **16** kann allerdings für die Anwendung der beiden erwähnten Schrankenvorschriften der vorherige Rückruf eines entsprechenden Nutzungsrechts von einem Filmurheber nicht verlangt werden, weil ein solcher Rückruf wegen § 90 gar nicht möglich ist. Im Falle des § 42a kommt hinzu, dass die Anwendung dieser Vorschrift gem. Abs. 7 (Verwendung des Nutzungsrechts zur Herstellung eines Filmes) ggf. ohnehin ausgeschlossen ist. Abzulehnen ist auch die Ausdehnung des Rechtsgedankens des § 46 Abs. 5 (bzw. des § 42a Abs. 1 S. 1 Halbs. 2) auf **weitere Schrankenbestimmungen**, etwa mit dem Argument, dass durch den ausgeübten Rückruf ein Werk nicht mehr als mit Zustimmung des Berechtigten „veröffentlicht" oder „erschienen" (§ 6) angesehen werden könne (vgl. *Dietz*, Droit moral, S. 88 u. S. 66) und demgemäß bei einer Reihe von Urheberrechtsschranken (zB §§ 51 und 52) die ursprünglich bestehende gesetzliche Voraussetzung für deren Eingreifen wieder entfallen wäre (vgl. insb. *Hirsch*, Fs. für Nipperdey, 1965, S. 351/354 ff. und S. 364 f. unter Hinweis auf Art. 2 Abs. 1 GG, jedoch unter differenzierender Betrachtungsweise bzgl. der einzelnen Urheberrechtsschranken, unter Herausnahme des Zitatrechts sowie der Vervielfältigung zum eigenen Gebrauch; ähnlich differenzierend auch noch *Dietz*, Droit moral, S. 88 ff.). Der Ausnahmecharakter der Vorschriften in § 46 Abs. 5 und in § 42a Abs. 1 sowie der insoweit erkennbare gesetzgeberische Wille (vgl. den schriftlichen Bericht des Rechtsausschusses zu BTDrucks. IV/3401 bezüglich § 42, S. 6) lassen eine Anwendung dieses Rechtsgedankens im Bereich der übrigen Urheberrechtsschranken nicht zu. Dies folgt auch aus praktischen Erwägungen im Hinblick auf die Schwierigkeiten der Handhabung einer derartigen Regelung (wie hier *Fromm/Nordemann/Nordemann*[9] Rdnr. 11).

16a Die vorstehenden Ausführungen gelten gem. § 79 Abs. 2 S. 2 entsprechend für den **Rückruf von Nutzungsrechten an der Darbietung eines ausübenden Künstlers** (so. Rdnr. 6 a). In Verbindung mit § 83 fungiert das Rückrufsrecht des ausübenden Künstlers wegen gewandelter Überzeugung auch als Schranken-Schranke für die Zwangslizenz zur Herstellung von Tonträgern (§ 42a Abs. 1 S. 2 Hs. 2) und für Sammlungen für den Kirchen-, Schul- oder Unterrichtsgebrauch (§ 46 Abs. 5). Ferner findet das Rückrufsrecht des Interpreten gem. § 92 Abs. 3 iVm. § 90 S. 1 keine Anwendung auf Verträge über die Mitwirkung bei der Herstellung eines Filmwerks. Insbesondere die letztgenannte Regelung verdeutlicht, dass es jedenfalls für das Rückrufsrecht wegen gewandelter Überzeugung als primär persönlichkeitsrechtlicher Befugnis nicht darauf ankommen kann, ob der ausübende Künstler die betreffenden Verwertungsrechte an seiner Darbietung **translativ übertragen** (§ 79 Abs. 1) oder nur **konstitutiv eingeräumt** hat (§ 79 Abs. 2 S. 1). Denn § 92 Abs. 2 behält dem ausübenden Künstler auch das Recht zur Übertragung von Verwertungsrechten an den Filmhersteller vor. Weder diese translative Verfügung noch die bloße Einräumung von Nutzungsrechten unterliegen gem. § 92 Abs. 3 iVm. § 90 S. 1 im Filmbereich dem Rückrufsrecht wegen gewandelter Überzeugung. Wenn aber diese Ausnahme von der Rückrufsbefugnis translative Übertragungen erfasst, kann für das Rückrufsrecht im Allgemeinen nichts anderes gelten.

3. Abgrenzung zu anderen Vorschriften

17 a) **Namensnennungsverbot (§ 13 UrhG) und Änderungsrecht (§ 12 VerlG).** Gemäß § 42 Abs. 5 iVm. § 41 Abs. 7 bleiben Rechte und Ansprüche der Beteiligten nach anderen gesetzlichen Vorschriften unberührt. Als **Alternativen urheberpersönlichkeitsrechtlicher Natur** kommen sowohl das Namensnennungsverbot nach § 13 wie der Rechtsgedanke des § 12 VerlG (Änderungsrecht des Verfassers) in Frage (ebenso *Dreier/Schulze/Schulze*³ Rdnr. 32f.). In ähnlicher Weise wie bei dem Änderungsverbot nach § 14 (so. § 13 Rdnr. 10 und 15) kann der Urheber im Falle eines Überzeugungswandels auch die Geltendmachung des Namensnennungsverbots nach § 13 in Erwägung zu ziehen, zumal damit keine Entschädigungspflicht iSd. § 42 Abs. 3 verbunden wäre. Das Namensnennungsverbot auf der Grundlage des § 13 ist insb. dann sinnvoll, wenn noch keine Exemplare des betroffenen Werkes an die Öffentlichkeit gelangt sind. Ebenso kann der **ausübende Künstler** unter Berufung auf § 74 vorgehen.

18 In gewissen Fällen kann auch die **Ausübung des Änderungsrechts nach § 12 VerlG** ausreichen, um dem betreffenden, in Verlag gegebenen Werk den den Urheber desavouierenden Charakter zu nehmen, insb. wenn dies durch bloße Änderungen einzelner Stellen möglich ist. Jedenfalls bis zur Beendigung der Vervielfältigung darf der Urheber demnach Änderungen an dem Werke vornehmen, soweit durch sie nicht ein berechtigtes Interesse des Verlegers verletzt wird (s. allgemein *Schricker*, Verlagsrecht³, § 12 Rdnr. 1ff.). Ist Letzteres der Fall, bleibt dem Urheber nur der Weg über § 42 UrhG; allerdings wird die Interessenabwägung im Rahmen des § 12 VerlG im Falle nachgewiesenen Überzeugungswandels die Bedenken des Urhebers nur selten beiseite setzen können.

19 Im Gegensatz zur Entschädigungspflicht des Urhebers nach § 42 sieht § 12 Abs. 3 VerlG generell keine Ersatzpflicht, sondern nur **Kostenersatz für die das übliche Maß übersteigenden Änderungen** nach dem Beginn der Vervielfältigung vor. Selbst diese Ersatzpflicht entfällt aber, wenn Umstände, die inzwischen eingetreten sind, die Änderung rechtfertigen. Darin liegt eine mögliche Brücke nicht nur zu § 35 VerlG (Rücktrittsrecht des Verfassers wegen veränderter Umstände), sondern auch zum Rücktrittsrecht wegen gewandelter Überzeugung nach § 42 UrhG. Die die Änderung rechtfertigenden Umstände können nämlich auch im nachgewiesenen Überzeugungswandel des Urhebers liegen, und zwar insb. dann, wenn es sich im Sinne des § 12 Abs. 1 S. 2 VerlG um die Veranstaltung einer zeitlich möglicherweise weit entfernten neuen Auflage handelt. Mit *Schricker* (Verlagsrecht³ § 12 Rdnr. 4) ist jedenfalls davon auszugehen, dass das Änderungsrecht des Urhebers nach § 12 VerlG sich gegenüber der „Alles-oder-nichts-Regelung" des § 42 als die „glimpflichere", elastischere Lösung darstellt. Es vermag die Interessen des Urhebers zu wahren, ohne dass es zum Zusammenbruch des ganzen Vertragsverhältnisses kommt. Diese Überlegung spricht für eine allgemeine Anwendung dieses Regelungsmodells im gesamten Bereich des Urhebervertragsrechts (zust. *Kotthoff* in HK-UrhR² § 42 UrhG Rdnr. 17), jedenfalls soweit auch das Rückrufsrecht nach § 42 anzuwenden ist, also zB nicht nach Maßgabe der Ausnahmevorschrift des § 90 (bzgl. des sog. „droit de modification" rechtsvergleichend sa. *Dietz*, Droit moral, S. 83ff.).

b) Rücktrittsrecht des Verfassers (Urhebers) nach § 35 VerlG. Die Vorschrift über das 20
Unberührtbleiben von Rechten und Ansprüchen der Beteiligten nach anderen gesetzlichen Vorschriften (jetzt § 42 Abs. 5 iVm. § 41 Abs. 7) war von Anfang an (vgl. Begr. des RefE zu § 34) primär auf die weitere Anwendbarkeit des **§ 35 VerlG (Rücktrittsrecht des Verfassers** bis zum Beginn der Vervielfältigung wegen veränderter Umstände) gemünzt. Demnach steht dieses spezielle Rücktrittsrecht des Verfassers im Bereich des Verlagsgesetzes **neben** dem allgemein anwendbaren Rückrufsrecht nach § 42 (s. die Nachweise bei *Schricker*, Verlagsrecht³, § 35 Rdnr. 27 S. 623). Voraussetzungen und Rechtsfolgen der beiden Gestaltungsrechte sind jedoch unterschiedlich. Insb. ist der Rücktritt nach § 35 VerlG nur bis zum Beginn der Vervielfältigung, der Rückruf nach § 42 UrhG auch danach erlaubt. Auch stellt § 42 wegen seines persönlichkeitsrechtlichen Charakters allein auf den Überzeugungswandel des Urhebers ab, während § 35 VerlG auch den Eintritt nicht vorauszusehender äußerer Umstände genügen lässt (s. im Einzelnen *Schricker*, Verlagsrecht³, § 35 Rdnr. 27 S. 623 sowie *ders*. GRUR Int. 1983, 454 f.; *Leiss* § 35 Anm. 2).

Bei den **Rechtsfolgen** unterscheiden sich die beiden Vorschriften ua. darin, dass § 35 Abs. 2 21
S. 1 VerlG nur zum Aufwendungsersatz verpflichtet, während nach § 42 Abs. 3 S. 1 und 2 der Aufwendungsersatz als Mindestersatz im Rahmen der weitergehenden Verpflichtung zu angemessener Entschädigung vorgeschrieben ist. Weitere Unterschiede (s. *Schricker*, Verlagsrecht³, § 35 Rdnr. 27 S. 623 f.) bestehen in der besonderen Sicherung des Nutzungsrechtsinhabers beim Rückrufsrecht wegen gewandelter Überzeugung durch § 42 Abs. 3 S. 3 und 4 sowie bei den Bedingungen einer erneuten Verwertung des Werks (§ 35 Abs. 2 S. 2 VerlG einerseits und § 42 Abs. 4 UrhG andererseits). Wegen dieses Unterschieds der Rechtsfolgen ist eine kumulative Ausübung der beiden Gestaltungsrechte ausgeschlossen. Doch hat der Urheber (Verfasser), wenn die Voraussetzungen beider Vorschriften gegeben sind, die Wahl, nach welcher von ihnen er vorgehen will. Bei unspezifischer oder unklarer Erklärung des Urhebers ist im Zweifel anzunehmen, dass der Urheber das Recht mit den für ihn günstigeren Rechtsfolgen ausüben will (*Ulmer*³ § 110 III 2 a; *Schricker*, Verlagsrecht³, § 35 Rdnr. 27 S. 623).

c) Wegfall der Geschäftsgrundlage und Kündigung aus wichtigem Grund. Neben 22
den sich ergänzenden Vorschriften über das Rücktrittsrecht nach § 35 VerlG und das Rückrufsrecht nach § 42 UrhG kommen subsidiär (s. oben § 31 Rdnr. 46 ff.; s. ferner den zusammenfassenden Überblick bei *Schricker*, Verlagsrecht³, § 35 Rdnr. 28) auch noch die **Berufung auf den Wegfall der Geschäftsgrundlage (§ 313 BGB) und die Kündigung aus wichtigem Grund (§ 314 BGB)** in Frage. Dies gilt jedoch nur, wenn § 35 VerlG und/oder § 42 UrhG nicht anwendbar sind; selbst in diesem Falle dürfen die Berufung auf den Wegfall der Geschäftsgrundlage oder die Kündigung aus wichtigem Grund nicht eine Umgehung oder Übergehung der gesetzgeberischen Wertungen nach Maßgabe der einzelnen Voraussetzungen des Rückrufs- bzw. Rücktrittsrechts bedeuten (vgl. die Beispiele bei *Ulmer*³ § 110 IV sowie der Überblick über die Möglichkeiten der außerordentlichen Beendigung eines Urheberrechtsvertrages bei *v. Gamm* Einf. Rdnr. 73 ff.).

III. Einzelfragen

1. Nachgewiesener Überzeugungswandel und Unzumutbarkeit

a) Überzeugungswandel. Der in der amtlichen Überschrift des § 42 nach wie vor verwen- 23
dete Ausdruck „gewandelte Überzeugung" war ursprünglich (§ 34 Abs. 1 RefE) auch in der Regelung selbst verwendet, seit dem MinE jedoch durch die Voraussetzung, dass das **Werk des Urhebers „seiner Überzeugung nicht mehr entspricht"**, ersetzt worden. Ein sachlicher Unterschied ist damit kaum verbunden, so dass die in der Überschrift weiter verwendete Formel von der gewandelten Überzeugung durchaus aussagekräftig bleibt. Allenfalls ist davon auszugehen, dass das bloße Verwerfen einer früheren Überzeugung ausreicht, ohne dass diese durch eine „positive" neue Überzeugung ersetzt sein müsste. In der Regel muss jedoch ein Unterschied zwischen einer früheren und der jetzigen Überzeugung des Urhebers vorliegen und objektiv erkennbar und damit nachweisbar werden (*v. Gamm* Rdnr. 5; *Wandtke/Bullinger/Wandtke*³ Rdnr. 6 und 7; *Haberstumpf*² Rdnr. 238). Mit *Fromm/Nordemann/Nordemann*⁹ (Rdnr. 4; zu eng insoweit *v. Gamm* Rdnr. 5; für eine mittlere Linie *Schricker*, Verlagsrecht³, § 35 Rdnr. 27 S. 624) ist der Begriff der Überzeugung weit auszulegen (ebenso *Wandtke/Bullinger/Wandtke*³ Rdnr. 5; ähnlich *Möhring/Nicolini/Spautz*² Rdnr. 7); er erfasst nicht nur von vornherein „verbalisierbare" Überzeugungen, sondern auch in anderen als literarischen oder wissenschaftlichen Werken zum

Ausdruck kommende künstlerische oder ästhetische Auffassungen (zust. *Dreier/Schulze/Schulze*[3] Rdnr. 16; *Kotthoff* in HK-UrhR[2] § 42 UrhG Rdnr. 7). Der typische Bereich des Überzeugungswandels liegt freilich in den gewandelten politischen, wissenschaftlichen, religiösen oder ideologischen Auffassungen (ausführlich dazu *Leiss* § 35 Anm. 27 ff.; vgl. auch *Rehbinder*[15] Rdnr. 588; *Homann*[2], Praxishandbuch Filmrecht, S. 127: krasser Gegensatz zum aktuellen Schaffen; missverständlich *Müller* S. 198, da es sich nicht nur um „künstlerische" Auffassungen handelt; zum Beamtenverhältnis *Leuze* S. 102 f.). Bei **ausübenden Künstlern** wird es hingegen typischerweise auf veränderte künstlerische Einstellungen zur Art und Weise sowie zur Qualität einer Darbietung ankommen, weil politisch-gesellschaftliche Überzeugungen in der Regel im allenfalls urheberrechtlich geschützten Text zum Ausdruck kommen, der Überzeugungswandel sich aber gem. §§ 79 Abs. 2 S. 2, 42 auf die Interpretationsleistung als solche beziehen muss (nicht überzeugend daher das Fallbeispiel bei *Wandtke/Bullinger/Büscher*[3], § 79 UrhG Rdnr. 20: Rockband möchte Weiterverwertung alter Aufnahmen untersagen, die rechtsradikale *Texte* enthalten).

24 Angesichts der weitgehenden Sicherung des Nutzungsrechtsinhabers vor Missbrauch durch den Urheber (angemessene Entschädigung; Bindung der Wirksamkeit an Aufwendungsersatz oder Sicherheitsleistung; Wiederanbietungspflicht) ist eine **kleinliche Handhabung** beim Nachweis des Überzeugungswandels **unangebracht** (aA offenbar *Homann*[2], Praxishandbuch Filmrecht, S. 127); in der Regel genügt die mit Tatsachen belegte Darlegung des Widerspruchs zwischen der jetzigen und der früheren Überzeugung (vgl. *Dreier/Schulze/Schulze*[3] Rdnr. 17; vgl. auch den Hinweis auf die verfassungsmäßige Verankerung des Rückrufsrechts wegen gewandelter Überzeugung in Art. 2 Abs. 1 GG bei *Hirsch*, Fs. für Nipperdey, 1965, S. 351/362 f.). Im Übrigen ist der nachgewiesene Überzeugungswandel allein noch nicht ausreichend. Hinzu kommt als sachliche Voraussetzung die durch den Überzeugungswandel ausgelöste Unzumutbarkeit der weiteren Verwertung des Werkes.

25 **b) Unzumutbarkeit der weiteren Verwertung des Werkes.** Die Anwendung des Begriffs der Zumutbarkeit bzw. Unzumutbarkeit einer weiteren Verwertung des Werkes im Hinblick auf den Überzeugungswandel des Urhebers impliziert auch beim Rückrufsrecht wegen gewandelter Überzeugung eine Interessenabwägung, wie sie für das UPR insgesamt typisch ist (s. allgemein vor §§ 12 ff. Rdnr. 28; § 13 Rdnr. 24; sowie insb. § 14 Rdnr. 28 ff.; wie hier – aus der Sicht des Schaffens angestellter Urheber – *Schacht* S. 193 ff.). Dabei sollte aus rechtspolitischer Sicht (so. Rdnr. 2) auch die Höhe der angemessenen Entschädigung iSd. Billigkeitsmaßstabs (so die ursprüngliche Regelung im RefE; so. Rdnr. 6) von der Interessenabwägung abhängig gemacht werden (so andeutungsweise bereits de lege lata *Möhring/Nicolini/Spautz*[2] Rdnr. 16; *Dreier/Schulze/Schulze*[3] Rdnr. 18). Im Rahmen der Zumutbarkeitsprüfung und der damit verbundenen Interessenabwägung ist dabei primär auf die Art des Überzeugungswandels abzustellen. Bei ausformulierten, von jedermann nachvollziehbaren, eindeutigen Auffassungen und Überzeugungen aus dem Bereich von Wissenschaft und Religion, Politik und Ideologie wird im Falle ihrer Änderung die Unzumutbarkeitsschwelle eher erreicht werden als bei nur durch Interpretation erschließbaren, durch formale, stilistische und ästhetische Kriterien nachzuweisenden Auffassungsänderungen, insbesondere im Bereich von Belletristik, Musik und bildender Kunst (vgl. auch *Möhring/Nicolini/Spautz*[2] Rdnr. 7 f.: Wandel der Kunstrichtung begründet regelmäßig noch keine Unzumutbarkeit; ebenso *Fromm/Nordemann/Nordemann/J. B. Nordemann*[10] Rdnr. 10; vgl. auch *Wandtke/Bullinger/Wandtke*[3] Rdnr. 7 f.).

26 Besondere Brisanz kann das Rückrufsrecht wegen gewandelter Überzeugung im Bereich der Sprachwerke erlangen. Bei **wissenschaftlichen Werken** steht der Erkenntnisfortschritt, der ein Werk überholt erscheinen lässt, im Vordergrund (vgl. AmtlBegr. BTDrucks. IV/270 S. 61); im **politischen und weltanschaulichen Bereich** kann der Urheber - insbesondere bei Regimewechseln wie etwa 1918/1919, 1933, 1945 und 1989 in Deutschland – geltend machen, dass die Gefahr der „Vereinnahmung" für Positionen im politischen und weltanschaulichen Meinungskampf besteht, für die er nicht mehr einstehen will. Freilich kann er die zulässige Nutzung des betreffenden Werkes auf der Grundlage in der Öffentlichkeit vorhandener Exemplare im Rahmen der Urheberrechtsschranken, etwa im Bereich des Zitatrechts (§ 51), nicht verhindern (so. Rdnr. 15). Doch kann sich der Urheber in diesen Fällen uU. auch mit anderen als urheberrechtlichen Mitteln (zB Gegendarstellungsanspruch oder Leserbriefe) wehren. Im Übrigen legen der Vergleich mit dem insoweit voraussetzungslos gewährten Rückrufsrecht in Frankreich (s. jedoch oben Rdnr. 1, 3; *Ulmer*[3] § 87 III 1) sowie der Umstand, dass der Urheber mit § 42 lediglich die künftige Verwertung des Werkes in seiner konkreten Form, nicht aber den öffentlichen Diskurs über den Inhalt dieses Werkes und den zwischenzeitlichen Überzeugungswandel ver-

hindern kann, auch hier nahe, die Anforderungen an die Unzumutbarkeit der weiteren Werkverwertung – ebenso wie beim Nachweis des Überzeugungswandels – nicht zu überspannen. Jedoch wird man bei der erforderlichen Interessenabwägung das historische Interesse von Fachwelt und Öffentlichkeit am Nachweis der ggf. mit starken Brüchen erfolgten intellektuellen oder künstlerischen Entwicklung bestimmter Urheber nicht von vornherein außer Betracht lassen können (aA Voraufl./*Dietz* § 42 Rdnr. 26; *Leiss* § 35 Anm. 33; wie hier in der Tendenz *Möhring/Nicolini/Spautz*² Rdnr. 8; *Fromm/Nordemann/Nordemann*⁹ Rdnr. 6).

2. Die Einschränkung des Rückrufsrechts im Falle der Geltendmachung durch den Rechtsnachfolger

Der **Rechtsnachfolger (Erbe) des Urhebers** kann den Rückruf gem. Abs. 1 S. 2 nur erklären, wenn er nachweist (zur Frage des Nachweises vgl. *Clément* S. 98), dass der Urheber vor seinem Tode wegen Vorliegens eines objektiv nachweisbaren Überzeugungswandels und wegen der daraus folgenden Unzumutbarkeit der Weiterverwertung des Werkes zum Rückruf berechtigt gewesen wäre und dass der Urheber entweder an der Erklärung des Rückrufs gehindert war oder diese letztwillig verfügt hat (eingehend dazu *Möhring/Nicolini/Spautz*² Rdnr. 9 ff.). In der Vorschrift kommt der allgemeine Grundsatz zum Ausdruck, dass der Erbe das Urheberrecht nach Maßgabe der Interessen des verstorbenen Urhebers auszuüben hat (so. Vor §§ 12 ff. Rdnr. 30). Im Übrigen sind die Überzeugungen des Urhebers mit seinem Tode endgültig festgelegt, so dass ein Überzeugungswandel während der Schutzfrist post mortem auctoris schon tatbestandsmäßig nicht mehr eintreten kann. Die Überzeugung des Rechtsnachfolgers bleibt außer Betracht. 27

3. Unzulässigkeit von Vorausverzicht und Ausschluss der Ausübung

Die **Unzulässigkeit des Vorausverzichts** sowie des Ausschlusses der Ausübung des Rückrufsrechts gemäß Abs. 2 stellt für einen Teilbereich des UPR einen gesetzgeberischen Beleg für dessen Unübertragbarkeit und Unverzichtbarkeit in seinem Kernbestand dar (so. vor §§ 12 ff. Rdnr. 26). In beiden Fällen geht es darum, dass die Geltendmachung des Rückrufsrechts wegen gewandelter Überzeugung vorab und in pauschaler Weise vertraglich ausgeschlossen wird. Während eine derartige Vereinbarung gem. § 134 BGB iVm. § 42 Abs. 2 nichtig ist, kann der Urheber nach Entstehen des Rückrufsrechts in einem konkreten Fall auf die Geltendmachung wirksam verzichten (vgl. *Möhring/Nicolini/Spautz*² Rdnr. 14 ff. und *Wandtke/Bullinger/Wandtke*³ Rdnr. 10; vgl. auch *Osenberg* S. 85 f.). Mit *v. Gamm* (Rdnr. 3; ebenso *Dreier/Schulze/Schulze*³ Rdnr. 22) ist ferner die Möglichkeit einer Verwirkung des Rückrufsrechts wegen gewandelter Überzeugung grundsätzlich anzunehmen, insb. im Falle länger dauernder Nichtausübung des Rückrufsrechts trotz bestehender sachlicher Voraussetzungen. In diesem Fall wird es aber ohnehin an der Unzumutbarkeit der Weiterverwertung des Werkes fehlen (vgl. auch Rdnr. 25). Dies schließt ein Wiederaufleben des Rückrufsrechts auf der Grundlage eines neuerlichen Überzeugungswandels nicht aus (so für den Fall eines vorangegangenen wirksamen Verzichts auf ein bereits entstandenes Rückrufsrecht *Möhring/Nicolini/Spautz*² Rdnr. 14; ähnlich *Kotthoff* in HK-UrhR² § 42 UrhG Rdnr. 10). 28

4. Die Pflicht des Urhebers zur Entschädigung des Nutzungsrechtsinhabers

Gemäß der Regelung in Abs. 3 ist eine **angemessene Entschädigung des Nutzungsrechtsinhabers** durch den Urheber teils Wirksamkeitsvoraussetzung des Rückrufs selbst, teils Rechtsfolge der wirksamen Ausübung des Rückrufsrechts (wegen der Ablehnung einer analogen Anwendung der Entschädigungspflicht auf den Fall des Widerrufs einer Einwilligung zur Verbreitung eines Bildnisses vgl. AG Berlin-Charlottenburg GRUR-RR 2002, 187). Anders als beim Rückrufsrecht wegen Nichtausübung (§ 41 Abs. 6) ist der Urheber beim Rückrufsrecht wegen gewandelter Überzeugung nicht nur zu einer billigen, sondern zu einer angemessenen Entschädigung des Nutzungsrechtsinhabers verpflichtet. Dies bedeutet Ausgleich (aber nicht vollen Ausgleich; ebenso *Möhring/Nicolini/Spautz*² Rdnr. 16; *Wandtke/Bullinger/Wandtke*³ Rdnr. 11; *Dreier/Schulze/Schulze*³ Rdnr. 23: Ausgleich für nutzlos gewordene Aufwendungen; su. Rdnr. 30) der Vermögenseinbußen iSd. Schadensersatzrechts (*Schricker*, Verlagsrecht³, § 35 Rdnr. 27 S. 626; *Leiss* § 35 Anm. 36; *v. Gamm* Rdnr. 9; *Fromm/Nordemann/J. B. Nordemann*¹⁰ Rdnr. 23). 29

Mindestentschädigung und gleichzeitig Wirksamkeitsvoraussetzung des Rückrufs im Regelfalle ist gem. Abs. 3 S. 2 und 3 die Deckung der Aufwendungen, die der Inhaber des Nutzungsrechts bis zur Erklärung des Rückrufs gemacht hat. Als Wirksamkeitsvoraussetzung kommen alternativ zum Aufwendungsersatz auch Sicherheitsleistung (entsprechend §§ 232 ff. BGB) durch den Urheber oder – gemäß Abs. 3 S. 4 – der erfolglose Ablauf der Dreimonatsfrist zur Mitteilung über die Aufwendungen durch den Nutzungsrechtsinhaber in Frage. In den beiden Alternativfällen ist die Entschädigungspflicht in vollem Umfang nicht mehr Voraussetzung, sondern Rechtsfolge der wirksamen Ausübung des Rückrufsrechts; ansonsten gilt dies nur für den über den Aufwendungsersatz hinausgehenden Teil der angemessenen Entschädigung (im Regelfall in Form eines angemessenen Gewinns).

30   Bei der **Feststellung des Aufwendungsersatzes** bleiben die Aufwendungen, die auf bereits gezogene Nutzungen entfallen, außer Betracht (Abs. 3 S. 2 Hs. 2). Beim Aufwendungsersatz handelt es sich um alle baren Auslagen, die der Verwerter im Zusammenhang mit der Ausübung seines Rechts gehabt hat, also im Verlagswesen vor allem Druck- und Werbungskosten, im Filmwesen (soweit überhaupt relevant; so. Rdnr. 14) die gesamten Herstellungs- und Verleihkosten, bei den Bühnen die Kosten der Inszenierung und Werbung. Allgemeine Verwaltungskosten (Fixkosten) bleiben, soweit nur schätzbar, außer Ansatz. Wegen der Nichtberücksichtigung von Aufwendungen im Zusammenhang mit bereits gezogenen Nutzungen bleiben die Kosten früherer, bereits abgeschlossener Verwertungsvorgänge (vergriffene Auflagen, ausgewertete Filmkopien, abgeschlossene Aufführungsserien) ebenfalls außer Betracht, selbst wenn der Verwerter dabei Verluste erlitten hat (ähnlich *Möhring/Nicolini/Spautz*[2] Rdnr. 17; zu allgemein *v. Gamm* Rdnr. 9). Bei laufenden Auswertungsvorgängen (laufenden Ausgaben, nicht abgeschlossenen Aufführungsserien usw.) muss, auch im Interesse einer raschen Feststellung der Aufwendungen im Hinblick auf die Regelung in Abs. 3 S. 4, die Mindestentschädigung iSd. Aufwendungsersatzes durch eine einfache Verrechnung aller Aufwendungen mit allen Erträgnissen aus dem laufenden Auswertungsvorgang festgelegt werden. Ergänzend zu dem so festgestellten Aufwendungsersatz als Mindestentschädigung kommt nach Maßgabe des 252 BGB noch ein Zuschlag für den entgangenen Gewinn hinzu (vgl. im Einzelnen *Fromm/Nordemann/J. B. Nordemann*[10] Rdnr. 22; *Kotthoff* in HK-UrhG[2] § 42 UrhG Rdnr. 13; ebenso *Homann*[2], Praxishandbuch Filmrecht, S. 128). Ein voller Wertausgleich iSd. Ermöglichung eines gleichwertigen Objekts (so aber *v. Gamm* Rdnr. 9; zurückhaltender *Möhring/Nicolini/Spautz*[2] Rdnr. 16) kann nicht verlangt werden, weil Angemessenheit der Entschädigung eine gewisse Relativierung und deshalb auch im Hinblick auf die hier nicht sinnvoll zu stellende Frage des Verschuldens (*Schricker*, Verlagsrecht[3], § 35 Rdnr. 27 S. 626) nicht Schadenersatz in vollem Umfang bedeutet.

31   Gem. Abs. 3 S. 4 entfällt der Aufwendungsersatz (bzw. die Sicherheitsleistung) als Wirksamkeitsvoraussetzung dann, wenn der Inhaber des Nutzungsrechts binnen einer Frist von drei Monaten nach Erklärung des Rückrufs seiner **Pflicht zur Mitteilung der Aufwendungen an den Urheber** nicht nachgekommen ist. Dadurch soll das Hinauszögern des Wirksamwerdens des Rückrufs durch den Inhaber des Nutzungsrechts verhindert werden (so Begr. des RegE S. 61). Einer besonderen Aufforderung durch den Urheber und Fristsetzung für die Mitteilung der Aufwendungen bedarf es nicht (vgl. *Samson* S. 148; *Möhring/Nicolini/Spautz*[2] Rdnr. 19). Der Rückruf wird in diesem Fall also drei Monate nach seiner Erklärung iSd. Ausübung eines Gestaltungsrechts (dh. nach Zugang der einseitigen empfangsbedürftigen, aber formlos gültigen Willenserklärung; vgl. *Schricker*, Verlagsrecht[3], § 32 Rdnr. 9, § 35 Rdnr. 27) automatisch wirksam, wenn der Inhaber des Nutzungsrechts seine Aufwendungen bis dahin nicht mitgeteilt hat. Die Verpflichtung des Urhebers zur angemessenen Entschädigung auf der Basis des Aufwendungsersatzes als Mindestentschädigung bleibt davon unberührt. Nur ist in diesem Fall die geschuldete Entschädigung Rechtsfolge des ausgeübten Rückrufs (so. Rdnr. 29).

32   Schon die Entschädigungspflicht des Urhebers selbst bedeutet eine **beträchtliche Erschwerung** der Ausübung des Rückrufsrechts wegen gewandelter Überzeugung; sie ist grundsätzlich gerechtfertigt im Hinblick darauf, dass der Überzeugungswandel überwiegend, wenn auch angesichts der ständigen politischen und gesellschaftlichen Entwicklung oft nicht allein, im Risikobereich des Urhebers liegt (zu eng *Möhring/Nicolini/Spautz*[2] Rdnr. 16; vgl. AmtlBegr. BTDrucks. IV/270 S. 61). Die einschneidende Regelung über die Abhängigkeit des Wirksamwerdens des Rückrufs vom Ersatz der Aufwendungen oder der Sicherheitsleistung gem. Abs. 3 S. 3 jedenfalls im Falle rechtzeitiger Mitteilung der Aufwendungen durch den Inhaber des Nutzungsrechts hätte eine nähere Regelung über die Ausgestaltung des Aufwendungsersatzes iS einer Rechnungslegung erfordert (für eine Rechnungslegungspflicht schon de lege lata *Fromm/Nordemann/J. B. Nordemann*[10] Rdnr. 25; *Samson* S. 148). Die Möglichkeit der Zahlung unter Vorbehalt oder der Sicherheitsleistung (so die Handlungsempfehlung von *Dreier/Schulze/Schulze*[3] Rdnr. 25) ist nur ein schwacher Ersatz. Die weitgehend fehlende Rechtsprechung (sa. oben Rdnr. 3 und 13)

und Praxis zum Rückrufsrecht wegen gewandelter Überzeugung belegen wohl die geringe Praktikabilität dieser von zu großer Furcht vor Missbrauch durch den Urheber diktierten Regelung (vgl. auch *Haberstumpf*[2] Rdnr. 235).

5. Das Abwicklungsverhältnis nach Ausübung des Rückrufs

Wichtigste Rechtsfolge der Ausübung des Rückrufsrechts neben der Entschädigungspflicht 33 des Urhebers ist gem. § 42 Abs. 5 iVm. § 41 Abs. 5 das **Erlöschen des Nutzungsrechts ex nunc** iSd. Heimfalls und der Vereinigung mit dem in der Hand des Urhebers verbliebenen Mutter-Urheberrecht (vgl. *Schricker*, Verlagsrecht[3], § 35 Rdnr. 27 S. 625; *Hirsch*, Fs. für Nipperdey, 1965, S. 351/353; *v. Gamm* Rdnr. 7; *Haberstumpf*[2] Rdnr. 233; vgl. auch *Möhring/Nicolini/Spautz*[2] Rdnr. 5). Die Beendigung des schuldrechtlichen Vertrags, zu der das Gesetz selbst keine Regelung trifft, ist ebenfalls iS einer ex nunc-Wirkung zu deuten (ebenso *Haberstumpf*[2] Rdnr. 233; differenzierend *Schricker*, Verlagsrecht[3], § 35 Rdnr. 27 iVm. § 32 Rdnr. 9). Der Rückruf translativ übertragener Verwertungsrechte des ausübenden Künstlers gem. §§ 79 Abs. 2 S. 2, 42 (siehe dazu oben Rdnr. 16 a) führt ebenfalls dazu, dass die exklusive Nutzungsberechtigung des bisherigen Inhabers erlischt und ab diesem Zeitpunkt allein der ausübende Künstler befugt ist, über die Nutzung der Darbietung zu entscheiden.

Bezüglich der **Hauptleistungen** findet, abgesehen vom automatischen „Heimfall" des Nutzungsrechts, **keine Rückgewähr** statt. Vielmehr tritt an die Stelle der bisherigen Vertragspflichten die Entschädigungspflicht des Urhebers einerseits und die Pflicht zur Unterlassung weiterer Verwertungshandlungen durch den Verleger andererseits. Anders als im Spezialfall des § 46 Abs. 5 iVm. § 136 Abs. 1 und 2 (so. Rdnr. 15) kommt ein weiterer Vertrieb noch vorrätiger Exemplare im Hinblick auf den inneren Sinn des Rückrufsrechts wegen gewandelter Überzeugung nicht in Frage. Zugleich ist der Urheber auch nicht zur Rückzahlung empfangenen Honorars verpflichtet, weil dieses als Rechnungsposten ohnehin in die Verpflichtung zum Aufwendungsersatz eingeht. Auch noch ausstehende Honoraransprüche, soweit sie sich auf abgeschlossene Verwertungsvorgänge beziehen, bleiben bestehen bzw. sind mit dem Aufwendungsersatz zu verrechnen (gegen die Verpflichtung zur Rückgewähr der empfangenen Leistungen ebenso *v. Gamm* § 41 Rdnr. 14, und zwar trotz seiner Annahme einer rückwirkenden Auflösung des Verpflichtungsgeschäfts im Falle des § 41). 33a

Als Nebenpflicht des Nutzungsrechtsinhabers im Rahmen des Abwicklungsverhältnisses 34 kommt die Rückgabe des der Nutzung zugrunde gelegten Werkexemplars (zB Manuskript) in Frage. Auch die **Anbietungspflicht des Urhebers** zu angemessenen Bedingungen gem. Abs. 4 im Falle seiner Absicht zur Wiederverwertung des Werkes nach Ausübung des Rückrufs ist im Rahmen des Abwicklungsverhältnisses als Nebenpflicht des Urhebers bzw. als „Rest der früheren Bindung" zu deuten (*Ulmer*[3] § 87 III 3; ebenso *Wandtke/Bullinger/Wandtke*[3] Rdnr. 14); gleichzeitig stellt sie eine zusätzliche Sicherung gegen Missbrauch des Rückrufsrechts durch den Urheber dar (vgl. *Möhring/Nicolini/Spautz*[2] Rdnr. 21; *Rehbinder*[15] Rdnr. 589; zur Frage der Angemessenheit der Bedingungen im späteren Zeitpunkt vgl. *Kotthoff* in HK-UrhG[2] § 42 UrhG Rdnr. 14). Die Anbietungspflicht hat den Charakter einer gesetzlichen Option (*v. Gamm* Rdnr. 10). Ihre Verletzung macht gem. § 280 BGB schadensersatzpflichtig (*Fromm/Nordemann/J. B. Nordemann*[10] Rdnr. 27; *Möhring/Nicolini/Spautz*[2] Rdnr. 21). Im Hinblick auf die lange Dauer des Urheberrechtsschutzes und die Tatsache, dass die Ausübung des Rückrufsrechts in der Regel nur zu Lebzeiten des Urhebers erfolgen kann (so. Rdnr. 27), wäre de lege ferenda eine zeitliche Befristung der Wiederanbietungspflicht (zB 10 Jahre) angebracht; der Inhaber des Nutzungsrechts war wegen des ihm für die zukünftigen Nutzungen entgangenen Gewinns ohnehin bereits angemessen zu entschädigen (zust. *Fromm/Nordemann/Nordemann*[9] Rdnr. 10; *Wandtke/Bullinger/Wandtke*[3] Rdnr. 14).

6. Zeitlicher Anwendungsbereich

Gem. § 132 Abs. 1 S. 1 ist § 42 auch auf vor Inkrafttreten des UrhG abgeschlossene **Urheberrechtsverträge** anzuwenden. Die Regelung des § 79 Abs. 2 S. 2, wonach das Rückrufsrecht wegen gewandelter Überzeugung für **Verwertungsverträge ausübender Künstler** entsprechend anzuwenden ist, ist am 13. 9. 2003 in Kraft getreten (unten § 79 Rdnr. 1 ff.). Für eine Rückwirkung dieser Regelung auf Altverträge, die vor dem 13. 9. 2003 abgeschlossen wurden, spricht, dass § 42 ebenfalls auf urheberrechtliche Nutzungsverträge anzuwenden ist, die vor dem 1. 1. 1966 abgeschlossen wurden. Eine Übertragung dieses Gedankens auf Künstlerverträge scheitert aber an § 132 Abs. 1 S. 2 UrhG, der ebenfalls im Gesetz zur Regelung des Urheber- 35 rechts in der Informationsgesellschaft v. 10. 9. 2003 enthalten war und im Kontext der Vorschrift besagt, dass § 43 auch für Arbeits- und Dienstverträge ausübender Künstler gilt, die vor dem 1. 1. 1966 geschlossen worden sind (siehe unten § 132 Rdnr. 5). Da der Gesetzgeber mit dieser Vorschrift den Verweis auf das Urhebervertragsrecht gem. § 79 Abs. 2 S. 2 in den Übergangsbestimmungen berücksichtigt hat, eine ohnehin ausnahmsweise Rückwirkung aber nur für die §§ 79 Abs. 2 S. 2, 43 anordnete, verbleibt es e contrario im Übrigen – also auch im Hinblick auf das Rückrufsrecht wegen gewandelter Überzeugung – dabei, dass nur seit dem 13. 9. 2003 abgeschlossene Verträge den entsprechend anwendbaren Vorschriften des Urhebervertragsrechts unterliegen (zu Ansprüchen auf angemessene Vergütung siehe die gesonderte Überleitungsbestimmung in § 132 Abs. 3, 4).

§ 42a Zwangslizenz zur Herstellung von Tonträgern

(1) ¹Ist einem Hersteller von Tonträgern ein Nutzungsrecht an einem Werk der Musik eingeräumt worden mit dem Inhalt, das Werk zu gewerblichen Zwecken auf Tonträger zu übertragen und diese zu vervielfältigen und zu verbreiten, so ist der Urheber verpflichtet, jedem anderen Hersteller von Tonträgern, der im Geltungsbereich dieses Gesetzes seine Hauptniederlassung oder seinen Wohnsitz hat, nach Erscheinen des Werkes gleichfalls ein Nutzungsrecht mit diesem Inhalt zu angemessenen Bedingungen einzuräumen; dies gilt nicht, wenn das bezeichnete Nutzungsrecht erlaubterweise von einer Verwertungsgesellschaft wahrgenommen wird oder wenn das Werk der Überzeugung des Urhebers nicht mehr entspricht, ihm deshalb die Verwertung des Werkes nicht mehr zugemutet werden kann und er ein etwa bestehendes Nutzungsrecht aus diesem Grunde zurückgerufen hat. ²Der Urheber ist nicht verpflichtet, die Benutzung des Werkes zur Herstellung eines Filmes zu gestatten.

(2) Gegenüber einem Hersteller von Tonträgern, der weder seine Hauptniederlassung noch seinen Wohnsitz im Geltungsbereich dieses Gesetzes hat, besteht die Verpflichtung nach Absatz 1, soweit in dem Staat, in dem er seine Hauptniederlassung oder seinen Wohnsitz hat, den Herstellern von Tonträgern, die ihre Hauptniederlassung oder ihren Wohnsitz im Geltungsbereich dieses Gesetzes haben, nach einer Bekanntmachung des Bundesministers der Justiz im Bundesgesetzblatt ein entsprechendes Recht gewährt wird.

(3) Das nach den vorstehenden Bestimmungen einzuräumende Nutzungsrecht wirkt nur im Geltungsbereich dieses Gesetzes und für die Ausfuhr nach Staaten, in denen das Werk keinen Schutz gegen die Übertragung auf Tonträger genießt.

(4) Hat der Urheber einem anderen das ausschließliche Nutzungsrecht eingeräumt mit dem Inhalt, das Werk zu gewerblichen Zwecken auf Tonträger zu übertragen und diese zu vervielfältigen und zu verbreiten, so gelten die vorstehenden Bestimmungen mit der Maßgabe, daß der Inhaber des ausschließlichen Nutzungsrechts zur Einräumung des in Absatz 1 bezeichneten Nutzungsrechts verpflichtet ist.

(5) Auf ein Sprachwerk, das als Text mit einem Werk der Musik verbunden ist, sind die vorstehenden Bestimmungen entsprechend anzuwenden, wenn einem Hersteller von Tonträgern ein Nutzungsrecht eingeräumt worden ist mit dem Inhalt, das Sprachwerk in Verbindung mit dem Werk der Musik auf Tonträger zu übertragen und diese zu vervielfältigen und zu verbreiten.

(6) ¹Für Klagen, durch die ein Anspruch auf Einräumung des Nutzungsrechts geltend gemacht wird, sind, sofern der Urheber oder im Falle des Absatzes 4 der Inhaber des ausschließlichen Nutzungsrechts im Geltungsbereich dieses Gesetzes keinen allgemeinen Gerichtsstand hat, die Gerichte zuständig, in deren Bezirk das Patentamt seinen Sitz hat. ²Einstweilige Verfügungen können erlassen werden, auch wenn die in den §§ 935 und 940 der Zivilprozeßordnung bezeichneten Voraussetzungen nicht zutreffen.

(7) Die vorstehenden Bestimmungen sind nicht anzuwenden, wenn das in Absatz 1 bezeichnete Nutzungsrecht lediglich zur Herstellung eines Filmes eingeräumt worden ist.

Schrifttum: *Block*, Die Lizenzierung von Urheberrechten für die Herstellung und den Vertrieb von Tonträgern im Europäischen Binnenmarkt, 1997; *Liholm*, GEMA and IFPI, EIPR 2002, 112; *Melichar*, Zwangslizenzen zur Herstellung von Tonträgern, Neue Musikzeitung 2002/09 S. 14; *Rickert*, Der Schutz des Musikurhebers bei Coverversionen, 2003; *Uchtenhagen*, Haben die Zwangslizenzen im Urheberrecht ausgedient? Fs. für Kreile, 1994, 779.

I. Allgemeines

1. Diese Bestimmung sieht **zugunsten von Tonträgerherstellern** für das ausschließliche Vervielfältigungsrecht (§ 16 Abs. 1), einschließlich des Rechts zur Übertragung auf Tonträger (§ 16 Abs. 2) und das Verbreitungsrecht (§ 17 Abs. 1) eine **Zwangslizenz** vor. Damit soll die Möglichkeit der Monopolstellung eines einzelnen Schallplattenherstellers unterbunden werden. Zu Recht ging der Gesetzgeber davon aus, dass ein solches Monopol nicht nur aus wirtschaftlichen, sondern vor allem auch aus kulturellen Gründen unerwünscht wäre, „da dadurch zum Schaden der Allgemeinheit und des Urhebers das Erscheinen des Werkes in verschiedenen miteinander wetteifernden Interpretationen unterbunden werden könnte" (Schriftl. Bericht des Rechtsausschusses, UFITA 46 [1966] 174/193). Diese Bestimmung ist daher nicht **nur** kartellrechtlicher Natur (so aber *v. Gamm* Rdnr. 2). Der Gesetzgeber lief mit der Einführung dieser Zwangslizenz allerdings offene Türen ein, da von Anfang an das Recht zur sog. **mechanischen Vervielfältigung** durch Verwertungsgesellschaften wahrgenommen wurde. Dies geschah zunächst von der 1909 gegründeten Anstalt für mechanisch-musikalische Rechte (AMMRE), später durch die GEMA (*Schulze*, Urheberrecht in der Musik, 5. Aufl. 1981, S. 48); zeitweilig wurden die mechanischen Rechte auch durch die internationale Vereinigung von Verwertungsgesellschaften BIEM (hierzu su. Rdnr. 2) wahrgenommen, was jedoch wegen kartellrechtlicher Bedenken wieder aufgegeben wurde (vgl. BKartA v. 15. 7. 1963, WuW 1963, 1036 – WuW/E 704). Jedenfalls war durch die kollektive Verwaltung der mechanischen Rechte eine Monopolbildung durch einzelne Schallplattenproduzenten von Anbeginn an ausgeschlossen (vgl. *Marwitz/Möhring* LUG § 22 Anm. 1). Die Zwangslizenz hat deshalb in der Praxis bisher kaum Bedeutung erlangt (*Ulmer*³ § 76 II 2). Der Umfang dieser Gesetzesbestimmung ist – solange die mechanischen Rechte von einer Verwertungsgesellschaft verwaltet werden – umgekehrt proportional zu ihrer praktischen Bedeutung.

2. Die Einschränkung des Vervielfältigungs- und Verbreitungsrechts beruht auf der Ermächtigung von **Art. 13 RBÜ** (vgl. *Dietz*, Urheberrecht in der Europ. Gemeinschaft, Rdnr. 217 ff.). Wie in Deutschland (so Rdnr. 1) werden die sog. mechanischen Rechte weltweit üblicherweise durch Verwertungsgesellschaften verwaltet, die sich international zum Bureau International des Sociétés gérant les droits d'enregistrement et de reproduction méchanique (BIEM) zusammengeschlossen haben (Einzelheiten in *WIPO* [Hrsg.], Collective Administration of Copyright and Neighbouring Rights, 1990, S. 20 ff.; *Melichar* in Loewenheim, Handbuch des Urheberrechts, § 45 Rdnr. 24). Vorschläge auf internationaler und nationaler Ebene, diese Zwangslizenz gänzlich zu streichen (vgl. *Dreier* in *Schricker* [Hrsg.], Urheberrecht auf dem Weg zur Informationsgesellschaft, 1997, S. 145, 173), wurden bisher nicht realisiert (su. Rdnr. 3a). Gerade heute wäre die Aufhebung der Zwangslizenz kulturpolitisch höchst bedenklich, beherrschen doch einige wenige, global agierende Konzerne – die Verlag und Schallplattenproduktion in sich vereinigen – den internationalen Schallplattenmarkt. Für sie wäre es – gäbe es die Zwangslizenz nicht mehr – ein leichtes, den Verwertungsgesellschaften die sog. mechanischen Rechte zu entziehen und damit ihre „Hits" zu monopolisieren. Weltweit gefragte Schlager würden dann nur noch in einer Version, von einem Interpreten aufgenommen, existieren. Solcher Verarmung der Kulturlandschaft beugt die Zwangslizenz zu Recht vor (ebenso *Möhring/Nicolini/Gass* § 61 aF Rdnr. 9).

3. Die ursprünglich als § 61 platzierte Vorschrift wurde im Wesentlichen unverändert aus den **§§ 22, 22 b und 22 c LUG** übernommen. Referenten- und Regierungsentwurf zum UrhG 1965 hatten allerdings anstelle der bisherigen Zwangslizenz zugunsten der Schallplattenhersteller eine gesetzliche Lizenz vorgesehen; der Gesetzgeber folgte dagegen dem Vorschlag des Rechtsausschusses, die gesetzliche Lizenz in eine Zwangslizenz „abzuschwächen", wobei insbesondere auf die Möglichkeit des Erlasses einer einstweiligen Verfügung hingewiesen wurde (die allerdings auch schon nach § 22 c LUG gegeben war).

4. In den Verhandlungen zu den WIPO-Verträgen von 1996 wurde die **Abschaffung** der Zulässigkeit von Zwangslizenzen für die Herstellung von Tonträgern (wie sie Art. 13 RBÜ gestatten) vorgeschlagen, dann aber aus guten Gründen verworfen (*Reinbothe/von Lewinski*, The WIPO Treaties 1996, Chapter 3 Rdnr. 3 und 8). Trotzdem war im Zuge der Diskussion um die sog. 5. Urheberrechtsnovelle sowohl im „Diskussionsentwurf" von 1999 als auch im „Referentenentwurf" von 2002 die ersatzlose Streichung der – bis dahin in § 61 stehenden – Zwangslizenz zur Herstellung von Tonträgern vorgeschlagen worden. Maßgeblich für diesen Vorschlag waren ua. auch Bedenken, diese Zwangslizenz sei als „Ausnahme" vom ausschließlichen Vervielfältigungs- und Verbreitungsrecht nicht durch den Katalog der zulässigen Ausnahmen in Art. 5 Abs. 3 der Multimedia Richtlinie gedeckt (Begr. z. RefE UFITA 2004/I, 143/170). Zu Recht hat der Gesetzgeber dann aber betont, dass die Beibehaltung der bisher in § 61 enthaltenen Zwangslizenz „aus kartellrechtlicher wie kulturpolitischer Hinsicht" geboten ist (AmtlBegr. UFITA 2004/I, 187/217). Zugleich hat der Gesetzgeber aber auch richtig erkannt, dass eine Zwangslizenz keine „Ausnahme oder Schranke" der Ausschließlichkeitsrechte iS von Art. 5 Abs. 1 bis 3 der Richtlinie ist, weil sie – anders als etwa eine gesetzliche Lizenz – nicht selbst in das Ausschließlichkeitsrecht eingreift, sondern „ausschließlich Teilfragen bezüglich dessen Ausübung" regelt (AmtlBegr. aaO; ebenso *Rehbinder*[15] Rdnr. 434; aA *Fromm/Nordemann/Schaefer/J. B. Nordemann*[10] Rdnr. 4). Der „richtigen systematischen Zuordnung" wegen hat der Gesetzgeber im Gesetz zum Urheberrecht in der Informationsgesellschaft beschlossen, die bisher in § 61 im Abschnitt „Schranken" enthaltene Regelung unter vollständiger Beibehaltung des Wortlautes in den 5. Abschnitt als § 42a vorzuziehen. Da Zwangslizenzen – ähnlich wie zB erweiterte kollektive Lizenzen, von denen der Richtliniengeber selbst ausgeht, dass sie durch die Richtlinie nicht berührt werden (Erwägungsgrund 18 der Multimedia-Richtlinie) – keine Ausnahmen oder Beschränkungen iS von Art. 5 der Multimedia-Richtlinie sind, ist die Regelung europarechtskonform (ebenso *Dreier/Schulze* § 42a Rdnr. 2; *Wandtke/Bullinger* § 42a Rdnr. 1f.; *Poeppel*, Die Neuordnung der urheberrechtlichen Schranken im digitalen Umfeld, S. 36f.; ebenso *Walter*, österreichisches Urheberrecht, S. 639 Rdnr. 1415; aA *Wandtke/Bullinger/Schäfer* § 85 Rdnr. 7; *Dreyer* in HK-UrhR, § 42a Rdnr. 4f.).

II. Einzelerläuterungen

1. Voraussetzungen für die Zwangslizenz

5 **a)** Gegenstand der Zwangslizenz können nur **Werke der Musik** (Abs. 1 S. 1) und Sprachwerke, soweit sie als Text mit einem Werk der Musik verbunden sind (Abs. 5), sein. Die Freigabe im Rahmen der Zwangslizenz bezieht sich somit auf **alle** Werke der Musik iS von § 2 Abs. 1 Nr. 2 (s. § 2 Rdnr. 82 ff.) einschließlich der Bearbeitungen gemäß § 3. Sprachwerke iS von § 2 Abs. 1 Nr. 1 sind nur insoweit freigegeben, als sie sich mit der Musik zu einer Werkverbindung iS von § 9 vereinen (*v. Gamm* § 61 aF Rdnr. 4). Somit fallen auch Lieder, Opern, Operetten, Musicals, Musikdramen uÄ unter die Ausnahmebestimmung (vgl. zB *Voigtländer/Elster/Kleine* LUG[4] § 22 Anm. 2 c). Dabei ist unerheblich, ob der Text für die Musik erst geschaffen, oder ob ein vorbestehender Text (zB ein Gedicht) später vertont wurde (ebenso *Wandtke/Bullinger* § 42a Rdnr. 6) Stets aber bezieht sich die Zwangslizenz nur auf den Text in Verbindung mit der Musik; der Text allein ist nicht der Zwangslizenz unterworfen. Nicht der Zwangslizenz unterliegen lockere Werkverbindungen, in denen die Musik lediglich untermalende Funktion hat (*v. Gamm* § 61 aF Rdnr. 4); die Zwangslizenz kommt nur zur Anwendung, wenn der Schwerpunkt des Werkcharakters auf dem Musikwerk liegt (*Ulmer*[3] § 76 III 1). Deshalb gilt bei Bühnenwerken mit Musikeinlagen nur für Letztere die Zwangslizenz, nicht für das gesamte Bühnenwerk (*v. Gamm* Rdnr. 4; *Möhring/Nicolini/Gass* § 61 aF Rdnr. 16; *Ulmer*[3] § 76 III 1). Soweit es sich um Musikwerke im vorgenannten Sinne handelt, findet die Zwangslizenz auch für die Schutzrechte nach §§ 70f. Anwendung.

6 Die Zwangslizenz greift nur für **erschienene Werke** iS von § 6 Abs. 2 ein. Dabei ist unerheblich, ob das Werk nur in Form von Noten, nur in Form von Tonträgern oder mittels beider Medien erschienen ist (*Allfeld* LUG[2] § 22 Anm. 4 unter Bezugnahme auf die Gesetzesbegründung; *v. Gamm* § 61 aF Rdnr. 5). Unerheblich ist auch, ob das Werk im In- oder Ausland erschienen ist (*Allfeld* LUG[2] § 22 Anm. 4; *Möhring/Nicolini/Gass* § 61 aF Rdnr. 23).

7 Die Zwangslizenz umfasst nur das **Urheberrecht** (und gegebenenfalls das Leistungsschutzrecht nach §§ 70f.) am Werk; keinesfalls rechtfertigt die Zwangslizenz die Benutzung der fremden Tonträger selbst oder Eingriffe in fremde Leistungsschutzrechte (*Dreier/Schulze* Rdnr. 5). Konsequenterweise war in den Verweisungen von § 84 aF und § 85 Abs. 3 aF § 61 aF ausdrücklich ausgenommen. Für ausübende Künstler gab es in § 79 aF keine Verweisungen, so dass § 61a aF automatisch für sie nicht zur Anwendung kam. Durch die nun in § 79 Abs. 2 aufgenommene Verweisung auf „die §§ 32 bis 43" wäre dem Wortlaut nach die Zwangslizenz von § 42a plötzlich auch auf ausübende Künstler entsprechend anzuwenden. Eine solche Konsequenz war zu keinem Zeitpunkt im Gespräch und würde die gesamte Konstruktion der Zwangslizenz auf den Kopf stellen – sie soll ja gerade dazu dienen, verschiedene Interpretationen zu ermöglichen. Das Ergebnis kann nur sein, dass die Zwangslizenz auch zukünftig die Leistung ausübender Künstler

nicht erfasst, es sich insoweit in § 79 Abs. 3 nF um ein Redaktionsversehen handelt (ebenso *Dreier/Schulze* Rdnr. 5; *Möhring/Nicolini/Büscher* § 79 Rdnr. 17).

b) Die Zwangslizenz kann erst geltend gemacht werden, wenn bereits ein **Vertrag mit einem anderen Hersteller von Tonträgern** besteht (Abs. 1 S. 1). Tonträgerhersteller im Sinne dieser Bestimmung ist jeder, der Tonträger – gleich welcher Art – entweder selbst herstellt oder sie herstellen lässt, um sie im eigenen Namen zu verbreiten, wobei als Herstellen selbstverständlich nicht die Erzeugung des Rohstoffes (zB des CD-Rohlings) zu verstehen ist, sondern die Vervielfältigung des **bespielten** Tonträgers iSd. § 85 (*Fromm/Nordemann/Schaefer/J. B. Nordemann*[10] Rdnr. 10). Tonträgerhersteller in diesem Sinne können zB Schallplattenproduzenten und Rundfunkanstalten sein, nicht aber der Verleger, „weil in diesem Fall noch kein Hersteller eine Monopolstellung erlangt hat" (AmtlBegr. UFITA 45 [1965] 240/294). Eine Zwangslizenz scheidet daher auch aus, wenn der Urheber selbst sein Werk auf Tonträger vervielfältigt und verbreitet (*Marwitz/Möhring* LUG § 22 Anm. 3; *Möhring/Nicolini/Gass* § 61a aF Rdnr. 19). Nach einem treffenden Vergleich von *Runge* (S. 205) ist ähnlich dem Vorkaufsrecht gem. § 504 BGB Voraussetzung für eine Zwangslizenz, dass die Vereinbarung mit dem anderen Tonträgerhersteller **wirksam** zustande gekommen ist. Ob sie vom Urheber selbst oder einem Dritten (zB dem Verlag) vereinbart wurde, ist – wie sich schon aus dem passivischen Wortlaut des Gesetzes ergibt – unerheblich. 8

2. Inhalt der Zwangslizenz ist die Verpflichtung zur Einräumung weiterer (nicht ausschließlicher) Nutzungsrechte. Zum Wesen der Zwangslizenz s. vor §§ 44a ff. Rdnr. 29. Insb. ist zu beachten, dass eine Werknutzung ohne Vereinbarung oder ohne entsprechende gerichtliche Entscheidung (Abs. 6) – auch wenn die Voraussetzungen für den Abschluss einer Zwangslizenz vorliegen – eine Urheberrechtsverletzung darstellt (BGH NJW 1998, 1393 f. – Coverversion; OLG Dresden ZUM 2003, 490/482 f.). 9

a) Nach dem Wortlaut des Gesetzes ist **„der Urheber"** zu dieser Nutzungseinräumung verpflichtet. Es können dies Musik-, Textautor und Bearbeiter sein; soweit es sich um Werkverbindungen handelt, wird es sich in der Regel um mehrere Urheber in Form einer Gesellschaft des bürgerlichen Rechts handeln. Hat der Urheber die vorgenannten Nutzungsrechte einem Dritten **ausschließlich** eingeräumt, so ist auch dieser zum Abschluss der Zwangslizenz verpflichtet (Abs. 4). Oft wird dies für den Verleger zutreffen (*Ulmer*[3] § 76 III 3); Voraussetzung hierfür ist allerdings, dass dem Verleger das ausschließliche Recht im Verlagsvertrag zweifelsfrei eingeräumt ist, da ansonsten die Vermutung nach § 37 Abs. 2 Platz greift. 10

b) Gegenstand der Zwangslizenz sind die Nutzungsrechte zur Übertragung, Vervielfältigung und Verbreitung auf Tonträgern. Ein zur Zwangslizenz Berechtigter kann nur sämtliche drei genannten Rechte gemeinsam erwerben (*Möhring/Nicolini* Anm. 10 b). Die Zwangslizenz bezieht sich nur auf **Ton**träger, dh. insbes. CDs, Schallplatten und Audiokassetten. Die gewählte Technik spielt keine Rolle, weshalb auch DVDs hierunterfallen, soferne sie als bloße Tonträger genutzt werden. Nicht von der Zwangslizenz erfasst sind kombinierte Bild-Ton-Träger, auch wenn dabei Bild- und Tonträger körperlich getrennt sind, sofern sie nur zu gemeinsamen Auswertung bestimmt sind. Ebenso wenig werden Multimedia-Erzeugnisse oder digitale Offline-Produkte erfasst (*Dreier* aaO [Rdnr. 2] S. 173; *Dreier/Schulze* Rdnr. 6). 11

c) Anspruch auf eine Zwangslizenz haben nur **Hersteller von Tonträgern.** Zum technischen Begriff so. Rdnr. 7. Voraussetzung ist nicht, dass der die Zwangslizenz Begehrende bereits als Tonträgerhersteller gewerbsmäßig in Erscheinung getreten ist, es genügt die erklärte Absicht, Tonträger (zukünftig) gewerbsmäßig nutzen zu wollen. 12

Nach Abs. 2 soll die Privilegierung des § 42a nur für solche Tonträgerhersteller gelten, die ihre **Hauptniederlassung** (§§ 13–13c HGB, 17 ZPO) oder ihren **Wohnsitz** (§ 7 BGB) im Geltungsbereich dieses Gesetzes haben. Nach Art. 12 EG-Vertrag ist diese Regelung jetzt freilich auch auf Tonträgerhersteller auszudehnen, die ihren Sitz in einem anderen Mitgliedstaat der EU oder des EWR haben (vgl. die notwendige Gleichstellung in § 126 Abs. 1 S. 3 und neuerdings § 127a Abs. 2). Sonstige Tonträgerhersteller haben die Rechte aus § 42a nur, soweit mit dem Staat, in dem Hauptniederlassung oder Wohnsitz liegen, **Gegenseitigkeit** besteht **und** dies vom Bundesminister der Justiz im **Bundesgesetzblatt** entsprechend bekannt gemacht ist (Abs. 2). Die Gegenseitigkeit allein steht noch nicht aus, die Verkündung im Bundesgesetzblatt muss als weitere Voraussetzung hinzutreten (*Möhring/Nicolini/Gass* § 61 aF Rdnr. 43). Bislang gibt es keine entsprechende Bekanntmachung des Bundesjustizministeriums. 13

§ 42a Zwangslizenz zur Herstellung von Tonträgern

14   d) Das Nutzungsrecht mit dem vorgenannten Inhalt ist zu **angemessenen Bedingungen** einzuräumen. Einigen sich die Parteien nicht über die Höhe der angemessenen Vergütung, so ist sie gegebenenfalls vom Gericht – eventuell unter Hinzuziehung von Sachverständigen – festzusetzen. Maßstab für die Höhe der Vergütung kann zum einen die für die erste Erlaubnis vereinbarte Vergütung sein (*Voigtländer/Elster/Kleine*[4] § 22 LUG Anm. 2h; *Fromm/Nordemann/Schaefer/ J. B. Nordemann*[10] Rdnr. 21); zum anderen kann diese auch im Vergleich mit den von Verwertungsgesellschaften für entsprechende Nutzungen aufgestellten Tarifen ermittelt werden, wobei freilich Gesamtvertragsrabatte uÄ außer Ansatz bleiben müssen (*Fromm/Nordemann*[9] § 61 aF Rdnr. 5). Für die Fälligkeit kann § 23 VerlG entsprechend angewendet werden (*Allfeld* LUG[2] § 22 Anm. 8 unter Hinweis auf den Kommissionsbericht zum LUG).

15   3. Der Zwangslizenznehmer hat das **Urheberpersönlichkeitsrecht** zu wahren. Dies ergibt sich zum einen durch die Verlegung der Zwangslizenz Aus dem 6. Abschnitt unmittelbar aus §§ 13 und 39. Zum anderen hat der Gesetzgeber durch Einfügung von S. 2 in Abs. 1 im Rahmen des 2. Korbes „klargestellt", dass § 63 entsprechend anzuwenden ist (Amtl.Begr.z.RegE, abgedruckt bei *Hucko*, 2.Korb, S. 96).

Ein Recht zur – genehmigungslosen – Änderung des Werkes gibt es nur in den engen Grenzen von § 39 Abs. 2.

In der Praxis werden freilich gerade bei der Schlagermusik diese engen **Grenzen der Bearbeitungsfreiheit** oft überschritten. So ist es beispielsweise unzulässig, ohne vorherige Zustimmung (Genehmigung) von einem Vokal-Schlager eine Instrumentalversion, in der anstelle der Singstimme ein Instrument die Melodie übernimmt, zu fertigen. Auch „rüde Kürzungen", zB in Potpourris, sind ohne Genehmigung unzulässig (vgl. *Moser* GEMA-Nachr. 1963 Nr. 58 S. 23). Nur unwesentlich veränderte Arrangements wird man auch ohne Genehmigung zulassen können, wenn der Kern des Werkes dadurch nicht verändert wird; solche unwesentlichen Änderungen im Arrangement kann man noch als zulässige bloße Interpretationen hinnehmen. In diesem Sinn ist wohl auch die kryptische Äußerung des Gesetzgebers zu verstehen, wonach „im Wege der Auslegung ... auch die Änderung der Tonart oder Stimmlage im Rahmen des § 39 berücksichtigt werden" kann (Amtl.Begr.z.RegE, abgedruckt bei *Hucko*, 2.Korb, S. 96). Ähnliches kann auch – jedenfalls im Bereich der Unterhaltungs- und Tanzmusik – für übliche Kürzungen gelten (vgl. *Staudt* in *Kreile u.a.*, Recht und Praxis der GEMA, Kap. 10, Rdnr. 157). Weitergehende Eingriffe in die musikalische Substanz allerdings sind – trotz gegenteiliger Usancen – unzulässig (vgl. *Rickert*, 169f.). Das LG München I bezeichnet es allerdings als „Tatsache, dass das Urheberrecht die Erstellung einer Coverversion (selbes Lied, andere Interpreten) grundsätzlich zulässt" und hält es im Hinblick auf den Profit, den der Urheber von der Coverversion erzielt, als „gerechtfertigt, Coverversionen nicht nur als gesetzlich zulässige, sondern sogar gewollte Nutzungen von Werken anzusehen" (LG München ZUM-RD 2002 14/16). Die vorgenannten Grundsätze zur Beachtung des Urheberpersönlichkeitsrechts gelten im Übrigen nicht nur für die Zwangslizenz, sondern auch für den – üblichen – Fall, in dem die Lizenzen durch Verwertungsgesellschaften vergeben werden (vgl. „Normalvertrag" der GEMA für die phonographische Industrie von 1975, Art. III; BIEM Standardvertrag 1975 Art. III; *Rossbach* in Loewenheim, Handbuch des Urheberrechts, § 69 Rdnr. 59).

16   4. Die **räumliche Wirkung der Zwangslizenz** beschränkt sich gemäß Abs. 3 auf das Inland. Ausfuhren sind in solche Staaten zulässig, in denen das Werk (zB wegen Ablaufs der urheberrechtlichen Schutzfrist) keinen Schutz des mechanischen Rechts genießt oder das Recht von dem Verbreitenden erworben wurde. Entsprechend dem Wortlaut von Abs. 3 gilt diese territoriale Beschränkung sowohl für inländische wie (gem. Abs. 2) für ausländische Tonträgerhersteller (*Möhring/Nicolini/Gass* § 61 aF Rdnr. 45). Diese Regelung ist mit dem Postulat des freien Warenverkehrs im EG-Vertrag vereinbar: da es sich um eine echte Zwangslizenz handelt, kommen die von der EuGH-Rechtsprechung entwickelten Regeln der **Gemeinschaftserschöpfung** nicht zur Anwendung (*Gaster* wbl 2/1997, 48/49f.; *Block* S. 131 ff.; *Walter*, Österreichisches Urheberrecht, S. 639 Rdnr. 1415).

17   5. In den folgenden Fällen scheidet eine Zwangslizenz – auch bei Vorliegen der sonstigen Voraussetzungen – aus:

a) Gemäß Abs. 1 S. 1 Halbs. 2 gilt die Zwangslizenzregelung nicht, wenn die betreffenden Nutzungsrechte von einer **Verwertungsgesellschaft** wahrgenommen werden. Im Hinblick auf den Abschlusszwang nach § 11 WahrnG bedarf es in diesen Fällen keiner besonderen Zwangslizenz. Wie bereits dargelegt (Rdnr. 1), ist es die Regel, dass inländische Autoren ihre sog. mechanischen Rechte über die GEMA wahrnehmen lassen und ausländische Autoren über ihre nationalen Verwertungsgesellschaften durch Gegenseitigkeitsverträge im Inland ebenfalls durch die GEMA. Anders als Art. II § 11 des BIEM Standardvertrages enthalten die GEMA Normalverträge für die phonographische Industrie – wohl wegen kartellrechtlicher Bedenken – keine sog. Meistbegünstigungsklausel (zu Einzelheiten der Lizenzierung von Tonträgernutzungen durch die GEMA s. *Nicklas/Wolf* in *Kreile* u. a. Recht und Praxis der GEMA, Kap.15 Rdnr. 68 ff.). Auch der Gesetzgeber hat erkannt, dass infolge der Wahrnehmung des mechanischen Rechts durch Verwertungsgesellschaften „die Zwangslizenz kaum praktische Bedeutung" haben wird (Schriftl. Bericht des Rechtsausschusses, UFITA 46 [1966] 174/193).

b) Gemäß Abs. 1 S. 1 Halbs. 2 ist der Urheber nicht verpflichtet, eine Zwangslizenz einzuräumen, wenn das betreffende Werk nicht mehr seiner Überzeugung entspricht und er deshalb von seinem **Rückrufsrecht** nach § 42 Gebrauch gemacht hat. Wie beim insoweit wörtlich übereinstimmenden § 46 Abs. 5 ist auch hier Voraussetzung, dass der Urheber zu dem Zeitpunkt, zu dem der Wunsch nach einer Zwangslizenz herangetragen wird, die Rückrufserklärung gemäß § 42 Abs. 1 bereits **abgegeben hat;** eine spätere Rückrufserklärung rechtfertigt die Verweigerung der Zwangslizenz nicht (vgl. § 46 Rdnr. 26). Als Adressat der Rückrufserklärung kommt hier in erster Linie derjenige in Betracht, bei dem das Werk erschienen ist, in zweiter Linie der Tonträgerhersteller, der das Werk erstmals vervielfältigt und verbreitet hat. **18**

c) Die Zwangslizenz umfasst nicht das Recht zur **Herstellung eines Filmes** (entsprechend der Überschrift zu §§ 88 ff. sind unter Film sowohl Filmwerke wie Laufbilder zu verstehen). Diese Ausklammerung bezieht sich zum einen auf das betreffende Werk selbst: Sind Vervielfältigungs- und Verbreitungsrechte nur zur Herstellung eines Filmes, also für Bild- **und** Tonträger (und nicht auch für Tonträger allein) eingeräumt, so scheidet dieses Werk als Gegenstand einer Zwangslizenz aus (Abs. 7). Zum anderen ist das Recht zur Herstellung eines Filmes nicht Gegenstand der Zwangslizenz (Abs. 1 S. 2); Gegenstand der Zwangslizenz ist stets nur das mechanische Recht für **Ton**träger. **19**

6. Im Hinblick auf die geringe praktische Bedeutung der Zwangslizenz wären auch die **prozessualen Bestimmungen** in Abs. 6 von wenig Relevanz. Allerdings soll in analoger Anwendung von Abs. 6 S. 2 auch im Falle einer Lizenzverweigerung seitens der GEMA die Verfahrensart der einstweiligen Verfügung in Betracht kommen, sofern dem Nutzungsinteressenten durch die Lizenzverweigerung schwere finanzielle Nachteile drohen (OLG München GRUR 1994, 118/119 in Übereinstimmung mit der Vorinstanz LG München I *Schulze* LGZ 215). **20**

Für **einstweilige Verfügungen** gilt gem. Abs. 6 S. 2 die Vermutung der Dringlichkeit (vgl. die identische Regelung in § 25 S. 1 UWG). Diese Regelung begegnet hier allerdings erheblichen Bedenken, da das summarische Verfahren nicht geeignet ist, die „angemessenen Bedingungen" der Zwangslizenz, insbesondere den inhaltlichen Umfang der Rechteeinräumung, zu regeln (*v. Gamm* Rdnr. 8 aE). Die Interessen des Urhebers gebieten, dass einstweilige Verfügungen, mit denen eine Zwangslizenz eingeräumt wird, gem. § 921 Abs. 2 S. 2 ZPO nur gegen Sicherheitsleistung auszusprechen sind (*Allfeld* LUG[2] § 22 c Anm. 2; *Marwitz/Möhring* LUG § 22 c Anm. 2; *Dreier/Schulze* Rdnr. 21).

Die **Zuständigkeit** richtet sich nach den allgemeinen Regeln (§§ 38 ff. ZPO; 105 UrhG). Für einstweilige Verfügungen bedeutet dies, dass gem. § 919 ZPO das Gericht am Ort des Zwangslizenzberechtigten zuständig ist (*Fromm/Nordemann/Schaefer/J. B. Nordemann*[10] Rdnr. 25). Lediglich für Klagen (oder Anträge auf einstweilige Verfügung) gegen ausländische Urheber oder ausschließlich Nutzungsberechtigte, die im Inland keinen allgemeinen Gerichtsstand haben, gilt Abs. 6 S. 1; danach sind zuständig das LG München I und das AG München. **21**

§ 43 Urheber in Arbeits- oder Dienstverhältnissen

Die Vorschriften dieses Unterabschnitts sind auch anzuwenden, wenn der Urheber das Werk in Erfüllung seiner Verpflichtungen aus einem Arbeits- oder Dienstverhältnis geschaffen hat, soweit sich aus dem Inhalt oder dem Wesen des Arbeits- oder Dienstverhältnisses nichts anderes ergibt.

Schrifttum: *Amtmann,* Das Urheberrecht des „unselbständigen Urhebers" insbesondere des wissenschaftlichen Assistenten, Diss. Tübingen 1960; *Barthel,* Die Arbeitnehmerurheberrechte in Filmwerken in Arbeitsverträgen, Tarifverträgen und Betriebsvereinbarungen, Diss., Frankfurt/M, 2002; *Bayreuther,* Zum Verhältnis zwischen Arbeits-, Urheber- und Arbeitnehmererfindungsrecht – Unter besonderer Berücksichtigung der Sondervergütungsansprüche des angestellten Softwareerstellers, GRUR 2003, 570 ff.; *Berger,* Das neue Urhebervertragsrecht, 2003; *ders.* Zum Anspruch auf angemessene Vergütung (§ 32 UrhG) und weitere Beteiligung (§ 32 a UrhG), ZUM 2003, 173 ff.;

§ 43

ders., Der Anspruch auf angemessene Vergütung gemäß § 32 UrhG: Konsequenzen für die Vertragsgestaltung ZUM 2003, 521 ff.; *ders.*, Grundfragen der „weiteren Beteiligung" des Urhebers nach § 32 a UrhG, GRUR 2003, 675 ff.; *Berger-Delhey*, Die Sondernummer, AfP 1988, 325; *Berger/Wündisch*, Urhebervertragsrecht, Baden-Baden; *Blatz*, Das Recht des Arbeitgebers an literarischen Arbeitsergebnissen, Diss. Köln 1967; *Bollack*, Die Rechtsstellung des Urhebers im Dienst- oder Arbeitsverhältnis, GRUR 1976, 74; *Buchner*, Die Vergütung für Sonderleistungen des Arbeitnehmers – ein Problem der Äquivalenz der im Arbeitsverhältnis zu erbringenden Leistungen, GRUR 1985, 1; *Bußmann*, Im Arbeits- und Dienstverhältnis geschaffene urheberrechtliche Werke, Fs. für Bappert, 1964, S. 13; *ders.*, Änderungen und Bearbeitung im Urheberrecht, Fs. für Ph. Möhring, 1965, S. 201; *Däubler*, Arbeitsrecht und Informationstechnologien, CR 2005, 767; *Dittrich*, Arbeitnehmer- und Urheberrecht, 1978; *Dietz*, Die Pläne der Bundesregierung zu einer gesetzlichen Regelung des Urhebervertragsrechts, ZUM 2001, 276 ff.; *Dressel*, Der angestellte Urheber – Kein Handlungsbedarf für den Gesetzgeber, GRUR 1989, 319; *Erdmann*, Urhebervertragsrecht im Meinungsstreit, GRUR 2002, 923 ff.; *Fahse*, Artikel 5 GG und das Urheberrecht der Architektur-Professoren, GRUR 1996, 331; *Frieling*, Forschungstransfer: Wem gehören universitäre Forschungsergebnisse?, GRUR 1987, 407; *Fuchs*, Der Arbeitnehmerurheber im System des § 43 UrhG, GRUR 2006, 561; *ders.*, Arbeitnehmer-Urhebervertragsrecht, UFITA-Schriftenreihe Bd. 234, 2005; *v. Gamm*, Die Urheberbenennung in Rechtsprechung und Praxis, NJW 1959, 318; *Gaul*, Wechselwirkung zwischen Urheberrecht und Arbeitsrecht, NJW 1961, 1509; *ders.*, Die Arbeitnehmererfindung im technischen, urheberrechtsfähigen und geschmacksmusterfähigen Bereich, RdA 1993, 90; *Geerlings*, Urheberrechtliche Konfliktlagen des Beamten im öffentlichen Dienst, Der öffentliche Dienst 2006, 195; *Gloy*, Das Urheberrecht des Angestellten unter besonderer Berücksichtigung der Rechtsverhältnisse bei Film- und Gruppenwerken, Diss. Hamburg 1962; *Grabig*, Die Bestimmung einer weiteren angemessenen Beteiligung in gemeinsamen Vergütungsregeln in Tarifverträgen nach § 32 a Abs. 4 UrhG, Diss. Berlin 2005; *Grobys/Foerstl*, Die Auswirkungen der Urheberrechtsreform auf Arbeitsverträge, NZA 2002, 1015 ff.; *Hertin*, Öffentlich-rechtliche Rundfunkanstalten und ihre Grenzen bei der Ausgestaltung von Urheberverträgen, UFITA 66 (1973) 95; *ders.*, Beteiligungsansprüche von Urhebern und Leistungsschutzberechtigten, FuR 1975, 303; *ders.*, Urhebervertragsnovelle 2002: Up-Date von Urheberrechtsverträgen, MMR 2003, 16 ff.; *Hauptmann*, Abhängige Beschäftigung und der urheberrechtliche Schutz des Arbeitsergebnisses, 1994; *Hesse*, Der Arbeitnehmerurheber, dargestellt am Beispiel der tarifvertraglichen Regelungen für Redakteure an Tageszeitungen und Zeitschriften, AfP 1987, 562; *Himmelmann*, Vergütungsrechtliche Ungleichbehandlung von Arbeitnehmer-Erfinder und Arbeitnehmer-Urheber, Diss. München 1997, UFITA-Schriftenreihe Bd. 158, 1998 und GRUR 1999, 897 ff.; *Hillig*, Zur Rechtsstellung des festangestellten Rundfunkredakteurs, FuR 6/1963, 9; *ders.*, Besondere Probleme des Urhebervertragsrechts im Fernsehen und Hörfunk, FuR 1974, 789; *ders.*, Urhebervertragsrecht des Fernsehens und des Hörfunks, UFITA 73 (1975) 107; *Hilty/Peukert*, Das neue deutsche Urhebervertragsrecht im internationalen Kontext, GRUR Int. 2002, 643 ff.; *Hock*, Das Namensnennungsrecht des Urhebers, 1993; *Honig*, Der angestellte Urheber, Diss. Erlangen-Nürnberg 1962; *Hoecht*, Urheberrechte im Arbeitsverhältnis, Duisburg 2006; *Hubmann*, Das Recht am Arbeitsergebnis, Fs. für Hueck, 1959, S. 43; *ders.*, Urhebervertragsrecht und Urheberschutz, UFITA 74 (1975) 1; *ders.*, Die Urheberrechtsklauseln in den Manteltarifverträgen für Redakteure an Zeitschriften und an Tageszeitungen, RdA 1987, 89; *Jacobs*, Das neue Urhebervertragsrecht, NJW 2002, 1905 ff.; *Kellerhals*, Urheberpersönlichkeitsrechte im Arbeitsverhältnis, München 2000; *Kraßer*, Urheberrechte in Arbeits-, Dienst- und Auftragsverhältnissen, Fs. für Schricker, 1995, S. 77; *Kraßer/Schricker*, Patent- und Urheberrecht an Hochschulen, 1988; *Kuhlmann*, Das Urheberrecht von Arbeitnehmern, DB 1955, 1089; *Kuckuk*, Die Vergütungsansprüche der Arbeitnehmerurheber im Spannungsfeld zwischen Arbeitsrecht und neuem Urheberrecht, 2005, Frankfurt aM ua; *Kunze*, Arbeitnehmererfinder- und Arbeitnehmerurheberrecht als Arbeitsrecht, RdA 1975, 43; *Larese*, Zum originären Rechtserwerb des Arbeitgebers am Werk des Arbeitnehmers nach französischem Urheberrecht, UFITA 74 (1975) 41; *Leuze*, Urheberrecht im Beamtenverhältnis, ZBR 1997, 37; ders. Urheberrechte der Beschäftigten im öffentlichen Dienst, öffentliche Verwaltung, Hochschulen, außeruniversitäre Forschungseinrichtungen, Schulen, 2003; *ders.*, Das Urheberrecht der wissenschaftlichen Mitarbeiter, GRUR 2006, 552; *Lippert*, Übertragbarkeit der Rechtsprechung des BGH zum Urheberrecht an Ausgrabungsunterlagen auf Krankenunterlagen?, NJW 1993, 769; *ders.*, Der Krankenhausarzt als Urheber, MedR 1994, 135; *Loos*, Das Urheberrecht des Arbeitnehmers an Computerprogrammen, Aachen, 2006; *Mathis*, Der Arbeitnehmer als Urheber, 1988; *v. Moltke*, Das Urheberrecht an den Werken der Wissenschaft, 1992; *Niepalla*, Statusklagen freier Mitarbeiter gegen Rundfunkanstalten, ZUM 1999, 353 ff.; *Müller-Höll*, Der Arbeitnehmerurheber in der Europäischen Gemeinschaft, Frankfurt aM 2005; *Nordemann*, das neue Urhebervertragsrecht, 2002; *v. Olenhusen*, Filmurheberrecht, Handbuch des Medienrechts, Teil 3, 1990; *ders.*, Das Urheber- und Leistungsschutzrecht der arbeitnehmerähnlichen Personen, GRUR 2002, 11 ff.; *ders.*, Medienarbeitsrecht für Hörfund und Fernsehen, 2004; *Opolony*, Schriftform bei befristeten Bühnenarbeitsverhältnissen, ZUM 2003, 358; *Pakuscher*, Arbeitgeber und Arbeitnehmer im Spiegel des Urheberrechts – Zur Problematik des § 43 UrhG –, Fs. für Gaedertz, 1992, S. 441; *Poll*, Der angestellte Urheber im deutschen und amerikanischen Recht, Diss. München 1972; *Poppendiek*, Vertragsverhältnisse Filmschaffender. Arbeitsrechtliche und urheberrechtliche Aspekte, Diss., München 2000; *Pütz*, Zum Anwendungsbereich des § 32 b UrhG: Internationales Urhebervertragsrecht bei angestellte Urheber, PRax 2005, 13; *Reber*, Die Beteiligung von Urhebern und ausübenden Künstlern an der Verwertung von Filmwerken in Deutschland und den USA, Diss., München, 1998; *ders.*, Die Redlichkeit der Vergütung (§ 32 UrhG) im Film- und Fernsehbereich, GRUR 2003, 393 ff.; *Recher*, Der Arbeitnehmer als Urheber und das Recht des Arbeitgebers am urheberrechtsschutzfähigen Arbeitsergebnis, 1975; *Rehbinder*, Das Arbeitsverhältnis im Spannungsfeld von Urheber- und Arbeitsrecht, RdA 1968, 309; *ders.*, Urheberrecht, 2002; *ders.*, Recht am Arbeitsergebnis und Urheberrecht, Fs. für Roeber, 1973, S. 481; *ders.*, Über die urheberrechtliche Nutzungsberechtigung der Zeitungsverlage am Arbeitsergebnis ihrer festangestellten Redakteure, AfP 1983, 305; *ders.*, Der Urheber als Arbeitnehmer, WiB 1994, 461; *Rieg*, Die Vergütungsrechte des in einem privaten Rundfunk angestellten Journalisten, GRUR 1994, 425; *Riepenhausen*, Die Bedeutung des Tarifvertrages über Urheber- und Leistungsschutzrechte in Gegenwart und Zukunft, RdA 1972, 232; *ders.*, Tarifvertragliche Regelung der Urheberrechte und verwandte Schutzrechte, insbesondere Leistungsschutzrechte im Arbeitsverhältnis, AR-Blattei (D), Urheberrechte II, II Tarifvertragsrecht; *Riesenhuber*, Die doppelte Vorausverfügung des Arbeitnehmer-Urhebers zu Gunsten der Verwertungsgesellschaft und Arbeitgeber, NZA 2004, 1363 ff.; *Röthlisberger*, Der journalistische Arbeitsvertrag, UFITA (2007) 795; *Roithmaier*, Das Recht des Arbeitgebers am kunstschutzfähigen Arbeitsergebnis nach geltendem und künftigem Recht, Diss. Köln 1962; *Rojahn*, Der Arbeitnehmerurheber in Presse, Funk und Fernsehen, 1978; *Rumphorst*, Der Urheber im Arbeits- und arbeitnehmerähnlichen Verhältnis, FuR 1974, 436; *Sack*, Münchener Handbuch Arbeitsrecht, Bd. 1, 1992, § 100 II; *Sahmer*, Der Arbeitnehmer im Spiegel des Urheberrechts und der verwandten Schutzrechte, UFITA 21 (1956) 34; *Samson*, Die urheberrechtliche Regelung in Dienst- und Tarifverträgen, Fs. für Roeber, 1973, S. 547; *Schacht,* Die Einschränkungen des Urheberpersönlichkeitsrechts im Arbeitsverhältnis, Diss. Kiel 2004 (7. Band der Schriften zum deutschen und internationalen Persönlichkeits- und Immaterialgüterrechts, Göttingen); *Schack,* Urheber- und Urhebervertragsrecht, 2001; *ders.,* Urhebervertragsrecht im Meinungsstreit, GRUR 2002, 853 ff.; *Schaub,* Arbeitsrechts-Handbuch, 10. Auflage, 1996; *Schmieder,* Die Rechtsstellung der Urheber und künstlerischen Werkmittler im privaten und öffentlichen Dienst, GRUR 1963, 297; *Scholz,* Die rechtliche Stellung des Computerprogramme erstellenden Arbeitnehmers nach Urheberrecht, Patentrecht und Arbeitnehmererfindungsrecht, 1989; *Schricker,* Das Recht des Hochschullehrers an seinen wissenschaftlichen Papieren, Fs. für W. Lorenz, 1991, S. 233; *ders.,* Zum Begriff der angemessenen Vergütung im Urheberrecht – 10% vom Umsatz als Maßstab?, GRUR 2002, 737 ff.; *ders.,* Zum neuen deutschen Urhebervertragsrecht, GRUR Int. 2002, 797 ff.; *Schwab,* Das Namensnennungsrecht des angestellten Werkschöpfers, NZA 1999, 1254; *ders.,* Das Urheberrecht des Arbeitnehmers, AR-Blattei SD 1630; *ders.,* Warum kein Arbeitnehmerurheberrecht? – Zur Unzulänglichkeit des § 43 UrhG –, AuR 1993, 129; *Seewald/Freudling,* Der Beamte als Urheber, NJW 1986, 2688; *Silberschmidt,* Das Urheberrecht des abhängigen Arbeitnehmers, LZ 1927, 707; *Spautz,* Urhebervertragsrecht der Künstler und Arbeitnehmer, RdA 1981, 219; *Spindler,* Europäisches Urheberrecht in der Informationsgesellschaft, GRUR 2000, 105 ff.; *Steidle,* Orchestermusiker in befristeten Arbeitsverhältnissen?, ZUM 2000, 457 ff.; *Stolz,* Der Ghostwriter im deutschen Recht, 1971; *Troidl,* Der Urheber im öffentlichen Dienst, BayVBl. 1972, 93; *Uhl,* Der beamtete Urheber, Diss. Bremen 1988; *Ullmann,* Das urheberrechtlich geschützte Arbeitsergebnis – Verwertungsrecht und Vergütungsrecht, GRUR 1987, 6; *Ulrici,* Vermögensrechtliche Grundfragen des Arbeitnehmer-Urheberrechts, Tübingen, 2008; *Vinck,* Die Rechtsstellung des Urhebers im Arbeits- und Dienstverhältnis, 1972; *ders.,* Der Urheber im Arbeits- und arbeitnehmerähnlichen Verhältnis, RdA 1975, 162; *ders.,* § 43 UrhG im Licht der neueren Rechtsprechung, FuR 1979, 65; *Vogel,* Der Arbeitnehmer als Urheber, NJW Spezial 2007, 177; *Voß,* Der Anspruch des Urhebers auf die angemessene Vergütung und die weitere angemessene Beteiligung, München 2005; *Wandtke,* Rechtsvergleichendes zum Urheberrecht der DDR und der BRD, UFITA 115 (1991) 23; *ders.,* Der Urheber im Arbeitsverhältnis, GRUR 1990, 843; *ders.,* Zum Vergütungsanspruch des Urhebers im Arbeitsverhältnis, GRUR 1992, 139; *ders.,* Reform des Arbeitnehmerurhebervertragsrechts, GRUR 1999, 390 ff.; *Wandtke/Haupt,* Die Rechte der Urheber und ausübenden Künstler im Arbeits- und Dienstverhältnis, 1993; *Wandtke/Holzapfel,* Ist § 31 IV UrhG noch zeitgemäß?, GRUR 2004, 284 ff.; *Wartinger,* Urheberrecht und Arbeitsverhältnis, Wien 2006; *Weber,* Die Pläne der Bundesregierung zu einer gesetzlichen Regelung des Urhebervertragsrechts, ZUM 2001, 311 ff.; *Westen,* Zur urheberrechtlichen Stellung des Wissenschaftlers im Arbeits- oder Dienstverhältnis nach deutschem Recht, JR 1967, 401; *Wimers/Rode,* Der angestellte Softwareprogrammierer und die neuen urheberrechtlichen Vergütungsansprüche, CR 2003, 399; *Zirkel,* Das neue Urhebervertragsrecht und der angestellte Urheber, WRP 2003, 59; *Zirkel,* Der angestellte Urheber und § 31 Abs. 4 UrhG, ZUM 2004, 626 ff.; *Zöllner,* Die Reichweite des Urheberrechts im Arbeitsverhältnis untypischer Urheber, Fs. für Hubmann, 1985, S. 523.

Übersicht

	Rdnr.
I. Allgemeines	1–9
1. Rechtsentwicklung	1
2. Die Durchsetzung des Schöpferprinzips	2
3. Auslands- und internationales Recht	3, 4
4. Grundzüge des geltenden Rechts	5–7
5. Generalklausel	8
6. Urhebervertragsrecht	9
II. Arbeits- und Dienstverhältnisse	10–20
1. Begriff	10
2. Arbeitnehmer	11–14
3. Befristete Arbeitsverträge	15
4. Freie Mitarbeiter	16, 17
5. Arbeitnehmerähnliche Personen	18
6. Beamte	19, 20
III. In Arbeits- und Dienstverhältnissen geschaffene Werke	21–32
1. Verpflichtungen aus dem Arbeitsverhältnis	22–27
a) Kriterien zur Bestimmung der arbeitsvertraglichen Pflichten	22, 23
b) Besondere Abhängigkeitsverhältnisse	24
c) Arbeitsleistungen außerhalb der arbeitsvertraglichen Pflichten	25
d) Arbeitsleistungen vor Abschluss eines Arbeitsvertrages	26
e) Beweislast	27
2. Verpflichtungen aus dem Dienstverhältnis	28–32
a) Außerdienstliche Leistungen	29
b) Leistungen unter Verwertung dienstlicher Kenntnisse und Erfahrungen	30, 31
c) Amtliche Werke	32
IV. Allgemeines zu den Einschränkungen bei Arbeits- und Dienstverhältnissen	33–36
1. Inhalt und Wesen von Arbeits- und Dienstverhältnissen	33–35
2. Reichweite der Einschränkungen	36
V. Einräumung von Nutzungsrechten	37–55
1. Verpflichtung zur Nutzungseinräumung	37–39
2. Stillschweigende Nutzungseinräumung	40
3. Zeitpunkt der stillschweigenden Nutzungseinräumung	41–44
a) Übergabe des Werkes	41
b) Bei Aufnahme des Arbeits- oder Dienstverhältnisses	42–44
4. Verfügung über die Nutzungsrechte	45–47
5. Umfang der Nutzungseinräumung	48–55
a) Vertragliche Regelung	48–50

	Rdnr.
b) Stillschweigende Nutzungseinräumung	51–55 a
aa) Anwendung der Zweckübertragungslehre	51
bb) Begriff der betrieblichen Zwecke	52, 53
cc) Änderung oder Erweiterung des Betriebszweckes	54
dd) Rechtsprechung	55
ee) Noch nicht bekannte Nutzungsarten	55 a
VI. Übertragung der Nutzungsrechte an Dritte	56–63
1. Weiterübertragung der Nutzungsrechte durch den Arbeitgeber	56–58
a) Vertragliche Regelung	56
b) Stillschweigende Übertragung	57
c) Einzelfälle	58
2. Weiterübertragung der Nutzungsrechte durch den Arbeitnehmer oder Beamten	59–63
a) Beschränkung durch die arbeitsvertragliche Treuepflicht	59
b) Auslegung des § 38 UrhG	60
c) Beamtenverhältnis	61, 62
d) Hochschulangehörige	63
VII. Vergütungsansprüche für die Nutzungseinräumung	64–72
1. Vergütung durch den Arbeitslohn	64
2. Vergütungsansprüche für außerhalb des Betriebszweckes liegende Verwertungen der Nutzungsrechte	65, 66
3. Vergütungsansprüche für urheberrechtsschutzfähige Sonderleistungen	67–69
4. Vergütungsansprüche im Dienstverhältnis	70
5. Anwendung von § 36 UrhG	71–72
VIII. Urheberpersönlichkeitsrechte und ihre Einschränkung durch das Arbeits- oder Dienstverhältnis	73–99
1. Das Veröffentlichungsrecht	73–75
2. Anerkennung der Urheberschaft und das Recht der Namensnennung	76–82
a) Anerkennung der Urheberschaft	76–78
b) Recht der Namensnennung	79–82
aa) Einschränkungen im Arbeits- und Dienstverhältnis	79, 80
bb) Branchenübung	81
cc) Einzelfälle	82
3. Änderungs- und Entstellungsverbot	83–87
a) Anwendung im Arbeits- und Dienstverhältnis	83–85
b) Kriterien für die Änderungsbefugnis	86
c) Einzelne Branchenübungen	87
4. Rückrufsrecht	88–94
a) wegen Nichtausübung	88–91
b) wegen gewandelter Überzeugung	92–94
5. Zugang zum Werkstück	95–99
IX. Anbietungspflicht bezüglich außervertraglich geschaffener Werke des Arbeitnehmers	100–102
X. Einzelne arbeitsvertragliche Regelungen	103–146
1. Presse	103–114
a) Vertragsgestaltung der Zeitungsverlage	104–109
b) Vertragsgestaltung der Zeitschriftenverlage	110–114
2. Funk- und Fernsehen	115–121 a
3. Filmbereich	122–125
4. Lehre, Wissenschaft und Forschung	126–136

I. Allgemeines

1. Rechtsentwicklung

1 Im LUG und im KUG war das Recht des schöpferisch tätigen Arbeitnehmers oder Beamten nicht allgemein geregelt. In § 3 LUG und § 5 KUG wurde lediglich ein Sonderfall für Angehörige des öffentlichen Dienstes behandelt:

„Juristische Personen des öffentlichen Rechts, die als Herausgeber ein Werk veröffentlichen, dessen Verfasser nicht auf dem Titelblatt, in der Zueignung, in der Vorrede oder am Schluss genannt wird, werden, wenn nicht ein anderes vereinbart ist, als Urheber des Werkes angesehen."

In diesem gesetzlich geregelten Sonderfall erwarb der Dienstherr originär die Urheberrechte.

2. Die Durchsetzung des Schöpferprinzips

2 Bereits unter der Geltung des LUG und des KUG hatten **Rechtsprechung und Literatur** das **„Schöpferprinzip"** – das Urheberrecht entsteht stets nur in der Person des tatsächlichen Werkschöpfers – **auch für den Arbeitnehmer und Beamten anerkannt**. Arbeitnehmer und Beamte, die in Erfüllung ihrer arbeits- bzw. dienstrechtlichen Verpflichtungen urheberrechtsschutzfähige Werke schaffen, sind originäre Träger des Urheberrechts (RGZ 108, 44/45 – Lichtbilder von Bildhauerarbeiten; RGZ 110, 393/395 – Riviera; RGZ 124, 68/71 – Besteckmuster; RGZ 151, 50/51 – Babbit-Übersetzung; BGHZ 15, 338/346 – Indeta; BGHZ 19, 382/384 – Kirchenfenster; BGH GRUR 1952, 257/258 – Krankenhauskartei; BGH GRUR 1960, 199/200 – Tofifa; OLG Köln GRUR 1953, 499 – Kronprinzessin Cäcilie; BAG GRUR 1961, 491/492 – Nahverkehrschronik; *Amtmann* S. 32f.; *Gloy* S. 21; *Honig* S. 28f.; *Roithmaier* S. 69f.; *Elster*, Fs. 10 Jahre Arbeitsgericht, 1937, S. 78; *Hubmann,* Fs. für A. Hueck, S. 43; *Sahmer* UFITA 21 [1956] 35/36; *Silberschmidt* LZ 1927, 707; hinsichtlich der vorausgegangenen Auseinandersetzung in der Lehre um die Schöpfereigenschaft des Arbeitnehmers siehe *Amtmann* S. 47–84; zur Kritik des Schöpferprinzips bei Arbeitnehmerurhebern *Rehbinder* UFITA 66 [1973] 125).

3. Auslands- und internationales Recht

Das Prinzip, dass stets der Werkschöpfer – somit auch der Arbeitnehmer oder Beamte – als 3 Urheber anzusehen ist, ist keineswegs selbstverständlich. Ein Blick über die Grenzen zeigt andere Lösungsmöglichkeiten, die die **arbeitsrechtliche Stellung des Werkschöpfers als wesentlich ansehen.** In den USA (§ 201 (b) CA – works-made-for-hire), Großbritannien (Sec. 11 Abs. 2 CDA), Kanada (Sec. 12 kan. URG), Neuseeland (Sec. 9 neuseeländ. URG), Irland (Sec. 10 Abs. 2 und 4 irl. URG), den Niederlanden (Art. 7 nied. URG), Japan (Art. 15 jap. URG; dazu *Saito* UFITA 108 (1988) 117/119 ff.), Israel (Art. 5 isr. URG), Frankreich (oeuvre collectif) und der Türkei (Art. 8 türk. URG) wurde gesetzlich geregelt, dass der Arbeitgeber die Urheberschaft originär erwirbt (zur Übersicht im EU-Bereich *Dietz,* Urheberrecht in der Europ. Gemeinschaft, 1978, Rdnr. 148–151; zur Rechtsvergleichung *Frey* UFITA 98 [1984] 53; *Dietz,* Thesen zum Thema: Werke angestellter Urheber und Auftragswerke in rechtsvergleichender Sicht, in: Die Revision des Urheberrechts: Erfahrungen im Ausland, 1990, S. 11; zu Kollisionsfällen *Birk,* Fs. für Hubmann, 1985, S. 1; *ders.* UFITA 108 [1988] 101; zum aktuellen Stand der Urheberrechtsgesetzgebung in Europa, vgl. www.urheberrecht.org).

Nach hM ist weder in der **RBÜ noch im WUA** die urheberrechtliche Stellung der Arbeit- 4 nehmer und Beamten geregelt (aA *Nordemann/Vinck/Hertin* RBÜ Art. 2/Art. 2bis Rdnr. 7 und WUA Art. 1 Rdnr. 5, die für RBÜ Art. 2bis eine Regelung zugunsten des Schöpferprinzips annehmen; ebenso *Troller* Bd. II² S. 815).

Die Parteien des Arbeitsvertrages können das anwendbare Recht vereinbaren, Art. 30 Abs. 1 EGBGB. Dies gilt jedoch nur für das Vertragsstatut, das Sachstatut richtet sich nach dem Territorialitätsprinzip (OLG München, ZUM 1999, 643, 655; LG München I, ZUM RD 2002, 21). Das Arbeitsvertragsstatut kommt auch bei Verträgen mit angestellten Urhebern nur insoweit zum Zuge, als nicht zwingendes Recht des Schutzlandes vorgeht. Ausgenommen hiervon ist die Frage, ob der Arbeitnehmer oder Arbeitgeber originärer Inhaber des Urheberrechts ist (ausführlich dazu mwN *Pütz* PRax 2005, 13. *Klass* GRUR Int. 2008, 546, 555).

4. Grundzüge des geltenden Rechts

Eine Übernahme der Sonderregelung der § 3 LUG und § 5 KUG oder die teilweise sogar 5 geforderte Ausdehnung dieser Sonderbestimmung hat der Gesetzgeber unter Hinweis auf das dem UrhG zugrundeliegende Schöpferprinzip bewusst abgelehnt (AmtlBegr. BTDrucks. IV/270 S. 61/62).

a) Gemäß § 7 ist nur der tatsächliche Schöpfer der Urheber des Werkes (§ 7 Rdnr. 1, 4). Diese Norm gilt ohne Einschränkung auch für Arbeitnehmer und Beamte. § 43 – die allgemein für Urheber in Arbeits- oder Dienstverhältnissen geltende Regelung – verweist nur darauf, dass auch die Vorschriften des Unterabschnittes – also über die Nutzungsrechte und ihre Einräumung – anzuwenden sind, „soweit sich aus dem Inhalt oder dem Wesen des Arbeits- oder Dienstverhältnisses nichts anderes ergibt". Damit ist bereits durch die Gesetzessystematik, aber auch durch die Formulierung des **§ 43** selbst, klargestellt, dass auch der **Arbeitnehmer** oder **Beamte der originäre Träger des Urheberrechts** ist. Die mit dem 2. UrhGÄndG v. 9. 6. 1993 erlassene Spezialvorschrift für die Schaffung von Computerprogrammen in Arbeits- oder Dienstverhältnissen (§ 69 b) weist dem Arbeitgeber bzw. Dienstherrn das Recht zur Ausübung aller vermögensrechtlichen Befugnisse an dem Computerprogramm zu, lässt die Stellung des abhängigen Werkschöpfers als Urheber jedoch ebenfalls unberührt (*Fromm/Nordemann/Axel Nordemann*[10] Rdnr. 4; s. § 69b Rdnr. 1; *Dreier/Schulze/Dreier*³ § 43 Rdnr. 3).

b) Der Arbeitgeber oder Dienstherr kann daher die im Arbeits- oder Dienstverhältnis ge- 6 schaffenen Werke legal nur dann verwerten, wenn er sich hierfür die erforderlichen **Nutzungs-**

rechte vertraglich einräumen, sich eine **schuldrechtliche Nutzungsbefugnis** oder zumindest die **Einwilligung** zur Nutzung erteilen lässt. Einzelheiten zum vertraglichen Rechtserwerb des Arbeitgebers oder Dienstherrn wurden gesetzlich nicht geregelt. Den Materialien zum UrhG (AmtlBegr. BTDrucks. IV/270 S. 62) ist zu entnehmen, dass der Gesetzgeber hierzu keine Notwendigkeit sah, da der Rechtserwerb durch den Arbeitgeber oder Dienstherrn bisher keine Schwierigkeiten ergeben habe. Auch anlässlich des Gesetzes zur Stärkung der vertraglichen Stellung von Urhebern und ausübenden Künstlern (BGBl. Teil I/2002, Nr. 21 vom 28. 3. 2002, S. 1155) hat der Gesetzgeber auf eine Neufassung verzichtet.

7   c) Auch für den Rechtserwerb durch den Arbeitgeber oder Dienstherrn sind somit die Bestimmungen der §§ 31–42 anzuwenden. Diese überwiegend zugunsten des Urhebers wirkenden Schutzvorschriften können jedoch im Hinblick auf die besonderen Verpflichtungen, die sich aus dem Arbeits- oder Dienstverhältnis ergeben, abgeändert werden. Bis zur Urheberrechtsnovelle gingen der RefE (§ 35) und der MinE (§ 38) noch davon aus, dass einige Schutzvorschriften für Arbeitnehmer und Beamte auszuschließen seien. Der RegE hatte diese Einschränkung bereits aufgegeben. In der AmtlBegr. wurde hierzu ausgeführt, dass einige **vertraglich unabdingbare Schutzvorschriften** zugunsten des Urhebers (§§ 31 Abs. 4, 36, 41, 42) zwar in erster Linie zum Schutze des freischaffenden Urhebers bestimmt seien, **grundsätzlich** jedoch **auch für Arbeitnehmer oder Beamte** gelten. In welchem Umfange die Vorschriften des Unterabschnitts „Nutzungsrechte" auf Urheber in Arbeits- oder Dienstverhältnissen Anwendung finden, richte sich jedoch stets nach den besonderen Umständen des Einzelfalles. In den Vorentwürfen zur UrhG-Novelle war dann geplant, in § 43 einen Absatz 3 einzufügen, wonach die §§ 31 ff. „in vollem Umfang" auf einen Arbeitnehmer Anwendung finden, „soweit die Nutzung seiner Werke nicht durch Lohn oder Gehalt tatsächlich ausgeglichen ist" (BT-Drucks. 14/6433, S. 18). Diese Regelung hat jedoch ebenfalls keinen Eingang in das Gesetz gefunden. Vielmehr soll „das bisher geltende Recht beibehalten werden" (...) „die von Rechtsprechung und Lehre entwickelten Grundsätze zu den Vergütungsansprüchen der Urheber in Arbeits- und Dienstverhältnissen bleiben unberührt" (AmtlBegr. BT-Drucks. 14/8058, S. 1, 58).

Werden Computerprogramme in Arbeits- oder Dienstverhältnissen geschaffen, so gilt § 69b. Danach stehen dem Arbeitgeber bzw. dem Dienstherrn weitergehend als nach § 43 – jedoch unter Beibehaltung des Schöpferprinzips – *alle* vermögensrechtlichen Befugnisse an den geschaffenen Computerprogrammen zu, sofern die Parteien nichts anderes vereinbart haben. Eine weitere Übertragungsvermutung enthalten §§ 88 ff. für die Filmherstellung. Für ausübende Künstler ist § 43 entsprechend anzuwenden, § 79 S. 2.

5. Generalklausel

8   § 43 ist eine **Generalklausel, deren Ausfüllung der Rechtsprechung und Literatur überlassen wird.** Die erhebliche Bedeutung dieser Bestimmung wird ua. durch den Umfang der sich mit § 43 befassenden Literatur dokumentiert (s. Schrifttumsnachweise).

6. Urhebervertragsrecht

9   Das Gesetz zur Stärkung der vertraglichen Stellung von Urhebern und ausübenden Künstlern trat zum 1. 7. 2002 in Kraft. Mit dem Gesetz werden wesentliche Vorschriften des Urheberrechtsgesetzes über die vertragliche Einräumung von urheberrechtlichen Nutzungsrechten geändert. Kernstück der Reform ist der neu eingeführte Anspruch des Urhebers auf angemessene Vergütung gemäß § 32 UrhG und weitere Vergütung gemäß § 32a UrhG. Mit der Reform soll die angemessene wirtschaftliche Beteiligung der Urheber und ausübenden Künstler an der Verwertung ihrer Werke gesichert werden. Urheber und ausübende Künstler in Arbeitsverhältnissen standen nicht im Fokus der Reformüberlegungen; dennoch sind sie nicht von der Reform ausgenommen. Die ursprüngliche Intention, die für Arbeitsverhältnisse maßgebliche Vorschrift des § 43 UrhG stärker mit den allgemeinen Vorschriften über die Einräumung und Abgeltung von Nutzungsrechten zu verzahnen, wurde im Laufe des Gesetzgebungsverfahrens jedoch fallengelassen. § 43 UrhG blieb insoweit unverändert. Arbeitgeber und Arbeitnehmer versuchen der einer Generalklausel immanenten Rechtsunsicherheit dadurch zu begegnen, dass die gegenseitigen Rechte und Pflichten vertraglich geregelt werden. Im **Medienbereich**, in dem zahlreiche Arbeitnehmer schöpferisch tätig sind, haben sich die Vertragsparteien verstärkt um kollektive Regelungen bemüht, insbesondere in Tarifverträgen (Rdnr. 110, 115). Nach hM können in Tarifverträgen Regelungen über den Umfang der urheberrechtlichen Nutzungseinräumung und Beschränkungen der Urheberpersönlichkeitsrechte aufgenommen werden (*Wandtke*[3] Rdnr. 123

mwN; BGH GRUR 2005, 937 – Zauberberg, zur Auslegung der Rechtseinräumung Nr. 3, 6 des Tarifvertrages für Filmschaffende). Gerade für diese Gebiete zeichnet sich die Entwicklung eines besonderen **Urhebervertragsrechtes** ab (vgl. allgemein vor §§ 28 ff. Rdnr. 4 ff.). Die vielfach begonnenen Neuverhandlungen der tarifvertraglichen Urheberrechtsklauseln sind wegen der gegensätzlichen Interessen der Tarifvertragsparteien außerordentlich langwierig, wenngleich in den letzten Jahren zahlreiche Abschlüsse zu verzeichnen sind, vgl. Rdnr. 103 ff. (vgl. zum „Medienarbeitsrecht" ausführlich *v. Olenhusen* mit zahlreichen weitere Nachweisen).

II. Arbeits- und Dienstverhältnisse

1. Begriff

§ 43 gilt nur für die in einem Arbeits- oder Dienstverhältnis stehenden Urheber. **Arbeitsverhältnis** ist das Dauerschuldverhältnis zwischen Arbeitnehmer und Arbeitgeber, das in der Regel durch einen Arbeitsvertrag (besonders ausgestalteter Dienstvertrag gem. § 611 BGB) begründet wird. In einem privatrechtlichen Arbeitsverhältnis stehen die Arbeitnehmer der Privatwirtschaft, aber auch die Angestellten und Arbeiter im öffentlichen Dienst.

Unter den **Dienstverhältnissen** sind im Unterschied zu den Arbeitsverhältnissen die öffentlich-rechtlichen Dienstverhältnisse der Beamten zu verstehen. Nicht gemeint ist das aufgrund Dienstvertrag (§ 611 BGB) zwischen dem Dienstberechtigten und Dienstverpflichteten begründete privatrechtliche Dauerschuldverhältnis, für das die zivilrechtliche Terminologie ebenfalls den Begriff „Dienstverhältnis" verwendet. Dies ergibt sich zum einen schon daraus, dass in § 43 Dienstverhältnisse und Arbeitsverhältnisse nebeneinander aufgezählt sind: wären die Dienstverhältnisse iSd. § 611 BGB gemeint, so hätte es der besonderen Erwähnung der Arbeitsverhältnisse nicht bedurft, da der Oberbegriff Dienstverhältnis in diesem Sinn die ebenfalls unter § 611 BGB fallende besondere Gruppe der Arbeitsverhältnisse einschließt. Darüber hinaus ergibt sich diese Auslegung des Begriffs Dienstverhältnisse aber auch aus der Entstehungsgeschichte und dem Sinn und Zweck der Vorschrift. Dem Gesetzgeber kam es darauf an, alle **in abhängiger Arbeit Beschäftigten** zu erfassen, und zwar gleichgültig, ob sie in der Privatwirtschaft oder im öffentlichen Dienst tätig sind, ob sie in einem privatrechtlichen oder in einem öffentlich-rechtlichen Beschäftigungsverhältnis stehen.

§ 43 umfasst somit die privatrechtlichen und öffentlich-rechtlichen Arbeits- bzw. Dienstverhältnisse der Arbeiter, Angestellten und Beamten (ausführlich *Dreier/Schulze/Dreier*[3] Rdnr. 6 ff.; *Wandtke/Bullinger/Wandtke*[3] Rdnr. 13 ff.; *Möhring/Nicolini/Spautz*[3] Anm. 2; *Ulmer*[3] § 95 I; *Fromm/Nordemann/Axel Nordemann*[10] Rdnr. 11).

2. Arbeitnehmer

a) Nicht selten ist fraglich, ob ein Urheber als Arbeitnehmer anzusehen ist. Insoweit ist zu beachten, dass der Gesetzgeber in § 43 keinen etwa spezifisch urheberrechtlichen, vom allgemeinen juristischen Sprachgebrauch abweichenden Begriff des Arbeitsverhältnisses schaffen wollte. **Abzustellen ist auf die Bedeutung, die dem Begriff Arbeitsverhältnis im Arbeitsrecht** als jenem Rechtsgebiet, dem er entnommen ist, zukommt. In einem Arbeitsverhältnis steht, wer Arbeitnehmer im Sinne des Arbeitsrechts ist.

b) Besondere Bedeutung für die Praxis hat die **Abgrenzung des Arbeitsvertrags vom sonstigen privatrechtlichen Dienstvertrag** (im engeren Sinn: dh. Dienstverträge nach § 611 BGB, die nicht zur Fallgruppe der Arbeitsverträge – als besonders ausgestaltete Dienstverträge im weiteren Sinn – gehören). Die aufgrund eines solchen Dienstvertrages tätigen Personen („Dienstverpflichtete") sind keine Arbeitnehmer. Die Abgrenzung zwischen Arbeitnehmer und Dienstverpflichtetem kann im Einzelfall erhebliche Schwierigkeiten bereiten, da die Grenze zwischen Arbeits- und Dienstvertrag in der Praxis fließend ist. Für die Unterscheidung sind auch hinsichtlich der Arbeitnehmerurheber **die von der arbeitsrechtlichen Rechtsprechung entwickelten Grundsätze heranzuziehen** (BAG NJW 1967, 1982 – Kameramann; BAG DB 1976, 298; ZUM 1993, 306 – Statusbeurteilung von Fernsehreportern; BAG ZUM 1995, 621 – Statusbeurteilung eines Rundfunkmitarbeiters; BAG DB 1976, 299 – Statusbeurteilung eines Orchestermusikers, BAG ZUM-RD 2002, 319 – Statusbeurteilung einer Orchesteraushilfe; LAG Rheinland-Pfalz ZUM-RD 2002, 328 – Arbeitnehmereigenschaft eines Pressefotografen; ArbG Berlin NZA-RR 2004, 546 ff. – Statusbeurteilung eines Lektors in TV-Produktionsfirma).

Keine Arbeitnehmer sind ferner **die allein aufgrund eines Werkvertrages** (§ 631 BGB) zur Werkschöpfung verpflichteten Personen (Zur selbständigen Tätigkeit von Regisseuren/ Kameraleuten bei der Herstellung von Werbespots BFH NV 2008, 1485; *Dreier/Schulze/Dreier*[3] Rdnr. 5).

13 c) Auch im – insoweit maßgeblichen – Arbeitsrecht gibt es keinen allgemein anerkannten Begriff des Arbeitnehmers (*Schaub* Arbeitsrechts-Hdb.[12] § 8 I 1 mwN). **Kennzeichen** des Arbeitsverhältnisses ist jedoch nach hM die **abhängige und weisungsgebundene Tätigkeit des Arbeitnehmers** im Gegensatz zur selbstbestimmten Tätigkeit des Selbständigen. Eine wirtschaftliche Abhängigkeit ist hingegen nicht entscheidend (seit BAG 13, 43). Maßgebend für die Abgrenzung der Selbständigen zu den dienstverpflichteten Arbeitnehmern ist der Grad der persönlichen Abhängigkeit, die sich insbesondere in der Weisungsgebundenheit dokumentiert. Ob eine persönliche Abhängigkeit gegeben ist, muss aufgrund von Indizien und unter Einbeziehung der Eigenart der jeweiligen Tätigkeit entschieden werden (ausführlich dazu *v. Olenhusen*, S. 49 ff.; MünchKomm.BGB/*Söllner*[3] § 611 Rdnr. 130; *Schaub* Arbeitsrechts-Hdb. 12 § 8 I 1). So können, wenngleich das fachliche Weisungsrecht des Auftraggebers im schöpferischen Bereich begrenzt ist, schöpferisch tätige Mitarbeiter wie Regisseure, Journalisten, Übersetzer oder Rundfunkmitarbeiter Arbeitnehmer sein (vgl. nur BAG ZUM 1998, 863/864 – Fotoreporter; BAG ZUM 2000, 686/688; BAG ZUM 2000, 690/691; BAG ZUM 2001, 266 – Arbeitnehmereigenschaft eines Rundfunkredakteurs; BAG AfP 2007, 289 – Arbeitnehmerstatus eines Sportredakteurs; siehe aber auch ArbG Berlin NZA-RR 2004, 546 – Lektor in einer TV-Produktionsfirma als freier Mitarbeiter).

14 **Kriterien** für die Klärung der **persönlichen Abhängigkeit** sind:
– Umfang der Weisungsgebundenheit;
– Unterordnung unter andere im Dienst des Geschäftsherrn stehende Personen;
– Bindung an feste Arbeitszeiten;
– Rechtspflicht zum regelmäßigen Erscheinen;
– Einteilung in Dienstpläne;
– Zulässigkeit von Nebentätigkeiten oder Pflicht, die gesamte Arbeitskraft dem Geschäftsherrn zur Verfügung zu stellen;
– Ort der Erledigung der Tätigkeit;
– Form der Vergütung; Frage der Abführung von Steuern und Sozialversicherung;
– Gewährung von Urlaub;
– Zurverfügungstellung von Arbeitsgeräten;
– Führung von Personalunterlagen.

Geschäftsführer und Vorstände juristischer Personen sind somit nicht Arbeitnehmer. §§ 43, 69 b finden auf sie keine Anwendung. Die Einräumung der Nutzungsrechte kann sich aus der Treuepflicht gegenüber der Gesellschaft ergeben (BGH GRUR 2005, 860 – Fash 2000; *Berger/Wündisch* § 15 Rdnr. 8; aA *Fromm/Nordemann/Axel Nordemann*[10] Rdnr. 10).

3. Befristete Arbeitsverträge

15 Nach näherer Maßgabe der von der Rechtsprechung entwickelten Grundsätze können **Arbeitsverträge** unter **Befristung** auf eine bestimmte Zeit oder für die Durchführung eines bestimmten Projekts, insbesondere begrenzt durch die Produktionsdauer, geschlossen werden (vgl. für den Hochschul-, Medien- bzw. Bühnenbereich: *Pallasch*, Münchener Hdb. ArbR[2], Bd. 2, § 200 Rdnr. 27; *v. Olenhusen* FuR 1981, 344 u. FuR 1982, 298; *Rehbinder* RdA 1971, 211 u. FuR 1977, 804; *Richardi* DB 1981, 1461; *Wiedemann* RdA 1977, 85). Während der Dauer des befristeten Arbeitsvertrages gelten die allgemeinen arbeitsvertraglichen Bestimmungen. Mit Ablauf der Frist endet das Arbeitsverhältnis. Ein Kündigungsschutz besteht nicht. Gerade den schöpferisch tätigen Arbeitnehmern wird häufig nur ein befristeter Arbeitsvertrag angeboten, und zwar in der Form, dass die Verträge nur für die jeweiligen Projekte „auf Produktionsdauer" geschlossen werden, die jedoch mehr oder weniger nahtlos ineinander übergehen. Damit verbunden ist die Frage nach der Wirksamkeit dieser so genannten **Kettenarbeitsverträge**. Die Zulässigkeit befristeter Arbeitsverträge richtet sich auch nach Inkrafttreten des Gesetzes über Teilzeitarbeit und befristete Arbeitsverträge (TzBfG) am 1. 1. 2002 danach, ob bei Abschluss des Arbeitsvertrages ein sachlicher Grund für die Befristung vorliegt (vgl. nur BAG v. 6. 11. 2003 – AP Nr. 7 zu § 14 TzBfG). Dieser bislang schon von der Rechtsprechung vertretene Grundsatz ist in § 14 Abs. 1 TzBfG geregelt; die §§ 14–21 TzBfG treten an die Stelle der Regelung der §§ 620 BGB, 1 BeschFG aF. Fehlt es an einem sachlichen Grund, kann sich der Arbeitnehmer

auf die Kündigungsschutzbestimmungen berufen (so auch schon BAG NJW 1961, 798; BAG BB 1990, 1907; *Blomeyer* RdA 1967, 406; *Daman* AuR 1978, 65; *Linder* DB 1975, 2082). Bei programmgestaltenden Rundfunkmitarbeitern ist nach der neueren Rspr. des BAG (NZA 1993, 354; AP 180 zu § 620 BGB – Befristeter Arbeitsvertrag) zur Bestimmung des sachlichen Grundes zwischen der Rundfunkfreiheit der Sendeanstalt und dem Bestandsschutzinteresse der Arbeitnehmer abzuwägen. Im Ergebnis sind befristete Arbeitsverhältnisse im Rundfunkbereich damit in weitgehendem Maße zulässig (sa. Rdnr. 17; siehe aber auch LAG Köln NZA-RR 2001, 234 ff.: „auf den Sachgrund „Rundfunkfreiheit" kann ein Sender eine Befristung des Arbeitsvertrages einer Redakteurin nicht stützen, wenn er im Regelfall seine Redakteure unbefristet beschäftigt und nicht darlegt, warum im Einzelfall der Redakteur nur befristet beschäftigt wird, um die Rundfunkfreiheit zu wahren"). Das TzBfG erlaubt ohne Beschränkung den wiederholten Abschluss befristeter Arbeitsverträge mit Sachgrund. Für die Frage, ob die Befristung wirksam ist, kommt es nur auf den zuletzt abgeschlossenen befristeten Arbeitsvertrag an (BAG 2. 7. 2003 AP Nr. 39 § 611 BGB [Musiker]).

4. Freie Mitarbeiter

So genannte freie Mitarbeiter, die im werkschöpferischen Bereich eine nicht unerhebliche **16** Rolle spielen, werden in der Regel im Rahmen eines Dienst- oder Werkvertrages tätig und sind daher grundsätzlich keine Arbeitnehmer. Allerdings ist wiederholt die Frage aufgeworfen worden, ob Künstler, die für bestimmte Projekte beschäftigt werden und einen Vertrag als **freie Mitarbeiter** erhalten haben, **gleichwohl** – dh. entgegen der vertraglichen Vereinbarung – **als Arbeitnehmer anzusehen sind.** Dieses Problem hat sich in besonderer Schärfe den Rundfunkanstalten gestellt. Die Arbeitsgerichte wurden zunehmend von in diesem Bereich tätigen Mitarbeitern mit dem Begehren angerufen, das Bestehen eines Arbeitsverhältnisses trotz der vertraglichen Vereinbarung einer Beschäftigung als freier Mitarbeiter festzustellen. Die Rechtsprechung der Arbeitsgerichte bejahte in der Mehrzahl der Fälle das Vorliegen eines Arbeitsverhältnisses (BAG UFITA 81 [1978] 305 u. 314; BAG UFITA 85 [1979] 286, 294 u. 305).

Dieser Entwicklung hat für den **Rundfunkbereich** (Hörfunk und Fernsehen) die Entschei- **17** dung des **BVerfG** eine Grenze gesetzt (NJW 1982, 1447). Das BVerfG geht davon aus, dass die Rundfunkanstalten die ihnen obliegende Meinungsvielfalt in den Programmen unter anderem nur dann gewährleisten können, wenn sie auch auf einen weit gestreuten Kreis freier Mitarbeiter zurückgreifen können. Zu der verfassungsmäßig garantierten Rundfunkfreiheit gehöre daher auch, selbst die Auswahl, Einstellung und Beschäftigung der Rundfunkmitarbeiter zu bestimmen. Die Arbeitsgerichte müssten daher den durch Richterrecht entwickelten Begriff des Arbeitnehmers und die sich daraus ergebenden arbeitsrechtlichen Konsequenzen im Lichte der Rundfunkfreiheit auslegen. In neuerer Zeit stellte die arbeitsgerichtliche Rechtsprechung bei programmgestaltenden Mitarbeitern stärker auf die Umstände des Einzelfalles ab (zusammenfassend BAG ZUM 1995, 621 unter ausdrücklicher Aufgabe von BAG UFITA 85 [1979] 294; vgl. auch BAG AP Nr. 33 § 611 BGB – keine Arbeitnehmereigenschaft eines programmgestaltenden Rundfunkmitarbeiters; *v. Olenhusen* S. 49 zur Kontroverse zwischen BVerfG und BAG; zur Arbeitnehmereigenschaft eines Mitarbeiters der Pressestelle einer ARD-Anstalt BAG ZUM-RD 2007, 506; BAG AP § 611 Nr. 13 – die redaktionelle rundfunkrechtliche Abnahme von Texten ändert nichts an dem Status freier Mitarbeiter). Für die freien Mitarbeiter gelten im Rahmen der freien Dienst- oder Auftrags-, Werk- oder Werklieferungsverträge im Medienbereich idR allgemeine Honorarbedingungen der Nutzer, in denen üblicherweise auch die urheberrechtlichen Nutzungsrechtseinräumungen und deren Vergütung geregelt sind.

5. Arbeitnehmerähnliche Personen

Als **arbeitnehmerähnliche** Personen werden diejenigen bezeichnet, die nicht persönlich **18** weisungsgebunden, sondern selbständig als Dienstverpflichtete arbeiten, aber vom Dienstberechtigten wirtschaftlich abhängig und einem Arbeitnehmer vergleichbar schutzbedürftig sind. Eine Legaldefinition enthält § 12a TVG. Zu der Klärung des Status ist nicht auf die Gesamttätigkeit, sondern auf das konkrete jeweilige Beschäftigungsverhältnis abzustellen (BAG NJW 1973, 1994; ausführlich *v. Olenhusen* GRUR 2002, 11 ff.; vgl. auch LAG Köln ZUM 2002, 840 ff. – Musiker mit Künstlerexklusivvertrag als arbeitnehmerähnliche Person). Für die **arbeitnehmerähnlichen Personen** gilt jedoch **nur ein Teil der** speziellen **arbeitsrechtlichen Vorschriften** (Regelung über die Zuständigkeit der Arbeitsgerichte, § 5 ArbGG, über den Urlaub, § 2 BUrlG, über den Abschluss von Tarifverträgen, § 12a TVG). Im Übrigen ist das Arbeitsrecht auf arbeitnehmerähnliche Personen grundsätzlich nicht anwendbar (vgl. BAG AP Nr. 1 zu § 90a HGB; *v. Olenhusen* GRUR 2002, 11). § 12a TVG eröffnet für diesen Personenkreis wegen seiner besonderen sozialen Schutzbedürftigkeit insbesondere bei den Rundfunkanstalten – die Möglichkeit zum Abschluss von Tarifverträgen (ausführlich zu den Tarifverträgen Presse, Rundfunk und Fernsehen, Film, Bühne, Design, *v. Olenhusen,* aaO, S. 15ff.).

Das Tatbestandsmerkmal „Arbeitsverhältnisse" in § 43 trifft auf arbeitnehmerähnliche Personen nicht zu. Die in Teilbereichen vorgesehene Geltung einzelner arbeitsrechtlicher Normen macht die arbeitnehmerähnlichen Personen nicht zu Arbeitnehmern. Sie beruht im Übrigen auf der Erwägung, der „einem Arbeitnehmer vergleichbaren Schutzbedürftigkeit" arbeitnehmerähnlicher Personen durch die Anwendung bestimmter, zugunsten des Arbeitnehmers wirkender Schutzvorschriften Rechnung zu tragen. Dieser Gesichtspunkt greift aber bezüglich § 43 gerade nicht ein.

§ 43 ist keine Schutzvorschrift zugunsten der Arbeitnehmer, sondern regelt vielmehr die Einschränkung von (Urheber-)Rechtspositionen eines werkschöpferisch tätigen Arbeitnehmers. **Arbeitnehmerähnliche Personen werden daher von § 43 nicht erfasst** (hM vgl. nur *Dreier/Schulze/Dreier*[3] Rdnr. 8; *Möhring/Nicolini/Spautz*[2] Rdnr. 2; *Wandtke/Bullinger/Wandtke*[3] Rdnr. 9; *Fromm/Nordemann/Axel Nordemann*[10] Rdnr. 9).

6. Beamte

19 a) Im Sinne der Beamtengesetze und im staatsrechtlichen Sinne ist **Beamter nur, wer in einem gültigen Beamtenverhältnis steht.** Das Beamtenverhältnis wird durch Ernennung begründet, § 5 Abs. 1 BRRG. Nur dem Bund, den Ländern, den Gemeinden sowie Gemeindeverbänden und sonstigen Körperschaften, Anstalten und Stiftungen des öffentlichen Rechts, denen dieses Recht verliehen wurde, steht das Recht zu, Dienstherr von Beamten zu sein, § 121 BRRG. Das Beamtenverhältnis ist als **öffentlich-rechtliches Dienst- und Treueverhältnis** gestaltet, Art. 33 Abs. 4 GG. Aus ihm leitet sich die gegenseitige Treuepflicht ab. Der Beamte ist verpflichtet, seine ganze Persönlichkeit dauernd und uneingeschränkt für das ihm übertragene Amt einzusetzen. Dieser Verpflichtung entspricht auf Seiten des Dienstherrn die umfassende Fürsorgepflicht, insb. die Pflicht, für eine ausreichende lebenslange Versorgung seiner Beamten Sorge zu tragen (Alimentationsprinzip).

20 b) In einem öffentlich-rechtlichen Dienstverhältnis stehen neben den Beamten ferner die **Soldaten** und **Richter**. Soldatenverhältnis, Richterverhältnis und Beamtenverhältnis weisen voneinander abweichende Besonderheiten auf, die sie als jeweils spezifische und eigenständige Dienstverhältnisse kennzeichnen. Ihnen sind jedoch die gleichen grundlegenden Strukturprinzipien gemeinsam.

Soweit daher in dieser Kommentierung aus Vereinfachungsgründen von Beamten oder Beamtenverhältnis die Rede ist, gelten die Ausführungen sinngemäß für Soldaten, Richter und sonstige öffentlich-rechtliche Dienstverhältnisse, die ieS keine Beamtenverhältnisse sind. Als weitere Beispiele seien etwa das Zivildienstverhältnis sowie im Bereich des hauptberuflichen Notariats das Dienstverhältnis der Notarassessoren (§ 7 BNotO) genannt.

III. In Arbeits- und Dienstverhältnissen geschaffene Werke

21 § 43 erfasst nicht schlechthin alle Werke eines Arbeitnehmers oder Beamten. Als weitere Tatbestandsvoraussetzung muss hinzukommen, dass das Werk **in Erfüllung der Verpflichtungen aus dem Arbeits- oder Dienstverhältnis** geschaffen wurde. Soweit dies nicht der Fall ist, handelt es sich um außervertragliche bzw. nichtdienstliche Werke, für die § 43 nicht eingreift, die jedoch einer Anbietungspflicht unterliegen können (Rdnr. 100).

1. Verpflichtungen aus dem Arbeitsverhältnis

22 a) **Kriterien zur Bestimmung der arbeitsvertraglichen Pflichten.** Die **Verpflichtungen des Arbeitnehmers** ergeben sich aus den **arbeitsrechtlichen Normen,** etwaigen kollektivvertraglichen Regelungen und den jeweiligen individuellen Vereinbarungen der Parteien des Arbeitsverhältnisses. Haben die Vertragspartner – wie wohl in den meisten Fällen – die urheberrechtlich relevanten Fragen nicht arbeitsvertraglich ausdrücklich geregelt, so sind zur Klärung der arbeitsvertraglichen Pflichten die **betriebliche Funktion des Arbeitnehmers, sein Berufsbild** und die **Verwendbarkeit des Werkes** für den Arbeitgeber heranzuziehen (RGZ

110, 393/394 – Riviera; BGHZ 33, 20 – Figaros Hochzeit; BGH GRUR 1952, 257/258 – Krankenhauskartei; BGH GRUR 1974, 480/482 – Hummelrechte; BGH GRUR 1978, 244 – Ratgeber für Tierheilkunde; BGH GRUR 1985, 129/130 – Elektrodenfabrik; BAG GRUR 1961, 491/492 – Nahverkehrschronik; BAG GRUR 1984, 429/431 – Statikprogramme; LAG Frankfurt/M GRUR 1965, 50 – Wirtschaftsjurist; ArbG Köln BB 1981, 1032/1033 – Arbeitnehmerzeichnungen in arbeitgebereigener Zeitung; *v. Gamm* Rdnr. 2 u. Einf. Rdnr. 80f.; *Ulmer*[3] § 95 II 1; *Recher* S. 270/271; *Buchner* GRUR 1985, 1; *Sack,* Münchener Hdb. ArbR[2], Bd. 1, § 102 Rdnr. 3, 6). Reichen ausnahmsweise diese Kriterien für eine eindeutige Klärung nicht aus, so kann auch auf die **„Branchenüblichkeit"** abgestellt werden (OLG Düsseldorf ZUM 2004, 756/757: „was zu den Aufgaben des Arbeitnehmers (oder Bediensteten) gehört, ergibt sich primär aus dem Arbeitsvertrag (Dienstvertrag), daneben aus der betrieblichen Funktion, tarifvertraglichen Regelungen, dem Berufsbild und der Üblichkeit;" ebenso *Honig* S. 46; aA *Recher* S. 277, *Dreier/Schulze/Dreier*[3] Rdnr. 10, der die Einbeziehung der Branchenübung zumindest als problematisch ansieht, da zumeist nur eingerissene Gepflogenheiten zu Lasten des strukturell schwächeren Urhebers fortgeschrieben werden).

Auf den Willen des Arbeitnehmers, etwas „für sich" oder „für den Arbeitgeber" zu schaffen, **23** kommt es nicht an; abzustellen ist vielmehr auf eine an den **objektiven Umständen** gemessene Auslegung (BGH GRUR 1952, 257 – Krankenhauskartei; OLG Koblenz BB 1983, 992 – Nutzungsrecht des Arbeitgebers am Computerprogramm des Arbeitnehmers; *Dreier/Schulze/Dreier*[3] Rdnr. 10). Die Artikel, die der angestellte Redakteur für eine Sendung der Rundfunkanstalt schreibt, werden also im Rahmen seiner arbeitsvertraglichen Pflichten verfasst. Dasselbe gilt für die Texte des Werbetexters, für die Fotos des Fotografen, für Zeichnungen des Grafikers, für Computerprogramme des Programmierers.

Werke, die nach objektiver Sicht dem im Arbeitsvertrag festgelegten Aufgabengebiet des Arbeitnehmers zuzurechnen sind, werden grundsätzlich auch dann in Erfüllung der arbeitsvertraglichen Pflichten erstellte Werke sein, wenn sie zu Hause und in der Freizeit geschaffen wurden. Im Unterschied zu anderen Arbeitsleistungen lässt sich die schöpferische Tätigkeit eines Urhebers nicht in einen bestimmten Stundenrhythmus pressen. Geistige Arbeitsleistung kann weder räumlich noch zeitlich eindeutig eingegrenzt werden. **Ort und Zeit der Arbeitsleistung sind daher idR keine geeigneten Kriterien zur Abgrenzung vertraglicher von außervertraglichen Werken** (so auch OLG Nürnberg v. 18. 2. 1997 – 3 U 3053/96, S. 8; OLG Köln GRUR-RR 2005, 302 – Zur Schaffung von Computerprogrammen außerhalb der regulären Arbeitszeit; aA *Westen* JR 1967, 401/406, der hinsichtlich des angestellten Wissenschaftlers auch auf die Arbeitszeit abstellt; *Blatz* S. 67; *Honig* S. 74; *Recher* S. 227; *Roithmaier* S. 129; *Mathis* S. 52ff.; *Fromm/Nordemann/Axel Nordemann*[10] Rdnr. 14, der auf das Kriterium der Zeit abstellt; *Dreier* spricht den Kriterien von Ort und Zeit eine gewisse Indizwirkung zu, *Dreier/Schulze/Dreier*[3] Rdnr. 10).

b) Besondere Abhängigkeitsverhältnisse. Sehr weitgehende Verpflichtungen können sich **24** aus einem **besonderen Abhängigkeitsverhältnis** ergeben. Nach der Ordensregel des Dritten Ordens des Hl. Franziskus war die Ordensschwester Berta Hummel verpflichtet, alles durch ihre Arbeit Erworbene der Oberin für die Kongregation zur Verfügung zu stellen. Der BGH entschied, dass die Ordensschwester alle während ihrer Zugehörigkeit zum Kloster geschaffenen Werke gemäß dieser Ordensregel für die Kongregation erbracht hat (BGH GRUR 1974, 480 – Hummelrechte; ebenso OLG München Schulze OLGZ 209 – AD VITAM).

c) Arbeitsleistungen außerhalb der arbeitsvertraglichen Pflichten. Besondere Schwie- **25** rigkeiten zeigen die Fallgestaltungen, in denen der Arbeitnehmer eine schöpferische Leistung zwar für den Arbeitgeber – evtl. auch während der Arbeitszeit – erbringt, diese jedoch **weder seinem Berufsbild, noch seiner Funktion im Betrieb** entspricht oder die er erst aufgrund eines **Einzelauftrages** des Arbeitgebers geschaffen hat.

Ergibt sich die **Verpflichtung** zu der bestimmten schöpferischen Leistung **weder aus den Aufgaben des Arbeitsvertrages noch aus dem Berufsbild** des Arbeitnehmers noch aufgrund der **Branchenüblichkeit,** handelt es sich **nicht** um eine **im Rahmen des Arbeitsverhältnisses** erbrachte schöpferische Leistung (*Möhring/Nicolini/Spautz*[2] Rdnr. 3; *Dreier/Schulze/Dreier*[3] Rdnr. 9; *Wandtke/Bullinger/Wandtke*[3] Rdnr. 25). Ist ein als Statiker beschäftigter Arbeitnehmer arbeitsvertraglich nicht verpflichtet, Computerprogramme zu schreiben, und erstellt er dennoch während der Arbeitszeit Programme für Rechenanlagen für seinen Arbeitgeber, geschieht diese Leistung nicht im Rahmen der arbeitsvertraglichen Pflichten (BAG GRUR 1984, 429 – Statikprogramme). Dennoch kommt das BAG zu einer unentgeltlichen Nutzungseinräumung zugunsten des Arbeitgebers (Rdnr. 68). Schreibt ein Wirtschaftsjurist, der als Unternehmensberater bei einer Wirtschaftsberatungsfirma angestellt ist, einen Zeitungsartikel aufgrund eigener Initiative, so geht dies über die vertraglichen Pflichten hinaus, selbst dann, wenn dieser Artikel für den Arbeitgeber eine gewisse Reklamewirkung hat (LAG Frankfurt/M GRUR 1965, 50 – Wirtschaftsjurist). Abzulehnen ist daher die Auffassung des Arbeitsgerichts Köln (BB 1981, 1032), das im Fall eines als Grafiker beschäftigten Arbeitnehmers, der nebenbei auch Illustrationen für eine arbeitgebereigene Zeitung gemacht und diese den Arbeitgebern ohne Vorbehalte übergeben hatte, zu folgendem Ergebnis kam: Der Arbeitnehmer habe diese Leistungen im Rahmen des Arbeitsverhältnisses erbracht; denn wäre der Arbeitnehmer nur bereit gewesen, diese Zeichnungen als außervertragliche Leistungen zu erbringen, so hätte er dies ausdrücklich kenntlich machen müssen. Wird hingegen ein Leiter der Presseabteilung vom Arbeitgeber **beauftragt,** eine Betriebschronik **während der Arbeitszeit** zu erstellen, so geschieht dies im Rahmen des **Arbeitsverhältnisses** (BAG GRUR 1961, 491 – Nahverkehrschronik). Entsprechendes entschied auch das OLG Köln (CR 2005, 557) für die Erstellung eines Computerprogramms, wenn der Arbeitgeber den Arbeitnehmer für diese Erstellung von sonstigen Tätigkeiten sowie von der betrieblichen Anwesenheitspflicht zeitweilig freistellt und der Arbeitnehmer das Programm sodann überwiegend außerhalb der regulären Arbeitszeiten entwickelt. Auch in diesem Falle ist der Arbeitgeber Inhaber der in § 69b UrhG beschriebenen Rechte.

26   d) **Arbeitsleistungen vor Abschluss eines Arbeitsvertrages.** Für den Arbeitnehmer besteht **keine Verpflichtung,** dem Arbeitgeber bereits **vor dem Arbeitsverhältnis** geschaffene schutzfähige Werke unentgeltlich zu überlassen, selbst dann, wenn die Übergabe während des Arbeitsverhältnisses geschieht. Hat ein Arbeitnehmer bereits vor Erteilung eines Einzelauftrages durch den Arbeitgeber aufgrund eigener Initiative an einer Betriebschronik gearbeitet, so werden diese privaten Vorarbeiten nicht vom Arbeitsverhältnis erfasst (BAG GRUR 1961, 491 – Nahverkehrschronik; ebenso BGH GRUR 1985, 129 – Elektrodenfabrik: Keine Verpflichtung des Arbeitnehmers, lange vor Beginn des Arbeitsverhältnisses gefertigte Pläne zur Erstellung einer Schweißelektrodenfabrik dem Arbeitgeber unentgeltlich zu überlassen).

27   e) **Beweislast. Die Beweislast,** dass der Arbeitnehmer im Einzelfall in Erfüllung seiner Arbeitspflicht tätig geworden ist, trifft nach allgemeinen Grundsätzen den Arbeitgeber (BGH GRUR 1978, 244 – Ratgeber für Tierheilkunde; OLG Düsseldorf Urteil v. 15. 2. 2008, *Beck RS* 2008, 05934; für den österr. Rechtskreis *Dittrich* S. 64; *Dreier/Schulze/Dreier*[3] Rdnr. 9; *Wandtke/Bullinger/Wandtke*[3] Rdnr. 61.

2. Verpflichtungen aus dem Dienstverhältnis

28   Die unter **II 1** dargestellten **Grundsätze gelten entsprechend für die Werke,** die ein **Beamter** in Erfüllung seiner Dienstpflichten schafft (allg. Meinung; *Ulmer*[3] § 95 II 2). Freilich kann zur Bestimmung der Dienstpflichten von Beamten – im Unterschied zu Arbeitnehmern – nicht auf vertragliche Vereinbarungen zurückgegriffen werden. Inhalt und Umfang der **Dienstpflichten des Beamten** richten sich vielmehr im Rahmen der für das jeweilige Beamtenverhältnis geltenden Vorschriften des öffentlichen Dienstrechts nach dem vom Beamten wahrzunehmenden Aufgabenbereich, der sich aus dem übertragenen Amt, der zugewiesenen Funktion, dem behördeninternen Geschäftsverteilungsplan oder den Anweisungen des hierzu befugten Vorgesetzten ergeben kann (*Seewald/Freudling* NJW 1986, 2688/2690).

29   a) **Außerdienstliche Leistungen.** Wird der Beamte aufgrund **eigener Initiative** tätig oder erhält er von seinem Dienstherrn einen **gesonderten Auftrag,** der nicht seinem Aufgabenbereich entspricht, geschehen diese Leistungen nicht im Rahmen des Dienstverhältnisses (*Dreier/Schulze/Dreier*[3] Rdnr. 11; aA wohl *Fromm/Nordemann/Axel Nordemann*[10] Rdnr. 18). Dies gilt auch dann, wenn die zusätzlichen Leistungen des Beamten im Interesse und für den Dienstherrn erbracht werden. Wird zB ein Beamter, der als Dezernent des Arbeitsgebiets Musikwesen im Bundeswehramt tätig war, damit beauftragt, den historischen Teil eines Militärmusikfilmes zu überwachen und das Drehbuch zu begutachten, ist hiervon keine schöpferische Mitarbeit als Dienstleistung erfasst. Wenn der Beamte gleichwohl schöpferisch am Exposé und am Drehbuch mitgearbeitet hat, so hat er damit zwar im dienstlichen Interesse gehandelt, diese Tätigkeit ging aber über den Rahmen seiner Dienstverpflichtungen hinaus (BGH GRUR 1972, 713 – Im Rhythmus der Jahrhunderte). Gleiches gilt für einen Bediensteten der Bundespost, der mit der Abnahme und Instandhaltung von Datenübertragungseinrichtungen betraut ist und daneben aus eigener Initiative ein Computerprogramm entwickelt, das zur Verwendung durch den Dienstherrn bestimmt ist (LG München I ZUM 1997, 659).

b) Leistungen unter Verwertung dienstlicher Kenntnisse und Erfahrungen. § 42 **30** Abs. 2 Nr. 2, 3 BRRG gestattet den Beamten eine schriftstellerische, wissenschaftliche oder künstlerische **Nebentätigkeit** ohne besondere Genehmigung der Behörden. Verfasst ein Museumsdirektor ein Werk über die Geschichte des Museums, ist er hierzu dienstrechtlich nicht verpflichtet. Leistungen dieser Art erfolgen nicht im Rahmen des Dienstverhältnisses (so auch OLG Nürnberg v. 18. 2. 1997–3 U 3053/96, S. 7; weitere Beispielsfälle siehe *Schmieder* GRUR 1963, 297/300 und *Troidl* BayVBl. 1972, 93/94).

Aus dem **Umstand, dass der Beamte schöpferische Leistungen unter Verwertung der** **31** **bei seiner dienstlichen Tätigkeit gewonnenen Kenntnisse und Erfahrungen erbringt, kann nicht** ohne Weiteres geschlossen werden, **dass es sich um Dienstwerke handelt.** Der Kommentar eines Ministerialbeamten zu einem Gesetz, an dessen Erarbeitung er im Rahmen seiner Dienstpflichten maßgeblich mitgewirkt hat, stellt kein dienstliches Werk dar. Zu den Pflichtaufgaben der Hochschulprofessoren gehört es nicht, ihre Forschungsergebnisse zu veröffentlichen. Veröffentlichungen dieser Art sind daher auch keine Dienstwerke (BGH GRUR 1991, 523/527 – Grabungsmaterialien; *Ulmer*[3] § 95 II 2; *Ullmann* GRUR 1987, 6/8; *Dreier/Schulze/Dreier*[3] Rdnr. 11; *Möhring/Nicolini/Spautz*[2] Rdnr. 5; *Wandtke/Bullinger/Wandtke*[3] Rdnr. 26; aA VG Berlin NJW 1978, 848; *Hubmann* MittHV 1977, 77, der eine Veröffentlichung der Forschungsergebnisse als Dienstpflicht annimmt, jedoch eine Verpflichtung zur Einräumung der Nutzungsrechte zugunsten des Dienstherrn ablehnt; ähnlich *Fahse* GRUR 1996, 331/336 (Pflicht, die Forschungsergebnisse in geeigneter Weise der Öffentlichkeit zugänglich zu machen). *Rehbinder*, Fs. für Hubmann, 1985, S. 359/365 sieht zwar in der Veröffentlichung von Forschungsergebnissen ein Arbeitsergebnis, verneint aber, dass für Hochschulprofessoren hierzu eine Rechtspflicht besteht. Nach seiner Auffassung handelt es sich, obwohl Arbeitsergebnisse vorliegen, um freie Werke).

c) Amtliche Werke. Schöpferische Tätigkeiten der Beamten im Rahmen ihres Dienstver- **32** hältnisses umfassen auch häufig Werke, an deren Veröffentlichung ein unmittelbares amtliches Interesse besteht. **Für amtliche Werke** gemäß § 5 besteht kein Urheberrechtsschutz (*Katzenberger* GRUR 1972, 686; *v. Ungern-Sternberg* GRUR 1977, 766; *Leydecker*, Das Urheberrecht am Tarifvertrag, GRUR 2007, 1030, zur Frage, ob Tarifverträge amtliche Werke sind).

IV. Allgemeines zu den Einschränkungen bei Arbeits- und Dienstverhältnissen

Rechtsfolge des § 43 ist die Anwendbarkeit des 2. Unterabschnitts (§§ 31–44), „soweit sich **33** aus dem Inhalt oder dem Wesen des Arbeits- oder Dienstverhältnisses nichts anderes ergibt".

1. Inhalt und Wesen von Arbeits- und Dienstverhältnissen

Mit dem Begriff „**Inhalt**" ist klargestellt, dass es auf die Ausgestaltung des jeweiligen konkreten Arbeits- oder Dienstverhältnisses ankommt. Der Begriff „**Wesen**" bringt zum Ausdruck, dass die diesen Beschäftigungsverhältnissen allgemein innewohnenden Eigenarten und Besonderheiten, dh. die den Arbeits- und Dienstverhältnissen immanenten rechtlichen Grundprinzipien, zu berücksichtigen sind. Zum Wesen des **Arbeitsverhältnisses** gehört, dass es eine über die Elemente des reinen Austauschvertrages – Lohn für Arbeit – hinausgehende personenrechtliche Beziehung besonderer Art aufweist, die insbesondere in den gegenseitigen arbeitsrechtlichen Treuepflichten ihren Niederschlag findet. Ausführlich zu den Begriffen „Inhalt" und „Wesen" des Arbeitsverhältnisses *Mathis* S. 67 ff.

Wesensmerkmale des Dienstverhältnisses sind die „hergebrachten Grundsätze des Be- **34** rufsbeamtentums" (Art. 33 Abs. 5 GG). Hier sind in erster Linie die verstärkten wechselseitigen **Treue- und Fürsorgepflichten** des Beamten und Dienstherrn sowie das an die Stelle des Äquivalenzprinzips tretende **Alimentationsprinzip** zu nennen. Allerdings ist auch dem Alimentationsprinzip nach neuerem Verständnis ein synallagmatischer Zusammenhang von Leistung und Gegenleistung nicht ganz wesensfremd (BVerwG ZBR 1981, 281; GKÖD III, K vor § 1 Rdnr. 21). Aufgrund des öffentlich-rechtlichen Dienst- und Treueverhältnisses sind dem Beamten größere Beschränkungen zuzumuten als Arbeitnehmern (*Maunz/Dürig/Herzog/Scholz* GG Art. 33 Rdnr. 71–73). Der Status des Beamten kann daher auch dazu führen, dass die Urheberrechte für in einem Dienstverhältnis geschaffene Werke erhebliche Beschränkungen erfahren (*Schmieder* GRUR 1963, 297; *Troidl* BayVBl. 1972, 93; *Westen* JR 1967, 401; *Dreier/Schulze/Dreier*[3] Rdnr. 16, 17).

35 Was die **Interessenlage** auf Seiten **des Arbeitgebers/Dienstherrn** anbelangt, ist ferner folgendes zu beachten: Der private Arbeitgeber wird in der Regel primär das legitime wirtschaftliche Interesse an Gewinnerzielung verfolgen. Ein solches Ziel scheidet beim öffentlich-rechtlichen Dienstherrn – soweit nicht Unternehmen der öffentlichen Hand am Wettbewerb teilnehmen – grundsätzlich aus. Hier steht vielmehr das Ziel im Vordergrund, dass die dem Staat und anderen öffentlichen Einrichtungen originär obliegenden oder übertragenen Aufgaben des Gesetzesvollzugs und der sonstigen Verwaltung ordnungsgemäß erfüllt werden; das Interesse des Dienstherrn an der Dienstleistung seiner Bediensteten ist somit zugleich ein öffentliches Interesse der Allgemeinheit.

2. Reichweite der Einschränkungen

36 Nicht oder nur modifiziert anwendbar können auch solche Vorschriften des 2. Unterabschnitts sein, die außerhalb des Anwendungsbereichs des § 43 zwingendes Recht sind (*Hoeren/Sieber/v. Olenhusen*, Teil 7.3. Rdnr. 92; *Loewenheim/Nordemann* § 63 Rdnr. 33, jedoch ablehnend gegenüber der stillschweigenden bzw. pauschalen Abdingbarkeit; *Möhring/Nicolini/Spautz*[2] Rdnr. 3; differenzierend und für § 31 Abs. 4 regelmäßig verneinend *Dreier/Schulze/Dreier*[3] Rdnr. 17; *Wandtke/Bullinger/Wandtke*[3] Rdnr. 69; *Fromm/Nordemann/Vinck*[9] Rdnr. 3; *Gernot Schulze* GRUR 1994, 855, 868; *Rieg* GRUR 1994, 425/428; offen gelassen von BGH GRUR 1991, 133/135 – Videozweitauswertung; vgl. auch AmtlBegr. BT-Drucks. IV/270, S. 62, nach der die unabdingbaren Regelungen, wie etwa § 31 Abs. 4 grundsätzlich auch im Arbeitsverhältnis gelten, zumindest wenn der Urheber kein wirtschaftlich gesicherter Arbeitnehmer oder Beamter ist, der kein Risiko für sein Schaffen trägt und für den das Alimentationsprinzip des Dienstherrn gilt). § 43 ist insoweit eine **die Nichtabdingbarkeit durchbrechende Spezialnorm,** solange damit der unterschiedlichen Interessenlage und Schutzbedürftigkeit des abhängigen Werkschöpfers gegenüber dem freischaffenden Urheber einerseits und den Interessen des Arbeitgebers und Dienstherrn andererseits Rechnung getragen wird (insoweit zustimmend *Dreier/Schulze/Dreier*[3] Rdnr. 17).

§ 43 verweist seinem Wortlaut nach nur auf die Vorschriften des 2. Unterabschnitts. Der Bereich der Nutzungsrechte ist von der Eigenart der Arbeits- und Dienstverhältnisse hauptsächlich betroffen, und nur hierfür hat der Gesetzgeber ein Bedürfnis für eine ausdrückliche Regelung gesehen. Dies schließt jedoch nicht aus, dass **Inhalt oder Wesen des Arbeits- oder Dienstverhältnisses auch auf andere, außerhalb des 2. Unterabschnitts geregelte Normen des Gesetzes Auswirkungen haben können.** So kommen in einem Arbeits- oder Dienstverhältnis insbesondere auch **Einschränkungen der Urheberpersönlichkeitsrechte** (§§ 12–14 und 41) in Betracht (Rdnr. 73 ff.).

V. Einräumung von Nutzungsrechten

1. Verpflichtung zur Nutzungseinräumung

37 **Das Arbeitsergebnis** steht dem Arbeitgeber zu (*Schaub* Arbeitsrechts-Hdb. 12 § 113 II 2 mwN). Dies gilt auch für urheberrechtsschutzfähige Werke, die im Rahmen von Arbeits- oder Dienstverhältnissen geschaffen werden (BGH GRUR 1952, 257 – Krankenhauskartei; BAG GRUR 1961, 491 – Nahverkehrschronik; *Hubmann*, Fs. für A. Hueck, S. 43/46; *Schaub* Arbeitsrechts-Hdb.[12] § 115 Rdnr. 6).

38 a) Aus dem Eigentumserwerb folgt jedoch nicht per se auch der Übergang der Nutzungsrechte. Der Arbeitgeber ist darauf angewiesen, dass ihm der Arbeitnehmer die Nutzungsrechte einräumt (*Ulmer*[3] § 95 II 1). Die **grundsätzliche Verpflichtung** des Arbeitnehmers zur Einräumung von Nutzungsrechten ergibt sich aus dem Zweck des Arbeitsvertrages; dem Arbeitgeber soll die schöpferische Leistung des Arbeitnehmers zur Verfügung stehen, der Arbeitnehmer wiederum erhält für seine Arbeitsleistungen den vereinbarten Lohn. Das aus Arbeitsvertrag geschuldete Entgelt ist die Vergütung für das als Gegenwert erwartete Arbeitsergebnis.

39 b) Die Verpflichtung zur Nutzungseinräumung obliegt auch den Beamten. Bei Werken, die der Beamte im Rahmen seiner dienstrechtlichen Verpflichtungen geschaffen hat, ergibt sich diese Pflicht aus den Regeln des öffentlichen Rechts. Die Rechtseinräumung selbst erfolgt jedoch zivilrechtlich (*Ulmer*[3] § 95 I 1).

Man muss hier also zwei Ebenen auseinanderhalten:
Auf der ersten Stufe geht es um die Frage, **ob** der Beamte zur Nutzungseinräumung verpflichtet ist; eine solche Verpflichtung kann in einem öffentlich-rechtlichen Dienstverhältnis nur

öffentlich-rechtlicher Natur sein. Die zweite Stufe betrifft das **Wie** der Nutzungseinräumung, das den Regeln des Zivilrechts folgt. Das öffentliche Dienstrecht stellt keine Normen zur Verfügung, kraft derer sich ein Dienstherr Nutzungsrechte an Werken seiner Beamten im Wege hoheitlichen Handelns verschaffen könnte.

2. Stillschweigende Nutzungseinräumung

Haben die Parteien im Arbeits-, Dienst oder Tarifvertrag keine urheberrechtlichen Regelungen getroffen, so ist im Rahmen der arbeits- bzw. dienstrechtlichen Verpflichtungen idR von einer **stillschweigenden Einräumung** auszugehen (RGZ 153, 1/8 – Rundfunksendung von Schallplatten; BGH GRUR 1952, 257/258 – Krankenhauskartei; BGH GRUR 1960, 609/612 – Wägen und Wagen; BGH GRUR 1974, 480/483 – Hummelrechte; KG GRUR 1976, 264 – Gesicherte Spuren; BAG GRUR 1961, 491 – Nahverkehrschronik LG Köln MMR 2007, 465; *v. Gamm* Rdnr. 2; *Hubmann*[6] § 19 III 1; *Ulmer*[3] § 95 II 1; *Honig* S. 45; *Roithmaier* S. 97 f.; *Vinck* S. 19; *Rehbinder* RdA 1968, 309/312).   40

3. Zeitpunkt der stillschweigenden Nutzungseinräumung

a) Bei Übergabe des Werkes. Übergibt der Arbeitnehmer das Werk dem Arbeitgeber, so ist nach ganz hM spätestens zu diesem Zeitpunkt auch die stillschweigende Einräumung der Nutzungsrechte anzunehmen (vgl. nur BGH GRUR 1974, 480/483 – Hummelrechte; BGH GRUR Int. 2001, 873, 875 – Barfuß im Bett; *Fromm/Nordemann/Axel Nordemann*[10] Rdnr. 30; *Ulmer*[3] § 95 II 2; amtlBegr. RegE 1962 BT-Drucks. IV/270, 61, 62).   41

b) Bei Aufnahme des Arbeits- oder Dienstverhältnisses. Es sind jedoch auch Fallgestaltungen möglich, in denen der Arbeitgeber ein Interesse daran hat, die Nutzungsrechte nicht erst bei Übergabe des Werkes durch den Arbeitnehmer zu erwerben, sondern bereits **beim Abschluss des Arbeitsvertrages** oder bei **Begründung des Dienstverhältnisses,** so zB wenn der Arbeitgeber vor Übergabe des Werkes, dieses durch einen anderen Arbeitnehmer fertig stellen lassen will.   42

Die stillschweigende Rechtseinräumung müsste sich somit bereits bei der Aufnahme des Arbeits- oder Dienstverhältnisses auf künftige Werke beziehen. § 40 verlangt für eine Verpflichtung zur Einräumung von Nutzungsrechten an künftigen Werken, die überhaupt nicht näher oder nur der Gattung nach bestimmt sind, die **Schriftform.** Durch den Formzwang soll der Werkschöpfer auf die weitgehende Verpflichtung und damit Bindung hingewiesen werden (vgl. § 40 Rdnr. 2).   43

Einer entsprechenden Schutzfunktion bedarf es jedoch in der Regel für den im Arbeits- oder Dienstverhältnis tätigen Urheber nicht. Der Urheber weiß, welche Aufgaben er im Rahmen seiner Arbeits- und Dienstpflichten zu erfüllen hat. Ihm ist somit auch bekannt, welche Werke durch den Arbeitgeber genutzt werden. Eine bei Aufnahme des Arbeits- oder Dienstverhältnisses erfolgende stillschweigende Rechtseinräumung für künftige Werke ist somit möglich (LG Köln ZUM 2008, 76, 77; *Dreier/Schulze/Dreier*[3] Rdnr. 19; *Möhring/Nicolini/Spautz*[2] Rdnr. 8,; *Fromm/Nordemann/Axel Nordemann*[10] Rdnr. 49; *v. Gamm* § 31 Rdnr. 7; *Ulmer*[3] § 95 III 1 für Arbeitsverträge, der eine Anwendung des § 40 für Dienstverhältnisse bereits deshalb verneint, weil § 40 einen Vertrag voraussetze: Die Verpflichtung aus dem Dienstverhältnis beruhe jedoch nicht auf Vertrag, sondern auf Regeln des öffentlichen Rechts; *Uhl* S. 171; *Sack*, Münchener Hdb. ArbR[2], Bd. 1, § 102 Rdnr. 13; *Schweyer* CR 1994, 684/685; *Rehbinder* WiB 1994, 461/463; *Kraßer*, Fs. für Schricker, S. 77/93; aA *Wandtke/Bullinger/Wandtke*[3] Rdnr. 48; OLG Celle CR 1994, 681/683 f.).   44

Eine Anwendung des § 40 auf den in einem Arbeits- oder Dienstverhältnis stehenden Urheber käme nur dann in Betracht, wenn er nicht zum Zwecke einer schöpferischen Tätigkeit angestellt wurde, sondern nur beiläufig oder auf der Grundlage gesonderter Vereinbarungen schutzfähige Werke schafft. In diesem Fall kann der Arbeitnehmer bzw. der Beamte die Auswirkungen einer Verpflichtung zur Einräumung der Nutzungsrechte an allen künftigen Werken bei Abschluss des Arbeitsvertrages oder bei Begründung des Dienstverhältnisses nicht überblicken, so dass die Schutzfunktion des § 40 in diesem Fall eingreift (*Bollack* GRUR 1976, 74; *Rehbinder* RdA 1968, 309/313, so wohl auch *Dreier/Schulze/Dreier*[3], Rdnr. 19). Eine stillschweigende Nutzungsrechtseinräumung für diese künftigen Werke zum Zeitpunkt des Abschlusses des Arbeitsvertrages ist insoweit unwirksam, so dass die Einräumung der Nutzungsrechte idR erst mit Ablieferung des Werkes erfolgt.

4. Verfügung über die Nutzungsrechte

45 Die Einräumung **ausschließlicher** Nutzungsrechte, um die es sich im Rahmen von Arbeits- und Dienstverhältnissen idR handeln wird, bedarf der **Verfügung** über die Nutzungsrechte (vgl. vor §§ 28 ff. Rdnr. 19, 43).

46 a) Ist nach dem Vertragsinhalt unter Berücksichtigung der wechselseitigen Interessen davon auszugehen, dass dem Arbeitgeber bereits bei Abschluss des Arbeitsvertrages oder bei Aufnahme des Dienstverhältnisses die Nutzungsrechte stillschweigend eingeräumt werden sollen, erfasst dies nicht nur die schuldrechtliche Verpflichtung, sondern auch die **Vorausverfügung über die Nutzungsrechte** selbst (vgl. vor §§ 28 ff. Rdnr. 46). Das zu berücksichtigende wirtschaftliche Interesse des Arbeitgebers geht dahin, die Arbeitsergebnisse nutzen zu können, ohne dass er zusätzlich noch jeweils auf eine Verfügung über die Nutzungsrechte nach deren Schaffung angewiesen wäre. Eine nur schuldrechtliche Verpflichtung des Arbeitnehmers, die Nutzungsrechte an allen zukünftig zu schaffenden Werken dem Arbeitgeber einzuräumen, stellt keine ausreichende Sicherung des Arbeitgebers dar. So könnte der Arbeitnehmer unter Verletzung seiner arbeitsvertraglichen Pflichten die Nutzungsrechte wirksam Dritten einräumen. Der Arbeitgeber wäre auf Schadensersatzansprüche gegenüber seinem Arbeitnehmer angewiesen. In der Regel ist daher auch **von einer stillschweigenden Vorausverfügung über die Nutzungsrechte in Arbeits- und Dienstverhältnissen auszugehen** (*Recher* S. 202 ff.; *Roithmaier* S. 92; aA wohl *Sack*, Münchener Hdb. ArbR[2], Bd. 1, § 102 Rdnr. 14, siehe hierzu auch *v. Olenhusen*, S. 177 mwN).

47 b) Ausdrückliche Vorausverfügungen über die Nutzungsrechte finden sich auch in **Tarifverträgen** (Rdnr. 110). Die Reichweite der tarifvertraglichen Regelungsmöglichkeiten wird durch § 1 TVG bestimmt. Danach regelt der Tarifvertrag die Rechte und Pflichten der Vertragsparteien und enthält Rechtsnormen, die den Inhalt, den Abschluss und die Beendigung von Arbeitsverhältnissen sowie betriebliche und betriebsverfassungsrechtliche Fragen ordnen können. Zum Inhalt des Arbeitsverhältnisses gehören auch die aus ihm resultierenden Rechte und Pflichten des Arbeitnehmers und des Arbeitgebers, so dass in einem Tarifvertrag alles das geregelt werden kann, was auch in einem Einzelarbeitsvertrag zulässig ist (*Hueck/Nipperdey*, Lehrbuch des Arbeitsrechts[7], 1967, Bd. II/1 § 15 II 5 a). Auch die urheberrechtliche Vereinbarung über die Vorausverfügung ist ein Teil des Arbeitsvertrages. Als Inhalt des Arbeitsverhältnisses ist sie somit einer kollektiven Regelung zugänglich (*Siebert*, Fs. für Nipperdey, 1955, S. 119/140; zur Problematik der kollektiven Regelung von Persönlichkeitsrechten vgl. allerdings *Blomeyer*, Fs. für Hubmann, 1985, S. 23 mwN). Dementsprechend **können Urheberrechtsklauseln** auch in einen **Tarifvertrag** aufgenommen werden (*Herschel* UFITA 94 [1982] 35; *Samson*, Fs. für Roeber, 1973, S. 547; *Riepenhausen* RdA 1972, 232; *ders.* AR-Blattei [D], Urheberrechte II, II Tarifvertragsrecht; *Roeber* FuR 1975, 321; ausführlich zur Frage, welchen Umfang Urheberrechte in einem Tarifvertrag geregelt werden können *Wandtke/Bullinger/Wandtke*[3] Rdnr. 127 ff). Dies umfasst auch eine Vorausverfügung über die Nutzungsrechte selbst (ebenso *Herschel* UFITA 94 [1982] 35/43/44, der die Regelungsmöglichkeit im Tarifvertrag kraft Sachzusammenhangs begründet; *Rehbinder* WiB 1994, 461/464; aA *Hubmann* RdA 1987, 89/91 sowie *Sack*, Münchener Hdb. ArbR[2], Bd. 1, § 102 Rdnr. 14, die lediglich eine Verpflichtung zur Einräumung von Nutzungsrechten annehmen).

5. Umfang der Nutzungseinräumung

48 a) Vertragliche Regelung. aa) Nach hM gilt die Zweckübertragungstheorie grundsätzlich auch für in einem Arbeits- oder Dienstverhältnis geschaffene Werke (aA *Zöllner*, Fs. für Hubmann, S. 523/531, der jedenfalls für den „untypischen" Urheber auf eine Abwägung der beiderseitigen Interessen unter Zugrundelegung der arbeitsvertraglichen Schutz-, Rücksichts- und Förderungspflichten abstellt). Die **Zweckübertragungslehre** kommt jedoch dann **nicht zur Anwendung,** wenn die Vertragsparteien den **Umfang der Rechtseinräumung im Einzelnen vertraglich geregelt** haben (s. § 31 Abs. 5). Mit steigender Tendenz sind sowohl in Arbeits- wie auch in Tarifverträgen zum Teil umfassende Urheberrechtsklauseln zu finden (s. Rdnr. 110). Der Arbeitgeber bzw. der Dienstherr kann sich vertraglich die Nutzungsrechte inhaltlich, räumlich und zeitlich unbeschränkt einräumen lassen. Die Vertragsfreiheit wird nicht durch die betrieblichen Zwecke eingeschränkt. Der Arbeitgeber kann sich daher vertraglich auch Nutzungsrechte einräumen lassen, die er offenkundig für seinen Betrieb nicht benötigen wird. Die **Grenze der Vertragsfreiheit** wird auch hier **erst durch § 138 BGB gezogen.**

bb) Grundsätzlich sind im Anwendungsbereich des § 43 auch die **zwingenden Normen** 49
des Urheberrechtsgesetzes abdingbar (Rdnr. 36). So kann der Arbeitnehmer auf seine Namensnennung im Arbeitsvertrag verzichten. Ebenso kann vertraglich ein unbeschränktes Änderungsrecht vereinbart werden. Diese Vereinbarungen finden jedoch da ihre Grenze, wo das Urheberpersönlichkeitsrecht in seinem Kern getroffen wird (zu den Beschränkungsmöglichkeiten der Urheberpersönlichkeitsrechte s. Rdnr. 73 ff.).

Haben die Parteien im Arbeits- oder Tarifvertrag bei der Einräumung des Nutzungsrechts die 50
Nutzungsarten, auf die sich das Recht erstrecken soll, nicht einzeln bezeichnet, so ist für die **Auslegung der Verträge** wiederum die Lehre von der **Zweckübertragung** heranzuziehen.

b) Stillschweigende Nutzungseinräumung. aa) Anwendung der Zweckübertragungs- 51
lehre. Soweit die den Gegenstand der Rechtseinräumung bildenden Nutzungsarten nicht einzeln bezeichnet sind, es sich insbesondere um eine stillschweigende Nutzungseinräumung handelt, ist der Umfang gemäß der Zweckübertragungslehre zu klären (s. §§ 31/32 Rdnr. 39 f.). Der Grundsatz, dass das Urheberrecht die Tendenz hat, soweit als möglich beim Urheber zu bleiben (*Ulmer*[3] § 84 III, IV), ist auch bei Arbeits- oder Dienstverhältnissen zu berücksichtigen. Dieser Grundsatz erfährt jedoch insofern eine Einschränkung, als den berechtigten Interessen des Arbeitgebers oder Dienstherrn an einer ungestörten Verwertung der im Rahmen eines Arbeits- oder Dienstverhältnisses geschaffenen Werke Rechnung zu tragen ist. Nach hM sind daher dem Arbeitgeber oder dem Dienstherrn **die Nutzungsrechte insoweit einzuräumen,** wie er sie für seine **betrieblichen** oder **dienstlichen Zwecke** benötigt (vgl. nur BGH GRUR 1974, 480, 482 – Hummelrechte; KG GRUR 1976, 264 – Gesicherte Spuren; *Dreier/Schulze/Dreier*[3] Rdnr. 20; *Wandtke/Bullinger/Wandtke*[3] Rdnr. 55 mit Beispielen; *v. Gamm* Rdnr. 2; *Fromm/Nordemann/Axel Nordemann*[10] Rdnr. 30; *Ulmer*[3] § 95 III 2; zum österr. Recht OLG Wien Schulze Ausl. Österr. 106).

bb) Begriff der betrieblichen Zwecke. Im Hinblick auf die vielfältigen rechtlichen und 52
tatsächlichen Gestaltungen eines Unternehmens ist der Begriff der „betrieblichen Zwecke" näher zu erläutern. Eine allgemeine gesetzliche Begriffsbestimmung des Betriebes fehlt. *Hueck/Nipperdey* hat folgende Definition geprägt: „Betrieb ist die organisatorische Einheit, innerhalb derer ein Unternehmer allein oder in Gemeinschaft mit seinen Mitarbeitern mit Hilfe von sächlichen und immateriellen Mitteln bestimmte arbeitstechnische Zwecke fortgesetzt verfolgt" (*Hueck/Nipperdey*[7] [Rdnr. 47] Bd. I § 16 II). **Jeder Betrieb bildet somit eine organisatorische Einheit.** Ein Betriebsinhaber kann durchaus mehrere Betriebe haben. Daher kann aufgrund der Identität des Betriebsinhabers nicht zwingend auf einen einheitlichen Betrieb geschlossen werden. Bei mehreren Einrichtungen ist vielmehr die einheitliche technische Zwecksetzung entscheidend. Indizien für die Einheitlichkeit sind räumliche Einheit, Vorhandensein gemeinsamer Betriebseinrichtungen, gemeinsame Leitung vor allem technischer Art, Verbundenheit durch das Arbeitsverfahren usw. (BAG AP Nr. 5, 7 zu § 3 BetrVG). Der betriebliche Zweck muss im Einzelfall ermittelt werden, wenn er aus dem Arbeits- oder Tarifvertrag nicht zu entnehmen ist (vgl. *Wandtke/Bullinger/Wandtke*[3] Rdnr. 59 ff. mit zahlreichen Beispielen).

Hat der **Arbeitgeber mehrere Betriebe,** richtet sich der **Umfang der Rechtseinräu-** 53
mung nur nach den Bedürfnissen **des Betriebes, für den der Arbeitnehmer tätig ist** (BGH GRUR 1978, 244, 246 – Ratgeber für Tierheilkunde). Der Arbeitnehmer wird nämlich für eine bestimmte Tätigkeit und eben nur für einen bestimmten Betrieb angestellt. Nach allgemeinen Regeln des Arbeitsrechts beziehen sich seine Pflichten auch nur auf diesen Betrieb. Es ist daher sachgerecht, auch den Umfang der Nutzungseinräumung nach diesem Betriebsbegriff zu bestimmen (ebenso *Dittrich* S. 67/68). Bei Konzernen, insbesondere Medienkonzernen, käme es ansonsten allein aufgrund der wirtschaftlichen Größe der Unternehmen zu einer weitgehenden stillschweigenden Nutzungseinräumung durch den angestellten Urheber. Damit könnte ein Konzern die Werke des angestellten Urhebers in vielfältiger Weise verwerten, obwohl der Arbeitnehmer selbst nur für einen bestimmten Betrieb tätig ist. Ein berechtigtes Interesse an einer entsprechend weitgehenden Nutzungseinräumung ist nicht anzuerkennen (aA *Sack,* Münchener Hdb. ArbR[2], Bd. 1, § 102 Rdnr. 20, wonach bei Arbeitnehmern eines Konzernunternehmens der betriebliche Zweck auch die Nutzung des Werkes durch alle dem Konzern angehörenden Unternehmen umfassen kann).

cc) Änderung oder Erweiterung des Betriebszweckes. Während der Dauer eines Arbeits- 54
verhältnisses kann sich der **Betriebszweck ändern,** oder es können sich – sei es durch unternehmerische Diversifikation, sei es durch die Einführung neuer Techniken – **neue Verwertungsmöglichkeiten** ergeben, die beim Abschluss des Arbeitsvertrages noch nicht bekannt waren.

In **urheberrechtlicher Hinsicht kann dies zur Folge haben, dass der Arbeitgeber weitere Nutzungsrechte benötigt.** Beispiele: Ausdehnung des wirtschaftlichen Betätigungsfeldes eines Buch- oder Zeitschriftenverlages auf Hörfunk- und Fernsehproduktionen; Verbreitung der Sendungen einer Rundfunkanstalt bisher mittels elektromagnetischer Wellen über terrestrische Sende- und Empfangsstationen, künftig auch über Kabel und Satellit.

In **diesen Fällen können auch die neuen, weiteren Nutzungsrechte von der stillschweigenden Nutzungseinräumung umfasst sein,** da die Rechtseinräumung einer gewissen Dynamik der Entwicklung des Betriebszwecks des Arbeitgebers entsprechen muss; andernfalls wäre dieser in seinem Fortkommen durch die jeweils erforderliche zusätzliche Rechtseinholung über Gebühr beschwert (so auch *Blatz* S. 73 ff.; *Fromm/Nordemann/Axel Nordemann*[10] Rdnr. 31; *Sack,* Münchener Hdb. ArbR.², Bd. 1, § 102 Rdnr. 17; *Dreier/Schulze/Dreier*³ Rdnr. 20; *Loewenheim/Nordemann,* § 63 Rdnr. 31, der auf den Betriebsweck im Zeitpunkt des Rechtsübergangs abstellt; *v. Olenhusen/Ernst* in *Hoeren/Sieber,* Teil 7.3 Rdnr. 98, der von einer stillschweigenden Vertragsänderung ausgeht, wenn der Arbeitnehmer der Nutzung nicht widerspricht; aA *Dittrich* S. 66/67, der auf den Zeitpunkt des Abschlusses des Arbeitsvertrages abstellt). Als Dauerschuldverhältnis ist das Arbeitsverhältnis in Bezug auf die gegenseitigen Rechte und Pflichten der Parteien Veränderungen unterworfen, denen durch ergänzende Vertragsauslegung und bei einschneidendem Wandel durch Anpassung an die geänderte Geschäftsgrundlage gemäß § 242 BGB Rechnung zu tragen ist. Aus der Verpflichtung zur Einräumung auch der weiteren Nutzungsrechte kann jedoch nicht in jedem Fall geschlossen werden, dass sich die Nutzungseinräumung auch auf diese weiteren Nutzungsrechte bezieht. Man wird zu unterscheiden haben: Benutzt der Arbeitgeber für die Verwertung der urheberrechtlich geschützten Arbeitsergebnisse **neue Technologien,** so wird idR von einer stillschweigenden Nutzungseinräumung auszugehen sein. Bei der Aufnahme des Arbeitsverhältnisses weiß der Arbeitnehmer, dass der Arbeitgeber im Laufe der Zeit auch neue technische Entwicklungen übernehmen wird (aA *Vinck* S. 35, der für diese Fallgestaltung eine ausdrückliche Rechtseinräumung fordert; *Wandtke/Bullinger/Wandtke*³ Rdnr. 72). **Dehnt** der Arbeitgeber hingegen seinen **Geschäftsbetrieb auf neue Unternehmungen** aus, kann nicht mehr von einer stillschweigenden Nutzungseinräumung ausgegangen werden. Vielmehr benötigt der Arbeitgeber in diesem Fall eine ausdrückliche Nutzungseinräumung durch den Arbeitnehmer, da dieser bei Abschluss des Arbeitsvertrages nicht mit einer Diversifikation des Unternehmens auf andere Branchen rechnen muss (so auch *Dreier/Schulze/Dreier*³ Rdnr. 20).

55   dd) Rechtsprechung. Auch die **Rechtsprechung** geht davon aus, dass sich der Umfang **der Nutzungseinräumung nach dem jeweiligen Betriebszweck** richtet. Die Rechtsprechung schwankt zwischen einer arbeitgeber- und arbeitnehmerfreundlichen Tendenz (*Vinck* FuR 1979, 65). Zum Teil wird davon ausgegangen, dass bei der Ermittlung des Vertragszweckes die Interessen des Arbeitgebers in besonderer Weise zu berücksichtigen sind (BGH GRUR 1974, 480/482 – Hummelrechte; OLG Hamburg GRUR 1977, 556/558 – Zwischen Marx und Rothschild). Ebenso wird das wirtschaftliche Risiko des Arbeitgebers zu seinen Gunsten in Erwägung gezogen (OLG Karlsruhe GRUR 1984, 522 – Herrensitze in Schleswig-Holstein – allerdings zu einem Bestellvertrag).

Besonders weitgehend interpretierte das KG den Stiftungszweck der Stiftung Preußischer Kulturbesitz (GRUR 1976, 264 – Gesicherte Spuren) und entschied, dass die Stiftung gemäß ihrem Stiftungszweck selbst einen Bildband mit Abbildungen von Exponaten aus ihrem Museumsbestand herausgeben und daher für einen solchen Bildband auch die Fotografien einer angestellten Fotografin verwenden könne. Dass es auch noch als vom Stiftungszweck umfasst angesehen wurde, derartige Fotografien einem der leitenden wissenschaftlichen Mitarbeiter der Stiftung zur eigenen kommerziellen Nutzung zu überlassen, überrascht allerdings nicht wenig.

Andererseits hat der BGH in der Entscheidung „Ratgeber für Tierheilkunde" (GRUR 1978, 244) dem Arbeitgeber die Beweislast dafür aufgebürdet, dass er mit der Zahlung des Lohnes auch sämtliche Nutzungsrechte erworben hat. Das BOSchG hat den Vertrag zwischen einem Bühnenbildner und einem Theaterunternehmer dahingehend ausgelegt, dass das Bühnenbild mangels anderer ausdrücklicher Vereinbarungen nur für das in Frage kommende Theater benutzt werden dürfe (zitiert bei *Riepenhausen,* Das Arbeitsrecht der Bühne², 1956, S. 126 f.).

Nach einem Urteil des OLG Nürnberg (v. 18. 2. 1997 – 3 U 305/96) umfasst die stillschweigende Nutzungsrechtseinräumung an einem Museumsführer, den ein Museumsdirektor außerhalb seiner Dienstpflichten geschaffen hatte, neben dem Vervielfältigungs- und Verbreitungsrecht nur das Recht, das Werk um Abschnitte zu ergänzen, die neu hinzukommende Ausstellungsobjekte beschreiben und erläutern. Vom Zweck der Nutzungsrechtseinräumung nicht mehr gedeckt sei hingegen die Änderung von Abschnitten über bereits fertiggestellte und unveränderte Museumsobjekte.

ee) Noch nicht bekannte Nutzungsarten. § 31a wie auch § 31 Abs. 4 aF gelten grundsätzlich auch für Urheber in Arbeits- oder Dienstverhältnissen und kann bzw. konnte damit vertraglich auch im Arbeitsvertrag geregelt werden; zum alten Rechte § 31 Abs. 4 und damit zur Frage der Wirksamkeit der Altverträge bei arbeitsvertraglicher Regelung BGH GRUR 1991, 133/135 – Videozweitauswertung, OLG München GRUR 1994, 115/116 – audiovisuelle Verfahren; *Castendyk*, S. 332/343; aA *Mathis* S. 125 ff. mwN); *Loewenheim* EWiR 1991, 83/84; *Rehbinder* WiB 1994, 461/465; *G. Schulze* GRUR 1994, 855/868; *Loewenheim/Nordemann* § 63 Rdnr. 33; so im Ergebnis wohl auch *Zirkel* WRP 2003, 59/62; *ders.* ZUM 2004, 626 ff., der jedoch für diesen Fall grundsätzlich einen gesonderten Vergütungsanspruch bejaht; *Dreier/Schulze/Dreier*[3] lehnt im Regelfall die Abdingbarkeit des § 31 Abs. 4 aF ab, Rdnr. 17 mwN; *Castendyk*, aaO, der darauf abstellt, ob sich aus Inhalt und Wesen des konkreten Arbeitsverhältnisses ergibt, dass der Geschäftszweck des Unternehmens gerade die Erschließung eines neuen Geschäftsfeldes im Zusammenhang mit einer technisch bekannten, aber wirtschaftlich noch unbedeutenden Nutzungsart ist und daher eine einschränkende Auslegung des § 31 Abs. 4 aF befürwortet; aA *Kraßer*, Fs. für Schricker, S. 77/92; BGH (aaO) verneinte die stillschweigende Abbedingung der Schutzvorschrift, da im konkreten Fall die Vergütung des Regisseurs bei Kenntnis von der Nutzungsart der Videozweitauswertung von Spielfilmen voraussichtlich höher ausgefallen wäre. Bewusste Risikogeschäfte im Vorfeld einer sich abzeichnenden wirtschaftlichen Bedeutung bleiben nach der Urheberrechtsnovelle von 2002 entsprechend der bisherigen Rechtsprechung des BGH zulässig.

§ 31a gewährt auch dem Arbeitgeber das Recht, sich vertraglich die Rechtseinräumung auch für unbekannte Nutzungsarten zu sichern. Die Formvorschriften gelten als Schutzvorschrift auch für den Arbeitsvertrag (*Dreier/Schulze/Dreier*[3] Rdnr. 17 sowie § 31a Rdnr. 13). Tarifverträge, die eine entsprechende Klausel über die Rechtseinräumung unbekannter Nutzungsarten enthalten, genügen dem Schriftformerfordernis (*Wandtke/Bullinger/Wandke*[3] Rdnr. 68 u. 69). Fraglich ist, ob dem Arbeitnehmer ein Widerrufsrecht zusteht, § 31a Abs. 1 bzw. ein Vergütungsanspruch § 32c (zumindest für einen zusätzlichen Vergütungsanpruch *Dreier/Schulze/Dreier*[3] § 31a Rdnr. 13; für ein Widerrufsrecht und einen Vergütungsanspruch *Wandtke/Bullinger/Wandtke*[3] Rdnr. 68). Ein Widerrufsrecht ist abzulehnen. Bei der Interessenabwägung zwischen der Sicherung der Arbeitsergebnisse für das Unternehmen auch für noch unbekannte Nutzungsarten und dem Interesse des Arbeitnehmerurhebers an einer weiteren Vergütung bedarf es nicht eines Widerrufsrechts.

VI. Übertragung der Nutzungsrechte an Dritte

1. Weiterübertragung der Nutzungsrechte durch den Arbeitgeber

a) Vertragliche Regelung. Der Nutzungsberechtigte kann die ihm eingeräumten Rechte nur mit Zustimmung des Urhebers an Dritte übertragen, § 34. Ebenso kann der ausschließliche Nutzungsberechtigte Dritten ein einfaches Nutzungsrecht nur mit Zustimmung des Urhebers einräumen, § 35. Der Urheber darf jedoch diese Zustimmung nicht wider Treu und Glauben verweigern (s. im Einzelnen § 34 Rdnr. 15 ff.).

Auch der Arbeitgeber oder der Dienstherr kann die eingeräumten Nutzungsrechte nur mit Zustimmung des Arbeitnehmerurhebers oder des Beamten an Dritte weiter übertragen, da sowohl die vermögensrechtlichen als auch die urheberpersönlichkeitsrechtlichen Belange des Arbeitnehmerurhebers oder des Beamten tangiert sein können (*v. Gamm* § 34 Rdnr. 11, 17; *Blatz* S. 73; *Gloy* S. 36; *Vinck* S. 78; *Bollack* GRUR 1976, 74/77).

Die **Zustimmung** zur Weiterübertragung kann **arbeitsvertraglich geregelt** werden. Die erforderliche Zustimmung kann der Urheber auch schon bei Abschluss des Arbeitsvertrages oder bei Aufnahme des Dienstverhältnisses für alle künftigen Werke erteilen; *Dreier/Schulze/Dreier*[3] Rdnr. 21).

b) Stillschweigende Übertragung. Die **Zustimmung** des Urhebers **zur Weiterübertragung** der Rechte kann **stillschweigend** erfolgen (§ 34 Rdnr. 18). Sie wird dann vorliegen, wenn die **Weitergabe** der Nutzungsrechte an Dritte noch vom **Betriebszweck** selbst erfasst wird, BGH GRUR 2005, 860, 862 – Fash 2000; OLG Jena GRUR-RR 2002, 379, 380 – Rudolstädter Vogelschießen; (*Wandtke/Bullinger/Wandtke*[3] Rdnr. 81; *Fromm/Nordemann/Axel Norde-*

§ 43   Urheber in Arbeits- oder Dienstverhältnissen

mann[10] Rdnr. 47; *Rehbinder* RdA 1968, 309/313), insbesondere wenn die Verwertungsform für das Unternehmen typisch ist (*Sack,* Münchener Hdb. ArbR[2], Bd. 1, § 102 Rdnr. 20 mwN).

58   **c) Einzelfälle.** Ist ein **Zeitungsverlag** einer Redaktionsgemeinschaft angegliedert, weiß der Arbeitnehmer schon bei Abschluss des Vertrages, dass seine Werke auch in den Anschlussblättern erscheinen werden; es kann von einer stillschweigenden Zustimmung ausgegangen werden. Dies gilt auch bei einer sonstigen redaktionellen Zusammenarbeit von Verlagen (zu den entsprechenden tarifvertraglichen Regelungen Rdnr. 107).

Das OLG Hamburg (GRUR 1977, 556 – Zwischen Marx und Rothschild) hat in der **entgeltlichen Weitergabe einer Rundfunkproduktion** an **ausländische Rundfunkanstalten** noch eine „rundfunkmäßige" Verwertung gesehen. Der Umfang der Nutzungseinräumung richte sich nach den Erfordernissen der Rundfunkanstalt, wobei bei der Ermittlung des Vertragszwecks die Interessen des Arbeitgebers in besonderer Weise zu berücksichtigen seien. Zu den Aufgaben der Rundfunkanstalten gehöre nicht lediglich der Programmaustausch innerhalb der ARD, sondern auch ein, sogar entgeltlicher, Austausch mit ausländischen Rundfunkanstalten (ebenso *Herrmann* AÖR 90 (1965) 286/312; *Hillig* FuR 1963, 12; *Samson,* Fs. für Roeber, 1973, S. 547/553).

Das OLG Düsseldorf hat das Recht des Arbeitgebers, den Text einer Imagebroschüre, die keine direkten Bezüge auf das Unternehmen und die Produkte enthält und auch eine Nutzung durch andere als den Arbeitgeber zulässt, Dritten einzuräumen, mangels vertraglicher Regelung verneint. Von einer stillschweigenden Zustimmung könne nicht ausgegangen werden, da die Weitergabe nicht mehr vom Betriebszweck erfasst worden sei (Urteil vom 15. 2. 2008 Beck RS 2008, 05 934).

2. Weiterübertragung der Nutzungsrechte durch den Arbeitnehmer oder Beamten

59   **a) Beschränkung durch die arbeitsvertragliche Treuepflicht.** Nutzungsrechte, die dem Arbeitgeber nicht ausdrücklich oder stillschweigend eingeräumt worden sind, verbleiben bei dem Urheber. Inwieweit jedoch der Werkschöpfer die ihm verbleibenden Nutzungsrechte selbst oder durch Dritte verwerten kann, ist nach arbeitsrechtlichen Grundsätzen zu klären. Der angestellte Urheber ist bei der **eigenständigen Verwertung seines Werkes** durch seine **arbeitsrechtliche Treuepflicht gebunden.** Nach § 60 Abs. 1 HGB darf der Handlungsgehilfe ohne Einwilligung seines Prinzipals weder ein Handelsgewerbe betreiben noch in dessen Handelszweig für eigene oder fremde Rechnung Geschäfte machen. Für sonstige Arbeitnehmergruppen fehlen entsprechende gesetzliche Regelungen. Nach ständiger **Rechtsprechung des BAG** obliegt jedoch allen Arbeitnehmern während **der Dauer des Arbeitsvertrages ein Wettbewerbsverbot.** Diese Verpflichtung des Arbeitnehmers ergibt sich aus der allgemeinen Treuepflicht (BAG AP Nr. 7, Nr. 10 zu § 611 BGB – Treuepflicht; *Schaub* Arbeitsrechts-Hdb.[12] § 57 V 1; *Sack,* Münchener Hdb. ArbR[2], Bd. 1, § 102 Rdnr. 19). Somit darf der angestellte Werkschöpfer durch die eigene Verwertung der ihm verbleibenden Rechte oder durch die Übertragung dieser Rechte an Dritte dem Arbeitgeber keine Konkurrenz machen. Im Einzelfall kann dies so weit gehen, dass der Urheber von einer eigenen Verwertung der ihm verbleibenden Rechte ganz ausgeschlossen ist (*Dittrich* S. 68; *Vinck* S. 32; *Zöllner,* Fs. für Hubmann, S. 523/536; *Dreier/Schulze/Dreier*[3] Rdnr. 22; manche Tarifverträge enthalten Klauseln, die den Umfang und die Modalitäten der Übertragung der dem Arbeitnehmer verbliebenen Rechte festlegt).

60   **b)** Im Hinblick auf die arbeitsvertragliche Treuepflicht finden auch die Auslegungsregeln des **§ 38 UrhG für Beiträge zu Sammlungen eine Einschränkung.** Grundsätzlich gelten zwar diese Auslegungsregeln auch für den Arbeitnehmer, jedoch sind bei ihrer Anwendung die besonderen Interessen des Arbeitgebers zu berücksichtigen. Gemäß § 38 Abs. 1 kann der Werkschöpfer nach Ablauf eines Jahres seit Erscheinen seines Beitrages diesen anderweitig vervielfältigen und verbreiten; für angestellte Urheber gilt dies jedoch idR nur dann, wenn der Arbeitgeber den Beitrag nicht mehr benötigt und der Urheber dadurch zu seinem eigenen Arbeitgeber nicht in Konkurrenz tritt (zustimmend *Sack,* Münchener Hdb. ArbR[2] Bd. 1, § 102, Rdnr. 19).

Nach § 38 Abs. 3 erwirbt der Zeitungsverleger, wenn nichts anderes vereinbart ist, nur ein einfaches Nutzungsrecht. Anders im Arbeitsverhältnis: Hier ist bei einem in einem **Zeitungsverlag** angestellten Urheber regelmäßig davon auszugehen, dass er seinem Arbeitgeber **stillschweigend ein ausschließliches Nutzungsrecht einräumt** (*Schmidt-Osten,* Der Journalist 1962, 2/3). Nach Veröffentlichung des Beitrages kann der Urheber diesen auch nur insoweit verwerten, als er dadurch die Interessen seines Arbeitgebers nicht verletzt. Wollen zB sowohl der Redakteur wie auch der Verlag den Beitrag an Dritte weitergeben, dann müssen die Belange des

Werkschöpfers hinter denen des Arbeitgebers zurückstehen. Die schöpferische Tätigkeit des Redakteurs erfolgt im Dienst des Verlages, der seinen Geschäftsbetrieb auch auf die Verwertung der geschriebenen Beiträge ausgerichtet hat. Die Nutzung des Arbeitsergebnisses gebührt grundsätzlich dem Arbeitgeber. Der Arbeitnehmer muss aufgrund der Treuepflicht dem Verlag die Einwilligung zur Weitergabe erteilen. Davon zu trennen ist die Frage, ob dem Redakteur für diese Weitergabe ein zusätzliches Entgelt zusteht (Rdnr. 65, 66).

c) Das Arbeitsergebnis eines **Beamten** gehört dem Dienstherrn grundsätzlich **ohne zeitliche Beschränkung** (*Schmieder* GRUR 1963, 297/300). Ein Recht des Beamten, seinen in einer Sammlung des Dienstherrn veröffentlichten Beitrag nach Ablauf eines Jahres selbst anderweitig zu vervielfältigen und zu verbreiten, kann daher nur ausnahmsweise in Betracht kommen, wenn ein Interesse des Dienstherrn am Unterlassen der anderweitigen Verwertung unter keinem Gesichtspunkt ersichtlich ist (für ein weitergehendes Recht des Beamten *Troidl* BayVBl. 1972, 93/95).

Der **Beamte** wird die ihm verbleibenden Nutzungsrechte idR nur im Rahmen einer **Nebentätigkeit** verwerten können. Nebentätigkeiten sind jedoch in einem Dienstverhältnis nur insofern zulässig, als sie die hauptberufliche Arbeit nicht beeinträchtigen. Sie werden zum Teil nach näherer Maßgabe der Vorschriften über das Nebentätigkeitsrecht von einer **Genehmigung des Dienstherrn** abhängig gemacht, die allerdings nur bei Vorliegen sachlicher Gründe verweigert werden darf (*Pakuscher,* Fs. für Roeber, 1973, S. 307; *Schmieder* GRUR 1963, 297; *Troidl* BayVBl. 1972, 93). Erarbeitet ein Beamter zB im Auftrage seiner Dienststelle ein Gutachten betreffend Steuerreformen, so kann er dieses nicht ohne Genehmigung der Dienststelle publizieren. Anderes gilt, soweit ein Beamter nicht das Arbeitsergebnis als solches, sondern nur die bei der Erstellung des Arbeitsergebnisses gewonnenen Kenntnisse und Erfahrungen anderweitig – etwa im Rahmen einer genehmigungsfreien schriftstellerischen Tätigkeit – verwerten will (Rdnr. 31).

d) Eine Sonderstellung nehmen die **verbeamteten Hochschulangehörigen** ein. Ein Professor wird in der Regel im Rahmen seiner Forschungs- und Lehrtätigkeit urheberrechtsschutzfähige Werke schaffen. Die Veröffentlichung von Forschungsergebnissen und Unterrichtsmaterialien gehört nicht mehr zum Aufgabenbereich der Professoren (Rdnr. 31). Allerdings hat das LG Köln die Erstellung von Klausuren für universitäre Prüfungsaufgaben als Dienstpflicht gewertet. Die Nutzungsrechte gehören somit der Universität (LG GRUR 2001, 152; zustimmend *Wandtke/Bullinger/Wandtke*[3] Rdnr. 43; *Leuze* GRUR 2006, 552, 557; *Schricker* in *Hartmer/Detmer,* Hochschulrecht, 2004, S. 435 Rdnr. 68). Im Hinblick auf die besondere, durch Art. 5 Abs. 3 GG garantierte Wissenschaftsfreiheit der Hochschulangehörigen können diese unabhängig von ihrem Dienstherrn entscheiden, ob sie ihre Forschungsergebnisse und Unterrichtsmaterialien veröffentlichen wollen. Etwas anderes gilt nur dann, wenn das Hochschulpersonal, zB wissenschaftliche Mitarbeiter oder wissenschaftliche Hilfskräfte, weisungsabhängig arbeiten (LG Köln ZUM 2000, 579; *Dreier/Schulze/Dreier*[3] Rdnr. 12). Hier kann uU aus dienstrechtlichen Gründen die Veröffentlichung untersagt werden (*Rehbinder,* Fs. für Hubmann, 1985, S. 359/370; vgl. Rdnr. 136).

VII. Vergütungsansprüche für die Nutzungseinräumung

1. Vergütung durch den Arbeitslohn

Der Arbeitnehmer hat für seine Tätigkeit gegenüber dem Arbeitgeber einen Anspruch auf Zahlung des vereinbarten oder – falls eine Vergütung nicht geregelt wurde – des angemessenen Lohnes (ausführlich zur Angemessenheit der Vergütung unter Berücksichtigung von § 32 und 32 a, *Schricker* GRUR 2002, 737 ff.; *ders.* GRUR Int. 2002, 797 ff.; zur Redlichkeit der Vergütung im Film- und Fernsehbereich, *Reber* GRUR 2003, 393 ff.). **Mit dieser Lohnzahlung** ist nach hM **auch die Einräumung derjenigen Nutzungsrechte,** die der Arbeitgeber für die betrieblichen Zwecke benötigt, **abgegolten** (BT-Drucks. 14/8058, S. 44 und Begr. RegE BT-Drucks. 14/6433, S. 18; aA *Wandtke/Bullinger/Wandtke*[3] Rdnr. 137 und *Himmelmann* GRUR 1999, 877 ff. die zwischen Arbeitsentgelt und Nutzungsentgelt unterscheiden; ebenso *Grunert* GRUR 2000, 128/143).

§ 32 sieht vor, dass, wenn die Höhe der **Vergütung nicht bestimmt** ist, der Urheber einen Anspruch auf die angemessene Vergütung hat. Soweit die vereinbarte Vergütung nicht angemessen ist, kann der Urheber von seinem Vertragspartner die Einwilligung in die Änderung des Vertrages verlangen, durch die dem Urheber die angemessene Vergütung gewährt wird, § 32, S. 3. Ein Anspruch auf Vertragsanpassung nach § 32 Abs. 2 Satz 2 ist dann gegeben, wenn die vereinbarte Vergütung nicht dem entspricht, was in der jeweiligen Branche für vergleichbare Werknutzungen üblicherweise – und redlicherweise – gezahlt wird (§ 32 Rdnr. 30 ff.). Im ursprünglichen Gesetzesentwurf der Bundesregierung (BT-Drucks. 14/7564) war in § 43 ausdrücklich auf § 32 Bezug genommen worden. Nach Bedenken des Bundesrates wurde der Verweis auf § 32 fallen gelassen. Der Bundesrat hat nicht die Nachprüfbarkeit bei arbeitsvertraglichen Vereinbarungen als solche beanstandet, sondern die Bedenken beruhten auf evtl. Ungleichbehandlungen der Arbeitnehmer. Nach Auffassung des Bundesrates würde eine Bezugnahme auf § 32 Abs. 1 Satz 1 dort zu Problemen führen, wo – wie etwa bei Rundfunkanstalten – einheitliche, an die Funktion (zB Redakteur) anknüpfende Tarifverträge bestehen, bei denen die Vergütung unabhängig davon erfolgt, ob und ggfs. in welchem Umfange Nutzungsrechte übertragen werden. Arbeitnehmer, die für ihren Arbeitgeber urheberrechtlich geschützte Leistungen erbringen, hätten die Möglichkeit gehabt, Tarifbestimmungen von den Gerichten auf ihre Angemessenheit überprüfen zu lassen, denn die in § 32 Abs. 1 Satz 3 aufgestellte Vermutung sei gemäß § 292 ZPO widerleglich (*Hucko* S. 141/142).

Hieraus ist jedoch nicht zu entnehmen, dass der Gesetzgeber von einer Nichtanwendbarkeit des § 32 im Rahmen des § 43 ausgegangen ist. Vielmehr blieb es beim ursprünglichen Gesetzeswortlaut des § 43. Demgemäß wird auf die Anwendbarkeit der Vorschriften des Unterabschnitts verwiesen, soweit sich aus dem Inhalt oder dem Wesen des Arbeits- oder Dienstverhältnisses nichts anderes ergibt. § 32 Abs. 1 Satz 1 und Satz 2 ist somit grundsätzlich auch auf **Arbeits- und Dienstverträge** anzuwenden. Ist jedoch eine Vergütung zwischen Arbeitgeber und Arbeitnehmer vereinbart worden, ist dies unter arbeitsrechtlichen Gesichtspunkten bindend, da grundsätzlich **Vertragsfreiheit** besteht (BAG NJW 2000, 3580). Die Vertragsfreiheit gilt jedoch auch im Arbeitsrecht nicht schrankenlos. Art. 141 EGV schreibt die Gleichbehandlung zB auch von Mann und Frau vor. Dies ist unmittelbar geltendes Recht. Besteht bei den betreffenden Arbeitnehmern eine vergleichbare Lage (EuGH NZA 2002, 143), hat eine Frau den gleichen Lohnanspruch wie ihr männlicher Kollege (BAG NJW 2000, 3589; BB 2002, 1381). Zu Gunsten des freischöpferischen Urhebers hat der Gesetzgeber die Vertragsfreiheit dahingehend eingeschränkt, dass der Urheber eine Vertragsänderung auf die Angemessenheit der Vergütung von seinem Vertragspartner verlangen kann. Dieser Schutzgedanke kommt grundsätzlich auch für den in einem Arbeitsverhältnis tätigen Urheber in Betracht. Aus dem Inhalt oder dem Wesen des Arbeitsverhältnisses ergibt sich somit, dass auch in diesem Vertragsverhältnis eine entsprechende **Nachprüfung** und damit Neufestsetzung der angemessenen Vergütung erfolgen kann (BAG NZA 2006, 107 – Zur Bestimmung der angemessenen Vergütung Gehaltstarif für Redakteure bei Tageszeitungen; so auch *Grobys/Foerstl* NZA 2002, 1015, 1017, die eine Widerlegung der Angemessenheitsvermutung für zulässig erachten; *Hilty/Peukert* GRUR Int. 2002, 643, 648; *Thüsing* GRUR 2002, 203, 210; *Jacobs* NJW 2002, 1905, 1906; *Mestmäcker/Schulze/Lindner* § 32 Anm. 5; *Dreier/Schulze/Dreier*[3] Rdnr. 30; *Wandtke/Bullinger/Wandtke*[3] Rdnr. 145 ff.; *Fromm/Nordemann/Axel Nordemann*[10] Rdnr. 59; *Flechsig/Hendriks* ZUM 2002, 423, 425; *Wandtke/Grunert* § 32 Rdnr. 4; *Nordemann* S. 87; *Schack* GRUR 2002, 851/855; *Pakuscher* K & R 2003, 182; *Zirkel* WRP 2003, 50 ff.; aA *Ory* AfP 2002, 93, 95; *Bayreuther* GRUR 2003, 570, 573 ff.; *C. Berger* Rdnr. 44, 48; *ders.* ZUM 2003, 173 ff.; *Hillig* AfP 2003, 94 f.; *Loewenheim/v. Becker* § 29 Rdnr. 56, 99). Auch verweist § 32 Abs. 4 auf die Abgrenzungen zu den tarifvertraglichen Regelungen; damit wird implizit anerkannt, dass §§ 32, 32a auch auf Arbeitnehmer Anwendung finden können (*Hucko* S. 166; zu § 32 Rdnr. 4).

Für den beamteten Urheber ist jedoch die Frage der Anwendbarkeit des § 32 wegen des besonderen **Wesens des Dienstverhältnisses im Beamtentum** grundsätzlich im anderen Sinne zu beantworten. Aufgrund des besonderen Treueverhältnisses erhält der Beamte eine angemessene lebenslange Versorgung. Er erhält den Unterhalt, den er für sich und seine Familie benötigt, zB ein höheres Gehalt, sofern er für Kinder zu sorgen hat. Die Alimentation wird nicht zwischen den Parteien vereinbart, sondern durch Gesetz festgelegt. Der Dienstherr hat grundsätzlich kein wirtschaftliches Interesse an einer Einnahmeerzielung aus den Leistungen seiner Beamten (ebenso *Möhring/Nicolini/Spautz*[2] § 43 Rdnr. 11; *Rehbinder*[12] Rdnr. 339; *Kraßer* Fs. Schricker, S. 77, 110; *Leuze* GRUR Int. 2006, 552, 557; *Hauptmann* S. 108; *Ulmann* GRUR 1987, 6, 7; *Haas* Rdnr. 35, 209, 419 ff, 425, 433; aA *Hilty/Peukert* GRUR Int. 2002, 643, 648; *Thüsing* GRUR 2002, 203, 210; *Jacobs* NJW 2002, 1905, 1906; *Mestmäcker/Schulze/Lindner* § 32 Anm. 5; *Dreier/Schulze/Dreier*[3] Rdnr. 30; *Flechsig/Hendriks* ZUM 2002, 423, 425; *Wandtke/Grunert* § 32 Rdnr. 4; *Nordemann* S. 87; *Schack* GRUR 2002, 851/855; *Pakuscher* K & R 2003, 182; *Zirkel* WRP 2003, 50 ff.). Der beamtenrechtliche Alimentationsgedanke trägt dann jedoch nicht mehr, wenn der Staat die Werke seiner Urheber mit Gewinnabsicht verwertet. Werden zB die Reden des Bundeskanzlers oder des Bundespräsidenten in Buchform herausgegeben, käme vom Grundsatz her die Anwendung des § 32 in Betracht.

Ob § 32 für den Arbeitnehmerurheber über Einzelfälle hinausgehend eine relevante Bedeutung gewinnen wird, ist eher zweifelhaft. Zwar werden dreiviertel aller schöpferischen und künstlerischen Leistungen in Deutschland von abhängigen Beschäftigten erbracht (*Schack*[2] Rdnr. 978), aber in einem erheblichen Umfange sind die Vergütungen für die Nutzung der Werke des Arbeitnehmerurhebers tarifvertraglich geregelt (Rdnr. 103 bis 123). Bei Werken, die im Rahmen der Einzelarbeitsvertraglichen Verpflichtungen geschaffen werden, wird der Arbeitslohn in der Regel die angemessene Vergütung enthalten (aA *Wandtke* GRUR 1992, 39; *Himmelmann* GRUR 1999, 877 ff., die von einer getrennten Betrachtung von Lizenzansprüchen und Arbeitsvergütung ausgehen). Hieran hat sich auch durch die Einführung des neuen § 32 nichts geändert.

Die **Vergütungsregelungen des ArbnErfG können für das Urheberrecht nicht herangezogen werden** (BGH GRUR 2002, 149/152 – Wetterführungspläne II führt aus, dass die Ungleichbehandlung von Arbeitnehmererfindern und angestellten Urhebern auch im Hinblick auf § 69 b nicht gegen höherrangiges Recht verstößt). Der angestellte Naturwissenschaftler oder Ingenieur wird von seinem Arbeitgeber mit der Lösung eines technischen Problems beauftragt. Ob diese Lösung gelingt, bleibt offen; die „erfinderische" Leistung des Arbeitnehmers lässt sich nicht vereinbaren. Die Bezahlung erfolgt somit nicht für die „Erfindung", sondern für die Leistungen des Arbeitnehmers, der sich um die Lösung eines technischen Problems bemüht; eine gesonderte Erfindervergütung ist gerechtfertigt. Hingegen ist die Schaffung urheberrechtsschutzfähiger Werke voraussehbar. Der Architekt wird angestellt, um Baupläne zu zeichnen; der Redakteur erhält den Auftrag, Artikel zu schreiben; der Grafiker zeichnet ein Werbeplakat. Einer besonderen Belohnung bedarf es daher für die Schaffung urheberrechtsschutzfähiger Werke grundsätzlich nicht (*Dreier/Schulze/Dreier*[3] Rdnr. 30; *Fromm/Nordemann/Axel Nordemann*[10] Rdnr. 64; für einen gesonderten urheberrechtlichen Vergütungsanspruch *Wandtke/Bullinger/Wandtke*[3] Rdnr. 134–139, 143; *Ulmer*[3] § 95 IV; *Rehbinder*, Fs. für Roeber, 1973, S. 481/498; *Ullmann* GRUR 1987, 6/7; *Vinck* S. 31; *Dressel* GRUR 1989, 319/323; *Sack*, Münchener Hdb. ArbR[2], Bd. 1, § 102 Rdnr. 31 mwN; *Hauptmann* S. 108; *Kraßer*, Fs. für Schricker, S. 77/110; ausführlich zum Vergleich von Arbeitnehmer-Erfinder und Arbeitnehmer-Urheber *Himmelmann* GRUR 1999, 897 ff.; zum Streitstand generell auch *Wandtke/Bullinger/Gritzmacher*[3] § 69 b Rdnr. 28; aA *Dittrich* S. 88, der im Prinzip anlehnend an das Recht der Diensterfindung eine besondere angemessene Vergütung zugunsten des Arbeitnehmers vorschlägt, ebenso *Sahmer* UFITA 21 (1956) 34/38; *Gaul* RdA 1993, 90/93; *Pakuscher*, Fs. für Gaedertz, S. 441/446; *Wandtke* GRUR 1992, 139/141; *Schwab* ArbnR 1993, 129/134).

Ob die **zeitlich unbegrenzte Einräumung** von Nutzungsrechten über das Ende des Arbeitsverhältnisses hinaus ebenfalls mit dem gezahlten Arbeitslohn angemessen vergütet wird, ist umstritten. Die hM geht von einem unbeschränkten Nutzungsrecht nach Beendigung des Arbeits- oder Dienstverhältnisses aus (BAG ZUM 1997, 67, 69; *v. Olenhusen/Ernst* in *Hoeren/Sieber*, Teil 7.3 Rdnr. 102; *Sack*, Münchener Hdb. ArbR[2], Bd. 1, § 102 Rdnr. 21 mwN, 31; *Berger/Wündisch/Wündisch* § 15 Rdnr. 35; aA *Samson*, Fs. für Roeber, 1973, S. 547/553, der die zeitlich unbegrenzte Einräumung der Nutzungsrechte für bedenklich hält, da mit dem Ende des Arbeitsverhältnisses jede Gegenleistung für die jeweilige Nutzung des Werkes entfalle; für eine Begrenzung der Nutzungsrechte des Arbeitgebers auf die Zeit der Zugehörigkeit des abhängigen Urhebers zum Arbeits- oder Dienstbereich des Arbeitgebers oder Dienstherrn *Pakuscher*, Fs. für Gaedertz, S. 441/453; für einen gesonderten Vergütungsanspruch des Arbeitnehmers nach Beendigung des Arbeitsverhältnisses *Wandtke* GRUR 1992, 139/144; *ders.* GRUR 1999, 390, 394 und *Wandtke/Bullinger/Wandtke*[3] Rdnr. 78, 149; *Schwab* AuR 1993, 129/135; differenzierend bei wissenschaftlicher Tätigkeit *Westen* JR 1967, 401/406). Von einer gesetzlichen Regelung wurde iRd. Urheberrechtsnovelle vom 1. 7. 2002 mit dem Hinweis abgesehen, mangels ausdrücklicher Abreden sei die Frage, ob und für wie lange das Nutzungsrecht nach Auflösung des Arbeitsverhältnisses fortbestehe, nach den Umständen des Einzelfalls unter Berücksichtigung insbesondere der betrieblichen Erfordernisse zu bestimmen, BT-Drucks. 14/7564; so wohl auch *Dreier/Schulze/Dreier*[3] Rdnr. 32, der für eine Korrektur im Einzelfall auf §§ 32, 32a verweist. In einigen Tarifverträgen ist die zeitlich unbefristete Rechtseinräumung verbunden mit einem Vergütungsanspruch für die Nutzung der Werke nach Beendigung des Arbeitsverhältnisses ausdrücklich geregelt (vgl. nur § 12 Abs. 7 des MTV für Redakteure an Zeitschriften; 18 Abs. 6 des MTV für Redakteure an Tageszeitungen; Ziff. 13.2.1 des TV für auf Produktionsdauer Beschäftigte des WDR).

2. Vergütungsansprüche für außerhalb des Betriebszweckes liegende Verwertungen der Nutzungsrechte

65 **a)** Selbst wenn sich der Arbeitgeber weit **über den eigentlichen Betriebszweck hinaus** vertraglich **Nutzungsrechte hat einräumen lassen**, ist diese Einräumung mit dem **vereinbarten Lohn abgegolten,** sofern dies vereinbart wurde und noch als angemessen gemäß § 32 anzusehen ist. Im Rahmen der Vertragsfreiheit ist eine entsprechend weitgehende Rechtseinräumung zulässig (Rdnr. 48); es ist idR nicht sittenwidrig, wenn sie vertraglich mit dem üblichen Lohn abgegolten wird (*Dreier/Schulze/Dreier*³ Rdnr. 31).

66 **b)** Bestehen jedoch keine entsprechenden vertraglichen Regelungen und verwertet der Arbeitgeber das Werk des angestellten Urhebers **außerhalb der betrieblichen Zwecke,** so gebührt dem Urheber hierfür grundsätzlich **ein zusätzliches Entgelt.** Dies ergibt sich sowohl aus urheberrechtlichen wie aber auch aus arbeitsrechtlichen Grundsätzen. Schon das RG prägte den Grundsatz, dass dem Urheber überall, wo aus seinem Werk wirtschaftliche Früchte gezogen werden, grundsätzlich die Möglichkeit gewährt werden soll, daran teilzuhaben (RGZ 123, 312 – Wilhelm Busch). Diese Rechtsprechung wurde vom BGH (BGHZ 11, 135 – Lautsprecherübertragung; BGHZ 13, 115/118 – Platzzuschüsse; BGHZ 33, 1/16 – Künstlerlizenz Schallplatten; BGHZ 36, 171/179 – Rundfunkempfang im Hotelzimmer I) fortgesetzt und fand ua. in der nunmehr normierten Zweckübertragungstheorie ihren Niederschlag. Der Arbeitgeber erzielt durch die Verwertung des urheberrechtsschutzfähigen Arbeitsergebnisses außerhalb des Betriebszweckes idR einen zusätzlichen Ertrag; daran ist der Arbeitnehmer zu beteiligen. Durch den Arbeitslohn ist diese Verwertung nicht bereits abgegolten, da der Arbeitslohn im Zweifel nur die Rechtseinräumung zu betrieblichen Zwecken abdeckt. Verkauft ein Zeitungsverleger eine überaus erfolgreiche Serie oder einen Artikel des angestellten Redakteurs auch an andere Zeitungen oder Zeitschriften, so ist der Urheber an dieser weiteren Verwertung des Werkes wirtschaftlich angemessen zu beteiligen (*Hubmann*, Fs. für A. Hueck, S. 43/55; *Sahmer* UFITA 21 [1956] 34/38; *Westen* JR 1967, 401/402; *Dreier/Schulze/Dreier*³ Rdnr. 31; *Wandtke/Bullinger/Wandtke*³ Rdnr. 146; *v. Olenhusen/Ernst* in *Hoeren/Sieber*, Teil 7.3 Rdnr. 125; aA wohl *Recher* S. 273; *Reichel* GRUR 1960, 582/585; *Rehbinder,* Fs. für Roeber, 1973, S. 481/498, der ein zusätzliches Entgelt nur bei Sonderleistungen annimmt; *Möhring/Nicolini/Spautz*² Rdnr. 11, der ein zusätzliches Entgelt nur in den Sonderfällen des § 36 aF oder § 138 BGB annimmt; so im Ergebnis wohl auch *Zirkel* WRP 2003, 59/63). Aus dem Umstand allein, dass der angestellte Urheber der Verwertung außerhalb der betrieblichen Zwecke zustimmt, kann nicht geschlossen werden, dass er damit auch auf Vergütungsansprüche verzichtet (vgl. auch BGH GRUR 1985, 129 – Elektrodenfabrik). Eine zusätzliche Vergütung für Pflichtwerke kann durch tarifvertragliche Regelungen ausgeschlossen sein (LAG Köln ZUM 2001, 612, 613: § 13 MTV für Redakteurinnen und Redakteure).

3. Vergütungsansprüche für urheberrechtsschutzfähige Sonderleistungen

67 **a) Zusätzliche Vergütungsansprüche** bestehen auch dann, wenn der Arbeitnehmer zwar für den Arbeitgeber eine **urheberrechtsschutzfähige Leistung** erbringt, diese jedoch **nicht mehr von** seinen **arbeitsvertraglichen Pflichten** und damit von § 43 erfasst wird (was zu den Aufgaben des Arbeitnehmers (oder Bediensteten) gehört, ergibt sich primär aus dem Arbeitsvertrag (Dienstvertrag), daneben aus der betrieblichen Funktion, tarifvertraglichen Regelungen, dem Berufsbild und der Üblichkeit, OLG Düsseldorf ZUM 2004, 756/757). Gemäß stRspr. des Bundesarbeitsgerichts (BAG GRUR 1961, 491 – Nahverkehrschronik; BAG GRUR 1966, 88 – Abdampfverwertung) besteht für den Arbeitnehmer für eine besondere Leistung, insbesondere für eine Leistung schöpferischer Art, die über die übliche Arbeitsleistung hinausgeht und eine echte Sonderleistung darstellt, auch ohne besondere Vereinbarung nach Treu und Glauben zusätzlich eine Vergütung zu, wenn sich der Arbeitgeber die ihm angebotenen Nutzungsrechte einräumen lässt.

Schafft ein Arbeitnehmer für seinen Arbeitgeber also außerhalb seiner arbeitsvertraglichen Pflichten ein urheberrechtsschutzfähiges Werk, so steht ihm hierfür ein zusätzlicher Arbeitslohn zu (BGH ZUM 2005, 389 – Götterdämmerung; GRUR 2005, 670 – Wirtschaftswoche, zu tarifrechtlichen Vorbehalten *Dreier/Schulze/Dreier*³ Rdnr. 33; *Wandtke/Bullinger/Wandtke*³ Rdnr. 146; *v. Olenhusen/Ernst* in *Horen/Sieber*, Teil 7.3, Rdnr. 124f. für die quantitative und qualitative Mehrarbeit; *Blatz* S. 100; *Buchner* GRUR 1985, 1 mwN der Rspr.; *Koch* ZUM 1986, 75/78; *Hubmann*, Fs. für A. Hueck, S. 43/55; *Rehbinder* RdA 1968, 309/315). Dies gilt grundsätzlich auch für Beamte (so auch LG München I ZUM 1997, 659 und *Dreier/Schulze/Dreier*³ Rdnr. 33; *Wandtke/ Bullinger/Wandtke*³ Rdnr. 144; aA *Schmieder* GRUR 1963, 297/300 unter Hinweis auf die Pflicht zu unentgeltlichen Überstunden).

b) Überraschend und nicht im Einklang mit der bisherigen Rspr. stehend erscheint daher das Urteil des BAG (GRUR 1984, 429 – Statikprogramme), in dem **trotz Feststellung** einer **nicht arbeitsvertraglich** bedingten **schöpferischen Leistung** dem Arbeitnehmer hierfür **keine zusätzliche Vergütung** gewährt wird. Ein Statikingenieur hatte für seinen Arbeitgeber Computerprogramme entwickelt, obwohl er nicht als Programmierer, sondern als Statiker eingestellt war. Diese Programme hat der Arbeitgeber auch für sich verwertet, nachdem der Statiker sie in den Betrieb eingebracht hatte. Der Arbeitgeber habe aber nicht davon ausgehen können, dass diese Werknutzung nur gegen eine Vergütung zu erwarten war. **Der Arbeitnehmer hätte daher klarstellen müssen,** dass die **Einräumung** der Nutzungsrechte **nur gegen Entgelt** geschehen sollte. Da ein entsprechender Vorbehalt nicht gemacht worden sei, könne der Statiker auch keine Vergütung beanspruchen. Zu Recht stellt *Ulmer* in seiner Anmerkung zu diesem Urteil (GRUR 1984, 437) die Ablehnung eines Vergütungsanspruches in Frage. **68**

Diese Entscheidung steht auch im Gegensatz zu der Rechtsprechung des BGH, der für das Entstehen eines Vergütungsanspruchs nicht verlangt, dass der Arbeitnehmer die Nutzungsrechte ausdrücklich nur gegen Entgelt einräumt (BGH GRUR 1985, 129/130 – Elektrodenfabrik). Ein Fachmann auf dem Gebiet der Planung und Errichtung von Elektrodenfabriken hatte bereits vor Aufnahme seines Arbeitsverhältnisses Unterlagen zur Errichtung einer Schweißelektrodenfabrik mittlerer Größe erarbeitet. Diese Pläne wurden seinem späteren Arbeitgeber übersandt. Hierbei hatte er zwar seine Urheberrechte betont, jedoch keine Vergütungsansprüche geltend gemacht. Der BGH sieht keine Verpflichtung des Arbeitnehmers, zur Wahrung seiner Vergütungsansprüche ausdrücklich Honorarvereinbarungen herbeizuführen. Bereits in der Entscheidung „Ratgeber für Tierheilkunde" (BGH GRUR 1978, 244) hatte der BGH die Auffassung vertreten, dass eine über die vertraglich geschuldete Dienstleistungspflicht hinausgehende schöpferische Mitarbeit an einem Buchmanuskript nicht mit dem vereinbarten Entgelt abgegolten ist. **69**

Das BOSchG hat die arbeitsvertraglichen Pflichten sogar besonders eng gefasst: Ein bei einer Bühne angestellter Bühnenbildner verlangte für seine künstlerischen Leistungen, die er speziell für eine Fernsehübertragung des Bühnenwerkes eingesetzt hatte, eine zusätzliche Vergütung. Das BOSchG erkannte diese Forderung an. Zwar habe der Bühnenbildner seine Nutzungsrechte auf den Arbeitgeber übertragen und könne für deren Inanspruchnahme keine zusätzliche Sonderleistung verlangen. Für die Fernsehübertragung habe er jedoch spezielle künstlerische Aufgaben erledigt, die über die normale Theateraufführung hinausgingen und gesondert zu vergüten seien (AP Nr. 1 zu § 612 BGB – Leistungsschutz).

4. Vergütungsansprüche im Dienstverhältnis

Die für **das Arbeitsverhältnis entwickelten Grundsätze** über Vergütungsansprüche für die Nutzungseinräumung sind auf **öffentlich-rechtliche Dienstverhältnisse** wegen deren andersgearteter Struktur **nicht übertragbar.** Weder wird der Beamte für seine Tätigkeit wie ein Arbeitnehmer der Privatwirtschaft im Sinne des Äquivalenzprinzips „entlohnt", noch verfolgt der Dienstherr idR ein wirtschaftliches Interesse an Einnahmenerzielung (Rdnr. 34). Vergütungsansprüche eines Beamten für die Nutzungseinräumung können daher grundsätzlich nicht in Betracht kommen (so wohl auch *Möhring/Nicolini/Spautz*² Rdnr. 11; *Axel Nordemann*[10] Rdnr. 18; aA *Dreier/Schulze/Dreier*³ Rdnr. 31; *Wandtke/Bullinger/Wandtke*³ Rdnr. 144. Etwas anderes wird allerdings dann zu gelten haben, wenn der **Dienstherr** das Werk des Beamten **durch einen anderen Amtsträger** in einer Weise nutzen lässt, dass nicht dem Dienstherrn, sondern dem Nutzenden **persönlich zusätzliche Einnahmen zufließen** (Beispiel: Ein Minister oder sonstiger Amtsträger erhält für die ihm von einem Beamten in dienstlicher Eigenschaft geschriebenen Reden oder Aufsätze ein Honorar, oder er veröffentlicht die Reden später in einem Buch; ein Professor erhält für das vom Assistenten im Rahmen seiner Dienstpflichten erarbeitete Gutachten privat ein Honorar). Bei derartigen Fallkonstellationen, in denen die besondere Struktur der öffentlich-rechtlichen Dienstverhältnisse nicht zum Tragen kommt, besteht kein Grund, dem **Beamten** das **Recht auf angemessene Beteiligung** an dem von einem anderen persönlich gezogenen Gewinn zu versagen. **70**

5. Anwendung von § 32a UrhG (§ 36 UrhG aF)

71 § 36 aF gilt noch für Sachverhalte bis zum 30. 6. 2002. Nach der Amtlichen Begründung (BT-Drucks. IV/270 S. 62) ist die Bestimmung des § 36 in erster Linie für den freischaffenden Urheber bestimmt. Der wirtschaftlich gesicherte Arbeitnehmer bedürfe der Schutzbestimmung idR nicht. Dem ist zwar zuzustimmen, doch ist damit die Anwendbarkeit des § 36 auch auf in einem Arbeitsverhältnis geschaffene Werke nicht von vornherein ausgeschlossen. § 36 sichert dem Urheber eine angemessene Beteiligung an ungewöhnlichen Erträgnissen des Nutzungsberechtigten zu. Zwar wird mit dem Lohn die Leistung – auch die schöpferische – des Arbeitnehmers abgegolten. Dennoch ist es auch in einem Arbeitsverhältnis möglich, dass zwischen dem vereinbarten Lohn und dem aus dem Werk des Arbeitnehmers gezogenen Ertrag des Arbeitgebers ein grobes Missverhältnis besteht. Zu denken ist dabei insbesondere an Nutzungsarten, deren wirtschaftliche Bedeutung erst im Laufe des Arbeitsverhältnisses oder sogar erst nach seiner Beendigung zum Tragen kommt bzw. an sehr hohe Nutzungserträge aus einem Werk bei relativ kurzer Dauer des Arbeitsverhältnisses und insbesondere bei befristeten Arbeitsverhältnissen (im Rundfunkbereich legen die Tarifverträge für auf Produktionsdauer Beschäftigte und arbeitnehmerähnliche Personen Wiederholungsvergütungen fest; auch die Tarifverträge für Journalisten bei Zeitschriften, § 12 Nr. 7 MTV, und Tageszeitungen, § 18 Nr. 6 MTV, sehen einen solchen Vergütungsanspruch auch nach Beendigung des Arbeitsverhältnisses vor (vgl. unten Rdnr. 103ff. und *v. Olenhusen*, S. 220ff. Die vom Gesetzgeber in § 36 geregelte Interessenlage kann daher **auch in einem Arbeitsverhältnis** vorliegen (*Möhring/Nicolini/Spautz*[2] Rdnr. 11; *Ulmer*[3] § 95 IV; *Blatz* S. 99; *Rehbinder* RdA 1968, 309/315; allgemein zur Vertragspraxis *Katzenberger* GRUR Int. 1983, 410; *Vinck* S. 61), wenngleich im Rahmen des arbeitsrechtlichen Dauerschuldverhältnisses auf die gesamte Entlohnung während des Arbeitsvertrages abzustellen ist (OLG Düsseldorf ZUM 2003, 756/759 – Wetterführungspläne, zu § 69 b).

§ 32a stellt den Urheber gegenüber dem früheren § 36 aF insoweit besser, als bereits ein auffälliges Missverhältnis zwischen den Erträgen des Verwerters und dem Honorar des Urhebers genügt, um einen Beteiligungsanspruch auszulösen. Der Gesetzgeber hat § 32a hinsichtlich des Anwendungsbereichs unter keinen Vorbehalt zu Gunsten freischaffender Urheber gestellt. Anders als § 36 aF gilt § 32a nunmehr auch uneingeschränkt für Filmurheber und ausübende Künstler. Die herrschende Meinung geht daher zu Recht davon aus, dass der sogenannte Bestseller-Paragraph grundsätzlich auch für in einem Arbeitsverhältnis geschaffene Werke gilt (*Bayreuther* GRUR 2003, 570/572/573; *Schack* GRUR 2002, 853/855; *Zirkel* WRP 2003, 59/65; *Dreier/Schulze/Dreier*[3] Rdnr. 17/30; *Wandtke/Bullinger/Wandtke*[3] Rdnr. 134/145/153; aA *Berger* ZUM 2003, 173/179; *Wimmers/Rode* CR 2003, 399, 404). Ansprüche auf weitere Beteiligung aus § 32a scheiden aus, wenn gemeinsame Vergütungsregeln, § 36, oder tarifvertragliche Regelungen existieren, die ausdrücklich eine weitere angemessene Beteiligung vorsehen (vgl. § 32a Rdnr. 36ff.). Es ist ferner zu berücksichtigen, dass das Gesetz nunmehr für die Beurteilung des Missverhältnisses zwischen Erträgen und Vorteilen aus der Nutzung ausdrücklich bestimmt, dass „die gesamten Beziehungen des Urhebers zu dem anderen" zugrunde zu legen sind, so dass die praktische Bedeutung der Bestimmung für Arbeitnehmer gering sein wird.

72 Die **Anwendung des § 36 aF bei Dienstverhältnissen ist umstritten** (AmtlBegr. BT-Drucks. IV/270 S. 62: der Beamte werde nicht für seine Tätigkeit entlohnt. Aufgrund des besonderen Treueverhältnisses erhält der Beamte eine angemessene lebenslange Versorgung. Anspruch auf eine wirtschaftliche Beteiligung bestehe somit nicht). Dem ist zuzustimmen; der Alimentationsgedanke schließt die Anwendbarkeit der §§ 36 aF und § 32a für Beamte aus (ebenso *Ulmer*[3] § 95 IV; aA *Dreier/Schulze/Dreier*[3] Rdnr. 30; *Wandtke/Bullinger/Wandtke*[3] Rdnr. 153; *Fromm/Nordemann/Axel Nordemann*[10] Rdnr. 60; *Kraßer*, Fs. für Schricker, S. 77/98; *Sack*, Münchener Hdb. ArbR[2], Bd. 1, § 102 Rdnr. 34; *Ullmann* GRUR 1987, 6/14; *Troidl* BayVBl. 1972, 93/95). Die Streitfrage, ist jedoch wohl nur theoretischer Natur, da dem „Bestseller" jedenfalls die lebenslange Versorgung des Beamten – also auch die Pensionszahlungen – gegenüber zu stellen sind.

VIII. Urheberpersönlichkeitsrechte und ihre Einschränkung durch das Arbeitsverhältnis

1. Das Veröffentlichungsrecht

73 **a)** Das Veröffentlichungsrecht gewährt dem Urheber das ausschließliche Recht zu bestimmen, ob, wann und in welcher Form sein Werk der Öffentlichkeit zugänglich gemacht wird, § 12 (zur

Begriffsbestimmung s. § 12 Rdnr. 7 ff.). Das Veröffentlichungsrecht gehört zu den Urheberpersönlichkeitsrechten im engeren Sinne; es ist jedoch mit den Nutzungsrechten eng verbunden (BGH BGHZ 15, 249, 258 – Cosima Wagner; *Ulmer*³ § 39 I 1). Arbeitgeber und Dienstherr können die ihnen eingeräumten Nutzungsrechte nur dann in Anspruch nehmen, wenn der Werkschöpfer ihnen auch die Veröffentlichung des Werkes gestattet. **In dem Umfange,** in dem der Arbeitnehmer oder der Beamte verpflichtet ist, dem Arbeitgeber bzw. dem Dienstherrn **die Nutzungsrechte einzuräumen,** hat er ihm **auch das Veröffentlichungsrecht zur Ausübung zu überlassen** (*Dreier/Schulze/Dreier* Rdnr. 35; *Wandtke/Bullinger/Wandtke*³ Rdnr. 87; *v. Gamm* § 11 Rdnr. 56, § 12 Rdnr. 3; *Stolz* S. 88; *Vinck* S. 36/37; *Bußmann,* Fs. für Bappert, S. 13/21; *Zöllner,* Fs. für Hubmann, S. 523/531). Grundsätzlich hat der angestellte Urheber mit der entsprechenden Nutzungseinräumung dem Arbeitgeber zugleich das Recht der ersten öffentlichen Mitteilung überlassen, § 12 Abs. 2 (*Blatz* S. 82; *Zöllner,* Fs. für Hubmann, S. 523). Das Recht als solches kann jedoch dem Arbeitgeber nicht übertragen werden, da es als Urheberpersönlichkeitsrecht nicht verkehrsfähig ist (§ 12 Rdnr. 28; aA *Baumgarten,* Die rechtl. Stellung der bei den öffentl. Rundfunk- und Fernsehanstalten Beschäftigten, Diss. Würzburg 1967, S. 115, 116, der von einer Übertragung des Veröffentlichungsrechts in einem Arbeitsverhältnis ausgeht). Die Einschränkungen können auch nicht soweit gehen, dass dem Urheber die urheberpersönlichkeitsrechtlichen Befugnisse in ihrem Kern vorenthalten werden.

b) Auch wenn dem Arbeitgeber das Veröffentlichungsrecht stillschweigend oder ausdrücklich eingeräumt worden ist, kann der **Zeitpunkt der Veröffentlichung** Interessen des Arbeitnehmers berühren. **74**

Der Arbeitnehmer kann nämlich ein starkes ideelles Interesse daran haben, dass sein Werk erst dann veröffentlicht wird, wenn es seinem Erachten nach fertiggestellt ist. Andererseits hat der Arbeitgeber über die wirtschaftliche Verwertung des Werkes und damit auch über den Zeitpunkt der Verwertung zu entscheiden. Je höher der Schöpfungsgrad des Werkes anzusetzen ist, umso stärker sind die persönlichkeitsrechtlichen Interessen des Werkschöpfers zu beachten. Hat ein in Fachkreisen angesehener Designer für seinen Arbeitgeber ein Teeservice kreiert, das seinen eigenen Vorstellungen noch nicht entspricht, kann der Arbeitgeber dieses Werk nicht ohne Weiteres gegen den Willen des Urhebers verwerten. Die Reputation des Designers und damit auch sein persönliches Fortkommen kann durch die Verwertung des nicht gelungenen Werkes durchaus tangiert werden. Die Lösung dieser Konfliktsituation ist idR dahingehend zu treffen, dass der **Arbeitgeber auch gegen den Willen des Arbeitnehmers das Werk** dann **veröffentlichen** kann, wenn die **Namensnennung** des Werkschöpfers **unterbleibt** (zustimmend *Dreier/Schulze/Dreier*³ Rdnr. 35; für Ausnahmefälle s. Rdnr. 87). Der beamtete Urheber unterliegt grundsätzlich der Weisungsbefugnis des Dienstvorgesetzten hinsichtlich der Bestimmung des Fertigstellungszeitpunkts (dazu *Uhl* S. 176 ff.).

c) Nicht nur der Zeitpunkt, sondern auch die **Form der Veröffentlichung** kann urheberpersönlichkeitsrechtliche Belange des Urhebers berühren. Dies gilt insbesondere für den Medienbereich. In der Presse hat der Arbeitnehmerurheber idR ein starkes Interesse daran, in welcher Form sein Beitrag veröffentlicht wird, zB entweder als Leitartikel oder nur als an ungünstiger Stelle platzierter unbedeutender Kommentar. Für die Arbeitnehmer der Rundfunkanstalten ist die Sendezeit entscheidend. Auch für den Werbegrafiker ist es von erheblicher Bedeutung, ob seine Komikfigur zum Helden einer Werbekampagne gemacht wird oder nur gelegentlich in Anzeigen erscheint. Das Veröffentlichungsrecht beinhaltet nicht nur die Entscheidung über das Ob, sondern auch das Wie der Erstveröffentlichung, jedoch nur dieser (§ 12 Rdnr. 7, 8, 11). Bei späteren Veröffentlichungen fehlt dem Arbeitnehmer somit idR die Möglichkeit, seine Belange gegenüber dem Arbeitgeber durchzusetzen. Dem Arbeitgeber werden für die jeweiligen Betriebszwecke die ausschließlichen Nutzungsrechte eingeräumt. **Die Entscheidung, welche Veröffentlichungsform den betrieblichen Belangen entspricht, steht bei späteren Veröffentlichungen dem Arbeitgeber zu.** Bei der Erstveröffentlichung dahingegen muss der Arbeitnehmer auch hinsichtlich der Form die Entscheidung des Arbeitgebers oder Dienstherrn hinnehmen, wenn seine Namensnennung unterbleibt (vgl. Rdnr. 74). **75**

2. Anerkennung der Urheberschaft und das Recht der Namensnennung

a) Anerkennung der Urheberschaft. aa) Die Anerkennung der Urheberschaft gehört zum Kern der Urheberpersönlichkeitsrechte. Dieses **Recht** ist als solches **unverzichtbar** und **unübertragbar** (*v. Gamm* § 13 Rdnr. 13; *Möhring/Nicolini/Kroitzsch*² § 13 Rdnr. 16; aA *Zöllner,* Fs. für Hubmann, S. 523/536). Es beinhaltet die Befugnis, sich auf seine Urheberschaft zu beru- **76**

fen und jedem entgegenzutreten, der seine Urheberschaft bestreitet oder der sich selbst die Urheberschaft anmaßt. Zulässig sind in bestimmten Grenzen jedoch Abreden über die Ausübung des Rechts (s. im Einzelnen § 13 Rdnr. 9 m. 22 ff.).

Das **Recht der Urheberschaftsanerkennung ist auch in einem Dienst- oder Arbeitsverhältnis grundsätzlich zu berücksichtigen** (amtlBegr. RegE 1962, BT-Drucks. IV 270/44; RGZ 110, 393 – Riviera; BGH GRUR 1978, 360 – Hegel-Archiv; *Dreier/Schulze/Dreier*[3] Rdnr. 36; *Fromm/Nordemann/Axel Nordemann*[10] Rdnr. 54; *v. Gamm* § 13 Rdnr. 3, 8, 9; *Möhring/Nicolini/Kroitzsch*[2] § 13 Rdnr. 7; *Blatz* S. 75; *Roithmaier* S. 63; *Vinck* S. 39; *Ulmer*[3] § 40 III, IV). Der Arbeitgeber ist nicht berechtigt, sich selbst oder einen anderen Arbeitnehmer als Urheber zu benennen. Ebenso wenig muss es ein Urheber dulden, dass ihm für ein Werk, das er nicht verfasst hat, die Urheberschaft zugeschrieben wird. Ein überwiegendes wirtschaftliches Interesse des Arbeitgebers, die Urheberschaft des Arbeitnehmers zu unterdrücken, ist nicht ersichtlich. Neben Gesichtspunkten von Ehre und Ansehen spielen auch wirtschaftliche Aspekte für den Urheber eine nicht unerhebliche Rolle. Durch den Nachweis seiner Urheberschaft für bestimmte Werke kann er sein Können gegenüber Dritten dokumentieren.

77   bb) **Eine Ausnahme** ist beispielsweise anzuerkennen, wenn der Arbeitnehmer oder Beamte als **sogenannter Ghostwriter** arbeitet (§ 13 Rdnr. 27, 28). Diese Tätigkeit gibt es in der Arbeitswelt in allen Variationen. Zu den typischen Fällen des Ghostwriters gehört der Beamte, der für „seinen" Minister Reden schreibt, und der Journalist, der die Memoiren einer bekannten Person der Zeitgeschichte verfasst.

Ist der Beamte oder Arbeitnehmer schwerpunktmäßig als „Ghostwriter" tätig, ist damit die **vertragliche Vereinbarung verbunden, dass er grundsätzlich auf die Ausübung des Rechtes der Anerkennung der Urheberschaft verzichtet** (OLG Köln GRUR 1953, 499 – Kronprinzessin Cäcilie; KG WRP 1977, 187 – Manfred Köhnlechner; *v. Gamm* § 13 Rdnr. 8; *Ulmer*[3] § 40 V 1; grundlegend dazu *Stolz,* Der Ghostwriter im deutschen Recht, 1971). Zu den Einschränkungen s. § 13 Rdnr. 28.

Auch auf anderen Ebenen wird die **Urheberschaft des Verfassers zurückgedrängt.** Referentenentwürfe oder Bebauungspläne werden – nach außen hin – nicht vom Werkschöpfer gezeichnet, sondern vom verantwortlichen Beamten. Dies gilt auch für Briefe, Stellungnahmen oder sonstige schriftliche Äußerungen der Behörde nach außen. Ebenso werden in der Geschäftswelt Geschäftsberichte vom verantwortlichen Geschäftsführer vorgelegt, dem auch in aller Regel die Urheberschaft an dem Bericht zuerkannt wird.

78   cc) Ist es von der **Aufgabenstellung des Beamten oder Arbeitnehmers her erforderlich, dass seine Urheberschaft nicht nach außen in Erscheinung tritt**, wird man ebenso einen **Verzicht** auf die Ausübung des Rechtes der **Anerkennung der Urheberschaft** annehmen müssen (ebenso *Zöllner,* Fs. für Hubmann, S. 523/536).

Dabei spielt es insbesondere auch eine Rolle, wenn eine irgendwie geartete Eigennutzung des Werkes durch den Beamten oder Arbeitnehmer als Urheber nicht in Betracht kommt (*Zöllner,* Fs. für Hubmann, S. 523/537).

Als Indiz ist die für den jeweiligen Aufgabenbereich übliche **Praxis** heranzuziehen. Allerdings sind zum Schutze des Urhebers an die Überprüfung der Verkehrssitte strenge Maßstäbe anzulegen. Rechte des Urhebers können nicht dadurch eingeschränkt werden, **dass** man die nicht nach außen in Erscheinung tretende Anerkennung der Urheberschaft schlicht zur Verkehrssitte erklärt. Ferner ist zu beachten, **dass eine „innerbetriebliche" oder „innerdienstliche" Anerkennung der Urheberschaft in jedem Falle unverzichtbar ist.** Der Urheber muss es nicht hinnehmen, **dass** seine Leistungen als eigene Leistungen von Vorgesetzten beansprucht werden. Dienstliche oder betriebliche Gründe sind hier nicht mehr gegeben (*Zöllner,* Fs. für Hubmann, S. 523/537).

79   b) **Recht der Namensnennung. aa) Einschränkungen im Arbeits- und Dienstverhältnis.** Mit der Urheberbezeichnung dokumentiert der Werkschöpfer seine Urheberschaft nach außen. Auch dieses Recht ist als Persönlichkeitsrecht im Kern unübertragbar und unverzichtbar (s. allgemein vor §§ 12 ff. Rdnr. 26 ff.), allerdings **kann der Urheber vertraglich auf seine Namensnennung** im konkreten Einzelfall, etwa bei der Veröffentlichung des Werkes oder auf die Signierung der Werkstücke **verzichten** (*Dreier/Schulze/Dreier*[3] Rdnr. 36; *Wandtke/Bullinger/Wandtke*[3] Rdnr. 92; *v. Olenhusen/Ernst* in *Hoeren/Sieber,* Teil 7.3 Rdnr. 108 ff.; *v. Gamm* § 13 Rdnr. 3; einschränkend *Ulmer*[3] § 40 IV; *Dittrich* S. 101; *Stolz* S. 81 hält einen Verzicht auf die Namensnennung nur bei einem Bezug zum Namensträger für gerechtfertigt). Ein Verzicht auf Nennung kann auch in Tarifverträgen vorgesehen werden (*Sack,* Münchener Hdb. ArbR[2],

Bd. 1 § 102 Rdnr. 24). Soweit ein wirksamer Verzicht des Urhebers nicht vorliegt, kann er bestimmen, in welcher Art, Form und Umfang die Benennung zu erfolgen hat.

Auch der angestellte Urheber oder Beamte hat grundsätzlich **das Recht,** seinen Namen oder eine andere **Urheberbezeichnung** an seinen Werken **anzubringen** (RGZ 110, 393 – Riviera; BGH GRUR 1978, 360 – Hegel Archiv; *v. Gamm* § 13 Rdnr. 8; so. § 13 Rdnr. 27). **80**

Im Arbeits- oder Dienstverhältnis wird dieser Grundsatz jedoch durch die Eigenart des Arbeits- oder Dienstverhältnisses eingeschränkt; ausdrückliche oder stillschweigende Modifikationen greifen Platz. In der Regel werden **Beamten** und **im öffentlichen Dienst** tätigen angestellten Urhebern wegen der Natur des Vertragsverhältnisses im Rahmen der vorzunehmenden umfassenden Interessenabwägung weitergehende Beschränkungen des Rechts auf Urheberbenennung auferlegt als anderen Arbeitnehmern (zustimmend *Dreier/Schulze/Dreier*[3] Rdnr. 36). Wenn überhaupt eine Namensnennung erfolgt, so vielfach diejenige des Behördenleiters oder sonstiger unterschriftsberechtigter Vorgesetzter (*Schmieder* GRUR 1963, 297/300; *Hock* S. 149; *Uhl* S. 183, die darauf hinweist, dass es sich auch in letzterem Fall nicht um eine Autorennennung im urheberrechtlichen Sinne, sondern um die Zuordnung der behördlichen, funktionalen und hierarchischen Verantwortlichkeit handelt; s. aber zum Recht, einer Urheberschaftsbestreitung entgegenzutreten, oben Rdnr. 78 und § 13 Rdnr. 27).

Der **Arbeitgeber ist grundsätzlich berechtigt, die Namensnennung zu untersagen,** wenn sich die **Notwendigkeit** dazu aus dem **Inhalt des Arbeitsvertrages** ergibt (*Dreier/Schulze/Dreier*[3] Rdnr. 36; *Vinck* S. 41; *Rehbinder,* Fs. für Roeber, 1973, S. 481/495; *Dittrich* S. 103). Die wirtschaftliche Verwertung des Arbeitsergebnisses darf durch die Namensnennung oder Signierung nicht beeinträchtigt werden. So kann der Arbeitgeber die Signierung einer Werbegrafik unterbinden, wenn durch ihre Auffälligkeit der Werbezweck gefährdet würde (OLG München GRUR 1969, 146 – Werbegrafik; *Ulmer*[3] § 40 III). Andererseits ist das Interesse des Arbeit- bzw. Dienstgebers, ein Produkt nicht mit Namensnennung zu belasten, im digitalen Bereich geringer zu bewerten (vgl. hierzu *Dreier/Schulze/Dreier*[3] Rdnr. 36). Der Arbeitnehmer kann seinerseits grundsätzlich die negative Seite des Rechts aus § 13 S. 2 wahrnehmen und seine Nennung als Urheber verbieten, es sei denn, die Vertragsauslegung ergäbe, dass der Arbeitgeber zur Werbung mit dem Namen des (bekannten) Urhebers berechtigt sein soll (*Kraßer,* Fs. für Schricker, S. 77/94).

bb) **Branchenübung.** Haben sich bezüglich der Namensnennung oder Signierung **branchenübliche Gepflogenheiten** entwickelt, so ist der Arbeitgeber nur verpflichtet, in diesem Rahmen die Urheberbezeichnung vorzunehmen (*Ulmer*[3] § 40 IV 2; *Blatz* S. 76; *Gloy* S. 42; *Vinck* S. 42; *v. Gamm* NJW 1959, 319; *Rehbinder* RdA 1968, 309/313; *Schmieder* GRUR 1963, 297/299; *Hock* S. 144. Es ist aber freilich zu fragen, ob die Branchenübung nicht missbräuchlich ist, so dass sie bei der Vertragsauslegung auszuscheiden ist, so. § 13 Rdnr. 25; zustimmend auch *Dreier/Schulze/Dreier*[3] Rdnr. 36). Mit **Abschluss des Arbeitsvertrages akzeptiert der Arbeitnehmer mangels anderer ausdrücklicher Vereinbarungen idR die branchenübliche Namensnennung** (vgl. § 157 BGB). Bei einem Arbeitnehmerurheber ist das Recht auf Namensnennung dann von vornherein auf die branchenübliche Gepflogenheit beschränkt. Für das Bestehen einer das Recht des Urhebers einschränkenden Branchenübung ist der Arbeitgeber beweispflichtig (aA *Rehbinder* WiB 1994, 461/466). **81**

Hat das Unternehmen hinsichtlich der Namensnennung eine Betriebsübung entwickelt, so kommt es in erster Linie auf diese an. Die **betriebsübliche Namensnennung hat Vorrang vor der Branchenübung.**

Branchen- und Betriebsübungen sind keine unveränderlichen Größen, sondern können sich im Laufe der Zeit ändern. So war es vor dreißig Jahren im Hochschulbereich noch üblich, wissenschaftliche Assistenten nicht bei Veröffentlichungen zu benennen. Inzwischen ist hier jedoch ein Umbruch festzustellen (vgl. auch oben § 13 Rdnr. 25).

cc) **Einzelfälle. Im Zeitungs- und Zeitschriftenbereich** wird tarifvertraglich bzw. einzelvertraglich die Klausel verwendet, dass die Namensnennung zu erfolgen hat, wenn es „presseüblich" ist. Eine einheitliche Übung der Urheberbenennung ist im Pressebereich nicht festzustellen. Vielmehr hat insoweit praktisch jedes Presseunternehmen eine eigene Übung entwickelt. Fast alle der angestellten Urheber können damit eine Namensnennung nur im Rahmen der jeweiligen Betriebsübung durchsetzen. Der größte Teil der Betriebsübungen im Zeitungsbereich geht wohl dahin, dass Textbeiträge in einer Zeitung mit dem Namen des Autors versehen werden. Dies lässt sich auch für Zeichnungen und Karikaturen feststellen. Werden Photographien von Bilderdiensten übernommen, so wird deren Name angegeben. Auch der angestellte Reporter wird idR bei der Erstveröffentlichung genannt. Weitere Veröffentlichungen erfolgen unter **82** der Kennzeichnung des jeweiligen Zeitungsarchivs. Im **Zeitschriftenbereich** werden üblicherweise Photos unter Angabe des Namens des Photoreporters veröffentlicht. Hinsichtlich der Kennzeichnung bei Textbeiträgen kann im Zeitschriftenbereich nicht einmal von einer einheitlichen Tendenz die Rede sein (vgl. zu den Einzelheiten *Rojahn* S. 112).

Die **Fernseh- und Rundfunkanstalten** haben mit ihren jeweiligen Tarifpartnern die Vereinbarung getroffen, dass eine Nennung des Urhebers und der Mitwirkenden erfolgen soll, soweit es rundfunküblich ist. Im Gegensatz zum Pressebereich hat sich hier tatsächlich eine einheitliche Übung entwickelt. Bei Sendungen der Meinungsbildung und Information werden die Namen der Nachrichtensprecher wie auch die der Korrespondenten und Kommentatoren genannt. Bei Unterhaltungssendungen wie auch bei Kultursendungen ist die Nennung der Sprecher, Moderatoren wie auch die der Verfasser der einzelnen Beiträge rundfunküblich. Bei größeren Sendungen wird ebenfalls der Name des Aufnahmeleiters genannt. Bei Hörspielen wird die Namensnennung noch um die Verantwortlichen von Ton, Schnitt und Regie erweitert. Bei den Fernsehsendungen steigt die Anzahl der zu Nennenden noch erheblich an. In Nachrichtensendungen erfolgen eingeblendete Kommentare und Reportagen unter der Namensnennung des Verfassers. Genannt werden in der hier aufgeführten Reihenfolge bei einer Fernsehserie der Autor des Drehbuchs, die Schauspieler, Masken- und Kostümbildner, die Verantwortlichen für die Ausstattung, Musik, Ton, Kamera, Schnitt, der Regieassistent, der Aufnahme- und der Produktionsleiter, sowie der Redaktionsleiter und zum Schluss der Regisseur (vgl. zu den Einzelheiten *Rojahn* S. 116).

Im Filmbereich ist die Namensnennung im Tarifvertrag für Film- und Fernsehschaffende geregelt. Gemäß Ziff. 3.10 des Tarifvertrages haben Regisseure, Hauptdarsteller, Kameramänner, Architekten, Tonmeister, Cutter, 1. Aufnahmeleiter, Masken- und Kostümbildner einen Anspruch auf Namensnennung im Vor- oder Nachspann, andere Filmschaffende jedoch nur dann, wenn ihre Nennung einzelvertraglich geregelt wurde (zu den tarifvertraglichen Regelungen, siehe unten, Rdnr. 122 ff).

In der Werbebranche ist die Benennung des angestellten Urhebers auf Werbeprospekten, bei Werbetexten, Werbeslogans, Werbefilmen etc. nicht üblich. Wenn überhaupt ein Name genannt wird, dann der der Werbeagentur. Die Rechtsprechung hat den Anspruch auf Namensnennung bereits für den freiberuflichen Werbegrafiker erheblich eingeschränkt (OLG München GRUR 1969, 146 – Werbegrafik; LG Berlin GRUR 1974, 412 – Werbeprospekt; aA OLG Hamm UFITA 28 [1959] 352 – Werbepostkarte; vgl. ausführlich zur Namensnennung in der Werbung, *Schmidt*, Urheberrechtsprobleme in der Werbung, 1982, S. 172).

Bei künstlerischen Industrie-Erzeugnissen ist die Benennung des angestellten Urhebers nicht üblich. Die Produkte werden nur mit dem Namen der Herstellerfirma gekennzeichnet. Eine Ausnahme besteht nur für diejenigen Künstler, die bereits zumindest in Fachkreisen einen „Namen" erworben haben (RGZ 124, 68 – Besteckmuster; RGZ 139, 214 – Bauhaus-Türdrücker; BGH GRUR 1961, 635 – Stahlrohrstuhl; OLG München GRUR 1957, 145 – Gießkanne; *v. Gamm* § 13 Rdnr. 14; *Vinck* S. 45).

3. Änderungs- und Entstellungsverbot

83   a) **Anwendung im Arbeits- und Dienstverhältnis.** Das Werk des Urhebers wird in seiner Individualität sowohl durch den Inhalt als auch durch die Formgebung geprägt. Die Gestaltung des Werkes ist aufs Engste mit der Persönlichkeit des Urhebers verknüpft. Der Gesetzgeber hat daher **in § 39** auch für den Nutzungsberechtigten ein **Änderungsverbot normiert.** Obwohl diese Norm unter dem Abschnitt „Nutzungsrecht" aufgeführt ist, **schützt sie die urheberpersönlichkeitsrechtlichen Belange** des Werkschöpfers und ist insofern mit § 14 eng verbunden (s. im Einzelnen § 14 Rdnr. 9 ff.). Von diesem generellen Änderungsverbot lässt jedoch das Gesetz selbst zwei Ausnahmen zu. Einmal kann die Änderungsbefugnis vertraglich eingeräumt werden, § 39 Abs. 1, zum anderen muss der Urheber diejenigen Änderungen dulden, zu denen er nach Treu und Glauben die Einwilligung nicht versagen kann, § 39 Abs. 2 (zu den Einzelheiten vgl. § 39 Rdnr. 1 ff., 14 ff.). Selbst wenn vertraglich ein Änderungsrecht vereinbart wurde oder sich die Änderungsbefugnis aus § 242 BGB ergibt, **darf der Nutzungsberechtigte** durch die erlaubten Änderungen nicht das **Werk entstellen,** § 14 (zu den Einzelheiten vgl. § 14 Rdnr. 18 ff., 34).

§ 39 findet zugunsten des Arbeitnehmerurhebers Anwendung, da auch der angestellte Schöpfer ein anzuerkennendes Interesse an der unveränderten Veröffentlichung seines Werkes hat, wenngleich die Änderungsbefugnis des Arbeitgebers weiter reicht als die regelmäßig eng ausgelegte Änderungsbefugnis des freien Erwerbers von Nutzungsrechten (*Dreier/Schulze/Dreier*³ Rdnr. 37; *Möhring/Nicolini/Spautz*² Rdnr. 13; *Wandtke/Bullinger/Wandtke*³, Rdnr. 99; *Gloy* S. 45; *Honig* S. 64; *Vinck* S. 48; *Rehbinder* RdA 1968, 309/313; aA KG NJW-RR 1996, 1066/1068 – Poldok).

84 Dem Nutzungsberechtigten kann eine Änderungsbefugnis **vertraglich** eingeräumt werden. Gerade bei Arbeitsverhältnissen, die eine schöpferische Tätigkeit des Arbeitnehmers zum Inhalt haben, wird dem Arbeitgeber vielfach das Recht einer umfassenden Änderung und auch Bearbeitung des Werkes zugestanden. Die Änderungsbefugnis wird sich oft schon aus dem generellen Weisungsrecht des Arbeitgebers ergeben (*v. Olenhusen/Ernst* in *Hoeren/Sieber*, Teil 7.3, Rdnr. 113). Die vertraglich eingeräumte weitgehende Änderungsbefugnis kann vom Arbeitgeber bis zur Grenze der Entstellung, § 14, ausgeübt werden (s. § 14 Rdnr. 34; *Dreier/Schulze/Dreier*³ Rdnr. 37; *Wandtke/Bullinger/Wandtke*³ Rdnr. 99 ff.; *Vinck* S. 41; *Wandtke/Bullinger/Wandtke*³ Rdnr. 100, wonach eine vertragliche Änderungsgestattung nur wirksam sein soll, wenn die beabsichtigten Änderungen nicht nur pauschal, sondern nach Art und Ausmaß soweit bezeichnet sind, das der Urheber in Etwa vorhersehen kann, wie sich die vereinbarte Änderung auf die Gestalt des geänderten Werkes auswirken, wenngleich hieran keine zu hohen Anforderungen zu stellen seien).

85 Im **Dienstverhältnis** pflegt dem Dienstherrn eine größere Änderungsbefugnis zuzustehen als dem Arbeitgeber beim Arbeitsverhältnis. Der Beamte steht in einem öffentlich-rechtlichen Treueverhältnis (Rdnr. 9). Aufgrund dieses besonderen Treueverhältnisses ist der Beamte verpflichtet, Anordnungen seiner Vorgesetzten und die allgemeinen Richtlinien zu befolgen. Der Beamte muss daher grundsätzlich Änderungen seines Werkes hinnehmen (zustimmend wohl auch *Dreier/Schulze/Dreier*³ Rdnr. 37; *Möhring/Nicolini/Spautz*² Rdnr. 10; *Vinck* S. 51; *Schmieder* GRUR 1963, 297/300; *Troidl* BayVBl. 1972, 93/95; *Uhl* S. 201), es sei denn, sein Werk wird durch die Änderungen entstellt. In diesem Fall kann uU der Beamte berechtigt sein, seine Namensnennung zu untersagen. Die Beurteilung hängt von der vorzunehmenden Interessenabwägung ab (s. § 14 Rdnr. 18 ff., 28 ff.; § 39 Rdnr. 17 ff., 23 f.). Dabei kann auch eine Rolle spielen, ob der Beamte auf die Anerkennung der Urheberschaft verzichtet hat (Rdnr. 80). Hat der Beamte die Änderungsbefugnis seinem Dienstherrn auf vertraglichem Wege eingeräumt, so gilt auch hier die Grenze der Entstellung. Für das besondere Beamtenverhältnis der im Hochschulbereich tätigen Wissenschaftler gilt die weitgehende Änderungsbefugnis des Dienstherrn jedoch nicht (vgl. dazu Rdnr. 135).

86 **b) Kriterien für die Änderungsbefugnis.** Bestehen **keine vertraglichen Regelungen,** so muss der Arbeitnehmerurheber **diejenigen Änderungen hinnehmen, die er nach Treu und Glauben nicht verweigern kann.** Die Rechtsprechung hat die Änderungsbefugnis außerhalb des Arbeits- und Dienstverhältnisses stets eng ausgelegt (RGZ 119, 401/403 – Technische Mitteilungen; RGZ 151, 50/55 – Babbit-Übersetzung; RGZ 79, 397/399 – Felseneiland mit Sirenen; BGHZ 13, 334/339 – Schacht-Briefe; BGH GRUR 1954, 80/81 – Politische Horoskope). Für Werke, die in einem Arbeitsverhältnis geschaffen worden sind, kann diese Rechtsprechung nicht ohne Einschränkungen herangezogen werden. Der Arbeitgeber ist auf die wirtschaftliche Verwertung des Werkes angewiesen. Um die für ihn optimale Verwertung herbeizuführen, benötigt er eine weit unabhängigere Stellung gegenüber dem Arbeitnehmer als andere Auftraggeber oder Nutzungsberechtigte. Die Frage, **welche Änderungen des Werkes und des Titels** der angestellte Werkschöpfer aus Treu und Glauben hinzunehmen hat, **richtet sich somit nach dem Zweck des jeweiligen Arbeitsverhältnisses** (*Blatz* S. 84; *Gloy* S. 45; *Vinck* S. 48; *Rehbinder* RdA 1968, 309/313). Diese im Arbeitsverhältnis weitgehende Einschränkung des Änderungsverbotes bedeutet jedoch nicht, dass der angestellte Urheber jede Änderung des Arbeitgebers hinnehmen muss (LAG Berlin UFITA 24 [1957] 134/141 – Tod des Handelsreisenden; aA *Dittrich* S. 105/106, der die Änderung stets bis zur Grenze der Entstellung zulässt; sehr weitgehend auch *Schmieder* GRUR 1963, 297/299; *Rehbinder*, Fs. für Roeber, 1973, S. 481, zieht die Grenze der Änderungsbefugnis beim Direktionsrecht des Arbeitgebers). Vielmehr muss **im Einzelfall** das **Interesse des Arbeitgebers** an der Änderung des Werkes **gegenüber den ideellen Interessen des Urhebers,** die Änderung auszuschließen, abgewogen werden (vgl. allgemein § 14 Rdnr. 18 ff., 28 ff. und speziell 34; § 39 Rdnr. 17 ff. und speziell 23). Bei dem Arbeitgeber sind die technischen und wirtschaftlichen Gründe der Änderung zu berücksichtigen. Eine Änderungsbefugnis ist dem Arbeitgeber jedenfalls auch dann zuzusprechen, wenn die Form oder der Inhalt des Werkes andernfalls Rechte Dritter verletzen könnte. Soweit das Arbeitsverhältnis eine geistige Unterordnung unter den Willen und die Meinung des Arbeitgebers bedingt, wird der Arbeitgeber auch zu inhaltlichen Änderungen des Werkes berechtigt sein, so zB bei Tendenzbetrieben (Rdnr. 87).

§ 43   Urheber in Arbeits- oder Dienstverhältnissen

Auf Seiten des Arbeitnehmers können wirtschaftliche Gründe, die nach seinem Erachten gegen die Änderung des Werkes sprechen, idR nicht berücksichtigt werden. Er wird durch das Gehalt für seine Werkschöpfung entlohnt. Der Arbeitgeber kann somit allein über die wirtschaftliche Verwertungsform entscheiden, selbst dann, wenn diese Entscheidung offensichtlich falsch ist. Bei der Überprüfung der ideellen Interessen des Werkschöpfers richtet sich deren Berücksichtigung insbesondere nach der Schöpfungshöhe des Werkes (OLG Frankfurt/M GRUR 1976, 199 – Götterdämmerung; *v. Gamm* § 14 Rdnr. 9) und danach, ob das betreffende Werk zu den Arbeits- oder Dienstpflichten gehörte (OLG Nürnberg ZUM 1999, 656 – unzulässige Änderungen an einem Museumsführer). Soll der Arbeitnehmer nach dem Inhalt des Arbeitsvertrages Gelegenheit erhalten, sich als Autor, Komponist oder Künstler einen Namen zu machen, spricht dies gegen eine weitgehende Änderungsbefugnis (*Kraßer*, Fs. für Schricker, S. 77/95).

87   **c) Einzelne Branchenübungen.** In welchem Umfange der Arbeitgeber zur Änderung des Werkes berechtigt ist, richtet sich auch nach den jeweiligen **Branchengewohnheiten** (*v. Gamm* § 39 Rdnr. 5). Die Verkehrssitte ist gemäß § 157 BGB als Kriterium für die Vertragsauslegung heranzuziehen; soweit keine vertragliche Gestaltung vorliegt, kann die Verkehrssitte im Rahmen der Interessenabwägung nach § 39 Abs. 2 eine Rolle spielen (zur Abgrenzung s. § 39 Rdnr. 11 f.). Beruft sich der Arbeitgeber hinsichtlich seiner Änderungsbefugnis auf eine Branchengewohnheit, so ist er für deren Bestehen beweispflichtig. Auf die Kenntnis des Arbeitnehmers kommt es hingegen nicht an. Bei ungezeichneten Beiträgen zu Periodika erlaubt § 44 VerlG ausdrücklich Änderungen im Rahmen des üblichen (s. im Einzelnen *Bappert/Maunz/Schricker*[2] § 44 Rdnr. 1 ff.).

Das OLG Köln (GRUR 1953, 499/500 – Kronprinzessin Cäcilie) entschied, dass der Herausgeber einer Illustrierten den Beitrag eines Redakteurs ohne dessen Einwilligung ändern darf, da eine dementsprechende Übung in der **Zeitschriftenbranche** festzustellen sei. Diese stillschweigend vereinbarte Änderungsbefugnis könne nur durch eine gegenteilige ausdrückliche einzelvertragliche Vereinbarung abbedungen werden. Branchenübliche Änderungen sind in der Regel technisch bedingt. Im Zeitungs- und Zeitschriftenbereich kann deshalb die Kürzung oder auch Verlängerung von Beiträgen erlaubt sein. Ebenso wird es ein angestellter Autor als branchenübliche Änderung akzeptieren müssen, wenn sein Beitrag statt in einer Folge in zwei oder drei Folgen erscheint. Da Zeitungs- und Zeitschriftenverlage Tendenzbetriebe sind, kann uU ein tendenzwidriger Artikel geändert werden. Wird durch eine Tendenzänderung das Werk in seinen Wesenszügen geändert, so ist dem Arbeitnehmer zuzubilligen, dass er die Nennung seines Namens untersagen kann (LG Saarbrücken UFITA 79 (1977) 358 – allerdings für einen freiberuflichen Journalisten – Entstellung eines Fernsehdokumentarfilms; sa. *Rojahn* S. 120 mwN; *Neumann-Duesberg* NJW 1964, 1968; *Löffler* NJW 1964, 1101; *Rehbinder* RdA 1968, 309/314; einschränkend *Bappert/Maunz/Schricker*[2] § 13/§ 39 UrhG Rdnr. 11, § 44 Rdnr. 6 ff.).

Ist allerdings in einem inhaltlich geänderten Artikel der Urheber auch ohne Namensnennung erkennbar, wie zB der im Feuilleton einer Zeitung beschäftigte Theaterkritiker, so wird in diesem Ausnahmefall dem Urheber das Recht zuzubilligen sein, eine Veröffentlichung des geänderten Artikels zu untersagen (s. im Einzelnen zur Anwendbarkeit des § 44 VerlG *Bappert/Maunz/Schricker*[2] § 44 Rdnr. 3, sowie oben § 39 Rdnr. 18).

Die **Rundfunk- und Fernsehanstalten** dürfen ebenfalls Änderungen aus technischen medien-spezifischen Gründen durchführen. Die Programmfreiheit und damit auch die Gestaltungsfreiheit der einzelnen Beiträge wird durch die Neutralitätspflicht und die rundfunkrechtlichen Programmrichtlinien der öffentlich-rechtlichen Rundfunk- und Fernsehanstalten begrenzt. Werden diese Grundsätze verletzt, können der Intendant oder der Abteilungsleiter Änderungen vornehmen. Es lässt sich natürlich trefflich darüber streiten, ob eine Verletzung dieser Grundsätze vorliegt oder nicht. Dem angestellten Urheber ist daher das Recht zuzubilligen, im Falle der Änderung seine Namensnennung zu untersagen (so zB geregelt in Ziff. III, 3 der SWF-Grundsätze; zu den Einzelheiten vgl. *Rojahn* S. 128; *Ulmer* Urhebervertragsrecht Rdnr. 144 ff./149).

Weitergehende Änderungen sind auch in der **Werbebranche** üblich (OLG Hamm UFITA 28 [1959] 352/357 f. – Werbepostkarte; LG Berlin GRUR 1974, 412/413 – Werbeprospekt; sehr zurückhaltend gegenüber Änderungen, jedoch ohne Berücksichtigung des Arbeitsverhältnisses *Schmidt* (Rdnr. 82) S. 115). Der Arbeitgeber ist berechtigt, den Entwurf seines angestellten Grafikers selbst oder durch andere Arbeitnehmer zu ändern. Zudem muss die Werbeagentur darauf achten, dass ihre Werbekampagne weder die Urheberrechte anderer verletzt noch gegen den lauteren Wettbewerb verstößt.

Der BGH hat auch (BGHZ 62, 331/334 – Schulerweiterung) entschieden, dass der **Architekt** eines Schulbaues bestimmte Erweiterungsbauten hinnehmen muss.

Ein weitgehendes Änderungsverbot hatte hingegen das LAG Berlin (UFITA 24 [1957] 134 – Tod des Handelsreisenden) in dem Fall eines **angestellten Bühnenbildners** angenommen. In dem der Entscheidung zugrunde liegenden Sachverhalt hatte ein bekannter Berliner Bühnenbildner das Bühnenbild zu dem Schauspiel von Arthur Miller „Der Tod des Handelsreisenden" entworfen. Auf Wunsch eines Schauspielers wurden dann Änderungen vorgenommen; da diese Änderungen beim Publikum einen völlig anderen Eindruck des Bühnenbildes erweckten, als den, den der Bühnenbildner hervorrufen wollte, waren diese Änderungen nach Auffassung des Gerichts nicht mehr vom Direktionsrecht des Arbeitgebers gedeckt. Andererseits sind auch bei größeren künstlerischen Leistungen durchaus die wirtschaftlichen Verwertungsmöglichkeiten zu berücksichtigen. In der Entscheidung „Götterdämmerung" (GRUR 1976, 199) hat das OLG Frankfurt/M ausgeführt, dass bei der Interessenabwägung zur Ermittlung der Änderungsbefugnis auch die beengten Realitäten des Theaterlebens, insbesondere die etatmäßigen Schwierigkeiten berücksichtigt werden müssen. Wird eine Inszenierung von Publikum und Presse einmütig als misslungen abgelehnt, muss dem Werknutzer die Möglichkeit verbleiben, die Anregungen der Kritik aufzugreifen und die Inszenierung diesen Anregungen anzupassen.

S. im Einzelnen zur Interessenabwägung § 14 Rdnr. 28 ff.

4. Rückrufsrecht

a) wegen Nichtausübung. § 41 gewährt dem Schöpfer ein Rückrufsrecht wegen Nichtausübung, wenn der Inhaber eines ausschließlichen Nutzungsrechts das Werk nicht oder nur unzureichend verwertet. Das Rückrufsrecht bezieht sich immer nur auf das konkret nichtgenutzte Werk (vgl. § 41 Rdnr. 23). § 41 schützt sowohl **urheberpersönlichkeitsrechtliche** als auch **verwertungsrechtliche Belange** (§ 41 Rdnr. 4).   **88**

Das vertraglich nicht abdingbare Rückrufsrecht wegen Nichtausübung wird jedoch durch Inhalt und Wesen des **Arbeits- und Dienstverhältnisses erheblich eingeschränkt** (vgl. Rdnr. 36). Wirtschaftliche Interessen des Urhebers, sein Werk optimal auszunützen, sind in einem Arbeitsverhältnis idR nicht relevant. Die finanzielle Situation des angestellten Urhebers ist mit der des freischaffenden Urhebers nicht vergleichbar. Unabhängig von der Verwertbarkeit seiner schöpferischen Leistung erhält er seinen Lohn; er trägt das wirtschaftliche Risiko der Werkschöpfung nicht.

Auch das Interesse des angestellten Urhebers an der Veröffentlichung eines Werkes ist mit dem eines freischaffenden Urhebers nicht identisch. Der angestellte Urheber hat, wie jeder andere Arbeitnehmer auch, keinen Anspruch darauf, dass seine Werke überhaupt vom Arbeitgeber verwertet werden. Abgesehen von der Pflicht des Arbeitgebers, dem Arbeitnehmer überhaupt die Möglichkeit zu geben, seine schöpferischen Fähigkeiten unter Beweis zu stellen (BAG AP Nr. 2 zu § 611 BGB – Beschäftigungspflicht), hat der Urheber grundsätzlich kein Recht, die betriebliche Nutzung seines Werkes zu fordern. Wenn der angestellte Werkschöpfer jedoch im Einzelfall gerade an der Veröffentlichung eines bestimmten Werkes ein besonderes persönliches Interesse hat, so kann er **aufgrund seiner urheberpersönlichkeitsrechtlichen Belange die eingeräumten Nutzungsrechte zurückfordern** (so im Ergebnis auch die hM, wenn auch im Detail sehr differenzierend, *Ulmer*[3] § 95 III 3; *Blatz* S. 89; *Gloy* S. 47; *Poll* S. 54/55; *Rehbinder* RdA 1968, 309/314; *Dreier/Schulze/Dreier*[3] Rdnr. 38; *Möhring/Nicolini/Spautz*[2] Rdnr. 13; *Wandtke/Bullinger/Wandtke*[3] Rdnr. 116).

Insbesondere im Hinblick auf die Vertragspraxis der Arbeitsverträge ist es notwendig, auch **89** dem Arbeitnehmer das Rückrufsrecht wegen Nichtausübung grundsätzlich zuzubilligen. Viele Unternehmer lassen sich das ausschließliche Nutzungsrecht für alle denkbaren Nutzungsarten von ihren Arbeitnehmern einräumen. Die **Einräumung** erfasst somit **auch Nutzungsrechte, die der Arbeitnehmer** für seine **betrieblichen Zwecke nicht benötigt.** Zum Teil wird der Unternehmer die eingeräumten Nutzungsarten selbst gar nicht ausüben können und auch Dritten nicht zur Ausübung überlassen. Diese Verwertungsmöglichkeiten liegen somit brach. Es ist dem angestellten **Urheber grundsätzlich die Möglichkeit zuzugestehen,** dass er diese Nutzungsrechte wegen Nichtausübung zurückruft (so auch *Dreier/Schulze/Dreier*[3] Rdnr. 38; *v. Olenhusen/Ernst* in *Hoeren/Sieber*, Teil 7.3, Rdnr. 117 f.; aA *v. Gamm* § 41 Rdnr. 12, der den Rückruf bezüglich eines Teils der eingeräumten Nutzungsrechte am gleichen Werkgegenstand grundsätzlich für unzulässig erachtet; s. dagegen § 41 Rdnr. 22, 23; *Sack,* Münchener Hdb. ArbR[2], Bd. 1; § 102 Rdnr. 27, der ein Rückrufsrecht aus wirtschaftlichen Gründen grdsl. ausschließt und im Wesentlichen nur in Ausnahmefällen ein Interesse an der Veröffentlichung unter Nennung des Namens anerkennt bei Werken mit starker persönlicher Prägung). Eine Einschränkung besteht, wenn der Arbeitnehmer durch die zurückgerufenen Rechte und die damit verbundene Eigenverwertung oder Weiterveräußerung an Dritte die berechtigten Interessen des Arbeitgebers verletzen würde, er zB **dem Arbeitgeber unmittelbar oder mittelbar Konkurrenz macht** (zustimmend *Dreier/Schulze/Dreier*[3] Rdnr. 38).

90 Der **Beamte** ist grundsätzlich gegenüber seinem Dienstherrn zur Zurückstellung aller persönlichen Interessen in Bezug auf seine Arbeitsergebnisse verpflichtet. Die Möglichkeiten, die dem Dienstherrn eingeräumten Nutzungsrechte wegen Nichtausübung **zurückzurufen,** sind daher **auf Ausnahmefälle beschränkt,** in denen ein überragendes persönlichkeitsrechtliches Interesse des Beamten an der Veröffentlichung seines Werkes anzuerkennen ist und die Interessen des Dienstherrn durch die Veröffentlichung nicht tangiert werden (so im Ergebnis auch *Dreier/Schulze/Dreier*[3] Rdnr. 38).

91 Für die Arbeitnehmer, die im **Film- und Fernsehbereich** beschäftigt sind, spielt das Rückrufsrecht **wegen Nichtausübung nur eine untergeordnete Rolle,** da der Gesetzgeber den Anwendungsbereich des § 41 durch § 90 eingeschränkt hat. In diesem Bereich ergibt sich zusätzlich die Schwierigkeit, dass stets eine Vielzahl von Miturhebern und Leistungsschutzberechtigten an der Schaffung des Werkes beteiligt war (zu diesem Problembereich *Ulmer* Urhebervertragsrecht Rdnr. 169).

92 **b) wegen gewandelter Überzeugung.** Während das Rückrufsrecht wegen Nichterfüllung den Urheber hinsichtlich seines Veröffentlichungsinteresses schützt, gewährt ihm das Rückrufsrecht wegen gewandelter Überzeugung (§ 42) das Recht, eine Veröffentlichung seines Werkes zu verhindern. Das Rückrufsrecht wegen gewandelter Überzeugung schützt in besonderem Maße die persönlichen Interessen des Urhebers (zu den Einzelheiten s. die Erl. zu § 42; allgemein zum Rückrufsrecht nach § 42 *Rohlfing/Kobusch* ZUM 2000, 305 ff.).

93 Die Interessenlage des angestellten Urhebers unterscheidet sich im Vergleich zum freischaffenden Urheber nicht grundsätzlich. Auch in einem Arbeitsverhältnis kann ein Überzeugungswandel des Urhebers eintreten. **§ 42,** der die ideellen Belange des Werkschöpfers schützt, ist somit **auch für den angestellten Urheber eine grundsätzlich zu berücksichtigende Schutzvorschrift** (§ 42 Rdnr. 11; so auch *Dreier/Schulze/Dreier*[3], Rdnr. 38; *Mathis*, S. 153; *Ulmer*[3] § 95 III 3; *Blatz* S. 89; *Gloy* S. 47; *Poll* S. 59 f.; *Roithmaier* S. 66; *Rehbinder* RdA 1968, 309/314; aA *Löffler*, Presse- und Urheberrechtsreform, in *Löffler* [Hrsg.], Die Urheberrechtsreform, 1973, S. 18).

Bereits für den freischaffenden Urheber stellt § 42 strenge Anforderungen. Die Verwertung des Werkes muss infolge des Überzeugungswandels für den Urheber unzumutbar geworden sein. Ob die Unzumutbarkeit gegeben ist, muss anhand von objektiven Kriterien ermittelt werden. Die künstlerische oder wissenschaftliche Weiterbildung des Werkschöpfers reicht allein nicht aus. Er kann die Veröffentlichung nicht versagen, weil er den Stil oder die äußere Form verbessern will. Weiterhin erfolgt die Feststellung der Unzumutbarkeit durch eine Interessenabwägung zwischen den Belangen des Urhebers und denen der Inhaber der Nutzungsrechte, wobei die Schöpfungshöhe des Werkes einen Einfluss haben kann (s. im Einzelnen § 42 Rdnr. 42 ff.; *Dreier/Schulze/Dreier*[3] Rdnr. 38; *v. Gamm* § 42 Rdnr. 6; *Möhring/Nicolini/Spautz*[2] § 42 Rdnr. 8).

94 **Durch das Arbeitsverhältnis wird der Bereich dessen, was als zumutbar hinzunehmen ist, erweitert** (so auch *Blatz* S. 47; *Roithmaier* S. 65 f. *Vinck* S. 76, die alle einen grundlegenden Überzeugungswandel fordern). Die Verwertung des Werkes kann nur dann untersagt werden, wenn die ideellen Belange des angestellten Urhebers unter Berücksichtigung der Stärke der Verwertungsinteressen des Arbeit- bzw. Dienstgebers sowie der Schöpfungshöhe des betreffenden Werkes einen erheblichen Schaden erleiden würden (zustimmend *Dreier/Schulze/Dreier*[3] Rdnr. 38). So ist eine ideelle Beeinträchtigung zu verneinen, wenn der Urheber das Werk unabhängig von seiner eigenen künstlerischen Auffassung geschaffen hat (BGHZ 19, 382/384 – Kirchenfenster; *v. Gamm* § 42 Rdnr. 6; *Möhring/Nicolini/Spautz*[2] Rdnr. 13); oder wenn er mangels Namensnennung nicht als Urheber nach außen aufgetreten ist (*Möhring/Nicolini/Spautz*[2] Rdnr. 13; *Rehbinder* RdA 1968, 309/314 billigt dem Arbeitnehmer stets einen Rückruf wegen gewandelter Überzeugung zu, wenn das Werk unter dem Namen des Urhebers erscheinen soll). Für den angestellten Urheber hat das Recht des Rückrufes wegen gewandelter Überzeugung keine große praktische Bedeutung (*Ulmer* Urhebervertragsrecht Rdnr. 177).

5. Zugang zum Werkstück

95 Nach § 25 kann der Urheber den Zugang zu seinem Werkstück verlangen, wenn dies für ihn erforderlich ist, um ein Vervielfältigungsstück – Abschriften, Fotokopien, Xerografien – auf

seine Kosten herzustellen, oder soweit es für die Bearbeitung des Werkes notwendig ist. Dabei können ideelle und/oder materielle Interessen zugrunde liegen (§ 25 Rdnr. 3). Das Werkstück in der Hand des Eigentümers darf nicht bearbeitet oder beschädigt werden (vgl. dazu § 25 Rdnr. 11). Der Besitzer des Werkstückes ist nicht verpflichtet, das Werkstück oder ein Vervielfältigungsstück herauszugeben, er muss lediglich den Zugang ermöglichen. Er kann den Zugang verweigern, wenn seine berechtigten Interessen dadurch beeinträchtigt würden (§ 25 Abs. 2; s. im Einzelnen § 25 Rdnr. 9 ff.).

Auch dem Arbeitnehmerurheber steht das Recht auf freien Zugang zum Werkstück zu (*Dreier/Schulze/Dreier*[3] Rdnr. 39; *Möhring/Nicolini/Spautz*[2] Rdnr. 13; *Blatz* S. 87; *Dittrich* S. 106; *Gloy* S. 48; *Honig* S. 38; *Roithmaier* S. 67; *Vinck* S. 67; *Hubmann*, Fs. für A. Hueck, S. 43/47; *Kuhlmann* DB 1955, 1089). Das Zugangsrecht kann im Einzelfall für den angestellten Urheber sogar wichtiger sein als für den freischaffenden Urheber (ebenso *Vinck* S. 68). Nach einhelliger Meinung von Rechtsprechung und Schrifttum erwirbt der Arbeitgeber an dem im Rahmen des Arbeitsverhältnisses geschaffenen Werken das Eigentum (s. Rdnr. 37). In der Regel wird der Arbeitnehmerurheber vor der Abgabe des Werkes keine Abschriften oder Fotokopien für sich herstellen. Das Zugangsrecht gewährt ihm die einzige Möglichkeit, dies nachzuholen. 96

Zumeist wird der angestellte Urheber aus **urheberpersönlichkeitsrechtlichen Motiven** den Zugang zum Werk verlangen, entweder um für eine Bewerbung den Nachweis über seine bisherige schöpferische Tätigkeit zu erbringen, seine künstlerische Entwicklung unter Beweis zu stellen oder auch seine Werke zu sammeln. So hat der angestellte Arzt einen Anspruch darauf, Zugang zu Krankenunterlagen zu erhalten, um diese wissenschaftlich auszuwerten (BGH GRUR 1952, 257 – Krankenhauskartei). Soweit mit dem Zugangsrecht gleichzeitig auch vermögensrechtliche Interessen verfolgt werden, ist dies zulässig und beeinflusst das Recht auf freien Zugang nicht (*v. Gamm* § 25 Rdnr. 4; *Möhring/Nicolini/Spautz*[2] § 25 Rdnr. 1).

Der **Arbeitgeber** kann jedoch **den Zugang zum Werkstück verweigern, wenn** dadurch **seine berechtigten Interessen verletzt würden.** Zwischen Arbeitgeber und Arbeitnehmer werden hier wirtschaftliche Belange eine größere Rolle spielen als die ideellen. Ob die berechtigten Interessen des Arbeitgebers verletzt werden, ist durch eine Güter- und Interessenabwägung im Einzelfall zu ermitteln, wobei die Stellung des Urhebers und der Schöpfungsgrad des Werkes zu berücksichtigen sind (§ 25 Rdnr. 11; *Dreier/Schulze/Dreier*[3] Rdnr. 39. Dem Arbeitgeber ist dann ein Versagungsrecht zuzubilligen, wenn die Zugangsverschaffung im Verhältnis zum Anliegen des Arbeitnehmers einen unverhältnismäßig hohen organisatorischen Aufwand erfordert. 97

Das **Zugangsrecht** hat für die Zeit **nach der Beendigung des Arbeitsverhältnisses** in der Regel eine größere Bedeutung als für die Zeit während der arbeitsvertraglichen Bindung. Arbeitet ein angestellter Urheber anschließend bei einem Konkurrenzunternehmen und will er seine Arbeiten im Archiv einsehen, ist der Arbeitgeber zur Untersagung berechtigt, wenn der Arbeitnehmer die dem Arbeitgeber übertragenen Nutzungsrechte selbst ausüben würde (*Blatz* S. 87; *Gloy* S. 48; *Vinck* S. 68; *Rehbinder* RdA 1968, 309/414). Das Zugangsrecht darf also nicht dazu benutzt werden, dem Arbeitgeber die Verwertung der Nutzungsrechte zu erschweren oder die Verwertung zu behindern (so auch *Dreier/Schulze/Dreier* Rdnr. 39; *Möhring/Nicolini/Spautz*[2] Rdnr. 13; *v. Olenhusen/Ernst* in *Hoeren/Sieber,* Teil 7.3, Rdnr. 120 i). So kann auch ein Photograph seine Bilder nicht ablichten, um sie dann an andere Verlage zu veräußern. Mit Hilfe des Zugangsrechts darf der angestellte Urheber die Nutzungseinräumung zugunsten des Arbeitgebers nicht umgehen. 98

In Arbeitsverträgen ist zT das Zugangsrecht des Urhebers zwar ausdrücklich mit aufgenommen, unterliegt jedoch einer **zeitlichen Beschränkung.** In einigen Manteltarifverträgen der Rundfunkanstalten (etwa in Ziff. 376.2 des eMTV; dazu *v. Olenhusen* S. 190) zB wird den Urhebern das Recht eingeräumt, mit ausdrücklicher Zustimmung der Rundfunkanstalt und der anderen Berechtigten im Einzelfall innerhalb einer Frist von sechs Wochen nach der Herstellung oder nach der Erstsendung Ton- oder Bildträgerkopien auf eigene Kosten zum eigenen Gebrauch und unter Ausschluss jeglicher anderweitiger Verwertung herzustellen oder herstellen zu lassen. Die Rundfunkanstalten können, wenn der Aufwand unzumutbar ist, die Zustimmung zur Anfertigung dieser Kopien verweigern. Die zeitliche Ausschlussfrist dient der schnellen Abwicklung der bestehenden Ansprüche. Im Hinblick auf die große Anzahl der bei einer Sendung beteiligten Arbeitnehmerurheber haben die Rundfunkanstalten ein berechtigtes Interesse daran, das Recht auf Zugang innerhalb einer gewissen Zeitspanne abzuwickeln. Grundsätzlich ist es den angestellten Urhebern zumutbar, innerhalb der tariflich vereinbarten Frist von ihrem Recht Gebrauch zu machen. 99

IX. Anbietungspflicht bezüglich außervertraglich geschaffener Werke des Arbeitnehmers

100 Viele Arbeitnehmer beschränken ihre schöpferische Tätigkeit nicht auf ihre arbeitsvertraglichen Verpflichtungen, sondern schaffen aus eigenem Antrieb Werke, ohne dass hierzu arbeitsvertragliche Pflichten bestehen. § 43 regelt nur die Rechtsfolgen für Werke, die der „Urheber in Erfüllung seiner Dienstpflichten aus einem Arbeits- oder Dienstverhältnis geschaffen hat". Die außervertraglich geschaffenen Werke des Arbeitnehmers sind keine Arbeitsergebnisse, so dass dem Arbeitgeber die Nutzungsrechte an diesem Werk nicht eingeräumt sind. Der Arbeitgeber ist jedoch oft an einer Verwertung interessiert, da er diese Werke für seinen Geschäftsbetrieb ebenfalls nutzen kann. **Die Interessen des Arbeitgebers** an einer solchen Verwertung **können durch eine Anbietungspflicht des Urhebers gesichert werden.** Die für eine Anbietungspflicht in Betracht kommenden Sachverhalte lassen sich in drei Gruppen teilen:
1. Dem Arbeitnehmer wird vom Arbeitgeber eine schöpferische Tätigkeit übertragen, die nicht mehr dem arbeitsvertraglichen Aufgabenkreis entspricht (ein Zeitungsverlag beauftragt seinen Karikaturisten, auch Zeichnungen für Werbezwecke anzufertigen).
2. Der Arbeitnehmer schafft auf eine Anregung des Arbeitgebers und/oder unter Verwendung von Betriebsmitteln ein Werk (ein Prokurist verfasst aufgrund einer Anregung seines Arbeitgebers in seiner Freizeit unter Verwendung des Betriebsarchivs eine Betriebschronik).
3. Der Arbeitnehmer erstellt aus eigener Initiative und ohne Unterstützung des Arbeitgebers ein Werk, das für den Arbeitsbereich des Betriebes verwendbar ist (ein bei einer Rundfunkanstalt angestellter Wirtschaftsredakteur schreibt ein Hörspiel).

101 Die wohl überwiegende Ansicht **bejaht eine Anbietungspflicht** des in einem Arbeitsverhältnis stehenden Urhebers für außervertraglich geschaffene Werke. Ein Teil der Literatur begründet die Anbietungspflicht durch eine Analogie zum ArbnErfG, da der Gesetzgeber hier die bei technischen Erfindungen ähnlich gelagerte Problematik ausführlich geregelt habe. Das ArbnErfG unterscheidet zwischen Diensterfindung und freier Erfindung (§ 4 ArbnErfG). Bei einer Diensterfindung ist der Arbeitgeber berechtigt, diese unbeschränkt in Anspruch zu nehmen; als Gegenleistung muss er dem Arbeitnehmer eine angemessene Vergütung gewähren (§ 9 ArbnErfG). Bei einer freien Erfindung ist der Arbeitnehmer verpflichtet, seine außervertraglichen Leistungen dem Arbeitgeber mitzuteilen und anzubieten, wenn die Erfindung im Arbeitsbereich des Betriebes des Arbeitgebers liegt (§§ 18, 19 ArbnErfG). (Für eine analoge Anwendung des ArbnErfG *Vinck* S. 21; *Schmieder* GRUR 1963, 297/299; *Westen* JR 1967, 401; *Scholz* S. 117). Gegen eine Analogie zu §§ 18, 19 ArbnErfG wird einerseits die größere Reichweite des Patent- oder Gebrauchsmusterschutzes im Vergleich zum urheberrechtlichen Schutz angeführt (*Kraßer/Schricker* S. 104; *Kraßer*, Fs. für Schricker, S. 77/104; *Bayreuther* GRUR 2003, 570/577, der ergänzend den fehlenden persönlichkeitsrechtlichen Einschlag bei Erfindungen nennt). Andererseits wird auf den Rechtsgedanken des § 69b UrhG verwiesen, der die weitergehende Rechtsübertragung für Computerprogramme ausdrücklich auf Werke beschränkt, die in Wahrnehmung der Aufgaben des angestellten Programmierers entstanden sind (vgl. nur *Dreier/Schulze/Dreier*[3] Rdnr. 25).
Andere Autoren, die eine Analogie zum ArbnErfG ablehnen, **begründen** die **Anbietungspflicht** des Urhebers mit der **Treuepflicht des Arbeitnehmers** (*Blatz* S. 27; *Gloy* S. 40; *Poll* S. 72; *Roithmaier* S. 147; *Gaul* NJW 1961, 1509/1510; *Kunze* RdA 1975, 43/48; differenzierend *Rehbinder*, der grundsätzlich darauf abstellt, ob das Werk in den Arbeitsbereich des Arbeitgebers oder Unternehmens fällt, S. 278; vgl. auch *ders.* WiB 1994, 461/463, wo er unter Aufgabe seiner bisherigen Ansicht (RdA 1968, 309/312) eine Anbietungspflicht insoweit verneint, als der Urheber in Ausübung seines Rechts zu § 12 Abs. 1 UrhG sein freies Werk nicht nutzen will; *Möhring/Nicolini/Spautz*[2] Rdnr. 12, stellt auf den Sachzusammenhang und benutzte Hilfsmittel des Arbeitgebers ab; ebenso *Loewenheim/Nordemann* § 63 Rdnr. 26 f. der darüber hinaus ähnlich *Ullmann* GRUR 1987, 6/9, und *Sack*, Münchener Hdb. ArbR[2], Bd. 1, § 102, Rdnr. 38, eine Anbietungspflicht nur für den Fall eines arbeitsrechtlichen Wettbewerbsverbotes bejaht; so auch *Dreier/Schulze/Dreier*[3] Rdnr. 26, wonach die Anbietungspflicht sowohl für Arbeitnehmer als auch für Dienstverpflichtete aus der Treuepflicht wegen § 12 Abs. 1 UrhG jedenfalls auf Ausnahmefälle begrenzt bleiben müsse; nach *Kraßer/Schricker* S. 104f. besteht eine Anbietungspflicht nur unter den Voraussetzungen und in den Grenzen des § 40). Die Treuepflicht verpflichtet den Arbeitnehmer, nicht zum Konkurrenten des eigenen Betriebes zu werden, sondern sich nach besten Kräften für diesen einzusetzen. Der Betriebsfrieden soll durch ein Konkurrenzverhalten des Arbeitnehmers nicht gefährdet werden.

Der angestellte Urheber kann jedoch für diese zusätzlichen Leistungen und für die damit verbundene Einräumung der Nutzungsrechte eine angemessene **Honorierung** fordern. Was als „angemessen" zu betrachten ist, hängt von den Umständen des Einzelfalles ab. In der Regel wird man von dem Betrag ausgehen, den der angestellte Urheber bei einem Vertragsabschluss mit anderen Unternehmen hätte erzielen können (BGH GRUR 1985, 129/130 – Elektrodenfabrik; allgemein zu Vergütungsansprüchen für Sonderleistungen des Arbeitnehmers *Buchner* GRUR 1985, 1).

Ein **Teil der Literatur lehnt** eine **Anbietungspflicht** für außerhalb des Arbeitsverhältnisses geschaffene Werke **ab**. Den Arbeitnehmer treffe allenfalls ein Wettbewerbsverbot, das nicht mit einer Anbietungspflicht gleichzusetzen sei (*Sack,* Münchener Hdb. ArbR², Bd. 1, § 102 Rdnr. 38, der nur im Einzelfall für den Fall eine Anbietungspflicht bejaht, dass der Urheber veröffentlichen will und dies nicht ohne Konkurrenz zum Arbeitgeber möglich ist; *Kraßer,* Fs. für Schricker, S. 77/104, der eine Anbietungspflicht nur bei besonderer Vereinbarung bejaht; *Fromm/Nordemann/Axel Nordemann*¹⁰ Rdnr. 26, *Wandtke/Bullinger/Wandtke*³ Rdnr. 34 ff.). Der Arbeitgeber sei durch das Wettbewerbsverbot hinreichend geschützt (*Schwab* AuR 1993, 129/133). Eine Analogie zu §§ 18, 19 ArbnErfG wird unter Hinweis auf die größere Reichweite des Patent- oder Gebrauchsmusterschutzes im Vergleich zum urheberrechtlichen Schutz abgelehnt (*Kraßer/Schricker* S. 104; *Kraßer,* Fs. für Schricker, S. 77/104).

102 Die obergerichtliche **Rechtsprechung** und der BGH haben bisher die Frage der Anbietungspflicht von Urhebern kaum behandelt. In den Urteilen, die außervertragliche Werke von Angestellten betrafen, war nur zu entscheiden, ob außervertragliche Werke vorlagen oder ob der Arbeitnehmer für die bereits eingeräumten Rechte eine zusätzliche Vergütung beanspruchen konnte (BGH GRUR 1985, 129 – Elektrodenfabrik; BAG GRUR 1961, 491 – Nahverkehrschronik; BAG GRUR 1984, 429 – Statikprogramme). Das LG München I hat sich für die entsprechende Anwendung des ArbnErfG ausgesprochen hinsichtlich eines Computerprogramms, das teilweise während der Dienstzeit und unter Benutzung des Amtsrechners geschaffen worden war (ZUM 1997, 659). Aus Österreich liegt eine gegenteilige Entscheidung vor (OGH GRUR Int. 1994, 71). Der BGH hat in seiner Entscheidung GRUR 1991, 523 ff. Grabungsmaterialien eine – unentgeltliche – Anbietungspflicht von Erben eines Hochschulprofessors im Rahmen einer nachwirkenden Treuepflicht hinsichtlich der urheberrechtlichen Nutzungsrechte angenommen. Begründet wurde diese Anbietungspflicht im konkreten Fall mit dem erheblichen Personal- und Sacheinsatz der Universität und Dritter (anders noch die Vorinstanz, OLG Karlsruhe GRUR 1988, 536; vgl. zu Hochschulangestellten unten, Rdnr. 130 ff.).

X. Einzelne arbeitsvertragliche Regelungen

1. Presse

103 Unter **„Presse"** versteht der allgemeine Sprachgebrauch nur Zeitungen und Zeitschriften, während das Grundgesetz und auch das Landespresserecht mit dem Begriff „Presse" alle Druckwerke sowie den für die Erstellung der Druckwerke tätigen Personenkreis umfassen (*Löffler,* Presserecht Bd. I⁴, 1997, Einl. Rdnr. 1; *Rehbinder,* Presserecht, 1967, Rdnr. 1/5). Im Folgenden beschränkt sich die Darstellung auf die Situation des angestellten Urhebers beim Zeitungs- und Zeitschriftenverlag (zur Abgrenzung der Zeitung von der Zeitschrift siehe *Löffler,* Fs. für Bappert, S. 125; sa. oben § 38 Rdnr. 12–14).

Schutzfähige Werke im Pressewesen sind Berichte, Reportagen, Artikel, Interviews, Photographien, ggf. auch Zeichnungen, Karten, Skizzen, Tabellen sowie die Zeitung und Zeitschrift als ganzes (vgl. dazu näher *Rojahn* S. 17). Die Nachricht selbst ist gemäß § 49 Abs. 2 vom urheberrechtlichen Schutz ausgenommen.

Arbeitnehmer im Pressebereich, die eine urheberrechtlich relevante Tätigkeit ausüben, sind Redakteure, Reporter, Korrespondenten, Pressezeichner, Grafiker und Photographen (*Rojahn* S. 22). Durch kollektive oder einzelvertragliche Abmachungen wird die dispositive Regelung des § 38 Abs. 3 vielfach modifiziert.

104 a) **Vertragsgestaltung der Zeitungsverlage.** Zwischen dem Bundesverband Deutscher Zeitungsverleger (BDZV) einerseits und dem Deutschen Journalisten-Verband, Gewerkschaft der Journalisten, sowie der IG Medien, Druck und Papier, Publizistik und Kunst andererseits gilt der **Manteltarifvertrag (MTV) für Redakteure/Redakteurinnen an Tageszeitungen vom 25. 2. 2004,** gültig ab 1. 1. 2003 (abrufbar unter www.djv.de). Der Manteltarifvertrag gilt

§ 43 Urheber in Arbeits- oder Dienstverhältnissen

für alle Verlage, die in der Bundesrepublik Deutschland Tageszeitungen herausgeben, und für alle hauptberuflich an Tageszeitungen fest angestellten Wort- und Bild-Redakteure (zum Begriff des Redakteurs vgl. Protokollnotiz zu § 1). Ausgenommen sind also Zeitschriftenverlage, Presseagenturen sowie Wochenzeitungen. Letztere wenden aber zumeist, soweit die Verlage Mitglieder des BDZV sind, den Manteltarif entsprechend an.

105 Eine **urheberrechtliche Regelung** enthält der **MTV** in § 18. Sie sieht, nahezu unverändert seit 1985, eine **umfassende ausschließliche Rechtseinräumung** zugunsten des Verlages für Rechte, die in Erfüllung der vertraglichen Pflichten aus dem Arbeitsverhältnis erworben werden vor. Die Rechtseinräumung geht weit über die Einräumung für Verlagszwecke hinaus. Der Verlag kann die Urheberrechte und verwandten Schutzrechte sowohl in Printmedien, als aber auch im Film und im Rundfunk – ungeachtet der Übertragungs- und Trägertechniken – nutzen. Ausdrücklich aufgenommen wurden die Rechte zur Nutzung in digitalen Medien (zur Auslegung § 18 MTV von 1990 für elektronische Nutzung KG GRUR-RR 2004, 228, 229). **Nicht von der Einräumung erfasst** wird die Vergütung für die Nutzung im so genannten **Pressespiegel** gemäß § 49 UrhG sowie sämtliche sonstigen von Verwertungsgesellschaften wahrgenommenen Zweitverwertungsrechte und Vergütungsansprüche. Diese Rechte bleiben dem Redakteur persönlich vorbehalten. Die Nutzung der eingeräumten Rechte, einschließlich derer an digitalen Ausgaben, erfolgt ohne gesonderte Vergütung, § 18 Abs. 6 MTV („vergütungsfrei").

In § 18 Abs. 2 MTV haben die Tarifparteien festgelegt, dass die **Urheberpersönlichkeitsrechte des Redakteurs** an seinen Beiträgen unberührt bleiben.Insbesondere hat er das Recht, Entstellungen, andere Beeinträchtigungen oder Nutzungen zu verbieten, die geeignet sind, seine berechtigten geistigen oder persönlichen Interessen am Beitrag zu gefährden. Der Tarifvertrag verweist somit lediglich auf den Gesetzestext. Es handelt sich um eine neutrale Regelung.

106 Von **wesentlicher Bedeutung** im Tarifvertrag ist die **Regelung der Weiterübertragung der erworbenen Nutzungsrechte** durch den Verlag **an Dritte** und die damit verbundenen Vergütungsansprüche des Redakteurs. Gemäß § 18 Abs. 3 MTV kann der Verlag die ihm eingeräumten Rechte auch Dritten übertragen. Der Redakteur hat bei der Weitergabe seiner Beiträge an Dritte stets einen **Anspruch auf eine zusätzliche angemessene Vergütung.** Als angemessen gilt die Vergütung von mindestens 40% des Netto-Erlöses, den der Verlag aus der Verwertung erzielt bzw. erzielen könnte, § 18 Abs. 6 MTV. Tarifvertraglich wurde auch geregelt, dass der Redakteur einen Anspruch auf eine **zusätzliche angemessene Vergütung** hat, wenn seine Textbeiträge **in anderen Verlagsobjekten des anstellenden Verlages genutzt werden.** Werden die Textbeiträge oder Bildbeiträge des Redakteurs in Buchform oder im Rahmen der öffentlichen Wiedergabe unkörperlich verwertet, hat der Redakteur ebenfalls einen zusätzlichen Vergütungsanspruch, soweit es sich hierbei nicht um eine Nutzung zu Werbezwecken für den Verlag handelt. Der Verlag kann jedoch die Beiträge des Redakteurs ohne Zahlung einer weiteren Vergütung innerhalb einer Redaktionsgemeinschaft, bei Mantellieferung und sonstiger vergleichbarer redaktioneller Zusammenarbeit verwerten.

107 Der **Redakteur darf** nach Beendigung des Arbeitsverhältnisses ohne Einwilligung des Verlages weiterverfügen, wenn seit dem Erscheinen mindestens ein Jahr verstrichen ist. **Die Nutzungsrechte an Bildbeiträgen bleiben allerdings unbefristet und ausschließlich beim Verlag,** sofern im Einzelfall nichts anderes vereinbart ist, § 18 Abs. 4 MTV. Diese Ungleichbehandlung der Bild- und der Wortredakteure ist aus sachlichen Gründen gerechtfertigt. Während das Hauptinteresse des Verlages an Wortbeiträgen nach ihrer Veröffentlichung idR erlischt, haben Photos für die Zeitung weiterhin ihren Wert. Sie werden archiviert und können so jederzeit wieder veröffentlicht werden (*Schmidt-Osten*, Der Journalist 1959, Heft 2, Beilage Nr. 20). **Übt der Verlag die ihm eingeräumten Rechte nicht oder nur unzureichend aus** und werden dadurch berechtigte Interessen des Redakteurs erheblich verletzt, so kann dieser das Nutzungsrecht frühestens sechs Monate nach Ablieferung des Textbeitrages **zurückrufen.** In der Regel ist zuvor eine **Nachfristsetzung** erforderlich, § 18 Abs. 5 MTV. Dem Verlag verbleibt jedoch stets ein einfaches Nutzungsrecht, § 18 Abs. 5 MTV. Auch nach erfolgtem Rückruf darf der Redakteur seine Rechte nur dann verwerten, wenn den berechtigten Interessen des Verlages nicht abträglich ist.

108 Bei den **Zeitungsverlagen** gibt es eine ganze **Anzahl von weiteren Arbeitnehmerurhebern, die nicht unter den Geltungsbereich des Manteltarifes fallen;** zu denken ist hier an den Reporter und Photoreporter, den Korrespondenten, an den Pressezeichner und den Grafiker. In den Arbeitsverträgen mit diesen Personen wird jedoch häufig – ebenso wie in den Verträgen mit nicht tarifgebundenen Redakteuren – pauschal auf die Vorschriften des Manteltarifvertrages verwiesen.

Im **Tarifvertrag für arbeitnehmerähnliche freie Journalistinnen und Journalisten** an **109**
Tageszeitungen vom 2. 3. 2004, gültig ab 1. 8. 2003, haben die Tarifvertragsparteien in § 10
iVm. § 13 MTV die Abdruckrechte („Erstdruckrecht", „Zweitdruckrecht", „Alleinveröffentlichungsrecht") und in § 11 MTV das Rückrufs-/Kündigungsrecht geregelt. Weitergehende urheberrechtliche Bestimmungen sind nicht enthalten. In den Erläuterungen zum Tarifvertrag Stand 2000 zu §§ 10–13 (beides abrufbar unter www.djv.de) wird in diesem Zusammenhang insbesondere im Hinblick auf die sog. Online-Rechte ausgeführt: „Solange die Einräumung von Rechten für digitale Nutzungszwecke nicht (tarifvertraglich) geregelt ist, erwirbt der Verlag ohne ausdrückliche (einzelvertragliche) Regelung kein entsprechendes Nutzungsrecht. Bei Verlagen, die bereits Internetaktivitäten entfaltet haben, erfolgt keine stillschweigende Einräumung von Rechten, solange nicht jeder Beitrag dorthin übernommen wird und dies dem freien Journalisten vorher bekannt war.

b) **Zeitschriftenverlage.** Zwischen dem Verband Deutscher Zeitschriftenverleger (VDZ) **110**
einerseits und dem Deutschen Journalisten-Verband (DJV) sowie der IG Medien, Druck und Papier, Publizistik und Kunst andererseits gilt der **Manteltarifvertrag für Redakteurinnen und Redakteure an Zeitschriften vom 30. 4. 1998,** gültig ab 1. 5. 1998 (abrufbar unter www.djv.de).

Der **Manteltarifvertrag gilt nur für Redakteure.** Wer als Redakteur im Sinne des Manteltarifvertrages anzusehen ist, ergibt sich aus § 1 Ziff. 1 MTV.

Für alle anderen Arbeitnehmer im Zeitschriftenbereich bestehen keine Tarifverträge oder Musterarbeitsverträge mit Urheberrechtsklauseln. Eine einheitliche Praxis hat sich hier auch bisher nicht herausgebildet.

In § 12 MTV sind **Urheberrechte** und **verwandte Schutzrechte zusammen geregelt worden.**

In § 12 Abs. 1 des MTV werden die **einzuräumenden ausschließlichen Rechte enume-** **111**
rativ aufgezählt. Die einzuräumenden Rechte gehen weit über den eigentlichen Bereich eines Zeitschriftenverlages hinaus. So ist der Redakteur unter anderem verpflichtet, dem Verlag die Rechte an seinem in Erfüllung seiner konkreten vertraglichen Pflichten aus dem Arbeitsverhältnis entstandenen Werk im In- und Ausland zur Vervielfältigung und Verbreitung, zur audiovisuellen Wiedergabe, zur Sendung in Hörfunk und Fernsehen, zur Verfilmung und Vorführung sowie zur Werbung für den Verlag in körperlicher und unkörperlicher Form zu übertragen. Noch nicht geregelt sind die Rechte gemäß § 19a UrhG. Die Rechte an digitalen Ausgaben sind von der Nutzungsrechtseinräumung nur erfasst, soweit sich die vertragliche Arbeitspflicht auf die digitale Ausgabe bezieht (vgl. Protokollnotiz zu § 12 Abs. 7, 1. HS MTV). Soweit Nutzungsarten nicht im MTV enthalten sind, ist auch eine stillschweigende Einräumung von Rechten im Rahmen des § 31 Abs. 5 möglich. Soweit die Nutzungseinräumungen betriebsbedingt sind, erhält der Redakteur keine gesonderte Vergütung (§ 12 Abs. 7 MTV). Ihm verbleiben jedoch – wie im MTV für Redakteure von Tageszeitungen geregelt, das von den Verwertungsgesellschaften wahrgenommenen Zweitverwertungsrecht und Vergütungsansprüche.

Demgegenüber entsteht für die **nicht betriebsbedingte („weitergehende") Nutzungs-** **112**
einräumung in der Regel ein zusätzlicher Vergütungsanspruch. Nutzt der Verlag die Rechte zur öffentlichen Wiedergabe in unkörperlicher Form, vergibt der Verlag die eingeräumten Rechte an Dritte – mit Ausnahme der Nutzung innerhalb einer Redaktionsgemeinschaft, bei Mantellieferungen oder vergleichbarer Zusammenarbeit – oder nutzt er sie selbst in anderen, eigenen Verlagsobjekten, auf die sich der Anstellungsvertrag nicht erstreckt, oder werden die Beiträge für Bücher verwandt, hat der Redakteur stets einen Anspruch auf eine zusätzliche angemessene Vergütung. Als angemessen gilt eine Vergütung von mindestens 40% des Netto-Erlöses. Diesen Vergütungsanspruch hat der Redakteur auch nach Beendigung des Arbeitsverhältnisses (§ 12 Abs. 7 MTV).

Übt der Verlag die ihm eingeräumten Rechte nicht oder nur unzureichend aus und werden **113**
dadurch berechtigte Interessen des **Redakteurs** erheblich verletzt, so **kann dieser das Nutzungsrecht** frühestens zwölf Monate nach der Übertragung **zurückrufen.** Zuvor hat jedoch der Redakteur dem Verlag unter Ankündigung des Rückrufes eine angemessene Frist, die nicht mehr als drei Monate zu betragen braucht, zu setzen. Einer Fristbestimmung bedarf es nicht, wenn die Rechtsausübung dem Verlag unmöglich ist oder von ihm verweigert wird, oder wenn durch die Gewährung einer Frist überwiegende Interessen des Redakteurs gefährdet werden. Nach einem erfolgten Rückruf kann jedoch der Verlag dem Redakteur eine Nutzung untersagen, wenn dies den berechtigten Interessen des Verlags abträglich ist (§ 12 Abs. 5 MTV).

§ 43 Urheber in Arbeits- oder Dienstverhältnissen

114   Der Tarifvertrag enthält hinsichtlich der **urheberpersönlichkeitsrechtlichen Befugnisse des Redakteurs nur eine relativ knappe Regelung.** Gemäß § 12 Abs. 2 MTV hat der Redakteur das Recht, eine Entstellung oder eine andere Beeinträchtigung seines Werkes zu verbieten, die geeignet ist, seine berechtigten geistigen oder persönlichen Interessen am Werk zu gefährden. Hier wird lediglich das Gesetz wiederholt. Ob und in welchem Maße der Verlag redaktionelle Änderungen vornehmen darf, wird tarifvertraglich nicht geregelt. Auch hier bleibt es bei der Einzelfallentscheidung in der Praxis. (Zu den tariflichen Regelungen für festangestellte Journalisten im Privatbereich siehe auch *Fromm/Nordemann/Czychowski*[10] § 32 Rdnr. 66 u. 67).

2. Funk und Fernsehen

115   Die öffentlich-rechtlichen Rundfunkanstalten der ARD und das ZDF haben jeweils in ihren **Tarifverträgen auch Urheberrechtsklauseln vereinbart.** Da die ARD kein Arbeitgeber-Tarifvertragsverband und auch keine Tarifgemeinschaft gemäß § 2 Abs. 1 TVG ist, hat **jede Landesrundfunkanstalt mit den zuständigen Gewerkschaften einen eigenen Tarifvertrag abgeschlossen.** Tarifpartner sind jeweils die Landesrundfunkanstalten der ARD und das ZDF und auf der Gewerkschaftsseite zumeist die vereinigte Dienstleistungsgewerkschaft ver.di (frühere IG Medien im DGB, DAG und innerhalb der DAG die Deutsche Orchestervereinigung DOV) und der Deutsche Journalistenverband (DJV). Um innerhalb der ARD-Anstalten und des ZDF eine Vereinheitlichung der Arbeitsbedingungen – und damit auch der Urheberrechtsklauseln – zu erzielen, wurde in Zusammenarbeit mit den Gewerkschaften **ein einheitlicher Manteltarifvertrag** (eMTV) auf der Basis des Manteltarifvertrages des Südwestfunks vom 1. 1. 1971 (abgedruckt in UFITA 63 [1972] 205) **erarbeitet.** Die Manteltarifverträge von BR, HR, MDR, SR, WDR und ZDF sind nicht nach dem System des eMTV strukturiert. Sie sind aber inhaltlich und materiellrechtlich den Manteltarifverträgen der Anstalten sehr ähnlich, die sich am eMTV orientiert haben (RB, NDR, SWR, DW; ausführlich hierzu *v. Olenhusen*).

116   Bei den Rundfunkanstalten sind neben den festangestellten Mitarbeitern arbeitnehmerähnliche (sog. feste Freie) und freie Mitarbeiter beschäftigt. Bei den arbeitnehmerähnlichen Personen gibt es seit langem tarifvertragliche Regelungen über die Übertragung und Abgeltung ihrer Nutzungsrechte (vgl. *v. Olenhusen*, S. 163 und GRUR 2002, 10/15 ff.). Für die freien Mitarbeiter sehen die AGB/Honorarbedingungen der Sender idR umfassende Rechtseinräumungen vor.

Ein großer Teil der bei den Rundfunkanstalten beschäftigten Arbeitnehmer gehört keiner Gewerkschaft an, so dass der Tarifvertrag für sie nicht bindend ist. **Die Rundfunkanstalten schließen die Arbeitsverträge grundsätzlich durch Formularverträge ab.** Diese Musteranstellungsverträge enthalten entweder selbst eine Urheberrechtsklausel oder verweisen auf den Tarifvertrag.

117   Gemäß allen Tarifverträgen ist der Arbeitnehmerurheber verpflichtet, **den Rundfunkanstalten das ausschließliche Recht einzuräumen, Urheberrechte und verwandte Schutzrechte,** die in Erfüllung der Dienstverpflichtung erworben werden, **für Rundfunkzwecke zu nutzen** (darunter fällt generell das Senderecht, einschließlich der Kabelweitersendung, das Recht zur Nutzung in Abruf- und Online-Diensten, das Vervielfältigungs-, Verbreitungs-, Ausstellungs-, Vortrags-, Aufführungs- und Vorführungsrecht, das Recht der Wiedergabe durch Bild- oder Tonträger, das Recht zur Verfilmung und Wiederverfilmung, die Rechte an Lichtbildern und Laufbildern, das Recht am Filmwerk, das Recht zur öffentlichen Wiedergabe im Zusammenhang mit Funkausstellungen, Festivals, Wettbewerben, Werbemaßnahmen, zu den tarifvertraglich aufgeführten einzelnen Nutzungsarten, vgl. *v. Olenhusen* S. 177 ff. mwN). Der Begriff der Verwertung für Rundfunkzwecke wird in den Tarifverträgen selbst nicht näher erläutert. Die Bestimmung des Rundfunkzweckes hat durch den Aufgabenbereich der Rundfunkanstalten zu erfolgen. Den Rundfunkanstalten obliegt die Gestaltung und Sendung von Programmen. Der angestellte Urheber muss somit diejenigen Nutzungsrechte einräumen, die die Rundfunkanstalten für Programmveranstaltungen benötigen (*Rojahn* S. 75 mwN). Vom Rundfunkzweck mit umfasst ist auch die Weitergabe von Werken im Rahmen des Programmaustausches, und zwar auch an kommerzielle Sender (OLG Hamburg GRUR 1977, 556 – Zwischen Marx und Rothschild; ausführlich auch *v. Olenhusen* S. 175 mwN).

118   Die meisten Rundfunkanstalten lassen sich in ihren Tarifverträgen jedoch nicht nur die Nutzungsrechte für Rundfunkzwecke einräumen, sondern **verpflichten die angestellten Urheber, ihnen auch die Nutzungsrechte ohne Beschränkung auf Rundfunkzwecke umfassend zu gewähren** (darunter fällt die Kinoauswertung, die Schmalfilmauswertung, die Audio- und audiovisuelle Auswertung und der Mitschnitt von Funksendungen jeweils unabhängig von

öffentlicher oder nicht-öffentlicher Wiedergabe, ausführlich hierzu *v. Olenhusen*, S. 184 ff.). Für diese zusätzliche Nutzungseinräumung **erhält der Urheber idR eine zusätzliche Vergütung** (vgl. zB TV-ZDF: „Das ZDF wird die Arbeitnehmer an den Erlösen aus Verwertungen gegenüber Dritten grundsätzlich angemessen beteiligen"; TV-WDR: „(...) werden dem WDR auch ohne Beschränkung auf Rundfunkzwecke zur eigenen Nutzung oder zur Übertragung von Nutzungsrechten auf Dritte eingeräumt. Diese Nutzung soll grundsätzlich gegen Entgelt erfolgen" (Protokollnotiz: „eine unentgeltliche Nutzung soll auf seltene, begründete Ausnahmefälle beschränkt werden"); TV-SWR: „(...) soll diese Nutzung grundsätzlich gegen Entgelt erfolgen"). Diese Vergütung erfolgt jedoch nicht durch eine individuelle Abgeltung, sondern die angestellten Urheber- und Leistungsschutzberechtigten **erhalten idR vom pauschalisierten Gesamtnettoerlös der Rundfunkanstalten aus der Produktionsverwertung eine Beteiligung** (vgl. nur ZDF Tarifvertrag Erlösbeteiligung gemäß § 15 MTV oder Beteiligungs-TV WDR; Beteiligungs-TV SWR (15%); ausführlich auch *v. Olenhusen*, S. 184 ff.).

Ein zusätzlicher Vergütungsanspruch entsteht idR. auch bei der kommerziellen Verwertung von Nutzungsrechten, die zu Rundfunkzwecken eingeräumt wurden, wie beispielsweise der Weitergabe gegen Entgelt an eine andere Rundfunkanstalt.

Anteilsberechtigt sind idR diejenigen, die nach Maßgabe eines allgemeinen Tätigkeitskataloges in die namentliche Beteiligungsliste aufgenommen worden sind. Die Zulässigkeit dieser kollektiven Beteiligung an Verwertungserlösen war nicht unumstritten (vgl. zur Problematik ausführlich *Rojahn* S. 91), hat sich jedoch in der Praxis bewährt.

Die **Urheberpersönlichkeitsrechte** wurden auch im Tarifvertrag der Rundfunkanstalten **119** nur knapp geregelt. Die **Namensnennung** der Arbeitnehmerurheber soll im Medienbereich dann erfolgen, **wenn es rundfunküblich ist** (vgl. Rdnr. 82). Des weiteren ist tarifvertraglich bestimmt, dass der Arbeitnehmer seine Einwilligung zu jeglicher Bearbeitungsform seines Werkes erteilt. Mit **Bearbeitungen** oder **Änderungen** dürfen jedoch keine **Entstellungen** oder **andere Beeinträchtigungen verbunden sein.** Auch hier wird es wieder eine Einzelfallentscheidung sein, ob der angestellte Urheber Änderungen oder Bearbeitungen seines Werkes unterbinden kann (ausführlich *v. Olenhusen* S. 186).

Interessanterweise haben die Rundfunkanstalten das **Zugangsrecht tarifvertraglich** gesondert geregelt (ausführlich *v. Olenhusen*, S. 190 ff.). Es wird ausdrücklich auf § 25 verwiesen. Darüber hinaus können Urheber und Mitwirkende mit ausdrücklicher Zustimmung der anderen Berechtigten im Einzelfall innerhalb einer Frist von sechs Wochen nach der Herstellung oder nach der Erstsendung Ton- oder Bildträgerkopien auf eigene Kosten zum eigenen Gebrauch und unter Ausschluss jeglicher anderweitiger Verwertung herstellen und herstellen lassen. Diese Regelung ist im Hinblick auf eine Arbeitskontrolle der Urheber und Mitwirkenden von wesentlicher Bedeutung.

Rückrufrechte wurden tarifvertraglich nicht geregelt. Für angestellte Urheber, die bei den **121** Rundfunkanstalten im Fernsehbereich beschäftigt sind, spielt das Rückrufsrecht in der Regel auch nur eine untergeordnete Rolle, da der Gesetzgeber den Anwendungsbereich der §§ 41 und 42 für Urheber an Filmwerken durch § 90 stark eingeschränkt hat. Eine weitere Problematik, die eine kollektive Vereinbarung sehr erschwert, besteht darin, dass in diesem Medienbereich meist mehrere Mitarbeiter ein Werk schaffen.

Die **Manteltarifverträge** im Bereich des **privaten Rundfunks** enthalten keine Regelungen **121a** zum Urheberrecht (siehe Manteltarifvertrag für die Arbeitnehmerinnen und Arbeitnehmer in Unternehmen des privatrechtlichen Rundfunks vom 15. 5. 1991, Stand 1. 1. 1997, Manteltarifvertrag für den Lokalfunk NRW vom 3. 5. 1993 und Manteltarifvertrag für Mitarbeiter im privaten Hörfunk in Bayern betreffend lokalen Hörfunk in Bayern vom 11. 3. 1999, gültig ab 11. 3. 1999; Manteltarifvertrag für Mitarbeiter im privaten Rundfunk in Baden-Württemberg vom 13. 1. 1998 betreffend lokalen oder regionalen Hörfunk (abrufbar unter www.djv.de). Die Aufnahme von Verhandlungen der Tarifvertragsparteien ist derzeit nicht in Sicht. Es verbleibt daher bei der Anwendung des § 43 auf individualvertraglicher Ebene (dazu *Rieg* GRUR 1994, 425). (Zu den tarifrechtlichen Regelungen im Rundfunkbereich siehe auch *Fromm/Nordemann/Czychowski* § 32 Rdnr. 79–84).

3. Film

Der zwischen dem Bundesverband Deutscher Fernsehproduzenten eV, der Arbeitsgemein- **122** schaft neuer deutscher Spielfilmproduzenten eV, dem Verband deutscher Spielfilmproduzenten eV einerseits und der IG Medien, Druck und Papier, Publizistik und Kunst sowie der Deut-

§ 43 Urheber in Arbeits- oder Dienstverhältnissen

schen Angestellten-Gewerkschaft andererseits am 24. 5. 1996 geschlossene Manteltarifvertrag für Film- und Fernsehschaffende (gültig ab 1. 1. 1996) wurde am 11. 2. 2004 gekündigt. Nach langen Verhandlungen haben sich die Tarifpartner geeinigt und den Manteltarifvertrag unter Maßgabe der Veränderungen und Ergänzungen durch den Übergangstarifvertrag, der am 1. 6. 2005 in Kraft getreten ist, wieder in Kraft gesetzt. Eine wesentliche Neuerung stellt die von der Gewerkschaft geforderte Einführung von Arbeitszeitkonten für auf Produktionsdauer Beschäftigte dar. Der Manteltarifvertrag umfasst die nicht öffentlich-rechtlich organisierten Betriebe zur Herstellung von Filmen.

Der persönliche Geltungsbereich des Tarifvertrages wurde von den Tarifpartnern enumerativ geregelt (§ 1 Ziff. 1.3 des Tarifvertrages). Zu den Film- und Fernsehschaffenden gehören zB Architekten, Aufnahmeleiter, Cutter, Darsteller, Photographen, Maskenbildner, Tonmeister und natürlich Regisseure.

Die vorgesehene Regelung über Urheber- und Leistungsschutzrechte blieb vorerst – bis auf eine Teilregelung zu Ausschüttungen von Verwertungsgesellschaften – ausgeklammert. Die Verhandlungen über den Inhalt einer solchen Regelung, insbesondere über die Reichweite der Rechtseinräumungen, dauern an. Die bisherige Klausel (Ziff. 3 des Tarifvertrages vom 15. 4. 1989, gültig ab 1. 4. 1989) wurde zum 1. 1. 1995 gekündigt. Sie ist im Tarifvertrag von 1996 als „bisherige Regelung" nur noch kursiv abgedruckt und damit (wohl) ohne rechtliche Verbindlichkeit, wird in der Praxis bis zum Abschluss einer neuen Vereinbarung jedoch Bedeutung behalten. Die Tarifvertragsparteien erklären in einer Protokollnotiz in diesem Zusammenhang ihre Bereitschaft, Tarifverhandlungen mit dem Ziel entsprechender Vergütungsbestimmungen zu denen der öffentlich-rechtlichen Rundfunkanstalten aufzunehmen.

123   Nach dieser „bisherigen" Regelung **räumt der Filmschaffende** mit Abschluss des Arbeitsvertrages **alle ihm durch das vertragliche Beschäftigungsverhältnis erwachsenden Nutzungsrechte an Urheber- und verwandten Schutzrechten dem Filmhersteller ein.** Es handelt sich um ein ausschließliches, inhaltlich, zeitlich und räumlich unbeschränktes Nutzungsrecht, das den Filmhersteller zu jedweder filmischen Verwertung, einschließlich Neu- und Wiederverfilmungen des Filmwerkes, der für den Film benutzten Zeichnungen, Entwürfe, Skizzen, Bauten und dergleichen sowie zum Filmwerk gehörenden Photographien berechtigt. Die Nutzungsarten werden im Tarifvertrag aufgeführt. Gemäß Tarifvertrag von 1996 sind dem Filmhersteller die Rechte jedoch nur mit der Maßgabe eingeräumt, dass er sie lediglich für die Zwecke der Herstellung, Auswertung und Propagierung von Filmen – also zu filmischen Zwecken – benutzen darf. Der Filmhersteller ist uneingeschränkt befugt, die ihm eingeräumten Rechte insgesamt oder einzeln an Dritte weiter zu übertragen.

124   Bislang wird dem Filmhersteller tarifvertraglich eine optimale wirtschaftliche Verwertung des Filmes ermöglicht, **ohne dem Filmschaffenden an der zusätzlichen Verwertung des Filmes,** zB durch den Verkauf an eine Rundfunkanstalt, **eine finanzielle Beteiligung in irgendeiner Form zuzubilligen.** Gerade die fehlende Beteiligung an weiteren wirtschaftlichen Verwertungsformen ist bei den Film- und Fernsehschaffenden auf heftige Kritik gestoßen. Der BGH hatte in dem Rechtsstreit „Zauberberg" (GRUR 2005, 937) über die Rechtseinräumung Nr. 3, 6 des Tarifvertrages für Film- und Fernsehschaffende vom 1. 7. 1979 zu entscheiden. Streitpunkt war, ob die DVD-Verwertung gegenüber der Videokassette eine neue Nutzungsart war. Dies wurde vom BGH verneint. **Der Bundesverband der Fernseh- und Filmregisseure in Deutschland hat Grundnormen erarbeitet,** die in einem **Regievertrag** im Fernseh- und Filmbereich **nach Möglichkeit durchgesetzt werden sollen.** In diesen Vertragsentwurf wurde insbesondere aufgenommen, dass den Regisseuren für Wiederholungssendungen im Fernsehbereich, für die Ausstrahlung über Satellit sowie für die Nutzung außerhalb des intendierten Sendegebietes und bei Abgabe der Produktion für Zwecke der Kino-, Film, AV- oder Fernsehauswertung im In- oder Ausland jeweils zusätzliche Vergütungen zustehen.

125   Hinsichtlich der **Namensnennung sind** im Tarifvertrag von 1996 diejenigen Filmschaffenden ausdrücklich aufgeführt worden, die einen Anspruch auf Nennung des Namens im Vor- oder Nachspann haben, nämlich Regisseure, Hauptdarsteller, Produktionsleiter, Kameramänner, Architekten, Tonmeister, Cutter, 1. Aufnahmeleiter, Masken- und Kostümbildner.

Die Entscheidung über die inhaltliche, künstlerische und technische Gestaltung des Films steht dem Filmhersteller zu. Durch die Gestaltung darf das künstlerische Ansehen des Filmschaffenden jedoch nicht gröblich verletzt werden. Die tarifvertragliche Regelung verweist insoweit nur auf die Gesetzeslage.

4. Lehre, Wissenschaft und Forschung

Wissenschaftliche Arbeiten werden heutzutage überwiegend in Arbeits- oder Dienstverhältnissen erbracht. Der unabhängige „Privatgelehrte" ist kaum noch zu finden. Wissenschaftler sind in der Privatwirtschaft, bei staatlichen Instituten oder im Hochschulbereich tätig. **In der Privatwirtschaft und auch bei staatlichen Instituten liegt das Schwergewicht der Forschung im naturwissenschaftlichen Bereich.** Der naturwissenschaftlich ausgebildete Wissenschaftler löst für seinen Arbeitgeber wissenschaftliche und technische Probleme, sei es auf dem Gebiet der Physik, Chemie, Biologie oder der Medizin. Nach ständiger Rechtsprechung des BGH erstreckt sich der Urheberrechtsschutz bei wissenschaftlichen Sprachwerken und Darstellungen wissenschaftlicher und technischer Art in erster Linie auf die äußere Form des Werkes, also auf das sprachliche Gewand und die Art der Darstellung, die sich auch in Aufbau, Gliederung, Gedankenführung sowie Auswahl und Anordnung des Stoffes ausdrücken kann; die eigentlichen wissenschaftlichen Ideen, Theorien, Erkenntnisse sind urheberrechtsfrei (s. im Einzelnen § 2 Rdnr. 122, 125 f.). Falls es sich um technische Verbesserungsvorschläge oder um Erfindungen handelt, ist das ArbnErfG einschlägig. Gemäß § 1 Abs. 2 Nr. 1 PatG 1978 wird aber ein patentrechtlicher Schutz für Entdeckungen sowie für wissenschaftliche und mathematische Theorien nicht gewährt. Ein Schutz besteht jedoch insoweit, als der Erfinder einen allgemein-persönlichkeitsrechtlichen Anspruch auf Nennung hat (*Beier/Straus*, Der Schutz wissenschaftlicher Forschungsergebnisse, 1982, S. 13; *Engel* GRUR 1982, 705; *Katzenberger* GRUR 1984, 319).

126

a) Privatwirtschaft. Eine allgemeine Übung, urheberrechtliche Belange vertraglich mit den angestellten Wissenschaftlern zu regeln, besteht nicht. Offensichtlich sehen die Vertragspartner das Schwergewicht in der Forschung und weniger in der Publizierung der Forschungsergebnisse. **Die meisten Arbeitsverhältnisse von Wissenschaftlern beinhalten nicht die Aufgabe, in urheberrechtlich relevanter Weise tätig zu werden.** Publizieren diese Arbeitnehmer ihre für den Arbeitgeber erbrachten Forschungsergebnisse, handelt es sich idR um Sonderleistungen, für die sie eine zusätzliche Vergütung verlangen können (Rdnr. 101, zum Sonderfall der Hochschulangestellten und Hochschulangehörigen, vgl. ausführlich *Schricker*, Freiheit von Wissenschaft und Lehre, Rdnr. 62 ff.).

127

Manche Arbeitsverhältnisse mit Wissenschaftlern werden jedoch **eine zusätzliche oder sogar eine hauptsächliche urheberrechtlich relevante Tätigkeit beinhalten.** Dies gilt zB für forschende Unternehmen, die ihre Ergebnisse in den einschlägigen Fachzeitschriften veröffentlichen; damit werden angestellte Wissenschaftler beauftragt. Eine verbreitete Praxis findet sich zB in der Pharmaindustrie. Für abhängig tätige wissenschaftliche oder künstlerische Mitarbeiter ist § 43 anwendbar (vgl. auch *Schricker*, aaO, Rdnr. 93 ff.; *Heermann* GRUR 1999, 468 ff.). Gehört die urheberrechtlich relevante Tätigkeit des Wissenschaftlers zum Vertragsinhalt des Arbeitsverhältnisses, kann er für diese Leistungen keine zusätzliche Vergütung fordern (so auch *Schricker*, aaO, Rdnr. 51, der jedoch auf die nunmehr zu bejahende grundsätzliche Anwendbarkeit von §§ 32 und 32 a verweist; *Leuze* GRUR 2006, 552, 557; aA *Westen* JR 1967, 401/404/406).

Für den angestellten Wissenschaftler ist die Frage der **Veröffentlichung seiner Forschungsergebnisse** von großer Bedeutung, denn sein wissenschaftlicher Ruf ist für sein berufliches Fortkommen entscheidend. Dem Urheber steht gemäß § 12 das Recht der Erstveröffentlichung zu. Der Wissenschaftler muss entscheiden, ob seine Forschungsergebnisse, Erkenntnisse oder Theorien veröffentlichungsreif sind oder nicht. Sein wissenschaftlicher Ruf kann einen erheblichen Schaden erleiden, wenn Forschungsergebnisse noch ungesichert oder fehlerhaft publiziert werden (*Engel* GRUR 1982, 705; *Hubmann* UFITA 24 [1957] 1). Will der Arbeitgeber entgegen dem Willen des angestellten Urhebers ein Forschungsergebnis veröffentlichen, so kann der angestellte Wissenschaftler seine Namensnennung bei der Publikation untersagen (so auch *Schricker*, aaO, Rdnr. 112).

128

Erfolgt die Veröffentlichung im Einverständnis mit dem oder den angestellten Wissenschaftlern, **so sind die Autoren der Publikation namentlich zu nennen.** Mitwirkende, die nicht Mitverfasser sind, aber an der Erarbeitung der **wissenschaftlichen Ergebnisse** maßgeblich beteiligt waren, sind aufgrund allgemein-persönlichkeitsrechtlicher Grundsätze in dieser ihrer Funktion (dh. nicht als Mitverfasser) zu nennen (vgl. nur § 24 HRG; Rdnr. 126). Bei wissenschaftlichen Autoren kann nicht davon ausgegangen werden, dass sie stillschweigend auf die Namensnennung evtl. zugunsten eines Vorgesetzten verzichtet haben (so auch *Katzenberger* GRUR 1984, 319; *Leuze* GRUR 2006, 552, 555). Der Arbeitgeber kann eine Namensnennung des Autors nur dann untersagen lassen, wenn er hierfür wesentliche wirtschaftliche Gründe hat. Bei der Publikation von wissenschaftlichen Forschungsergebnissen sind derartige wirtschaftliche Gründe nicht ersichtlich. Soweit noch eine gewisse Praxis dahingehend besteht, nicht den tatsächlichen Autor, sondern zB den Abteilungsleiter zu nennen, handelt es sich um eine Unsitte, die nicht als anzuerkennende Branchen- oder Betriebsübung bewertet werden kann (ausführlich hierzu *Schricker*, aaO, Rdnr. 146 ff.).

129 Für den angestellten Wissenschaftler ist **der Zugang zu den Forschungsunterlagen und auch das Recht, selbst vom Arbeitgeber nicht verwertete Forschungsergebnisse zu veröffentlichen, von besonderer Bedeutung.** In welchem Umfang der angestellte Wissenschaftler von diesen Rechten Gebrauch machen kann, hängt jedoch von den wissenschaftlichen Interessen des Arbeitgebers ab. So wird dem Wissenschaftler, der sein Arbeitsverhältnis beendet hat, im Hinblick auf die dann bestehende Konkurrenzsituation der Zutritt zu den Forschungsunterlagen untersagt werden können.

130 **b) Hochschulbereich.** Auch im Hochschulbereich sind die urheberrechtlichen Rechte und Pflichten vertraglich kaum geregelt worden, so dass sich auch für diesen Bereich der Umfang der Rechtseinräumung nach § 43 richtet (*Rehbinder*, Fs. für Hubmann, 1985, S. 359/360). Mit *Schricker* (*Kraßer/Schricker* S. 100 ff., 190) sind im Hochschulbereich in Bezug auf die dienstrechtliche Verpflichtung zur Schaffung eines Werks drei Bereiche zu unterscheiden:

1. Das Werk wird außerhalb des Arbeits- oder Dienstverhältnisses im Rahmen einer Nebentätigkeit geschaffen. Hier findet § 43 keine Anwendung, die §§ 31 ff. gelten uneingeschränkt.
2. Das Werk entsteht nicht in Erfüllung einer arbeitsvertraglichen oder dienstlichen Verpflichtung, jedoch im (äußeren) Rahmen des Arbeits- oder Dienstverhältnisses, zB unter Einsatz von Mitteln des Arbeitgebers oder Dienstherrn; das Werk kann auch geeignet oder sogar dafür bestimmt sein, betrieblichen oder dienstlichen Zwecken zu dienen. Auch in diesem Fall greift § 43 nicht ein. Es kann lediglich eine stillschweigende Einräumung von Nutzungsrechten für ein bereits existentes oder ein konkretes zu schaffendes Werk in Betracht kommen.
3. Das Werk wird in Erfüllung einer Verpflichtung aus dem Arbeits- oder Dienstverhältnis geschaffen. § 43 findet Anwendung.

Hinsichtlich der an der Hochschule tätigen Personengruppen ist sodann wie folgt zu unterscheiden:

131 **aa) Professoren.** Hauptberuflich im Hochschulbereich tätige Professoren werden idR in das Beamtenverhältnis berufen und zu Beamten auf Lebenszeit ernannt; es ist jedoch auch möglich, dass Professoren im Angestelltenverhältnis beschäftigt werden, § 46 HRG (*Dallinger/Bode/Dellian* HRG § 46 Rdnr. 1, 12). Zu den dienstlichen Aufgaben eines Hochschulprofessors gehört die selbständige Vertretung eines Faches oder mehrerer Fächer in Forschung und Lehre sowie die selbständige Wahrnehmung aller weiteren Aufgaben der Hochschule, die nach § 43 Abs. 9 HRG durch das jeweilige Bundesland bestimmt werden (*Dallinger/Bode/Dellian* HRG § 43 Rdnr. 6). Die Publikation der wissenschaftlichen Forschung und Lehre gehört jedoch nicht zu dem Aufgabenbereich der Professoren (Rdnr. 31, *Haberstumpf* ZUM 2001, 819/825 *Schricker*, Freiheit von Forschung und Lehre, Rdnr. 62 ff.).

Soweit ein Hochschulprofessor im Rahmen seines Aufgabenbereiches *Erfindungen* macht, handelt es sich nicht mehr um freie Erfindungen, § 42 ArbnErfG. Das Hochschullehrerprivileg wurde mit Wirkung für die seit dem 7. 2. 2002 gemachten Erfindungen abgeschafft, §§ 43, 42 ArbnErfG. Alle an der Hochschule fertig gestellten Erfindungen sind im Regelfall Diensterfindungen (vgl. *Bartenbach/Volz*, Arbeitnehmererfindergesetz, 4. Aufl. § 42 nF Rdnr. 1). Die gesetzliche Änderung im Bereich des Erfindungswesens hat jedoch keine Konsequenzen für die urheberrechtliche Bewertung. **Unter Berücksichtigung der besonderen freien Stellung des Hochschulprofessors** bleiben die Werke eines Hochschullehrers, ungeachtet des Umstandes, dass er sie im Rahmen seines Dienstverhältnisses gefertigt hat, seine freie und eigenverantwortliche ihm zuzurechnende wissenschaftliche Leistung (BGH GRUR 1991, 523/527 – Grabungsmaterialien). Dies schließt die Befugnis ein, das Werk eigenständig und auf eigene Rechnung zu verwerten. Eine urheberrechtliche Verpflichtung, dem Dienstherrn Nutzungsrechte einzuräumen oder Erlöse abzuführen, besteht nicht (ganz hM; vgl. nur *Schricker*, aaO, Rdnr. 78; *Fromm/Nordemann/Vinck*[9] Rdnr. 2; *Möhring/Nicolini/Spautz*[2] Rdnr. 5; zum Verwertungsrecht eines Medizinprofessors an Krankenunterlagen *Lippert* NJW 1993, 769/770; *ders.* MedR 1994, 135/138). **Eine Anbietungspflicht bei urheberrechtlichen Werken ist abzulehnen.** Die Wissenschaftsfreiheit gebietet, dem Hochschulprofessor die Möglichkeit zu geben, das nach seinem Erachten für ihn beste Publikationsorgan auszuwählen, ohne hieran durch eine Anbietungspflicht gehindert zu sein (aA *Rehbinder,* Fs. für Hubmann, 1985, S. 359/361; *v. Moltke* S. 227; *Dünnwald,* der Urheber im öffentlichen Dienst, 1999, S. 153; *Haberstumpf* ZUM 2001, 819/827). Nur in Ausnahmefällen kann bei Professoren eine Pflicht zur Schaffung urheberrechtlich schutzfähiger Werke angenommen werden; etwa bei Professoren an einer Fernuniversität eine Pflicht zur Erstellung von Lehrmaterial, das zur Verwendung über längere Zeiträume hinweg bestimmt ist (LG Köln GRUR 2001, 152; *Wandtke/Bullinger/Wandtke*[3] Rdnr. 43; *Kraßer/ Schricker* S. 113). Das KG (NJW-RR 1996, 1066 – Poldok) qualifizierte eine Sammlung von Abstracts, die ein Honorarprofessor im Rahmen seiner Tätigkeit als Geschäftsführer der Leitstelle Politische Dokumentation eines Universitätsinstituts herausgegeben hatte, als Dienstwerk. Für entscheidend hielt das KG, dass der Herausgeber in erheblichem Umfang Personal- und Sachmittel der Universität in Anspruch genommen hatte. Die Besonderheit des Falles dürfte jedoch darin liegen, dass die Veröffentlichung von Nachschlagewerken dieser Art, die primär zur Nutzung durch die Universität bestimmt sind, zu den Aufgaben der Leitstelle gehörte. Die Anwendung des § 43 erfolgte daher im Ergebnis zu Recht.

Der BGH nahm in der Entscheidung „Grabungsmaterialien" für die Erben eines Hochschulprofessors, der 20 Jahre lang für ein Universitätsinstitut tätig war und unter erheblicher Mithilfe von Institutsangehörigen eine archäologische Grabungsdokumentation erstellt hatte, eine Anbietungspflicht als nachwirkende Treuepflicht an. Zugleich wurde der Hochschule sachenrechtlich ein dauerhaftes Recht zum Besitz iSd. § 986 BGB zugebilligt. Wesentlich differenzierter war die Entscheidung der Vorinstanz (OLG Karlsruhe GRUR 1988, 536/540) ausgefallen, die die Erben lediglich dazu verpflichtete, die Dokumentation bei einer Einrichtung ihrer Wahl zu weiteren Forschungszwecken zur Verfügung zu halten und sie der Hochschule im Bedarfsfalle befristet zu überlassen. (Mit Recht kritisch zu der Entscheidung des BGH *Schricker,* Fs. für Lorenz, 1991, S. 233/239; *Fahse* GRUR 1996, 331/337).

Hinsichtlich der Aufgabenstellung sind die urheberrechtlich relevanten Tätigkeiten der Hochschuldozenten (§ 48c HRG), außerplanmäßigen Professoren, Honorarprofessoren, Lehrbeauftragten und Gastprofessoren denen der Hochschulprofessoren gleichzusetzen (*Kraßer/Schricker* S. 139).

bb) Sonstige Hochschulangehörige. Wissenschaftliche Assistenten werden für die Dauer **132** von drei Jahren zu Beamten auf Zeit ernannt. Das Dienstverhältnis kann um weitere drei Jahre verlängert werden. Grundsätzlich ist es auch möglich, für den wissenschaftlichen Assistenten ein Angestelltenverhältnis zu begründen, § 48 Abs. 1 und Abs. 3 HRG. Die Aufgabe des wissenschaftlichen Assistenten besteht vornehmlich darin, wissenschaftliche Dienstleistungen zu erbringen, die allerdings auch dem Erwerb einer weiteren wissenschaftlichen Qualifikation förderlich sein müssen, § 47 Abs. 1 S. 1 HRG. Daneben ist ihm – entsprechend seinem Fähigkeits- und Leistungsstand – ausreichend Zeit zu eigener wissenschaftlicher Arbeit zu geben, § 47 Abs. 1 S. 2 HRG. Der wissenschaftliche Assistent ist – anders als der Hochschulassistent nach altem Recht – einem Professor zugeordnet (§ 47 Abs. 2 HRG) und unterliegt dessen Weisungsbefugnis, allerdings nur bezüglich des Teils seiner Arbeit, der wissenschaftliche (abhängige) Dienstleistung ist (*Hailbronner/Krüger,* Kommentar zum Hochschulrahmengesetz, § 47 Rdnr. 8). Für den künstlerischen Assistenten gelten die vorgenannten Vorschriften entsprechend, § 47 Abs. 4 HRG. Die Dienstpflichten im Rahmen der abhängigen Tätigkeit können auch die Schaffung urheberrechtlich geschützter Werke umfassen. Insoweit ist § 43 anzuwenden (*Kraßer/Schricker* S. 142f.).

Oberassistenten und Oberingenieure (§ 48a HRG) haben auf Anordnung Lehrveranstaltungen abzuhalten und selbständig durchzuführen; außerdem haben auch sie wissenschaftliche Dienstleistungen zu erbringen und unterstehen diesbezüglich den fachlichen Weisungen des Professors, dem sie zugeordnet sind, §§ 48a Abs. 1, 47 Abs. 2 HRG.

Zum Hochschulpersonal nach dem HRG gehören auch die wissenschaftlichen (und künstlerischen) Mitarbeiter, § 53 HRG, sowie die Lehrkräfte für besondere Aufgaben, § 56 HRG. Darüber hinaus sind im Landesrecht nebenberufliche Tätigkeiten wie die der wissenschaftlichen Hilfskräfte und Tutoren geregelt (*Hailbronner/Krüger* § 42 Rdnr. 6). Für diesen Personenkreis ist die unselbständige, weisungsgebundene Tätigkeit charakteristisch. Soweit nicht ausnahmsweise Gelegenheit zu eigener wissenschaftlicher Arbeit eingeräumt wird, unterliegt das urheberrechtliche Werkschaffen § 43 (*Kraßer/Schricker* S. 145).

Sind wissenschaftliche Assistenten oder wissenschaftliche Mitarbeiter **im Rahmen ihrer wissenschaftlichen Dienstleistungen tätig, so gehören ihre Arbeitsergebnisse unter Anwendung des § 43 dem Dienstherrn.** Vielfach wird aber auch hier keine Verpflichtung zur Erarbeitung bzw. Publikation geschützter Werke bestehen.

133 Nutzt der Fachbereich urheberrechtlich relevante Arbeitsergebnisse dieser Hochschulangehörigen, zu denen sie **verpflichtet** sind, für sich, besteht kein Anspruch auf eine zusätzliche Vergütung, denn die Nutzung des Werkes ist durch das Gehalt bereits abgegolten. Besteht **keine Pflicht** zur Erarbeitung bzw. Publikation geschützter Werke, so kann der Urheber die Werke auf eigene Rechnung verwerten; uU besteht eine Anbietungspflicht (Rdnr. 100 ff.), zum Genehmigungsvorbehalt s. Rdnr. 136. Eine besondere Problematik stellt sich, **wenn der Hochschulprofessor seine Forschungsergebnisse publiziert und hierbei urheberrechtlich geschützte Werke seiner ihm zugeteilten wissenschaftlichen Assistenten oder wissenschaftlichen Mitarbeiter verwertet.** Erhält der Hochschulprofessor für diese Verwertung eine Vergütung, **sind die wissenschaftlichen Mitarbeiter hieran angemessen zu beteiligen** (so auch *Schricker* aaO, Rdnr. 94/50/51; vgl. auch OLG München NJW-RR 2000, 1574/1575 – Literaturhandbuch: „die Erarbeitung von Beiträgen oder Büchern im geschäftlichen Interesse eines Dritten gehört regelmäßig nicht zum Zweck des universitären Dienstverhältnisses, auch wenn das Buch (Literaturlexikon) vom Lehrstuhlinhaber herausgegeben wird). Ausgehend von dem urheberrechtlichen Grundgedanken, dass der Urheber soweit wie möglich an der wirtschaftlichen Verwertung seines Werkes zu beteiligen ist, muss auch im Verhältnis zwischen Hochschulprofessor und wissenschaftlichen Mitarbeitern eine zusätzliche Vergütung anerkannt werden.

134 In § 24 HRG ist geregelt, dass bei der Veröffentlichung von Forschungsergebnissen Mitarbeiter, die einen eigenen wissenschaftlichen oder wesentlichen sonstigen Beitrag geleistet haben, als Mitautoren zu nennen sind. Hierbei handelt es sich nach herrschender Auffassung **nicht um eine urheberrechtliche, sondern ausschließlich um eine dienstrechtliche Verpflichtung** (*Dallinger/Bode/Dellian* HRG § 24; *Rehbinder*, Fs. für Hubmann, 1985, S. 359/360). § 24 HRG meint nicht den Miturheber der Veröffentlichung, sondern den Mitarbeiter, der zu den Forschungsergebnissen beigetragen hat. Er ist in dieser Funktion und nicht als Mitautor im urheberrechtlichen Sinne zu nennen, sofern er nicht auch Mitverfasser ist. Diese Regelung wird gerade bei Publikationen aus dem naturwissenschaftlichen Bereich eine erhebliche Rolle spielen. Bei der Veröffentlichung von Forschungsergebnissen im Bereich der Geisteswissenschaften werden die Autoren der Publikation und der Forschungsergebnisse in der Regel identisch sein.

Unabhängig von § 24 besteht gemäß § 13 UrhG das Recht der **Mitverfasser der Publikation,** die in urheberrechtlich relevanter Weise tätig gewesen sind, als solche genannt zu werden. Gerade für den wissenschaftlichen Nachwuchs ist es von wesentlicher Bedeutung, dass sie durch die Namensnennung auf ihre wissenschaftlichen Leistungen hinweisen können. Ein stillschweigender Verzicht auf die Namensnennung ist daher nicht anzunehmen (*Katzenberger* GRUR 1984, 705; aA *Hubmann/Haberstumpf* MittHV 1982, 211/213).

135 Soweit wissenschaftliche Assistenten oder wissenschaftliche Mitarbeiter **aufgrund eigener Initiative** wissenschaftlich tätig sind und ihre **Forschungsergebnisse publizieren** bzw. es sich um Publikationen handelt, die außerhalb ihrer Dienstpflichten liegen (Rdnr. 133), **unterliegen sie keiner dienstlichen oder arbeitsvertraglichen Beschränkung.** Art. 5 GG sichert ihnen die wissenschaftliche Freiheit zu.

136 **Handelt** es sich hingegen **um Arbeitsergebnisse** (Rdnr. 133), **so steht das Nutzungsrecht zunächst der Hochschule bzw. durch Übertragung dem Hochschulprofessor zu.** Verzichten diese auf eine Veröffentlichung, so können die Hochschulassistenten, wissenschaftlichen Mitarbeiter und Tutoren ihre urheberrechtlichen Werke selbst veröffentlichen. **Zum Teil sehen die Landesgesetze einen Genehmigungsvorbehalt vor.** Gemäß § 58 Abs. 2 des Baden-Württembergischen Universitätsgesetzes und Art. 6 Abs. 2 des Bayerischen Hochschullehrergesetzes sind die wissenschaftlichen Mitarbeiter bzw. in Bayern sogar auch die wissenschaftlichen Assistenten verpflichtet, die Veröffentlichung ihrer Arbeiten genehmigen zu lassen, wenn die Arbeit im Auftrag der Hochschule angefertigt wurde oder wenn die Arbeit als Arbeit gekennzeichnet ist, die aus der Hochschultätigkeit hervorgegangen ist; in Bayern auch dann, wenn noch nicht veröffentlichte Forschungsergebnisse oder noch nicht veröffentlichtes wissenschaftliches Material aus dem Bereich der Hochschule verwendet wurde. Auch hier handelt es sich um eine dienstrechtliche Regelung, die aber auch urheberrechtliche Auswirkungen hat. Eine dienstrechtliche Genehmigung kann nur dann verweigert werden, wenn Belange der Hochschule durch die Veröffentlichung schwerwiegend tangiert würden.

§ 44 Veräußerung des Originals des Werkes

(1) Veräußert der Urheber das Original des Werkes, so räumt er damit im Zweifel dem Erwerber ein Nutzungsrecht nicht ein.

(2) Der Eigentümer des Originals eines Werkes der bildenden Künste oder eines Lichtbildwerkes ist berechtigt, das Werk öffentlich auszustellen, auch wenn es noch nicht veröffentlicht ist, es sei denn, dass der Urheber dies bei der Veräußerung des Originals ausdrücklich ausgeschlossen hat.

Schrifttum: *Abels,* Zum Begriff Original bei Kunstwerken, Weltkunst 1985, 397; *Bachler/Dünnebier,* Bruckmann's Handbuch der modernen Druckgraphik, 1973; *Berger/Gallwitz/Leinz* (Hrsg.), Posthume Güsse – Bilanz und Perspektiven, 2009; *Dreier,* Sachfotografie, Urheberrecht und Eigentum, Fs. für Dietz, 2001, S. 235; *Erdmann,* Sacheigentum und Urheberrecht, Fs. für Piper, 1996, S. 655; *Götz v. Olenhusen,* Das Recht am Manuskript und sonstigen Werkstücken im Urheber- und Verlagsrecht, ZUM 2000, 1056; *Hamann,* Der urheberrechtliche Originalbegriff der bildenden Kunst, 1980; *ders.,* Grundfragen der Originalfotografie, UFITA 90 (1981) 45; *Heinbuch,* Kunsthandel und Kundenschutz, NJW 1984, 15; *Hillig/Blechschmidt,* Die Materialentschädigung für reversgebundenes Notenmaterial, ZUM 2005, 505; *Katzenberger,* Das Folgerecht, 1970; *Locher,* Das Recht der bildenden Kunst, 1970; *Koschatzky,* Die Kunst der Graphik, 9. Auflage, 1986; *ders.,* Die Kunst der Photographie, 1987; *Schneider,* Das Recht des Kunstverlags, 1991; *Schneider,* „Leihmaterial" und „Materialentgelt", UFITA 95 (1983) 191; *Schöfer,* Die Rechtsverhältnisse zwischen dem Urheber eines Werkes der bildenden Kunst und dem Eigentümer des Originalwerkes, 1984; *Schricker,* Das Recht des Hochschullehrers an seinen wissenschaftlichen Papieren, Fs. für Lorenz, 1991, S. 233; *Schweyer,* Die Zweckübertragungstheorie im Urheberrecht, 1982; *Ullmann,* Das urheberrechtlich geschützte Arbeitsergebnis – Verwertungsrecht und Vergütungspflicht, GRUR 1987, 6.

Übersicht

	Rdnr.
I. Allgemeines	1–7
1. § 44 im Spannungsverhältnis von Sach- und geistigem Eigentum	1, 2
2. Entstehungsgeschichte	3, 4
3. Rechtsnatur, Schutzzweck und Bedeutung der Norm	5–7
II. Veräußerung und Nutzungsrecht (Abs. 1)	8–17
1. Anwendungsbereich	8–13
a) Veräußerungsgeschäfte	8
b) Entsprechende Anwendung	9–11
c) Sachlicher Anwendungsbereich	12
d) Veräußerungen durch den Urheber	13
2. Vermutungsregel	14
3. Nutzungsrechtseinräumung ohne Eigentumsübertragung	15–17
III. Ausstellungsrecht des Eigentümers (Abs. 2)	18–28
1. Umkehrung der Vermutung	18–20
2. Original eines Werkes der bildenden Künste oder eines Lichtbildwerkes	21–28
a) Keine entsprechende Anwendung auf andere Werkarten	21
b) Keine entsprechende Anwendung auf Vervielfältigungsstücke	22
c) Der Begriff des Originals, insbesondere bei Serienkunstwerken	23–28

I. Allgemeines

1. § 44 im Spannungsverhältnis von Sach- und geistigem Eigentum

§ 44 gehört zu den Vorschriften des UrhG, die angesichts der strengen **dogmatischen Unterscheidung von Sacheigentum am Werkstück,** dessen rechtliche Beurteilung grundsätzlich den §§ 903 ff. BGB folgt, **und** im UrhG geregeltem **Urheberrecht am immateriellen Gut** der geistigen Schöpfung (RGZ 79, 397/400 – Felseneiland mit Sirenen; RGZ 108, 44/45 – Lichtbilder von Bildhauerarbeiten; BGH GRUR 1952, 257/259 – Krankenhauskartei; BGHZ 15, 249/255 – Cosima Wagner; BGHZ 24, 55/70 f. – Ledigenheim; BGHZ 33, 1/15 – Schallplatten-Künstlerlizenz; BGHZ 44, 288/293 – Apfel-Madonna; BGHZ 62, 331/333 – Schulerweiterung; GRUR 1995, 673/675 – Mauer-Bilder) einen Interessenausgleich herbeiführen, wenn Werkstück und Nutzungsrecht getrennte Wege gehen. Er betrifft dabei **den Bereich des Urhebervertragsrechts.** 1

Im **Spannungsverhältnis beider Eigentumsformen** (s. dazu Einl. Rdnr. 29; *Dreier,* Fs. für Dietz, S. 235 ff.; *Erdmann,* Fs. für Piper, S. 655 ff.; *Ulmer*[3] § 2; *Rehbinder*[16] Rdnr. 113 ff.; *Schack*[5] Rdnr. 33 ff.) steht § 44 ua. neben dem Gesamtkomplex der das Werkintegritätsinteresse des Urhebers nur relativ schützenden, weil unter dem Vorbehalt eines Interessenausgleichs stehenden änderungsrechtlichen Vorschriften der §§ 14, 39 und 62 (vgl. § 14 Rdnr. 9 ff.); dem ebenso wie 2

§ 44 Veräußerung des Originals des Werkes

diese Bestimmungen im Schwerpunkt persönlichkeitsrechtlich ausgerichteten Zugangsrechts gemäß § 25 (vgl. § 25 Rdnr. 1 ff.); dem als vermögensrechtlichen Ausgleich für die Erschöpfung des Verbreitungsrechts gewährten Vergütungsanspruch nach § 27 Abs. 2 (vgl. § 27 Rdnr. 1); dem Folgerechtsanspruch nach § 26, der den Urheber an den mit der Weiterveräußerung des Werkoriginals erzielten Umsätzen teilhaben lässt (vgl. § 26 Rdnr. 7 f.); und schließlich neben den gesetzlich gestatteten Nutzungen von Bildern in Ausstellungen und öffentlich zugänglichen Einrichtungen gemäß § 58, von Werken an öffentlichen Plätzen nach § 59 (s. insbesondere dort Rdnr. 3) und von Bildnissen gemäß § 60.

2. Entstehungsgeschichte

3   Die gesetzliche Festlegung des **Grundsatzes strikter Trennung der Verfügung über das Werkoriginal einerseits und der Verfügung über urheberrechtliche Befugnisse andererseits** geht zurück auf Art. 35 des bayer. Gesetzes zum Schutze der Urheberrechte an literarischen Erzeugnissen und Werken der Kunst vom 28. Juni 1865, der freilich noch auf Werke der bildenden Kunst (mit Ausnahme von Bildnissen) beschränkt war (dazu *Mandry*, Das Gesetz vom 28. Juni 1865, Erlangen 1867, Art. 35 vor Anm. 1; zur Rechtslage unter dem preußischen Gesetz von 1837 s. *Osterrieth* KUG S. 2). § 8 KG und § 7 PhG von 1876 übernahmen diese Regelung ebenso wie § 10 Abs. 4 des KUG von 1907, welches allerdings im Rahmen dieser Vorschrift auf eine Ausnahme zugunsten von Bildnissen verzichtete und stattdessen in den §§ 18 Abs. 2, 22–24 gesonderte Regelungen traf (vgl. *Allfeld*[1] § 10 KUG Anm. 8, S. 68).

4   Die Rspr. des RG (RGZ 106, 362/364 f. – Tausend und eine – Frau; RGZ 108, 44 – Lichtbilder von Bildhauerarbeiten) hat diesen Grundsatz wiederholt hervorgehoben. Auch fand er Eingang in die **Richtlinien für Abschluss und Auslegung von Verträgen zwischen bildenden Künstlern und Verlegern** vom 2. November 1926 (abgedr. in *Schricker*[3] S. 845 ff.), die in den §§ 15 und 23 den Verleger zur Rückgabe des Werkoriginals nach der Vervielfältigung verpflichten, und – ausgedehnt auf alle Werkarten – in die Entwürfe von Goldbaum (§ 8 Abs. 2) und Hoffmann (§ 9 Abs. 2) (s. Einl. Rdnr. 116). RefE (§ 36), MinE (§ 39) und RegE (§ 44) enthielten – von kleineren redaktionellen Änderungen abgesehen – bereits die gegenüber § 10 Abs. 4 KUG um die Ausnahmeregelung hinsichtlich des Ausstellungsrechts (§ 44 Abs. 2) erweiterte und – einer großzügigen Rspr. folgend (OLG Stuttgart GRUR 1956, 519 – Hohenzollern-Tonband; BAG GRUR 1961, 491 – Nahverkehrschronik) – sämtliche Werkarten betreffende Fassung. Ihr Abs. 2 wurde durch Beschluss des Bundesrates auch auf Lichtbildwerke erstreckt und in dieser Form 1965 endlich Gesetz (s. Beschlussfassung des Rechtsausschusses UFITA 45 [1965] 155/176).

3. Rechtsnatur, Schutzzweck und Bedeutung der Norm

5   § 44 Abs. 1 basiert auf zwei Grundregeln, in deren Lichte seine Auslegung zu erfolgen hat. Zunächst bekräftigt er die **gegenständliche Unterscheidung von Sach- und geistigem Eigentum** (zum Begrifflichen Einl. Rdnr. 25 ff.), bleibt jedoch in seinem Wortlaut gegenüber diesem allgemeinen Grundsatz in mehrfacher Hinsicht zurück (s. Rdnr. 8–13). Sodann enthält er seiner **Rechtsnatur** und seiner **systematischen Stellung** im Unterabschnitt des Gesetzes über die vertragliche Einräumung von Nutzungsrechten entsprechend eine **Auslegungsregel in Form einer Vermutung,** derzufolge im Zweifel mit der Veräußerung des Werkoriginals eine Nutzungsrechtseinräumung nicht verbunden ist. Die Vorschrift gehört damit neben den Bestimmungen der §§ 31 Abs. 5, eingeschränkt 31a, 32, 32a, 34, 35 und 37 zu den besonderen Auslegungsregeln des Gesetzes (dazu § 31 Rdnr. 74), in denen sich die **urheberschützende Tendenz** des Gesetzes niederschlägt, zur Sicherung der angemessenen Teilhabe des Urhebers an den aus der Nutzung seines Werkes gezogenen Früchten der Urheberrecht soweit wie möglich beim am originären Rechtsinhaber zu belassen (BGH GRUR 1996, 121/122 – Pauschale Rechtseinräumung; *Ulmer*[3] § 84 IV 2; *Erdmann*, Fs. für Piper, S. 655/658; *Schack*[5] Rdnr. 35; s. dazu ferner § 31 Rdnr. 69 mwN). Sie begründet folglich eine **über den das Werkstück betreffenden Veräußerungsvertrag hinausgehende,** durch Abs. 2 freilich eingeschränkte **Vereinbarungspflicht,** falls die zusätzliche Einräumung von Nutzungsrechten angestrebt wird (vgl. BGH GRUR 1995, 673/675 – Mauer-Bilder), berührt jedoch die erlaubnisfrei zulässigen Nutzungen nach §§ 44a ff. nicht.

6   Im Hinblick auf die das Urhebervertragsrecht beherrschende **allgemeine Zweckübertragungslehre,** die bei Veräußerung des Werkoriginals neben der speziellen Regel des Abs. 1 anwendbar bleibt (zum Verhältnis von allgemeiner und besonderer Auslegungsregel *Schweyer*

S. 94 ff.; § 31 Rdnr. 74 f. mwN; *Fromm/Nordemann/Hertin*[9] §§ 31/32 Rdnr. 21), sowie den grundsätzlichen Unterschied von Sach- und geistigem Eigentum erweist sich die Bedeutung der Vorschrift allerdings als gering: Werden Nutzungsrechte unmissverständlich in pauschaler Weise eingeräumt, ohne dass dies vom Vertragszweck gedeckt ist, oder bleiben nach dem Wortlaut des Vertrages Nutzungsrechtseinräumungen im Zusammenhang mit der Veräußerung des Werkoriginals zweifelhaft (vgl. BGH GRUR 1996, 121/122 – Pauschale Rechtseinräumung), kommt Abs. 1 im Ergebnis kein über die allgemeine Zweckübertragungslehre hinausgehender Regelungsüberschuss zu (ebenso *Schweyer* S. 95 f.; *Fromm/Nordemann/J.B. Nordemann*[10] Rdnr. 8; *Kotthoff* in HK-UrhG Rdnr. 1, 5; aA *Wandtke/Bullinger/Wandtke* Rdnr. 1, der die Tragweite des allgemeinen Zweckübertragungsgedanken verkennt). In gleicher Weise beantwortet sich die umgekehrte, von Abs. 1 allerdings nicht ausdrücklich geregelte Frage, ob mit der Nutzungsrechtseinräumung eine Eigentumsübertragung verbunden ist, sowohl bei unzweifelhaften pauschalen Rechtseinräumungen als auch in Zweifelsfällen schon nach der allgemeinen Zweckübertragungslehre (BGH GRUR 1996, 121/122 – Pauschale Rechtseinräumung – mwN; OLG Hamburg GRUR 1980, 909/911 – Gebrauchsgraphik für Werbezwecke; OLG München GRUR 1984, 516/517 Tierabbildungen; § 31 Rdnr. 84 am Ende; *Schricker*[3] § 8 Rdnr. 5 c, S. 260 f.; *Fromm/Nordemann/Hertin*[9] §§ 31/32 Rdnr. 28; aA KG ZUM-RD 1998, 9/10 – Berliner Ensemble sowie *Ullmann* GRUR 1987, 6/10). Auch in Bezug auf den unterschiedlichen Gegenstand von Werkstück und dem von ihm verkörperten geistigen Gebilde verbleibt der Vorschrift kein eigenständiger Spielraum. Ihre Bedeutung erschöpft sich deshalb in der Bekräftigung der urheberschützenden Tendenz des Gesetzes.

Eine **Ausnahme** von Abs. 1 normiert **Abs. 2.** Er bestimmt, dass ohne ausdrückliche Vereinbarung mit dem Eigentum am unveröffentlichten Original eines Werkes der bildenden Kunst, eines Lichtbildwerkes oder eines Lichtbildes (§ 72) die Befugnis zu dessen Ausstellung gemäß § 18 auf den Erwerber übergeht. Nach der AmtlBegr. entspricht diese Regelung der Interessenlage und dem stillschweigenden Einverständnis des Urhebers, der mit der Veräußerung das Werk aus seiner persönlichen Sphäre entlässt (AmtlBegr. UFITA 45 [1965] 240/278). Andernfalls wäre der Käufer eines Bildes gehindert, dieses in Räumen mit Publikumsverkehr, wie etwa einem Wartezimmer oder einer Empfangshalle, aufzuhängen. **§ 60** setzt den Rechten des Urhebers zugunsten des Werkeigentümers **zusätzliche Schranken,** indem er bei Bildnissen den Besteller bzw. seinen Rechtsnachfolger oder bei einem auf Bestellung geschaffenen Bildnis den Abgebildeten oder nach dessen Tode seine Angehörigen zur Vervielfältigung und zur unentgeltlichen und nicht zu gewerblichen Zwecken vorgenommenen Verbreitung kraft Gesetzes befugt, hilfsweise einen von diesem beauftragten Dritten (Einzelheiten s. § 60). 7

II. Veräußerung und Nutzungsrecht (Abs. 1)

1. Anwendungsbereich

a) § 44 Abs. 1 findet Anwendung in den Fällen der **Veräußerung des Originals eines Werkes durch seinen Urheber,** gilt sinngemäß aber auch für die Veräußerung von Vervielfältigungsstücken. In erster Linie statuiert Abs. 1 für Veräußerungsgeschäfte wie Kauf- (vgl. OLG Düsseldorf GRUR 1988, 541 – Warenkatalogfotos; LG München ZUM-RD 1997, 249/252 – Ungenehmigte Veröffentlichung von Fotos), Tausch- (vgl. KG ZUM 1987, 293/295 – Ernst Barlach), Schenkungs- und Werklieferungsverträge (vgl. BGHZ 19, 382 – Kirchenfenster) die Vermutung ihrer Beschränkung sowohl **in schuldrechtlicher als auch in gegenständlicher Hinsicht** auf die Übertragung allein des Eigentums am Werkstück gemäß § 929 BGB ohne die gleichzeitige Einräumung oder Übertragung von urheberrechtlichen Nutzungsbefugnissen nach §§ 31, 35 UrhG, 398, 413 BGB. Als Ausdruck allgemeiner Grundsätze gilt § 44 Abs. 1 sinngemäß überdies für vielfältige Sachverhaltsgestaltungen, die von seinem ausdrücklichen Wortlaut nicht mehr erfasst werden, jedoch wegen gleichgelagerter Interessen eine entsprechende Anwendung geboten erscheinen lassen: 8

b) **Entsprechende Anwendung** findet er zunächst auf solche Verträge, die nur eine bedingte Eigentumsübertragung oder gar nur eine Besitzverschaffung zum Ziel haben, wie dies zB **bei Überlassungsverträgen** (Leih- oder Aufbewahrungsverträge; OLG Hamburg ZUM 1998, 665 – Tiere auf Weiß), **bei Sicherungsgeschäften** mit meist vertraglich vereinbartem **Besitzkonstitut** gemäß § 930 BGB oder bei **Kaufgeschäften unter Eigentumsvorbehalt** der Fall ist. Nicht anders verhält es sich bei **gesetzlichem Eigentumserwerb** eines Werkoriginals durch **Ersitzung** (§ 937 BGB; vgl. OLG München GRUR 1984, 516/517 – Tierabbildungen), 9

§ 44   Veräußerung des Originals des Werkes

durch **Aneignung** (§ 958 BGB) oder durch **Fund** (§ 965 BGB). Auch der Bau eines Hauses auf fremdem Grund führt durch **Verbindung** gemäß § 946 BGB nur zum Erwerb des Gebäudeeigentums durch den Grundstückseigentümer, während die Nutzungsbefugnisse an den Bauplänen und Entwürfen im Zweifel dem Architekten verbleiben (vgl. *Ulmer*[3] § 84 IV 2).

10   Hingegen folgt nach § 950 Abs. 1 BGB das Sacheigentum regelmäßig der Inhaberschaft am Urheberrecht nach § 7 UrhG, wenn bei einer **Verarbeitung** die Sache, aus der das Werk hergestellt wird, gegenüber diesem von erheblich geringerem Wert ist (BGH GRUR 1952, 257/258 – Krankenhauskartei; BAG GRUR 1961, 491/492 – Nachverkehrschronik; BGH GRUR 1991, 523/525 f. – Grabungsmaterialien; OLG Stuttgart NJW 2001, 2889/2890 – Rundbild). Das gilt regelmäßig auch in den Fällen **aufgedrängter Kunst** (etwa der Bemalung der Berliner Mauer [vgl. BGH GRUR 1995, 673 – Mauer-Bilder] oder einem mit Graffitis bemalten PKW ua.), die den Eigentümer der übermalten Sache nicht daran hindern kann, über sein Eigentum zu verfügen (*Erdmann*, Fs. für Piper, S. 655/661). Anders können die Dinge liegen, wenn der Wert des Eigentums durch die Bemalung eine deutliche Steigerung erfährt, sofern nicht die Umstände des Falles für einen Verzicht des Künstlers auf sein Urheberrecht sprechen (*Erdmann*, Fs. für Piper, S. 655/662).

Hersteller einer Verarbeitung iSd. § 950 Abs. 1 BGB ist nicht zwangsläufig, wer bei der Werkschöpfung die verarbeitende Tätigkeit ausführt, sondern derjenige, in dessen Interesse sie erfolgt (s. *Palandt/Bassenge*[63] BGB § 950 Rdnr. 8). Bei in **Arbeits- oder Dienstverhältnissen** aufgrund einer Verarbeitung geschaffenen Werken ist der Hersteller im Lichte des § 43 nach dem Inhalt oder dem Wesen des Arbeits- oder Dienstverhältnisses zu bestimmen (vgl. *Palandt/Bassenge*[63] § 950 Rdnr. 8). Demnach ist der Arbeitgeber nur dann als Sacheigentümer des auf einer Verarbeitung seiner Materialien beruhenden Werkstücks anzusehen, wenn, wie dies unter Berücksichtigung der allgemeinen Zweckübertragungslehre die Regel sein wird (vgl. § 43 Rdnr. 51), der Arbeits- oder Dienstvertrag den Urheber über die Einräumung urheberrechtlicher Nutzungsbefugnisse hinaus zur Übertragung des Sacheigentums am Werkstück verpflichtet (s. § 43 Rdnr. 37). Nur in diesen Fällen ist der Arbeitgeber Hersteller iSd. § 950 Abs. 1 BGB und damit Eigentümer der durch Verarbeitung geschaffenen Sache. Folglich erwirbt ein Theaterunternehmen Eigentum am Bühnenbild des von ihm beauftragten Bühnenbildners (ebenso KG ZUM-RD 1998, 9/10 – Berliner Ensemble), während der Bühnenbildner durch Verarbeitung nach § 950 Abs. 1 BGB Eigentümer seiner auf dem Papier des Arbeitgebers hergestellten Entwurfsskizzen wird. In ähnlicher Weise hat der BGH in der Sache „Krankenhauskartei" bei der Beantwortung der Frage, wer als Hersteller einer Krankenhauskartei iSd. § 950 Abs. 1 BGB anzusehen sei, danach unterschieden, ob der klagende Chefarzt die Kartei für seine private wissenschaftliche Forschung angelegt hat bzw. von Bediensteten des beklagten Krankenhauses hat anlegen lassen oder ob ihm die Herstellung der Kartei als einem unverzichtbaren Hilfsmittel bei der Nachbehandlung der Patienten arbeitsvertraglich oblag. Dem unterlegenen Kläger stehe, der BGH, jedoch aus **nachwirkenden Treuepflichten** – heute nach § 25 (vgl. dazu § 25 Rdnr. 6 f.) – ein Recht auf Einsicht in die Kartei am Ort des Krankenhauses zu (BGH GRUR 1952, 257/258 f. – Krankenhauskartei).

11   Anders verhält es sich bei dem **in freier Forschung und Lehre tätigen Hochschullehrer.** Die Universität erwirbt an seinen eigenverantwortlich geschaffenen Werken weder stillschweigend oder infolge des § 43 urheberrechtliche Nutzungsbefugnisse, noch wird sie ohne Parteiabreden oder besondere gesetzliche Vorschriften Herstellerin und damit Sacheigentümerin iSd. § 950 Abs. 1 BGB an den Forschungsunterlagen (Manuskripten, Aufsätzen, Fotografien, Zeichnungen etc.) des Wissenschaftlers (BGH GRUR 1991, 523/527 – Grabungsmaterialien). Nach Auffassung des BGH ist das Eigentumsrecht des Hochschullehrers – entgegen dem Berufungsurteil (OLG Karlsruhe GRUR 1988, 536) – aber durch ein umfassendes, unbegrenztes und unentgeltliches Besitzrecht nach § 986 Abs. 1 BGB beschränkt, das aus der Anbietungspflicht des Arbeitnehmers resultiert (BGH GRUR 1991, 523/528 – Grabungsmaterialien). Dem ist *Schricker* mit der überzeugenden Begründung entgegengetreten, Verträge, die eine Anbietungspflicht begründeten, unterlägen als Optionsverträge dem Schriftformerfordernis der Vorschrift des § 40, die im Hochschulbereich nicht etwa durch § 43 derogiert werde, da ein Hochschullehrer keine aus seinem Dienstverhältnis hervorgehende Pflichtwerke zu schaffen habe. Deshalb könne entgegen dem BGH eine Anbietungspflicht auch nicht aus einer vertragsimmanenten Treuepflicht hergeleitet werden (*Schricker*, Fs. für Lorenz, S. 233/239 ff.). Eine Anbietungspflicht ergäbe sich ebenfalls nicht aus einer entsprechenden Anwendung des ArbNErfG, dessen § 42 Abs. 1 S. 2 Hochschullehrer ausdrücklich von der Anbietungspflicht ausnehme (*Schricker*, Fs. für Lorenz, S. 233/240; ebenso *Ullmann* GRUR 1987, 6/7 f. mwN). Sie widerspräche außerdem der Wis-

Veräußerung des Originals des Werkes § 44

senschaftsfreiheit des Art. 5 Abs. 3 GG und träte mit dem Veröffentlichungsrecht des § 12 in Konflikt (*Schricker*, Fs. für Lorenz, S. 233/242f.). Mit *Schricker* und dem Berufungsurteil des OLG Karlsruhe (GRUR 1988, 536/540) kann bei gleichzeitiger Wahrung der Belange des Urhebers dem Interesse der Universität und der Allgemeinheit an einer Zugänglichmachung der Forschungsergebnisse ihres Hochschullehrers durch ein **zeitlich und inhaltlich auf das Notwendigste beschränktes Besitzrecht** genügt werden, zumal diese als bloße Daten, Entdeckungen, Fakten etc. regelmäßig keinem Urheberrechtsschutz unterliegen (dazu § 2 Rdnr. 64; *Schricker*, Fs. für Lorenz, S. 233/244).

c) Abs. 1 betrifft seinem **sachlichen Anwendungsbereich nach Originale sämtlicher** 12 **Werkarten** gemäß § 2 Abs. 1, dh. Manuskripte von Schriftwerken und musikalischen Kompositionen ebenso wie technische Zeichnungen und Pläne oder erste körperliche Festlegungen improvisierter Werke (*Fromm/Nordemann/Hertin*[9] Rdnr. 1; *Kotthoff* in HK-UrhG Rdnr. 4). Der praktische Schwerpunkt der Bestimmung liegt jedoch im Bereich der bildenden Künste und der Fotografie, also bei Gemälden, Skulpturen, Lichtbildwerken und Lichtbildern (*Ulmer*[3] § 84 IV 2). Der Begriff des Originals spielt im Rahmen des Abs. 1 allerdings keine entscheidende Rolle. Denn nach den ihm zugrundeliegenden allgemeinen Prinzipien ist er **sinngemäß anzuwenden auf Veräußerungen bloßer Vervielfältigungsstücke** eines Werkes (überwiegende Meinung OLG Düsseldorf GRUR 1988, 541 – Warenkatalogfotos; *Fromm/Nordemann/J. B. Nordemann*[10] Rdnr. 6: erst recht für Vervielfältigungsstücke; *Dreier/Schulze/Schulze* Rdnr. 5; *Wandtke/Bullinger/Wandtke* Rdnr. 11; *v. Gamm* Rdnr. 3; aA *Hamann* S. 22; *ders.* UFITA 90 [1981] 45/47).

d) Ihrem Wortlaut nach bezieht sich die Vorschrift auf Veräußerungen durch den **Urheber**, 13 der Alleinurheber, Bearbeiterurheber oder Miturheber nach Maßgabe des § 8 sein kann (*Möhring/Nicolini/Spautz*[2] Rdnr. 3). Nach § 30 gilt § 44 Abs. 1 auch für **Rechtsnachfolger und in entsprechender Anwendung für die Inhaber von Leistungsschutzrechten.** Über seinen Wortlaut hinaus findet er als besondere Ausformung der allgemeinen Zweckübertragungslehre ferner entsprechende Anwendung, wenn **sonstige Dritte,** die sowohl das Eigentum am Werkstück als auch einzelne oder alle Nutzungsbefugnisse auf sich vereinigen, das Original bzw. erst recht ein Vervielfältigungsstück veräußern (*v. Gamm* Rdnr. 2). Ein Verleger, der die ihm vom Autor geschenkte handschriftliche Fassung eines Romans an ein Literaturarchiv veräußert, behält auch ohne eine zweifelsfreie diesbezügliche Vereinbarung weiterhin das Verlagsrecht. Ebenso bleiben die Erben eines Malers, die ihn Bild aus dem Nachlass verschenken, Inhaber der Reproduktionsrechte (hinsichtlich des Ausstellungsrechts nach § 18 ist freilich § 44 Abs. 2 zu beachten). Nichts anderes gilt, wenn zwei Maler Bilder untereinander tauschen (KG ZUM 1987, 293/295 – Sterndeuter II).

2. Vermutungsregel

Die Vorschrift statuiert eine Auslegungsregel in Form einer **Vermutung.** Sie gilt im **Zweifel** 14 und kommt folglich nur zur Anwendung, wenn nach allgemeinen Auslegungsgrundsätzen (§§ 133, 157 BGB) nicht mit Gewissheit festgestellt werden kann, ob mit der Eigentumsübertragung am Werkstück zugleich eine Nutzungsrechtseinräumung vereinbart ist (BGH GRUR 1994, 210/211 – The Beatles). Gewissheit kann sich aus dem **ausdrücklich oder stillschweigend erklärten Parteiwillen** ergeben **oder** – nach der allgemeinen Zweckübertragungslehre (s. § 31 Rdnr. 4, 64) – aus dem zweifelsfrei aus den Begleitumständen oder schlüssigem Verhalten hervorgehenden, mit dem Rechtsgeschäft **angestrebten Vertragszweck** (zuletzt BGH GRUR 2007, 693 Tz. 31 – Archivfotos; BGH GRUR 2004, 939f. – Comic-Übersetzungen III; BGH GRUR 1994, 210/211 – The Beatles; BGH GRUR 1984, 656/657 – Vorentwurf; BGH GRUR 1984, 528/529 – Bestellvertrag; BGH GRUR 1986, 458/459 – Oberammergauer Passionsspiele). Bloß bekräftigende Formulierungen wie die „volle und bedingungslose" Übertragung des Eigentums an einem Gemälde sind regelmäßig nicht geeignet, Zweifel auszuräumen. Sie führen deshalb nicht zur gleichzeitigen Einräumung etwa von Vervielfältigungs- und Verbreitungsrechten (BGH GRUR 1968, 607/611 – Kandinsky I). Wohl aber widerspricht es der Lebenserfahrung, aus dem Eigentumserwerb an Masterbändern nicht auch auf die Einräumung der Tonträgerherstellerrechte zu schließen (BGH GRUR 1994, 210/211 – The Beatles). Beim Erwerb der **Kopie eines** massenweise vervielfältigten **Computerprogramms** ist meist der Umfang der zulässigen Nutzung in zusätzlichen standardisierten Vereinbarungen geregelt. Ohne diese wird man auch in derartigen Fällen daran denken können, nach der Lebenserfahrung die gewöhnlichen Nutzungen, wie das Vervielfältigen im Arbeitsspeicher, für zulässig zu erachten. Die **Beweislast** für die zusätzliche Nutzungsrechtseinräumung trägt nach der allgemeinen Beweislastverteilung derjenige, der sich auf sie beruft (BGH GRUR 1996, 121/123 – Pauschale Rechtseinräumung).

3. Nutzungsrechtseinräumung ohne Eigentumsübertragung

15 Abs. 1 regelt zwar nicht ausdrücklich den umgekehrten, in der Praxis häufiger strittigen Fall der **Einräumung von Nutzungsbefugnissen bei gleichzeitig fraglicher Übertragung des Eigentums,** jedoch ist er in diesen Fällen im Hinblick auf seinen Schutzzweck **entsprechend** anwendbar (ebenso *v. Gamm* Rdnr. 4; *Dreier/Schulze/Schulze* Rdnr. 10). Folglich bedarf es für die Eigentumsübertragung zweifelsfreier Absprachen bzw. Vertragspraktiken. Die Vertragspraxis der einzelnen kulturwirtschaftlichen Branchen ist dabei recht unterschiedlich. Im Bereich der ernsten Musik etwa erfolgt die Einräumung oder Übertragung von **Aufführungsrechten** meist unter gleichzeitiger nur leihweiser Überlassung des Notenmaterials (zu Geschichte, Inhalt und Reichweite der Materialentschädigung *Hillig/Blechschmidt* ZUM 2005, 505 ff.; sa. *Schneider* UFITA 95 [1983] 191 ff.). Ähnlich verhält es sich regelmäßig bei der Einräumung von **Filmvorführungsrechten,** mit der kein Veräußerungs-, sondern ein Leihvertrag hinsichtlich der Filmkopie verbunden ist. Allein die Inhaberschaft der Auswertungsrechte begründet jedoch noch kein Recht zum Besitz der Filmkopie (BGH GRUR 1971, 481/483 – Filmverleih).

16 Auch im Bereich des **Buchverlags** erwirbt der Verleger mit der Ablieferung des Manuskripts an ihm noch kein Eigentum (BGH GRUR 1969, 551/552 – Der deutsche Selbstmord). Dennoch ist er zu seiner Rückgabe nach der Vervielfältigung des Werkes nur verpflichtet, wenn sich der Verfasser die Rückgabe vertraglich vorbehalten hat (§ 27 VerlG). Ohne Vorbehalt kann sich der Verleger gegenüber dem Herausgabeanspruch des Verfassers gemäß § 985 BGB auf ein Recht zum Besitz nach § 986 BGB berufen. Allerdings wird bei einem besonderen Interesse des Urhebers an der Rückgabe seines Manuskripts, namentlich nach Beendigung des Verlagsverhältnisses, auch ohne Vorbehalt eine Rückgabepflicht des Verlegers aus vertraglichen Treuepflichten und § 985 BGB angenommen (Einzelheiten s. *Schricker*³ § 27 Rdnr. 2 mwN). Beruft sich der Verleger bzw. ein Gesellschafter des Urhebers auf eine schenkweise Überlassung eines Manuskripts zu Eigentum sind nach Auffassung des OLG Nürnberg (ZUM-RD 2003, 260, 266 f. – Künstler und Mäzen) an die Widerlegung dieses Einwandes keine allzu hohen Anforderungen zu stellen. Vielmehr reichen dazu nach dieser Entscheidung bereits die bestehenden Branchenübungen, keine Eigentumsübertragung zu vereinbaren, aus (zu diesem Ergebnis dürfte freilich bereits die Zwecküberreichungslehre führen, vgl. BGH GRUR 1996, 121/122 – Pauschale Rechtseinräumung).

Im **Musikverlagsvertrag** wird in aller Regel ausdrücklich vereinbart, dass das Manuskript in das Eigentum des Verlags übergeht (*Schricker*³ § 27 Rdnr. 13; *Rintelen* S. 293; ebenso OLG Nürnberg ZUM-RD 2003, 260/267 – Künstler und Mäzen). Allerdings hat sich der BGH wegen des besonderen Wertes der häufig nur fotomechanisch vervielfältigten handschriftlichen Partitur jedenfalls bei vorzeitiger Vertragsbeendigung für einen Rückgabeanspruch des Urhebers entschieden und diesen im Wege ergänzender Vertragsauslegung nach §§ 133, 157 BGB auf die Grundsätze von Treu und Glauben gestützt, weil andernfalls dem Komponisten die Grundlage für die Weiterverwertung des Werkes im Wege der fotomechanischen Vervielfältigung genommen würde (BGH GRUR 1999, 579/580 – Hunger und Durst). Trotz der vom BGH berücksichtigten besonderen Verhältnisse bei Musikverlagsverträgen erscheint es problematisch, dieselben Grundsätze auf den Verfilmungsvertrag anzuwenden und bei entgeltlichen **Optionsverträgen nach Nichtausübung der Option** eines Verfilmungsvertrages keine Verpflichtung zur Rückgabe des übereigneten Manuskripts anzunehmen, wenngleich es der Urheber bereits in Buchform, jedoch noch nicht filmisch verwertet hat (OLG München ZUM 2000, 66/68 f. – Tödliche Intrigen; kritisch zu dieser Praxis *Götz v. Olenhusen* ZUM 2000, 1056/1060). Im **Kunstverlag,** einschließlich dem Illustrationsverlag (zum Begrifflichen *Schneider* S. 16 ff. mwN), für den das Verlagsgesetz nicht unmittelbar gilt, wie auch nach Verträgen über die Nutzung von Gebrauchsgraphik ist hingegen das überlassene Werkstück auch ohne ausdrücklichen Vorbehalt zurückzugeben (sa. *Schricker*³ § 27 Rdnr. 14 mwN; OLG Hamburg GRUR 1980, 903 – Gebrauchsgraphik für Werbezwecke; OLG München GRUR 1984, 516/517 – Tierabbildungen).

17 Auf dem Sektor der **Fotografie** schließen Fotoagenturen üblicherweise Leihverträge, nach deren Beendigung ebenfalls von der grundsätzlichen Verpflichtung zur Rückgabe der zum Abdruck überlassenen Werkstücke auszugehen ist (BGH GRUR 2002, 282/283 – Bildagentur; OLG Hamburg ZUM-RD 2008, 183 – Kuschelfotos; OLG Hamburg ZUM 1998, 665/667 – Tiere auf Weiß; Schulze LGZ 181 m. Anm. *Gerstenberg; Dreier/Schulze/Schulze* Rdnr. 10). Jedoch

kann neben der Vereinbarung eines urheberrechtlichen Nutzungsvertrages auch ein Eigentumserwerb des nutzungsberechtigten Verlages in Frage kommen, wenn die Überlassung der Fotoabzüge entgeltlich und zu Archivzwecken erfolgt (OLG Hamburg GRUR 1989, 912/914 – Spiegel-Fotos; sa. LG München ZUM 2008, 78/81 – überlassene Diapositive). Zweifel hinsichtlich einer Eigentumsübertragung vermögen jedoch nur Zahlungen auszuräumen, die in ihrer Höhe eindeutig einen realen Gegenwert für die überlassenen Fotos darstellen. Hat der Fotograf ausdrücklich darauf hingewiesen, dass er seine Fotografien nur leihweise zu Archivzwecken überlasse, und auch die Abrechnung nur abdruckweise in üblicher Höhe erfolgt, ist kein Raum für die Annahme einer Eigentumsübertragung, so dass die Werkexemplare nach Kündigung des Leihvertrages zurückzugeben sind (so jetzt auch BGH GRUR 2007, 693 Tz. 31 – Archivfotos; aA das Berufungsgericht OLG München ZUM-RD 2004, 253/257 – „Foto nur leihweise", das trotz eindeutiger Erklärung „eine beiderseits interessengerechte Interpretation" gemäß §§ 133, 157 BGB vorgenommen hatte). Daran ändert, so der BGH, selbst die Vereinbarung einer Archivgebühr soweit sie den Wert der Fotos erreicht, regelmäßig nichts. Denn die Vereinbarung einer Archivgebühr trage häufig nur dem Umstand Rechnung, dass der Fotograf mit der Herstellung des Bildes Vorleistungen erbracht habe und die Überlassung der Fotos zu Archivzwecken auch im Interesse des Verwerters liege (BGH GRUR 2007, 693 – Tz. 31 Archivfotos; GRUR 2002, 282/284 – Bildagentur). Zur Überlassung der Negative besteht gleichfalls ohne vertragliche Vereinbarung keine Verpflichtung. Dies gilt auch im Rahmen des § 60 (LG Hannover NJW-RR 1989, 53 – Hochzeitsfoto; aA bei Fotografien ohne künstlerische Bedeutung AG Regensburg NJW-RR 1987, 1008 – Fotoreportage).

III. Ausstellungsrecht des Eigentümers (Abs. 2)

1. Umkehrung der Vermutung

Abs. 2 verkehrt die Vermutungsregel des Abs. 1 hinsichtlich des Ausstellungsrechts gemäß § 18 in ihr Gegenteil und gibt den Interessen des Werkeigentümers den Vorrang, wenn ein Urheber das Original eines **unveröffentlichten Werkes** der bildenden Kunst oder eines unveröffentlichten Lichtbildwerkes veräußert. Ohne einen **ausdrücklichen Vorbehalt**, dem, sofern er erklärt wird, dingliche Wirkung zukommt, räumt der Urheber mit der Übertragung des Eigentums das Recht ein, das vertragsgegenständliche Original öffentlich zur Schau zu stellen. Damit obliegt es zB auch dem Urheber, Leihverträge des Eigentümers mit einem Veranstalter zu respektieren (*Erdmann,* Fs. für Piper, S. 655/663). Abs. 2 kommt freilich nur zur Geltung, solange das Ausstellungsrecht noch nicht erschöpft ist (s. § 18 Rdnr. 4, 13). An der Zurschaustellung veröffentlichter Werke kann der Eigentümer ohnehin nicht gehindert werden. 18

Wer **Eigentümer des Originals** im Sinne der Vorschrift ist, bestimmt sich nach § 903 BGB. Auch auf den gutgläubigen Erwerber nach §§ 932 ff. BGB findet Abs. 2 Anwendung (*Kotthoff* in HK-UrhG Rdnr. 9). Ob er sein Eigentumsrecht vom Urheber selbst oder einem Dritten herleitet, ist ohne Belang. Hat der Urheber sich allerdings bei der Erstveräußerung das Ausstellungsrecht – beschränkt oder unbeschränkt – ausdrücklich vorbehalten, so wirkt dieser **Vorbehalt gegenüber jedem Dritten** (AmtlBegr. UFITA 45 [1965] 240/278; *Erdmann,* Fs. für Piper, S. 655/663). *Fromm/Nordemann/Hertin*[9] (Rdnr. 3) weisen in diesem Zusammenhang darauf hin, dass Abs. 2 nicht ohne Weiteres zur Ausstellung des Werkes an öffentlichen Straßen und Plätzen berechtigen kann, weil dies andernfalls infolge der Vorschrift des § 59 eine weitgehende Einschränkung der wirtschaftlichen Verwertung des Werkes zur Folge hätte. Diese Meinung verdient Zustimmung. Sie steht im Einklang mit der von *Ulmer* (3. Aufl. § 49 II), *Fromm/Nordemann/J. B. Nordemann*[10] Rdnr. 9 und *Schulze* (*Dreier/Schulze* Rdnr. 15) zu Recht vertretenen Auffassung, wonach **Abs. 2 als Ausnahmeregel eng auszulegen** sei. Beruht das Eigentumsrecht auf gutgläubigem Erwerb (§ 932 BGB), kommt eine gleichzeitige Einräumung bzw. Übertragung des vom Urheber nicht vorbehaltenen Ausstellungsrechts nicht in Betracht, weil ein gutgläubiger Erwerb von urheberrechtlichen Nutzungsrechten nicht möglich ist (s. vor §§ 28 ff. Rdnr. 102 mwN) und auch das Nutzungsprivileg des 58 für solche Werke nicht in Anspruch genommen werden kann (vgl. *Dreier/Schulze/Schulze* Rdnr. 20). 19

Die Umkehrung der Vermutung greift nur ein, wenn der Urheber die Einräumung des Ausstellungsrechts bei der Veräußerung des Originals nicht ausgeschlossen hat. Der dinglich wirkende **Ausschluss muss ausdrücklich** erklärt sein, wobei wegen der sich aus dem Vorrang der Interessen des Originaleigentümers rechtfertigenden, unterschiedlichen Formulierung gegenüber Abs. 1 allein der Wortlaut des Vertrages für einen wirksam erklärten Vorbehalt maßgeblich 20 ist. Da sich angesichts der eindeutigen Formulierung des Gesetzes ein Vorbehalt weder aus konkludentem Verhalten noch aus dem Zweckübertragungsgedanken herleiten lässt, empfiehlt sich wegen der Beweislast des Urhebers, Vorbehalte schriftlich zu fixieren. Ein Rückgriff auf den unzweifelhaften Vertragszweck ist dem Urheber folglich abgeschnitten (ebenso *Fromm/Nordemann/J. B. Nordemann*[10] Rdnr. 13). Liegen hingegen die Voraussetzungen des Rückrufrechts wegen gewandelter Überzeugung gemäß § 42 vor, erstreckt sich der in dieser Vorschrift zum Ausdruck kommende, urheberpersönlichkeitsrechtlich begründete Vorrang der Urheberinteressen auch auf das nach Abs. 2 auf den Werkeigentümer übergegangene Ausstellungsrecht (ebenso *Schöfer* S. 100 ff.).

2. Original eines Werkes der bildenden Künste oder eines Lichtbildwerkes

21 a) Abs. 2 bezieht sich nur auf **Originale von Werken der bildenden Kunst, von Lichtbildwerken und von Lichtbildern** gemäß § 72. **Andere Werkarten** werden nach dem eindeutigen Wortlaut der Bestimmung und im Hinblick auf die besondere Interessenlage auf dem Gebiet der bildenden Kunst von dieser Vorschrift **nicht erfasst** (AmtlBegr. UFITA 45 [1965] 240/278; sa. § 18 Rdnr. 12; ebenso *Dreier/Schulze/Schulze* Rdnr. 15). Bei Personenbildnissen kann sich hingegen eine Einschränkung des Ausstellungsrechts des Eigentümers aus dem Recht des Abgebildeten am eigenen Bild ergeben (§ 22 KUG), es sei denn, die Zurschaustellung dient nach § 23 Abs. 1 Nr. 4 KUG einem höheren Interesse der Kunst (Einzelheiten s. § 60/§ 23 KUG Rdnr. 100 ff.).

22 b) Eine Erstreckung der Vorschrift auf **Vervielfältigungsstücke unveröffentlichter Werke** scheidet aus. Die zu Lasten des Urhebers gehende Vermutung des Abs. 2 ist wegen der starken persönlichkeitsrechtlichen Ausrichtung des Ausstellungsrechts gemäß § 18 sowie der Bedeutung des Originals im Bereiche der bildenden Kunst bei Vervielfältigungsstücken, die in der Qualität häufig vom Original abweichen, nicht am Platze (vgl. § 18 Rdnr. 4). Zu seinem Schutz muss es dem Urheber auch ohne ausdrückliche Erklärung vorbehalten bleiben zu entscheiden, in welcher Form sein Werk erstmals der Öffentlichkeit zugänglich gemacht wird. Verschenkt ein Künstler eine Fotokopie seines Aquarells oder eine Fotografie seiner Plastik, so ist der Beschenkte selbst ohne besonderen Vorbehalt nicht zur Ausstellung des Werkes unter Benutzung des Vervielfältigungsstückes befugt.

23 c) Was als **Original** anzusehen ist, ist weniger eine Rechtsfrage, als vielmehr eine Frage der Anschauungen der am Kunstmarkt vertretenen Kreise (Künstler, Galeristen, Museumsfachleute, Sachverständige, Kunstsammler ua.) (§ 26 Rdnr. 27; *Samson* GRUR 1970, 449/450; *Dreier/Schulze/Schulze* Rdnr. 16). Sie muss von Fall zu Fall von den beteiligten Verkehrskreisen nach der auf dem Kunstmarkt herrschenden Verkehrsanschauung beantwortet werden (vgl. *Katzenberger* S. 91).

24 aa) Bei Werken, die als Einzelstück geschaffen worden sind, ist das **Unikat** auch das Original. Ölgemälde, Collagen, Zeichnungen oder Plastiken von der Hand des Künstlers sind deshalb ihrem Wesen nach Originale. Dies gilt namentlich für Skizzen und Entwürfe sowie eigenhändige Bearbeitungen eigener oder fremder Werke (Einzelheiten s. § 26 Rdnr. 26 mwN).

25 bb) Schwierigkeiten bereitet die Bestimmung des Originals als eines authentischen Werkes im Bereich der **Druckgraphik**, seitdem immer neue Techniken des Drucks zu den herkömmlichen Druckformen des Holzschnittes, der Radierung und der Lithographie hinzugetreten (zu den Techniken s. *Schneider* S. 32 ff.; *Bachler/Dünnebier* S. 114 ff.; *Hamann* S. 141 ff.) und die Übergänge von der ursprünglich geforderten eigenhändigen und manuellen Bearbeitung der Druckform einer Graphik und ihrer bloßen Vervielfältigung iSd. § 16 fließend geworden sind (dazu *Koschatzky* S. 27 ff.; *Locher* S. 69). Die Auffassungen zu den an ein Original zu stellenden Anforderungen sind vielfältig und umstritten. Sie reichen von der völligen Aufgabe des Originalbegriffs angesichts neuer, nahezu unbegrenzte Auflagen zulassender Offsetlithographieverfahren (s. *Koschatzky* S. 41; *Schneider* S. 60 ff. mwN) über die Forderung der Herstellung der Druckplatte durch den Künstler mit zusätzlicher Festlegung und Angabe von Auflagenzahl und Signatur (so der Dritte Internationale Kongress der bildenden Künste 1960, vgl. *Koschatzky* S. 37) bis zu den traditionellen Merkmalen der eigenhändigen Herstellung der originalen Druckplatte und der manuellen, vom Künstler selbst vorgenommenen Fertigung der Abzüge (so *Möhring/Nicolini/Spautz*[2] § 26 Rdnr. 7) oder zumindest deren Überwachung (so ua. *Fromm/Nordemann/Nordemann*[9] § 26 Rdnr. 2; *Ulmer*[3] § 60 IV 1). Unvereinbar mit dem multioriginalen Wesen von Serienkunstwerken und deshalb allgemein auf Ablehnung gestoßen ist die Auffassung, nur die Druckplatte selbst sei das Original (so aber *v. Gamm* § 26 Rdnr. 5; aA *Schneider*

Veräußerung des Originals des Werkes **§ 44**

S. 60 mwN in Fn. 182). Um ein Werk dem manuellen Bilddruck zuordnen zu können, ist vermittelnd richtigerweise und mit der überwiegenden Meinung darauf abzustellen, ob der Künstler die **Druckform eigenhändig** gestaltet hat **und** die **Abzüge zumindest nach seinen Weisungen** von einem Dritten hergestellt worden sind (*Gerstenberg* § 44 Anm. 2; *Katzenberger* S. 92 sowie § 26 Rdnr. 28; *Samson* GRUR 1970, 449/450; *Bachler/Dünnebier* S. 123/132ff.). Der Einsatz fotomechanischer Technik kann dabei nur insoweit zulässig sein, als sie der Gestaltung der Druckformen selbst dient, Fotografie also nicht selbst das Ergebnis ist (s. *Koschatzky* S. 43f.; *Locher* S. 69; *Schneider* S. 69; ebenso die Formulierung im gemeinsamen Zolltarif der EG, ABl. Nr. 172 v. 22. 7. 1968 S. 360, abgedr. auch bei *Bachler/Dünnebier* S. 117). Die Signatur des Künstlers, gleich, ob in der Platte oder auf dem Abzug, Angaben über die Auflagenhöhe, den Drucker, die Vernichtung der Druckplatte und die vorgenommenen Variationen sind lediglich **Indizien** für das Vorliegen eines Originals, ohne diesem wesentlich zu sein (*Bachler/Dünnebier* S. 135ff./143; *Hamann* S. 131ff., 192ff./196f.; *Katzenberger* S. 93; *Locher* S. 69f.). Auch dient das vom Bundesverband des deutschen Kunst- und Antiquitätenhandels e. V. seit 1985 verwendete, rechtlich unverbindliche Merkmal der **Sammelwürdigkeit** nur der Verhinderung von Missbräuchen. Danach sind unter bestimmten Voraussetzungen nummerierte, aber auch posthum gedruckte Auflagen als sammelwürdig anzusehen (Einzelheiten s. *Schricker/Gerstenberg*[1] Rdnr. 11; *Abels* Weltkunst 1985, 397 sowie *Schneider* S. 62ff. mwN).

cc) Entsprechendes gilt bei **Serienwerken der Plastik,** die im Abgussverfahren nach vom **26** Künstler selbst hergestellten Gussformen und nach seinen Weisungen, insbesondere in der von ihm bestimmten Stückzahl, gegossen werden. Fehlt die Beteiligung des Urhebers, kann bei einem Nachguss, selbst wenn der Urheber seiner Fertigung vorher zugestimmt hat, nicht mehr von einem Original gesprochen werden (differenzierend *Locher* S. 70), weil er der Endfassung der Plastik nicht mehr durch Ziselierung, Patinierung und Aufsockelung ihre letzte Erscheinungsform verliehen hat (zu posthumen Güssen sa. Rdnr. 28). Name oder Monogramm des Urhebers, Ziffer des Gusses auf der Plinthe (Sockelplatte) und Gießer-Stempel dienen lediglich als Anhaltspunkte für das Vorliegen eines Originals.

dd) Bei **Lichtbildwerken** müssen ebenfalls **unikate Werkstücke** (zB Daguerreotypien, Po- **27** laroidfotos) von **Negativabzügen** unterschieden werden. Bei letzteren ist die rechtliche Beurteilung strittig. Man unterscheidet zwischen historischer und zeitgenössischer Fotografie. Die Trennlinie wird um das Jahr 1970 angesetzt, weil in dieser Zeit ein Markt für dokumentarische und künstlerische Fotografie entstanden ist. Bei **historischen Fotos** qualifiziert *Gerstenberg* als Originale all diejenigen Abzüge und Vergrößerungen nach dem Negativ, die mit Wissen und Willen des Urhebers hergestellt und von ihm signiert worden sind (*Schricker/Gerstenberg*[1] Rdnr. 13). *Hamann* verlangt den eigenhändigen Abzug des Künstlers innerhalb einer Auflage unter Verwendung des ursprünglichen Negativs als Vororiginal, lässt aber auch posthum gefertigte Abzüge Dritter, die keine Bearbeitung erkennen lassen, als Original gelten (UFITA 90 [1981] 45/52f., 55). *Koschatzky* (Photographie S. 31) hingegen erachtet differenzierend nur solche **Abzüge vom originalen Negativ,** die der Künstler in zeitlichem Zusammenhang (aA *Dreier/Schulze/Schulze* Rdnr. 19) mit der Herstellung der Aufnahme als erste hergestellt hat (sog. Vintage Print) sowie die Wiedergabe einer Fotografie in einem Edeldruckverfahren (Gummidruck, Bromöldruck). Späteren, vom Urheber eigenhändig hergestellten Abzügen vom Originalnegativ, die sich von früheren im Material und in der Tönung oder Gradation unterscheiden können, spricht er hingegen die Eigenschaft eines Originals ab (ebd.). Letzterem ist zuzustimmen. Bei **zeitgenössischen Fotografien** spielt das Alter des Abzugs keine Rolle. Vintage-Prints gibt es hier nicht. Von Fotografien, die nach moderner (nicht allein digitaler) Fototechnik und der ursprünglichen Intention des Künstlers entsprechend hergestellt werden, fertigt der Urheber selbst die Abzüge, signiert sie und gibt die Auflage an. Diese von ihm selbst hergestellten Exemplare gelten als autorisierte Originale. Im Übrigen ist von Vervielfältigungsstücken auszugehen.

d) Keine Originale sind demnach **Nachdrucke,** die ohne Wissen und Willen des Urhebers **28** oder – unabhängig von einer entsprechenden Verfügung zu Lebzeiten – nach seinem Tode angefertigt werden, auch wenn sie von der Originalplatte stammen sollten. Nicht anders verhält es sich bei Plastiken. Selbst wenn der Urheber nicht alle der von ihm auf eine bestimmte Anzahl limitierten Exemplare hat gießen lassen können oder gar testamentarisch festgelegt hat, dass sein sehr kostspieliges Werk nach seinem Tode noch einmal hergestellt werden darf (berühmtes Beispiel: Barnett Newmann, Broken Obelisk), wird man in den **posthum angefertigten Exemplaren** nur mit ausdrücklicher Genehmigung des Urhebers hergestellte **Nachgüsse** sehen können, nicht aber Originale (ebenso *Locher* S. 70). Solchen Nachgüssen fehlt die Mitwirkung des

Vogel

Vor §§ 44a ff. Vorbemerkung

Urhebers, die das Wesen des Originals ausmacht (weitere Beispiele häufig missbräuchlich als Original angebotener Werkstücke bei *Heinbuch* NJW 1984, 15/18f.).

Nicht zuletzt befördert durch die Diskussion um **posthume Güsse** von Werken *Hans Arps* hat die 2005 gegründete **Arbeitsgemeinschaft Bildhauermuseen und Skulpturensammlungen e. V.** bei der Stiftung Wilhelm Lembruck Museum, Duisburg, ein Positionspapier zum Umgang mit posthumen Güssen erarbeitet, das der Begriffsklärung dient und Empfehlungen gibt, die nicht nur bei der Bestimmung der Originaleigenschaft eines posthumen Gusses richtungsweisend wirken wird (Einzelheiten bei *Berger/Gallwitz/Leinz* [Hrsg.], Posthume Güsse – Bilanz und Perspektiven passim).

Abschnitt 6. Schranken des Urheberrechts

Vorbemerkung

Schrifttum: *Badura*, Zur Lehre der verfassungsrechtlichen Institutsgarantie des Eigentums, betrachtet am Beispiel des „Geistigen Eigentums", ZUM 1984, 552; *Bayreuther*, Beschränkungen des Urheberrechts nach der neuen EU-Urheberrechtsrichtlinie, ZUM 2001, 828; *Bornkamm*, Ungeschriebene Schranken des Urheberrechts?, Fs. für Piper, 1996, S. 641; *ders*, Der Dreistufentest als urheberrechtliche Schrankenbestimmung, in FS für Erdmann, 2002, 29; *Cohen Jehoram*, Einige Grundsätze zu den Ausnahmen im Urheberrecht, GRUR Int. 2001, 807; *Dittrich/ Öhliger*, Verfassungsrechtlicher Schutz von geistigem Eigentum, UFITA 135 (1997) 5; *Fechner*, Geistiges Eigentum und Verfassung 1999; *Findeisen*, Die Auslegung urheberrechtlicher Schrankenbestimmungen, 2005; *Förster*, Fair Use – Ein Systemvergleich der Schrankengeneralklausel des US-amerikanischen Copyright Act mit dem Schrankenkatalog des deutschen Urheberrechtsgesetzes, 2008; *Geiger*, Die Schranken des Urheberrechts im Lichte der Grundrechte, in Hilty/Peukert (Hrsg.), Interessenausgleich im Urheberrecht, 2004 S. 143; *ders.,* Der urheberrechtliche Interessenausgleich in der Informationsgesellschaft – zur Rechtsnatur der Beschränkungen des Urheberrechts, GRUR Int. 2004, 815; *ders.,* Schranken des Urheberrechts und Innovationsförderung, GRURInt 2008,459; *Guilbault*, Copyright Limitations and Contracts, 2002; *Haß*, Zur Bedeutung der §§ 45 ff. UrhG für das Urheberstrafrecht, Fs. für Klaka, 1987, S. 127; *Hilty*, Verbotsanspruch vs. Vergütungsanspruch: Suche nach den Konsequenzen der tripolaren Interessenlage im Urheberrecht Informationsgesellschaft, in FS für Schricker, 2005, 325; *ders.,* Vergütungs und Schrankenregelungen, GRUR 2005, 819; *Hoeren*, Die Reichweite gesetzlicher Schranken und Lizenzen, in Lehmann (Hrsg.), Internet- und Multimediarecht (Cyberlaw), 1997, S. 95; *ders.,* Die Schranken des Urheberrechts in Deutschland, in Hilty/Geiger (Hrsg.), Impulse für eine europäische Harmonisierung des Urheberrechts, 2007, 265; *Hohagen*, Die Freiheit der Vervielfältigung zum eigenen Gebrauch, 2002; *Hubmann*, Das geistige Eigentum in der Rechtsprechung des Bundesverfassungsgerichts, in Urheberrecht für das Medienzeitalter, 1986, S. 30; *ders.,* Die Idee vom geistigen Eigentum, Bundesverfassungsgerichts-Rechtsprechung und Urheberrechtsnovelle, ZUM 1988, 4; *Kirchhoff*, Der Gesetzgebungsauftrag zum Schutz des geistigen Eigentums gegenüber modernen Vervielfältigungstechniken, 1988; *ders.,* Der verfassungsrechtliche Gehalt des geistigen Eigentums, Fs. für Zeidler, 1987, 1639; *Kreile*, Technischer Fortschritt und Urheberrecht, InterGU-Jb. 1983, S. 207; *ders.,* Die Sozialbindung des geistigen Eigentums, Fs. für Lerche, 1993, S. 251; *Kröger*, Informationsfreiheit und Urheberrecht, 2002; *ders.,* Enge Auslegung von Schrankenbestimmungen – wie lange noch? MMR 2002 *Krüger-Nieland*, Der Urheberrechtsschutz im Spannungsfeld der Eigentumsgarantie der Verfassung, Fs. für Oppenhoff, 1985, S. 173 *dies.,* Der verfassungsrechtlich verbürgte Eigentumsschutz urheberrechtlich geschützter Werke und Leistungsrechte, Fs. für Simon, 1987 S. 695; *Leinemann*, Die Sozialbindung des „Geistigen Eigentums", 1998; *Lehmann*, Ausschließlichkeitsrechte, Vergütungsansprüche und zwingende Mindestschutzrechte in einer digitalen Welt, in FS für Nordemann, 2004, 43; *Lerche*, Fragen sozialbindender Begrenzungen urheberrechtlicher Positionen, Fs. für Reichardt, 1990, S. 101; *Melichar*, Die Wahrnehmung von Urheberrechten durch Verwertungsgesellschaften, 1983, S. 6; *ders.,* Zur Sozialbindung des Urheberrechts, in Adrian ua. (Hrsg.), Josef Kohler und der Schutz des geistigen Eigentums in Europa, 1996, S. 101; *Nordemann*, Nutzungsrechte oder Vergütungsansprüche?, GRUR 1979, 280; *Pahud*, Die Sozialbindung des Urheberrechts, Bern 2000; *ders.,* Zur Begrenzung des Urheberrechts im Interesse Dritter und der Allgemeinheit, UFITA 2000/I, 819; *Plate*, Die Verwertungsgesellschaftspflicht für urheberrechtliche Vergütungsansprüche und ausschließliche Verwertungsrechte, 2003; *Poeppel*, Die Neuordnung der Schranken im digitalen Umfeld, 2005; *Raue*, Zum Dogma von der restriktiven Auslegung der Schranken des Urheberrechtsgesetzes, in FS für Nordemann, 2004, 327; *Rehbinder*, Die Beschränkungen des Urheberrechts zugunsten der Allgemeinheit in der Berner Übereinkunft, Fs. Die Berner Übereinkunft und die Schweiz, 1986, S. 357; *Reinbothe*, Die EG-Richtlinie zum Urheberrecht in der Informationsgesellschaft, GRUR Int. 2001, 73; *Ricketson*, WIPO Study on Limitations and Exceptions of Copyright and Related Rights in the Digital Environment, 2003; *Rigamonti*, Geistiges Eigentum als Begriff und Theorie des Urheberrechts, 2001; *Rossbach*, Die Vergütungsansprüche im deutschen Urheberrecht, 1990; *Schack*, Urheberrechtliche Schranken, übergesetzlicher Notstand und verfassungskonforme Auslegung, in FS für Schricker, 2005, 511; *Schricker* (Hrsg.), Urheberrecht auf dem Weg zur Informationsgesellschaft, 1997; *Schulze*, Spielraum und Grenzen richterlicher Rechtsfortbildung im Urheberrecht, in Ahrens u. a. (Hrsg.), FS für Erdmann, 2002; *ders.,* Vergütungssystem und Schrankenregelungen, GRUR 2005, 828; *ders.,* Die Schranken des Urheberrechts – Einzelfallgesetzgebung oder System ?, in Riesenhuber (Hrsg.), Systembildung im internationalen Urheberrecht, 2007, 181; *Seith*, Wie kommt der Urheber zu seinem Recht?, 2003; *Senftleben*, Copyright, Limitations and the Three-Step-Test, 2004; *ders.* Die Bedeutung der Schranken des Urheberrechts in der Informationsgesellschaft und ihre Begrenzung durch den Dreistufentest, in Hilty/Peukert (Hrsg.), Interessenausgleich im UrhR, 2004, 159; *ders.,* Grundprobleme des urheberrechtlichen Dreistufentests, GRUR Int. 2004, 200; *Söllner*, Zum verfassungsrechtlichen Schutz geistigen Eigentums, Fs. für Traub, 1994, S. 367; *Stöhr*, Gesetzliche Vergütungsansprüche im Urheberrecht, 2008; *Ulmer*, Gewähr für Bewährung in der Zukunft, BBl. 1983, 2690; *Walter*, Die Mindestschutzrechte der Berner Übereinkunft und das innerstaatliche Urheberrecht, MR 1997, 309; *v. Weichs/Foerstl*, Der allgemeine Auskunftsanspruch im Urheberrechtsprozeß, ZUM 2000, 897.

Vorbemerkung **Vor §§ 44a ff.**

Übersicht

	Rdnr.
I. Allgemeines	1–18
1. Entwicklung	1, 2
2. UrhG 1965	3–5
3. Schranken außerhalb von §§ 45 ff.	5 a
4. Arten der Einschränkungen	6
5. Rechtsprechung des BVerfG	7–11
6. Vereinbarkeit mit internationalem Recht	12
7. Multimedia-Richtlinie	13
8. Urheberpersönlichkeitsrecht	14
9. Rechtspolitische Bemerkungen	15
10. Allgemeine gesetzliche Schranken	16, 17
II. Die Schranken des Urheberrechts	18–38
1. Auslegungsregeln	18–22
a) Enge Auslegung	18, 19
b) Erweiternde Auslegung	20
c) Keine analoge Auslegung	21
d) Verfassungskonforme Auslegung?	21 a
e) Zwingende Schranken?	22
2. Die gesetzliche Lizenz	23, 34
a) Rechtliche Grundlagen	23
b) Vergütungsanspruch	24–30
c) Auskunftsanspruch	31, 32
d) Benachrichtigungspflicht	33, 34
e) Schadensersatz wegen positiver Vertragsverletzung	35
3. Zwangslizenz	36, 37
4. Verwertungsgesellschaftspflichtigkeit	38

I. Allgemeines

1. Parallel zur Anerkennung des Urheberrechts als „geistiges Eigentum" entwickelte sich die **1** Erkenntnis, dass dieses Eigentum – wie Sacheigentum auch – im Interesse der Allgemeinheit einer **Sozialbindung** unterliegt. „Diese Beschränkungen des Immaterialgüterrechts sind den gesetzlichen Eigentumsbeschränkungen im Sachenrecht vergleichbar" (*Riezler*, Deutsches Urheber- und Erfinderrecht, 1909, S. 430). Schon das Reichsgericht betonte, dass der Gedanke der „sozialgebundenen Befugnis" auch für das Recht an Geisteswerken berücksichtigt werden müsse (RGZ 140, 264/270). Auch der Urheber muss sich also im Interesse der Allgemeinheit gewisse Einschränkungen seines ausschließlichen Herrschaftsrechts über das von ihm geschaffene Werk gefallen lassen. Dogmatisch entscheidend ist, dass hier dem Grundsatz des ausschließlichen Rechts die Einschränkungen als Ausnahmen gegenüberstehen. Dieser Grundgedanke war schon für den Aufbau des LUG maßgebend. Dort war in § 11 der Grundsatz vorangeschickt, der dem Urheber umfassende und ausschließliche Befugnisse einräumte; das umfassende Herrschaftsrecht wurde durch einzelne Ausnahmebestimmungen nachfolgend eingeschränkt. Dieser Aufbau des Urheberrechts ist nicht nur dogmatisch relevant, weil er die Auffassung vom Urheberrecht als möglichst umfassenden Schutz des Autors demonstriert, sondern auch für die Auslegung von entscheidender Bedeutung.

Insbesondere unter dem Eindruck der nationalsozialistischen Ideologie, die sich auf deutsch- **2** rechtliche Gedanken berief, hatten Bestrebungen Raum gewonnen, den Befugnissen des Urhebers die Bedürfnisse der Allgemeinheit nach möglichst freiem Werkzugang nicht als Ausnahmen gegenüberzustellen, sondern als etwas Gleichgeordnetes (im Einzelnen hierzu *Hefti*, Das Urheberrecht im Nationalsozialismus, in *Dittrich* [Hrsg.], Woher kommt das Urheberrecht, wohin geht es?, 1988, S. 165/175 f.). Unter ausdrücklicher Heranziehung des Satzes „Gemeinnutz geht vor Eigennutz" wurde gefordert, durch eine entsprechende Gliederung des Gesetzes auch äußerlich kundzutun, dass das Interesse der Allgemeinheit dem Interesse des Autors mindestens gleichrangig sei (RGZ 144, 106/112; RGZ 153, 1/22 – Rundfunksendung von Schallplatten). Diese Gedanken wurden vom Gesetzgeber nicht realisiert und fanden auch in der höchstrichterlichen Rechtsprechung keine Stütze (die angeführten Entscheidungen des RG zitieren die Tendenzen in den Begründungen, wenden sie jedoch nicht an). Es blieb bei der Regel vom umfassenden Herrschaftsrecht des Autors, das nur durch im Gesetz abschließend und bestimmt aufgezählte Ausnahmefälle eingeschränkt wird (vgl. hierzu *Leinemann* 41 ff.).

2. Auch im **UrhG von 1965** stellte der Gesetzgeber dem Grundsatz des umfassenden Urhe- **3** berrechts (§ 15) im Sechsten Abschnitt die auf der Sozialgebundenheit des Urheberrechts beruhenden Ausnahmen gegenüber. Er versuchte dabei – nicht immer erfolgreich – einen Kompromiss zwischen den Interessen der Allgemeinheit und denen des Urhebers mit dem erklärten Ziel einer Verbesserung der Rechtsstellung des Urhebers zu finden (AmtlBegr. UFITA 45 [1965] 240/243f.). Zwar wurden 1965 einige im alten Recht enthaltene exzessive Einschränkungen des Urheberrechts beseitigt; dies gilt insbesondere für die allzu großzügigen Regelungen der Vervielfältigungen zum persönlichen Gebrauch und der öffentlichen Musikaufführungen (§§ 15 Abs. 2, 22 a, 27 LUG, 18 KUG). Andererseits führten die „vielfachen neuen Wiedergabemöglichkeiten, die für die Geisteswerke in letzter Zeit durch die moderne Technik entwickelt worden sind" dazu, dass der Gesetzgeber zahlreiche neue Berührungspunkte und Überschneidungen zwischen den „schutzwürdigen Belangen der Allgemeinheit" (AmtlBegr. UFITA 45 [1965] 240/243f.) und den nicht minder schutzwürdigen Interessen der Urheber zu Lasten Letzterer regelte. Im Einzelnen vgl. hierzu die Darlegungen zu den jeweiligen Bestimmungen.

4   Mit den Regelungen im Sechsten Abschnitt werden folgende Interessen der Allgemeinheit berücksichtigt:
– die **„Erfordernisse der Informationsgesellschaft"** mit dem neuen § 44 a (AmtlBegr. UFITA 2004/I, 187/217);
– das Interesse der **Rechtspflege und der öffentlichen Sicherheit** in § 45;
– die **Bekämpfung der „Diskriminierung behinderter Menschen"** mit dem neuen § 45 a (AmtlBegr. aaO 218);
– das Interesse der **„Erleichterung des Schulunterrichts"** (AmtlBegr. UFITA 45 [1965] 240/244) in §§ 46 und 47, sowie in § 53 Abs. 3 (wobei allerdings Nr. 2 für Prüfungszwecke über den bloßen **Schul**gebrauch hinaus auch auf Hochschulen ausgedehnt wurde);
– die **„berechtigten Interessen aus den Bereichen Unterricht und Wissenschaft"** mit § 52a (AmtlBegr. aaO. 222);
– der **„Bildungsauftrag"** von Bibliotheken u. ä., sowie die **„Förderung der Medienkompetenz der Bevölkerung"** in dem mit dem 2. Korb eingefügten § 52b (Begr.z.RegE, abgedruckt bei *Hucko*, 2. Korb, S. 104);
– die Bedeutung eines **„gut ausgebauten, schnell funktionierenden und wirtschaftlich arbeitenden Informationswesen"** in dem mit dem 2. Korb eingeführten § 53 a (Begr. z. RegE, abgedruckt bei *Hucko*, 2. Korb, S. 111);
–der Schutz der **Informationsfreiheit** (hier spricht die Gesetzesbegründung zu eng von „Erleichterung der Berichterstattung" – AmtlBegr. UFITA 45 [1965] 240/244) in §§ 48, 49 u. 50;
– der Schutz der **„Freiheit des geistigen Schaffens"** (AmtlBegr. UFITA 45 [1965] 240/244) in § 51;
– das Interesse der **Allgemeinheit** am Zugang zu bestimmten privilegierten öffentlichen Wiedergaben in § 52;
– ausschließlich **„technischen Zwecken"** (AmtlBegr. UFITA 45 [1965] 240/246) dienen §§ 55 u. 56;
– das Interesse am **privaten und sonstigen eigenen Gebrauch** in §§ 53 u. 54;
– das Interesse an der **Abbildungsfreiheit** in §§ 57–60.

Die dem Interesse der **„Kulturwirtschaft"** (so *Hubmann*[5] § 36 IV) dienende Zwangslizenz zugunsten von Tonträgerherstellern war ursprünglich in § 61, also im 6. Abschnitt, geregelt. Da eine Zwangslizenz jedoch im technischen Sinn keine „Schranke" des Urheberrechts ist, sondern lediglich eine Regelung seiner Ausübung, hat der Gesetzgeber 2003 diese Regelung folgerichtig nun im 5. Abschnitt unter § 42a platziert (s. § 42a Rdnr. 4).

5   Ausdrücklich abgelehnt hat der Gesetzgeber 1965 Einschränkungen des Urheberrechts, die der Allgemeinheit lediglich solche Aufgaben erleichtern würden, „die keine engere Beziehung zum Werkschaffen des Urhebers haben, wie etwa **Sozialvorsorge, Jugendpflege und Wohltätigkeit**" (AmtlBegr. UFITA 45 (1965) 240/278). Unter diesen Gesichtspunkten unterließ er 1965 auch die Einführung einer Schranke zugunsten von Blindenschriftausgaben uÄ, führte eine solche jedoch – unter dem Eindruck der EU-Multimedia Richtlinie – 2003 in § 45a ein.

5a   **3.** Neuerdings finden sich **spezielle Schrankenregelungen** auch außerhalb des Sechsten Abschnitts (§§ 69d, 69e, 87 c). Für diese gelten die gleichen Grundsätze wie für die in §§ 44 a ff. niedergelegten Schranken; sie unterliegen also insbes. den gleichen verfassungsrechtlichen Grenzen (s. Rdnr. 9) und Auslegungsregeln (s. Rdnr. 18 ff.). Diese im Rahmen der Umsetzung von EG-Direktiven eingeführten Schrankenregelungen treten im Bereich **digitaler Nutzungen** an die Stelle der (weitergehenden) allgemeinen Schranken (insb. in § 53).

Vorbemerkung Vor §§ 44a ff.

4. Die Schranken des Urheberrechts bzw. seiner Ausübung lassen sich in **vier verschieden** 6
intensive Eingriffe kategorisieren, die – auch wenn diese Einschränkungen nicht sämtlich im
Sechsten Abschnitt erfolgen – aus Gründen des Sachzusammenhanges hier gemeinsam behandelt
werden sollen (im Einzelnen s. dazu Rdnr. 18 ff.):

a) Der schwerste Eingriff ist die **ersatzlose Aufhebung** des ausschließlichen Nutzungsrechts. In diesen Fällen darf das Werk zustimmungs- und vergütungsfrei genutzt werden, weshalb man hier früher auch von „freier Werknutzung" sprach (*Runge* S. 150; so lautete auch die Überschrift zum 5. Abschnitt – §§ 21 bis 31 – des URG-DDR). Schon im Entwurf 1939 wurde aber von dieser Bezeichnung Abstand genommen, weil sie irreführend sei, würden doch durch das Änderungsverbot und die Pflicht zur Quellenangabe bedeutsame Einschränkungen der sog. freien Werknutzung gelten. *Rehbinder* (FS 100 Jahre RBÜ, 353/354) spricht treffend von „Gratislizenz". Die ersatzlose Aufhebung findet sich in den §§ 44a, 45, 47, 48, 50, 51, teilw. 45a, 52 u. 53, 55, 56, 57, 58, 59 u. 60.

b) Bei der **gesetzlichen Lizenz** ist die Nutzung des Werkes zwar ebenfalls ohne die Einwilligung des Berechtigten zulässig, diesem ist hierfür jedoch eine Vergütung zu bezahlen. Die gesetzliche Lizenz findet sich in den §§ 45a, 46, 47, 49, 52a, 52b, 53a, teilw. 52 u. 53 iVm. 54f.

c) Die **Zwangslizenz** ist zwar keine Ausnahme vom Ausschließlichkeitsrecht iS der Schranken des 6. Abschnitts (vgl. § 42a Rdnr. 4), soll der Vollständigkeit halber trotzdem hier dargestellt werden. Bei der Zwangslizenz befreit das Gesetz nicht von der Verpflichtung zur Einholung einer (vorherigen) Einwilligung für die betreffende Nutzungshandlung, sondern es verpflichtet den Urheber nur zum Abschluss eines entsprechenden Nutzungsvertrages (su. Rdnr. 36). Im Urheberrecht wurde eine Zwangslizenz erstmals mit der Novelle vom 22. 5. 1910 (RGBl. S. 793) in §§ 22–22c LUG „zum Zwecke der mechanischen Wiedergabe" eingeführt (vgl. hierzu *Runge* S. 203). Von diesem Eingriff in die Ausübung des ausschließlichen Nutzungsrechts der Urhebers hat der Gesetzgeber in § 42a (vormals § 61) und § 87 Abs. 4 (so OLG Dresden ZUM 2003, 490/492), sowie zuletzt in § 5 Abs. 3 S. 2 und 3 Gebrauch gemacht. Eine ursprünglich im RegE unter § 65 vorgesehene Zwangslizenz zugunsten von Sendeunternehmen (vgl. Art. 11bis Abs. 1 Ziff. 1 iVm. Abs. 2 RBÜ) wurde vom Rechtsausschuss gestrichen.

d) Als weitere Form des Eingriffs bietet sich schließlich die **Verwertungsgesellschaftspflichtigkeit** der Ausübung eines ausschließlichen Nutzungsrechts an. Eine solche wurde – außerhalb des Sechsten Abschnitts – erstmals durch das 4. UrhGÄndG in § 20b Abs. 1 eingeführt (su. Rdnr. 38).

5. Das **Bundesverfassungsgericht** hat die verfassungsrechtliche Zulässigkeit der in §§ 44a ff. 7
errichteten Schranken des Urheberrechts wiederholt ausgelotet (vgl. hierzu *Krüger-Nieland*, Fs. für Oppenhoff, S. 177 f.; *Krüger-Nieland*, Fs. für Simon, S. 688 ff.; *Hubmann*, ZUM 1988, 4 ff.).
Maßgeblicher Ausgangspunkt für das Bundesverfassungsgericht ist, dass das geschaffene Werk und die darin verkörperte geistige Leistung in vermögensrechtlicher Hinsicht **Eigentum des Urhebers iSv. Art. 14 Abs. 1 S. 1 GG** ist (BVerfGE 31, 229/239 – Kirchen- und Schulgebrauch; BVerfGE 49, 382/392 – Kirchenmusik). Prüfungsmaßstab für gesetzliche Schranken der Befugnisse des Urhebers ist daher primär die Eigentumsgarantie des Grundgesetzes (vgl. hierzu allg. *Badura* ZUM 1984, 552 ff.).
Zur Frage des Verhältnisses zwischen **Kunstfreiheit** und Urheberrecht hat sich das Bundesverfassungsgericht „konkret noch nicht geäußert", wie es selbst betont (BVerfG ZUM 2000, 867/868). Als Argument gegen bestimmte Schrankenregelungen freilich hat es die Kunstfreiheit gem. Art. 5 Abs. 3 GG nicht gelten lassen (BVerfGE 31, 229/240 – Kirchen- und Schulgebrauch; BVerfGE 49, 382/392 – Kirchenmusik). Da das Urheberrecht Eigentum iSv. Art. 14 Abs. 1 GG ist, könnte Art. 5 Abs. 3 GG allenfalls dann eingreifen, „wenn die wirtschaftliche Auswertung des Werkes durch ein Gesetz derart beschränkt würde, dass die freie künstlerische Betätigung praktisch nicht mehr möglich wäre" (BVerfGE 31, 229/240 – Kirchen- und Schulgebrauch), ein Fall, der in der Praxis kaum denkbar scheint (vgl. aber *Wandtke* ZUM 1991, 484/486). In seinem jüngsten Beschluss allerdings betont das Bundesverfassungsgericht, dass die Schrankenbestimmungen des Urheberrechts „ihrerseits ... im Lichte der Kunstfreiheit auszulegen" seien; Art. 5 Abs. 3 S. 1 GG verlange daher bei Auslegung des Zitatrechts von § 51 Nr. 2 eine „kunstspezifische Betrachtung", so dass das Zitatrecht zugunsten von Kunstwerken großzügiger angewendet werden könne als bei „anderen, nicht künstlerischen Sprachwerken", sofern dieser Eingriff „ohne Gefahr merklicher wirtschaftlicher Nachteile (zB Absatzrückgänge)" erfolge (BVerfG ZUM 2000, 867/869 – Germania 3).

Vor §§ 44a ff. Vorbemerkung

Nicht ausdrücklich geprüft hat das Bundesverfassungsgericht bislang, ob in den §§ 44a ff. eine Verletzung des **Gleichheitsgrundsatzes** zu Lasten der Urheber enthalten ist. So hat es auch „die unterschiedliche Behandlung von Sach- und geistigem Eigentum" in § 52 Abs. 1 S. 3 nur unter dem Gesichtspunkt von Art. 14 GG beurteilt und „wegen der tatsächlichen Verschiedenheiten" als gerechtfertigt angesehen (BVerfG GRUR 1989, 193/196 – Vollzugsanstalten). Es hat allerdings festgestellt, dass die Geräteabgabe in § 53 Abs. 5 aF (jetzt § 54 Abs. 1 Ziff. 1) nicht den Gleichheitsgrundsatz zu Lasten der Geräthersteller verletzt (BVerfGE 31, 255/266 – Tonbandvervielfältigung) und dass die Kopierbetreibervergütung in § 54 Abs. 2 S. 2 aF (jetzt § 54a Abs. 2) mit dem allgemeinen Gleichheitssatz des Art. 3 Abs. 1 GG vereinbar ist (BVerfG NJW 1997, 247 – Kopierladen I). Ebenso hat es festgestellt, dass die Rspr. zum Begriff der Veranstaltung iSv. § 52 Abs. 1 S. 3 nicht in willkürlicher Weise gegen das Gebot der Rechtsanwendungsgleichheit verstößt (BVerfG NJW 1996, 2022).

8 Das Bundesverfassungsgericht verneint unter Hinweis auf die Rechtsgeschichte einen vorgegebenen und absoluten **Begriff des urheberrechtlichen Eigentums**, der den Inhalt des Grundrechts bestimmen würde (BVerfGE 31, 229/240 – Kirchen- und Schulgebrauch). Es ist vielmehr Aufgabe des Gesetzgebers, im Rahmen seines aus Art. 14 Abs. 1 S. 2 GG folgenden Verfassungsauftrages zur Ausgestaltung der Eigentumsgarantie Inhalt und Schranken der vermögensrechtlichen Befugnisse des Urhebers zu bestimmen (BVerfGE 31, 270/272 – Schulfunksendungen). Dabei hat der Gesetzgeber einerseits die grundsätzliche Zuordnung der vermögenswerten Ergebnisse des geistigen Eigentums zum Urheber zu wahren und dessen Verfügungsrecht zu respektieren. Andererseits muss er „sachgerechte Maßstäbe" für eine „der Natur und der sozialen Bedeutung des Rechts entsprechende Nutzung und angemessene Verwertung" schaffen (BVerfGE 31, 229/241 – Kirchen- und Schulgebrauch; BVerfGE 49, 382/392 – Kirchenmusik). Deshalb stellt es keine Enteignung iSv. Art. 14 Abs. 3 GG dar, wenn der Gesetzgeber in den §§ 44a ff. dem Urheber einzelne ausschließliche Nutzungsrechte nicht gewährt. Denn die eigentumsrechtliche Befugnis des Urhebers, die Nutzung des Werkes von seiner Zustimmung abhängig zu machen, steht ihm „von vornherein" nur in den vom Gesetzgeber gezogenen Grenzen zu (BVerfGE 31, 229/241 – Kirchen- und Schulgebrauch). Dabei ist es nach Ansicht des Bundesverfassungsgerichts nur eine Frage der Gesetzestechnik, wenn im UrhG zunächst das Verwertungsrecht umfassend formuliert wird (§ 15 Abs. 1 und 2) und nachfolgend die Schranken dieses Rechts normiert werden (BVerfGE 49, 382/393 – Kirchenmusik).

9 Der Gesetzgeber ist jedoch in der **Schrankenziehung** nicht völlig frei; er kann nicht beliebig verfahren, sondern muss die von der Verfassung gesetzten Grenzen beachten (BVerfGE 31, 229/244 – Kirchen- und Schulgebrauch; BVerfGE 49, 382/394 – Kirchenmusik). Diese ergeben sich in erster Linie aus dem Verhältnismäßigkeitsgrundsatz (vgl. BVerfGE 50, 290 ff./388 ff. mwN), der übermäßige Belastungen verbietet. Allerdings stellt nicht jede Beschränkung des Nutzungsrechts einen Eingriff in das Grundrecht des Art. 14 GG dar; der Gesetzgeber hat vielmehr auch die im Interesse des Gemeinwohls erforderlichen Grenzen zu ziehen (BVerfGE 31, 229/242 – Kirchen- und Schulgebrauch).

Das Bundesverfassungsgericht betont, dass sich ein Argument für die Zulässigkeit einer Einschränkung nicht daraus herleiten lässt, dass eine Regelung bisher unangefochten in Kraft war; hierdurch allein wird sie nicht zu einem allgemein anerkannten „Ausdruck sozialer Bindung des Urheberrechts" (BVerfGE 31, 229/244 – Kirchen- und Schulgebrauch). Es muss vielmehr in jedem Einzelfall zu einer **Güterabwägung** kommen. Dabei müssen die Gründe, die die Beschränkung des Urheberrechts rechtfertigen sollen, umso schwerwiegender sein, je stärker eine gesetzliche Vorschrift den grundrechtlich geschützten Bereich berührt (BVerfGE 49, 382/400 – Kirchenmusik).

10 Bei **Anwendung dieser Kriterien** verfuhr das Bundesverfassungsgericht, was die Möglichkeiten des Gesetzgebers zum **Ausschluss des Verbotsrechts** betrifft, recht großzügig. So entschied es, dass ein ausreichend bedeutsames Interesse der Allgemeinheit die Aufhebung des ausschließlichen Nutzungsrechts in folgenden Fällen rechtfertigt:
– § 46 (BVerfGE 31, 229 Ls. 3 – Kirchen- und Schulgebrauch);
– § 47 in der vor dem 1. 7. 1985 geltenden Fassung (BVerfGE 31, 270/271 – Schulfunksendungen);
– § 52 in der vor dem 1. 7. 1985 geltenden Fassung (BVerfGE 49, 382/384 Ls. 1 – Kirchenmusik).

In all diesen Fällen betrachtet das Bundesverfassungsgericht den Ausschluss des ausschließlichen Nutzungsrechts als verfassungskonform.

11 Wenn dem Urheber als Ausgleich für die Aufhebung des Verbotsrechts auch kein **Vergütungsanspruch** gewährt werden soll, ist ein gesteigertes öffentliches Interesse notwendig. Denn

Vorbemerkung Vor §§ 44a ff.

dem Interesse der Allgemeinheit, Zugang zu dem Werk zu haben, wird durch den Ausschluss des Verbotsrechts bereits genüge getan; damit alleine schon ist die Sozialbindung des geistigen Eigentums gem. Art. 14 Abs. 2 GG konkretisiert. Aus der Sozialbindung lässt sich aber grundsätzlich nicht herleiten, dass der Urheber seine Leistung der Allgemeinheit unentgeltlich zur Verfügung stellen muss (BVerfGE 31, 229/244 f. – Kirchen- und Schulgebrauch; BVerfGE 49, 382/400 – Kirchenmusik). Ein gesteigertes öffentliches Interesse, das auch den Wegfall eines Vergütungsanspruchs rechtfertigen würde, hat das Bundesverfassungsgericht in folgenden Fällen verneint und daher eine Vergütungspflicht für verfassungsrechtlich geboten erklärt:
– § 46 in der vor dem 11. 10. 1971 geltenden Fassung (BVerfGE 31, 229 – Kirchen- und Schulgebrauch);
– § 52 Abs. 1 Nr. 2 in der vor dem 1. 7. 1985 geltenden Fassung (BVerfGE 49, 382 – Kirchenmusik).

Für Schulfunksendungen im Sinne von § 47 in der vor dem 1. 7. 1985 geltenden Fassung hat das Bundesverfassungsgericht die Notwendigkeit einer gesetzlichen Vergütungsregelung verneint (BVerfGE 31, 270 – Schulfunksendungen). In der Begründung hat das Gericht allerdings nicht auf das gesteigerte öffentliche Interesse abgestellt, sondern – mit wenig überzeugenden Argumenten – auf das behauptete Faktum, dass es sich hier „nicht um eine zusätzliche Verwertung des Werkes" handle (BVerfGE 31, 270/274 – Schulfunksendungen).

Das Bundesverfassungsgericht hält auch die zum 1. 7. 1985 in Kraft getretene Neuregelung in § 52 Abs. 1 S. 3, wonach die Vergütungspflicht für Veranstaltungen der Gefangenenbetreuung entfällt, für verfassungsgemäß (BVerfG GRUR 1989, 193 – Vollzugsanstalten). Das hierfür notwendige „gesteigerte öffentliche Interesse" wird in den „Umständen, unter denen Gefangene leben müssen", gesehen, unter denen dem „Radio- und Fernsehkonsum ... die Aufgabe eines wichtigen Ersatzkommunikationsmittels mit besonderer Bedeutung für die psychische Gesundheit der Gefangenen" zukomme (BVerfG aaO S. 196). Wenn das Bundesverfassungsgericht hier die Interessen einer Randgruppe für ausreichend hält, um sogar den Wegfall der Vergütungsansprüche von Urhebern unter dem Gesichtspunkt des „gesteigerten Gemeinwohlbezugs" zu rechtfertigen, setzt es sich in Widerspruch zu seiner eigenen Rechtsprechung: In der Entscheidung zu § 46 hat es noch überzeugend dargelegt, dass das „bedeutsame Interesse" der Allgemeinheit an einer „gegenwartsnahen" Jugenderziehung zwar ausreichte, um das Ausschließlichkeitsrecht des Urhebers zu beseitigen, nicht aber auch den Vergütungsanspruch (BVerfG GRUR 1972, 481/484 – Kirchen- und Schulgebrauch). Das weitere Argument des Bundesverfassungsgerichts, die Urheber müssten den Wegfall der Vergütungspflicht in § 52 Abs. 1 S. 3 als „Solidaropfer" (sic!) hinnehmen, weil es doch jeweils nur um kleine Beträge gehe, greift ebenfalls nicht. Auch dieses Argument wurde bereits in der Kirchen- und Schulgebrauch-Entscheidung erörtert und als nicht stichhaltig verworfen; vor allem aber wird dabei übersehen, dass es gerade die Aufgabe von Verwertungsgesellschaften ist, auch kleine Beträge zu kassieren, die durch die Vielzahl der Nutzer für die Urheber dann doch zu wesentlichen Einnahmen führen (die Betreibervergütung in § 54 c zB beruht ausschließlich auf diesem Prinzip). Die Abkehr des Bundesverfassungsgerichts von seiner bisherigen Rechtsprechung erklärt sich wohl va. daraus, dass die Gefangenenbetreuung Staatsaufgabe ist (das StVollzG wird ausdrücklich zitiert), der Wegfall urheberrechtlicher Vergütungspflicht also unmittelbar die öffentliche Hand finanziell entlastet. Das Urteil ist eine „bedauerliche Fehlentscheidung" (*Schack*[4] Rdnr. 85).

Ausdrücklich offen gelassen hat das Bundesverfassungsgericht die Frage, ob der Gesetzgeber im Hinblick auf die verfassungsrechtliche Garantie des geistigen Eigentums verpflichtet ist, für die Aufhebung des Ausschließlichkeitsrechts im Rahmen der Vervielfältigung zum persönlichen oder sonstigen eigenen Gebrauch den Urhebern einen Vergütungsanspruch einzuräumen (BVerfGE 31, 255 – Tonbandvervielfältigung). In derselben Entscheidung betont das Bundesverfassungsgericht aber auch, dass die Regelung in § 53 Abs. 5 aF (Geräteabgabe) verfassungsrechtlich unbedenklich ist, da dieser Anspruch ein Ausgleich für die Beschränkung des Vervielfältigungsrechts ist (BVerfGE 31, 255 – Tonbandvervielfältigung).

6. Die Zulässigkeit der einzelnen Schrankenregelungen ist nicht nur mit den Maßstäben des GG zu messen, sondern muss auch mit zwingenden **internationalen Regelungen** vereinbar sein (im Einzelnen hierzu *Walter* MR 1997, 309 ff.). So sehen Art. 9 Abs. 2 RBÜ (nur für das Vervielfältigungsrecht) und Art. 13 TRIPS (für alle dort vorgegebenen ausschließlichen Nutzungsrechte) im mittlerweile berühmten sog. **„Dreistufentest"** vor, dass Beschränkungen und Ausnahmen von ausschließlichen Rechten nur für bestimmte „Sonderfälle" zulässig sind, die „weder die normale Auswertung des Werkes noch die berechtigten Interessen des Rechteinhabers unzumutbar verletzen" (zur Auslegung des Dreistufentests vgl. zB *Poeppel*, S. 112 ff.; *Förster*,

12

Vor §§ 44a ff.

Vorbemerkung

S. 189 ff.). In Österreich wurde deshalb eine gesetzliche Regelung, die ein zu großzügiges freies Kopieren von Noten zuließ (§ 42 öUrhG aF), wegen Verstoßes gegen Art. 9 Abs. 2 RBÜ jedenfalls gegenüber Ausländern für nicht anwendbar erklärt (OGH GRUR Int. 1995, 729 – Ludus tonalis). In Deutschland wurde bislang noch kein ähnlicher Fall bekannt, in dem sich ein Ausländer erfolgreich gegen eine zu weitgehende Einschränkung seiner Rechte durch §§ 44a ff. unmittelbar auf Konventionsrecht berufen hätte.

13 7. Eine neue internationale Dimension haben die Schrankenregelungen durch die **EU-Multimedia Richtlinie** gewonnen, die in Art. 5 die zulässigen „Ausnahmen und Beschränkungen" von den vorgeschriebenen Ausschließlichkeitsrechten abschließend aufzählt. Bei Umsetzung dieser Richtlinie sah der deutsche Gesetzgeber offensichtlich zunächst den – von der Richtlinie zwingend vorgegebenen – § 44a als „Ausnahme" an – im Gegensatz zu den übrigen „Schranken" des 6. Abschnittes, weshalb er auch die Überschrift zu diesem Abschnitt in „Ausnahmen und Schranken" ändern wollte (BegrRefE UFITA 2004/I, 143/163); zu Recht ließ der Gesetzgeber diese Tautologie wieder fallen (*Geiger* GRUR Int. 2004, 814/818 f., sieht allerdings dogmatische Unterschiede zwischen diesen beiden Begriffen). Jedenfalls darf der nationale Gesetzgeber „Ausnahmen und Beschränkungen" vom ausschließlichen Vervielfältigungs- und Verbreitungsrecht sowie vom Recht der öffentlichen Zugänglichmachung nur noch in den Fällen gestatten, die in Art. 5 ausdrücklich und abschließend (ErwG 32) vorgegebenen sind. Jede in den §§ 44a ff. vorgesehene Regelung bedarf somit einer Rechtfertigung aus Art. 5 Multimedia Richtlinie (s. hierzu die Erläuterungen zu den einzelnen Bestimmungen).

In Art. 5 Abs. 5 Multimedia Richtlinie wird schließlich nochmals ausdrücklich betont, dass sämtliche Ausnahmen und Beschränkungen dem sog. **Dreistufentest** (so. Rdnr. 12) standhalten müssen. Der deutsche Gesetzgeber hat zwar im Zuge der Umsetzung der Multimedia Richtlinie davon Abstand genommen, diese „Schranken-Schranke" in das Urheberrechtsgesetz zu übernehmen (AmtlBegr. UFITA 2004/I, 187/211 f.), weil er davon ausging, dass sämtliche deutschen Schrankenregelungen den Anforderungen des Art. 5 Abs. 5 der Multimedia Richt-linie entsprechen. Auch nach „erneuter Prüfung", ob zusätzlich zu den gesetzlichen Schrankenregelungen der Dreistufentest wörtlich in das Gesetz übernommen werden soll, hat der Gesetzgeber im Rahmen des 2.Korbes davon Abstand genommen (AmtlBegr. z. RegE bei *Hucko*, 2. Korb, S. 249 f.): Der Dreistufentest sei „in erster Linie eine Gestaltungsanordnung gegenüber dem nationalen Gesetzgeber in Bezug auf die im einzelnen zu konkretisierenden Schranken des Urheberrechts". Unabhängig davon aber kann der Dreistufentest als ergänzende Auslegungsregel für sämtliche Schrankenbestimmungen herangezogen werden (*Walter* in Walter, Europäisches Urheberrecht, Info-RL Rdnr. 95); nach der Rechtsprechung des BGH ist er sogar „entscheidender Maßstab für die Anwendung der einzelnen Vorschriften des Urheberrechtsgesetzes" (BGH NJW 1999, 1953/1959 – Kopienversanddienst). Auch der EuGH betont dass Ausnahmen „im Licht" des Dreistufentest auszulegen sind (EuGH, GRUR 2009, 1041 Rdnr. 59 – Infopag/DDF).

Mehrfach wird in der Multimedia Richtlinie betont, dass die Rechteinhaber als Ausgleich für die Einschränkungen ihrer Rechte einen „gerechten Ausgleich" erhalten sollen (ErwG 34, 35, 38). An die Zulässigkeit der ersatz-, also kostenlosen Aufhebung (so. Rdnr. 6) sind somit besonders hohe Anforderungen zu stellen.

14 8. Die Einschränkungen des Urheberrechts in §§ 44a ff. beziehen sich grundsätzlich nur auf die vermögenswerten Befugnisse des Urhebers, dh. auf die Nutzungsrechte (vgl. BVerfGE 31, 229/240 f. – Kirchen- und Schulgebrauch). Das **Urheberpersönlichkeitsrecht** bleibt demgegenüber grundsätzlich unangetastet. Dem Gesetzgeber sind hier „deutlich engere Grenzen" gesetzt, als unter dem Blickwinkel von Art. 14 GG, da „die persönliche Rechtsbeziehung zwischen schöpferischer Leistung und Urheber ... vorrangig von der Garantie der Kunst- und Wissenschaftsfreiheit (Art. 5 Abs. 3 GG), erst danach von der Eigentumsgarantie (Art. 14 GG) geschützt" ist (*Kirchhof*, Fs. für Zeidler, S. 1653 f.). Dem tragen insbesondere §§ 62 und 63 Rechnung. Auch das Veröffentlichungsrecht (§ 12) wird nicht berührt: es dürfen grundsätzlich nur bereits veröffentlichte Werke verwendet werden (vgl. *Ulmer*, Fs. für Hubmann, 1985, S. 443). Lediglich in §§ 45 und 57 erfolgt insoweit ein Eingriff auch in das Persönlichkeitsrecht, als danach – in Abweichung von § 12 – auch unveröffentlichte Werke (zudem ohne Quellenangabe) benutzt werden können. Nach § 53 Abs. 1 und 2 Nr. 1 und 2 dürfen zwar auch unveröffentlichte Werke benutzt werden, es darf dies jedoch nicht zu einer Veröffentlichung führen (§ 53 Abs. 5). Weitergehende Eingriffe in das Urheberpersönlichkeitsrecht gestatten §§ 44a ff. nicht. Unter dem Lichte vorstehender Ausführungen ist die Auffassung, das Erstveröffentlichungsrecht nach § 12 sei nicht „unantastbar", nicht „sakrosankt", vielmehr könne „in extremen Ausnahme-

Vorbemerkung   Vor §§ 44a ff.

fällen" die Erstveröffentlichung auch ohne Genehmigung oder sogar gegen den Willen des Urhebers über die nach §§ 44a ff. gegebenen Möglichkeiten hinaus auf Grund einer Güterabwägung zwischen den Interessen des Urhebers und der Pressefreiheit gerechtfertigt sein, sofern ein „ungewöhnlich dringendes Informationsbedürfnis" vorliegt (so aber KG NJW 1995, 3392/3394; noch weitergehend die Vorinstanz LG Berlin NJW 1995, 881/882) nicht haltbar (*Bornkamm*, Fs. für Piper, S. 641/652; vgl. auch Rdnr. 21). Bedenklich deshalb auch die Argumentation, Meinungs- und Informationsfreiheit (Art. 5 Abs. 1 GG) gingen vor, „wenn eine Abwägung ergibt, dass schützenswerte Belange des Urheberrechtsinhabers nicht gefährdet sind und überragende Interessen der Allgemeinheit eine Veröffentlichung verlangen (so aber OLG Hamburg, NJW 1999, 3343/3344 unter Bezug auf *Schricker/Wild*[2] § 97 Rdnr. 24f.). Damit würde das urheberrechtliche Schrankensystem über Gebühr ausgehöhlt (*Schack*[4] Rdnr. 481b).

9. Die Sozialbindung des geistigen Eigentums ist unbestreitbar; ebenso unbestreitbar ist daher die **Notwendigkeit von Einschränkungen** des ausschließlichen Urheberrechtes. Gerade die Möglichkeiten der Technik (insbesondere die Vervielfältigungsmöglichkeiten im Bild- und Tonbereich sowie die Reprographie, aber auch die Möglichkeit der Weiterleitung von Sendungen durch Kabel und Satellit) veranlassen immer wieder die Frage, ob und in welchem Maße eine Einschränkung des absoluten Urheberrechts notwendig oder wünschenswert ist (vgl. *Dietz*, Urheberrecht in der Europ. Gemeinschaft, Rdnr. 366; *Krüger-Nieland*, Fs. für Oppenhoff, S. 175 ff.; zu den Schranken bei digitaler Nutzungen s. Rdnr. 5a). Dabei zeigt sich, dass der Gesetzgeber nur allzurasch bereit ist, dem Ruf nach Einschränkung der Urheberrechte nachzugeben. Selbstverständlich ist es grundsätzlich zu begrüßen, wenn dem Urheber als Ausgleich für die Aufhebung des absoluten Urheberrechts wenigstens ein gesetzlicher Vergütungsanspruch zugestanden wird. Der Gesetzgeber aber zeigt eine Tendenz zu gesetzlichen Lizenzen, die von Sachzwängen her nicht mehr geboten ist. So hat er mehrfach gesetzliche Lizenzen anstelle des Verbotsrechts eingeführt, obwohl der zugrundeliegende Sachverhalt – trotz des bestehenden Verbotsrechts – zwischen Verwertern und den Inhabern der betreffenden Nutzungsrechte (über Verwertungsgesellschaften) längst befriedigend gelöst war. Dies gilt für die 1965 erfolgte Einführung der Geräteabgabe in § 53 Abs. 5 aF und des bloßen Vergütungsanspruchs in § 54 Abs. 2 aF ebenso wie 1985 für das Fotokopieren zu Schulzwecken in § 53 Abs. 3. In all diesen Fällen bestanden schon **vor** Einführung der gesetzlichen Lizenz Gesamtverträge, in denen den Nutzern über Verwertungsgesellschaften die notwendigen Lizenzen freiwillig eingeräumt worden waren; den Bedürfnissen der Werknutzer war damit Rechnung getragen. Die weitergehende Aushöhlung des individuellen Nutzungsrechts durch Umformung zu bloßen Vergütungsansprüchen entspricht keinen Notwendigkeiten und führt zu einer unnötigen Schwächung des Urhebers, ist doch ein bloßer Vergütungsanspruch idR schwerer durchsetzbar als ein Vergütungsanspruch, hinter dem drohend die Möglichkeit des Verbotes steht (vgl. hierzu *Nordemann* GRUR 1979, 280 ff.; *Ulmer* BBl. 1983, 2690/2693; *Kreile*, INTERGU-Jb. 1973, S. 208 ff.).

Allerdings ist zunehmend festzustellen, dass gesetzliche Vergütungsansprüche den wirtschaftlichen Interessen jedenfalls der Urheber – schon wegen § 63a – gelegentlich mehr entsprechen, als von Primärnutzern verwaltete Exklusivrechte. Dieser Gesichtspunkt ist insbes. bei der Auslegung der gesetzlichen Schranken zu beachten (hierzu su. Rdnr. 20; für eine Berücksichtigung dieser Gegebenheiten de lege ferenda *Hilty*, Fs. Schricker, 325/336 f.). Dies gilt vor allem dort, wo – wie in der Regel – die gesetzlichen Vergütungsansprüche verwertungsgesellschaftspflichtig sind.

10. Neben den §§ 44a ff. findet auch das ausschließliche Urheberrecht seine **weiteren Schranken** in den allgemeinen Rechtfertigungsgründen des Schikaneverbots (§ 226 BGB gilt für alle Rechtsgebiete – *Johannsen* in RGRK[12] § 226 Rdnr. 6) und der Notwehr (§ 227 BGB). Teilweise wird auch der übergesetzliche Notstand als Rechtfertigung für nicht mehr durch §§ 44a ff. gedeckte Nutzungen herangezogen (OLG Hamburg NJW 1999, 3343/3344 – Berufungsschrift; LG Berlin GRUR 1962, 207/210 Ls. 3 – Maifeiern; *Fromm/Nordemann*[8] vor § 45 Rdnr. 6; aA *v. Gamm* § 45 Rdnr. 3; *Schack*, FS Schricker 511/516 f.; *Förster*, S. 81; *Ulmer*[3] § 128 I 3 hält die Anwendung des übergesetzlichen Notstandes als weiteren Rechtfertigungsgrund für „nicht unbedenklich"). Anstatt den für das Strafrecht entwickelten Begriff des übergesetzlichen Notstandes (vgl. jetzt § 34 StGB) zu strapazieren, sollte man systematisch richtiger auf die enge gesetzliche Regelung des Notstandes zurückgreifen; § 904 BGB, der sich unmittelbar nur auf Eingriffe in Sacheigentum bezieht, findet nach hM analoge Anwendung bei Eingriffen in alle subjektiven Privatrechte (*Staudinger/Seiler* BGB[12] § 904 Rdnr. 46 mwN), insb. auch in gewerbliche Schutzrechte wie das Patentrecht (*Bornkamm*, Fs. für Piper, S. 647 mwN), so dass seine Erstreckung auch auf das Urheberrecht nahe liegt (*Bornkamm* aaO S. 647 f.). Wenn wegen der

15

16

Vor §§ 44a ff. — Vorbemerkung

strengen Voraussetzungen des § 904 BGB dieser Rechtfertigungsgrund bei Eingriffen in ausschließliche Nutzungsrechte in der Praxis nur wenig Bedeutung gewinnen wird, so ist dies ein angemessenes Ergebnis, da Rechtfertigungsgründe für Eingriffe in das Urheberrecht außerhalb der §§ 45 ff. ohnehin nur in extremen Ausnahmefällen in Betracht kommen sollten (ähnlich *Schack*, FS Schricker 511/516, *Förster*, S. 81 und *Poeppel*, S. 48 ff.).

17 Bedenklich ist die Tendenz, im Rahmen einer **Güter- und Pflichtenabwägung** durch unmittelbare Bezugnahme auf Grundrechte Urheberrechtsverletzungen, dh. nicht durch §§ 44a ff. gedeckte Nutzungen, zu akzeptieren (so aber OLG Stuttgart zum Grundrecht der Meinungsfreiheit gem. Art. 1 S. 1 GG, ZUM RD 2003, 586 und LG Hamburg, ZUM RD 1999, 208 zum Grundrecht der Meinungs- und Informationsfreiheit gem. Art. 5 GG). Zu Recht geht dagegen der BGH davon aus, dass das Urheberrechtsgesetz die „aus dem Urheberrecht fließenden Befugnisse und ihre Beschränkungen grundsätzlich abschließend" regelt, eine „der urheberrechtlichen Prüfung nachgeschaltete Güter- und Interessenabwägung" also nicht in Betracht kommt, diese Gedanken vielmehr (nur) zur Auslegung der Schrankenbestimmungen herangezogen werden können (BGH GRUR 2003, 596 – Gies-Adler; BGH ZUM 2002, 636 – Verhüllter Reichstag). Deswegen sollten sich gerade Instanzgerichte vor solch „freischwebender Güterabwägung" hüten (*Schack*, Fs. Schricker S. 511/517 f.).

Die gleichen Bedenken gelten auch hinsichtlich der Versuche, aus der in **Art. 10 EMRK** garantierten Freiheit der Meinungsäußerung zusätzliche Schranken des Urheberrechts zu konstruieren (vgl. hierzu öst. OGH GRUR Int. 1998, 896 – Karikaturenwiedergabe und MR 2003, 38/40 – Homepage und „Nachdruckfreiheit", der allerdings unter Bezugnahme auf *Walter* MR 2000, 379 darauf hinweist, dass „der urheberrechtliche Schutz durch die Informationsfreiheit nicht ausgehöhlt" werden dürfe).

II. Die Schranken des Urheberrechts

1. Auslegungsregeln

18 a) Die in §§ 44a ff. niedergelegten Schranken sind **Ausnahmevorschriften,** die das in § 15 manifestierte umfassende Urheberrecht beeinträchtigen. Schon aus diesem Aufbau des Gesetzes ergibt sich, dass die Schranken des Urheberrechts grundsätzlich **eng auszulegen** sind: Eine solche Auslegung entspricht dem Wesen der Ausnahmevorschrift „im Vergleich zur Regel, in der die ausschließliche Befugnis des Urhebers gesichert wird" (RGZ 130, 196/202 – Codex aureus). Wie schon die Ausnahmevorschriften des LUG und KUG (RGZ 128, 102 – Schlagerliederbuch; RGZ 153, 1 – Rundfunksendung von Schallplatten; BGHZ 11, 135/143 – Lautsprecherübertragung; BGHZ 17, 266/282 – Grundig-Reporter; KG GRUR 1937, 319/321) sind nach ständiger Rechtsprechung auch die Ausnahmebestimmungen der §§ 45 ff. stets eng auszulegen (BGHZ 50, 147/152 – Kandinsky I; BGHZ 58, 262/265 – Landesversicherungsanstalt; BGH GRUR 1983, 28/29 – Presseberichterstattung und Kunstwerkwiedergabe II; BGH GRUR 1985, 874/875 – Schulfunksendung; BGHZ 114, 368/371 – Liedersammlung; BGHZ 116, 305/308 – Altenwohnheim; BGHZ 123, 149/155 – Verteileranlagen; BGHZ 16, 313/317 – Museumskatalog).

Eine **enge Auslegung** der Ausnahmeregelungen in §§ 44a ff. ist auch deshalb und insoweit geboten, als die RBÜ selbst dem Urheber ausschließliche Rechte gewährt und diese wiederum auch im Rahmen der RBÜ nur ausnahmsweise eingeschränkt werden können (BGHZ 58, 262/264 – Landesversicherungsanstalt; vgl. hierzu im Einzelnen *Rehbinder*, Fs. Die Berner Übereinkunft und die Schweiz, S. 357/361 ff.). Schließlich fordert jetzt auch Art. 13 TRIPS ebenso eine enge Auslegung der gesetzlichen Schrankenregelungen (vgl. Rdnr. 12) wie der Dreistufentest in Art. 5 Abs. 5 Multimedia Richtlinie (vgl. Rdnr. 13). Das gleiche Gebot der engen Auslegung gilt auch nach EU-Recht für Bestimmungen einer Richtlinie, die von einem in dieser Richtlinie aufgestellten allgemeinen Grundsatz abweichen (EuGH, GRUR 2009, 1041 – Infopag/DDF mwN).

Der Grundsatz, dass die Schranken des Urheberrechts eng auszulegen sind, gilt für sämtliche nach dem UrhG geschützten Rechte, also auch zB für das Bearbeiterrecht nach § 3. Das Verhältnis der Ausnahme zur Regel gilt hier ebenso wie bei einem Original-Urheberrecht (vgl. RGZ 130, 196/205 – Codex aureus – zum Urheberrecht des bildenden Künstlers, das seinerzeit „nur ein schwächeres, daher für kürzere Dauer geschütztes Recht" war).

19 Nun ist zwar die allgemeine Rechtslehre inzwischen vom „alten Rezept" (*Bydlinski*, Juristische Methodenlehre und Rechtsbegriff[2], 1991, S. 440) der **engen Auslegung von Ausnahmeregeln** abgerückt (vgl. *Larenz/Canaris*, Methodenlehre der Rechtswissenschaft[3], 1995,

Vorbemerkung   Vor §§ 44a ff.

S. 243, während *Larenz*, Methodenlehre der Rechtswissenschaft[1], S. 340 in Fn. 90 die Entscheidung des BGH BGHZ 17, 266 – Grundig-Reporter noch als Beispiel für eine notwendig enge Auslegung einer Urheberrechtsschranke genannt hat). Es mehren sich deshalb die Stimmen, die eine weite Auslegung auch der urheberrechtlichen Schrankenregelungen befürworten (*Raue*, S. 327/330; *Geiger* GRUR Int. 2004, 815/821; *Kröger* MMR 2002, 18/20 f.; *Hilty*, Verbotsrecht vs. Vergütungsanspruch, 325/327; *Schack*, FS Schricker, 511/514 ff.; v. Ungern-Sternberg, GRUR 2010, 273/278, Fn. 99 mwN, bezeichnen dies sorglos als „ganz h.L."; *Hoeren* MMR 2000, 3/4 f. fordert sogar grundsätzlich eine „weite Auslegung der Schrankenbestimmungen im Lichte verfassungsrechtlicher Vorgaben"). Demgegenüber hält die Rechtsprechung unverändert daran fest, dass die urheberrechtlichen Schrankenbestimmungen „grundsätzlich eng auszulegen" sind (so wörtlich Leitsatz 1 BGH GRUR 2002, 605 – Verhüllter Reichstag; BGH GRUR 2001, 51/52 – Parfum Flakon) ebenso wie die hL im Urheberrecht (*Fromm/Nordemann* vor § 45 Rdnr. 3; *Dreyer* in HK-UrhR vor §§ 44a Rdnr. 19; *Götting* in Loewenheim HB-Urheberrecht § 30 Rdnr. 4; *Wandtke/Bullinger/Lüft* § 45 Rdnr. 1; *Haberstumpf*[2] Rdnr. 315; *Möhring/Nicolini/Nicolini* § 45 Rdnr. 2, ausdrücklich gegen *Hoeren* § 69d Rdnr. 2 ebenda; *Dreier/Schulze* Rdnr. 7 plädieren für eine „vorsichtige Öffnung der Schrankenbestimmungen"; *Förster*, S. 110 f., geht davon aus, dass allgemeinwohl- und nutzerbezogene Aspekte „nur im Ausnahmefall eine extensive Interpretation der Urheberrechtsschranken" rechtfertigen können).

b) „Die Maxime der engen Auslegung ist freilich *cum grano salis* zu nehmen" (*Schricker* LMK **20** 2003, S. 9) und so hat dieser Grundsatz die höchstrichterliche Rechtsprechung zu Recht nicht daran gehindert, in begründeten Einzelfällen und mit Augenmaß auch eine **erweiternde Auslegung** vorzunehmen. Bedenklich ist allerdings, wenn eine solche „großzügigere" Auslegung mit „dem Informations- und Nutzungsinteresse der Allgemeinheit" begründet wird (so aber BGH GRUR 2003, 956/957 – Gies-Adler; ähnlich BGH ZUM 2005, 651/652 – Wirtschaftswoche). Dem Verbraucherschutz nahe stehende Gedanken sollten in der Auslegung von urheberrechtlichen Schranken keine Rolle spielen – diese hat der Gesetzgeber bereits bei Abfassung der Ausnahmetatbestände berücksichtigt. Zwei Gründe aber können heute gegebenenfalls für eine erweiternde Auslegung sprechen.

Früher ging man davon aus, dass der mit einer Ausnahmebestimmung verfolgte Zweck „nur aus der tatsächlichen und rechtlichen Lage, die der Gesetzgeber bei Erlass dieser Bestimmung vorfand", entnommen werden kann (BGHZ 17, 266 – Grundig-Reporter) und daher **neue technische Entwicklungen** nicht zur Ausweitung der Ausnahmebestimmungen führen können (RGZ 153, 1 – Rundfunksendung von Schallplatten; so auch noch die 3. Auflage Rdnr. 15 aE). Im Hinblick auf die immer rasantere technische Entwicklung wird man heute gerade bei neuen technischen Nutzungsarten prüfen müssen, ob diese nicht im Wesentlichen eine schon bekannte, von den Schrankenbestimmungen umfasste Nutzungsart ergänzen oder sogar ersetzen und daher die ursprüngliche Intention und Zielrichtung des Gesetzgebers auf – eben modernere – Art erfüllen; solche Fälle können daher gegebenenfalls unter die Schrankenbestimmung zu subsumieren sein. Typisches Beispiel hierfür ist die weite Auslegung des Pressespiegelparagraph 49 (BGH ZUM 2002, 740 – Elektronischer Pressespiegel; BGH ZUM 2005, 651/652 – Wirtschaftswoche; vgl. § 49 Rdnr. 5 und 33). Nur mit einer solchen vorsichtig flexiblen Auslegung kann das Urheberrechtsgesetz mit der dynamischen technischen Entwicklung Schritt halten.

Der zweite wesentliche Gesichtspunkt ist, dass die Frage *cui bono* gestellt werden muss. Schrankenbestimmungen sollen nicht zuletzt deshalb eng ausgelegt werden, um die **wirtschaftlichen Interessen des Urhebers zu** schützen. Zwar hat die Rechtsprechung schon früher das Paradigmon aufgestellt, dass der Urheber „tunlichst an den Nutzungen seiner Werke zu beteiligen ist" (vgl. BGHZ 17, 266/282 – Grundig-Reporter). Seit dieses „Prinzip der angemessenen Vergütung" aber 2002 in § 11 S. 2 „als wesentlicher Grundgedanke des Urheberrechts" (BT-Drucks. vom 14. 1. 2002, abgedruckt bei *Hucko*, Das neue Urhebervertragsrecht, S. 158) in den Text des Urheberrechtsgesetzes selbst aufgenommen wurde, hat es eine neue Dimension gewonnen. Vor diesem Hintergrund ist nun zu berücksichtigen, wie sich eine „ausnahmsweise extensive Auslegung einer Schrankenbestimmung… auf die Interessen des Urhebers auswirkt" und dass eine solche zu bejahen ist, wenn „ausnahmsweise die Anwendung der Schranke den Urheber günstiger stellt als die Geltung des Ausschließlichkeitsrechts" (BGH ZUM 2002, 740/743 – Elektronischer Pressespiegel; ebenso *Schack*, Fs. für Schricker, 511/514). Kommt eine enge Auslegung wirtschaftlich nicht den Urhebern selbst, sondern Erstverwertern – zB Zeitungsverlegern – zugute, so kann schon aus diesem Grund eine weite Auslegung angebracht sein (BGH ZUM 2002, 740/743 – Elektronischer Pressespiegel; BGH ZUM 2005, 651/652 – Wirtschafts-Woche). Und so hat der BGH den Ko-

Vor §§ 44a ff. Vorbemerkung

pienversand auf Bestellung zwar dem Besteller zugeordnet und unter die Ausnahme von § 53 subsumiert, aber gleichzeitig – „eine richterliche Großtat" (*Schricker* LMK 2003, S. 9) – in Analogie eine gesetzliche Lizenzvergütung eingeführt (BGH NJW 1999, 1953; vgl. § 53 Rdnr. 19 f.).

21 c) Die Einschränkungen der ausschließlichen Verwertungsrechte nach § 15 sind in §§ 44a ff. und neuerdings 69 d, 69 e sowie 87 c grundsätzlich abschließend geregelt (OLG Düsseldorf GRUR 1983, 758/759 f.; *Bornkamm*, Fs. für Piper, S. 641/648; vgl. aber Rdnr. 14). Da es sich um Ausnahmevorschriften handelt, ist für eine **analoge Anwendung** grundsätzlich kein Raum (ebenso *Fromm/Nordemann*[10] Rdnr. 3; *Möhring/Nicolini/Nicolini* § 45 Rdnr. 2; vgl. BGH GRUR 1985, 874/876 – Schulfunksendung; bedenklich insoweit OLG München ZUM 1985, 113, bestätigt durch BGH GRUR 1987, 362 – Filmzitat; BGH GRUR 1994, 45/47 – Verteileranlagen – hält eine entsprechende Anwendung „nur in seltenen Fällen" für möglich, verneint sie aber im konkreten Fall für § 52; *Dreyer,* vor §§ 44 a ff., HK-UrhR hält eine analoge Anwendung „allenfalls in seltenen Ausnahmefällen" für möglich).

21a d) Gelegentlich wird gefordert, dass der Grundsatz der engen Auslegung der Bestimmungen von §§ 44 a ff. und des Verbotes der Analogie durch **verfassungskonforme Auslegung** zugunsten des Grundrechts der Meinungs-, Informations- und Pressefreiheit durchbrochen werden soll (insb. *Löffler* NJW 1980, 201 ff.; in diesem Sinne auch § 97 Rdnr. 20 ff.). Dies gilt vor allem für die Auslegung des Berichterstattungs- und Zitatrechts (im Einzelnen hierzu vgl. § 50 Rdnr. 3 und § 51 Rdnr. 8). Es wäre eine bedenkliche Tendenz, würde man jeden Einzelfall unter den Gesichtspunkt der Informations- und Pressefreiheit prüfen unter der Außerachtlassung bzw. Erweiterung der gesetzlichen Grundlagen in §§ 44 a ff. Nicht nur die Rechtssicherheit würde Schaden leiden, sondern auch das – ebenfalls grundrechtlich geschützte – Urheberrecht über Gebühr ausgehöhlt werden. Regelmäßig ist davon auszugehen, dass der Gesetzgeber die in Frage stehenden Grundrechtspositionen in den §§ 44 a ff. bereits zu einem angemessenen Ausgleich gebracht hat (LG München I v. 10. 10. 1986 – 21 O 10623/86; *Schack*[4] Rdnr. 481 b; *Bornkamm,* Fs. für Piper, S. 646 ff.). Auch heute ist der Grundsatz zu beachten, dass die Presse keine urheberrechtliche Sonderstellung genießt, sondern grundsätzlich wie jede Privatperson verpflichtet ist, fremde Urheberrechte zu achten (BGHZ 28, 234/238 – Verkehrskinderlied; *v. Gamm* § 45 Rdnr. 3). Der BGH hat denn auch bislang stets zu Recht die Möglichkeit einer analogen Auslegung der einschränkenden Bestimmungen des UrhG verneint (BGH GRUR 1985, 874/876 – Schulfunksendung; BGH GRUR 1987, 34/35 – Liedtextwiedergabe I; BGH NJW 1999, 1953 – Kopienversand auf Bestellung hat die Nutzung selbst unmittelbar unter § 53 subsumiert und nur den daraus folgenden Vergütungsanspruch in Analogie zu entsprechenden gesetzlichen Vergütungsansprüchen konstruiert). In Extremfällen, die freilich in der Praxis kaum vorkommen werden, können ggf. die allgemeinen zivilrechtlichen Rechtfertigungsgründe helfen (so. Rdnr. 14), einer darüber hinausgehenden Güter- und Interessenabwägung bedarf es nicht (ebenso *Schack,* FS Schricker, 511/517; aA hier § 97 Rdnr. 20; vgl. o. Rdnr. 14 aE).

22 e) Unter dem Eindruck der Möglichkeiten technischer Schutzeinrichtungen und von – insbes. im IT-Bereich um sich greifenden – Lizenzeinschränkungen wird gelegentlich angeregt, jedenfalls **bestimmte Schranken** des Urheberrechts im Interesse der Nutzungsberechtigten **zwingend auszugestalten** (vgl. *Schack*[4] Rdnr. 481 ff.; *Schack,* ZUM 2002, 497/ 504 f. mwN). Die EU Multimedia-Richtlinie hat dies in Art. 6 Abs. 4 1.Unterabschnitt für einige Schranken (sofern sie der nationale Gesetzgeber denn überhaupt einführt) bezüglich technischer Schutzmaßnahmen zwingend vorgegeben und § 95 b musste dem folgen. Hierunter fällt insbesondere die Reprografie zum privaten oder sonstigen eigenen Gebrauch (§ 95 b Abs. 1 Nr. 6.a). Der Streit fokussiert sich nun auf die Frage, ob es ein Recht auf – auch digitale – Privatvervielfältigung im Audio- und audiovisuellen Bereich gibt, dh, ob diese auch gegen technische Schutzmaßnahmen durchgesetzt werden kann. Verbraucherverbände forderten eine entsprechende Erweiterung von § 95 b und argumentieren, die Privatkopie sei Ausfluss der Informationsfreiheit, finde in Art. 27 der Allgemeinen Erklärung der Menschenrechte, der Teilhabe am kulturellen Leben, und Art. 5 GG ihre Stütze (vgl. AmtlBegr. z. RegE bei *Hucko,* 2. Korb, S. 242). Der Gesetzgeber hat diesen urheberfeindlichen Forderungen auch im 2. Korb nicht nachgegeben und eine generelle Durchsetzbarkeit der Privatkopie gegen technische Schutzmaßnahmen abgelehnt, § 95 b blieb unverändert.

2. Die gesetzliche Lizenz

23 a) Neben der ersatzlosen Aufhebung des Urheberrechts ist die **gesetzliche Lizenz** der häufigste Fall der Einschränkung des Urheberrechts (so. Rdnr. 6). Im Rahmen einer gesetzlichen

Vorbemerkung Vor §§ 44a ff.

Lizenz kann das Werk ohne Einwilligung des Urheberberechtigten genutzt werden, es ist ihm dafür aber kraft Gesetzes eine Vergütung zu bezahlen. An die bloße Vornahme der betreffenden Nutzung des Werkes knüpft das Gesetz hier als Rechtsfolge einen Vergütungsanspruch; dabei kommt es nur auf die objektive Tatbestandserfüllung an, ohne dass etwa ein subjektiver (zB rechtsgeschäftlicher) Wille des Nutzers hinzukommen muss. Dieser Nutzungsvorgang ist also eine sog. Tathandlung („Realakt" – vgl. hierzu RGRK/*Krüger-Nieland* BGB[12] vor § 104 Rdnr. 14). In der Regel besteht die Tathandlung in der urheberrechtsrelevanten Nutzung eines Werkes (zB die Vervielfältigung und Verbreitung in §§ 46 und 49, die öffentliche Wiedergabe in § 52). Ausnahmsweise in § 54 und § 54a entsteht der Vergütungsanspruch nicht durch die tatsächliche urheberrechtsrelevante Nutzung (dies wäre jede einzelne nach § 53 zulässige Vervielfältigung), sondern bereits antizipiert durch die Veräußerung bzw. das sonstige Inverkehrbringen der betreffenden Geräte bzw. Trägermaterialien. Auch in diesem Fall ist im Hinblick auf den urheberrechtlichen Vergütungsanspruch die Veräußerung bzw. das Inverkehrbringen ein Realakt; entscheidend ist hier nur der Besitzübergang, auf die Wirksamkeit des zugrunde liegenden Rechtsgeschäftes kommt es nicht an.

Durch die urheberrechtlich relevante Tathandlung der Nutzung entsteht zwischen dem Verwerter und dem Urheberberechtigten ein **gesetzliches Schuldverhältnis.** Auf gesetzliche Schuldverhältnisse, auch soweit sie nicht im Zweiten Buch des BGB geregelt sind, finden die allgemeinen Rechtsnormen des Allgemeinen Schuldrechts (§§ 241 ff. BGB) Anwendung (Münch-Komm. BGB/*Kramer*[3] Einl. zum Zweiten Buch Rdnr. 6 unter Berufung auf die Motive II, 4); dies gilt auch für die sich aus den gesetzlichen Lizenzen der §§ 44a ff. ergebenden gesetzlichen Schuldverhältnisse (*Melichar* S. 12 ff.; *Dreyer* in HK-UrhR vor §§ 44a ff. Rdnr. 37; *Dreier/Schulze* Vor §§ 44a ff. Rdnr. 21). Hauptinhalt dieser gesetzlichen Schuldverhältnisse ist der Zahlungsanspruch (su. Rdnr. 24). Daneben bestehen eine Reihe weiterer, teils wichtiger Nebenverpflichtungen (su. Rdnr. 31).

b) Der **Vergütungsanspruch** aus den gesetzlichen Lizenzen in §§ 45a ff. ist kein abgeschwächtes Verwertungsrecht iSv. § 15, also kein Surrogat für das aufgehobene Verbotsrecht, sondern „ein Relikt des positiven Nutzungsrechts" (*Schricker* GRUR Int. 1983, 452; *Dreyer* in HK-UrhR Vor §§ 44a ff. Rdnr. 36), ein urheberrechtlicher Anspruch eigener Qualität (ebenso *Rossbach* S. 79 ff.). Dies ergibt sich zwingend aus § 1, wonach Urheberrechtsschutz nur „nach Maßgabe dieses Gesetzes" besteht. Dieser Schutz beinhaltet von Anfang an nicht nur den positiven Inhalt der Urheberrechte, sondern auch deren Schranken. Die Rechte nach §§ 15–25 sind also vom Zeitpunkt ihrer Entstehung an, dh. mit Schöpfung des Werkes und nicht erst eine logische Sekunde danach, mit den Einschränkungen der §§ 45–63 (und § 17 Abs. 2) belastet (BVerfGE 49, 382/391 – Kirchenmusik; *Haß*, Fs. für Klaka, S. 127/133). Im Hinblick auf diesen eigenständigen Charakter der Vergütungsansprüche aus gesetzlichen Lizenzen hat der Gesetzgeber richtigerweise in § 1 WahrG neben den Nutzungs- und Einwilligungsrechten ausdrücklich auch die Vergütungsansprüche gesondert aufgezählt. 24

Der Unterschied zwischen Verwertungsrechten und Vergütungsansprüchen wird auch in der **Übertragbarkeit** deutlich. Als Folge der grundsätzlichen Unübertragbarkeit von Urheberrechten (§ 29 Abs. 1 1. Hs.) können hieran lediglich Nutzungsrechte „eingeräumt" werden (§ 31). Die vom Urheberrechtsgesetz gewährten Vergütungsansprüche können demgegenüber – allerdings mit der gewichtigen Einschränkung von § 63a (hierzu s.u. Rdnr. 26) – wie alle Geldansprüche übertragen werden (*Samson* S. 133; *Rossbach* S. 117 f.; *Melichar* S. 14; *Rehbinder*[15] Rdnr. 544; s. allgemein vor §§ 28 ff. Rdnr. 29 ff.). Die Übertragung solcher Vergütungsansprüche unterliegt den allgemeinen Regeln der §§ 398 ff. BGB. Allerdings können auch die Bestimmungen der §§ 31 ff. auf die Übertragung urheberrechtlicher Vergütungsansprüchen entsprechende Anwendung finden, obwohl diese Bestimmungen ausdrücklich nur die Einräumung von Nutzungsrechten behandeln (ebenso *Dreier/Schulze* Vor §§ 44a ff. Rdnr. 17; *Samson* S. 133; *Rehbinder*[15] Rdnr. 544; so. §§ 31/32 Rdnr. 37). Diese Möglichkeit der Analogie bedeutet aber keine automatische Anwendbarkeit dieser Bestimmungen; es ist vielmehr in jedem Einzelfall zu prüfen, ob nach Sinn und Zweck der betreffenden gesetzlichen Vorschrift deren Anwendung auch auf die Übertragung von urheberrechtlichen Vergütungsansprüchen möglich und notwendig ist. Dabei ist zu berücksichtigen, dass der Gesetzgeber bei Einführung der §§ 31 ff. – wie sich aus der Überschrift und dem Wortlaut ergibt – zunächst nur an die Einräumung von Nutzungsrechten gedacht hat. In diesem Zusammenhang sind die Regelungen grundsätzlich sinnvoll, denn die Nutzungsrechte sind ein Teil des absoluten und unübertragbaren Urheberrechts; die Schutzvorschriften zugunsten des Urhebers bezüglich der Übertragbarkeit sind not- 25

Vor §§ 44a ff. Vorbemerkung

wendig, damit nicht die in § 29 Abs. 1 konstituierte Unübertragbarkeit des Urheberrechts durch exzessive Nutzungsverträge ausgehöhlt wird. Bei den bloßen Vergütungsansprüchen hat der Gesetzgeber selbst bereits das Urheberrecht durch Beseitigung des Verbotsrechts so weit ausgehöhlt, dass der als Relikt verbleibende Vergütungsanspruch nicht mehr im gleichen Maße schützenswert ist. Ob die §§ 31 ff. (insb. §§ 31–34) auf die Übertragung von urheberrechtlichen Vergütungsansprüchen entsprechend anwendbar sind, ist daher von Fall zu Fall anhand der besonderen Umstände zu prüfen. Dabei wird es vor allem jeweils auf die Interessenlage von abtretendem Urheber einerseits und Zessionar andererseits ankommen (ähnlich *Dreier/Schulze/Dreier* Vor §§ 44a ff. Rdnr. 17 aF; *Dreyer* in HK-UrhR[2] Vor §§ 44a ff. Rdnr. 36 meint dagegen kryptisch, die gesetzlichen Vergütungsansprüche könnten „nicht lizenziert werden, weil ihnen der hierfür erforderliche Ausschließlichkeitscharakter fehlt").

26 Aus der Feststellung, dass die im Rahmen gesetzlicher Lizenzen entstehenden Vergütungsansprüche kein Minus im Verhältnis zum Majus des Nutzungsrechts sind, sondern ein Aliud, folgt, dass sie – mangels abweichender Vereinbarung – grundsätzlich **dem Urheber zustehen** und nicht dem Inhaber abgeleiteter Nutzungsrechte. Die Einräumung eines – auch ausschließlichen – Nutzungsrechtes beinhaltet nicht auch automatisch die Übertragung eines gesetzlichen Vergütungsanspruches (ebenso *Dreyer* in HK-UrhR § 63a Rdnr. 7). Die früher über diese selbstverständliche Konsequenz geführte Diskussion (vgl. die Vorauflage hier mwN) sollte mit der Einführung von § 63a durch das Gesetz zur Stärkung der vertraglichen Stellung von Urhebern und ausübenden Künstlern endgültig obsolet sein, der bestimmt, dass gesetzliche Vergütungsansprüche nach dem 6. Abschnitt des UrhG unverzichtbar und im Voraus nur an Verwertungsgesellschaften abtretbar sind (Einzelheiten su. § 63a). Bei Einführung dieser Regelung ging der Gesetzgeber davon aus, „dass gesetzliche Vergütungsansprüche dem Urheber ... zugedacht sind und dass sie ihm als Teil seiner angemessenen Vergütung verbleiben sollen. Der Werknutzer bedarf dieser Ansprüche zur Ausübung seines Nutzungsrechts nicht" (Begr. z. RegE, abgedruckt bei *Hucko*, Das neue Urhebervertragsrecht, S. 91/118). Nach dem 1. 7. 2002 jedenfalls können gesetzliche Vergütungsansprüche des 6. Abschnittes **im Voraus** nur an Verwertungsgesellschaften abgetreten werden (§ 132 Abs. 3 S. 1); mit Inkrafttreten des 2. Korbes können sie auch an einen Verleger abgetreten werden, wenn dieser sie in eine gemeinsame Verwertungsgesellschaft von Verlegern und Urhebern einbringt (§ 63a S. 2 nF). Nach ihrem Entstehen (hierzu so. Rdnr. 23) sind sie nach wie vor abtretbar und verzichtbar (*Dreyer*, HK-UrhR § 63a Rdnr. 4 und 8).

27 Mangels spezieller Bestimmungen über die **Fälligkeit** der Vergütungsansprüche im UrhG ist auf die allgemeinen Bestimmungen des BGB zurückzugreifen (so. Rdnr. 23). Gem. § 271 Abs. 1 BGB, der auch für gesetzliche Schuldverhältnisse gilt (*Jauernig/Vollkommer* BGB[7] § 271 Anm. 1 c), kann der Urheberberechtigte somit die Zahlung „sofort" verlangen, dh. unmittelbar nach Entstehung der gesetzlichen Lizenz. Sobald also durch die entsprechende Nutzungshandlung (dh. zB durch die Vervielfältigung und Verbreitung im Rahmen der §§ 46 und 49, das Veräußern oder sonst wie Inverkehrbringen gem. §§ 54 Abs. 1 und 54a Abs. 1 bzw. das Betreiben nach § 54a Abs. 2) ein gesetzliches Schuldverhältnis begründet wird, ist der Vergütungsanspruch zur Zahlung fällig (*Dreyer* in HK-UrhR Vor §§ 44a ff. Rdnr. 37; *Melichar* S. 14 f.). In der Praxis freilich werden sich Verwerter – zumindest wenn es sich, wie im Regelfall, um Verwerter handelt, die laufend in diesem Rahmen Nutzungshandlungen vornehmen – und Anspruchsberechtigte aus Praktikabilitätsgründen auf vernünftige Abrechnungszeiträume einigen; dies gilt insbesondere, wenn – wie regelmäßig – eine Verwertungsgesellschaft den Anspruch wahrnimmt.

Aus den vorstehenden Darlegungen ergibt sich weiterhin, dass für den **Zahlungsort** von gesetzlichen Vergütungsansprüchen des Urheberrechts im Zweifel, dh. mangels abweichender Vereinbarung, § 270 BGB gilt.

28 Da es sich bei den gesetzlichen Vergütungsansprüchen des Urheberrechts nicht um Schadensersatzansprüche aus Urheberrechtsverletzung handelt, sondern um Vergütungsansprüche für im Rahmen von gesetzlichen Lizenzen legale Nutzungen, findet die Verjährungsvorschrift von § 102 keine Anwendung. Mangels einer besonderen Gesetzesbestimmung über die **Verjährung** solcher urheberrechtlicher Vergütungsansprüche verbleibt es bei der allgemeinen gesetzlichen Verjährungsfrist von jetzt 3 Jahren gem. § 195 BGB (BGH Schulze BGHZ 275, 15).

29 Mit der Urheberrechtsnovelle 1985 hatte der Gesetzgeber erstmals die **Höhe der gesetzlichen Vergütung** teilweise selbst bestimmt (Anl. zu § 54d aF); mit dem 2. Korb wurden diese gesetzlichen Tarife gestrichen. Jetzt bestimmt das Gesetz ausnahmslos, dass im Rahmen von gesetzlichen Lizenzen eine „angemessene Vergütung" zu bezahlen ist (§§ 45a Abs. 2; 46 Abs. 4; 47 Abs. 2; 49 Abs. 1 S. 2; 52 Abs. 1 S. 1 u. Abs. 2 S. 2; 52a Abs. 4; 52b S. 3; 53a Abs. 2; 54 Abs. 1). Die Angemessenheit solcher Vergütungen ist dabei jeweils auf Grund sämtlicher Um-

Vorbemerkung   Vor §§ 44a ff.

stände des Falles zu ermitteln, wobei es jedoch zulässig ist, „bestimmte Sachverhalte in ihren Gegebenheiten schematisch zu erfassen" (BGH GRUR 1974, 35/37 – Musikautomat). Lediglich in § 54a hat der Gesetzgeber selbst detailliertere Kriterien für die Vergütungshöhe vorgegeben. Sofern sich bezüglich bestimmter Vergütungsansprüche eine Übung zwischen den beteiligten Verkehrskreisen herausgebildet hat, kann diese idR ohne weitere Prüfung als angemessen betrachtet werden, denn die Betroffenen wissen selbst am besten, was ihnen frommt (AG München ZUM 1985, 518; *Fromm/Nordemann*[8] § 46 Rdnr. 11; *Rossbach* S. 331; *Scheuermann/Strittmatter* ZUM 1990, 338/340; *Melichar* in Loewenheim, HB UrhR § 48 Rdnr. 28; *Dreyer* in HK-UrhR Vor §§ 44a ff. Rdnr. 36). Wenn eine Verwertungsgesellschaft mit dem Inkasso der Vergütung beauftragt ist (und dies ist in der Praxis auch dort die Regel, wo keine Verwertungsgesellschaftspflichtigkeit vom Gesetz konstituiert ist, *Melichar* S. 11 f.) sind ohnehin zunächst deren Tarife maßgebend (vgl. § 13 WahrnG). Bei einem Rechtsstreit über die Höhe der angemessenen Vergütung kann das Gericht diese gegebenenfalls gem. § 287 Abs. 2 ZPO frei schätzen (BGH GRUR 1987, 36 – Liedtextwiedergabe II; *Nordemann* GRUR Int. 1990, 155/156; zu Einzelheiten s. *Melichar* aaO Rdnr. 29 ff.).

Kommt der Verwerter seinen Vergütungspflichten nicht oder nicht rechtzeitig nach, so hat **30** der Urheberberechtigte einen **Erfüllungsanspruch** (§ 362 BGB). Durch die bloße Nichterfüllung der Zahlungspflicht wird der zugrundeliegende urheberrechtlich relevante Tatbestand – dh. die im Rahmen einer gesetzlichen Lizenz zulässige Nutzung eines urheberrechtlich geschützten Werkes – nicht rechtswidrig (OLG München ZUM 1991, 371/374; *Dreyer* in HK-UrhR Vor §§ 44a ff. Rdnr. 36; *v. Gamm* § 49 Rdnr. 6, § 52 Rdnr. 5; *Melichar* S. 13). Dem Gläubiger stehen allerdings in solchen Fällen gegebenenfalls Schadensersatzansprüche wegen Nichterfüllung zu (vgl. unten Rdnr. 35).

c) Die Realisierung des Vergütungsanspruchs setzt einen **Auskunftsanspruch** voraus. Soweit **31** dieser nicht vom Gesetz selbst begründet wird (vgl. § 54 g), ergibt sich seine Entstehung und sein Umfang aus den allgemeinen zivilrechtlichen Regeln. Nach stRspr. liegt eine Auskunftspflicht stets dann vor, wenn zwar das Bestehen eines Anspruches feststeht, der Berechtigte (Gläubiger) aber über den Umfang seines Anspruchs in entschuldbarer Weise im Ungewissen ist und der Verpflichtete die erforderlichen Auskünfte unschwer erteilen kann. Es handelt sich hierbei um ein auf § 242 BGB basierendes Gewohnheitsrecht (stRspr. des RG seit RGZ 108, 7; stRspr. des BGH seit BGHZ 10, 385). Die diesen Auskunftsanspruch auslösende Rechtsgrundlage kann auch ein gesetzliches Schuldverhältnis sein (BGH NJW 1978, 1002). Dieser auf Treu und Glauben beruhende Auskunftsanspruch gilt auch im Urheberrecht (BGH GRUR 1980, 227/232 – Monumenta Germaniae Historica) und insbesondere auch für die gesetzlichen Schuldverhältnisse des Urheberrechts (BGH GRUR 1986, 62/64 – GEMA Vermutung I; BGH GRUR 1986, 66/67 – GEMA Vermutung II; OLG München GRUR 1980, 234 – Tagespressedienst; *Rehbinder*[15] Rdnr. 930; *Melichar* S. 16 mwN). Entsprechend dem allgemeinen bürgerlichen Recht ist der Auskunftsanspruch im Verhältnis zum Vergütungsanspruch als Hilfsanspruch zu qualifizieren (BVerfG NJW 1997, 247/248 unter Verweis auf Palandt/*Heinrichs* BGB[68] § 261 Rdnr. 25).

Der **Umfang der Auskunftsverpflichtung** – auch er richtet sich nach § 242 BGB – ergibt **32** sich aus den einzelnen urheberrechtlich relevanten Tatbeständen. Es sind somit nicht nur die einzelnen Nutzungshandlungen, die zu dem gesetzlichen Schuldverhältnis geführt haben, anzugeben, sondern auch Autor und Titel des benutzten Werkes, die Erstveröffentlichungsquelle (dies schon deshalb, damit geprüft werden kann, ob das benutzte Werk tatsächlich veröffentlicht ist) sowie der Umfang der Nutzung (inhaltlicher Umfang, Art und Umfang der Vervielfältigung und Verbreitung etc.).

Auch für die nach § 242 bestehende Auskunftsverpflichtung gelten §§ 259–261 BGB (RGZ 127, 243/245; Palandt/*Heinrichs* BGB[68] §§ 259–261 Rdnrn. 8 ff.). Dies bedeutet insb., dass die erforderlichen Auskünfte gem. § 260 Abs. 1 BGB in Form einer schriftlichen Aufstellung, eines „Verzeichnisses" zu leisten sind (OLG Düsseldorf ZUM 1990, 527 f.; vgl. auch für Österreich OGH GRUR Int. 1991, 651 f.). Gegebenenfalls kann vom Werknutzer im Rahmen eines gesetzlichen Schuldverhältnisses auch die Abgabe einer eidesstattlichen Versicherung gem. § 261 BGB gefordert werden.

Soweit das UrhG selbst einen Auskunftsanspruch gewährt (§ 54 g), tritt dieser an die Stelle des von Rechtsprechung und Lehre aus den Grundsätzen von Treu und Glauben hergeleiteten Auskunftsanspruchs (vgl. Stellungnahme des Bundesrats zum RegE 1982, UFITA 102 [1986] 113/121 ff.). Der Umfang der hiernach „erforderlichen" Auskunft wird sich freilich auch wei-

Vor §§ 44a ff. Vorbemerkung

terhin an den Maßstäben von § 242 BGB orientieren müssen (vgl. hierzu im Einzelnen § 54 g Rdnr. 2 und 6).

33   d) Neben der Auskunftsverpflichtung besteht für denjenigen, der durch eine Nutzungshandlung ein (gesetzliches) Schuldverhältnis mit dem Urheberberechtigten begründet, eine **Benachrichtigungspflicht**. Unter dem Stichwort Aufklärungspflichten sind von Rechtsprechung und Lehre eine Reihe von – ebenfalls auf § 242 BGB beruhenden – Anzeige-, Hinweis- und Offenbarungspflichten anerkannt (vgl. Palandt/*Heinrichs* BGB[68] § 242 Rdnr. 37; Jauernig/*Vollkommer* BGB[12] § 242 Rdnr. 19f.). Sie liegen dann vor, wenn nach den im Verkehr herrschenden Anschauungen der andere Teil „redlicherweise" Aufklärung über ihm unbekannte Umstände erwarten darf, die für das Zustandekommen oder die Ausgestaltung eines Vertrages erkennbar für ihn von entscheidender Bedeutung sind. Bei diesen Aufklärungspflichten handelt es sich um rechtlich unselbständige, nicht einklagbare Verhaltenspflichten (Jauernig/*Vollkommer* BGB[12] § 242 Rdnr. 19). Die für das Entstehen solcher Aufklärungspflichten erforderlichen Voraussetzungen sind auch bei Begründung eines gesetzlichen Schuldverhältnisses gegeben. Es liegt ausschließlich im Entscheidungsbereich des potentiellen Werknutzers, ob, wann und in welcher Form er von den gesetzlichen Nutzungsmöglichkeiten der §§ 44a ff. Gebrauch macht; die urheberrechtlich geschützten Werke stehen in diesem Rahmen gewissermaßen als Freiwild jedermann zur Verfügung. Im Wortsinne unzählige Nutzungshandlungen werden tagtäglich in diesem Rahmen vorgenommen, so dass der betroffene Urheberberechtigte – auch wenn es sich wie idR um eine Verwertungsgesellschaft handelt – nicht in der Lage ist, jede einzelne, einen Vergütungsanspruch auslösende Nutzungshandlung von sich aus aufzuspüren. Wenn also durch eine Verwertungshandlung ein gesetzliches Schuldverhältnis geschaffen wird, so kann der Urheberberechtigte füglich erwarten, dass ihm diese das gesetzliche Schuldverhältnis begründende Handlung redlicherweise mitgeteilt wird. In Anwendung der von der Rechtsprechung aufgestellten Grundsätze, wonach sogar vorvertragliche, im Rahmen der in § 311 Abs. 2 Nr. 1 BGB gesetzlich geregelten c. i. c. auf Treu und Glauben begründete Aufklärungspflichten bestehen (vgl. Palandt/*Grüneberg* BGB[68] § 311 Rdnr. 40), ist eine Anzeigepflicht erst recht zu bejahen, wenn durch eine Tathandlung ein gesetzliches Schuldverhältnis geschaffen wird, das ohne Mitteilung dem Vertragspartner verborgen bliebe. Aus § 242 BGB begründet sich somit für den Verwerter, der im Rahmen der Möglichkeiten nach §§ 44a ff. ein gesetzliches Schuldverhältnis schafft, regelmäßig eine vertragliche Nebenpflicht des Inhalts, diese Tatsache, dh. seine Handlung, die zu diesem Schuldverhältnis geführt hat, seinem von ihm gewillkürten Vertragspartner mitzuteilen (*Melichar* S. 17f.; *Dreyer* in HK-UrhR Vor §§ 44a ff. Rdnr. 37 spricht hier von „Anzeige-, Hinweis-, Benachrichtigungs- und Offenbarungspflichten"). Existenz, Inhalt und Umfang dieser Pflicht richten sich nach den Geboten von Treu und Glauben. Eine Verletzung dieser Mitteilungspflicht stellt im Rahmen des gesetzlichen Schuldverhältnisses eine positive Vertragsverletzung dar.

34   Das Gesetz selbst hat in §§ 46 Abs. 3 und 54f eine Benachrichtigungspflicht ausdrücklich festgelegt. Die in § 46 normierte **Mitteilungspflicht** geht über die soeben dargestellte, auf den Grundsätzen von Treu und Glauben basierende Mitteilungspflicht, sowohl vom Ansatz wie von den Folgen her, hinaus. Grund für diese formelle Benachrichtigungspflicht ist vor allem, dem Urheber die Möglichkeit zu geben, das in § 46 Abs. 5 vorgesehene Widerspruchsrecht im Falle eines Gesinnungswandels realisieren zu können (Schriftl. Bericht des Rechtsausschusses zum RegE 1962, UFITA 46 [1966] 174/184). Aus der Formulierung der Mitteilungspflicht in § 46 Abs. 3 S. 1 ergibt sich weiterhin, dass diese Mitteilung nicht nur **vor** Beginn der Werknutzung zu erfolgen hat, sondern vor allem, dass ohne eine solche Mitteilung die Werknutzung im Rahmen von § 46 nicht gestattet und somit gegebenenfalls eine Urheberrechtsverletzung ist. Die oben dargelegte allgemeine Mitteilungspflicht nach § 242 BGB ist demgegenüber eine schuldrechtliche Nebenpflicht, die auch erst nach erfolgter Werknutzung erfüllt werden kann, deren Unterlassung aber vor allem nicht dazu führt, dass die Werknutzung dadurch rechtswidrig wird. Gänzlich anderen Zwecken dient schließlich die Meldepflicht in § 54f, die – entsprechend der Konstruktion von §§ 53 ff. – nicht den eigentlichen Nutzer, dh. den Endabnehmer, trifft, sondern den Importeur als Schuldner der Vergütung.

35   e) Neben dem Erfüllungsanspruch, dh. dem Anspruch auf Zahlung der angemessenen Vergütung (so. Rdnr. 18), können, wie bei allen gesetzlichen Schuldverhältnissen (vgl. BGH NJW 1985, 2944f.), gegebenenfalls **Schadensersatzansprüche wegen Pflichtverletzung** (§ 280 BGB, vormals aus positiver Vertragsverletzung) entstehen, wenn der Nutzer seinen vertraglichen Nebenverpflichtungen (insbesondere der Auskunfts- und Benachrichtigungspflicht, s. o.

Rdnr. 25–27) nicht nachkommt. Dies kann vor allem bedeutsam werden, wenn der Anspruch – wie idR – durch eine Verwertungsgesellschaft geltend gemacht wird. Bei Urheberrechtsverletzungen gewährt die Rechtsprechung Verwertungsgesellschaften in der Regel einen Schadensersatzanspruch in Höhe des doppelten Tarifs (s. § 97 Rdnr. 64; einschränkend allerdings BGH GRUR 1986, 376/380 – Filmmusik). Die gleichen Gründe, die dort zur Berechnung des Schadensersatzes in Höhe der doppelten Tarife führen, kommen auch zum Tragen, wenn der auf Grund eines von ihm begründeten gesetzlichen Schuldverhältnisses zur Zahlung Verpflichtete seinen Zahlungs- und Auskunftsverpflichtungen, insbesondere aber seiner Benachrichtigungspflicht nicht oder nicht rechtzeitig nachkommt. Wie dort ist auch hier zum Erfassen solcher zahlungsunwilliger Schuldner eine besondere Überwachungsorganisation der Verwertungsgesellschaften notwendig; die normalen Tarife müssen für den Nutzer Anreiz sein, ordnungsgemäß zu melden und zu zahlen, um dadurch der Gefahr zu entgehen, bei Nichtzahlung – einem ertappten Schwarzfahrer vergleichbar – erhöhte Tarife bezahlen zu müssen. Auch im Rahmen eines Schadensersatzanspruches von Verwertungsgesellschaften wegen positiver Vertragsverletzung bei gesetzlichen Lizenzen sind daher die von der Rechtsprechung bei Urheberrechtsverletzungen entwickelten Grundsätze der doppelten Tarifgebühr anwendbar (mit anderer Begründung im Ergebnis ebenso G. *Schulze* ZUM 1984, 277).

3. Anders als bei der gesetzlichen Lizenz ist bei der **Zwangslizenz** die Benutzungsfreiheit **36** nicht durch das Gesetz selbst erklärt. Die Zwangslizenz beseitigt also nicht selbst das ausschließliche Nutzungsrecht, sondern regelt nur dessen Ausübung (*Rehbinder*[15] Rdnr. 434), und fällt somit vom System her nicht unter die Schranken des 6. Abschnitts (vgl. § 42 a Rdnr. 4). Wer ein Werk im Rahmen einer Zwangslizenz nutzen will, muss vom Urheberberechtigten hierfür die (vorherige) Einwilligung einholen (vgl. zur Unterscheidung von der gesetzlichen Lizenz BGH GRUR 2002, 248/252 – Spiegel CD-ROM). Jener ist allerdings im Rahmen eines gesetzlich festgelegten Kontrahierungszwanges verpflichtet, die hierfür benötigten Nutzungsrechte zu angemessenen Bedingungen einzuräumen. Die Zwangslizenz schränkt also die unsere Rechtsordnung beherrschende **Abschlussfreiheit** ein (vgl. Palandt/*Heinrichs* BGB[68] Einf. vor § 145 Rdnr. 8).

Die **Freiheit der inhaltlichen Gestaltung** des Vertrages bleibt demgegenüber in gewissem **37** Rahmen erhalten; dieser Rahmen ist dadurch abgesteckt, dass die Einräumung der Nutzung zu „angemessenen Bedingungen" erfolgen muss. Ist der Nutzungsberechtigte nicht oder nur zu nicht angemessenen Bedingungen bereit, im Rahmen einer Zwangslizenz einen Vertrag abzuschließen, so kann er auf Abschluss eines solchen Vertrages verklagt werden; ein entsprechendes Urteil ersetzt seine Einwilligung (§ 894 ZPO). Ohne Einwilligung des Urheberberechtigten (bzw. ohne entsprechendes Urteil) darf – auch bei ungerechtfertigter Verweigerung – das Werk im Rahmen einer Zwangslizenz nicht genutzt werden (BGH NJW 1998, 1393/1394 – Coverversion; OLG Dresden ZUM 2003, 490/492 f.). Wird es ohne Erlaubnis genutzt, so stellt dies eine Urheberrechtsverletzung mit allen Folgen aus §§ 96 ff. dar, auch wenn später ein entsprechender Vertrag geschlossen oder durch ein Urteil ersetzt wird (*Möhring/Nicolini/Gass* § 61 Rdnr. 25; *Dreyer* in HK-UrhR Vor §§ 44 a ff. Rdnr. 35). Der Grundsatz, dass eine der Genehmigung bedürftige Handlung trotz Fehlens derselben nicht rechtswidrig ist, wenn die Genehmigung zu Unrecht verweigert wurde (RGZ 65, 40/44 zu § 28 VerlG; RGZ 113, 115/116 zu § 11 PatG), kann hier nicht zur Anwendung kommen (ebenso *Marwitz/Möhring* LUG § 22 Anm. 6; *Runge* S. 207 f.). Eine solche Auslegung würde zur völligen Nivellierung von gesetzlicher und Zwangslizenz führen, was angesichts der klaren Unterscheidung, die auch der Gesetzgeber vor Augen hatte (Schriftl. Bericht des Rechtsausschusses, UFITA 46 [1966] 174/193), unzulässig wäre (vgl. BGH GRUR 2002, 248/252 – Spiegel CD-ROM). Allenfalls kann dem Berechtigten, der die Zustimmung zu Unrecht verweigert, die exceptio doli entgegengehalten werden mit der Folge von Schadensersatzansprüchen aus positiver Vertragsverletzung (vgl. *Schricker* VerlagsR[3] § 28 Rdnr. 13 aE); sofern es dabei aber nur um die Angemessenheit der Bedingungen geht, wird das Verweigern der Lizenzeinräumung kaum dolos sein können.

4. Eine vierte, neue Variante, das ausschließliche Verwertungsrecht des Urhebers einzuschrän- **38** ken, ist schließlich die **Verwertungsgesellschaftspflichtigkeit.** Zunächst sah das UrhG die Verwertungsgesellschaftspflichtigkeit nur für bloße Vergütungsansprüche (§ 26 Abs. 5 und § 27 Abs. 3) bzw. für Vergütungsansprüche aus gesetzlicher Lizenz (zB §§ 45 a Abs. 2 S. 2, §§ 49 Abs. 1 S. 3 und 54 h Abs. 1) vor. Die Verwertungsgesellschaftspflichtigkeit eines Ausschließlichkeitsrechts wurde erstmals durch die Satelliten- und Kabelrichtlinie vorgegeben (Richtlinie 93/

§ 44a

83/EWG v. 27. 9. 1993, ABl. Nr. L 248 S. 15 ff.). Dort ist in Art. 8 das sog. Kabelweiterverbreitungsrecht zwar als ausschließliches Nutzungsrecht ausgestaltet, nach Art. 9 Abs. 1 kann dieses Recht jedoch nur durch Verwertungsgesellschaften geltend gemacht werden. Diese den nationalen Gesetzgeber bindende EG-Vorgabe wurde in § 20 b Abs. 1 umgesetzt. Die Verwertungsgesellschaftspflichtigkeit berührt das Ausschließlichkeitsrecht grundsätzlich nicht, dh. die Verbotsmöglichkeit bleibt bestehen, kann aber nicht mehr individuell, sondern nur noch über eine Verwertungsgesellschaft ausgeübt werden. Formal handelt es sich im Fall von § 20 b Abs. 1 nicht um eine Schrankenregelung, sondern um eine Ausübungsbestimmung iSv. Art. 11 bis Abs. 2 RBÜ (*Dreier*, Fs. für Schricker, S. 211; *Rehbinder*[16] Rdnr. 434; *Guilbault* S. 26 f.; *Plate* S. 197 ff.). Der Abschlusszwang, dem Verwertungsgesellschaften unterliegen (§ 11 WahrnG), rückt diese Konstruktion in ihrer Auswirkung allerdings in die Nähe der Zwangslizenz, da die Nutzung zwar nicht ohne Erlaubnis erfolgen darf, die Verwertungsgesellschaft jedoch die Genehmigung grundsätzlich nicht verweigern darf.

§ 44a Vorübergehende Vervielfältigungshandlungen

Zulässig sind vorübergehende Vervielfältigungshandlungen, die flüchtig oder begleitend sind und einen integralen und wesentlichen Teil eines technischen Verfahrens darstellen und deren alleiniger Zweck es ist,

1. eine Übertragung in einem Netz zwischen Dritten durch einen Vermittler oder
2. eine rechtmäßige Nutzung

eines Werkes oder sonstigen Schutzgegenstands zu ermöglichen, und die keine eigenständige wirtschaftliche Bedeutung haben.

Schrifttum: *Berberich*, Die urheberrechtliche Zulässigkeit von Thumbnails bei der Suche nach Bildern im Internet, MMR 2005, 145; *Haupt/Ullmann*, Der Fax- und E-Mail-Versand sind in der Informationsgesellschaft verboten, ZUM 2005, 46; *Kröger*, Die Urheberrechtsrichtlinie für die Informationsgesellschaft – Bestandsaufnahme und kritische Bewertung, CR 2001, 316; *Lauber/Schwipps*, Das Gesetz zur Regelung des Urheberrechts in der Informationsgesellschaft, GRUR 2004, 293; *Rath*, Das Recht der Internet-Suchmaschinen, 2005; *Reinbothe*, Die EG-Richtlinie zum Urheberrecht in der Informationsgesellschaft, GRUR Int. 2001, 733; *Roggenkamp*, Verstößt das Content-Caching von Suchmaschinen gegen das Urheberrecht?, K&R 2006, 405; *Spindler*, Europäisches Urheberrecht in der Informationsgesellschaft, GRUR 2002, 105/111 f.; *Walter* in Walter (Hrsg.), Europäisches Urheberrecht, 2001, Info-RL, Übersicht, 4. Kap. (Rdnr. 100 ff.).

Übersicht

	Rdnr.
I. Allgemeines	1–4
1. Zweck und Bedeutung der Norm	1, 2
2. Anwendungsbereich	3, 4
II. Zulässigkeitsvoraussetzungen	5–10
1. Vorübergehende Vervielfältigungshandlungen	5
2. Teil eines technischen Verfahrens	6
3. Zweck	7–10
a) Übertragung im Netz	8
b) Rechtmäßige Nutzung	9
4. Fehlen einer eigenständigen wirtschaftlichen Bedeutung	10
III. Einzelfälle	11–15

I. Allgemeines

1. Zweck und Bedeutung der Norm

1   Durch § 44 a wird die zwingende **Schrankenbestimmung** des Art. 5 Abs. 1 der Richtlinie zur Informationsgesellschaft umgesetzt (Richtlinie 2001/29/EG des Europäischen Parlaments und des Rates vom 22. Mai 2001 zur Harmonisierung bestimmter Aspekte des Urheberrechts und der verwandten Schutzrechte in der Informationsgesellschaft, ABl. Nr. L 167 v. 22. 6. 2001, S. 10). Die Regelung ist **Konsequenz des weiten Vervielfältigungsbegriffs** in Art. 2 der Richtlinie zur Informationsgesellschaft und § 16 UrhG, der auch vorübergehende Festlegungen erfasst (vgl. dazu § 16 Rdnr. 5 f.). Bei der Übertragung von Informationen in Netzwerken, aber auch bei der Nutzung von Werken sind vielfach aus rein technischen Gründen Festlegungen er-

forderlich, die nach der weiten Fassung des Vervielfältigungsbegriffs rechtlich als Vervielfältigungen zu qualifizieren sind. Beispiele sind die Speicherung in Servern von Netzwerken oder in Arbeitsspeichern von Computern. Diese Festlegungen sollen, soweit sie keine eigenständige wirtschaftliche Bedeutung besitzen, nicht einer gesonderten Verfügungsbefugnis des Rechtsinhabers unterliegen; vielmehr sollen sie, soweit das Werk rechtmäßig genutzt wird, ohne dessen Zustimmung erfolgen können. Es soll das effiziente Funktionieren der Übertragungssysteme ermöglicht werden (Erwägungsgrund 33 der Richtlinie zur Informationsgesellschaft; OLG Dresden NJOZ 2008, 160/162f.). Zur Vorgeschichte vgl. *Walter* in Walter (Hrsg.), Europäisches Urheberrecht, 2001, Info-RL, Übersicht, Rdnr. 100f.; *Reinbothe* GRUR Int. 2001, 733/734f.; *Kröger* CR 2001, 316.

Der deutsche Gesetzgeber hat nahezu wörtlich die Formulierung des Art. 5 Abs. 1 der Richtlinie übernommen, die auf Grund ihrer wechselvollen Entwicklung und zahlreicher Kompromisse (dazu Übersicht, in Walter [Hrsg.], Europäisches Urheberrecht, 2001, Info-RL, Rdnr. 100ff.; *Reinbothe* GRUR Int. 2001, 733/734f.) eine Reihe wenig klarer Kautelen enthält, die eine zu weitgehende Einschränkung des Urheberrechts verhindern sollen. Dementsprechend enthält auch § 44a eine Vielzahl sich teils überschneidender und schwer bestimmbarer Begriffe (sa. *Spindler* GRUR 2002, 105/111), deren **Auslegung** sich letztlich am Zweck der Vorschrift (vgl. Rdnr. 1) orientieren muss und durch die Anwendungspraxis auszufüllen sein wird. Nach § 5 Abs. 5 der Richtlinie unterliegt die Anwendung des § 44a außerdem dem **Dreistufentest,** dh. es muss sich um Sonderfälle handeln (was durch die Tatbestandsvoraussetzungen des § 44a gegeben ist) und es darf weder die normale Verwertung des Werks beeinträchtigt noch dürfen die berechtigten Interessen des Rechtsinhabers ungebührlich verletzt werden. Dieser Maßstab ist bei der Anwendung des § 44a zu berücksichtigen. 2

2. Anwendungsbereich

Computerprogramme unterliegen dem Sondervorschriften der §§ 69a ff.; deren Regelung an sich den allgemeinen Vorschriften vorgeht (vgl. § 69a Abs. 4). Das Vervielfältigungsrecht ist für Computerprogramme in § 69c Nr. 1 geregelt, dessen Schranken in § 69d bis 69e. § 44a wäre damit – auch unter Berücksichtigung von Art. 1 Abs. 2 lit. a der Richtlinie zur Informationsgesellschaft, wonach die Bestimmungen über den rechtlichen Schutz von Computerprogrammen unberührt bleiben – bei einer rein formalen Betrachtung auf Computerprogramme nicht anzuwenden (so Wandtke/Bullinger/*v. Welser*[3] § 44a Rdnr. 23; Fromm/Nordemann/ *W. Nordemann*[10] § 44a Rdnr. 1). Für Datenbankwerke und Datenbanken sieht die Richtlinie zur Informationsgesellschaft in Art. 1 Abs. 2 lit. e gleichfalls vor, dass sie die Bestimmungen der Datenbanklinie nicht berührt. Auch besteht für **Datenbanken** nach §§ 87a ff. in § 87c eine den allgemeinen Vorschriften an sich vorgehende Schrankenregelung, so dass von hier gesehen § 44a auch auf Datenbanken nicht anzuwenden wäre (so Wandtke/Bullinger/*v. Welser*[3] § 44a Rdnr. 23). Eine solche besondere Schrankenregelung gibt es hingegen nicht für **Datenbankenwerke,** so dass schon von der Systematik des Urheberrechtsgesetzes her § 44a auf Datenbankenwerke Anwendung zu finden hat. Eine solche unterschiedliche Behandlung von Computerprogrammen, Datenbankwerken und Datenbanken erscheint allerdings weder von der Interessenlage her sinnvoll noch dürfte sie dem Zweck der Richtlinie zur Informationsgesellschaft entsprechen. Vielmehr ist davon auszugehen, dass der europäische Gesetzgeber die systematisch notwendige Angleichung der Richtlinien nicht in ausreichendem Maße vorgenommen hat und auch vom deutschen Gesetzgeber das Problem nicht gesehen, vielmehr die europäische Regelung ohne Vorbehalte übernommen wurde (vergl. auch Rdnr. 2). Da § 44a jedenfalls auf Datenbankenwerke (unmittelbar) anzuwenden ist, erscheint es daher geboten, diese Vorschrift auf Computerprogramme und Datenbanken nach §§ 87a ff. jedenfalls analog anzuwenden (so für Computerprogramme auch *Dreier*/Schulze[3] § 44a Rdnr. 2 und § 69c Rdnr. 9; s. auch LG München I MMR 2007, 328/329, das davon ausgegangen ist, dass § 44a durcdh § 69c Nr. 1 ausgeschlossen ist). 3

Die **Übergangsvorschrift** des § 137j trifft keine Regelung für § 44a. Demnach ist davon auszugehen, dass § 44a auf Vervielfältigungen, die vor dem 13. 9. 2003 stattgefunden haben, nicht anzuwenden ist. Allerdings wurden die von § 44a erfassten Handlungen schon vorher weitgehend als zulässig bzw. als von der Einwilligung des Berechtigten gedeckt angesehen (vgl. dazu 2. Auflage § 16 Rdnr. 23; ähnlich Wandtke/Bullinger/*v. Welser*[3] § 44a Rdnr. 29; Dreyer/ Kotthoff/Meckel[2] § 44a Rdnr. 16), so dass sich von daher wesentliche Unterschiede nicht ergeben dürften. 4

§ 44a

II. Zulässigkeitsvoraussetzungen

1. Vorübergehende Vervielfältigungshandlungen

5 § 44a setzt zunächst voraus, dass es sich um vorübergehende Vervielfältigungshandlungen handelt, die flüchtig oder begleitend sind. Die Begriffe „vorübergehend" und „flüchtig" überschneiden sich; was flüchtig ist, ist notwendigerweise auch vorübergehend. **Vorübergehend** ist eine Vervielfältigung, wenn sie nicht von Dauer ist. Zusätzlich müssen die Vervielfältigungen flüchtig oder begleitend sein. **Flüchtig** sind Vervielfältigungen, wenn sie besonders kurzlebig (rasch vergänglich) sind, beispielsweise bei der Abspeicherung im Arbeitsspeicher eines Computers, wo sie im weiteren Verlauf der Arbeitssitzung bzw. beim Abschalten des Geräts automatisch gelöscht werden (KG GRUR-RR 2004, 228/231 – Ausschnittdienst; OLG Dresden NJOZ 2008, 160/163; *Walter* in Walter [Hrsg.], Europäisches Urheberrecht, 2001, Info-RL, Übersicht, Rdnr. 107). Auch Vervielfältigungen im Rahmen des Browsing sind als flüchtig anzusehen (*Walter* aaO). Nicht flüchtig ist dagegen das Ausdrucken eines aus 11 Wörtern bestehenden Auszugs aus einem anderen Werk (EuGH GRUR 2009, 1041 – Infopaq/DDF). **Begleitend** sind Vervielfältigungen, wenn sie lediglich beiläufig im Zug eines technischen Verfahrens entstehen (OLG Dresden NJOZ 2008, 160/163; *Walter* aaO). Auch begleitende Vervielfältigungen müssen aber vorübergehend, dürfen also nicht von Dauer sein. Bei den begleitenden Vervielfältigungen hat der Richtliniengesetzgeber an das Caching gedacht, bei dem vom Benutzer heruntergeladene Informationen vorübergehend auf dem Server des Anbieters gespeichert werden, um bei einem erneuten Zugriff Übertragungszeit zu sparen (Erwägungsgrund 33 der Richtlinie zur Informationsgesellschaft; sa. AmtlBegr. BTDrucks. 15/38 S. 18). Dafür darf der Zeitraum der Festlegung nicht zu kurz bemessen sein, er kann über eine flüchtige Festlegung hinausgehen (ebenso *Dreier*/Schulze[3] § 44a Rdnr. 4). Auch die Festlegung von Werken im Arbeitsspeicher eines Computers lässt sich als begleitende Vervielfältigung zur eigentlichen Nutzung des Werkes ansehen (*Dreyer*/Kotthoff/Meckel[2] § 44a Rdnr. 8). Die Aufzeichnung von Sendungen auf einem Server, wo sie längere Zeit bis zum Abruf durch den Nutzer liegen können, ist aber nicht vorübergehend (OLG Dresden NJOZ 2008, 160, 162f.).

2. Teil eines technischen Verfahrens

6 Die Vervielfältigungshandlungen müssen integraler und wesentlicher Teil eines technischen Verfahrens sein. Damit sind diejenigen technischen Verfahren gemeint, die den in Nummer 1 und Nummer 2 der Vorschrift genannten Zwecken dienen, nämlich der Übertragung in einem Netz und der rechtmäßigen Nutzung (ebenso *Dreier*/Schulze[3] § 44a Rdnr. 6f.). Mit den (sich überschneidenden) Begriffen „integral" und „wesentlich" wird zum Ausdruck gebracht, dass die Vervielfältigungen **wesentlicher Bestandteil** des technischen Verfahrens sein müssen, dass also das Verfahren maßgeblich auf ihnen basieren muss, allerdings wohl ohne dass sie für das Verfahren unabdingbar sind (so Wandtke/Bullinger/*v. Welser*[3] § 44a Rdnr. 7; *Dreier*/Schulze[3] § 44a Rdnr. 7; *Spindler* GRUR 2002, 105/111). Vom OLG Celle (ZUM-RD 2009, 14) wurde beim Setzen eines Links § 44a angewendet, weil die dabei entstehende Vervielfältigung flüchtig sei und einen integralen Teil des technischen Verfahrens darstelle.

3. Zweck

7 Zweck der Vervielfältigung muss eine Übertragung in einem Netz zwischen Dritten durch einen Vermittler oder eine rechtmäßige Nutzung sein. Dieser Zweck muss **alleiniger Zweck** der Vervielfältigung sein, dh. die Vervielfältigung darf keinen anderen Zwecken dienen. Deshalb ist zum Beispiel eine Speicherung auf dem Server des Anbieters zum Zwecke des Caching zulässig, nicht aber eine Speicherung zum Zweck der Archivierung.

8 **a) Übertragung im Netz.** Es muss sich um Netze handeln, bei denen die Übertragung zwischen Dritten durch einen Vermittler erfolgt. Wichtigstes Beispiel ist das Internet; bei Übertragungen in firmeninternen Netzen (Intranet) erfolgt keine Übertragung durch einen Vermittler. Die Vervielfältigungen bei Intranetübertragungen können aber unter die rechtmäßige Nutzung nach Nr. 2 fallen. Privilegiert ist lediglich der Vermittler, dh. der Diensteanbieter; nur seine Vervielfältigungen sind freigestellt, nicht dagegen Speicherungen in den Arbeitsspeichern von Absender und Empfänger (KG GRUR-RR 2004, 228/231 – Ausschnittdienst). Im Gegensatz zu Nr. 2 kommt es bei der Netzübertragung nicht darauf an, ob die Nutzung, der die Übertragung dient, rechtmäßig ist (*Dreier*/Schulze[3] § 44a Rdnr. 7; Wandtke/Bullinger/*v. Welser*[3]

§ 44a Rdnr. 9; *Reinbothe* GRUR Int. 2001, 733/738). Nach dem 33. Erwägungsgrund der Richtlinie zur Informationsgesellschaft sind Handlungen zulässig, „die das effiziente Funktionieren der Übertragungssysteme ermöglichen, sofern der Vermittler die Informationen nicht verändert und nicht die erlaubte Anwendung von Technologien zur Sammlung von Daten über die Nutzung der Information, die von der gewerblichen Wirtschaft weithin anerkannt und verwendet werden, beeinträchtigt."

b) Rechtmäßige Nutzung. Eine Nutzung ist rechtmäßig, soweit sie vom Rechtsinhaber zugelassen und nicht durch Gesetze beschränkt ist (33. Erwägungsgrund der Richtlinie) ferner, wenn sie durch gesetzliche Bestimmungen, insbesondere Schrankenbestimmungen, erlaubt ist (*Dreier*/Schulze[3] § 44a Rdnr. 8; Fromm/Nordemann/*W. Nordemann*[10] § 44a Rdnr. 5; sa. Wandtke/Bullinger/*v. Welser*[3] § 44a Rdnr. 16 ff.). Wer also geschützte Werke oder andere Schutzgegenstände urheberrechtswidrig nutzt, kann sich nicht auf § 44a berufen. Die Zustimmung des Rechtsinhabers zur Nutzung braucht nicht ausdrücklich erteilt zu sein, sondern kann auch konkludent erfolgen, was bei Einstellung von Werken in das Internet häufig der Fall sein wird (*Dreyer*/Kotthoff/Meckel[2] § 44a Rdnr. 11; Wandtke/Bullinger/*v. Welser*[3] § 44a Rdnr. 17). 9

4. Fehlen einer eigenständigen wirtschaftlichen Bedeutung

Die Vervielfältigungshandlungen dürfen keine eigenständige wirtschaftliche Bedeutung haben. Ihr wirtschaftlicher Nutzen muss also auf die Netzübertragung im Sinne des § 44a Nr. 1 bzw. die rechtmäßige Nutzung im Sinne des § 44a Nr. 2 beschränkt bleiben. Sie dürfen **keine neue, eigenständige Nutzungsmöglichkeit** eröffnen (*Dreier*/Schulze[3] § 44a Rdnr. 9). Bei der reinen Durchleitung und beim Caching wird eine eigenständige wirtschaftliche Bedeutung regelmäßig nicht vorliegen, anders dagegen beim Hosting (*Walter* in Walter (Hrsg.), Europäisches Urheberrecht, 2001, Info-RL, Übersicht, Rdnr. 107; *Spindler* GRUR 2002, 105/111). In den Fällen der rechtmäßigen Nutzung nach § 44a Nr. 2 darf die Vervielfältigung nicht zu Nutzungseffekten führen, die über die vertraglich eingeräumte oder gesetzlich erlaubte Nutzung (dazu Rdnr. 9) hinausgehen (s. auch LG München I MMR 2007, 328/329). Erlaubt beispielsweise eine E-mail-Versendung von Zeitungsartikeln nicht nur die Verwendbarkeit des Originalartikels in Papierform sondern darüber hinaus die Erstellung einer digitalen Datei, mit der beliebig viele Kunden beliefert werden können, so liegt darin eine eigenständige wirtschaftliche Bedeutung (KG GRUR-RR 2004, 228/231 – Ausschnittdienst; sa. OLG München GRUR-RR 2009, 91/92). Eine eigenständige wirtschaftliche Bedeutung hat die Aufzeichnung von Sendungen auf einem Server, von den sie durch einen Nutzer zur eigenen Nutzung abgerufen werden können (OLG Dresden NJOZ 2008, 160, 162 f.; s. zu diesen Fällen aber auch § 53 Rdnr. 28; LG Braunschweig ZUM-RD 2006, 396/398). 10

III. Einzelfälle

Zu den nach § 44a freigestellten Vervielfältigungshandlungen gehören die ständigen Speichervorgänge auf den **Servern der Provider,** über die ein Nutzer Informationen aus Netzen abrufen kann (AmtlBegr. BTDrucks. 15/38 S. 18; *Lauber/Schwipps* GRUR 2004, 293/295). In erster Linie auf diese Vorgänge zielt § 44a Nr. 1. Dabei kommt es nicht darauf an, ob die Nutzung, der die Netzübertragung dient, rechtmäßig ist (vgl. Rdnr. 8). Unter § 44a fallen damit Access-Provider, die Zugang zu den Netzen vermitteln und Service-Provider, die die Übertragung im Netz vornehmen, nicht dagegen Content-Provider, die den Inhalt einer Web-Seite gestalten (*Walter* in Walter [Hrsg.], Europäisches Urheberrecht, 2001, Info-RL, Übersicht, Rdnr. 112), auch nicht Host-Provider, da es hier schon an der flüchtigen oder begleitenden Vervielfältigung fehlt (*Walter* in Walter [Hrsg.], Europäisches Urheberrecht, 2001, Info-RL, Übersicht, Rdnr. 113). 11

§ 44a erfasst ferner das (rechtmäßige) **Browsing,** durch das beim Durchsuchen von Datenbanken und ähnlichem Informationen für kurze Zeit im Speicher des Rechners festgelegt werden. Im 33. Erwägungsgrund der Richtlinie ist das Browsing ausdrücklich genannt (allg. Ansicht auch im Schrifttum, vgl. etwa Wandtke/Bullinger/*v. Welser*[3] § 44a Rdnr. 3; *Dreier*/Schulze[3] § 44a Rdnr. 4; Fromm/Nordemann/*W. Nordemann*[10] § 44a Rdnr. 2, 3, 6; *Walter* in Walter [Hrsg.], Europäisches Urheberrecht, 2001, Info-RL, Übersicht, Rdnr. 110; *Reinbothe* GRUR Int. 2001, 733/738). 12

Unter § 44a fällt weiterhin das **Caching,** dh. die zeitlich begrenzte Zwischenspeicherung bereits aufgerufener Netzinhalte auf dem Server des Anbieters, um so einen schnelleren Zugriff 13 der Nutzer auf diese Netzinhalte bei erneutem Abruf zu gewährleisten und das Netz zu entlasten (AmtlBegr. BTDrucks. 15/38 S. 18; Wandtke/Bullinger/*v. Welser*[3] § 44a Rdnr. 4ff.; *Lauber/ Schwipps* GRUR 2004, 293/295; sa. den 33. Erwägungsgrund der Richtlinie; aA. Fromm/Nordemann/*W. Nordemann*[10] § 44a Rdnr. 2; s. aber auch *Dreier*/Schulze[3] § 44a Rdnr. 4).

14 Durch § 44a gedeckt auch die **Festlegung im Arbeitsspeicher** eines Computers bei der rechtmäßigen Nutzung von Werken (die eine Vervielfältigung darstellt, vgl. § 16 Rdnr. 20), etwa bei der Benutzung einer CD-ROM oder eines anderen externen Datenträgers (*Walter* in Walter [Hrsg.], Europäisches Urheberrecht, 2001, Info-RL, Übersicht, Rdnr. 109; *Lauber/ Schwipps* GRUR 2004, 293/295). Unter § 44a fällt aber nicht das Überspielen auf die Festplatte, etwa um einen schnelleren und besseren Zugriff als auf dem externen Datenträger zu haben (*Walter* aaO).

15 Unter § 44a fällt dagegen nicht das **Downloading** auf die Festplatte des Computers, auch dann nicht, wenn später eine Löschung erfolgt (Fromm/Nordemann/*W. Nordemann*[10] § 44a Rdnr. 2; *Walter* in Walter [Hrsg.], Europäisches Urheberrecht, 2001, Info-RL, Übersicht, Rdnr. 111). Beim Downloading fehlt es meist schon an der flüchtigen oder begleitenden Festlegung, zudem ist es nicht integraler und wesentlicher Teil eines technischen Verfahrens und hat im Allgemeinen auch eine eigenständige wirtschaftliche Bedeutung.

§ 45 Rechtspflege und öffentliche Sicherheit

(1) **Zulässig ist, einzelne Vervielfältigungsstücke von Werken zur Verwendung in Verfahren vor einem Gericht, einem Schiedsgericht oder einer Behörde herzustellen oder herstellen zu lassen.**

(2) **Gerichte und Behörden dürfen für Zwecke der Rechtspflege und der öffentlichen Sicherheit Bildnisse vervielfältigen oder vervielfältigen lassen.**

(3) **Unter den gleichen Voraussetzungen wie die Vervielfältigung ist auch die Verbreitung, öffentliche Ausstellung und öffentliche Wiedergabe der Werke zulässig.**

Schrifttum: S. die Schrifttumsnachweise vor §§ 44a ff.

1. Allgemeines

1 **a)** Diese Bestimmung beschränkt im Interesse der **Rechtspflege** und der **öffentlichen Sicherheit** nicht nur das Vervielfältigungsrecht des Urhebers (§ 16), sondern in Abs. 3 auch das Recht der Verbreitung, öffentlichen Ausstellung und öffentlichen Wiedergabe (§§ 17 Abs. 1, 18 und 15 Abs. 2), hier also alle körperlichen und unkörperlichen Verwertungsarten, einschließlich zB der Internetnutzung (§ 19a) und heute auch noch nicht bekannter Nutzungsformen (*Dreyer* in HK Rdnr. 9 und 18). Darüber hinaus ist sogar insoweit das Urheberpersönlichkeitsrecht berührt, als sogar das Veröffentlichungsrecht (§ 12) eingeschränkt ist (su. Rdnr. 9). Vor Inkrafttreten des UrhG gab es – mit Ausnahme von § 24 KUG (hierzu su. Rdnr. 2) – keine entsprechende Regelung. Dennoch waren natürlich auch vorher schon im Rahmen von gerichtlichen Verfahren, Strafverfolgungen uÄ. Vervielfältigungen solcher Art vorgenommen worden, ohne dass dies – soweit ersichtlich – von Seiten der Urheber je beanstandet worden wäre. Die Möglichkeit der Verwendung urheberrechtlich geschützter Werke im Rahmen von Prozessen und sonstigen behördlichen Verfahren stellt tatsächlich eine „nahezu selbstverständliche Schranke des Urheberrechts" dar (*Gerstenberg* zu § 45). Der Gesetzgeber trug 1965 den Gegebenheiten Rechnung und fügte diese Bestimmung ein, „um klare Verhältnisse zu schaffen" (AmtlBegr. UFITA 45 [1965] 240/279). Die Vergütungsfreiheit wird damit begründet, dass die Nutzung des Werkes hier nicht „um seiner selbst willen" erfolgt (AmtlBegr. aaO).

1a In der RBÜ findet sich keine entsprechende Bestimmung (vgl. *Dietz*, Urheberrecht in der Europ. Gemeinschaft, Rdnr. 375). Die EU-Multimedia Richtlinie lässt jedoch in Art. 5 Abs. 3 e) Ausnahmen von sämtlichen in Art. 2, 3 und 4 genannten Ausschließlichkeitsrechten für Nutzungen der in § 45 genannten Zwecke zu. Eine Änderung von § 45 war durch die EU-Richtlinie also nicht geboten. Entsprechend der zwingenden Vorgabe in Art. 6 Abs. 4 1. Unterabschnitt der EU-Multimedia Richtlinie ist die Privilegierung aber nun auch gegenüber **Kopiersperren** uÄ durchsetzbar. Gem. § 95b Abs. 1 Ziff. 1. besteht deshalb für die nach § 45 Berechtigten ein Anspruch auf Zugang zu dem für die begünstigten Zwecke benötigten Werk, auch wenn dieser zB mittels Kopiersperre blockiert ist.

b) Neben § 45 gilt § **24 KUG** teilweise weiter. Nach § 24 KUG dürfen Behörden für Zwecke der Rechtspflege und der öffentlichen Sicherheit Bildnisse „ohne Einwilligung des Berechtigten sowie des Abgebildeten oder seiner Angehörigen" vervielfältigen und öffentlich zur Schau stellen. Soweit es sich hier um eine Regelung zu Lasten des **Urhebers** des Bildnisses handelt, ist diese Bestimmung durch § 45 ersetzt worden (§ 141 Nr. 5). § 24 KUG findet jedoch nach wie vor Anwendung, soweit es sich um das Recht am eigenen Bild, dh. um das Persönlichkeitsrecht der abgebildeten Person handelt (vgl. OLG Frankfurt/M NJW 1971, 47). Bezüglich der Voraussetzungen für die genehmigungslose Benutzung des Bildnisses decken sich § 24 KUG und § 45 Abs. 2 iVm. Abs. 3 im Wesentlichen. Soweit § 45 weitergehende Privilegierungen enthält (zB die ausdrückliche Einbeziehung von Gerichten und Schiedsgerichten) ist auch § 24 KUG insoweit heute im Rahmen der weitergehenden Privilegierung anwendbar.

2. Absatz 1

a) Privilegiert nach Abs. 1 sind **Gerichte, Schiedsgerichte und Behörden.** Gerichte in diesem Sinne sind alle Spruchorgane der rechtsprechenden Gewalt gem. Art. 92 GG. Schiedsgerichte sind zum einen alle durch privatrechtlichen Schiedsvertrag vereinbarten Organe (§§ 1025 ff. ZPO, ebenso Vereinsschiedsgerichte wie zB Sportgerichte uÄ); zum anderen zählen hierunter alle von Gesetz installierten Schiedsinstitutionen (zB §§ 28 ff. ArbnErfG, Schlichtungsverfahren im Arbeitsrecht, §§ 14 ff. WahrnG).

Behörde schließlich ist jede Stelle, die nach der – weiten – Definition in § 1 Abs. 4 VwVfG bzw. den entspr. Bestimmungen in den LandesVwVfGen „Aufgaben der öffentlichen Verwaltung wahrnimmt". Behörde ist danach zum einen jede Stelle, „die durch Organisationsrecht gebildet, vom Wechsel des Amtsinhabers unabhängig und nach der einschlägigen Zuständigkeitsregelung berufen ist, unter eigenem Namen nach außen eigenständige Aufgaben der öffentlichen Verwaltung wahrzunehmen" (*Stelkens/Bonk/Leonhardt* VwVfG[7] § 1 Rdnr. 241 mwN); es sind dies alle Bundes-, Landes- und Kommunalbehörden, aber auch Körperschaften, Stiftungen, Anstalten des öffentlichen Rechts (*Stelkens/Bonk/Leonhardt* VwVfG[7] § 1 Rdnr. 246). Zum anderen können auch beliehene Unternehmen Behörde iSd. § 1 Abs. 4 VwVfG und damit auch von § 45 sein; entscheidend ist die „übertragene Rechtsstellung" (*Kopp/Ramsauer* VwVfG[10] Rdnr. 58). Danach gehört zB der TÜV jedenfalls teilweise zu den Behörden; nicht darunter fallen Versorgungsbetriebe, Bundesbahn uA (*Dreyer*, HK-UrhR Rdnr. 4). Auch öffentlich-rechtliche Rundfunkanstalten sind – obwohl grundsätzlich „staatsfrei" – für einen Teil ihres Tätigkeitsbereiches Behörden iSv. § 1 Abs. 4 VwVfG (*Stelkens/Bonk/Leonhardt* VwVfG[7] § 2 Rdnr. 21 ff.); dies gilt dort, wo sie öffentlich-rechtliche Verwaltungstätigkeit entfalten (zB Einziehung der Rundfunkgebühren). Der Gesetzgeber wies in der Begründung zu § 45 insbesondere auf die Bedürfnisse des Patentamtes hin, das zur Vervielfältigung einzelner Stellen aus wissenschaftlichen Werken und Aufsätzen bei Durchführung des Patenterteilungsverfahrens angewiesen ist (Amtl Begr. UFITA 45 [1965] 240/279).

b) Im Rahmen von **Abs. 1** dürfen alle Werke iSv. § 2 Abs. 1 **vervielfältigt** werden. Das Recht zur Vervielfältigung erstreckt sich auf alle Vervielfältigungsarten nach § 16. Insbesondere können also auch gesendete oder im Internet zugänglich gemachte Werke für diese Zwecke mitgeschnitten werden. Computerprogramme dürfen im Rahmen von § 45 zwar vervielfältigt (§ 69c Nr. 1), nicht aber bearbeitet (§ 69c Nr. 2) oder dekompiliert (§ 69e) werden; auch Art. 6 der Computerprogrammrichtlinie (Richtlinie 91/250/EWG v. 14. 5. 1991) sieht keine Ausnahme für solche Zwecke vor. Soweit in einem Prozess wegen Urheberrechtsverletzung die Dekompilierung eines Computerprogramms nötig ist und der Rechtsinhaber seine Zustimmung hierzu verweigert, helfen ggfs. nur allg. Zivilprozessregeln – zB über die Folgen der Beweisvereitelung – weiter (*Haberstumpf* in *Lehmann* [Hrsg.], Rechtsschutz und Verwertung von Computerprogrammen[2], 1993, S. 161 mwN). Erwogen wird in der Literatur, die Dekompilierung zu Beweiszwecken zuzulassen, indem § 45 analog auch auf das Bearbeitungsrecht angewendet wird (so *Wandtke/Bullinger/Grützmacher* § 69e Rdnr. 29; dafür: *Dreier/Schulze* Rdnr. 9).

Es dürfen nur „einzelne" Vervielfältigungsstücke hergestellt werden. Wie immer im UrhG bedeutet dies die Herstellung einiger weniger Vervielfältigungsstücke. Die zahlenmäßige Begrenzung ergibt sich hier unmittelbar aus dem privilegierten Verwendungszweck (hierzu su. Rdnr. 6).

c) Die Vervielfältigungsstücke dürfen nur **„zur Verwendung in Verfahren"** hergestellt werden. Verfahren in diesem Sinne sind alle Vorgänge, die sich mit einem konkreten, von dem betreffenden staatlichen Organ nach außen wirkenden Sachverhalt befassen. Soweit die entspre-

§ 45

chenden Verfahrensregeln der Dispositionsmaxime unterliegen (zB in Zivilprozessen, Schiedsverfahren), wird das Verfahren erst durch eine entsprechende formelle Handlung (zB Antragstellung) in Gang gebracht. Soweit das Verfahren der Offizialmaxime der Behörde unterliegt, ist hier das Tätigwerden einer Behörde im Rahmen von § 22 VwVfG mit dem Ziel einer hoheitlichen Handlung (Regelung oder Maßnahme) als Einleitung eines Verfahrens zu betrachten. **Vor** Beginn des Verfahrens liegen alle vorbereitenden Handlungen allgemeiner Art, sie sind „schlichtes Verwaltungshandeln" (*Stelkens/Bonk/Leonhardt* VwVfG[7] § 9 Rdnr. 161); für sie gilt § 45 nicht (*Dreier/Schulze* Rdnr. 6; *Dreyer* in HK Rdnr. 5). Ebenso wenig können Behörden für interne Vorgänge, die kein Tätigwerden nach außen zum Ziel haben, die Privilegierung von § 45 Abs. 1 in Anspruch nehmen (*Möhring/Nicolini/Nicolini* Rdnr. 11; *Fromm/Nordemann/ W. Nordemann*[10] Rdnr. 2), da nach § 9 VwVfG ein Verwaltungsverfahren nur die „nach außen wirkende Tätigkeit" einer Behörde ist (*Knack* VwVfG[8] § 22 Rdnr. 3 aE).

Eine Verpflichtung zur bzw. einen Anspruch auf **Vernichtung** der Vervielfältigungsstücke nach Beendigung des Verfahrens bestehen nicht – dagegen sprechen schon die Regelungen zu den Aufbewahrungspflichten (*Dreier/Schulze* Rdnr. 8; *Wandtke/Bullinger/Lüft* Rdnr.3; aA noch *v. Gamm* Rdnr. 11).

6 Vervielfältigungsstücke dürfen nur in der **Anzahl** hergestellt werden, wie sie vom Gericht, der Behörde und den beteiligten Parteien **benötigt** werden (vgl. AmtlBegr. UFITA 45 [1965] 240/279). Zu den Beteiligten zählen auch die Hilfspersonen des Verfahrens, zB Sachverständige, Zeugen, etc.; es kann dies gelegentlich auch zu einer größeren Zahl von Prozessbeteiligten führen (vgl. OLG Wien MR 1991, 240); stets muss es sich jedoch um am Verfahren Beteiligte handeln. Eine Vervielfältigung zum Zweck der Weitergabe an Dritte (zB an Presseberichterstatter) ist von § 45 nicht gedeckt. Die Vervielfältigung kann jeder nach dieser Definition am Verfahren Beteiligte herstellen oder herstellen lassen. Eine Anordnung des Gerichts oder der Behörde ist hierfür nicht nötig (vgl. in diesem Sinn OLG Wien aaO), einer solchen einschränkenden Anregung ist der Gesetzgeber – unter Hinweis auf die Fälle der Eilbedürftigkeit und zur Vermeidung von Verzögerungen – nicht gefolgt (AmtlBegr. UFITA 45 [1965] 240/279).

3. Absatz 2

7 Abs. 2 erweitert die Regelung von Abs. 1 vor allem dahingehend, dass danach nicht nur „einzelne" Vervielfältigungsstücke hergestellt werden dürfen, sondern – dem Zweck entsprechend – eine **Vielzahl**. Wie schon nach § 24 KUG ist Zweck dieser Bestimmung, im Interesse der Rechtspflege und der öffentlichen Sicherheit die Verwendung von Bildnissen freizugeben. Damit ist insbesondere die Möglichkeit geschaffen, Fotos, Zeichnungen etc. einer Person ohne Zustimmung des Autors (Fotograf, Zeichner) in Form von Fahndungsfotos und Steckbriefen in großer Zahl zu fertigen.

Der Begriff des **Bildnisses** deckt sich mit dem in § 24 KUG und § 60 (s. § 60 Rdnr. 3).

Privilegiert nach Abs. 2 sind nur **Gerichte und Behörden**. Während in § 24 KUG nur Behörden aufgeführt waren, wurden in Abs. 2 in „Angleichung an die Terminologie in Abs. 1" die Gerichte mit aufgezählt (Stellungnahme des Bundesrats, UFITA 45 [1965] 336/337). Schiedsgerichte sind dabei absichtlich nicht mit aufgenommen worden und haben daher nicht die Möglichkeiten nach Abs. 2 (*Möhring/Nicolini/Nicolini* Anm. 8).

4. Absatz 3

8 Während Abs. 2 auf Bildnisse beschränkt ist, bezieht sich Abs. 3 auf **alle Werkgattungen**. Der Gesetzgeber ging dabei davon aus, dass sich häufig die Notwendigkeit ergeben werde, in einem gerichtlichen oder sonstigen Verfahren Werke zu verbreiten, öffentlich auszustellen oder sonst öffentlich wiederzugeben (AmtlBegr. UFITA 45 [1965] 240/279). Tatsächlich wird es im Hinblick auf den zwingenden Öffentlichkeitscharakter vieler Gerichtsverhandlungen (zB §§ 169 GVG; 52 ArbGG; 69 PatG) vorkommen, dass Werke aller Art im Gerichtssaal öffentlich ausgestellt, verlesen oder vorgeführt werden. Vor allem aber gewinnt Abs. 3 dadurch praktische Bedeutung, dass nach Abs. 2 zulässigerweise vervielfältigte **Bildnisse** öffentlich wiedergegeben werden dürfen. Danach können also insbesondere Fahndungsfotos oder -zeichnungen durch Fernsehsender ausgestrahlt und auf Plakaten vervielfältigt oder im Internet öffentlich zugänglich gemacht werden (§ 15 Abs. 2 Nr. 2). Die Verwendung muss aber stets im Rahmen der engen Zweckbestimmung bleiben; „Milchtüten als Fahndungsplakat" wären danach nicht mehr gedeckt (vgl. Der Spiegel v. 26. 5. 1997, S. 64, wonach die Innenministerkonferenz ein solches

Vorhaben – allerdings einer privaten Einrichtung, so dass § 45 schon aus diesem Grunde nicht zur Anwendung käme – als wettbewerbswidrig abgelehnt hat).

5. Urheberpersönlichkeitsrecht

In den Fällen des Abs. 1 und 3 ist der Eingriff in das **Urheberpersönlichkeitsrecht** besonders stark, da hier sogar das ausschließliche Veröffentlichungsrecht von § 12 Abs. 1 partiell aufgehoben wird: In diesem Rahmen dürfen auch nicht veröffentlichte Werke ohne Genehmigung des Urhebers genutzt und damit ggfs. auch veröffentlicht werden. Der Gesetzgeber ging davon aus, dass insoweit das Urheberpersönlichkeitsrecht gegenüber den Interessen der Rechtspflege zurücktreten muss, „zumal die Vervielfältigungsstücke nur in den gerichtlichen oder behördlichen Verfahren selbst benutzt und nicht in Verkehr gebracht werden dürfen" (AmtlBegr. UFITA 45 [1965] 240/279). Freilich können darüber hinaus auch Vervielfältigungsstücke einer breiten Öffentlichkeit zugänglich gemacht werden, wenn und soweit dies dem privilegierten Verwendungszweck der Rechtspflege und öffentlichen Sicherheit dient (also insb. die Veröffentlichung von Fahndungsfotos); auch insoweit bestehen gegen diese Regelung keine urheber- oder urheberpersönlichkeitsrechtlichen Bedenken. In dieser Einschränkung des Erstveröffentlichungsrechts liegt auch keine Verfassungsverletzung (OLG Frankfurt/M ZUM-RD 1999, 379/383 ff.) 9

§ 45 a Behinderte Menschen

(1) Zulässig ist die nicht Erwerbszwecken dienende Vervielfältigung eines Werkes für und deren Verbreitung ausschließlich an Menschen, soweit diesen der Zugang zu dem Werk in einer bereits verfügbaren Art der sinnlichen Wahrnehmung auf Grund einer Behinderung nicht möglich oder erheblich erschwert ist, soweit es zur Ermöglichung des Zugangs erforderlich ist.

(2) ¹Für die Vervielfältigung und Verbreitung ist dem Urheber eine angemessene Vergütung zu zahlen; ausgenommen ist die Herstellung lediglich einzelner Vervielfältigungsstücke. ²Der Anspruch kann nur durch eine Verwertungsgesellschaft geltend gemacht werden.

Schrifttum: *Scharmann,* Medien für Blinde und Behinderte, BuB 1991, 241; *Schiller,* 100 Jahre DZB (Deutsche Zentralbücherei für Blinde zu Leipzig), 1994.

1. Allgemeines

a) Diese Bestimmung wurde durch das Gesetz zur Regelung des Urheberrechts in der Informationsgesellschaft vom 10. 9. 2003 (BGBl. I, 1774) entsprechend der in Art. 5 Abs. 3 b) der EU-Richtlinie zum Urheberrecht in der Informationsgesellschaft (2001/29/EG) vorgesehenen fakultativen Ausnahmemöglichkeit eingefügt. Erstmals wurde damit im deutschen Urheberrecht eine **Schranke zugunsten behinderter Menschen** eingeführt (wie übrigens auch in § 42 d österr. UrhG). Eine solche Regelung gehört zu den typischen nach Art. 9 Abs. 2 RBÜ gerechtfertigten Ausnahmen vom Vervielfältigungsrecht (*Ricketson,* The Berne Convention, 9.11). Bislang schien in Deutschland eine gesonderte Schrankenregelung entbehrlich, weil sich sämtliche Rechteinhaber – entsprechend den Empfehlungen ihrer Verbände – in aller Regel mit einer kostenlosen Nutzung ihrer Werke für Blindenschriftausgaben und Blindenhörbücher einverstanden erklärt hatten; die Einzelheiten dieser Gratislizenzen waren mit den Organisationen der Blinden und Sehbehinderten geregelt (vgl. Schricker/*Melichar* in der 2. Auflage Vor §§ 45 ff. Rdnr. 5). Dennoch wurde nun diese explizite Schranke zugunsten behinderter Menschen eingeführt, um „dem besonderen Anliegen der Bundesregierung, die Diskriminierung zu bekämpfen", zu entsprechen (AmtlBegr. UFITA 2004, I, 187/218) und damit auch einer nachdrücklichen Empfehlung der EU (Erwägungsgrund 43 der Multimedia-Richtlinie) zu folgen. 1

b) Eine Überschneidung mit der Möglichkeit von Privatkopien nach § 53 Abs. 1 – auf die der Gesetzgeber ausdrücklich hingewiesen hat (AmtlBegr. aaO) – kommt in Betracht, wenn der Behinderte selbst die Kopie (zB durch Mitschnitt vom Radio) herstellt oder durch einen Dritten nach seinen Weisungen herstellen lässt (su. Rdnr. 10). Hauptanwendungsgebiet von § 45 a wird deshalb die Tätigkeit der **Blindenbüchereien** sein. Bereits 1894 wurde mit der Deutschen Zentralbücherei für Blinde in Leipzig die erste Blindenbücherei in Deutschland gegründet (vgl. 2

Schiller S. 8). Heute decken die in der Mediengemeinschaft für Blinde und Sehbehinderte eV (Medibus) vereinten Blindenbüchereien mit ihren umfassenden Versanddiensten die Bedürfnisse von Sehbehinderten in ganz Deutschland (und darüber hinaus im gesamten deutschsprachigen Raum) ab. Das finanziell wichtigste Privileg dieser gemeinnützigen Organisationen ist der kostenlose Versanddienst der Pakete mit den relativ schweren Braille-Schriftausgaben oder Tonkassetten (für einen großen Roman zB werden 8 Tonbänder benötigt) durch die Post. Unter Beteiligung von Medibus entwickeln die Blindenbüchereien der Welt derzeit ein *Digital Accessible Information System;* mit diesen sog. DAISY-Büchern wird eine neue Blindenbuchgeneration mit vielen Vorzügen geschaffen.

3   **c)** Entsprechend der zwingenden Vorgabe in Art. 6 Abs. 4 1. Unterabschnitt der EU-Multimedia Richtlinie ist die Privilegierung von § 45a auch gegenüber **Kopiersperren** uÄ durchsetzbar (§ 95b Abs. 1 Ziff. 2.) Dieses Recht steht sowohl dem einzelnen Behinderten als auch den einschlägigen Organisationen, insbes. also den Blindenbüchereien, zu.

2. Absatz 1

4   **a)** Ohne Genehmigung zulässig ist nach Abs. 1 nur die **Vervielfältigung** und **Verbreitung** (§§ 16 f). Die Privilegierung bezieht sich auf alle Werkarten. Auch wenn die Nutzung von Literatur, dh. Sprachwerken, in diesem Rahmen im Vordergrund steht, so wird die Regelung doch auch für andere Werkarten relevant (su. Rdnr. 6). Soweit Filmwerke betroffen sind, ist allerdings zu beachten, dass die öffentliche Wiedergabe nicht mit umfasst ist, also insbes. Sendung und öffentliche Vorführung ohne Genehmigung nicht gestattet sind, die Nutzung im Rahmen von § 45a sich also auf Herstellung und Verbreitung von Videokassetten, DVDs uä. Offline-Produkten beschränken muss.

5   **b)** Nicht zulässig ist nach § 45a die **öffentliche Wiedergabe** (§ 15 Abs. 2), obwohl auch sie im Rahmen von Art. 5 Abs. 3 b) der Informationsrichtlinie zulässig wäre. Da aber Blindenbüchereien das verständliche Bedürfnis haben, Sehbehinderten raschen Zugang zu elektronischen Blindenausgaben zu gewähren, räumt die VG WORT Blindenbüchereien im Rahmen eines Gesamtvertrages (su. Rdnr. 9) über § 45a hinaus auch das Recht zur elektronischen Übermittlung ein. Der Gesetzgeber sollte § 45a entsprechend erweitern (ebenso *Poeppel,* Die Neuordnung der urheberrechtlichen Schranken im digitalen Umfeld, S. 173 f.).

6   **c)** Begünstigt sind Personen, denen auf Grund einer **Behinderung** die sinnliche Wahrnehmung der Werke „nicht möglich oder erheblich erschwert ist". Zu diesem Personenkreis zählen nicht nur Blinde und Taube, sondern insbes. auch Personen, die auf Grund einer körperlichen Behinderung zB nicht in der Lage sind, ein Buch oder eine Zeitschrift zu halten (Wandtke/Bullinger/*Lüft* § 45a Rdnr. 2 aE).

7   **d)** Die Nutzung im Rahmen von § 45a muss „zur Ermöglichung des Zugangs **erforderlich**" sein. Hierunter fällt die Herstellung von Blindenschriftausgaben (insbes. Braille) und Hörbüchern ebenso wie sog. Audiodeskriptionen von Filmen – wie sie insbes. in Arte gelegentlich ausgestrahlt werden – für Sehbehinderte und die Untertitelung von Filmen für Gehörlose.

8   **e)** An der für die Nutzung nach § 45a notwendigen Erforderlichkeit fehlt es, „wenn das Werk in einer für den Begünstigten wahrnehmbaren Art zu einem der nicht wahrnehmbaren Art entsprechenden Preis **bereits verfügbar** ist und sich diese verfügbare Form für den konkret vorgesehenen Zweck der Nutzung eignet" (AmtlBegr. aaO). Hieran fehlt es – nach einem Beispiel der AmtlBegr. –, wenn zwar im Handel ein entsprechendes Hörbuch verfügbar ist, dieses aber für einen blinden Literaturstudenten nicht der wissenschaftlichen Zitierweise genügt. Darüber hinaus ist zu beachten, dass kommerzielle Hörbücher in aller Regel die zugrunde liegenden literarischen Werke nicht vollständig, sondern mehr oder weniger stark gekürzt wiedergeben; auch in diesen Fällen besteht die Berechtigung, im Rahmen von § 45a ein Hörbuch mit dem vollständigen Text zu fertigen.

9   **f)** Die Nutzung darf nicht **„Erwerbszwecken"** dienen. Während die Multimedia-Richtlinie von einer „Nutzung nicht kommerzieller Art" spricht, hat der deutsche Gesetzgeber damit die schon in § 27 Abs. 2 S. 2 und § 52 Abs. 1 S. 4 benutzte Formulierung gewählt (vgl. hierzu § 52 Rdnr. 12 ff.; *Dreyer* in HK Rdnr. 4 ff.). Es kann davon ausgegangen werden, dass die hier va. engagierten Blindenbüchereien in aller Regel – auch wenn Gemeinnützigkeit alleine noch nicht ausreicht, um Erwerbszwecke auszuschließen (vgl. § 52 Rdnr. 13) – diese Voraussetzungen erfüllen: Herstellung, Versand und Verwaltung von Blindenausgaben sind so teuer (vgl. *Scharmann* BuB 1991, 241), dass die Verfolgung von Erwerbszwecken – selbst wenn hohe Mietgebühren verlangt würden – unrealistisch wäre.

3. Absatz 2

a) Vervielfältigung und Verbreitung sind **vergütungspflichtig,** was durch den 3-Stufen-Test gem. Art. 5 Abs. 5 der EU-Multimedia Richtlinie geboten ist (worauf die Gesetzesbegründung zu § 42d österr. UrhG ausdrücklich hinweist). Wie in vielen Fällen gesetzlicher Vergütungsansprüche kann auch dieser Anspruch nur durch eine Verwertungsgesellschaft geltend gemacht werden (Satz 2). Der Urheber kann im Voraus auf diesen Anspruch nicht verzichten und er kann ihn im Voraus nur an eine Verwertungsgesellschaft abtreten (§ 63 a). Bei der Tarifgestaltung werden die Verwertungsgesellschaften in besonderem Maße gem. § 13 Abs. 3 S. 4 WahrnG auf die kulturellen und sozialen Belange der Vergütungspflichtigen Rücksicht nehmen müssen, wie der Gesetzgeber ausdrücklich betont hat (AmtlBegr. aaO). Zwischen Medibus (so. Rdnr. 2) und der VG WORT wurde ein entsprechender Gesamtvertrag geschlossen. Der Tarif der VG WORT ist im Bundesanzeiger vom 16. 12. 2009 S. 4287 veröffentlicht. Der Gesamtvertrag umfaßt auch die elektronische Übermittlung (so. Rdnr. 4). 10

b) Die Vergütungspflicht entfällt, wenn **lediglich einzelne Vervielfältigungsstücke** hergestellt werden (S. 1 2. Halbsatz). Damit wollte der Gesetzgeber berücksichtigen, „dass bei Einzelvervielfältigungen regelmäßig Geräte und Medien verwendet werden, die ohnehin einer urheberrechtlichen Vergütung nach den §§ 54, 54a unterliegen" (AmtlBegr. aaO). Dies macht deutlich, dass sich die Vergütungsfreiheit für Einzelvervielfältigungen entsprechend dem Wortlaut nur auf das Vervielfältigungsrecht bezieht, wegen § 53 Abs. 6 S. 1 aber nicht auch auf das Verbreitungsrecht (aA gegen den klaren Wortlaut des Gesetzes *Dreyer* in HK-UrhR[2] Rdnr. 18). Hieraus ergibt sich, dass die Vergütungsfreiheit in der Regel nur für den einzelnen Behinderten gelten wird, der ohnehin individuell von seinem Recht aus § 53 Abs. 1 und 2 Gebrauch machen könnte (dieses allerdings nicht gem. § 95b Abs. 1 Ziff. 2 durchsetzen kann). Für Blindenbüchereien und ähnliche Institutionen scheidet die Vergütungsfreiheit dagegen schon deshalb aus, weil sie für ihre Tätigkeit regelmäßig auch das Verbreitungsrecht in Anspruch nehmen. Damit ist die Frage, was im Sinne dieser Bestimmung als „lediglich einzelne Vervielfältigungsstücke" anzusehen sind, nur noch akademischer Natur. Entgegen dem Hinweis des Gesetzgebers, diese Begrenzung der Vergütungspflicht entspreche „der in den vergleichbaren Schrankenfällen üblichen Regelung" (AmtlBegr. aaO 219) wird man hier gerade nicht den gleichen Maßstab wie in § 53 (vgl. hierzu § 53 Rdnr. 14) anlegen können. Die Herstellung zB von Blindenschriftausgaben ist so kostenintensiv, dass Blindenbibliotheken in der Regel nur wenige Exemplare – oftmals auch nur ein einziges Exemplar – herstellen, diese aber dann umso häufiger verliehen bzw. vermietet werden. Da die Vervielfältigung durch Blindenbüchereien uÄ Einrichtungen unabhängig von der Stückzahl immer zum Zwecke der Verbreitung geschieht, entsteht in diesen Fällen stets und unabhängig von der hergestellten Stückzahl die Vergütungspflicht. 11

§ 46 Sammlungen für Kirchen-, Schul- oder Unterrichtsgebrauch

(1) [1]Nach der Veröffentlichung zulässig ist die Vervielfältigung, Verbreitung und öffentliche Zugänglichmachung von Teilen eines Werkes, von Sprachwerken oder von Werken der Musik von geringem Umfang, von einzelnen Werken der bildenden Künste oder einzelnen Lichtbildwerken als Element einer Sammlung, die Werke einer größeren Anzahl von Urhebern vereinigt und die nach ihrer Beschaffenheit nur für den Unterrichtsgebrauch in Schulen, in nichtgewerblichen Einrichtungen der Aus- und Weiterbildung oder in Einrichtungen der Berufsbildung oder für den Kirchengebrauch bestimmt ist.[2] Die öffentliche Zugänglichmachung eines für den Unterrichtsgebrauch an Schulen bestimmten Werkes ist stets nur mit Einwilligung des Berechtigten zulässig. [3]In den Vervielfältigungsstücken oder bei der öffentlichen Zugänglichmachung ist deutlich anzugeben, wozu die Sammlung bestimmt ist.

(2) Absatz 1 gilt für Werke der Musik nur, wenn diese Elemente einer Sammlung sind, die für den Gebrauch im Musikunterricht in Schulen mit Ausnahme der Musikschulen bestimmt ist.

(3) [1]Mit der Vervielfältigung oder der öffentlichen Zugänglichmachung darf erst begonnen werden, wenn die Absicht, von der Berechtigung nach Absatz 1 Gebrauch zu machen, dem Urheber oder, wenn sein Wohnort oder Aufenthaltsort unbekannt ist, dem Inhaber des ausschließlichen Nutzungsrechts durch eingeschriebenen Brief mitgeteilt worden ist und seit Absendung des Briefes zwei Wochen verstrichen sind. [2]Ist auch der

Melichar

Wohnort oder Aufenthaltsort des Inhabers des ausschließlichen Nutzungsrechts unbekannt, so kann die Mitteilung durch Veröffentlichung im Bundesanzeiger bewirkt werden.

(4) Für die nach den Absätzen 1 und 2 zulässige Verwertung ist dem Urheber eine angemessene Vergütung zu zahlen.

(5) [1]Der Urheber kann die nach den Absätzen 1 und 2 zulässige Verwertung verbieten, wenn das Werk seiner Überzeugung nicht mehr entspricht, ihm deshalb die Verwertung des Werkes nicht mehr zugemutet werden kann und er ein etwa bestehendes Nutzungsrecht aus diesem Grunde zurückgerufen hat (§ 42). [2]Die Bestimmungen in § 136 Abs. 1 und 2 sind entsprechend anzuwenden.

Schrifttum: *Berger,* Die Erstellung von Fotokopien für den Schulunterricht, ZUM 2006,844; *v. Bernuth,* Urheberrechtsschranken im Freien Warenverkehr, Eine Untersuchung am Beispiel des Schulbuchprivilegs, 2000; *ders.,* § 46 UrhG und die Multimedia Richtlinie, GRUR Int. 2002, 567; *ders.,* Leistungsschutz für Verleger von Bildungsmedien, GRUR 2005, 196; *Haupt,* Urheberrecht in der Schule, 2006; *Loewenheim,* Die Benutzung urheberrechtlich geschützter Schriftwerke in Sekundärliteratur für den Schulunterricht, ZUM 2004, 89; *Melichar,* Die Entlehnung aus literarischen Werken in Schulbüchern, UFITA 92 (1982) 43; *Neumann,* Urheberrecht und Schulgebrauch, 1994, S. 111; *Oekonomidis,* Die Zitierfreiheit im Recht Deutschlands, Frankreichs, Großbritanniens und der Vereinigten Staaten, 1970, S. 143; *Samson,* Der neue „Schulbuch-Paragraph", Blickpunkt Schulbuch 15 (1973) 23; *Tretter,* Die freie Werknutzung für den Schulgebrauch unter dem Blickwinkel der Eigentumsfreiheit, in Beiträge zum österreichischen Urheberrecht, ÖSGRUM Nr. 6, 1988, S. 52.

Übersicht

	Rdnr.
I. Allgemeines	1–5
1. Zweck der Vorschrift	1
2. Entwicklung	2, 3
3. EU-Richtlinie	4
4. RBÜ	5
II. Einzelerläuterungen	6–32
1. Voraussetzungen für eine privilegierte Sammlung	6–15
a) die „Sammlung"	6
b) Art der Sammlung	7
c) Online Medien	8
d) größere Anzahl von Urhebern	9
e) Kirchen- und Unterrichtsgebrauch	10–12
f) Gebrauchsbestimmung	13
aa) äußere Aufmachung	13
bb) inhaltliche Aufbereitung	13
g) Formvorschrift von Abs. 1 S. 2	14, 15
2. Voraussetzungen hinsichtlich des entlehnten Werkes	16–22
a) veröffentlichte Werke	16
b) für den Unterricht an Schulen bestimmte Werke	17
c) die entlehnbaren Werke	18–21
d) Änderungsverbot	22
3. Weitere Voraussetzungen	23–30
a) Mitteilungspflicht	23–27
b) Belegexemplare	28
c) Verbotsrecht wegen gewandelter Überzeugung	29
d) Quellenangabe	30
4. Vergütungspflicht	31, 32
a) Wesen des Vergütungsanspruchs	31
b) Höhe der angemessenen Vergütung	32

I. Allgemeines

1 **1.** Der sog. **„Schulbuch-Paragraph"** ersetzt im Interesse der Allgemeinheit, hier der Jugenderziehung und Religionspflege, das ausschließliche Vervielfältigungs- und Verbreitungsrecht (§§ 16 u. 17) sowie das Recht der öffentlichen Zugänglichmachung (§ 19 a) in seinem Anwendungsbereich durch eine gesetzliche Lizenz (zur gesetzlichen Lizenz vgl. Einführung vor §§ 44 a ff. Rdnr. 6, 23 ff.).

2 **2.** In ihrer **Entstehungsgeschichte** geht die Vorschrift – mit geringfügigen Einschränkungen zugunsten der Urheber – auf die §§ 19 Nr. 4, 21 Nr. 3, 26 LUG und 19 Abs. 1 KUG zurück. Nach der Regelung im LUG musste die Bestimmung für den Kirchen-, Schul- oder Unterrichtsgebrauch nicht die ausschließliche, sondern nur die primäre sein; diente die Sammlung nebenbei noch anderen Zwecken, zB ein Gesangbuch oder eine Gedichtsammlung **auch** zur

häuslichen Benutzung, so stand dies der Privilegierung nicht entgegen (RGZ 80, 78; OLG Dresden GRUR 1907, 303; *Allfeld* LUG² § 19 Anm. 25 aE; KG GRUR 1937, 319/321 sah es allerdings schon damals auf Grund der gebotenen engen Auslegung als erforderlich an, dass die Sammlung ausschließlich für den betr. Zweck bestimmt ist, um den Voraussetzungen von § 19 Nr. 4 LUG zu genügen). Durch die Einfügung des Wörtchens „nur" in Abs. 1 S. 1 wurde klargestellt, dass die Sammlung nunmehr ausschließlich den privilegierten Zwecken dienen muss (su. Rdnr. 8).

Abweichend vom vorangegangenen Recht war im Regierungsentwurf zur Urheberrechtsreform 1962 ein Vergütungsanspruch vorgesehen (UFITA 45 [1965] 240/281), der jedoch auf Einspruch des Bundesrates wieder gestrichen wurde. Das **Bundesverfassungsgericht** hat demgegenüber ein vergütungsfreies Nachdruckrecht als Eingriff in das Eigentumsrecht des Urhebers iSd. Art. 14 Abs. 1 S. 1 GG für verfassungswidrig erklärt (BVerfG vom 7. 7. 1971, BVerfGE 31, 229 – Kirchen- und Schulgebrauch). Deshalb musste Abs. 4 eingefügt werden, der am 11. 10. 1971 in Kraft getreten ist (Art. 4 Abs. 1 der Urheberrechtsnovelle vom 10. 11. 1972 = UFITA 67 [1973] 123/125). 3

Als **Übergangsregelung** galt unmittelbar § 136 Abs. 1 und 2 (*v. Gamm* Rdnr. 16). Für die 1972 in Abs. 4 eingefügte Vergütungspflicht galt als Übergangsregelung § 136 Abs. 3.

3. Im Zuge der Umsetzung der **EU-Multimedia Richtlinie** wurde 2003 § 46 inhaltlich und redaktionell neu gefasst. Art. 5 Abs. 3 a) Multimedia Richtlinie gestattet Ausnahmen von den ausschließlichen Rechten „zur Veranschaulichung im Unterricht..., soweit dies zur Verfolgung nichtkommerzieller Zwecke gerechtfertigt ist". Das Verbot der Verfolgung kommerzieller Zwecke bezieht sich auf die Verwendung im Unterricht und nicht etwa die Herstellung von Schulbüchern durch Verlage, wie sich aus dem Wortlaut und dem Sinn der Multimedia Richtlinie ergibt (ausführlich hierzu *v. Bernuth*, GRUR Int. 2002, 567/569f.). Demgemäß erfolgt in § 46 nF eine Beschränkung auf den Gebrauch in „nicht gewerblichen" Bildungseinrichtungen. Entsprechend der zwingenden Vorgabe von Art. 6 Abs. 4 1. Unterabschnitt der Multimedia Richtlinie ist die Privilegierung von § 46 nun auch gegenüber Kopiersperren uÄ durchsetzbar (§ 95b Abs. 1 Ziff. 3.). 4

Unabhängig von den Vorgaben der Multimedia Richtlinie wurde die Privilegierung in § 46 in zwei Richtungen erweitert. Zum einen können jetzt auch – nur – „veröffentlichte" Werke verwendet werden (hierzu su. Rdnr. 14). Zum anderen können die privilegierten Sammlungen jetzt auch öffentlich zugänglich gemacht werden (hierzu su. Rdnr. 6 a). Mit dem 2. Korb wurde letztere Erweiterung jedoch wieder eingeschränkt: für den Unterrichtsgebrauch an Schulen bestimmte Werke dürfen nur mit Einwilligung des Berechtigten öffentlich zugänglich gemacht werden; diese Werke dürfen also im Rahmen von § 46 in Intranets nicht mehr genutzt werden (su. Rdnr. 17).

4. Die Einschränkung des Vervielfältigungs- und Verbreitungsrechts stützt sich auf **Art. 10 Abs. 2 RBÜ.** Jedenfalls nach deutscher Rechtsauffassung entspricht die Zulassung des genehmigungsfreien Nachdrucks nur dann „anständigen Gepflogenheiten" iS dieser Bestimmung, wenn hierfür eine Vergütung zu bezahlen ist (*Nordemann/Vinck/Hertin* RBÜ Art. 10 Rdnr. 2). Auch die EU-Multimedia Richtlinie (vgl. ErwG 35f.) und insbesondere der dort in Art. 5 Abs. 5 verankerte 3-Stufen-Test gebieten wohl eine Vergütungspflicht. 5

II. Einzelerläuterungen

1. Voraussetzungen für eine privilegierte Sammlung

a) Der Begriff der **Sammlung** entspricht dem in § 4 (*Möhring/Nicolini/Nicolini* Rdnr. 14; *v. Gamm* Rdnr. 5). Voraussetzung für die Privilegierung ist nicht, dass es sich um ein selbständig urheberrechtlich geschütztes Sammel**werk** iSd. § 4 handelt (*Dreyer* in HK-UrhR Rdnr. 9). Die Sammlung aber muss sich in einem einzigen Werk (zB in einem Buchband) befinden; es genügt also nicht, wenn erst mehrere einzelne Werkstücke (zB mehrere Einzelhefte) zusammen eine Sammlung ergeben würden (LG Braunschweig Schulze LGZ 56, 4; *Oekonomidis* S. 145). 6

b) Nicht nur **Bücher** können Sammlungen sein, sondern auch **Schallplatten** und **Tonbandkassetten** (LG Frankfurt/M GRUR 1979, 155 – Tonbandkassette), ebenso **Dia-Serien, Videokassetten** uÄ sowie **CD-ROM** und andere Multimediaprodukte (*Hoeren* in Lehmann [Hrsg.], Internet- und Multimediarecht [Cyberlaw], 1997, S. 95/96), also alle digitalen Offline-Medien (*Dreier/Schulze* Rdnr. 8 spricht von „elektronischen" Publikationen). 7

8 c) Gestattete § 46 bislang nur die Vervielfältigung und Verbreitung, nicht aber die öffentliche Wiedergabe, wurde dies 2003 auch auf die öffentliche Zugänglichmachung gem. § 19a erweitert (was allerdings nicht für Werke gilt, die für den Unterrichtsgebrauch bestimmt sind – su. Rdnr. 14a). Damit sind auch **digitale Online-Medien** vom Begriff der „Sammlung" erfasst (*Götting* in Loewenheim, Handb. UrhR § 31 Rdnr. 154). Dabei ist aber nun besonders darauf zu achten, dass auch eine solche Online-Sammlung ihrer äußeren und inneren Beschaffenheit nach „nur" den privilegierten Zwecken dient (su. Rdnr. 8), worauf der Gesetzgeber ausdrücklich hingewiesen hat. Dies schließt „namentlich aus, dass eine Sammlung – etwa durch allgemeine Einstellung in das Internet – derart zugänglich gemacht wird, dass beliebigen Personen der Zugriff möglich ist" (AmtlBegr. UFITA 2004/I, 187/220). Die Kriterien sind dagegen bei einer Einstellung in das lokale Netzwerk einer Schule erfüllt, wenn „ausschließlich von den im Rahmen des Unterrichts genutzten Arbeitsplätzen Zugriff gewährt wird" (AmtlBegr. aaO). Die Nutzer müssen durch technische und organisatorische Maßnahmen sicherstellen, dass diese Kriterien auch tatsächlich eingehalten werden (*Dreier/Schulze* Rdnr. 9 aE). Anlässlich einer künftigen Gesetzesänderung sollte dies – wie zB in § 52a Abs. 1 Ziff. 1. geschehen – klargestellt werden (eine solche im Referentenentwurf vom 3. 1. 2005 noch vorgeschlagene Ergänzung von § 46 wurde mit dem 2. Korb nicht realisiert).

9 d) Abweichend von § 4 sind nur solche Sammlungen privilegiert, die Werke einer **„größeren Anzahl von Urhebern"** vereinigen. Eine absolute Festlegung dieser Anzahl ist nicht möglich, sie ergibt sich jeweils aus den Gesamtumständen (vgl. *Möhring/Nicolini/Nicolini* Rdnr. 15; *v. Gamm* Rdnr. 5 aE). Jedenfalls ist davon auszugehen, dass ein Werk mit Beiträgen von weniger als sieben verschiedenen Autoren keine Sammlung iSd. § 46 ist (*Melichar* UFITA 92 [1982] 43/48; ebenso Ziff. I 1a des gemeinsamen Merkblattes von VG Wort und Verband der Schulbuchverlage eV zu § 46 in UFITA 92 [1982] 83; ebenso *Fromm/Nordemann/W. Nordemann*[10], die in Vorauflagen noch die Verwendung von Werken mindestens 10 verschiedener Autoren voraussetzten).

10 e) Die Sammlung muss für den **„Unterrichtsgebrauch in Schulen, nicht gewerblichen Einrichtungen der Aus- und Weiterbildung oder in Einrichtungen der Berufsbildung"** bestimmt sein. Die Sammlung darf „nur", dh. ausschließlich diesen privilegierten Zwecken dienen; das Hinzutreten weiterer Zweckbestimmungen würde die Privilegierung beseitigen (Rdnr. 2).

Ursprünglich sprach das Gesetz hier nur von „Schul- oder Unterrichtsgebrauch". Durch die Neufassung 2003 wurde diese Bestimmung der Formulierung in § 53 Abs. 3 Nr. 1 angeglichen; der Gesetzgeber bezeichnete diese Neufassung als nur „redaktionell" (AmtlBegr. UFITA 2004/I, 187/221), eine sachliche Änderung ist damit also nicht verbunden. Wie bisher sind unter dem Begriff der Schule alle allgemeinbildenden Schulen zu subsumieren, aber auch Berufs-, Sonder-, Blindenschulen uÄ (AmtlBegr. UFITA 45 [1965] 240/281; *v. Gamm* Rdnr. 8; *Samson* S. 158). Hierzu sollen auch (staatliche) Seminare für Schulpädagogik zählen (OLG Karlsruhe GRUR 1987, 818 zu § 53 Abs. 3 Nr. 1). Im Hinblick auf die immer mehr Bedeutung gewinnenden Bildungs- und Erziehungspläne für Kinder im Vorschulalter (vgl. § 22 Abs. 2 SGB VIII sowie die Bildungspläne der Bundesländer für die frühe Bildung in Kindertageseinrichtungen) fallen auch Sammlungen für diese Elementarerziehung, zB für vorschulische Sprachförderkurse, unter § 46. Ob es sich um öffentliche oder um staatlich anerkannte Einrichtungen handelt, ist unerheblich (*Oekonomidis* S. 146; *Dreyer* in HK-UrhR Rdnr. 12), sofern es sich um öffentlich zugängliche Einrichtungen handelt (§ 53 Rdnr. 37). Nicht hierunter fallen Schulen und Kurse für Erwachsene, da § 46 auf die Erwachsenenbildung grundsätzlich zur Anwendung kommt (Schriftlicher Bericht des Rechtsausschusses UFITA 46 [1966] 174/184; *Götting* in Loewenheim, Handb. UrhR § 31 Rdnr. 157 aE; *v. Gamm* Rdnr. 8; aA *Rehbinder*[15] Rdnr. 495). Deshalb scheiden auch Sammlungen aus, die dem Gebrauch an Universitäten, Hochschulen usw. dienen, wie sich schon aus dem Vergleich zwischen der hier übernommenen Formulierung in § 53 Abs. 3 Z.1 mit der – hier nicht übernommenen- Formulierung in § 53 Abs. 3 Z. 2 ergibt (*Wandtke/Bullinger/Lüft* Rdnr. 7). Überdies dienen diese Werke – zumindest auch – der Lehre und Forschung, so dass auch aus diesem Grund die Anwendbarkeit von § 46 ausscheidet (*v. Gamm* Rdnr. 8; *Samson* S. 158; *Melichar* UFITA 92 [1982] 43/48; Ziff. I 2a des Merkblattes, UFITA 92 [1982] 83; aA *Oekonomidis* S. 146, der dies als durch Unterrichtszwecke gedeckt ansieht, und *Rehbinder*[15] Rdnr. 495, der einen entsprechenden gesetzgeberischen Willen im Gesetz nicht wiederfindet). Irreführend ist in diesem Zusammenhang der Begriff „Weiterbildung", umfasst dieser doch außerhalb des Urheberrechts gerade auch die Erwachsenenbildung (vgl. § 86 SGB III); da mit der neuen Formulierung jedoch keine redaktionelle Änderung gewollt war (so.), verbleibt es dabei, dass Unterricht für Erwachsene grundsätzlich nicht unter § 46 fällt.

Die **Sammlung** muss für den Gebrauch **in** der Schule, dh. für den gemeinsamen Unterricht geschaffen sein (*Mestmäcker/Schulze* Anm. 2; *Dreyer* in HK-UrhR Rdnr. 12; *Rehbinder*[15] Rdnr. 495). Hilfsmaterialien für Lehrer uÄ fallen deshalb nicht hierunter (*Dreier/Schulze* Rdnr. 10); Ziff. I 2 b des Merkblattes, UFITA 92 [1982] 83). Auch Sammlungen zum Selbstunterricht, dh. zum Haus- oder Privatgebrauch genießen daher nicht die Privilegierung nach § 46 (*Runge* S. 181; *Oekonomidis* S. 146; *v. Gamm* Rdnr. 8; *Dreyer* in HK-UrhR Rdnr. 14; nach LUG war dies str. – vgl. RGZ 80, 78/79). **11**

Ebenso ist „**Kirchengebrauch**" nur der gemeinsame Gebrauch **in** der Kirche (zum Begriff der Kirche s. § 52 Rdnr. 37 ff.). Insbesondere Gesang- und Gebetbücher können daher unter § 46 fallen; nicht dagegen solche Sammlungen, die jedenfalls ausdrücklich **auch** für die häusliche Erbauung oder zum Beten im Familienkreis bestimmt sind (so schon KG GRUR 1937, 319/321 f.; *Voigtländer/Elster/Kleine*[4] § 19 LUG Anm. 3 c; *Wandtke/Bullinger/Lüft* Rdnr. 5; aA noch *Fromm/Nordemann/Nordemann*[9] Rdnr. 6). Auch „Begleitbücher" zu Gesangbüchern – selbst wenn diese unter § 46 fallen – mit den zugehörigen Instrumentalstimmen (zB Orgel, Posaune oder Gitarre) sind nicht durch § 46 privilegiert. Dagegen sollen für Jugendliche, die ausschließlich zuhause durch Privatlehrer unterrichtet werden, bestimmte Unterrichtsmaterialien nach seinem Sinn und Zweck § 46 unterfallen (*Fromm/Nordemann/Nordemann*[10] Rdnr. 5; *Dreyer* in HK-UrhR Rdnr. 14 – Fälle, die in der Praxis sicher nicht häufig vorkommen).

Nach Abs. 2 genießen Sammlungen für den Unterricht an **Musikschulen** nicht die Privilegierung, soweit es sich um die Übernahme von Musikwerken (§ 2 Abs. 1 Nr. 2) handelt. Wie schon für die insoweit übereinstimmende Bestimmung von § 21 Nr. 3 LUG (*Riezler*, Deutsches Urheber- und Erfinderrecht, 1909, S. 271) ist Grund für diese Schutzvorschrift, dass auf dem für Noten wichtigsten Absatzgebiet nicht in das ausschließliche Vervielfältigungsrecht eingegriffen werden soll (vgl. auch § 53 Abs. 4 lit. a). Die Privilegierung des § 46 entfällt deshalb schon dann, wenn die betreffende Sammlung **auch** für Musikschulen bestimmt ist; diese Einschränkung ist nötig, damit die Regelung nicht durch die Angabe zusätzlicher Adressaten (zB „auch für allgemeinbildende Schulen geeignet") umgangen werden kann. Der Begriff der Musikschule ist in diesem Zusammenhang nicht technisch zu verstehen. Nach der Terminologie im Erziehungs- und Unterrichtswesen sind darunter nur solche Einrichtungen zu verstehen, die eine Reihe von Voraussetzungen erfüllen (vgl. § 2 der Bayr. Verordnung über die Führung der Bezeichnung Singschule und Musikschule vom 17. 8. 1984, BayGVBl. 1984 S. 290). Im Sinne von Abs. 2 sind dagegen in weiter Auslegung als Musikschulen alle Schulen zu verstehen, die „speziell dem Musikunterricht dienen" (schriftlicher Bericht des Rechtsausschusses, UFITA 46 [1966] 174/184), also zB auch Musikinstrumentengeschäfte, die Gitarrenkurse veranstalten uÄ. Die Urheberrechtsnovelle 2003 brachte insoweit eine Klarstellung, als nach Abs. 2 – in Übernahme der Formulierung aus Abs. 1 – nun nur noch „für den Gebrauch im Musikunterricht in Schulen" bestimmte Sammlungen privilegiert sind (die aF hatte dagegen nur allgemein von „Musikunterricht in Schulen" gesprochen). **12**

f) Die **Gebrauchsbestimmung** muss ausschließlich den privilegierten Zwecken dienen und dies durch zwei Kriterien belegen: **13**

aa) Die **äußere Aufmachung** muss – unabhängig von der Bezeichnung nach Abs. 1 S. 3 – den verfolgten Zweck aufzeigen, es müssen sich aus ihr mindestens „hinreichende Anhaltspunkte" für die Zweckbestimmung ergeben (BGH GRUR 1991, 903/905 – Liedersammlung). Diese Zweckbestimmung kann sich aus dem Titel selbst, der Gestaltung des Einbandes oder der Titelseite, sowie der Ausstattung des Buches ergeben (BGH GRUR 1972, 432/433 – Schulbuch). Auch das Format (unhandlich, also für den Transport in der Schulmappe zugeschnitten) kann (zB bei einer Liedersammlung) für den Schulzweck sprechen (KG ZUM 1990, 530/535).

bb) Auch die **inhaltliche Aufbereitung** der Sammlung muss die ausschließliche Zweckbestimmung erkennen lassen. Auswahl, Anordnung, Einarbeitung und gegebenenfalls Erläuterungen der übernommenen Werke bzw. Werkteile müssen unter Beachtung pädagogischer bzw. liturgischer Prinzipien vorgenommen worden sein; die bloße Aneinanderreihung, zB nach Lebensdaten der verwendeten Autoren, genügt dieser Anforderung nicht (BGH GRUR 1972, 432/433 – Schulbuch). Die Zulassung zum Unterrichtsgebrauch durch die Schulbehörden ist nicht erforderlich; sie wird jedoch gegebenenfalls ein Indiz dafür sein, dass die Sammlung tatsächlich für den Schulgebrauch bestimmt ist (KG ZUM 1990, 530/535 und bestätigend BGH GRUR 1991, 903/907 – Liedersammlung; ähnlich *Oekonomidis* S. 145 Fn. 389; *Dreier/Schulze* Rdnr. 9).

Sowohl die äußere wie die inhaltliche Beschaffenheit müssen also ausschließlich auf den schulischen oder kirchlichen Zweck zugeschnitten sein. Dabei muss die äußere Aufmachung umso eindeutiger die Zweckbestimmung zeigen, je weniger die inhaltliche Aufbereitung pädagogische oder liturgische Prinzipien erkennen lässt und umgekehrt (ähnlich *Möhring/Nicolini/Nicolini* Rdnr. 24).

14   g) Unabhängig von den unter f) genannten Voraussetzungen ist die **Formvorschrift von Abs. 1 S. 3** zu erfüllen, wonach stets die Zweckbestimmung „deutlich" anzugeben ist. In der vor 2003 geltenden Fassung war hier noch vorgeschrieben, dass die Zweckbestimmung deutlich „auf der Titelseite oder an einer entsprechenden Stelle der Sammlung" anzubringen war. Der Wegfall dieser Bestimmung ist wohl ausschließlich darauf zurückzuführen, dass nun auch die öffentliche Zugänglichmachung privilegiert ist und Online-Medien eben keine „Titelseite" kennen – eine Erleichterung der Kennzeichnungspflicht war damit sicher nicht bezweckt, würde sich doch sonst ein entsprechender Hinweis in der Gesetzesbegründung finden müssen (aA *Wandtke/Bullinger/Lüft* Rdnr.9; *Dreier/Schulze* Rdnr. 13 gehen umgekehrt davon aus, dass man jetzt jedenfalls keine „strengeren Anforderungen als früher" an die Kennzeichnungspflicht stellen dürfe). Somit ist davon auszugehen, dass bei Büchern wie vor die Zweckbestimmung stets auf der Titelseite anzugeben ist, ein Vermerk an anderer Stelle die Formerfordernis nicht erfüllt (*Dreyer* in HK-UrhR Rdnr. 20; *Melichar* UFITA 92 [1982] 43/49; aA *Fromm/Nordemann/ W. Nordemann*[10] Rdnr. 11, wonach eine „deutliche Angabe" genüge). „Titelseite" ist nicht die Einbandvorderseite, sondern die Vorderseite des ersten bedruckten Innenblattes (KG ZUM 1990, 530/534 und BGH GRUR 1991, 903/906 – Liedersammlung). Die Angabe auf der Rückseite des Titelblattes oder ein Vorwort genügt jedenfalls nicht (*Neumann*, S. 114). Andere Sammlungen, zB Tonkassetten oder Diaserien müssen den Vermerk an einer deutlich sichtbaren Stelle, also beispielsweise auf der umhüllenden Kassette, führen. Auch bei der Online-Zugänglichmachung einer Sammlung muss die Zweckbestimmung deutlich sichtbar gemacht werden; diese Voraussetzung ist nur erfüllt, wenn der Hinweis deutlich sichtbar (und nicht etwa nur durch eine kleine Fußnote oder gar einen Link) auf der Website, mit der die Sammlung beginnt, angebracht ist (*Dreyer* in HK-UrhR Rdnr. 20).

15   Sämtliche vorgenannten Voraussetzungen müssen **kumulativ** gegeben sein. Dies gilt insbesondere auch für die zwingende Formvorschrift von Abs. 1 S. 3 (*Oekonomidis* S. 145; aA ohne nähere Begründung *v. Gamm* Rdnr. 14, 17). Fehlt auch nur eine der Voraussetzungen, so entfällt die Privilegierung mit der Folge, dass der ungenehmigte Nachdruck eine Urheberrechtsverletzung darstellt. Damit sollen Missbräuche, insbesondere das Ansprechen weiterer Käuferschichten außerhalb der Zweckbestimmung und somit eine Konkurrenz zwischen privilegierter Sammlung und Originalwerk verhindert werden (*Melichar* UFITA 92 [1982] 43/49). „Der Hersteller der Sammlung muss danach alles Erforderliche und Zumutbare tun, um einer solchen Missbrauchsgefahr zu begegnen" (BGH GRUR 1991, 903/905 – Liedersammlung). Die Tatsache alleine, dass das Buch „jedermann zum Kauf angeboten wird", genügt jedoch nicht, um die Privilegierung zu verneinen (so jedoch ohne nähere Begründung OLG Frankfurt/M GRUR 1994, 116f. – Städel), ist doch jedes Schulbuch von jedermann im normalen Buchhandel erwerbbar (aA *Dreyer*[2] HK-UrhR Rdnr. 15; *Fromm/Nordemann/W. Nordemnn*[10] Rdnr. 6). Ebenso wenig steht allein die Möglichkeit eines außerschulischen Gebrauches einer ausschließlichen Zweckbestimmung für den Gebrauch nach § 46 entgegen (BGH GRUR 1991, 903/907 – Liedersammlung).

Mit der Neufassung 2003 wurde klargestellt, dass die Übernahme eines fremden Werkes nur als **„Element einer Sammlung"** zulässig ist. Der Gesetzgeber wollte mit dieser Anlehnung an die Formulierung von Art. 7 IUKDG zum Ausdruck bringen, „dass die Verwertung der genannten Werke nur im Zusammenhang mit einer Verwertung der Sammlung insgesamt erlaubnisfrei zulässig ist" (AmtlBegr. UFITA 2004/I, 187/221). Dies ist wohl insbes. als Hinweis für Online-Nutzungen im Rahmen von § 46 zu verstehen: Online-Sammlungen müssen als Ganzes zugänglich gemacht werden, und dürfen nicht etwa portioniert ins Netz gestellt werden oder dergestalt, dass die Zugangsvoraussetzungen (so. Rdnr. 8) für einzelne Teile der Sammlung gesondert spezifiziert bzw. berechnet werden oÄ.

2. Voraussetzungen hinsichtlich des entlehnten Werkes

16   a) Durften bisher Entlehnungen nur aus erschienenen Werken vorgenommen werden, so erweiterte dies die Urheberrechtsnovelle 2003 auf **veröffentlichte Werke**. Der Begriff des Veröffentlichung ist derselbe wie in § 6 Abs. 1 (ebenso *Dreier/Schulze* Rdnr. 6). Konnten früher nur

Werke, die in Form körperlicher Werkstücke verbreitet waren, im Rahmen von § 46 verwendet werden, wurde nun die Zugriffsmöglichkeit auf alle auch nur veröffentlichten Werke ausgedehnt. Als Beispiel hierfür nannte der Gesetzgeber Werke, die ausschließlich in digitalen Online-Medien eingestellt sind (AmtlBegr. aaO 220). Aber auch nur zB gesendete Werke können jetzt in Sammlungen nach § 46 aufgenommen werden.

b) Mit Inkrafttreten des 2. Korbes dürfen gem. Abs. 1 S. 1 **für den Unterrichtsgebrauch an** 17 **Schulen bestimmte Werke** nur noch mit Einwilligung (§ 183 BGB) des Berechtigten öffentlich zugänglich gemacht werden. Diese „Bereichsausnahme" wurde § 52a Abs. 2 S. 1 nachgebildet. Es soll damit „ein Eingriff in den Primärmarkt der Schulbuchverlage vermieden werden" (AmtlBegr. z. RegE bei *Hucko*, 2.Korb S. 99).

c) Es dürfen nur **„Teile eines Werkes"** übernommen werden. Obwohl das Gesetz nicht 18 von „kleinen Teilen" spricht, ist eine quantitative Beschränkung gegeben (ähnlich *Möhring/ Nicolini/Nicolini* Rdnr. 11; aA *Dreyer* in HK-UrhR Rdnr. 4). Der Begriff des Werkteiles muss einmal im Verhältnis zum Gesamtumfang des zitierten Werkes gesehen werden, zum anderen besteht eine absolute Grenze. Auch hier gilt der Grundgedanke, dass die privilegierte Sammlung nicht das Originalwerk ersetzen darf (*v. Gamm* Rdnr. 11 aE; *Melichar* UFITA 92 [1982] 43/49; *Dreier/Schulze* Rdnr. 4). Als Anhaltspunkt kann angenommen werden, dass kein Einzelbeitrag den Umfang von 10 DIN A 5 Seiten – bezogen auf das Originalwerk – übersteigen darf (Ziff. I 1 b des Merkblattes UFITA 92 [1982] 83).

Ausnahmsweise dürfen **ganze Sprach- oder Musikwerke** entlehnt werden, wenn sie „von 19 geringem Umfang" sind. Hierunter fallen zB Gedichte (BGH GRUR 1972, 432/433 – Schulbuch), kleine wissenschaftliche Arbeiten (RGZ 80, 78) und ausnahmsweise auch kurze Erzählungen und Novellen (RGZ 80, 78; *Ulmer*[3] § 67 III 3; *Samson* S. 156). Zu den Sprachwerken geringen Umfangs gehören auch Liedtexte ebenso wie Schlagertexte, selbst wenn diese speziell zum Zwecke der Vertonung geschaffen wurden, da sie jedenfalls „die Ausdrucksform gebundener Rede" aufweisen (RGZ 128, 102/105).

Des Weiteren können entlehnt werden **Werke der bildenden Kunst, Lichtbildwerke und** 20 **Lichtbilder.** Nach § 19 Abs. 1 KUG war – anders als nach § 19 Nr. 4 LUG – für die Entlehnung Voraussetzung, dass die Werke „ausschließlich zur Erläuterung des Inhalts" der Sammlung dienen. Obwohl diese Einschränkung im Wortlaut fortgefallen ist, ist Voraussetzung für eine nach § 46 zulässige Entlehnung, dass das entlehnte Werk den privilegierten Zwecken dient; erfolgt die Entlehnung lediglich zu Dekorationszwecken, so ist § 46 nicht anwendbar (ebenso *v. Gamm* Rdnr. 13).

Stets dürfen nur **„einzelne"**, dh. einige wenige Werke übernommen werden. Obwohl dies 21 dem Gesetzeswortlaut nach nur für Werke der bildenden Kunst und Lichtbildwerke gilt, muss diese Einschränkung auch für Sprachwerke und Werke der Musik beachtet werden, soll § 46 nicht weit über seinen eigentlichen Zweck ausgedehnt werden (ebenso *Dreyer* in HK-UrhR Rdnr. 7). Schon nach dem Wortlaut von § 19 Nr. 4 LUG durften nur „einzelne Aufsätze von geringem Umfang, einzelne Gedichte" in Schulsammlungen übernommen werden. Der Gesetzgeber wollte 1965 diese Bestimmungen „im Wesentlichen aufrecht" erhalten, hat jedoch offensichtlich im Zuge der gewünschten „Straffung" (AmtlBegr. UFITA 45 [1965] 240/280) versehentlich unterlassen, das Wörtchen „einzelne" auch auf literarische und musikalische Werke zu beziehen. Die Einschränkung, dass nur einzelne Werke übernommen werden dürfen, bedeutet insbesondere, dass von einem einzelnen Autor nur eine geringe Anzahl von Werken aufgenommen werden darf; der Nachdruck eines großen oder auch nur repräsentativen Teils des Gesamtwerks oder eines Schaffenszweiges (zB eines beträchtlichen Teils der Gedichte) eines einzelnen Autors ist nach § 46 nicht gestattet (vgl. RGZ 128, 102/105; *Möhring/Nicolini/Nicolini* Rdnr. 13).

d) An den entlehnten Werken dürfen grundsätzlich **keine Änderungen** vorgenommen wer- 22 den. Dies ergibt sich aus dem Urheberpersönlichkeitsrecht des Autors. S. im Einzelnen § 62 und die Erläuterungen hierzu.

3. Weitere Voraussetzungen

a) Abs. 3 konstituiert eine Pflicht zur **Mitteilung** der „Absicht" des Nachdruckes und zum 23 Abwarten einer **Zwei-Wochen-Frist**, ehe auch nur mit der Vervielfältigung – und nicht etwa erst mit der Verbreitung – begonnen werden darf. Diese Mitteilung dient vor allem – aber nicht nur – dem Zweck, den Autor in die Lage zu versetzen, gegebenenfalls sein Verbotsrecht wegen gewandelter Überzeugung nach Abs. 5 durchsetzen zu können (Schriftl. Bericht des Rechtsausschusses zum RegE, UFITA 46 [1966] 174/184). Durch die Mitteilung soll der Autor auch über seine Bedeutung in Pädagogik und Liturgie, die sich in dem Nachdruck niederschlägt, informiert werden – für viele Autoren eine Information von großem Interesse.

24   Aus dem Wortlaut ergibt sich, dass ein **Zugang der Mitteilung** nicht notwendig ist, es genügt vielmehr die Absendung und das Abwarten der Frist (ebenso *Wandtke/Bullinger/Lüft* Rdnr. 14). Da demgemäß gegebenenfalls nur die Absendung zu beweisen ist, hat der Gesetzgeber hier ausnahmsweise die ungewöhnliche Erklärungsform des eingeschriebenen Briefes vorgeschrieben (vgl. die ähnliche Regelung in § 51 Abs. 1 GmbHG). Der Begriff der Einschreibesendung ergibt sich aus den Allgemeinen Geschäftsbedingungen der Deutschen Post AG; dort wird unterschieden zwischen dem „Übergabe-Einschreiben" (vom Empfänger dokumentierte Übergabe der Sendung) und dem preiswerteren „Einwurf-Einschreiben" (von der Deutschen Post dokumentierter Einwurf in Briefkasten oder Postfach des Empfängers). Mangels Spezifizierung in § 46 muss letztere Einschreibeform genügen, zumal hier kein Bedürfnis nach nur persönlicher Aushändigung erkennbar ist. Die Absendung des Briefes wird durch den sog. Einlieferungsschein bewiesen.

Eine Verletzung dieses **Formerfordernisses** (zB Mitteilung durch einfachen Brief oder E-Mail) wird geheilt, wenn die Mitteilung iSd. § 130 Abs. 1 BGB tatsächlich zugegangen ist (*Dreier/Schulze* Rdnr. 17). Ist der Vergütungsanspruch nach Abs. 4 abgetreten, so ist damit als Nebenrecht auch die Ermächtigung zum Empfang der Mitteilung erteilt (*Melichar* S. 108). Auf das Formerfordernis des eingeschriebenen Briefes kann vertraglich verzichtet werden.

25   **Der Inhalt der Mitteilung** muss alle Informationen umfassen, die zur Nachprüfung notwendig sind, ob die Voraussetzungen des § 46 vorliegen (*v. Gamm* Rdnr. 15). Demgemäß müssen insbesondere angegeben werden Autor, Verlag und Titel der Sammlung, genaue Bezeichnung der Werke oder Werkteile, die entlehnt werden sollen (Autor, Titel und Originalverlag) sowie die Anzahl der insgesamt entlehnten Werke oder Werkteile. Weiterhin sind die für die Berechnung der angemessenen Vergütung nach Abs. 4 notwendigen Angaben (insb. die Auflagenhöhe der betreffenden Sammlung) zu machen.

26   **Adressat der Mitteilung** ist primär der Autor, hilfsweise – wenn dessen Adresse unbekannt ist – der Inhaber des ausschließlichen Nutzungsrechts, dh. in aller Regel der Originalverlag, in dem das Werk erschienen ist (Abs. 3 S. 1). Der Werknutzer hat die Pflicht, sich mit üblicher Sorgfalt darum zu bemühen, die Anschriften in Erfahrung zu bringen (*Dreyer* verweist in HK-UrhR Rdnr. 29 auf die zu § 203 ZPO von Rspr. und Lehre entwickelten Grundsätze). Hierher gehören die Einsichtnahme in allgemein zugängliche Nachschlagewerke (zB Verzeichnis lieferbarer Bücher „VLB") uÄ; nicht verlangen kann man dagegen die Einholung einer Expertise einer literarischen Agentur uÄ, da die hierfür aufzuwendenden Kosten nicht mehr dem Grundsatz der Verhältnismäßigkeit entsprächen. Die hilfsweise vorgesehene Veröffentlichung im Bundesanzeiger (Abs. 3 S. 2) ist ein gut gemeintes, aber untaugliches Instrument, da nicht zu erwarten steht, dass ein „unbekannter" Autor oder Verlag ausgerechnet diese Publikation liest. In der Praxis spielt Abs. 3 kaum eine Rolle, da Zahlung und Mitteilung über Verwertungsgesellschaften abgewickelt werden (su. Rdnr. 32).

27   Das **Versäumen der Mitteilung oder die Nichteinhaltung** der Wartefrist machen die trotzdem vorgenommene Vervielfältigung rechtswidrig (ebenso *Möhring/Nicolini*[1] Anm. 19; *Dreier/Schulze* Rdnr. 19; aA *Dreyer* in HK-UrhR Rdnr. 31). Die Auffassung, dass eine Urheberrechtsverletzung nur dann gegeben sei, wenn tatsächlich die Voraussetzungen für die Anwendung des Abs. 5 vorliegen (*v. Gamm* Rdnr. 17) findet im Wortlaut des Gesetzes keine Stütze, wonach erst nach erfolgter Mitteilung und Abwarten der Frist mit der Vervielfältigung begonnen werden „darf".

28   **b)** Das Gesetz schreibt die Abgabe von **Belegexemplaren** nicht vor. Allerdings sollte es gute Sitte sein, dass Verleger, die fremde Werke bzw. Werkteile nachdrucken, dem nachgedruckten Autor dies durch ein Belegexemplar danken (ebenso *v. Gamm* Rdnr. 15). Im Gesamtvertrag zwischen VG Wort und dem VdS Bildungsmedien (su. Rdnr. 32) ist vorgesehen, dass der VG Wort zwei Belegexemplare zu überlassen sind.

29   **c)** Abs. 5 gibt dem Autor ein **Verbotsrecht wegen gewandelter Überzeugung** nach Maßgabe von § 42. Voraussetzung hierfür ist, dass der Berechtigte die Nutzungsrechte bereits „zurückgerufen hat"; eine Rückrufserklärung gem. § 42 Abs. 1 **nach** Zugang der Mitteilung gemäß Abs. 3 rechtfertigt ein Verbot nach Abs. 5 nicht. Damit soll eine missbräuchliche Ausübung des Verbotsrechts verhindert werden (*Rehbinder*[15] Rdnr. 496). Die weitergehende Auffassung, wonach es genüge, wenn der Rückruf „zumindest gleichzeitig" erfolge (*v. Gamm*

Rdnr. 16) widerspricht dem Wortlaut und dem Sinn des Gesetzes (*Dreyer* in HK-UrhR Rdnr. 33). Zu den Voraussetzungen von Abs. 5 s. im Übrigen die Erläuterungen zum insoweit wörtlich übereinstimmenden § 42.

Die Verweisung auf § 136 in Abs. 5 S. 2 ist keine Übergangslösung für den Zeitpunkt des Inkrafttretens des Gesetzes (hierfür gilt § 136 unmittelbar – so. Rdnr. 3). Die entsprechende Anwendbarkeit von § 136 Abs. 1 u. 2 bedeutet hier vielmehr allgemein, dass der Verleger, der vor Kenntnis des Rückrufs wegen gewandelter Überzeugung mit der Herstellung einer Sammlung begonnen hat, diese Sammlung auch nach Kenntnisnahme vom Widerruf vollenden und die bereits hergestellten Exemplare verbreiten darf (vgl. *Möhring/Nicolini/Nicolini*[2] Rdnr. 39).

d) Eine deutliche **Quellenangabe** ist gemäß § 63 Abs. 1 geboten. 30

4. Vergütungspflicht (Abs. 4)

a) Zum **Wesen des Vergütungsanspruchs** im Rahmen der gesetzlichen Lizenz s. vor §§ 44a ff. Rdnr. 24 ff. Diese Darlegungen gelten insbesondere auch für die Frage, **wem** (Autor oder Originalverlag) der Vergütungsanspruch nach Abs. 4 zusteht (im Einzelnen hierzu *Rossbach* S. 159 ff.). Durch § 63a ist die Diskussion nun allerdings wohl überholt. Anders als die meisten Vergütungsansprüche im 6. Abschnitt des UrhG ist dieser nicht verwertungsgesellschaftenpflichtig, obwohl seine Geltendmachung durch Verwertungsgesellschaften natürlich zweckmäßig ist (vgl. zur Verwertungsgesellschaftenpflichtigkeit in Österreich OGH MuR 2005, 30). 31

b) Der in der Praxis wichtigste Bereich, die **Entlehnung aus Sprachwerken,** wird seit 1977 zentral von der VG Wort verwaltet, nachdem Autoren und Originalverlage ihre diesbezüglichen Rechte an die VG Wort abgetreten haben. Zwischen der VG Wort und dem VdS Bildungsmedien eV besteht ein **Gesamtvertrag** iSd. § 12 WahrnG (im Einzelnen vgl. *Melichar* UFITA 92 [1982] 43/52; Gesamtvertrag abgedr. in *Sammlung Delp*[2] Nr. 815 a). Der Gesamtvertrag basiert auf dem Tarif der VG Wort, der für 2009 und 2010 Euro 3,90 pro Druckseite des Schulbuchs für je 1000 Exemplare beträgt und gesonderte Sätze für elektronische Medien vorsieht; für Mitglieder des Verbandes ermäßigt sich diese Vergütung. 32

Entsprechend diesem Gesamtvertrag erfolgen Mitteilung und Zahlung der Vergütung für Entlehnungen in Sammlungen nach § 46 ausschließlich an die VG Wort, die ihrerseits die Mitteilungen und Zahlungen an die betreffenden Urheberberechtigten weiterleitet.

Für den **Musikbereich** wurde zunächst durch den Deutschen Musikverleger-Verband eV und den Verband der Schulbuchverlage eV probeweise versucht, gemeinsame Richtlinien über die angemessene Vergütung für die Übernahme von Noten aufzustellen; dieses sog. „System 77" hat sich aber offenbar in der Praxis nicht bewährt (vgl. AG München ZUM 1985, 518). Seit 1988 gibt es zwischen der VG Musikedition und dem VdS Bildungsmedien einen Gesamtvertrag (abgedr. in *Sammlung Delp*[2] Nr. 839 b); der aktuelle Tarif ist abrufbar unter www.vg-musikedition.de). Einen Gesamtvertrag gibt es auch für die **Übernahme erschienener Tonträger** bezüglich der Leistungsschutzrechte zwischen GVL und dem Verband der Schulbuchverlage (Tarif abrufbar unter www.gvl.de). Die VG Bild-Kunst nimmt die Rechte aus § 46 nur für **bildende Künstler** wahr (Tarif abgedruckt in *Sammlung Delp*[2] Nr. 828 p), während **Fotografen, Grafik-Designer** ua. diese Rechte selbst verwalten (im Einzelnen vgl. *Neumann* S. 121 f.). 33

§ 47 Schulfunksendungen

(1) [1]Schulen sowie Einrichtungen der Lehrerbildung und der Lehrerfortbildung dürfen einzelne Vervielfältigungsstücke von Werken, die innerhalb einer Schulfunksendung gesendet werden, durch Übertragung der Werke auf Bild- oder Tonträger herstellen. [2]Das gleiche gilt für Heime der Jugendhilfe und die staatlichen Landesbildstellen oder vergleichbare Einrichtungen in öffentlicher Trägerschaft.

(2) [1]Die Bild- oder Tonträger dürfen nur für den Unterricht verwendet werden. [2]Sie sind spätestens am Ende des auf die Übertragung der Schulfunksendung folgenden Schuljahres zu löschen, es sei denn, daß dem Urheber eine angemessene Vergütung gezahlt wird.

Schrifttum: *Bender,* Urheberrecht und audiovisuelle Unterrichtsmedien, Recht der Jugend und des Bildungswesens (RdJB) 1987, 185 ff.; *Haupt,* Urheberrecht in der Schule, 2006; *Neumann,* Urheberrecht und Schulgebrauch, 1994, S. 78 und 244.

§ 47

Übersicht

	Rdnr.
I. Allgemeines	1–6
1. Zweck der Vorschrift	1
2. Entwicklung	2–5
a) Vor 1965	2
b) Entscheidung des BVerfG „Schulfunksendungen"	3
c) Urheberrechtsnovelle 1985	4, 5
3. RBÜ und EU-Recht	6
II. Einzelerläuterungen	7–23
1. Voraussetzungen hinsichtlich des vervielfältigten Werkes	7–10
a) Werkarten	7
b) Sendung	8
c) Schulfunk	9, 10
2. Voraussetzungen für den Mitschnitt	11–19
a) Schulen und sonstige Einrichtungen	11–14
b) einzelne Vervielfältigungsstücke	15
c) Vervielfältigung der Sendung	16
d) Bild- oder Tonträger	17
e) Verwendung für den Unterricht	18
f) Änderungsverbot, Quellenangabe	19
3. Löschungspflicht	20–22
a) Frist	20, 21
b) Abwenden der Löschungspflicht gegen angemessene Vergütung	22
4. Pauschalabkommen	23

I. Allgemeines

1 **1.** Diese Bestimmung schränkt im Interesse der Allgemeinheit, hier der Jugenderziehung, das Vervielfältigungsrecht (§ 16) ein. Stärker noch ist der Eingriff in das Leistungsschutzrecht der Sendeunternehmen, da für jene in § 87 Abs. 3 der Löschungs- bzw. Vergütungsanspruch von Abs. 2 S. 2 ausdrücklich ausgeschlossen ist (vgl. hierzu § 87 Rdnr. 29). Durch diese Beschränkung sollen Lehrer in die Lage versetzt werden, den „gerechtfertigten pädagogischen Interessen" entsprechend Schulfunksendungen nicht nur zum Zeitpunkt ihrer Ausstrahlung in Schulklassen wiedergeben zu dürfen, sondern zeitversetzt zu dem nach Stunden- und Lehrplan zweckmäßigen Zeitpunkt (AmtlBegr. UFITA 45 [1965] 240/281).

2 **2. a)** Es handelt sich hier um eine **Neuregelung,** die in der Zeit vor Inkrafttreten des Urheberrechtsgesetzes keine Entsprechung hatte. Vorher war zwar die zeitgleiche Wiedergabe von Sendungen in Schulklassen zulässig, da dies keine öffentliche Wiedergabe darstellt (vgl. schriftl. Bericht des Rechtsausschusses zu § 52, UFITA 102 [1986] 169/175; *Möller* S. 22). Ein Mitschnitt von Sendungen zum Zwecke der zeitversetzten Wiedergabe in der Schulklasse aber war mangels einer Sonderregelung in LUG und KUG ohne urheberrechtliche Genehmigung nicht zulässig (davon ging auch die Begründung des RegE, UFITA 45 [1965] 240/281, aus). Die Ausdehnung der Befugnis zur Vervielfältigung durch Schulen auch auf Einrichtungen der Lehrerbildung und Lehrerfortbildung (die im RegE 1962 noch nicht vorgesehen war) wurde auf Anregung des Bundesrates durch den Vermittlungsausschuss in das Gesetz aufgenommen; man wollte damit die „Vertrautheit der Lehrer mit den Schulfunksendungen" möglich machen (Stellungnahme des Bundesrates, UFITA 45 [1965] 336/337).

3 **b)** Das **Bundesverfassungsgericht** sah die Regelung von § 47 in der vor dem 1. 7. 1985 geltenden Fassung – insbesondere auch die Vergütungsfreiheit – als mit dem Grundgesetz vereinbar an (BVerfGE 31, 270/273/274 – Schulfunksendungen). Es stellte in der Begründung darauf ab, dass es sich hier um eine „technische Vorschrift" handle, die ermöglichen solle, dass Schulfunksendungen „im richtigen Augenblick denjenigen vorgeführt werden können, für die sie bestimmt sind". Der Autor müsse bei Abschluss des Sendevertrages mit einer solchen „bestimmungsgemäßen Auswertung" rechnen, die demnach keine „zusätzliche Verwertung" sei (BVerfGE 31, 270/273/274 – Schulfunksendungen).

4 **c)** Die **Urheberrechtsnovelle 1985** erweiterte die Bestimmung in bedenklicher Weise zu Lasten der Urheber. Die Erweiterung ging in drei Stufen vor sich (vgl. hierzu *Möller* S. 49 f.). Zunächst war im RegE 1982 nur die Verlängerung der Löschungsfrist in Abs. 2 S. 2 vom Ende des laufenden Schuljahres auf nunmehr das Ende des auf die Übertragung der Schulfunksendung folgenden Schuljahres vorgesehen (RegE 1982, UFITA 96 [1983] 107/109). Auf Vorschlag des Bundesrates traten dann anstelle der bisher allein privilegierten „Erziehungsheime der Jugendfürsorge" allgemeiner „Heime der Jugendhilfe" (Stellungnahme des Bundesrates, UFITA 102 [1986] 115/116). Auf Vorschlag des Rechtsausschusses schließlich wurden zu den privilegierten Institutionen auch noch die Landesbildstellen aufgenommen (Schriftl. Bericht des Rechtsausschusses, UFITA 102 [1986] 169/174 f.), die vorher ausgenommen waren (vgl. OLG München, FuR 1983, 273/275).

Sowohl die Verlängerung der Löschungsfrist wie auch die Erweiterung auf die Landesbildstellen begegnet erheblichen **verfassungsrechtlichen Bedenken** (so auch *Neumann* S. 21 f.). Das BVerfG hat in seiner Entscheidung ein verfassungsmäßiges Gebot für eine Vergütungspflicht in § 47 aF im Hinblick auf den „**zeitlich** und **sachlich** beschränkten Rahmen des § 47 UrhG" verneint (BVerfGE 31, 270/274 – Schulfunksendungen). In beide Richtungen wurde § 47 danach durch die Urheberrechtsreform 1982 erweitert. Durch die Ausdehnung der Löschungsfrist um ein ganzes volles Schuljahr ist die Möglichkeit gegeben, ein – wenn auch zeitlich begrenztes – Archiv zu schaffen. Durch die neu geschaffene Möglichkeit der zentralen Herstellung von Vervielfältigungsstücken durch Landesbildstellen wird ein solcher Mitschnitt jetzt eben doch „gewissermaßen ein mehrfach verwendbares Lernmittel", für das das BVerfG die Zahlung einer Vergütung für geboten hält (BVerfGE 31, 270/274 – Schulfunksendungen). Die Landesbildstellen fertigen Mitschnitte nicht auf Bestellung von Schulen oÄ, sondern schneiden aus eigener Initiative selbständig mit und bieten ihr gesamtes so – vergütungsfrei – gewonnenes „Programm" Schulen und anderen Einrichtungen zur Leihe, teilweise sogar zur Miete an. Damit sind in beiden genannten Richtungen die engen Grenzen einer urheberrechtlich freien Nutzungsmöglichkeit, die das BVerfG in § 47 aF noch gewahrt gesehen hat, überschritten (im Ergebnis ebenso *Schack* Rdnr. 85, dort Fn. 21; *Mestmäcker/Schulze* S. 2; *Dreier/Schulze* Rdnr. 1; *Loewenheim/Götting*, Handbuch des Urheberrechts, § 31 Rdnr. 164 f.; aA *Möhring/Nicolini/Engels* Rdnr. 3 f.; im Übrigen vgl. *Ridder* Anm. zu Schulze BVfG 9, 34, der Kritik schon an der Entscheidung des BVerfG übt, soweit dieses die Vergütungsfreiheit in § 47 aF für zulässig hielt; *Fromm/Nordemann* haben in Vorauflagen die Neuregelung als „verfassungsrechtlich bedenklich" kritisiert, gehen nun aber – *Fromm/Nordemann/W. Nordemann*[10] Rdnr. 2 – davon aus, dass der Mitschnitt von Schulfunksendungen durch Landesbildstellen keine praktische Bedeutung habe – zu unrecht, su. Rdnr. 15).

3. Die Einschränkungen der Urheberrechte in § 47 stützen sich auf Art. 10 Abs. 2 RBÜ. Sie sind auch durch Art. 5 Abs. 3 a) der EU-Multimedia Richtlinie gedeckt, der Beschränkungen „ausschließlich zur Veranschaulichung im Unterricht" zulässt. Die Umsetzung der Richtlinie erforderte daher keine Änderung von § 47. Allerdings musste infolge der zwingenden Vorgabe von Art. 6 Abs. 4 1. Unterabschnitt der Multimedia Richtlinie § 95b Abs. 1 Ziff. 4. eingefügt werden, der den privilegierten Einrichtungen die Durchsetzung ihrer Rechte auch gegen technische Schutzmechanismen garantiert.

II. Einzelerläuterungen

1. Voraussetzungen hinsichtlich des vervielfältigten Werkes

a) Die Bestimmung umfasst sämtliche **Werke**, dh. alle Arten von Werken gemäß § 2 Abs. 1, soweit sie innerhalb einer Schulfunksendung gesendet werden.

b) Der Begriff der **Sendung** umfasst alle Arten der öffentlichen Wiedergabe gemäß § 20 (also neben der herkömmlichen Ausstrahlung über Hertzsche Wellen insbesondere auch den Kabel- und Satellitenfunk). Nicht erfasst ist die öffentliche Zugänglichmachung gem. § 19a (*Dreier/Schulze* Rdnr. 4). Die Gegenansicht (*Dreyer* in HK-UrhR Rdnr. 7) berücksichtigt nicht, dass der Gesetzgeber – wenn er dies gewollt hätte – 2003 wie in anderen Bereichen (zB § 46) eine entsprechende Erweiterung auch in § 47 hätte vornehmen können.

c) Es dürfen nur **Schulfunk**sendungen mitgeschnitten werden. Eine Erweiterung der Mitschnittmöglichkeit für jegliche Art von Rundfunksendungen – wie sie seitens der Schulträger gefordert wurde – wurde schon im RegE 1982 unter Hinweis auf die genannte Entscheidung des BVerfG ausdrücklich abgelehnt (AmtlBegr. UFITA 96 [1983] 107/117/126; *Möller* S. 48; *Bender* RdJB 1987, 185/189 ff.; *Göhner*, Parlamentarischer Staatssekretär im Bundesjustizministerium, bestätigt die „verfassungsrechtlichen Bedenken" gegen die Zulässigkeit eines vergütungsfreien (!) Mitschnittes jeglicher Art von Rundfunksendungen – GRUR 1992, 493; vgl. auch *Rossbach* S. 237 f.). Andererseits ist unbestreitbar, dass die Beschränkung auf Schulfunksendungen nicht den pädagogischen Anforderungen genügt. Bereits 2003 haben ARD und ZDF auf den

§ 47

„Wertungswiderspruch" zwischen § 52a (der sämtliche Werkarten erfasst) und § 47 hingewiesen und eine entsprechende Erweiterung von § 47 gefordert – freilich mit der Konsequenz einer grundsätzlichen Vergütungspflicht (Gemeinsame Stellungnahme ARD/ZDF vom 6. 1. 2003). Einee solche Gesetzesänderung wäre sicher für alle Beteiligten die sauberste Lösung.

10   Eine Definition des Begriffes **Schulfunk** findet sich im Gesetz nicht. Im Allgemeinen ist davon auszugehen, dass eine von den Rundfunkanstalten ausdrücklich als Schulfunksendung bezeichnete Sendung tatsächlich eine solche ist (*Möhring/Nicolini* Anm. 7; Ziff. 2.1 der Bekanntmachung des Kultusministeriums von Rheinland-Pfalz vom 10. 10. 1984 in ABl. 1984, 476; weitergehend *Dreier/Schulze* Rdnr. 4). In der Tat ist die Bezeichnung durch die Rundfunkanstalten ein stichhaltiges Indiz (Fromm/Nordemann/W. Nordemann[15] Rdnr.3 weist allerdings darauf hin, dass eine von der Rundfunkanstalt „fälschlich" als Schulfunksendung bezeichnete Sendung nicht im Rahmen von § 47 mitgeschnitten werden darf). In den Statistiken der Rundfunkanstalten werden die Schulfunksendungen für Hörfunk wie Fernsehen seit 1991 im Allgemeinen nicht mehr gesondert ausgewiesen (vgl. ARD-Jahrbuch 2008, 392 ff. und 405 ff.; während im ARD-Jahrbuch 2005, 77 noch gesondert vermerkt war, dass BR-alpha mehr als 450 Minuten Schulfernsehen pro Woche auf 20 Programmplätzen sendete, fehlt dieser Hinweis seither – vgl. ARD-Jahrbuch 2008, 411); meist geben die Sender aber Begleitmaterial für Schulfunksendungen aus. Andererseits darf nicht verkannt werden, dass Richtlinien für den Inhalt von Schulfunksendungen oft fehlen; lediglich dem Bayerischen Rundfunk ist vorgeschrieben, dass Sendungen, die für den Unterricht in bayerischen Schulen bestimmt sind, die für diese Schulen gültigen Lehr- und Bildungspläne zu beachten haben (Art. 4 Abs.2 Nr. 6 Gesetz über den Bayr. Rundfunk; die sog. „Bildungssendungen mit Schulcharakter" – § 3 Abs. 2 Nr. 6 WDR-Gesetz – können mit Schulfunksendungen iS von § 47 nicht gleichgestellt werden). Mangels genereller Richtlinien für den Inhalt von Schulfunksendungen kann daher die Bezeichnung, die der Sender seinem Programm gibt, allein für die Einstufung als Schulfunksendung noch nicht ausreichen. Es muss hinzukommen, dass der Inhalt der Sendung tatsächlich didaktisch auf den **Unterricht an Schulen** zugeschnitten ist. Deshalb zählen – unabhängig von ihrer Bezeichnung durch die Rundfunkanstalten – zB Sendungen wie Funk- oder Telekolleg, die für das Selbststudium bestimmt sind und nicht für den Unterricht an Schulen, nicht zu den Schulfunksendungen iS von § 47 (die in den Bekanntmachungen der Kultusministerien von Baden-Württemberg vom 15. 3. 1984 unter I. 1. – KuU 1984, 112 – und Rheinland-Pfalz vom 10. 10. 1984 unter Nr. 2.1 – ABl. 1986, 595 –, sowie von *Bender* RdJB 1987, 185/188 – geäußerte gegenteilige Auffassung ist nicht haltbar). Ebenso wenig gehören zB allgemeine Sprachlehrgänge, wie sie das Fernsehen ausstrahlt, hierher (ebenso *Fromm/Nordemann/W. Nordemann*[10] Rdnr. 3).Auch eine Erweiterung auf Sendungen, „wenn und soweit sie in die Lehrpläne und den Unterricht selbst passen" (so aber *Möhring/Nicolini/Engels* Rdnr. 10) ist nicht angebracht, zumal deren Autoren – anders als bei Schulfunksendungen – nicht mit einer vergütungsfreien Nutzung an Schulen rechnen können (vgl. Rdnr. 3 aE).

2. Der privilegierte Mitschnitt

11   a) In erster Linie dürfen **Schulen** privilegierte Vervielfältigungen vornehmen; in der Begründung zu § 47 in der ursprünglichen Fassung hat der Gesetzgeber noch klarer formuliert, dass die Aufnahme „**in** den Schulen" zu erfolgen habe (UFITA 45 [1965] 240/281). Damit ist klar, dass die Aufnahme eines Lehrers zuhause nicht mehr von § 47 gedeckt ist (ebenso *Wandtke/Bullinger/Lüft* Rdnr. 7; aA *Dreier/Schulze* Rdnr. 3), wie sich auch aus der Begründung für die Einbeziehung der Landesbildstellen ergibt, in der auf die Aufnahmegeräte der Schulen abgestellt wird (su. Rdnr. 14). Der Begriff der Schule deckt sich mit dem in § 46 (vgl. § 46 Rdnr. 10).

12   Darüber hinaus sind auch Einrichtungen der **Lehrerbildung** und **-fortbildung** privilegiert. Hierunter zählen pädagogische Hochschulen, Lehrerseminare uÄ, sowie Vorlesungen, Kurse und Seminare an Universitäten, soweit diese ausschließlich und speziell der Ausbildung zum Lehramt dienen (ebenso *Fromm/Nordemann/W. Nordemann* [10] Rdnr. 2; *Möhring/Nicolini* Anm. 3). Auf die Rechtsträgerschaft kommt es weder bei Einrichtungen der Lehrerbildung noch bei Einrichtungen der Lehrerfortbildung an; es können hierunter sowohl öffentliche wie private oder gemischte Institutionen fallen.

13   Waren früher darüber hinaus nur „Erziehungsheime der Jugendfürsorge" privilegiert, dh. Heime, die ausschließlich der Fürsorgeerziehung iS der früheren §§ 64 ff. JWG dienten, so wurde dies in der Novelle 1985 entsprechend der Terminologie des ehem. JWG auf alle „**Heime der Jugendhilfe**" erstreckt. Hierdurch wurde zwar eine geringfügige Erweiterung des

Kreises der privilegierten Institutionen vorgenommen (*Möller* S. 50; aA *Flechsig* NJW 1985, 1992, der davon ausgeht, dass mit der neuen Terminologie keine Erweiterung beabsichtigt war). Da jedoch „in den Heimen der Jugendhilfe gleiche Erziehungsarbeit wie in den Schulen geleistet wird" (so zum alten JWG *Möller* S. 50), ist diese Erweiterung im Hinblick auf die differenzierten Erziehungsmöglichkeiten nach dem JWG (jetzt KJHG) gerechtfertigt. Einrichtungen der Fürsorgeerziehung sind jetzt den Einrichtungen der freiwilligen Erziehungshilfe (§§ 27 ff. KJHG) und den Einrichtungen, in denen Kinder und Jugendliche im Rahmen von §§ 42 ff. KJHG untergebracht sind, gleichgesetzt (vgl. zum JWG Stellungnahme des Bundesrates, UFITA 102 [1986] 113/116).

Höchst bedenklich ist dagegen die Einbeziehung der staatlichen **Landesbildstellen** und vergleichbarer Einrichtungen in öffentlicher Trägerschaft in die Reihe der zu Mitschnitten nach § 47 privilegierten Institutionen. Zu den verfassungsrechtlichen Bedenken so. Rdnr. 5. Diese Erweiterung ist auch systemwidrig. Während bislang nur solche Institutionen privilegiert waren, die die Mitschnitte für ihre **eigenen** Unterrichtszwecke verwendeten, fertigen Landesbildstellen die Mitschnitte ausschließlich für Dritte. Anders als in § 53 Abs. 1 war eine Vervielfältigung durch Dritte im Rahmen von § 47 bisher nicht gestattet. Die Begründung für die Einbeziehung der Landesbildstellen, wonach „Schulen aus technischen und organisatorischen Gründen zur Aufnahme von Schulfunksendungen in der Regel auf die Unterstützung der staatlichen Landesbildstellen angewiesen sind, weil nur wenige Schulen über die besonderen Anlagen verfügen, mit denen für Unterrichtszwecke geeignete Aufzeichnungen hergestellt werden können" (Schriftl. Bericht des Rechtsausschusses, UFITA 102 [1986] 169/174), kann im Hinblick auf die heute im Handel erhältlichen billigen Ton- und Bildaufzeichnungsgeräte nicht mehr überzeugen (aA *Nordemann* GRUR 1985, 837/838). Unabhängig von verfassungsrechtlichen Bedenken aber ist die bisher geübte Praxis der Landesbildstellen auch durch die neue Fassung von § 47 nicht gedeckt (s. hierzu u. Rdnr. 15). 14

b) Es dürfen nur „**einzelne Vervielfältigungsstücke**" hergestellt werden. Nach allgemeinem Sprachgebrauch bedeutet dies – wie immer im Urheberrecht (vgl. zB § 53 Rdnr. 13 f.) –, dass nur einige wenige Exemplare gefertigt werden dürfen. Entscheidend hierbei sind die Bedürfnisse der Einrichtung (Schule etc.) für **deren** Bedarf der Mitschnitt erfolgt. Kommt die Notwendigkeit einer zeitgleichen Wiedergabe – zB in Parallelklassen – nicht in Betracht, so ist bereits ein einziges Exemplar ausreichend; scheint jedoch auch eine parallele Wiedergabe der betreffenden Schulfunksendung geboten ist, können stets nur so viele Exemplare im Rahmen von § 47 als gerechtfertigt angesehen werden, wie für den Parallelunterricht erforderlich sind (*Möhring/Nicolini* Anm. 6; *Ulmer*[3] § 68 II 1). Dies gilt insbesondere auch für Landesbildstellen (im Bericht des Rechtsausschusses, UFITA 102 [1986] 169/174, ist klargestellt, dass „auch Landesbildstellen" nur gestattet ist, „einzelne Vervielfältigungsstücke" aufzunehmen). Soweit Landesbildstellen von Schulfunksendungen eine Vielzahl, oft über tausend, Vervielfältigungsstücke herstellen, ist dies auch in der ab 1. 7. 1985 geltenden Fassung von § 47 nicht gedeckt (*Neumann* S. 82; *Wandtke/Bullinger/Lüft* Rdnr. 6; *Möhring/Nicolini/Engels* Rdnr. 9; aA *Dreyer*[2] in HK-UrhR Rdnr. 10; *Dreier/Schulze* Rdnr. 3). 15

c) § 47 gestattet nur, die Schulfunk**sendung** als solche durch Aufnahme zu vervielfältigen, es muß sich also um eine Sendung iSv § 20 handeln. Eine Vervielfältigung von Schulfunkprogrammen aus anderen Quellen, zB durch Überspielen von Arbeitsbändern der Rundfunkanstalten, ist unzulässig (BGH GRUR 1985, 874 – Schulfunksendung; ebenso die Vorinstanz OLG München, FuR 1983, 273). Durch eine Vervielfältigung von Schulfunksendungen aus anderen Quellen würden die Schwierigkeiten entfallen, „die sich daraus ergäben, dass der Mitschnitt einer Schulfunksendung an den Sendezeitpunkt gebunden sei und ausreichende Empfangsmöglichkeiten sowie technische Hilfsmittel voraussetze", dies aber wäre durch die „Verfassungsmöglichkeit" nicht mehr gedeckt (BGH GRUR 1985, 874/876 – Schulfunksendung). Damit ist vor allem sichergestellt, dass jeweils nur solche Schulfunksendungen im Rahmen von § 47 mitgeschnitten werden können, die am Ort der betreffenden Schule (bzw. sonstigen Einrichtung) empfangbar sind; Mitschnitte nach § 47 sind nur innerhalb des „reinen Sendegebiets" (BGH GRUR 1985, 874/876 – Schulfunksendung) der jeweiligen Rundfunkanstalt zulässig. Diese immer noch geltende Beschränkung (*Dreier/Schulze* Rdnr. 4; *Wandtke/Bullinger/Lüft* Rdnr. 6; *Dreyer*[2] HK-UrhR Rdnr. 14) ist heute allerdings weitgehend obsolet, können doch zB die Dritten Programme der ARD-Anstalten über Satellit und Kabel nahezu deutschlandweit empfangen und damit auch im Rahmen von § 47 genutzt werden; dies bestärkt die verfassungsrechtlichen Bedenken, zumal Rundfunkanstalten selbst keinen Vergütungsanspruch nach § 47 haben (§ 87 Abs. 4). 16

§ 47

17   d) Entsprechend der Terminologie im Sechsten Abschnitt des UrhG umfasst das Recht zur Vervielfältigung „auf **Bild- oder Tonträger**" auch das Recht zur Vervielfältigung auf Bild- und Tonträger (vgl. §§ 53 Abs. 1, 54 Abs. 1). Schon die Begründung zum RegE 1962 wies ausdrücklich auf das Mitschneiden von Fernsehsendungen hin (UFITA 45 [1965] 240/281).

18   e) Die nach § 47 mitgeschnittenen Schulfunksendungen dürfen **nur für den Unterricht** verwendet werden (Abs. 2 S. 1). Eine andere Verwendung, etwa die Vorführung in Lehrerkonferenzen, aber auch eine private Vorführung des Lehrers zuhause zur Vorbereitung des Unterrichts ist nicht zulässig (*Ulmer*[3] § 68 II 1; *Dreyer* in HK-UrhR Rdnr. 13).

19   f) Bei Vervielfältigungen von Schulfunksendungen nach § 47 sind das **Änderungsverbot** von § 62 und die Pflicht zur **Quellenangabe** nach § 63 zu beachten. Die Quellenangabe wird sich hier allerdings in aller Regel ohnehin aus der mitgeschnittenen Schulfunksendung selbst ergeben (*Samson* S. 163).

3. Löschungspflicht

20   a) Die im Rahmen von § 47 hergestellten Vervielfältigungsstücke müssen spätestens am Ende des auf die Übertragung, dh. des auf die Vervielfältigung der Schulfunksendung folgenden Schuljahres **gelöscht** werden. Die Frist beginnt mit der „Übertragung der Schulfunksendung"; diese Formulierung in Abs. 2 S. 2 – sie fehlte in § 47 aF – knüpft direkt an den Wortlaut von Abs. 1 S. 1 an, stellt also ausschließlich auf den tatsächlichen Übertragungsvorgang dh. die einzelne Vervielfältigung ab. Die Auffassung, bei Wiederholung einer Schulfunksendung beginne die Frist neu zu laufen, auch wenn kein neuerlicher Mitschnitt erfolgt (*Bender* RdJB 1987, 185/188; *von der Decken-Eckardt* NiedersSVBl. 1989, 196/197; *Dreyer* in HK-UrhR Rdnr. 15), ist vom Wortlaut der Bestimmung nicht gedeckt (ebenso *Wandtke/Bullinger/Lüft* Rdnr. 9). Unter „Löschung" ist die Unbrauchbarmachung zu verstehen (AmtlBegr. UFITA 45 [1965] 240/281; vgl. § 56 Rdnr. 10).

21   Der Begriff des **Schuljahres** passt naturgemäß nur für Schulen. Bei den sonstigen privilegierten Einrichtungen ist die Löschungsfrist daher analog zu berechnen. Dies bedeutet, dass bei den betreffenden Einrichtungen auf die jeweils üblichen Unterrichtszeitabschnitte abzustellen ist; für Landesbildstellen, die ihrerseits Mitschnitte von Sendungen für Schulen zentral organisieren, gilt im Hinblick auf diesen engen Konnex zu den Schulen das Schuljahr des betreffenden Bundeslandes. Bei sonstigen Einrichtungen ist auf die jeweils üblichen Unterrichtszeiträume abzustellen. Bei Hochschulen ist dies üblicherweise das Semester; hier hat also die Löschung am Ende des auf den Mitschnitt folgenden Semesters zu erfolgen (*Wandtke/Bullinger/Lüft* Rdnr. 10; *Dreyer* in HK-UrhR Rdnr. 15; aA *Fromm/Nordemann/W. Nordemann*[10] Rdnr. 6). Eine Benachteiligung der Hochschulen ist in dieser Auslegung nicht zu sehen. Zum einen sind die pädagogischen Bedürfnisse an Hochschulen wesentlich anders als an Schulen. Zum anderen ist die Frist auch an Schulen höchst unterschiedlich: je nachdem, wann im Laufe eines Schuljahres der betreffende Mitschnitt gefertigt wird, kann sich die Frist zur Löschung von knapp über einem Jahr bis fast zwei Jahre erstrecken. Wo überhaupt keine Zeiteinheiten für den Unterricht vorgegeben sind (insbesondere bei Heimen) kann man anstelle des Schuljahres in sinngemäßer Auslegung nur auf das Kalenderjahr abstellen; eine Heranziehung des für das betreffende Bundesland geltenden Schuljahres für solche Bereiche, die vom schulischen Ablauf überhaupt nicht berührt werden, wäre praxisfremd (so aber *Fromm/Nordemann/W. Nordemann*[10] Rdnr. 6; *Wandtke/Bullinger/Lüft* Rdnr. 10). Bei solchen Einrichtungen hat die Löschung am Ende des auf den Mitschnitt folgenden Kalenderjahres zu erfolgen.

22   b) Die nach Abs. 1 privilegierten Einrichtungen können die Löschungspflicht abwenden, wenn sie den Berechtigten eine **angemessene Vergütung** zahlen (Abs. 2 S. 2 letzter Halbs.). Anders als bei den übrigen Vergütungsansprüchen des Sechsten Abschnittes handelt es sich bei dieser Regelung nicht um eine typische gesetzliche Lizenz. Dabei fällt weniger ins Gewicht, dass der Vergütungsanspruch bei der gesetzlichen Lizenz im Allgemeinen durch ein aktives Tun ausgelöst wird, hier jedoch durch ein Unterlassen (der Löschung). Entscheidend ist, dass zum Wesen der gesetzlichen Lizenz gehört, dass deren Inhalt vom Gesetz selbst klar umschrieben ist. An diesem Kriterium fehlt es hier. Insbesondere fehlt hier der Hinweis auf eine zeitliche Erstreckung (die Auffassung von *v. Gamm* Rdnr. 9, wonach eine Erstreckung über mehr als ein weiteres Schuljahr nach Ablauf der Löschungsfrist nicht möglich sein solle, findet im Gesetz keine Grundlage und ist auch nicht überzeugend begründet). Nichtlöschung ohne Zahlung einer Vergütung stellt jedenfalls eine Urheberrechtsverletzung dar (Fromm/Nordemann/*W. Norde-*

mann[15] Rdnr. 6) Da hier keine typische gesetzliche Lizenz vorliegt, kann sich aber die privilegierte Einrichtung auch nicht einfach durch Zahlung einer ihr angemessen erscheinenden Summe der Löschungspflicht entziehen (ebenso *Ulmer*[3] § 68 II 3; *Dreier/Schulze* Rdnr. 8). Die Ansicht, eine Löschung könne bei Nichtangemessenheit des Betrages durch Zahlung unter Vorbehalt (mit der Folge eines anschließenden Rechtsstreits) vermieden werden (so Möhring/Nicolini/*Engels* Rdnr. 18) übersieht, dass eine solche Lösung nur im Rahmen von § 11 Abs. 2 WahrnG vorgesehen ist, wenn also die entsprechenden Rechte durch eine Verwertungsgesellschaft wahrgenommen werden. Die Höhe der angemessenen Vergütung wird insbesondere davon abhängen, wie lange die betreffende Einrichtung die Schulfunksendung aufbewahren will. So bleibt in der Praxis gar nichts anderes übrig, als dass sich die betreffende Einrichtung mit den Rechteinhabern rechtzeitig – dh. **vor** Ablauf der Löschungsfrist – über die Modalitäten (insbesondere Dauer der Aufbewahrungszeit und Höhe der Vergütung) einigt. Eine Zahlung **nach** Eintritt der Löschungsfrist würde bedeuten, dass jedenfalls bis zu diesem Zeitpunkt eine Urheberrechtsverletzung durch Unterlassen der Löschung vorgelegen hat (*Wandtke/Bullinger/Lüft* Rdnr. 11). Die Gegenmeinung wird damit begründet, dass „der Urheber dann in der Hand hätte, den Nutzer durch überhöhte Forderungen rechtlos zu stellen" (*Dreyer* in HK-UrhR Rdnr. 17); dieses Argument überzeugt nicht, da den Urheber eine Abschlusspflicht trifft und er in diesem Rahmen nur Anspruch auf eine „angemessene" Vergütung hat. Auch die modifizierende Betrachtungsweise, wonach eine nachträgliche Zahlung „zumindest den entstandenen Schaden beseitigt" (*Dreier/Schulze* Rdnr. 8; *Ulmer* § 68 I 3) vermag nicht die Rechtswidrigkeit bis zum Zeitpunkt der Zahlung zu beseitigen. Mit dieser Ausgestaltung rückt die Regelung in die Nähe der Zwangslizenz (s. hierzu vor §§ 44a ff. Rdnr. 36; ebenso *Neumann* S. 83). Jedenfalls ist davon auszugehen, dass „diese Vergütungsregel in der Praxis bislang eine geringe Rolle spielt, da ihre Voraussetzungen kaum überprüfbar sind" (*Haberstumpf*,[2] Rdnr. 362 aE).

4. Unter diesen Gesichtspunkten ist nur nahe liegend, wenn angeregt wird, hier mit den Schulträgern zu **Pauschalabkommen** über eine längerfristige Aufbewahrungs- und Verwendungsmöglichkeit der Mitschnitte von Schulfunksendungen zu gelangen (*Dietz*, Urheberrecht in der Europ. Gemeinschaft, Rdnr. 383). Die Einschaltung von Verwertungsgesellschaften scheint nicht nur aus Gründen der Praktikabilität geboten, sondern wird jetzt auch durch § 63a gefördert. Obwohl fast alle Verwertungsgesellschaften den Vergütungsanspruch aus Abs. 2 wahrnehmen (*Neumann* S. 249f.), gibt es bisher nur einen Vertrag zwischen GEMA und der Bundesvereinigung der kommunalen Spitzenverbände, der ua. auch diesen Anspruch abdeckt (Einzelheiten s. *Neumann* S. 252f.). Da davon auszugehen ist, dass die Löschungsfrist in der schulischen Praxis häufig nicht eingehalten wird (*Neumann* S. 84), kann jetzt festgestellt werden, dass die Erweiterung des § 47 durch die Novelle von 1985 ihr Ziel eines Interessenausgleichs zwischen Rechtsinhabern und schulischen Nutzern verfehlt hat, was deren Verfassungswidrigkeit (so. Rdnr. 5) noch verstärkt (ebenso *Neumann* S. 84). § 47 – mindestens aber die Vergütungsregelung – sollte reformiert werden (ebenso *Dreier/Schulze* Rdnr. 9). Noch weitergehend hält *Poeppel* (Die Neuordnung der urheberrechtlichen Schranken im digitalen Umfeld, S. 203f.) § 47 für nicht mehr zeitgemäß und damit überflüssig, wenn zukünftig Unterrichtsmaterialien für Lehrer nicht mehr gesendet, sondern gem. § 19a öffentlich zugänglich gemacht werden.

§ 48 Öffentliche Reden

(1) **Zulässig ist**
1. die Vervielfältigung und Verbreitung von Reden über Tagesfragen in Zeitungen, Zeitschriften sowie in anderen Druckschriften oder sonstig ist in vielen Punkten unklar und unbefriedigenden Datenträgern, die im Wesentlichen den Tagesinteressen Rechnung tragen, wenn die Reden bei öffentlichen Versammlungen gehalten oder durch öffentliche Wiedergabe im Sinne von § 19a oder § 20 veröffentlicht worden sind, sowie die öffentliche Wiedergabe solcher Reden,
2. die Vervielfältigung, Verbreitung und öffentliche Wiedergabe von Reden, die bei öffentlichen Verhandlungen vor staatlichen, kommunalen oder kirchlichen Organen gehalten worden sind.

(2) **Unzulässig ist** jedoch die Vervielfältigung und Verbreitung der in Absatz 1 Nr. 2 bezeichneten Reden in Form einer Sammlung, die überwiegend Reden desselben Urhebers enthält.

§ 48

1 1. Diese Bestimmung schränkt zur „Erleichterung der Berichterstattung" (AmtlBegr., Schulze Materialien, 70) das Recht zur Vervielfältigung (§ 16), Verbreitung (§ 17 Abs. 1) und öffentlichen Wiedergabe (§ 15 Abs. 2) ein und dient damit der **Informationsfreiheit,** indem sie die Vervielfältigung und Verbreitung öffentlicher Reden in der Presse und auf sonstigen Datenträgern gestattet, sowie die öffentliche Wiedergabe (also insbes. die Sendung gem. § 20 und die öffentliche Zugänglichmachung gem. § 19 a solcher Reden. Die Bestimmung berührt die **wörtliche** Wiedergabe von Reden; soweit nur der **Inhalt** von Reden wiedergegeben wird, richtet sich die Zulässigkeit nach § 12 Abs. 2 (Recht der Inhaltswiedergabe, s. § 12 Rdnr. 23 ff.) bzw. bei Benutzung für ein eigenes Werk nach §§ 23 f.

Die Regelung wurde im Wesentlichen **aus § 17 LUG** (iVm. § 26 LUG) **übernommen.** Die bedeutendste Änderung war die Erweiterung in Abs. 1 Nr. 1 dahingehend, dass Reden vor öffentlichen **Versammlungen** (früher nur in öffentlichen **Verhandlungen**) freigegeben sind, während andererseits eine inhaltliche Einschränkung erfolgt ist, wonach jetzt nur noch Reden **über Tagesfragen** erfasst sind.

Die Einschränkungen der Urheberrechte in § 48 stützen sich auf Art. 2bis RBÜ. Eine entsprechende Ermächtigung für diese Schranke findet sich in Art. 5 Abs. 3 f.) und Abs. 4 der Multimedia Richtlinie. Letztere kann zur Auslegung von § 48 herangezogen werden, da sie die Ausnahme nur zulässt, „soweit der Informationszweck dies rechtfertigt".

Mit dem Gesetz zur Regelung des Urheberrechts in der Informationsgesellschaft von 2003 wurde § 48 auf zweierlei Weise erweitert: Zum einen können jetzt auch Reden, die lediglich im Rahmen von digitalen Online-Medien (§ 19 a) veröffentlicht worden sind, genutzt werden, zum anderen ist die Verwendung solcher Reden nun auch in „sonstigen Datenträgern" zulässig.

2. Abs. 1 Nr. 1

2 **a)** Im Rahmen von Abs. 1 Nr. 1 dürfen „Reden über Tagesfragen ..., die ... bei öffentlichen Veranstaltungen oder durch öffentliche Wiedergabe im Sinne von § 19 a oder § 20 veröffentlicht" wurden, genutzt werden.

Reden sind in § 2 Abs. 1 Nr. 1 als Sprachwerke definiert (s. § 2 Rdnr. 57). Dass jetzt **Vorträge** nicht mehr – wie noch in § 17 LUG – gesondert aufgeführt sind, stellt keinen sachlichen Unterschied dar (AmtlBegr. UFITA 45 [1965] 240/281); jeder Vortrag ist auch eine Rede iSv. § 2 Abs. 1 Nr. 1. Eine Ausdehnung dieser Bestimmung auf andere Werkkategorien ist nicht zulässig (*Möhring/Nicolini* Anm. 1 b).

3 Reden sind nur insoweit frei, als sie tatsächlich **gehalten** wurden. So ist zB die Vervielfältigung eines „Redemanuskriptes" vor dem Zeitpunkt der gehaltenen Rede nicht zulässig (*v. Gamm* Rdnr. 2; *Möhring/Nicolini/Engels* Rdnr. 7; *Dreier/Schulze* Rdnr. 4); eine vorzeitige Verwendung würde eine Verletzung des Veröffentlichungsrechts nach § 12 darstellen. Reden dürfen auch nur in der tatsächlich gehaltenen Form wiedergegeben werden; dies gilt insbesondere, wenn die gehaltene Rede vom Manuskript abweicht. **Wer** die Rede hält, ob der Autor selbst oder ein Dritter das Manuskript abliest, ist unerheblich (*Möhring/Nicolini/Engels* Rdnr. 7).

4 Freigegeben nach Abs. 1 Nr. 1 sind nur Reden über **Tagesfragen.** Zum Begriff der Tagesfragen s. § 49 Rdnr. 8. Wie sich aus der Gesetzesbegründung ergibt, ist der Begriff hier aber noch enger auszulegen. Im Gegenzug zur Erweiterung auf Reden bei allen Versammlungen (nicht mehr nur – wie in § 17 LUG – bei Verhandlungen) wollte der Gesetzgeber eine **inhaltliche Eingrenzung,** indem er „Reden über nicht tagesgebundene Themen, insbesondere Themen literarischer oder wissenschaftlicher Art, selbst wenn sie anlässlich eines Tagesereignisses gehalten werden", nicht unter § 48 subsumierte (AmtlBegr. UFITA 45 [1965] 240/281; aA *v. Gamm* Rdnr. 4, der dies für zu eng hält). Reden über Tagesfragen in diesem Sinne sind nur solche Reden, die das aktuelle Tagesthema in allgemein verständlicher Form darbieten (*Rehbinder* UFITA 48 [1966] 102/112 f.; *Groß/Fuhr* ArchPR 1965, 573/576; *Dreier/Schulze* Rdnr. 5). Nur für Reden mit solch eingeschränktem Inhalt gilt das Bedürfnis der Öffentlichkeit nach rascher Unterrichtung, das die urheberrechtliche Freigabe überhaupt rechtfertigt. Sobald die Rede wissenschaftliche Bedeutung oder künstlerische Form erhält, ist sie nicht mehr (für die wortgetreue Wiedergabe) frei. Deshalb fallen wissenschaftliche oder akademische Referate (*Ulmer*[3] § 70 I 1), Predigten (*Rehbinder*[15] Rdnr. 504; aA *v. Gamm* Rdnr. 5 aE) oder Laudationes für Preisträger (*Möhring/Nicolini/Engels* Rdnr. 6; *Ulmer*[3] § 70 I 1) ebenso wenig darunter wie Dichterlesungen (*Rehbinder*[15] Rdnr. 504) oder Vorträge (Sketche), die sich in humoristisch/satirischer Weise mit Tagesthemen befassen (*v. Gamm* Rdnr. 5 kommt zu dem gleichen Ergebnis, leitet dies allerdings von einer notwendigen Zweckbestimmung der Versammlung her).

Öffentliche Reden **§ 48**

Nur Reden, die bei **öffentlichen Versammlungen** gehalten oder öffentlich wiedergegeben 5
worden sind, dürfen gem. Abs. 1 Nr. 1 verwertet werden. Der Begriff der **Versammlung** geht
weiter als der der „Verhandlung" in § 17 LUG; es kommt hier nicht mehr darauf an, dass an die
Rede eine Aussprache oÄ anknüpft. Der Begriff der **Öffentlichkeit** ist weiter als in § 15
Abs. 3. Hier genügt nicht schon das fehlende Band der Zusammengehörigkeit, um den Öffentlichkeitscharakter zu bejahen. Versammlungen iS von Abs. 1 Nr. 1 sind vielmehr nur dann öffentlich, wenn sie sich an die Allgemeinheit oder doch zumindest an einen breiten Personenkreis richten und für diesen auch zugänglich sind. Ist diese Zielrichtung gegeben, so schadet die
zahlenmäßige Begrenzung durch die vorgegebene Größe des Versammlungsraumes (*Wandtke/
Bullinger/Lüft* Rdnr. 3) ebenso wenig wie das Verlangen von Eintrittsgeld (*Ulmer*[3] § 70 I 2) oder
das Aussperren gewisser Publikumsschichten (zB Minderjähriger – *Allfeld* LUG[2] § 17 Anm. 5 b;
Dreyer in HK-UrhR Rdnr. 8). Typische Beispiele solcher öffentlicher Veranstaltungen sind politische Kundgebungen aller Art, an die Öffentlichkeit appellierende Veranstaltungen von Parteien,
Gewerkschaften, Verbänden oder sonstigen Organisationen (vgl. *v. Gamm* Rdnr. 5). Nicht hierher
gehören Veranstaltungen, die sich ihrer Zielrichtung nach an einen begrenzten Personenkreis richten (zB nur an Mitglieder eines Vereins oder an Aktionäre), auch wenn dieser Kreis zahlenmäßig
sehr groß ist (*Dreier/Schulze* Rdnr. 6).

Durften früher nur (sprachlich ungenau) „im Rundfunk gehaltene Reden" im Rahmen von 6
§ 48 verwendet, so können seit 2003 (so. Rdnr. 1) alle Reden, die iSv. § 20 **gesendet** oder iSv.
von § 19a **öffentlich zugänglich gemacht** worden sind, in diesem Rahmen verwendet werden. Unbeachtlich ist auch hier, ob die Rede vom Autor selbst oder einem Dritten gelesen
wurde (so. Rdnr. 3). Auch für auf diese Art veröffentlichte Reden gilt die inhaltliche Beschränkung (Rdnr. 4). Schon deshalb fallen **Rundfunkkommentare** uÄ nicht unter diese Bestimmung
(*v. Gamm* Rdnr. 6; *Möhring/Nicolini/Engels* Rdnr. 4); für diese gilt ausschließlich § 49 (s. dort
Rdnr. 3).

b) Die nach den obigen Darlegungen nutzbaren Reden dürfen nur in **Zeitungen, Zeit-** 7
schriften sowie – seit 2003 – auch in **anderen Druckschriften** oder **sonstigen Datenträ-**
gern, die im Wesentlichen Tagesinteressen Rechnung tragen, vervielfältigt und verbreitet werden.

Der Begriff der **Zeitung** entspricht grundsätzlich dem in § 38 (s. dort Rdnr. 13), umfasst
aber darüber hinaus – ebenso wie in § 49 (vgl. § 49 Rdnr. 5) – auch sog. Publikumszeitschriften. Obwohl die Gesetzesbegründung im Rahmen von § 48 nur von „zeitungsähnlichen Zeitschriften" spricht (AmtlBegr. UFITA 45 [1965] 240/282), sind unter **Zeitschriften** iS dieser
Bestimmung auch solche periodischen Publikumsorgane zu verstehen, die als **Fach**zeitschriften
nur ein Fachgebiet behandeln (*Ulmer*[3] § 70 I 3; *Dreyer* in HK-UrhR Rdnr. 10), sofern sie von
Aktualität geprägt sind (hierzu u. Rdnr. 8). Anstelle der früher privilegierten „anderen Informationsblätter" sind nun die **anderen Druckschriften** getreten. Unverändert fallen hierunter
„Nachrichtendienste, Korrespondenzen und dergl." (AmtlBegr. UFITA 45 [1965] 240/281),
also zB auch aktuelle Verbandsmitteilungen, Informationsdienste uÄ. Durften die Reden früher
nur **in** den Informationsblättern nachgedruckt werden, weshalb Sonderdrucke, Beilagen uÄ
nicht von § 48 privilegiert waren, wird man nach der Erweiterung auf „andere Druckschriften"
davon ausgehen können, dass auch Sonderdrucke, Beilagen uÄ durch § 48 privilegiert sind
(*Dreier/Schulze* Rdnr. 7; *Wandtke/Bullinger/Lüft* Rdnr. 4; aA *Möhring/Nicolini/Engels* Rdnr. 14).
Eine Beschränkung des Rechts auf Übernahme nur in den redaktionellen Teil (und nicht zB in
den Anzeigenteil) findet im Gesetz keine Stütze (so aber *Möhring/Nicolini/Engels* Rdnr. 14).

Seit 2003 ist ausdrücklich auch die Vervielfältigung und Verbreitung solcher Reden auf
„sonstigen Datenträgern, dh. insbesondere digitalen Offline-Medien (CD ROM etc.)", erlaubnisfrei zulässig (AmtlBegr. UFITA 2004/I 186/221).

Voraussetzung für alle drei Kategorien (Zeitungen, Zeitschriften und andere Druckschriften) 8
ist, dass sie im Wesentlichen den **Tagesinteressen Rechnung tragen** (AmtlBegr. UFITA 45
[1965] 240/281). Anders als nach § 49 (s. § 49 Rdnr. 6), genügt es hier, wenn das Medium „im
Wesentlichen" Tagesinteressen dient. Ausgeschlossen sind deshalb zB Druckwerke oder Datenträger, die vorrangig Archivzwecken dienen (*Dreier/Schulze* Rdnr. 7).

Das nach Abs. 1 Nr. 1 letzter Halbs. ebenfalls freigegebene Recht der öffentlichen Wiedergabe 9
(§ 15 Abs. 2) ermöglicht vor allem **Rundfunksendungen** gem. § 20, aber nun auch ausdrücklich die **öffentliche Zugänglichmachung** (§ 19 a), also digitale Online-Übermittlungen zB
im Internet. Danach freigegebene Reden können in Wort (Hörfunk) und Bild (Fernsehen)
durch Rundfunkanstalten (gleich welcher Organisationsform) gesendet werden. Bei einer sog.

§ 48   Öffentliche Reden

Live-Sendung ergibt sich dies unmittelbar aus § 48. Soweit die Rede mitgeschnitten und zeitlich versetzt gesendet wird, ergibt sich dies – da das Vervielfältigungsrecht nach § 48 nur für Druckerzeugnisse gilt – erst aus § 48 iVm. § 55 (ebenso *Fromm/Nordemann*[10] Rdnr. 6; *Dreier/Schulze* Rdnr. 7). Zu beachten ist allerdings die – nicht auf Urheberrecht basierende – Möglichkeit, dass der Veranstalter auf Grund seines Hausrechts die Aufnahme verbieten kann (*Haberstumpf*[2] Rdnr. 352 aE) oder dass sich der Vortragende auf sein Recht am eigenen Bild beruft, was allerdings im Hinblick auf die Einschränkungen zu Lasten von Personen der Zeitgeschichte hier nur sehr bedingt möglich sein wird (vgl. *Ulmer*[3] § 70 II aE).

3. Abs. 1 Nr. 2

10   a) Abweichend von Nr. 1 sind nach Nr. 2 **alle Reden** (zum Begriff der Rede so. Rdnr. 2) frei, unabhängig von Inhalt und Aktualität.

Anders als nach Nr. 1 sind hier aber nur Reden bei **öffentlichen Verhandlungen** frei. Verhandlungen sind – wie schon nach § 17 LUG – solche Veranstaltungen, in denen sich an die Rede eine Diskussion oder Aussprache anschließt (AmtlBegr. UFITA 45 [1965] 240/281). Ob diese Aussprache im Einzelfall tatsächlich erfolgt oder unterbleibt, ist unerheblich (*Allfeld* LUG[2] § 17 Anm. 4a; *Voigtländer/Elster/Kleine*[4] § 17 LUG Anm. 1; *Dreier/Schulze* Rdnr. 8).

11   Freigegeben sind Reden vor **staatlichen, kommunalen oder kirchlichen Organen**. Der Begriff des Organs bezieht sich hier nicht formaljuristisch auf die Vertretung einer juristischen Person, sondern umfasst sämtliche Dienststellen, vor denen öffentliche Verhandlungen stattfinden (*Möhring/Nicolini/Engels* Rdnr. 18), sofern es sich um offizielle, rechtlich geregelte Einrichtungen handelt (*Allfeld* LUG[2] § 17 Anm. 12). Nicht hierunter fallen daher gesetzlich nicht vorgesehene Einrichtungen wie zB Städtetag oder Katholikentag, auch wenn diese politische Willensbildung beabsichtigen und gegebenenfalls Verhandlungen anberaumen (diese können aber unter Nr. 1 fallen). Ebenso wenig fallen politische Parteien und privatrechtlich installierte Schiedsgerichte hierunter (*Möhring/Nicolini/Engels* Rdnr. 19). Typische Organe iSv. Abs. 1 Nr. 2 sind Gerichte, Parlamente aller Art (Bundestag, Landtag, Bundesrat, Kreis- und Gemeinderäte usw.) einschließlich all ihrer Kommissionen, Ausschüsse etc., Gerichte sowie gewisse Behörden. Kirchliche Organe sind zB Synode und Kirchenkonferenz der evangelischen Kirche (vgl. Art. 22 Grundordnung der Evang. Kirche Deutschlands v. 13.7. 1948), Deutsche Bischofskonferenz und Diözesan-Synoden der katholischen Kirche.

12   **Öffentlich** ist eine Verhandlung, wenn nicht nur die an ihr Beteiligten, sondern auch beliebige andere Personen teilnehmen können (so. Rdnr. 5; vgl. auch die gesetzlichen Bestimmungen über die Öffentlichkeit, zB §§ 169 GVG; 52 ArbGG; 69 PatG).

13   b) In Erweiterung von Nr. 1 dürfen Reden nach Nr. 2 nicht nur in Zeitungen uÄ, sondern in **Publikationen aller Art** nachgedruckt werden, also auch in Büchern, Broschüren etc., sowie auf alle Arten **öffentlich wiedergegeben** werden, also durch Sendung, Internet etc.

14   Für das Recht der öffentlichen Wiedergabe (Sendung) durch **Rundfunkanstalten** so. Rdnr. 9. Dabei ist allerdings das zwingende Verbot von § 169 S. 2 GVG zu beachten, wonach Ton- und Filmaufnahmen bei bestimmten Gerichtsverhandlungen nicht zulässig sind (*Rehbinder*[15] Rdnr. 506); dieses Verbot verstößt nicht gegen die Rundfunkfreiheit in Art. 5 Abs. 1 S. 2 GG (BVerfG ZUM 1996, 234/235). Aus § 48 ergibt sich kein – etwa auf das Grundrecht der Pressefreiheit zu stützender – öffentlichrechtlicher Anspruch auf Ton- oder Bildaufzeichnungen einer öffentlichen Verhandlung (BVerwG NJW 1991, 118/119). Der Text des Plädoyers etc. darf zwar gem. § 48 im Wortlaut wiedergegeben werden, da jedoch Aufnahmen nach dem GVG verboten sind, bleibt nur die Möglichkeit des Mitstenographierens (*Ulmer*[3] § 70 II aE); ebenso sind Zeichnungen im Gerichtssaal erlaubt (*Baumbach/Lauterbach/Albers* GVG[44] § 169 Anm. 2).

15   **4.** Nach **Abs. 2** dürfen Reden nicht in eine **Sammlung** aufgenommen werden, die überwiegend Reden desselben Urhebers enthält. Der Begriff **überwiegend** darf hier nicht wörtlich mit „mehr als 50%" gleichgesetzt werden (so aber *v. Gamm* Rdnr. 8 aE und *Fromm/Nordemann/ W. Nordemann*[10] Rdnr. 9, wonach Abs. 2 eingreift, wenn mehr als die Hälfte des Sammelwerks „nach Anzahl oder Seitenzahl" aus Reden eines einzigen Urhebers besteht). Der Gesetzgeber ging davon aus, dass Abs. 2 § 17 Abs. 2 LUG entspricht (AmtlBegr. UFITA 45 [1965] 240/ 282); § 17 Abs. 2 LUG aber erlaubte keine Sammlungen, die „der Hauptsache nach" Reden desselben Urhebers enthielten. Auch nach dem geltenden Abs. 2 kann daher die Prüfung, ob eine Sammlung **überwiegend** Reden ein und desselben Autors enthält, nicht ausschließlich nach quantitativen Maßstäben erfolgen. Es ist vielmehr darauf abzustellen, ob die betreffende Sammlung das Hauptgewicht auf einen Autor legt (ebenso *Götting* in Loewenheim, Handbuch

des UrhR, § 31 Rdnr. 85). So würde auch eine Sammlung, in der zB ein Drittel Reden eines Autors enthalten sind und der Rest sich auf Reden einer Unzahl von anderen Autoren aufteilt, gem. Abs. 2 nicht zulässig sein (ebenso *Wandtke/Bullinger/Lüft* Rdnr. 7). Deshalb wäre es auch unzulässig, in eine Sammlung alle (oder fast alle) Reden ein und desselben Urhebers aufzunehmen, auch wenn diese im Verhältnis zu den übrigen in der Sammlung enthaltenen Reden nur einen kleinen Teil ausmachen würden (*Fromm/Nordemann/W. Nordemann*[10] Rdnr. 9). Nur eine solch enge Auslegung entspricht auch Art. 2bis Abs. 3 RBÜ.

5. Bei Verwendung von Reden im Rahmen von § 48 ist das **Urheberpersönlichkeitsrecht** 16 zu achten. Dies gilt insbesondere für das Änderungsverbot nach § 62; allerdings wird man davon ausgehen können, dass gem. § 62 Abs. 2 Reden im Rahmen von § 48 auch auszugsweise im Wortlaut wiedergegeben werden dürfen, wenn hierdurch der Sinn nicht verfälscht wird. Zu beachten ist weiterhin das Gebot der Quellenangabe nach § 63; der Redner hat also ein Recht auf Namensnennung (*Rehbinder*[16] Rdnr. 506). Das **allgemeine Persönlichkeitsrecht** dagegen wird durch § 48 eingeschränkt (OLG Celle Schulze OLGZ 282, 4 mit Anm. von *Ridder* S. 7).

§ 49 Zeitungsartikel und Rundfunkkommentare

(1) ¹Zulässig ist die Vervielfältigung und Verbreitung einzelner Rundfunkkommentare und einzelner Artikel sowie mit ihnen im Zusammenhang veröffentlichter Abbildungen aus Zeitungen und anderen lediglich Tagesinteressen dienenden Informationsblättern in anderen Zeitungen und Informationsblättern dieser Art sowie die öffentliche Wiedergabe solcher Kommentare, Artikel und Abbildungen, wenn sie politische, wirtschaftliche oder religiöse Tagesfragen betreffen und nicht mit einem Vorbehalt der Rechte versehen sind. ²Für die Vervielfältigung, Verbreitung und öffentliche Wiedergabe ist dem Urheber eine angemessene Vergütung zu zahlen, es sei denn, daß es sich um eine Vervielfältigung, Verbreitung oder öffentliche Wiedergabe kurzer Auszüge aus mehreren Kommentaren oder Artikeln in Form einer Übersicht handelt. ³Der Anspruch kann nur durch eine Verwertungsgesellschaft geltend gemacht werden.

(2) Unbeschränkt zulässig ist die Vervielfältigung, Verbreitung und öffentliche Wiedergabe von vermischten Nachrichten tatsächlichen Inhalts und von Tagesneuigkeiten, die durch Presse oder Funk veröffentlicht worden sind; ein durch andere gesetzliche Vorschriften gewährter Schutz bleibt unberührt.

Schrifttum: *Bayreuther*, Beschränkungen des Urheberrechts nach der neuen EU-Urheberrechtsrichtlinie, ZUM 2001, 828; *Beiner*, Der urheberrechtliche Schutz digitalisierter Presseartikel in unternehmenseigenen Datenbanken, MMR 1999, 691; *Berger*, Elektronische Pressespiegel und Informationsrichtlinie, CR 2004, 360; *Berger/Degenhart*, Rechtsfragen elektronischer Pressespiegel, AfP 2002, 557; *Czychowski*, Karlsruhe locuta, causa finita: Elektronische Pressespiegel nunmehr erlaubt?, NJW 2003, 118; *Dreier*, Anmerkung zum BGH-Urteil „Elektronischer Pressespiegel", JZ 2003, 477; *Eidenmüller*, Elektronischer Pressespiegel, CR 1992, 321; *Ekrutt*, Vergütungspflicht für Pressespiegel, GRUR 1975, 358; *Fischer*, Zur Zulässigkeit des Vertriebs traditioneller und elektronisierter Pressespiegel durch kommerzielle Anbieter, ZUM 1995, 117; *Flechsig*, Elektronischer Pressespiegel, in Becker (Hrsg.), Die Wahrnehmung von Urheberrechten an Sprachwerken, 1999, 57; *ders.*, Pressespiegelfreiheit in der Wissensgesellschaft, FS Raue, 2006, 415; *ders.* Governance of Knowledge und Freiheiten selektiver Informationsbeschaffung, GRUR 2006, 888; *Geiger*, Die Vereinbarkeit einer Privilegierung von kommerziellen Pressespiegeln mit europarechtlichen Vorgaben, KUR 2004, 70; *Haupt*, Der Vorschlag der FIBEP für eine Neufassung von § 49, KUR 2004, 42; *ders.*, E-Mail-Versand – Eine neue Nutzungsart im urheberrechtlichen Sinn?, ZUM 2002; 797; *ders.*, Elektronische Pressespiegel aus der Sicht des urheberrechtlichen Konventionsrechts, GRUR Int. 2004, 739; *Hilty*, Elektronische Pressespiegel: „iura novit curia": sic!, 3/2003; *Hoeren*, Pressespiegel und das Urheberrecht, GRUR 2002, 1023; *ders.*, Pressespiegel im Urheberrecht – eine Anfrage an die Informationsfreiheit, in Schweizer u. a. (Hrsg.), FS für *Druey*, 2002, 773; *ders.*, Anmerkung zum BGH-Urteil „Elektronischer Pressespiegel", MMR 2002, 743; *ders.*, Die Schranken des Urheberrechts in Deutschland, in *Hilty/Geiger* (Hrsg.), Impulse für eine europäische Harmonisierung des Urheberrechts, 2007, 265; *Katzenberger*, Urheberrechtsfragen der elektronischen Textkommunikation, GRUR Int. 1983, 895; *ders.*, Elektronische Printmedien und Urheberrecht, 1996, S. 58 ff.; *Lehmann/Katzenberger*, Elektronische Pressespiegel und Urheberrecht, 1999; *Kleinke*, Pressedatenbanken und Urheberrecht, 1999; *Kröger*, Anmerkung zum Urteil OLG Hamburg vom 6. 4. 2000, CR 2000, 662; *Loewenheim*, Die urheber- und wettbewerbsrechtliche Beurteilung der Herstellung und Verbreitung elektronischer Pressespiegel, GRUR 1996, 636; *ders.*, Urheberrechtliche Grenzen der Verwendung geschützter Dokumente in Datenbanken, 1994, S. 72 ff.; *Melichar*, Die Begriffe „Zeitung" und „Zeitschrift" im Urheberrecht, ZUM 1988, 14; *ders.*, Die digitale Verwertung von Sprachwerken, in (Becker/Dreier (Hrsg.), Urheberrecht und digitale Technologie, 1994, S. 85; *ders.*, Vom P-Pressespiegel zum E-Pressespiegel, in *Hanuschek* u. a. (Hrsg.), Die Struktur medialer Revolution, FS G. Jäger, 2000, S. 60; *Oekonomidis*, Die Zitierfreiheit im Recht Deutschlands, Frankreichs, Großbritanniens und der Vereinigten Staaten, 1970, S. 114 ff.; *Prantl*, Die journalistische Information zwischen Ausschlußrecht und Gemeinfreiheit, 1983, S. 7–81; *Rath-Glawatz*, Das Angebot elektronischer Pressespiegel durch „Ausschnittdienste", in *Mann/Smiol* (Hrsg.), FS für *Damm*, 2005, 108; *Rehbinder u. a.*, Die Einspeisung von Zeitungsartikeln in Online-Datenbanken der Zeitungsverlage, UFITA 2000, 395; *Rogge*, Elektronische Pressespiegel in urheber- und wettbewerbsrechtlicher Beurteilung,

2001; *Soehring,* Presserecht, 2. Aufl. 1995, S. 28 ff.; *Spindler,* Die Archivierung elektronischer Pressespiegel, AfP 2006, 408; *Vogtmeier,* Elektronischer Pressespiegel in der Informationsgesellschaft, 2004; *dies.,* Elektronischer Pressespiegel im 2. Korb, MMR 2004, 658; *Waldenberger,* Anmerkung zum BGH-Urteil „Elektronische Pressespiegel", MMR 2002, 743; *Wallraf,* Elektronische Pressespiegel aus der Sicht der Verlage, AfP 2000, 23; *Wild,* Die zulässige Wiedergabe von Presseberichten und -artikeln in Pressespiegeln, AfP 1989, 701; *Will,* Zur Zulässigkeit betriebsinterner Pressespiegel, MMR 2000, 368; *Zahrt,* Der urheberrechtliche Schutz elektronischer Printmedien, 1999.

Übersicht

	Rdnr.
I. Allgemeines	1–3
1. Zweck der Vorschrift	1
2. Entwicklung	2
3. Internationale Einbindung	3
II. Einzelerläuterungen	4–43
1. Voraussetzungen hinsichtl. des übernommenen Werkes	4–14
a) Rundfunkkommentare	4
b) Artikel aus Zeitungen und anderen lediglich Tagesinteressen dienenden Informationsblättern	5
aa) Artikel	6
bb) Abbildungen	7
cc) Zeitung	8
dd) lediglich Tagesinteressen dienende Informationsblätter	9
c) politische, wirtschaftliche oder religiöse Tagesfragen	10, 11
d) einzelne Kommentare oder Artikel	12
e) Vorbehalt der Rechte	13, 14
2. Voraussetzungen für den Übernehmenden	15–19
a) Zeitungen und andere Informationsblätter	15–17
b) Vervielfältigung, Verbreitung und öffentliche Wiedergabe	18
c) Keine besondere Zweckbestimmung	19
3. Vergütungspflicht	20–27
a) Wesen des Anspruchs	20
b) Auskunftsanspruch	21
c) Höhe der Vergütung	22
d) Verwertungsgesellschaftspflichtigkeit	23
e) Verwendung von Bildern	24
f) Wegfall der Vergütungspflicht (Abs. 1 S. 2 letzter Halbs.)	25–27
4. Quellenangabe	28
5. Die Ausnahme des Abs. 2	29–36
a) Vermischte Nachrichten und Tagesneuigkeiten	29, 30
b) Neuigkeiten „tatsächlichen Inhalts"	31
c) „Vermischte" Nachrichten	32
d) „Unbeschränkte" Benutzung	33
e) Folgen nach Abs. 2	34
f) RBU	35
g) Sonstige gesetzliche Vorschriften	36
6. Elektronische Pressespiegel	37–43
a) Gegenstand	37
b) Subsumierung unter § 49	38, 39
c) Praxis	40
d) Übrige Voraussetzungen	41
7. Kommerzielle Pressespiegel	42, 43

I. Allgemeines

1. Die Bestimmung ersetzt im Interesse der Allgemeinheit, hier insbesondere der Informationsfreiheit (treffender ist das anglo-amerikanische Schlagwort vom **free flow of information**), das ausschließliche Vervielfältigungs- und Verbreitungsrecht (§§ 16 u. 17), sowie das Recht zur öffentlichen Wiedergabe (§ 15 Abs. 2) durch eine gesetzliche Lizenz (zur gesetzlichen Lizenz vgl. Rdnr. 23 ff. vor §§ 44 a ff.). Die Auffassung, diese sog. **Pressespiegelbestimmung** stelle eine Sonderregelung zugunsten der Presse dar (*Elster* UFITA 4 [1931] 215/247) ist aus prinzipiellen Gründen unhaltbar. Die Sozialbindung des Urheberrechts kann nicht die Bevorzugung eines bestimmten Gewerbebetriebes rechtfertigen (*Oekonomidis* S. 118), auch nicht unter dem Gesichtspunkt der Pressefreiheit nach Art. 5 GG (vgl. vor §§ 44 a ff. Rdnr. 21). Auch die Ausgestaltung von § 49 lässt eine solche Interpretation nicht zu, werden hier doch nicht nur Presse und Rundfunk privilegiert, sondern auch nicht-öffentliche Pressespiegel, Informationsdienste uÄ (su. Rdnr. 17).

2. Die Vorschrift wurde im Wesentlichen **aus den §§ 18 und 26 LUG übernommen.** Eine wichtige Erweiterung stellt die Gleichsetzung von Presseartikeln und Rundfunkkommentaren dar. Zwar konnten auch nach altem Recht Zeitungsartikel im Rundfunk gesendet werden, obwohl die Funksendung in § 26 LUG nicht erwähnt war; umgekehrt aber durften Rundfunkkommentare nicht in Zeitungen nachgedruckt werden (hM zu § 18 LUG, vgl. zB *Voigtländer/Elster/Kleine*[4] § 18 LUG Anm. 6; RGZ 128, 330/335 betrachtete den Nachdruck einer Rundfunksendung in der Presse nur deshalb als zulässig, weil es sich hier um eine urheberrechtlich nicht geschützte „Nachricht tatsächlichen Inhalts" gehandelt hatte). Gegen den auf dieser alten Rechtsauffassung basierenden Regierungsentwurf wandte der Rechtsausschuss ein: „Wenn aktuelle Zeitungsartikel ohne Erlaubnis des Urhebers im Rundfunk gesendet werden dürfen, sollte es unter den gleichen Voraussetzungen auch umgekehrt zulässig sein, entsprechende Rundfunkkommentare in Zeitungen nachzudrucken" (UFITA 46 [1966] 174/185). So kam es zur sachlich gerechtfertigten Gleichbehandlung von Presse und Rundfunk in § 49. Ebenfalls durch den Rechtsausschuss wurde die Vergütungspflicht in Abs. 1 S. 2 eingeführt.

Die **Novelle 1985** machte den Vergütungsanspruch verwertungsgesellschaftspflichtig (Abs. 1 S. 3). Mit dieser Maßnahme sollte die Durchsetzbarkeit des Vergütungsanspruchs durch die Vermutung der Aktivlegitimation gem. § 13b Abs. 1 WahrnG erleichtert werden (AmtlBegr. UFITA 96 [1983] 107/126 f.). Der Gesetzgeber entsprach damit den Bedürfnissen der Praxis und auch der schon bisher erfolgten tatsächlichen Handhabung (*Möller* S. 50).

Das Pressespiegelprivileg wurde mit der **Novelle des 2. Korb 2008** dahingehend erweitert, dass jetzt auch Abbildungen in diesem Rahmen genehmigungsfrei übernommen werden dürfen. Für eine Übernahme der Entscheidung des BGH zum elektronischen Pressespiegel (su. Rdnr. 38) in den Gesetzestext sah der Gesetzgeber keine Veranlassung, da mit dieser Entscheidung „keine Regelungslücke in richterlicher Rechtsfortbildung gefüllt worden war, sondern lediglich im Wege der Auslegung entschieden wurde, dass auch elektronisch übermittelte Pressespiegel unter den vom Gericht spezifizierten Voraussetzungen unter „§ 49 zu subsumieren sind" (AmtlBegr. z. RegE bei *Hucko*, S. 249). Eine Erweiterung des Pressespiegelprivilegs auf kommezielle Diensteanbieter (su. Rdnr. 32 f.) lehnte er ab, weil dies die Grenzen nach den Vorgaben des Dreistufentests sprengen würde (AmtlBegr aaO).

3. Die Einschränkungen der ausschließlichen Nutzungsrechte in § 49 Abs. 1 beruhen bezüglich der Presseübersichten auf **Art. 10 Abs. 1 RBÜ**, im Übrigen auf **Art. 10bis Abs. 1 RBÜ** (*Katzenberger* – GRUR Int. 2004, 789/743 – und *Hoeren* – FS Druey 773/783 f. – gehen zu Unrecht von einem historischen Begriff der „Presse" in Art. 10bis RBÜ aus, und wollen darunter nur Zeitungen bzw. Zeitschriften subsumieren, nicht aber typische Pressespiegel – s. hierzu u. Rdnr. 12). Strittig ist, ob § 49 Abs. 2 durch **Art. 2 Abs. 8 RBÜ** gedeckt ist (hierzu su. Rdnr. 30).

§ 49 Abs. 1 steht – auch in seiner weiten Auslegung (hierzu vgl. Rdnr. 16 und 39) – „im Einklang" mit Art. 5 Abs. 3c der **EU-Multimediarichtlinie** (BGH ZUM 2002, 740/744 – Elektronische Pressespiegel mwN.; ganz hM *Wandtke/Bullinger/Lüft* Rdnr. 2; *Dreier/Schulze* Rdnr. 3; *Schuppan* ZUM 2001, 116/122; *Bayreuther,* ZUM 2001, 828/835; *Flechsig,* ZUM 2002, 1/11; *Dreier,* ZUM 2002, 28/35; *Vogtmeier,* 284 f.; Walter/*Walter,* Europäisches Urheberrecht, InfoRL Rdnr. 126; aA *Spindler,* GRUR 2002, 105/114; *Waldenberger,* MMR 2002, 743 f.). Die Begründung zum Regierungsentwurf für ein Gesetz zur Regelung des Urheberrechts in der Informationsgesellschaft von 2002 geht daher zu Recht davon aus, dass die EG-Inforichtlinie eine „Kann-Vorschrift ... zum elektronischen Pressespiegel" enthält (Begr. z. RegE UFITA 2004/I, 186/201).

II. Einzelerläuterungen

1. Voraussetzungen hinsichtlich des übernommenen Werkes

a) Der Begriff **Rundfunkkommentare** wurde erstmals vom Rechtsausschuss verwendet (UFITA 46 [1966] 174/185). Hierunter sind alle iSd. § 20 (also gleichgültig ob über Hertzsche Wellen, Kabel oder Satellit) gesendeten Sprachwerke zu verstehen. Nicht hierunter fallen Werke, die der Öffentlichkeit iS von § 19a online zugänglich gemacht werden (*Dreier* in Schricker [Hrsg.], Informationsgesellschaft, S. 158; *Dreier/Schulze* Rdnr. 5). Der Begriff „Kommentar" ist nicht eng auszulegen, es fallen vielmehr alle Sprachwerke iSv. § 2 Abs. 1 Nr. 1 hierunter. Die engere Auffassung, wonach als Kommentar nur von einer Einzelperson verfasste Werke anzusehen sind (*Fromm/Nordemann*[8] Rdnr. 3; *Dreyer* in HK-UrhR Rdnr. 5; ähnl. *Möhring/Nicolini/Engels* Rdnr. 6 bezogen auf „Wechselgespräche" mit dem Beispiel von Talkrunden und Interviews) findet im Gesetz keine Stütze. Gerade im Rundfunk werden oft die wichtigsten Kommentare oder Statements in Interviewform wiedergegeben, die nach dieser Meinung von § 49 nicht umfasst würden, sind doch Interviews in aller Regel Werke von Miturhebern, nämlich des Interviewers und des Interviewten (zum Interview s. § 2 Rdnr. 57). Es ist nicht einsehbar, dass der Kommentar eines Interviewten nur deshalb nicht unter die Bestimmung von § 49 fallen soll, weil er danach gefragt worden ist. Auch der Sinn von § 49 spricht gegen eine solche enge Auslegung. Die Weiterverbreitung nach § 49 soll insbesondere „die Meinungsbildung der Öffentlichkeit über die bezeichneten Tagesfragen" erleichtern (AmtlBegr. UFITA 45 [1965] 240/282). Das Rundfunkmedium zwingt geradezu dazu, die Öffentlichkeit interessierende Darlegungen und Kommentare nicht nur in „trockenen" Monologen zu verbreiten, sondern in Form von Interviews, Roundtablegesprächen uÄ; auch die in solchem Rahmen gemachten Darlegungen müssen daher im Interesse der Informationsfreiheit unter den Voraussetzungen von § 49 wiedergegeben werden können (wie hier *Götting*, in Loewenheim HB-UrhR, § 31 Rdnr. 94; *Wandtke/ Bullinger/Lüft* Rdnr. 2). Im Übrigen sind auch durchaus Fälle denkbar, in denen eine Miturheberschaft überhaupt nicht erkennbar wird, zB wenn von zwei Mitautoren geschaffener Kommentar von einer Person gelesen wird. Für die weite Auslegung spricht auch der Wortlaut von Art. 10bis Abs. 1 RBÜ, der mit der Formulierung „durch Rundfunk gesendeten Werke gleicher Art" ganz allgemein auf Presseartikel verweist. Der Begriff des Rundfunkkommentars ist hier also weit auszulegen und umfasst auch Interviews, Roundtablegespräche uÄ.

5   b) Weiter dürfen übernommen werden „**Artikel sowie mit ihnen im Zusammenhang veröffentlichte Abbildungen aus Zeitungen und anderen lediglich Tagesinteressen dienenden Informationsblättern**". Mit dieser Formulierung bewegt sich der Gesetzgeber – in Anlehnung an die Formulierungen von § 18 LUG und Art. 10bis Abs. 1 RBÜ – von der üblichen Terminologie des UrhG weg. Hierdurch entstehen in der Auslegung dieser Begriffe einige Schwierigkeiten.

6   aa) Als **Artikel** sind alle in Zeitungen oder anderen Informationsblättern aufscheinenden Darlegungen, gleich welcher Art, zu verstehen. In § 18 LUG wurde noch unterschieden zwischen „Artikeln" und „Ausarbeitungen wissenschaftlichen, technischen oder unterhaltenden Inhalts" (wobei für Letztere die Freigabe nicht galt). Diese Unterscheidung ist in § 49 weggefallen, so dass jetzt alle Darlegungen, gleich welcher Darstellungsform, als „Artikel" anzusehen sind (*Dreier/Schulze* Rdnr. 6). Dabei ist unerheblich, an welcher Stelle der Zeitung der Artikel aufscheint; auch im Inseratenteil kann sich ein solcher Artikel finden (*Allfeld* LUG² § 18 Anm. 3; *Möhring/Nicolini/Engels* Rdnr. 7). Ebenso wenig kommt es auf die Form an; deshalb können auch Gedichte Artikel im Sinne dieser Bestimmung sein (*Möhring/Nicolini/Engels* Rdnr. 7; *Wandtke/Bullinger/Lüft* Rdnr. 3; *Fromm/Nordemann/W. Nordemann*[10] Rdnr. 3; aA *Dreyer*² in HK UrhR Rdnr. 6) – allerdings werden Gedichte nur in den seltensten Fällen den für die Privilegierung nach § 49 vorgeschriebenen Inhalt haben (su. Rdnr. 10). Bezüglich der Interviews uÄ gilt das zur Rdnr. 3 Ausgeführte entsprechend; sie fallen unter den weiten Begriff „Artikel", auch wenn hier nicht ein Einzelautor, sondern idR Interviewer und Interviewter als Miturheber aufscheinen (*Götting* in Loewenheim HB-UrhR § 31 Rdnr. 94).

7   bb) Bis 2007 durften nur „Artikel", also Sprachwerke iSd. § 2 Abs. 1 Nr. 1 im Rahmen von § 49 benutzt werden, was in Hinblick auf die immer größere Bedeutung von **Abbildungen** in der Presse als unzeitgemäß angesehen wurde (vgl. Schricker/*Melichar* in der Vorauflage Rdnr. 4 aE). Mit Inkrafttreten des 2. Korbes dürfen nun auch „im Zusammenhang" mit Artikeln veröffentlichte „Abbildungen" benützt werden. Es fallen hierunter „Abbildungen jeglicher Art, insbesondere Lichtbilder und Lichtbildwerke sowie Darstellungen wissenschaftlicher oder technischer Art" (Begr. z. RegE bei *Hucko*, S. 100). Der im Gesetz formulierte „Zusammenhang" mit Artikeln darf nicht eng interpretiert werden. Die Abbildung muß sich nicht auf einen bestimmten Artikel beziehen oder gar in diesen integriert sein. Es sollte genügen, wenn zB eine Wirtschaftsgrafik oder eine politische Karikatur im Zusammenhang mit Themen steht, die in derselben Ausgabe der Zeitung behandelt werden.

8   cc) Der Begriff **Zeitung** wird im UrhG nicht definiert und auch nicht einheitlich verwendet (vgl. § 38 Rdnr. 12 ff.); dies gilt ebenso für den Begriff Zeitschrift, wobei Übernahmen aus Zeitschriften im Rahmen von § 49 ausdrücklich ausgeschlossen sind (hierzu su.). Beide Begriffe sind deshalb jeweils nach Sinn und Zweck der Vorschrift auszulegen. Für § 49 bedeutet dies, dass nicht nur Artikel aus Zeitungen im engeren Sinn, also Tageszeitungen, sondern auch aus Publikumszeitschriften, wie zB wöchentlich erscheinenden Illustrierten oder sog. Nachrichtenmagazinen entnommen werden dürfen (wohl hM, ebenso *Ekrutt* GRUR 1975, 358/360; *Fischer* ZUM 1995, 117/118; *Melichar* ZUM 1988, 14/16 f.; *Götting* in Loewenheim, HB UrhR § 31 Rdnr. 95; *Dreier/*

Schulze Rdnr. 7; *Möhring/Nicolini/Engels* Rdnr. 8; *Rogge* 183 ff.; *Vogtmeier* 108 f.; *Dreyer* in HK-UrhR Rdnr. 10; aA *Soehring* S. 29 f.; *Wild* AfP 1989, 701/703 ff.; *Lehmann/Katzenberger* 5 ff.; *Löffler/Berger,* Presserecht[5], BT UrhR, Rdnr. 154; *Berger/Degenhart* AfP 2002, 557/572 f.). Mangels gesetzlicher Definition der Begriffe im Urheberrecht ist es methodisch zweckmäßig, sich zunächst an den von der Zeitungswissenschaft gefundenen Begriffsmerkmalen zu orientieren (*Rehbinder* UFITA 48 [1966] 103). Die Zeitungswissenschaft unterscheidet heute zwischen Zeitungen im engen Sinne (dh. Tageszeitungen) einerseits und Zeitschriften im engen Sinne (dh. wissenschaftlichen und Fachzeitschriften) andererseits. Wöchentlich erscheinende Publikumszeitschriften, Illustrierte ua. werden weder der einen noch der anderen Gruppe zugeordnet, da sie einerseits nur begrenzt aktuell sind, aber andererseits allgemein universellen Inhalt haben (hierzu ausführlich *Melichar* ZUM 1988, 14/15). Nach den von der Zeitungswissenschaft vorgenommenen Kriterien stehen sie allerdings Zeitungen wesentlich näher, da wichtigste Kennzeichen für Zeitungen deren universeller und aktueller Inhalt sowie das periodische Erscheinen sind (vgl. *Rehbinder* UFITA 48 [1966] 102/103 f. mwN), alles Eigenschaften, die Publikumszeitschriften erfüllen, wenn auch hinsichtlich der Periodizität in eingeschränktem Maße. Entscheidend aber ist, dass solche Wochenblätter ganz überwiegend aktuelle Artikel zu den in § 49 aufgezählten Themen enthalten, deren Weiterverbreitung der Gesetzgeber ausdrücklich für wünschenswert hielt (AmtlBegr. UFITA 45 [1965] 240/282). Ein deutliches Indiz für die Richtigkeit der hier vertretenen hM ist weiters, dass Presseerzeugnisse wie „Der Spiegel" oder „Die Zeit" in der Praxis immer häufiger als „Wochenzeitung" bezeichnet werden (so BGH (KartS) AfP 1987, 685; *Müller-Sachse* Media-Perspektiven 1988, 576/579; „Die Woche" führte sich als „neue Wochenzeitung" ein – vgl. zB SZ vom 1. 4. 1993).

Die Rechtsprechung war zu dieser Frage zunächst schwankend (OLG Köln – ZUM 2000, 243, OLG München – ZUM 2000, 234 f. und KG – ZUM-RD 2004/41 wollten § 49 auf Tageszeitungen beschränken; OLG München – ZUM 2002, 555/557 – dagegen sah auch „in längeren zeitlichen Abständen erscheinende Publikationen" wie „DM" und „Wirtschaftswoche" als „andere lediglich Tagesinteressen dienende Informationsblätter" iS von § 49 an). Schließlich hat der BGH entschieden, dass Zeitungen iS von § 49 Abs. 1 S. 1 „auch wöchentlich oder gar monatlich erscheinende Periodika" sein können, „die nach ihrem Gesamtcharakter im Wesentlichen lediglich der aktuellen Information dienen" (ZUM 2005, 651 – WirtschaftsWoche).

Abweichend vom seinerzeitigen Regierungsentwurf (§ 43) und unter Einschränkung von Art. 10bis Abs. 1 RBÜ sind **Zeitschriften,** dh. wissenschaftliche und Fachzeitschriften, in § 49 bewusst ausgeklammert. Der Gesetzgeber begründet dies damit, dass „Zeitschriften auch zu politischen, wirtschaftlichen oder religiösen Tagesfragen Artikel enthalten, die bleibende Bedeutung haben" (UFITA 45 [1965] 240/282). Diese Begründung vermag allerdings nicht zu überzeugen. Auch in Zeitungen erscheinen oft wesentliche Kommentare, Essays bedeutender Autoren, die – obwohl aus tagesaktuellem Anlass geschrieben – durchaus bleibende Bedeutung haben (man denke an Heinrich Heines Korrespondenzserie aus Paris in der „Augsburger Allgemeinen Zeitung"). Die Einschränkung auf Zeitungen wäre also nicht notwendig geboten gewesen; vor einem Missbrauch bei einer Einbeziehung auch von Zeitschriftenartikeln würden schon die übrigen Kautelen genügend schützen.

dd) In Erweiterung von § 18 LUG sind andere **lediglich Tagesinteressen dienende Informationsblätter** den Zeitungen gleichgestellt, weil sie „gleichfalls der schnellen Unterrichtung der Öffentlichkeit dienen" (AmtlBegr. UFITA 45 [1965] 240/282). Diese Informationsblätter müssen sich also wie Zeitungen an die Öffentlichkeit wenden, dh. die in ihnen enthaltenen Werke müssen erschienen iSd. § 6 Abs. 2 sein, auch wenn dies in § 49 (anders als zB in § 46) nicht ausdrücklich vermerkt ist, damit sie im Rahmen von § 49 nachgedruckt werden dürfen (*Fromm/Nordemann/W. Nordemann*[10] Rdnr. 4 subsumiert hierunter „nur Nachrichtendienste und aktuelle Korrespondenzen"; *Haberstumpf*[2] Rdnr. 354 zählt hierunter zu Recht weitergehend" Nachrichtendienste, Mitteilungsblätter, Informationsdienste und regelmäßig erscheinende Wirtschaftsbriefe; die bloße Veröffentlichung iSd. § 6 Abs. 1 kann nicht ausreichen (aA *v. Gamm* Rdnr. 4).

Zum Begriff des **„Informationsblattes"** vgl. § 48 Rdnr. 7. Mit *v. Gamm* (Rdnr. 4) ist davon auszugehen, dass die abweichenden Formulierungen „Tagesneuigkeiten Rechnung tragen" in § 48 und „Tagesinteressen dienend" in § 49 keinen sachlichen Unterschied ausmachen (ebenso *Dreier/Schulze* Rdnr. 7). Während es aber nach § 48 genügt, wenn das Informationsblatt „im Wesentlichen" Tagesinteressen dient, muss es nach § 49 „lediglich" Tagesinteressen dienen. Der klare Gesetzeswortlaut lässt keine andere Auslegung zu, als dass das Informationsblatt iSd. § 49 **ausschließlich** Tagesinteressen dienen darf, obwohl in der Begründung zu § 49 des RegE

(UFITA 45 [1965] 240/282) wohl versehentlich von Informationsblättern, „die im wesentlichen Tagesinteressen Rechnung tragen" gesprochen wird (ebenso *Fromm/Nordemann/W. Nordemann*[10] Rdnr. 4; *Ulmer*[3] § 71 I; *Dreier/Schulze* Rdnr. 7; *Möhring/Nicolini/Engels* Rdnr. 10 hält „ganz vereinzelte Ausreißer" für unschädlich).

10   c) Artikel wie Rundfunkkommentare dürfen im Rahmen von § 49 nur verwendet werden, wenn ihr Inhalt **„politische, wirtschaftliche oder religiöse Tagesfragen"** betrifft.

Durch die Einschränkung des Inhalts ist klargestellt, dass Artikel mit wissenschaftlichem, technischem, kulturellem oder auch nur unterhaltendem Inhalt nicht von § 49 umfasst sind. Hier gibt es in der Praxis freilich oft Überschneidungen. Die Kritik einer Theaterinszenierung zB fällt gewiss nicht unter § 49; wenn mit dieser Kritik aber die Forderung auf Abberufung des inszenierenden Intendanten verknüpft und begründet wird, so enthält sie (kultur-)politischen Inhalt. Bei so fließenden Grenzen muss es genügen, wenn der Artikel **auch** den privilegierten politischen, wirtschaftlichen oder religiösen Inhalt hat (ebenso *Möhring/Nicolini/Engels* Rdnr. 17; *Dreier*/Schulze Rdnr. 8; *Dreyer* in HK-UrhR Rdnr. 14; *v. Gamm* Rdnr. 3; *Ekrutt* GRUR 1975, 358/361; *Fischer* ZUM 1995, 117/118; aA *Hoeren* in *Lehmann* [Hrsg.], Multimediarecht, S. 98, für den es „entscheidend auf die Schwerpunkte des Textes" ankommt; ähnlich wohl *Wild* AfP 1989, 701/705). Diese weite Auslegung rechtfertigt sich zum einen daraus, dass der Gesetzeswortlaut nicht fordert, der Artikel müsse ausschließlich den privilegierten Inhalt haben. Zum anderen entspricht dies auch der Gesetzesbegründung, denn § 49 bezweckt gerade die erleichterte Information für die Allgemeinheit und damit auch bessere Diskussionsmöglichkeiten und -grundlagen (ähnl. *v. Gamm* Rdnr. 3). Danach kann zB auch ein Bericht über Profisport unter § 49 subsumiert werden, da er wirtschaftliche Fragen mitumfasst (*Damm,* Presserecht, 1985, S. 122).

11   Der Inhalt muss sich auf **Tagesfragen** beziehen. Entscheidend hierfür ist die Aktualität zum Zeitpunkt des Nachdruckes oder -sendens des betreffenden Artikels und nicht etwa der Zeitpunkt der Originalveröffentlichung. Die Ereignisse, auf die sich der betreffende Artikel bezieht, müssen zum Zeitpunkt der Verwendung nach § 49 jüngst stattgefunden haben (ebenso OLG Stuttgart AfP 1986, 71 zum Begriff des „Tagesereignis" in § 50; *Dreier/Schulze* Rdnr. 8 fordert einen „zeitlich engen Bezug"; vgl. auch für Österreich OGH MR 1997, 320f., der das „Vorliegen eines tagesaktuellen Vorganges" fordert). So darf zB ein Jubiläum nicht zum Anlass genommen werden, um **jetzt** einen **damals** erschienenen Originalkommentar zu dem gefeierten Ereignis im Rahmen von § 49 zu verwenden.

12   d) Es dürfen nur **einzelne** Kommentare oder Artikel verwendet werden. Diese Beschränkung war schon in § 18 LUG enthalten, um dadurch die Existenz einer großen Anzahl von Zeitungen, die lediglich vom vollständigen oder fast vollständigen Nachdruck anderer Blätter lebten, zu unterbinden (*Voigtländer/Elster/Kleine*[4] § 18 LUG Anm. 1; *Ekrutt* GRUR 1975, 358/359). Nach allgemeinem Sprachgebrauch im Urheberrecht bedeutet „einzelne" nur einige wenige (vgl. § 46 Rdnr. 18, § 53 Rdnr. 13 f.), wobei sich diese Einschränkung hier auf die Zeitung, aus der entnommen wird, bezieht (*Loewenheim* S. 75; *Dreyer* in HK-UrhR Rdnr. 12). Bei der Abgrenzung dieser Zahl wird es immer auf die Umstände des Einzelfalles ankommen (*Dreier/Schulze* Rdnr. 9), eine starre Obergrenze kann nicht angenommen werden (so aber *Eidenmüller* CR 1992, 321/322, wonach die Übernahme von maximal 20% aller Artikel einer Zeitung zulässig sei).

13   e) Durch einen **„Vorbehalt der Rechte"** kann die gesetzliche Lizenz nach Abs. 1 S. 1 beseitigt werden. Das Gesetz schreibt – ebenso wie Art. 10bis Abs. 1 RBÜ – keinen bestimmten Wortlaut hierfür vor; es genügt eine Formulierung, die eindeutig erkennen lässt, dass eine Vervielfältigung ohne Genehmigung nicht gestattet wird (zB „Rechte vorbehalten", „Nachdruck verboten"). Bis zum Inkrafttreten des LUG musste nach § 7 b des UrhG von 1870 der Vorbehalt „an der Spitze des Artikels" stehen. § 18 LUG schrieb nur noch vor, dass „die Artikel" mit dem Vorbehalt zu versehen sind; danach war der konkrete Ort des Vorbehalts zwar nicht mehr vorgeschrieben, er musste aber „in unmittelbarer örtlicher Verbindung mit dem zu schützenden Artikel stehen und nicht etwa an der Spitze oder am Ende der Zeitung" (*Goldbaum,* Urheber- und Urhebervertragsrecht, 1922, S. 182; ebenso *Allfeld* LUG[2] § 18 Anm. 10). Auch nach Abs. 1 S. 1 müssen unverändert die „einzelnen" Artikel und Rundfunkkommentare mit dem Vorbehalt der Rechte versehen sein; eine andere Interpretation lässt der Wortlaut – wie schon bei § 18 LUG – nicht zu (*Fischer* ZUM 1995, 117/119). Ein genereller Hinweis, etwa auf der Titelseite oder im Impressum einer Zeitung oder durch eine allgemeine Ansage im Rundfunkprogramm genügt also nicht (hM – KG, ZUM-RD 2004, 401/403; *Fromm/Nordemann/W. Nordemann*[10] Rdnr. 11;

Möhring/Nicolini/Engels Rdnr. 18; *Dreier/Schulze* Rdnr. 10; *Dreyer* in HK-UrhR Rdnr. 15; *Wandtke/Bullinger/Lüft* Rdnr. 9; *Götting* in Loewenheim HB-UrhR § 31 Rdnr. 98; *Rogge* 239 f.; *Vogtmeier* 114 ff.; *v. Gamm* Rdnr. 4; *Rehbinder* UFITA 48 [1966] 102/115; *Fischer* ZUM 1995, 117/116 f.; *Wenzel* S. 141 Rdnr. 650; aA *Wild* AfP 1989, 701/705; *Soehring* S. 32 f.; *Berger/Degenhart* AfP 2002, 557/582). Nur so ist sichergestellt, dass jeder, der für einen Artikel oder Kommentar von der Weiterverwendungsmöglichkeit nach § 49 Gebrauch machen will, klar und einfach erkennen kann, ob bezüglich dieses einzelnen Werks der Vorbehalt besteht oder nicht. An welcher Stelle der Vorbehalt bei den einzelnen Artikeln und Kommentaren angebracht ist, ob an der Spitze oder am Ende, ist gleichgültig; denkbar ist zB ein quergestellter Hinweis ähnlich den häufig anzufindenden Urheberangaben bei Pressefotos.

Die **Erklärung** des Vorbehalts ist eine **Rechtshandlung** (aA *Dreyer* in HK-UrhR Rdnr. 15 **14** aE), auf die als sog. **geschäftsähnliche Handlung** die allgemeinen Vorschriften über Willenserklärungen entsprechend zur Anwendung kommen (vgl. hierzu Palandt/*Heinrichs/Ellenberger* BGB[68] Überbl. vor § 104 Rdnr. 6). Der Vorbehalt kann nur vom Urheber, dessen Rechtsnachfolger oder deren Bevollmächtigten erklärt werden (*Derenberg/Kohler,* Urheber-, Patent- und Zeichenrecht, 1910, S. 183; vgl. *Vogtmeier* 114 f.; aA *Möhring/Nicolini/Engels* Rdnr. 18, der nur auf das „objektive Vorhandensein des Vorbehalts" abstellt).

In der Praxis spielen solche Vorbehalte keine bedeutende Rolle. Offensichtlich gilt immer noch, was der Gesetzgeber in der Begründung des RegE annahm, dass nämlich eine Weiterverbreitung im Rahmen von § 49 „auch regelmäßig im Interesse der Zeitung selbst" liegt (UFITA 45 [1965] 240/282), wird doch durch solche Weiterverbreitung die zugrundeliegende Meinung multipliziert und das Renommee verstärkt.

2. Voraussetzungen für den Übernehmenden

a) Artikel oder Kommentare der oben dargelegten Art dürfen „in Zeitungen und anderen In- **15** formationsblättern dieser Art" vervielfältigt und verbreitet werden.

Der Begriff der **Zeitung** deckt sich mit dem unter Rdnr. 5.

Dagegen kann der Begriff des **Informationsblattes, in** dem wiedergegeben wird, nicht **16** gleichgesetzt werden, mit dem **aus** dem wiedergegeben wird. Zwar bezieht sich der Wortlaut Informationsblätter „dieser Art" sprachlich auf die vorangegangene Bezeichnung der „lediglich Tagesinteressen dienenden Informationsblätter". Wie oben dargelegt (Rdnr. 6) darf nur **aus** solchen Informationsblättern zitiert werden, die den Tatbestand des Erscheinens iSd. § 6 Abs. 2 erfüllen. Dieses Kriterium kann aber für das Recht zur Übernahme nach § 49 nicht maßgebend sein. Aufgrund der seinerzeitigen technischen Entwicklung musste der Gesetzgeber noch 1965 davon ausgehen, dass von der Bestimmung des § 49 im Wesentlichen nur durch Nach**druck** Gebrauch gemacht wird. Zwischenzeitlich ist durch die revolutionäre Entwicklung der Reprographietechnik die Zahl derjenigen, die von § 49 Gebrauch machen können, rasch angestiegen. Von Behörden, politischen Parteien, Unternehmen, Verbänden usw. werden in großem Umfang sog. Pressespiegel, Presseschauen uÄ, die ausschließlich oder überwiegend aus aneinandergereihten Kopien von Presseartikeln bestehen, zur aktuellen Unterrichtung ihrer Mitglieder, Angestellten usw. hergestellt. Die „Auflagenhöhe" solcher – zumeist fotokopierter – Pressespiegel schwankt von einigen wenigen Exemplaren bis zu einigen tausend. Da solche Pressespiegel in der Regel nur an einen ausgewählten Personenkreis (und in aller Regel kostenlos) verteilt werden, kann es am Kriterium des Erscheinens iSd. § 6 Abs. 2 fehlen. Nach dem Schluss a majore ad minus sind auch solche (nicht öffentlichen) Pressespiegel im Rahmen von § 49 privilegiert: Wenn schon Publikumsorgane wie Zeitungen in großer Auflagenhöhe im Rahmen von § 49 Abs. 1 S. 1 nachdrucken dürfen, muss dies erst recht für die Vervielfältigung im Rahmen von Pressespiegeln uÄ gelten (hM; *Fischer* ZUM 1995, 117/119; *Haberstumpf*[2] Rdnr. 355; *Schack*[4] Rdnr. 484; *Möhring/Nicolini/Engels* Rdnr. 9; *Wandtke/Bullinger/Lüft* Rdnr. 10; *Dreyer* HK-UrhR Rdnr. 9; *Götting* in Loewenheim HB-UrhR § 31 Rdnr. 100; *Rogge* 200 ff.; im Ergebnis – unter Berufung auf die Entstehungsgeschichte – ebenso *Ekrutt* GRUR 1975, 358/361; in den Niederlanden wird die Privilegierung von Pressespiegeln mit der Begründung bejaht, Art. 10bis RBÜ umfasse jede im Interesse des „free flow of information" herausgegebene Veröffentlichung Hoge Rad GRUR Int. 1996, 1231).

Nach einer **Mindermeinung** (*Soehring* S. 31; *Wild* AfP 1989, 701/705; *Waldenberger* MMR 2002, 743/744; beiläufig auch LG Düsseldorf AfP 1988, 93 f.) sind solche Pressespiegel keine Informationsblätter iSv. § 49, weil sich nur solche Blätter auf die Privilegierung von § 49 berufen dürften, die sich ihrerseits „eigenständig mit Tagesthemen beschäftigen", also „auch eigene

Artikel enthalten" (*Wild* aaO). Dabei wird aber übersehen, dass § 49 insoweit gerade keine besondere Zweckbestimmung vorsieht; die bloße Informationsweitergabe ist ein – wenn auch nicht der einzige – nach dieser Regelung legitimierter Zweck (su. Rdnr. 19). Eben dieses bloße Informationsbedürfnis erfüllen solche Pressespiegel ohne eigenen redaktionellen Teil in hohem Maße. Auch die beteiligten Verkehrskreise, dh. Zeitungsverleger und Journalisten, gehen davon aus, dass solche Pressespiegel unter § 49 zu subsumieren sind, haben sie doch eine tarifvertragliche Regelung getroffen, die sich auf die Vergütung gerade für solche Pressespiegel bezieht (su. Rdnr. 20). Auch der Gesetzgeber ging bei Einführung der Verwertungsgesellschaftspflicht (so. Rdnr. 2) davon aus, dass Pressespiegel unter § 49 fallen, denn Verwertungsgesellschaften verwalten ausschließlich Vergütungsansprüche gegen Herausgeber solcher Pressespiegel. Die Einordnung von sog. Pressespiegeln unter § 49 ist also eine lang andauernde **tatsächliche Übung**, zu der auch die Überzeugung der beteiligten Verkehrskreise über die Richtigkeit dieser Handhabung kommt, so dass diese Gesetzesauslegung längst Gewohnheitsrecht geworden wäre, da sämtliche Voraussetzungen hierfür vorliegen (s. hierzu Palandt/*Heinrichs* BGB[68] Einl. vor § 1 BGB Rdnr. 22).

17 Die **Rechtsprechung** hatte bisher in sämtlichen Urteilen, die sich mit solchen Pressespiegeln befassten, als selbstverständlich unterstellt, dass diese der Regelung des § 49 unterliegen (su. die Rechtsprechung Rdnr. 21 und 23; lediglich das LG Düsseldorf aaO vertrat in einem summarischen Verfahren eine gegenteilige Auffassung). Das OLG München hat dies ausdrücklich klargestellt: „Wenn schon Publikumsorgane wie Zeitungen mit großer Auflagenhöhe nachdrucken dürfen, muss es erst Recht für die Vervielfältigung im Rahmen von Pressespiegeln ... gelten" (OLG München ZUM 2000, 240/247). Der Streit sollte nun endgültig entschieden sein, nachdem der BGH festgestellt hat, dass § 49 Abs. 1 „herkömmliche Pressespiegel jedenfalls insoweit" umfasst, als sie „nur betriebs- oder behördenintern verbreitet werden" (BGH ZUM 2002, 740 Ls. 1 – Elektronischer Pressespiegel).

Anders als für eine Zeitung ist das periodische Erscheinen kein Kriterium für solche „Informationsblätter" (Pressespiegel etc.), in denen nach § 49 nachgedruckt werden darf. Wenn schon in regelmäßig erscheinenden Publikationsorganen nachgedruckt werden darf, so muss dies erst recht auch für einmalige Informationsblätter gelten (ebenso *Dreier/Schulze* Rdnr. 17; *Eidenmüller* CR 1992, 321/323; aA *Ekrutt* GRUR 1975, 358/361; *Wild* AfP 1989, 701/705). Auch ein einmaliges, etwa zu einem besonderen, aktuellen Anlass erscheinendes Informationsblatt (zB ein sog. Weißbuch) kann sich für Nachdrucke – bei Vorliegen der sonstigen Voraussetzungen – auf § 49 stützen.

18 **b)** Artikel und Kommentare der dargelegten Art dürfen nicht nur vervielfältigt und verbreitet, sondern auch **öffentlich wiedergegeben** werden. Dem Wortlaut nach bezieht sich dies also auf sämtliche Formen der öffentlichen Wiedergabe gem. § 15 Abs. 2. Bei dieser Erweiterung hatte der Gesetzgeber 1965 ausschließlich die Sendung von Artikeln im Auge: danach sei „die öffentliche Wiedergabe, dh. der öffentliche Vortrag und die Funksendung der dort bezeichneten Artikel zugelassen" (Begr. z. RegE 1962 in *Schulze,* Materialen, 148 f.). Die öffentliche Zugänglichmachung gem. § 19 a ist dagegen nur in dem für elektronische Pressespiegel geltenden Rahmen zulässig (su. Rdnr. 42 ff.).

19 **c)** Anders als etwa in § 46 sieht der Wortlaut von § 49 eine besondere **Zweckbestimmung** für die privilegierte Übernahme nicht vor (ebenso *Möhring/Nicolini/Engels*, Rdnr. 11). Die Übernahme im Rahmen von § 49 muss also nicht etwa ausschließlich Informationszwecken dienen. Die gegenteilige Auffassung (OLG Hamm UFITA 96 [1983] 265; LG Hamburg UFITA 54 [1969] 324/328) wird weder vom Wortlaut noch von der Gesetzesbegründung gedeckt. Schon in der Begründung des Regierungsentwurfs wird darauf hingewiesen, dass die erlaubnisfreie Weiterverarbeitung von Artikeln und Kommentaren zu Tagesfragen wünschenswert ist, um die Möglichkeit zu schaffen, „die darin vertretene Stellungnahme zu erörtern, sie zu unterstützen oder sie zu bekämpfen" (UFITA 45 [1965] 240/282); keinesfalls ist also nur die bloße, gewissermaßen wertneutrale Weitergabe als Information privilegiert. Soweit die Übernahme allerdings offensichtlich zu Werbezwecken für den Übernehmenden missbraucht wird (vgl. OLG Hamm UFITA 96 [1983] 265), liegt uU ein Wettbewerbsverstoß vor (hierzu u. Rdnr. 36).

3. Vergütungspflicht (Abs. 1 S. 2)

20 **a)** Der Vergütungsanspruch ist geboten, um dem 3-Stufen-Test gem. Art. 5 EU-Multimedia Richtlinie Genüge zu leisten (BGH, ZUM 2002, 740/744 – Elektronischer Pressespiegel). Zum **Wesen des Vergütungsanspruchs** im Rahmen der gesetzlichen Lizenz so. vor §§ 44 a ff.

Rdnr. 24ff. Schon vor der Regelung von § 63a gab es keinen generellen Übergang des Vergütungsanspruchs auf Verlage (OLG München ZUM 1991, 371/373; *Rossbach* S. 161f.). In § 18 des Manteltarifvertrages für Redakteure an Tageszeitungen ist unter Abs. 1 in der seit 1986 geltenden Fassung ebenso wie in § 12 Abs. 1 Manteltarifvertrag für Redakteure an Zeitschriften (Fassung 30. 4. 1998) klargestellt, dass die Pressespiegelvergütung „dem Redakteur" allein zusteht (vgl. *Gerschel* ZUM 1986, 462ff.).

b) Dem Vergütungsanspruch steht ein **Auskunftsanspruch** gegen den Pressespiegelherausgeber zur Seite (hierzu allgemein vor §§ 44a ff. Rdnr. 31f.). Der danach Auskunftspflichtige muss gem. § 260 Abs. 1 BGB in einem Verzeichnis jeden einzelnen Artikel (Titel, Datum, Name des Autors und der Zeitung) angeben; die Übersendung eines Belegexemplars, damit der Anspruchsberechtigte die Auswertung selbst vornimmt, genügt nicht (OLG Düsseldorf GRUR 1991, 908/909 – Pressespiegel; OLG München ZUM 1991, 371/372f.). Sofern in der Originalveröffentlichung der Name des Autors fehlt, soll die Verpflichtung zur Namensnennung entfallen (OLG Düsseldorf und OLG München aaO); wenn der betreffende Artikel allerdings durch ein Kürzel gekennzeichnet ist, ist auch dieses zu benennen, da es sich um eine Urheberbezeichnung iSv. § 13 S. 2 handelt. Sobald zwischen Pressespiegelherausgeber und Verwertungsgesellschaft ein Vertrag besteht, wird dieser gesetzliche Auskunftsanspruch dadurch abgelöst, dass der Verwertungsgesellschaft ein Belegexemplar zur Eigenauswertung zugesandt wird. **21**

c) Schon bisher wurden die Vergütungsansprüche zentral von der **VG Wort** verwaltet (vgl. hierzu *Ekrutt* GRUR 1975, 358/363; *Melichar* S. 106f.). Durch die seit 1. 7. 1985 geltende Verwertungsgesellschaftspflicht wurde diese Praxis institutionalisiert. Der von der VG Wort gem. § 13 WahrnG veröffentlichte Tarif für Papierpressespiegel beträgt 4,93 Cent je vervielfältigter DIN-A 4 Seite, wobei es auf die Größe des Originals ankommt; für elektronische Pressespiegel (su. Rdnr. 40) ist der Tarif gestaffelt nach „Regelnutzern", beginnend mit Euro 1,24 pro Artikel für bis zu 30 Nutzern (BAnz. Nr. 190 vom 16. 12. 2009). Auf diesem Tarif basieren die Gesamtverträge gem. § 12 WahrnG (ua. Rahmenvertrag mit dem BDI vom 6. 10. 1975 abgedruckt bei *Melichar* S. 163ff.), sowie über 700 Einzelverträge mit Verbreitern von Pressespiegeln wie Gewerbebetrieben, Parteien, Behörden, Verbänden, Ländern, Kommunen, ua. Dieser zwischen der VG Wort und Pressespiegelherausgebern laufend angewandte Tarif ist somit als „angemessene Vergütung" anzusehen (vgl. vor §§ 44a ff. Rdnr. 29). Zur Praxis bei elektronischen Pressespiegeln su. Rdnr. 40. **22**

d) Durch die Einführung der **Verwertungsgesellschaftspflichtigkeit** mit der Urheberrechtsnovelle 1985 wurde der VG Wort die Vermutung der Aktivlegitimation gem. § 13b Abs. 1 WahrnG zuerkannt. Mit dieser Ergänzung sollte erreicht werden, „dass die Vermutung auch für das Auskunftsbegehren gilt, das auf den Vergütungsanspruch nach § 49 gestützt ist" (AmtlBegr. UFITA 96 [1983] 107/127; *Möller* S. 50). Die frühere Streitfrage, ob die VG Wort einen Anscheinsbeweis für die Wahrnehmung der Vergütungsansprüche nach Abs. 1 S. 2 besitzt (vgl. OLG Köln GRUR 1980, 913 – Presseschau CN; OLG München GRUR 1980, 234 – Tagespressedienst; *Melichar* FuR 1979, 327) ist damit durch den Gesetzgeber zugunsten der VG Wort geregelt. **23**

Die **Vermutung der Sachbefugnis** zugunsten der VG WORT gem. § 13b Abs. 1 WahrnG bezieht sich zwar nur auf den Auskunftsanspruch und nicht auf den Vergütungsanspruch, da § 49 in § 13b Abs. 2 WahrnG nicht enthalten ist. Aufgrund der faktischen Monopolstellung streitet jedoch nach den Grundsätzen der sog. „GEMA-Vermutung" (vgl. Schricker/*Reinbothe* § 13b WahrnG Rdnr. 3f.) die Vermutung der Anspruchsbefugnis für die VG WORT (OLG München ZUM 2000, 243/245f.; *Dreyer* in HK-UrhR Rdnr. 25).

e) Schon bisher hat die VG Bild-Kunst die Rechte für die Übernahme von **Abbildungen** aller Art (insbes. Karikaturen, Fotos, Schaubilder und Graphiken) in Pressespiegeln wahrgenommen, soweit die übrigen Voraussetzungen des § 49 UrhG vorlagen. Mit der Erweiterung der Privilegierung des § 49 auf Abbildungen (so. Rdnr. 4) durch den 2. Korb übernahm die VG Bild-Kunst die hieraus resultierenden Vergütungsansprüche. Die VG Wort verwaltet diese Rechte treuhänderisch für die VG Bild-Kunst, so dass Pressespiegelherausgeber nur einen einzigen Vertrag abschließen müssen, der sowohl Wort- wie Bildrechte abdeckt. **24**

f) Die Vergütungspflicht entfällt, wenn lediglich **„kurze Auszüge aus mehreren Kommentaren oder Artikeln in Form einer Übersicht"** vervielfältigt, verbreitet oder öffentlich wiedergegeben werden (Abs. 1 S. 2 letzter Halbs.). Der Gesetzgeber hatte bei Schaffung dieser Ausnahme von der Vergütungspflicht die „so genannten Presseübersichten" vor Augen (Schriftl. **25**

Bericht des Rechtsausschusses, UFITA 46 [1966] 174/185). Damit wurde der langen Tradition Rechnung getragen, dass in Presseorganen regelmäßig auszugsweise Kommentare uÄ aus anderen Presseorganen nachgedruckt werden (zB als „Stimmen der Anderen" in der **Frankfurter Allgemeinen Zeitung,** als „Blick in die Presse" in der **Süddeutschen Zeitung**). Zeitungsverlage hatten von jeher davon Abstand genommen, wechselseitig Nachdruckhonorare zu verlangen, da in diesem Rahmen jede Zeitung selbst nachdrucken und nachgedruckt werden kann. Hieraus folgt, dass eine vergütungsfreie Vervielfältigung im Rahmen dieses Ausnahmetatbestandes nur in solchen „Zeitungen und anderen lediglich Tagesinteressen dienenden Informationsblättern" iSd. Abs. 1 S. 1 erfolgen darf, die ihrerseits erschienen iSd. § 6 Abs. 2 sind (so. hierzu Rdnr. 6). Pressespiegel uÄ, die nicht erscheinen iSd. § 6 Abs. 2, können von der Vergütungsfreiheit für Übersichten nicht profitieren, da hier nicht umgekehrt die Möglichkeit besteht, dass auch deren Artikel uÄ für Übersichten in anderen Presseorganen Verwendung finden können. Eine gesonderte Regelung für solche Presseübersichten in § 49 war nötig, da diese nicht etwa unter § 51 Nr. 2 subsumiert werden können, fehlt es doch schon am hierfür notwendigen Merkmal der Einbindung in ein „selbständiges Sprachwerk" (vgl. § 51 Rdnr. 41; aA *Wild* AfP 1989, 701/706).

26   In solchen vergütungsfreien Übersichten dürfen nur **„kurze Auszüge"** aus Kommentaren und Artikeln verwendet werden. Dies bedeutet zum einen eine relative Einschränkung – stets darf nur ein Auszug, also ein Teil eines Artikels verwendet werden. Darüber hinaus besteht auch eine objektive Einschränkung – es dürfen nur **kurze** Teile aus Artikeln verwendet werden. Ein solcher „Auszug" wird ein Viertel des gesamten Artikels nicht übersteigen dürfen (ebenso *Ekrutt* GRUR 1975, 358/362). Dabei ist stets aber auch die absolute Voraussetzung zu berücksichtigen, dass ein Auszug nur „kurz" sein darf. Bei Berechnung der danach zulässigen Höchstgrenze ist allerdings zu berücksichtigen, dass Zweck von Presseübersichten ja gerade sein muss, den Kerninhalt des betreffenden Artikels oder Kommentars wiederzugeben (*Möhring/Nicolini/Engels* Rdnr. 22; *Wandtke/Bullinger/Lüft* Rdnr. 15). Eine Beschränkung auf lediglich einige Sätze (so aber *Möhring/Nicolini/Engels* Rdnr. 22; *Dreyer* in HK UrhR Rdnr. 23) wird daher dem Zweck dieser Bestimmung nicht gerecht (ebenso *Ekrutt* GRUR 1975, 358/362). Andererseits ist auch eine schematische Regelung, etwa dahingehend, dass „maximal 15 Textzeilen auf einer DIN A 4-Seite" wiedergegeben werden dürften, zu schematisch (so allerdings *Ekrutt* GRUR 1975, 358/362). Aus einem sehr langen Artikel oder Kommentar dürfte gegebenenfalls auch mehr verwendet werden, sofern nur die relative Größe gewahrt ist. In der Praxis wird diese Frage nicht zu großen Schwierigkeiten führen, da von dieser Ausnahmevorschrift ohnehin nur Presseorgane uÄ Gebrauch machen können und sich hier – schon im Hinblick auf den zumeist konstant festgelegten Raum in den betreffenden Zeitungen – eine Übung eingespielt hat, die von allen beteiligten Zeitungsverlagen offensichtlich akzeptiert wird. Lediglich bei den sog. Presseschauen der Rundfunkanstalten kann es hier zu Abgrenzungsschwierigkeiten kommen (vgl. *Fromm/Nordemann*[9] Rdnr. 4; *Ekrutt* GRUR 1975, 358/362), finden sich doch dort manchmal Presseübersichten, in denen vollständige Artikel oder Kommentare verlesen werden. Hier entfallen die Voraussetzungen für die Vergütungsfreiheit (vgl. *Dreyer* in HK-UrhR Rdnr. 23).

27   Die Verwendung der kurzen Auszüge aus Artikeln oder Kommentaren muss **„in Form einer Übersicht"** geschehen. Dies bedeutet jedoch nicht, dass eine solche Übersicht nur Artikel und Kommentare zu einem einzigen Thema bringen dürfte (*Möhring/Nicolini/Engels* Rdnr. 21; *Dreier/Schulze* Rdnr. 11; *Ekrutt* GRUR 1975, 358/362). Dem Gesetzgeber standen bei Einführung dieser Vergütungsfreiheit die Presseschauen in der Tagespresse vor Augen und deren Zweck war es von jeher, das breite Spektrum der Meinungen aus anderen Zeitungen wiederzugeben – sofern sich nur die Artikel mit den privilegierten Themen (politische, wirtschaftliche oder religiöse Tagesfragen) befassen.

28   4. Bei jeder nach Abs. 1 zulässigen Verwendung eines fremden Textes ist die qualifizierte **Quellenangabe** gem. § 63 Abs. 3 zu beachten. Danach sind nicht nur der Urheber zu benennen, sondern auch die Zeitung bzw. das andere Informationsblatt oder das Sendeunternehmen, in dem der betreffende Artikel oder Kommentar zuerst wiedergegeben wurde (*Damm* [Rdnr. 7] S. 123; *Dreyer* in HK-UrhR Rdnr. 31). Gerade gegen die allgemeine Bestimmung, dass zuvorderst der Urheber zu benennen ist, wird in den Presseschauen der Zeitungen ebenso wie in den Rundfunkanstalten jedoch oft verstoßen. Dort wird zwar stets die Zeitung, aus der zitiert wird, angegeben, nur selten jedoch der Autor des betreffenden Textes.

Die Pflicht zur Quellenangabe gilt auch für die – vergütungsfreien – Übersichten nach Abs. 1 S. 2 letzter Halbs. (*Möhring/Nicolini/Engels* Rdnr. 21; *Ekrutt* GRUR 1975, 358/363; *Rogge* 243).

5. Die Ausnahme des Abs. 2

a) Vermischte Nachrichten tatsächlichen Inhalts und Tagesneuigkeiten können gemäß Abs. 2 unbeschränkt vervielfältigt, verbreitet und gesendet werden. Zu Recht weist die Begründung des RegE darauf hin, dass solche Nachrichten in der Regel keine Werke iSd. § 2 sein werden (UFITA 45 [1965] 240/282). Bezüglich solcher urheberrechtlich nicht geschützter Nachrichten hat Abs. 2 also nur deklaratorischen Charakter (*Dietz,* Urheberrecht in der Europ. Gemeinschaft, Rdnr. 389). Nachrichten können aber auch – ausnahmsweise – in urheberrechtlich geschützter Form wiedergegeben werden; die urheberrechtliche Schutzfähigkeit kann sich insbesondere aus einer individuellen, zB besonders geistreichen Formulierung ergeben, aber auch aus dem Stil oder der verwendeten eigenwilligen Diktion (OLG Hamburg GRUR 1978, 307/308 – Artikelübernahme; vgl. auch OLG Wien MR 3/1985 Archiv 16f.). Gesetzgeber (UFITA 45 [1965] 240/282) und hM gehen zu Recht davon aus, dass auch und gerade für solche, ausnahmsweise in urheberrechtlich geschützter Form wiedergegebene Nachrichten die Befreiung nach Abs. 2 gilt (so schon zum insoweit wörtlich identischen § 18 Abs. 3 LUG RGSt. 47, 293/295; *Riezler,* Deutsches Urheber- und Erfinderrecht, 1909, S. 264; *de Boor,* Urheber- und Verlagsrecht, 1917, S. 112; *Allfeld* LUG² § 18 Anm. 17 mwN; zu § 49 Abs. 2 ebenso *Möhring/Nicolini/Engels* Rdnr. 25; *Dreyer* HK-UrhR Rdnr. 26; *Dreier*/Schulze Rdnr. 13; *Wandtke/Bullinger/Lüft* Rdnr. 16; *Ulmer*³ § 71 II; *Rehbinder*¹⁵ Rdnr. 510; *Löffler* Presserecht³, § 1 Rdnr. 251). Eine Gegenmeinung will unter dieser Bestimmung nur urheberrechtlich ohnehin nicht geschützte Texte einbeziehen (*v. Gamm* Rdnr. 7; *Oekonomidis* S. 115; *Prantl* S. 23, 25 ff.); soweit diese Gestattung auf konventionsrechtliche Bedenken gestützt wird (*Fromm/Nordemann/W. Nordemann*¹⁰ Rdnr. 12; *Wild* AfP 1989, 701/702 f.; *Götting* in Loewenheim HB UrhR § 31 Rdnr. 104 f.) su. Rdnr. 30. Nach dieser Auffassung wäre Abs. 2 lediglich deklaratorischer Natur, also eigentlich überflüssig. Dies freilich widerspricht der (nationalen und internationalen) Rechtsentwicklung. Der Gesetzgeber wollte bei Schaffung von Abs. 2 – wie schon für § 18 Abs. 3 LUG – die Notwendigkeit einer jeweiligen Einzelprüfung, ob die betreffende Nachricht in urheberrechtlich geschützter **Form** wiedergegeben ist oder nicht, ausschließen (UFITA 45 [1965] 240/282).

In der Praxis hat die unterschiedliche Auslegung von Abs. 2 keine große Bedeutung (*Fromm/Nordemann/W. Nordemann*¹⁰ Rdnr. 12). Voraussetzung für die Befreiung nach Abs. 2 ist nämlich stets, dass das verwendete Werk ausschließlich Nachrichten enthält, sein **Inhalt** also tatsächlicher Natur ist. Sobald hieran erläuternde oder belehrende Kommentierungen, Betrachtungen oder Ergänzungen geknüpft werden, entfällt die Voraussetzung für die Befreiung nach Abs. 2 (*Allfeld* LUG² § 18 Anm. 18; *Samson* S. 166; *Ekrutt* GRUR 1975, 358/360; *Dreier*/Schulze Rdnr. 13). Wer Texte im Rahmen von Abs. 2 frei verwenden will, muss also jedenfalls prüfen, ob der verwendete Text nur Nachrichten enthält oder darüber hinaus auch eigenes Gedankengut des Urhebers.

Ob der Inhalt der Nachricht wahr ist, ist für die Übernahmemöglichkeit nach Abs. 2 unerheblich (*Allfeld* LUG² § 18 Anm. 18; vgl. auch § 263 StGB, der von „falschen Tatsachen" spricht). Auch eine – als solche nicht erkennbare – „Ente" ist daher im Rahmen von Abs. 2 verwendbar.

b) Zwischen den Begriffen „Nachrichten tatsächlichen Inhalts" und „Tagesneuigkeiten" bestehen keine Unterschiede (hM; *Allfeld* LUG² § 18 Anm. 18; *Möhring/Nicolini* Anm. 15; *Rehbinder* UFITA 48 [1966] 102/115; *Eidenmüller* CR 1992, 321/322; *Samson* S. 165 und *Rehbinder*¹⁵ Rdnr. 510 sprechen zu Recht von einer „Tautologie").

Auch wenn Abs. 1 um die Übernahmemöglichkeit für Abbildungen erweitert wurde, gilt unverändert, dass Abs. 2 **Bildberichte** nicht umfasst (*v. Gamm* Rdnr. 7; *Ulmer*³ § 71 II; *Rehbinder*¹⁵ Rdnr. 510).

c) Nach Abs. 2 können alle **„vermischten" Nachrichten** verwendet werden. Damit ist klargestellt, dass sämtliche Nachrichten, gleich welchen Inhalts, im Rahmen von Abs. 2 verwendet werden können. Insoweit besteht also nicht die Beschränkung wie in Abs. 1, auf Nachrichten politischen, wirtschaftlichen oder religiösen Inhalts (*v. Gamm* Rdnr. 7 aE; *Dreyer* in HK-UrhR Rdnr. 28).

d) Abs. 2 **erweitert die Übernahmemöglichkeiten** im Verhältnis zu Abs. 1 in doppeltem Sinn. Die vermischten Nachrichten können „unbeschränkt" vervielfältigt, verbreitet und öffentlich wiedergegeben werden. Solche Nachrichten können also nicht nur in Zeitungen und anderen lediglich Tagesinteressen dienenden Informationsblättern nachgedruckt werden, sondern auch in Fachzeitschriften uÄ (*Ekrutt* GRUR 1975, 358/360). Umgekehrt genügt es für die Anwendbarkeit von Abs. 2 auch, wenn die betreffende Nachricht zuerst allgemein „durch die Presse" veröffentlicht worden ist; durch diesen weitergehenden Begriff ist klargestellt, dass nicht nur aus Zeitungen in engerem Sinne Nachrichten entnommen werden dürfen, sondern auch aus Fachzeitschriften uÄ.

34 e) Liegen die Voraussetzungen von Abs. 2 vor, so ergeben sich hieraus folgende **Konsequenzen:**
– ein eventueller Vorbehalt der Rechte ist nicht wirksam;
– es besteht keine Vergütungspflicht;
– die Pflicht zur Quellenangabe entfällt.

35 f) Der Gesetzgeber berief sich bei der Formulierung von Abs. 2 ausdrücklich auf Art. 9 Abs. 3 der **Berner Übereinkunft** (AmtlBegr. UFITA 45 [1965] 240/282). Diese Bestimmung in der damals maßgeblichen Brüsseler Fassung bezog sich nach allgemeiner Auffassung nicht nur auf nackte Tatsachenmitteilungen, die ohnehin keinen urheberrechtlichen Schutz genießen, sondern ausdrücklich auf die – seltenen – Fälle, „wo auch bei solchen Zeitungsmitteilungen die Form der Darstellung eine eigentümliche ist, so dass auch hier ein schutzfähiges Werk vorliegt, das dann aber mit dem Erscheinen in der Presse jeden Schutz verliert" (*Bappert/Wagner* Art. 9 RBÜ Rdnr. 11). Im Rahmen der Stockholm-Konferenz wurde Art. 9 Abs. 3 dann zu Art. 2 Abs. 8 RBÜ; und obwohl die Bestimmung dabei wörtlich identisch blieb, soll durch dieses „déménagement" auch eine Inhaltsänderung eingetreten sein: Handelte es sich vorher um „wirkliche Ausnahme vom Urheberrecht", so soll sie sich nach der Verlegung deklaratorisch nur noch auf solche Presseinformation beziehen, die ohnehin nicht die notwendigen Voraussetzungen aufweisen, um als literarische Werke schutzfähig zu sein (*Desbois/Françon/Kerever*, Les Conventions Internationales des droits d'Auteur et des Droits Voisins, 1976, S. 164 f.). Die hM folgt diesem Interpretationswandel, Art. 2 Abs. 8 RBÜ wird seither als bloß deklaratorische Norm verstanden (*Dietz*, Urheberrecht in der Europ. Gemeinschaft, Rdnr. 389). § 49 Abs. 2 bezieht darüber hinaus aber auch und gerade solche Nachrichten mit ein, die in urheberrechtlich geschützter Form dargeboten werden (so. Rdnr. 29). Insoweit widerspricht Abs. 2 jedenfalls der herrschenden Interpretation von Art. 2 Abs. 8 RBÜ (*Schack* Rdnr. 664). Gerade unter Berücksichtigung der Entstehungsgeschichte dieser Interpretation wird man allerdings davon ausgehen können, dass die Regelung von Abs. 2 zu den zulässigen kleinen Ausnahmen, den sog. petites réserves des Konventionsrechts zählt und daher der Regelung der RBÜ nicht widerspricht (*Dittrich* MR 1/1985, Archiv 4/8; *Dreyer* in HK-UrhR Rdnr. 26; *Dreier/Schulze* Rdnr. 3; aA *Wild* AfP 1989, 701/703; *Götting* in Loewenheim HB UrhR § 13 Rdnr. 105).

36 g) Der Hinweis im letzten Halbsatz von Abs. 2, wonach ein durch **andere gesetzliche Vorschriften** gewährter Schutz unberührt bleibt, ist nur deklaratorischer Natur (*Dietz*, Urheberrecht in der Europ. Gemeinschaft, Rdnr. 389; *Dreyer* in HK-UrhR Rdnr. 27; *Götting* in Loewenheim HB UrhR § 31 Rdnr. 106). Der Gesetzgeber dachte dabei in erster Linie an das UWG (AmtlBegr. UFITA 45 [1965] 240/282). Ein Wettbewerbsverstoß gemäß § 3 UWG kann insbesondere darin liegen, dass durch die Übernahme des fremden Textes eigene Aufwendungen (zB für Recherchen) erspart werden und damit ein wirtschaftlicher Vorsprung gegenüber dem Konkurrenten erzielt wird (vgl. OLG Hamm UFITA 96 [1983] 265 f.; *Oekonomidis* S. 115). § 5 UWG kommt uU in Betracht, wenn beim Leser der Eindruck erweckt wird, der übernommenen Nachricht lägen eigene Recherchen zugrunde, sie erhielten die Nachrichten aus erster Hand (vgl. *Voigtländer/Elster* LUG 1942, § 18 Anm. 5). Wettbewerbswidrig kann va. das planmäßige und gewerbliche Auswerten von Zeitungen zu bestimmten Themen durch „Informationsdienste" oÄ sein (BGH GRUR 1988; 308 – Informationsdienst; LG Düsseldorf AfP 1988, 93 f.; OLG Düsseldorf ZUM-RD 1997, 380; kritisch hierzu *Fischer* ZUM 1995, 117/119 f.; vgl. auch *Rehbinder*[15] Rdnr. 853, der sich de lege ferenda für einen befristeten Nachrichtenschutz ausspricht). Festzuhalten bleibt, dass die Voraussetzungen des § 49 und des UWG völlig unabhängig voneinander zu prüfen sind. Ein Pressedienst oÄ kann nach § 49 zulässig, aber nach UWG unerlaubt sein und umgekehrt (*Katzenberger*, S. 60, vermischt die beiden Regelungen unzulässigerweise). Neben dem UWG können darüber hinaus auch die allgemeinen Deliktstatbestände nach §§ 823 ff. BGB Anwendung finden (*Fromm/Nordemann/W. Nordemann*[10] Rdnr. 13; *Oekonomidis* S. 115; *Dreier/Schulze* Rdnr. 15; in Österreich gewährt § 79 UrhG einen eigenen wettbewerbsrechtlichen „Nachrichtenschutz", der als lex specialis zum UWG gilt – vgl. hierzu OLG Wien MR 3/1985 Archiv 16).

Zeitungsartikel und Rundfunkkommentare   § 49

6. Elektronische Pressespiegel

a) **Pressespiegel** (zum Begriff s.o. Rdnr. 12) werden heute nicht nur in Papierform, sondern 37
auch **mit elektronischen Mitteln** hergestellt; Unternehmen, Behörden ua. scannen die interessierenden Zeitungsartikel in einen zentralen Datenspeicher, von wo sie durch die Mitarbeiter online abgerufen oder auch mittels Printer ausgedruckt werden können (*Melichar,* FS Jäger S. 60 ff.). Vielfach wurde solcher Service auch von kommerziellen Pressespiegelherstellern angeboten (su. Rdnr. 36) und teilweise sollen nicht nur einzelne Artikel, sondern wesentliche Teile von Zeitungen (zB der ganze Wirtschaftsteil) auf diese Weise verwendet worden sein (*Eidenmüller* CR 1992, 321; *Katzenberger* S. 61). Die rechtliche Einordnung dieser neuen Erscheinungsformen unter § 49 war – und ist teilweise immer noch – umstritten (su. Rdnr. 33 ff.). Es war deshalb eine Klarstellung de lege ferenda erwogen worden (2. Zwischenbericht der Enquête-Kommission „Zukunft der Medien in Wirtschaft und Gesellschaft – Deutschlands Weg in die Informationsgesellschaft", UFITA 135 [1997] 271/283); jedenfalls „nutzerinterne" elektronische Pressespiegel sollten danach unter § 49 subsumiert werden (*Dreier* in Schricker [Hrsg.], Informationsgesellschaft, S. 160, 282). Das Gesetz zur Regelung des UrhR in der Informationsgesellschaft enthielt eine solche Klarstellung nicht; die „Kann-Vorschriften der Richtlinie zum elektronischen Pressespiegel" sollten „erforderlichenfalls Gegenstand eines weiteren Gesetzesentwurfes werden" (Begr. z. RegE UFITA 2004/I 186/210). Nach der Grundsatzentscheidung des BGH zu diesem Thema (BGH ZUM 2002, 240 – Elektronischer Pressespiegel) sah der Gesetzgeber keine Veranlassung mehr, eine ausdrückliche Regelung in das Gesetz aufzunehmen (su. Rdnr. 39).

b) Höchst umstritten war, ob auch elektronische Pressespiegel als **„Informationsblätter"** 38
unter Abs. 1 S. 1 subsumiert werden können. Zwar weist die Verwendung des Begriffs „Blätter" auf das Papierformat hin, so dass bei enger Auslegung elektronische Pressespiegel nicht mehr hierunter fallen könnten (*Melichar,* Urheberrecht in Theorie und Praxis, S. 109 f.; *Dreyer* in HK-UrhR Rdnr. 17). Auf das Trägermaterial sollte es aber nicht ankommen. Aufgrund der technischen Entwicklung wird das Papier immer häufiger als Trägermedium abgelöst; so wie es „CD-ROM-Zeitschriften" gibt (vgl. BGH NJW 1997, 1911, wo die NJW auf CD-ROM als Verlagserzeugnis iSv. § 16 GWB behandelt wird), können heute auch Pressespiegel in digitaler Form erscheinen. Die wohl hM schloss sich dieser Auslegung an (*Fischer* ZUM 1995, 117/121 mwN; *Eidenmüller* CR 1992, 321/323; *Melichar* in FS für Jäger, 60/63; *Flechsig* ZUM 1996, 833/846; *Hoeren* in Lehmann [Hrsg.], Multimediarecht, S. 98 f.; *Rehbinder*[15] Rdnr. 507; *Fromm/Nordemann/W. Nordemann*[10] Rdnr. 7 unter Aufgabe der aA in der Vorauflage; *Möhring/Nicolini/Engels* Rdnr. 15; *Hoeren* MMR 1999, 412/413; *Kröger* CR 2000, 662/663; *Will* MMR 2000, 368/370; *Rogge* S. 207 ff.; *Kleinke* S. 137 f.; aA *Haberstumpf*[2] Rdnr. 355; *Katzenberger* S. 61; *Loewenheim* GRUR 1996, 636/642; *Beiner* MMR 1999, 691/695; *Wallraf* AfP 2000, 23/25). Nur eine solche Auslegung entspricht dem Zweck der Vorschrift, sind doch Informationsblätter in § 49 va. deshalb privilegiert, weil sie der „schnellen Unterrichtung dienen" (AmtlBegr. in UFITA 45 [1965] 240/282), eben diesen Zweck aber erfüllen elektronische Pressespiegel in besonderem Maße. Bei Vorliegen der sonstigen Voraussetzungen ist somit das Einscannen von Artikeln zum Zweck der Herstellung eines elektronischen Pressespiegels, dh. die Vervielfältigung iSv. § 16 im Rahmen von Abs. 1 S. 1 gestattet. Die folgende **Online-Nutzung** des Pressespiegels ist sodann als öffentliche Wiedergabe iS von § 19a einzustufen. Diese ist nach dem Wortlaut von Abs. 1 S. 1 – immer vorausgesetzt, die sonstigen Voraussetzungen liegen vor – ohne weiteres zulässig, da sich die Zulässigkeit nach Abs. 1 nicht auf Sendungen iS von § 20 beschränkt, sondern jegliche öffentliche Wiedergabe iSd. § 15 Abs. 2 umfasst (so. Rdnr. 18).

In diesem Streit hat der **BGH** 2002 ein **„Machtwort"** (*Hoeren* MMR 2002, 742) gesprochen 39
(BGH ZUM 2002, 240 – Elektronischer Pressespiegel). Danach fallen „auch Pressespiegel, die elektronisch übermittelt werden, jedoch nach Funktion und Nutzungspotential noch im wesentlichen dem herkömmlichen Pressespiegel entsprechen" unter § 49 Abs. 1 UrhG (BGH Ls. 2). Voraussetzung hierfür ist allerdings, „dass der elektronisch übermittelte Pressespiegel nur betriebs- oder behördenintern und nur in einer Form zugänglich gemacht wird, die sich im Fall der Speicherung nicht zu einer Volltextrecherche eignet" (BGH aaO). An diesen Maßstäben hat sich nun die Praxis zu orientieren, auch wenn das BGH-Urteil nicht auf einhellige Zustimmung gestoßen ist (dagegen *Dreyer* in HK-UrhG Rdnr. 10 und – aus europarechtlichen Erwägungen – *Berger* CR 2004, 360/366; *Waldenberger* MMR 2002, 743). Auch der Gesetzgeber sah keine Veranlassung diese BGH Entscheidung in das Urhebergesetz zu übernehmen, „da mit dieser Entscheidung keine Regelungslücke in richterlicher Rechtsfortbildung gefüllt worden war, sondern lediglich im Wege der Auslegung entschieden wurde, dass auch elektronisch übermittelte

Pressespiegel unter den vom Gericht spezifizierten Voraussetzungen unter § 49 zu subsumieren sind" (AmtlBegr. z. RegE bei *Hucko*, 2.Korb S. 249). Dem Gesetzgeber erschien die „Rechtslage kraft Richterrechts ... als fairer Ausgleich widerstreitender Interessen, so dass er für sich keinen Handlungsbedarf sah" (*Hucko*, 2.Korb S. 37).

Danach unterfällt auch ein elektronischer Pressespiegel § 49, wenn er zwei Voraussetzungen erfüllt. Zum einen darf er nur betriebs- oder behördenintern zugänglich sein, es muss sich also um einen sog. **Inhouse Pressespiegel** handeln. Zum anderen dürfen die verwendeten Artikel nur „als **graphische Datei** oder als Datei, in die die einzelnen Artikel als Faksimile eingebunden sind" übermittelt werden (BGH aaO 743). Zur Frage, welche Dateien hierunter fallen, s. ausführlich *Dreier/Schulze* Rdnr. 20. Danach ist eine Volltexterfassung, die es ermöglicht, „die einzelnen Presseartikel indizierbar zu machen und in eine Datenbank einzustellen", im Rahmen von § 49 nicht gestattet (BGH aaO 743).

40 **c)** In der **Praxis** zeigt sich, dass die Abgrenzung zwischen elektronischen Pressespiegeln, die nach der Definition des BGH – noch – unter § 49 fallen und darüber hinausgehenden durchaus schwierig sein kann. Um den Bedürfnissen der Nutzer zu genügen, haben daher die VG WORT (so Rdnr. 17) und die schon vor der BGH-Entscheidung von Zeitungsverlegern gegründete Presse Monitor GmbH PMG am 23. 9. 2003 ein Kooperationsabkommen geschlossen (entgegen *Vogtmeier* S. 190 handelt es sich dabei nicht um einen Gesamtvertrag iSv. § 12 WahrnG). In diesem Vertrag wird zwischen drei verschiedenen Arten von Pressespiegeln unterschieden:
– Der A-Pressespiegel „PMG-digital", der von der PMG entsprechend den Vorgaben des Nutzers gefertigt und von diesem digital bezogen wird;
– der B-Pressespiegel „PMG Rechtekauf", der vom Nutzer selbst ohne Formatbeschränkung erstellt wird, so dass insbes. Volltextrecherche möglich ist; und schließlich
– der C-Pressespiegel „VG WORT § 49 UrhG", in dem der Nutzer die Digitalisierung nur als Bilddatei bzw. graphische Datei (Faksimile) selbst übernimmt.

Nur für den C-Pressespiegel gilt, dass der Nutzer die Alternative hat, einen Vertrag direkt mit der VG WORT oder mit der PMG als deren Inkassobevollmächtigte zu schließen; die Vergütung gem. Abs. 1 S. 2 ergibt sich aus dem von der VG WORT veröffentlichten Tarif (BuAnz. Nr. 190 vom 16. 12. 2009 – so. Rdnr. 22). Über die beiden anderen Pressespiegel kann ein Vertrag nur mit der PMG abgeschlossen werden. Die beteiligten Rechteinhaber (die durch die VG WORT vertretenen Journalisten und die durch die PMG vertretenen Zeitungsverleger) haben damit nicht zuletzt im Interesse der Nutzer die Möglichkeit eines *one-stop-shop* geschaffen. Die Autoren der benutzten Artikel sind entsprechend dem Kooperationsvertrag am Aufkommen der PMG aus allen drei Pressespiegelarten beteiligt. Inzwischen gibt es Verträge zwischen VG WORT, PMG und wichtigen Nutzervereinigungen (insbes. BDI), die für den Abschluss eines Vertrages über elektronische Pressespiegel im engen Sinne mit der VG WORT einen Gesamtvertrag iS von § 12 WahrnG beinhalten und für Verträge mit der PMG einen Rahmenvertrag, in denen die Einzelheiten geregelt sind.

41 **d)** Eine Privilegierung elektronischer Pressespiegel durch § 49 kommt jedenfalls nur in Betracht, wenn **die übrigen Voraussetzungen** vorliegen. Soweit ganze Zeitungsteile Verwendung finden, fehlt es bereits an dem Merkmal, wonach nur „einzelne" Artikel Verwendung finden dürfen (*Katzenberger* S. 61). Inbes. bei kommerziellen Anbietern von elektronischen Pressespiegeln sind darüber hinaus auch die Bestimmungen des UWG zu beachten (so. Rdnr. 36).

7. Kommerzielle Pressespiegel

42 Solange sog. **Presseausschnittdienste** die bei ihnen bestellten Pressespiegel tatsächlich mit Schere und Kleber fertigten, war dies urheberrechtlich völlig unbedenklich. Schon die Verwendung der Fotokopie für die Erstellung des Pressespiegels durch kommerzielle Anbieter stieß jedoch auf urheberrechtliche Bedenken (*Fischer* ZUM 1997, 117/121 und *Eidenmüller* CR 1992, 321/323, halten sie für zulässig; *Katzenberger,* Elektronische Printmedien und Urheberrecht, S. 59, hält sie für unzulässig; für den BGH – ZUM 2002, 740/743 – ist es „zweifelhaft"). Die Auffassung, der kommerzielle Anbieter könne sich nicht auf § 49 stützen, weil die von ihm erstellten Pressespiegel auf Grund einer individuellen Beziehung nur an einen einzigen Abnehmer geliefert werden und nicht an eine Mehrzahl von Abnehmern und Lesern, weshalb sie keine Zeitung oder Informationsblatt iS von § 49 seien, überzeugt nicht (so aber KG ZUM-RD 2004, 401/404); dabei wird nämlich übersehen, dass auch der von einem Dritten erstellte Pres-

sespiegel natürlich für eine Vielzahl von Lesern bestimmt ist, nämlich für die Nutzer des Bestellers. Unter urheberrechtlichen Gesichtspunkten wird man den nach Vorgaben des Bestellers durch kommerzielle Anbieter auf fotomechanischem Wege erstellten Papierpressespiegel unter § 49 subsumieren können; es kann keinen Unterschied machen, ob der Papierpressespiegel entweder in einer Abteilung des Nutzers selbst hergestellt wird oder im Wege des Outsourcing durch einen Dritten. Eine Unzulässigkeit kann sich allerdings je nach der Ausgestaltung des Einzelfalles aus §§ 3 oder 5 UWG ergeben (s. o. Rdnr. 36).

Übermittelt der kommerzielle Pressedienst den von ihm erstellten Pressespiegel an den Kunden nicht mehr in Papierform, sondern elektronisch, stellt dies nach hM. eine neue urheberrechtliche Dimension, eine deutlich höhere Nutzungsintensität dar. Die hM geht daher davon aus, dass § 49 nicht auf **kommerzielle digitale Pressespiegel** Anwendung finden kann (*Dreier/ Schulze* Rdnr. 18 unter Bezugnahme auf den 3-Stufen-Test; *Rogge* S. 237 f.; *Rath-Glawatz* S. 117; *Schack* [4]Rdnr. 484, Fn. 64; aA *Vogtmeier* S. 201 ff. und 228 f.). Auch der BGH betont, dass wegen der „Gefahren, die mit einer ungehinderten elektronischen Verbreitung verbunden sind" nur betriebs- oder behördenintern Pressespiegel durch § 49 privilegiert sind (BGH ZUM 2002, 740/743; ebenso KG ZUM-RD 2004, 401/403); noch deutlicher wird die Zielrichtung des BGH in seiner Pressemitteilung zu diesem Urteil, wonach eine elektronische Übermittlung „nur für betriebs- oder behördeninterne Pressespiegel in Betracht kommt", „nicht dagegen für kommerzielle Dienste" (Mitteilung der Pressestelle des BGH Nr. 76/2002). Dem folgend hat es der Gesetzgeber abgelehnt, im Rahmen des 2.Korbes § 49 auch die Erstellung und Versendung von Pressespiegeln durch kommerzielle Dienstanbieter zu gestatten: es würde dies „die Grenzen dessen sprengen, was nach den Vorgaben des Dreistufentests zulässig ist" (AmtlBegr. z. RegE bei *Hucko*, 2. Korb, S. 249). 43

§ 50 Berichterstattung über Tagesereignisse

Zur Bild- und Tonberichterstattung über Tagesereignisse durch Funk oder durch ähnliche technische Mittel, in Zeitungen, Zeitschriften und in anderen Druckschriften oder sonstigen Datenträgern, die im Wesentlichen Tagesinteressen Rechnung tragen, sowie im Film, ist die Vervielfältigung, Verbreitung und öffentliche Wiedergabe von Werken, die im Verlauf dieser Ereignisse wahrnehmbar werden, in einem durch den Zweck gebotenen Umfang zulässig.

Schrifttum: *Bappert,* Die Freiheit der Film- und Funkberichterstattung nach dem sog. Wochenschaugesetz, GRUR 1963, 16; *Bayreuther,* Beschränkungen des Urheberrechts nach der neuen EU-Urheberrechtsrichtlinie, ZUM 2001, 828; *Becker,* Urheberrechtliche Fragen zur Filmberichterstattung, GRUR 1951, 442; *Bornkamm,* Der Dreistufentest als urheberrechtliche Schrankenbestimmung, Fs. für Erdmann, 2002, S. 29; *Bußmann,* Gedanken zur Ton- und Bildberichterstattung, UFITA 40 (1963) 21; *Deutsch,* Die Dokumentationsfreiheit im Urheberrecht, NJW 1967, 1393; *Castendyk,* Programminformationen der Fernsehsender im EPG – auch ein Beitrag zur Auslegung von § 50 UrhG, ZUM 2008, 916; *Dreier,* Die Umsetzung der Urheberrechtsrichtlinie 2001/29/EG in deutsches Recht, ZUM 2002, 28; *Gerstenberg,* Bildberichterstattung und Persönlichkeitsrecht, UFITA 20 (1955) 295; *Harmsen,* Freiheit der filmischen Berichterstattung, UFITA 46 (1966) 1; *Katzenberger,* Urheberrechtsfragen der elektronischen Textkommunikation, GRUR Int. 1983, 895; *Kupke,* Fragen der aktuellen Berichterstattung durch Film und Fernsehen, FuR 1965, 83; *Max-Plank-Institut für geistiges Eigentum,* Wettbewerbsrecht und Steuerrecht, Declaration, A Ballanced Interpretation of the Three Step Test in Copyright Law; www.ip. mpg.de; *Pöppelmann,* Verhüllter Reichstag, ZUM 1996, 293; *Reinbothe,* Die EG-Richtlinie zum Urheberrecht in der Informationsgesellschaft, GRUR Int. 2001, 733; *Rehbinder,* Der Schutz der Pressearbeit im neuen Urheberrechtsgesetz, UFITA 48 (1966) 102; *Roeber,* Die Stellung der Filmberichterstattung im Urheberrecht, UFITA 9 (1936) 336; *ders.,* Rechtsgrundlagen der Berichterstattung bei Film und Fernsehen, FuR 9/1963, 3; *Schricker,* Anm. zu BGH GRUR 2002, 1050 – Zeitungsbericht als Tagesereignis, LMK 2003, 9; *M. Schulze,* Zumutbare Schranken im Urheberrecht am Beispiel der Bild- und Tonberichterstattung, Diss. Bremen 1994; *Senftleben,* Copyright, Limitations and the Three Step Test, 2004; *ders.,* Grundprobleme des urheberrechtlichen Dreistufentests, GRUR Int. 2004, 200; *Sterner,* Rechtsfragen der Fernsehberichterstattung, GRUR 1963, 303.

Zur **älteren Literatur** siehe ferner *Möhring/Nicolini*[1], Lit. zu § 50, und *Neumann-Duesberg,* Presseberichterstattung, Presseurheberrecht und Nachrichtenschutz, 1949.

Übersicht

	Rdnr.
I. Allgemeines	1–8
1. Sinn und Zweck der Vorschrift	1
2. Entstehungsgeschichte	2, 3
3. Rechtfertigung des § 50	4

	Rdnr.
4. Konventionsrecht	5
5. Europäisches Recht	6
6. Verfassungsrecht	7, 8
II. Berichterstattung über Tagesereignisse	9–17
1. Berichterstattung	9, 10
2. Tagesereignisse	11–13
3. Privilegierte Medien	14–17
a) Funk, dem Funk ähnliche Mittel und Film	15
b) Zeitung und Zeitschrift	16
c) Andere Druckschriften und sonstige Datenträger	17
III. Art und Umfang der gesetzlich zulässigen Nutzungen	18–25
1. Wirklichkeitsgetreue Wiedergabe	19, 20
2. Gegenstand der privilegierten Berichterstattung	21
3. Wahrnehmbarkeit des Werkes iSd. § 50	22
4. Zweckbindung	23, 24
5. Beispiele	25
IV. Sonstige Fragen	26, 27
1. Recht am Fernsehbild	26
2. Urheberpersönlichkeitsrecht	27

I. Allgemeines

1. Sinn und Zweck der Vorschrift

1   Die Schrankenregelung des § 50 dient der **Erleichterung einer anschaulichen Berichterstattung über aktuelle Ereignisse,** indem sie die Vervielfältigung, Verbreitung und öffentliche Wiedergabe geschützter Werke, die im Verlauf von Tagesereignissen wahrnehmbar werden, **ohne den Erwerb entsprechender Nutzungsrechte und ohne die Zahlung einer Vergütung** erlaubt (AmtlBegr. UFITA 45 [1965] 240/282f.; BGH GRUR 2008, 693/696 – TV-Total; GRUR 2002, 1050f. – Zeitungsbericht als Tagesereignis). Es bleibt häufig dem Zufall überlassen, ob geschützte Werke oder Leistungen ausübender Künstler (§§ 73, 83), Fotografen (§ 72 Abs. 1) und/oder wirtschaftlicher Unternehmen wie Veranstalter (§ 81), Tonträgerhersteller (§ 85), Sendeunternehmen (§ 87) und Filmproduzenten (§§ 94, 95) während eines berichtenswerten Tagesereignisses in Erscheinung treten. Deshalb sind Journalisten bzw. ihre Auftraggeber selten in der Lage, noch vor dem Abdruck oder der Sendung eines aktuellen Berichts die Zustimmung aller Rechteinhaber zur gebotenen Nutzung der im Verlaufe dieses Ereignisses wahrnehmbar gewordenen Werke und Leistungen einzuholen. Dieser Schwierigkeit hilft § 50 ab (ebenso BGH GRUR 2008, 693/696f. Tz. 49 – TV-Total). Er hat Berührungspunkte mit den Schrankenregelungen der §§ 48, 51, 52, 57 und 59, ist aber klar zu unterscheiden von den **in ihrer Zielrichtung verschiedenen medienrechtlichen Vorschriften des Rechts der Kurzberichterstattung im Fernsehen** in Art. 5 § 4 des Staatsvertrags über den Rundfunk im vereinigten Deutschland vom 31. 8. 1991, zuletzt geändert durch den Zehnten Rundfunkänderungsstaatsvertrag vom 17. 12. 2007, die im Wesentlichen gegen Exklusivverträge von Sendeunternehmen gerichtet sind und das Urheberrecht unberührt lassen (dazu *Herrmann/Lausen,* Rundfunkrecht, 2. Aufl. 2004, § 22 Rdnr. 58ff. mwN; sa. § 81 Rdnr. 16). Jedoch kann es mit ihnen im Einzelfall Überschneidungen geben.

2. Entstehungsgeschichte

2   § 50 geht auf das Gesetz zur Erleichterung der Filmberichterstattung vom 30. 4. 1936, das sog. Wochenschaugesetz, zurück (RGBl. I S. 404 = BGBl. III S. 440). Es wurde veranlasst durch die Flaggenlied-Entscheidung des Kammergerichts (JW 1935, 303), die die Wiedergabe urheberrechtlich geschützter Musikwerke in der Wochenschau nur mit Zustimmung des Urhebers für zulässig erklärt hatte (dazu *Sterner* GRUR 1963, 303/304; zur Rechtsentwicklung *Bappert* GRUR 1963, 16/17 sowie *Möhring/Nicolini/Engels*[2] Rdnr. 1). Vordem hatte bereits § 37 RJM-E eine Freistellung der Tagesberichterstattung vorgeschlagen, ohne jedoch Werke der bildenden Kunst und der Fotografie einzubeziehen. Später erstreckte § 44 RefE den Tatbestand des Wochenschaugesetzes über den Filmbereich hinaus auf Funkberichte, beschränkte allerdings noch nicht die freigestellte Berichterstattung auf den durch den Zweck gebotenen Umfang. Dies geschah erst durch den MinE (§ 47), der wie der inhaltlich übereinstimmende RegE und der spätere Gesetzestext auch Zeitungen und im Wesentlichen Tagesereignissen Rechnung tragende Zeitschriften privilegierte. Das Wochenschaugesetz, das sinngemäß (dh. ohne die typischen

NS-Beschränkungen) nach 1945 weitergalt (BGHZ 37, 1/12 – AKI mwN sowie *Becker* GRUR 1951, 442), wurde durch § 141 Nr. 7 aufgehoben.

Das **Gesetz zur Regelung des Urheberrechts in der Informationsgesellschaft** vom 10. 9. 2003 (BGBl. I S. 1774) – in Kraft getreten am 13. 9. 2003 – hat § 50 redaktionell neu gefasst, mit einer neuen Überschrift versehen und unter Ausschöpfung des von Art. 5 Abs. 3 lit. c, Abs. 4 der **EG-Richtlinie 2001/29/EG** zur Harmonisierung des Urheberrechts und der verwandten Schutzrechte in der Informationsgesellschaft (ABl. L 167/10) gesteckten Rahmens den Erfordernissen freier Werknutzung in der Informationsgesellschaft angepasst. In erster Linie ging es dabei um die Erstreckung der Vorschrift auf die erlaubnis- und vergütungsfreie Nutzung durch dem Funk ähnliche technische Mittel, also vornehmlich durch die Online-Berichterstattung, und auf die Verwertung reiner Sprachwerke im Rahmen der Berichterstattung (vorher allein Bild- und Tonberichterstattung), die online große Bedeutung erlangt hat (sa. AmtlBegr. BT-Drucks. 15/38, S. 1).

3. Rechtfertigung

Die Schrankenregelung des § 50 findet ebenso wie die Vorschriften der §§ 48, 49 ihre Rechtfertigung in der **Meinungs- und Pressefreiheit und im Interesse der Allgemeinheit an rascher und sachgerechter Information.** Diesen Interessen gebührt jedoch nur insoweit Vorrang vor dem Verwertungsinteresse des Urhebers, als der Umfang der privilegierten Werknutzung durch den Zweck aktueller Berichterstattung geboten ist. Als **Ausnahme** vom ausschließlichen Verwertungsrecht des Urhebers, die sich weder auf das allgemeine Persönlichkeitsrecht noch auf das Recht am eigenen Bilde einschränkend auswirkt (s. Rdnr. 27; *Dreyer* in HK-UrhG Rdnr. 2), ist § 50 – wie Schrankenbestimmungen generell – **grundsätzlich eng auszulegen,** ohne freilich im Einzelfall eine am Zweck und an den durch die Schrankenbestimmung geschützten Interessen ausgerichtete großzügigere Auslegung auszuschließen. Im Rahmen des § 50 kann sogar eine weite Auslegung geboten sein, wenn der Meinungs-, Presse- und Rundfunkfreiheit nach Art. 5 GG im Wege der Güterabwägung gegenüber dem grundrechtlichen Schutz des Urheberrechts aus Art. 14 GG der Vorrang einzuräumen ist (st. Rspr., zuletzt EuGH GRUR 2009, 1041/1045 – Tz. 56 – Infopaq/DDP; BGH GRUR 1994, 800/802 – Museumskatalog; BGH GRUR 2001, 59 f. – Parfumflakon; BGHZ 150, 6/8 = GRUR 2002, 605 f. – Verhüllter Reichstag; BGHZ 151, 300/310 = GRUR 2002, 963 – Elektronischer Pressespiegel; BGH GRUR 2002, 1050/1051 – Zeitungsbericht als Tagesereignis; BGH GRUR 2003, 956/957 – Gies-Adler; BGH GRUR 2003, 1035/1037 – Hundertwasser-Haus; BGH GRUR 2005, 670/671 – WirtschaftsWoche; sa. vor §§ 44a ff. Rdnr. 18 ff.). Dabei gilt es jedoch zu berücksichtigen, dass der Gesetzgeber im System der Schrankenregelungen eine Abwägung bereits vorgenommen hat (BGH GRUR 2002, 605/606 – Verhüllter Reichstag; BGH GRUR 2002, 1050/1051 – Zeitungsbericht als Tagesereignis mit zust. Anm. *Schricker* LMK 2003, 9; ausführlich dazu § 51 Rdnr. 8; weitergehend § 97 Rdnr. 37). Einen allgemeinen Rechtssatz, wonach wegen eines grundsätzlich vorzugswürdigen Interesses der Öffentlichkeit der absolute Schutz des Urhebers zurückzutreten habe, hat der BGH dementsprechend verneint (BGH GRUR 2001, 59 f. – Parfumflakon). Vielmehr ist in richtlinienkonformer Auslegung der Schrankenbestimmung stets der Dreistufentest des Art. 5 Abs. 5 der Informationsgesellschafts-Richtlinie im Auge zu behalten (OLG Dresden ZUM 2010, 362/364 – Presselounges [n. rkr.]; sa. Rdnr. 6).

4. Konventionsrecht

Der Wortlaut der Bestimmung befindet sich im Einklang mit **Art. 10bis RBÜ** in der Fassung ihrer **Stockholmer Revision** von 1967 (vgl. *Nordemann/Vinck/Hertin* RBÜ Art. 10bis Rdnr. 1 ff.). Die Brüsseler Fassung der RBÜ, die nunmehr im Verhältnis zu wenigen Ländern gilt, umschreibt die Ausnahme noch enger, indem sie ihren Geltungsbereich auf kurze Bruchstücke aus Werken der Literatur oder Kunst beschränkt. Eine wörtliche Auslegung des Begriffs „kurze Bruchstücke" hat sich nach der hM allerdings als unpraktikabel erwiesen, weil sich Berichterstattung nicht immer auf kurze Bruchstücke reduzieren lässt (*Bußmann* UFITA 40 [1963] 21/31) und von Werken der bildenden Kunst ohnehin keine Bruchstücke gezeigt werden können (*Ulmer*³ § 72, 3; *Gerstenberg* UFITA 20 [1955] 295/298). Die AmtlBegr. zu § 50 weist daher darauf hin, dass es zwar einen Verstoß gegen den Wortlaut des Art. 10bis RBÜ (Brüsseler Fassung), nicht aber gegen den Sinn und Zweck der Berner Übereinkunft bedeute, wenn die Aufnahme ganzer Werke in einen Bericht zugelassen, zugleich aber der Umfang freier Benutzung zur Verhütung von Missbräuchen in anderer Weise begrenzt werde (UFITA 45 [1965] 240/283). Diesen Erwägungen trägt Art. 10bis RBÜ in ihrer Stockholmer Fassung Rechnung.

§ 50

5. Europäisches Recht

6   Die Novellierung des § 50 durch das Gesetz vom 10. 9. 2003 (siehe oben Rdnr. 3) hält sich in Verbindung mit § 63 (Verpflichtung zur Quellenangabe) im Rahmen dessen, was Art. 5 Abs. 3 lit. c der Informationsgesellschafts-Richtlinie 2001/29/EG an Einschränkungen der ausschließlichen Rechte der Vervielfältigung, Verbreitung (in Verbindung mit Art. 5 Abs. 4) und öffentlichen Wiedergabe gestattet. Bei der Auslegung des § 50 als europäisch harmonisiertem Recht ist im Auge zu behalten, dass der Gesetzgeber darauf verzichtet hat, bei der Umsetzung der Richtlinie den dort zwingend vorgeschriebenen und **zum aquis communautaire gehörenden Dreistufentest** nach Art. 5 Abs. 5 der Informationsgesellschafts-Richtlinie als Schranken-Schranke ausdrücklich in das deutsche Gesetz aufzunehmen (zum Dreistufentest *Reinbothe* GRUR Int. 2001, 733/740; *Dreier* ZUM 2002, 28/35; *Bornkamm*, Fs. für Erdmann, S. 29; *Senftleben* passim; *ders.* GRUR Int. 2004, 200; vor §§ 44a ff. Rdnr. 12f. jeweils mwN; kritisch *Max-Plank-Institut für geistiges Eigentum, Wettbewerbsrecht und Steuerrecht*, Declaration, A Ballanced Interpretation of the Three Step Test in Copyright Law; www.ip.mpg.de). Gleichwohl gebietet die richtlinien- und überdies TRIPS- (Art. 13) sowie WCT- (Art. 10) und WPPT- (Art. 16) konforme Auslegung der nationalen Schrankenbestimmungen die Beachtung des Dreistufentests, nach dem eine Schrankenregelung nur insoweit zulässig ist, als sie einen Sonderfall regelt (1), die erlaubnisfreie Nutzung die normale Werkverwertung nicht beeinträchtigt (2) und die Urheberinteressen nicht in ungebührlicher Weise verletzt (3) (s. EuGH GRUR 2009, 1041/1045 Tz. 57 – Infopaq/DDP; ausführlich dazu *Bornkamm*, Fs. für Erdmann, S. 29 passim; Einzelheiten vor §§ 44a ff. Rdnr. 12f. mwN).

6. Verfassungsrecht

7   Die in der – im Hinblick auf die ursprüngliche Vergütungsfreiheit der privilegierten Nutzungen nach § 52 aF ergangene – **Kirchenmusik-Entscheidung des BVerfG** (BVerfGE 49, 382) aufgeworfene Frage, ob die Vergütungsfreiheit nach § 50 bei der Verwendung geschützter Werke im Rahmen aktueller Berichterstattung verfassungsrechtlich ebenfalls zu beanstanden sei, hat der **BGH** – jedenfalls im Zusammenhang mit dem Abdruck von Kunstwerken in Presseberichten – unter Hinweis darauf verneint, dass die den §§ 50 und 52 zugrunde liegenden Sachverhalte nicht vergleichbar seien. Ihr wesentlicher Unterschied liege darin, dass der in der Kirchenmusik-Entscheidung verfassungsrechtlich überprüfte § 52 aF den vollen Werkgenuss ermögliche, während es in § 50 lediglich um eine informative Illustration der aktuellen Berichterstattung gehe. Diese beeinträchtige die Interessen des Urhebers, die zudem durch die Vorteile aus der Vervielfältigung und Verbreitung seines Werkes in einer Tageszeitung gefördert würden, in so geringem Maße, dass sie gegenüber dem Informationsinteresse der Allgemeinheit und dem Recht der Presse auf freie Berichterstattung auch unter Beachtung des Grundsatzes der Verhältnismäßigkeit zurückzutreten habe (BGHZ 85, 1/8 – Presseberichterstattung und Kunstwerkwiedergabe I).

8   Die **Bedeutung der Meinungs-, Presse- und Rundfunkfreiheit** des **Art. 5 GG** gegenüber der **verhältnismäßig geringfügigen Beeinträchtigung** der Verwertungsrechte durch die Wiedergabe geschützter Werke im Rahmen aktueller und deshalb kurzlebiger Berichterstattung spricht freilich in höherem Maße als die vom BGH erwähnte, für den betroffenen Urheber positive Nebenwirkung der Publizität dafür, unter Abwägung der betroffenen Interessen § 50 als eine von Art. 14 Abs. 1 S. 2 GG gedeckte Schrankenbestimmung des Eigentums zu werten und damit als verfassungskonform zu erachten (sa. vor §§ 44a ff. Rdnr. 7ff.).

II. Berichterstattung über Tagesereignisse

9   **1. Berichterstattung** ist die möglichst wirklichkeitsgetreue, akustisch oder/und visuell wahrnehmbare Wiedergabe oder sachliche Schilderung einer tatsächlichen Begebenheit (vgl. *Roeber* UFITA 9 [1936] 336/345). Dabei können sich freilich je nach Art des Mediums Besonderheiten ergeben. In der Regel muss sich der Bericht auf eine nur **ausschnittweise Wiedergabe** einer tatsächlichen Begebenheit beschränken, zwingend ist dies jedoch nicht (BGH GRUR 2002, 1050/1051 – Zeitungsbericht als Tagesereignis). Maßgeblich ist, ob sich die Wiedergabe im Rahmen des privilegierten Zwecks hält, dh. auch der Umfang des übernommenen Teils im Hinblick auf den zu berücksichtigenden strengen Prüfungsmaßstab zum Umfang des Berichts in einem sachlich begründbaren Verhältnis steht. Der Umstand, dass das fremde Sendematerial zeitlich mehr als die Hälfte des Berichtes ausmacht, schließt die Zulässigkeit von dessen

Verwendung nicht notwendig aus (OLG Köln ZUM 2010, 367/369 – Fremdes Sendematerial; sa. Rdnr. 20, 23 f.). Im **Hörfunk und Fernsehen** obliegt die Auswahl der aufzunehmenden Teile dem Kamerateam oder dem Funkreporter, die Auswahl des zu sendenden Berichts der Redaktion des Senderunternehmens. Die **vollständige Übertragung** eines Ereignisses in Rundfunk und Fernsehen ist bereits begrifflich **kein Bericht** iSd. § 50. Bei Berichten in der **Presse, im Rundfunk** und **im Internet** ist zu berücksichtigen, dass der Reporter die tatsächlichen Vorgänge subjektiv wahrnimmt und **mit eigenen Worten schildert,** so dass eine gewisse Relativierung der Objektivität unvermeidbar ist.

Das **Wesen eines Berichts, über tatsächliche Vorgänge** möglichst wirklichkeitsnah zu informieren, rechtfertigt es, bei der Berichterstattung über Tagesereignisse dem aktuellen Informationsinteresse der Allgemeinheit nicht nur gegenüber dem Ausschließlichkeitsrecht, sondern auch gegenüber dem Vergütungsinteresse des Urhebers bzw. Leistungsschutzberechtigten den Vorrang einzuräumen, sofern der Bericht geschützte Werke (§ 2) oder Leistungen ausübender Künstler (§§ 73, 83), Fotografen (§ 72 Abs. 1), Editoren (§§ 70 Abs. 1, 71 Abs. 1 S. 3) ua. bzw. von Veranstaltern, Bild- oder Tonträgerproduzenten oder Rundfunkanstalten (§§ 81, 84; 85 Abs. 3; 87 Abs. 3; 94 Abs. 4; 95) einbezieht. Die allein wertende Berücksichtigung der Vorgeschichte und der Hintergründe des aktuellen Geschehens einschließlich der Stellungnahmen Dritter dazu oder seine Ironisierung nehmen einem Artikel noch nicht den Charakter eines Berichts über aktuelles Tagesgeschehen iSd. § 50, solange die Information über tatsächliche Vorgänge im Vordergrund steht (BGH GRUR 2002, 1050/1051 – Zeitungsbericht als Tagesereignis). Allerdings schließt der BGH die Privilegierung des § 50 dort aus, wo es der Öffentlichkeit nicht auf eine aktuelle Berichterstattung ankommt und es deshalb dem Berichterstatter oder seinem Auftraggeber möglich und zumutbar ist, vor Abdruck oder öffentlichen Wiedergabe des Berichts die notwendigen Rechte einzuholen, ohne zulasten des Rechtsinhabers die Schrankenregelung in Anspruch zu nehmen (BGH GRUR 2008, 693/696 f. Tz. 49 – TV-Total; LG Köln ZUM-RD 2010, 283/297 – EPG). Folglich gehören Schilderungen, die ausschließlich oder zumindest überwiegend die persönlichen Ansichten des Verfassers wiedergeben, sowie Kommentare zu Tagesereignissen nicht zur privilegierten aktuellen Berichterstattung. Denn diese darf die Grenze zur vertiefenden Analyse und wertenden Darstellung ganzer Problemkreise nicht überschreiten (OLG Hamburg UFITA 96 [1983] 255/264 – Berichterstattung über Theaterfestival).

2. Tagesereignis

§ 50 verlangt, dass die erlaubnis- und vergütungsfreie Werknutzung **im Rahmen einer Berichterstattung über Tagesereignisse** erfolgt. Unter einem Tagesereignis ist eine tatsächliche aktuelle Begebenheit zu verstehen, die für die Allgemeinheit von Interesse ist (so auch BGH GRUR 2008, 693/697 Tz. 48 – TV-Total; 2002, 1050/1051 – Zeitungsbericht als Tagesereignis). Zwei Komponenten sind es also, die ein Tagesereignis iSd. § 50 charakterisieren: Zum einen seine **Aktualität und** zum anderen **das Interesse der Öffentlichkeit,** mindestens aber einer interessierten größeren Gruppe (ebenso *Dreier/Schulze/Dreier* § 50 Rdnr. 4). Zur Aktualität reicht nicht allein die zeitliche Nähe zwischen dem Geschehen und der Berichterstattung. Dem Zweck der Vorschrift entsprechend, die aktuelle Berichterstattung zu erleichtern (vgl. Rdnr. 1), muss eine besondere Qualität des Ereignisses hinzutreten, die es für eine aktuelle, in der Regel flüchtige Berichterstattung ohne bleibende Bedeutung geeignet erscheinen lässt (vgl. BGH GRUR 2005, 670/671 – WirtschaftsWoche). Diese Qualität hat das OLG Frankfurt einem situationskomischen Spontaninterview eines Passanten abgesprochen (OLG Frankfurt ZUM 2005, 477/481 – TV-Total mit zust. Anm. *Hillig* S. 482; vom BGH GRUR 2008, 693/697 Tz. 51 – TV-Total wegen insoweit mangelnden Revisionsvortrags offengelassen), während das OLG Köln nicht unproblematisch das aktuelle Fernsehprogramm selbst als ein § 50 privilegiertes Ereignis angesehen und die Wiedergabe eines Fotos aus einer bevorstehenden Sendung für erlaubnisfrei zulässig erachtet hat (OLG Köln GRUR-RR 2005, 105 f. – elektronischer Fernsehprogrammführer, dagegen OLG Dresden ZUM 2010, 362/364 – Presselounges [n. rkr.]: keine zukunftsbezogenen Ereignisse wie Ankündigungen von Fernsehsendungen; ebenso *Castendyk* ZUM 2008, 916/922 unter Hinweis auf BGH GRUR 2008, 693/696 f. Tz. 49 – TV-Total, nach der die Sendung eines Beitrags kein Tagesereignis im Sinne des § 50 darstelle, wenn der Inhalt der Sendung selbst kein aktuelles Geschehen betreffe; sa. LG Berlin ZUM 1989, 473/474 – Les Desmoiselles d'Avignon). Zutreffend jedoch hat das OLG Köln die Aktualität einer Fernseh-Casting-Show nicht nach dem Zeitpunkt ihrer Aufzeichnung, sondern dem

§ 50

ihrer Ausstrahlung an die Öffentlichkeit beurteilt und deshalb eine zwei Tage danach erfolgte Übernahme eines Ausschnitts in einer kritischen Auseinandersetzung einer anderen Sendung nach § 50 für zulässig erachtet (OLG Köln GRUR-RR 2010, 151 f. – Zusammenbruch bei Dieter Bohlen [n. rkr.]). Zu entscheiden ist jeweils unter Abwägung aller Umstände des Einzelfalls. Die Geburt eines Kindes ist in einer Familie „das" Ereignis des Tages; dennoch ist sie kein Tagesereignis iSd. § 50, es sei denn, es handele sich über den familiären Rahmen hinaus um ein Ereignis von allgemeinem Interesse wie etwa die Geburt des Thronfolgers in einer Monarchie.

12   Tagesereignisse können, da das Gesetz keine Einschränkung vornimmt, in gebotener weiter Auslegung des Begriffs **tatsächliche Begebenheiten jeglicher Art** sein, dh. nicht allein Vorgänge aus Politik und Wirtschaft, sondern auch Ereignisse, die den Bereichen des Alltäglichen, des Sports, der Kunst und der Kultur zuzuordnen sind (BGH GRUR 2002, 1050/1051 – Zeitungsbericht als Tagesereignis; KG Schulze KGZ 74, 11), wie zB Staatsakte, Einweihungs- und Gedenkfeiern, Ausstellungseröffnungen, Preisverleihungen, Sportveranstaltungen, Banalitäten, Klatsch und Tratsch usw. Eine Wertung nimmt das Gesetz im Hinblick auf das Grundrecht der Pressefreiheit, das eine Unterscheidung nach der Qualität der Berichterstattung verbietet, nicht vor (*Schricker* LMK 2003, 9/10). Dabei vermag ein Zeitungsbericht oder eine Sendung über ein Ereignis je nach Art und Weise der Berichterstattung selbst eine die Privilegierung des § 50 auslösende tatsächliche Begebenheit zu sein (BGH GRUR 2002, 1050/1051 – Zeitungsbericht als Tagesereignis). Nach Auffassung des OLG Köln können auch das Fernsehprogramm eines großen Privatsenders oder einzelne Programmpunkte hieraus als kulturelle Tagesereignisse im Sinne des § 50 sein (OLG Köln GRUR-RR 2005, 105 f. – elektronischer Fernsehprogrammführer), allerdings mit der Einschränkung, dass der Inhalt der Sendung selbst ein aktuelles Geschehen betrifft (BGH GRUR 2008, 693/696 Tz. 48 – TV-Total). Das OLG Köln wertet demgegenüber auch das Fernsehprogramm eines großen Privatsenders oder einzelne Programmpunkte als kulturelle Tagesereignisse im Sinne des § 50 (OLG Köln GRUR-RR 2005, 105 f. – Elektronischer Fernsehprogrammführer; kritisch *Castendyk* ZUM 2008, 916/922 f.), während das OLG Dresden die Berichterstattung über **zukunftsbezogene Ereignisse** von der Privilegierung des § 50 ausschließt (ZUM 2010, 362/364 – Presselounges [n. rkr.]). Letzterer Auffassung ist zuzustimmen, weil bei zukünftigen Ereignissen die erforderlichen Rechte rechtzeitig erworben werden können (vgl. BGH GRUR 2008, 693/696 f. Tz. 49 – TV-Total; LG Köln ZUM-RD 2010, 283/297 – EPG). Der Begriff des Tagesereignisses ist **objektiv** zu bestimmen, also nicht nach subjektiven Maßstäben des Berichterstatters (*Bappert* GRUR 1963, 16/19). Die Auswahlentscheidung des Reporters oder der Redaktion kann nur die Frage betreffen, über welche Tagesereignisse in welchem Umfang berichtet wird.

13   Bei der Beurteilung der **Aktualität** ist zunächst darauf abzustellen, was das Publikum noch als **Gegenwartsberichterstattung** empfindet (BGH GRUR 2008, 693/696 Tz. 48 – TV-Total; 2002, 1050/1051 – Zeitungsbericht als Tagesereignis; *Möhring/Nicolini/Engels*[2] Rdnr. 5 jeweils mwN). Zur Prüfung der Aktualität ist der Zeitpunkt des Ereignisses mit der Erscheinungsweise des privilegierten Mediums in Relation zu setzen und zu berücksichtigen, dass die Beurteilung der Aktualität einer Berichterstattung sich mit dem jeweiligen Medium und dem von ihm gepflegten Umschlag von Neuigkeiten ändert. Mit einer Rückschau auf die Ereignisse der vorangegangenen Woche endet in der Regel die Aktualität im Fernsehen und im Hörfunk. Berichte eine Tageszeitung über die Eröffnung einer Kunstausstellung dürften hingegen dem Aktualitätserfordernis und dem Informationsbedürfnis der Allgemeinheit selbst dann noch genügen, wenn der Bericht über die sonntägliche Eröffnung erst in dem am darauf folgenden Wochenende erscheinenden Feuilletonteil der Zeitung abgedruckt wird (KG Schulze KGZ 74, 11). Die Aktualität ist ebenfalls noch zu bejahen, wenn eine auf aktuelle Ereignisse auf dem Kunst- und Ausstellungsmarkt bezogene Monatsschrift erst nach vier Wochen, jedenfalls aber im nächstmöglichen Heft, über die Eröffnung einer Ausstellung berichtet (vgl. *Gerstenberg* Anm. zu Schulze KGZ 74, 14). Dagegen kann die Vorführung einer mehrere Wochen alten Wochenschau in einem Nebenkino – ein Vorgang, den *Roeber* im Jahre 1936 und ihm folgend *Möhring/Nicolini*[1] (Anm. 2a) noch als Gegenwartsberichterstattung einstufen – heute nur noch als von § 50 nicht mehr gedeckte historische Dokumentation angesehen werden (ebenso *Fromm/Nordemann/W. Nordemann*[9] Rdnr. 4). Das Gleiche gilt für Jahresrückblicke, Wiederholungen etc. (LG Hamburg GRUR 1989, 591/592 – Neonrevier). **Die Aktualität eines Ereignisses kann wieder aufleben,** so dass Werke, die früher bereits einmal zulässigerweise wiedergegeben werden konnten, infolge wiedergewonnener Aktualität erneut dem Privileg des § 50 unterfallen, wobei Zweifel an der Aktualität zu Lasten des Verwerters gehen (OLG Stuttgart NJW-RR 1986, 220/221 – Arbeitgeber-Lichtbild). Die einmal gegebene Aktualität eines Berichts erlischt

nicht durch Zeitablauf, so dass die Privilegierung des § 50 entfiele. Entscheidend für die Aktualität ist der Zeitpunkt der Berichterstattung. Andernfalls müssten Archivinhalte ständig auf ihre Aktualität überprüft werden, nicht ohne die Authentizität des archivierten Gutes zu beschädigen (s. dazu LG Braunschweig BeckRS 2009, 28660 [n. rkr.]).

3. Privilegierte Medien

Zu den privilegierten Medien zählen nach der Neufassung der Vorschrift (s. Rdnr. 3) nunmehr ausdrücklich **neben Zeitungen und Zeitschriften auch „andere Druckschriften oder sonstige Datenträger" und neben dem Funk auch ihm „ähnliche technische Mittel".** Sein Wortlaut macht § 50 „zukunftsfest", indem er seine Anwendbarkeit auf neuartige, derzeit noch nicht bekannte Printmedien und andere – elektronische oder nichtelektronische, analoge oder digitale – Werkträger erstreckt und mit den dem Funk ähnlichen technischen Mitteln die öffentliche Zugänglichmachung nach § 19a in all ihren technischen und inhaltlichen Spielarten erfasst (OLG Köln GRUR-RR 2005, 105 – elektronischer Fernsehprogrammführer). Gegenüber dem früheren Wortlaut des § 50 folgt aus dem geltenden Text keine Erweiterung seines Anwendungsbereichs (ebenso *Möhring/Nicolini/Engels*[2] Rdnr. 8; aA *Wandtke/Bullinger/Lüft* Rdnr. 3). Denn trotz grundsätzlich gebotener enger Auslegung betraf die Vorschrift bereits vordem ihrem Sinn und Zweck entsprechend und im Hinblick auf Art. 5 GG (s. Rdnr. 4) alle Medien, die **im Wesentlichen auf die Berichterstattung über Tagesereignisse** ausgerichtet sind, gleich, auf welchem Wege und mit welchen technischen Mitteln die Vervielfältigung, Verbreitung oder öffentliche Wiedergabe erfolgte. Demnach wurden auch solche Medien und Techniken von § 50 umfasst, die beim Erlass des Gesetzes noch nicht bekannt waren. Zu beachten ist, dass stets der Hersteller des Berichts, nicht dagegen ein Vorführunternehmen, das vom Berichtenden nur die Vorführerlaubnis erhalten hat, privilegiert ist (*Möhring/Nicolini/Engels*[2] Rdnr. 13 unter zutreffendem Bezug auf BGHZ 37, 1 – AKI). 14

a) Berichterstattung **durch Funk, dem Funk technisch ähnliche Mittel und durch Film** erfolgt in erster Linie durch Hörfunk, Fernsehen und zunehmend durch Online-Zugänglichmachung. Die Berichterstattung in den Nachrichtensendungen der Rundfunkanstalten und der Internet-Provider hat die Filmberichterstattung der Wochenschau im Kino (Rdnr. 11) weitgehend abgelöst und zu einer **Verlagerung der Berichterstattung auf neue Medien** geführt, bei denen die reine Textberichterstattung überwiegt, ohne freilich die Bedeutung des § 50 zu mindern. Dem hat der Gesetzgeber Rechnung getragen, indem er durch die Änderung des Wortlauts der Vorschrift ausdrücklich – und nicht mehr wie zuvor durch analoge Anwendung der Vorschrift – jedwede Berichterstattung (nicht mehr allein Bild- und Tonberichterstattung), also auch die **reine Wort-Berichterstattung** über Tagesereignisse, durch neue Medien (zB Btx, Videotext, Kabeltext, Online-Abrufdienste, Internet usw.) von der Ausnahmebestimmung des § 50 profitieren lässt, selbst wenn die Informationen nicht durch Funk übermittelt werden (dazu bereits *Katzenberger* GRUR Int. 1983, 895/909 ff.). Er folgt damit weitgehend einem Vorschlag *Dreiers*, zur Erfassung reiner Textberichterstattung durch Online-Medien den Wortlaut der Vorschrift ausdrücklich auf jede Berichterstattung zu erstrecken, indem die Worte „Bild und Ton" gestrichen sowie die Worte „Funk und Film" durch den umfassenderen Begriff der „öffentlichen Wiedergabe" ersetzt werden (*Dreier* in *Schricker* [Hrsg.], Informationsgesellschaft, S. 160 f.). 15

b) Die Begriffe der **Zeitung und Zeitschrift** sind inhaltlich in gleicher Weise zu verstehen wie in § 38 (dazu § 38 Rdnr. 12 ff.). Da bei Tageszeitungen anders als bei Zeitschriften die aktuelle Berichterstattung im Vordergrund steht, gilt der einschränkende Zusatz **„die im Wesentlichen den Tagesinteressen Rechnung tragen"** in erster Linie für Zeitschriften, deren wöchentliche, monatliche oder vierteljährliche Erscheinungsweise eine Einschätzung im Einzelfall erforderlich macht. Befasst sich eine Zeitschrift „im Wesentlichen" mit Tagesinteressen, was bei Wochenzeitschriften häufiger, bei Monatszeitschriften hingegen seltener der Fall sein wird, gilt für die Berichterstattung die gleiche Ausnahme wie für Tageszeitungen (sa. Rdnr. 11 ff.). Jahresrückblicke allerdings sind nicht mehr an Tagesinteressen orientiert (LG Hamburg GRUR 1989, 591 – Neonrevier; sa. Rdnr. 13). 16

Unter den neu hinzugetretenen Begriff der **anderen Druckschriften** sind alle übrigen Printmedien (Loseblattlieferungen, Pressespiegel, Reader ua.) zu subsumieren, während der Begriff des **sonstigen Datenträgers** insofern medienübergreifend zu verstehen ist, als er auch elektronische Trägermaterialen umfasst wie etwa Disketten, CD-ROM, DVD, Audiokassetten ua. (ebenso *Dreier/Schulze/Dreier* Rdnr. 5; *Wandtke/Bullinger/Lüft* Rdnr. 3). 17

III. Art und Umfang gesetzlich zulässiger Nutzungen

18 Die Vervielfältigung, Verbreitung und öffentliche Wiedergabe eines Werkes, einschließlich seiner öffentlichen Zugänglichmachung, iSd. § 15 Abs. 1 und 2 unterliegen im Rahmen der Berichterstattung über Tagesereignisse nach § 50 mehreren die Art und den Umfang der zulässigen Nutzungen betreffenden Einschränkungen.

1. Wirklichkeitsgetreue Wiedergabe

19 Das Wesentliche der Berichterstattung über Tagesereignisse liegt in der Wirklichkeitstreue des vermittelten Gesamtbildes eines Vorkommnisses (*Bußmann* UFITA 40 [1963] 33). Dem entspricht es, dass der Berichterstatter das hierbei wahrnehmbare geschützte Werk **„live" am Ort des Tagesereignisses aufnimmt** und übermittelt (BGH GRUR 2002, 1050/1051 – Zeitungsbericht als Tagesereignis). Zur Wiedergabe eines im Verlauf einer Ausstellungseröffnung wahrnehmbaren Werkes hat der BGH demgegenüber die **Benutzung einer Archivaufnahme** zugelassen, weil es lediglich auf die konkrete Gestalt ankomme, in der das Werk anlässlich des Ereignisses in Erscheinung trete (BGHZ 85, 1/7 – Presseberichterstattung und Kunstwerkwiedergabe I; BGH GRUR 1983, 28/30 – Presseberichterstattung und Kunstwerkwiedergabe II; LG Köln ZUM-RD 2010, 283/297 – EPG, zustimmend *Dreier/Schulze/Dreier* Rdnr. 7). Die Zulassung von Archivbildern widerspricht allerdings der Entstehungsgeschichte und dem Sinn der Bestimmung. Anstelle eines aktuellen Bild**berichts** tritt hier wie bei einem Bild**zitat** die Abbildung einer beliebigen älteren Reproduktion (*Gerstenberg* Anm. zu Schulze KGZ 74, 18).

20 Eine Beschränkung des § 50 auf lediglich **bruchstückhafte Werkabbildungen** oder -wiedergaben kann deshalb nicht verlangt werden (BGH GRUR 2002, 1050/1051 – Zeitungsbericht als Tagesereignis; *Dreier/Schulze/Dreier* Rdnr. 7; aA *Fromm/Nordemann/W. Nordemann*[9] Rdnr. 2). Ebenso wenig beschränkt das Merkmal des durch die Berichterstattung gebotenen Umfangs die zulässige Werknutzung notwendigerweise auf ein einziges Werk, solange der Umfang durch die Aktualität und die Bedeutung des Werkes für das der Berichterstattung zugrunde liegende Tagesereignis sowie das Öffentlichkeitsinteresse gerechtfertigt ist (s. *Dreyer* in HK-UrhG Rdnr. 16 ff.). Das **nachträgliche Hinzufügen oder Einblenden** von Werken, zu denen zwar ein sachlicher Zusammenhang besteht, die jedoch während der tatsächlichen Vorgänge nicht wahrnehmbar waren, geht hingegen über den Rahmen der Berichterstattung hinaus (*Bappert* GRUR 1963, 16/18 sowie LG Berlin GRUR 1962, 207/209 – Maifeiern) und ist mit dem Gebot der Authentizität der Berichterstattung nicht zu vereinbaren. Nicht unbedenklich erscheint daher die Ansicht, die das **Auswechseln bzw. das nachträgliche Einfügen** solcher urheberrechtlich geschützter Werke, deren Aufnahme etwa aus technischen Gründen misslungen ist, für zulässig erachtet (*Roeber* UFITA 9 [1936] 336/345; *Bappert* GRUR 1963, 16/18).

2. Gegenstand der privilegierten Berichterstattung

21 Da nur solche Werke in die Berichterstattung einbezogen werden dürfen, die im Verlauf der Vorgänge, über die berichtet wird, wahrnehmbar werden, muss der **Gegenstand der Berichterstattung das aktuelle Ereignis** sein, also **nicht das wiedergegebene Werk** selbst, so dass stets zu prüfen ist, ob sich seine Wiedergabe noch im Rahmen des Berichterstattungszwecks hält (BGH GRUR 1983, 28/30 – Presseberichterstattung und Kunstwerkwiedergabe II). Das Werk selbst darf somit nicht ausschließlicher Gegenstand des Tagesereignisses sein, sondern lediglich **anlässlich eines anderen Ereignisses unmittelbar in Erscheinung treten**, ohne dabei jedoch bloßer Hintergrund und somit unwesentliches Beiwerk iSd. § 57 sein zu müssen (BGHZ 85, 1/5 f. – Presseberichterstattung und Kunstwerkwiedergabe I; BGH GRUR 1983, 28/30 – Presseberichterstattung und Kunstwerkwiedergabe II; BGH GRUR 2002, 1050/1051 – Zeitungsbericht als Tagesereignis). Nicht ausreichend ist ein bloßer sachlicher Zusammenhang zum Ereignis, über das berichtet wird (LG Köln ZUM-RD 2010, 283/297 – EPG). Dies schließt nicht von vornherein aus, dass das Werk im Rahmen einer Berichterstattung selbständig und ohne einen das eigentliche Tagesereignis betreffenden bildlichen Bezug dargestellt wird, solange es nicht deren alleiniger Gegenstand ist (BGHZ 85, 1/6 – Presseberichterstattung und Kunstwerkwiedergabe I). Ein Aufsatz über die Systematik der Ankaufspolitik einer staatlichen Gemäldesammlung ist danach kein Tagesereignis; er rechtfertigt folglich nicht die Abbildung eines Gemäldes, das zwei Jahre zuvor für die Sammlung erworben worden ist (vgl. LG Berlin Schulze LGZ 153, 7). Anders verhält es sich hingegen mit der Präsentation eines Neuankaufs durch einen Museumsdirektor. Hier fallen Gegenstand der Berichterstattung und Werk zusammen (aA *Pöppelmann* ZUM 1996, 293/298 f.).

3. Wahrnehmbarkeit des Werkes

Das geschützte Werk muss im Verlauf der Vorgänge, über die berichtet wird, tatsächlich wahrnehmbar, dh. hör- oder sichtbar gemacht werden (BGHZ 85, 1/10 – Presseberichterstattung und Kunstwerkwiedergabe I). Lesbarkeit des Werkes genügt. Ein bloßer sachlicher Zusammenhang zwischen dem Tagesereignis und dem Werk begründet keine Privilegierung. Bei einem Bericht über eine Buchausstellung ist jede Abbildung aus einem offen ausgestellten Buch, das die Besucher durchblättern können, wahrnehmbar. Liegt das Buch dagegen in einer geschlossenen Vitrine, gilt das nur für die aufgeschlagenen Seiten (vgl. LG München I Schulze LGZ 162, 6 f.). Handelt ein Bericht von der Schenkung einer Kunstsammlung, ohne dass eine Veranstaltung stattgefunden hat, bei der die übergebenen Kunstwerke gezeigt worden sind, ist die Abbildung einzelner Werke aus der Sammlung im Rahmen des Berichts über die Schenkung nicht durch § 50 gedeckt (vgl. BGHZ 85, 1/10 – Presseberichterstattung und Kunstwerkwiedergabe I = Schulze BGHZ 300 m. Anm. *Gerstenberg*).

4. Zweckbindung

Die Nutzung einzelner im Verlauf von Tagesereignissen wahrnehmbar gewordener Werke ist nur **in einem durch den Zweck gebotenen Umfang zulässig.** Das Korrektiv der Zweckbindung der Berichterstattung schließt die **Wiedergabe ganzer Werke,** namentlich solcher geringen Umfangs, nicht grundsätzlich aus (AmtlBegr. UFITA 45 [1965] 240/283), führt angesichts der gebotenen zurückhaltenden Anwendung des § 50 bei umfangreicheren Musik- und Sprachwerken aber regelmäßig nur zur zulässigen Nutzung kleinerer Ausschnitte. Die **vollständige Übertragung einer Opernaufführung** entspricht folglich nicht dem Zweck der Berichterstattung über die Eröffnung von Festspielwochen (vgl. OGH GRUR Int. 1971, 411 – Bad Ischler Operettenwochen). Ebenso war die 40-minütige Übertragung der Ouvertüre zu Mozarts „Don Giovanni" und Paul Hindemiths Sinfonie „Mathis der Maler" nicht mehr durch den Zweck der Berichterstattung vom Festakt zur Wiedereröffnung der Frankfurter Alten Oper gerechtfertigt (OLG Frankfurt/M GRUR 1985, 380 – Operneröffnung). In letzteren Fällen tritt das Werk nicht mehr im Verlauf eines Ereignisses in Erscheinung, vielmehr ist das Werk selbst das Ereignis (ebenso *Möhring/Nicolini/Engels*[2] Rdnr. 14). Dagegen ist die **vollständige Wiedergabe einzelner kurzer Musikstücke, Lieder oder Gedichte,** die zB bei einer Gedenkfeier vorgetragen werden, in den Nachrichten des Fernsehens oder in ähnlichen Sendungen als **zulässig** anzusehen.

Im **Bericht einer Tageszeitung über die Eröffnung einer Kunstausstellung** dürfen ein bis zwei Kunstwerke, die bei der Vernissage sichtbar wurden, vollständig abgebildet werden, da bei der Wiedergabe von Werken der bildenden Künste der Natur der Sache nach meist nur eine Wiedergabe im ganzen in Betracht kommt (*Ulmer*[3] § 72, 3). Die Abbildung von vier Kunstwerken im Rahmen der Berichterstattung über die Eröffnung einer bedeutenden internationalen Kunstausstellung des Europarats hat der BGH ausnahmsweise für zulässig erklärt, zumal die Wiedergabe in einem kleineren Format und im Schwarzweißdruck erfolgte (BGHZ 85, 1/7 – Presseberichterstattung und Kunstwerkwiedergabe I). Die Abbildung mehrerer Kunstwerke kann ferner durch § 50 privilegiert sein, wenn die abgedruckten Bilder beispielhaft einen kleinen Ausschnitt aus dem Werkschaffen der in der Ausstellung vertretenen Künstler wiedergeben. Die Verwendung zahlreicher großer Abbildungen hingegen als „Seitenfüller" ist durch § 50 ebenso wenig gedeckt wie der Abdruck aus bloß gestalterischen Gründen. Entsprechendes hat für Fernsehberichte zu gelten.

5. Beispiele für die zulässige Verwendung geschützter Werke im Rahmen der Berichterstattung über Tagesereignisse:
– Berichte über die Eröffnung von **Kunstausstellungen,** illustriert durch die Abbildung einzelner ausgestellter Werke;
– Berichte über Ur- und Erstaufführungen von **Bühnenwerken** (Opernfestspiele usw.) mit kurzen Ausschnitten der Aufführung;
– Berichte über **Feierstunden** oder Preisverleihungen, zB des Friedenspreises des Deutschen Buchhandels, mit Ausschnitten der musikalischen Umrahmung der Laudatio oder der Rede des Preisträgers (zur Vervielfältigung, Verbreitung und öffentlichen Wiedergabe von Reden über Tagesfragen s. § 48).

§ 51

Auch im Rahmen der Zeitungsberichterstattung über die **Neuerscheinung einer Kunstbuch-Reihe** hat es der BGH für zulässig gehalten, dort wiedergegebene Kunstwerke ohne Einwilligung des Urhebers vergütungsfrei abzudrucken (BGH GRUR 1983, 28/30 – Presseberichterstattung und Kunstwerkwiedergabe II = Schulze BGHZ 301 m. Anm. *Gerstenberg*, aA *Rehbinder*[13] § 38 V). Als Gegenstand des Berichts wertete der BGH dort das Tagesereignis des Erscheinens einer neuen Buchreihe, nicht hingegen das erschienene Kunstbuch selbst oder das dort abgebildete Werk (enger *Fromm/Nordemann/W. Nordemann*[9] Rdnr. 2: nur statthaft bei gleichzeitigem Bericht über das aktuelle Ereignis; ebenso *Gerstenberg* Anm. zu Schulze KGZ 74, 18/20). Bei einer Fülle jährlicher Neuerscheinungen von sechzig- bis siebzigtausend Titeln muss es sich allerdings um ein ganz bedeutendes Verlagsprojekt handeln, wenn sein Erscheinen als Tagesereignis angesehen werden soll. Zum Tagesereignis wird das Erscheinen einer Buchreihe idR erst durch die Vorstellung der Bücher im Rahmen einer öffentlichen Veranstaltung (weitere Beispiele bei *Dreyer* in HK-UrhG Rdnr. 24).

IV. Sonstige Fragen

26   1. Da durch § 50 die Berichterstattung über **Tagesereignisse** erleichtert werden soll, dürfen **Pressefotos von Fernsehbildern** nicht ohne Genehmigung veröffentlicht werden. Nach § 87 Abs. 1 Nr. 2 haben allein Sendeunternehmen das Recht, Einzellichtbilder aus ihren Sendungen zu entnehmen und herzustellen (*Rehbinder* UFITA 48 [1966] 102/115).

27   2. Durch die Einschränkung der Verwertungsrechte der Urheber zur Erleichterung der Berichterstattung werden **Urheberpersönlichkeitsrechte** der Urheber wahrnehmbarer Werke nicht berührt. Bei der Berichterstattung selbst sind daher die Rechte des Urhebers auf Veröffentlichung des Werkes (§ 12), auf Namensnennung (§ 13), das Änderungsverbot (§ 62) und die Verpflichtung zur deutlichen Quellenangabe (§ 63) zu beachten.

§ 51 Zitate

[1] Zulässig ist die Vervielfältigung, Verbreitung und öffentliche Wiedergabe zum Zwecke des Zitats, sofern die Nutzung in ihrem Umfang durch den besonderen Zweck gerechtfertigt ist. [2] Zulässig ist dies insbesondere, wenn

1. einzelne Werke nach der Veröffentlichung in ein selbständiges wissenschaftliches Werk zur Erläuterung des Inhalts aufgenommen werden,
2. Stellen eines Werkes nach der Veröffentlichung in einem selbständigen Sprachwerk angeführt werden,
3. einzelne Stellen eines erschienenen Werkes der Musik in einem selbständigen Werk der Musik angeführt werden.

Schrifttum: *Anderl/Schmid*, Appropriation Art: Im Spannungsfeld zwischen Urheberrecht und Kunstfreiheit, Ecolex 2009, 49; *Beater*, Informationen zwischen Gemeinfreiheit, Ausschlussrechten, Wettbewerb und Zitat, UFITA 2005/II, 339; *v. Becker*, Neues zur Parodie, Fs. für Loewenheim, 2009, S. 3; *ders.*, Parodiefreiheit und Güterabwägung, GRUR 2004, 104; *ders.*, Zitat und Kunstfreiheit, ZUM 2000, 864; *Bisges*, Grenzen des Zitatrechts im Internet, GRUR 2009, 730; *Brauns*, Die Entlehnungsfreiheit im Urheberrechtsgesetz, 2001; *Deutsch*, Die Dokumentationsfreiheit im Urheberrecht, NJW 1967, 1393; *Dillenz*, Zitat bei Filmwerken – keine Probleme?, FuR 1984, 204; *Eknrut*, Urheberrechtliche Probleme beim Zitat von Filmen und Fernsehsendungen, 1973; *Erdmann*, Verwendung zeitgenössischer Literatur für Unterrichtszwecke am Beispiel Harry Potter, WRP 2002, 1329; *Garloff*, Copyright und Kunstfreiheit – Die Zulässigkeit umstrittener Zitate in Heiner Müllers letztem Theaterstück, GRUR 2001, 476; *Haass*, Müller oder Brecht?, ZUM 1999, 834; *Haesner*, Zitate in Filmwerken, GRUR 1986, 854; *Hertin*, Das Musikzitat im deutschen Urheberrecht, GRUR 1989, 159; *Hillig*, Anmerkung zu OLG Frankfurt/M, Urteil vom 25. 1. 2005 – 11 U 25/04 – TV Total, ZUM 2005, 482 *Himmelsbach*, Das Bildzitat in der Presseberichterstattung, Fs. für Damm, 2005, S. 54; *Kakies*, Kunstzitate in Malerei und Fotografie, 2007; *Kendziur*, Erlaubnis- und vergütungsfreie Einbindung fremder Werke in private wissenschaftliche Homepages?, K&R 2006, 433; *Krause-Ablaß*, Zitate aus Aufführungen, Tonaufnahmen, Filmen und Sendungen in Film und Rundfunk, GRUR 1962, 231; *Krüger*, Die Freiheit des Zitats im Multimedia-Zeitalter – eine Untersuchung zur Vereinbarkeit des deutschen, französischen und britischen Rechts mit der Europäischen „Multimedia-Richtlinie", 2004; *Krüger-Nieland*, Zitatensammlungen und Urheberschutz, GRUR Int. 1973, 289; *Kubis*, Digitalisierung von Druckwerken zur Volltextsuche im Internet – die Buchsuche von Google („Google Book Search") im Konflikt mit dem Urheberrecht, ZUM 2006, 370; *Landes*, Copyright, borrowed images, and appropriation art: An economic approach, 9 Geo. Mason L. Rev. 1 ff. (2000); *Leinveber*, Rechtsprobleme um das sogenannte „große und kleine Zitat" zu wissenschaftlichen Zwecken, GRUR 1966, 479; *ders.*, Nochmals: Der urheberrechtliche Fall „Kandinsky", GRUR 1969, 130; *Löffler*, Das Grundrecht auf Informationsfreiheit als Schranke des Urheberrechts, NJW 1980, 201; *Löffler/Glaser*, Grenzen der Zitierfreiheit, GRUR 1958, 477; *Lucke*, Die Google-Buchsuche nach deutschem Urheberrecht und US-amerikanischen Copyright-Law, 2010; *Maaßen*, Bildzitate in Gerichtsentscheidungen und juristischen Publikationen, ZUM 2003, 830; *Mauch,* Die rechtliche Beurteilung von Parodien im nationalen Urheberrecht der Mitgliedstaaten der EU, 2003; *Metzger,* „Germania 3 Gespenster am toten Mann" oder welchen Zweck darf ein Zitat gemäß § 51 Nr. 2 UrhG verfolgen?, ZUM 2000, 924; *Morant,* Das Zitat aus urheberrechtlicher Sicht – eine rechtsvergleichende Studie unter Berücksichtigung der schweizerischen, deutschen und amerikanischen Rechtsordnung, 2006; *Neumann-Duesberg,* Wissenschaftliches Großzitat, UFITA 46 (1966) 68; *Niemann,* Schrankenlose Bildersuche?, CR 2009, 97; *Obergfell,* Zwischen Zitat und Plagiat – Umfang und Grenzen der Zitierfreiheit bei literarischen und wissenschaftlichen Schriftwerken, KUR 2005, 46; *Oekonomidis,* Die Zitierfreiheit im Recht Deutschlands, Frankreichs, Großbritanniens und der Vereinigten Staaten, 1970; *ders.,* Die Grenzen der Zitierfreiheit nach deutschem Recht, UFITA 57 (1970) 179; *v. Olenhusen,* Urheber- und Persönlichkeitsrechtsschutz bei Briefen und Dokumentationsfreiheit, UFITA 67 (1973) 57; *Petzold,* Das musikalische Zitat, UFITA 10 (1937) 38; *Pfennig,* Der Gies-Adler und das Urheberrecht, Fs. für Nordemann 2004, S. 71; *Poll,* „TV-Total" – Alles Mattscheibe oder was? – zum Verhältnis von freier Benutzung (§ 24 UrhG) und Zitatrecht (§ 51 UrhG), ZUM 2004, 511; *Rebbelmund,* Appropriation Art, die Kopie als Kunstform im 20. Jahrhundert, 1998; *Romatka,* Bild-Zitat und ungenehmigte Übernahme von Lichtbildern, AfP 1971, 20; *Rütz,* Die Parodie in der Informationsgesellschaft, WRP 2004, 323; *Schack,* Appropriation Art und Urheberrecht, Fs. für Nordemann, 2004, S. 107; *Schlingloff,* Unfreie Benutzung und Zitierfreiheit bei urheberrechtlich geschützten Werken der Musik, 1990; *Schrader/Rautenstrauch,* Urheberrechtliche Verwertung von Bildern durch Anzeige von Vorschaugrafiken (sog. „thumbnails") bei Internetsuchmaschinen, UFITA (2007/III), 761; *Schulz,* Das Zitat in Film- und Multimediawerken, ZUM 1998, 221 ff.; *Seifert,* Das Zitatrecht nach „Germania 3", Fs. für Erdmann, 2002, S. 195; *Slopek,* Die Parodie im Urheberrecht, WRP 2009, 20; *Stuhlert,* Die Behandlung der Parodie im Urheberrecht, 2002; *Ulmer,* Zitate in Filmwerken, GRUR 1972, 323; *Vinck,* Die Zulässigkeit von Filmzitaten in den unterschiedlichen europäischen Urheberrechtsordnungen, Fs. für W. Schwarz, 1988, S. 107 ff.; *Windhorst,* Die Übernahme größerer Textpassagen aus einem literarischen Werk in ein Theaterstück, MMR 2000, 688.

Übersicht

	Rdnr.
I. Allgemeines	1–30
1. Rechtsentwicklung	1, 2
2. Internationales und Auslandsrecht	3–5 a
3. Sinn und Zweck der Vorschrift. Bedeutung	6, 7
4. Verfassungsrechtlicher Hintergrund. Grundsätzliches zur Auslegung	8, 9
5. Aufbau der Vorschrift	10–13
6. Zitatzweck und Umfang des Zitats	14–19
7. Zitat nur in selbständigen Werken	20–22
8. Keine unzumutbare Beeinträchtigung; anständige Gepflogenheiten	23–24 a
9. Zulässige Formen der Wiedergabe	25–27
10. Änderungsverbot. Quellenangabe	28
11. Anwendungsbereich. Verhältnis zu anderen Vorschriften	29, 30
II. Das wissenschaftliche Großzitat (Satz 2 Nr. 1)	31–39
1. Selbständiges wissenschaftliches Werk	31–33
2. Einzelne Werke	34–37
3. Sonstige Voraussetzungen	38, 39
III. Das Kleinzitat (Satz 2 Nr. 2)	40–48
1. Selbständiges Sprachwerk	40, 41
2. Stellen eines Werks	42–46
3. Sonstige Voraussetzungen	47, 48
IV. Das Musikzitat (Satz 2 Nr. 3)	49, 50
V. Die Generalklausel (Satz 1)	51–54

I. Allgemeines

1. Rechtsentwicklung

Das Zitatrecht war im **LUG** und **KUG** kasuistisch und unvollständig geregelt (§ 19 Nr. 1, 2 LUG: Kleinzitat von Sprachwerken in „selbständiger literarischer Arbeit", Großzitat von „Aufsätzen von geringem Umfang" oder Gedichten in „selbständiger wissenschaftlicher Arbeit"; § 21 Nr. 1, 2 LUG: Musikklein- und Großzitat in literarischer bzw. wissenschaftlicher Arbeit; § 23 LUG: Beifügung von Abbildungen zu Schriftwerk; § 26 LUG: Erstreckung der hiernach gegebenen Vervielfältigungsfreiheit auch auf die Verbreitung; § 19 KUG: Aufnahme einzelner Werke in eine „selbständige wissenschaftliche Arbeit"). 1

Das **UrhG von 1965** beabsichtigte, diese Vorschriften im Wesentlichen beizubehalten, sie aber straffer zusammenzufassen (*Haertel/Schiefler* S. 227). Dass § 51 Nr. 1 im Verhältnis zu § 19 KUG keine Änderung bringt, unterstreicht BGHZ 50, 147/150 f. – Kandinsky I. S. zum Vergleich von Alt und Neu im Einzelnen *Möhring/Nicolini*[1] Anm. 1 a). In einigen Punkten wurde die Zitierfreiheit im Zuge der Einführung elastischerer Regelungen erweitert (*Haertel/Schiefler* S. 228). Die kasuistische Fassung wurde freilich beibehalten. Im Lauf der Gesetzgebungsarbeiten hat die Vorschrift des § 51 in der Fassung von 1965 nur relativ geringfügige Modifikationen 2 erfahren, wenn man von der vom Rechtsausschuss vorgeschlagenen Streichung der Nr. 4 über das Zitat musikalischer Themen in Variationswerken absieht (s. dazu Rdnr. 49), die sich mit der Entscheidung für den starren Melodienschutz in § 24 Abs. 2 erübrigte (*Haertel/Schiefler* S. 229). Die aus Komponistenkreisen geäußerten Bedenken gegen das Musikzitat in Nr. 3 hielt man dagegen nicht für stichhaltig; die Zulässigkeit des Musikzitats sei vor allem im Hinblick auf satirische und kabarettistische Darbietungen notwendig (*Haertel/Schiefler* S. 229). Das Kleinzitat in Nr. 2 war noch im RegE auf **„einzelne Stellen"** beschränkt (wie Nr. 3); das Wort „einzelne" ist im Zuge der vom Rechtsausschuss vorgeschlagenen „Änderungen ... im Wesentlichen redaktioneller Art" (*Haertel/Schiefler* S. 229) gestrichen worden, ohne dass Gründe hierfür angegeben worden wären.

Das **zweite Gesetz zur Regelung des Urheberrechts in der Informationsgesellschaft vom 26. 10. 2007** (BGBl. I S. 2513) hat hier seit langer Zeit für erhebliche Änderungen gesorgt. Vor allem die Umstellung des Zitatrechts von einem abschließenden kasuistischen Katalog auf eine reine Beispielsangabe („insbesondere") sorgt für eine wesentlich größere Flexibilität, allerdings auch Unsicherheit in Zukunft (s. Rdnr. 5). Die Neuregelung fand sich bereits im **1. Referentenentwurf** für ein 2. Gesetz über Urheberrecht in der Informationsgesellschaft vom 27. 9. 2004 und wollte die Anpassung an die InfoSoc-RL 2001/29/EG nachholen. Die InfoSoc-RL führt insbesondere das Erfordernis ein, dass die Nutzung anständigen Gepflogenheiten zu entsprechen hat und der Umfang des Zitats durch den besonderen Zweck gerechtfertigt sein muss. Ferner wird in Umsetzung der Rechtsprechung die Zitierfreiheit im Blick auf weitere Werkarten vorsichtig erweitert (s. Begründung zum 1. Referentenentwurf, S. 50). Nach der Vorstellung des Gesetzgebers soll die Zitierfreiheit dadurch aber nicht erweitert werden, sondern nur einzelne Lücken des früheren Rechts geschlossen werden. Die aufgezählten Beispiele der zulässigen Nutzung entsprechen dem früheren Gesetzeswortlaut weitgehend; dementsprechend sind die bisher zulässigen Zitate auch weiterhin zulässig (Begr. RegE BT-Drucks. 16/1828, S. 25). Das Merkmal der „anständigen Gepflogenheit", das Art. 5 Abs. 3 d) InfoSoc-RL 2001/29/EG verwendet, wurde bewusst nicht übernommen, da dies ohnehin schon nach Art. 10 Abs. 1 RBÜ gilt (Begr. RegE BT-Drucks. 16/1828, S. 25; s. auch Rdnr 4).

2. Internationales und Auslandsrecht

3   International betrachtet stehen einander **zwei Regelungstypen** gegenüber: zum einen die – mehr oder weniger weitreichenden – kasuistischen Regelungen, die sich in kontinentaleuropäischen Ländern finden, und zum anderen die generalklauselhaften, zugleich auch im Bereich anderer Urheberrechtsschranken anwendbaren „fair use"- bzw. „fair dealing"-Regeln des angloamerikanischen Rechts (siehe hierzu ausführlich *Morant* S. 47 ff.), denen auch die elastischen Zitatvorschriften der nordischen Länder nahe stehen (*Dietz* Urheberrecht in der Europ. Gemeinschaft, Rdnr. 396 f.; *Ulmer*[3] § 67 I 1, II 2 b; *ders.* GRUR 1972, 323 f.; ausführlich *Oekonomidis* S. 83 ff.).

4   Art. 10 Abs. 1 der **RBÜ** erlaubt Zitate „aus einem der Öffentlichkeit bereits erlaubterweise zugänglich gemachten Werk", „sofern sie anständigen Gepflogenheiten entsprechen und in ihrem Umfang durch den Zweck gerechtfertigt sind". Art. 10 Abs. 3 behandelt die Quellenangabe. Ergänzend kommt Art. 9 Abs. 2 in Betracht (*Ulmer*[3] § 67 I 1), wonach es den Verbandsländern vorbehalten bleibt, „die Vervielfältigung in gewissen Sonderfällen unter der Voraussetzung zu gestatten, dass eine solche Vervielfältigung weder die normale Auswertung des Werks beeinträchtigt noch die berechtigten Interessen des Urhebers unzumutbar verletzt". Gleiches gilt für Art. 13 TRIPS.

5   Schon früher wurden die **Erfahrungen mit der deutschen Regelung** dahingehend kritisiert, dass die kasuistisch-starre Formulierung zu eng ist und in verschiedener Hinsicht einer erweiternden Auslegung bedurfte (ähnlich auch *Schack*, Fs. für Schricker, 2005, 511/520, der von „Lückenhaftigkeit" der bisherigen Regelung zum Zitatrecht spricht). Auch erwies sich die scharfe Scheidung zwischen Groß- und Kleinzitat als wenig sinnvoll. So wies schon *Ulmer* darauf hin, dass die aufgetauchten Unstimmigkeiten vermieden werden könnten, wenn man zum Typus der generalklauselhaften Regelung überginge (*Ulmer*[3] § 67 II 2 b; s. auch *Löffler* NJW 1980, 201 ff.). Bemängelt wurde ferner die fehlende Einbeziehung des Filmzitats und des Zitats ganzer Fotos in § 51 Nr. 2 (*Flechsig* GRUR 1980, 1046/1050). Dieser Kritik hat der „zweite Korb" nunmehr durch die Umgestaltung zur Generalklausel mit Beispielen Rechnung getragen (s. Rdnr. 2, Rdnr. 51 ff.). Das heutige Zitatrecht als Generalklausel ist zum 1. 1. 2008 in Kraft getreten und hat seinen Ursprung im 2. Referentenentwurf eines Zweiten Gesetzes zur Regelung des Urheber-

rechts in der Informationsgesellschaft vom 26. 1. 2006. Der auf diesen 2. Referentenentwurf basierende Regierungsentwurf vom 15. 6. 2006 übernahm die im 2. Referentenentwurf vorgeschlagene generalklauselartige Gestaltung des Zitatrechts vollständig. Hiermit wollte die BReg. der Kritik der Rechtsprechung und Literatur an der als zu eng und kasuistisch angesehenen Formulierung der Zitatfreiheit Rechnung tragen (Begr. RegE BT-Drucks. 16/1828, S. 25). Insbesondere wurde die Beschränkung der Zitierfreiheit auf „Sprachwerke" der Nr. 2 als zu eng empfunden, so dass der Bundesgerichtshof die alte Regelung bereits im Wege der Analogie auf Filmzitate (BGHZ 99, 162/165 – „Filmzitat") ausgeweitet hatte, da das vom Gesetz berücksichtigte Allgemeininteresse an der Förderung des kulturellen Lebens nicht auf Sprachwerke begrenzt sei. Da für weitere Bereiche, etwa Multimediawerke oder Werke der Innenarchitektur eine höchstrichterliche Klärung noch aussteht, sei eine „vorsichtige inhaltliche Erweiterung der Zitierfreiheit gerechtfertigt" (Begr. RegE BT-Drucks. 16/1828, S. 25). Entsprechend der Begründung der BReg. soll durch die Neufassung als Generalklausel die Zitierfreiheit jedoch nicht grundlegend erweitert werden (Begr. RegE BT-Drucks. 16/1828, S. 25). Vielmehr sollen – entsprechend der Begründung zum 1. Referentenentwurf – einzelne, aus der unflexiblen Grenzziehung des geltenden Rechts folgende Lücken geschlossen werden (Begr. RegE BT-Drucks. 16/1828, S. 25). Das dem RegE weiter folgende Gesetzgebungsverfahren (Einflussnahme BR, Rechtsausschuss) brachte für die seitens der BReg. vorgeschlagene Neufassung des § 51 keine Änderungen (vgl.: Beschlussempfehlung und Bericht des Rechtsausschusses, BT-Drucks. 16/5939, S. 6, 7).

Art. 5 Abs. 3 lit. d der **EG-Richtlinie** vom 22. 5. 2001 zur Harmonisierung bestimmter Aspekte des Urheberrechts und der verwandten Schutzrechte in der Informationsgesellschaft (GRUR Int. 2001, 745) erlaubt den Mitgliedstaaten Ausnahmen oder Beschränkungen in Bezug auf das Vervielfältigungsrecht, das Recht der öffentlichen Wiedergabe und Zugänglichmachung und uU auch das Verbreitungsrecht „für Zitate zu Zwecken wie Kritik oder Rezensionen, sofern sie ein Werk oder einen sonstigen Schutzgegenstand betreffen, das bzw. der der Öffentlichkeit bereits rechtmäßig zugänglich gemacht wurde, sofern – außer in Fällen, in denen sich dies als unmöglich erweist – die Quelle, einschließlich des Namens des Urhebers, angegeben wird und sofern die Nutzung den anständigen Gepflogenheiten entspricht und in ihrem Umfang durch den besonderen Zweck gerechtfertigt ist;". § 51 ist heute jedenfalls im Lichte der Richtlinie auszulegen. S. dazu im Einzelnen Rdnr. 10, 15, 23. **5a**

3. Sinn und Zweck der Vorschrift. Bedeutung

Die im Zitatrecht sich verkörpernde Schranke des Urheberrechts ist im **Allgemeininteresse** **6** gegeben (vor §§ 44a ff. Rdnr. 1ff.). Im Kern geht es um das Interesse an **freier geistiger Auseinandersetzung** (BGH GRUR 1973, 216/217 – Handbuch moderner Zitate; BGH GRUR 1986, 59/60 – Geistchristentum; Möhring/Nicolini/*Waldenberger*[2] Rdnr. 1; Fromm/Nordemann/*Dustmann*[10] Rdnr. 1; *Haberstumpf*[2] Rdnr. 331; Loewenheim/*Götting*[2] § 31 Rdnr. 151; *Dreier*/Schulze[3] Rdnr. 1; *Dreyer* in HK[2] Rdnr. 3, 14; *Krüger-Nieland* GRUR Int. 1973, 289, *Schack*, Fs. für Schricker, 2005, 511/520), wenn hierdurch der Anwendungsbereich des § 51 auch noch nicht erschöpft wird. Die Einordnung unter die „Beschränkungen zugunsten von Wissenschaft und Kunst" (*Hubmann*[6] § 33) kann ebenfalls nur als Umschreibung pars pro toto gelten; Zitate sind nicht nur in Wissenschaft und Kunst, sondern auch in sonstigen Schaffensbereichen, etwa zum Zweck der Berichterstattung oder politischen Meinungsäußerung, zu ermöglichen (hierzu auch *Beater* UFITA (2005/II) 339, 370f.). Zweck der Zitatfreiheit ist ganz allgemein die Begünstigung der **„kulturellen Entwicklung im weitesten Sinne"** (*Dietz* Urheberrecht in der Europ. Gemeinschaft, Rdnr. 396; BGHZ 28, 234/242 – Verkehrskinderlied); sie dient „zum Nutzen der Allgemeinheit der Förderung des kulturellen Lebens" (BGH GRUR 1986, 59/60 – Geistchristentum; BGH GRUR 1987, 362 – Filmzitat); sie ist, wie BGH GRUR 1994, 800/803 – Museumskatalog – formuliert, „im Interesse des allgemeinen kulturellen und wissenschaftlichen Fortschritts der Freiheit der geistigen Auseinandersetzung mit fremden Gedanken" zu dienen bestimmt. Zitieren bedeutet, mit Werken anderer Urheber durch deren ganze oder teilweise Wiedergabe im Rahmen des eigenen Werks Kontakt herzustellen; spezifisch berührt ist das „Interesse an der geistigen Kommunikation" (*Ulmer*[3] § 67 II; BGH GRUR 1987, 362 – Filmzitat); es geht um die „produktive Interdependenz" (*Krause-Ablaß* GRUR 1962, 231).

Voraussetzung dafür, dass das Zitatrecht in Anspruch genommen werden muss, ist, dass **ge- 7 schützte Werke** bzw. **Werkteile** (OLG Düsseldorf GRUR 1983, 758/759 – Anwaltsschrift-

§ 51

satz; OLG München NJW 2008, 768 – Anwaltsschriftsatz; OLG Hamburg GRUR-RR 2004, 285, 286/287 – Markentechnik) zitiert werden. Aus **gemeinfreien Werken** darf dagegen frei zitiert werden, ebenso wie sie sonst unbeschränkt genutzt werden können (*v. Gamm* Rdnr. 7; Fromm/Nordemann/*Dustmann*[10] Rdnr. 15; *Schack*[5] Rdnr. 545; KG GRUR-RR 2002, 313/ 314; *Dreyer* in HK² Rdnr. 3; *Ekrutt* S. 4f.; *v.* Olenhusen UFITA 67 (1973) 57/65). Ohne weiteres zulässig ist es auch, **nicht schutzfähige Werkteile** (s. zum Schutz von Werkteilen § 2 Rdnr. 67) aus geschützten Werken zu entlehnen (BGHZ 9, 262/267 – Lied der Wildbahn; BGHZ 28, 234/237 – Verkehrskinderlied; hierzu auch BGH GRUR 1973, 216/217 – Handbuch moderner Zitate; *Dreyer* in HK² Rdnr. 3). Der Urheber einer Sammlung von Zitaten aus Werken eines Dritten kann nicht dagegen vorgehen, dass ein anderer etwas von diesen Zitaten übernimmt, soweit nicht nach § 4 geschützte Elemente der Auswahl und Anordnung durch Entlehnung mehrerer Zitate mitübernommen werden (KG GRUR 1973, 602/607 – Hauptmann-Tagebücher) was in der Praxis freilich selten vorkommen wird (Möhring/Nicolini/ *Waldenberger*² Rdnr. 8).

Kein Zitat iSd. § 51 liegt vor, wenn das fremde Werk nicht wiedergegeben wird, sondern wenn auf dieses – durch Angabe von Titel, Fundstelle etc. – nur **hingewiesen** wird. Die dabei benutzten bibliographischen Daten sind nicht schutzfähig; ihre Anführung steht frei (*v. Gamm* Rdnr. 2). Das Setzen eines **Hyperlinks** auf eine vom Berechtigten öffentlich zugänglich gemachte Website mit einem urheberrechtlich geschützten Werk bildet keinen Urheberrechtseingriff (BGH GRUR 2003, 958 – Paperboy); eine Rechtfertigung unter dem Aspekt des Zitatrechts braucht nicht geprüft zu werden (so jetzt auch *Dreyer* in HK² Rdnr. 14). Nur wenn durch einen sog. **Inline-Link** oder einen Frame-Link der fremde Inhalt unmittelbar in die eigene Internet-Präsentation eingebunden wird, handelt es sich um ein Zitt (*Bisges* GRUR 2009, 730). Nicht unter den Begriff des Zitats fällt die Benutzung eines fremden Werks in wesentlich umgestalteter Form, etwa ein Lehrhandbuch, das auf ein Werk der Literatur Bezug nimmt und an dessen inhaltliche Elemente anknüpft (LG Hamburg GRUR-RR 2004, 65/69 – Literatur-Werkstatt Grundschule).

Die Zitierfreiheit gehört zu den **wichtigsten Schrankenvorschriften**. Hauptsächliches Anwendungsgebiet sind die Sprachwerke. In vielen Bereichen, namentlich in der Wissenschaft, könnte man ohne Zitieren nicht sachgerecht arbeiten. Die Schwierigkeiten, die die unglückliche verklausulierte Textfassung bereitet, spiegeln sich in nicht wenigen Rechtsstreitigkeiten um das Zitatrecht wider. Zum Verhältnis des Zitatrechts zu § 52a s. *Taubner* ZUM 2005, 411 f.

4. Verfassungsrechtlicher Hintergrund. Grundsätzliches zur Auslegung

8   Die im Abschnitt 6 des Teils 1 des UrhG behandelten Urheberrechtsschranken bilden Einschränkungen des in seinem vermögensrechtlichen Gehalt als **Eigentum iSd. Art. 14 GG** und persönlichkeitsrechtlich unter dem Aspekt von **Menschenwürde und freier Entfaltung (Art. 1, 2 GG)** verfassungsrechtlich geschützten Urheberrechts (Einzelheiten s. vor §§ 44a ff. Rdnr. 7 ff.). Ob die Schrankenbestimmungen **eng auszulegen sind**, ist zunehmend umstritten (vor §§ 44a ff. Rdnr. 18 f.; dagegen etwa *Raue*, Fs. für Nordemann, 2004, 325/339; *Geiger*, Fs. für Hilty, 2008, 77 ff.); namentlich beim Zitatrecht ist jedoch zu bedenken, dass es sich um eine Ausnahmevorschrift handelt (BGHZ 50, 147/152 – Kandinsky I; BGH GRUR 1973, 216/217 f. – Handbuch moderner Zitate; OLG München NJW 1990, 2003; LG Berlin Schulze LGZ 125, 5; LG München I AfP 1994, 326/329; Möhring/Nicolini/*Waldenberger*² Rdnr. 3; Wandtke/ Bullinger/*Lüft*³ Rdnr. 1; *Dreier*/Schulze³ Rdnr. 1; *Mestmäcker/Schweizer/Hertin* Rdnr. 5; Abweichend *Hubmann*[6] § 33 I: erweiternde Auslegung, soweit es die geistige Auseinandersetzung fordert). Daher liegt zumindest für das Zitatrecht die enge Auslegung nahe (BGH MMR 2010, 475/477 f. Tz. 27 – Vorschaubilder, der generell für eine enge Auslegung plädiert, unter Berufung auf BGHZ 150, 6/8 – Verhüllter Reichstag und BGHZ 151, 300/310 – Elektronischer Pressespiegel). Nach der Umgestaltung des Zitatrechts in eine generalklauselartige Bestimmung ist gegenüber einer analogen Anwendung noch größere Zurückhaltung als zuvor geboten; entscheidend ist, ob die Anwendung der Vorschrift nach ihrem Sinn und Zweck auf einen vergleichbaren Sachverhalt geboten und mit dem Grundrechtsschutz vereinbar erscheint (bezogen auf § 51 UrhG aF *Ulmer*³ § 67 II 4; BGH GRUR 1987, 362 – Filmzitat; BGH GRUR 2002, 963/966 – Elektronischer Pressespiegel; zur Frage einer analogen Anwendung des Zitatrechts auf Parodien *v. Becker* GRUR 2004, 104/108 f.). Vor allem aber spielen andere Grundrechte für das Zitatrecht eine erhebliche Rolle, so insbesondere die **Meinungs-, Presse- und Rundfunkfreiheit**, wie auch die **Kunst- und Wissenschaftsfreiheit** (s. zu Letzterer LG München I ZUM 2005, 407/410) des

Art. 5 GG (s. zur Kunstfreiheit BVerfG GRUR 2001, 149/151 – Germania 3). Eine einseitige Lösung kommt hier weder zugunsten des Urhebers noch zugunsten des Zitierenden in Betracht. Der Schutz des Urhebers ist zudem nicht nur in Art. 14 GG verankert (so scheinbar aber BVerfG GRUR 2001, 149/151 – Germania 3), sondern auch im Urheberpersönlichkeitsrecht und damit auch in Art. 1, 2 I GG. Wenn auch das Verwertungsinteresse des Zitierten gegenüber der künstlerischen Gestaltungsfreiheit des Zitierenden zurücktreten mag, wie das BVerfG annimmt, so gilt dies doch nicht ohne Weiteres auch für das urheberpersönlichkeitsrechtliche Interesse des Zitierten (§ 14 UrhG). Zwischen Urheberrecht und Kommunikationsgrundrecht besteht eine Wechselwirkung: Das Urheberrecht ist Grundrechtsschranke (BGH GRUR 1987, 34/35 – Liedtextwiedergabe I); es ist selbst aber im Licht des Art. 5 GG auszulegen (KG UFITA 54 (1969) 296/300 mit Hinweis auf die Rechtsprechung des BVerfG; LG Berlin GRUR 1978, 108/111 – Terroristenbild). Zugleich ist jedoch auch der Grundrechtsschutz des Urheberrechts zu bedenken. Ein insofern auftretender Grundrechtskonflikt ist durch sorgsame Güter- und Werteabwägung zu lösen; keinesfalls kann davon ausgegangen werden, dass das Urheberrecht immer dann zurückzutreten habe, wenn ein Interesse an freier Kommunikation besteht. Auch die Presse ist verpflichtet, fremde Urheberrechte zu achten; kein Urheber ist gehalten, „seine Werke im Allgemeininteresse zur öffentlichen Verbreitung zur Verfügung zu stellen, soweit nicht das Gesetz im Interesse der Allgemeinheit ausdrücklich die Befreiung von einem Erlaubniszwang unter gewissen Voraussetzungen vorsieht" (BGHZ 28, 234/238 – Verkehrskinderlied). Dies gilt etwa für die Veröffentlichung bislang nicht erschienener, privater Briefe an einen Politiker (KG ZUM 2008, 329 – Veröffentlichung privater Briefe in Tageszeitung); eine analoge Anwendung auf nicht erschienene Werke scheitert an dem Schutz des Persönlichkeitsrechts, der in der Entscheidung des Autors über die Veröffentlichung zum Ausdruck kommt. Der Gesetzgeber hat im Rahmen der §§ 44a ff. die ihm obliegende Wertung und Abgrenzung in einem als abschließend gedachten System bereits vorgenommen (BGH MMR 2010, 475/477 f. Tz. 27 – Vorschaubilder). Die **grundrechtlich beeinflusste Interessenabwägung** wird in Zukunft aber besonders bei der Frage zum Tragen kommen, ob ein dem Beispielskatalog vergleichbarer Fall vorliegt, in dem Zitatrecht begründet. Die frühere hM, dass für weitere Urheberrechtseinschränkungen anhand freier Interessenabwägung neben den gesetzlichen Festlegungen kein Raum sei (so Vorauft. Rdnr. 8; *Melichar*, vor §§ 44a ff. Rdnr. 17; BGH GRUR 2003, 956/957 – Gies-Adler; OLG München ZUM 2003, 571/575; *Dreier*/Schulze[3] Einl. Rdnr. 39; LG Hamburg GRUR Int. 2004, 148/ 153/154 – thumbnails; *Schack*, Fs. für Schricker 2005, 511/516 f. gegen „systemsprengende Versuche") kann im Hinblick auf die Umgestaltung der Norm als Generalklausel nicht mehr in dieser absoluten Form vertreten werden, da es die „gesetzlichen Festlegungen" nicht mehr gibt. Dies heißt nicht, dass eine allgemeine Güter- und Interessenabwägung außerhalb von § 51 UrhG stattfinden kann (zutr. BGH MMR 2010, 475/477 f. Tz. 27 – Vorschaubilder); die Rückbindung an die Voraussetzungen des § 51 UrhG bleibt bestehen. Gleichwohl muss im Rahmen der Generalklausel die nötige Interessenabwägung vorgenommen werden. Jedenfalls bedarf es keines „übergesetzlichen Notstands", wie es noch in einer älteren Entscheidung des LG Berlin, GRUR 1962, 207/210 – Maifeiern – für das Zitatrecht nach § 19 KUG für die Wiedergabe von Bildern aus einer DDR-Wochenschau in einem Bericht und Kommentar im Westfernsehen angenommen wurde. Eine generelle Schranke ohne gesetzliche Festlegung allein aufgrund eines diffusen Allgemeininteresses ist jedoch abzulehnen (so aber OLG Hamburg GRUR 2000, 146 und LG Hamburg ZUM-RD 1999, 208 – Berufungsschrift, ähnlich OLG Stuttgart AfP 2003, 365/367/368); stets bedarf es aber eines konkreten verfassungsrechtlichen Anknüpfungspunktes, da nur dieser auch den Rang der jeweiligen grundrechtlich geschützten Interessen und Rechte erkennen lässt (etwa Art. 2 I GG gegenüber Art. 14 I GG).

Problematisch erscheint in diesem Zusammenhang der – allerdings auch vom EU-Recht in der Richtlinie vorgegebene – **Vorrang von technischen Schutzmaßnahmen** gegenüber den allgemeinen Schranken, damit auch gegenüber dem Zitatrecht (Wandtke/Bullinger/*Lüft*[3] Rdnr. 1). Wenn gerade die Wiedergabe von Zitaten der geistigen, politischen und gesellschaftlichen Auseinandersetzung dienen soll, ist nicht nachvollziehbar, warum technische Schutzmaßnahmen hier diese Auseinandersetzung verhindern sollen, warum der verfassungs- bzw. europarechtliche Stellenwert höher sein soll als gegenüber dem „normalen" Werk.

Konkret für § 51 bedeutet dies, dass zwar gewisse **Lücken des Zitatrechts** ausgefüllt werden können; dies gilt namentlich für das Kleinzitat (s. *Brauns* S. 83 ff.), so etwa dessen Erstreckung auf das Zitat ganzer Bilder (Rdnr. 45, 51; in diesem Sinn in „verfassungskonformer Auslegung" für § 51 UrhG aF schon KG UFITA 54 (1969) 296/300; LG Berlin GRUR 1978, 108/110 – Terroristenbild; LG München I UFITA 77 (1976) 289/291 f.). Auch können Filmzitate zugelassen werden (Rdnr. 41, 51). Die **Grundlinien des Zitatrechts,** wie insbesondere die Zulässigkeit nur im Rahmen des Zitatzwecks (Rdnr. 14ff. – der BGH nennt den Zitatzweck mit Recht die „entscheidende Voraussetzung" für die Anwendung des § 51, BGHZ 85, 1/10f. – Presseberichterstattung und Kunstwerkwiedergabe I) oder die im Interesse des Persönlichkeitsschutzes statuierte Beschränkung auf veröffentlichte bzw. erschienene Werke dürfen aber durch eine extensive Auslegung nicht überschritten werden (KG ZUM 2008, 329 – Veröffentlichung privater Briefe in Tageszeitung; ähnlich im Ergebnis *Bornkamm,* Fs. für Piper, 1996, 641/650ff.). Daran hat sich auch durch die Umgestaltung der Norm in eine Generalklausel nichts geändert, da die grundlegenden, durch die Verfassung vorbedingten Wertungen gleich geblieben sind.

5. Aufbau der Vorschrift

10   Die **einleitenden Worte** des § 51 umschreiben die **Tragweite der dem Urheberrecht gesetzten Schranke:** Sowohl Vervielfältigung und Verbreitung als auch öffentliche Wiedergabe sind im Rahmen des Zitatzwecks zulässig (zu den zulässigen Formen der Wiedergabe: Rdnr. 25–27; zum zulässigen Zitatzweck: Rdnr. 14–19). Die EG-Richtlinie von 2001 (Rdnr. 5a) stimmt hinsichtlich des Rechts zur Vervielfältigung und öffentlichen Wiedergabe überein; beim Verbreitungsrecht kommt es darauf an, ob die Ausnahme durch den Zweck der erlaubten Vervielfältigung gerechtfertigt ist (Art. 5 Abs. 4). Beim Zitatrecht wird diese Voraussetzung regelmäßig erfüllt sein.

Die schon früher herausgearbeiteten Gemeinsamkeiten für das Zitatrecht bleiben auch durch die Neufassung des § 51 UrhG und die Umwandlung in eine Generalklausel unberührt und beanspruchen Geltung für alle nicht aufgeführten Fälle des Zitats: So ist **gemeinsame Voraussetzung** des Zitatrechts immer ein bestimmter Zitatzweck (*Dreier*/Schulze[3] Rdnr. 2); zulässig ist das Zitat nur in einem durch diesen Zweck gebotenen Umfang. Die Erwähnung des **Zitatzwecks** hat vor allem für S. 2 Nr. 2 und S. 2 Nr. 3 Bedeutung; in S. 2 Nr. 1 wird er gesondert angesprochen und definiert (Näheres zum Zitatzweck Rdnr. 14ff.). Das Gebot der **umfangmäßigen Begrenzung** auf den jeweiligen Zitatzweck gilt für Nr. 1, 2 und 3 in gleicher Weise, aber auch für alle anderen Zitate. In Nr. 1 kann das Zitat umfangmäßig bis zur Aufnahme ganzer Werke gehen; bei Nr. 2 und Nr. 3 dürfen nach dem Gesetzestext nicht mehr als „Stellen" eines Werks zitiert werden, was freilich erweiternd ausgelegt wird (Rdnr. 42ff.). Die EG-Richtlinie (Rdnr. 5a) stimmt hinsichtlich der Abhängigkeit des Zitatumfangs vom Zweck mit dem deutschen Recht überein („sofern die Nutzung ... in ihrem Umfang durch den besonderen Zweck gerechtfertigt ist").

11   Im Text des § 51 stehen die **drei Fälle** zulässiger Zitate unverbunden nebeneinander. Sie sind ihrem Sinn nach aber nicht als abschließende Regelungen der jeweils angesprochenen Problemkreise gedacht, sondern sie **ergänzen sich,** können sich **überschneiden** und **nebeneinander anwendbar sein** (*Dreyer* in HK[2] Rdnr. 6); letztlich kommt es auf die genaue Abgrenzung angesichts des Beispielcharakters des § 51 UrhG nF nicht mehr an.

12   So können in einem **selbständigen wissenschaftlichen Werk** nicht nur Großzitate gemäß Nr. 1, sondern daneben zugleich auch Kleinzitate nach Nr. 2 eingefügt werden (*Ulmer*[3] § 67 II 2c). In der Praxis wird der Unterschied zwischen beiden Formen des Zitierens oft verschwimmen, da auch Großzitate vielfach nicht ganze Werke umfassen werden, sondern nur Werkteile; der Zitatzweck kann solche Beschränkung gebieten (*v. Gamm* Rdnr. 11). Andererseits wird im Rahmen des Kleinzitats ausnahmsweise die Wiedergabe ganzer Werke gestattet (Rdnr. 45).

Die Voraussetzungen für Nr. 1 oder Nr. 2 des § 51 sind für jedes Zitat grundsätzlich gesondert zu prüfen. Treffen beide in einem zitierenden Werk zusammen, ist zusätzlich noch zu fragen, ob nicht durch die Kumulation von Groß- und Kleinzitaten, auch wenn jede Zitatgruppe für sich allein betrachtet zulässig ist, die Verwertung der zitierten Werke in einer mit dem Wesen des Zitats unvereinbaren Weise beeinträchtigt wird (Rdnr. 23, 24).

13   Auch die Regelung des **Musikzitats** in Satz 2 Nr. 3 ist nicht erschöpfend. Behandelt wird nur das Musikzitat in Musikwerken; insoweit ist Nr. 3 abschließend (Rdnr. 49). Musikzitate in Sprachwerken unterstehen dagegen je nach den Umständen Satz 2 Nr. 1 oder Nr. 2 (OLG Hamburg ZUM 1993, 35/36; *Hertin* GRUR 1989, 159/161), können aber inzwischen auch als nicht aufgeführter Fall von § 51 S. 1 erfasst werden.

6. Zitatzweck und Umfang des Zitats

14   § 51 erwähnt in seinen Eingangsworten den „Zweck" des Zitats, ohne diesen näher zu spezifizieren, und macht den zulässigen Umfang vom Zweck abhängig. Hieraus ist abzuleiten, dass

bei allen Formen zulässigen Zitierens ein bestimmter **Zitatzweck** vorliegen muss (Rdnr. 10). Der Zitatzweck ist die „**entscheidende Voraussetzung** für die Anwendung des § 51" (BGHZ 85, 1/10 f. – Presseberichterstattung und Kunstwerkwiedergabe I; BGH GRUR 1986, 59/60 – Geistchristentum; *Dreier*/*Schulze*[3] Rdnr. 2, 3; *Fromm*/*Nordemann*/*Dustmann*[10] Rdnr. 164). Dies gilt auch nach der jüngsten Reform des § 51 (BGH MMR 2010, 475/477 Tz. 25f. – Vorschaubilder). Die **EG-Richtlinie** (Rdnr. 5 a) erwähnt nur die Zwecke der „Kritik" oder der „Rezensionen" als Zitatzwecke. Die Anknüpfung mit „wie" macht aber deutlich, dass es sich nur um Beispiele handelt, die den Kreis der zulässigen Zitatzwecke nicht erschöpfen. Letztere sind aus dem herkömmlichen gemeinsamen Verständnis des Begriffes „Zitat" zu erschließen, wobei auch das – bereits aus Art. 10 Abs. 1 RBÜ vertraute – Erfordernis der Wahrung der zuständigen Gepflogenheiten zu beachten ist. Im Ganzen lässt sich feststellen, dass die sorgfältige Herausarbeitung der Zitatzwecke in der deutschen Praxis diesen Vorgaben entspricht. Ergänzend könnten noch die Schrankenvorschriften der Art. 3 lit. a (Unterricht und wissenschaftliche Forschung), lit. f (politische Reden und öffentliche Vorträge), lit. k (Karikaturen, Parodien oder Pastiches) und lit. o (Fälle von geringer Bedeutung) der Richtlinie als Stütze herangezogen werden.

Inhaltlich umschrieben wird der Zitatzweck nur in S. 2 Nr. 1: Wissenschaftliche Großzitate sind lediglich zur „**Erläuterung des Inhalts**" (des zitierenden Werkes) zulässig. Hieraus können Rückschlüsse auch auf den Zitatzweck gemäß S. 2 Nr. 2 gezogen werden. Der Zitatzweck ist im Übrigen anhand des **Wesens des Zitats** zu bestimmen; gewisse Fingerzeige gibt dabei auch die Vorschrift über die **Quellenangabe** (§ 63). Auf der Hand liegt, dass nicht jeder Zweck das Zitat legitimiert; es muss vielmehr ein zitatspezifischer Zweck verfolgt werden (Ähnlich *Möhring*/*Nicolini*/*Waldenberger*[2] Rdnr. 5).

Es handelt sich beim Zitatzweck um einen **subjektiven Umstand;** er ist aber nur anzuerkennen, soweit er in der objektiven Gestaltung seinen Niederschlag findet (*Loewenheim*/*Götting*[2] § 31 Rdnr. 164; ähnlich *v. Gamm* Rdnr. 5).

Zum Wesen des Zitats gehört zunächst, dass es nicht ununterscheidbar in das zitierende Werk **15** integriert, sondern **als fremde Zutat ersichtlich gemacht** wird (OLG Köln ZUM 2009, 961/962 – Klaus Kinski; OLG München NJW 1999, 1975/1976 – Stimme Brecht; LG Berlin GRUR 2000, 797 – Screenshots; *Loewenheim*/*Götting*[2] § 31 Rdnr. 164/165; *Dreier*/*Schulze*[3] Rdnr. 3). Das Zitat muss erkennbar vom eigenen Werk abgehoben werden. Daran fehlt es etwa bei der Einbindung zahlreicher Zitate in ein Theaterstück, ohne dass diese als solche erkennbar wären (OLG Köln ZUM 2009, 961, 962 – Klaus Kinski). Nach bisherigem Recht genügte für die Zulässigkeit des Zitats die ersichtliche Abhebung vom eigenen Werk; die Einhaltung der Vorschriften über die Quellenangabe (§ 63) lag auf anderer Ebene (so noch *Dreier*/*Schulze*[3] Rdnr. 26, aber ohne Begr.; unspezifisch insoweit auch *Dreyer* in HK[2] Rdnr. 15, wonach nicht jeder Verstoß gegen die Quellenangabepflicht auch ein Verstoß gegen die Grenzen von § 51 sei; OLG Hamburg ZUM-RD 2004, 75, 79; *Obergfell* KUR 2005, 46, 53; LG München I ZUM 2005, 407/411). § 51 muss jedoch europarechtskonform ausgelegt werden (s. Rdnr. 5 a). Art. 5 Abs. 3 lit. d der Info-Richtlinie erhebt die **Angabe der Quelle, einschließlich des Namens des Urhebers,** jedoch zur Zulässigkeitsvoraussetzung für das Zitat, sofern die Quellenangabe nicht unmöglich ist (aA *Dreyer* in HK[2]: Name des Urhebers nur für § 63 erforderlich. S. dazu auch § 63 Rdnr. 18). Demgemäß ist folgendermaßen zu differenzieren: Das Weglassen der vorgeschriebenen und möglichen Quellenangabe macht das Zitat unzulässig; die Nichterfüllung sonstiger Erfordernisse des § 63 verletzt nur diese Vorschrift. Ist die Quellenangabe nicht möglich, berührt ihre Weglassung die Zulässigkeit des Zitats nicht; es bleibt jedoch das Zulässigkeitserfordernis, dass das Zitat als fremde Zutat ersichtlich gemacht werden muss. Schwierigkeiten macht nach wie vor das Musikzitat. Es ist schwerlich möglich, die öffentliche Wiedergabe durch eine Quellenangabe zu unterbrechen; bei ihm muss es genügen, wenn die zitierte Melodie infolge ihrer Bekanntheit als etwas Fremdes vom Hörer erkannt wird (*Petzold* UFITA 10 (1937) 38/40; *Wandtke*/*Bullinger*/*Lüft*[3] Rdnr. 5; ähnlich *v. Gamm* Rdnr. 14; großzügig auch *Hertin* GRUR 1989, 159/165). Einen zulässigen Zitatzweck verfolgt nicht, wer sich fremder Werke oder Werkteile bemächtigt, um diese als eigenes Werk auszugeben: Hier liegt vielmehr ein **Plagiat** vor (s. dazu § 23 Rdnr. 28 ff. Zur Abgrenzung von Plagiat und Zitat s. *Obergfell* KUR 2005, 46 ff.). Auch geringfügige sprachliche Veränderungen, Auslassungen oder Hinzufügungen gegenüber dem Original unterfallen nicht mehr der Zitatschranke nach § 51 S. 2 Nr. 1 UrhG, wenn zweifelhaft sein könnte, ob Original und Zitat inhaltsgleich sind (OLG Hamburg ZUM 2000, 506 ff.; *Dreier*/*Schulze*[3] Rdnr. 3). Nicht damit zu verwechseln ist die Zusammenfassung eines Textes oder die wesentliche sprachliche Veränderung, da hier bereits das Original nicht verviel-

§ 51 Zitate

fältigt und damit nicht in das Verwertungsrecht nach § 16 eingegriffen wird (**Abstracts**, OLG Frankfurt GRUR 2008, 249 – Abstracts; LG Frankfurt MMR 2007, 118/118; *Dreier*/Schulze³ Rdnr. 3).

16 Nicht jede erkennbare Verwendung fremder Werkteile bildet aber schon ein Zitat. So hält sich, wer ein fremdes Werk dem eigenen nur deshalb **aggregiert,** um es zu vervollständigen oder um dem Leser zusätzlich zum eigenen auch noch das fremde Werk zu bieten, nicht im Rahmen des zulässigen Zitatzwecks (BGH GRUR 1987, 34/35 – Liedtextwiedergabe I – für das Anhängen des Textes des Lieds „Lili Marleen" an einen Pressebericht über den Plan, einen Film nach der autobiographischen Erzählung von Lale Andersen, der bedeutendsten Sängerin des Liedes, zu drehen. S. auch KG GRUR 1970, 616/618 – Eintänzer; OLG München ZUM 1998, 417/419 f.; Fromm/Nordemann/*Dustmann*¹⁰ Rdnr. 16; *Dreier*/Schulze³ Rdnr. 3; *Rehbinder*¹⁵ Rdnr. 276, Loewenheim/*Götting*² § 31 Rdnr. 166; Möhring/Nicolini/*Waldenberger*² Rdnr. 5; *Oekonomidis* UFITA 57 (1970) 179/181 f.). Es muss vielmehr eine **innere Verbindung** zwischen eigenem und fremdem Werk hergestellt werden (BGHZ 28, 234/240 – Verkehrskinderlied; BGHZ 50, 147/155/156 – Kandinsky I; BGH GRUR 1986, 59/60 – Geistchristentum; BGH GRUR 1987, 362 – Filmzitat; BGH GRUR 175, 135 Tz. 42 – TV Total; BGH MMR 2010, 475/477 Tz. 26 – Vorschaubilder, OLG Hamburg GRUR 1993, 666/667 – Altersfoto, OLG Köln GRUR 1994, 47/48 f.; *Dreyer* in HK² Rdnr. 17). Diese innere Verbindung wird meist mit dem Stichwort umschrieben, dass das fremde Werk als **„Beleg"** dienen (BGHZ 50, 147/155 – Kandinsky I; BGH GRUR 1986, 59/60 – Geistchristentum; BGH GRUR 1987, 34/35 – Liedtextwiedergabe I; BGH GRUR 1987, 362 – Filmzitat; BGH MMR 2010, 475/477 Tz. 26 – Vorschaubilder; Fromm/Nordemann/*Dustmann*¹⁰ Rdnr. 16; *Schack*⁵ Rdnr. 545; KG GRUR 2002, 313/315; OLG Düsseldorf ZUM-RD 2009, 63 Tz. 22; OLG Hamburg ZUM-RD 2004, 75, 79), also für selbstständige Ausführungen des Zitierenden zur Erleichterung der geistigen Auseinandersetzung die „Erörterungsgrundlage bilden" müsse (BGH GRUR 1987, 34/35 – Liedtextwiedergabe I; BGH MMR 2010, 475/477 Tz. 26 – Vorschaubilder). Kein zulässiger Zweck wäre dagegen, dass der Zitierende sich nur eigene Ausführungen ersparen und solche durch das Zitat ersetzen möchte (BGH MMR 2010, 475/477 Tz. 26 – Vorschaubilder; KG GRUR 1970, 616/618 – Eintänzer; KG GRUR-RR 2002, 313/315 – Das Leben, dieser Augenblicke; LG Berlin GRUR 2000, 797 – Screenshots; *Dreyer* in HK² Rdnr. 19). Das Zitat darf nicht um seiner selbst willen wiedergegeben werden (LG Berlin GRUR 1962, 207/210 – Maifeiern; *Neumann-Duesberg* UFITA 46 (1966) 68/69); es muss vielmehr Hilfsmittel für die Zwecke des zitierenden Werkes sein (LG Berlin Schulze LGZ 125, 5; LG Köln UFITA 78 (1977) 270/273). Unter mehreren möglichen Belegen darf der Zitierende auswählen; das Zitat braucht nicht der einzig mögliche Beleg sein (*Maaßen* ZUM 2003, 830, 836; LG München I ZUM 2005, 407, 410 f.).

Ebenso fehlt es bei der reinen Übernahme und Zusammenstellung von zuvor aufgezeichneten Fernsehsequenzen bereits an einem eigenständigen inhaltlichen Beitrag des Moderators der Sendung „TV Total", zu dem die übernommene Sequenz in einen inneren Zusammenhang treten könnte (BGHZ 175, 135 aA *Slopek,* WRP 2009, 20/27). Da den Erläuterungen des Moderators der Sendung kein künstlerischer Ausdruck und keine künstlerische Gestaltung innewohnten, ergab sich auch kein anderes Ergebnis unter dem Blickwinkel der Rechtsprechung des Bundesverfassungsgerichts zur Auslegung und Anwendung des § 51 Nr. 2 UrhG im Lichte des Art. 5 Abs. 3 S. 1 GG (hierzu BVerfG GRUR 2001, 149 – Germania 3). Ebenso fehlt es an dem inneren Bezug bei der Wiedergabe von Bildern (auch in verkleinerter Form – sog. Thumbnails) im Rahmen von Suchergebnissen einer Internetsuchmaschine (BGH MMR 2010, 475/477 f. Tz. 27 – Vorschaubilder); denn diese dienen nicht der geistigen Auseinandersetzung, sondern nur dem vereinfachten Auffinden von Inhalten im Internet (BGH MMR 2010, 475/477 f. – Tz. 27 – Vorschaubilder; *Leistner/Stang,* CR 2008, 499/502; *Schack,* MMR 2008, 414/415; aA *Dreier,* Fs. für Krämer, 225/234 ff.).

17 Der innere Bezug kann, wie § 51 Nr. 1 besagt, in der **„Erläuterung des Inhalts"** des zitierenden bzw. des aufnehmenden, nicht des zitierten Werkes liegen (*Dreier*/Schulze³ Rdnr. 3), eine Umschreibung des Zitatzwecks, die auch im Rahmen von Nr. 2 herangezogen werden kann, wenn sie die dort möglichen Zitatzwecke auch nicht erschöpft. Der Inhalt des zitierenden Werks kann dabei in verschiedener Weise an das zitierte Werk anknüpfen (BGHZ 28, 234/240 – Verkehrskinderlied; BGH GRUR 1986, 59/60 – Geistchristentum; *v. Gamm* Rdnr. 6; Möhring/Nicolini/*Waldenberger*² Rdnr. 14; Loewenheim/*Götting*² § 31 Rdnr. 166): Es kann sich zunächst – negativ – um eine **kritische Bezugnahme** handeln (s. zB LG Berlin GRUR 1978, 108/110 – Terroristenbild; LG Hamburg ZUM-RD 1997, 469/471); das Zitat macht deutlich, wogegen sich die Kritik im Einzelnen richtet. Das Zitat kann aber auch – positiv – im Sinn einer **Beistimmung und als Stütze für den eigenen Standpunkt** (LG Köln UFITA 78 (1977) 270/273) beigezogen werden, insbesondere, um darauf aufbauend weiterführende Gedanken zu entwickeln (OLG Hamburg GRUR 1970, 38/39 – Heintje: Zitat von Teilen eines Liedertextes in einem Presseartikel über einen Kinderstar) oder Lehrinhalte zu vermitteln (LG München I ZUM 2005, 407/410). Schließlich vermag das Zitat – neutral – eingesetzt zu werden, um eine **referierende Darstellung** (zu pauschal BGHZ 85, 1/11 – Presseberichterstattung und Kunstwerkwiedergabe I –, wonach der Zitatzweck bei einer „informierenden Berichterstattung" offenbar generell fehlen soll, in diesem Sinne auch *Dreyer* in HK Rdnr. 20) oder **Interpretation** (*Romatka* AfP 1971, 20/22) zu belegen. In der Regel wird der Zitatzweck des § 51 Nr. 2 aF (jetzt § 51 S. 2 Nr. 2) genügt, wenn das Zitat als Motto des Sprachwerks diesem vorangestellt wird (KG GRUR-RR 2002, 313/315 – Das Leben, dieser Augenblick; OLG München ZUM 2009, 970 – Vom Ernst des Lebens). Selbst die Verwendung von Zitaten eines Künstlers („Comedian") im Rahmen von Texten einer Werbebeilage können noch die referierende Darstellung erfüllen (OLG Hamburg ZUM 2008, 690). Sollen die Zitate nur den Text auflockern und Authentizität übernehmen, ohne dass die konkrete Wortwahl des Zitats erkennbare Bedeutung für das zitierende Werk hat, hält sich dies regelmäßig nicht mehr innerhalb der Zitierfreiheit des § 51 Nr. 2 aF (KG GRUR-RR 2002, 313/315 – Das Leben, dieser Augenblick). Eine im Internet abrufbare Datenbank (Mediothek) bzgl. eines Films, die neben Filmausschnitten Angaben über Künstler, das Plakat, Zitate zum Drehbuch, Portraits von Schauspielern, zahlreiche Filmkritiken sowie einen Artikel „Hintergründe" und weitere Äußerungen des Regisseurs und des Drehbuchautors über den Film enthält, ist kein selbstständiges Werk iSv. § 51 Nr. 1 aF (KG MMR 2003, 110/112f. – Paul und Paula)). Es genügt auch nicht, dass etwa Filmmaterial nur verwandt wird, um die eigene Sendung auszuschmücken (LG Stuttgart ZUM 2003, 156/158 – Spiegel-TV). Ebensowenig reicht es aus, dass ein Moderator lediglich kommentierende Erläuterungen gibt, die keine geistige Auseinandersetzung mit dem gezeigten Werk enthalten; Art. 5 Abs. 3 GG greift hier nicht ein (BGHZ 175, 135 = ZUM-RD 2008, 337/341 – TV-Total, s. auch oben Rdnr. 16).

Diese Grundhaltungen des zitierenden Werkes können freilich auch **kombiniert** und vermischt auftreten. Es kommt jeweils auf den **Einzelfall** an (s. OLG Hamburg ZUM 1993, 35 für eine Vielzahl von Zitaten musikalischer Werke in dokumentarischen Videobändern). Der zulässige Zitatzweck muss gegenüber sonstigen Zwecken, etwa dem Schmuckzweck von Abbildungen, **überwiegen** (BGHZ 50, 147/151 – Kandinsky I; Fromm/Nordemann/*Dustmann*[10] Rdnr. 17; Möhring/Nicolini/*Waldenberger*[2] Rdnr. 5; Wandtke/Bullinger/*Lüft*[3] Rdnr. 5). Dass das Zitat als **Blickfang** benutzt wird (Ausschnitt aus einem Werbespot zu Beginn einer kritisch mit der beworbenen Ware sich auseinandersetzenden Fernsehsendung) steht der Zulässigkeit nicht entgegen (LG Frankfurt/M AfP 1994, 687/688; anders aber wenn kein innerer Zusammenhang gegeben ist, OLG Hamburg NJW-RR 2003, 112/116 – Maschinenmensch).

Inwieweit die **Abbildung zur Erläuterung eines Schriftwerkes** dient, untersucht RGZ 130, 196/199f. – Codex aureus: Die Abbildung muss dazu bestimmt sein, den im Worttext der Arbeit offenbarten Gedankeninhalt aufzuhellen, zu veranschaulichen, dem Verständnis zu erschließen. Dies kann auf verschiedenste Art geschehen. Die Verbindung muss eine innerliche, den Darstellungs- und Lehrzweck des Textes unterstützende sein. Das Bild braucht sich nicht als wissenschaftliche Ausgestaltung der Schriftwerksgedanken dem Ganzen einzufügen. Es genügt, wenn es beispielmäßig wirkt. Das Bild als Nebensache muss zum besseren Verständnis des Textes als der Hauptsache dienen, nicht umgekehrt der Text nur zur Erläuterung des Bildes (so auch LG Berlin Schulze LGZ 125, 6/7). Befasst sich ein Sprachwerk ausschließlich oder überwiegend mit einem einzelnen Werk der bildenden Kunst, ist entscheidend für die Zulässigkeit, dass die Abbildung nur Hilfsmittel zum Verständnis der sprachlichen Darstellung bildet. Unter dieser Voraussetzung kann das Bild zur „Erläuterung des Inhalts" des Sprachwerks iSd. § 51 Nr. 1 zitiert sein, auch wenn der Text ohne das Bild nicht verständlich wäre (BGH GRUR 1994, 800/802f. – Museumskatalog). Entsprechend entfällt der zulässige Zitatzweck bei einem Sprachwerk nicht deshalb, weil das damit sich auseinandersetzende zitierende Werk ohne das Zitat unverständlich wird (OLG Brandenburg NJW 1997, 1162/1163 – Stimme Brecht). Es darf nicht der Schmuckzweck den Erläuterungszweck weit überwiegen (so auch *Ulmer*[3] § 67 II 1a. S. ferner RGZ 139, 327/339 – Wilhelm Busch; RGZ 144, 106/112). Entscheidend ist die gedankliche Verknüpfung (KG AfP 1997, 527/528). Der BGH schließt mit seiner Kandinsky I-Entscheidung (BGHZ 50, 147) an RGZ 130, 196 an: Die Rechtslage hinsichtlich der Zulässigkeit von Abbildungen habe sich nicht geändert. Nicht jede Vervollständigung eines Textes durch Abbildungen bilde bereits eine „Erläuterung"; es müsse vielmehr an den konkreten gedanklichen Inhalt angeknüpft werden, sei es zur Beweisführung oder zur Verdeutlichung des Gesagten. Das Fehlen eines ausdrücklichen Hinweises im Text auf die Abbildung sei ein Beweisanzeichen dafür, dass der Erläuterungszweck nicht gegeben sei. Nicht vom Zitierzweck sei die Abbildung jedenfalls gedeckt, wenn es am inneren Zusammenhang fehlt (OLG Hamburg NJW-RR 2003, 112/116 – Maschinenmensch: Photo des „Maschinenmenschen" aus dem Film „Metropolis" in einem Artikel über Gentechnik; LG München I NJW 1999, 1978: Zitat einer Gedichtzeile an der Wand in einem Touristik-Center ohne innere Verbindung mit dem Bauwerk als solchen).

Diese wichtigsten Zwecke des Zitierens sind sowohl in § 51 Nr. 1 („zur Erläuterung des Inhalts") als auch in § 51 Nr. 2 als zulässige Zitatzwecke zu berücksichtigen.

Nach herrschender Meinung ist der **Zitatzweck in § 51 S. 2 Nr. 2 aber weiter erstreckt** als die Formel von der „Erläuterung des Inhalts" in Nr. 1 besagt (BGH GRUR 1973, 216/218 – Handbuch moderner Zitate; Fromm/Nordemann/*Dustmann*[10] Rdnr. 16, 31; Möhring/Nicolini/*Waldenberger*[2] Rdnr. 3; *Brauns* S. 110 ff., 123 ff.). So kann bei Sprachwerken das Zitat auch als Devise oder Motto vorangestellt werden (*Haberstumpf*[2] Rdnr. 333; KG GRUR-RR 2002, 313/315; Loewenheim/*Götting*[2] § 31 Rdnr. 181; *Dreier*/Schulze[3] Rdnr. 15; *Dreyer* in HK[2] Rdnr. 19, 41). Ein weitergehender Zitatzweck ist insbesondere bei künstlerischen Werken in Rechnung zu stellen; jedoch ist auch hier die Zitierfreiheit mit Vorsicht zu handhaben. Ein Zitat in einem Film oder Bühnenwerk mag nach Art eines Themas als Grundlage für Variationen dienen, als „Hommage" an einen großen Kollegen (*Samson* S. 167) gleichsam museal in das Werk eingeflochten sein oder in der Kunstform der Collage in einen künstlerisch das Zitat verarbeitenden Zusammenhang gestellt werden (OLG Brandenburg NJW 1997, 1162/1163 – Stimme Brecht; enger OLG München NJW 1999, 1975. Die Verfassungsbeschwerde hatte Erfolg, BVerfG GRUR 2001, 149 – Germania 3). Mit dem BVerfG ist anzunehmen, dass der Zitatzweck beim Kleinzitat über die Belegfunktion hinausgeht und durch Zwecke des künstlerischen Ausdrucks und der künstlerischen Gestaltung gerechtfertigt sein kann. Zustimmend: LG München I Urteil vom 13. 5. 2009 – 21 O 618/09 abzurufen bei JurPC Web-Dok. 136/2009, Abs. 27, 31; Loewenheim/*Götting*[2] § 31 Rdnr. 181; *Dreier*/Schulze[3] Rdnr. 4; *v. Becker* ZUM 2000, 864; KG GRUR-RR 2002, 313, 315; Wandtke/Bullinger/*Lüft*[3] Rdnr. 4; *Metzger* ZUM 2000, 924 ff. Kritisch *Schack*[5] Rdnr. 551 Fn. 94. LG München I ZUM 2005, 407/410 übertrug die Grundsätze aus BVerfG GRUR 2001, 149 – Germania 3 auf das wissenschaftliche Zitat. Skeptisch zur Übertragung auf das wissenschaftliche Zitat KG GRUR-RR 2002, 313/315, ablehnend: *Erdmann* WRP 2002, 1329/1332; Taubner ZUM 2005, 411; Wandtke/Bullinger/*Lüft*[3] Rdnr. 4. S. zu dem Streitfall auch *Haass* ZUM 1999, 834 ff.; *Garloff* GRUR 2001, 476 ff.; *Seifert*, Fs. für Erdmann, 2002, S. 195 ff.; *Raue*, Fs. für Nordemann, 2004, S. 327/337 ff.; *Dreyer* in HK[2] Rdnr. 43; *Obergfell* KUR 2005, 46/54 f.). Urheberrechtliche Werke sind aber nicht schon dann „vogelfrei", sobald sie in anderen Kunstwerken zitiert werden (*Seifert*, Fs. für Erdmann, 2002, S. 195/204): zu beanstanden ist die Übergehung urheberpersönlichkeitsrechtlicher Aspekte (Rdnr. 8, 23; so auch Fromm/Nordemann/*Dustmann*[10] Rdnr. 31). In richtlinienkonformer Auslegung ist nunmehr auch die Quellenangabe geboten (Rdnr. 15). Das Zitat kann eine gewisse Stimmung verdeutlichen (Möhring/Nicolini/*Waldenberger*[2] Rdnr. 5); auch vermag das künstlerische Prinzip des Kontrastes, etwa in der bildenden Kunst (*Krause-Ablaß* GRUR 1962, 231) oder Lyrik, Zitaten rechtfertigen.

Bei der Prüfung der Zulässigkeit ist insbesondere darauf zu achten, dass das Zitat die Nutzung des zitierten Werkes nicht in unzumutbarer Weise beeinträchtigen darf (Rdnr. 23, 24).

18 Die **Parodie** (zum Begriff: *v. Becker*, Fs. für Loewenheim, 2009, S. 3 f.) als solche ist nicht anhand des Zitatrechts (LG Berlin GRUR 1974, 231 f. – Von Kopf bis Fuß; OLG Frankfurt/M ZUM 1996, 97/99 – Rene-Margritte; OLG München ZUM 1992, 252/253 – Asterix-Parodien; aA: *Schmieder* UFITA 93 (1982) 63 ff.; *Dünnwald* AfP 1972, 274), sondern gegebenenfalls als freie Benutzung (§ 24 Abs. 1) zu rechtfertigen, wobei auch § 14 in Betracht zu ziehen ist (s. im Einzelnen § 24 Rdnr. 27 ff.; zum Ganzen: *Stuhlert* Die Behandlung der Parodie im Urheberrecht, S. 13 ff., 57 ff.; *v. Becker*, Fs. für Loewenheim, 2009, S. 3 ff.; *Mauch* Die rechtliche Beurteilung von Parodien im nationalen Urheberrecht der Mitgliedstaaten der EU, S. 31 ff., S. 66 ff.; *Rütz* WRP 2003, 323 ff.; *Slopek*, WRP 2009, 20/23 f.). Die Berufung des Parodisten auf die Zitierfreiheit scheitert oft jedenfalls an dem Änderungsverbot (§ 62 UrhG) und der Pflicht zur Quellenangabe (§ 63 UrhG) (*Stuhlert* S. 71; *Rütz* WRP 2003, 323/325; *Slopek*, WRP 2009, 20/24). Die im Rahmen des § 51 vorausgesetzte Belegfunktion fehlt bei einer Parodie zudem regelmäßig (vgl. aber zur Erforderlichkeit des Belegfunktion unter Berücksichtigung des Art. 5 Abs. 3 GG BVerfG NJW 2001, 598/599 – Heiner Müller). Bildet die Parodie ein selbständiges

Werk, so kann darin zum Zweck antithematischer Auseinandersetzung im Rahmen von § 51 Nr. 2 oder 3 auch aus dem parodierten Werk zitiert werden (OLG Köln ZUM 2009, 961/963 – Klaus Kinski; LG Frankfurt/M UFITA 94 (1982) 334/337 – Lachende Sonne I). Vor der Neufassung des Zitatrechts als Generalklausel wurde teilweise versucht, die Parodie unter § 51 Nr. 2 UrhG aF zu subsumieren, so dass jedenfalls all jenen Parodisten die Berufung auf das Zitatrecht versagt wurde, die sich keiner Sprach-Parodie bedienten, zB Comic-Parodien (*Stuhlert* S. 59). Durch die Neufassung der Zitierfreiheit als Generalklausel ohne Konkretisierung des Zitatobjektes und des Zitatsubjektes fallen nunmehr die Nicht-Sprach-Parodien unter § 51 S. 1. Trotzdessen darf nicht vergessen werden, dass durch die Neufassung der Zitierfreiheit als Generalklausel die Zitierfreiheit nicht grundlegend erweitert werden sollte (Begr. RegE BT-Drucks. 16/1828, S. 25). Das mit der Gesetzesneufassung verfolgte Ziel der Schließung einzelner, aus der unflexiblen Grenzziehung des geltenden Rechts folgender Lücken (Begr. RegE BT-Drucks. 16/1828, S. 25) ist bei der Parodie nicht einschlägig. Zudem sind sämtliche Voraussetzungen des § 51 aF (Selbständigkeit, Quellenangabe, Zitatzweck etc.) erhalten geblieben, die von der Parodie nur selten erfüllt werden können (*Mauch* S. 71).

Der Zitatzweck bestimmt auch, in welchem **Umfang** das Zitat erlaubt ist (ebenso die EG-Richtlinie, s. Rdnr. 10). Ist der Zitatzweck überschritten, so ist nicht nur der überschießende Teil, sondern das ganze Zitat unzulässig (Wandtke/Bullinger/*Lüft*³ Rdnr. 6; *Wegner/Wallenfels/Kaboth* S. 61). Zu dulden ist es nach den Eingangsworten des § 51 nur „sofern die Nutzung in ihrem Umfang durch den besonderen Zweck gerechtfertigt ist" (vgl. zu § 51 UrhG aF LG Hamburg UFITA 54 (1969) 324/329: Der Zitatzweck ist überschritten, wenn in einer Flugschrift, die sich kritisch mit einem Presseartikel auseinandersetzt, auch Passagen des Artikels mit abgedruckt werden, die nicht Gegenstand der Kritik sind. S. auch LG München I AfP 1994, 326/328: Das Maß des Erforderlichen wird überschritten, wenn in einem Zeitschriftenaufsatz, der sich kritisch mit einem Fotografen auseinandersetzt, 19 Fotos abgedruckt werden.). Das Maß des Erforderlichen wird nicht überschritten, wenn die ersten zwei Zeilen eines insgesamt 116 Zeilen umfassenden Gedichts, in welchen einen Aussage über die Bewohner einer bestimmten Stadt getroffen wird, im vorderen und hinteren Vorsatz eines Begleitbandes zu einer Museumsausstellung anlässlich des Stadtgründungsjubiläums sowie in einem Faltprospekt über diese Ausstellung abgedruckt werden; dieser Abdruck ist vielmehr ein zulässiges Kleinzitat gem. § 51 S. 1, S. 2 Nr. 2 UrhG (LG München I Urteil vom 13. 5. 2009 – 21 O 618/09, abzurufen über JurPC Web-Dok. 136/2009, Abs. 30 f.). Es kann dabei nicht darauf ankommen, dass das Zitat **zwingend** erforderlich ist; es genügt, dass es sich nach der Natur der Dinge und nach Maßgabe aller Umstände unter Berücksichtigung der Üblichkeit um eine **vernünftige, sachgerechte Wahrnehmung des Zitatzwecks** handelt (ähnlich *v. Gamm* Rdnr. 10; LG Frankfurt/M AfP 1995, 687/688. Dabei kann auch das Medium eine Rolle spielen: Die Übernahme des Textes von Stücken Karl Valentins in ein Vorlesungsskript mag sich im Rahmen des Zitatzwecks halten, nicht aber die Einstellung ins Internet, so LG München I ZUM 2005, 407 = GRUR-RR 2006, 7; ferner *Maaßen* ZUM 2003, 830/835 f., für das Mitzitieren verbundener Werke, der auch auf § 57 hinweist, s. dort S. 837 f.).

Zu berücksichtigen sind der konkrete Zitatzweck und die jeweiligen besonderen Umstände des zitierten und des zitierenden Werks (BGH GRUR 1986, 59/60 – Geistchristentum). Wo es beispielsweise auf die ungewöhnliche Sprachgestaltung und Atmosphäre des zitierten Werkes ankommt, insbesondere Textvergleiche anzustellen sind und wo inhaltliche Aussagen wegen ihres mystischen und spirituellen Bezugs sich nicht verständlich mit eigenen Worten wiedergeben lassen, müssen längere Zitate zulässig sein (BGH GRUR 1986, 59/60 – Geistchristentum – mit insoweit zust. Kommentar von *Schricker* Schulze BGHZ 348).

Die Zitate dürfen aber nicht ein derartiges Ausmaß erreichen, dass sie nicht mehr lediglich eine in dem zitierenden Werk vertretene Ansicht stützen, sondern dieses Werk über weite Strecken selbständig tragen (BGH GRUR 1982, 37/40 – WK-Dokumentation). Erforderlich ist stets eine umfassende Abwägung aller Umstände des jeweiligen Einzelfalls (BGH GRUR 1986, 59/60 – Geistchristentum; BGH GRUR 1982, 37/40 – WK-Dokumentation).

7. Zitat nur in selbständigen Werken

Das zitierende Werk muss ein „**selbständiges Werk**" sein; diese Voraussetzung wird für alle drei in § 51 geregelten Fälle des Zitats aufgestellt (LG München I ZUM-RD 2002, 489/494; OLG München ZUM 2003, 571/574 f.). Dies gilt auch in der Neufassung des § 51 UrhG für die nicht näher benannten Fälle des Zitatrechts. Entgegen der Auffassung des OLG Jena

§ 51

(OLG Jena MMR 2008, 408/410 – Thumbnails; zweifelnd, aber letztlich offen *Dreier*/Schulze[3] Rdnr. 6; offen gelassen von BGH MMR 2010, 475/477), das auf den fehlenden Verweis auf selbstständige Werke in § 51 S. 1 nF abstellt, folgt dies aus der eindeutigen Begründung des Gesetzgebers, der gerade keine grundlegende Umgestaltung des Zitatrechts, sondern nur dessen vorsichtige Erweiterung beabsichtigte (Begr. RegE BT-Drucks. 16/1828, S. 25; wie hier *Dreyer* in HK² Rdnr. 9; Wandtke/Bulliner/*Lüft*[3] Rdnr. 8; *Schack* MMR 2008, 414/ 415; *Schack*[5] Rdnr. 545). Probleme resultieren daraus vor allem für Suchmaschinen im Internet, deren Suchergebnisse keine selbstständigen Werke darstellen. Zwar besteht in Anbetracht der unübersehbaren Informationsfülle im Internet ein erhebliches gesellschaftliches Interesse an dem vereinfachten Zugang zu Suchergebnissen (s. dazu unten Rdnr. 54; BGH MMR 2010, 475 – Vorschaubilder; BGH GRUR 2003, 958/963 – Paperboy), das auch durchaus im Rahmen der grundrechtlich gewährleisteten Informationsfreiheit aus Art. 5 Abs. 1 S. 1 GG zu berücksichtigen ist (OLG Hamburg MMR 2007, 315 f. – Snippets; *Ott* MMR 2009, 158/161; *Feldmann* jurisPR-ITR 19/2008 Anm. 4, S. 3); doch führt das nicht daran vorbei, dass das Zitatrecht vom Gesetzgeber im Rahmen seiner Konkretisierungsprärogative primär für den Zweck der geistigen Auseinandersetzung geschaffen wurde, nicht aber um technische Gegebenheiten zu vereinfachen. Entsprechende Schrankenregelungen wären ohne weiteres möglich, wie dies § 44a UrhG zeigt (*Ott* K&R 2008, 305/307; *ders*. ZUM 2007, 119/127; *Leistner/Stang* CR 2008, 499/507; *Kleinemenke* CR 2009, 55/56), können aber nicht ohne Rücksicht auf den gesetzgeberischen Willen durch extensive Auslegung der Generalklausel des § 51 S. 1 eingeführt werden.

Dies bedeutet zunächst, dass es sich um ein **urheberrechtlich schutzfähiges Werk** iSd. §§ 1, 2 Abs. 1, 2 handeln muss (BGH AfP 2002, 444/447/448 – Titelblattgestaltung; BGH GRUR 1994, 800/802/803 – Museumskatalog; KG GRUR-RR 2002, 313/315 – Das Leben, dieser Augenblick; KG GRUR 1970, 616/617 – Eintänzer; OLG Köln GRUR 1994, 47/48; LG Berlin GRUR 1978, 108/110 – Terroristenbild; LG München I UFITA 77 (1976) 289/291; Fromm/ Nordemann/*Dustmann*[10] Rdnr. 19; *v. Gamm* Rdnr. 8; Möhring/Nicolini/*Waldenberger*² Rdnr. 11, 19; Wandtke/Bulliner/*Lüft*[3] Rdnr. 8; Loewenheim/*Götting*² § 31 Rdnr. 167; *Brauns* S. 34; *Dreyer* in HK² Rdnr. 10; *Ulmer* GRUR 1972, 323/325; *Runge* S. 172; *Ekrutt* S. 5; *Romatka* AfP 1971, 20/21; *Schack*[5] Rdnr. 545. Offengelassen in OLG Hamburg GRUR 1970, 38/39 – Heintje; unklar zum früheren Recht BGHZ 28, 234/239 – Verkehrskinderlied). Das Zitatrecht soll das geistige Schaffen fördern; es soll deshalb nur demjenigen zu Gebote stehen, der selbst eine persönliche geistige Schöpfung zustande bringt. Andernfalls könnte man fremde Werke oder Werkteile mit bloßen Randbemerkungen, knappen Einleitungsworten oder sonstiger „Garnierung" verwerten; dies ist nicht der Sinn des Zitatrechts. Im Übrigen wird sich in der Regel praktisch schon aus den Erfordernissen des Zitatzweckes ergeben, dass es sich bei dem zitierenden Werk um ein schutzfähiges Werk handeln muss. Bei wissenschaftlichen Werken ist nur die Art der Darstellung geschützt, nicht aber die Ergebnisse oder Daten selbst, etwa bei Tabellen deren Gestaltung, nicht aber deren Daten (BGH GRUR 1991, 130/133 – Themenkatalog; OLG Hamburg ZUM-RD 2004, 75/78 – Opus Dei; OLG Hamburg ZUM 2004, 767/769. – Markentechnik).

Darauf, ob das zitierende Werk **(noch) geschützt** ist, kommt es nicht an; vom Zitatrecht kann zB auch in einem amtlichen Werk (§ 5) Gebrauch gemacht werden (s. dazu im Einzelnen § 5 Rdnr. 28 ff.; *Dreyer* in HK² Rdnr. 13; auch *Maaßen* ZUM 2003, 830 ff. zu den Bildzitaten in Gerichtsentscheidungen). Welcher Gattung das Werk angehört, ist ebenfalls irrelevant, wobei allerdings die Selbständigkeit und die innere Verbindung zwischen zitierenden Werk und zitierten Werkteil oftmals zweifelhaft sein kann.

21 „Selbständigkeit" des zitierenden Werkes bedeutet ferner **urheberrechtliche Unabhängigkeit von dem zitierten Werk.** Unzulässig ist das Zitat, wenn das zitierende Werk sich als eine Bearbeitung oder sonstige Umgestaltung (§ 23) des zitierten Werkes darstellt (LG Frankfurt UFITA 94 (1982) 334/337; *v. Olenhusen* UFITA 67 (1973) 57/65; Loewenheim/*Götting*² § 31 Rdnr. 168; *Dreyer*/Schulze[3] Rdnr. 7; aA für Bearbeitung *Dreyer* in HK² Rdnr. 11 mit Verweis auf § 3). Eine andere Frage ist, ob das in ein selbständiges Werk aufgenommene Zitat bearbeitet oder umgestaltet werden darf (s. dazu Rdnr. 26, 27). Dagegen darf ein Werk, das eine **freie Benutzung** (§ 24) eines anderen Werkes darstellt, aus letzterem zitieren (Rdnr. 27; *v. Gamm* Rdnr. 8; *v. Olenhusen* UFITA 67 (1973) 57/65; *Erdmann* WRP 2002, 1329/1332). Darauf, ob die Bearbeitung oder Umgestaltung vom Inhaber des Rechts am benutzten Werk erlaubt ist oder nicht, kommt es für die Selbständigkeit nicht an; die Erlaubnis zur Benutzung wird aber häufig dahingehend auszulegen sein, dass auch das Zitieren erlaubt wird (ähnlich *Dreier*/ Schulze[3] Rdnr. 7).

Selbstständigkeit des zitierenden Werkes muss aber nicht nur in Bezug auf das einzelne zitierte 22
Werk, sondern auch **in Bezug auf die in ihm enthaltenen Zitate insgesamt** gegeben sein.
Durch Auswahl und Anordnung von Zitaten, mit oder ohne kurze verbindende Texte, kann
zwar ein schutzfähiges Werk geschaffen werden (vgl. § 4), das auch gegenüber dem einzelnen
Zitat an sich selbständig ist, jedoch fehlt die Unabhängigkeit vom benutzten Zitatstoff im ganzen; ein selbständiges Werk iS des § 51 liegt nicht vor (BGH GRUR 1973, 216/217 f. – Handbuch moderner Zitate – unter Hinweis auch darauf, dass das Recht, Sammlungen von kleineren
Werken und Werkteilen verstorbener Autoren ohne deren Zustimmung zu veranstalten, das
nach § 19 Nr. 4 LUG gegeben war, nicht in das UrhG übernommen wurde; s. ferner BGH
GRUR 1994, 800/802 f. – Museumskatalog; OLG Frankfurt/M ZUM 1993, 97/99; OLG
München NJW 1990, 2003. S. dazu *Krüger-Nieland* GRUR Int. 1973, 289 ff. So auch *Löffler*
Presserecht[4] S. 1358; S. ferner Fromm/Nordemann/*Dustmann*[10] Rdnr. 19; Wandtke/Bullinger/
Lüft[3] Rdnr. 8; *Haberstumpf*[2] Rdnr. 332; Loewenheim/*Götting*[2] § 31 Rdnr. 168; *Brauns* S. 34/35;
Dreyer in: HK Rdnr. 13; *Samson* S. 169; *Hubmann*[6] § 33 I 2; offen *Dreier*/Schulze[3] Rdnr. 7; aA
für Sammelwerke der historischen und politischen Dokumentation *Deutsch* NJW 1967, 1393/
1395 f.). Denkt man die Zitate weg, bleibt praktisch kein für sich existenzfähiges Werk zurück;
es werden nur „unter dem Schein eines Zitats oder einer Mehrheit von Zitaten fremde Werke
ohne wesentliche eigene Leistung wiedergegeben" (*Ulmer*[3] § 67 II 2 a). Auch fehlt es an einer
inneren Verbindung zu einem Werk der Baukunst, wenn das Zitat einer Wandinschrift nichts
mit dem Nutzungszweck der Räume zu tun hat (BGH NJW 1999, 1978 – Wandinschrift in
städtischen Räumen). Gleiches gilt für die Einfügung fremder Fotos in ein Titelblatt, das erst
dadurch überhaupt urheberrechtlichen Schutz erlangen würde (BGH AfP 2002, 444 – Titelblattgestaltung). Die erforderliche Selbständigkeit setzt voraus, dass der **Schwerpunkt auf der
eigenen geistigen Leistung** liegt (*Ulmer*[3] § 67 II; *Brauns* S. 35 ff.; *Dreier*/Schulze[3] Rdnr. 7;
Dreyer in HK[2] Rdnr. 10. Zu weitgehend Fromm/Nordemann/*Dustmann*[10] Rdnr. 20: Das Zitat
müsse eine „untergeordnete Rolle" spielen; dies kritisieren auch Loewenheim/*Götting*[2] § 31
Rdnr. 168). In der Regel wird es in diesen Fällen freilich auch am zulässigen Zitatzweck bzw. an
dem Erfordernis fehlen, dass sich das Zitieren in den Grenzen des hiernach Gebotenen halten
muss. Die Selbständigkeit des zitierenden Werkes braucht aber nicht schon deshalb zu entfallen,
weil sich ein Text allein mit der Interpretation eines darin zitierten Bildes befasst; entscheidend
ist hier, dass das Sprachwerk einen selbständigen Gedankeninhalt aufweist (BGH GRUR 1994,
800/802 f. – Museumskatalog; LG München I AfP 1994, 326/327; OLG München ZUM 2003,
571/575).

8. Keine unzumutbare Beeinträchtigung von Interessen des Urhebers: Nutzung im Rahmen der anständigen Gepflogenheiten

Nach Art. 9 Abs. 2 RBÜ bleibt es den Verbandsländern vorbehalten, „die Vervielfältigung in 23
gewissen Sonderfällen unter der Voraussetzung zu gestatten, dass eine solche Vervielfältigung
weder **die normale Auswertung des Werkes beeinträchtigt noch die berechtigten Interessen des Urhebers unzumutbar verletzt**". Die Vorschrift kann ergänzend zu Art. 10
Abs. 1 RBÜ auch für Zitate eine gewisse Bedeutung erlangen (*Ulmer*[3] § 67 I 1). Eine entsprechende Vorschrift findet sich in Art. 13 des TRIPS-Übereinkommens, Art. 10 WCT-Vertrag
und Art. 16 Abs. 2 WPPT-Vertrag. Schließlich enthält auch die **EG-Richtlinie** von 2001
(Rdnr. 5 a) in Art. 5 Abs. 5 eine übereinstimmende allgemein geltende „Schranken-Schranke"
zugunsten der Rechtsinhaber (dh. der Urheber und Inhaber der von der Richtlinie geschützten
verwandten Schutzrechte) (S. zum sog. Dreistufentest *Senftleben* GRUR Int. 2004, 200 ff.;
Senftleben Copyright, Limitation and the Three-Step Test in International and EC Copyright
Law, S. 99 ff.). Die deutsche Lehre und Praxis hat verschiedentlich zum Ausdruck gebracht, dass
ein Zitat als unzulässig zu betrachten ist, wenn es eine dem Urheber **nicht zumutbare Beeinträchtigung der Verwertung des Werks** mit sich bringt (BGHZ 28, 234/243 – Verkehrskinderlied; BGH GRUR 1986, 59/61 – Geistchristentum; BGH GRUR 1987, 362 – Filmzitat;
KG UFITA 54 (1969) 296/300 f.; OLG München ZUM 1989, 529/531; LG München I FuR
1983, 668/670 f.; LG Berlin Schulze LGZ 144, 7; LG Köln UFITA 78 (1977) 270/273; LG
München I Schulze LGZ 182, 6; Möhring/Nicolini/*Waldenberger*[2] Rdnr. 7; *Brauns* S. 84 ff.;
Dreier/Schulze[3] Rdnr. 4/5; *Dreyer* in HK[2] Rdnr. 20). Hierbei geht es nicht um die indirekte
Beeinträchtigung des Werks etwa durch eine mit dem Zitat verbundene Kritik oder dadurch
bewirkte Bloßstellung (hierauf weist auch LG München I Schulze LGZ 182, 6 hin; s. ferner
Fromm/Nordemann/*Dustmann*[10] Rdnr. 18), sondern um die direkte Substitutionskonkurrenz

§ 51

(Loewenheim/*Götting*[2] § 31 Rdnr. 171), die in der Weise zustande kommt, dass das Zitat bereits soviel vom Werk bringt, dass „ein ernsthafter Interessent davon abgehalten werden könnte", das zitierte Werk „selbst heranzuziehen" (BGH GRUR 1986, 59/61 – Geistchristentum; sa. BGHZ 28, 234/243 – Verkehrskinderlied; KG GRUR-RR 2002, 313/315 – Das Leben, dieser Augenblick), letzteres also durch das Zitat ersetzt wird. Es geht mithin diesbezüglich um die Verwertungsinteressen des Urhebers.

Darüber hinaus sind auch die **ideellen Interessen** des Urhebers zu beachten (Möhring/Nicolini/*Waldenberger*[2] Rdnr. 7; Wandtke/Bullinger/*Lüft*[3] Rdnr. 7), insbesondere sein Interesse zu bestimmen, in welchem Werk sein eigenes Werkschaffen aufgenommen werden soll, sowie sein Interesse, immaterielle Nachteile auszuschließen, die durch Auswahl, Anordnung und Wiedergabe entstehen können, etwa durch Hervorrufen eines unzutreffenden Eindrucks vom Gesamtschaffen des Urhebers (BGHZ 50, 147/153 – Kandinsky I; BGH GRUR 1973, 216/218 – Handbuch moderner Zitate; LG Berlin Schulze LGZ 125, 7).

24 Es handelt sich bei diesem Merkmal der unzumutbaren Beeinträchtigung der Interessen des Urhebers um ein im UrhG **ungeschriebenes Korrektiv,** das mit dem Zitatzweck und der hiernach vorzunehmenden Bestimmung des Umfangs des zulässigen Zitats in engem Zusammenhang steht. Es kann überall dort zur Anwendung gelangen, wo es im Rahmen des § 51 gilt, Wertungsspielräume auszufüllen, insbesondere beim Zitatzweck sowie beim Begriff der „einzelnen" Werke und der „Stellen" eines Werks (zustimmend *Dreyer* in HK[2] Rdnr. 20). Das Korrektiv ist ferner am Platze, wo § 51 Nr. 1 und Nr. 2 nebeneinander anwendbar sind und es sich fragt, ob nicht insgesamt der Werkverwertung unzumutbare Konkurrenz gemacht wird (vgl. Rdnr. 12). Zurückhaltung ist dagegen beim wissenschaftlichen Großzitat geboten: Dort wird die Übernahme ganzer Werke erlaubt, wenn dies zur wissenschaftlichen Erläuterung des Inhalts erforderlich ist; hinter dem Allgemeininteresse an freier wissenschaftlicher Auseinandersetzung haben die Verwertungsinteressen des Inhabers der Rechte am zitierten Werkes grundsätzlich zurückzutreten (anders wohl *v. Gamm* Rdnr. 11). Wo das Zitat dagegen als Stilmittel, zur Kontrastierung, Anknüpfung o. dgl. eingesetzt wird und letztlich dazu dient, den Konsumwert und die Verwertbarkeit des zitierenden Werkes zu verbessern, wird man bei der erforderlichen **Abwägung der Interessen** eher auf das Verwertungsinteresse des Inhabers der Rechte am zitierten Werk Rücksicht nehmen müssen.

24a Ein weiteres, zT sich mit der „Schranken-Schranke" des Schutzes der Interessen des Urhebers (Rdnr. 23, 24) überschneidendes allgemeines Korrektiv bildet das Erfordernis, dass das Zitat den **„anständigen Gepflogenheiten"** entsprechen muss (Art. 10 Abs. 1 RBÜ, Art. 5 Abs. 3 lit. d EG-Richtlinie). Die gebotene konventions- und richtlinienkonforme Auslegung hat dieses Erfordernis zu beachten; es kann bei allen Zitatvoraussetzungen zum Tragen kommen. Mit der Formel der RBÜ wird auf die anständigen Gepflogenheiten im jeweiligen Schutzland Bezug genommen, für das deutsche Urheberrecht also auf die deutschen anständigen Zitatgebräuche (vgl. in entsprechender Auslegung von Art. 10bis Abs. 2 PVÜ Großkomm. UWG/*Schricker* Rdnr. F 53 ff.).

9. Zulässige Formen der Wiedergabe

25 Im Rahmen des Zitatrechts ist die **Vervielfältigung, Verbreitung und öffentliche Wiedergabe** des zitierten Werkes zulässig, dh. sämtliche Nutzungsrechte gemäß §§ 15 ff., mit Ausnahme des Ausstellungsrechtes, sind aufgehoben (zur Einschränkung der EG-Richtlinie hinsichtlich des Verbreitungsrechts s. Rdnr. 10). Das Ausstellungsrecht (§§ 15 Abs. 1 Nr. 3, 18) wird deswegen vom Zitatrecht nicht berührt, weil es nur an unveröffentlichten Werken besteht, das Zitatrecht aber Veröffentlichung bzw. sogar Erscheinen des zitierten Werkes voraussetzt (so a. *Brauns* S. 30/31).

Die Werknutzung im Rahmen des Zitatrechts ist vergütungsfrei.

Zweifelsfragen können in Randbereichen entstehen; sie sind freilich kaum von praktischer Bedeutung. So mag man fragen, ob dem Verfasser einer Abhandlung, die in einem wissenschaftlichen Buch als Großzitat wiedergegeben wird, nicht ein Anteil an der Bibliothekstantieme aus dem Vermieten oder Verleihen des zitierenden Buches zusteht, denn § 27 wird von § 51 offensichtlich nicht berührt (verneinend *Brauns* S. 31/32). Entsprechende Probleme mag man im Blick auf § 54 aufwerfen.

26 § 51 S. 2 Nr. 1 erlaubt, dass die zitierten Werke in das zitierende Werk **„aufgenommen"** werden; Nr. 2 und Nr. 3 sprechen davon, dass die zitierten Stellen **„angeführt"** werden. In der Literatur hat man aus dem unterschiedlichen Wortlaut einen sachlichen Unterschied konstruieren wollen: „Aufnahme" bedeute unveränderte Wiedergabe; „Anführung" schließe dagegen gewisse Modifikationen ein, wie etwa die Transposition in die indirekte Rede (*Möhring/Nicolini*[1] Anm. 12). Die Unterscheidung überzeugt nicht; sie kann sich nicht auf sachliche Gründe stützen (so jetzt auch Möhring/Nicolini/*Waldenberger*[2] Rdnr. 22; so ferner Wandtke/Bullinger/*Lüft*[3] Rdnr. 16; *Brauns* S. 42 ff.). Der abweichende Gesetzeswortlaut erscheint rein sprachlich bedingt. Ob und inwieweit beim Zitieren **Änderungen** vorgenommen werden können, ergibt sich für beide Fallgruppen in gleicher Weise aus § 62 (s. dort Rdnr. 12 ff.; ferner *v. Gamm* Rdnr. 3; Fromm/Nordemann/*Dustmann*[10] Rdnr. 10. S. für Änderungen beim Kleinzitat OLG Hamburg GRUR 1970, 38/39 – Heintje). Gemäß §§ 62 Abs. 1 mit 39 hängt die Zulässigkeit einer Änderung von einer Abwägung und Wertung der Interessen ab; die Umwandlung der direkten in indirekte Rede wird allgemein als zulässig betrachtet (§ 62 Rdnr. 14). Sie muss auch bei wissenschaftlichen Großzitaten möglich sein, die ja nicht stets ganze Werke zitieren müssen, sondern sich auf Werkteile beschränken können und uU – nach dem Zitatzweck – auf solche sich beschränken müssen, so dass der Übergang zum Kleinzitat ein fließender ist (Rdnr. 12).

Ein zulässiges Zitieren in Form einer schöpferischen **Bearbeitung** (§ 3) des zitierten Werkes **27** wird selten vorkommen, da sich die Möglichkeiten einer Änderung nach § 62 in Grenzen halten. Immerhin erlaubt § 62 Abs. 2 nach Maßgabe des Benutzungszwecks zB eine **Übersetzung,** die nicht selten die Voraussetzungen einer schutzfähigen Bearbeitung erfüllen wird.

Nicht um ein Zitieren handelt es sich, wenn ein Werk in **freier Benutzung** eines anderen geschaffen wird. Jedoch sind in dem in freier Benutzung geschaffenen Werk Zitate aus dem frei benutzten Werk möglich (Rdnr. 21).

10. Änderungsverbot. Quellenangabe

Die Frage, inwieweit das zitierte Werk beim Zitieren geändert werden darf, wird – zugleich **28** auch für andere Schrankenvorschriften – in § 62 geregelt; auf die Erläuterungen hierzu ist zu verweisen (s. insbesondere zum Einfluss der Info-Richtlinie § 62 Rdnr. 4a). Zu beachten ist ferner das **Entstellungsverbot** des § 14. Insbesondere durch an sich exaktes, aber sinnentstellendes Zitieren kann uU § 14 verwirklicht werden (*Löffler/Glaser* GRUR 1958, 477/478 f.). Das Grundrecht der Meinungsfreiheit schützt nicht das unrichtige Zitat (ebenso *Dreier*/Schulze[3] Rdnr. 2). S. aus der Praxis zB LG Stuttgart UFITA 23 (1957) 244/246: Der Bekl. hat nicht nur Worte und Ausdrücke als Zitate aus dem Buch des Kl. wiedergegeben, die dort nicht stehen, er hat auch dadurch gegen die Pflicht zur werkgetreuen Wiedergabe verstoßen, dass er Worte und Satzteile aus dem Buch des Kl. als solche zwar wortgetreu übernommen, sie aber aus ihrem jeweiligen Satzzusammenhang gerissen, anderen Personen in den Mund gelegt und sie – unter Hinzufügung eigener Bestandteile – so zu neuen Sätzen und Satzteilen zusammengefügt hat, dass sie ihres ursprünglichen Sinnes entkleidet und zur Parodie werden. Das Gericht nahm einen Verstoß gegen das Änderungsverbot des § 24 LUG und eine Ehrverletzung an. Zur Frage der Verletzung des allgemeinen Persönlichkeitsrechts durch unzutreffende Zuschreibung eines Zitats s. unten Rdnr. 30. In der Weglassung eines Kommas im Zitat sowie in der grammatikalisch und inhaltlich korrekten Übersetzung des Zitats in drei Sprachen ist weder ein Verstoß gegen das Änderungsverbot iSv. §§ 62, 39 UrhG, noch gegen das Entstellungsverbot iSv. § 14 UrhG zu sehen (LG München I, Urteil vom 13. 5. 2009 – 21 O 618/09, abzurufen über JurPC Web-Dok. 136/2009, Abs. 35 f.).

§ 63 schreibt vor, dass bei der Vervielfältigung von Zitaten (§ 63 Abs. 1) und bei der öffentlichen Wiedergabe (§ 63 Abs. 2) die **Quelle** anzugeben ist (s. oben Rdnr. 15 und die Erl. zu § 63).

11. Anwendungsbereich. Verhältnis zu anderen Vorschriften

§ 51 ist im ganzen Bereich des **Urheberrechts** anwendbar. Entsprechend heranzuziehen ist **29** die Vorschrift zu Lasten **verwandter Schutzrechte** (Möhring/Nicolini/*Waldenberger*[2] Rdnr. 3), so gemäß § 70 Abs. 1 für wissenschaftliche Ausgaben, § 71 Abs. 1 S. 3 für Ausgaben nachgelassener Werke, § 72 Abs. 1 für Lichtbilder, § 83 für ausübende Künstler und Veranstalter, § 85 Abs. 4 für Hersteller von Tonträgern, § 87 Abs. 4 für Sendeunternehmen, § 94 Abs. 4 für Filmhersteller (*Ulmer* GRUR 1972, 323/327) und §§ 95 mit 94 Abs. 4 für Hersteller von Laufbildern (*Ulmer* GRUR 1972, 323/325). Diese geschützten Leistungen können nach Maßgabe des § 51 zitatweise benutzt werden. Für Datenbanken s. § 87c.

Von **anderen Schrankenvorschriften** des UrhG ist das Zitatrecht unabhängig; es kann auch **30** neben oder zusammen mit solchen angewendet werden.

§ 51   Zitate

Zu den aus **allgemeinen Vorschriften** folgenden Urheberrechtsschranken s. vor §§ 44a ff. Rdnr. 16; vgl. auch oben Rdnr. 8, 9.

Ein urheberrechtlich zulässiges Zitat kann grundsätzlich auch nicht nach den **Vorschriften gegen unlauteren Wettbewerb** bekämpft werden (s. allgemein Einl. Rdnr. 50 ff.). Anderes kann nur gelten, wenn zusätzliche Unlauterkeitsumstände hinzukommen (Beispiel: Ein Zitat in einer Werbeschrift wird zu einer nach § 6 UWG unlauteren anlehnenden oder vergleichenden Werbung zum Nachteil des zitierten Wettbewerbers ausgemünzt).

Eine Verletzung des **allgemeinen Persönlichkeitsrechts** kann vorliegen, wenn jemandem im Wege des Zitats eine Äußerung in den Mund gelegt wird, die er nicht oder nicht so getan hat (BVerfG GRUR 1980, 1087 – Heinrich Böll; OLG München ZUM 1998, 417/421 – Bertolt-Brecht; BGH NJW 1998, 1391 – anfechtbare Interpretation eines fremdsprachigen Satzes; OLG Celle AfP 2002, 506; Fromm/Nordemann/*Dustmann*[10] Rdnr. 10. Zum entstellenden Zitieren – auch durch an sich exakte Zitate – s. oben Rdnr. 28). Dagegen bildet es grundsätzlich weder eine Verletzung des Urheberpersönlichkeitsrechts noch des allgemeinen Persönlichkeitsrechts, wenn in einer gemäß § 51 zulässigen Weise aus früheren Werken eines Autors zitiert wird, von denen sich dieser distanziert hat (*Neumann-Duesberg* UFITA 46 (1966) 68/70 f.; *v. Olenhusen* UFITA 67 (1973) 57/68 ff.; vgl. allgemein oben § 42 Rdnr. 13 ff.). Es darf freilich nicht der irrige Eindruck hervorgerufen werden, der Autor halte an seiner früheren Meinung fest. Zum postmortalen Persönlichkeitsschutz der Privatsphäre gegenüber der Veröffentlichung von Briefzitaten s. OLG Hamburg ZUM 2004, 128/130 ff.

Zum Vorwurf, modifizierte Zitate aus dem Werk eines bestimmten Autors vom Buch eines Dritten ohne Kenntlichmachung abgeschrieben zu haben, s. LG München I UFITA 35 (1961) 223.

Im Übrigen ist darauf hinzuweisen, dass das Zitatrecht nur eine Schranke für Urheberrechte und verwandte Schutzrechte bildet, Eingriffe in sonstige Rechte, insbesondere in das allgemeine Persönlichkeitsrecht können damit nicht gerechtfertigt werden (*Dreyer* in HK[2] Rdnr. 7). Von den Zitatregeln des Urheberrechts zu unterscheiden ist der Schutz des wissenschaftlichen Persönlichkeitsrechts und die Frage, inwieweit die Wissenschaftsethik eine Bezugnahme erfordert (OLG Hamburg GRUR-RR 2004, 285/287/288 – Markentechnik).

II. Das wissenschaftliche Großzitat (Satz 2 Nr. 1)

1. Selbständiges wissenschaftliches Werk

31   Großzitate sind gemäß § 51 S. 2 Nr. 1 nur in „selbständigen wissenschaftlichen Werken" zulässig. Das Erfordernis der **Selbständigkeit** wurde allgemein bereits unter Rdnr. 20–22 behandelt.

Der Begriff des **wissenschaftlichen Werks** ist im Blick auf den Sinn und Zweck der in § 51 S. 2 Nr. 1 gegenüber sonstigen Werken gewährten Privilegierung zu bestimmen. Dabei deutet nichts darauf hin, dass „Wissenschaft" hier nur in einem engeren Sinn als die an Hochschulen gelehrte und in Forschungsinstituten betriebene Wissenschaft gemeint wäre. Dem hinter dem Zitatrecht stehenden Zweck der Förderung der kulturellen Entwicklung im Allgemeinen (Rdnr. 6) entspricht es, auch **populärwissenschaftliche Werke** einzubeziehen (OLG München Schulze OLGZ 49, 3; LG Berlin GRUR 1962, 207/209 – Maifeiern; LG München I AfP 1994, 326/327; Fromm/Nordemann/*Dustmann*[10] Rdnr. 24; Möhring/Nicolini/*Waldenberger*[2] Rdnr. 13; Wandtke/Bullinger/*Lüft*[3] Rdnr. 13; *Haberstumpf*[2] Rdnr. 332; Loewenheim/*Götting*[2] § 31 Rdnr. 179; *Brauns* S. 38 ff.; *Dreier*/Schulze[3] Rdnr. 8; *Dreyer* in HK[2] Rdnr. 22; *Ekrutt* S. 14 f.; *Oekonomidis* UFITA 57 (1970) 179/184 f.; *v. Olenhusen* UFITA 67 (1973) 57/66; zweifelnd KG GRUR 1970, 616/617 – Eintänzer; aA *Leinveber* GRUR 1969, 130 f.; *ders.* GRUR 1966, 479/480).

Wissenschaft kann in Anlehnung an die zu Art. 5 Abs. 3 GG entwickelten Begriffsbestimmungen (Maunz/Dürig/*Scholz* GG Art. 5 Abs. 3 Rdnr. 85 ff. mwN) als die ernsthafte, methodisch geordnete Suche nach Erkenntnis definiert werden; wissenschaftlich sind Werke, die solche Erkenntnis erarbeiten oder sich mit ihr auseinandersetzen oder sie verbreiten (ähnlich LG Berlin Schulze LGZ 125, 5; LG Berlin GRUR 1978, 108 – Terroristenbild; Fromm/Nordemann/*Dustmann*[10] Rdnr. 24; *Oekonomidis* UFITA 57 (1970) 179/184 f.; *Brauns* S. 38; *Dreier*/Schulze[3] Rdnr. 8; *Dreyer* in HK[2] Rdnr. 22). Bei der Prüfung ist sowohl auf den **Inhalt,** insbesondere die Thematik, als auch die **Form der Darstellung** Bedacht zu nehmen (OLG München ZUM 1989, 529/531: Als wissenschaftlich ist ein Werk anzusehen, das nach Rahmen, Form und Gehalt durch eine eigene Geistestätigkeit die Wissenschaft durch Vermittlung von Erkenntnis fördern will – im Anschluss an LG Berlin GRUR 1962, 207/209 und RGZ 130, 196/199). Einen abschließenden Katalog der Themen wissenschaftlicher Forschung gibt es nicht. So kann zB auch ein Werk „Schaubildtechnik – die Möglichkeiten bildlicher Darstellung von Zahlen und Sachbezeichnungen" ein wissenschaftliches Werk sein (LG Berlin Schulze LGZ 125, 5).

Angreifbare Methoden oder Ergebnisse stehen der Anerkennung der Wissenschaftlichkeit nicht im Wege; erst wenn es nicht mehr um Wahrheitsfindung geht, sondern vorgefassten Meinungen lediglich der Anschein wissenschaftlicher Gesinnung oder Nachweisbarkeit verliehen wird, entfällt der Charakter eines wissenschaftlichen Werkes (LG München I AfP 1994, 326/327 unter Berufung auf BVerfG NJW 1994, 1781/1782).

Nicht zu den wissenschaftlichen Werken iSd. § 51 S. 2 Nr. 1 gehören Werke, die nicht den **Intellekt,** sondern überwiegend **andere Schichten der Persönlichkeit,** wie Gefühle oder den Schönheitssinn, ansprechen (hiernach werden Musik und bildende Kunst als zitierende Werke nach § 51 Nr. 1 auszuscheiden sein). Außer Betracht bleiben ferner Werke, die zwar Gedanken ausdrücken, aber **nicht methodisch geordnete Erkenntnis** anstreben (zB Romane, Bühnenwerke, Reportagen). Auszuscheiden sind weiterhin die **politische, weltanschauliche und sonstige Agitation und Propaganda** (so auch im Blick auf Art. 5 Abs. 3 GG Maunz/Dürig/*Scholz* GG Rdnr. 93), ebenso die **geschäftliche Werbung.** Eine Wahlkampfbroschüre ist deshalb kein wissenschaftliches Werk (LG München I Schulze LGZ 182, 4). Bei allen genannten Formen fehlt es insofern am Erkenntnisbezug. Schließlich sind Werke, die überwiegend **unterhalten,** nicht aber Erkenntnisse vermitteln, zum Bereich der Wissenschaft nicht zu rechnen (Fromm/Nordemann/*Dustmann*[10] Rdnr. 25; Möhring/Nicolini/*Waldenberger*[2] Rdnr. 13; *Rehbinder*[15] Rdnr. 276; *Dreier*/Schulze[3] Rdnr. 8; *Hubmann*[6] § 33 I 1; Oekonomidis UFITA 57 (1970) 179/185). Dies schließt unterhaltend gestaltete Werke der Wissenschaft nicht aus; nur muss die wissenschaftliche Auseinandersetzung nach wie vor überwiegen (*Dreier*/Schulze[3] Rdnr. 8).

Hinsichtlich der **Werksgattung** sieht § 51 S. 2 Nr. 1 keine Begrenzung vor (*Ekrutt* S. 17). **33** Nach dem Vorstehenden werden praktisch in erster Linie **Sprachwerke** in Betracht kommen, ferner **Filmwerke** (*Ulmer* GRUR 1972, 323/324; *Ekrutt* S. 109 ff.; *Mestmäcker*/Hertin Rdnr. 20) und **Fernsehsendungen** (LG Berlin GRUR 1962, 207/209 – Maifeiern) sowie **Darstellungen wissenschaftlicher Art iSv. § 2 Abs. 1 Nr. 7** und **Multimediawerke** (Wandtke/Bullinger/*Lüft*[3] Rdnr. 13; *Dreier*/Schulze[3] Rdnr. 9; *Dreyer* in HK[2] Rdnr. 23; Fromm/Nordemann/*Dustmann*[10] Rdnr. 26; *Bisges* GRUR 2009, 730/731). Dagegen scheiden funktional technische Gegenstände wie Computerprogramme oder Werke aus der Kunst (§ 2 Abs. 1 Nr. 2–4) ebenso wie Lichtbildwerke (Nr. 5) in aller Regel aus, da es hier an der wissenschaftlichen Auseinandersetzung fehlt (*Dreier*/Schulze[3] Rdnr. 9).

Bejaht wurde der Charakter eines wissenschaftlichen Werkes zB für ein illustriertes Kunstbuch über „Der Blaue Reiter und die Neue Künstlervereinigung München" (BGHZ 50, 147/156; – Kandinsky I; dahingestellt von LG München II Schulze LGZ 84, 8 f.); für eine Broschüre „Stellenangebote – entwerfen, gestalten, streuen" (LG München I Schulze LGZ 94, 3); für eine auf Schallplatten aufgenommene musikwissenschaftliche Darstellung (LG Berlin Schulze LGZ 75, 6, 7); ferner für den Fernsehbericht und Kommentar „Mitteldeutsches Tagebuch" (LG Berlin GRUR 1962, 207/209 – Maifeiern).

Für **zweifelhaft** erklärte LG Berlin (Schulze LGZ 126, 5), ob ein Werk „Klassische Kinder- und Jugendbücher – Kritische Betrachtungen" ein wissenschaftliches Werk iSv. § 51 Nr. 1 sei; die Frage dürfte zu bejahen sein.

Verneint wurde das Vorliegen eines wissenschaftlichen Werks zB für einen Artikel „Der Eintänzer" in einem sog. „Lexikon der Erotik", das fortlaufend in der Publikumszeitschrift „Jasmin" veröffentlicht wurde, da das Schwergewicht in der Unterhaltung liege, es an der Angabe jeder weiterführenden Fundstelle fehle (KG GRUR 1970, 616/617 f.); verneint weiterhin für eine polemisch-kritische Fernsehsendung „Der Spiegel als Forum der Baader-Meinhof-Bande" (LG Berlin GRUR 1978, 108/109 – Terroristenbild). Auch für weltanschauliche oder politische Propaganda einschließlich Wahlkampfwerbung wurde das Vorliegen eines wissenschaftlichen Werkes verneint (LG München I Schulze LGZ 182, 4). Bezüglich des Kunstbuches „Der blaue Reiter ...", welches in seinem Textteil eine Charakteristik der Zeitsituation, der Künstlerbünde, der im Jahre 1909 gegründeten „Neuen Künstlervereinigung München" und daneben 314 teils farbige, teils schwarzweiße Reproduktionen der Bildwerke der behandelten Künstler enthält, ließ der BGH ausdrücklich offen, ob es sich bei dem Buch um ein wissenschaftliches Werk im Sinne des § 51 Nr. 1 UrhG handelt (BGH NJW 1968, 1875/1876).

2. Einzelne Werke

34 Bei dem Begriff der „**einzelne Werke**" iSd. § 51 S. 2 Nr. 1 handelt es sich einerseits um eine relativ nach dem Gesamtwerk des Zitierten und nach Art und Umfang des zitierenden wissenschaftlichen Werkes auszurichtende Größe; andererseits liegt hinsichtlich der Maximalzahl doch eine absolute Beschränkung vor (BGHZ 50, 147/158 – Kandinsky I; Möhring/Nicolini/*Waldenberger*[2] Rdnr. 9; *Dreier*/Schulze[3] Rdnr. 11; *Hubmann*[6] § 33 I 1). Wie diese beiden Bestimmungsfaktoren zusammenwirken, ist strittig. Während eine Meinung dahingeht, „einzelne" bedeute eine absolute Begrenzung auf insgesamt **„einige wenige"** Zitate in dem zitierenden Werk (BGHZ 50, 147/156 ff.; so wohl auch Möhring/Nicolini/*Waldenberger*[2] Rdnr. 9; OLG München ZUM 1989, 529/531; LG München I AfP 1994, 326/328), legt die Gegenmeinung eine **differenzierende Betrachtung** zugrunde (*Ulmer*[3] § 67 II 1 b; *Ekrutt* S. 9 f.; Wandtke/Bullinger/*Lüft*[3] Rdnr. 10/11; Loewenheim/*Götting*[2] § 31 Rdnr. 177; *Brauns* S. 32/33; *Dreier*/Schulze[3] Rdnr. 11; *Dreyer* in HK[2] Rdnr. 27/28; *Oekonomidis* UFITA 57 (1970) 179/183). Die letztgenannte Auffassung wird dem Sinn und Zweck des § 51 besser gerecht. Danach ist zu unterscheiden: Werden nur Werke **eines** Urhebers zitiert, ist angesichts der nahe liegenden Gefährdung der Interessen des Zitierten eine Beurteilung von maximaler Strenge am Platze; es dürfen nur „einige wenige" Werke aufgenommen werden. Die Gesamtzahl der zu konzedierenden Zitate steigt aber, je mehr Urheber zitiert werden: Eine Geschichte der modernen Kunst oder Lyrik etwa muss, wie *Ulmer* mit Recht hervorhebt, eine insgesamt größere Zahl von Bildern bzw. Gedichten der behandelten Urheber wiedergeben dürfen; wenn jeder Betroffene dabei nur mit vereinzelten Werken erfasst wird, wird keinem ein Nachteil in der Verwertung seiner Rechte entstehen. Insofern ist hier bei der Auslegung auf den Gedanken der Vermeidung einer Beeinträchtigung der Nutzung des zitierten Werkes zurückzugreifen (Rdnr. 23, 24). In keinem Fall darf aber das zitierende Werk eine bloße Sammlung von Zitaten bilden; dann fehlt es bereits an der erforderlichen **Selbständigkeit** des zitierenden Werks (Rdnr. 22).

35 Im Falle Kandinsky wurde die Aufnahme von 69 Werken Kandinskys in das Buch „Der Blaue Reiter und die Neue Künstlervereinigung München" vom BGH mit Recht als exzessiv betrachtet (BGHZ 50, 147/156 ff.; eine allzu großzügige Auffassung lässt dagegen OLG München Schulze OLGZ 49 erkennen. Auch die Aufnahme von 56 Bildern von Franz Marc kann nicht mehr unter den Begriff der „einzelnen Werke" gebracht werden, so LG München II Schulze LGZ 84, 9 ff., ebenso wenig wie die Aufnahme von 34 Bildern des Malers Alexej Jawlensky in dem Katalog einer Ausstellung der Malerin Marianne Werefkin, so OLG München ZUM 1989, 529; oder wie die Abbildung von 24 Zeichnungen zur Illustration eines Buches über einen Comiczeichner, so KG AfP 1997, 527/528). Das LG Berlin hat die Grenzen zulässigen Zitierens für ein Buch über „Schaubildtechnik" als überschritten erachtet, auf dessen 359 Textseiten sich nicht weniger als 452 Abbildungen fremder Schaubilder befanden (LG Berlin Schulze LGZ 125, 7).

36 Fraglich kann sein, wie die Situation zu werten ist, wenn dem Zitierenden die Aufnahme gewisser Werke **erlaubt** wurde und er nun weitere Werke zitatweise hinzufügen möchte. Der BGH rechnet die auf Grund Erlaubnis aufgenommenen Werke bei der Ermittlung des zulässigen Quantums an Zitaten ohne weiteres mit ein (BGHZ 50, 147/156 f. – Kandinsky I; so wohl auch *Ulmer*[3] § 67 II 1 b; *Brauns* S. 33; *Dreyer* in HK[2] Rdnr. 26). In dieser allgemeinen Form kann dem nicht zugestimmt werden. Geht es um die **Zahl von Werken,** die gemäß § 51 S. 2 Nr. 1 zitiert werden dürfen, haben die auf Grund einer Erlaubnis wiedergegebenen Werke außer Betracht zu bleiben. Sie sind jedoch mit zu berücksichtigen, wenn die Grenzen des Zitatzwecks zu bestimmen sind: Können bereits erlaubterweise Werke aufgenommen werden, mag es des Zitats gar nicht mehr bedürfen oder es mögen einige wenige Zitate zur Ergänzung genügen (zustimmend *Dreier*/Schulze[3] Rdnr. 11).

37 § 51 S. 2 Nr. 1 erlaubt den Zitatzweck **ganzer Werke.** Es muss sich nicht notwendig um Werke geringen Umfangs handeln (*Hubmann*[6] § 33 I 1; Wandtke/Bullinger/*Lüft*[3] Rdnr. 10; *Dreier*/Schulze[3] Rdnr. 10; zurückhaltender aber *v. Gamm* Rdnr. 11: „meist nur kleinere, wenig umfangreiche Werke"); die in § 19 Nr. 2 LUG enthaltene Beschränkung auf „Aufsätze von geringem Umfang oder einzelne Gedichte" ist nicht übernommen worden.

Umfangmäßige Grenzen ergeben sich aber aus dem Zitatzweck (Rdnr. 14 ff.) sowie aus der Regel, dass die Verwertung des zitierten Werkes nicht unzumutbar behindert werden darf (Rdnr. 23, 24). Setzt sich das zitierende Werk zB lediglich mit Teilen einer Abhandlung auseinander, wird regelmäßig nur eine Aufnahme dieser Teile zulässig sein. Ein wissenschaftliches Großzitat setzt deshalb auch nicht immer voraus, dass ganze Werke zitiert werden (anders offenbar BGH GRUR 1986, 59 – Geistchristentum; kritisch hierzu *Schricker* Anm. zu Schulze BGHZ

348. Wie hier v. *Gamm* Rdnr. 11; Loewenheim/*Götting*[2] § 331 Rdnr. 179; *Brauns* S. 44/45; *Dreier*/Schulze[3] Rdnr. 10). Es kann sich durchaus auch um ein Zitat von Werkteilen oder Stellen handeln; in letzterem Fall setzt freilich § 51 S. 2 Nr. 2 leichter zu erfüllende Bedingungen als § 51 S. 2 Nr. 1.

3. Sonstige Voraussetzungen

Im Rahmen von § 51 S. 2 Nr. 1 dürfen nur **erschienene** Werke zitiert werden (OLG Zweibrücken ZUM 1998, 73/75 – Jüdische Friedhöfe). Während früher § 51 UrhG aF auf das Erscheinen nach § 6 Abs. 2 abstellte (*Brauns* S. 55ff.; LG Köln (UFITA 78 (1977) 270/272f.), stellt das Gesetz jetzt nur noch darauf ab, dass eine Veröffentlichung nach § 6 Abs. 1 erfolgte. Demgemäß sind jetzt auch Zitate aus veröffentlichten, aber im Sinne von § 6 Abs. 2 noch nicht erschienen Werke ohne weiteres möglich, was auch einen Gleichlauf mit § 51 S. 2 Nr. 2 UrhG ermöglicht (s. auch *Dreier*/Schulze[3] Rdnr. 12). **38**

Zulässiger **Zitatzweck** ist nur die „**Erläuterung des Inhalts**", und zwar des zitierenden Werks (*Dreier*/Schulze[3] Rdnr. 13; *Brauns* S. 46ff., weist darauf hin, dass damit mittelbar auch das zitierte Werk erläutert zu werden pflegt). Dieser Zitatzweck ist enger als derjenige der Nr. 2 und 3 (*Dreier*/Schulze[3] Rdnr. 13; *Dreyer* in HK[2] Rdnr. 28ff.); s. im Einzelnen Rdnr. 14–19. Das Zitat muss gerade den Inhalt des wissenschaftlichen Werkes erläutern, somit nicht nur bloß als Beleg dienen, sondern etwa Textpassagen aufführen (zB Dokumente) oder Fotografien zur Erläuterung eines wissenschaftlichen Textes enthalten (*Dreier*/Schulze[3] Rdnr. 13), etwa ein Bildzitat, ohne dass der begleitende Text nicht verständlich wäre (BGH GRUR 1994, 800/802/803 – Museumskatalog). **39**

Die Wiedergabe der Einbandzeichnung des Buches „Emil und die Detektive" auf dem Einbanddeckel und als Illustration eines kritisch mit Jugendbüchern sich auseinandersetzenden Werkes dient nicht zur „Erläuterung des Inhalts", wenn das Werk zwar das Buch „Emil und die Detektive" behandelt, nicht aber die Einbandzeichnung in die Erörterung einbezieht (LG Berlin Schulze LGZ 126, 5ff.). Bei auf Schallplatten aufgenommenen Musikwerken mit gesprochenem Kommentar ist der zulässige Zitatzweck überschritten, wenn das Schwergewicht der Darstellung auf der Wiedergabe der geschützten Musikwerke liegt, die durch die gesprochenen Texte erläutert werden (LG Berlin Schulze LGZ 75, 7/8).

III. Das Kleinzitat (Satz 2 Nr. 2)

1. Selbständiges Sprachwerk

Das Merkmal der **Selbständigkeit** des zitierenden Werkes wurde bereits vorstehend (Rdnr. 20–22) erörtert. **40**

Der Gesetzestext räumt das Zitatrecht nur für **Sprachwerke** ein (§ 2 Abs. 1 Nr. 1). Der frühere Streit, ob das Zitatrecht aufgrund einer Abwägung zwischen dem Grundrechtsschutz des Urheberrechts und den Kommunikationsgrundrechten analog auf **Filme und Fernsehsendungen** anzuwenden war (so BGHZ 99, 162/165 – Filmzitat; OLG Hamburg ZUM 1993, 35/36; OLG Köln GRUR 1994, 47/48 – Filmausschnitt; schon *Ulmer* GRUR 1972, 323/325ff.; *v. Olenhusen* UFITA 67 [1973] 57/66; Möhring/Nicolini/*Waldenberger*[2] Rdnr. 21; Loewenheim/*Götting*[2] § 31 Rdnr. 180; *Brauns* S. 146ff.; ausführlich – mit zT abweichender Begründung – *Ekrutt* S. 35ff., 111ff. gegen direkte Anwendung von § 51 Nr. 2 BGH GRUR 1987, 362 – Filmzitat; aA v. *Gamm* Rdnr. 8, 12; *Haesner* GRUR 1986, 854/855ff.; rechtsvergleichend *Vinck*, Fs. für W. Schwarz, 1988, S. 107ff.), ist mittlerweile durch die Neufassung und Umgestaltung des § 51 in eine Generalklausel obsolet. Vielmehr ist das Zitatrecht des § 51 ohne weiteres für Fernsehsendungen (für § 51 aF LG Berlin GRUR 1978, 108/109f. – Terroristenbild; LG Berlin Schulze LGZ 144, 8/9 mit ablehnender Anm. *Reichardt* S. 10/11; im Ergebnis auch LG München FuR 1984, 475; *Ekrutt* S. 35ff., 111ff.), für **pantomimische Werke** (§ 2 Abs. 1 Nr. 3; *Ulmer*[3] § 67 II 4) sowie für **wissenschaftliche und technische Darstellungen** anwendbar (§ 2 Abs. 1 Nr. 7, so *Ulmer* GRUR 1972, 323/327); es kommt schließlich auch für **sonstige Werkgattungen,** etwa die bildende Kunst, in Betracht, soweit ein Zitieren nach der Natur der Dinge dort möglich erscheint (krit. *Brauns* S. 99ff.). Es muss sich freilich um selbständige, schutzfähige Werke handeln (Rdnr. 20–22); ein Zitatrecht kann deshalb zB nicht für **Laufbilder** in Anspruch genommen werden (*Ulmer* GRUR 1972, 323/325; Wandtke/Bullinger/*Lüft*[3] Rdnr. 17). **Sammelwerke** sind nicht von vornherein aus dem Kreis der Werke **41** auszuscheiden, in denen zitiert werden kann (anders offenbar OLG München NJW 1990, 2003/2004). Zulässig ist das Zitat auch in **Multimediawerken** (*Dreyer* in HK² Rdnr. 53; *Bisges* GRUR 2009, 730/731; schon für § 51 aF; *Schulz* ZUM 1998, 221/231 ff.; Fromm/Nordemann/*Dustmann*¹⁰ Rdnr. 44; Möhring/Nicolini/*Waldenberger*² Rdnr. 21; Wandtke/Bullinger/ *Lüft*³ Rdnr. 17; Loewenheim/*Götting*² § 31 Rdnr. 180).

Nur das **Musikzitat in Musikwerken** ist von § 51 S. 2 Nr. 2 auszunehmen (vgl. Rdnr. 13); hier gilt allein Nr. 3 mit seinen qualifizierten Voraussetzungen; die Differenzierung ist vom Gesetzgeber gewollt und angesichts der besonderen Verhältnisse in der Musik gerechtfertigt. Diese besondere Wertung ist auch trotz der Umgestaltung in eine Generalklausel nach wie vor zu berücksichtigen.

2. Stellen eines Werkes

42   Was die **Werkgattung des zitierten Werkes** betrifft, so sieht § 51 S. 2 Nr. 2 keine Beschränkungen vor; alle Arten von Werken kommen für ein Zitat in Frage (*Dreier*/Schulze³ Rdnr. 16).

43   Nach dem Gesetzestext dürfen nur „**Stellen**" eines Werkes zitiert werden. Es sind darunter Werkteile zu verstehen, und zwar „**kleine Ausschnitte**" (*Ulmer*³ § 67 II 2 b). Das Zitatrecht braucht freilich nur beansprucht zu werden, wenn die zitierten Werkteile als solche schutzfähig sind, andernfalls ist die Benutzung ohne weiteres zulässig (Rdnr. 7).

Aus der in **§ 19 Nr. 1 LUG** in Bezug auf die zitierten Sprachwerke gebrauchten Wendung „einzelne Stellen oder kleinere Teile" ließe sich folgern, dass „Stellen" umfangmäßig noch unter den „kleineren Teilen" liegen, es sich nur um Satzbruchteile oder einzelne Sätze handeln dürfe. Nach der Amtlichen Begründung war aber eine derartige Reduktion nicht gewollt: es ist „der im geltenden Recht verwendete Ausdruck kleinere Teile wegen seiner Unbestimmtheit fortgelassen worden; eine sachliche Änderung ist damit nicht beabsichtigt" (*Haertel/Schiefler* S. 228). In den folgenden Urheberrechtsreformen und im zweiten Korb wurde diese Frage nicht mehr thematisiert.

44   Der zulässige Umfang des Kleinzitats ist unter Kombination **relativer und absoluter Maßstäbe** zu bestimmen (BGHZ 28, 234/242 – Verkehrskinderlied; Fromm/Nordemann/ *Dustmann*¹⁰ Rdnr. 28; AG Köln ZUM 2003, 77/78). Das Kleinzitat sollte regelmäßig nur einen Bruchteil des gesamten zitierten Werkes umfassen, so dass bei größeren Werken mehr, bei kleineren weniger zitiert werden kann (BGHZ 28, 234/242 – Verkehrskinderlied; BGH GRUR 1986, 59/60 – Geistchristentum). Zusätzlich darf aber ein gewisser absoluter Umfang des jeweiligen Zitats nicht überschritten werden. Arithmetische Maßstäbe lassen sich nicht geben (*Ulmer*³ § 67 II 2b; BGHZ 28, 234/242 – Verkehrskinderlied; BGHZ 50, 147/158 – Kandinsky I; BGH GRUR 1986, 59/60 – Geistchristentum; Möhring/Nicolini/*Waldenberger*² Rdnr. 16; *Dreier*/ Schulze³ Rdnr. 14; *Dreyer* in HK² Rdnr. 39), damit nicht „kümmerliches Rechnen an die Stelle freier Würdigung der Sachlage" tritt (*Dernburg/Kohler* Das bürgerliche Recht des Deutschen Reichs und Preußens, 6. Band, Urheber-, Patent-, Zeichenrecht, 1910, S. 187). Es lässt sich weder behaupten, dass im Regelfall nur „ein oder zwei Kernsätze" wiedergegeben werden dürften (so aber *v. Gamm* Rdnr. 13; dagegen BGH GRUR 1986, 59/60 – Geistchristentum) noch dass **eine** Seite nicht überschritten werden dürfe (so noch Fromm/Nordemann/*Vinck*⁹ Rdnr. 7, in Neuaufl. offenbar aufgegeben; dagegen zutr. LG Berlin Schulze LGZ 144, 6/7 – 26 Zeilen langer Abschnitt als Kleinzitat).

Wie weit der Begriff der „Stellen" im Einzelfall erstreckt werden darf, richtet sich nach dem **Zitatzweck** (Rdnr. 14 ff.); zu beachten ist dabei auch, dass keine unzumutbare Beeinträchtigung der Verwertung des zitierten Werks eintreten darf (Rdnr. 23, 24. S. LG Berlin Schulze LGZ 144, 7). Zu berücksichtigen sind insbesondere die **Besonderheiten des zitierten Werkes** (BGH GRUR 1986, 59/60 f. – Geistchristentum. S. auch oben Rdnr. 19). Die Lösung ist auf Grund einer **Abwägung und Wertung der Interessen** nach Maßgabe des Grundgedankens des Gesetzes zu suchen (BGHZ 28, 234/242 f. – Verkehrskinderlied; Loewenheim/*Götting*³ § 31 Rdnr. 182).

45   Aus dem Wesen des zitierten Werkes und den Erfordernissen des Zitatzwecks kann sich im Einzelfall ausnahmsweise ergeben, dass auch mehr als Stellen, dh. **größere Teile**, eines Werks zitiert werden dürfen (BGHZ 28, 234: Von 3 Strophen eines „Verkehrskinderliedes" wurde die Zitierung einer Strophe ohne Noten für zulässig erklärt). So können längere Zitate zulässig sein, wenn Wortwahl und Atmosphäre des zitierten Werks besondere Bedeutung besitzen, sie „sich mit ein oder zwei Kernsätzen nur unvollkommen belegen und veranschaulichen lassen" (BGH GRUR 1986, 59/60 f. – Geistchristentum: Es handelte sich um esoterische theologische Schrif-

ten, die sich als „Jenseitsbotschaften" ausgaben, s. dazu auch *Schricker* Anm. zu BGH Schulze BGHZ 348). Bei einem Filmzitat kann zum Verständnis des eingeblendeten Handlungsablaufs und der damit verbundenen Aussage die Wiedergabe einer längeren Passage erforderlich sein (BGH GRUR 1987, 362 – Filmzitat: In einem Film von 43 Minuten Länge waren zulässigerweise 2 Zitate von insgesamt rund $5^1/_2$ Minuten Länge eingeblendet).

Das Zitatrecht des § 51 S. 2 Nr. 2 kann im Extremfall sogar **ganze Werke** umfassen, wenn anders ein sinnvolles Zitieren nicht möglich ist (KG UFITA 54 (1969) 296/299; LG München I Schulze LGZ 182, 5; *Löffler* NJW 1980, 201/204f.; Möhring/Nicolini/*Waldenberger*[2] Rdnr. 16; *Rehbinder*[15] Rdnr. 276; Loewenheim/*Götting*[2] § 31 Rdnr. 184; *Dreyer* in HK[2] Rdnr. 39; *Wegner/Wallenfels/Kaboth* Rdnr. 198; Fromm/Nordemann/*Dustmann*[10] Rdnr. 41; dahingestellt in BGH GRUR 1983, 25/28 – Presseberichterstattung und Kunstwerkwiedergabe I. Offenbar allgemein ablehnend – für das Zitat eines ganzen „Spiegel"-Artikels in einer kritischen Flugschrift – LG Hamburg UFITA 54 (1969) 324/328f., wobei freilich auch auf die Überschreitung des Zitatzwecks hingewiesen wird. Ablehnend auch *v. Gamm* Rdnr. 13). Insofern nähert sich das Kleinzitat an das Großzitat der Nr. 1 an („Großes Kleinzitat" oder „kleines Großzitat" s. Fromm/Nordemann/*Dustmann*[10] Rdnr. 40; OLG Hamburg GRUR 1990, 36/37 – Foto-Entnahme; vgl. auch oben Rdnr. 11, 12). Insbesondere gebietet die Natur der Sache beim **Bildzitat** (dh. bei der Zitierung von Werken der bildenden Kunst, von Lichtbildwerken und Lichtbildern, wissenschaftlichen und technischen Darstellungen) idR, dass das ganze Bild zum Gegenstand des Zitats gemacht werden muss. Soweit der Zitatzweck dies erfordert, war hier schon unter erweiternder Auslegung des § 51 S. 2 Nr. 2 und nunmehr unter der Geltung der Generalklausel erst recht ein Zitat ganzer Werke zulässig (*Ulmer* GRUR 1972, 323/328; *Romatka* AfP 1971, 20/21f.; noch zum § 51 Nr. 2 *Löffler/Berger* Presserecht[5], BT UrhR, S. 1375f., Rdnr. 125; Wandtke/Bullinger/*Lüft*[3] Rdnr. 15; *Haberstumpf*[2] Rdnr. 333; LG Berlin GRUR 2000, 797 – Screenshots; OLG München ZUM 2003, 571/574ff. – Badeszene; *Dreier*/Schulze[3] Rdnr. 24; im Ergebnis teilweise übereinstimmend auch *Ekrutt* S. 71 ff.; zurückhaltender *Dreyer* in HK[2] Rdnr. 39: auch bei Bildzitaten Prüfung im Einzelfall. Enger beim Bildzitat wohl Fromm/Nordemann/*Dustmann*[10] Rdnr. 41 unter Hinweis auf die Anerkennung des Bildzitats durch die Rechtsprechung im politischen Meinungskampf; ähnlich *Schack*[5] Rdnr. 549; *Brauns* S. 138 ff.; unentschieden OLG Hamburg GRUR 1990, 36/37 – Foto-Entnahme-, jedoch grundsätzlich für Zulässigkeit eines Bildzitats. Für die weitergehende Meinung dann OLG Hamburg GRUR 1993, 666 – Altersfoto; sa. LG München I AfP 1994, 326/329). So wurde es von der Rechtsprechung erlaubt, zum Zweck kritischer Auseinandersetzung in den Medien Pressefotos (LG Berlin GRUR 1978, 108/110 – Terroristenbild – unter Berufung auf Art. 5 Abs. 1 S. 2 GG), ein Foto aus einem Werbeprospekt (LG München I FuR 1984, 475), politische Karikaturen samt Begleittext (LG München I UFITA 77 (1976) 289; KG UFITA 54 (1969) 296, worin als weiteres Beispiel „ganz wenige schlagwortartige oder aphoristische Sprachwerke" genannt werden, wie „politische Verse, Wahlslogans, politische Witze"; ebenso LG München I Schulze LGZ 182, 5), politische Embleme (LG Frankfurt/M UFITA 94 (1982) 338 – Lachende Sonne) oder Plakate (LG München I Schulze LGZ 182) im Ganzen wiederzugeben. Insoweit schlägt der Schutz der Kommunikationsgrundrechte durch (Rdnr. 8, 9). Die Zahl der in einem Beitrag zitierten Bilder darf aber über den zulässigen Zitatzweck nicht hinausgehen; es darf nicht soweit kommen, dass die Zitate den Beitrag eigentlich prägen und ganz wesentlich tragen (OLG Hamburg GRUR 1990, 36/37 – Foto-Entnahme).

Während § 19 Nr. 1 LUG nur die Zitierung „**einzelner** Stellen oder kleinerer Teile" von Sprachwerken erlaubte, spricht § 51 S. 2 Nr. 2 von „Stellen" schlechthin und steht damit im Gegensatz zu Nr. 1 („einzelne Werke") und Nr. 3 („einzelne Stellen"). Das noch im Regierungsentwurf auch in der Nr. 2 enthaltene Wort „einzelne" wurde auf Vorschlag des Rechtsausschusses im Zuge der „Änderungen" (vgl. Stellungnahme Rechtsausschuss, BT-Drucks. IV/3401) im Wesentlichen redaktioneller Art" gestrichen (*Haertel/Schiefler* S. 229). **46**

Bei dieser Lage ist davon auszugehen, dass eine generelle Beschränkung der Anzahl der zitierten Stellen nicht vorgesehen ist. Die Grenzen des zulässigen Zitierens ergeben sich aus dem Zitatzweck (Rdnr. 14 ff.), dem Verbot unzumutbarer Beeinträchtigung der Verwertung des zitierten Werks (Rdnr. 23, 24) und dem Erfordernis der Selbständigkeit des zitierenden Werks (Rdnr. 22). Im Einzelfall kann auch die Wiedergabe zahlreicher Stellen zulässig sein (Möhring/Nicolini/*Waldenberger*[2] Rdnr. 16; Wandtke/Bullinger/*Lüft*[3] Rdnr. 14).

3. Sonstige Voraussetzungen

§ 51 S. 2 Nr. 2 setzt voraus, dass die zitierten Werke bzw. Werkteile (§ 6 Rdnr. 21) bereits **47 veröffentlicht** sind. Auf das Erscheinen kommt es nicht an (KG ZUM 2008, 329 – Veröffentli-

§ 51

chung privater Briefe in Tageszeitung; *Dreyer* in HK² Rdnr. 37 gegen abw. Meinungen). Zu dem hier zugrundezulegenden Begriff der Veröffentlichung s. § 6 Rdnr. 6 ff. Nicht zitiert werden darf beispielsweise aus einem unveröffentlichten Anwaltsschriftsatz (OLG Düsseldorf GRUR 1983, 758/759; dazu auch BGH GRUR 1986, 739 – Anwaltsschriftsatz; OLG München NJW 2008, 768 – Anwaltsschriftsatz).

48 Zum **Zitatzweck** s. Rdnr. 14 ff., zum Merkmal des **„Anführens"** Rdnr. 26. Beispiele zum Kleinzitat s. bei *Dreyer* in HK² Rdnr. 44/45.

IV. Das Musikzitat (Satz 2 Nr. 3)

49 Das Musikzitat war vor dem UrhG nicht gesetzlich geregelt, aber von der Praxis zugelassen (s. die Nachweise bei *v. Gamm* Rdnr. 1).

§ 51 S. 2 Nr. 3 setzt voraus, dass sowohl zitiertes als auch zitierendes Werk zu den **Werken der Musik** iSd. § 2 Abs. 1 Nr. 2 gehören (§ 2 Rdnr. 120 ff.). Das Musikzitat in anderen als Musikwerken, etwa in einem Film- oder einem Sprachwerk, richtet sich nach § 51 S. 2 Nr. 1 und Nr. 2 (*Dreier/Schulze*³ Rdnr. 18; Rdnr. 13). Die verbleibenden Fälle, zB Musikzitat in Multimediawerk, sind unter § 51 S. 1 zu fassen.

Zum Begriff des **„selbständigen Werkes"** (s. Rdnr. 20–22). Die Selbständigkeit fehlt, wenn die zitierte Tonfolge dem zitierenden Werk zugrunde gelegt wird (*Ulmer*³ § 67 II 3). Die Benutzung einer fremden Melodie zum Zweck der Variation ist nicht zulässig, auch wenn an sich eine freie Benutzung vorliegen würde (die aber nach § 24 Abs. 2 nicht zulässig ist; Wandtke/Bullinger/*Lüft*³ Rdnr. 20). Zur Abgrenzung von § 24 Abs. 2 und § 51 S. 2 Nr. 3 s. *Brauns* S. 179 ff.; *Dreyer* in: HK² Rdnr. 4, 48 ff.; OLG Frankfurt GRUR 2008, 249 – Abstracts). Kein Zitat bildet die **Stilimitation;** an Stil, Manier, Kompositionstechnik besteht kein Urheberrecht (*Hertin* GRUR 1989, 159/161).

Das zitierte Werk muss – anders als die Werke in Nr. 1 und Nr. 2 – **erschienen** sein; s. dazu § 6 Rdnr. 29 ff. Diese Wertung des Gesetzes darf auch nicht durch die Annahme eines nicht benannten Falles („insbesondere") unterlaufen werden.

Was unter **„Stellen"** zu verstehen ist, wird unter Rdnr. 42 ff. behandelt. Nur **„einzelne"** Stellen dürfen zitiert werden; der Natur der Dinge nach ist dies eng auszulegen, was sich schon im Vergleich mit dem Wortlaut von Nr. 2 zeigt (Möhring/Nicolini/*Waldenberger*² Rdnr. 23; *Dreier/Schulze*³ Rdnr. 20). Nur das darf übernommen werden, was zur Erkennbarkeit für einen üblichen Hörer genügt (*Dreier/Schulze*³ Rdnr. 20).

Die oben Rdnr. 14 ff. genannten Zitatzwecke sind namentlich auch für **Musikzitate gemäß § 51 S. 2 Nr. 3** einschlägig. Musikzitate in Sprachwerken fallen unter Nr. 1 und/oder Nr. 2; Nr. 3 behandelt nur das musikalische Zitat in einem Werk der Musik (ausführlich *Hertin* GRUR 1989, 159/162 ff.; s. zum Verbot einer unzumutbaren Beeinträchtigung der Verwertung des zitierten Werks Rdnr. 23, 24. Eine Modifikation ergibt sich aus dem starren Melodienschutz des § 24 Abs. 2. Anders als bei sonstigen Werkgattungen (Rdnr. 17) ist die Zulässigkeit des Zitats zum Zweck der Variation hier eingeschränkt (Fromm/Nordemann/*Dustmann*¹⁰ Rdnr. 37; *Ekrutt* S. 21 f.): Es darf nicht erkennbar eine Melodie einem fremden Werk entnommen werden, um einem eigenen Werk zugrundegelegt zu werden (*Dreier/Schulze*³ Rdnr. 19; s. im Einzelnen § 24 Rdnr. 32 ff.). Eine im Regierungsentwurf vom 23. 3. 1962 (BT-Drucks. IV/270) enthaltene Nr. 4, wonach „ein Thema aus einem erschienenen Werk der Musik in einem selbständigen Variationenwerk eingeführt" werden durfte, wurde deshalb gestrichen (vgl.: Stellungnahme Rechtsausschuss (BT-Drucks. IV/3401) zu § 51 Nr. 4 im RegE BT-Drucks. IV/270; auch Rdnr. 2). Ansonsten ist das Musikzitat als Stilmittel des Anklangs oder Kontrasts, der „Hommage", etwa der Verwendung des Wagnerischen Walhall-Motivs in der Feuersnot von Richard Strauss (s. ferner *Hertin* GRUR 1989, 159/162 ff.: Eröffnung des Beatles-Songs „All You Need Is Love" mit einem Zitat der Marseillaise), der Satire oder des kabarettistischen Einsatzes (vgl. Rdnr. 2) oder zu parodistischen Zwecken (Rdnr. 17) zulässig (*Dreier/Schulze*³ Rdnr. 19). Nicht in das UrhG übernommen wurde die **Vertonungsfreiheit** des § 20 LUG, in deren Rahmen der Komponist einen von ihm vertonten Liedertext zustimmungsfrei benutzen konnte (s. aber die Übergangsvorschrift des § 131). Die Vertonung fällt nicht unter das Zitatrecht des § 51; es handelt sich um eine Werkverbindung (§ 9 Rdnr. 4).

Der **Umfang** des Zitats ist regelmäßig so zu begrenzen, dass von der fremden Melodie soviel übernommen werden darf, dass ein Hörer mit durchschnittlichem musikalischem Empfinden sie gerade noch erkennt (*Petzold* UFITA 10 (1937) 38/41; *Dreier/Schulze*³ Rdnr. 19). S. ferner zur Frage der Kenntlichmachung des Zitats Rdnr. 15.

Als **Beispiel** für ein zulässiges Musikzitat wird die Wiedergabe des Wagnerschen Walhall- 50
Motivs in Richard Strauss' „Feuersnot" genannt (*Ulmer*[3] § 67 II 3; Fromm/Nordemann/
Dustmann[10] Rdnr. 37; weitere Beispiele bei *Ekrutt* S. 22; *Hertin* GRUR 1989, 159ff.; *Dreyer* in
HK[2] Rdnr. 51); zum Musik-Mashup, unten Rdnr. 53.

V. Die Generalklausel (Satz 1)

Die Urheberrechtsreform des „zweiten Korbes" hat bewusst eine Abkehr von dem alten Prin- 51
zip der abschließenden Aufzählung der zulässigen Zitatform und eine Hinwendung zu einer
Generalklausel vollzogen. Dies ändert indes nichts daran, dass die allgemein geltenden Voraussetzungen – Zitatzweck, Einhaltung des gebotenen Umfangs, Selbständigkeit des zitierenden
Werkes und Veröffentlichung bzw. Erscheinen des zitierten Werkes – auch für die Generalklausel
gelten (Begr. RegE BT-Drucks. 16/1828, S. 25 – keine grundlegende Erweiterung der Zitierfreiheit; allgM, *Dreier*/Schulze[3] Rdnr. 22). Darüber hinaus bilden die Fälle der Nr. 1–Nr. 3 nach
wie vor die entscheidenden Wertungen des Gesetzgebers ab, die auch im Rahmen verfassungsrechtlicher Gesamtabwägung zu berücksichtigen sind, da der Gesetzgeber hier eine Befugnis zur
Konkretisierung wahrgenommen hat. Unter die Generalklausel fallen nunmehr zwanglos alle
Sachverhalte, die früher nur per Analogie oder extensiver Auslegung unter § 51 UrhG zu subsumieren waren.

Die Generalklausel erfasst demnach **alle Kleinzitate in jeder Werkart**, ausgenommen Mu- 51
sikwerke. Vor allem das **Filmzitat** ist damit nun auf jeden Fall zulässig, wenn zu nichtwissenschaftlichen Zwecken Stellen anderer Werke (auch von Filmwerken) in den Film übernommen
werden (Begr. RegE 16/1828, S. 25; zuvor BGHZ 99, 162/165 – Filmzitat, BGHZ 175, 135/
147, Rdnr. 40 – TV-Total s. oben Rdnr. 9, 41, 45). Aber auch das Zitat in **Multimediawerken**
wird jetzt vom Zitatrecht erfasst (Begr. RegE BT-Drucks. 16/1828 S. 25; Wandtke/Bul-
linger/*Lüft*[3] Rdnr. 17; *Dreier*/Schulze[3] Rdnr. 23). Multimediawerke verknüpfen Text, Ton, Bilder, Daten, Computerprogramme, Filme und oft auch Musik mittels digitaler Techniken zu
einem Gesamtkunstwerk (Fromm/Nordemann/*Nordemann*[10] § 2 Rdnr. 231; Wandtke/*Bullinger*[3]
§ 2 Rdnr. 151). Dies können Homepages (Schutz nach § 2 I Nr. 6 2. Alt. wegen sehr an-
sprechender Menüführung bejahend LG München I MMR 2005, 267, 268; gegen einen Schutz
von Multimediawerken aus § 2 I Nr. 6 *Schack*[5] Rdnr. 248), Videospiele oder Lexika auf CD-
ROM (Fromm/Nordemann/*Nordemann*[10] Rdnr. 231; Loewenheim/*Hoeren* § 9 Rdnr. 260) sein
oder auch elektronische Medien nutzende Werke der Bildenden Kunst (Wandtke/*Bullinger*[3] § 2
Rdnr. 151). Das Zitatrecht gilt jedenfalls dann für Multimediarechte, wenn solche Gesamtkunstwerke eine Eigenart besitzen, die unter keine der in § 2 Abs. 1 aufgezählten Werkarten
fällt, sondern als unbenannte Werkart gem. § 2 Abs. 2 geschützt ist. Sofern sich jedoch das multimediale Element vorrangig auf eine neue Nutzung bestehender Werke bezieht, ist hinsichtlich
der Frage der Anwendbarkeit des Zitatrechts auf die jeweilige Werkform des § 2 Abs. 1 abzustellen (Dreier/*Schulze*[3] § 2 Rdnr. 243). Folglich bestünde an Multimediawerken, die als Laufbilder zu qualifizieren sind, kein Zitatrecht (siehe hierzu bereits oben Rdnr. 41). So dürfte etwa
bei Youtube kein Zitatrecht für Musikwerke einschlägig sein. Auch der **Mashup** zählt zu den
Multimediawerken, vgl. zum Begriff und zur Einschlägigkeit des Zitatrechts, unten Rdnr. 53.

Ebenso wird das sog. **große Kleinzitat**, also die Übernahme größerer Teile oder ganzer 52
Werke zu nichtwissenschaftlichen Zwecken, vom Zitatrecht erfasst, sofern dies vom Zitatzweck
her geboten ist. Dies betrifft vor allem das Bildzitat (Lichtbildwerke, Lichtbilder), dh. Abbildun-
gen eines ganzen Werkes, auch außerhalb von wissenschaftlichen Werken, sofern das Bild für die
Darstellung wirklich erforderlich ist und nicht allein der Illustrationszweck im Vordergrund
steht, das sog. schutzwürdige Informationsbedürfnis der Allgemeinheit (s. oben Rdnr. 17; OLG
Hamburg GRUR 1993, 666/667 – Altersfoto; OLG Hamburg GRUR 1990, 36/37 – Foto-
Entnahme; *Himmelsbach,* Fs. für Damm, 2005, 54/59; *Kakies* Rdnr. 125; *Dreier*/Schulze[3]
Rdnr. 24; *Schack*[5] Rdnr. 549). Die Übernahme des Fotos einer bekannten Schauspielerin, dessen
Echtheit in Frage steht, setzt demnach voraus, dass die Übernahme gerade Teil der Auseinander-
setzung mit der Frage der Echtheit oder einer emotionalen Reaktion der Schauspielerin auf die
Vorgabe der Echtheit ist (OLG Hamburg GRUR 1993, 666/667 – Altersfoto). Hinsichtlich der
Rezension eines Bildbandes ist zu prüfen, ob Gegenstand, Machart und Qualität der entnom-
menen Fotos nicht auch bloß mit Worten beschrieben werden könnten (OLG Hamburg
GRUR 1990, 36/37 – Foto-Entnahme). Die Übernahme eines Bildes einer bestimmten Kunstrichtung in einem Bild einer anderen auf einer gegensätzlichen Idee aufbauenden Kunstrichtung

§ 51

kann als Kritik dieser Kunstrichtung verstanden werden. Jedoch sind hierbei vom Zitatzweck solche Umstände nicht erfasst, die außerhalb des Werkes selbst liegen, so auch der Umgang mit dem Werk selbst oder mit dessen Kunstrichtung (*Kakies* Rdnr. 127 ff.). Die Reform des Zitatrechts weist damit immer noch den Schwachpunkt auf, dass sich die Zitierfreiheit nicht auch auf das Lichtbild erstreckt, welches das zitierte Kunstwerk wiedergibt (*Schack*[5] Rdnr. 550), da regelmäßig keine Auseinandersetzung mit dem Lichtbild an sich vorliegen wird; es findet vielmehr eine Auseinandersetzung nur mit dem abgelichteten Kunstwerk statt.

Aber nicht nur das Bildzitat selbst, sondern auch die **Zahl der Zitate** kann hier eine Rolle spielen: So ist die Verwendung von 7 Fotos für eine Rezension eines Bildbandes hinsichtlich des Zitatzwecks mehr als fraglich (OLG Hamburg GRUR 1990, 36/37 – Foto-Entnahme), ebenso 19 Fotos in einem sechsseitigem Zeitschriftenartikel (LG München I AfP 1994, 326/328 – Newton/Schwarzer).

53   Unter das Bildzitat kann auch die Kopie als Kunstform, die sog. **Appropriation Art** fallen, bei der bewusst und unter Verwendung eines Konzeptes ein Werk kopiert oder zitiert wird (*Rebbelmund* S. 7, 13; *Kakies* S. 16; *v. Becker*, Fs. für Loewenheim, 2009, S. 3/6; *Albig* Art 11/1988, S. 55) und die eine identische Übernahme des Werkes propagiert, um damit das Verständnis des Betrachters vom Original zu hinterfragen (*Dreier*/Schulze[3] Rdnr. 24; *Schack*, Fs. für Nordemann, 2004, S. 107/108). Allerdings kann dies angesichts des Umfangs des zitierten Werkes nur unter sehr engen Voraussetzungen im Lichte des Art. 5 Abs. 3 S. 1 GG der Fall sein, wenn der künstlerische Zweck eindeutig hervorgeht und das Original nicht ersetzt wird (*Dreier*/Schulze[3] Rdnr. 24; *Anderl*/Schmid Appropriation Art: Im Spannungsfeld zwischen Urheberrecht und Kunstfreiheit, Ecolex 2009, 49/51; näher zur ökonomischen Analyse der Appropriation Art: Landes, 9 Geo. Mason L. Rev. 1 ff. (2000)). Allein Art. 5 Abs. 3 S. 1 GG kann nicht die Entscheidung des Gesetzgebers und seine Interessenabwägung überspielen (*Schack*, Fs. für Nordemann, 2004, S. 107/109; siehe auch *Seifert*, Fs. für Erdmann, 2002, S. 195/205). Im US-amerikanischen Recht wird versucht, das Problem mittels des Fair-Use-Konzeptes zu erfassen, dazu: United States Court of Appeals, Blanch v. Koons, 467 F. 3d 244 (2nd Cir., Oct. 26, 2006). Seit Inkrafttreten der Neufassung des § 51 als Generalklausel hat sich eine analoge Anwendung des § 51 Nr. 2 auf Kunstzitate erübrigt. Auch die analoge Anwendung hinsichtlich des Umfangs wird durch die Neufassung nicht mehr erforderlich sein, da § 51 Satz 1 den durch den Zweck gerechtfertigten Umfang zulässt („... sofern die Nutzung in ihrem Umfang durch den besonderen Zweck gerechtfertigt ist.") Alle übrigen Voraussetzungen sind aber erhalten geblieben (hierzu auch: *Kakies* S. 141).

Entsprechend der Kunstform der Appropriation Art basieren auch die sog. **Mashups** darauf, bestehende Werke ganz oder teilweise in ein neues Werk aufzunehmen. Der Begriff des Mashups steht für die collageartige Kombination unterschiedlicher digitaler Inhalte, also Text, Daten, Bilder, Töne oder Videos (zum Begriff auch: *Haedicke* in Leible/Hoffmann Vernetztes Rechnen – Softwarepatente-Web 2.0 S. 159/159 f.; *Ott* K&R 2007, 623 ff.). Er umfasst zahlreiche unterschiedliche Erscheinungsformen, bei denen digitale Inhalte aus unterschiedlichsten Quellen miteinander vermischt werden, sei es die Kombination von Inhalten und geographischen Daten (zB mit Google Maps) im Wege der Lizenz durch den Datenanbieter, sei es die Vermischung von Musik und Bildern bzw. Videos, wie sie mit Youtube populär wurde (zum Ganzen s. *Haedicke* in Leible/Hoffmann Vernetztes Rechnen – Softwarepatente-Web 2.0 S. 159/160; *Ott* K&R 2007, 623/623). Die Verwendung anderer Werke im Rahmen eines Mashups stellt damit regelmäßig einen Eingriff in das Vervielfältigungs- und Bearbeitungsrecht des Urhebers dar (*Haedicke* in Leible/Hoffmann Vernetztes Rechnen – Softwarepatente – Web 2.0 S. 159/164). Da beim Mashup die zugrunde liegenden Werke zumeist deutlich erkennbar bleiben und somit ein „Verblassen" der eigenpersönlichen schöpferischen Züge des benutzten älteren Werkes (BGH GRUR 2003, 956/958 – Gies-Adler) nicht gegeben ist, kann sich der Masher grundsätzlich nicht auf das Recht zur freien Benutzung nach § 24 Abs. 1 berufen (*Ott* K&R 2007, 623/625). Ist der Mashup als ein abhängiges Werk zu qualifizieren, führt auch das Zitatrecht nicht zu seiner Privilegierung. Die gemashten Inhalte dienen nicht der Erläuterung des Inhalts des aufnehmenden Werkes (zum zulässigen Zitatzweck: Rdnr. 14), sondern sind selbstständige Werkbestandteile und dienen als eigenständige Darstellungsmittel. Sie sind derart umfangreich, dass sie das neue Werk über weite Strecken vollständig tragen (*Haedicke* in Leible/Hoffmann Vernetztes Rechnen – Softwarepatente – Web 2.0 S. 159/166). Der Mashup ist zudem nicht selbstständig (zur Voraussetzung der Selbstständigkeit: Rdnr. 20 f.) und kann ohne die gemashten Inhalte nicht existieren (*Haedicke* in Leible/Hoffmann Vernetztes Rechnen – Softwarepatente – Web 2.0, S. 159/166).

Der Mashup ist vom digitalen **Sound Sampling** zu unterscheiden. Diese Technik ermöglicht es, Musiksequenzen aus bestehenden Aufnahmen zu extrahieren, zu bearbeiten und schließlich in neue Musikaufnahmen zu integrieren (*Wegener* Sound Sampling, 2007). Hier ist insbesondere das Vervielfältigungsrecht des Tonträgerherstellers aus § 85 Abs. 1 S. 1 betroffen, was auch bei der Entnahme kleinster Tonfetzen gilt; § 24 Abs. 1 ist aber entsprechend anwendbar (BGH GRUR 2009, 403/405 f.; krit. dazu aber *Stieper* ZUM 2009, 219) Sound Sampling ist wegen des fehlenden Zitatzwecks nicht von § 51 S. 2 Nr. 3 gedeckt (*Schack*[5] Rdnr. 700; weitergehend aber *Stieper* ZUM 2009, 219/225: schon gedankliche Verbindung als Hommage genügt).

Besondere Probleme werfen **Suchmaschinen** auf, hier vor allem Bildersuchmaschinen wie **54** Google, die sog. Thumbnails (verkleinerte Bilder) verwenden und damit das eigentliche Bild „zitieren". Dass die bisherigen Zitatschranken nicht die Aufführung von Suchergebnissen mit verkleinerten Bildwiedergaben mangels geistiger Auseinandersetzung erfassen konnten, liegt auf der Hand (BGH MMR 2010, 475/477 f. Tz. 26 ff. – Vorschaubilder; OLG Jena MMR 2008, 408/410 – Thumbnails; LG Erfurt K&R 2007, 325 ff.; LG Hamburg MMR 2009, 55/60; *Schack* MMR 2008, 414/415 f.; *Ott* K&R 2008, 305, 307; *ders.* ZUM 2007, 119/125; *Meyer* K&R 2009, 217/222 f.; *Berberich* MMR 2005, 145/147; aA *Wimmer/Schulz* CR 2008, 170/177, die davon ausgehen, dass der Suchmaschinenbetreiber selbst keinerlei Nutzungshandlung vornimmt, sondern sich der Webseitenbetreiber lediglich der Suchmaschine bediene, so dass Bildsuche auch nach der jetzigen Rechtslage zulässig sei). Die Einordnung von Thumbnails als zulässige Zitate iSv. § 51 scheitert bereits an dem Umstand, dass die das Bildzitat aufnehmende Trefferliste keinen Werkcharakter hat bzw. selbst urheberschutzfähig ist (*Schack* MMR 2008, 414/415; aA OLG Jena MMR 2008, 408/410: § 51 UrhG nF habe nicht mehr zwingend zur Voraussetzung, dass das zitierende Werk selbst urheberschutzfähig ist; sa. *Dreier*, FS für Krämer, 225/234 ff). Darüber hinaus fehlt es am berechtigten Zitatzweck, da die Belegfunktion fehlt. Der Suchmaschinenbetreiber macht die Thumbnails (Bilder) nicht zum Gegenstand geistiger Auseinandersetzung, sondern erleichtert möglichen Nutzern nur, sie aufzufinden und ggf. später in die eigene geistige Auseinandersetzung einzubringen (BGH MMR 2010, 475/477 – Tz. 27 – Vorschaubilder; LG Hamburg MMR 2009, 58/60; *Schack* MMR 2008, 414/415). Auch andere Schranken, wie die Schranke der freien Benutzung gem. § 24, die vorübergehende Vervielfältigung iSv. § 44a und die Katalogbildfreiheit des § 58 Abs. 1 rechtfertigen die Werknutzung in Form von Thumbnails nicht (BGH MMR 2010, 475/477 Tz. 23 f. – Vorschaubilder; OLG Jena MMR 2008, 408/410 ff.; LG Hamburg MMR 2009, 58/59 f.) *Schack* MMR 2008, 414/415; aA *Niemann* CR 2009, 97: § 49 analog). Zwar sprechen gute Gründe dafür, die Zulässigkeit von Bildzitaten nach der Umgestaltung des § 51 UrhG zu einer Generalklausel anders zu beurteilen (*Dreier*/Schulze[3] Rdnr. 24; *Dreier*, Fs. für Krämer, 225/234 ff.). Insbesondere streitet auch die verfassungsrechtlich abgesicherte Funktion von Suchmaschinen als notwendiges Instrument zur Auffindung von Inhalten und damit der Informationsfreiheit des Einzelnen dienend (s. Rdnr. 20) dafür, dass die Anführung von kleinen Bildzitaten der Generalklausel unterfällt, auch wenn es hier an einer geistigen Auseinandersetzung mit dem zitierten Werk fehlt. Jedoch steht der Absicht des Gesetzgebers gegenüber, mit der Schaffung der Generalklausel nicht die grundsätzliche Linie zu verlassen, dass nur die Übernahme in selbständige Werke die Zitatschranke eingreifen lässt, mithin einfach-gesetzlich nach wie vor die Auseinandersetzung und die Belegfunktion im Vordergrund steht. Diese Wertung kann nicht im Rahmen der Generalklausel ignoriert werden (BGH MMR 2010, 475/477 f. Tz. 27 – Vorschaubilder), zumal eine solche Schranke eher einer aus technischen Gegebenheiten einzuführenden Begrenzung entspricht, wie etwa § 44a UrhG. Indes können solche Referenzen auch unter eine **konkludente Einwilligung** fallen, wenn der Autor sein Werk bewusst in das Internet gestellt hat. Genauso wie eine konkludente Einwilligung eines Website-Betreibers, der ein Interesse an der guten Auffindbarkeit seiner Seite hat, in alle mit einer Verlinkung verbundenen Verwertungshandlungen in Betracht kommt (OLG Düsseldorf CR 2000, 184/186 – baumarkt.de; LG Hamburg CR 2000, 776/777 – Roche-Lexikon; *Bechtold* ZUM 1997, 427/432; *Ernst/Wiebe* MMR Beilage 8/2001, 20/21), ist eine konkludente Einwilligung desjenigen, der willentlich Bilder ins Internet stellt, denkbar (BGH MMR 2010, 475/479 Tz. 36 – Vorschaubilder; LG Hamburg MMR 2009, 55/59; *Ott* ZUM 2007, 119/126; hierzu auch: LG Hamburg MMR 2004, 558/561 f.). Da derjenige, der Bilder ins Netz stellt, ebenso das Ziel verfolgt, dass diese von Nutzern aufgefunden werden, dienen Suchmaschinen im Regelfall auch den Interessen der Urheberrechtsinhaber, die ihre Werke den Internetnutzern kostenlos zur Verfügung gestellt haben (*Ott* ZUM 2007, 119/127). Der Nutzer muss damit rechnen, dass Suchmaschinen auf seine Inhalte Zugriff nehmen, so dass die nach der willentlichen Veröffentlichung erfolgende Berufung auf seine Urheberrechte gegenüber dem Suchmaschinenbetreiber, ohne dass eine der vorgenannten Vermutung entgegenstehende Interessenlage erkennbar wäre, ein widersprüchliches Verhalten darstellt (BGH MMR 2010, 475/479 Tz. 36 – Vorschaubilder; *Berberich* MMR 2005, 145/147 f.; *Leistner/Stang* CR 2008, 499/504 f.;

Ott ZUM 2009, 345/346 f.; *v. Ungern-Sternberg* GRUR 2009, 369/372; aA *Schrader/Rautenstrauch* UFITA 2007, 761/776; *Schack,* MMR 2008, 414/415 f.; *Roggenkamp,* K&R 2007, 325/329). Allerdings ist dies dogmatisch wenig befriedigend und eher einem gewissen Pragmatismus geschuldet; denn die Konstruktion der konkludenten Einwilligung kann durch ausdrückliche Erklärungen beseitigt werden (*Spindler,* GRUR 2010, erscheint demnächst; LG Erfurt K&R 2007, 325 ff.; *Ott* K&R 2008, 305/307). In diesem Fall lässt sich eine Einwilligung allenfalls noch durch die Konstruktion des Rechtsmissbrauchs aufgrund widersprüchlichen Verhaltens aufrecht erhalten. Ob damit der indirekt ausgeübte Zwang für Urheberrechtsinhaber, sich technischer Schutzmechanismen statt ausdrücklicher Willenserklärungen zu bedienen (deutlich BGH MMR 2010, 475/479 Tz. 37 – Vorschaubilder), noch systemgerecht ist, erscheint zweifelhaft; sinnvoller wäre auf jeden Fall eine gesetzliche Schranke (näher *Spindler* GRUR 2010, erscheint demnächst; *Schrader/Rautenstrauch* UFITA (2007/III), 761/780 f.).

Anders liegt das Problem jedoch bei der sog. **Google Buchsuche** (ausführlich hierzu etwa *Ott* GRUR Int. 2007, 562; *Kubis* ZUM 2006, 370 ff.; *Rath/Swane* K&R 2009, 225/228; *Hüttner* WRP 2009, 422 ff.; *Lucke* Die Google-Buchsuche nach deutschem Urheberrecht und US-amerikanischen Copyright Law, 2010; zum ersten Vergleich *Adolphsen/Mutz* GRUR Int. 2009, 789 ff.). Der Suchmaschinenbetreiber *Google* lässt seit 2004 umfassend Bücher aus einer Reihe von kooperierenden Bibliotheken scannen und aus ihnen mittels optischer Zeichenerkennung durchsuchbaren Volltext erzeugen. Über die Website books.google.de sind die Werke in unterschiedlichem Umfang durchsuchbar. Sind die eingescannten Bücher nicht gemeinfrei oder liegt für die Nutzung keine Einwilligung des Berechtigten vor, so wird dem Nutzer nicht das ganze Werk präsentiert, sondern lediglich einzelne Teile ua. kurze Auszüge, sog. **Snippets.** Weist der angezeigte Textausschnitt Werkqualität gem. § 2 I Nr. 1 auf und genießt damit urheberrechtlichen Schutz, liegt in der Anzeige eine öffentliche Zugänglichmachung gem. § 19 a. Da eine willentliche Veröffentlichung im Internet durch den Berechtigten selbst nicht stattgefunden hat, müsste sich *Google* auf dessen Einwilligung oder eine Schrankenregelung berufen können. Allein aus der Offline-Veröffentlichung der gescannten Bücher kann jedoch keine Zustimmung zu den derart weitreichenden Handlungen von *Google* gesehen werden (*Ott* GRUR Int. 2007, 562, 565). Ebensowenig kann die in Betracht kommende Schranke des § 51 S. 2 Nr. 2 hier Anwendung finden, da das (urheberrechtliche geschützte) Snippet nicht in ein selbständiges Sprachwerk aufgenommen wird (*Ott* GRUR Int. 2007, 562/564; *Kubis* ZUM 2006, 370/376). Auch fehlt es an dem Zitatzweck einer geistigen Auseinandersetzung mit anderen Meinungen (*Rath/Schwane* K&R 2009, 225/228; *Kubis* ZUM 2006, 370/376; zur amerikanischen fair use-Doktrin: *Ott* GRUR Int. 2007, 562/566 f.).

§ 52 Öffentliche Wiedergabe

(1) ¹**Zulässig ist die öffentliche Wiedergabe eines veröffentlichten Werkes, wenn die Wiedergabe keinem Erwerbszweck des Veranstalters dient, die Teilnehmer ohne Entgelt zugelassen werden und im Falle des Vortrages oder der Aufführung des Werkes keiner der ausübenden Künstler (§ 73) eine besondere Vergütung erhält.** ²**Für die Wiedergabe ist eine angemessene Vergütung zu zahlen.** ³**Die Vergütungspflicht entfällt für Veranstaltungen der Jugendhilfe, der Sozialhilfe, der Alten- und Wohlfahrtspflege, der Gefangenenbetreuung sowie für Schulveranstaltungen, sofern sie nach ihrer sozialen oder erzieherischen Zweckbestimmung nur einem bestimmt abgegrenzten Kreis von Personen zugänglich sind.** ⁴**Dies gilt nicht, wenn die Veranstaltung dem Erwerbszweck eines Dritten dient; in diesem Fall hat der Dritte die Vergütung zu zahlen.**

(2) ¹**Zulässig ist die öffentliche Wiedergabe eines erschienenen Werkes auch bei einem Gottesdienst oder einer kirchlichen Feier der Kirchen oder Religionsgemeinschaften.** ²**Jedoch hat der Veranstalter dem Urheber eine angemessene Vergütung zu zahlen.**

(3) **Öffentliche bühnenmäßige Darstellungen, öffentliche Zugänglichmachung und Funksendungen eines Werkes sowie öffentliche Vorführungen eines Filmwerkes sind stets nur mit Einwilligung des Berechtigten zulässig.**

Schrifttum: *Bender,* Urheberrecht und musikalische Schulveranstaltungen nach der Urheberrechtsnovelle 1985, Recht der Jugend und des Bildungswesens (RdJB) 1985, 486; *ders.,* Nochmals: Urheberrecht und musikalische Schulveranstaltungen nach der Urheberrechtsnovelle 1985, RdJB 1986, 172; *Dietz,* Urheberrecht und musikalische Schulveranstaltungen nach der Urheberrechtsnovelle 1985, RdJB 1986, 167; *ders.,* Vergütungsfreiheit öffentlicher Schulveranstaltungen nach § 52 Abs. 1 Satz 3 UrhG, Schulverwaltung 1988, 228; *Hoeren,* Urheberrechtliche Fragen

Öffentliche Wiedergabe § 52

rund um ein Geburtstagsständchen, Fs. für Sandrock 1999, 357; *Hubmann,* Die Auswirkungen der Rechtsprechung des Bundesverfassungsgerichts auf die Benutzung urheberrechtlich geschützter Werke bei kirchlichen Veranstaltungen, in *Overath* (Hrsg.), Kult und Urheberrecht, 1980, S. 13 (zit. *Hubmann* Auswirkungen); *Kröber,* Zur Bedeutung der urheberrechtlichen Vergütungspflicht von kultischer Kirchenmusik in Deutschland, 2004; *Matsukawa,* Karaoke, UFITA 132 (1996), 51;*Neumann,* Urheberrecht und Schulbrauch, 1994, S. 91 *Overath,* Gottesdienstliche Musik als Geistiges Eigentum, Fs. für Kreile, 1994, 483; *Rojahn,* Zur Frage der Vergütungspflicht der Kirchen für Gemeinde- bzw. Volksgesang in gottesdienstlichen Veranstaltungen" Fs. für Klaka, 1989, S. 147; *Scheuermann,* Der Begriff der Veranstaltung in § 52 Abs. 1 S. 3 UrhG, ZUM 1990, 71; *Seifert,* § 52 Abs. 1 S. 3 UrhG nach dem „Vollzugsanstalten"-Urteil des Bundesverfassungsgerichts, Fs. für Reichardt, 1990, S. 225; *ders.* Zur Vergütungsfreiheit des § 52 Abs. 1 S. 3 UrhG, ZUM 1991, 306; *Schulz,* Kirchenmusik und Urheberrechtsschutz in der Bundesrepublik Deutschland, Musicae sacrae ministerium consociatio internationalis musicae sacrae 1979, 3 (zit. *Schulz* Kirchenmusik); *ders.,* Die Eigengesetzlichkeit beim Urheberrechtsschutz kultischer Musik, in *Overath* (Hrsg.), Kult und Urheberrecht, 1980, S. 21 (zit. *Schulz* Eigengesetzlichkeit); *ders.,* Schadet der umfangreiche Urheberschutz in der Bundesrepublik Deutschland der zeitgenössischen Kirchenmusik?, Kirchenmusikalische Mitteilungen Nr. 44 (1981) 20 (zit. *Schulz* Urheberschutz); *ders.,* Das staatliche Urheberrecht und seine Bedeutung im kirchlichen Bereich, dargestellt anhand des § 52 UrhG (zit. *Schulz* § 52); Nachdruck sämtl. vorgen. Schriften von *Schulz* in *Schulz,* Der Schutz des geistigen Eigentums in den Schriften von Wilfried Schulz, 1997, S. 29.

Übersicht

	Rdnr.
I. Allgemeines	1–7
1. Bedeutung der Vorschrift	1
2. Entwicklung	2, 3
3. Entscheidung des BVerfG „Kirchenmusik"	4
4. Urheberrechtsreform 1985	5
5. Urheberrechtsreform 2003	5 a
6. RBÜ	6
7. Multimedia-Richtlinie	6 a
8. Auslegungsgrundsatz	7
II. Einzelerläuterungen	8–50
1. Allgemeines	8–10
a) öffentliche Wiedergabe	8
b) erschienene Werke	9
c) Ausnahmen	10
2. Grundsätze von Abs. 1 S. 1 und 2	11–21
a) Voraussetzungen der Erlaubnisfreiheit nach S. 1	11
aa) kein Erwerbszweck des Veranstalters	12–16
bb) Zutritt ohne Entgelt	17
cc) keine besondere Vergütung für ausübende Künstler	18–20
b) Vergütungspflicht nach S. 2	21
3. Wegfall der Vergütungspflicht nach S. 3	22–35
a) Allgemeines	22, 23
b) Privilegierte Einrichtungen	24
c) Privilegierte Veranstaltungen	25–34
aa) Voraussetzungen wie nach S. 1	25–29
bb) Veranstaltung für bestimmt abgegrenzten Personenkreis	30–32
cc) Zweckbestimmung der Veranstaltung	33, 34
d) Auswirkungen	35
4. Vergütungspflicht Dritter nach S. 4	36
5. Kirchliche Veranstaltungen (Abs. 2)	37–45
a) Allgemeines	37
b) Kirchen oder Religionsgemeinschaften	38
c) Gottesdienste, sonstige Feiern	39
d) Gemeindegesang	40–44
e) Sprachwerke	45
6. Vorbehaltene Rechte nach Abs. 3	46–50
a) bühnenmäßige Aufführung	47
b) öffentliche Zugänglichmachung	47 a
c) Sendung	48
d) öffentliche Filmvorführung	49
7. Urheberpersönlichkeitsrecht	50

I. Allgemeines

1. Diese Bestimmung hebt im **Interesse der Allgemeinheit am Zugang zu urheberrechtlich geschützten Werken** für bestimmte privilegierte Veranstaltungen das ausschließliche Recht zur öffentlichen Wiedergabe (§ 15 Abs. 2) teils ganz auf (Abs. 1 S. 3), teils schwächt sie es durch eine gesetzliche Lizenz ab (Abs. 1 S. 1, 2 und 4, Abs. 2). Dieses „Residuum aus alter Zeit" (*Samson* S. 160) war von jeher besonders umstritten, wurde 1965 nur mit knapper Mehrheit im Bundestag verabschiedet (*Samson* S. 160) und vermag nach seiner grundlegenden Reform durch die Urheberrechtsnovelle 1985 und trotz der „Klarstellungen" durch die hierzu ergangenen Entscheidun-

§ 52   Öffentliche Wiedergabe

gen des BVerfG (su. Rdnr. 5) weniger denn je zu befriedigen. Um die Bedeutung dieser Bestimmung und die Notwendigkeit eines Eingriffes in das ausschließliche Recht der öffentlichen Wiedergabe richtig abzuschätzen, ist daran zu erinnern, dass gerade das Recht der öffentlichen Wiedergabe von Anfang an nahezu ausschließlich durch Verwertungsgesellschaften wahrgenommen wurde, mit den daraus resultierenden Folgen insbesondere des Kontrahierungszwangs. In Deutschland wurde bereits 1903, dh. nur zwei Jahre nach Einführung des gesetzlichen ausschließlichen Aufführungsrechtes, die erste Verwertungsgesellschaft gegründet, seither werden Aufführungsrechte durch Verwertungsgesellschaften verwaltet (*Movsessian/Seifert*, Einführung in das Urheberrecht der Musik, 1982, S. 247 f.). Die Begründung des Gesetzgebers, „die Interessen der Allgemeinheit an der freien Aufführung der Werke" forderten solche Schranken (AmtlBegr. UFITA 45 [1965] 240/284) ist daher irreführend – der freie Werkzugang ist hier in der Praxis von jeher durch die Einschaltung der Verwertungsgesellschaften gesichert. Tatsächlich geht es bei dieser Bestimmung nicht um die **freien,** sondern den **kostenlosen** Werkzugang. In den Gesetzgebungsverfahren immer wieder angeführte Beispiele wie „eine Wandergruppe muss ein Lied öffentlich singen dürfen, ohne sich einer Vergütungspflicht auszusetzen" (AmtlBegr. UFITA 45 [1965] 240/286) oder der Hinweis auf das „abendliche Singen einer Jugendgruppe unter der Dorflinde" (Schriftl. Bericht des Rechtsausschusses, UFITA 46 [1966] 174/186) sind nur dazu angetan, das Problem zu verniedlichen – in der Praxis geht es um handfeste finanzielle Interessen insbesondere der öffentlichen Hand. Bedeutung und Problematik dieser Bestimmung zeigen sich in der großen Zahl der bekannt gewordenen Rechtsstreitigkeiten zu ihrem Inhalt und ihrer Auslegung (entgegen der Annahme von *Dreier/Schulze* Rdnr. 3 aE hat diese Bestimmung auch heute leider keineswegs „in der Praxis viel von ihrer ursprünglichen Bedeutung verloren").

2   2. Die Vorschrift wurde im Wesentlichen **aus § 27 LUG übernommen,** ließ jedoch insbesondere die im alten Recht enthaltenen Privilegierungen zugunsten von Volksfesten, Wohltätigkeitsveranstaltungen und Vereinsfesten fallen (im Einzelnen vgl. *Reischl* UFITA 45 [1965] 1/4 ff.). Dabei ist allerdings festzuhalten, dass damit teilweise nur die restriktive Rechtsprechung zu § 27 LUG nachvollzogen wurde. So war für sog. Volksfeste (BGHZ 19, 227 – Kirmes; BGHZ 19, 235 – Schützenfest) sowie für Vereinsveranstaltungen (BGH GRUR 1961, 97 – Sportheim) schon früher das Erwerbsinteresse des Veranstalters bejaht und damit die Privilegierung durch § 27 LUG abgelehnt worden. Der Wegfall der Privilegierung für Wohltätigkeitsveranstaltungen wurde vom Gesetzgeber zu Recht damit begründet, dass man niemanden, auch nicht den Urheber, zur Wohltätigkeit zwingen könne (AmtlBegr. UFITA 45 [1965] 240/285). Die bisherige Voraussetzung, wonach die Veranstaltung keinen „gewerblichen Zwecken" des Veranstalters dienen dürfe, wurde erweitert in „Erwerbszweck" (hierzu su. Rdnr. 12). Die weitere Voraussetzung, dass ausübende Künstler keine Vergütung erhalten dürfen, hatte nach § 27 Nr. 2 LUG nur für Wohltätigkeitsveranstaltungen gegolten und wurde in § 52 auf alle Veranstaltungen erweitert.

3   § 52 brachte jedoch auch **Erweiterungen zu Lasten der Urheber.** Während § 27 LUG nur Werke der Tonkunst betraf, unterliegen jetzt alle Werke iS von § 2 den Einschränkungen. Über das bisher geltende Recht hinaus wurde die Freistellung für kirchliche Veranstaltungen geregelt (s. Rdnr. 37 ff.).

     Entscheidend aber war, dass – wie § 27 LUG auch – § 52 idF von 1965 keine generelle Vergütungspflicht vorsah; eine urheberrechtliche Vergütung fiel nur an, wenn die Veranstaltung den Erwerbszwecken eines Dritten diente. Trotz der deutlichen Einschränkungen gegenüber § 27 LUG war § 52 deshalb Gegenstand massiver Kritik (vgl. *Samson* S. 170; *Möhring/Nicolini*[1] Anm. 1 b) bezüglich der Regelung zugunsten der Kirchen.

4   3. Am 25. 10. 1978 hat das **BVerfG** entschieden, dass es zwar mit dem Grundgesetz vereinbar sei, das ausschließliche Recht des Urhebers zur öffentlichen Wiedergabe für kirchliche Veranstaltungen aufzuheben, dass es aber mit der Eigentumsgarantie des Art. 14 Abs. 1 S. 1 GG unvereinbar sei, wenn dies „regelmäßig vergütungsfrei" bliebe; die für eine Aufhebung auch des Vergütungsanspruchs notwendigen „überwiegenden Gründe des Gemeinwohls" seien nicht erkennbar (BVerfGE 49, 382 – Kirchenmusik). Durch diese Entscheidung des BVerfG war somit § 52 Abs. 1 Nr. 2 aF teilweise aufgehoben worden (§ 31 Abs. 3 BVerfGG). Über die Verfassungsmäßigkeit von Abs. 1 Nr. 1 aF konnte das BVerfG wegen formeller Hindernisse nicht entscheiden. Es weist in den Urteilsgründen jedoch deutlich darauf hin, dass unter diese Regelung ein breites Spektrum von unterschiedlichen Veranstaltungen zu subsumieren ist, von „Veranstaltungen von Jugendgruppen bis zu bedeutsamen Veranstaltungen staatlicher Repräsentation und Selbstdarstellung", wobei einige Veranstaltungen durchaus einen so starken sozialen Bezug haben könnten, der den Wegfall urheberrechtlicher Vergütungsansprüche rechtfertigt, bei anderen

dies aber keineswegs der Fall sei (BVerfGE 49, 382/404 – Kirchenmusik). Das BVerfG hat somit obiter dictum klargemacht, dass auch Abs. 1 Nr. 1 aF in seiner allgemeinen Formulierung verfassungsrechtlicher Nachprüfung nicht standhalten würde.

4. Aufgrund dieser deutlichen Hinweise des BVerfG wurden in der **Urheberrechtsreform 1985** nicht nur die Bestimmungen über kirchliche Veranstaltungen geändert, sondern der gesamte § 52 grundlegend neu gefasst (lediglich der bisherige Abs. 2 wurde unverändert zu Abs. 3).
In Abs. 1 wurde mit S. 2 eine **grundsätzliche Vergütungspflicht** eingeführt. Diese grundsätzliche Vergütungspflicht wurde jedoch durch die Ausnahmen hiervon in S. 3 stark ausgehöhlt. Zwar hat der Gesetzgeber noch weitergehenden Forderungen des Bundesrates nach Ausdehnung der Vergütungsfreiheit auch auf Hochschulveranstaltungen (Stellungnahme des Bundesrates, UFITA 102 [1986] 113/116) und des Bundestagsausschusses für Bildung und Wissenschaft auf Veranstaltungen der Aus- und Weiterbildung (Bericht des Rechtsausschusses, UFITA 102 [1986] 169/175) nicht nachgegeben. Dennoch sind von der Vergütungsfreiheit eine Reihe von Sachverhalten umfasst, die nach der bisherigen – notwendigerweise restriktiven – Rechtsprechung zu § 52 nicht privilegiert waren. Insbesondere der Wegfall solcher bisher vergütungspflichtiger Tatbestände durch die Neufassung von § 52 führt zu erheblichen verfassungsrechtlichen Bedenken hiergegen (*Krüger-Nieland,* Fs. für Oppenhoff, 1985, S. 173/182f.; *Nordemann* GRUR 1985, 837/839). Die Begründung, durch den Wegfall der bisherigen Vergütungsansprüche würde die wirtschaftliche Verwertung der urheberrechtlichen Werke nur „unwesentlich berührt" (vgl. *Möller* S. 21), geht fehl; tatsächlich geht es hier um bedeutende wirtschaftliche Belange der Urheber. Entgegen allen verfassungsrechtlichen Bedenken hat das BVerfG entschieden, dass es mit dem Grundgesetz vereinbar sei, wenn der Gesetzgeber Urhebern „für die Sendung von Musikwerken in Vollzugsanstalten keinen gesonderten Vergütungsanspruch gewährt" (BVerfG GRUR 1989, 193 – Vollzugsanstalten). In dieser ihrerseits höchst bedenklichen Entscheidung (so. vor §§ 44a ff. Rdnr. 11) ging das BVerfG so weit, festzustellen, dass „nicht einmal die den Urhebern denkbar ungünstigste Auslegung der in Rede stehenden Norm (sc. § 52 Abs. 1 S. 3) zu einem Verstoß gegen ihr Grundrecht aus Art. 14 Abs. 1 S. 1 GG führen könnte" (BVerfG aaO 195). Obgleich diese Entscheidung an sich nur den Bereich der Strafvollzugsanstalten betrifft, wird man davon ausgehen müssen, dass das BVerfG damit grundsätzlich die Verfassungsmäßigkeit von Abs. 1 S. 3 bejaht (*Movsessian* Anm. zu Schulze LGZ 205, 6; *Götting/Loewenheim,* Handbuch UrhR § 31 Rdnr. 180). Die Fachgerichte jedenfalls haben zu Recht diese unglückliche Entscheidung nicht als Aufforderung zu möglichst freizügiger Auslegung der Ausnahmebestimmung in S. 3 verstanden, sondern sich an das nach wie vor gebotene Prinzip der engen Auslegung für die Ausnahmeregelungen auch in § 52 gehalten. Dies gilt insbes. für die Frage, ob auch der Dauerempfang von Rundfunk- und Fernsehsendungen als „Veranstaltung" iS von Abs. 1 S. 3 zu verstehen ist, und nicht nur Einzelveranstaltungen aus besonderem Anlass (hierzu ausführlich su. Rdnr. 23). Das BVerfG selbst erläutert in einem späteren Beschluss, dass es die Frage, ob der Begriff Veranstaltung nur Einzelveranstaltungen oder auch tägliche Dauerwiedergabe umfasst, „ausdrücklich offengelassen und der Auslegung durch die dafür zuständigen Fachgerichte überlassen hat" (BVerfG NJW 1996, 2022). Ein Verstoß gegen das Gebot der Rechtsanwendungsgleichheit durch die Rechtsprechung des BGH wurde vom BVerfG in diesem Beschluss verneint, weil der BGH den engen Veranstaltungsbegriff nicht ausschließlich auf Veranstaltungen der Alten- und Wohlfahrtspflege bezieht, sondern „zwischenzeitlich auch bei Justizvollzugsanstalten für anwendbar erklärt". Hieraus ergibt sich, dass – neben den allgemeinen Auslegungsregeln – auch das Gebot der Rechtsanwendungsgleichheit eine enge Auslegung der Voraussetzungen, die zur Genehmigungsfreiheit gem. S. 2 oder gar Vergütungsfreiheit gem. S. 3 führen, notwendig macht.
Tatsächlich führt die enge Auslegung des Begriffs **„Veranstaltung"** iSv. Abs. 1 S. 3 durch die Fachgerichte dazu, dass mit der Erweiterung der bisher geltenden urheberrechtlichen Schranken in Abs. 1 S. 3 den Autoren nicht allzu große Einnahmeinbußen auferlegt wurden. Richtigerweise hat schon die Rechtsprechung zu § 52 aF darauf hingewiesen, dass die tägliche öffentliche Wiedergabe eine „intensive Dauernutzung" ist, die ein Sonderopfer allein der Urheber nicht mehr rechtfertigte (BGH GRUR 1984, 734/736 – Vollzugsanstalten). Durch die strikte Beschränkung der Vergütungsfreiheit auf Einzelveranstaltungen bleiben den Urhebern wenigstens die Einnahmen für die „Dauerberieselung" durch die Wiedergabe von Bild- oder Tonträgern und Funksendungen erhalten. Die Verwertungsgesellschaften haben unter der Federführung der GEMA **Tarife** aufgestellt, die zwar einerseits in der Höhe gem. § 13 Abs. 3 WahrnG die sozialen Belange der Verwerter berücksichtigen, aber durch die Vielzahl der betroffenen Einrichtungen in der Sozialfürsorge, Jugend- und Altenpflege, dem Strafvollzug uÄ in Verbindung mit der

§ 52 Öffentliche Wiedergabe

zeitlich nahezu ununterbrochenen Nutzungsdauer für die Urheber nicht unerhebliche Erträge erbringen. Nur diese enge Auslegung rechtfertigt auch die Auffassung des Gesetzgebers, er habe mit der Vergütungsfreiheit in Abs. 1 S. 3 „wohl die verfassungsrechtlichen Möglichkeiten ausgeschöpft" (Bericht des Rechtsausschusses, UFITA 102 [1986] 169/75). Trotz der Entscheidungen des BVerfG verbleiben freilich erhebliche Restbedenken an der Verfassungsmäßigkeit dieser Regelungen (ebenso *Götting* in: *Loewenheim*, Handbuch UrhR § 31 Rdnr. 180).

5a **5.** Im Referentenentwurf für ein „Gesetz zur Regelung des Urheberrechts in der Informationsgesellschaft" vom 18. 3. 2002 war vorgesehen gewesen, § 52 dahingehend zu erweitern, dass auch die **öffentliche Zugänglichmachung** iSv. von § 19 a für eine „kleine Öffentlichkeit" erlaubnis- und vergütungsfrei zulässig sein sollte (BegrzRefE UFITA 2004/I 143/167). In der schließlich verabschiedeten Fassung des Gesetzes in Form des Regierungsentwurfes wurde hierauf „verzichtet", vielmehr Abs. 3 dahingehend ergänzt, „dass die öffentliche Zugänglichmachung eines Werkes stets nur mit Einwilligung des Berechtigten zulässig ist" AmtlBegrzRegE UFITA 2004/I 187/222). Maßgeblich für diesen Rückzieher waren zum einen wohl Zweifel an der Vereinbarkeit einer Erweiterung dieser Schranken auch auf die öffentliche Zugänglichmachung mit der Multimedia-Richtlinie (so *Dreyer* in HK-UrhR Rdnr. 3; su. Rdnr. 7 a), zum anderen aber auch die Tatsache, dass die durch den Regierungsentwurf neu eingefügte Regelung von § 52 a die ursprünglichen Intentionen teilweise abdeckt, schließlich sollte die Erweiterung von § 52 „beispielsweise für Behörden, Bildungseinrichtungen oder Vereine" gelten (Begr z. RefE aaO 167). § 52 wurde nun lediglich noch dahingehend erweitert, dass in Abs. 1 anstelle von – wie bisher – „erschienenen" Werken nun auch „veröffentlichte" Werke verwendet werden können (su. Rdnr. 9).

6 **6.** Fraglich ist weiterhin, ob die Bestimmung von § 52 mit **Art. 11 und 11ter RBÜ (Brüsseler Fassung)** vereinbar ist. Dem Wortlaut nach ist dies sicher nicht der Fall. Die RBÜ gibt dem Urheber das ausschließliche Recht zur öffentlichen Aufführung und zum öffentlichen Vortrag, ohne den Verbandsländern die Möglichkeit zu Vorbehalten einzuräumen. Auch der Gesetzgeber ging schon 1965 davon aus, dass § 52 mit dem **Wortlaut** von Art. 11 RBÜ nicht vereinbar ist (AmtlBegr. UFITA 45 [1965] 240/284); er verwies aber darauf, bei der Brüsseler Revisionskonferenz sei unwidersprochen zum Ausdruck gebracht worden, dass sog. „kleine Ausnahmen" zugelassen sind. Die hM ging davon aus, dass die Regelungen, wie sie § 52 (jedenfalls in der vor 1985 geltenden Fassung) vorsieht, als „petites réserves" nach Konventionsrecht zulässig sind (*v. Gamm* Rdnr. 2; *Fromm/Nordemann* 1. Aufl. Rdnr. 2; *Möhring/Nicolini*[1] Anm. 1 c; *Ulmer*[3] § 69 II 4; aA *Bappert/Wagner* Art. 11 RBÜ Rdnr. 1 aE; *Nordemann/Vinck/Hertin* RBÜ Art. 11 Rdnr. 11 und Art. 8 Rdnr. 3). Nach der Neufassung von Abs. 1 S. 3 kann das Argument, hier handle es sich um zulässige kleine Ausnahmen von der RBÜ, jedenfalls nicht mehr gelten. Im General-Rapport über die Brüsseler Konferenz vom 26. 6. 1948 (abgedr. bei *Mestmäcker/Schulze* Anhang B 2 S. 7) wurden lediglich „begrenzte Ausnahmen zugunsten von religiösen Zeremonien, von Militär-Musiken, Unterrichtserfordernissen und volkstümlicher Verbreitung" aufgezählt. Die jetzt nach Abs. 1 S. 3 privilegierten Veranstaltungen fallen keineswegs sämtlich unter diese aufgezählten petites réserves (ebenso *Hoeren*, Fs. Sandrock 357/365 f.). Da zudem auch erhebliche wirtschaftliche Interessen der Urheber berührt sind (Rdnr. 5), kann nicht mehr davon ausgegangen werden, dass Abs. 1 S. 3 mit Art. 11 und 11ter RBÜ vereinbar ist (ebenso *Schack*[4] Rdnr. 513; *Fromm/Nordemann*[10] Rdnr. 1; *Neumann* S. 149/154; *Möhring/Nicolini/Waldenberger* Rdnr. 7; *Wandtke/Bullinger/Lüft* Rdnr. 2; so wohl auch *Götting* in: *Loewenheim*, Handbuch UrhR § 31 Rdnr. 181; aA *Dreier/Schulze* Rdnr. 3; hierzu allg. vor §§ 44 a ff. Rdnr. 11 a).

6a **7.** Die **Multimedia-Richtlinie** lässt in Art. 5 Abs. 3 g) Ausnahmen vom ausschließlichen Recht der öffentlichen Wiedergabe „für die Nutzung bei religiösen Veranstaltungen oder offiziellen, von einer Behörde durchgeführten Veranstaltungen" zu. Damit ist nur ein kleiner Teil der von § 52 privilegierten Veranstaltungen durch die Multimedia-Richtlinie gedeckt. Für den großen Rest – insbes. die Wohltätigkeitsveranstaltungen – bleibt also nur die Bezugnahme auf die sog. *Grandfather Clause* von Art. 5 Abs. 3 o), die eine Beschränkung des Rechts der öffentlichen Wiedergabe freilich nur für „Fälle von geringer Bedeutung" zulässt (*Dreyer* in HK-UrhR Rdnr. 5).

7 **8.** Aus all den vorgenannten Gesichtspunkten sind bei der **Auslegung dieser Bestimmung** besonders restriktive Maßstäbe anzulegen. Es gilt nicht nur das generelle Gebot zur engen Interpretation, da es sich um eine Ausnahmebestimmung handelt (vor §§ 44 a ff. Rdnr. 18). Hier besonders wird auch die Möglichkeit einer verfassungskonformen Auslegung zu prüfen sein; soweit eine solche verfassungskonforme Auslegung nicht möglich ist, weist das BVerfG die Fachgerichte ausdrücklich auf die Möglichkeit des Normenkontrollverfahrens nach Art. 100 Abs. 1 GG hin (BVerfGE 49, 382/405 – Kirchenmusik. Das BVerfG betont überdies, dass es für die Verfassungs-

Öffentliche Wiedergabe § 52

mäßigkeit gerade dieser Regelung mitentscheidend auf das finanzielle Gewicht dessen ankommt, was dem Urheber auf Grund von § 52 Abs. 1 S. 3 vorenthalten wird (BVerfG GRUR 1989, 193/ 195 – Vollzugsanstalten) und weist den Fachgerichten damit besondere Verantwortung zu. Auch im Hinblick auf die jedenfalls teilweise Unvereinbarkeit mit Art. 11 und 11ter RBÜ (so. Rdnr. 6) sowie nun auch der Multimedia-Richtlinie (so. Rdnr. 6 a) ist eine enge Auslegung geboten (vgl. BGH GRUR 1983, 562/563 – Zoll- und Finanzschulen – mwN; ebenso *Wandtke/Bullinger/Lüft* Rdnr. 2; *Neumann* S. 102). Gerade unter diesen Gesichtspunkten ist es befremdlich, wenn die Enquetekommission des Deutschen Bundestages „Kultur in Deutschland"– wohl unter dem Eindruck der zurecht restriktiven Rechtsprechung – dem Gesetzgeber „empfiehlt", § 52 so zu fassen, dass „die Intention", die Vergütungspflicht für die dort aufgeführten Veranstaltungen entfallen zu lassen, „eine tatsächliche Umsetzung erfährt" (BT-Drucks 16/7000 S. 285 Nr. 8).

II. Einzelerläuterungen

1. Allgemeines

a) Die Bestimmung greift in das Recht der **öffentlichen Wiedergabe** iSv. § 15 Abs. 2 8
und 3 ein (vgl. im Einzelnen hierzu die Erl. zu § 15). Soweit es sich nicht um eine **öffentliche Wiedergabe** im Sinne dieser Bestimmung handelt, ist die Handlung urheberrechtlich irrelevant und eine Prüfung nach § 52 erübrigt sich. In diesem Zusammenhang wurde darauf hingewiesen, dass das „lediglich dem eigenen Werkgenuss dienende Singen und Musizieren von Jugend- oder Wandergruppen oder von einzelnen Personen" keine öffentliche Wiedergabe darstellte (Schriftl. Bericht des Rechtsausschusses, UFITA 102 [1986] 169/175). Nachdem Abs. 1 S. 1 allgemein die „öffentliche Wiedergabe" zulässt, fallen hierunter nicht nur Einzelveranstaltungen (su. Rdnr. 23), sondern auch Dauernutzungen wie die „Berieselung" durch Funk- oder Fernsehsendungen (allg. hM su. Rdnr. 23; aA wohl nach wie vor *Dreyer* in HK-UrhR² Rdnr. 9 f. und 55, die auch unter Abs. 1 nur Einzelveranstaltungen als privilegiert ansieht)

Privilegiert ist nur die öffentliche Wiedergabe; eine entsprechende Ausdehnung zB auf **Aufzeichnungen von Funksendungen** zum Zweck der zeitversetzten Wiedergabe scheidet aus (BGH GRUR 1994, 45/47 – Verteileranlagen – gegen die Vorinstanz OLG Frankfurt/M GRUR 1991, 602 Ls. 4).

b) Bislang konnten im Rahmen dieser Bestimmung nur **erschienene Werke** iSv. § 6 Abs. 2 9
verwendet werden. Mit der Urheberrechtsnovelle 2003 fiel für Abs. 1 diese Schranke, seither können auch (nur) **veröffentlichte Werke** iSv. § 6 Abs. 1 verwendet werden. Mit dieser Erweiterung auf Werke, die „lediglich im Internet veröffentlicht wurden", wollte der Gesetzgeber „der geänderten Veröffentlichungspraxis Rechnung" tragen (AmtlBegr. z RegE aaO 222). Für Abs. 2 verbleibt es dabei, dass nur erschienene Werke iSv. § 6 Abs. 2 verwendet werden dürfen (*Rehbinder*[15] Rdnr. 521 hält es für ein Redaktionsversehen, dass nicht auch in Abs. 2 lediglich veröffentlichte Werke freigegeben sind).

c) Nicht privilegiert sind gemäß **Abs. 3** die öffentliche bühnenmäßige Aufführung, die 10
Funksendung sowie die öffentliche Vorführung eines Filmwerkes (Rdnr. 47–49). Mit der Urheberrechtsnovelle 2003 wurde in die Liste der nicht im Rahmen von § 52 gestatteten Nutzungen schließlich die öffentliche Zugänglichmachung (§ 19 a) aufgenommen und damit der Streit, ob die Online-Verbreitung geschützter Werke durch § 52 privilegiert sein kann (vgl. *Wandtke/Bullinger/Lüft* Rdnr. 5 mwN), negativ entschieden.

2. Grundsätze von Abs. 1 S. 1 und 2

a) Eine öffentliche Wiedergabe ist nach Abs. 1 S. 1 ohne urheberrechtliche Genehmigung 11
zulässig, wenn die folgenden **drei Voraussetzungen kumulativ** erfüllt sind. Fehlt auch nur eine davon, so entfällt die Genehmigungsfreiheit.

aa) Die Wiedergabe darf **keinem Erwerbszweck des Veranstalters dienen.** Im Verhältnis 12
zu § 27 LUG, der von „**gewerblichen Zwecken**" sprach, brachte die Wortwahl „**Erwerbszwecke**" eine Besserstellung des Urhebers insoweit, „als damit die Aufführungsfreiheit nicht Veranstaltern zugute kommt, die das Werk zwar nicht im Rahmen eines Gewerbebetriebes, aber zur unmittelbaren oder mittelbaren Förderung ihres eigenen Erwerbs aufführen" (AmtlBegr. UFITA 45 [1965] 240/286; ebenso BGHZ 58, 262/267 – Landesversicherungsanstalt; *Möhring/ Nicolini*[1] Anm. 4 a; aA *Heiseke* BB 1966, 1424/1426). Tatsächlich vollzog der Gesetzgeber 1965 damit allerdings im Wesentlichen nur die bereits nach altem Recht in Literatur und Rechtspre-

chung bestehende hM nach. Einem gewerblichen Zweck diente eine Aufführung auch dann, wenn die Absicht des Unternehmers nicht auf Gewinnerzielung gerichtet ist, sofern sie unmittelbar oder mittelbar dem Erwerbszweck dient (*Marwitz/Möhring* LUG § 27 Anm. 4 unter Bezugnahme auf RGSt. 43, 189/196). Soweit also die Rechtsprechung noch zum alten Recht gewerbliche Zwecke bejaht und die Anwendbarkeit von § 27 LUG deshalb verneint hat, kann diese ohne weiteres auch für die Subsumption unter den weitergehenden Begriff Erwerbszweck verwendet werden (su. Einzelfälle).

Die öffentliche Wiedergabe dient Erwerbszwecken des Veranstalters, wenn sie mittelbar oder unmittelbar die betrieblichen oder gewerblichen Interessen des Veranstalters fördert (BGHZ 17, 376/382 – Betriebsfeiern). Auf die Absicht einer Gewinnerzielung kommt es dabei nicht an (BGH GRUR 1961, 97/99 – Sportheim). Voraussetzung ist, dass die öffentliche Wiedergabe objektiv **auch** einem Erwerbszweck dient, der hinter den weiteren Zwecken nicht als völlig nebensächlich zurücktritt (BGH GRUR 1961, 97/99 – Sportheim – mwN). Unter diesen Gesichtspunkten würde Musik in einer Telefonwarteschleife jedenfalls mittelbar Erwerbszwecken des Telefonanschluss-Inhabers dienen und somit nicht unter S. 1 fallen (ebenso *Pleister* GRUR Int. 1996, 1226/1230 zu einem Urteil des australischen Federal Court über music on hold), wäre dies nicht ohnehin als Sendung iSv. § 20 durch Abs. 3 ausgeschlossen.

13 Die **Trägerschaft** des Veranstalters spielt für die Beurteilung, ob Erwerbszwecke vorliegen, keine Rolle; auch gemeinnützige Unternehmen (BGH GRUR 1961, 97/99 – Sportheim) und staatliche Einrichtungen (BGHZ 58, 262/266 – Landesversicherungsanstalt) können Erwerbszwecke verfolgen. Der Erwerbszweck wird auch nicht automatisch dadurch ausgeschlossen, dass eine Tätigkeit im Rahmen der Hoheitsverwaltung ausgeübt wird (BGH Schulze BGHZ 216, 7 – Postjugendwohnheim). „Der Gesetzgeber hat den Sondertatbestand der Werkswiedergabe durch die öffentliche Hand nicht in die gesetzliche Regelung einbezogen und wollte ihn daher auch nicht generell freistellen" (BGH GRUR 1983, 562/564 – Zoll- und Finanzschulen). Wo die öffentliche Hand keine eigentliche erwerbswirtschaftliche Betätigung entfaltet, passt der Begriff „Erwerbszwecken dienen" nicht; soweit nur deshalb ein Erwerbszweck iS von § 52 zu verneinen wäre, ist für den Einzelfall zu prüfen, ob eine entsprechende Anwendung von § 52 in Betracht kommt, „dh. ob die konkrete Fallgestaltung noch dem Sinn und Zweck der Ausnahmeregelung gerecht wird" (BGH GRUR 1983, 562/564 – Zoll- und Finanzschulen; kritisch hierzu *Hoeren* MMR 2000, 1/3). Eine Erwerbszwecken dienende öffentliche Wiedergabe ist weiterhin jedenfalls dann anzunehmen, wenn sie in einem zwar nicht auf Gewinnerzielung, jedoch nach wirtschaftlichen Gesichtspunkten geführten Betrieb erfolgt (BGH GRUR 1975, 33/35 – Alters-Wohnheim; BGH GRUR 1983, 562/564 – Zoll- und Finanzschulen). Die Rechtsprechung hat also den Begriff Erwerbszweck im Hinblick auf die gebotene enge Auslegung dieser Bestimmung (Rdnr. 7) zu Recht extensiv gedeutet. So dienen Produktpräsentationen zB auf Messen oder in Kaufhäusern (zumindest mittelbar) der Verkaufsförderung und dem Marketing (*Hoeren* in *Lehmann* [Hrsg.], Multimediarecht, S. 103).

14 **Einzelfälle**

Erwerbszwecken (bzw. früher gewerblichen Zwecken) dienend wurden folgende öffentlichen Wiedergaben angesehen: **Betriebsfeiern** (BGHZ 17, 376 – Betriebsfeiern); Rundfunkwiedergabe im **Heim eines gemeinnützigen Sportvereins** (BGH GRUR 1961, 97 – Sportheim); **Gemeinschaftsräume in Sanatorien** uÄ einer Anstalt des öffentlichen Rechts (BGHZ 58, 262 – Landesversicherungsanstalt); Rundfunkwiedergabe in Gemeinschaftsräumen eines **Postjugendwohnheims** (BGH Schulze BGHZ 216 – Postjugendwohnheim); Rundfunkwiedergabe im **Aufenthaltsraum eines Sanatoriums** (KG Schulze KGZ 38); Rundfunkwiedergabe in **Erholungsheimen des Sozialwerks der Deutschen Bundesbahn** (OLG Frankfurt/M GRUR 1969, 52 – Sozialwerk der Bundesbahn); Rundfunkwiedergabe in **Aufenthaltsräumen einer Klinik** einer gemeinnützigen, nicht auf Erzielung von Gewinn gerichteten Gesellschaft (OLG München Schulze OLGZ 111); Rundfunkwiedergabe in **Gemeinschaftsräumen von Studentenwohnheimen** (LG Frankfurt/M Schulze LGZ 116); Rundfunkwiedergabe in **Aufenthaltsräumen und Dozentenzimmer einer Landesfinanzschule** sowie in den Fernsehräumen einer **Landesfortbildungsstätte** (LG Frankfurt/M Schulze LGZ 154); Rundfunkwiedergabe in einer **Landesfinanzschule** (LG Hannover Schulze LGZ 165 mit zust. Anm. *Movsessian*); Rundfunkwiedergabe in der **Kantine eines Arbeiterwohnheimes eines Betriebes** (AG Berlin-Charlottenburg Schulze AGZ 14); **psychiatrisches Krankenhaus** (OLG Köln Schulze OLGZ 230); von einem gemeinnützigen Verein betriebenes **Offiziersheim** (AG Bad Mergentheim Schulze AGZ 24); Hintergrundmusik in **Arztpraxis** (LG Leipzig NJW-RR

Öffentliche Wiedergabe **§ 52**

1999, 551 f.); "Hintergrundberieselung" in **Optikergeschäft** (LG Frankfurt/M ZUM-RD 2005, 242/243).

Ein Erwerbszweck wurde **verneint** bei Rundfunkwiedergaben in einem von einer Universität betriebenen **Studenten-Clubhaus** (LG Berlin Schulze LGZ 135 mit abl. Anm. *Reichardt;* das Studentenwerk der Universität, das dieses Clubhaus bewirtschaftete, wurde allerdings als "Dritter" zur Zahlung einer urheberrechtlichen Vergütung verurteilt). Auch für gewisse **Schulveranstaltungen** wurde der Erwerbszweck verneint (vgl. die bei *Bender* RdJB 1986, 172 zitierten – nicht veröffentlichten – Entscheidungen der AG Wittlich, Alzey und Kassel).

Die Privilegierung entfällt nur, wenn die Veranstaltung **Erwerbszwecken des Veranstal-** 15 **ters,** dh. des Veranstalters **selbst** dient. Diese Einschränkung hat durch die Urheberrechtsreform 1985 an wirtschaftlicher Bedeutung verloren. Früher bedeutete der Wegfall einer eigenen Erwerbsabsicht des Veranstalters grundsätzlich den Wegfall auch eines urheberrechtlichen Vergütungsanspruchs (lediglich subsidiär kam dann eventuell die Haftung eines Dritten, der mit der Veranstaltung Erwerbsabsichten verfolgte, in Betracht). Durch die generelle Vergütungspflicht des Veranstalters nach Abs. 1 S. 2 nF ist die Frage, ob der Veranstalter eigene Erwerbszwecke verfolgt, nur noch für die Unterscheidung maßgebend, ob er von den Verwertungsgesellschaften eine Genehmigung für die Veranstaltung einholen muss oder ob er – ohne Genehmigungspflicht – gemäß Abs. 1 S. 2 für die Veranstaltung lediglich zu bezahlen hat. Es können sich hier also praktisch nur noch Tarifunterschiede ergeben.

Veranstalter ist nach stRspr., wer die Veranstaltung angeordnet hat und durch dessen aus- 16 schlaggebende Tätigkeit sie ins Werk gesetzt ist (BGH GRUR 1956, 515/516 – Tanzkurse; BGH GRUR 1960, 606/607 – Eisrevue II; BGH GRUR 1960, 253/255 – Auto-Skooter). Der Begriff des Veranstalters in § 52 deckt sich **nicht** mit dem von § 81. Um das Leistungsschutzrecht nach § 81 zu erwerben, bedarf es einer aktiven, organisatorischen Tätigkeit (vgl. hierzu § 81 Rdnr. 8, 26 f.). Demgegenüber kann Veranstalter iS von § 52 auch derjenige sein, der die Veranstaltung in seinem Verantwortungsbereich duldet (LG Hannover Schulze LGZ 165, 6; *v. Gamm* Rdnr. 9 mwN). Auch der Gastwirt, der seine Gäste zu sog. Karaoke-Darbietungen animiert, ist Veranstalter, stellt er doch insbes. auch die hierfür notwendige Technik bereit (aA *Rehbinder*[15] Rdnr. 519).

bb) Die Privilegierung nach Abs. 1 S. 1 ist nur gegeben, wenn die **Teilnehmer ohne Ent-** 17 **gelt** an der Veranstaltung zugelassen werden. Entsprechend der hier gebotenen engen Auslegung (so. Rdnr. 7) ist der Begriff des Entgelts weit zu fassen. Nicht nur **Eintrittsgebühren** fallen hierunter (diese würden in der Regel ohnehin Erwerbszwecke des Veranstalters manifestieren und schon deshalb die Privilegierung beseitigen), sondern auch **Unkostenbeiträge** (Schriftl. Bericht des Rechtsausschusses, UFITA 46 [1966] 174/186), Kauf von **Verzehrbons** und **Programmheften** als Eintrittsvoraussetzung (*Bender* RdJB 1985, 486/492 f.), die **Kurtaxe** für Kurkonzerte (RGSt. 43, 189; *Schack* Rdnr. 512; *Rehbinder*[15] Rdnr. 520), eine **erhöhte Garderobengebühr** (*Allfeld* LUG² § 27 Anm. 6 b; *Marwitz/Möhring* LUG § 27 Anm. 5; *Möhring/Nicolini*[1] Anm. 5), die Aufforderung zu **freiwilligen Spenden** (KG UFITA 15 [1942] 422/423 – Gesellschaft zur Pflege der Kirchenmusik; *Möhring/Nicolini/Waldenberger* Rdnr. 13; aA *v. Gamm* Rdnr. 8; *Dreyer* in HK-UrhR Rdnr. 20; modifizierend *Dreier/Schulze* Rdnr. 7). Allgemeine, lediglich kostendeckende **Vereins- und Mitgliedsbeiträge** stellen kein Entgelt für einzelne Veranstaltungen dar; werden allerdings überhöhte Vereinsmitgliedsbeiträge gezahlt, so können diese als Entgelt für dafür angebotene Veranstaltungen gelten (*v. Gamm* Rdnr. 8 mwN). Soweit ein Verein sich mit der Veranstaltung von Konzerten oÄ befasst, ist der Mitgliedsbeitrag ein Entgelt für die Zulassung zu diesen Veranstaltungen (*Allfeld* LUG² § 27 Anm. 6 b); in diesen Fällen allerdings wird ohnehin der Verein Erwerbszwecke verfolgen. Aus dem Wortlaut ergibt sich – wie schon zu § 27 LUG –, dass die Veranstaltung für **alle** Teilnehmer unentgeltlich sein muss (*Marwitz/Möhring* LUG § 27 Anm. 5; *Dreier/Schulze* Rdnr. 7).

cc) Erfolgt die Wiedergabe durch Vortrag oder Aufführung, so darf der ausübende Künstler 18 **keine besondere Vergütung** erhalten. Eine entsprechende Klausel hat in § 27 LUG gefehlt. Die Einführung dieser zusätzlichen Voraussetzung für die Privilegierung stellt allerdings nur eine Scheingerechtigkeit her; schließlich bleibt es dem ausübenden Künstler überlassen, ob, wann und wo sowie aus welchen Gründen er unentgeltlich auftreten will, während der Urheber zur kostenlosen Überlassung seiner Werke gezwungen wird (vgl. *Samson* S. 170). Während ursprünglich vorgesehen war, dass dem ausübenden Künstler keine besondere Vergütung „gezahlt" werden darf, wurde 1985 klargestellt, dass der ausübende Künstler keine Vergütung „erhalten" darf. Schon bisher aber fielen unter Vergütungen nicht nur Geldzahlungen, sondern jeder geldwerte Vorteil. Ob die Vergütung vom Veranstalter oder einem Dritten getragen wird, ist unerheblich (*Dreier/*

§ 52 Öffentliche Wiedergabe

Schulze Rdnr. 7). Es genügt bereits die Zahlung einer geringen Vergütung (LG Berlin Schulze LGZ 32 Ls. 2).

19 Die **Erstattung bloßer Unkosten** (zB Reisekosten) stellt keine solche Vergütung dar (*Ulmer*[3] § 69 II 1 c). Die Hingabe von Naturalien (zB Essen und Freibier an eine Kapelle) ist dagegen bereits als besondere Vergütung zu betrachten (ebenso *Dreier/Schulze* Rdnr. 8; *Loewenheim/Götting* HandB UrhR Rdnr. 185; aA *Dreyer* in HK-UrhR Rdnr. 23; *Wandtke/Bullinger/Lüft* Rdnr. 23; auf die Üblichkeit wollen abstellen *v. Gamm* Rdnr. 10; *Möhring/Nicolini/Waldenberger* Rdnr. 14). Es muss sich um eine **besondere** Vergütung für die betreffende Veranstaltung handeln; feste Lohnzahlungen uÄ, die ein angestellter Künstler erhält, fallen nicht hierunter, da diese nicht für die betreffende Veranstaltung bezahlt werden (*Ulmer*[3] § 69 II 1 c; *v. Gamm* Rdnr. 10; *Fromm/Nordemann*[9] Anm. 5 aE; *Schack* Rdnr. 512 hält diese Regelung wegen dieser Konsequenz zu Recht für „rechtspolitisch verfehlt"). Erhält der Künstler über das laufende Gehalt hinaus für die betreffende Veranstaltung eine besondere Zulage oÄ, so ist diese als Vergütung iSv. S. 1 zu betrachten (*v. Gamm* Rdnr. 10).

20 Das Verbot einer Vergütung bezieht sich nur auf **ausübende Künstler** iSv. § 73; unschädlich sind Zahlungen an sonstige an der Aufführung Beteiligte, zB Hilfskräfte, Techniker oÄ (*Möhring/Nicolini/Waldenberger* Rdnr. 14).

21 **b)** Durch die Urheberrechtsreform 1985 wurde in Abs. 1 S. 2 die **grundsätzliche Vergütungspflicht** eingeführt. Geschuldet wird die Vergütung vom Veranstalter (Rdnr. 16). Da das Recht der öffentlichen Wiedergabe in aller Regel von Verwertungsgesellschaften wahrgenommen wird (Rdnr. 1), ergibt sich die **Höhe der angemessenen Vergütung** aus den Tarifen der Verwertungsgesellschaften mit allen aus der Tarifaufstellung resultierenden Konsequenzen (vgl. hierzu § 13 WahrnG). Für die öffentliche Wiedergabe von Musik bestimmt sich die Vergütung nach den Tarifen der GEMA, die um die Zuschläge für die übrigen beteiligten Verwertungsgesellschaften erhöht werden (vgl. zB LG Berlin Schulze LGZ 135).

3. Wegfall der Vergütungspflicht nach S. 3

22 **a)** Von der Vergütungspflicht nach Abs. 1 S. 2 sind gemäß S. 3 eine Reihe von Veranstaltungen befreit. In diesen Fällen ist die öffentliche Wiedergabe – bei Vorliegen der übrigen Voraussetzungen (Rdnr. 25 ff.) – **genehmigungs- und vergütungsfrei** zulässig. Zu beachten ist, dass nach der Gesetzessystematik die Vergütungsfreiheit gem. S. 3 nur in Betracht kommt, wenn sämtl. Voraussetzungen der Genehmigungsfreiheit gem. S. 1 vorliegen.

23 Am umstrittensten war die Auslegung des Begriffs der **Veranstaltung** in S. 3. Mittels grammatikalischer Auslegung wurde in der Erstauflage noch argumentiert, die Wortwahl in S. 3 knüpfe an den „Veranstalter" der öffentlichen Wiedergabe in S. 1 an und umfasse somit wie in S. 1 sämtliche Arten der öffentlichen Wiedergabe; danach würden nicht nur einzelne Veranstaltungen wie zB Aufführungen, sondern auch Dauernutzungen wie die laufende öffentliche Wiedergabe von Funk- und Fernsehsendungen hierunter fallen (ebenso OLG Frankfurt/M GRUR 1991, 602/605; LG Köln MDR 1990, 726/727). Diese rein grammatikalische Auslegung wurde von der hM (*Seifert*, Fs. für Reichardt, 1990, S. 225/241 f.; *ders.* ZUM 1991, 306/307; *Scheuermann* ZUM 1990, 71 ff.; *Vinck* Anm. zu BGH LM § 52 UrhG Nr. 5) ebenso wie teilweise von der Rspr. (OLG München ZUM 1990, 93/94 unter ausdrücklicher Bezugnahme auf die Auffassung des Bundesministers der Justiz) abgelehnt und die Vergütungsfreiheit von S. 3 auf Einzelveranstaltungen beschränkt. Dieser Auslegung ist zu folgen. Zum einen ist die grammatikalische Anknüpfung von S. 3 an S. 1 nicht so deutlich, dass sie zwingend wäre; hätte der Gesetzgeber dies gewollt, hätte er wie in S. 1 den allgemeinen und somit eindeutigen Begriff der „öffentlichen Wiedergabe" verwenden können (vgl. Rdnr. 8). Zum anderen aber sind die Gegenargumente stärker. Im allgemeinen Sprachgebrauch wird unter „Veranstaltung" ein aus bestimmtem Anlass stattfindendes Einzelereignis verstanden und nicht eine regelmäßige Dauernutzung. Va. aber die Notwendigkeit einer besonders engen Auslegung (so. Rdnr. 7) bedingt die Eingrenzung der Privilegierung nach S. 3 auf Einzelveranstaltungen. Inzwischen ist es stRspr. des BGH, dass die Vergütungspflicht nach Abs. 1 S. 3 nur für zeitlich begrenzte, aus besonderem Anlass stattfindende Einzelveranstaltungen entfallen kann (BGH GRUR 1992, 386 – Altenwohnheim II; BGH GRUR 1994, 45 – Verteileranlage in Justizvollzugsanstalt; BGH GRUR 1994, 97 – Verteileranlage im Krankenhaus; ebenso die heute allg. hM; *Fromm/Nordemann/W. Nordemann*[10] Rdnr. 17 *Haberstumpf* Rdnr. 233; *Dreier/Schulze* Rdnr. 13; *Wandtke/Bullinger/Lüft* Rdnr. 11; *Möhring/Nicolini/Waldenberger* Rdnr. 18; *Loewenheim/Götting* HandB UrhR § 31 Rdnr. 187; *Rehbinder*[15] Rdnr. 519).

§ 52

b) Nach S. 3 sind Veranstaltungen folgender – abschließend aufgezählter – **Einrichtungen** 24
vergütungsfrei zulässig:
– Veranstaltungen der **Jugendhilfe**. Begriff und Umfang der Jugendhilfe ergeben sich aus §§ 8
und 27 SGB I iVm. § 3 SGB VIII. Nur Veranstaltungen der Jugendhilfe iSv. §§ 69 und 75
SGB VIII sind privilegiert (vgl. BayVGH ZUM-RD 1998, 181, wonach das Internat der Regensburger Domspatzen keine Einrichtung der Jugendhilfe ist); es sind dies Veranstaltungen,
die von Jugendämtern, Landesjugendämtern und ggf. Trägern der freien Jugendhilfe durchgeführt werden (§ 27 Abs. 2 SGB I).
– Veranstaltungen der **Sozialhilfe**. Der Begriff der Sozialhilfe ergibt sich aus §§ 9 und 28 SGB I
iVm. dem BSHG. Auch hier sind nur Veranstaltungen der in § 28 Abs. 2 aufgezählten Träger
der Sozialhilfe und der freien Wohlfahrtspflege privilegiert.
– Veranstaltungen der **Altenpflege**. Altenhilfe ist ein Teil der Sozialhilfe (§ 28 Abs. 1 Nr. 2 g
SGB I). Der umfassende Begriff der Altenhilfe (vgl. die Definition in § 75 BSHG) geht sicher
weiter als der untechnische Begriff Alten**pflege** (ebenso *Dreyer* in HK-UrhR Rdnr. 45). Da
der Gesetzgeber ganz allgemein Veranstaltungen der Sozialhilfe freigestellt hat, sind bereits
deshalb Veranstaltungen der Alten**hilfe** von der Privilegierung erfasst.
– Veranstaltungen der **Wohlfahrtspflege**. Durch die gesonderte Aufzählung der Wohlfahrtspflege wollte der Gesetzgeber offensichtlich sicherstellen, dass auch Veranstaltungen der **freien
Wohlfahrtspflege** privilegiert sind. Nach der gebotenen engen Auslegung können hierunter
freilich nur Veranstaltungen der freien Wohlfahrtspflege iS von § 10 BSHG fallen; es sind dies
die Kirchen und Religionsgemeinschaften des öffentlichen Rechts sowie die Verbände der
freien Wohlfahrtspflege (zu weitgehend *Fromm/Nordemann*[10] Rdnr. 18, wonach auch „private
oder gemeinnützige" Veranstalter privilegiert sein könnten, da die Anerkennung der steuerlichen Gemeinnützigkeit gem. § 51 AO nicht dazu führt, dass die betr. Tätigkeit „Wohlfahrtspflege" iSv. Abs. 1 S. 3 wird – OLG Köln OLG-Rep. Köln 1992, 160). Von sonstigen Veranstaltern ausgerichtete sog. Wohltätigkeitsveranstaltungen fallen nicht hierunter (*Dreier/Schulze*
Rdnr. 12; vgl. die bei *Kröber,* S. 124 ff., zitierte Judikatur, wonach Veranstaltungen zugunsten
„Aktion Sorgenkind" und „Kinder tanzen für UNESCO" nicht vergütungsfrei sind).
– Veranstaltungen der **Gefangenenbetreuung.**
– Veranstaltungen von **Schulen**. Der Begriff der Schule deckt sich mit dem in § 47 (s. § 47
Rdnr. 10, 11). Eine Ausdehnung dieser Privilegierung auf Hochschulen sowie Einrichtungen
der Aus- und Weiterbildung wurde vom Gesetzgeber ausdrücklich abgelehnt (Schriftl. Bericht
des Rechtsausschusses, UFITA 102 [1986] 169/175). Hochschulen fallen daher ebenso wenig
hierunter (OLG Koblenz NJW-RR 1987, 699/701) wie zB Krankenpflegeschulen (LG Berlin
19. 1. 1988, Az. 16 O 566/87 – nicht veröffentlicht) oder Volkshochschulen und Fahrschulen
(*Dreyer* in HK-UrhR Rdnr. 48).
Veranstaltungen von **Krankenhäusern** können grundsätzlich nicht unter die Ausnahmetatbestände des S. 3 subsumiert werden, da das Krankenpflegewesen in der abschließenden Aufzählung unter S. 3 fehlt (st Rspr.; OLG Köln OLG-Rep. Köln 1992, 160 (Ls.); LG Köln ZUM
1992, 51; LG Berlin Urt. v. 19. 1. 1988, 16 O 566/87 nicht veröffentlicht). Die Behandlung
und Pflege in Krankenhäusern stellt insb. keine „Wohlfahrtspflege" iSv. S. 3 dar (OLG Köln aaO
mit ausführlicher, dort aber nicht abgedruckter Begründung).

c) Um genehmigungs- und vergütungsfrei zulässig zu sein, müssen **Veranstaltungen** der 25
oben genannten Einrichtungen die folgenden Voraussetzungen erfüllen.
aa) Grundsätzlich müssen auch die von diesen privilegierten Einrichtungen durchgeführten
Veranstaltungen **alle Voraussetzungen einer Veranstaltung nach S. 1** erfüllen. Dies ergibt
sich aus der Gesetzessystematik, wonach S. 3 eine Ausnahme von S. 2 darstellt und S. 2 wiederum an die Grundlage von S. 1 anknüpft. Grundsätzlich müssen also die drei unter II 2 a)
(Rdnr. 11 ff.) genannten Voraussetzungen vorliegen.
Lediglich für das Tatbestandsmerkmal des **fehlenden Erwerbszweckes** (so. Rdnr. 12) sollen 26
für Veranstaltungen nach S. 3 nach dem Willen des Gesetzgebers neue Maßstäbe gelten. Im
Hinblick auf die insoweit extensive Rspr., die auch bei staatlichen Einrichtungen trotz Fehlens einer erwerbswirtschaftlichen Tätigkeit den Erwerbszweck bejaht hatte (vgl. insb. BGH
GRUR 1983, 562/564 – Zoll- und Finanzschulen), hat der Gesetzgeber ausgeführt, dass für
Veranstaltungen nach S. 3 „der Begriff Erwerbszweck nicht mehr im Sinne der bisherigen
Rechtsprechung zu verstehen sei" (Schriftl. Bericht des Rechtsausschusses, UFITA 102 [1986]
169/176). Zu Recht geht der Gesetzgeber davon aus, dass ansonsten auch bei Veranstaltungen
nach Abs. 3 meist der Erwerbszweck zu bejahen sei und damit die Vorschrift über die Vergü-

§ 52

tungsfreiheit in S. 3 „leer laufen" würde (Schriftl. Bericht des Rechtsausschusses, UFITA 102 [1986] 169/176).

27   Der Gesetzgeber ging hier unsystematisch vor. Grundlage für die Anwendbarkeit von § 52 Abs. 1 ist das Vorliegen der Voraussetzungen von S. 1; bei Fehlen einer der Voraussetzungen entfällt die Anwendbarkeit von Abs. 1, und die Veranstaltung wird genehmigungspflichtig. Dies gilt grundsätzlich auch für das Tatbestandsmerkmal des fehlenden Erwerbszweckes. „Für den in Rede stehenden Bereich", dh. für Veranstaltungen nach S. 3, soll allerdings dieses Tatbestandsmerkmal anders ausgelegt werden können. Tatsächlich beinhaltet also nach dem Willen des Gesetzgebers S. 3 nicht nur eine Ausnahme von der Vergütungspflicht nach S. 2, sondern insofern ein neues Tatbestandsmerkmal auch für die **Genehmigungsfreiheit** nach S. 1, indem für solche besonders privilegierten Veranstaltungen die Voraussetzung des fehlenden Erwerbszweckes anders (weiter) zu interpretieren ist (ähnlich *Bender* RdJB 1985, 486/491 f.). Trotz der missglückten Gesetzessystematik wird man durch entsprechende Auslegung dem Willen des Gesetzgebers folgen und für die nach S. 3 besonders privilegierten Veranstaltungen – und nur für diese – an die Prüfung des fehlenden Erwerbszweckes einen anderen Maßstab anlegen müssen. Völlig entfallen kann die Prüfung dieses Tatbestandsmerkmals jedoch auch hier nicht; sonst nämlich würden in S. 3 neue Tatbestände konstituiert, die sowohl die Genehmigungs- wie die Vergütungsfreiheit über S. 1 hinaus erweiterten. Dies ist schon nach der Gesetzessystematik ausgeschlossen (BVerfG ZUM 1989, 190/192 – Strafvollzugsanstalt).

28   Unter den genannten Gesichtspunkten ist davon auszugehen, dass für Veranstaltungen nach S. 3 ein Erwerbszweck jedenfalls dann nicht gegeben ist, wenn dieser lediglich deshalb bejaht würde, weil die Veranstaltung in einem nach wirtschaftlichen Gesichtspunkten geführten Betrieb erfolgt (so. Rdnr. 13; aA *Marly* NJW 1994, 2004/2006, wonach auch für Wohlfahrtsverbände ausreicht, um die Privilegierung entfallen zu lassen, dass diese – ohne Gewinnerzielungsabsicht – ihren Betrieb nach wirtschaftlichen Gesichtspunkten führen). Dienen jedoch Veranstaltungen nach S. 3 **Erwerbszwecken im engeren Sinne** (*Bender* RdJB 1985, 486/491 f. spricht von „besonderem Erwerbszweck"), so entfällt die Privilegierung (ebenso LG Köln MDR 1990, 726/727). Wie nach S. 1 muss auch dieser besondere Erwerbszweck dem Veranstalter selbst dienen (so. Rdnr. 12). Ein besonderer Erwerbszweck des Veranstalters liegt vor, wenn die Veranstaltung mittelbar oder unmittelbar die **betrieblichen** Interessen des Veranstalters fördert (so. Rdnr. 12; **gewerbliches** Interesse wird bei den nach S. 3 privilegierten Veranstaltern meist fehlen). In den meisten solcher Fälle wird ohnehin Entgeltlichkeit der Veranstaltung vorliegen, so dass schon aus diesem Grund die Privilegierung nach S. 3 entfällt; so zB wenn zu Spenden aufgerufen wird, erhöhte Unkostenbeiträge verlangt werden uÄ (so. Rdnr. 17). Dennoch sind auch Fälle denkbar, in denen die Entgeltlichkeit fehlt, ein besonderer Erwerbszweck jedoch zu bejahen ist (zB eine soziale Institution veranstaltet mit gestifteten Preisen eine Tombola, deren Erlös dem Ausbau ihrer Einrichtungen dienen soll). Liegt solcher Erwerbszweck in engerem Sinne vor, so fehlt es an einer wesentlichen Voraussetzung schon von Abs. 1 S. 1, so dass nicht nur die Vergütungs-, sondern auch die Genehmigungsfreiheit entfällt (*Neumann* S. 96).

29   Die **übrigen Voraussetzungen,** wie sie S. 1 für privilegierte Veranstaltungen vorschreibt, müssen auch für nach S. 3 privilegierte Veranstaltungen unverändert vorliegen (irreführend insoweit *Möller* S. 22, wonach die nach Abs. 1 S. 3 gewährte Vergütungsfreiheit die Zustimmungsfreiheit einschließe). Auch für solche Veranstaltungen ist Voraussetzung, dass
– die Teilnehmer **ohne Entgelt** zugelassen werden (Rdnr. 17)
und
– die ausübenden Künstler **keine besondere Vergütung** erhalten (Rdnr. 18–20).

Fehlt es an einer der beiden vorgenannten Voraussetzungen, so entfällt nicht nur die Vergütungsfreiheit nach S. 3, sondern auch die Genehmigungsfreiheit.

30   **bb)** Zusätzliche Voraussetzung für die Vergütungsfreiheit nach S. 3 ist, dass die Veranstaltung nur einem **bestimmt abgegrenzten Kreis von Personen zugänglich** ist (Abs. 1 S. 3 letzter Halbs.). Diese Ergänzung wurde erst durch den Rechtsausschuss in das Gesetz aufgenommen. Der Auffassung von *Möller* (S. 21), dadurch sei keine sachliche Änderung gegenüber dem Regierungsentwurf, sondern lediglich eine Klarstellung erfolgt, kann nicht beigetreten werden (ebenso *Neumann* S. 98). Die Voraussetzung einer engen Zielgruppe im Gesetz stellt vielmehr eine deutliche Einschränkung dar, wie insbesondere auch die vom Rechtsausschuss hierfür angeführten Beispiele zeigen.

31   Danach ist der Begriff des bestimmt abgegrenzten Personenkreises „für die verschiedenen Einrichtungen unterschiedlich und zwar jeweils im Lichte des Zwecks dieser Einrichtungen zu interpretieren" (Schriftl. Bericht des Rechtsausschusses, UFITA 102 [1986] 169/175 f.). Im Fol-

genden werden als Beispiele **Altenheime** und ähnliche **Heime** sowie **Vollzugsanstalten** genannt und als bestimmt abgegrenzter Personenkreis deren Bewohner und Insassen „sowie etwaige Besucher" angeführt, „größere Besuchergruppen" jedoch ausdrücklich ausgeschlossen (Schriftl. Bericht des Rechtsausschusses, UFITA 102 [1986] 169/175). Aus diesen gesetzgeberischen Motiven heraus, die offensichtlich auch dazu dienen sollten, die Verfassungsmäßigkeit der Bestimmung zu sichern, ist der Gesetzeswortlaut zu interpretieren. Der bestimmt abgegrenzte Personenkreis im Sinne dieser Bestimmung muss sich im überschaubaren Rahmen halten. Es sind dies gewissermaßen die kleinsten Fälle, in denen – gerade noch – die Öffentlichkeit zu bejahen ist; solche Veranstaltungen kommen „durch ihre Abgegrenztheit in die Nähe einer nicht öffentlichen Wiedergabe" (*Bender* RdJB 1985, 486/494). Die Veranstaltungen müssen grundsätzlich beschränkt sein auf Teilnehmer, die Betreute der veranstaltenden Einrichtung sind (Insassen der Vollzugsanstalt, Bewohner des Altenheims, Schüler der Schule, Patienten der Anstalt). Das Hinzutreten weiterer Teilnahmeberechtigter schadet nicht, sofern diese in persönlichen Beziehungen zu den eigentlich Betreuten stehen (zB einzelne Besucher der Insassen von Vollzugsanstalten und Altenheimen, Verwandte der Schüler). Sobald jedoch ein größerer Personenkreis teilnahmeberechtigt ist, entfällt die Privilegierung (vgl. den Hinweis des Rechtsausschusses auf „größere Besuchergruppen"). Keinesfalls darf die Zielgruppe so ausgerichtet sein, dass dadurch der **interne** Charakter der Veranstaltung entfällt. Nur eine solche Definition entspricht auch dem Gebot der engen Auslegung (Rdnr. 7). Veranstaltungen, die für einen größeren als den engen betreuten Personenkreis der jeweiligen Einrichtung bestimmt sind, sind keine Veranstaltungen für einen bestimmt abgegrenzten Personenkreis. Dies gilt zB für sog. Seniorentanzveranstaltungen, an denen alle Einwohner ab einem bestimmten Alter teilnehmen können (LG München I ZUM-RD 1997, 146/147 – Musiknutzung in Alten- und Servicecentren), für Jugendzentren, Jugenddiscos etc., zu denen Jugendliche bis zu einem bestimmten Alter Zutritt haben oÄ (LG Frankfurt/M *Schulze* LGZ 205, 5, für Jungendzentren, die allen Jugendlichen offen stehen; *Funke* GRUR 1996, 390, für Veranstaltungen der „offenen Kinder- und Jugendarbeit"). Auch an der Teilnahme von Personen des öffentlichen Lebens, Vertretern anderer ähnlicher Einrichtungen uÄ bei Veranstaltungen ergibt sich, dass diese nicht mehr für einen abgegrenzten Personenkreis bestimmt sind (ebenso *Bender* RdJB 1986, 172). Bei der Beurteilung kommt es nicht auf die tatsächliche Nutzung der Veranstaltung, sondern nur auf die Besuchs**möglichkeit** an (LG Frankfurt/M *Schulze* LGZ 205, S. 5).

Für das Tatbestandsmerkmal des bestimmt abgegrenzten Personenkreises kann es nicht genügen, dass die Veranstaltung nur für einen solchen engen Kreis **beabsichtigt** ist, auch eine „faktische Eingrenzung" des Personenkreises ist nötig (OLG Frankfurt/M ZUM 1990, 408). Es muss durch die Organisation auch sichergestellt sein, dass tatsächlich nur ein bestimmt abgegrenzter Personenkreis nach obiger Definition teilnehmen kann (ebenso *Wandtke/Bullinger/Lüft* Rdnr. 13). Die Ausgabe von Freikarten genügt hierfür grundsätzlich nicht. Der Veranstalter ist vielmehr gehalten – will er die Privilegierung von S. 3 in Anspruch nehmen – für eine Kontrolle zu sorgen, dass tatsächlich nur der bestimmt abgegrenzte Personenkreis zu der Veranstaltung Einlass findet. 32

cc) Schließlich muss die privilegierte Veranstaltung **sozialer oder erzieherischer Zweck-** 33
bestimmung dienen. Es handelt sich hierbei um eine selbständig zu prüfende Voraussetzung (BVerfG ZUM 1989, 190/192 – Strafvollzugsanstalt; *Dreyer* in HK-UrhR Rdnr. 51), auch wenn sie nach dem Wortlaut des Gesetzes mit dem bestimmt abgegrenzten Personenkreis verbunden ist. Der Gesetzgeber selbst ging davon aus, „dass nur solche Veranstaltungen vergütungsfrei sein sollen, die der Erfüllung der sozialen Aufgaben des Veranstalters dienen" (AmtlBegr. UFITA 96 [1983] 107/117/128). Nur bei einer solchen sozialen oder erzieherischen Zweckbestimmung einer Veranstaltung kann überhaupt der besondere soziale Bezug, den das Bundesverfassungsgericht für eine Vergütungsfreiheit fordert, vorliegen (*Möller* S. 21). Hieraus folgt, dass die Veranstaltung ausschließlich den privilegierten Zwecken dienen muss (*Wandtke/Bullinger/Lüft* Rdnr. 14; aA *Dreyer* in HK-UrhR Rdnr. 51, wonach der „vorwiegende" Zweckbestimmung genügt).

Im Sozialbereich wird diese Zweckbestimmung im Hinblick auf die großen Maßnahmekataloge, die der Gesetzgeber hier vorgesehen hat, in der Regel zu unterstellen sein (vgl. BGH GRUR 1984, 734/735 – Vollzugsanstalten – wonach die Musikwiedergabe für Insassen auch Zwecken des Strafvollzugs dient). Bei **Schulveranstaltungen** dagegen liegen diese Voraussetzungen nur vor, wenn die betreffende Veranstaltung unmittelbar dem erzieherischen Zweck der betreffenden Schule dient; dabei muss die *gesamte* Veranstaltung diesen erzieherischen Zweck verfolgen (*von der Decken-Eckardt* Nieders. SVBl. 1989, 196/201 f.). Der Gesetzgeber geht davon aus, dass nur solche Veranstaltungen privilegiert sind, „die von der Schule oder den Schülern selbst im Rahmen der schulischen Aufgaben durchgeführt und im Ablauf des Schuljahres üblich 34

§ 52   Öffentliche Wiedergabe

sind" (AmtlBegr. UFITA 96 [1983] 107/117/128). Deshalb fallen zB Schulfeste, Wohltätigkeitsveranstaltungen in Schulen oÄ – unabhängig davon, ob sie von der Schulleitung oder der Schülermitverwaltung organisiert werden – nicht hierunter, da sie nicht – ja nicht einmal primär – erzieherischen Zwecken, sondern der Unterhaltung, der Selbstdarstellung der Schule oÄ dienen (ebenso *Möhring/Nicolini/Waldenberger* Rdnr. 26; *Wandtke/Bullinger/Lüft* Rdnr. 14; *Neumann* S. 99, 102, der darauf hinweist, dass die urheberrechtlichen Vollzugsbekanntmachungen der Kultusministerien der Länder meist eine zu weite Auslegung enthalten; differenzierend auf die überwiegende Zweckbestimmung abstellend *Dreier/Schulze* Rdnr. 14 und *Dreyer* in HK-UrhR Rdnr. 53). Im Übrigen entfällt die Vergütungspflicht auch bei „Üblichkeit" einer Schulveranstaltung natürlich nur, wenn die Tatbestandsvoraussetzungen des S. 3 vorliegen, die Veranstaltung also ihrer sozialen oder erzieherischen Zweckbestimmung nach (so. Rdnr. 33) nur einem bestimmt abgegrenzten Kreis von Personen zugänglich ist (so. Rdnr. 30 f.).

35   **d)** Die negativen wirtschaftlichen Auswirkungen der Vergütungsfreiheit nach S. 3 sind durch die Beschränkung auf Einzelveranstaltungen (so. Rdnr. 23) für die Urheber weniger gravierend als zunächst befürchtet. Dennoch sind eine Reihe von bis zum 1. 7. 1985 vergütungspflichtigen Veranstaltungen nach dem Willen des Gesetzgebers vergütungsfrei geworden. Hierunter können zB Veranstaltungen in Aufenthaltsräumen von sog. **Jugenddörfern** (OLG Stuttgart Schulze OLGZ 220), in **Altenheimen** (BGH GRUR 1975, 33 – Alters-Wohnheim; KG UFITA 74 [1975] 311), in **Strafvollzugsanstalten** (BGH GRUR 1984, 734 – Vollzugsanstalten) fallen.

Andererseits sind durch die Urheberrechtsreform 1985 eine Reihe von bisher **Schulveranstaltungen,** die bisher mangels Erwerbszweckes vergütungsfrei waren, vergütungspflichtig geworden (vgl. die von *Bender* RdJB 1986, 172, genannten Beispiele; aA *Dietz* RdJB 1986, 167). Für solche Schulveranstaltungen besteht entsprechend den allgemeinen Grundsätzen eine umfassende Anzeige- und Auskunftspflicht des Veranstalters (vor §§ 44 a ff. Rdnr. 25 ff., aA *Dietz,* Schulverwaltung 1988, 228/234). Aus Gründen der Verwaltungsvereinfachung, aber auch um strittige Fragen über Bestehen oder Nichtbestehen von Vergütungspflicht bei Schulveranstaltungen zu vermeiden, hat die GEMA mit der Bundesvereinigung der Kommunalen Spitzenverbände einen umfassenden „Pauschalvertrag" abgeschlossen (abgedr. bei *Neumann* S. 297). Es handelt sich hierbei freilich nur um einen Rahmenvertrag, der erst durch Beitritt der einzelnen kommunalen Schulaufwandsträger realisiert wird (Einzelheiten bei *Neumann* S. 108). Vorbild hierfür war ein bereits 1984 abgeschlossener Gesamtvertrag zwischen der GEMA und dem Kultusministerium von Rheinland-Pfalz (vgl. *Bender* RdJB 1985, 486/497). Soweit diese Verträge sich auf die Wiedergabe von Hörfunk- und Fernsehsendungen beziehen, nimmt die GEMA auch die Rechte der Verwertungsgesellschaften VG Wort und GVL wahr.

36   **4.** Dient die Veranstaltung dem **Erwerbszweck eines Dritten,** so hat dieser Dritte eine Vergütung zu bezahlen (Abs. 1 S. 4). Sowohl dem Sinn wie dem Wortlaut nach bezieht sich diese Regelung nur auf nach S. 3 vergütungsfreie Veranstaltungen. Liegt eine Veranstaltung nach Abs. 1 S. 1 – ohne die zusätzlichen, zur Vergütungsfreiheit führenden Voraussetzungen – vor, so schuldet bereits der Veranstalter selbst nach Abs. 1 S. 2 eine „angemessene Vergütung" (*Dreier/Schulze* Rdnr. 16). Wie schon nach Abs. 1 Nr. 1 in der vor 1. 7. 1985 geltenden Fassung ist die Schuld des Dritten **keine Haftung,** der Dritte schuldet vielmehr eine Vergütung nur, wenn der Veranstalter selbst von der Vergütungspflicht freigestellt ist (vgl. AmtlBegr. UFITA 45 (1965) 240/286; *v. Gamm* Rdnr. 11 aE). Die Prüfung, ob ein Dritter vergütungspflichtig ist, greift also nur ein, wenn die Voraussetzungen von S. 3 vorliegen.

Typisches Beispiel für die Entstehung der Zahlungsverpflichtung eines Dritten sind an sich genehmigungs- und vergütungsfreie Veranstaltungen in Gaststätten, die dem Erwerbszweck des Gastwirtes dienen (BGHZ 17, 376 – Betriebsfeiern; BGHZ 19, 227 – Kirmes; KG Schulze KGZ 23, 1/6). Wegen der Vergütungsfreistellung nach S. 3 gewinnt die Haftung Dritter erhöhte Bedeutung bei Veranstaltungen innerhalb privilegierter Einrichtungen. So dienen beispielsweise Veranstaltungen in Jugendzentren, in denen die Bewirtschaftung von einem Pächter betrieben wird, dem Erwerbszweck des Letzteren, so dass dieser für die Veranstaltung nach S. 4 eine Vergütung zu bezahlen hat.

5. Kirchliche Veranstaltungen (Abs. 2)

37   **a)** Die Neufassung der Regelung für **Gottesdienste oder kirchliche Feiern** wurde durch die Kirchenmusikentscheidung des BVerfG nötig (Rdnr. 4). Obwohl vor dieser Entscheidung kirchliche Veranstaltungen in diesem Rahmen grundsätzlich vergütungsfrei waren (Rdnr. 1, 2),

Öffentliche Wiedergabe § 52

bestanden bereits seit 1953 bzw. 1955 Verträge zwischen der GEMA und den Organisationen der katholischen bzw. evangelischen Kirche Deutschlands, auf Grund derer die Kirche für die öffentliche Wiedergabe geschützter Werke insbesondere bei Gottesdiensten auf freiwilliger Basis Pauschalvergütungen bezahlt (im Einzelnen hierzu *Schulz* Kirchenmusik S. 3/11 ff.; *Kröber*, S. 46 ff.). Im RegE 1965 war denn auch noch eine generelle Vergütungspflicht für öffentliche Wiedergabe bei kirchlichen Veranstaltungen vorgesehen, wobei ausdrücklich darauf hingewiesen wurde, dass dies „einer Anregung der Kirchen" entspräche (AmtlBegr. UFITA 45 [1965] 240/244). Während der Diskussion über diesen Entwurf aber vollzog sich – insbesondere bei der katholischen Kirche – ein Wandel weg von der urheberfreundlichen Haltung, der dann zu der durch das BVerfG beanstandeten Fassung des § 52 geführt hat (Schriftl. Bericht des Rechtsausschusses, UFITA 46 [1966] 174/186 f.; *Schulz* Kirchenmusik S. 3/14 f.; *Kröber*, S. 72 ff.).

b) Veranstalter einer nach **Abs. 2** privilegierten öffentlichen Wiedergabe können nur **Kirchen oder Religionsgemeinschaften** sein. Die vorher gültige weitere Voraussetzung, dass es sich um Einrichtungen „des öffentlichen Rechts" handeln müsse, wurde bei der Urheberrechtsreform 1985 – offensichtlich in Anlehnung an § 46 – fallengelassen. Seither jedenfalls ist es unerheblich, ob die Kirche oder Religionsgemeinschaft von der Möglichkeit einer öffentlich-rechtlichen Gestaltungsform nach Art. 140 GG iVm. Art. 137 Weimarer Verfassung Gebrauch gemacht hat (vgl. *v. Gamm* Rdnr. 12, der schon vorher im Hinblick auf den Gleichbehandlungsgrundsatz eine solche Auslegung für nötig erachtete). 38

c) Privilegiert sind nur öffentliche Wiedergaben bei **Gottesdiensten oder kirchlichen Feiern.** Die noch im RegE 1980 übernommene Privilegierung auch für „andere Veranstaltungen" wurde fallengelassen. Damit ist klargestellt, dass nur solche Veranstaltungen privilegiert sind, die unmittelbar kultischen Zwecken dienen. Die Begriffe Gottesdienst und kirchliche Veranstaltungen sind nicht scharf abgrenzbar. Als kirchliche Feiern kommen neben den Gottesdiensten insbesondere Vesper, Hochzeit, Taufe und Adventsfeiern in Betracht (so die „eingegangenen Stellungnahmen" kirchlicher Einrichtungen, zitiert bei BVerfGE 49, 382/390/391 – Kirchenmusik); allerdings ist dies keine abschließende Aufzählung (*Schulz* Urheberschutz S. 20/29). Nach katholischer Doktrin fallen darunter sowohl die im engeren Sinn liturgischen Gottesdienste (Messfeiern, Stundengebete ua. liturgische actiones), also auch die sog. außerliturgischen Gottesdienste wie Andachten und Feierstunden (vgl. hierzu *Schulz* Kirchenmusik S. 3/4). Des Weiteren fallen hierunter alle Veranstaltungen, bei denen der liturgische Charakter dominiert wie zB Taufen, Trauungen und Bestattungen (*Dreier/Schulze* Rdnr. 10). 39

d) Durch die Kirchenmusikentscheidung des BVerfG gewann der bis dahin nur theoretische Streit, ob der im Rahmen von Gottesdiensten abgehaltene **Gemeindegesang** (in der evangelischen Kirche) bzw. **Volksgesang** (in der katholischen Kirche) eine öffentliche Aufführung iSv. § 15 Abs. 2 Nr. 1 ist, praktische Bedeutung. In den (freiwilligen) Verträgen zwischen den Kirchen und der GEMA war diese Streitfrage ausgeklammert. 40

Unzweifelhaft sind Gottesdienste und andere kirchliche Feiern **für die Öffentlichkeit bestimmt** iS von § 15 Abs. 3, können daran doch nicht nur Mitglieder der jeweiligen Kirchengemeinde, sondern auch Außenstehende teilnehmen (*Schulz* Kirchenmusik S. 3/7 mwN), die Öffentlichkeit ist geradezu das Ziel von Gottesdiensten (*Frotz* InterGU-Jb. 1971, S. 31). Im Übrigen würde selbst unter den Gemeindemitgliedern die persönliche Verbindung der Beteiligten fehlen, wie sie Voraussetzung zur Verneinung der Öffentlichkeit wäre (vgl. BGHZ 17, 376/378 – Betriebsfeiern; BGH GRUR 1956, 515/518 – Tanzkurse; s. § 15 Rdnr. 33 ff.). 41

Strittig aber ist, ob der Gemeinde- oder Volksgesang eine **Aufführung** iSv. § 15 Abs. 2 Nr. 1 iVm. § 19 Abs. 2 darstellt. Mit dem Volks- bzw. Gemeindegesang beteiligt sich die Kirchengemeinde aktiv am Gottesdienst; üblicherweise wird er von der Orgel begleitet, oftmals findet er in Form eines Wechselgesanges zwischen Priester und Volk statt. Diese Gesänge sind „notwendiger und integrierender Bestandteil" der Liturgie und dienen jedenfalls nicht primär der Verschönerung und Ausschmückung des Gottesdienstes (*Schulz* Kirchenmusik S. 3/8 mwN). Trotz dieser Feststellung ist es urheberrechtlich unzulässig, die Frage, ob Volks- bzw. Gemeindegesang öffentliche Aufführungen darstellen, über eine **Eigengesetzlichkeit der kultischen Musik** beantworten zu wollen (so aber der Ansatzpunkt von *Schulz* Urheberschutz S. 20/29 ff.; *ders.* Eigengesetzlichkeit insb. S. 22; *ders.* Kirchenmusik insb. S. 17 ff.). Urheberrechtlich kann diese Frage nur durch Auslegung von § 19 Abs. 2 gelöst werden. Danach setzt eine Aufführung eine „persönliche Darbietung" voraus, die ein Musikwerk zu Gehör bringt. Dem Sinn und Wortlaut nach kann dabei nur das Zuhören eines anderen, nicht des Darbietenden selbst, gemeint sein. Voraussetzung für § 19 Abs. 2 ist also eine Werkvermittlung von einem aktiv Darbietenden zu einem passiv Zuhörenden. An dieser 42

Zweiteilung aber fehlt es beim Volks- bzw. Gemeindegesang; hier schließen sich die Gemeindemitglieder zu einem **gemeinsamen** Gesang zusammen, dessen Zweck es nicht ist, einem Dritten zu Gehör gebracht zu werden. Dies gilt auch für den Wechselgesang, da auch hier kein Teil des Gesanges einem Dritten zu Gehör gebracht werden soll. Auch die Einleitung durch das Orgelvorspiel (das zumeist nur der Intonation dient) und die Begleitung durch die Orgel ändert an dieser Betrachtungsweise nichts; die Orgelbegleitung dient lediglich der Unterstützung des gemeinsamen Gesanges (ebenso *Hubmann* Auswirkungen S. 13/19; *ders.* ZUM 1988, 11; *Günther* AfP 1986, 22). Der Volks- bzw. Gemeindegesang stellt somit keine Aufführung iS von § 19 Abs. 2 dar; er kann somit auch nicht unter § 52 Abs. 2 subsumiert werden, da er keine öffentliche Wiedergabe iS von § 15 Abs. 2 ist, eine Vergütungspflicht entfällt (ebenso *Dreier/Schulze* Rdnr. 10; *Overath*, FS für Kreile Rdnr. 483/488; *Rehbinder*[15] Rdnr. 521; *Hubmann* Auswirkungen S. 13/19 f.; *Schulz* Urheberschutz S. 20/31; *ders.* Eigengesetzlichkeit S. 21/34 f.; *Haberstumpf* Rdnr. 234)

43 Der RefE 1980 sah noch eine entsprechende Klarstellung im Wortlaut vor. Im RegE wurde diese Bestimmung als überflüssig fallengelassen, weil eben der **Gesang der Gemeinde** und dessen musikalische Begleitung keine Aufführung sind. „Es fehlt insoweit an der notwendigen Zweiteilung in Darbietende und Zuhörerschaft. Die Gemeindemitglieder nehmen mit ihrem Gesang, sei es ein einseitiger Gesang oder ein Gesang im Wechsel zwischen Pfarrer und Gemeinde, an einer Kulthandlung teil, bei der es nur Beteiligte und kein Auditorium gibt ... Da es sich demnach bei einem Gemeindegesang und seiner Begleitung nicht um eine öffentliche Wiedergabe – hier: Aufführung – handelt, fehlt es insoweit schon an einer dem ausschließlichen Verwertungsrecht des Urhebers unterliegenden Nutzung des Werkes". (AmtlBegr. UFITA 96 [1983] 107/117/130; *Möller* S. 23; zur Historie ausführlich *Kröber*, S. 108 ff.). Die gegen diese hM vorgebrachten Argumente (*Fromm/Nordemann/W. Nordemann*[10] Rdnr. 25; *Möhring/Nicolini/Waldenberger* Rdnr. 31) vermögen nicht zu überzeugen. Der Vergleich mit der Kapelle, die einen allseits bekannten Karnevalsschlager „zum Mitsingen" spielt, geht fehl; dieses fröhliche Mitsingen stellt lediglich eine intensivere Form der Aufnahme des Dargebotenen dar (eine schwächere, aber immer noch aktive Form ist zB das beliebte Mitklatschen bei Popkonzerten). An der grundsätzlichen Zweiteilung – hier darbietende Künstler, dort konsumierendes Publikum – ändert sich dadurch grundsätzlich nichts. Beim Volks- bzw. Gemeindegesang gibt es dagegen nur Darbietende, ein Publikum fehlt. Auch das weitere Argument, der Pfarrer, der bestimmt, welche Lieder wann von der Gemeinde gesungen werden, entspräche einem Kapellenleiter, geht fehl. Es ist nicht die Existenz des Kapellmeisters, die das Abspielen des Karnevalsschlagers als Aufführung qualifiziert, sondern die Darbietung durch die Kapelle. Im Übrigen wird zB auch beim häuslichen Kammermusizieren jemand angeben müssen, was wann gespielt wird; dadurch wird solches Musizieren noch kein Aufführen iSv. § 19 Abs. 2, da die Musik hier nicht „öffentlich zu Gehör" gebracht wird. Auf die „Organisation" der Musik kommt es also für die Beurteilung, ob eine öffentliche Aufführung vorliegt, nicht an.

44 Das Ergebnis, dass Volks- und Gemeindegesang im Gottesdienst, auch wenn urheberrechtlich geschützte Werke verwendet werden (zumeist wird es sich dabei um Bearbeitungen handeln), nicht der Vergütungspflicht nach Abs. 2 S. 2 unterliegen, widerspricht auch nicht der **Tendenz des BVerfG.** Dessen Anliegen war es, sicherzustellen, „dass die Komponisten religiöser Musik in jedem Fall eine angemessene Vergütung durch die Kirchen erhielten" (BVerfGE 49, 382/397 – Kirchenmusik). Die zeitgenössischen Liedkomponisten und Bearbeiter, deren Werke im Wesentlichen beim Volks- bzw. Gemeindegesang verwendet werden, finden in aller Regel ihren Verdienst aus der Vergütung für die Verbreitung der entsprechenden Liedbücher (*Schulz* Kirchenmusik S. 3/23; nach *Hubmann* Auswirkungen S. 13/20, würde bei Einbeziehung des Volksgesanges in die Vergütungspflicht „die Tendenz des BVerfG in ihr Gegenteil verkehrt").

45 e) Obwohl das BVerfG in der Kirchenmusikentscheidung und die Literatur in diesem Zusammenhang immer nur von Kirchen**musik** und Kirchen**komponisten** sprechen, ist darauf hinzuweisen, dass die Vergütungspflicht nach Abs. 2 S. 2 auch für **Sprachwerke** gilt (zB Liedertexte und Gebetstexte); dies gilt zB auch für urheberrechtlich geschützte Übersetzungen lateinischer Texte (vgl. *Hubmann* Auswirkungen S. 13/17).

6. Vorbehaltene Rechte nach Abs. 3

46 In Abs. 3 ist die Wiedergabefreiheit eingeschränkt durch **Verbotsvorbehalte** für bühnenmäßige Aufführungen, öffentliche Zugänglichmachungen, Funksendungen und öffentliche Vorführungen eines Filmwerkes. Die Ausnahme beruht auf dem Gedanken, dass diese vorbehaltenen Nutzungen „einen so großen Aufwand erfordern, dass es den Veranstaltern zugemutet werden

kann, auch die Vergütung für die Urheber zu zahlen" (AmtlBegr. UFITA 45 [1965] 240/286). Richtig hätte es lauten müssen, dass den Veranstaltern dann auch zuzumuten ist, die (vorherige) Einwilligung einzuholen (*Dreier/Schulze* Rdnr. 17).

a) Der Verbotsvorbehalt für **bühnenmäßige Aufführungen** ist aus § 27 Abs. 2 LUG übernommen worden. Zum Begriff der bühnenmäßigen Aufführung s. § 19 Rdnr. 18 ff. 47

b) Der Verbotsvorbehalt für **öffentliche Zugänglichmachung** wurde anlässlich der Umsetzung der Multimedia-Richtlinie eingeführt (so. Rdnr. 6 a). Das Verbot umfasst nur das Recht der öffentlichen Zugänglichmachung gem. § 19a selbst, nicht aber das Recht zur Wahrnehmbarmachung von Online zugänglich gemachten Werken gem. § 22. Letzteres bleibt unter den Voraussetzungen von Abs. 1 und 2 privilegiert. 47a

c) Der Begriff der **Funksendung** ergibt sich aus § 20; das Verbot umfasst nur das Recht zur Sendung selbst. Die öffentliche Wiedergabe von Funksendungen (§ 22 iV mit § 15 Abs. 2 Nr. 4) ist dagegen im Rahmen von Abs. 1 und 2 zulässig. Hier ist allerdings die weite Auslegung des Sendebegriffes (BGH GRUR 1994, 45/47 – Verteileranlagen) zu beachten. So fällt insb. die Weiterübertragung von Sendungen durch Verteileranlagen zB in einem Krankenhaus auch deshalb nicht unter § 52, weil es sich um eine Sendung handelt (BGH ZUM 1994, 585 f. – Verteileranlage im Krankenhaus). 48

d) Das Recht zur **öffentlichen Vorführung eines Filmwerkes** ist in § 19 Abs. 4 S. 1 definiert. Dieses Filmvorführungsrecht ist vom Recht, Funksendungen von Filmwerken öffentlich wahrnehmbar zu machen, zu unterscheiden (§ 19 Abs. 4 S. 2). Während also eine Filmvorführung, gleich mittels welcher Technik (zB durch Schmalfilm, Videokassetten oder DVD) dem Verbot nach Abs. 3 unterliegt, können Fernsehsendungen von Filmwerken im Rahmen von Abs. 1 und 2 öffentlich wiedergegeben werden (ebenso *Wandtke/Bullinger/Lüft* Rdnr. 4; irreführend *v. Gamm* Rdnr. 3, wonach Filmwerke für die Anwendung des § 52 stets ausscheiden). 49

7. Urheberpersönlichkeitsrecht

Die Einschränkungen von § 52 lassen das **Urheberpersönlichkeitsrecht** unangetastet. So ist insbesondere das **Änderungsverbot** gem. § 62 zu beachten. 50

Für das Gebot der **Quellenangabe** gilt § 63 Abs. 2; soweit es sich um die Wiedergabe von Funksendungen handelt, kann davon ausgegangen werden, dass durch die Sendung selbst dieser Verpflichtung Rechnung getragen wird; im Übrigen ist zu verlangen, dass die Autoren gesondert bekannt gegeben werden (zB durch Ansage bei öffentlichen Aufführungen).

§ 52a Öffentliche Zugänglichmachung für Unterricht und Forschung

(1) Zulässig ist,

1. veröffentlichte kleine Teile eines Werkes, Werke geringen Umfangs sowie einzelne Beiträge aus Zeitungen oder Zeitschriften zur Veranschaulichung im Unterricht an Schulen, Hochschulen, nichtgewerblichen Einrichtungen der Aus- und Weiterbildung sowie an Einrichtungen der Berufsbildung ausschließlich für den bestimmt abgegrenzten Kreis von Unterrichtsteilnehmern oder
2. veröffentlichte Teile eines Werkes, Werke geringen Umfangs sowie einzelne Beiträge aus Zeitungen oder Zeitschriften ausschließlich für einen bestimmt abgegrenzten Kreis von Personen für deren eigene wissenschaftliche Forschung

öffentlich zugänglich zu machen, soweit dies zu dem jeweiligen Zweck geboten und zur Verfolgung nicht kommerzieller Zwecke gerechtfertigt ist.

(2) ¹Die öffentliche Zugänglichmachung eines für den Unterrichtsgebrauch an Schulen bestimmten Werkes ist stets nur mit Einwilligung des Berechtigten zulässig. ²Die öffentliche Zugänglichmachung eines Filmwerkes ist vor Ablauf von zwei Jahren nach Beginn der üblichen regulären Auswertung in Filmtheatern im Geltungsbereich dieses Gesetzes stets nur mit Einwilligung des Berechtigten zulässig.

(3) Zulässig sind in den Fällen des Absatzes 1 auch die zur öffentlichen Zugänglichmachung erforderlichen Vervielfältigungen.

(4) ¹Für die öffentliche Zugänglichmachung nach Absatz 1 ist eine angemessene Vergütung zu zahlen. ²Der Anspruch kann nur durch eine Verwertungsgesellschaft geltend gemacht werden.

§ 52a Öffentliche Zugänglichmachung für Unterricht und Forschung

Schrifttum: *Bagh,* On-demand Anwendungen in Forschung und Lehre – Die öffentliche Zugänglichmachung für Unterricht und Forschung im Rechtsvergleich zwischen Schweden und Deutschland, 2007; *Bahlmann,* Gedanken zur öffentlichen Zugänglichmachung für Unterricht und Forschung, KUR 2003, 62; *v. Bernuth,* Streitpunkt – der Regelungsgehalt des § 52 a UrhG, ZUM 2003, 438; *ders.,* Die öffentliche Zugänglichmachung geschützter Werke für Unterrichtszwecke (§ 52 a UrhG), KUR 2002, 123; *Ensthaler,* Bundestag beschließt die Herausnahme wissenschaftlicher Sprachwerke aus dem UrhG, K&R 2003, 209; *Gounalakis,* Ein neuer Morgen für den Wissenschaftsparagrafen: Geistiges Eigentum weiter in Piratenhand, NJW 2007, 36; *ders.,* Elektronische Kopien für Unterricht und Forschung (§ 52 a UrhG) im Lichte der Verfassung, 2003; *ders.,* Digitale Lehrbücher im Computernetzwerk von Schulen und Hochschulen und das Urheberrecht, JZ 2003, 1099; *ders.,* Ein neuer Morgen für den Wissenschaftsparagrafen – Geistiges Eigentum weiter in Piratenhand, NJW 2007, 36; *Harder,* Ist die Zugänglichmachung von Werken zur Veranschaulichung im Unterricht an Hochschulen (§ 52 a Abs. 1 Nr. 1, 2. Alt. UrhG) verfassungsgemäß?, UFITA 2004/III, 643; *Haupt,* Die EG-Richtlinie „Urheberrecht in der Informationsgesellschaft" und Konsequenzen für die Nutzung von Werken im Schulunterricht gemäß § 52 a UrhG, ZUM 2004, 104; *ders.,* Strafanzeige gegen Monika Hohlmeier – die Hintergründe, KUR 2004, 65; *Heeg/Pflüger,* Die Vergütungspflicht nichtkommerzieller Nutzung urheberrechtlich geschützter Werke in öffentlichen Bildungs-, Kultur- und Wissenschaftseinrichtungen – ein Plädoyer für einen einheitlichen Vergütungstatbestand, ZUM 2008, 649; *Hilty,* Das Urheberrecht und der Wissenschaftler, GRUR Int. 2006, 179; *Hoeren,* Der 2. Korb der Urheberrechtsreform – eine Stellungnahme aus der Sicht der Wissenschaft, ZUM 2004, 885; *Hoeren/Kalberg,* Der amerikanische TEACH Act und die deutsche Schrankenregelung zur „Öffentlichen Zugänglichmachung für Unterricht und Forschung" (§ 52 a UrhG) im Vergleich, ZUM 2006, 600; *Milkovic,* Das digitale Zeitalter – Segen oder Fluch für die wissenschaftliche Informationsversorgung? – Verfassungsrechtliche und europarechtliche Bewertung der Schrankenbestimmungen § 52 a UrhG, sowie §§ 52 b und 53 a UrhGE, 2008; *Kuhlen,* Eine Kopernikanische Wende im Publikationssystem zur Sicherung von Zugangsfreiheit für Bildung und Wissenschaft vonnöten – Eine Kritik der Schranken (insbesondere § 52 a) beim Urheberrechtsgesetz, in Peifer/Gersmann (Hrsg.), Forschung und Lehre im Informationszeitalter – zwischen Zugangsfreiheit und Privatisierungsanreiz, 2007, S. 135; *Lauber/Schwipps,* Das Gesetz zur Regelung des Urheberrechts in der Informationsgesellschaft, GRUR 2004, 293/296; *Loewenheim,* Öffentliche Zugänglichmachung von Werken im Schulunterricht – Überlegungen zum Begriff der Öffentlichkeit in § 52 a UrhG, Fs. für Schricker, 2005, S. 413; *Lorenz,* Braucht das Urheberrecht eine Schranke für die öffentliche Zugänglichmachung für Unterricht und Forschung (§ 52 a UrhG)?, ZRP 2008, 261; *Neumann,* Urheberrecht und Schulgebrauch, 1994; *Peifer,* Wissenschaftsmarkt und Urheberrecht: Schranken, Vertragsrecht, Wettbewerbsrecht, GRUR 2009, 22; *Pfeifer/Gersmann* (Hrsg.), Forschung und Lehre im Informationszeitalter – zwischen Zugangsfreiheit und Privatisierungsanreiz, 2007; *Sandberger,* Behindert das Urheberrecht den Zugang zu wissenschaftlichen Publikationen?, ZUM 2006, 818; *Schack,* Dürfen öffentliche Einrichtungen elektronische Archive anlegen? AfP 2003, 1; *Sieber,* Urheberrechtlicher Reformbedarf im Bildungsbereich, MMR 2004, 715; *Suttorp,* Die öffentliche Zugänglichmachung für Unterricht und Forschung (§ 52 a UrhG), 2005; *Thum,* Urheberrechtliche Zulässigkeit von digitalen Online-Bildarchiven zu Lehr- und Forschungszwecken, K&R 2005, 490.

Übersicht

	Rdnr.
I. Zweck und Bedeutung der Norm	1
II. Anwendungsbereich	2–4
III. Privilegierungstatbestand (Abs. 1)	5–15
1. Öffentliche Zugänglichmachung	5
2. Gegenstand der Zugänglichmachung	6, 7
3. Zugänglichmachung für den Unterricht (Abs. 1 Nr. 1)	8–10
4. Zugänglichmachung für die eigene wissenschaftliche Forschung (Abs. 1 Nr. 2)	11–13
5. Gebotenheit zum jeweiligen Zweck und Rechtfertigung zur Verfolgung nicht kommerzieller Zwecke	14, 15
IV. Ausnahmen (Abs. 2)	16, 17
1. Für den Unterrichtsgebrauch bestimmte Werke	16
2. Filmwerke	17
V. Vervielfältigungen (Abs. 3)	18
VI. Vergütungspflicht (Abs. 4)	19, 20
1. Anspruch auf angemessene Vergütung	19
2. Verwertungsgesellschaftenpflichtigkeit	20

I. Zweck und Bedeutung der Norm

1 § 52 a wurde durch das Gesetz zur Regelung des Urheberrechts in der Informationsgesellschaft vom 10. 9. 2003 (BGBl. I, S. 1774) neu eingefügt. Ebenso wie § 53 die Kopie zum eigenen Gebrauch als Schranke des Vervielfältigungsrechts nach § 16 erlaubt, stellt § 52 a eine Schranke des Rechts der öffentlichen Zugänglichmachung nach § 19 a dar. Für § 52 a Abs. 1 Nr. 1 und § 53 Abs. 1 Nr. 1 hat der Gesetzgeber deren funktionale Parallelität ausdrücklich betont (vgl. die Stellungnahme des Bundesrates BTDrucks. 15/38 S. 35, die Gegenäußerung der Bundesregierung BTDrucks. 15/38 S. 40 und den Bericht des Rechtsausschusses BTDrucks. 15/837 S. 34). Mit der Regelung des § 52 a hat der deutsche Gesetzgeber von der Möglichkeit einer Schrankenregelung nach Art. 5 Abs. 3 lit. a der europäischen Richtlinie zur Regelung des Urheberrechts in der Informationsgesellschaft (Richtlinie 2001/29/EG, Abl. L 167 v. 22. 6. 2001 S. 10) Gebrauch gemacht.

Er wollte damit **Unterricht und Wissenschaft** in begrenztem Rahmen die **Nutzung moderner Kommunikationsformen ermöglichen** (AmtlBegr. BTDrucks. 15/38 S. 20). Die zunächst weitergehende Fassung des Regierungsentwurfs, die die Zugänglichmachung ganzer Werke vorsah, war während des Gesetzgebungsverfahrens heftig umstritten. Vor allem von Verlegerseite wurde eine empfindliche Einschränkung der Rechte und eine damit verbundene Gefährdung der Produktion von wissenschaftlichen Zeitschriften und Publikationen befürchtet, wenn durch Einscannen eines Exemplars dieses einer ganzen Bildungseinrichtung zugänglich gemacht werden könnte; zudem wurde auch vom Bundesrat die gegenüber dem funktional vergleichbaren § 53 stärkere Beschränkung der Urheberrechte beanstandet (vgl. dazu BTDrucks. 15/38 S. 35 f.; teilweise wurde die geplante Regelung für verfassungswidrig gehalten, vgl. *Schack* AfP 2003, 1/6). Seine heutige Gestalt gewann § 52a im Rechtsausschuss des Bundestages (s. zur Entstehungsgeschichte auch *v. Bernuth* ZUM 2003, 438 f.). Die Vorschrift war zunächst gemäß § 137k bis zum 31. 12. 2006 **befristet;** diese Befristung wurde durch das 5. Urheberrechtsänderungsgesetz bis zum 31. 12. 2008 und durch Gesetz v. 7. 12. 2008 (BGBl. I S. 2349) bis zum 31. 12. 2012 verlängert (s. auch Bericht des Rechtsausschusses BT-Drucks. 16/2019 S. 4). Die Befristung soll der Feststellung dienen, ob die Rechte der wissenschaftlichen Verleger unzumutbar beeinträchtigt werden (vgl. Bericht des Rechtsausschusses BTDrucks. 15/837 S. 36).

II. Anwendungsbereich

§ 52a kann nur dann Anwendung finden, wenn die Zugänglichmachung der geschützten Werke in der **Öffentlichkeit** erfolgt. Ist der Personenkreis, dem die Werke zugänglich gemacht werden, nicht öffentlich, so fällt diese Zugänglichmachung nicht unter das Recht des Urhebers nach § 19a und bedarf damit von vornherein nicht der Zustimmung des Urhebers oder sonstigen Berechtigten. Eine Anwendung des § 52a ist in solchen Fällen weder möglich noch erforderlich. 2

Für den **Begriff der Öffentlichkeit** ist von § 15 Abs. 3 S. 2 auszugehen. Danach gehört zur Öffentlichkeit jeder, der nicht mit dem Werkverwerter oder den anderen Personen, denen das Werk zugänglich gemacht wird, durch persönliche Beziehungen verbunden ist. Dieser Öffentlichkeitsbegriff gilt nicht nur für die Verwertung in unkörperlicher sondern auch in körperlicher Form (AmtlBegr. BTDrucks. 15/38, S. 17); in anderen Fällen, in denen im Urheberrechtsgesetz der Begriff der Öffentlichkeit verwendet wird, ist er aber jeweils durch Auslegung der betreffenden Bestimmungen zu ermitteln. Diese Auffassung wurde von der hM jedenfalls für den Öffentlichkeitsbegriff vor seiner Neufassung durch das Gesetz zur Regelung des Urheberrechts in der Informationsgesellschaft von 2003 vertreten (s. § 15 Rdnr. 59; § 6 Rdnr. 9 mwN; sa. *Dreier/Schulze*[3] § 15 Rdnr. 38; BGHZ 135, 1/14 – Betreibervergütung; zur Gegenansicht vgl. die Nachweise in § 6 Rdnr. 8). Da der Gesetzgeber mit der Neufassung des § 15 Abs. 3 lediglich „eine klarere Formulierung ohne inhaltliche Änderung" vornehmen wollte (AmtlBegr. BTDrucks. 15/38, S. 17), muss dies auch weiterhin gelten (vgl. dazu auch *Loewenheim* in Fs. für Schricker, 2005, S. 413/414 ff.; anders wohl *Dreier/Schulze*[3] § 15 Rdnr. 38; aA auch *Lorenz* ZRP 2008, 261/262 f. mit weiteren Nachweisen). 3

Das hat **Konsequenzen** vor allem für die Zugänglichmachung von Werken im **Unterricht an Schulen.** Zum Öffentlichkeitsbegriff ist im Rahmen des § 15 Abs. 3 vielfach die Auffassung vertreten worden, dass Wiedergaben im Schulunterricht in der Regel nicht öffentlich seien, weil Schüler und Lehrer einen abgegrenzten Personenkreis darstellten und die Schüler durch gegenseitige Beziehungen miteinander verbunden seien (vgl. 2. Aufl. § 15 Rdnr. 45; *Dreier/Schulze*[3] § 15 Rdnr. 45; *Neumann*, Urheberrecht und Schulgebrauch, 1994, S. 92 ff.; sa. die Stellungnahme des Rechtsausschusses des Bundestages zur Urheberrechtsnovelle 1985, BTDrucks. 10/3360, S. 19). Wollte man dies auch für § 52a Abs. 1 Nr. 1 annehmen, so wäre diese Vorschrift praktisch obsolet. Gerade in ihrem Kernbereich, dem regulären Unterricht in Schulklassen liefe sie weitgehend leer, weil sie mangels der Erfüllung des Tatbestandsmerkmals „öffentlich" im Regelfall nicht zur Anwendung käme. Das kann naturgemäß nicht angenommen werden; vielmehr zeigen die gesamte Entstehungsgeschichte und alle diesbezüglichen gesetzgeberischen Äußerungen, dass die Vorschrift gerade den Normalfall des Unterrichts in Schulklassen erfassen sollte (dazu näher *Loewenheim* in Fs. für Schricker, 2005, S. 413/416 ff.; im Ergebnis wie hier auch *Haupt* KUR 2004, 65 ff., insb. S. 69; aA *Dreyer/Kotthoff/Meckel*[2] § 52a Rdnr. 19). Die gleiche Frage kann im Rahmen des Abs. 2 Nr. 2 eine Rolle spielen. Auch bei den „kleinen Forschungsteams", an die der Gesetzgeber bei dieser Vorschrift dachte (Bericht des Rechtsausschusses, BTDrucks. 15/837 S. 34) kann die Anwendung des § 52a nicht von vornherein dadurch ausgeschlossen werden, dass man sie als nicht öffentliche Gruppierungen ansieht. 4

§ 52a Öffentliche Zugänglichmachung für Unterricht und Forschung

III. Privilegierungstatbestand (Abs. 1)

1. Öffentliche Zugänglichmachung

5 § 52a Abs. 1 gestattet die öffentliche Zugänglichmachung. Öffentliche Zugänglichmachung ist nach § 19a die drahtgebundene oder drahtlose Zugänglichmachung in einer Weise, dass das Werk den Mitgliedern der Öffentlichkeit von Orten und zu Zeiten ihrer Wahl zugänglich ist. Da die Zugänglichmachung nur für einen bestimmt abgegrenzten Personenkreis erfolgen darf, kommt vor allem das Einstellen von Werken in Intranet-Systemen von Bildungseinrichtungen und kleineren Forschungsgruppen (BT-Drucks. 15/837, S. 34) in Betracht. Zur Öffentlichkeit sa. Rdnr. 3.

2. Gegenstand der Zugänglichmachung

6 Zugänglichgemacht werden dürfen nur Teile eines Werks (im Fall des Abs. 1 Nr. 1 nur kleine Teile eines Werkes), Werke geringen Umfangs sowie einzelne Beiträge aus Zeitungen oder Zeitschriften. Die Möglichkeit der Zugänglichmachung grundsätzlich auch **ganzer Werke,** wie sie noch im Regierungsentwurf vorgesehen war (BTDrucks. 15/38, S. 7) ist im Rechtsausschuss gerade abgeändert worden (BTDruck's. 15/837, S. 8, 34). **Veröffentlicht** müssen nicht nur die Werkteile, sondern auch die Werke geringen Umfangs und die Zeitungs- und Zeitschriftenbeiträge sein. Der Begriff der Veröffentlichung bestimmt sich nach § 6 Abs. 1; es kommt also darauf an, ob das Werk bzw. der Werkteil mit Zustimmung des Berechtigten der Öffentlichkeit zugänglichgemacht worden ist. Die Veröffentlichung kann sowohl in analoger als auch in digitaler Form erfolgen (vgl. § 6 Rdnr. 16), ein Einstellen in das Internet ist also ausreichend.

7 Während für die eigene wissenschaftlichen Forschung auch größere Teile eines Werkes zugänglich gemacht werden dürfen (vgl. den Bericht des Rechtsausschusses, BTDrucks. 15/837, S. 34), ist nach Abs. 1 Nr. 1 im Unterricht nur die Zugänglichmachung von **kleinen Teilen** eines Werkes zulässig. Angesichts der funktionalen Parallelität von § 52a, § 53a und § 53 (vgl. Rdnr. 1) ist der Begriff der kleinen Teile ebenso wie in § 53 Abs. 3 und § 53 Abs. 2 S. 1 Nr. 4 lit. a zu verstehen. Danach kommt es auf das Verhältnis sämtlicher vervielfältigten Teile eines Werkes zum gesamten Werk an (ebenso *Dreier*/Schulze[3] § 52a Rdnr. 5; *v. Bernuth* ZUM 2003, 438/440); die verschiedentlich angenommene Obergrenze von 20% erscheint zu hoch, während weniger als 10% jedenfalls einen kleinen Teil darstellen (vgl. dazu § 53 Rdnr. 52, 61). Bei den **Werken geringen Umfangs** hat sich der Gesetzgeber ebenfalls an § 53 Abs. 3 orientiert (Bericht des Rechtsausschusses 15/837, S. 34), wobei sich diese Vorschrift wiederum an § 46 anlehnt (AmtlBegr. BTDrucks. 15/38, S. 21). Der Begriff ist daher genauso wie dort zu interpretieren (vgl. dazu § 53 Rdnr. 51; sa. *Dreier*/Schulze[3] § 52a Rdnr. 5; *v. Bernuth* ZUM 2003, 438/440). Als Werke geringen Umfangs hat der Rechtsausschuss auch noch Monographien angesehen (BTDrucks. 15/837, S. 34), was allerdings angesichts des heutigen Umfangs wissenschaftlicher Monographien zweifelhaft erscheint und allenfalls für kleinere Monographien gelten kann (kritisch auch *Dreyer*/Kotthoff/Meckel[2] § 52a Rdnr. 11; Wandtke/Bullinger/*Lüft*[3], § 52a Rdnr. 7). Der Begriff der **einzelnen Beiträge aus Zeitungen oder Zeitschriften** entspricht gleichfalls dem parallelen Begriff in § 53 Abs. 3 Nr. 1 bzw. § 53 Abs. 2 S. 1 Nr. 4 lit. a (dazu näher § 53 Rdnr. 53).

3. Zugänglichmachung für den Unterricht (Abs. 1 Nr. 1)

8 Abs. 1 Nr. 1 setzt voraus, dass es sich um einen Unterricht an **Schulen, Hochschulen, nichtgewerblichen Einrichtungen der Aus- und Weiterbildung oder an Einrichtungen der Berufsbildung** handelt. Ein Unterricht an anderen Einrichtungen reicht nicht aus; die Formulierung im Regierungsentwurf, nach der bereits der Unterricht als solcher ausreichen sollte (BTDrucks. 15/38, S. 8) wurde durch den Rechtsausschuss auf die heutige Fassung eingeengt (BTDrucks. 15/837 S. 34). Damit hat sich der Gesetzgeber wiederum an den Begriffen des § 53 Abs. 3 Nr. 1 orientiert und darüber hinaus den Hochschulbereich einbezogen, um die Wettbewerbsfähigkeit deutscher Hochschulen im internationalen Vergleich zu gewährleisten (BTDrucks. 15/837 S. 34). Hochschulen sind in erster Linie die Universitäten und Fachhochschulen; wegen der übrigen Begriffe kann auf die Kommentierung zu § 53 (dort Rdnr. 59) Bezug genommen werden (sa. *v. Bernuth* ZUM 2003, 438/440).

9 Die Zugänglichmachung muss zur **Veranschaulichung im Unterricht** erfolgen. **Unterricht** bedeutet Benutzung zu Lehrzwecken, nicht dagegen für verwaltungsmäßige Aufgaben (*Dreier/Schulze* Rdnr. 6 unter Bezugnahme auf § 53 Rdnr. 39; vgl. auch § 53 Rdnr. 60). Zur **Ver-**

anschaulichung dient die öffentliche Zugänglichmachung von Werken, wenn dadurch der Lehrstoff verständlicher dargestellt und leichter erfassbar wird (Fromm/Nordemann/*Dustmann*[10] § 52a Rdnr. 9; vgl. auch *Dreyer*/Kotthoff/Meckel[2] § 52a Rdnr. 15). Beispiele bilden die Zugänglichmachung von Abbildungen bei einem naturwissenschaftlichen oder technischen Lehrstoff oder die Zugänglichmachung von Texten im historischen, politischen oder Sprachunterricht.

Es muss sich um den **bestimmt abgegrenzten Kreis von Unterrichtteilnehmern** handeln. Damit wird auf den der jeweiligen Unterrichtseinheit angehörenden Personenkreis abgestellt (sa. AmtlBegr. BTDrucks. 15/38 S. 20). Die Zugänglichmachung darf also nur für die der jeweiligen Klasse angehörenden Schüler, die Teilnehmer an einem bestimmten Kurs oder die Studenten einer Vorlesung oder eines Seminars erfolgen (*Dreier*/Schulze[3] § 52a Rdnr. 8; Fromm/Nordemann/*Dustmann*[10] § 52a Rdnr. 11; *Dreyer*/Kotthoff/Meckel[2] § 52a Rdnr. 16; *v. Bernuth* ZUM 2003, 438/441); zu diesem Kreis gehört naturgemäß auch der unterrichtende Lehrer oder Hochschullehrer. Der Zugriff diesem Kreis nicht angehörender Personen muss durch technisch geeignete **Zugriffskontrollen** wie Passwörter oder andere Identifikationsmaßnahmen ausgeschlossen werden (*Dreier*/Schulze[3] § 52a Rdnr. 8; *v. Bernuth* ZUM 2003, 438/441; *Lauber/Schwipps* GRUR 2004, 293/296), wobei Missbräuchen im Rahmen der technischen und wirtschaftlichen Möglichkeiten vorzubeugen ist. Absolute Sicherheit wird sich freilich meist nicht erreichen lassen. 10

4. Zugänglichmachung für die eigene wissenschaftliche Forschung (Abs. 1 Nr. 2)

Abs. 1 Nr. 2 gestattet die Zugänglichmachung für die eigene wissenschaftliche Forschung. Der Begriff der **wissenschaftlichen Forschung** dürfte enger als der des wissenschaftlichen Gebrauchs in § 53 Abs. 2 S. 1 Nr. 1 zu verstehen sein (ebenso Fromm/Nordemann/*Dustmann*[10] § 52a Rdnr. 13; *Dreyer*/Kotthoff/Meckel[2] § 52a Rdnr. 29; aA *Dreier*/Schulze[3] § 52a Rdnr. 10; *v. Bernuth* ZUM 2003, 438/442; *Lauber/Schwipps* GRUR 2004, 293/297). Während der wissenschaftliche Gebrauch nach § 53 Abs. 2 S. 1 Nr. 1 die bloße Unterrichtung über den Stand der Wissenschaft einschließt (vgl. § 53 Rdnr. 40), ist Forschung durch das Streben nach Gewinnung neuer wissenschaftlicher Erkenntnis gekennzeichnet. Diese Auslegung wird dadurch untermauert, dass dem Gesetzgeber „kleine Forschungsteams" vor Augen standen (Bericht des Rechtsausschusses, BTDrucks. 15/837 S. 34); außerdem unterscheidet der Gesetzgeber in § 52b zwischen „Forschung" und „privaten Studien" wobei Letztere dem wissenschaftlichen Gebrauch zumindest dienen können. Es muss sich ferner um **eigene** wissenschaftliche Forschung handeln. Die Nutzungen muss also in einem Personenkreis erfolgen, dessen Angehörige selbst das Ziel der Gewinnung neuer wissenschaftlicher Erkenntnis verfolgen. Die Einbeziehung von Personen, bei denen das nicht der Fall ist, ist unzulässig. Nicht erlaubt ist es daher, Werke so in das Intranet einer Universität einzustellen, dass sämtlichen dort tätigen Forschern die Nutzung des Werkes ermöglicht wird (Bericht des Rechtsausschusses, BTDrucks. 15/837 S. 34). 11

Auch bei Abs. 1 Nr. 2 muss es sich um einen **bestimmt abgegrenzten Personenkreis** handeln. Dieser Kreis wird in der Regel durch die Zugehörigkeit zu einer Forschungsgruppe definiert sein, die sich ein bestimmtes Forschungsziel gesetzt hat. Der Gesetzgeber dachte an „kleine Forschungsteams" (Bericht des Rechtsausschusses, BTDrucks. 15/837 S. 34), die Größe der Forschungsgruppe wird allerdings maßgeblich vom Forschungsgegenstand und dem dafür erforderlichen personellen Aufwand abhängen. Auch bei Abs. 1 Nr. 2 ist der zugelassene Kreis durch konkrete und nach dem jeweiligen Stand der Technik wirksame Vorkehrungen ausschließlich auf Personen einzugrenzen, die das Angebot für die jeweils eigene wissenschaftliche Zwecke abrufen (AmtlBegr. BTDrucks. 15/38 S. 20). 12

Anders als bei der Zugänglichmachung zu Unterrichtszwecken nach Abs. 1 Nr. 1 ist die **Nutzung von Werkteilen** zu Forschungszwecken nicht auf „kleine Teile" beschränkt (so ausdrücklich der Bericht des Rechtsausschusses, BTDrucks. 15/837 S. 34). Es können also auch größere Werkteile in das Intranet einer Forschungsgruppe eingestellt werden. Die Teile dürfen aber keinen solchen Umfang annehmen, dass sie das Werk praktisch ersetzen (*Dreier*/Schulze[3] § 52a Rdnr. 9; Wandtke/Bullinger/*Lüft*[3], § 52a Rdnr. 12; *v. Bernuth* ZUM 2003, 438/441); ganze Werke dürfen nur dann zugänglich gemacht werden, wenn es sich um Werke geringen Umfangs handelt. Eine Obergrenze von „deutlich unter 50 Prozent" (so Wandtke/Bullinger/*Lüft*[3], § 52a Rdnr. 12) ist aber entschieden zu niedrig gegriffen. Im Rahmen der Nutzung von **Werken geringen Umfangs** hielt der Gesetzgeber sogar die Nutzung von Monographien für möglich (Bericht des Rechtsausschusses aaO), was allerdings zweifelhaft erscheint (vgl. dazu Rdnr. 7; s. dort auch Näheres zu den genutzten Werken von Beiträgen aus Zeitungen und Zeitschriften). 13

5. Gebotenheit zum jeweiligen Zweck und Rechtfertigung zur Verfolgung nicht kommerzieller Zwecke

14 Die Zugänglichmachung muss zur Veranschaulichung im Unterricht bzw. zur eigenen wissenschaftlichen Forschung **geboten** sein. Die Gebotenheit ist nicht im Sinne einer absoluten Notwendigkeit zu verstehen; der Gesetzgeber wollte mit § 52a durch die Zulassung moderner Kommunikationstechniken Unterricht und Forschung erleichtern und ihre Benutzung nicht auf Fälle beschränken, in denen eine andere Möglichkeit der Informationsvermittlung nicht besteht (ebenso *Dreier*/Schulze[3] § 52a Rdnr. 12; Fromm/Nordemann/*Dustmann*[10] § 52a Rdnr. 15). Die Zugänglichmachung ist aber dann nicht geboten, wenn die Informationen mit demselben Effekt auch auf andere Weise vermittelt werden können. Die Möglichkeit der Beschaffung der Informationen in analoger Form wird auch dann, wenn dies ohne erheblichen Aufwand geschehen kann, die Gebotenheit nicht immer ausschließen (so aber Wandtke/Bullinger/*Lüft*[3], § 52a Rdnr. 14; Fromm/Nordemann/*Dustmann*[10] § 52a Rdnr. 15; sa. *Schack*[4], Urheber- und Urhebervertragsrecht, Rdnr. 513 a), weil der Gesetzgeber gerade die Zulässigkeit digitaler Informationsvermittlung eröffnen wollte. Angesichts der Vielfalt der in Frage kommenden Fallkonstellationen wird es auf eine Abwägung der gesamten Umstände im Einzelfall ankommen (*Dreier*/Schulze[3] § 52a Rdnr. 12; Fromm/Nordemann/*Dustmann*[10] § 52a Rdnr. 15).

15 Die Zugänglichmachung muss weiterhin **zur Verfolgung nicht kommerzieller Zwecke gerechtfertigt** sein. Das bedeutet zunächst, dass die Tätigkeit, deren Zweck die Zugänglichmachung dient, also der Unterricht bzw. die Forschung, keine kommerziellen Zwecke verfolgen, also nicht der Gewinnerzielung dienen darf. Bezahlter Unterricht und bezahlte Auftragsforschung sind also nicht privilegiert (Fromm/Nordemann/*Dustmann*[10] § 52a Rdnr. 16; *v. Bernuth* ZUM 2003, 438/441). Die Erstattung von Unkosten und die Abgeltung des Aufwands ist dagegen unschädlich (*Dreier*/Schulze[3] § 52a Rdnr. 13; Fromm/Nordemann/*Dustmann*[10] § 52a Rdnr. 16). Weiterhin darf auch die Zugänglichmachung selbst, also die Zurverfügungstellung der Informationen zum Abruf nicht kommerziellen Zwecken dienen; auch hier gilt aber, dass die reine Unkostenerstattung unschädlich ist (*Dreier*/Schulze[3] aaO).

IV. Ausnahmen (Abs. 2)

1. Für den Unterrichtsgebrauch bestimmte Werke

16 Die Schranke des § 52a Abs. 1 gilt nicht für die Zugänglichmachung von Werken, die für den Unterrichtsgebrauch an Schulen bestimmt sind; dies gilt sowohl für die Fälle des Abs. 1 Nr. 1 als auch des Abs. 1 Nr. 2. Diese im Rechtsausschuss eingefügte Bestimmung soll einen Eingriff in den Primärmarkt der Schulbuchverlage vermeiden (Bericht des Rechtsausschusses, BTDrucks. 15/837 S. 34). In der Tat würden gerade Schulbuchverlage durch die Zulässigkeit des Einscannens und der Zurverfügungstellung in Intranetsystemen empfindlich in ihrem Absatz von Print-Exemplaren beeinträchtigt. Für Schulbücher gilt daher nicht nur die Schranke des § 53 Abs. 3 S. 2, sondern sie dürfen auch nicht ohne Zustimmung des Berechtigten in Intranet- und ähnlichen Systemen zugänglich gemacht werden. Werke, die für den Unterricht an den anderen in Abs. 1 Nr. 1 genannten Bildungseinrichtungen bestimmt sind (zB Lehrbücher für Studenten) werden von der Ausnahme nicht erfasst.

2. Filmwerke

17 Eine weitere Einschränkung besteht für Filmwerke. Ihre öffentliche Zugänglichmachung darf ohne Zustimmung des Berechtigten nicht vor Ablauf von zwei Jahren nach Beginn der üblichen regulären Auswertung in deutschen Filmtheatern erfolgen. Grund für diese Regelung ist die für den Film typische Staffelung der Auswertung („Verwertungskaskade"), dh. die zeitlich gestaffelte Verwertung in Filmtheatern (Erst- und Zweitspieltheater), Fernsehen und Videovertrieb (Bericht des Rechtsausschusses, BTDrucks. 15/837 S. 34). Für Filme, die nicht für die Vorführung in Filmtheatern, sondern lediglich das Fernsehen und den Videovertrieb hergestellt werden, hat der Gesetzgeber keine Regelung getroffen. Ob das die Annahme rechtfertigt, die Anwendung von § 52a sei auf solche Werke dauerhaft ausgeschlossen (so Wandtke/Bullinger/*Lüft*[3], § 52a Rdnr. 19), erscheint zweifelhaft. Eine unterschiedliche Behandlung von für Filmtheater und von für Fernsehen und Videovertrieb bestimmten Filmen erscheint nicht gerechtfertigt. Es ist eher anzunehmen, dass der Gesetzgeber diesen Fall nicht bedacht hat. Abs. 2 Satz 2 sollte daher auf diese Fälle auch angewendet werden (so auch Fromm/Nordemann/*Dustmann*[10] § 52a Rdnr. 18),

Wiedergabe von Werken an elektronischen Leseplätzen   § 52b

wobei an die Stelle der regulären Auswertung in Filmtheatern die Auswertung in Fernsehen und im Videovertrieb tritt.

V. Vervielfältigungen (Abs. 3)

Abs. 3 erlaubt die Herstellung der für die öffentliche Zugänglichmachung erforderlichen Vervielfältigungen. Die digitale Übermittlung von Informationen lässt sich grundsätzlich nicht ohne eine Reihe von Vervielfältigungen bewerkstelligen, etwa in Form von Festlegungen auf Datenträgern wie Festplatten und sonstigen Speichermedien. Diese Vervielfältigungen werden durch Abs. 3 gestattet, und zwar (anders als noch im Regierungsentwurf) sowohl in den Fällen des Abs. 1 Nr. 1 als auch des Abs. 1 Nr. 2. Dabei erfasst § 52 Abs. 3 nur die für die digitale Zugänglichmachung erforderlichen Vervielfältigungen; die Zulässigkeit sonstiger Vervielfältigungen im Bereich von Unterricht und Wissenschaft beurteilt sich nach § 53 Abs. 2 und 3 (Bericht des Rechtsausschusses BTDrucks. 15/837 S. 34). 18

VI. Vergütungspflicht (Abs. 4)

1. Anspruch auf angemessene Vergütung

Für die öffentliche Zugänglichmachung nach Absatz 1 ist eine angemessene Vergütung zu zahlen. Das entspricht nicht nur dem Anspruch des Urhebers auf eine angemessene Vergütung, sondern auch dem besonders durch das BVerfG ausgeprägten Grundsatz, dass im Bereich von Unterricht und Wissenschaft der Urheber Schranken seiner Ausschließlichkeitsrechte hinzunehmen hat, dafür aber eine Vergütung beanspruchen kann (vgl. näher vor §§ 44a ff. Rdnr. 7 ff.). 19

2. Verwertungsgesellschaftenpflichtigkeit

Der Anspruch auf angemessene Vergütung kann nur durch eine Verwertungsgesellschaft geltend gemacht werden. Der Gesetzgeber hat damit an die Regelung gleichgelagerter Fälle angeknüpft (AmtlBegr. BTDrucks. 15/38 S. 20). Zur Geltendmachung der Ansprüche werden die Ansprüche von den Berechtigten den Verwertungsgesellschaften durch entsprechende Wahrnehmungsverträge treuhänderisch zur Wahrnehmung eingeräumt, die die eingehenden Beträge nach ihren Verteilungsplänen an die Berechtigten verteilen (zur Rechteeinräumung an die Verwertungsgesellschaften vgl. insb. Loewenheim/*Melichar*, Handbuch des Urheberrechts[2], § 47 Rdnr. 6 ff., zur Verteilung der Einnahmen ebendort Rdnr. 31 ff.). Für die Bereiche Schulen und Hochschulen bestehen Gesamtverträge. Für den Bereich der **Schulen** gibt es den Vertrag vom 26. Juni 2007 zwischen der VG WORT und der Kultusministerkonferenz, der zum einen regelt, unter welchen Voraussetzungen und in welchem Umfang Werke öffentlich zugänglich gemacht werden dürfen, zum anderen aber auch die Höhe der Vergütung bestimmt; der Vertrag ist zu Ende Juli 2009 gekündigt, es soll auf der Grundlage neuer Untersuchungen über die Nutzung von Werken in Intranets von Schulen neu verhandelt werden. Für den Bereich der **Hochschulen** gibt es einen Gesamtvertrag vom 25./28. September 2007, den alle beteiligten Verwertungsgesellschaften mit Ausnahme der VG WORT mit den Ländern abgeschlossen haben. Die VG WORT hat einen eigenen Tarif veröffentlicht (Bundesanzeiger Nr. 110 vom 16. Juni 2005, Seite 9095), der jedoch von den Ländern nicht akzeptiert wurde. In einem von den Ländern eingeleiteten Verfahren vor der Schiedsstelle beim Deutschen Patent- und Markenamt hat die Schiedsstelle im Dezember 2008 einen Einigungsvorschlag vorgelegt, demzufolge der Tarif der VG WORT nicht in voller Höhe, sondern pro Seite und Unterrichtsteilnehmer zu entrichten ist. Gegen diesen Einigungsvorschlag haben die Länder Widerspruch eingelegt, das Verfahren ist noch nicht abgeschlossen. 20

§ 52b Wiedergabe von Werken an elektronischen Leseplätzen in öffentlichen Bibliotheken, Museen und Archiven

[1] **Zulässig ist, veröffentlichte Werke aus dem Bestand öffentlich zugänglicher Bibliotheken, Museen oder Archive, die keinen unmittelbar oder mittelbar wirtschaftlichen oder Erwerbszweck verfolgen, ausschließlich in den Räumen der jeweiligen Einrichtung an eigens dafür eingerichteten elektronischen Leseplätzen zur Forschung und für private Studien zugänglich zu machen, soweit dem keine vertraglichen Regelungen entgegenstehen.** [2] **Es dürfen grundsätzlich nicht mehr Exemplare eines Werkes an den eingerichteten**

§ 52b

elektronischen Leseplätzen gleichzeitig zugänglich gemacht werden, als der Bestand der Einrichtung umfasst. ³Für die Zugänglichmachung ist eine angemessene Vergütung zu zahlen. ⁴Der Anspruch kann nur durch eine Verwertungsgesellschaft geltend gemacht werden.

Schrifttum: *Berger*, Die öffentliche Wiedergabe von urheberrechtlichen Werken an elektronischen Leseplätzen in Bibliotheken, Museen und Archiven – Urheberrechtliche, verfassungsrechtliche und europarechtliche Aspekte des geplanten § 52b UrhG, GRUR 2007, 754; *Heckmann*, Die fehlende Annexvervielfältigungskompetenz des § 52b UrhG, K&R 2008, 284; *ders.*, Anm. zum Urteil des LG Frankfurt v. 21. 4. 2009, CR 2009, 538; *Heeg/Pflüger*, Die Vergütungspflicht nichtkommerzieller Nutzung urheberrechtlich geschützter Werke in öffentlichen Bildungs-, Kultur- und Wissenschaftseinrichtungen – ein Plädoyer für einen einheitlichen Vergütungstatbestand, ZUM 2008, 649; *Hoeren*, Der Zweite Korb – Eine Übersicht zu den geplanten Änderungen im Urheberrechtsgesetz, MMR 2007, 615/617; *Jani/Langhoff/Oberndörfer*, Ein Überblick über die Änderungen des Urheberrechts nach der zweiten und dritten Lesung im Bundestag, ZUM 2007, 593; *Milkovic*, Das digitale Zeitalter – Segen oder Fluch für die wissenschaftliche Informationsversorgung? – Verfassungsrechtliche und europarechtliche Bewertung der Schrankenbestimmungen § 52a UrhG, sowie §§ 52b und 53a UrhGE, 2008; *Peifer*, Wissenschaftsmarkt und Urheberrecht: Schranken, Vertragsrecht, Wettbewerbsrecht, GRUR 2009, 22; *Schöwerling*, Anm. zum Urteil des LG Frankfurt v. 21. 4. 2009, ZUM 2009, 665; *Spindler*, Reform des Urheberrechts im „Zweiten Korb", NJW 2008, 9/13; *ders.*, Europäisches Urheberrecht in der Informationsgesellschaft, GRUR 2002, 105; *ders.*, Urheberrecht in der Wissensgesellschaft – Überlegungen zum Grünbuch der EU-Kommission, Fs. für Loewenheim, 2009, S. 287; *Spindler/Heckmann*, Retrodigitalisierung verwaister Printpublikationen – Die Nutzungsmöglichkeiten von „orphan works" de lege lata und ferenda, GRUR Int. 2008, 271; *Sprang/Ackermann*, Der „Zweite Korb" aus Sicht der (Wissenschafts-)Verlage, K&R 2008, 7.

Übersicht

	Rdnr.
I. Zweck und Bedeutung der Norm	1, 2
II. Privilegierungstatbestand	3–10
1. Privilegierte Institutionen	3, 4
2. Privilegierte Werke	5–7
3. Elektronische Leseplätze	8
4. Privilegierte Nutzungszwecke	9
5. Entgegenstehen vertraglicher Regelungen	10
6. Umfang der Nutzung	11
III. Annexvervielfältigungen	12
IV. Vergütungsanspruch	13, 14

I. Zweck und Bedeutung der Norm

1 § 52b wurde durch das zweite Gesetz zur Regelung des Urheberrechts in der Informationsgesellschaft (sog. zweiter Korb, dazu § 53 Rdnr. 10) mit Wirkung vom 1. 1. 2008 eingefügt. Die Vorschrift dient der Umsetzung von Art. 5 Abs. 3 lit. n der europäischen Richtlinie zur Informationsgesellschaft. Zugleich wollte der Gesetzgeber „dem Bildungsauftrag der in § 52b genannten Einrichtungen Rechnung" tragen und einen „Schritt zur Förderung der Medienkompetenz der Bevölkerung" unternehmen (Begründung zum Regierungsentwurf BT-Drucks. 16/1828 S. 26; LG Frankfurt, ZUM 2009, 662/664). Die Benutzer öffentlicher Bibliotheken und nichtkommerzieller Archive sollen deren Bestände an elektronischen Leseplätzen in gleicher Weise wie in analoger Form nutzen können (Regierungsbegründung; aaO, S. 26f.). Durch § 52b wird das Recht der öffentlichen Zugänglichmachung nach § 19a eingeschränkt (*Dreier*/Schulze³ § 52b Rdnr. 1; *Berger* GRUR 2007, 754/755).

2 Die Vorschrift war während des Gesetzgebungsverfahrens insbesondere zwischen Verlegern und in Bibliotheken heftig umstritten und hat eine wechselvolle **Entstehungsgeschichte** hinter sich. Die im ersten Referentenentwurf vorgeschlagene strenge Bestandsakzessorietät (es dürfen nicht mehr Exemplare eines Werks an den Leseplätzen gleichzeitig zugänglich gemacht werden, als der Bestand der Bibliothek umfasst) war im Regierungsentwurf nicht mehr enthalten (BT-Drucks. 16/1828 S. 6). Die vom Bundesrat in seiner Stellungnahme geforderte Rückkehr zur strengen Bestandsakzessorietät (BT-Drucks. 16/1828 S. 40) wurde von der Bundesregierung abgelehnt (BT-Drucks. 16/1828 S. 48), setzte sich aber im Rechtsausschuss gleichwohl durch (BT-Drucks. 16/5939 S. 7 und 44). Weiterhin beschränkte sich der Regierungsentwurf auf öffentlich zugängliche Bibliotheken als privilegierte Einrichtungen, der Bundesrat verlangte die Erweiterung auf alle Bildungseinrichtungen (BT-Drucks. 16/1828 S. 40), was die Bundesregierung aber ablehnte (BT-Drucks. 16/1828 S. 47); Einzelheiten zur Entstehungsgeschichte bei *Berger*, GRUR 2007, 754ff.

II. Privilegierungstatbestand

1. Privilegierte Institutionen

Privilegierte Institutionen, die elektronischen Leserplätze gemäß § 52b einrichten dürfen, 3
sind öffentlich zugängliche **Bibliotheken, Museen** und **Archive**. Der Begriff der Bibliotheken ist ebenso wie in § 53a und in § 53c zu verstehen (vgl. § 53a Rdnr. 9 und § 54c Rdnr. 8; ebenso *Dreier*/Schulze[3] § 52b Rdnr. 3). Es muss ein systematisch gesammelter und Benutzern zentral zur Verfügung gestellter Bibliotheksbestand vorhanden sein, der nach seiner Größe und dem Umfang seiner Benutzung einer besonderen Verwaltung und Katalogisierung bedarf (BGH NJW 1997, 3440/3443). Klarer als in § 53a und in § 53c wird aber zum Ausdruck gebracht, dass es sich um die der Öffentlichkeit zugänglichen und nicht um die von der öffentlichen Hand getragenen Bibliotheken handeln soll. Der Gesetzgeber ging davon aus, dass es sich auch bei **Schulbibliotheken** um öffentlich zugängliche Bibliotheken handelt, jedenfalls, soweit sie der Gesamtheit der Lehrer und Schüler einer Schule offen stehen (BT-Drucks. 16/1828 S. 48). Das wird teilweise mit der Begründung bezweifelt, dass Schulbibliotheken der Schule nicht angehörigen Nutzern und damit der Öffentlichkeit nicht zugänglich sind (Wandtke/Bullinger/*Jani*[3] § 52b Rdnr. 10; *Berger*, GRUR 2007, 754/755; *Spindler*, NJW 2008, 9/13). Man wird aber angesichts der ausdrücklichen Intention des Gesetzgebers, Schulbibliotheken zu denen privilegierten Einrichtungen zu zählen (BT-Drucks. 16/1828 S. 40 und 48), davon auszugehen haben, dass insoweit die Gesamtheit der Lehrer und Schüler einer Schule als Öffentlichkeit anzusehen ist, zumal nach § 15 Abs. 3 auch ein bestimmt abgegrenzter Kreis von Personen wie der Mitarbeiterkreis eines Unternehmens Öffentlichkeit sein kann (vgl. § 15 Rdnr. 66); im Ergebnis wie hier *Dreyer*/Kotthoff/Meckel[2] § 52b Rdnr. 7; wohl auch Fromm/Nordemann/*Dustmann*[10] § 52b Rdnr. 4; *Dreier*/Schulze[3] § 52b Rdnr. 3). Nach dem Gesetzeswortlaut bezieht sich die Voraussetzung der **öffentlichen Zugänglichkeit** nicht nur auf Bibliotheken, sondern auch auf Archive und Museen (*Dreier*/Schulze[3] § 52b Rdnr. 3; Wandtke/Bullinger/*Jani*[3] § 52b Rdnr. 9; *Dreyer*/Kotthoff/Meckel[2] § 52b Rdnr. 7; aA *Spindler*, NJW 2008, 9/13); das entspricht auch dem Zweck der Regelung, dem Bildungsauftrag dieser Einrichtungen Rechnung zu tragen und einen Schritt zur Förderung der Medienkompetenz der Bevölkerung zu unternehmen (BT-Drucks. 16/1828 S. 26).

Es darf **kein unmittelbar oder mittelbar wirtschaftlicher oder Erwerbszweck** verfolgt 4
werden. Der Gesetzeswortlaut lässt nicht klar erkennen, ob diese Einschränkung nur auf Archive oder auch auf die Bibliotheken und Museen beziehen soll; auch die Formulierung in Art. 5 Abs. 3 lit. n der Richtlinie zur Informationsgesellschaft liefert keinen Anhaltspunkt. Der Bundesrat spricht aber in seiner Stellungnahme von „öffentlichen Bibliotheken, Museen oder nichtkommerziellen Archiven" (BT-Drucks. 16/1828 S. 40). Es dürfte daher davon auszugehen sein, dass sich die Einschränkung nur auf Archive beziehen soll (so auch *Dreier*/Schulze[3] § 52b Rdnr. 4; *Dreyer*/Kotthoff/Meckel[2] § 52b Rdnr. 7; anders wohl Wandtke/Bullinger/*Jani*[3] § 52b Rdnr. 11; Fromm/Nordemann/*Dustmann*[10] § 52a Rdnr. 5). Beim **Begriff des wirtschaftlichen oder Erwerbszwecks** kann von den entsprechenden Begriffen in § 17 und § 52 Abs. 1 ausgegangen werden (vgl. § 17 Rdnr. 38). Danach liegt ein Erwerbszweck vor, wenn die Gebrauchsüberlassung der Werkstücke wirtschaftlichen Interessen dient (BGH GRUR 1972, 617/618 – Werkbücherei; Wandtke/Bullinger/*Jani*[3] § 52b Rdnr. 11). Ein Ersatz der Unkosten oder eine darauf abzielende Verwaltungsgebühr begründet aber noch keinen wirtschaftlichen oder Erwerbszweck (Fromm/Nordemann/*Dustmann*[10] § 52b Rdnr. 5; Wandtke/Bullinger/*Jani*[3] § 52b Rdnr. 11).

2. Privilegierte Werke

Die Wiedergabe an elektronischen Leseplätzen ist nur bei **veröffentlichten** Werken zulässig. 5
Der Begriff der Veröffentlichung bestimmt sich nach § 6 Abs. 1. Das Werk muss also mit Zustimmung des Berechtigten der Öffentlichkeit zugänglich gemacht worden sein. Bei öffentlichen Bibliotheken und Museen wird das in aller Regel der Fall sein, bei Archiven kommt es auf den Einzelfall an.

Bestandsakzessorietät: Die Wiedergabe von Werken an elektronischen Leseplätzen ist in 6
zweifacher Hinsicht an den Bestand der Bibliotheken, Museen und Archive gebunden: Zum einen dürfen sie nur Werke **aus ihrem eigenen Bestand** zur Verfügung stellen. Sie müssen also dauerhaft über diese Werke verfügen; die Verfügungsmöglichkeit reicht aber auch aus, die Eigentumsverhältnisse sind nicht ausschlaggebend (Fromm/Nordemann/*Dustmann*[10] § 52b

Rdnr. 6); entscheidend ist die organisatorische Zugehörigkeit zum Bestand der Bibliothek (*Dreyer*/Kotthoff/Meckel[2] § 52b Rdnr. 3). Zum Bestand zählen nicht nur Werke, die die jeweilige Einrichtung erworben hat, sondern auch die Pflichtexemplare, die sie erhalten hat (Begründung zum Regierungsentwurf BT-Drucks. 16/1828 S. 26).

7   Zum anderen ist die Zahl der Exemplare eines Werkes, die an den elektronischen Leseplätzen gleichzeitig zugänglich gemacht werden darf, grundsätzlich durch die **Anzahl der im Bestand vorhandenen Exemplare** begrenzt (§ 52b S. 2). Mit dieser Voraussetzung soll im Interesse der Verlagswirtschaft verhindert werden, dass die Bibliotheken ihr Anschaffungsverhalten ändern, indem sie ein Werk nur in einem oder wenigen Exemplaren anschaffen und dieses gleichwohl in digitalisierter Form an beliebig vielen Plätzen zugänglich machen (Beschlussempfehlung des Rechtsausschusses BT-Drucks. 16/5939 S. 44; Stellungnahme des Bundesrates BT-Drucks. 16/1828 S. 40). Die Einschränkung gilt nur grundsätzlich, in Ausnahmefällen wie bei Belastungsspitzen in der Nutzung eines Werkes sollen mehr Exemplare gleichzeitig zugänglich gemacht werden dürfen (Beschlussempfehlung des Rechtsausschusses aaO). Dabei sind aber qualitative und quantitative Grenzen einzuhalten; der Rechtsausschuss ging davon aus, dass die gleichzeitige Nutzung eines Exemplars aus dem Bestand der Einrichtung an vier elektronischen Leseplätzen die Obergrenze bildet (Beschlussempfehlung des Rechtsausschusses aaO). Verfügt eine Einrichtung über mehrere Exemplare eines Werkes, so dürfte dies dahin zu verstehen sein, dass pro vorhandenem Exemplar vier gleichzeitige Zugriffe zulässig sind (so auch *Dreier*/Schulze[3] § 52b Rdnr. 9). Diese Mehrfachnutzung muss allerdings, wie auch vom Rechtsausschuss (aaO) betont wird, auf **Ausnahmefälle** beschränkt bleiben (sa. *Dreyer*/Kotthoff/Meckel[2] § 52b Rdnr. 4). Regelmäßig auftretende Spitzenbelastungen sind keine Ausnahmefälle mehr. Die privilegierten Einrichtungen, insbesondere Bibliotheken, müssen sich in ihrer Anschaffungspolitik so einrichten, dass sie auch solche Spitzenbelastungen abdecken können. Der Gesetzgeber ist davon ausgegangen, dass die elektronischen Leseplätze eine digitale Werknutzung in gleicher Form wie in analoger Form ermöglichen sollen (Regierungsbegründung BT-Drucks. 16/1828 S. 26). Eine analoge Werknutzung kann nicht durch mehrere Benutzer gleichzeitig erfolgen, für die digitale Werknutzung muss dann grundsätzlich dasselbe gelten. Großzügiger wird man die Ausnahme bei **vergriffenen Werken** anwenden können, weil hier durch eine Mehrfachnutzung die Anschaffungspolitik der privilegierten Einrichtungen nicht beeinträchtigt werden kann (Wandtke/Bullinger/*Jani*[3] § 52b Rdnr. 35).

3. Elektronische Leseplätze

8   Unter **elektronischen Leseplätzen**, sind solche zu verstehen, an denen das Lesen in digitaler Form vorgenommen werden kann (s. dazu auch Wandtke/Bullinger/*Jani*[3] § 52b Rdnr. 12). Auch Plätze, die lediglich eine akustische Übertragung (zB von Hörbüchern) ermöglichen, fallen darunter (Wandtke/Bullinger/*Jani*[3] § 52b Rdnr. 12). Die Leseplätze müssen für die Werkwiedergabe nach § 52b **eigens eingerichtet** sein. Das bedeutet, dass die Leseplätze so eingerichtet sein müssen, dass sie nur für die Werknutzung nach § 52b und nicht für andere Zwecke genutzt werden können. Die Leseplätze dürfen daher nicht den Zugang zum Internet oder zum allgemeinen Intranet der Einrichtung ermöglichen (*Dreier*/Schulze[3] § 52b Rdnr. 10). Ebenso müssen die Leseplätze so eingerichtet sein, dass ein Ausdruck der Werke oder ein Abspeichern auf Datenträger nicht möglich ist (vgl. Rdnr. 11). Schließlich müssen die Leseplätze **in den Räumen der jeweiligen Einrichtung** eingerichtet sein. Die Räume können über mehrere Gebäude verteilt sein, sie müssen nur der jeweiligen Einrichtung zuzuordnen sein (Wandtke/Bullinger/*Jani*[3] § 52b Rdnr. Fromm/Nordemann/*Dustmann*[10] § 52a Rdnr. 7; dazu auch *Hoeren* MMR 2007, 615/617). Die Leseplätze dürfen auch nicht über ein Netz von Plätzen außerhalb der jeweiligen Einrichtung zugänglich sein (Wandtke/Bullinger/*Jani*[3] § 52b Rdnr. 15).

4. Privilegierte Nutzungszwecke

9   Die Wiedergabe von Werken an elektronischen Leseplätzen ist weiterhin durch den Nutzungszweck begrenzt: sie darf nur zur **Forschung** und für **private Studien** erfolgen. Es kommt damit nicht auf dem Zweck der Einrichtung, sondern auf den vom Nutzer verfolgten Zweck an. Der Begriff der Forschung ist hier ebenso wie in § 52a Abs. 1 Nr. 2 zu verstehen; ein Unterschied zwischen dem in § 52a verwendeten Begriff der wissenschaftlichen Forschung und dem der Forschung in § 52b besteht nicht. Damit ist der Begriff der Forschung auch in § 52b enger zu interpretieren als der des wissenschaftlichen Gebrauchs in § 53 Abs. 2 S. 1 Nr. 1 (ebenso Wandtke/Bullinger/*Jani*[3] § 52b Rdnr. 23; vgl. dazu näher § 52a Rdnr. 11). **Private Studien** sind solche, die in dem Gewinn von Erkenntnissen zur Befriedigung rein persönlicher Bedürf-

nisse dienen, eine Nutzung zu irgendwelchen kommerziellen Zwecken ist damit ausgeschlossen. Die praktische Bedeutung dieses Kriteriums hält sich in Grenzen; eine Überprüfung, ob der Benutzer eines elektronischen Leserplatzes wirklich nur forscht oder private Studien betreibt, wird meist kaum möglich sein (s. auch LG Frankfurt, ZUM 2009, 662/663; *Dreier*/Schulze[3] § 52b Rdnr. 11; *Berger* GRUR 2007, 754/756). Die privilegierten Einrichtungen dürfen aber in ihren Benutzungsordnungen und in ihrer Werbung nicht den Eindruck erwecken, es sei eine Nutzung der elektronischen Leser letzte für andere Zwecke als die der Forschung und privater Studien erlaubt.

5. Entgegenstehen vertraglicher Regelungen

Der Wiedergabe von Werken an elektronischen Leseplätzen dürfen keine vertraglichen Regelungen entgegenstehen. Auch dieses Tatbestandsmerkmal dient der Umsetzung von Art. 5 Abs. 3 lit. n der Richtlinie zur Informationsgesellschaft. Gemeint sind vertragliche Regelungen, die die Rechtsinhaber, in der Regel also die Verlage, über die elektronische Nutzung der Werke getroffen haben. Vertragliche Regelungen sollen den Vorrang gegenüber der Schrankenregelung haben; Erwägungsgrund 45 der Richtlinie zur Informationsgesellschaft führt aus, dass die Schranken „vertraglichen Beziehungen zur Sicherstellung eines gerechten Ausgleichs für die Rechtsinhaber nicht entgegenstehen" sollten. Vorrang haben damit jedenfalls Vereinbarungen, die Verlage mit den privilegierten Einrichtungen, insbesondere den Bibliotheken, geschlossen haben. Unklar bleibt nach dem Gesetzeswortlaut, ob auch das bloße **Angebot einer vertraglichen Regelung,** insbesondere von Online-Datenbanken der Verlage, eine Anwendung des § 52b ausschließt. Es werden beide Auffassungen vertreten (für das Ausreichen eines bloßen Angebotes zu angemessenen Bedingungen *Dreier*/Schulze[3] § 52b Rdnr. 12; *Berger* GRUR 2007, 754/756, 759f.; eingehend und mit überzeugender Begründung *Spindler,* Fs. für Loewenheim, 2009, S. 287/290; ferner zu Art. 5 Abs. 3 lit. n der Richtlinie zur Informationsgesellschaft *Walter,* Europäisches Urheberrecht S. 1080; dagegen OLG Frankfurt GRUR-RR 2010, 1/2ff. – Elektronische Leseplätze; LG Frankfurt, ZUM 2009, 662/663f.; *Wandtke/Bullinger/Jani*[3] § 52b Rdnr. 27; *Fromm/Nordemann/Dustmann*[10] § 52a Rdnr. 11; *Dreyer*/Kotthoff/Meckel[2] § 52b Rdnr. 12; *Scheja/Mantz,* CR 2007, 718/719; *Heckmann,* CR 2009, 538/539; *Hoeren* MMR 2007, 615/617; *Jani/Langhoff/Oberndörfer,* ZUM 2009, 593/597 sowie die Regierungsbegründung BT-Drucks. 16/1828 S. 26). Der Auffassung, dass die Anwendbarkeit von § 52b auch durch ein Verlagsangebot zu angemessenen Bedingungen ausgeschlossen wird, ist der Vorzug zu geben. Anderenfalls wären die privilegierten Einrichtungen jederzeit in der Lage, durch die Nichtannahme von Verlagsangeboten das Tatbestandsmerkmal des Vorrangs vertraglicher Regelungen ins Leere laufen zu lassen (so auch *Berger* GRUR 2007, 754/759). Darüber hinaus wäre dieses Tatbestandsmerkmal letztlich überflüssig, weil eine Bibliothek oder andere privilegierte Einrichtung, die eine vertragliche Abmachung über die Nutzung an elektronischen Leseplätzen getroffen hat, ohnehin an diese Abmachung gebunden ist und nicht diese Abmachung zuwider elektronische Leseplätze einrichten darf.

6. Umfang der Nutzung

§ 52b erlaubt die Nutzung an elektronischen Leseplätzen. Die Vorschrift gewährt damit ein **Leserecht** (*Hoeren* MMR 2007, 615/617), weitere Nutzungshandlungen gestattet sie nicht. Insbesondere ist ein **Ausdruck** oder ein **Abspeichern auf Datenträger** (etwa auf USB-Stick) **nicht zulässig** (OLG Frankfurt GRUR-RR 2010, 1/3f. – Elektronische Leseplätze; *Schöwerling* ZUM 2009, 665/666f.; wohl auch Berger GRUR 2007, 754/756; für Unzulässigkeit des Abspeicherns auf Datenträger, aber für Zulässigkeit des Ausdruckens LG Frankfurt, ZUM 2009, 662/664; *Wandtke/Bullinger/Jani*[3] § 52b Rdnr. 26; *Heckmann* CR 2009, 538/539f.; *Dreyer/Kotthoff/Meckel*[2] § 52b Rdnr. 13). Zweck des § 52b ist es, die Nutzung der Bestände der öffentlichen Bibliotheken und nichtkommerziellen Archive nicht nur in analoger, sondern auch in elektronischer Form zu ermöglichen (vgl. Rdnr. 1). Das Prinzip der Bestandsakzessorietät, das die Zahl der Exemplare eines Werkes, die an den elektronischen Leseplätzen gleichzeitig zugänglich gemacht werden darf, auf die Anzahl der im Bestand vorhandenen Exemplare begrenzt, soll einen Multiplikationseffekt der Bestandsexemplare verhindern (vgl. Rdnr. 7). Dieser Grundsatz würde durch die Zulassung des Abspeicherns auf Datenträgern unterlaufen, zumal dadurch eine beliebige Weitergabe an Dritte ermöglicht würde. Dem entspricht es auch, dass die Nutzung „ausschließlich in den Räumen der jeweiligen Einrichtung an eigens dafür eingerichteten elektronischen Leseplätzen" erfolgen darf (§ 52b S. 1); ein Ausdruck oder ein Abspeichern auf

Datenträgern würde eine Nutzung auch außerhalb der elektronischen Leseplätze ermöglichen (ebenso LG Frankfurt ZUM 2009, 662/665). Die Auffassung, das Herstellen eines Ausdrucks müsse zulässig sein, um beim wissenschaftlichem Arbeiten mit Texten das Markieren wichtiger Passagen in Kopien und deren Mitnehmen zu ermöglichen und auf diese Weise die vom Gesetzgeber gewollte Gleichstellung der elektronischen Nutzung mit der analogen Nutzung zu erreichen (LG Frankfurt ZUM 2009, 662/664; Wandtke/Bullinger/*Jani*[3] § 52b Rdnr. 26; *Dreyer*/Kotthoff/Meckel[2] § 52b Rdnr. 13; *Heckmann* CR 2009, 538/539f.) verkennt, dass § 53, der Vervielfältigungen zum eigenen Gebrauch unter den dort genannten Voraussetzungen erlaubt, nicht in § 52b hineingelesen werden darf; es darf keine „Schrankenkette" aus § 52b und § 53 gebildet werden (OLG Frankfurt GRUR-RR 2010, 1/3f. – Elektronische Leseplätze; *Schöwerling* ZUM 2009, 665/666f.). § 53 sieht nicht vor, dass als Vorlage ein nach § 52b bereitgehaltenes Werkstück dienen kann; als Schrankenbestimmung ist § 52b einer solchen erweiternden Auslegung nicht zugänglich, die in die Rechte des Urhebers in bedenklicher Weise eingreifen und mit dem Dreistufentest kaum zu vereinbaren wäre. Dementsprechend haben die nach § 52b privilegierten Einrichtungen dafür Sorge zu tragen, dass an den elektronischen Leserplätzen ein Ausdruck oder ein Abspeichern auf Datenträger nicht möglich ist.

III. Annexvervielfältigungen

12 § 52b erlaubt seinem Wortlaut nach nur die Zugänglichmachung von Werken an elektronischen Leseplätzen. Ist das Werk im Bestand der privilegierten Einrichtung nicht in digitaler, sondern nur in analoger Form vorhanden, erfordert die Zugänglichmachung zunächst die Herstellung einer digitalen Fassung, das heißt also eine Vervielfältigung in Form des Scannens und der Abspeicherung auf einem Datenträger (Festplatte). Anders als in § 52a ist diese Frage in § 52b nicht geregelt. Der Gesetzgeber ist von der Notwendigkeit einer vorherigen Digitalisierung offensichtlich ausgegangen – in der Beschlussempfehlung des Rechtsausschusses wird von einer (vorherigen) Digitalisierung gesprochen (BT-Drucks. 16/5939 S. 44), hat die Notwendigkeit einer solchen Regelung aber anders als bei § 52a Abs. 3 offensichtlich übersehen. Konsequenterweise müssen auch bei § 52b Annexvervielfältigungen zulässig sein, wenn man der Vorschrift nicht weitgehend ihre Bedeutung nehmen will (ebenso OLG Frankfurt GRUR-RR 2010, 1/3; LG Frankfurt, ZUM 2009, 662/664; *Dreyer*/Kotthoff/Meckel[2] § 52b Rdnr. 13; *Dreier*/Schulze[3] § 52b Rdnr. 14; Wandtke/Bullinger/*Jani*[3] § 52b Rdnr. 19; Fromm/Nordemann/*Dustmann*[10] § 52a Rdnr. 10; *Berger* GRUR 2007, 754/756; aA *Heckmann*, K&R 2008, 284/287). Auch die Berechtigung zur Digitalisierung besteht aber nur insoweit, als keine vertraglichen Regelungen entgegenstehen. Hat also ein Rechteinhaber mit einer nach § 52b privilegierten Einrichtung eine vertragliche Vereinbarung getroffen oder eine solche angeboten (vgl. Rdnr. 10), so ist nicht nur die Zugänglichmachung von Werken an elektronischen Leseplätzen, sondern auch die Digitalisierung der Werke unzulässig.

IV. Vergütungsanspruch

13 Für die Einschränkung des Rechts der öffentlichen Zugänglichmachung (§ 19a) durch § 52b ist dem Urheber eine angemessene Vergütung zu zahlen (S. 3). Ebenso wie in anderen Fällen entspricht dies nicht nur dem Anspruch des Urhebers auf eine angemessene Vergütung, sondern auch dem besonders durch das BVerfG ausgeprägten Grundsatz, dass im Bereich von Unterricht und Wissenschaft der Urheber Schranken seiner Ausschließlichkeitsrechte hinzunehmen hat, dafür aber eine Vergütung beanspruchen kann (vgl. näher zu §§ 44a ff. Rdnr. 7 ff.).

14 Den Regelungen in §§ 45, 49, 52a und 54, 54a, 54f, 54g iVm. § 54h entsprechend kann der Vergütungsanspruch **nur durch eine Verwertungsgesellschaft geltend gemacht** werden (S. 4). Zur Geltendmachung der Ansprüche werden die Ansprüche von den Berechtigten den Verwertungsgesellschaften durch entsprechende Wahrnehmungsverträge treuhänderisch zur Wahrnehmung eingeräumt, die die eingehenden Beträge nach ihren Verteilungsplänen an die Berechtigten verteilen (zur Rechteeinräumung an die Verwertungsgesellschaften vgl. insb. Loewenheim/*Melichar*, Handbuch des Urheberrechts[2], § 47 Rdnr. 6 ff., zur Verteilung der Einnahmen ebendort Rdnr. 31 ff.). Gesamtverträge bestehen zurzeit noch nicht. Aufgrund des Vertrages über die Bibliothekstantieme (vgl. § 27 Rdnr. 22) sind für die Jahre 2008 und 2009 Pauschalzahlungen vorgesehen; für die Folgezeit soll eine Arbeitsgruppe mit Vertretern der VG Wort sowie des Bundes und der Länder die Grundlagen für die zukünftige Vergütung arbeiten.

§ 53 Vervielfältigungen zum privaten und sonstigen eigenen Gebrauch

(1) ¹Zulässig sind einzelne Vervielfältigungen eines Werkes durch eine natürliche Person zum privaten Gebrauch auf beliebigen Trägern, sofern sie weder unmittelbar noch mittelbar Erwerbszwecken dienen, soweit nicht zur Vervielfältigung eine offensichtlich rechtswidrig hergestellte oder öffentlich zugänglich gemachte Vorlage verwendet wird. ²Der zur Vervielfältigung Befugte darf die Vervielfältigungsstücke auch durch einen anderen herstellen lassen, sofern dies unentgeltlich geschieht oder es sich um Vervielfältigungen auf Papier oder einem ähnlichen Träger mittels beliebiger photomechanischer Verfahren oder anderer Verfahren mit ähnlicher Wirkung handelt.

(2) ¹Zulässig ist, einzelne Vervielfältigungsstücke eines Werkes herzustellen oder herstellen zu lassen
1. zum eigenen wissenschaftlichen Gebrauch, wenn und soweit die Vervielfältigung zu diesem Zweck geboten ist und sie keinen gewerblichen Zwecken dient,
2. zur Aufnahme in ein eigenes Archiv, wenn und soweit die Vervielfältigung zu diesem Zweck geboten ist und als Vorlage für die Vervielfältigung ein eigenes Werkstück benutzt wird,
3. zur eigenen Unterrichtung über Tagesfragen, wenn es sich um ein durch Funk gesendetes Werk handelt,
4. zum sonstigen eigenen Gebrauch,
    a) wenn es sich um kleine Teile eines erschienenen Werkes oder um einzelne Beiträge handelt, die in Zeitungen oder Zeitschriften erschienen sind,
    b) wenn es sich um ein seit mindestens zwei Jahren vergriffenes Werk handelt.

²Dies gilt im Fall des Satzes 1 Nr. 2 nur, wenn zusätzlich
1. die Vervielfältigung auf Papier oder einem ähnlichen Träger mittels beliebiger photomechanischer Verfahren oder anderer Verfahren mit ähnlicher Wirkung vorgenommen wird oder
2. eine ausschließlich analoge Nutzung stattfindet oder
3. das Archiv im öffentlichen Interesse tätig ist und keinen unmittelbar oder mittelbar wirtschaftlichen oder Erwerbszweck verfolgt.

³Dies gilt in den Fällen des Satzes 1 Nr. 3 und 4 nur, wenn zusätzlich eine der Voraussetzungen des Satzes 2 Nr. 1 oder 2 vorliegt.

(3) ¹Zulässig ist, Vervielfältigungsstücke von kleinen Teilen eines Werkes, von Werken von geringem Umfang oder von einzelnen Beiträgen, die in Zeitungen oder Zeitschriften erschienen oder öffentlich zugänglich gemacht worden sind, zum eigenen Gebrauch
1. zur Veranschaulichung des Unterrichts in Schulen, in nichtgewerblichen Einrichtungen der Aus- und Weiterbildung sowie in Einrichtungen der Berufsbildung in der für die Unterrichtsteilnehmer erforderlichen Anzahl oder
2. für staatliche Prüfungen und Prüfungen in Schulen, Hochschulen, in nichtgewerblichen Einrichtungen der Aus- und Weiterbildung sowie in der Berufsbildung in der erforderlichen Anzahl

herzustellen oder herstellen zu lassen, wenn und soweit die Vervielfältigung zu diesem Zweck geboten ist. ²Die Vervielfältigung eines Werkes, das für den Unterrichtsgebrauch an Schulen bestimmt ist, ist stets nur mit Einwilligung des Berechtigten zulässig.

(4) Die Vervielfältigung
a) graphischer Aufzeichnungen von Werken der Musik,
b) eines Buches oder einer Zeitschrift, wenn es sich um eine im Wesentlichen vollständige Vervielfältigung handelt,

ist, soweit sie nicht durch Abschreiben vorgenommen wird, stets nur mit Einwilligung des Berechtigten zulässig oder unter den Voraussetzungen des Absatzes 2 Satz 1 Nr. 2 oder zum eigenen Gebrauch, wenn es sich um ein seit mindestens zwei Jahren vergriffenes Werk handelt.

(5) ¹Absatz 1, Absatz 2 Satz 1 Nr. 2 bis 4 sowie Absatz 3 Nr. 2 finden keine Anwendung auf Datenbankwerke, deren Elemente einzeln mit Hilfe elektronischer Mittel zugänglich sind. ²Absatz 2 Satz 1 Nr. 1 sowie Absatz 3 Nr. 1 finden auf solche Datenbankwerke mit

§ 53 Vervielfältigungen zum privaten und sonstigen eigenen Gebrauch

der Maßgabe Anwendung, dass der wissenschaftliche Gebrauch sowie der Gebrauch im Unterricht nicht zu gewerblichen Zwecken erfolgen.

(6) ¹Die Vervielfältigungsstücke dürfen weder verbreitet noch zu öffentlichen Wiedergaben benutzt werden. ²Zulässig ist jedoch, rechtmäßig hergestellte Vervielfältigungsstücke von Zeitungen und vergriffenen Werken sowie solche Werkstücke zu verleihen, bei denen kleine beschädigte oder abhanden gekommene Teile durch Vervielfältigungsstücke ersetzt worden sind.

(7) Die Aufnahme öffentlicher Vorträge, Aufführungen oder Vorführungen eines Werkes auf Bild- oder Tonträger, die Ausführung von Plänen und Entwürfen zu Werken der bildenden Künste und der Nachbau eines Werkes der Baukunst sind stets nur mit Einwilligung des Berechtigten zulässig.

Schrifttum: *Arlt,* Reichweite des Privatkopienprivilegs nach § 53 UrhG – zwei verbreitete Irrtümer, UFITA 2006, 645; *Baronikians,* Kopienversand durch Bibliotheken – rechtliche Beurteilung und Vorschläge zur Regelung, ZUM 1999, 126; *ders.,* Kopienversanddienste, die Beurteilung im deutschen Urheber- und Wettbewerbsrecht im Vergleich zur englischen Regelung, 1999; *Baumgartner,* Privatvervielfältigung im privaten Umfeld, 2006; *Becker,* Onlinevideorecorder im deutschen Urheberrecht, AfP 2007, 5; *Beiner,* Der urheberrechtliche Schutz digitalisierter Presseartikel in unternehmenseigenen Datenbanken, MMR 1999, 691; *Berger,* Die Neuregelung der Privatkopie in § 53 Abs. 1 UrhG im Spannungsverhältnis von geistigem Eigentum, technischen Schutzmaßnahmen und Informationsfreiheit, ZUM 2004, 257; *ders.,* Die Erstellung von Fotokopien für den Schulunterricht – urheberrechtliche, verfassungsrechtliche und europarechtliche Aspekte der geplanten Änderung des § 53 Abs. 3 Nr. 1 UrhG, ZUM 2006, 844; *Bergmann,* Die Zulassung der privaten Vervielfältigung durch § 53 UrhG – unvermeidbares Übel oder angemessener Interessenausgleich?, Fs für Ullmann, 2006, S. 23; *Börsenverein des Deutschen Buchhandels* (Hrsg.), Kopierrecht, Vorschläge zur Änderung der Vervielfältigungsbestimmungen des Urheberrechtsgesetzes, 1978; *Börsenverein des Deutschen Buchhandels* (Hrsg.), Kopierrecht 2, Zweite Denkschrift zur Änderung der Vervielfältigungsbestimmungen des Urheberrechtsgesetzes, 1984; *Braun,* Urheberrecht in der Informationsgesellschaft – der Referentenentwurf zum Zweiten Korb aus Sicht der Tonträgerwirtschaft, insbesondere im Hinblick auf die Privatkopie, ZUM 2005, 100; *v. Braunmühl,* Entwurf für den Zweiten Korb des neuen Urheberrechts bringt weitere Nachteile für Verbraucher; ZUM 2005, 109; *Bruhn,* Das Problem des Vervielfältigens und Verbreitens in seiner Bedeutung für die Bibliotheken, UFITA 52 (1969) 115; *Collovà,* Über die Entwicklung der gesetzlichen und vertraglichen Regelung der Vervielfältigung zum persönlichen Gebrauch in der Bundesrepublik Deutschland, UFITA 125 (1994) 53; *Cornish,* Harmonisierung des Rechts der privaten Vervielfältigung in Europa, GRUR Int. 1997, 305; *Deutscher Bibliotheksverband,* Neues Kopierrecht – ein Kopierunrecht?, FuR 1979, 196; *v. Diemar,* Die digitale Kopie zum privaten Gebrauch, 2002; *dies.,* Kein Recht auf Privatkopien – Zur Rechtsnatur der gesetzlichen Lizenz zu Gunsten der Privatvervielfältigung, GRUR 2002, 587; *Dieselhorst,* Die Harmonisierung der Leerkassetten- und Geräteabgabe, GRUR Int. 1994, 788; *Dietz,* Ton- und Bildaufnahmen sowie Fotokopie (reprographische Vervielfältigung) zum eigenen Gebrauch in Recht und Praxis der Bundesrepublik Deutschland, GRUR 1978, 457; *Dreier,* „De fine": vom Ende des Definierens – Zur Abgrenzung von Münzkopierern, Personal Video Recordern und Serverdiensten, Fs. für Ullmann, 2006, S. 37; *Eidenmüller,* Elektronischer Pressespiegel – Urheberrechtsinhaber, – Eine Untersuchung der urheber- und Fachzeitschriften, CR 1992, 321; *Engelhardt,* Die rechtliche Behandlung von Urheberrechtsverletzungen in P2P-Netzwerken nach US-amerikanischem und deutschem Recht, 2007; *Engels,* Die verfassungsrechtlichen Grundlagen der Privatkopie, 2006; *Euler,* Web-Harvesting vs. Urheberrecht, CR 2008, 64; *Fechner* (Hrsg.), Die Privatkopie – juristische, ökonomische und technische Betrachtungen, 2007; *Flechsig,* Die Novelle zur Änderung und Ergänzung des Urheberrechts, NJW 1985, 1991; *ders.,* Rechtmäßige private Vervielfältigung und gesetzliche Nutzungsgrenzen, GRUR 1993, 532; *Flechsig/Fischer,* Speicherung von Printmedien in betriebseigene Datenbankarchive und die Grenze ihrer betrieblichen Nutzung, ZUM 1996, 833; *Freiwald,* Die private Vervielfältigung im digitalen Kontext am Beispiel des Filesharing, 2004; *Georgi/Peter,* Das neue Urheberrechtsgesetz – insbes. das Kopierrecht, BBl. 1985, 2895; *Goldmann/Liepe,* Vertrieb von kopiergeschützten Audio-CDs in Deutschland, ZUM 2002, 362; *Gercke,* Zugangsprovider im Fadenkreuz der Urheberrechtsinhaber, – Eine Untersuchung der urheberrechtlichen Verantwortlichkeit von Downloadportalen und Zugangsprovidern für Musikdownloads, CR 2006, 210; *Grassmann,* Der elektronische Kopienversand im Rahmen der Schrankenregelungen, 2006; *Grassmuck,* Ein Plädoyer für durchsetzbare Schrankenbestimmungen für Privatkopie, Zitat und Filesharing, ZUM 2005, 104; *Guntrum,* Zur Zukunft der Privatkopie in der Informationsgesellschaft, 2007; *Häuser,* Pauschalvergütung und digitale Privatkopie, CR 2004, 829; *Gutman,* Abruf im Internet von unbekannten und offensichtlich urheberrechtlich unrechtmäßigen Werken, MMR 2003, 706; *Hoeren,* Die Reichweite gesetzlicher Schranken und Lizenzen, in Lehmann (Hrsg.), Internet- und Multimediarecht (Cyberlaw), 1997; *Hoffmann,* Die Auslegung des Begriffs der „offensichtlich rechtswidrig hergestellten Vorlage" in § 53 Abs. 1 UrhG, WRP 2006, 55; *Hofmann,* Virtuelle Personal Video Recorder vor dem Aus? – Kritische Analyse der bisherigen Rechtsprechung zu virtuellen PVR, MMR 2006, 793; *ders.,* Anm. zu LG Leipzig vom 12. Mai 2006 – 05 O 4391/05; ZUM 2006, 786; *Hohagen,* Die Freiheit der Vervielfältigung zum eigenen Gebrauch, München 2004; *ders.,* Überlegungen zur Rechtsnatur der Kopiererfreiheit, Fs. für Schricker, 2005, S. 353; *Hubmann,* Urheberrechtliche Probleme bei der kooperativen Verfilmung von Zeitungen, 1980; *Hucko,* Privatkopie auf Biegen und Brechen?, Fs. für W. Nordemann, 2004, S. 321; *Jani,* Was sind offensichtlich rechtswidrig hergestellte Vorlagen?, ZUM 2003, 842; *Kamps/Koops,* Online-Videorecorder im Lichte des Urheberrechts, CR 2007, 581; *Kappes,* Gesetzliche Vergütungsansprüche bei der privaten Nutzung von computergestützten Informationssammlungen, GRUR 1997, 338; *ders.,* Rechtsschutz computergestützter Informationssammlungen, 1996; *Katzenberger,* Elektronische Printmedien und Urheberrecht, 1996 (zitiert: Elektronische Printmedien); *ders.,* Elektronische Printmedien und Urheberrecht, AfP 1997, 434; *ders.,* Urheberrechtliche Probleme moderner Techniken und Methoden der Information und Dokumentation, FuR 1978, 220; *ders.,* Zugang zu wissenschaftlichem Schrifttum für Forschungszwecke, GRUR Int. 1984, 391; *Kitz,* Anwendbarkeit urheberrechtlicher Schranken auf das eBook, MMR 2006, 727; *Kirchhof,* Der Gesetzgebungsauftrag zum Schutz des geistigen Eigentums gegenüber modernen Vervielfältigungstechniken, 1988; *Klickermann,* Urheberschutz bei zentralen Datenspeichern, MMR 2007, 7; *Koch,* Privatkopien von offensichtlich rechtswidrigen Vorlagen, IT-Rechtsberater 2004, 277; *Kolle,* Reprographie und Urheberrecht, GRUR Int. 1975, 201; *Kreile,* Die deutsche Urheberrechtsnovelle 1985, ZUM 1985, 609; *ders.,* Die rechtliche Situation der privaten Vervielfältigung in der Europäischen Union, Fs. für Vieregge, 1995, S. 459; *ders.,* Vervielfältigung zum privaten Gebrauch, eine Herausforderung an den Kulturstaat und seine Urheberrechtsgesetzgebung, ZUM 1991, 101; *Kreile/Becker,* Legitimation, Praxis und Zukunft der privaten Vervielfältigung, Fs. für W. Nordemann, 2004, S. 279; *Kress,* Die private Vervielfältigung im Urheberrecht, 2004; *Kreutzer,* Napster, Gnutella & Co.: Rechtsfragen zu Filesharing-Netzen aus der Sicht des deutschen Urheberrechts de lege lata und de lege ferenda, GRUR 2001, 193 und 307; *Kronner,* Digitaler Werktransfer: Zum Interessengleichgewicht zwischen Verwertern, Nutzern und dem Gemeinwohl, 2008; *Krüger,* Die digitale Privatkopie im „zweiten Korb", GRUR 2004, 204; *Lauber/Schwipps,* Das Gesetz zur Regelung des Urheberrechts in der Informationsgesellschaft, GRUR 2004, 293; *Leupold/Demisch,* Bereithalten von Musikwerken zum Abruf in digitalen Netzen, ZUM 2000, 379/383; *v. Lewinski,* Die WIPO-Verträge von 1996 und zu den verwandten Schutzrechten im Dezember 1996, CR 1997, 438; *Liepe,* Die Vervielfältigung zum privaten Gebrauch im deutschen und US-amerikanischen Urheberrecht unter besonderer Berücksichtigung der privaten Vervielfältigung kopiergeschützter Audio-CDs, 2006; *Loewenheim,* Die urheber- und wettbewerbsrechtliche Beurteilung der Herstellung und Verbreitung von Pressespiegeln, GRUR 1996, 636; *ders.,* Konturen eines europäischen Urheberrechts, Fs. für Kraft, 1998, S. 361; *ders.,* Urheberrechtliche Grenzen der Verwendung geschützter Dokumente in Datenbanken, 1994 (zitiert: Urheberrechtliche Grenzen); *ders.,* Urheberrechtliche Grenzen der Verwendung geschützter Dokumente in Datenbanken, AfP 1993, 613; *ders.,* Vervielfältigung zum eigenen Gebrauch von urheberrechtswidrig hergestellten Werkstücken, Fs. für Dietz, 2001, S. 415; *ders.,* Kopienversand und kein Ende, Fs. für Tilmann, 2003, S. 63; *ders.,* Die Benutzung urheberrechtlich geschützter Schriftwerke in Sekundärliteratur für den Schulunterricht, ZUM 2004, 89; *ders.,* Die Privatkopie, in: Fechner (Hrsg.), Die Privatkopie – juristische, ökonomische und technische Betrachtungen, 2007; *Maaßen,* Urheberrechtliche Probleme der elektronischen Bildverarbeitung, ZUM 1992, 338; *Marx,* Möglichkeiten zum Schutz von musikalischen und filmischen Werken vor privaten digitalen Raubkopien nach dem deutschen und US-amerikanischen Urheberrecht, 2005; *Maus,* Die digitale Kopie von Audio- und Videoprodukten, 1991; *Mayer,* Die Privatkopie nach Umsetzung des Regierungsentwurfs zur Regelung des Urheberrechts in der Informationsgesellschaft, CR 2003, 274; *Melichar,* Auswirkungen der Urheberrechtsnovelle 1985, ZUM 1987, 51; *ders.,* Die Wahrnehmung von Urheberrechten durch Verwertungsgesellschaften, 1983; *ders.,* Virtuelle Bibliotheken und Urheberrecht, CR 1995, 756; *ders.,* Private Vervielfältigung und Pauschalvergütungen im Referentenentwurf zum Zweiten Korb, ZUM 2005, 119; *Meschede,* Der Schutz digitaler Musik- und Filmwerke vor privater Vervielfältigung nach den zwei Gesetzen zur Regelung des Urheberrechts in der Informationsgesellschaft, 2007; *ders.,* Verbliebener Anwendungsbereich der Privatkopieschranke auf Urheberrechtswerke als Grundlage für pauschale Urheberabgaben, K&R 2008, 585; *Metzger/Kreutzer,* Richtlinie zum Urheberrecht in der „Informationsgesellschaft" – Privatkopie trotz rechtlicher Schutzmaßnahmen, MMR 2002, 139; *Möller,* Die Urheberrechtsnovelle '85. Entstehungsgeschichte und verfassungsrechtliche Grundlagen, 1986; *Möller/Mohr,* Die Urheberrechtsvergütung im Fotokopierbereich: Rechtliche und wirtschaftliche Besonderheiten, Teil 1, IuR 1987, 53; *Mönkemöller,* Moderne Freibeuter unter uns? – Internet, MP3 und CD-R als GAU für die Musikbranche!, GRUR 2000, 663; *Neumann,* Urheberrecht und Schulgebrauch, 1994; *Nippe,* Die Sieben im Urheberrecht – Gedanken zur Anzahl zulässiger Vervielfältigungsstücke, GRUR 1994, 888; *ders.,* Einzelne Vervielfältigungsstücke – Der Kampf mit den Zahlen, GRUR Int. 1995, 202; *ders.,* Der Kopienversand auf Bestellung durch Bibliotheken; ZUM 1998, 382; *Nordemann W.,* Die Urheberrechtsreform, GRUR 1985, 837; *ders.,* Die Vervielfältigung zur Aufnahme in ein eigenes Archiv (§ 54 Abs. 1 Nr. 2 UrhG), Fs. für Hubmann, 1985, S. 325; *Obergfell,* Digitale Privatkopie und andere Urheberrechtsschranken als Interessenausgleich im Urheberrecht, K&R 2005, 176; *Oechsler,* Das Vervielfältigungsrecht für Prüfungszwecke nach § 53 III Nr. 2 UrhG; GRUR 2006, 205; *Paschke,* Rechtsfragen des novellierten Fotokopierrechts – unter besonderer Berücksichtigung der Auswirkungen im Hochschulbereich, GRUR 1985, 949; *Peukert,* Der Schutzbereich des Urheberrechts und das Werk als öffentliches Gut – Insbesondere: Die urheberrechtliche Relevanz des privaten Werkgenusses, in Hilty/Peukert (Hrsg.), Interessenausgleich im Urheberrecht, 2004, S. 11; *Pichlmair,* Abschied von der Privatkopie?, CR 2003, 910; *Poll,* „Korb 2": Was wird aus der Privatkopieregelung in §§ 53 ff. UrhG?, ZUM 2006, 96; *Poll/Braun,* Privatkopie ohne Ende oder Ende der Privatkopie? § 53 Abs. 1 UrhG im Lichte des „Dreistufentests", ZUM 2004, 266; *Prechtl,* Privatkopie und Pauschalvergütungssystem der §§ 53 Abs. 1, 54 ff. UrhG im Zeitalter der Digitalisierung – eine verfassungsrechtliche Untersuchung, 2006; *Raczinski/Rademacher,* Urheberrechtliche Probleme beim Aufbau und Betrieb einer juristischen Datenbank, GRUR 1989, 324; *Reinbacher,* Strafbarkeit der Privatkopie von offensichtlich rechtswidrig hergestellten oder öffentlich zugänglich gemachten Vorlagen, GRUR 2008, 394; *Rigamonti,* Eigengebrauch oder Hehlerei? – Zum Herunterladen von Musik- und Filmdateien aus dem Internet, GRUR Int. 2004, 278; *Roellecke,* Das Kopieren zum eigenen wissenschaftlichem Gebrauch, UFITA 84 (1979) 79; *Rott,* Die Privatkopie aus der Perspektive des Verbraucherrechts, in Hilty/Peukert (Hrsg.), Interessenausgleich im Urheberrecht, 2004, S. 267; *Sandberger,* Behindert das Urheberrecht den Zugang zu wissenschaftlichen Publikationen?, ZUM 2006, 818; *Schack,* Private Vervielfältigung von einer rechtswidrig hergestellten Vorlage?, Fs. für Erdmann, 2002, S. 165; *ders.,* Schutz digitaler Werke vor privater Vervielfältigung – zu den Ausnahmen der Digitalisierung auf § 53 UrhG; ZUM 2002, 497; *ders.,* Dürfen öffentliche Einrichtungen elektronische Archive anlegen? AfP 2003, 1; *Schäfer,* Das Recht auf Vervielfältigung von Tonträgern – Modell einer rechtlichen Lösung und ihrer technischen Umsetzung, 2005; *v. Schaper,* Die Bibliotheken und das geänderte Kopierrecht, Mitteilungen der Arbeitsgemeinschaft für juristisches Bibliotheks- und Dokumentationswesen, AJBD-Mitt. 1985, 103; *Schenk,* Die digitale Privatkopie, 2006; *Schricker* (Hrsg.), Urheberrecht auf dem Weg zur Informationsgesellschaft, 1997 (zitiert: Informationsgesellschaft); *Schwenzer,* Werden Träume wahr in der CD-Kopier-Bar? – Grenzen der Privatkopie nach § 53 Abs. 1 UrhG, ZUM 1997, 478; *Senftleben,* Privates digitales Kopieren im Spiegel des Dreistufentests – genügt das deutsche Urheberrecht zur Privatkopie den Vorgaben des internationalen Rechts?, CR 2003, 914; *Spindler,* Die Archivierung elektronischer Pressespiegel, AfP 2006, 408; *Stickelbrock,* Die Zukunft der Privatkopie im digitalen Zeitalter, GRUR 2004, 736; *Stieper,* Das Herstellenlassen von Privatkopien durch einen anderen, ZUM 2004, 911; *Stintzing,* Moderne Informationsdienste als Herausforderung an das Urheber- und Wettbewerbsrecht, GRUR 1994, 871; *Thomas,* Urheberrecht an Zeitungsartikeln: Grenzen der freien Nutzung zum eigenen Gebrauch, Fs. für Kreile, 1994, S. 755; *Thoms,* Zur Vergütungspflicht für reprographische Vervielfältigungen im Regierungsentwurf zur Urheberrechtsnovelle, GRUR 1983, 539; *Ulbricht,* Tücken im Schutz der Kopierschutz – gibt es einen Wertungswiderspruch zwischen § 95a UrhG und dem materiellen Urheberrecht?, CR 2004, 674; *Ulmer-Eilfort,* Zur Zukunft der Vervielfältigungsfreiheit nach § 53 UrhG im digitalen Zeitalter, Fs. für Nordemann, 1999, S. 285; *VG Wort* (Hrsg.), Geist und Geld, 1990; *VG Wort* (Hrsg.), Geist und Recht, 1992; *Wandtke/Grassmann,* Einige Aspekte zur gesetzlichen Regelung zum elektronischen Kopienver-

§ 53   Vervielfältigungen zum privaten und sonstigen eigenen Gebrauch

sand im Rahmen des „Zweiten Korbs", ZUM 2006, 889; *Wenzl,* Musiktauschbörsen im Internet, 2005; *Wiebe,* Der „virtuelle Videorecorder" – Neue Dienste zwischen Privatkopie und öffentlicher Zugänglichmachung (§ 19a UrhG), CR 2007, 28; *Wiesemann,* Die urheberrechtliche Pauschal- und Individualvergütung für Privatkopien im Lichte technischer Schutzmaßnahmen unter besonderer Berücksichtigung der Verwertungsgesellschaften, 2007; *v. Zimmermann,* Recording-Software für Internetradios, MMR 2007, 553.

Übersicht

	Rdnr.
A. Allgemeines	1–12
I. Zweck und Bedeutung der Norm	1–3
II. Entstehungsgeschichte	4–10
III. Systematische Übersicht über §§ 53–54h	11, 12
B. Vervielfältigung zum privaten Gebrauch (Abs. 1)	13–32
I. Privater Gebrauch	13, 14
II. Erwerbszwecke	15
III. Einzelne Vervielfältigungen	16, 17
IV. Auf beliebigen Trägern	18
V. Vervielfältigung von offensichtlich rechtswidrig hergestellten oder öffentlich zugänglich gemachten Vorlagen	19–24
VI. Herstellung durch andere	25–32
C. Vervielfältigung zum sonstigen eigenen Gebrauch (Abs. 2)	33–56
I. Allgemeine Voraussetzungen des Abs. 2	34–37
1. Eigener Gebrauch	34, 35
2. Einzelne Vervielfältigungsstücke	36
3. Herstellung durch andere	37
II. Gebrauchszweck	38
1. Eigener wissenschaftlicher Gebrauch (Abs. 2 S. 1 Nr. 1)	39–43
2. Aufnahme in ein eigenes Archiv (Abs. 2 S. 1 Nr. 2)	44–48
3. Funksendungen über Tagesfragen (Abs. 2 S. 1 Nr. 3)	49, 50
4. Kleine Teile erschienener Werke (Abs. 2 S. 1 Nr. 4 lit. a)	51–54
5. Vergriffene Werke (Abs. 2 S. 1 Nr. 4 lit. b)	55, 56
D. Vervielfältigung zum Unterrichts- und Prüfungsgebrauch (Abs. 3)	57–67
I. Allgemeines	57, 58
II. Vervielfältigung zur Veranschaulichung des Unterrichts (Abs. 3 Nr. 1)	59–65
III. Vervielfältigung zum Prüfungsgebrauch (Abs. 3 Nr. 2)	66, 67
E. Ausnahmen von der Vervielfältigungsfreiheit (Abs. 4, 5 und 7)	68–80
I. Vervielfältigung von Noten (Abs. 4 lit. a)	69–71
II. Vervielfältigung ganzer Bücher und Zeitschriften (Abs. 4 lit. b)	72–75
III. Vervielfältigung von elektronisch zugänglichen Datenbankwerken (Abs. 5)	76, 77
IV. Vervielfältigungen in der Öffentlichkeit, Ausführung von Plänen und Nachbauen (Abs. 7)	78–80
F. Verbot der Verbreitung von Vervielfältigungsstücken und ihrer Benutzung zur öffentlichen Wiedergabe (Abs. 6)	81–83

A. Allgemeines

I. Zweck und Bedeutung der Norm

1   Die Regelung des § 53 soll zusammen mit den Vorschriften der §§ 53a–54h die **Interessen der Allgemeinheit** an einer beschränkten erlaubnisfreien Benutzung urheberrechtlich geschützter Werke **mit den Interessen der Urheber in Einklang bringen.** Die wirtschaftlichen Interessen der Urheber werden wesentlich dadurch gewahrt, dass der Urheber das ausschließliche Recht zur Vervielfältigung und Verbreitung seiner Werke hat und Dritten Nutzungsrechte gegen Zahlung einer Vergütung einräumen kann. Die Rechte des Urhebers erfahren jedoch eine Einschränkung durch ihre Sozialbindung (vgl. vor §§ 44a ff. Rdnr. 1 ff.). Im Interesse bestimmter Gemeinwohlgüter werden bestimmte Verwertungshandlungen für erlaubnisfrei zulässig erklärt (AmtlBegr. zur Novelle 2003, BTDrucks. 15/38 S. 18). Zudem ist jeder Urheber in seinen Kulturkreis eingebunden und baut auf dem Kulturschaffen anderer Urheber auf; ebenso muss er auch anderen die Benutzung seiner Werke in gewissem Rahmen gestatten. Mit Recht ist der Gesetzge-

Vervielfältigungen zum privaten und sonstigen eigenen Gebrauch § 53

ber davon ausgegangen, dass kulturelle Schöpfung stets eines gegenseitigen Gebens und Nehmens bedarf (AmtlBegr. zur Novelle 1985, BTDrucks. 10/837 S. 9). Schon damit ist häufig die Notwendigkeit einer Vervielfältigung verbunden. Auch sind in einer Kommunikationsgesellschaft der Zugang zu Informationen und ihre Benutzung unerlässlich; die dafür erforderlichen Vervielfältigungsvorgänge dürfen nicht von der Zustimmung des Urhebers abhängig sein. Gerade die elektronische Kommunikation kann ohne solche Vervielfältigungen nicht auskommen. Auf der anderen Seite können die heutigen Vervielfältigungsverfahren zu einer empfindlichen Beeinträchtigung der Rechte der Urheber führen; die Praxis zeigt, dass man sich nicht scheut, unter Berufung auf Informations- und Kommunikationsbedürfnisse die schöpferische Leistung anderer unentgeltlich in Anspruch nehmen zu wollen.

Der Interessenausgleich, den die Regelung in §§ 53–54 h vorsieht, ist vor allem durch zwei 2 Aspekte charakterisiert. Zum einen ist die erlaubnisfreie Benutzung nur in einem bestimmten Rahmen zulässig, nämlich auf den **eigenen Gebrauch** beschränkt, zu dem allerdings nicht nur der private Gebrauch, sondern auch der Gebrauch zu beruflichen oder erwerbswirtschaftlichen Zwecken zählt (näher Rdnr. 34). Zum anderen verlangen die Informations- und Kommunikationserfordernisse nicht, dass die Vervielfältigung vergütungsfrei erfolgt. Der Gesetzgeber ist daher den Weg der **gesetzlichen Lizenz** (dazu vor §§ 44a ff. Rdnr. 6) gegangen: Der Urheber hat einen **Vergütungsanspruch,** der allerdings aus praktischen und rechtlichen Gründen (Erfassbarkeit der einzelnen Vervielfältigungsvorgänge und Gefahr des Eindringens in die Privatsphäre) nicht an den einzelnen Vervielfältigungsvorgang anknüpft, sondern in einer Abgabe besteht, die die Hersteller von Vervielfältigungsgeräten und von Bild- und Tonträgern sowie die Großbetreiber von Kopiergeräten zu leisten haben und die sie über den Preis auf die Nutzer der dadurch eröffneten Vervielfältigungsmöglichkeiten abwälzen können (vgl. auch AmtlBegr. BRDrucks. 218/94 S. 17 sowie BTDrucks. 10/837 S. 18). Das findet seine Rechtfertigung darin, dass die Hersteller durch ihre Tätigkeit die Voraussetzung für die Vervielfältigung urheberrechtlich geschützten Materials schaffen (AmtlBegr. BRDrucks. 218/94 S. 17 f.). Da auch die **Importeure** und **Händler** an der Schaffung dieser Voraussetzung beteiligt sind, besteht für sie eine Mithaftung; es handelt sich um ein System der stufenweisen Erfassung, bei dem letztlich derjenige belastet wird, der das urheberrechtlich geschützte Material durch die Vervielfältigung verwertet (vgl. auch die AmtlBegr. zum Produktpirateriegesetz, BTDrucks. 11/5744 S. 34). Die Abgabe ist **verwertungsgesellschaftenpflichtig** (§ 54 h), sie wird von den Verwertungsgesellschaften eingezogen und an die Urheber verteilt.

Verhältnis zu technischen Schutzmaßnahmen: Während einerseits § 53 in dem dort ge- 3 nannten Rahmen Vervielfältigungen zum eigenen Gebrauch zulässt, kann andererseits durch technische Schutzmaßnahmen das Kopieren verhindert werden. Solche technischen Schutzmaßnahmen dürfen nach § 95a nicht umgangen werden, der Rechtsinhaber, der solche technischen Schutzmaßnahmen anwendet, ist aber nach § 95b verpflichtet, bestimmte Vervielfältigungen im Rahmen des § 53 zu ermöglichen. Dabei ist für digitale Vervielfältigungen der Rahmen, in dem diese Verpflichtung besteht, enger gezogen als der des § 53; die Verpflichtung, **digitale Vervielfältigungen** zu ermöglichen, besteht nicht für Vervielfältigungen zum privaten Gebrauch nach § 53 Abs. 1 sowie für Vervielfältigungen von Funksendungen nach § 53 Abs. 2 S. 1 Nr. 3 und zum sonstigen eigenen Gebrauch nach § 53 Abs. 2 S. 1 Nr. 4; ferner sind die Vervielfältigungen für Archive (§ 53 Abs. 2 S. 1 Nr. 2) grundsätzlich auf rein analoge Archive beschränkt (vgl. im Einzelnen § 95b Abs. 1 Satz 1 Nr. 6; s. dazu auch *Ulbricht* CR 2004, 674). Im Rahmen der Arbeiten am Zweiten Gesetz zur Regelung des Urheberrechts in der Informationsgesellschaft ist vor allem von Verbraucherverbänden die Forderung erhoben worden, die digitale Privatkopie auch beim Einsatz technischer Schutzmaßnahmen durchzusetzen, und zwar mit der Begründung, dass mit dem Verbot der Umgehung technischer Schutzmaßnahmen die digitale Privatkopie faktisch weitgehend abgeschafft worden sei (vgl. den Referentenentwurf für ein Zweites Gesetz zur Regelung des Urheberrechts in der Informationsgesellschaft S. 28). Der Gesetzgeber hat aber dieser Forderung nicht stattgegeben (s. dazu BT-Drucks. 16/1828 S. 20 f.). Das bedeutet, dass es **kein „Recht auf die digitale Privatkopie"** gibt; wer digitale Privatkopien durch technische Schutzmaßnahmen verhindert, handelt legal.

II. Entstehungsgeschichte

Die gesetzliche Regelung des Vervielfältigungsrechts hat eine wechselvolle Geschichte (vgl. 4 zur Entwicklung auch *Collova* UFITA 125 [1994] 53; *Freiwald* S. 54 ff.). **§ 15 Abs. 2 LUG** ließ

§ 53 Vervielfältigungen zum privaten und sonstigen eigenen Gebrauch

Vervielfältigungen zum persönlichen Gebrauch zu, soweit sie nicht den Zweck hatten, aus dem Werk Einnahmen zu erzielen; eine ähnliche Regelung traf **§ 18 Abs. 1 KUG** für unentgeltlich bewirkte Vervielfältigungen. Das galt sowohl für eigenhändig als auch für mechanisch hergestellte Vervielfältigungen. Diese Regelungen beruhten auf der Überlegung, dass die private Sphäre von urheberrechtlichen Ansprüchen freigehalten werden sollte; die für den Urheber damit verbundenen Einschränkungen nahm der Gesetzgeber angesichts der geringen Bedeutung hin, die Vervielfältigungen beim damaligen Stand der Kopiertechnik hatten. Vervielfältigungsvorgänge fanden so gut wie ausschließlich im gewerblichen Bereich (zB durch Verleger, Schallplattenhersteller usw.) statt; der private Benutzer war zum käuflichen Erwerb eines Vervielfältigungsstücks gezwungen, wodurch die finanzielle Beteiligung des Urhebers sichergestellt war. Diese Situation änderte sich grundlegend mit der **Entwicklung neuerer Kopiertechniken,** die jedermann in die Lage versetzten, ohne technische Vorkenntnisse und mit minimalem zeitlichen und finanziellen Aufwand Vervielfältigungen herzustellen, die in ihrer Qualität dem Original kaum nachstanden, namentlich mit der Entwicklung der Tonbandgeräte und der fotomechanischen Kopierverfahren. Vervielfältigungsvorgänge fanden damit nicht nur im gewerblichen, sondern in großem Umfang auch im privaten Bereich statt.

5 Zunächst trug die **Rechtsprechung** diesen Wandlungen Rechnung. In seiner grundlegenden Entscheidung vom 18. 5. 1955 (BGHZ 17, 266 – Grundig-Reporter) entschied der BGH, dass Magnettonaufnahmen urheberrechtlich geschützter Werke zwar nach dem Wortlaut des § 15 Abs. 2 LUG nicht der Erlaubnis des Urhebers bedurften, dass diese Vorschrift aber einschränkend auszulegen sei, weil die Entwicklung der Kopiertechnik außerhalb des Vorstellungskreises des damaligen Gesetzgebers gelegen habe und dieser vom Vervielfältigungsrecht des Urhebers nur solche Ausnahmen habe zulassen wollen, die keine ins Gewicht fallende Beeinträchtigung der wirtschaftlichen Interessen der Urheber darstellten. In einer weiteren Entscheidung vom 24. 6. 1955 (BGHZ 18, 44 – Fotokopie) erörterte der BGH die Frage für fotomechanische Vervielfältigungen, nahm aber nicht abschließend Stellung, da er eine Vervielfältigung zum persönlichen Gebrauch verneinte.

6 Diese Rechtsprechung bildete die Grundlage für das **Urheberrechtsgesetz von 1965.** Während der RefE von 1954 in § 47 noch Vervielfältigungen zum persönlichen Gebrauch ohne Rücksicht auf das dabei angewandte Verfahren zuließ, machte der MinE von 1959 in § 50 Ausnahmen für die Aufnahme auf Bild- oder Tonträger. Der RegE von 1962 sah in § 54 im Hinblick auf die Schwierigkeiten bei der Durchsetzung eines Verbots der privaten Vervielfältigung wiederum die Erlaubnisfreiheit von Vervielfältigungen zum persönlichen Gebrauch vor, gewährte aber dem Urheber einen Anspruch auf angemessene Vergütung gegen denjenigen, der Vervielfältigungen vornahm oder vornehmen ließ. Diese Regelung wurde im Rechtsausschuss als unpraktikabel und im Hinblick auf die damit verbundene Gefahr des Eindringens in die Privatsphäre der Besitzer von Aufzeichnungsgeräten als bedenklich angesehen (vgl. dazu BT-Drucks. IV/3401 S. 8) und durch einen **Anspruch gegen die Hersteller von Aufzeichnungsgeräten** ersetzt (§ 53 Abs. 5 UrhG 1965). Dabei konnte sich der Rechtsausschuss auf den BGH stützen, der 1964 entschieden hatte, dass Hersteller von Tonaufzeichnungsgeräten als Störer nach § 1004 BGB bzw. als Teilnehmer an einer unerlaubten Handlung anzusehen seien und dass die durch den Urheber ermächtigte Verwertungsgesellschaft berechtigt sei, dem Gerätehersteller den Vertrieb der Tonbandgeräte nur unter der Voraussetzung zu gestatten, dass er die Vervielfältigungsgebühren durch ein angemessenes Pauschalentgelt ablöse (BGH GRUR 1965, 104/108 – Personalausweise). Eine entsprechende Vergütungspflicht für fotomechanische Vervielfältigungen durch Fotokopien, Xerokopien usw. wurde hingegen nicht eingeführt. Neben der Vervielfältigung zum persönlichen Gebrauch ließ das UrhG 1965 die Vervielfältigung zum sonstigen eigenen Gebrauch in dem durch § 54 gezogenen Rahmen zu, sah aber einen Vergütungsanspruch vor, falls sie gewerblichen Zwecken diente (§ 54 Abs. 2).

7 Die **weitere technische Entwicklung** auf dem Gebiet der Kopierverfahren führte bald dazu, dass durch die Regelung von 1965 die **Interessen der Urheber nicht mehr ausreichend gewahrt** waren. Vor allem auf dem Gebiet der fotomechanischen Vervielfältigung brachten neue Techniken einen außerordentlichen Anstieg des Kopierens urheberrechtlich geschützter Werke im privaten und sonstigen eigenen Bereich mit sich, der jedenfalls nach Auffassung der Urheber und Verleger zu einem deutlichen Rückgang beim Absatz der Verlagsproduktion führte (vgl. dazu vor allem die Denkschrift des Börsenvereins des Deutschen Buchhandels, 1978, 9 ff.). Aber auch die Vervielfältigung auf Bild- und Tonträger nahm nach Einführung der Kassettenrecorder einen Umfang an, mit dem der Gesetzgeber von 1965 nicht gerechnet hatte. Zudem erwies sich die Regelung der Herstellerabgabe in § 53 Abs. 5 UrhG 1965 als unbefrie-

digend; neben zahlreichen Streitfragen zur Auslegung (zB zur Frage des Herstellerbegriffs) zeigte sich vor allem, dass bei den seit Einführung der Kassettenrecorder stark gesunkenen Gerätepreisen der Vergütungsanspruch von maximal 5% des Herstellerabgabepreises nicht mehr ausreichend war. Die Auseinandersetzungen um eine Neuregelung wurden mit großer Heftigkeit geführt, vor allem um eine Leerkassettenabgabe und eine Kopiervergütung.

Durch die **Novelle von 1985** (vgl. dazu *Möller*, Die Urheberrechtsnovelle '85) wurde das Vergütungssystem ausgebaut und insbesondere um die Leerkassettenabgabe und die kombinierte Geräte-/Großbetreiberabgabe für fotomechanische Vervielfältigungen ergänzt. Die Vervielfältigungsfreiheit wurde in § 53, die Vergütungspflicht in § 54 geregelt. Dadurch wurde nicht nur der Schutz des Urhebers verbessert, die gesetzliche Regelung hatte auch an Geschlossenheit und Klarheit gewonnen (zu Einzelheiten vgl. § 54 Rdnr. 2 und 1. Aufl. Rdnr. 4). Weitere Änderungen erfolgten durch das **Produktpirateriegesetz** vom 7. 3. 1990 (BGBl. I S. 422), das die Hinweispflicht in Rechnungen auf urheberrechtliche Vergütungen und die doppelte Vergütungspflicht bei unrichtiger Auskunftserteilung einführte. Durch das **2. UrhGÄndG** vom 9. 6. 1993 (BGBl. I S. 910) wurde § 53 Abs. 4 S. 2 aufgehoben, weil die Vervielfältigung von Computerprogrammen nunmehr in §§ 69c–69e geregelt war. Aufgrund des **Gesetzes zur Änderung des Patentgebührengesetzes und anderer Gesetze vom 24. 7. 1995** (BGBl. I S. 1739) traten dann an die Stelle des § 54 die §§ 54–54h. Diese Änderung war dadurch notwendig geworden, dass die Einfuhrkontrollmeldungen für der Vergütungspflicht unterliegende Gegenstände mit der Vollendung des gemeinsamen Binnenmarktes weggefallen waren und entsprechende Ersatzinstrumente zur Sicherung des urheberrechtlichen Vergütungsaufkommens geschaffen werden mussten. Dabei wurde das bisherige, an das Außenwirtschaftsrecht geknüpfte System der Einfuhrkontrollmeldungen durch eine privatrechtliche Meldepflicht ersetzt, die schon bisher bestehende Mithaftung der Importeure wurde durch eine begrenzte Mithaftung des Handels ergänzt, die die Verpflichtung zur Angabe seiner Bezugsquellen einschließt. Ferner wurde der Übersichtlichkeit halber die bisher in § 54 enthaltene Vergütungspflicht für audiovisuelle und für fotomechanische Vervielfältigungen auf zwei Vorschriften (§ 54 und § 54 a) verteilt. Durch das **IuKDG** vom 22. 7. 1997 (BGBl. I S. 1870) wurde Abs. 5 im Hinblick auf Art. 6 Abs. 2 der Datenbankrichtlinie (Richtlinie 96/9/EG v. 11. 3. 1996, ABl. Nr. L 77 S. 20) eingefügt.

Die neuere Entwicklung ist durch die **Harmonisierung des Vervielfältigungsrechts auf europäischer Ebene** gekennzeichnet. Mit der Richtlinie vom 22. 5. 2001 zur Harmonisierung bestimmter Aspekte des Urheberrechts und der verwandten Schutzrechte in der Informationsgesellschaft (ABl. EG L 167/10; GRUR Int. 2001, 745; vgl. dazu Loewenheim/*Lehmann*, Handbuch des Urheberrechts, § 54 Rdnr. 41 ff. mwN) wurde ua. das Vervielfältigungsrecht der Entwicklung moderner Vervielfältigungstechniken angepasst und nicht nur der Begriff des Vervielfältigungsrechts, sondern auch der Katalog seiner (teils zwingenden, teils fakultativen) Schranken in Art. 5 abschließend geregelt. Die Umsetzung in das deutsche Recht erfolgte durch das **Gesetz zur Regelung des Urheberrechts in der Informationsgesellschaft** vom 10. 9. 2003 (BGBl. I S. 1774). An der Grundstruktur des § 53 wurde nichts geändert. Die einzelnen Regelungen wurden den Vorgaben in Art. 5 Abs. 2 und 3 der Richtlinie angepasst, im Übrigen wurde klargestellt, § 53 auch für digitale Vervielfältigungen gilt sowie eine Reihe redaktioneller Änderungen vorgenommen (sa. die AmtlBegr. BTDrucks. 15/38 S. 20f.). Soweit Rechteinhaber ihre urheberrechtlich geschützten Werke durch **technische Schutzmaßnahmen** gegen unzulässige Vervielfältigungen schützen, sind sie nach § 95b verpflichtet, denjenigen, die rechtmäßigen Zugang zu diesen Werken haben, die notwendigen Mittel zur Verfügung zu stellen, um Vervielfältigungen im Rahmen des § 53 herstellen zu können (dazu näher § 95b Rdnr. 3, 13 ff.; eingehend Loewenheim/*Peukert,* Handbuch des Urheberrechts[2], § 36 Rdnr. 1 ff.)

Die **Neustrukturierung des Vergütungssystems** durch das zweite Gesetz zur Regelung des Urheberrechts in der Informationsgesellschaft (2. Korb) ist am 1. 1. 2008 in Kraft getreten. Bei der **Vergütungspflicht** kommt es nun nicht mehr darauf an, ob Geräte und Speichermedien zur Vornahme von Vervielfältigungen bestimmt sind, sondern ob sie dafür benutzt werden; ausschlaggebend ist also die tatsächliche Nutzung, die bei einem Gerätetyp typischerweise erfolgt. Der Gesetzgeber wollte damit die zahlreichen Streitfragen um die Zweckbestimmung von Geräten beenden (BT-Drucks. 16/1828 S. 29f.). Zusätzlich war im Regierungsentwurf eine Bagatellklausel vorgesehen, die eine Vergütungspflicht nur dann vorsah, wenn die Geräte und Speichermedien „im nennenswerten Umfang" zur Vervielfältigung genutzt wurden. Diese Bagatellklausel wurde im Bundesrat gestrichen, weil sie doch wieder zu erheblichem Streit führen würde, in welchem Umfang Geräte genutzt würden (BT-Drucks. 16/1828 S. 42). Die **Vergü-**

§ 53   Vervielfältigungen zum privaten und sonstigen eigenen Gebrauch

tungshöhe war nach bisherigem Recht abschließend durch die Vergütungssätze in der Anlage zu § 54 d festgelegt, eine Regelung, die vom Gesetzgeber als zu wenig flexibel angesehen wurde (BT-Drucks. 16/1828 S. 28). Sie wurde durch ein System weitgehender Selbstregulierung ersetzt, nach dem die Beteiligten (Hersteller und Verwertungsgesellschaften) die Tarife selbst festlegen beziehungsweise aushandeln sollen; dies soll nach den in § 54 a genannten Kriterien erfolgen. Weitere Änderungen betreffen unter anderem § 53 Abs. 1 S. 1 (Einfügung der „öffentlich zugänglich gemachten" Vorlage, § 53 Abs. 2 S. 1 Nr. 1 (Vervielfältigungen zum eigenen wissenschaftlichen Gebrauch dürfen keinen gewerblichen Zwecken dienen), § 53 Abs. 2 S. 2 Nr. 3 (das Archiv muss im öffentlichen Interesse tätig sein) und § 53 Abs. 3 Schulbücher dürfen nicht mehr vervielfältigt werden). Im Übrigen wurden Vorschriften der §§ 53–54 h weitgehend neu strukturiert (vgl. zur Systematik Rdnr. 11).

III. Systematische Übersicht über §§ 53–54 h

11   Die **Vervielfältigungsfreiheit** (also die Fälle, in denen Vervielfältigungen ohne Erlaubnis des Urhebers zulässig sind) ist wie bisher in § 53 geregelt. Die neu eingefügte Vorschrift des § 53 a regelt den Kopienversand auf Bestellung. Die **Vergütungspflicht** für Vervielfältigungen ist jetzt einheitlich in § 54 enthalten, und zwar sowohl für Vervielfältigungen auf Bild- oder Tonträger (bisher § 54 aF), als auch für fotomechanische Vervielfältigungen (bisher § 54 a aF). Die **Vergütungshöhe**, die sich bisher aus § 54 d aF iVm. der Anlage zu dieser Vorschrift ergab, ist jetzt der Festlegung durch die Beteiligten (Hersteller und Verwertungsgesellschaften) überlassen, die dabei anzuwendenden Kriterien sind in § 54 a niedergelegt. Die Vergütungspflicht des Händlers oder Importeurs regelt § 54 b, die des Betreibers von Ablichtungsgeräten § 54 c (bisher in § 54 a Abs. 2 aF enthalten). Die Hinweispflicht auf die Urhebervergütung in Rechnungen ist in § 54 d enthalten (bisher § 54 e aF), die Auskunftspflicht in § 54 f (bisher § 54 g aF), das (neu eingefügte) Recht zu Kontrollbesuchen in § 54 g. Der teilweise neugefasste § 54 h bestimmt wie bisher, dass die urheberrechtlichen Ansprüche nach §§ 54 nur durch eine Verwertungsgesellschaft geltendgemacht werden können (**Verwertungsgesellschaftenpflichtigkeit** der Ansprüche) und regelt Einzelheiten der Durchführung.

12   § 53 zählt in seinen ersten drei Absätzen die Fälle der Vervielfältigungsfreiheit auf, Abs. 4–7 enthalten Einschränkungen. Abs. 1 regelt Vervielfältigungen zum **privaten Gebrauch** (zum Begriff Rdnr. 14), Abs. 2 den **sonstigen eigenen Gebrauch**, zu dem auch der Gebrauch zu beruflichen oder erwerbswirtschaftlichen Zwecken zählt (zum Begriff Rdnr. 34), Abs. 3 sieht eine Erweiterung der Vervielfältigungsfreiheit für das Herstellen von Kopien im **Schulunterricht** und für **Prüfungen** vor. Abs. 4 schränkt die Vervielfältigungsfreiheit auf Gebieten ein, auf denen sich die Entwicklung der Reprographietechnik besonders nachteilig für die Urheber und andere Nutzungsberechtigte ausgewirkt hat. Es handelt sich um die mechanisch vorgenommene Vervielfältigung von **Noten** sowie von ganzen oder im Wesentlichen **ganzen Büchern und Zeitschriften**. Sie ist, sofern sie nicht durch Abschreiben erfolgt, grundsätzlich nur mit Einwilligung des Berechtigten zulässig, es bleibt also im Ergebnis bei der Regel des § 15 Abs. 1. Das früher in Abs. 4 S. 2 enthaltene Verbot der Vervielfältigung von **Computerprogrammen** ergibt sich seit 1993 aus § 69 c Abs. 1 S. 1 Nr. 1 iVm. § 69 a Abs. 4 (vgl. § 69 a Rdnr. 25; sa. die AmtlBegr. zum 2. UrhGÄndG, BTDrucks. 12/4022 S. 8 f.). Abs. 5 bestimmt, dass auf elektronisch zugängliche **Datenbankwerke** bestimmte Erlaubnistatbestände nicht oder nur mit Einschränkungen anwendbar sind. Nach Abs. 7 ist die Vervielfältigung bestimmter **Werkwiedergaben in der Öffentlichkeit**, die **Ausführung von Entwürfen zu Werken der bildenden Künste** und der **Nachbau von Werken der Baukunst** nur mit Einwilligung des Berechtigten zulässig. Abs. 6 bestimmt, dass die nach § 53 zulässig hergestellten **Vervielfältigungsstücke weder verbreitet noch zu öffentlichen Wiedergaben benutzt** werden dürfen, lässt aber einige Ausnahmen zu.

B. Vervielfältigung zum privaten Gebrauch (Abs. 1)

I. Privater Gebrauch

13   Der private Gebrauch ist ein **Unterfall des eigenen Gebrauchs** (sa. Rdnr. 34). Der Begriff des privaten Gebrauchs entspricht dem des persönlichen Gebrauchs in § 53 Abs. 1 UrhG 1965

(AmtlBegr. zur Novelle 1985, BTDrucks. 10/837 S. 16), so dass die frühere Rechtsprechung und Literatur zum persönlichen Gebrauch für den Begriff des privaten Gebrauchs insoweit herangezogen werden können. Dabei sind aber die Grenzen der Abs. 4–7 zu beachten, die in der früheren Regelung nur zum Teil die Entsprechung fanden. Die Vervielfältigung zum privaten Gebrauch setzt, wie ein Umkehrschluss aus Abs. 2 Nr. 2 ergibt, **nicht** voraus, dass ein **eigenes Werkstück** zur Vervielfältigung benutzt wird, auch fremde Werkstücke können benutzt werden (BGH GRUR 1997, 459/462 – CB-infobank I; BGH GRUR 1997, 464/466 – CB-infobank II).

Privater Gebrauch ist der Gebrauch in der Privatsphäre zur Befriedigung rein persönlicher 14 Bedürfnisse durch die eigene Person oder die mit ihr durch ein persönliches Band verbundenen Personen (BGH GRUR 1978, 474/475 – Vervielfältigungsstücke – zu dem insoweit entsprechenden [vgl. Rdnr. 13] früheren Begriff des persönlichen Gebrauchs; sa. AmtlBegr. zur Novelle 1985, BTDrucks. 10/837 S. 9; allg. Ansicht auch im Schrifttum, vgl. etwa *Dreier*/Schulze[3] § 53 Rdnr. 7; *Dreyer*/Kotthoff/Meckel[2] § 53 Rdnr. 15; Fromm/Nordemann/*W. Nordemann*[10] § 53 Rdnr. 6; Wandtke/Bullinger/*Lüft*[3] § 53 Rdnr. 22; *Möller/Mohr* IuR 1987, 53/54; eingehend *Flechsig* GRUR 1993, 532/533 ff.). Durch die Novelle 2003 wurde klargestellt, dass **nur natürliche Personen** privaten Gebrauch ausüben können, was schon dem bisherigen Verständnis des § 53 Abs. 1 entsprach (BGH GRUR 1997, 459/461 – CB-infobank I; AmtlBegr. zur Novelle 1985, BTDrucks. 10/837 S. 9; weitere Nachweise in der Vorauflage Rdnr. 12). Für Handelsgesellschaften, juristische Personen, Körperschaften usw. kommt nur ein sonstiger eigener Gebrauch nach Abs. 2 in Betracht. Auf den **Ort der Vervielfältigung** kommt es nicht an, sondern auf deren Zweck; privater Gebrauch kann daher auch dann vorliegen, wenn der Kopiervorgang nicht in der häuslichen Umgebung oder der Privatsphäre stattfindet, sondern an einem öffentlich zugänglichen Ort (OLG München GRUR-RR 2003, 356/366 – CD-Münzkopierautomaten), beispielsweise in einem Copyshop. **Beispiele** für die Vervielfältigung zum privaten Gebrauch bilden das Überspielen von Schallplatten, Ton- oder Videobändern zum eigenen Werkgenuss oder im Familien- oder Freundeskreis, das Abschreiben von Noten durch die Mitglieder eines Gesangvereins (aber nicht für öffentliche Auftritte, vgl. Abs. 6 S. 1), das Kopieren einzelner Aufsätze oder Stellen aus Sachbüchern zur Diskussion in der Familie oder unter Freunden. Von privatem Gebrauch ist grundsätzlich auszugehen, wenn Vervielfältigungen zur Ausübung einer Liebhaberei oder eines Hobbys im Familien- oder Freundeskreis hergestellt werden. Noten und ganze oder im Wesentlichen ganze Bücher und Zeitschriften dürfen aber auch zum privaten Gebrauch nur unter den Voraussetzungen des Abs. 4 vervielfältigt werden (vgl. dazu Rdnr. 68 ff.).

II. Erwerbszwecke

Im Gegensatz zum (sonstigen) eigenen Gebrauch des Abs. 2 darf der private Gebrauch **weder** 15 **unmittelbar noch mittelbar Erwerbszwecken** dienen. Das entsprach schon bisheriger Auffassung (BGH GRUR 1993, 899/900 – Dia-Duplikate; KG GRUR 1992, 168/169 – Dia-Kopien; vgl. auch Vorauflage Rdnr. 12), wurde aber durch die Novelle 2003 ausdrücklich klargestellt (AmtlBegr. BTDrucks. 15/38 S. 20; s. jetzt auch KG GRUR-RR 2004, 228/232 – Ausschnittdienst). Vervielfältigungen zu beruflichen oder erwerbswirtschaftlichen Zwecken fallen damit nicht unter Abs. 1. Das gilt auch dann, wenn der berufliche Zweck nicht der alleinige Zweck ist, sondern die Vervielfältigungen sowohl zu privaten als zu beruflichen oder erwerbswirtschaftlichen Zwecken angefertigt werden (BGH GRUR 1993, 899/900 – Dia-Duplikate; *Dreier*/Schulze[3] § 53 Rdnr. 10; Fromm/Nordemann/*W. Nordemann*[10] § 53 Rdnr. 8; sa. *Lauber/ Schwipps* GRUR 2004, 293/298). Vervielfältigungen zu Erwerbszwecken sind auch Kopien, die von Hochschullehrern, Anwälten und Lehrern für ihre berufliche Tätigkeit angefertigt werden, ebenso von Studenten zu Zwecken der Berufsausbildung (so OLG Hamm FuR 1982, 210/212, bestätigt von BGH GRUR 1984, 54/55 – Kopierläden; Wandtke/Bullinger/*Lüft*[3] § 53 Rdnr. 22; Möhring/Nicolini/*Decker*[2] § 53 Rdnr. 13; aA *Rehbinder*[15] Rdnr. 441; die Vervielfältigung kann aber nach Abs. 2 oder 3 zulässig sein). **Mittelbarer Erwerbszweck** kann aber nicht jeder ganz entfernte berufliche oder erwerbswirtschaftliche Zweck sein, etwa die Situation dass jemand mittels Kopien privates Wissen erwirbt und dies möglicherweise später einmal auch für berufliche Zwecke verwenden will (so mit Recht *Dreier*/Schulze[3] § 53 Rdnr. 10). Es wird daher ein konkreter Zusammenhang zwischen der Herstellung der Vervielfältigungen und dem Erwerbszweck zu fordern sein (*Dreier*/Schulze aaO).

III. Einzelne Vervielfältigungen

16 Auch zum privaten Gebrauch ist nur die Herstellung einzelner Vervielfältigungen zulässig. Was **Vervielfältigungen** sind, bestimmt sich nach dem Vervielfältigungsbegriff des § 16: jede körperliche Festlegung des Werks oder eines Teils davon, die geeignet ist, das Werk den menschlichen Sinnen auf irgendeine Weise unmittelbar oder mittelbar wahrnehmbar zu machen (vgl. im Einzelnen § 16 Rdnr. 5ff.); die Festlegung kann digital oder analog erfolgen (näher Rdnr. 18). Hauptbeispiele bilden Fotokopien, fotografische Ablichtungen, Aufnahmen auf Ton- oder Videoband, auf CD oder anderen Ton- oder Bildträgern, Festlegungen im Computer, Ausdrucke (Hardcopies) von digital gespeicherten Werken und Ähnliches. Keine Vervielfältigung ist (mangels körperlicher Festlegung) die Wiedergabe von Mikroverfilmungen in einem Lesegerät, wohl aber die Herstellung von Rückvergrößerungen. Welche Art von Werken vervielfältigt wird, ist für den Vervielfältigungsbegriff unerheblich, entscheidet aber über die Einschränkung der Vervielfältigungsfreiheit nach Abs. 4 und 6.

17 Unter **einzelnen** Vervielfältigungen wird im Allgemeinen – wenig hilfreich – die Herstellung einiger weniger Exemplare verstanden (BGH GRUR 1978, 474/476 – Vervielfältigungsstücke; *Dreier*/Schulze[3] § 53 Rdnr. 9; Wandtke/Bullinger/*Lüft*[3] § 53 Rdnr. 13; *Dreyer*/Kotthoff/ Meckel[2] § 53 Rdnr. 29; *Schack*[4], Urheber- und Urhebervertragsrecht, Rdnr. 496). In der Praxis hat sich die Zahl von 7 Vervielfältigungsstücken als Obergrenze eingespielt, insbesondere auf Grund der Entscheidung des BGH v. 14. 4. 1978, der auf die Klage der VG Wort und Wissenschaft das Land Bremen antragsgemäß verurteilte, nicht mehr als 7 Vervielfältigungsstücke zu Unterrichtszwecken herzustellen (BGH GRUR 1978, 474/476 – Vervielfältigungsstücke – zu dem insoweit gleichgelagerten § 54 Abs. 1 Nr. 4 lit. a idF von 1965; zu dieser Entscheidung sa. *Neumann* S. 66; *Nippe* GRUR Int. 1995, 202; offengelassen von OLG Düsseldorf CR 1996, 728/729). Einen Hinweis bot auch die AmtlBegr., nach der mit der Erlaubnis zur Anfertigung einzelner Vervielfältigungsstücke dem Werknutzer der Kauf von 5 oder 6 Zeitschriftenexemplaren erspart werden sollte (BTDrucks. IV/270 S. 73). Im Schrifttum wird diese Obergrenze teils befürwortet (*Haberstumpf*, Hdb. des Urheberrechts[2], Rdnr. 338; *Möller/Mohr* IuR 1987, 53/54; kritisch *Rehbinder*[15] Rdnr. 440), teils aber auch als zu hoch angesehen (*Dreier*/Schulze[3] § 53 Rdnr. 9; Fromm/Nordemann/*W. Nordemann*[10] § 53 Rdnr. 13; *Schack*[4], Urheber- und Urhebervertragsrecht, Rdnr. 496; *Maus* S. 89). Die Obergrenze von 7 Vervielfältigungsstücken gibt allenfalls einen Anhaltspunkt für die praktische Anwendung der Vorschrift, sollte aber keineswegs als Dogma verstanden werden. Maßgeblich ist, wie viele Vervielfältigungsstücke für den Gebrauch in der Privatsphäre zur Befriedigung rein persönlicher Bedürfnisse (vgl. Rdnr. 14) erforderlich sind; während für den Gebrauch durch die eigene Person meist ein einziges Exemplar genügt, kann es für den Gebrauch im Familien- oder Freundeskreis erforderlich sein, dass jeder der Beteiligten ein Vervielfältigungsstück besitzt; ebenso kann die digitale Vervielfältigung, etwa das Herunterladen in den eigenen Computer und der Ausdruck, eine Reihe von Vervielfältigungsvorgängen erfordern (so auch *Dreier*/Schulze[3] § 53 Rdnr. 9; Wandtke/Bullinger/*Lüft*[3] § 53 Rdnr. 13; *Dreyer*/Kotthoff/Meckel § 53 Rdnr. 29; Möhring/Nicolini/*Decker*[2] § 53 Rdnr. 8; *Nippe* GRUR Int. 1995, 202 mwN; sa. *ders.* GRUR 1994, 888). Auch der österreichische OGH interpretiert den Begriff der einzelnen Vervielfältigungsstücke in diesem Sinne (OGH GRUR Int. 1994, 857 – Null-Nummer). Für eine Obergrenze von 3 Vervielfältigungsstücken Fromm/ Nordemann/*W. Nordemann*[10] § 53 Rdnr. 13.

IV. Auf beliebigen Trägern

18 Mit der aus Art. 5a lit. b der Richtlinie zur Informationsgesellschaft übernommenen Formulierung „auf beliebigen Trägern" wollte der Gesetzgeber klarstellen, dass § 53 Abs. 1 **sowohl analoge als auch digitale Vervielfältigungen** erfasst (vgl. AmtlBegr. BTDrucks. 15/38 S. 20). Das entspricht der bisherigen Rechtslage (vgl. etwa OLG München GRUR-RR 2003, 365/ 366 – CD-Münzkopierautomaten; *Dreier*/Schulze[3] § 53 Rdnr. 8; Wandtke/Bullinger/*Lüft*[3] § 53 Rdnr. 12; *Schricker* (Hrsg.), Informationsgesellschaft, S. 165; *Schack* ZUM 2002, 497/498).

V. Vervielfältigung von offensichtlich rechtswidrig hergestellten oder öffentlich zugänglich gemachten Vorlagen

19 Das Tatbestandsmerkmal, dass Vervielfältigungen nach § 53 Abs. 1 nur hergestellt werden dürfen, soweit nicht eine offensichtlich rechtswidrig hergestellte Vorlage verwendet wird, wurde mit der Novelle 2003 (dazu Rdnr. 9) eingeführt und beruht auf der Beschlussempfehlung des Vermittlungsausschusses (BTDrucks. 15/1353; s. dazu auch die Stellungnahme des Bundesrates zum Gesetzentwurf der Bundesregierung, BTDrucks. 15/38 S. 37 sub dd; Gegenäußerung der Bundesregierung, BTDrucks. 15/38 S. 39; ferner *Jani* ZUM 2003, 842). Damit kam ein **Kompromiss** in der Streitfrage zustande, ob Kopien von rechtswidrig hergestellten Vorlagen unter die Privilegierung des § 53 Abs. 1 fallen (vgl. zum Streitstand *Loewenheim*, Fs. für Dietz, S. 415/416 ff., *Schack*, Fs. für Erdmann, S. 165 Fußn. 3; *Kreutzer* GRUR 2001, 193/200; *Freiwald* S. 148 f.; *Jani* ZUM 2003, 842 ff.; *Rigamonti* GRUR Int. 2004, 278/287 ff.; sa. *Stickelbrock* GRUR 2004, 736/737 f.). Gegen das Erfordernis einer rechtswidrig hergestellten Vorlage wurde vor allem das Downloading im Internet, insbesondere in File-Sharing-Systemen wie Napster oder Gnutella angeführt; man könne nicht wissen, ob eine Vorlage rechtmäßig ins Internet gestellt sei, ein Verbot der Vervielfältigung von rechtswidrig hergestellten Vorlagen würde ohnehin nicht befolgt und würde die Glaubwürdigkeit und Autorität der Rechtsordnung untergraben (so die Bundesregierung in ihrer Gegenäußerung zur Stellungnahme des Bundesrates, aaO). Das Ergebnis ist wenig geglückt und alles andere als befriedigend. Wenn Vervielfältigungen von nicht offensichtlich rechtswidrig hergestellte Vorlagen zulässig sind, sind alle von diesen Vervielfältigungen hergestellten weiteren Kopien rechtmäßig; das rechtswidrige Produkt kann auf diese Weise eine beliebige Verbreitung finden. Das unterläuft letztlich die Zielsetzung des § 53 und ist gegenüber rechtswidrigem Kopierverhalten ein Signal in die falsche Richtung (weitere Argumente bei *Loewenheim*, Fs. für Dietz, S. 415/419 ff.; *Leupold/Demisch* ZUM 2000, 379/383 ff.; *Jani* ZUM 2003, 842/854; *Rigamonti* GRUR Int. 2004, 278/287 ff.; hinsichtlich der Rechtssicherheit kritisch auch *Schack*[4], Urheber- und Urhebervertragsrecht, Rdnr. 495 a). Zahlreiche Nutzer von File-Sharing-Systemen werden sich in ihrem Kopierverhalten auch dadurch nicht beeinflussen lassen, dass es sich um eine offensichtlich rechtswidrig hergestellte Vorlage handelt, ohne dass deswegen gleich ein Verlust der Glaubwürdigkeit und Autorität der Rechtsordnung zu besorgen wäre. Zudem hat der Gesetzgeber jegliche Maßstäbe vermissen lassen, wann die Herstellung einer Kopiervorlage als „offensichtlich rechtswidrig" anzusehen ist und mit diesem kaum bestimmbaren Begriff ein nur schwer anzuwendendes Tatbestandsmerkmal geschaffen (kritisch auch *Jani* ZUM 2003, 842/851).

20 Durch das Zweite Gesetz zur Regelung des Urheberrechts in der Informationsgesellschaft (zweiter Korb, dazu Rdnr. 10) ist die Regelung auf **öffentlich zugänglich gemachte Vorlagen** erweitert worden. Die bisher auf offensichtlich rechtswidrig hergestellte Vorlagen beschränkte Regelung konnte keine Vorlagen erfassen, die zwar rechtmäßig hergestellt, aber ohne die erforderliche Zustimmung öffentlich zugänglich gemacht wurden. Dies war insbesondere dann der Fall, wenn rechtmäßig hergestellte Privatkopien im Internet zum Download angeboten wurden, wie beim Filesharing in Peer-to-Peer-Tauschbörsen. In solchen Fällen bestand die Urheberrechtsverletzung nicht in der Herstellung der Vorlage, sondern in deren öffentlicher Zugänglichmachung; im Rahmen des § 53 durften von solchen Vorlagen nach bisheriger Rechtslage Privatkopien gefertigt lernen. Diese Lücke ist durch die Erweiterung der Regelung auf öffentlich zugänglich gemachte Vorlagen geschlossen worden; damit kann jetzt auch gegen das Kopieren aus File-sharingsystemen im Internet vorgegangen werden (vgl. dazu die AmtlBegr. BT-Drucks. 16/1828 S. 26).

21 Die **Tatbestandvoraussetzung der nicht offensichtlich rechtswidrig hergestellten und nicht öffentlich zugänglich gemachten Vorlage** besteht nur für § 53 Abs. 1, nicht für die Absätze 2 und 3. Ist für die Vervielfältigung eine offensichtlich rechtswidrig hergestellte oder öffentlich zugänglich gemachte Vorlage (zum Begriff der Vorlage vgl. *Jani* ZUM 2003, 842/846 f.; *Reinbacher* GRUR 2008, 394/395) verwendet worden, so ist die Vervielfältigung nicht durch § 53 Abs. 1 gedeckt, das Ausschließlichkeitsrecht des Urhebers ist nicht eingeschränkt und es handelt sich um eine Urheberrechtsverletzung. **Rechtswidrig hergestellt** ist eine Vorlage, wenn sie unter Verletzung der Rechte des Urhebers oder sonstigen Berechtigten erstellt wurde (sa. *Jani* ZUM 2003, 842/847 ff.; *Reinbacher* GRUR 2008, 394/395 ff.). In der Regel wird es sich dabei um die Verletzung von Urheberrechten handeln; die Verletzung vertraglicher Rechte kann zwar auch die Rechtswidrigkeit begründen, wird aber im Allgemeinen für Dritte nicht offensichtlich sein. Rechtswidrig muss die Herstellung der Vorlage sein; eine rechtswidrige Überlassung reicht nach dem Gesetzeswortlaut nicht aus.

22 Die **Offensichtlichkeit der Rechtswidrigkeit der Herstellung** ist nach der herrschenden Meinung im Schrifttum nach allgemeingültigen, objektiven Kriterien zu beurteilen, nicht subjektiv vom Standpunkt des jeweiligen Benutzers aus (Fromm/Nordemann/*W. Nordemann*[10] § 53 Rdnr. 14; *Lauber/Schwipps* GRUR 2004, 293/298 f.; *Czychowski* NJW 2003, 2409/2411; einge-

§ 53 Vervielfältigungen zum privaten und sonstigen eigenen Gebrauch

hend *Jani* ZUM 2003, 842/850 ff.; so auch noch Vorauft. Rdnr. 14 c; aA Wandtke/Bullinger/ *Lüft*[3] § 53 Rdnr. 16). Dafür spricht, dass der Umfang eines absoluten Rechts (des Vervielfältigungsrechts) objektiv zu bestimmen sein und nicht vom jeweiligen Kenntnisstand einzelner Personen abhängen sollte. Andererseits hat der Gesetzgeber in der AmtlBegr. zum zweiten Korb zum Ausdruck gebracht, dass bei der öffentlichen Zugänglichmachung die Offensichtlichkeit der Rechtswidrigkeit nach dem Bildungs- und Kenntnisstand des jeweiligen Nutzers zu beurteilen ist (BT-Drucks. 16/1828 S. 26; sa. Rdnr. 24). Es erscheint nicht sinnvoll, die Offensichtlichkeit der Rechtswidrigkeit bei der Herstellung nach objektiven, bei der öffentlichen Zugänglichmachung dagegen nach subjektiven Kriterien zu beurteilen. Es sollte daher einheitlich eine Beurteilung nach subjektiven Kriterien erfolgen (ebenso Wandtke/Bullinger/*Lüft*[3] § 53 Rdnr. 16). Dafür spricht auch, dass der mit dem Begriff der Offensichtlichkeit gefundene Kompromiss (vgl. Rdnr. 19) den Nutzer nicht mit unerfüllbaren Prüfpflichten belasten sollte (vgl. auch BT-Drucks. 16/1828 S. 26) und damit letztlich seinem Schutz dient; dass die Möglichkeiten der Einsicht in die Rechtswidrigkeit der Herstellung vom Bildungs- und Kenntnisstand des jeweiligen Nutzers abhängen, ist nicht zu verkennen.

23 **Offensichtlichkeit** ist dann anzunehmen, wenn ohne Schwierigkeiten erkennbar ist, dass die Vorlage rechtswidrig hergestellt wurde (ähnlich *Jani* ZUM 2003, 842/850: was klar zutage tritt; *Freiwald* S. 150: keine vernünftigen Zweifel; *Dreyer*/Kotthoff/Meckel[2] § 53 Rdnr. 25: geradezu aufdrängt, also für jedermann auf der Hand liegt; *Dreier*/Schulze[3] § 53 Rdnr. 12: wenn die Möglichkeit einer Erlaubnis durch den Rechtsinhaber sowie einer irgendwie gearteten Privilegierung aller Wahrscheinlichkeit nach ausgeschlossen werden kann; Fromm/Nordemann/*W. Nordemann*[10] § 53 Rdnr. 14: was jedermann auf den ersten Blick erkennt; *Reinbacher* GRUR 2008, 394/399: wenn eine rechtmäßige Herstellung für den entsprechenden Verkehrskreis vernünftigerweise ausgeschlossen werden kann; sa. *Lauber*/*Schwipps* GRUR 2004, 293/299). Eine eingehende Prüfung der Umstände kann jedenfalls vom Benutzer nicht verlangt werden (*Dreier*/Schulze[3] § 53 Rdnr. 12; *Dreyer*/Kotthoff/Meckel[2] § 53 Rdnr. 25). Die Offensichtlichkeit wird in erster Linie aus der Art der Vorlage und den Gegebenheiten ihrer Zurverfügungstellung hervorgehen (*Dreier*/Schulze[3] § 53 Rdnr. 12). Im **Offline-Bereich** wird sich das eher als im Online-Bereich feststellen lassen. Indikatoren können etwa die Person des Veräußerers sein, die Art und Weise der Werbung (dubiose Inserate in einschlägigen Zeitschriften), der Preis, die Umstände der Übergabe und ähnliches (sa. *Berger* ZUM 2004, 257/260; *Freiwald* S. 151). Dass die Vorlage nicht vom Hersteller stammt, wird regelmäßig nicht ausreichen, da es sich bei ihr um eine zulässige Kopie handeln kann, es sei denn, die Zulässigkeit des Kopierens vom Herstelleroriginal kann ausgeschlossen werden. Im **Online-Bereich** kann von einer rechtswidrigen Herstellung der Vorlage ausgegangen werden, wenn bekanntermaßen technische Schutzmaßnahmen gegen das Kopieren bestehen oder ein Werk vor seiner Veröffentlichung online zugänglich gemacht wird (*Dreier*/Schulze[3] § 53 Rdnr. 12; Fromm/Nordemann/*W. Nordemann*[10] § 53 Rdnr. 14; *Berger* ZUM 2004, 257/260). Ein weiterer Umstand, der die Rechtswidrigkeit begründen kann, ist das Forum, von dem aus die Werke heruntergeladen werden können (sa. *Berger* ZUM 2004, 257/260; *Jani* ZUM 2003, 842/851 ff.; aA *Freiwald* S. 151 ff.), wobei allerdings zu berücksichtigen ist, dass auch bei Internet-Tauschbörsen das Uploading häufig von einer legal erworbenen oder hergestellten Kopie erfolgt; diese Fälle werden dann aber meist von der Rechtswidrigkeit des öffentlichen Zugänglichmachens erfasst. Ferner kommen in Betracht die Ausgestaltung der Webseite und ihr Anbieter, der Zeitpunkt des Angebots (zum Beispiel vor der Veröffentlichung von Werken oder bei Filmen vor ihrem Anlaufen in den Kinos) oder die Kostenlosigkeit bei Angeboten, die üblicherweise nur gegen Bezahlung erfolgen. S. ferner die Beispiele bei *Reinbacher* GRUR 2008, 394/399 f.

24 Auch die **Rechtswidrigkeit der öffentlichen Zugänglichmachung** muss offensichtlich sein (BT-Drucks. 16/1828 S. 26). Gemäß § 52 Abs. 3 ist die öffentliche Zugänglichmachung von Werken stets nur mit Einwilligung des Berechtigten zulässig. Damit muss offensichtlich sein, dass der Berechtigte eine Einwilligung zur öffentlichen Zugänglichmachung nicht erteilt hat. Bei der öffentlichen Zugänglichmachung geht der Gesetzgeber davon aus, dass die Offensichtlichkeit der Rechtswidrigkeit nach dem Bildung und Kenntnisstand des jeweiligen Nutzers zu beurteilen ist (BT-Drucks. 16/1828 S. 26; ebenso *Dreier*/Schulze[3] § 53 Rdnr. 12; Wandtke/ Bullinger/*Lüft*[3]§ 53 Rdnr. 16). Maßgeblich für die Beurteilung werden hier in erster Linie Art und Charakter des Forums sein, von dem aus durch Herunterladen die Herstellung der Vervielfältigungen erfolgt. Bei vielen Internet-Tauschbörsen dürfte durchgängig bekannt sein, dass das Uploading geschützter Werke ohne die Zustimmung des Rechtsinhabers erfolgt (vgl. dazu den Fall des OLG München GRUR 2001, 499/503: Einrichtung eines Internet-Forums, das „gera-

Vervielfältigungen zum privaten und sonstigen eigenen Gebrauch § 53

dezu eine Einladung zu massenhaften Verletzungen von Urheber- und Leistungsschutzrechten war"). Daran ändert sich nichts, wenn es sich um Internet-Foren im Ausland handelt oder wenn dass Uploading vom Ausland aus erfolgt. Da Schutz gegen das Downloading (Vervielfältigung) in Deutschland gesucht wird, ist deutsches Recht als Recht des Schutzlandes anzuwenden; das Recht des Schutzlandes entscheidet auch über Inhalt und Umfang des Schutzes durch ein urheberrechtliches Verwertungsrecht (vgl. vor §§ 120 ff. Rdnr. 129 mit Nachweisen; ebenso *Dreier*/ *Schulze*[3] § 53 Rdnr. 12).

VI. Herstellung durch andere

Die Vervielfältigung braucht nicht eigenhändig zu erfolgen, die Herstellung der Vervielfältigungen durch andere ist zulässig (§ 53 Abs. 1 S. 2). Der Gesetzgeber wollte mit dieser Bestimmung die Herstellung von Kopien auch denjenigen ermöglichen, die sich eigene Kopiergeräte nicht leisten können (AmtlBegr. BTDrucks. IV/270 S. 72, 74). **Anderer** kann jeder Dritte sein; die AmtlBegr. hebt den Fall hervor, dass gewerbliche Kopieranstalten auf Bestellung Kopien anfertigen (AmtlBegr. BTDrucks. IV/270 S. 74), es kann sich aber auch um Mitarbeiter und Angestellte, Familienmitglieder oder Freunde handeln (Fromm/Nordemann/*W. Nordemann*[10] § 53 Rdnr. 10). 25

Herstellerbegriff: Das Herstellenlassen durch andere ist sowohl in den Fällen des § 53 Abs. 1 als auch des Abs. 2 zulässig, in den Fällen des Abs. 1 jedoch nur, wenn die Herstellung unentgeltlich oder mittels photomechanischer oder ähnlicher Verfahren (dazu Rdnr. 31 f.) erfolgt. Digitale Vervielfältigungen dürfen also, wenn keiner der Fälle des § 53 Abs. 2 vorliegt und die Vervielfältigung nicht unentgeltlich geschieht, nicht durch andere vorgenommen werden; der durch § 53 Abs. 1 Privilegierte muss Hersteller der Vervielfältigungsstücke sein. Soweit, wie bei heutigen digitalen Vervielfältigungsverfahren häufig, Dritte in den Vervielfältigungsvorgang eingeschaltet sind, stellt sich damit die Frage, wer Hersteller der Vervielfältigungen ist. 26

Für den Herstellerbegriff ist vom **technisch-maschinellen Vorgang der Vervielfältigung** auszugehen (BGH ZUM 2009, 765/767 – Save.TV). Bei der Entscheidung, wie weit der Privilegierungsrahmen des § 53 Abs. 1 UrhG reicht, hat der BGH in seinen Entscheidungen CB-infobank I und II an diesen technisch-maschinellen Vorgang angeknüpft (BGH GRUR 1997, 459/462 – CB-infobank I; BGH GRUR 1997, 464/466 – CB-infobank II; sa. BGH GRUR 1999, 707/709 – Kopienversanddienst; OLG Köln GRUR 2000, 414/417 – GRUR/GRUR Int.; im Ausgangspunkt auch das OLG Köln MMR 2006, 35/36; sa. *Dreier*/*Schulze*[3] § 53 Rdnr. 14). Dabei kommt es allerdings, so der BGH in seiner Entscheidung Kopienversanddienst, nicht auf die rein technische Durchführung der Vervielfältigung an, „weil die Tatbestände der Verwertungsrechte und ihrer Schranken Vorgänge der Werknutzung, nicht technische Vorgänge als solche umschreiben. Werknutzer ist nicht, wer die Nutzung technisch bewerkstelligt, sondern derjenige, der sich des technischen Vorgangs zum Zweck der Werknutzung bedient" (BGH GRUR 1999, 707/709 – Kopienversanddienst). Auch das OLG München hat entschieden, dass Hersteller derjenige sei, der die Handlungen vornimmt, die zum Herstellungsergebnis führen, die den Vorgang auslösen, an dessen Ende die Kopien stehen (OLG München GRUR-RR 2003, 365/366 – CD-Münzkopierautomaten). Bei an öffentlich zugänglichen Plätzen aufgestellten CD-Kopierautomaten ist daher nicht der Automatenaufsteller, sondern der Automatenbenutzer Hersteller der Kopien (BGH ZUM 2009, 765/767 – Save.TV; OLG München aaO; zustimmend *Dreier*/*Schulze*[3] § 53 Rdnr. 14; kritisch Fromm/Nordemann/*W. Nordemann*[10] § 53 Rdnr. 12). Orientiert sich damit der Herstellerbegriff am Vervielfältigungsvorgang nicht im Sinne der rein technischen Durchführung der Vervielfältigung, sondern im Sinne des Sich-Bedienens des technischen Vorgangs zum Zweck der Werknutzung, so kommt es auf den Umfang der Kontroll-, Steuerungs- und Einflussmöglichkeiten an, die der Kunde auf den Vervielfältigungsvorgang hat. Mit anderen Worten: es ist entscheidend, bei wem die Sachherrschaft über den Vervielfältigungsvorgang liegt, wer die **Organisationshoheit** über Gegenstand und Umfang der Vervielfältigungen hat (im gleichen Sinne *Dreier*/*Schulze*[3] § 53 Rdnr. 14; *Dreier*, Fs. für Ullmann, S. 37/45 ff.; *Kamps*/*Koops*, CR 2007, 581/583; *Hofmann*, ZUM 2006, 786 f.). 27

Diese Frage ist auch im Zusammenhang mit **virtuellen Videorecordern** (auch als Personal Videorecorder bezeichnet) strittig geworden. Dabei handelt es sich um Dienste, die es dem Kunden ermöglichen, Videosendungen auf einem ihm zur Verfügung gestellten Speicherplatz eines Servers aufzunehmen und sie nach Abschluss der Aufnahme auf seinem Computer oder Fernsehgerät anzusehen oder auch auf einen eigenen Speicher herunterzuladen. Die Dienste 28 sind im Detail unterschiedlich ausgestaltet; jedenfalls bei neueren Formen bleibt dem Kunden die Bedienung voll überlassen: er wählt ein Programm aus, gibt die erforderlichen Informationen zur Aufnahme ein und hat nach Abschluss der Aufnahme die Möglichkeit, die aufgenommene Sendung anzusehen. Er hat ebenso wie bei einem herkömmlichen Festplattenvideorecorder während des gesamten Aufnahmevorgangs die Herrschaft über das Geschehen: er bestimmt die Anfangs- und die Endzeit der Aufzeichnung, er kann die Aufnahme jederzeit abbrechen, und er kann entscheiden, ob und wann er die Aufzeichnung ansehen oder abspeichern will. Der Anbieter stellt lediglich die erforderlichen technischen Vorrichtungen und den Speicherplatz zur Verfügung. Eine Reihe von Instanzgerichten hat in solchen Fällen (wobei es sich allerdings zum Teil um ältere Gestaltungsformen handelte) den Anbieter als Hersteller angesehen und mangels Unentgeltlichkeit die Zulässigkeit solcher Dienste gemäß § 53 Abs. 1 S. 2 verneint (OLG Köln GRUR-RR 2006, 5; OLG Dresden NJOZ 2007, 1564 sowie Urteil vom 20. 3. 2007 – 14 U 2328/06; LG Leipzig CR 2006, 784; LG München I CR 2006, 787; LG Braunschweig ZUM-RD 2006, 396; im Schrifttum insbesondere Fromm/Nordemann/*W. Nordemann*[10] § 53 Rdnr. 14; Wandtke/Bullinger/*Lüft*[3] § 53 Rdnr. 18; Schack, GRUR 2007, 639/642). Für die rechtliche Beurteilung kommt es naturgemäß auf die Ausgestaltung dieser Dienste im Einzelfall an. Ist es aber so, dass der Kunde und nicht der Anbieter die Organisationshoheit über das Aufnahmegeschehen hat, den virtuellen Videorekorder letztlich also nicht anders als einen regulären Videorekorder bedient, so ist der Kunde als Hersteller anzusehen und ein Fall des Herstellenlassens iSv § 53 Abs. 1 S. 2 liegt nicht vor (BGH ZUM 2009, 765/767 – Save.TV; *Dreier*/Schulze[3] § 53 Rdnr. 14; *Dreier*, Fs. für Ullmann, S. 37/45 ff.; *Kamps/Koops*, CR 2007, 581/583; *Hofmann*, ZUM 2006, 786 f.).

29   Die Zulässigkeit der Herstellung durch andere im Sinne des § 53 Abs. 1 S. 2 ist auch gegenüber **zusätzlichen Diensten** abzugrenzen wie insbesondere den **Recherchediensten von Datenbanken.** Die Tätigkeit des anderen muss sich **auf den technisch-maschinellen Vorgang der Vervielfältigung beschränken**, sie hat sich im Rahmen einer **konkreten Anweisung** zur Herstellung eines bestimmten Vervielfältigungsstücks für den vom Gesetz begünstigten Nutzer halten (BGH GRUR 1997, 459/462 – CB-infobank I; BGH GRUR 1997, 464/466 – CB-infobank II; BGH GRUR 1999, 707/709 – Kopienversanddienst; OLG München GRUR-RR 2003, 365/366 – CD-Münzkopierautomaten; OLG Köln GRUR 2000, 414/417 – GRUR/GRUR Int.; *Dreier*/Schulze[3] § 53 Rdnr. 14; Fromm/Nordemann/*W. Nordemann*[10] § 53 Rdnr. 10; Wandtke/Bullinger/*Lüft*[3] § 53 Rdnr. 18; *Dreyer*/Kotthoff/Meckel[2] § 53 Rdnr. 36 f.). Auch hier muss also die **Organisationshoheit** über Gegenstand und Umfang der Vervielfältigungen somit beim Besteller verbleiben. Die durch Abs. 2 privilegierte Handlung ist auf den zweckgebundenen technischen Vorgang der Vervielfältigung beschränkt, auch soweit der berechtigte Nutzer sie durch einen Dritten vornehmen lässt. Der mit dem Herstellenlassen beauftragte Dritte „tritt an die Stelle des Vervielfältigungsgeräts des privilegierten Nutzers; nur soweit er seine Tätigkeit auf die technisch mechanische Vervielfältigung beschränkt, hat er als notwendiges Werkzeug teil an der gesetzlichen Freistellung" (BGH GRUR 1997, 459/462 – CB-infobank I; BGH ZUM 2009, 765/767 – Save.TV). Die Tätigkeit des Dritten muss sich dabei im Rahmen einer konkreten Anweisung zur Herstellung eines bestimmten Vervielfältigungsstücks für den vom Gesetz begünstigten Nutzer halten (BGH aaO); dieser muss die Organisationshoheit über Gegenstand und Umfang der Vervielfältigungen behalten (*Loewenheim,* Urheberrechtliche Grenzen, S. 57). Im bloßen **Aufstellen von Kopiergeräten,** namentlich Münzkopierautomaten, liegt dagegen kein Herstellen von Vervielfältigungen für durch § 53 privilegierte Personen, Hersteller ist vielmehr der Benutzer der Kopiergeräte selbst (BGH ZUM 2009, 765/767 – Save.TV; OLG München GRUR-RR 2003, 365/366 – CD-Münzkopierautomaten). Des Privilegs des Herstellenlassens bedarf es in solchen Fällen nicht.

30   An der Beschränkung auf den technisch maschinellen Vorgang der Vervielfältigung fehlt es vor allem bei **Recherchediensten von Datenbanken.** Bei solchen Datenbanken wird im Allgemeinen zu einem vom Kunden vorgegebenen Thema eine Recherche in den in der Datenbank vorgehaltenen Dokumenten durchgeführt, von den dabei gefundenen Dokumenten werden vielfach für den Kunden Vervielfältigungen angefertigt und ihm übersandt. Bei solchen Vervielfältigungen handelt es sich nicht um einen Fall des Herstellenlassens, bei dem die Vervielfältigung nicht der Datenbank, sondern ihrem Kunden zuzurechnen wäre (BGH GRUR 1997, 459/461 ff. – CB-infobank I; BGH GRUR 1997, 464/466 – CB-infobank II; KG GRUR-RR 2004, 228/232 – Ausschnittdienst; OLG Köln GRUR 2000, 414/417 – GRUR/GRUR Int.; OLG Frankfurt/M GRUR 1996, 351 – CB-infobank; OLG Düsseldorf CR 1996, 728/730; *Dreier*/Schulze[3] § 53 Rdnr. 13; Fromm/Nordemann/*Vinck*[9] § 24 Rdnr. 10; *Dreyer*/Kotthoff/Meckel[2] § 53 Rdnr. 36; Wandtke/Bullinger/*Lüft*[3] § 53 Rdnr. 18; *Loewenheim,* Urheberrechtli-

che Grenzen, S. 46 ff., insb. S. 54 ff.; *Katzenberger,* Elektronische Printmedien, S. 57; *Raczinski/ Rademacher* GRUR 1989, 324; *Thomas,* Fs. für Kreile, S. 755 ff.). Der Vervielfältigungsvorgang kann nicht von der Recherche isoliert gesehen werden; die Recherchedienste bieten vielmehr ein Servicepaket an, das weit über das hinausgeht, was der Gesetzgeber mit der Zulässigkeit des Herstellenlassens erlaubt hat. Es handelt sich um eine urheberrechtsrelevante Nutzung in einem Ausmaß und in einer Intensität, die sich mit den eine Privilegierung rechtfertigenden Erwägungen nicht mehr vereinbaren lässt (BGH GRUR 1997, 459/463 – CB-infobank I).

Die Herstellung durch andere ist im Rahmen des § 53 Abs. 1 S. 2 nur dann zulässig, wenn sie **31 unentgeltlich** erfolgt oder mittels **photomechanischer Verfahren** (oder ähnlicher Verfahren) vorgenommen wird. Digitale Vervielfältigungen oder Vervielfältigungen auf Bild- oder Tonträger kann man damit durch andere nur herstellen lassen, wenn dies unentgeltlich geschieht. Seit dem 12. 9. 2003 ist das Erfordernis der Unentgeltlichkeit über seinen bisherigen Anwendungsbereich der Übertragung von Werken auf Bild- oder Tonträger und die Vervielfältigung von Werken der bildenden Künste auf alle Vervielfältigungsfälle erweitert worden. Der Gesetzgeber wollte mit dieser Regelung Missbräuchen vorbeugen und den privaten Charakter solcher Vervielfältigungen betonen (AmtlBegr. BTDrucks. 15/38 S. 20). Der mit dem Herstellenlassen verbundene Kopienversand bleibt möglich, soweit es sich um reprographische Kopien und nicht um Disketten, CDs oder ähnliches handelt (AmtlBegr. aaO).

Unentgeltlichkeit bedeutet, dass für die Tätigkeit des Herstellens keine Gegenleistung er- **32** bracht werden darf (*Dreyer/Kotthoff/Meckel*[2] § 53 Rdnr. 35; *Möhring/Nicolini/Decker*[2] § 53 Rdnr. 16). Die Erstattung der reinen Unkosten bei der Herstellung, insb. der Materialkosten, führt allerdings nicht zur Entgeltlichkeit (*Dreier/Schulze*[3] § 53 Rdnr. 16; Fromm/Nordemann/ *W. Nordemann*[10] § 53 Rdnr. 11; Möhring/Nicolini/*Decker*[2] § 53 Rdnr. 16; Wandtke/Bullinger/ *Lüft*[3] § 53 Rdnr. 20; *Dreyer/Kotthoff/Meckel*[2] § 53 Rdnr. 35; *Lauber/Schwipps* GRUR 2004, 293/ 298; sa. OLG Dresden ZUM 2007, 385/386). Nach der AmtlBegr. (BTDrucks. 15/38 S. 20 f.) sind als unentgeltlich auch Kopien anzusehen, die durch Bibliotheken gefertigt werden, die Gebühren oder Entgelte für die Ausleihe erheben, soweit die Kostendeckung nicht überschritten wird. Auch der einem mit Vervielfältigungen betrauten Angestellten gezahlte Lohn ist kein Entgelt für die jeweiligen Vervielfältigungsvorgänge, sondern für die Erbringung der Arbeitsleistung im Rahmen des Arbeitsverhältnisses, schließt also die Unentgeltlichkeit nicht aus (*Dreier/ Schulze*[3] § 53 Rdnr. 16; aA Möhring/Nicolini/*Decker*[2] § 53 Rdnr. 16). Unentgeltlich muss die Herstellung der Kopien für denjenigen sein, für den sie gefertigt werden. Zuwendungen von Dritten die mit dem Besteller der Kopien keinerlei Zusammenhang stehen (zB Finanzierung durch Werbung Dritter), schließen die Unentgeltlichkeit nicht aus (aA OLG Dresden ZUM 2007, 385/386; LG Köln MMR 2007, 610/612).

C. Vervielfältigung zum sonstigen eigenen Gebrauch (Abs. 2)

Bei der Umsetzung der Richtlinie zur Informationsgesellschaft durch die Novelle 2003 (dazu **33** Rdnr. 9) hat der Gesetzgeber die bisherige Struktur des Abs. 2 grundsätzlich beibehalten und lediglich den sich aus der Richtlinie zwingend ergebenden Notwendigkeiten Rechnung getragen. Damit sind zusätzliche Voraussetzungen für die Fälle des Abs. 2 Nr. 2–4 verbunden, aber keine Auswirkungen auf die schon bisher bestehenden Tatbestandsmerkmale des Abs. 2 Satz 1, so dass die bisherige Rechtsprechung anwendbar bleibt (AmtlBegr. BTDrucks. 15/38 S. 21). Auch durch das zweite Gesetz zur Regelung des Urheberrechts in der Informationsgesellschaft (dazu Rdnr. 10) wurden nur zusätzliche Voraussetzungen in Abs. 2 eingefügt und keine grundsätzliche Änderung der bisherigen Struktur vorgenommen.

I. Allgemeine Voraussetzungen des Abs. 2

1. Eigener Gebrauch

Auch in den Fällen des Abs. 2 ist, wie sich aus den Regelungen in Abs. 2 S. 1 Nr. 1–4 ergibt, **34** die Vervielfältigung **nur zum eigenen Gebrauch** zulässig. Dabei ist der Begriff des eigenen Gebrauchs der Oberbegriff, der den privaten Gebrauch des Abs. 1 (dazu Rdnr. 13 f.) einschließt. Der eigene Gebrauch ist dadurch charakterisiert, dass jemand Vervielfältigungsstücke zur **eigenen Verwendung und nicht zur Weitergabe an Dritte** herstellt bzw. herstellen lässt (AmtlBegr. zur Novelle 1985, BTDrucks. 10/837 S. 9). Während der private Gebrauch nicht weiter

§ 53 Vervielfältigungen zum privaten und sonstigen eigenen Gebrauch

eingeschränkt ist, sind nach Abs. 2 nur bestimmte, in Abs. 2 S. 1 Nr. 1–4 näher bezeichnete Gebrauchszwecke begünstigt (dazu näher Rdnr. 38 ff.). Im Gegensatz zum privaten Gebrauch (vgl. Rdnr. 14) kann der eigene Gebrauch iSd. Abs. 2 in den Fällen der Nr. 3 und 4 auch **beruflichen oder erwerbswirtschaftlichen Zwecken** dienen (vgl. auch BGH GRUR 1978, 474/475 – Vervielfältigungsstücke; BGH GRUR 1993, 899/900 – Dia-Duplikate), nicht dagegen in den Fällen der Nr. 1 und 2, in denen die Vervielfältigung keinen Erwerbszwecken dienen darf. Anders als der private Gebrauch kann der eigene Gebrauch iSd. Abs. 2 nicht nur durch natürliche Personen, sondern auch durch **juristische Personen,** Gesellschaften, Körperschaften usw. ausgeübt werden (AmtlBegr. BTDrucks. 10/837 S. 9; OLG Köln GRUR 2000, 414/416 – GRUR/GRUR Int.). Eigener Gebrauch iSd. Abs. 2 ist vor allem der betriebs- bzw. behördeninterne Gebrauch durch Unternehmen, Behörden, Hochschulen, Schulen (vgl. aber für den Unterricht Abs. 3 S. 1 Nr. 1, für Prüfungen Abs. 3 S. 1 Nr. 2), Bibliotheken, Angehörige freier Berufe usw. (AmtlBegr. zur Novelle 1985, BTDrucks. 10/837 S. 9; sa. *Dreier/Schulze*[3] § 53 Rdnr. 18; Fromm/Nordemann/*W. Nordemann*[10] § 53 Rdnr. 16; *Katzenberger,* Elektronische Printmedien, S. 52; *Möller/Mohr* IuR 1987, 53/54); sie dürfen durch ihre Mitarbeiter Vervielfältigungen zum internen Gebrauch herstellen lassen. Eigener Gebrauch liegt dann nicht vor, wenn die hergestellten Vervielfältigungsstücke zwar im Unternehmen oder der Behörde verbleiben sollen, dort aber durch Dritte benutzt werden sollen oder zur Herstellung weiterer für Dritte bestimmter Vervielfältigungsstücke dienen sollen (*Katzenberger* aaO).

35   Auch die **Einspeicherung, Bearbeitung und Ausgabe von Dokumenten** oder sonstigen Werken in Datenbanken durch für Dritte tätig werdende **Dokumentations- und Recherchedienste** stellt keinen eigenen Gebrauch dar (BGH GRUR 1997, 459/461 ff. – CB-infobank I; BGH GRUR 1997, 464/466 – CB-infobank II; KG GRUR-RR 2004, 228/232 – Ausschnittdienst; OLG Frankfurt/M GRUR 1996, 351 – CB-infobank; OLG Düsseldorf CR 1996, 728; LG Hamburg CR 1996, 734; eingehend dazu *Loewenheim,* Urheberrechtliche Grenzen, S. 48 ff.; *Katzenberger,* Elektronische Printmedien, S. 54 ff.; *Raczinski/Rademacher* GRUR 1989, 324/325 ff.; aA OLG Köln GRUR 1995, 265/267 – Infobank; *Stintzing* GRUR 1994, 871/873 ff.) Gerade in solchen Fällen darf die durch das Merkmal des eigenen Gebrauchs aufgestellte Zweckbegrenzung (Verbot der Weitergabe an Dritte) nicht dadurch umgangen werden, dass man im Wege einer extensiven Interpretation des Tatbestandsmerkmals „herstellen lassen" davon ausgeht, der Dritte lasse sich die Kopien durch den Kopierenden herstellen, dass man also die Vervielfältigungsvorgänge dem Dritten zurechnet (dazu näher Rdnr. 29 f.).

2. Einzelne Vervielfältigungsstücke

36   Ebenso wie beim privaten Gebrauch dürfen auch in den Fällen des Abs. 2 nur einzelne Vervielfältigungsstücke hergestellt werden. Das in Rdnr. 16 f. Gesagte gilt für Abs. 2 entsprechend.

3. Herstellung durch andere

37   Auch in den Fällen des Abs. 2 ist, wie das Gesetz ausdrücklich betont, das Herstellenlassen durch andere zulässig. Die Einschränkung des Abs. 1 S. 2 auf die unentgeltliche Herstellung und die Herstellung mittels photomechanischer Verfahren gilt für Abs. 2 nicht; die Fälle des Abs. 2 S. 1 Nr. 2, 3 und 4 unterliegen aber nunmehr den Einschränkungen des Abs. 2 S. 2 und 3. Erforderlich ist auch hier, dass sich die **Tätigkeit des anderen auf den technisch-maschinellen Vorgang der Vervielfältigung beschränkt** (dazu Rdnr. 29). Die **Organisationshoheit** über Gegenstand und Umfang der Vervielfältigungen muss somit beim Besteller verbleiben. Wird ein Dritter mit einer Recherche nach einschlägigen Veröffentlichungen zu vom Besteller bestimmten Themen beauftragt, so handelt es sich bei den Kopien, die der Dritte anfertigt, nicht mehr um Vervielfältigungen, die der Besteller herstellen lässt (s. dazu Rdnr. 30). Der **Kopienversand durch Bibliotheken** ist in § 53 a gesetzlich geregelt.

II. Gebrauchszweck

38   Die Vervielfältigung nach Abs. 2 ist nur zulässig, wenn einer der in S. 1 Nr. 1–4 bezeichneten Fälle vorliegt. Die einzelnen Gebrauchszwecke können sich überschneiden. Für die Fälle der Nr. 2–4 sind die Einschränkungen der Sätze 2 und 3 zu beachten. Generell unterliegen die Freistellungen den Einschränkungen der 4–7; insbesondere für Datenbankwerke dem Abs. 5 (dazu Rdnr. 76 f.).

1. Eigener wissenschaftlicher Gebrauch (Abs. 2 S. 1 Nr. 1)

Mit der **Freistellung von Vervielfältigungen zum eigenen wissenschaftlichen Gebrauch** wollte der Gesetzgeber verhindern, dass Wissenschaftler und wissenschaftliche Institute vor der Herstellung von Kopien aus geschützten Werken jedes Mal die Erlaubnis der Urheber einholen müssen und dadurch in ihrer wissenschaftlichen Tätigkeit beeinträchtigt werden (AmtlBegr. BTDrucks. IV/270 S. 73). Der Gesetzgeber ging beim ersten Gesetz zur Regelung des Urheberrechts in der Informationsgesellschaft (dazu Rdnr. 9) davon aus, dass Abs. 2 S. 1 Nr. 1 durch Art. 5 Abs. 3 lit. a der Richtlinie zur Informationsgesellschaft gedeckt sei und deswegen keiner Anpassung bedürfe (AmtlBegr. BTDrucks. 15/38 S. 21), hat aber durch das zweite Gesetz zur Regelung des Urheberrechts in der Informationsgesellschaft (dazu Rdnr. 10) „der Klarstellung" halber hinzugefügt, dass die Herstellung der Vervielfältigungsstücke keinen gewerblichen Zwecken dienen darf (BT-Drucks. 16/1828 S. 26) und dies trotz der gegenteiligen Stellungnahme des Bundesrates beibehalten. Nach der Richtlinie wäre diese Regelung zwar nur für digitale Kopien erforderlich gewesen, analoge Vervielfältigungen wurden jedoch einbezogen (vgl. die Stellungnahme des Bundesrates BT-Drucks. 16/1828 S. 41 und die Gegenäußerung der Bundesregierung BT-Drucks. 16/1828 S. 48).

Wissenschaftlicher Gebrauch liegt bei einer wissenschaftlichen Tätigkeit, dh. bei einem methodisch-systematisch ausgerichteten Streben nach Erkenntnis (*Dreier/Schulze*[3] § 53 Rdnr. 23; *Fromm/Nordemann/W. Nordemann*[10] § 53 Rdnr. 19; *Dreyer/Kotthoff/Meckel*[2] § 53 Rdnr. 51; *Wandtke/Bullinger/Lüft*[3] § 53 Rdnr. 26) vor, in erster Linie bei der wissenschaftlichen Tätigkeit von Wissenschaftlern, Forschungsinstituten oder sonstigen wissenschaftlichen Einrichtungen. Aber auch wer ansonsten nicht wissenschaftlich tätig ist, kann wissenschaftliche Leistungen erbringen, beispielsweise der praktische Arzt, der einen Artikel für eine medizinische Zeitschrift schreibt (*Fromm/Nordemann/W. Nordemann*[10] § 53 Rdnr. 19). Wissenschaftlicher Gebrauch kann auch darin bestehen, dass man sich lediglich über den Erkenntnisstand der Wissenschaft informieren will, beispielsweise der Student bei seiner Ausbildung, der Anwalt für die Anfertigung eines Schriftsatzes oder der Privatmann mit wissenschaftlichen Interessen (ebenso *Dreier/Schulze*[3] § 53 Rdnr. 23). Wissenschaft ist jedenfalls nicht nur das, was an Universitäten und Hochschulen gelehrt wird (*Dreyer/Kotthoff/Meckel*[2] § 53 Rdnr. 51; *Wandtke/Bullinger/Lüft*[3] § 53 Rdnr. 26 *Ulmer*[3] § 65 III 1; sa. *Bruhn* UFITA 52 [1969] 115/121 ff.; aA *Fromm/Nordemann/W. Nordemann*[10] § 53 Rdnr. 19).

Stets muss es sich um **eigenen** wissenschaftlichen Gebrauch handeln. Werden die Vervielfältigungen nicht für den internen Gebrauch, sondern für außenstehende Wissenschaftler oder Institute vorgenommen, so ist Abs. 2 S. 1 Nr. 1 nicht anwendbar; das Gleiche gilt, wenn die Vervielfältigungsstücke zwar in der wissenschaftlichen Einrichtung verbleiben, dort aber durch Dritte benutzt werden sollen oder zur Herstellung weiterer für Dritte bestimmter Vervielfältigungsstücke dienen sollen (vgl. Rdnr. 34). Eigener wissenschaftlicher Gebrauch kann zugleich privater Gebrauch sein, wenn er nicht der Berufstätigkeit oder Berufsausbildung dient (*Ulmer*[3] § 65 III 1). Sofern ein wissenschaftlicher Gebrauch zu verneinen ist, kann die Vervielfältigung aber nach Abs. 2 Nr. 4 lit. a zulässig sein (dazu Rdnr. 51 ff.). Die Benutzung eines **eigenen Werkstücks** zur Vervielfältigung ist, wie ein Umkehrschluss aus Abs. 2 Nr. 2 ergibt, **nicht erforderlich** (BGH GRUR 1997, 459/462 – CB-infobank I).

Die Herstellung der Vervielfältigung muss zum wissenschaftlichen Gebrauch **geboten** sein. Das ist dann zu verneinen, wenn der käufliche Erwerb der vervielfältigten Werkstücke problemlos möglich und zumutbar ist (so oder ähnlich *Dreier/Schulze*[3] § 53 Rdnr. 53; *Fromm/Nordemann/W. Nordemann*[10] § 53 Rdnr. 19; *Wandtke/Bullinger/Lüft*[3] § 53 Rdnr. 27; *Dreyer/Kotthoff/Meckel*[2] § 53 Rdnr. 52); der Kaufpreis darf allerdings zum Umfang der Vervielfältigung außer Verhältnis stehen. Das Gleiche gilt für die Ausleihe in einer Bibliothek; anders aber, wenn durch umständliche Bestellung, Wartefristen, Fernleihe oder ausschließliche Präsenzbenutzung die wissenschaftliche Arbeit beeinträchtigt würde. Viele Dokumente sind heute über elektronische Daten zugänglich. Einen Ausdruck (der eine Vervielfältigung darstellt) wird man in der Regel als geboten anzusehen haben, weil er in vielen Fällen eine bessere Lesbarkeit und Vergleichbarkeit mehrerer Dokumente ermöglicht; im Übrigen werden derartige Ausdrucke meist bereits durch die Zustimmung des Rechtsinhabers gedeckt sein. Die Vervielfältigung ganzer Bücher und Zeitschriften ist idR nicht geboten; entsprechende Grenzen ergeben sich bereits aus Abs. 4 lit. b. Ob dagegen die Anfertigung der Vervielfältigung für die jeweilige wissenschaftliche Tätigkeit wirklich benötigt wurde, muss dem Urteil des wissenschaftlich Arbeitenden überlassen bleiben (so mit Recht *Fromm/Nordemann/W. Nordemann*[10] § 53 Rdnr. 19; Wandtke/

§ 53　Vervielfältigungen zum privaten und sonstigen eigenen Gebrauch

Bullinger/*Lüft*[3] § 53 Rdnr. 27). Er muss entscheiden, was er für sein Vorhaben braucht; dass sich manche Vervielfältigung nachträglich als überflüssig herausstellt, ändert daran nichts.

43　Durch das Zweite Gesetz zur Regelung des Urheberrechts in der Informationsgesellschaft (dazu Rdnr. 10) ist im Hinblick auf Art. 5 Abs. 3 lit. a der Richtlinie zur Informationsgesellschaft das Tatbestandsmerkmal eingeführt worden, dass die Vervielfältigung **keinen gewerblichen Zwecken dienen** darf. Das gilt nicht nur für digitale, sondern auch für analoge Vervielfältigungen (s. dazu Rdnr. 39). Die Freistellung des Abs. 2 S. 1 Nr. 1 wird damit über Gebühr eingeengt. Unternehmen und freie Berufe fallen damit bei ihrer wissenschaftlichen Tätigkeit nicht mehr unter die Vorschrift. Das Gleiche gilt für Hochschullehrer bei Auftragsforschung, möglicherweise auch bei ihrer wissenschaftlichen Arbeit für Verlagspublikationen und die Lehre, soweit man nicht das dafür gezahlte Entgelt in den Hintergrund treten lassen will (s. dazu die Stellungnahme des Bundesrates BT-Drucks. 16/1828 S. 41 sowie *Dreier*/Schulze[3] § 53 Rdnr. 23). Die Freistellung nach Abs. 2 S. 1 Nr. 4a, auf die die Bundesregierung in ihrer Gegenäußerung hinweist (BT-Drucks. 16/1828 S. 48), dürfte zwar in vielen, aber nicht in allen Fällen ausreichen; die Regelung des Abs. 2 S. 1 Nr. 1 wird jedenfalls weitgehend zweckentleert. Nach Auffassung des Bundesrats liegt hierin eine Behinderung des Technologie- und Wissenstransfers, die gravierende Folgen für den Wissenschaftsstandort Deutschland nach sich zieht (BT-Drucks. 16/1828 S. 41).

2. Aufnahme in ein eigenes Archiv (Abs. 2 S. 1 Nr. 2)

44　Der Gesetzgeber wollte mit der Vorschrift des Abs. 2 Nr. 2 nur solche Fälle zulassen, in denen es durch die Archivierung zu **keiner zusätzlichen Verwertung** des Werkes kommt, der Urheber also durch die Archivierung nicht betroffen wird (AmtlBegr. BTDrucks. IV/270 S. 73; sa. LG Hamburg CR 1996, 734/735). Gedacht war an Fälle, in denen eine Bibliothek ihre Bestände auf Mikrofilm aufnimmt, um Raum zu sparen oder um die Filme an einem vor Katastrophen sicheren Ort aufzubewahren; dagegen sollte es den Bibliotheken nicht ermöglicht werden, ihre Bestände durch die Vervielfältigung entliehener Exemplare zu erweitern (AmtlBegr. aaO). In der Richtlinie zur Informationsgesellschaft ist eine entsprechende Schranke zur Archivierung nicht vorgesehen. Der deutsche Gesetzgeber ging aber davon aus, dass sich die Beibehaltung des Abs. 2 S. 1 Nr. 2 durch Art. 5 Abs. 3 lit. o der Richtlinie rechtfertigen lasse, soweit es sich lediglich um eine analoge Nutzung handelt; daraus ergab sich die Notwendigkeit der Einschränkungen bei digitaler Archivierung in Abs. 2 Satz 2 (AmtlBegr. BTDrucks. 15/38 S. 21). Für die Zulässigkeit der Vervielfältigung im Rahmen des Abs. 2 Nr. 2 kommt es entscheidend auf den gebotenen **Zweck der Archivierung** an. Nur wenn die Sammlung und Erschließung des Materials ausschließlich der Bestandssicherung und der betriebsinternen Nutzung (dazu Rdnr. 45) dient, ist die Vervielfältigung zulässig (BGH GRUR 1997, 459/461 – CB-infobank I).

45　**Archive** sind nach sachlichen Gesichtspunkten geordnete Sammel- und Aufbewahrungsstellen für Geistesgut jeglicher Art, etwa für Bücher, Zeitungen und Zeitschriften, Bilder, Filme, Schallplatten, Ton- und Videobänder und dgl. (BGH GRUR 1997, 459/461 – CB-infobank I; BGH GRUR 1999, 324/327 – Elektronische Pressearchive; *Dreier*/Schulze[3] § 53 Rdnr. 27; Fromm/Nordemann/*W. Nordemann*[10] § 53 Rdnr. 20; *Dreyer*/Kotthoff/Meckel[2] § 53 Rdnr. 60; *Raczinski*/Rademacher GRUR 1989, 324/327; *Eidenmüller* CR 1992, 321/323; *Nordemann*, Fs. für Hubmann, S. 325/326; *Bruhn* UFITA 52 (1969) 115/127). Es muss sich um ein **eigenes, also betriebsinternes Archiv** handeln (BGH GRUR 1997, 459/461 – CB-infobank I). Der Aufbau eines **Archivs zur Benutzung durch Dritte** fällt nicht unter Abs. 2 Nr. 2 (BGH aaO; LG Hamburg CR 1996, 734; *Dreier*/Schulze[3] § 53 Rdnr. 27; Fromm/Nordemann/*W. Nordemann*[10] § 53 Rdnr. 21; *Dreyer*/Kotthoff/Meckel[2] § 53 Rdnr. 60; *Katzenberger*, Elektronische Printmedien, S. 53 ff.; *Loewenheim*, Urheberrechtliche Grenzen, S. 64; *Raczinski*/Rademacher GRUR 1989, 324/327; *Maaßen* ZUM 1992, 338/347 f.; *Flechsig*/Fischer ZUM 1996, 833/839, 846; aA wohl *Stintzing* GRUR 1994, 871/874; nach Fromm/Nordemann/*W. Nordemann*[10] § 53 Rdnr. 21 soll eine gelegentliche Benutzung durch Wissenschaftler oder Journalisten unschädlich sein; sa. *Nordemann*, Fs. für Hubmann, S. 325/326 ff.). Eine durch Abs. 2 Nr. 2 begünstigte Vervielfältigung liegt schon dann nicht vor, wenn das Vervielfältigungsstück zwar im Betrieb verbleibt, aber mit seiner Hilfe die Vervielfältigungsstücke für Dritte hergestellt werden (BGH aaO). Auch die **Erstellung von Archiven zur Überlassung an andere** fällt nicht unter Abs. 2 Nr. 2. Zwar kann die Herstellung der Vervielfältigungsstücke einem anderen übertragen werden (dazu Rdnr. 25 ff.), die Archivierungsleistung muss aber vom Archivbetreiber erbracht werden (OLG Düsseldorf CR 1996, 728/732). Durch § 53 ist nur die Übernahme der mechanisch-technischen Vervielfältigungsleistung (vgl. Rdnr. 27) gedeckt, nicht die Vermarktung der Archivierungsleistung (OLG Düsseldorf aaO).

Die Vervielfältigung muss **für den Zweck der Archivierung geboten,** also dafür erforderlich sein. Das bedeutet zugleich, dass Vervielfältigungen nur in dem für die Archivierung erforderlichen Umfang erfolgen dürfen (was sich auch daraus ergibt, dass nur einzelne Vervielfältigungsstücke hergestellt werden dürfen, dazu Rdnr. 16f.). Der Gesetzgeber hat als Beispiel eine Bibliothek genannt, die ihre Bestände auf Mikrofilm aufnimmt, um entweder Raum zu sparen oder um die Filme an einem vor Katastrophen sicheren Ort unterzubringen (AmtlBegr. BTDrucks. IV/270 S. 73). Andere als Archivierungszwecke sind durch Abs. 2 Nr. 2 nicht gedeckt, zB darf die Vervielfältigung nicht die Erweiterung der Bibliotheksbestände zum Zweck haben (AmtlBegr. aaO). Ferner darf die Vervielfältigung **keinen gewerblichen Zwecken dienen.** 46

Als Vorlage für die Vervielfältigung muss ein **eigenes Werkstück** benutzt werden, also ein Werkstück, an dem Eigentum des Vervielfältigenden besteht. Der Gesetzgeber wollte ua. auf diese Weise verhindern, dass dem Urheber durch die Vervielfältigung zur Archivierung vergütungspflichtige Verwertungsvorgänge entgehen (AmtlBegr. BTDrucks. IV/270 S. 73). Unzulässig ist es also, von entliehenen oder gemieteten Werkstücken Vervielfältigungen herzustellen; das gilt auch für Werkexemplare, die von Bibliotheken im innerbibliothekarischen Leihverkehr bezogen werden (*Ulmer*[3] § 65 III 2). Wer Vervielfältigungen für Archivzwecke herstellen lässt, muss selbst Eigentümer des zur Vervielfältigung benutzten Werkstücks sein, es reicht nicht aus, dass der mit der Herstellung Beauftragte der Eigentümer ist (*Dreier/Schulze*[3] § 53 Rdnr. 27). Wird ein geschütztes Werk mehrfach (zB unter mehreren Stichworten) archiviert, so muss für jede dazu erfolgende Vervielfältigung ein eigenes Werkstück benutzt werden (BGH GRUR 1997, 459/461 f. – CB-infobank I). 47

Einschränkungen (Abs. 2 S. 2): Abs. 2 S. 2 schränkt den Freistellungstatbestand der Vervielfältigung zu Archivierungszwecken insofern ein, als zusätzlich zu den Voraussetzungen des Abs. 2 S. 1 Nr. 2 eines der Tatbestandsmerkmale des Abs. 2 S. 2 erfüllt sein muss: Es muss sich entweder um eine fotomechanische Vervielfältigung handeln (Abs. 2 S. 2 Nr. 1) oder es darf nur eine ausschließlich analoge Nutzung stattfinden (Abs. 2 S. 2 Nr. 2) oder das Archiv muss im öffentlichen Interesse tätig sein und darf keinen unmittelbar oder mittelbar wirtschaftlichen oder Erwerbszweck verfolgen (Abs. 2 S. 2 Nr. 3). Vervielfältigungen von digitalen Medien sind also immer zulässig als fotomechanische Vervielfältigungen (bzw. in ähnlichen Verfahren) oder bei Nutzung des Archivs nur in analoger Form (Reprographie, Ausdrucken als Hardcopy, Überspielen auf Tonband oder Kassette, nicht aber auf CD oder DVD, ebenso wenig durch Einscannen, Überspielen auf Datenträger wie die Festplatte eines Computers oder Ähnliches; digitale Vervielfältigungen sind auch keine Verfahren mit ähnlicher Wirkung wie fotomechanische Verfahren, vgl. OLG München MMR 2007, 525/528 – Subito). Die digitale Einspeicherung von Werken in Archive ist dagegen nur dann zulässig, wenn das Archiv keinem unmittelbar oder mittelbar wirtschaftlichen Erwerbzweck dient und im öffentlichen Interesse tätig ist. Als Beispiel für keinem wirtschaftlichen oder sonstigen Erwerbzweck dienende Archive hat der Gesetzgeber Archive gemeinnütziger Stiftungen genannt (AmtlBegr. BTDrucks. 15/38 S. 21; beachte aber für Datenbankwerke Abs. 5 S. 1, dazu Rdnr. 76; eingehend zur Anlage elektronischer Archive durch öffentlichen Einrichtungen *Schack* AfP 2003, 1 ff.), als Beispiel für im öffentlichen Interesse tätige Archive Redaktionsarchive angesichts der öffentlichen Aufgaben, die die Medien zu erfüllen haben (BT-Drucks. 16/1828 S. 26). Archive von Unternehmen werden nur in Ausnahmefällen im öffentlichen Interesse tätig sein. Nicht durch Abs. 2 S. 1 Nr. 2 privilegiert sind damit **Inhouse-Kommunikationssysteme** auf elektronischer Basis, bei denen urheberrechtlich geschützte Werke in einer Datenbank festgelegt werden und innerhalb eines geschlossenen, Außenstehenden nicht zugänglichen Netzwerkes einer Vielzahl von Nutzern zur Verfügung stehen, die über Bildschirm oder Hardcopy Zugriff auf die gespeicherten Werke nehmen können (so bereits die bisherige Rechtslage, vgl. BGH GRUR 1999, 324/327 – Elektronische Pressearchive; OLG Düsseldorf CR 1996, 728/729f.; LG Hamburg CR 1996, 734/735; *Katzenberger,* Elektronische Printmedien, S. 55 mwN sowie Vorauflage Rdnr. 26). 48

3. Funksendungen über Tagesfragen (Abs. 2 S. 1 Nr. 3)

§ 49 Abs. 2 gestattet bereits die Vervielfältigung von vermischten Nachrichten tatsächlichen Inhalts und von Tagesneuigkeiten, die durch Presse oder Funk veröffentlicht worden sind. Darüber hinausgehend erlaubt § 53 Abs. 2 Nr. 3 die Vervielfältigung sonstiger Sendungen aktuellen Inhalts, soweit dies der eigenen Unterrichtung über Tagesfragen dient. Die Vorschrift be- 49

§ 53 Vervielfältigungen zum privaten und sonstigen eigenen Gebrauch

zieht sich nur auf **durch Funk gesendete** Werke; dazu zählen nicht nur Tonrundfunk, sondern auch Fernsehen und Kabelweitersendungen (s. zum Begriff des Funks § 20). Die öffentliche Zugänglichmachung von Werken (§ 19 a) stellt, auch wenn sie drahtlos erfolgt, keine Funksendung dar (*Dreier*/Schulze[3] § 53 Rdnr. 30; Wandtke/Bullinger/*Lüft*[3] § 53 Rdnr. 31) und fällt damit nicht unter Abs. 2 Nr. 3. **Tagesfragen** sind Themen von aktueller Bedeutung; für die Aktualität kommt es auf den Zeitpunkt der Funksendung an (vgl. näher § 49 Rdnr. 11). Nur zur **eigenen Unterrichtung,** also für den betriebs- oder behördeninternen Gebrauch, sind die Vervielfältigungen zulässig. So dürfen zB Unternehmen und Behörden aktuelle Sendungen in einigen Exemplaren aufnehmen und diese ihren Angehörigen zur Unterrichtung zuleiten (AmtlBegr. BTDrucks. IV/270 S. 73). Unzulässig ist dagegen die Weitergabe an nicht unternehmens- oder behördenangehörige Personen. Zur privaten Unterrichtung, dh. zur Unterrichtung der eigenen Person und der mit dem Hersteller der Vervielfältigung durch ein persönliches Band verbundenen Personen ist die Vervielfältigung bereits nach Abs. 1 zulässig. Die **einzelne** Vervielfältigungsstücke dürfen hergestellt werden, und zwar so viele, wie für die eigene Unterrichtung benötigt werden (vgl. Rdnr. 16 f.). Die Benutzung eines **eigenen Werkstücks** zur Vervielfältigung ist, wie ein Umkehrschluss aus Abs. 2 Nr. 2 ergibt, **nicht erforderlich** (BGH GRUR 1997, 459/462 – CB-infobank I; BGH GRUR 1997, 464/466 – CB-infobank II).

50   **Einschränkungen (Abs. 2 S. 3):** Die Vervielfältigung von Funksendungen nach Abs. 2 S. 1 Nr. 3 ist nur zulässig, wenn sie auf Papier (oder einem ähnlichen Träger) mittels photomechanischer oder ähnlicher Verfahren erfolgt oder eine ausschließlich analoge Nutzung stattfindet (Abs. 2 S. 3 iVm. Abs. 2 Satz 2 Nr. 1 und 2). Diese Einschränkung wurde durch die Novelle 2003 eingefügt, um den Anforderungen des Art. 5 Abs. 2 lit. o der Richtlinie zur Informationsgesellschaft zu entsprechen (AmtlBegr. BTDrucks. 15/38 S. 21). Gesetzestechnisch ist das durch eine Verweisung auf die an sich für die Aufnahme in Archive geltende Regelung des Abs. 2 S. 2 Nr. 1 und 2 geschehen, wobei allerdings die Aufnahme einer Funksendung durch Vervielfältigung auf Papier mittels photomechanischer Verfahren schwer vorstellbar ist. Wie sich auch aus der Vorgabe des Art. 5 Abs. 2 lit. o der Richtlinie ergibt, besteht der Zweck des Abs. 2 S. 1 Nr. 3 darin, digitale Vervielfältigungen auszuschließen und **nur analog hergestellte Vervielfältigungen** zuzulassen. Die Aufnahme beispielsweise einer Sprach- oder Musiksendung darf also als analoge Tonbandaufnahme, nicht aber als digitale Aufnahme auf CD oder DVD erfolgen (sa. *Dreier*/Schulze[3] § 53 Rdnr. 31; *Dreyer*/Kotthoff/Meckel[2] § 53 Rdnr. 81). **Weitere Einschränkungen** ergeben sich aus § 53 Abs. 4 (Vervielfältigung von graphischen Aufzeichnungen von Musikwerken sowie im Wesentlichen vollständige Vervielfältigungen eines Buches oder einer Zeitschrift).

4. Kleine Teile erschienener Werke (Abs. 2 S. 1 Nr. 4 lit. a)

51   Während nach Abs. 2 Nr. 1–3 Vervielfältigungen nur zu einem bestimmten Gebrauchszweck zulässig sind, kommt es nach Abs. 2 Nr. 4 lit. a auf eine Zweckbestimmung nicht an, sofern es sich nur um eigenen Gebrauch und nicht um eine Verwendung durch Dritte (vgl. Rdnr. 34 f.) handelt. Der Gesetzgeber wollte mit dieser Vorschrift eine Arbeitserleichterung schaffen, indem der Benutzer nicht gezwungen werden sollte, das ganze Werk zu erwerben, wenn er nur einen kleinen Teil benötigt (AmtlBegr. BTDrucks. IV/270 S. 73). In Betracht kommen vor allem Vervielfältigungen zu beruflichen oder gewerblichen Zwecken (die auch schon nach Abs. 2 S. 1 Nr. 1 erlaubt sein können), etwa durch Anwälte, Steuerberater, Ärzte, Unternehmen, Behörden usw. Vervielfältigungen zu privaten Zwecken sind bereits nach Abs. 1 zulässig und dann nicht nur auf kleine Teile oder einzelne Beiträge beschränkt; eine Grenze ergibt sich dort aber aus Abs. 4 lit. b. Wie ein Umkehrschluss aus Abs. 2 S. 1 Nr. 2 ergibt, setzt Abs. 2 Nr. 4 **nicht** voraus, dass die Vervielfältigungen von einem **eigenen Werkstück** gefertigt werden (BGH GRUR 1997, 459/462 – CB-infobank I; BGH GRUR 1997, 464/466 – CB-infobank II; OLG Frankfurt/M GRUR 1996, 351/354 – CB-infobank; OLG Köln GRUR 1995, 265/267 – Infobank; LG München I AfP 1996, 181/183; *Dreier*/Schulze[3] § 53 Rdnr. 33).

52   Zulässig ist die Vervielfältigung **kleiner Teile erschienener Werke.** Der Begriff des kleinen Teils ist ebenso wie in Abs. 3 zu interpretieren. Ob es sich um einen **kleinen Teil** handelt, bestimmt sich nach dem Verhältnis sämtlicher vervielfältigten Teile eines Werkes zum gesamten Werk (*Dreier*/Schulze[3] § 53 Rdnr. 33). Als obere Grenze werden verschiedentlich 20% des Gesamtwerkes angesehen (Wandtke/Bullinger/*Lüft*[3] § 53 Rdnr. 33; *Dreyer*/Kotthoff/Meckel[2] § 53 Rdnr. 85; *Haberstumpf,* Hdb. des Urheberrechts[2], Rdnr. 345; *Raczinski*/Rademacher GRUR 1989, 324/327 mwN), was zu hoch gegriffen sein dürfte; weniger als 10% stellen jedenfalls einen kleinen Teil dar

(OLG Karlsruhe GRUR 1987, 818/820 – Referendarkurs; Fromm/Nordemann/*W. Nordemann*[10] § 53 Rdnr. 28 mit zutreffendem Hinweis auf Ausnahmefälle). Den Ausschlag muss eine Abwägung der Interessen der Urheber (Beeinträchtigung des Primärmarktes) und der Nutzer im Einzelfall geben (Möhring/Nicolini/*Decker*[2] § 53 Rdnr. 28; *Dreier*/Schulze[3] § 53 Rdnr. 33; *Dreyer*/Kotthoff/Meckel[2] § 53 Rdnr. 85). Als **Werk** kommen grundsätzlich alle Werkarten (§ 2 Abs. 1 Nr. 1–7) in Betracht, Einschränkungen ergeben sich aber für Noten (Abs. 4 lit. a) und die in Abs. 7 genannten Fälle. Für elektronisch zugängliche Datenbankwerke (Abs. 5; dazu Rdnr. 76 f.) und Computerprogramme (vgl. § 69 a Rdnr. 25 sowie § 69 c Rdnr. 10) gilt der Freistellungstatbestand des Abs. 2 Nr. 4 nicht. Ob ein Werk **erschienen** ist, beurteilt sich nach § 6 Abs. 2.

Zulässig ist weiter die Vervielfältigung **einzelner in Zeitungen oder Zeitschriften erschienener Beiträge.** Zum Begriff der Zeitung und der Zeitschrift vgl. § 49 Rdnr. 8. Es dürfen nicht nur Werkteile, sondern ganze Werke vervielfältigt werden, die aber ebenso wie Werkteile nicht einzeln zu erhalten sind. § 54 Abs. 1 Nr. 4 lit. a idF von 1965 sprach von Aufsätzen; diese Formulierung wurde mit der Novelle 1985 durch das Wort Beiträge ersetzt, womit zum Ausdruck gebracht werden sollte, dass sich das Vervielfältigungsrecht nicht nur auf Aufsätze, sondern auch auf Beiträge wie Gedichte, Lichtbildwerke oder Lichtbilder erstreckt (Bericht des Rechtsausschusses, BTDrucks. 10/3360 S. 19); hierunter fallen auch graphische Darstellungen, Tabellen, Übersichten und dgl. Dass einzelne Beiträge vervielfältigt werden dürfen, besagt, dass aus einer Zeitung oder Zeitschrift nicht nur ein, sondern auch mehrere Beiträge vervielfältigt werden dürfen. Angesichts des Zwecks der Vorschrift, dem Benutzer den Erwerb des ganzen Heftes zu ersparen, wenn er nur einen geringen Teil benötigt (vgl. Rdnr. 51), dürfen aber die mehreren Beiträge, die aus einer Zeitung oder Zeitschrift kopiert werden, insgesamt auch nur einen **kleinen Teil** derselben darstellen (*Dreier*/Schulze[3] § 53 Rdnr. 33; Möhring/Nicolini/*Decker*[2] § 53 Rdnr. 30; Fromm/Nordemann/*W. Nordemann*[10] § 53 Rdnr. 29: zwei bis drei; Wandtke/Bullinger/*Lüft*[3] § 53 Rdnr. 34: einige wenige). Auch der Gesetzgeber ging davon aus, dass es sich idR nur um einen kleinen Teil handelt (AmtlBegr. BTDrucks IV/270 S. 73 rSp.). Machen zwei Beiträge einen großen Teil eines Heftes aus, so ist ihre Vervielfältigung nicht durch Abs. 2 S. 1 Nr. 4 lit. a gedeckt. Großzügigere Maßstäbe wird man nur dann anlegen können, wenn die betreffende Nummer der Zeitung bzw. Zeitschrift nicht in angemessener Zeit zu erhalten ist (vgl. auch AmtlBegr. BTDrucks. IV/270 S. 73 rSp.). Die Annahme, es dürften bis zu 40 Prozent einer Zeitung oder Zeitschrift kopiert werden, ist allerdings entschieden zu hoch angesetzt (so aber *Dreyer*/Kotthoff/Meckel[2] § 53 Rdnr. 86). Bei 40 Prozent lässt sich nicht mehr von kleinen Teilen sprechen, und die dafür gegebene Begründung, es seien hier unterschiedliche Urheber betroffen, überzeugt schon deswegen nicht, weil die mit Vervielfältigungen verbundene Beeinträchtigung des Absatzes der Zeitungen und Zeitschriften, die im Interesse der Urheber und Verleger zu berücksichtigen ist, nicht davon abhängt, ob die kopierten Artikel von einem oder von mehreren Urhebern stammen. Das Kopieren ganzer Zeitschriftenhefte, die in Jahrgängen fehlen, ist durch Abs. 2 S. 1 Nr. 4 lit. a auf keinen Fall gedeckt (aA *v. Schaper* AJBD-Mitt. 1985, 103/106), sondern ohne Zustimmung des Urhebers nur unter den Voraussetzungen des Abs. 1, Abs. 2 S. 1 Nr. 1, 2 oder 4 lit. b jeweils iVm. Abs. 2 S. 2 und 3 sowie Abs. 4 lit. b zulässig. Zum Begriff der **Zeitungen und Zeitschriften** vgl. § 38 Rdnr. 12–14. Ob ein Beitrag **erschienen** ist, beurteilt sich nach § 6 Abs. 2.

Einschränkungen (Abs. 2 S. 3): Ebenso wie bei der Vervielfältigung von Funksendungen ist die Vervielfältigung von kleinen Teilen eines erschienenen Werkes oder einzelner Zeitungs- oder Zeitschriftenbeiträge gemäß Abs. 2 S. 1 Nr. 4 lit. a nur zulässig, wenn sie auf Papier (oder einem ähnlichen Träger) mittels photomechanischer oder ähnlichem Verfahren erfolgt oder eine ausschließlich analoge Nutzung stattfindet (Abs. 2 S. 3 iVm. Abs. 2 Satz 2 Nr. 1 und 2). Diese Einschränkung wurde durch die Novelle 2003 eingefügt, um den Anforderungen des Art. 5 Abs. 2 lit. o der Richtlinie zur Informationsgesellschaft zu entsprechen (AmtlBegr. BTDrucks. 15/38 S. 21). Eine digitale Vervielfältigung oder Nutzung fällt damit nicht unter die Privilegierung des Abs. 2 S. 1 Nr. 4. Das bedeutet, dass die Werke und Beiträge nur durch analoge Verfahren (Reprographie, Ausdrucken als Hardcopy, Überspielen auf Tonband oder Kassette, nicht aber auf CD oder DVD, ebenso wenig durch Einscannen, Überspielen auf Datenträger wie die Festplatte eines Computers oder Ähnliches) kopiert werden dürfen.

5. Vergriffene Werke (Abs. 2 S. 1 Nr. 4 lit. b)

Mit der Bestimmung über die Vervielfältigung vergriffener Werke wollte der Gesetzgeber insbesondere dem Bedürfnis von Bibliotheken und wissenschaftlichen Instituten zur Vervollständi-

§ 53 Vervielfältigungen zum privaten und sonstigen eigenen Gebrauch

gung ihrer Bestände an wissenschaftlichen Werken und zur Herstellung von weiteren Leseexemplaren Rechnung tragen (AmtlBegr. BTDrucks. IV/270 S. 74). Die Ausgestaltung in § 54 Abs. 1 Nr. 4 lit. b idF von 1965, die voraussetzte, dass der Berechtigte nicht auffindbar war, hatte sich angesichts der mit einer Suche verbundenen Schwierigkeiten und Zeitverluste nicht bewährt. Wie ein Umkehrschluss aus Abs. 2 Nr. 2 ergibt, setzt Abs. 2 Nr. 3 **nicht** voraus, dass die Vervielfältigungen von einem **eigenen Werkstück** gefertigt werden (BGH GRUR 1997, 459/462 – CB-infobank I; BGH GRUR 1997, 464/466 – CB-infobank II). Die Zulässigkeit der Vervielfältigung vergriffener Werke unterliegt der **Einschränkung** des Abs. 2 S. 3, vgl. dazu Rdnr. 54.

56   Ein Werk ist **vergriffen,** wenn es vom Verlag nicht mehr geliefert werden kann, dh. wenn dem Verleger zum Absatz bestimmte Exemplare nicht mehr zur Verfügung stehen (*Dreier/ Schulze*³ § 53 Rdnr. 34; *Wandtke/Bullinger/Lüft*³ § 53 Rdnr. 35; *Dreyer/Kotthoff/Meckel*² § 53 Rdnr. 95; zu § 29 VerlG *Schricker,* Verlagsrecht³ § 29 Rdnr. 3; sa. *Flechsig* NJW 1985, 1991/ 1994; *Paschke* GRUR 1985, 949/952; *v. Schaper* AJBD-Mitt. 1985, 103/105). Der früher vertretenen Auffassung, dass das Werk auch im Handel, selbst antiquarisch, nicht mehr erhältlich sein durfte (s. etwa *Fromm/Nordemann*⁹ § 53 Rdnr. 9; sa. 2. Aufl. Rdnr. 34) ist nicht zu folgen. Diese Auslegung stand unter der heute nicht mehr gegebenen Voraussetzung, dass eine Vergütung für die Vervielfältigung nur in Fällen gewerblicher Verwertung erfolgte (§ 54 Abs. 2 idF von 1965). Zudem wollte der Gesetzgeber mit der Novellierung die nach der früheren Gesetzesfassung erforderliche schwierige und zeitaufwändige Suche ersparen (AmtlBegr. zur Novelle 1985, BTDrucks. 10/837 S. 16); diese Absicht würde zunichte gemacht, wenn komplizierte Umfragen erforderlich wären, ob ein Werk noch antiquarisch zu erhalten ist.

D. Vervielfältigung zum Unterrichts- und Prüfungsgebrauch (Abs. 3)

I. Allgemeines

57   Abs. 3 erweitert den Grundsatz des Abs. 2, dass nur einzelne Vervielfältigungsstücke hergestellt werden dürfen, dahingehend, dass für den Unterrichts- und Prüfungsgebrauch in den in Abs. 3 Nr. 1 und 2 genannten Fällen Vervielfältigungen von kleinen Teilen eines Werkes, von Werken von geringem Umfang und von Zeitungs- und Zeitschriftenbeiträgen in der erforderlichen Anzahl zulässig sind; seit dem 1. 1. 2008 gilt dies nur mit der Einschränkung, dass die Vervielfältigung von für den Schulunterricht bestimmten Werken nur mit Einwilligung des Rechtsinhabers zulässig ist. Die Vorschrift trägt einerseits der Tatsache Rechnung, dass die Herstellung auszugsweiser Vervielfältigungen aus geschützten Druckwerken heute zu einem **wesentlichen Bestandteil der Unterrichtsmethodik** geworden ist, auf den im Interesse der Aus- und Fortbildung nicht verzichtet werden kann (AmtlBegr. zur Novelle 1985, BTDrucks. 10/837 S. 29), andererseits berücksichtigt sie (in Verbindung mit der Vergütungsregelung der §§ 54 ff.), dass durch ein vergütungsfreies Kopieren die **Interessen der Urheber und Verleger** im Hinblick auf den dadurch verminderten Absatz von Druckwerken empfindlich beeinträchtigt werden können und dass das Allgemeininteresse an der Benutzung zum Unterrichtsgebrauch nur eine Benutzungsberechtigung, nicht aber eine Vergütungsfreiheit rechtfertigt (dazu BVerfG GRUR 1972, 481/484 – Kirchen- und Schulgebrauch).

58   **Entwicklung** (dazu *Neumann* S. 64 ff.): Mit der Verbreitung moderner Kopiermethoden hatte sich eine umfangreiche Kopierpraxis zum Unterrichtsgebrauch bereits unter der Geltung des § 54 idF von 1965 entwickelt und war teilweise durch Dienstanweisungen der Kultusminister autorisiert worden, die Vervielfältigungen selbst in Klassenstärke für zulässig erklärten (vgl. Denkschrift des Börsenvereins des Deutschen Buchhandels, 1978, S. 18 f.). Dieser Praxis wurde durch das **Urteil des BGH v. 14. 4. 1978** (GRUR 1978, 474 – Vervielfältigungsstücke) ein Riegel vorgeschoben, in dem entschieden wurde, dass „einzelne Vervielfältigungsstücke" iSd. § 54 Abs. 1 idF von 1965 die Zahl von 7 Exemplaren nicht überschreiten dürften und dass hiervon auch für den Schulgebrauch keine Ausnahme zu machen sei (vgl. dazu die Nachweise in Rdnr. 17). Dem trug die **Novelle 1985** Rechnung, indem nach eingehenden Beratungen ein Kompromiss zwischen den unterschiedlichen Auffassungen gefunden wurde, der die Vervielfältigungsmöglichkeit für den Unterrichts- und Prüfungsgebrauch auf kleine Teile eines Druckwerks und einzelne Beiträge, die in Zeitungen oder Zeitschriften erschienen waren, beschränkte (vgl. dazu die AmtlBegr. BTDrucks. 10/837 S. 4, 16 und 28 ff. sowie den Bericht des Rechts-

ausschusses BTDrucks. 10/3360 S. 19; s. zu den Änderungen durch die Novelle 1985 auch *Möller* S. 24 ff. sowie die 2. Aufl. Rdnr. 36). Die **Novelle 2003** trug der geänderten Veröffentlichungspraxis Rechnung und erweiterte den Anwendungsbereich der Vorschrift auf Online-Veröffentlichungen (AmtlBegr. BTDrucks. 15/38 S. 21). Erfasst werden nunmehr nicht nur Druckwerke, sondern sämtliche Werkarten; der Begriff des Erscheinens wurde durch die öffentliche Zugänglichmachung ergänzt. Der Gesetzgeber ging davon aus, dass diese Ausweitung der Verwertungsbasis nicht zugleich zu einer Ausweitung der Anwendung der Vorschrift führen würde (Amtl. Begr. aaO). Durch das zweite Gesetz zur Regelung des Urheberrechts in der Informationsgesellschaft (dazu Rdnr. 10) wurden die bisherigen Formulierungen „im Schulunterricht" durch „zur Veranschaulichung des Unterrichts in Schulen" und „eine Schulklasse" durch „die Unterrichtsteilnehmer" ersetzt. Der Gesetzgeber wollte damit ein Anpassung an den Sprachgebrauch bei den anderen Schranken für Unterrichtszwecke (§§ 52a sowie 87c) vornehmen (BT-Drucks. 16/1828 S. 27; dazu kritisch *Berger* ZUM 2006, 844 f.).

II. Vervielfältigung zur Veranschaulichung des Unterrichts (Abs. 3 Nr. 1)

Die Vervielfältigungsfreiheit zum Unterrichtsgebrauch besteht **nur für die in Nr. 1 genannten Institutionen.** Dieser Katalog kann nicht durch Auslegung erweitert werden. Insbesondere hat der Gesetzgeber in der AmtlBegr. eine Erstreckung auf Hochschulen ausdrücklich ausgeschlossen, weil sonst einem nicht mehr überschaubaren Personenkreis das Kopieren ohne vorherige Genehmigung gestattet würde und die Rechte der Urheber damit zu stark zurückgedrängt würden (BTDrucks. 10/3360 S. 19; vgl. auch BTDrucks. 10/837 S. 16). **Unterricht in Schulen** ist der Unterricht an allen öffentlich zugänglichen Schulen (AmtlBegr. BTDrucks. 10/837 S. 16), das können sowohl öffentliche als auch öffentlich zugängliche Privatschulen sein. Unter Abs. 3 Nr. 1 fallen insbesondere alle Grund-, Haupt- und Realschulen, Gymnasien, Abendschulen und Sonderschulen, die Berufsschulen und andere berufsbildende Schulen, nicht hingegen nur auf kürzere Zeit angelegte Unterrichtsveranstaltungen wie Lehrgänge und Kurse, Veranstaltungen von Volkshochschulen, Arbeitskreise und Arbeitsgemeinschaften, Vortragsreihen, ferner nicht Privatunterricht, Nachhilfeunterricht, Paukstudios, Repetitorien (*Dreier*/Schulze[3] § 53 Rdnr. 39; vgl. *Neumann* S. 91 ff.; zum Begriff der Schule auch § 46 Rdnr. 10). Fernunterricht kann unter Abs. 3 Nr. 1 fallen, wenn er durch fest institutionalisierte Organisationen angeboten wird (*Dreier*/Schulze[3] § 53 Rdnr. 39). Mit den **nicht gewerblichen Einrichtungen der Aus- und Weiterbildung** und den **Einrichtungen der Berufsbildung** wird der Gesamtbereich der Berufsbildung iSd. Berufsbildungsgesetzes erfasst, also auch die betriebliche Unterrichtung von Auszubildenden in Betrieben und überbetrieblichen Ausbildungsstätten (BTDrucks. 10/3360 S. 19). Dazu gehören auch die Staatlichen Seminare für Schulpädagogik (OLG Karlsruhe GRUR 1987, 818 – Referendarkurs).

Veranschaulichung des Unterrichts bedeutet Benutzung zu Lehrzwecken, insbesondere in Form der zur Verfügungstellung von Anschauungsmaterial. Die Vorschrift erlaubt nicht nur die Benutzung im Unterricht selbst, sondern auch die Vor- und Nachbereitung des Schulunterrichts durch den Lehrer (*Dreier*/Schulze[3] § 53 Rdnr. 39; Wandtke/Bullinger/*Lüft*[3] § 53 Rdnr. 37; Hoeren MMR 2007, 615/618; dazu kritisch *Berger* ZUM 2006, 844 f.). Auch die Überlassung von Kopien an die Schüler für Hausaufgaben wird man hierzu zählen können (Fromm/Nordemann/*W. Nordemann*[10] § 53 Rdnr. 32). Verwaltungsmäßige Aufgaben gehören dagegen nicht zur Veranschaulichung des Unterrichts.

Nur **kleine Teile eines Werkes, Werke von geringem Umfang oder einzelne Beiträge**, die in Zeitungen oder Zeitschriften erschienen oder öffentlich zugänglich gemacht worden sind, dürfen vervielfältigt werden. Während zuvor nur Druckwerke und Zeitungs- bzw. Zeitschriftenbeiträge erfasst wurden, hat die Novelle 2003 angesichts der geänderten Veröffentlichungspraxis digitale Veröffentlichungen einbezogen und damit insbesondere auch die Nutzung von Material ermöglicht, das ausschließlich in der Form öffentlicher Zugänglichmachung angeboten wird (AmtlBegr. BTDrucks. 15/38 S. 21). Die Begriffe der kleinen Teile eines Werkes und der einzelnen Zeitungs- bzw. Zeitschriftenbeiträge wurden vom Gesetzgeber in Anlehnung an Abs. 2 S. 1 Nr. 4 lit. a übernommen (vgl. die Stellungnahme des Bundesrates, BTDrucks. 10/837 S. 29 sowie die Gegenäußerung der Bundesregierung, BTDrucks. 10/837 S. 37 f.). Sie sind ebenso wie diese zu verstehen (vgl. dazu Rdnr. 52). Die Ergänzung der Vorschrift um Werke von geringem Umfang erfolgte in Anlehnung an § 46 (AmtlBegr. BTDrucks. 15/38 S. 21). Werke von geringem Umfang sind insbesondere Gedichte (BGH GRUR 1972, 432/433 – Schulbuch), kurze Artikel und Erzählungen, kürzere wissenschaftliche Aufsätze, Liedtexte und Lieder (sa. § 46 Rdnr. 19). Auf manche Werkarten, wie Werke der bildenden Künste oder Lichtbildwerke, lässt sich dieses Kriterium nicht sinnvoll anwenden. Für Datenbankwerke gilt die Einschränkung des Abs. 5 (dazu Rdnr. 76 f.). Eigener Gebrauch (dazu allgemein Rdnr. 34 f.) bedeutet hier, dass die Vervielfältigungen nur innerhalb der Bildungseinrichtung, in der sie hergestellt wurden, benutzt werden dürfen. Eine Überlassung an andere Bildungseinrichtungen ist unzulässig. Wohl aber können sie innerhalb derselben Bildungseinrichtung mehrfach benutzt werden, auch durch andere Klassen und andere Lehrer.

62   Nur in der **für die Unterrichtsteilnehmer erforderlichen Anzahl** dürfen Vervielfältigungen hergestellt werden. Der frühere Begriff der Schulklasse (vgl. Rdnr. 58) war vom Gesetzgeber als Sammelbegriff für die Unterrichtseinheit gewählt worden; insofern hat sich gegenüber der früheren Fassung nichts geändert. Durch die Neufassung ist aber klargestellt, dass es dort, wo nicht in Klassenform unterrichtet wird (beispielsweise Kurse), auf die für diese Unterrichtseinheit erforderliche Anzahl ankommt (s. bereits zur alten Fassung *Möller* S. 28). Es ist also davon auszugehen, dass jedem Schüler ein Exemplar zur Verfügung stehen darf, aber auch ein weiteres für den Lehrer. Bestehen Parallelklassen, in denen der fragliche Text gleichfalls benutzt werden soll, so sind diese bei Berechnung der erforderlichen Anzahl hinzuzuzählen; die Parallelklassen gelten also als eine Unterrichtseinheit (Bericht des Rechtsausschusses, BTDrucks. 10/3360 S. 19; *Möller/Mohr* IuR 1987, 53/56). Die Anzahl der zulässigen Vervielfältigungen kann aber auch unter der Klassenstärke liegen; zB dann, wenn der Unterrichtende lediglich mit Overheadfolien arbeitet.

63   Vervielfältigungen sind nur zulässig, wenn und soweit sie **zum Unterrichtszweck geboten** sind. Eine Herstellung für andere Zwecke, etwa der Schulverwaltung, scheidet damit aus. Die Voraussetzung des Gebotenseins bezieht sich aber nicht auf die Frage, ob die Kopien für den Unterricht wirklich benötigt werden oder ob sich der Lernerfolg auch auf andere Weise erreichen lässt (*Möller* S. 28; *Möller/Mohr* IuR 1987, 53/55 f.; *Dreyer/Kotthoff/Meckel*[2] § 53 Rdnr. 111). Dies muss grundsätzlich der pädagogischen Entscheidung des Unterrichtenden überlassen bleiben. Der Gesetzgeber wollte die Möglichkeit schaffen, sich im Unterricht der modernen Kopiermethoden als Lehrmittel zu bedienen. Es genügt, dass im Einzelfall die Benutzung der Kopien ein geeignetes Lehrmittel darstellt.

64   Auch in den Fällen des Abs. 2 ist, wie das Gesetz ausdrücklich betont, das **Herstellenlassen** durch andere zulässig. Die Einschränkung des Abs. 1 S. 2 auf die unentgeltliche Herstellung und die Herstellung mittels photomechanischer Verfahren gilt für Abs. 2 nicht; erforderlich ist aber auch hier, dass sich die Tätigkeit des anderen auf den technisch-maschinellen Vorgang der Vervielfältigung beschränkt (dazu Rdnr. 29).

65   Die **Vervielfältigung von für den Unterrichtsgebrauch an Schulen bestimmten Werken** ist stets nur mit Einwilligung des Berechtigten zulässig (Abs. 3 S. 2). Mit dieser durch den Rechtsausschuss des Bundestages eingefügten Bereichsausnahme sollen in Anlehnung an § 46 Abs. 1 und § 52 a Abs. 2 Eingriffe in den Primärmarkt der Schulbuchverlage vermieden werden, da Schulbuchverlage anders als sonstige Verlage keine anderen Absatzmöglichkeiten als den eng umgrenzten und stark fragmentierten Schulbuchmarkt haben und das Erstellen von Kopien aus Schulbüchern in Klassenstärke weit verbreitet ist (BT-Drucks. 16/5939 S. 44 f.). Der Begriff der **Schule** ist ebenso wie in Abs. 3 S. 1 Nr. 1 zu verstehen (vgl. Rdnr. 59), es kann sich also um öffentliche wie auch öffentlich zugängliche Privatschulen handeln, nicht dagegen um Hochschulen. **Berechtigter** ist in aller Regel der Schulbuchverleger, dem in den jeweiligen Verlagsverträgen die ausschließlichen Nutzungsrechte eingeräumt zu werden pflegen.

III. Vervielfältigung zum Prüfungsgebrauch (Abs. 3 Nr. 2)

66   Die Vervielfältigungsfreiheit zum Prüfungsgebrauch besteht nicht nur zugunsten der in Abs. 3 Nr. 1 genannten Bildungseinrichtungen, sondern auch für Hochschulen und ganz allgemein für staatliche Prüfungen. Während auf dem Gebiet der Erwachsenenbildung, insbesondere im Hochschulbereich, davon ausgegangen werden kann, dass sich die Lernenden das erforderliche Unterrichtsmaterial selbst beschaffen (vgl. auch AmtlBegr. BTDrucks. 10/837 S. 16), ist dies bei Prüfungsmaterial jedenfalls insoweit nicht möglich, als die Prüflinge über den Prüfungsstoff vorher nicht informiert sein sollen. **Prüfungen** sind Leistungsnachweise, die einen Lehr- oder Studienabschnitt abschließen und dem Nachweis dienen, dass und gegebenenfalls auch in welchem Umfang der Prüfling die in der Prüfungs- oder Studienordnung festgelegten Kenntnisse und

Fähigkeiten erworben hat. Zu den Prüfungen zählen daher zB Abschluss- und Zwischenexamen an Hochschulen, auch die Anfertigung von Klausuren und Hausarbeiten für Übungsscheine, weil auch insoweit Leistungsnachweise für einen Studienabschnitt erbracht werden (*Dreier*/Schulze[3] § 53 Rdnr. 40; Fromm/Nordemann/*W. Nordemann*[10] § 53 Rdnr. 33; aA Wandtke/Bullinger/*Lüft*[3] § 53 Rdnr. 39; Möhring/Nicolini/*Decker*[2] § 53 Rdnr. 39; anders auch noch Voraufl. Rdnr. 41). Die Anfertigung von Referaten für Seminare ist hingegen nicht durch Abs. 3 Nr. 2 privilegiert, hier werden keine einen Studienabschnitt abschließenden Leistungsnachweise erbracht (ebenso *Dreier*/Schulze[3] § 53 Rdnr. 40), insoweit kann jedoch Abs. 3 Nr. 1 anzuwenden sein (sa. *Oechsler* GRUR 2006, 205/208). Eine Prüfung ist **staatlich,** wenn sie vom Staat abgenommen oder staatlich anerkannt wird.

Auch für Prüfungszwecke dürfen nur **kleine Teile eines Werkes, Werke von geringem Umfang** oder **einzelne Beiträge, die in Zeitungen oder Zeitschriften erschienen oder öffentlich zugänglich gemacht worden** sind, vervielfältigt werden (vgl. dazu Rdnr. 61; sa. *Oechsler* GRUR 2006, 205/206). Für **Datenbankwerke** gilt die Einschränkung des Abs. 5 (dazu Rdnr. 76f.). Zum **eigenen Gebrauch** dienen die Vervielfältigungsstücke, wenn sie lediglich von der Prüfungsinstitution benutzt werden, die sie hergestellt hat (sa. *Oechsler* GRUR 2006, 205/208). Welche Anzahl erforderlich ist, richtet sich nach Zweck und Ablauf der Prüfung; im Grundsatz kann davon ausgegangen werden, dass jedem Prüfling ein Exemplar zur Verfügung stehen muss. Schließlich muss die Vervielfältigung zum Prüfungszweck **geboten** sein. Damit scheidet eine Herstellung für andere Zwecke aus. Ebenso wie bei Unterrichtszwecken (vgl. Rdnr. 63) muss es aber grundsätzlich der pädagogischen Entscheidung des Prüfers überlassen bleiben, ob die Kopien für die Prüfung wirklich benötigt werden oder ob sich die Prüfung auch in anderer Weise gestalten lässt (sa. *Oechsler* GRUR 2006, 205/209). 67

E. Ausnahmen von der Vervielfältigungsfreiheit (Abs. 4, 5 und 7)

Die Abs. 4, 5 und 7 enthalten Einschränkungen der nach Abs. 1–3 gewährten Vervielfältigungsfreiheit. Vervielfältigungen, die unter Abs. 4, 5 oder 7 fallen, sind grundsätzlich (Ausnahmen s. Rdnr. 71) auch dann unzulässig, wenn sie an sich nach Abs. 1–3 erlaubt sind. Sie dürfen nur mit Zustimmung des Urhebers oder sonstigen Berechtigten erfolgen. Das früher in Abs. 4 S. 2 enthaltene Verbot der Vervielfältigung von Computerprogrammen ist seit 1993 durch die Regelung des § 69c ersetzt (vgl. auch Rdnr. 12). 68

I. Vervielfältigung von Noten (Abs. 4 lit. a)

Abs. 4 lit. a sieht eine grundsätzliche Ausnahme von der Vervielfältigungsfreiheit für die Vervielfältigung von Noten und anderen graphischen Aufzeichnungen von Werken der Musik vor, wenn die Vervielfältigung auf andere Weise als durch Abschreiben vorgenommen wird. Die Entwicklung der Kopiertechnik hatte auf diesem Gebiet in ganz besonderem Maße zu Nachteilen für die Komponisten und Musikverleger geführt. Es war weitgehend Praxis geworden, dass Chöre, Gesangvereine und andere Musikgruppen das benötigte Notenmaterial nicht mehr in ausreichender Zahl käuflich erwarben, sondern von einem – oft nur entliehenen – Exemplar die erforderliche Anzahl von Kopien herstellten. Der damit verbundene Umsatzrückgang wirkte sich angesichts der erheblichen Herstellungskosten von Notensätzen besonders nachteilig aus und barg die Gefahr in sich, dass die auch im öffentlichen Interesse liegende Bereitstellung von Noten auch seltener verlangter Werke durch die Musikverlage nicht gewährleistet war (vgl. Amtl. Begr. BTDrucks. 10/837 S. 17). 69

Soweit nicht eine der Ausnahmen vorliegt (dazu Rdnr. 71), ist eine **Vervielfältigung von Noten** (bzw. anderen graphischen Aufzeichnungen von Musikwerken), die in anderer Weise als durch Abschreiben vorgenommen wird, **nur mit Einwilligung des Berechtigten zulässig.** Es besteht also weder eine Vervielfältigungsfreiheit zum privaten Gebrauch nach Abs. 1, noch (mit Ausnahme der in Abs. 4 aufgenommenen Fälle des Abs. 2 S. 1 Nr. 2 und Nr. 4 lit. b) zum sonstigen eigenen Gebrauch nach Abs. 2, noch zum Unterrichts- und Prüfungsgebrauch nach Abs. 3. Vielmehr verbleibt es bei der Regel des § 15 Abs. 1 Nr. 1, dh. das Vervielfältigungsrecht des Urhebers ist insoweit nicht eingeschränkt. **Berechtigter** ist entweder der Urheber selbst oder derjenige, dem der Urheber die entsprechende Berechtigung eingeräumt hat, insbesondere der Musikverleger als Inhaber eines ausschließlichen Nutzungsrechts (§ 31 Abs. 3). **Pauschal-** 70

Loewenheim

vereinbarungen, in denen die Einwilligung generell erteilt worden ist, bestehen insbesondere im Gesamtvertrag zwischen den Verwertungsgesellschaften Wort, Musikedition und Bild-Kunst (nunmehr auch den Schulbuchverlagen im Hinblick auf § 53 Abs. 3 nF) einerseits und der Kultusministerkonferenz der Länder andererseits, ferner mit den Kirchen, denen gestattet wird, Lieder für den Gottesdienst zu kopieren, wenn zu besonderen Anlässen wie Weihnachten oder Ostern die Gesangbücher nicht ausreichen. Auch **kleine Teile** eines Notenwerkes dürfen – soweit die Vervielfältigung nicht nach anderen Vorschriften, zB als Zitat (§ 51) zulässig ist – nicht vervielfältigt werden; ein entsprechender Vorschlag, der vom Bundesrat im Hinblick auf den Unterricht in Musikhochschulen gemacht wurde (BTDrucks. 10/837 S. 30), wurde nicht in das Gesetz aufgenommen (vgl. BTDrucks. 10/837 S. 39 f.; BTDrucks. 10/3360 S. 19).

71   **Ausnahmen** vom Verbot der nicht durch Abschreiben vorgenommenen Vervielfältigung bestehen nur in zwei Fällen. Gestattet ist einmal das Kopieren von Noten zur **Aufnahme in ein eigenes Archiv**. Dazu müssen die Voraussetzungen des Abs. 2 S. 1 Nr. 2 vorliegen (vgl. im Einzelnen Rdnr. 44–47); insbesondere darf die Vervielfältigung nur von einem eigenen Werkstück hergestellt werden. Abs. 4 verweist nicht auf Abs. 2 Satz 2; die dort in Nr. 1 bis 3 genannten Voraussetzungen müssen in den Fällen des Abs. 4 müssen daher nicht erfüllt sein. Zum anderen besteht eine Ausnahme, wenn das Werk seit mindestens zwei Jahren **vergriffen** ist (zum Begriff Rdnr. 56) und die Vervielfältigung zum eigenen Gebrauch (dazu Rdnr. 34), also nicht zur Weitergabe an Dritte, erfolgt. Auch hier gilt, dass mangels entsprechender Verweisung die Regelung des Abs. 2 Satz 3 nicht anzuwenden ist. Der Gesetzgeber ging davon aus, dass durch die Rückausnahmen des Abs. 4 die Rechte des Urhebers nicht beeinträchtigt würden (AmtlBegr. BTDrucks. 10/837 S. 17).

II. Vervielfältigung ganzer Bücher und Zeitschriften (Abs. 4 lit. b)

72   Auch bei Büchern und Zeitschriften erschien ein grundsätzliches Verbot der Vervielfältigung vollständiger oder im Wesentlichen vollständiger Exemplare ohne Einwilligung des Berechtigten notwendig, um unzumutbare Eingriffe in das Vervielfältigungs- und Verbreitungsrecht zu unterbinden. Vor allem bei aufwändigen und teuren Fachbüchern und Fachzeitschriften hatte die Vervielfältigung ganzer Bände zum eigenen Gebrauch ganz erheblich zugenommen, bedingt durch steigende Buch- und Zeitschriftenpreise einerseits sowie sinkende Kopierpreise und kurze Kopierzeiten andererseits. Die daraus resultierende Auflagenreduzierung und Verteuerung der Druckwerke steigerte noch die Attraktivität des Kopierens und drohte zu einer ernsthaften Gefährdung der Primärliteratur zu führen (vgl. vor allem AmtlBegr. BTDrucks. 10/837 S. 17; Denkschrift des Börsenvereins des Deutschen Buchhandels, 1978, S. 26 ff.).

73   Abs. 4 lit. b schränkt die Vervielfältigungsfreiheit nach Abs. 1–3 ein, stellt also, soweit nicht eine der in Rdnr. 75 genannten Ausnahmen vorliegt, die Regel des § 15 Abs. 1 Nr. 1 wieder her, dass der Urheber das ausschließliche Recht zur Vervielfältigung seiner Werke hat. Die Vorschrift nennt nur Bücher und Zeitschriften, bezieht sich also **nicht auf Zeitungen,** so dass die Vervielfältigung ganzer Zeitungen im Rahmen des Abs. 1–3 zulässig bleibt. Der Gesetzgeber hat diese Entscheidung bewusst getroffen, weil einmal eine Gefährdung des Zeitungsabsatzes durch das Kopieren ganzer Exemplare ausgeschlossen erschien und zum anderen ein Interesse daran besteht, zB mikroverfilmte Zeitungen zum wissenschaftlichen Gebrauch vollständig zu kopieren (AmtlBegr. BTDrucks. 10/837 S. 17). Wie die zunehmende Verbreitung kommerzieller elektronischer Pressespiegel zeigt, ist die Annahme, der Zeitungsabsatz könne durch das Kopieren ganzer Zeitungen nicht gefährdet werden, nicht mehr zutreffend; allerdings fällt die Einspeicherung ganzer Zeitungen in Datenbanken zum Zweck der Herstellung elektronischer Pressespiegel weder unter die Erlaubnistatbestände des § 53 Abs. 1–3 (dazu Rdnr. 30, 37, 48; vgl. ferner *Loewenheim,* Urheberrechtliche Grenzen, S. 48 ff.; *Katzenberger,* Elektronische Printmedien, S. 54 ff.; zu § 53 Abs. 2 S. 1 Nr. 2 vgl. auch Rdnr. 44 ff.) noch unter § 49 (dazu *Loewenheim* GRUR 1996, 636; *Katzenberger* aaO S. 61 f.), so dass der Urheber oder sonstige Berechtigte das Kopieren ganzer Zeitungen für elektronische Pressespiegel nach § 15 Abs. 1 Nr. 1 untersagen kann.

74   Unter **Buch** bzw. **Zeitschrift** ist die jeweils vom Verlag gelieferte abgeschlossene Einheit zu verstehen, bei Zeitschriften also das einzelne Heft, bei in Lieferungen erscheinenden Büchern auch die einzelne Lieferung. Dafür spricht der Gesetzeszweck (vgl. Rdnr. 72), nach dem es verhindert werden soll, dass die Anschaffung von Büchern und Zeitschriften durch Kopieren ersetzt wird (so zutreffend *Dreier/Schulze*[3] § 53 Rdnr. 48; *Möhring/Nicolini/Decker*[2] § 53 Rdnr. 45; aA *v. Schaper* AJBD-Mitt. 1985, 103, der eine Erschwerung der bibliothekarischen Arbeit bei

der Beschaffung einzelner nicht mehr erhältlicher Zeitschriftenhefte befürchtet; diesen Fall hat aber der Gesetzgeber durch die Ausnahme für vergriffene Werke erfasst, vgl. dazu Rdnr. 71). Nicht nur vollständige, sondern auch **im Wesentlichen vollständige** Vervielfältigungen von Büchern und Zeitschriften sind untersagt. Damit sollte klargestellt werden, dass auch Vervielfältigungen unter Weglassung etwa des Inhaltsverzeichnisses oder der Anmerkungen unzulässig sind (BTDrucks. 10/837 S. 40). Ob eine Vervielfältigung im Wesentlichen vollständig ist, ist in erster Linie unter quantitativen Gesichtspunkten zu beurteilen, daneben ist aber auch die inhaltliche Bedeutung der weggelassenen Teile (unbedeutend beispielsweise Register, Anzeigenseiten usw.) zu berücksichtigen (ähnlich *Dreier*/Schulze[3] § 53 Rdnr. 48; Wandtke/Bullinger/*Lüft*[3] § 53 Rdnr. 42; anders wohl Möhring/Nicolini/*Decker*[2] § 53 Rdnr. 47). Die quantitative Grenze dürfte im Allgemeinen bei etwa 90% liegen (Wandtke/Bullinger/*Lüft*[3] § 53 Rdnr. 42; aA *Möller/ Mohr* IuR 1987, 53/56, nach denen bereits 75% genügen sollen, mit 75% ist aber ein Werk noch nicht im Wesentlichen vollständig). Im Wesentlichen vollständig kann eine Vervielfältigung auch dann sein, wenn eine Abhandlung den wesentlichen Teil einer Zeitschrift ausmacht. Dem Wunsch des Bundesrates, solche Fälle aus dem Verbot auszuschließen (BTDrucks. 10/837 S. 31), ist nicht Folge geleistet worden.

Vervielfältigungen durch **Abschreiben** bleiben zulässig. Darunter fällt nicht nur das handschriftliche, sondern auch das Abschreiben mit einer Schreibmaschine, ebenso die manuelle Eingabe in den Computer bei Textverarbeitung. Entscheidend ist, dass der Text nicht unmittelbar maschinell oder digital übertragen, sondern von einer Person gelesen und erneut niedergeschrieben wird (vgl. dazu die insoweit Gesetz gewordenen Änderungsvorschläge des Bundesrates, BTDrucks. 10/837 S. 30f.; sa. *Möller* S. 28). Zulässig ist auch die nicht durch Abschreiben vorgenommene Vervielfältigung, wenn sie zur Aufnahme in ein **eigenes Archiv** unter den Voraussetzungen des Abs. 2 S. 1 Nr. 2 oder bei seit zwei Jahren **vergriffenen Werken** zum eigenen Gebrauch erfolgt (dazu Rdnr. 71). 75

III. Vervielfältigung von elektronisch zugänglichen Datenbankwerken (Abs. 5)

Für elektronisch zugängliche Datenbankwerke (zum Begriff vgl. § 4 Rdnr. 36ff.) gelten die Freistellungstatbestände der Abs. 1, 2 S. 1 Nr. 2–4 und Abs. 3 Nr. 2 nicht (Abs. 5 S. 1). Abs. 2 S. 1 Nr. 1 und Abs. 3 Nr. 1 finden nur unter der Voraussetzung Anwendung, dass der wissenschaftliche Gebrauch bzw. der Gebrauch im Unterricht nicht zu gewerblichen Zwecken erfolgen. Elektronisch zugängliche Datenbankwerke dürfen also weder zum privaten Gebrauch (vgl. dazu OLG Hamburg GRUR 2001, 831 – Roche Lexikon Medizin: Das Laden eines ins Internet gestellten Lexikons in den Arbeitsspeicher des Nutzers stellt eine Vervielfältigung des Datenbankwerks dar, die auch zum Privatgebrauch erlaubnispflichtig ist, § 53 I, V UrhG) noch zum sonstigen eigenen Gebrauch iSd. Abs. 2 Nr. 2–4 noch zum Prüfungsgebrauch nach Abs. 3 Nr. 2 vervielfältigt werden. Erlaubt ist lediglich die Vervielfältigung zum eigenen wissenschaftlichen Gebrauch (Abs. 2 Nr. 1) und zum Unterrichtsgebrauch (Abs. 3 Nr. 1), jedoch nur, soweit dieser Gebrauch nicht zu gewerblichen Zwecken erfolgt (Abs. 5 S. 2). Die Nichtanwendung der Freistellungstatbestände der Abs. 1 und 2 bedeutet, dass es insoweit bei der Regelung des § 15 Abs. 1 Nr. 1 verbleibt, Vervielfältigungen sind also nur mit Zustimmung des Urhebers (oder sonstigen Berechtigten) zulässig. Mit der Regelung des Abs. 5 hat der Gesetzgeber der Vorschrift des Art. 6 Abs. 2 lit. a der Datenbankrichtlinie (Richtlinie 96/9/EG v. 11. 3. 1996, ABl Nr. L 77 S. 20) Rechnung getragen, die bei Datenbanken bestimmte Benutzungshandlungen ohne Zustimmung des Berechtigten zulässt, im Wege des Umkehrschlusses aber besagt, dass weitere Ausnahmen vom Vervielfältigungsrecht des Urhebers bei elektronischen Datenbanken nicht gemacht werden dürfen (AmtlBegr. zum Entwurf des IuKDG, BTDrucks. 13/7385 S. 44 iVm. BTDrucks. 13/7934 S. 52; vgl. auch § 4 Rdnr. 55). Mit der im Rechtsausschuss erfolgten Ausdehnung des Abs. 5 auf die Fälle des Abs. 3 hat der Gesetzgeber der Erweiterung des Abs. 3 auf Online-Veröffentlichungen Rechnung getragen (vgl. BTDrucks. 15/837 S. 34). 76

Die Formulierung „**Datenbankwerke,** deren Elemente einzeln mit Hilfe elektronischer Mittel zugänglich sind" knüpft an die Definition der Datenbankwerke in Art. 1 der Datenbankrichtlinie und § 4 Abs. 2 S. 1 an (zum Begriff s. § 4 Rdnr. 42); gemeint sind damit die Datenbankwerke iSd. § 4 Abs. 2 S. 1 (vgl. auch die AmtlBegr. BTDrucks. 13/7934 S. 52). Das Vervielfältigungsverbot greift nur ein, soweit für die Datenbankwerke Urheberrechtsschutz besteht (dazu näher § 4 Rdnr. 37ff.). Es erstreckt sich auch auf schutzfähige Teile des Datenbankwerkes, nicht jedoch auf dessen einzelne Elemente (AmtlBegr. zum IuKDG, BTDrucks. 13/ 77

§ 53 Vervielfältigungen zum privaten und sonstigen eigenen Gebrauch

7934 S. 52; BRDrucks. 966/96 S. 46). Da der Schutz von Datenbanken nach § 4 Abs. 2 und §§ 87 a ff. nebeneinander bestehen kann (vgl. § 4 Rdnr. 32), kann sich jedoch die Unzulässigkeit einer Vervielfältigung aus § 87 b Abs. 1 ergeben. Abs. 5 findet keine Anwendung auf Datenbankwerke, die **nicht mit elektronischen Mitteln,** sondern iSd. § 4 Abs. 2 „auf andere Weise" zugänglich sind. Für Datenbanken iSd. §§ 87 a ff. ergeben sich die Schranken des Vervielfältigungsrechts aus § 87 c.

IV. Vervielfältigungen in der Öffentlichkeit, Ausführung von Plänen und Nachbauen (Abs. 7)

78 Abs. 7 schließt für die genannten Fälle die Vervielfältigungsfreiheit nach Abs. 1–3 aus, auch zum privaten Gebrauch dürfen also insoweit keine Vervielfältigungen ohne die Einwilligung des Berechtigten vorgenommen werden. Damit bleibt es bei der Regel des § 15 Abs. 1 Nr. 1, dass der Urheber das ausschließliche Recht zur Vervielfältigung seiner Werke hat. Zur Person des **Berechtigten** vgl. Rdnr. 70.

79 Für das Verbot der **Aufnahme öffentlicher Vorträge, Aufführungen oder Vorführungen** (Abs. 7 Halbs. 1) war die Erwägung des Gesetzgebers maßgebend, dass die Vervielfältigung nicht in der internen Sphäre, sondern in der Öffentlichkeit vorgenommen wird und somit außerhalb des Bereichs liegt, für den Vervielfältigungsfreiheit gewährt werden sollte (AmtlBegr. BTDrucks. IV/270 S. 71); außerdem handelt es sich um einen Eingriff in die Rechte des Urhebers von unerheblicher wirtschaftlicher Bedeutung (*Dreier*/Schulze[3] § 53 Rdnr. 55). Abs. 7 erfasst nur die unmittelbare Aufnahme in der Öffentlichkeit, nicht die Aufnahme von Funksendungen öffentlich gehaltener Darbietungen oder das Überspielen von Bild- oder Tonträgern, auf denen die öffentlichen Darbietungen festgelegt sind. Was unter **Vorträgen, Aufführungen** und **Vorführungen** zu verstehen ist, ergibt sich aus § 19, für den Begriff der **Öffentlichkeit** gilt § 15 Abs. 3. **Bild- und Tonträger** sind in § 16 Abs. 2 gesetzlich definiert (dazu § 16 Rdnr. 26 ff.); insbesondere kommt eine Aufnahme durch Tonbandgeräte, Foto-, Film- und Videokameras in Betracht. Für in Abs. 7 nicht genannte Vervielfältigungsformen bleibt es bei der Vervielfältigungsfreiheit nach Abs. 1–3. Unzulässig ist daher die Ton- oder Bildaufnahme im Theater- oder Konzertsaal, zulässig (soweit die Voraussetzungen des Abs. 1 oder 2 erfüllt sind) das Überspielen der späteren Sendung der Aufführung vom Rundfunk- oder Fernsehgerät. Ebenso wird eine Vervielfältigung in anderer Form, etwa durch Zeichnen, Mitschreiben und dgl. auch in der Öffentlichkeit durch Abs. 7 nicht ausgeschlossen.

80 Das Verbot der **Ausführung von Plänen und Entwürfen zu Werken der bildenden Künste** sowie des **Nachbaus von Werken der Baukunst** (Abs. 7 Halbs. 2) beruht auf der Überlegung, dass es sich hier um die Realisierung von Gestaltungsplänen handelt, die dem Interesse des Urhebers entscheidend Abbruch tun können. Der Nachbau von Bauwerken war bereits nach § 18 Abs. 1 KUG untersagt. Eine Vervielfältigung der Pläne oder Entwürfe selbst bleibt im Rahmen des Abs. 1–3 zulässig, ebenso die Vervielfältigung eines bereits vollendeten Werkes der bildenden Künste, beispielsweise seine Nachbildung oder Fotografie. Kein Nachbau von Bauwerken ist die Nachbildung im Modell (*Dreier*/Schulze[3] § 53 Rdnr. 56; Fromm/Nordemann/*W. Nordemann*[10] § 53 Rdnr. 39; Wandtke/Bullinger/*Lüft*[3] § 53 Rdnr. 47); eine Ausführung von Plänen und Entwürfen zu Werken der bildenden Künste liegt dagegen auch dann vor, wenn die Ausführung in einem anderen Maßstab erfolgt. **Umgestaltungen** bei der Ausführung oder dem Nachbau unterliegen der Vorschrift des § 23 S. 2 (dazu § 23 Rdnr. 20).

F. Verbot der Verbreitung von Vervielfältigungsstücken und ihrer Benutzung zur öffentlichen Wiedergabe (Abs. 6)

81 Das **Verbot der Verbreitung und öffentlichen Wiedergabe** bezieht sich auf nach Abs. 1–3 hergestellte Vervielfältigungsstücke (vgl. auch BTDrucks. 10/837 S. 31); die Verbreitung von Vervielfältigungsstücken, die nicht danach zulässigerweise hergestellt worden sind, fällt direkt unter § 15 Abs. 1 Nr. 2 iVm. § 17. Das Verbot dient dem Schutz des Vervielfältigungsrechts des Urhebers: Das Vervielfältigungsrecht wird nur zu den in Abs. 1–3 genannten Zwecken des privaten, des sonstigen eigenen sowie des Unterrichts- und Prüfungsgebrauchs eingeschränkt. Diese Einschränkung bleibt den Vervielfältigungsstücken immanent; ihre Verwendung zu anderen Zwecken ist Urheberrechtsverletzung (BGH GRUR 1997, 459/462 – CB-infobank I; *Ulmer*[3]

§ 64 I 5). Das ergibt sich allerdings auch schon unmittelbar aus § 15 Abs. 1 Nr. 2 iVm. § 17, da § 53 nur das Vervielfältigungsrecht, nicht aber das Verbreitungsrecht einschränkt; Abs. 6 dient damit vornehmlich dem Zweck, das Verbreitungsverbot noch einmal klarzustellen (*Dreier/ Schulze*[3] § 53 Rdnr. 53).

Zum Begriff der **Verbreitung** vgl. § 17 Rdnr. 5 ff., darunter fällt bereits das Verkaufsangebot der Vervielfältigungsstücke in der Öffentlichkeit, zB in Zeitungsanzeigen (vgl. § 17 Rdnr. 8). Eine erlaubnispflichtige Verbreitungshandlung liegt aber nicht darin, dass bei einem nach Abs. 1–3 zulässigen Herstellenlassen durch einen anderen (dazu Rdnr. 25 ff.) der „andere" die hergestellten Vervielfältigungstücke an den Auftraggeber weitergibt; die Zulässigkeit des Herstellenlassens impliziert, dass in diesen Fällen diese Weitergabe erlaubt ist (BGH GRUR 1999, 707/710 f. – Kopienversanddienst). Die **öffentliche Wiedergabe** umfasst die in § 15 Abs. 2 genannten Verwertungsformen. Kopien, die zum privaten Gebrauch hergestellt worden sind, dürfen daher nicht an außerhalb des privaten Bereichs (vgl. Rdnr. 14) stehende Dritte weitergegeben werden, Kopien, die unter den Voraussetzungen des Abs. 2 angefertigt wurden (zum eigenen Gebrauch nach Abs. 2 vgl. Rdnr. 34), nicht an außerhalb des behörden- oder betriebsinternen Bereichs stehende Dritte. Ebenso wenig ist es zulässig, für den Unterrichts- und Prüfungsgebrauch nach Abs. 3 hergestellte Vervielfältigungsexemplare weiterzuverbreiten. Kopien aus wissenschaftlichen Werken dürfen zur Anfertigung eines öffentlichen Vortrags benutzt werden, aber nicht bei diesem Vortrag verlesen werden, soweit dies nicht nach anderen Vorschriften (zB als Zitat nach § 51) erlaubt ist. Auch die durch Abschreiben vervielfältigten Noten (Abs. 4 S. 1 lit. a) dürfen nicht bei einer öffentlichen Aufführung Verwendung finden. 82

Die **Ausnahmeregelung des Abs. 6 S. 2** soll den praktischen Bedürfnissen des Bibliotheksbetriebs Rechnung tragen. Zeitungen werden aus Raumgründen und wegen mangelnder Papierqualität in Bibliotheken meist als Mikrokopie, Mikrofilm oder in digitaler Form aufbewahrt, vergriffene Werke können von Bibliotheken, die kein Original besitzen, gleichfalls nur in dieser Form gehalten werden. Ebenso ist es notwendig und üblich, kleinere Teile von Büchern oder Zeitschriften, die beschädigt oder abhanden gekommen sind, durch kopierte Seiten zu ersetzen. Die Zulässigkeit der dafür erforderlichen Vervielfältigungshandlung ergibt sich aus Abs. 2 S. 1 Nr. 2 und Nr. 4 lit. b iVm. Abs. 4 lit. b; um diese Stücke auch im Ausleihverkehr einsetzen zu können, ist die Vorschrift des Abs. 6 S. 2 erforderlich (vgl. dazu auch BTDrucks. 10/837 S. 16 f., 30 (Nr. 9) und 39 sowie BTDrucks. 10/3360 S. 19). 83

§ 53 a Kopienversand auf Bestellung

(1) [1]Zulässig ist auf Einzelbestellung die Vervielfältigung und Übermittlung einzelner in Zeitungen und Zeitschriften erschienener Beiträge sowie kleiner Teile eines erschienenen Werkes im Wege des Post- oder Faxversands durch öffentliche Bibliotheken, sofern die Nutzung durch den Besteller nach § 53 zulässig ist. [2]Die Vervielfältigung und Übermittlung in sonstiger elektronischer Form ist ausschließlich als grafische Datei und zur Veranschaulichung des Unterrichts oder für Zwecke der wissenschaftlichen Forschung zulässig, soweit dies zur Verfolgung nicht gewerblicher Zwecke gerechtfertigt ist. [3]Die Vervielfältigung und Übermittlung in sonstiger elektronischer Form ist ferner nur dann zulässig, wenn der Zugang zu den Beiträgen oder kleinen Teilen eines Werkes den Mitgliedern der Öffentlichkeit nicht offensichtlich von Orten und zu Zeiten ihrer Wahl mittels einer vertraglichen Vereinbarung zu angemessenen Bedingungen ermöglicht wird.

(2) [1]Für die Vervielfältigung und Übermittlung ist dem Urheber eine angemessene Vergütung zu zahlen. [2]Der Anspruch kann nur durch eine Verwertungsgesellschaft geltend gemacht werden.

Schrifttum: *Grassmann*, Der elektronische Kopienversand im Rahmen der Schrankenregelungen, 2006; *ders.*, Anmerkung zum Urteil des OLG München vom 10. Mai 2007, Az. 29 U 1638/06 – Elektronischer Kopienversand, ZUM 2007, 641; *Heeg/Pflüger*, Die Vergütungspflicht nichtkommerzieller Nutzung urheberrechtlich geschützter Werke in öffentlichen Bildungs-, Kultur- und Wissenschaftseinrichtungen – ein Plädoyer für einen einheitlichen Vergütungstatbestand, ZUM 2008, 649; *Hoeren*, Der Zweite Korb – Eine Übersicht zu den geplanten Änderungen im Urheberrechtsgesetz, MMR 2007, 615/617; *Jani/Langhoff/Oberndörfer*, Ein Überblick über die Änderungen des Urheberrechts nach der zweiten und dritten Lesung im Bundestag, ZUM 2007, 593; *Loewenheim*, Kopienversand und kein Ende, Fs. Für Tilmann, 2003, S. 63; *Milkovic*, Das digitale Zeitalter – Segen oder Fluch für die wissenschaftliche Informationsversorgung? – Verfassungsrechtliche und europarechtliche Bewertung der Schrankenbestimmungen § 52 a UrhG, sowie §§ 52 b und 53 a UrhGE, 2008; *Müller*, Aktuelles zum Kopienversand der Bibliotheken, MR Int. 2007, 102; *Peifer*, Wissenschaftsmarkt und Urheberrecht: Schranken, Vertragsrecht, Wettbe-

§ 53a

werbsrecht, GRUR 2009, 22; *Sandberger,* Behindert das Urheberrecht den Zugang zu wissenschaftlichen Publikationen?, ZUM 2006, 818; *Spindler,* Reform des Urheberrechts im „Zweiten Korb", NJW 2008, 9; *Sprang/Ackermann,* Der „Zweite Korb" aus Sicht der (Wissenschafts-)Verlage, K&R 2008, 7; *Wandtke/Grassmann,* Einige Aspekte zur gesetzlichen Regelung zum elektronischen Kopienversand im Rahmen des „Zweiten Korbs", ZUM 2006, 889.

Übersicht

	Rdnr.
A. Zweck und Bedeutung der Norm, Entstehungsgeschichte	1, 2
B. Freistellungsvoraussetzungen (Abs. 1)	3–23
I. Zum Kopienversand freigestellte Werke	4, 5
II. Zulässigkeit der Nutzung nach § 53	6, 7
III. Einzelbestellung	8
IV. Versendung durch öffentliche Bibliotheken	9, 10
V. Vervielfältigung und Übermittlung	11–23
1. Vervielfältigung	11
2. Übermittlung	12–23
a) Übermittlung durch Post- oder Faxversand (Abs. 1 S. 1)	14
b) Übermittlung in sonstiger elektronischer Form	15–23
aa) Als grafische Datei zu bestimmten Zwecken (Abs. 1 S. 2)	16–19
bb) Bei fehlenden Verlagsangeboten (Abs. 1 S. 3)	20–23
C. Vergütungsanspruch (Abs. 2)	24–26

A. Zweck und Bedeutung der Norm, Entstehungsgeschichte

1 Die Vorschrift wurde durch das zweite Gesetz zur Regelung des Urheberrechts in der Informationsgesellschaft (zweiter Korb, dazu § 53 Rdnr. 10) mit Wirkung vom 1. 1. 2008 eingefügt. Sie soll die **Zulässigkeit des Kopienversands durch öffentliche Bibliotheken** regeln. Der Gesetzgeber hat mit § 53a das Urteil des BGH v. 25. 2. 1999 (GRUR 1999, 707 – Kopienversanddienst) nachvollzogen (Begründung zum Regierungsentwurf BT-Drucks. 16/1828 S. 27). In diesem Urteil hatte der BGH es für zulässig erachtet, dass eine öffentliche Bibliothek auf Einzelbestellung einzelne Zeitschriftenbeiträge vervielfältigen und an den Besteller per Post oder Fax versenden darf, sofern der Besteller die Privilegierung nach § 53 in Anspruch nehmen kann. Zugleich erkannte der BGH dem Urheber in rechtsanaloger Anwendung der (damaligen) §§ 27 Abs. 2 und 3, 49 Abs. 1 UrhG und 54a Abs. 2 iVm. § 54h Abs. 1 einen Anspruch auf angemessene Vergütung gegen die öffentliche Bibliothek zu, der nur durch eine Verwertungsgesellschaft geltendgemacht werden konnte. Dazu führte der BGH aus, dass die Beschränkung des ausschließlichen Vervielfältigungsrechts des Urhebers durch das Interesse der Allgemeinheit an einem ungehinderten Zugang zu Informationen gerechtfertigt sei, dass aber die Kompensation durch eine angemessene Vergütung geboten sei, um den Anforderungen des Art. 9 RBÜ, der Art. 9 und 13 des TRIPS-Übereinkommens, der Eigentumsgarantie des Art. 14 GG sowie dem Grundsatz, dass der Urheber tunlichst angemessen an dem wirtschaftlichen Nutzen seines Werkes zu beteiligen ist, Rechnung zu tragen (BGH GRUR 1999, 707/711 – Kopienversanddienst).

2 Die **Entstehungsgeschichte** der Vorschrift ist wechselhaft verlaufen; in den einzelnen Stadien des Gesetzgebungsverfahrens standen teils das Interesse der Öffentlichkeit an einem ungehinderten Zugang zu Informationen, teils das Interesse der Urheber und Verleger am Schutz ihrer Rechte mehr im Vordergrund. Während sich die BGH-Entscheidung auf die Übermittlung im Wege des Post- und Faxversands beschränkte, wurde bereits im Regierungsentwurf die Übermittlung auf die elektronische Versendung erweitert, allerdings ohne die in der endgültigen Fassung vorgesehenen Zweckbindungen (BT-Drucks. 16/1828 S. 6). Der Bundesrat wollte die Einschränkung, dass der elektronische Versand bei ausreichendem Verlagsangebot nicht zulässig sei, beseitigen und darüber hinaus die Übermittlung auf den Versand von ausschließlich grafischen Dateien beschränken, da damit eine Weiterverwendung nur in analoger Form sichergestellt sei (BT-Drucks. 16/1828 S. 41). Von der Bundesregierung wurde dies in ihrer Gegenäußerung unter Hinweis auf den Drei-Stufen-Test zurückgewiesen (BT-Drucks. 16/1828 S. 46, 48). Ihre endgültige Fassung erhielt die Vorschrift im Rechtsausschuss des Bundestages (BT-Drucks. 16/5939 S. 8,45). Auf diese Weise ist eine angesichts ihrer zahlreichen und zum Teil unbestimmten Kautelen nicht ganz einfach zu handhabende Vorschrift entstanden.

B. Freistellungsvoraussetzungen (Abs. 1)

Die Freistellung zur Vervielfältigung und Übermittlung setzt zum einen voraus, dass es sich **3** um eines der in Abs. 1 S. 1 bezeichneten Werke handelt (dazu Rdnr. 4 f.), dass der Besteller das Privileg des § 53 in Anspruch nehmen kann (dazu Rdnr. 6 f.) und dass die Vervielfältigung und Übermittlung aufgrund einer Einzelbestellung (dazu Rdnr. 8) durch eine öffentliche Bibliothek (dazu Rdnr. 9) erfolgt. Zum anderen bestehen Einschränkungen für die Form der Übermittlung. Im Wege des durch Post- oder Faxversands kann diese zwar ohne weitere Einschränkungen erfolgen (Abs. 1 S. 1, dazu Rdnr. 13). Die Vervielfältigung und Übermittlung in sonstiger elektronischer Form ist aber nur zulässig, wenn sie entweder ausschließlich als grafische Datei und zur Veranschaulichung des Unterrichts oder für Zwecke der wissenschaftlichen Forschung erfolgt (Abs. 1 S. 2, dazu Rdnr. 15 ff.), oder aber, wenn ein Zugang aufgrund vertraglicher Vereinbarung zu angemessenen Bedingungen nicht möglich ist (Abs. 1 S. 3, dazu Rdnr. 20 ff.).

I. Zum Kopienversand freigestellte Werke

Zulässig ist nur die Vervielfältigung und Übermittlung **einzelner in Zeitungen und Zeit-** **4** **schriften erschienener Beiträge** sowie **kleiner Teile eines erschienenen Werkes**. Diese Formulierung knüpft an die Vorschrift des § 53 Abs. 2 S. 1 Nr. 4 an; die Begriffe sind in § 53 a ebenso wie dort zu interpretieren (s. § 53 Rdnr. 51 ff.); die Einschränkungen des § 53 Abs. 2 S. 3 sind dagegen nicht zu berücksichtigen, da § 53 a insoweit seine eigenen Einschränkungen aufstellt. Bei **einzelnen in Zeitungen oder Zeitschriften erschienenen Beiträgen** kann es sich auch um mehrere Beiträge aus einer Zeitung oder Zeitschrift handeln, insgesamt dürfen sie aber nur einen kleinen Teil der Zeitung oder Zeitschrift ausmachen (vgl. näher § 53 Rdnr. 53); zum Begriff der Zeitung und der Zeitschrift vgl. § 49 Rdnr. 8. Ob es sich um **kleine Teile erschienener** Werke handelt, beurteilt sich nach dem Verhältnis sämtlicher vervielfältigten Teile eines Werkes zum gesamten Werk (vgl. näher § 53 Rdnr. 52); der Begriff des **Erscheinens** bestimmt sich nach § 6 Abs. 2.

Teilweise wird angenommen, dass es sich um **Werke aus dem eigenen Bestand der ver-** **5** **sendenden Bibliothek** handeln müsse (so Fromm/Nordemann/*Nordemann-Schiffel*[10] § 53 a Rdnr. 8). Dagegen spricht aber schon die Parallele zu § 53 Abs. 2 S. 1 Nr. 4; dort wird gerade nicht vorausgesetzt, dass die Vervielfältigung von einem eigenen Werkstück erfolgt (vgl. § 53 Rdnr. 51). Vor allem aber ist der interbibliothekarische Leihverkehr als wesentlicher Bestandteil aus dem heutigen Bibliothekssystem nicht wegzudenken und sollte durch § 53 a keine Beeinträchtigung erfahren. Der Besteller würde gezwungen, zunächst in Erfahrung zu bringen, welche Bibliothek das von ihm gewünschte Werk in ihrem Bestand hat und hätte sich dann in einem zweiten Schritt an diese zu wenden. Die Interessen der Urheber bzw. Verleger werden durch eine Einbeziehung des interbibliothekarischen Leihverkehrs nicht entscheidend beeinträchtigt; ihnen wird durch die angemessene Vergütung nach Abs. 2 Rechnung getragen. Ziel des Gesetzgebers war gerade, im Rahmen der mit § 53 a aufgestellten Kautelen den Zugang zu Informationen zu erleichtern (wie hier Wandtke/Bullinger/*Jani*[3] § 53 a Rdnr. 15).

II. Zulässigkeit der Nutzung nach § 53

Die Nutzung durch den Besteller muss nach § 53 zulässig sein. Es handelt sich der Sache nach **6** um einen Fall des **Herstellenlassens** der Vervielfältigungen durch Dritte, bei denen der BGH es noch als durch § 53 Abs. 2 gedeckt angesehen hat, dass sich die Tätigkeit des Dritten nicht nur auf den technisch-maschinellen Vorgang der Vervielfältigung beschränkte (vgl. dazu BGH GRUR 1997, 459/462 – CB-Infobank I; BGH GRUR 1997, 464/466 – CB-Infobank II), sondern darüber hinaus selbst die Vorlagen aus ihren Beständen zur Verfügung stellte und dem Nutzer ihre Bestände durch einen Katalog erschloss. Der Besteller muss also nach § 53 Abs. 1 bis 3 zur Anfertigung der Vervielfältigungen zum eigenen Gebrauch berechtigt sein und es darf keiner der Ausschlussgründe des § 53 Abs. 4 bis 7 vorliegen. Einschränkungen bestehen insoweit insbesondere für digitale Vervielfältigungen. Ihre Herstellung durch einen Dritten ist nach § 53 Abs. 1 nur zulässig, wenn sie unentgeltlich erfolgt (dazu § 53 Rdnr. 32); in den Fällen des § 53 Abs. 2 S. 1 Nr. 2, 3 und 4 hat die Vervielfältigung auf Papier zu erfolgen oder es darf nur eine ausschließlich analoge Nutzung stattfinden (§ 53 Abs. 2 S. 3). Im Ergebnis bleiben damit nur die

§ 53a   Kopienversand auf Bestellung

Fälle der Vervielfältigung zum privaten (§ 53 Abs. 1) oder zum eigenen wissenschaftlichen Gebrauch (§ 53 Abs. 2 S. 1 Nr. 2), ferner zum Schul- und Prüfungsgebrauch (§ 53 Abs. 3).

7   Eine **Prüfung durch die Bibliothek**, ob beim Besteller die Voraussetzungen des § 53 vorliegen, wird schon aus praktischen Gründen ausscheiden müssen; lediglich bei einem offensichtlichen Fehlen dieser Voraussetzungen wird man von der Bibliothek verlangen können, dass sie den Kopienversand abgelehnt (vgl. auch Wandtke/Bullinger/*Jani*[3] § 53a Rdnr. 12). *Dreyer*/ *Kotthoff*/*Meckel*[2] § 53a Rdnr. 11 schlagen die Einholung einer Selbstauskunft vor, wieweit diese erfolgreich ist, mag dahinstehen.

III. Einzelbestellung

8   Bei der Bestellung der Kopien muss es sich um Einzelbestellungen handeln. Es muss also für jede bestellte Kopie eine eigene Anforderung vorliegen, Sammelbestellungen, etwa Abonnentendienste, sind nicht zulässig (Wandtke/Bullinger/*Jani*[3] § 53a Rdnr. 46; sa. Fromm/Nordemann/*Nordemann-Schiffel*[10] § 53a Rdnr. 9; *Dreyer*/Kotthoff/Meckel[2] § 53a Rdnr. 8). Allerdings können die Einzelbestellungen zusammen aufgegeben werden.

IV. Versendung durch öffentliche Bibliotheken

9   Nur öffentliche Bibliotheken sind berechtigt, eine Vervielfältigung und Übermittlung nach § 53a vorzunehmen. Der **Begriff der öffentlichen Bibliotheken** ist ebenso wie in § 52b und § 54c zu verstehen (vgl. § 52b Rdnr. 3 und § 54c Rdnr. 8). Es muss ein systematisch gesammelter und Benutzern zentral zur Verfügung gestellter Bibliotheksbestand vorhanden sein, der nach seiner Größe und dem Umfang seiner Benutzung einer besonderen Verwaltung und Katalogisierung bedarf (BGH NJW 1997, 3440/3443). „Öffentliche" Bibliotheken bedeutet nicht, dass es sich um von der öffentlichen Hand getragene Bibliotheken handeln müsste, gemeint sind vielmehr die der Öffentlichkeit zugänglichen Bibliotheken. Es genügt also, dass die Benutzung der Bibliothek einem Personenkreis möglich ist, der iSv. § 15 Abs. 3 als Öffentlichkeit anzusehen ist, also nicht durch persönliche Beziehungen mit den anderen Bibliotheksbenutzern oder mit dem Bibliotheksträger verbunden ist (BGH aaO; Wandtke/Bullinger/*Jani*[3] § 53a Rdnr. 8; Fromm/Nordemann/*Nordemann-Schiffel*[10] § 53a Rdnr. 5; sa. Dreyer/Kotthoff/Meckel[2] § 53a Rdnr. 7). Dagegen ist es nicht erforderlich, dass die Bibliothek der Allgemeinheit zugänglich ist; auch bei Universitäts- und Schulbibliotheken ist das in der Regel nicht der Fall.

10   Der Versanddienst **Subito** kann sich auf § 53a nicht berufen, da es sich bei ihm nicht um eine öffentliche Bibliothek handelt (Wandtke/Bullinger/*Jani*[3] § 53a Rdnr. 9; eingehend zu Subito Fromm/Nordemann/*Nordemann-Schiffel*[10] § 53a Rdnr. 22ff.). Soweit Subito im Rahmen seiner Vereinbarungen mit dem Börsenverein des deutschen Buchhandels tätig wird, findet § 53a ohnehin keine Anwendung, weil bei Bestehen vertraglicher Rechtseinräumungen eine Schrankenregelung nicht in Anspruch genommen werden braucht. Im Übrigen geht die Bundesregierung davon aus, dass die Zukunft von Subito durch § 53a gestärkt und auf eine klare rechtliche und verlässliche Grundlage gestellt wird (BT-Drucks. 16/1356 S. 5). Vgl. zu Subito auch OLG München MMR 2007, 525.

V. Vervielfältigung und Übermittlung

1. Vervielfältigung

11   § 53a gestattet die Vervielfältigung und Übermittlung nur unter bestimmten Voraussetzungen. Der **Begriff der Vervielfältigung** bestimmt sich nach § 16, Vervielfältigung ist danach jede körperliche Festlegung eines Werks, die geeignet ist, das Werk den menschlichen Sinnen auf irgendeine Weise unmittelbar oder mittelbar wahrnehmbar zu machen (vgl. § 16 Rdnr. 5). Die Zulässigkeit von Vervielfältigungen im Rahmen von § 53a ist aber durch die weiteren Voraussetzungen dieser Vorschrift eingeschränkt. **Einschränkungen** ergeben sich einmal daraus, dass die Nutzung durch den Besteller nach § 53 zulässig sein muss und § 53 Vervielfältigungen nur in bestimmten Fällen und durch bestimmte Methoden zulässt (dazu Rdnr. 6). Einschränkungen ergeben sich weiter daraus, dass die Übermittlungsmethoden des § 53a Abs. 1 S. 1 oder 2, und im Fall des Abs. 1 S. 2 die dort genannten Zwecke eingehalten sein müssen. Schließlich

ergeben sich Einschränkungen aus der Subsidiarität des Kopienversands gegenüber Verlagsangeboten (§ 53a Abs. 1 S. 3). Im Ergebnis läuft dies darauf hinaus, dass nur diejenigen Vervielfältigungsmethoden erlaubt sind, die für die jeweilige Versendungsart erforderlich sind. Das sind analoge Kopien für den Post- oder Faxversand sowie für die Übermittlung in elektronischer Form vor allem das Scannen und die Zwischenspeicherung im Arbeitsspeicher oder auf dem Server der Bibliothek (*Dreier*/Schulze[3] § 53a Rdnr. 3). Dabei **braucht nicht für jede Übermittlung eine besondere Vervielfältigung angefertigt** zu werden; dies wäre mit einem unnötigen Arbeitsaufwand für die Bibliotheken verbunden und würde dem Urheber keine Vorteile bringen (so zutreffend *Dreier*/Schulze[3] § 53a Rdnr. 3). Eine Archivierung darf mit der Mehrfachverwendung von Kopien allerdings nicht verbunden sein.

2. Übermittlung

Die Unterscheidung der Übermittlung durch Post- oder Faxversand (Abs. 1 S. 1) einerseits und der Übermittlung in sonstiger elektronischer Form knüpft an die Entscheidung Kopienversanddienst (BGH GRUR 1999, 707) an, in der der BGH lediglich über einen Post- und Faxversand zu befinden hatte. Der Gesetzgeber hat im Hinblick auf die heute üblichen digitalen Formen der Informationsvermittlung die Zulässigkeit des Kopienversands bewusst auf die Übermittlung in elektronischer Form erweitert, war dabei aber bemüht, das vom BGH gefundene „ausgewogene Verhältnis zwischen den berechtigten Interessen der Urheber und der Allgemeinheit" in das digitale Umfeld zu übertragen (Regierungsbegründung BT-Drucks. 16/1828 S. 27). Diesem Zweck dienen die Einschränkungen in § 53a Abs. 1 S. 2 und 3. 12

Da es sich bei der Vervielfältigung im Rahmen des § 53a um einen Fall des Herstellenlassens von Kopien handelt (vgl. Rdnr. 6), wird die Vervielfältigungshandlung dem Besteller und nicht dem vervielfältigenden Dritten zugerechnet, was bedeutet, dass das Versenden der Kopien **kein Verbreiten** darstellt (BGH GRUR 1999, 707/711 – Kopienversanddienst). Das Verbreitungsrecht nach § 17 wird also durch § 53a nicht eingeschränkt. Ebenso wenig beschränkt § 53a das **Recht der öffentlichen Zugänglichmachung** nach § 19a (Regierungsbegründung BT-Drucks. 16/1828 S. 27; *Dreier*/Schulze[3] § 53a Rdnr. 5; *Spindler* NJW 2008, 9/14). Auch das Herstellenlassen von Kopien im **Ausland** und deren Versendung von dort in das Inland unterliegt der Regelung des § 53a, der Gesetzgeber hat dies mit dem Begriff der Übermittlung ausdrücklich klargestellt (Regierungsbegründung BT-Drucks. 16/1828 S. 28; *Dreier*/Schulze[3] § 53a Rdnr. 4; Wandtke/Bullinger/*Jani*[3] § 53a Rdnr. 57; vgl. auch *Loewenheim*, Fs. Für Tilmann, 2003, S. 63/68f.). 13

a) Übermittlung durch Post- oder Faxversand (Abs. 1 S. 1). Der Post- oder Faxversand unterliegt keinen zusätzlichen Einschränkungen. **Postversand** ist im weiten Sinne zu verstehen; aus der Gegenüberstellung zur Übermittlung in elektronischer Form ergibt sich, dass es beim Postversand um die Übermittlung körperlicher Werkstücke geht. Der Postversand umfasst daher auch die Versendung durch Expressdienste, Botendienste und dgl. (Wandtke/Bullinger/*Jani*[3] § 53a Rdnr. 20). Beim **Faxversand** erfolgt die Übermittlung in elektronischer Form. Auch die Versendung durch Computerfax ist als Faxübermittlung anzusehen (*Dreier*/Schulze[3] § 53a Rdnr. 9; Fromm/Nordemann/*Nordemann-Schiffel*[10] § 53a Rdnr. 4; aA *Sprang*/*Ackermann* K&R 2008, 7/9; s. dazu auch Wandtke/Bullinger/*Jani*[3] § 53a Rdnr. 21; *Spindler* NJW 2008, 9/14). 14

b) Übermittlung in sonstiger elektronischer Form. Die Übermittlung in sonstiger elektronischer Form (also anders als durch Fax-Geräte) unterliegt den Einschränkungen des Abs. 1 S. 2 und 3. 15

aa) Als grafische Datei zu bestimmten Zwecken (Abs. 1 S. 2). Voraussetzung ist zunächst, dass die Kopien ausschließlich als **grafische Datei** übermittelt werden. Unter einer grafischen Datei sind solche Übermittlungsformate zu verstehen, die zwar das Lesen der Datei ermöglichen, nicht aber darüber hinausgehende elektronische Nutzungsmöglichkeiten wie beispielsweise eine elektronische Recherche (Wandtke/Bullinger/*Jani*[3] § 53a Rdnr. 25f.; Fromm/Nordemann/*Nordemann-Schiffel*[10] § 53a Rdnr. 13; *Dreyer*/Kotthoff/Meckel[2] § 53a Rdnr. 15; sa. BGH GRUR 2002, 963/967); der elektronische Versand soll funktional an die Stelle der Einzelübermittlung in körperlicher Form treten (Regierungsbegründung BT-Drucks. 16/1828 S. 27). Dem Besteller soll auf diese Weise ermöglicht werden, beispielsweise einen einzelnen Beitrag zu lesen, ohne die ganze Zeitschrift erwerben zu müssen, auf der anderen Seite sollen aber weitere die Belange des Urhebers beeinträchtigende Nutzungsmöglichkeiten ausgeschlossen werden (BT-Drucks. 16/1828 S. 28). 16

17 Weiterhin ist Voraussetzung, dass die Kopie der **Veranschaulichung des Unterrichts** oder Zwecken der **wissenschaftlichen Forschung** dient. Der Begriff der Veranschaulichung des Unterrichts ist ebenso wie in § 52a zu verstehen (*Dreyer*/Kotthoff/Meckel[2] § 53a Rdnr. 16; vgl. dazu § 52a Rdnr. 9f.). Die Versendung von Privatkopien iSd. § 53 Abs. 1 ist deshalb nicht in elektronischer Form möglich (Fromm/Nordemann/*Nordemann-Schiffel*[10] § 53a Rdnr. 13; *Dreier*/Schulze[3] § 53a Rdnr. 11). Der Begriff der wissenschaftlichen Forschung entspricht dem in § 52a (vgl. dazu § 52a Rdnr. 11f.); da der Besteller die Voraussetzungen des § 53 erfüllen muss und § 53 Abs. 2 S. 1 Nr. 2 einen eigenen wissenschaftlichen Gebrauch voraussetzt, muss es sich um eigene wissenschaftliche Forschung handeln (so auch Fromm/Nordemann/*Nordemann-Schiffel*[10] § 53a Rdnr. 15; sa. Rdnr. 6).

18 Mit der Bestellung der Kopien dürfen **keine gewerblichen Zwecke** verfolgt werden. Unterricht und Forschung dürfen also nicht der Gewinnerzielung dienen; bezahlter Unterricht und bezahlte Auftragsforschung sind nicht privilegiert. Eine Unkostenerstattung ist dagegen unschädlich (sa. § 52a Rdnr. 15).

19 Schließlich muss der Kopienversand zu den Zwecken der Veranschaulichung des Unterrichts oder der wissenschaftlichen Forschung **gerechtfertigt** sein. Die Formulierung ist in Anlehnung an Art. 5 Abs. 3 lit a der Informationsgesellschaftsrichtlinie vom Rechtsausschuß gewählt worden (s. dazu BT-Drucks. 16/5939 S. 45). In der Sache dürfte damit nichts anderes gemeint sein als das „geboten" sein in § 53 Abs. 2 S. 1 Nr. 1 (wissenschaftlicher Gebrauch) und Abs. 3 S. 1 (Veranschaulichung des Unterrichts und Prüfungsgebrauch). Dass die Kopien für die genannten Zwecke wirklich benötigt werden, ist nicht Voraussetzung, es muss der pädagogischen bzw. wissenschaftlichen Entscheidung des Bestellers überlassen bleiben, was er für seine Arbeit braucht. Andererseits wird eine Bestellung in einem unangemessenen Umfang nicht gerechtfertigt sein. Von der Bibliothek kann allerdings nicht verlangt werden, diese Frage zu überprüfen.

20 **bb) Bei fehlenden Verlagsangeboten (Abs. 1 S. 3).** Die Vervielfältigung und Übermittlung in sonstiger elektronischer Form setzt außerdem voraus, dass den Mitgliedern der Öffentlichkeit der elektronische Zugang zu den von ihnen bestellten Werken zu angemessenen Bedingungen nicht möglich ist. Es handelt sich um eine **kumulative Voraussetzung,** die zusätzlich zu den Voraussetzungen Abs. 1 S. 2 erfüllt sein muss (*Spindler* NJW 2008, 9/14). Der Gesetzgeber wollte mit dieser Regelung einen **Ausgleich zwischen den Informationsinteressen der Öffentlichkeit** und den **Interessen der Verlage an einer ausreichenden Primärverwertung** der Werke bewirken; auf die Interessen der Verlage soll aber nur in soweit Rücksicht genommen werden, als deren eigene Angebote in elektronischer Form zu angemessenen Bedingungen gemacht werden (BT-Drucks. 16/1828 S. 27). Während der Bundesrat diese Klausel streichen wollte (BT-Drucks. 16/1828 S. 41), wurde durch den Rechtsausschuss ergänzt, dass das eigene Onlineangebot „offensichtlich" sein müsse. Damit sollte den Bedenken der Bibliotheken Rechnung getragen werden, dass es ihnen kaum möglich sei, flächendeckend Onlineangebote zu überprüfen (BT-Drucks. 16/5939 S. 45).

21 Dass der Zugang den Mitgliedern der Öffentlichkeit **von Orten und zu Zeiten ihrer Wahl** ermöglicht werden muss, ist im Sinne des § 19a zu verstehen, es muss sich also um eine öffentliche Zugänglichmachung in elektronischer Form handeln (Wandtke/Bullinger/*Jani*[3] § 53a Rdnr. 30; *Dreier*/Schulze[3] § 53a Rdnr. 14).

22 Die vertragliche Vereinbarung, auf der die Zugänglichmachung beruht, hat den Zugang zu **angemessenen Bedingungen** zu ermöglichen. Das Tatbestandsmerkmal der angemessenen Bedingungen ist nach Aussage der Bundesregierung wirtschaftlich zu verstehen, das Entgelt soll einerseits kostendeckend sein und eine angemessene Vergütung enthalten, andererseits soll das Interesse des Nutzers am Onlinezugriff nicht unangemessen ausgenutzt werden (BT-Drucks. 16/1356 S. 5). Nach Auffassung des Rechtsausschusses sind die Bedingungen im Einzelfall unter Berücksichtigung dessen zu beurteilen, was im Sinne des § 32 Abs. 2 S. 2 im Geschäftsverkehr üblicher- und redlicherweise zu leisten ist; dazu gehört auch die Gewährleistung eines dauerhaften und zuverlässigen Zugangs sowie die Frage, ob die Nutzer Zugang haben, ohne die benötigten Beiträge im Paket oder im Rahmen eines umfangreichen Abonnements erwerben zu müssen (BT-Drucks. 16/5939 S. 45).

23 Das Tatbestandsmerkmal **„offensichtlich"** soll den Bibliotheken ermöglichen, die Zulässigkeit des Kopienversands zuverlässig zu beurteilen (Bericht des Rechtsausschusses BT-Drucks. 16/5939 S. 45). Daraus ergibt sich, dass von einer Offensichtlichkeit dann auszugehen ist, wenn von den Bibliotheken die Existenz eines solchen Verlagsangebots mit einigermaßen Sicherheit zu erkennen ist. Vom Rechtsausschuss wurde ein Angebot jedenfalls dann als offensichtlich be-

zeichnet, wenn es in einer Datenbank aufgeführt ist, die von den Bibliotheken und Verlagen aufgrund einer Vereinbarung zentral administriert wird (BT-Drucks. 16/5939 aaO).

C. Vergütungsanspruch (Abs. 2)

Auch der Vergütungsanspruch knüpft an das Urteil des BGH v. 25. 2. 1999 (GRUR 1999, 707 – Kopienversanddienst) an. Der BGH hatte in diesem Urteil dem Urheber in rechtsanaloger Anwendung der (damaligen) §§ 27 Abs. 2 und 3, 49 Abs. 1 UrhG und 54a Abs. 2 iVm. § 54h Abs. 1 einen Anspruch auf angemessene Vergütung gegen die öffentlichen Bibliotheken zuerkannt, der nur durch eine Verwertungsgesellschaft geltendgemacht werden konnte (sa. Rdnr. 1). Der Vergütungsanspruch schließt nicht nur die Vervielfältigungshandlung, sondern auch die Übermittlung ein; damit soll verhindert werden, dass angesichts der Rechtsprechung des BGH, dass die Herstellung der Vervielfältigungsstücke dem Auftraggeber zuzurechnen ist und damit kein Verbreiten vorliegt (s. dazu Rdnr. 13), durch eine **Übermittlung aus dem Ausland** die Vergütungspflicht umgangen wird (Begründung zum Regierungsentwurf BT-Drucks. 16/1828 S. 289. 24

Vergütungspflichtig sind die öffentlichen Bibliotheken. Seit Januar 2009 gibt es einen Gesamtvertrag zwischen der VG Wort und Subito, dem größten Kopienversender Deutschlands. Der Vertrag regelt die Abgeltung urheberrechtlicher Ansprüche für den auf Einzelbestellung durch die Lieferbibliotheken von Subito (34 wissenschaftliche Bibliotheken) erfolgenden Kopienversand, soweit dieser nach § 53a zulässig ist. Die VG WORT lizenziert ferner in diesem Zusammenhang den Kopienversand aufgrund der Rechte, die der VG WORT oder der VG BILD-KUNST aufgrund von Wahrnehmungsverträgen oder Gegenseitigkeitsverträgen zustehen. 25

Der Vergütungsanspruch ist **verwertungsgesellschaftenpflichtig**, er kann also nur durch eine Verwertungsgesellschaft geltendgemacht werden. Der Gesetzgeber hat damit nicht nur an das Urteil des BGH (vgl. Rdnr. 24) sondern auch an die Regelung gleich gelagerter Fälle angeknüpft. Zur Geltendmachung der Ansprüche werden die Ansprüche von den Berechtigten den Verwertungsgesellschaften durch entsprechende Wahrnehmungsverträge treuhänderisch zur Wahrnehmung eingeräumt, die die eingehenden Beträge nach ihren Verteilungsplänen an die Berechtigten verteilen (zur Rechteeinräumung an die Verwertungsgesellschaften vgl. insb. *Loewenheim/Melichar*, Handbuch des Urheberrechts, § 47 Rdnr. 6 ff., zur Verteilung der Einnahmen ebendort Rdnr. 31 ff.). 26

§ 54 Vergütungspflicht

(1) **Ist nach der Art eines Werkes zu erwarten, dass es nach § 53 Abs. 1 bis 3 vervielfältigt wird, so hat der Urheber des Werkes gegen den Hersteller von Geräten und von Speichermedien, deren Typ allein oder in Verbindung mit anderen Geräten, Speichermedien oder Zubehör zur Vornahme solcher Vervielfältigungen benutzt wird, Anspruch auf Zahlung einer angemessenen Vergütung.**

(2) **Der Anspruch nach Absatz 1 entfällt, soweit nach den Umständen erwartet werden kann, dass die Geräte oder Speichermedien im Geltungsbereich dieses Gesetzes nicht zu Vervielfältigungen benutzt werden.**

Schrifttum: *Bremer/Lammers,* Pauschalabgabe – Quo vadis?, K&R 2008, 145; *Degenhart,* Verfassungsfragen urheberrechtlicher Geräteabgaben nach dem „2. Korb", K&R 2006, 388; *Hoeren,* Der Zweite Korb – Eine Übersicht zu den geplanten Änderungen im Urheberrechtsgesetz, MMR 2007, 615; *Klett,* Das zweite Gesetz zur Regelung des Urheberrechts in der Informationsgesellschaft („zweiter Korb"), K&R 2008, 1; *Kreutzer,* Herausforderungen an das System der Pauschalvergütungen nach den §§ 54, 54a UrhG durch die Umsetzung der Richtlinie 2001/29/EG, ZUM 2003, 1041; *Kröber,* Der grenzüberschreitende Internet-Handel mit CD- und DVD-Rohlingen und die Vergütungsansprüche nach §§ 54ff. UrhG, ZUM 2006, 89; *Krüger,* Anpassung der Höhe der Urhebervergütung für die Privatkopie durch einen neuen § 54a III 1 UrhG? Kritische Überlegungen zum Referentenentwurf für den „Zweiten Korb", GRUR 2005, 206; *Langhoff/Oberndörfer/Jani,* Der „Zweite Korb" der Urheberrechtsreform – Ein Überblick über die Änderungen des Urheberrechts nach der zweiten und dritten Lesung im Bundestag, ZUM 2007, 593; *Meschede,* Verbliebener Anwendungsbereich der Privatkopieschranke auf Urheberrechtswerke als Grundlage für pauschale Urheberabgaben K&R 2008, 585; *Müller,* Festlegung und Inkasso von Vergütungen für die private Vervielfältigung auf der Grundlage des „Zweiten Korbs", ZUM 2007, 777; *ders.,* Verbesserung des gesetzlichen Instrumentariums zur Durchsetzung von Vergütungsansprüchen für private Vervielfältigung, ZUM 2008, 377; *Niemann,* Urheberrechtsabgaben – Was ist im Korb? Anwendung und Berechnung der urheberrechtlichen Abgaben auf Geräte und Speichermedien nach neuem Recht, CR 2008, 205 und 273; *Sprang/Ackermann,* Der „Zweite

§ 54 Vergütungspflicht

Korb" aus der Sicht der (Wissenschafts-)Verlage, K&R 2008, 7; *Zypries,* Neues Urheberrecht – Die Früchte des Zweiten Korbs, MMR 2007, 545.

Sa. die Schrifttumsangaben zu § 53. Zur Rechtslage vor dem 1. 1. 2008 vgl. auch die Schrifttumsangaben in der Vorauflage zu §§ 54 und 54a.

Übersicht

	Rdnr.
A. Allgemeines	1
I. Zweck und Bedeutung der Norm	1
II. Entstehungsgeschichte	2, 3
B. Anspruchsvoraussetzungen	4–21
I. Vergütungspflichtige Werke	5–7
II. Vergütungspflichtige Geräte und Speichermedien	8–21
1. Rechtslage ab dem 1. 1. 2008	9–15
a) Vergütungspflichtige Geräte	10–14
b) Vergütungspflichtige Speichermedien	15
2. Rechtslage bis zum 31. 12. 2007	16–21
a) Vergütungspflicht für Vervielfältigungen im Wege der Bild- und Tonaufzeichnung (§ 54 aF)	17–19
b) Vergütungspflicht für Vervielfältigungen im Wege der Ablichtung (§ 54a aF)	20, 21
C. Anspruchsinhalt	22
D. Anspruchsberechtigte	23, 24
E. Anspruchsgegner	25, 26
F. Wegfall der Vergütungspflicht bei Ausfuhr	27–30

A. Allgemeines

I. Zweck und Bedeutung der Norm

1 §§ 54–54h regeln die Vergütungsansprüche und ihre Durchsetzung für Werkvervielfältigungen nach § 53 Abs. 1–3. Die Vergütungsregelung ist Ausdruck des Grundsatzes, dass die Urheber auf Grund der Sozialbindung des Urheberrechts zwar gewisse Einschränkungen ihrer Rechte hinzunehmen haben (vgl. dazu § 53 Rdnr. 1 und vor §§ 44a ff. Rdnr. 1 ff.), dass dies aber grundsätzlich nicht vergütungsfrei zu geschehen hat (dazu näher, insb. zur einschlägigen Rechtsprechung des BVerfG, vor §§ 44a ff. Rdnr. 7 ff.; vgl. auch BGH NJW 1997, 3440 – Betreibervergütung). Der Gesetzgeber ist bei den Vervielfältigungen zum eigenen Gebrauch den Weg der **gesetzlichen Lizenz** gegangen, wonach die Nutzung des Werks zwar ohne Einwilligung des Berechtigten zulässig ist, diesem jedoch für die Benutzung eine Vergütung zu zahlen ist. Da derjenige, der Vervielfältigungen vornimmt oder vornehmen lässt, aus praktischen und rechtlichen Gründen nicht erfasst werden kann, richtet sich der Anspruch gegen die Hersteller und Betreiber, die dafür herangezogen werden, dass sie durch die Herstellung bzw. Bereitstellung der Geräte (bzw. Bild- und Tonträger) die Möglichkeit zum Eingriff in die Verwertungsrechte des Urhebers schaffen (vgl. § 53 Rdnr. 2). Dabei ist der Gesetzgeber davon ausgegangen, dass diese den Vergütungsanspruch über den Preis auf ihre Kunden abwälzen (AmtlBegr. BRDrucks. 218/94 S. 17). Das BVerfG hat mehrfach festgestellt, dass der gesetzliche **Vergütungsanspruch nicht verfassungswidrig** ist (BVerfG GRUR 1972, 488 – Tonbandvervielfältigungen – für die Geräteabgabe; BVerfG ZUM 1989, 183 für Bild- und Tonträger; BVerfG GRUR 1997, 123 – Kopierladen I – für die Betreibervergütung; BVerfG GRUR 1997, 124 – Kopierladen II – für die Auskunftsverpflichtung; vgl. auch BGH GRUR 1993, 553/556 – Readerprinter).

II. Entstehungsgeschichte

2 Die **Regelung von 1965** kannte lediglich einen Anspruch gegen den Geräte hersteller bei Überspielungen auf Bild- oder Tonträger (§ 53 Abs. 5 idF von 1965). Die Erweiterungen durch die **Novelle 1985** waren während der Gesetzgebungsarbeiten heftig umstritten. Eine Leerkassettenabgabe war im RefE von 1980 (Entwicklung und Überblick bei *Movsessian* FuR 1981,

169ff.; *Möller*, Die Urheberrechtsnovelle '85. Entstehungsgeschichte und verfassungsrechtliche Grundlagen, 1986, S. 29ff.; vgl. auch *Krieger* GRUR 1980, 541/545ff.) noch nicht enthalten. Die daran geäußerte Kritik (Überblick über die Stellungnahmen bei *Movsessian* FuR 1981, 397ff.) führte zur Kombination von Geräte- und Leerkassettenabgabe im RegE (vgl. dazu die AmtlBegr. BTDrucks. 10/837 S. 17ff.), die trotz anhaltender Widerstände (vgl. insb. *Sack* BB-Beil. 15/1984; dagegen *Schricker/Katzenberger* GRUR 1985, 87; *Mestmäcker* GRUR Int. 1985, 13; *Bornkamm* BB 1984, 2227; *Nordemann* ZUM 1985, 57ff.; Eingaben der *Deutschen Vereinigung für Gewerblichen Rechtsschutz und Urheberrecht* GRUR 1981, 181/182 sowie GRUR 1984, 419/422) schließlich in das Gesetz Eingang fand. Als Fotokopievergütung war im RegE noch eine reine Betreiberabgabe vorgesehen (dazu und zu Gegenvorschlägen näher AmtlBegr. zur Novelle 1985, BTDrucks. 10/837 S. 19ff.). Erst im Rechtsausschuss setzten sich die Forderungen nach der kombinierten Geräte-/Großbetreiberabgabe durch (vgl. BTDrucks. 10/3360 S. 19f.). Durch das **Produktpirateriegesetz** v. 7. 3. 1990 (BGBl. I S. 422) wurde die Hinweispflicht in Rechnungen auf urheberrechtliche Vergütungen (§ 54 Abs. 4 S. 2 aF; jetzt § 54e) und die doppelte Vergütungspflicht bei unrichtiger Auskunftserteilung (§ 54 Abs. 5 S. 3 aF; jetzt § 54g Abs. 3) eingeführt. Die durch die Novelle 1985 in § 54 aF zusammengefasste Regelung der Vergütungsansprüche wurde durch das **Gesetz zur Änderung des Patentgebührengesetzes und anderer Gesetze vom 24. 7. 1995** (BGBl. I S. 1739) ergänzt und der Übersichtlichkeit halber in mehrere Bestimmungen (§§ 54–54h) aufgespalten. § 54 aF regelte die Vergütungspflicht für Vervielfältigungen im Wege der Bild- und Tonaufzeichnung gegen die Hersteller von Vervielfältigungsgeräten und von Bild- oder Tonträgern, § 54a Abs. 1 aF die Vergütungspflicht für Vervielfältigungen im Wege der Ablichtung, § 54a Abs. 2 die kombinierte Geräte-/Großbetreiberabgabe.

Durch das **zweite Gesetz zur Regelung des Urheberrechts in der Informationsgesellschaft** (sog. zweiter Korb, dazu § 53 Rdnr. 10) erfolgte eine grundlegende **Neustrukturierung des Vergütungssystems** der §§ 54 ff. Der Gesetzgeber beabsichtigte, zukünftig eine flexible Anpassung der Vergütung an den Stand der Technik zu gewährleisten und bei Streitigkeiten schnell Rechtsklarheit zu schaffen (BT-Drucks. 16/1828 S. 16 und 28). Die Vergütungspflicht der Hersteller ist nunmehr für alle vergütungspflichtigen Geräte und Speichermedien in § 54 geregelt, die Vergütungspflicht der Händler und Importeure in § 54b, die der Betreiber von Ablichtungsgeräten in § 54c. Die **Vergütungshöhe**, die nach bisherigem Recht abschließend durch die Vergütungssätze in der Anlage zu § 54d festgelegt war, ist nunmehr durch ein System weitgehender Selbstregulierung ersetzt, nach dem die Beteiligten (Hersteller und Verwertungsgesellschaften) die Tarife selbst festlegen beziehungsweise aushandeln sollen. Der Gesetzgeber ging davon aus, dass sich das Regelungskonzept des bisherigen Vergütungssystems gegenüber der dynamischen Entwicklung und Ausbreitung der Technik als zu statisch erwiesen habe, als dass es hierauf zeitnah und flexibel hätte reagieren können (BT-Drucks. 16/1828 S. 15 und 28). Die Festlegung der Tarife durch die Verwertungsgesellschaften bzw. das Aushandeln der Vergütungssätze durch die Hersteller und Verwertungsgesellschaften soll nach den in § 54a genannten Kriterien erfolgen (näher dazu § 54a Rdnr. 4ff.). 3

B. Anspruchsvoraussetzungen

Der **Vergütungsanspruch setzt voraus**, dass ein vergütungspflichtiges Werk vervielfältigt 4 wird und dass die Vervielfältigung mit einem vergütungspflichtigen Gerät und/oder auf einem vergütungspflichtigen Speichermedium vorgenommen wird. Für die **Entstehung des Anspruchs** war nach dem Wortlaut der §§ 54 aF und 54a aF (der Anspruch wurde für die durch die Veräußerung der Geräte bzw. Bild- und Tonträger geschaffene Vervielfältigungsmöglichkeit gewährt) davon auszugehen, dass der Anspruch mit der Veräußerung des Geräts bzw. des Speichermediums durch den Hersteller (bzw. Importeur oder Händler) oder mit einem sonstigen Inverkehrbringen entstand (BGH GRUR 1985, 280/282 – Herstellerbegriff II). Auch wenn der Gesetzeswortlaut von § 54 nF den Begriff der Veräußerung nicht mehr enthält, ist anzunehmen, dass sich insoweit nichts geändert hat. Auch nach neuem Recht entsteht der Anspruch also **mit der Veräußerung** des Geräts bzw. des Speichermediums durch den Hersteller (bzw. Importeur oder Händler), oder mit dem **sonstigen Inverkehrbringen,** das die Vervielfältigungsmöglichkeit eröffnet, also etwa das Vermieten, Verleihen oder Aufstellen zur Benutzung (ebenso *Dreier/Schulze*[3] § 54 Rdnr. 11). Auf den Anspruch kann **im Voraus nicht verzichtet** werden; die **Abtretung** im Voraus ist nur an eine Verwertungsgesellschaft oder zusammen mit der Ein-

§ 54

räumung des Verlagsrechts an den Verleger möglich, wenn dieser ihn durch eine Verwertungsgesellschaft wahrnehmen lässt, die Rechte von Verlegern und Urhebern gemeinsam wahrnimmt (§ 63a).

I. Vergütungspflichtige Werke

5   Ein Vergütungsanspruch besteht nur bei Werken, bei denen nach ihrer Art zu erwarten ist, dass sie nach § 53 Abs. 1–3 vervielfältigt werden. Die Unterscheidung zwischen Vervielfältigungen im Wege der Bild- und Tonaufzeichnung und solchen im Wege der Ablichtung ist seit dem 1. 1. 2008 entfallen (vgl. Rdnr. 3); die Regelung in § 54 erfasst jetzt die vergütungspflichtigen Werke unabhängig von ihrer Art (vgl. § 54 Abs. 1 aF: Aufnahme von Funksendungen auf einen Bild- oder Tonträger oder Übertragungen von einem Bild- oder Tonträger auf einen anderen) und der Vervielfältigungsmethode. Nur die Urheber vergütungspflichtiger Werke können bei der Verteilung des Vergütungsaufkommens durch die Verwertungsgesellschaften berücksichtigt werden. Da sich der Nachweis von Vervielfältigungen – besonders im privaten Bereich – im Einzelfall kaum führen lässt, erfolgt die **Beurteilung generell nach der Art des jeweiligen Werks**. Ob eine Vervielfältigungen zu erwarten ist, ist eine Frage der Wahrscheinlichkeit. Geeignet für eine Vervielfältigung sind an sich alle in § 2 Abs. 1 genannten Werkarten, da sich alle diese Werke optisch oder akustisch festlegen lassen. Bei vielen Werken besteht aber kein Interesse der Werknutzer an einer Festlegung so dass eine solche iSd. § 54 Abs. 1 nicht üblich und eine dahingehende Erwartung nicht gerechtfertigt ist.

6   **Zu erwarten ist eine Vervielfältigung** vor allem bei Schriftwerken und schriftlich fixierten Reden (zu Computerprogrammen s. Rdnr. 7), Werken der Musik (vgl. aber zu graphischen Aufzeichnungen von Werken der Musik Rdnr. 7), Lichtbildwerken, Filmen, dramaturgischen und choreographischen Werken sowie Darstellungen wissenschaftlicher und technischer Art. Bei Werken der bildenden Kunst, der Baukunst und der angewandten Kunst können Entwürfe und Pläne vervielfältigt werden, im Übrigen wird eine (reprographische) Vervielfältigung nur von graphischen Aufzeichnungen dieser Werke in Frage kommen (s. zur Erwartung bei einzelnen Werken auch *Dreyer*/Kotthoff/Meckel[2] § 54 Rdnr. 7). Die **Wahrscheinlichkeit** der Vervielfältigungen der Werke kann bei den einzelnen Arten von Werken **unterschiedlich hoch** sein; dies beeinflusst aber nicht die Vergütungspflichtigkeit, sondern ist bei der Verteilung des Aufkommens an die Berechtigten zu berücksichtigen (*Dreier*/Schulze[3] § 54 Rdnr. 4).

7   Es muss sich um Werke handeln, die **nach § 53 Abs. 1–3 vervielfältigt** werden. Die Vergütungspflicht erfasst damit der Zielsetzung des § 53 entsprechend (vgl. § 53 Rdnr. 1 f.) keine Werke, die nur mit Zustimmung des Berechtigten vervielfältigt werden dürfen; hier kann der Berechtigte seine Zustimmung ja von der Zahlung einer Vergütung abhängig machen. Zu den vergütungspflichtigen Werken gehören daher nicht **Computerprogramme** (Vorrang der §§ 69a ff. vor § 53, vgl. § 69a Rdnr. 23 ff.) und nicht **Werke, die für den Unterrichtsgebrauch an Schulen bestimmt** sind (§ 53 Abs. 3 S. 2); bei **graphischen Aufzeichnungen von Werken der Musik** ist zu berücksichtigen, dass eine Vervielfältigung nur in den Grenzen des § 53 Abs. 4 zulässig ist, was die Wahrscheinlichkeit einer Vervielfältigung erheblich herabsetzt. Durch **Leistungsschutzrechte** geschützte Erzeugnisse sind als vergütungspflichtige Werke im Sinne des § 54 Abs. 1 anzusehen, soweit § 53 auf sie Anwendung findet (§ 70 Abs. 1, § 71 Abs. 1 S. 3, § 72 Abs. 1, § 83, § 85 Abs. 4). Ins **Internet** gestellte Werke werden dann nicht nach § 53 Abs. 1–3 vervielfältigt, wenn mit dem Einstellen ins Internet eine Zustimmung zur Vervielfältigung (Download) verbunden ist. Davon kann aber im allgemeinen nicht ausgegangen werden (dazu *Ott*, ZUM 2007, 119/126), so dass es sich auch bei in das Internet gestellten Werken in der Regel um Werke handelt, die nach § 53 Abs. 1–3 vervielfältigt werden (*Dreier*/Schulze[3] § 54 Rdnr. 4; einschränkend BGH GRUR 2008, 245/247 Tz. 27 – Drucker und Plotter, mit Anm. v. *Ungern-Sternberg*).

II. Vergütungspflichtige Geräte und Speichermedien

8   Die grundlegende Neustrukturierung durch das zweite Gesetz zur Regelung des Urheberrechts in der Informationsgesellschaft, die am 1. 1. 2008 in Kraft getreten ist (dazu Rdnr. 3), führt zu unterschiedlichen Rechtsfolgen, je nachdem, ob das alte oder das neue Recht anzuwenden ist. Maßgebender Zeitpunkt für die Anwendung des neuen bzw. des alten Rechts ist

der Zeitpunkt der Veräußerung bzw. des Inverkehrbringens der Geräte und Speichermedien (vgl. Rdnr. 4).

1. Rechtslage ab dem 1. 1. 2008

Vergütungspflichtig sind Geräte und Speichermedien, deren Typ allein oder in Verbindung 9 mit anderen Geräten, Speichermedien oder Zubehör zur Vornahme von Vervielfältigungen nach § 53 Abs. 1 bis 3 benutzt wird. § 54 nF unterscheidet also nicht mehr zwischen Geräten und Speichermedien für Vervielfältigungen im Wege der Bild- und Tonaufzeichnung und solchen für Vervielfältigungen im Wege der Ablichtung. Ferner wird durch den Gesetzeswortlaut klargestellt, dass es **nicht auf die konkrete Benutzung** eines Gerätes oder Speichermediums zur Vervielfältigung ankommt, sondern darauf, ob ein Gerät oder Speichermedium **seinem Typ nach** für Vervielfältigungen nach § 53 Abs. 1 bis 3 benutzt wird. Außerdem reicht es aus, dass der Typ eines Gerätes oder Speichermediums **in Verbindung mit anderen Geräten, Speichermedien oder Zubehör** zur Vervielfältigung benutzt wird (s. dazu auch BGH GRUR 2008, 245 Tz. 10 – Drucker und Plotter; BGH GRUR 2009, 53/55 Tz. 17 – PC; BGH GRUR 2002, 246/247 – Scanner; BGH GRUR 1981, 355/358 – Video-Recorder). Schließlich kommt es im Gegensatz zum bisherigen Recht nicht mehr darauf an, ob der Typ eines Gerätes oder Speichermediums zu Vervielfältigungen (erkennbar) bestimmt ist, sondern ob es **tatsächlich zu Vervielfältigungen nach § 53 Abs. 1 bis 3 benutzt** wird.

a) **Vergütungspflichtige Geräte.** Vergütungspflichtig sind grundsätzlich **alle Geräte, mit** 10 **denen sich Vervielfältigungen herstellen lassen** (Dreier/Schulze[3] § 54 Rdnr. 7), es sei denn, sie können nur für vertraglich lizenzierte (also von nach § 53 Abs. 1 bis 3 nicht erfasste) Vervielfältigungen genutzt werden, beispielsweise Geräte, die nur im Rahmen von DRM-Systemen zu benutzen sind (Regierungsbegründung BT-Drucks. 16/1828 S. 29). Darunter fallen alle Geräte, die nach bisherigem Recht vergütungspflichtig waren (dazu Rdnr. 18), darüber hinaus aber auch alle **Geräte zur digitalen Vervielfältigung**; die bisherige Beschränkung der Reprographievergütung auf analoge Verfahren (im Wege der Ablichtung) in § 54a aF ist entfallen. Entscheidend ist, ob ein Gerät **seinem Typ nach** für Vervielfältigungen nach § 53 Abs. 1 bis 3 benutzt wird, ob dies im Einzelfall geschieht, ist unerheblich (vgl. aber Abs. 2, dazu Rdnr. 27 ff.).

Die Geräte sind auch dann vergütungspflichtig, wenn sie nur **in Verbindung mit anderen** 11 **Geräten, Speichermedien oder Zubehör** zur Vervielfältigung benutzt werden können. Vergütungspflichtig sind also auch Geräte, deren Programmsteuerung keinen Vervielfältigungsbefehl aufweist, sondern die einer externen Steuerung zur Vervielfältigung bedürfen (Regierungsbegründung BT-Drucks. 16/1828 S. 29, dort werden Smartcards als Beispiel genannt). Vergütungspflichtig sind also auch PCs, Scanner, Drucker und Plotter; die Rechtsprechung des BGH zu § 54a aF, nach der PCs sowie Drucker und Plotter keine vergütungspflichtigen Geräte sind (dazu Rdnr. 17), findet seit dem 1. 1. 2008 keine Anwendung mehr.

Der jeweilige Gerätetyp muss für Vervielfältigungen nach § 53 Abs. 1 bis 3 **tatsächlich be-** 12 **nutzt** werden. Dabei ist sowohl die private als auch die gewerbliche Nutzung zu berücksichtigen (Regierungsbegründung BT-Drucks. 16/1828 S. 29). Auf die Zweckbestimmung der Geräte kommt es seit dem 1. 1. 2008 nicht mehr an (Regierungsbegründung aaO). Die typisierende Betrachtung stellt auf den üblichen Gebrauch des Geräts ab (Beschlussempfehlung des Rechtsausschusses BT-Drucks. 16/5939 S. 45); entscheidend ist also, ob ein Gerätetyp typischerweise für Vervielfältigungen nach § 53 Abs. 1 bis 3 verwendet wird (Regierungsbegründung aaO S. 19; Dreier/Schulze[3] § 54 Rdnr. 9; Dreyer/Kotthoff/Meckel[2] § 54 Rdnr. 9). Nicht vergütungspflichtig sind beispielsweise Geräte, die nur theoretisch zur Vervielfältigung benutzt werden können, weil sie zwar einen digitalen Speicherchip aufweisen, der jedoch völlig anderen Funktionen dient (Beschlussempfehlung des Rechtsausschusses BT-Drucks. 16/5939 S. 45). Hierher sind beispielsweise Diktiergeräte zu zählen, weil es bei ihnen an der erkennbaren Zweckbestimmung zur Aufzeichnung geschützter Werke fehlt (Wandtke/Bullinger/Lüft[3] § 53 Rdnr. 12), ferner Bänder für Telefonanrufbeantworter und ähnliche Geräte. Photo-, Film- und Videokameras werden typischerweise für Vervielfältigungen nach § 53 Abs. 1 bis 3 nicht benutzt (ebenso Dreier/Schulze[3] § 54 Rdnr. 12; aA Fromm/Nordemann/W. Nordemann[10] § 53 Rdnr. 3); die Aufnahme von öffentlichen Aufführungen und Vorführungen von Werken ist bereits nach § 53 Abs. 7 nur mit Einwilligung des Berechtigten zulässig.

Der **Umfang der tatsächlichen Nutzung** ist für die Frage, ob ein Gerät vergütungspflich- 13 tig ist, unerheblich. Die noch im Regierungsentwurf enthaltene Bagatellklausel, nach der Geräte nur dann vergütungspflichtig sein sollten, wenn sie in nennenswertem Umfang zu Vervielfältigungen nach § 53 Abs. 1 bis 3 benutzt werden (dazu Regierungsbegründung BT-Drucks. 16/1828 S. 29), wurde auf Vorschlag des Bundesrates (BT-Drucks. 16/1828 S. 42) im Rechtsausschuss des Bundestages gestrichen (BT-Drucks. 16/5939 S. 45). Der Umfang der tatsächlichen Nutzung ist vielmehr für die Vergütungshöhe maßgeblich (§ 54a Abs. 1 S. 1; sa. Beschlussempfehlung des Rechtsausschusses BT-Drucks. 16/5939 S. 45).

14 **Vergütungspflichtige Geräte** sind damit im Audiobereich vor allem **Tonbandgeräte, Kassetten- und Videorecorder, CD-Brenner** (Wandtke/Bullinger/*Lüft*[3] § 53 Rdnr. 12; *Dreier*/Schulze[3] § 54 Rdnr. 7 iVm Rdnr. 12; Fromm/Nordemann/*W. Nordemann*[10] § 53 Rdnr. 3; *Dreyer*/Kotthoff/Meckel[2] § 54 Rdnr. 15; noch zur alten Rechtslage, die sich aber insoweit nicht geändert hat (vgl. Rdnr. 10) LG Stuttgart ZUM 2001, 614; *Flechsig* ZUM 2001, 656; Lehmann CR 2001, 584; sa. BGH GRUR 1981, 355/358 – Video-Recorder; OLG Stuttgart CR 2001, 817), **CDR- und DVD-Brenner** (*Dreier*/Schulze[3] § 54 Rdnr. 7 iVm Rdnr. 12; Schiedsstelle beim DPMA, Entscheidung vom 20. 12. 2002, Az.: Sch-Urh 3/200; sa. Schiedsstelle ZUM 2000, 599; Wandtke/Bullinger/*Lüft*[3] § 53 Rdnr. 12); **MP3-Aufnahmegeräte** (*Dreyer*/Kotthoff/Meckel § 54 Rdnr. 19). Im Videobereich handelt es sich vor allem um **Fotokopiergeräte** (allg. Ansicht, vgl. etwa *Dreier*/Schulze[3] § 54 Rdnr. 7 iVm Rdnr. 14), **Readerprinter** (BGH GRUR 1993, 553/554 – Readerprinter; OLG München CR 1991, 214; Schiedsstelle beim DPA ZUM 1988, 353), **Telefaxgeräte** (BGH GRUR 1999, 928/929 ff.). – Telefaxgeräte; OLG Köln CR 1997, 482; OLG Zweibrücken CR 1997, 348; LG Düsseldorf CR 1994, 224; LG Stuttgart ZUM 1996, 426; Schiedsstelle beim DPMA ZUM 1993, 749) **Scanner** (BGH GRUR 2002, 246/248 – Scanner; LG Düsseldorf ZUM-RD 1997, 513; Schiedsstelle beim DPA ZUM 1996, 909) sowie **Drucker** und **Plotter** (s. aber zur früheren Rechtslage Rdnr. 17). **Computer** (PCs) sind vergütungspflichtige Geräte, da jedenfalls in Verbindung mit anderen Geräten bzw. Zubehör zur Vornahme von Vervielfältigungen nach § 53 Abs. 1 bis 3 benutzt werden (Wandtke/Bullinger/*Lüft*[3] § 53 Rdnr. 12; zur früheren Rechtslage vgl. Rdnr. 21). Auch **Multifunktionsgeräte**, die über mehrere Vervielfältigungsfunktionen verfügen (etwa Kopieren, Scannen, Faxen und Drucken) sind hierher zu zählen (BGH GRUR 2008, 786/787 Tz. 11 ff.; OLG Stuttgart GRUR 2005, 944 – Multifunktionsgeräteabgabe; *Dreyer*/Kotthoff/Meckel[2] § 54 Rdnr. 13; sa. *Nippe* CR 1995, 65/66). Im Gegensatz zur früheren Rechtslage (dazu Rdnr. 20) ist jede der Funktionen vergütungspflichtig, soweit sie die Voraussetzungen des § 54 erfüllt.

15 b) **Vergütungspflichtige Speichermedien.** Speichermedien sind **alle physikalischen Informations- und Datenträger** mit Ausnahme von Papier oder ähnlichen Trägern, und zwar sowohl elektronische Speicher wie Smartcard oder Memory Stick als auch magnetische Speicher wie Musikkassette, Magnetband, Festplatte und Diskette sowie optische Speicher wie Film, DVD, CD-ROM, CD-R, CD-RW oder Laserdisk (Regierungsbegründung BT-Drucks. 16/1828 S. 29; *Dreyer*/Kotthoff/Meckel[2] § 54 Rdnr. 15). Ebenso wie die Geräte (s. Rdnr. 11) sind sie auch dann vergütungspflichtig, wenn sie nur **in Verbindung mit anderen Geräten, Speichermedien oder Zubehör** zur Vervielfältigung benutzt werden können. Auch sie müssen für Vervielfältigungen nach § 53 Abs. 1 bis 3 **tatsächlich benutzt** werden. Angesichts der vielfältigen Verwendungsmöglichkeiten solcher Speichermedien wird in der Regel davon auszugehen sein, dass eine solche tatsächliche Nutzung typischerweise erfolgt; lediglich bei Speichermedien, die nur in Geräte passen, mit denen keine Vervielfältigungen nach § 53 Abs. 1 bis 3 vorgenommen werden (zB Diktiergeräte) wird dies zu verneinen sein. Auf den Umfang der tatsächlichen Nutzung kommt es auch bei Speichermedien nicht an, dieser ist erst bei Festsetzung der Vergütung zu berücksichtigen (vgl. auch Rdnr. 13).

2. Rechtslage bis zum 31. 12. 2007

16 Nach der Rechtslage bis zum 31. 12. 2007 war zwischen der Vergütungspflicht für Vervielfältigungen im Wege der Bild- und Tonaufzeichnung (§ 54 aF) und der Vergütungspflicht für Vervielfältigungen im Wege der Ablichtung (§ 54a aF) zu unterscheiden.

17 a) **Vergütungspflicht für Vervielfältigungen im Wege der Bild- und Tonaufzeichnung (§ 54 aF).** § 54 aF regelte in Abs. 1 S. 1 den Vergütungsanspruch für Vervielfältigungen im Wege der Bild- und Tonaufzeichnung gegen die Hersteller von Vervielfältigungsgeräten und von Bild- oder Tonträgern. Der Vergütungsanspruch entstand nur bei solchen Aufzeichnungsgeräten und solchen Bild- und Tonträgern, die **erkennbar zur Aufnahme von Funksendungen auf Bild- oder Tonträger oder zur Übertragung von einem Bild- oder Tonträger auf einen anderen bestimmt** sind, und zwar für den Bereich des privaten oder sonstigen eigenen Gebrauchs. Mit dem Begriff der **Funksendung** sind die in § 20 genannten Sendeformen gemeint;

praktische Bedeutung haben vor allem Hör- und Fernsehfunk. Für **Bild- und Tonträger** gilt die Legaldefinition des § 16 Abs. 2. Die Geräte und Bild- und Tonträger brauchten **nicht ausschließlich zur Aufzeichnung geschützter Werke bestimmt** zu sein. Das Gesetz knüpfte nicht an die tatsächliche Nutzung, sondern an die **Nutzungsmöglichkeit** an (BGH GRUR 2002, 246/248 – Scanner; BGH GRUR 1993, 553/555 – Readerprinter; BGH GRUR 1981, 355/359 – Video-Recorder); der Gesetzgeber hatte bewusst in Kauf genommen, dass auch Geräte und Träger erfasst werden, die im konkreten Fall nicht oder nur wenig für die Aufnahme bzw. zur Übertragung iSd. § 54 Abs. 1 verwendet werden (AmtlBegr. zur Novelle 1985, BTDrucks. 10/837 S. 18). Die **Wahrscheinlichkeit** von Vervielfältigungen der Werke konnte bei den einzelnen Geräten unterschiedlich hoch sein; dies beeinflusste aber ebenso wie nach heutigem Recht (vgl. Rdnr. 13) nicht die Vergütungspflichtigkeit, sondern war erst bei der Verteilung des Aufkommens an die Berechtigten zu berücksichtigen. Die Grenze bildete § 54c aF (heute § 54 Abs. 2). Es reichte aus, dass Geräte ihre Vervielfältigungsfunktion nur im **Zusammenwirken mit anderen Geräten** erfüllen können (BGH GRUR 2008, 245 Tz. 10 – Drucker und Plotter; BGH GRUR 2009, 53/55 Tz. 17 – PC; BGH GRUR 2002, 246/247 – Scanner; BGH GRUR 1981, 355/358 – Video-Recorder). Dann unterlagen aber grundsätzlich nicht sämtliche Geräte der Vergütungspflicht, sondern nur dasjenige, das am deutlichsten dazu bestimmt ist, mit den anderen Geräten zusammen zur Vervielfältigung verwendet zu werden (BGH GRUR 2009, 53/55 Tz. 17 – PC; BGH GRUR 2008, 245/246 Tz. 12 – Drucker und Plotter; BGH GRUR 2002, 246/247 – Scanner). Bei einer aus Scanner, PC und Drucker bzw. Plotter gebildeten Funktionseinheit ist das der Scanner (BGH GRUR 2009, 53/55 Tz. 17 – PC; BGH GRUR 2008, 245/246 Tz. 12 – Drucker und Plotter; BGH GRUR 2002, 246/247 – Scanner). Unter § 54 Abs. 1 aF fallen sowohl **analog** als auch **digital** arbeitende Aufnahmegeräte.

Vergütungspflichtige Geräte nach § 54 Abs. 1 aF sind daher vor allem **Tonbandgeräte,** 18 **Kassetten- und Videorecorder, CD-Brenner** (LG Stuttgart ZUM 2001, 614; *Dreier*/Schulze[3] § 54 Rdnr. 12; *Dreyer*/Kotthoff/Meckel[1] § 54 Rdnr. 19; *Flechsig* ZUM 2001, 656; *Lehmann* CR 2001, 584; sa. BGH GRUR 1981, 355/358 – Video-Recorder; OLG Stuttgart CR 2001, 817), ferner **CDR- und DVD-Brenner** (*Dreier*/Schulze[3] § 54 Rdnr. 12; Schiedsstelle beim DPMA, Entscheidung vom 20. 12. 2002, Az.: Sch-Urh 3/200; sa. Schiedsstelle ZUM 2000, 599) sowie **MP3-Aufnahmegeräte** (*Dreyer*/Kotthoff/Meckel[1] § 54 Rdnr. 19). MP3-Player ohne Line-In-Funktion wurden als Speichermedien angesehen (Schiedsstelle beim DPMA ZUM 2007, 946). Zu Geräten bei denen es an der erkennbaren Zweckbestimmung zur Aufzeichnung geschützter Werke fehlt, vgl. Rdnr. 12.

Vergütungspflichtige Bild- und Tonträger nach § 54 Abs. 1 aF sind sowohl **analog** als 19 auch **digital** arbeitende Speichermedien. Damit erfasst die Vorschrift vor allem **Tonbänder, Ton- und Videokassetten,** bespielbare **CDs** und **DVDs, Memory-Sticks** und andere **Speicherchips** für Computer, externe **Festplatten** sowie grundsätzlich alle Speichermedien für die in Rdnr. 18 genannten Geräte (*Dreyer*/Kotthoff/Meckel[1] § 54 Rdnr. 22; *Dreier*/Schulze[3] § 54 Rdnr. 13). **Bespielte Bänder** waren vergütungspflichtig, wenn mit der Möglichkeit zur Löschung und Neubespielung geworben wird oder die technischen Vorrichtungen gegen ungewollte Löschung fehlen (AmtlBegr. BTDrucks. 10/837 S. 19). **Nicht vergütungspflichtig** sind Rohbänder, die noch nicht konfektioniert und damit für den Endverbraucher bestimmt sind, weil sie nicht erkennbar zur Vervielfältigung iSd. § 54 Abs. 1 bestimmt sind, sondern auch für zahlreiche andere Zwecke verwendet werden können (AmtlBegr. BTDrucks. 10/837 S. 19; sa. *Möller*, Die Urheberrechtsnovelle '85. Entstehungsgeschichte und verfassungsrechtliche Grundlagen, 1986, S. 36).

b) Vergütungspflicht für Vervielfältigungen im Wege der Ablichtung (§ 54a aF). 20
Der Vergütungsanspruch entstand nur bei solchen Geräten, die zur Vornahme von Vervielfältigungen nach § 53 Abs. 1 bis 3 durch Ablichtung oder in einem Verfahren vergleichbarer Wirkung bestimmt sind. Durch die Zweckbestimmung sollte sichergestellt werden, dass es nicht nur auf die technische Eignung des Gerätes zur Anfertigung von Kopien ankommt (LG Düsseldorf CR 1994, 224/225); allerdings braucht die Vervielfältigung nicht der einzige Zweck des Gerätes zu sein (BGH GRUR 1999, 928/929 – Telefaxgeräte). Die Zweckbestimmung beurteilt sich ua. danach, ob mit Wahrscheinlichkeit anzunehmen ist, dass urheberrechtlich geschütztes Material mit den Geräten vervielfältigt wird; auch aus der Werbung des Herstellers mit der Kopiermöglichkeit kann sich die Zweckbestimmung ergeben (BGH GRUR 1993, 553/554f. – Readerprinter). Auf den **Umfang der urheberrechtsrelevanten Verwendung** kommt es auch hier nicht an; der Gesetzgeber hatte die Vergütungspflicht an die „durch die mit der Veräußerung

§ 54

oder ein sonstiges Inverkehrbringen der Geräte geschaffene Möglichkeit, solche Vervielfältigungen vorzunehmen", geknüpft (BGH GRUR 1999, 928/930 – Telefaxgeräte; BGH GRUR 1993, 553/554 – Readerprinter; zu § 53 Abs. 5 UrhG aF: BGH GRUR 1981, 355/359 – Video-Recorder; OLG München ZUM 2004, 230). Selbst eine Verwendung, die nur einen geringen Umfang einnimmt, führt bei Vorliegen einer entsprechenden Zweckbestimmung zur Vergütungspflicht nach § 54a Abs. 1 aF (BGH GRUR 2009, 480/481– Kopierläden II; BGH GRUR 1999, 928/930 – Telefaxgeräte; OLG München ZUM 2004, 230). Ein geringer Umfang der urheberrechtsrelevanten Verwendung solcher Geräte hat aber zur Folge, dass die in der Anlage zu § 54d aufgeführten Vergütungssätze nicht voll auszuschöpfen sind (BGH GRUR 1999, 928/930f. – Telefaxgeräte; sa. OLG München ZUM 2004, 230); eine Praxis, der sich die Verwertungsgesellschaften in ihren Gesamtverträgen ohnehin bedienen. Sind die Geräte zur Vornahme der Ablichtungen bestimmt, so löst dies die gesetzliche widerlegbare **Vermutung** aus, dass die Geräte auch entsprechend ihrer Zweckbestimmung benutzt werden (BGH GRUR 1993, 553/554 – Readerprinter; BGH GRUR 1981, 355/358 – Video-Recorder; dazu näher Voraufl. § 54a Rdnr. 7). Auch **Multifunktionsgeräte,** die über mehrere Vervielfältigungsfunktionen verfügen (etwa Kopieren, Scannen, Faxen und Drucken) sind vergütungspflichtig (BGH GRUR 2008, 786/787 Tz. 11ff. – Multifunktionsgeräte; OLG Stuttgart GRUR 2005, 944 – Multifunktionsgeräteabgabe; sa. *Nippe* CR 1995, 65/66); eine Vergütungspflicht für die einzelnen Funktionen besteht jedoch nur insoweit, als sie die Voraussetzungen des § 54a aF erfüllen. Bei einem Multifunktionsgerät, das aus einem Drucker und einem Scanner besteht, ist nur das Scanner vergütungspflichtig, da für Drucker eine Vergütungspflicht nach § 54a aF nicht besteht (BGH GRUR 2008, 786/787 Tz. 15 – Multifunktionsgeräte; anders noch OLG Stuttgart GRUR 2005, 944 – Multifunktionsgeräteabgabe; näher hierzu Rdnr. 21).

21 **Vergütungspflichtige Geräte** sind damit in erster Linie **Fotokopiergeräte** (OLG Stuttgart GRUR 2005, 944 – Multifunktionsgeräteabgabe), und zwar sowohl Schwarzweiß- als auch Farbkopiergeräte (für die der doppelte Vergütungssatz galt, vgl. Nr. II 1 der Anlage zu § 54d Abs. 1 aF), ferner **Readerprinter** (BGH GRUR 1993, 553/554 – Readerprinter; OLG München CR 1991, 214; Schiedsstelle beim DPA ZUM 1988, 353) und **Telefaxgeräte,** und zwar sowohl mit als auch ohne festes Vorlagenglas (BGH GRUR 1999, 928/929ff. – Telefaxgeräte; OLG Köln CR 1997, 482; OLG Zweibrücken CR 1997, 348; LG Düsseldorf CR 1994, 224; LG Stuttgart ZUM 1996, 426; Schiedsstelle beim DPMA ZUM 1993, 749; weitere Einzelheiten s. Vorauf § 54a Rdnr. 9), ebenso **Scanner** (BGH GRUR 2008, 245 Tz. 9ff. – Drucker und Plotter; BGH GRUR 2002, 246/248 – Scanner; LG Düsseldorf ZUM-RD 1997, 513; Schiedsstelle beim DPA ZUM 1996, 909), **CD-Brenner und DVD-Brenner** (Schiedsstelle beim DPMA, Entscheidung vom 20. 12. 2002, Az.: SchUrh 3/200; sa. Schiedsstelle beim DPMA ZUM 2000, 599; LG Stuttgart ZUM 2001, 614) und **MP3-Aufnahmegeräte** (sa. Rdnr. 18). Bei **Computern (PCs)** hat der BGH die Vergütungspflicht verneint, weil mit dem Tatbestandsmerkmal der Ablichtung eines Werkstücks dessen fotomechanische Vervielfältigung mit den Techniken der Fotokopie und Xerokopie gemeint sei. Mit einem PC könnten weder allein noch in Verbindung mit anderen Geräten fotomechanische Vervielfältigungen wie mit einem herkömmlichen Fotokopierer Gerät hergestellt werden. Soweit mit einem PC Vervielfältigungen hergestellt werden könnten, geschehe dies auch nicht in einem Verfahren vergleichbarer Wirkung, da hierunter nur Verfahren zur Vervielfältigung von Druckwerken zu verstehen seien (BGH GRUR 2009, 53/54 Tz. 15ff. – PC; anders noch OLG München GRUR-RR 2006, 121 – PCs). Mit der gleichen Begründung hat der BGH die Anwendbarkeit des § 54a aF auf **Drucker** und **Plotter** verneint (BGH GRUR 2008, 786/787 – Multifunktionsgeräte; BGH GRUR 2008, 245/246 Tz. 13ff. – Drucker und Plotter; anders noch die Vorinstanz OLG Stuttgart GRUR 2005, 943 – Drucker und Plotter; wie der BGH OLG Düsseldorf GRUR 2007, 416/417 – Druckerabgabe; OLG Düsseldorf GRUR-RR 2008, 121 – Geräteabgabe für Drucker), ebenso für **CD-Kopierstationen** (BGH ZUM 2008, 778/779 Tz. 15ff. – Kopierstationen; anders noch die Vorinstanz OLG München GRUR 2006, 411 – CD-Kopierstationen sowie GRUR-RR 2006, 126).

C. Anspruchsinhalt

22 Der Anspruch richtet sich auf Zahlung einer angemessenen Vergütung. Der Begriff der Angemessenheit ist ebenso wie in § 32 zu interpretieren (vgl. dort Rdnr. 28ff.). die für die Vergütungshöhe maßgebenden Kriterien ergeben sich aus § 54a.

D. Anspruchsberechtigte

Als Anspruchsberechtigten bezeichnet § 54 Abs. 1 den **Urheber** desjenigen Werkes, das nach 23
§ 53 Abs. 1 bis 3 vervielfältigt wird. Der Urheber kann den Vergütungsanspruch, soweit er bereits entstanden ist (zum Zeitpunkt der Entstehung vgl. Rdnr. 4) an Dritte, zB an einen Verleger, abtreten, dann ist dieser anspruchsberechtigt. Im Voraus können die Ansprüche gemäß § 63a S. 2 nur an eine Verwertungsgesellschaft oder zusammen mit der Einräumung des Verlagsrechts an einen Verleger, soweit dieser Voraussetzungen des § 63a S. 2 erfüllt, abgetreten werden. Die Geltendmachung der Vergütungsansprüche kann ohnehin nur durch eine Verwertungsgesellschaft erfolgen (§ 54 h).

Die Vergütungsregelung des § 54 Abs. 1 ist auf eine Reihe von **Leistungsschutzberechtig-** 24
ten für **entsprechend anwendbar** erklärt worden. Es sind dies Verfasser wissenschaftlicher Ausgaben (§ 70 Abs. 1), Herausgeber einer editio princeps (§ 71 Abs. 1 S. 3), Lichtbildner (§ 72 Abs. 1), ausübende Künstler und Veranstalter (§ 83), Tonträgerhersteller (§ 85 Abs. 4), Filmhersteller (§ 94 Abs. 4, das bezieht sich aber nicht auf die Vergütungsansprüche der Filmurheber, die gesetzlichen Vergütungsansprüche nach § 54 Abs. 1 gehen nicht im Rahmen des § 89 auf den Filmhersteller über, vgl. § 89 Rdnr. 19) und Hersteller von Laufbildern (§ 95 iVm. § 94 Abs. 4). Keinen Vergütungsanspruch nach § 54 Abs. 1 haben Sendeunternehmen (vgl. § 87 Abs. 4); diese Regelung ist nicht verfassungswidrig (BVerfG NJW 1988, 1715).

E. Anspruchsgegner

Der Vergütungsanspruch richtet sich gegen den **Hersteller** der Geräte bzw. Speichermedien, 25
neben ihm haften gesamtschuldnerisch der gewerbliche **Importeur** und unter bestimmten Voraussetzungen auch der **Händler** (§ 54 b). **Gesamtschuldnerische Haftung** bedeutet, dass der Anspruchsberechtigte sowohl den Hersteller als auch den Importeur und den Händler in voller Höhe des Vergütungsanspruchs in Anspruch nehmen kann (§ 421 BGB). Auf den Ausgleich zwischen Hersteller, Importeur und Händler findet § 426 BGB Anwendung.

Hersteller ist, wer die Geräte **tatsächlich produziert** hat (BGH GRUR 1984, 518/519 – 26
Herstellerbegriff I; BGH GRUR 1985, 280/282 – Herstellerbegriff II; BGH GRUR 1985, 284/285 – Herstellerbegriff III; BGH GRUR 1985, 287/288 – Herstellerbegriff IV; *Dreier/Schulze*[3] § 54 Rdnr. 12; *Fromm/Nordemann/W. Nordemann*[10] § 53 Rdnr. 6; *Wandtke/Bullinger/Lüft*[3] § 53 Rdnr. 16; *Dreyer/Kotthoff/Meckel*[2] § 54 Rdnr. 27; eingehend *Loewenheim*, Herstellerbegriff und Geräteabgabe bei Audio- und Videogeräten, 1984, S. 22 ff., 71). Ein inländisches Unternehmen, das die Geräte von einem anderen Unternehmen produzieren lässt, wird nicht dadurch zum Hersteller, dass es die Geräte unter seinem Waren- oder Firmenzeichen erstmals im Inland in Verkehr bringt (BGH GRUR 1984, 518 – Herstellerbegriff I). Das gilt auch dann, wenn der tatsächliche Produzent ein ausländisches Unternehmen ist (BGH GRUR 1985, 280 – Herstellerbegriff II) oder wenn zwischen den (rechtlich selbständigen) Unternehmen Konzernbeziehungen bestehen (BGH GRUR 1985, 284 – Herstellerbegriff III; BGH GRUR 1985, 287 – Herstellerbegriff IV; zum Ganzen eingehend *Loewenheim* aaO S. 22 ff., 71). Die Entscheidungen sind noch zu § 53 Abs. 5 idF von 1965 ergangen, können aber für die Frage, wer Hersteller iSd. § 54 Abs. 1 und 2 ist, unverändert Geltung beanspruchen. Keine Hersteller sind bloße **Zulieferer**.

F. Wegfall der Vergütungspflicht bei Ausfuhr

Der jetzige § 54 Abs. 2 entspricht im Wesentlichen dem bisherigen 54c. Es ist jetzt zwar nicht 27
mehr Voraussetzung, dass die Nichtbenutzung im Inland „mit Wahrscheinlichkeit" erwartet werden kann, eine nennenswerte inhaltliche Änderung dürfte aber damit nicht verbunden sein, zumal auch der Gesetzgeber von der Übereinstimmung mit dem bisherigen 54c ausgegangen ist (BT-Drucks. 16/1828 S. 29). § 54 Abs. 2 bezieht sich, wie sich jetzt auch aus seiner systematischen Stellung klar ergibt, nur auf die Herstellerabgabe (§ 54 Abs. 1), nicht auf die Großbetreiberabgabe nach § 54c.

Nach dem **Territorialitätsprinzip** entfaltet das deutsche Urheberrecht seine Wirkungen nur 28
im Geltungsbereich des Urheberrechtsgesetzes und kann daher auch nur durch Handlungen im

§ 54a

Geltungsbereich des Urheberrechtsgesetzes verletzt werden (allg. Ansicht, vgl. nur BGH GRUR 1994, 798/799 – Folgerecht bei Auslandsbezug; s. ferner vor §§ 120 ff. Rdnr. 123 mit weiteren Nachweisen). Im Ausland vorgenommene Vervielfältigungshandlungen kann der Urheber aufgrund seines deutschen Urheberrechts nicht verbieten; folglich finden auch die Schranken des § 53 Abs. 1–3 auf solche Handlungen keine Anwendung. Werden Geräte und Speichermedien nur im Ausland zu Vervielfältigungen benutzt, so entfällt damit der Grund, dem Urheber eine Kompensation dafür zu gewähren, dass er Vervielfältigungshandlungen nach § 53 Abs. 1–3 hinnehmen muss (vgl. auch Rdnr. 1).

29 Hauptanwendungsfall, den auch der Gesetzgeber vor Augen hatte (AmtlBegr. BTDrucks. 16/1828 S. 29; BT-Drucks. IV/3401, S. 10 zu § 53 Abs. 5 Satz 3 UrhG aF), sind für den **Export** bestimmte Geräte und Speichermedien; eine Vergütungspflicht entsteht aber auch bei gewerblichem Reimport (*Dreier*/Schulze[3] § 54 Rdnr. 23; vgl. auch § 54b Rdnr. 2 ff.). Jedoch ist der Anwendungsbereich des § 54 Abs. 2 nicht auf Exportfälle beschränkt; der Export ist vom Gesetzgeber nur beispielhaft genannt worden (BGH GRUR 1999, 928/930 – Telefaxgeräte; BGH GRUR 1993, 553/554 f. – Readerprinter; BGH GRUR 1981, 355/358 – Video-Recorder; OLG Zweibrücken CR 1997, 348/349). Auch Geräte und Speichermedien, die nach Verwendungszweck und Aufnahme- und Wiedergabequalität nicht erwarten lassen, dass sie für die Vervielfältigung urheberrechtlich geschützten Materials verwendet werden, namentlich **Diktiergeräte, Anrufbeantworter** und dafür bestimmte Speichermedien, werden im Inland nicht zu Vervielfältigungen nach § 53 Abs. 1–3 genutzt.

30 An die Voraussetzungen des § 54 Abs. 2 sind **strenge Anforderungen** zu stellen (*Möller*, Die Urheberrechtsnovelle '85. Entstehungsgeschichte und verfassungsrechtliche Grundlagen, 1986, S. 47). Auch bei einer nur geringen Nutzungswahrscheinlichkeit bleibt die Vergütungspflicht bestehen (OLG Zweibrücken CR 1997, 348/349). Die **Darlegungs- und Beweispflicht** für die Erwartung nach § 54c trifft den Hersteller bzw. Importeur oder Händler (*Dreier*/Schulze[3] § 54 Rdnr. 24; sa. *Möller* aaO. S. 47).

§ 54a Vergütungshöhe

(1) ¹**Maßgebend für die Vergütungshöhe ist, in welchem Maß die Geräte und Speichermedien als Typen tatsächlich für Vervielfältigungen nach § 53 Abs. 1 bis 3 genutzt werden.** ²**Dabei ist zu berücksichtigen, inwieweit technische Schutzmaßnahmen nach § 95a auf die betreffenden Werke angewendet werden.**

(2) **Die Vergütung für Geräte ist so zu gestalten, dass sie auch mit Blick auf die Vergütungspflicht für in diesen Geräten enthaltene Speichermedien oder andere, mit diesen funktionell zusammenwirkende Geräte oder Speichermedien insgesamt angemessen ist.**

(3) **Bei der Bestimmung der Vergütungshöhe sind die nutzungsrelevanten Eigenschaften der Geräte und Speichermedien, insbesondere die Leistungsfähigkeit von Geräten sowie die Speicherkapazität und Mehrfachbeschreibbarkeit von Speichermedien, zu berücksichtigen.**

(4) **Die Vergütung darf Hersteller von Geräten und Speichermedien nicht unzumutbar beeinträchtigen; sie muss in einem wirtschaftlich angemessenen Verhältnis zum Preisniveau des Geräts oder des Speichermediums stehen.**

Schrifttum: *Bremer/Lammers*, Pauschalabgabe – Quo vadis?, K&R 2008, 145; *Degenhart*, Verfassungsfragen urheberrechtlicher Geräteabgaben nach dem „2. Korb", K&R 2006, 388; *Deutsche Vereinigung für gewerblichen Rechtsschutz und Urheberrecht*, Stellungnahme zum Referentenentwurf für ein Zweites Gesetz zur Regelung des Urheberrechts in der Informationsgesellschaft, GRUR 2005, 743; *Meschede*, Verbliebener Anwendungsbereich der Privatkopieschranke auf Urheberrechtswerke als Grundlage für pauschale Urheberabgaben K&R 2008, 585; *Müller*, Festlegung und Inkasso von Vergütungen für die private Vervielfältigung auf der Grundlage des „Zweiten Korbs", ZUM 2007, 777; *Niemann*, Urheberrechtsabgaben – Wie viel ist im Korb? Anwendung und Berechnung der urheberrechtlichen Abgaben auf Geräte und Speichermedien nach neuem Recht, Teil 1 CR 2008, 205, Teil 2 CR 2008, 273; *Reinbothe*, Die EG-Richtlinie zum Urheberrecht in der Informationsgesellschaft, GRUR Int. 2001, 733. Sa. die Schrifttumsangaben zu §§ 53 und 54.

Übersicht

	Rdnr.
I. Allgemeines	1–3
1. Zweck und Bedeutung der Norm	1
2. Entstehungsgeschichte	2, 3

Vergütungshöhe § 54a

	Rdnr.
II. Kriterien für die Bestimmung der Vergütungshöhe	4–9
1. Maß der Gerätenutzung, technische Schutzmaßnahmen (Abs. 1)	5–7
2. Berücksichtigung der Funktionseinheiten (Abs. 2)	8
3. Nutzungsrelevante Eigenschaften (Abs. 3)	9
4. Wirtschaftlich angemessenes Verhältnis zum Preisniveau (Abs. 4)	10, 11
III. Vergütungshöhe nach der Rechtslage bis zum 31. 12. 2007 (§ 54 d aF)	12, 13
1. Fortgeltung der bisherigen Vergütungssätze	12
2. Die Vergütungssätze der Anlage zu § 54 d Abs. 1 aF	13
IV. Anhang: Anlage zu § 54 d Abs. 1 aF	

I. Allgemeines

1. Zweck und Bedeutung der Norm

Das bisherige Modell der Vergütungshöhe, nach dem die Vergütungssätze in der Anlage zu **1** § 54 d festgelegt waren, hatte sich angesichts der rapiden technischen Entwicklung der Vervielfältigungstechnik nach Auffassung des Gesetzgebers als zu wenig flexibel erwiesen, um mit der technischen Entwicklung Schritt halten zu können; in der Tat war es bei der Frage, inwieweit neuentwickelte Geräte vergütungspflichtig waren, laufend zu Streitfragen und gerichtlichen Verfahren gekommen. Das bisherige System wurde daher mit dem zweiten Gesetz zur Regelung des Urheberrechts in der Informationsgesellschaft durch ein **System weitgehender Selbstregulierung** ersetzt, nach dem die Beteiligten (Hersteller und Verwertungsgesellschaften) die Tarife selbst festlegen beziehungsweise aushandeln sollen. Die Kriterien, die dabei zu beachten sind, sind in § 54 a enthalten; diese Vorschrift soll nach der Vorstellung des Gesetzgebers konkretisieren, in welchen Fällen die Vergütung angemessen im Sinne des § 54 ist, sie soll, wie es in der Begründung zum Regierungsentwurf heißt, den Verwertungsgesellschaften bei der Gestaltung der Tarife Orientierung bieten und gleichzeitig den gerichtlich nachprüfbaren Rahmen abstecken, in dem sie sich dabei zu halten haben (BT-Drucks. 16/1828 S. 29, s. aber zur Kritik Rdnr. 4). § 54 a wird ergänzt durch die Vorschrift des § 13 a UrhWG, die **Verfahrensgrundsätze für die Aufstellung der Tarife durch die Verwertungsgesellschaften** regelt. Danach haben die Verwertungsgesellschaften vor Aufstellung der Tarife mit den Verbänden der betroffenen Hersteller über die angemessene Vergütungshöhe und den Abschluss von Gesamtverträgen zu verhandeln; scheitern die Verhandlungen, so können die Verwertungsgesellschaften Tarife erst nach Vorliegen von empirischen Untersuchungen über die maßgebliche Nutzung der Geräte und Speichermedien aufstellen. Ferner haben die Verwertungsgesellschaften ihre Partner aus Gesamtverträgen über die Einnahmen aus der Pauschalvergütung und deren Verwendung nach den Empfängergruppen zu unterrichten (Einzelheiten bei der Kommentierung zu § 13 a UrhWG).

2. Entstehungsgeschichte

Der Gesetzgeber hatte ursprünglich (in § 53 Abs. 5 idF von 1965) von einer Festlegung fester **2** Vergütungssätze abgesehen und sich auf eine Obergrenze von 5% des Herstellerabgabepreises beschränkt. Das hatte zu zahlreichen Auslegungsschwierigkeiten geführt, so dass mit der Novelle 1985 feste Vergütungssätze eingeführt wurden, die das Ergebnis eines schwierigen Kompromisses waren (dazu *Kreile* ZUM 1985, 609/610; vgl. auch die Beratungen des Rechtsausschusses, Prot. d. 50. Sitzung v. 14. 5. 1985, S. 11 ff.). Die Vorstellung einer gerechten Beteiligung der Urheber blieb freilich Illusion. Die noch im RegE vorgesehene Möglichkeit, die Höhe der Vergütungssätze durch Rechtsverordnung zu ändern, wurde nicht in das Gesetz aufgenommen, da angesichts der wirtschaftlichen Bedeutung der Vergütungen eine Änderung nur durch den Gesetzgeber möglich sein sollte (vgl. Bericht des Rechtsausschusses, BTDrucks. 10/3360 S. 20). Ungeachtet des allgemeinen Preisanstiegs und zahlreicher Interventionen der Urheber und Verwertungsgesellschaften (vgl. etwa *Becker* in VG Wort [Hrsg.], Geist und Recht, S. 33/37 f.; *Melichar* ebendort S. 61/64 ff.) wurden die Vergütungssätze seit 1985 nicht geändert; durch Art. 16 Nr. 4 des Gesetzes zur Bereinigung von Kostenregelungen auf dem Gebiet des geistigen Eigentums von 13. 1. 2001 (BGBl. I, S. 3656/3678) wurden lediglich die bisherigen DM-Sätze in Euro-Beträge umgerechnet. Des Weiteren wurde durch Art. 3 des Gesetzes zur vergleichenden Werbung und zur Änderung wettbewerbsrechtlicher Vorschriften vom 1. 9. 2000 (BGBl. I, S. 1374) bei der Kopiergerätevergütung die ursprüngliche Begrenzung auf mindestens zwei Ver-

§ 54a

vielfältigungen pro Minute beseitigt, um Missbräuche abzustellen, die dadurch entstanden waren, dass Hersteller die Geschwindigkeit auf weniger als zwei Kopien pro Minute reduziert hatten, gleichzeitig aber Hinweise gegeben hatten, wie diese Beschränkung durch den Benutzer aufgehoben werden könne. Eine grundlegende Änderung der Gebührensätze fand aber nicht statt. Durch das Zweite Gesetz zur Regelung des Urheberrechts in der Informationsgesellschaft wurde das System fester gesetzlicher Vergütungssätze wieder aufgehoben und durch das jetzige System der Selbstregulierung durch die Beteiligten ersetzt (dazu Rdnr. 1). Ob dies zu einem gerechten Interessenausgleich führt und ob langwierige Prozesse durch das neue System vermieden werden, bleibt abzuwarten.

3 **Weitergeltung der bisherigen Vergütungssätze:** Um keinen vergütungslosen Zustand eintreten zu lassen, gelten die in Gesamtverträgen vor dem 31. 12. 2007 vereinbarten Vergütungssätze, die in den Tarifen der Verwertungsgesellschaften aufgestellten Sätze sowie die in der Anlage zu § 54d Abs. 1 enthaltenen Sätze bis zur Aufstellung neuer Tarife weiter, längstens jedoch bis zum 1. 1. 2010 (§ 27 UrhWG, näher dazu Rdnr. 12).

II. Kriterien für die Bestimmung der Vergütungshöhe

4 Ausgangspunkt für die Bestimmung der Vergütung ist der in § 54 festgelegte Grundsatz, dass dem Urheber für die zustimmungsfreie Nutzung seiner Werke nach § 53 Abs. 1–3 eine **angemessene Vergütung** gebührt (Begründung zum Regierungsentwurf BT-Drucks. 16/1828 S. 29). Die Annahme des Gesetzgebers, § 54a konkretisiere, unter welchen Bedingungen die Vergütung angemessen im Sinne des § 54 ist (Regierungsbegründung aaO) trifft allerdings nur in Grenzen zu. Die Kriterien, die § 54a in Abs. 1–3 aufzählt, sagen nämlich über die absolute Höhe der Vergütung nicht aus. Sie besagen zwar beispielsweise, dass bei einer typischerweise höheren Nutzung eines Gerätes oder Speichermediums für Vervielfältigungen nach § 53 Abs. 1–3 eine höhere Vergütung zu zahlen ist als bei einer geringeren Nutzung, was aber keinen Schluss auf die absolute Vergütungshöhe zulässt (so mit Recht *Dreier/Schulze*[3] § 54a Rdnr. 7; *Müller* ZUM 2007, 777/780). Nur dem Abs. 4 lässt sich eine Aussage über die absolute Höhe insofern entnehmen, als die Vergütung Hersteller von Geräten und Speichermedien nicht unzumutbar beeinträchtigen und in einem wirtschaftlich angemessenen Verhältnis zum Preisniveau des Geräts bzw. Speichermediums stehen soll. Im Schrifttum wird daher vorgeschlagen, von einer „**Referenzvergütung**" auszugehen, die anzuwenden wäre wenn das Gerät beziehungsweise Speichermedium zu 100% ohne Einschränkungen der Absätze 1–3 für Vervielfältigungen nach § 53 Abs. 1–3 benutzt würde; diese Referenzvergütung soll dann anhand der Kriterien des § 54a in Abs. 1–3 relativiert werden (*Dreier/Schulze*[3] § 54a Rdnr. 7; *Müller* ZUM 2007, 777/781, sa. *Niemann* CR 2008, 273/274 ff.). Die Höhe dieser Referenzvergütung soll anhand der in § 13 Abs. 3 UrhWG genannten Kriterien zu bestimmen sein, insbesondere also anhand der geldwerten Vorteile, die durch die Privatkopie erzielt werden (*Müller* ZUM 2007, 777/781). Ob sich auf diese Weise praxisnahe Ergebnisse erzielen lassen, erscheint allerdings zweifelhaft; über den Wert einer Privatkopie wird sich trefflich streiten lassen, es kann jedenfalls nicht davon ausgegangen werden, dass der Nutzer ohne die Schranke des § 53 Abs. 1–3 ein Werkexemplar erworben hätte (s. zur Kritik auch *Dreier/Schulze*[3] § 54a Rdnr. 7). In der Praxis dürften eher die bisherigen Vergütungssätze (sowohl die Sätze in den Gesamtverträgen als auch die in der Anlage zu § 54d Abs. 1 aF) einen Ausgangspunkt bilden, die dann gegebenenfalls nach den Kriterien des § 54a Abs. 1–3 nach oben oder nach unten zu modifizieren sein werden, wobei § 54a Abs. 4 eine obere Grenze bildet. Ob das gesetzgeberische Ziel einer deutlichen Einschränkung von Rechtsstreitigkeiten dabei erreicht wird, erscheint allerdings fraglich.

1. Maß der Gerätenutzung, technische Schutzmaßnahmen (Abs. 1)

5 Als wichtigstes Kriterium für die Bemessung der Höhe hat der Gesetzgeber das **Maß der tatsächlichen Nutzung der Geräte und Speichermedien** für Vervielfältigungen nach § 53 Abs. 1 bis 3 angesehen (Begründung zum Regierungsentwurf BT-Drucks. 16/1828 S. 29). Damit soll einerseits die Beteiligung des Urhebers an der tatsächlichen Nutzung seiner Werke gewährleistet werden, andererseits sollen die Hersteller nur insoweit vergütungspflichtig sein, als ihre Geräte tatsächlich für Privatkopien genutzt werden (Begründung zum Regierungsentwurf BT-Drucks. 16/1828 S. 29). Der Gesetzgeber ist davon ausgegangen, dass diese Regelung der Höhe der Vergütung pro Gerät deutliche Grenzen setze, von den Nutzern solle nämlich nur die tatsächlich typischerweise in Anspruch genommene Leistung vergütet werden.

In welchem Umfang eine tatsächliche Nutzung des jeweiligen Gerätetyps bzw. Speicherme- 6
diums erfolgt, soll durch **empirische Untersuchungen** (Umfrage- und Verkehrsgutachten)
ermittelt werden (Begründung zum Regierungsentwurf BT-Drucks. 16/1828 S. 29). Das wird
bei neuen Gerätetypen und Speichermedien allerdings erst nach Ablauf einer gewissen Zeit
möglich sein (so auch Regierungsbegründung aaO), zwischenzeitlich wird man sich an den
Sätzen für ähnliche Gerätetypen bzw. Speichermedien orientieren müssen (sa. *Dreier*/Schulze[3]
§ 54a Rdnr. 5). Die Untersuchungen sollen zu veröffentlichen sein, um mehr Transparenz und
Akzeptanz zu schaffen, sie sollen auch gerichtlich voll überprüfbar sein (Regierungsbegründung
aaO).

Abs. 1 sieht ferner die Berücksichtigung des Einsatzes **technischer Schutzmaßnahmen** im 7
Sinne von § 95a vor – eine Regelung, die bislang in § 13 Abs. 4 UrhWG enthalten war. Es
handelt sich um Maßnahmen, die auf technischem Wege die Anfertigung von Vervielfältigungen geschützter Werke verhindern oder einschränken (vgl. die Definition in § 95a Abs. 2). Da
beim Einsatz solcher Maßnahmen auch die Anfertigung von Privatkopien nach § 53 Abs. 1–3
nicht möglich ist, entfällt insoweit auch ein Vergütungsanspruch nach § 54. Der Verbreitungs-
grad solcher Maßnahmen ist also von unmittelbarem Einfluss auf den Umfang der Benutzung
eines bestimmten Gerätetyps bzw. Speichermediums für Vervielfältigungen im Sinne des § 54.
Allerdings wird die Berücksichtigung des Einsatzes technischer Schutzmaßnahmen nur bei solchen Geräten und Speichermedien in Betracht kommen, die digitale Kopien ermöglichen, vor
allem also CD- und DVD-Brenner, MP3-Player und PCs (Begründung zum Regierungsentwurf BT-Drucks. 16/1828 S. 29). Auch insoweit werden gegebenenfalls empirische Untersuchungen erforderlich sein, um den Umfang des Einsatzes technischer Schutzmaßnahmen festzustellen.

2. Berücksichtigung der Funktionseinheiten (Abs. 2)

Abs. 2 trägt der Tatsache Rechnung, dass nach heutiger Technik Vervielfältigungen häufig 8
durch das Zusammenwirken mehrerer Geräte bzw. Speichermedien zustandekommen. Das gilt
etwa für Gerätekombinationen, die aus PC und damit verbundenen Peripheriegeräten wie Scanner, Drucker und/oder CD-/DVD-Brenner bestehen. Da mit einer solchen Kombination mehrerer Geräte nur ein Vervielfältigungsvorgang erfolgt, soll verhindert werden, dass sich aus einer
Addition der Vergütungen für die einzelnen Geräte der Kombination eine insgesamt zu hohe
Vergütung ergibt (Begründung zum Regierungsentwurf BT-Drucks. 16/1828 S. 29f.). Der
Gesetzgeber hat damit an die BGH-Rechtsprechung zur Vergütungspflicht bei Gerätekombinationen angeknüpft (BGH GRUR 2008, 245 Tz. 10 – Drucker und Plotter; BGH GRUR 2002,
246/247 – Scanner; sa. BGH GRUR 2009, 53/55 Tz. 17 – PC). Während aber nach der BGH-
Rechtsprechung nur ein Gerät aus der Gerätekombination vergütungspflichtig sein soll, nämlich
dasjenige, das am deutlichsten dazu bestimmt ist, mit den anderen Geräten zusammen zur Vervielfältigung verwendet zu werden (vgl. § 54 Rdnr. 17), unterliegt nach § 54a Abs. 2 jedes der
Geräte der Vergütungspflicht, diese ist aber so anzusetzen, dass sich insgesamt keine zu hohe
Vergütung ergibt.

3. Nutzungsrelevante Eigenschaften (Abs. 3)

Nach Abs. 3 sind bei der Vergütungshöhe die nutzungsrelevanten Eigenschaften der Geräte 9
und Speichermedien zu berücksichtigen. Damit ist vor allem die Leistungsfähigkeit der Geräte
und Speichermedien gemeint (Begründung zum Regierungsentwurf BT-Drucks. 16/1828
S. 30). Einen ähnlichen Ansatz gab es bereits bei den gesetzlichen Vergütungssätzen der Anlage
zu § 54d aF, wo es beispielsweise für Kopiergeräte auf die Anzahl der möglichen Kopien pro
Minute ankam. Abzustellen ist nicht nur auf die quantitative Leistungsfähigkeit (etwa Anzahl
möglicher Kopien pro Zeiteinheit), sondern auch auf die qualitativen Leistungen (Vervielfältigung von Tönen und Bildern, Farbkopien, vgl. Regierungsbegründung aaO). Ferner wird die
Qualität der Kopien, der Bedienungskomfort, die Lebensdauer der Geräte und bei Speichermedien die Speicherkapazität zu berücksichtigen sein (sa. *Dreier*/Schulze[3] § 54a Rdnr. 9; *Dreyer/
Kotthoff/Meckel*[2] § 54a Rdnr. 7).

4. Wirtschaftlich angemessenes Verhältnis zum Preisniveau (Abs. 4)

Nach Abs. 4 darf die Vergütung die Hersteller von Geräten und Speichermedien nicht unzu- 10
mutbar beeinträchtigen und muss in einem wirtschaftlich angemessenen Verhältnis zum Preisni-

veau des Geräts oder des Speichermediums stehen. Der Gesetzgeber wollte damit verhindern, dass durch Erwerb von Geräten und Speichermedien im Ausland, wo eine Vergütung nicht oder nicht in gleicher Höhe erhoben wird, der Inlandsabsatz beeinträchtigt wird (Begründung zum Regierungsentwurf BT-Drucks. 16/1828 S. 30; sa. Gegenäußerung der Bundesregierung BT-Drucks. 16/1828 S. 49). Urheberrechtlich ist hiermit der falsche Ansatz gewählt: die Vergütung soll die genehmigungsfreie Inanspruchnahme der kreativen Leistung des Urhebers kompensieren, der Wert der Inanspruchnahme dieser Leistung steht aber in keinem Zusammenhang mit dem Preisniveau der Geräte oder Speichermedien, mit denen die Inanspruchnahme erfolgt (s. dazu auch die Stellungnahme des Bundesrats BT-Drucks. 16/1828 S. 42). Außerdem unterliegen Verbrauchsmaterialien (etwa Druckpatronen für Kopierer) nicht der Vergütungspflicht (s. dazu den Vorschlag der Deutschen Vereinigung für gewerblichen Rechtsschutz und Urheberrecht, GRUR 2005, 143/145). Damit wird der Praxis kein Riegel vorgeschoben, die Preise für Vervielfältigungsgeräte niedrig zu halten und die Preise für Verbrauchsmaterialien zu erhöhen, um auf diese Weise zu niedrigeren Vergütungssätzen zu gelangen; dies lässt sich nur über das Kriterium der Unzumutbarkeit erreichen (dazu Rdnr. 11).

11 Die Feststellung, was **unzumutbar** ist bzw. wann ein wirtschaftlich angemessenes Verhältnis zum Preisniveau des Geräts oder des Speichermediums nicht mehr besteht, wird in der Praxis erhebliche Schwierigkeiten bereiten (so auch *Dreier*/Schulze[3] § 54a Rdnr. 11; *Müller* ZUM 2007, 777/784). Nach der Regierungsbegründung soll eine unzumutbare Beeinträchtigung in der Regel vorliegen, wenn die Vergütung nicht in einem wirtschaftlich angemessenen Verhältnis zum Preisniveau des Geräts oder des Speichermediums steht (BT-Drucks. 16/1828 S. 30). Außerdem soll aber auch eine Preisgestaltung des Herstellers Berücksichtigung finden, durch die Gewinne auf gerätespezifische Leistungen oder Materialien verlagert werden, die nicht nach § 54 vergütungspflichtig sind; es sei nicht hinzunehmen, dass sich ein Hersteller durch ein gerätespezifisches Preiskonzept weitgehend der Vergütung entzieht, gegebenenfalls sei hier für die Ermittlung der angemessenen Vergütung der eigentliche Warenwert des Geräts in Ansatz zu bringen (Regierungsbegründung aaO). Im Regierungsentwurf war für die Gerätevergütung daneben noch die Einführung einer bindenden Obergrenze in Höhe von 5% des Gerätepreises vorgesehen (Regierungsbegründung aaO S. 30), an der die Bundesregierung trotz der Bedenken des Bundesrates (vgl. BT-Drucks. 16/1828 S. 42) zunächst festhielt (vgl. BT-Drucks. 16/1828 S. 49); erst im Bundestag wurde diese Klausel gestrichen (vgl. BT-Drucks. 16/5939 S. 45). Sie wäre nicht nur der Zielsetzung der Bundesregierung, die bisherige starre Vergütungsregelung durch ein flexibles System zu ersetzen (vgl. Rdnr. 1) zuwidergelaufen, sondern hätte auch urheberrechtssystemwidrig die Vergütungshöhe zwingend an Kriterien gekoppelt, die mit der kreativen Leistung des Urhebers in keinem Zusammenhang stehen (vgl. Rdnr. 10). Als Kriterium für die Feststellung einer unzumutbaren Beeinträchtigung bzw. eines wirtschaftlich unangemessenen Verhältnisses zum Preisniveau bietet sich vor allem der Gesichtspunkt der vom Gesetzgeber beabsichtigten Verhinderung der Beeinträchtigung des Inlandsabsatzes an (vgl. Rdnr. 10). Man wird hier allerdings eine erhebliche Beeinträchtigung des Inlandsabsatzes fordern müssen; eine geringfügige Beeinträchtigung kann auch im Hinblick auf die urheberrechtliche Problematik dieses Kriteriums (vgl. Rdnr. 10) nicht zu einer Minderung der Rechte der Urheber führen.

III. Vergütungshöhe nach der Rechtslage bis zum 31. 12. 2007 (§ 54d aF)

1. Fortgeltung der bisherigen Vergütungssätze

12 Damit bis zur Aufstellung neuer Vergütungssätze kein vergütungsloser Zustand eintritt, bestimmt die Übergangsregelung des § 27 Abs. 1 UrhWG, dass die vor dem 31. 12. 2007 aufgestellten Vergütungssätze bzw. Tarife bis zur Aufstellung neuer Vergütungssätze als Tarife fortgelten. Dies gilt unabhängig davon, ob es sich um Vergütungssätze in Gesamtverträgen (§ 27 Abs. 1 S. 1 UrhWG), um Tarife der Verwertungsgesellschaften (§ 27 Abs. 1 S. 2 UrhWG) oder um die Vergütungssätze der an sich aufgehobenen Anlage zu § 54d Abs. 1 UrhG (§ 27a Abs. 1 S. 3 UrhWG) handelt. Diese Regelung war bis zum 31. 1. 2010 befristet. Bis dahin hätten also neue Vergütungssätze in Gesamtverträgen vereinbart bzw. von den Verwertungsgesellschaften als Tarife aufgestellt sein müssen. Dies ist erst teilweise geschehen (s. dazu § 54h Rdnr. 3f.) Soweit neue Gesamtverträge bzw. Tarife noch nicht vorliegen, geht die Praxis noch von der Fortgeltung der bisherigen Gesamtverträge beziehungsweise Tarife aus. Zum Verfahren bei der Tarifaufstellung vgl. §§ 13, 13a UrhWG, zur Tarifaufstellung beim Scheitern von gesamten Vertragsverhandlungen insbesondere § 13a Abs. 1 S. 3 UrhWG.

2. Die Vergütungssätze der Anlage zu § 54 d Abs. 1 aF

Nach § 54 d Abs. 1 aF galten die der Anlage dazu festgelegten Vergütungssätze als die nach § 54 Abs. 1 aF und § 54 a Abs. 1 und 2 geschuldete angemessene Vergütung. Diese Vergütungssätze beziehen sich auf die Vergütung aller Berechtigten, legen also fest, was der Vergütungspflichtige insgesamt zu zahlen hat. Die gesetzliche **Mehrwertsteuer** ist zuzüglich zu den Vergütungssätzen zu entrichten; die Vergütung soll den Berechtigten unverkürzt zufließen (§ 3 Abs. 9 S. 3 UStG bestimmt ausdrücklich, dass die Verwertungsgesellschaften in den Fällen der §§ 27 und 54 Leistungen ausführen, so dass die entsprechenden Vergütungen mehrwertsteuerpflichtig sind). Die Vergütungssätze finden nur Anwendung, soweit nicht die Beteiligten eine andere Vereinbarung getroffen haben. Solche Vereinbarungen stellen vor allem die **Gesamtverträge** der Verwertungsgesellschaften mit staatlichen oder privaten Organisationen dar, in denen entweder diese für die ihnen angeschlossenen Mitglieder eine Pauschalvergütung entrichten oder aber die Grundlagen für die Bemessung der Vergütung festgelegt werden (dazu näher § 12 WahrnG Rdnr. 3 ff.; Loewenheim/*Melichar,* Handbuch des Urheberrechts, § 48 Rdnr. 37 ff.). Der Gesetzgeber ist davon ausgegangen, dass Gesamtverträge der Regelfall sind, so dass die in der Anlage zu § 54 d Abs. 1 festgelegten Sätze nur dort zum Tragen kommen, wo ein Gesamtvertrag nicht besteht oder ein Vergütungspflichtiger nicht bereit ist, von einem bestehenden Gesamtvertrag Gebrauch zu machen (Gegenäußerung der Bundesregierung zur Stellungnahme des Bundesrates, BTDrucks. 10/837 S. 41). – Zur **Entstehungsgeschichte** der Vergütungssätze vgl. Rdnr. 2.

IV. Anhang: Anlage zu § 54 d Abs. 1 aF

Vergütungssätze

I. Vergütung nach § 54 Abs. 1
Die Vergütung aller Berechtigten beträgt
1. für jedes Tonaufzeichnungsgerät ... 1,28 EUR
2. für jedes Tonaufzeichnungsgerät, für dessen Betrieb nach seiner Bauart gesonderte Träger (Nummer 5) nicht erforderlich sind ... 2,56 EUR
3. für jedes Bildaufzeichnungsgerät mit oder ohne Tonteil ... 9,21 EUR
4. für jedes Bildaufzeichnungsgerät, für dessen Betrieb nach seiner Bauart gesonderte Träger (Nummer 6) nicht erforderlich sind ... 18,42 EUR
5. bei Tonträgern für jede Stunde Spieldauer bei üblicher Nutzung ... 0,0614 EUR
6. bei Bildträgern für jede Stunde Spieldauer bei üblicher Nutzung ... 0,0870 EUR

II. Vergütung nach § 54 a
1. Die Vergütung aller Berechtigten nach § 54 a Abs. 1 beträgt für jedes Vervielfältigungsgerät mit einer Leistung
   a) bis 12 Vervielfältigungen je Minute ... 38,35 EUR
      wenn mehrfarbige Vervielfältigungen hergestellt werden können ... 76,70 EUR
   b) von 13 bis 35 Vervielfältigungen je Minute ... 51,13 EUR
      wenn mehrfarbige Vervielfältigungen hergestellt werden können ... 102,26 EUR
   c) von 36 bis 70 Vervielfältigungen je Minute ... 76,70 EUR
      wenn mehrfarbige Vervielfältigungen hergestellt werden können ... 153,40 EUR
   d) über 70 Vervielfältigungen je Minute ... 306,78 EUR
      wenn mehrfarbige Vervielfältigungen hergestellt werden können ... 613,56 EUR
2. Die Vergütung aller Berechtigten nach § 54 a Abs. 2 beträgt für jede DIN-A-4-Seite der Ablichtung
   a) bei Ablichtungen, die aus ausschließlich für den Schulgebrauch bestimmten, von einer Landesbehörde als Schulbuch zugelassenen Büchern hergestellt werden
      einfarbig ... 0,0256 EUR
      mehrfarbig ... 0,0512 EUR
   b) bei allen übrigen Ablichtungen
      einfarbig ... 0,0103 EUR
      mehrfarbig ... 0,0206 EUR
3. Bei Vervielfältigungsverfahren vergleichbarer Wirkung sind diese Vergütungssätze entsprechend anzuwenden.

§ 54b Vergütungspflicht des Händlers oder Importeurs

(1) Neben dem Hersteller haftet als Gesamtschuldner, wer die Geräte oder Speichermedien in den Geltungsbereich dieses Gesetzes gewerblich einführt oder wiedereinführt oder wer mit ihnen handelt.

(2) ¹Einführer ist, wer die Geräte oder Speichermedien in den Geltungsbereich dieses Gesetzes verbringt oder verbringen lässt. ²Liegt der Einfuhr ein Vertrag mit einem Gebietsfremden zugrunde, so ist Einführer nur der im Geltungsbereich dieses Gesetzes ansässige Vertragspartner, soweit er gewerblich tätig wird. ³Wer lediglich als Spediteur oder Frachtführer oder in einer ähnlichen Stellung bei dem Verbringen der Waren tätig wird, ist nicht Einführer. ⁴Wer die Gegenstände aus Drittländern in eine Freizone oder in ein Freilager nach Artikel 166 der Verordnung (EWG) Nr. 2913/92 des Rates vom 12. Oktober 1992 zur Festlegung des Zollkodex der Gemeinschaften (ABl. EG Nr. L 302 S. 1) verbringt oder verbringen lässt, ist als Einführer nur anzusehen, wenn die Gegenstände in diesem Bereich gebraucht oder wenn sie in den zollrechtlich freien Verkehr übergeführt werden.

(3) Die Vergütungspflicht des Händlers entfällt,
1. soweit ein zur Zahlung der Vergütung Verpflichteter, von dem der Händler die Geräte oder die Speichermedien bezieht, an einen Gesamtvertrag über die Vergütung gebunden ist oder
2. wenn der Händler Art und Stückzahl der bezogenen Geräte und Speichermedien und seine Bezugsquelle der nach § 54h Abs. 3 bezeichneten Empfangsstelle jeweils zum 10. Januar und 10. Juli für das vorangegangene Kalenderhalbjahr schriftlich mitteilt.

Schrifttum: *Kröber*, Der grenzüberschreitende Internet-Handel mit CD- und DVD-Rohlingen und die Vergütungsansprüche nach §§ 54ff. UrhG, ZUM 2006, 89.
Sa. die Schrifttumsangaben zu §§ 53, 54 und 54a.

Übersicht

	Rdnr.
I. Allgemeines	1
II. Haftung der Importeure	2–4
III. Haftung der Händler	5, 6
IV. Wegfall der Vergütungspflicht der Händler	7
1. Bezug von einem an einen Gesamtvertrag gebundenen Unternehmen (Abs. 3 Nr. 1)	8
2. Mitteilung der vergütungspflichtigen Waren und Bezugsquellen (Abs. 3 Nr. 2)	9, 10

I. Allgemeines

1 § 54b fasst die bis zum 31. 12. 2007 in §§ 54, 54a und 54b enthaltenen Regelungen zur Haftung der Importeure und Händler in einer Vorschrift zusammen. Inhaltliche Änderungen haben sich dadurch nicht ergeben, lediglich die Ausnahmeregelungen für Kleinhändler nach § 54 Abs. 1 Satz 3 und § 54a Abs. 1 Satz 3, die in der Praxis bedeutungslos geblieben waren, wurden nicht übernommen (Regierungsbegründung BT-Drucks. 16/1828 S. 31; vgl. auch Rdnr. 5).

II. Haftung der Importeure

2 **Importeure haften gesamtschuldnerisch** neben dem Hersteller von Geräten und Speichermedien für die Zahlung der Vergütung nach § 54. Diese bereits in § 53 Abs. 5 idF von 1965 enthaltene Regelung will die Durchsetzung des Vergütungsanspruchs in solchen Fällen sicherstellen, in denen der Hersteller im Ausland zur Zahlung nicht bereit oder imstande ist oder aus anderen Gründen nicht belangt werden kann (Bericht des Rechtsausschusses, BTDrucks. IV/3401 S. 10). Vergütungspflichtig ist nicht nur der Import, sondern auch der **Reimport**. Damit sollen Umgehungen durch vorübergehende Exporte verhindert werden. Beim Reimport entsteht der Vergütungsanspruch allerdings nur, soweit die Abgabe nicht bereits vor dem Export vom Hersteller gezahlt worden ist. Zur **Meldepflicht** der Importeure vgl. § 54e.

Wer **Importeur** ist, beurteilt sich nach § 54b Abs. 2. Danach ist Importeur (Einführer) jeder, **3** der die Geräte oder Bild- oder Tonträger in den Geltungsbereich des Gesetzes verbringt oder verbringen lässt; Schuldner des Vergütungsanspruchs ist jedoch nach § 54 Abs. 1 nur derjenige, der vergütungspflichtige Gegenstände **gewerblich** einführt (§ 54b Abs. 1; sa. AmtlBegr. BRDrucks. 218/94 S. 20). Ein **gewerbliches Einführen** liegt nicht nur dann vor, wenn der Einführende vergütungspflichtige Gegenstände **gewerblich weiterveräußert,** sondern auch dann, wenn die eingeführten Gegenstände **zu eigenen gewerblichen Zwecken genutzt** werden sollen (AmtlBegr. BRDrucks. 218/94 S. 16, 20). Damit hat der Gesetzgeber einem Anliegen der Kopiergeräteimporteure Rechnung getragen, die sich Wettbewerbsnachteilen durch Direktimporte gewerblicher Nutzer von Kopiergeräten ausgesetzt sahen (AmtlBegr. BRDrucks. 218/94 S. 16). Werden auf Grund einer EU-weiten Ausschreibung Fotokopiergeräte von einem Unternehmen im Ausland bestellt und von dort bezogen, so ist nur der inländische Käufer der Geräte als Importeur im Sinne des Gesetzes anzusehen, auch wenn er die Geräte nicht weiterveräußert, sondern zur eigenen gewerblichen Nutzung verwenden will. Produktionsverlagerungen und Verlagerungen von Rechnungsstellungen in das Ausland zum Zwecke der Umgehung der Zahlung der urheberrechtlichen Vergütung sollen auf diese Weise verhindert werden (BRDrucks. 218/94 S. 21). Lediglich die privat eingeführten und für den eigenen Privatgebrauch bestimmten Geräte und Bild- oder Tonträger sind von der Vergütungspflicht ausgenommen (AmtlBegr. zur Novelle 1985, BTDrucks. 10/837 S. 18).

Abs. 2 S. 3 stellt klar, dass kein Importeur ist, wer lediglich mit dem Verbringen der Ware be- **4** fasst ist, insbesondere also **Spediteure** und **Frachtführer.** Der **Kommissionär** ist hingegen als Importeur anzusehen, es kommt nicht darauf an, ob für eigene oder für fremde Rechnung gehandelt wird (LG Köln ZUM-RD 2008, 238/244).

Für den Fall, dass die Einfuhr auf Grund eines **Vertrages mit einem Gebietsfremden** erfolgt, weist Abs. 2 S. 2 die Eigenschaft als Importeur allein dem inländischen Vertragspartner zu, allerdings nur unter der Voraussetzung, dass dieser mit der Einfuhr gewerbliche Zwecke (als Weiterveräußerer oder durch Verwendung im eigenen Unternehmen) verfolgt (s. dazu auch LG Köln ZUM-RD 2008, 238/244). Liegt diese Voraussetzung nicht vor (wie zB beim Direktversand aus dem Ausland an private Endverbraucher), so bleibt das ausländische Versandunternehmen als Einführer vergütungspflichtig (AmtlBegr. BRDrucks. 218/94 S. 20).

Für die Einfuhr aus Drittländern in eine **zollrechtliche Freizone** oder ein **Freilager** gilt Abs. 2 S. 4.

III. Haftung der Händler

Die **Einbeziehung der Händler** als Schuldner des Vergütungsanspruchs beruht ebenso wie **5** bei Herstellern und Importeuren auf dem Konzept, dass die Vergütung letzten Endes von dem getragen werden soll, der die Vervielfältigungen vornimmt oder vornehmen lässt; da dieser jedoch aus praktischen und rechtlichen Gründen (vgl. § 53 Rdnr. 2) nicht erfasst werden kann, werden die auf dem Vertriebsweg vorgelagerten Stufen als Schuldner herangezogen, die durch ihre Tätigkeit die Voraussetzungen für die Vervielfältigungen iSd. § 53 Abs. 1–3 schaffen und die über den Abgabepreis die von ihnen entrichtete Vergütung auf die Hersteller der Vervielfältigungen abwälzen können (AmtlBegr. BRDrucks. 218/94 S. 17f.). Die frühere Heranziehung lediglich der Hersteller und Importeure erschien nach Vollendung des gemeinsamen Binnenmarktes und der damit weggefallenen Einfuhrkontrollmeldungen nicht mehr ausreichend, so dass durch die Novelle von 1995 (vgl. § 53 Rdnr. 8) der Handel mit herangezogen wurde (AmtlBegr. BRDrucks. 218/94 S. 18). Die Ausnahmeregelung für **Händler mit einem kleinen Geschäftsumfang** bei den einschlägigen Waren (weniger als 100 Aufzeichnungsgeräte bzw. Bild- oder Tonträger von weniger als 6000 Stunden Spieldauer im Kalenderhalbjahr) wurde durch das zweite Gesetz zur Regelung des Urheberrechts in der Informationsgesellschaft (zweiter Korb) mit Wirkung vom 1. 1. 2008 aufgehoben, weil sie sich in der Praxis als bedeutungslos erwiesen hatte (Regierungsbegründung BT-Drucks. 16/1828 S. 31).

Händler ist, wer gewerblich Geräte und Speichermedien iSd. § 54 erwirbt und weiterver- **6** äußert (*Dreier*/Schulze[3] § 54b Rdnr. 3). Private Veräußerungen fallen nicht unter Abs. 1 S. 2; lediglich gelegentliche Weiterveräußerungen werden schon durch Abs. 1 S. 3 ausgeschlossen. Erfasst wird jede Handelsstufe, auch **Großhändler** sind also Vergütungsschuldner (AmtlBegr. BRDrucks. 218/94 S. 19).

IV. Wegfall der Vergütungspflicht der Händler

7 Die gesamtschuldnerische Haftung des Handels soll die Erfassung der Importe sicherstellen, sie soll aber den Handel nicht ungebührlich belasten. Das Inkasso der Vergütungen soll primär bei den Herstellern und Importeuren erfolgen (BRDrucks. 218/94 S. 14, 21 ff.), daher kann nach § 54b Abs. 3 der Händler seine Haftung ausschließen, wenn er die Geräte bzw. Speichermedien von einem Unternehmen bezieht, das an einen Gesamtvertrag mit den Verwertungsgesellschaften gebunden ist (Abs. 3 Nr. 1, dazu Rdnr. 1) oder wenn er Art und Stückzahl der vergütungspflichtigen Waren sowie seine Bezugsquelle unaufgefordert offenbart und dadurch eine wirksame Kontrolle der Importe ermöglicht (Abs. 3 Nr. 2, dazu Rdnr. 8). Die Befreiungsmöglichkeiten gelten sowohl für den Handel mit Geräten als auch für den Handel mit Speichermedien.

1. Bezug von einem an einen Gesamtvertrag gebundenen Unternehmen (Abs. 3 Nr. 1)

8 Die Regelung des Abs. 3 Nr. 1 geht davon aus, dass der Handel nicht durch eine Mithaftung belastet zu werden braucht, wenn die Einziehung der Vergütungen von einem vorgeschalteten Unternehmen durch einen Gesamtvertrag erleichtert ist (AmtlBegr. BRDrucks. 218/94 S. 22). Die Erleichterung ergibt sich vor allem aus der Hilfestellung, die die Verbände den Verwertungsgesellschaften bei der Einziehung der Vergütungen leisten. Die Verbände pflegen ihre Mitglieder nicht nur über die Rechtslage zu informieren, sondern halten sie vielfach auch aktiv zur Zahlung der Vergütungen an. In Problemfällen besteht ein Ansprechpartner, mit dem die Probleme für den Bereich des gesamten Gesamtvertrages gelöst werden können, etwa bei der Frage, ob neu entwickelte Gerätetypen vergütungspflichtig sind. Das vorgeschaltete Unternehmen muss seinerseits vergütungspflichtig sein, also Hersteller, Importeur oder Händler (insb. Großhändler) sein. Unerheblich ist, ob der Händler die vergütungspflichtigen Waren unmittelbar oder nur mittelbar von dem an den Gesamtvertrag gebunden Unternehmen bezieht (AmtlBegr. BT-Drucks. IV/270 S. 15). **Gesamtverträge** sind Verträge zwischen Verwertungsgesellschaften und Vereinigungen von Vergütungspflichtigen (vgl. näher § 12 WahrnG Rdnr. 3 ff.; Loewenheim/*Melichar*, Handbuch des Urheberrecht[2], § 48 Rdnr. 37 ff.). Die bisher mit der ZPÜ bestehenden Gesamtverträge (s. dazu Vorauf. § 54b Rdnr. 2) sind größtenteils von der einen oder anderen Seite gekündigt worden, wobei über die Wirksamkeit einiger Kündigungen noch gestritten wird. Es wird neu verhandelt, parallel dazu sind eine Reihe von Schiedsverfahren eingeleitet worden. Soweit es um Scanner, Faxgeräte, Drucker und Multifunktionsgeräte/Fotokopierer geht, haben die VG WORT und die VG BILD-KUNST für den Bereich des § 54 mit Bitkom und VDMA einen Gesamtvertrag abgeschlossen. Der entsprechende Tarif ist veröffentlicht im Bundesanzeiger Nr. 195, S. 4691 v. 23. Dezember 2008).

2. Mitteilung der vergütungspflichtigen Waren und Bezugsquellen (Abs. 3 Nr. 2)

9 Die **Regelung der Nr. 2** soll es dem Handel ermöglichen, die eigene Zahlungspflicht abzuwenden, wenn er von sich aus die Voraussetzung für die Erfassung eines Vergütungspflichtigen auf einer früheren Vermarktungsstufe schafft. Am Vertrieb von Waren, die der Vergütungspflicht des § 54 unterliegen, ist regelmäßig eine erhebliche Zahl von Händlern beteiligt, so dass die Geltendmachung der Auskunftsansprüche gegen den Handel einen erheblichen Verwaltungsaufwand erfordert. Der Gesetzgeber wollte den Handel durch den Wegfall der Mithaftung dafür honorieren, dass dieser Aufwand durch die Meldung erspart wird und die für die Kontrolle der Erfassung der vergütungspflichtigen Waren erforderlichen Angaben bereitgestellt werden (AmtlBegr. BRDrucks. 218/94 S. 22).

10 Die **Mitteilungen** haben schriftlich zu erfolgen. Sie sind jeweils zum 10. Januar und 10. Juli für das vorangegangene Kalenderhalbjahr, also die Periode vom 1. Januar bis 30. Juni bzw. 1. Juli bis 31. Dezember, an die nach § 54h Abs. 3 bezeichnete Empfangsstelle abzugeben. Eine solche Empfangsstelle gibt es noch nicht; zurzeit wird nach der bisherigen Regelung verfahren, nämlich dass die Mitteilungen für den Bereich der privaten Überspielung an die ZPÜ, für den Bereich Reprographie an die VG Wort abzugeben sind (vgl. auch § 54h Rdnr. 8). Bei den Mitteilungen gemäß § 54h Abs. 4 die im Bundesanzeiger v. 22. 8. 1996, Nr. 157a, veröffentlichten Formblätter zu verwenden (Einzelheiten bei § 54h Rdnr. 8). Ist die Mitteilung unrichtig, unvollständig oder erfolgt sie nicht rechtzeitig, so tritt die Befreiung von der Haftung nicht ein.

§ 54c Vergütungspflicht des Betreibers von Ablichtungsgeräten

(1) Werden Geräte der in § 54 Abs. 1 genannten Art, die im Weg der Ablichtung oder in einem Verfahren vergleichbarer Wirkung vervielfältigen, in Schulen, Hochschulen sowie Einrichtungen der Berufsbildung oder der sonstigen Aus- und Weiterbildung (Bildungseinrichtungen), Forschungseinrichtungen, öffentlichen Bibliotheken oder in Einrichtungen betrieben, die Geräte für die entgeltliche Herstellung von Ablichtungen bereithalten, so hat der Urheber auch gegen den Betreiber des Geräts einen Anspruch auf Zahlung einer angemessenen Vergütung.

(2) Die Höhe der von dem Betreiber insgesamt geschuldeten Vergütung bemisst sich nach der Art und dem Umfang der Nutzung des Geräts, die nach den Umständen, insbesondere nach dem Standort und der üblichen Verwendung, wahrscheinlich ist.

Schrifttum: S. die Schrifttumsnachweise zu §§ 53, 54 und 54a.

Übersicht

	Rdnr.
I. Allgemeines	1
II. Anspruchsvoraussetzungen	2–10
1. Vergütungspflichtige Werke	2, 3
2. Der Abgabe unterliegende Geräte	4
3. Vergütungspflichtige Einrichtungen	5–10
III. Anspruchsberechtigte und Anspruchsgegner	11, 12
IV. Höhe der Vergütung	13–15

I. Allgemeines

Die zuvor in § 54a Abs. 2 enthaltene Vergütungspflicht der Betreiber von Vervielfältigungsgeräten ist nun mehr in § 54c geregelt. Sachliche Änderungen haben sich damit nicht ergeben (sa. Begründung zum Regierungsentwurf BT-Drucks. 16/1828 S. 31). Die **Betreiberabgabe** beruht auf der Überlegung, dass Betreiber von Reprographiegeräten ebenso wie Hersteller einen Eingriff in das Verwertungsrecht des Urhebers ermöglichen, indem sie die von ihnen betriebenen Geräte den Benutzern für Vervielfältigungen zur Verfügung stellen. Die Überbürdung der Vergütungspflicht auf den Betreiber hielt der Gesetzgeber für geboten, weil eine Einzelerfassung der Kopiervorgänge aus praktischen Gründen nicht möglich sei (AmtlBegr. zur Novelle 1985, BTDrucks. 10/837 S. 21). Die Betreiberabgabe ist **nicht verfassungswidrig** (BVerfG GRUR 1997, 123 – Kopierladen I; BVerfG GRUR 1997, 124 – Kopierladen II; OLG Nürnberg ZUM 1992, 154). Der **Vergütungsanspruch entsteht** mit der Aufstellung der Kopiergeräte zum Kopieren, da hierdurch die Vervielfältigungsmöglichkeit geschaffen wird. 1

II. Anspruchsvoraussetzungen

1. Vergütungspflichtige Werke

Die Vergütungspflicht wird nur durch die Vervielfältigung von **Werken** ausgelöst, bei denen ihrer Art nach zu erwarten ist, dass sie **nach § 53 Abs. 1–3 vervielfältigt** werden. Das ergibt sich nicht nur aus dem Sinn und Zweck der Vorschrift, die zur Kompensation für die genehmigungsfreie Nutzung der Werke des Urhebers beitragen soll (vgl. Rdnr. 1 sowie § 53 Rdnr. 1f.), sondern auch aus der ausdrücklichen Bezugnahme in § 54c Abs. 1 auf § 54 Abs. 1 (so auch *Dreier*/Schulze[3] § 54c Rdnr. 3). Die Vergütungspflicht wird damit nicht durch Werke ausgelöst, die nur mit Zustimmung des Berechtigten vervielfältigt werden dürfen; also nicht durch **Computerprogramme** (Vorrang der §§ 69a ff. vor § 53, vgl. § 69a Rdnr. 23ff.) und nicht durch **Werke, die für den Unterrichtsgebrauch an Schulen bestimmt** sind (§ 53 Abs. 3 S. 2); bei **graphischen Aufzeichnungen von Werken der Musik** ist zu berücksichtigen, dass eine Vervielfältigung nur in den Grenzen des § 53 Abs. 4 zulässig ist, durch **Leistungsschutzrechte** geschützte Erzeugnisse können die Vergütungspflicht begründen (näher dazu § 53 Rdnr. 7). In Betracht kommen also vor allem Schriftwerke und schriftlich fixierten Reden, Werke der Mu- 2 sik, Lichtbildwerke, Filme, dramaturgische und choreographische Werke sowie Darstellungen wissenschaftlicher und technischer Art (näher dazu § 53 Rdnr. 6). In welchem Umfang vergütungspflichtige Werke vervielfältigt werden, wirkt sich gemäß Abs. 2 auf die Höhe der Vergütung aus.

3   Die Werknutzung muss durch **Ablichtung** oder ein Verfahren vergleichbarer Wirkung erfolgen; § 54c knüpft damit an die Formulierung in § 54a Abs. 1 aF an. Damit werden jedenfalls **analoge Vervielfältigungsverfahren** erfasst, also in erster Linie fotografische und elektrostatische Kopierverfahren, aber auch die Vervielfältigung nach Matrizen und im Kleinoffset (vgl. auch AmtlBegr. zur Novelle 1985, BTDrucks. 10/837 S. 9) sowie die Mikroverfilmung und der Ausdruck bei Readerprintern. Für **digitale Vervielfältigungsverfahren** hat der BGH in seiner jüngeren Rechtsprechung entschieden, dass es sich bei ihnen weder um Ablichtungsverfahren noch um Verfahren vergleichbarer Wirkung handelt. Mit der Ablichtung eines Werkstücks sei dessen fotomechanische Vervielfältigung im Wege der Vervielfältigungstechniken der Fotokopie und der Xerokopie gemeint. Ein der Ablichtung vergleichbares Verfahren erfordere, dass von einem analogen Werkstück analoge Vervielfältigungsstücke (vor allem auf Papier) entstünden (BGH GRUR 2009, 53/54 Tz. 15ff. – PC; BGH GRUR 2008, 245/246 Tz. 15ff. – Drucker und Plotter; BGH GRUR 2008, 786/787 Tz. 15 – Multifunktionsgeräte; sa. § 54 Rdnr. 21).

2. Der Vergütungspflicht unterliegende Geräte

4   Nur solche Geräte unterliegen der Vergütungspflicht, bei denen die Vervielfältigung durch Ablichtung oder ein Verfahren vergleichbarer Wirkung erfolgt. Das sind **herkömmliche Fotokopiergeräte**, nicht dagegen solche, die mit digitalem Vervielfältigungsverfahren arbeiten, also keine Telefaxgeräte, Scanner, CD-Brenner, DVD-Brenner, CD-Kopierstationen (BGH ZUM 2008, 778/779 Tz. 15ff. – Kopierstationen), Drucker, Plotter und PCs (vgl. dazu Rdnr. 3). Auch der Gesetzgeber wollte die der Betreiberabgabe unterliegenden Geräte auf herkömmliche Fotokopiergeräte beschränken (vgl. BT-Drucks. 16/1828 S. 343 und 50).

3. Vergütungspflichtige Einrichtungen

5   Die Betreiberabgabe trifft **nur bestimmte Großbetreiber** von Kopiergeräten, bei denen der Gesetzgeber davon ausgegangen ist, dass die Reprographiegeräte mehr als im üblichen Rahmen zur Vervielfältigung urheberrechtlich geschützter Werke verwendet werden. Das Gesetz nennt die Betreiber von Geräten in Bildungseinrichtungen, Forschungseinrichtungen, öffentliche Bibliotheken und Kopierläden. Die **Aufzählung ist abschließend**. Im Übrigen ist die Fotokopiervergütung durch die Geräteabgabe abgegolten (Bericht des Rechtsausschusses, BTDrucks. 10/3360 S. 20). **Behörden** und **freie Berufe** unterliegen – ebenso wie Privatpersonen – der Betreiberabgabe nicht; der Gesetzgeber ist davon ausgegangen, dass im Behördenbereich nur in geringerem Umfang urheberrechtlich geschütztes Material abgelichtet wird (Bericht des Rechtsausschusses, BTDrucks. 10/3360 S. 20; dazu mit Recht kritisch *Nordemann* GRUR 1985, 837/841). Auch die **gewerbliche Wirtschaft,** die bis 1985 vergütungspflichtig war, ist durch die Novelle 1985 von der Betreiberabgabe befreit worden (dazu kritisch *Peter* BBl. 1985, 1714/1718; *Nordemann* GRUR 1985, 837/841). Sie unterliegt dieser Abgabe nur für ihre Bildungs- und Forschungseinrichtungen sowie ihre Bibliotheken (dazu Rdnr. 6–8). Die Abgabepflicht für Unternehmen, die solche Einrichtungen betreiben, stellt keine gegen Art. 3 GG verstoßende Ungleichbehandlung gegenüber denjenigen Unternehmen dar, von denen solche Einrichtungen nicht betrieben werden (BGH NJW 1997, 3440/3442 – Betreibervergütung).

6   Als **Bildungseinrichtungen** zählt das Gesetz Schulen, Hochschulen und Einrichtungen der Berufsbildung sowie der sonstigen Aus- und Weiterbildung auf. Damit werden nicht nur die öffentlichen (zB Universitäten, Kunst- und Musikhochschulen, Fachhochschulen, Volkshochschulen), sondern auch die privaten Bildungseinrichtungen erfasst (OLG München ZUM 1995, 875/877), zB Privatschulen, Aus- und Fortbildungsstätten der gewerblichen Wirtschaft (BGH NJW 1997, 3440/3442), der Gewerkschaften, Kirchen usw., ferner Fahrschulen, Sprachschulen, kaufmännische Schulen und dgl. (sa. Fromm/Nordemann/*W. Nordemann*[10] § 54c Rdnr. 4; *Dreyer*/Kotthoff/Meckel[2] § 54c Rdnr. 12). Im Bereich der gewerblichen Wirtschaft setzt der Begriff der **Einrichtung** aber voraus, dass ein in einer besonderen Organisationsform unter verantwortlicher Leitung zur Erfüllung bestimmter Aufgaben zusammengefasster Bestand an persönlichen und sachlichen Mitteln vorhanden ist, der auf eine gewisse Dauer angelegt ist; ferner muss die Einrichtung als Schwerpunktbereich der urheberrechtlich relevanten Kopiertätigkeit anzusehen sein, in dem die Wahrscheinlichkeit der Vervielfältigung von urheberrechtlich

geschütztem Fremdmaterial deutlich höher ist als in den sonstigen Unternehmensteilen (BGH aaO; *Dreier/Schulze*[3] § 54c Rdnr. 5; Wandtke/Bullinger/*Lüft*[3] § 54c Rdnr. 3). Entsprechendes dürfte für die sonstigen von der Betreiberabgabe grundsätzlich freigestellten Bereiche, also Behörden und freie Berufe gelten. Es ist nicht erforderlich, dass die Reprographiegeräte entgeltlich bereitgehalten werden (vgl. dazu *Möller/Mohr* IuR 1987, 135f., die aber zu Unrecht davon ausgehen, dass die sprachliche Fassung der Vorschrift eine Entgeltlichkeit zum Ausdruck bringt). Auf die Größe der Bildungseinrichtung und den Umfang der Kopiertätigkeit kommt es nicht an, diese sind aber für die Berechnung der Höhe der Vergütung nach § 54c Abs. 2 von Bedeutung.

Auch bei den **Forschungseinrichtungen** ist unerheblich, ob es sich um öffentliche oder private Einrichtungen handelt (OLG München ZUM 1995, 875/877). Beispiele bilden die Max-Planck-Institute, Bundesanstalten, in denen Forschung betrieben wird, Forschungsinstitute der gewerblichen Wirtschaft (BGH NJW 1997, 3440/3442) und der Gewerkschaften (sa. Fromm/Nordemann/*W. Nordemann*[10] § 54c Rdnr. 4; *Dreyer/Kotthoff/Meckel*[2] § 54c Rdnr. 13). Es kommt nicht darauf an, ob die in der Forschungseinrichtung betriebene Forschung unmittelbar anwendungsbezogen ist, ebenso wenig darauf, ob die Forschungseinrichtung im engeren Forschungsbereich oder einem in sie eingegliederten und ihr dienenden Verwaltungsbereich betrieben wird; insofern können allerdings Unterschiede in der Höhe der Abgabe bestehen (BGH aaO). Zum Begriff der **Einrichtung** vgl. Rdnr. 6. Das Bereithalten der Reprographiegeräte braucht nicht entgeltlich zu sein (vgl. Rdnr. 6). 7

Auch **Bibliotheken** müssen den Anforderungen an eine besondere Organisationseinheit genügen (vgl. dazu Rdnr. 6). Es muss ein systematisch gesammelter und Benutzern zentral zur Verfügung gestellter Bibliotheksbestand vorhanden sein, der nach seiner Größe und dem Umfang seiner Benutzung einer besonderen Verwaltung und Katalogisierung bedarf (BGH NJW 1997, 3440/3443; *Dreier/Schulze*[3] § 54c Rdnr. 5). Erst dann ist davon auszugehen, dass Kopiergeräte in größerem Umfang für eine urheberrechtlich relevante Kopiertätigkeit genutzt werden. Dagegen ist es nicht erforderlich, dass die Bibliothek der Allgemeinheit zugänglich ist; auch bei Universitätsbibliotheken ist das in der Regel nicht der Fall. Das Gesetz spricht zwar von „öffentlichen Bibliotheken". Gemeint sind damit aber die der Öffentlichkeit zugänglichen und nicht nur die von der öffentlichen Hand getragenen Bibliotheken; es genügt also, dass die Benutzung der Bibliothek einem Personenkreis möglich ist, der iSv. § 15 Abs. 3 als Öffentlichkeit anzusehen ist, also nicht durch persönliche Beziehungen mit den anderen Bibliotheksbenutzern oder mit dem Bibliotheksträger verbunden ist (BGH aaO; *Dreier/Schulze*[3] § 54c Rdnr. 5; Wandtke/Bullinger/*Lüft*[3] § 54c Rdnr. 4; *Dreyer/Kotthoff/Meckel*[2] § 54c Rdnr. 14; *v. Schaper* AJBD-Mitt. 1985, 103/112f.). Daher können auch Bibliotheken großer Unternehmen unter Abs. 2 fallen. – Das Bereithalten der Reprographiegeräte braucht nicht entgeltlich zu erfolgen (vgl. Rdnr. 6). 8

Einrichtungen, die Geräte für die Herstellung von Ablichtungen entgeltlich bereithalten: Das sind in erster Linie **Kopierläden** (Copyshops). Mit der weiten Formulierung werden aber auch solche Geräte erfasst, die außerhalb solcher Läden, etwa in Warenhäusern, Supermärkten, Foto- und Schreibwarengeschäften, Bahnhöfen, Postämtern usw. stehen (OLG München ZUM 2004, 230; *Dreier/Schulze*[3] § 54c Rdnr. 5; Fromm/Nordemann/*W. Nordemann*[10] § 54c Rdnr. 7; Wandtke/Bullinger/*Lüft*[3] § 54c Rdnr. 5; *Dreyer/Kotthoff/Meckel*[2] § 54c Rdnr. 15). Auch Hotels, in denen Bedienstete auf Kopiergeräten für Kunden gegen Entgelt Kopien fertigen, werden durch § 54a Abs. 2 erfasst (OLG München ZUM 2004, 230). Die Tatsache, dass die entgeltliche Bereitstellung von Reprographiegeräten nur im Nebengeschäft betrieben wird, steht der Anwendung des Abs. 2 nicht entgegen (OLG Nürnberg ZUM 1992, 154/155; Entscheidung der Schiedsstelle beim DPA v. 5. 12. 1996 – Sch-Urh 43/93 – nicht veröffentlicht). Die Vergütungspflicht besteht für den Inhaber eines Kopierladens auch dann, wenn die Kopiergeräte für den Kunden nicht frei zugänglich sind. Es kommt nicht darauf an, ob der Kunde oder der Betreiber bzw. seine Angestellten die Kopien anfertigen. Auch wenn der Inhaber des Kopierladens seine Angestellten angewiesen hat, nur urheberrechtlich nicht geschütztes Material zu vervielfältigen, wird dadurch die Vergütungspflicht nicht ausgeschlossen (BGH GRUR 2009, 480/481f. – Kopierläden II; OLG München ZUM 2004, 230; Schiedsstelle aaO; *Dreier/Schulze*[3] § 54c Rdnr. 5; Wandtke/Bullinger/*Lüft*[3] § 54c Rdnr. 5). 9

Die Betreiberabgabe für Kopierläden setzt ein **entgeltliches Bereithalten** der Geräte voraus; nicht einsatzfähige Geräte sind nicht abgabepflichtig (LG Köln ZUM-RD 2008, 305/307). Das Bereithalten der Geräte begründet eine widerlegbare gesetzliche Vermutung, dass sie ihrer Zweckbestimmung entsprechend genutzt werden (BGH GRUR 2009, 480/482 – Kopierläden II; LG Köln aaO; *Dreier/Schulze*[3] § 54c Rdnr. 5; zu dem an einen Gegenbeweis zu stellenden An- 10

§ 54c

forderungen vgl. BGH aaO). Die **Beweislast** dafür, dass Geräte nicht einsatzbereit sind, liegt beim Betreiber (LG Köln aaO).

III. Anspruchsberechtigte und Anspruchsgegner

11 **Anspruchsberechtigte** sind die Urheber der Werke, deren Vervielfältigung zu erwarten ist, auch einer Reihe von Leistungsschutzberechtigten steht der Vergütungsanspruch aus § 54c zu (vgl. § 54 Rdnr. 24, das dort Gesagte gilt hier entsprechend).

12 **Anspruchsgegner** ist der **Betreiber**; dieser kann Eigentümer, Mieter oder Besitzer im Rahmen eines Leasingvertrages sein (AmtlBegr. zur Novelle 1985, BTDrucks. 10/837 S. 21). Betreiber ist, wer auf seine Rechnung das Kopiergerät aufstellt und unterhält (*Dreier*/Schulze[3] § 54c Rdnr. 6; Wandtke/Bullinger/*Lüft*[3] § 53 Rdnr. 2; *Paschke* GRUR 1985, 949/953). Das braucht nicht die Bildungs- oder Forschungseinrichtung bzw. Bibliothek selbst zu sein. Häufig schließen diese Einrichtungen mit privaten Aufstellern Stellplatzverträge; Betreiber ist dann der private Aufsteller, und zwar auch dann, wenn der Kopierpreis von der Einrichtung vorgeschrieben wird (vgl. dazu auch *v. Schaper* AJBD-Mitt. 1985, 103/113f.). Bei Copyshops wird der Inhaber regelmäßig der Betreiber sein. Hat jemand ein Gerät (insbesondere ein Münzgerät) als eigenes aufgestellt oder gemietet oder geleast, so ist der Aufsteller in der Regel der Betreiber. Regelmäßig nicht Betreiber ist, wer für ein solches Gerät lediglich einen Stellplatz zur Verfügung stellt, Betreiber ist dann derjenige, in dessen Händen Handhabung, Wartung, Inkasso usw. des Gerätes liegen.

IV. Höhe der Vergütung

13 Ebenso wie bei der Vergütung für Geräte und Speichermedien (§ 54) hat der Gesetzgeber auch bei der Betreibervergütung das System der gesetzlich geregelten festen Vergütungssätze (zuvor Ziff. 2 der Anlage zu § 54d aF) aufgegeben und durch ein durch ein **System weitgehender Selbstregulierung** durch die Beteiligten ersetzt (vgl. auch § 53 Rdnr. 10). Die wesentlichen Berechnungsprinzipien wurden jedoch beibehalten. Die in § 54c enthaltenen Kriterien waren auch schon nach der bisherigen Rechtslage zu berücksichtigen, in der AmtlBegr. zur Novelle 1985 wurde hervorgehoben, dass von der Nutzung des Gerätes, die nach den Umständen, insbesondere nach dem Standort und der üblichen Verwendung, wahrscheinlich ist, auszugehen ist (BTDrucks. 10/837 S. 21).

14 Die Verwertungsgesellschaften haben daher **Tarife für die Betreibervergütung** aufzustellen bzw. Gesamtverträge abzuschließen (§ 13 UrhWG). Maßgebend sind Art und Umfang der Nutzung der Geräte, es kommt also sowohl auf die Anzahl der gefertigten Kopien an, als auch darauf, wieweit es sich um Vervielfältigungen nach § 53 Abs. 1–3 handelt (s. dazu auch Rdnr. 2f.). Ferner sind der Standort und die übliche Verwendung zu berücksichtigen. Dabei ist ein **Wahrscheinlichkeitsmaßstab** anzulegen, was eine Typisierung der jeweiligen Einrichtungen erfordert (vgl. auch bereits AmtlBegr. zur Novelle 1985, BTDrucks. 10/837 S. 21); dabei bleibt der Gegenbeweis des Betreibers über die tatsächliche Anzahl der vergütungspflichtigen Kopien zulässig (s. zur – insoweit unveränderten – früheren Regelung Bericht des Rechtsausschusses, BTDrucks. 10/3360 S. 20). Dieser Gegenbeweis setzt voraus, dass der Betreiber über einen repräsentativen Zeitraum umfassende Kontrollen vorzunehmen hat, indem er von jeder hergestellten Kopie Überstücke anzufertigen und diese der Verwertungsgesellschaft vorzulegen hat (BVerfG GRUR 1996, 123 – Kopierladen I; BVerfG GRUR 1996, 124 – Kopierladen II).

15 Die **Tarife der VG Wort** tragen den Kriterien des § 54c bereits weitgehend Rechnung. Es wird in den Tarifen zwischen Copyshops und sonstigen Betreibern unterschieden, bei Copyshops sowohl nach der Geräteklasse (2–12 Fotokopien/Min., 13–70 Fotokopien/Min., über 70 Fotokopien/Min., Farbkopiergeräte), als auch nach dem Standort (Hochschulnähe, Nicht-Hochschulnähe, Orte ohne Hochschule); s. im Einzelnen die Webseite der VG Wort (http://www.vgwort.de/reprographie.php#B). Außerdem hat die VG Wort eine Reihe von Gesamtverträgen abgeschlossen (näher dazu auf der Webseite der VG Wort aaO). Damit bis zur Aufstellung neuer Vergütungssätze kein vergütungsloser Zustand eintritt, bestimmt die Übergangsregelung des § 27 Abs. 1 UrhWG, dass die vor dem 31. 12. 2007 aufgestellten Vergütungssätze bzw. Tarife **bis zur Aufstellung neuer Vergütungssätze als Tarife fortgelten** (dazu näher § 54a Rdnr. 12), die Regelung findet auch auf die Betreibervergütung Anwendung. Zu neu aufgestellten Vergütungssätzen s. § 54h Rdnr. 4.

§ 54d Hinweispflicht

Soweit nach § 14 Abs. 2 Satz 1 Nr. 2 Satz 2 des Umsatzsteuergesetzes eine Verpflichtung zur Erteilung einer Rechnung besteht, ist in Rechnungen über die Veräußerung oder ein sonstiges Inverkehrbringen der in § 54 Abs. 1 genannten Geräte oder Speichermedien auf die auf das Gerät oder Speichermedium entfallende Urhebervergütung hinzuweisen.

Schrifttum: Vgl. die Schrifttumsnachweise zu §§ 53, 54 und 54a.

Allgemeines: § 54d knüpft an die Vorschrift des § 54e aF an, allerdings mit einigen Abänderungen. Die frühere Unterscheidung zwischen Ablichtungsgeräten und Geräten und Trägern der Bild- und Tonaufzeichnung wurde entsprechend der einheitlichen Regelung der Vergütungspflicht in § 54 aufgegeben. Ferner gilt die Hinweispflicht (anders als die frühere Regelung des § 54e Abs. 1 aF) nur bei der Abgabe von Geräten und Speichermedien an einen Unternehmer für dessen Unternehmen, nicht jedoch für Verkäufe an Endverbraucher. Nach dem neuen Recht genügt der Hinweis, dass eine Vergütungspflicht besteht, die frühere Pflicht zur Angabe, ob die Vergütung entrichtet wurde (§ 54e Abs. 2 aF), ist fallengelassen worden (sa. Regierungsbegründung BT-Drucks. 16/1828 S. 31). **Zweck der Vorschrift** ist es, nachfolgenden Abnehmern deutlich zu machen, dass sie die Urhebervergütung übernehmen (*Dreier/Schulze*[3] § 54d Rdnr. 2), der Gesetzgeber ging davon aus, dass die Vergütung über die Handelsstufen weitergegeben und auf den Endverbraucher (Nutzer) abgewälzt werden würde (vgl. § 53 Rdnr. 2). 1

Hinweis auf die Urhebervergütung: Die Hinweispflicht besteht nur, soweit nach § 14 Abs. 2 S. 1 Nr. 2 S. 2 UStG eine Verpflichtung zur Erteilung einer Rechnung besteht, also nur wenn Geräte oder Speichermedien an einen Unternehmer für dessen Unternehmen abgegeben werden, nicht dagegen bei Lieferungen an Endverbraucher. Es muss sich um Rechnungen über die Veräußerung oder das Inverkehrbringen von Geräten oder Speichermedien handeln (zum Begriff des Inverkehrbringens vgl. § 54f Rdnr. 4). Für den Hinweis ist **keine Form** vorgeschrieben. In der bisherigen Praxis hatte es sich eingebürgert, dass der Hinweis entweder in der Weise erfolgt, dass die Urheberrechtsvergütung betragsmäßig deutlich als solche in der Rechnung ausgewiesen wird oder dass die Rechnung einen Satz enthält, dass im Rechnungsbetrag die Urheberrechtsvergütung enthalten ist; beide Formen sind als zulässig anzusehen. Es besteht aber keine Verpflichtung, die Urheberrechtsvergütung betragsmäßig anzugeben, der Gesetzgeber ging mit Recht davon aus, dass dies einen kaum zu leistenden bürokratischen Aufwand bedeuten würde (Regierungsbegründung BT-Drucks. 16/1828 S. 31). 2

§ 54e Meldepflicht

(1) Wer Geräte oder Speichermedien in den Geltungsbereich dieses Gesetzes gewerblich einführt oder wiedereinführt, ist dem Urheber gegenüber verpflichtet, Art und Stückzahl der eingeführten Gegenstände der nach § 54h Abs. 3 bezeichneten Empfangsstelle monatlich bis zum zehnten Tag nach Ablauf jedes Kalendermonats schriftlich mitzuteilen.

(2) Kommt der Meldepflichtige seiner Meldepflicht nicht, nur unvollständig oder sonst unrichtig nach, kann der doppelte Vergütungssatz verlangt werden.

Schrifttum: *Loewenheim/Melichar*, Handbuch des Urheberrechts, § 48 Rdnr. 58; *Möller*, Die Urheberrechtsnovelle '85. Entstehungsgeschichte und verfassungsrechtliche Grundlagen, 1986.
Vgl. auch die Schrifttumsnachweise zu §§ 53, 54 und 54a.

Übersicht

	Rdnr.
I. Allgemeines	1
II. Meldepflicht (Abs. 1)	2, 3
III. Doppelter Vergütungssatz (Abs. 2)	4

§ 54e

I. Allgemeines

1 § 54e stimmt seinem Inhalt nach mit § 54f aF überein; die Änderungen in der Formulierung beruhen auf der Zusammenfassung der §§ 54 aF und 54a aF in der Vorschrift des § 54 (sa. Begründung zum Regierungsentwurf BT-Drucks. 16/1828 S. 31). Die **Meldepflicht soll den Verwertungsgesellschaften** die für die Geltendmachung der Vergütungsansprüche erforderlichen **Informationen verschaffen,** die sie auf anderem Wege (namentlich durch die Auskunftspflicht nach § 54 f) nicht oder nicht erschöpfend erlangen können (AmtlBegr. BRDrucks. 218/94 S. 25). Bis Ende 1992 war die Erfassung der Importe von Vervielfältigungsgeräten und Speichermedien durch ein **System von Einfuhrkontrollmeldungen** nach § 20a UrhWG aF iVm. § 27a Außenwirtschaftsverordnung (idF vom 1. 7. 1985, BGBl. I S. 1258) sichergestellt. § 27a Außenwirtschaftsverordnung bestimmte, dass die Importeure ihre Importe dem Bundesamt für gewerbliche Wirtschaft zu melden hatten. § 20a aF UrhWG begründete dann die gesetzliche Erlaubnis zur Weitergabe dieser Daten über die Aufsichtsbehörde (Deutsches Patent- und Markenamt, vgl. § 18 Abs. 1 UrhWG) an die zur Wahrnehmung berechtigten Verwertungsgesellschaften (sa. *Möller* S. 58f.). Dieses System der Einfuhrkontrollmeldungen hatte sich als hilfreich und nützlich erwiesen, um Grauimporte zu verhindern und ein effektives Inkasso der Vergütungsansprüche zu gewährleisten (AmtlBegr. BRDrucks. 218/94 S. 11). Da mit der **Einführung des Binnenmarktes** in der Europäischen Union die Grenzkontrollen und Einfuhrkontrollmeldungen wegfielen, hat der Gesetzgeber insbesondere mit der Meldepflicht nach § 54f ein Ersatzinstrument zur Erfassung der Importe geschaffen (durch Gesetz vom 24. 7. 1995, BGBl. I S. 1739; vgl. auch AmtlBegr. BRDrucks. 218/94 S. 12ff.).

II. Meldepflicht

2 Die Meldepflicht stellt eine privatrechtliche **Nebenpflicht** zum Vergütungsanspruch dar. Sie hat **dispositiven** Charakter, die Beteiligten können in Gesamtverträgen eine andere Regelung treffen (AmtlBegr. BRDrucks. 218/94 S. 25). Von der in § 54f geregelten Auskunftspflicht unterscheidet sie sich dadurch, dass sie unaufgefordert zu erfüllen ist. Der Meldepflicht sind die **Importeure** sowohl von Geräten als auch von Speichermedien unterworfen, nicht dagegen die inländischen Hersteller. Der Gesetzgeber ging davon aus, dass insoweit eine Meldepflicht nicht erforderlich sei, da der Kreis der inländischen Hersteller den Verwertungsgesellschaften bekannt sowie relativ überschaubar und stabil sei (AmtlBegr. BRDrucks. 218/94 S. 25). Auch ausländische Hersteller unterliegen nicht der Meldepflicht, die von ihnen stammenden Geräte und Speichermedien werden durch die Meldepflicht der Importeure bei der Einfuhr erfasst. Die Meldepflicht besteht gegenüber den Urhebern der vergütungspflichtigen Werke, wird aber angesichts der Verwertungsgesellschaftenpflichtigkeit der Vergütungsansprüche (§ 54 h) durch die zuständigen Verwertungsgesellschaften wahrgenommen.

3 Die Meldepflicht entsteht mit der Einfuhr in die Bundesrepublik Deutschland. **Zu melden sind** Art und Stückzahl der importierten Geräte bzw. Speichermedien; dementsprechend sind Angaben über die Art eines Gerätes (zB Faxgerät, Scanner), den Typ eines Gerätes (Typenbezeichnung) sowie die Stückzahlen zu machen. Aus der Meldung müssen nicht nur die für die Berechnung der Vergütung erforderlichen Angaben hervorgehen, sie muss auch eine angemessene Kontrolle der gemachten Angaben ermöglichen (vgl. näher § 54f Rdnr. 2). Die Meldungen haben monatlich bis zum 10. des Folgemonats an die gemeinsame Empfangsstelle nach § 54h Abs. 3 (dazu § 54h Rdnr. 7f.) zu erfolgen; dabei sind die Muster für Mitteilungen gemäß § 54h Abs. 4 (dazu § 54h Rdnr. 9) zu verwenden.

III. Doppelter Vergütungssatz

4 Der Gesetzgeber ist mit Recht davon ausgegangen, dass die Meldepflicht nur dann effektiv ist, wenn sie mit einer Sanktion versehen ist. Ebenso wie bei der Auskunftspflicht (§ 54f Abs. 3) kann bei Nichterfüllung der Meldepflicht oder bei unrichtigen oder unvollständigen Angaben der **doppelte Vergütungssatz** verlangt werden. Die Begriffe der **Unvollständigkeit** und **sonstigen Unrichtigkeit** sind **weit auszulegen;** erfasst wird jede Abweichung von den tatsächlich erfolgten Importen sowie jede Meldung, die die für die Berechnung der Vergütung erforderlichen

Angaben nicht enthält. Eine Nichterfüllung der Meldepflicht liegt auch bei verspäteter Abgabe der Meldung (s. zum Zeitpunkt Rdnr. 3) vor. Ebenso wie bei § 54 f Abs. 3 kann der doppelte Vergütungssatz aber nur verlangt werden, wenn der Meldepflichtige seine Meldepflicht **schuldhaft** nicht ordnungsgemäß erfüllt hat (vgl. dazu § 54 f Rdnr. 10 f.). Die Verdoppelung berechnet sich nach den Sätzen, die bei ordnungsgemäßer Meldung zu zahlen gewesen wären. Der Anspruch auf den doppelten Vergütungssatz kann gemäß § 54 h Abs. 1 nur durch eine Verwertungsgesellschaft geltend gemacht werden.

§ 54 f Auskunftspflicht

(1) ¹**Der Urheber kann von dem nach § 54 oder § 54 b zur Zahlung der Vergütung Verpflichteten Auskunft über Art und Stückzahl der im Geltungsbereich dieses Gesetzes veräußerten oder in Verkehr gebrachten Geräte und Speichermedien verlangen.** ²**Die Auskunftspflicht des Händlers erstreckt sich auch auf die Benennung der Bezugsquellen; sie besteht auch im Fall des § 54 b Abs. 3 Nr. 1.** ³**§ 26 Abs. 7 gilt entsprechend.**

(2) **Der Urheber kann von dem Betreiber eines Geräts in einer Einrichtung im Sinne des § 54 c Abs. 1 die für die Bemessung der Vergütung erforderliche Auskunft verlangen.**

(3) **Kommt der zur Zahlung der Vergütung Verpflichtete seiner Auskunftspflicht nicht, nur unvollständig oder sonst unrichtig nach, so kann der doppelte Vergütungssatz verlangt werden.**

Schrifttum: *Möller*, Die Urheberrechtsnovelle '85. Entstehungsgeschichte und verfassungsrechtliche Grundlagen, 1986.
Vgl. auch die Schrifttumsnachweise zu §§ 53, 54 und 54 a.

Übersicht

	Rdnr.
I. Allgemeines	1, 2
II. Auskunftspflicht der Hersteller (Abs. 1)	3–7
III. Auskunftspflicht der Gerätebetreiber (Abs. 2)	8, 9
IV. Doppelter Vergütungssatz (Abs. 3)	10–13

I. Allgemeines

§ 54 f stimmt seinem Inhalt nach mit § 54 g aF überein; die Änderungen in der Formulierung beruhen auf der Zusammenfassung der §§ 54 aF und 54 a aF in der Vorschrift des § 54 (sa. Begründung zum Regierungsentwurf BT-Drucks. 16/1828 S. 31). Durch das Gesetz zur Verbesserung der Durchsetzung von Rechten des geistigen Eigentums v. 7. 7. 2008 (BGBl. I S. 1191) wurde in Abs. 1 S. 3 die Angabe „§ 26 Abs. 6" durch „§ 26 Abs. 7" ersetzt. 1

Durch den Auskunftsanspruch soll den Verwertungsgesellschaften die Durchsetzung der Vergütungsansprüche nach § 54 und § 54 c erleichtert werden. Die Regelung in § 54 f basiert auf der mit der Novelle 1985 eingeführten (§ 54 Abs. 5 idF von 1985) und durch das Produktpirateriegesetz um die Sanktion ergänzten Auskunftspflicht (vgl. auch § 53 Rdnr. 8). **Abs. 1** regelt die Auskunftspflicht der **Hersteller, Importeure und Händler** von Geräten und Speichermedien; **Abs. 2** regelt die Auskunftspflicht der **Betreiber** von Reprographiegeräten. **Abs. 3** übernimmt die früher in § 54 Abs. 5 S. 3 enthaltene **Sanktion bei unrichtiger Auskunft** in Form des doppelten Vergütungssatzes (sa. OLG Köln NJW-RR 1998, 1263/1264). Von der Meldepflicht nach § 54 e unterscheidet sich der Auskunftsanspruch dadurch, dass er nur auf Verlangen zu erfüllen ist. Der Auskunftsanspruch steht den Urhebern der vergütungspflichtigen Werke zu, wird aber angesichts der Verwertungsgesellschaftenpflichtigkeit der Vergütungsansprüche (§ 54 h) durch die zuständigen **Verwertungsgesellschaften** wahrgenommen. Der Auskunftsanspruch ist **nicht verfassungswidrig** (BVerfG GRUR 1997, 124 – Kopierladen II – zur Auskunftspflicht der Betreiber von Reprographiegeräten nach § 54 Abs. 5 S. 2 aF). Zum Streitwert des Auskunftsanspruchs vgl. OLG Stuttgart CR 2001, 817. 2

II. Auskunftspflicht der Hersteller (Abs. 1)

3   **Gegenstand des Auskunftsanspruchs** sind Art und Stückzahl der im Geltungsbereich des Urheberrechtsgesetzes veräußerten oder sonst in Verkehr gebrachten Geräte bzw. Bild- und Tonträger. Die Herstellung oder der Import solcher Geräte bzw. Bild- und Tonträger begründet dagegen keine Auskunftspflicht (BGH GRUR 2010, 57/60, Tz. 26 – Scannertarif, zu § 54g aF). Die Angaben müssen so vollständig sein, dass die Berechnung der Vergütung sowie eine angemessene Kontrolle der gemachten Angaben ermöglicht wird. Anzugeben sind deshalb Geräteart (zB Faxgerät, Scanner), Gerätetyp (Typenbezeichnung) und Stückzahl; entsprechendes gilt bei Speichermedien, wobei hier zusätzlich die Spieldauer anzugeben ist. Auskunft ist über alle Geräte und Speichermedien zu erteilen, die dem Grunde nach der Vergütungspflicht unterliegen; ob für ein Gerät dann tatsächlich eine Vergütung zu zahlen ist, ist eine Frage der Vergütungshöhe und entbindet nicht von der Pflicht zur Auskunft (LG München, Urt. v. 12. 1. 94 – 21 O 17 661/93 – nicht veröffentlicht). Bei begründeten Zweifeln an der Richtigkeit oder Vollständigkeit der Auskunft kann die Verwertungsgesellschaft Einsichtnahme in die Geschäftsbücher und sonstigen Urkunden verlangen (dazu Rdnr. 7).

4   Der **Anspruch entsteht** mit der Veräußerung bzw. dem Inverkehrbringen der Geräte und Speichermedien. Inverkehrbringen ist jede Handlung, durch die Werkstücke aus der internen Betriebssphäre der Öffentlichkeit zugeführt werden (BGH GRUR 2007, 691 Rdnr. 27 – Staatsgeschenk; BGH GRUR 2007, 50 Rdnr. 14 – Le Corbusier-Möbel; BGH GRUR 2004, 421/424 – Tonträgerpiraterie durch CD-Export; BGH GRUR 1991, 316/317 – Einzelangebot; OLG Hamburg GRUR 1972, 375/376 – Polydor II). Anders als beim Begriff des Inverkehrbringens nach § 17 (vgl. dort Rdnr. 14) setzt der Begriff bei § 54f (und ebenso bei § 54d) keine Eigentumsübertragung voraus, die Gegenüberstellung von Veräußerung Inverkehrbringen wurde sonst keinen Sinn ergeben; die Rechtsprechung des EuGH beschränkt sich auf den Verbreitungsbegriff des § 17.

5   **Auskunftsverpflichtete** sind neben den **Herstellern** die **Importeure** und die **Händler**. Der Auskunftsanspruch knüpft an die Zahlungspflicht an, der nach § 54b auch die Importeure und Händler unterliegen (vgl. auch AmtlBegr. BRDrucks. 218/94 S. 26). Die **Auskunftspflicht des Händlers** reicht grundsätzlich so weit wie seine Zahlungspflicht (AmtlBegr. aaO). Sie besteht ferner dann, wenn der Händler die Waren von einem an einen Gesamtvertrag gebundenen Unternehmen (§ 54b Abs. 3 Nr. 1) bezieht; die Gründe für den Ausschluss der kleinen Händler von der Zahlungspflicht greifen bei der Auskunftspflicht nicht (AmtlBegr. BRDrucks. 218/94 S. 27). Soweit dagegen für den Händler die Vergütungspflicht nach § 54b Abs. 3 Nr. 2 entfallen ist, besteht die Auskunftspflicht nach § 54g Abs. 1 nicht, der Händler hat insoweit die erforderlichen Auskünfte bereits gegeben.

6   Für den Händler besteht ferner eine Verpflichtung zur Angabe seiner **Bezugsquellen** (Abs. 1 S. 2). Diese Verpflichtung umfasst die Angabe der Lieferanten und ihrer Adressen sowie Art (zB Faxgerät, Scanner), Typ (Typenbezeichnung) und Stückzahl der von ihnen bezogenen Geräte und Bild- und Tonträger, Zeitpunkts des Bezugs und Vorlage entsprechender Nachweise (Lieferscheine, Rechnungen und dgl.). Zur Angabe der Bezugsquellen sind auch Händler, die Waren von einem an einen Gesamtvertrag gebundenen Unternehmen beziehen (§ 54b Abs. 3 Nr. 1) verpflichtet, nicht dagegen Händler, die bereits die Auskunft nach § 54b Abs. 3 Nr. 2 erteilt haben. Der Gesetzgeber ist davon ausgegangen, dass die Angabe der Bezugsquellen auch diesem Händlerkreis zumutbar ist und dass die Rechteinhaber nach dem Wegfall des Informationsflusses aus den Einfuhrkontrollmitteilungen auf diese Informationsquelle nicht verzichten können (AmtlBegr. BRDrucks. 218/94 S. 27).

7   Bestehen begründete Zweifel an der Richtigkeit oder Vollständigkeit einer Auskunft nach Abs. 1 S. 1 und 2, so kann die Verwertungsgesellschaft **Einsicht in die Geschäftsbücher** und sonstigen Urkunden des auskunftspflichtigen Herstellers, Importeurs oder Händlers verlangen (§ 54f Abs. 1 S. 3 iVm. § 26 Abs. 7). Der Auskunftspflichtige hat nach § 26 Abs. 7 S. 1 die Wahl, ob er die Einsicht der Verwertungsgesellschaft oder von einem ihm zu bestimmenden Wirtschaftsprüfer oder vereidigten Buchprüfer gewährt. Besteht Grund zu der Annahme, der Verpflichtete habe die Auskunft nicht mit der erforderlichen Sorgfalt erteilt, so kann die Verwertungsgesellschaft die Abgabe einer eidesstattlichen Erklärung verlangen (§ 259 Abs. 2 BGB; BGH GRUR 2004, 420/421 – Kontrollbesuch). Die Kosten der Einsichtnahme sind von der Verwertungsgesellschaft zu tragen, es sei denn, dass sich die Auskunft als unrichtig oder unvollständig herausstellt (§ 26 Abs. 7 S. 2).

III. Auskunftspflicht der Gerätebetreiber (Abs. 2)

Auskunftspflichtig sind auch die Betreiber von Reprographiegeräten (Abs. 2). Von ihnen kann 8 die für die Bemessung der Vergütung erforderliche Auskunft verlangt werden. Der Auskunftsanspruch erstreckt sich auf Angaben, die die VG Wort für die Anwendung ihrer Tarife benötigt. Dazu gehören die Zahl der insgesamt hergestellten Kopien sowie Anzahl, Art (zB Faxgerät, Scanner), Typ (Typenbezeichnung) und Standort der aufgestellten Geräte und ihre typische Nutzung; ferner Angaben, anhand derer – nach den für den betreffenden Bereich typischen Verhältnissen – der wahrscheinliche Umfang der Vervielfältigung urheberrechtlich geschützten Fremdmaterials beurteilt werden kann (vgl. AmtlBegr. zur Novelle 1985, BTDrucks. 10/837 S. 22; BGH NJW 1997, 3440/3441; BGH GRUR 2004, 420 – Kontrollbesuch; sa. BVerfG NJW 1997, 247/248). Über die im Einzelnen hergestellten Kopien von urheberrechtlich geschützten Vorlagen brauchen dagegen keine Angaben gemacht zu werden (*Dreier*/Schulze[3] § 54f Rdnr. 7; *Möller/Mohr* IuR 1987, 135/137). Ein Auskunftsverlangen, wie viele Kopien von urheberrechtlich geschützten Vorlagen hergestellt worden sind, könnte auch nicht gerichtlich geltend gemacht werden; es wäre zu unbestimmt; die Entscheidung, welche Kopien urheberrechtlich geschützt sind, würde damit in das Vollstreckungsverfahren verlagert (BGH NJW 1997, 3440/3441). Insoweit greift vielmehr der Wahrscheinlichkeitsmaßstab des § 54c Abs. 2 ein. Dieser Wahrscheinlichkeitsmaßstab kann freilich durch einen Nachweis der tatsächlichen Anzahl der Kopien von geschützten Vorlagen außer Kraft gesetzt werden (s. § 54c Rdnr. 14); es kann sogar nachgewiesen werden, dass das Gerät überhaupt nicht zur Vervielfältigung geschützter Werke benutzt worden ist, so dass für einen Vergütungsanspruch kein Raum ist (AmtlBegr. aaO). Die Auskunftspflicht umfasst auch die Mitwirkung an den von den Verwertungsgesellschaften durchgeführten empirischen **Schwerpunkterhebungen** (AmtlBegr. aaO).

Das Recht, die **Geschäftsräume** eines Kopierladens auch gegen den Willen des Geschäftsinhabers **zu betreten** und die bereitgehaltenen Fotokopien der Geräte zu erfassen oder **zu kontrollieren**, bestand nach bisherigem Recht nicht (BGH GRUR 2004, 420ff. – Kontrollbesuch), ergibt sich seit dem 1. 1. 2008 aber aus § 54g (s. dort Rdnr. 1). 9

IV. Doppelter Vergütungssatz

Mit der 1990 eingeführten Sanktion in Form des doppelten Vergütungssatzes hat der Gesetzgeber bewusst an die Rechtsprechung angeknüpft, nach der die GEMA bei Rechtsverletzungen die doppelte Nutzungsgebühr (dazu § 97 Rdnr. 161) verlangen kann (AmtlBegr. zum PrPG, BTDrucks. 11/5744 S. 35). Dabei ging der Gesetzgeber davon aus, dass es sich um einen **Schadensersatzanspruch** handele, mit dem die erhöhten Verwaltungskosten ausgeglichen werden sollen, die der Verwertungsgesellschaft entstehen, wenn sie wegen unwilliger oder säumiger Schuldner einen aufwändigen Kontrollapparat unterhalten muss (AmtlBegr. aaO; vgl. auch BGH GRUR 2004, 420 – Kontrollbesuch). Neben diesem **Ausgleichszweck** hat allerdings der **Präventions- und Sanktionscharakter** der Vorschrift mindestens das gleiche Gewicht. Es geht nicht nur darum, den Verwertungsgesellschaften einen Ausgleich für erhöhte Verwaltungskosten und für Aufwendungen für eigene Nachforschungen zu erstatten, sondern es soll der Auskunftspflichtige durch die drohende Sanktion angehalten werden, seiner Auskunftspflicht nachzukommen (so auch *Dreier*/Schulze[3] § 54f Rdnr. 8). Auch der BGH hat seine GEMA-Rechtsprechung darauf gestützt, dass der Verletzer bei Zahlung lediglich des einfachen Vergütungssatzes nicht schlechter dastünde als der rechtstreue Nutzer (BGH GRUR 1973, 379/380 – Doppelte Tarifgebühr). 10

Der Anspruch auf den doppelten Vergütungssatz bezieht sich, wie sich aus seiner systematischen Stellung ergibt, auf **alle nach § 54f Abs. 1 und 2 Auskunftspflichtigen** (vgl. auch AmtlBegr. zum PrPG, BTDrucks. 11/5744 S. 35 iVm. der AmtlBegr. zum 3. UrhGÄndG von 1995, BRDrucks. 218/94 S. 28, wonach in § 54g Abs. 3 (aF) die Regelung des § 54 Abs. 5 S. 3 aF übernommen werden sollte). Die Begriffe der **Unvollständigkeit** und **sonstigen Unrichtigkeit** sind **weit auszulegen;** erfasst wird jede Abweichung von den tatsächlich erfolgten Importen sowie jede Meldung, die die für die Berechnung der Vergütung auch für die Anlage zu § 54d Abs. 1 erforderlichen Angaben (vgl. Rdnr. 3ff., 6) nicht enthält (*Dreier*/Schulze[3] § 54f Rdnr. 10). Die Pflicht zur Zahlung des doppelten Vergütungssatzes wird dadurch ausgelöst, dass der Auskunftspflichtige seiner Auskunftspflicht **nicht nachkommt,** dh. auf das Auskunftsverlangen nicht oder nicht mit einer vollständigen und richtigen Auskunft reagiert. Das Auskunfts- 11

§ 54g

verlangen muss dem Auskunftspflichtigen aber zugegangen sein (OLG Köln NJW-RR 1998, 1263/1264). Der Anspruch auf den doppelten Vergütungssatz ist nicht davon abhängig, dass die Verwertungsgesellschaft bereits eigene Nachforschungen angestellt hat (so aber OLG Köln Schulze OLGZ 320, 6; wie hier OLG Hamburg ZUM-RD 1997, 19/23; LG Oldenburg, Urt. v. 11. 1. 1996 – 5 O 2338/95 – nicht veröffentlicht; LG Bremen, Urt. v. 1. 2. 1996 – 7 O 1214/94 – nicht veröffentlicht; *Dreier*/Schulze[3] § 54f Rdnr. 10). Das wäre mit dem Präventions- und Sanktionscharakter der Vorschrift (dazu Rdnr. 10) nicht in Einklang zu bringen; zudem hat der BGH in der GEMA-Rechtsprechung, an die Abs. 3 anknüpft, nicht auf die im einzelnen Fall entstandenen Kosten, sondern auf die allgemeinen Verwaltungskosten zur Feststellung von Rechtsverletzungen abgestellt (BGH GRUR 1973, 379 – Doppelte Tarifgebühr).

12 Der Anspruch setzt ein **Verschulden** des Auskunftspflichtigen voraus (BGH GRUR 2010, 57/61, Tz. 416 – Scannertarif, zu § 54g aF). Davon ist nicht nur der Gesetzgeber ausgegangen (AmtlBegr. zum ProduktpiraterieG, BTDrucks. 11/5744 S. 35), auch die Präventions- und Sanktionswirkung der Vorschrift (dazu Rdnr. 10) ergibt nur dann einen Sinn, wenn dem Auskunftspflichtigen sein Verhalten vorgeworfen werden kann, er also schuldhaft gehandelt hat (ebenso das Schrifttum, vgl. etwa *Dreier*/Schulze[3] § 54f Rdnr. 10). Die Auskunft muss daher vorsätzlich oder fahrlässig nicht, unvollständig oder unrichtig erteilt worden sein; für die Fahrlässigkeit gilt, da es sich um ein gesetzliches Schuldverhältnis handelt, der Maßstab des § 276 Abs. 1 S. 2 BGB.

13 Gemäß § 54h Abs. 1 kann der Anspruch **nur durch eine Verwertungsgesellschaft geltend gemacht** werden. Diese ist nicht zur Geltendmachung verpflichtet; ob sie den doppelten Vergütungssatz verlangt, steht in ihrem Ermessen und wird von den Umständen der Verletzung der Auskunftspflicht abhängen.

§ 54g Kontrollbesuch

¹Soweit dies für die Bemessung der vom Betreiber nach § 54c geschuldeten Vergütung erforderlich ist, kann der Urheber verlangen, dass ihm das Betreten der Betriebs- und Geschäftsräume des Betreibers, der Geräte für die entgeltliche Herstellung von Ablichtungen bereithält, während der üblichen Betriebs- oder Geschäftszeit gestattet wird. ²Der Kontrollbesuch muss so ausgeübt werden, dass vermeidbare Betriebsstörungen unterbleiben.

Schrifttum: Vgl. die Schrifttumsnachweise zu §§ 53, 54 und 54a.

Übersicht

	Rdnr.
I. Zweck und Bedeutung der Norm	1
II. Kontrollbesuche	2

I. Zweck und Bedeutung der Norm

1 § 54g findet im bisherigen Recht keine Entsprechung. Die Vorschrift dient der **Durchsetzung der Ansprüche nach § 54c** (Betreibervergütung) durch die Verwertungsgesellschaften. Nach bisherigem Recht hatten die Verwertungsgesellschaften keinen Anspruch, die Geschäftsräume eines Kopierladens gegen den Willen des Geschäftsinhabers zu betreten und die bereitgehaltenen Fotokopien der Geräte zu erfassen oder zu kontrollieren (BGH GRUR 2004, 420ff. – Kontrollbesuch). Ein solcher Anspruch ergab sich weder aus §§ 54g Abs. 2 und 3 UrhG aF noch aus §§ 809 BGB (BGH aaO). Das führte in der Praxis für die Verwertungsgesellschaft Wort zu erheblichen Schwierigkeiten bei der Realisierung der Ansprüche aus § 54c, da die Betreiber von Copyshops häufig nicht bereit waren, ihren urheberrechtlichen Verpflichtungen nachzukommen (Begründung zum Regierungsentwurf BT-Drucks. 16/1828 S. 31). Mit dem Kontrollbesuchsrecht soll die Durchsetzung der Ansprüche aus § 54c beschleunigt und erleichtert werden (Regierungsbegründung aaO). Der Kontroll- und Betretungsanspruch ist nicht verfassungswidrig (BVerfG GRUR-RR 2008, 377).

II. Kontrollbesuche

Das Recht auf Kontrollbesuche steht gemäß § 54c dem Urheber zu, kann aber gemäß § 54h Abs. 1 nur durch eine Verwertungsgesellschaft geltend gemacht werden. Voraussetzung ist, dass ein **Besuch** für die Bemessung der vom Betreiber nach § 54c geschuldeten Vergütung **erforderlich** ist. Davon ist auszugehen, wenn begründete Zweifel an der Richtigkeit oder Vollständigkeit von Angaben bestehen, die für die Bemessung der Vergütung nach § 54c erforderlich sind; zu diesen Angaben gehören die Zahl der insgesamt hergestellten Kopien sowie Anzahl, Art (zB Faxgerät, Scanner), Typ (Typenbezeichnung) und Standort der aufgestellten Geräte und ihre typische Nutzung; ferner Angaben, anhand derer – nach den für den betreffenden Bereich typischen Verhältnissen – der wahrscheinliche Umfang der Vervielfältigung urheberrechtlich geschützten Fremdmaterials beurteilt werden kann (sa. § 54f Rdnr. 8). Der Kontrollbesuch kann unangemeldet erfolgen (was in der Praxis im Allgemeinen auch geschieht); die Verwertungsgesellschaft ist auch nicht verpflichtet, zuvor eine Auskunft nach § 54f Abs. 2 einzuholen. Gerade der Überraschungseffekt trägt erheblich zur Wirksamkeit der Kontrollbesuche bei. Das Kontrollbesuchsrecht steht aber unter dem Vorbehalt des Verhältnismäßigkeitsgrundsatzes; die Grundrechte aus Art. 13 GG und die Grundsätze des BVerfG zu Besichtigungsansprüchen (BVerfG ZUM 2008, 682) sind einzuhalten (LG Braunschweig GRUR-RR 2008, 388). § 54g S. 1 bringt bereits zum Ausdruck, dass die Kontrollbesuche während der üblichen Betriebs- oder Geschäftszeiten zu erfolgen haben. Sie sind ferner so auszuüben, dass vermeidbare Betriebsstörungen unterbleiben (§ 54g S. 2). Das wird im Wesentlichen darauf hinauslaufen, dass der laufende Geschäftsbetrieb, von Ausnahmefällen abgesehen, nicht unterbrochen werden darf. Fotografieren, etwa zum Nachweis der aufgestellten Geräte, muss aber zulässig sein. Das Recht kann allerdings **nicht** im Wege der **Selbsthilfe** durchgesetzt werden; wird der Verwertungsgesellschaft der Kontrollbesuch verwehrt, so muss sie den Rechtsweg beschreiten (BVerfG ZUM 2008, 682; Begründung zum Regierungsentwurf BT-Drucks. 16/1828 S. 31).

§ 54h Verwertungsgesellschaften; Handhabung der Mitteilungen

(1) **Die Ansprüche nach den §§ 54 bis 54c, 54e Abs. 2, §§ 54f und 54g können nur durch eine Verwertungsgesellschaft geltend gemacht werden.**

(2) ¹Jedem Berechtigten steht ein angemessener Anteil an den nach den §§ 54 bis 54c gezahlten Vergütungen zu. ²Soweit Werke mit technischen Maßnahmen gemäß § 95a geschützt sind, werden sie bei der Verteilung der Einnahmen nicht berücksichtigt.

(3) ¹Für Mitteilungen nach § 54b Abs. 3 und § 54e haben die Verwertungsgesellschaften dem Deutschen Patent- und Markenamt eine gemeinsame Empfangsstelle zu bezeichnen. ²Das Deutsche Patent- und Markenamt gibt diese im Bundesanzeiger bekannt.

(4) ¹**Das Deutsche Patent- und Markenamt kann Muster für die Mitteilungen nach § 54b Abs. 3 Nr. 2 und § 54e im Bundesanzeiger oder im elektronischen Bundesanzeiger bekannt machen.** ²Werden Muster bekannt gemacht, sind diese zu verwenden.

(5) **Die Verwertungsgesellschaften und die Empfangsstelle dürfen die gemäß § 54b Abs. 3 Nr. 2, den §§ 54e und 54f erhaltenen Angaben nur zur Geltendmachung der Ansprüche nach Absatz 1 verwenden.**

Schrifttum: *Claussen,* Die Vergütung für die Überspielung zum privaten Gebrauch nach § 54 I UrhG und ihre Verteilung unter die Berechtigten im Filmbereich, 1993; *Häußer,* Die Verteilung der im Rahmen der Wahrnehmung von Urheberrechten und Leistungsschutzrechten erzielten Einnahmen an Ausländer, Fs. für Kreile, 1994, S. 281; *Kreile,* Einnahmen und Verteilung der gesetzlichen Geräte- und Leerkassettenvergütung für private Vervielfältigung in Deutschland, GEMA-Jahrbuch 2001/2002, S. 94; *Melichar,* Die Wahrnehmung von Urheberrechten durch Verwertungsgesellschaften, 1983; *Möller,* Die Urheberrechtsnovelle '85. Entstehungsgeschichte und verfassungsrechtliche Grundlagen, 1986; *Müller,* Festlegung und Inkasso von Vergütungen für die private Vervielfältigung auf der Grundlage des „Zweiten Korbs", ZUM 2007, 777.
Vgl. auch die Schrifttumsnachweise zu §§ 53, 45 und 54a.

Übersicht

	Rdnr.
I. Allgemeines	1
II. Verwertungsgesellschaftenpflichtigkeit (Abs. 1)	2–4

§ 54h   Verwertungsgesellschaften; Handhabung der Mitteilungen

	Rdnr.
III. Anspruch auf einen angemessenen Anteil an den Vergütungen (Abs. 2)	5, 6
IV. Die gemeinsame Empfangsstelle (Abs. 3)	7, 8
V. Muster für die Mitteilungen (Abs. 4)	9
VI. Geheimhaltungspflicht (Abs. 5)	10

I. Allgemeines

1   § 54h regelt die Verwertungsgesellschaftenpflichtigkeit der Vergütungsansprüche für das Vervielfältigen zum eigenen Gebrauch sowie die Einzelheiten von deren Geltendmachung und Verteilung. Die Verwertungsgesellschaftenpflichtigkeit bestand für Aufzeichnungsgeräte bereits in der Gesetzesfassung von 1965 (§ 53 Abs. 5 S. 4 idF von 1965) und wurde durch die Novelle 1985 auf die mit dieser Novelle neu eingeführten Ansprüche erweitert. Mit der Vorschrift wird ein doppelter Zweck verfolgt: zum einen wären die Ansprüche der Urheber ohne eine Verwertungsgesellschaftenpflichtigkeit kaum durchsetzbar; zum anderen wird damit vermieden, dass die Vergütungspflichtigen es mit einer nicht überschaubaren Vielzahl von Anspruchsberechtigten zu tun haben (BGH GRUR 2009, 480/481 – Kopierläden II). Schließlich wird auf diese Weise sichergestellt, dass die Vergütungspflichtigen einen Anspruch auf den Abschluss von Gesamtverträgen haben, da nur die Verwertungsgesellschaften, nicht aber die einzelnen Urheber einer Pflicht zum Abschluss solcher Verträge unterliegen (vgl. § 12 WahrnG). Durch das zweite Gesetz zur Regelung des Urheberrechts in der Informationsgesellschaft (zweiter Korb) ist in Abs. 2 der Satz 2 eingefügt worden; damit sollen die Auswirkungen des Einsatzes technischer Maßnahmen auch im Hinblick auf die Verteilung des Vergütungsaufkommens an die Berechtigten berücksichtigt werden (vgl. näher Rdnr. 6).

II. Verwertungsgesellschaftenpflichtigkeit (Abs. 1)

2   Sowohl die Vergütungsansprüche nach §§ 54 bis 54c einschließlich der Ansprüche auf den doppelten Vergütungssatz nach §§ 54e Abs. 2 und 54f Abs. 3 als auch die Auskunfts- und Kontrollbesuchsansprüche nach §§ 54f und 54g können nur durch eine Verwertungsgesellschaft geltend gemacht werden. Es handelt sich nicht um eine Prozessführungsbefugnis, sondern um eine **materielle Anspruchsberechtigung**; der Anspruch entsteht in der Hand der Verwertungsgesellschaft (BGH GRUR 2009, 480/481 – Kopierläden II). das bedeutet unter anderem, dass der Schuldner gegen die Forderung der Verwertungsgesellschaft mit einer gegen diese gerichteten Forderung aufrechnen kann (BGH aaO). Der Urheber bzw. Leistungsschutzberechtigte selbst ist zur Geltendmachung dieser Ansprüche nicht legitimiert (BGH aaO). Die Verwertungsgesellschaft kann sich aber einer Inkassostelle bedienen (BGH aaO; LG Hamburg ZUM 1996, 980; Entscheidung der Schiedsstelle beim Deutschen Patentamt v. 27. 4. 1995 – Sch-Urh 32/93 – nicht veröffentlicht). Die Zwecke der Verwertungsgesellschaftenpflichtigkeit (vgl. Rdnr. 1) werden dadurch nicht beeinträchtigt. Zur Vermutung der Sachbefugnis der Verwertungsgesellschaft bei der Geltendmachung der Ansprüche vgl. § 13c Abs. 1 und 2 UrhWG.

3   Die **Vergütungsansprüche für Bild- und Tonaufzeichnungsgeräte sowie für Bild- und Tonträger** werden von der **ZPÜ**, der Zentralstelle für private Überspielungsrechte, wahrgenommen, ebenso die sich auf diese Ansprüche beziehenden Auskunftsansprüche nach § 54f Abs. 1. Die ZPÜ ist eine Gesellschaft Bürgerlichen Rechts, Gesellschafter sind die GEMA, die VG Wort, die VG Bild-Kunst, die GVL, die GÜFA, die GWFF, die VFF und die VGF, die die ihnen zur Wahrnehmung übertragenen Ansprüche in die ZPÜ eingebracht haben; die Geschäftsführung liegt in den Händen der GEMA (vgl. auch Loewenheim/*Melichar*, Handbuch des Urheberrechts, § 46 Rdnr. 23). Mit einer Reihe von Verwertervereinigungen hatte die ZPÜ Gesamtverträge nach § 12 WahrnG abgeschlossen. In ihnen war unter anderem detailliert geregelt, welche Produkte der Vergütungspflicht unterliegen, welche Auskünfte zu erteilen und wie und wann Zahlungen zu leisten sind. Für die damit verbundene Verwaltungsvereinfachung wurde den Verwertervereinigungen ein Nachlass von 6–6,5% eingeräumt. Allerdings sind die bisher mit der ZPÜ bestehenden Gesamtverträge inzwischen größtenteils von der einen oder anderen Seite gekündigt worden, wobei über die Wirksamkeit einiger Kündigungen noch gestritten wird. Es wird neu verhandelt, parallel dazu sind eine Reihe von Schiedsverfahren eingeleitet worden. Für PCs ist zwischen der ZPÜ, der VG

Wort und der VG Bild-Kunst einerseits und den im BCH zusammengeschlossenen Herstellern und Importeuren von PCs andererseits ein Gesamtvertrag geschlossen worden, der eine Regelung für die Zeit vom 1. Januar 2008 bis 31. Dezember 2010 und einen Vergleich über die Vergütung für die Jahre 2002 bis 2007 vorsieht (s. Pressemitteilung der ZPÜ v. 12. 1. 2010); davon ausgenommen ist die vom BGH verneinte Reprographievergütung für die Zeit vor dem 1. 1. 2008 (vgl. § 54 Rdnr. 21), insoweit ist eine Verfassungsbeschwerde der VG Wort anhängig. Ein gemeinsamer Tarif der ZPÜ, der VG Wort und der VG Bild-Kunst für Speichermedien (CDs und DVDs) ist im Bundesanzeiger v. 30. 12. 2009, Nr. 197, S. 4569 veröffentlicht worden, ein Tarif der ZPÜ für Audio-CD-R/-RW im Bundesanzeiger v. 30. 12. 2009, Nr. 197, S. 4568. Hersteller und Importeure, die keinem der Gesamtvertragspartner angehören, werden in der Regel in vierteljährlichen Abständen zur Auskunftserteilung und Zahlung der Vergütung aufgefordert. In den meisten Fällen wird dieser Aufforderung ohne weiteres Folge geleistet, gegebenenfalls leitet die ZPÜ gerichtliche Schritte ein. Die Inkassoeinnahmen der ZPÜ werden nach Abzug einer Kostenpauschale von bis zu 5% auf die Verwertungsgesellschaften nach einem bestimmten Schlüssel verteilt.

Die **Vergütungsansprüche für Reprographiegeräte** sowie die **Betreiberabgabe** (§ 54 c) **4** werden von der VG Wort eingezogen, die auch die sich auf diese Ansprüche beziehenden Auskunftsansprüche nach § 54f Abs. 1 und 2 geltend macht. Die VG Wort und die VG Bild-Kunst haben für die Geräteabgabe auf Scanner, Drucker, Fax- und Multifunktionsgeräte Gesamtverträge mit dem VDMA sowie mit Bitkom abgeschlossen; s. dazu die im Bundesanzeiger v. 23. 12. 2008, Nr. 195, S. 4691 veröffentlichten Tarife. Für die Betreiberabgabe bestehen gleichlautende Gesamtverträge mit 22 verschiedenen Verbänden. Diese Gesamtverträge regeln ua., welche Geräte vergütungspflichtig sind sowie die Höhe der Vergütung. Für den Schulbuchbereich ist aufgrund der Neuregelung durch den zweiten Korb (vgl. § 53 Rdnr. 65) ein Vertrag zwischen der ZFS (Zentralstelle Fotokopieren an Schulen, bestehend aus VG Wort, VG Bild-Kunst und VG Musikedition), den Schulbuchverlagen und den Ländern geschlossen worden. In einem weiteren Vertrag zwischen den Verwertungsgesellschaften und den Schulbuchverlagen wird die interne Verteilung geregelt. Auf diese Weise wird weiterhin eine zentrale Einräumung der Rechte für das Fotokopieren an Schulen ermöglicht. Zum Gesamtvertrag der ZPÜ, der VG Wort und der VG Bild-Kunst mit den im BGH zusammengeschlossenen Herstellern und Importeuren von PCs s. Rdnr. 3.

III. Anspruch auf einen angemessenen Anteil an den Vergütungen (Abs. 2)

Abs. 2 konkretisiert für den Bereich der Vergütungen nach §§ 54 bis 54c noch einmal das **5** Prinzip des § 7 WahrnG (s. dazu auch Loewenheim/*Melichar*, Handbuch des Urheberrechts, § 47 Rdnr. 31 ff.). Danach dürfen die Einnahmen der Verwertungsgesellschaften nicht willkürlich verteilt werden; vielmehr hat die Verteilung nach objektiven, nicht diskriminierenden und sachlichen Kriterien zu erfolgen. Maßgebliches Kriterium ist vor allem die Häufigkeit der Nutzung eines Werks; die Verwertungsgesellschaften pflegen dies durch Meldeverfahren und Erhebungen (zB durch Infratest- oder GfK-Untersuchungen) zu ermitteln. Pauschalierungen sind dabei allerdings unvermeidbar. Die Verteilungsgrundsätze sind nach § 7 WahrnG in Verteilungsplänen aufzunehmen. Die Einnahmen der ZPÜ werden nach einem bestimmten Schlüssel auf die beteiligten Verwertungsgesellschaften verteilt (dazu näher *Kreile*, GEMA-Jahrbuch 2001/2002, S. 94/121 ff.). Zur Berücksichtigung von Ausländern vgl. *Häußer*, Fs. für Kreile, S. 281.

Der durch das zweite Gesetz zur Regelung des Urheberrechts in der Informationsgesellschaft **6** (zweiter Korb) eingefügte Abs. 2 der Satz 2 dient der Berücksichtigung der Auswirkungen des **Einsatzes technischer Maßnahmen** bei der Verteilung des Vergütungsaufkommens. Wird durch technische Maßnahmen die Vervielfältigung von Werken verhindert, so können auch keine Privatkopien nach § 53 Abs. 1 bis 3 hergestellt werden; demzufolge besteht auch kein Anspruch auf eine Kompensation für die genehmigungsfreie Inanspruchnahme von Werken (Begründung zum Regierungsentwurf BT-Drucks. 16/1828 S. 31). Lediglich soweit Werke über andere Quellen (zB Rundfunk oder Fernsehen) vervielfältigt werden können, ist der Urheber an der Erlösverteilung zu beteiligen (Regierungsbegründung aaO). Bei Werken, die durch technische Maßnahmen nach § 95a geschützt sind, hat also ein Anspruchsausschluss bzw. eine Anspruchskürzung zu erfolgen; Einzelheiten sind in den Satzungen bzw. Verteilungsplänen der Verwertungsgesellschaften gemäß § 7 UrhWG zu regeln (Regierungsbegründung aaO).

IV. Die gemeinsame Empfangsstelle (Abs. 3)

7 Da bei den Vergütungen nach §§ 54 bis 54c jeweils mehrere Verwertungsgesellschaften beteiligt sind (vgl. auch Rdnr. 3f.), dient es der Vereinfachung des Meldeverfahrens, wenn die Hersteller, Importeure und Händler die nach § 54b Abs. 3 und § 54e vorgesehenen Mitteilungen an eine gemeinsame Empfangsstelle richten können. Das entspricht der bisherigen, auf Gesamtverträgen beruhenden Praxis, nach der die Mitteilungen, die den Vergütungsanspruch für Bild- und Tonaufzeichnungsgeräte sowie für Bild- und Tonträger betreffen, an die ZPÜ (dazu Rdnr. 3) gehen, und die den Vergütungsanspruch für Reprographiegeräte sowie die Betreiberabgabe (§ 54c) betreffenden Mitteilungen an die VG Wort. § 54h Abs. 3 schreibt diese Praxis gesetzlich fest (sa. AmtlBegr. BRDrucks. 218/94 S. 28f.); sie gilt damit auch, soweit keine Gesamtverträge abgeschlossen sind. Die gemeinsame Empfangsstelle wird von den beteiligten Verwertungsgesellschaften autonom bestimmt und dem Deutschen Patentamt mitgeteilt, dieses veröffentlicht sie im Bundesanzeiger. Damit können sich Hersteller, Importeure und Händler, die in keiner gesamtvertraglichen Bindung zu den Verwertungsgesellschaften stehen, darüber informieren, an wen sie die Mitteilungen zu richten haben.

8 Nach dem bis zum 31.12.2007 geltenden Recht war gemeinsame **Empfangsstelle für den Bereich der privaten Überspielung** die ZPÜ (Rosenheimer Str. 11, 81667 München, sa. Rdnr. 3), gemeinsame **Empfangsstelle für den Bereich der Reprographiegeräte** und die Betreiberabgabe die **VG Wort** (Goethestr. 49, 80336 München), vgl. Bekanntmachung des Bundesministeriums der Justiz v. 18.11.1994 (Bundesanzeiger Nr. 63 vom 30.3.1995, S. 3717). Eine neue gemeinsamen Empfangsstelle gibt es noch nicht; zurzeit wird nach der bisherigen Regelung verfahren, nämlich dass die Mitteilungen für den Bereich der privaten Überspielung an die ZPÜ, für den Bereich Reprographie an die VG Wort abzugeben sind (zustimmend *Dreier*/Schulze[3] § 54h Rdnr. 6; sa. die Hinweise in den Tarifveröffentlichungen im Bundesanzeiger v. 30.12.2009, Nr. 197, S. 4568 und 4569). Dabei mag ein gewisses Problem darin liegen, dass es sich um zwei Empfangsstellen handelt, während § 54h Abs. 3 von einer gemeinsamen Empfangsstelle spricht. Zu den bei den Mitteilungen zu verwendenden Mustern vgl. Rdnr. 9.

V. Muster für die Mitteilungen (Abs. 4)

9 Durch Abs. 4 wird das Deutsche Patent- und Markenamt ermächtigt, zur Rationalisierung der Mitteilungen Muster oder Vordrucke zu entwickeln und bekannt zu geben. Das Patent- und Markenamt hat von dieser Ermächtigung Gebrauch gemacht und die Muster im BAnz. Nr. 157a vom 22.8.1996 veröffentlicht. Auch wenn diese Muster inhaltlich zum Teil überholt sind, sind sie bis zur Bekanntgabe neuer Muster durch das Patent- und Markenamt weiterhin zu verwenden. Die Meldungen nach § 54b Abs. 3 Nr. 2 und § 54e müssen nach diesen Mustern erfolgen. Benutzt ein Importeur oder Händler diese Muster bei seinen Mitteilungen nicht, so riskiert er den doppelten Vergütungsanspruch nach § 54e Abs. 2 bzw. es tritt der Wegfall seiner Haftung nach § 54b nicht ein (AmtlBegr. BRDrucks. 218/94 S. 29; *Dreier*/Schulze[3] Rdnr. 7).

VI. Geheimhaltungspflicht (Abs. 5)

10 Die Mitteilungen und Auskünfte der Hersteller, Importeure und Händler, die den Verwertungsgesellschaften erteilt werden, können den Charakter von Geschäftsgeheimnissen haben, beispielsweise Umsätze oder Bezugsquellen. Abs. 5 soll daher sicherstellen, dass die Empfänger (gemeinsame Empfangsstelle und Verwertungsgesellschaften) diese Mitteilungen und Auskünfte nur bestimmungsgemäß, nämlich zur Geltendmachung verwenden (sa. AmtlBegr. BRDrucks. 218/94 S. 29). Die Geheimhaltungspflicht besteht nur für Mitteilungen und Auskünfte, die im Rahmen der §§ 54b Abs. 3 Nr. 2, 54e und 54f abgegeben worden sind. Für andere Informationen gilt sie nicht. Es handelt sich um eine gesetzlich begründete Rechtspflicht im Rahmen des zwischen den Verwertungsgesellschaften und dem jeweiligen Hersteller, Importeur oder Händler bestehenden gesetzlichen Schuldverhältnisses. Sollte es zu einer Verletzung durch die Verwertungsgesellschaft oder die Empfangsstelle kommen, so macht sich diese schadensersatzpflichtig, falls sie die Verletzung zu vertreten hat (§§ 276 ff. BGB); für Mitarbeiter haftet sie nach § 278 BGB. Stellen die in den Mitteilungen und Auskünften enthaltenen Informationen gleichzeitig eigene Geschäftsgeheimnisse der Verwertungsgesellschaften dar, so kann ein Missbrauch durch einen Mitarbeiter auch nach § 17 UWG strafbar sein (AmtlBegr. BRDrucks. 218/94 S. 30).

§ 55 Vervielfältigung durch Sendeunternehmen

(1) ¹Ein Sendeunternehmen, das zur Funksendung eines Werkes berechtigt ist, darf das Werk mit eigenen Mitteln auf Bild- oder Tonträger übertragen, um diese zur Funksendung über jeden seiner Sender oder Richtstrahler je einmal zu benutzen. ²Die Bild- oder Tonträger sind spätestens einen Monat nach der ersten Funksendung des Werkes zu löschen.

(2) ¹Bild- oder Tonträger, die außergewöhnlichen dokumentarischen Wert haben, brauchen nicht gelöscht zu werden, wenn sie in ein amtliches Archiv aufgenommen werden. ²Von der Aufnahme in das Archiv ist der Urheber unverzüglich zu benachrichtigen.

Schrifttum: *v. Münchhausen,* Der Schutz der Sendeunternehmen nach deutschem, europäischem und internationalem Recht, 2001; *Rujisenaars,* Zur Vergänglichkeit von „ephemeren" Aufnahmen, ZUM 1999, 707.

1. Diese Bestimmung gewährt in Abs. 1 **Sendeunternehmen** das Recht zu sog. **ephemeren,** dh. nicht auf Dauer bestimmten **Vervielfältigungen** zu Sendezwecken. Das ausschließliche Vervielfältigungsrecht des Urhebers (§ 16 Abs. 2) ist hier aus **technischen Gründen** aufgehoben, um Rundfunkanstalten – soweit diese über die entsprechenden **Sende**rechte verfügen – einen möglichst perfekten Sendebetrieb zu ermöglichen. Eine entsprechende Regelung fehlte im LUG, wurde von den Rundfunkanstalten aber als „unerlässlich" gefordert (*Hillig* UFITA 46 [1966] 1/12f.). Sie wurde 1965 unter zwei Gesichtspunkten eingeführt. Zum einen wurde damit dem Umstand Rechnung getragen, dass Sendungen heute in aller Regel nicht mehr **live,** dh. unmittelbar erfolgen, sondern mittels eigens für die Sendung hergestellter Bild- oder Tonträger; dies gilt auch für das Abspielen von vorgefertigten Bild- oder Tonträgern, da auch Schallplatten und Spielfilme im Allgemeinen zunächst auf Band kopiert und dann erst hiervon gesendet werden. Zum anderen sah der Gesetzgeber, dass bei einem nahezu 24-Stunden-Sendebetrieb eine Programmplanung ohne von den Rundfunkanstalten im Voraus produzierte, technisch vollkommene Bild- oder Tonträger nicht möglich ist (AmtlBegr. UFITA 45 [1965] 240/291). Ephemere Aufnahmen sind somit lediglich ein „sachentsprechendes Hilfsmittel" für Rundfunksendungen (*Ulmer*[3] § 53 V). Bei Gelegenheit der Zulassung solch ephemerer Aufnahmen hat der Gesetzgeber in Abs. 2 auch noch die Möglichkeit zur **Schaffung eines Archivs** eingeführt.

2. Die Regelung steht im Einklang mit **Art. 11bis Abs. 3 S. 2 und 3 RBÜ,** dessen Wortlaut teilweise übernommen wurde (Herstellung der Bild- oder Tonträger nur mit „eigenen Mitteln" des Sendeunternehmens, Archivierung nur von Werken mit „außergewöhnlichem Dokumentationscharakter" und nur für „amtliche Archive"). Auch Art. 5 Abs. 2 d) der **EU-Multimedia Richtlinie** lässt diese Schranke zu. Entsprechend der zwingenden Vorgabe von Art. 6 Abs. 4 1. Unterabschnitt musste nun in § 95b Abs. 1 Ziff. 7. die Durchsetzbarkeit dieser Privilegierung gegen technische Maßnahmen eingeführt werden.

Fragwürdig aber ist, dass dem Urheber als Ausgleich für diesen aus technischen Gründen erfolgten Ausschluss seines ausschließlichen Vervielfältigungsrechtes **kein Vergütungsanspruch** zuerkannt wurde (was nach der RBÜ ebenso wie nach EU-Recht allerdings nicht zwingend ist). Immerhin zeigen Beispiele wie Österreich (dort ist das Recht zu ephemeren Aufnahmen mangels gesetzlicher Regelung vom Senderecht getrennt (OGH Schulze Ausl. Österr. 1) und wird durch Verträge zwischen Verwertungsgesellschaften und Rundfunkanstalten geregelt – hierzu *Steinmetz* MR 1998, 19f.) und Italien (dort ist das Recht der ephemeren Aufnahme als gesetzliche Lizenz ausgestaltet, Art. 55–59 ital. URG vom 22. 4. 1941), dass man auch in diesem Bereich den berechtigten wirtschaftlichen Interessen der Autoren Rechnung tragen kann, ohne dass dies zur Erschwerung des Sendebetriebs führt (vgl. *Dietz,* Urheberrecht in der Europ. Gemeinschaft, Rdnr. 410ff.). In der Schweiz wurde die gesetzliche Regelung der ephemeren Vervielfältigung 1991 sogar aus dem Gesetz gestrichen (*Hilty* UFITA 124 [1994] 85/99).

2. Ephemere Aufnahmen nach Abs. 1

a) Das Recht zu ephemeren Aufnahmen steht nur **Sendeunternehmen** zu. Zum Begriff des Sendeunternehmens s. § 87 Rdnr. 4ff. In Betracht kommen hier – unabhängig von der Organisationsform – Unternehmen, dh. wirtschaftliche und rechtliche Einheiten, die selbst Sendungen iSv. § 20 veranstalten (vgl. *v. Gamm* Rdnr. 3). Entsprechend der weiten Fassung von § 20 kommt es auf die Art der technischen Realisierung des Sendevorganges nicht an; es fallen somit auch Unter-

§ 55

nehmen, die nur über Kabel oder Satellit senden, hierunter. Entscheidend aber ist, dass nur solche Unternehmen privilegiert sind, die ein eigenes Programm produzieren bzw. zusammenstellen; diese Voraussetzung gilt auch für Kabel- und Satellitenbetreiber. Unternehmen, die lediglich fremde Sendungen weiterleiten, können sich zB für zeitversetzte Kabeleinspeisung nicht auf § 55 berufen, da sie keine Sendeunternehmen iSv. § 87 sind (im Ergebnis ebenso *Schricker*, Urheberrechtliche Probleme des Kabelrundfunks, 1986, S. 83). Kein Sendeunternehmen iS dieser Bestimmung ist daher auch, wer lediglich die technischen Einrichtungen für die Sendung (zB Funkanlagen, Kabelsysteme) zur Verfügung stellt; deshalb sind insbesondere bloße Kabelweitersendeunternehmen nicht nach § 55 privilegiert (ebenso *Haberstumpf*[2] Rdnr. 368). Ob eine (öffentlich-rechtliche) Genehmigung zum Sendebetrieb vorliegt, ist unerheblich; nicht erlaubte Sendeunternehmen (Piratensender) fallen daher ebenso darunter wie ausländische Sender (zB AFN), die von Deutschland aus senden.

4 Das Recht zu ephemeren Aufnahmen besteht nur insoweit, als das betreffende Sendeunternehmen die **Senderechte** gemäß § 20 besitzt. Dies kann sowohl durch vertragliche Nutzungseinräumung geschehen sein als auch durch Gesetz (insb. § 48, s. dort Rdnr. 9).

5 **b)** Die Übertragung auf Bild- oder Tonträger stellt eine Vervielfältigung iSv. § 16 Abs. 2 dar und ist daher vom Senderecht getrennt zu behandeln (vgl. auch Art. 11bis Abs. 3 S. 1 RBÜ). Die ephemere Vervielfältigung darf ohne Genehmigung nur **mit eigenen Mitteln** der Rundfunkanstalt vorgenommen werden. Diese Einschränkung bezieht sich auf die **technischen** Mittel und nicht auf den Inhalt der Sendung; es dürfen daher auch Darbietungen Dritter in diesem Rahmen vervielfältigt werden (*Möhring/Nicolini/Gass* Rdnr. 10). Der Vervielfältigungsvorgang selbst aber muss durch die Rundfunkanstalt, dh. mit eigenen technischen Mitteln und eigenem Personal erfolgen. Wenn sich das Sendeunternehmen zur Herstellung Dritter bedient (zB rechtlich selbständiger Ton- oder Filmstudios), ist dies durch § 55 nicht mehr gedeckt. Zu Recht weist allerdings *v. Gamm* darauf hin, dass in solchen Fällen oftmals die Auslegungsregeln der §§ 88 Abs. 1 Nr. 4 und 89 eingreifen werden (*v. Gamm* Rdnr. 4); dies wird insbesondere für Fernsehauftragsproduzenten gelten. Eine solche erweiternde Auslegung des Gesetzeswortlauts wird jetzt auch durch ErwGr 41 der EU-Multimedia Richtlinie gestützt (ebenso *Dreyer* in HK-UrhR Rdnr. 4; *Dreier/Schulze* Rdnr. 5), begegnet aber erheblichen konventionsrechtlichen Bedenken (*Walter* in Walter, Europäisches Urheberrecht, Info-RL Rdnr. 120).

6 **c)** Die nach Abs. 1 erlaubtermaßen hergestellten ephemeren Aufnahmen dürfen nur zur **Funksendung** benutzt werden. Entsprechend der Definition in § 20 fallen hierunter auch Kabel- und Satellitensendungen (§ 20 Rdnr. 1 ff.), nicht jedoch Online-Angebote iSv. § 19a (*Dreier* in *Schricker* [Hrsg.], Informationsgesellschaft S. 168; *Wandtke/Bullinger/Lüft* Rdnr. 4).

7 Eine entscheidende Einschränkung liegt darin, dass solche Aufnahmen über **jeden Sender oder Richtstrahler nur je einmal** zur Sendung benutzt werden dürfen. Richtstrahler sind lediglich „gerichtete" Sender, dh. Sender, die „auf bestimmte Gebiete ausgerichtet" sind (Internationales Handbuch für Rundfunk und Fernsehen, 1985/86, F 2). Solche Richtstrahler werden in der Regel von Kurzwellensendern verwendet, die für weit entfernte Gebiete senden; der Gesetzgeber hatte hier offensichtlich die Aufgaben der Deutschen Welle vor Augen. Richtstrahler richten sich unmittelbar an eine (wenn auch oft weit entfernte) Öffentlichkeit und sind daher eine Form der öffentlichen Wiedergabe gemäß § 15 Abs. 2 Nr. 2. Richtstrahler dürfen nicht mit Richtfunk verwechselt werden; Letzterer stellt lediglich eine technische Punkt-zu-Punkt-Verbindung dar und ist nicht für die Öffentlichkeit bestimmt. Wem die Sender oder Richtstrahler gehören, ist unerheblich, wenn sie nur von Sendeunternehmen regelmäßig zur Ausstrahlung der eigenen Sendungen verwendet werden (*Möhring/Nicolini/Gass* Rdnr. 14).

8 Wie oben dargelegt (Rdnr. 3), können auch reine **Kabel- oder Satellitenunternehmen** von § 55 privilegiert sein, sofern sie eigene, originäre Programme senden und sich nicht auf die Weiterleitung fremder Sendungen beschränken (zustimmend *Ullmann* NJW 2000, 494/495). Für diesen Fall ist die Einschränkung, dass über jeden „Sender oder Richtstrahler" nur je einmal gesendet werden darf, vom Wortlaut her nicht passend. Der Gesetzgeber hatte 1965 Kabel- und Satellitensendungen zwar beim § 20 bedacht, die heutige Praxis der Kabel- und Satellitensendungen jedoch in § 55 offensichtlich nicht vorhergesehen. Die Einschränkung in § 55 muss daher für reine Kabel- und Satellitensender entsprechend ausgelegt werden. Für **Kabelveranstalter** bedeutet dies, dass ephemere Aufnahmen nur einmal je Kabelsystem verbreitet werden dürfen (ebenso *Wandtke/Bullinger/Lüft* Rdnr. 4). Bei **Satellitensendungen** ist heute nicht mehr zwischen direkt abstrahlenden und sog. Fernmeldesatelliten zu unterscheiden – in beiden Fällen handelt es sich um Sendungen iSv. § 20 (Kabel- und Satellitenrichtlinie, Richtlinie 93/83/EWG,

ABl. Nr. L 248 S. 15, Erwgr. 13; vgl. aber vor §§ 20 ff. Rdnr. 58 f.), so dass auch beide nach § 55 privilegiert sind.

Die Möglichkeit der Benutzung zu Sendungen im vorbeschriebenen Rahmen gibt dem Sendeunternehmen **kein zusätzliches Senderecht**. Diese Befugnis gilt nur für die Verwendung von ephemeren Aufnahmen, soweit das Sendeunternehmen die Senderechte bereits besitzt (Rdnr. 4). Werden zB die Senderechte vertraglich nur für ein Teilgebiet des betreffenden Sendeunternehmens eingeräumt, so gilt auch die Befugnis zur Verwendung von ephemeren Aufnahmen im Rahmen von § 55 nur für dieses Teilgebiet und nicht darüber hinaus für weitere Sender des betreffenden Sendeunternehmens (ebenso *Dreyer* in HK-UrhR Rdnr. 6).

d) Durch die Einführung einer **Pflicht zum Löschen** der ephemeren Aufnahmen hat der Gesetzgeber für Deutschland den Streit um die Abgrenzung zwischen enrégistrements éphémères und enrégistrements différés nach Art. 11bis Abs. 3 RBÜ für Deutschland gelöst (vgl. hierzu *Möhring/Nicolini*[1] Anm. 8 a mwN). Unter „Löschung" ist – ebenso wie in §§ 47 und 56 – die Unbrauchbarmachung zu verstehen; die andere Wortwahl stellt lediglich eine redaktionelle Änderung dar (Schriftl. Bericht des Rechtsausschusses, UFITA 46 [1966] 174/192).

Die **Löschungsfrist von 1 Monat** beginnt „nach der ersten Funksendung des Werkes". Da ja nur eine einzige Sendung des aufgenommenen Werkes zulässig ist (so. Rdnr. 7), kann dies nur bedeuten, dass für den Fall der ephemeren Aufnahme im Rahmen einer zB Live-Sendung diese bereits für den Fristbeginn maßgebliche erste Sendung ist (*Möhring/Nicolini/Gass* Rdnr. 17); aus dieser Formulierung die Zulässigkeit einer zeitversetzten Ausstrahlung über mehrere Sendeanlagen zu schließen, scheint zu weitgehend (so aber *Dreier/Schulze* Rdnr. 7). Die Monatsfrist für die Löschung berechnet sich nach §§ 187 Abs. 1 und 188 Abs. 2 und 3 BGB. Da diese Löschungsfrist im Hinblick auf die weit vorausschauende Programmplanung der Rundfunkanstalten offensichtlich für deren Bedürfnisse zu knapp ist, lassen sich die Rundfunkanstalten daher in der Regel sowohl von Verwertungsgesellschaften als auch von einzelnen Inhabern von Nutzungsrechten das Recht zur Herstellung von Ton- oder Bildträgern und zu deren Verwertung in gleichem Umfang wie das übertragene Senderecht einräumen (vgl. *Ulmer*[3] § 53 V).

3. Archivierung nach Abs. 2

Die **Pflicht zur Löschung** der nach Abs. 1 hergestellten Aufnahmen **entfällt zugunsten von Archivierungszwecken** bei Vorliegen der nachfolgend dargelegten drei Voraussetzungen.

a) Die Aufnahme muss **außergewöhnlichen dokumentarischen Wert** haben. Die Qualität der Aufnahme allein (zB die Aufnahme einer hochkarätigen Festspielaufführung) reicht hierfür nicht aus. Es müssen besondere Umstände hinzutreten, die gerade diese Aufnahme aus historischen Gründen besonders in den Blickpunkt des allgemeinen Interesses rücken (ähnlich *v. Gamm* Rdnr. 6; *Fromm/Nordemann*[10] Rdnr. 4). Da auch bei zulässiger Aufnahme in ein Archiv keinerlei **Nutzungsrecht** entsteht (su. Rdnr. 15), kann man hier jedoch mit *Fromm/Nordemann*[10] (Rdnr. 4) davon ausgehen, dass ausnahmsweise eine weite Auslegung des Begriffes angebracht ist und im Zweifel das Interesse der Öffentlichkeit an einem Festhalten einschlägiger Aufnahmen für bloße Archivierungszwecke höher eingestuft werden kann als das ausschließliche Vervielfältigungsrecht des Urhebers oder Leistungsschutzberechtigten.

b) Die Löschungspflicht entfällt nur für die Aufnahme in ein **amtliches Archiv**. Der Gesetzesbegründung (AmtlBegr. UFITA 45 [1965] 240/292) folgend ist – trotz Bedenken (vgl. *v. Gamm* Rdnr. 6) – davon auszugehen, dass hierunter auch **Archive öffentlich-rechtlicher Rundfunkanstalten** fallen (ebenso *Haberstumpf*[2] Rdnr. 368). Eine weitergehende Ausdehnung etwa auch auf private Rundfunkanstalten ist unzulässig; zu unüberschaubar würde dadurch die Zahl der in diesem Rahmen angelegten Archive (ebenso *Dreier/Schulze* Rdnr. 8).

c) Der Urheber (bzw. Leistungsschutzberechtigte) ist von der Aufnahme in das Archiv **unverzüglich zu benachrichtigen**. Die Benachrichtigung soll es dem Urheber ermöglichen, die gesetzlichen Voraussetzungen für die Aufnahme in das Archiv zu prüfen (AmtlBegr. aaO 292). Darüber hinaus besteht aber durchaus auch ein Interesse des Urhebers daran, zu wissen, wo seine Werke „archiviert" sind. Eine besondere Form für diese Mitteilung ist nicht vorgeschrieben; es genügt also gegebenenfalls auch eine mündliche Mitteilung (*Möhring/Nicolini/Gass* Rdnr. 24). Die Benachrichtigung hat unverzüglich, also ohne schuldhaftes Zögern (§ 121 BGB) zu erfolgen, sobald die Aufnahme in das Archiv aufgenommen ist. Dies bedeutet, dass die Mitteilung erfolgen muss, sobald die Löschungsabsicht iSv. Abs. 1 S. 2 entfallen ist; dies kann gegebenenfalls auch schon vor Ablauf der Löschungsfrist nach Abs. 1 S. 2 sein. Die Nachricht ist unmittelbar dem Urheber zuzuleiten; eine Benachrichtigung zB der Inhaber von Nutzungsrechten genügt nicht. Die Benachrichtigung ist dem Wortlaut nach zwingend und stellt somit eine Voraussetzung für die Zulässigkeit der Übernahme in das Archiv dar. Wird sie unterlassen, so stellt die dennoch vorgenommene Übernahme einer ephemeren Aufnahme in ein Archiv – auch bei Vorliegen der sonstigen Voraussetzungen – eine Urheberrechtsverletzung dar (ebenso *Dreier/ Schulze* Rdnr. 9; aA *Dreyer* in HK-UrhR Rdnr. 11; wenn *v. Gamm* Rdnr. 6 aE ausführt, dass die Benachrichtigung keine Voraussetzung für die Zulässigkeit der Aufnahme in das Archiv ist, so ist dies richtig für den Zeitpunkt der Aufnahme in das Archiv und die kurze gesetzliche Frist zur Benachrichtigung danach; unterbleibt jedoch die Benachrichtigung innerhalb dieser kurzen Zeitspanne nach Aufnahme in das Archiv, so werden die Aufnahme in das Archiv und die nicht durchgeführte Löschung nachträglich unzulässig).

15   Bei Vorliegen der Voraussetzungen nach Abs. 2 entfällt lediglich die Pflicht zur Löschung der ephemeren Aufnahme; an den so archivierten Aufnahmen erwachsen dem Inhaber des Archives **keinerlei zusätzliche Nutzungsrechte** (*Haberstumpf*[2] Rdnr 368 aE). Insbesondere dürfen diese Aufnahmen nicht zur öffentlichen Wiedergabe gleich welcher Art, dh. insbesondere auch nicht zu Funksendungen, verwendet werden (AmtlBegr. UFITA 45 [1965] 240/292). Eine öffentliche Wiedergabe kann allerdings im Rahmen von § 45 gerechtfertigt sein.

16   4. Soweit durch andere Gesetze Sendeunternehmen gezwungen sind – insbesondere zu Beweiszwecken – von ihren Sendungen Aufnahmen zu fertigen, so bleiben diese **öffentlich-rechtlichen Sonderregelungen** durch § 55 „unberührt" (AmtlBegr. UFITA 45 [1965] 240/292). Konventionsrechtlich sind solche Sonderregelungen durch Art. 9 Abs. 2 RBÜ abgedeckt (*Nordemann/Vinck/Hertin* RBÜ Art. 11bis Rdnr. 8 aE). Dies gilt für die öffentlich-rechtlichen Sendeanstalten der Bundesrepublik selbst (zB § 21 Deutsche-Welle-Gesetz vom 16. 12. 1997), für die einzelnen öffentlich-rechtlichen Sendeanstalten (zB § 12 WDR-Gesetz vom 23. 3. 1985), das ZDF (§ 14 des Staatsvertrags vom 31. 8. 1991) sowie für private Programmanbieter (zB § 18 Saarländisches Mediengesetz vom 27. 2. 2002). In diesen Fällen räumt das öffentliche Recht nur das Recht zur Vervielfältigung (Aufnahme) ohne urheberrechtliche Genehmigung ein; die so gespeicherten Sendungen dürfen ausschließlich zu Beweiszwecken (die einschlägigen Bestimmungen sprechen meist von **„Beweissicherung"**) verwendet werden. Hierunter fallen Verfahren über zivil- oder strafrechtliche Haftungsfragen ebenso wie rechtsaufsichtliche Maßnahmen (*Fuhr,* ZDF-Staatsvertrag[2], 1985, § 11 Anm. I). In aller Regel wird eine entsprechende Verwendung ohnehin unter § 45 fallen. Die entsprechenden öffentlich-rechtlichen Bestimmungen sehen in der Regel eine Frist zur Aufbewahrung zwischen 2 Wochen und 3 Monaten vor. Obwohl eine Pflicht zur Löschung danach nicht vorgesehen ist, wird man unter urheberrechtlichen Gesichtspunkten davon ausgehen müssen, dass die lediglich zu Beweissicherungszwecken gefertigten Aufnahmen nach angemessener Frist, dh. wenn – nach Ablauf der gesetzlich vorgesehenen Aufbewahrungsfrist – absehbar ist, dass im Zusammenhang mit der betreffenden Sendung keine Verfahren eingeleitet worden sind, gelöscht werden müssen (ebenso *Dreier/Schulze* Rdnr. 2).

§ 55a Benutzung eines Datenbankwerkes

[1]**Zulässig ist die Bearbeitung sowie die Vervielfältigung eines Datenbankwerkes durch den Eigentümer eines mit Zustimmung des Urhebers durch Veräußerung in Verkehr gebrachten Vervielfältigungsstücks des Datenbankwerkes, den in sonstiger Weise zu dessen Gebrauch Berechtigten oder denjenigen, dem ein Datenbankwerk aufgrund eines mit dem Urheber oder eines mit dessen Zustimmung mit einem Dritten geschlossenen Vertrags zugänglich gemacht wird, wenn und soweit die Bearbeitung oder Vervielfältigung für den Zugang zu den Elementen des Datenbankwerkes und für dessen übliche Benutzung erforderlich ist.** [2]**Wird aufgrund eines Vertrags nach Satz 1 nur ein Teil des Datenbankwerkes zugänglich gemacht, so ist nur die Bearbeitung sowie die Vervielfältigung dieses Teils zulässig.** [3]**Entgegenstehende vertragliche Vereinbarungen sind nichtig.**

Schrifttum: *Berger,* Der Schutz elektronischer Datenbanken nach der EG-Richtlinie vom 11. 3. 1996, GRUR 1997, 169; *Flechsig,* Der rechtliche Rahmen der europäischen Richtlinie zum Schutz von Datenbanken, ZUM 1997, 577; *Gaster,* Der Rechtsschutz von Datenbanken im Lichte der Diskussion zu den urheberrechtlichen Aspekten der Informationsgesellschaft, in Dittrich (Hrsg.), Beiträge zum Urheberrecht IV, ÖSGRUM 19 (1995) 201; *ders.,* Zur anstehenden Umsetzung der EG-Datenbankrichtlinie, CR 1997, 669 (Teil I); CR 1997, 717 (Teil II); *Hoebbel,* Der Schutz von elektronischen Datenbanken nach deutschem und kommendem europäischen Recht, in

Lehmann (Hrsg.), Rechtsschutz und Verwertung von Computerprogrammen, 2. Aufl. 1993, S. 1015; *Lehmann*, Die neue Datenbankrichtlinie und Multimedia, in Lehmann (Hrsg.), Internet- und Multimediarecht (Cyberlaw), 1997, S. 67; *ders.*, Die neue Datenbankrichtlinie und Multimedia, NJW-CoR 1996, 249; *ders.*, Richtlinie des Europäischen Parlaments und des Rates vom 11. März 1996 über den rechtlichen Schutz von Datenbanken, Einführung, in *Möhring/Schulze/Ulmer/Zweigert* (Hrsg.), Quellen des Urheberrechts, Europ. GemeinschaftsR/II/5; *Vogel*, Die Umsetzung der EG-Richtlinie 96/9/EG über den Rechtlichen Schutz von Datenbanken in Art. 7 des Regierungsentwurfs eines Informations- und Kommunikationsdienstegesetzes, ZUM 1997, 592.

Siehe auch die Schrifttumsangaben zu § 4 und vor §§ 87a ff.

Übersicht

	Rdnr.
I. Zweck und Bedeutung der Norm	1, 2
II. Zulässige Benutzung des Datenbankwerks	3–11
1. Zulässige Benutzungshandlungen	3, 4
2. Berechtigte Personen	5–7
3. Benutzungszweck und Erforderlichkeit	8–10
4. Beschränkung auf Teile des Datenbankwerks	11
5. Nichtigkeit entgegenstehender Vereinbarungen	12, 13

I. Zweck und Bedeutung der Norm

Durch § 55a wird Art. 6 Abs. 1 der Datenbankrichtlinie umgesetzt (Richtlinie 96/9/EG des Europäischen Parlaments und des Rates vom 11. März 1996 über den rechtlichen Schutz von Datenbanken, ABl. Nr. L 77 v. 27. 3. 1996, S. 20, auch abgedr. in GRUR Int. 1996, 806); zur Entstehungsgeschichte vgl. vor §§ 87a ff. Rdnr. 8). Die Vorschrift will dem rechtmäßigen Benutzer eines Datenbankwerks (§ 4 Abs. 2) den Zugang zum Inhalt der Datenbank und deren normale Benutzung ermöglichen (sa. den 34. Erwgr. der Richtlinie). Zu diesem Zweck wird bestimmt, dass Bearbeitungs- und Vervielfältigungsvorgänge, die an sich dem Ausschließlichkeitsrecht des Datenbankurhebers unterliegen, ohne seine Zustimmung zulässig sind. Die Vorschrift entspricht damit in ihrer Funktion § 69d, steht allerdings anders als § 69d Abs. 1 nicht unter dem Vorbehalt anderweitiger vertraglicher Regelung (sa. *Gaster* ÖSGRUM 19 (1995) 201/209). Ebenso wie bei § 69d (vgl. dort Rdnr. 1) handelt es sich primär nicht um eine urhebervertragsrechtliche Bestimmung, sondern um eine **Schrankenregelung**, die das Vervielfältigungsrecht und das Bearbeitungsrecht begrenzt (AmtlBegr. BTDrucks. 13/7934 S. 52; *Dreier/Schulze*[3] § 55a Rdnr. 1; Wandtke/Bullinger/*Lüft*[3], § 55a Rdnr. 1; Möhring/Nicolini/*Decker*[3] § 55a Rdnr. 1; die Annahme, es handele sich um eine „Erschöpfung des Vervielfältigungsrechts", geht fehl, so aber *Berger* GRUR 1997, 169/177). § 55a stellt **zwingendes Recht** dar, entgegenstehende vertragliche Vereinbarungen sind nach S. 3 unwirksam (sa. Art. 15 der Datenbankrichtlinie). 1

Die Zulässigkeit von Benutzungshandlungen wird sich in aller Regel auch aus dem **Vertragsrecht** ergeben. Wer einen Datenträger veräußert, der eine Datenbank enthält, oder wer die Genehmigung zur Online-Benutzung einer Datenbank gibt, bringt damit zumindest implizit zum Ausdruck, dass er der Benutzung im vertraglich vorgesehenen Rahmen zustimmt. Davon ist auch der Gesetzgeber ausgegangen (AmtlBegr. BTDrucks. 13/7934 S. 53). Urheberrechtlich ist das regelmäßig als eine rein schuldrechtliche Gestattung (dazu vor §§ 28ff. Rdnr. 55f.) zu qualifizieren. In ihrem Umfang kann eine solche Gestattung allerdings von dem durch § 55a festgelegten Rahmen abweichen. 2

II. Zulässige Benutzung des Datenbankwerks

1. Zulässige Benutzungshandlungen

Zulässig sind die **Bearbeitung** und die **Vervielfältigung** des Datenbankwerks oder von Teilen desselben. Andere Verwertungshandlungen, insbesondere die Verbreitung, erlaubt § 55a nicht. Zwar nennt Art. 6 Abs. 1 der Datenbankrichtlinie – anders als Art. 5 Abs. 1 der Computerprogrammrichtlinie – nicht nur die Vervielfältigung und Bearbeitung, sondern nimmt auf sämtliche der in Art. 5 aufgezählten Handlungen Bezug. Der deutsche Gesetzgeber hat jedoch bereits bei der Festlegung der zulässigen Benutzungshandlungen berücksichtigt, dass diese Handlungen für den Zugang zum Inhalt der Datenbank und ihre normale Benutzung erforderlich 3 sein müssen und ist mit Recht davon ausgegangen, dass das bei anderen Verwertungshandlungen als der Vervielfältigung und der Bearbeitung nicht der Fall ist (AmtlBegr. BTDrucks. 13/7934 S. 52). § 55a hat damit an Rechtsklarheit gewonnen und entspricht im Ergebnis § 69d Abs. 1 bzw. Art. 5 Abs. 1 der Computerprogrammrichtlinie. Unter § 55a fallen sowohl die Online- als auch die Off-line-Benutzung der Datenbank. Als **Vervielfältigungshandlungen** kommen bei elektronischen Datenbanken insbesondere das Abspeichern auf einem digitalen Datenträger (Festplatte eines Computers, Diskette, CD-ROM, DVD, MO-Disk, Memory-Stick usw.), das Laden in den Arbeitsspeicher und das Browsen in Betracht (zum Vervielfältigungscharakter dieser Vorgänge vgl. § 4 Rdnr. 49 sowie § 16 Rdnr. 17ff.). Bei nichtelektronischen Datenbanken wird es in der Regel um reprographische Kopien gehen. Bei den **Bearbeitungshandlungen** ist vor allem an Änderungen in der Auswahl und Anordnung der inhaltlichen Elemente der Datenbank zu denken. Diese können beispielsweise erfolgen, um die Datenbank individuellen Benutzerwünschen anzupassen, etwa durch Hinzufügung von Anmerkungen, Einrichtung besonderer Such- und Abfragestrategien, aber auch durch Hinzufügung weiterer Inhalte im Hinblick auf den individuellen Bedarf oder um die Datenbank up to date zu halten (sa. *Berger* GRUR 1997, 169/177f.).

4   Durch § 55a wird nur die Vervielfältigung und Bearbeitung des Datenbankwerks gestattet, also **nicht** die **Benutzung des Inhalts** der Datenbank (*Dreier*/Schulze[3] § 55a Rdnr. 2). Gegenstand der zustimmungsfreien Handlungen ist, was zur **Struktur** der Datenbank gehört (sa. § 4 Rdnr. 44), also etwa die Zugangs- und Abfragesysteme, Verzeichnisse, Thesaurus und Index (zu den Begriffen vgl. § 87a Rdnr. 33ff.). Eine Vervielfältigung oder Bearbeitung der in der Datenbank gespeicherten geschützten Werke bedarf dagegen der Zustimmung des Inhabers des jeweiligen Urheber- oder Leistungsschutzrechts. Soweit die Vervielfältigung oder Bearbeitung von Inhalten einer Datenbank quantitativ oder qualitativ in einer Weise erfolgt, dass die in Auswahl oder Anordnung des Inhalts liegende geschützte Leistung berührt wird, greift § 55a bezüglich dieser Leistung wieder ein.

2. Berechtigte Personen

5   § 55a hat nicht den Begriff des rechtmäßigen Benutzers aus Art. 6 Abs. 1 der Datenbankrichtlinie übernommen, sondern unterscheidet zwischen dem Eigentümer eines Vervielfältigungsstücks des Datenbankwerks, dem in sonstiger Weise zum Gebrauch Berechtigten und demjenigen, dem ein Datenbankwerk auf vertraglicher Basis zugänglich gemacht worden ist. Der Gesetzgeber wollte damit vermeiden, dass der Begriff des rechtmäßigen Benutzers lediglich im Sinne eines durch vertragliche Vereinbarung berechtigten Benutzers interpretiert würde; er hat deswegen die Person des Berechtigten anhand der distributorischen Verwertungshandlung beschrieben, durch die der Benutzer als Endverbraucher die Benutzungsberechtigung erwirbt (AmtlBegr. BTDrucks. 13/7934 S. 52; zur Interpretationsproblematik auch *Berger* GRUR 1997, 169/176f.). An Übersichtlichkeit hat die gesetzliche Regelung dadurch nicht gewonnen. Zu unterscheiden ist zwischen der **Offline-Benutzung** und der **Online-Benutzung**; diese Unterscheidung liegt auch dem 34. Erwgr. zugrunde. Die Benutzung **nicht elektronischer Datenbanken** steht der Offline-Benutzung gleich; die Problematik spielt hier aber keine nennenswerte Rolle.

6   Bei der **Offline-Benutzung** wird ein körperliches Vervielfältigungsstück der Datenbank benutzt. Die Fälle werden durch die Begriffe „Eigentümer eines mit Zustimmung des Urhebers durch Veräußerung in Verkehr gebrachten Vervielfältigungsstücks des Datenbankwerkes" und „in sonstiger Weise zu dessen Gebrauch Berechtigter" erfasst. Prototyp des **Eigentümers** ist der Käufer einer CD-ROM, die eine Datenbank enthält. **In sonstiger Weise zum Gebrauch Berechtigter** ist, wer von einem dazu Berechtigten eine Benutzungsberechtigung erhalten hat, die urheberrechtlicher Natur (Einräumung oder Weiterübertragung eines einfachen Nutzungsrechts) sein oder in einer rein schuldrechtlichen Gestattung bestehen kann. Hierunter fallen die Miete einer Datenbank-CD-ROM oder deren Überlassung durch den dazu berechtigten Eigentümer an einen Dritten zwecks Benutzung. Voraussetzung ist aber stets, dass die Einräumung der Nutzungsberechtigung urheberrechtlich zulässig ist. So bedarf die gewerbliche Vermietung käuflich erworbener Datenbank-CD-ROMs der urheberrechtlichen Zustimmung, weil das Vermietrecht nicht der Erschöpfung unterliegt (§ 17 Abs. 2; sa. § 4 Rdnr. 51). Grenzen können sich ebenso aus der Einräumung beschränkter Nutzungsrechte ergeben, die bestimmte Formen der Weitergabe oder Benutzung durch Dritte ausschließen. Entsprechendes gilt für **nicht elektronische Datenbanken**.

Mit demjenigen, „dem ein Datenbankwerk auf Grund eines mit dem Urheber oder eines mit 7
dessen Zustimmung mit einem Dritten geschlossenen Vertrags zugänglich gemacht wird" sind
die Fälle der **Online-Benutzung** gemeint (AmtlBegr. BTDrucks. 13/7934 S. 52). Bei der Online-Benutzung beruht die (rechtmäßige) Benutzung der Datenbank in aller Regel auf einem
mit dem Datenbankanbieter geschlossenen Vertrag. Dieser eröffnet dem Benutzer den Zugang
durch eine Zugangsberechtigung und gestattet das Downloading, das Browsen und weitere Benutzungshandlungen.

3. Benutzungszweck und Erforderlichkeit

§ 55a gestattet die Vervielfältigung und Bearbeitung des Datenbankwerks nur, soweit dies für 8
den Zugang zu den Elementen des Datenbankwerkes und für dessen übliche Benutzung erforderlich ist. Der Begriff des Zugangs zu den Elementen und der der üblichen Benutzung überschneiden sich. Mit dem **Zugang zu den Elementen** ist der Zugang zum Inhalt der Datenbank gemeint (insoweit klarer Art. 6 Abs. 1 der Datenbankrichtlinie), also zu den in der Datenbank
gespeicherten Werken, Daten, Fakten usw. Der Zugang zum Inhalt der Datenbank gehört aber
sicherlich auch zu deren üblicher Benutzung. Problematisch ist der Begriff der **üblichen Benutzung**. Was üblich ist, kann nur begrenzt generalisiert werden, es hängt von einer Reihe von Einzelfaktoren ab, von der Art der Datenbank ebenso wie vom Benutzer und den von ihm mit der
Benutzung verfolgten Zwecken, zB privater Gebrauch, gewerblicher Gebrauch, Gebrauch in
einem bestimmten Umfang und dgl. Art und Umfang der Benutzung werden sich bei einer Online-Benutzung meist aus dem zugrundeliegenden Lizenzvertrag ergeben; auch beim Erwerb eines
offline zu benutzenden Vervielfältigungsstücks der Datenbank können aber besondere vertragliche
Vereinbarungen getroffen werden. Insofern wird sich das, was übliche Benutzung ist, nicht ohne
Berücksichtigung der Parteivereinbarungen bestimmen lassen (ebenso *Dreier*/Schulze[3] § 55a
Rdnr. 7; Wandtke/Bullinger/*Lüft*[3], § 55a Rdnr. 7; Möhring/Nicolini/*Decker*[3] § 55a Rdnr. 11).
Damit reduzieren sich die Unterschiede zu § 69d Abs. 1, bei dem die Mindestrechte des Benutzers von Computerprogrammen unter dem Vorbehalt anderweitiger vertraglicher Regelung stehen. Ebenso wie dort (vgl. dazu § 69d Rdnr. 13) wird man aber von einem **zwingenden Kern**
von Benutzerbefugnissen auszugehen haben, der nicht eingeschränkt werden kann (vgl. Rdnr. 12).
Der Richtliniengesetzgeber wollte sicherstellen, dass der rechtmäßige Benutzer der Datenbank
mit dieser auch arbeiten und sie wirtschaftlich sinnvoll nutzen kann. Dem hat die Interpretation
des Begriffs der üblichen Benutzung Rechnung zu tragen.

Voraussetzung ist weiter, dass die Vervielfältigung oder Bearbeitung für den Zugang und die 9
übliche Benutzung **erforderlich** ist. Ebenso wie bei § 69d Abs. 1 ist davon auszugehen, dass es
nicht ausreicht, dass sie lediglich zweckmäßig oder nützlich sind (vgl. § 69d Rdnr. 12). Es muss also
so sein, dass durch andere zumutbare Maßnahmen Zugang und übliche Benutzung nicht ermöglicht werden können (sa. *Dreier*/Schulze[3] § 55a Rdnr. 8; Fromm/Nordemann/*Czychowski*[10] § 55a
Rdnr. 6).

Danach werden vor allem die Vorgänge des **Downloading** und des **Browsing** unter § 55a 10
fallen. Ohne diese Handlungen ist die Benutzung einer elektronischen Datenbank kaum möglich. Zu beachten bleibt aber, dass durch § 55a nur die Vervielfältigung und Bearbeitung des
Datenbankwerks gestattet wird, also nicht die Benutzung des Inhalts der Datenbank, insoweit
bleibt die Zustimmung des Inhabers des jeweiligen Urheber- oder Leistungsschutzrechts erforderlich (vgl. Rdnr. 4). In diesem Rahmen kann auch der **Ausdruck als Hardcopy** zulässig
sein. Eine **Ergänzung von Datenbanken** um weitere Dokumente wird – soweit dies technisch überhaupt möglich ist (zB nicht bei nicht wiederbeschreibbaren Datenträgern) – ebenfalls
als zulässig anzusehen sein, soweit die Interessen des Datenbankanbieters dadurch nicht beeinträchtigt werden. Bei der Online-Übertragung darf eine solche Anpassung zB nicht zu Veränderungen im Datenbestand des Anbieters führen; andererseits muss es dem Benutzer prinzipiell
erlaubt sein, die Datenbank durch die Aufnahme weiterer Dokumente seinen eigenen Bedürfnissen oder dem neuesten Stand anzupassen. Ein Interesse des Datenbankanbieters am Verkauf von Updates kann dem nicht entgegenstehen. Bearbeitungen in Form von Änderungen der
Technik des Datenzugriffs, etwa der Einrichtung besonderer Such- und Abfragestrategien,
sind oft schon im Programm, das die Benutzung der Datenbank ermöglicht, angelegt (sog.
Customizing); hierin liegt das Einverständnis des Datenbankanbieters mit solchen Änderungen,
so dass es einer Anwendung des § 55a nicht bedarf. Bei einer **dauerhaften Vervielfältigung**
der gesamten Datenbank oder größerer Teile davon auf digitale Datenträger ist die Gefahr einer
unkontrollierten Verbreitung der Datenbank zu berücksichtigen. Hierbei wie in weiteren Fällen

wird es von der Art der Datenbank, der Art und Weise der vorgesehenen Benutzung und anderen Umständen des Einzelfalls abhängen, ob sich Vervielfältigungs- und Bearbeitungsmaßnahmen noch im Rahmen der üblichen Benutzung halten (vgl. auch Rdnr. 8). Im Allgemeinen wird das auf eine Interessenabwägung hinauslaufen.

4. Beschränkung auf Teile des Datenbankwerks

11   Dass die zustimmungsfreie Vervielfältigung und Bearbeitung von Datenbankwerken sich auf diejenigen Teile beschränkt, zu deren Benutzung der Nutzer einen vertraglich eingeräumten Zugang hat, ist an sich eine Selbstverständlichkeit und hätte sich auch aus dem Begriff der Berechtigung ableiten lassen. § 55 a S. 2 stellt das aber – ebenso wie Art. 6 Abs. 1 S. 2 der Datenbankrichtlinie – noch einmal ausdrücklich klar. Die Vorschrift des S. 2 bezieht sich nach der vom Gesetzgeber vorgegebenen Systematik auf die Online-Nutzung von Datenbankwerken; man wird sie aber auf alle Fälle anzuwenden haben, in denen auf Grund vertraglicher Vereinbarung nur ein Teil der Datenbank benutzt werden darf.

5. Nichtigkeit entgegenstehender Vereinbarungen

12   Entgegenstehende Vereinbarungen sind nach § 55 a S. 3 nichtig, und zwar sowohl dinglicher als auch schuldrechtlicher Art. Damit wird dem Benutzer bei vertraglichen Vereinbarungen über Art und Umfang der Benutzung ein **„zwingender Kern"** von Benutzungsrechten garantiert, der nicht eingeschränkt werden kann. Vertragliche Regelungen außerhalb dieses Kerns werden durch § 55 a nicht berührt.

13   Der Inhaber der Rechte an der Datenbank hat aber die Möglichkeit, die Beschränkungen, die er nach § 55 a S. 3 durch vertragliche Vereinbarung nicht auferlegen darf, durch **technische Schutzmaßnahmen nach § 95 a** herbeizuführen. § 95 b, der der Durchsetzung von Schrankenbestimmungen gegenüber technischen Schutzmaßnahmen dient, zählt § 55 a nicht auf (ebenso *Dreier/Schulze*[3] § 55 a Rdnr. 11; *Fromm/Nordemann/Czychowski*[10] § 55 a Rdnr. 8; *Möhring/Nicolini/Decker*[3] § 55 a Rdnr. 15).

§ 56 Vervielfältigung und öffentliche Wiedergabe in Geschäftsbetrieben

(1) **In Geschäftsbetrieben, in denen Geräte zur Herstellung oder zur Wiedergabe von Bild- oder Tonträgern, zum Empfang von Funksendungen oder zur elektronischen Datenverarbeitung vertrieben oder instandgesetzt werden, ist die Übertragung von Werken auf Bild-, Ton- oder Datenträger sowie die öffentliche Wahrnehmbarmachung von Werken mittels Bild-, Ton- oder Datenträger sowie die öffentliche Wahrnehmbarmachung von Funksendungen und öffentliche Zugänglichmachung von Werken zulässig, soweit dies notwendig ist, um diese Geräte Kunden vorzuführen oder instandzusetzen.**

(2) **Nach Absatz 1 hergestellte Bild-, Ton- oder Datenträger sind unverzüglich zu löschen.**

Schrifttum: *Dittrich*, Zum Umfang der freien Werknutzung nach § 56 UrhG, ÖBl. 1997, 211 ff.; *ders.*, Noch einmal: Zum Umfang der freien Werknutzung nach § 56 UrhG, ÖBl. 1998, 63 ff.; *Loewenheim*, Die Benutzung urheberrechtlich geschützter Werke auf Messen und Ausstellungen *Poeppel*, Die Neuordnung der urheberrechtlichen Schranken im digitalen, GRUR 1987, 659 ff.; *Umfeld*, 2005, S. 381 ff.; *Walter*, Anm. zu OGH-Musikberieselung II, MR 2006, 317.

1   **1. Diese sog. Ladenklausel** hebt das ausschließliche Recht der Übertragung auf Bild- oder Tonträger (dh. Vervielfältigung gem. § 16 Abs. 2), der öffentlichen Wiedergabe mittels Bild- oder Tonträgern (§ 21), der öffentlichen Wahrnehmbarmachung von Funksendungen (§ 22) und nun auch der öffentlichen Zugänglichmachung (§ 19 a) auf. Eine entsprechende Bestimmung fehlte vor 1965. Vor allem der Siegeszug des Tonbandgerätes hatte zur Forderung nach einer gesetzlichen Regelung geführt. Im RegE 1962 war vorgesehen, dass lediglich zur **Vorführung** von Tonbandgeräten und Videorecordern Tonband- und Videoüberspielungen gestattet werden (§ 57 RegE 1962). Der Rechtsausschuss hielt diese Regelung für zu eng und gab der Bestimmung die jetzt gültige Fassung, nach der insbesondere neben der Vorführung auch die **Reparatur** privilegiert ist (vgl. Schriftl. Bericht des Rechtsausschusses, UFITA 46 [1966] 174/192). Die Urheberrechtsnovelle 2003 brachte – neben redaktionellen Änderungen – eine Erweiterung auf „Geräte zur elektronischen Datenverarbeitung" und erklärt „auch die öffentliche

Wahrnehmbarmachung von Übertragungen" für zulässig (AmtlBegr. UFITA 2004/I 186/226). Die Privilegierung von § 56 wurde eingeführt als ausschließlich „technischen Zwecken" dienend (AmtlBegr. UFITA 45 (1965) 240/246). Heute wird neben dem Geringfügigkeits- der Verbraucherschutzaspekt in den Vordergrund gestellt: „Durch eine ausführliche Präsentation und Funktionsprüfung wird der Gerätekäufer vor Fehlkäufen und der Reparaturkunde vor voreiligen Abnahmen geschützt" (*Poeppel*, S. 381); die Förderung der Interessen des Elektrogerätehandels folgt hieraus als Reflex.

Ein **Vergütungsanspruch** wurde den Urhebern vom Gesetz nicht zugebilligt, weil das Werk 2 hier nicht um seiner selbst willen benutzt werde, sondern nur, „um dem Kaufinteressenten die technische Wirkungsweise des Aufnahmegerätes zu zeigen" (AmtlBegr. UFITA 45 [1965] 240/292); diese Ablehnung eines Vergütungsanspruchs bezog sich allerdings noch auf die enge Fassung des RegE 1962. Nicht zu folgen ist der Auffassung, die Privilegierung in § 56 sei „weniger aus der sozialen Bindung des Urheberrechts als vielmehr aus der mittelbaren Förderung der eigenen Urheberinteressen zu verstehen" (so aber *v. Gamm* Rdnr. 1; ebenso OGH MR 1998, 26/28 und *Dittrich* ÖBl. 1997, 211/217 zum ähnlich lautenden § 56 öUrhG). Die Begründung hierfür, schließlich würde doch den Urhebern durch den so „geförderten Geräteverkauf" die Vergütung gem. § 54 zugute kommen, überzeugt schon deshalb nicht, weil die Regelung ja auch bloße – vergütungsfreie – Wiedergabegeräte umfasst.

Die Einschränkung des Vervielfältigungsrechts durch diese Ladenklausel ist konventionsrecht- 3 lich durch **Art. 9 Abs. 2 RBÜ** abgedeckt. Bezüglich der öffentlichen Wiedergabe handelt es sich um eine zulässige sog. kleine Ausnahme (*Nordemann/Vinck/Hertin* RBÜ Art. 8 Rdnr. 3). Die **Multimediarichtlinie** schließlich lässt in Art. 5 Abs. 3 l) Ausnahmen vom Vervielfältigungsrecht und dem Recht der öffentlichen Wiedergabe „für die Nutzung im Zusammenhang mit der Vorführung oder Reparatur von Geräten" zu.

2. Voraussetzungen

a) Nur **Geschäftsbetriebe,** die sich gewerbsmäßig mit Verkauf oder Reparaturen von Bild- 4 oder Tonträgern einerseits und von Geräten zu deren Herstellung oder Wiedergabe sowie zum Empfang von Funksendungen andererseits befassen, sind privilegiert. Der Begriff Geschäftsbetrieb umfasst alle Vertriebsstufen vom Hersteller bis zum Einzelhandel einschließlich einschlägiger Handelsvertreter (*v. Gamm* Rdnr. 3a; *Dreier/Schulze* Rdnr. 3), aber auch Messeaussteller (*Loewenheim* GRUR 1987, 659/660). Mit der Formulierung „in Geschäftsbetrieben" wollte der Gesetzgeber klarstellen, dass es sich „nicht um eine Beschränkung der zulässigen Verwertungshandlung auf bestimmte Personen (bzw. Unternehmen), sondern um eine Beschränkung auf bestimmte Umstände handelt" (AmtlBegr. UFITA 2004/I, 187/226).

b) **Geräte** iSv. Abs. 1 sind einmal solche „zum Empfang von Funksendungen", dh. Radio- 5 und Fernsehgeräte, zum anderen solche zur Herstellung oder Wiedergabe von Bild- oder Tonträgern; dies sind insbesondere Tonbandgeräte und Videorecorder (aber auch Videokameras, Camcorder etc.) sowie die entsprechenden Abspielgeräte (CD- und DVD-Player etc.). Schon bisher fielen alle digitalen Geräte, die in der Lage sind, Multimedia-Produkte, also auch Bild- und Tonträger iSv. § 16 Abs. 2, herzustellen und/oder zu vervielfältigen, unter Abs. 1, also jedenfalls Computer uÄ (*Schricker/Melichar*[2] Rdnr. 6a). Durch die Erweiterung auf „Geräte zur elektronischen Datenverarbeitung" sind nun auch Geräte erfasst, die der Übermittlung digitalisierter Werke dienen. Der Gesetzgeber nennt beispielhaft hierfür Computerbildschirme, Drucker und Modems (AmtlBegr. aaO 225); es fallen hierunter aber auch CD-ROM- und DVD-Laufwerke (*Dreier/Schulze* Rdnr. 4).

Wenn Abs. 1 von Geräten zur Herstellung oder Wiedergabe von „Bild- oder Tonträgern" 6 spricht, so kann sich dies nach der Legaldefinition von § 16 Abs. 2 nur auf Vorrichtungen zur wiederholbaren Wiedergabe von Bild- oder Tonfolgen, also nicht von einzelnen Abbildungen beziehen. Hieraus ergibt sich zwingend, dass Foto- und Reprographiegeräte grundsätzlich nicht hierunter fallen (ebenso *Dreyer* in HK-UrhR, Rdnr. 11; *Dreier/Schulze* Rdnr. 4; aA *v. Gamm* Rdnr. 3a und – bezüglich Fotoapparaten – *Fromm/Nordemann*[10] Rdnr. 1). Diese Definition der Geräte hat sich dadurch, dass mit der Novelle 2003 die Übertragung auf Datenträger und die öffentliche Wahrnehmbarmachung von Datenträgern geändert wurde, zwar nicht geändert (so aber *Dreier/Schulze* Rdnr. 4). Mit Entwicklung der digitalen Technik freilich verschwimmen die Unterschiede, wenn zB Digitalkameras auch kurze Bildsequenzen aufzeichnen können uÄ. Da nun allgemein Geräte zur elektronischen Datenverarbeitung privilegiert sind, wird man zweckmäßigerweise davon ausgehen, dass jedenfalls **digitale Aufnahme- und Wiedergabegeräte** aller Art jetzt unter § 56 zu subsumieren sind (ähnlich *Dreier/Schulze* Rdnr. 4; noch weitergehend auch für analoge Geräte *Wandtke/Bullinger/Lüft* Rdnr. 2; *Möhring/Nicolini/Gass* Rdnr. 11 f.). Dies entspricht auch den Vorgaben der Multimedia-Richtlinie, die ganz allgemein nur von „Geräten" spricht (so. Rdnr. 3).

Nicht hierunter fallen **Foto- und Reprographiegeräte** aller Art (aA *v. Gamm* Rdnr. 3a und – bezüglich Fotoapparaten – *Fromm/Nordemann*[10] Rdnr. 1). Dies ergibt sich bereits aus dem Wortlaut des Gesetzes, da unter „Bild- oder Tonträger" entsprechend der Legaldefinition in § 16 Abs. 2 nur Vorrichtungen zur wiederholbaren Wiedergabe von Bild- oder Ton**folgen,** also nicht von einzelnen Abbildungen, verstanden werden. Im Übrigen besteht auf diesem Gebiet auch kein Bedürfnis für eine Sonderregelung: Während bei Demonstration oder Reparatur von Radio- und Fernsehgeräten etc. nahezu zwangsläufig urheberrechtlich geschütztes Material in Form von Rundfunksendungen benutzt wird, ist es zur Demonstration zB eines Fotokopiergerätes keineswegs nötig, urheberrechtlich geschützte Werke zu vervielfältigen (ebenso *Dreyer* in HK-UrhR Rdnr. 11; *Poeppel,* S. 385 ff., schlägt mit guten Argumenten jedenfalls de lege ferrenda eine Ausweitung von § 56 auf alle Gerätetypen vor).

7   c) Öffentliche Wiedergabe und Vervielfältigung sind nur zulässig, soweit dies notwendig ist, um „diese **Geräte**" vorzuführen bzw. instandzusetzen. Nur Demonstration und Reparatur der **Geräte** sind also privilegiert, nicht aber die „öffentliche Wiedergabe zum Zwecke der Präsentation von Bild- oder Tonträgern", wie durch die Streichung des bislang enthaltenen Begriffs „Vorrichtungen" klargestellt wurde (AmtlBegr. z. RefE UFITA 2004/I, 143/169; *Haberstumpf*[2] Rdnr. 369).

7a   Unter den gleichen Voraussetzungen ist die Wiedergabe von „Funksendungen" gestattet, dh. von Sendungen iSv. § 20, sowie nun auch die öffentliche Zugänglichmachung, dh. – trotz des unklaren Wortlauts – die öffentliche Wahrnehmbarmachung von öffentlich zugänglich gemachten Werken (also insbes. von Internetinhalten).

8   Zu **Vorführzwecken** sind Vervielfältigung und öffentliche Wiedergabe nur zulässig, soweit dies **für Kunden notwendig** ist. Dabei ist unerheblich, ob es sich um ein persönliches Verkaufsgespräch oder um ein Angebot an eine breitere Käuferschicht, beispielsweise vor einem Messestand, handelt, soweit der Zweck die Vorführung vor einem konkreten Kreis von Kaufinteressenten ist (nach AG Düsseldorf muss die Wiedergabe „im Rahmen eines bestimmten Verkaufsgespräches" stattfinden – *Schulze* AGZ 27, 3; nach österr. OGH genügt „die Möglichkeit, dass die Wiedergabe in eine konkrete Kundenvorführung und -beratung übergeht" – MR 1998, 27/28). Diese Kaufinteressenten müssen dabei nicht notwendigerweise (potentielle) Kunden des Vorführenden selbst sein; so genügt es beispielsweise bei einer Messevorführung durch den Hersteller oder Großhändler, wenn die durch die Vorführung angesprochenen Endabnehmer nicht Kunden des vorführenden Herstellers oder Großhändlers, sondern eines Einzelhändlers werden sollen (AG Berlin-Charlottenburg Schulze AGZ 16 – HiFi-Messe – mit Anm. *Schatz*).

9   Die privilegierte öffentliche Wiedergabe muss **ausschließlich** den Vorführzwecken dienen (*Schatz* Anm. zu AG Berlin-Charlottenburg Schulze AGZ 16 – HiFi-Messe; ebenso öst. OGH MR 2006, 317 – Musikberieselung im Geschäftsbetrieb (Autohaus)). Nicht zulässig ist daher insbesondere die dauernde Wahrnehmbarmachung von Funksendungen oder Bild- und Tonträgern, zB das ständige Laufen lassen von Fernsehapparaten in Abteilungen von Warenhäusern oder Schaufenstern, da dies nicht (oder jedenfalls nicht ausschließlich) zur Vorführung von Geräten notwendig ist, sondern nur (oder jedenfalls vorwiegend) allgemeinen Werbezwecken dient (Schrift. Bericht des Rechtsausschusses, UFITA 46 [1966] 174/192; AG Berlin-Charlottenburg Schulze AGZ 16 – HiFi-Messe; allg. hM *Dreier/Schulze* Rdnr. 7 aE; *Dreyer* in HK-UrhR Rdnr. 18; *Wandtke/Bullinger/Lüft* Rdnr. 6). Zu weitgehend nach der hier gebotenen engen Auslegung *Loewenheim* (GRUR 1987, 659/663), wonach das Aufstellen von Geräten, die auf Messen „mehr oder weniger ständig eingeschaltet sein können, weil sie von den Besuchern selbst bedient werden dürfen", unter die Privilegierung des § 56 fallen könne (ebenso *Möhring/Nicolini/Gass* Rdnr. 15).

10   3. Gemäß **Abs. 2** sind nach Abs. 1 erlaubtermaßen hergestellte Bild- oder Tonträger „unverzüglich", dh. ohne schuldhaftes Zögern (§ 121 BGB) zu löschen. Die **Löschung** muss also unmittelbar nach erfolgter Vorführung bzw. Reparatur des Gerätes erfolgen, dh. spätestens, nachdem der Kunden den Geschäftsbetrieb verlassen hat oder der Reparaturvorgang beendet ist. Ein Aufbewahren des nach Abs. 1 hergestellten Bild- oder Tonträgers etwa zur Wiederverwendung für weitere Kunden ist unzulässig (*v. Gamm* Rdnr. 6; *Dreyer* in HK-UrhR Rdnr. 16). Der Gesetzeswortlaut geht wie selbstverständlich davon aus, dass die verwendeten Bild- oder Tonträger –

wie Tonbänder, Videokassetten oder CD-Rohlinge – löschbar (und somit wiederverwertbar) sind. Im RegE war noch vorgesehen, dass die Bild- oder Tonträger „unbrauchbar zu machen" sind. Soweit eine Löschung nicht möglich ist, zB bei Schmalfilmen, verlangt auch das geltende Recht eine Unbrauchbarmachung (ebenso *Dreyer* in HK-UrhR Rdnr. 16).

4. Die Ladenklausel wurde – auch – im **Interesse des Elektrohandels** geschaffen. Sie vermag jedoch offenbar dessen Bedürfnisse nicht vollständig zu befriedigen. Dies gilt zum einen hinsichtlich der Notwendigkeit einer sofortigen Löschung, was in der Praxis vielfach als unpraktikabel angesehen wird. Zum anderen gilt dies auch das Fehlen einer allgemeinen – nicht kundenbezogenen – Vorführmöglichkeit etwa in Schaufenstern des Nachts uÄ. Es sind daher eine Reihe von Verträgen zwischen Verwertungsgesellschaften (unter Federführung der GEMA) und dem Fachhandel, Warenhäusern uÄ abgeschlossen worden, in denen gegen Vergütung die gewünschten Vorführrechte eingeräumt werden. Verhandlungen mit weiteren Rechteinhabern (insbesondere Rundfunkanstalten) über eine Aufschiebung der Löschungsfrist nach Abs. 2 sind noch nicht abgeschlossen.

§ 57 Unwesentliches Beiwerk

Zulässig ist die Vervielfältigung, Verbreitung und öffentliche Wiedergabe von Werken, wenn sie als unwesentliches Beiwerk neben dem eigentlichen Gegenstand der Vervielfältigung, Verbreitung oder öffentlichen Wiedergabe anzusehen sind.

I. Allgemeines

1. Entstehungsgeschichtlich geht die Bestimmung des § 57, der Entsprechungen im RefE und MinE noch fehlten, auf eine ähnliche Regelung in **§ 23 Abs. 1 Nr. 2 KUG** zurück, die sich allerdings nur auf Personen als Beiwerk von Landschaftsbildern und Bildern sonstiger Örtlichkeiten bezog (vgl. § 60/§ 23 KUG Rdnr. 80 ff.). § 57 gestattet demgegenüber, **geschützte Werke gleich welcher Art** ohne Zustimmung des Urhebers zu nutzen, wenn sie mehr oder weniger zufällig (AmtlBegr. UFITA 45 [1965] 240/292) und als Nebensächlichkeit in ein anderes Werk hineingeraten und daher als unwesentliches Beiwerk neben dem eigentlichen Gegenstand der Vervielfältigung, Verbreitung oder öffentlichen Wiedergabe anzusehen sind.

2. Wie Art. 9 Abs. 5 und 6 des früheren englischen Copyright-Act von 1956 als sein Vorbild (s. AmtlBegr. UFITA 45 [1965] 240/292) soll § 57 seinem **Sinn und Zweck** nach verhindern, dass die Zustimmung des Urhebers eingeholt werden muss, wenn sein Werk nur zufällig oder beiläufig und ohne Bezug zum eigentlichen Gegenstand der Verwertungshandlung genutzt wird und wegen der **diese Schrankenregelung rechtfertigenden Geringfügigkeit des Eingriffs** in ein ausschließliches Recht vermögens- wie persönlichkeitsrechtliche Interessen des Urhebers nicht berührt werden (*v. Gamm* Rdnr. 1). Dies gilt in verwertungsrechtlicher Hinsicht für **alle Nutzungsarten,** die den Rechten der **Vervielfältigung, Verbreitung und öffentliche Wiedergabe** zuzuordnen sind, einschließlich der öffentlichen Zugänglichmachung nach § 19a und einschließlich gesetzlich nicht speziell geregelter Innominatfälle der öffentlichen Wiedergabe (s. dazu § 15 Rdnr. 21 ff.), jedoch nicht für das Recht der Ausstellung eines Werkes nach § 18, bei dem bereits wesensmäßig eine beiläufige Nutzung ausgeschlossen ist (*v. Gamm* Rdnr. 2). **Urheberpersönlichkeitsrechtlich** sind zwar wie bei allen Schrankenregelungen grundsätzlich die §§ 12, 14, 62 und 63 anwendbar (vor §§ 44a ff. Rdnr. 14; *Möhring/Nicolini/Gass*[2] Rdnr. 2; *Wandtke/Bullinger/Lüft* Rdnr. 1), die Vornahme von Eingriffen in persönlichkeitsrechtliche Positionen des Urhebers führen jedoch in aller Regel zum Wegfall der Unwesentlichkeit des Beiwerks.

3. § 57 steht **neben den übrigen Schrankenregelungen** der §§ 44a ff. **Berührungspunkte** kann es mit **§ 50** geben, der freie Nutzung von Werken im Rahmen der Bild- und Tonberichterstattung über Tagesereignisse in dem durch den Zweck gebotenen Umfang erlaubt, wenn diese im Laufe der Ereignisse, über die berichtet wird, wahrnehmbar werden (vgl. *v. Gamm* Rdnr. 3; *Ulmer*[3] § 75 II). Der Begriff des unwesentlichen Beiwerks ist freilich enger auszulegen als der der Werke, die im Rahmen der privilegierten Tatbestände des § 50 wahrgenommen werden können (ebenso *Ulmer*[3] § 75 II; *Möhring/Nicolini/Gass*[2] Rdnr. 2).

4. Konventionsrechtlich hält sich § 57 im Rahmen von Art. 9 Abs. 2 RBÜ (Pariser Fassung), der Ausnahmen vom ausschließlichen Vervielfältigungsrecht gestattet, soweit sie die normale Auswertung des Werkes nicht beeinträchtigen und die berechtigten Interessen des Urhebers nicht unzumutbar verletzen.

5. § 57 genügt den Harmonisierungserfordernissen des europäischen Urheberrechts, welches in Art. 5 Abs. 3 lit. i der Informationsgesellschafts-Richtlinie 2001/29/EG vom 22. 5. 2001 die beiläufige Einbeziehung eines Werkes in anderes Material gestattet, gleich, auf welche Art dies geschieht. Das Merkmal des „unwesentlichen Beiwerks" impliziert, dass die Voraussetzungen des § 57 nur erfüllt sind, wo auch dem Dreistufentest nach Art. 5 Abs. 5 der Informations-Richtlinie, Art. 10 Abs. 2 WCT und Art. 13 TRIPS genügt ist (Einzelheiten vor §§ 44a ff. Rdnr. 12 f.).

5   6. Im Übrigen gilt für § 57 wie für alle auf der **Sozialbindung des geistigen Eigentums beruhenden Schrankenregelungen** der §§ 44a ff. als **Ausnahme** von ausschließlichen Rechten des Urhebers das Gebot **enger Auslegung.** Dies schließt zwar grundsätzlich nicht aus, dass es nach dem Zweck der Schrankenbestimmung und dem Gewicht der durch sie geschützten Interessen gerechtfertigt ist, bei der Auslegung der als abschließend zu verstehenden Schrankenregelung einen großzügigeren Maßstab anzulegen (stRspr., zuletzt EuGH GRUR 2009, 2041/2045 Tz. 56 – Infopaq/DDP; BGH GRUR 1994, 800/802 – Museumskatalog; BGHZ 150, 6/8 = GRUR 2002, 605 f. – Verhüllter Reichstag; BGHZ 151, 300/310 = GRUR 2002, 963 – Elektronischer Pressespiegel; BGH GRUR 2003, 956/957 – Gies-Adler; BGH GRUR 2003, 1035/1037 – Hundertwasser-Haus; BGH GRUR 2005, 670/671 – WirtschaftsWoche; sa. *Schricker* LMK 2003, 9; vor §§ 44a ff. Rdnr. 18 ff.). Angesichts der gebotenen **objektiven Beurteilung** des Tatbestandsmerkmals des unwesentlichen Beiwerks dürfte dafür jedoch im Rahmen des § 57 kein Spielraum sein. Dies gilt insbesondere dort, wo gesetzliche Regelungen eine Nutzung ausdrücklich ausschließen. So kann § 57 auch unter dem Gesichtspunkt von Treu und Glauben nicht analog herangezogen werden, wo dies zu einer Aushöhlung des Ausschließlichkeitsrecht des Urhebers führt (so *Dreier/Schulze/Dreier* Rdnr. 4 unter Verweis auf *Dreier,* Fs. für Schricker, 1995, S. 208 ff., 219 ff.). Ausgeschlossen sind schließlich auch fingierte stillschweigende Zugeständnisse des betroffenen Urhebers in die einschlägigen Nutzungen seines Werkes (aA *Möhring/Nicolini/Gass*[2] Rdnr. 4).

Zu beachten sind im Rahmen des § 57 auch die **Schranken-Schranken-Regelungen des Änderungsverbots nach § 62** und der Quellenangabe, Letztere jedoch nur, soweit es nach § 63 Abs. 2 die Verkehrssitte erfordert.

II. Unwesentliches Beiwerk

6   1. Nach dem Gesetzeswortlaut wird unwesentliches Beiwerk dadurch definiert, dass es **neben dem eigentlichen Gegenstand** steht, um den es dem durch § 57 privilegierten Nutzer geht. Zu diesem Hauptgegenstand darf unwesentliches Beiwerk in gebotener enger Auslegung der Vorschrift und bei objektiver Würdigung der Umstände **keine** noch so unbedeutende **inhaltliche Beziehung** aufweisen und hat durch seine Zufälligkeit und Beliebigkeit für ihn ohne jede Bedeutung zu sein. Der eigentliche Gegenstand, von dem anders als vom Beiwerk selbst keine urheber- oder leistungsschutzrechtliche Schutzfähigkeit verlangt werden kann (ebenso *Dreier/Schulze/Dreier* Rdnr. 1), muss derart beherrschend sein, dass das neben ihm erscheinende Beiwerk oder Beiwerkteil ohne Beeinträchtigung der Gesamtwirkung des Hauptgegenstandes steht und unmerklich ausgetauscht werden könnte (ebenso *Dreier/Schulze/Dreier* Rdnr. 2; *Möhring/Nicolini/Gass*[2] Rdnr. 6 ff.; *Dreyer* in HK-UrhG Rdnr. 5).

7   2. **Unwesentliches Beiwerk** neben dem eigentlichen Gegenstand ist folglich **weniger als ein Gegenstand von geringer oder untergeordneter Bedeutung.** Deshalb kann ein Bild im Hintergrund für eine Film- oder Fernsehszene charakteristisch und deshalb wesentliches Beiwerk iSd. Vorschrift sein (vgl. hierzu die berechtigte Kritik von *Fromm/Nordemann/W. Nordemann*[10] Rdnr. 2 und *v. Gamm* Rdnr. 2 an den Beispielen der AmtlBegr.). § 57 betrifft weder Beiwerk schlechthin noch Beiwerk mit inhaltlichem Bezug zum eigentlichen Gegenstand; vielmehr fehlt unwesentlichem Beiwerk jeglicher Bezug zum eigentlichen Gegenstand (ebenso *Maaßen,* Bildzitate in Gerichtsentscheidungen und juristischen Publikationen, ZUM 2003, 830/838). Das heißt, es ist nebensächlich.

8   **Nebensächlichkeit** liegt idR dann vor, wenn der durchschnittliche Betrachter das Beiwerk – zB eine Requisite im Hintergrund – nicht wahrnimmt, weil es beliebig ausgetauscht oder ganz weggelassen werden kann (*Möhring/Nicolini/Gass*[2] Rdnr. 8; *Fromm/Nordemann/W. Nordemann*[10]

Rdnr. 2). Sobald ein urheberrechtlich geschütztes Werk erkennbar als Beiwerk in ein Bild oder ein Spielgeschehen einbezogen wird, verliert es seine Unwesentlichkeit, mag es auch nur zufällig in Erscheinung getreten sein (vgl. *Dreier/Schulze/Dreier* Rdnr. 2).

Ertönt etwa in einer Straßenszene eines Dokumentarfilms zufällig aus einem offenen Fenster Rundfunkmusik, kann die Wiedergabe, selbst wenn es sich nicht um aktuelle Berichterstattung über ein Tagesereignis gemäß § 50 handelt, nach § 57 zulässig sein (so AmtlBegr. UFITA 45 [1965] 240/292; *Ulmer*[3] § 75 II; *Schack*[5] Rdnr. 566). Erfährt aber die Musik wegen störender Straßengeräusche nachträglich eine technische Aufbereitung oder wird sie gar neu hinzugemischt, wird die zufällig aufgenommene Musik in die Gesamtkonzeption des Filmes einbezogen und kann somit nicht mehr als unwesentliches Beiwerk angesehen werden (LG Frankfurt/M UFITA 57 [1970] 342/344 – Einblendung eines Tagesereignisses in einen Werbe- oder Dokumentarfilm, zustimmend *Dietz* UFITA 72 [1975] 1/68; ebenso *Möhring/Nicolini*[1] Anm. 4b bb; *Fromm/Nordemann/W. Nordemann*[10] Rdnr. 2; aA *Brack* UFITA 50 [1967] 544/553, der darüber hinausgehend Zwischen- und Hintergrundmusik bei Hörspielen und Dokumentarsendungen nach § 57 für zulässig hält).

Ausschlaggebend für die Beurteilung sind die **Zusammenhänge im jeweiligen Einzelfall** 9 (OLG München NJW 1989, 404 – Kunstwerke in Werbeprospekten). Betrit in einem Kriminalfilm der Kommissar eine Villa, in der ein Mord geschehen ist, ist es für die Charakteristik der Räume durchaus von Bedeutung, ob dort alte Stiche hängen oder ein Bild von Max Beckmann, Pablo Picasso, Rudolf Schoofs oder Emilio Vedova. Das Bild – mag es auch nur im Hintergrund erscheinen und im Dialog nicht erwähnt werden – dokumentiert in dieser Szene das Milieu und kann daher nicht als unwesentliches Beiwerk angesehen werden. Erst recht handelt es sich nicht um unwesentliches Beiwerk, wenn ein Einrichtungshaus mit der Abbildung möblierter Innenräume wirbt, an deren Wänden Bilder bekannter moderner Künstler hängen (ebenso *Möhring/ Nicolini/Gass*[2] Rdnr. 11; *Maaßen*, Bildzitate in Gerichtsentscheidungen und juristischen Publikationen, ZUM 2003, 830/838). Ebenso ist ein T-Shirt als unwesentliches Beiwerk anzusehen, wenn kein Zusammenhang zwischen seiner Gestaltung und der mit ihm bekleideten Person besteht und das T-Shirt durch ein beliebiges anderes Modell ersetz werden kann, ohne dass die Gesamtwirkung des Bildes beeinflusst wird (LG München GRUR-RR 2008, 292 – Fallguy). Hingegen kann die nach § 48 erlaubnisfrei zulässige Fernsehübertragung einer Parlamentsrede, bei der der urheberrechtlich geschützte Schmuck einer Rednerin sichtbar wird, nicht vom Urheber des Schmucks unterbunden werden, weil insoweit von nur unwesentlichem Beiwerk auszugehen ist (so zu Recht *Dreyer* in HK-UrhG Rdnr. 7).

3. Die Beurteilung erfolgt nach **objektivem Maßstab aus der Sicht des Betrachters** 10 (OLG München NJW 1989, 404 – Kunstwerke in Werbeprospekten; *Maaßen*, Bildzitate in Gerichtsentscheidungen und juristischen Publikationen, ZUM 2003, 830/838; ebenso *Dreyer* in HK-UrhG Rdnr. 4). Ob ein geschütztes Werk nur als unwesentliches Beiwerk „neben dem eigentlichen Gegenstand" anzusehen ist oder ob es – im Zweifel – absichtlich in ein Bild oder in eine Handlung einbezogen worden ist, entscheidet sich folglich nicht aus der Perspektive des Regisseurs oder Produzenten eines Films oder einer Aufführung *(Dreier/Schulze/Dreier* Rdnr. 3). Die Einbeziehung ist freilich ein Indiz für die Wesentlichkeit des Beiwerks (zu weitgehend *Möhring/Nicolini/Gass*[2] Rdnr. 8; *v. Gamm* Rdnr. 3: beabsichtigte Einbeziehung). Mit *Dreier* (in *Schulze/ Dreier* Rdnr. 2) schließt Absicht bereits die Berufung auf § 57 aus.

§ 58 Werke in Ausstellungen, öffentlichem Verkauf und öffentlich zugänglichen Einrichtungen

(1) **Zulässig ist die Vervielfältigung, Verbreitung und öffentliche Zugänglichmachung von öffentlich ausgestellten oder zur öffentlichen Ausstellung oder zum öffentlichen Verkauf bestimmten Werken der bildenden Künste und Lichtbildwerken durch den Veranstalter zur Werbung, soweit dies zur Förderung der Veranstaltung erforderlich ist.**

(2) **Zulässig ist ferner die Vervielfältigung und Verbreitung der in Absatz 1 genannten Werke in Verzeichnissen, die von öffentlich zugänglichen Bibliotheken, Bildungseinrichtungen oder Museen in inhaltlichem und zeitlichem Zusammenhang mit einer Ausstellung oder zur Dokumentation von Beständen herausgegeben werden und mit denen kein eigenständiger Erwerbszweck verfolgt wird.**

§ 58

Schrifttum: *Berger,* Die zukünftige Regelung der Katalogbildfreiheit, ZUM 2002, 21; *Bornkamm,* Der Dreistufentest als urheberrechtliche Schrankenbestimmung, Fs. für Erdmann, 2002, S. 29; *Bullinger,* Kunstwerke in Museen – die klippenreiche Bildauswertung, Fs. für Raue, S. 379; *Jacobs,* Die neue Katalogbildfreiheit, Fs. für Tilmann, 2003, S. 49; *ders.,* Die Katalogbildfreiheit, Fs. für Vieregge, 1995, S. 381; *Kirchmaier,* Die neue „Katalogbildfreiheit" des § 58, KuR 2005, 56; *Max-Plank-Institut für geistiges Eigentum, Wettbewerbsrecht und Steuerrecht,* Declaration, A Balanced Interpretation of the Three Step Test in Copyright Law, www.ip.mpg.de; *Merker/Mittl,* Die Begrenzung der Werbung eines Auktionshauses durch die Katalogbildfreiheit, ZUM 2010, 397; *Ott,* Bildersuchmaschinen und Urheberrecht, ZUM 2009, 345; *Schrader/Rautenstrauch,* Urheberrechtliche Verwertung von Bildern durch Anzeige von Vorschaugrafiken (sog. „thumbnails") bei Internetsuchmaschinen, UFITA 2007/III, 761; *Senftleben,* Copyright, Limitations and the Three Step Test, 2004; *ders.,* Grundprobleme des urheberrechtlichen Dreistufentests, GRUR Int. 2004, 200; *Spindler,* Europäisches Urheberrecht in der Informationsgesellschaft, GRUR 2002, 105.

Übersicht

	Rdnr.
I. Allgemeines	1–8
1. Regelungsgehalt der Vorschrift	1
2. Rechtsentwicklung	2
3. Sinn und Zweck sowie Rechtfertigung der Vorschrift	3
4. Auslegungsfragen	4, 5
5. Kritik	6–8
II. Einzelerläuterungen	9–27
1. Werke der bildenden Künste und Lichtbildwerke	9–14
a) Werkarten	9
b) Veröffentlichte und zur Veröffentlichung bestimmte Werke	10–12
c) Mappenwerke und Skizzenbücher	13
d) Bestandsdokumentationen nach Abs. 2	14
2. Erlaubnis- und vergütungsfreie Nutzungen nach Abs. 1	15–21
a) Privilegierter Personenkreis	15
b) Freigestellte Nutzungshandlungen	16–21
– sachlich, räumlich, zeitlich	18–21
3. Erlaubnis- und vergütungsfreie Nutzungen nach Abs. 2	22–27
a) Privilegierter Personenkreis	23
b) Zulässige Nutzungshandlungen	24
c) Tatbestandsvarianten, eigenständiger Erwerbszweck	25–27
III. Sonstige Fragen	28
Urheberpersönlichkeitsrechte	28

I. Allgemeines

1. Regelungsgehalt der Vorschrift

1 Im Gefüge des UrhG zählt § 58 neben den §§ 18 und 44 Abs. 2 zu den Vorschriften, die spezielle Regelungen zum Recht der Ausstellung von Werken der bildenden Künste und Lichtbildwerken enthalten. § 18 gewährt dem Urheber ein gesondertes Ausstellungsrecht, § 44 Abs. 2 statuiert eine widerlegliche Vermutung zugunsten des Eigentümers des Werkoriginals, zu dessen Ausstellung berechtigt zu sein, und § 58 Abs. 1 hebt als Schrankenregelung das ausschließliche Vervielfältigungs- und Verbreitungsrecht sowie des Rechts der öffentlichen Zugänglichmachung des Urhebers insoweit auf, als er dem Veranstalter einer Ausstellung oder dem Kunsthandel das Recht verleiht, mit einem gezeigten bzw. angebotenen Werk, etwa in einem Ausstellungs- oder Versteigerungskatalog, genehmigungs- **und** vergütungsfrei zu werben, soweit dies im Rahmen des zur Förderung der Veranstaltung Erforderlichen geschieht. Abs. 2, der inhaltlich gewisse Überschneidungen mit Abs. 1 aufweist (s. Rdnr. 22), erlaubt es ferner, die in Abs. 1 genannten Werke in solchen Verzeichnissen zu vervielfältigen und zu verbreiten (nicht öffentlich zugänglich zu machen), die Bibliotheken, Bildungseinrichtungen oder Museen im zeitlichen und sachlichen Zusammenhang einer Ausstellung oder zur Dokumentation ihrer Bestände herausgeben, ohne dabei einen Erwerbszweck zu verfolgen.

2. Rechtsentwicklung

2 Die sog. Katalogbildfreiheit hat unter der Geltung von LUG und KUG schon gewohnheitsrechtlich bestanden (vgl. *Voigtländer/Elster/Kleine*[4] § 8 LUG Anm. 3 (S. 66), § 10 KUG Anm. 3). Von den Vorkriegsentwürfen enthielt der Goldbaum-E in § 22 Abs. 1 Nr. 1 eine entsprechende, auch für Fotografien geltende Vorschrift. Die Nachkriegsentwürfe (§ 52 RefE, § 55 MinE und § 59 RegE) bezogen sich dagegen allein auf öffentlich zur Schau gestellte und zur öffentlichen Versteigerung bestimmte Werke der bildenden Künste. Auf Vorschlag des Rechtsausschusses wurde § 58 tatbestandlich auf **zur Ausstellung bestimmte Werke** erstreckt, um klarzustellen, dass auch Bilder oder Plastiken, die sich vorübergehend in Museumsmagazinen befinden, genehmigungsfrei in Ausstellungskatalogen abgebildet werden können (schriftl. Bericht des Rechtsausschusses UFITA 46 [1966] 174/192). Im Zuge der Umsetzung von Art. 5 Abs. 3 lit. j iVm. Art. 5 Abs. 4 (in § 58 Abs. 1) und Art. 5 Abs. 2 lit. c iVm. Art. 5 Abs. 4 (in § 58 Abs. 2) der Informationsgesellschafts-Richtlinie 2001/29/EG (zur Katalogbildfreiheit nach der Richtlinie *Berger* ZUM 2002, 21) durch das Gesetz zur Regelung des Urheberrechts in der Informationsgesellschaft vom 10. 9. 2004 – in Kraft getreten am 13. 9. 2004 – hat die frühere Katalogbildfreiheit des § 58 aF eine neue zweigliedrige Gestalt mit verschiedenen inhaltlichen Änderungen, einer an den Wortlaut der Richtlinie angelehnte Begrifflichkeit und einer neuen Überschrift erhalten. Ausdrücklich ist sein Regelungsgehalt auf Lichtbildwerke erweitert worden, nachdem freilich insoweit mitunter seine entsprechende Anwendung für angebracht erachtet wurde (s. 2. Aufl. Rdnr. 1 mwN; aA nach altem Recht *Möhring/Nicolini/Gass*[2] Rdnr. 6; *Fromm/Nordemann/W. Nordemann*[9] Rdnr. 1). Außerdem findet § 58 in Anpassung an die Richtlinie nicht mehr allein auf Versteigerungen, sondern auf den öffentlichen Verkauf schlechthin Anwendung und erlaubt zu werblichen Zwecken die erlaubnis- und vergütungsfreie öffentliche Zugänglichmachung ausgestellter oder zum Verkauf angebotener Werke.

3. Sinn und Zweck sowie Rechtfertigung der Vorschrift

Die die Aufhebung des Ausschließlichkeitsrechts des Urhebers rechtfertigende Schrankenregelung kommt – trotz gewisser Akzentverschiebungen im Detail insoweit unverändert gegenüber dem alten Recht – verschiedenen Interessen entgegen: in Abs. 1 3
– dem Interesse der Veranstalter einer Ausstellung und des Kunsthandels, denen in der Regel keine Nutzungsrechte an den Exponaten und Verkaufsstücken zustehen (§ 44 Abs. 1), ohne die bürokratischen Hemmnisse des Rechtserwerbs mit den jeweiligen Werken für ihre Veranstaltungen werben zu können;
– sodann dem Bildungs- und Informationsbedürfnis des Publikums;
– und schließlich dem Interesse des Urhebers, durch Ausstellungs- und Verkaufsveranstaltungen die Publizität und den Absatz seiner Werke gefördert zu sehen (AmtlBegr. UFITA 45 [1965] 240/292; BGH GRUR 1993, 822/823 – Katalogbild; BGH GRUR 1994, 800/802 – Museumskatalog; kritisch hinsichtlich der Interessen der Urheber *Berger* ZUM 2002, 21/22f.).
Abs. 2 zielt schwerpunktmäßig auf die erlaubnis- und vergütungsfreie Abbildung der betreffenden Werke in Bestands- und Ausstellungskatalogen kultureller Einrichtungen, die derartige Verzeichnisse ohne Gewinnabsicht zu Wissenschafts- und Bildungszwecken herstellen und vertreiben. Die Vorschrift berücksichtigt auf diese Weise den Umstand, dass derartige Kataloge nicht selten allenfalls kostendeckend vertrieben werden können oder gar verlorene Zuschüsse erfordern.

4. Auslegungsfragen

§ 58 setzt europäisches in nationales Urheberrecht um, schöpft dabei jedoch nicht den durch 4 Art. 5 Abs. 2 lit. c, sondern nur den durch Abs. 3 lit. j der Informationsgesellschafts-Richtlinie 2001/29/EG gewährten Spielraum aus. Diese gesetzgeberische Entscheidung gestattet nicht, durch eine weite Auslegung der Vorschrift an die Grenzen des nach Art. 5 Abs. 2 lit. c der Informationsgesellschafts-Richtlinie Zulässigen heranzugehen. Soweit § 58 die Begrifflichkeit der Richtlinie übernimmt, ist freilich eine richtlinienkonforme Auslegung geboten. Bei der Auslegung von § 58 muss ferner im Auge behalten werden, dass der Gesetzgeber darauf verzichtet hat, bei der Umsetzung der Richtlinie den dort zwingend vorgeschriebenen, zum **aquis communautaire** gehörenden **Dreistufentest nach Art. 5 Abs. 5 der Informationsgesellschafts-Richtlinie** ausdrücklich in das deutsche Gesetz aufzunehmen. Gleichwohl gebietet eine richtlinien- und überdies RBÜ- (Art. 9 Abs. 2 RBÜ), WCT- (Art. 10 Abs. 2) und TRIPS-konforme (Art. 13 TRIPS) Auslegung der nationalen Schrankenbestimmungen seine Beachtung, so dass eine Schrankenregelung nur insoweit zulässig ist, als sie einen Sonderfall regelt (1), die erlaubnisfreie Nutzung die normale Werkverwertung nicht beeinträchtigt (2) und die Urheberinteressen nicht in ungebührlicher Weise verletzt (3) (zum Dreistufentest *Reinbothe* GRUR Int. 2001, 733/740; *Dreier* ZUM 2002, 28/35; *Bornkamm*, Fs. für Erdmann, S. 29; *Senftleben* passim; *ders.* GRUR Int. 2004, 200; sa. EuGH GRUR 2009, 1041/1045 Tz. 57 – Infopaq/DDP; kritisch *Max-Plank-Institut für geistiges Eigentum, Wettbewerbsrecht und Steuerrecht*, Declaration, A Balanced Interpretation of the Three Step Test in Copyright Law; www.ip.mpg.de; s. ferner vor §§ 44a ff. Rdnr. 12f. mwN).

5 Im Übrigen gilt für § 58 wie für alle auf der **Sozialbindung des geistigen Eigentums beruhenden Schrankenregelungen** der §§ 44a ff. als **Ausnahme** von den ausschließlichen Rechten des Urhebers das Gebot **enger Auslegung**. Dies schließt jedoch nicht aus, dass das Gewicht der vom Gesetzgeber durch die Schrankenziehung für schützenswert erachteten Interessen Dritter es rechtfertigen, bei der Auslegung der als abschließend zu verstehenden Schrankenregelung einen großzügigeren Maßstab anzulegen (stRspr., zuletzt EuGH GRUR 2009, 1041/1045 Tz. 56 – Infopaq/DDP; BGH GRUR 1994, 800/802 – Museumskatalog; BGH GRUR 2002, 1050/1051 – Zeitungsbericht als Tagesereignis; BGHZ 150, 6/8 = GRUR 2002, 605 f. – Verhüllter Reichstag; BGHZ 151, 300/310 = GRUR 2002, 963 – Elektronischer Pressespiegel; BGH GRUR 2003, 956/957 – Gies-Adler; BGH GRUR 2003, 1035/1037 – Hundertwasser-Haus; BGH GRUR 2005, 670/671 – WirtschaftsWoche; sa. vor §§ 44a ff. Rdnr. 18 ff.).

5. Kritik

6 Nur Ausstellungs- oder Verkaufskataloge, die zum **Selbstkostenpreis** vom Veranstalter abgegeben werden, rechtfertigen letztlich die Privilegierung des § 58, weil nach der Zielsetzung des Urheberrechts nicht andere an der Nutzung eines Werkes verdienen sollen, solange der Urheber selbst leer ausgeht (ebenso *v. Gamm* Rdnr. 4). Das österr. UrhG gestattet deshalb dem Herausgeber von Versteigerungskatalogen lediglich, diese unentgeltlich oder zu einem die Herstellungskosten nicht übersteigenden Preis zu verbreiten (§ 54 Abs. 1 Nr. 2 öUrhG).

7 **Bedenken** begegnet deshalb, den Konflikt zwischen ausschließlichem Urheberrecht und Allgemeininteresse im Falle der Ausstellungs- und Verkaufskataloge nicht nur durch die Aufhebung des Ausschließlichkeitsrechts des Urhebers zu lösen, sondern ihm darüber hinaus auch noch den **Verzicht auf jeden finanziellen Ausgleich** zuzumuten (vgl. dazu BVerfG GRUR 1972, 481/484 – Kirchen- und Schulgebrauch; GRUR 1980, 44/48 f. – Kirchenmusik).

8 **De lege ferenda** erscheint es im Sinne des Leitgedankens des Urheberrechts, wonach der Urheber tunlichst angemessen an dem aus seinem Werk gezogenen wirtschaftlichen Nutzen zu beteiligen ist (stRspr., zuletzt BGHZ 116, 305/308 – Altenwohnheim II), und im Hinblick auf Art. 5 Abs. 5 der Informationsgesellschafts-Richtlinie, Art. 9 Abs. 2 RBÜ, Art. 10 Abs. 2 WCT und Art. 13 TRIPS geboten, ihn ungeachtet eines Werbeeffekts für den Abdruck seiner Werke in Ausstellungs- und Versteigerungskatalogen angemessen zu vergüten, zumal diese bereits vielfach den Erwerb eines Kunstbandes ersetzen (ebenso *Berger* ZUM 2002, 21/26; *Katzenberger*, Die Neuregelung des Folgerechts durch die Urheberrechtsnovelle 1972, UFITA 68 [1973] 71/94; *Dreier*, Anm. zum Urteil der Cour de cassation vom 22. 1. 1991, GRUR Int. 1992, 135/136 als seinerzeitigen Vorschlag für eine europäische Harmonisierung).

II. Einzelerläuterungen

1. Werke der bildenden Künste und Lichtbildwerke

9 **a) Werkarten.** Abs. 1 und Abs. 2 beziehen sich gleichermaßen auf **Werke der bildenden Künste und Lichtbildwerke.** Bei der Auslegung dieser Begriffe ist im Hinblick auf den Zweck der Vorschrift ein großzügiger Maßstab iSd. **Gies-Adler-Entscheidung** des BGH (GRUR 2003, 955/957; sa. Rdnr. 5) anzulegen und der Begriff der Werke der bildenden Künste iSd. § 2 Abs. 1 Nr. 4 zu verstehen, dh. einschließlich der Werke der Baukunst und der angewandten Kunst und der Entwürfe solcher Werke (Werke der Malerei, Skulpturen, Grafiken; Installationen, architektonische Entwurfszeichnungen, Modelle von Bauwerken etc.; s. dazu die Erläuterungen zu § 2 Rdnr. 133 ff.; wie hier auch *Dreyer* in HK-UrhG Rdnr. 16; enger noch Vorauf. Rdnr. 10; bereits nach altem Recht zweifelnd hinsichtlich der Werke der angewandten Kunst aus teleologischem Blickwinkel BGH GRUR 2001, 51/52 – Parfumflakon). In gleicher Weise ist der Begriff der Lichtbildwerke iSd. § 2 Abs. 1 Nr. 5, dh. einschließlich der Werke, die ähnlich wie Lichtbildwerke geschaffen werden, zu verstehen. Über § 72 Abs. 1 S. 3 findet § 58 auch auf einfache Lichtbilder Anwendung. Eine enge Auslegung der Begriffe der bildenden Künste und der Lichtbildwerke würde zu unvertretbaren konzeptionellen Einschränkungen führen, etwa bei einer Ausstellung über das Werkschaffen Hans Scharouns, der sowohl architektonisch gestaltet als auch gemalt hat. In gleicher Weise entspricht es nicht der ratio legis, bei einer Schau über das Kunstschaffen des Bauhauses die Vervielfältigung von Werken der Malerei in einem Katalog zu privilegieren, bei den Werken der angewandten Kunst hingegen hierfür die Erlaubnis der jeweiligen Urheber bzw. ihrer Rechtsnachfolger zu verlangen. Ebenso sollten

Überschneidungen mit den Werkarten nach § 2 Abs. 1 Nr. 7 nicht dazu führen, die Präsentation technischer und wissenschaftlicher Darstellungen in einer Architekturausstellung von der Schrankenregelung des § 58 auszunehmen (ebenso *Dreier/Schulze/Dreier* Rdnr. 3). § 58 gilt selbstverständlich nicht für **Fotografien der ausgestellten Werke.** Insoweit ist der Erwerb der einschlägigen Rechte des Fotografen für die beabsichtigte Werbung oder das Verzeichnis erforderlich (*Schack*[5] Rdnr. 570; *Bullinger*, Fs für Raue, S. 382 ff.; *Rehbinder*[16] Rdnr. 485; *Dreier/Schulze/Dreier* Rdnr. 1; *Dreyer* in HK-UrhG Rdnr. 18).

b) Veröffentlichte oder zur Veröffentlichung bestimmte Werke. § 58 setzt für beide Fallvarianten nach Abs. 1 und 2 voraus, dass die jeweiligen Werke bereits iSd. § 15 Abs. 3 **veröffentlicht oder zur öffentlichen Ausstellung bzw. zum öffentlichen Verkauf bestimmt** worden sind, also in naher Zukunft durch eine beabsichtigte Ausstellung bzw. durch eine Verkaufshandlung veröffentlicht werden (zum Begriff der öffentlichen Ausstellung s. § 18 Rdnr. 17–19). Nach § 58 aF waren lediglich Versteigerungen privilegiert; bei ihnen hatte der Gesetzgeber – anders als beim Ausstellungsrecht und entgegen den Entwürfen (s. Rdnr. 2) – bewusst auf das Erfordernis der Öffentlichkeit verzichtet, weil nichtöffentliche Versteigerungen praktisch ohnehin bedeutungslos sind (schriftl. Bericht des Rechtsausschusses UFITA 46 [1966] 174/192). 10

Nach dem Wortlaut der Vorschrift müssen die fraglichen Werke **für die öffentliche Ausstellung bzw. den öffentlichen Verkauf lediglich bestimmt** sein. Deshalb wird die Katalogabbildung nicht etwa rechtswidrig, wenn ein in den Katalog aufgenommenes Bild infolge einer Vertragskündigung nicht zur Ausstellung oder zum Verkauf gelangt (ebenso *v. Gamm* Rdnr. 3; *Dreier/Schulze/Dreier* Rdnr. 4; *Jacobs*, Fs. für Vieregge, S. 381/389 f.). Bei **noch unveröffentlichten Werken** setzt § 58 die Zustimmung des Urhebers bzw. des Eigentümers des Originals (§ 44 Abs. 2) zur Ausstellung des Werkes voraus. Unterbleibt letztlich die erlaubte Ausstellung eines noch unveröffentlichten Werkes aus welchen Gründen auch immer, bewirkt sein nach § 58 genehmigungsfreier Abdruck in einem Ausstellungskatalog grundsätzlich nicht die Veröffentlichung iSd. § 12 (ebenso *Dreyer* in HK-UrhG Rdnr. 5). 11

Auf die **Dauer der Ausstellung oder des Verkaufs** kommt es trotz des Gebots enger Auslegung der Vorschrift im Hinblick auf die sie rechtfertigenden Interessen nicht an (BGH GRUR 1994, 800/802 – Museumskatalog; ebenso *Dreier/Schulze/Dreier* Rdnr. 4; *Wandtke/Bullinger/Lüft* Rdnr. 3; *Fromm/Nordemann/W. Nordemann*[10] Rdnr. 2; aA noch *Fromm/Nordemann/W. Nordemann*[9] Rdnr. 2). § 58 privilegiert seiner Zweckbestimmung entsprechend (vgl. oben Rdnr. 3) folglich nicht allein die werbliche Nutzung von Werken aus vorübergehenden Ausstellungen, sondern im Interesse aller Beteiligten auch solche aus ständigen Sammlungen (insoweit ohne Unterschied zu § 58 aF; s. BGH GRUR 1994, 800/802 – Museumskatalog). Eine nach § 58 privilegierte Nutzung darf – ebenfalls unverändert gegenüber dem alten Recht – auch solche Werke zeigen, die **vorübergehend,** wenngleich nicht ständig oder ganz überwiegend, wegen Platzmangels **im Magazin** des Museums lagern (s. schriftl. Bericht des Rechtsausschusses UFITA 46 [1966] 174/192). Entsprechendes gilt für Kataloge zu **Wanderausstellungen,** sofern sie Werke enthalten, die nicht an allen Ausstellungsorten zur Schau gestellt werden (LG München I Schulze LGZ 162, 6; ebenso *Jacobs*, Fs. für Vieregge, S. 381/389). Maßgeblich bleibt die Übereinstimmung der Abbildungen mit den Werken, die zumindest zeitweise öffentlich ausgestellt werden. 12

c) Bei Mappenwerken und Skizzenbüchern ist von Fall zu Fall zu entscheiden: Besteht die Möglichkeit, in den Mappen und Büchern zu blättern, spricht dies für die Zulässigkeit der Abbildung aller Seiten im Katalog (ebenso *Dreier/Schulze/Dreier* Rdnr. 4). Liegen hingegen Skizzenbücher – wie dies aus Gründen der Sicherheit und Konservierung meist erforderlich ist – in einer Vitrine, dürfen in gebotener enger Auslegung der Vorschrift (vgl. Rdnr. 4, 5) nur die aufgeschlagenen und tatsächlich ausgestellten Seiten in den Katalog aufgenommen werden (LG München I Schulze LGZ 162, 6 f. m. zust. Anm. *Gerstenberg;* für die Abbildung des gesamten Mappenwerkes oder Skizzenbuches, wenn sich die Ausstellung nicht auf das aufgeschlagene Bild, sondern das Skizzenbuch in seiner Gesamtheit bezieht (unter Berufung auf das Merkmal „zur öffentlichen Ausstellung bestimmt" *Jacobs*, Fs. für Vieregge, S. 381/391). Die Abbildung von nicht ausgestellten Zeichnungen und Werken, die lediglich zum Themenkreis der Ausstellung gehören, wird nicht von § 58 gedeckt; jedoch kann sie unter Umständen als Bildzitat nach § 51 zulässig sein. 13

d) Bestandsdokumentationen nach Abs. 2, 2. Alt. Eine Ausnahme von dem Erfordernis eines veröffentlichten oder zur öffentlichen Ausstellung bestimmten Werkes ist in den Fällen angebracht, in denen ein Museum oder eine andere Bildungsinstitution aus kuratorischen Gründen einen Bestandskatalog erstellt. Hierbei geht es in erster Linie um Vollständigkeit im 14

§ 58　　　　　　　　　　　　　　　　　　Werke in Ausstellungen, öffentlichem Verkauf

Interesse der Allgemeinheit und der Wissenschaft, ohne dass es darauf ankommt, ob gleichzeitig ein einschlägiges Werk in zeitlicher Nähe zur Publikation des Verzeichnisses auch gezeigt wird.

2. Erlaubnis- und vergütungsfreie Nutzungen nach Abs. 1

15　**a) Privilegierter Personenkreis.** Abs. 1 privilegiert den **Veranstalter,** dh. denjenigen, der die Ausstellung oder den öffentlichen Verkauf von Werken der bildenden Künste und von Lichtbildwerken verantwortet (vgl. zum Begriff des Veranstalters auch § 81 Rdnr. 20). Bei Museen und Ausstellungshäusern ist dies, vertreten durch den Direktor, der jeweilige **öffentlich-rechtliche** (Bundesland, Stadt ua.) **oder privatrechtliche Träger** (Stiftung, Bankhäuser ua.), dem eine Gewinnerzielungsabsicht durchaus nicht fremd sein muss, bei Auktionshäusern und Galerien der Eigentümer des Unternehmens, bei Wanderausstellungen der oder die federführenden Direktoren. Ihre oder zumindest unter ihrer Mitwirkung zu Zwecken der Werbung für die Ausstellung bzw. den Verkauf notwendigen Nutzungshandlungen bedürfen keiner Einwilligung des Urhebers eines fraglichen Werkes. Nichts anderes gilt für Dritte, die etwa als Verlag im Auftrag des Veranstalters weisungsgebunden ein entsprechendes Werk nutzen (*Möhring/Nicolini/Gass*[2] Rdnr. 30). Sind hingegen der Veranstalter und der Nutzer eines gezeigten Werkes nicht identisch und wirtschaftlich von einander unabhängig, bedarf es für die Abbildung ausgestellter oder zum Verkauf angebotener Kunstwerke in einem ausstellungsbegleitenden Katalog des Erwerbs der einschlägigen Nutzungsrechte, auch wenn die Publikation indirekt für die entsprechende Ausstellung wirbt. Entsprechendes gilt für Betreiber einer Internetsuchmaschine, die hinsichtlich der ausgestellten Bilder nicht Veranstalter, sondern Dritte sind, deren Interesse an der Optimierung ihrer Bildersuchmaschine nicht in den Schutzbereich des § 58 fällt (so zu Recht OLG Jena MMR 2008, 408/410 – Thumbnails; im Wesentlichen bestätigt durch BGH GRUR 2010, 628 – Vorschaubilder; ferner LG Hamburg ZUM 2009, 315/322 – Suchmaschine; *Schrader/Rautenstrauch* UFITA 2007, 761/771 f.; *Ott* ZUM 2009, 345/350 f.). Selbst ein Verzicht des Ausstellungsveranstalters auf die Herausgabe eines Katalogs kommt nach Abs. 1 einem unautorisierten Verleger nicht zugute, weil die Rechtsordnung keine Geschäftsmodelle billigt, die auf Urheberrechtsverletzungen basieren (OLG Jena MMR 2008, 408/410 – Thumbnails [= GRUR-RR 2008, 223/225]; ebenso *Dreier/Schulze/Dreier* Rdnr. 5; *Möhring/Nicolini/Gass*[2] Rdnr. 31).

16　**b) Freigestellte Nutzungshandlungen.** Im Zuge seiner Anpassung an europäisches Recht sind im Rahmen des Abs. 1 in abschließender Regelung neben der **Vervielfältigung (§ 16) und Verbreitung (§ 17)** auch Werknutzungen im Wege der **öffentlichen Zugänglichmachung nach § 19 a** gestattet, dh. außer in traditioneller Papierform auch in digitalem Offline- (CD-Rom, DVD etc.) und Online-Format etwa bei Internetversteigerungen (ebenso *Fromm/Nordemann/W. Nordemann*[10] Rdnr. 4; *Dreier/Schulze/Dreier* Rdnr. 2; zustimmend im Hinblick auf die Umsetzung *Berger* ZUM 2002, 21/26), nicht jedoch im Wege anderer Arten der öffentlichen Wiedergabe.

17　Abs. 1 begrenzt die Schrankenziehung auf Nutzungshandlungen zur **Werbung, soweit dies zur Förderung der Veranstaltung erforderlich ist.** Unter dem weiten Begriff der Werbung iSd. Vorschrift ist jede den Besuch einer – dauerhaften oder befristeten – Ausstellung oder den Verkauf eines Werkes fördernde Unterrichtung der Öffentlichkeit zu verstehen. Als Korrektiv dazu enthält das Merkmal der **Erforderlichkeit** der Werbung zur Förderung der Veranstaltung die ausdrückliche Reduzierung der Schrankenregelung auf das von ihrem Zweck in räumlicher, inhaltlicher und zeitlicher Hinsicht unbedingt getragene Maß, auf das die Rspr. § 58 aF bereits in gebotener enger Auslegung zurückgeführt hatte (s. BGH GRUR 1993, 822/823 – Katalogbild m. zust. Anm. *Jacobs*; BGH GRUR 1994, 800/802 – Museumskatalog; ebenso *Dreyer* in HK-UrhG Rdnr. 10). Das schließt Werbung für das Unternehmen aus. Eine zahlenmäßige Beschränkung der Abbildungen ist damit jedoch nicht verbunden, wenn alle abgebildeten Werke auch zum Aufruf kommen (vgl. *Merker/Mittl* ZUM 2010, 397/399 unter Hinweis auf die vorläufige Auffassung des KG in dieser Sache vor Zurücknahme der Berufung). Als ungeschriebenes Tatbestandsmerkmal kommt die **Unmittelbarkeit** der Förderung der Veranstaltung hinzu, gleich, ob diese ideelle oder kommerzielle Interessen verfolgt. Folglich fallen zunächst all diejenigen Werbemaßnahmen aus dem Anwendungsbereich des Abs. 1 heraus, deren Zweck nicht davon darauf gerichtet ist, das Publikum zum Besuch einer Ausstellung zu bewegen oder Interesse für den Kauf eines Bildes zu wecken, wie dies bei Abbildungen einschlägiger Werke auf zum Kauf angebotenen Souvenirartikeln begegnet (noch zum alten Recht BGH GRUR 1993, 822/823 – Katalogbild, m. zust. Anm. *Jacobs*; BGH GRUR 1994, 800/802 – Museumskatalog; ebenso *Dreier/Schulze/Dreier* Rdnr. 7). Dasselbe gilt – anders als noch nach altem Recht (*Jacobs,*

1136　　　　　　　　　　　　　　　　　　*Vogel*

Fs. für Vieregge, S. 381/390) – für Kataloge und Verzeichnisse, die nicht lediglich zum Selbstkostenpreis verkauft werden, weil Dritte nicht dort verdienen sollen, wo dem Urheber die Vergütung gesetzlich versagt wird (ebenso *Dreyer* in HK-UrhG Rdnr. 12). Von werblichen Handlungen des Veranstalters sind redaktionelle Berichterstattungen in Zeitungen zu unterscheiden, deren Hinweise auf ausgestellte oder zum Verkauf angebotene Werke das Gesetz unter den näheren Voraussetzungen des § 50 erlaubnis- und vergütungsfrei gestattet (vgl. *Jacobs* Anm. zu BGH GRUR 1993, 822 – Katalogbild).

In **sachlicher Hinsicht** fallen dem Zweck der Freistellung entsprechend unter Abs. 1 Plakate, **18** Einladungskarten, Faltblätter und Internet-Ankündigungen, die auf die Ausstellung oder den Verkauf ua. des gezeigten Werkes hinweisen. Eine entsprechende Ankündigung im Fernsehen schließt die Anwendung des Abs. 1 hingegen aus, weil die Schranke sich – enger als es Art. 5 Abs. 2 lit. j der Informationsgesellschafts-Richtlinie gestattet hätte – nicht auf das Senderecht bezieht (sa. Rdnr. 4).

Ob Abs. 1 auch **Ausstellungsführer und -verzeichnisse** erfasst, begegnet Zweifeln (ebenso *Wandtke/Bullinger/Lüft* Rdnr. 8). Einerseits vermögen sie in werblicher Absicht bisweilen erst das Interesse für eine öffentlichen Ausstellung zu wecken, weil ohne ihre Unterstützung sich das Konzept einer Ausstellung nicht erschließt; andererseits bleibt die Frage, ob dies über einen bloßen Ausstellungsführer in Form etwa eines Faltblatts hinaus auch noch das Angebot eines umfassenden Ausstellungskatalogs rechtfertigt, ohne dass der Urheber hierfür vergütet wird. Im Hinblick auf das öffentliche Interesse, dem § 58 ua. zu dienen bestimmt ist, sollte der Freistellung von Ausstellungskatalogen Vorrang eingeräumt werden, weil ohne eine vertiefende Unterweisung in die Zusammenhänge einer Ausstellung viele potentielle Besucher von einem Besuch absehen würden, so dass die meist unter hohen Kosten veranstaltete Ausstellung ihren Bildungsauftrag verfehlte und auch die Vermehrung der Bekanntheit des Urhebers unterbliebe. Dabei haben freilich Kataloge in ihrer Zielsetzung dem Ausstellungszweck untergeordnet zu bleiben. Sie dürfen lediglich die Ausstellungsintention vermitteln, nicht aber einen Bildband oder ein Werkverzeichnis ersetzen. Von einem Museumskatalog lässt sich daher nicht mehr sprechen, wo das Buch inhaltlich über die Verdeutlichung von künstlerischen Zusammenhängen, Entwicklungen und Vergleichen, deren Vermittlung sich die Ausstellung zum Ziel gesetzt hat, hinausgeht und die Abbildung des Werkes als Bestandteil der Ausstellung nicht mehr im Vordergrund steht, sondern der Vermittlung des Werkgenusses eine von der Ausstellung losgelöste Bedeutung zukommt (vgl. BGH GRUR 1994, 800/802 – Museumskatalog; *Jacobs*, Fs. für Vieregge, S. 381/390). Von Abs. 1 profitieren demnach selbst umfangreichere Ausstellungsverzeichnisse, soweit sie inhaltlich streng auf die Erläuterung der Ausstellung ausgerichtet bleiben (BGH GRUR 1994, 800/802 – Museumskatalog). Maßgeblich für die Unterscheidung von Katalog und Kunstbildband können ua. Format, inhaltliche Gestaltung und Auswahl der Abbildungen sein (vgl. OLG Frankfurt/M ZUM 1993, 97/99 – Katalogbildfreiheit). In den Anwendungsbereich des § 58 fallen de lege lata auch digitale Kataloge, unabhängig davon, ob sie als Offline-Medium (CD-ROM) angeboten werden, an Besucherterminals in der Ausstellung von einer Datenbank oder online aus dem Internet abrufbar sind. Im Bereich der Kunstversteigerung ist es üblich geworden, Auktionsangebote sowohl in einem Katalog in Papierform als auch unkörperlich in vollem Umfang aus dem Internet abrufbar anzubieten, während Ausstellungsveranstalter auf ein doppeltes Angebot im Interesse des Verkaufs von körperlichem Informationsmaterial weitgehend verzichten dürften.

Die Rspr. zum alten Recht, nach der die Abbildung eines einzelnen Werkes auf dem **Titel-** **19** **blatt** eines Katalogs oder Verzeichnisses nach § 58 für zulässig erachtet worden ist, weil ue dem Informationsbedürfnis des Publikums dient und die Wiedergabe des abgebildeten Werkes unmittelbar dem Ausstellungs- bzw. Versteigerungszweck untergeordnet bleibt (so trotz des Wortlauts des Gesetzes „in Verzeichnissen" in teleologischer Auslegung BGH GRUR 1993, 822/824 – Katalogbild), behält auch nach neuem Recht unter dem Gesichtspunkt des werblichen Zweckes ihre Gültigkeit. Werbung ist visuell auf einen Blickfang angewiesen. Anders als das alte Recht privilegiert deshalb Abs. 1 nunmehr die Vervielfältigung eines ausgestellten oder zum Verkauf angebotenen Werkes in einem **Werbeprospekt,** weil auch insoweit ohne die Abbildung eines als besonders hervorstechend gehaltenen Werkes der erforderliche Werbeeffekt ausbliebe. Dies gilt jedoch dann nicht, wenn die Abbildung lediglich generell für die Tätigkeit des Museums oder des Versteigerers wirbt, einen unmittelbaren Bezug zu einer Ausstellung oder zum Verkauf hingegen vermissen lässt (BGH GRUR 1993, 822/823 f. – Katalogbild; sa. zum neuen Recht LG Berlin ZUM-RD 2007, 421/422 – Zeitschriftenbeilage eines Auktionshauses). Auch der Verkauf des **Ausstellungsplakats** mit der Abbildung eines ausgestellten Werks wird von § 58 nur gedeckt, wenn er nicht – wie in der Regel – als zusätzliche Einnahmequelle des Veranstalters der

Ausstellung dient, an der der Urheber wirtschaftlich angemessen zu beteiligen ist, sondern unmittelbar und ausschließlich der Besucherwerbung (*Gerstenberg* Anm. zu Schulze LGZ 162; *Fromm/ Nordemann/W. Nordemann*[10] Rdnr. 3). Nichts anderes gilt für die Vervielfältigung in einer Ausstellung gezeigter Werke auf Taschen, Postkarten, T-Shirts, Telefon- oder Eintrittskarten, Kalendern etc. (so. Rdnr. 17).

20 **b) In räumlicher Hinsicht** beschränkt sich die Freistellung des Abs. 1 auf **Verkäufe an der Museumskasse** oder auf den Versand lediglich zu Informations-, Werbe- und Belegzwecken (etwa an die Presse, an Leihgeber oder an andere Museen). Der Verkauf von Ausstellungskatalogen im Buchhandel, gleich, ob er während oder nach der Ausstellung erfolgt, erfordert stets den Erwerb der einschlägigen Nutzungsrechte (ebenso *Fromm/Nordemann/W. Nordemann*[10] Rdnr. 3; *v. Gamm* Rdnr. 4). In gleicher Weise zu beurteilen sind Katalogexemplare, die der Veranstalter auf Bestellung zur Gewinnerzielung versendet (*v. Gamm* Rdnr. 4) oder die in gesonderten, organisatorisch selbständigen Buchhandlungen innerhalb des Museums (Museums-Shops) angeboten werden. Anders verhält es sich allerdings bei Katalogexemplaren, die mit der Eintrittskarte versandt werden, um potentielle auswärtige Kunden zu bedienen.

21 **c) Zeitlich** gilt die Freistellung des Abs. 1 seinem Sinn und Zweck entsprechend nur für die **Dauer der Ausstellung** bzw. des Verkaufsangebots und ihrem zeitlichen Zusammenhang. Ein üblicher (längerer) Vor- und nicht kürzerer Nachlauf ist also zu gewähren. Somit bedürfen Vervielfältigungs- und Verbreitungshandlungen sowie Zugänglichmachungen im Internet, die aus diesem Zeitfenster herausfallen, der Zustimmung des Urhebers bzw. der von ihm beauftragten Verwertungsgesellschaft Bild-Kunst (www.bildkunst.de), die nach § 11 WahrnG gegen Zahlung der tariflich festgelegten Vergütung zur Lizenzierung verpflichtet ist (insoweit besteht mit den Museen ein Gesamtvertrag s. *Dreier/Schulze/Dreier* Rdnr. 17; im Ergebnis ebenso *v. Gamm* Rdnr. 4; *Jacobs* möchte – zu weitgehend – auch den Abverkauf von Katalogen durch § 58 privilegiert sehen, Fs. für Vieregge, S. 381/394; für den erlaubnis- und vergütungsfreien Abverkauf geringer Restbestände auch *Gerstenberg* Anm. zu LG München I Schulze LGZ 162).

3. Erlaubnis- und vergütungsfreie Nutzungen nach Abs. 2

22 Abs. 2 weist gegenüber Abs. 1 zwei wesentliche Unterschiede auf: der Kreis der Berechtigten ist trotz gewisser Überschneidungen ein anderer (vgl. Rdnr. 15) und die erlaubnis- sowie vergütungsfrei zulässigen Nutzungshandlungen beschränken sich auf die Vervielfältigung und Verbreitung lediglich von Verzeichnissen.

23 **a) Privilegierter Personenkreis.** Abs. 2 privilegiert bestimmte **Institutionen mit kulturellem Auftrag** wie öffentlich zugängliche Bibliotheken, Bildungseinrichtungen und Museen. Ihre Privilegierung leitet sich aus ihrer im öffentlichen Interesse liegenden kuratorischen Forschungs- und Bildungsarbeit ab. Die Verfolgung von Werbezwecken ist in diesen Fällen nicht erforderlich (ebenso *Fromm/Nordemann/W. Nordemann*[10] Rdnr. 5). Weshalb der Gesetzgeber es im Gegensatz zu dem freilich nicht zwingenden Art. 5 Abs. 2 lit. c der Informationsgesellschafts-Richtlinie unterlassen hat, auch Archive zu privilegieren, lässt die AmtlBegr. unbeantwortet (BTDrucks. 15/38 S. 21 f.). Es liegt wohl ein Redaktionsversehen vor, denn ein sachlicher Grund, Archive gegenüber den ausdrücklich erwähnten Einrichtungen zurückzustellen, ist nicht erkennbar. Im Einzelnen geht es um Publikums- und allgemein zugängliche Universitäts- und Forschungsbibliotheken, einschließlich ihrer Handschriften-, Karten-, Audio- und Videoabteilungen, unabhängig davon, ob sie als Ausleih- und/oder Präsenzbibliothek organisiert sind, und unabhängig davon, ob sie gewissen sachlichen und persönlichen Zulassungsbeschränkungen unterliegen; nicht hingegen um Internet-Bibliotheken, weil diese ernsthaft keine körperlichen Ausstellungs- und Bestandskataloge zur Ausstellung bestimmter Werkstücke herausgeben (aA *Dreyer* in HK-UrhG Rdnr. 20). Ferner geht es um der Öffentlichkeit angebotene Bildungseinrichtungen wie Kindergärten, Schulen, Volkshochschulen, Universitäten, Institute und Archive, auch wenn für sie gewisse Zugangsbeschränkungen wie Ausweispflicht, Mitgliedschaften und Eintrittsgelder etc. bestehen, und schließlich um öffentliche Museen mit eigenen Beständen sowie um bloße Ausstellungshäuser wie etwa das Münchner Haus der Kunst, für die freilich die Herausgabe eines Bestandskatalogs entfällt.

24 **b) Die nach Abs. 2 zulässigen Nutzungshandlungen** beschränken sich auf die Vervielfältigung (§ 16) und Verbreitung (§ 17), wegen des gegenüber Abs. 1 anderen Normzwecks, jedoch nicht auf die öffentliche Zugänglichmachung nach § 19a. Dies bedeutet den Ausschluss erlaubnis- und vergütungsfreier Online-Nutzungen der Verzeichnisse nach Abs. 2, jedoch nicht den vollständigen Ausschluss digitaltechnischer Nutzungen vom Schrankenprivileg, denn **digitale Offline-**

Nutzungen bleiben dem Urheber nicht vorbehalten. Ein Bestandsverzeichnis auf CD-ROM oder DVD ist daher nach Abs. 2 erlaubnisfrei möglich (AmtlBegr. BTDrucks. 15/38 S. 21).

c) Abs. 2 regelt **zwei Tatbestandsvarianten**: die erlaubnis- und vergütungsfreie Abbildung 25 eines Werkes – insoweit ohne Unterschied zu Abs. 1 – in einem **Ausstellungskatalog** und die Aufnahme eines Werkes in ein Bestandsverzeichnis. Der Unterschied zwischen beiden Varianten besteht darin, dass bei einem Ausstellungskatalog – gleich, ob er nach der Unterscheidung des BGH im engeren Sinne als Ausstellungsführer oder im weiteren Sinne als Ausstellungsverzeichnis (BGH GRUR 1994, 800/802 – Museumskatalog) konzipiert ist – sich die Abbildungen auf die ausgestellten Werke beschränken und dem Ausstellungszweck unterworfen sein müssen (dazu oben Rdnr. 10 ff.), während **Bestandverzeichnisse** das Ziel verfolgen, unabhängig von einer Zurschaustellung sämtliche oder alle unter eine bestimmte Kategorie fallende Werke, die im Eigentum der privilegierten Institution stehen oder ihr als Dauerleihgabe überlassen worden sind (*Dreier/Schulze/Dreier* Rdnr. 13), aus konservatorischen Gründen und zu Forschungszwecken zu erfassen und der Öffentlichkeit nutzbar zu machen.

Beide Nutzungsvarianten dürfen im Hinblick auf ihre Vergütungsfreiheit **keinem eigenstän-** 26 **digen Erwerbszweck** der privilegierten Einrichtungen dienen. Auch wenn der Begriff des Erwerbszwecks, der dem des § 52 Abs. 1 entspricht, auf die in Abs. 2 genannten, überwiegend öffentlich-rechtlichen Institutionen nicht passt, weil die öffentliche Hand nicht erwerbswirtschaftlich tätig ist (vgl. § 52 Rdnr. 13), bedarf es bei diesen Einrichtungen der Prüfung, ob dies allein deswegen zur Verneinung des „eigenständigen Erwerbszwecks" führt und ob die konkrete Fallgestaltung noch dem Sinn und Zweck der Ausnahmeregelung gerecht wird (BGH GRUR 1983, 562/562 – Zoll- und Finanzschulen). Im Falle des Abs. 2 dürfte bei einer Abgabe des Verzeichnisses zum Selbstkostenpreis letzteres zu verneinen sein, weil das Gesetz die privilegierten Einrichtungen ausdrücklich aufgeführt und außerdem auf die **Eigenständigkeit** des Erwerbszwecks abstellt. Dabei sollte es allein darauf ankommen, ob, wie etwa beim Verkauf an jeden beliebigen Dritten, mit den Ausstellungskatalogen und Bestandsverzeichnissen ein Gewinn angestrebt wird (nach Erörterung des Unterschiede zum engeren, aber unpraktikablen Wortlaut von Art. 5 Abs. 2 lit. c der Informationsgesellschafts-Richtlinie im Ergebnis ebenso *Dreier/Schulze/Dreier* Rdnr. 14; *Wandtke/Bullinger/Lüft* Rdnr. 11; enger *Dreyer* in HK-UrhG Rdnr. 23: jede unmittelbare oder mittelbare Förderung eigenen oder fremden Erwerbs führe zum Wegfall der Schranke).

Bei Ausstellungskatalogen kommt infolge gebotener enger Auslegung auch ohne ausdrück- 27 liche Erwähnung im Gesetz einschränkend hinzu, dass der Katalog in **zeitlichem und inhaltlichem Zusammenhang** mit der Ausstellung stehen muss, ohne dass dies zu einer Abweichung gegenüber den nach Abs. 1 zulässigen Nutzungen führt. Dies bedeutet, dass der Inhalt des Katalogs durch das Ausstellungsthema bestimmt sein muss und dass die Privilegierung der Nutzung grundsätzlich mit der Ausstellung endet (so. Rdnr. 21).

III. Sonstige Fragen

Die **Urheberpersönlichkeitsrechte** der Urheber, deren Werke in Ausstellungs- oder Ver- 28 kaufskatalogen oder Bestandsverzeichnissen abgebildet werden, bleiben von § 58 grundsätzlich unberührt (§§ 62, 63). Lediglich vervielfältigungsbedingte Änderungen (Verkleinerungen, Schwarz-Weiß-Reproduktionen etc.) sind nach § 62 Abs. 3 hinzunehmen (ebenso *Dreier/Schulze/Dreier* Rdnr. 15 f.; *Schack*[5] Rdnr. 570; enger im Hinblick auf die technischen Möglichkeiten, auch Farbabbildungen zu drucken *Fromm/Nordemann/W. Nordemann*[10] Rdnr. 8).

§ 59 Werke an öffentlichen Plätzen

(1) [1]**Zulässig ist, Werke, die sich bleibend an öffentlichen Wegen, Straßen oder Plätzen befinden, mit Mitteln der Malerei oder Grafik, durch Lichtbild oder durch Film zu vervielfältigen, zu verbreiten und öffentlich wiederzugeben.** [2]**Bei Bauwerken erstrecken sich diese Befugnisse nur auf die äußere Ansicht.**

(2) **Die Vervielfältigungen dürfen nicht an einem Bauwerk vorgenommen werden.**

Schrifttum: *Beater*, Der Schutz von Eigentum und Gewerbebetrieb vor Fotografien, JZ 1998, 1101; *Bornkamm*, Der Dreistufentest als urheberrechtliche Schrankenbestimmung, Fs. für Erdmann, 2002, S 29; *Deutscher Bundestag* (Hrsg.), „Kultur in Deutschland" – Schlussbericht der Enquete-Kommission des Deutschen Bundestages, 2007; *Dreier*, Sachfotografie, Urheberrecht und Eigentum, Fs. für Dietz, 2001, S. 523; *Erdmann*, Sacheigentum und Urheberrecht, Fs. für Pieper, 1996, S. 655; *Ernst*, Zur Panoramafreiheit des Urheberrechts, ZUM 1998, 475; *ders.*,

§ 59

Nochmals – zur Panoramafreiheit bei kurzlebigen und bei verfälschten Kunstwerken, AfP 1997, 458; *ders.,* Zur rechtlichen Beurteilung der digitalen Erfassung von Gebäuden in Datenbanken, RTkom 2000, 4; *Gerauer,* Der Unterlassungsanspruch des Eigentümers bei gewerblichen Fotografien, GRUR 1998, 672; *v. Gierke,* Die Freiheit des Straßenbildes (§ 59 UrhG), Fs. für Erdmann, 2002, S. 103; *Griesbeck,* Der „Verhüllte Reichstag" – und (k)ein Ende?, NJW 1997, 1133; *Hess,* Der „Verhüllte Reichstag" und § 59 I 1 UrhG: Was bleibt?, Fs. für Nordemann, 1999, S. 89; *Kleinke,* Beschränkung des Urheberrechtsschutzes am verhüllten Reichstag durch § 59 I UrhG, AfP 1996, 396; *Kübler,* Eigentumsschutz gegen Sachabbildung und Bildreproduktion?, Fs. für Baur, 1981, S. 51; *Leistner/Stang,* Die Bildersuche im Internet aus urheberrechtlicher Sicht, CR 2008, 499; *Max-Planck-Institut für geistiges Eigentum, Wettbewerbsrecht und Steuerrecht,* Declaration, A Balanced Interpretation of the Three Step Test in Copyright Law, www.ip.mpg.de; *Müller-Katzenburg,* Fotografien und andere Vervielfältigungen von Werken in der Öffentlichkeit – Zu Inhalt und Grenzen der urheberrechtlichen „Panoramafreiheit", KUR 2004, 3; *dies.,* Offener Rechtsstreit um verhüllten Reichstag, NJW 1996, 2341; *Nedden,* Elektronische Häuser- und Gebäudekarte, DuD 1999, 533; *Ott,* Bildersuchmaschinen und Urheberrecht, ZUM 2009, 345; *Pfennig,* Christo und § 59 – Die Diskussion um das Bleibende, ZUM 1996, 558; *Pöppelmann,* Verhüllter Reichstag, ZUM 1996, 293; *Walter,* Die freie Werknutzung der Freiheit des Straßenbildes, MR 1991, 4; *Weberling,* Keine Panoramafreiheit beim verhüllten Reichstag?, AfP 1996, 34.

Übersicht

	Rdnr.
I. Allgemeines	1–5
1. Rechtsentwicklung	1
2. Sinn und Zweck sowie Rechtfertigung der Vorschrift	2
3. Verhältnis von § 59 zum Sacheigentum am Werkstück	3
4. Auslegungsfragen	4
5. Europäisches und Konventionsrecht	5
II. Betroffene Werke	6–17
1. Werkarten	6–8
2. An öffentlichen Wegen, Straßen oder Plätzen	9, 10
3. Bleibend iSd. Vorschrift	11–17
III. Privilegierte Werknutzungen	18–22
1. Zulässige Nutzungen	18
2. Unzulässige Nutzungen	19
3. Öffentliche Wiedergabe	20
4. Wahrung des Urheberpersönlichkeitsrechts	21, 22
IV. Einschränkungen bei Bauwerken	23, 24
1. Äußere Ansicht von Werken der Baukunst	23
2. Keine Vervielfältigung an einem Bauwerk (Abs. 2)	24
V. Sonstige Fragen	25
Nationales Fremdenrecht	25

I. Allgemeines

1. Rechtsentwicklung

1 Das Urheberrecht an Werken, die sich bleibend an öffentlichen Wegen, Straßen oder Plätzen befinden, war bereits im 19. Jahrhundert durch die sog. Panoramafreiheit eingeschränkt. Eine der Vorschrift des § 59 ähnliche Regelung enthielt **§ 6 Nr. 3 KG von 1876**. Entsprechendes galt in einigen Teilen Deutschlands sogar schon vorher. Die geltende Fassung des § 59 beruht – redaktionell freilich überarbeitet und um das Merkmal der öffentlichen Wiedergabe erweitert – auf **§ 20 KUG**. § 59 blieb bei der Anpassung der Schrankenregelungen an die europarechtlichen Vorgaben der Richtlinie 2001/29/EG vom 22. 5. 2001 durch das Gesetz zur Regelung des Urheberrechts in der Informationsgesellschaft vom 10. 9. 2003 (BGBl. I S. 1774) unberührt, weil bereits sein bisheriger Wortlaut die öffentliche Zugänglichmachung iSd. § 19a umfaßte (dazu Rdnr. 20). Auch nach der Harmonisierung der Schrankenregelungen innerhalb der EU bleiben einige Mitgliedstaaten bei dem – EU-rechtlich zulässigen – Verbotsrechts der Urhebers von Werken an öffentlichen Plätzen (s. dazu *Müller-Katzenburg* KUR 2004, 3/6 ff.); andere ziehen die Schranke unterschiedlich eng, so dass es zu Behinderungen des freien Warenverkehrs kommen kann (vgl. OLG München GRUR 2005, 1038 – Hundertwasser – Haus II).

2. Sinn und Zweck sowie Rechtfertigung der Vorschrift

2 Öffentliche Wege, Straßen und Plätze sind der Allgemeinheit gewidmet. Urheberrechtlich hat dies Konsequenzen für die Kunstwerke und Gebäudefassaden, die sich dauerhaft dort befinden (AmtlBegr. UFITA 45 [1965] 240/292). Schon in der Begründung zum Entwurf des KUG hieß es, solche Werke seien in gewissem Sinne Gemeingut und könnten, sofern es nicht in der nämlichen Kunstform geschehe, von jedermann ab- und nachgebildet werden (abgedruckt bei *Oster-*

rieth/Marwitz KUG[2] § 20 Anm. I 1; ebenso die AmtlBegr. UFITA 45 [1965] 240/292). Die Auffassung, die Wiedergabe dürfe nur das gesamte Straßenbild „als unteilbares Ganzes" umfassen (*Hirsch Ballin* UFITA 23 [1957] 1/3), hat sich nicht durchzusetzen vermocht. Sie erscheint auch nicht praktikabel. Denn **Sinn und Zweck** sowie **Rechtfertigung** der Bestimmung liegen darin, Werke, die ohnehin der Allgemeinheit gewidmet sind und von jedermann ungehindert betrachtet werden können, für die Vervielfältigung und Verbreitung – allerdings **nur in zweidimensionaler Kunst- oder Darstellungsform** – sowie für die öffentliche Wiedergabe freizugeben (sa. BGH GRUR 2002, 605 – Verhüllter Reichstag; BGH GRUR 2003, 1035/1037 – Hundertwasser-Haus). Praktisch handelt es sich dabei meist um Abbildungen des Straßenbildes im Ganzen oder in Teilen. Ob dies allerdings selbst zu gewerblichen Zwecken nicht allein erlaubnis-, sondern wie de lege lata auch vergütungsfrei zulässig sein muss, wird aus guten Gründen in Zweifel gezogen (s. *Dreier/Schulze/Dreier* Rdnr. 1 unter Verweis auf BGH GRUR 2001, 51 – Parfumflakon).

De lege ferenda empfiehlt die **Enquete-Kommission „Kultur in Deutschland"** in ihrem Schlussbericht dem Deutschen Bundestag eine Vergütungspflicht für die Abbildung von Werken – ausgenommen Bauwerken – im öffentlichen Raum einzuführen, wenn die Abbildung gewerblich verwertet wird und die Darstellungsabsicht sich auf das jeweilige Werk richtet. Die Kommission begründet diese Forderung mit der bestehenden Ungleichbehandlung des Künstlers eines Werkes in einem Gebäude und dem eines Werkes in öffentlichen Räumen sowie der Ungleichbehandlung zwischen dem Fotografen, der eine im öffentlichen Raum aufgestellte Plastik fotografiert, und deren Schöpfer (s. *Deutscher Bundestag* [Hrsg.], „Kultur in Deutschland", S. 393, 395).

3. Verhältnis von § 59 zum Sacheigentum am Werkstück

Zwischen dem Urheberrecht des Werkschöpfers und dem Sacheigentum am Werkstück (Plastik, Bild, Bauwerk etc.) nach § 903 BGB ist strikt zu unterscheiden (hM, etwa BGHZ 44, 288/293 f. – Apfelmadonna; *Erdmann,* Fs. für Piper, S. 655 ff. mwN; sa. § 44 Rdnr. 1). Nur das Urheberrecht unterliegt der Schrankenregelung nach § 59, nicht dagegen das Eigentumsrecht an der Werkverkörperung. Dennoch steht nach Auffassung des BGH dem Sacheigentümer **kein Abwehranspruch** aus §§ 903, 1004 BGB etwa gegen das Fotografieren seines Hauses oder seiner im Vorgarten stehenden Plastik von der öffentlichen Straße aus zu, da der Fotografiervorgang als Realakt nicht in die Verfügungsbefugnis des Eigentümers eingreift (BGH GRUR 1990, 390 f. – Friesenhaus). Aus urheberrechtlicher Sicht stellt sich die Abbildung der Verkörperung eines geschützten Bauwerkes als eine nach § 59 zulässige (weitere) **Vervielfältigung des urheberrechtlich geschützten immateriellen Gutes** dar, die das Sacheigentumsrecht selbst dann nicht berührt, wenn sie zu gewerblichen Zwecken erfolgt (BGH GRUR 1990, 390/391 – Friesenhaus; LG Potsdam ZUM 2009, 430/432 f. – Stiftung Preuß. Kulturbesitz mit krit. Anm. *Ernst*). Allerdings ist der Eigentümer nicht daran gehindert, den Blick von der Straße auf sein Eigentum zu erschweren oder ganz zu verstellen. Ist ein urheberrechtlich geschütztes Bauwerk nur bei Betreten des Grundstücks sichtbar, greift § 59 schon deshalb nicht ein, weil es nicht um einen Fall der Freiheit des Straßenbildes geht.

Besteht das Urheberrecht an einem derartigen, nicht von einer öffentlichen Straße aus sichtbaren Bauwerk wegen Fristablaufs nicht mehr, verbleibt nach Auffassung des BGH seinem Eigentümer das natürliche Vorrecht, gewerblichen Nutzen aus dem nur mit seiner Zustimmung zugänglichen Eigentum zu ziehen und etwa Fotografien der Sache gewerblich zu vertreiben (BGH GRUR 1975, 500/502 – Schloß Tegel; ebenso OLG Köln ZUM-RD 2003, 539/540 – Figurensammlung). Dies begegnet freilich insofern Bedenken, als dem Sacheigentümer nach dieser Auffassung ewig erlaubt sein soll, was dem Urheber nur befristet zusteht, obwohl es doch um die Architektur des Gebäudes als immaterielles Gut geht (vgl. BGH GRUR 1990, 390 – Friesenhaus; *Schack*[5] Rdnr. 40 f. unter Hinweis auf eine vertragliche Lösung des Problems; ebenfalls kritisch *Kübler,* Fs. für Baur, S. 51; zur dogmatischen Auseinandersetzung auch *Dreier,* Fs. für Dietz, S. 235/248 ff. mwN, der die wirtschaftliche Randnutzung des Eigentums durch die Sachfotografie als von § 903 BGB umfasst und damit die Sachfotografie als Eigentumsbeeinträchtigung auch ohne physische Einwirkung auf die fotografierte Sache erachtet. Sie löse vorbeugend einen Abwehranspruch und nach erfolgtem Eingriff einen Anspruch auf Herausgabe des durch die unerlaubte Nutzung Erlangten aus, ohne dass dies der Interessenabwägung der Schrankenregelung des § 59 [und auch des § 50] entgegenstünde. Insoweit obliege dem Eigentümer eine Duldungspflicht nach § 1004 Abs. 2 BGB).

4. Auslegungsfragen

4   Wie alle auf der Sozialbindung des Urheberrechts als Eigentum iSd. Art. 14 GG beruhenden Schrankenregelungen der §§ 44a ff. ist § 59 als Ausnahme von den ausschließlichen Verwertungsrechten des Urhebers und wegen seiner gegenüber dem Konventionsrecht weiterreichenden Regelung grundsätzlich eng auszulegen. Dies schließt jedoch nicht aus, dass das Gewicht der vom Gesetzgeber durch die Schrankenziehung für schützenswert erachteten Interessen Dritter es im Einzelfall rechtfertigen kann, bei der Auslegung der als abschließend zu verstehenden Schrankenregelung einen großzügigeren Maßstab anzulegen (stRspr., zuletzt EuGH GRUR 2009, 1041/1045 Tz. 56 – Infopaq/DDP; BGH GRUR 1994, 800/802 – Museumskatalog; BGHZ 150, 6/8 = GRUR 2002, 605 f. – Verhüllter Reichstag; BGHZ 151, 300/310 = GRUR 2002, 963 – Elektronischer Pressespiegel; BGH GRUR 2003, 956/957 – Gies-Adler; BGH GRUR 2003, 1035/1037 – Hundertwasser-Haus; BGH GRUR 2005, 670/671 – WirtschaftsWoche; sa. Rdnr. 5 sowie vor §§ 44a ff. Rdnr. 18 ff.). Einen allgemeinen Rechtssatz, wonach wegen eines grundsätzlich vorzugswürdigen Interesses der Öffentlichkeit § 59 auf alle allgemein zugänglichen Gestaltungen anzuwenden sei, hat der BGH jedoch ausdrücklich verneint (BGH GRUR 2001, 59 f. – Parfumflakon; zustimmend *v. Gierke*, Fs. für Erdmann, S. 103/108; in der Literatur umstritten, s. die Nachweise vor §§ 44a ff. Rdnr. 19 f.). Von einer Vermutung, der Urheber habe mit der Errichtung eines Kunstwerks an einem öffentlichen Platz sein Werk uneingeschränkt der Öffentlichkeit widmen wollen, kann ebenfalls nicht ausgegangen werden (ebenso *Müller-Katzenburg* NJW 1996, 2341/2345). Die gebotene enge Auslegung der Schrankenregelung verbietet die mitunter angedachte, letztlich aber verworfene analoge Anwendung des § 59 auf Sachverhalte im Internet (vgl. *Leistner/Stang* CR 2008, 499/502; wie hier auch *Ott* ZUM 2009, 345/351).

5. Europäisches und Konventionsrecht

5   § 59 entspricht den Vorgaben von Art. 5 Abs. 3 lit. h der Informationsgesellschafts-Richtlinie 2001/29/EG vom 22. 5. 2001 (zum gleichwohl verbleibenden Unterschied zwischen den entsprechenden österreichischen und deutschen Regelungen OLG München GRUR 2005, 1038 – Hunderwasser-Haus II). Bei seiner Auslegung ist im Auge zu behalten, dass der Gesetzgeber darauf verzichtet hat, den von der Richtlinie zwingend vorgeschriebenen, zum **aquis communautaire** gehörenden **Dreistufentest nach Art. 5 Abs. 5 der Informationsgesellschafts-Richtlinie** ausdrücklich in das deutsche Gesetz aufzunehmen. Gleichwohl gebietet die richtlinien- und überdies WCT- (Art. 10 Abs. 2) sowie TRIPS-konforme (Art. 13 TRIPS) Auslegung der nationalen Schrankenbestimmungen seine Beachtung. Nach ihm ist eine Schrankenregelung nur insoweit zulässig, als sie einen Sonderfall regelt (1), die erlaubnisfreie Nutzung die normale Werkverwertung nicht beeinträchtigt (2) und die Urheberinteressen nicht in ungebührlicher Weise verletzt (3) (zum Dreistufentest in der Richtlinie *Reinbothe* GRUR Int. 2001, 733/740; *Dreier* ZUM 2002, 28/35; *Bornkamm*, Fs. für Erdmann, S. 29; angewendet und vom EuGH GRUR 2009, 1041/1045 Tz. 57 – Infopaq/DDP; kritisch *Max-Plank-Institut für geistiges Eigentum, Wettbewerbsrecht und Steuerrecht*, Declaration, A Ballanced Interpretation of the Three Step Test in Copyright Law, www.ip.mpg.de; sa. vor §§ 44a ff. Rdnr. 12 f. mwN). Denkbar sind Fälle, in denen § 59 den konventionsrechtlich vorgegebenen Rahmen sprengt, etwa weil ein Werk der bildenden Kunst Hauptgegenstand der Abbildung ist. Wegen des generell auf alle Schrankenregelungen anzuwendenden Art. 5 Abs. 5 der Informationsgesellschafts-Richtlinie, Art. 10 Abs. 2 WCT und Art. 13 TRIPS hat der auf das Vervielfältigungsrecht beschränkte Dreistufentest nach Art. 9 Abs. 2 RBÜ an Bedeutung eingebüßt. Dennoch ist bei grenzüberschreitenden Fallgestaltungen, die sich allein nach der RBÜ richten, zu beachten, dass die durch § 59 erlaubnisfreie öffentliche Wiedergabe über das Konventionsrecht hinausgeht, weil Art. 11bis RBÜ vergütungsfreie Vorbehalte des Vorführungs- und Senderechts nicht kennt (ebenso *Walter* MR 1991, 4/6; aA *v. Gierke*, Fs. für Erdmann, S. 103/112 f. unter Hinweis auf das überwiegende Allgemeininteresse, welches die in der RBÜ schrankenlos gewährten Rechte begrenze).

II. Betroffene Werke

1. Werkarten

6   Gegenstand der „Straßenbild- oder Panoramafreiheit" sind in erster Linie **Werke der bildenden Künste,** vornehmlich Werke der Bildhauerei wie Denkmäler, künstlerisch gestaltete Brunnen, Laternen, Schilder und Plastiken aller Art, gleich, ob sie frei stehen oder ob sie – wie zB

reliefartige Darstellungen, Werke der angewandten Kunst oder Wandfresken – die Fassade eines Gebäudes, seinen Eingang oder seine Einzäunung zieren.

Den zweiten Schwerpunkt von Werken, deren Nutzung § 59 in beschränktem Umfang freigibt, bilden die **Werke der Baukunst.** Bei künstlerischen Bauwerken beziehen sich die erlaubnisfrei zulässigen Nutzungen allerdings nur **auf deren äußere Ansicht** (Rdnr. 9f.). Alles, was **von der Straße aus,** nicht dagegen aus der Luft oder von einem nicht der Öffentlichkeit zugänglichen Ort aus sichtbar ist, unterfällt dieser Schrankenregelung (so in enger Auslegung BGH GRUR 2003, 1035/1037 – Hundertwasser-Haus; *Fromm/Nordemann/W. Nordemann*[10] Rdnr. 2). Dazu gehören die Fassade eines Bauwerkes im ganzen wie im Detail oder auch ein künstlerisch geformtes Gartentor (OLG Hamburg GRUR 1974, 165/167 – Gartentor), **nicht dagegen die Rückseite eines Hauses und seine Innenräume** (Eingangshallen, Treppenhäuser, Festsäle, Innenhöfe usw.), unabhängig davon, ob es sich um private Häuser oder um allgemein zugängliche öffentliche Gebäude handelt (Theater, Gerichte, Behörden etc.), **sowie Werke, die sich in Innenräumen befinden,** wie zB eine Plastik in der Eingangshalle einer Hochschule oder ein Wandbild im Foyer eines Theaters (allgM: *Müller-Katzenburg* KUR 2004, 3/6; *Möhring/Nicolini/Gass*[2] Anm. 3b; *Ulmer*[3] § 74 III 1; *Rehbinder*[16] Rdnr. 514). Werke, die in öffentlichen Museen für jedermann zugänglich sind, fallen ebenfalls nicht unter § 59, weil sie nicht in gleichem Maße der Allgemeinheit gewidmet sind wie an öffentlichen Plätzen aufgestellte Kunstwerke (AmtlBegr. UFITA 45 [1965] 240/293). Die für sie geltenden Schranken sind in den §§ 50, 53, 57 und 58 geregelt (BGH GRUR 2002, 605/606 – Verhüllter Reichstag).

Neben den Werken der Architektur und der bildenden Künste sind **andere Werke** im Straßenbild nur selten anzutreffen. Gleichwohl ist es denkbar, dass sich Sprach- und Musikwerke wie Gedichte, Glockenspiele, Lieder mit Text oder Notenschriften auf einer Gedenktafel, einem Grab- oder Denkmal befinden und deshalb als **Teil des Straßenbildes** iSd. § 59 genutzt werden können. Die Wiedergabe muss in diesen Fällen jedoch der **konkreten Gestaltungsform** des dargestellten Sprach- oder Musikwerkes, etwa auf einer Gedenktafel oder einem Grabmal usw., entsprechen.

2. An öffentlichen Wegen, Straßen und Plätzen

Die Zulässigkeit der Wiedergabe bezieht sich nur auf Werke, die sich bleibend und unter freiem Himmel an **öffentlichen Wegen, Straßen oder Plätzen** befinden (vgl. *Ulmer*[3] § 74 III 1). Dabei kommt es nicht darauf an, ob sie im öffentlichen Eigentum stehen, wenn sie nur dem **Gemeingebrauch gewidmet** sind und deshalb für jedermann frei zugänglich sind (*Dreyer* in HK-UrhG Rdnr. 3). Der Öffentlichkeitsbegriff des § 59 ist nicht im öffentlichrechtlichen Sinn zu deuten, vielmehr gibt der tatsächliche öffentliche Zugang den Ausschlag (*v. Gamm* Rdnr. 2; im Ergebnis ebenso *Fromm/Nordemann/W. Nordemann*[10] Rdnr. 2; *Möhring/Nicolini* Anm. 3b; *Ulmer*[3] § 74 III 1). Seiner Widmung entsprechend gilt ein Friedhof als öffentlicher Platz, selbst wenn er nachts abgeschlossen wird (RGSt 40, 122/126). Auch für jedermann freie Privatwege und -parks oder Parkplätze eines Kaufhauses gehören zum Bereich der öffentlichen Wege und Plätze, in gebotener enger Auslegung der Vorschrift dagegen nicht Privatgelände mit Eingangskontrolle, U-Bahnhöfe oder Bahnhofshallen, selbst wenn sie Tag und Nacht frei betreten werden können (aA noch *Schricker/Gerstenberg*[1] Rdnr. 4; *Wandtke/Bullinger/Lüft* Rdnr. 3; wie hier *v. Gamm* Rdnr. 2; *Fromm/Nordemann/W. Nordemann*[10] Rdnr. 2; *Möhring/Nicolini/Gass*[2] Rdnr. 14).

An öffentlichen Wegen, Straßen oder Plätzen iSd. Vorschrift liegt alles, was der Benutzer **von einem der Allgemeinheit frei zugänglichen Ort** ohne besondere Hilfsmittel (etwa Flugzeug, Fernglas, Leiter etc.) wahrnehmen kann (für die Zulässigkeit der Benutzung von Teleobjektiven *Dreier/Schulze/Dreier* Rdnr. 4; wie hier *Dreyer* in HK-UrhG Rdnr. 4). Das geschützte Werk selbst kann sich gleichwohl auf privatem Grund befinden und für die Öffentlichkeit unzugänglich sein (LG Berlin NJW 1996, 2380/2381 – Postkarten; LG Freiburg GRUR 1985, 544/545 – Fachwerkhaus; *Schack*[5] Rdnr. 567; *Müller-Katzenburg* NJW 1996, 2341/2344; *v. Gierke*, Fs. für Erdmann, S. 103/110). Was dagegen allein von einer der Öffentlichkeit unzugänglichen Wohnung in einer bestimmten Perspektive zu sehen ist oder sich – wie etwa der Innenhof eines Gebäudes – dem Blick von der öffentlichen Straße ganz entzieht, unterliegt nicht der Panoramafreiheit des § 59, selbst wenn der Eigentümer das Betreten seines Grundstückes gestattet hat (sa. BGH GRUR 2003, 1035/1037 – Hundertwasser-Haus; aA die Vorinstanz OLG München ZUM 2001, 76 – Hundertwasser-Haus; BGH GRUR 1975, 500 – Schloß Tegel; *Möhring/Nicolini/Gass*[2] Rdnr. 15). Dies gilt erst recht für **Werke im Inneren eines Gebäudes** (zB Gemälde oder Plastiken in der Eingangshalle), und zwar auch für den Fall, dass zufällig ein Fenster oder die Eingangstür offen stehen und der Blick auf das Werk freigegeben wird. Von Gebäuden selbst ist ohnehin lediglich die Abbildung der Außenansicht erlaubnisfrei zulässig (Abs. 1 S. 2).

3. Bleibend iSd. Vorschrift

11 § 59 erfordert ferner, dass die Werke sich **bleibend** an öffentlichen Wegen, Straßen oder Plätzen befinden. Was darunter zu verstehen ist, wird uneinheitlich beurteilt. Einigkeit besteht insoweit, dass § 59 auf Werke anwendbar ist, die sich für die Zeit ihrer materialbedingten Lebensdauer und ohne Befristung an öffentlichen Straßen und Plätzen befinden. Bei **auf – nicht notwendig lange – Dauer** (s. unten Rdnr. 12) errichteten Bauwerken, Kunstwerken an Gebäuden und größeren Denkmälern ergibt sich der bleibende Charakter in der Regel bereits aus der Art des Werkes.

12 Unterschiedliche Interpretationen findet das Merkmal „bleibend" hinsichtlich solcher Werke, die **von vornherein nur befristet an öffentlichen Straßen und Plätzen** aufgestellt worden sind. Die einen setzen auch insoweit „bleibend" mit der **Lebensdauer** des Werkes gleich (*Pöppelmann* ZUM 1996, 193/297 ff.; *Griesbeck* NJW 1997, 1133 f.; *Kleinke* AfP 1996, 397; *Weberling* AfP 1996, 34/35), übersehen dabei jedoch, dass diese Auffassung ohne sachlichen Grund zu unterschiedlichen Ergebnissen führt, je nach dem, ob das Werk durch den Abbau zerstört wird oder sich erhalten lässt (BGH GRUR 2002, 605/606 – Verhüllter Reichstag unter Verweis auf *Ernst* ZUM 1998, 475/477; *Müller-Katzenburg* NJW 1996, 2341/2344; *Hess,* Fs. für Nordemann [1999], S. 89/94).

13 Eine verbreitete Meinung hält die **Widmung** durch den Verfügungsberechtigten dafür maßgebend, ob das Werk sich bleibend an einer öffentlichen Straße befindet (LG Hamburg GRUR 1989, 591/592 – Neonrevier; LG Berlin NJW 1996, 2380/2381 – Postkarten; *Fromm/Nordemann/W. Nordemann*[10] Rdnr. 3; *Möhring/Nicolini/Gass*[2] Rdnr. 12; *Schack*[5] Rdnr. 568; *Hess,* Fs. für Nordemann [1999], S. 89/95 f.; *Ernst* AfP 1997, 458/459; *ders.* ZUM 1998, 475/476 f.; *Müller-Katzenburg* NJW 1996, 2341/2344; *Pfennig* ZUM 1996, 558/559; *Dietz* UFITA 136 [1998] 5/73). Hat danach der Künstler die Lebensdauer seines Werkes von vornherein beschränkt, wird es sich idR nicht bleibend an einem öffentlichen Platz befinden.

14 Dem ist der **BGH** mit dem überzeugenden Einwand entgegengetreten, allein die Widmung erlaube es dem Urheber, durch entsprechende Absichtserklärungen die Anwendung der Schrankenregelung des § 59 zu umgehen und sein Werk vor privilegierter Nutzung zu schützen (BGH GRUR 2002, 605/606 – Verhüllter Reichstag; ebenso bereits *v. Gierke,* Fs. für Erdmann, S. 103/111: „unerträgliche Rechtsunsicherheit" sowie *Dreyer* in HK-UrhG Rdnr. 7). Der BGH stellt deshalb vorrangig auf den **Zweck** der Aufstellung des Werkes an dem jeweiligen öffentlichen Ort ab mit dem Hinweis, dass es nicht gerechtfertigt sei, bei vorübergehender Aufstellung von Werken über das Maß hinauszugehen, das die §§ 50, 53, 57 und 58 dem Urheber an Einschränkungen seines ausschließlichen Rechts auferlegen (BGH GRUR 2002, 605/606 – Verhüllter Reichstag). Deshalb war nach Auffassung des BGH die Verhüllung des Reichstags durch Christo und Jeanne-Claude nicht bleibend im Sinne dieser Schrankenregelung, sondern durch den Vertrag des Künstlers mit der Verwaltung des Deutschen Bundestages zeitlich befristet. Auf dauerhafte, nicht lediglich für einige Wochen oder Monate vorgenommene Aufstellungen findet § 59 hingegen Anwendung.

15 **Beispiele. Kurzlebige Werke** wie Schneeplastiken oder Pflastermalereien können frei wiedergegeben werden (hM, aA noch *Möhring/Nicolini*[1] Anm. 3). Das gilt auch für den Bereich der **aufgedrängten Bildwerke** an Hauswänden, Stützmauern etc., der seit Ende der 1970-er Jahre durch Harald Nägeli, den „Sprayer von Zürich", eine neue Dimension erfahren hat. Derartige Werke befinden sich wegen ihrer regelmäßig unbefristeten Präsentation zunächst bleibend an ihrem Standort, mögen sie auch im nächsten Regen dahinschmelzen oder von der Stadtreinigung entfernt werden (ebenso LG Berlin NJW 1996, 2380/2381 – Postkarten; LG Frankenthal ZUM-RD 2005, 408/409 – Grassofa hinsichtlich eines „work in progress" mit offenem Ende). Sinngemäß ist § 59 auch auf solche Werke anzuwenden, die sich bleibend an öffentlichen Verkehrsmitteln (Omnibussen, S-Bahnen usw.) befinden (umstritten: wie hier *Wandtke/Bullinger/Lüft* Rdnr. 5; *Ernst* ZUM 1998, 475/477; aA *Möhring/Nicolini/Gass*[2] Rdnr. 17; *v. Gierke,* Fs. für Erdmann, S. 103/109).

16 Werke hingegen, die in **Schaufenstern oder in Schaukästen** ausgestellt sind, befinden sich zwar an einer öffentlichen Straße, jedoch nur vorübergehend und deshalb nicht bleibend iSd. § 59 (ebenso LG Berlin NJW 1996, 2380/2381 – Postkarten; *Fromm/Nordemann/W. Nordemann*[10] Rdnr. 3; nach *v. Gamm* Rdnr. 2 befinden sich Schaufenster in einem Gebäude, so dass bereits deshalb das Privileg des § 59 entfällt). Die Abbildung einer Straßenansicht mit einem

Schaufenster, in dem ein Gemälde ausgestellt wird, fällt daher – anders als die **Schaufensterfassade** als Gesamtdarstellung (*Dreier/Schulze/Dreier* Rdnr. 5) – nicht unter die Ausnahmevorschrift des § 59, ist aber möglicherweise gemäß § 57 zulässig. Das Gleiche gilt für **Plakate an Litfass-Säulen,** Spruchbänder an Häusern oder Darstellungen an Fahrzeugen, die am Straßenrand vorübergehend abgestellt worden sind (*Ernst* ZUM 1998, 475/477; aA für Plakate *Dreier/Schulze/Dreier* Rdnr. 5).

Die spätere **Änderung des Standorts** – eine Skulptur aus Sandstein wird etwa aus konservatorischen Gründen aus einem öffentlichen Park entfernt und in einem Museum aufgestellt – kann an der Zulässigkeit der Vervielfältigung oder öffentlichen Wiedergabe des betreffenden Werkes nichts ändern, soweit es sich um eine Nutzung aus der Zeit der öffentlichen Aufstellung des Werkes handelt. 17

III. Privilegierte Werknutzungen

1. Zulässige Nutzungen

Bei den **unabhängig von kommerziellen oder ideellen Zwecken erlaubten** (AmtlBegr. UFITA 45 [1965] 240/292; sa. *Fromm/Nordemann/W. Nordemann*[10] Rdnr. 4) **Vervielfältigungs- und Verbreitungsarten** kann es sich in abschließender Aufzählung der Vorschrift um **Malerei oder Graphik, Lichtbild oder Film** handeln, also unabhängig von der Reproduktionstechnik um eine Vervielfältigung **in zweidimensionaler Form.** Ihre praktische Bedeutung erlangt die Wiedergabefreiheit im Wesentlichen für Ansichtspostkarten, Bildbände, illustrierte Reisebücher und Städteführer mit Lichtbildern und Lichtbildwerken. Die gesetzliche Formulierung „durch Lichtbild" ist daher ohne Verstoß gegen den Grundsatz enger Auslegung als Oberbegriff für Lichtbilder und Lichtbildwerke zu verstehen, die bei der Digitalfotografie naturgemäß digital gespeichert werden (zur Geschichte dieses Redaktionsversehens s. *Möhring/Nicolini*[1] Anm. 5 sowie *Möhring/Nicolini/Gass*[2] Rdnr. 19; gegen die Zulässigkeit einer digitalen Speicherung als Vorbereitungshandlung für die öffentliche Wiedergabe etwa im Internet *Dreyer* in HK-UrhG Rdnr. 9). Zu den erlaubten Vervielfältigungs- und Verbreitungsformen zählen auch Filme, und zwar sowohl Filmwerke (§ 2 Abs. 1 Nr. 6) als auch Laufbilder (§ 95). Nach *Dreier* ist **de lege ferenda** an eine Erstreckung der Vorschrift auf Multimediawerke zu denken (in *Schricker* [Hrsg.], Informationsgesellschaft, S. 171). 18

2. Unzulässige Nutzungen

Unzulässig sind Vervielfältigungen und Verbreitungen des Werkes **in dreidimensionaler Form,** gleich, ob einzeln oder in Serie, als Nachbau in Originalgröße oder als verkleinertes Modell aus Holz, Plastik, Metall oder Porzellan (*Möhring/Nicolini*[1] Anm. 4; *Ulmer*[3] § 74 III 2 a), sowie **Bearbeitungen und sonstige Umgestaltungen** (ebenso *v. Gierke,* Fs. für Erdmann, S. 103/112; *Dreyer* in HK-UrhG Rdnr. 9), soweit nicht § 62 eingreift (s. Rdnr. 21 sowie *Fromm/Nordemann/W. Nordemann*[10] Rdnr. 6). Die Vervielfältigung von **Teilen des Werkes** (Teilansichten) hingegen ist trotz des engen Wortlauts der Vorschrift als **zulässig** zu erachten (vgl. *v. Gamm* Rdnr. 3; *v. Gierke,* Fs. für Erdmann, S. 103/109f.). Für nach geltendem Recht unzulässig wird ferner das Speichern auf Servern gehalten (*Dreyer* in HK-UrhG Rdnr. 12, 15 gegen VG Karlsruhe NJW 2000, 2222f.). Dem ist jedoch insofern zu widersprechen, als dies für die zulässige öffentliche Zugänglichmachung unerlässlich ist (s. Rdnr. 18, 20). Für Nutzungen im Rahmen von Multimediaerzeugnissen wäre eine Gesetzesänderung zu diskutieren (s. Rdnr. 15). 19

3. Öffentliche Wiedergabe

Das Recht der **öffentlichen Wiedergabe** nach § 59 bezieht sich auf alle Formen der unkörperlichen Werkverwertung gemäß §§ 15 Abs. 2, 19 bis 22 mit naturgemäßem Schwerpunkt auf der Vorführung (§ 19 Abs. 4), öffentlichen Zugänglichmachung (§ 19a) und Sendung (§ 20). Einer ausdrücklichen Regelung des Rechts der öffentlichen Zugänglichmachung im Rahmen des § 59 hat es nicht bedurft (ebenso *v. Gierke,* Fs. für Erdmann, S. 103/113). Nach hM (*Möhring/Nicolini*[1] Anm. 7; *Ulmer*[3] § 74 III 2 b) umfasst die Erlaubnis alle Arten von Fernsehsendungen, unabhängig davon, ob die Wiedergabe als Fernsehfilm oder als Live-Sendung erfolgt (aA *Samson* UFITA 47 [1966] 1/75; *v. Gierke,* Fs. für Erdmann, S. 103/113: Privilegierung bei Live-Sendungen nur nach §§ 50, 57 und – wenngleich am Sinn der Regelung zweifelnd – *v. Gamm* Rdnr. 3). Einer vorherigen körperlichen Festlegung des Werkes bedarf es also nicht. 20

4. Wahrung des Urheberpersönlichkeitsrechts

21 Das **Urheberpersönlichkeitsrecht** des Werkschöpfers bleibt von der Straßenbildfreiheit unberührt. **Änderungen oder gar Entstellungen** seines Werkes kann er, soweit das Maß des nach Treu und Glauben Zulässigen überschritten wird, verbieten (§ 62 Abs. 1 S. 2 iVm. §§ 14, 39 Abs. 2) und deren Verwertung durch Dritte untersagen. Reproduktionsbedingte Änderungen von Werken der bildenden Künste, Lichtbildwerken und – entsprechend – Werken der Baukunst (*Dreier/Schulze/Dreier* Rdnr. 11) sind hinzunehmen (§ 62 Abs. 3). Unzulässigerweise geänderte oder entstellte Werke fallen selbst dann nicht unter § 59, wenn im Übrigen die tatbestandlichen Voraussetzungen dieser Schrankenregelung vorliegen. Der Urheber kann deshalb einem Dritten, der sein entstelltes Werk vervielfältigt und verbreitet, auf Unterlassung und, wenn er die Entstellung selbst vorgenommen hat, auf Schadensersatz nach § 97 in Anspruch nehmen (LG Mannheim GRUR 1997, 364/366 – Freiburger Holbein-Pferd; vgl. auch *Fromm/Nordemann/W. Nordemann*[10] Rdnr. 6).

22 Was die Anerkennung der Urheberschaft, dh. das Recht des Urhebers auf **Namensnennung** (§ 13), anbelangt, ist § 63 zu beachten und danach zu differenzieren, ob der Urheber selbst das Werk mit seinem Namen versehen hat oder nicht. Hat der Bildhauer seinen Namen am Denkmal deutlich sichtbar angebracht, ist auch seine Nennung etwa auf einer Postkarte geboten (vgl. die Überlegungen zu § 20 KUG bei *Osterrieth/Marwitz* KUG[2] Anm. VIII). Wird ein unsigniertes Werk der bildenden Künste abgebildet, hat der Verwerter nach den Grundsätzen von Treu und Glauben den Namen des Urhebers in Erfahrung zu bringen (ebenso *Dreier/Schulze/Dreier* Rdnr. 12; aA *Loewenheim/Götting* § 31 Rdnr. 245: oftmals unzumutbar). Bei unsignierten Werken, deren Urheber dem Berechtigten auch nicht anderweit bekannt sind, entfällt gemäß § 63 Abs. 1 S. 4 die Verpflichtung zur Quellenangabe.

IV. Einschränkungen bei Bauwerken

1. Äußere Ansicht von Werken der Baukunst

23 Das zur Abbildung freigegebene Straßenbild erhält sein Gepräge durch die Fassaden der Häuser, die von der Straße aus sichtbar sind, nicht hingegen durch Innenräume, Höfe und rückwärtige, verdeckte Gebäudeteile. Demgemäß bezieht sich die Abbildungsfreiheit bei Werken der Baukunst nur auf die **Straßenfront** eines Gebäudes (sa. Rdnr. 7; BGH GRUR 2003, 1035/1037 – Hundertwasser-Haus; *v. Gamm* Rdnr. 4; *Dreier/Schulze/Dreier* Rdnr. 8).

2. Keine Vervielfältigung an einem Bauwerk (Abs. 2)

24 Zulässig ist die **Abbildung** von Werken, die sich bleibend an öffentlichen Wegen, Straßen oder Plätzen befinden, **nicht hingegen ihre Nachbildung,** insbesondere nicht ihr Nachbau (*v. Gamm* Rdnr. 4). Die nach Abs. 1 zulässige Vervielfältigung soll nicht der ursprünglichen Funktion des Werkes entsprechend verwertet werden können, ohne dass der Urheber die Chance einer Vergütung erhält; dies ist ratio legis dafür, dass nach dem Wortlaut von Abs. 2 die zulässigen Vervielfältigungen nicht „**an einem Bauwerk**" – besser: an der Außenseite eines Bauwerks – vorgenommen werden dürfen. Ein Wandgemälde, das die Straßenschauseite eines Gebäudes schmückt, ein Relief über seinem Eingang oder ein freistehendes Denkmal können gemäß Abs. 2 abgemalt, abgezeichnet, fotografiert oder gefilmt werden. Ihre Vervielfältigung an einem Bauwerk jedoch, gleich, ob in zwei- oder dreidimensionaler Form, wäre hingegen eine unzulässige Nachbildung (s. *Möhring/Nicolini*[1] Anm. 9). Der Begriff der Vervielfältigung an einem Bauwerk umfasst die feste Verbindung des Werkes mit der Wand, nach einem Teil der älteren Literatur nicht nur an der Straßenschauseite, sondern darüber hinaus an allen Innen- und Außenwänden des Bauwerks (vgl. *Osterrieth/Marwitz* KUG[2] § 20 Anm. IV 2c und Sten. Bericht zum KUG S. 3837). Die enge Auslegung des Gesetzestextes, nach der die Darstellung eines öffentlich aufgestellten Denkmals auf einem Wandfresko im Treppenhaus eines Gebäudes unzulässig ist, während seine Abbildung auf einem im gleichen Treppenhaus aufgehängten Gemälde oder einer vergrößerten Fotografie zulässig bliebe, kann der Gesetzgeber nicht gewollt haben (*Gerstenberg* Anm. 4c; aA *Möhring/Nicolini/Gass*[2] Rdnr. 23). Das spricht für die sinngemäße Ergänzung des Gesetzestextes „an der Außenseite eines Bauwerkes".

V. Sonstige Fragen

Nationales Fremdenrecht

Werke **ausländischer, nicht der EU oder dem EWR angehöriger Urheber,** die sich 25
bleibend an öffentlichen Wegen, Straßen oder Plätzen im Geltungsbereich des Urheberrechtsgesetzes befinden, können bei Nutzungshandlungen im Inland nach **nationalem Fremdenrecht** ebenfalls unter den Voraussetzungen des § 59 genutzt werden (§ 121 Abs. 2), selbst wenn die Werke sich im Ausland befinden (BGH GRUR 2003, 1035/1036 – Hundertwasser-Haus). Im Hinblick auf das **Konventionsrecht** erscheint eine vergütungsfreie öffentliche Wiedergabe jedoch problematisch (vgl. Rdnr. 5).

§ 60 Bildnisse

(1) ¹Zulässig ist die Vervielfältigung sowie die unentgeltliche und nicht zu gewerblichen Zwecken vorgenommene Verbreitung eines Bildnisses durch den Besteller des Bildnisses oder seinen Rechtsnachfolger oder bei einem auf Bestellung geschaffenen Bildnis durch den Abgebildeten oder nach dessen Tode durch seine Angehörigen oder durch einen im Auftrag einer dieser Personen handelnden Dritten. ²Handelt es sich bei dem Bildnis um ein Werk der bildenden Künste, so ist die Verwertung nur durch Lichtbild zulässig.

(2) Angehörige im Sinne des Absatz 1 Satz 1 sind der Ehegatte oder der Lebenspartner und die Kinder oder, wenn weder ein Ehegatte oder Lebenspartner noch Kinder vorhanden sind, die Eltern.

Schrifttum: *Fromm,* Der Bildnisschutz nach jetzigem Recht, UFITA 47 (1966) 162; *Schertz,* Bildnisse, die einem höheren Interesse der Kunst dienen – Die Ausnahmevorschrift des § 23 I Nr. 4 KUG, GRUR 2007, 558.

Übersicht

	Rdnr.
I. Allgemeines	1–15
1. Rechtsentwicklung	2–4
2. Rechtsnatur und Systematik der Norm	5–10
a) Rechtsnatur	5, 6
b) Systematik	7–10
3. Sinn und Zweck, Rechtfertigung sowie Bewertung der Norm	11–15
a) Sinn und Zweck	11, 12
b) Rechtfertigung	13
c) Bewertung der Neufassung	14, 15
II. Einzelerläuterungen	16–30
1. Bildnis iSd. § 60	16–19
a) Personendarstellung	16–18
b) Bildnis auf Bestellung	19
2. Berechtigte iSd. Vorschrift	20–24
a) Besteller	20
b) Rechtsnachfolger des Bestellers	21
c) Abgebildeter	22
d) Angehörige (Abs. 2)	23
e) Dritter	24
3. Erlaubnisfreie Nutzungen	25–30
a) Vervielfältigung	25
b) Lichtbilder und Lichtbildwerke (Abs. 1 S. 2)	26
c) Unentgeltliche und nicht gewerblichen Zwecken dienende Verbreitung	27–29
d) Keine öffentliche Wiedergabe	30

I. Allgemeines

Während das Recht am eigenen Bilde als eine besondere Erscheinungsform des allgemeinen 1
Persönlichkeitsrechts in den §§ 23, 24 KUG (dazu Anhang zu § 60) regelt, unter welchen (engen) Voraussetzungen Dritte ein Bildnis abweichend von § 22 KUG ohne Erlaubnis des Abgebildeten verbreiten oder öffentlich zur Schau stellen dürfen, enthält § 60 Einschränkungen der Rechte des Urhebers eines **auf Bestellung angefertigten Bildnisses** zugunsten seines Be-

§ 60

stellers bzw. **Rechtsnachfolgers** (Abs. 1 S. 1 1. Alt.), zugunsten des **Abgebildeten** bzw. nach seinem Tode seiner **Angehörigen** (Abs. 1 S. 1 2. Alt) oder zugunsten eines **Dritten**, der **im Auftrag** einer der in den Alternativen 1 und 2 genannten Personen handelt (Abs. 1 S. 1 3. Alt.). Danach ist es diesem eng umgrenzten Kreis von Berechtigten gestattet, das Bildnis zu vervielfältigen sowie zu verbreiten, sofern die Verbreitung unentgeltlich und nicht zu gewerblichen Zwecken erfolgt (Abs. 1 S. 1). Die Verwertung eines auf Bestellung angefertigten Bildnisses, das die Voraussetzungen eines Werkes der bildenden Künste iSd. § 2 Abs. 1 Nr. 4 erfüllt, ist ausnahmsweise nur durch Lichtbild zulässig (Abs. 1 S. 2).

1. Rechtsentwicklung

2   **Einschränkungen des Urheberrechts an bestellten Bildnissen enthielten bereits im 19. Jahrhundert** Art. 35 Abs. 1 S. 2 des bayerischen Gesetzes zum Schutze der Urheberrechte an literarischen Erzeugnissen und Werken der Kunst vom 28. 6. 1865 sowie § 8 KG und § 7 PhG vom 9. bzw. 10. 1. 1876 (zu diesen Gesetzen Einl. Rdnr. 111 f.), nach denen das Nachbildungsrecht dem Sacheigentum des Bestellers am Original eines Bildnisses folgte. Diese für bildende Künstler und Fotografen nachteilige Regelung – sie ermöglichte dem Besteller nicht nur die gewerbsmäßige Vervielfältigung und Verbreitung des Bildnisses, sondern auch die Ausübung des Verbotsrechts selbst gegenüber seinem Urheber (Näheres bei *Allfeld* KUG § 18 Anm. II 8 a) – wurde 1907 durch die abdingbare Regelung des § 18 Abs. 2 KUG ersetzt, die dem Urheber die Rechte der Vervielfältigung und gewerbsmäßigen Verbreitung beließ und dem Besteller nur ein einfaches Vervielfältigungsrecht gewährte. War das Bildnis ein Werk der bildenden Künste, blieb das Vervielfältigungsrecht des Bestellers zu Lebzeiten des Urhebers auf die fotografische Herstellung beschränkt (§ 18 Abs. 2 S. 2 KUG).

3   Die **Reformentwürfe vor dem Zweiten Weltkrieg** (s. Einl. Rdnr. 116) übernahmen zum Teil die Regelung des KUG (Marwitz-E § 18 Nr. 3), zum Teil bezogen sie bereits den Abgebildeten bzw. seine Angehörigen in den Kreis der Berechtigten ein, beschränkten das ihnen gewährte Vervielfältigungsrecht auf fotografische Verfahren und gaben außerdem Behörden die Veröffentlichung, Vervielfältigung und Verbreitung von Bildnissen zu Zwecken der öffentlichen Sicherheit und der Rechtspflege frei (s. § 43 RJM-E; § 53 Abs. 2 und 4 Hoffmann-E 1933; § 42 Akademie-E). Von den **amtlichen Entwürfen nach dem Zweiten Weltkrieg** enthielt § 54 RefE zugunsten des Bestellers neben der erlaubnisfrei zulässigen Vervielfältigung die Freistellung der unentgeltlichen Verbreitung. Letztere war notwendig geworden, weil anders als nach § 11 Abs. 1 LUG und § 15 Abs. 1 KUG zukünftig das Verbreitungsrecht des Urhebers nicht auf die gewerbsmäßige Verbreitung beschränkt bleiben sollte. Sodann erstreckte er die Freistellung lediglich der fotografischen Vervielfältigung eines bestellten Bildnisses über die Lebenszeit des Urhebers hinaus auf die gesamte Schutzfrist des Urheberrechts und betonte noch die Abdingbarkeit der Regelung, die später in § 57 MinE als bloße Selbstverständlichkeit kommentarlos gestrichen wurde (sa. *Möhring/Nicolini*[1] Anm. 1 a). In **§ 61 RegE**, der bereits weitgehend der geltenden Regelung entsprach, wurde schließlich die Ausnahme zugunsten von Lichtbildwerken (Abs. 1 S. 2) aufgenommen.

4   § 60 wurde durch das **Gesetz zur Regelung des Urheberrechts in der Informationsgesellschaft** vom 10. 9. 2003 (BGBl. I S. 1774) – in Kraft getreten am 13. 9. 2003 – im Zuge der Anpassung der Schankenregelungen an die Vorgaben der Informationsgesellschafts-Richtlinie 2001/29/EG (EG ABl. L 167/10) nicht allein redaktionell überarbeitet. Dabei war die Novellierung nur bedingt durch die Richtlinie veranlasst. Denn § 60 zählt zu den unter Art. 5 Abs. 3 lit. o der Informations-Richtlinie fallenden Schrankenregelungen geringerer Bedeutung, die lediglich analoge Nutzungen betreffen, zu keiner Beeinträchtigung des freien Warenverkehrs führen und keine anderen Schrankenregelungen berühren. In dieser europäischen Vorschrift liegt der Grund, weshalb § 60 keine Regelung der öffentlichen Zugänglichmachung von Bildnissen nach § 19 a trifft. Wohl aber trägt er der Kritik der Literatur (s. 2. Aufl. Rdnr. 11 f.) an seiner alten Fassung Rechnung, indem er die Verbreitung eines Bildnisses nicht mehr nur dann erlaubnisfrei zulässt, wenn sie unentgeltlich, sondern darüber hinaus auch nicht zu gewerblichen Zwecken erfolgt. Ferner beschränkt § 60 nF die zulässigen Vervielfältigungshandlungen nicht mehr allein auf die Fertigung eines Lichtbildes. Er gestattet auch andere Vervielfältigungstechniken, sofern es sich bei dem Bildnis nicht um ein Werk der bildenden Künste handelt (§ 60 Abs. 1 S. 2; *Dreyer* in HK-UrhG Rdnr. 1 sieht in dieser Erweiterung der erlaubnisfrei zulässigen Nutzungen gegenüber § 60 aF einen versehentlichen Verstoß gegen die Vorgaben der Richtlinie, der jedoch angesichts des eindeutigen Wortlauts der Vorschrift ohne Konsequenzen bleibe).

2. Rechtsnatur und Systematik der Norm

a) Rechtsnatur. Die Vorschrift des § 60 hat zwar ihren Platz im 6. Abschnitt des Teils 1 des 5
UrhG über die dem Urheberrecht gezogenen Schranken gefunden, ihrem Regelungsgehalt und
ihrer Entstehungsgeschichte nach enthält sie jedoch **weniger eine Schrankenbestimmung,**
als eine speziell auf die Nutzung bestellter Bildnisse zugeschnittene **urhebervertragsrechtliche
Auslegungsregel** (ebenso OLG Karlsruhe ZUM 1994, 737 – Musikgruppe S; *Fromm/Nordemann/W. Nordemann*[9] Rdnr. 5; *Dreier/Schulze/Dreier* Rdnr. 2; *Möhring/Nicolini/Gass*[2] Rdnr. 13;
aA *Fromm/Nordemann/A. Nordemann*[10] Rdnr 2; *Loewenheim/A. Nordemann* § 73 Rdnr. 51; *Dreyer*
in HK-UrhG Rdnr. 6), soweit zwischen Urheber und Berechtigtem, wie dies bei dem ganz
überwiegenden Teil der auf Bestellung angefertigten Bildnisse der Fall ist, eine vertragliche Beziehung besteht. Wie die Entstehungsgeschichte des § 60 zeigt (s. Rdnr. 3), hat der Gesetzgeber
nicht von der bereits im KUG enthaltenen **Abdingbarkeit der Norm** Abstand nehmen wollen, sondern von ihrer ausdrücklichen Erwähnung im Gesetz offensichtlich nur deshalb abgesehen, weil sie ihm als selbstverständlich erschien (sa. Rdnr. 3). Eine Auslegungsregel ist dadurch
freilich nicht zwangsläufig indiziert. Zu Recht weist *Dreier* darauf hin, dass die Abdingbarkeit
der Norm nicht gegen die Annahme einer Schrankenregelung spricht, weil inter partes auch
Schrankenregelungen schuldrechtlich abbedungen werden können, sofern das Gesetz wie in
§§ 69g Abs. 1, 87e dies ausdrücklich ausschließt (*Dreier/Schulze/Dreier* Rdnr. 2; ebenso *Dreyer* in
HK-UrhG Rdnr. 6). Lediglich in Fällen, in denen der Abgebildete nicht der Besteller seines Bildnisses ist und auch im Übrigen mit dem Urheber keine vertraglichen Beziehungen bestehen,
dürfte § 60 als eine gesetzliche Schrankenregelung zu verstehen sein.

Als Einschränkung des Urheberrechts erfordert § 60 ungeachtet seiner besonderen Charakteristik eine **enge Auslegung** (allgM, OLG Köln GRUR 2004, 499/500 – Portraitfoto im Internet; deshalb gelten insoweit die in stRspr. zur Auslegung von Schrankenregelungen entwickelten Grundsätze entsprechend; s. zuletzt EuGH GRUR 2009, 1041/1045 Tz. 56 – Infopaq/
DDP; BGH GRUR 1994, 800/802 – Museumskatalog; BGH GRUR 2001, 59f. – Parfumflakon; BGHZ 150, 6/8 = GRUR 2002, 605f. – Verhüllter Reichstag; BGHZ 151, 300/310 =
GRUR 2002, 963 – Elektronischer Pressespiegel; BGH GRUR 2002, 1050/1051 – Zeitungsbericht als Tagesereignis; BGH GRUR 2003, 956/957 – Gies-Adler; BGH GRUR 2003,
1035/1037 – Hundertwasser-Haus; GRUR 2005, 670/671 – WirtschaftsWoche; sa. vor §§ 44a ff.
Rdnr. 18ff.), so dass seine analoge Anwendung auf Filmwerke und Laufbilder (§§ 94, 95) ausscheidet (aA noch *Möhring/Nicolini*[1] Anm. 3). Auch das Veröffentlichungsrecht des Urhebers
nach § 12 bleibt von § 60 anders als die ausdrücklich erwähnten Verwertungsrechte unberührt.
Das Veröffentlichungsrecht ist deshalb vertraglich zu erwerben.

b) Systematik. Mit dem Erwerb des **Sacheigentums am Werkstück** sind gemäß § 44 Abs. 1 7
keine urheberrechtlichen Nutzungsbefugnisse verbunden (dazu ausführlich § 44 Rdnr. 5ff.), es
sei denn, es handelt sich um ein Werk der bildenden Künste oder um ein Lichtbildwerk, zu
deren Ausstellung nach § 18 der Erwerber ohne gegenteilige Vereinbarung befugt ist (§ 44
Abs. 2). Daran ändert § 60 nichts. Folglich kann der Eigentümer des Originals oder eines Vervielfältigungsstücks eines Bildnisses dieses nur nach Maßgabe des § 60 und unter Beachtung des
Änderungsverbots des § 62 nutzen, dessen Abs. 3 wiederum bei Werken der bildenden Künste und Lichtbildwerken solche Größen- und solche Änderungen zustimmungsfrei gestattet, die
mit dem angewendeten Vervielfältigungsverfahren zwangsläufig verbunden sind. Letzteres spielt
im Rahmen des § 60 eine wichtige Rolle, bei Bildnissen als Werken der bildenden Künste jedoch nur insoweit, als § 60 Abs. 1 S. 2 deren Verwertung, dh. Vervielfältigung und Verbreitung,
nur durch Lichtbild gestattet. Wird ein schöpferisches Portraitfoto nach §§ 60 Abs. 1, 62 Abs. 3
zulässigerweise abgemalt, liegt darin mitunter auch eine durch die Maltechnik bewirkte **Bearbeitung** des Lichtbildwerkes, dessen nach § 60 zustimmungsfreie Nutzung nicht durch § 23
unterbunden werden kann (ebenso *Ulmer*[3] § 74 I 1; aA *v. Gamm* Rdnr. 6; Einzelheiten zum
Änderungsverbot § 62 Rdnr. 8ff.).

Als bloße Einschränkung des Urheberrechts des Schöpfers eines bestellten Bildnisses begründet § 60 **keinen Anspruch auf Herausgabe** des Originals oder eines Vervielfältigungsstücks,
wenn es der Berechtigte nicht selbst besitzt (*v. Gamm* Rdnr. 2). Der Herausgabeanspruch richtet
sich nach den allgemeinen Grundsätzen des bürgerlichen Rechts und nach vertraglichen Absprachen (zur zu Recht verneinten Verpflichtung des Fotografen zur Herausgabe der Negative
LG Wuppertal GRUR 1989, 54/55 – Lichtbild-Negative; LG Hannover NJW-RR 1989,
53/54; s. ferner die Erl. zu § 44 Rdnr. 8ff.). Wohl aber ist § 25 (Zugangsrecht) auch auf Bildnisse uneingeschränkt anwendbar.

§ 60 Bildnisse

8   Im **Verhältnis zu § 53** ist die gleichzeitig und nebeneinander anwendbare Vorschrift des § 60 teils enger, teils weiter (sa. *Möhring/Nicolini*[1] Anm. 1 b). Der Anwendungsbereich des § 60 ist nicht auf den privaten und eigenen Gebrauch und nicht auf einzelne Vervielfältigungsstücke beschränkt. Anders als nach § 53 Abs. 1 darf nach § 60 das vervielfältigte Bildnis verbreitet werden, sofern dies unentgeltlich und nicht zu gewerblichen Zwecken geschieht, und außerdem muss die bei Dritten in Auftrag gegebene Vervielfältigung nicht unentgeltlich sein. Andererseits gestattet § 53 Abs. 1 – insofern weiter als § 60 Abs. 1 S. 2 – bei Bildnissen als Werken der bildenden Künste die Vervielfältigung unabhängig von der Vervielfältigungsart.

Neben § 60 kann außerdem – etwa bei Standbildern oder Gedenktafeln – § 59 zur Anwendung kommen.

9   Das **Recht des Bildnisschöpfers auf Werkintegrität** wird in den Fällen der nach § 60 zulässigen Werknutzungen im Wesentlichen durch § 62 gewahrt (s. Rdnr. 7). Er lässt etwa Übermalungen oder Kolorierungen eines Bildnisses nicht zu (ebenso *Fromm* UFITA 47 [1966] 162/164). § 63 **(Quellenangabe)** findet in den Fällen des § 60 keine Anwendung (§ 63 Abs. 1 S. 1), wohl aber § 13, da der Regelungsumfang der Vorschrift Urheberpersönlichkeitsrechte unberührt lässt. Der Bildnisurheber kann sich folglich nach § 13 dagegen schützen, dass das von ihm geschaffene Bildnis mit einem anderen Namen in Verbindung gebracht wird (ebenso *v. Gamm* Rdnr. 3). Zum Veröffentlichungsrecht s. Rdnr. 5.

10 c) **Allgemeines Persönlichkeitsrecht.** Die **Zulässigkeit der Herstellung eines bestellten Bildnisses** und **die Art und Weise seiner Ausführung** richten sich aus der Sicht des Abgebildeten nach den Grundsätzen des allgemeinen Persönlichkeitsrechts (sa. *Fromm* UFITA 47 [1966] 162/163), die seiner **Verbreitung und Zurschaustellung** nach den Vorschriften über das **Recht am eigenen Bilde** gemäß §§ 22–24 KUG, welche durch § 60 nicht berührt werden (Einzelheiten Anhang zu § 60).

3. Sinn und Zweck, Rechtfertigung sowie Bewertung der Norm

11 a) **Sinn und Zweck.** Das Gesetz geht in Anknüpfung an die Regelung des § 18 Abs. 2 KUG (s. AmtlBegr. UFITA 45 [1965] 240/293) davon aus, dass der Besteller und, falls Personenmehrheit besteht, der Abgebildete bzw. deren Rechtsnachfolger (s. Rdnr. 20 ff.) ein besonderes, aus persönlicher Verbundenheit herrührendes Interesse an der Vervielfältigung und an der unentgeltlichen Verbreitung eines bestellten Bildnisses haben (so auch OLG Köln GRUR 2004, 499/501 – Portraitfoto im Internet). In vielen Fällen lässt sich der Urheber eines älteren Bildnisses nicht mehr ausmachen, so dass keine Nutzungsrechte erworben werden können (*Fromm* UFITA 47 [1966] 162/163). Dennoch soll den gesetzlich Berechtigten die Möglichkeit gegeben sein, zustimmungsfrei Erinnerungsstücke herzustellen oder herstellen zu lassen und diese weiterzugeben, wenn dafür keine Vergütung gezahlt wird und keine gewerblichen Zwecke verfolgt werden. Da Art. 5 Abs. 3 lit. o der Informationsgesellschafts-Richtlinie keine Online-Nutzungen über die in Art. 5 Abs. 3 ausdrücklich gestatteten Schrankenregelungen hinaus erlaubt, bezieht sich § 60 **nicht auf das Recht der öffentlichen Wiedergabe, einschließlich der öffentlichen Zugänglichmachung nach § 19a** (OLG Köln GRUR 2004, 499/500 – Portraitfoto im Internet; sa. Rdnr. 4, 30). Es kann jedoch nicht übersehen werden, dass im Zeitalter des Internets den Anliegen der Berechtigten in aller Regel nicht mehr allein mit körperlichen Werkstücken gedient ist. Dem Erinnerungszweck eines Bildnisses als Werk der bildenden Künste ist am ehesten genügt, wenn das Vervielfältigungsstück durch Lichtbild hergestellt wird. Alle übrigen Vervielfältigungsverfahren bleiben in gebotener Abwägung der beiderseitigen Interessen zur Auswertung ausschließlich dem Urheber vorbehalten (Abs. 1 S. 2).

12 Bei einem **Bildnis in Form eines Lichtbildwerkes** hat nach altem Recht der Gesetzgeber nicht dieselben persönlichen Bindungen des Urhebers zu seinem Werk gesehen, wie dies bei Werken der bildenden Kunst der Fall ist (AmtlBegr. UFITA 45 [1965] 240/293), und deshalb die Herstellung eines Gemäldes oder einer Büste nach einer Fotografie zugelassen. Infolge des gewandelten Verständnisses von der Fotografie als selbständiger Kunst hat sich diese Auffassung überholt.

13 b) **Rechtfertigung.** Ihr Sinn und Zweck **rechtfertigen** die **Vorschrift des § 60 in ihrer Neufassung.** Es ist nicht zu verkennen, dass wegen persönlicher Bande und eines besonderen Bedarfs an Erinnerungsstücken ein Interesse an der Herstellung und der unentgeltlichen sowie nicht gewerblichen Zwecken dienenden Verbreitung bestellter Bildnisse, namentlich in Form eines Geschenks, besteht, zumal da der Urheber des Bildnisses bei der Bemessung des Herstel-

Bildnisse **§ 60**

lungshonorars bereits Vervielfältigungs- und Verbreitungshandlungen nach § 60 in einem gewissen Maße berücksichtigen kann.

c) Bewertung der Neufassung. Infolge des Ausschlusses der Verbreitung eines Bildnisses zu gewerblichen Zwecken durch die Neufassung des § 60 ist der Kritik an der früheren Regelung genügt. Die angemessene Teilhabe des Schöpfers eines Bildnisses an dem aus seinem Werk gezogenen Nutzen ist nicht mehr zugunsten desjenigen eingeschränkt, der mit dessen unentgeltlicher Verbreitung Eigenwerbung betreibt und dabei unter Umständen gewerbliche Zwecke verfolgt (sa. Rdnr. 29; vgl. zur Rechtfertigung von Ausnahmeregelungen BVerfGE 49, 382 – Kirchenmusik; vor §§ 44a ff. Rdnr. 7 mwN). 14

Erinnerungsfotos lassen sich ohnehin idR bei dem meist auf der Rückseite des Bildes angegebenen Berufsfotografen nachbestellen. Einer **Freigabe der Bild-vom-Bild-Fotografie** bedarf es deshalb nicht (*Schricker/Gerstenberg*[1] Rdnr. 2, 11; *Gerstenberg* Anm. zu Schulze OLGZ 236, S. 4f.; *Fromm/Nordemann/W. Nordemann*[9] Rdnr. 6). Nur wenn der Urheber nicht festgestellt werden kann oder nicht mehr aufzufinden ist, sollte die Herstellung von Vervielfältigungsstücken und ihre unentgeltliche Verbreitung erlaubnisfrei zugelassen werden. 15

II. Einzelerläuterungen

1. Bildnis iSd. § 60

a) Das UrhG definiert den Begriff des Bildnisses nicht, sondern übernimmt ihn als Bezeichnung einer **Personendarstellung**. In diesem Sinne wurde er bereits in § 18 Abs. 2 KUG verwendet und ist er weiterhin in den Bestimmungen der §§ 22–24 KUG enthalten. Deshalb gelten die einschlägigen Erläuterungen zu diesen Vorschriften auch für Bildnisse iSd. § 60 (sa. die Erl. im Anhang zu § 60/§ 22 KUG) mit der Maßgabe, dass es bei § 60 meist um Personenbilder geht, die durch die persönliche Sichtweise des Bildnisurhebers geprägt sind, die Person des Abgebildeten jedoch erkennen lassen. Welche künstlerische oder fotografische Technik der Schöpfer dabei wählt, ist unerheblich, vorausgesetzt, der Abgebildete ist Hauptgegenstand des Bildnisses (s. Rdnr. 18). Landschafts-, Sach- oder Tierbilder (Hunde, Pferde, Schweine etc.) erfüllen naturgemäß die Voraussetzungen eines Bildnisses nicht. Der Begriff des Bildnisses beschränkt sich nicht auf Bilder eines einzelnen Menschen. Auch **mehrere Personen** können abgebildet sein, ohne dass die Bildniseigenschaft des Werkes entfiele (*Allfeld* KUG § 18 Anm. II 9b; *v. Gamm* Rdnr. 4; *Fromm/Nordemann/A. Nordemann*[10] Rdnr 7; *Loewenheim/A. Nordemann* § 73 Rdnr. 49; OLG Karlsruhe ZUM 1994, 737 – Musikgruppe S). Ferner muss die abgebildete Person nicht lebendig sein. Bilder von Toten fallen ebenfalls unter § 60 (KG GRUR 1981, 742 – Totenmaske). Unerheblich ist sodann, ob das Bildnis vor dem Modell, aus dem Gedächtnis oder nach einer anderen bildlichen Vorlage geschaffen worden ist. Eine Ausnahme gilt naturgemäß insofern für Personenfotografien. Die Fotografie eines Bildnisses ist kein eigenständiges Bildnis, sondern eine Vervielfältigung der Vorlage. 16

Ein Bildnis setzt weiter voraus, dass die **abgebildeten Personen alleiniger oder zumindest wesentlicher Gegenstand der Darstellung** sind. Personen als bloßer Teil oder nur als Beiwerk eines Bildes begründen kein Bildnis iSd. Vorschrift (ebenso *Dreier/Schulze/Dreier* Rdnr. 4). Hingegen ist es gleichgültig, ob die Person in voller Größe oder als Ausschnitt (Brustbild oder Portrait) wiedergegeben ist. Ein Bildnis erfordert sodann, dass der Abgebildete in seinen individuellen Zügen, die ihn von den Mitmenschen unterscheiden, wiederzuerkennen ist. Dies ermöglicht regelmäßig die Darstellung der Gesichtszüge; aber auch in der Darstellung der Körperhaltung oder des Gesichtsprofils einer Person kann ein Bildnis liegen (ebenso *Möhring/Nicolini/Gass*[2] Rdnr. 18). Lässt sich der Abgebildete selbst unter Berücksichtigung des Bildtitels oder anderer Erinnerungshilfen in seinen individuellen Zügen nicht wiedererkennen, liegt kein Bildnis iSd. § 60 vor (*Möhring/Nicolini/Gass*[2] Rdnr. 18). 17

Die **Art der Personendarstellung** spielt keine Rolle. Jedoch muss sie visuell wahrnehmbar sein. Personendarstellungen in Schriftwerken oder in Werken der darstellenden Künste stellen keine Bildnisse iSd. § 60 dar, wenngleich auch bei Sprachwerken mitunter von einem Gemälde gesprochen wird (Rdnr. 2; *Möhring/Nicolini/Gass*[2] Rdnr. 19). Das Bildnis kann **zweidimensional** gefertigt sein als Lichtbild nach § 72, als Lichtbildwerk nach § 2 Abs. 1 Nr. 5 oder als Werk der bildenden Künste nach § 2 Abs. 1 Nr. 4 in Form eines Ölgemäldes, einer Zeichnung oder eines Kupferstichs, eines Aquarells, eines Holz- oder Scherenschnitts, jeweils auch als Karikatur (eine Verzerrung der persönlichen Züge des Abgebildeten ist freilich auch nach den Grundsätzen des allgemeinen Persönlichkeitsrechts zu beurteilen; ebenso *Fromm* UFITA 47 [1966] 18

§ 60 Bildnisse

162/163; aA zur Karikatur *Allfeld* KUG § 22 Anm. 2b), **oder dreidimensional** als Büste, Statue, Relief, Münz- oder Medaillenprägung, Totenmaske etc. (ebenso *Fromm/Nordemann/ A. Nordemann*[10] Rdnr. 7).

19 b) § 60 bezieht sich allein auf solche **Bildnisse, die auf Bestellung gefertigt** worden sind. Bildnisse, die der Urheber aus eigenem Antrieb geschaffen hat, unterliegen deshalb nicht der Einschränkung der Vorschrift, so dass das Urheberrecht ihres Schöpfers nicht durch § 60 eingeschränkt wird (ebenso *Wandtke/Bullinger/Lüft* Rdnr. 4; *Schertz* GRUR 2007, 558/563). Hat zB ein Künstler aus freien Stücken eine Person gemalt und einer Zeitung den Abdruck des Bildnisses gestattet, so kann der Abgebildete, sofern keiner der Ausnahmen des § 23 Abs. 1 KUG vorliegen, dagegen unter dem rechtlichen Gesichtspunkt des Rechts am eigenen Bilde nach §§ 22, 23 KUG vorgehen. Jedoch kann er nicht von diesem nicht bestellten Bildnis Vervielfältigungsstücke herstellen lassen und diese unentgeltlich und zu nicht gewerblichen Zwecken verbreiten, wie dies § 60 bei bestellten Bildnissen gestattet. Sofern die Verbreitung oder Zurschaustellung des Gemäldes etwa einem höheren Interesse der Kunst dient (§ 23 Abs. 1 Nr. 4 KUG), vermag der Urheber das Bild auch ohne die Einwilligung des Abgebildeten nach § 22 KUG verbreiten (Einzelheiten § 60/§ 23 KUG Rdnr. 70ff.; *Schertz* GRUR 2007, 558).

2. Berechtigte iSd. Vorschrift

20 **a) Besteller (Abs. 1 S. 1 1. Alt.).** Der Besteller eines Bildnisses ist derjenige, der dem Maler, Bildhauer oder Fotografen den Auftrag zur Herstellung des Bildnisses erteilt hat. Meist handelt es sich dabei um einen Werkvertrag nach § 631 BGB, der in eigenem Namen und für eigene Rechnung geschlossen wird. Angesichts gebotener enger Auslegung der Vorschrift kommt als Besteller nicht in Frage, wer lediglich ein Interesse an der Anfertigung eines Bildnisses hat (OLG Köln GRUR 2004, 499/500 – Portraitfoto im Internet). Besteller kann, muss aber nicht gleichzeitig der Abgebildete selbst sein, so dass beide gleichermaßen berechtigt sein können. Einzelheiten über die Art und Gestaltung des Bildnisses richten sich nach den getroffenen Vereinbarungen; ohne besondere Absprachen ist der Urheber in der Gestaltung des Bildnisses frei (dazu auch *v. Gamm* Rdnr. 5).

21 **b) Rechtsnachfolger des Bestellers (Abs. 1 S. 1 1. Alt.).** Die Rechtsstellung des Bestellers erlangt ein Dritter – anders als beim Abgebildeten – nach den allgemeinen Regeln des BGB schon zu Lebzeiten durch Übertragung nach §§ 398ff. BGB (arg. e contrario aus § 60 Abs. 1 S. 1 am Ende) bzw. nach dem Tode des Bestellers durch Universalrechtsnachfolge (ebenso *Fromm/ Nordemann/Nordemann*[9] Rdnr. 4; *Dreyer* in HK-UrhG Rdnr. 18f.). Fallen Besteller und Abgebildeter auseinander, bedarf es zur erlaubnisfreien Verbreitung neben der Übertragung der Rechtsstellung des Bestellers der Einwilligung des Abgebildeten nach § 22 KUG, sofern die Verbreitung nicht nach §§ 23, 24 KUG erlaubnisfrei zulässig ist (ebenso *Dreier/Schulze/Dreier* Rdnr. 7).

22 **c) Abgebildeter (Abs. 1 S. 1 2. Alt.).** Abgebildeter iSd. 2. Alternative ist die Person, die das Bildnis erkennbar zeigt. Eine juristische Person ist niemals abgebildet, auch wenn ein Lichtbild ihren Geschäftsführer bei seiner dienstlichen Tätigkeit zeigt (OLG Köln GRUR 2004, 499/500 – Portraitfoto im Internet). Geht es um das Bildnis eines Toten, sind unmittelbar die Angehörigen nach Abs. 3 berechtigt.

23 **d) Angehörige (Abs. 1 S. 1 2. Alt., Abs. 2).** Nur wenn der Abgebildete verstorben ist, stehen die aus § 60 folgenden Befugnisse seinen Angehörigen, dh. nebeneinander seinem überlebenden Ehegatten, Lebenspartner iSd. Gesetzes zur Beendigung der Diskriminierung gleichgeschlechtlicher Gemeinschaften vom 16. 2. 2001 (BGBl. I 266) und seinen Kindern oder, falls weder Ehegatte oder Lebenspartner noch Kinder vorhanden sind, seinen Eltern zu. Die Definition der Angehörigen in Abs. 2 stimmt mit der des § 22 S. 4 KUG überein, so dass wegen weiterer Einzelheiten auf die dortigen Erläuterungen verwiesen werden kann (s. § 60/§ 22 KUG Rdnr. 57ff.). Im Übergang der Rechte aus § 60 auf die Angehörigen ist keine Vererbung zu sehen, sondern wegen des persönlichkeitsrechtlichen Einschlags der Privilegierung des Abgebildeten in § 60 die Anordnung einer persönlich begrenzten gesetzlichen Nutzungsbefugnis, die ihre Rechtfertigung aus den postmortalen Bindungen der Angehörigen zur Persönlichkeit des Abgebildeten erfährt. Die Rechtsstellung der Angehörigen ist deshalb nicht übertragbar (ähnlich *v. Gamm* Rdnr. 5), so dass nach dem Tode des Abgebildeten, das Recht gegenüber dem Urheber allenfalls noch bei dem Besteller oder seinem Rechtsnachfolger liegt; auf Seiten des Abgebildeten ist es erloschen (*Dreyer* in HK-UrhG Rdnr. 24).

e) Dritter (Abs. 1 S. 1 3. Alt.). Berechtigter iSd. § 60 ist auch jeder Dritte, der von einem 24 nach Abs. 1 S. 1. und 2. Alt. (Rdnr. 21, 22) Genannten zu den gesetzlich privilegierten Nutzungen beauftragt ist, wie dies etwa bei der Entwicklung von Fotografien und der Fertigung von Fotoabzügen der Fall ist. Die vertraglich erworbenen Rechte Dritter auf erlaubnisfreie Nutzungen nach § 60 können selbstverständlich nicht über die Rechte des Bestellers oder Abgebildeten hinausgehen (OLG Köln GRUR 2004, 499/501 – Portraitfoto im Internet).

3. Erlaubnisfreie Nutzungen

a) Vervielfältigung (Abs. 1 S. 1). Der in § 60 verwendete Begriff der Vervielfältigung ist 25 derselbe wie in § 16 (Einzelheiten dort). Jedoch gebietet europäisches Recht die einschränkende Auslegung des Anwendungsbereichs der Vorschrift auf analoge Nutzungen (so. Rdnr. 4: ebenso *Fromm/Nordemann/A. Nordemann*[10] Rdnr. 5, 8). Ferner ist die Einschränkung des Abs. 1 S. 2 zu beachten, nach der Bildnisse, die die Voraussetzungen eines **Werkes der bildenden Künste** iSd. § 2 Abs. 1 Nr. 4 erfüllen, **nur durch Lichtbild** iSd. § 72 vervielfältigt werden dürfen (ebenso *Fromm/Nordemann/A. Nordemann*[10] Rdnr. 8). Gleiches gilt nach dem Sinn und Zweck der Vorschrift auch für Vervielfältigungen durch Erzeugnisse, die, wie etwa Fotokopien oder gescannte Bilder, ähnlich wie Lichtbilder hergestellt werden (§ 72 Abs. 1), sowie durch Lichtbildwerke nach § 2 Abs. 1 Nr. 5 (ebenso *Dreier/Schulze/Dreier* Rdnr. 10; enger *Fromm/Nordemann/W. Nordemann*[9] Rdnr. 2). Zu beachten ist, dass der Einsatz digitaler Vervielfältigungstechniken insoweit zulässig ist, als eine mit einem digitalen Medium vervielfältigte analoge Vorlage analog bleibt, wie dies beim Einscannen eines fotografischen Bildnisses der Fall ist (so zu Recht *Fromm/Nordemann/A. Nordemann*[10] Rdnr. 8). Die **Vervielfältigung mittels anderer Techniken** ist hingegen nach § 60 Abs. 1 S. 2 **unzulässig** (zB Abmalen eines Statue, Kupferstich nach einem Ölgemälde, Büste nach einer Zeichnung, Ölgemälde nach Ölgemälde ua.). Auf die Entgeltlichkeit der Vervielfältigung kommt es dabei im Gegensatz zur Verbreitung und im Unterschied zur Regelung der privaten Vervielfältigung in § 53 Abs. 1 S. 2 nicht an. Unerheblich ist auch der Zweck der Vervielfältigung. Sie muss nicht für den eigenen Gebrauch erfolgen, sondern ist zB auch zu Geschenkzwecken freigegeben (AmtlBegr. UFITA 45 [1965] 240/293).

b) Anders verhält es sich e contrario bei Bildnissen, die, wie Lichtbilder oder **Lichtbildwerke,** 26 keine Werke der bildenden Künste sind. Sie dürfen **auch durch andere Techniken** als durch Lichtbild oder lichtbildähnliche Erzeugnisse vervielfältigt werden. Unter Beachtung des Änderungsverbots nach den Vorschriften der §§ 62, 39, welche durch das Reproduktionsverfahren bedingte Abweichungen und damit durch sie veranlasste Bearbeitungen gestatten, ist es demnach zulässig, sie abzumalen, abzuzeichnen, zu drucken, zu fotografieren oder zu speichern. Änderungen der Vorlage, die über das durch das Reproduktionsverfahren Bedingte hinausgehen, wie etwa die Kolorierung, werden von § 60 nicht gedeckt, sofern sie nicht gemäß §§ 62 Abs. 1, 39 Abs. 2 nicht nach Treu und Glauben untersagt werden können (ebenso *Fromm/Nordemann/A. Nordemann*[10] Rdnr. 14; in diesem Sinne wohl auch *v. Gamm* Rdnr. 6, der nur die Herstellung, nicht aber die Veröffentlichung und Verbreitung der Bearbeitung nach § 60 für zulässig erachtet; weitergehend *Wandtke/Bullinger/Lüft* Rdnr. 6, die auch die unentgeltliche Verbreitung bearbeiteter Lichtbildwerke nach Abs. 1 S. 3 aF bzw. Abs. 1 S. 1 nF für zulässig erachten). Ob sich, wie die AmtlBegr. meint, die Regelung des Abs. 1 S. 2 durch eine geringere persönliche Beziehung des Lichtbildners zu seinem Werk, als sie bei Urhebern anderer Werkarten vorhanden sei, rechtfertigen lässt (AmtlBegr. UFITA 45 [1965] 240/293), ist in der Literatur mit Recht in Zweifel gezogen worden (s. *Schricker/Gerstenberg*[1] Rdnr. 6). Der gewichtigere Grund für diese Ausnahme ist darin zu sehen, dass die Fotografie Verstorbener häufig die einzige Grundlage für ein posthum anzufertigendes künstlerisches Bildnis in Form eines Gemäldes oder einer Büste bleibt (vgl. *Schricker/Gerstenberg*[1] Rdnr. 7).

c) Unentgeltliche und nicht gewerblichen Zwecken dienende Verbreitung. Der Be- 27 griff der Verbreitung in Abs. 1 S. 1 deckt sich mit dem des § 17 Abs. 1, beschränkt freilich auf analoge Verbreitungshandlungen (s. die Erläuterungen dort). Er ist nicht auf die Verbreitung innerhalb der Privatsphäre des Berechtigten beschränkt (OLG Karlsruhe ZUM 1994, 737 – Musikgruppe S). Fallen Besteller und Abgebildeter auseinander, bedarf es, da § 60 nur die Beziehung des Urhebers zu dem jeweils Berechtigten regelt, bei einer Verbreitung des Bildnisses durch den Besteller auch der Genehmigung des Abgebildeten nach § 22 KUG, sofern die Verbreitung nicht nach §§ 23, 24 KUG genehmigungsfrei zulässig ist (*Möhring/Nicolini/Gass*[2] Rdnr. 25; *Fromm/Nordemann/A. Nordemann*[10] Rdnr. 13; *Dreier/Schulze/Dreier* Rdnr. 7).

28 **Unentgeltlich** bedeutet, dass der Berechtigte weder unmittelbar noch mittelbar Zahlungen oder sonstige Gegenleistungen erhält (OLG Karlsruhe ZUM 1994, 737 – Musikgruppe S). Selbst bei der bloßen Erstattung von Unkosten für die Herstellung eines Bildnisses ist seine Verbreitung in gebotener enger Auslegung der Vorschrift des Abs. 1 nicht mehr unentgeltlich (str. wie hier *Möhring/Nicolini/Gass*[2] Rdnr. 26; *Wandtke/Bullinger/Lüft* Rdnr. 7; *Dreyer* in HK-UrhG Rdnr. 12; aA *Loewenheim* § 53 Rdnr. 16; offen gelassen von *Dreier/Schulze/Dreier* Rdnr. 8). Der Abdruck des eingesandten Portrait-Fotos eines Jubilars in der Tagespresse ist deshalb von § 60 nicht gedeckt, weil die Verbreitung der Zeitung nicht unentgeltlich erfolgt. Abgesehen davon ist der Zeitungsverlag nicht der Besteller iSd. Vorschrift. Dasselbe gilt für unentgeltlich verteilte Anzeigenblätter, deren Herstellung und Verbreitung mittelbar durch Werbeeinnahmen finanziert werden (ebenso *Fromm/Nordemann/Nordemann*[9] Rdnr. 3; *Dreier/Schulze/Dreier* Rdnr. 8; *Wandtke/Bullinger/Lüft* Rdnr. 7; *Möhring/Nicolini/Gass*[2] Rdnr. 25). Für den Abdruck bedarf es folglich der Nutzungsrechtseinräumung durch den Fotografen und seiner Nennung als Urheber gemäß § 13 (LG München I UFITA 87 [1980] 338/340). Auf den **mit der Verbreitung verfolgten Zweck** kommt es, wenngleich der Gesetzgeber im Wesentlichen an Verbreitungshandlungen innerhalb des privaten Bereichs dachte (AmtlBegr. UFITA 45 [1965] 240/293), nur an, soweit es um wirtschaftliche Zwecke geht (vgl. OLG Karlsruhe ZUM 1994, 737 – Musikgruppe S).

29 Die unentgeltliche Verbreitung ist folglich nur dann im Rahmen des § 60 gestattet, wenn sie **zusätzlich keinen** mittelbaren oder unmittelbaren **gewerblichen Zwecken** dient, sich also auf private Zwecke beschränkt. Die Verteilung von Handzetteln mit Bildnissen zur Eigenwerbung etwa durch den Abgebildeten selbst (zB eines Abgeordneten) ist – im Gegensatz zur Fassung des Abs. 1 S. 3 aF (zum alten Recht OLG Karlsruhe ZUM 1994, 737 – Musikgruppe S; OLG Hamm UFITA 91 [1981] 242/244 – Song-Do Kwan; *Gerstenberg* Anm. zu dieser Entscheidung in Schulze OLGZ 236, S. 4f.; *Fromm/Nordemann/Nordemann*[9] Rdnr. 6) – nach neuem Recht unzulässig (AmtlBegr. BTDrucks. 15/38, 22). Selbst unentgeltliche Verbreitungshandlungen zur **Förderung eigener gewerblicher Ziele** fallen somit nicht mehr unter den Wortlaut des § 60. Dies kann auch dann der Fall sein, wenn die von einem Fotografen hergestellten Passfotos zusammen mit Bewerbungsunterlagen farbkopiert werden und erneut für Bewerbungen verschickt werden (ebenso *Dreyer* in HK-UrhG Rdnr. 26).

30 **d) Die öffentliche Wiedergabe eines Bildnisses** privilegiert § 60 im Einklang mit europäischem Recht **nicht** (s. Rdnr. 4; ebenso *Fromm/Nordemann/A. Nordemann*[10] Rdnr. 12, 14). Deshalb ist die Internet-Nutzung eines Bildnisses, wie etwa eines Passfotos, stets nur mit Zustimmung des Urhebers bzw. desjenigen zulässig, der entsprechende Nutzungsbefugnisse von ihm ableitet (sa. OLG Köln GRUR 2004, 499/501 – Portraitfoto im Internet; *Dreyer* in HK-UrhG Rdnr. 14).

Anhang zu § 60

Das Recht am eigenen Bild

Vorbemerkung

Schrifttum: *Alexander*, Persönlichkeitsschutz und Werbung mit tagesaktuellen Ereignissen, AfP 2008, 556; *Allfeld*, Kommentar zu dem Gesetze betreffend das Urheberrecht an Werken der bildenden Künste und der Photographie, 1908; *ders.*, Recht am eigenen Bilde, DJZ 1920, 702; *ders.*, Rechtsanwälte im Bilde, JZ 1926, 1467; *Bartnik*, Der Bildnisschutz im deutschen und französischen Zivilrecht, 2004; *ders.*, Caroline a la francaise – ein Vorbild für Deutschland?, AfP 2004, 489; *Bassewitz*, Hard Times for Paparazzi: Two Landmark Decisions Concerning Privacy Rights Stir Up the German and English Media, IIC 2004, 642; *Beater*, Bildinformationen im Medienrecht, AfP 2005, 133; *v. Becker*, Rechtsfragen der Satire, GRUR 2004, 908; *ders.*, Können Bilder lügen?, AfP 2005, 247; *Beuthien*, Bildberichte über aktive und passive Personen der Zeitgeschichte, ZUM 2005, 352; *ders.*, Das Recht auf nichtmediale Alltäglichkeit, K&R 2004, 457; *Beuthien/Hieke*, Unerlaubte Werbung mit dem Abbild prominenter Personen, AfP 2001, 353; *Bölke/Gostomzyk*, Die Auswirkungen der Caroline-Entscheidung des EGMR auf die Bildberichterstattung nach deutschen Recht, Jura 2005, 336; *Bongarz*, Das Recht am eigenen Bilde und seine Reform, Diss. Köln 1966; *Bruns*, Persönlichkeitsschutz und Pressefreiheit auf dem Marktplatz der Ideen, JZ 2005, 428; *Bussmann*, Gedanken zur Ton- und Bildberichterstattung, UFITA 40 (1963) 21; *ders.*, Schutz des Privatlebens gegen Indiskretion, Verh. d. 42. DJT 1957, Bd. I 1. Teil; *Coing*, Zur Entwicklung des zivilrechtlichen Persönlichkeitsschutzes, JZ 1958, 558; *Dasch*, Die Einwilligung zum Eingriff in das Recht am eigenen Bild, 1990; *Deutsch*, Zulässigkeit heimlicher Fotos, FuR 1965, 51; *Dölle*, Der zivilrechtliche Persönlichkeits- und Ehrenschutz in Frankreich, der Schweiz, England und den Vereinigten Staaten von Amerika, Gutachten des MPI für ausl. u. intern. Privatrecht, 1960; *Dreyer* in HK-UrhR, 2. Aufl. 2009, KUG; *Ebert*, Geldentschädigung wegen schwerer Persönlichkeitsverletzung, VersR 2005, 127; *Ehmann*, Die Nutzung des kommerziellen Wertes von Politikern zu Werbezwecken, AfP

Vorbemerkung **Vor §§ 22–24 KUG/§ 60**

2005, 237; *Elster,* Eine Lücke im Namen- und Bilderrecht, MuW 1921/22, 185; *Erdsiek,* Unterhaltung als öffentliche Aufgabe der Presse?, NJW 1963, 1390; *Ernst-Moll,* Das Recht am eigenen Bildnis – vor und vor allem nach dem Tode, GRUR 1996, 558; *Evers,* Das allgemeine Persönlichkeitsrecht im öffentlichen Recht und die Aufnahme von Lichtbildern zur Überwachung von Versammlungen, Fs. f. Rudolf Reinhard, 1962, S. 384; *Forkel,* Das Caroline-Urteil aus Straßburg – richtungweisend für den Schutz auch der seelischen Unversehrtheit, ZUM 2005, 192; *Freitag,* Die Kommerzialisierung von Darbietung und Persönlichkeit des ausübenden Künstlers, 1993; *Frenz,* Recht am eigenen Bild für Prinzessin Caroline, NJW 2008, 3102; *Fricke,* Personenbildnisse in der Werbung für Medienprodukte, GRUR 2003, 406; *Fromm,* Der Bildnisschutz nach jetzigem Recht, UFITA 47 (1966) 162; *v. Gamm,* Persönlichkeits- und Ehrverletzungen durch Massenmedien, 1969; *Gauß,* Oliver Kahn, Celebrity Deathmatch und das Right of Publicity – Die Verwertung Prominenter in Computer- und Videospielen in Deutschland und den USA, GRUR Int. 2004, 558; *Gerschel,* Bildnisschutz vor der Aufnahme bis zur Veröffentlichung, Der Journalist, 1967, Heft 10, S. 10; *Gersdorf,* Caroline-Urteil des EGMR: Bedrohung der nationalen Medienordnung, AfP 2005, 221; *Gerstenberg,* Bildberichterstattung und Persönlichkeitsrecht, UFITA 20 (1955) 295; *Götting,* Persönlichkeitsrechte als Vermögensrechte, 1995; *ders.,* Die Vererblichkeit der vermögenswerten Bestandteile des Persönlichkeitsrechts – ein Meilenstein in der Rechtsprechung des BGH, NJW 2001, 585; *ders.,* Sanktionen bei Verletzung des postmortalen Persönlichkeitsrechts, GRUR 2004, 801; *ders.,* Die bereicherungsrechtliche Lizenzanalogie bei Persönlichkeitsverletzungen, Fs. f. Ullmann, 2006, 65; *ders.,* Persönlichkeitsschutz und Kunstfreiheit, in Fs. f. Raue, 2006, 427; *Götting/Schertz/Seitz,* Handbuch des Persönlichkeitsrechts, 2008; *Grabenwarter,* Schutz der Privatsphäre versus Pressefreiheit – Europäische Korrektur eines deutschen Sonderweges?, AfP 2004, 309; *Hahn,* Das Recht am eigenen Bild – anders betrachtet, NJW 1997, 1348; *Halfmeier,* Privatleben und Pressefreiheit – Rechtsvereinheitlichung par ordre de Strasbourg, AfP 2004, 417; *Hass,* Fremde Werbung mit Bildern von Schauspielern im Spiegel der Rechtsprechung, FuR 1964, 13; *Heidenreich,* Die Einwilligung Minderjähriger bei Eingriffen in das Recht am eigenen Bild und in sonstige Persönlichkeitsrechte, AfP 1970, 960; *v. Hein,* Die Europäisierung des Persönlichkeitsrechtsschutzes: Das Urteil des Europäischen Gerichtshofs für Menschenrechte in der Sache Caroline von Hannover gegen Deutschland, GPR 2004, 252; *Heldrich,* Persönlichkeitsschutz und Pressefreiheit nach der Europäischen Menschenrechtskonvention, NJW 2004, 2634; *Helle,* Die Einwilligung beim Recht am eigenen Bild, AfP 1985, 93; *ders.,* Besondere Persönlichkeitsrechte im Privatrecht, 1991; *Herrmann,* Anmerkung zum Urteil des EGMR vom 24. 6. 2004, ZUM 2004, 665; *Jacobs,* Gibt es einen Posenschutz?, WRP 2000, 896; *Kaboth,* Der EGMR und Caroline von Hannover: Mehr Schutz vor der Veröffentlichung von Fotoaufnahmen aus dem Privatleben Prominenter?, ZUM 2004, 818; *Kadner,* Die Vereinbarkeit von Fotomontagen mit dem Recht am eigenen Bild, 2004; *Kampmann,* Die Karikatur im Recht, Diss. Köln 1938; *Kaulbach,* Die Einwilligung nach § 22 KUG, AfP 1971, 67; *Klass,* Zu den Grenzen der Berichterstattung über Personen des öffentlichen Lebens, AfP 2007, 517; *Kohler,* Das Eigenbild im Recht, 1903; *ders.,* Kunstwerkrecht, 1908; *Ladeur,* Schutz von Prominenz als Eigentum, ZUM 2000, 879; *ders.,* Fiktive Lizenzentgelte für Politiker?, ZUM 2007, 111; *Lammek/Ellenberg,* Zur Rechtmäßigkeit der Herstellung und Veröffentlichung von Sachaufnahmen, ZUM 2004, 715; *Landwehr,* Das Recht am eigenen Bild, Diss. Zürich 1955; *Leinveber,* Grundfragen des Rechts am eigenen Bild, GRUR 1967, 236; *Lenski,* Der Persönlichkeitsschutz Prominenter unter EMRK und Grundgesetz, NVwZ 2005, 50; *Lettl,* Allgemeines Persönlichkeitsrecht und Medienberichterstattung, WRP 2005, 1045; *ders.,* Kein vorbeugender Schutz des Persönlichkeitsrechts gegen Bildveröffentlichung?, NJW 2008, 2160; *Löffler/Ricker,* Handbuch der Presserechts, 5. Aufl. 2005; *Magold,* Personenmerchandising, 1994; *Mann,* Auswirkungen der Caroline-Entscheidung des EGMR auf die forensische Praxis, NJW 2004, 3220; *ders.,* Reaktionen auf die Caroline-Entscheidung des EGMR in Großbritannien, AfP 2004, 436; *Mesic,* Das Recht am eigenen Bild: Entstehung, Entwicklung, Perspektiven: ein Leitfaden für die Praxis, 2000; *Möller,* Zur Abbildungsfreiheit für Personen aus dem Bereich der Zeitgeschichte, ArchPR 1967, 656; *MünchKomm.* BGB/*Rixecker*[5] Anhang zu § 12: Das Allgemeine Persönlichkeitsrecht, Rdnr. 40–72; *Nassall,* Erneute Veröffentlichung rechtswidrig veröffentlichter Fotos aus dem Privatleben von Prominenten, jurisPR-BGHZivilR 50/2004; *Neumann-Duesberg,* Tonband-, Rundfunk- und Fernsehaufnahmen in Kommunalparlamenten, JR 1951, 399 und 462; *ders.,* Der zivilrechtliche Schutz der Persönlichkeit gegen Indiskretion, JZ 1957, 521; *ders.,* Bildberichterstattung über absolute und relative Personen der Zeitgeschichte, JZ 1960, 114; *ders.,* Das „Recht auf Anonymität" in seiner Erscheinungsart als Recht am eigenen Bild, Juristen-Jahrbuch 7 (1966/67) 138; *Nipperdey,* Verh. d. 42. DJT 1957, Bd. II D 3; *Ohly,* „Volenti non fit iniuria" – Die Einwilligung im Privatrecht, 2002; *ders.,* Harmonisierung des Persönlichkeitsrechts durch den Europäischen Gerichtshof für Menschenrechte? – Rechtsvergleichende Anmerkungen zum Urteil in der Sache von Hannover/Deutschland, GRUR Int. 2004, 902; *v. Olenhusen/Hermanns,* Tonband-, Rundfunk- und Fernsehaufnahmen in Kommunalparlamenten, JR 1983, 437; *Osiander,* Das Recht am eigenen Bild im allgemeinen Persönlichkeitsrecht, 1993; *Osterrieth,* Das Kunstschutzgesetz, 1907; *Osterrieth/Marwitz,* Das Urheberrecht an Werken der bildenden Künste und der Photographie, 2. Aufl. 1929; *Pedrazzini/Oberholzer,* Grundriß des Personenrechts, 4. Aufl. Bern 1993; *Pietzko,* Die Werbung mit dem Doppelgänger eines Prominenten, AfP 1988, 209; *Pinzger,* Bildnisschutz des Bühnenkünstlers, MuW 1921/22, 120; *Poll,* Die Entwicklung des „Rechts am eigenen Bild", ZUM 1988, 454; *Puttfarken,* Zulässigkeit der Veröffentlichung des Barschel-Fotos, ZUM 1988, 133; *Prinz/Peters,* Medienrecht, 1999; *Rilling,* Grenzen des Schutzes der Intimsphäre bei Personen der Zeitgeschichte, UFITA 40 (1963) 68; *Ruppel,* Der Bildnisschutz – eine rechtsvergleichende Bestandsaufnahme aus der Sicht des deutschen Rechts, 2001; *Schertz,* Merchandising – Rechtsgrundlagen und Rechtspraxis, 1997; *ders.,* Die wirtschaftliche Nutzung von Bildnissen und Namen bekannter Persönlichkeiten: eine Fallgruppenbildung zur Frage des Einwilligungserfordernisses bei den verschiedenen Erscheinungsformen der Nutzung von Abbildungen und Namen Prominenter, in Schertz (Hrsg.), Fs. für Hertin, 2000, S. 709; *ders.,* Das Recht am eigenen Bild, in Loewenheim (Hrsg.), Handbuch des Urheberrechts, 2003, S. 239; *ders.,* Die wirtschaftliche Nutzung von Bildnissen und Namen Prominenter, AfP 2000, 495; *Scheyli,* Konstitutioneller Anspruch des EGMR und Umgang mit nationalen Argumenten, EuGRZ 2004, 628; *Schmidt-Osten,* Der Bildnisschutz Verstorbener, AfP 1976, 22; *Schmitt,* Auswirkungen der Caroline-Entscheidung auf die Reichweite des Persönlichkeitsschutzes von Begleitpersonen? Zugleich Anmerkung zu KG ZUM 2005,73 und OLG Hamburg ZUM 2006, 424, ZUM 2007, 186; *Schulze Wessel,* Die Vermarktung Verstorbener, Persönlichkeitsrechtliche Abwehr- und Ersatzansprüche, 2001; *Schünemann,* Karikatur und Recht am eigenen Bild, GRUR 1928, 559 und GRUR 1929, 81; *Sedelmeier,* Persönlichkeitsrecht und Bildberichterstattung, AfP 1999, 450; *Seemann,* Prominenz als Eigentum, 1996; *Seiler,* Persönlichkeitsschutz und Meinungsfreiheit in der neueren Rechtsprechung des EGMR, des BVerfG und des BGH, WRP 2005, 545; *Seitz,* Promischutz vor Pressefreiheit? Oder: Die Presse als unkontrollierte Gewalt, NJW 1997, 3216; *Sieger,* Vom Mephisto zum Aufmacher, AfP 1982, 11; *Siegert,* Fernsehrecht und Schutz der Einzelperson, NJW 1963, 1953; *Söder,* Pressefreiheit nur noch im Dienst „legitimer Informationsinteressen"?, ZUM 2008, 89;

Götting 1155

§ 60/§ 22 KUG

Soehring, Zur Haftung des Verantwortlichen Redakteurs für Persönlichkeitsverletzungen durch Presseartikel, AfP 1977, 330; *Stadler*, Das neue österreichische Medienrecht, AfP 1983, 369; *Staudinger/Schäfer* BGB[12] § 823 Rdnr. 212–216; *Strothmann*, Werbung mit bekannten Persönlichkeiten, GRUR 1996, 693; *Stürner*, Caroline-Urteil des EGMR – Rückkehr zum richtigen Maß?, AfP 2005, 213; *Teichmann*, Abschied von der absoluten Person der Zeitgeschichte, NJW 2007, 1917; *Tettinger*, Steine aus dem Glashaus, JZ 2004, 1144; *Stutzky*, Heimlich registriertes Käuferverhalten und Persönlichkeitsrecht, JR 1974, 365; *Trebes*, Zivilrechtlicher Schutz der Persönlichkeit vor Presseveröffentlichungen in Deutschland, Frankreich und Spanien, 2002; *Wanckel*, Foto- und Bildrecht, 2004; *Wendt*, Das Recht am eigenen Bild als strafbewehrte Schranke der verfassungsrechtlich geschützten Kommunikationsfreiheiten des Art. 5 Abs. 1 GG, AfP 2004, 181; *Werhahn*, Persönlichkeitsrecht und Zeitgeschichte, UFITA 37 (1962) 22; *Zagouras*, Die Situationsgebundenheit der Einwilligung nach § 22 KUG, AfP 2005, 152; *ders.*, Bildnisschutz und Privatsphäre im nationalen und europäischen Kontext – Das Springreiter-Urteil des BGH vor dem Hintergrund der Caroline-Entscheidung des EGMR, AfP 2004, 509; *ders.*, Satirische Politikerwerbung, WRP 2007, 115; *Zentai*, Das Recht auf eine originalgetreue Darstellung des eigenen Bildnisses?, ZUM 2003, 363.

§ 60 UrhG, der die urheberrechtlichen Verhältnisse an Personenbildnissen betrifft, steht in enger Beziehung mit §§ 22–24 KUG, die das Recht des Abgebildeten an seinem eigenen Bilde und die Ausnahmen hierzu regeln. Der Sachzusammenhang ergibt sich daraus, dass § 60 UrhG die Rechte des Urhebers und Bestellers eines Personenbildnisses regelt, während der Bildnisschutz nach §§ 22 ff. KUG den Abgebildeten davor schützt, dass die Bildnisse ohne seine Einwilligung verbreitet oder öffentlich zur Schau gestellt werden (*Schertz* in Götting/Schertz/Seitz, Handbuch des Persönlichkeitsrechts, § 12 Rdnr. 1). Diese Bestimmungen des KUG sind nach wie vor geltendes Recht, denn mit dem Inkrafttreten des UrhG wurde das KUG vom 9. 1. 1907 nur aufgehoben, „soweit es nicht den Schutz von Bildnissen betrifft" (§ 141 Nr. 5 UrhG). Da es an einer umfassenden Kodifizierung des allgemeinen Persönlichkeitsrechts fehlt, erscheint es angebracht, die Bestimmungen über das Recht am eigenen Bild im Zusammenhang mit § 60 UrhG zu behandeln.

Da die Gerichtsentscheidungen weit verstreut sind, wurde eine gesonderte Entscheidungsübersicht zum KUG beigefügt.

§ 22 KUG [Recht am eigenen Bilde]

[1]**Bildnisse dürfen nur mit Einwilligung des Abgebildeten verbreitet oder öffentlich zur Schau gestellt werden.** [2]**Die Einwilligung gilt im Zweifel als erteilt, wenn der Abgebildete dafür, dass er sich abbilden ließ, eine Entlohnung erhielt.** [3]**Nach dem Tode des Abgebildeten bedarf es bis zum Ablaufe von 10 Jahren der Einwilligung der Angehörigen des Abgebildeten.** [4]**Angehörige im Sinne dieses Gesetzes sind der überlebende Ehegatte und die Kinder des Abgebildeten, und wenn weder ein Ehegatte noch Kinder vorhanden sind, die Eltern des Abgebildeten.**

Übersicht

	Rdnr.
I. Allgemeines	1–13
1. Rechtsentwicklung	1–6
2. Rechtsnatur	7–9
3. Bedeutung	10–13
II. Verbreiten oder öffentliches Zurschaustellen von Personenbildnissen	14–54
1. Bildnisse	14, 15
2. Erkennbarkeit	16–21
3. Grundsätze zur Erkennbarkeit im Einzelnen	22–26
4. Karikaturen	27–30
5. Schauspieler-Bildnisse	31–33
a) Bildnis des Schauspielers als eigene Person	32
b) Bildnis der dargestellten Person	33
6. Herstellen und Verbreiten	34–36
7. Öffentliches Zurschaustellen	37
8. Einwilligung des Abgebildeten	38–44
a) durch den Abgebildeten selbst	38
b) Rechtsnatur der Einwilligung	39
c) Arten der Einwilligung	43
d) Zweck und Umfang der Einwilligung	44
9. Sorgfaltspflicht für Bildverwerter	45–50
a) bei Bildnissen von Agenturen	46
b) bei Nacktaufnahmen	47–50
10. Vermutung der Einwilligung	51–54
a) bei Abbildung gegen Entgelt	51
b) bei Werbung für einzelne Medien, für die der Abgebildete tätig war	52

	Rdnr.
c) bei Werbung mit Titelbild	53
d) Umfang und Zweck der Veröffentlichung	54
III. Einwilligung nach dem Tode des Abgebildeten	55–63
1. Die Schutzdauer	55, 56
2. Einwilligung durch Angehörige	57–60
3. Ohne Einwilligung der Angehörigen	61
4. Vererblichkeit	62, 63

I. Allgemeines

1. Rechtsentwicklung

Die Idee, der Person durch Anerkennung eines Rechts am eigenen Bilde die Kontrolle über 1
Abbildungen ihres äußeren Erscheinungsbildes zu sichern, ist relativ neuen Datums. Sie begann sich erst Mitte des vorletzten Jahrhunderts zu entwickeln. Den Anstoß hierzu gab die **Erfindung der Fotografie** und insbesondere ihre Weiterentwicklung zur Momentfotografie. Sie machte das äußere Erscheinungsbild von jedermann für jedermann verfügbar und erhöhte dadurch drastisch die Gefahr einer unerwünschten „Fremddarstellung". Wer das Foto eines anderen besitzt, der erlangt eine gewisse Herrschaftsmacht über ihn, er hat „etwas in der Hand". Aufgrund der Reproduzierbarkeit, insbesondere in Verbindung mit den Verbreitungsmöglichkeiten der Medien, kann der Abgebildete gegen seinen Willen aus seiner Anonymität herausgerissen und in das Licht der Öffentlichkeit gestellt werden. Schon allein hierdurch werden die Persönlichkeitsinteressen des Abgebildeten unabhängig vom Inhalt des Bildnisses berührt, weil er einer **„Prangerwirkung"** ausgesetzt wird. Darüber hinaus erhält der Besitzer eines Bildnisses eine Manipulationsmacht, denn er kann den Abgebildeten nach seinem Belieben in die unterschiedlichsten Sinnzusammenhänge stellen oder die Abbildung sogar mittels Retuschen inhaltlich verändern.

Das BVerfG begründet das Schutzbedürfnis, dem das Recht am eigenen Bilde Rechnung trägt, 2
vor allem mit „der Möglichkeit, das Erscheinungsbild eines Menschen in einer bestimmten Situation von diesem abzulösen, datenmäßig zu fixieren und jederzeit vor einem unüberschaubaren Personenkreis zu reproduzieren. Diese Möglichkeit ist durch den **Fortschritt der Aufnahmetechnik,** die Abbildungen auch aus weiter Entfernung, jüngst sogar aus Satellitendistanz, und unter schlechten Lichtverhältnissen erlaubt, noch weiter gewachsen. Mit Hilfe der Reproduktionstechnik lassen sich die Formen der Öffentlichkeit ändern, in denen der Einzelne erscheint. Insbesondere kann die überschaubare Öffentlichkeit, in der man sich bei normalem Auftreten bewegt, durch die **Medienöffentlichkeit** ersetzt werden. So unterscheidet sich etwa die Gerichtsöffentlichkeit durch das im Saal anwesende Publikum von der durch das Fernsehen hergestellten Medienöffentlichkeit, weil das Publikum selbst die Geschehnisse erlebt und seinerseits von den Verfahrensbeteiligten wahrgenommen und eingeschätzt werden kann (vgl. BVerfG NJW 1996, 581/583). Überdies kann sich mit dem Wechsel des Kontexts, in dem eine Abbildung reproduziert wird, auch der Sinngehalt der Bildaussagen ändern oder sogar absichtlich ändern lassen." (BVerfGE 101, 361 = NJW 2000, 1021/1022 – Caroline von Monaco). In der Entscheidung „Caroline von Hannover" hat das BVerfG darauf hingewiesen, dass sich aus den Fortschritten der Aufnahmetechnik und der damit verbundenen zunehmenden Verfügbarkeit von Personenbildnissen ein gesteigerter Schutzbedarf ergibt: „Die zunehmende Verfügbarkeit kleiner und handlicher Aufnahmegeräte, wie etwa in ein Mobiltelefon integrierte Digitalkameras, setzt insbesondere prominente Personen gesteigerten Risiken aus, in praktisch jeder Situation unvorhergesehen und unbemerkt fotografiert zu werden, mit der Folge, dass ein Bildnis in Medien veröffentlicht wird." (BVerfG GRUR 2008, 539/541 Rdnr. 46 – Caroline von Hannover).

Nachdem sich **gegen Ende des 19. Jahrhunderts** herausstellte, dass die herkömmlichen 3
rechtlichen Instrumentarien den sich aus der technischen Entwicklung der Fotografie ergebenden Schutzbedürfnissen nicht hinreichend Rechnung tragen konnten, wurden in vielen Ländern früher oder später Bestrebungen unternommen, einen umfassenden Bildnisschutz zu etablieren. In Deutschland führte dies nach eher fragmentarisch ausgestalteten Vorläufern auf einzelstaatlicher Ebene und Reichsebene schließlich zur Schaffung der bis heute geltenden Regelung in §§ 22 ff. KUG (s. zum Vorstehenden eingehend *Götting* Persönlichkeitsrechte als Vermögensrechte, S. 12 ff.). Auslöser hierfür war die Tat von zwei Journalisten, die heimlich in das **Sterbezimmer von Otto von Bismarck** (gest. 30. 7. 1898) eingedrungen waren und den Leichnam Bismarcks fotografiert hatten. Mangels einschlägiger Rechtsnormen – am Begehungsort Fried-

§ 60/§ 22 KUG

richsruh im preußischen Kreis Herzogtum Lauenburg galt noch der Sachsenspiegel! – musste das RG sein Urteil (Verbot der Veröffentlichung des Bildes und Vernichtung der Negative, Platten usw.) auf Hausfriedensbruch stützen (RGZ 45, 170). *Kohler* wies nach, dass die Entscheidung richtigerweise nur auf eine Verletzung des Persönlichkeitsrechts gestützt werden könne, gleich, „ob diese durch Hausfriedensbruch vermittelt worden ist, oder nicht" (*Kohler* Das Eigenbild im Recht, S. 12).

4 Im **KUG vom 9. 1. 1907** wurde schließlich neben dem Recht des Urhebers und des Bestellers eines Personenbildnisses (§ 18 KUG) auch der Rechtsschutz der abgebildeten Person selbst gegen die unbefugte Verwertung ihres Bildnisses aufgenommen (§§ 22–24 KUG). Zur Begründung der Regierungsvorlage s. *Osterrieth/Marwitz* KUG² § 22 Anm. I. Diese Bestimmungen „zum Schutz von Bildnissen" sind nach wie vor in Kraft (§ 141 Nr. 5 UrhG). Sie sind mit dem Grundgesetz vereinbar (BVerfG NJW 2000, 1021/1023 – Caroline von Monaco).

5 Der **Bildnisschutz der §§ 22–24 KUG** richtet sich **nicht gegen das Herstellen** von Bildnissen, sondern ausschließlich gegen das Verbreiten und öffentliche Zurschaustellen der hergestellten Bilder. In Literatur und Rechtsprechung ist heute aber allgemein anerkannt, dass bereits die **nicht gestattete Anfertigung eines Bildnisses** eine Verletzung des allgemeinen Persönlichkeitsrechtes darstellt (Rdnr. 34f.; BGHZ 24, 200/208 – Spätheimkehrer; BGH GRUR 1967, 205 – Vor unserer eigenen Tür; OLG Frankfurt/M GRUR 1958, 508 – Verbrecherbraut; *Weitnauer* DB 1976, 1365; MünchKomm/*Rixecker*⁵ Allgemeines Persönlichkeitsrecht Rdnr. 45; *Werhahn* UFITA 37 [1962] 22/25. Einschränkend *v. Gamm* Einf. Rdnr. 105). Nach der Rechtsprechung des BVerfG gewährleistet das Recht am eigenen Bilde dem Einzelnen Einfluss- und Entscheidungsmöglichkeiten, „soweit es um die Anfertigung und Verwendung von Fotografien oder Aufzeichnungen seiner Person durch andere geht." (BVerfGE 101, 361 = NJW 2000, 1021/ 1022 – Caroline von Monaco). Im Übrigen kann auch der Straftatbestand des § 201a StGB erfüllt sein, wenn durch die unbefugte Herstellung von Bildnisaufnahmen der höchstpersönliche Lebensbereich der betroffenen Personen verletzt wird.

6 Der Referentenentwurf eines Gesetzes zur Neuordnung des zivilrechtlichen Persönlichkeits- und Ehrenschutzes hatte selbst bei Bildnissen aus dem Bereich der Zeitgeschichte bereits die Anfertigung für unzulässig erklärt, wenn ihr ein berechtigtes Interesse des Abgebildeten entgegensteht (BTDrucks. 217/59 in UFITA 29 [1959] 39/41; vgl. de lege ferenda auch die von *Nipperdey* vor dem 42. Deutschen Juristentag in Düsseldorf 1957 aufgestellten Thesen, Verh. d. 42. DJT, Bd. II D 3/22).

2. Rechtsnatur

7 Das Recht am eigenen Bild ist „das ausschließliche Recht des Menschen, über die Verbreitung und öffentliche Schaustellung seines Bildnisses zu entscheiden" (*Ulmer*³ § 6 II 3). Seinem Wesen nach ist dieses Recht kein Urheberrecht, sondern ein Persönlichkeitsrecht und zwar „eine besondere Erscheinungsform des allgemeinen Persönlichkeitsrechts" (*v. Gamm* Einf. Rdnr. 102; *Schertz* in Götting/Schertz/Seitz, Handbuch des Persönlichkeitsrechts, § 12 Rdnr. 1). Das durch Art. 1 und 2 GG geschützte allgemeine Persönlichkeitsrecht genießt in unserer Rechtsordnung als „sonstiges Recht" den Schutz des § 823 Abs. 1 BGB. Das Gesamtverständnis der Vorschriften hat sich seit Inkrafttreten des Grundgesetzes dahin gewandelt, dass das Recht am eigenen Bild als ein Ausschnitt, eine **besondere Ausprägung des allgemeinen Persönlichkeitsrechts** angesehen wird, das aus Art. 1 und 2 GG entwickelt worden ist (*Götting* in Götting/Schertz/Seitz, Handbuch des Persönlichkeitsrechts, § 11 Rdnr. 9; vgl. hierzu BGHZ 13, 334/338 – Leserbrief; BGHZ 20, 345/347 – Paul Dahlke; BGH NJW 1962, 1004/1005 – Doppelmörder; BGH NJW 1971, 885/886 – Petite Jacqueline; BGH AfP 1995, 495; BGH NJW 1996, 985/986 – Caroline von Monaco; BVerfG GRUR 1973, 541/545 lSp. – Lebach; BGH AfP 2004, 533/534 – Springturnierfotos I; BVerfG AfP 2005, 171/172). „Denn wenn nach § 22 KUG Bildnisse nur mit Einwilligung des Abgebildeten verbreitet oder öffentlich zur Schau gestellt werden dürfen, so beruht dieser Schutz im Kern auf dem Grundsatz der Freiheit der Person in ihrem höchstpersönlichen Lebensbereich, zu dem vor allem auch das äußere Erscheinungsbild des Menschen zu rechnen ist. Die unbefugte Veröffentlichung des Bildes eines Menschen stellt, wie in der Rechtslehre seit langem anerkannt ist, einen Eingriff in die Freiheit der Selbstbestimmung und der freien Betätigung der Persönlichkeit dar" (*Osterrieth* Das Kunstschutzgesetz, § 22 KUG; BGH GRUR 1958, 408/409 – Herrenreiter). Schutzgut des Rechts am eigenen Bilde ist demnach auf eine kurze Formel gebracht das **Selbstbestimmungsrecht über die Darstellung im Bild**.

Ein allgemeines und umfassendes Verfügungsrecht über die Darstellung der eigenen Person **8** lässt sich aus Art. 2 Abs. 1 iVm. Art. 1 Abs. 1 GG nach Auffassung des BVerfG nicht entnehmen (BVerfGE 101, 361 = NJW 2000, 1021). Das Gericht hat mehrfach betont, dass das allgemeine Persönlichkeitsrecht dem Einzelnen nicht den Anspruch gebe, nur so von anderen dargestellt zu werden, wie er sich selbst sieht oder gesehen werden möchte (BVerfGE 82, 236/269 = NJW 1991, 91; BVerfGE 97, 125/149 = NJW 1998, 1381; BVerfGE 97, 391/403 = NJW 1998, 2898; BVerfGE 99, 185/194 = NJW 1999, 1322; BVerfGE 101, 361 = NJW 2000, 1021/1022). Ein derart weiter Schutz würde nicht nur das Schutzziel, Gefährdungen der Persönlichkeitsentfaltung zu vermeiden, übersteigen, sondern auch weit in die Freiheitssphäre Dritter hineinreichen (BVerfGE 101, 361 = NJW 2000, 1021/1022 – Caroline von Monaco). Dieses Diktum des BVerfG ist zumindest missverständlich. Grundsätzlich hat der Einzelne nämlich aufgrund des Rechts am eigenen Bilde **ein umfassendes Kontrollrecht über die Darstellung seines äußeren Erscheinungsbildes.** Da er über das „Ob" der Bildnisverbreitung entscheiden kann, stellt sich die Frage nach dem „Wie" erst gar nicht. Die vom BVerfG angesprochene Relativierung des Selbstbestimmungsrechts gilt nur insoweit, als der Einzelne iS einer **„Sozialpflichtigkeit"** eine Einschränkung der ihm grundsätzlich zustehenden unumschränkten Kontrollbefugnis über seine Selbstdarstellung hinnehmen muss. Dies richtet sich nach der Ausnahmeregelung in § 23, insbesondere nach Abs. 1 Nr. 1 und Abs. 2. Diese Ausnahme ändert freilich nichts an der Grundregel, dass der Einzelne mittels des Instruments der Einwilligung über seine Darstellung im Bild disponieren kann und demzufolge sehr wohl einen Anspruch hat, „nur so von anderen dargestellt zu werden, wie er sich selbst sieht oder gesehen werden möchte".

Das Selbstbestimmungsrecht über die Darstellung im Bild umfasst auch das **„wirtschaftliche 9 Selbstbestimmungsrecht"**, dh. die Entscheidungsfreiheit, das Bildnis kommerziell zu nutzen. Insbesondere Bildnisse von Fotomodellen und Prominenten besitzen wegen ihrer Eignung, als Werbeträger zu fungieren, nicht selten einen erheblichen Marktwert. Deshalb ist dem Recht am eigenen Bilde auch ein vermögensrechtlicher Charakter nicht abzusprechen (vgl. MünchKomm. BGB/*Rixecker*[5] Allgemeines Persönlichkeitsrecht Rdnr. 25 ff., 49). Dies erkennt auch der BGH an, wenn er das Recht am eigenen Bilde als **„vermögenswertes Ausschließlichkeitsrecht"** bezeichnet (BGHZ 20, 345/347 – Paul Dahlke). Einer solchen Qualifizierung als Vermögensrecht steht die gleichzeitige Zuordnung zu den Persönlichkeitsrechten nicht entgegen. Die beiden Begriffe sind nämlich nicht disjunktiv, dh. sie bilden keinen antinomischen Gegensatz und schließen einander nicht gegenseitig aus. Das Recht am eigenen Bilde hat somit eine **Doppelnatur als Persönlichkeits- und Vermögensrecht** (s. dazu eingehend *Götting* Persönlichkeitsrechte als Vermögensrechte, S. 4ff., 66ff.; ebenso *Dreyer* in HK-UrhR Vor §§ 22ff. Rdnr. 3f.). Der BGH hat in der richtungsweisenden „Marlene-Dietrich"-Entscheidung ausdrücklich anerkannt, dass das allgemeine Persönlichkeitsrecht und seine besonderen Erscheinungsformen, wie das Recht am eigenen Bilde und das Namensrecht, nicht nur dem Schutz ideeller, sondern auch kommerzieller Interessen der Persönlichkeit dienen. Die entsprechenden Befugnisse gehen auf den Erben des Trägers des Persönlichkeitsrechts über und können von diesem entsprechend dem ausdrücklichen oder mutmaßlichen Willen des Verstorbenen ausgeübt werden (BGHZ 143, 214/223 = GRUR 2000, 709 – Marlene Dietrich; ebenso BGH GRUR 2002, 690/691 – Marlene Dietrich II). In der „kinski-klaus.de"-Entscheidung hat der BGH die **Schutzdauer der vermögenswerten Bestandteile des postmortalen Persönlichkeitsrechts** in Analogie zu § 22 S. 3 KUG auf 10 Jahre nach dem Tod der Person begrenzt, während der Schutz der ideellen Bestandteile über diese Frist hinaus fortbestehen kann (BGH GRUR 2007, 168/170 Nr. 17f. – kinski-klaus.de). In der „Marlene Dietrich"-Entscheidung hatte der BGH die Dauer des Schutzes noch mit dem Fortbestand des Schutzes der ideellen Interessen verknüpft, mit der Folge, dass die vermögenswerten Bestandteile des Persönlichkeitsrechts nach dem Tode des Trägers des Persönlichkeitsrechts jedenfalls so lange fortbestehen sollen, so lange die ideellen Interessen noch geschützt sind (BGH GRUR 2000, 709 2. Ls. – Marlene Dietrich). Die Beschränkung der Schutzfrist auf 10 Jahre post mortem trägt dem „digitalen Langzeitgedächtnis", das die Erinnerung an Ikonen aus Kultur, Unterhaltung und Sport über Jahrzehnte lebendig hält, in keiner Weise Rechnung (*Götting* GRUR 2007, 168/170f., Anm. zu BGH GRUR 2007, 168 – kinski-klaus.de; *ders.* in Götting/Schertz/Seitz, Handbuch des Persönlichkeitsrechts, § 2 Rdnr. 36). Nach Auffassung des BGH ist der Schutz der von der Rechtsprechung entwickelten vermögensrechtlichen Bestandteile der Persönlichkeitsrechte im Gegensatz zu den ideellen Bestandteilen des Persönlichkeitsrechts, die verfassungsrechtlich geschützt sind, lediglich zivilrechtlich begründet (BGH GRUR 2007, 139/142 Rdnr. 21 – Rücktritt des Finanzministers; BGH GRUR 2008, 1124 Rdnr. 14 – Zerknitterte Zigarettenschachtel; BGH GRUR AfP 2008, 598

2. Ls., 600 Rdnr. 15 – Geschwärzte Worte). Diese Feststellung, die der BGH lediglich behauptet, aber in keiner Weise begründet, vermag nicht zu überzeugen. Es leuchtet nicht ein, warum die vermögenswerten Bestandteile des Persönlichkeitsrechts nicht so wie im Allgemeinen alle Vermögensrechte dem Schutz des Art. 14 GG unterfallen (in BVerfG ZUM 2009, 479/480 wird die Eröffnung des Schutzbereichs der Eigentumsgarantie in Erwägung gezogen, aber letztlich offen gelassen). Es drängt sich eine Parallele zum Urheberrecht auf, dessen verwertungsrechtliche Seite als Eigentum iS von Art. 14 GG geschützt wird. Dies bedeutet nicht, dass der verfassungsrechtliche Eigentumsschutz der vermögenswerten Bestandteile des Persönlichkeitsrechts im Einzelfall aufgrund einer Güter- und Interessenabwägung insbesondere mit Blick auf die Sozialpflichtigkeit des Eigentums nicht zurückzutreten hat.

3. Bedeutung

10   Das äußere Erscheinungsbild des Menschen ist Ausdruck seines Wesens und seiner Persönlichkeit. § 22 KUG schützt dieses äußere Erscheinungsbild. „Gegenüber einer Berichterstattung durch Wort, Druck oder Schrift bedeutet es einen ungleich stärkeren Eingriff in die persönliche Sphäre, wenn jemand das Erscheinungsbild einer Person in einer Lichtbildaufnahme oder einem Film fixiert, es sich so verfügbar macht und der Allgemeinheit vorführt" (BGH GRUR 1967, 205/208 – Vor unserer eigenen Tür; ähnlich auch BVerfGE 101, 361 = NJW 2000, 1021/1022 – Caroline von Monaco). Für die modernen Medien (zB Tageszeitung, illustrierte Zeitschriften, Fernsehen) ist die Bildbeschaffung von zentraler Bedeutung. Soweit es sich um Personenbildnisse handelt, befindet sie sich im **Spannungsfeld zwischen dem Informationsinteresse der Öffentlichkeit und dem Recht am eigenen Bild der abgebildeten Person.**

11   Die Bildverwerter haben daher eine **besondere Sorgfaltspflicht** bei der Beschaffung und Verbreitung von Personenbildnissen. § 22 KUG gibt jedem Abgebildeten in den durch bestimmte Ausnahmen (§§ 23 und 24 KUG) gezogenen Grenzen das Recht, darüber zu entscheiden, ob und gegebenenfalls in welcher Weise und zu welchem Zweck sein Bildnis verbreitet oder öffentlich zur Schau gestellt werden darf. Nur der Abgebildete selbst und nicht andere Personen – auch nicht der Urheber des Bildnisses – soll über die öffentliche Verwendung und Verwertung der Abbildung entscheiden. Der Abgebildete hat das Recht zu entscheiden, ob sein Bildnis verbreitet werden darf oder nicht; er hat jedoch aufgrund seines Rechts am eigenen Bild keinen Anspruch darauf, dass sein Bildnis – überhaupt oder in bestimmter Weise – abgebildet wird (OLG München Schulze OLGZ 249 – Schallplattenhülle).

12   Soweit Dritte ein Personenbildnis verbreiten, ohne durch den Abgebildeten oder durch eine Ausnahmebestimmung (§§ 23 und 24 KUG) hierzu ermächtigt zu sein, verletzen sie das Recht am eigenen Bild des Abgebildeten. „Das Unzulässige der eigenmächtigen Bildnisveröffentlichung durch einen Dritten liegt darin, dass damit **dem Abgebildeten die Freiheit entzogen** wird, aufgrund eigener Entschließung über dieses Gut seiner Individualsphäre zu verfügen" (BGH GRUR 1958, 408 – Herrenreiter).

13   Bildniswerke der bildenden Künste werden von § 22 KUG ebenso umfasst wie Lichtbildwerke und Lichtbilder. Die **praktische Bedeutung** der Bestimmung liegt jedoch in erster Linie auf dem Gebiet der fotografischen Bildnisse, die durch die Print-Medien verbreitet werden. Erst in zweiter Linie folgt die Verbreitung durch Film und Fernsehen.

II. Verbreiten oder öffentliches Zurschaustellen von Personenbildnissen

1. Bildnisse

14   Ein **Bildnis** iSv. § 22 KUG ist ein **Personenbildnis,** dh. die Darstellung einer oder mehrerer Personen, die die äußere Erscheinung der Abgebildeten in einer für Dritte erkennbaren Weise wiedergibt. Ein Personenbildnis muss sich ausschließlich oder in erster Linie auf die Abbildung einer oder mehrerer Personen (Familie, Gruppe) beziehen. Bilder, auf denen die abgebildeten Personen nur im Hintergrund oder „nur als Beiwerk neben einer Landschaft oder sonstiger Örtlichkeit erscheinen" (§ 23 Abs. 1 Nr. 2 KUG), sind keine Bildnisse. Nach ständiger Rechtsprechung liegt ein „Bildnis" dann vor, „wenn die Darstellung dazu bestimmt und geeignet ist, eine Person in ihrer dem Leben nachgebildeten äußeren Erscheinung dem Beschauer vor Augen zu führen und das Aussehen, wie es gerade dieser bestimmten Person eigen ist, im Bild wiederzugeben, wobei es in der Regel die Gesichtszüge sind, die einen Menschen von seinen Mitmenschen unterscheiden und für den Betrachter erkennbar machen. Dabei ist es rechtlich unerheblich, ob die Darstellung gut oder mangelhaft ist oder ob die Ähnlichkeit eine größere

oder geringere ist. Von Bedeutung ist allein die Erkennbarkeit des Abgebildeten." (RGZ 103, 319 – Rausch; BGH GRUR 1958, 408 – Herrenreiter; BGH GRUR 1962, 211 – Hochzeitsbild; BGH GRUR 1966, 102 – Spielgefährtin I; *Helle* Persönlichkeitsrechte, S. 91).

Ein „Bildnis" muss kein **„Portrait"** sein. Der Begriff „Bildnis" iSd. § 22 KUG umfasst alle **15** nur denkbaren bildlichen Darstellungen von lebenden oder toten Personen. Die Art und Form, in der ein Bildnis ständig oder vorübergehend (Live-Fernsehaufnahmen) sichtbar wird, spielt keine Rolle (*Dreyer* in HK-UrhR Rdnr. 5; *Schertz* in Götting/Schertz/Seitz, Handbuch des Persönlichkeitsrechts, § 12 Rdnr. 5). Die Abbildung von Personen in der Bewegung in Film und Fernsehen ist ebenso ein Bildnis wie ein Foto, ein Gemälde oder eine Bronze-Statue. Gleiches gilt von Puppen, die die Gesichtszüge einer bekannten Persönlichkeit tragen (Corte di Cassazione GRUR Int. 1982, 462 – Mazzola), einer Totenmaske (KG ZUM 1985, 385; LG München I UFITA 100 [1985] 294) und Abbildungen von Toten. Ebenso wird die Abbildung auf einer Medaille vom Bildnisschutz umfasst (BGH GRUR 1996, 195 – Abschiedsmedaille). Zu weiteren Einzelheiten und Möglichkeiten, wie ein Bildnis entstehen und beschaffen sein kann, vgl. § 60 UrhG Rdnr. 16 ff. Während aber bei der urheberrechtlichen Bestimmung des § 60 die Bildnisformen eine besondere Rolle spielen, erweist sich für den persönlichkeitsrechtlichen Bildnisschutz nach § 22 KUG die Erkennbarkeit der abgebildeten Person als das entscheidende Merkmal. Abweichend von der ganz hM, wonach es für den Bildnisbegriff und damit die Anwendbarkeit der §§ 22 ff. KUG entscheidend auf die Identifizierbarkeit ankommt, geht das BVerfG davon aus, dass das allgemeine Persönlichkeitsrecht vor der Verbreitung eines technisch manipulierten Bildnisses schützt, dass den Anschein erweckt, ein authentisches Abbild einer Person zu sein (BVerfG AfP 2005, 171/172).

2. Erkennbarkeit

Die für das Vorliegen eines Bildnisses erforderliche **Erkennbarkeit einer abgebildeten** **16** **Person** ergibt sich in erster Linie aus den **Gesichtszügen** des Abgebildeten (ebenso *Dreyer* in HK-UrhR Rdnr. 7). Aber auch Einzelheiten und Merkmale der äußeren Erscheinung, die für die betreffende Person typisch sind, wie Statur, Haarschnitt, bestimmte Körperhaltung und Posen, besondere Kleidungsstücke, kurz: ihr ganzer Habitus, machen eine Person erkennbar (zB Schnurrbart, Melone und Stöckchen für das Bildnis von Charlie Chaplin; *Schertz* in Götting/Schertz/Seitz, Handbuch des Persönlichkeitsrechts, § 12 Rdnr. 7). Bei der Prüfung der Erkennbarkeit sind **Einzelheiten als Identifizierungshilfe** zu berücksichtigen. Ein Reiter kann zB durch sein in Reiterkreisen bekanntes Pferd auf einem Bild erkennbar sein (OLG Düsseldorf GRUR 1970, 618 – Schleppjagd). Für Kenner einer Fußballmannschaft kann ein Torwart sogar von hinten „aufgrund von Statur, Haltung, Haarschnitt unschwer zu erkennen" sein (BGH GRUR 1979, 732/733 – Fußballtor; OLG München Schulze OLGZ 270 – Paul Breitner; LG München I Schulze LGZ 197 – Trickskifahrer). Für die Erkennbarkeit genügt es auch, wenn der Abgebildete auf Fotoausschnitten aufgrund früherer Veröffentlichungen des ganzen Fotos erkannt werden kann (LG Bremen GRUR 1994, 987 – Fotoausschnitt).

Auf die Größe des Bekanntenkreises des Abgebildeten und die **Zahl der Personen, die ihn** **17** **identifizieren können,** kommt es nicht an: „Ebenso wenig wird verlangt, dass schon der nur flüchtige Betrachter den Abgebildeten auf dem Bild erkennen kann; es genügt die Erkennbarkeit durch einen mehr oder minder großen Bekanntenkreis" (BGH GRUR 1979, 732/733 lSp. – Fußballtor – mit krit. Anm. *Wild;* vgl. auch OLG Hamburg Schulze OLGZ 113). Zweifelhaft erscheint dagegen, ob ein Kunstflieger anhand gewisser charakteristischer Merkmale des Flugzeuges sicher und eindeutig auszumachen ist, wenn das Foto das Flugzeug im Rückenflug zeigt und der Kopf des Piloten noch nicht einmal 1 mm groß wiedergegeben ist (OLG Nürnberg Schulze OLGZ 141; hierzu krit. auch BGH GRUR 1979, 732/733 rSp. – Fußballtor). Jedes Merkmal für die Erkennbarkeit ist zu berücksichtigen, ohne dass dabei eine besondere Rangfolge einzuhalten wäre. „Bei der Identifizierung einer abgebildeten Person werden zwar die Gesichtszüge regelmäßig im Vordergrund stehen. Aber ebenso gut kann die Erkennbarkeit einer abgebildeten Person durch andere auf dem Bild sichtbare Einzelheiten wie Kleidung, Gestalt, Umgebung u. dgl. gewährleistet werden. Die Vorschrift des § 22 KUG, die ohne nähere Erläuterung von einem Bildnis spricht – was die Erkennbarkeit der abgebildeten Person allerdings begriffsnotwendig einschließt –, stellt weder eine Rangfolge der Erkennbarkeitsmerkmale auf noch schließt sie irgendeine Gruppe von Identifizierungshilfen überhaupt von der Berücksichtigung aus (vgl. hierzu BGH GRUR 1966, 102 rSp. – Spielgefährtin I)" (OLG Düsseldorf GRUR 1970, 618/619 – Schleppjagd).

18 Durch sog. **Augenbalken** wird die Erkennbarkeit nicht unbedingt beseitigt (OLG Karlsruhe NJW 1980, 1701; OLG München AfP 1983, 276; OLG Hamburg AfP 1993, 590; LG Berlin AfP 1997, 732/733; OLG Karlsruhe ZUM 2001, 883/887; *Prinz/Peters* MedienR, Rdnr. 827). Auch bei einem **retuschierten** Bild und bei einem **kleinen Ausschnitt** aus einem Bildnis im Rahmen einer Anzeige kann die Erkennbarkeit der Gesichtszüge noch gegeben sein. „Eine Persönlichkeitsbeeinträchtigung liegt im Übrigen schon dann vor, wenn der Abgebildete begründeten Anlass hat anzunehmen, er könne nach der Art der Abbildung erkannt werden" (BGH GRUR 1962, 211 – Hochzeitsbild; BGH GRUR 1972, 97/98 – Liebestropfen; OLG München AfP 1983, 276; OLG Karlsruhe ZUM 2001, 883/887).

19 Ob mit der Veröffentlichung einer Abbildung lediglich **beabsichtigt** wird, dem Betrachter eine beliebige Person vorzuführen, ist unbeachtlich (BGH GRUR 1979, 732 – Fußballtor). Liegt aber nach dem objektiven Eindruck des Betrachters ein Bildnis vor, so reicht die **Namensangabe** unter der Abbildung aus, um die abgebildete Person zu identifizieren (BGH GRUR 1966, 102 – Spielgefährtin I; OLG Hamburg AfP 1977, 351 – Außenministerin von Uganda; OLG Frankfurt/M GRUR 1987, 195 – Foto der Freundin), denn „Bild, Name und Bildbericht sind meist miteinander verknüpft" (*Neumann-Duesberg* Anm. zu Schulze OLGZ 133, 29). Auch die Abbildung eines Schauspielers in seiner Rolle beeinträchtigt sein Recht am eigenen Bild, wenn er erkennbar und identifizierbar bleibt (BGH GRUR 1961, 138/139 – Familie Schölermann). Ebenso bleibt eine unbekleidete Schauspielerin erkennbar, wenn eine Illustrierte ihr Foto als Bild einer „symbolischen Durchschnittsfrau" verbreitet (KG Schulze KGZ 51).

20 Auch **Fotos von Modellen,** mit denen einzelne Personen nachgestellt oder „gedoubelt" werden, können den Begriff des „Bildnisses" iSv. § 22 KUG erfüllen, „wenn mit Hilfe von Retuschen und Utensilien eine Unterscheidung zwischen der Originalaufnahme einer tatsächlichen Person und einer nachgestellten Abbildung verschwindend gering ist" (LG Stuttgart AfP 1983, 292). Diese bei Werbeagenturen beliebte Methode, das Bildnis einer berühmten Person nur scheinbar zu verwenden, greift gleichwohl in deren Recht am eigenen Bild ein (BGH GRUR 2000, 715 – Der blaue Engel; LG Düsseldorf AfP 2002, 64 – Franz Beckenbauer; sa. *Dreyer* in HK-UrhR Rdnr. 9). Eine Firma, die mit dem **Bildnis vom Double** eines Stars wirbt, profitiert nicht vom Bildnis des Doubles, sondern vom Image der dargestellten bekannten Person. Das Gleiche gilt für einen Schauspieler, der in täuschend ähnlicher Maske und Garderobe einen bekannten Sänger parodiert. In dem Auftritt eines Prominentendoubles in einem Werbefilm ohne Zustimmung liegt eine Verletzung des Rechts am eigenen Bilde, die einer unbefugten Verwendung eines „echten" Bildnisses für Werbezwecke gleichsteht. Dabei ist es nicht erforderlich, dass die Gesamtheit oder der überwiegende Teil der angesprochenen Verkehrskreise irregeführt wird. Entsprechend den im Rahmen von § 5 UWG geltenden Grundsätzen genügt es vielmehr, dass ein nicht unbeachtlicher Teil des angesprochenen Publikums zu der Annahme verleitet wird, der Prominente werbe für das angebotene Produkt (OLG Karlsruhe AfP 1996, 228 – Ivan Rebroff).

21 Der Bildnisschutz nach § 22 KUG findet jedoch dort seine **Grenze,** wo eine zufällige, wenn auch täuschende Ähnlichkeit vorliegt, es sich aber um eine andere Person handelt, es sei denn, dass die Bildunterschrift zu einer anderen (unrichtigen) Annahme berechtigt.

3. Grundsätze zur Erkennbarkeit im Einzelnen

22 Aus der Rechtsprechung ergeben sich für die Beurteilung der Erkennbarkeit folgende **Grundsätze:**

a) Der Begriff des „Bildnisses" setzt die **Erkennbarkeit** der abgebildeten Person voraus (BGH GRUR 1958, 408 – Herrenreiter; BGH GRUR 1975, 561 – Nacktaufnahmen; BGH GRUR 1979, 732 – Fußballtor).

23 **b)** Zur Erkennbarkeit einer Person gehört jedoch nicht notwendig die Abbildung der Gesichtszüge; es genügt, wenn der Abgebildete, mag auch sein Gesicht kaum oder (etwa durch Retuschen) gar nicht erkennbar sein, durch **Merkmale,** die sich aus dem Bild ergeben und **die gerade ihm eigen sind,** erkennbar ist oder seine Person durch den beigegebenen Text (vgl. BGH GRUR 1966, 102 – Spielgefährtin I) oder durch den Zusammenhang mit früheren Veröffentlichungen (OLG Hamburg Schulze OLGZ 113) erkannt werden kann (BGH GRUR 1979, 732/733 – Fußballtor). Auch die fiktive, technisch verfremdete Darstellung eines Fußballspielers in einem Computerspiel, das die typischen Merkmale seines Aussehens erkennen lässt, erfüllt den Bildnisbegriff (OLG Hamburg ZUM 2004, 309/310 – Oliver Kahn).

c) Das Recht am eigenen Bild wird schon dann verletzt, wenn der Abgebildete begründeten 24
Anlass hat anzunehmen, er könne als abgebildet **identifiziert** werden (vgl. *v. Gamm* Einf.
Rdnr. 104; *Neumann-Duesberg* Anm. zu Schulze OLGZ 102 u. 113 u. 141; vgl. auch BGH
GRUR 1962, 211 – Hochzeitsbild; BGH GRUR 1972, 97/98 – Liebestropfen; BGH GRUR
1979, 732 – Fußballtor). Sofern man in der zeichnerischen Darstellung einer Comic-Figur die
Person eines bekannten (aber inzwischen verstorbenen) Schauspielers erkennen könnte, liegt ein
Bildnis dieser Person iSd. § 22 KUG vor (LG München AfP 1997, 559/560 – Meister Eder).

d) Für die Erkennbarkeit einer Person ist es nicht erforderlich, „dass schon der nur flüchtige 25
Betrachter den Abgebildeten auf dem Bild erkennen kann; es genügt die **Erkennbarkeit durch
einen mehr oder minder großen Bekanntenkreis**. Entscheidend ist der Zweck des § 22 KUG,
die Persönlichkeit davor zu schützen, gegen ihren Willen in Gestalt der Abbildung für andere
verfügbar zu werden. Der besondere Rang des Anspruchs darauf, dass die Öffentlichkeit die
Eigensphäre der Persönlichkeit und ihr Bedürfnis nach Anonymität respektiert, verlangt eine
Einbeziehung auch solcher Fallgestaltung in den Schutz dieser Vorschrift" (BGH GRUR 1979,
732/733 – Fußballtor). Dementsprechend hat das BVerfG entschieden, dass es nicht entscheidend darauf ankommt, ob alle oder ein erheblicher Teil der Leser oder gar die Durchschnittsleser einer Zeitung die gemeinte Person identifizieren können. Vielmehr kann das grundrechtlich
geschützte Persönlichkeitsrecht nicht nur dann betroffen sein, wenn eine persönlichkeitsverletzende Äußerung eine Verbreitung in einem großen Kreis von Dritten erfährt, sondern auch
dann, wenn über das Medium der Zeitung persönlichkeitsverletzende Informationen an solche
Leser geraten, die aufgrund ihrer sonstigen Kenntnisse in der Lage sind, die Person zu identifizieren, auf die sich der Bericht bezieht. Gerade für Leser mit Einblick in das berufliche oder
persönliche Umfeld des Betroffenen sei die Information in ihrem persönlichkeitsverletzenden
Teil aussagekräftig und in der Folge für die in Bezug genommene Person besonders nachteilig
(BVerfG ZUM-RD 2004, 573/574).

e) „Wird bei der Veröffentlichung des Bildes einer Person durch **Angabe des Namens** mit- 26
geteilt, wen das Bild darstellen soll, so liegt ein Bildnis iSd. § 22 KUG auch vor, wenn der Abgebildete allein aufgrund der bildlichen Darstellung – bei Wegfall der Namensunterschrift –
nicht wiedererkannt werden könnte" (BGH GRUR 1966, 102 – Spielgefährtin I).

4. Karikaturen

Zu den besonderen Darstellungsformen von Personenbildnissen, die nach hM dem Bildnis- 27
schutz unterworfen sind, zählt auch die **Karikatur** (vgl. *Hirsch* UFITA 2 (1929) 522; *Osterrieth/
Marwitz* KUG[2] § 22 Anm. III 5; *Schünemann* GRUR 1928, 559; *Ulmer*[3] § 6 II 3 a; *Voigtländer/
Elster/Kleine*[4] §§ 22–24 KUG Anm. 2; *Dreyer* in HK-UrhR Rdnr. 5, 10). Eine Karikatur (ital.
caricare = überladen, übertreiben) ist ein Zerrbild und Spottbild „mit absichtsvoller Übertreibung hervorstechender Merkmale" *(Brockhaus)*. Die Erkennbarkeit der dargestellten Person ist
bei Karikaturen nicht trotz, sondern gerade wegen der übertriebenen Darstellung von Eigenheiten, Unvollkommenheiten und Schwächen gegeben, die der karikierten Person eigen sind.
Ohne die Erkennbarkeit der dargestellten Person wäre eine Karikatur ohne Witz und völlig unverständlich.

Da sich in der Regel nur Personen, die in der Öffentlichkeit bekannt sind, dh. Personen aus 28
dem Bereich der Zeitgeschichte (s. § 60/§ 23 KUG Rdnr. 21 ff.), für eine Karikatur eignen,
wird die **künstlerische Freiheit der Karikaturisten** durch das Recht am eigenen Bild nicht
eingeengt.

In Betracht kommen kann aber eine **Ehrverletzung**. „Eine erkennbar satirisch gemeinte 29
Äußerung oder Darstellung ist dann keine Beleidigung, wenn die nach Abzug der satirischen
Einkleidung verbleibende Meinungsäußerung inhaltlich keine Äußerung der Missachtung darstellt und wenn auch die Art und Weise der satirischen Darstellung keine Geringschätzung des
Betroffenen zum Ausdruck bringt" (BayObLGSt. NJW 1957, 1607; OLG Hamburg v. 16. 9.
1966, zit. nach *Leinveber* ArchPR 1968, 764; OLG Karlsruhe NJW 1982, 647 – Politische Satire). Die Freiheit zu satirischer Darstellung endet jedoch dort, wo die Karikatur zur Beschimpfung der dargestellten Person missbraucht wird. Die Unterstellung unsittlicher oder unehrenhafter Handlungen oder gar Verbrechen verletzt – auch in der witzigsten Darstellung – die Ehre
und damit die berechtigten Interessen des Dargestellten (§ 23 Abs. 2 KUG, s. § 60/§ 23 KUG
Rdnr. 118).

Während eine Karikatur von Prominenten, wie insbesondere Politikern, als Personen der 30
Zeitgeschichte (§ 23 Abs. 1 Nr. 1 KUG) regelmäßig von der Meinungsfreiheit oder Kunstfrei-

heit (Art. 5 Abs. 1 S. 1 und Art. 5 Abs. 3 GG) gedeckt ist, dürfen **„Privatpersonen"**, die sich nicht bewusst der Öffentlichkeit aussetzen, nicht gegen ihren Willen zum Gegenstand einer Karikatur gemacht werden. Allerdings hat das BVerfG entschieden, dass eine Person, die sich auf einem Sommerfest in der Nähe des damaligen CSU-Vorsitzenden und Bundesfinanzministers Waigel aufhielt, im Rahmen der in der Zeitschrift Stern erschienenen Rubrik „Bonnbons" in satirisch verfremdeter Form auch gegen den Willen des Betroffenen veröffentlicht werden durfte. Begründet wurde dies mit der Erwägung, der Abgebildete, der durch das von ihm selbst gewählte äußere Erscheinungsbild der Klischeevorstellung eines „Urbayers" entspreche, müsse mit einer Berichterstattung durch die Presse rechnen, da er sich in der „Sozialsphäre" bewege und er erkennbar nichts dagegen gehabt habe, gemeinsam mit dem Bundesfinanzminister abgelichtet zu werden (BVerfG NJW 2002, 3767/3768 – Bonnbons). Die Entscheidung ist verfehlt, weil sie den wesentlichen Anknüpfungspunkt für die Beurteilung einer Persönlichkeitsrechtsverletzung verkennt: Wer sich gemeinsam mit dem Bundesfinanzminister in der Öffentlichkeit zeigt, muss damit rechnen, dass sein Bildnis im Zusammenhang mit einer Berichterstattung veröffentlicht wird. Er muss aber nicht damit rechnen, dass er als „Bilderbuchbayer" (BVerfG aaO) instrumentalisiert und der „Prangerwirkung" einer spöttischen, satirischen Darstellung ausgesetzt wird.

5. Schauspieler-Bildnisse

31   Bei Bildnissen von Schauspielern ist zu unterscheiden zwischen dem Bildnis des Schauspielers, der auch auf der Bühne oder im Film als Person erkennbar bleibt, und dem Bildnis der dargestellten Person, deren Rolle der Schauspieler verkörpert.

32   **a) Bildnis des Schauspielers als eigene Person.** Die Abbildung eines **Schauspielers in seiner Rolle** (zB auf dem Bildschirm eines Fernsehgeräts, für das in einer Anzeige geworben wird) beeinträchtigt sein Recht am eigenen Bild, wenn er erkennbar und identifizierbar bleibt. Dies gilt selbst dann, wenn der Schauspieler zu den Personen aus dem Bereich der Zeitgeschichte iSd. § 23 Abs. 1 Nr. 1 KUG zu rechnen ist (BGH GRUR 1961, 138 – Familie Schölermann; OLG Karlsruhe GRUR 1985, 136 – Volvo-Reklame). Auch eine unbekleidete Filmschauspielerin bleibt erkennbar, wenn eine Illustrierte ihr Foto als Bild einer „symbolischen Durchschnittsfrau" ohne Namensnennung verbreitet (KG Schulze KGZ 51).

33   **b) Bildnis der dargestellten Person.** Umgekehrt kann ein Schauspieler eine **von ihm verkörperte Person** durch Maske, Mimik und Gesten so überzeugend darstellen, dass er damit ein lebendes Abbild der dargestellten Person auf die Bühne stellt. Auch dies ist ein Bildnis, denn „der Begriff des Bildnisses beschränkt sich nicht auf eine Abbildung im engeren Sinn, er erfasst vielmehr jede mögliche äußere Darstellung, die die Erkennbarkeit des Betroffenen zur Folge hat" (v. Gamm Einf. Rdnr. 104; KG JW 1928, 363/364 – Piscator; BGHZ 26, 52/67 – Sherlock Holmes). Das Recht am eigenen Bild umfasst also „nicht nur die Abbildung einer Person im eigentlichen Sinne, sondern auch die Darstellung einer Person durch einen Schauspieler auf der Bühne, im Film oder im Fernsehen" (OLG Hamburg NJW 1975, 649/650 lSp. – Aus nichtigem Anlass?) Dementsprechend wurde auch das Nachstellen einer berühmten Szene mit Marlene Dietrich aus dem Film „Der blaue Engel" durch eine andere Schauspielerin als Verletzung des Bildnisses von Marlene Dietrich angesehen (BGH GRUR 2000, 715 – Der blaue Engel).

6. Herstellen und Verbreiten

34   Verboten ist nach § 22 KUG nur das Verbreiten und öffentliche Zurschaustellen von Bildnissen ohne Einwilligung des Abgebildeten – soweit nicht die Ausnahmevorschriften der §§ 23 und 24 KUG eingreifen. Das Herstellen (zB fotografische Aufnahme) und Vervielfältigen von Bildnissen fällt nicht unter das Verbot des § 22 KUG, kann aber bei unmittelbar bevorstehender Verbreitung eine vorbeugende Unterlassungsklage begründen. Im Übrigen liegt regelmäßig ein Eingriff in das allgemeine Persönlichkeitsrecht vor (Rdnr. 5). Dies gilt insbesondere für den Fall der sog. **„Bildniserschleichung"** (ebenso Dreyer in HK-UrhR Rdnr. 11). „Aus dem allgemeinen Persönlichkeitsrecht folgt, dass nicht bloß die Verbreitung, sondern auch bereits die Anfertigung von Bildaufnahmen einer Person unzulässig ist, wenn die Aufnahme heimlich, dh. ohne Wissen und Willen der betreffenden Person, und in der Absicht vorgenommen wird, das Bild der Öffentlichkeit zugänglich zu machen" (OLG Frankfurt GRUR 1958, 508 – Verbrecherbraut; BGH GRUR 1957, 494/499 – Spätheimkehrer, m. Anm. Bußmann; OLG Hamburg AfP 1982, 41 – Heimliche Nacktfotos; vgl. auch KG NJW 2000, 2210 zu Aufnahmen in Zügen der Deutschen Bahn AG). Stets ist der Zweck der Aufnahme zu beachten, wobei der Zweck der öf-

fentlichen Berichterstattung für sich genommen keinen ausreichenden Rechtfertigungsgrund für die ungenehmigte Bildnisherstellung bildet. Die Anfertigung eines Fotos von einer Person nur zu Beweiszwecken im Zivilprozess soll gemäß der erforderlichen Interessenabwägung zulässig sein (KG Schulze KGZ 72; LG Oldenburg AfP 1991, 652; aA OLG Hamm NJW-RR 1988, 425/ 426 m. abl. Anm. *Helle*). Das Gleiche gilt für Fotos beteiligter oder verletzter Personen zur Beweissicherung bei Kfz-Unfällen „im Bereich der Unfallstelle".

Die Frage, ob über den Fall der Bildniserschleichung hinaus ein **genereller Schutz vor der** 35 **Bildnisherstellung** anzuerkennen ist, ist höchstrichterlich noch nicht entschieden. Die Ansichten in der instanzgerichtlichen Rechtsprechung und Literatur sind geteilt. Nach der wohl hM kommt es auf die nach allgemeinen Grundsätzen im Rahmen des allgemeinen Persönlichkeitsrechts vorzunehmende Interessenabwägung an (s. etwa OLG Hamm JZ 1988, 308 m. Anm. *Helle;* LG Oldenburg GRUR 1988, 694 – Grillfest; *Reinhardt* JZ 1959, 41/42; *Rebmann* AfP 1982, 189/194). Nach einer weitergehenden Ansicht ist die Bildnisherstellung grundsätzlich als ein rechtswidriger Eingriff in das allgemeine Persönlichkeitsrecht anzusehen, der nur ausnahmsweise bei Vorliegen besonderer Rechtfertigungsgründe zulässig ist (s. etwa OLG Hamburg NJW-RR 1990, 1000; *Amelung/Tyrell* NJW 1980, 1560/1561; *Franke* JR 1982, 48; *Wiese* Fs. für Hubmann, 1985, S. 481/484). Dem ist beizupflichten, da der Abgebildete bereits durch die Bildnisherstellung der Verfügungsmacht eines anderen ausgeliefert wird. Dieser hat es in der Hand, mit dem Bildnis nach Belieben zu verfahren und es einer mehr oder weniger großen Öffentlichkeit zugänglich zu machen. Dieser Auffassung scheint auch das BVerfG zuzuneigen, wenn es feststellt, dass das Recht am eigenen Bilde dem Einzelnen „Einfluss- und Entscheidungsmöglichkeiten" gewährleistet, „soweit es um die Anfertigung und Verwendung von Fotografien oder Aufzeichnungen seiner Person durch andere geht" (BVerfGE 101, 361 = NJW 2000, 1021/1022 – Caroline von Monaco; sa. oben Rdnr. 6). Im Übrigen kann auch der Straftatbestand des § 201a Abs. 1 StGB erfüllt sein. Dieser verbietet bereits die unbefugte Herstellung von Bildaufnahmen von Personen, die sich in Wohnungen oder einem gegen Einblick besonders geschützten Raum befinden, ebenso die Übertragung derartiger Bilder, etwa durch das Internet. Voraussetzung ist jedoch, dass durch die unbefugte Bildnisherstellung bzw. Übertragung der höchstpersönliche Lebensbereich der betroffenen Person verletzt wird. Gemäß § 201a Abs. 2 StGB macht sich auch derjenige strafbar, der derartige Bildaufnahmen gebraucht oder Dritten zugänglich macht (sa. *Schertz* in Götting/Schertz/Seitz, Handbuch des Persönlichkeitsrechts, § 12 Rdnr. 15).

Der **Begriff des Verbreitens** in § 22 KUG ist wesentlich umfassender als im Urheberrechts- 36 gesetz (ebenso *Loewenheim/Schertz* Handbuch des Urheberrechts[2], § 18 Rdnr. 13). Während das Verbreitungsrecht gem. § 17 Abs. 1 UrhG nur die öffentliche Verbreitung (§ 17 UrhG Rdnr. 5–7) betrifft, umfasst das Verbreiten gem. § 22 KUG **jede Art der Verbreitung,** auch durch Verschenken der Vervielfältigungsstücke im privaten Bereich. In der Praxis spielt freilich nur die Verbreitung in der Form der Veröffentlichung in Zeitungen und Zeitschriften, aber auch in Büchern und auf Bildpostkarten eine Rolle. Im Fall der Bühnendarstellung oder Live-Fernsehübertragung fallen die Herstellung und Verbreitung bzw. Zurschaustellung praktisch zusammen (vgl. *v. Gamm* Einf. Rdnr. 105).

7. Öffentliches Zurschaustellen

Unter dem öffentlichen Zurschaustellen ist ein **Sichtbarmachen des Bildnisses im wei-** 37 **testen Sinne** zu verstehen. Dabei spielt es keine Rolle, ob das Bildnis in einem Schaufenster oder in einem Museum ausgestellt wird oder ob es mittels eines Films oder live im Fernsehen gezeigt wird. Die Schaustellung muss eine öffentliche sein, braucht aber nicht gewerbsmäßig zu erfolgen (ebenso *Loewenheim/Schertz* Handbuch des Urheberrechts[2], § 18 Rdnr. 13). In der Regel wird es sich allerdings um eine gewerbsmäßige Zurschaustellung handeln, etwa in Schaukästen vor Zeitungsverlagen oder bei Portrait-Fotografen, die besonders gelungene Portrait-Fotos nicht nur im Schaufenster an der Straße, sondern auch im Laden und in ihrem Atelier auszustellen pflegen (vgl. § 60 UrhG Rdnr. 4). Zur Vorführung von Dias in einer Nachtbar s. KG Schulze KGZ 50.

8. Die Einwilligung des Abgebildeten

a) Die Verbreitung und Zurschaustellung von Bildnissen setzt, soweit nicht die Ausnahmen 38 der §§ 23, 24 KUG eingreifen, die **vorherige Einwilligung des Abgebildeten** voraus. Jede natürliche Person, gleich welchen Alters, Gesundheits- oder Geisteszustandes, besitzt ein Recht am eigenen Bild.

39 **b)** Seit langem lebhaft umstritten ist die **Rechtsnatur der Einwilligung** (s. dazu eingehend *Dasch* Die Einwilligung zum Eingriff in das Recht am eigenen Bild, S. 38 ff.; *Ohly* Die Einwilligung im Privatrecht, S. 178 ff./259 f.; *Götting* Persönlichkeitsrechte als Vermögensrechte, S. 147 ff.; *Helle* AfP 1985, 93/97; *Kohte* AcP 185 [1985] 105/112 ff.). Einigkeit besteht darüber, dass die Einwilligung dieselbe Funktion erfüllt wie eine **Willenserklärung**. Sie stellt das Mittel dar, in Verwirklichung und Ausübung der Privatautonomie die rechtlichen Beziehungen zu anderen in Bezug auf ein bestimmtes Rechtsgut zu gestalten. Geteilt sind aber die Auffassungen darüber, ob die Einwilligung tatsächlich eine „echte Willenserklärung" und damit ein Rechtsgeschäft ist oder ob sie diesem nur nahe kommt und deshalb als rechtsgeschäftsähnliche Erklärung zu qualifizieren ist (s. OLG München NJW 2002, 305; *Dreyer* in HK-UrhR Rdnr. 15; *Möhring/Nicolini/Gass* Rdnr. 20). In der Sache geht es bei dieser häufig formalbegrifflich geführten Diskussion um die Frage, ob die **Regeln des BGB über Rechtsgeschäfte anwendbar sind oder nicht.** Dies lässt sich nicht abstrakt oder schematisch beantworten, sondern nur konkret und differenziert im Lichte der Besonderheiten des Einzelfalls. In der Praxis geht es dabei vor allem um **zwei Problemkreise.**

40 **aa)** Zum einen stellt sich die Frage, ob die Einwilligung entsprechend § 130 Abs. 1 S. 1 BGB die für eine rechtsgeschäftliche Willenserklärung typische **Bindungswirkung** entfaltet, also unwiderruflich ist, oder ob sie nur eine unverbindliche Erklärung darstellt, die jederzeit zurücknehmbar, also widerruflich ist (s. dazu eingehend *Dasch* Die Einwilligung zum Eingriff in das Recht am eigenen Bild, S. 82 ff.; *Götting* Persönlichkeitsrechte als Vermögensrechte, S. 149 ff.). Mit Blick auf die Kommerzialisierung des Rechts am eigenen Bilde ist grundsätzlich von einer **Unwiderruflichkeit der erteilten Einwilligung** auszugehen. Diese bildet das rechtliche Instrument, durch das der Rechtsinhaber über sein „wirtschaftliches" Persönlichkeitsrecht zugunsten eines anderen disponiert und diesem bestimmte Nutzungsbefugnisse einräumt. Aus diesem Grunde erscheint die Verbindlichkeit der Einwilligungserklärung unter dem Gesichtspunkt des Vertrauensschutzes geboten.

41 Von dem Grundsatz der Unwiderruflichkeit sind aber unter bestimmten Voraussetzungen **Ausnahmen** zuzulassen, wenn dies zur Wahrung gewichtiger ideeller Interessen des Rechtsinhabers unvermeidlich ist. Die Persönlichkeit ist keine statische Größe, sondern befindet sich in einem permanenten dynamischen Entwicklungsprozess. Im Laufe eines Lebens können sich selbst hinsichtlich fundamentaler Überzeugungen unvorhersehbare, tiefgreifende Wandlungen vollziehen. In diesen Fällen folgt aus dem im Kern unverzichtbaren Selbstbestimmungsrecht über die Selbstdarstellung, dass dem Abgebildeten bei **Vorliegen eines wichtigen Grundes** ein **Widerrufsrecht** zuzubilligen ist. Zur Konkretisierung des Erfordernisses eines wichtigen Grundes ist der in § 42 UrhG verankerte Rechtsgedanke heranzuziehen, so dass sich der Einwilligende bei einem grundlegenden Überzeugungswandel von seiner Verpflichtung lösen kann (s. OLG München NJW-RR 1990, 999/1000; LG Köln AfP 1996, 186/187; *Forkel* GRUR 1988, 491/500; *Loewenheim/Schertz* Handbuch des Urheberrechts[2], § 18 Rdnr. 18; *Schertz* in Götting/Schertz/Seitz, Handbuch des Persönlichkeitsrechts, § 12 Rdnr. 22). Zur Illustration einer Situation, in der ein Widerrufsrecht gerechtfertigt erscheint, wird als Beispiel herangezogen, dass es einer ehemaligen Prostituierten zuzubilligen ist, die Einwilligung zur Veröffentlichung von Fotos in „eindeutigem Sachzusammenhang" rückgängig zu machen, wenn sie sich vollständig aus dem Milieu zurückgezogen hat (*Loewenheim/Schertz* Handbuch des Urheberrechts[2], § 18 Rdnr. 18, sa. *Helle* Persönlichkeitsrechte, S. 118). Der alleinige Wunsch einer jungen Schauspielerin, nur noch in seriösen Film- und Fernsehrollen aufzutauchen, wurde allerdings für den Widerruf einer zwei Jahre zuvor erteilten Einwilligung zur Veröffentlichung von Aktbildern nicht als genügend angesehen (OLG München AfP 1989, 570/571; *Loewenheim/Schertz* aaO; *Schertz* in Götting/Schertz/Seitz, Handbuch des Persönlichkeitsrechts, § 12 Rdnr. 22). In Abweichung von § 42 Abs. 3 S. 1 UrhG soll dem Vertrauen des Adressaten der Einwilligung nicht durch einen Anspruch auf Bezahlung einer angemessenen Entschädigung, sondern auf Ersatz eines eventuell erlittenen Vertrauensschadens analog § 122 BGB Rechnung getragen werden (*Dasch* S. 87; *Helle* AfP 1985, 93/101 in Anlehnung an *Canaris* AcP 184 [1984] 201/223 f.; ebenso *Dreyer* in HK-UrhR Rdnr. 21). Diese Lösung erscheint vorzugswürdig, weil die Verpflichtung zur Zahlung einer angemessenen Entschädigung eine zu starke Belastung für den Widerrufsberechtigten darstellt (s. § 42 Rdnr. 3, 32). Nach Auffassung des OLG Hamburg (AfP 1995, 508/509) ist § 154 Abs. 2 BGB auf die Einwilligung nur entsprechend anwendbar, da sie lediglich eine einseitige Erklärung darstelle.

bb) Strittig ist ferner, ob beim **nicht voll Geschäftsfähigen** die Einwilligung des gesetzlichen Vertreters erforderlich ist oder ob es sich um eine Disposition über ein Persönlichkeitsgut handelt, bei der nur Einsicht in die Tragweite des Eingriffs zu verlangen ist, die ein älterer Minderjähriger idR haben wird (s. dazu MünchKomm. BGB/*Rixecker*[5] Das Allgemeine Persönlichkeitsrecht, Rdnr. 49). Im Interesse des Minderjährigenschutzes ist grundsätzlich die in §§ 107 ff. BGB getroffene Regelung maßgeblich. Ist der Abgebildete **geschäftsunfähig**, ist die Einwilligung vom **gesetzlichen Vertreter** zu erteilen oder zu verweigern. Beschränkt Geschäftsfähige, insbesondere Minderjährige (Kinderstars), bedürfen zur Gültigkeit ihrer eigenen Willenserklärung der Einwilligung ihres gesetzlichen Vertreters, dh. regelmäßig der Eltern (OLG Hamburg Schulze OLGZ 122; OLG München AfP 1983, 276; BGH GRUR 1975, 561 – Nacktaufnahmen; LG Berlin GRUR 1974, 415 – Saat der Sünde; *Heidenreich* AfP 1970, 960; *Kaulbach* AfP 1971, 67). Unter Durchbrechung der in §§ 107 ff. BGB vorgesehenen starren Zuweisung der Entscheidungsbefugnis an den gesetzlichen Vertreter ist dem einsichtsfähigen beschränkt geschäftsfähigen Minderjährigen ein Mitspracherecht einzuräumen. Im Ergebnis läuft dies auf eine **„Doppelzuständigkeit"** hinaus: Der Minderjährige kann die Einwilligung nicht gegen den Willen seines gesetzlichen Vertreters erteilen, umgekehrt kann auch dieser sie nicht gegen den Willen des einsichtsfähigen Minderjährigen erklären (s. dazu eingehend *Götting* S. 154 ff.; ebenso *Dreyer* in HK-UrhR Rdnr. 16; für ein bloßes Mitbestimmungsrecht des Minderjährigen *Möhring/Nicolini/Gass* Rdnr. 20 ff.). Mit dieser Lösung werden die beiden kollidierenden Aspekte, nämlich einerseits das elterliche Sorgerecht und andererseits das Selbstbestimmungsrecht des Minderjährigen, angemessen zum Ausgleich gebracht. In Anknüpfung an einschlägige spezialgesetzliche Vorschriften (vgl. §§ 1617 c Abs. 1 S. 2 und 1618 S. 6 BGB) ist als Regelvermutung davon auszugehen, dass ein Minderjähriger ab dem 14. Lebensjahr über die erforderliche Einsichtsfähigkeit verfügt (im Ergebnis ebenso *Dreyer* in HK-UrhR Rdnr. 16 unter Hinweis auf §§ 2 Abs. 3 S. 5, 5 des Gesetzes über die religiöse Kindererziehung (v. 15. 7. 1921 – KErzG) mit Abstufungen hinsichtlich eines Anhörungsrechts ab 10 Jahren, Mitspracherecht ab 12 Jahren und eigenständigem Entscheidungsrecht ab 14 Jahren). Demzufolge ist ab diesem Alter neben der Einwilligung seines gesetzlichen Vertreters auch seine Einwilligung erforderlich (offen gelassen von OLG Frankfurt/M NJW 1992, 441/442).

42

c) Die Einwilligung kann **ausdrücklich** oder **stillschweigend** erteilt werden. Sie kann – wie bei der Einräumung von urheberrechtlichen Nutzungsrechten – **unbeschränkt** oder räumlich und zeitlich und vor allem im Hinblick auf den Verwendungszweck **beschränkt** erteilt werden (s. zur Auslegung nach Maßgabe von §§ 133, 157 BGB BGHZ 20, 345 Ls. 1 – Paul Dahlke; sa. unten Rdnr. 44; für eine zumindest analoge Geltung des § 133 BGB OLG München AfP 1995, 659). Eine stillschweigende Einwilligung kann in der Regel nur für Veröffentlichungen in Presse und Fernsehen angenommen werden, nicht aber für die Verwendung eines Bildnisses im Rahmen der Werbung (BGH ZUM 1995, 618; s. hierzu *Krüger* GRUR 1980, 628 mwN). Pressefotografen, Bildredakteure, Bild- und Werbeagenturen usw., kurz alle gewerbsmäßigen Hersteller und Verwerter von Personenbildnissen, haben sich daher nicht nur vom Vorliegen einer generellen Einwilligung des Abgebildeten zur Verwendung seines Bildnisses zu überzeugen, sondern auch von der Einwilligung für den speziellen Werbezweck.

43

d) Wenn eine Verletzung des Rechts am eigenen Bild vermieden werden soll, müssen auch **Zweck und Umfang** der geplanten Veröffentlichung klargestellt sein. Zur Ermittlung des Umfangs und der Reichweite einer Einwilligung ist als Auslegungsmaxime die urheberrechtliche **Zweckübertragungsregel** (§ 31 Abs. 5; vgl. § 31 Rdnr. 64 ff.) entsprechend heranzuziehen (ebenso *Loewenheim/Schertz* Handbuch des Urheberrechts[2], § 18 Rdnr. 17). Danach ist davon auszugehen, dass der Rechtsinhaber mit der Einwilligung nur im Umfang Nutzungsbefugnisse einräumt, der zur Erfüllung des Vertragszwecks erforderlich ist (vgl. BGH GRUR 1985, 398/399 – Nacktfoto; OLG Hamburg ZUM 1995, 637; OLG Hamburg AfP 1995, 508; *Prinz/Peters* Medienrecht, Rdnr. 837; *Schertz* in Götting/Schertz/Seitz, Handbuch des Persönlichkeitsrechts, § 12 Rdnr. 19). So deckt etwa die Einwilligung in die Verwendung eines Nacktfotos in einem Biologie-Schulbuch nicht eine 7 Jahre später erfolgende Ausstrahlung im Fernsehen (s. BGH aaO). Die Einwilligung zur Aufnahme durch einen Berufsfotografen berechtigt nicht zur Verwendung des Bildes für Werbezwecke (OLG Frankfurt/M GRUR 1986, 614 – Ferienprospekt). „Die Einwilligung in die Veröffentlichung eines Bildnisses deckt eine Veröffentlichung nicht, die den Einwilligenden – für ihn nicht vorhersehbar – in einen seiner Ehre schwer abträglichen Zusammenhang stellt" (OLG Hamburg Schulze OLGZ 237 – Intime Sprechstunde). Auch erstreckt sich die Erlaubnis eines Abgebildeten zur Veröffentlichung seines

44

Bildnisses nicht auf eine Veröffentlichung, die nach seinem Tode im Rahmen eines kolportagehaften Sensationsberichtes über die Umstände des Todes vorgenommen wird (LG München I Schulze LGZ 49; s. zur Rechtslage nach dem Tod des Abgebildeten Rdnr. 55 ff.). Ein Schauspieler, der ein Interview gegeben hat und sich dabei fotografieren ließ, rechnet nicht mit der Verwendung seines Bildnisses in der Werbung (BGH GRUR 1956, 427 – Paul Dahlke). Das Gleiche gilt für einen Sportler, der sich beim Training von einem Pressefotografen fotografieren lässt (LG München I Schulze LGZ 197 – Trickskifahrer), oder für einen Wanderer, der bei einer Bergtour aufgenommen wird (OLG Frankfurt/M GRUR 1986, 614 – Ferienprospekt). S. zur Reichweite der Einwilligung auch Rdnr. 52–54.

9. Sorgfaltspflicht für Bildverwerter

45 Die allgemeine Zweckübertragungstheorie (§ 31 Rdnr. 64 ff.) gilt nicht nur auf dem Gebiet des Urheberrechts, sondern auch für Rechtsgeschäfte über Persönlichkeitsrechte. Hieraus ergibt sich für alle Verwerter von Personenbildnissen eine **besondere Sorgfaltspflicht,** und zwar auch bei Bildern aus dem Bereich der Zeitgeschichte, hinsichtlich der Reichweite erteilter Einwilligungen (OLG Frankfurt/M NJW 1992, 441/442). Hieran ist auch dann festzuhalten, wenn wegen der Vielzahl der in einer Publikation veröffentlichten Fotos die Überprüfung der jeweils erforderlichen Einwilligung der abgebildeten Personen schwierig ist und eine Nachrecherche bei zugesandten Fotos unüblich ist (OLG Hamm AfP 1998, 304 zur ungenehmigten Veröffentlichung eines Nacktfotos auf der Titelseite einer Zeitschrift). Die Einwilligung zur Aufnahme ist noch keine Genehmigung zur Verwendung des Bildes für Werbezwecke (OLG Frankfurt/M GRUR 1986, 614 – Ferienprospekt). Ist die Sorgfaltspflicht verletzt, muss das Verschulden bejaht werden. Bei der Haftung für Persönlichkeitsrechtsverletzungen gilt § 31 BGB analog, so dass der Verlag bei fehlender Einwilligung für eigenes Organisationsverschulden einzustehen hat (OLG Karlsruhe NJW-RR 1994, 95).

46 **a) Bei Bildnissen von Agenturen.** Bildagenturen, die Personenbildnisse zahlreicher Fotografen vermarkten, sind häufig nicht genau darüber informiert, zu welchem Zweck der Abgebildete dem Fotografen erlaubt hatte, ihn abzulichten, und zu welchem Zweck der Kunde der Agentur das Bild verwenden will (LG München I Schulze LGZ 197 – Trickskifahrer). Der Bildverwerter hat die Pflicht, sich vor der Vervielfältigung und Verbreitung des Bildnisses darüber zu informieren, ob die Einwilligung des Abgebildeten auch **Zweck und Umfang der geplanten Verbreitung umfasst** (BGH GRUR 1962, 211 – Hochzeitsbild; BGH Schulze BGHZ 267 – Wahlkampfillustrierte; OLG Wien Schulze Ausl. Österr. 79 – Wahlwerbeschrift). Eine besondere Sorgfaltspflicht trifft den Verwerter (zB einen Verleger) bei der Veröffentlichung von Personenbildnissen auch dann, wenn die Abbildungen von einem Dritten eingesandt worden sind (BGH GRUR 1965, 495 – Wie uns die Anderen sehen).

47 **b) Bei Nacktaufnahmen.** Der nackte Körper gehört zum intimsten Persönlichkeitsbereich jedes Menschen. Die Abbildung des nackten Körpers ohne Wissen und gegen den Willen des Abgebildeten stellt daher einen besonders schweren Eingriff in das Persönlichkeitsrecht und in die unantastbare Würde des Menschen dar (Art. 1 GG). Hieraus ergibt sich für jeden, der Nacktfotos verbreitet oder zur Schau stellt, eine **erhöhte Sorgfaltspflicht,** um Eingriffe in die verfassungsmäßig geschützten Grundrechte und in das Recht am eigenen Bild der nackt fotografierten Personen zu vermeiden.

48 Der Einbruch in die Privatsphäre einer Person ist besonders schwer, wenn die Aufnahme ohne ihr Wissen mit einem Teleobjektiv gemacht worden ist. „Die Veröffentlichung **heimlich geschossener Fotos,** die eine Schauspielerin in ihrem Privatbereich nackt zeigen, stellt auch dann eine schwerwiegende Verletzung ihres Persönlichkeitsrechtes dar, wenn diese in Filmrollen schon unbekleidet aufgetreten ist und die Veröffentlichung künstlerischer Aktfotos erlaubt hat" (OLG Hamburg AfP 1982, 41 – Heimliche Nacktfotos). Grundsätzlich soll der Abgebildete über die Veröffentlichung des eigenen Nacktbildes entscheiden können und zwar „unabhängig davon, ob es eine Identifizierung des Abgebildeten erlaubt oder nicht. Es ist in einem so starken Maße dem Intimbereich verbunden, dass seine Veröffentlichung auch dann, wenn die abgebildete Person nicht erkennbar ist, ihrer freien Selbstbestimmung unterliegt" (BGH GRUR 1975, 561/562 rSp. – Nacktaufnahmen; OLG München ZUM 1985, 327 – Herrenmagazin). „Trotz der inzwischen gelockerten Auffassung vom Sexualleben und einer unbefangeneren Betrachtung des nackten menschlichen Körpers gehört es zum ausschließlichen Vorrecht eines jeden Einzelnen, darüber zu entscheiden, ob er sich in der Öffentlichkeit nackt zeigen will. Dabei ist es im Grundsatz ohne Bedeutung, ob es sich im Einzelfall etwa „nur" um einen Rückenakt handelt" (OLG Düs-

seldorf AfP 1984, 229 – Rückenakt). Lässt sich eine Gruppe von sonnenbadenden Nudisten nackt sehen – zB in einem **öffentlichen Park** unweit des Weges –, so liegt in der Veröffentlichung des Nacktfotos auf der Titelseite einer Zeitung zwar eine Verletzung des Rechts am eigenen Bild, aber **keine so schwere Persönlichkeitsverletzung der Abgebildeten,** dass ein Geldersatzanspruch begründet wäre (OLG München NJW-RR 1986, 1251). Dies gilt auch für die Veröffentlichung des Fotos eines Sportlers, das ihn bei einem seiner regelmäßig nackten Trainingsläufe am Badestrand zeigt. Wegen der ständigen und freiwilligen öffentlichen Zurschaustellung ist es dabei unerheblich, ob es sich um eine Person der Zeitgeschichte iSv. § 23 Abs. 1 Nr. 1 KUG handelt (OLG Köln VersR 1997, 1500 – Nacktjogger). Ein schwerer Eingriff liegt dagegen dann vor, wenn ohne Einwilligung der Betroffenen deren von einem Dritten an die Redaktion gesandtes Nacktfoto auf dem Titelblatt zu sexuellen Themen abgebildet wird (OLG Hamm AfP 1998, 304).

Bei einem Einverständnis des Abgebildeten sind stets **Zweck und Umfang der Erlaubnis** 49 zu beachten. Die Einwilligung zur Veröffentlichung als Titelbild umfasst nicht die Verwendung als Filmplakat (OLG Hamburg Schulze OLGZ 113); die Mitwirkung in einem Aufklärungsfilm macht die Verwendung von Nacktfotos aus dem Film zur Illustrierung von Zeitschriftenbeiträgen nicht zulässig (KG Schulze KGZ 51); die Einwilligung zur Verwendung eines Nacktbildes in einem Biologie-Schulbuch umfasst nicht die Veröffentlichung in einer auflagenstarken Wochenzeitschrift (OLG Stuttgart NJW 1982, 652 sowie OLG Stuttgart AfP 1983, 396). Ganz allgemein gilt der Grundsatz: Die Veröffentlichung von Fotos, die den Abgebildeten unbekleidet zeigen, ist unzulässig, wenn sie durch keinen **Informationszweck** gedeckt ist, weil sie nur der Zurschaustellung dient (vgl. § 60/§ 23 KUG Rdnr. 8 ff.). Unter diesen Umständen liegt ein Eingriff in das Selbstbestimmungsrecht des Rechtsinhabers vor, der nicht durch ein legitimes Informationsinteresse der Öffentlichkeit gerechtfertigt wird. Dies gilt auch dann, wenn für Veröffentlichungen an anderer Stelle für einen bestimmten Zweck eine Einwilligung erteilt wurde (OLG Hamburg GRUR 1996, 123 – Schauspielerin). Eine bekannte Eiskunstläuferin muss es hinnehmen, dass ein Nacktfoto, das mit ihrer Einwilligung in einem Herrenmagazin erschienen war, nochmals in einer anderen Zeitung veröffentlicht wird, wenn der das Foto begleitende Text sich in satirischer Weise mit den Umständen, die zur Entstehung des Fotos geführt haben, auseinandersetzt. Vor diesem Hintergrund ist die erneute Veröffentlichung durch einen legitimen Informationszweck und damit durch die Ausnahmeregelung des § 23 Abs. 1 Nr. 1 KUG gedeckt. Das berechtigte Informationsinteresse der Allgemeinheit wird in diesem Fall auch nicht durch ein berechtigtes Interesse iSv. § 23 Abs. 2 KUG verdrängt, da im Rahmen der erforderlichen Interessenabwägung zu berücksichtigen ist, dass die Abgebildete auf den absoluten Schutz ihrer Intimsphäre freiwillig verzichtet hat, indem sie von sich Nacktaufnahmen hat herstellen lassen und damit einverstanden war, dass die Fotos, wenn auch auf bestimmtem Wege, der Öffentlichkeit zugänglich gemacht werden (OLG Frankfurt NJW 2000, 594/595 – Katarina Witt; sa. unten § 60/§ 23 Rdnr. 116).

Durch die Ausstrahlung eines **Nacktfotos im Fernsehen** wird in besonders intensiver Weise 50 in die Intimsphäre des Abgebildeten eingegriffen. Dabei ist der Intimbereich eines Fotomodells nicht etwa deshalb weniger schutzwürdig, weil das Fotomodell „von der Veröffentlichung seiner Fotos (nicht Nacktfotos) lebt" (BGH GRUR 1985, 398/399 rSp. – Nacktfoto). Eine Ausnahme kann sich für ein Fotomodell allerdings aus dem Zweck und üblichen Umfang der Verwendung der Aufnahmen ergeben, zB Verwendung von Fotos für einen Reiseprospekt in der Werbung für das Reiseunternehmen. Die Einwilligung eines Fotomodells zur Verwendung von Nacktaufnahmen in der Werbung umfasst jedoch nicht die weitere Verbreitung und Verwendung der Fotos in Zeitschriften oder gar in pornografischen Magazinen (OLG Frankfurt/M Schulze OLGZ 194 – Fotomodell für FKK-Reisen).

10. Vermutung der Einwilligung

a) Hat der Abgebildete **sich gegen Entgelt abbilden** oder ablichten lassen, so gilt seine 51 Einwilligung im Zweifel als erteilt. Diese gesetzliche Vermutung (§ 22 S. 2 KUG) kann der Abgebildete gegebenenfalls widerlegen. Das Entgelt muss sich auf das Modellstehen zum Zwecke der Anfertigung und Veröffentlichung der Abbildung beziehen und nicht auf eine andere Tätigkeit, während der der Abgebildete fotografiert oder gezeichnet wurde. „Eine Entlohnung iSv. § 22 S. 2 KUG liegt nicht vor, wenn der Abgebildete das Bild während seiner Arbeitszeit machen lässt und dafür nur den vertraglichen Arbeitslohn erhält" (OLG Nürnberg GRUR 1957, 296 – Fotomodell). Die Einwilligung kann sich jedoch aus den Gesamtumständen ergeben (OLG Freiburg GRUR 1953, 404 – Croupier). Danach kann sich die Einwilligung generell auf die Verwendung des Bildnisses in der Werbung beziehen. Die auf eine Verwendung als Titelbild einer Illustrierten bezogene Einwilligung umfasst aber nicht die Verwendung als Filmplakat (OLG Hamburg Schulze OLGZ 113).

52 b) Die **Einwilligung zur Verwendung** eines Bildnisses **in einem bestimmten Medium** (Film, Zeitschrift, Reisekatalog) schließt in aller Regel die **Werbung für dieses Medium** ein. So sind zB Filmschauspieler vertraglich verpflichtet, die Verwendung der Standaufnahmen zum Zweck der Werbung für den betreffenden Film zu dulden, nicht aber zur Illustrierung von Büchern und Zeitschriften oder gar zur Werbung für irgendwelche Produkte (BGH GRUR 1956, 427 – Paul Dahlke). Umgekehrt hat ein ausübender Künstler aufgrund seines Rechts am eigenen Bild keinen Anspruch darauf, dass auf der Plattenhülle einer von ihm bespielten Schallplatte ein Bildnis von ihm abgebildet wird (OLG München Schulze OLGZ 249).

53 c) Die **Einwilligung, für das Titelblatt** einer Zeitschrift abgelichtet und abgedruckt zu werden, schließt gleichzeitig ein, dass mit diesem Titelblatt für die betreffende Ausgabe in einer anderen großen Publikumszeitschrift geworben wird (LG Köln AfP 1982, 49 – Fernsehansagerin), nicht aber die Verwendung als Filmplakat (OLG Hamburg Schulze OLGZ 113). Ebenso muss ein Fotomodell, das sich gegen Entgelt einem Reiseunternehmen für Fotos zur Verwendung in einem Reiseprospekt zur Verfügung gestellt hat, damit rechnen, dass diese Fotos vom Reiseunternehmen in der für diese Branche üblichen Werbung in Form von Anzeigen in Zeitungen und Zeitschriften verwendet werden (OLG Frankfurt Schulze OLGZ 194).

54 d) Auch im Falle der Entlohnung des Abgebildeten sind **Umfang und Zweck** der späteren Veröffentlichung nicht immer als von der Einwilligung umfasst anzusehen. Vielmehr ist zu beachten, „dass die Entlohnung schlechthin keineswegs einer generellen Einwilligung gleichzusetzen ist" (*Bußmann* Anm. zu BGH GRUR 1965, 495/499 – Wie uns die Anderen sehen). Eine Interessenverletzung kann also auch dann gegeben sein, „wenn die Veröffentlichung in der Presse durch Hineinstellen der Bilder in andere Zusammenhänge falsche Gedankenverbindungen hervorrufen kann" (*Bußmann* GRUR 1965, 498), wie zB im Fall „Hochzeitsbild" (BGH GRUR 1962, 211). Die Beweislast für das Vorliegen einer Einwilligung und den Umfang des Verbreitungsrechts trifft denjenigen, der als Verletzer des Rechts am eigenen Bild in Anspruch genommen wird (BGH GRUR 1956, 427/428 – Paul Dahlke). Im Verfügungsverfahren ist der Mangel der Einwilligung vom Verletzten glaubhaft zu machen.

III. Einwilligung nach dem Tode des Abgebildeten

1. Die Schutzdauer

55 Die Schutzdauer für das Recht am eigenen Bild endet zehn Jahre nach dem Tode des Abgebildeten (§ 22 S. 3 KUG). Da § 29 KUG aufgehoben worden ist, bestimmt sich die Fristberechnung nach §§ 186 ff. BGB (*v. Gamm* Einf. Rdnr. 106). In schwerwiegenden Verletzungsfällen muss jedoch auch nach Ablauf der nur zehnjährigen Schutzfrist ein Unterlassungsanspruch aufgrund des allgemeinen Persönlichkeitsrechts durchsetzbar sein. Zu denken ist hierbei etwa an die Verwendung des Bildnisses einer berühmten Persönlichkeit in der Werbung für Waren, mit denen der Abgebildete Zeit seines Lebens niemals etwas zu tun hatte (vgl. BGH GRUR 1984, 907 – Frischzellenkosmetik – sowie *Sack* WRP 1982, 615 und WRP 1984, 521). Die Schutzdauer gemäß § 22 S. 3 KUG stellt keine abschließende Regelung gegenüber dem erst später anerkannten **postmortalen allgemeinen Persönlichkeitsrecht dar** (*Loewenheim/Schertz* Handbuch des Urheberrechts[2], § 18 Rdnr. 20; *Schertz* in Götting/Schertz/Seitz, Handbuch des Persönlichkeitsrechts, § 12 Rdnr. 24). Vielmehr tritt dieses umfassendere Recht ergänzend neben die spezialgesetzlichen postmortalen Bildnisschutz. Abgeleitet wird es aus Art. 1 Abs. 1 GG, der jeder staatlichen Gewalt die Verpflichtung auferlegt, die Menschenwürde auch über den Tod hinaus vor Angriffen zu schützen (BGH NJW 1968, 1773/1774; BVerfGE 30, 173/194 – Mephisto). Ebenso wie der Bildnisschutz des Lebenden einen Ausschnitt aus dem allgemeinen Persönlichkeitsrecht darstellt, ist auch der **postmortale Bildnisschutz ein Ausschnitt aus dem postmortalen allgemeinen Persönlichkeitsrecht.** Deshalb ist bei Vorliegen entsprechender Voraussetzungen auch noch nach Ablauf der 10-Jahresfrist ein Rechtsschutz gegen die Veröffentlichung von Bildnissen des Verstorbenen möglich.

56 Die Rechtsprechung hat insbesondere bei berühmten Persönlichkeiten die **zeitlichen Grenzen des postmortalen Achtungsanspruchs** weit ausgedehnt. Im Falle des Malers Emil Nol-

de wurde der Fortbestand auch noch 30 Jahre nach dessen Tod bejaht (BGHZ 107, 385; vgl. auch OLG Bremen NJW-RR 1993, 726 – Reichspräsident Ebert: 67 Jahre nach dem Tode; OLG Bremen NJW-RR 1995, 84 = AfP 1994, 145 – Wilhelm Kaisen: 15 Jahre nach dem Tode; OLG München NJW-RR 1994, 925: 30 Jahre nach dem Tode bezüglich eines vermeintlich in der NS-Zeit an Zwangssterilisationen beteiligten Arztes). Der wesentliche Unterschied zwischen dem postmortalen Bildnisschutz nach dem KUG und dem postmortalen allgemeinen Persönlichkeitsrecht besteht darin, dass letzteres nur eingreift, wenn sich aufgrund einer Güter- und Interessenabwägung ergibt, dass das Ansehen des Verstorbenen in unzulässiger Weise herabgesetzt wird; demgegenüber kommt es nach dem formalisierten Schutz in § 22 S. 3 KUG hierauf nicht an, sondern maßgebend ist allein, dass die erforderliche Einwilligung der Angehörigen in die Bildnisveröffentlichung fehlt.

2. Einwilligung durch Angehörige

Während der postmortalen Schutzdauer bedarf es der Einwilligung der Angehörigen des Ab- 57 gebildeten (§ 22 S. 3 KUG). Zu den **privilegierten Angehörigen** zählen der Ehegatte oder Lebenspartner des Abgebildeten und seine Kinder (§§ 1591 f. BGB). Sind weder ein Ehegatte oder Lebenspartner noch Kinder vorhanden, so stehen die gleichen Rechte auch den Eltern des verstorbenen Abgebildeten zu. Geschwister zählen nicht zu den privilegierten Angehörigen.

Der Kreis der Angehörigen, die nach dem Tode des Abgebildeten die Einwilligung zur Ver- 58 breitung eines Bildnisses zu erteilen haben, ist der gleiche wie nach § 60 UrhG. Zur Verbreitung bedarf es bei § 22 KUG **der Einwilligung aller Angehörigen** (zB des überlebenden Ehegatten **und** aller Kinder), während „umgekehrt aber jeder einzelne Angehörige unabhängig von den anderen klageberechtigt ist" (*v. Gamm* Einf. Rdnr. 108). Zu Divergenzen hinsichtlich der Wahrnehmungsberechtigung kann es kommen, wenn ein über die von § 22 S. 3 KUG festgelegte Frist von 10 Jahren hinausreichender postmortaler Schutz nach dem allgemeinen Persönlichkeitsrecht beansprucht wird, da der Kreis der Wahrnehmungsberechtigten bei diesem weiter gezogen ist. Bei Fehlen einer besonderen Ermächtigung sind zur Geltendmachung von Ansprüchen alle nahen Angehörigen des Verstorbenen befugt (BGH NJW 1968, 1773/1775 – Mephisto). Soweit es um den Bildnisschutz geht, ist jedoch § 22 KUG als eine vorrangige und abschließende Spezialregelung anzusehen. Diese ist auch dann zu beachten, wenn im Einzelfall aufgrund besonderer Umstände der Schutz nach dem postmortalen allgemeinen Persönlichkeitsrecht über die gesetzlich festgelegte Dauer von 10 Jahren hinausgeht.

Eine über den Tod hinausgehend erteilte Vollmacht besitzt Vorrang gegenüber § 22 S. 3 59 KUG (*Dreyer* in HK-UrhR Rdnr. 23). Seit Inkrafttreten des LPartG (1. 8. 2001) ist der Lebenspartner iSd. § 1 LPartG den Ehegatten in § 22 S. 3 KUG gleichgestellt. Bei Altfällen ist diese Regelung bei einer Entscheidung der Frage mit zu berücksichtigen, ob eine Vollmacht über den Tod hinaus nach dem Tod des Vollmachtgebers dem Entscheidungsrecht der Eltern gem. § 22 S. 4 KUG vorgeht (OLG München NJW 2002, 305; *Dreyer* in HK-UrhR Rdnr. 23).

Bei der **Abbildung von Verstorbenen** ist zu unterscheiden, ob das Bildnis den lebenden oder 60 den toten Menschen zeigt. Die Abbildung eines verstümmelten Leiche erscheint im Hinblick auf die unantastbare Würde des Menschen (Art. 1 Abs. 1 GG) nur in ganz besonderen Ausnahmefällen zulässig. „Die Einwilligung der Angehörigen in die Verbreitung der Abbildung der Leiche des Verstorbenen findet in dem Grundrecht der Menschenwürde und der Intimsphäre ihre rechtliche Schranke" (*Schmidt-Osten* AfP 1976, 22).

3. Ohne Einwilligung der Angehörigen

Ausnahmsweise kann die Verbreitung des Fotos einer Leiche auch ohne Einwilligung der 61 Angehörigen des Toten, ja sogar gegen deren Willen zulässig sein. Zwar ist grundsätzlich „auch das Bild eines Verstorbenen seinem Intimbereich zugeordnet, so dass der Abdruck eines Fotos der Leiche gegen den Willen der Angehörigen unzulässig wäre. Dies gilt jedoch nicht für den Fall, dass der Tod und seine Begleitumstände Teil eines Ereignisses sind, das ein berechtigtes Interesse der Öffentlichkeit hervorgerufen hat und wenn sich dieses berechtigte Interesse gerade auch auf den Tod selbst richtet. (Hier: Foto der Leiche eines bei einem spektakulären Bombenanschlag umgekommenen Täters, OLG Hamburg AfP 1983, 466 – Bombenattentäter).

4. Vererblichkeit

Im Gegensatz zu den ideellen sind die vermögenswerten Bestandteile des Rechts am eigenen 62 Bilde als Ausschnitt des allgemeinen Persönlichkeitsrechts vererblich. Nach der wegweisenden

„Marlene Dietrich"-Entscheidung des BGH, die ein Meilenstein in der Geschichte des Persönlichkeitsrechts darstellt, dient das allgemeine Persönlichkeitsrecht und seine besonderen Erscheinungsformen, wie das Recht am eigenen Bild und das Namensrecht, dem Schutz nicht nur ideeller, sondern auch kommerzieller Interessen der Persönlichkeit. Die entsprechenden Befugnisse gehen auf den Erben des Trägers des Persönlichkeitsrechts über und können von diesem entsprechend dem ausdrücklichen oder mutmaßlichen Willen des Verstorbenen ausgeübt werden (BGH GRUR 2000, 709 – Marlene Dietrich). Wie der BGH in der Entscheidung betont, ist die Anerkennung der **Vererblichkeit der vermögenswerten Bestandteile des Persönlichkeitsrechts** geboten, um den Schutz gegenüber einer kommerziellen Nutzung von Name, Bildnis und sonstigen Persönlichkeitsmerkmalen des Verstorbenen durch Nichtberechtigte zu gewährleisten. „Ein wirkungsvoller postmortaler Schutz der vermögenswerten Bestandteile des Persönlichkeitsrechts ist nur gewährleistet, wenn der Erbe in die Rolle des Trägers des Persönlichkeitsrechts treten und ebenso wie dieser unter Wahrung der mutmaßlichen Interessen des Verstorbenen gegen eine unbefugte Nutzung vorgehen kann" (BGH aaO, 713). Durch diesen Schutz der kommerziellen Interessen, die den Erben ungeachtet eigennütziger Motive eine Handhabe gegen die ungehinderte Ausbeutung des Ansehens des Verstorbenen durch beliebige Dritte bietet, wird auch der Schutz der ideellen Interessen gegenüber dem früheren Rechtszustand ganz erheblich verbessert. Nach der „Mephisto"-Rechtsprechung war zwar anerkannt, dass das fortwirkende Lebensbild der Persönlichkeit auch über den postmortalen Bildnisschutz – entsprechend der Zehnjahresfrist nach § 22 S. 3 KUG – hinaus gegen schwerwiegende Entstellungen geschützt ist (BGHZ 50, 133/136 ff. = GRUR 1968, 552 – Mephisto; sa. BGHZ 107, 384/391 = GRUR 1995, 668 – Emil Nolde mwN). Dem Wahrnehmungsberechtigten wurden jedoch bei einer Verletzung des postmortalen Persönlichkeitsrechts lediglich Abwehransprüche, nicht aber Schadensersatzansprüche zuerkannt, weil ein Verstorbener keinen durch eine Geldzahlung auszugleichenden Schaden erleiden könne (BGH GRUR 2000, 709/713 – Marlene Dietrich, unter Hinweis auf BGH GRUR 1974, 794/795 – Todesgift; BGH 1974, 797/800 = NJW 1974, 1371 – Fiete Schulze). Auch die Abwehransprüche nützen nur wenig, wenn die Rechtsverletzung – wie es häufig der Fall ist – bereits beendet ist, bevor der Anspruchsberechtigte davon Kenntnis erlangt. Durch die Anerkennung der Vererblichkeit der vermögenswerten Bestandteile an Persönlichkeitsrechten, wie insbesondere auch dem Recht am eigenen Bild, wird dieses Schutzdefizit beseitigt, da den Erben die Möglichkeit eröffnet wird, gegen die unberechtigte kommerzielle Verwertung der Persönlichkeitsmerkmale des Verstorbenen diejenigen Sanktionen einzusetzen, die diesem auch zu Lebzeiten zugestanden hätten. Sie können nämlich einen **Schadensersatzanspruch** geltend machen, den sie entweder konkret oder nach der Lizenzanalogie oder nach dem herauszugebenden Verletzergewinn berechnen können (BGH GRUR 2000, 709/715 – Marlene Dietrich, unter Hinweis auf BGHZ 20, 345/353 f. = GRUR 1956, 427 – Paul Dahlke). Im Ergebnis führt die **Kumulation des postmortalen ideellen und kommerziellen Interessenschutzes** auch zu einer Kumulation der Kontrollmöglichkeit. Wird das Bildnis des Verstorbenen für kommerzielle Zwecke verwendet, so ist die Zustimmung sowohl des Erben als auch des Inhabers der vermögenswerten Bestandteile des Persönlichkeitsrechts als auch der Angehörigen erforderlich. Ebenso können durch eine kommerzielle Verwendung von Persönlichkeitsmerkmalen die durch das allgemeine Persönlichkeitsrecht geschützten ideellen Interessen des Verstorbenen tangiert sein mit der Folge, dass der Wahrnehmungsberechtigte gegen eine solche Verwendung trotz Zustimmung der Erben einschreiten könnte (BGH GRUR 2000, 709/714 – Marlene Dietrich). Insofern stellt sich die Lage nicht anders dar als beim Urheberrecht, bei dem ebenfalls die auf den Schutz der ideellen Interessen gerichteten urheberpersönlichkeitsrechtlichen Befugnisse (§§ 11 ff. UrhG) häufig nicht in derselben Hand liegen wie die Nutzungsrechte (BGH aaO, unter Hinweis auf Forkel GRUR 1988, 491/493 ff.; Götting Persönlichkeitsrechte als Vermögensrechte, S. 133, 279).

63 In der „kinski-klaus.de"-Entscheidung hat der BGH die **Schutzdauer der vermögenswerten Bestandteile des postmortalen Persönlichkeitsrechts in Analogie zu § 22 S. 3 KUG auf 10 Jahre nach dem Tod der Person begrenzt,** während der Schutz der ideellen Bestandteile über diese Frist hinaus fortbestehen kann (BGH GRUR 2007, 168/170 Nr. 17 f. – kinski-klaus.de). In der „Marlene Dietrich"-Entscheidung hatte der BGH die Dauer des Schutzes noch mit dem Fortbestand des Schutzes der ideellen Interessen verknüpft, mit der Folge, dass die vermögenswerten Bestandteile des Persönlichkeitsrechts nach dem Tode des Trägers des Persönlichkeitsrechts jedenfalls so lange fortbestehen sollen, so lange die ideellen Interessen noch geschützt sind (BGH GRUR 2000, 709 2. Ls. – Marlene Dietrich). Die Beschränkung der Schutzfrist auf 10 Jahre post mortem trägt dem „digitalen Langzeitgedächtnis, das die Erinnerung an

Ikonen aus Kultur, Unterhaltung und Sport über Jahrzehnte lebendig hält, in keiner Weise Rechnung (*Götting* GRUR 2007, 168/170f., Anm. zu BGH GRUR 2007, 168 – kinskiklaus.de; *ders.* in Götting/Schertz/Seitz, Handbuch des Persönlichkeitsrechts, § 2 Rdnr. 36). Nach Auffassung des BGH ist der Schutz der von der Rechtsprechung entwickelten vermögensrechtlichen Bestandteile der Persönlichkeitsrechte im Gegensatz zu den ideellen Bestandteilen des Persönlichkeitsrechts, die verfassungsrechtlich geschützt sind, lediglich zivilrechtlich begründet (BGH GRUR 2007, 139/142 Rdnr. 21 – Rücktritt des Finanzministers; BGH GRUR 2008, 1124 Rdnr. 14 – Zerknitterte Zigarettenschachtel; BGH GRUR AfP 2008, 598 2. Ls., 600 Rdnr. 15 – Geschwärzte Worte). Diese Feststellung, die der BGH lediglich behauptet, aber in keiner Weise begründet, vermag nicht zu überzeugen. Es leuchtet nicht ein, warum die vermögenswerten Bestandteile des Persönlichkeitsrechts nicht so wie im Allgemeinen alle Vermögensrechte dem Schutz des Art. 14 GG unterfallen (in BVerfG ZUM 2009, 470/480 wird die Eröffnung des Schutzbereichs der Eigentumsgarantie in Erwägung gezogen, aber letztlich offen gelassen). Es drängt sich eine Parallele zum Urheberrecht auf, dessen verwertungsrechtliche Seite als Eigentum iS von Art. 14 GG geschützt wird. Dies bedeutet nicht, dass der verfassungsrechtliche Eigentumsschutz der vermögenswerten Bestandteile des Persönlichkeitsrechts im Einzelfall aufgrund einer Güter- und Interessenabwägung insbesondere mit Blick auf die Sozialpflichtigkeit des Eigentums nicht zurückzutreten hat. Vorzugswürdig wäre in Anlehnung an das Urheberrecht eine Frist von 70 Jahren post mortem (s. *Götting* Persönlichkeitsrechte als Vermögensrechte, S. 263f./283; *ders.* NJW 2001, 585/586; *ders.* GRUR 2004, 801/806; *ders.* in Götting/Schertz/Seitz, Handbuch des Persönlichkeitsrechts, § 2 Rdnr. 36; zustimmend *Reber* GRUR Int. 2007, 492/498). Für eine solche Parallelität zum Urheberrecht sprechen neben der Rechtssicherheit auch inhaltliche Gründe: Einerseits ist nicht einzusehen, warum der Urheberrechtsschutz für eine Fotografie als Lichtbildwerk, die ihren Marktwert ausschließlich der Prominenz der abgebildeten Personen verdankt, 70 Jahre nach dem Tod des Urhebers fortbesteht, während die auf dem Lebenswerk des Verstorbenen beruhenden vermögenswerten Bestandteile des Persönlichkeitsrechts in der Regel bereits nach 10 Jahren erlöschen sollen (*Götting* NJW 2001, 585/586; *ders.* GRUR 2004, 801/806). Zum anderen spricht gegen die Annahme eines ewigen Persönlichkeitsrechts die Tatsache, dass das Lebensbild der verstorbenen Person in den individuellen Zügen der Erinnerung immer mehr verblasst und zum allgemeinen Kulturgut wird. Auch insofern bieten sich parallele Überlegungen zur Befristung des Urheberrechts auf 70 Jahre post mortem an (*Götting* GRUR 2004, 801/806).

§ 23 KUG [Ausnahmen zu § 22]

(1) **Ohne die nach § 22 erforderliche Einwilligung dürfen verbreitet und zur Schau gestellt werden:**
1. **Bildnisse aus dem Bereiche der Zeitgeschichte;**
2. **Bilder, auf denen die Personen nur als Beiwerk neben einer Landschaft oder sonstigen Örtlichkeit erscheinen;**
3. **Bilder von Versammlungen, Aufzügen und ähnlichen Vorgängen, an denen die dargestellten Personen teilgenommen haben;**
4. **Bildnisse, die nicht auf Bestellung angefertigt sind, sofern die Verbreitung oder Schaustellung einem höheren Interesse der Kunst dient.**

(2) **Die Befugnis erstreckt sich jedoch nicht auf eine Verbreitung und Schaustellung, durch die ein berechtigtes Interesse des Abgebildeten oder, falls dieser verstorben ist, seiner Angehörigen verletzt wird.**

Übersicht

	Rdnr.
A. Allgemeines	1–5
I. Beschränkung des Schutzumfangs	1
II. Geltungsbereich	2
III. Interessenabwägung	3–5
1. Grundsatz	3
2. Interessenabwägung bei Bildnissen aus dem Bereich der Zeitgeschichte	4
3. Grenzen der Abbildungsfreiheit	5

§ 60/§ 23 KUG

Ausnahmen zu § 22

	Rdnr.
B. Ausnahmen zu § 22 KUG	6–104
I. Bildnisse aus dem Bereich der Zeitgeschichte (§ 23 Abs. 1 Nr. 1 KUG)	6–79
1. Definition	6, 7
2. Informationszweck	8, 20
a) Tatsachenbehauptungen und Meinungsäußerungen	10–14
b) Werbezwecke	15–17
c) Werbung für Presse- und Verlagserzeugnisse	18
d) Sammelbilder	19
e) Abschiedsmedaillen	20
3. Bereich der Zeitgeschichte	21, 22
4. Die Rechtsprechung vor dem Urteil des EGMR „Caroline von Hannover": Personen der Zeitgeschichte	23–59
a) „Absolute" Personen der Zeitgeschichte	25–30
aa) Rechtsprechung des BVerfG und des BGH zu Inhalt und Kontext von Bildnissen	27, 28
bb) Beispiele	29, 30
b) „Relative" Personen der Zeitgeschichte	31, 32
c) Beteiligte an Strafprozessen	33–36
d) Familienangehörige und Begleitpersonen von Personen der Zeitgeschichte	37–45
aa) Besonderer Schutz von Kindern	38, 39
bb) „Begleitpersonen" von „absoluten" Personen der Zeitgeschichte	40–43
cc) Familienangehörige oder Begleitpersonen von „relativen" Personen der Zeitgeschichte	44, 45
e) Beispiele für fehlendes Informationsbedürfnis	46
f) Die Grundsätze des BVerfG zum Privatsphärenschutz	47–59
aa) Zweck und Inhalt des Schutzes der Privatsphäre	48–50
bb) Häuslicher Bereich und Abgeschiedenheit	51–58
cc) Keine Begrenzung auf die „öffentliche Funktion" des Abgebildeten	59
5. Das Urteil „Caroline von Hannover" des EGMR	60–65
a) Die tragenden Gründe der Entscheidung	61, 62
b) Bindungswirkung	63
c) Bewertung	64, 65
6. Die neue Rechtsprechung als Folge des EGMR-Urteils „Caroline von Hannover"	66–78
a) Rechtsprechung des BGH	66
aa) Abstandnahme vom Begriff der „absoluten Person der Zeitgeschichte"	67
bb) Verhältnis zu § 23 Abs. 2 KUG	68
cc) Ereignis von zeitgeschichtlicher Bedeutung	69
dd) Unterhaltung	70
ee) Informationswert	71
b) Die Rechtsprechung des BVerfG	72–78
aa) Abstandnahme vom Begriff der „absoluten Person der Zeitgeschichte"	73
bb) Schutzanspruch des Persönlichkeitsrechts außerhalb einer örtlichen Abgeschiedenheit	74
cc) Keine Begrenzung des Informationsinteresses auf die öffentliche Funktion	75
dd) Divergenz zwischen BVerfG und EGMR	76
ee) Abschließende Kritik	77, 78
7. Die neue Rechtsprechung des BGH im Einzelnen	79
II. Bilder, auf denen die Personen nur als Beiwerk neben einer Landschaft oder sonstigen Örtlichkeit erscheinen (§ 23 Abs. 1 Nr. 2 KUG)	80–83
1. Der Unterschied zwischen „Bildnissen" und „Bildern"	80, 81
2. Personen auf Bildausschnitten	82
3. Personen, die zufällig neben Personen der Zeitgeschichte abgebildet werden	83
III. Bilder von Versammlungen, Aufzügen und ähnlichen Vorgängen, an denen die dargestellten Personen teilgenommen haben (§ 23 Abs. 1 Nr. 3 KUG)	83–99
1. Gegenstand und Zweck der Darstellung	84, 85
2. Abbildung einzelner Personen	86
3. Bilder und Bildnisse von Demonstrationszügen und Polizeieinsätzen	87–98
a) Bilder vom Geschehen	88–91
b) Bildnisse von Demonstranten	92–94
c) Bildnisse von Polizeibeamten	95–98
4. Bilder von Trauerzügen und Beerdigungen	99
IV. Bildnisse, die nicht auf Bestellung angefertigt sind, sofern die Verbreitung oder Schaustellung einem höheren Interesse der Kunst dient (§ 23 Abs. 1 Nr. 4 KUG)	100–104
1. Art der Darstellung	100
2. Voraussetzungen	101–102
a) Nicht auf Bestellung angefertigt	101
b) Verbreitung nur zu Zwecken der Kunst	102
3. Erweiterung des Verbreitungszwecks	103–104
C. Berechtigtes Interesse des Abgebildeten (§ 23 Abs. 2 KUG)	105–123
I. Allgemeines	105–111
1. Schutzzweck	105, 106
2. Prüfschema	107, 108

	Rdnr.
3. Abgrenzung zwischen § 23 Abs. 1 Nr. 1 KUG und § 23 Abs. 2 KUG	109–111
a) Die bisherige Rechtsprechung	109
b) Auffassung der Literatur	110
c) Die neuere Rechtsprechung des BGH	111
II. Beispiele für berechtigte Interessen	112–123
1. Intimsphäre	112–117
2. Kontext oder fehlender Kontext	118–120
3. Verwendung in der Werbung	121–123

A. Allgemeines

I. Beschränkung des Schutzumfangs

Im Interesse der Öffentlichkeit an einer sachgerechten und umfassenden Information in Wort 1
und Bild sind dem Bildnisschutz abgebildeter Personen gewisse Grenzen gesetzt. § 23 KUG enthält die **Ausnahmen** zur Grundsatzbestimmung des § 22 KUG.

Den **Beschränkungen des Schutzumfanges** betreffend das Recht am eigenen Bild liegt die Überlegung von *Kohler* zugrunde: „Soweit und sofern eine Person sich der Öffentlichkeit zeigt, besteht ein right of privacy nicht" (*Kohler* Kunstwerkrecht S. 159). In der Reihenfolge der Ausnahmen, in denen Personenbildnisse verbreitet und öffentlich zur Schau gestellt werden dürfen, rangieren daher die „Bildnisse aus dem Bereich der Zeitgeschichte" obenan. Es folgen Bilder, auf denen die abgebildeten Personen nur nebenbei „als Beiwerk" erscheinen (Rdnr. 80–83) oder auf denen sie – zusammen mit zahlreichen anderen – auf dem Bild einer öffentlichen Veranstaltung zu sehen sind (Rdnr. 84–99). Schließlich sind Bildnisse, deren Verbreitung einem höheren Interesse der Kunst dient (Rdnr. 100–104) oder die im Interesse der Rechtspflege und der öffentlichen Sicherheit benötigt werden (§ 24 KUG), vom Bildnisschutz des § 22 KUG ausgenommen.

II. Geltungsbereich

Ebenso wie das Recht am eigenen Bild betreffen auch die **Ausnahmen** alle Darstellungsarten 2
und Verbreitungsformen von Bildnissen (§ 60/§ 22 KUG Rdnr. 14 f.). Die Grundsätze des Bildnisschutzes gelten ebenso für die Verbreitung in Zeitschriften mit Millionenauflage wie für eine geringe Anzahl von Vervielfältigungen oder einzelne Unikate, für die Verbreitung in Form von Sammelbildern (BGH GRUR 1968, 652 – Ligaspieler) wie im Film (KG UFITA 20 [1955] 199 – Boxkampf) oder im Fernsehen.

III. Interessenabwägung

1. Grundsatz

In allen Fällen hat eine **Interessenabwägung** zu erfolgen zwischen dem Informationsbe- 3
dürfnis der Allgemeinheit und dem berechtigten Interesse des Abgebildeten bzw. seiner Angehörigen, anonym zu bleiben, dh. an der Unterlassung der Verbreitung, denn die Befugnis des § 23 Abs. 1 KUG erstreckt sich nicht auf eine Verbreitung und Schaustellung, durch die ein berechtigtes Interesse des Abgebildeten bzw. seiner Angehörigen verletzt wird (§ 23 Abs. 2 KUG; BVerfG GRUR 1973, 541/545 lSp. – Lebach). „Diese Interessenabwägung ist ihrem Wesen nach nichts anderes als die im Rahmen des allgemeinen Persönlichkeitsrechts stets notwendige Abwägung der einander gegenüberstehenden Belange" (*v. Gamm* Einf. Rdnr. 113).

2. Interessenabwägung bei Bildnissen aus dem Bereich der Zeitgeschichte

Besondere Bedeutung besitzt die erforderliche Interessenabwägung bei Bildnissen aus dem 4
Bereich der Zeitgeschichte, denn „auch Personen der Zeitgeschichte haben Anspruch darauf, dass die Allgemeinheit Rücksicht auf ihre Persönlichkeit nimmt" (BGH GRUR 1979, 425/426 – Fußballspieler; vgl. ferner BGH GRUR 1956, 427 – Paul Dahlke; GRUR 1962, 211 – Hochzeitsbild; BGH GRUR 1966, 102 – Spielgefährtin I). In seiner früheren Rechtsprechung ging der BGH davon aus, dass es im Ergebnis ohne Bedeutung ist, ob die erforderliche Interes-

senabwägung schon im Rahmen des § 23 Abs. 1 Nr. 1 KUG vorzunehmen ist oder dem § 23 Abs. 2 KUG vorbehalten bleibt (BGH GRUR 1985, 398/399 rSp. – Nacktfoto). In seiner neueren Rechtsprechung ist der BGH hiervon abgerückt und hat nachdrücklich betont, dass die erforderliche Abwägung der widerstreitenden Rechte und Grundrechte der abgebildeten Person einerseits und der Presse andererseits schon bei der Zuordnung zum Bereich der Zeitgeschichte, also im Rahmen des § 23 Abs. 1 Nr. 1 KUG, zu erfolgen hat (BGH GRUR 2007, 523/525 Rdnr. 14 – Abgestuftes Schutzkonzept; BGH GRUR 2007, 899/900 Rdnr. 17 – Grönemeyer). Die Regelung des § 23 Abs. 1 Nr. 1 KUG bildet damit die Zentralnorm des gesamten Bildnisschutzes, weil auf ihrer Grundlage die Entscheidung darüber zu treffen ist, ob dem Informationsinteresse der Allgemeinheit oder aber dem Schutz der Privatsphäre des Abgebildeten der Vorrang einzuräumen ist (in diesem Sinne auch *Schertz* in Götting/Schertz/Seitz, Handbuch des Persönlichkeitsrechts, § 12 Rdnr. 26).

3. Grenzen der Abbildungsfreiheit

5   Die Abbildungsfreiheit endet dort, wo die **Würde der Persönlichkeit** verletzt wird. Dies gilt sowohl für den Privat- und Intimbereich wie für alle Abnormitäten, körperlichen Missbildungen und Gebrechen. „Tragische Lebensschicksale sind keine Zirkusschaustücke" (*Neumann-Duesberg* Anm. zu LG Kleve MDR 1953, 107/108 – Siamesische Zwillinge; OLG München NJW 1975, 1129 – Zwerg).

B. Ausnahmen zu § 22 KUG

I. Bildnisse aus dem Bereich der Zeitgeschichte (§ 23 Abs. 1 Nr. 1 KUG)

1. Definition

6   Unter einem **„Bildnis aus dem Bereich der Zeitgeschichte"** ist die Abbildung oder Darstellung einer Person zu verstehen, die – ständig oder vorübergehend – im Blickfeld (mindestens eines Teils) der Öffentlichkeit steht und somit der Zeitgeschichte angehört. Bildnisse solcher Personen dürfen im Informationsinteresse der Allgemeinheit grundsätzlich ohne Einwilligung der Abgebildeten verbreitet oder zur Schau gestellt werden, es sei denn, dass der Schutz der Privatsphäre des Abgebildeten überwiegt. Bei Personen, die – aus welchem Anlass auch immer – für die Öffentlichkeit interessant sind, spricht man traditionell von **„Personen der Zeitgeschichte"**.

7   Die Formulierung „Bildnisse aus dem Bereich der Zeitgeschichte" deutet darauf hin, dass nicht jedes Bildnis einer Person der Zeitgeschichte auch als Bildnis „aus dem Bereich der Zeitgeschichte" anzusehen ist. Der Begriff der „Zeitgeschichte" ist teleologisch mit **Blick auf das durch Art. 5 Abs. 1 GG geschützte Grundrecht der Meinungs- und Pressefreiheit auszulegen**. Dementsprechend hat das BVerfG festgestellt, dass der Bedeutung und Tragweite der Pressefreiheit Rechnung getragen wird, wenn der Begriff der Zeitgeschichte nicht gegenstandsbezogen, etwa allein auf Vorgänge von historischer oder politischer Bedeutung verstanden, sondern vom Informationsinteresse der Öffentlichkeit her bestimmt wird (BVerfGE 101, 361/392 = NJW 2000, 1021 – Caroline von Monaco; BVerfG NJW 2001, 1921/1923 – Prinz Ernst August von Hannover).

2. Informationszweck

8   Auch bei Bildnissen von Personen der Zeitgeschichte muss zum Informationsbedürfnis der Allgemeinheit noch der **Informationszweck** der Veröffentlichung hinzukommen, um die Bildpublikation ohne Einwilligung des Abgebildeten zu legitimieren (*Neumann-Duesberg* Juristen-Jb. 7 (1966/67) 138/149; KG Schulze KGZ 77 – Künstlerbiographie – m. Anm. *Gerstenberg*).

9   Entscheidend ist, dass **reine Neugier und Sensationslust** eine Abbildung nicht zulässig machen und dass die Privatsphäre grundsätzlich tabu bleibt (vgl. BGH GRUR 1957, 494 – Spätheimkehrer; BGH GRUR 1966, 102 – Spielgefährtin I; BGH GRUR 1967, 205 – Vor unserer eigenen Tür; OLG München GRUR 1964, 42 – Lebensmittelskandal, s. dazu grundlegend BVerfGE 101, 361 = NJW 2000, 1021/1024 – Caroline von Monaco, im Anschluss an BGHZ 131, 332; sa. BVerfG GRUR 2008, 539/545 Rdnr. 91 – Caroline von Hannover).

a) Tatsachenbehauptungen und Meinungsäußerungen. An dem erforderlichen Infor- 10
mationszweck fehlt es, wenn die für sich genommen zulässige Bildnisveröffentlichung mit einem
Begleittext versehen ist, der unrichtige Behauptungen enthält (OLG Frankfurt/M GRUR 1987,
62 – Missmanagement; OLG Koblenz NJW 1997, 1375/1376 – Schweigen der Hirten; LG
Berlin NJW 1997, 1373 – Gierigster Lehrer). Demgegenüber ist die **Meinungsäußerungsfreiheit** im Falle einer Konfrontation mit dem allgemeinen Persönlichkeitsrecht besonderes Gewicht beizumessen. Bei der erforderlichen Güter- und Interessenabwägung ist davon auszugehen, dass der Sinn jeder zur Meinungsbildung beitragenden öffentlichen Äußerung darin besteht, Aufmerksamkeit zu erregen, und daher angesichts der heutigen Reizüberflutung aller Art auch einprägsame und starke Formulierungen hinzunehmen sind.

Dies gilt auch für Äußerungen, die eine **scharfe und abwertende Kritik** beinhalten und 11
mit übersteigerter Polemik vorgetragen werden oder in ironischer Weise formuliert sind (vgl.
BVerfG NJW 1969, 227; BVerfG NJW 1987, 1398; BGH NJW 1994, 124/126). Da Meinungsäußerungen keine Tatsachenbehauptungen, sondern Wertungen darstellen, darf der Kritiker sie auch dann abgegeben, wenn sie andere für „falsch" oder für „ungerecht" halten (vgl. BVerfG aaO). Werden mit der Meinungsäußerung keine eigennützigen Ziele verfolgt, sondern dient der Beitrag dem geistigen Meinungskampf in einer die Öffentlichkeit wesentlich berührenden Frage, dann spricht die **Vermutung für die Zulässigkeit der Äußerung.** Bei Beurteilung der Reichweite des Grundrechtsschutzes aus Art. 5 Abs. 1 GG ist ferner maßgeblich darauf abzustellen, ob und in welchem Ausmaß der von den Äußerungen Betroffene seinerseits an dem von dem Grundrecht geschützten Prozess der öffentlichen Meinungsbildung teilgenommen hat. Zu berücksichtigen ist insbesondere, ob er sich damit aus eigenem Entschluss den Bedingungen des Meinungskampfes unterworfen und sich durch dieses Verhalten eines Teils seiner schützenswerten Privatsphäre begeben hat (BVerfG 54, 129/138 = NJW 1980, 2069).

Erst wenn die Ebene des Meinungskampfes verlassen wird, weil nicht mehr die Sachauseinan- 12
dersetzung, sondern die **Herabsetzung der Person des Gegners im Vordergrund** steht, hat die Meinungsäußerung als Schmähung regelmäßig hinter das Persönlichkeitsrecht des Betroffenen zurückzutreten (BVerfGE 82, 272/283f.; BVerfGE 85, 1/16; BGH NJW 1994, 124/126).
Nach diesen Beurteilungsgrundsätzen wurde eine Plakataktion, in der Greenpeace die FCKW-Produktion deutscher Unternehmen unter Abbildung des Porträts ihrer Vorstandsvorsitzenden mit Namensnennung in satirischer Weise kritisierte, für zulässig gehalten (BGH NJW 1994, 124/126). Wegen der existentiellen gesellschaftspolitischen Bedeutung des mit der Plakataktion verfolgten Sachanliegens ist auch die Personalisierung der Auseinandersetzung vom Grundrechtsschutz des Art. 5 Abs. 1 GG gedeckt. Es ist deshalb nicht zu beanstanden, dass der Vorstandsvorsitzende als Repräsentant und Entscheidungsträger des FCKW-produzierenden Chemieunternehmens mit einem sarkastischen Begleittext abgebildet wird („Alle reden vom Klima.
Wir ruinieren es!"; „Absolute Spitze ..."; BGH NJW 1994, 124/126). Mit der Bedeutung des Grundrechts der Meinungsfreiheit für einen freien und offenen politischen Prozess ist es nicht zu vereinbaren, einer Person, die sich kraft ihrer Stellung Entscheidungen von einer solchen Tragweite zurechnen lassen muss, die Möglichkeit einzuräumen, durch die Berufung auf ihre Privatsphäre eine solche Kritik zu unterbinden (BGH aaO; vgl. auch BVerfGE 7, 198/208).

Ob diese Beurteilung auch durch den Wertmaßstab der verfassungsrechtlich garantierten 13
Kunstfreiheit (Art. 5 Abs. 3 GG) getragen wird, kann nach der Rechtsprechung des BVerfG wegen des weiten Schutzbereichs der Meinungsfreiheit (Art. 5 Abs. 1 GG) dahingestellt bleiben.
Dies gilt insbesondere deshalb, weil die ausschlaggebenden Bewertungskriterien im Wesentlichen identisch sein dürften. Auch zur Bestimmung der immanenten Schranken der Kunstfreiheit ist darauf abzustellen, ob in der künstlerischen Äußerung eine derart massive Verunglimpfung und Herabwürdigung des Betroffenen zu sehen ist, dass ein Eingriff in die von Art. 1 Abs. 1 GG geschützte **Menschenwürde** vorliegt (BVerfG NJW 1987, 2661/2662 – Franz Josef Strauß;
BVerfGE 86, 1/9 = NJW 1992, 1439; BVerfG NJW 2002, 3767 – Bonnbons; BGH GRUR 1982, 627/628f. – Satirisches Gedicht, m. Anm. *Jacobs* = NJW 1982, 1194/1995 m.Anm. *Zechlin;* OLG Karlsruhe NJW 1994, 1963/1964 – Steffi Graf/Die angefahrenen Schulkinder).

Während Personen der Zeitgeschichte eine Verbreitung ihrer Bildnisse in einem satirischen 14
Kontext grundsätzlich dulden müssen, verdient bei **„Privatpersonen"** das im Bildnisschutz zum Ausdruck kommende Persönlichkeitsrecht der „medialen Selbstbestimmung" (s. *Götting* Fs.f. Raue, S. 427/434ff.) den Vorrang gegenüber der Meinungs- und Kunstfreiheit (Art. 5 Abs. 1, Art. 5 Abs. 3 GG). Das Urteil des BVerfG (NJW 2002, 3767 – Bonnbons), wonach eine Person, die sich bei einem Sommerfest in der Nähe des damaligen CSU-Vorsitzenden und Bundesfinanzministers Theo Waigel zeigte, insbesondere aufgrund ihrer „trachtenmäßigen" Aufma-

chung als Typus eines „Urbayers" die satirische Abbildung im Rahmen der im Stern erschienenen Serie „Bonnbons" zu dulden habe, trägt diesem Grundsatz nicht hinreichend Rechnung. Wer sich gemeinsam mit einem prominenten Politiker in der Öffentlichkeit bewegt, muss zwar damit rechnen, dass sein Bildnis im Zusammenhang mit einer Berichterstattung erscheint, weil er sich in der „Sozialsphäre" befindet; er muss aber nicht damit rechnen, dass er in das Zentrum einer satirischen Darstellung gerückt und der damit verbundenen Prangerwirkung ausgesetzt wird (s. *Götting* Fs.f. Raue, S. 427/442f.).

15   b) **Werbezwecke.** Nicht von einem Informationszweck gedeckt ist die **Veröffentlichung von Bildnissen für Werbezwecke.** Wie der BGH in der „Paul Dahlke"-Entscheidung grundsätzlich festgestellt hat, dient die werbemäßige Verwendung von Bildnissen nicht dem Allgemeininteresse an einer sachgerechten Information, sondern allein den Geschäftsinteressen der mit der fraglichen Abbildung Kundenwerbung treibenden Firmen (GRUR 1956, 427/428). Es besteht ein berechtigtes Interesse daran, nicht zu einem Objekt der wirtschaftlichen Interessen eines Werbetreibenden gemacht zu werden (BGH NJW 1996, 593; NJW 1997, 1152/1153 – Bob Dylan).

16   Deshalb muss es sich auch eine absolute Person der Zeitgeschichte (vgl. Rdnr. 25) nicht gefallen lassen, ohne ihre Einwilligung von einem anderen zu Werbezwecken eingesetzt zu werden (BGH NJW-RR 1995, 789; NJW 1997, 1152/1153 – Bob Dylan).

17   In der **Entscheidung „Rücktritt des Finanzministers"** hat der BGH diesen Grundsatz dahingehend modifiziert und eingeschränkt, dass die Abbildung eines prominenten Politikers als Teil einer satirischen Auseinandersetzung mit dem Zeitgeschehen von Art. 5 Abs. 1 S. 1 GG gedeckt ist und dazu festgestellt: „Auch wenn die politische Auseinandersetzung im Rahmen einer Werbeanzeige erfolgt, steht sie unter dem besonderen Schutz der Meinungsäußerungsfreiheit (Art. 5 Abs. 1 S. 1 GG)" (BGH GRUR 2007, 139/142 Rdnr. 21 – Rücktritt des Finanzministers). Die Konsequenz ist, dass, jedenfalls bei einer **satirisch politischen Auseinandersetzung, in einer Werbeanzeige** eine Abbildung auch ohne Einwilligung des Betroffenen erlaubt ist, wenn zu der Person der Zeitgeschichte ein entsprechender thematischer Bezug vorhanden ist. Da das BVerfG nicht nur den politischen Diskurs, sondern auch die Unterhaltung unter den Schutz der Art. 5 Abs. 1 S. 1 GG stellt (BVerfG NJW 2000, 1021/1024 – Caroline von Monaco), müssen auch Prominente aus dem Bereich von Sport und Unterhaltung die Verwendung ihrer Bildnisse oder auch anderer Persönlichkeitsmerkmale in der Werbung dulden. Für das Namensrecht (§ 12 BGB) wurde die entsprechende Anwendung der in der „Lafontaine"-Entscheidung angestellten Erwägungen für Prominente, die dem Bereich von Klatsch und Unterhaltung zuzuordnen sind, bereits anerkannt (BGH GRUR 2008, 1124 – Zerknitterte Zigarettenschachtel; BGH AfP 2008, 598 – Geschwärzte Worte; diese Fälle betrafen Prinz Ernst August von Hannover sowie Dieter Bohlen). Man mag hier von „hybriden Formen der Werbung" sprechen, die auch Elemente der Meinungsäußerung enthalten und im Rahmen einer „Ökonomie der Aufmerksamkeit" durch Irritationen Aufmerksamkeit für das beworbene Produkt erzeugen sollen (so *Ladeur* ZUM 2007, 111ff., der für eine differenzierte Beurteilung eintritt). Dies ändert nichts daran, dass die Persönlichkeitsmerkmale Prominenter und der damit verbundene Publizitätswert gegen deren Willen für Werbezwecke instrumentalisiert werden (*Zagouras* WRP 2007, 115/119; *Götting* in Götting/Schertz/Seitz, Handbuch des Persönlichkeitsrechts, § 1 Rdnr. 26), auch wenn nicht der (unzutreffende) Eindruck erweckt wird, der Abgebildete identifiziere sich mit dem beworbenen Produkt, empfehle oder preise es an, worauf der BGH entschieden abstellt (s. BGH GRUR 2007, 139/141 Rdnr. 19). Selbst wenn man eine Abbildungsfreiheit nach § 23 Abs. 1 Nr. 1 KUG annimmt, so liegt jedenfalls eine Verletzung der berechtigten Interessen des Abgebildeten iS von § 23 Abs. 2 KUG vor.

18   c) **Werbung für Presse und Verlagserzeugnisse.** Abgrenzungsschwierigkeiten können sich ergeben, wenn Bildnisse bekannter Personen, wie insbesondere Spitzensportler und Unterhaltungskünstler, auf Verlagserzeugnissen wie Büchern (s. KG UFITA 90 [1981] 163 – Udo Lindenberg; OLG Frankfurt/M NJW 1989, 402 – Boris Becker) oder Wandkalendern (s. BGH GRUR 1979, 425 – Fußballspieler) als Blickfang auf dem Titelblatt verwendet werden. Allein der Umstand, dass aus der Bildnispublikation kommerzieller Nutzen gezogen wird, steht der Berufung auf § 23 Abs. 1 Nr. 1 KUG nicht entgegen. Anderenfalls würde die Ausnahmevorschrift weitgehend ihren Zweck verfehlen, weil es sich bei Verlagen und Zeitungen regelmäßig um Wirtschaftsunternehmen mit Gewinnerzielungsabsicht handelt (so zutreffend BGH GRUR 1979, 425/427 – Fußballspieler; OLG Hamburg AfP 1992, 159). Dient jedoch die Bildveröffentlichung ausschließlich den Geschäftsinteressen des Presseorgans, weil das Bildnis eines Pro-

minenten nur zur Ausnutzung des Werbewertes verwendet wird, fehlen im Rahmen der Abwägung schutzwürdige Belange des Presseorgans (BGH GRUR 2009, 1085 2. Ls. – Wer wird Millionär?). Maßgeblich ist mit Blick auf Art. 5 Abs. 1 GG, ob die Bildnisveröffentlichung ungeachtet der dahinterstehenden wirtschaftlichen Motive auch einen Informationszweck erfüllt. Dies ist dann zu bejahen, wenn das Bildnis in ein **thematisches Konzept mit informativem Gehalt** einbezogen ist (BGH GRUR 1979, 425/427 – Fußballspieler; KG UFITA 90 [1981] 163/165 – Udo Lindenberg; OLG Frankfurt/M NJW 1989, 402/403 – Boris Becker; OLG Frankfurt/M NJW 2000, 594/595 – Katarina Witt). Ob dies der Fall ist, hängt davon ab, ob zwischen dem Abgebildeten und dem Inhalt des Presse- oder Verlagserzeugnisses ein sachlicher Zusammenhang besteht (OLG Düsseldorf GRUR-RR 2003, 1/2 – Jan Ullrich). So wurde etwa angenommen, dass die Verwendung des Bildnisses des berühmten Tennisspielers Boris Becker auf dem Schutzumschlag eines Tennis-Lehrbuches von einem legitimen Informationsinteresse der Öffentlichkeit gedeckt war. Denn das Konzept des Buches war darauf ausgelegt, die individuell unterschiedlichen Spieltechniken der einzelnen Spitzensportler darzustellen. Dementsprechend stand die Abbildung, die Boris Becker in einer Wettkampfsituation zeigte, beispielhaft für die im Werk enthaltenen Informationen (OLG Frankfurt/M NJW 1989, 402/403 – Boris Becker; s. auch BGH GRUR 1979, 425 – Fußballspieler; BGH AfP 1995, 495/496 – Elmar Wepper). Beschränkt sich aber der die Bildveröffentlichung begleitende Text in einer Presseveröffentlichung darauf, **einen beliebigen Anlass für die Abbildung einer prominenten Person zu schaffen,** lässt die Berichterstattung einen Beitrag zur öffentlichen Meinungsbildung nicht erkennen, so dass das Veröffentlichungsinteresse hinter dem Schutz des Persönlichkeitsrechts zurückzutreten hat, wenn der Eingriff in dieses Recht hinreichend schwer wiegt (BGH GRUR 2009, 1085 1. Ls. – Wer wird Millionär?, s. aber BGH GRUR 2010, 546 – Der strauchelnde Liebling). Ein ausübender Künstler braucht auch als absolute Person der Zeitgeschichte die **Beifügung seines Bildnisses zu Tonträgern** mit seiner Musik, die ohne seine Einwilligung vertrieben werden, nicht zu dulden. Dies gilt auch dann, wenn er sich wegen einer urheberrechtlichen „Schutzlücke" gegen die Verbreitung der Tonträger als solche nicht wehren kann (BGH NJW 1997, 1152/1153 – Bob Dylan).

d) Sammelbilder. Der Vertrieb von Sammelbildern von Fußballbundesligaspielern, die in geschlossenen Tüten angeboten wurden und zum Einkleben in ein Sammelalbum bestimmt waren, wurde für unzulässig gehalten. Nach Auffassung des OLG München bestehe hier der Hauptzweck darin, die Tausch-, Sammel- und Spielleidenschaft von Jugendlichen kommerziell auszunutzen, so dass demgegenüber der Informationszweck in den Hintergrund trete (ZUM 1985, 452/454 lSp.). Zu demselben Ergebnis gelangte auch der BGH in der Entscheidung „Ligaspieler" (BGH GRUR 1968, 652), wobei er sich allerdings auf die Gegenausnahme des § 23 Abs. 2 KUG stützte. Demnach werden die Fußballspieler durch den Vertrieb von Sammelbildnissen in ihrem berechtigten wirtschaftlichen Interesse verletzt, an dem aus der Verwertung ihrer Bildnisse gezogenen finanziellen Gewinn beteiligt zu werden (BGH aaO S. 653). In einer späteren, bis heute wegweisenden Entscheidung, hat der BGH diese Argumentation grundlegend revidiert (BGH GRUR 1979, 425/427). Dort hat er ausdrücklich festgestellt, dass das Recht der Allgemeinheit auf freie ungehinderte Information den Vorrang gegenüber dem Interesse des Abgebildeten genießt, am wirtschaftlichen Ergebnis der Verbreitung seiner Bildnisse beteiligt zu werden (BGH aaO). 19

e) Abschiedsmedaillen. Auch Herstellung und Vertrieb einer **Abschiedsmedaille eines bedeutenden Politikers** und Staatsmannes werden nach Ansicht des BGH durch ein schutzwürdiges Publikationsinteresse gedeckt, hinter das der Bildnisschutz zurücktritt, obwohl hier die kommerzielle Ausnutzung der Sammelleidenschaft deutlich im Vordergrund stehen dürfte (BGH GRUR 1996, 195/196 – Willy Brandt, gegen die zutreffende vorinstanzliche Entscheidung des OLG Frankfurt/M ZUM 1995, 485/487, wonach das Informationsinteresse wegen der Eigenschaft der Medaille als Sammlerstück und „numismatische Rarität ersten Ranges" in limitierter Auflage zu verneinen sei). Die Verfassungsbeschwerde gegen das Urteil des BGH wurde nicht angenommen (BVerfG ZUM 2001, 232 – Abschiedsmedaille Willy Brandt). 20

3. Bereich der Zeitgeschichte

a) Die Ausnahme vom Erfordernis der Einwilligung zur Bildnisveröffentlichung setzt nach dem Wortlaut des § 23 Abs. 1 Nr. 1 KUG voraus, dass die Berichterstattung ein Ereignis von zeitgeschichtlicher Bedeutung betrifft (BGH GRUR 2007, 523/525 Rdnr. 17 – Abgestuftes Schutzkonzept, unter Hinweis auf BGHZ 158, 218/222f. = GRUR 2004, 592 = NJW 2004, 1795 – Charlotte Casiraghi I; BGH GRUR 2005, 76 = NJW 2005, 594 – „Rivalin" von Uschi Glas; 21

§ 60/§ 23 KUG

BGH GRUR 2007, 139 Rdnr. 15 = NJW 2007, 689 – Rücktritt des Finanzministers; ebenso BGH GRUR 2007, 899/901 Rdnr. 19 – Grönemeyer). Der **Begriff der Zeitgeschichte** ist nicht eng, sondern **in einem weiten Sinne zu verstehen**. Nach der Entstehungsgeschichte des KUG (BGH GRUR 2007, 523/525 Rdnr. 17 – Abgestuftes Schutzkonzept, unter Hinweis auf *Ebermayer* in Stengleins, Komm. zu den Strafrechtlichen Nebengesetzen des Deutschen Reiches, 5. Aufl. Bd. I, § 23 KUG Anm. 1; Stenografische Berichte über die Verhandlungen des Reichstages, XI. Legislaturperiode, II. Session 1905/1906, 1. Sessionsabschnitt, Aktenstück Nr. 30, S. 1540 f. und I. Lesung 25. 1. 1906, Bd. 214, S. 819), vor allem aber im Hinblick auf den Informationsbedarf der Öffentlichkeit umfasst er nicht nur Vorgänge von historisch politischer Bedeutung, sondern ganz allgemein das Zeitgeschehen, also alle Fragen von allgemeinem gesellschaftlichem Interesse, und wird mithin vom Interesse der Öffentlichkeit bestimmt. Nach Auffassung des BGH und des BVerfG kann auch durch unterhaltende Beiträge Meinungsbildung stattfinden; solche Beiträge könnten die Meinungsbildung unter Umständen sogar nachhaltiger anregen und beeinflussen als sachbezogene Informationen (BGH GRUR 2007, 523/525 Rdnr. 17 – Abgestuftes Schutzkonzept, unter Hinweis auf BGH GRUR 2004, 438 = NJW 2004, 762 – Feriendomizil I, mit Anm. *v. Gerlach* JZ 2004, 625; BVerfGE 101, 361/389 f. = GRUR 2000, 446 = NJW 2000, 1021 – Caroline von Monaco; BVerfG NJW 2006, 2836/2837; ebenso BGH GRUR 2007, 899/901 Rdnr. 19 – Grönemeyer). Aus der Formulierung des § 23 Abs. 1 Nr. 1 KUG „Bildnisse aus dem Bereiche der Zeitgeschichte" hat die Rechtsprechung des BVerfG und des BGH den abkürzenden **Begriff der „Person der Zeitgeschichte"** entwickelt; wobei zwischen den „absoluten" und „relativen" Personen der Zeitgeschichte differenziert wird. Als „relative" Person der Zeitgeschichte wird eine Person angesehen, die durch ein bestimmtes zeitgeschichtliches Ereignis das Interesse auf sich gezogen hat. Deshalb darf sie ohne ihre Einwilligung nur im Zusammenhang mit diesem Ereignis abgebildet werden. Demgegenüber gilt als **„absolute" Person der Zeitgeschichte** eine Person, die aufgrund ihres Status und ihrer Bedeutung allgemein öffentliche Aufmerksamkeit findet, so dass sie selbst Gegenstand der Zeitgeschichte ist und deshalb über sie berichtet werden darf. Auch sie hat jedoch ein Recht auf Privatsphäre, das nicht auf den häuslichen Bereich beschränkt ist. Vielmehr muss sie die Möglichkeit haben, sich an anderen erkennbar abgeschiedenen Orten unbehelligt von Bildberichterstattungen zu bewegen (BGH GRUR 2007, 523/524 Rdnr. 11 – Abgestuftes Schutzkonzept, unter Hinweis auf BGHZ 131, 332 = GRUR 1996, 923 = NJW 1996, 1128 – Caroline von Monaco, bestätigt von BVerfGE 101, 361 = GRUR 2000, 446 = NJW 2000, 1021 – Caroline von Monaco). Als Reaktion auf die Rechtsprechung des EGMR, der in seiner Entscheidung vom 24. 6. 2004 (EGMR GRUR Int. 2004, 937 (engl.) = NJW 2004, 2647 = JZ 2004, 1015 mit Anm. *Stürner*) grundsätzliche Bedenken gegen eine Beschränkung des Schutzes der Privatsphäre bei den sog. absoluten Personen der Zeitgeschichte geäußert hat, hat der BGH in seiner neueren Rechtsprechung ein **„abgestuftes Schutzkonzept"** entwickelt (s. BGH GRUR 2007, 523/524 ff. – Abgestuftes Schutzkonzept I; BGH GRUR 2007, 902/903 f. – Abgestuftes Schutzkonzept II). Die neuere Rechtsprechung des BGH markiert eine einschneidende Zäsur gegenüber der über Jahrzehnte gewachsenen traditionellen Judikatur. Dies gilt in mehreren Hinsichten. Es ist nicht zu verkennen, dass der BGH sich von der strikten Kategorisierung von „absoluten" und „relativen" Personen der Zeitgeschichte weitgehend gelöst hat (s. *Teichmann* NJW 2007, 1917 ff. **„Abschied von der absoluten Person der Zeitgeschichte"**). Man wird zumindest von einer Relativierung der absoluten Person der Zeitgeschichte sprechen können (*Klass* AfP 2007, 517/522 f.) oder davon, dass sich die absolute Person der Zeitgeschichte der relativen Person der Zeitgeschichte angenähert hat. Der neue Ansatz des BGH hat auch Folgen für das **Verhältnis des Ausnahmetatbestands des § 23 Abs. 1 KUG und der Gegenausnahme nach § 23 Abs. 2 KUG.** Während früher dieser Frage keine entscheidende Bedeutung beigemessen wurde, sondern zumindest stillschweigend unterstellt wurde, dass es im Ergebnis gleichgültig ist, ob die erforderliche Interessenabwägung im Rahmen des § 23 Abs. 1 Nr. 1 KUG oder aber des § 23 Abs. 2 KUG erfolgt (s. unten Rdnr. 68), hat der BGH in seiner neueren Rechtsprechung eine eindeutige Klarstellung vorgenommen. Demnach ist eine **Abwägung der widerstreitenden Rechte und Grundrechte der abgebildeten Person einerseits und der Presse andererseits schon bei der Zuordnung zum Bereich der Zeitgeschichte** erforderlich (BGH GRUR 2007, 523/525 Rdnr. 14 – Abgestuftes Schutzkonzept; sa. *Söder* ZUM 2008, 89/90). Was die Abwägungskriterien anbetrifft, so wird ein legitimes Informationsinteresse der Öffentlichkeit in engerer Anlehnung an den Wortlaut des § 23 Abs. 1 Nr. 1 KUG grundsätzlich nur dann in Betracht gezogen, wenn die Berichterstattung ein **Ereignis von zeitgeschichtlicher Bedeutung** betrifft (BGH GRUR 2007, 523/525 Rdnr. 17 – Abgestuftes Schutzkonzept, unter Hinweis auf BGHZ 158, 218/222 f. = GRUR 2004, 592 =

Ausnahmen zu § 22 **§ 23 KUG/§ 60**

NJW 2004, 1795 – Charlotte Casiraghi I; BGH GRUR 2005, 76 = NJW 2005, 594 – „Rivalin" von Uschi Glas; BGH GRUR 2007, 139 Rdnr. 15 = NJW 2007, 689 – Rücktritt des Finanzministers). Im Rahmen der Interessenabwägung zwischen dem Informationsinteresse der Öffentlichkeit einerseits und dem Interesse des Abgebildeten an dem Schutz seiner Privatsphäre andererseits kommt dem **Informationswert** wesentliche Bedeutung zu. Je größer der Informationswert für die Öffentlichkeit ist, desto mehr muss das Schutzinteresse desjenigen, über den informiert wird, hinter den Informationsbelangen der Öffentlichkeit zurücktreten. Umgekehrt wiegt aber auch der Schutz der Persönlichkeit des Betroffenen desto schwerer, je geringer der Informationswert für die Allgemeinheit ist (BGH GRUR 2007, 523/526 Rdnr. 20 – Abgestuftes Schutzkonzept, unter Hinweis auf BVerfGE 101, 361/391 = GRUR 2000, 446 = NJW 2000, 1021 – Caroline von Monaco; BGHZ 131, 332/342 = GRUR 1996, 923 = NJW 1996, 1128 – Caroline von Monaco II, mwN). Das Interesse der Leser an bloßer Unterhaltung hat gegenüber dem Schutz der Privatsphäre regelmäßig ein geringeres Gewicht (BGH GRUR 2007, 523/526 Rdnr. 20 – Abgestuftes Schutzkonzept, unter Hinweis auf BVerfGE 34, 269/283 = GRUR 1974, 44 = NJW 1973, 1221 – Soraya; BGHZ 131, 332/342 = GRUR 1996, 923 = NJW 1996, 1128 – Caroline von Monaco II, mwN).

b) Kritisch einzuwenden ist, dass das vom BGH propagierte „abgestufte Schutzkonzept" **22** nichts Neues ist. Soweit damit der Eindruck erweckt wird, es handle sich um eine innovative Konzeption, um die Antipoden von Persönlichkeitsschutz und Pressefreiheit in eine angemessene Balance zu bringen, ist dies unzutreffend. **Das „abgestufte Schutzkonzept" ergibt sich aus der Struktur der gesetzlichen Regelung** der §§ 22 und 23 KUG und ist in Rechtsprechung und Literatur, soweit es den Bildnisschutz betrifft, seit langem fest verankert (Götting GRUR 2007, 530, Anm. zu BGH GRUR 2007, 523 – Abgestuftes Schutzkonzept; ders. in Götting/Schertz/Seitz, Handbuch des Persönlichkeitsrechts, § 1 Rdnr. 10). Ausgangspunkt ist stets die Feststellung, dass Bildnisse einer Person grundsätzlich nur mit deren Einwilligung verbreitet werden dürfen (§ 22 S. 1 KUG). Eine Ausnahme vom Einwilligungserfordernis gilt für Bildnisse aus dem Bereich der Zeitgeschichte (§ 23 Abs. 1 Nr. 1 KUG). Die Ausnahme greift nicht ein, wenn durch die Verbreitung ein berechtigtes Interesse des Abgebildeten verletzt wird (§ 23 Abs. 2 KUG). Auch das BVerfG geht davon aus, dass die Regelung des Bildnisschutzes als solche und für sich genommen ein „abgestuftes Schutzkonzept" darstellt; s. BVerfG NJW 2000, 1021/1023 – Caroline von Monaco: „Mit diesem abgestuften Schutzkonzept trägt die Regelung sowohl dem Schutzbedürfnis der abgebildeten Person als auch den Informationswünschen der Öffentlichkeit und den Interessen der Medien, die diese Wünsche befriedigen, ausreichend Rechnung." Diese dreistufige Prüfung ist über den Regelungsbereich des Rechts am eigenen Bilde hinaus eine verallgemeinerungsfähige Methode zur Festlegung des Schutzbereichs der Privatsphäre. Dabei handelt es sich um einen konzeptionellen Rahmen, der in seiner Ausfüllung durch eine klare Wertorientierung am Persönlichkeitsschutz bedarf (Götting in Götting/Schertz/Seitz, Handbuch des Persönlichkeitsrechts, § 1 Rdnr. 10). Einer Aufgabe oder zumindest Relativierung des Begriffs der absoluten Person der Zeitgeschichte und seiner Abgrenzung zur relativen Person der Zeitgeschichte hätte es bei einem richtigen Verständnis der Funktion dieser Kategorien nicht bedurft. Es handelt sich dabei nämlich nicht um eine formale Fixierung. Die Feststellung, dass es sich um eine absolute Person der Zeitgeschichte handelt, ist nicht der Ausgangspunkt, sondern das Ergebnis der erforderlichen Interessenabwägung. Abgesehen davon kommt auch die neuere Rechtsprechung nicht umhin, bei der Abwägung zwischen dem legitimen Informationsinteresse der Öffentlichkeit und dem Privatsphärenschutz eine graduelle Abstufung und Bewertung der Bekanntheit der betroffenen Person vorzunehmen, was bei der traditionellen Differenzierung zwischen der „absoluten" und „relativen" Person der Zeitgeschichte, wenn auch nicht die einzige, aber doch ein wesentliches Zuordnungskriterium bildete. Andererseits entspricht die neuere Rechtsprechung in einem häufig entscheidenden Punkt noch immer nicht den Vorgaben des Urteils des EGMR (JZ 2004, 1015 = GRUR 2004, 1051 = NJW 2004, 2647). Im Gegensatz zum BVerfG und zum BGH geht der **EGMR** nämlich davon aus, dass die Verbreitung von Bildnissen zum Zwecke der Unterhaltung keine Einschränkung der Privatsphäre rechtfertigt. Dies ist nur dann der Fall, wenn es sich um **Informationen handelt, die zu einer Diskussion in einer demokratischen Gesellschaft beitragen können**, wie insbesondere bei der Berichterstattung, die im Zusammenhang mit der **Ausübung einer öffentlichen Funktion** stehen (EGMR JZ 2004, 1015/1016 Rdnr. 63 ff.; sa. unten Rdnr. 61).

Vor diesem Hintergrund erscheint die Annahme, dass das BVerfG und der BGH als Reaktion auf die Entscheidung des EGMR einen radikalen Bruch mit der bisherigen Rechtsprechung vollzogen hat, überspitzt. Trotz der (formalen) Lösung von der begrifflichen Differenzierung zwischen „absoluter" und „relativer" Person der Zeitgeschichte spricht vieles dafür, dass die Rechtsprechung auch künftig auf die Grundsätze und Wertungen zurückgreifen wird, die sich über Jahrzehnte herausgebildet und zum Teil fest etabliert haben. Dies gilt besonders für die Rechtsprechung zur relativen Person der Zeitgeschichte, die schon immer einen Bezug der Bildnisse zu einem Ereignis mit zeitgeschichtlicher Bedeutung verlangte. Die bisherige Rechtsprechung wird deshalb im Folgenden dargestellt.

4. Die Rechtsprechung vor dem Urteil des EGMR „Caroline von Hannover": Personen der Zeitgeschichte

23   Zu den **„Personen der Zeitgeschichte"** zählen nicht nur alle Personen, die selber – auf welchem Gebiet auch immer – Zeitgeschichte machen und über ihren Tod hinaus ständige Personen der Zeitgeschichte bleiben, sondern auch alle Personen, die durch Verknüpfung mit Ereignissen und Begebenheiten nur vorübergehend in das Blickfeld der Öffentlichkeit und damit in den Bereich der Zeitgeschichte geraten sind. Nach *Neumann-Duesberg* (JZ 1960, 114) und – ihm folgend – dem BGH wird unterschieden zwischen **„absoluten"** und **„relativen"** Personen der Zeitgeschichte. Diese Betrachtungsweise wird am ehesten den persönlichkeitsrechtlichen Interessen solcher Personen gerecht, die nur vorübergehend oder sogar gegen ihren Willen mit einem zeitgeschichtlichen Ereignis in Verbindung kommen, und unterstreicht den – auf das Zeitgeschehen bezogenen – Ausnahmecharakter der Vorschrift (s. zur Differenzierung im einzelnen MünchKomm. BGB/*Rixecker*[5], Allgemeines Persönlichkeitsrecht, Rdnr. 53 f.).

24   Zu beachten ist aber stets, dass es im Rahmen von § 23 Abs. 1 Nr. 1 KUG nicht um die formale Zuordnung von Personen zu fixierten Kategorien geht, sondern um die Abgrenzung des Zeitgeschichtlichen, das durch ein anzuerkennendes Informationsbedürfnis gekennzeichnet wird (OLG Hamburg ZUM 1995, 878/880). Dieses Verständnis hat das **BVerfG mit seiner Rechtsprechung bestätigt.** Es hat darauf hingewiesen, dass diese Begrifflichkeit sich zwar weder zwingend aus § 23 Abs. 1 Nr. 1 KUG noch aus der Verfassung ergebe. Gleichzeitig hat es deren Benutzung als **„abkürzende Ausdrucksweise"** als „verfassungsrechtlich im Grundsatz unbedenklich" gebilligt, sofern die Abwägung zwischen dem Informationsinteresse der Öffentlichkeit und den berechtigten Interessen des Abgebildeten bei der Rechtsanwendung nicht unterbleibe (BVerfGE 101, 361/392 = NJW 2000, 1021 – Caroline von Monaco; BVerfG NJW 2001, 1921/1922 – Prinz Ernst August von Hannover).

25   a) **„Absolute" Personen der Zeitgeschichte.** Alle Personen, die sich „durch Geburt, Stellung, Leistungen, Taten oder Untaten – also nicht nur positiv, sondern auch negativ – außergewöhnlich aus dem Kreis der Mitmenschen herausheben" (*Neumann-Duesberg*, Juristen-Jb. 7 (1966/67), 138/151) und die deshalb im Blickfeld der Öffentlichkeit stehen, sind **absolute Personen der Zeitgeschichte.** An dem Leben und Wirken solcher Personen in der Öffentlichkeit besteht ein legitimes Informationsinteresse der Allgemeinheit, welches das individuelle Anonymitätsinteresse überwiegt (*Neumann-Duesberg*, Juristen-Jb. 7 (1966/67), 138/148 sowie Anm. zu Schulze OLGZ 87, 10). Damit die Berichterstattung über Ereignisse aus dem Bereich der Zeitgeschichte sachgemäß und umfassend erfolgen kann, dürfen Bildnisse absoluter Personen der Zeitgeschichte gem. § 23 Abs. 1 Nr. 1 KUG ohne die nach § 22 KUG erforderliche Einwilligung verbreitet oder zur Schau gestellt werden. Sie müssen ihrer andauernden Popularität Tribut zollen und iS einer „Sozialpflichtigkeit" eine weitgehende Einschränkung des Bildnisschutzes in Kauf nehmen.

26   Die Frage, ob es sich um eine absolute Person der Zeitgeschichte handelt, ist aufgrund einer **umfassenden Güter- und Interessenabwägung zwischen den kollidierenden Grundrechten,** nämlich dem Selbstbestimmungsrecht des Abgebildeten (Art. 2 Abs. 1 iVm. Art. 1 Abs. 1 GG) und dem durch die Meinungs- und Pressefreiheit (Art. 5 Abs. 1 GG) geschützten Informationsinteresse, zu beantworten. Die Qualifizierung als „absolute Person der Zeitgeschichte" bildet somit nicht den Ausgangspunkt, sondern das Ergebnis der erforderlichen Abwägung. Dabei kommt es nicht entscheidend auf quantitative, sondern vielmehr auf qualitative Kriterien an. Dementsprechend ist der **Bekanntheitsgrad einer Person nur ein Anhaltspunkt** eines zeitgeschichtlichen Interesses unter mehreren möglichen, der für sich allein schon deshalb nicht aussagekräftig ist, weil die Bekanntheit auch mit einem punktuellen Ereignis verknüpft sein kann (BVerfG NJW 2001, 1921/1922 – Prinz Ernst August von Hannover), was für eine Einordnung als „relative Person der Zeitgeschichte" (s. dazu unten Rdnr. 31) spricht. Deshalb sind die Ergebnisse von Meinungsumfragen kein hinreichender Anhaltspunkt der Beurteilung (BVerfG

aaO). Allein aus dem Faktum der öffentlichen Bekanntheit lässt sich noch nicht ein schutzwürdiges Interesse an einer umfassenden Information folgern, da dieses normativ zu erfassen ist (BVerfG aaO). Wenn die Gerichte maßgeblich die „Bedeutung", die Stellung oder Leistung der betreffenden Person als Anknüpfungspunkt „berechtigter" Informationsinteressen heranziehen, lassen sie einen hinreichend **normativen Maßstab** in die Beurteilung einfließen (BVerfG aaO). Damit tragen sie der Pressefreiheit Rechnung und können zugleich den Persönlichkeitsschutz berücksichtigen, ohne presserechtliche Belange einseitig zu bevorzugen (BVerfG aaO).

aa) Rechtsprechung des BVerfG und des BGH zu Inhalt und Kontext von Bildnissen. Hinsichtlich des Inhalts und des Kontexts von Bildnissen, die von der Pressefreiheit (Art. 5 Abs. 1 S. 2 GG) und demzufolge von der Abbildungsfreiheit erfasst werden, hat das BVerfG in der Entscheidung „Caroline von Monaco" (BVerfGE 101, 361/389 ff. = NJW 2000, 1021/1024) folgende Leitlinien aufgestellt: Die von § 23 Abs. 1 Nr. 1 KUG erlaubte Abbildung von absoluten Personen der Zeitgeschichte ist **nicht auf den politischen Bereich beschränkt,** auch wenn ihr dort im Interesse einer funktionierenden Demokratie besondere Bedeutung zukommt. Die politische Meinungsbildung ist in einem umfassenden, vielfach verflochtenen Kommunikationsprozess eingebettet, der weder unter dem Gesichtspunkt der persönlichen Entfaltung noch dem der demokratischen Herrschaft in relevante und irrelevante Zonen aufgespaltet werden kann (unter Hinweis auf BVerfGE 97, 228/257 = NJW 1998, 1627). Deshalb muss die Presse nach publizistischen Kriterien entscheiden dürfen, was sie im öffentlichen Interesse für wert hält und was nicht. „Dass die Presse eine meinungsbildende Funktion zu erfüllen hat, schließt die Unterhaltung nicht aus der verfassungsrechtlichen Funktionsgewährleistung aus. **Meinungsbildung und Unterhaltung sind keine Gegensätze.** Auch in unterhaltenden Beiträgen findet Meinungsbildung statt. Sie können die Meinungsbildung uU sogar nachhaltiger anregen oder beeinflussen als ausschließlich sachbezogene Informationen. Zudem lässt sich im Medienwesen eine wachsende Tendenz beobachten, die Trennung von Information und Unterhaltung sowohl hinsichtlich eines Presseerzeugnisses insgesamt als auch in den einzelnen Beiträgen aufzuheben und Information in unterhaltender Form zu verbreiten oder mit Unterhaltung zu vermengen (‚Infotainment')". Unterhaltung befriedige nicht lediglich Wünsche nach Zerstreuung und Entspannung, nach Wirklichkeitsflucht und Ablenkung, sondern vermittle auch Realitätsbilder und stelle Gesprächsgegenstände zur Verfügung; an diese können sich Diskussionsprozesse und Integrationsvorgänge anschließen, die sich auf Lebenseinstellungen, Werthaltungen und Verhaltensmuster beziehen. Da Unterhaltung insofern wichtige gesellschaftliche Funktionen erfülle (unter Hinweis auf BVerfGE 97, 228/257 = NJW 1998, 1627), sei sie, gemessen an dem Schutzziel der Pressefreiheit, nicht unbeachtlich oder gar wertlos und deswegen ebenfalls in den Grundrechtsschutz einbezogen (unter Hinweis auf BVerfGE 35, 202/222 = NJW 1973, 1226). Dies gelte auch für die Berichterstattung über Personen, da die **Personalisierung ein wichtiges publizistisches Mittel** zur Erregung von Aufmerksamkeit bilde. Da prominente Personen für bestimmte Wertvorstellungen und Lebenshaltungen stünden, böten sie Orientierung bei eigenen Lebensentwürfen und würden zu Kristallisationspunkten für Zustimmung oder Ablehnung und erfüllten damit Leitbild- oder Kontrastfunktionen. Ein öffentliches Interesse unter dem Gesichtspunkt demokratischer Transparenz und Kontrolle sei nicht nur bei Personen des politischen Lebens anzuerkennen, sondern ließe sich auch für andere Personen des öffentlichen Lebens nicht grundsätzlich bestreiten.

Auf der Grundlage dieser Erwägung hat das BVerfG in Übereinstimmung mit dem BGH das Prinzip statuiert, dass **absolute Personen der Zeitgeschichte die Verbreitung ihrer Bildnisse hinnehmen müssen, auch wenn diese sie nicht bei der Wahrnehmung einer öffentlichen Funktion zeigen, sondern ihr Privatleben im weiteren Sinne betreffen** (BVerfG NJW 2000, 1021/1024 f. – Caroline von Monaco; BGHZ 131, 332 = NJW 1996, 1128 = AfP 1996, 140 – Caroline von Monaco). Erst bei Bestimmung des Schutzbereichs der Pressefreiheit könne es bei der Abwägung mit kollidierenden Persönlichkeitsrechten darauf ankommen, ob Fragen, die die Öffentlichkeit wesentlich angehen, ernsthaft und sachbezogen erörtert oder lediglich private Angelegenheiten, die nur die Neugier befriedigen, ausgebreitet werden (BVerfG aaO, unter Hinweis auf BVerfGE 34, 269/283 = NJW 1973, 1221). Die Öffentlichkeit habe ein berechtigtes Interesse daran, zu erfahren, **ob Personen in herausgehobener Stellung, die oft als Idol oder Vorbild gelten, funktionales und persönliches Verhalten überzeugend in Übereinstimmung bringen**. Eine Begrenzung der Bildveröffentlichung auf die Funktion einer Person von zeitgeschichtlicher Bedeutung würde demgegenüber das öffentliche Interesse, welches solche Personen berechtigterweise wecken, unzureichend berücksichtigen und zudem eine selektive Darstellung begünstigen, die dem Publikum Beurteilungsmöglichkeiten vorenthielte, die es für Personen des gesellschaftlich-politischen Lebens wegen ihrer Leitbildfunktion und ihres Einflusses benötige (BVerfG aaO, 1025). In Anwendung dieser Grundsätze hat es das BVerfG als unbedenklich angesehen, dass der BGH nach dem Maßstab des Informationsinteresses der Allgemeinheit die Veröffentlichung von Abbildungen von Prinzessin Caroline von Monaco auch außerhalb ihrer repräsentativen Funktion im Fürstentum Monaco als zulässig angesehen hat. Dies gilt insbesondere für Fotos, auf denen die Prinzessin beim Einkauf, beim Radfahren, beim Reiten oder im Beach-Club von Monte Carlo zu sehen war.

29   **bb) Beispiele.** Zu den absoluten Personen der Zeitgeschichte zählen Angehörige fürstlicher Häuser (KG JW 1928, 363 – Piscator; BGH AfP 1996, 138; BGH AfP 1996, 140 – Caroline von Monaco), Staatsoberhäupter, Politiker (Schöffengericht Ahrensböck DJZ 1920, 596 – Ebert und Noske in der Badehose; OLG München Schulze OLGZ 58 – Kanzlerkandidat), Erfinder (RGZ 74, 308 – Graf Zeppelin), berühmte Wissenschaftler, erfolgreiche Künstler, bekannte Schauspieler und Sänger (BGH GRUR 1956, 427 – Paul Dahlke; BGHZ 30, 7 – Caterina Valente; BGH GRUR 1961, 138 – Familie Schölermann; LG München I Schulze LGZ 49 – Sängerin Lola R.; LG Hamburg Schulze LGZ 73 – Chansonsängerin), vielgelesene Schriftsteller, Spitzensportler (KG UFITA 20 [1955] 199 – Boxkampf), Berufsfußballspieler und ihre Trainer (RGZ 125, 80 – Tull Harder; BGH GRUR 1968, 652 – Ligaspieler; BGH GRUR 1979, 425 – Fußballspieler; BGH GRUR 1979, 732 – Fußballtor; OLG München Schulze OLGZ 270 – Paul Breitner; vgl. auch *Sieger* AfP 1980, 84 und *Wild* Anm. zu BGH GRUR 1979, 732/734 – Fußballtor). Hierzu gehören bspw. auch die angeklagten Politiker im Honecker-Prozess: Honecker, Mielke, Stoph, Keßler, Strelitz und Albrecht (BVerfG NJW 1992, 3288; BVerfG ZUM 1994, 636). Daher ist die Fernsehübertragung einer Gerichtsverhandlung nicht schon wegen des Persönlichkeitsschutzes unzulässig (BVerfG ZUM 1994, 636/639; BVerfG NJW 1992, 3288/3289; vgl. zur Verfassungsmäßigkeit des § 169 S. 2 GVG auch BVerfG NJW 1996, 581/583 – n-tv).

30   Sensationelle **körperliche Missbildungen** machen eine Person nicht zur „Person der Zeitgeschichte". An Bildern über tragische Abnormitäten besteht für die Allgemeinheit kein berechtigtes Informationsbedürfnis (LG Kleve MDR 1953, 107/108 – Siamesische Zwillinge – m. Anm. *Neumann-Duesberg;* OLG München NJW 1975, 1129 – Zwerg).

31   **b) „Relative" Personen der Zeitgeschichte.** Auch Personen, die nicht zu den Persönlichkeiten des öffentlichen Lebens zählen, können durch familiäre Verbindungen zu absoluten Personen der Zeitgeschichte (Rdnr. 25 f.) oder durch ein zeitgeschichtliches Ereignis, mit dem sie – sei es absichtlich oder zufällig – in Verbindung geraten, zu einer Person der Zeitgeschichte werden. Diese vorübergehende Verknüpfung mit der Zeitgeschichte macht die betreffenden Personen jedoch nur zu „relativen" Personen der Zeitgeschichte, denn „das vorrangige Informationsinteresse beschränkt sich bei ihnen auf das Geschehnis, das den Betreffenden zur Person der Zeitgeschichte macht" (*Neumann-Duesberg* JZ 1960, 114/115 rSp.; vgl. auch OLG Frankfurt/M NJW 1995, 878/879 – Universelles Leben II). Ebenso wie bei der „absoluten Person der Zeitgeschichte" handelt es sich auch bei der Kategorie der „relativen Person der Zeitgeschichte" um eine **lediglich abkürzende Ausdrucksweise** für eine nur im Grundsätzlichen vorgenommene, aber stets im Einzelfall überprüfende Interessenabwägung zwischen dem Informationsinteresse der Öffentlichkeit und dem Persönlichkeitsrecht des Abgebildeten (BVerfG NJW 2001, 1921/1922 – Prinz Ernst August von Hannover).

32   Die Abbildungsfreiheit bezieht sich bei relativen Personen der Zeitgeschichte ausschließlich auf eine Abbildung der Person **im Zusammenhang mit dem zeitgeschichtlichen Vorgang** (BVerfG NJW 2001, 1921/1922f. – Prinz Ernst August von Hannover); sie besteht, solange das Interesse der Öffentlichkeit hieran andauert (BGH GRUR 1966, 102/103 lSp. – Spielgefährtin I – sowie KG Schulze KGZ 14 und 15; aA *Neumann-Duesberg* JZ 1960, 114/115 rSp.). Das Interesse der Allgemeinheit darf nicht auf Neugier und Sensationslust beruhen, sondern muss durch ein echtes Informationsbedürfnis gerechtfertigt sein. Über die **Fortwirkung oder Beendigung der Abbildungsfreiheit** nach § 23 Abs. 1 Nr. 1 KUG ist bei relativen Personen der Zeitgeschichte eine Interessenabwägung erforderlich (OLG Hamburg Schulze OLGZ 273 m. Anm. *Medicus;* sa. OLG Frankfurt/M GRUR 1987, 195 – Foto der Freundin).

33   **c) Beteiligte an Strafprozessen.** Mitwirkende und aktiv oder passiv Beteiligte an Strafprozessen werden besonders häufig zu relativen Personen der Zeitgeschichte. Das gilt nicht nur für die Straftäter selbst (KG Schulze KGZ 14 und 15; OLG Frankfurt/M GRUR 1958, 508 Ls. 1 – Verbrecherbraut; OLG München GRUR 1964, 42 – Lebensmittelskandal; OLG Hamburg AfP

1983, 466 – Bombenattentäter sowie *Lampe* NJW 1973, 217; krit. MünchKomm. BGB/*Rixecker*[5] Allgemeines Persönlichkeitsrecht Rdnr. 67, der auf die Prangerwirkung hinweist), sondern ebenso für Zeugen (BGH GRUR 1966, 102 – Spielgefährtin I), Opfer von Verbrechen (OLG Frankfurt/M AfP 1976, 181 – Verbrechensopfer), Vorsitzende Richter und Strafverteidiger im Rahmen ihrer Berufsausübung bei nicht alltäglichen Prozessen (OLG Hamburg AfP 1982, 177 – Rechtsanwalt); verneint bei „Prozessvertretung durch einen Rechtsanwalt als Teil seiner normalen beruflichen Tätigkeit" (OLG Celle AfP 1984, 236). Ob der Ausnahmetatbestand des § 23 Abs. 1 Nr. 1 KUG bereits bei Berichten über Personen eingreift, gegen die ein **Ermittlungsverfahren wegen eines dringenden Tatverdachts** durchgeführt wird, bedarf im Hinblick auf die zu beachtende Unschuldsvermutung besonders sorgfältiger Prüfung und hängt von den Umständen des Einzelfalles ab. Maßgebliche Bewertungsfaktoren sind zB die Schwere der Straftaten, wegen derer ermittelt wird, sowie die öffentliche Stellung des Betroffenen (OLG Frankfurt/M AfP 1990, 229 f.; LG Berlin NJW 1986, 1265). Bei Wirtschaftskriminalität im Zusammenhang mit der Wiedervereinigung besteht ein erhebliches öffentliches Interesse, welches Namensnennung und Abbildung des Betroffenen eines entsprechenden Ermittlungsverfahrens nach § 23 Abs. 1 Nr. 1 KUG rechtfertigen kann (OLG Brandenburg NJW 1995, 886/888).

Auch bei der **Bildberichterstattung über sensationelle Straftaten** hat eine **Interessenabwägung** 34 zwischen dem Informationsinteresse der Öffentlichkeit und dem Eingriff in den Persönlichkeitsbereich des Betroffenen (Anonymitätsinteresse) zu erfolgen (BGH GRUR 1966, 102/103 – Spielgefährtin I). Dies gilt in besonderem Maße dann, wenn die Straftat, über die berichtet werden soll, schon längere Zeit zurückliegt. „Für die aktuelle Berichterstattung über schwere Straftaten verdient das Informationsinteresse der Öffentlichkeit im Allgemeinen den Vorrang vor dem Persönlichkeitsschutz des Straftäters. Jedoch ist neben der Rücksicht auf den unantastbaren innersten Lebensbereich der Grundsatz der Verhältnismäßigkeit zu beachten; danach ist eine Namensnennung, Abbildung oder sonstige Identifikation des Täters nicht immer zulässig. Der verfassungsrechtliche Schutz der Persönlichkeit lässt es jedoch nicht zu, dass das Fernsehen sich über die aktuelle Berichterstattung hinaus etwa in Form eines Dokumentarspiels zeitlich unbeschränkt mit der Person eines Straftäters und seiner Privatsphäre befasst" (BVerfG GRUR 1973, 541 – Lebach; BGH GRUR 1967, 205 – Vor unserer eigenen Tür; OLG Hamburg AfP 1971, 41 – Doppelmord; vgl. auch BVerfG AfP 1993, 478/479). Dies bedeutet aber nicht, dass damit eine vollständige Immunisierung vor der ungewollten Darstellung persönlichkeitsrelevanter Geschehnisse verbunden ist. Entscheidend ist vielmehr stets, in welchem Maß eine Berichterstattung insbesondere aufgrund einer erneuten Stigmatisierung oder Isolierung durch die Identifizierungsmöglichkeiten die Persönlichkeitsentfaltung und **Resozialisierung des Täters** beeinträchtigen kann (BVerfG ZUM-RD 2000, 55/59 f. – Fall Lebach; BVerfG GRUR 2010, 549, 551 – Spiegel-Dossier). In Anwendung dieser Grundsätze wurde die Verfilmung des Soldatenmordes von Lebach nach einem Zeitabstand von 30 Jahren seit Begehung der Tat als verfassungsrechtlich unbedenklich angesehen, da der Rundfunkfreiheit der Vorrang gegenüber dem Persönlichkeitsrecht des längst abgeurteilten Straftäters eingeräumt wurde (BVerfG aaO).

Ausnahmsweise kann sogar die Darstellung einer Straftat im Fernsehen und die **Verbreitung** 35 **eines Bildnisses der Verdächtigten** – „verbunden mit der öffentlichen Aufforderung, weitere Beweismittel gegen eine bestimmte, namentlich genannte und bildlich vorgestellte verdächtige Person herbeizuschaffen, aus dem Gesichtspunkt der Wahrung rechtlicher Interessen gerechtfertigt sein" (OLG Frankfurt/M NJW 1971, 47 – Aktenzeichen XY-ungelöst; s. hierzu auch § 60/§ 24 KUG Rdnr. 1). Ein Straftäter wird aber selbst dann nicht zu einer absoluten Person der Zeitgeschichte, wenn es sich um einen Schwerverbrecher handelt, dessen Fall zur Kriminalgeschichte geworden ist. Auch unter diesen Voraussetzungen überwiegt grundsätzlich das schützenswerte Resozialisierungsinteresse des Straftäters das Informationsinteresse der Öffentlichkeit, insbesondere wenn die Straftat längere Zeit zurückliegt (OLG Hamburg ZUM 1995, 336).

Ist das Ereignis, durch das eine Person zur „relativen" Person der Zeitgeschichte wurde, **nicht** 36 **mehr aktuell,** hat eine **Interessenabwägung** stattzufinden. „Das Opfer eines Mordversuchs hat grundsätzlich Anspruch darauf, dass das an ihm begangene Verbrechen nach Abschluss des gerichtlichen Verfahrens und der Berichterstattung in der Presse nicht auch noch zum Gegenstand eines Fernsehfilms gemacht wird" (OLG Hamburg NJW 1975, 649 – Aus nichtigem Anlass?).

d) Familienangehörige und Begleitpersonen von Personen der Zeitgeschichte. Fa- 37 milienangehörige von Personen der Zeitgeschichte werden durch ihre Familienzugehörigkeit **nicht automatisch selbst zu Personen der Zeitgeschichte.** Das Gleiche gilt für Personen,

§ 60/§ 23 KUG   Ausnahmen zu § 22

die in engen persönlichen Beziehungen zu einer Person der Zeitgeschichte stehen. Bildnisse solcher Personen dürfen ohne deren Einwilligung nicht verbreitet werden, „denn an der bildmäßigen Information über Angehörige von Persönlichkeiten des öffentlichen Lebens besteht regelmäßig kein schutzwürdiges Interesse der Allgemeinheit" (OLG München Schulze OLGZ 95 – Die Grafen Pocci).

38   **aa) Besonderer Schutz von Kindern.** Der **Bildnisschutz des Verhältnisses von Eltern oder Elternteilen zu ihren Kindern** erfährt eine Verstärkung durch Art. 6 Abs. 1 und Abs. 2 GG, soweit es um eine Veröffentlichung von Abbildungen geht, die die spezifisch elterliche Hinwendung zu den Kindern zum Gegenstand haben (BVerfGE 101, 361 = NJW 2000, 1021 2. Ls. – Caroline von Monaco). In der Rechtsprechung des BVerfG ist anerkannt, dass **Kinder eines besonderen Schutzes bedürfen,** weil sie sich zu eigenverantwortlichen Personen erst entwickeln müssen (vgl. BVerfGE 24, 119/144 = NJW 1968, 2233; BVerfGE 57, 361/383 = NJW 1981, 1771; BVerfGE 101, 361 = NJW 2000, 1021/1023 – Caroline von Monaco). Dieses Schutzbedürfnis besteht auch hinsichtlich der Gefahren, die von dem Interesse der Medien und ihrer Nutzer an Abbildungen von Kindern ausgehen. Deren Persönlichkeitsentfaltung kann dadurch empfindlicher gestört werden als diejenige von Erwachsenen. Der Bereich, in dem Kinder sich frei von öffentlicher Beobachtung fühlen oder entfalten dürfen, muss deswegen umfassender geschützt werden als derjenige erwachsener Personen. Für die **kindliche Persönlichkeitsentwicklung** sind in erster Linie die Eltern verantwortlich. Soweit die Erziehung von ungestörten Beziehungen zu den Kindern abhängt, wirkt sich der besondere Grundrechtsschutz der Kinder nicht lediglich reflexartig zugunsten des Vaters und der Mutter aus (BVerfGE 76, 1/44 ff. = NJW 1988, 626; BVerfGE 80, 81/91 f. = NJW 1983, 2195; BVerfGE 101, 361 = NJW 2000, 1021/1023 – Caroline von Monaco). Da eine spezifisch elterliche Hinwendung zu den Kindern grundsätzlich in den Schutzbereich des Art. 2 Abs. 1 GG iVm. Art. 1 Abs. 1 GG fällt, erfährt der Abbildungsschutz eine Verstärkung durch Art. 6 Abs. 1 GG und Abs. 2 GG, der den Staat dazu verpflichtet, die Lebensbedingungen des Kindes zu sichern, die für sein gesundes Aufwachsen erforderlich sind und zu denen insbesondere die elterliche Fürsorge gehört (BVerfGE 56, 363/384 = NJW 1981, 1201; BVerfGE 57, 361/382 f. = NJW 1981, 1771; BVerfGE 80, 81/90 ff. = NJW 1983, 2195; BVerfGE 101, 361 = NJW 2000, 1021/1023 – Caroline von Monaco).

39   Es lässt sich nicht generell und abstrakt bestimmen, sondern bleibt der Beurteilung im Einzelfall überlassen, wie **sich die Verstärkung des Persönlichkeitsschutzes durch Art. 6 GG auswirkt** (BGH GRUR 2010, 173, 175 Rdnr. 10f.). Es ist davon auszugehen, dass es regelmäßig an einem Schutzbedürfnis fehlen wird, wenn sich Eltern mit ihren Kindern bewusst der Öffentlichkeit zuwenden, etwa gemeinsam an öffentlichen Veranstaltungen teilnehmen oder gar in deren Mittelpunkt stehen. Unter diesen Umständen liefern sich die Bedingungen öffentlicher Auftritte aus. Andererseits kann der Schutz zugunsten spezifischer Eltern-Kind-Beziehungen grundsätzlich aber auch dort eingreifen, wo es an den Voraussetzungen einer örtlichen Abgeschiedenheit fehlt (BVerfGE 101, 361 = NJW 2000, 1021/1023 – Caroline von Monaco). Auch bei Familienangehörigen oder Begleitpersonen wird im Hinblick auf die Bestimmung des Informationsinteresses der Öffentlichkeit und damit der Reichweite der Abbildungsfreiheit an die Differenzierung zwischen „absoluten" und „relativen" Personen der Zeitgeschichte angeknüpft.

40   **bb) Begleitpersonen von „absoluten" Personen der Zeitgeschichte** sind in einzelnen Fällen schon selbst Personen der Zeitgeschichte, und zwar dann, wenn sie – wie zB die Frau des Bundespräsidenten – aufgrund ihrer Stellung ständig Repräsentationspflichten in der Öffentlichkeit zu erfüllen haben und sie zB die Schirmherrschaft über ein Hilfswerk oder eine Stiftung übernommen haben etc. Die Eigenschaft als Person der Zeitgeschichte ergibt sich dann originär aus dem eigenen Auftreten und Wirken. Angehörige des Hochadels stellen nicht automatisch eine absolute Person der Zeitgeschichte dar (OLG Hamburg AfP 1995, 504/505 m. zust. Anm. *Ehmann* AfP 1995, 654).

41   Eine nur **derivative (abgeleitete) zeitgeschichtliche Eigenschaft** von Familienangehörigen oder Begleitpersonen bekannter Politiker, Künstler, Sportler usw. ist allerdings die Regel. Nach der sog. **„Begleiterrechtsprechung"** dürfen Bildnisse von der „Begleitperson" verbreitet werden, wenn diese zusammen mit dem betreffenden Partner in der Öffentlichkeit auftritt oder wenn sie mit ihm zusammen oder an seiner statt öffentlich repräsentiert. Maßgebend ist ein abgeleitetes Interesse der Öffentlichkeit, das nicht um der abgebildeten Person willen, sondern wegen des Interesses an der absoluten Person der Zeitgeschichte besteht, das aber auf die Person ausstrahlt, von dem jene in der Öffentlichkeit begleitet wird (BVerfG NJW 2001, 1921/1923 – Prinz Ernst August von Hannover). Allerdings kann sich aufgrund des Verhaltens der Begleitperson auch ihr ge-

genüber ein eigenständiges Informationsinteresse entwickeln. Da die Begriffe der absoluten und relativen Person der Zeitgeschichte nur vereinfachte Kürzel darstellen, nicht aber rechtlich klar begrenzte Tatbestände umschreiben, gibt es keine absolute Grenzmarkierung, sondern auch Übergangszonen, etwa in Situationen, in denen sich das Berichterstattungsinteresse an der Begleitperson verselbständigt (BVerfG aaO). Im Einzelfall kann das Verhalten der Begleitperson dazu führen, dass sie wie eine absolute Person der Zeitgeschichte zu behandeln ist (BVerfG aaO).

Grundsätzlich ist aber davon auszugehen, dass **Familienangehörige und Begleitpersonen von absoluten Personen** der Zeitgeschichte **ihrerseits als relative Personen der Zeitgeschichte** zu qualifizieren sind, soweit die Abbildung im Zusammenhang mit der Berichterstattung über ein bestimmtes Ereignis erfolgt. Die Kinder eines bekannten Politikers, die Ehefrau eines Filmstars oder die „ständige Begleiterin" eines Fußball-Nationalspielers werden nur durch ihre enge persönliche Verbindung mit der „absoluten" Person der Zeitgeschichte – und nur soweit sie sich zusammen mit dieser absoluten Person der Zeitgeschichte in der Öffentlichkeit zeigen – in der Regel zu einer „relativen" Person der Zeitgeschichte (vgl. OLG Hamburg GRUR 1990, 35 – Begleiterin; OLG Hamburg AfP 1995, 512/513; OLG München NJW-RR 1996, 93). Demgegenüber wurde das neugeborene Kind einer berühmten Geigerin im Zusammenhang mit seiner Taufe nicht als Person der Zeitgeschichte angesehen (OLG München AfP 1995, 658 – Anne Sophie Mutter). Ein einmaliges Zusammentreffen mit einem Prominenten macht eine Begleiterin noch nicht zu einer relativen Person der Zeitgeschichte. Voraussetzung ist vielmehr das Vorliegen einer Beziehung (OLG Hamburg NJW-RR 1991, 99). Die Abbildungsfreiheit der früheren Lebensgefährtin eines Prominenten kann enden. Diese muss es nach Ablauf eines Zeitraumes von mehreren Jahren seit Beendigung der Beziehung nicht mehr hinnehmen, ohne aktuellen Anlass unter Namensnennung und Bildnisveröffentlichung in der Presse mit ihrem prominenten ehemaligen Lebenspartner in Verbindung gebracht zu werden. Unter den genannten Umständen genießt der Persönlichkeitsschutz den Vorrang gegenüber der Informationsfreiheit (OLG Hamburg AfP 1985, 209; vgl. auch OLG Hamburg OLGZ 273 m. Anm. *Medicus*).

Neben der persönlichen Nähebeziehung der abgebildeten Begleitperson muss die Abbildung auch einen **inhaltlichen Zusammenhang mit einem konkreten Ereignis** aufweisen, damit sie ohne Einwilligung erfolgen darf. Ist dies nicht der Fall, so liegt eine Verletzung eines berechtigten Interesses des Abgebildeten iSv. § 23 Abs. 2 KUG vor (s. unten Rdnr. 118 ff.). Im Rahmen der hier erforderlichen Prüfung ist die Bildberichterstattung grundsätzlich in ihrer Gesamtheit zu betrachten. Dabei ist anerkannt, dass sich die **Unzulässigkeit der Bildnisveröffentlichung im Einzelfall auch oder im Wesentlichen aus dem begleitenden Text ergeben kann** (BGH NJW 2004, 1795/1796 – Charlotte Casiraghi I; BGH AfP 2004, 533/534 – Springturnierfotos I; BGH AfP 2004, 534/536 – Springturnierfotos II). Dies ist insbesondere auch dann der Fall, wenn das veröffentlichte Foto keinen Bezug auf das konkrete Ereignis erkennen lässt und einen Begleittext illustriert, der keine Berichterstattung über dieses Ereignis selbst liefert, sondern sich nahezu ausschließlich mit der äußeren Erscheinung der abgebildeten Person befasst (BGH aaO). Dies gilt in besonderem Maße im Hinblick auf das Schutzbedürfnis von Kindern und Jugendlichen (s. BVerfGE 101, 361, 385 f. = NJW 2000, 1021/1023 – Caroline von Monaco).

cc) Familienangehörige oder Begleitpersonen von „relativen" Personen der Zeitgeschichte sind regelmäßig selbst keine Personen der Zeitgeschichte. Auch enge persönliche Beziehungen zu einer „relativen" Person der Zeitgeschichte ändern hieran nichts (OLG Frankfurt/M GRUR 1958, 508 – Verbrecherbraut).

In **besonderen Ausnahmefällen** kann einer Person die Eigenschaft einer „derivativ relativen" Person der Zeitgeschichte zukommen und zwar zB dann, wenn ein Vorfahre „absolute" Person der Zeitgeschichte war und die Öffentlichkeit über die Familiengeschichte informiert werden soll (OLG München Schulze OLGZ 95 m. Anm. *Neumann-Duesberg*).

e) Beispiele für fehlendes Informationsbedürfnis. Nicht jede Bildberichterstattung findiger Sensationsreporter entspricht dem berechtigten Informationsbedürfnis der Allgemeinheit. So wird ein Kind, über dessen Herausgabe sich zwei Elternteile streiten, wegen dieses Streits seiner Eltern noch keineswegs zu einer „relativen Person der Zeitgeschichte", deren Bildnis ohne Einwilligung abgedruckt werden dürfte (OLG Köln Schulze OLGZ 133 – Pfändung eines Kindes – m. Anm. *Neumann-Duesberg*). Durch die Veröffentlichung des Bildnisses selbst – gleich ob mit oder ohne Einwilligung des Abgebildeten – wird niemand zu einer – noch so relativen – Person der Zeitgeschichte (OLG Frankfurt/M GRUR 1958, 508/509 – Verbrecherbraut; OLG

Köln Schulze OLGZ 133 – Pfändung eines Kindes). Auch durch eine Fernsehsendung wird eine Person nicht automatisch im Zeitpunkt der Ausstrahlung zur relativen Person der Zeitgeschichte (OLG München AfP 1992, 78/80). Nicht die Schilderung ihrer Lebensgeschichte macht eine Person zur „Person der Zeitgeschichte", sondern die Ereignisse, an denen die betreffende Person beteiligt war, sofern ein berechtigtes Informationsinteresse der Allgemeinheit besteht. „Es kommt nicht darauf an, ob das Ereignis ‚bekannt und genannt' ist, sondern allein auf das Ereignis selbst" (*Neumann-Duesberg* Anm. zu Schulze OLGZ 87, 11).

47 **f) Die Grundsätze des BVerfG zum Privatsphärenschutz.** Wesentlich für das Verständnis des Urteils des EGMR „Caroline von Hannover" (JZ 2004, 1015 = GRUR 2004, 1051 = NJW 2004, 2647) sind die vom BVerfG aufgestellten Grundsätze zum Schutz der Privatsphäre. Sie bilden den Hintergrund für die Erwägungen des EGMR, da diese sich auf die abweichenden Bewertungen des BVerfG beziehen. Paradigmatisch für die Grundsätze, die das BVerfG zum Privatsphärenschutz absoluter Personen der Zeitgeschichte aufgestellt hat, ist das Urteil „Caroline von Monaco" (BVerfGE 101, 361 = NJW 2000, 1021). Die wichtigsten Eckpfeiler der Argumentation sollen deshalb im Folgenden wiedergegeben werden.

48 **aa) Zweck und Inhalt des Schutzes der Privatsphäre.** Auch wenn der Bildnisschutz in seiner Entstehungsgeschichte eng mit dem Schutz der Privatsphäre verknüpft ist (s. § 60/§ 22 Rdnr. 1 ff.), sind diese beiden Persönlichkeitsrechte nicht deckungsgleich, sondern unterscheiden sich in ihrer Zielrichtung und ihrem Inhalt. Allerdings stehen beide Aspekte des Persönlichkeitsschutzes in einem engen Zusammenhang und es kommt zu Überschneidungen ihrer Anwendungsbereiche. Wie das BVerfG in seiner wegweisenden Entscheidung „Caroline von Monaco" (BVerfGE 101, 361 = NJW 2000, 1021/1022) dargelegt hat, bezieht sich der **Schutz der Privatsphäre nicht speziell auf Abbildungen**, sondern ist **thematisch und räumlich bestimmt**. Er umfasst zum einen Angelegenheiten, die wegen ihres Informationsinhalts typischerweise als „privat" eingestuft werden, weil ihre öffentliche Erörterung oder Zurschaustellung als unschicklich gilt, das Bekanntwerden als peinlich empfunden wird oder nachteilige Reaktionen der Umwelt auslöst, wie es etwa bei Auseinandersetzungen mit sich selbst in Tagebüchern (BVerfGE 80, 367 = NJW 1990, 563), bei vertraulicher Kommunikation unter Eheleuten (BVerfGE 27, 344 = NJW 1970, 555), im Bereich der Sexualität (BVerfGE 47, 46 = NJW 1978, 807; BVerfGE 49, 286 = NJW 1979, 595), bei sozial abweichendem Verhalten (BVerfGE 44, 353 = NJW 1977, 1489) oder bei Krankheiten (BVerfGE 32, 373 = NJW 1972, 1123) der Fall ist. Zum anderen erstreckt sich der Schutz auf einen räumlichen Bereich, in dem der Einzelne zu sich kommen, sich entspannen oder auch gehen lassen kann (vgl. BVerfGE 27, 1/6 = NJW 1969, 1707). Im Kern geht es dabei um einen Raum, in dem er die Möglichkeit hat, frei von öffentlicher Beobachtung und damit der von ihr erzwungenen Selbstkontrolle zu sein, auch ohne dass er sich dort notwendig anders verhielte als in der Öffentlichkeit. „Bestünden solche Rückzugsbereiche nicht mehr, könnte der Einzelne psychisch überfordert sein, weil er unausgesetzt darauf achten müsse, wie er auf andere wirkt und ob er sich richtig verhält. Ihm fehlten die Phasen des Alleinseins und Ausgleichs, die für die Persönlichkeitsentfaltung notwendig sind und ohne die sie nachhaltig beeinträchtigt würde" (BVerfGE 101, 361 = NJW 2000, 1021/1022 – Caroline von Monaco). Es ist seit langem anerkannt, dass auch Personen, die gewollt oder ungewollt im öffentlichen Leben stehen, nicht ihr Anrecht auf eine Privatsphäre, die den Blicken der Öffentlichkeit entzogen bleibt, verlieren (BVerfG aaO; vgl. BGH GRUR 1957, 494 – Spätheimkehrer). Das gilt auch für demokratisch gewählte Amtsträger, die zwar für ihre Amtsführung öffentlich rechenschaftspflichtig sind und sich in diesem Umfang öffentliche Aufmerksamkeit gefallen lassen müssen, nicht aber für ihr Privatleben, sofern diese die Amtsführung nicht berührt (BVerfGE 101, 361 = NJW 2000, 1021/1022 – Caroline von Monaco).

49 **(1) Verhältnis von Privatsphärenschutz und Bildnisschutz.** Was das **Verhältnis von Privatsphärenschutz und Bildnisschutz** anbelangt, so lässt sich feststellen, dass der Bildnisschutz einerseits enger, andererseits weiter ist als der Privatsphärenschutz. Der Bildnisschutz ist enger, weil er sich nur auf Bildnisse bezieht, während sich der Privatsphärenschutz auch auf solche der Privatheit unterliegenden Informationen erstreckt, die nicht in Form eines Bildnisses fixiert werden. Der Bildnisschutz ist weiter als der Privatsphärenschutz, weil er im Grundsatz nicht danach differenziert, ob das Bildnis dem Privatbereich zuzuordnen ist oder nicht, sondern grundsätzlich dem Abgebildeten ein umfassendes Selbstbestimmungsrecht über seine Darstellung im Bild gewährt, ohne dass es auf deren Inhalt ankäme. Berührungspunkte und Überschneidungen zwischen dem Bildnisschutz und dem Privatsphärenschutz ergeben sich allerdings dann, wenn durch den Inhalt des Bildnisses berechtigte Interessen des Abgebildeten verletzt werden,

weil er dem Bereich seiner Privatsphäre zuzuordnen ist. Unter diesen Umständen wird die nach § 23 Abs. 1 KUG grundsätzlich bestehende Abbildungsfreiheit durch den Schutz der Privatsphäre verdrängt.

(2) Bestimmung der Reichweite des Privatsphärenschutzes. Die Bestimmung der Reichweite des Schutzes der Privatsphäre ist deshalb von entscheidender Bedeutung für die Festlegung der Abbildungsfreiheit nach § 23 Abs. 1 KUG. Ganz generell gilt, dass an die Bildberichterstattung grundsätzlich ein strengerer Maßstab anzulegen ist als an die Wortberichterstattung, denn „gegenüber einer Berichterstattung durch Wort, Druck oder Schrift bedeutet es einen ungleich stärkeren Eingriff in die persönliche Sphäre, wenn jemand das Erscheinungsbild einer Person in einer Lichtbildaufnahme oder einem Film fixiert, es sich so verfügbar macht und der Allgemeinheit vorführt" (BGH GRUR 1967, 205/208 – Vor unserer eigenen Tür). 50

bb) Häuslicher Bereich und Abgeschiedenheit. Allgemein anerkannt ist, dass der räumlich-gegenständliche Bereich der eigenen Wohnung, der „häusliche Bereich", zur Privatsphäre gehört. Die Öffentlichkeit endet spätestens an der Haustür und nicht erst an der Schlafzimmertür. Umgekehrt endet aber auch die Privatsphäre nicht an der Haustür, sondern besteht auch außerhalb des häuslichen Bereichs in gleicher Weise, wenn sich jemand in eine **örtliche Abgeschiedenheit** zurückgezogen hat, in der er objektiv erkennbar für sich allein sein will (s. dazu BVerfGE 101, 361/382 ff. = NJW 2000, 1021/1022 f. – Caroline von Monaco; BGHZ 131, 332/338 ff.; BGH GRUR 2004, 438 = NJW 2004, 762/763 – Feriendomizil I; BGH GRUR 2004, 442/443 = NJW 2004, 766/767 – Feriendomizil II). 51

(1) Umfriedetes Grundstück. Ein umfriedetes Grundstück ist jedenfalls der Privatsphäre zuzurechnen, wenn es dem Nutzer die Möglichkeit gibt, frei von öffentlicher Beobachtung zu sein. Der Schutz der Privatsphäre entfällt nicht bereits deshalb, weil Vorbeikommende aufgrund der landschaftlichen Gegebenheiten Grundstücksteile einsehen können. Bei umfriedeten Wohngrundstücken bleibt der typisch private Charakter für Dritte bereits durch dessen erkennbaren Nutzungszweck bestimmt (BGH GRUR 2004, 438/439 – Feriendomizil I; BGH GRUR 2004, 442/443 – Feriendomizil II). 52

(2) Privatheit in der Öffentlichkeit. Während sich der räumlich-gegenständliche Bereich der Privatsphäre relativ zuverlässig definieren lässt, ist der darüber hinaus anerkannte Schutz der „**Privatheit in der Öffentlichkeit**" mit erheblicher Unsicherheit behaftet, die im Hinblick auf das Gebot der Bestimmtheit von Rechtsnormen äußerst bedenklich erscheint. Nach der Rechtsprechung des BGH gehört zum Recht auf Achtung der Privatsphäre auch „das Recht, für sich zu sein, sich selber zu gehören" (BGH AfP 1996, 140/141 – Caroline von Monaco; vgl. auch BVerfGE 34, 238/245 ff.; 35, 202/220). Damit wird an das amerikanische Recht angeknüpft, wo als Ausfluss des Right of Privacy auch das „Right to be let alone" anerkannt ist, das in seiner dogmatischen Grundlegung auf *Warren* und *Brandeis* (4 Harvard Law Review [1890] 193 ff.) zurückgeht (s. dazu *Götting* S. 168 ff./174). Der BGH hat deshalb entschieden, dass uU auch außerhalb des häuslichen Bereichs eine Privatsphäre anzuerkennen ist. „Das ist dann der Fall, wenn sich **jemand in eine örtliche Abgeschiedenheit zurückgezogen hat,** in der er objektiv erkennbar für sich allein sein will und in der er sich in der konkreten Situation im Vertrauen auf die Abgeschiedenheit so verhält, wie er es in der breiten Öffentlichkeit nicht tun würde. In diesen Schutzbereich greift in unzulässiger Weise ein, wer Bilder veröffentlicht, die von dem Betroffenen in dieser Situation heimlich oder unter Ausnutzung einer Überrumpelung aufgenommen worden sind" (BGH AfP 1996, 140/141 – Caroline von Monaco). Das BVerfG hat diesen Ansatz grundsätzlich gebilligt und in der „Caroline von Monaco"-Entscheidung den Grundsatz aufgestellt, dass der vom Schutz der Privatsphäre erfasste „Rückzugsbereich" nicht von vornherein auf den häuslichen Bereich beschränkt werden darf (BVerfGE 101, 361 = NJW 2000, 1021/1022). Wörtlich hat es dazu ausgeführt: „Die freie Entfaltung der Persönlichkeit wäre erheblich behindert, wenn der Einzelne nur im eigenen Haus der öffentlichen Neugier entgehen könnte. Die notwendige Erholung von einer durch Funktionszwänge und Medienpräsenz geprägten Öffentlichkeit ist vielfach nur in der Abgeschiedenheit einer natürlichen Umgebung, etwa an einem Ferienort, zu gewinnen. Deswegen muss der Einzelne grundsätzlich die Möglichkeit haben, sich auch in der freien, gleichwohl abgeschiedenen Natur oder an Örtlichkeiten, die von der breiten Öffentlichkeit deutlich abgeschieden sind, in einer von öffentlicher Beobachtung freien Weise zu bewegen. Dies gilt gerade gegenüber solchen Aufnahmetechniken, die die räumliche Abgeschiedenheit überwinden, ohne dass der Betroffene dies bemerken kann." 53

(3) Situative Beurteilung nach objektiven Kriterien. „Wo die Grenzen der geschützten Privatsphäre außerhalb des Hauses verlaufen, lässt sich nicht generell und abstrakt festlegen. Sie 54 können vielmehr nur aufgrund der jeweiligen Beschaffenheit des Orts bestimmt werden, den der Betroffene aufsucht. Ausschlaggebend ist, ob der Einzelne eine Situation vorfindet oder schafft, in der er begründetermaßen und somit auch für Dritte erkennbar davon ausgehen darf, den Blicken der Öffentlichkeit nicht ausgesetzt zu sein. Ob die Voraussetzungen der Abgeschiedenheit erfüllt sind, lässt sich **nur situativ beurteilen.** Der Einzelne kann sich an ein und demselben Ort zu Zeiten mit gutem Grund unbeobachtet fühlen, zu anderen Zeiten nicht" (BVerfG aaO). Nach Auffassung des BVerfG hängt die Beurteilung der „Abgeschiedenheit" nicht von der Willensrichtung des Abgebildeten ab, sondern richtet sich ausschließlich nach **objektiven Kriterien,** die im Wesentlichen durch eine räumlich-gegenständliche Betrachtungsweise geprägt sind. Es kommt darauf an, „ob der Einzelne begründetermaßen erwarten darf, unbeobachtet zu sein, oder aber Plätze aufgesucht hat, wo er sich unter den Augen der Öffentlichkeit bewegt." Dies hat zur Konsequenz, dass es auch in geschlossenen Räumen an der Abgeschiedenheit fehlen kann. Während es insoweit auf die besonderen Umstände des Einzelfalls ankommt, fehlt es nach Meinung des BVerfG an Plätzen, an denen sich der Einzelne unter vielen Menschen befindet, von vornherein an den Voraussetzungen des Privatsphärenschutzes iSv. Art. 2 Abs. 1 iVm. mit Art. 1 Abs. 1 GG. Begründet wird dies mit dem Argument, dass solche Orte das Rückzugsbedürfnis nicht erfüllen können und deswegen auch nicht den grundrechtlichen Schutz zu rechtfertigen vermögen, den dieses Bedürfnis aus Gründen der Persönlichkeitsentfaltung verdient. Der Einzelne könne solche Orte auch nicht etwa durch ein Verhalten, das typischerweise nicht öffentlich zur Schau gestellt würde, „in seine Privatsphäre umdefinieren". „Nicht sein Verhalten, ob allein oder mit anderen, konstituiert die Privatsphäre, sondern die **objektive Gegebenheit der Örtlichkeit zur fraglichen Zeit.** Verhält er sich daher an Orten, die nicht die Merkmale der Abgeschiedenheit aufweisen, so, als stünde er nicht unter Beobachtung, hebt er das Schutzbedürfnis für Verhaltensweisen, die an sich die Öffentlichkeit nichts angehen, selbst auf" (BVerfGE 101, 361/389 ff. = NJW 2000, 1021/1023 – Caroline von Monaco).

55 **(4) Mediales Vorverhalten.** Eine Ausnahme von dem Grundsatz, dass die Reichweite des Privatsphärenschutzes nicht von dem Willen des Betroffenen abhängt, sondern sich nach objektiven, im Wesentlichen „räumlich-gegenständlichen" Kriterien richtet, gilt im Hinblick auf das mediale Vorverhalten des Abgebildeten. Dieser kann die Schutzzone seiner Privatsphäre zwar nicht nach seinem Willen ausdehnen; seine frühere Bereitschaft, den Medien Einblick in sein „Privatleben" zu gewähren, kann ihm aber als (fiktiver) Rechtsverzicht entgegen gehalten werden. Aufgrund dieser Konstruktion, die an die im amerikanischen Recht anzutreffende sog. „Waiver-Theorie" erinnert (*Götting* Persönlichkeitsrechte als Vermögensrechte, S. 193 f.), führt zu einer Verminderung des Schutzes der Privatsphäre. Dahinter scheint die Vorstellung zu stehen, dass es quasi auf ein „venire contra factum proprium" hinausliefe, wenn der Betroffene zunächst sein Einverständnis zur Verbreitung von Darstellungen aus seinem Privatleben gibt und sich später bei anderen Gelegenheiten auf sein Recht auf den Schutz seiner Privatsphäre beruft. Auf diese Argumentation stützt sich das BVerfG in seinem Urteil „Caroline von Monaco", in dem es heißt: „Der Schutz der Privatsphäre vor öffentlicher Kenntnisnahme entfällt ferner, wenn sich jemand selbst damit einverstanden zeigt, dass bestimmte, gewöhnlich als privat geltende Angelegenheiten öffentlich gemacht werden, etwa indem er Exklusivverträge über die Berichterstattung aus seiner Privatsphäre abschließt." Angesichts dieses „medialen Vorverhaltens" kann sich der Abgebildete nach Auffassung des BVerfG dann nicht gleichzeitig auf den öffentlichkeitsabgewandten Privatsphärenschutz berufen (BVerfGE 101, 361/389 ff. = NJW 2000, 1021/1023 – Caroline von Monaco; ebenso BGH GRUR 2005, 76/78 – „Rivalin" von Uschi Glas).

56 Dieser Gedanke ist tragfähig, soweit es um bestimmte einzelne Vorgänge oder Aspekte des Privatlebens geht, in welche der Betroffene den Medien Einblick gewährt und insofern auf den Schutz vor unerwünschter Publizität bewusst verzichtet hat. Nicht überzeugend ist aber, dass das BVerfG nicht einen situations- und zweckgebundenen Verzicht annimmt, sondern einen **„situationsübergreifenden Totalverzicht"** unterstellt. Nach Auffassung des BVerfG muss nämlich die „Erwartung, dass die Umwelt die Angelegenheiten oder Verhaltensweisen in einem Bereich mit Rückzugsfunktion nur begrenzt oder nicht zur Kenntnis nimmt (…) situationsübergreifend und konsistent zum Ausdruck gebracht werden. Das gilt auch für den Fall, dass der Entschluss, die Berichterstattung über bestimmte Vorgänge der eigenen Privatsphäre zu gestatten oder hinzunehmen, rückgängig gemacht wird" (BVerfG aaO). Im Ergebnis bedeutet dies, dass derjenige, der Informationen aus seinem Privatleben preisgibt, ein für alle Mal seinen Privatsphärenschutz einbüßt. Eine solche undifferenzierte Beurteilung ist abzulehnen. Bildlich gesprochen ist es ein erheblicher qualitativer Unterschied, ob jemand der Öffentlichkeit Zutritt zu seinem Garten, zu seinem Wohnzimmer oder zu seinem Schlafzimmer gewährt. Die Verzichtstheorie des BVerfG

kann deshalb nur situativ und qualitativ zur Feststellung einer (freiwilligen) Aufgabe oder Begrenzung des Privatsphärenschutzes aufgrund eines medialen Vorverhaltens herangezogen werden.

Eine gewisse **Begrenzung der Verzichtstheorie** ist einem Urteil des BGH zu entnehmen. Danach darf die Presse ein Foto, das die abgebildete Person in einer privaten Situation zeigt und dessen Veröffentlichung zunächst rechtswidrig war, nicht schon deshalb ohne Einwilligung des Abgebildeten erneut veröffentlichen, weil dieser inzwischen Informationen über sein Privatleben teilweise der Öffentlichkeit zugänglich gemacht habe (BGH GRUR 2005, 76 – „Rivalin" von Uschi Glas). 57

(5) Kommerzialisierung des Privatsphärenschutzes. Die Aussage des BVerfG, dass der „verfassungsrechtliche Privatsphärenschutz aus Art. 2 Abs. 1 iVm. in Art. 1 Abs. 1 GG (...) nicht im Interesse einer Kommerzialisierung der eigenen Person gewährleistet" wird (BVerfGE 101, 361/389 ff. = NJW 2000, 1021/1023 – Caroline von Monaco), ist eine Behauptung ohne substantielle Begründung, die den Zusammenhang zwischen der Zuweisung negativer Ausschlussrechte und positiver Nutzungsrechte negiert. Wer das Recht hat, anderen Einblick in seine Privatsphäre zu verweigern, kann sich umgekehrt auch dazu entschließen, anderen Einblick in seine Privatsphäre zu gewähren. Dass dies, wie bei entsprechenden Exklusivverträgen üblich, gegen Entgelt geschieht, ist rechtlich nicht zu beanstanden, sondern unterliegt als „wirtschaftliches Persönlichkeitsrecht" der Privatautonomie und Vertragsfreiheit. Der Abschluss von Exklusivverträgen über „Homestories" über Prominente oder die Exklusivberichterstattung über Hochzeiten oder Geburtstage ist gang und gäbe und es ist nicht bekannt, dass ihnen bisher die rechtliche Anerkennung versagt wurde. Dies wäre auch nicht gerechtfertigt, weil ein Verstoß gegen höherrangige Wertungen, die einer solchen Ausübung des „wirtschaftlichen Persönlichkeitsrechts" entgegen stünden, nicht ersichtlich ist. 58

cc) Keine Begrenzung auf die „öffentliche Funktion" des Abgebildeten. Praktisch hatte diese Rechtsprechung des BVerfG zur Folge, dass prominente Persönlichkeiten mit einem hohen Bekanntheitsgrad, die den Status einer absoluten Person der Zeitgeschichte erfüllen, „vogelfrei" waren und keinerlei Privatsphärenschutz genossen, wenn sie sich allein oder mit einem vertrauten Begleiter auf öffentlichen Plätzen bewegten. Auch bei rein „privaten" Tätigkeiten im Alltagsleben waren sie vor einer systematischen Verfolgung durch Fotografen („Paparazzi") nicht geschützt. Eine Beschränkung der Abbildungsfreiheit auf Vorgänge, die den demokratischen Meinungsbildungsprozess betreffen, schließt das BVerfG ausdrücklich aus, da Unterhaltung ebenfalls in den Grundrechtsschutz des Art. 5 Abs. 1 GG einbezogen wird. 59

5. Das Urteil „Caroline von Hannover" des EGMR

Wie bereits mehrfach dargelegt, markiert das Urteil des EGMR „Caroline von Hannover" einen Wendepunkt in der Rechtsprechung zum Bildnis- und Privatsphärenschutz. Im Folgenden sollen deshalb die wesentlichen Aussagen und Wertungsgesichtspunkte der Entscheidung dargestellt werden. 60

a) Die tragenden Gründe der Entscheidung. Aufgrund einer Beschwerde von Prinzessin Caroline von Monaco hat der **EGMR entschieden, dass die deutschen Gerichte,** insbesondere auch das BVerfG mit seiner Rechtsprechung zu den Entscheidungen des Privatsphärenschutzes absoluter Personen der Zeitgeschichte, **„keinen gerechten Ausgleich der widerstreitenden Interessen vorgenommen haben" und daher eine Verletzung des Art. 8 EMRK** vorliegt (EGMR 3. Sektion, 24. 6. 2004, Individualbeschwerde Nr. 59 320/00, JZ 2004, 1015 mit Anm. *Stürner* = GRUR 2004, 1051 = NJW 2004, 2647). Im Gegensatz zum BVerfG geht der EGMR davon aus, dass die **Verbreitung von Bildnissen zum Zwecke der Unterhaltung keine Einschränkung der Privatsphäre rechtfertigt.** Dies ist nur dann der Fall, wenn es sich um Informationen handelt, die zu einer Diskussion in einer demokratischen Gesellschaft beitragen können, wie insbesondere bei einer **Berichterstattung, die im Zusammenhang mit der Ausübung einer öffentlichen Funktion stehen** (EGMR JZ 2004, 1016 Rdnr. 63 ff.). Nach Meinung des Gerichtshofs ist eine **grundlegende Unterscheidung** zu treffen zwischen der Berichterstattung über – auch umstrittene – Tatsachen, die zu einer Diskussion in einer demokratischen Gesellschaft beitragen können und sich zB auf **Politiker in Ausübung ihres Amtes beziehen,** und der Berichterstattung über Einzelheiten aus dem Privatleben einer Person, die überdies – wie im vorliegenden Fall – keine offiziellen Ämter bekleidet. Während die Presse im ersten Fall ihrer unerlässlichen Wächterfunktion in einer Demokratie nachkomme, indem sie zur Vermittlung von Informationen und Ideen über Gegenstände von öffentlichem Interesse beitrage, 61 tue sie dies im zweiten Fall nicht (EGMR JZ 2004, 1015/1016 Rdnr. 63). **Unter besonderen Umständen könnte sich das Informationsinteresse der Öffentlichkeit auch auf Aspekte des Privatlebens von Personen des öffentlichen Lebens erstrecken**, insbesondere wenn Politiker betroffen sind. Dies treffe aber nicht auf die Fotos von Prinzessin Caroline sowie die begleitenden Kommentare zu, da sie sich ausschließlich auf Einzelheiten aus ihrem Privatleben beziehen (EGMR aaO Rdnr. 64). Die Fotos und Artikel, deren einziger Zweck die Befriedigung der Neugierde eines bestimmten Leserkreises über Einzelheiten aus dem Privatleben gewesen sei, könne nicht als Beitrag zu einer Diskussion von allgemeinem gesellschaftlichen Interesse erachtet werden (EGMR aaO Rdnr. 65). Fehlt es an dieser Voraussetzung, besteht kein berechtigtes Interesse daran, zu wissen, wo sich eine prominente Person aufhält und wie sie sich allgemein in ihrem Privatleben verhält. Deshalb ist nach Auffassung des EGMR ein Schutz der Privatsphäre auch dann anzuerkennen, wenn sich die Person **an Orte begibt, die nicht immer als abgeschieden bezeichnet werden können, ungeachtet der Tatsache, dass sie der Öffentlichkeit wohl bekannt ist** (EGMR JZ 2004, 1015/1017 Rdnr. 77). Nach Auffassung des Gerichtshofs müsse ferner beachtet werden, dass die Fotos ohne Kenntnis oder Einverständnis aufgenommen worden seien und es dürften auch die von vielen Personen des öffentlichen Lebens in ihrem Alltagsleben erlittenen Belästigungen nicht ganz außer Acht gelassen werden (EGMR aaO Rdnr. 68).

62 Damit scheint sich der EGMR an den im französischen Recht entwickelten Grundsatz anzulehnen, wonach bekannte Persönlichkeiten in der Regel nur bei der **Wahrnehmung ihrer öffentlichen Funktion** gegen ihren Willen abgebildet werden dürfen (s. *Ohly* GRUR Int. 2004, 902/906). Auf dieser Grundlage hat der EGMR die Qualifizierung von Prinzessin Caroline von Monaco als „absolute" Person der Zeitgeschichte insofern als problematisch angesehen, da solchen Personen nur sehr begrenzter Schutz ihres Privatlebens oder ihres Rechts am eigenen Bild gewährt wird (EGMR JZ 2004, 1015/1017 Rdnr. 72). Dies könne möglicherweise für Politiker in Ausübung ihrer offiziellen Ämter angemessen sein, nicht aber für eine einzelne Privatperson, an der das Interesse der Öffentlichkeit und der Presse allein wegen ihrer Zugehörigkeit zu einer Herrscherfamilie bestehe, während sie selbst überhaupt keine offiziellen Ämter bekleidet. „Unter diesen Umständen ist der Gerichtshof jedenfalls der Auffassung, dass das Gesetz eng ausgelegt werden muss, um sicherzustellen, dass der Staat seine nach der Konvention bestehende positive Verpflichtung zum Schutz des Privatlebens und des Rechts am eigenen Bild erfüllt" (EGMR aaO).

63 **b) Bindungswirkung.** Mit Blick auf die **Auswirkungen des Urteils des EGMR auf die künftige deutsche Rechtsprechung** hat das BVerfG einerseits eine unmittelbare Bindungswirkung verneint; andererseits hat es aber betont, dass das Urteil des EGMR im Rahmen methodisch vertretbarer Gesetzesauslegung angemessen zu berücksichtigen und in das deutsche Recht zum Schutz der Persönlichkeit einzupassen ist (vgl. BVerfG NJW 2004, 3407; sa. *Lauber-Rönsberg* in Götting/Schertz/Seitz, Handbuch des Persönlichkeitsrechts, § 61 Rdnr. 98–101). Da die Aussagen des BVerfG zur Frage der Bindungswirkung diffus sind, haben sie mehr Verwirrung als Klarheit gestiftet (s. zu den schwammigen Aussagen des Gerichts *Klass* AfP 2007, 517/520). Es kam deshalb zu divergierenden Entscheidungen der instanzgerichtlichen Rechtsprechung (s. die Nachweise bei *Klass* aaO 521; sa. *Schmitt* ZUM 2007, 186/189 ff. im Hinblick auf die Auswirkungen auf die Begleiterrechtsprechung, insbesondere den divergierenden Entscheidungen KG ZUM 2005, 73 – Lebenspartnerin von Herbert Grönemeyer und OLG Hamburg ZUM 2006, 424 – Ferienvilla). **Die Problematik ist noch immer nicht obsolet**, sondern weiterhin virulent. Zwar haben sich der BGH und das BVerfG den Vorgaben des EGMR teilweise angenähert, indem sie den Privatsphärenschutz Prominenter im Vergleich zur früheren Rechtsprechung verstärkt haben (s. dazu unten Rdnr. 66ff.). Allerdings gehen sowohl der BGH als auch das BVerfG im Gegensatz zum EGMR nach wie vor davon aus, dass auch die Unterhaltung eine Einschränkung des Privatsphärenschutzes zu rechtfertigen vermag (BGH GRUR 2007, 523/525 Rdnr. 17 – Abgestuftes Schutzkonzept; BVerfG GRUR 2008, 539/542 Rdnr. 62 – Caroline von Hannover). Insoweit bleibt die Frage unbeantwortet, ob bzw. inwieweit deutsche Gerichte an die Rechtsauffassung des EGMR gebunden sind, wonach die bloße Unterhaltung kein relevanter Bewertungsfaktor ist, auf sich eine Einschränkung des Schutzes der Privatsphäre Prominenter stützen lässt.

64 **c) Bewertung.** Im **wissenschaftlichen Schrifttum** (und auch in der Presse) hat das Urteil des EGMR ein lebhaftes Echo gefunden und ist überwiegend auf Kritik und zum Teil heftigste Ablehnung gestoßen (s. dazu den Überblick bei *Zagouras* AfP 2004, 509 f.; *Ohly* GRUR Int. 2004, 902 f.). Die Sorge einer massiven **Einschränkung der Pressefreiheit** oder gar die War-

nung vor einer Pressezensur ist völlig unbegründet, da der EGMR nachdrücklich betont hat, dass eine Berichterstattung und kritische Auseinandersetzung mit Vorgängen, die das Verhalten von Politikern oder Amtsträgern betreffen, durch das Urteil in keiner Weise tangiert werden. Zu Recht weist *Stürner* in seiner zustimmenden Anmerkung darauf hin, dass der EGMR im Gegensatz zum BVerfG (BVerfGE 101, 361/389 ff. = NJW 2000, 1021) eine **„qualitative Bewertung" des Informationsinteresses** vorgenommen hat (*Stürner* JZ 2004, 1018/1019). Völlig überzeugend kritisiert er, dass das BVerfG mit der Gleichsetzung von Information und Unterhaltung im Rahmen der Medienfreiheit die Definitionshoheit über das „öffentliche Interesse" als Rechtfertigung des Eingriffs in die Persönlichkeitssphäre an die Medien abgegeben habe. Diese dürften das öffentliche Informationsinteresse weithin selbst begründen und so definieren, wie es der mediale Markt verlange (*Stürner* JZ 2004, 1018).

In der Tat erscheint dieser Verzicht auf normative Wertungen und Begrenzungen, der an den im US-amerikanischen Recht kritisierten „leave it to the press approach" (s. *Götting* Persönlichkeitsrechte als Vermögensrechte, S. 187 mwN) erinnert, zirkulär. Im Sinne einer „empirischen Selbstdefinition" wird es den Medien erlaubt, Neugier und Sensationslust anzustacheln, um sie dann unter Berufung auf die Pressefreiheit immer wieder aufs Neue zu befriedigen. Mit seiner „Unlust an der Wertung" (so treffend *Stürner* aaO) verfehlt das BVerfG die elementare Aufgabe, normative Leitlinien für die Begrenzung der Pressefreiheit durch den Persönlichkeitsschutz zu entwickeln. 65

6. Die neue Rechtsprechung als Folge des EGMR-Urteils „Caroline von Hannover"

a) **Rechtsprechung des BGH.** Wie bereits oben dargelegt (s. Rdnr. 21), hat der BGH als Reaktion auf das Urteil des EGMR „Caroline von Hannover" eine einschneidende Neuorientierung unter dem **Schlagwort eines sog. „abgestuften Schutzkonzepts"** vorgenommen. Kritisch anzumerken ist allerdings, dass der Begriff des „abgestuften Schutzkonzepts" für sich genommen eigentlich keine Neuerung darstellt, da sich dies bereits aus der Systematik des Bildnisschutzes ergibt (s. oben Rdnr. 22). Ungeachtet dessen hat der BGH einige neue Grundsätze aufgestellt, die den Vorgaben des EGMR Rechnung tragen sollen und sich deutlich von der bisherigen Rechtsprechung unterscheiden. In ihren wesentlichen Punkten lassen sich die Veränderungen wie folgt umreißen: 66

aa) **Abstandnahme vom Begriff der „absoluten Person der Zeitgeschichte".** In Abweichung von der bisherigen Rechtsprechung hat sich der BGH in seiner neueren Rechtsprechung von der Kategorie der „absoluten Person der Zeitgeschichte" in Abgrenzung zur „relativen Person der Zeitgeschichte" gelöst und lehnt sich stärker an die Formulierung des § 23 Abs. 1 Nr. 1 KUG „Bildnisse aus dem Bereiche der Zeitgeschichte" an. **Diese Folgerung aus dem Urteil des EGMR „Caroline von Hannover" erscheint nicht zwingend**, da sich das europäische Gericht nicht gegen die Kategorisierung als solche wendet, sondern beanstandet, dass die deutschen Gerichte dem Privatsphärenschutz absoluter Personen der Zeitgeschichte nicht hinreichend Rechnung getragen haben. Bei richtigem Verständnis ist die Feststellung, dass es sich um eine absolute Person der Zeitgeschichte handelt, nicht der Ausgangspunkt, sondern das Ergebnis der erforderlichen Interessenabwägung zwischen dem legitimen Informationsbedürfnis der Öffentlichkeit und dem Privatsphärenschutz der abgebildeten Person. Auch künftig wird die Rechtsprechung nicht umhin kommen, im Rahmen der Interessenabwägung eine graduelle Abstufung hinsichtlich der Bekanntheit vorzunehmen, die wenn auch nicht das einzige, so doch ein wesentliches Kriterium für die Annahme einer „absoluten Person der Zeitgeschichte" darstellt. 67

bb) **Verhältnis zu § 23 Abs. 2 KUG.** Während früher Unklarheiten über das Verhältnis zwischen § 23 Abs. 1 Nr. 1 KUG und § 23 Abs. 2 KUG bestanden und zum Teil die Frage nach dem Standort der Interessenabwägung für unerheblich gehalten wurde (s. etwa BGH GRUR 1979, 425/426 – Fußballspieler; BGH GRUR 1985, 398/399 – Nacktfoto), hat der BGH nunmehr eine richtungsweisende Klarstellung vorgenommen. Danach hat die **Abwägung der widerstreitenden Rechte und Grundrechte der abgebildeten Person einerseits und der Presse andererseits schon bei der Zuordnung zum Bereich der Zeitgeschichte zu erfolgen**, wobei der Beurteilung ein normativer Maßstab zugrunde zu legen ist, welcher der Pressefreiheit und zugleich dem Schutz der Persönlichkeit und ihrer Privatsphäre ausreichend Rechnung trägt (BGH GRUR 2007, 523/525 Rdnr. 14 – Abgestuftes Schutzkonzept). In Anbetracht dessen dürfte die Regelung des § 23 Abs. 2 KUG zukünftig nur noch eine geringe Rolle spielen, da ihr die Funktion eines Auffangtatbestandes zukommt, dessen Anwendungsbe- 68 reich äußerst gering sein dürfte, da die umfassende Interessenabwägung bereits im Rahmen des § 23 Abs. 1 Nr. 1 KUG stattzufinden hat (in diesem Sinne auch *Schertz* in Götting/Schertz/Seitz, Handbuch des Persönlichkeitsrechts, § 12 Rdnr. 79).

69 **cc) Ereignis von zeitgeschichtlicher Bedeutung.** Eine wesentliche Änderung gegenüber der früheren Rechtsprechung ist darin zu sehen, dass künftig eine Ausnahme vom Erfordernis der Einwilligung grundsätzlich nur dann in Betracht kommt, wenn die Berichterstattung ein Ereignis von zeitgeschichtlicher Bedeutung betrifft (BGH GRUR 2007, 523/525 Rdnr. 17 unter Hinweis auf BGHZ 158, 218/222f. = GRUR 2004, 592 = NJW 2004, 1795 – Charlotte Casiraghi I; BGH GRUR 2005, 76 = NJW 2005, 594 – „Rivalin" von Uschi Glas; BGH GRUR 2007, 139 Rdnr. 15 = NJW 2007, 689 – Rücktritt des Finanzministers). Über prominente Persönlichkeiten kann deshalb nicht schon allein aufgrund ihres Status als „absolute Person der Zeitgeschichte" berichtet werden, sondern die Ausnahmeregelung des § 23 Abs. 1 Nr. 1 KUG und damit der Verzicht auf die Einwilligung des Abgebildeten greift nur dann ein, wenn das Bildnis in einem **zeitgeschichtlichen Zusammenhang** steht. Wie der BGH betont, darf aber der **Begriff der Zeitgeschichte** nicht zu eng verstanden werden; „schon nach der Entstehungsgeschichte des (...) KUG (...), vor allem aber im Hinblick auf den Informationsbedarf der Öffentlichkeit umfasst er nicht nur Vorgänge von historisch-politischer Bedeutung, sondern ganz allgemein das Zeitgeschehen, also alle Fragen von allgemeinem gesellschaftlichem Interesse, und wird mithin vom Interesse der Öffentlichkeit bestimmt" (BGH aaO mwN).

70 **dd) Unterhaltung.** In Abweichung vom EGMR und in Übereinstimmung mit seiner früheren Rechtsprechung geht der BGH nach wie vor davon aus, dass auch die Unterhaltung eine Einschränkung des Privatsphärenschutzes zu rechtfertigen vermag. Zur Begründung verweist er darauf, dass **auch durch unterhaltende Beiträge Meinungsbildung** stattfinden könne und solche Beiträge die Meinungsbildung unter Umständen sogar nachhaltiger anregen und beeinflussen könnten als sachbezogene Informationen (BGH aaO unter Hinweis auf BGH GRUR 2004, 438 = NJW 2004, 762 – Feriendomizil I, m. Anm. *v. Gerlach* JZ 2004, 625; BVerfGE 101, 361/389f. = GRUR 2000, 446 = NJW 2000, 1021 – Caroline von Monaco; BVerfG NJW 2006, 2836/2837).

71 **ee) Informationswert.** Besonders hervorgehoben wird vom BGH die Bedeutung des Informationswertes für die Interessenabwägung. Es besteht folgende Wechselbeziehung zwischen dem Informationswert des Bildnisses und dem Schutz der Privatsphäre: „**Je größer der Informationswert für die Öffentlichkeit ist, desto mehr muss das Schutzinteresse desjenigen, über den informiert wird, hinter den Informationsbelangen der Öffentlichkeit zurücktreten. Umgekehrt wiegt aber auch der Schutz der Persönlichkeit des Betroffenen desto schwerer, je geringer der Informationswert für die Allgemeinheit ist** (vgl. BVerfGE 101, 361/391 = GRUR 2000, 446 = NJW 2000, 1021 – Caroline von Monaco; BGHZ 131, 332/342 = GRUR 1996, 923 = NJW 1996, 1128 – Caroline von Monaco II, mwN). Das Interesse der Leser an bloßer Unterhaltung hat gegenüber dem Schutz der Privatsphäre regelmäßig ein geringeres Gewicht (vgl. BVerfGE 34, 269/283 = GRUR 1974, 44 = NJW 1973, 1221 – Soraya; BGHZ 131, 332/342 = GRUR 1996, 923 = NJW 1996, 1128 – Caroline von Monaco II, mwN)" (BGH GRUR 2007, 523/526 Rdnr. 20 – Abgestuftes Schutzkonzept).

72 **b) Die Rechtsprechung des BVerfG.** In seiner Entscheidung „Caroline von Hannover" (GRUR 2008, 539) hat das BVerfG die Neuorientierung, die der BGH im Lichte der Vorgaben des EGMR vollzogen hat, im Grundsatz gebilligt (s. dazu die Anmerkungen von *Frenz* NJW 2008, 3102; *Peifer* GRUR 2008, 547; *Klass* ZUM 2008, 432). Die wesentlichen Gründe sollen im Folgenden kurz wiedergegeben werden, da sie die **Leitlinie für die weitere Entwicklung des Bildnisschutzes** darstellen.

73 **aa) Abstandnahme vom Begriff der „absoluten Person der Zeitgeschichte".** Das BVerfG betont, dass der BGH verfassungsrechtlich nicht daran gehindert war, auf eine Nutzung der bisher von ihm in Anlehnung an die Literatur entwickelten Rechtsfigur der absoluten Person der Zeitgeschichte zu verzichten und statt dessen allein im Rahmen einer Interessengewichtung und -abwägung zu prüfen, ob eine visuelle Darstellung dem in § 23 Abs. 1 Nr. 1 KUG tatbestandlich vorausgesetzten Bereich der Zeitgeschichte zuzuordnen ist (BVerfG aaO Rdnr. 80). Gleichzeitig wird aber darauf hingewiesen, dass es das BVerfG in seiner bisherigen Rechtsprechung nicht beanstandet hat, wenn die für die Abwägung bedeutsame Gewichtung des Informationsinteresses der Öffentlichkeit an Bilddarstellungen prominenter Personen unter Nutzung dieser Rechtsfiguren vorgenommen wird, wobei deren Anwendung allerdings nur dann verfassungsgemäß ist, wenn die ergänzende einzelfallbezogene Abwägung zwischen dem

Ausnahmen zu § 22 **§ 23 KUG/§ 60**

Informationsinteresse der Öffentlichkeit und dem berechtigten Interesse des Abgebildeten dadurch nicht unterbleibt (BVerfG aaO Rdnr. 81, unter Hinweis auf BVerfGE 101, 361/392 = GRUR 2000, 446 = NJW 2000, 1021 – Caroline von Monaco; BVerfG NJW 2001, 1921/1923 f. – Prinz Ernst August von Hannover).

bb) **Schutzanspruch des Persönlichkeitsrechts außerhalb einer örtlichen Abgeschiedenheit.** In Erweiterung seiner bisherigen Rechtsprechung, wonach der Schutz der Privatsphäre voraussetzt, dass sich der Abgebildete in einer örtlichen Abgeschiedenheit befindet, insbesondere in einem besonders geschützten Raum aufhält (s. BVerfGE 101, 361/384 = GRUR 2000, 446 = NJW 2000, 1021 – Caroline von Monaco), statuiert das BVerfG nunmehr folgenden Grundsatz: „**Dem Schutzanspruch des Persönlichkeitsrechts kann jedoch auch außerhalb der Voraussetzungen einer örtlichen Abgeschiedenheit ein erhöhtes Gewicht zukommen**, so wenn die Medienberichterstattung den Betroffenen in Momenten der Entspannung oder des Sich-Gehen-Lassens außerhalb der Einbindung in die Pflichten des Berufs und Alltags erfasst" (BVerfG aaO Rdnr. 69). 74

cc) **Keine Begrenzung des Informationsinteresses auf die öffentliche Funktion.** In deutlichem **Gegensatz zur Rechtsprechung** des EGMR steht folgende Feststellung des BVerfG zum Informationswert unterhaltender Beiträge über Angelegenheiten, die nicht im Zusammenhang mit der öffentlichen Funktion eines Prominenten stehen. Hierzu hat das BVerfG ausgeführt: „Der **Schutzbereich der Pressefreiheit umfasst auch unterhaltende Beiträge über das Privat- oder Alltagsleben von Prominenten und ihres sozialen Umfelds, insbesondere der ihnen nahestehenden Personen**. Es würde die Pressefreiheit in einer mit Art. 5 Abs. 1 GG unvereinbaren Weise einengen, bliebe die Lebensführung dieses Personenkreises einer Berichterstattung außerhalb der von ihnen ausgeübten Funktionen grundsätzlich entzogen" (BVerfG aaO Rdnr. 64). Relativiert wird dieses Diktum allerdings durch die Aussage, dass bei der Gewichtung des Informationsinteresses im Verhältnis zu dem kollidierenden Persönlichkeitsschutz dem Gegenstand der Berichterstattung maßgebliche Bedeutung zukomme, wie etwa der Frage, ob private Angelegenheiten ausgebreitet werden, die lediglich die Neugier befriedigen (BVerfG aaO Rdnr. 65, unter Hinweis auf BVerfGE 34, 269/283 = NJW 1973, 797; BVerfGE 101, 361/391 = GRUR 2000, 446 = NJW 2000, 1021 – Caroline von Monaco). Praktisch wird dieser Vorbehalt allerdings dadurch ganz erheblich entwertet, dass eine **Abbildung außerhalb der öffentlichen Funktion in einem privaten Umfeld bereits dann gerechtfertigt ist, wenn ein Bezug zu einer die Allgemeinheit interessierenden Sachdebatte hergestellt wird**, wobei hinsichtlich des Informationswertes äußerst geringe Anforderungen gestellt werden. Diese Voraussetzungen sind nach Auffassung des BVerfG bereits dann erfüllt, wenn Bildnisse von Caroline und Ernst August von Hannover einen Bericht über die Vermietung ihrer Villa in Kenia illustrieren, weil damit darüber informiert werde, dass auch bei den „Reichen und Schönen" eine Tendenz zur Sparsamkeit bestehe (BVerfG aaO Rdnr. 104 ff. in Aufhebung der Entscheidung des BGH, der ein legitimes Informationsinteresse verneint hatte, aber in Umsetzung der Leitlinien des BVerfG diese Auffassung in einer erneuten Entscheidung korrigiert hat (s. BGH NJW 2008, 3141 – Vermietung der Ferienvilla). Warum das BVerfG in diesem Fall ein legitimes Informationsinteresse annimmt, das eine Ausnahme vom Bildnisschutz rechtfertigt, ist kaum nachvollziehbar. Mit dem Argument, dass der Umstand der Vermietung geeignet sei, in einer demokratischen Gesellschaft Anlass für eine die Allgemeinheit interessierende Sachdebatte zu geben, lässt sich einerseits jeder Eingriff in die Privatsphäre rechtfertigen, denn jede Information über das Leben Prominenter kann, in welche Richtung auch immer, ein Anstoß für eine die Allgemeinheit interessierende Sachdebatte sein. Andererseits tendiert der Erkenntniswert, der sich aus dem Bericht über die Vermietung von Villen durch Prominente abstrahieren lässt, gegen Null. Es ist eine Binsenweisheit, dass es Reiche und Prominente gibt, die sparsam und ökonomisch denken, dass es andererseits Reiche und Prominente gibt, für die Sparsamkeit ein Fremdwort ist. Zur Untermauerung dieser banalen Erkenntnis bedarf es nicht einer von einem Bildnis begleiteten Berichterstattung über die Vermietung von Luxushäusern durch ihre prominenten Eigentümer (s. *Götting* in Götting/Schertz/Seitz, Handbuch des Persönlichkeitsrechts, § 45 Rdnr. 12; krit. auch *Frenz* NJW 2008, 3102/3105). 75

dd) **Divergenz zwischen BVerfG und EGMR.** Unter dem Strich bleibt festzuhalten, dass trotz gewisser Annäherungen eine **gravierende Divergenz zwischen der Rechtsprechung des BVerfG und der des EGMR** bestehen bleibt. Dies resultiert im Wesentlichen daraus, dass das BVerfG nach wie vor nicht bereit ist, entsprechend den Vorgaben des EGMR das legitime Informationsinteresse der Öffentlichkeit auf die **öffentliche Funktion des abgebildeten Prominenten** zu beschränken und anzuerkennen, dass das bloße Bedürfnis nach Unterhaltung kei- 76 nen hinreichenden Rechtfertigungsgrund für einen Eingriff in die Privatsphäre darstellt. Stattdessen betont das BVerfG mit Nachdruck, dass die **unterhaltende Berichterstattung über Prominente** für große Teile der Bevölkerung eine „**Leitbild- oder Kontrastfunktion**" erfülle bzw. prominente Personen auch Orientierung bei eigenen Lebensentwürfen bieten könnten (BVerfG aaO Rdnr. 60, unter Hinweis auf BVerfGE 101, 361/390 = GRUR 2000, 446 = NJW 2000, 1021 – Caroline von Monaco). Angesichts der Tatsache, dass das BVerfG hinter den Vorgaben des EGMR für die Reichweite des Privatsphärenschutzes zurückbleibt, stellt sich nach wie vor die Frage, ob bzw. inwieweit dies eine **Verbindlichkeit für die deutschen Gerichte** entfaltet. Diesbezüglich hat das BVerfG keine Klarheit geschaffen, sondern nur vage darauf hingewiesen, dass auch für die bei der Auslegung der deutschen Grundrechte bedeutsamen Vorgaben der Europäischen Menschenrechtskonvention in der Rechtsprechung des EGMR ein eigenständiger Beurteilungsspielraum der nationalen Gerichte anerkannt ist (BVerfG aaO Rdnr. 71). Außerdem wird mit Blick auf den Umfang der verfassungsgerichtlichen Nachprüfung ausgeführt, dass diese darauf begrenzt sei, ob die Fachgerichte ihrer Aufgabe nachgekommen sind, die Entscheidungen des EGMR in die betroffene Teilrechtsordnung der nationalen Rechtsordnung einzupassen (BVerfG aaO Rdnr. 75).

77   ee) **Abschließende Kritik.** Mit der Einbeziehung des diffusen Begriffs der „Unterhaltung" entzieht sich das BVerfG seiner Aufgabe, normative Kriterien für die Konturierung eines legitimen Informationsinteresses der Öffentlichkeit zu entwickeln, das es rechtfertigt, ausnahmsweise den Schutz der Privatsphäre einzuschränken. Statt in Umsetzung der Rechtsprechung des EGMR den Bezug auf Vorgänge, die das öffentliche Wirken von Persönlichkeiten, insbesondere in einem politischen Kontext, betreffen, zum entscheidenden Bewertungsmaßstab zu erklären, **überlässt das BVerfG die Definition des schützenswerten Informationsinteresses weitgehend den Medien und damit dem freien Spiel der Kräfte des Marktes.** *Stürner* beanstandet zu Recht, dass das BVerfG mit der Gleichsetzung von Information und Unterhaltung im Rahmen der Medienfreiheit die Definitionshoheit über das „öffentliche Interesse" als Rechtfertigung des Eingriffs in die Persönlichkeitssphäre an die Medien abgibt, die das öffentliche Informationsinteresse weithin selbst begründen dürfen und so definieren, wie der mediale Markt es verlangt (*Stürner* JZ 2004, 1018 Anm. zu EGMR JZ 2004, 1015/1016 – von Hannover/Bundesrepublik Deutschland). Bei einer klaren Ausrichtung des von Art. 5 GG geschützten Informationsinteresses an der öffentlichen Rolle eines Prominenten, insbesondere im Hinblick auf seine gesellschaftspolitische Verantwortung, lässt sich der geschützte Bereich der Privatsphäre klar und deutlich definieren.

78   Damit wird auch die Voraussetzung geschaffen, durch die **Anwendung der Lizenzanalogie bei Verletzungen** der Privatsphäre eine effektive Sanktion zu etablieren, durch die den permanenten und systematischen Persönlichkeitsverletzungen durch die Medien entgegengetreten werden kann. Die Verpflichtung zur Zahlung einer fiktiven Lizenzgebühr, die gerade bei Prominenten mit großem Bekanntheitsgrad einen hohen Betrag erreichen kann, entfaltet eine präventive Wirkung. Der Verweis auf den Geldersatz für immaterielle Schäden geht zumeist ins Leere. Häufig fehlt es schon an der erforderlichen Eingriffsschwere und selbst wenn diese erreicht wird, sind die zuerkannten Geldbeträge so gering, dass sie von den Medien billigend in Kauf genommen und einkalkuliert werden. An dem **vermögensrechtlichen Zuweisungsgehalt**, der die Voraussetzung für die Annahme einer Eingriffskondiktion nach § 812 Abs. 1 S. 1 2. Alt. BGB bildet und die Grundlage für die Zuerkennung eines Anspruchs auf Zahlung einer angemessenen Lizenzgebühr schafft, lässt sich angesichts der umfassenden Vermarktung der Privatsphäre durch Exklusivverträge über Homestories oder Hochzeiten Prominenter, etc., kaum ernsthaft zweifeln (s. zu der inzwischen weit verbreiteten und fest etablierten Vertragspraxis über die Vermarktung der Privatsphäre eingehend und umfassend *Bezzenberger* in Götting/Schertz/Seitz, Handbuch des Persönlichkeitsrechts, § 46). Die unautorisierte Berichterstattung stellt einen Eingriff in das Selbstbestimmungsrecht des Rechtsträgers dar, das auch wirtschaftliche Dispositionsmöglichkeiten beinhaltet (s. *Götting* in Götting/Schertz/Seitz, Handbuch des Persönlichkeitsrechts, § 45 Rdnr. 2 ff.; *ders.* Fs. f. Ullmann S. 65/72; ablehnend OLG Hamburg ZUM 2009, 65). Mit der Behauptung, die unterhaltende Berichterstattung über Prominente erfülle für große Teile der Bevölkerung eine „Leitbild- oder Kontrastfunktion", bzw. prominente Personen könnten auch Orientierung bei eigenen Lebensentwürfen bieten (BVerfG GRUR 2008, 539/542 Rdnr. 60), lässt sich jedes gewünschte Ergebnis und insbesondere ein Vorrang der Medienfreiheit gegenüber dem Persönlichkeitsschutz begründen. Entweder man kann sich darauf berufen, es gehe darum, einen Kontrast zwischen dem öffentlichen Wirken und dem Privatleben zu belegen, oder aber es gehe darum, die Übereinstimmung zwischen öffentlichem Wirken und Privatleben zu bestätigen (*Götting* in Götting/Schertz/Seitz, Handbuch des Persönlichkeitsrechts, § 45 Rdnr. 12).

Ausnahmen zu § 22　　　　　　　　　　　　　　　　　　**§ 23 KUG/§ 60**

Das Diktum des BVerfG, dass der „verfassungsrechtliche Privatsphärenschutz aus Art. 2 Abs. 1 iVm. Art. 1 Abs. 1 GG nicht im Interesse einer Kommerzialisierung der eigenen Person gewährleistet" ist, das nur behauptet, aber nicht begründet wird, ist gänzlich verfehlt, weil es im krassen Widerspruch zu den wirtschaftlichen Realitäten steht. Es gilt das Motto **„Schutz vor Kommerzialisierung durch Kommerzialisierung"**. Nur wenn dem prominenten Abgebildeten ein seinem Marktwert entsprechender kommerzieller Ausgleich zugesprochen wird, lässt sich der Zwangskommerzialisierung seiner Privatsphäre durch die Medien wirksam entgegentreten.

7. Die neuere Rechtsprechung des BGH im Einzelnen

Ungeachtet der Begründungsdefizite und fragwürdigen Ergebnisse der Rechtsprechung des BVerfG lässt sich in der Rechtsprechung des BGH deutlich eine **Tendenz zur Stärkung des Schutzes der Privatsphäre Prominenter** in der Öffentlichkeit erkennen. Das Gericht setzt damit den von ihm aufgestellten Grundsatz um, dass die Prominenz iS der früher so bezeichneten „absoluten Personen der Zeitgeschichte" für sich genommen nicht mehr geeignet ist, ein legitimes Informationsbedürfnis zu begründen, sondern dass darüber hinaus ein **Zusammenhang mit einem zeitgeschichtlichen Ereignis** bestehen muss, der eine Einschränkung des Persönlichkeitsschutzes rechtfertigt (s. BGH GRUR 2007, 523/525 Rdnr. 17; sa. oben Rdnr. 69). Da diese Voraussetzung bei Bildnissen, die einen Prominenten im Alltagsleben zeigen, wie im Urlaub bzw. in der Freizeit (BGH GRUR 2007, 899/902 Rdnr. 26 ff. – Grönemeyer) oder beim Shoppen (BGH GRUR 2008, 1024/1027 Rdnr. 27 – Shopping mit Putzfrau auf Mallorca), nicht erfüllt ist, hat der BGH in den genannten Entscheidungen zu Recht ein legitimes Informationsinteresse der Öffentlichkeit verneint und einen Schutz der Privatsphäre in der Öffentlichkeit bejaht. Eine Ausnahme hat er mit überzeugenden Argumenten im Zusammenhang mit der Presseberichterstattung über die Abwahl der Ministerpräsidentin Heide Simonis anerkannt, die die betroffene Politikerin bei nachfolgender privater Betätigung (Einkäufe) zeigte (BGH GRUR 2008, 1017/1019 Rdnr. 25 f. – Einkaufsbummel nach Abwahl). Hier fällt entscheidend ins Gewicht, dass das private Verhalten nach der Wahlniederlage in einem unmittelbaren Zusammenhang mit einem spektakulären politischen Vorgang steht. Zu begrüßen ist es, dass nach Auffassung des BGH zur Privatsphäre auch einer Person des öffentlichen Interesses grundsätzlich die eigene **Erkrankung oder die eines Ehegatten** gehören und Ausnahmen allenfalls beim besonderen Personenkreis, wie beispielsweise wichtigen Politikern, Wirtschaftsführern oder Staatsoberhäuptern in Betracht kommen (BGH GRUR 2009, 86/87 f. Rdnr. 20 – Gesundheitszustand von Prinz Ernst August von Hannover; sa. BGH AfP 2008, 606; BGH AfP 2008, 608, BGH AfP 2008, 609). Auch über die **neue Liebesbeziehung einer prominenten Person** darf die Presse in der Regel nicht ohne deren Einwilligung durch die Beifügung von Fotos berichten, die die Partner zwar in der Öffentlichkeit, aber in erkennbar privaten Situationen zeigen. Die Selbstdarstellung privater Umstände durch Prominente gibt der Presse in der Regel auch kein Recht, ohne die erforderliche Einwilligung Bilder aus deren privatem Lebenskreis zu veröffentlichen, wenn der Veröffentlichung kein im Rahmen der Abwägung zu berücksichtigendes ausreichendes Informationsinteresse zukommt (BGH GRUR 2009, 665 1. und 2. Ls. – Sabine Christiansen mit Begleiter). Damit scheint sich der BGH von der **vom BVerfG aus dem medialen Vorverhalten abgeleiteten „Verzichtstheorie" abzugrenzen**, wonach der Schutz der Privatsphäre vor öffentlicher Kenntnisnahme entfällt, wenn sich jemand selbst damit einverstanden zeigt, dass bestimmte, gewöhnlich als privat geltende Angelegenheiten öffentlich gemacht werden. Die Erwartung, dass die Umwelt die Angelegenheiten oder Verhaltensweisen in einem Bereich mit Rückzugsfunktion nur begrenzt oder nicht zur Kenntnis nimmt, muss nach Auffassung des BVerfG situationsübergreifend und konsistent zum Ausdruck gebracht werden. Dies soll auch für den Fall gelten, dass der Entschluss, die Berichterstattung über bestimmte Vorgänge der eigenen Privatsphäre zu gestatten oder hinzunehmen, rückgängig gemacht wird (BVerfGE 101, 361/389 ff. = NJW 2000, 1021/1023 – Caroline von Monaco; sa. oben Rdnr. 55 ff.). Ein den Schutz der Privatsphäre überwiegendes legitimes Informationsinteresse der Öffentlichkeit hat der BGH hinsichtlich der Wort- und Bildberichterstattung im Rahmen eines Fernsehbeitrages anerkannt, in welchem zwei Tage nach der Beisetzung des verstorbenen Fürsten von Monaco über einen seiner Enkel berichtet wird (BGH GRUR 2009, 584 – Enkel von Fürst Rainier). Dem wird man zustimmen können, weil der **Enkel des verstorbenen Fürsten** und einer der Neffen des derzeit amtierenden Staatsoberhauptes des Fürstentums Monaco zu den potentiellen Thronfolgern zählt und daher als eine Person des öffentlichen In-

79

teresses angesehen werden kann, über die in größerem Umfang berichtet werden darf als über andere Personen, wenn die Information einen hinreichenden Nachrichtenwert mit Orientierungsfunktion im Hinblick auf eine die Allgemeinheit interessierende Sachdebatte hat und in die Abwägung keine schwerwiegenden Interessen des Betroffenen einzustellen sind, die einer Veröffentlichung entgegenstehen (BGH aaO, Rdnr. 14). Eine **Bildberichterstattung über den Strafvollzug** bei einem bekannten Schauspieler wurde deshalb für zulässig gehalten, weil sie durch ein anerkennenswertes Bedürfnis nach demokratischer Kontrolle der Strafvollstreckungsbehörden gerechtfertigt ist. Die Presse durfte ihre Funktion als „Wachhund" wahrnehmen und die Öffentlichkeit über das Geschehen und dessen Vorgeschichte angemessen informieren. Angesichts der Schwere der Tat und der Person des Betroffenen war die Genehmigung des offenen Vollzugs ein ausreichender Anlass für eine Berichterstattung über Verurteilung und Haftantritt (BGH GRUR 2009, 150/153 Rdnr. 37 – Karsten Speck). Zweifelhaft erscheint, ob bei dieser Sichtweise dem Resozialisierungsinteresse des Betroffenen hinreichend Rechnung getragen wird. Es ist nämlich zu erwarten, dass der Betroffene aufgrund der Berichterstattung gerade im offenen Vollzug einer gesteigerten Aufmerksamkeit seines Umfelds ausgesetzt wird.

II. Bilder, auf denen die Personen nur als Beiwerk neben einer Landschaft oder sonstigen Örtlichkeit erscheinen (§ 23 Abs. 1 Nr. 2 KUG)

1. Der Unterschied zwischen „Bildnissen" und „Bildern"

80 Nach dem KUG ist zu unterscheiden zwischen „Bildnissen" und „Bildern". Der Ausnahmetatbestand des § 23 Abs. 1 Nr. 2 KUG betrifft **nicht Bildnisse** iSv. § 22 KUG (§ 60/§ 22 KUG Rdnr. 14f.), also nicht Personenbildnisse, bei denen die Abbildung von einer oder mehreren Personen die Hauptsache ist, **sondern Bilder** einer Landschaft oder sonstigen Örtlichkeit, auf denen unter anderem – auch – eine oder mehrere Personen zu sehen sind. Der Gesamteindruck solcher Bilder wird durch die abgebildete Umwelt (Landschaft, Straße, Gebäude, Innenraum usw.) bestimmt; die daneben abgebildeten Personen sind nur „Beiwerk", das jederzeit weggelassen werden könnte, ohne den Gesamteindruck des Bildes zu ändern (vgl. auch § 57 UrhG (Unwesentliches Beiwerk) Rdnr. 6ff.).

81 Auch „die Funktion, die Lebendigkeit der Gesamtdarstellung beiläufig zu erhöhen", nimmt den abgebildeten Personen auf solchen Bildern nicht den Charakter des unmaßgeblichen Beiwerks (OLG Frankfurt/M AfP 1984, 115 – Kalenderfoto). „Entscheidender Gesichtspunkt ist immer die **Unterordnung der Personenabbildung unter die Gesamtdarstellung** in einem solchen Ausmaß, dass die Personenabbildung ganz entfallen könnte, ohne den Gegenstand und den Charakter des konkreten Bildes zu verändern" (v. Gamm Einf. Rdnr. 121; vgl. in diesem Sinne auch OLG Frankfurt/M GRUR 1986, 614/615; OLG Oldenburg NJW-RR 1988, 951/952; OLG München NJW 1988, 915/916; OLG Oldenburg GRUR 1989, 344/345 – Obenohne-Fotos; OLG Karlsruhe GRUR 1989, 823/824 – Unfallfoto). Bei der Abgrenzung zwischen unzulässiger Bildnis- und zulässiger Bildveröffentlichung kommt es nämlich ganz wesentlich darauf an, ob entsprechend dem Gesamteindruck der Veröffentlichung die Landschaft oder die sonstige Örtlichkeit Abbildungsgegenstand ist und die einzelnen Abgebildeten nur „bei Gelegenheit" erscheinen oder ob Einzelne aus der Anonymität herausgelöst werden (LG Oldenburg GRUR 1986, 464/465 – DKP-Plakat; vgl. auch OLG Düsseldorf GRUR 1970, 618 – Schleppjagd; LG Köln MDR 1965, 658 – Flugscheindiebstahl).

2. Personen auf Bildausschnitten

82 Sobald das „Beiwerk", dh. die im Bild – auch – abgebildeten Personen **aus dem Bild herausgeschnitten oder herausvergrößert** und für sich allein veröffentlicht werden – zB in Form von Bildausschnitten – werden sie zum beherrschenden Mittelpunkt der Darstellung. Die Abbildung der Personen aus dem Bild wird dann zum Bildnis. Von „Beiwerk" kann in solchen Fällen nicht mehr die Rede sein (vgl. OLG Düsseldorf GRUR 1970, 618/619 – Schleppjagd; LG Köln Schulze LGZ 109).

3. Personen, die zufällig neben Personen der Zeitgeschichte abgebildet werden

83 Eine Person, die zufällig neben Personen der Zeitgeschichte auf einem Bildnis abgebildet wurde, ist kein Beiwerk wie in dem spektakulären Fall „Reichspräsident Ebert und Minister Noske in der Badehose" angenommen worden war (Schöffengericht Ahrensböck DJZ 1920,

596), sondern bleibt eine Privatperson mit vollem Recht am eigenen Bild. Handelt es sich um ein Bildnis aus dem öffentlichen Leben der abgebildeten Personen der Zeitgeschichte, wird man in der Regel die **stillschweigende Einwilligung** der daneben abgebildeten Privatpersonen annehmen können (vgl. *Allfeld* DJZ 1920, 702). Abzulehnen ist die Auffassung des BVerfG, wonach die Einwilligung des Betroffenen unterstellt wird, wenn er gemeinsam mit dem damaligen Finanzminister Theo Waigel im Rahmen einer ständigen Rubrik des Magazins „Stern" (Bonnbon – Politikern in den Mund geschoben) mit satirisch spöttischen Sprechblasen abgebildet wird, wobei er das Klischee eines „Urbayers" verkörpert (BVerfG NJW 2002, 3767/3768 – Bonnbons; sa. oben Rdnr. 14). Wer sich in der Öffentlichkeit in die Nähe des Bundesfinanzministers begibt, muss zwar damit rechnen, dass sein Bildnis im Zusammenhang mit einer Berichterstattung erscheint, weil er sich in der Sozialsphäre befindet; er muss aber nicht damit rechnen, dass er zum Zwecke der Satire „instrumentalisiert" und dem Spott der Leser eines Magazins mit hoher Auflage ausgesetzt wird. Im Zweifel hat eine Interessenabwägung zwischen dem Informationsbedürfnis der Allgemeinheit und dem Anonymitätsinteresse der abgebildeten Privatpersonen zu erfolgen.

III. Bilder von Versammlungen, Aufzügen und ähnlichen Vorgängen, an denen die dargestellten Personen teilgenommen haben (§ 23 Abs. 1 Nr. 3 KUG)

1. Gegenstand und Zweck der Darstellung

Gegenstand und Zweck eines Bildberichts über Versammlungen aller Art, Sportveranstaltungen, Trachtenzüge oder Demonstrationen usw. ist die **„Darstellung des Geschehens"** (*v. Gamm* Einf. Rdnr. 122), aber nicht die Darstellung der Personen, die an dem Geschehen teilgenommen haben. Wer an solchen Veranstaltungen teilnimmt, muss damit rechnen, dass er auf Bildern von der Veranstaltung – zusammen mit anderen Teilnehmern – abgebildet wird. „Die Öffentlichkeit der Vorgänge ist vom Gesetz nicht gefordert" (*Osterrieth/Marwitz* KUG² § 23 Anm. D). Auch Veranstaltungen von Vereinen, wissenschaftliche Kongresse und Hochzeitsgesellschaften sind „ähnliche Vorgänge" iSd. Gesetzes, nach *v. Gamm* jedoch nur, „wenn sie sich in der Öffentlichkeit abspielen" (*v. Gamm* Einf. Rdnr. 122). 84

Es ist nicht zumutbar und praktisch häufig gar nicht möglich, dass die Versammlung vollständig gezeigt wird. Zulässig sind auch **einzelne Ausschnitte.** Voraussetzung ist aber, dass ein repräsentativer Eindruck des Geschehens vermittelt wird (OLG Hamburg GRUR 1990, 35; LG Stuttgart AfP 1989, 765/766; vgl. auch OLG München NJW 1988, 915/916 rSp.). 85

2. Abbildung einzelner Personen

Die Abbildung einzelner Personen aus der Masse der Teilnehmer, zB das im Fernsehen beliebte **„Herausschießen"** der Gesichter einzelner Zuschauer von Fußballspielen im Moment nach einem Torschuss, ist durch die Ausnahmebestimmung des § 23 Abs. 1 Nr. 3 KUG nicht gedeckt (*Gerstenberg* UFITA 20 [1955] 295/299; *Werhahn* UFITA 37 [1963] 22/38; LG Stuttgart AfP 1989, 765 f.; *Dreyer* in HK-UrhR Rdnr. 45; *Schertz* in Götting/Schertz/Seitz, Handbuch des Persönlichkeitsrechts, § 12 Rdnr. 67; aA *Löffler* NJW 1959, 1). Entsprechendes gilt auch für das Einzelfoto einer Braut, selbst wenn die Hochzeit öffentlich stattgefunden hat (LG Hamburg AfP 2008, 100/102; aufgehoben durch OLG Hamburg ZUM 2009, 65, das jedoch die Voraussetzungen von § 23 Abs. 1 bejaht; hiervon wiederum abweichend die Wertungen des OLG Köln ZUM 2009, 486 in einem Parallelverfahren). 86

3. Bilder und Bildnisse von Demonstrationszügen und Polizeieinsätzen

Spezielles Schrifttum: *Amelung/Tyrell,* Zur Behandlung des Rechts am eigenen Bild in der neueren strafrechtlichen Rechtsprechung, NJW 1980, 1560; *Franke, D.,* Zur Rechtmäßigkeit der Bildberichterstattung über Polizeieinsätze, NJW 1981, 2033; *Franke, E.,* Bildberichterstattung über Demonstrationen und Persönlichkeitsschutz der Polizei, JR 1982, 48; *Jarass,* Konflikte zwischen Polizei und Presse bei Demonstrationen, JZ 1983, 280; *Müller,* Zur Rechtmäßigkeit der Bildberichterstattung über Polizeieinsätze, NJW 1982, 863; *v. Münch,* Öffentliches Recht: Die photographierenden Verfassungsschützer, JuS 1965, 404; *Krüger, R.,* Das Recht am eigenen Bild und Belange der öffentlichen Sicherheit im Spannungsfeld zwischen Polizei und Medien, AfP 1981, 331; *ders.,* Das Recht am eigenen Bilde bei Polizeieinsätzen, NJW 1982, 89; *Küchenhoff,* Bei Demonstrationen gibt's meistens um mehrere Grundrechte, Die Feder 1982, 34; *Paeffgen,* Allgemeines Persönlichkeitsrecht der Polizei und § 113 StGB, JZ 1979, 516; *Rebmann,* Aktuelle Probleme des Zeugnisverweigerungsrechts von Presse und Rundfunk und des Verhältnisses von Presse und Polizei bei Demonstrationen, AfP 1982, 189; *Richter,* Bildberichterstattung im Spannungsverhältnis von Pressefreiheit und staatlichem Strafverfolgungsanspruch, AfP 1984, 80. 87

Bei der Beurteilung von Bildberichten über Demonstrationen und Polizeieinsätze ist zu unterscheiden zwischen Bildern von dem Geschehen, die gem. § 23 Abs. 1 Nr. 3 KUG grundsätzlich zulässig sind, und Bildnissen einzelner Personen oder Personengruppen, die nur in den gesetzlich geregelten Ausnahmefällen ohne die Einwilligung der Abgebildeten verbreitet werden dürfen.

88   a) **Bilder vom Geschehen.** Wer auf die Straße geht, um für seine Überzeugung zu demonstrieren, muss in Kauf nehmen, dass er dabei gesehen und fotografiert wird, denn „wer die Öffentlichkeit auf seine politische Auffassung aufmerksam machen will, kann nicht gleichzeitig verlangen, unerkannt zu bleiben" (*v. Münch* JuS 1965, 404/406). Betrifft das Bild das Geschehen (Demonstrationszug, Protestversammlung oder dergleichen), an dem die abgebildete Person teilgenommen hat, so ist seine Anfertigung und Verbreitung durch § 23 Abs. 1 Nr. 3 KUG gedeckt.

89   Bei der Analyse der Vorgänge beim Fotografieren von Demonstrationsteilnehmern und Polizeibeamten ist jedoch nicht nur zu unterscheiden, ob es sich um Bildberichte über das Geschehen oder um Bildnisse daran beteiligter Personen handelt, vielmehr ist zu prüfen, wer fotografiert hat und **zu welchem Zweck** die Aufnahmen jeweils angefertigt wurden. Stellt man nur ab auf das Recht am eigenen Bild der Beteiligten gem. § 22 KUG iVm. § 23 Abs. 1 Nr. 3 KUG, dann erwecken manche Urteile in der Tat „schon auf den ersten Blick Unbehagen, weil sie den Eindruck entstehen lassen, es werde mit zweierlei Maß gemessen: Teilnehmer an einem Demonstrationszug darf man fotografieren, dabei tätige Polizeibeamte nicht" (*Nordemann* Anm. zu OLG Celle Schulze OLGSt. 7, sowie *Amelung/Tyrell* NJW 1980, 1560/1561). Hierbei darf jedoch der öffentlich-rechtliche Charakter von erkennungsdienstlichen Maßnahmen nicht übersehen werden (vgl. § 24 KUG und § 81b StPO).

90   Bei den **einschlägigen Entscheidungen** handelt es sich ausnahmslos um Strafurteile (BGH NJW 1975, 2075; OLG Hamburg NJW 1972, 1290; OLG Bremen NJW 1977, 158; OLG Celle NJW 1979, 57; OLG Karlsruhe Schulze OLGSt. 8) oder um Urteile von Verwaltungsgerichten (VG Karlsruhe Schulze VG 14; VG Frankfurt/M Schulze VG 16), die polizeiliche Präventivmaßnahmen, Beschlagnahme von Fotoapparaten, Notwehr gegen Beschlagnahmen und gegen fotografische Aufnahmen zum Gegenstand hatten. Die Rechte von Demonstranten können in solchen Fällen durch § 24 KUG, § 45 Abs. 2 UrhG und § 81b StPO eingeschränkt sein, denn der Schutz der verfassungsmäßigen Rechtsordnung vor Straftätern bedingt eine andere Beurteilung als der Schutz vor ungewollten Portrait-Aufnahmen, den ein Rechtsstaat seinen Vollzugsorganen gewähren muss, es sei denn, dass ein unrechtmäßiger Übergriff von einzelnen Polizeibeamten vorliegt.

91   Grundsätzlich ist zu fragen: 1. Wer hat fotografiert? 2. Zu welchem Zweck wurde fotografiert?
Werden von Bildreportern oder Kameraleuten Bilder des Geschehens – nicht Bildnisse einzelner Personen – aufgenommen, so ist das **Aufnehmen und Verbreiten der Bilder** nach den Grundsätzen des Rechts am eigenen Bild zulässig. Stets wird dem Einzelfall zu entscheiden sein. Ist dabei in der Hitze handgreiflicher Auseinandersetzungen während des Geschehens (zB Räumung einer von Demonstranten besetzten Örtlichkeit) die Berechtigung eines Fotoreporters zum Fotografieren des Geschehens nicht zu klären, so bleibt der Grundsatz „dulde und liquidiere", den *D. Franke* empfiehlt (*D. Franke* NJW 1981, 2033), zweifellos der klügere Weg als der Widerstand gegen – wenn auch uU rechtswidrig handelnde – Ordnungskräfte des Staates (vgl. auch BVerwG NJW 1967, 1192/1193).

92   b) **Bildnisse von Demonstranten.** Die Verbreitung von Bildnissen einzelner Demonstranten ist idR weder durch § 23 Abs. 1 Nr. 1 KUG noch durch § 23 Abs. 1 Nr. 3 KUG gedeckt. Im Einzelfall ist jedoch genau zu unterscheiden und der Zweck der Aufnahme zu berücksichtigen. Nur deshalb, weil er in einem Demonstrationszug mitmarschiert, wird niemand zu einer „relativen" Person der Zeitgeschichte (Rdnr. 31). Diese Eigenschaft wäre erst anzunehmen, wenn ein Teilnehmer an der Demonstration eine Schaufensterscheibe zertrümmert oder sonstige Tätlichkeiten begeht. Der **Anführer oder Organisator der Demonstration** kann dagegen – für die Dauer des Geschehens – als „relative" Person der Zeitgeschichte angesehen werden.

93   Heimliche fotografische Aufnahmen einzelner Personen oder Personengruppen (ein Bildjournalist fotografiert mit Teleobjektiv aus einem Versteck heraus die Gesichter einzelner Teilnehmer) sind stets – gleich ob bei Demonstrationen oder auf dem Fußballplatz – in besonderem Maße geeignet, das Persönlichkeitsrecht der Abgebildeten zu verletzen. „Dabei spielen aber die

näheren Umstände, unter denen die Aufnahme zustande kommt, und **der mit ihr verfolgte Zweck** eine wesentliche Rolle" (BGH NJW 1975, 2075/2076 rSp. – Fotografieren eines Demonstrationszuges). Der Zweck von polizeilichen Aufnahmen liegt in solchen Fällen ja nicht in ihrer Verbreitung oder Schaustellung, „sondern in der behördeninternen Verwendung zur Aufklärung strafbarer Handlungen; er war durch höherwertige Interessen der Allgemeinheit geboten" (BGH NJW 1975, 2075/2076 rSp.).

Der **Vorrang des öffentlichen Interesses** wird vom BGH zu Recht aus § 24 KUG abgeleitet. Danach dürfen für Zwecke der Rechtspflege und öffentlichen Sicherheit von den Behörden Bildnisse ohne Einwilligung der Abgebildeten vervielfältigt, verbreitet und öffentlich zur Schau gestellt werden. Im Aufnahmezeitpunkt ist allerdings eine Unterscheidung zwischen verdächtigen und unverdächtigen Personen kaum möglich. „Wenn sich in einer öffentlichen Versammlung neben verdächtigen auch unverdächtige Personen befinden, wird es im Allgemeinen unvermeidlich sein, dass auch diese mit aufgenommen werden (vgl. *v. Münch* JuS 1965, 404/406)" (BGH NJW 1975, 2075/2076 rSp. – Fotografieren eines Demonstrationszuges). Da keine Verbreitung derartiger Bildnisse erfolgt, wird das Recht am eigenen Bild nur am Rande tangiert. Zur Frage, wie sich ein betroffener Unverdächtiger gegen die Aufbewahrung seines Bildes in der Ermittlungskartei einer Behörde wehren kann siehe *v. Münch* JuS 1965, 404/406; BVerfG NJW 1963, 1819; BVerwG NJW 1961, 571; BVerwG NJW 1967, 1192. 94

c) Bildnisse von Polizeibeamten. Für Polizeibeamte gilt das Recht am eigenen Bild in gleicher Weise wie für Demonstranten. Die Freiheit der Berichterstattung gem. Art. 5 Abs. 1 S. 2 GG auf der einen und die Erhaltung der Funktionsfähigkeit der Polizei für die öffentliche Sicherheit auf der anderen Seite erfordern jedoch eine sorgfältige Interessenabwägung. 95

Ausgangspunkt der Prüfung, ob **Einzelbildnisse von Polizeibeamten** veröffentlicht werden dürfen, ist zunächst die Frage der Erkennbarkeit (vgl. § 60/§ 22 KUG Rdnr. 16ff.). Einzelne Beamte, die bei Polizeieinsätzen Helme mit heruntergeklapptem Visier oder Schutzbrillen tragen, sind idR überhaupt nicht zu identifizieren, es sei denn, dass der Abgebildete durch ein Namensschild oder die Bildunterschrift erkennbar wird. Ist der Abgebildete nicht erkennbar, scheidet ein Recht am eigenen Bild aus. 96

„Polizeiliches Handeln unterliegt als staatliche Tätigkeit der demokratischen Kontrolle" (*D. Franke* NJW 1981, 2033/2035 lSp.). Auch diese „wichtigste Ausprägung des Demokratiegebots" sagt aber nichts darüber aus, ob die Gesichter einzelner Polizeibeamter während eines Einsatzes portraitartig abgelichtet und veröffentlicht werden dürfen.

Polizeibeamte, die **neben einem Demonstrationszug** marschieren, werden durch diesen Einsatz ebenso wenig zu einer „relativen" Person der Zeitgeschichte wie Demonstranten, es sei denn, dass sie in besondere Ereignisse hineingezogen werden (*R. Krüger* NJW 1982, 89; vgl. auch OLG Karlsruhe Schulze OLGSt. 8; aA *D. Franke* NJW 1981, 2033/2035; *Jarass* JZ 1983, 280/283; offen gelassen von OVG Rheinl.-Pfalz DÖV 1997, 1011 – Fotografieren polizeilicher Einsätze). „Darüber hinaus ist ein Bedürfnis nach Bildberichtstattung über Personen, die ungewollt oder wider Willen, etwa im Zusammenhang mit einem auffälligen Ereignis, die Aufmerksamkeit des Publikums erregen, dann rechtlich anzuerkennen, wenn eine Information nicht überhaupt, sondern gerade durch Bildbericht sachentsprechend ist. Sachentsprechend ist ein Eingriff in das Recht am eigenen Bilde dieser Personen aber grundsätzlich nur dann, wenn sich dies auch unter Berücksichtigung der Gegeninteressen des Abzubildenden verantworten lässt" (so, stark einschränkend, OLG Stuttgart JZ 1960, 126). 97

In Einzelfällen kann ein **berechtigtes Interesse des abgebildeten Polizeibeamten gem. § 23 Abs. 2 KUG und ein öffentlich-rechtliches Interesse seiner Behörde** daran gegeben sein, dass die Verbreitung seines Bildnisses und daher bereits seine Aufnahme unterbleibt. Ein vorrangiges Informationsinteresse der Öffentlichkeit ist in der Regel bei Portraitaufnahmen zu verneinen, da der Bezug zu dem jeweiligen Ereignis nicht mehr zu erkennen ist. Wegen des fehlenden Informationswertes widerspricht die Verbreitung von Portraitaufnahmen dem Recht des Polizisten am eigenen Bild (OVG Rheinl.-Pfalz DÖV 1997, 1011/1012 – Fotografieren polizeilicher Einsätze; vgl. auch VG Köln NJW 1988, 367; „Verhaltensgrundsätze für Presse/Rundfunk und Polizei zur Vermeidung von Behinderungen bei der Durchführung polizeilicher Aufgaben und der freien Ausübung der Berichterstattung" vom Mai 1993, Ziff. 9, abgedr. in AfP 1993, 646; *Jarass* JZ 1983, 280/283; *Rebmann* NJW 1983, 1304). Kriminalbeamte und Polizeibeamte ohne Uniform (sog. Zivilfahnder) wären an der Ausübung ihres dienstlichen Auftrages gehindert, wenn sie aufgrund veröffentlichter Bildnisse erkannt werden könnten (vgl. OLG Karlsruhe Schulze OLGSt. 8). Das Abdecken der Augenpartie mit einem schmalen schwarzen 98

Balken auf einem veröffentlichten Lichtbild reicht in der Regel nicht aus, um den Abgebildeten auf einem Foto nicht erkennbar zu machen.

4. Bilder von Trauerzügen und Beerdigungen

99 Problematisch sind Bilder von Trauerzügen und Beerdigungen. Für die Verbreitung solcher Bilder ist ein **besonderes Informationsinteresse** zu fordern, das durch die Bedeutung des Toten oder der Trauergäste gegeben sein kann. Haben aber die Angehörigen der Anfertigung und Verbreitung von Beerdigungsfotos widersprochen, muss dies im Allgemeinen beachtet werden. Auch wenn keine Einwilligung der Angehörigen vorliegt, kann sich die Zulässigkeit der Abbildung aber daraus ergeben, dass im Rahmen eines Dokumentarfilms der Trauerzug als solcher Gegenstand des Bildes ist, um beispielhaft die Art und Weise von Trauer in der heutigen Gesellschaft zu zeigen (LG Köln AfP 1994, 165; LG Köln AfP 1994, 166/169).

Die Verbreitung und Schaustellung von Großaufnahmen schmerzverzerrter Gesichter von Katastrophenopfern (*Werhahn* UFITA 37 [1962] 22/37) oder von weinenden Hinterbliebenen ist nicht nur taktlos, sondern unzulässig.

IV. Bildnisse, die nicht auf Bestellung angefertigt sind, sofern die Verbreitung oder Schaustellung einem höheren Interesse der Kunst dient (§ 23 Abs. 1 Nr. 4 KUG)

1. Art der Darstellung

100 Nach der Begründung des Entwurfs zum KUG soll durch diese Ausnahmebestimmung „namentlich die Veröffentlichung **künstlerischer Bildnisstudien** ermöglicht werden". Fotografische Bildnisse, auf welche sich nach der Begründung des Entwurfs die Vorschrift nicht beziehen sollte, wurden schon von *Osterrieth/Marwitz* (KUG² § 23 Anm. E II) zu den hier interessierenden Personenbildnissen hinzugerechnet. Portraitfotos fallen nach hM – soweit es sich um Lichtbildwerke handelt – ebenso unter die Einschränkung wie Zeichnungen, Ölbilder und sonstige Bildnisse aller Art (vgl. zum Bildnis-Begriff § 60 UrhG Rdnr. 16 ff. und § 60/§ 22 KUG Rdnr. 14 f.).

2. Voraussetzungen

101 Die freie Verbreitung oder Schaustellung eines Bildnisses ist nur unter bestimmten Voraussetzungen zulässig.

a) **Nicht auf Bestellung angefertigt.** Es muss sich um Bildnisse handeln, die nicht auf Bestellung angefertigt worden sind. Der Besteller eines Bildnisses nimmt gegenüber dem Urheber eine Sonderstellung ein (vgl. § 60 UrhG Rdnr. 5). „Im Falle der Bestellung eines Bildnisses tritt der Abgebildete zu dem Künstler in eine Art von Vertrauensverhältnis, das eine weitergehende Berücksichtigung seiner Interessen erheischt" (Begr. des Entwurfs zum KUG). Eine Bestellung setzt einen ausdrücklichen Auftrag an den Urheber des Bildnisses voraus; dagegen bleibt es gleichgültig, ob der Urheber eine Vergütung erhalten hat oder nicht. Anregungen und Wünsche des Abgebildeten sind keine Bestellung, ebenso wenig die nachträgliche Veräußerung des Werkes an den Abgebildeten (*Osterrieth/Marwitz* KUG² § 23 Anm. E IV).

102 b) **Verbreitung nur zu Zwecken der Kunst.** Die freie Verbreitung oder Schaustellung von Bildnissen ist nur zulässig, sofern sie „einem höheren Interesse der Kunst dient". Dies lässt erkennen, dass der Gesetzgeber an künstlerische Bildnisse iSv. Werken gem. § 2 UrhG gedacht hat. Dass dabei gleichzeitig auch wirtschaftliche Zwecke verfolgt werden, schadet nicht (OLG München ZUM 1997, 388/391 – Schwarzer Sheriff; aA LG München I *Schulze* LGZ 201; LG Berlin ZUM-RD 2009, 277; *Dreyer* in HK-UrhR Rdnr. 48). Dies liegt vielmehr im Wesen der Kunst, weil der Künstler regelmäßig zur Sicherung seiner Existenzgrundlage auf die Einnahmen angewiesen ist, die er durch die Vermarktung seiner Kunstwerke erzielt.

3. Erweiterung des Verbreitungszwecks

103 Nach heutiger Auffassung ist die **Urheberrechtsschutzfähigkeit** der betreffenden Bildnisse „keine Voraussetzung für die Anwendung der Ziff. 4" (*v. Gamm* Einf. Rdnr. 123; *Dreyer* in HK-UrhR Rdnr. 48; *Loewenheim/Schertz* Handbuch des Urheberrechts², § 18 Rdnr. 52), und zwar dann, wenn es sich um eine Verbreitung zu Zwecken der Wissenschaft handelt. Sowohl *Voigtländer/Elster/Kleine*[4] (§§ 22–24 KUG Anm. 5 d) als auch *v. Gamm* (Einf. Rdnr. 124)

beziehen sich auf die Begründung des RJM-Entwurfs von 1932, S. 115, der den Zwecken der Kunst diejenigen der Wissenschaft gleichstellen wollte. *Schertz* plädiert mit überzeugenden Argumenten dafür, den Ausnahmetatbestand des § 23 Abs. 1 Nr. 4 KUG auf der Grundlage eines weit gefassten Verständnisses des Begriffs des „Bildnisses", das insbesondere auch das „Lebensbild" einschließt, auch auf satirische Poster oder Darstellungen von Personen im Film, auf der Bühne oder in der Literatur anzuwenden, bei denen es vorrangig um eine **Kollision des Persönlichkeitsschutzes mit der Kunstfreiheit** geht (s. *Schertz* in Götting/Schertz/Seitz, Handbuch des Persönlichkeitsrechts, § 12 Rdnr. 72, 74; *ders.* GRUR 2007, 558 ff.). Bei satirischen Darstellungen richte sich die Beurteilung dann nicht nach § 23 Abs. 1 Nr. 1 KUG (so aber OLG Karlsruhe NJW 1982, 647), sondern nach § 23 Abs. 1 Nr. 4 KUG. Bei Darstellungen des Lebensbildes im Film, auf der Bühne oder in der Literatur bedürfe es keines Rückgriffs auf das allgemeine Persönlichkeitsrecht, sondern die maßgeblichen Wertungen würden im Rahmen des § 23 Abs. 1 Nr. 4 KUG vorgenommen. Praktische Konsequenzen hat dies vor allem deshalb, weil dieser Ausnahmetatbestand unabhängig davon eingreift, ob es sich um Personen der Zeitgeschichte oder ob „normale Personen" handelt.

Die Bestimmung ist **auf wissenschaftliche Zwecke analog anzuwenden.** Allerdings sind hierbei die berechtigten Interessen der Abgebildeten besonders zu beachten. Lichtbilder von Kranken müssen gegebenenfalls durch Abblenden, Verwenden einer Maske usw. so verändert werden, dass die Gesichtszüge auf den Bildnissen nicht erkennbar sind und die Abgebildeten insgesamt nicht identifiziert werden können (*Neumann-Duesberg* JR 1951, 393 und 462 mwN; *Dreyer* in HK-UrhR Rdnr. 49). 104

C. Berechtigtes Interesse des Abgebildeten (§ 23 Abs. 2 KUG)

I. Allgemeines

1. Schutzzweck

Die Ausnahmen des § 23 Abs. 1 KUG gelten nicht schrankenlos. Der Grundsatz des § 23 Abs. 2 KUG ist ein wichtiges **Korrektiv zur Wahrung des Persönlichkeitsrechts des Abgebildeten** und seiner Angehörigen, der auch in den gesetzlichen Ausnahmefällen des § 23 Abs. 1 Nr. 1–4 KUG eine Interessenabwägung vorschreibt. „Die Bestimmung des § 23 Abs. 2 KUG, wonach eine Bildverbreitung nicht zulässig ist, wenn durch sie berechtigte Interessen des Abgebildeten verletzt werden, kommt jedoch nur zur Anwendung, wenn ohne diese Interessenverletzung eine Abbildungsfreiheit gem. § 23 Abs. 1 KUG gegeben wäre" (BGH GRUR 1962, 211/212 – Hochzeitsbild). Ganz überwiegend geht es dabei in erster Linie um Bildnisse aus dem Bereich der Zeitgeschichte, da dieser Ausnahmetatbestand gegenüber den anderen in der praktischen Bedeutung mit weitem Abstand dominiert. Ausgegangen wird dabei von folgendem Grundsatz, der den Schutzzweck des § 23 Abs. 2 KUG definiert: „Auch Personen der Zeitgeschichte haben Anspruch darauf, dass die Allgemeinheit Rücksicht auf ihre Persönlichkeit nimmt", und zwar nicht nur bei entstellenden oder den Ruf auf andere Weise gefährdenden Bildveröffentlichungen, (...) vielmehr ist dem Interesse des Abgebildeten vor einem übermäßigen Zugriff der Öffentlichkeit auf seine Person Rechnung zu tragen (BGH GRUR 1957, 494 – Spätheimkehrer). 105

Die Ausnahme des § 23 Abs. 1 KUG (Abbildung ohne Einwilligung des Abgebildeten) „erstreckt sich nach Abs. 2 dieser Vorschrift nicht auf die Verbreitung von Bildern, durch die ein berechtigtes Interesse des Abgebildeten verletzt wird" (BGH GRUR 1965, 495/496 lSp. – Wie uns die Anderen sehen). Das berechtigte Interesse nach § 23 Abs. 2 KUG darf jedoch nicht verwechselt werden mit dem „Interesse des Abgebildeten, an der Veröffentlichung seines Bildes aus dem Bereich der Zeitgeschichte wirtschaftlich beteiligt zu werden" (BGH GRUR 1979, 425/427 – Fußballspieler). 106

2. Prüfschema

Insgesamt ergibt sich für die Frage der Zulässigkeit einer Bildnisveröffentlichung somit folgendes **Prüfschema:** 1. Liegt ein Bildnis vor (Erkennbarkeit)? 2. Liegt die Einwilligung des Abgebildeten vor? 3. Liegt eine Ausnahme gem. § 23 Abs. 1 KUG vor? 4. Verletzt die Verbreitung oder Schaustellung des Bildnisses die berechtigten Interessen des Abgebildeten? 107

Bei Prüfung dieser Fragen ist die **Bildveröffentlichung in ihrer Gesamtheit** und nicht etwa unabhängig vom Begleittext zu würdigen (BGHZ 20, 345/350 f. – Paul Dahlke; BGHZ 24, 108

200/209 – Spätheimkehrer; BGH GRUR 1962, 211/214 – Hochzeitsbild; BGH GRUR 1962, 324 – Doppelmörder; BGH GRUR 1965, 495/496 lSp. – Wie uns die Anderen sehen; BGH NJW 2004, 1795/1796 – Charlotte Casiraghi I; BGH GRUR 2005, 74/76 – Charlotte Casiraghi II; BGH AfP 2004, 533/534 – Springturnierfotos I).

3. Abgrenzung zwischen § 23 Abs. 1 Nr. 1 KUG und § 23 Abs. 2 KUG

109 **a) Die bisherige Rechtsprechung.** Unklarheiten bestanden bezüglich der **Abgrenzung zwischen § 23 Abs. 1 Nr. 1 KUG und § 23 Abs. 2 KUG.** Zum Teil wurde Kritik daran geübt, dass die beiden Tatbestände nicht deutlich auseinander gehalten wurden, sondern die im Rahmen des § 23 Abs. 2 KUG erforderliche einzelfallbezogene Abwägung zwischen dem Informationsinteresse der Allgemeinheit und den persönlichkeitsrechtlichen Interessen des Einzelnen häufig ohne vorherige Prüfung der Ausnahmevorschriften des § 23 Abs. 1 Nr. 1 KUG vorgenommen wurde (so etwa BGH GRUR 1967, 205/208 – Vor unserer eigenen Tür) oder aber in § 23 Abs. 1 Nr. 1 KUG vorverlagert wurde (so etwa BGH GRUR 1966, 102/103 – Spielgefährten; sa. *Neumann-Duesberg* JZ 1973, 261/262). Zum Teil wurde die Frage nach dem Standort der Interessenabwägung in den Entscheidungen ausdrücklich offen gelassen (so etwa BGH GRUR 1979, 425/426 – Fußballspieler; BGH GRUR 1985, 398/399 – Nacktfoto; BVerfGE 35, 202/225 – Lebach).

110 **b) Auffassung der Literatur.** In der Literatur wird **zur Abgrenzung der beiden Tatbestände eine zweistufige Prüfung** vorgeschlagen (s. *Dasch* Die Einwilligung zum Eingriff in das Recht am eigenen Bild, S. 16 f.; ihm folgend *Götting* Persönlichkeitsrechte als Vermögensrechte, S. 34). Danach ist im Rahmen des § 23 Abs. 1 Nr. 1 KUG eine erste Abwägung auf abstrakter Ebene vorzunehmen und zu ermitteln, ob dem in § 23 KUG grundsätzlich verbürgten Bildnisschutz ein Informationsinteresse der Allgemeinheit gegenübersteht. Es ist also zu fragen, ob die Bildnisveröffentlichung Informationszwecken dient und von öffentlichem Interesse ist. Erst wenn dies zu bejahen ist, ist in einer weiteren Abwägung im Rahmen des § 23 Abs. 2 KUG zu prüfen, ob trotz des gegebenen öffentlichen Informationsinteresses berechtigte Belange des Abgebildeten einer Bildnisveröffentlichung entgegenstehen. Allerdings wird sich eine trennscharfe Abgrenzung der beiden Tatbestände in vielen Fällen nur schwer durchführen lassen. Die bereits für die Ausnahmevorschrift des § 23 Abs. 1 KUG maßgebliche Frage, ob die Bildnisveröffentlichung einem legitimen Informationsinteresse der Öffentlichkeit dient, lässt sich nämlich nicht „abstrakt", sondern nur „konkret" im Lichte der Besonderheiten des Einzelfalls beantworten, so dass beide Tatbestände ineinander übergehen und der zweistufige Abwägungsvorgang in einer Gesamtwürdigung aufgeht.

111 **c) Die neuere Rechtsprechung des BGH.** In seiner neueren Rechtsprechung zum „abgestuften Schutzkonzept" hat der BGH im Grundsatz eine richtungsweisende Klarstellung vorgenommen. Danach hat die Abwägung der widerstreitenden Rechte und Grundrechte der Abgebildeten Person einerseits und der Presse andererseits schon bei der Zuordnung zum Bereich der Zeitgeschichte zu erfolgen, wobei der Beurteilung ein normativer Maßstab zugrunde zu legen ist, welcher der Pressefreiheit und zugleich dem Schutz der Persönlichkeit und ihrer Privatsphäre ausreichend Rechnung trägt (BGH GRUR 2007, 523/525 Rdnr. 14 – Abgestuftes Schutzkonzept; BGH GRUR 2007, 899/900 Rdnr. 17 – Grönemeyer). In Anbetracht dessen dürfte die Regelung des § 23 Abs. 2 KUG im Verhältnis zu § 23 Abs. 1 Nr. 1 KUG nur noch eine geringe Rolle spielen, da ihr die **Funktion eines Auffangtatbestands zukommt, dessen Anwendungsbereich äußerst gering sein dürfte,** weil die umfassende Interessenabwägung bereits im Rahmen des § 23 Abs. 1 Nr. 1 KUG stattzufinden hat und in diesem Rahmen bereits darüber zu befinden ist, ob „berechtigte Interessen" des Abgebildeten verletzt werden (idS auch *Schertz* in Götting/Schertz/Seitz, Handbuch des Persönlichkeitsrechts, § 12 Rdnr. 79; s. auch oben Rdnr. 68). Dies gilt jedenfalls für den praktisch im Vordergrund stehenden Schutz der Privatsphäre, der bei der Frage der Zuordnung des Bildnisses zum Bereich der Zeitgeschichte iS von § 23 Abs. 1 Nr. 1 KUG als gegenläufiges Schutzgut zur Pressefreiheit den maßgeblichen Bewertungsfaktor darstellt. Für eine eigenständige Berücksichtigung im Kontext des § 23 Abs. 2 KUG dürfte deshalb insoweit kein Raum mehr bleiben. In Betracht kommen könnte eine Heranziehung des § 23 Abs. 2 KUG allenfalls ausnahmsweise dann, wenn sich bei der Abwägung nach § 23 Abs. 1 Nr. 1 KUG herausstellt, dass dem Bildnis ein hinreichender Informationswert zwar nicht abzusprechen ist, dass aber gleichwohl aufgrund des **Inhalts oder der Art und Weise der Darstellung** ein berechtigtes Interesse des Abgebildeten oder falls dieser verstorben ist, seiner Angehörigen verletzt wird. Unter diesen Umständen kann auf die von der frühe-

II. Beispiele für berechtigte Interessen

1. Intimsphäre

Der nackte Körper gehört zum intimsten Persönlichkeitsbereich jedes Menschen. Die Entscheidung über die Veröffentlichung seines Nacktbildes muss daher **stets dem Abgebildeten selbst vorbehalten bleiben** (BGH GRUR 1975, 561/562 rSp. – Nacktaufnahmen; § 60/§ 22 KUG Rdnr. 47). Dies gilt insbesondere, wenn die Nacktaufnahmen heimlich gemacht worden sind. „Die Veröffentlichung heimlich geschossener Fotos, die eine Schauspielerin in ihrem Privatbereich nackt zeigen, stellt auch dann eine **schwerwiegende Verletzung ihres Persönlichkeitsrechts** dar, wenn diese in Filmrollen schon unbekleidet aufgetreten ist und die Veröffentlichung künstlerischer Aktfotos erlaubt hat" (OLG Hamburg AfP 1982, 41 – Heimliche Nacktfotos). 112

Auch ein **prominenter Politiker** braucht Abbildungen aus seinem Intimbereich nicht zu dulden. Dies ergibt sich idR schon aus § 23 Abs. 1 Nr. 1 KUG, der „nur Bildnisse aus dem Bereich der Zeitgeschichte und nicht schlechthin Bildnisse von zeitgeschichtlichen Persönlichkeiten freistellt" (OLG München Schulze OLGZ 58 – Kanzlerkandidat; *Neumann-Duesberg* Anm. zu Schulze BGHZ 150 – Ligaspieler – und zu Schulze OLGZ 133 – Pfändung eines Kindes). Neugier und Sensationslust berechtigen nicht zu einem Einbruch in den geschützten Persönlichkeitsbereich. „Auch Personen der Zeitgeschichte brauchen nicht zu dulden, dass ihr Bild in eine Reportage eingefügt wird, die ihr reines Privatleben zum Gegenstand einer sensationslüsternen Berichterstattung macht (§ 23 Abs. 2 KUG)" (LG München I Schulze LGZ 49 – Sängerin Lola R.; OLG Frankfurt/M GRUR 1987, 195 – Foto der Freundin). 113

Ein Informationsinteresse an „nackten Tatsachen" betreffend Personen der Zeitgeschichte besteht nicht. Wenn zB einem bekannten Sportler die Hose reißt, darf die **zufällige Blöße** nicht durch Großaufnahme und entsprechende Bildunterschriften bekannt gemacht werden (OLG Hamburg ArchPR XVII 1972, 150 – Zerrissene Hose). 114

Wer allerdings in Memoiren und Interviews in Boulevard-Blättern „seine ganze Persönlichkeit, seine Intimsphäre sowie private Gewohnheiten aus Publizitätsgründen der Öffentlichkeit kundtut und damit eine **großzügige Selbstdefinition seines Persönlichkeitsrechts** erkennen lässt, der kann nicht allein deshalb in diesem Recht beeinträchtigt sein, weil die Presse über seine Privatsphäre berichtet" (OLG Köln AfP 1982, 181/183 – Ehekrise bei Rudi Carell; OLG Stuttgart AfP 1981, 362 – Rudi Carell von seiner Frau verlassen – sowie *Koppehele* AfP 1981, 337). Dieser Gedanke eines Schutzes aufgrund eines freiwilligen Verzichts auf den Schutz der Privatsphäre (s. oben Rdnr. 55ff.) kann selbst dann zum Tragen kommen, wenn es sich um Nacktfotos geht. Zwar sind an die Zulässigkeit ihrer Veröffentlichung strenge Anforderungen zu stellen, weil damit der höchstpersönliche Bereich der Intimsphäre tangiert wird. Lässt sich aber eine bekannte Schauspielerin in einem Männermagazin in einer Serie von erotischen Aufnahmen halbnackt darstellen, so muss sie es hinnehmen, dass eine Tageszeitung darüber berichtet und dabei eine Abbildung wiedergibt (OLG Hamburg ZUM 1991, 550/551). 115

Dementsprechend ist es auch nicht zu beanstanden, wenn die Nacktaufnahme einer bekannten Eiskunstläuferin, die mit ihrer Einwilligung zunächst in einem Herrenmagazin erschienen war, erneut veröffentlicht wird, wenn der das Foto begleitende Text sich in satirischer Weise mit den Umständen, die zur Entstehung der Aufnahme geführt haben, auseinandersetzt. Unter diesen Umständen ist der nach § 23 Abs. 1 Nr. 1 KUG erforderliche Informationszweck zu bejahen. Es liegt auch keine Verletzung berechtigter Interessen des Abgebildeten nach § 23 Abs. 2 KUG vor, da sie auf den absoluten Schutz ihrer Intimsphäre freiwillig verzichtet hat, indem sie von sich Nacktaufnahmen hat herstellen lassen und damit einverstanden war, dass die Fotos (wenn auch auf bestimmten Wegen) der Öffentlichkeit zugänglich gemacht werden (OLG Frankfurt/M NJW 2000, 594). 116

Die Veröffentlichung des Bildes einer halbnackten Schauspielerin wird aber nur dann durch einen legitimen Informationszweck gedeckt, wenn die Ablichtung entweder auf den Inhalt des begleitenden redaktionellen Textes verweist, ihn veranschaulicht und belegt oder die Ablichtung als solche einen zeitgeschichtlichen Nachrichtenwert besitzt. Eine Verbreitung des Bildes zu Informationszwecken ist danach nicht mehr gegeben, wenn die Veröffentlichung der Fotos nur **der Befriedigung der Schaulust und/oder der Schaffung eines Blickfangs** für die Zei- 117 tung („eye-catcher") dient (OLG Hamburg GRUR 1996, 123 – Schauspielerin, in Abgrenzung zu OLG Hamburg ZUM 1991, 550/551).

2. Kontext oder fehlender Kontext

118   Berechtigte Interessen des Abgebildeten können auch dadurch verletzt werden, dass das Bildnis selbst entstellend wirkt, die Bildunterschrift oder der Begleittext den Abgebildeten der Neugierde und Sensationslust der Öffentlichkeit preisgeben oder ihn mit Vorgängen in Verbindung bringen, mit denen er nichts zu tun hatte. So stellt es eine **schwere Beeinträchtigung des Persönlichkeitsrechts des Abgebildeten** dar, wenn in einer Kinoreportage über Mörder und ihre Bestrafung das Bildnis einer Person zur Schau gestellt wird, die mit den berichteten Mordfällen nichts zu tun hatte (BGH GRUR 1962, 324 – Doppelmörder; vgl. auch OLG Koblenz NJW 1997, 1375/1376 – Schweigen der Hirten).

119   Bei Abbildungen von Personen im **Zusammenhang mit früheren Ereignissen** ist zu prüfen, ob das Informationsinteresse noch (oder wieder) das Anonymitätsinteresse des Abgebildeten überwiegt. Dies gilt in besonderem Maße bei einem so publikumswirksamen Medium wie dem Fernsehen. „Dabei fällt besonders ins Gewicht, dass eine derartige ‚Vorführung' eines Personenbildes im Fernsehen unter gleichzeitiger Namensnennung und Wohnungsangabe und unter negativer Qualifizierung eine derart starke **soziale Prangerwirkung** hat, dass sie auch ein früherer Schwerverbrecher nicht zu dulden brauchte. Selbst diesem sichert das Recht später einen Freiheitsraum, in dem er nicht durch eigenmächtige Bildnisaufnahmen und -vorführungen gestört werden darf, es sei denn, dass ein besonderer Anlass für die Öffentlichkeit besteht, sich gerade wieder mit dieser Person zu befassen" (BGH GRUR 1967, 205/208/209 – Vor unserer eigenen Tür).

120   Im Rahmen der nach § 23 Abs. 2 KUG erforderlichen Interessenabwägung ist die Bildberichterstattung in ihrer Gesamtheit zu betrachten. Hieraus folgt, dass sich die Unzulässigkeit der Bildnisveröffentlichung im Einzelfall auch allein oder im Wesentlichen aus dem begleitenden Text oder dem Kontext ergeben kann (BGH NJW 2004, 1795/1976 – Charlotte Casiraghi I; BGH GRUR 2005, 74/76 – Charlotte Casiraghi II; BGH AfP 2004, 533/534 – Springturnierfotos I). Die abgebildete Person muss die Verwendung ihres Bildnisses zur Illustration eines Artikels, der keine Berichterstattung über ein zeitgeschichtliches Ereignis darstellt, sondern nahezu ausschließlich persönliche Belange zum Inhalt hat und dadurch in besonderem Maße das durch Art. 2 Abs. 1 iVm. Art. 1 Abs. 1 GG geschützte Recht auf ungehinderte Entfaltung der Persönlichkeit tangiert, nicht hinnehmen. Unter diesen Umständen werden die schutzwürdigen Belange des Betroffenen dadurch beeinträchtigt, dass das veröffentlichte Foto **keinen Bezug auf das konkrete Ereignis** erkennen lässt und einen Begleittext illustriert, der keine Berichterstattung über dieses Ereignis liefert, sondern sich nahezu ausschließlich mit der äußeren Erscheinung befasst (BGH aaO).

Dagegen darf nach Auffassung des BGH die Presse über einen schwerwiegenden Verkehrsverstoß einer in der Öffentlichkeit bekannten Person mit Namensnennung und Abbildung berichten (Überschreitung der auf französischen Autobahnen zugelassenen Höchstgeschwindigkeit von 130 km/h um 81 km/h) (BGH GRUR 2006, 257 – Prinz Ernst August von Hannover).

Nach der neueren Rechtsprechung des BGH ist allerdings anzunehmen, dass diese Erwägungen bereits im Rahmen des § 23 Abs. 1 Nr. 1 KUG und nicht wie in den zitierten Entscheidungen auf der Grundlage des § 23 Abs. 2 KUG angestellt werden, da es bereits an einem Bezug zu einem Ereignis mit zeitgeschichtlicher Bedeutung fehlen kann.

3. Verwendung in der Werbung

121   Die Nutzung eines Bildnisses zu Werbezwecken ist **keine Frage der Verletzung berechtigter Interessen** iS des § 23 Abs. 2 KUG, weil keine Ausnahme vom Bildnisschutz vorliegt. § 23 Abs. 1 Nr. 1 KUG ist schon tatbestandlich nicht einschlägig, da die Bildnisnutzung nicht einem legitimen Informationszweck dient (so zutreffend *Schertz* in Götting/Schertz/Seitz, Handbuch des Persönlichkeitsrechts, § 12 Rdnr. 78). Wie der BGH in der grundlegenden „Paul Dahlke"-Entscheidung festgestellt hat, dient **die werbemäßige Verwendung von Bildnissen nicht dem Allgemeininteresse an einer sachgerechten Information**, sondern allein den Geschäftsinteressen der mit der fraglichen Abbildung Kundenwerbung betreibenden Firmen (GRUR 1956, 427/428; s. schon oben Rdnr. 15 f.). Allerdings hat der BGH in der genannten Entscheidung iS einer additiven Argumentation, gleichsam zur hilfsweisen Verstärkung seiner Begründung, festgestellt, dass durch die Verwendung des Bildnisses für Werbezwecke „berech-

tigte Interessen des Klägers verletzt werden und damit gemäß § 23 Abs. 2 KUG die Befugnis zu einer ungenehmigten Verbreitung in jedem Fall entfällt." (BGH aaO).

In der **Entscheidung „Rücktritt des Finanzministers"** hat der BGH den Grundsatz, dass die Verwendung von Bildnisses für Werbezwecke nicht unter die Ausnahmevorschrift des § 23 Abs. 1 Nr. 1 KUG fällt, erheblich modifiziert und eingeschränkt. Danach ist die Abbildung eines prominenten Politikers als Teil einer satirischen Auseinandersetzung mit dem Zeitgeschehen von Art. 5 Abs. 1 S. 1 GG gedeckt. Wörtlich hat der BGH hierzu festgestellt: „Auch wenn die politische Auseinandersetzung im Rahmen einer Werbeanzeige erfolgt (...), steht sie unter dem besonderen Schutz der Meinungsäußerungsfreiheit (Art. 5 Abs. 1 S. 1 GG)". (BGH GRUR 2007, 139/142 Rdnr. 21 – Rücktritt des Finanzministers). Es ist davon auszugehen, dass in entsprechender Anwendung dieses Diktums auch Prominente aus dem Bereich von Sport und Unterhaltung, etc., die Verwendung ihrer Bildnisse ohne oder auch anderer Persönlichkeitsmerkmale in der Werbung dulden müssen (vgl. zum Namensrecht BGH GRUR 2008, 1124 – Zerknitterte Zigarettenschachtel; BGH AfP 2008, 598 – Geschwärzte Worte). Wie bereits an anderer Stelle dargelegt wurde (s. oben Rdnr. 17), ist diese Auffassung abzulehnen. Das **„Deckmäntelchen" der satirischen Meinungsäußerung** im Kontext einer Werbeanzeige vermag nicht zu verhüllen, dass der Werbewert, der aus der Prominenz der abgebildeten Person resultiert, für Werbezwecke instrumentalisiert wird, indem die Aufmerksamkeit auf das beworbene Produkt gelenkt wird (*Zagouras* WRP 2007, 115/119; *Götting* in Götting/Schertz/Seitz, Handbuch des Persönlichkeitsrechts, § 1 Rdnr. 26; differenzierend *Ladeur* ZUM 2007, 111 ff.). An der werbemäßigen Ausbeutung des Publizitätswerts einer prominenten Person ändert auch der Umstand nichts, dass durch die satirische Meinungsäußerung in der Werbeanzeige nicht der (unzutreffende) Eindruck erweckt wird, der Abgebildete identifiziere sich mit dem beworbenen Produkt, empfehle es oder preise es an, worauf der BGH entscheidend abstellt (BGH GRUR 2007, 139/141 Rdnr. 19 – Rücktritt des Finanzministers). Der Werbende würde sich einer solchen Werbemethode nicht bedienen, wenn er nicht davon ausginge, damit einen Werbeeffekt im Rahmen der Aufmerksamkeitswerbung zu erzielen.

Selbst wenn man davon ausgeht, dass in dem geschilderten Fall die Ausnahme des § 23 Abs. 1 Nr. 1 KUG eingreift, so liegt entgegen der Auffassung des BGH jedenfalls eine Verletzung der berechtigten Interessen des Abgebildeten iSv. § 23 Abs. 2 KUG vor, da er gegen seinen Willen in einem werbemäßigen Zusammenhang gestellt und als „Zugpferd" für den Produktabsatz eingespannt wird.

Unabhängig von dieser Einschätzung kann auch auf der Grundlage der hiervon abweichenden Auffassung des BGH die Gegenausnahme des § 23 Abs. 1 KUG, die die Abbildungsfreiheit nach § 23 Abs. 1 Nr. 1 KUG einschränkt, zum Tragen kommen, wenn die gebotene Gesamtbetrachtung ergibt, dass der Inhalt oder die Art und Weise der **Verwendung des Bildnisses anstößig oder herabwürdigend** ist.

§ 24 KUG [Ausnahmen im öffentlichen Interesse]

Für Zwecke der Rechtspflege und der öffentlichen Sicherheit dürfen von den Behörden Bildnisse ohne Einwilligung des Berechtigten sowie des Abgebildeten oder seiner Angehörigen vervielfältigt, verbreitet und öffentlich zur Schau gestellt werden.

Übersicht

	Rdnr.
I. Allgemeines	1–2
1. Sinn und Zweck	1
2. Rechtsnatur	2
II. Zwecke der Rechtspflege und der öffentlichen Sicherheit	3–4
1. Rechtspflege	3
2. Öffentliche Sicherheit	4
III. Behörden	5
IV. Ohne Einwilligung des Berechtigten sowie des Abgebildeten oder seiner Angehörigen	6–8
1. Der Berechtigte	6
2. Der Abgebildete	7
3. Die Angehörigen	8
V. Zulässige Verwendungsarten	9–12
1. Anfertigen	9

§ 60/§ 24 KUG Ausnahmen im öffentlichen Interesse

	Rdnr.
2. Vervielfältigen, Verbreiten, Zurschaustellen	10
3. Fernsehfahndung	11
4. Aufbewahren	12

I. Allgemeines

1. Sinn und Zweck

1 Die Verwendung und Verbreitung von Personenbildnissen zu Zwecken der Rechtspflege (zB auf Steckbriefen für gesuchte Straftäter) gehörte seit eh und je zur Praxis der Strafverfolgungsbehörden und wurde durch § 81b und § 131 StPO gedeckt. Mit der Entwicklung des Urheberrechts und der Einführung des Rechts am eigenen Bild (§ 22 KUG) war es erforderlich, eine Ausnahmebestimmung zu schaffen, denn andernfalls wäre zB die Verbreitung von Bildnissen gesuchter Verbrecher oder vermisster Personen von der Einwilligung der Abgebildeten und der Urheber der Bildnisse abhängig gewesen. Sinn und Zweck der Bestimmung ist es, den Behörden „für Zwecke der Rechtspflege und der öffentlichen Sicherheit" die Beschaffung und Vervielfältigung sowie die Verbreitung und Schaustellung von Personenbildnissen (s. § 60/§ 22 KUG Rdnr. 14f. sowie § 60 UrhG Rdnr. 16ff.) ohne Einwilligung durch den Abgebildeten oder durch Dritte zu ermöglichen.

§ 24 KUG schränkt nach seinem Wortlaut nicht nur das Recht am eigenen Bild des Abgebildeten ein, sondern auch das Urheberrecht des Schöpfers des betreffenden Bildes, der als „Berechtigter" angesprochen wird. Die urheberrechtliche Problematik ist heute aber in § 45 UrhG geregelt; § 24 KUG ist insofern obsolet, denn der Gesetzgeber wollte die §§ 22ff. KUG nur mit ihrem persönlichkeitsrechtlichen Gehalt in Geltung belassen (so im Ergebnis auch *v. Gamm* Einf. Rdnr. 126).

§ 24 KUG kann auf Eingriffe in andere Persönlichkeitsrechte entsprechend angewendet werden.

2. Rechtsnatur

2 Im Gegensatz zu den vier Ausnahmen vom Recht am eigenen Bild gem. § 23 Abs. 1 Nr. 1–4 KUG liegt der Grund für die Ausnahme nicht im öffentlichen Informationsinteresse und in der Freiheit der Berichterstattung (Art. 5 GG), sondern im öffentlich-rechtlichen Interesse. Während die Zulässigkeit der Verbreitung und Schaustellung gem. § 22 KUG grundsätzlich von der Einwilligung des Abgebildeten abhängig ist, muss „in den Fällen des § 24 der Wille des Einzelnen sich vor der öffentlichen Ordnung beugen" (*Osterrieth/Marwitz* KUG[2] § 24 Anm. II 1). Man hat die Vorschrift als eine „öffentlich-rechtliche Bestimmung polizeirechtlichen Charakters" (*v. Gamm* Einf. Rdnr. 126) bezeichnet, die nicht nur den Abgebildeten selbst und gegebenenfalls seine Angehörigen, sondern auch jeden „Berechtigten" betrifft, also den Urheber, den Besteller (s. § 60 UrhG), Eigentümer oder Besitzer des Bildnisses.

II. Zwecke der Rechtspflege und der öffentlichen Sicherheit

1. Rechtspflege

3 Die Bestimmung betrifft in erster Linie, aber keineswegs ausschließlich, Zwecke der Strafrechtspflege. Im sog. Verbrecheralbum, auf Steckbriefen und Plakaten können Bildnisse gesuchter Straftäter vervielfältigt und zur Schau gestellt werden. Das Gleiche gilt zB für Bildnisse von gesuchten, weil vermissten Personen.

Die Verwendung eines Bildnisses „für Zwecke der Rechtspflege" setzt ein anhängiges Verfahren voraus. Ein Ermittlungsverfahren genügt (*v. Gamm* Einf. Rdnr. 127).

2. Öffentliche Sicherheit

4 Der Bereich der öffentlichen Sicherheit umfasst die Identifizierung von Personen, wie von Straftätern, von Kindern, die sich ihren Eltern entziehen, von verirrten Geisteskranken, aufgefundenen Leichen usw.

Bei der Verwendung von Bildnissen durch eine Behörde für Zwecke der öffentlichen Sicherheit ist es nicht erforderlich, dass bereits ein Verfahren anhängig ist. Als erkennungsdienstliche

Maßnahme gilt die Anfertigung von Fotos zur Ermittlung von Personen, die einer Straftat verdächtig sind, als zulässig. „Fotografieren Polizeibeamte einen Demonstrationszug, um mit Hilfe der Lichtbilder die unbekannten Täter früherer Straftaten zu ermitteln, so sind dadurch die Teilnehmer der Demonstration keinem gegenwärtigen rechtswidrigen Angriff ausgesetzt" (BGH NJW 1975, 2075 – Fotografieren eines Demonstrationszuges; sa. § 60/§ 23 KUG Rdnr. 92 ff.).

In Fällen spektakulärer Verbrechen wird zu prüfen sein, ob ein begründeter Tatverdacht den Abgebildeten schon zu einer „relativen" Person der Zeitgeschichte macht, deren Bildnis gem. § 23 Abs. 1 Nr. 1 KUG (§ 60/§ 23 KUG Rdnr. 31 f., 33 ff.) verbreitet werden kann. § 24 KUG bleibt aber neben der Wahrung berechtigter Interessen die sicherere Grundlage. „In jedem Fall wird auch in § 24 wiederum von Gesetzes wegen eine Interessenabwägung vorgenommen, die das Interesse der Allgemeinheit an der Aufklärung und Verhinderung von Verbrechen höher bewertet als das Interesse verdächtiger Personen an ihrem eigenen Bild" (OLG Frankfurt/M NJW 1971, 47/49 rSp. – Aktenzeichen XY-ungelöst).

III. Behörden

Durch die Ausnahmebestimmung des § 24 KUG werden ausschließlich **Behörden** privilegiert, nicht jedoch Privatpersonen, mögen sie auch „für Zwecke der Rechtspflege und der öffentlichen Sicherheit" Personenbildnisse angefertigt haben. Dies bedeutet, dass zB die Kriminalpolizei verdächtige Personen fotografieren kann, dass aber das heimliche Foto eines Privatdetektivs das Recht am eigenen Bild des Abgebildeten verletzt, es sei denn, dass eine Behörde dieses Bildnis verwendet. 5

Im Rahmen der Aufklärung von Verbrechen können öffentliche Interessen überwiegen und „die Darstellung einer Straftat im Fernsehen, verbunden mit der Aufforderung, weitere Beweismittel gegen eine bestimmte, namentlich genannte und bildlich vorgestellte verdächtige Person herbeizuschaffen", unter dem Gesichtspunkt der Wahrnehmung berechtigter Interessen gerechtfertigt sein, „denn nicht das Bedürfnis nach Belehrung, Aufklärung und Unterhaltung ist mit dem Persönlichkeitsrecht abzuwägen, sondern das Interesse der Allgemeinheit an der Aufklärung von Verbrechen und – damit verbunden – das Interesse der Öffentlichkeit an der Verhinderung künftiger Verbrechen" (OLG Frankfurt/M NJW 1971, 47/48 – Aktenzeichen XY-ungelöst). Die eigentliche Rechtfertigung der Bildnis-Sendung im Fernsehen gem. § 24 KUG liegt allerdings im Ersuchen der Staatsanwaltschaft, die die Fernsehanstalt um Fahndungshilfe gebeten hatte (vgl. hierzu *Lampe* NJW 1973, 217/218).

Aus dem gleichen Grunde kann dem OLG Schleswig nur im Ergebnis zugestimmt werden, wenn es die heimliche Video-Bandaufnahme eines verdächtigen Angestellten durch die Spielcasinogesellschaft für zulässig hielt, weil bei dem Abgebildeten der geschützte „Bereich seines privaten Lebens" nicht betroffen worden sei. Da die Videokamera auf Anraten der Kriminalpolizei installiert wurde, war die Aufnahme durch § 24 KUG gerechtfertigt (vgl. *Hubmann* Anm. zu Schulze OLGSt. 9, 9). Ähnliches gilt für Videoaufnahmen zur Beweissicherung von Ladendiebstählen im Rahmen der TV-Überwachung von Kaufhäusern und Supermärkten. Dagegen sind heimliche Aufnahmen von Kunden zur Registrierung des Käuferverhaltens eine Verletzung des Rechts am eigenen Bild (*Stutzky* JR 1974, 365).

IV. Ohne Einwilligung des Berechtigten sowie des Abgebildeten oder seiner Angehörigen

1. Der Berechtigte

Im Gesetzestext wird der Berechtigte vor dem Abgebildeten genannt. Diese Formulierung unterstreicht die Ausdehnung der Ausnahmebestimmung gegenüber allen, die an einem Bildnis Rechte haben können. In erster Linie ist dies der Urheber des Bildnisses, dessen Urheberrecht jedoch heute durch § 45 Abs. 2 UrhG eingeschränkt wird, so dass § 24 KUG insofern keine Bedeutung mehr besitzt (Rdnr. 1). Als „Berechtigter" kommen aber der Besteller des Bildes (vgl. § 60 UrhG Rdnr. 20), der Eigentümer oder der Besitzer in Betracht. 6

2. Der Abgebildete

Der Begriff des Bildnisses setzt die Erkennbarkeit des Abgebildeten voraus (§ 60/§ 22 KUG Rdnr. 16 ff.). Der Grundsatz der erforderlichen Einwilligung des Abgebildeten zur Verbreitung seines Bildnisses gem. § 22 KUG wird durch § 24 KUG im öffentlichen Interesse aufgehoben. 7

3. Die Angehörigen

8 Zu den Angehörigen (§ 22 S. 4 KUG) zählen der Ehegatte oder Lebenspartner des Abgebildeten und seine Kinder (§ 60/§ 22 KUG Rdnr. 57). Der Kreis der Angehörigen wird hier aber weiter zu ziehen sein. Wenn schon der Abgebildete selbst von der Einwilligung ausgeschlossen ist, sollen auch sämtliche Angehörige, gleich welchen Verwandtschaftsgrades, die Verwendung des Bildnisses nicht verhindern können.

V. Zulässige Verwendungsarten

1. Anfertigen

9 Der Vorrang des öffentlichen Interesses für Zwecke der Rechtspflege und der öffentlichen Sicherheit bezieht sich nach dem Wortlaut des § 24 KUG nur auf die Vervielfältigung, Verbreitung und öffentliche Schaustellung von Bildnissen. Die Anfertigung wird nicht genannt, da sie zum Zeitpunkt der Schaffung des Gesetzes noch nicht persönlichkeitsrechtlich fassbar war. Sie bildet nach heute hM eine Verletzung des allgemeinen Persönlichkeitsrechtes (§ 60/§ 22 KUG Rdnr. 5); die Ausnahme des § 24 KUG gilt entsprechend.

„Dem Sinn dieser Bestimmungen entspricht es, auch die im Kunsturhebergesetz nicht ausdrücklich geregelte Herstellung von Bildern zu den genannten Zwecken als erlaubt anzusehen. Entspricht doch die Regelung des Rechts am eigenen Bild im Kunsturhebergesetz nur dem Grundgedanken des allgemeinen Persönlichkeitsrechts, dem auch die Anfertigung von Bildern unterliegt. Auch diese kann aus überwiegendem Interesse der Allgemeinheit geboten sein (BGH NJW 1975, 2075/2076 rSp. – Fotografieren eines Demonstrationszuges, unter Hinweis auf BGH NJW 1966, 2353/2354). Lässt eine Behörde zB Aufnahmen von Gewalttätern machen, die mit Knüppeln und Steinen in der Hand gegen eine Absperrung anrücken, dann sind diese Aufnahmen (auch Einzelbildnisse) gem. § 24 KUG „für Zwecke der Rechtspflege und der öffentlichen Sicherheit zulässig."

2. Vervielfältigen, Verbreiten, Zurschaustellen

10 Wie und von wem die Behörde das Bildnis beschafft hat, ist gleichgültig. Hier heiligt der Zweck – Rechtspflege und öffentliche Sicherheit – die Mittel. Das vorhandene oder angefertigte Bildnis darf auf jede technisch mögliche Weise vervielfältigt werden, nicht nur zur Herstellung von Abzügen, Kopien und Reproduktionen, sondern auch in beliebigen Formaten, in Vergrößerungen, Ausschnitten und Fotomontagen.

Ebenso umfasst der Begriff des Verbreitens gem. § 24 KUG – anders als in § 17 Abs. 1 UrhG, der nur die öffentliche Verbreitung betrifft – jede mögliche Art der Verbreitung, sei es zum internen Dienstgebrauch (zB im sog. Verbrecheralbum) wie in der Öffentlichkeit (zB in Steckbriefen oder Fahndungsaufrufen in der Presse). Ähnlich umfassend ist auch die Befugnis der Behörde, Bildnisse öffentlich zur Schau zu stellen (zB in Schaukästen, auf Plakaten oder im Fernsehen).

3. Fernsehfahndung

11 Bildveröffentlichungen – zumal wenn sie im Fernsehen ausgestrahlt werden – erreichen eine viel weitere Öffentlichkeit als bloße Wortmeldungen und verpflichten die Sendeanstalt zu besonders gründlicher Interessenabwägung. Schon bei einem Fahndungsersuchen an das Fernsehen hat die Behörde den Grundsatz der Verhältnismäßigkeit zu beachten (vgl. *Lampe* NJW 1973, 217/220). Nach LG Hamburg dürfen Strafverfolgungsorgane Fernsehsendungen zum Zwecke der Ergreifung eines Täters nur dann veranlassen, „wenn die in § 131 StPO aufgestellten Voraussetzungen für die Veröffentlichung eines Steckbriefes mit dem Bilde des Beschuldigten erfüllt sind" (LG Hamburg UFITA 64 [1972] 345/351 – Aktenzeichen XY-ungelöst; vgl. ferner zur Zulässigkeit der Fernsehfahndung in der Sendereihe „Aktenzeichen XY-ungelöst" OLG München UFITA 58 [1970] 294; OLG Frankfurt/M NJW 1971, 47; VG Neustadt a. d. Weinstraße UFITA 65 [1972] 312).

4. Aufbewahren

12 Über die Aufbewahrung und Verwendung von Bildnissen unverdächtiger Personen ist nach den Grundsätzen der Verhältnismäßigkeit zu entscheiden (BVerfG NJW 1963, 1819). Gegen die

Aufbewahrung von Lichtbildern in erkennungsdienstlichen Unterlagen der Kriminalpolizei ist der Verwaltungsrechtsweg gegeben (BVerwG NJW 1961, 571; BVerwG NJW 1967, 1192).

§§ 33–50 KUG [Rechtsfolgen der Verletzung des Rechts am eigenen Bild]

§ 33 [Strafvorschrift] (1) Mit Freiheitsstrafe bis zu einem Jahr oder mit Geldstrafe wird bestraft, wer entgegen den §§ 22, 23 ein Bildnis verbreitet oder öffentlich zur Schau stellt.

(2) Die Tat wird nur auf Antrag verfolgt.

[Hinweis: Zu beachten ist nunmehr auch § 201a StGB, der gegen sog. „visuelle Lauschangriffe" schützen soll und im Vorfeld zu § 33 KUG eingreift, da er bereits die unbefugte Herstellung oder Übertragung von Bildaufnahmen einer Person, die sich in einer Wohnung oder einem gegen Einblick besonders geschützten Raum befindet, unter Strafe stellt, sofern dadurch deren höchstpersönlicher Lebensbereich verletzt wird. Die Vorschrift hat folgenden Wortlaut:

§ 201a Verletzung des höchstpersönlichen Lebensbereichs durch Bildaufnahmen

(1) Wer von einer anderen Person, die sich in einer Wohnung oder einem gegen Einblick besonders geschützten Raum befindet, unbefugt Bildaufnahmen herstellt oder überträgt und dadurch deren höchstpersönlichen Lebensbereich verletzt, wird mit Freiheitsstrafe bis zu einem Jahr oder mit Geldstrafe bestraft.

(2) Ebenso wird bestraft, wer eine durch eine Tat nach Absatz 1 hergestellte Bildaufnahme gebraucht oder einem Dritten zugänglich macht.

(3) Wer eine befugt hergestellte Bildaufnahme von einer anderen Person, die sich in einer Wohnung oder einem gegen Einblick besonders geschützten Raum befindet, wissentlich unbefugt einem Dritten zugänglich macht und dadurch deren höchstpersönlichen Lebensbereich verletzt, wird mit Freiheitsstrafe bis zu einem Jahr oder mit Geldstrafe bestraft.

(4) Die Bildträger sowie Bildaufnahmegeräte oder andere technische Mittel, die der Täter oder Teilnehmer verwendet hat, können eingezogen werden. § 74a ist anzuwenden.]

§ 37 [Vernichtung] (1) [1]Die widerrechtlich hergestellten, verbreiteten oder vorgeführten Exemplare und die zur widerrechtlichen Vervielfältigung oder Vorführung ausschließlich bestimmten Vorrichtungen, wie Formen, Platten, Steine, unterliegen der Vernichtung. [2]Das gleiche gilt von den widerrechtlich verbreiteten oder öffentlich zur Schau gestellten Bildnissen und den zu deren Vervielfältigung ausschließlich bestimmten Vorrichtungen. [3]Ist nur ein Teil des Werkes widerrechtlich hergestellt, verbreitet oder vorgeführt, so ist auf Vernichtung dieses Teiles und der entsprechenden Vorrichtungen zu erkennen.

(2) Gegenstand der Vernichtung sind alle Exemplare und Vorrichtungen, welche sich im Eigentume der an *der Herstellung*, der Verbreitung, *der Vorführung* oder der Schaustellung Beteiligten sowie der Erben dieser Personen befinden.

(3) [1]Auf die Vernichtung ist auch dann zu erkennen, wenn die Herstellung, die Verbreitung, *die Vorführung* oder die Schaustellung weder vorsätzlich noch fahrlässig erfolgt. [2]*Das gleiche gilt, wenn die Herstellung noch nicht vollendet ist.*

(4) [1]Die Vernichtung hat zu erfolgen, nachdem dem Eigentümer gegenüber rechtskräftig darauf erkannt ist. [2]Soweit die Exemplare oder die Vorrichtungen in anderer Weise als durch Vernichtung unschädlich gemacht werden können, hat dies zu geschehen, falls der Eigentümer die Kosten übernimmt.

§ 38 [Recht der Übernahme] Der Verletzte kann statt der Vernichtung verlangen, dass ihm das Recht zuerkannt wird, die Exemplare und Vorrichtungen ganz oder teilweise gegen eine angemessene, höchstens dem Betrage der Herstellungskosten gleichkommende Vergütung zu übernehmen.

§ 42 [Zivil- oder Strafverfahren] Die Vernichtung der Exemplare und der Vorrichtungen kann im Wege des bürgerlichen Rechtsstreits oder im Strafverfahren verfolgt werden.

§ 43 [Vernichtung nur auf Antrag] (1) [1]Auf die Vernichtung von Exemplaren oder Vorrichtungen kann auch im Strafverfahren nur auf besonderen Antrag des Verletzten erkannt werden. [2]Die Zurücknahme des Antrags ist bis zur erfolgten Vernichtung zulässig.

(2) [1]Der Verletzte kann die Vernichtung von Exemplaren oder Vorrichtungen selbständig verfolgen. [2]In diesem Falle finden die §§ 430–432 der Strafprozessordnung mit der Maßgabe Anwendung, dass der Verletzte als Privatkläger auftreten kann.

§ 44 [Recht der Übernahme] Die §§ 42, 43 finden auf die Verfolgung des im § 38 bezeichneten Rechtes entsprechende Anwendung.

§ 48 [Verjährung] (1) *Der Anspruch auf Schadensersatz und die Strafverfolgung wegen widerrechtlicher Verbreitung oder Vorführung eines Werkes sowie* die Strafverfolgung wegen widerrechtlicher Verbreitung oder Schaustellung eines Bildnisses verjähren in drei Jahren.

(2) Die Verjährung beginnt mit dem Tage, an welchem die widerrechtliche Handlung zuletzt stattgefunden hat.

§ 50 [Antrag auf Vernichtung] Der Antrag auf Vernichtung der Exemplare und der Vorrichtungen ist so lange zulässig, als solche Exemplare oder Vorrichtungen vorhanden sind.

Schrifttum: *Böttcher*, Die Einschränkung des Ersatzes immateriellen Schadens und der Genugtuungsanspruch wegen Persönlichkeitsminderung, MDR 1963, 353; *ders.*, Die Verpflichtung zum Geldersatz für immateriellen Schaden, 45. DJT 1964, Bd. II: Sitzungsberichte 1965, S C 7; *Brandner*, Das allgemeine Persönlichkeitsrecht in der Entwicklung durch die Rechtsprechung, JZ 1983, 689; *Bydlinski*, Der Ersatz ideellen Schadens als sachliches und

§ 60/§§ 33–50 KUG Rechtsfolgen der Verletzung des Rechts am eigenen Bild

methodisches Problem, JBl. 1965, 173; *v. Caemmerer,* Der privatrechtliche Persönlichkeitsschutz nach deutschem Recht, Fs. für Fritz von Hippel, 1967, S. 27; *Deutsch,* Schmerzensgeld und Genugtuung, JuS 1969, 197; *Ehlers,* Der Geldersatz für immaterielle Schäden bei deliktischer Verletzung des allgemeinen Persönlichkeitsrechts, 1977; *Fromm,* Schadensersatz für Persönlichkeitsrechtsverletzungen, NJW 1965, 1201; *v. Gamm,* Persönlichkeits- und Ehrverletzungen durch Massenmedien, 1969; *ders.,* Persönlichkeitsschutz und Massenmedien – Neuere Entwicklungen der Rechtsprechung, NJW 1979, 513; *Götting,* Sanktionen bei Verletzung des postmortalen Persönlichkeitsrechts, GRUR 2004, 801; *Gounalakis,* Persönlichkeitsschutz und Geldersatz, AfP 1998, 10; *Hartmann,* Persönlichkeitsrecht und Schmerzensgeld, NJW 1964, 793; *Helle,* Der Schutz der Persönlichkeit, der Ehre und des wirtschaftlichen Rufes im Privatrecht, 2. Aufl. 1969; *Hubmann,* Der Bereicherungsanspruch im Persönlichkeitsrecht, UFITA 39 (1963) 223; *Kaduk,* Empfiehlt sich eine Neuregelung zum Geldersatz für immaterielle Schäden?, JR 1964, 322; *Kaufmann,* Allgemeines Persönlichkeitsrecht und Schmerzensgeld, JuS 1963, 373; *Knöpfel,* Billigkeit und Schmerzensgeld, AcP 155 (1956) 135; *Köndgen,* Haftpflichtfunktionen und Immaterialschaden, 1976; *Koppehele,* Voraussetzungen des Schmerzensgeldanspruchs bei prominenten Personen aus dem Showgeschäft, AfP 1981, 337; *Kübler,* Der Referentenentwurf für ein neues Schadensersatzrecht und die zivilrechtliche Haftung der Presse, JZ 1968, 542; *Ladeur,* Fiktive Lizenzentgelte für Politiker?, ZUM 2007, 111; *Meyer,* Genugtuungsfunktion des Schmerzensgeldes und Strafzumessung, JuS 1975, 87; *Möller,* Zum Verhältnis einer nachträglichen Berichtigung und des Schmerzensgeldanspruchs bei schwerwiegender Persönlichkeitsverletzung, ArchPR 1968, 760; MünchKomm. BGB/*Rixecker*[5] Anhang zu § 12: Das Allgemeine Persönlichkeitsrecht, Rdnr. 201–251; *Neumann-Duesberg,* Vergütungsansprüche wegen unbefugter Reklameverwendung von Lichtbildern, GRUR 1954, 45; *ders.,* Geldliche Genugtuung neben Widerruf und Unterlassung?, Fs. für Roeber, 1973, S. 403; *Neumeyer,* Schmerz, Kommerz, Frau mit Herz, AfP 2009, 465; *Nörr,* Zum Ersatz des immateriellen Schadens nach geltendem Recht, AcP 158 (1959/60) 1; *Pecher,* Der Anspruch auf Genugtuung als Vermögenswert, AcP 171 (1971) 44; *Prinz,* Der Schutz der Persönlichkeitsrechte vor Verletzungen durch die Medien, NJW 1995, 817; *ders.,* Geldentschädigung bei Persönlichkeitsverletzungen durch Medien, NJW 1996, 953; *Remè,* Die Aufgaben des Schmerzensgeldes im Persönlichkeitsschutz, 1962; *Rosengarten,* Der Präventionsgedanke im deutschen Zivilrecht, NJW 1996, 1935; *Schertz,* Der Schutz der Persönlichkeitsrechte vor heimlichen Bild- und Tonaufnahmen – Zugleich eine Anmerkung zu § 201a StGB, AfP 2005, 421; *Schlechtriem,* Bereicherung aus fremdem Persönlichkeitsrecht, Fs. für Hefermehl, 1976, S. 445; *Schwerdtner,* Das Persönlichkeitsrecht in der deutschen Zivilrechtsordnung, 1976; *Seitz,* Prinz und Prinzessin – Wandlungen des Deliktsrechts durch Zwangskommerzialisierung der Persönlichkeit, NJW 1996, 2848; *Steffen,* Schmerzensgeld bei Persönlichkeitsverletzung durch Medien – Ein Plädoyer gegen formelhafte Berechnungsmethoden bei der Geldentschädigung, NJW 1997, 10; *Stoll,* Empfiehlt sich eine Neuregelung zum Ersatz für immaterielle Schäden?, Gutachten zum 45. DJT 1964; *Wiese,* Der Ersatz des immateriellen Schadens, 1964; *Stürner,* Persönlichkeitsschutz und Geldersatz, AfP 1998, 1.

Übersicht

	Rdnr.
A. Rechtsentwicklung	1–3
B. Die Rechtsfolgen im Einzelnen	4–42
I. Anspruch auf Beseitigung der Beeinträchtigung	4
II. Unterlassungsanspruch	5–7
III. Schadensersatz, Bereicherungsausgleich und Geldentschädigung	8–42
1. Schadensarten	8
2. Materieller Schaden (Lizenzgebühr)	9–42
a) Schadensersatz für die Verwendung von Bildnissen Prominenter in der Werbung	10–15
aa) Die traditionelle Rechtsprechung des BGH: Beschränkung auf professionelle Darsteller	11–12
bb) Die BGH-Entscheidung „Rücktritt des Finanzministers": Abschied von der „Herrenreiter"-Doktrin	13–14
cc) Verhältnis zwischen Lizenzanalogie und „Schmerzensgeldanspruch"	15
b) Ausgleich nach Bereicherungsgrundsätzen	16–25
aa) „Herrenreiter"-Doktrin	18–19
bb) „Rücktritt des Finanzministers"	20
cc) Kumulation von Bereicherungs- und Geldentschädigungsanspruch	21
dd) Übertragung an eine Verwertungsgesellschaft	22
ee) Mehrheit von Bereicherungsschuldnern	23
ff) Ansprüche bei Verletzung des postmortalen Bildnisschutzes	24
gg) Zur Höhe der angemessenen Lizenzgebühr	25
c) Lizenzanalogie bei Verletzung der Privatsphäre	26
d) Immaterieller Schaden (Geldentschädigung)	27
aa) Grundsätze der Rechtsprechung	27
bb) Anspruchsgrundlagen	28–29
cc) Zweck des Anspruchs	30
dd) Beurteilung der Eingriffsschwere	31
ee) Zur Höhe der Entschädigung	32–36
ff) Klageantrag	37–39
gg) Geldersatz für immateriellen Schaden bei der Verletzung des Rechts am eigenen Bild durch die Medien	40
hh) Geldersatz für immateriellen Schaden bei unbefugter Verwendung eines Bildnisses in der Werbung	41
ii) Ablehnung des Anspruchs auf Geldentschädigung	42

A. Rechtsentwicklung

Die Rechtsfolgen bei Verletzungen des Rechts am eigenen Bild werden in den §§ 33, 37, 38, 42–44, 48 und 50 KUG behandelt. Die strafrechtliche Verfolgung und Verletzung des Rechts am eigenen Bilde hat trotz der Existenz des § 33 KUG praktisch keine Rolle gespielt (so *Schertz* AfP 2005, 421/426). Es bleibt abzuwarten, ob die Einführung des § 201 a StGB dazu führt, dass die Strafverfolgung im Bereich des Bildnisschutzes an Bedeutung gewinnt. In Analogie zur Strafbarkeit heimlicher Tonaufnahmen, die seit jeher nach § 201 StGB verboten sind, soll **§ 201 a StGB** vor heimlichen Bildaufnahmen (sog. **"visuelle Lauschangriffe"**) schützen und die nach Auffassung des Gesetzgebers insofern bestehenden Strafbarkeitslücken schließen (s. BT-Drucks. 15/2466, S. 5; sa. *Schertz* AfP 2005, 421/424 f.). Erfasst werden Bildaufnahmen, die von Betroffenen in einem persönlichen Rückzugsbereich (der Wohnung oder einen sonst besonders geschützten Raum) hergestellt oder übertragen werden. Voraussetzung ist, dass dadurch der höchstpersönliche Lebensbereich der abgebildeten Person verletzt wird. Öffentlich zugängliche Orte unterfallen nicht der Strafbarkeit nach § 201 a StGB. Den Anlass zu der Regelung gaben die neuen technischen Möglichkeiten, wie insbesondere Fotohandys und die Zoom-Technik bei Kameras, die Fotoaufnahmen aus weiter Entfernung oder aus einem Versteck ermöglichen. Außerdem sollte dem sog. „Kamera-Voyeurismus" Einhalt geboten werden, wie etwa dem Installieren von Fotokameras in Umkleidekabinen, Damentoiletten, Arztzimmern und dem Einstellen derartiger Bilder ins Internet (BT-Drucks. 15/2466, S. 5, dazu auch *Schertz* AfP 2005, 421/425; zu den weiteren Einzelheiten s. die Erläuterungen in den einschlägigen Kommentaren zum StGB).

Die Vorschriften des KUG, die allgemein die Sanktionen bei einer Verletzung der geschützten Rechte regeln, sind gemäß § 141 Nr. 5 UrhG aufgehoben, soweit sie nicht den Schutz von Bildnissen betreffen. Als **Persönlichkeitsrecht** ist das Recht am eigenen Bild nach § 823 Abs. 1 BGB sowie analog § 1004 BGB geschützt (MünchKomm. BGB/*Rixecker*[5], Allgemeines Persönlichkeitsrecht Rdnr. 204; *Hubmann* Anm. zu Schulze LGZ 197, 14 f.). Zur Ergänzung kommt eine entsprechende Heranziehung der §§ 97 ff. UrhG in Betracht (*v. Gamm* Einf. Rdnr. 129). Danach gelten wegen des vermögensrechtlichen Charakters des Rechts am eigenen Bilde auch die für die **Schadensberechnung bei der Verletzung von Urheberrechten oder Immaterialgüterrechten** entwickelten allgemeinen Grundsätze. Demzufolge kann der verletzte Rechtsinhaber den konkreten Schaden nach §§ 249 ff. BGB unter Einschluss auch des entgangenen Gewinns verlangen. Alternativ kann er auch den vom Verletzer durch den Eingriff erzielten Gewinn herausverlangen (vgl. § 97 Abs. 2 S. 2 UrhG). Praktisch im Vordergrund steht auch bei der Verletzung des Rechts am eigenen Bilde die Schadensberechnung nach Maßgabe der angemessenen Lizenzanalogie (vgl. § 97 Abs. 2 S. 3 UrhG). Diese, auf der Fiktion einer Lizenzgewährung beruhende Konstruktion dient auch zur Bestimmung des Bereicherungsausgleichs bei der verschuldensunabhängigen Eingriffskondiktion (grundlegend BGH GRUR 1956, 427 – Paul Dahlke).

Auskunftsansprüche hinsichtlich der Bezugsquelle des Bildes können sich aus § 242 BGB ergeben, wenn ein materiell-rechtlicher Hauptanspruch zugrunde liegt. Dem kann allerdings im Rahmen der erforderlichen Abwägung das presserechtlich geschützte Interesse entgegenstehen, das Vertrauensverhältnis zwischen dem Verlag und seinen Informanten und Zulieferern nicht zu belasten (OLG Hamburg AfP 1995, 504; krit. dazu *Ehmann* AfP 1995, 654). Als **Hilfsanspruch** setzt der Anspruch auf Auskunftserteilung über den Umfang der Vermarktung des Bildes und über die dabei erzielten Erlöse nach allgemeinen Grundsätzen das Bestehen des Schadensersatzanspruchs dem Grunde nach voraus (OLG München AfP 1995, 658). Ein **Anspruch auf Herausgabe der verbreiteten Fotos samt Negativen und etwaigen Abzügen** ergibt sich aus §§ 22, 37, 38, 42 KUG. Das Verlangen umfasst auch die nur angefertigten, nicht aber verbreiteten Fotos. Dabei kann dahinstehen, ob der Anspruch auf einer Analogie zu § 37 KUG beruht oder seine Stütze in §§ 823, 1004 BGB findet. Entscheidend ist allein, dass bereits durch die Anfertigung von Fotos das allgemeine Persönlichkeitsrecht verletzt und dadurch der Beseitigungsanspruch ausgelöst wurde (OLG München NJW-RR 1996, 93/95). Ein Anspruch auf Herausgabe von Bildmaterial gemäß §§ 37, 38 KUG bzw. §§ 823, 1004 BGB besteht dann nicht, wenn bei der darauf abgebildeten Person mit hoher Wahrscheinlichkeit davon auszugehen ist, dass sie in Zukunft Person der Zeitgeschichte werden wird, so dass die Veröffentlichung dann nach § 23 Abs. 1 Nr. 1 KUG zulässig wird (OLG Hamburg AfP 1997, 535/536 f.).

3   Für **Ansprüche auf Geldersatz für immateriellen Schaden (Geldentschädigung)** treten neben die Bestimmungen des KUG die Grundsätze, die die Rechtsprechung zum allgemeinen Persönlichkeitsrecht entwickelt hat. Danach wird unter Durchbrechung von § 253 Abs. 1 BGB Geldersatz für den nichtvermögensrechtlichen Schaden gewährt, der durch die unbefugte Veröffentlichung eines Bildes hervorgerufen worden ist. Zur Entwicklung s. *Fromm* NJW 1965, 1201; *Hartmann* NJW 1964, 793; *Neumann-Duesberg* Anm. zu Schulze BGHZ 156 – Spielgefährtin II.

B. Die Rechtsfolgen im Einzelnen

An zivilrechtlichen Ansprüchen kommen in Betracht:

I. Anspruch auf Beseitigung der Beeinträchtigung

4   Der Beseitigungsanspruch entsprechend § 1004 BGB (vgl. auch § 97 Abs. 1 S. 1 UrhG) setzt nur eine **objektiv rechtswidrige Verletzung und ein Fortwirken der Beeinträchtigung**, aber kein schuldhaftes Verhalten des Verletzers voraus. Der Anspruch kann auf jede Form der Beseitigung gerichtet sein, zB auf Entfernen oder Überkleben bei Plakatwerbung (vgl. BGH GRUR 1958, 408 – Herrenreiter) oder auf Widerruf bei Veröffentlichung in den Medien (vgl. BGH Schulze BGHZ 172 – Nachtigall).

II. Unterlassungsanspruch

5   Auch der Unterlassungsanspruch entsprechend § 1004 BGB (vgl. auch § 97 Abs. 1 S. 1 UrhG) setzt kein Verschulden voraus, sondern nur eine **objektive Rechtsverletzung**. Der Unterlassungsanspruch soll künftige Rechtsverletzungen verhindern; er setzt daher **Wiederholungsgefahr bzw. Erstbegehungsgefahr** voraus. Die Gefahr der Wiederholung ist insbesondere gegeben, wenn eine Verletzungshandlung begangen worden ist und der Verletzer bestreitet, das Recht am Bild verletzt zu haben (zur Wiederholungsgefahr s. BGH GRUR 1961, 138 – Familie Schölermann; OLG Düsseldorf GRUR 1970, 618 – Schleppjagd; siehe zum Unterlassungsanspruch bei Verletzung des Rechts am eigenen Bild ferner: BGH GRUR 1958, 408 – Herrenreiter; BGH GRUR 1957, 494 – Spätheimkehrer; BGH GRUR 1966, 102 – Spielgefährtin I; BGH GRUR 1967, 205 – Vor unserer eigenen Tür; OLG München Schulze OLGZ 58 – Kanzlerkandidat). Nach der Rechtsprechung des BGH kann im Bereich der Bildberichterstattung nicht mit einer **„vorbeugenden" Unterlassungsklage** über die konkrete Verletzungsform hinaus eine ähnliche oder **„kerngleiche" Bildberichterstattung** für die Zukunft verboten werden. Vielmehr erfordert die Prüfung der Zulässigkeit einer Bildveröffentlichung ohne Einwilligung des Abgebildeten in jedem Einzelfall eine Abwägung zwischen dem Informationsinteresse der Öffentlichkeit und dem Interesse des Abgebildeten an dem Schutz seiner Privatsphäre, wobei die begleitende Wortberichterstattung eine wesentliche Rolle spielen kann (BGH GRUR 2008, 446 1. und 2. Ls. – „kerngleiche" Berichterstattung; sa. BGH NJW 2009, 2823 – Andrea Casiraghi mit Fliege). Dies gilt ebenso in Fällen, in denen es um die Abbildung minderjähriger Kinder geht und das Presseorgan bereits mehrfach Fotos ohne die erforderliche Einwilligung veröffentlicht hat; auch insoweit besteht kein genereller Anspruch auf Unterlassung der Veröffentlichung jeglicher Fotos bis zur Volljährigkeit der Kinder (BGH GRUR 2010, 173, 174 Rdnr. 7 – Kinder von Franz Beckenbauer). Damit wird trotz vergleichbarer Interessenlage von dem im Wettbewerbsrecht anerkannten Grundsatz abgewichen, dass die durch eine Verletzungshandlung begründete Wiederholungsgefahr sich grundsätzlich auch auf alle im Kern gleichartigen Verletzungshandlungen erstreckt (s. die Rechtsprechungsnachweise bei *Hefermehl/ Köhler/Bornkamm* UWG[27] § 8 Rdnr. 1.36 f.). Allerdings wird die Gefahr, dass durch leichte Veränderungen des Inhalts oder Kontexts der Bildberichterstattung das Unterlassungsgebot umgangen werden kann, durch folgende Klarstellung des BGH abgemildert: „Ein auf die konkrete Verletzungsform beschränktes Unterlassungsgebot greift nicht nur dann, wenn der Presseartikel wortgleich wiederholt wird, sondern auch dann, wenn die darin enthaltenen Mitteilungen sinngemäß ganz oder teilweise Gegenstand einer erneuten Berichterstattung unter Beifügung des zu beanstandenden Fotos sind. Ob dies der Fall ist, hat das für die Vollstreckung nach § 890 ZPO zuständige Prozessgericht zu beurteilen. Dazu bedarf es keines in die Einzelheiten gehenden

Urteilstenors des Vollstreckungstitels. Vielmehr reicht es aus, dass in dem Urteilstenor (oder auch in den Gründen) zum Ausdruck kommt, dass das Foto im Zusammenhang mit der erneuten Veröffentlichung der in der Ausgangsberichterstattung gebrachten Mitteilungen nicht erneut veröffentlicht werden darf. Die Reichweite des Verbots hat das Prozessgericht als Vollstreckungsorgan aufgrund des Urteilstenors und der Gründe des Vollstreckungstitels zu ermitteln." (BGH NJW 2009, 2823/2824 Rdnr. 11 – Andrea Casiraghi mit Fliege).

Der Anspruch auf **Vernichtung und ähnliche Maßnahmen** (zB Unkenntlichmachung, vgl. § 37 KUG, § 98 UrhG) dient der Sicherung des Unterlassungsanspruchs. Der Anspruch bezieht sich auf die widerrechtlich verbreiteten oder öffentlich zur Schau gestellten Bildnisse und die zu deren Vervielfältigung ausschließlich bestimmten Vorrichtungen (§ 37 Abs. 1 S. 2 KUG) sowie auf deren Vervielfältigungsstücke (§ 98 UrhG). Der Vernichtungsanspruch setzt keine Wiederholungsgefahr voraus (vgl. BGH GRUR 1961, 138 – Familie Schölermann). 6

Ist eine **Veröffentlichung von Fotos geplant,** die gegen das Recht am eigenen Bild der abgebildeten Personen verstoßen würde, so kann das Gericht im Wege der einstweiligen Verfügung zur vorläufigen Sicherung des Herausgabeanspruchs die Herausgabe der streitigen Bilder und Negative an den Gerichtsvollzieher als Sequester anordnen (OLG Celle AfP 1984, 236). 7

III. Schadensersatz, Bereicherungsausgleich und Geldentschädigung

1. Schadensarten

Bei den Ansprüchen auf Schadensersatz ist zu unterscheiden zwischen dem materiellen Schaden (§§ 249 ff. BGB; hierzu gehört insbesondere die entgangene übliche Lizenzgebühr) und dem immateriellen Schaden aufgrund der erlittenen Beeinträchtigung. Der Schadensersatz für Körperschäden (Aufregung über eine unbefugte Bildveröffentlichung mit Krankheitsfolge) ist mehr theoretischer Natur. **In der Praxis** gibt es Geldzahlungen meist **in Form von Lizenzgebühren oder Schmerzensgeldern,** je nachdem, ob die Bildverwendung nur aus kommerziellen Gründen (zB Sportlerwerbung) oder aus Gründen des Ehrenschutzes (zB BGH GRUR 1958, 408 – Herrenreiter) angegriffen wird. 8

2. Materieller Schaden (Lizenzgebühr)

Anspruchsgrundlagen sind §§ 823 Abs. 1 oder Abs. 2 BGB iVm. §§ 22, 23 Abs. 2 KUG. Der Anspruch auf Ersatz des Schadens, der durch die unbefugte Verwendung des Bildnisses entstanden ist, setzt hier das Verschulden des Verletzers voraus, dh. Vorsatz oder Fahrlässigkeit. Der Schaden kann wie bei § 97 UrhG auf dreifache Weise berechnet werden. Der Verletzte kann also alternativ zur angemessenen Lizenzgebühr den konkreten Schaden oder den vom Verletzer durch den Eingriff erzielten Gewinn verlangen. Im Vordergrund steht aber ganz eindeutig die Schadensberechnung nach der Lizenzanalogie, da die anderen Berechnungsmethoden ebenso wie auch bei Immaterialgüterrechtsverletzungen, insbesondere wegen der schwierigen Kausalitätsnachweise in der Praxis, auf erhebliche Beweisprobleme stoßen. 9

a) **Schadensersatz für die Verwendung von Bildnissen Prominenter in der Werbung.** Bei Personen, die die Benutzung ihres Bildes zu Werbezwecken zu gestatten pflegen, umfasst der Anspruch auf Schadensersatz bei unbefugter kommerzieller Benutzung des Bildes das übliche Entgelt, das der Abgebildete für die Zustimmung zur Verwendung seines Bildnisses fordern kann (**Lizenzanalogie**; BGH GRUR 1979, 732/734 – Fußballtor). 10

aa) **Die traditionelle Rechtsprechung des BGH: Beschränkung auf professionelle Darsteller.** Demgegenüber soll ein Anspruch auf Zahlung einer angemessenen Lizenzgebühr nach der traditionellen Auffassung des BGH sowohl nach Delikts- als auch nach Bereicherungsrecht nur gegeben sein, wenn die Erlaubnis zum Eingriff in das Recht am eigenen Bilde üblicherweise von der Zahlung eines Entgelts abhängig gemacht werde (grundlegend BGH GRUR 1958, 408/409 – Herrenreiter). Die Anerkennung des vermögensrechtlichen Charakters des Rechts am eigenen Bilde bleibt demnach **auf professionelle Darsteller beschränkt,** wie insbesondere Modelle oder Prominente, die ihre Bildnisse zu vermarkten pflegen. Demgegenüber soll bei Personen, die ihre Bildnisse grundsätzlich nicht kommerziell nutzen, ein Schadensersatz nach Maßgabe des üblichen Entgelts ausgeschlossen sein, weil dem verletzten Recht die Nähe zu einem Immaterialgüterrecht fehle (so noch OLG Hamburg AfP 1995, 504). 11

Dem ist entgegenzuhalten, dass **die vermögensrechtliche Qualität des Rechts am eigenen Bilde** davon abhängt, ob es einen **objektiven Marktwert** besitzt. Es kommt deshalb da- 12 rauf an, ob für vergleichbare Bildnisse von den Verwertern üblicherweise ein Entgelt gezahlt wird. Wer das Recht am eigenen Bilde unbefugt für kommerzielle Zwecke ausnutzt, zeigt, dass er ihm einen wirtschaftlichen Wert beimisst, und kommerzialisiert es. An der damit geschaffenen vermögensrechtlichen Zuordnung muss sich der Verwerter festhalten lassen und hat einen der Nutzung entsprechenden Wertersatz zu leisten. Das Erfordernis einer „kommerziellen Präformierung" (*Bötticher* AcP 158 [1959/1960] 385/404) iS einer bereits vorher erfolgten entgeltlichen Nutzung durch den Rechtsinhaber oder einer Bereitschaft hierzu ist deshalb abzulehnen. In der Entscheidung „Rücktritt des Finanzministers" hat der BGH ausgeführt, dass die Zahlung einer angemessenen Lizenzgebühr nicht davon abhängt, „ob der Abgebildete bereit und in der Lage gewesen wäre, die Abbildung gegen Zahlung einer angemessenen Lizenzgebühr zu gestatten" (BGH GRUR 2007, 139/140 Rdnr. 12). Ob damit die Beschränkung auf professionelle Darsteller bzw. solche, bei denen der Eingriff in das Recht am eigenen Bilde üblicherweise von der Zahlung eines Entgelts abhängig gemacht wird (so BGH GRUR 1958, 408/409 – Herrenreiter), aufgehoben wird, lässt sich der Entscheidung nicht mit letzter Eindeutigkeit entnehmen. Dafür spricht aber, dass der BGH zu Recht darauf hinweist, dass derjenige, der das Bildnis eines Dritten unberechtigt für kommerzielle Zwecke ausnutzt, damit zeigt, dass er ihm einen wirtschaftlichen Wert beimisst (BGH GRUR 2007, 139/140 Rdnr. 12 – Rücktritt des Finanzministers). Diese Erwägung trifft auf Personen zu, die die kommerzielle Nutzung ihres Bildnisses nicht üblicherweise gegen Zahlung eines Entgelts gestatten. Hinzu kommt, dass der damalige Finanzminister Lafontaine ungeachtet seiner großen Bekanntheit als Politiker nicht zu dem Personenkreis gehört, die ihre Popularität durch die Gestattung der Verwendung ihres Bildnisses in Werbeanzeigen zu vermarkten pflegen.

13   bb) Die BGH-Entscheidung „Rücktritt des Finanzministers": Abschied von der „Herrenreiter"-Doktrin. (1) „Herrenreiter"-Doktrin. Verfehlt ist auch die sog. „Herrenreiter"-Doktrin, an der die BGH jahrzehntelang festgehalten hat. Danach soll bei Prominenten die Gewährung einer Lizenzanalogie davon abhängig sein, ob sie grundsätzlich oder im konkreten Einzelfall dazu bereit gewesen wären, iS eines fiktiven Lizenzvertrages sich unter bestimmten Voraussetzungen mit dem Eingriff einverstanden zu erklären (so aber grundlegend BGH GRUR 1958, 408/409 – Herrenreiter; vgl. differenzierend OLG München ZUM 2005, 164/165). Ein solches Erfordernis begegnet auch rechtspolitischen Bedenken, weil es zu Schutzdefiziten führen kann, obwohl gerade Persönlichkeitsrechte wie das Recht am eigenen Bild wegen ihrer starken Verletzungsempfindlichkeit in besonderer Weise eines Schutzes durch ein effektives Sanktionssystem bedürfen. Erklärt der Rechtsinhaber, er widersetze sich grundsätzlich einer kommerziellen Nutzung seines Bildnisses, so scheidet ein Anspruch auf Zahlung einer angemessenen Lizenzgebühr wegen der nach Ansicht der Rechtsprechung fehlenden Kommerzialisierung aus. Aber auch ein Schmerzensgeldanspruch kann scheitern, wenn die äußerst hoch gesetzte Schwelle einer erheblichen Eingriffsschwere nicht überschritten wird (vgl. dazu unten Rdnr. 27 ff.).

14   (2) „Rücktritt des Finanzministers". In der Entscheidung „Rücktritt des Finanzministers" hat sich der BGH unter bereicherungsrechtlichen Gesichtspunkten, die aber in gleicher Weise für die Schadensberechnung nach der Lizenzanalogie gelten, von der „Herrenreiter"-Doktrin verabschiedet, indem er klargestellt hat, dass der Anspruch auf Zahlung einer angemessenen Lizenzgebühr nicht davon abhängt, ob der Abgebildete bereit und in der Lage gewesen wäre, die Nutzung seines Bildnisses gegen eine entsprechende Zahlung zu gestatten. „Denn der Zahlungsanspruch fingiert nicht eine Zustimmung des Betroffenen, er stellt vielmehr den Ausgleich für einen rechtswidrigen Eingriff in eine dem Betroffenen ausschließlich zugewiesene Dispositionsbefugnis dar." (BGH GRUR 2007, 139/140 f. Rdnr. 12). Im Rückblick auf die bisherige ständige Rechtsprechung nach der „Herrenreiter"-Doktrin wird in dem Urteil klargestellt: „Soweit sich der Rechtsprechung des BGH entnehmen lässt, dass ein Schadens- oder Bereicherungsausgleich auf der Grundlage einer angemessenen Lizenzgebühr ein grundsätzliches Einverständnis des Abgebildeten mit der Vermarktung seines Rechts am eigenen Bilde voraussetze (vgl. BGHZ 26, 349/353 = GRUR 1958, 408 = NJW 1958, 827 – Herrenreiter; BGHZ 30, 7/16f. = GRUR 1959, 430 = NJW 1959, 1269 – Caterina Valente; BGH GRUR 1979, 732/734 = NJW 1979, 2205 – Fußballtor), wird daran nicht festgehalten" (BGH aaO).

15   cc) Verhältnis zwischen Lizenzanalogie und „Schmerzensgeldanspruch". Als Konsequenz aus den von der Rechtsprechung entwickelten Grundsätzen nach der sog. „Herrenreiter"-Doktrin konnten ein materieller **Schadensersatzanspruch nach Maßgabe der Lizenzanalogie und ein Schmerzensgeldanspruch nicht kumulativ,** sondern nur alternativ zugesprochen werden, weil sie sich in ihren Voraussetzungen gegenseitig ausschließen. Während

die angemessene Lizenzgebühr quasi die Erteilung einer fiktiven Genehmigung voraussetzt, setzt der Schmerzensgeldanspruch gerade umgekehrt deren Verweigerung voraus. Diese Aufspaltung wird dem Charakter des Rechts am eigenen Bilde nicht gerecht, weil sich in ihm vermögensrechtliche und persönlichkeitsrechtliche Elemente verbinden und deshalb durch einen Eingriff beide Interessenkreise gleichermaßen berührt sein können. Demzufolge erscheint es gerechtfertigt, dass **gegebenenfalls beide Anspruchskategorien nebeneinander geltend gemacht werden können** (vgl. dazu eingehend *Götting* Persönlichkeitsrechte als Vermögensrechte, S. 50f./55f.; ebenso OLG München NJW-RR 1996, 539/540). Durch die in der Entscheidung „Rücktritt des Finanzministers" niedergelegten (neuen) Grundsätze und der damit verbundenen Abkehr von der „Herrenreiter"-Doktrin hat der BGH die bisherige Alternativität zwischen materiellem und immateriellem Schadensersatz beseitigt und den Weg für eine Kumulation beider Ansprüche frei gemacht. Dies ergibt sich daraus, dass in Abweichung von der bisherigen Rechtsprechung für den Anspruch auf Zahlung einer angemessenen Lizenzgebühr nicht länger an dem Erfordernis einer fingierten Zustimmung des Betroffenen festgehalten wird (BGH GRUR 2007, 139/140f. Rdnr. 12).

b) Ausgleich nach Bereicherungsgrundsätzen. Unabhängig vom verschuldensabhängigen Schadensersatzanspruch ist idR ein Zahlungsanspruch unter dem Gesichtspunkt der ungerechtfertigten Bereicherung gem. § 812 BGB gegeben, für den es **auf ein Verschulden des Verletzers nicht ankommt** (BGH GRUR 1979, 732/734 – Fußballtor; BGH GRUR 1968, 652 – Ligaspieler; BGH GRUR 1992, 557/558 – Talkmaster-Foto). Die unbefugte kommerzielle Nutzung eines Bildnisses stellt einen **Eingriff in den vermögensrechtlichen Zuweisungsgehalt des Rechts am eigenen Bilde** dar und begründet einen Anspruch aus Eingriffskondiktion auf Zahlung der üblichen Lizenzgebühr. Den Gegenstand der Bereicherung, also das durch den Eingriff rechtsgrundlos „Erlangte" iSd. § 812 Abs. 1 S. 1 BGB, bildet die Nutzung. Da die Herausgabe der Bereicherung in Natur unmöglich ist, hat der Rechtsverletzer als Bereicherungsschuldner dem Rechtsinhaber als Bereicherungsgläubiger Wertersatz gemäß § 818 Abs. 2 BGB zu leisten (so jetzt auch BGH GRUR 2007, 139/140f. Rdnr. 12 – Rücktritt des Finanzministers; s. unten Rdnr. 20). Voraussetzung hierfür ist, dass die in Frage stehende Nutzung überhaupt einen kommerziellen Wert besitzt. Wie bereits oben (Rdnr. 12) im Rahmen der Lizenzanalogie beim materiellen Schadensersatz ausführlich dargelegt, ist darauf abzustellen, ob die in Frage stehende Bildnisverwertung einen **Marktwert** besitzt. Wer ein Bildnis für kommerzielle Zwecke nutzt, gibt damit zu erkennen, dass er ihm einen Marktwert beimisst und muss sich hieran festhalten lassen (so jetzt auch BGH GRUR 2007, 139/140f. Rdnr. 12 – Rücktritt des Finanzministers; s. unten Rdnr. 20).

Subjektive Kriterien, die an den Eigenschaften und Absichten der Person des Rechtsinhabers anknüpfen, sind demgegenüber ohne Belang. Ob dieser sein Recht am eigenen Bilde bereits vorher kommerzialisiert hatte oder ob es kommerzialisierbar gewesen wäre, hat keinen Einfluss auf die Festlegung der durch die unbefugte Nutzung eingetretenen ungerechtfertigten Bereicherung (so jetzt auch BGH GRUR 2007, 139/140f. Rdnr. 12 – Rücktritt des Finanzministers; s. unten Rdnr. 20). Die Funktion der bereicherungsrechtlichen Eingriffskondiktion besteht nicht darin, eine Vermögensminderung beim Rechtsinhaber, sondern einen grundlosen Vermögenszuwachs beim Rechtsverletzer auszugleichen (so auch BGH GRUR 1956, 427/430 – Paul Dahlke). Es handelt sich nämlich um **„Bereicherungsrecht und nicht um Entreicherungsrecht"**.

aa) „Herrenreiter"-Doktrin. Aus diesem Grunde ist es verfehlt, dass der BGH in der jahrzehntelang geltenden „Herrenreiter"-Doktrin den Bereicherungsausgleich nach Maßgabe der Lizenzanalogie auf prominente oder professionelle Darsteller beschränkt hat, also auf Personen, die üblicherweise Veröffentlichungen ihrer Bildnisse für Werbezwecke „zumeist nur gegen eine nicht unerhebliche Vergütung" gestatten (BGH GRUR 1956, 427/429f. – Paul Dahlke; GRUR 1958, 408/409 – Herrenreiter). Abzulehnen ist auch die weitere Bedingung, dass der Abgebildete überhaupt bereit gewesen wäre, sich unter bestimmten Voraussetzungen mit dem Eingriff einverstanden zu erklären, also quasi die erfolgte unbefugte Verwertung seines Bildnisses zu genehmigen (Lizenzbereitschaft) (so grundlegend BGH GRUR 1958, 408/409 – Herrenreiter). Bei einer solchen **quasi-vertraglichen Interpretation der angemessenen Lizenzgebühr** wird übersehen, dass die durch die unbefugte Benutzung eingetretene Bereicherung ein irreversibles Faktum darstellt. Deshalb sind auch für den hierfür zu leistenden Ausgleich die hypothetischen Möglichkeiten und Vorstellungen auf Seiten des Rechtsinhabers ohne Belang. Es ist unzutreffend, in dem Begehren auf Zahlung einer angemessenen Lizenzgebühr eine Genehmigung zu sehen, durch die ein „fiktiver Lizenzvertrag" zustande kommt. Vielmehr handelt es sich ausschließlich um eine **Berechnungsmethode zur Feststellung des Nutzungswerts** des Rechts am eigenen Bilde (vgl. zum Vorstehenden eingehend *Götting* Persönlichkeitsrechte als Vermögensrechte, S. 54 ff.).

19   Da der Anspruch auf Zahlung einer angemessenen Lizenzgebühr nicht auf eine nachträgliche „Legalisierung" des Bereicherungsvorganges zielt (so zutreffend OLG München NJW-RR 1996, 539/540; differenzierend OLG Hamburg ZUM 2005, 164/167), entbehrt auch die Argumentation des BGH in der „Herrenreiter"-Entscheidung (GRUR 1958, 408/409), in der die Ablehnung eines Bereicherungsanspruchs nach Maßgabe der Lizenzanalogie auf den **herabwürdigenden Charakter der Bildnisdarstellung** gestützt wird, einer tragfähigen Grundlage. Danach versage die Fiktion eines abgeschlossenen Lizenzvertrages insbesondere dann, wenn dem Rechtsinhaber aufgrund der Lizenzanalogie unterstellt werde, er hätte sich für viel Geld in einer ihm unwürdigen Art und Weise abbilden lassen, was als kränkend und damit als erneute Persönlichkeitsverletzung empfunden werden könnte (BGH GRUR 1958, 408/409).

20   bb) **„Rücktritt des Finanzministers"**. Wie bereits im Rahmen der Berechnung des Schadensersatzes nach Maßgabe der Lizenzanalogie ausführlich dargelegt wurde (s. oben Rdnr. 14), hat sich der BGH in der richtungsweisenden Entscheidung „Rücktritt des Finanzministers" von der „Herrenreiter"-Doktrin verabschiedet. Gerade auch unter bereicherungsrechtlichen Gesichtspunkten hat er sich von den bisher geltenden Grundsätzen distanziert und folgende Klarstellung vorgenommen: „Die unbefugte kommerzielle Nutzung eines Bildnisses stellt einen Eingriff in den vermögensrechtlichen Zuweisungsgehalt des Rechts am eigenen Bild wie auch des allgemeinen Persönlichkeitsrechts dar und begründet grundsätzlich – neben dem Verschulden voraussetzenden Schadensersatzanspruch – einen Anspruch aus Eingriffskondiktion auf Zahlung der üblichen Lizenzgebühr (vgl. BGH GRUR 2000, 715/716 = NJW-RR 2000, 1356 = WRP 2000, 754 – Der blaue Engel; ferner BVerfG GRUR 2006, 1049 = NJW 2006, 3409 = WRP 2006, 1361 Rdnr. 28, 31). Bereicherungsgegenstand ist die Nutzung des Bildnisses. Da diese nicht herausgegeben werden kann, ist nach § 818 Abs. 2 BGB Wertersatz zu leisten. Wer das Bildnis eines Dritten unberechtigt für kommerzielle Zwecke ausnutzt, zeigt damit, dass er ihm einen wirtschaftlichen Wert beimisst. An der damit geschaffenen vermögensrechtlichen Zuordnung muss sich der Verletzer festhalten lassen und einen der Nutzung entsprechenden Wertersatz leisten. Dies gilt unabhängig davon, ob der Abgebildete bereit und in der Lage gewesen wäre, die Abbildung gegen Zahlung einer angemessenen Lizenzgebühr zu gestatten; denn der Zahlungsanspruch fingiert nicht eine Zustimmung des Betroffenen, er stellt vielmehr den Ausgleich für einen rechtswidrigen Eingriff in eine dem Betroffenen ausschließlich zugewiesene Dispositionsbefugnis dar." (BGH GRUR 2007, 139/140 f. Rdnr. 12). Im Rückblick auf die bisher geltenden Grundsätze hat das Gericht darüber hinaus festgestellt: „Soweit sich der Rechtsprechung des BGH entnehmen lässt, dass ein Schadens- oder Bereicherungsausgleich auf der Grundlage einer angemessenen Lizenzgebühr ein grundsätzliches Einverständnis des Abgebildeten mit der Vermarktung seines Rechts am eigenen Bilde voraussetze (vgl. BGHZ 26, 349/353 = GRUR 1958, 408 = NJW 1958, 827 – Herrenreiter; BGHZ 30, 7/16 f. = GRUR 1959, 430 = NJW 1959, 1269 – Caterina Valente; BGH GRUR 1979, 732/734 = NJW 1979, 2205 – Fußballtor), wird daran nicht festgehalten" (BGH aaO – Rücktritt des Finanzministers).

21   cc) **Kumulation von Bereicherungs- und Geldentschädigungsanspruch.** Nachdem der BGH von der quasi-vertraglichen Konstruktion einer fingierten Einwilligung des Betroffenen Abstand genommen hat, steht einer Kumulation des Bereicherungsanspruchs nach der Lizenzanalogie und eines Geldentschädigungsanspruchs grundsätzlich nichts im Wege. Beide Ansprüche können nebeneinander zur Anwendung kommen, wenn sowohl materielle als auch in schwerwiegender Weise ideelle Interessen des Rechtsinhabers beeinträchtigt werden (ebenso OLG München NJW-RR 1996, 539/540).

22   dd) **Übertragung an eine Verwertungsgesellschaft.** Die wirtschaftliche Verwertung von Künstler-Bildnissen kann einer **Verwertungsgesellschaft übertragen** werden (BGH GRUR 1987, 128 – NENA). Da das Recht am eigenen Bild nicht mit „gegenständlicher" Wirkung übertragen werden kann, können jedoch Rechtsverletzungen von der Verwertungsgesellschaft nur im Wege der **Prozessstandschaft** geltend gemacht werden (vgl. *Schricker* EWiR 1987, 79/80).

23   ee) **Mehrheit von Bereicherungsschuldnern.** Sind **mehrere Bereicherungsschuldner** vorhanden, so ist zu beachten, dass jeder nur für den Teil haftet, den er selbst auf Kosten des Entreicherten erlangt hat. „Für die Entschädigung, die dem Betroffenen für den unzulässigen Eingriff in sein Recht am eigenen Bild nach Bereicherungsgrundsätzen zusteht, haben mehrere

an dem Eingriff Beteiligte nicht als Gesamtschuldner, sondern nur wegen ihrer eigenen Bereicherung einzustehen" (BGH GRUR 1979, 732/734 Ls. 2 – Fußballtor).

ff) Ansprüche bei Verletzung des postmortalen Bildnisschutzes. Im Zuge der Anerkennung der (nachträglich zu Unrecht auf 10 Jahre begrenzten, so BGH GRUR 2007, 168 3. Ls. – kinski-klaus.de) **Vererblichkeit der vermögenswerten Bestandteile des Persönlichkeitsrechts** und insbesondere auch des Rechts am eigenen Bilde hat der BGH ausgesprochen, dass auch den Erben im Falle einer Rechtsverletzung durch unautorisierte Verwertung des Bildnisses des Verstorbenen in der Werbung ein Schadensersatzanspruch zusteht, den sie nach einer der auch bei der Verletzung von Immaterialgüterrechten anerkannten drei Berechnungsmethoden (konkret oder nach der Lizenzanalogie oder Herausgabe des Verletzergewinns) nach ihrer Wahl beziffern können. Die Anerkennung eines postmortalen (immateriellen) Ausgleichs auf der Grundlage von Art. 1 GG iVm. § 823 Abs. 1 BGB, die das OLG München (GRUR-RR 2002, 341 – Marlene Dietrich nackt) im Falle der Veröffentlichung eines Nacktfotos einer Doppelgängerin von Marlene Dietrich befürwortet hat, steht im Widerspruch zur „Mephisto"-Rechtsprechung, wonach bei einer Verletzung des postmortalen allgemeinen Persönlichkeitsrechts den Wahrnehmungsberechtigten lediglich Abwehransprüche, nicht aber Schadensersatzansprüche zuerkannt werden, weil ein Verstorbener keinen durch eine Geldzahlung auszugleichenden Schaden erleiden könne (BGHZ 50, 133/136 ff. = GRUR 1968, 552 – Mephisto). Der VI. Zivilsenat des BGH hat einen „postmortalen Schmerzensgeldanspruch" wegen der Darstellung eines Leichnams (zu Recht) abgelehnt (BGH GRUR 2006, 252/254 – Postmortaler Persönlichkeitsschutz). Richtigerweise ist auch in diesen Fällen ein (materieller) Schadensersatz bzw. Bereicherungsanspruch der Erben wegen Eingriffs in die vermögenswerten Bestandteile des Persönlichkeitsrechts gegeben (s. *Götting* GRUR 2004, 801 ff.; *ders.* Fs. f. Ullmann, S. 65/74 ff.; sa. *Neumeyer* AfP 2009, 465; aA BGH aaO). Entsprechendes gilt auch für den Eingriff in das Abwehrrecht der Angehörigen (§ 22 S. 3, 4). Die vermögenswerten Bestandteile des Persönlichkeitsrechts stehen jedem Menschen von Geburt an zu. Sie sind „latent vorhanden" und können sich (ebenso wie das Urheberrecht) auch erst nach dem Tode manifestieren. Deshalb kommt es nicht darauf an, ob das Persönlichkeitsrecht des Betroffenen zu Lebzeiten wirtschaftlich verwertbar war. Es ist deshalb verfehlt, wenn der BGH das vom I. Zivilsenat inzwischen aufgegebene (BGH GRUR 2007, 139 – Rücktritt des Finanzministers; s. oben Rdnr. 20) Erfordernis einer „kommerziellen Präformierung" (s. oben Rdnr. 17 f.; *Götting* Fs. f. Ullmann, S. 65/74 ff.) „postmortal prolongiert" (BGH GRUR 2006, 252/254 – Postmortaler Persönlichkeitsschutz; s. zur Kritik *Götting*, LMK 2006, 172015). Einer Kommerzialisierung lässt sich wirksam nur durch die Zuerkennung kommerzieller Ansprüche begegnen („Schutz vor Kommerzialisierung durch Kommerzialisierung").

gg) Zur Höhe der angemessenen Lizenzgebühr. Die Höhe der angemessenen Lizenzgebühr ist vom Gericht gem. § 287 ZPO nach freier Überzeugung zu ermitteln. Ausgangspunkt für die Ermittlung sind die Angaben des Klägers über die von ihm für die Vergabe von Lizenzen erzielten Entgelte. Ferner sind zu berücksichtigen der **Bekanntheitsgrad des Abgebildeten** (Regionalgröße, Filmsternchen, Publikumsliebling einer Fernsehserie, Weltstar), die Art der Werbung und der Umfang der Verbreitung (Lokalpresse, Zeitschriften mit Millionenauflage, Fernsehwerbung). Gegebenenfalls kann ein **Sachverständiger** zu speziellen Branchengepflogenheiten und zum „Marktwert" des Abgebildeten gehört werden. „Die Berechnung der Bereicherung nach der entgangenen Lizenzgebühr darf nicht dazu führen, dass der Verletzte mehr erhält, als er bei ordnungsgemäßem Vorgehen des Eingreifenden erlangt hätte" (OLG Hamburg Schulze OLGZ 113, 8 – Fotomodell). Ein „Strafzuschlag" für die unerlaubte Verwendung eines Bildnisses ist nach geltendem Recht nicht zulässig. De lege ferenda sollte hierüber aber nachgedacht werden, um den bisher unzureichenden Rechtsschutz zu verstärken. Zweit- und Drittverwertungen sind in der Regel geringer zu bewerten als die Erstverwertung (vgl. OLG Koblenz GRUR 1995, 771/772 – Werbefoto; LG Hamburg AfP 1995, 526/527).

c) Lizenzanalogie bei Verletzung der Privatsphäre. Die Grundsätze zum Bereicherungsausgleich nach der Lizenzanalogie aufgrund einer Eingriffskondiktion sind in erster Linie auf die unautorisierte Nutzung des Bildnisses Prominenter für Werbezwecke zugeschnitten. Wie bereits an anderer Stelle dargelegt (s. oben Rdnr. 24), sollte ein **Anspruch auf Zahlung einer angemessenen fiktiven Lizenz auch bei Verletzungen der Privatsphäre** gewährt werden. Angesichts der gängigen Praxis der Vermarktung von Homestorys, Events, etc., durch Exklusivverträge, aufgrund deren Prominente den Medien gegen Zahlung hoher Geldbeträge Einblick in ihr Privatleben gewähren, ist nicht daran zu zweifeln, dass das Recht auf Privatsphäre auch einen vermögensrechtlichen Zuweisungsgehalt besitzt (s. zur Vertragspraxis *Bezzenberger* in Götting/Schertz/Seitz, Handbuch des Persönlichkeitsrechts, § 46). Ein nahe liegender Einwand gegen die Anerkennung der Lizenzanalogie bei Eingriffen in das Recht auf Privatsphäre lautet, dass die Abgrenzung zwischen Erlaubtem und Unerlaubtem aufgrund der diffizilen Abwägung zwischen dem Persönlichkeitsschutz und dem Informationsinteresse der Öffentlichkeit eine solche Rechtsunsicherheit erzeugt, dass die Medien nicht in der Lage sind, die Rechtmäßigkeit ihres Verhaltens zuverlässig zu beurteilen (idS OLG Hamburg ZUM 2009, 65/67 f.). Diese Argumentation ist zwar auf der Grundlage der bisherigen Rechtsprechungspraxis durchaus zutreffend, sie zeigt aber einmal mehr deren Defizite auf, weil es bisher an klaren und eindeutigen Kriterien fehlt, die einen effektiven Privatsphärenschutz gewährleisten. Dies lässt sich allerdings dadurch erreichen, dass die Rechtsprechung sich eindeutig und klar an der vom **EGMR in seinem Urteil „von Hannover/Bundesrepublik Deutschland" zugrunde gelegten Leitlinie** orientiert, wonach eine Einschränkung der Privatsphäre nur in Bezug auf Vorgänge gerechtfertigt ist, die das öffentliche Wirken von Persönlichkeiten, insbesondere in einem politischen Kontext betreffen. Dagegen sind Fotos und Artikel, deren einziger Zweck die Befriedigung der Neugierde eines bestimmen Leserkreises über Einzelheiten aus dem Privatleben ist, nicht als Beitrag zu einer Diskussion von allgemeinem gesellschaftlichen Interesse zu erachten und verdienen keine Privilegierung durch die grundrechtlich geschützte Informationsfreiheit (EGMR JZ 2004, 1015/1016 Rdnr. 65; sa. *Götting* in Götting/Schertz/Seitz, Handbuch des Persönlichkeitsrechts, § 45 Rdnr. 11; *ders.* Fs. f. Ullmann, S. 65/72). Ohne die Zuerkennung eines kommerziellen Anspruchs nach Maßgabe der Lizenzanalogie, lässt sich der „Zwangskommerzialisierung" durch massive Eingriffe der Medien in das Recht der Privatsphäre Prominenter nicht wirksam Einhalt gebieten. Die maßgebende Formel lautet auch hier: „Schutz vor Kommerzialisierung durch Kommerzialisierung".

27   **d) Immaterieller Schaden (Geldentschädigung). aa) Grundsätze der Rechtsprechung.** Nach inzwischen gefestigter Rechtsprechung „kann eine Person, deren Persönlichkeitsrecht in schwerer Weise schuldhaft verletzt worden ist, vom Schädiger einen Ausgleich in Geld für ihren immateriellen Schaden verlangen, wenn sich die erlittene Beeinträchtigung nicht in anderer Weise befriedigend ausgleichen lässt (BGH GRUR 1972, 97/98 – Liebestropfen). Nachdem der BGH den Anspruch auf Geldentschädigung in den Fällen einer schweren Verletzung des Persönlichkeitsrechts zunächst aus einer Analogie zu § 847 BGB hergeleitet hatte (BGH GRUR 1958, 408/410 – Herrenreiter), ist er später dazu übergegangen, einen solchen Geldleistungsanspruch unter Durchbrechung des vom BGB gesetzten Regelungsrahmens unmittelbar auf die **rechtliche Grundlage von Art. 1 und 2 GG** zu stützen. Zu dieser Ausweitung hat sich die Rechtsprechung für befugt, aber auch gem. Art. 1 Abs. 3 GG verpflichtet gehalten, um den Wertungen der Art. 1, 2 Abs. 1 des Grundgesetzes im Bereich des Persönlichkeitsschutzes Rechnung zu tragen" (BGH aaO, mit zahlr. w. Nachweisen; gebilligt von BVerfGE 34, 269 – Soraya; vgl. auch BGH GRUR 1996, 373/374 – Caroline von Monaco).

28   **bb) Anspruchsgrundlagen** sind die § 823 Abs. 1, Abs. 2 BGB iVm. §§ 22 und 23 Abs. 2 KUG sowie Art. 1 und 2 Abs. 1 GG. Der BGH begrenzt den Anspruch aber auf Fälle, in denen die Schwere des Eingriffs oder des Verschuldens eine Genugtuung erfordert (*Neumann-Duesberg* Anm. zu Schulze BGHZ 156, 10 – Spielgefährtin II).

Die Zubilligung einer Entschädigung in Geld für erlittene immaterielle Unbill durch einen Verstoß gegen den Persönlichkeitsschutz erfolgt idR mit **zwei Einschränkungen.** Der BGH hat diese Einschränkungen wie folgt präzisiert:

1. „Nur unter bestimmten erschwerenden Voraussetzungen [ist] das unabweisbare Bedürfnis anzuerkennen, dem Betroffenen wenigstens einen gewissen Ausgleich für ideelle Beeinträchtigungen durch Zuerkennung einer Geldentschädigung zu gewähren. Das ist nur dann der Fall, wenn die Verletzung als schwer anzusehen ist."
2. „Der in seinem Persönlichkeitsrecht in schwerer Weise schuldhaft Verletzte [kann] vom Schädiger eine Entschädigung in Geld für seinen immateriellen Schaden nur verlangen, wenn sich die erlittene Beeinträchtigung nicht in anderer Weise befriedigend ausgleichen lässt" (BGH GRUR 1972, 97/98 – Liebestropfen; sa. BGH Schulze BGHZ 172 – Nachtigall).

29   Danach hat also „der Geldersatzanspruch zurückzutreten, wenn die Verletzung auf andere Weise hinreichend ausgeglichen werden kann, wozu je nach Sachlage insbesondere die – ebenfalls in Rechtsfortbildung – schon seit langem entwickelten negatorischen Ansprüche, besonders der Widerruf, ein angemessenes und geeignetes Mittel darstellen können" (BGH GRUR 1972, 97/98 – Liebestropfen). Damit soll der Gefahr vorgebeugt werden, „dass unbedeutende Beein-

trächtigungen in unangemessener Weise ausgenutzt werden, um daran zu verdienen" (BGH GRUR 1962, 105/107 – Ginsengwurzel; OLG Stuttgart AfP 1981, 362 – Rudi Carell von seiner Frau verlassen).

cc) Zweck des Anspruchs. Bei Verletzungen des Rechts am eigenen Bild bleibt zu beachten, dass wegen der Art und Weise der Verletzung ein Widerruf praktisch ausscheidet und dass der **Anspruch auf Geldentschädigung** kein gewöhnlicher Schadensersatzanspruch ist, „sondern ein Anspruch eigener Art mit einer doppelten Funktion: Er soll dem Geschädigten einen angemessenen Ausgleich für diejenigen Schäden bieten, die nicht vermögensrechtlicher Art sind, und zugleich dem Gedanken Rechnung tragen, dass der Schädiger dem Geschädigten Genugtuung schuldet für das, was er ihm angetan hat" (BGHZ 18, 149 Ls. 1; vgl. auch BGHZ 39, 124/133 – Fernsehansagerin). Anders als beim Schmerzensgeldanspruch steht bei dem Anspruch auf eine Geldentschädigung wegen Verletzung des Persönlichkeitsrechts der Gesichtspunkt der Genugtuung des Opfers im Vordergrund (BGH NJW 1995, 861/865 – Erfundenes Exklusiv-Interview). Außerdem soll der Rechtsbehelf der Prävention dienen (BGH aaO; vgl. auch BGH GRUR 1996, 373/374 – Caroline von Monaco; OLG Hamburg NJW 1996, 2870/2872 f. – Caroline von Monaco). Ein **postmortaler „Schmerzensgeldanspruch"** ist ausgeschlossen, weil ein Verstorbener keinen durch eine Geldzahlung auszugleichenden Schaden erleiden kann (BGHZ 50, 133/136 ff. = GRUR 1968, 552 – Mephisto; BGH GRUR 2006, 252/254 – Postmortaler Persönlichkeitsschutz; aA OLG München GRUR-RR 2002, 341 – Marlene Dietrich nackt).

dd) Beurteilung der Eingriffsschwere. Bei der Beurteilung der Schwere einer Verletzung darf das Bild nicht unabhängig vom Text gesehen werden. „Ob ein derart **schwerer Eingriff** in den Eigenwert der Persönlichkeit anzunehmen ist, kann nur aufgrund der gesamten Umstände des Einzelfalls beurteilt werden" (BGH GRUR 1972, 97/99 rSp. – Liebestropfen). Die Bildveröffentlichung muss daher stets **mit** dem Begleittext in ihrer Gesamtheit gewürdigt werden (BGH GRUR 1965, 495/496 – Wie uns die Anderen sehen; BGH GRUR 1958, 408 – Herrenreiter; BGH GRUR 1962, 211/214 – Hochzeitsbild; BGH GRUR 1962, 324 – Doppelmörder).

ee) Zur Höhe der Entschädigung (s. dazu auch die Übersicht bei *Müller* in Götting/Schertz/Seitz, Handbuch des Persönlichkeitsrechts, § 51 Rdnr. 37 f.). Bei der Bemessung der Höhe der Geldentschädigung darf das Bild ebenfalls nicht unabhängig vom Text gesehen werden, zumal eine Geldentschädigung für zugefügten immateriellen Schaden nur dann in Betracht kommt, wenn es sich um einen **schwerwiegenden** Eingriff handelt und die Beeinträchtigung des Betroffenen nicht in anderer Weise befriedigend ausgeglichen werden kann (BGH GRUR 1985, 398/400 – Nacktfoto, mwN). Im Sinne einer „Summenwirkung" kann eine wiederholte und hartnäckige Rechtsverletzung, die um eines wirtschaftlichen Vorteils willen erfolgt, auch dann als ein schwerwiegender Eingriff zu werten sein, der einen Anspruch auf eine Geldentschädigung rechtfertigt, wenn die einzelne Bildnisveröffentlichung jeweils für sich betrachtet nicht als schwerwiegend einzustufen ist (BGH AfP 1996, 138).

Bei der Festsetzung der Höhe der Entschädigung „dürfen grundsätzlich alle in Betracht kommenden Umstände des Falles berücksichtigt werden, darunter auch der Grad des Verschuldens des Verpflichteten und die wirtschaftlichen Verhältnisse beider Teile" (BGHZ 18, 149 Ls. 2). Im Einzelnen hat die Rechtsprechung im Rahmen der häufig vorgenommenen Schadensschätzung gem. § 287 ZPO eine Reihe weiterer Kriterien aufgestellt, die für die Bemessung der Höhe der Entschädigung eine Rolle spielen können:

(1) Persönlichkeit und Stellung des Verletzten. Die gesellschaftliche Stellung des Verletzten, sein großer Bekanntenkreis und daher die besondere Gefahr, sich lächerlich zu machen (zB BGH GRUR 1958, 408 – Herrenreiter), oder auch die besonders peinliche Art der Bildveröffentlichung (zB BGH GRUR 1962, 211 – Hochzeitsbild).

(2) Art und Umfang der Verbreitung. Hervorhebung des Namens, herabsetzender oder ehrverletzender Text, Eingriff in die Intimsphäre (zB BGH GRUR 1962, 105 – Ginsengwurzel; BGH GRUR 1963, 490 – Fernsehansagerin; BGH GRUR 1972, 97 – Liebestropfen); Auflage und Verbreitungsgebiet eines Mediums (zB BGH GRUR 1963, 490 – Fernsehansagerin).

(3) Der Grad des Verschuldens. Verwendung des Bildnisses ohne Rückfrage beim Bildlieferanten oder beim Abgebildeten. Fortsetzung der Verbreitung auch nach der Abmahnung (zB BGH GRUR 1962, 105 – Ginsengwurzel).

Für die Höhe der Entschädigung ist es gleichgültig, ob die Bildveröffentlichung aus Gewinnstreben in der Werbung erfolgt oder in einem Medium, um aus Sensationslust die Spalten zu füllen (vgl. *Bußmann* Anm. zu BGH GRUR 1962, 105/108 – Ginsengwurzel). Bei der Bemessung einer Geldentschädigung, die im Falle einer schweren Verletzung des Persönlichkeitsrechts zu zahlen ist, kommt dem Präventionsgedanken besondere Bedeutung zu (BGH GRUR 1996, 373 – Caroline von Monaco). In Fällen einer rücksichtslosen Kommerzialisierung der Persönlichkeit, die vorsätzlich auf das Ziel der Auflagensteigerung und Gewinnerzielung gerichtet ist, gebietet der Gedanke der Prävention, die Gewinnerzielung als Bemessungsfaktor in die Entscheidung über die Höhe der Geldentschädigung einzubeziehen (BGH NJW 1995, 861/865 – Erfundenes Exklusiv-Interview, daran anschließend OLG Hamburg NJW 1996, 2870). Dies bedeutet zwar nicht, dass eine „Gewinnabschöpfung" vorzunehmen ist, die Erzielung von Gewinn aus der Rechtsverletzung ist aber als Bemessungsfaktor bei der Entscheidung über die Höhe der Geldentschädigung zu berücksichtigen. Es muss gewährleistet werden, dass von der Höhe der Geldentschädigung ein echter „Hemmungseffekt" ausgeht (BGH aaO; BGH GRUR 1996, 373/374 f.; ebenso OLG Hamburg AfP 2009, 509 – Prinzessin Madeleine von Schweden: 400 000 EUR Geldentschädigung im Rahmen einer Gesamtwürdigung aufgrund einer rücksichtslosen Vermarktung der Persönlichkeitsrechte des Betroffenen zum Zwecke der Auflagensteigerung und Gewinnerzielung mittels zahlreicher unwahrer Berichte).

36 **(4) Einschränkende Kriterien.** Auch negative Umstände können für die Bemessung der Höhe eine Rolle spielen. So darf zB bei der Bewertung eines Schmerzensgeldes „nicht unberücksichtigt bleiben, ob sich der Geschädigte selbst der Gefahr ausgesetzt hat, dass über ihn auf persönlichkeitsverletzende Art in der Öffentlichkeit berichtet wird" (LG Köln AfP 1978, 149 – Fotomontage).

37 **ff) Klageantrag.** Es ist zulässig und im Hinblick auf die Prozesskosten auch zweckmäßig, die **Höhe der Geldentschädigung** in das Ermessen des Gerichts zu stellen. Ein unbezifferter Leistungsantrag ist zulässig, wenn der Kläger nicht nur den anspruchsbegründenden Sachverhalt darlegt, sondern auch die ungefähre Größenordnung des Anspruchs angibt (BGH NJW 1982, 340). Diese Angabe spielt nicht nur eine Rolle für die Streitwertfestsetzung, wobei sich die Gerichte eher an der Untergrenze eines Betrages „von … bis" orientieren (aA OLG München NJW 1986, 3089). Durch die Angabe einer Untergrenze (Mindestbetrag) wird das Ermessen des Gerichts auch im Hinblick auf die Kostenentscheidung beeinflusst. Da die Gerichte nur vereinzelt von der Möglichkeit des § 92 II ZPO Gebrauch machen (so zB OLG Frankfurt/M GRUR 1986, 614 – Ferienprospekt, s. vollst. Urteilstext), ist das Kostenrisiko zu beachten. Wird ein hoher Mindestbetrag angegeben, aber nur ein kleiner Betrag zugesprochen, treffen den Kläger uU die Prozesskosten für die teilweise Klageabweisung.

38 Die **Angabe eines Mindestbetrages** ist für die Verzinsung ohne Bedeutung: „Wird ein bezifferter Mindestbetrag eingeklagt, im Übrigen aber die Höhe des Zahlungsanspruchs zulässigerweise in das Ermessen des Gerichts gestellt, so können gem. § 291 BGB von der Klageerhebung an Prozesszinsen für den gesamten zuerkannten Betrag und nicht nur der bezifferten Mindestforderung verlangt werden" (BGH GRUR 1965, 495 – Wie uns die Anderen sehen).

39 Vorsicht ist geboten bei der Annahme einer **gesamtschuldnerischen Haftung** im Falle mehrerer Verletzter oder verschiedener Verletzungen. „Nur dann, wenn mehrere Personen – sei es als Beteiligte iSd. § 830 Abs. 1 Satz 2 BGB oder als Nebentäter iSd. § 840 Abs. 1 BGB – durch deliktisch zurechenbares Verhalten für **denselben** Schaden (oder Schadensteil) verantwortlich sind, besteht die für eine Gesamtschuld erforderliche innere Verbundenheit der Schadensersatzanforderungen des Geschädigten, die die Täter zu einer Tilgungsgemeinschaft im Rahmen des Leistungsinteresses des Geschädigten zusammenfasst" (BGH GRUR 1985, 398/ 400 rSp. – Nacktfoto). Das kann zB der Fall sein bei einem Verlag oder Herausgeber einer Zeitschrift und dem verantwortlichen Redakteur, die häufig als Gesamtschuldner in Anspruch genommen werden, nicht aber bei mehreren Verletzern, die – jeder für sich in verschiedenen Medien – unterschiedliche Schäden verursacht haben. Allenfalls kann für den Umfang des verursachten Schadens von Bedeutung sein, ob und in welchem Maße das Interesse der durch eine spätere Fernsehsendung angesprochenen Personen durch eine vorausgegangene Veröffentlichung eines Fotos in einer Zeitschrift bereits gemindert war (vgl. BGH GRUR 1985, 398/400 rSp. – Nacktfoto; sa. BGH GRUR 1979, 732/734 – Fußballtor).

40 **gg) Geldersatz für immateriellen Schaden bei Verletzung des Rechts am eigenen Bild durch die Medien.** Eine zum Geldersatz berechtigende schuldhafte Verletzung des Rechts am eigenen Bild „in schwerer Weise" liegt idR dann vor, wenn der Abgebildete entweder mit Ereignissen in Verbindung gebracht wird, mit denen er überhaupt nichts zu tun hatte (zB BGH GRUR 1962, 324 – Doppelmörder), oder wenn der begleitende Text geeignet ist, den Abgebildeten herabzusetzen oder sonst wie in den Augen seiner Mitbürger lächerlich zu machen (zB BGH GRUR 1963, 490 – Fernsehansagerin; OLG München NJW 1975, 1129 – Zwerg).

hh) **Geldersatz für immateriellen Schaden bei unbefugter Verwendung eines Bildnisses in der Werbung.** Unter bestimmten Voraussetzungen kann auch für die unbefugte Verwendung von Bildnissen in der Werbung eine Geldentschädigung verlangt und zugesprochen werden. Diese Voraussetzungen liegen vor, wenn entweder der Abgebildete grundsätzlich niemals in die Verwendung seines Bildnisses in der Werbung eingewilligt hätte (BGH GRUR 1958, 408 – Herrenreiter) oder der Abgebildete zwar normalerweise Lizenzen für die Verwendung seines Bildnisses vergibt, er dies aber für die betreffende Werbung, die ihn selbst in ein zweifelhaftes Licht stellt, nicht getan hätte (BGH GRUR 1972, 97 – Liebestropfen). Nach der hier vertretenen Auffassung ist unter diesen Umständen sowohl ein Geldentschädigungsanspruch als auch ein Bereicherungsanspruch nach Maßgabe der Lizenzanalogie zuzusprechen (s. oben Rdnr. 15, 21) 41

ii) **Ablehnung des Anspruchs auf Geldentschädigung.** Der Anspruch auf Zahlung einer Geldentschädigung wegen Verletzung des Rechts am eigenen Bild kann zB entfallen bei zwar negativer, aber zutreffender Berichterstattung, bei Verzicht auf Widerruf oder weil es sich nicht um eine schwere Beeinträchtigung handelt. Jedes übertriebene Gewinnstreben im Rahmen des Begehrens einer Geldentschädigung ist unzulässig. 42

§ 61 *(weggefallen)*

§ 62 Änderungsverbot

(1) ¹Soweit nach den Bestimmungen dieses Abschnitts die Benutzung eines Werkes zulässig ist, dürfen Änderungen an dem Werk nicht vorgenommen werden. ²§ 39 gilt entsprechend.

(2) Soweit der Benutzungszweck es erfordert, sind Übersetzungen und solche Änderungen des Werkes zulässig, die nur Auszüge oder Übertragungen in eine andere Tonart oder Stimmlage darstellen.

(3) **Bei Werken der bildenden Künste und Lichtbildwerken sind Übertragungen des Werkes in eine andere Größe und solche Änderungen zulässig, die das für die Vervielfältigung angewendete Verfahren mit sich bringt.**

(4) ¹**Bei Sammlungen für Kirchen-, Schul- oder Unterrichtsgebrauch (§ 46) sind außer den nach den Absätzen 1 bis 3 erlaubten Änderungen solche Änderungen von Sprachwerken zulässig, die für den Kirchen-, Schul- oder Unterrichtsgebrauch erforderlich sind.** ²Diese Änderungen bedürfen jedoch der Einwilligung des Urhebers, nach seinem Tode der Einwilligung seines Rechtsnachfolgers (§ 30), wenn dieser Angehöriger (§ 60 Abs. 2) des Urhebers ist oder das Urheberrecht auf Grund letztwilliger Verfügung des Urhebers erworben hat. ³Die Einwilligung gilt als erteilt, wenn der Urheber oder der Rechtsnachfolger nicht innerhalb eines Monats, nachdem ihm die beabsichtigte Änderung mitgeteilt worden ist, widerspricht und er bei der Mitteilung der Änderung auf diese Rechtsfolge hingewiesen worden ist.

Schrifttum: (s. auch die Schrifttumsnachweise zu § 14 und Vor §§ 12 ff.) *Löffler/Glaser*, Grenzen der Zitierfreiheit, GRUR 1958, 477; *Maaßen*, Bildzitate in Gerichtsentscheidungen und juristischen Publikationen, ZUM 2003, 830; *Oekonomidis*, Die Zitierfreiheit im Recht Deutschlands, Frankreichs, Großbritanniens und der Vereinigten Staaten, 1970.

Übersicht

	Rdnr.
I. Allgemeines	1–7
1. Bedeutung des auf die Urheberrechtsschranken bezogenen Änderungsverbots als Teil einer änderungsrechtlichen Gesamtregelung mit Schwerpunkt in § 14	1–3
2. Internationales Urheberrecht	4–4 a
3. Entstehungsgeschichte	5–7
II. Aufbau und Anwendungsbereich	8–11
1. Aufbau	8, 9
2. Anwendungsbereich, insbesondere bei der Vervielfältigung zum privaten und eigenen Gebrauch	10, 11
III. Die einzelnen Fälle zulässiger Änderungen	12–26
1. Änderungen kraft Vereinbarung (Abs. 1 S. 2 iVm. § 39 Abs. 1)	12

§ 62   Änderungsverbot

Rdnr.

2. Aufgrund der Interessenabwägung zulässige Änderungen (Abs. 1 S. 2 iVm. § 39 Abs. 2 und § 14) 13–16
3. Zulässige Änderungen nach dem Maßstab des Benutzungszwecks (Abs. 2) 17–20
4. Zulässigkeit von Dimensionsänderungen und Änderungen nach dem Maßstab des angewendeten Vervielfältigungsverfahrens (Abs. 3) 21–23
5. Zulässigkeit erforderlicher Änderungen bei Sammlungen für Kirchen-, Schul- oder Unterrichtsgebrauch (Abs. 4) 24–26
    IV. Rechtsfolgen der Verletzung des Änderungsverbots 27

I. Allgemeines

1. Bedeutung des auf die Urheberrechtsschranken bezogenen Änderungsverbots als Teil einer änderungsrechtlichen Gesamtregelung mit Schwerpunkt in § 14

1   Die Regelung des auf den Abschnitt über die Schranken des Urheberrechts (§§ 44a ff.) bezogenen Änderungsverbots in § 62 bildet zusammen mit § 14 und § 39 (sowie § 93 für Filmwerke und § 44 VerlG für den Verlag von Periodika) den **Gesamtkomplex der änderungsrechtlichen Vorschriften,** die den überwiegend, keineswegs aber ausschließlich persönlichkeitsrechtlichen Schutz des Urhebers vor Änderungen und Beeinträchtigungen seines Werkes bezwecken (so. § 14 Rdnr. 1 ff.). Ähnlich wie § 39 für den Bereich der vertraglich eingeräumten Nutzungsberechtigungen (so. § 39 Rdnr. 1) hat § 62, soweit er den Gedanken des Werkschutzes und des Änderungsverbots im Bereich der Urheberrechtsschranken verankert und konkretisiert (so insbesondere Abs. 1 S. 1), vor allen Dingen klarstellende Funktion (ähnlich trotz unterschiedlicher konstruktiver Ausgangsbasis *v. Gamm* Rdnr. 1; zurückhaltender trotz Betonung des Gesamtzusammenhangs *Möhring/Nicolini/Gass*[2] Rdnr. 3; *Wandtke/Bullinger/Bullinger*[3] Rdnr. 1; aA iSd. Selbständigkeit und vorrangigen Prüfung des § 62 sowie dessen Beschränkung auf Eingriffe in die körperliche Substanz des Werkes und der ergänzenden Prüfung nach § 14 *Dreyer* in HK-UrhR[2] § 62 UrhG Rdnr. 2 ff.). Die in Abs. 1 S. 2 vorgeschriebene entsprechende Anwendung des § 39 enthält insbesondere auch eine Verweisung auf die Interessenabwägung im Rahmen von Treu und Glauben nach § 39 Abs. 2; dies bedeutet im Hinblick auf den gesamten Funktionszusammenhang der änderungsrechtlichen Vorschriften aber auch eine **Wiederholung des allgemein verankerten Gebots zur Interessenabwägung für den Bereich der Urheberrechtsschranken** (so. § 14 Rdnr. 3 f.; aA iS einer Betonung des Änderungsverbots und des Vorrangs der Interessen des Werkschöpfers *Fromm/Nordemann/A. Noremann*[10] Rdnr. 2; wie hier LG München v. 15. 5. 2008, 21 O 618/09, Rdnr. 34 (juris); *Wandtke/Bullinger/Bullinger*[3] Rdnr. 1 und 9).

2   Neben dieser grundsätzlichen Bekräftigung des Änderungsverbots unter dem Vorbehalt einer Interessenabwägung im Einzelfall liegt die eigentliche Bedeutung des § 62 (Abs. 2–4) in der **gesetzlichen Formulierung gewisser Kriterien bei der Durchführung dieser Interessenabwägung,** die sich nur auf den ersten Blick als Einschränkungen des allgemeinen Grundsatzes des in Abs. 1 formulierten Änderungsverbots darstellen (ebenso *v. Gamm* Rdnr. 1). In ihrer Funktion als vom Gesetzgeber vorgegebene Beurteilungskriterien bei der Interessenabwägung können diese über den unmittelbaren Anwendungsbereich im Rahmen der Urheberrechtsschranken hinaus bei änderungsrechtlichen Fragestellungen ganz allgemein als Entscheidungshilfen herangezogen werden (ebenso *Möhring/Nicolini/Gass*[2] Rdnr. 3; aA *Riekert* S. 108 f.; s. auch § 14 Rdnr. 33 sowie § 39 Rdnr. 4).

3   Eine Besonderheit bei der Anwendung des § 62 Abs. 1–3 (nicht aber Abs. 4) ergibt sich ähnlich wie bei § 63 (su. § 63 Rdnr. 9) für den Fall der Benutzung ansonsten urheberrechtlich schutzloser **amtlicher Werke** gem. § 5 Abs. 2 (bzgl. der Zulässigkeit von Änderungen bei Bildzitaten in amtlichen Werken nach § 5 Abs. 1, insbes. in Gerichtsentscheidungen s. *Maaßen* ZUM 2003, 830/838). Im Hinblick auf das allgemeine Fehlen eines Urheberrechtsberechtigten handelt es sich hier aber um einen außerhalb des urheberrechtlichen Schutzgedankens angesiedelten Interessenschutz, nämlich den Schutz der Interessen des Amtsträgers an einer unveränderten Verwertung der ansonsten schutzlosen amtlichen Werke (kritisch zu dieser Systemwidrigkeit *v. Gamm* § 5 Rdnr. 9 sowie *Grohmann* S. 170; vgl. auch *Schacht,* S. 42; *Wandtke/Bullinger/Bullinger*[3] Rdnr. 2: „Rumpfschutz"; aA *Schack*[4] Rdnr. 522: „Restbestand des UPR"; wie hier *Mestmäcker/Schulze/Obergfell* § 62 Rdnr. 45). § 5 Abs. 2 verweist nur auf die entsprechende Anwendung von § 62 Abs. 1 bis 3, nicht aber auf Absatz 4. Hieraus folgt, dass Änderungen an amtlichen Sprachwerken ohne Einwilligung des betreffenden Amtsträgers zulässig sind, soweit dies für Sammlungen für den Kirchen-, Schul- oder Unterrichtsgebrauch erforderlich ist.

Änderungsverbot § 62

2. Internationales Urheberrecht

Eine dem § 62 entsprechende selbständige Vorschrift über das Änderungsverbot in Bezug auf **4**
Urheberrechtsschranken enthält das **Recht der RBÜ** nicht; die zusammenfassende allgemeine
Regelung in Art. 6bis Abs. 1 RBÜ über Entstellungen, Verstümmelungen, sonstige Änderungen
oder Beeinträchtigungen des Werkes, die der Ehre oder dem Ruf des Urhebers nachteilig sein
könnten, gilt jedoch auch für die Urheberrechtsschranken (wegen der Gleichordnung von Änderung und Beeinträchtigung in Art. 6bis Abs. 1 RBÜ so. § 14 Rdnr. 8 und 22 sowie § 39 Rdnr. 1).
Indirekte Anklänge an den Schutzgedanken des § 62 finden sich in Art. 9 Abs. 2 RBÜ bei der
Regelung der zulässigen Ausnahmen vom Vervielfältigungsrecht in Form des allgemeinen Gebots
zur Wahrung der berechtigten Interessen des Urhebers, in Art. 10 Abs. 1 und Abs. 2 RBÜ bei
der Regelung des Zitatrechts wie der Regelung bestimmter Werknutzungen im Interesse der
Veranschaulichung des Unterrichts in Form des Hinweises auf die anständigen Gepflogenheiten
sowie in Art. 11bis Abs. 2 RBÜ im Zusammenhang mit der Regelung besonderer Ausnahmen
vom Senderecht in Form des allgemeinen Verbots der Beeinträchtigung des UPR. Entsprechende Ansätze finden sich bei der **Sonderregelung der Zwangslizenz** zur Vervielfältigung und
Übersetzung zugunsten der Entwicklungsländer im Anhang der RBÜ, konkret in Art. IV Abs. 6
lit. b, der eine „getreue Übersetzung" bzw. eine „genaue Wiedergabe der Ausgabe" vorschreibt.
Eine insoweit ähnliche Regelung findet sich im **WUA**, und zwar in den parallelen Vorschriften
zugunsten der Entwicklungsländer bzw. in der allgemeinen Regelung über die Zwangslizenz für
Übersetzungen (Art. V Abs. 2 lit. d sowie Art. V^{ter} Abs. 9 iVm. Art. V Abs. 2 lit. d sowie Art.
V^{quater} Abs. 1 lit. g). Abgesehen davon enthält das WUA wegen des gänzlichen Fehlens einer systematischen Regelung über das UPR (so. Vor §§ 12ff. Rdnr. 22) weder eine allgemeine Vorschrift über das Änderungsverbot noch eine allgemeine Entsprechung zu § 62, zumal die Urheberrechtsschranken selbst nur andeutungsweise geregelt sind (vgl. Art. IVbis Abs. 2 WUA).

Die ua. mit der Harmonisierung der Urheberrechtsschranken befasste **EG-Richtlinie über** **4a**
Urheberrecht in der Informationsgesellschaft (Richtlinie 2001/29/EG vom 22. Mai 2001)
enthält keine entsprechende Verpflichtung zur Wahrung der Werkintegrität, wenn von den Urheberrechtsschranken Gebrauch gemacht wird. Dies entspricht der Absicht des europäischen Gesetzgebers (vgl. Erwägungsgrund 19 der Richtlinie), dass die Urheberpersönlichkeitsrechte außerhalb des Anwendungsbereichs der Richtlinie bleiben sollen. Dabei wird freilich ausdrücklich auf
die Ausübung der Urheberpersönlichkeitsrechte im Einklang mit den Rechtsvorschriften der
Mitgliedstaaten und mit dem internationalen Konventionsrecht hingewiesen. Schon daraus ergibt sich, dass die Weiteranwendung von § 62 (und § 63) als Teil des Gesamtkomplexes der Vorschriften zum UPR auch nach der Umsetzung dieser Richtlinie durch das ÄndG vom 10. 9.
2003 mit dem europäischen Recht in Einklang steht. § 62 hat demgemäß bei der Umsetzung
nur eine minimale Anpassung erfahren (su. Rdnr. 6; wegen der Anpassung des § 63 su. § 63
Rdnr. 4 a). Bemerkenswert ist immerhin, dass die Schrankenvorschriften in Art. 5 Abs. 3 der
Richtlinie an mehreren Stellen die Angabe der Quelle vorschreiben (s. im Einzelnen unten § 63
Rdnr. 4 a), so dass diese Bestimmungen nicht ganz ohne einen urheberpersönlichkeitsrechtlichen Einschlag geblieben sind. Im selben Sinne wäre deshalb auch ein allgemeiner und flexibel
gehaltener Hinweis auf ein Änderungsverbot bei der Anwendung der Urheberrechtsschranken
im Rahmen des Grundsatzes von Treu und Glauben vorstellbar gewesen.

3. Entstehungsgeschichte

Ähnlich wie § 39 (s. dort Rdnr. 5) hatte auch § 62 im früheren Recht bereits **unmittelbare** **5**
Vorläufer, und zwar in § 24 LUG und § 21 KUG. In diesen Bestimmungen fehlte freilich trotz
weitgehender struktureller Ähnlichkeit der Regelung die für § 62 so charakteristische Verweisung auf den allgemeinen Grundsatz der Interessenabwägung nach Treu und Glauben; eine solche wäre im Hinblick auf die Vorläufer des § 39 Abs. 2 (§ 9 Abs. 2 LUG und § 12 Abs. 2 KUG)
im früheren Recht durchaus möglich gewesen. Die heutige **Verklammerung mit dem Gedanken der Interessenabwägung** lässt wesentlich deutlicher als das frühere Recht den Gesamtzusammenhang mit dem urheberpersönlichkeitsrechtlichen Schutzgedanken (§ 39 iVm.
§ 14) hervortreten. Gleichzeitig bedeutet dies eine relative Verschiebung des inhaltlichen Gewichts der Vorschrift des § 62 in Richtung auf eine Klarstellung (so. Rdnr. 1), verbunden mit
einer typisierten Regelung gewisser Wertungsgesichtspunkte, und zwar iS einer leichteren
Handhabung der Interessenabwägung zugunsten der gesetzlich zur Werknutzung Berechtigten.
Gewisse **Unterschiede zum früheren Recht** ergeben sich auch aus der heutigen Regelung
des Abs. 4 (zulässige Änderungen bei Sammlungen für Kirchen-, Schul- oder Unterrichtsge-

§ 62

brauch), wonach nicht nur die Einwilligung des Urhebers, sondern nach seinem Tode auch die Einwilligung gewisser Rechtsnachfolger (su. Rdnr. 26) verlangt wird; seit der Novelle 1972 wird im Zusammenhang mit der Benachrichtigung des Urhebers außerdem eine Rechtsfolgenmitteilung verlangt (su. Rdnr. 25).

6 Im **Gesetzgebungsverfahren** (RefE § 56 u. § 60; MinE § 59 u. § 63; RegE § 62 u. § 66) kam es bei unveränderter Übernahme der Grundstruktur der ursprünglich vorgeschlagenen Regelung in den einzelnen Stadien zu gewissen Ergänzungen und Verfeinerungen, zB Einfügung der Lichtbildwerke in Abs. 3 im RegE, Beschränkung auf Sprachwerke in Abs. 4 schon im MinE sowie – erst durch den Rechtsausschuss – Erweiterung des Einwilligungserfordernisses in Abs. 4 auf gewisse Rechtsnachfolger des Urhebers (su. Rdnr. 26) und schließlich – erst durch die Novelle 1972 – Einfügung der Obliegenheit der Rechtsfolgenmitteilung (su. Rdnr. 25; vgl. allgemein auch *v. Gamm* Rdnr. 1 sowie *Möhring/Nicolini/Gass*[2] Rdnr. 6). Eine minimale Anpassung erfuhr § 62 in Abs. 4 S. 2, weil die um den „Lebenspartner" ergänzte Definition des Begriffs „Angehöriger", auf die hier verwiesen wird, im Zuge der Neuformulierung des § 60 anlässlich des Umsetzungsgesetzes vom 10. 9. 2003 (so. Rdnr. 4 a) aus dessen drittem in den zweiten Absatz verschoben wurde.

7 Trotz der strukturellen Ähnlichkeit des heutigen § 62 mit den Vorläuferbestimmungen sowohl im früheren Recht wie in den verschiedenen Entwürfen ergeben sich teilweise erhebliche **Unterschiede im Geltungsbereich der Vorschrift,** und zwar im Blick auf die verschiedenen, im Lauf des Gesetzgebungsverfahrens keineswegs unverändert gebliebenen Urheberrechtsschranken, für die das Änderungsverbot jeweils gelten soll bzw. sollte (zur Entstehungsgeschichte der Urheberrechtsschranken so. Vor §§ 44a ff. Rdnr. 1 ff.). Eine gesetzestechnisch einfachere Lösung als in den Entwürfen ergab sich außerdem durch die Streichung der gesetzlichen Lizenz für Funksendungen (vgl. zuletzt § 65 RegE). Ursprünglich galt dies auch für die in den Entwürfen ebenfalls noch als gesetzliche Lizenz ausgestaltete Vorschrift bezüglich der Herstellung von Tonträgern, weil diese sodann in der abgeschwächten Form einer Zwangslizenz (§ 61 aF) den Urheberrechtsschranken zugeordnet worden war, so dass die in den drei Entwurfsstadien vorgesehene separate Parallelregelung über das Änderungsverbot und die Quellenangabe (vgl. zuletzt einerseits § 62 RegE, andererseits § 66 RegE) damit entfallen und durch die einheitliche Regelung des § 62 (und § 63) ersetzt werden konnte. Die aus systematischen und rechtspolitischen Gründen im Zuge der Umsetzung der Richtlinie 2001/29 (so. Rdnr. 4 a) erfolgte **Ausgliederung der Zwangslizenzregelung** (nunmehr § 42 a) aus dem Abschnitt über die Urheberrechtsschranken und deren Einordnung im Unterabschnitt über Nutzungsrechte (s. dazu unten § 42a Rdnr. 3 f.) bedeutet aber letztlich keine Änderung der Rechtslage in persönlichkeitsrechtlicher Hinsicht. Auch wenn im Zuge dieser Verschiebung der ursprüngliche § 61 aF (jetzt § 42 a) unverändert blieb und somit keine Parallelregelung über ein Änderungsverbot (und die Verpflichtung zur Quellenangabe), wie sie etwa in den früheren Entwürfen vorgeschlagen war, hinzugefügt wurde, ergibt sich das Änderungsverbot nunmehr unmittelbar aus § 39 (ebenso *Dreier/Schulze/Schulze*[3] § 42 a Rdnr. 17; *Dreyer* in HK-UrhR[2] § 42 a UrhG Rdnr. 24 und § 62 UrhG Rdnr. 10; sa. unten § 42a Rdnr. 14), zumal die Zwangslizenz nunmehr richtigerweise als Vorschrift über die Ausübung des Urheberrechts gedeutet wird (so. § 42 a Rdnr. 3 a; kritisch iS fehlender Vereinbarkeit mit dem europäischen Recht *Dreyer* in HK-UrhR[2] § 42 a UrhG Rdnr. 3 ff.) und es im Ergebnis der Zwangslizenzerteilung ohnehin – ggf. auf dem Klagewege – zu einer Einräumung eines Nutzungsrechts kommt; wegen entsprechender Überlegungen im Rahmen des § 63 su. § 63 Rdnr. 5 a.

II. Aufbau und Anwendungsbereich

1. Aufbau

8 Die §§ 44a–60 regeln mit unterschiedlicher rechtspolitischer Zielsetzung die Fälle der ohne Zustimmung des Urhebers zulässigen Handlungen der Vervielfältigung, Verbreitung und öffentlichen Wiedergabe geschützter Werke (hinzu kommt der Sonderfall der Benutzung an sich nicht geschützter amtlicher Werke nach § 5 Abs. 2). Für alle diese Fälle regelt § 62 in zusammenfassender Weise, unter welchen Voraussetzungen – insbesondere auf der Grundlage einer Interessenabwägung im Rahmen von Treu und Glauben (Abs. 1 S. 2 iVm. § 39 Abs. 2 und mit § 14) – **Änderungen im Rahmen der gesetzlich erlaubten Werknutzung** vorgenommen werden dürfen; iS einer allgemeinen Klarstellung wird dabei das grundsätzliche Änderungsverbot (Abs. 1 S. 1) vorangestellt (so. Rdnr. 1). Über die Verweise in den §§ 70 Abs. 1, 71 Abs. 1 S. 3, 72

Änderungsverbot **§ 62**

Abs. 1, 83, 85 Abs. 4, 87 Abs. 4, 94 Abs. 4 und 95 iVm. 94 Abs. 4 ist das grundsätzliche Änderungsverbot auch bei zulässigen Nutzungen anderer Schutzgegenstände zu beachten (vgl. *Dreier/ Schulze/Schulze*³ Rdnr. 2).

Abgesehen vom Sonderfall der Anknüpfung an § 46 in Abs. 4 enthält § 62 **keine Einzelan-** 9 **knüpfung** an spezielle Urheberrechtsschranken, sondern nur einige für alle geltende allgemeine Grundsätze. Es handelt sich dabei neben der entsprechenden Anwendung der Interessenabwägung nach Treu und Glauben (Abs. 1 S. 2) um besondere Regeln im Hinblick auf den Benutzungszweck (Abs. 2) oder im Hinblick auf gewisse Werkkategorien (Abs. 3), nämlich Werke der bildenden Künste und Lichtbildwerke. Diese Struktur unterscheidet § 62 von dem unter persönlichkeitsrechtlichen Gesichtspunkten verwandten § 63 (Gebot zur Quellenangabe), der jedenfalls bei den betroffenen Fällen zulässiger Vervielfältigungen (§ 63 Abs. 1), seit dem ÄndG v. 10. 9. 2003 aber auch bei einzelnen Fällen der öffentlichen Wiedergabe (§ 63 Abs. 2 S. 2) das Prinzip der Einzelanknüpfung gewählt hat (su. § 63 Rdnr. 7); in den übrigen Fällen der öffentlichen Wiedergabe (§ 63 Abs. 2 S. 1) wird die Pflicht zur Quellenangabe in allgemeiner Form an die Verkehrssitte gebunden.

2. Anwendungsbereich, insbesondere bei der Vervielfältigung zum privaten und eigenen Gebrauch

Die meisten Urheberrechtsschranken lassen entweder neben der Vervielfältigung auch die 10 Verbreitung (so §§ 45, 45a, 46, 48, 49, 50, 51, 57, 58, 59 und – bei Unentgeltlichkeit – auch § 60) oder daneben auch oder ggf. auch nur die öffentliche Wiedergabe (so §§ 45, 48, 49, 50, 51, 52, 56, 57 und 59), Zugänglichmachung (§ 52 b) bzw. „Übermittlung" (§ 53 a) zu; der 2003 neu geschaffene § 52a lässt umgekehrt neben der öffentlichen Wiedergabe (Zugänglichmachung für Unterricht und Forschung) auch die dazu erforderlichen Vervielfältigungen zu. In allen diesen Fällen besteht im Interesse des Urhebers ein unveränderten Werknutzung besonders berührender **Bezug zu einer mindestens potentiellen Öffentlichkeit;** ähnliches gilt für die besonderen Fälle der Verwendung von Schulfunksendungen im Unterricht (§ 47) und der sog. ephemeren Aufnahme durch Sendeunternehmen (§ 55) sowie angesichts des massenhaften Charakters der Internetnutzungen letztlich auch für den Fall vorübergehender Vervielfältigungshandlungen im Rahmen eines technischen Verfahrens (§ 44 a). Bei der Regelung der Vervielfältigung zum privaten und sonstigen eigenen Gebrauch (§§ 53 ff.) ist demgegenüber gem. § 53 Abs. 6 S. 1 – mit Ausnahme der Fälle des Abs. 6 S. 2 – eine Verbreitung oder öffentliche Wiedergabe der zulässigerweise hergestellten Vervielfältigungsstücke und damit der Bezug zur allgemeinen Öffentlichkeit gerade ausgeschlossen worden; einen gewissen Bezug zu einer „kleinen Öffentlichkeit" enthalten freilich auch die Fälle des § 53 Abs. 3 (Vervielfältigungen zur Veranschaulichung des Unterrichts in Schulen und bei Prüfungen). Abgesehen von diesen Ausnahmefällen (sowie den weiteren Fällen mit einer gewissen „Nähe" zur Öffentlichkeit, s. Rdnr. 11) wird man aber die **Anwendung des Änderungsverbots bei Änderungen im privaten Kreis** im Ergebnis der Interessenabwägung in der Regel auszuschließen haben (ebenso *Grohmann* S. 106 ff. sowie S. 170; *Haberstumpf*² Rdnr. 377; *Rehbinder*¹⁵ Rdnr. 412; *Tölke* S. 75; *Wandtke/Bullinger/Bullinger*³ Rdnr. 3 f.; aA *Schöfer* S. 114 f.; für den verwandten Fall von Änderungen an nichtoriginalen Werkverkörperungen im privaten Bereich so. § 14 Rdnr. 15). Dieses Ergebnis beruht auch auf der in § 23 S. 1 erkennbaren gesetzgeberischen Wertung, wonach mit Ausnahme der Fälle des § 23 S. 2 die bloße Herstellung von Bearbeitungen oder Umgestaltungen eines Werkes von der Einwilligung des Urhebers freigestellt ist (vgl. schon *Dietz,* Droit moral, S. 94; ebenso *Dreier/Schulze/Schulze*³ Rdnr. 8; *Wandtke/Bullinger/Bullinger*³ Rdnr. 3; *Kotthoff* in HK-UrhR² § 39 UrhG Rdnr. 5; aA, wenn auch im Ergebnis kaum abweichend, *Dreyer* in HK-UrhR § 62 UrhG Rdnr. 7 und Rdnr. 21).

Diese Erwägungen gelten freilich strikt nur für die Fälle der Vervielfältigung zum privaten Ge- 11 brauch iS des § 53 Abs. 1. In den verschiedenen **Fällen des § 53 Abs. 2 und 3 (eigener Gebrauch)** muss jedoch stärker dahin differenziert werden, welcher Personenkreis von der Änderung des Werkes Kenntnis erlangt oder erlangen kann. Handelt es sich bei dem eigenen Gebrauch zB um unternehmensinternen Gebrauch, bei dem uU eine erhebliche Zahl von Mitarbeitern Kenntnis von der Werkänderung erlangt, oder etwa auch um den Gebrauch im Schulunterricht und in Prüfungen (§ 54 Abs. 3), so ist wegen der hier bereits gegebenen Nähe zur Öffentlichkeit eine generalisierende Betrachtung iS einer allgemeinen Zulässigkeit von Änderungen fehl am Platz (zust. *Dreier/Schulze/Schulze*³ Rdnr. 8). Es verbleibt vielmehr bei den allgemeinen Beurteilungsgrundsätzen (Abs. 1 S. 1; Abs. 2 und 3).

III. Die einzelnen Fälle zulässiger Änderungen

1. Änderungen kraft Vereinbarung (Abs. 1 S. 2 iVm. § 39 Abs. 1)

12 Die Gesamtverweisung auf die entsprechende Geltung des § 39 in § 62 Abs. 1 S. 2 stellt auch für den Fall der Urheberrechtsschranken die **Zulässigkeit von Änderungsvereinbarungen** mit dem Urheber klar. In den meisten Fällen wird dies ohne praktische Bedeutung sein, da Urheberrechtsschranken gerade eine Werknutzung ohne Zustimmung des Urhebers gestatten (ebenso *v. Gamm* Rdnr. 4; *Wandtke/Bullinger/Bullinger*[3] Rdnr. 8; ähnlich *Dreyer* in HK-UrhR[2] § 62 UrhG Rdnr. 19). Für den Spezialfall der Sammlungen für Kirchen-, Schul- oder Unterrichtsgebrauch (§ 46) geht aber Abs. 4 bezüglich bestimmter, über die Abs. 2–4 hinausgehender Änderungen, die für den Kirchen-, Schul- oder Unterrichtsgebrauch erforderlich sind, von der Einwilligungsbedürftigkeit aus (s. im Einzelnen unten Rdnr. 24 ff.). In diesem Spezialfall wie in allen anderen Fällen kann der Urheber wie sonst auch jeden konkreten Eingriff in das Werk zulassen (so. § 39 Rdnr. 8). Das Merkmal der Erforderlichkeit (Rdnr. 17) ist – abgesehen von dem Fall der fiktiven Einwilligung nach Abs. 4 S. 3 – insoweit entbehrlich.

2. Aufgrund der Interessenabwägung zulässige Änderungen (Abs. 1 S. 2 iVm. § 39 Abs. 2 und § 14)

13 Praktische Bedeutung hat die Verweisung auf § 39 Abs. 2 zunächst insoweit, als Änderungen im Rahmen der Interessenabwägung nach Treu und Glauben nur bezüglich des Werkes selbst und seines Titels, nicht bezüglich der Urheberbezeichnung zulässig sind (so. § 39 Rdnr. 5). Dabei ist jedoch zu berücksichtigen, dass bei manchen Urheberrechtsschranken nicht einmal die Quellenangabe vorgeschrieben ist (s. im Einzelnen § 63 Rdnr. 10). Die **Weglassung der Urheberbezeichnung** kann daher jedenfalls in den Fällen gesetzlich nicht vorgeschriebener Quellenangabe nicht als unzulässige Änderung iS von Abs. 1 S. 2 iVm. § 39 Abs. 1 angesehen werden (ähnlich *v. Gamm* Rdnr. 3).

14 Im Übrigen gelten für die **Interessenabwägung nach Treu und Glauben** die gleichen Grundsätze wie bei § 39 (s. dort Rdnr. 14 ff., oben Rdnr. 1), wobei überwiegend davon ausgegangen wird, dass zugunsten des Urhebers von einer restriktiveren Beurteilung auszugehen ist als im unmittelbaren Anwendungsbereich des § 39 im Verhältnis zum Vertragspartner (*Dreyer* in HK-UrhR[2] § 62 UrhG Rdnr. 20; *Möhring/Nicolini/Gass*[2] Rdnr. 1; *Grohmann* S. 116). Als typische Beispiele zulässiger Änderungen, insbesondere für den Bereich der Sprachwerke, seien die Umwandlung der direkten in die indirekte Rede oder Wortverschiebungen zwecks Einfügung in ein anderes Satzgefüge erwähnt (vgl. *Möhring/Nicolini/Gass*[2] Rdnr. 12; sowie *Oekonomidis* S. 98).

15 Die **Interessenabwägung** bleibt als „**überwölbendes Prinzip**" auch für die Abs. 2–4 von Bedeutung (dagegen *Fromm/Nordemann/Vinck*[9] Rdnr. 2; abweichend – Interessenabwägung nur im Rahmen des daneben anwendbaren § 14 – auch *Wandtke/Bullinger/Bullinger*[3] Rdnr. 6), weil es sich dort nicht um echte Ausnahmen vom Änderungsverbot, sondern nur um Konkretisierungen des Grundsatzes der Interessenabwägung anhand vom Gesetzgeber positiv vorgegebener Beurteilungskriterien handelt (so. Rdnr. 1; ähnlich trotz unterschiedlicher Deutung des Verhältnisses von § 14 und § 39 auch *v. Gamm* Rdnr. 1; für eine Anwendung des § 14 in Idealkonkurrenz auch *Möhring/Nicolini/Gass*[2] Rdnr. 3). Diese Deutung erleichtert auch die Einbeziehung der Darstellungen wissenschaftlicher oder technischer Art (§ 2 Abs. 1 Nr. 7) in § 62 Abs. 3 (so unter Annahme eines Redaktionsversehens auch *Fromm/Nordemann/A. Nordemann*[10] Rdnr. 10; *Grohmann* S. 173; *Möhring/Nicolini/Gass*[2] Rdnr. 20 f.; sa. unten Rdnr. 22). Die Zulässigkeit ihrer Verwendung in geänderter Dimension oder in Form verfahrensbedingter Änderungen ergibt sich demgemäß bereits aus dem allgemeinen Grundsatz der Interessenabwägung (zur ähnlichen Interessenwertung im Bereich vertraglicher Nutzungsverhältnisse so. § 39 Rdnr. 15). Im Hinblick auf den oft praktisch bedeutsamen Inhalt von Darstellungen nach § 2 Abs. 1 Nr. 7 (etwa im Bereich naturwissenschaftlicher und medizinischer Fachliteratur) kommen jedoch im Ergebnis der Interessenabwägung andere als die nach Abs. 3 zugelassenen Änderungen kaum in Frage.

16 Ein Beispiel aus der **spärlichen Rechtsprechung zu § 62**, insbesondere zur Anwendung der Interessenabwägung, bildet eine Entscheidung des OLG Hamburg (GRUR 1970, 38/39 – Heintje; wegen Rspr. nach früherem Recht vgl. *v. Gamm* Rdnr. 8). Danach waren nur auf falscher Übermittlung beruhende, nicht aber aus Gründen des Zitatzwecks, wie etwa durch Umstellung des Satzbaus oder Änderung in indirekte Rede, notwendige Änderungen eines Zitats unzulässig. Ferner können relativ geringfügige Änderungen im Bereich von Schlagertexten im Hinblick auf wohlerwogene psychologische Gründe auch unter dem Gesichtspunkt von Treu und Glauben unzulässig sein. Ein weiteres Beispiel bildet der Fall Freiburger Holbein-Pferd aus dem Bereich des § 59 (LG Mannheim GRUR 1997, 364; Vorinstanz: AG Freiburg NJW 1997, 1160): Bei einer an einer öffentlichen Straße aufgestellten Plastik eines Fohlens führt die von Dritten durch Bemalung etc. herbeigeführte Entstellung zur Unerlaubtheit des Vertriebs von Fotografien der entstellten Plastik, wiewohl das hier kraft § 59 gewährte Nutzungsrecht als solches nicht tangiert wird; letztere Feststellung trifft allerdings nicht mehr zu, soweit zusätzlich durch *fototechnische Maßnahmen* eine veränderte Darstellung der Plastik im Lichtbild herbeigeführt wurde (vgl. auch den in der Darstellung des Ergebnisses nicht vollständigen Hinweis bei *Möhring/Nicolini/Gass*[2] Rdnr. 8).

3. Zulässige Änderungen nach dem Maßstab des Benutzungszwecks (Abs. 2)

Abs. 2 konkretisiert die nach Abs. 1 allgemein gebotene Interessenabwägung im Hinblick auf **17 Änderungen, die der Benutzungszweck erfordert.** Schon allgemein ist der Benutzungszweck im Rahmen der Interessenabwägung ein maßgebliches Abwägungskriterium (so. § 39 Rdnr. 15). Nach Abs. 2 ist es unter dem Vorbehalt der Erforderlichkeit jedoch allgemein zulässig, im Rahmen der Urheberrechtsschranken Übersetzungen und solche Änderungen des Werkes vorzunehmen, die nur Auszüge oder Übertragungen in eine andere Tonart oder Stimmlage darstellen. Im Aspekt der Erforderlichkeit kommt zum Ausdruck, dass eine Änderung dann unzulässig ist, wenn der mit der Nutzung insgesamt verfolgte Zweck – etwa ein Zitat – auch ohne die Übersetzung, Kürzung etc. erreicht worden wäre (Gedanke des milderen Mittels).

Die Regelung ist anders als die Absätze 3 und 4 nicht auf bestimmte Werkkategorien be- **18** schränkt. Freilich kommen Übersetzungen, Auszüge oder Übertragungen in eine andere Tonart oder Stimmlage **praktisch nur im Bereich der Sprach- und Musikwerke** in Frage (vgl. *Möhring/Nicolini/Gass*[2] Rdnr. 6f.; *Grohmann* S. 171 f.). Da die im Gesetz ausdrücklich genannten Änderungen das ursprüngliche Sprach- bzw. Musikwerk nicht in eine andere Werkgattung übertragen, wird man § 62 den allgemeinen Grundsatz entnehmen können, dass eine solch grundlegende Umgestaltung in aller Regel unzulässig ist.

Die Vorschrift ist, insb. im Hinblick auf die **Zulässigkeit von Übersetzungen,** von großer **19** praktischer Bedeutung. Dies gilt etwa für die Berichterstattungs- und Zitierfreiheit (§§ 48–51) sowie für die Aktualität und praktische Brauchbarkeit von Schul- und Unterrichtswerken (§ 46). Wegen der zunehmenden Internationalisierung des politischen, wirtschaftlichen und kulturellen Lebens wäre eine Beschränkung der Schrankenvorschriften auf die fremde Originalsprache nicht sachgemäß (AmtlBegr. BTDrucks. IV/270 S. 76; *Möhring/Nicolini/Gass*[2] Rdnr. 6). Ob man bei belletristischen Werken die Einschränkung dahin vornehmen muss, dass eine hierfür bereits eine autorisierte deutsche Übersetzung zugänglich ist (so Vorauﬂ./*Dietz* § 62 Rdnr. 18; LG München v. 13. 5. 2009, 21 O 618/09 Rdnr. 35 (juris); *Fromm/Nordemann/A. Nordnemann*[10] Rdnr. 9; *Dreier/Schulze/Schulze*[3] Rdnr. 15; *Dreyer* in HK-UrhR[2] § 62 UrhG Rdnr. 12), erscheint zweifelhaft. Dem Gesetz ist dieser Vorbehalt fremd. Die wirtschaftlichen Interessen des Verlags der Übersetzung werden bereits im Rahmen der Schranken der Verwertungsrechte berücksichtigt. Gefährdet die Übersetzung des Schrankenbegünstigten die geistigen oder persönlichen Interessen des Originalurhebers, kann jener hiergegen unter Berufung auf § 14 vorgehen (vgl. Amtl-Begr. BTDrucks. IV/270 S. 76).

Die Zulässigkeit der **Übernahme von Auszügen** iS von Ausschnitten aus Sprach- oder **20** Musikwerken ist im Bereich der Sprachwerke im Hinblick auf die Berichterstattungs- und Zitierfreiheit (§§ 48–51) ebenfalls von großer praktischer Bedeutung. Eine Reihe von Schrankenvorschriften (zB „Stellen eines Werkes" im Rahmen des Zitatrechts nach § 51 S. 2 Nr. 2 und 3 oder „Teile von Werken" bei Sammlungen nach § 46) sehen eine **gekürzte bzw. auszugsweise Werkverwendung bereits als Abgrenzungsmerkmal** für die Zulässigkeit der Werknutzung vor. Hier ergibt sich die Zulässigkeit der damit verbundenen Änderungen unmittelbar aus der Schrankenvorschrift selbst (vgl. *v. Gamm* Rdnr. 3; *Möhring/Nicolini/Gass*[2] Rdnr. 16; *Schack*[4] Rdnr. 343). Das „überwölbende" Gebot zur Interessenabwägung bleibt jedoch auch hier zu beachten (vgl. oben Rdnr. 15; *v. Gamm* Rdnr. 8; im Ergebnis ebenso *Möhring/Nicolini/Gass*[2] Rdnr. 15; sa. LG München v. 13. 5. 2009, 21 O 618/09 Rdnr. 33ff. (juris): Weglassen eines Kommas bei Zitat – Ein Verbot gegen Änderungsverbot; OLG München NJW 1999, 1975 – Stimme Brecht wegen Verletzung des postmortalen aPR iSd. Verzerrung des Gesamtwerks bei einer unrichtigen, verfälschten oder entstellten Wiedergabe von Äußerungen). Insbesondere

§ 62

sinnentstellende Zitate können trotz äußerer Einhaltung der Voraussetzungen des § 51 einen Verstoß gegen das Änderungsverbot darstellen (zum „Zitatmissbrauch" vgl. *Oekonomidis* S. 103 f.; ähnlich für das frühere Recht sowie de lege ferenda mit instruktiven Beispielen *Löffler/Glaser* GRUR 1958, 477/478 f.; ebenso *Dreier/Schulze/Schulze*[3] Rdnr. 16; *Wandtke/Bullinger/Bullinger*[3] Rdnr. 15 ff.; speziell bezüglich unerlaubter Musikzitate bei Coverversionen *Riekert* S. 107 ff.).

4. Zulässigkeit von Dimensionsänderungen und Änderungen nach dem Maßstab des angewendeten Vervielfältigungsverfahrens (Abs. 3)

21 Stellt der Benutzungszweck iS des Abs. 2 auf die leichtere Benutzbarkeit des Werkes selbst ab (zB Benutzung in übersetzter Form oder in einer leichter singbaren Stimmlage), so handelt es sich bei den Fällen des Abs. 3 letztlich zwar ebenfalls um eine Orientierung am Benutzungszweck, aber mehr im Hinblick auf **äußere und technische Kriterien.** Dies gilt insb. für die Zulässigkeit von Änderungen, die das für die Vervielfältigung angewendete Verfahren mit sich bringt; aber auch Übertragungen in eine andere Größe und Dimensionsänderungen (zum Begriff *Dreyer* in HK-UrhR[2] § 62 UrhG Rdnr. 15) werden in der Regel durch Vervielfältigungsverfahren oder Vervielfältigungszweck bedingt sein (zB Bildreportagen im Rahmen von § 50 oder Katalogbilder iSv. § 58; sa. *Maaßen* ZUM 2003, 830/838).

22 Der Anwendungsbereich des Abs. 3 ist zunächst auf **Werke der bildenden Künste und Lichtbildwerke** beschränkt (s. insoweit auch *Mues* S. 144). Die „überwölbende" Anwendung des allgemeinen Grundsatzes der Interessenabwägung führt jedoch zu einer gleichen Bewertung für **wissenschaftliche und technische Darstellungen** iSv. § 2 Abs. 1 Nr. 7 (so. Rdnr. 15; bei anderer Begründung im Ergebnis ebenso *Fromm/Nordemann/A. Nordemann*[10] Rdnr. 10; *Grohmann* S. 173; *Möhring/Nicolini/Gass*[2] Rdnr. 20 f.; *Dreier/Schulze/Schulze*[3] Rdnr. 19; *Dreyer* in HK-UrhR[2] § 62 UrhG Rdnr. 15). In ähnlicher Weise mag auch bei Sprach- und Musikwerken (zB bei Fällen konkreter Poesie oder bei ungewöhnlicher graphischer Notation von Musikwerken) eine entsprechende Anwendung der Kriterien nach Abs. 3 notwendig erscheinen.

23 Der **Begriff der Vervielfältigung** ist hier nicht nur im technischen Sinne des § 16 zu verstehen; zumindest analog gilt die Vorschrift auch für die Fälle der öffentlichen Wiedergabe, soweit davon Werke der bildenden Kunst, Lichtbildwerke und graphische Darstellungen betroffen sein können. So kann etwa im Bereich der live erfolgenden Bild- und Tonberichterstattung nach § 50 auch einmal eine vom Urheber ansonsten nicht hinzunehmende ungünstige Darstellung eines Werkes der bildenden Kunst durch unzulängliche Beleuchtung etc. iS einer verfahrensbedingten Änderung hinzunehmen sein. Im Übrigen spricht Abs. 3 bei Dimensionsänderungen ohnehin nur von Übertragungen in eine andere Größe, ohne Beschränkung auf ein Vervielfältigungsverfahren. Dabei kann allerdings (entgegen *Möhring/Nicolini/Gass*[2] Rdnr. 22: keine Änderung des Sinngehalts; wie hier *Wandtke/Bullinger/Bullinger*[3] Rdnr. 19) eine Dimensionsänderung durchaus eine Werkänderung bedeuten; zu denken ist hier etwa an die überdimensionalen Werke moderner Kunst, die ihren künstlerischen Anspruch oftmals gerade aus ihrer Größe ableiten (ebenso *Mues* S. 143 f.; wegen der Einschränkung der Ausnahmen auf zeitgemäße Vervielfältigungsverfahren vgl. *Grohmann* S. 172 f., wegen der Unzulässigkeit der Wiedergabe von Gebäuden als Popversionen in Neonfarben vgl. *Dreier/Schulze/Schulze*[3] Rdnr. 18).

5. Zulässigkeit erforderlicher Änderungen bei Sammlungen für Kirchen-, Schul- oder Unterrichtsgebrauch (Abs. 4)

24 Die auf die **Änderung von Sprachwerken** beschränkte Regelung des Abs. 4 liegt konzeptionell auf einer anderen Ebene als die Regelungen in Abs. 2 und 3, weil sie in Entsprechung zu § 39 Abs. 1 auf Änderungsvereinbarungen iS der effektiven oder fiktiven Einwilligung des Urhebers abstellt. Abs. 4 kommt nach ausdrücklicher Regelung („außer den nach den Absätzen 1 bis 3 erlaubten Änderungen") erst ins Spiel, wenn es sich um Änderungen handelt, die nicht schon nach den Abs. 1–3 erlaubt sind; solche Änderungen können auch andere als Sprachwerke betreffen. So sind Übersetzungen von Sprachwerken oder Übertragungen von Musikwerken in andere Stimmlagen bei Sammlungen nach § 46 bereits nach Abs. 2, Dimensionsänderungen und durch das Vervielfältigungsverfahren bedingte Änderungen bei Werken der bildenden Kunst und Lichtbildwerken bereits nach Abs. 3 zulässig. Weitere zulässige Änderungen können sich ferner aus der Anwendung von Treu und Glauben nach Abs. 1 S. 2 iVm. § 39 Abs. 2 ergeben (aA unter Einschränkung der Anwendung dieses Grundsatzes auf die Erstpublikation *Reichel* BBl. 1967, 1579/1585).

Eine große praktische Bedeutung scheint den über **Abs. 1–3 hinausgehenden, aber nach** 25
Abs. 4 zulässigen Änderungen nicht zuzukommen (vgl. auch *Dreier/Schulze/Schulze*[3] Rdnr. 21; *Dreyer* in HK-UrhR[2] § 62 UrhG Rdnr. 17). Dies folgt auch aus dem relativ aufwändigen Verfahren der Mitteilung der beabsichtigten Änderung nebst Rechtsfolgenmitteilung für den Fall fehlenden fristgemäßen Widerspruchs, das zum Mitteilungsverfahren nach § 46 Abs. 3 hinzutritt (vgl. *v. Gamm* Rdnr. 5; vgl. allgemein auch *Möhring/Nicolini/Gass*[2] Rdnr. 30 ff.). Liegt eine Einwilligung des Urhebers vor, so deckt sie naturgemäß auch solche Änderungen, die über die nach den Abs. 1–3 erlaubten Änderungen hinausgehen, insb. Änderungen auch bei anderen als Sprachwerken (so. Rdnr. 12; unter Vorbehalt des Entstellungsschutzes nach § 14 ebenso *Wandtke/Bullinger/Bullinger*[3] Rdnr. 26). Nur im Falle der *fiktiven* Einwilligung bei nicht rechtzeitigem Widerspruch des Urhebers nach Abs. 4 S. 3 sind demnach der Maßstab der Erforderlichkeit für den Kirchen-, Schul- oder Unterrichtsgebrauch und die Einschränkung auf Sprachwerke (Abs. 4 S. 1) überhaupt relevant (ebenso *Dreyer* in HK-UrhR[2] § 62 UrhG Rdnr. 17; *Möhring/Nicolini/Gass*[2] Rdnr. 29; *Grohmann* S. 174 f.).

Durch den Rechtsausschuss (so. Rdnr. 6) war das **Einwilligungserfordernis** auf Fälle **nach** 26
dem Tod des Urhebers erweitert worden, soweit es sich bei dem Rechtsnachfolger des Urhebers um einen Angehörigen des Urhebers, also um Ehegatten oder Lebenspartner, Kinder sowie subsidiär auch Eltern (§ 60 Abs. 2), oder um einen testamentarischen Erwerber des Urheberrechts handelt. Bei gesetzlicher Erbfolge außerhalb des Kreises der Angehörigen iSd. § 60 Abs. 2 entfällt das Einwilligungserfordernis (vgl. *Clément* S. 99). Diese eher zu kompliziert erscheinende Regelung stellt einen der wenigen Fälle der differenzierten Behandlung urheberpersönlichkeitsrechtlicher Befugnisse nach dem Tode des Urhebers dar (s. allgemein Vor §§ 12 ff. Rdnr. 29). Die Information und daraufhin ggf. folgende Einwilligung des Nutzungsrechtsinhabers (zB Verlag) genügt nicht.

IV. Rechtsfolgen der Verletzung des Änderungsverbots

Umstritten ist, welche Rechtsfolgen sich aus einem Verstoß gegen das grundsätzliche Änderungsverbot bei Schrankennutzungen ergeben. Nach einer Auffassung soll ein Verstoß gegen § 62 die Verwendung eines Werkes im Rahmen der Urheberrechtsschranken (§§ 44 a ff.), soweit deren Voraussetzungen im Übrigen eingehalten sind, insgesamt noch nicht unzulässig machen (so für den Fall des Zitatrechts OLG Hamburg GRUR 1970, 38/39 – Heintje; *v. Gamm* Rdnr. 10; *Dreyer* in HK-UrhR[2] § 62 UrhG Rdnr. 23). Gegen die unbefugten Änderungen könne dann selbständig gem. §§ 97 ff. vorgegangen werden (so OLG Hamburg aaO; *Schack*[4] Rdnr. 361; Vorauf./*Dietz*, § 62 Rdnr. 27). Systematik und Zweck des § 62 als urheberpersönlichkeitsrechtliche Schranken-Schranke sprechen hingegen dafür, bei unzulässigen Änderungen **insgesamt keine gesetzlich zulässige Nutzung**, sondern einen Verstoß gegen Verwertungsrechte und ggf. das Integritätsrecht des § 14 anzunehmen (ebenso LG Mannheim GRUR 1997, 364/366 – Freiburger Holbein-Pferd; *Möhring/Nicolini/Gass*[2] Rdnr. 36; vgl. auch *Dreier/Schulze/Schulze*[3] Rdnr. 24). Ergibt die erforderliche Interessenabwägung, dass die Änderungen auch unter Berücksichtigung des Zwecks der Nutzung und der einschlägigen gesetzlichen Privilegierung den Rahmen des Zulässigen überschreiten, liegt eben eine **Urheberrechtsverletzung** vor, die gem. der §§ 97 ff. zu sanktionieren ist. Demgemäß kann bei fehlender Möglichkeit der Beseitigung der unzulässigen Änderung die Durchsetzung des Änderungsverbots uU zur Einstellung der gesamten Werknutzung führen. Soweit schonendere Korrekturen zum selben Ziel führen, sollten die Sanktionen jedoch darauf beschränkt werden.

§ 63 Quellenangabe

(1) [1]**Wenn ein Werk oder ein Teil eines Werkes in den Fällen des § 45 Abs. 1, der §§ 45a bis 48, 50, 51, 53 Abs. 2 Satz 1 Nr. 1 und Abs. 3 Nr. 1 sowie der §§ 58 und 59 vervielfältigt wird, ist stets die Quelle deutlich anzugeben.** [2]**Bei der Vervielfältigung ganzer Sprachwerke oder ganzer Werke der Musik ist neben dem Urheber auch der Verlag anzugeben, in dem das Werk erschienen ist, und außerdem kenntlich zu machen, ob an dem Werk Kürzungen oder andere Änderungen vorgenommen worden sind.** [3]**Die Verpflichtung zur Quellenangabe entfällt, wenn die Quelle weder auf dem benutzten Werkstück oder bei der benutzten Werkwiedergabe genannt noch dem zur Vervielfältigung Befugten anderweit bekannt ist.**

§ 63

(2) ¹Soweit nach den Bestimmungen dieses Abschnitts die öffentliche Wiedergabe eines Werkes zulässig ist, ist die Quelle deutlich anzugeben, wenn und soweit die Verkehrssitte es erfordert. ²In den Fällen der öffentlichen Wiedergabe nach den §§ 46, 48, 51 und 52a ist die Quelle einschließlich des Namens des Urhebers stets anzugeben, es sei denn, dass dies nicht möglich ist.

(3) ¹Wird ein Artikel aus einer Zeitung oder einem anderen Informationsblatt nach § 49 Abs. 1 in einer anderen Zeitung oder in einem anderen Informationsblatt abgedruckt oder durch Funk gesendet, so ist stets außer dem Urheber, der in der benutzten Quelle bezeichnet ist, auch die Zeitung oder das Informationsblatt anzugeben, woraus der Artikel entnommen ist; ist dort eine andere Zeitung oder ein anderes Informationsblatt als Quelle angeführt, so ist diese Zeitung oder dieses Informationsblatt anzugeben. ²Wird ein Rundfunkkommentar nach § 49 Abs. 1 in einer Zeitung oder einem anderen Informationsblatt abgedruckt oder durch Funk gesendet, so ist stets außer dem Urheber auch das Sendeunternehmen anzugeben, das den Kommentar gesendet hat.

Schrifttum: (s. auch die Schrifttumsnachweise zu § 13 und vor §§ 12 ff.) *Altenburg,* Die neuere Entwicklung des Urheberpersönlichkeitsrechts in Deutschland und Frankreich, München 1994; *Bisges,* Grenzen des Zitatrechts im Internet, GRUR 2009, 730; *Brauns,* Die Entlehnungsfreiheit im Urheberrecht, UFITA-Schriftenreihe Bd. 195, 2001; *Decker,* Urheberpersönlichkeitsrecht im Internet, in: Hoeren/Sieber, Handbuch Multimedia Recht, Teil 7.6; *Dittrich,* Zur Quellenangabe bei Zitaten, Fs. für Nordemann, 2004, S. 617; *Eisenreich,* Der Schutz des Urheberpersönlichkeitsrechts in Großbritannien, Kanada und Australien, GRUR Int. 1988, 36; *v. Gamm,* Die Urheberbenennung in Rechtsprechung und Praxis, NJW 1959, 318; *Geiger,* Irrtum: Schranken des Urhberrechts sind Ausnahmebestimmungen und sind restriktiv auszulegen, Fs. für Hilty, 2008, S. 77; *Gerschel,* Faustregeln für die Nennung von Architekten, ZUM 1990, 349; *Gounalakis/Rhode,* Persönlichkeitsschutz im Internet, 2002; *Grützmacher,* Urheberrecht im Wandel – der zweite Korb, die Enforcement-Richtlinie und deren Umsetzung, ITRB 2007, 276; *Heeschen,* Urheberpersönlichkeitsrecht und Multimedia, 2003; *Hertin,* Das Musikzitat im deutschen Urheberrecht, GRUR 1989, 159; *Hess,* Urheberrechtsprobleme der Parodie, UFITA-Schriftenreihe Bd. 104, 1993; *Hock,* Das Namensnennungsrecht des Urhebers, 1993; *Kakies,* Kunstzitate in Malerei und Fotografie, 2007; *Kochendörfer,* Verletzerzuschlag auf Grundlage der Enforcement-Richtlinie?, ZUM 2009, 389; *Kreile/Wallner,* Schutz der Urheberpersönlichkeitsrechte im Multimediazeitalter, ZUM 1997, 625; *Leistner/Stang,* Die Bildersuche im Internet aus urheberrechtlicher Sicht, CR 2008, 499; *Maaßen,* Bildzitate in Gerichtsentscheidungen und juristischen Publikationen, ZUM 2003, 830; *Müller,* Das Urheberpersönlichkeitsrecht des Architekten im deutschen und österreichischen Urheberrecht, 2004; *Nordemann,* Ersatz des immateriellen Schadens bei Urheberrechtsverletzungen, GRUR 1980, 434; *Peter,* Das allgemeine Persönlichkeitsrecht und das „droit moral" des Urhebers und des Leistungsschutzberechtigten in den Beziehungen zum Film, UFITA 36 (1962) 257; *Rehbinder,* Multimedia und das Urheberpersönlichkeitsrecht, ZUM 1995, 684; *ders.,* Der Schutz der Pressearbeit im neuen Urheberrechtsgesetz, UFITA 48 (1966) 102; *Rittstieg,* Autoren -Mitautoren, NJW 1970, 648; *Rüll,* Allgemeiner und urheberrechtlicher Persönlichkeitsrechtsschutz des ausübenden Künstlers, 1998; *Schacht,* Die Einschränkungen des Urheberbenennung im Arbeitsverhältnis, 2004; *Schack,* Urheberrechtliche Schranken, übergesetzlicher Notstand und verfassungskonforme Auslegung, Fs. für Schricker, 2005, S. 511; *Schmidt,* Urheberrechtsprobleme in der Werbung, 1982, S. 160; *Schulz,* Das Zitat in Film- und Multimediawerken, ZUM 1998, 221; *Spieker,* Die fehlerhafte Urheberbenennung: Falschbenennung des Urhebers als besonders schwerer Fall, GRUR 2006, 118; *Stieper,* Die Parodie im Urheberrecht, WRP 2009, 20; *Stuhlert,* Die Behandlung der Parodie im Urheberrecht, 2002; *Tölke,* Das Urheberpersönlichkeitsrecht an Werken der bildenden Künste, München 1967; *Walchshöfer,* Der persönlichkeitsrechtliche Schutz der Architektenleistung, Fs. für Hubmann, 1985, S. 469; *v. Weiser,* Die Wahrnehmung urheberpersönlichkeitsrechtlicher Befugnisse durch Dritte, 2000.

Übersicht

	Rdnr.
I. Allgemeines	1–5a
1. Bedeutung der Verpflichtung zur Quellenangabe im Rahmen der Schranken des Urheberrechts	1–3
2. Internationales Urheberrecht	4–4a
3. Entstehungsgeschichte	5–5a
II. Aufbau und Anwendungsbereich	6–12
1. Aufbau	6–8
2. Der Anwendungsbereich im Einzelnen	9–12
III. Einzelfragen	13–22
1. Begriff der Quelle	13–15
2. Deutlichkeit der Quellenangabe (Abs. 1 S. 1 und Abs. 2 S. 1)	15a
3. Kenntlichmachung von Kürzungen und Änderungen (Abs. 1 S. 3)	16
4. Wegfall der Pflicht zur Quellenangabe	17–19
a) In den Fällen zulässiger Vervielfältigung	17
b) In den Fällen zulässiger öffentlicher Wiedergabe	18, 19
5. Rechtsfolgen der Verletzung des Gebots zur Quellenangabe	20–22

Quellenangabe § 63

I. Allgemeines

1. Bedeutung der Verpflichtung zur Quellenangabe im Rahmen der Schranken des Urheberrechts

§ 63 ist für den Bereich der Schranken des Urheberrechts (§§ 44a–60) Ausdruck des in § 13 **1**
S. 1 im Rahmen der Regelung zum UPR allgemein verankerten Schutzgedankens, dass der Urheber das **Recht auf Anerkennung seiner Urheberschaft** am Werk hat (s. allg. § 13 Rdnr. 1). Auch wenn die Schrankenvorschriften der §§ 44a ff. – teils iVm. einem Vergütungsanspruch, meist jedoch ohne einen solchen – bestimmte Nutzungshandlungen an geschützten Werken von der Zustimmung des Urhebers freistellen, soll doch – parallel zum Änderungsverbot nach § 62 (s. dort) – wenigstens dem Interesse des Urhebers an der Namensnennung Schutz gewährt werden (*Ulmer*[3] § 62 IV). § 63 ist im Hinblick auf die allgemeine Geltung des Schutzprinzips nach § 13 demgemäß auch als Klarstellung zu verstehen (ähnlich *v. Gamm* Rdnr. 1; *Schack* UrhR[5] Rdnr. 370, 552: Ergänzung des § 13; weiterführend *Möhring/Nicolini/Gass*[2] Rdnr. 2 und *Wandtke/Bullinger*[3] Rdnr. 1, 28). Da § 63 UrhG demnach dem Schutz des Urhebers dient (von *Müller* S. 123 daher auch als „Schranken-Schranke" bezeichnet), ist er trotz seiner systematischen Stellung im Abschnitt Schranken nicht wie diese grundsätzlich eng auszulegen (kritisch dazu *Schack*, Fs. für Schricker, 2004, S. 511/514ff.; *Geiger*, Fs. für Hilty, 2008, S. 77ff.). Einen nicht unwesentlichen Teil seines Regelungsgehaltes findet § 63 im Umkehrschluss iS einer **Einschränkung des allgemeinen Prinzips** auch bei der Ausgrenzung und Abgrenzung jener Bereiche, die von der Pflicht zur Quellenangabe nicht oder nur nach dem Maßstab der Verkehrssitte erfasst werden. Dabei handelt es sich zum einen um die in Abs. 1 nicht genannten Fälle der Vervielfältigung und zum anderen gemäß Abs. 2 um die allgemeine Begrenzung nach dem Maßstab der Verkehrssitte bei Fällen der öffentlichen Wiedergabe, so weit nicht seit dem ÄndG vom 10. 9. 2003 kraft Umsetzung der Richtlinie über Urheberrecht in der Informationsgesellschaft (su. Rdnr. 4a) in dem neuen Abs. 2 nunmehr auch einige bedeutsame Fälle der Verpflichtung zur Quellenangabe im Bereich der öffentlichen Wiedergabe ausdrücklich genannt werden (su. Rdnr. 5a). Durch letztere Änderung ist der Bereich der zulässigen Nutzung ohne Quellenangabe noch einmal weiter eingeengt worden.

Wie allgemein im Bereich des UPR (so. Vor §§ 12ff. Rdnr. 11ff.) führt die **Verklamme-** **2**
rung persönlich-geistiger und materieller Interessen des Urhebers auch hier dazu, dass ein Verstoß gegen die Verpflichtung zur Quellenangabe im Hinblick auf deren Werbe- und „Propaganda"-Funktion (so *Möhring/Nicolini/Gass*[2] Rdnr. 1; s. auch *Wandtke/Bullinger*[3] Rdnr. 1; *Dreier/Schulze*[3] Rdnr. 1) in der Regel auch wirtschaftlich negative Folgen für den Urheber hat, die die Verpflichtung zum Schadenersatz auslösen können (so grundsätzlich OLG Hamburg GRUR 1970, 38/40 – Heintje; deutlicher LG München I Schulze LGZ 182, 7 sowie – nach früherem Recht – LG München I UFITA 52 (1969) 247/251 – Wenn die Elisabeth ...; su. Rdnr. 21). Da der Urheber auch auf sein Recht zur Urheberbenennung verzichten kann, ist auch ein Verzicht auf die Quellenangabe möglich (OLG Hamm, OLGR Hamm 2008, 400 = GRUR-RR 2008, 154/155 – Copyrightvermerk; darauf beruht auch die Praxis, dass beim Verbreiten von Bildern über Bild- oder Presseagenturen nur diese, nicht aber der Fotograph genannt wird, dazu auch *v. Gamm* NJW 1959, 318/319). Zwar hat die Öffentlichkeit ein Interesse, ein Zitat zu überprüfen, was nur mit der Quellenangabe möglich ist; doch ist § 63 nur im Lichte der Zitatschranke und des Eingriffs in das Urheberrecht zu sehen.

Eine über den Urheberrechtsschutz ieS hinausführende Besonderheit der Regelung (ähnlich **3**
Möhring/Nicolini/Gass[2] Rdnr. 1 und 18) liegt in der Berücksichtigung des **Nennungsinteresses von Verlagen,** Zeitungen oder anderen Informationsblättern sowie Rundfunkanstalten nach der näheren Regelung in Abs. 1 S. 3 sowie Abs. 3 (ähnlich auch *Brauns* S. 202: Berücksichtigung etwaiger Leistungsschutzrechte der Verleger). Wegen der Subsidiarität der Nennung des Herausgebers oder des Verlegers nach § 10 Abs. 2 kann der Verleger bei fehlender Urheberbezeichnung iS von § 10 Abs. 1 schon allgemein im Rahmen der Quellenangabe zu nennen sein (su. Rdnr. 13). Die Berücksichtigung des **Nennungsinteresses von Primärverwertern** im Rahmen von § 63 könnte – ähnlich wie der Entstellungsschutz für Filmhersteller gemäß § 94 Abs. 1 S. 2 – de lege ferenda den Ausgangspunkt einer im Umfeld der digitalen Werkverwertung sich möglicherweise als notwendig erweisenden allgemeinen Berücksichtigung von **„Authentizitäts- und Nennungsinteressen" von Herstellern** aller Art bilden (s. die Nachweise oben § 14 Rdnr. 5 aE). Ein weiterer Ansatzpunkt in dieser Richtung findet sich beim Schutz der zur Rechtewahrnehmung erforderlichen Informationen gemäß § 95c; nach der Definition dieses

§ 63

Begriffes in § 95 c Abs. 2 werden ua. Informationen erfasst, die den Urheber *oder jeden anderen Rechtsinhaber* identifizieren (s. auch Dreier/*Schulze*³ Rdnr. 2). Wird in einer nach § 63 UrhG erforderlichen Quellenangabe eine als Marke geschützte Bezeichnung verwendet, kann darin nicht zugleich eine Benutzung der Marke in unlauterer Weise (§ 14 Abs. 2 Nr. 3 MarkenG) oder eine sittenwidrige markenmäßige Benutzung (§ 23 MarkenG) liegen (OLG Frankfurt/M, GRUR 2008, 249/253 f. – Abstracts); § 63 UrhG stellt insoweit einen Rechtfertigungsgrund dar.

2. Internationales Urheberrecht

4   Im **Recht der RBÜ** findet sich keine der allgemeinen Regelung in § 63 entsprechende Vorschrift, obwohl der Schutzgedanke des § 13 in Art. 6bis Abs. 1 RBÜ allgemein zum Ausdruck kommt (so. § 13 Rdnr. 3). Die Pflicht zur Quellenangabe findet sich in der RBÜ (Pariser Fassung) im Rahmen der ohnehin weniger ausgebauten Regelung der Urheberrechtsschranken (*Nordemann/Vinck/Hertin* RBÜ Art. 8 Rdnr. 3 ff. und Art. 9 Rdnr. 3 ff.) jeweils bei den einzelnen Vorschriften (zB Art. 10 Abs. 3 und Art. 10bis Abs. 1 sowie Anhang Art. IV Abs. 3 oder auch in allgemeinerer Form in Art. 11bis Abs. 2 sowie in Art. 9 Abs. 2, in letzterem Fall abgeschwächt zum Gebot der Wahrung der berechtigten Interessen des Urhebers). Das **WUA** demgegenüber enthält wegen des gänzlichen Fehlens einer systematischen Regelung über das UPR (so. vor §§ 12 ff. Rdnr. 22) weder eine allgemeine Vorschrift über das Namensnennungsrecht, noch eine Entsprechung zu § 63; ein Anklang an das Gebot zur Quellenangabe (Urhebername und Werktitel) findet sich allerdings im Zusammenhang mit der Regelung der allgemeinen Zwangslizenz für Übersetzungen in Art. V Abs. 2 lit. e sowie bei der Sonderregelung der Zwangslizenzen zur Vervielfältigung und Übersetzung zugunsten der Entwicklungsländer nach Art. V^{bis} ff., konkret in Art. V^{ter} Abs. 9 iVm. Art. V Abs. 2 lit. e sowie Art. V^{quater} Abs. 1 lit. f WUA.

4a   In den **EU-Harmonisierungsrichtlinien** erscheint das Gebot zur Quellenangabe zum ersten Mal in Art. 6 Abs. 2 lit. b (und bezüglich des „sui generis"-Rechts des Datenbankherstellers in Art. 9 lit. b) der Datenbankrichtlinie (Richtlinie 96/9 vom 11. 3. 1996); diese Vorschrift hat ihre Umsetzung durch Einfügung des neuen Abs. 1 S. 2 (sowie bezüglich des Schutzrechts des Datenbankherstellers durch die Regelung in § 87 c Abs. 2 iVm. Abs. 1 Nrn. 2 und 3) erfahren (su. Rdnr. 5). Eine umfassendere Regelung des Gebots zur Quellenangabe erfolgte sodann im Zusammenhang mit der **Harmonisierung der Urheberrechtsschranken** in Art. 5 der **Richtlinie über Urheberrecht in der Informationsgesellschaft** (Richtlinie 2001/29/EG vom 22. 5. 2001, im Folgenden kurz Info-Soc-RL). In einer Reihe der dort in Art. 5 Abs. 3 vorgesehenen (fakultativen) Urheberrechtsschranken ist – unter teilweise unterschiedlichen Voraussetzungen und nicht immer identischen Formulierungen – die **Verpflichtung zur Angabe der „Quelle**, einschließlich des Namens des Urhebers" verankert worden, und zwar „außer in Fällen, in denen sich dies als unmöglich erweist" (vgl. Art. 5 Abs. 3 lit. a – Nutzung zur Veranschaulichung des Unterrichts und für Forschungszwecke; lit. c – Nutzung von Artikeln zu Tagesfragen durch andere Medien sowie Berichterstattung über Tagesereignisse; lit. d – Zitate; sowie lit. f – Nutzung von politischen Reden und öffentlichen Vorträgen). Dies ist bemerkenswert, weil der EU-Richtliniengesetzgeber (s. Erwägungsgrund 19 der Richtlinie) an sich nicht beabsichtigt hatte, Fragen des UPR in die Regelung einzubeziehen (s. bereits oben § 62 Rdnr. 4 a). Bei der Umsetzung der Richtlinie durch ÄndG vom 10. 9. 2003 hat dies zu einer geringfügigen Anpassung des § 63 Abs. 1 S. 1 sowie zur Einfügung des § 63 Abs. 2 S. 2 geführt (su. Rdnr. 5). Beides bedeutete eine Erweiterung der Zahl der in § 63 genannten Fälle von Urheberrechtsschranken, in denen die Quellenangabe ausdrücklich gefordert wird, und zwar insb. im Bereich der öffentlichen Wiedergabe (su. Rdnr. 5 a). Die Regelung in § 63 greift aber über diese Vorgaben der EU-Richtlinie hinaus, weil sie – wie bisher schon – eine Reihe weiterer Schrankenvorschriften mit der Verpflichtung zur Quellenangabe belegt, als solche, von denen dies in der Richtlinie nicht gefordert wird. Letzteres trifft beispielsweise zu für § 45 Abs. 1 (Vervielfältigung zur Verwendung in gerichtlichen oder behördlichen Verfahren; vgl. demgegenüber Art. 5 Abs. 3 lit. e Info-Soc-RL), § 45 a (Schranke zugunsten behinderter Menschen; vgl. Art. 5 Abs. 3 lit. b Info-Soc-RL), § 47 (Aufzeichnung von Schulfunksendungen; vgl. Art. Art. 5 Abs. 2 lit. c Info-Soc-RL), § 58 (Werbung für ausgestellte Werke; vgl. Art. 5 Abs. 3 lit. j Info-Soc-RL) und § 59 (Werke an öffentlichen Plätzen; vgl. Art. 5 Abs. 3 lit. h Info-Soc-RL). Diese aus der Sicht der Richtlinie „überschießende" Regelung bedeutet nicht etwa deren unkorrekte Umsetzung, gerade weil nach Erwägungsgrund 19 RL (so. § 62 Rdnr. 4 a) die Regelung über Urheberpersönlichkeitsrechte unter gleichzeitigem Hinweis auf den Einklang mit den Rechts-

Quellenangabe **§ 63**

vorschriften der Mitgliedstaaten außerhalb des Anwendungsbereichs der Richtlinie bleiben sollte. Die umfassende Weiteranwendung des – im Zuge der Umsetzung der Richtlinie – modifizierten § 63 (wie schon des § 62, so. § 62 Rdnr. 4 a) ist daher richtlinienkonform.

3. Entstehungsgeschichte

Wegen seiner systembedingt zahlreichen Verweisungen auf einzelne Vorschriften über Urheberrechtsschranken erfuhren § 63 und seine Vorläuferbestimmungen schon im ursprünglichen Gesetzgebungsverfahren (§ 57 und § 60 RefE; § 60 und § 63 MinE; § 63 und § 66 RegE) bis zuletzt den Beschlüsse des Rechtsausschusses zahlreiche explizite oder implizite Änderungen, teils grundlegender, teils geringfügiger Natur (vgl. die ausführliche Darstellung bei Möhring/Nicolini[1] Anm. 1 a). In der **Tendenz der Entwicklung** ist jedoch von Stufe zu Stufe eine zugunsten des Urhebers schärfere und präzisere Fassung der Verpflichtung zur Quellenangabe im Rahmen der Urheberrechtsschranken festzustellen; dies gilt auch im Verhältnis zum früheren Recht (dazu Möhring/Nicolini[1] Anm. 1 a), wiewohl die Strafbewehrung im neuen Recht weggefallen ist (v. Gamm Rdnr. 1 sowie unten Rdnr. 20). Als Folge der Umsetzung der Datenbankrichtlinie vom 11. 3. 1996 durch Art. 7 des Informations- und Kommunikationsdienstegesetzes (IuKDG) vom 22. 7. 1997 wurde in Abs. 1 der neue Satz 2 eingefügt; die bisherigen Sätze 2 und 3 wurden Sätze 3 und 4.

5

Schließlich wurde § 63 im Jahr 2003 im Zuge der **Umsetzung der Richtlinie über Urheberrecht in der Informationsgesellschaft** („erster Korb"), – hier vor allem Art. 5 Abs. 3 a, d, f – entsprechend angepasst (s. bereits oben Rdnr. 4 a sowie oben § 62 Rdnr. 4 a; sa. Dreier/Schulze[3] Rdnr. 4); die Umsetzung der Richtlinie betraf nämlich zahlreiche Vorschriften im sechsten Abschnitt des Gesetzes über die einzelnen Schranken des Urheberrechts (nunmehr §§ 44 a–60) und führte zusätzliche Schrankenvorschriften ein (so. vor §§ 44 a ff. Rdnr. 13). Die **Anpassung des § 63** geschah durch rein äußerlich relativ geringfügige Änderungen bei der Aufzählung der einschlägigen Schrankenvorschriften in Abs. 1 S. 1 (nunmehr §§ 45 Abs. 1, 45 a bis 48, 50, 51, 58 und 59) sowie durch Hinzufügung von Abs. 2 S. 2, der für bestimmte Fälle im Bereich der öffentlichen Wiedergabe (§§ 46, 48, 51, 52 a) nun ebenfalls die Quellenangabe positiv vorschreibt und insofern für diesen Bereich eine Annäherung an die Regelungstechnik im Bereich der Vervielfältigung gemäß Abs. 1 S. 1 bedeutet. Die unterschiedliche Methode der bisherigen Regelung – Einzelaufzählung der Fälle gebotener Quellenangabe im Bereich der Vervielfältigung (Abs. 1 S. 1) und generelle Anknüpfung an die Verkehrssitte im Bereich der öffentlichen Wiedergabe (Abs. 2) ist damit zum bedeutenderen Teil aufgegeben worden (s. auch unten Rdnr. 7). Nachdem mit dem 1. Gesetz zur Informationsgesellschaft vom 10. 9. 2003 § 61 in den neuen § 42 a überführt wurde und aus der Aufzählung in § 63 gestrichen wurde, ohne aber § 42 a in die Aufzählung neu aufzunehmen, war umstritten, ob § 63 von den Zwangslizenznehmern bei der Werkvervielfältigung noch zu beachten war. Es handelte sich jedoch um ein „Redaktionsversehen" (Mestmäcker/Schulze/Kirchmaier (37. EL, Dez. 2004) § 42 a Rdnr. 15), das der Gesetzgeber mit dem 2. Gesetz zur Informationsgesellschaft vom 26. 10. 2007 („zweiter Korb") in der Gesetzesbegründung korrigiert hat (BT-Drucks. 16/1828 S. 25) und zusätzlich ausdrücklich in § 42 a Abs. 1 S. 2 die entsprechende Anwendung von § 63 angeordnet hat. Der bisherige Abs. 1 S. 2 – die Quellenangabe bei Datenbankwerken bei wissenschaftlichen Gebrauch und Unterrichtsgebrauch – wurde gestrichen. Denn die Pflicht zur Quellenangabe wurde in Umsetzung von Art. 5 Abs. 3 lit. a der Richtlinie zur Informationsgesellschaft auf alle Werkarten ausgedehnt, die der Veranschaulichung im Unterricht oder für Zwecke der Forschung vervielfältigt werden dürfen, so dass die spezielle Ausnahme in Abs. 1 S. 2 gestrichen werden konnte zugunsten einer allgemeinen Pflicht zur Quellenangabe beim wissenschaftlichen Gebrauch von Werken und zur Veranschaulichung im Unterricht in Abs. 1 S. 1 (BT-Drucks. 16/1828 S. 31).

5a

II. Aufbau und Anwendungsbereich

1. Aufbau

Die §§ 44 a–60 regeln in unterschiedlicher Weise und voneinander abgegrenzt die Fälle der ohne Zustimmung des Urhebers **zulässigen Handlungen der Vervielfältigung, Verbreitung und öffentlichen Wiedergabe** geschützter Werke. Demgegenüber regelt § 63 in zusammenfassender Weise, in welchen dieser Fälle und unter welchen Voraussetzungen eine Quellenangabe zu erfolgen hat. Die vorgeschriebenen Fälle der Verpflichtung zur Quellenangabe werden dabei positiv bestimmt (so. Rdnr. 1 und 5 a), so dass die nicht genannten Fälle diejenigen sind, bei

6

Dietz/Spindler 1235

denen eine derartige Quellenangabe nicht erforderlich ist (Dreier/*Schulze*³ Rdnr. 3). Erfasst werden von der Regelung ausdrücklich nur Fälle der Vervielfältigung und der öffentlichen Wiedergabe; dennoch bleiben gemäß §§ 44a ff. zulässige **Verbreitungshandlungen** von der Pflicht zur Quellenangabe nur scheinbar generell ausgeklammert. Abgesehen von den Fällen, in denen das Gebot zur Quellenangabe schon für die Vervielfältigung entfällt (su. Rdnr. 10), geht nämlich der Verbreitungshandlung in aller Regel eine dem Gebot zur Quellenangabe unterliegende Vervielfältigung voraus. Die zulässigerweise verbreiteten Vervielfältigungsexemplare müssten demgemäß in den betreffenden Fällen die Quellenangabe aufweisen; sinngemäß stellt deshalb die nachträgliche Beseitigung der im Rahmen der Vervielfältigung ursprünglich angebrachten Quellenangabe auf Vervielfältigungsstücken und deren Verbreitung ohne Quellenangabe einen Verstoß gegen den allgemeinen Schutzgedanken des § 13 und gegen das Ziel der Regelung in § 63 dar; dies gilt naturgemäß erst recht, wenn Vervielfältigung *und* Verbreitung ohne die vorgeschriebene Quellenangabe erfolgen (ebenso Dreier/*Schulze*³ Rdnr. 9; einschränkend, insb. für den Fall der Vervielfältigung durch den Urheber selber, *Dreyer* in HK-UrhR² Rdnr. 8).

§ 63 gilt demnach für **alle Werkarten** und verwandte Schutzrechte. Aber auch für Computerprogramme kann § 63 Anwendung finden, wenn die §§ 69a ff. nicht vorgehen. Ebenso muss § 63 für den Datenbankhersteller berücksichtigt werden, was sich nach der Neufassung des § 63 Abs. 1 im zweiten Korb nicht mehr ausdrücklich aus Abs. 1 S. 2 aF (der durch die Aufnahme des auch die Benutzung von Datenbankwerken erfassenden § 53 Abs. 2 S. 1 Nr. 1, Abs. 3 Nr. 1 in die Aufzählung des § 63 Abs. 1 S. 1 entbehrlich geworden ist, vgl. BT-Drucks. 16/1828 S. 31), sondern nur noch aus § 87c Abs. 1 S. 2 ergibt (vgl. Dreier/*Schulze*³ Rdnr. 2). Allerdings greift § 87c Abs. 1 S. 2 nur im Fall der Vervielfältigung wesentlicher Teile einer Datenbank zum eigenen wissenschaftlichen Gebrauch oder zur Veranschaulichung des Unterrichts (su. Rdnr. 14a). Soweit einer Datenbank nur so wenige Werke oder Leistungen entnommen werden, dass sie innerhalb des Datenbankbestandes nur einen unwesentlichen Teil ausmachen, kommt § 63 allein zur Anwendung, und zwar zugunsten des Urhebers oder Leistungsschutzberechtigten, dessen Werk oder Leistung betroffen ist (Wandtke/Bullinger/*Thum*³ § 87c Rdnr. 38). § 63 ist über zahlreiche Verweise zur Anwendbarkeit der Schrankenregelungen des 6. Abschnitts im 1. Teil zugunsten der Inhaber von Leistungsschutzrechten anwendbar. Dazu gehören im Einzelnen: der Ausgabenverfasser gem. § 70 Abs. 1, der mit nachgelassenen Werken Befasste gem. § 71 Abs. 1 S. 3, der Lichtbildner gem. § 72 Abs. 1, der ausübende Künstler gem. § 83 iVm. §§ 77 und 78, der Veranstalter gem. § 83 iVm. § 81, der Tonträgerhersteller gem. § 85 Abs. 4, das Sendeunternehmen gem. § 87 Abs. 4, der Filmhersteller gem. § 94 Abs. 4, der Laufbildner gem. § 95 iVm. § 94 Abs. 4.

7 Bezüglich der beiden ausdrücklich erfassten Bereiche der Vervielfältigung und der öffentlichen Wiedergabe war das Gesetz zunächst methodisch unterschiedliche Wege gegangen (vgl. Wandtke/*Bullinger*³ Rdnr. 3). **Im Bereich der Vervielfältigung** wurde in Abs. 1 S. 1 im Rahmen einer Aufzählung konkret festgelegt, welche Fälle der Urheberrechtsschranken stets der Pflicht zur deutlichen Quellenangabe unterworfen sind, es sei denn, dass eine der in Abs. 1 S. 3 genannten Voraussetzungen (ungenannte und unbekannte Quelle) vorliegt (su. Rdnr. 17); dabei wäre trotz der Sonderregelung in Abs. 3 auch § 49 Abs. 1 sinnvollerweise bereits in die Aufzählung gemäß Abs. 1 S. 1 aufzunehmen gewesen (s. auch unten Rdnr. 16). **Im Bereich der öffentlichen Wiedergabe** demgegenüber wurde durch den bisherigen Abs. 2 generell für alle in den Schrankenvorschriften vorkommenden Fälle die Quellenangabe vorgeschrieben, jedoch von vornherein nur, wenn und soweit die Verkehrssitte es erfordert (wegen des Sonderfalls des § 49 Abs. 1 su. Rdnr. 18). Durch das ÄndG vom 10. 9. 2003 ist dieser methodische Unterschied für einen bedeutsamen Teil der betroffenen Schrankenvorschriften (nämlich die §§ 46, 48, 51 und 52a) im Zuge der Umsetzung der EU-Richtlinie (s. bereits oben Rdnr. 4a und 5a) durch Einfügung des Abs. 2 S. 2 aufgehoben worden, freilich unter der Voraussetzung, dass die Quellenangabe möglich ist. Die verbleibenden Fälle im Bereich der öffentlichen Wiedergabe, die gemäß Abs. 2 S. 1 nach wie vor generell anhand des Maßstabs der Verkehrssitte zu beurteilen sind (su. Rdnr. 12), dürften in der Praxis die minder bedeutenden Fälle darstellen.

8 Über diese beiden Grundsatzregelungen hinaus enthält § 63 für **einzelne Spezialfälle** zusätzliche besondere Vorschriften, wie Abs. 1 S. 2 für den Fall der zulässigen Vervielfältigung ganzer Sprach- oder Musikwerke (Erfordernis der zusätzlichen Nennung des Verlags sowie der Kenntlichmachung von Kürzungen und Änderungen) und Abs. 3 für die verschiedenen Fälle der Vervielfältigung und öffentlichen Wiedergabe nach § 49 Abs. 1 (Erfordernis der zusätzlichen Nennung der Zeitung oder des Informationsblatts bzw. des Sendeunternehmens). Wegen der Anwendung im Bereich der verwandten Schutzrechte su. Rdnr. 18.

2. Der Anwendungsbereich im Einzelnen

Im **Bereich der zulässigen Vervielfältigung** ergibt sich aus Abs. 1 S. 1 iVm. Abs. 3, dass 9 die Quellenangabe (unter den näheren Voraussetzungen nach Abs. 1 S. 2 und 3 sowie des Abs. 3) in folgenden Fällen vorgeschrieben ist: § 45 Abs. 1 (Herstellung von Vervielfältigungsstücken von Werken zur Verwendung in Verfahren vor Gerichten, Schiedsgerichten oder Behörden; vgl. *Maaßen* ZUM 2003, 830/839); § 45a (Vervielfältigung zugunsten behinderter Menschen); § 46 (Vervielfältigung von Werken oder Werkteilen zur Aufnahme in eine Sammlung für den Kirchen-, Schul- oder Unterrichtsgebrauch); § 47 Abs. 1 (Aufzeichnung von Schulfunksendungen durch Schulen sowie Einrichtungen der Lehrerbildung und -fortbildung und andere Einrichtungen); § 48 (Vervielfältigung öffentlicher Reden); § 49 Abs. 1 (Vervielfältigung von tagesaktuellen Rundfunkkommentaren und Zeitungsartikeln); § 50 (Vervielfältigung im Rahmen der Bild- und Tonberichterstattung über Tagesereignisse); § 51 (Vervielfältigung zu Zitatzwecken); § 53 Abs. 2 S. 1 Nr. 1 (Vervielfältigung von Werken zum eigenen wissenschaftlichen Gebrauch); § 53 Abs. 3 Nr. 1 (Vervielfältigung im Schulunterricht u. dgl.); § 58 (Vervielfältigung zum Zwecke der Werbung für öffentlich ausgestellte oder zur Ausstellung bestimmte Werke) und § 59 (Vervielfältigung von Werken an öffentlichen Plätzen). Über § 42a Abs. 1 S. 2 kommt § 63 außerdem entsprechend bei der Vervielfältigung im Rahmen der Zwangslizenz zur Herstellung von Tonträgern – früher § 61, jetzt § 42a – zur Anwendung, so. Rdnr. 5a; für frühere Sachverhalte ist durchgängig die Quellenangabe erforderlich (Begr. RegE BT-Drucks. 16/1828, S. 25): Bei Sachverhalten bis 12. 9. 2003 ergibt sich die Pflicht aus §§ 63 idF v. 1. 1. 1998 iVm. § 61 idF v. 9. 9. 1965; bei Fällen zw. 13. 9. 2003 und 31. 12. 2007 in analoger Anwendung des § 63 idF v. 13. 9. 2003 auf § 42a idF v. 13. 9. 2003; bei Fällen seit dem 1. 1. 2008 aus § 63 idF 1. 1. 2008 iVm. § 42a Abs. 1 S. 2 idF v. 1. 1. 2008. Daneben ist die Quellenangabe gemäß der Sondervorschrift über das Gebot zur Quellenangabe bei der Benutzung ansonsten urheberrechtlich schutzloser anderer amtlicher Werke iS von § 5 Abs. 2 erforderlich, wobei es freilich um die Interessen des Amtsträgers geht (vgl. Mestmäcker/Schulze/*Obergfell* (38. EL, April 2005) § 5 Rdnr. 45, sowie *Schacht* S. 42; ebenso OLG Düsseldorf ZUM-RD 2007, 521/522; wegen der parallelen Problematik im Rahmen des § 62 so. § 62 Rdnr. 3).

Dabei kommt es für die Vervielfältigung nur darauf an, ob die jeweilige Vervielfältigungshandlung privilegiert ist, gleich ob sie das ganze Werk oder nur einen Werkteil betrifft. Bei einer unzulässigen Handlung hilft auch eine Quellenangabe darüber nicht hinweg; vielmehr liegt zusätzlich bei fehlender Quellenangabe eine weitere Verletzung gegen § 13 vor (Dreier/*Schulze*[3] Rdnr. 10). Umgekehrt folgt daraus, dass keine Quellenangabe erforderlich ist, wenn das Werk schutzlos ist bzw. frei benutzt werden kann (Dreier/*Schulze*[3] Rdnr. 10). Allerdings darf damit nicht der Fall von Werken verwechselt werden, die unter einer besonderen Lizenz wie im Fall von **Creative Commons**, Open Access-Werken etc. stehen, die fast immer die Pflicht zur Nennung des Urhebers vorsehen.

Nicht erfasst werden demgemäß im **Bereich der zulässigen Vervielfältigung** folgende 10 Fälle (vgl. auch die Aufzählung bei Dreier/*Schulze*[3] Rdnr. 6; Möhring/Nicolini/*Gass*[2] Rdnr. 23; Wandtke/*Bullinger*[3] Rdnr. 7): § 44a (vorübergehende Vervielfältigungshandlungen); § 45 Abs. 2 (Vervielfältigung von Bildnissen für Zwecke der Rechtspflege und der öffentlichen Sicherheit durch Gerichte und Behörden; vgl. dazu *Maaßen* ZUM 2003, 830/839); § 49 Abs. 2 (Vervielfältigung vermischter Nachrichten; s. dazu unten Rdnr. 12); §§ 53ff. (Vervielfältigung zum privaten und sonstigen eigenen Gebrauch), jedoch mit Ausnahme der im Zuge des zweiten Korbes mit Wirkung vom 1. 1. 2008 aufgrund der Vorschriften des Art. 5 Abs. 3 lit. a Info-Soc-RL 2001/29/EG in § 63 Abs. 1 S. 1 neu eingefügten Fälle der zulässigen privaten Vervielfältigung zur Veranschaulichung im Unterricht oder für das eigene wissenschaftliche Forschung gemäß § 53 Abs. 2 S. 1 Nr. 1 und Abs. 3 Nr. 1 (so. Rdnr. 5a, 9); § 55 (so genannte ephemere Aufzeichnungen durch Sendeunternehmen); § 55a (bestimmungsgemäße Nutzung eines Datenbankwerkes); § 56 (Vervielfältigung durch Geschäftsbetriebe zum Zwecke der Kundenvorführung und Gerätereparatur); § 57 (Vervielfältigung von Werken als unwesentliches Beiwerk); § 60 (Vervielfältigung von Bildnissen durch den Besteller oder den Abgebildeten).

Im **Bereich der öffentlichen Wiedergabe** ist die Quellenangabe nach der Neuregelung 11 durch das ÄndG vom 10. 9. 2003 (so. Rdnr. 4a, 5a und 7) gemäß Abs. 2 S. 2 – unter der Voraussetzung, dass sie möglich ist – in folgenden Fällen positiv vorgeschrieben: § 46 (öffentliche Zugänglichmachung von Sammlungen für den Kirchen-, Schul- oder Unterrichtsgebrauch); § 48 (öffentliche Wiedergabe öffentlicher Reden); § 51 (öffentliche Wiedergabe zu Zitatzwecken, zB auch in Internetzeitschriften, *Grützmacher* ITRB 2007, 276/277) und § 52a (öffent-

§ 63

liche Wiedergabe für Unterricht und Forschung). Hierher zu rechnen ist auch der in Abs. 3 gesondert geregelte Fall des § 49 Abs. 1, soweit es sich dabei um die öffentliche Wiedergabe von tagesaktuellen Zeitungsartikeln oder Rundfunkkommentaren durch Funksendung handelt. Denn auch hier ist nach Maßgabe der näheren Regelung in Abs. 3 die Quelle „stets" anzugeben. Es handelt sich also um einen qualifizierten Fall des positiven Gebots zur Quellenangabe, der eigentlich in Abs. 2 S. 2 bereits hätte erwähnt werden müssen (Dreier/*Schulze*[3] Rdnr. 5; wegen der vergleichbaren Problematik im Bereich der Vervielfältigung so. Rdnr. 7). Bei den **übrigen Fällen zulässiger öffentlicher Wiedergaben,** die gemäß Abs. 2 S. 1 nur nach Maßgabe einer bestehenden Verkehrssitte dem Gebot zur Quellenangabe unterworfen sind, handelt es sich um folgende Bestimmungen: § 45 Abs. 3 iVm. Abs. 1 und 2 (öffentliche Wiedergabe in Verfahren vor Gerichten, Schiedsgerichten oder Behörden bzw. von Bildnissen zu Zwecken der Rechtspflege und der öffentlichen Sicherheit); § 47 Abs. 2 (Verwendung der aufgezeichneten Bild- oder Tonträger im Unterricht, soweit darin ausnahmsweise überhaupt eine öffentliche Wiedergabe zu erblicken ist); § 49 Abs. 2 (öffentliche Wiedergabe vermischter Nachrichten; s. dazu unten Rdnr. 12); § 50 (öffentliche Wiedergabe im Rahmen der Berichterstattung über Tagesereignisse); § 52 Abs. 1 (öffentliche Wiedergabe bei bestimmten Veranstaltungen); § 52 Abs. 2 (öffentliche Wiedergabe bei Gottesdiensten und kirchlichen Feiern); § 56 (öffentliche Wiedergabe in Geschäftsbetrieben zum Zwecke der Kundenvorführung oder Geräteinstandsetzung); § 57 (öffentliche Wiedergabe von Werken als unwesentliches Beiwerk); § 58 (öffentliche Zugänglichmachung zum Zwecke der Werbung für ausgestellte oder zur Ausstellung bestimmte Werke); § 59 (öffentliche Wiedergabe von Werken an öffentlichen Plätzen) sowie ergänzend dazu § 5 Abs. 2 (öffentliche Wiedergabe an sich nicht geschützter anderer amtlicher Werke).

12 Unter **Verkehrssitte** ist mit Fromm/Nordemann/*Dustmann*[10] Rdnr. 13 eine allgemeine Übung unter loyalen, den Belangen des Urhebers mit Verständnis gegenübertretenden, billig und gerecht denkenden Benutzern zu verstehen (ähnlich Möhring/Nicolini/*Gass*[2] Rdnr. 25; Wandtke/*Bullinger*[3] Rdnr. 26). In einer Reihe von Fällen zulässiger öffentlicher Wiedergaben wird eine entsprechende **Verkehrssitte** schon aus technischen Gründen kaum je entstehen, dies gilt insb. für § 45 Abs. 3, § 47 Abs. 2 (hier dürfte es in der Regel bereits am Merkmal der öffentlichen Wiedergabe fehlen) sowie für § 56 und § 57. Im Fall des § 49 Abs. 2 ist schon zweifelhaft, ob im Hinblick auf die in § 63 Abs. 3 enthaltene Sonderregelung für § 49 Abs. 1 das Gebot zur Quellenangabe nach § 63 Abs. 2 S. 1 überhaupt eingreifen sollte; in den meisten Fällen wird es sich bei den hier betroffenen vermischten Nachrichten und Tagesneuigkeiten ohnehin nicht um geschützte Werke handeln (so. § 49 Rdnr. 29). In der Praxis ist deshalb für den von Abs. 2 S. 2 nicht erfassten **Residualbereich der öffentlichen Wiedergabe nach Abs. 2 S. 1** trotz des auch insoweit grundsätzlich verankerten Gebots zur Quellenangabe davon auszugehen, dass diese eher die Ausnahme denn die Regel darstellen wird. Dies zeigen auch die zu § 63 bekannt gewordenen Entscheidungen (s. unten Rdnr. 17 ff.) wie etwa eine (LG München I AfP 1984, 166) die öffentliche Wiedergabe in Form einer als Zitat zulässigen Einblendung einer Fotografie in eine Fernsehsendung betraf; dabei wurde die Verpflichtung zur Quellenangabe in der Tat auch hier wegen fehlender Verkehrsüblichkeit verneint.

III. Einzelfragen

1. Begriff der Quelle

13 Hinsichtlich der Frage, welche Angaben zu einer Quellenangabe gehören (zu unterscheiden von der Frage, wie diese erfolgen muss, s. dazu Rdnr. 15 a), ergibt sich trotz gewisser Unschärfen der Formulierung (so auch OLG Hamburg GRUR 1974, 165/167 – Gartentor) insb. im Hinblick auf die ergänzenden Bestimmungen in Abs. 1 S. 2 („neben dem Urheber"), Abs. 2 S. 2 („die Quelle, einschließlich des Namens des Urhebers") sowie in Abs. 3 S. 1 und 2 („außer dem Urheber"), dass der Begriff der Quelle nach Abs. 1 S. 1 und 2 und Abs. 2 jedenfalls die **Bezeichnung des Urhebers** iS von § 10 Abs. 1 erfasst (ebenso OLG Hamburg GRUR 1974, 165/167; Dreier/*Schulze*[3] Rdnr. 11; Möhring/Nicolini/*Gass*[2] Rdnr. 10; zum Fall der fehlenden Urheberangabe in der Quelle OLG Düsseldorf GRUR 1991, 908/910; *Dreyer* in HK-UrhR[2] Rdnr. 14); hilfsweise (zB bei gem. § 13 Abs. 2 anonym veröffentlichten Werken oder bei Werken, die in mehreren Ausgaben erhältlich sind) erfasst er schon ohne Eingreifen der Sondervorschrift nach Abs. 1 S. 2 auch die Bezeichnung des Herausgebers oder Verlegers gemäß § 10 Abs. 2 (so auch *v. Gamm* Rdnr. 7; Dreier/*Schulze*[3] Rdnr. 12). Nach AG Baden-Baden Schulze AGZ 28 umfasst die Verpflichtung zur Quellenangabe den Namen des Autors und die Fundstel-

le, nicht jedoch den Vornamen, der irrelevant sei, auch wenn er falsch angegeben wird (mit Recht kritisch dazu die Anmerkung von *Ladeur* Schulze AGZ 28: Angabe des Vornamens nicht erforderlich, falscher Vorname jedoch eine Verletzung der Pflicht aus § 63 Abs. 1 S. 1; etwas enger *Dittrich*, Fs. für Nordemann, 2004, S. 617/622; Vorname oder Anfangsbuchstabe in Zweifelsfällen bei Verwechslungsgefahr; noch enger mit Verweis auf das Urhebernennungsrecht Dreier/*Schulze*[3] Rdnr. 11: Vorname erforderlich). Der Vorname allein genügt grundsätzlich nicht (Wandtke/*Bullinger*[3] Rdnr. 12; zum Parallelproblem bei § 13 *Spieker* GRUR 2006, 118). Es genügt aber, wenn anstatt des vollständigen bürgerlichen Namens ein vom Urheber in der Quelle als Pseudonym oder Künstlername verwendeter Name (auch wenn es nur ein Vorname oder eine Fantasiebezeichnung ist) im Nachweis angegebenen wird, unter der Voraussetzung, dass der Urheber unter diesem Namen bekannt ist und das Publikum daher das Werk auch mit dieser Namensangabe auffinden kann – insofern ist eine einheitliche Betrachtung mit § 13 geboten (so auch Wandtke/*Bullinger*[3] Rdnr. 19), der die Nennung von Pseudonym bzw. Künstlername genügen lässt (Wandtke/*Bullinger*[3] § 13 Rdnr. 13). Selbst dann, wenn der Nutzer den Klarnamen kennt, ist die Quelle anonym bzw. mit Pseudonym zu nennen, *Hock* S. 168. Bei der Frage nach der **Bekanntheit** ist vorsichtig auf die zu § 10 Abs. 1 S. 2 entwickelten Definitionen zurückzugreifen. Diese Frage ist von dem Problemkreis zu trennen, ob die Bekanntheit eines Urhebers schon genügt, damit das Publikum ohne sonstige Angaben diesen als Quellgeber erkennt, dazu unten Rdnr. 17.

Der Begriff der Quelle erfasst des Weiteren im Falle des **Abs. 1 S. 2** (Vervielfältigung ganzer Sprach- oder Musikwerke) neben der Urheberbezeichnung die **Angabe des Verlags**, in dem das Werk erschienen ist, im Falle des Abs. 3 S. 1 neben der Urheberbezeichnung die Angabe der Zeitung oder des Informationsblattes, woraus der betreffende Artikel entnommen ist, und schließlich im Falle des Abs. 3 S. 2 neben der Urheberbezeichnung die Angabe des Sendeunternehmens, das den Kommentar gesendet hat. Die Angabe des Verlages wird bei einer **vollständigen Vervielfältigung auch von anderen Werkarten** analog zu Abs. 1 S. 2 erforderlich sein, etwa bei Fotografien (zutr. Dreier/*Schulze*[3] Rdnr. 15), so dass etwa bei Bildwiedergaben ein Archiv oder eine Bildagentur zu nennen sind. Offengelassen hat das OLG Köln ZUM 2005, 233/235, ob im Falle der Übernahme einzelner Lichtbilder iSv. § 72 aus Fernsehsendungen in einen elektronischen Fernsehprogrammführer im Rahmen der gemäß § 50 erlaubten Berichterstattung über Fernsehsendungen als Tagesereignisse die von § 63 geforderte Quellenangabe nicht schon darin liegt, dass der Programmführer das Programm eines bestimmten Senders vorstellt, was jedoch zu verneinen ist, s. zu diesem Urteil auch unten Rdnr. 15 a.

Darüber hinaus umfasst der Begriff der Quelle nach dem natürlichen Sprachgebrauch jedoch **14** in **allen Fällen** auch den **Titel** des Werkes oder eine andere dieses identifizierende Bezeichnung, wenn diese iSd. Regelung in Abs. 1 S. 3 auf dem benutzten Werkstück oder bei der benutzten Werkwiedergabe genannt oder anderweitig bekannt ist. Auch die **Angabe des Publikationsorgans** (Zeitschrift, Zeitung oder sonstiges Sammelwerk) wird davon erfasst (ähnlich Möhring/Nicolini/*Gass*[2] Rdnr. 11 und Fromm/Nordemann/*Dustmann*[10] Rdnr. 8; aA *v. Gamm* Rdnr. 7, offenbar unter Beschränkung auf die Urheberbezeichnung). Die Sonderregelung in Abs. 3 für Zeitungen und andere Informationsblätter hat demgemäß im Wesentlichen nur klarstellende Bedeutung. Keine bloße Klarstellung bedeutet dagegen die Sondervorschrift des Abs. 1 S. 2, weil die **Angabe des Verlags** im Regelfall nicht erforderlich ist (ebenso *Dreyer* in HK-UrhR[2] Rdnr. 11). Ebenso ist idR die Angabe eines Erscheinungsortes entbehrlich, es sei denn, dass durch eine solche Angabe Verwechslungen vorgebeugt werden kann. Als historisches Beispiel können hier Quellenangaben zu Werken aus den beiden in der Nachkriegszeit aus dem Verlag Philipp Reclam jun. Leipzig hervorgegangenen Verlage Philipp Reclam jun. Leipzig und Reclam Verlag GmbH Stuttgart angeführt werden, bei denen allein die Angabe von Titel und Erscheinungsjahre zB bei „Antigone" von Sophokles wegen gleicher Titel und Erscheinungsjahre die Zuordnung noch nicht eindeutig ermöglicht hätten. Die **Angabe der ISBN** oder ISSN bei Sprachwerken ist neben ausreichend kennzeichnenden Angaben wie Autor, Titel und Auflage oder Erscheinungsjahr nicht erforderlich (iE so aus österreichischer Perspektive auch *Dittrich*, Fs. für Nordemann, 2004, S. 617/623f.). Diese Nummern sollten auch nicht die Nennung von Autor und Titel bzw. Publikationsorgan ersetzen; für den Autorennamen folgt dies bereits aus § 13 UrhG. Handelt es sich bei der Zeitung bzw. dem Informationsblatt iSd. Abs. 3 S. 1 Halbs. 2 um eine Sekundärquelle, die ihrerseits auf eine Primärquelle verweist, so ist diese Primärquelle anzugeben. Mit *v. Gamm* (Rdnr. 3) ist davon auszugehen, dass dieser Grundsatz auf andere Fälle der Benutzung dokumentarischer Quellen entsprechend anzuwenden ist. Ist die

Primärquelle nicht mehr verfügbar, ist über Abs. 3 S. 1 Halbs. 2 hinausgehend auch die Sekundärquelle anzugeben.

Soll auf Werke verwiesen werden, die auf **Webseiten** veröffentlicht sind, ist in jedem Fall die URL anzugeben (Fromm/Nordemann/*Dustmann*[10] Rdnr. 8), und zwar sowohl in einem Werk, das im Internet veröffentlicht wird (zB im Rahmen der Darstellung von Thumbnails der Suchtreffer, s. dazu *Leistner/Stang* CR 2008, 499/506) als auch in Werken, die in den klassischen Medien veröffentlicht werden. Da § 63 dem Publikum ermöglichen soll, die Quelle mit dem Wiedergegebenen zu vergleichen und es die Quelle dafür auch finden können muss (Wandtke/*Bullinger*[3] Rdnr. 2), ist die Quelle so konkret wie möglich anzugeben. Allein die URL-Angabe oder Verlinkung auf die Webseite genügt nicht, da sich die URL ändern kann (*Bisges* GRUR 2009, 730/733); vielmehr ist eine vollständige Quellenangabe erforderlich (zB Titel, Autor). Eine Verlinkung auf die Quelle aufzunehmen, wenn das Werk mit der Quellenangabe selbst auch im Internet veröffentlicht werden soll, mag zwar zweckmäßig sein, ist aber für § 63 nicht zwingend erforderlich (aA Wandtke/*Bullinger*[3] Rdnr. 12). Die Adressen kann der Nutzer leicht per copy & paste in die Adresszeile des Browsers einfügen – es genügt, wenn der Nutzer die Quelle auffinden kann, es muss ihm aber nicht der bequemste Weg eröffnet werden. Die Grenze ist erst erreicht, wenn der Nutzer durch die Quellenangabe derart irregeführt wird, dass er das Werk nur mit großer Mühe oder gar überhaupt nicht auffinden kann (Wandtke/*Bullinger*[3] Rdnr. 11). Die anzugebende Webadresse muss idR direkt zu der Seite führen, auf dem die Quelle beginnt. Großzügiger sollte nur dann verfahren werden, wenn dem Publikum aufgrund anderer Umstände ein gezieltes Auffinden der Quelle möglich ist. Zu denken ist dabei zB an die Nennung online veröffentlichter Pressemitteilungen, wenn sie nummeriert und mit einem Veröffentlichungsdatum versehen sind und die Webseite hinter der angegebenen URL das Menü Pressemitteilungen enthält, das zu einer Übersicht oder einer Suchmaske führt. Auch ein Abrufdatum sollte bei Webseitenquellen mit angeführt werden – nur so kann das Publikum bei dem sich uU schnell ändernden Inhalt von Webseiten überhaupt sicher sein, die richtige Vorlage aufgefunden zu haben und auf korrekte Wiedergabe überprüfen zu können, was insb. dann gilt, wenn die Einträge auf Webseiten einen Hinweis auf das Datum der letzten Änderung tragen (aA Fromm/Nordemann/*Dustmann*[10] Rdnr. 8).

14a Bei **Datenbankwerken,** bei denen gemäß Abs. 1 S. 2 aF in Übereinstimmung mit der Vorgabe in Art. 6 Abs. 2 lit. c der Datenbankrichtlinie 96/9/EG (die gem. Erwägungsgrund 20 der Info-Soc-RL 2001/29/EG neben dieser ergänzend weitergilt) und jetzt über die werkartunabhängig gehaltene Aufzählung des § 53 Abs. 2 Nr. 1 und Abs. 3 Nr. 1 in § 63 Abs. 1 S. 1 UrhG die Quellenangabe in zwei Fällen zulässiger privater Vervielfältigung (§ 53 Abs. 2 Nr. 1 und Abs. 3 Nr. 1) ebenfalls vorgeschrieben ist, wird man angesichts der Vielgestaltigkeit möglicher Datenbankwerke iSd. Definition in § 4 Abs. 2 kaum generelle Aussagen treffen können; im Zweifel wird „Quelle" der auf der Datenbank oder im Zusammenhang mit ihr genannte Hersteller der Datenbank (vgl. § 87a Abs. 2) sein. Dies entspräche auch der Regelung in § 87c Abs. 1 S. 2, wonach analog zu § 63 Abs. 1 S. 2 bei der zu wissenschaftlichen Zwecken und im Schulunterricht nach Maßgabe des § 87c Abs. 1 Nr. 2 und 3 zulässigen Vervielfältigung einer Datenbank die Quellenangabe ebenfalls vorgeschrieben ist (s. auch Dreier/*Schulze*[3] Rdnr. 8, s. auch oben, Rdnr. 6). Daneben sollte zwecks Überprüfbarkeit und Auffindbarkeit der Quelle wie bei § 87c Abs. 1 S. 2 außerdem der Name der Datenbank sowie die Versionsnummer oder ein Erscheinungszeitpunkt genannt werden (Wandtke/Bullinger/*Thum*[3] § 87c Rdnr. 26).

15 Bei **Werken der bildenden Kunst,** die im Freien aufgestellt sind, genügt für § 63 eine Quellenangabe in Gestalt der bloßen Urheberbezeichnung, soweit diese überhaupt genannt oder bekannt ist (vgl. OLG Hamburg GRUR 1974, 165/167 – Gartentor; sa. unten Rdnr. 17). Bei Quellenangaben zu Kunstwerken, die sich in Museen oder öffentlichen Sammlungen befinden, ist dagegen auch der Aufstellungsort zu nennen (Wandtke/*Bullinger*[3] Rdnr. 14; zurückhaltend für nur vorübergehende Ausstellungsorte Fromm/Nordemann/*Dustmann*[10] Rdnr. 8). Falls Verwechslungsgefahr mit ähnlichen Werken desselben Künstlers besteht, muss auch der Entstehungszeitpunkt genannt werden (so auch Dreier/*Schulze*[3] Rdnr. 12, aber beschränkt auf Werke an öffentlichen Plätzen), wenn er denn bekannt ist. Alternativ kann hier aber auch der Hinweis auf die Werk-Nummerierung genügen wie es bspw. bei den Klimt-Portraits von Adele Bloch-Bauer gehandhabt wird. Sie sind durch ihre Bezeichnungen „Adele Bloch-Bauer I" und „Adele Bloch-Bauer II" eindeutig identifizierbar und aufzufinden; auf eine Jahreszahl kann – zumindest aus urheberrechtlicher – Sicht verzichtet werden. Hilfestellung bei **Werken der Architektur** bieten die von *Gerschel* ZUM 1990, 349 zusammengestellten Faustregeln (s. außerdem *Müller* S. 145: Name des Urhebers und Standort des Bauwerks sowie ggf. dessen Funktion oder Benennung zB „Neue Pinakothek, München"). Nach LG Berlin GRUR 2000, 797/798 – Screenshots ist bei

Quellenangabe § 63

dem Abdruck von Bildern aus einer Fernsehsendung, sog. Screenshots, in einer Tageszeitung die Quelle in der Regel in unmittelbarem Zusammenhang mit der Reproduktion, also darunter oder daneben, anzugeben (sich anschließend Dreier/*Schulze*[3] Rdnr. 24, der diesen Fall allerdings fälschlich § 63 Abs. 2 zuordnet). Im Falle einer (letztlich als Zitat aus anderen Gründen nicht zulässigen) Übernahme von Teilen eines **Laufbilds** (§ 95; hier: Ausschnitt aus einem ua. in der ARD-Tagesschau ausgestrahlten Interview) in eine andere Fernsehsendung genügt trotz des hohen Bekanntheitsgrades dieser Nachrichtensendung als Quellenhinweis die Angabe „Tagesschau, 23. 1. 2002" nicht (anders LG Stuttgart ZUM 2003, 156/157 – Spiegel TV). Es handelt sich um einen Anwendungsfall des § 63 Abs. 3 S. 2, der neben der Angabe des Sendeunternehmens auch die Angabe des Urhebers fordert (kritisch zum Urteil auch Dreier/*Schulze*[3] Rdnr. 29).

2. Deutlichkeit der Quellenangabe (Abs. 1 S. 1 und Abs. 2 S. 1)

Neben der Frage, welche Informationen eine Quellenangabe enthalten muss (so. Rdnr. 13 ff. zum Begriff der Quelle), verlangt das Gesetz auch, dass die Quelle **deutlich** angegeben werden muss. Die Quellenangabe muss derart erfolgen, dass das Publikum ihr ohne weiteres das Werk oder den Werkteil zuordnen kann (Dreier/*Schulze*[3] Rdnr. 13; Wandtke/*Bullinger*[3] Rdnr. 15), wobei das Ergebnis auch von einer Abwägung der Interessen des Urhebers der Quelle sowie desjenigen, der die Quelle angeben muss, abhängig ist (*Kakies* S. 134; *Schulze* ZUM 1998, 221/230). Wichtiger Bestandteil bei der Frage nach dem **Wie** der Quellenangabe ist der **Ort** der Quellenangabe (Dreier/*Schulze*[3] Rdnr. 14). Bei **Vervielfältigungsstücken** wird man in der Regel verlangen müssen, dass die Quellenangabe an dem Vervielfältigungsstück selbst angebracht wird (Wandtke/*Bullinger*[3] Rdnr. 15) oder unmittelbar daneben abgedruckt wird, zB bei Fotografien (Wandtke/*Bullinger*[3] Rdnr. 15) oder Grafiken. Alternativ genügt auch eine Quellenangabe am Ende des zitierenden Werkes, wenn die Quellen selbst dann durch Angabe von Seitenzahl und sonstigen Eigenschaften (wie unten/links oÄ) oder durch Abbildungsnummern eindeutig zuzuordnen sind (so auch Dreier/*Schulze*[3] Rdnr. 14). Bei der Frage, was bei Quellenangaben bei der **öffentlichen Wiedergabe** als deutliche Quellenangabe gilt, ist auf die Verkehrsauffassung abzustellen (*Kakies* S. 134). Auch bei der Nutzung urheberrechtlich geschützten Materials im Rahmen von Elektronischen Fernsehprogrammführern (EPG) ist die Quelle, zB der wiedergegebenen Lichtbilder, anzugeben. Die Berichterstattung über eine Sendung eines bestimmten Senders allein genügt als Quellenangabe nicht (offengelassen von OLG Köln ZUM 2005, 233/235 – Elektronischer Fernsehprogrammführer, in: GRUR-RR 2005, 105 sowie MMR 2005, 182 insoweit nicht abgedruckt, s. auch schon oben Rdnr. 13 aE).

Allzu großzügig entschied OLG Brandenburg NJW 1997, 1162/1163 = Schulze OLGZ 325 m. Anm. *Nordemann* – Brecht-Zitate, das es genügen lässt, wenn das Zitat durch Kursivdruck abgesetzt wird, die Herkunft in unmittelbarem Anschluss an den Text des gesamten Stücks nachgewiesen ist und der Leser aus dem Gesamtzusammenhang den zitierten Autor erschließen kann (offen gelassen von OLG München NJW 1999, 1975/1976 – Stimme Brecht; kritisch auch Dreier/*Schulze*[3] Rdnr. 13 und 17; Fromm/Nordemann/*Dustmann*[10] Rdnr. 10; für besondere Fallgestaltungen offen wohl *Dreyer* in HK-UrhR[3] Rdnr. 13; dem OLG Brandenburg zustimmend Wandtke/*Bullinger*[3] Rdnr. 15; ähnlich auch LG München I ZUM 2005, 407/411 – Karl Valentin m. Anm. *Taubner*: kein rechtswidriges Zitat im Falle ausführlicher Hinweise auf die Urheberschaft eines bekannten Autors [hier: Karl Valentin] und auf das jeweilige Entstehungsjahr trotz fehlender Quellenangabe iS der Nennung eines konkreten Veröffentlichungsmediums); zur Deutlichkeit bei Bildzitaten LG Berlin, GRUR 2000, 797/797 aE – Screenshots: Angabe unter einem Bild, wonach 5 der 7 auf einer Doppelseite in einer Boulevardzeitung abgedruckten Videoprints aus einer bestimmten Quelle stammen, genügt nicht als Beleg. Zweifelhaft ist ferner die Auffassung des OLG Hamburg ZUM-RD 2004, 75/79 – Opus Dei, wonach der erkennbare Charakter eines Zitats für die Quellenangabe genügen soll (krit. zu Recht Dreier/*Schulze*[3] Rdnr. 17 mit Hinweis auf die der Entscheidung zugrundeliegende Besonderheit, dass vornehmlich urheberrechtlich ungeschützte Erkenntnisse und Gedanken zitiert wurden; zudem bleibt in der Entscheidung des OLG nebulös, was es mit „Charakter des Zitats" meint).

Besondere Schwierigkeiten macht die **Quellenangabe auch bei Bildzitaten** in anderen Bildern, insb. wenn es sich bei dem zitierenden Werk um ein Kunstwerk handelt. Hier würde eine unmittelbar neben dem zitierten Bild im zitierenden Kunstwerk platzierte Quellenangabe den künstlerischen Gesamteindruck stören (ein Anwendungsfall ist die sog. Appropriation Art, näher dazu oben § 51 Rdnr. 53). Hier sind deshalb unter dem Gesichtspunkt der in Art. 5

Abs. 3 S. 1 Alt. 1 GG garantieren Kunstfreiheit die Anforderungen an die Deutlichkeit der Quellenangabe herabzusetzen. Es genügt, wenn die Quellenangabe sich bei der Urheberangabe zum zitierenden Werk befindet, zB auf einer Künstlertafel neben dem Kunstwerk in Ausstellungen oder in Katalogen neben der Abbildung des Kunstwerkes. Dass darin dann auch wirklich die Quellenangabe erfolgt, muss der zitierende Künstler auf schuldrechtlicher Ebene in Verträgen mit Ausstellern aushandeln und auch durchsetzen (*Kakies* S. 135).

Auch für die **Quellenangabe nach § 63 Abs. 2** gilt, dass sie deutlich erfolgen muss. Je nach Art von Übertragungsmedium und Werk, in dem die Quellenangabe vorgenommen werden muss, ergeben sich dabei durch die starre Pflicht zur Angabe der Quelle, durchaus einige Probleme, die va. daraus resultieren, dass Informationen zur Quelle im Bewegtbild oder in Audiobeiträgen flüchtiger sind und daher vom Nutzer schlechter wahrgenommen werden können, als wenn sie – wie häufig bei der Vervielfältigung iSv. § 63 Abs. 1 der Fall – dem Nutzer schriftlich vorliegen. Das erhöht die Anforderungen an die Deutlichkeit der Angabe. In Abhängigkeit vom Inhalt der Beiträge kann es jedoch geboten sein, diese Anforderungen herabzusetzen, insb. wenn Grundrechte betroffen sind. In Frage kommt dies zB bei Beiträgen zu politischen Themen aufgrund von Art. 5 Abs. 1 S. 1 Var. 1 GG (*Dreyer* in HK-UrhR[2] Rdnr. 19).

Einzelfälle: Bei der Zugänglichmachung von **Sprachwerken im Internet** ist – ähnlich wie bei der körperlichen Verbreitung – die Quelle am Beginn aufzuführen (*Dreyer* in HK-UrhR[2] Rdnr. 19). Bei der öffentlichen Zugänglichmachung von Musikwerken muss die Quelle in enger räumlicher Nähe zum Abrufbutton in Schriftform angebracht werden oder zu Beginn des Stücks vorgelesen werden (*Dreyer* in HK-UrhR[2] Rdnr. 19). Eine andere Alternative ist ein Textband (*Dreyer* in HK-UrhR[2] Rdnr. 19), das zB in einem virtuellen Musikplayer angezeigt wird. Auch bei der Wiedergabe öffentlicher Reden in Radio oder Fernsehen muss die Quelle entweder genannt oder (beim Fernsehen) eingeblendet werden (*Dreyer* in HK-UrhR[2] Rdnr. 19). Möglich sind auch Scroll-over-Texte (Quellenangabe erscheint neben dem Mauszeiger, wenn dieser über das Bild/die Grafik geführt wird), wenn auf diese Verfahrensweise auf der Webseite hingewiesen wird (Fromm/Nordemann/*Dustmann*[10] Rdnr. 10), wobei ein Hinweis, der selbst nur bei einer bestimmten Position des Mauszeigers zu sehen ist, nicht ausreicht. Das gilt auch für **Internetradios** und Bewegtbildübertragungen im Internet über Web-TV oder IP-TV, da es insoweit keinen Unterschied machen kann, welcher Übertragungsweg genutzt wird; auch hier hat der Nutzer die Wahl zwischen hörbarer Nennung der Quelle am Anfang, Einblendung in das Bild, Textband im Player oder Anzeige neben dem Abspielbutton. Auch für den Fall der Filmzitate in künstlerischen Filmwerken lässt sich keine Verkehrsüblichkeit für eine Einblendung der Quelle während der Wiedergabe eines Zitats selbst feststellen; es genügt vielmehr ein entsprechender Hinweis im Vor- oder Abspann (*Kakies* S. 134 f.; *Schulze* ZUM 1998, 221/230). Gerade das Internet bietet verschiedenste Möglichkeiten, Quellen anzeigen zu lassen (siehe zu den Varianten *Heeschen* S. 170). Auch bei der öffentlichen Wiedergabe von Musikwerken besteht keine Verkehrssitte, die Quelle mündlich vor Beginn oder am Ende des Stückes zu nennen. Es genügen insoweit begleitende Hinweise, zB in Programmheften (näher *Hertin* GRUR 1989, 159/164 f.; *Brauns* S. 202). Die Übermittlung digitaler Wasserzeichen dürfte idR nicht als deutliche Quellenangabe ausreichen. Mit ihnen kann zwar auch die Herkunft von Dateien nachgewiesen werden und ein Integritätsschutz gewährleistet werden (s. dazu http://watermarking.sit.fraunhofer.de/Anwendungen/index.jsp, letzter Abruf am 2. 7. 2010), allerdings ermöglichen sie dem Publikum gerade nicht, den Weg zu einer bestimmten Quelle zu finden, sondern können nur – nachdem die Vervielfältigungen auf andere Weise gefunden wurden – Auskunft geben, ob es sich um autorisierte Vervielfältigungen handelt oder nicht.

3. Kenntlichmachung von Kürzungen und Änderungen (Abs. 1 S. 2)

16 Im Falle der **Vervielfältigung ganzer Sprach- oder Musikwerke** ist nicht nur das Gebot der Quellenangabe auf die Angabe des Verlags erweitert, sondern zusätzlich Kenntlichmachung dahin erforderlich, ob an dem Werk Kürzungen oder andere Änderungen vorgenommen worden sind. Dies bedeutet, dass auch bei ungekürzter und unveränderter Vervielfältigung ganzer Sprach- und Musikwerke eine dahingehende ausdrückliche Kenntlichmachung erforderlich ist (ebenso Fromm/Nordemann/*Dustmann*[10] Rdnr. 11; Möhring/Nicolini/*Gass*[2] Rdnr. 19; Wandtke/*Bullinger*[3] Rdnr. 21). Dies gilt, sofern es sich um ganze Sprachwerke (Zeitungsartikel oder Rundfunkkommentare) handelt, auch für Vervielfältigungen im Rahmen von § 49 Abs. 1 iVm. § 63 Abs. 3 (ebenso Wandtke/*Bullinger*[3] Rdnr. 21 sowie *Rehbinder* UFITA 48 (1966) 102/116; zust. auch Dreier/*Schulze*[3] Rdnr. 16), da § 49 Abs. 1 sinngemäß bereits von der Aufzählung in Abs. 1

S. 1 und damit von der Gesamtregelung des Abs. 1 erfasst wird (so. Rdnr. 7). Nur treten an die Stelle des Verlags eben Zeitung bzw. Informationsblatt und Sendeunternehmen. Auch der Zwangslizenznehmer zur Herstellung von Tonträgern muss gem. § 42a Abs. 1 S. 2 iVm. § 63 an den Werkstücken einen Hinweis auf etwaige Kürzungen oder eben auf eine Originalfassung anbringen, wobei dies freilich in der Praxis nur geringe Bedeutung hat, da die Zwangslizenzregelung gem. § 42a Abs. 1 S. 1 Halbs. 2 nicht anwendbar ist, wenn die Rechte durch eine Verwertungsgesellschaft, zB die GEMA, wahrgenommen werden.

4. Wegfall der Pflicht zur Quellenangabe

a) In den Fällen zulässiger Vervielfältigung. Gemäß Abs. 1 S. 3 **entfällt die Verpflichtung zur Quellenangabe** in den Fällen zulässiger Vervielfältigung, wenn die Quelle weder auf dem benutzten Werkstück oder bei der benutzten Werkwiedergabe genannt noch dem zur Vervielfältigung Befugten anderweitig bekannt ist (dazu bei *Tölke* S. 67 Beispiele, ua. überwachsene Quellenangabe an Bauwerken). Dabei darf sich der Nutzungsberechtigte nicht einfach mit der ersten Feststellung der fehlenden Quellenangabe zufrieden geben, sondern muss zur Aufklärung – auch in Abhängigkeit von der Natur und der Bedeutung des Werkes – zumutbare Nachforschungen anstellen (Dreier/*Schulze*[3] Rdnr. 18; *Maaßen* ZUM 2003, 830/839 für den Fall des § 45 Abs. 2; ebenso, aber gegen zu hohe Anforderungen an die Nachforschung Möhring/Nicolini/*Gass*[2] Rdnr. 22; weniger streng *Tölke* S. 68: einerseits keine Quellenforschung erforderlich, andererseits ist eine Quelle nicht schon deshalb unbekannt, weil sie dem Nutzer nicht in Zusammenhang mit dem im Einzelfall genutzten Werkvervielfältigungsstück vermittelt wird); bzgl. eingeschränkter Quellenangabepflicht bei lückenhaften Angaben *Dreyer* in HK-UrhR[2] Rdnr. 14). Jedenfalls darf sich der Nutzungsberechtigte seiner Verpflichtung zur Quellenangabe nicht bewusst verschließen (so OLG Hamburg GRUR 1974, 165/166 – Gartentor). Eine Berücksichtigung etwa entgegenstehender Verkehrssitten ist im Bereich der Vervielfältigung demgegenüber nicht möglich (so ausdrücklich OLG Hamburg GRUR 1970, 38/40 – Heintje und GRUR 1974, 165/167 – Gartentor; durchwegs zu undifferenziert LG München I Schulze LGZ 182, 6 und Schulze LGZ 184, 3; s. auch Dreier/*Schulze*[3] Rdnr. 19). Zu weitgehend kommt *Kakies* S. 137 f. zu dem Ergebnis, dass eine Quellenangabe beim Bildzitat allgemein bekannter Kunstwerke entbehrlich sei, da alle Zwecke der Quellenangabe durch die Bekanntheit bereits erfüllt seien, wobei sie offenbar sogar Bekanntheit bei bestimmten Publikumskreisen genügen lässt (hier: Publikum einer Asterix-Persiflage in einem Comic-Heft hinsichtlich des nahezu unverändert übernommenen Hundes Idefix – s. auch BGH GRUR 1994, 191/199 – Asterix-Persiflagen, das die Frage der Quellenangabe allerdings nicht behandelt, auch nicht zu *Stuhlert* S. 38 ff.; kritisch zu Erleichterungen bei der Quellenangabe bei Zitaten allein wegen der Bekanntheit des Autors auch Dreier/*Schulze*[3] Rdnr. 17 in Bezug auf OLG Brandenburg NJW 1997, 1162/1163 – Brecht-Zitate: Maßstab ist nicht der in Bezug auf den zitierten Autor kundige Leser, sondern ein unkundiger, wenngleich interessierter Leser). Die Beweislast dafür, dass die Quelle weder genannt noch anderweitig bekannt war, trifft den Nutzer, insb. hinsichtlich der konkreten Angaben, was er unternommen hat, um die Quelle festzustellen (Dreier/*Schulze*[3] Rdnr. 20; so auch Fromm/Nordemann/*Dustmann*[10] Rdnr. 22).

b) In den Fällen zulässiger öffentlicher Wiedergabe. Nach der Neuregelung durch ÄndG vom 10. 9. 2003 (so. Rdnr. 7) ist **in den in Abs. 2 S. 2 besonders genannten Fällen** „die Quelle, einschließlich des Namens des Urhebers stets anzugeben, *es sei denn, dass dies nicht möglich ist*". Diese nicht sehr aussagekräftige Formulierung entstammt der mehrfach erwähnten Richtlinie, wonach die „Quelle, einschließlich des Namens des Urhebers" in den einschlägigen Fällen anzugeben ist, „außer in Fällen, in denen sich dies als unmöglich erweist" (s. bereits oben Rdnr. 4 a). Der Ausdruck „dies nicht möglich ist" in Abs. 2 S. 2 ist zunächst auf die Angabe der Quelle im umfassenden Sinn (so. Rdnr. 13 f.) zu beziehen; der Rückbezug kann jedoch iS einer Teilunmöglichkeit auch den Namen des Urhebers allein betreffen, der insoweit dann nicht genannt werden muss. Dies bedeutet aber nicht, dass die Pflicht zur Quellenangabe wegen Unmöglichkeit deswegen schon vollständig entfällt, etwa wenn zwar ein Titel oder Publikationsorgan, nicht aber der Name des Urhebers genannt sind (ähnlich Fromm/Nordemann/*Dustmann*[10] Rdnr. 15). Gerade im Bereich der öffentlichen Wiedergabe ist dies deswegen von Bedeutung, weil der gesamte sechste Abschnitt des ersten Teils des Gesetzes betreffend die Urheberrechtsschranken auch auf verwandte Schutzrechte Anwendung findet (vgl. §§ 70 Abs. 1, 71 Abs. 1, 72 Abs. 1, 83, 85 Abs. 4, 87 Abs. 4, 94 Abs. 4 und 95 iVm. 94 Abs. 4; Dreier/*Schulze*[3] Rdnr. 2), so dass ggf. auch die Nennung ausübender Künstler in Frage kommt (zur Anwendung des § 63 speziell auf das verwandte Schutzrecht des Sendeunternehmens gemäß § 87 Abs. 3 [jetzt Abs. 4] vgl. LG Berlin GRUR 2000, 797 – Screenshots). Hinsichtlich der Hinweise auf an einem Filmwerk mitwirkenden ausübenden Künstlern ist die Parallelwertung in § 93 Abs. 2 UrhG zu beachten, wonach auf eine Erwähnung gänzlich verzichtet werden kann, wenn die Nennung unverhältnismäßigen Aufwand verursacht. Wenn aber schon der Name nicht genannt werden muss, ist (die ja noch darüber hinausgehende) Quellenangabe unter gleichen Voraussetzungen ebenfalls entbehrlich.

18a Im Übrigen wird man die Unmöglichkeit gemäß Abs. 2 S. 2 zunächst nach den Kriterien gemäß Abs. 1 S. 3 (ungenannte und unbekannte Quelle) zu beurteilen haben (so. Rdnr. 17; ebenso *Dreyer* in HK-UrhR² Rdnr. 16; Fromm/Nordemann/*Dustmann*[10] Rdnr. 15). Daneben kann die Unmöglichkeit der Angabe der Quelle aus technischen oder anderen praktischen Gründen auch auf der Wiedergabeseite bestehen, wobei auch hier die Verkehrssitte ein hilfreiches Kriterium sein kann. Insoweit treffen sich die Beurteilungskriterien nach Abs. 2 S. 1 und S. 2, denn in bestimmten Bereichen der zulässigen öffentlichen Wiedergabe wird sich auch deswegen keine Verkehrssitte iSd. Quellenangabe gebildet haben, weil eine solche Angabe entweder technisch unmöglich oder zu aufwändig ist. Einschränkend ist jedoch darauf hinzuweisen, dass in den von Abs. 2 S. 2 ausdrücklich angesprochenen **Fällen privilegierter öffentlicher Wiedergaben** (§§ 46, 48, 51 und 52 a) im Bereich von Schule, Unterricht und Forschung einerseits sowie von öffentlichen Reden und Zitatrecht andererseits die Quellenangabe schon aus pädagogischen, wissenschaftlichen und journalistischen oder sonst berufsethischen Gründen geboten ist. Falls sich die Unmöglichkeit, die Quelle zu benennen, nicht schon aus dem aus Abs. 1 S. 3 stammenden Kriterium der ungenannten bzw. unbekannten Quelle ergibt, dürfte es eher selten vorkommen, dass eine Unmöglichkeit aus sonstigen Gründen anzunehmen ist und damit eine Quellenangabe bei den in Abs. 2 S. 2 genannten Werken entbehrlich ist.

18b **Im Residualbereich der** zulässigen **öffentlichen Wiedergabe** gemäß Abs. 2 S. 1 (so. Rdnr 11 f.) besteht die Verpflichtung zur deutlichen Quellenangabe von vorneherein nur nach Maßgabe der Verkehrssitte (s. schon Rdnr. 12); die Verpflichtung entfällt also beim Fehlen der Letzteren. Eine Ausnahme bildet insofern die Sonderregelung für § 49 Abs. 1 in Abs. 3 S. 1 und 2, wo die Pflicht zur Quellenangabe „stets" auch für die in die Regelung einbezogenen Fälle der Übernahme von Zeitungsartikeln oder Rundfunkkommentaren in Funksendungen, dh. also auch für Fälle öffentlicher Wiedergabe, vorgeschrieben ist. Dieser Fall gehört systematisch zu dem in Abs. 2 S. 2 geregelten Sachverhalt des ausdrücklichen Gebots zur Quellenangabe im Bereich der öffentlichen Wiedergabe (s. bereits oben Rdnr. 11 und 18 f.).

19 Für die Frage des Bestehens einer **Verkehrssitte** ist auf die Wechselbeziehung mit der Frage der Branchenüblichkeit im Rahmen der Geltendmachung des Bezeichnungsrechts des Urhebers nach § 13 S. 2 hinzuweisen (vgl. § 13 Rdnr. 24 sowie *v. Gamm* Rdnr. 6). Wenn der Urheber bei öffentlichen Wiedergaben schon gegenüber dem vertraglich Berechtigten die Urhebernennung von Rechts wegen nicht durchsetzen kann, ist dies gegenüber Dritten nach den §§ 45 ff. Berechtigten ebenso wenig anzunehmen (aA *v. Gamm* Rdnr. 5 trotz des Hinweises auf die Branchenübungen nach § 13; zum Begriff der Verkehrssitte s. bereits oben Rdnr. 12). Im Einzelnen konnte eine entsprechende Verkehrssitte nicht festgestellt werden im Hinblick auf die Nennung von Übersetzern bei Literaturfeatures in Radiosendungen (OGH, Urt. v. 29. 1. 2002 – 4 Ob 293/01 v – Riven Rock zur Rechtslage in Deutschland; dazu näher *Dittrich*, Fs. für Nordemann S. 617/618), außerdem zum Zeitpunkt der Entscheidung bei der Einblendung von Sprachwerken in Fernsehsendung (LG München I FuR 1984, 475/477). Allerdings ist bei der Bestimmung der Verkehrssitte die technische Fortentwicklung besonders in den Blick zu nehmen (Dreier/*Schulze*³ Rdnr. 24), da sie Quellenangaben vereinfacht hat (weshalb sogar an erhöhte Anforderungen an die Quellenangabe zu denken ist, *Gounalakis/Rhode* Rdnr. 84, Fn. 205; *Decker* in: Hoeren/Sieber (11. EL, April 2005) Teil 7.6, Rdnr. 37) und die Branchenübung zwischenzeitlich deutlich verändert haben mag. Jedenfalls ist für „das" Internet zu beachten, dass keine „Verkehrssitte Internet" gibt, sondern jeweils auf die verschiedenen Üblichkeiten in den einzelnen Online-Branchen abzustellen ist (so für die Branchenüblichkeit bei der Namensnennung gem. § 13 *Gounalakis/Rhode* Rdnr. 84, was aber auf § 63 zu übertragen ist). Selbst bei Bestehen einer entsprechenden Verkehrssitte kann jedoch auch in den Fällen des Abs. 2 S. 1 (Residualbereich der öffentlichen Wiedergabe) die Pflicht zur Quellenabgabe im Rahmen der Voraussetzungen des Abs. 1 S. 3 (ungenannte und unbekannte Quelle) entfallen, der somit über Abs. 1 hinaus allgemeine Bedeutung hat (ebenso Fromm/Nordemann/*Dustmann*[10] Rdnr. 15). Der Urheber trägt die Beweislast dafür, dass die Verkehrssitte iSv. Abs. 2 S. 1 besteht (Fromm/Nordemann/*Dustmann*[10] Rdnr. 23; *Dreyer* in HK-UrhR² Rdnr. 17). Für die Unmöglichkeit der

Quellenangabe gem. § 63 Abs. 2 S. 2 UrhG trägt hingegen der Nutzer, der sich auf die Unmöglichkeit beruft, die Beweislast und muss auch konkret dazu vortragen, welche Anstrengungen er zur Ermittlung der Quelle unternommen hat (Fromm/Nordemann/*Dustmann*[10] Rdnr. 23).

5. Rechtsfolgen der Verletzung des Gebots zur Quellenangabe

Ein **Verstoß gegen das Gebot zur Quellenangabe** machte nach früherer Auffassung die 20 Werknutzung im Rahmen der Urheberrechtsschranken (§§ 44a ff.), soweit deren Voraussetzungen im Übrigen eingehalten waren, insgesamt noch nicht unzulässig (so für den Fall des Zitatrechts OLG Hamburg GRUR 1970, 38/40 – Heintje sowie weniger deutlich OLG Hamburg GRUR 1974, 165/167 – Gartentor; ebenso LG München I Schulze LGZ 182, 3 und LG München I Schulze LGZ 184, 2 sowie auch noch LG München ZUM 2005, 407/411; *v. Gamm* Rdnr. 9; *Haberstumpf*[2] Rdnr. 379; *Dreyer* in HK-UrhR[2] Rdnr. 21; aA schon bisher *Hock* S. 28 ff.; zurückhaltender Möhring/Nicolini/*Gass*[2] Rdnr. 32). Eine **richtlinienkonforme Auslegung** (s. bereits oben § 51 Rdnr. 15) legt jedoch – jedenfalls soweit § 63 UrhG auf der Richtlinie beruht – eine andere Konsequenz nahe: So verlangt die insoweit verbindliche Richtlinie 2001/29/EG nämlich, dass, wenn die Rechte des Urhebers durch Nutzungsrechte für den Unterrichtsgebrauch und den eigenen wissenschaftlichen Gebrauch (Art. 5 Abs. 3 lit. a InfoSoc-RL), für die Berichterstattung zu Tagesereignissen (lit. c), für Zitate (lit. d) oder für Reden und Vorträge (lit. f) eingeschränkt werden, die Mitgliedstaaten dies nur unter der Voraussetzung erlauben, dass jeweils die „Quelle, einschließlich des Namens des Urhebers" genannt wird. Die insoweit zwingende Regelung der Richtlinie verknüpft also die Anforderungen aus § 63 UrhG mit den im Schrankenbereich erlaubten Nutzungen. Danach ist also etwa ein Zitat insgesamt als unzulässig zu betrachten, wenn es den in der Art. 5 Abs. 3 lit. d der Richtlinie 2001/29/EG vorgegebenen und in § 51 UrhG verankerten Voraussetzungen deswegen nicht entspricht, weil die gebotene Quellenangabe fehlt (so im Ergebnis in Bezug auf das Zitatrecht auch Schack UrhR[5], Rdnr. 552 und Hess S. 142, beide aber ohne Bezugnahme auf die RL; aA wohl Dreier/*Schulze*[3] Rdnr. 30; Fromm/Nordemann/*Dustmann*[10] Rdnr. 19; Wandtke/*Bullinger*[3] Rdnr. 31, gegen aus einer Verletzung der Schranke folgende separate Ansprüche aus § 97 in Bezug auf § 62 (*Peukert* oben § 62 Rdnr. 27). Der Einwand von *Dreyer* (HK-UrhR[2] § 51 Rdnr. 15), die in § 63 UrhG angeordnete Quellenangabepflicht gehe über die Anforderungen der Richtlinie hinaus, so dass nicht jeder Verstoß gegen die Quellenangabepflicht in § 63 UrhG auch eine urheberrechtsverletzende Nutzung iSv. § 51 UrhG sei, geht fehl, weil die Richtlinie – wovon *Dreyer* aber ausgeht – mit Quellenangabe beim Zitatrecht in lit. d nicht die Erkennbarkeit des Zitats meint (sa. den Hinweis von Dreier/*Schulze*[3] Rdnr. 13, dass die Erkennbarkeit des fremden Werkes von der Quellenangabe zu trennen ist). Dies ergibt sich daraus, dass die Richtlinie die Quellenangabe nicht nur beim Zitatrecht anordnet, sondern wortgleich eben auch bei anderen Schranken, wo es auf die Erkennbarkeit eines Zitats gar nicht ankommt.

Unzulässig und demgemäß dem Unterlassungsanspruch nach § 97 Abs. 1 S. 1 bzw. S. 2 unterworfen ist – unabhängig von dieser Frage – jedenfalls die konkrete Form der Benutzung ohne Quellenangabe (vgl. auch Dreier/*Schulze*[3] Rdnr. 30; *Dreyer* in HK-UrhR[2] Rdnr. 21). Die unterlassene Quellenangabe mag außerdem im Spezialfall des § 51 ein Indiz für das Fehlen des Zitierwillens darstellen (so OLG Hamburg GRUR 1970, 38/40 – Heintje; *Brauns* S. 201 f.; wegen eines Falles fehlenden Zitatzwecks bei der Übernahme von Bildern aus einem Fernsehbericht s. LG Berlin GRUR 2000, 797/797 – Screenshots). Auch konnte die wortgetreue Übernahme erschienener Zeitungsartikel in ein anderes Presseorgan ohne Quellenangabe wegen des Ersparens eigener Aufwendungen Sittenwidrigkeit iSd. Wettbewerbsrechts indizieren (so OLG Hamm UFITA 96 (1983) 265/271). Nach den UWG-Reformen wäre insoweit an einen Anwendungsfall von § 4 Nr. 9 UWG zu denken. Zu Wechselwirkungen von § 63 mit dem Markenrecht so. Rdnr. 3.

Die **Verletzung des Gebots zur Quellenangabe macht auch schadensersatzpflichtig** 21 (Dreier/*Schulze*[3] Rdnr. 31; Fromm/Nordemann/*Dustmann*[10] Rdnr. 20). Je nach der Wirkung des Eingriffs geht es dabei um den Ausgleich wirtschaftlicher Einbußen nach § 97 Abs. 2 S. 1–3 oder um den Ersatz immateriellen Schadens in Form einer Geldentschädigung nach dem Maßstab der Billigkeit gemäß § 97 Abs. 2 S. 4 (aA Fromm/Nordemann/*J. B. Nordemann*[10] § 97 Rdnr. 101, 118, 120: bei § 63 nur Anwendung von § 97 Abs. 2 S. 1–3, da Schaden kommerzialisierbar sei; anders *Kochendörfer* ZUM 2009, 389/390: Zuschlag auf die Lizenzgebühr als immaterieller Schaden gem. § 97 Abs. 2 S. 4). Der Ausgleich nach § 97 Abs. 2 S. 1 erfolgt in der Regel durch Naturalrestitution in Form einer Berichtigung bzw. nachträglichen Ergänzung der Quellenangabe (so grundsätzlich OLG Hamburg GRUR 1970, 38/40 – Heintje sowie OLG Hamburg GRUR 1974, 165/168 – Gartentor; ebenso *Dreyer* in HK-UrhR[2] Rdnr. 21), nur in Ausnahmefällen in Form einer Nutzungsentschädigung (großzügiger insoweit – allerdings noch nach früherem Recht – LG München I UFITA 52 (1969) 247/251 – Wenn die Elisabeth ... sowie in Anlehnung an *Fromm/Nordemann*[4] Rdnr. 6 auch LG München I Schulze LGZ 182, 7, das einen gem. § 287 ZPO zu schätzenden angemessenen Anteil an der Lizenzgebühr zusprechen will; ähnlich LG Berlin GRUR 2000, 797/798 – Screenshots, das gem. § 287 ZPO 50% Aufschlag auf die Grundlizenz zuspricht; aA dagegen LG München I Schulze 184, 4 (das nur einen Anspruch auf Namensnennung in der nachfolgenden Auflage zuspricht) sowie OLG Hamburg GRUR 1993, 666/667 – Altersfoto, das trotz möglicher Verletzung von § 62 (gemeint ist § 63 UrhG) keinen Aufschlag auf den per Lizenzanalogie berechneten Schaden gewährt).

22 Bei der **Zuerkennung einer der Billigkeit entsprechenden Geldentschädigung** gemäß § 97 Abs. 2 S. 4 ist ein strenger Maßstab anzulegen (so in seiner insofern ablehnenden Entscheidung OLG Hamburg GRUR 1974, 165/167 – Gartentor mit Verweis auf die Rspr. zu den Verletzungen des Allgemeinen Persönlichkeitsrechtes), zumal dann, wenn der Eingriff auf andere Weise (durch Berichtigung) bereits ausgeglichen ist (ebenso, aber ohne Differenzierung nach § 97 Abs. 1 und 2 aF LG München I Schulze LGZ 184, 2f.; vgl. auch Möhring/Nicolini/*Gass*[2] Rdnr. 32). Im Rahmen des Schadensersatzes kann eine übliche Lizenzgebühr in voller Höhe als Pauschalschaden berechnet werden, da die Quellenangabe gerade einen Ausgleich für die Einschränkung des Urheberrechts nach § 51 darstellen soll; daher sprechen viele Gründe dafür, entsprechend der üblichen Schadensberechnung hier die volle Lizenzgebühr in Ansatz zu bringen (so mit ausführlicher Begründung Dreier/*Schulze*[3] Rdnr. 31).

Da § 63 UrhG nur dann erfüllt ist, wenn die Quellenangabe vollständig und richtig ist, stellt grundsätzlich auch eine (nur) falscher Quellenhinweis eine Verletzung von § 63 dar, die geeignet ist, die Ansprüche gem. § 97 Abs. 1 bzw. Abs. 2 auszulösen. Allerdings kann es bei der Zuerkennung von Schadensersatz am Verschulden (Vorsatz oder Fahrlässigkeit) fehlen (s. zum Parallelproblem bei der Urheberfalschbezeichnung und der Verletzung von § 13 UrhG *Spieker* GRUR 2006, 118/120 ff.).

§ 63 a Gesetzliche Vergütungsansprüche

[1] Auf gesetzliche Vergütungsansprüche nach diesem Abschnitt kann der Urheber im Voraus nicht verzichten. [2] Sie können im Voraus nur an eine Verwertungsgesellschaft oder zusammen mit der Einräumung des Verlagsrechts dem Verleger abgetreten werden, wenn dieser sie durch eine Verwertungsgesellschaft wahrnehmen lässt, die Rechte von Verlegern und Urhebern gemeinsam wahrnimmt.

Schrifttum: *Flechsig/Bisle,* Unbegrenzte Auslegung pro autore? – Ein ungenügendes Gesetz kann nicht durch Einlegung gerettet werden, ZRP 2008, 115; *Haas,* Das neue Urhebervertragsrecht, 2002; *Hanewinkel,* Urheber versus Verleger – Zur Problematik des § 63 a S. 2 UrhG und dessen geplanter Änderung im Zweiten Korb, GRUR 2007, 373; *Hoeren,* Der Zweite Korb – Eine Übersicht zu den geplanten Änderungen im Urheberrechtsgesetz, MMR 2007, 615; *Hoeren/Veddern,* Die Voraussetzungen und Grenzen klauselmäßiger Beteiligungen der Sendeunternehmen an den gesetzlichen Vergütungsansprüchen, Ufita 2002, 7; *Hucko,* Das neue Urhebervertragsrecht, 2002; *Lucius,* Verwerter und Verwertungsgesellschaften, ZUM 2008, 925; *ders.,* Zweiter Korb – Das Urheberrecht in der Informationsgesellschaft, 2007; *Mäger,* Die Abtretung urheberrechtlicher Vergütungsansprüche in Verwertungsverträgen, 2000; *W. Nordemann,* Das neue Urhebervertragsrecht, 2002; *Peukert,* Neue Techniken und ihre Auswirkung auf die Erhebung und Verteilung gesetzlicher Vergütungsansprüche, ZUM 2003, 1050; *Stöhr,* Gesetzliche Vergütungsansprüche im Urheberrecht, 2007.

Übersicht

	Rdnr.
I. Allgemeines	1–11
1. Zweck und Bedeutung der Norm	1
2. Entstehungsgeschichte	2–7
3. Anwendungsbereich	8–11
II. Verbot des Vorausverzichts	12
III. Beschränkung der Vorausabtretung	13–21
1. Vorausabtretung an Verwertungsgesellschaften	15–17
2. Vorausabtretung an Verleger	18–20
3. Berücksichtigung in den Verteilungsplänen	21

Gesetzliche Vergütungsansprüche **§ 63a**

I. Allgemeines

1. Zweck und Bedeutung der Norm

§ 63a gehört zu den Vorschriften, die dem Urheber eine angemessene Vergütung für die 1
Werknutzung sichern sollen (Dreier/*Schulze*[3] § 63a Rdnr. 1; Fromm/Nordemann/*Schaefer*[10]
§ 63a Rdnr. 1). Es handelt sich um eine flankierende Regelung zu §§ 32 und 32a UrhG. Letztere zielen auf die Vergütung für rechtsgeschäftlich erlaubte Nutzungen, während § 63a an gesetzlich erlaubte, aber mit einem Vergütungsanspruch belegte Nutzungen anknüpft. Die gesetzlichen Vergütungsansprüche sind, wie die AmtlBegr. besagt, dem Urheber zugedacht und sollen „ihm als Teil seiner angemessenen Vergütung verbleiben" (BT-Drucks. 14/6433 S. 14 – zum damaligen § 29 Abs. 3 des Entwurfs, s. dazu Rdnr. 2; sa. Loewenheim/*Flechsig*, Handbuch des Urheberrechts[2], § 85 Rdnr. 7). Ebenso wie bei § 32 und § 32a (s. § 32 Abs. 3, § 32a Abs. 3) soll gesichert werden, dass der Anspruch auf angemessene Vergütung nicht rechtsgeschäftlich weggenommen wird, insbesondere ohne Berücksichtigung bei der Bemessung des Entgelts (*Haas* Rdnr. 79). § 63a bildet insofern eine Bekräftigung des „das deutsche Urheberrecht insgesamt prägenden Kerngedankens" der Unübertragbarkeit des Urheberrechts (vgl. AmtlBegr. BT-Drucks. 14/6433 S. 14; Wandtke/Bullinger/*Bullinger*[3] § 63a Rdnr. 2).

2. Entstehungsgeschichte

§ 63a wurde durch das **Gesetz zur Stärkung der vertraglichen Stellung von Urhebern** 2
und ausübenden Künstlern vom 22. 3. 2002 (BGBl I 1155; s. zur Vorgeschichte vor §§ 28ff.
Rdnr. 6ff.; § 29 Rdnr. 4ff.) eingeführt. Nach der ursprünglichen Konzeption im Professorenentwurf (GRUR 2000, 765/766) und Regierungsentwurf (BT-Drucks. 14/7564 S. 5 iVm. BT-Drucks. 14/6433 S. 3) sollten in einem neu formulierten § 29 die Übertragbarkeit des Urheberrechts und die sonstigen Rechtsgeschäfte über Urheberrechte zusammenfassend geregelt werden. § 29 Abs. 3 war den gesetzlichen Vergütungsansprüchen gewidmet und lautete im **Regierungsentwurf:**

„Auf gesetzliche Vergütungsansprüche kann der Urheber im Voraus nicht verzichten; sie können im Voraus nur an eine Verwertungsgesellschaft abgetreten werden."

In der Begründung zu § 29 Abs. 3 heißt es (BT-Drucks. 14/6433 S. 14):

„Absatz 3 geht davon aus, dass gesetzliche Vergütungsansprüche dem Urheber (bzw. seinem Rechtsnachfolger gemäß § 30) zugedacht sind und dass sie ihm als Teil seiner angemessenen Vergütung verbleiben sollen. Der Werknutzer bedarf dieser Ansprüche zur Ausübung seines Nutzungsrechtes nicht. Die Ansprüche werden für den Urheber dadurch gesichert, dass sie unverzichtbar sind und im Voraus nur an eine Verwertungsgesellschaft übertragen werden können."

Die **Formulierungshilfe** des Bundesjustizministeriums vom 14. 1. 2002 nahm eine rechts- 3
systematisch begründete Umstellung vor: § 29 Abs. 3 wurde gestrichen und vollinhaltlich in einen neuen § 63a verpflanzt. In der Begründung heißt es zu der den § 29 betreffenden Nr. 2 der Formulierungshilfe (*Hucko*, Urhebervertragsrecht, S. 158):

„Absatz 3 des Gesetzesentwurfs entfällt an dieser Stelle und wird – systematisch richtig – als § 63a (Nummer 9) eingefügt."

Die gesetzgeberische Absicht der unveränderten Transponierung des vorgeschlagenen § 29
Abs. 3 in den neuen § 63a wird in der Begründung zu letzterer Vorschrift bestätigt (BT-Drucks. 14/8058 S. 21):

„§ 63a enthält inhaltlich unverändert die in § 29 Abs. 3 des Gesetzesentwurfs vorgeschlagene Regelung. Der neue Standort stellt klar, dass die Bestimmung nicht den aus dem Korrekturanspruch nach § 32 Abs. 1 S. 3 erwachsenden Zahlungsanspruch betrifft, sondern gesetzliche Vergütungsansprüche wie etwa nach §§ 54, 54a".

Nichts deutet darauf hin, dass die den § 29 Abs. 3 tragende Begründung zum Regierungsentwurf aufgegeben oder geändert werden sollte; sie gilt vielmehr in vollem Umfang fort. Die Begründung zur Formulierungshilfe lässt auch erkennen, weshalb es zur Beschränkung auf gesetzliche Vergütungsansprüche „nach diesem Abschnitt", dh. dem 6. Abschnitt im ersten Teil des Gesetzes kam: es sollte dadurch verhindert werden, dass § 63a auf den Anspruch auf angemessene Vergütung nach § 32 Abs. 1 S. 3 angewendet wird (sa. Fromm/Nordemann/*Schaefer*[10] § 63a Rdnr. 1). Dieser Anspruch wird freilich als vertraglicher Anspruch ohnehin nicht erfasst (*Haas* Rdnr. 77). Anderes hätte für den nach dem Professoren- und Regierungsentwurf vorgesehenen gesetzlichen Anspruch auf angemessene Vergütung gegolten (vgl. *Haas* Rdnr. 76f.).

Diesbezüglich hatte die Abtretbarkeit allein an Verwertungsgesellschaften die – freilich unbegründete – Befürchtung einer „Kollektivierung" des Anspruchs auf angemessene Vergütung zugunsten von Verwertungsgesellschaften ausgelöst, wodurch die – nunmehr unnötige – Klarstellung „nach diesem Abschnitt" veranlasst wurde. Bei den nunmehr erfassten gesetzlichen Vergütungsansprüchen bestand diese Sorge einer Kollektivierung nicht; ihre Wahrnehmung durch Verwertungsgesellschaften entspricht bewährter Tradition (Loewenheim/*Flechsig*, Handbuch des Urheberrechts[2], § 85 Rdnr. 18: „... einzig sinnvolle rechtliche wie faktische Sicherung").

4   Hält man sich diesen gesetzgeberischen Hintergrund vor Augen, wird deutlich, dass die **Regelung des § 63a** mit der Beschränkung auf gesetzliche Vergütungsansprüche nach dem 6. Abschnitt des 1. Teils des UrhG (§ 63a: „nach diesem Abschnitt") **zu kurz greift** (kritisch auch *Nordemann*, Urhebervertragsrecht, S. 60). Die Einschränkung geht weiter als der Zweck des Ausschlusses einer Anwendung auf § 32 Abs. 1 S. 3 erfordert. Denn gesetzliche Vergütungsansprüche gibt es nicht nur in den §§ 45 ff., sondern auch an anderer Stelle, nämlich in § 20b Abs. 2 (Kabelweitersendung), § 26 Abs. 1 (Folgerecht) und in § 27 Abs. 1, 2 (Vergütung für Vermieten und Verleihen). Ein Teil dieser Vorschriften enthält allerdings bereits Regelungen zur Einschränkung von Vorausverzicht und Abtretbarkeit, die dem § 63a im Wesentlichen entsprechen, ja als Vorbild für diesen gedient haben. Zu nennen sind hier § 20b Abs. 2, S. 2, 3, § 26 Abs. 3 und § 27 Abs. 1, S. 2, 3. Ein Korrekturbedarf im Sinne der Verbesserung des Urheberschutzes besteht hier nicht; die Ausklammerung dieser Sonderregelungen aus § 63a kann akzeptiert werden. Anders steht es mit § 27 Abs. 2. Soweit es sich um einen Kopienversand durch öffentliche Bibliotheken auf Bestellung handelt, findet zwar seit dem 1. 1. 2008 § 53a Anwendung. Im Übrigen unterliegt der Vergütungsanspruch nach § 27 Abs. 2 zwar der Verwertungsgesellschaftenpflicht (§ 27 Abs. 3), nicht aber den Verzichts- und Abtretbarkeitsbeschränkungen. Nach dem Sinn und Zweck des § 63a, wie er aus der für die Vorschrift geltenden Gesetzesbegründung erschlossen werden kann, ist § 63a auch auf § 27 Abs. 2 zu beziehen; der Ausschluss des § 63a bedeutet insoweit ein Redaktionsversehen (sa. § 29 Rdnr. 6f.; ebenso Mestmäcker/*Schulze*/*Haberstumpf* § 63a Rdnr. 11; *Hanewinkel* GRUR 2007, 373/375; im Ergebnis auch Dreier/*Schulze*[3] § 63a Rdnr. 5f., 8, 9 und wohl auch Loewenheim/*Flechsig*, Handbuch des Urheberrechts[2], § 85 Rdnr. 9, der § 63a als „generelle Bestimmung für gesetzliche Vergütungsansprüche" bezeichnet; aA Fromm/Nordemann/*Schaefer*[10] § 63a Rdnr. 11). Deshalb gilt § 63a auch für den Vergütungsanspruch des ausübenden Künstlers für den Verleih nach § 27 Abs. 2 (so auch Loewenheim/*Vogel*[2], Handbuch des Urheberrechts, § 38 Rdnr. 78; sa. *Krüger* § 77 Rdnr. 14). Im Übrigen gilt für die spezifischen gesetzlichen Vergütungsansprüche der ausübenden Künstler der als Pendant zu § 63a konzipierte § 78 Abs. 3 (s. die Kommentierung zu diesem sowie § 79 Rdnr. 6).

5   In der Form, wie er sie durch das Urhebervertragsgesetz gefunden hatte, blieb § 63a nicht bestehen. Eine Änderung erfolgte durch das **zweite Gesetz zur Regelung des Urheberrechts in der Informationsgesellschaft** (2. Korb) vom 26. 10. 2007 (BGBl. I S. 2513). Von Autorenseite war geltend gemacht worden, dass die Abtretungsbeschränkung des § 63a hinsichtlich zukünftiger gesetzlicher Vergütungsansprüche auch bei der **Verteilung der Ausschüttungen im Rahmen von Verwertungsgesellschaften** zu beachten sei. Da Werknutzer, insbesondere Verleger, ab der Geltung des § 63a (1. 7. 2002) nicht mehr gesetzliche Vergütungsansprüche durch Vorausabtretung erwerben konnten, musste sich ihr Anteil an den in Verwertungsgesellschaften eingebrachten Vergütungsansprüchen zwangsläufig vermindern, was bei dem Verteilungsschlüssel Autoren/Verleger zu berücksichtigen sei. Insbesondere in der VG Wort führte dies zu einer streitigen Auseinandersetzung zwischen Autoren und Verlegern. Der bisherige Verteilungsschlüssel der VG Wort sah bei verlagsgebundenen Werken im Bereich der Belletristik für den Autor einen Anteil von 70% und für die Verleger einen Anteil von 30% sowie im Bereich Wissenschaft für beide Seiten einen Anteil von je 50% vor. Ein von einer Arbeitsgruppe der VG Wort erarbeiteter Änderungsvorschlag, nach dem die Anteile der Autoren stufenweise erhöht und die Anteile der Verleger stufenweise verringert werden sollten (Einzelheiten im Urteil des LG München I ZUM-RD 2007, 546/547), wurde von der Mitgliederversammlung der VG Wort im Mai 2005 abgelehnt. Daraufhin wies das Deutsche Patent- und Markenamt durch formlosen aufsichtsrechtlichen Hinweis vom 22. 8. 2005 die VG Wort an, die Verteilungspläne gemäß dem Vorschlag der Arbeitsgruppe zu ändern. Die VG Wort kam dem erstmalig für das Jahr 2005 nach und stellte die strittige Differenz in eine Rückstellung ein. Die dagegen gerichtete Klage der Verleger beim LG München I hatte Erfolg, und zwar mit der Begründung, dass ein formloser aufsichtsrechtlicher Hinweis des DPMA nicht geeignet sei, die Verteilungspläne einer Verwertungsgesellschaft mit Wirkung für deren Mitglieder abzuändern (LG München I ZUM-

Gesetzliche Vergütungsansprüche   § 63a

RD 2007, 546). Nach umfangreichen weiteren Diskussionen zwischen den beteiligten Gruppen kam schließlich in der Mitgliederversammlung der VG Wort vom 19. 1. 2008 eine Einigung zwischen Autoren und Verlegern zustande, die eine stufenweise Rückkehr zu den ursprünglichen Verteilungsquoten vorsah.

Inzwischen war aufgrund von Interventionen von verlegerischer Seite der Gesetzgeber zu der **6** Erkenntnis gekommen, dass er die Kürzung der Verlegeranteile in den Verteilungsschlüsseln der Verwertungsgesellschaften nicht beabsichtigt hatte. Mit dem zweiten Gesetz zur Regelung des Urheberrechts in der Informationsgesellschaft (2. Korb, s. Rdnr. 4) sollte die **„Reparatur einer Panne"** (*Hucko*, Zweiter Korb, S. 34) erfolgen. Der Urheber sollte nach wie vor geschützt, die stetige Abnahme der Verlegeranteile in der VG Wort aber beendet werden (*Hucko*, Zweiter Korb, S. 35). Dies soll durch die jetzige Formulierung des § 63a S. 2 geschehen, wonach gesetzliche Vergütungsansprüche der Urheber zwar an Verleger abgetreten werden können, aber nur, wenn diese sie durch eine Verwertungsgesellschaft wahrnehmen lassen, die Rechte von Verlegern und Urhebern gemeinsam wahrnimmt. In der AmtlBegr. heißt es dazu (BT-Drucks. 16/1828 S. 32):

§ 63a hat in der Praxis zu Schwierigkeiten geführt. So wurde in der VG Wort von Vertretern der Autoren vorgetragen, dass sie seit Inkrafttreten des Gesetzes ihre gesetzlichen Vergütungsansprüche nicht mehr an ihre Verleger abtreten könnten. Folglich könnten die Verleger auch nicht mehr im bisherigen Maße bei der Verteilung der pauschalen Vergütung berücksichtigt werden.

Diese Auslegung, der von verlegerischer Seite widersprochen wurde, entspricht nicht der Intention des Gesetzgebers, der lediglich den Schutz der Urheber im Vertragsverhältnis im Sinn hatte. Ein Ausschluss der Verleger von der pauschalen Vergütung wäre angesichts der von ihnen erbrachten erheblichen Leistung auch sachlich nicht hinnehmbar. Dies gilt um so mehr, als den Verlegern im Gegensatz zu anderen Verwertern vom Gesetzgeber bisher keine eigenen Leistungsschutzrechte zugesprochen worden sind.

Der neue Satz 2 soll gewährleisten, dass die Verleger auch in Zukunft an den Erträgen der VG Wort angemessen zu beteiligen sind. Die Beschränkung auf eine Sonderregelung für Verleger rechtfertigt sich daraus, dass eine Regelung für diejenigen Verwerter, denen Leistungsschutzrechte zustehen, nicht erforderlich ist. Sie können nämlich den Verwertungsgesellschaften eigene Rechte zur Wahrnehmung übertragen.

Das grundsätzliche Anliegen des Schutzes des Urhebers vor Übervorteilung hat nach wie vor seine Berechtigung und wird durch die Änderung gewahrt. Dem gleichen Ziel dient auch die Einschränkung, dass Satz 2 nur für solche Verwertungsgesellschaften gilt, in denen die Rechte von Verlegern und Urhebern gemeinsam wahrgenommen werden. Die Gefahr, dass Urheber zukünftig nicht mehr angemessen an den Vergütungen beteiligt werden könnten, besteht daher nicht.

Allerdings ist die **Neuregelung des § 63a nicht geglückt**; es dürfte nochmals die „Reparatur einer Panne" (vgl. Rdnr. 6) erforderlich sein. Ziel des § 63a in der Fassung von 2002 war es, dem Urheber seine Vergütungsansprüche zu sichern; dies geschah durch die Unverzichtbarkeit und (grundsätzliche) Unabtretbarkeit, die dazu führten, dass ihm seine Ansprüche verblieben (vgl. Rdnr. 2). Die Neufassung ermöglicht die Abtretung an Verleger, bringt aber nicht zum Ausdruck, dass die gesetzlichen Vergütungsansprüche den Urhebern zustehen und dass die Verleger daran nur angemessen beteiligt werden sollen. Nach dem jetzigen Wortlaut des § 63a S. 2 könnten Verleger sich die Vergütungsansprüche zu hundert Prozent von den Urhebern abtreten lassen, als eigene Ansprüche in eine Verwertungsgesellschaft einbringen und dann bei den Verteilungsplänen eine hundertprozentige Berücksichtigung dieser Ansprüche zu ihren Gunsten verlangen (eingehend dazu *Flechsig/Bisle* ZRP 2008, 115ff.; sa. *Dreyer/Kotthoff/Meckel*[2] § 63a Rdnr. 3; *Hanewinkel* GRUR 2007, 373/30f.; *Hoeren* MMR 2007, 615/619). Dass sich die ursprünglich mit § 63a verfolgte Absicht des Gesetzgebers auch mit der Neufassung des § 63a S. 2 durch den zweiten Korb nicht geändert hat, kann schon angesichts der AmtlBegr. (s. Rdnr. 6) keinem Zweifel unterliegen. Aber mit der missglückten Neuformulierung wird die gesetzgeberische Absicht konterkariert. Eine Korrektur lässt sich bei der derzeitigen Gesetzeslage nur in einer Anwendung der **Inhaltskontrolle allgemeiner Geschäftsbedingungen** nach § 307 BGB erkennen (dazu Rdnr. 21). Die beste Lösung bestünde allerdings in einer Neufassung des § 63a S. 2 (so auch *Flechsig/Bisle* ZRP 2008, 115/118).

3. Anwendungsbereich

§ 63a gilt für die **gesetzlichen Vergütungsansprüche des Urhebers** nach dem Ab- **8** schnitt 6 von Teil 1 des UrhG. Es sind dies § 45a Abs. 2, § 46 Abs. 4, § 47 Abs. 2, § 49 Abs. 1 S. 2, § 52 Abs. 1 S. 2, Abs. 2 S. 2, § 52a Abs. 4 S. 1, § 52b S. 3, § 53a Abs. 2, § 54 iVm. § 54a. In korrigierender Auslegung gehört auch § 27 Abs. 2 hierher (Rdnr. 4). Die Frage, ob auch die analog §§ 27, 49 und 54a praeter legem entwickelte Vergütung für den Kopienversand durch öffentliche Bibliotheken auf Bestellung (BGH GRUR 1999, 707 – Kopienversanddienst) unter § 63a fällt, ist zu bejahen, hat sich aber seit dem 1. 1. 2008 durch die Einführung des § 53a

§ 63a

Gesetzliche Vergütungsansprüche

erledigt, weil § 53 a unmittelbar in den Anwendungsbereich des § 63 a fällt. Sämtliche Vergütungsansprüche entstehen originär in der Hand des Urhebers (vor §§ 44 a ff. Rdnr. 26 mwN). Zu seinen Gunsten (und desjenigen des Rechtsnachfolgers nach § 30) ist § 63 a anzuwenden (AmtlBegr. BT-Drucks. 14/6433 S. 14; sa. Rdnr. 2).

9 Kraft Verweisung ist § 63 a auf **verwandte Schutzrechte** anwendbar (vgl. Loewenheim/ *Flechsig*, Handbuch des Urheberrechts[2], § 85 Rdnr. 11), und zwar für Verfasser wissenschaftlicher Ausgaben (§ 70 Abs. 1), Lichtbildner (§ 72 Abs. 1), ausübende Künstler (§ 83), Veranstalter (§ 83 mit § 81), Tonträgerhersteller (§ 85 Abs. 4), Sendeunternehmen (§ 87 Abs. 4), Filmhersteller (§ 94 Abs. 4) und Laufbildhersteller (§ 95 mit § 94 Abs. 4). Für den ausübenden Künstler gilt zusätzlich für die Ansprüche nach § 78 Abs. 2 der dem § 63 a entsprechende § 78 Abs. 4.

10 Im Blick auf den Gesetzeszweck der Sicherung einer angemessenen Vergütung für den strukturell Unterlegenen (s. Rdnr. 1 und vor §§ 28 ff. Rdnr. 12) ist hinsichtlich der Anwendung auf Inhaber verwandter Schutzrechte ein gewisser Stilbruch festzustellen: Zwar sind Verfasser wissenschaftlicher Ausgaben, Lichtbildner und ausübende Künstler nach dem Schutzbedürfnis dem Urheber gleichzustellen; anderes gilt jedoch für die Unternehmerschutzrechte der Tonträgerhersteller, Sendeunternehmen und Filmhersteller, bei denen es typischerweise an einer vergleichbaren strukturellen Schwäche fehlt. § 63 a impliziert für sie einen gewissen **Überschuss des Schutzes**, der uU sinnvollen Transaktionen, wie der Kreditsicherung, im Wege stehen mag (kritisch auch Dreier/*Schulze* § 63 a Rdnr. 9 und Loewenheim/*Flechsig*, Handbuch des Urheberrechts[2], § 85 Rdnr. 11, die für eine Restriktion hinsichtlich „privat autonomer Absprachen gleichberechtigter Partner" eintreten. Diese Differenzierung nach der wirtschaftlichen Stärke dürfte im Interesse der Rechtssicherheit aber nicht ratsam sein. Gegen die Anwendung des § 63 a auf Tonträgerhersteller *Vogel* unten § 85 Rdnr. 51).

11 In **zeitlicher Hinsicht** ist § 63 a auf Verträge, die vor dem 1. 7. 2002 abgeschlossen wurden, nicht anwendbar (§ 132 Abs. 3 S. 1), dh. Vorausverzichte und Vorausabtretungen in solchen Verträgen unterliegen dem § 63 a nicht (Fromm/Nordemann/*Schaefer*[10] § 63 a Rdnr. 3; Dreyer/ Kotthoff/Meckel[2] § 63 a Rdnr. 2; Loewenheim/*Flechsig*, Handbuch des Urheberrechts[2], § 85 Rdnr. 10; *Hanewinkel* GRUR 2007, 373/375; teilweise aA Dreier/*Schulze*[3] § 63 a Rdnr. 2). § 63 a S. 2 ist in seiner durch den 2. Korb geänderten Form (vgl. Rdnr. 6) am 1. 1. 2008 getreten und erst ab diesem Zeitpunkt anwendbar; zwischen dem 1. 7. 2002 und dem 31. 12. 2007 getroffenen Vereinbarung sind nach § 63 a in der ab 1. 7. 2002 geltenden Fassung zu beurteilen.

II. Verbot des Vorausverzichts

12 Der in § 63 a verfügte Ausschluss des **Verzichts „im Voraus"** bedeutet, dass auf die gesetzlichen Vergütungsansprüche nicht verzichtet werden kann, bevor sie entstanden sind. Hat sich die gesetzliche Vergütungspflicht durch Erfüllung ihres Entstehungstatbestands (vgl. Rdnr. 14) im Einzelfall konkretisiert, so kann dagegen auf den daraus resultierenden **Geldanspruch** verzichtet werden (Wandtke/Bullinger/*Bullinger*[3] § 63 a Rdnr. 6; Dreier/*Schulze*[3] § 63 a Rdnr. 10; Loewenheim/*Flechsig*, Handbuch des Urheberrechts[2], § 85 Rdnr. 15; *Haas* Rdnr. 78). Der Verzicht auf den entstandenen Geldanspruch erfolgt durch Erlassvertrag (§ 397 BGB; s. § 29 Rdnr. 24). Unter das Verbot des Vorausverzichts fällt auch ein **schuldrechtlicher Vertrag**, der vor der Entstehung des Anspruchs geschlossen wird und zum Verzicht auf den künftigen Anspruch vor oder nach seiner Entstehung **verpflichtet** (Dreyer/Kotthoff/Meckel[2] § 63 a Rdnr. 4, 7). Hier greift der Gedanke der Gesetzesumgehung ein: § 63 a soll dem Urheber den Vergütungsanspruch bis zu dessen Entstehung ungeschmälert und frei von Bindungen erhalten (*Schricker* GRUR Int. 2002, 797/802; Dreier/*Schulze*[3] § 63 a Rdnr. 10; Loewenheim/*Flechsig*, Handbuch des Urheberrechts[2], § 85 Rdnr. 16; anders wohl Wandtke/Bullinger/*Bullinger*[3] § 63 a Rdnr. 5, die eine Verpflichtung des Urhebers, den Anspruch nicht auszuüben, für wirksam halten).

III. Beschränkung der Vorausabtretung

13 Generell gilt, dass gesetzliche Vergütungsansprüche **abtretbar** sind. Möglich ist grundsätzlich auch die **Vorausabtretung künftiger Vergütungsansprüche,** wenn diese hinreichend bestimmbar sind (vor §§ 28 ff. Rdnr. 60; vor §§ 44 a ff. Rdnr. 25; Loewenheim/*Flechsig*, Handbuch des Urheberrechts[2], § 85 Rdnr. 17; Dreier/*Schulze*[3] § 63 a Rdnr. 4; aA Wandtke/Bullinger/*Bullinger*[3] § 63 a Rdnr. 7). § 63 a schränkt aber die Zulässigkeit der Vorausabtretung gesetzlicher Vergütungsansprüche auf die Abtretung an Verwertungsgesellschaften und an Verleger unter den in § 63a S. genannten Voraussetzungen ein. Eine Vorausabtretung, die nicht den Kriterien des § 63a entspricht, ist **nichtig.** Die Vorausabtretung ist als Verfügung über das Anwartschaftsrecht zu konstruieren (vor §§ 28ff. Rdnr. 60). Die Einräumung eines Nutzungsrechts bedeutet zwar noch keine Abtretung damit in Beziehung stehender Vergütungsansprüche (vor §§ 44a ff. Rdnr. 26 m. Nachw.); in der Praxis wurde eine Abtretung aber vielfach vertraglich ausdrücklich vereinbart, insbesondere in Verlagsverträgen. Ob derartige Abtretungen in Allgemeinen Geschäftsbedingungen wirksam sind, erscheint zweifelhaft (kritisch *Hoeren/Veddern* Ufita 2002, 7, 30ff.; *Nordemann,* S. 126, will bei Fehlen einer Gegenleistung sogar § 138 BGB anwenden).

Zulässig ist dagegen nach allgemeinen Regeln die Abtretung des bereits **entstandenen gesetz-** 14 **lichen Vergütungsanspruchs** (Dreier/*Schulze*³ § 63a Rdnr. 7; Fromm/Nordemann/*Schaefer*¹⁰ § 63a Rdnr. 14; *Hanewinkel* GRUR 2007, 373/375); allerdings wird vielfach bereits eine (zulässige) Vorausabtretung erfolgt sein. Wann der Anspruch entstanden ist, richtet sich nach dem jeweiligen Entstehungstatbestand. So ist zB für die Entstehung des Vergütungsanspruchs gemäß § 54 Abs. 1 erforderlich, dass der Urheber das Werk geschaffen hat und dass es in einer Weise in Verkehr gebracht ist, bei der eine Vervielfältigung nach § 53 Abs. 1–3 zu erwarten ist. Auf der Seite des Geräteherstellers ist eine die Vervielfältigung ermöglichende Veräußerung oder ein sonstiges Inverkehrbringen des Geräts vorauszusetzen (s. zum Ganzen § 54 Rdnr. 5–7).

1. Vorausabtretung an Verwertungsgesellschaften

In der vom 1. 7. 2002 bis 31. 12. 2007 gültigen Fassung (vgl. Rdnr. 2ff.) erlaubte § 63a die 15 Vorausabtretung nur noch an **Verwertungsgesellschaften**; eine Vorausabtretung an **sonstige Zessionare,** etwa Verwerterunternehmen und insbesondere Verlage, war ausgeschlossen (*Radmann,* Urheberrechtliche Fragen der Filmsynchronisation, S. 202). Ab 1. 1. 2008 ist auch eine Vorausabtretung an Verleger unter den in § 63a genannten Voraussetzungen zulässig.

Unter **Verwertungsgesellschaften** sind die Personen und Personengemeinschaften iSd. § 1 16 WahrnG zu verstehen. § 63a bezieht sich in erster Linie auf das Verfügungsgeschäft der Abtretung (vgl. dazu vor §§ 28ff. Rdnr. 60). Erfasst wird aber auch das zugrunde liegende Verpflichtungsgeschäft (vgl. vor §§ 28ff. Rdnr. 62), dh. der vor der Anspruchsentstehung geschlossene Vertrag, der zur Abtretung des künftigen Anspruchs vor oder nach seiner Entstehung verpflichten will; andernfalls würde die Umgehung des § 63a zu leicht gemacht (ebenso *Hoeren/Veddern* Ufita 2002, 7, 47 für die schuldrechtliche Umgehung von § 20b Abs. 2 S. 3, § 27 Abs. 1 S. 3). Vom Abtretungsverbot erfasst werden separate Abtretungen wie auch solche in Verlags- oder sonstigen Lizenzverträgen (Dreyer/*Kotthoff*/Meckel² § 63a Rdnr. 8).

Vom gesetzlichen Vergütungsanspruch ist der Anspruch des Urhebers gegen die Verwertungs- 17 gesellschaft auf Auszahlung der auf ihn treffenden **Ausschüttung** zu unterscheiden. Dieser Anspruch hat seine Grundlage im Wahrnehmungsvertrag. Nach allgemeinen Regeln wäre dieser Anspruch abtretbar; jedoch pflegen die Verwertungsgesellschaften die Abtretbarkeit auszuschließen oder von ihrer Zustimmung abhängig zu machen (sa. vor §§ 28ff. Rdnr. 61).

2. Vorausabtretung an Verleger

Nach § 63a S. 2 in der ab 1. 1. 2008 geltenden Fassung ist eine Vorausabtretung an Verleger 18 möglich, wenn sie zusammen mit der Einräumung des Verlagsrechts erfolgt und der Verleger die Ansprüche durch eine Verwertungsgesellschaft wahrnehmen lässt, die Rechte von Verlegern und Urhebern gemeinsam wahrnimmt (zur Entstehungsgeschichte vgl. Rdnr. 5f.). Die Regelung beschränkt sich auf Verleger, weil diese im Gegensatz zu anderen Leistungsschutzberechtigten über keine eigenen Leistungsschutzrechte verfügen; Leistungsschutzberechtigte mit eigenen Leistungsschutzrechten sollten gerade nicht einbezogen werden (AmtlBegr. BT-Drucks. 16/1828 S. 32).

Verleger ist, wer im Sinne des § 1 VerlagsG tätig wird, wer also ein Werk zur Vervielfältigung 19 und Verbreitung auf eigene Rechnung in Verlag nimmt (*Schricker,* Verlagsrecht³ § 1 Rdnr. 30). Zu den Verlegern gehören insbesondere Buchverleger, Musikverleger, Bühnenverleger, Kunstverleger, Zeitungs- und Zeitschriftenverleger (Dreier/*Schulze*³ § 63a Rdnr. 13; zu Kunstverlegern sa. Loewenheim/*Schulze,* Handbuch des Urheberrechts², § 70 Rdnr. 50). Entscheidender Gesichtspunkt ist das Fehlen eines eigenen Leistungsschutzrechts (Dreier/*Schulze*³ § 63a Rdnr. 13). Die Abtretung muss **zusammen mit der Einräumung des Verlagsrechts** erfolgen. Das bedeutet zunächst, dass gesetzliche Vergütungsansprüche an Verleger nur in Bezug auf solche Werke abgetreten werden können, bei denen den Verlegern auch das Verlagsrecht eingeräumt wird. Es

§ 64

bedeutet aber auch, dass ein sachlicher und zeitlicher Zusammenhang zwischen der Abtretung des Vergütungsanspruchs und der Einräumung des Verlagsrechts bestehen muss.

20 Voraussetzung schließlich, dass der Verleger die ihm abgetretenen Vergütungsansprüche durch eine **Verwertungsgesellschaft** wahrnehmen lässt, die **Rechte von Verlegern und Urhebern gemeinsam wahrnimmt**. Der Gesetzeswortlaut verlangt nicht, dass es die gleiche Verwertungsgesellschaft ist, die die Rechte des abtretenden Urhebers und des Verlegers wahrnimmt; in der Praxis ist dies jedoch der Fall. Für Buch- und Bühnenverleger ist die VG Wort zuständig, für Musikverleger die GEMA, für Kunstverleger die VG Bild-Kunst. Soweit Verleger ihre Rechte nicht durch eine solche Verwertungsgesellschaft wahrnehmen lassen, ist eine Abtretung gesetzlichen Vergütungsansprüche nicht zulässig (Dreier/*Schulze*[3] § 63a Rdnr. 14).

3. Berücksichtigung in den Verteilungsplänen

21 Um die Pläne der Verwertungsgesellschaften unterliegen dem **Willkürverbot** des § 7 S. 1 WahrnG. Unabhängig von der Frage, ob dabei auch das Angemessenheitsgebot des § 6 WahrnG zu berücksichtigen ist (vgl. dazu unten § 7 WahrnG Rdnr. 5; Dreier/*Schulze*[3] § 7 UrhWG Rdnr. 5; Fromm/Nordemann/*W. Nordemann*[10] WahrnG Rdnr. 4; Loewenheim/*Melichar*, Handbuch des Urheberrechts[2], § 47 Rdnr. 32), ist – bei aller notwendigen Pauschalierung und Typisierung der Verteilung (dazu Loewenheim/*Melichar*, Handbuch des Urheberrechts[2], § 47 Rdnr. 31; Dreier/*Schulze*[3] § 7 UrhWG Rdnr. 5 mwN) – davon auszugehen, dass die Ausschüttungen an diejenigen zu erfolgen haben, die die Rechte eingebracht haben. Daraus können sich dann Probleme ergeben, wenn Verleger sich von den Urhebern gesetzliche Vergütungsansprüche zu 100% abtreten lassen und sie dann als eigene Rechte in die Verwertungsgesellschaft einbringen (s. dazu Rdnr. 7). Der Zweck des 63a, die gesetzlichen Vergütungsansprüche den Urhebern zukommen zu lassen und die Verleger daran lediglich angemessen zu beteiligen (vgl. Rdnr. 6f.) ist aber bei den Verteilungsplänen zu berücksichtigen. Verteilungspläne von Verwertungsgesellschaften unterliegen dem Recht der **Inhaltskontrolle allgemeiner Geschäftsbedingungen** nach § 307 BGB (BGH GRUR 2002, 332/333 – Klausurerfordernis; BGH GRUR 2005, 757/759 – Pro-Verfahren); sie dürfen den Vertragspartner des Verwenders nicht entgegen den Geboten von Treu und Glauben unangemessen benachteiligen. Eine unangemessene Benachteiligung ist unter anderem anzunehmen, wenn Bestimmungen mit Grundgedanken der gesetzlichen Regelung nicht zu vereinbaren sind (§ 307 Abs. 2 Nr. 1 BGB). In diesem Rahmen hat der Zweck des 63a Berücksichtigung zu finden. Die Abtretung gesetzlicher Vergütungsansprüche an Verleger nach § 63a ist als eine **zweckgebundene Abtretung** anzusehen (Dreier/*Schulze*[3] § 63a Rdnr. 15), die dazu führt, dass die Einnahmen aus den Vergütungsansprüchen unter angemessener Beteiligung der Verleger an die Urheber auszuschütten sind (Dreier/*Schulze*[3] § 63a Rdnr. 15; *Hanewinkel* GRUR 2007, 373/376ff.; sa. Vogel, Fs für Schricker 1995, S. 117/140; kritisch zu solchen Lösungen wohl *Flechsig/Bisle* ZRP 2008, 115/117.

Siebenter Abschnitt. Dauer des Urheberrechts

§ 64 Allgemeines

(1) **Das Urheberrecht erlischt siebzig Jahre nach dem Tode des Urhebers.**

(2) *Wird ein nachgelassenes Werk nach Ablauf von sechzig, aber vor Ablauf von siebzig Jahren nach dem Tode des Urhebers veröffentlicht, so erlischt das Urheberrecht erst zehn Jahre nach der Veröffentlichung.*

Schrifttum: *v. Becker*, Neue Tendenzen im Titelschutz, AfP 2004, 25; *Beier*, Die urheberrechtliche Schutzfrist, 2001; *Danisch*, Die Schutzdauerproblematik im Immaterialgüterrecht, 2006; *Delp*, Die Kulturabgabe („Le Domaine public payant"), 1950; *Deutsche Vereinigung für gewerblichen Rechtsschutz und Urheberrecht (GRUR)*, Stellungnahme zum Vorschlag der Kommission für eine Richtlinie zur Änderung der Richtlinie 2006/116/EG des Europäischen Parlaments und des Rates über die Schutzdauer des Urheberrechts und bestimmter verwandter Schutzrechte, GRUR 2009, 38; *Dietz*, Die sozialen Bestrebungen der Schriftsteller und Künstler und das Urheberrecht, GRUR 1972, 11; *ders.*, Das Urheberrecht in der Europäischen Gemeinschaft, 1978; *ders.*, Einige Aspekte der Urhebernachfolgevergütung (domaine public payant), Fs. für Roeber, 1982, S. 45; *ders.*, A propos de l'harmonisation des législations nationales dans les pays de la C. E. E., RIDA 117 (1983), S. 49; *ders.*, Das Problem der angemessenen Urheberschutzfrist unter dem Aspekt des Urhebervertragsrechts, Archivum Iuridicum Cracoviense Vol. XIX (1986), 59; *ders.*, Einige Thesen zum Urhebergemeinschaftsrecht, in *Dittrich* (Hrsg.), Domaine Public Payant, 1993, S. 12; *ders.*, Die Schutzdauerrichtlinie der EU, GRUR Int. 1995, 670; *ders.*, Schutzfristen, in *Schricker/Bastian/Dietz* (Hrsg.), Konturen eines europäischen Urheberrechts, 1996, S. 64; *ders.*, Ein neuer Vorstoß für das domaine public

Allgemeines   § 64

payant auf Grund einer Initiative der deutschen IG Medien, ZfRV 1999, 81; *ders.,* Das Projekt Künstlergemeinschaftsrecht der IG Medien, ZRP 2001, 165; *Dillenz,* Überlegungen zum Domaine Public Payant, GRUR Int. 1983, 820; *Dittrich* (Hrsg.), Domaine Public Payant, 1993; *ders.,* Harmonisierung der Schutzfristen in der EG – nachgelassene Werke, in *Dittrich* (Hrsg.), Beiträge zum Urheberrecht II, 1993, S. 1; *Drexl,* Zur Dauer des US-amerikanischen Urhebern gewährten Schutzes in der Bundesrepublik Deutschland, GRUR Int. 1990, 35; *Drücke,* Der Richtlinienvorschlag der EU-Kommission zur Schutzfristverlängerung für ausübende Künstler und Tonträgerhersteller aus Sicht der Tonträgerhersteller, ZUM 2009, 108; *Erdmann,* Werktreue des Bühnenregisseurs aus urheberrechtlicher Sicht, Fs. für Nirk, 1992, 209; *Fechner,* Geistiges Eigentum und Verfassung, 1999; *Flechsig,* Der rechtliche Rahmen der europäischen Richtlinie zum Schutz von Datenbanken, ZUM 1997, 577; *ders.,* Europäisches Diskriminierungsverbot und Tod des Urhebers vor Inkrafttreten des EWG-Vertrages, GRUR Int. 2000, 1088; *Flechsig/Klett,* Europäische Union und europäischer Urheberschutz, ZUM 1994, 685; *dies.,* Diskriminierungsverbot und Europäisches Urheberrecht: Unmöglichkeit absoluter Gerechtigkeit, ZUM 2002, 732; *Gaster,* Anmerkungen zum Arbeitsdokument der Kommissionsdienststellen über die Folgen des Phil-Collins-Urteils des EuGH für den Bereich des Urheberrechts und der Leistungsschutzrechte, ZUM 1996, 261; *ders.,* Zur anstehenden Umsetzung der EG-Datenbankrichtlinie, CR 1997, 669, 717; *Gerlach,* Der Richtlinienvorschlag der EU-Kommission zur Schutzfristverlängernug für ausübende Künstler und Tonträgerhersteller aus Sicht der ausübenden Künstler, ZUM 2009, 103; *Gerstenberg,* Zur Schutzdauer für Lichtbilder und Lichtbildwerke, GRUR 1976, 131; *Goldstein,* Das urheberrechtliche Gemeingut – Copyright's Commons, GRUR 2006, 901; *Grün,* Die zeitliche Schranke im Urheberrechts, 1979; *Hallas,* Verfassungsrechtliche Probleme eines Domaine Public Payant, in *Dittrich* (Hrsg.), Domaine Public Payant, 1993, S. 1; *Haller,* Der Schutz zuvor unveröffentlichter Werke und seine Einführung ins österreichische Urheberrecht, in: *Dittrich* (Hrsg.), Beiträge zum Urheberrecht V, 1997, S. 62; *Heinz,* Die europäische Richtlinie über den rechtlichen Schutz von Datenbanken in verfassungsrechtlicher und rechtstheoretischer Sicht, GRUR 1996, 455; *Herbst,* Die urheberrechtliche Behandlung musikdramatischer Werke in der Europäischen Gemeinschaft unter besonderer Berücksichtigung ihrer Schutzfristenanknüpfung, 2005; *Heymann,* Die zeitliche Begrenzung des Urheberrechts, 1927; *Hilty,* Eldred v. Ashcroft – Die Schutzfrist im Urheberrecht, GRUR Int. 2003, 201; *Hodik,* Miturheberschaft, Werkverbindung und Kollektivwerke in der EG-Richtlinie zur Vereinheitlichung der Schutzfristen, in *Dittrich* (Hrsg.), Beiträge zum Urheberrecht II, 1993, S. 17; *Hubmann,* Kulturabgabe (Urhebernachfolgegebühr), GRUR 1958, 527; *ders.,* Die Zuständigkeit des Bundes für die Urhebernachfolgevergütung, in: Fs. für Hirsch, 1963, S. 217 = UFITA 36 (1962) 396; *Hunzicker,* Urheberrechtliche Schutzfristen, ZUM 1986, 180; *Jean-Richard-dit-Bressel,* Ewiges Urheberrecht oder Urhebernachfolgevergütung (domaine public payant)?, 2000; *Jean-Richard,* Der „Lebensversicherungscharakter" der schutzfähigen Urheberrechts nach dem Tode des Schöpfers, UFITA 2000 I 139; *ders.,* Die Urhebernachfolgevergütung – Rechtsnatur und Verfassungsmäßigkeit, UFITA 2000 II 353; *Jordan,* Salome IV – Eine Nachbetrachtung –, Fs. für Erdmann, 2002, S. 117; *Juranek,* Harmonisierung der urheberrechtlichen Schutzfristen in der EU, 1994; *ders.,* Ausgewählte Probleme der Schutzfristenverlängerung, in *Dittrich* (Hrsg.), Beiträge zum Urheberrecht V, 1997, S. 41; *Katzenberger,* Die Diskussion um das „domaine public payant" in Deutschland, Fs. für Roeber, 1982, S. 193; *ders.,* Urheberrecht und Urhebervertragsrecht in der deutschen Einigung, GRUR Int. 1993, 2; *Kieser,* Schutzdauer der Lichtbildwerke US-amerikanischer Fotografen in Deutschland, AfP 2002, 391; *Klass,* Die geplante Schutzfristverlängerung für ausübende Künstler und Tonträgerhersteller: Der falsche Ansatz für die richtige Ziel, ZUM 2008, 663; *dies.,* Der Richtlinienvorschlag der Kommission zur Änderung der bestehenden Schutzdauerrichtlinie – Nachtrag zu ZUM 2008, 663, ZUM 2008, 828; *Klett,* Puccini und kein Ende – Anwendung des europarechtlichen Diskriminierungsverbots auf vor 1925 verstorbene Urheber? GRUR Int. 2001, 810; *Kreile, J.,* Das Dritte Gesetz zur Änderung des Urheberrechtsgesetzes, WiB 1995, 706; *ders.,* Der Richtlinienvorschlag der EU-Kommission zur Schutzfristenverlängerung für ausübende Künstler und Tonträgerhersteller aus der Sicht der Filmhersteller, ZUM 2009, 113; *Kreile, R./Becker,* Neuordnung des Urheberrechts in der Europäischen Union, GRUR Int. 1994, 901; *Lehmann,* Die Europäische Datenbankrichtlinie und Multimedia, in *Lehmann* (Hrsg.), Internet- und Multimediarecht (Cyberlaw), 1997, S. 67; *ders.,* Richtlinie 96/9/EG der Europäischen Parlaments und des Rates vom 11. März 1996 über den rechtlichen Schutz von Datenbanken, Einführung, in *Möhring/Schulze/Ulmer/Zweigert* (Hrsg.), Quellen des Urheberrechts, 1962 ff. (Loseblatt), Europ. GemeinschaftsR/II/5; *Leinveber,* Urheberrechtlicher Denkmalschutz, GRUR 1962, 75; *ders.,* Urheberrechtlicher Denkmalschutz – ja oder nein?, GRUR 1964, 364; *ders.,* Die Urhebernachfolgevergütung im Lichte der neuesten Rechtslehre, JR 1964, 447; *v. Lewinski,* Der EG-Richtlinienvorschlag zur Harmonisierung der Schutzdauer im Urheber- und Leistungsschutzrecht, GRUR Int. 1992, 724 = 23 IIC (1992) 785; *dies.,* Richtlinie 93/98/EWG des Rates vom 29. Oktober 1993 zur Harmonisierung der Schutzdauer des Urheberrechts und bestimmter verwandter Schutzrechte, Einführung, in *Möhring/Schulze/Ulmer/Zweigert* (Hrsg.), Quellen des Urheberrechts, 1962 ff. (Loseblatt), Europäisches GemeinschaftsR/II/4; *dies.,* Europäische Integration jenseits der Union – Geistiges Eigentum im Netzwerk intereuropäischer Beziehungen, Fs. für Beier, 1996, S. 607; *dies.,* Allgemeiner Teil 1. Kapitel Einleitung und Datenbank-Richtlinie, in *Walter* (Hrsg.), Europäisches Urheberrecht Kommentar, 2001, S. 1/689; *Loewenheim,* Harmonisierung des Urheberrechts in Europa, GRUR Int. 1997, 285; *Maier,* L'harmonisation de la durée de protection du droit d'auteur et des droits voisins, Revue du Marché Unique Européen 2/1994, 49; *Max-Planck-Institut für geistiges Eigentum, Wettbewerbs- und Steuerrecht (MPI),* Stellungnahme zum Vorschlag der Kommission für eine Richtlinie zur Änderung der Richtlinie 2006/116/EG des Europäischen Parlaments und des Rates über die Schutzdauer des Urheberrechts und bestimmter verwandter Schutzrechte, GRUR Int. 2008, 907; *Melichar,* Übergangsregelungen bei Veränderung der Schutzdauer, in *Dittrich* (Hrsg.), Beiträge zum Urheberrecht II, 1993, S. 25; *Nordemann, A.,* Zur Problematik der Schutzfristen für Lichtbildwerke und Lichtbilder im vereinigten Deutschland, GRUR 1991, 418; *Nordemann, A./Mielke,* Zum Schutz von Fotografien nach der Reform durch das dritte Urheberrechts-Änderungsgesetz, GRUR 1996, 214; *Nordemann, W.,* Das Recht der Bearbeitung gemeinfreier Werke, GRUR 1964, 117; *ders.,* Das dritte Urheberrechts-Änderungsgesetz, NJW 1995, 2534; *ders.,* Mona Lisa als Marke, WRP 1997, 389; *ders.,* Der Urheberrechtsschutz von Angehörigen der Russischen Föderation in Deutschland, ZUM 1997, 521; *Osenberg,* Markenschutz für urheberrechtlich gemeinfreie Werkteile, GRUR 1996, 101; *Pakuscher, E. K.,* Zum Rechtsschutz vor Entstellungen gemeinfreier Werke, UFITA 93 (1982) 43; *Pakuscher, I.,* Der Richtlinienvorschlag der EU-Kommission zur Schutzfristverlängerung für ausübende Künstler und Tonträgerhersteller, ZUM 2009, 89; *Pfister,* Das Urheberrecht im Prozeß der deutschen Einigung, 1996; *Rehbinder,* Verbraucherschutz im Urheberrecht – ein Blick zurück zur Parsival-Debatte, Fs. für Kreile, 1994, S. 557; *Reinbinder/Klingner,* Die Urhebernachfolgevergütung – Ein aktuelles Bedürfnis?, UFITA 137 (1998) 5; *Reinbothe/v. Lewinski,* The E. C. Directive on Rental and Lending Rights and on Piracy, 1993; *Ricketson,* The Copyright Term, 23 IIC (1992) 753; *Ruzicka,* Die Problematik eines „ewigen Urheberpersönlichkeitsrechts", 1979; *Schack,* Schutzfristenchaos im

§ 64   Allgemeines

europäischen Urheberrecht, GRUR Int. 1995, 310; *Schmidt-Hern,* Der Titel, der Urheber, das Werk und seine Schutzfrist, ZUM 2003, 462; *Schulze, E.,* Kulturabgabe und Kulturfonds, 1959; *Schulze, G.,* Der Richtlinienvorschlag der EU-Kommission zur Schutzfristenverlängerung für ausübende Künstler und Tonträgerhersteller aus dogmatischer, kritischer und konstruktiver Sicht, ZUM 2009, 93; *Schulze/Bettinger,* Wiederaufleben der Urheberrechtsschutzes bei gemeinfreien Fotografien, GRUR 2000, 12; *Seifert,* Markenschutz und urheberrechtliche Gemeinfreiheit, WRP 2000, 1014; *ders.,* Geistiges Eigentum und Schutzdauer, Fs. für Nordemann, 2004, S. 399; *Stögmüller,* Deutsche Einigung und Urheberrecht, 1994; *Stuwe,* Der Richtlinienvorschlag der EU-Kommission zur Schutzfristenverlängerung für ausübende Künstler und Tonträgerhersteller – Diskussionsbericht, ZUM 2009; 117; *Ubertazzi,* Der Fall „Butterfly"- Schutzdauer der verwandten Schutzrechte und Übergangsrecht, GRUR Int. 1999, 407; *Vogel,* Die Umsetzung der Richtlinie zur Harmonisierung der Schutzdauer des Urheberrechts und bestimmter verwandter Schutzrechte, ZUM 1995, 451; *ders.,* Die Umsetzung der Richtlinie 96/9/EG über den rechtlichen Schutz von Datenbanken in Art. 7 des Regierungsentwurfs eines Informations- und Kommunikationsdienstegesetzes, ZUM 1997, 592; *Wallentin,* Die besondere Schutzfristenproblematik im Zusammenhang mit Filmen, in *Dittrich* (Hrsg.), Beiträge zum Urheberrecht II, 1993, S. 21; *Walter,* Domaine Public Payant, in *Dittrich* (Hrsg.), Domaine Public Payant, 1993, S. 22; *ders.,* Der Schutz nachgelassener Werke nach der EG Schutzdauerrichtlinie, im geänderten deutschen Urheberrecht und nach der österreichischen UrhG-Novelle 1996, Fs. für Beier, 1996, S. 425; *ders.,* Schutzdauer-Richtlinie, in: *Walter* (Hrsg.), Europäisches Urheberrecht Kommentar, 2001, S. 507; *ders.,* Schutzfristverlängerung und ältere Urheberverträge, M&R 2003, 159; *Wandtke,* Auswirkungen des Einigungsvertrags auf das Urheberrecht in den neuen Bundesländern, GRUR 1991, 263; *Wandtke/Bullinger,* Die Marke als urheberrechtlich schutzfähiges Werk, GRUR 1997, 573; *Wandtke/Gerlach,* Für eine Schutzfristenverlängerung im künstlerischen Leistungsschutz, ZUM 2008, 822; *Wündisch,* Richard Wagner und das Urheberrecht, 2004; *Zimmermann,* Neue Initiative zur Einführung des Goethegroschens gestartet!, ZUM 1996, 862.

Übersicht

	Rdnr.
A. Allgemeines	1–51
I. Rechtfertigung und verfassungsrechtliche Zulässigkeit der zeitlichen Begrenzung des Urheberrechts	1, 2
II. Begrenzte Schutzdauer des Urheberrechts und „domaine public payant"	3, 4
III. Auswirkungen der Gemeinfreiheit eines Werkes	5–8
IV. Schutzdauer des Urheberrechts in den internationalen Verträgen und im Ausland	9–12
V. Harmonisierung der Schutzdauer des Urheberrechts und der verwandten Schutzrechte in Europa	13–48
1. Ziele und Grundregeln der Schutzdauerrichtlinie	13–18
2. Sonderfälle der Schutzdauer des Urheberrechts und damit zusammenhängende verwandte Schutzrechte	19–30
3. Keine Harmonisierung der Schutzdauer des Urheberpersönlichkeitsrechts	31
4. Verhältnis zu Drittstaaten	32–37
5. Schutzdauerregelungen in älteren Richtlinien	38
6. Zeitliche Anwendbarkeit und Übergangsrecht der Schutzdauerrichtlinie	39–44
7. Zeitliche Anwendbarkeit und Übergangsrecht der Datenbankrichtlinie	45–48
VI. Systematik der §§ 64–69	49–51
B. Regelschutzdauer	52–65
I. Entstehungsgeschichte des § 64	52–55
II. Regelschutzdauer	56–65
1. Allgemeine Fragen	56–61
2. Schutzdauer von Lichtbildwerken	62–65
C. Aufhebung der besonderen Schutzdauer nachgelassener Werke und Übergangsrecht	66–68
D. Schutzdauer des Urheberrechts und deutsche Wiedervereinigung	69–72
E. Sonstige Gründe für den Verlust des Urheberrechtsschutzes?	73
F. Schutzdauer des Werktitels. Markenschutz urheberrechtlich gemeinfreier Werke	74

A. Allgemeines

I. Rechtfertigung und verfassungsrechtliche Zulässigkeit der zeitlichen Begrenzung des Urheberrechts

1   **1.** Die zeitliche Begrenzung des Schutzes eines Werkes durch das Urheberrecht ist die **eingreifendste Beschränkung,** die das Gesetz für dieses Recht vorsieht, und zugleich das Merkmal, welches das Urheberrecht als **„geistiges Eigentum"** (s. Einl. Rdnr. 10) am deutlichsten vom **Sacheigentum** unterscheidet. Den insb. auf das Vorbild des Sacheigentums, auf das Gleichheitsprinzip und auf naturrechtliche Ideen gestützten Forderungen nach einem zeit-

Allgemeines **§ 64**

lich unbegrenzten Urheberrechtsschutz (s. die Nachweise bei *Ulmer*³ §§ 16 III 2, 77 I; *Beier* S. 74) ist der Gesetzgeber nicht gefolgt. In der AmtlBegr. (BTDrucks. IV/270 S. 33) heißt es dazu, dass die Befristung des Schutzes dem Wesen des Urheberrechts entspreche, „weil Werke der Literatur, Wissenschaft und Kunst anders als körperliche Gegenstände ihrer Natur nach Mitteilungsgut sind und nach einer die geistigen und wirtschaftlichen Interessen des Urhebers und seiner Erben angemessen berücksichtigenden Frist der Allgemeinheit frei zugänglich sein müssen". Verwiesen wird ferner auf die Auffassung fast aller Kulturstaaten und die praktischen Schwierigkeiten bei der Feststellung der verfügungsberechtigten Erben nach einigen Generationen. Zur zeitlichen Begrenztheit auch des **Urheberpersönlichkeitsrechts** und zu den damit zusammenhängenden Fragen s. Rdnr. 7 und vor §§ 12 ff. Rdnr. 33 ff.

2. Das Bundesverfassungsgericht (BVerfGE 31, 275/287; sa. zum Urheberrecht selbst BVerf- 2 GE 79, 29/42; BVerfG GRUR 2001, 149/151 – Germania 3, jeweils obiter) hat bei der Beurteilung des zeitlich ebenfalls begrenzten Schutzes der ausübenden Künstler (§§ 82, 135) unter dem Gesichtspunkt der Eigentumsgarantie des Art. 14 GG ganz generell ausgesprochen, dass die **Verfassung** den Gesetzgeber nicht verpflichte, „ewige" Urheber- oder Leistungsschutzrechte einzuräumen und auch der Gleichheitssatz (Art. 3 GG) keine Gleichbehandlung mit dem Sacheigentum fordere.

II. Begrenzte Schutzdauer des Urheberrechts und „domaine public payant"

Die zeitliche Begrenzung des Urheberrechts steht in engem Zusammenhang mit dem Gedan- 3 ken des sog. **„domaine public payant"** (s. dazu *Dietz*, Fs. für Roeber, 1982, S. 45 ff.; *Dillenz* GRUR Int. 1983, 820; die Beiträge in *Dittrich* (Hrsg.), Domaine Public Payant, 1993; *Katzenberger*, Fs. für Roeber, 1982, S. 193 ff. mwN sowie *Ulmer*³ § 79 III). Im engeren Sinne ist darunter der Gemeingebrauch individuell-urheberrechtlich nicht mehr geschützter Werke verbunden mit einer Vergütungspflicht für die Verwertung solcher Werke zu verstehen. Die Vergütungen fließen in einen Fonds oder an den Staat („domaine d'Etat"), die Erträge dienen der Förderung und Unterstützung von Urhebern und deren Angehörigen. Noch im Regierungsentwurf zum UrhG (BTDrucks. IV/270 S. 15 f., 81 ff., §§ 73–79) war die Einführung dieses Rechtsinstituts unter der Bezeichnung **„Urhebernachfolgevergütung"** vorgesehen. Sie scheiterte an Bedenken des Rechtsausschusses des Deutschen Bundestags, der als Ausgleich die Verlängerung der Schutzfrist des individuellen Urheberrechts von 50 auf 70 Jahre post mortem auctoris empfahl (vgl. den Bericht des Abg. *Reischl* UFITA 46 (1966) 174/194 ff.). Der Gesetzgeber folgte dieser Empfehlung.

In **neuerer Zeit** ist der Gedanke des „domaine public payant" wiederbelebt worden als Er- 4 gänzung zum Folgerecht der bildenden Künstler de lege ferenda (s. § 26 Rdnr. 6) sowie insb. durch die Vorschläge von *Dietz*, Urheberrecht in der Europ. Gemeinschaft, GRUR Int. 453 ff., und RIDA 117 (1983) 49 ff., zur Harmonisierung der Schutzdauer des Urheberrechts in der EG auf der Basis einer nur 50 jährigen Schutzfrist und eines sich anschließenden „domaine public payant". Aus anderen Motiven, nämlich um der Einflussnahme von Urhebererben auf Bühneninszenierungen zu begegnen, wurde das gleiche Ergebnis speziell für die Bundesrepublik angestrebt (s. dazu die in FuR 1981, 478 f. abgedruckte parlamentarische Anfrage mit Antwort der Bundesregierung). Beide Initiativen waren bisher nicht erfolgreich. Die europäische Schutzdauerrichtlinie (s. Rdnr. 13 ff.) hat sich für die lange Schutzfrist von 70 Jahren entschieden und den Gedanken des „domaine public payant" nicht aufgegriffen. Allerdings steht sie nicht nur ihrem Wortlaut nach seiner Realisierung auch nicht entgegen (ebenso *Walter* in *Walter* (Hrsg.) Schutzdauer-RL Art. 1 Rdnr. 64; aA *Schack*⁴ Rdnr. 477). Es ist daher auf der Ebene des nationalen deutschen Rechts auch damit zu rechnen, dass entsprechende Forderungen erneut erhoben werden (s. *Dietz* ZfRV 1999, 81; *ders.* ZRP 2001, 165; *Zimmermann* ZUM 1996, 862; gegen Einführung einer Urhebernachfolgevergütung *Rehbinder/Klingner* UFITA 137 (1998) 5/18 ff.; *Schack*⁴ Rdnr. 477; kritisch auch *Jean-Richard-dit-Bressel* S. 130 ff./166 f.; *Jean-Richard* UFITA 2000 II 353/357 ff./392 ff.).

III. Auswirkungen der Gemeinfreiheit eines Werkes

1. Ist die urheberrechtliche Schutzdauer eines Werkes abgelaufen, so wird das Werk **gemein-** 5 **frei.** Es kann von jedermann, insb. auch von jedem gewerblich tätigen Verwerter, **frei verwer-**

§ 64

tet werden, ohne dass er die Zustimmung des Urhebers bzw. seiner Rechtsnachfolger einholen müsste (allgM, s. *Ulmer*³ § 79 I, III). Auch eine Pflicht zur Zahlung einer Vergütung entfällt, solange nicht das „domaine public payant" gesetzlich eingeführt ist (s. Rdnr. 3, 4). Mit dem Urheberrecht erlöschen zugleich auch die **Nutzungsrechte,** die der Urheber anderen eingeräumt hat (*Ulmer*³ § 79 I).

6   Einen Eingriff in das Urheberrecht stellt es jedoch dar, wenn **kurz vor Ablauf der Schutzfrist** das noch geschützte Werk ohne Zustimmung des Berechtigten auf Druckstöcken, Formen, Negativen, Matrizen, Masterbändern und dgl. festgehalten wird, auch wenn die Herstellung und Verbreitung der für das Publikum bestimmten Werkexemplare erst nach Ablauf der Schutzfrist geschieht oder geplant ist (s. § 16 Rdnr. 10).

7   2. Nach deutschem Recht erlischt mit dem Urheberrecht als Ganzem auch der **urheberpersönlichkeitsrechtliche Schutz,** so dass die Urhebererben auf urheberrechtlicher Grundlage weder gegen die erstmalige Veröffentlichung eines bisher unveröffentlichten Werkes (§ 12, s. aber auch Rdnr. 54, 67), noch gegen Werkentstellungen (§ 14), noch dagegen vorgehen können, dass bei Verwertungen der Name des Urhebers nicht genannt wird, dass eine Urheberschaft bestritten wird oder andere sich die Urheberschaft zu Unrecht anmaßen (§ 13); es bleiben nur die Möglichkeiten eines Schutzes durch das allgemeine bürgerliche Recht, das Wettbewerbsrecht und den öffentlichrechtlichen Denkmalschutz (s. dazu vor §§ 12 ff. Rdnr. 33–35 mwN; dort, Rdnr. 34, auch zu den Forderungen nach Einführung eines zeitlich unbegrenzten Schutzes des „droit moral" de lege ferenda; de lege lata rechtsvergleichend *Ulmer*³ § 79 II, *Beier* S. 66 ff. und *Dietz,* Urheberrecht in der Europ. Gemeinschaft, Rdnr. 477 ff.; zu den Bestrebungen, die Schutzfrist zu verkürzen, um Behinderungen durch das Urheberpersönlichkeitsrecht abzubauen, s. Rdnr. 4).

8   3. Wie die Verwertungsrechte und der urheberpersönlichkeitsrechtliche Schutz so erlöschen mit dem Urheberrecht als Ganzem auch die in §§ 25–27 geregelten **sonstigen Rechte** des Urhebers. Wie sich auch aus den §§ 39 und 40 VerlagsG ergibt, steht die Gemeinfreiheit eines Werkes infolge Ablaufs der Schutzdauer jedoch dem Abschluss von Verlags- und anderen **Verträgen** über ein solches Werk nicht entgegen (s. *Schricker,* Verlagsrecht §§ 39/40 Rdnr. 1). In gleicher Weise können Verträge über geschützte Werke und andere Schutzgegenstände Wirkungen auch über die Schutzdauer hinaus, zB im Hinblick auf eine weitere Erlösbeteiligung, haben (s. zB LG München I ZUM 2007, 674/677 ff. – Libretto).

IV. Die Schutzdauer des Urheberrechts in den internationalen Verträgen und im Ausland

9   1. Die Regelungen der **Revidierten Berner Übereinkunft** (RBÜ) und des **Welturheberrechtsabkommens** (WUA) über die Dauer des konventionsrechtlichen Schutzes sind durch drei Prinzipien geprägt: die konventionsrechtliche Festlegung einer Mindestschutzdauer, das Prinzip der Inländerbehandlung und den Vergleich der Schutzfristen im Schutzland und im Ursprungsland des Werkes. Auf den Grundsätzen der RBÜ bauen auch das **TRIPS-Übereinkommen** von 1994 und der **WIPO-Urheberrechtsvertrag (WCT)** von 1996 auf; beide Abkommen enthalten darüber hinaus für Sonderfälle je eine Spezialbestimmung über die Schutzdauer. Im einzelnen ist hierzu auf die Vorbemerkungen vor §§ 120 ff. Rdnr. 19, 22, 48, 55 und 65 zu verweisen. Modifikationen können sich aus **bilateralen Staatsverträgen** ergeben, unter denen vor allem das deutsch-amerikanische Abkommen von 1892 hervorzuheben ist, weil es für den Schutz der Werke amerikanischer Urheber in Deutschland Inländerbehandlung ohne Schutzfristenvergleich vorsieht (s. vor §§ 120 ff. Rdnr. 72). Soweit der Vergleich der Schutzfristen anzuwenden ist, sind in ihn **Schutzfristverlängerungen** einzubeziehen, die eine Reihe von Staaten **aus Anlass des Krieges** vorgenommen hat (s. vor §§ 120 ff. Rdnr. 74). Besonderer Art – mit Auswirkungen auch auf die Schutzdauer des Urheberrechts – sind die Folgen der **deutschen Wiedervereinigung** (s. Rdnr. 69 ff.).

10 2. Die regelmäßige **Mindestschutzdauer,** die konventionsgeschützten Werken in allen Verbandsländern mit Ausnahme des Ursprungslandes zu gewähren ist, umfasst nach Art. 7 Abs. 1 RBÜ (Pariser Fassung) die **Lebenszeit des Urhebers** und eine **zusätzliche Schutzfrist** von **50 Jahren nach dem Tod des Urhebers** (post mortem auctoris, pma.). Nach Art. IV Abs. 2 WUA (Genfer und Pariser Fassung) ist diese Schutzfrist auf 25 Jahre verkürzt, sie kann unter bestimmten Voraussetzungen auch von der ersten Veröffentlichung oder Registrierung des Werkes an zu berechnen sein (s. vor §§ 120 ff. Rdnr. 65).

Allgemeines **§ 64**

3. In der RBÜ ist die **50jährige Schutzfrist** als zwingende Schutzfrist anlässlich der Revision **11** der Konvention in Brüssel im Jahre 1948 eingeführt worden (s. vor §§ 120 ff. Rdnr. 41). In den **Verbandsländern der Berner Union** (s. zu diesen vor §§ 120 ff. Rdnr. 45) ist diese Schutzfrist heute die Regel. In den **Mitgliedstaaten der EU,** die alle auch Verbandsländer der Berner Union sind, gilt aufgrund der Schutzdauerrichtlinie (s. Rdnr. 13 ff.) nunmehr eine Schutzfrist von **70 Jahren,** zu der im Regelfall die Lebenszeit des Urhebers hinzutritt; die Richtlinie war bis spätestens 1. 7. 1995 in das innerstaatliche Recht der Mitgliedstaaten umzusetzen (s. Rdnr. 14). Vorbild für diese längere Schutzfrist war das **deutsche** Recht, das sie 1965 einführte (s. Rdnr. 53). Ihm folgten 1972 **Österreich** (unter Beibehaltung einer Schutzfrist von 50 Jahren ab Aufnahme bzw. Veröffentlichung für Filmwerke), 1985 **Frankreich** (nur für musikalische Werke) und, als Nichtmitglied der EU, 1992 die **Schweiz** (nur 50 Jahre für Computerprogramme). **Portugal** hatte 1966 sein bis dahin zeitlich unbegrenztes Urheberrecht zugunsten der üblichen Schutzfrist von 50 Jahren pma. aufgegeben, **Spanien** im Jahre 1987 seine bis dahin 80jährige Schutzfrist auf 60 Jahre ermäßigt. Außerhalb Europas hat **Israel** die 70jährige Schutzdauer im Jahre 1971 eingeführt. Unter den „alten" EU-Staaten werden Dänemark, Frankreich, Griechenland, Italien, Portugal und Spanien durch die Schutzdauerrichtlinie nicht daran gehindert, an ihrem **ewigen droit moral** festzuhalten (s. Rdnr. 31). Zu den Ländern, die **Schutzfristverlängerungen aus Anlass des Krieges** eingeführt haben, s. vor §§ 120 ff. Rdnr. 74 sowie zu Einzelheiten der Verlängerungen *Nordemann/Vinck/Hertin* RBÜ Art. 7 Rdnr. 5, 6.

In den **USA** galt nach dem Copyright Act von 1976 für seit dem 1. 1. 1978 geschaffene Werke zunächst die Regelschutzfrist von 50 Jahren nach dem Tod des Urhebers, während der Copyright Act von 1909 eine Schutzdauer von 28 Jahren nach Veröffentlichung des Werkes vorsah, die auf Antrag um weitere 28 Jahre verlängert werden konnte. Die Frist von 50 Jahren wurde Ende 1998 durch den Copyright Term Extension Act auf 70 Jahre verlängert (zur Vereinbarkeit dieser Maßnahme mit der US-amerikanischen Verfassung s. U. S. Supreme Court, Urt. v. 15. 1. 2003 – Eldred v. Ashcroft, GRUR Int. 2003, 264 und dazu *Hilty* GRUR Int. 2003, 201). Die ehemalige **Sowjetunion** hatte die Schutzfrist post mortem auctoris anlässlich ihres Beitritts zum WUA (Genfer Fassung) im Jahre 1973 auf 25 Jahre festgesetzt und diese Frist dann im Jahre 1991 auf 50 Jahre verlängert. Wegen der Auflösung der Sowjetunion im Dezember 1991 konnte sie dort nicht mehr in Kraft treten, jedoch übernahm **Russland** diese Regelung im Jahre 1992 und dann auch in sein neues Urheberrechtsgesetz von 1993 und damit noch vor seinem Beitritt zur Berner Union, der im Jahre 1995 wirksam wurde. Im Jahre 2004 wurde die Schutzfrist in Russland auf 70 Jahre angehoben (s. *Dietz* Fs. für Schricker, 2005, S. 267/271; *Prinz* zu *Waldeck und Pyrmont* GRUR Int. 2005, 87) Die **Volksrepublik China** verfuhr zunächst ähnlich, indem sie die 50jährige Schutzfrist post mortem auctoris in ihr Urheberrechtsgesetz von 1990 aufnahm, um dann im Jahre 1992 der Berner Union beizutreten. Zu einer weiteren Verlängerung der Schutzfrist ist es hier bisher aber nicht gekommen. **12**

V. Harmonisierung der Schutzdauer des Urheberrechts und der verwandten Schutzrechte in Europa

1. Ziele und Grundregeln der Schutzdauerrichtlinie

Da die internationalen urheberrechtlichen Konventionen die von ihnen festgelegte Schutzdauer als Mindestschutzdauer ausgestaltet haben (s. Rdnr. 9, 10), können die Verbandsländer bzw. Vertragsstaaten auch eine längere Schutzdauer vorsehen. Von dieser Möglichkeit haben in der Vergangenheit auch einzelne Mitgliedstaaten der Europäischen Union (EU) Gebrauch gemacht (s. Rdnr. 11 zu einigen Beispielen). Daraus konnte sich ergeben, dass ein und dasselbe Werk, dessen Schutzdauer in einem Mitgliedstaat A schon abgelaufen war, in einem anderen Mitgliedstaat B noch geschützt war. Im Hinblick auf solche Fälle hatte der Europäische Gerichtshof (EuGH) am 24. 1. 1989 in der Rechtssache EMI Electrola gegen Patricia (GRUR Int. 1989, 319 – Schutzfristenunterschiede) zur gleichgelagerten Situation bei den ausschließlichen verwandten Schutzrechten der Tonträgerhersteller auf eine Art und Weise entschieden, die zu **Beschränkungen des innergemeinschaftlichen Wirtschaftsverkehrs** und zu **Wettbewerbsverzerrungen** führen konnte: Wenn der Inhaber der Rechte im Mitgliedstaat B (Deutschland) hier den Vertrieb von importierten Tonträgern gerichtlich untersagen ließ, die von einem Dritten im Mitgliedstaat A (Dänemark) ohne Zustimmung des Rechtsinhabers, aber aufgrund Ablaufs der Schutzdauer dort dennoch rechtmäßig hergestellt und in Verkehr gebracht worden **13**

§ 64 Allgemeines

waren, so verstieß dies nicht gegen die Vorschriften über den freien Warenverkehr (Art. 30, 36 EWGV).

14 Um dieser für den europäischen Binnenmarkt abträglichen Situation zu begegnen (s. Initiativen zum Grünbuch, Dok. KOM (90) 584 endg. v. 17. 1. 1991, GRUR Int. 1991, 359/368; Erwgr. 1, 2 der Schutzdauerrichtlinie 93/98/EWG, ABl. Nr. L 290 S. 9 v. 24. 11. 1993, abgedr. in GRUR Int. 1994, 141), wurde die Harmonisierung der urheberrechtlichen Schutzdauerregelungen der Mitgliedstaaten beschlossen und mit der **Richtlinie 93/98/EWG des Rates vom 29. 10. 1993 zur Harmonisierung der Schutzdauer des Urheberrechts und bestimmter verwandter Schutzrechte** (Schutzdauerrichtlinie) den Mitgliedstaaten zur Umsetzung in ihr nationales Recht vorgeschrieben. Die Umsetzung hatte bis spätestens 1. 7. 1995 zu geschehen (Art. 13 Abs. 1 Satz 1 der Richtlinie). Die Richtlinie bindet auch die Vertragsstaaten des **Abkommens über den Europäischen Wirtschaftsraum (EWR)** von 1992 (s. *v. Lewinski*, Fs. für Beier, S. 607/616; *dies.*, in *Walter* (Hrsg.) Europäisches Urheberrecht Kommentar, 2001, AT 1. Kap. Rdnr. 61). Die Richtlinie 93/98/EWG ist später geändert und inzwischen unter Übernahme der Änderungen aus Gründen der Übersichtlichkeit und Klarheit in Form der **Schutzdauerrichtlinie 2006/116/EG** vom 12. 12. 2006 (ABl. L 372/12 v. 27. 12. 2006, GRUR Int. 2007, 233) **kodifiziert** worden. Durch Art. 12 Abs. 1 dieser Richtlinie wurde die Richtlinie 93/98/EWG unbeschadet der Fortgeltung der früheren Umsetzungsfristen aufgehoben. Verweisungen auf die Richtlinie 93/83/EWG gelten seitdem als Verweisungen auf die Richtlinie 2006/116/EG, wobei formale Änderungen in der Nummerierung der Bestimmungen einer als Anhang II dieser Richtlinie angefügten Entsprechungstabelle zu entnehmen sind (Art. 12 Abs. 2 der Richtlinie 2006/116/EG). Erneute inhaltliche Änderungen waren mit der Kodifizierung aber nicht verbunden. Im Folgenden wird primär auf die kodifizierte Fassung der Schutzdauerrichtlinie Bezug genommen. Kontrovers diskutiert wird zur Zeit ein **Vorschlag** der **EU-Kommission** vom 16. 7. 2008 (KOM/2008/464 endg., zugänglich über http://europa.eu) für eine **Änderung** der Schutzdauerrichtlinie 2006/116/EG mit dem Hauptziel, die **Schutzdauer** von **auf Tonträgern aufgezeichneten Darbietungen ausübender Künstler** sowie von **Tonträgern** von 50 auf 95 Jahre (Europäisches Parlament: 70 Jahre, s. GRUR Int. 2009, 548) **zu verlängern** (und daneben die urheberrechtliche Schutzdauer von musikalischen Kompositionen mit Text bezüglich der Anknüpfung der Schutzfristen weiter zu vereinheitlichen) (s. dazu die Stellungnahmen von *GRUR*, GRUR 2009, 38 und *MPI*, GRUR Int. 2008, 907 sowie die Beiträge von *Drücke, Gerlach, J. Kreile, I. Pakuscher, G. Schulze* und *Stuwe* in ZUM 2009 Heft 1 sowie von *Klass,* ZUM 2008, 663, 828).

15 Die Richtlinienregelungen sind von **vier wesentlichen Grundsätzen** geprägt (s. dazu Initiativen zum Grünbuch, GRUR Int. 1991, 359/368; auch Erwgr. 3, 4, 10–12 und 17 der Schutzdauerrichtlinie 2006/116/EG): 1. sollte die **Harmonisierung total** sein, was im Ergebnis weitgehend, aber nicht lückenlos gelang (s. *Dietz* GRUR Int. 1995, 671/672/673 f./675/677 f./ 685 f.; *ders.* in *Schricker/Bastian/Dietz* (Hrsg.) S. 64/66/68/69/71/77 f.; *Juranek* S. 70; *ders.* in *Dittrich* (Hrsg.) S. 41/44). Dieses Ziel machte eine Vereinheitlichung nicht nur der Schutzfristen, sondern auch der Zeitpunkte erforderlich, von denen an und bis zu denen diese Fristen laufen. 2. sollte die vereinheitlichte Schutzdauer dem Erfordernis eines **hohen Schutzniveaus** entsprechen, um die Aufrechterhaltung und Entwicklung der Kreativität im Interesse der Autoren, der Kulturindustrie, der Verbraucher und der gesamten Gesellschaft sicherzustellen, um die harmonische Entwicklung der literarischen und künstlerischen Kreativität in der Gemeinschaft zu fördern und um, im Fall der Urheber, auch angesichts gestiegener Lebenserwartung in der Gemeinschaft den Schutz der ersten beiden Generationen der Urhebernachkommen zu gewährleisten; aus dem letzteren Grund sei die in der RBÜ vorgesehene Mindestschutzfrist von 50 Jahren nach dem Tod des Urhebers (s. Rdnr. 9, 10) auf 70 Jahre zu erhöhen (hierzu teilweise kritisch *Dietz* GRUR Int. 1995, 670 ff.; *ders.* in *Schricker/Bastian/Dietz* (Hrsg.) S. 64 ff.; s. auch *v. Lewinski* in *Möhring/Schulze/Ulmer/Zweigert* (Hrsg.) S. 5; *Walter* in *Walter* (Hrsg.) Schutzdauer-RL Art. 1 Rdnr. 3). 3. sollte durch Übergangsmaßnahmen sichergestellt werden, dass **wohlerworbene Rechte nicht beeinträchtigt,** bzw. laufende Schutzfristen nicht verkürzt werden. Und 4. sollte das prekäre **Gleichgewicht zwischen Urheberrecht und verwandten Schutzrechten** erhalten bleiben.

16 Die Orientierung der Schutzdauerrichtlinie an den längsten Schutzfristen, welche in den Mitgliedstaaten vor Umsetzung der Richtlinie vorgesehen waren, findet darüber hinaus auch eine **pragmatische Erklärung:** Kürzere Fristen hätten in den betreffenden Mitgliedstaaten zu verfassungsrechtlichen Problemen führen können, oder es hätten, auch nach dem erwähnten dritten Grundsatz (s. Rdnr. 15), überlange Übergangsfristen mit uneinheitlichen Schutzdauerregelun-

Allgemeines **§ 64**

gen in Kauf genommen werden müssen (s. *Dietz* GRUR Int. 1995, 670/671; *ders.* in *Schricker/Bastian/Dietz* (Hrsg.) S. 64/65; s. auch *v. Lewinski* GRUR Int. 1992, 724/725 = 23 IIC (1992) 785/788; *dies.* in *Möhring/Schulze/Ulmer/Zweigert* (Hrsg.) S. 5f.; *Walter* in *Walter* (Hrsg.) Schutzdauer-RL Art. 1 Rdnr. 4).

Aus den Zielsetzungen der Schutzdauerrichtlinie (s. Rdnr. 15f.) folgen zum einen die dort **17** vorgesehenen **langen Schutzfristen,** die sich an den Regelungen der Mitgliedstaaten mit dem jeweils höchsten Schutzniveau vor Inkrafttreten der Harmonisierung orientieren: 70 Jahre für das Urheberrecht (Art. 1, 2 Abs. 2 der Richtlinie; s. Rdnr. 11), 50 Jahre für die verwandten Schutzrechte der ausübenden Künstler (Art. 3 Abs. 1 der Richtlinie; s. § 82 Rdnr. 5f.), der Hersteller von Tonträgern (Art. 3 Abs. 2 der Richtlinie; s. § 85 Rdnr. 52f.), der Filmhersteller (Art. 3 Abs. 3 der Richtlinie; s. § 94 Rdnr. 35) und der Sendeunternehmen (Art. 3 Abs. 4 der Richtlinie; s. § 87 Rdnr. 43f.) sowie 25 Jahre für nachgelassene (postume) Werke (Art. 4 der Richtlinie; s. § 71 Rdnr. 15) und (höchstens) 30 Jahre für kritische und wissenschaftliche Ausgaben gemeinfreier Werke (Art. 5 der Richtlinie). Hinzu kommt die Schutzfrist von 15 Jahren in Bezug auf das nach Erlass der Schutzdauerrichtlinie eingeführte, für alle Mitgliedstaaten neue sui generis-Schutzrecht des Datenbankherstellers nach Art. 10 Abs. 1, 2 der Datenbankrichtlinie (s. § 87d Rdnr. 1ff.).

Vereinheitlicht sind zum anderen auch die **Zeitpunkte für den Fristbeginn:** für das Urhe- **18** berrecht im Regelfall wie bisher schon (s. Rdnr. 52) und wie auch nach den internationalen Konventionen (s. zur RBÜ Rdnr. 10) der Tod des Urhebers (Art. 1 Abs. 1, 2, Art. 2 Abs. 2 der Richtlinie; s. Rdnr. 56), in Sonderfällen (s. Rdnr. 19) der Zeitpunkt, in dem das Werk der Öffentlichkeit erlaubterweise zugänglich gemacht worden ist (Art. 1 Abs. 3–5 der Richtlinie; s. Rdnr. 19 sowie § 66 Rdnr. 2, 16, § 67 Rdnr. 1, 4). In diesen Sonderfällen erlischt das Urheberrecht, wenn ein Werk nicht innerhalb einer Frist von 70 Jahren nach seiner Schaffung erlaubterweise der Öffentlichkeit zugänglich gemacht worden ist (Art. 1 Abs. 6 der Richtlinie; s. Rdnr. 21, § 66 Rdnr. 17). Zu den maßgeblichen Zeitpunkten bei den verwandten Schutzrechten und dem sui generis-Schutzrecht des Datenbankherstellers s. Art. 3–5 der Schutzdauerrichtlinie und Art. 10 Abs. 1, 2 der Datenbankrichtlinie sowie Näheres dazu unter § 70 Rdnr. 14, § 71 Rdnr. 15, § 82 Rdnr. 6f., 10, § 85 Rdnr. 52f., § 87 Rdnr. 43f., § 87d Rdnr. 1 und § 94 Rdnr. 35. In allen Fällen ist **effektiver Fristbeginn für die Fristenberechnung** nicht der Tag des für den Beginn der jeweiligen Frist maßgebenden Ereignisses, sondern der erste Januar desjenigen Jahres, welches auf dieses Ereignis folgt (Art. 8 der Schutzdauerrichtlinie; Art. 10 Abs. 1, 2 der Datenbankrichtlinie). Dies entspricht Art. 7 Abs. 5 RBÜ (Pariser Fassung) und Art. 14 des Rom-Abkommens (s. § 69 Rdnr. 1, 4).

2. Sonderfälle der Schutzdauer des Urheberrechts und damit zusammenhängende verwandte Schutzrechte

a) Sonderfälle der Schutzdauer des Urheberrechts, für welche die Schutzdauerrichtlinie be- **19** sondere Regelungen vorsieht, betreffen: in Miturheberschaft geschaffene Werke (Art. 1 Abs. 2 der Richtlinie; s. Rdnr. 20), anonyme und pseudonyme Werke (Art. 1 Abs. 3 der Richtlinie; s. Rdnr. 21), Kollektivwerke und Werke juristischer Personen (Art. 1 Abs. 4 der Richtlinie; s. Rdnr. 22f.), Lieferungswerke (Art. 1 Abs. 5 der Richtlinie; s. Rdnr. 24), Filmwerke und audiovisuelle Werke (Art. 2 der Richtlinie; s. Rdnr. 25f.), nachgelassene (postume) Werke (Art. 4 der Richtlinie; s. Rdnr. 27f.), kritische und wissenschaftliche Ausgaben gemeinfreier Werke (Art. 5 der Richtlinie, s. Rdnr. 29), Fotografien (Art. 6 der Richtlinie; s. Rdnr. 30); Urheberpersönlichkeitsrechte (Art. 9 der Richtlinie; s. Rdnr. 31), die Schutzdauer im Verhältnis zu Drittstaaten (Art. 7 der Richtlinie; s. Rdnr. 32ff.), die Schutzdauerregelungen in älteren Richtlinien, nämlich in der Computerprogrammrichtlinie und in der Vermiet- und Verleihrechtsrichtlinie (Art. 11 der Richtlinie 93/98/EWG, in der Richtlinie 2006/116/EG nicht mehr geregelt; s. Rdnr. 38) sowie die zeitliche Anwendbarkeit der Bestimmungen der Schutzdauerrichtlinie (Art. 10 der Richtlinie; s. Rdnr. 39ff.). Dem letztgenannten Punkt entsprechende Regelungen enthält Art. 14 der Datenbankrichtlinie (s. Rdnr. 45ff.). **Keine Sonderregelungen** enthält die Schutzdauerrichtlinie in Bezug auf Werke der angewandten Kunst, obwohl Art. 7 Abs. 4 RBÜ (Pariser Fassung) insoweit eine kürzere als die Regelschutzdauer zugelassen hätte; und konsequenterweise sind auch keine Sonderregelungen für Computerprogramme vorgesehen (s. *v. Lewinski* GRUR Int. 1992, 724/729 = 23 IIC (1992) 785/796f.; sa. Rdnr. 38).

b) Art. 1 Abs. 2 der Schutzdauerrichtlinie bestimmt, dass in Fällen, in denen das Urheberrecht **20** an einem Werk **Miturhebern** gemeinsam zusteht, die in Art. 1 Abs. 1 für den Regelfall vorgesehene, mit dem Tod des Urhebers beginnende Schutzfrist von 70 Jahren (s. Rdnr. 17f.) erst mit

§ 64 Allgemeines

dem Tod des längstlebenden Miturhebers zu laufen beginnt. Dies entspricht Art. 7bis RBÜ (Pariser Fassung). Die Richtlinienregelung enthält daher für die Mitgliedstaaten der EU, die alle auch Verbandsländer der Berner Union sind, insoweit nichts Neues. Es fehlt in der Schutzdauerrichtlinie im Übrigen ebenso wie im internationalen Konventionsrecht eine Regelung über die Voraussetzungen der Miturheberschaft, so dass nationale Unterschiede in dieser Frage bestehen bleiben und der Harmonisierungseffekt der Richtlinie insoweit eine Lücke aufweist (s. Rdnr. 15). Betroffen sind insbesondere Werke mit Musik und Text, wie Opern, Operetten, Musicals, Lieder und Schlagermusik, die zB das französische Recht als in Miturheberschaft geschaffene Werke mit einer einheitlichen, nach dem Tod des letztversterbenden Miturhebers zu bestimmenden Schutzdauer beurteilt, während Musik und Text in diesen Fällen nach deutschem Recht verbundene Werke iSd. § 9 UrhG mit jeweils eigener Schutzdauer sind (s. § 9 Rdnr. 5); das französische Recht kann hierbei zu einer wesentlich längeren Schutzdauer der Musik oder des Textes führen (s. hierzu sowie zu weiteren diesbezüglichen Aspekten der Schutzdauerrichtlinie *Dietz* GRUR Int. 1995, 670/673 f.; *ders.* in *Schricker/Bastian/Dietz* (Hrsg.) S. 64/68; sa. *Hodik* in *Dittrich* (Hrsg.), S. 17 f./ 20; kritisch und mit einem an der Schutzdauerregelung für Filmwerke orientierten Reformvorschlag *Schricker* GRUR Int. 2001, 1015/1017; sa. *Walter* in *Walter* (Hrsg.) Schutzdauer-RL Art. 1 Rdnr. 25 ff./33). Der **Änderungsvorschlag** der **EU-Kommission** vom **16. 7. 2008** (s. Rdnr. 14) sieht hierzu einen neuen Art. 1 Abs. 7 der Schutzdauerrichtlinie vor, der für solche Fälle dieselbe Anknüpfung der Schutzfrist von 70 Jahren nach dem Tod des Urhebers wie für Fälle der Miturheberschaft (Art. 1 Abs. 2 der Richtlinie) vorsieht: Die Schutzfrist soll 70 Jahre nach dem Tod des Komponisten oder des Textautors erlöschen, je nachdem wer von ihnen zuletzt stirbt. Im Ergebnis für die Schutzdauer folgt dieser Vorschlag dem französischen Vorbild und schließt er eine Harmonisierungslücke auf dem generell angestrebten hohen Schutzniveau (so. Rdnr. 15; sa. den vorgeschlagenen Erwgr. 18 sowie zu möglichen offenen Fragen *G. Schulze* ZUM 2009, 93/101 f.). In Bezug auf die Frage der Miturheberschaft bei Filmwerken (s. vor §§ 88 ff. Rdnr. 52 ff./64/70) enthält Art. 2 Abs. 2 der Schutzdauerrichtlinie eine spezielle, nur die Schutzdauer regelnde Bestimmung (s. Rdnr. 25).

21 **c)** Besondere Regelungen über die Schutzdauer **anonymer und pseudonymer Werke** tragen dem Umstand Rechnung, dass es unmöglich ist, die Schutzdauer eines Werkes unter Anknüpfung an die Lebenszeit und den Tod seines Urhebers zu bestimmen, wenn der Urheber unbekannt ist (s. § 66 Rdnr. 2). Art. 1 Abs. 3 S. 1 der Schutzdauerrichtlinie bestimmt daher, dass die Schutzdauer solcher Werke 70 Jahre nach dem Zeitpunkt endet, in dem das Werk erlaubterweise der Öffentlichkeit zugänglich gemacht worden ist. Dagegen richtet sich die Schutzdauer nach der allgemeinen Regel des Art. 1 Abs. 1 der Richtlinie, wenn das Motiv für die Sonderregelung nicht Platz greift, dh. wenn das vom Urheber angenommene Pseudonym keinerlei Zweifel über seine Person zulässt oder wenn der Urheber innerhalb der Frist des Art. 1 Abs. 3 S. 1 der Richtlinie seine Identität offenbart (Art. 1 Abs. 3 S. 2 der Richtlinie). Beide Sätze des Art. 1 Abs. 3 der Richtlinie entsprechen praktisch wortwörtlich den Sätzen 1–3 des Art. 7 Abs. 3 RBÜ (Pariser Fassung), so dass die Richtlinie den Mitgliedstaaten der EU insoweit keine neuen Verpflichtungen auferlegt (sa. *v. Lewinski* GRUR Int. 1992, 724/730 = 23 IIC (1992) 785/798 f.). Die weitere Bestimmung des Art. 7 Abs. 3 S. 4 RBÜ (Pariser Fassung), wonach die Verbandsländer nicht verpflichtet sind, anonyme oder pseudonyme Werke zu schützen, bei denen aller Grund zu der Annahme besteht, dass ihr Urheber seit 50 Jahren tot ist, ist in die Schutzdauerrichtlinie nicht übernommen worden (anders noch der Richtlinienvorschlag, ABl. Nr. C 92 S. 6 = GRUR Int. 1992, 452, Art. 1 Abs. 4). An die Stelle dieser Regelung tritt Art. 1 Abs. 6 der Schutzdauerrichtlinie, der ebenfalls das Ziel verfolgt, einen zeitlich unbegrenzten Schutz anonymer oder pseudonymer Werke zu verhindern: Bei Werken, deren Schutzdauer nicht nach dem Tod des Urhebers berechnet wird, erlischt der Schutz, wenn sie nicht innerhalb von 70 Jahren nach ihrer Schaffung erlaubterweise der Öffentlichkeit zugänglich gemacht worden sind (s. zum Ergebnis *v. Lewinski* in *Möhring/Schulze/Ulmer/Zweigert* (Hrsg.) S. 6 f.). Zu anderen möglichen Fragen im Zusammenhang mit Art. 1 Abs. 3 der Schutzdauerrichtlinie s. *Dietz* GRUR Int. 1995, 670/674; *ders.* in *Schricker/Bastian/Dietz* (Hrsg.) S. 64/68 f.; *Walter* in *Walter* (Hrsg.) Schutzdauer-RL Art. 1 Rdnr. 25 ff.

22 **d)** Die in Art. 1 Abs. 4 der Schutzdauerrichtlinie enthaltene Sonderregelung bezieht sich auf Mitgliedstaaten, deren nationale Urheberrechtsordnungen besondere Bestimmungen über **Kollektivwerke** oder über **juristische Personen als Rechtsinhaber** vorsehen. Für sie schreibt Art. 1 Abs. 4 vor, dass die Schutzdauer nach Abs. 3, also wie bei anonymen und pseudonymen Werken, nach dem Zeitpunkt zu berechnen ist, in dem das Werk erlaubterweise der Öffentlich-

Allgemeines **§ 64**

keit zugänglich gemacht worden ist (s. Rdnr. 21). Dies gilt allerdings nicht, und die allgemeinen Regeln des Art. 1 Abs. 1 und 2 der Richtlinie über die Bestimmung der Schutzdauer nach dem Tod des Urhebers oder des längstlebenden Miturhebers sind anwendbar, wenn die natürlichen Personen, die das Werk geschaffen haben, in den der Öffentlichkeit zugänglich gemachten Fassungen dieses Werkes als solche identifiziert sind (Art. 1 Abs. 4 S. 1). Die allgemeinen Regeln gelten auch für die Rechte identifizierter Urheber, deren identifizierbare Beiträge in Kollektivwerken oder Werken mit juristischen Personen als Rechtsinhabern enthalten sind (Art. 1 Abs. 4 S. 2). Art. 1 Abs. 4 der Richtlinie beinhaltet keine Verpflichtungen für Mitgliedstaaten, die keine Sonderregelungen für Kollektivwerke oder juristische Personen als Rechtsinhaber vorsehen (s. *Dietz* GRUR Int. 1995, 670/675; *ders.* in *Schricker/Bastian/Dietz* (Hrsg.) S. 64/69; *Hodik* in *Dittrich* (Hrsg.) S. 17/20; *Juranek* S. 65 f.; *v. Lewinski* GRUR Int. 1992, 724/730 = 23 IIC (1992) 785/799; *dies.* in *Möhring/Schulze/Ulmer/Zweigert* (Hrsg.) S. 7; *Walter* in *Walter* (Hrsg.) Schutzdauer-RL Art. 1 Rdnr. 52). Daraus folgt zwar wiederum ein Harmonisierungsdefizit (s. Rdnr. 15, 20), jedoch dürften sich dessen Auswirkungen in Grenzen halten (s. *Dietz* GRUR Int. 1995, 670/675; *ders.* in *Schricker/Bastian/Dietz* (Hrsg.) S. 64/69; *v. Lewinski* GRUR Int. 1992, 724/730 = 23 IIC (1992) 785/799). Auch für diejenigen Fälle, in denen die Schutzdauer eines Werkes gemäß Art. 1 Abs. 4 iVm. Abs. 3 der Richtlinie nicht nach dem Tod des Urhebers oder der Urheber berechnet wird, gilt im Übrigen die Regel des Art. 1 Abs. 6 der Richtlinie über das Erlöschen des Schutzes, wenn das Werk nicht innerhalb von 70 Jahren nach seiner Schaffung erlaubterweise der Öffentlichkeit zugänglich gemacht worden ist (s. dazu Näheres unter Rdnr. 21; zum Ergebnis s. *Dietz* GRUR Int. 1995, 670/675; *Hodik* in *Dittrich* (Hrsg.) S. 17/19; *v. Lewinski* GRUR Int. 1992, 724/730 = 23 IIC (1992) 785/799; *dies.* in *Möhring/Schulze/Ulmer/Zweigert* (Hrsg.) S. 7). Für Filmwerke als Werke mit juristischen Personen als Inhabern der Rechte gilt die Spezialregelung des Art. 2 der Richtlinie (s. *Dietz* GRUR Int. 1995, 670/674; *v. Lewinski* in *Möhring/Schulze/Ulmer/Zweigert* (Hrsg.) S. 7, Fn. 23; *Walter* in *Walter* (Hrsg.) Schutzdauer-RL Art. 1 Rdnr. 57; s. Rdnr. 25).

Entgegen einer im Schrifttum (s. *v. Lewinski* in *Möhring/Schulze/Ulmer/Zweigert* (Hrsg.) S. 7) **23** vertretenen Auffassung ist auch das **deutsche Recht** von Art. 1 Abs. 4 der Schutzdauerrichtlinie betroffen: Als Vorschrift des zeitlichen Übergangsrechts bestimmt § 134 UrhG für ältere Werke aus der Zeit vor 1966 die Fortgeltung von Bestimmungen des früheren Rechts über die Person des Urhebers und über die Berechnung der Schutzdauer in Fällen, in denen nach diesen Bestimmungen eine juristische Person als Urheber eines Werkes und damit auch als Inhaber des Urheberrechts anzusehen war. Dies betraf und betrifft insbesondere juristische Personen des öffentlichen Rechts, die ein Werk veröffentlichten, dessen Verfasser nicht genannt wurde, und juristische Personen als Herausgeber von Sammelwerken (s. § 134 Rdnr. 3). Als Zeitpunkt für den Beginn der Schutzfrist in solchen Fällen sahen die weitergeltenden früheren Bestimmungen teils die Veröffentlichung, teils das Erscheinen des Werkes vor (s. § 134 Rdnr. 6). Eine Anpassung dieser Bestimmungen an Art. 1 Abs. 4 der Schutzdauerrichtlinie ist vom deutschen Gesetzgeber bei der Umsetzung dieser Richtlinie versäumt worden. Dagegen bedurfte es einer solchen Anpassung nicht im Hinblick auf Kollektivwerke, da solche Werke sowohl dem geltenden als auch dem früheren deutschen Recht unbekannt sind bzw. waren. Soweit Werke, wie Zeitungen, Zeitschriften und Enzyklopädien, nach ausländischem Recht als Kollektivwerke, nach deutschem Recht aber als Sammelwerke zu qualifizieren sind (s. § 4 Rdnr. 20), gelten in Bezug auf das deutsche Recht die allgemeinen Bestimmungen der Richtlinie über den Beginn der Schutzfrist mit dem Tod ihrer identifizierten Urheber als natürlicher Personen (Art. 1 Abs. 1, 2 der Richtlinie) bzw. mit dem Zeitpunkt, in dem anonyme Sammelwerke außerhalb des Anwendungsbereichs der früheren Bestimmungen erlaubterweise der Öffentlichkeit zugänglich gemacht worden sind (Art. 1 Abs. 3 der Richtlinie unmittelbar; s. zum Ergebnis *Dietz* GRUR Int. 1995, 670/675; *v. Lewinski* in *Möhring/Schulze/Ulmer/Zweigert* (Hrsg.) S. 7). Im Hinblick auf den Aspekt der De-Anonymisierung kann dies in den verschiedenen Mitgliedstaaten möglicherweise zu unterschiedlichen Ergebnissen führen (s. *Dietz* GRUR Int. 1995, 670/675 zu den diesbezüglichen Regelungsunterschieden in Art. 1 Abs. 3 und Abs. 4 der Richtlinie).

e) Art. 1 Abs. 5 der Schutzdauerrichtlinie bezieht sich auf Werke, die in **mehreren Bänden, 24 Teilen, Lieferungen, Nummern oder Episoden** veröffentlicht werden und für die die Schutzfrist nach Art. 1 Abs. 3 (s. Rdnr. 21) oder 4 (s. Rdnr. 22) Richtlinie ab dem Zeitpunkt zu laufen beginnt, in dem das Werk erlaubterweise der Öffentlichkeit zugänglich gemacht worden ist. Nach der Richtlinie beginnt die Schutzfrist hier für jeden Bestandteil des Werkes einzeln zu laufen. Demgegenüber war nach bisherigem deutschem Recht (§ 67 UrhG aF) in

§ 64 Allgemeines

solchen Fällen für die Berechnung der Schutzfrist derjenige Zeitpunkt maßgebend, in dem der letzte Bestandteil veröffentlicht wurde; das deutsche Recht musste daher geändert werden (s. *v. Lewinski* in *Möhring/Schulze/Ulmer/Zweigert* (Hrsg.) S. 7; *Vogel* ZUM 1995, 451/454; sa. § 67 Rdnr. 1). Die Richtlinienregelung ist die einfachere, weil sie es entbehrlich macht, zwischen selbständigen und unselbständigen Teilen eines Werkes zu unterscheiden (s. *v. Lewinski* GRUR Int. 1992, 724/730 f. = 23 II C (1992) 785/800). Nach bisherigem deutschen Recht war eine solche Unterscheidung vorzunehmen, weil die Sondervorschrift über Lieferungswerke sich nur auf inhaltlich nicht abgeschlossene, unselbständige Teile eines Werkes bezog (s. § 67 Rdnr. 8).

25   f) Angesichts zum Teil sehr unterschiedlicher Konzeptionen der Urheberschaft und der Inhaberschaft des Urheberrechts an **Filmwerken** und **audiovisuellen Werken** in den Mitgliedstaaten (s. *Dietz* GRUR Int. 1995, 670/675 mwN) und unterschiedlicher Regelungen über den Beginn der Schutzfrist bei solchen Werken (s. *v. Lewinski* GRUR Int. 1992, 724/729 f. = 23 IIC (1992) 785/797) gestaltete sich die Harmonisierung der Schutzdauer auf diesem Gebiet besonders schwierig. Die in Art. 2 der Schutzdauerrichtlinie enthaltene Lösung besteht zum einen in einer **Teilharmonisierung der Urheberschaftsfrage** (Art. 2 Abs. 1) und zum anderen in der **Festlegung von vier an der Filmherstellung beteiligten Personengruppen** ausschließlich zu dem Zweck, den **Beginn der Schutzfrist** und damit die Schutzdauer insgesamt einheitlich zu regeln (Art. 2 Abs. 2). Art. 2 Abs. 1 der Schutzdauerrichtlinie folgt dem Vorbild von Art. 2 Abs. 2 der Vermiet- und Verleihrechtsrichtlinie sowie von Art. 1 Abs. 5 der Satelliten- und Kabelrichtlinie und bestimmt nunmehr ganz allgemein, dass der Hauptregisseur eines Filmwerkes oder eines audiovisuellen Werkes als dessen Urheber oder als einer seiner Urheber gilt (Satz 1). Den Mitgliedstaaten steht es also frei, weitere Personen als Miturheber zu bestimmen (Satz 2). Solche Miturheber können auch Filmhersteller in ihrer unternehmerischen Funktion sein (s. *Dietz* GRUR Int. 1995, 670/675; *Reinbothe/v. Lewinski* S. 47; *Walter* in *Walter* (Hrsg.) Schutzdauer-RL Art. 2 Rdnr. 7; aA wohl *Juranek* S. 33 f.). Im Hinblick auf den Beginn der Schutzfrist greift die Richtlinie nicht die in Art. 7 Abs. 2 RBÜ (Pariser Fassung) vorgesehene Möglichkeit auf, sie mit dem Zeitpunkt beginnen zu lassen, in dem das Filmwerk der Öffentlichkeit zugänglich gemacht bzw. hergestellt worden ist. Vielmehr bestimmt Art. 2 Abs. 2 der Richtlinie als das für den Beginn der Schutzfrist entscheidende Ereignis den Tod des Längstlebenden der folgenden Personen: Hauptregisseur, Urheber des Drehbuchs, Urheber der Dialoge und Komponist der speziell für das betreffende Filmwerk oder audiovisuelle Werk komponierten Musik. Diese Auswahl lehnt sich an Art. 14bis Abs. 3 S. 1 RBÜ (Pariser Fassung) (s. *v. Lewinski* in *Möhring/Schulze/Ulmer/Zweigert* (Hrsg.) S. 8) und Vorbilder im Ausland, wie Frankreich, an (s. *Dietz* GRUR Int. 1995, 670/676; ders. in *Schricker/Bastian/Dietz* (Hrsg.) S. 64/70). Sie ist unabhängig davon, wie die Mitgliedstaaten die Miturheberschaft an Filmwerken und audiovisuellen Werken bestimmen (Art. 2 Abs. 2 S. 1 der Richtlinie). Filmurheberschaft und Anknüpfungspunkt für die Schutzfrist sind voneinander gänzlich getrennt geregelt (s. *Dietz* GRUR Int. 1995, 670/676; ders. in *Schricker/Bastian/Dietz* (Hrsg.) S. 64/70; *Juranek* S. 34; *v. Lewinski* in *Möhring/Schulze/Ulmer/Zweigert* (Hrsg.) S. 8; *Walter* in *Walter* (Hrsg.) Schutzdauer-RL Art. 2 Rdnr. 14).

26   Im Schrifttum ist streitig, ob die aus Art. 2 Abs. 2 der Schutzdauerrichtlinie folgende Diskriminierung anderer als der dort genannten Mitwirkenden an der Filmgestaltung mit **Art. 7 und 7bis RBÜ (Pariser Fassung)** vereinbar ist (bejahend *Dietz* GRUR Int. 1995, 670/676; *Walter* in *Walter* (Hrsg.) Schutzdauer-RL Art. 2 Rdnr. 37; verneinend *Juranek* S. 35 ff.). Die letztere Vorschrift bestimmt für den Fall der Miturheberschaft an einem Werk die Schutzfristberechnung ganz allgemein nach dem Tod des letzten überlebenden Miturhebers. Einschränkungen auf bestimmte Miturheber sieht sie nicht vor. Ungeklärt ist, ob Art. 2 Abs. 2 der Schutzdauerrichtlinie es ausschließt, bei der Bestimmung der Schutzdauer eines Filmwerkes oder eines audiovisuellen Werkes insgesamt auch solche Urheber bzw. deren Tod zu berücksichtigen, die aus der Sicht des deutschen Urheberrechts **Urheber vorbestehender oder zur Filmherstellung benutzter Werke** sind, ohne aber zu den in Art. 2 Abs. 2 der Richtlinie genannten Personengruppen zu gehören (s. dazu vor §§ 88 ff. Rdnr. 59 f., 62). Verneint man die Frage (so zu Urhebern vorbestehender Werke *v. Lewinski* in *Möhring/Schulze/Ulmer/Zweigert* (Hrsg.) S. 9; *Walter* in *Walter* (Hrsg.) Schutzdauer-RL Art. 2 Rdnr. 23 ff.), so ergibt sich daraus eine Harmonisierungslücke, soweit in den Mitgliedstaaten die Abgrenzung zwischen Filmurhebern einerseits und Urhebern vorbestehender und filmisch benutzter Werke andererseits unterschiedlich vorgenommen wird. Da sich im Übrigen die Auswahl der in Art. 2 Abs. 2 der Schutzdauerrichtlinie genannten Personengruppen offensichtlich am **Spielfilm** orientiert, kann diese Auswahl bei

Allgemeines **§ 64**

anderen Filmgattungen, wie wissenschaftlichen Filmen, Dokumentarfilmen, Industriefilmen, Werbefilmen, Zeichentrickfilmen und Amateurfilmen, zu Beurteilungsschwierigkeiten führen (s. *Dietz* GRUR Int. 1995, 670/676). Für das **deutsche Recht** führte Art. 2 der Schutzdauerrichtlinie im Übrigen zu einem Anpassungsbedarf nur in der Schutzdauerfrage (s. § 65 Rdnr. 5, 12), nicht aber in der Frage der Filmurheberschaft (s. vor §§ 88 ff. Rdnr. 61 f., 70). Auf **Multimediawerke** mit Ausnahme eventueller filmischer Bestandteile ist Art. 2 der Schutzdauerrichtlinie nicht anwendbar (s. *Walter* in *Walter* (Hrsg.) Schutzdauer-RL Art. 2 Rdnr. 34/35).

g) Nachgelassene (postume) Werke sind Werke, die erst nach dem Tod ihres Urhebers 27 erstmals veröffentlicht werden. Für solche Werke sah das bisherige deutsche Recht eine besondere, zweispurige Regelung vor: 1. Ist ein Werk innerhalb der letzten 10 Jahre vor Ablauf der Schutzfrist von 70 Jahren nach dem Tod des Urhebers erstmals veröffentlicht worden, so verlängerte sich diese Schutzfrist und damit auch der Schutzdauer des Urheberrechts insgesamt zugunsten der Urhebererben um 10 Jahre, gerechnet ab Erstveröffentlichung, dh. auf maximal 80 Jahre nach dem Tod des Urhebers (§ 64 Abs. 2 aF; s. Rdnr. 54, 67, unter Rdnr. 54 auch zum Sinn und Zweck dieser Regelung; zu entsprechenden Regelungen im Ausland s. *Dietz* GRUR Int. 1995, 670/673 mwN; *Dittrich* in *Dittrich* (Hrsg.) S. 1/6; *Juranek* S. 60 f.; *v. Lewinski* GRUR Int. 1992, 724/731 = 23 IIC (1992) 785/800; *Walter*, Fs. für Beier, S. 425 ff.). 2. Ist ein Werk nach Erlöschen des Urheberrechts, idR also nach Ablauf von 70 Jahren nach dem Tod des Urhebers, erstmals in der qualifizierten Form des Erscheinens (s. § 6 Abs. 2) veröffentlicht worden, so blieb es zwar beim Erlöschen des Urheberrechts. Jedoch erwarb dann der Herausgeber der Erstausgabe (editio princeps) des nachgelassenen Werkes für die Dauer von 25 Jahren ein mit dem Urheberrecht verwandtes Schutzrecht (§ 71 Abs. 1 S. 1 aF; s. dort Rdnr. 1, 15). Das Gleiche galt für Erstausgaben niemals geschützter nachgelassener Werke, wenn deren Urheber im Zeitpunkt des Erscheinens der Erstausgabe schon länger als 70 Jahre tot war (§ 71 Abs. 1 S. 2 aF (und nF); s. dort Rdnr. 8).

Art. 1 Abs. 1 der Schutzdauerrichtlinie statuiert die Regelschutzdauer des Urheberrechts bis 28 zum Ablauf von 70 Jahren nach dem Tod des Urhebers (s. Rdnr. 18), und zwar unabhängig von dem Zeitpunkt, zu dem das Werk erlaubterweise der Öffentlichkeit zugänglich gemacht worden ist. Aus dieser letzteren Formulierung ergibt sich mit dem Ziel eines Anreizes für eine möglichst rasche Veröffentlichung und aus Gründen der Vereinfachung, dass eine **besondere, zusätzliche urheberrechtliche Schutzfrist für nachgelassene Werke ausgeschlossen** ist und in den Mitgliedstaaten nicht beibehalten werden durfte (s. *Dietz* GRUR Int. 1995, 670/672; *ders.* in *Schricker/Bastian/Dietz* (Hrsg.) S. 64/67; *Dittrich* in *Dittrich* (Hrsg.) S. 1/6 f.; *Haller* in *Dittrich* (Hrsg.) S. 62/64 ff.; *v. Lewinski* GRUR Int. 1992, 724/731 = 23 IIC (1992) 785/801; *dies.* in *Möhring/Schulze/Ulmer/Zweigert* (Hrsg.) S. 11; *Walter* in *Walter* (Hrsg.) Schutzdauer-RL Art. 1 Rdnr. 20 ff.; unzutreffend *Juranek* S. 63 f., 69 f.). Dagegen statuiert Art. 4 der Schutzdauerrichtlinie ein für die Mitgliedstaaten verbindliches, in vermögensrechtlicher Hinsicht dem Urheberrecht gleichgestelltes und mit einer Schutzdauer von 25 Jahren ausgestattetes **verwandtes Schutzrecht an nachgelassenen Werken** zugunsten desjenigen, der nach Ablauf der urheberrechtlichen Schutzdauer ein unveröffentlichtes Werk erstmals erlaubterweise veröffentlicht oder erlaubterweise öffentlich wiedergibt; der Begriff der Veröffentlichung ist dabei aus der Sicht des deutschen Rechts iSd. Erscheinens (s. § 6 Abs. 2) zu verstehen (s. *Dietz* GRUR Int. 1995, 670/673/680; *ders.* in *Schricker/Bastian/Dietz* (Hrsg.) S. 64/67/73; *Haller* in *Dittrich* (Hrsg.) S. 62/67 ff. 70 f./72 f.; *Walter*, Fs. für Beier, S. 425/429 ff. *ders.* in *Walter* (Hrsg.) Schutzdauer-RL Art. 4 Rdnr. 12). Vom bisherigen deutschen Recht unterscheidet sich das in Art. 4 der Schutzdauerrichtlinie normierte Recht insbesondere dadurch, dass es nicht nur durch das erstmalige Erscheinen eines nachgelassenen Werkes begründet wird, sondern auch schon durch eine erstmalige öffentliche Wiedergabe (s. *Dietz* GRUR Int. 1995, 670/673; *ders.* in *Schricker/Bastian/Dietz* (Hrsg.) S. 64/67; *Haller* in *Dittrich* (Hrsg.) S. 62/72 f.; *v. Lewinski* in *Möhring/Schulze/Ulmer/Zweigert* (Hrsg.) S. 12; aA *Walter* in Fs. für Beier, S. 425/432 ff./434; *ders.* in *Walter* (Hrsg.) Schutzdauer-RL Art. 4 Rdnr. 14 ff./16, der nur das Erscheinenlassen als schutzbegründend gelten lassen will). Beurteilungsschwierigkeiten ergeben sich im Hinblick auf die Schutzbegründung durch erstmalige öffentliche Wiedergabe eines zuvor nicht erschienenen, wohl aber schon veröffentlichten Werkes (s. *Dietz* GRUR Int. 1995, 670/673; *ders.* in *Schricker/Bastian/Dietz* (Hrsg.) S. 64/67 f.; *Haller* in *Dittrich* (Hrsg.) S. 62/73; *Vogel* ZUM 1995, 451/456; *Walter* in *Walter* (Hrsg.) Schutzdauer-RL Art. 7 Rdnr. 5) *Walter*, Fs. für Beier, S. 425/433). Darüber hinaus fehlt in Art. 4 der Schutzdauerrichtlinie anders als in § 71 Abs. 1 S. 2 aF und nF eine ausdrückliche Regelung für nicht erschienene Werke, die niemals geschützt waren, so dass es zu deren Erfas-

§ 64 Allgemeines

sung einer erweiternden Auslegung des Art. 4 bedarf (für eine solche Auslegung *Haller* in *Dittrich* S. 62/71 f.; *v. Lewinski* in *Möhring/Schulze/Ulmer/Zweigert* (Hrsg.) S. 11 f.; *Vogel* ZUM 1995, 451/456; *Walter*, Fs. für Beier, S. 425/430; *ders.* in *Walter* (Hrsg.) Schutzdauer-RL Art. 4 Rdnr. 11; ebenso die AmtlBegr. BTDrucks. 13/781 S. 14 zu § 71 nF; s. im Übrigen § 71 Rdnr. 9).

29   h) Art. 5 S. 1 der Schutzdauerrichtlinie gestattet den Mitgliedstaaten den Schutz **kritischer und wissenschaftlicher Ausgaben gemeinfreier Werke,** ohne sie dazu zu verpflichten (s. *Dietz* GRUR Int. 1995, 670/680; *ders.* in *Schricker/Bastian/Dietz* (Hrsg.) S. 64/73; *v. Lewinski* in *Möhring/Schulze/Ulmer/Zweigert* (Hrsg.) S. 12; *Walter* in *Walter* (Hrsg.) Schutzdauer-RL Art. 5 Rdnr. 1/3). Sieht ein Mitgliedstaat einen solchen Schutz vor, so kann er nach Art. 5 S. 2 der Richtlinie die Dauer dieses Schutzes bis zu einer Höchstdauer von 30 Jahren ab dem Zeitpunkt der ersten erlaubten Veröffentlichung frei festlegen; unter Veröffentlichung ist dabei wiederum das Erscheinen iSd. § 6 Abs. 2 zu verstehen (s. *Dietz* GRUR Int. 1995, 670/680; *ders.* in *Schricker/Bastian/Dietz* (Hrsg.) S. 64/73; *Walter* in *Walter* (Hrsg.) Schutzdauer-RL Art. 5 Rdnr. 7). Im deutschen Recht hält sich § 70 in diesem Rahmen (s. dort Rdnr. 14).

30   i) Im Hinblick auf die Schutzdauer von **Fotografien** beschränkt sich Art. 6 der Schutzdauerrichtlinie auf eine Vereinheitlichung der Voraussetzungen für urheberrechtlich schützbare Werke der Fotografie auf niedrigem Niveau (s. § 2 Rdnr. 182) entsprechend den Anforderungen an den Urheberrechtsschutz von Computerprogrammen nach Art. 1 Abs. 3 der Computerprogrammrichtlinie (s. § 69 a Rdnr. 17 f.) (Sätze 1 und 2) und darauf, die Mitgliedstaaten für befugt zu erklären, auch für andere Fotografien, dh. solche ohne Werkcharakter, einen Schutz vorzusehen (Satz 3); eine bestimmte Schutzdauer für solche einfachen Fotografien ist in der Richtlinie nicht vorgesehen. Für die Schutzdauer von Werken der Fotografie gelten die allgemeinen Regeln des Art. 1 der Schutzdauerrichtlinie (Art. 6 S. 1). Im Regelfall umfasst diese Schutzdauer demzufolge die Lebenszeit des Urhebers und 70 Jahre nach seinem Tod (Art. 1 Abs. 1 der Richtlinie; s. Rdnr. 17 f.). Die Mitgliedstaaten sind daher nicht befugt, die Schutzfrist für Werke der Fotografie generell nach dem Zeitpunkt ihrer Herstellung zu bestimmen und auf 25 Jahre zu verkürzen, wie Art. 7 Abs. 4 RBÜ (Pariser Fassung) es ihnen an sich gestattet (s. dazu *Dietz* GRUR Int. 1995, 670/677; *ders.* in *Schricker/Bastian/Dietz* (Hrsg.) S. 64/71; s. auch *v. Lewinski* in *Möhring/Schulze/Ulmer/Zweigert* (Hrsg.) S. 9). Mit der Schutzdauerrichtlinie vereinbar ist nach Art. 6 S. 2 der Richtlinie der doppelspurige Schutz von Lichtbildwerken einerseits (§ 2 Abs. 1 Nr. 5 UrhG; s. § 2 Rdnr. 178) und von einfachen Lichtbildern andererseits (§ 72 UrhG; s. dort Rdnr. 7 f., 37 ff.), wie ihn das deutsche Recht vorsieht (s. *Dietz* GRUR Int. 1995, 670/677; *ders.* in *Schricker/Bastian/Dietz* (Hrsg.) S. 64/71; *v. Lewinski* in *Möhring/Schulze/Ulmer/Zweigert* (Hrsg.) S. 9).

3. Keine Harmonisierung der Schutzdauer des Urheberpersönlichkeitsrechts

31   Bedauerlicherweise ist es im Rahmen der Schutzdauerrichtlinie nicht gelungen, eine Harmonisierung auch der Schutzdauer des **Urheberpersönlichkeitsrechts** zu erreichen. Dem standen unter den Mitgliedstaaten zum einen unterschiedliche Grundkonzeptionen gegenüber: einerseits Staaten, wie Deutschland, mit einheitlicher Schutzdauer für Verwertungsrechte und das Urheberpersönlichkeitsrecht, andererseits Staaten mit einem zeitlich unbegrenzten, ewigen droit moral (s. zu diesen Rdnr. 11); zum anderen einzelne Staaten mit einem Ansatz zu einem zeitlich kürzeren Schutz urheberpersönlichkeitsrechtlicher Befugnisse im Vergleich mit den Verwertungsrechten (sa. zu Letzterem *v. Lewinski* GRUR Int. 1992, 724/731 f. = 23 IIC (1992), 785/801 f.; *Schardt* ZUM 1993, 318/322; s. im Übrigen *Juranek* S. 51 f.; *Wallentin* in *Dittrich* (Hrsg.). S. 21/23 f.). Angesichts dieser Unterschiede war noch nicht einmal eine Harmonisierung auf der Basis des für alle Mitgliedstaaten der EU verbindlichen Art. 6bis Abs. 2 S. 1 RBÜ (Pariser Fassung) möglich; diese Bestimmung sieht vor, dass die urheberpersönlichkeitsrechtlichen Befugnisse wenigstens bis zum Erlöschen der vermögensrechtlichen Befugnisse in Kraft bleiben, sie erlaubt damit auch ein ewiges droit moral (s. zum Ergebnis *Dietz* GRUR Int. 1995, 670/677 f.; *ders.* in *Schricker/Bastian/Dietz* (Hrsg.). S. 64/71; *Juranek* S. 53; *v. Lewinski* in *Möhring/Schulze/Ulmer/Zweigert* (Hrsg.) S. 4 f.; zur Vorgeschichte *dies.* GRUR Int. 1992, 724/731 f. = 23 IIC (1992) 785/801 ff. *Walter* in *Walter* (Hrsg.) Schutzdauer-RL Art. 1 Rdnr. 60). Art. 9 der Schutzdauerrichtlinie lässt daher die Bestimmungen der Mitgliedstaaten zur Regelung der Urheberpersönlichkeitsrechte ausdrücklich unberührt.

4. Verhältnis zu Drittstaaten

32   a) In Bezug auf das **Verhältnis der Mitgliedstaaten zu Drittstaaten** ordnet Art. 7 Abs. 1 der Schutzdauerrichtlinie für das **Urheberrecht** die Durchführung des sog. **Vergleichs der**

Allgemeines **§ 64**

Schutzfristen (s. dazu Rdnr. 9 sowie vor §§ 120 ff. Rdnr. 19, 48, 65) an, um in diesem Bereich materielle Gegenseitigkeit herzustellen und für Drittstaaten einen Anreiz zu schaffen, ihre Schutzfristen dem hohen Niveau in der EU anzugleichen, aber auch um eine gleiche Rechtslage in allen Mitgliedstaaten auch in dieser Hinsicht und auch für die Zukunft sicherzustellen (s. dazu die Zitate aus den Materialien der Schutzdauerrichtlinie bei *Dittrich* in *Dittrich* (Hrsg.). S. 1/7 f., und die Ausführungen in dem im vorliegenden Text folgend nachgewiesenen Schrifttum). Die Bestimmung bezieht sich auf Art. 7 Abs. 8 RBÜ (Pariser Fassung) und Art. IV Abs. 4 lit. a) WUA (Pariser Fassung). Diese beiden Vorschriften ermöglichen den Schutzfristenvergleich, ohne ihn aber verbindlich anzuordnen (s. vor §§ 120 ff. Rdnr. 48, 65). Art. 7 Abs. 1 der Richtlinie jedoch macht ihn den Mitgliedstaaten zur Pflicht, wobei die in Art. 1 der Richtlinie harmonisierten Fristen aber nicht überschritten werden dürfen (s. zum Ergebnis *Dietz* GRUR Int. 1995, 670/680; *ders.* in *Schricker/Bastian/Dietz* (Hrsg.) S. 64/74; *Dittrich* in *Dittrich* (Hrsg.) S. 1/7 f.; *Juranek* S. 41; *ders.* in *Dittrich* (Hrsg.) S. 41/44; *v. Lewinski* GRUR Int. 1992, 724/732 = 23 IIC (1992) 785/803; *dies.* in *Möhring/Schulze/Ulmer/Zweigert* (Hrsg.) S. 13; *Vogel* ZUM 1995, 451/456; *Walter* in *Walter* (Hrsg.) Schutzdauer-RL Art. 7 Rdnr. 5). Eine Ausnahme von dieser Verpflichtung gilt für Werke, deren Ursprungsland zwar ein Drittstaat ist, deren Urheber aber einem Mitgliedstaat der EU oder des Europäischen Wirtschaftsraums (EWR) angehört; dies folgt aus dem in Art. 12 EG (Art. 6 Abs. 1 EGV, Art. 7 Abs. 1 EWGV) und Art. 4 EWR-Abkommen festgelegten Verbot der Diskriminierung aufgrund der Staatsangehörigkeit (s. vor §§ 120 ff. Rdnr. 3, § 120 Rdnr. 4; zum Ergebnis s. *Dietz* GRUR Int. 1995, 670/680 f.; *ders.* in *Schricker/Bastian/Dietz* S. 64/74; *Juranek* S. 45 f.; *v. Lewinski* GRUR Int. 1992, 724/732 = 23 II C (1992) 785/803; *dies.* in *Möhring/Schulze/Ulmer/Zweigert* (Hrsg.) S. 13; *Walter* in *Walter* (Hrsg.) Schutzdauer-RL Art. 7 Rdnr.; sa. Erwgr. 21 der Schutzdauerrichtlinie und die Zitate aus deren Materialien bei *Dittrich* in *Dittrich* (Hrsg.), S. 1/8). Aufgrund dieses Diskriminierungsverbots scheidet ein Schutzfristenvergleich im Verhältnis der EU- und der EWR-Mitgliedstaaten untereinander aber nicht nur bei Vorliegen eines ausländischen Ursprungslandes, sondern generell aus, zB in Fällen unvollständiger Harmonisierung der Schutzdauer (s. Rdnr. 15, 20, 22, 26, 29, 30, 31, 40; zum Ergebnis *Dietz* GRUR Int. 1995, 670/681; *ders.* in *Schricker/Bastian/Dietz* (Hrsg.) S. 64/74). Fraglich ist aber, ob Art. 7 Abs. 1 der Richtlinie in solchen Fällen einen Schutzfristenvergleich auch dann ausschließt, wenn das Werk eines Urhebers, der einem Drittstaat angehört, in einem Mitgliedstaat erstmals erscheint und diesen daher zum Ursprungsland macht, weil ein solcher Urheber sich nicht auf das gemeinschaftsrechtliche Diskriminierungsverbot berufen kann (s. dazu *Dietz* GRUR Int. 1995, 670/681).

Eine weitere Ausnahme von der Verpflichtung zur Durchführung des Schutzfristenvergleichs **33** gilt nach Art. 7 Abs. 3 der Richtlinie zugunsten von Mitgliedstaaten, die aufgrund **internationaler Verpflichtungen** daran gehindert sind, den Vergleich der Schutzfristen durchzuführen (s. Erwgr. 23 der Schutzdauerrichtlinie; *v. Lewinski* in *Möhring/Schulze/Ulmer/Zweigert* (Hrsg.) S. 13). Betroffen von dieser Regelung ist zB das für Deutschland geltende Verbot des Vergleichs der Schutzfristen im Verhältnis zu den USA aufgrund des bilateralen Abkommens von 1892 (s. vor §§ 120 ff. Rdnr. 72). Keine Vorsorge ist im Übrigen durch die Schutzdauerrichtlinie für die Vermeidung von Schutzunterschieden in den Mitgliedstaaten und von daraus resultierenden Beeinträchtigungen des Handels zwischen ihnen und von Wettbewerbsverzerrungen getroffen, die dadurch entstehen können, dass zB aufgrund innerstaatlicher Vorschriften oder bilateraler Verträge einzelner dieser Staaten ausländische Werke nur in diesen zum Schutz zugelassen werden; es handelt sich hierbei um eine dem Schutzdaueraspekt vorgelagerte Frage (s. dazu *Juranek* S. 42; zu in der Schutzdauerrichtlinie nicht realisierten Lösungsansätzen für diese Problematik im und in Zusammenhang mit dem Richtlinienvorschlag s. *v. Lewinski* GRUR Int. 1992, 724/732 = 23 IIC (1992) 785/804).

b) Art. 7 Abs. 2 der Schutzdauerrichtlinie regelt die Schutzdauer der von Art. 3 der Richt- **34** linie (s. Rdnr. 17 f.) erfassten **verwandten Schutzrechte der Angehörigen von Drittstaaten,** sofern diesen in den Mitgliedstaaten solche Rechte überhaupt zustehen. Letzteres richtet sich insbesondere nach dem Rom-Abkommen (s. vor §§ 120 ff. Rdnr. 75 ff.) sowie dem TRIPS-Übereinkommen (s. vor §§ 120 ff. Rdnr. 13 ff. und dem WPPT (s. vor §§ 120 ff. Rdnr. 84 ff.) für die durch diese internationalen Verträge geschützten ausübenden Künstler, Hersteller von Tonträgern und Sendeunternehmen (s. zum Rom-Abkommen *Dietz* GRUR Int. 1995, 670/681). In Betracht kommen aber auch noch weitere mehrseitige (s. vor §§ 120 ff. Rdnr. 92 ff., 96 ff., 100 ff., 103 ff.) und zweiseitige (s. vor §§ 120 ff. Rdnr. 39) Abkommen, unter den letzte-

§ 64 Allgemeines

ren aber nicht das deutsch-amerikanische Abkommen von 1892, weil dieses nur das Urheberrecht, nicht aber verwandte Schutzrechte zum Gegenstand hat (s. vor §§ 120 ff. Rdnr. 72; gegen *Dietz* GRUR Int. 1995, 670/681, zu Fn. 117). Zu berücksichtigen ist außerdem das jeweilige nationale Fremdenrecht der Mitgliedstaaten, im Falle Deutschlands somit die §§ 124–128 (s. die Kommentierung dort) und § 71 über den Schutz nachgelassener (postumer) Werke (s. Rdnr. 27 f.), der keinen fremdenrechtlichen Beschränkungen unterliegt (s. § 124 Rdnr. 4). Wie im Bereich des Urheberrechts (s. Rdnr. 33) gilt dabei auch für die verwandten Schutzrechte, dass die Schutzdauerrichtlinie Rechtsunterschiede in den Mitgliedstaaten in Bezug auf die Zulassung von Angehörigen dritter Staaten zum Schutz bzw. ihren Ausschluss vom Schutz und daraus folgende Beeinträchtigungen des innergemeinschaftlichen Handels und Wettbewerbsverzerrungen nicht ausschließt.

35 Sind Angehörige eines Drittstaates in einem Mitgliedstaat zum Schutz durch ein verwandtes Schutzrecht iSd. Art. 3 der Richtlinie zugelassen, so gilt für sie nach Art. 7 Abs. 2 S. 1 der Richtlinie die in Art. 3 vorgesehene Schutzdauer (s. zu dieser Rdnr. 17 f.). Dies entspricht dem üblichen Prinzip der Gleichstellung mit den jeweiligen Inländern. Einschränkend sieht Art. 7 Abs. 2 S. 2 der Richtlinie für diese verwandten Schutzrechte jedoch in Parallele zum Urheberrecht (s. Rdnr. 32) für die Mitgliedstaaten grundsätzlich verpflichtend den **Vergleich der Schutzfristen** mit demjenigen Drittstaat vor, dem der Rechtsinhaber angehört. Dies stellt auf dem Gebiet der verwandten Schutzrechte weitgehend ein Novum dar. Insbesondere das Rom-Abkommen sieht einen solchen Vergleich, vom Ausnahmefall des Art. 16 Abs. 1 lit. a) (iv) dieses Abkommens abgesehen, nicht vor (s. vor §§ 120 ff. Rdnr. 83), und dasselbe gilt für das TRIPS-Übereinkommen (s. vor §§ 120 ff. Rdnr. 23 zu Art. 14 Abs. 6 S. 1 dieses Übereinkommens). Deshalb stellt Art. 7 Abs. 2 S. 2 der Richtlinie diese Verpflichtung auch von vorneherein nicht erst und nur wie beim Urheberrecht über ihren Art. 7 Abs. 3 (s. Rdnr. 33) unter den Vorbehalt der internationalen Verpflichtungen der Mitgliedstaaten (s. *Dietz* GRUR Int. 1995, 670/681; *ders.* in *Schricker/Bastian/Dietz* (Hrsg.) S. 64/74; sa. *v. Lewinski* GRUR Int. 1992, 724/732 = 23 II C (1992) 785/804; *dies.* in *Möhring/Schulze/Ulmer/Zweigert* (Hrsg.) S. 14; sa. *Walter* in *Walter* (Hrsg.) Schutzdauer-RL Art. 7 Rdnr. 22/23/26). Sollte das Rom-Abkommen den Vergleich der Schutzfristen jedoch zulassen (s. dazu *v. Lewinksi* in *Möhring/Schulze/Ulmer/Zweigert* (Hrsg.) S. 14), so wäre er nach Art. 7 Abs. 2 S. 2 der Schutzdauerrichtlinie auch durchzuführen, so dass die Unsicherheit hinsichtlich der Auslegung des Rom-Abkommens sich auch auf die Anwendung und Umsetzung der Richtlinie auswirkt (aA *v. Lewinski* in *Möhring/Schulze/Ulmer/Zweigert* (Hrsg.) S. 14; sa. *Walter* in *Walter* (Hrsg.) Schutzdauer-RL Art. 7 Rdnr. 30).

36 Im Hinblick auf das verwandte Schutzrecht des **Filmherstellers** (Art. 3 Abs. 3 der Schutzdauerrichtlinie) gibt es bisher kein mehrseitiges internationales Abkommen (s. § 128 Rdnr. 5), so dass ein Schutz in den Mitgliedstaaten zugunsten von Filmherstellern aus Drittstaaten nur durch zweiseitige Abkommen oder durch das jeweilige innerstaatliche Recht begründet sein kann. Ist dies der Fall, so greift nach Art. 7 Abs. 2 S. 1 der Richtlinie die Schutzdauerregelung des Art. 3 Abs. 3 der Richtlinie und nach Art. 7 Abs. 2 S. 2 der Richtlinie die Verpflichtung der Mitgliedstaaten Platz, den Vergleich der Schutzfristen durchzuführen. Nur bei Schutzgewährung durch ein zweiseitiges Abkommen kann diese Verpflichtung gegebenenfalls aufgrund der Vorbehalte in Art. 7 Abs. 2 S. 2 und Abs. 3 der Richtlinie entfallen (s. *Dietz* GRUR Int. 1995, 670/681; *v. Lewinski* in *Möhring/Schulze/Ulmer/Zweigert* (Hrsg.) S. 14; sa. *Walter* in *Walter* (Hrsg.) Schutzdauer-RL Art. 7 Rdnr. 30).

37 Keine ausdrücklichen Bestimmungen über die Dauer des Schutzes der Angehörigen von Drittstaaten enthält die Schutzdauerrichtlinie im Hinblick auf die verwandten Schutzrechte an **nachgelassenen (postumen) Werken** (Art. 4 der Richtlinie; s. Rdnr. 27 f.), an **kritischen und wissenschaftlichen Ausgaben** gemeinfreier Werke (Art. 5 der Richtlinie; s. Rdnr. 29) und an **einfachen Fotografien** (Art. 6 der Richtlinie; s. Rdnr. 30). Während die Schutzdauerrichtlinie für die letzteren überhaupt keine Schutzdauerregelung enthält (s. Rdnr. 30), wird man hinsichtlich der Schutzrechte nach Art. 4 und 5 der Richtlinie davon auszugehen haben, dass deren Schutzdauerregelungen grundsätzlich auch für die Rechte der Angehörigen von Drittstaaten verbindlich sind, dass den Mitgliedstaaten jedoch auch der Vergleich der Schutzfristen offensteht, sie aber nicht verpflichtet sind, ihn durchzuführen (so im Ergebnis auch *v. Lewinski* in *Möhring/Schulze/Ulmer/Zweigert* (Hrsg.) S. 13; aA *Walter* in *Walter* (Hrsg.) Schutzdauer-RL Art. 7 Rdnr. 30 1/32, aber nur im Hinblick auf den Schutz nachgelassener Werke).

Allgemeines § 64

5. Schutzdauerregelungen in älteren Richtlinien

Schutzdauerregelungen waren bereits in Art. 8 der Computerprogrammrichtlinie auf der Basis 38 einer Schutzfrist von nur 50 Jahren und auf der Grundlage der diesbezüglichen Bestimmungen der RBÜ in Art. 11 der Vermiet- und Verleihrechtsrichtlinie vorgesehen. Darüber hinaus enthielt diese Richtlinie in Art. 12 unter Bezugnahme auf das Rom-Abkommen erste Schutzdauerbestimmungen für verwandte Schutzrechte. Alle diese Bestimmungen sind durch Art. 11 der Schutzdauerrichtlinie 93/98/EWG aufgehoben worden (s. dazu *Walter* in *Walter* (Hrsg.) Schutzdauer-RL Art. 12 Rdnr. 1–3). Die kodifizierte Schutzdauerrichtlinie 2006/116/EG (so. Rdnr. 14) hat diese Regelung nicht übernommen. Eine Änderung der Rechtslage bedeutet dies aber nicht (so. Rdnr. 14); die Bestimmungen bleiben selbstverständlich aufgehoben.

6. Zeitliche Anwendbarkeit und Übergangsrecht der Schutzdauerrichtlinie

a) Von sehr großer praktischer Bedeutung ist Art. 10 der Schutzdauerrichtlinie über die **zeit-** 39 **liche Anwendbarkeit der Richtlinienbestimmungen** und das **Übergangsrecht**. Die Vorschrift wird von zwei wesentlichen Leitgedanken beherrscht: der Wahrung wohlerworbener Rechte und der Berücksichtigung berechtigter Erwartungen einerseits (s. Erwgr. 10, 24 und 25 der Richtlinie) und der möglichst raschen Harmonisierung der Schutzdauerregelungen in den Mitgliedstaaten andererseits. Dem erstgenannten Ziel dienen, soweit von allgemeiner Bedeutung, die Abs. 1 und 3 des Art. 10, dem zweitgenannten der Abs. 2 dieser Vorschrift. Art. 10 Abs. 4 bezieht sich auf Art. 2 Abs. 1 der Richtlinie über die Anerkennung des Hauptregisseurs eines Filmwerkes oder eines audiovisuellen Werkes als dessen Urheber oder als einer seiner Urheber (s. Rdnr. 25) und enthält eine Übergangsregelung für die Anwendung dieser Bestimmung in Mitgliedstaaten, die wie Großbritannien (nicht aber Deutschland) vom Urheberrecht bzw. Copyright des Filmherstellers ausgehen (s. *v. Lewinski* in *Möhring/Schulze/Ulmer/Zweigert* (Hrsg.) S. 14). Ein solcher Mitgliedstaat braucht diese Bestimmung auf vor dem 1. 7. 1994 geschaffene Filmwerke und audiovisuelle Werke nicht anzuwenden. Das Datum entspricht demjenigen in Art. 13 Abs. 4 der Vermiet- und Verleihrechtlinie 2006/115/EG v. 12. 12. 2006, ABl. L 376/28 v. 27. 12. 2006, GRUR Int. 2007, 219) und Art. 7 Abs. 1 S. 2 der Satelliten- und Kabelrichtlinie 93/83/EWG. Beide Richtlinien enthalten ebenfalls Bestimmungen über den Hauptregisseur als Filmurheber (Art. 2 Abs. 2 bzw. Art. 1 Abs. 5). Nicht übernommen hat die kodifizierte Schutzdauerrichtlinie 2006/116/EG Art. 10 Abs. 5 der Richtlinie 93/98/EWG über die Verpflichtung der Mitgliedstaaten, die Bestimmung über den Hauptregisseur als Filmurheber bis spätestens 1. 7. 1997 anzuwenden. Diese Regelung hat sich durch Zeitablauf erledigt.

b) Der Wahrung wohlerworbener Rechte von Urhebern und Inhabern verwandter Schutz- 40 rechte dient Art. 10 Abs. 1 der Schutzdauerrichtlinie: Eine im Umsetzungszeitpunkt der Richtlinie, dem 1. 7. 1995 (s. Rdnr. 14), **in einem Mitgliedstaat bereits laufende Schutzfrist,** die länger ist als die entsprechende Schutzfrist nach der Richtlinie, wird durch diese **nicht verkürzt.** Eine dadurch entstehende Harmonisierungslücke ist hinzunehmen (s. *v. Lewinski* in *Möhring/Schulze/Ulmer/Zweigert* (Hrsg.) S. 14). Ein Deutschland betreffender Anwendungsfall für diese Regelung ist die Schutzdauer von vor dem genannten Zeitpunkt geschaffenen Filmwerken, wenn einer von deren Miturhebern, wie man Kameramann oder Cutter (s. vor §§ 88 ff. Rdnr. 61, 70), der nicht zu den in Art. 2 Abs. 2 der Schutzdauerrichtlinie genannten Personengruppen (s. Rdnr. 25) zählt, länger lebt oder gelebt hat als die zu dieser Gruppe gehörenden Mitwirkenden an der Filmgestaltung (s. zum Ergebnis *Dietz* GRUR Int. 1995, 670/684; *Juranek* S. 39 f.; *Walter* in *Walter* (Hrsg.) Schutzdauer-RL Art. 10 Rdnr. 5/7; zu Beispielen aus dem Ausland s. *v. Lewinski* in *Möhring/Schulze/Ulmer/Zweigert* (Hrsg.) S. 14).

c) Eines der Harmonisierungsziele ist erreicht, wenn die Schutzdauer ein und desselben Wer- 41 kes oder Gegenstandes eines verwandten Schutzrechts in allen Mitgliedstaaten zur selben Zeit endet. Um dieses Ziel möglichst rasch und umfassend zu erreichen (s. *Dietz* GRUR Int. 1995, 670/682 f.; *ders.* in *Schricker/Bastian/Dietz* (Hrsg.) S. 63/75 f.; *Juranek* S. 42; *v. Lewinski* in *Möhring/Schulze/Ulmer/Zweigert* (Hrsg.) S. 14 f.; s. auch *Melichar* in *Dittrich* (Hrsg.) S. 25/28 ff.), bestimmt Art. 10 Abs. 2 der Schutzdauerrichtlinie, dass die in ihr vorgesehenen (langen) **Schutzfristen auf alle Werke und Gegenstände Anwendung** finden, die im Umsetzungszeitpunkt (s. Rdnr. 14) **zumindest in einem einzigen Mitgliedstaat noch geschützt** sind. Die alternative, aber sinngleiche Bezugnahme des Art. 10 Abs. 2 auf die Erfüllung der Schutzkriterien der Richtlinie 92/100/EWG, dh. der Vermiet- und Verleihrechtsrichtlinie, trägt dem Umstand

§ 64 Allgemeines

Rechnung, dass bestimmte Mitgliedstaaten, zu denen Deutschland nicht gehört, vor Umsetzung dieser Richtlinie dort vorgesehene verwandte Schutzrechte überhaupt nicht geschützt haben (s. *v. Lewinski* in *Möhring/Schulze/Ulmer/Zweigert* (Hrsg.) S. 15). Ist ein Werk oder ein Gegenstand im Umsetzungszeitpunkt nur in einem einzigen Mitgliedstaat oder nur in einzelnen Mitgliedstaaten noch geschützt, so führt die Anwendung der Bestimmungen der Schutzdauerrichtlinie dazu, dass der **in den anderen Mitgliedstaaten schon erloschene Schutz wieder auflebt** (s. *Dietz* GRUR Int. 1995, 670/682 f.; *ders.* in *Schricker/Bastian/Dietz* (Hrsg.) S. 64/75 f.; *Juranek* S. 42; *v. Lewinski* in *Möhring/Schulze/Ulmer/Zweigert* (Hrsg.) S. 15; *Melichar* in *Dittrich* (Hrsg.) S. 25/28/30; *Walter* in *Walter* (Hrsg.) Schutzdauer-RL Art. 10 Rdnr. 2/10; zum Wiederaufleben des Schutzes von Lichtbildwerken in Deutschland aufgrund längerer Schutzdauer in Spanien s. OLG Hamburg ZUM-RD 2004, 303 – U-Boot; *Schulze/Bettinger* GRUR 2000, 12/15 ff.; zum Wiederaufleben des Schutzes von Filmwerken in Österreich aufgrund längerer Schutzdauer in Deutschland s. öOGH GRUR Int. 2005, 335/336 f.– Die Puppenfee). Dies entspricht der übergangsrechtlichen Regelung anlässlich der deutschen Wiedervereinigung (s. dazu Rdnr. 70). In Deutschland ist Art. 10 Abs. 2 der Schutzdauerrichtlinie durch **§ 137 f Abs. 2** in nationales Recht umgesetzt worden. Diese Bestimmung sieht das **Wiederaufleben** eines vor dem 1. 7. 1995 **abgelaufenen Schutzes** vor. Die vom BGH GRUR 2007, 502/504 – Tonträger aus Drittstaaten im Sinne einer richtlinienkonformen Auslegung und Anwendung der Bestimmung zur Vorabentscheidung vorgelegte Frage nach der Anwendbarkeit des Art. 10 Abs. 2 auch auf in einem Mitgliedstaat, wie Deutschland, **niemals geschützte Gegenstände**, wie Tonträger aus den USA aus der Zeit vor dem 1. 1. 1966 (s. vor §§ 120 ff. Rdnr. 95, § 139 Rdnr. 17), ist vom EuGH GRUR 2009, 393/394 – Sony/Falcon bejaht worden. Der zu dem genannten Zeitpunkt in Großbritannien bestehende Schutz solcher Tonträger hatte daher über Art. 10 Abs. 2 der Richtlinie auch den Schutz in Deutschland zur Folge (s. Näheres bei § 137 f Rdnr. 7).

42 Trotz dem möglichen Wiederaufleben des Schutzes in Mitgliedstaaten mit kürzerer Schutzdauer aufgrund von Art. 10 Abs. 2 der Schutzdauerrichtlinie (s. Rdnr. 41) hat erst das **Verbot der Diskriminierung aus Gründen der Staatsangehörigkeit** gemäß Art. 12 Abs. 1 EG (Art. 6 Abs. 1 EGV, Art. 7 Abs. 1 EWGV) zu einer sofortigen breiten Harmonisierung auf dem hohen Niveau der langen Schutzfristen nach der Schutzdauerrichtlinie geführt, da dieses Verbot für das Verhältnis der Mitgliedstaaten untereinander auch das **Verbot des Vergleichs der urheberrechtlichen Schutzfristen** beinhaltet (s. § 120 Rdnr. 9; zum Harmonisierungseffekt dieses Verbots s. *Dietz* GRUR Int. 1995, 670/682 f.; *ders.* in *Schricker/Bastian/Dietz* (Hrsg.) S. 64/75 f.; sa. *Gaster* ZUM 1996, 261/272; *Walter* in *Walter* (Hrsg.) Schutzdauer-RL Art. 10 Rdnr. 18): Im Regelfall der Bemessung der urheberrechtlichen Schutzdauer nach dem Tod des Urhebers (s. Rdnr. 18) hätten ohne dieses Verbot zwar Angehörige von Mitgliedstaaten mit ebenso langer Schutzfrist (70 Jahre) bei Bestehen des Schutzes dort im Umsetzungszeitpunkt (s. Rdnr. 14) nach Art. 10 Abs. 2 der Richtlinie auch in den anderen Mitgliedstaaten mit kürzerer und daher gegebenenfalls schon abgelaufener Schutzfrist (50 Jahre) den Schutz wiedererlangt, mit der Folge einer einheitlich langen Schutzdauer (70 Jahre pma.) in allen Mitgliedstaaten. Dagegen wären ohne dieses Verbot Angehörigen von Mitgliedstaaten mit kürzerer Schutzfrist (50 Jahre) in allen Fällen, in denen diese Frist im Umsetzungszeitpunkt dort schon abgelaufen war, ein Wiederaufleben des Schutzes und der zeitlich längere Schutz (70 Jahre) nach der Richtlinie in allen Mitgliedstaaten verschlossen geblieben: Der von den Mitgliedstaaten mit längerer Schutzfrist, wie insbesondere von Deutschland (s. vor §§ 120 ff. Rdnr. 48), gemäß Art. 7 Abs. 8 RBÜ (Pariser Fassung) praktizierte Vergleich der Schutzfristen (s. Rdnr. 9) hätte verhindert, dass der Schutz iSd. Art. 10 Abs. 2 der Richtlinie auch nur in einem einzigen Mitgliedstaat mehr bestanden hätte. Der volle Harmonisierungseffekt wäre erst 20 Jahre später, dh. im Jahre 2015, eingetreten (s. *Dietz* GRUR Int. 1995, 670/682; zur Situation nach dem Richtlinienvorschlag s. *v. Lewinski* GRUR Int. 1992, 724/733 = 23 IIC (1992) 785/804; *dies.* in *Möhring/Schulze/Ulmer/Zweigert* (Hrsg.) S. 15; *Walter* in *Walter* (Hrsg.) Schutzdauer-RL Art. 10 Rdnr. 17).

43 Das mögliche Wiederaufleben des Schutzes in einem Mitgliedstaat nach Art. 10 Abs. 2 der Schutzdauerrichtlinie (s. Rdnr. 41) kann im Übrigen nicht dazu führen, dass gemeinschaftsrechtlich **nicht verbindlich vorgeschriebene verwandte Schutzrechte,** wie diejenigen an kritischen und wissenschaftlichen Ausgaben gemeinfreier Werke (Art. 5 der Schutzdauerrichtlinie; s. Rdnr. 29) sowie an einfachen Fotografien (Art. 6 S. 3 der Schutzdauerrichtlinie; s. Rdnr. 30), in Mitgliedstaaten begründet werden, die solche Rechte bisher nicht anerkennen (s. *Dietz* GRUR Int. 1995, 670/683; *v. Lewinski* in *Möhring/Schulze/Ulmer/Zweigert* (Hrsg.) S. 16; *Walter* in *Walter* (Hrsg.) Schutzdauer-RL Art. 10 Rdnr. 22; sa. BGH GRUR 2007, 502/

Allgemeines § 64

504, Rdnr. 25 – Tonträger aus Drittstaaten). Auch kann aus Art. 10 Abs. 2 der Schutzdauerrichtlinie nicht gefolgert werden, dass ein in Deutschland zeitlich schon abgelaufener Schutz **einfacher Lichtbilder** (s. § 72 Abs. 3) deshalb wieder auflebt, weil solche Lichtbilder in einem anderen Mitgliedstaat als Lichtbildwerke qualifiziert und deshalb dort zeitlich länger geschützt werden (aA offensichtlich *v. Lewinski* in *Möhring/Schulze/Ulmer/Zweigert* (Hrsg.) S. 15; *Schulze/Bettinger* GRUR 2000, 12/18; wie hier OLG Düsseldorf GRUR 1997, 49/50 – Beuys-Fotografien; sa. auch die weiteren Nachw. unter § 137 f Rdnr. 5; Frage offengelassen von *Walter* in *Walter* (Hrsg.) Schutzdauer-RL Art. 10 Rdnr. 14). In Betracht kommt insoweit nur eine Qualifizierung der Lichtbilder als Lichtbildwerke auch in Deutschland aufgrund der in Art. 6 S. 1 und 2 der Schutzdauerrichtlinie harmonisierten Schutzvoraussetzungen für Werke der Fotografie (s. Rdnr. 30).

Dem **Schutz wohlerworbener Rechte** und der **Berücksichtigung berechtigter Erwartungen Dritter** dient Art. 10 Abs. 3 der Schutzdauerrichtlinie (sa. Rdnr. 39). Dabei gilt nach Art. 10 Abs. 3 S. 1, dass Nutzungshandlungen in der Zeit vor dem Umsetzungszeitpunkt (s. Rdnr. 14) von der Richtlinie unberührt bleiben. Nach Art. 10 Abs. 3 S. 2 treffen die Mitgliedstaaten die notwendigen Bestimmungen, um insbesondere die wohlerworbenen Rechte Dritter zu schützen. Den Mitgliedstaaten steht dabei ein erheblicher Ermessensspielraum zu (s. *v. Lewinski* in *Möhring/Schulze/Ulmer/Zweigert* (Hrsg.) S. 16; *Walter* in *Walter* (Hrsg.) Schutzdauer-RL Art. 10 Rdnr. 25; ebenso EuGH Slg. 1999 I 393 = GRUR Int. 1999, 868 – Butterfly). In Deutschland ist dieser Aspekt in **§ 137 f Abs. 3** geregelt worden (s. dazu § 137 f Rdnr. 8). Im Übrigen ist insbesondere Art. 10 Abs. 3 S. 1 zu entnehmen, dass bei einem Wiederaufleben des Schutzes in einem Mitgliedstaat aufgrund von Art. 10 Abs. 2 der Richtlinie (s. Rdnr. 41) aus der Richtlinie keine Zahlungsverpflichtung Dritter für Nutzungshandlungen abgeleitet werden sollte, die erfolgt sind, als das Werk oder der Gegenstand eines verwandten Schutzrechts in dem betreffenden Mitgliedstaat gemeinfrei war (s. Erwgr. 27 der Richtlinie; *v. Lewinski* in *Möhring/Schulze/Ulmer/Zweigert* (Hrsg.) S. 16; *Walter* in *Walter* (Hrsg.) Schutzdauer-RL Art. 10 Rdnr. 23). Freigestellt ist den Mitgliedstaaten, zu bestimmen, wem im Falle von Altverträgen eine etwaige Verlängerung der Schutzdauer aufgrund der Richtlinie zugute kommen soll (s. Erwgr. 26 der Richtlinie; *v. Lewinski* in *Möhring/Schulze/Ulmer/Zweigert* (Hrsg.) S. 16; sa. *Dietz* GRUR Int. 1995, 670/685; *Walter* in *Walter* (Hrsg.) Schutzdauer-RL Art. 10 Rdnr. 28 ff. mit vertiefenden Überlegungen). Die entsprechende deutsche Regelung findet sich in **§ 137 f Abs. 4** (s. dazu § 137 f Rdnr. 9). 44

7. Zeitliche Anwendbarkeit und Übergangsrecht der Datenbankrichtlinie

In der Datenbankrichtlinie regelt deren Art. 14 die **zeitliche Anwendbarkeit** ihrer Bestimmungen und das **Übergangsrecht.** Sowohl für Datenbanken, welche die Voraussetzungen des Urheberrechtsschutzes erfüllen (s. Art. 3 Abs. 1 der Richtlinie; § 4 Rdnr. 32 ff.), als auch für Datenbanken, die nur dem sui generis-Schutz zugänglich sind (s. Art. 7 Abs. 1 der Richtlinie; §§ 87 a ff.), gilt nach Art. 14 Abs. 1 und 3 der Richtlinie, dass sie von deren Schutz auch dann erfasst werden, wenn sie vor dem Umsetzungszeitpunkt der Richtlinie, dem 1. 1. 1998 (s. Art. 16 Abs. 1 S. 1 der Richtlinie), hergestellt wurden; Voraussetzung dafür ist allerdings, dass sie in diesem Zeitpunkt die Schutzanforderungen der Richtlinie erfüllen. Ferner setzt Art. 14 Abs. 3 der Richtlinie im Hinblick auf den sui generis-Schutz voraus, dass die Herstellung nicht früher als 15 Jahre vor dem Umsetzungszeitpunkt, also nicht vor dem 1. 1. 1983, abgeschlossen worden ist (ebenso *v. Lewinski* in *Walter* (Hrsg.) Datenbank-RL Art. 14 Rdnr. 6). Dies entspricht der Frist dieses Schutzes von 15 Jahren (s. Rdnr. 17) und dem generellen Beginn dieser Frist (s. Art. 10 Abs. 1 der Richtlinie). In Bezug auf urheberrechtlich geschützte Datenbanken enthält Art. 14 Abs. 1 der Richtlinie keine entsprechende Regelung über den Zeitraum, innerhalb dessen Altdatenbanken hergestellt worden sein müssen, um den Schutz durch die Richtlinie zu erreichen. Sinngemäß kann in dieser Hinsicht auch nur gefordert werden, dass der Urheberrechtsschutz im Umsetzungszeitpunkt noch besteht (s. § 129 Abs. 1). Ob dies der Fall ist, ist nach den Regeln der Schutzdauerrichtlinie (s. Rdnr. 13 ff.) zu entscheiden, deren Geltung nach Art. 2 lit. c der Datenbankrichtlinie ausdrücklich unangetastet bleibt. Im Regelfall kommt es hierbei auch nicht auf den Zeitpunkt der Herstellung des Werkes bzw. der Datenbank, sondern auf den Tod von deren Urhebern oder Miturhebern an (s. Rdnr. 18, 20). Ein fester Zeitraum lässt sich daher gar nicht bestimmen. 45

In Bezug auf die **Dauer des sui generis-Schutzes von Altdatenbanken** bestimmt Art. 14 Abs. 5 folgendes: „Im Falle einer Datenbank, deren Herstellung während der letzten 15 Jahre 46

§ 64 Allgemeines

vor dem in Art. 16 Abs. 1 genannten Zeitpunkt abgeschlossen wurde, beträgt die Schutzdauer des in Art. 7 vorgesehenen Rechts 15 Jahre ab dem 1. Januar, der auf diesen Zeitpunkt folgt." Unter „diesem Zeitpunkt" hat der deutsche Gesetzgeber bei Umsetzung der Richtlinie den Umsetzungszeitpunkt, dh. den 1. 1. 1998, verstanden (s. § 137g Abs. 2 S. 2; sa. dort Rdnr. 3). Richtigerweise kann damit aber nur der Zeitpunkt gemeint sein, in dem die Herstellung der Datenbank abgeschlossen wurde (so auch *Flechsig* ZUM 1997, 577/589;) *Heinz* GRUR 1996, 455/456; *Lehmann* in *Lehmann* (Hrsg.) S. 67/73; *ders.* in *Möhring/Schulze/Ulmer/Zweigert* (Hrsg.) S. 16; *Vogel* ZUM 1997, 592/598; aA *v. Lewinski* in *Walter* (Hrsg.) Datenbank-RL Art. 14 Rdnr. 7). Das ergibt sich deutlich auch aus der englischsprachigen Fassung der Richtlinie, wo von „that" und nicht von „this" date die Rede ist. Für die **Dauer des Urheberrechtsschutzes von Altdatenbanken** gelten wiederum (s. Rdnr. 45) die Regeln der Schutzdauerrichtlinie (s. Rdnr. 13 ff.).

47 Als Ausnahmeregel zu Art. 14 Abs. 1 der Datenbankrichtlinie (s. Rdnr. 45) bestimmt deren Art. 14 Abs. 2 in Bezug auf den Urheberrechtsschutz von Altdatenbanken, dass die Richtlinie **keine Verkürzung der verbleibenden Schutzdauer** bewirkt, wenn eine Datenbank zwar nicht den Anforderungen der Richtlinie an den Urheberrechtsschutz genügt, im Zeitpunkt der Veröffentlichung dieser Richtlinie, dem 27. 3. 1996, jedoch in einem Mitgliedstaat durch eine urheberrechtliche Regelung geschützt wird. Eine Verweisung solcher Datenbanken auf den sui generis-Schutz der Datenbankrichtlinie würde eine solche Verkürzung der Schutzdauer bedeuten. Art. 14 Abs. 2 der Richtlinie verhindert dies. Die Bestimmung dient daher dem Schutz wohlerworbener Rechte; allerdings sind ihre Auswirkungen auf das Hoheitsgebiet der betreffenden Mitgliedstaaten, wie vor allem Großbritannien, zu beschränken (s. Erwgr. 60 der Richtlinie; s. ferner *Lehmann* in *Lehmann* (Hrsg.) S. 67/73; *ders.* in *Möhring/Schulze/Ulmer/Zweigert* (Hrsg.) S. 16; sa. *v. Lewinski* in *Walter* (Hrsg.) Datenbank-RL Art. 14 Rdnr. 5; zum früheren britischen Recht auch *Gaster* CR 1997, 669/674).

48 Vor dem Umsetzungszeitpunkt (s. Rdnr. 45) **abgeschlossene Handlungen** und **erworbene Rechte** werden von dem Richtlinienschutz von Altdatenbanken nicht berührt (Art. 14 Abs. 4 der Datenbankrichtlinie).

VI. Systematik der §§ 64–69

49 1. Die Regelungen des UrhG über die Schutzdauer des Urheberrechts finden sich in den anlässlich der Umsetzung der europäischen Schutzdauerrichtlinie (s. Rdnr. 13 ff.) nicht unerheblich modifizierten §§ 64–69. Diese enthalten die Bestimmung über die Regelschutzdauer in § 64 (§ 64 Abs. 1 aF) sowie die allgemein zu beachtende Bestimmung über die Berechnung der einzelnen Schutzfristen in § 69. In den dazwischenliegenden Vorschriften werden Sonderfälle geregelt, die sich, soweit sie auf eine Verkürzung der Regelschutzdauer hinauslaufen, im Rahmen des nach Art. 7 RBÜ (Pariser Fassung) und Art. IV WUA (Genfer und Pariser Fassung) Zulässigen halten. **§ 65 Abs. 1 (§ 65 aF)** regelt das Erlöschen des Urheberrechts bei Miturheberschaft, **§ 65 Abs. 2**, der in Umsetzung der europäischen Schutzdauerrichtlinie neu eingeführt worden ist, enthält eine Spezialregelung für den Ablauf der Schutzdauer bei Filmwerken und ähnlichen Werken. **§ 66** trifft eine Sonderregelung für anonyme und pseudonyme Werke, die eine wesentliche Verkürzung der Schutzdauer zur Folge hat; die Bestimmung ist durch Art. 7 Abs. 3 RBÜ und Art. IV Abs. 2 WUA gedeckt. **§ 67** regelt für diejenige Schutzfrist, die nach der Veröffentlichung eines Werkes zu berechnen ist, dh. die Frist nach § 66 Abs. 1 S. 1 (bis 1. 7. 1995 auch die Frist nach § 64 Abs. 2 aF; s. Rdnr. 50), die maßgebliche Veröffentlichung bei sog. Lieferungswerken.

50 2. **§ 64 Abs. 2** ist anlässlich der Umsetzung der europäischen Schutzdauerrichtlinie (s. Rdnr. 13 ff./27 f.) **aufgehoben** worden. Er betraf sog. nachgelassene (postume) Werke, denen bei Erstveröffentlichung nach Ablauf von 60 Jahren, aber vor Ablauf von 70 Jahren jeweils nach dem Tod des Urhebers eine restliche Schutzfrist von 10 Jahren garantiert wurde (s. Näheres unter Rdnr. 55, 66 f.). **§ 68** ist bereits durch die Urheberrechtsnovelle 1985 **aufgehoben** worden. Er hatte für **Lichtbildwerke** (§ 2 Abs. 1 Nr. 5) eine verkürzte Schutzdauer von nur 25 Jahren nach dem Erscheinen eines solchen Werkes bzw. von 25 Jahren bereits nach Herstellung vorgesehen, wenn das Lichtbildwerk innerhalb dieser letzteren Frist nicht erschienen war. Die Bestimmung war mit der RBÜ (Art. 7 Abs. 4 Pariser Fassung) und dem WUA (Art. IV Abs. 3 Genfer und Pariser Fassung) vereinbar, jedoch rechtspolitisch nicht länger haltbar. Durch Verweisung in § 72 Abs. 1 galt dieselbe Schutzdauer für einfache Lichtbilder, die den Anforderun-

Allgemeines **§ 64**

gen an ein urheberrechtlich geschütztes Werk iSd. § 2 Abs. 2 nicht genügten. Lichtbildwerke stehen hinsichtlich der Dauer ihres Schutzes nunmehr allen anderen urheberrechtlich geschützten Werken grundsätzlich gleich (s. § 2 Rdnr. 178), jedoch wirkt ihre frühere kurze Schutzdauer im Hinblick auf das zeitliche Übergangsrecht nach (s. Rdnr. 62 ff.). Besondere Probleme ergeben sich damit in Zusammenhang auch aus der deutschen Wiedervereinigung (s. Rdnr. 63, 71 f.). Durch die Urheberrechtsnovelle von 1985 erhielten einfache Lichtbilder in § 72 Abs. 3 eine selbständige Schutzdauerregelung, und zwar weiterhin mit einer Regelschutzfrist von 25 Jahren, für einfache Lichtbilder als Dokumente der Zeitgeschichte jedoch mit einer verdoppelten Schutzfrist von 50 Jahren. Bei Gelegenheit der Umsetzung der europäischen Schutzdauerrichtlinie (s. Rdnr. 13 ff.), aber ohne durch diese dazu gezwungen zu sein (s. Rdnr. 30), gab der Gesetzgeber im Jahre 1995 diese Differenzierung als unpraktikabel wieder auf, und setzte er die Schutzfrist für einfache Lichtbilder auf einheitlich 50 Jahre fest (s. zu den Einzelheiten § 72 Rdnr. 4 f., 7, 37 ff.).

3. Von den in der RBÜ (Art. 7 Abs. 2, 4 Pariser Fassung) und im WUA (Art. IV Abs. 2, 3 **51** Genfer und Pariser Fassung) vorgesehenen Möglichkeiten einer Verkürzung der Schutzdauer für **Filmwerke** und **Werke der angewandten Kunst** hat der deutsche Gesetzgeber nicht Gebrauch gemacht, jedoch gilt für die Schutzdauer von Filmwerken nunmehr die Sonderregelung des § 65 Abs. 2.

B. Regelschutzdauer

I. Entstehungsgeschichte des § 64

1. In Deutschland galt, ausgehend vom preußischen Gesetz gegen Nachdruck von 1837 (s. **52** Einl. Rdnr. 105) fast ein Jahrhundert lang eine gesetzliche Regelschutzdauer, welche die **Lebenszeit** des Urhebers und **30 Jahre** nach seinem Tod umfaßte (s. hierzu und zum folgenden ausführlich *Beier* S. 21 ff., dort S. 31 ff./34 ff. auch nur Rechtsentwicklung in Österreich, Frankreich und England). Auf ihr beruhten die Schutzdauerbestimmungen des LUG von 1870 und des KUG von 1876 (Einl. Rdnr. 73) sowie ursprünglich auch des LUG von 1901 und des KUG von 1907 (Einl. Rdnr. 75). In Frankreich dagegen war schon im Jahre 1866 die 50jährige Schutzfrist post mortem auctoris eingeführt worden, im Rahmen der RBÜ galt diese Schutzfrist seit der Berliner Revisionskonferenz von 1908 (s. vor §§ 120 ff. Rdnr. 41) als für die Verbandsländer nicht verbindliche Regel, seit der Brüsseler Revisionskonferenz von 1948 als zwingende Mindestschutzfrist (s. Rdnr. 11). In Deutschland erfolgte die **Verlängerung auf 50 Jahre** post mortem auctoris aufgrund des **Gesetzes zur Verlängerung der Schutzfristen im Urheberrecht** vom 13. 12. 1934 (RGBl. 1934 II S. 1395). Die Schutzdauerbestimmungen der §§ 29 LUG von 1901 und 25 KUG von 1907 wurden entsprechend geändert.

Im Rahmen der **Urheberrechtsreform von 1965** (Einl. Rdnr. 117) war zunächst eine er- **53** neute Verlängerung der Schutzfrist nicht geplant. Im Rahmen der Beratungen des Rechtsausschusses des Deutschen Bundestags reifte dann aber der Gedanke einer solchen Verlängerung, wobei Schutzfristen nach dem Tod des Urhebers von 60, 70 und 80 Jahren erörtert wurden und letztlich der **70jährigen** Frist der Vorzug gegeben wurde. Zur Begründung wurde neben Bestrebungen in einigen anderen Ländern insb. die gestiegene durchschnittliche Lebenserwartung angeführt, die zunehmend zur Folge habe, dass nach Ablauf von 50 Jahren seit dem Tod des Urhebers noch nahe Angehörige lebten, denen billigerweise die Einkünfte aus der Nutzung seiner Werke nicht entzogen werden dürften. Zugleich wurde eine solche Verlängerung der Schutzdauer als ein gewisser Ausgleich dafür angesehen, dass die Einführung des „domaine public payant" abgelehnt wurde (s. den Bericht des Abg. *Reischl* UFITA 46 (1966) 174/194 ff. sowie Rdnr. 3). Nach Mitteilung *Ulmers*[3] § 77 III 1 lagen den Beratungen des Rechtsausschusses insb. entsprechende Wünsche der Komponisten und Musikverleger zugrunde.

2. Eine Besonderheit der Schutzdauerregelung des **§ 29 S. 1 LUG von 1901** bestand darin, **54** dass sie das Erlöschen des Urheberrechts von zwei Voraussetzungen abhängig machte: dem Ablauf einer Frist von 50 Jahren seit dem Tod des Urhebers und von 10 Jahren seit der ersten Veröffentlichung des Werkes. Zweck dieser Regelung war es, dem Rechtsnachfolger des Urhebers einen von der allgemeinen Schutzdauer unabhängigen 10jährigen Schutz zu gewähren, wenn er ein bisher unveröffentlichtes nachgelassenes Werk des Urhebers herausgab. Im Ergebnis lief diese Regelung ungewollt auf einen **zeitlich unbegrenzten Schutz unveröffentlichter**

§ 64

Werke hinaus (AmtlBegr. BTDrucks. IV/270 S. 79 zu § 67, jetzt § 64; *Ulmer*[3] § 77 V 2). Um dieses Ergebnis für die Zukunft zu vermeiden, zugleich aber einen gesetzlichen Ausgleich für die Kosten zu schaffen, die sich mit der Veröffentlichung nachgelassener Werke verbinden, wurde folgende Lösung gewählt, die in **zwei gesetzlichen Bestimmungen** ihren Niederschlag finden musste, von denen nur die zweite heute noch in veränderter Form in Kraft ist: Veröffentlichte der Rechtsnachfolger des Urhebers das nachgelassene unveröffentlichte Werk erstmals kurz vor Ablauf der Schutzfrist nach dem Tod des Urhebers, so garantierte ihm § **64 Abs. 2** Schutz noch für volle 10 Jahre. Wurde bzw. wird das unveröffentlichte nachgelassene Werk jedoch erst nach Ablauf der Schutzfrist nach dem Tod des Urhebers erstmals veröffentlicht, so blieb und bleibt der Urheberrechtsschutz erloschen. Demjenigen, der das Werk erstmals erscheinen ließ und der nicht der Erbe des Urhebers sein musste, stand und steht aber das **Leistungsschutzrecht des § 71** zu (s. zu dieser Lösung die Motive in der AmtlBegr. BTDrucks. IV/270 S. 79 zu § 67, jetzt § 64).

55 3. Das 3. UrhGÄndG vom 23. 6. 1995 (BGBl. I S. 842), welches die europäische Schutzdauerrichtlinie (s. Rdnr. 13 ff.) in innerstaatliches deutsches Recht umgesetzt hat und nach seinem Art. 3 Abs. 2 in seinen hier relevanten Teilen am 1. 7. 1995 in Kraft getreten ist, hat in seinem Art. 1 Nr. 3 **§ 64 Abs. 2 aufgehoben** und in seinem Art. 1 Nr. 6 **§ 71 neu gefasst**. Die Aufhebung des § 64 Abs. 2 war durch Art. 1 Abs. 1 der Richtlinie veranlasst, der die 70jährige Schutzfrist post mortem auctoris „unabhängig von dem Zeitpunkt" vorschreibt, „zu dem das Werk erlaubterweise der Öffentlichkeit zugänglich gemacht worden ist" (s. Rdnr. 28 mwN; zur dadurch veranlassten Aufhebung des § 64 Abs. 2 s. die AmtlBegr. BTDrucks. 13/781 S. 8 f., 12 f.; *Vogel* ZUM 1995, 451/453). § 71 brauchte demgegenüber nur an Art. 4 der Richtlinie (s. Rdnr. 28 mwN) angepasst zu werden (s. die AmtlBegr. BTDrucks. 13/781 S. 10 f., 14 f.; *Vogel* ZUM 1995, 451/455 f. und die Kommentierung des § 71).

II. Regelschutzdauer

1. Allgemeine Fragen

56 a) Die Regelschutzdauer eines urheberrechtlich geschützten Werkes umfasst die **Lebenszeit des Urhebers und 70 Jahre nach seinem Tod** (§ 64). Mit der Lebenszeit der verschiedenen Urheber variiert die effektive Schutzdauer eines Werkes, gerechnet ab dem Zeitpunkt der Entstehung des Werkes und damit auch des Schutzes (s. Einl. Rdnr. 33), uU ganz beträchtlich. Darin liegt eines der Merkmale, die das Urheberrecht von den meisten gewerblichen Schutzrechten mit ihren festen gesetzlichen Schutzfristen unterscheiden (Einl. Rdnr. 46).

57 Für die **Berechnung** der gesetzlichen Schutzdauer gilt § 69. Das Kalenderjahr, in dem der Urheber stirbt, wird nicht mitgezählt, so dass die 70jährige Schutzfrist stets am 1. Januar eines Jahres zu laufen beginnt und mit dem Ablauf des 70. Jahres endet. Ist ein Urheber im Laufe des Jahres 1970 verstorben, so beginnt die 70jährige Schutzfrist am 1. 1. 1971 zu laufen, sie endet am 31. 12. 2040, wenn das Gesetz dann noch gilt.

58 b) Bei Anwendung des § 64 ist die **Übergangsbestimmung** des § 129 Abs. 1 zu beachten. Gemäß § 129 Abs. 1 S. 1 sind die Vorschriften des UrhG und damit auch § 64 auch auf Werke anzuwenden, die vor Inkrafttreten dieses Gesetzes geschaffen worden sind. Auch solchen Werken kann daher die längere Schutzdauer des § 64 zugute kommen. Dies gilt aber nur für Werke, die bei Inkrafttreten des § 64 noch urheberrechtlich geschützt waren. Zeitpunkt des Inkrafttretens dieser Bestimmung ist nach § 143 Abs. 1 der 17. 9. 1965. Darüber, ob ein Werk zu diesem Zeitpunkt noch geschützt war, entscheiden die Bestimmungen des LUG von 1901 und des KUG von 1907 (s. Rdnr. 52 sowie die Kommentierung des § 129). Da danach die Schutzdauer 50 Jahre post mortem auctoris umfasste und nach §§ 34 LUG, 29 KUG ebenfalls erst mit dem Ablauf des Sterbejahres des Urhebers zu laufen begonnen hat, ist die Schutzfristenverlängerung des § 64 Abs. 1 zunächst den Werken aller derjenigen Urheber zugute gekommen, die das Jahr 1915 noch erlebt haben (Schutzende nach LUG, KUG am 31. 12. 1965). Zu den Auswirkungen der Verlängerung der Schutzfrist auf **Verträge** s. § 137 Abs. 2–4.

59 Entsprechende Übergangsbestimmungen enthielt § 2 des Gesetzes zur Verlängerung der Schutzfristen im Urheberrecht von 1934 (s. Rdnr. 52).

60 c) Eine **allgemeine Schutzfristverlängerung aus Anlass des Ersten oder Zweiten Weltkrieges** hat es in Deutschland **nicht** gegeben. Die in Art. 5 des Gesetzes Nr. 8 der Alliierten Hohen Kommission vom 20. 10. 1949 (abgedruckt bei *Haertel/Schneider*, Taschenbuch des

Allgemeines § 64

Urheberrechts, 1955, S. 112 ff.) den ehemaligen Feindstaaten und ihren Staatsangehörigen bis zum 3. 10. 1950 eröffnete Möglichkeit, beim Patentamt eine Verlängerung ihrer deutschen Urheberrechte zu beantragen, ist in der Praxis nicht genutzt worden (*Ulmer*[2] § 62 V).

d) § 64 und auch die übrigen Vorschriften der §§ 65–67 gelten **nicht** für die **Schutzdauer** 61 der mit dem Urheberrecht **verwandten Schutzrechte**. Die Vorschriften über diese Schutzrechte enthalten jeweils eigenständige Regelungen über die Schutzdauer, wobei für die Berechnung auf § 69 verwiesen wird (s. §§ 70 Abs. 3, 71 Abs. 3, 72 Abs. 3, 76, 82, 85 Abs. 3, 87 Abs. 3, 87 d, 94 Abs. 3 sowie § 94 Rdnr. 36).

2. Schutzdauer von Lichtbildwerken

a) Im Hinblick auf die Geltung des § 64 auch für **Lichtbildwerke** seit der Urheberrechtsno- 62 velle von 1985 (s. Rdnr. 50) ist im Rahmen derselben Novelle die **Übergangsbestimmung** des § 137 a Abs. 1 geschaffen worden. Danach kam die beträchtliche Schutzdauerverlängerung allen Lichtbildwerken zugute, deren Schutzdauer nach der früher geltenden Bestimmung des § 68 am 1. 7. 1985 noch nicht abgelaufen war (vgl. zu dieser Bestimmung Rdnr. 50). Im Ergebnis blieben damit alle Lichtbildwerke von der Verlängerung der Schutzdauer ausgeschlossen, die vor 1960 erschienen sind; dies bedeutete nach wie vor auch eine **verfassungsrechtlich bedenkliche** Schlechterstellung älterer Lichtbildwerke im Vergleich mit Werken aller anderen Werkkategorien. Zu den Auswirkungen auf **Verträge** s. § 137 a Abs. 2.

b) Ein weiteres, ebenfalls auch verfassungsrechtliches Problem der Schutzdauer von Licht- 63 bildwerken folgt aus der **deutschen Wiedervereinigung** (s. dazu Rdnr. 69, 71 f.). Die in der ehemaligen DDR seit 1966 auch auf Lichtbildwerke anwendbare, die Lebenszeit des Urhebers und 50 Jahre nach seinem Tod umfassende Regelschutzdauer konnte durch Überleitung des bundesdeutschen Urheberrechts, einschließlich dessen § 137 a Abs. 1 iVm. dem aufgehobenen § 68, auf das Gebiet der ehemaligen DDR am 3. 10. 1990, dem Zeitpunkt der deutschen Wiedervereinigung, abgebrochen worden sein, mit der Folge eines übergangslosen Verlusts des Urheberrechtsschutzes (s. *Fromm/Nordemann*[10] Rdnr. 16; *A. Nordemann* GRUR 1991, 418/419 f.; sa. *Katzenberger* GRUR Int. 1993, 2/11; *Pfister* S. 99 ff.; *Stögmüller* S. 54 ff.; zur Lösung des Problems s. Rdnr. 72). Dies galt namentlich für Lichtbildwerke von Angehörigen der ehemaligen DDR, die im Zeitraum vom 1. 1. 1941 bis 31. 12. 1959 erschienen sind, weil diese Werke, ausgehend von § 26 KUG von 1907 mit einer Schutzfrist von 25 Jahren ab Erscheinen, zwar den Urheberrechtsschutz mit Regelschutzdauer in der ehemaligen DDR, nicht mehr aber denjenigen in der Bundesrepublik erreichten (s. Rdnr. 71).

c) Beide Probleme der Schutzdauer von Lichtbildwerken sind zu einem wesentlichen Teil 64 durch die **europäische Rechtsentwicklung** gemildert worden. **§ 137 f. Abs. 2 S. 1** sieht in Umsetzung von Art. 10 Abs. 2 der europäischen Schutzdauerrichtlinie (s. Rdnr. 13 ff./41) vor, dass ein in Deutschland schon abgelaufener Urheberrechtsschutz eines Werkes wieder auflebt, wenn das betreffende Werk am 1. 7. 1995, dem Zeitpunkt der Umsetzung der Richtlinie (s. Rdnr. 14), zumindest in einem Mitgliedstaat der EU oder einem Vertragsstaat des EWR-Abkommens noch geschützt ist. Darüber hinaus verwehrt das Verbot der Diskriminierung aus Gründen der Staatsangehörigkeit gemäß Art. 12 Abs. 1 EG (Art. 6 Abs. 1 EGV, Art. 7 Abs. 1 EWGV) und Art. 4 EWR-Abkommen den Mitglied- bzw. Vertragsstaaten in ihren Beziehungen untereinander die Durchführung des Vergleichs der Schutzfristen (s. Rdnr. 42), und wenden mehrere dieser Staaten, wie Belgien, Frankreich und die Niederlande (s. *Gerstenberg* GRUR 1976, 131/134), auf Lichtbildwerke schon traditionell die urheberrechtliche Regelschutzdauer an. Daraus folgt ein entsprechend langdauernder, in vielen Fällen auch am 1. 7. 1995 noch bestehender Urheberrechtsschutz von Lichtbildwerken auch deutscher Urheber, einschließlich Angehöriger der ehemaligen DDR, in zumindest einzelnen dieser Staaten. Daraus wiederum ergibt sich auch ein Wiederaufleben dieses Schutzes auch in Deutschland, und zwar nunmehr mit der hier seit 1985 geltenden langen Regelschutzdauer bis zum Ablauf von 70 Jahren pma. (s. zum Ergebnis auch *Fromm/Nordemann*[10] Rdnr. 17; *A. Nordemann/Mielke* ZUM 1996, 214/215; sa. oben Rdnr. 41).

d) Zu den Auswirkungen der vorstehend (Rdnr. 62–64) geschilderten Rechtslage auf **Ver-** 65 **träge** über Nutzungsrechte an Lichtbildwerken s. § 137 a Abs. 2, auf die **Rechtsinhaberschaft** und die **Fortsetzung begonnener Nutzungen** beim Wiederaufleben des Schutzes eines Lichtbildwerkes § 137 f Abs. 3.

C. Aufhebung der besonderen Schutzdauer nachgelassener Werke und Übergangsrecht

66 1. Wie bereits gezeigt (s. Rdnr. 50), ist § 64 Abs. 2 über die Verlängerung der Schutzdauer nachgelassener Werke im Jahre 1995 anlässlich der Umsetzung der europäischen Schutzdauerrichtlinie aufgehoben worden. **Übergangsrechtlich** ist diese Vorschrift aber nach wie vor von Bedeutung. Im Ergebnis führte sie bei Erfüllung ihrer Voraussetzungen zu einer Schutzfrist von maximal 80 Jahren nach dem Tod des Urhebers (s. Rdnr. 67) und damit zu einer längeren Schutzfrist, als die Schutzdauerrichtlinie sie mit 70 Jahren (s. Rdnr. 17) und unter Ausschluss einer Verlängerung für nachgelassene Werke (s. Rdnr. 28) vorsieht. Die Anwendung der Richtlinienregelung ab dem Umsetzungszeitpunkt, dem 1. 7. 1995 (s. Rdnr. 14), konnte damit zu einer **Verkürzung bereits laufender Schutzfristen** im Hinblick auf Werke führen, die vor diesem Zeitpunkt erstmals veröffentlicht wurden und sich dabei in der Zeitspanne der letzten 10 Jahre ihrer regulären Schutzfrist von 70 Jahren pma befanden. Um solche Eingriffe in wohlerworbene Rechte zu vermeiden, bestimmt Art. 10 Abs. 1 der Schutzdauerrichtlinie, dass im Umsetzungszeitpunkt in einem Mitgliedstaat bereits laufende Schutzfristen, die länger sind als die in der Richtlinie vorgesehenen Fristen, durch die Richtlinie nicht verkürzt werden; dies gilt auch dann, wenn dadurch eine Harmonisierungslücke entsteht (s. Rdnr. 40). Der Umsetzung dieser Bestimmung in das deutsche Recht dient § 137f Abs. 1 S. 1 mit der Regelung, dass der Schutz mit dem Ablauf der Schutzdauer nach den bis zum 30. 6. 1995 geltenden Vorschriften, gegebenenfalls also auch nach § 64 Abs. 2 erlischt, wenn durch die Anwendung des Gesetzes in der ab dem 1. 7. 1995 geltenden Fassung, gegebenenfalls also § 64 ohne seinen früheren Abs. 2, die Dauer eines vorher entstandenen Rechts verkürzt würde (s. zur Anwendbarkeit des § 137f Abs. 1 S. 1 auch auf die Fälle des § 64 Abs. 2 die AmtlBegr. BTDrucks. 13/781 S. 16f.; *Vogel* ZUM 1995, 451/457). Daraus ergibt sich, dass § 64 Abs. 2 weiterhin beachtet werden muss.

67 2. Nach § 64 Abs. 2 galt Folgendes: Wurde ein urheberrechtlich geschütztes Werk **erstmals nach Ablauf von 60, aber vor Ablauf von 70 Jahren nach dem Tod des Urhebers,** dh. innerhalb der letzten 10 Jahre der Schutzdauer nach § 64 Abs. 1 **veröffentlicht,** so erlosch der Urheberrecht erst 10 Jahre nach der Veröffentlichung. Das bedeutete, dass ein unveröffentlichtes nachgelassenes Werk, wenn es im letzten Jahr der Schutzfrist des § 64 Abs. 1 erstmals veröffentlicht wurde, im Ergebnis 80 Jahre post mortem auctoris geschützt war (ebenso *Möhring/Nicolini* Anm. 5). Wurde das Werk **vor Ablauf von 60 Jahren** nach dem Tod des Urhebers erstmals veröffentlicht, so verlängerte sich die Schutzdauer nicht; wurde es **nach Ablauf von 70 Jahren** nach dem Tode des Urhebers erstmals veröffentlicht, so blieb es bei dem mit dem Ablauf des 70. Jahres eingetretenen Erlöschen des Urheberrechtsschutzes, aber es griff im Falle der Veröffentlichung durch Erscheinen des Werkes iSd. § 6 Abs. 2 das Leistungsschutzrecht des § 71 Platz (s. Rdnr. 54; dort auch zu den Motiven für diese Regelung). Die Schutzfristverlängerung nach § 64 Abs. 2 kam den **Erben** des Urhebers zugute, das Leistungsschutzrecht des § 71 dem **Herausgeber** (zur Neugestaltung dieses Leistungsschutzes durch Art. 4 der Schutzdauerrichtlinie s. Rdnr. 28). Für den **Begriff der Veröffentlichung** iSd. § 64 Abs. 2 galt § 6 Abs. 1 (s. dort Rdnr. 6ff.), für den des Erscheinens § 6 Abs. 2 (s. dort Rdnr. 29ff.).

68 3. Die Änderung des Schutzes nachgelassener Werke durch §§ 64 Abs. 2, 71 gegenüber § 29 S. 1 LUG von 1901 (s. Rdnr. 54) bedingte die besondere **Übergangsregelung** des **§ 129 Abs. 2.** Ist ein Werk nach Ablauf von 50 Jahren nach dem Tod des Urhebers, aber vor Inkrafttreten des UrhG erstmals veröffentlicht worden, so richtet sich die Schutzdauer nach dem früheren Recht. Gemeint ist damit der Fall, dass die 10jährige zusätzliche Schutzfrist nach § 29 S. 1 LUG von 1901 bei Inkrafttreten des UrhG noch nicht abgelaufen war, da anderenfalls ein Schutz durch das UrhG nach § 129 Abs. 1 S. 1 ohnehin nicht mehr erreicht worden wäre (s. Rdnr. 58). Ist dieser Schutz aber erreicht worden, so konnte ohne besondere Regelung unter bestimmten Voraussetzungen der Schutz mit Inkrafttreten des UrhG erlöschen (s. § 129 Rdnr. 22 in der Vorauflage). Um dieses Ergebnis zu vermeiden und den Erben den Schutz zu belassen, auf den sie sich eingestellt haben, ist die Regelung des § 129 Abs. 2 getroffen worden (vgl. die AmtlBegr. BTDrucks. IV/270 S. 114 zu § 139, jetzt § 129).

Allgemeines § 64

D. Schutzdauer des Urheberrechts und der verwandten Schutzrechte und deutsche Wiedervereinigung

1. Mit Herstellung der **deutschen Einheit** am 3. 10. 1990 auf der Grundlage des deutsch- **69** deutschen Einigungsvertrags vom 31. 8. 1990 ist nach dessen Art. 8 ua. auch das Urheberrechtsgesetz der Bundesrepublik Deutschland auf dem Territorium der ehemaligen DDR in Kraft getreten; zugleich ist das Urheberrechtsgesetz (URG) der DDR außer Kraft getreten (s. hierzu und zu weiteren Fragen der deutschen Wiedervereinigung vor §§ 120 ff. Rdnr. 24 ff.). Im Hinblick auf die **Schutzdauer des Urheberrechts und der verwandten Schutzrechte** traten damit die Bestimmungen des bundesdeutschen Gesetzes in der seinerzeit geltenden Fassung, dh. die §§ 64–69, 70 Abs. 3, 71 Abs. 3, 72 Abs. 3, 82, 85 Abs. 2, 87 Abs. 2 und 94 Abs. 3, an die Stelle der entsprechenden Bestimmungen des DDR-Gesetzes, nämlich der §§ 33 und 82 URG-DDR. Diese sahen für das Urheberrecht eine Schutzfrist von 50 Jahren, im Regelfall nach dem Tod des Urhebers, für die verwandten Schutzrechte einheitlich eine Schutzfrist von nur 10 Jahren vor. Angesichts einer Schutzfrist von 70 Jahren für das Urheberrecht und von 25 oder 50 Jahren für die verwandten Schutzrechte in der Bundesrepublik zum damaligen Zeitpunkt (s. Rdnr. 53, 56 sowie die Kommentierung der zitierten Bestimmungen zu den verwandten Schutzrechten in der Vorauflage) bedeutete die Überleitung des bundesdeutschen Rechts auf das Gebiet der ehemaligen DDR dort eine wesentliche **Verlängerung der Schutzfristen** und damit auch der Schutzdauer insgesamt. Spätere Gesetzesänderungen, wie insbesondere die Umsetzung der europäischen Schutzdauerrichtlinie (s. Rdnr. 13 ff., 55) im Jahre 1995, gelten ohne weiteres für das gesamte Deutschland.

Das bundesdeutsche Schutzdauerrecht gilt, ohne dass es dafür irgendwelcher weiterer Be- **70** stimmungen bedurfte, jedenfalls für alle seit dem 3. 10. 1990 geschaffenen **neuen Werke** und erbrachten neuen Leistungen (s. *Katzenberger* GRUR Int. 1993, 2/7; *Pfister* S. 42; *Stögmüller* S. 32). Darüber hinaus bestimmt als Vorschrift des Übergangsrechts § 1 Abs. 1 S. 1 der Besonderen Bestimmungen des Einigungsvertrags zum Urheberrecht (s. zu diesen vor §§ 120 ff. Rdnr. 26), dass die Vorschriften des bundesdeutschen Gesetzes, und damit auch diejenigen über die Schutzdauer, auch auf die **vor dem 3. 10. 1990 geschaffenen Werke** anzuwenden sind; nach § 1 Abs. 2 der Besonderen Bestimmungen gilt Entsprechendes für Leistungen, die durch verwandte Schutzrechte geschützt sind. Dies entspricht im Grundsatz § 129 Abs. 1, dient aber nicht nur dazu, die Geltung unterschiedlicher Urheberrechtsordnungen für alte und neue Werke und Leistungen zu vermeiden (s. § 129 Rdnr. 1), sondern auch dazu, auch für Altwerke und -leistungen die Rechtseinheit herzustellen (s. *Katzenberger* GRUR Int. 1993, 2/7; *Pfister* S. 42; *Stögmüller* S. 33). Weitergehend als § 129 Abs. 1, der die Anwendung des Gesetzes auf im Zeitpunkt seines Inkrafttretens nicht mehr geschützte Werke und Leistungen ausschließt (s. § 129 Rdnr. 2, 10 f., 14), bestimmt § 1 Abs. 1 S. 2 der Besonderen Bestimmungen des Einigungsvertrags, dass die Anwendung der Vorschriften des bundesdeutschen Gesetzes auch dann Platz greift, wenn am 3. 10. 1990 die **Schutzfristen nach dem Gesetz der DDR schon abgelaufen** waren; dasselbe gilt nach § 1 Abs. 2 der Besonderen Bestimmungen wiederum auch im Hinblick auf verwandte Schutzrechte. In solchen Fällen **lebt der Schutz auf dem Gebiet der ehemaligen DDR wieder auf** (s. *Pfister* S. 42; *Stögmüller* S. 51; auch *Katzenberger* GRUR Int. 1993, 2/7). Mit Rücksicht auf den längerwährenden Schutz für ein und dieselben Werke und Leistungen in den alten Bundesländern (s. Rdnr. 69) war diese Regelung um der Rechtseinheit im gesamten Deutschland auf dem Schutzniveau der alten Bundesrepublik willen unvermeidbar (s. *Katzenberger* GRUR Int. 1993, 2/7 f.; *Pfister* S. 42). Die Schutzdauerregelungen des bundesdeutschen Gesetzes und § 129 Abs. 1 markieren dabei die **Grenzen für das Wiederaufleben des Schutzes.**

Die unter Rdnr. 69 und 70 geschilderte Rechtslage gilt im Grundsatz auch für die **Schutz- 71 dauer von Lichtbildwerken.** Im Zeitpunkt der deutschen Wiedervereinigung, dem 3. 10. 1990, galten für sie nämlich sowohl nach dem Recht der ehemaligen DDR als auch nach bundesdeutschem Recht die allgemeinen Schutzdauervorschriften mit einer Schutzfrist von 50 bzw. 70 Jahren (s. zum bundesdeutschen Recht Rdnr. 50). Jedoch ergab sich aus den unterschiedlichen Zeitpunkten, zu denen die allgemeinen Schutzdauerregelungen für Lichtbildwerke in der DDR und in der Bundesrepublik in Kraft traten, ein ungewöhnlicher **Schutzüberschuss in der DDR.** Dort trat die allgemeine Schutzdauer bereits am 1. 1. 1966 in Kraft (§ 97 Abs. 1 URG-DDR). Sie erfasste damit alle seit dem 1. 1. 1941 (s. *Pfister* S. 97 gegen *A. Nordemann* GRUR 1991, 418/419 und *Stögmüller* S. 55, die irrtümlich auf den 1. 1. 1940 abstellen, korri-

Katzenberger 1275

§ 64

giert in *Fromm/Nordemann*[10] Rdnr. 16) vor dem Tod ihres Urhebers erschienenen Lichtbildwerke, für die §§ 26, 29 KUG von 1907 eine Schutzdauer von 25 Jahren ab Erscheinen bzw. Ablauf des Erscheinensjahres vorgesehen hatten. Demgegenüber erfasst die in der Bundesrepublik für Lichtbildwerke erst zum 1. 7. 1985 eingeführte Regelschutzdauer (s. Rdnr. 50) im Hinblick auf die vorangegangene Regelung in §§ 68 und 137a Abs. 1 (s. Rdnr. 50, 62) solche Lichtbildwerke nicht mehr, die vor 1960 erschienen sind. Im Hinblick auf Lichtbildwerke, die zwischen dem 1. 1. 1941 und dem 31. 12. 1959 erschienen sind, konnte daher die Überleitung des bundesdeutschen Rechts auf das Gebiet der ehemaligen DDR am 3. 10. 1990 dort zu einem **Verlust wohlerworbener Rechte** führen. Zu den verfassungs- und europarechtlichen Aspekten dieser Situation s. bereits Rdnr. 63f.; zu möglichen Lösungen s. sogleich Rdnr. 72.

72 Die Besonderen Bestimmungen des Einigungsvertrags zum Urheberrecht (s. Rdnr. 70) berücksichtigen diese Problematik nicht. Den Vorschlag, § 137a in Anlehnung an die Besonderen Bestimmungen zu ändern und für Lichtbildwerke generell das Wiederaufleben des Schutzes (s. Rdnr. 70) vorzusehen und damit auch den verfassungsrechtlichen Bedenken gegen die derzeitige Schutzdauersituation von Lichtbildwerken unabhängig von der deutschen Wiedervereinigung (s. Rdnr. 62) zu begegnen (s. insb. *A. Nordemann* GRUR 1991, 418/420f.), hat der Gesetzgeber bisher nicht aufgegriffen. Aus verfassungsrechtlichen Gründen (Art. 14 GG) speziell in der Wiedervereinigungsproblematik ist den betroffenen Rechtsinhabern jedoch auch ohne Eingreifen des Gesetzgebers der **erworbene Schutz über den 3. 10. 1990 hinaus zu belassen,** was durch verfassungskonforme Auslegung oder besser durch analoge Anwendung des § 137a Abs. 1 geschehen kann (ebenso *Fromm/Nordemann*[10] Rdnr. 17). Allerdings ist der fortbestehende Schutz auf die territorialen und zeitlichen Grenzen des Schutzes nach dem Recht der ehemaligen DDR, in zeitlicher Hinsicht also nach § 33 URG-DDR (s. Rdnr. 69), zu beschränken, weil nur insoweit Eigentumsrechte und Vertrauen begründet wurden; die mit der territorialen Beschränkung verbundene Störung der Rechtseinheit in Deutschland ist hinzunehmen (so im Ergebnis *Fromm/Nordemann/Hertin*[8] § 72 Rdnr. 3, §§ 135/135a Rdnr. 8; *Katzenberger* GRUR Int. 1993, 2/11; *Pfister* S. 104f.; *Stögmüller* S. 58f.). Von dieser Rechtslage begünstigt sind aber **nur Angehörige der ehemaligen DDR,** weil Bundesbürger in der DDR aufgrund des Vergleichs der Schutzfristen nach Art. 7 Abs. 8 RBÜ (zuletzt in der Pariser Fassung), den die DDR in ihrem Verhältnis zur Bundesrepublik angewandt hat (s. vor §§ 120ff. Rdnr. 38 in der Vorauf.), keinen zeitlich längeren Schutz als nach dem Recht der Bundesrepublik als Ursprungsland erwerben konnten (im Ergebnis wie hier *Dreier/Schulze*[3] Vor EV Rdnr. 6; *Fromm/Nordemann*[3] § 72 Rdnr. 3; *Katzenberger* GRUR Int. 1993, 2/11; *Pfister* S. 104f.; *Stögmüller* S. 59; *Wandtke/Bullinger*[3] EVtr Rdnr. 22). Im Übrigen hat die jüngste **europäische Rechtsentwicklung** die Problematik weitgehend entschärft (s. Rdnr. 64).

E. Sonstige Gründe für den Verlust des Urheberrechtsschutzes?

73 Das Urheberrecht als Ganzes kann **nicht** durch **Verzicht** erlöschen (s. § 29 Rdnr. 23, dort Rdnr. 22ff. auch zur Frage des Verzichts auf einzelne urheberrechtliche Befugnisse und Ansprüche aus dem Urheberrecht). Das Urheberrecht erlischt auch **nicht** durch **Verlust der Staatsangehörigkeit** des Urhebers (s. § 120 Rdnr. 19) und auch **nicht** durch **Untergang des Werkoriginals** (ebenso *Möhring/Nicolini*[2] Rdnr. 52).

F. Schutzdauer des Werktitels. Markenschutz urheberrechtlich gemeinfreier Werke

74 Für das Erlöschen des **urheberrechtlichen Schutzes** eines **Werktitels** (s. § 2 Rdnr. 69ff.) gelten die allgemeinen Grundsätze der §§ 64ff. Der in der Praxis wesentlich wichtigere **marken- und kennzeichenrechtliche Titelschutz** (s. § 2 Rdnr. 69) erlischt zwar grundsätzlich nicht durch Zeitablauf, jedoch folgt aus der urheberrechtlichen Gemeinfreiheit eines Werkes das Recht jedermanns, mit dem Werk selbst auch dessen Titel zu benutzen (RGZ 112, 2/4ff. – Brehms Tierleben; BGH GRUR 2003, 440/441 – Winnetous Rückkehr). Das fortbestehende kennzeichenrechtliche Titelrecht schützt seinen Inhaber aber gegen die Benutzung des Titels für ein anderes Werk (s. BGH GRUR 2003, 440/441 – Winnetous Rückkehr; s. dazu auch *v. Becker* AfP 2004, 25/28; *Fromm/Nordemann*[10] Rdnr. 22; *Schmidt-Hern* ZUM 2003, 462/463f.). Zum wettbewerbsrechtlichen Titelschutz s. die 1. Aufl. § 2 Rdnr. 38ff. Zur Frage des **Markenschutzes** urheberrechtlich gemeinfreier Werke s. BGH GRUR 2000, 882 – Bücher für eine bessere

Welt; BGH GRUR 2003, 342 – Winnetou; BPatG GRUR 1998, 1021 – Mona Lisa; BPatG MarkenR 2006, 172 – Pinocchio; *Fromm/Nordemann*[10] Rdnr. 23f.; *Nordemann* WRP 1997, 389; *Osenberg* GRUR 1996, 101; *Seifert* WRP 2000, 1014; *Wandtke/Bullinger* GRUR 1997, 573/577ff.

§ 65 Miturheber, Filmwerke

(1) Steht das Urheberrecht mehreren Miturhebern (§ 8) zu, so erlischt es siebzig Jahre nach dem Tode des längstlebenden Miturhebers.

(2) Bei Filmwerken und Werken, die ähnlich wie Filmwerke hergestellt werden, erlischt das Urheberrecht siebzig Jahre nach dem Tod des Längstlebenden der folgenden vier Personen: Hauptregisseur, Urheber des Drehbuchs, Urheber der Dialoge, Komponist der für das betreffende Filmwerk komponierten Musik.

Schrifttum: *Dietz,* Die Schutzdauerrichtlinie der EU, GRUR Int. 1995, 670; *Hodik,* Miturheberschaft, Werkverbindung und Kollektivwerke in der EG-Richtlinie zur Vereinheitlichung der Schutzfristen, in *Dittrich* (Hrsg.), Beiträge zum Urheberrecht II, 1993, S. 17; *Juranek,* Harmonisierung der urheberrechtlichen Schutzfristen in der EU, 1994; *Knorr,* Die Schutzfristberechnung bei Filmwerken, 1980; *v. Lewinski,* Der EG-Richtlinienvorschlag zur Harmonisierung der Schutzdauer im Urheber- und Leistungsschutzrecht, GRUR Int. 1992, 724 = 23 IIC (1992) 785; *Nordemann,* Das dritte Urheberrechts-Änderungsgesetz, NJW 1995, 2534; *Poll,* Urheberschaft und Verwertungsrechte am Filmwerk, ZUM 1999, 29; *Schricker,* Musik und Wort, GRUR Int. 2001, 1015; *Vogel,* Die Umsetzung der Richtlinie zur Harmonisierung der Schutzdauer des Urheberrechts und bestimmter verwandter Schutzrechte, ZUM 1995, 451; *Wallentin,* Die besondere Schutzfristenproblematik im Zusammenhang mit Filmen, in *Dittrich* (Hrsg.), Beiträge zum Urheberrecht II, 1993, S. 21; *Walter,* Schutzdauer-Richtlinie, in *Walter* (Hrsg.), Europäisches Urheberrecht Kommentar, 2001, S. 507.

I. Bedeutung und Entwicklung der Bestimmung

§ 65 Abs. 1 bestimmt für in **Miturheberschaft** geschaffene Werke und die Fälle, in denen die Schutzdauer eines Werkes gemäß § 64 nach dem Tod des Urhebers zu berechnen ist, auf den Tod welchen Miturhebers es ankommt. Nach § 65 Abs. 1 entscheidet der Tod des längstlebenden Miturhebers. Die Bestimmung entspricht der Regelung im früher geltenden Recht (§§ 30 LUG von 1901, 27 KUG von 1907) sowie in der RBÜ (Art. 7bis Brüsseler, Stockholmer und Pariser Fassung, Art. 7bis Abs. 1 Rom-Fassung, s. dazu vor §§ 120ff. Rdnr. 41). Die zunächst nur aus einem Satz (jetzt Abs. 1) bestehende Vorschrift ist anlässlich der Umsetzung der europäischen Schutzdauerrichtlinie (s. § 64 Rdnr. 13ff.) durch Art. 1 Nr. 4 des 3. UrhGÄndG vom 23. 6. 1995 (BGBl. I S. 842) mit Wirkung zum 1. 7. 1995 (Art. 3 Abs. 2 des Gesetzes) um den Überschriftbestandteil **„Filmwerke"** und den neuen Abs. 2 ergänzt worden. Richtschnur war Art. 2 Abs. 2 der Schutzdauerrichtlinie (s. § 64 Rdnr. 25). Die ursprüngliche Bestimmung über die Schutzdauer bei Miturheberschaft blieb unverändert, weil die entsprechende Vorschrift der Schutzdauerrichtlinie, nämlich deren Art. 1 Abs. 2, dasselbe beinhaltet (s. § 64 Rdnr. 20; s. auch die AmtlBegr. BTDrucks. 13/781 S. 13 zu Nr. 2).

II. Schutzfristberechnung bei Miturheberschaft (§ 65 Abs. 1)

1. Die Schutzfristberechnung nach § 65 Abs. 1 greift nur Platz, soweit ein Werk in **Miturheberschaft** iSd. § 8 geschaffen worden ist. Voraussetzungen der Miturheberschaft sind danach neben schöpferischen Beiträgen der Miturheber die Unmöglichkeit der gesonderten Verwertung dieser Beiträge und Gemeinschaftlichkeit der Werkschöpfung (s. zu den Einzelheiten § 8 Rdnr. 4–9).

2. § 65 Abs. 1 ist daher **nicht anwendbar** in den Fällen der **Werkverbindung** iSd. § 9, in denen die Selbständigkeit und gesonderte Verwertbarkeit der von zwei oder mehr Urhebern geschaffenen und dann verbundenen Werke gewahrt bleiben (s. dazu § 9 Rdnr. 1, 4–8). Beispiele bloßer Werkverbindungen sind Text und Musik von Opern, Operetten, Musicals und sonstigen von Texten begleiteten musikalischen Werken sowie Texte und Illustrationen in Büchern (s. § 9 Rdnr. 5). Bei Werkverbindungen ist die Schutzdauer für die verbundenen Werke jeweils gesondert nach dem Tod des jeweiligen Urhebers zu berechnen, so dass zB das Urheberrecht am Libretto einer Oper früher oder später erlöschen kann als dasjenige an der Musik (allgM, vgl. *Möhring/Nicolini*[2] Rdnr. 4; *Schricker* GRUR Int. 2001, 1015f. mit rechtsvergleichenden Hinweisen; ebenso *Walter* in *Walter* (Hrsg.) Schutzdauer-RL Art. 1 Rdnr. 26/27/32, Art. 10 Anhang;

§ 65 Miturheber, Filmwerke

zu Bestrebungen der EU-Kommission, die diesbezüglich unterschiedliche Rechtslage in den Mitgliedstaaten zu harmonisieren, s. § 64 Rdnr. 14/20). Von der Miturheberschaft zu unterscheiden ist auch die **Bearbeitung** iSd. § 3, bei der die Gemeinschaftlichkeit der Werkschöpfung als Merkmal der Miturheberschaft fehlt (s. § 3 Rdnr. 9, § 8 Rdnr. 2). Hinsichtlich der Schutzdauer ist daher zwischen derjenigen des bearbeiteten Werkes und derjenigen der Bearbeitung als solcher zu unterscheiden. Ist die Dauer des Schutzes des bearbeiteten Werkes 70 Jahre nach dem Tod von dessen Urheber abgelaufen, so kann doch das Urheberrecht an der Bearbeitung noch bestehen. Das bearbeitete Werk kann dann frei verwertet und noch einmal bearbeitet werden, aber es dürfen dabei keine wesentlichen Elemente der noch geschützten ersten Bearbeitung übernommen werden (s. dazu näher § 3 Rdnr. 38, 42f.). Auch bei **Sammelwerken** iSd. § 4 ist zwischen den Urheberrechten am Sammelwerk selbst und an den in das Sammelwerk aufgenommenen Beiträgen zu unterscheiden. Die Schutzdauer ist jeweils gesondert nach dem Tod des jeweiligen Urhebers zu bestimmen (s. § 4 Rdnr. 26).

III. Schutzfristberechnung bei Filmwerken (§ 65 Abs. 2)

4   Ausgangspunkt der Bestimmung des § 65 Abs. 2 ist wie im Fall der Miturheberschaft (§ 65 Abs. 1), dass die **Schutzdauer von Filmwerken** sich im Regelfall nach der Lebenszeit der Urheber und 70 Jahren nach ihrem Tod bemisst. Wie § 65 Abs. 1 für die Fälle der Miturheberschaft, so regelt § 65 Abs. 2 speziell für Filmwerke die Frage, auf den Tod von welchem der mehreren in Betracht kommenden Urheber es für die Berechnung der 70jährigen Schutzfrist ankommt. § 65 Abs. 2 lässt hierüber den **Längstlebenden von vier Filmschaffenden** entscheiden. Es sind dies der Hauptregisseur, der Urheber des Drehbuchs, der Urheber der Dialoge und der Komponist der für das jeweilige Filmwerk speziell komponierten Musik. Die Auswahl dieser Filmschaffenden war dem deutschen Gesetzgeber durch Art. 2 Abs. 2 der europäischen Schutzdauerrichtlinie vorgegeben, die sich ihrerseits an Art. 14bis Abs. 3 S. 1 RBÜ (Pariser Fassung) und Vorbilder im ausländischen Recht anlehnt (s. § 64 Rdnr. 25; auch vor §§ 88ff. Rdnr. 72). Die Aufzählung ist nicht nur beispielhaft, sondern abschließend, da sonst das Harmonisierungsziel der Richtlinie nicht erreicht würde (so im Ergebnis auch *Vogel* ZUM 1995, 451/454; *Walter* in *Walter* (Hrsg.) Schutzdauer-RL Art. 2 Rdnr. 4).

5   Wie Art. 2 Abs. 2 der Schutzdauerrichtlinie (s. § 64 Rdnr. 25), so bezieht sich auch § 65 Abs. 2 nur auf die Frage der Schutzdauer bzw. der Berechnung der Schutzfrist bei Filmwerken, so dass die Frage der **Filmurheberschaft** bzw. der **Miturheberschaft an Filmwerken** und die Abgrenzung von Filmurhebern und Urhebern vorbestehender oder filmisch benutzter Werke (s. vor §§ 88ff. Rdnr. 57ff.) **unberührt** bleibt; die §§ 7 und 8, die über die Filmurheberschaft entscheiden (s. vor §§ 88ff. Rdnr. 9ff., 16, 71), brauchten daher bei Anpassung des deutschen Rechts an die Schutzdauerrichtlinie nicht geändert zu werden, und auch die besonderen vertragsrechtlichen Bestimmungen für Filmwerke, insb. §§ 88 und 89, konnten unangetastet bleiben (s. die AmtlBegr. BTDrucks. 13/781 S. 9 zu 3.; zum Urheberschaftsaspekt auch *Vogel* ZUM 1995, 451/454; *Walter* in *Walter* (Hrsg.) Schutzdauer-RL Art. 2 Rdnr. 5ff./38). § 65 Abs. 2 ändert daher, obwohl er ua. den Drehbuchautor und den Filmkomponisten über die Schutzdauer des Filmwerkes mitentscheiden lässt, nichts daran, dass es sich bei diesen Filmschaffenden nach der im deutschen Recht hM (s. vor §§ 88ff. Rdnr. 60) nicht um Filmmiturheber, sondern um Urheber filmisch benutzter, selbständiger Werke handelt (so auch *Vogel* ZUM 1995, 451/454).

6   Aus der abschließenden Aufzählung bestimmter Filmschaffender in § 65 Abs. 2 (s. Rdnr. 4) ergibt sich, dass **andere Personen**, die gegebenenfalls eigene schöpferische Beiträge zur Filmgestaltung leisten, **von der Mitentscheidung über die Schutzdauer des Filmwerkes ausgeschlossen** sind. Dies ist jedenfalls für solche Filmschaffende anzunehmen, die einerseits in § 65 Abs. 2 nicht aufgeführt sind, andererseits aber selbst nach deutschem Recht als mögliche Filmmiturheber anerkannt sind. Die AmtlBegr. (BTDrucks. 13/781 S. 9 zu 3.) nennt in diesem Zusammenhang den Kameramann, den Schnittmeister (Cutter) und den Tonmeister (zu deren Beurteilung als Filmmiturheber s. vor §§ 88ff. Rdnr. 61, 70). Nach einer im Schrifttum vertretenen Auffassung soll der Ausschluss nicht für Urheber sog. vorbestehender Werke gelten (s. § 64 Rdnr. 26). Dem wird man folgen können und müssen, soweit es sich dabei um verfilmte Werke, wie Romane, Novellen etc., handelt; die zT im Ausland realisierte Lösung, mit dem Erlöschen des Schutzes eines Filmwerkes in Bezug auf dessen Verwertung auch den Schutz der verwendeten vorbestehenden Werke enden zu lassen, hat sich in den Erörterungen der Schutzdauerrichtlinie nicht durchgesetzt (s. *v. Lewinski* GRUR Int. 1992, 724/730 = 23 IIC (1992) 785/

798; *Walter* in *Walter* (Hrsg.) Schutzdauer-RL Art. 2 Rdnr. 17/23/25). Anders verhält es sich aber bei filmbestimmt geschaffenen Werken, wie Filmexposé und Filmtreatment, die sich vom Filmwerk selbst unterscheiden lassen und selbständig verwertet werden können und deren Urheber von der im deutschen Recht hM daher nicht als Filmmiturheber, sondern als Urheber filmisch benutzter Werke beurteilt werden (s. vor §§ 88 ff. Rdnr. 60). Die AmtlBegr. (BT-Drucks. 13/781 S. 9 zu 3.) führt als Beispiel eines davon betroffenen Urhebers den Szenenbildner an, dessen Qualifikation als Filmmiturheber oder Urheber eines filmisch benutzten Werkes allerdings innerhalb der hM umstritten ist (s. vor §§ 88 ff. Rdnr. 62). Für die hier vertretene Beurteilung spricht auch, dass mit dem Drehbuchautor und dem Filmkomponisten in § 65 Abs. 2 Urheber ausdrücklich privilegiert sind, die von der im deutschen Recht hM eindeutig den Urhebern filmisch benutzter Werke und nicht den Filmmiturhebern zugerechnet werden (s. vor §§ 88 ff. Rdnr. 60). Darüber hinaus würde eine andere Beurteilung das Harmonisierungsziel der Schutzdauerrichtlinie allzu stark vernachlässigen.

Der Ausschluss bestimmter Filmurheber von der Mitentscheidung über die Schutzdauer des Filmwerkes kann aus deren Sicht im Vergleich mit den durch § 65 Abs. 2 privilegierten Urhebern vor allem dann zu einem erheblichen Rechtsnachteil führen, wenn in einem konkreten Fall die privilegierten Urheber alt sind, der betroffene Urheber, etwa ein Kameramann, Cutter oder Filmarchitekt, aber noch jung ist. Die Rechtslage nach § 65 Abs. 2 unterscheidet sich in dieser Hinsicht nur graduell von dem besonders bedenklichen Modell des schweizerischen Rechts, das bei der Bestimmung der Schutzdauer von Filmwerken ausschließlich auf den Filmregisseur abstellt (s. dazu Rdnr. 10). **Verfassungsrechtliche Bedenken** auch gegen § 65 Abs. 2 sind die Folge (sa. *Fromm/Nordemann*[10] Rdnr. 8; *Meckel* in HK-UrhR[2] Rdnr. 5; *Möhring/Nicolini*[2] Rdnr. 2; sa. *Wandtke/Bullinger*[3] Rdnr. 4). Unter dem Aspekt des Eigentumsschutzes (Art. 14 GG) wird diesen Bedenken sowohl durch Art. 10 Abs. 1 der Schutzdauerrichtlinie (s. § 64 Rdnr. 40) als auch, der Richtlinie folgend, durch § 137 f Abs. 1 S. 1 übergangsrechtlich Rechnung getragen. Eine bei Umsetzung der Richtlinie am 1. 7. 1995 bereits laufende Schutzfrist bzw. Schutzdauer darf durch die neuen Vorschriften, und damit auch durch § 65 Abs. 2, nicht verkürzt werden. Erforderlichenfalls sind die bis zum 30. 6. 1995 geltenden Vorschriften weiterhin anzuwenden (§ 137 f Abs. 1 S. 1). In bestehende Urheberrechte wird daher nicht eingegriffen, jedoch wird dadurch die volle Harmonisierung der Schutzdauer von Filmwerken in Europa uU um Jahrzehnte hinausgezögert (s. dazu näher Rdnr. 11; zum Aspekt des Art. 14 GG die AmtlBegr. BT-Drucks. 13/781 S. 9 zu 3.; sa. *Fromm/Nordemann*[10] Rdnr. 9, § 137 f Rdnr. 3; *Vogel* ZUM 1995, 451/454). In Bezug auf seit dem 1. 7. 1995 hergestellte Filmwerke, deren Schutzdauer uneingeschränkt nach § 65 Abs. 2 zu beurteilen ist, ist damit freilich das weitere verfassungsrechtliche Problem nicht behoben, dass § 65 Abs. 2 im Vergleich mit den dort privilegierten Berufsgruppen andere Urheber, die ebenfalls bedeutsame Beiträge zur Filmgestaltung leisten, ungleich behandelt (Art. 3 GG).

Ein weiteres Problem folgt aus der einseitigen Orientierung des § 65 Abs. 2 und des Art. 2 Abs. 2 der Schutzdauerrichtlinie am **Spielfilm** unter Vernachlässigung **anderer Filmgattungen** (s. § 64 Rdnr. 26). Jedoch dürfte dieses Problem durch die Annahme lösbar sein, dass § 65 Abs. 2 nicht die Beteiligung aller dort genannten vier Berufsgruppen an jedem Filmwerk fordert; darüber hinaus kann insb. der Begriff des Filmregisseurs so weit ausgelegt werden, dass er auch den einzigen Urheber eines Filmwerkes etwa auf den Gebieten des wissenschaftlichen oder Dokumentarfilms, des experimentellen Films und des Amateurfilms umfasst (s. *Dietz* GRUR Int. 1995, 670/676 f.). Im Fall der Einzelurheberschaft kommt im Übrigen auch eine Beurteilung der Schutzdauer nach § 64 in Betracht, mit gleichem Ergebnis wie bei einer Beurteilung nach § 65 Abs. 2.

Die vorstehend (Rdnr. 4–8) dargestellten Grundsätze gelten nach § 65 Abs. 2 auch für **Werke, die ähnlich wie Filmwerke hergestellt** bzw. iSd. § 2 Abs. 1 Nr. 6 geschaffen werden. Diese Gleichstellung entspricht derjenigen des audiovisuellen Werkes mit dem Filmwerk in Art. 2 Abs. 2 der Schutzdauerrichtlinie (s. die AmtlBegr. BTDrucks. 13/781 S. 8; *Vogel* ZUM 1995, 451/453).

IV. Übergangsrechtliche Beurteilung der Schutzdauer von Filmwerken nach den Regeln über die Miturheberschaft (§ 65 aF)

Nach dem **bis zum 30. 6. 1995 geltenden Recht** (s. Rdnr. 1) bestimmte der einzige Satz des § 65 aF (jetzt § 65 Abs. 1) über die Schutzdauer bei **Miturheberschaft** auch über die

Schutzdauer von **Filmwerken**, wenn man von den Ausnahmefällen absieht, in denen ein Filmwerk, wie zB dasjenige eines Wissenschaftlers, eines Experimentalfilmers oder eines Amateurs, nur einen einzigen Urheber hat (zum Ergebnis s. *Ulmer*[3] § 77 IV). Schon das frühere deutsche Recht hatte nicht von der in Art. 7 Abs. 2 RBÜ (Pariser und ältere Fassungen) vorgesehenen Möglichkeit Gebrauch gemacht, die Schutzdauer von Filmwerken nach der ersten Veröffentlichung bzw. bei Nichtveröffentlichung nach der Herstellung zu bestimmen (sa. § 64 Rdnr. 25 zur Parallele der Schutzdauerrichtlinie). Nicht durchgesetzt hatte sich auch der Vorschlag (s. zB *Knorr* S. 110 ff.), die Schutzdauer von Filmwerken allein nach der Lebenszeit und dem Tod des Filmregisseurs zu bemessen, wie es etwa das Recht der Schweiz (Art. 30 Abs. 3 Schweiz. URG von 1992) bestimmt (für eine solche Lösung *Dietz*, GRUR Int. 1995, 670/675 f.; *Fromm/Nordemann*[8] einzige Anm.; *Schack*[3] Rdnr. 472 Fn. 23). Gegen eine solche Regelung, die den Vorzug der Einfachheit für sich hat, gab es auch begründete Bedenken nicht nur wegen des Ausgangspunktes bezüglich der Filmurheberschaft (s. vor §§ 88 ff. Rdnr. 65 ff.), sondern auch im Hinblick auf das Konventionsrecht (insb. Art. 7, 7bis RBÜ Pariser und ältere Fassungen; sa. § 64 Rdnr. 26), das solche groben Vereinfachungen nicht vorsieht (aA *Dietz* GRUR Int. 1995, 670/676; *Fromm/Nordemann*[8] einzige Anm.; jeweils unter Hinweis auf Art. 14bis Abs. 2 lit. a RBÜ, der es den Verbandsländern vorbehält, die Inhaber des Urheberrechts an Filmwerken zu bestimmen).

11 Seit dem **1. 7. 1995** (s. Rdnr. 1) gilt nunmehr aber für die Schutzdauer von Filmwerken die **Spezialvorschrift des § 65 Abs. 2** (s. Rdnr. 4 ff.). Daraus folgt, dass jedenfalls im Hinblick auf seit diesem Datum geschaffene Filmwerke für eine Anwendung der Schutzdauerregelung über Miturheberschaft im allg. kein Raum mehr ist. Anders verhält es sich jedoch in Bezug auf Filmwerke aus der Zeit vor diesem Datum. Zwar ist § 65 Abs. 2 als Vorschrift des neuen Rechts nach § 137 f Abs. 1 S. 2 auch auf solche Werke anzuwenden, deren Schutz zu diesem Zeitpunkt noch nicht erloschen war, was die Anwendung auf schon existierende Werke impliziert. Jedoch ist gemäß § 137 f Abs. 1 S. 1 die Schutzdauer **übergangsrechtlich** noch nach den **bisherigen Vorschriften**, und dh. gegebenenfalls auch nach **§ 65 aF**, zu beurteilen, wenn die Anwendung des neuen Rechts im Vergleich mit dem früheren Recht zu einer Verkürzung der Dauer des Schutzes führen würde. Dies kann der Fall sein, wenn längstlebender Miturheber eines vor dem 1. 7. 1995 geschaffenen Filmwerkes zB ein Kameramann oder Cutter ist, der nicht zu den in § 65 Abs. 2 privilegierten Berufsgruppen gehört, nach deutscher Rechtsauffassung (s. vor §§ 88 ff. Rdnr. 61, 70) jedoch Filmmiturheber sein kann und deshalb nach früherem Recht (§ 65 aF) mitentscheidend für die Schutzdauer des Filmwerkes war. In einem solchen Fall verhindert die gebotene Beurteilung der Schutzdauer nach der bis zum 30. 6. 1995 geltenden Vorschrift des § 65 aF eine Verkürzung der Schutzdauer aufgrund § 65 Abs. 2. Im Vergleich mit anderen Mitgliedstaaten, in denen zB der Kameramann oder Cutter nicht als Filmmiturheber anerkannt ist, kann diese Rücksicht auf bestehende Rechte zB in Deutschland dazu führen, dass noch auf Jahrzehnte hinaus eine Harmonisierungslücke besteht (kritisch zB *Schack*[4] Rdnr. 472).

12 Grundlage für den vorstehend gebildeten Beispielsfall und die daraus folgende Konsequenz eines Harmonisierungsdefizits ist, dass die **Miturheberschaft** weiterhin nach dem **nicht harmonisierten nationalen Recht** jedes einzelnen Mitgliedstaats der EU und des EWR (zu Letzterem s. § 64 Rdnr. 14) zu beurteilen ist (sa. Rdnr. 5; zur Richtlinie s. § 64 Rdnr. 20, 25; zum deutschen Recht s. die AmtlBegr. BTDrucks. 13/781 S. 9 zu 3.; sa. *Vogel* ZUM 1995, 451/454; ferner vor §§ 120 ff. Rdnr. 120, 124, 129). Die diesbezüglich einzige verbindliche Vorgabe der Schutzdauerrichtlinie für das nationale Recht der Mitgliedstaaten betrifft die Qualifikation des Hauptregisseurs als Urheber oder Miturheber eines Filmwerkes (s. § 64 Rdnr. 25). Diese Vorgabe wird vom deutschen Recht schon traditionell ohne weiteres erfüllt (s. vor §§ 88 ff. Rdnr. 61, 70), so dass es auch unter diesem Aspekt anlässlich der Umsetzung der Richtlinie ins deutsche Recht keiner Änderung der §§ 7, 8 über die Person des Urhebers oder über die Miturheber bedurfte (s. bereits allg. Rdnr. 5; im Übrigen die AmtlBegr. BTDrucks. 13/781 S. 9 zu 3.). Als von § 65 Abs. 2 nicht berücksichtigte Filmmiturheber kommen demnach aus der Sicht des deutschen Rechts neben den bereits genannten Kameramännern und Cuttern (s. Rdnr. 11) insb. in Betracht: die Tonmeister und Szenenbildner (s. die AmtlBegr. BTDrucks. 13/781 S. 9 zu 3.) sowie die Filmarchitekten, Filmdekorateure, -ausstatter, -maler, -zeichner, Kostümbildner, Maskenbildner und Filmchoreographen und die Autoren von Filmexposé und -treatment; im Einzelnen ist hier manches str. (s. vor §§ 88 ff. Rdnr. 61 f., 70).

V. Anwendung des § 65 auf anonyme und pseudonyme Werke?

Auf **anonyme** oder mit einem **unbekannten Pseudonym** versehene, in **Miturheberschaft** 13
geschaffene Werke und **Filmwerke**, deren Urheber bzw. Miturheber auch nachträglich nicht bekannt werden, kann § 65 grundsätzlich ebensowenig angewendet werden wie § 64 im Falle nur eines einzigen Urhebers, weil es bei unbekannten Urhebern nicht möglich ist, die Schutzdauer nach dem Zeitpunkt des Todes der Urheber zu bestimmen. Als Alternative kommt hier nur die Anknüpfung der Schutzfrist an den Zeitpunkt der Veröffentlichung oder der Schaffung des Werkes in Betracht (sa. § 66 Rdnr. 2). Dennoch war § 66 aF nur auf erschienene oder zumindest veröffentlichte anonyme oder unbekannt pseudonyme Werke anwendbar (s. § 66 Rdnr. 25 ff.) und anerkannte er in seinem Abs. 2 Nr. 3 und Abs. 4 zwei Ausnahmefälle, in denen die Schutzdauer trotz unbekanntem Urheber gleichwohl nach den allgemeinen Vorschriften (§§ 64, 65 aF) zu beurteilen war (s. § 66 Rdnr. 53 f.). Übergangsrechtlich können diese Einschränkungen des Anwendungsbereichs des § 66 aF nach wie vor zum Tragen kommen (s. § 66 Rdnr. 10, 12 f., 15). § 66 nF enthält solche Einschränkungen nicht mehr (s. § 66 Rdnr. 10, 12 f., 15).

§ 65 ist demgegenüber ohne weiteres anwendbar, wenn ein in Miturheberschaft geschaffenes 14
Werk oder ein Filmwerk mit mehreren Urhebern **nur einen der Urheber** erkennen lässt oder wenn nur einer der Urheber sich später zu erkennen gibt. Das Werk ist in einem solchen Fall kein anonymes oder unbekannt pseudonymes Werk. Folglich ist die Schutzdauer dann nach dem Tod des benannten oder länger lebenden Miturhebers bzw. Filmurhebers iSd. § 65 Abs. 2 zu beurteilen. Im Übrigen muss die Urheberschaft des längstlebenden, unbekannt gebliebenen Miturhebers bzw. Filmurhebers erforderlichenfalls bewiesen werden (sa. § 10 Rdnr. 2).

§ 66 Anonyme und pseudonyme Werke

(1) ¹Bei anonymen und pseudonymen Werken erlischt das Urheberrecht siebzig Jahre nach der Veröffentlichung. ²Es erlischt jedoch bereits siebzig Jahre nach der Schaffung des Werkes, wenn das Werk innerhalb dieser Frist nicht veröffentlicht worden ist.

(2) ¹Offenbart der Urheber seine Identität innerhalb der in Absatz 1 Satz 1 bezeichneten Frist oder läßt das vom Urheber angenommene Pseudonym keinen Zweifel an seiner Identität zu, so berechnet sich die Dauer des Urheberrechts nach den §§ 64 und 65. ²Dasselbe gilt, wenn innerhalb der in Absatz 1 Satz 1 bezeichneten Frist der wahre Name des Urhebers zur Eintragung in das Register anonymer und pseudonymer Werke (§ 138) angemeldet wird.

(3) Zu den Handlungen nach Absatz 2 sind der Urheber, nach seinem Tode sein Rechtsnachfolger (§ 30) oder der Testamentsvollstrecker (§ 28 Abs. 2) berechtigt.

Schrifttum: *Dietz*, Die Schutzdauerrichtlinie der EU, GRUR Int. 1995, 670; *Knefel*, Erfahrungen mit dem patentamtlichen Eintragungsverfahren von Urheberrechten, GRUR 1968, 352; *Krüger*, Der Schutz des Pseudonyms, unter besonderer Berücksichtigung des Vornamens, UFITA 30 (1960) 269; *v. Lewinski*, Der EG-Richtlinienvorschlag zur Harmonisierung der Schutzdauer im Urheber- und Leistungsschutzrecht, GRUR Int. 1992, 724 = 23 IIC (1992) 785; *Schulte*, Die Urheberrolle beim Deutschen Patentamt, UFITA 50 (1967) 32; *Vogel*, Die Umsetzung der Richtlinie zur Harmonisierung der Schutzdauer des Urheberrechts und bestimmter verwandter Schutzrechte, ZUM 1995, 451; *Walter*, Schutzdauer-Richtlinie, in *Walter* (Hrsg.), Europäisches Urheberrecht Kommentar, 2001, S. 507.

Übersicht

	Rdnr.
I. Sinn und Zweck der Bestimmung	1–4
II. Entstehungsgeschichte der Bestimmung	5–8
III. Bestimmung der Schutzdauer anonymer und pseudonymer Werke nach der Veröffentlichung oder Schaffung des Werkes (§ 66 Abs. 1)	9–18
1. Voraussetzungen	9–15
2. Rechtsfolgen	16–18
IV. Anwendung der Regelschutzdauer (§§ 64, 65) auf anonyme und pseudonyme Werke (§ 66 Abs. 2, 3)	19–22
1. Nachträgliche Offenbarung der Identität des Urhebers	20
2. Verwendung eines bekannten Pseudonyms	21
3. Anmeldung des wahren Namens des Urhebers zur Eintragung in das Register anonymer und pseudonymer Werke	22

	Rdnr.
V. Übergangsrechtliche Beurteilung der Schutzdauer anonymer und pseudonymer Werke nach früherem Recht	23
VI. Das frühere Recht	24–54
1. Text des § 66 aF	24
2. Voraussetzungen der Berechnung der Schutzdauer ab der ersten Veröffentlichung (§ 66 Abs. 1 aF)	25–34
3. Berechnung der Schutzdauer vom Zeitpunkt der ersten Veröffentlichung an als Rechtsfolge des § 66 Abs. 1 aF	35–37
4. Anwendung der Regelschutzdauer (§ 64, 65 aF) auf anonyme und pseudonyme Werke (§ 66 Abs. 2, 3 aF)	38–53
5. Keine Anwendung des § 66 Abs. 1–3 aF auf Werke der bildenden Künste (§ 66 Abs. 4 aF)	54

I. Sinn und Zweck der Bestimmung

1 Der **Urheberrechtsschutz entsteht** unmittelbar mit der Schöpfung eines Werkes und **unabhängig von der Einhaltung irgendwelcher Förmlichkeiten** (s. Einl. Rdnr. 46; Art. 5 Abs. 2 S. 1 RBÜ, Pariser Fassung). Daher ist die Entstehung eines Urheberrechts auch nicht an die Voraussetzung geknüpft, dass das Original oder die Vervielfältigungsstücke eines Werkes eine **Urheberbezeichnung** tragen (s. § 10 Rdnr. 1) oder dass bei öffentlichen Werkwiedergaben der Urheber genannt wird. Dem Urheber steht nach § 13 S. 2 sogar eine urheberpersönlichkeitsrechtliche Befugnis zu, **frei zu bestimmen**, ob sein Werk bzw. Exemplare des Werkes mit einer Urheberbezeichnung zu versehen sind und welcher Art diese Bezeichnung sein soll (s. § 13 Rdnr. 12 ff.). Eine strafrechtliche Absicherung dieses Rechts bei Werken der bildenden Künste enthält § 107 (s. dort Rdnr. 1). Das Gesetz anerkennt daher auch das **legitime Interesse eines Urhebers,** seine Werke aus welchen Gründen auch immer der Öffentlichkeit nur **anonym** oder unter einem **Pseudonym** zugänglich zu machen (s. dazu RGZ 86, 241/244 f. – Wilhelm Raabe). Die Literatur- und Kunstgeschichte kennt zahlreiche Beispiele anonymen und pseudonymen Werkschaffens (s. die Angaben bei *Fromm/Nordemann*[10] § 10 Rdnr. 25 ff.).

2 Die positive Einstellung des Gesetzes zu anonymen und pseudonymen Werken schließt es nicht aus, dass sich für den Urheber und seine Rechtsnachfolger mit der Anbringung einer Urheberbezeichnung günstige und mit ihrer Nichtanbringung ungünstige Rechtsfolgen verbinden. Eine solche günstige Rechtsfolge ist die Urheberschaftsvermutung des § 10 Abs. 1 (s. dort Rdnr. 1, 7 ff.). Eine ungünstige Rechtsfolge für Fälle, in denen der Urheber eines Werkes sich nicht als solcher zu erkennen gibt, bestimmt **§ 66 Abs. 1:** Die Schutzdauer des Urheberrechts ist nicht wie im Regelfall nach dem Tod des Urhebers zu berechnen, sondern bereits nach der ersten Veröffentlichung oder gar der Schaffung des Werkes, was zu einer wesentlichen **Verkürzung der Schutzdauer,** in seltenen Ausnahmefällen sogar zu einem Erlöschen des Schutzes noch während der Lebenszeit des Urhebers führen kann. Der **Grund** für diese Regelung liegt nicht in einer missgünstigen Einstellung des Gesetzgebers gegenüber Werken mit unbekannten Urhebern (s. Rdnr. 1), sondern darin, dass es zumindest aus der Sicht unbeteiligter Dritter unmöglich ist, die Schutzdauer eines Werkes wie im Regelfall nach dem Zeitpunkt des Todes des Urhebers zu bestimmen, wenn der Urheber unbekannt ist. Der **Zeitpunkt der ersten Veröffentlichung** als Anknüpfungspunkt der Schutzdauerberechnung besitzt gegenüber der Alternative, die Schutzdauer von der **Entstehung des Werkes** an zu berechnen, den Vorzug der leichteren Feststellbarkeit. Jedoch stellt nunmehr § 66 Abs. 1 S. 2 bei nicht rechtzeitiger Veröffentlichung auf eben diesen Zeitpunkt ab.

3 Im Übrigen anerkennt das Gesetz, dass kein Anlass mehr besteht, die Schutzdauer von der ersten Veröffentlichung eines Werkes an zu berechnen, wenn **der Urheber sich nachträglich zu erkennen gibt** oder ein bekanntes Pseudonym verwendet, womit der Grund für die Sonderregelung entfällt. **§ 66 Abs. 2, 3** regeln im einzelnen die Voraussetzungen, die unter diesem Gesichtspunkt gegeben sein müssen, damit die für den Urheber und seine Rechtsnachfolger stets günstigere allgemeine Regelschutzdauer wieder Platz greift. Wichtiges gemeinsames Prinzip ist dabei, dass die Bedingungen für die Anwendung der Regelschutzdauer innerhalb des Zeitraums der verkürzten Schutzdauer erfüllt werden müssen. Zu den Alternativen, die es ermöglichen, die verkürzte Schutzdauer zu vermeiden, zählt außerdem die **Anmeldung des Namens des Urhebers zur Eintragung in das Register anonymer und pseudonymer Werke** im Deutschen Patent- und Markenamt (§ 66 Abs. 2 S. 2), das einzig zu diesem Zweck geschaffen worden ist. Die Anmeldeberechtigung regelt **§ 66 Abs. 3.**

II. Entstehungsgeschichte der Bestimmung

1. § 66 führt eine alte Tradition der deutschen Urheberrechtsgesetzgebung fort. Schon das **LUG von 1870** schützte nach § 11 Abs. 3 anonym und pseudonym veröffentlichte literarische Werke nur während einer Dauer von 30 Jahren, gerechnet vom Zeitpunkt der ersten Herausgabe an. Die Regelschutzdauer von 30 Jahren post mortem auctoris konnte nach dem Gesetzeswortlaut (§ 11 Abs. 4) nur durch Anmeldung des wahren Namens des Urhebers zur Eintragung in die sog. Eintragsrolle herbeigeführt werden, die nach § 39 beim Stadtrat von Leipzig geführt wurde. Aufgrund dieser Begrenzung entwickelte sich ein Missbrauch in Form der sog. **„Nebenluftausgaben"** (zu diesem Begriff *Voigtländer/Elster/Kleine*[4] § 31 LUG Anm. 4): Anonym oder pseudonym erschienene Werke, deren Urheber die Anmeldung versäumt hatten, wurden 30 Jahre nach dem Erscheinen von anderen Verlagen nachgedruckt, auch wenn die Urheber und Originalverleger Neuauflagen unter dem bürgerlichen Namen der Urheber innerhalb der Frist herausgegeben hatten. Das Reichsgericht beurteilte diese Praxis zu Recht als Missbrauch und Urheberrechtsverletzung. Es stellte dabei den Sinn und Zweck der Bestimmung vor den Gesetzeswortlaut und urteilte, dass durch die Neuauflagen mit Urheberbezeichnung die Anonymität der Werke aufgehoben worden sei und damit die allgemeine Schutzdauer zum Tragen komme (RGZ 86, 241/244f. – Wilhelm Raabe; bestätigt durch RGZ 139, 327/334f. – Wilhelm Busch). Für Werke der bildenden Künste enthielt das **KUG von 1876** in § 9 Abs. 3 eine entsprechende Bestimmung. 4

2. Das **LUG von 1901** übernahm die Regelung in veränderter Form in § 31. Die Nichtangabe des wahren Namens des Urhebers bei der ersten Veröffentlichung eines Werkes als Voraussetzung der verkürzten Schutzfrist wurde durch Verweisung auf § 7 Abs. 1 und 3 über die Urheberschaftsvermutung präzisiert. Nach § 7 Abs. 1 galt die Urheberschaftsvermutung bei Angabe des wahren Namens des Urhebers auf den Exemplaren eines erschienenen Werkes, nach § 7 Abs. 3 bei Nennung des Urhebers anlässlich der Ankündigung öffentlicher Aufführungen oder Vorträge. Die nach **§ 31 Abs. 1** von der ersten Veröffentlichung an zu berechnende zunächst 30jährige, dann nach dem Gesetz zur Verlängerung der Schutzfristen im Urheberrecht von 1934 (s. § 64 Rdnr. 52) 50jährige Schutzfrist anonymer und pseudonymer Werke konnte gemäß **§ 31 Abs. 2** zugunsten der nach Jahren gleich langen, aber nach dem Tod des Urhebers zu berechnenden Regelschutzdauer vermieden werden, wenn innerhalb der Frist nach § 31 Abs. 1 entweder der wahre Name des Urhebers auf eine der in § 7 Abs. 1 und 3 genannten Arten angegeben oder zur Eintragung in die Eintragsrolle angemeldet wurde, deren Führung weiterhin dem Stadtrat von Leipzig oblag (§ 56 Abs. 1). An dieser Zuständigkeitsregelung änderte sich bis zum Inkrafttreten des UrhG von 1965, insoweit bereits am 17. 9. 1965 (s. § 143 Abs. 1), nichts. Die **Eintragungen in die Eintragsrolle in Leipzig bleiben auch unter dem UrhG von 1965 wirksam** (§ 138 Abs. 6). 5

3. Für die Regelung im geltenden Recht (§ 66) war auch die **Entwicklung des Konventionsrechts** von erheblicher Bedeutung. Während noch die **Rom-Fassung der RBÜ** in Art. 7 Abs. 3 für die Schutzdauer anonymer und pseudonymer Werke Inländerbehandlung und Schutzfristenvergleich mit dem Ursprungsland vorsah (s. dazu vor §§ 120ff. Rdnr. 41, 47f.), wurde erstmals in Art. 7 Abs. 4 der **Brüsseler Fassung** der RBÜ für solche Werke eine Regelung iS eines durch die Konvention besonders gewährten Rechts (s. vor §§ 120ff. Rdnr. 47, 48) getroffen: Die Schutzdauer beträgt 50 Jahre seit der ersten Veröffentlichung, die Regelschutzdauer von 50 Jahren post mortem auctoris (Art. 7 Abs. 1) tritt in Kraft, wenn ein Pseudonym „keinerlei Zweifel über die Identität des Urhebers zulässt" sowie wenn der Urheber während der Zeitspanne von 50 Jahren nach der ersten Veröffentlichung „seine Identität offenbart". Anlässlich der **Stockholmer Revision** der RBÜ wurde der Bestimmung (nunmehr Art. 7 Abs. 3) noch der Satz hinzugefügt, dass die Verbandsländer nicht gehalten sind, anonyme oder pseudonyme Werke zu schützen, „bei denen aller Grund zu der Annahme besteht, dass ihr Urheber seit 50 Jahren tot ist". Außerdem wurde der Begriff der Veröffentlichung als Zeitpunkt des Beginns der Schutzdauer durch das Merkmal ersetzt, dass die Schutzdauer 50 Jahre beträgt, „nachdem das Werk erlaubterweise der Öffentlichkeit zugänglich gemacht worden ist". Sinn dieser Maßnahme war es, den Begriff der Veröffentlichung, wie er in Art. 3 Abs. 3 RBÜ, Stockholmer (und Pariser) Fassung definiert ist, in der Konvention nur in einer einzigen Bedeutung, nämlich der des Erscheinens (s. § 6 Rdnr. 4), zu verwenden und klarzustellen, dass die Schutzdauer nach Art. 7 Abs. 3 RBÜ auch mit einer ersten öffentlichen unkörperlichen Werk- 6 wiedergabe beginnen kann (s. dazu *Ulmer/Reimer* GRUR Int. 1967, 431/437/440; *Nordemann/ Vinck/Hertin* RBÜ Art. 7 Rdnr. 2).

7   4. Wie die **AmtlBegr.** (BTDrucks. IV/270 S. 80 zu § 69, jetzt § 66) erweist, war der im Rahmen der RBÜ in Brüssel erreichte Standard der Schutzdauerregelung für anonyme und pseudonyme Werke ursächlich dafür, dass in § 66 Abs. 1, 2 Nr. 1 aF die Angabe eines **bekannten Pseudonyms** derjenigen des bürgerlichen Namens des Urhebers gleichgestellt wurde, so dass die verkürzte Schutzdauer nur mehr für Werke galt, die anonym oder mit einem unbekannten Pseudonym bezeichnet waren; zur Eintragung in die Urheberrolle bzw. das Register anonymer und pseudonymer Werke musste und muss allerdings nach wie vor der bürgerliche Name des Urhebers angemeldet werden. Mit der Bestimmung, dass jedes **Bekanntwerden des Urhebers** innerhalb der verkürzten Schutzfrist zur Anwendung der Regelschutzdauer führte (§ 66 Abs. 2 Nr. 1 aF), wurde ebenfalls dem Konventionsrecht Rechnung getragen. Weitere Änderungen gegenüber § 31 LUG (s. Rdnr. 5) beruhen darauf, dass § 10 des geltenden Gesetzes anders als § 7 Abs. 3 LUG keine Urheberschaftsvermutung mehr für Fälle statuiert, in denen der Name des Urhebers bei öffentlichen Werkwiedergaben genannt wird (BTDrucks. IV/270 S. 42 zu § 10). Beibehalten wurde die bereits im Rahmen des KUG von 1907 getroffene Entscheidung, für anonyme und pseudonyme **Werke der bildenden Künste** eine verkürzte Schutzdauer nicht vorzusehen. Ein anderslautender Regelungsvorschlag im RefE von 1954 (S. 182 zu § 63) wurde bereits im MinE von 1959 (S. 63 zu § 66) abgelehnt, weil ein entsprechendes Bedürfnis nicht bestehe. Daraus ist zu erklären, dass anders als in § 10 Abs. 1 in § 66 aF **Künstlerzeichen** nicht erwähnt wurden.

8   5. Zur **Umsetzung** von Art. 1 Abs. 3 und 6 der **europäischen Schutzdauerrichtlinie** (s. § 64 Rdnr. 13 ff./21) wurde § 66 aF durch Art. 1 Nr. 5 des 3. UrhGÄndG vom 23. 6. 1995 (BGBl. I S. 842) mit Wirkung vom 1. 7. 1995 (Art. 3 Abs. 2 des Gesetzes) wesentlich geändert. Diese wie in der Schutzdauerrichtlinie in Anlehnung an Art. 7 Abs. 3 der RBÜ (Pariser Fassung) formulierten Änderungen zeichnen sich einerseits durch Vereinfachung, andererseits aber auch durch eine Ausweitung des Anwendungsbereichs der Vorschrift aus. Letzteres führt dazu, dass im Vergleich mit der Rechtslage unter § 66 aF nach § 66 nF diejenigen Fälle deutlich häufiger sind, in denen auf anonyme und pseudonyme Werke die verkürzte, an die Veröffentlichung oder gar die Schaffung des Werkes anknüpfende Schutzdauer die Regelschutzdauer nach §§ 64, 65 ersetzt, die auf die Lebenszeit der Urheber und die zusätzliche Schutzfrist von 70 Jahren nach deren Tod abstellt. Um in solchen Fällen eine Verkürzung bereits bestehender Rechte zu vermeiden, sieht § 137 f Abs. 1 S. 1 übergangsrechtlich die Weiteranwendung der bis zum 30. 6. 1995 geltenden Vorschriften, dh. im vorliegenden Zusammenhang des § 66 aF, vor. Dies entspricht Art. 10 Abs. 1 der Schutzdauerrichtlinie, der die dadurch bedingte Harmonisierungslücke in Kauf nimmt (s. § 64 Rdnr. 40).

III. Bestimmung der Schutzdauer anonymer und pseudonymer Werke nach der Veröffentlichung oder Schaffung des Werkes (§ 66 Abs. 1)

1. Voraussetzungen

9   a) Wie das bis zum 30. 6. 1995 geltende Recht (s. Rdnr. 24 ff.) bezieht sich auch § 66 nF auf **anonyme und pseudonyme Werke,** so dass darunter Werke zu verstehen sind, die nicht mit einer Urheberbezeichnung versehen sind oder verwertet werden (anonyme Werke) oder für die ein Pseudonym (Deckname) des Urhebers verwendet wird (pseudonyme Werke; s. auch § 10 Rdnr. 5). Als Urheberbezeichnung lassen sich dabei bürgerlicher Name (in § 66 Abs. 2 S. 2 wahrer Name genannt; s. Rdnr. 22), Pseudonym (in § 10 Abs. 1 Deckname genannt, s. § 10 Rdnr. 5) und Künstlerzeichen (s. § 10 Abs. 1 und dazu dort Rdnr. 5) unterscheiden. Bürgerlicher oder wahrer Name ist der kraft Gesetzes erworbene Name des Urhebers. Über den Erwerb und die Bestandteile des bürgerlichen oder wahren Namens entscheiden das bürgerliche Recht, das Personenstandsrecht und das Namensänderungsrecht (s. *Paland/heinrichs* BGB[67] § 12 Rdnr. 5/7). Bei ausländischen Urhebern entscheidet das Recht des Heimatstaates. Da es für die Bestimmung der Schutzdauer eines Werkes auf die Identifizierbarkeit des Urhebers ankommt (s. Rdnr. 2), nicht aber auf die Durchsetzung öffentlich-rechtlicher Interessen an der Art der Namensführung, handelt es sich noch um die Verwendung des bürgerlichen oder wahren Namens und damit nicht um ein pseudonymes Werk, wenn Vornamen weggelassen oder verkehrsüblich abgekürzt oder verändert werden bzw. einem Allerweltsnamen ein identifizierender Zusatz hinzugefügt wird (ebenso *Möhring*/Nicolini² Rdnr. 13). Entsprechend handelt es sich nicht um ein anonymes oder pseudonymes Werk, wenn ein Künstler sein Werkoriginal mit seinem handschriftlichen Namenszug oder auch mit den Initialen seines bürgerlichen Namens signiert (s. dazu auch § 10 Rdnr. 5).

Anders als § 66 Abs. 1 aF (s. Rdnr. 30) enthält § 66 Abs. 1 nF keine qualifizierten **Anforderungen an die Nichtangabe einer Urheberbezeichnung** bzw. an die **Nichtverwendung des wahren Namens des Urhebers,** so dass sich unter diesem Gesichtspunkt auch keine Einschränkungen für den Anwendungsbereich der Vorschriften mehr herleiten lassen (s. Rdnr. 12). Es bleiben jedoch diesbezüglich Anforderungen zu stellen, die sich daraus ergeben, dass § 66 Abs. 1 nF nur dann anwendbar zu sein braucht, wenn eine Schutzdauerbemessung nach dem Tod des Urhebers gemäß §§ 64, 65 mangels Identifizierbarkeit des Urhebers nicht möglich ist (s. Rdnr. 2). Es genügt demzufolge, um bereits ein anonymes Werk auszuschließen, jede übliche Urheberbezeichnung (wahrer Name, Pseudonym oder Künstlerzeichen) zB auf dem Manuskript oder dem Original eines unveröffentlichten Werkes, auf den Vervielfältigungsstücken eines erschienenen Werkes oder anlässlich einer öffentlichen Werkwiedergabe (im Ergebnis ebenso *Meckel* in HK-UrhR² Rdnr. 6; *Wandtke/Bullinger*³ Rdnr. 3; zu einem Teil dieser Vorgänge s. auch § 10 Rdnr. 7ff.). Insb. hinsichtlich einer Urheberbezeichnung nur bei einer öffentlichen Werkwiedergabe sind dabei mangels entgegenstehender Anhaltspunkte im Gesetzeswortlaut oder in der Schutzdauerrichtlinie (s. § 64 Rdnr. 21) an die Identifizierbarkeit des Urhebers nach wie vor keine hohen Anforderungen zu stellen, so dass einem Dritten, der sich auf die verkürzte Schutzdauer eines anonymen Werkes berufen will, durchaus ein beträchtlicher Ermittlungsaufwand zuzumuten ist (ebenso *Meckel* in HK-UrhR² Rdnr. 6; s. zum früheren Recht Rdnr. 33f.). Entsprechend handelt es sich auch nicht um ein pseudonymes Werk, wenn der wahre Name des Urhebers auf die eine oder andere übliche Weise angegeben wird. Allerdings wird man im Hinblick auf veröffentlichte oder erschienene Werke für deren Ausschluss von der Qualifizierung als anonyme oder pseudonyme Werke auf die erste Veröffentlichung bzw. das erste Erscheinen abstellen müssen, weil das nachträgliche Bekanntwerden des Urhebers in diesen Fällen durch § 66 Abs. 2 erfasst wird (s. ähnlich zum früheren Recht Rdnr. 31). In Bezug auf unveröffentlichte Werke fehlt es in dieser Hinsicht in § 66 Abs. 2 an einer Bezugnahme auf die in § 66 Abs. 1 S. 2 genannte Frist.

b) Anders als § 66 Abs. 1 aF (s. Rdnr. 29) stellt § 66 Abs. 1 nF hinsichtlich der Urheberbezeichnung eines Werkes das **bekannte Pseudonym** eines Urhebers dessen wahrem Namen nicht gleich. Daraus folgt, dass nach geltendem Recht die mit einem bekannten Pseudonym versehene Werke dem Anwendungsbereich der Bestimmung nicht von vornherein entzogen sind. Jedoch ergibt sich die Anwendbarkeit der Regelschutzdauer (§§ 64, 65) auf solche Werke nunmehr aus § 66 Abs. 2 S. 1 nF, wonach sich die Dauer des Urheberrechts nach den §§ 64 und 65 ua. dann berechnet, wenn das vom Urheber angenommene Pseudonym keinen Zweifel an seiner Identität zulässt (sa. *Meckel* in HK-UrhR² Rdnr. 7). Diese Art der Regelung folgt Art. 10 Abs. 3 S. 2 der Schutzdauerrichtlinie und Art. 7 Abs. 3 S. 3 RBÜ (Pariser Fassung; s. § 64 Rdnr. 21).

c) Unter der bis zum 30. 6. 1995 geltenden Fassung des § 66 (s. Rdnr. 24) war aufgrund Verweisung des seinerzeitigen Abs. 1 auf § 10 Abs. 1 und die dort enthaltene Bezugnahme auf erschienene Werke streitig, ob die Bestimmung nur auf **erschienene Werke** iSd. § 6 Abs. 2 oder auch nur auf **veröffentlichte Werke** iSd. § 6 Abs. 1 anwendbar war (s. Rdnr. 25 ff.). Diese Unklarheit ist nunmehr durch § 66 Abs. 1 S. 1 nF beseitigt: Da diese Vorschrift in Anschluss an Art. 1 Abs. 3 S. 1 der Schutzdauerrichtlinie nicht mehr auf durch Erscheinen qualifizierte Werke bzw. § 10 Abs. 1 verweist und die Schutzdauer 70 Jahre nach der Veröffentlichung eines anonymen oder pseudonymen Werkes erlöschen lässt, ist klargestellt, dass diese Rechtsfolge jedenfalls auch für nur veröffentlichte Werke verbindlich ist (s. die AmtlBegr. BTDrucks. 13/781 S. 13 zu Nr. 3; *Dreier/Schulze*³ Rdnr. 4; *Vogel*, ZUM 1995, 451/453; kritisch zur nunmehr geltenden Rechtslage zu Recht *Fromm/Nordemann*¹⁰ Rdnr. 6).

d) Nach früherem Recht verhinderte § 66 Abs. 2 Nr. 3 aF im Fall der **Erstveröffentlichung** eines anonymen oder pseudonymen Werkes **erst nach dem Tod des Urhebers** eine Schutzdauer, die bei der in § 66 Abs. 1 aF ausschließlich vorgesehenen Anknüpfung an den Zeitpunkt der ersten Veröffentlichung länger gewesen wäre als die Regelschutzdauer mit Anknüpfung an den Tod des Urhebers. Um dieses als unerwünscht empfundene Ergebnis zu vermeiden, bestimmte die frühere Ausnahmevorschrift zu § 66 Abs. 1 aF für einen solchen Fall und trotz den damit verbundenen praktischen Schwierigkeiten die Beurteilung der Schutzdauer nach den

§ 66 Anonyme und pseudonyme Werke

Grundregeln der §§ 64 und 65 aF (s. Rdnr. 53). § 66 Abs. 2 Nr. 3 aF war durch Art. 7 Abs. 3 S. 4 RBÜ (Pariser Fassung) gedeckt, wo es heißt, dass die Verbandsländer nicht gehalten sind, anonyme und pseudonyme Werke zu schützen, bei denen aller Grund zu der Annahme besteht, dass ihr Urheber seit 50 Jahren tot ist. Letzteres bedeutet eine Ausnahme von der Mindestschutzdauer anonymer und pseudonymer Werke während 50 Jahren ab Veröffentlichung bzw. dem Zeitpunkt, in dem ein Werk der Öffentlichkeit zugänglich gemacht wird, nach Art. 7 Abs. 3 S. 1 der Konvention (s. Rdnr. 6). Art. 1 Abs. 6 der Schutzdauerrichtlinie übernimmt nicht die RBÜ-Variante der Problemlösung, vielmehr ordnet er das Erlöschen des Schutzes an, wenn ein Werk, dessen Schutzdauer, wie diejenige eines anonymen oder pseudonymen Werkes, nicht nach dem Tod des Urhebers berechnet wird, nicht innerhalb von 70 Jahren nach seiner Schaffung erlaubterweise der Öffentlichkeit zugänglich gemacht wird (s. § 64 Rdnr. 21). Es liegt auf der Hand, dass diese Regelung, auch wenn sie auf einer um 20 Jahre verlängerten Schutzfrist aufbaut, zu einem wesentlich früheren Schutzende führen kann als Art. 7 Abs. 3 S. 1 und 4 RBÜ (Pariser Fassung; s. auch das Beispiel unter Rdnr. 18). Dies lässt die Frage nach der Vereinbarkeit mit dem Konventionsrecht stellen (sa. *Walter* in *Walter* (Hrsg.) Schutzdauer-RL Art. 1 Rdnr. 37). Dasselbe gilt auch für § 66 Abs. 1 S. 2 nF, welcher als Ersatz für § 66 Abs. 2 Nr. 3 aF und in Umsetzung von Art. 1 Abs. 6 der Schutzdauerrichtlinie bestimmt, dass der Schutz eines anonymen oder pseudonymen Werkes 70 Jahre nach dessen Schaffung erlischt, wenn das Werk nicht innerhalb dieser Frist veröffentlicht worden ist (s. zum Ergebnis, nicht aber zur Vereinbarkeit mit dem Konventionsrecht die AmtlBegr. BTDrucks. 13/781 S. 9 unter 2. und S. 13 zu Nr. 3; *Vogel* ZUM 1995, 451/453).

14 e) Dieselben Regeln (§ 66 Abs. 1 S. 2 und Art. 1 Abs. 6 der Schutzdauerrichtlinie) beantworten auch die Frage nach der Schutzdauer **unveröffentlichter anonymer und pseudonymer Werke:** Deren Schutz endet jedenfalls 70 Jahre nach ihrer Schaffung (s. die AmtlBegr. BT-Drucks. 13/781 S. 13 zu 3.; *Vogel* ZUM 1995, 451/453 f.). Nach früherem Recht unterfielen solche Werke dem Anwendungsbereich des § 66 aF von vornherein nicht, ihre Schutzdauer beurteilte sich daher nach den uU einen wesentlich längeren Schutz garantierenden Grundsätzen der §§ 64 und 65 aF (s. Rdnr. 25). Allerdings kann auch die Neuregelung des § 66 Abs. 1 zu einer recht langen, nämlich bis zu 140 Jahren währenden Schutzdauer führen, wenn ein anonymes oder pseudonymes Werk erst gegen Ende der Frist von 70 Jahren nach seiner Schaffung erstmals veröffentlicht wird (s. *Dreier/Schulze*[3] Rdnr. 5; *Meckel* in HK-UrhR[2] Rdnr. 9). Sie kann sogar länger als die Regelschutzdauer nach § 64 sein (s. *Dreier/Schulze*[3] Rdnr. 5; sa. sogleich unten Rdnr. 17).

15 f) Zu einer uU wesentlich kürzeren Schutzdauer als das frühere Recht führt auch die Beurteilung der Schutzdauer **anonymer und pseudonymer Werke der bildenden Künste** durch das jetzt geltende Gesetz. Es sieht für solche Werke ebenso wie die Schutzdauerrichtlinie keine besonderen Regelungen vor, so dass im allg. § 66 Abs. 1 S. 1 und 2 (Art. 1 Abs. 3 und 6 der Richtlinie) Platz greifen und damit die Schutzdauer mit der Veröffentlichung oder der Schaffung des Werkes zu laufen beginnt (s. die AmtlBegr. BTDrucks. 13/781 S. 9 unter 2.; sa. *Fromm/Nordemann*[10] Rdnr. 3; *Vogel* ZUM 1995, 451/454; *Walter* in *Walter* (Hrsg.) Schutzdauer-RL Art. 1 Rdnr. 67)). Demgegenüber waren solche Werke durch § 66 Abs. 4 aF vom Anwendungsbereich der Sonderregelung für anonyme und pseudonyme Werke generell ausgenommen, und galten für sie daher die §§ 64 und 65 aF über die Regelschutzdauer uneingeschränkt (s. Rdnr. 54).

2. Rechtsfolgen

16 a) Liegen die Voraussetzungen des § 66 Abs. 1 vor und greifen die Ausnahmen von dieser Vorschrift nach § 66 Abs. 2, 3 (s. Rdnr. 19 ff.) nicht Platz, so **erlischt das Urheberrecht** an dem betreffenden Werk **grundsätzlich 70 Jahre nach der Veröffentlichung** des Werkes (§ 66 Abs. 1 S. 1). Dies entspricht Art. 1 Abs. 3 S. 1 der europäischen Schutzdauerrichtlinie (s. § 64 Rdnr. 21), der in Anlehnung an Art. 7 Abs. 3 S. 1 RBÜ (Pariser Fassung) auf den Zeitpunkt abstellt, zu dem das Werk erlaubterweise der Öffentlichkeit zugänglich gemacht wird (s. § 64 Rdnr. 21). Dieser Zeitpunkt entspricht demjenigen der Veröffentlichung im deutschen Recht, das diesen Begriff in § 6 Abs. 1 in dem genannten konventionsrechtlichen Sinn definiert (s. § 6 Rdnr. 6 ff. sowie die AmtlBegr. BTDrucks. 13/781 S. 8 zu 2.; sa. *Dreier/Schulze*[3] Rdnr. 4; *Fromm/Nordemann*[10] Rdnr. 6; *Meckel* in HK-UrhR[2] Rdnr. 6; *Möhring/Nicolini* Rdnr. 8; *Vogel* ZUM 1995, 451/453). Erfolgt die erste Veröffentlichung durch Erscheinen des Werkes iSd. § 6 Abs. 2, so kommt es auf dieses als Spezialform der Veröffentlichung (s. § 6 Rdnr. 30) an (sa. *Dreier/Schulze*³ Rdnr. 4).

b) Wird ein anonymes oder pseudonymes Werk nicht innerhalb von 70 Jahren nach seiner 17 Schaffung veröffentlicht, so **erlischt das Urheberrecht** in Abweichung von dem unter Rdnr. 16 genannten Prinzip nicht 70 Jahre nach der Veröffentlichung, sondern bereits **70 Jahre nach der Schaffung des Werkes** (§ 66 Abs. 1 S. 2). Dies entspricht Art. 1 Abs. 6 der Schutzdauerrichtlinie (s. § 64 Rdnr. 21) und stellt für das deutsche Recht ein Novum dar. Mit dieser Regelung soll zweierlei verhindert werden: zum ersten ein ewiger Schutz unveröffentlichter anonymer und pseudonymer Werke (s. § 64 Rdnr. 21 und die AmtlBegr. BTDrucks. 13/781 S. 9 zu 2. und S. 13 zu Nr. 3; *Vogel* ZUM 1995, 451/453 f.) und zum zweiten eine längere Schutzdauer als die Regelschutzdauer nach §§ 64 und 65, welche die Lebenszeit des Urhebers und 70 Jahre nach seinem Tod umfasst (s. dazu § 64 Rdnr. 56, § 65 Rdnr. 1; zum Zweck des § 66 Abs. 1 S. 2 s. die AmtlBegr. BTDrucks. 13/781 S. 9 zu 2. und S. 13 zu Nr. 3; ebenso *Vogel* ZUM 1995, 451/453 f.). Das erste Ziel wird durch § 66 Abs. 1 S. 2 sicher erreicht, das zweite nicht. Zwar kann, wovon die AmtlBegr. ausgeht, die Schutzdauer eines anonymen oder pseudonymen Werkes im Vergleich mit der Regelschutzdauer durch diese Bestimmung sogar wesentlich verkürzt sein, zB wenn das anonyme Jugendwerk eines Autors, der mit über 90 Jahren stirbt, von diesem zeitlebens nicht veröffentlicht wird (sa. Rdnr. 13 und das Beispiel unter Rdnr. 18). Jedoch folgt aus § 66 Abs. 1 S. 2 iVm. S. 1 ein Schutz von bis zu 140 Jahren nach dem Tod des Urhebers, wenn dessen Erben ein anonymes oder pseudonymes Werk, das im Todeszeitpunkt noch unveröffentlicht, gleichwohl aber nach § 66 Abs. 1 S. 2 noch geschützt ist, zB im letzten Jahr des daraus folgenden Schutzzeitraums veröffentlichen und damit die Schutzdauer nach § 66 Abs. 1 S. 1 in Gang setzen (sa. bereits oben Rdnr. 14). Ein solches Ergebnis war nach § 66 Abs. 2 Nr. 3 aF, der durch § 66 Abs. 1 S. 2 ersetzt wurde (s. Rdnr. 13) nicht möglich. Jedoch blieb dem deutschen Gesetzgeber nach Art. 1 Abs. 6 der Schutzdauerrichtlinie keine andere Wahl, als § 66 Abs. 1 S. 2 sie getroffen hat.

c) Auch in den Fällen der Schutzdauerbestimmung nach § 66 Abs. 1 S. 1 und 2 ist im Übrigen 18 § 69 zu beachten (s. § 64 Rdnr. 49 sowie die Kommentierung des § 69). Danach ist das Kalenderjahr, in dem ein anonymes oder pseudonymes Werk veröffentlicht bzw. geschaffen wurde, bei der Bestimmung der Dauer seines Schutzes nicht mitzuzählen. Die Schutzdauer beginnt vielmehr erst am 1. Januar des folgenden Jahres zu laufen und endet mit dem 31. Dezember des 70. Jahres. Die Schutzdauer eines anonymen oder pseudonymen Werkes, das zB im Jahr 1970 veröffentlicht worden ist, endet demzufolge nach § 66 Abs. 1 S. 1 mit Ablauf des Jahres 2040. Wurde ein solches Werk 1970 geschaffen und ist es im Jahr 2040 immer noch unveröffentlicht geblieben, so endet sein Schutz nach § 66 Abs. 1 S. 2 ebenfalls mit Ablauf dieses Jahres; wird es aber im Laufe des Jahres 2040 erstmals veröffentlicht, so dauert sein Schutz nach § 66 Abs. 1 S. 1 iVm. S. 2 bis Ende des Jahres 2110.

IV. Anwendung der Regelschutzdauer (§§ 64, 65) auf anonyme und pseudonyme Werke (§ 66 Abs. 2, 3)

§ 66 Abs. 2 und 3 regeln Ausnahmefälle anonymer und pseudonymer Werke, in denen die 19 Schutzdauer nicht nach § 66 Abs. 1, sondern nach den allgemeinen Regeln der §§ 64 und 65 zu beurteilen ist (s. Rdnr. 3). Dabei können **drei Alternativen** unterschieden werden. Die im früheren Recht (§ 66 Abs. 2 Nr. 3 aF) vorgesehene weitere Alternative in Bezug auf erst nach dem Tod des Urhebers erstmals veröffentlichte anonyme und pseudonyme Werke ist im neuen Recht nicht mehr vorgesehen (s. Rdnr. 13).

1. Nachträgliche Offenbarung der Identität des Urhebers

Die in § 66 Abs. 2 S. 1 vorgesehene erste Alternative (s. Rdnr. 19) orientiert sich an Art. 1 20 Abs. 3 S. 2 der Schutzdauerrichtlinie und Art. 7 Abs. 3 S. 3 RBÜ (Pariser Fassung) (s. § 64 Rdnr. 21). Sie tritt an die Stelle der in § 66 Abs. 2 Nr. 1 aF geregelten Alternativen der nachträglichen Urheberbezeichnung auf den Vervielfältigungsstücken eines Werkes gemäß § 10 Abs. 1 sowie des Bekanntwerdens des Urhebers auf andere Weise (s. zu diesen früheren Alternativen Rdnr. 39, 42; zum Ergebnis *Vogel* ZUM 1995, 451/454). Erforderlich ist, dass der **Urheber seine Identität offenbart,** dh., wie in der AmtlBegr. (BTDrucks. 13/781 S. 14 zu Nr. 3) erläutert, sich selbst zu erkennen gibt (sa. *Vogel* ZUM 1995, 451/454). Dies ist enger formuliert

§ 66

als die frühere Bestimmung, nach der das Bekanntwerden des Urhebers auf beliebige Art und Weise, wie durch eine wissenschaftliche Publikation (s. die AmtlBegr. BTDrucks. 13/781 S. 14 zu Nr. 3) oder auch durch eine Indiskretion (s. Rdnr. 45) ausreichte. Bestätigt wird die restriktive Formulierung des § 66 Abs. 2 S. 1 auch durch § 66 Abs. 3, wonach zu sämtlichen in Abs. 2 bezeichneten Handlungen nur bestimmte Personen berechtigt sind, nämlich der Urheber, sein Rechtsnachfolger von Todes wegen und der Testamentsvollstrecker. Zu diesen Handlungen gehört auch die Offenbarung der Identität des Urhebers iSd. § 66 Abs. 2 S. 1 (s. die AmtlBegr. BTDrucks. 13/781 S. 14 zu Nr. 3). Angesichts dieser eindeutigen Regelungen erscheint es fraglich, ob über eine analoge Heranziehung der großzügigeren Bestimmung über Pseudonyme (s. Rdnr. 21) dasselbe Ergebnis wie nach § 66 Abs. 2 Nr. 1. aF erreicht werden kann (für eine solche Analogie *Dietz* GRUR Int. 1995, 670/674). Auf die Art und Weise und wem gegenüber der Urheber etc. seine Identität offenbart, kommt es nicht an (sa. *Fromm/Nordemann*[10] Rdnr. 8; *Meckel* in HK-UrhR[2] Rdnr. 11; wohl auch *Wandtke/Bullinger*[3] Rdnr. 5). Wichtig ist im Übrigen, dass die Offenbarung **innerhalb der Frist nach § 66 Abs. 1 S. 1** geschehen muss. Insoweit ist die Rechtslage im Vergleich mit § 66 Abs. 2 Nr. 1 aF nicht verändert worden (s. Rdnr. 40, 42).

2. Verwendung eines bekannten Pseudonyms

21 Die zweite Alternative (s. Rdnr. 19), die sich ebenfalls aus § 66 Abs. 2 S. 1 ergibt, besteht darin, dass das angenommene **Pseudonym keinen Zweifel an der Identität des Urhebers** zulässt. Auch dieser Regelung liegen Art. 1 Abs. 3 S. 2 der Schutzdauerrichtlinie und Art. 7 Abs. 3, nunmehr aber S. 2 RBÜ (Pariser Fassung) zugrunde (s. § 64 Rdnr. 21). Anders als in der unter Rdnr. 20 behandelten Alternative kommt es hierbei auf die Umstände nicht an, die dazu führen, dass die Person des Urhebers identifiziert werden kann (s. die AmtlBegr. BTDrucks. 13/781 S. 13 f. zu Nr. 3). Im Ergebnis entspricht dies der Rechtslage nach § 66 Abs. 2 Nr. 1 aF, wonach es ausreichte, dass bestehende Zweifel über die Identität des Urhebers aufgehoben wurden (s. die AmtlBegr. BTDrucks. 13/781 S. 13 f. zu Nr. 3; s. im Übrigen auch Rdnr. 11 und 38 ff.). Für die Frist, innerhalb derer der Urheber eines pseudonymen Werkes identifizierbar sein muss, gilt das unter Rdnr. 20 Gesagte in gleicher Weise.

3. Anmeldung des wahren Namens des Urhebers zur Eintragung in das Register anonymer und pseudonymer Werke

22 Bei der **Anmeldung des wahren Namens des Urhebers zur Eintragung in das Register anonymer und pseudonymer Werke** (früher Urheberrolle genannt) handelt es sich um die dritte Alternative, mittels derer die Anwendung der Regelschutzdauer (§§ 64, 65) auf anonyme und pseudonyme Werke bewirkt werden kann (s. Rdnr. 19). Sie ist in § 66 Abs. 2 S. 2 geregelt und ohne ausdrückliches Vorbild in der Schutzdauerrichtlinie und in der RBÜ, stellt als Unterfall der nachträglichen Offenbarung der Identität des Urhebers aber eine legitime Besonderheit des deutschen Rechts dar (s. die AmtlBegr. BTDrucks. 13/781 S. 14 zu Nr. 3; sa. *Vogel* ZUM 1995, 451/454). Die Regelung des § 66 Abs. 2 S. 2 und auch des Abs. 3 über die Berechtigung zur Anmeldung (s. auch Rdnr. 20) stimmen mit dem früheren Recht (§ 66 Abs. 2 Nr. 2, Abs. 3 aF) überein, so dass hinsichtlich der Einzelheiten auf die auch seinerzeit schon geltenden Grundsätze (s. Rdnr. 46 ff.) verwiesen werden kann. Im Hinblick auf die **Frist,** innerhalb derer die Anmeldung erfolgen muss, gilt wiederum das unter Rdnr. 20 Gesagte.

V. Übergangsrechtliche Beurteilung der Schutzdauer anonymer und pseudonymer Werke nach früherem Recht

23 Die Darstellung der Schutzdauer anonymer und pseudonymer Werke nach § 66 nF zeigt im Vergleich mit dem früheren Recht (§ 66 aF) in mehreren Punkten eine Verschärfung der Rechtslage zu Lasten solcher Werke im Sinne einer sicher oder möglicherweise kürzeren Schutzdauer (s. Rdnr. 12–15, 17, 20). Bei Anwendung des neuen Rechts auf Werke, die im Zeitpunkt des Inkrafttretens des § 66 nF und der Umsetzung der Schutzdauerrichtlinie, dem 1. 7. 1995 (s. Rdnr. 8, § 64 Rdnr. 14), bereits existierten, kann dies zu Konflikten mit Urheberrechten führen, die an solchen Werken zu dem genannten Zeitpunkt ebenfalls bereits bestanden haben. Um solche Konflikte zu vermeiden, sieht § 137 f Abs. 1 S. 1 im Anschluss an Art. 10 Abs. 1 der Schutzdauerrichtlinie vor, dass **die Beurteilung der Schutzdauer weiterhin nach**

den bisherigen Vorschriften, dh. hier des § 66 aF, zu erfolgen hat, wenn die Anwendung der neuen Regelung zu einer verkürzten Dauer des Schutzes solcher Rechte führen würde (s. dazu Rdnr. 8; § 64 Rdnr. 40, 66; § 65 Rdnr. 11; von der Anwendbarkeit des § 66 Abs. 2 Nr. 1 aF geht zB OLG Frankfurt/M. GRUR-RR 2004, 99/100 – Anonyme Alkoholiker, aus) Die zahlreichen Anwendungsfälle dieser übergangsrechtlichen Situation lassen es angezeigt erscheinen, im folgenden auch den Text des § 66 aF und die daraus folgende Rechtslage wiederzugeben. **Einzelheiten** dieser Rechtslage gelten auch für das **neue Recht**.

VI. Das frühere Recht (§ 66 aF)

1. Text des § 66 aF

§ 66 Anonyme und pseudonyme Werke 24

(1) Ist der wahre Name oder der bekannte Deckname des Urhebers weder nach § 10 Abs. 1 noch bei einer öffentlichen Wiedergabe des Werkes angegeben worden, so erlischt das Urheberrecht siebzig Jahre nach der Veröffentlichung des Werkes.

(2) Die Dauer des Urheberrechts berechnet sich auch im Falle des Absatzes 1 nach den §§ 64 und 65,

1. wenn innerhalb der in Absatz 1 bezeichneten Frist der wahre Name oder der bekannte Deckname des Urhebers nach § 10 Abs. 1 angegeben oder der Urheber auf andere Weise als Schöpfer des Werkes bekannt wird,

2. wenn innerhalb der in Absatz 1 bezeichneten Frist der wahre Name des Urhebers zur Eintragung in die Urheberrolle (§ 138) angemeldet wird,

3. wenn das Werk erst nach dem Tode des Urhebers veröffentlicht wird.

(3) Zur Anmeldung nach Absatz 2 Nr. 2 sind der Urheber, nach seinem Tode sein Rechtsnachfolger (§ 30) oder der Testamentsvollstrecker (§ 28 Abs. 2) berechtigt.

(4) Die vorstehenden Bestimmungen sind auf Werke der bildenden Künste nicht anzuwenden.

2. Voraussetzungen der Berechnung der Schutzdauer ab der ersten Veröffentlichung (§ 66 Abs. 1 aF)

a) Veröffentlichung oder Erscheinen des Werkes? (1) Aus dem Wortlaut des § 66 aF ließ 25 sich nicht ohne weiteres entnehmen, welchen Veröffentlichungsstatus ein Werk erreicht haben musste, um überhaupt von der Regelung betroffen zu sein. Daraus, dass der Beginn der Schutzdauer auf den Zeitpunkt der (ersten) Veröffentlichung festgesetzt war (§ 66 Abs. 1 aF, sa. Abs. 2 Nr. 3 aF), ließ sich aber entnehmen, dass **unveröffentlichte Werke nicht betroffen** waren (ebenso *v. Gamm* Rdnr. 2; *Hubmann/Rehbinder*[8] § 37 II 2; *Möhring/Nicolini* Anm. 3).

(2) Dass nach **§ 31 Abs. 1 LUG** (s. Rdnr. 5) die **Veröffentlichung** ausreichte, um die Be- 26 stimmung anzuwenden, ergab sich unmittelbar aus dem Wortlaut der Bestimmung, in der von der Nichtangabe des Urhebernamens „bei der ersten Veröffentlichung" die Rede war (s. Rdnr. 5). Dieser Anhaltspunkt fehlte in § 66 aF. Geblieben war nur die Festsetzung des Beginns der Schutzdauer auf den Zeitpunkt der (ersten) Veröffentlichung, jedoch war es damit nicht unvereinbar, § 66 aF nur auf erschienene Werke iSd. § 6 Abs. 2 (s. dort Rdnr. 29 ff.) anzuwenden, da sich mit jedem Erscheinen eines Werkes auch eine Veröffentlichung verbindet (s. § 6 Rdnr. 30). Für die Voraussetzung des **Erscheinens** sprach insb. die Verweisung in § 66 Abs. 1 aF auf § 10 Abs. 1, der von der Urheberbezeichnung auf den Vervielfältigungsstücken „eines erschienenen Werkes" handelt (s. § 10 Rdnr. 7). Demgemäß lehnte das OLG München in UFITA 51 (1968) 379/380 – Lotteriesystem – die Eintragung des Namens eines Urhebers in die Urheberrolle nach § 66 Abs. 2 Nr. 2 aF ab, weil das betreffende anonyme Werk noch nicht erschienen war. Im Schrifttum zitiert *Ulmer*[3] § 77 V 1 die Verweisung auf § 10 Abs. 1 einschließlich des Merkmals des erschienenen Werkes. Dem entspricht es, dass auch zu § 31 Abs. 1 LUG die dortige Verweisung auf § 7 Abs. 1 LUG (s. Rdnr. 5) zusammen mit dem Kriterium des erschienenen Werkes gedeutet wurde und daher von der Veröffentlichung „durch Herausgabe im Druck" die Rede war (so *Allfeld* LUG[2] § 31 Anm. A I 2) oder § 31 LUG ausdrücklich für nur auf erschienene Werke anwendbar erklärt wurde (so *Kohler,* Urheberrecht an Schriftwerken und Verlagsrecht, 1907, S. 236; s. zu diesen Aspekten mit abweichendem Ergebnis auch OLG München GRUR 1990, 446/448 – Josefine Mutzenbacher).

Daraus, dass § 66 Abs. 1 aF auch auf die Nichtangabe des Namens des Urhebers „bei einer 27 öffentlichen Wiedergabe des Werkes" abstellte, war gegen die Voraussetzung des erschienenen Werkes nichts herzuleiten: Ausweislich der Begründung, die der MinE (S. 63 f. zu § 66) gibt, sollte damit sichergestellt werden, dass dem Urheber die günstigere Regelschutzdauer zugute kam, wenn er auch nur bei einer öffentlichen Wiedergabe des Werkes benannt worden ist, „und zwar unabhängig davon, ob das Werk überhaupt nicht oder ohne Urheberangabe (§ 9 Abs. 1) erschienen ist". Im Übrigen kann eine öffentliche Werkwiedergabe ohnehin nicht mit einer Veröffentlichung gleichgesetzt werden (s. § 6 Rdnr. 7 ff.).

28 Da § 66 aF es auch in anderen Fällen in Kauf nahm, dass auf fortdauernd anonyme und pseudonyme Werke die Regelschutzdauer nach §§ 64, 65 aF angewendet wurde (s. Rdnr. 53 f.), war zugunsten des Urhebers die ihn weniger belastende Auslegung zu wählen und § 66 aF daher **nur auf erschienene Werke anzuwenden** (aA OLG München GRUR 1990, 446/448 – Josefine Mutzenbacher; ohne nähere Begründung *v. Gamm* Rdnr. 2; *Hubmann/Rehbinder*[8] § 37 II 2; *Möhring/Nicolini* Anm. 2 d, 5 c; *Schulte* UFITA 50 (1967) 32/34; wohl wie hier *Fromm/Nordemann*[10] Rdnr. 6).

29 **b) Unterlassung der Angabe des Namens des Urhebers.** (1) Voraussetzung der Berechnung der Schutzdauer eines Werkes nach § 66 Abs. 1 aF war, dass der **wahre Name** oder **bekannte Deckname** des Urhebers weder nach § 10 Abs. 1 auf den Vervielfältigungsstücken eines erschienenen Werkes bezeichnet, noch bei einer öffentlichen Wiedergabe des Werkes angegeben worden ist.

30 (2) Für die **Form der Urheberbezeichnung** auf den Vervielfältigungsstücken eines erschienenen Werkes schreibt § 10 Abs. 1, auf den § 66 Abs. 1 aF verwies, vor, dass sie „in der üblichen Weise" geschehen musste. Bezüglich der Einzelheiten ist auf § 10 Rdnr. 8 f. zu verweisen. Für **Zeit und Form der Angabe des Urhebernamens** bei einer **öffentlichen Werkwiedergabe** fehlte eine entsprechende gesetzliche Bestimmung, weil § 10 anders als noch § 7 Abs. 3 LUG insoweit keine Urheberschaftsvermutung mehr statuiert (s. Rdnr. 7). § 7 Abs. 3 LUG forderte die Urheberbezeichnung „bei der Ankündigung" der Aufführung oder des Vortrags. Nach § 66 aF musste entsprechend der Regelung in § 10 Abs. 1 **jede übliche Namensangabe** vor oder anlässlich der öffentlichen Werkwiedergabe genügen. Bedingung war nur, dass der Urheber nach den Umständen und den üblichen Gepflogenheiten als solcher identifiziert werden konnte. Grundsätzlich gilt daher das unter § 10 Rdnr. 8 f. Gesagte entsprechend.

31 (3) Für die Anwendung des § 66 Abs. 1 aF war in Bezug auf die Urheberbezeichnung nach § 10 Abs. 1 auf das **erste Erscheinen** abzustellen, die Urheberbezeichnung auf nachfolgenden Neuauflagen wurde durch § 66 Abs. 2 Nr. 1 aF berücksichtigt. Erschien ein Werk zuerst unter dem bürgerlichen Namen oder einem bekannten Pseudonym des Urhebers, dann in Neuauflagen aber anonym oder unter einem weiteren, aber unbekannten Decknamen, so handelte es sich nicht um einen Fall des § 66 Abs. 1 aF; die Schutzdauer des Werkes war ohne weiteres nach §§ 64, 65 aF zu berechnen (ebenso *Möhring/Nicolini* Anm. 2 d). Das Gleiche galt, wenn ein mit Urheberbezeichnung erstmalig erschienenes Werk nachträglich anonym oder unbekannt pseudonym öffentlich wiedergegeben wurde.

32 Wurde der Name des Urhebers anlässlich der **öffentlichen Wiedergabe** eines Werkes genannt, das nachträglich anonym oder unbekannt pseudonym erstmalig erschien, so genügte dies unmittelbar für den Ausschluss der Rechtsfolge des § 66 Abs. 1 aF. Dagegen war fraglich, ob das Gleiche galt, wenn eine gleiche Wiedergabe nach einem solchen ersten Erscheinen stattfand. Sinngemäß war aber anzunehmen, dass es sich hierbei um ein Bekanntwerden des Urhebers auf andere Weise iSd. § 66 Abs. 2 Nr. 1 aF handelte oder dass jedenfalls die in dieser Bestimmung genannte Frist gewahrt werden musste. Andernfalls hätten es der Urheber oder seine Rechtsnachfolger jederzeit in der Hand gehabt, auch noch nach Ablauf von 70 Jahren seit dem anonymen Erscheinen eines Werkes die Anwendung der Regelschutzdauer dadurch herbeizuführen, dass sie eine öffentliche Werkwiedergabe veranstalteten.

33 (4) Die Anwendung der in § 66 Abs. 1 aF vorgeschriebenen Berechnung der Schutzdauer war ausgeschlossen, wenn die **Merkmale des Erscheinens** oder **einer öffentlichen Wiedergabe** (unter Urheberbezeichnung bzw. Namensangabe) – wenn auch nur gerade noch – erfüllt waren. Es galten insoweit die unter § 6 Rdnr. 29 ff. im einzelnen genannten Voraussetzungen. § 66 Abs. 1 aF stellte keine qualifizierten Anforderungen. Dies konnte dazu führen, dass selbst durch Erstauflagen in geringer Stückzahl und insb. durch öffentliche Wiedergaben vor einem kleinen Kreis von Personen, die aber die Bedingungen einer öffentlichen Wiedergabe iSd. § 15 Abs. 3 erfüllten, die Anwendung der längeren Regelschutzdauer nach §§ 64, 65 aF begründet werden konnte.

34 Daraus ergibt sich, dass § 66 aF demjenigen, der als außenstehender Werkverwerter die verkürzte Schutzdauer ausnutzen wollte, durchaus erhebliche **Ermittlungsarbeit** zumutete.

3. Berechnung der Schutzdauer vom Zeitpunkt der ersten Veröffentlichung an als Rechtsfolge des § 66 Abs. 1 aF

a) Lagen die Voraussetzungen des § 66 Abs. 1 aF vor, so erlosch – vorbehaltlich der Beurteilung nach § 66 Abs. 2 aF – das Urheberrecht an dem betreffenden Werk **70 Jahre nach der Veröffentlichung** (§ 66 Abs. 1 aF). Dagegen umfasste die Schutzdauer im Regelfall der §§ 64, 65 aF die Lebenszeit des Urhebers und 70 Jahre nach seinem Tod. Gemeint war in § 66 Abs. 1 aF die **erste** Veröffentlichung. Der **Begriff der Veröffentlichung** war nach § 6 Abs. 1 (s. dort Rdnr. 6 ff.) zu bestimmen; die Veröffentlichung konnte im Erscheinen des Werkes iSd. § 6 Abs. 2 liegen (s. § 6 Rdnr. 30) oder aber in einer öffentlichen Werkwiedergabe, welche den qualifizierten Anforderungen an eine Veröffentlichung entsprach (s. § 6 Rdnr. 6 ff.). Im letzteren Fall musste der öffentlichen Wiedergabe aber das Erscheinen des Werkes nachfolgen, da andernfalls § 66 Abs. 1 aF nicht anwendbar war (s. Rdnr. 25 ff., 28). Das Gleiche galt auch für den Fall der Veröffentlichung dadurch, dass einzelne Vervielfältigungsstücke des Werkes der Öffentlichkeit iSd. § 6 Abs. 1 zugänglich gemacht worden sind, ohne dass aber die qualifizierten Voraussetzungen des Erscheinens nach § 6 Abs. 2 sämtlich erfüllt gewesen wären (s. zu solchen Fällen § 6 Rdnr. 14, 30, 35, 39 ff.). 35

b) Bei der **Berechnung der Schutzfrist** nach § 66 Abs. 1 aF war **§ 69** zu beachten. Danach war das Kalenderjahr, in dem die erste Veröffentlichung stattfand, nicht mitzurechnen. 36

c) Zu beachten war bei anonymen und pseudonymen Werken, die vor dem Inkrafttreten des UrhG – bezüglich seiner Schutzdauerbestimmungen am 17. 9. 1965 (§ 143 Abs. 1) – geschaffen worden sind, das **zeitliche Übergangsrecht**. Gemäß § 129 Abs. 1 ist das UrhG (einschließlich seiner Bestimmungen über die Schutzdauer) zwar auch auf solche Werke anzuwenden. Bedingung ist aber, dass ein solches Werk zu diesem Zeitpunkt noch urheberrechtlich geschützt war. Dies kann nur nach den früher geltenden Bestimmungen, bezüglich anonymer und pseudonymer Werke nach § 31 LUG (s. Rdnr. 5), entschieden werden (s. § 129 Rdnr. 11). Dabei ist zu berücksichtigen, dass nach dieser Vorschrift die Schutzdauer ab Veröffentlichung nur 50 Jahre, bis 1934 sogar nur 30 Jahre umfasste (s. Rdnr. 5) und die Voraussetzungen, unter denen die Regelschutzdauer post mortem auctoris erreicht werden konnte, in § 31 Abs. 2 enger formuliert waren als in § 66 Abs. 2 aF, so dass im letzten Punkt nur eine Übertragung der vom Reichsgericht zum LUG von 1870 und zu den sog. „Nebenluftausgaben" entwickelten Grundsätze (s. Rdnr. 4) zu einem Gleichklang mit § 66 aF führen konnte (s. Rdnr. 43). Waren diese Voraussetzungen nicht gegeben, so war zB die Schutzdauer eines im Jahre 1910 anonym erschienenen Werkes mit Ablauf des Jahres 1960 erloschen und die Verlängerung der Schutzdauer um 20 Jahre durch § 66 Abs. 1 aF nicht erreicht worden. Ein gleiches Werk, im Jahre 1915 erschienen, wäre aber bis 1985 geschützt gewesen. 37

4. Anwendung der Regelschutzdauer (§§ 64, 65 aF) auf anonyme und pseudonyme Werke (§ 66 Abs. 2 aF)

In § 66 Abs. 2 aF waren im einzelnen die Voraussetzungen geregelt, unter denen die Schutzdauer anonymer und unbekannt pseudonymer Werke nicht nach § 66 Abs. 1 aF, sondern nach §§ 64, 65 aF und daher nicht nach dem Zeitpunkt der ersten Veröffentlichung, sondern nach dem Tod des Urhebers zu berechnen war. Innerhalb des § 66 Abs. 2 aF konnte zwischen den Fällen unterschieden werden, in denen der Urheber sich nachträglich zu erkennen gab oder sonst bekannt wurde, so dass der Grund für die Sonderregelung des § 66 Abs. 1 wegfiel (§ 66 Abs. 2 Nr. 1 und 2 aF, s. Rdnr. 3), und dem Fall der ersten Veröffentlichung des Werkes erst nach dem Tod des Urhebers, bei dem an sich der Grund für die Sonderregelung erhalten blieb, jedoch vermieden werden sollte, dass die Schutzdauer anonymer und unbekannt pseudonymer Werke die Regelschutzdauer von 70 Jahren nach dem Tod des Urhebers überstieg (§ 66 Abs. 2 Nr. 3 aF). Als Rechtsfolge ordnete § 66 Abs. 2 aF die Anwendung der §§ 64, 65 aF an. 38

a) Nachträgliche Urheberbezeichnung nach § 10 Abs. 1 (§ 66 Abs. 2 Nr. 1, 1. Alt. aF). (1) Die Schutzdauer war nach **§§ 64, 65 aF** und nicht nach § 66 Abs. 1 aF zu berechnen, wenn ein zunächst anonym oder unter einem unbekannten Pseudonym erschienenes Werk **nachträglich erneut der Öffentlichkeit** in einer Art und Weise **zugänglich** gemacht wurde, die einem **Erscheinen** entsprach (s. dazu Rdnr. 33), **und wenn dabei der wahre Name oder bekannte Deckname** (s. Rdnr. 29) des Urhebers in der üblichen Weise auf den Vervielfältigungsstücken **bezeichnet** war (s. Rdnr. 30) (ebenso *Möhring/Nicolini* Anm. 5 c; nach Ansicht 39

§ 66

v. Gamms Rdnr. 2 sollte eine Urheberbezeichnung in der in § 10 Abs. 1 vorgesehenen Form nicht erforderlich sein).

40 (2) Die mit der Urheberbezeichnung versehenen Vervielfältigungsstücke mussten innerhalb der **Frist** von 70 Jahren, gerechnet von der ersten Veröffentlichung des Werkes an, der Öffentlichkeit angeboten oder in Verkehr gebracht worden sein.

41 (3) Da das entscheidende Kriterium die Identifizierbarkeit des Urhebers eines Werkes ist (s. Rdnr. 2), genügte es, wenn das Werk unter der Urheberbezeichnung in übersetzter oder sonst **bearbeiteter Form** neu erschien, solange nur die Werkidentität gewahrt blieb (ebenso zur Bearbeitung allgemein *Möhring/Nicolini* Anm. 5c; aA *v. Gamm* Rdnr. 2).

42 b) **Nachträgliches Bekanntwerden des Urhebers auf andere Weise (§ 66 Abs. 2 Nr. 1, 2. Alt. aF).** (1) Die Bestimmungen der §§ 64, 65 aF über die Berechnung der urheberrechtlichen Schutzdauer nach dem Tod des Urhebers waren auch anzuwenden, wenn innerhalb der Frist des § 66 Abs. 1 aF **auf andere Weise bekannt wurde,** dass eine bestimmte Person Urheber eines zunächst anonym oder pseudonym erschienenen Werkes war. An das **Ausmaß des Bekanntwerdens** und damit der Kenntnis über die Person des Urhebers waren keine hohen Anforderungen zu stellen. Es genügte, wenn ein nicht ganz unerheblicher Teil der in Betracht zu ziehenden Verkehrskreise Kenntnis von der Person des Urhebers erhielt, keinesfalls war eine allgemeine Kenntnis erforderlich (so zutreffend *v. Gamm* Rdnr. 2). Eine solche Kenntnis vermittelte die Feststellbarkeit des Urhebers für die interessierten, noch nicht informierten Verkehrskreise. Nur eine solche Auslegung entsprach den geringen Voraussetzungen, unter denen einem Werk die Anonymität von vornherein genommen wurde (s. Rdnr. 33 f.). Diese Auslegung entsprach grundsätzlich auch den Anforderungen, die an die Bekanntheit eines Pseudonyms zu stellen sind (s. § 10 Rdnr. 6). Bei literarischen Werken musste daher zB bereits die Kenntnis genügen, die durch eindeutige Verfasserangaben in einschlägigen führenden und zuverlässigen Nachschlagewerken oder, jedenfalls bei US-amerikanischen Werken, durch Anmeldung und Registrierung beim U.S. Copyright Office (so OLG Frankfurt/M, GRUR-RR 2004, 99/100 – Anonyme Alkoholiker) vermittelt wird.

43 Die **Lücke in § 31 Abs. 2 LUG von 1901,** der das bloße nachträgliche Bekanntwerden des Urhebers noch nicht als Ausschlussgrund für die verkürzte Schutzdauer des § 31 Abs. 1 anerkannte (s. Rdnr. 5, 7), war nach den Grundsätzen zu schließen, die das Reichsgericht zutreffend zum LUG von 1870 und den sog. „Nebenluftausgaben" entwickelt hatte (s. Rdnr. 4; aA OLG München, GRUR 1990, 446/449 – Josefine Mutzenbacher; Revision vom BGH, 27. 9. 1990 – I ZR 243/89 – Hinweis in GRUR 1990, IX, nicht angenommen). Für die Berechnung der Schutzdauer älterer anonymer und pseudonymer Werke ist dies nach wie vor von praktischer Bedeutung (s. Rdnr. 37).

44 (2) Nach den Motiven des Gesetzgebers zu § 66 Abs. 1 aF (s. Rdnr. 27) war es eine ausreichende Form des Bekanntwerdens, wenn nachträglich und fristgemäß der bürgerliche Name oder ein bekanntes Pseudonym des Urhebers bei einer **öffentlichen Werkwiedergabe** genannt wurde (s. Rdnr. 32–34).

45 (3) Das Bekanntwerden des Urhebers brauchte nicht auf seine Initiative zurückzuführen zu sein, was allerdings als Erfordernis in Art. 7 Abs. 3 S. 3 RBÜ (s. Rdnr. 6, 20) anklingt. Auch eine Zustimmung des Urhebers war nicht erforderlich, so dass selbst ihm unerwünschte **Indiskretionen** ausreichten, um die Anwendung der §§ 64, 65 aF zu begründen (ebenso *v. Gamm* Rdnr. 2 iVm. § 10 Rdnr. 8; *Möhring/Nicolini* Anm. 5d).

46 c) **Anmeldung des wahren Namens des Urhebers zur Eintragung in die Urheberrolle (§ 66 Abs. 2 Nr. 2, Abs. 3 aF).** (1) Die dritte Möglichkeit, für ein ursprünglich anonym oder unbekannt pseudonym erschienenes Werk nachträglich die Berechnung der Schutzdauer nach dem Tod des Urhebers herbeizuführen, war die **Anmeldung des wahren Namens des Urhebers zur Eintragung in die Urheberrolle** (jetzt Register anonymer und pseudonymer Werke genannt, s. §§ 66 Abs. 2 S. 2 nF, 138 nF), wobei wiederum die **Frist** gemäß § 66 Abs. 1 aF gewahrt werden musste (§ 66 Abs. 2 Nr. 2 aF). Die Rechtslage im Einzelnen war dieselbe wie nach § 66 Abs. 2 S. 2, Abs. 3 nF (s. Rdnr. 22). Die Urheberrolle wurde und wird beim Deutschen Patentamt (jetzt: Deutsches Patent- und Markenamt) in München geführt (§ 138 Abs. 1 S. 1). Da die Anmeldung der entscheidende Vorgang ist (s. Rdnr. 49) und die Publizität erst durch die Eintragung in die Urheberrolle und die damit verbundene Bekanntmachung im Bundesanzeiger (§ 138 Abs. 3) sowie die Möglichkeit der Einsichtnahme durch jedermann und der Erteilung von Auszügen aus der Rolle (§ 138 Abs. 4) begründet wird, handelte es sich bei dieser dritten Alternative nicht um einen Unterfall des Bekanntwerdens des Urhebers auf andere Weise iSd. § 66 Abs. 2 Nr. 1 aF (aA *Schulte* UFITA 50 (1967) 32/33). Jedoch ist sie ein Unterfall der Offenbarung der Identität des Urhebers nach neuem Recht (s. Rdnr. 22).

(2) Angemeldet werden musste und muss der **wahre Name** des Urhebers, also sein bürgerlicher Name (s. dazu Rdnr. 9); die Anmeldung selbst eines sehr bekannten Pseudonyms genügt daher nicht (ebenso *Möhring/Nicolini* Anm. 6a; *Fromm/Nordemann*[8] Rdnr. 3, die dies im Hinblick auf die Gleichstellung des bekannten Pseudonyms mit dem wahren Namen des Urhebers in § 66 Abs. 1, 2 Nr. 1 aF merkwürdig finden; *Schulte* UFITA 50 (1967) 32/35, der einen Grund für diese Beschränkung nicht zu erkennen vermag). Die Regelung dürfte ihre Erklärung darin finden, dass der Gesetzgeber das bekannte Pseudonym dem bürgerlichen Namen des Urhebers in dem Maße gleichgestellt hatte, in dem ihm diese Gleichstellung durch die RBÜ aufgegeben war; in der betreffenden Bestimmung der RBÜ über die Schutzdauer anonymer und pseudonymer Werke aber ist die Anmeldung zur Eintragung in ein Register nicht speziell berücksichtigt (s. Rdnr. 6, 7). Die Regelungen in § 66 Abs. 2 Nr. 2 aF, § 66 Abs. 2 S. 2 nF, die ja nicht nur anonyme, sondern auch pseudonyme Werke betreffen, werden im Übrigen auch den Fällen gerecht, in denen ein Pseudonym sich entgegen der Selbsteinschätzung des Urhebers doch nicht als bekannt erweist.

Wird entgegen der Vorschrift des § 66 Abs. 2 Nr. 2 aF, § 66 Abs. 2 S. 2 nF doch ein **Pseudonym angemeldet** und in die Urheberrolle eingetragen, weil das Patentamt nach § 138 Abs. 1 S. 2 die Richtigkeit der zur Eintragung angemeldeten Tatsachen nicht prüft, und handelt es sich um ein **bekanntes** Pseudonym, so bewirken die Eintragung, die Bekanntmachung im Bundesanzeiger (§ 138 Abs. 3) und die Möglichkeit der Einsichtnahme in die Urheberrolle durch jedermann sowie der Erteilung von Auszügen (§ 138 Abs. 4) das **Bekanntwerden des Urhebers** iSd. § 66 Abs. 2 Nr. 1 aF und damit auf diese Weise die Anwendung der Regelschutzdauer nach §§ 64, 65 aF (ebenso *Schulte* UFITA 50 (1967) 32/35). Die Anmeldung allein reichte aber noch nicht aus (s. Rdnr. 49). Entsprechendes gilt nach § 66 Abs. 2 S. 1 und 2 nF unter dem Aspekt der **Offenbarung der Urheberidentität**.

(3) **Entscheidend** war und ist die **Anmeldung**, nicht die Eintragung (*v. Gamm* Rdnr. 5; *Meckel* in HK-UrhR[2] Rdnr. 14; *Möhring/Nicolini*[2] Rdnr. 14; *Schulte* UFITA 50 (1967) 32/33). Mit der rechtskräftigen **Ablehnung der Eintragung entfällt auch die Wirkung der Anmeldung**, und zwar rückwirkend (*Möhring/Nicolini*[2] Rdnr. 31). Über die Berechnung der Schutzdauer nach § 66 Abs. 1 aF und nF oder §§ 64, 65 aF und nF ist damit aber noch nichts Endgültiges entschieden, da die Zurückweisung ja auch darauf beruhen kann, dass es der Anmeldung zur Herbeiführung der Regelschutzdauer gar nicht bedurfte (s. dazu *Schulte* UFITA 50 (1967) 32/34f.).

(4) **Berechtigt zur Anmeldung** waren und sind nach § 66 Abs. 3 aF und nF nur der Urheber selbst und nach seinem Tode sein Rechtsnachfolger (§§ 30 iVm. 28 Abs. 1, 29 S. 1) oder der Testamentsvollstrecker (§ 28 Abs. 2). Der Grund für diese Beschränkung der Anmeldeberechtigung liegt in der urheberpersönlichkeitsrechtlichen Befugnis des Urhebers, über die Verwendung einer Urheberbezeichnung und damit auch über die Aufdeckung seiner Urheberschaft im Falle einer anonymen oder unbekannt pseudonymen Publikation zu entscheiden (§ 13 S. 2, sa. Rdnr. 1; zum Ergebnis auch *v. Gamm* Rdnr. 4). **Nicht anmeldeberechtigt** sind insb. auch Inhaber von Nutzungsrechten, wie Verlage (*v. Gamm* Rdnr. 4; *Möhring/Nicolini*[2] Rdnr. 15, anders aber Rdnr. 34). Die Anmeldung durch einen Nichtberechtigten als solche ist nicht geeignet, die Wirkung des § 66 Abs. 2 aF und nF herbeizuführen. Wurde allerdings der Name des Urhebers aufgrund einer solchen Anmeldung doch eingetragen, so führte dies wie in dem unter Rdnr. 48 besprochenen Fall zum Bekanntwerden des Urhebers iSd. § 66 Abs. 2 Nr. 1 aF und damit zur Anwendung der §§ 64, 65 aF (ebenso *v. Gamm* Rdnr. 4; *Möhring/Nicolini*[2] Rdnr. 15; s. auch Rdnr. 45). Anders ist die Rechtslage nach § 66 Abs. 2 nF, weil die Offenbarung der Identität des Urhebers nur durch Berechtigte geschehen kann (s. Rdnr. 20).

Ist ein anonymes oder unbekannt pseudonymes Werk von mehreren Urhebern in **Miturheberschaft** iSv. § 8 geschaffen worden, so war und ist neben der Anmeldung der Namen aller Miturheber durch diese gemeinsam auch **jeder Miturheber** für sich berechtigt, **seinen Namen** zur Eintragung anzumelden. Dies folgt daraus, dass die Gesamthandbindung der Miturheber nach § 8 Abs. 2 sich nicht auf das Bezeichnungsrecht nach § 13 S. 2 erstreckt (s. § 8 Rdnr. 10) und dieses Recht § 66 Abs. 2 Nr. 2 aF, § 66 Abs. 2 S. 2 nF zugrunde liegt (s. Rdnr. 50). Demgegenüber müssen die Auswirkungen der Anmeldung auf die Schutzdauer auch der Verwertungsrechte und die diesbezügliche Bindung nach § 8 Abs. 2 zurücktreten (aA *Möhring/Nicolini*[2] Rdnr. 15; im Ergebnis wohl auch *v. Gamm* Rdnr. 4). Im **Innenverhältnis** ist der anmeldende Miturheber verpflichtet, sich nicht als Alleinurheber zu gerieren. Durch die An-

§ 67

meldung des Namens auch nur eines Miturhebers wird die **Anonymität des Werkes insgesamt aufgehoben** und die Schutzdauer ist nach §§ 64, 65 aF und nF zu bestimmen (ebenso *Fromm/Nordemann*[10] Rdnr. 12, *v. Gamm* Rdnr. 4; *Meckel* in HK-UrhR[2] Rdnr. 12). Das bedeutet, dass die Schutzdauer des Werkes nach dem Tod des längstlebenden Urhebers zu bestimmen ist, auch wenn dessen Name nicht angemeldet worden ist (insoweit aA *v. Gamm* Rdnr. 4). Allerdings muss im Falle des Bestreitens die Miturheberschaft des anonym gebliebenen längstlebenden Miturhebers bewiesen werden (s. auch § 65 Rdnr. 14).

52 (5) Zu den **formellen Anforderungen an die Anmeldung** und zum **Eintragungsverfahren** s. die Kommentierung des § 138.

53 d) **Erstveröffentlichung des Werkes nach dem Tod des Urhebers (§ 66 Abs. 2 Nr. 3 aF).** Zu den Motiven für diese Bestimmung und zur Abgrenzung gegenüber den Fällen der nachträglichen Aufhebung der Anonymität eines Werkes s. bereits Rdnr. 13, 38. Die Schutzdauer eines Werkes, das erst nach dem Tod des Urhebers erstmals veröffentlicht wurde, war selbst dann, wenn die Veröffentlichung bzw. das Erscheinen anonym oder unter einem unbekannten Pseudonym erfolgte, wie diejenige eines Werkes zu berechnen, das unter dem bürgerlichen Namen oder bekannten Pseudonym des Urhebers veröffentlicht wurde bzw. unveröffentlicht blieb oder nicht erschien (s. Rdnr. 25 ff., 28). Es galten **trotz Unbekanntheit des Urhebers** die Regelungen der **§§ 64, 65 aF.** Da die Urheberschaftsvermutung iSd. § 10 Abs. 1 nicht eingreifen konnte, musste der Rechtsnachfolger allerdings erforderlichenfalls die Urheberschaft des Urhebers beweisen.

5. Keine Anwendung des § 66 Abs. 1–3 aF auf Werke der bildenden Künste (§ 66 Abs. 4 aF)

54 Zu den Motiven für diese Bestimmung s. Rdnr. 7. Da die Bestimmung die Rechtslage nach dem KUG von 1907 fortführte und dieses Gesetz zu den Werken der bildenden Künste nach seinem § 2 auch die „Erzeugnisse des Kunstgewerbes" sowie „Bauwerke, soweit sie künstlerische Zwecke verfolgen", rechnete sowie überhaupt keine Bestimmung über die Schutzdauer anonymer und pseudonymer Werke enthielt, ist anzunehmen, dass auch der Begriff „Werke der bildenden Künste" in § 66 Abs. 4 aF nicht nur Werke der sog. **reinen Kunst,** sondern auch **Werke der angewandten Kunst** und der **Baukunst** umfasste (s. zu diesem weiten Begriff der Werke der bildenden Künste in § 2 Abs. 1 Nr. 4 dort Rdnr. 133; zum Ergebnis wie hier *Möhring/Nicolini*[2] Rdnr. 35; aA *v. Gamm* Rdnr. 1). Auf Werke der bildenden Künste waren nach § 66 Abs. 4 aF stets die allgemeinen Regelungen über die Berechnung der Schutzdauer nach §§ 64, 65 aF anzuwenden, auch wenn sie anonym oder unbekannt pseudonym, insb. auch ohne das sog. Künstlerzeichen erschienen sind. Nicht zu den Werken der bildenden Künste zählten aber **Lichtbildwerke** (§ 2 Abs. 1 Nr. 5), auch wenn sie früher durch das KUG von 1907 (§§ 1, 3) geschützt waren (zur Eintragbarkeit in die Urheberrolle nach §§ 66 Abs. 2 Nr. 2 aF, 138 s. OLG München UFITA 51 (1968) 377/379 – Geschäftskarten; *Knefel* GRUR 1968, 352/354; *Möhring/Nicolini*[2] Rdnr. 35).

§ 67 Lieferungswerke

Bei Werken, die in inhaltlich nicht abgeschlossenen Teilen (Lieferungen) veröffentlicht werden, berechnet sich im Falle des § 66 Abs. 1 S. 1 die Schutzfrist einer jeden Lieferung gesondert ab dem Zeitpunkt ihrer Veröffentlichung.

Schrifttum: *v. Lewinski,* Der EG-Richtlinienvorschlag zur Harmonisierung der Schutzdauer im Urheber- und Leistungsschutzrecht, GRUR Int. 1992, 724 = 23 IIC (1992) 785; *Vogel,* Die Umsetzung der Richtlinie zur Harmonisierung der Schutzdauer des Urheberrechts und bestimmter verwandter Schutzrechte, ZUM 1995, 451; *Walter,* Schutzdauer-Richtlinie, in *Walter* (Hrsg.), Europäisches Urheberrecht Kommentar, 2001, S. 507.

I. Bedeutung und Entwicklung der Bestimmung

1 Soweit die urheberrechtliche Schutzdauer nach dem Tod des Urhebers zu berechnen ist (§§ 64, 65), kann bei der Berechnung an einen einzigen festen Zeitpunkt angeknüpft werden. Soweit das Gesetz aber die Berechnung nach der ersten Veröffentlichung eines Werkes vorschreibt, nämlich in den Fällen der 10jährigen Schutzfrist bei Erstveröffentlichung nachgelassener Werke nach § 64 Abs. 2 aF (s. § 64 Rdnr. 50, 55) und der Berechnung der Schutzdauer von

Lieferungswerke **§ 67**

anonymen und pseudonymen Werken nach § 66 Abs. 1 S. 1 (s. dort Rdnr. 16), fehlt es an einem solchen sicheren Anknüpfungspunkt, wenn die **Veröffentlichung eines Werkes in Etappen** zeitlich nacheinander geschieht. § 67 aF bestimmte hierzu, dass der entscheidende Zeitpunkt derjenige der Veröffentlichung der letzten Lieferung ist, vorausgesetzt, dass jeweils nur inhaltlich nicht abgeschlossene Teile eines Werkes veröffentlicht werden.

§ 67 aF entsprach inhaltlich §§ 33 LUG von 1901, 28 KUG von 1907. Nicht mehr als selbständiger Absatz in den Gesetzestext aufgenommen wurde die Regelung der §§ 33 Abs. 1 LUG von 1901, 28 Abs. 1 KUG von 1907. Sie besagte, dass bei einer Veröffentlichung eines Werkes in mehreren Bänden etc. jeder Band für die Berechnung der Schutzdauer als ein besonderes Werk anzusehen war. Gemeint waren damit selbständige Teile eines Werkes (AmtlBegr. BTDrucks. IV/270 S. 80 zu § 70, jetzt § 67). Bei solchen Teilen war in den Fällen der §§ 64 Abs. 2, 66 Abs. 1 aF die Schutzdauer nach wie vor für jeden Teil selbständig zu bestimmen, da § 67 aF die günstigere Anknüpfung an die Veröffentlichung der letzten Lieferung nur für Veröffentlichungen in inhaltlich nicht abgeschlossenen, dh. unselbständigen Teilen gestattete. 2

Durch Art. 1 Nr. 5 des 3. UrhGÄndG vom 23. 6. 1995 (BGBl. I S. 842) wurde § 67 mit Wirkung vom 1. 7. 1995 (s. Art. 3 Abs. 2 des Gesetzes) neu formuliert und damit an Art. 1 Abs. 5 der europäischen Schutzdauerrichtlinie (s. § 64 Rdnr. 13 ff./24) angepasst. In Bezug auf die Berechnung der Schutzfrist stellt **§ 67 nF** nicht mehr wie § 67 aF auf die letzte Lieferung ab, vielmehr ist die Schutzfrist für jede Lieferung gesondert nach dem Zeitpunkt ihrer eigenen Veröffentlichung zu berechnen. Darüber hinaus wurde aus § 67 die Verweisung auf § 64 Abs. 2 entfernt, weil diese Bestimmung durch Art. 1 Nr. 3 des 3. UrhGÄndG aufgehoben wurde (s. § 64 Rdnr. 50, 55). 3

II. Veröffentlichung eines Werkes in Lieferungen

§ 67 nF stellt nach wie vor wie § 67 aF darauf ab, dass ein Werk **in Lieferungen als inhaltlich nicht abgeschlossenen Teilen veröffentlicht** wird. Dadurch wird eine Differenzierung gegenüber der Veröffentlichung eines Werkes in inhaltlich abgeschlossenen Teilen angedeutet, auf die es, anders als nach § 67 aF (s. Rdnr. 8), nunmehr aber nicht mehr ankommt. Bei Veröffentlichung eines Werkes in inhaltlich abgeschlossenen, selbständigen Teilen greift die gesonderte Anknüpfung der Schutzfrist an die Veröffentlichung jedes Teils für sich erst recht Platz (sa. bereits Rdnr. 2). In Art. 1 Abs. 5 der Schutzdauerrichtlinie ist das Prinzip klarer, weil unter Verzicht auf eine scheinbare Differenzierung ausgedrückt; es ist dort schlicht von der Veröffentlichung von Werken in mehreren Bänden, Teilen, Lieferungen, Nummern oder Episoden die Rede (s. § 64 Rdnr. 24). Jedenfalls bewirkt die Neuregelung im Vergleich mit § 67 aF eine wesentliche **Vereinfachung,** weil die genannte Differenzierung unter § 67 nF keine Rolle mehr spielt (so auch *v. Lewinski* GRUR Int. 1992, 724/730 f. = 23 IIC (1992) 785/800; dort auch zur unterschiedlichen Rechtslage vor der Harmonisierung in den Mitgliedstaaten der EU; sa. *Meckel* in Hk-UrhR[2] Rdnr. 2; *Möhring/Nicolini*[2] Rdnr. 4; *Walter* in *Walter* (Hrsg.) Schutzdauer-RL Art. 1 Rdnr. 59/68; *Wandke/Bullinger*[3] Rdnr. 2, im Ergebnis auch *Fromm/Nordemann*[10] Rdnr. 5). 4

Neben der Vereinfachung bewirkt § 67 nF freilich auch eine **Verkürzung der Schutzdauer** im Vergleich mit § 67 aF: An die Stelle der einheitlichen, nach dem Veröffentlichungszeitpunkt der letzten unselbständigen Lieferung zu bemessenden Schutzfrist (s. Rdnr. 9) trifft nunmehr ein potentiell früheres Schutzende die erste bis zur vorletzten Lieferung (s. die AmtlBegr. BT-Drucks. 13/781 S. 14 zu Nr. 3; *Vogel* ZUM 1995, 451/454). Bei Veröffentlichungen innerhalb ein und desselben Kalenderjahres wirkt sich dies allerdings wegen § 69 (s. die Kommentierung dort) nicht aus. Wo es sich auswirkt, entsteht ein übergangsrechtliches Problem, das durch § 137 f Abs. 1 zu lösen ist (s. Rdnr. 7). 5

III. Berechnung der Schutzfrist gesondert nach der Veröffentlichung jeder Lieferung

Als Rechtsfolge des § 67 nF ergibt sich, dass bei Lieferungswerken, aber auch bei Werken in mehreren Bänden oder sonstigen selbständigen, inhaltlich abgeschlossenen oder nicht abgeschlossenen Teilen die Schutzfrist nach der **Veröffentlichung jeder Lieferung oder jedes Teiles gesondert** zu berechnen ist. Für den Begriff der Veröffentlichung gilt wie bei § 66 Abs. 1 S. 1 (s. § 66 Rdnr. 16) § 6 Abs. 1 (s. im Einzelnen § 6 Rdnr. 6 ff.). 6

Katzenberger 1295

§ 68

IV. Übergangsrecht

7 In den Fällen, in denen § 67 nF im Vergleich mit § 67 aF eine kürzere Schutzdauer zur Folge hat (s. Rdnr. 5), ist § 137f Abs. 1 zu beachten. Gemäß § 137f. Abs. 1 S. 2 ist § 67 nF auch auf solche Werke anzuwenden, deren Schutz am 1. 7. 1995, dem Zeitpunkt des Inkrafttretens der Neuregelung (s. Rdnr. 3), noch nicht erloschen war. Dies impliziert die Anwendung auf Werke, die vor diesem Zeitpunkt geschaffen worden sind und an denen dadurch Urheberrechte entstanden sind. Nach § 137f Abs. 1 S. 1 erlischt der Schutz solcher Rechte mit dem Ablauf der Schutzdauer nach den **bis zum 30. 6. 1995 geltenden Vorschriften**, somit in Bezug auf Lieferungswerke nach § 67 aF, wenn durch die Anwendung des § 67 nF die Dauer solcher Rechte verkürzt würde. Dies entspricht Art. 10 Abs. 1 der Schutzdauerrichtlinie (s. § 64 Rdnr. 40). § 67 aF ist daher nach wie vor von praktischer Bedeutung, so dass es angezeigt erscheint, im Folgenden auch die frühere Rechtslage darzustellen.

V. Das frühere Recht

1. Veröffentlichung eines Werkes in Lieferungen

8 Voraussetzung der Schutzfristberechnung nach § 67 aF ist, dass ein **als Einheit zu wertendes Werk** in **inhaltlich nicht abgeschlossenen Teilen veröffentlicht** wurde. § 67 aF nennt solche Teile **Lieferungen.** Beispiele sind Romane, die in Fortsetzung in Zeitungen oder Zeitschriften erschienen sind, und wissenschaftliche Abhandlungen, deren Publikation sich über zwei oder mehrere Hefte einer Fachzeitschrift erstreckte (*Ulmer*[3] § 78 I 2). Klare Gegenbeispiele sind je in sich abgeschlossene Werke, die nur durch die Zugehörigkeit zu einer wissenschaftlichen Schriftenreihe, durch einen gemeinsamen Serientitel oder eine einheitliche äußere Aufmachung und Verlagsbezeichnung miteinander verbunden waren (so wohl auch *v. Gamm* Rdnr. 2; zust. *Meckel* in HK-UrhR[2] Rdnr. 2; *Wandtke/Bullinger*[3] Rdnr. 3). Dazwischen liegen die **Grenzfälle,** für deren Beurteilung entscheidend ist, ob der jeweilige Band oder sonstige Teil einen in sich abgeschlossenen Inhalt besessen hat. Dies kann nur nach der Auffassung des Verkehrs beurteilt werden, nicht nach den Vorstellungen des Urhebers (im Ergebnis ebenso *Möhring/Nicolini* Anm. 4). Erschien daher zB ein Kommentar zu einem einzelnen Gesetz in Teilen, die nacheinander einzelne Bestimmungen behandelten, so handelt es sich idR um inhaltlich nicht abgeschlossene, unselbständige Lieferungen iSd. § 67 aF; anders, wenn die jeweiligen Teile in sich abgeschlossene Gesetzesabschnitte mit einem selbständigen Nutzungsinteresse behandelten (s. dazu *Möhring/Nicolini*[2] Rdnr. 5; zust. *Meckel* in HK-UrhR[2] Rdnr. 2; *Ulmer*[3] § 78 I 2). Um inhaltlich nicht abgeschlossene Teile handelt es sich bei den einzelnen Bänden einer alphabetisch aufgebauten Enzyklopädie (ebenso *Möhring/Nicolini*[2] Rdnr. 6), nicht aber bei Ergänzungsbänden, die in zeitlichen Abständen jeweils die gesamte neuere Entwicklung nachvollziehen, nicht bei Bänden einer umfangreichen Kultur-, Literatur- oder Kunstgeschichte, die jeweils bestimmte Epochen behandeln (*Möhring/Nicolini*[2]; *Ulmer*[3] § 78 I 2; zust. *Meckel* in HK-UrhR[2] Rdnr. 2), und bei den jeweils bestimmten Gebieten gewidmeten Bänden eines technischen Nachschlagewerks.

2. Berechnung der Schutzdauer nach der Veröffentlichung der letzten Lieferung

9 Liegen die Voraussetzungen der Veröffentlichung eines Werkes in Lieferungen vor, so ist nach § 67 aF der Zeitpunkt der ersten Veröffentlichung der letzten Lieferung derjenige, von dem bei der Berechnung der Schutzfristen auszugehen ist. Folgt innerhalb dieser Schutzfrist eine weitere Lieferung nach, so verschiebt sich der Beginn der Schutzfrist auf den Zeitpunkt der Veröffentlichung dieser Lieferung und so fort (ebenso *Möhring/Nicolini* Anm. 5).

§ 68 Lichtbildwerke (weggefallen)

Das Urheberrecht an Lichtbildwerken erlischt fünfundzwanzig Jahre nach dem Erscheinen des Werkes, jedoch bereits fünfundzwanzig Jahre nach der Herstellung, wenn das Werk innerhalb dieser Frist nicht erschienen ist.

Berechnung der Fristen **§ 69**

Die **Bestimmung ist durch die Urheberrechtsnovelle 1985 aufgehoben** worden (s. § 2 **1**
Rdnr. 178, § 72 Rdnr. 5). Sie sah für Lichtbildwerke (§ 2 Abs. 1 Nr. 5) eine besondere, gegenüber §§ 64, 65 wesentlich verkürzte Schutzdauer von nur 25 Jahren nach dem Erscheinen bzw. von 25 Jahren bereits nach Herstellung vor, wenn das Lichtbildwerk innerhalb dieser letzteren Frist nicht erschienen war. Der Begriff des Erscheinens bestimmte sich nach § 6 Abs. 2 (s. dort Rdnr. 29 ff.). Die Bestimmung war rechtspolitisch nicht mehr haltbar. Die Schutzdauer von Lichtbildwerken ist daher nunmehr, dh. mit Wirkung vom 1. 7. 1985 (s. § 64 Rdnr. 50, 62), nach den allgemeinen Regelungen der §§ 64 ff. zu beurteilen (vgl. auch § 66 Rdnr. 54). § 68 ist **nach wie vor von Bedeutung** für die Beurteilung zeitlich zurückliegender Sachverhalte sowie der Frage, ob ältere Lichtbildwerke nach § 137 a Abs. 1 noch in den Genuss der wesentlichen Schutzfristverlängerung durch die Urheberrechtsnovelle 1985 gekommen sind (s. dazu § 64 Rdnr. 62 ff., 71 f. sowie die Kommentierung des § 137 a; zur Berechnung der Schutzdauer von bislang nicht erschienenen, zwischen 1930 und 1942 geschaffenen Lichtbildwerken, deren Urheber am 17. 10. 1966 verstorben ist, s. OLG Hamburg GRUR 1999, 717/718 f. – Wagner-Familienfotos). Für einfache **Lichtbilder,** welche den Voraussetzungen eines Lichtbildwerkes iSd. § 2 Abs. 1 Nr. 5, Abs. 2 nicht genügen, gilt nunmehr die selbständige Schutzdauerbestimmung des § 72 Abs. 3 (s. dort Rdnr. 37 ff.).

Für Einzelheiten der früheren Regelung wird auf die Kommentierung in den älteren Kom- **2** mentaren verwiesen. Zu Fragen der Schutzdauer von Lichtbildwerken im Zusammenhang mit der **deutschen Wiedervereinigung** und der **europäischen Harmonisierung** der Schutzdauer des Urheberrechts s. § 64 Rdnr. 63 ff., 71 f. sowie vor §§ 120 ff. Rdnr. 28 ff. und die Kommentierung des § 137 f.

§ 69 Berechnung der Fristen

Die Fristen dieses Abschnitts beginnen mit dem Ablauf des Kalenderjahres, in dem das für den Beginn der Frist maßgebende Ereignis eingetreten ist.

I. Bedeutung und Entwicklung der Bestimmung

Die in §§ 64–67 (68) vorgesehenen Schutzfristen sind sämtlich Jahresfristen, die an ein be- **1** stimmtes Ereignis anknüpfen, nämlich an den Tod des Urhebers in den Fällen der §§ 64 (64 Abs. 1 aF), 65, 66 Abs. 2, an die erste Veröffentlichung eines Werkes gemäß §§ 64 Abs. 2 aF, 66 Abs. 1 S. 1 (66 Abs. 1 aF), 67 und an die Schaffung eines Werkes nach § 66 Abs. 1 S. 2. (In § 68 war maßgebendes Ereignis das erste Erscheinen bzw. die Herstellung eines Lichtbildwerkes.) Zur Erleichterung der Berechnung sieht § 69 vor, dass diese Fristen erst mit dem Ablauf des Kalenderjahres beginnen, in dem das jeweils maßgebende Ereignis eingetreten, also der Urheber gestorben oder das Werk erstmals veröffentlicht oder geschaffen worden ist. Die Schutzfristen des Urheberrechts beginnen daher immer mit dem 1. Januar eines Jahres zu laufen, und sie enden stets mit dem Ablauf des 31. Dezember eines Jahres. § 69 ist auch auf die Berechnung sämtlicher Schutzfristen für verwandte Schutzrechte anwendbar (s. § 64 Rdnr. 61).

§ 69 entspricht §§ 34 LUG von 1901, 29 KUG von 1907 sowie Art. 7 Abs. 5 RBÜ (Pariser **2** Fassung, Art. 7 Abs. 6 Brüsseler Fassung) und Art. 8 der europäischen Schutzdauerrichtlinie (s. § 64 Rdnr. 18), die dasselbe mit den Worten sagen, dass die Schutzfristen erst vom 1. Januar des Jahres an gerechnet werden, der auf das maßgebende Ereignis folgt.

II. Berechnung der Schutzfristen

Ist die Schutzdauer eines Werkes zu berechnen, so genügt es, das **Kalenderjahr** festzustellen, **3** in dem der Urheber gestorben bzw. das Werk erstmals veröffentlicht oder geschaffen worden ist; dies bedeutet insb. in den letzteren Fällen eine deutliche Erleichterung.

Die jeweilige Schutzfrist **beginnt** dann mit dem 1. Januar des darauffolgenden Jahres und **en- 4 det** mit dem Ablauf des 70. Kalenderjahres. Die Schutzdauer eines Werkes, dessen Urheber am 1. Januar 1970 gestorben ist, beginnt demnach im Falle des § 64 erst am 1. Januar 1971 zu laufen, sie endet am 31. Dezember 2040, wenn die geltende Regelung bis dahin Bestand hat. Dasselbe gilt, wenn ein Werk am 31. Dezember 1970 anonym veröffentlicht wird und bis zum Jahresende 2040 die Anonymität des Werkes nicht nach § 66 Abs. 2 aufgehoben wird, so dass es bei der Schutzfristberechnung nach der ersten Veröffentlichung gemäß § 66 Abs. 1 S. 1 bleibt.

Vor §§ 69a ff.

Vorbemerkung

Schrifttum: *Alpert,* Befehlssätze für Computersoftware, CR 2003, 718; *Anders,* Wie viel technischen Charakter braucht eine computerimplementierte Geschäftsmethode, um auf erfinderischer Tätigkeit zu beruhen, GRUR 2001, 555; *ders.,* Die Patentierbarkeit von Programmen für Datenverarbeitungsanlagen: Rechtsprechung im Fluß?, GRUR 1989, 861; *Bartmann,* Grenzen der Monopolisierung durch Urheberrechte am Beispiel von Datenbanken und Computerprogrammen – eine rechtsvergleichende Studie des europäischen, deutschen und US-amerikanischen Rechts, 2005; *Bartsch/Dreier,* 20 Jahre Urheberrecht in „Computer und Recht", CR 2005, 690; *Basinski u. a.,* Patentschutz für computer-bezogene Erfindungen – Bericht des AIPPI Sonderausschusses, GRUR Int. 2007, 44; *Betten,* Patentschutz von Computerprogrammen, GRUR 1995, 775; *ders.,* Titelschutz von Computerprogrammen, GRUR 1995, 5; *Betten/Körber,* Patentierung von Computer-Software (Q 133), Bericht der Deutschen Landesgruppe der AIPPI für die Sitzung des Geschäftsführenden Ausschusses in Wien 1997, GRUR Int. 1997, 118; *Bodenburg,* Softwarepatente in Deutschland und der EU – Rechtslage, Funktion, Interessenkonflikte, 2006; *Dogan,* Patentrechtlicher Schutz von Computerprogrammen, 2005; *Dreier,* Die internationale Entwicklung des Rechtsschutzes von Computerprogrammen, in Lehmann (Hrsg.), Rechtsschutz und Verwertung von Computerprogrammen, 2. Aufl. 1993, S. 31; *ders.,* Rechtsschutz von Computerprogrammen. Die Richtlinie des Rates der EG vom 14. Mai 1991, CR 1991, 577; *ders.,* Verletzung urheberrechtlich geschützter Software nach der Umsetzung der EG-Richtlinie, GRUR 1993, 781; *Dreier/Vogel,* Software- und Computerrecht, 2008; *Erdmann,* Möglichkeiten und Grenzen des Urheberrechts, CR 1986, 249; *Erdmann/Bornkamm,* Schutz von Computerprogrammen – Rechtslage nach der EG-Richtlinie, GRUR 1991, 877; *Esslinger/Betten,* Patentschutz im Internet, CR 2000, 18; *EU-Kommission* (Hrsg.), Bericht über die Umsetzung und die Auswirkungen der Richtlinie 91/250/EWG über den Rechtsschutz von Computerprogrammen, Dok. KOM (2000) 199 endg. v. 10. 4. 2000; *v. Falckenstein,* Der Schutz von Computerprogrammen nach dem Gebrauchsmusterrecht und Geschmacksmusterrecht, in Lehmann (Hrsg.), Rechtsschutz und Verwertung von Computerprogrammen, 2. Aufl. 1993, S. 319; *Harte-Bavendam,* Wettbewerbsrechtlicher Schutz von Computerprogrammen, CR 1986, 615; *Harte-Bavendam/Wiebe,* in Kilian/Heussen (Hrsg.), Computerrechtshandbuch, 26. Ergänzungslieferung 2008, Teil 5 (Urheberrecht) Rdnr. 1 ff.; *Haß,* Der strafrechtliche Schutz von Computerprogrammen, in Lehmann (Hrsg.), Rechtsschutz und Verwertung von Computerprogrammen, 2. Aufl. 1993, S. 467; *Junker/Benecke,* Computerrecht, 3. Aufl. 2003; *Katzenberger,* General Principles of the Berne and the Universal Copyright Conventions, in *Beier/Schricker* (Hrsg.), GATT or WIPO? New Ways in the International Protection of Intellectual Property, 1989, S. 43; *ders.,* TRIPS und das Urheberrecht, GRUR Int. 1995, 447; *Koch,* Handbuch Software- und Datenbank-Recht, 2003; *ders.,* Software-Urheberrechtsschutz für Multimedia-Anwendungen, GRUR 1995, 459; *ders.,* Rechtsschutz für Benutzeroberflächen von Software, GRUR 1991, 180; *ders.,* Grundlagen des urheberrechtlichen Schutzes objektorientierter Software, GRUR 2000, 191; *ders.,* Grundlagen des Urheberrechtsschutzes im Internet und in Online-Diensten, GRUR 1997, 417; *ders.,* Grid-Computing im Spiegel des Telemedien-, Urheber- und Datenschutzrechts, CR 2006, 112; *König,* Der wettbewerbsrechtliche Schutz von Computerprogrammen vor Nachahmung, NJW 1990, 2233; *Kraßer,* Der Schutz von Computerprogrammen nach deutschem Patentrecht, in Lehmann (Hrsg.), Rechtsschutz und Verwertung von Computerprogrammen, 2. Aufl. 1993, S. 221; *ders.,* Der Schutz von Computerprogrammen nach europäischem Patentrecht, in Lehmann (Hrsg.), Rechtsschutz und Verwertung von Computerprogrammen, 2. Aufl. 1993, S. 279; *ders.,* Portierung und Migration von Anwendersoftware, CR 1990, 700; *Kreutzer,* Computerspiele im System des deutschen Urheberrechts – Eine Untersuchung des geltenden Rechts für Sicherungskopien und Schutz technischer Maßnahmen bei Computerspielen, CR 2007, 1; *Lambrecht,* Der urheberrechtliche Schutz von Bildschirmspielen, 2006; *Lehmann,* Das neue deutsche Softwarerecht, CR 1992, 324; *ders.,* Der neue Europäische Rechtsschutz von Computerprogrammen, NJW 1991, 2112; *ders.,* Der wettbewerbsrechtliche Schutz von Computerprogrammen. § 1 UWG – sklavische Nachahmung und unmittelbare Leistungsübernahme, in Lehmann (Hrsg.), Rechtsschutz und Verwertung von Computerprogrammen, 2. Aufl. 1993, S. 383; *ders.,* Die Europäische Richtlinie über den Schutz von Computerprogrammen, in Lehmann (Hrsg.), Rechtsschutz und Verwertung von Computerprogrammen, 2. Aufl. 1993, S. 1; *ders.,* Neuer Titelschutz von Software im Markengesetz, CR 1995, 129; *ders.,* TRIPS/WTO und der internationale Schutz von Computerprogrammen, GRUR Int. 1996, 2; *Leisner,* Das Scheitern der Software-Patent-Richtlinie – Was nun?, EWS 2005, 396; *v. Lewinski,* Die WIPO-Verträge zum Urheberrecht und zu verwandten Schutzrechten vom Dezember 1996, CR 1997, 438; *Loewenheim,* Harmonisierung des Urheberrechts in Europa, GRUR Int. 1997, 285; *Marly,* Softwareüberlassungsverträge, 4. Aufl. 2004; *ders.,* Urheberrechtsschutz für Computersoftware in der Europäischen Union, 1995; *Metzger,* Softwarepatente im künftigen europäischen Patentrecht, CR 2003, 313; *Moritz,* Vervielfältigungsstück eines Programms und seine berechtigte Verwendung – § 69 d UrhG und die neueste BGH-Rechtsprechung, MMR 2001, 94; *Moufang,* Softwarebezogene Erfindungen im Patentrecht, in Kur/Luginbühl/Waage (Hrsg.) Fs für Gert Kolle und Dieter Stauder, 2005, S. 225; *Nack,* Neue Gedanken zur Patentierbarkeit von computerimplementierten Erfindungen – Bedenken gegen Softwarepatente – ein déjà vu?, GRUR Int. 2004, 771; *Ohly,* Software und Geschäftsmethoden im Patentrecht, CR 2001, 809; *Ohst,* Computerprogramm und Datenbank, 2003; *Redeker,* IT-Recht, 4. Aufl. 2007; *Röttinger,* Patentierbarkeit computerimplementierter Erfindungen, CR 2002, 616; *Schölch,* Softwarepatente ohne Grenzen, GRUR 2001, 16; *ders.,* Patentschutz für computergestützte Entwurfsmethoden – ein Kulturbruch?, GRUR 2006, 969; *Schulte,* Der Referentenentwurf eines Zweiten Gesetzes zur Änderung des Urheberrechtsgesetzes, CR 1992, 588 und 648; *Schweyer,* Der warenzeichenrechtliche Schutz von Computerprogrammen, in Lehmann (Hrsg.), Rechtsschutz und Verwertung von Computerprogrammen, 2. Aufl. 1993, S. 357; *Taeger,* Softwareschutz durch Geheimnisschutz, CR 1991, 449; *ders.,* Die Entwicklung des Computerrechts, NJW 2008, 46; *Weber-Steinhaus,* Computerprogramme im deutschen Urheberrechtssystem, 1993; *Weyand/Haase,* Anforderungen an einen Patentschutz für Computerprogramme, GRUR 2004, 198; *Wiebe,* Knowhow-Schutz von Computersoftware, 1993; *ders.,* „User Interfaces" und Immaterialgüterrecht – Der Schutz von Benutzeroberflächen in den U. S. A. und in der Bundesrepublik Deutschland, GRUR Int. 1990, 21.

Siehe auch die Schrifttumsangaben vor Rdnr. 19, 24 und 55.

Zur Computerprogramm-Richtlinie (91/250/EWG) wird zusätzlich hingewiesen auf *Blocher/Walter* in Walter (Hrsg.), Europäisches Urheberrecht, 2001, Software-RL (S. 111 ff.).

Ältere Literatur im Schrifttumsverzeichnis der Vorauflagen.

Vorbemerkungen

Vor §§ 69a ff.

Übersicht

	Rdnr.
I. Entwicklung	1–4
II. Systematik und Auslegung der §§ 69 a–69 g	5–7
III. Schutz von Computerprogrammen außerhalb des Urheberrechts	8–15
IV. Internationaler Schutz von Computerprogrammen	16–18
V. Public-Domain-Software, Shareware und Open Source-Lizenzen	19–57
1. Public-Domain-Software und Shareware	19–24
2. Open Source-Lizenzen	25–27
a) Urheberrechtliche Grundlagen	28
aa) Urheberschutz	29, 30
bb) Konsequenzen des Urheberschutzes	31–33
b) Open Source Software im internationalen Verhältnis	34, 35
c) Das Verhältnis von GPL v2 zu GPL v3	36–38
aa) Relevante Nutzungsrechte	39–43
bb) Lizenzbedingte Problemfelder	44–46
cc) Sonderproblem: Der virale Effekt der GPL	47, 48
dd) Besonderheiten der GPL	49–57
VI. Softwarelizenzverträge	58
1. Vertragstypologische Einordnung von Softwarelizenzverträgen	59
2. Geltung der urhebervertraglichen Regelungen bei Softwarelizenzverträgen	60
a) Anwendbarkeit des Trennungs- und Abstraktionsprinzips	60
b) Zweckübertragungslehre und deren Berücksichtigung im Rahmen der AGB – rechtlichen Inhaltskontrolle	61
3. Keine Geltung verlagsrechtlicher Grundsätze	62
4. Zulässigkeit von Buy-Out-Klauseln in Softwarelizenzverträgen	63
5. Einzelplatz- und Netzwerklizenzen	64
6. Application-Service-Providing	65
a) Begriff, Erscheinungsformen, ASP als eigenständige Nutzungsart	65
b) Vertragstypologische Einordnung	66
c) Urheberrechtliche Einordnung	67
7. Cloud-Computing	68
a) Begriff, Funktionsweise	68
b) Urheberrechtliche Einordnung	69
c) Vertragstypologische Einordnung	70
8. GRID-Computing	71
a) Begriff, Bedeutung	71
b) Urheberrechtliche Einordnung, lizenzvertragliche Fragen	72
c) Vertragstypologische Einordnung	73

I. Entwicklung

Computerprogramme sind in den **gesetzlichen Katalog** der geschützten Werke durch die Novelle 1985 aufgenommen worden (damals noch als Programme für die Datenverarbeitung bezeichnet). Zuvor war bereits im **Schrifttum** der Urheberrechtsschutz von Computerprogrammen eingehend diskutiert worden. Ganz überwiegend wurde ein solcher Schutz befürwortet; Gegenstimmen, von denen vor allem eine Entfremdung des für den Schutz von Literatur und Kunst konzipierten Urheberrechts befürchtet wurde, hatten sich nicht durchgesetzt (Nachweise zur Schrifttumsdiskussion in der 1. Aufl. § 2 Rdnr. 74). Patentrechtlicher Schutz war weitgehend durch § 1 Abs. 2 Nr. 3 PatG verbaut, wonach Programme für Datenverarbeitungsanlagen nicht als Erfindungen anzusehen sind (vgl. auch Rdnr. 9). Gegen die an sich mögliche Alternative eines Sonderrechtsschutzes sprachen die zum Urheberrechtsschutz tendierende internationale Entwicklung sowie die Überlegung, dass man im Bereich des Urheberrechts auf ein bestehendes System internationaler Konventionen zurückgreifen konnte, das weltweit einen wirksamen Schutz erlaubte. 1

Auch in der **Rechtsprechung** setzte sich der Urheberrechtsschutz für Computerprogramme durch. Nach einer ablehnenden (und in der Berufungsinstanz aufgehobenen) Entscheidung des LG Mannheim (BB 1981, 1543 – das LG Mannheim hatte Computerprogramme mangels eines „geistig-ästhetischen Gehalts" nicht für urheberrechtsschutzfähig gehalten) ergingen zahlreiche Entscheidungen, in denen die Schutzfähigkeit zumindest im Grundsatz bejaht wurde (vgl. vor allem BAG GRUR 1984, 429 – Statikprogramme; OLG Frankfurt/M GRUR 1983, 753 – Pengo; OLG Frankfurt/M GRUR 1983, 757 – Donkey Kong Junior I; OLG Frankfurt/M WRP 1984, 79 – Donkey Kong Junior II; OLG Frankfurt/M GRUR 1985, 1049 – Baustatikprogramm; OLG Karlsruhe GRUR 1983, 300 – Inkasso-Programm; OLG Koblenz BB 1983, 992 – Nutzungsrecht des Arbeitgebers am Computerprogramm des Arbeitnehmers; OLG Nürnberg BB 1984, 1252 – 2

Vor §§ 69a ff. Vorbemerkungen

Glasverschnittprogramm; LAG Schleswig-Holstein BB 1983, 994; LG Kassel BB 1983, 992; LG Mosbach BB 1982, 1443; LG München I BB 1983, 273 sowie CR 1986, 384; LG Düsseldorf CR 1986, 133; zur Rechtsprechungsentwicklung vgl. auch *Loewenheim* ZUM 1985, 26 ff.). Computerprogramme wurden – je nachdem, ob es sich um einen Text oder um eine graphische Darstellung handelte – als wissenschaftliche Sprachwerke nach Abs. 1 Nr. 1 oder als Darstellungen wissenschaftlicher oder technischer Art nach Abs. 1 Nr. 7 angesehen.

3   Den vorläufigen Abschluss der Entwicklung bildete die Entscheidung des **BGH** v. 9. 5. 1985 (BGH GRUR 1985, 1041 – Inkasso-Programm), die Computerprogramme prinzipiell als schutzfähig ansah, die Anforderungen an die Schutzfähigkeit aber sehr hoch ansetzte. Der BGH verlangte, die Schutzfähigkeit in einem zweistufigen Verfahren zu prüfen: Zunächst sei das Computerprogramm mit den vorbekannten Programmen zu vergleichen. Dabei müsse es über diese Programme hinausführen, es müsse „im Gesamtvergleich mit dem Vorbekannten schöpferische Eigenheiten aufweisen". Sodann seien diese schöpferischen Eigenheiten dem Schaffen eines Durchschnittsprogrammierers gegenüberzustellen. Nur wenn das Können eines Durchschnittsprogrammierers deutlich überragt werde, solle eine urheberrechtsschutzfähige Leistung vorliegen (BGH GRUR 1985, 1041/1047; vgl. dazu auch *Erdmann* CR 1986, 249/252 f.). In der Entscheidung „Betriebssystem" (BGH GRUR 1991, 449/451) wurde diese Rechtsprechung bestätigt. Im Ergebnis bedeutete diese Rechtsprechung, dass das Schaffen des Durchschnittsprogrammierers nicht geschützt wurde und dass damit die große Masse der durchschnittlichen Programme urheberrechtlich schutzlos blieb. Diese Rechtsprechung wurde nicht nur in der Praxis als unzulänglich empfunden, sondern löste auch im Schrifttum heftige Kritik aus (vgl. dazu die Nachw. in der 1. Aufl. § 2 Rdnr. 80). Es entstand erhebliche Rechtsunsicherheit, wann ein Computerprogramm im Einzelfall Urheberrechtsschutz genoss (vgl. auch AmtlBegr. BT-Drucks. 12/4022 S. 6 sowie 1. Aufl. § 2 Rdnr. 81). Der verbleibende wettbewerbsrechtliche Schutz wurde jedenfalls als unzureichend angesehen. Die Bundesregierung stellte in ihrem Bericht über die Auswirkungen der Urheberrechtsnovelle 1985 fest, dass der überwiegende Teil von Anwendungsprogrammen in der Praxis schutzlos sei oder der Schutz nicht durchgesetzt werden könne (BT-Drucks. 11/4929 S. 43).

4   Einen neuen Anstoß erhielt der Urheberrechtsschutz für Computerprogramme durch die **Initiativen der Europäischen Gemeinschaft.** Nach Hinweisen im Weißbuch zur Vollendung des Binnenmarktes von 1985 (Dok. KOM [85] 310 S. 36 ff.) und Vorschlägen für eine europäische Regelung im Grünbuch über Urheberrecht und die technologische Herausforderung von 1988 (Dok. KOM [88] 172 endg. S. 170 ff.) sowie den Initiativen zum Grünbuch (Arbeitsprogramm der Kommission auf dem Gebiet des Urheberrechts und der verwandten Schutzrechte, GRUR Int. 1991, 359/363; dazu *v. Lewinski* GRUR Int. 1990, 1001) legte die Kommission 1989 ihren ersten Vorschlag für eine Richtlinie des Rates über den Rechtsschutz von Computerprogrammen (Dok. KOM [88] 816 endg.) vor. Eine Reihe von Änderungsvorschlägen durch das Europäische Parlament wurde in einem geänderten Richtlinienvorschlag der Kommission (Dok. KOM [90] 509 endg.) berücksichtigt, der dann mit geringen Änderungen am 14. 5. 1991 vom Rat verabschiedet wurde (Richtlinie 91/250/EWG, ABl. Nr. L 122 v. 17. 5. 1991, S. 42; abgedr. auch in GRUR Int. 1991, 545; zur Entwicklung sa. *Lehmann* in Lehmann [Hrsg.], Rechtsschutz[2], Kap. I A, Rdnr. 1 ff.; nunmehr ersetzt durch Richtlinie 2009/24/EG des Europäischen Parlaments und des Rates vom 23. April 2009 über den Rechtsschutz von Computerprogrammen, ABl. Nr. L 111 S. 16, GRUR Int. 2009, 677). Die Richtlinie wurde durch das 2. UrhGÄndG v. 9. 6. 1993 (BGBl. I S. 910) umgesetzt, das die materiellen Vorschriften der Richtlinie als 8. Abschnitt (§§ 69a–69g) in das UrhG einfügte; zudem wurde neben technischen Änderungen und der Übergangsregelung des § 137d der Ausdruck „Programme für die Datenverarbeitung" in § 2 Abs. 1 Nr. 1 durch „Computerprogramme" ersetzt. Durch das Gesetz vom 10. 9. 2003 zur Umsetzung der Richtlinie zur Informationsgesellschaft wurde § 69a um Abs. 5 erweitert, wonach die §§ 95a–95d auf Computerprogramme keine Anwendung finden (dazu § 69a Rdnr. 26) und § 69c um Abs. 4 ergänzt, womit dem neuen § 19a Rechnung getragen wurde. Durch das Gesetz zur Verbesserung der Durchsetzung von Rechten des geistigen Eigentums vom 7. 7. 2008 wurde § 69f geändert (dazu § 69f Rdnr. 2).

II. Systematik und Auslegung der §§ 69a–69g

5   Der Gesetzgeber hat die materiellrechtlichen Regelungen der Computerprogrammrichtlinie nicht in die einzelnen, den jeweiligen Regelungsgegenstand behandelnden Vorschriften des

Vorbemerkungen Vor §§ 69a ff.

UrhG eingearbeitet (also etwa das Vervielfältigungsrecht in § 16, das Verbreitungsrecht in § 17 usw.), sondern hat den Ersten Teil des UrhG um einen **gesonderten Abschnitt für Computerprogramme** ergänzt, in dem die Regelungen für Computerprogramme zusammengefasst sind. Maßgeblich dafür war die Erkenntnis, dass zwischen der Werkart Computerprogramme und den traditionellen Werkarten Unterschiede bestehen, die Sonderregelungen erforderlich machten, die sich auf andere Teile des UrhG nicht ohne Weiteres übertragen lassen (AmtlBegr. BT-Drucks. 12/4022 S. 7 f.). Zudem erfolgte die Zusammenfassung im Interesse der Übersichtlichkeit und der Erleichterung der Rechtsanwendung. Darüber hinaus wollte der Gesetzgeber aber auch **Ausstrahlungen der Sonderregelungen für Computerprogramme auf das allgemeine Urheberrecht möglichst vermeiden** (AmtlBegr. BT-Drucks. 12/4022 S. 8). Das verbietet zumindest im Grundsatz eine Berücksichtigung der Sonderregelungen für Computerprogramme bei der Auslegung des übrigen UrhG (vgl. zu diesen Fragen näher *Schulte* CR 1992, 588/590 f.; *Dreier* GRUR 1993, 781 f.).

Bei §§ 69 a–69 e und bei § 69 g handelt es sich der Sache nach um Gemeinschaftsrecht, „um **ein Stück europäisches Urheberrecht** innerhalb des UrhG" (AmtlBegr. BT-Drucks. 12/4022 S. 8). Das bedeutet, dass diese Vorschriften **richtlinienkonform auszulegen** sind (vgl. auch AmtlBegr. aaO). Auch erwartete der Gesetzgeber, dass sich die Rechtsprechung der Mitgliedstaaten wechselseitig beeinflussen wird (AmtlBegr. aaO). Eine möglichst einheitliche Auslegung der Bestimmungen zum Rechtsschutz von Computerprogrammen in den EU-Mitgliedstaaten sollte auch dadurch gefördert werden, dass die Formulierungen der Richtlinie weitgehend wörtlich in die §§ 69 a ff. übernommen worden sind, auch soweit dies nicht dem Sprachgebrauch des UrhG entspricht (AmtlBegr. aaO). 6

Computerprogramme sind, wie die Einordnung in § 2 Abs. 1 Nr. 1 zeigt, **Sprachwerke**. Sie sind den **wissenschaftlichen Werken** zuzurechnen. Gegenüber den anderen Teilen des UrhG sind die §§ 69 a–69 g **lex specialis**. Die Bestimmungen für Sprachwerke finden ergänzende Anwendung (§ 69 a Abs. 4, vgl. näher § 69 a Rdnr. 24). Die **Übergangsregelung** für vor dem 24. 6. 1993 geschaffene Computerprogramme ist in § 137 d enthalten. 7

III. Schutz von Computerprogrammen außerhalb des Urheberrechts

Urheberrechtsschutz hat als der **hauptsächliche Schutz für Computerprogramme** zu gelten, der Gesetzgeber ist davon ausgegangen, dass Computerprogramme in der Regel urheberrechtlich geschützt sind (AmtlBegr. BT-Drucks. 12/4022 S. 10). Die ursprünglich vom BGH gestellten hohen Anforderungen an Individualität und Gestaltungshöhe (vgl. Rdnr. 3) sind durch § 69 a Abs. 3 S. 2 gegenstandslos geworden (BGH GRUR 1994, 39 – Buchhaltungsprogramm; vgl. näher § 69 a Rdnr. 17). Computerprogramme können aber auch durch andere Schutzrechte und durch das Wettbewerbsrecht geschützt sein. 8

Patentrechtlicher Schutz von Computerprogrammen ist nicht in gleichem Umfang wie Urheberrechtsschutz möglich. In Übereinstimmung mit Art. 52 Abs. 2 lit. c und Abs. 3 des Europäischen Patentübereinkommens (EPÜ) bestimmt § 1 Abs. 3 Nr. 3 i. V. m. Abs. 4 PatG, dass Programme für Datenverarbeitungsanlagen „als solche" vom Patentschutz ausgeschlossen sind. Diese Ausschlussbestimmungen sind zum Teil darauf zurückzuführen, dass eine Überlastung der dafür nicht eingerichteten Patentämter mit Recherchen zum Stand der Technik bei Computerprogrammen befürchtet wurde, zum Teil darauf, dass seinerzeit bei der Industrie sich das Interesse auf Hardware konzentrierte und kein besonderes Bedürfnis für einen Patentrechtsschutz von Computerprogrammen bestand (vgl. dazu mwN *Kraßer* Patentrecht[6] S. 152). Die zunehmende Bedeutung der Software änderte diese Einstellung jedoch grundlegend und führte dazu, dass die Ausschlussbestimmungen durch Behörden und Gerichte einschränkend ausgelegt wurden. Vor allem das Europäische Patentamt begann, in zunehmendem Maße Patente für softwarebezogene Erfindungen zu erteilen. Der BGH ließ anfangs Schutz für Computerprogramme nur in sehr engen Grenzen zu, hat aber in jüngerer Zeit diese restriktive Praxis deutlich gelockert (näher zu dieser Entwicklung *Kraßer* Patentrecht[6] S. 152 ff., 159 ff.; *Ohly* CR 2001, 809 ff.; *Esslinger/Betten* CR 2000, 18 ff.; *Weyand/Haase* GRUR 2004, 198 ff.). Angesichts der unterschiedlichen Handhabung der Patentfähigkeit von Computerprogrammen in den Mitgliedstaaten der EU (auch soweit Patente durch das Europäische Patentamt erteilt werden, erfolgt ihre Auslegung doch durch die nationalen Gerichte) und einer sehr weitgehenden Erteilungspraxis in den USA, die europäische Unternehmen um ihre Wettbewerbsfähigkeit fürchten ließ, legte die Europäische Kommission, nachdem über Jahrzehnte hinweg die Einführung eines Gemeinschaftspatents in Form des Ge- 9 meinschaftspatentübereinkommens nicht gelungen war (s. dazu *Kraßer* Patentrecht[6] S. 98 f.), im Jahr 2000 den Vorschlag einer Verordnung zur Einführung des Gemeinschaftspatents vor, der aber in zahlreichen Mitgliedstaaten auf Widerspruch stieß und bis heute seiner Umsetzung harrt (näher dazu *Kraßer* Patentrecht[6] S. 102 ff.). Um wenigstens bei mit Computerprogrammen in Zusammenhang stehenden Erfindungen eine gewisse Harmonisierung der nationalen Regelungen zu erreichen, präsentierte die Kommission 2002 einen **Richtlinienvorschlag über die Patentierbarkeit computerimplementierter Erfindungen** (Dok. KOM 2002 [92] v. 20. 2. 2002, ABl. C 2002/151 E v. 25. 6. 2002, 129), der in allen Mitgliedstaaten einen im Wesentlichen auf der bisherigen Basis beruhenden Patentschutz für Computerprogramme gewährleisten sollte (näher dazu *Metzger* CR 2003, 313; *Röttinger* CR 2002, 616 ff.; Überblick bei *Kraßer* Patentrecht[6] S. 104; *Kretschmer* GRUR 2002, 407). Auch dieser Vorschlage wurde stieß vielfach auf Ablehnung; schwerwiegende Einwände wurden auch im Europäischen Parlament erhoben, die teilweise in einem Gemeinsamen Standpunkt des Rates zum Richtlinienvorschlag berücksichtigt wurden. Gleichwohl wurde der Gemeinsame Standpunkt vom Parlament im Juli 2005 abgelehnt, so dass die Richtlinie damit gescheitert war (s. GRUR 2005, 741; s. a. *Leisner* EWS 2005, 396). Ein neuer Vorschlag ist von der Kommission jedenfalls zur Zeit nicht vorgesehen.

10   Nach der **Praxis des Europäischen Patentamts** und der **Rechtsprechung des BGH** ist für die Patentfähigkeit eines Computerprogramms ausschlaggebend, dass es einen **technischen Charakter** aufweist. Auch nach Art. 4 Nr. 2 des Richtlinienvorschlags der Kommission ist Voraussetzung der Patentierbarkeit, dass die computerimplementierte Erfindung einen technischen Beitrag leistet. Schon in der Entscheidung Computerprogramm/IBM (GRUR Int. 1999, 1053) wurde es vom EPA als ausreichend angesehen, dass ein Computerprogramm der Steuerung technischer Vorrichtungen oder Verfahren dient (s. ferner die Entscheidungen Gerätesteuerung/HENZE vom 11. 12. 2002 – T 125/01, BeckRS 2002 30522 223; Garbage collection/TAO GROUP vom 25. 1. 2007 – T 0121/2006, BeckRS 2007 30521 332; File search method/FUJITSU vom 18. 4. 2007 – T 1351/04, BeckRS 2007 30690 424; Clipboard formats I/MICROSOFT vom 23. 2. 2006 – T 0424/2003, BeckRS 2006 30582 647). Dabei ist die Entscheidungspraxis des **Europäischen Patentamts** eher noch großzügiger geworden, sie lässt es zum Beispiel ausreichen, dass der Einsatz eines Computerprogramms technische Überlegungen erfordert (EPA GRUR 1995, 909/911 – Universelles Verwaltungssystem/SOHEI) oder dass ein Computerprogramm bei seinem Ablauf auf einem Computer einen weiteren technischen Effekt bewirkt, der über die „normale" physikalische Wechselwirkung zwischen dem Programm und den Computer hinausgeht (EPA GRUR 1999, 1053/1055 f. – Computerprogrammprodukt/IBM; näher zur Entscheidungspraxis des EPA *Kraßer* Patentrecht[6] S. 153 ff.). Die Rechtsprechung des **BGH** war **zunächst wesentlich zurückhaltender;** nur bei wenigen Programmen wurde auf Grund der Funktion des Computerprogramms dessen technische Natur bejaht, beispielsweise bei einem durch ein Computerprogramm gesteuerten Antiblockiersystem für Kraftfahrzeuge (BGH GRUR 1980, 849 – Anti-Blockiersystem). Überwiegend wurden Computerprogramme als nichttechnische Handlungsanweisungen angesehen, für die ein Patentschutz nicht in Betracht kam; so wurde selbst einem Computerprogramm, das den Treibstoffverbrauch von Flugzeugen so regulierte, dass die Treibstoffkosten für einen Flug minimiert wurden, der technische Charakter abgesprochen (BGH GRUR 1986, 531 – Flugkostenminimierung). Anfang der neunziger Jahre wurden aber bereits deutliche Auflockerungen erkennbar (BGH GRUR 1992, 33 – Seitenpuffer; BGH GRUR 1992, 430 – Tauchcomputer; dazu *Betten* GRUR 1995, 775/785 ff.). In weiteren Entscheidungen wurden die Möglichkeiten, Patentschutz für Problemlösungen zu erhalten, die Computerprogramme einsetzen, wesentlich erweitert. So beurteilt der BGH heute die Frage, ob die erforderliche Technizität vorliegt, auf Grund einer wertenden Betrachtung des im Patentanspruch definierten Gegenstandes (BGH GRUR 2000, 498/500 – Logikverifikation), es reicht aus, dass eine Lehre für ein Computerprogramm durch die Erkenntnis geprägt ist, die auf technischen Überlegungen beruht (BGH GRUR 2000, 498/500 f. – Logikverifikation); einer Datenverarbeitungsanlage, die in bestimmter Weise programmtechnisch eingerichtet ist, kommt technischer Charakter zu, selbst dann, wenn auf der Anlage eine Bearbeitung von Texten vorgenommen wird (BGH GRUR 2000, 1007/1008 – Sprachanalyseeinrichtung). Heute lässt sich feststellen, dass der BGH seine Rechtsprechung der des EPA zumindest stark angenähert hat (vgl. im Einzelnen zur Entwicklung der BGH-Rechtsprechung *Kraßer* Patentrecht[6] S. 159 ff.; sa. *Weyand/Haase* GRUR 2004, 198; *Ohly* CR 2001, 809 ff.; *Schölch* GRUR 2001, 16).

11   **Kennzeichenrechtlicher Schutz** von Computerprogrammen kann nicht das Programm unmittelbar, sondern nur seine Bezeichnung schützen. Ein Programmschutz kann sich daraus insofern ergeben, als nicht nur Handbücher, Verpackung, Begleitmaterial usw. die geschützte

Vorbemerkungen   Vor §§ 69a ff.

Bezeichnung tragen, sondern die Bezeichnung auch so in das Programm integriert sein kann, dass sie beim Programmlauf auf dem Bildschirm erscheint und damit in markenrechtlich relevanter Weise benutzt wird. Die Effizienz eines Schutzes hängt freilich von dem Aufwand ab, der erforderlich ist, um die Bezeichnung wieder aus dem Programm zu entfernen. Für die Bezeichnung von Computerprogrammen kommt sowohl Markenschutz als auch Werktitelschutz in Betracht. **Markenschutz** setzt voraus, dass die Bezeichnung in das Markenregister eingetragen ist (§ 4 Nr. 1 MarkenG) oder dass die Bezeichnung durch Benutzung im geschäftlichen Verkehr Verkehrsgeltung erworben hat (§ 4 Nr. 2 MarkenG); möglich bleibt auch die Entstehung des Markenschutzes durch die notorische Bekanntheit einer Marke nach Art. 6 PVÜ (§ 4 Nr. 3 MarkenG). Je nach Art des Programms kann es sich um eine Warenmarke oder um eine Dienstleistungsmarke handeln (näher *Fezer* Markenrecht³, § 3 MarkenG Rdnr. 139; *Schweyer* in Lehmann [Hrsg.], Rechtsschutz², Kap. VIII Rdnr. 7 ff.; sa. *Bohlig* CR 1986, 126 ff.). Die Bezeichnung eines Computerprogramms kann auch als **Werktitel** nach § 5 Abs. 3 MarkenG geschützt sein (BGH GRUR 1998, 155 – Powerpoint; BGH GRUR 1998, 1010 – WINCAD; BGH GRUR 1997, 902 – FTOS; *Fezer* Markenrecht³ § 3 MarkenG Rdnr. 154 jmwN; *ders.* GRUR Int. 1996, 445/447; *Lehmann* CR 1995, 129 und GRUR 1995, 250; *Jacobs* GRUR 1996, 601; aA *Betten* GRUR 1995, 5 und CR 1995, 383).

Zu einem (in der Praxis unbedeutenden) **gebrauchs- und geschmacksmusterrechtlichen** 12 **Schutz** vgl. *v. Falckenstein* in Lehmann [Hrsg.], Rechtsschutz², Kap. VI.

Computerprogramme können auch **wettbewerbsrechtlichen Schutz** genießen, der im All- 13 gemeinen als ergänzender Leistungsschutz bezeichnet wird. Die Zielrichtung des Schutzes ist allerdings eine andere als beim Immaterialgüterschutz: Wettbewerbsrechtlich geschützt ist nicht das Leistungsergebnis als solches, sondern der Schutz richtet sich gegen die anstößige Art und Weise der Benutzung der fremden Leistung im wettbewerblichen Leistungskampf. Er kommt der Leistung aber reflexartig zugute. Der wettbewerbsrechtliche Schutz darf jedoch den Wertungen des Urheberrechts nicht widersprechen, schon deswegen nicht, weil es sich beim urheberrechtlichen Schutz von Computerprogrammen der Sache nach um europäisches Gemeinschaftsrecht handelt (vgl. Rdnr. 6), das Vorrang gegenüber dem nationalen Recht hat. Ist ein Computerprogramm urheberrechtlich nicht geschützt, so müssen **besondere Umstände** hinzutreten, um einen Wettbewerbsverstoß zu begründen (dazu Rdnr. 14). Es kommen vor allem eine Anwendung von §§ 3 und 4 Nr. 9a UWG unter dem Gesichtspunkt der **unzulässigen Leistungsübernahme** (dazu Rdnr. 14) sowie ein Schutz als **Betriebsgeheimnis** nach §§ 17, 18 UWG (dazu Rdnr. 15) in Betracht. Durch §§ 69a ff. wird wettbewerbsrechtlicher Schutz nicht ausgeschlossen (§ 69g Abs. 1, s. dort Rdnr. 1; sa. BGH CR 1996, 79/80). Der wettbewerbsrechtliche Schutz von Computerprogrammen hat vor allem vor Einfügung der §§ 69a ff. angesichts der damals durch den BGH aufgestellten hohen urheberrechtlichen Schutzanforderungen (vgl. Rdnr. 3) eine erhebliche Rolle gespielt, heute kommt ihm nur noch im Bereich des urheberrechtsschutz ergänzende Bedeutung zu. Wettbewerbsschutz reicht weniger weit als Urheberrechtsschutz. Er verhindert nur das Inverkehrsetzen, nicht aber schon das Herstellen von Kopien und wirkt vor allem nicht gegenüber gutgläubigen Erwerbern von Programmkopien, denen ein Wettbewerbsverstoß nicht anzulasten ist; zudem besteht kein gesetzlich normierter Vernichtungsanspruch wie in §§ 69f, 98 UrhG.

Die vor Inkrafttreten des UWG von 2004 nach § 1 UWG aF zu beurteilende **unzulässige** 14 **Leistungsübernahme** wird heute sowohl durch § 3 als auch durch § 4 Nr. 9a erfasst. Unter § 4 Nr. 9a fällt die Leistungsübernahme (Nachahmung), wenn dadurch eine vermeidbare Täuschung der Abnehmer über die betriebliche Herkunft herbeigeführt wird, während auf die praktisch wichtigeren Fälle, in denen sich die Unlauterkeit unmittelbar aus der Übernahme der fremden Leistung ergibt (unmittelbarer Leistungsschutz) die Generalklausel des § 3 UWG anzuwenden ist. Für beide Fallgruppen gilt, dass die von der Rechtsprechung und im Schrifttum entwickelten Beurteilungsmaßstäbe auch nach Inkrafttreten des neuen UWG anwendbar bleiben. **Ergänzender Leistungsschutz** setzt die **wettbewerbliche Eigenart** des Programms voraus (Hefermehl/*Köhler*/Bornkamm Wettbewerbsrecht²⁷ § 4 UWG Rdnr. 9.24 ff.; *Piper*/*Ohly* UWG⁴ § 4 Rdnr. 9/22 ff.). Bei Computerprogrammen wird die wettbewerbliche Eigenart regelmäßig zu bejahen sein; sie ergibt sich im Allgemeinen bereits aus Struktur und Komplexität des Programms (s. etwa LG Oldenburg GRUR 1996, 481/485 – Subventions-Analyse-System). Die Unlauterkeit ergibt sich daraus, dass der Verletzer sich die zeitraubende und kostenintensive Entwicklung eines Programms erspart, sich die Leistung des Originalherstellers mittels eines einfachen technischen Vervielfältigungsverfahrens ohne nennenswerte eigene Anstrengungen aneignet, sich dadurch einen Wettbewerbsvorsprung verschafft und den Originalhersteller in der

Realisierung seiner Absatzchancen behindert (OLG Frankfurt/M GRUR 1989, 678/680 – PAM-Crash; LG Oldenburg GRUR 1996, 481 – Subventions-Analyse-System; *Piper*/Ohly UWG[4] § 4 Rdnr. 9/95). Einen Wettbewerbsverstoß kann nicht nur die **unmittelbare Leistungsübernahme** begründen, sondern auch die **nachschaffende Leistungsübernahme** (Hefermehl/*Köhler*/Bornkamm Wettbewerbsrecht[27] § 4 UWG Rdnr. 9.37; *Harte-Bavendamm* CR 1986, 615). Die **nachschaffende Leistungsübernahme** hat angesichts des mit ihr verbundenen Aufwandes für Computerprogramme keine größere Bedeutung, kann aber ebenfalls auf Grund besonderer Umstände wettbewerbswidrig sein (näher *Lehmann* in Lehmann [Hrsg.], Rechtsschutz[2], Kap. IX Rdnr. 14 f.). Auch die Nachahmung der Benutzeroberfläche kann unter § 1 UWG fallen.

15 Der Schutz von Computerprogrammen als **Betriebsgeheimnis nach §§ 17, 18 UWG** ist insofern begrenzt, als er sich nur gegen bestimmte Verletzungsformen richtet. Das sind die unbefugte Weitergabe von Betriebsgeheimnissen durch Beschäftigte während ihres Anstellungsverhältnisses (§ 17 Abs. 1 UWG), die mit bestimmten technischen Mitteln bewirkte Ausspähung von Betriebsgeheimnissen (§ 17 Abs. 2 Nr. 1 UWG), die unbefugte Verwertung oder Mitteilung von ausgespähten oder unbefugt verschafften Betriebsgeheimnissen (§ 17 Abs. 2 Nr. 2 UWG) und die unbefugte Verwertung oder Mitteilung von Betriebsgeheimnissen unter Missachtung eines Vertrauensverhältnisses (§ 18); eingehende Darstellung bei Gloy/Loschelder/Erdmann/ *Harte-Bavendamm*/*Schöhr* Hdb. WettbewerbsR[4], § 64 Rdnr. 23 ff. Im Unternehmen erarbeitete Computerprogramme werden in aller Regel Betriebsgeheimnisse darstellen (Hefermehl/*Köhler*/ Bornkamm Wettbewerbsrecht[27] § 17 UWG Rdnr. 12; *Buchner* in Lehmann [Hrsg.], Rechtsschutz[2], Kap. XI Rdnr. 96; *Haß* ebendort, Kap. XII Rdnr. 28; *Harte-Bavendamm* CR 1986, 615/618 ff.; *Taeger* CR 1991, 449/452 ff.; *Wiebe* S. 223 ff. mwN; für das Programm von Geldspielautomaten BayObLG GRUR 1991, 694/695; OLG Celle CR 1989, 1002/1003; LG Stuttgart NJW 1991, 441/442; LG Freiburg CR 1990, 794; LG Memmingen CR 1988, 1026). Neben den in §§ 17, 18 UWG angeordneten strafrechtlichen Folgen ergeben sich Schadensersatzansprüche aus § 823 Abs. 2 und § 826 BGB (BGH GRUR 1977, 539/541 – Prozessrechner; Amtl.-Begr. zum Entwurf eines Gesetzes gegen den unlauteren Wettbewerb, BT-Drucks. 15/1487 S. 15).

IV. Internationaler Schutz von Computerprogrammen

16 Bei Computerprogrammen ist angesichts der weltweiten Piraterie der internationale Rechtsschutz von herausragender Bedeutung. Als Folge des Territorialitätsprinzips des Urheberrechts beschränkt sich der Urheberrechtsschutz, den ein Staat gewähren kann, auf sein Staatsgebiet (näher vor §§ 120 ff. Rdnr. 123). Schutz in anderen Staaten wird, neben dem nationalen Fremdenrecht, vor allem durch die **internationalen Konventionen** auf dem Gebiet des Urheberrechts geleistet (Einzelheiten vor §§ 120 ff. Rdnr. 75 ff.). Ihre Anwendung auf Computerprogramme ist vor allem durch die Einbettung des Rechtsschutzes von Computerprogrammen in das Urheberrecht ermöglicht worden. Allerdings beschränkte sich die Einordnung der Computerprogramme in das Urheberrecht vorerst auf die nationalen Rechtsordnungen. Damit war zwar die Möglichkeit der Anwendung der internationalen Konventionen auf Computerprogramme eröffnet, der effektive Schutz hing jedoch von der nationalen Akzeptanz der Programme als urheberrechtlich geschützte Werke ab. Eine ausdrückliche Regelung oder auch nur Erwähnung hatten Computerprogramme in den internationalen Konventionen zunächst nicht gefunden, und nach hM sind jedenfalls bei den wichtigsten einschlägigen Konventionen, der Berner Übereinkunft und dem Welturheberrechtsabkommen, die Verbandsländer grundsätzlich nicht verpflichtet, neue Werkarten zu schützen, die im Katalog der schutzfähigen Werke nicht aufgeführt sind (vgl. dazu *Katzenberger* in Beier/Schricker, GATT or WIPO, S. 43, 50 f.; *ders.* GRUR Int. 1995, 447/464 f.). Die Anwendung der internationalen Konventionen auf Computerprogramme war also keineswegs weltweit gesichert. Das änderte sich erst durch die Berücksichtigung der Computerprogramme im TRIPS-Abkommen und im WIPO Copyright Treaty (WCT). Durch diese Regelung ist der urheberrechtliche Schutz von Computerprogrammen im System des internationalen Rechtsschutzes fest etabliert worden.

17 Im **TRIPS-Abkommen** (zu Entstehung und Bedeutung auf dem Gebiet des Urheberrechts eingehend *Katzenberger* GRUR Int. 1995, 447 ff.) sind Computerprogramme in Art. 10 Abs. 1 des Abkommens einbezogen. Danach werden Computerprogramme, gleichviel, ob sie im Quellcode oder im Maschinenprogrammcode ausgedrückt sind, als Werke der Literatur nach der

Vorbemerkungen **Vor §§ 69a ff.**

Berner Übereinkunft (1971) geschützt. Damit besteht für die TRIPS-Mitgliedstaaten nicht mehr die Möglichkeit, Urheberrechtsschutz für Computerprogramme zu versagen oder die Programme in eine andere, weniger geschützte Werkart einzuordnen (*Reinbothe* GRUR Int. 1992, 707/709; zustimmend *Katzenberger* GRUR Int. 1995, 465). Art. 9 Abs. 2 TRIPS statuiert allgemein – und damit auch für Computerprogramme – dass sich der urheberrechtliche Schutz auf Ausdrucksformen und nicht auf Ideen, Verfahren, Arbeitsweisen oder mathematische Konzepte als solche erstreckt. Damit entspricht diese Regelung weitgehend Art. 1 Abs. 2 der Computerprogrammrichtlinie und § 69a Abs. 2. Art. 11 TRIPS sieht vor, dass ua. in Bezug auf Computerprogramme die Mitgliedstaaten den Urhebern das Vermietrecht gewähren. Damit geht diese Vorschrift über die Berner Konvention hinaus, die das Vermietrecht nicht als Mindestrecht vorsieht. Vgl. eingehend zu den computerbezogenen Regelungen des TRIPS-Abkommens *Katzenberger* GRUR Int. 1995, 464 ff.; *Lehmann* CR 1996, 2 ff.; *Reinbothe* GRUR Int. 1992, 707/709 f.

Auch in den **WIPO Copyright Treaty** (WCT) sind Regelungen über Computerprogramme aufgenommen worden. Dieser im Dezember 1996 zustande gekommene Vertrag stellt ein Sonderabkommen iSv. Art. 20 RBÜ dar und soll u. a. die Berner Konvention an die Herausforderungen für das Urheberrecht durch die neuen Informationstechnologien anpassen (eingehend zum WCT *v. Lewinski* GRUR Int. 1997, 667 ff.; *dies.* CR 1997, 438/442). Art. 4 WCT bestimmt, dass Computerprogramme als literarische Werke iSd. Art. 2 der Berner Konvention geschützt sind, und dass der Schutz „ohne Rücksicht auf die Art und Form des Ausdrucks" gewährt wird (näher *v. Lewinski* GRUR Int. 1997, 667/677). 18

V. Public-Domain-Software, Shareware und Open Source-Lizenzen

1. Public-Domain-Software und Shareware

Schrifttum: *Heymann*, Urheberschutz gegen die Vervielfältigung und Verbreitung von Sharewareprogrammen auf CD-ROM, CR 1994, 619; *Hoeren*, Der Public-Domain-Vertrag CR 1089, 887; *Jaeger/Metzger*, Open Source Software 2. Aufl. 2006; *ders.*, Open Source Software und deutsches Urheberrecht, GRUR Int. 1999, 839; *Junker*, Die Entwicklung des Computerrechts in den Jahren 1994–1997, NJW 1999, 947; *Kehl*, Rechtsprobleme der Open Source Software in der Verwaltung, KommJur 2007, 94; *Lenhard*, Vertragstypologie von Softwareüberlassungsverträgen – Neues Urheberrecht und neues Schuldrecht unter Berücksichtigung der Open-Source-Softwareüberlassung, 2006; *Marly*, Praxishandbuch Softwarerecht 5. Aufl. 2009; *ders.*, Public Domain-Software: Rechtliche, insbesondere vertragsrechtliche Probleme, Teil 1, JurPC 1990, 612; *Marly*, Public Domain-Software: Rechtliche, insbesondere vertragsrechtliche Probleme, Teil 2, JurPC 1990, 671; *Metzger*, Open Source Software und deutsches Urheberrecht, GRUR Int. 1999, 839; *Müller-Broich*, Autodistributive Computersoftware, 1998; *Pres*, Gestaltungsformen urheberrechtlicher Softwarelizenzverträge, 1994; *Plaß*, Open Contents im deutschen Urheberrecht, GRUR 2002, 670; *Redeker*, IT-Recht, 4. Aufl. 2007; *Schäfer*, Der virtuelle Effekt, 2007; *Schneider*, Handbuch des EDV-Rechts, 4. Aufl. 2009; *Schulz*, Dezentrale Softwareentwicklungs- und Softwarevermarktungskonzepte, 2005; *Werner*, Shareware, CR 1996, 727.

Eine Einräumung von Nutzungsrechten erfolgt auch bei der **Public-Domain-Software** (zur Terminologie vgl. *Marly*[5] Rdnr. 858 ff.; *Jaeger/Metzger*[2] Rdnr. 8 f.; *Schneider*[4] Rz. 19; *Redeker*[4] Rdnr. 88). Es handelt sich um Software, die der Urheber oder ein sonstiger Berechtigter zur allgemeinen Benutzung freigibt; er gestattet grundsätzlich jedermann die unentgeltliche Benutzung und Weitergabe des Computerprogramms (dazu *Marly*[5] Rdnr. 858; Fromm/Nordemann/*Czychowski*[10] § 69c Rdnr. 66; Wandtke/Bullinger/*Grützmacher*[3] § 69c Rdnr. 68; sa. OLG Stuttgart CR 1994, 743/744; LG Stuttgart CR 1994, 162 – Schutz von Public Domain Software), mitunter in Abhängigkeit von der Lizenz auch die Bearbeitung (Fromm/Nordemann/*Czychowski*[10] § 69c Rdnr. 66; Wandtke/Bullinger/*Grützmacher*[3] § 69c Rdnr. 68; *Lenhard* S. 289 ff.). Bei Public-Domain-Software handelt es sich nicht um Computerprogramme, die von vornherein urheberrechtlich nicht geschützt sind (so aber OLG Frankfurt/M GRUR 1989, 678/679 – PAM-Crash). Vielmehr unterliegt auch Public-Domain-Software dem Urheberrechtsschutz, sofern die urheberrechtlichen Voraussetzungen für den Werkschutz gegeben sind; die Besonderheit besteht vielmehr darin, dass der Rechtsinhaber die allgemeine Benutzung gestattet hat (Dreier/Schulze[3] § 69c Rdnr. 37; *Marly*[5] Rdnr. 867 f.; *Schäfer* S. 11 f.; *Schulz* Rdnr. 296). 19

Diese Gestattung ist urheberrechtlich als **Einräumung eines einfachen Nutzungsrechts** iSd. § 31 Abs. 2 am Vervielfältigungs- und Verbreitungsrecht zu qualifizieren (Dreier/Schulze[3] § 69c Rdnr. 37; Fromm/Nordemann/*Czychowski*[10] § 69c Rdnr. 66; *Marly*[5] Rdnr. 868). Keineswegs kann in der Bezeichnung als Public-Domain- oder als Freeware von vornherein ein Verzicht auf die Nutzungsrechte nach § 69c gesehen werden (so aber OLG Düsseldorf CR 1994, 743; *Pres* S. 188 f.). Schon die Zwecküberhragungslehre spricht hier dagegen, zumal nicht 20

Vor §§ 69a ff.

ersichtlich ist, warum der Urheber ohne weiteres sämtliche Rechte aufgeben sollte (Wandtke/Bullinger/*Grützmacher*[3] § 69 c Rdnr. 69; *Marly*[5] Rdnr. 867; *Haberstumpf* in Lehmann[2] Kap. II Rdnr. 157). Auch der Gesetzgeber ist von der Einordnung als einfaches Nutzungsrecht offenbar ausgegangen bei der Verabschiedung von § 32 Abs. 3 S. 3 (Rechtsausschuss. BT-Drucks. 14/8058, S. 19 sowie BT-Drucks. 16/1828 S. 25). Die Nutzungsrechtseinräumung kann mit Einschränkungen verbunden sein (dazu *Marly*[5] Rdnr. 867 ff.; allgemein zur Einräumung beschränkter Nutzungsrechte vor §§ 28 ff. Rdnr. 85 ff.). Gegenüber der Public-Domain-Software soll sich **Freeware** dadurch auszeichnen, dass hier keine Bearbeitungsrechte eingeräumt werden (Fromm/Nordemann/*Czychowski*[10] § 69 c Rdnr. 66; Wandtke/Bullinger/*Grützmacher*[3] § 69 c Rdnr. 68, 70; *Lenhard* S. 290 ff.; anders noch *Müller-Broich* S. 139 f.). Angesichts fehlender gesetzlicher bzw. feststehender Begrifflichkeiten ist jedoch immer die konkrete Lizenz maßgeblich.

21 Der Public-Domain-Software steht die **Shareware** nahe. Auch sie wird dem Benutzer unentgeltlich oder gegen eine geringe Gebühr überlassen, allerdings nur für eine begrenzte Zeit oder eine begrenzte Anzahl von Benutzungshandlungen (zum Begriff *Jaeger*/*Metzger*[2] Rdnr. 10; *Harte-Bavendamm*/*Wiebe* in Kilian/Heussen, Teil 5, Urheberrecht Rdnr. 105; *Kehl* KommJur 2007, 94/96). Es handelt sich um ein Vermarktungskonzept, das dem Benutzer während einer gewissen Anwendungszeit die Entscheidung ermöglichen soll, ob sich die Software für seine Zwecke eignet (dazu OLG Düsseldorf CR 1995, 730; OLG Köln CR 1996, 723; OLG Hamburg CR 1994, 616/617; LG München I CR 1993, 143; *Marly*[5] Rdnr. 883 f.; Fromm/Nordemann/*Czychowski*[10] § 69 c Rdnr. 66; Wandtke/Bullinger/*Grützmacher*[3] § 69 c Rdnr. 68, 71; *Werner* CR 1996, 723/727; *Pres* S. 190; *Lenhard* S. 291). Auch hier kann ein Händler nicht die Shareware mit eigener Gewinnerzielungsabsicht vertreiben (s. unten Rdnr. 24), sofern eine dingliche Beschränkung auf private Nutzung in der Lizenz enthalten ist (Wandtke/Bullinger/*Grützmacher*[3] § 69 c Rdnr. 71). Urheberrechtlich handelt es sich um die **Einräumung eines beschränkten einfachen Nutzungsrechts,** bei dem die Beschränkung zeitlich oder durch die Anzahl der zulässigen Benutzungshandlungen definiert ist. Die beschränkte Programmnutzung kann durch Programmschutzmechanismen abgesichert sein, deren Ausschaltung einen Verstoß gegen § 69 f Abs. 2 darstellt (dazu § 69 f Rdnr. 10).

22 Ob es ein **einheitliches Begriffsverständnis** gibt (so wohl Wandtke/Bullinger/*Grützmacher*[3] § 69 c Rdnr. 68; *Hoeren* CR 1989, 887/889, der Public Domain Software als Oberbegriff ansieht; dagegen OLG Düsseldorf CR 1995, 730; OLG Köln CR 1996, 723/724 – Shareware; *Metzger*/*Jaeger* GRUR Int. 1999, 839/848) spielt nur im Rahmen von Auslegungsfragen eine Rolle, wobei die Zweckübertragungslehre nach wie vor für ein restriktives Verständnis auch bei Public-Domain, Free- und Shareware-Lizenzen spricht. Daher kann auch die Einräumung von Nutzungsrechten nicht völlig zeitlich unbegrenzt verstanden werden, sondern nur beschränkt bis zur nächsten Version (zutreffend Wandtke/Bullinger/*Grützmacher*[3] § 69 c Rdnr. 72, allerdings nicht für Software, deren Weiterentwicklung erlaubt ist; *Junker* NJW 1999, 947/949; anders aber LG München I CR 1993, 143 f. sowie OLG Hamburg CR 1994, 616/617: mit einer neueren Version könnten die Vervielfältigungs- und Verbreitungsbefugnis nicht unerwartet enden, eine Abwägung zwischen dem Interesse des Autors, die neuste Version möglichst zeitnah in Umlauf zu bringen und dem Interesse des Händlers an zumutbaren Aufbrauchfristen, sei erforderlich).

23 Allerdings kann bei allen Formen, sei es Shareware oder Public-Domain-Ware, das Vervielfältigungsrecht **nicht mit dinglicher Wirkung auf private Zwecke beschränkt** werden. Einer inhaltlichen Begrenzung des Nutzungsrechts gem. § 31 Abs. 1 S. 2 steht grundsätzlich nichts entgegen, eine dinglich wirkende Beschränkung kommt jedoch nur für solche Nutzungsarten in Betracht, die nach der Verkehrsauffassung als solche klar abgrenzbar sind und sich wirtschaftlich und technisch als einheitlich und selbstständig auszeichnen (vgl. BGH CR 1990, 403 – Bibelreproduktion; GRUR 1986, 62/65 – Gema-Vermutung; GRUR 1992, 310/311 – Taschenbuch-Lizenz; *Jaeger* CR 2008, 59; sa. Vor §§ 28 ff. Rdnr. 87). Zudem darf eine inhaltliche Beschränkung nur soweit reichen, als sie noch vom Zweck des Urheberrechts getragen wird, nämlich dem Urheber weitmögliches Erwerbsrecht an seinem Werk zuzusprechen. Eine Beschränkung auf einzelne bestimmte Ausübungsarten des Nutzungsrechts kann jedoch nicht dazu gezählt werden (Wandtke/Bullinger/*Grützmacher*[3] § 69 c Rdnr. 72; *Marly*[5] Rdnr. 870; *Marly* JurPC 1990, 612/614). Derartige Einschränkungen können allenfalls schuldrechtliche Bindungswirkung zwischen dem Softwarehersteller und dem Anwender entfalten (*Marly*[5] Rdnr. 871; *Plaß* GRUR 2002, 670/675). Ob diese schuldrechtlichen Nutzungsbeschränkungen jedoch auch auf **eine gewerbliche Weiterverbreitung** von als Shareware oder Public-Domain- oder Freeware gekennzeichneter Software bezogen werden können, bleibt weiterhin umstritten. Hierbei handelt es sich oft um Downloads oder CDs, die etwa von Computerfachzeitschriften oder sich auf

Vorbemerkungen   Vor §§ 69a ff.

die Sammlung solcher Software spezialisierten Unternehmen angeboten werden, teilweise als kostenlose Zugabe zu entgeltpflichtigen Angeboten (zB als Zugabe zu einer Zeitschrift), aber auch als kostenpflichtige Sammlung auf Datenträgern. Nach Auffassung einiger Oberlandesgerichte soll die Weiterverbreitung in kommerzieller Form zulässig sein (OLG Stuttgart CR 1994, 743; OLG Hamburg CR 1994, 616; auf den Einzelfall abstellend OLG Köln CR 1996, 723/724; unentschieden Fromm/Nordemann/*Czychowski*[10] § 69 c Rdnr. 66; *Schneider*[4] J Rz. 19 f.).

Eine gänzliche Anerkennung der Zulässigkeit gewerblicher Weiterverbreitung von Public- **24** Domain-Software steht jedoch im Widerspruch zu dem **Sinn und Zweck der Public-Domain-Lizenzen**: Nach § 31 Abs. 5 werden nur in dem für die Zweckerfüllung erforderlichen Rahmen Urheber- und Nutzungsrechte eingeräumt, was auch für Software gilt. Public-Domain-Software soll aber gerade nur im privaten Bereich die Nutzungsrechte einräumen, nicht aber im gewerblichen Bereich. Die freie Verbreitung, die mit Public-Domain-Software verbunden ist, dient gerade nicht der Gewinnerzielung durch Dritte (zutreffend Wandtke/Bullinger/*Grützmacher*[3] § 69c Rdnr. 69; *Marly*[5] Rdnr. 872 f., *Plaß* GRUR 2003, 670/675; dies räumen auch OLG Düsseldorf CR 1995, 730 f. und OLG Köln CR 1996, 723 f. ein; aA OLG Stuttgart CR 1994, 743). Auch der Auslieferung von Sammel-Datenträgern kann untersagt werden, da es eine eigenständige Nutzungsart ist (OLG Köln CR 1996, 723/725; Wandtke/Bullinger/*Grützmacher*[3] § 69c Rdnr. 72, unter Verweis auf § 4 VerlG; *Marly*[5] Rdnr. 872; *Heymann* CR 1994, 618).

2. Open Source Lizenzen

Schrifttum: *Auer-Reinsdorf,* Escrow-Lizenzen und Open Source Software, Regelungsbedarf in Escrow-Vereinbarungen ITRB 2009, 69; *Backu,* Open Source Software und Interoperabilität. Zur Zulässigkeit der Offenlegung von Programminformationen durch Open Source Software, ITRB 2003, 180; *Bäcker,* Computerprogramme zwischen Werk und Erfindung: Eine wettbewerbsorientierte Analyse des immaterialgüterrechtlichen Schutzes von Computerprogramme unter besonderer Berücksichtigung von Open Source-Software 2009; *Bettinger/Scheffel,* Application Service Providing – Vertragsgestaltung und Konflikt-Management, CR 2001, 729; *Beurskens,* Freiheit für Software? Ausgewählte Fragen der GNU General Public License version 3, CIPR 2008, *Degen/Lanz/Luthiger,* Open Source Lizenzmodelle entmystifiziert, Informatik Spektrum 2003, 305; *Deike,* Open Source Software: IPR-Fragen und Einordnung ins deutsche Rechtssystem, CR 2003, 9; *Determann,* Softwarekombination unter der GPL, GRUR Int. 2006, 645; *Dreier/Vogel,* Software- und Computerrecht, 2008; *Funk/Zeifang,* Die GNU General Public Licence version 3 – Eine Analyse ausgewählter Neuregelungen aus dem Blickwinkel deutschen Rechts, CR 2007, 617; *Gerlach,* Praxisprobleme der Open-Source-Lizenzierung, CR 2006, 649; *Grassmuck,* Freie Software zwischen Privat und Gemeineigentum, 2004; *Grützmacher,* Open-Source-Software – Die GNU General Public Licence – Lizenzbestimmungen im Umfeld des neuen Schuld- und Urhebervertragsrechts, ITRB 2002, 84; *Grützmacher,* Open Source Software und Embedded Systems ITRB 2009, 184; *Grzeszik,* Freie Software: Eine Widerlegung der Urheberrechtstheorie?, MMR 2000, 412; *Heussen,* Rechtliche Verantwortungsebenen und dingliche Verfügungen bei der Überlassung von Open Source Software, MMR 2004, 445; *Hoppen/Thalhofer,* Der Einbezug von Open-Source Komponenten bei der Erstellung kommerzieller Software, CR 2010, 275; *Jaeger/Metzger,* Open Source Software, 2. Aufl. 2006; *ders.,* Die neue Version 3 der GNU General Public Licence, GRUR 2008, 130; *Koch,* Probleme beim Wechsel zur neuen Version 3 der General Public Licence (Teil 1 u. 2), Die neuen Regelungen in Version 3 der GPL, ITRB 2007, 261 ff., 285 ff.; *ders.,* Urheber- und kartellrechtliche Aspekte der Nutzung von Open-Source-Software (I), CR 2000, 273; *ders.,* Urheber- und kartellrechtliche Aspekte der Nutzung von Open-Source-Software (II), CR 2000, 333; *Koglin,* Opensourcerecht, 2007; *ders.,* Die Nutzung von Open Souce Software unter neuen GPL-Versionen nach der „any later version"-Klausel, CR 2008, 137; *Ullrich/Lejeune,* Der internationale Softwarevertrag, 2. Aufl. 2006; *Lenhard,* Vertragstypologie von Softwareüberlassungsverträgen – Neues Urheberrecht und neues Schuldrecht unter Berücksichtigung der Open-Source-Softwareüberlassung, 2006; *Leupold/Glossner* (Hrsg.) IT-Recht, 2008; *Löwenheim,* Handbuch des Urheberrechts, 2003; *Marly,* Praxishandbuch Softwarerecht, 5. Aufl. 2009; *Metzger,* Open Content-Lizenzen nach deutschem Recht, MMR 2003, 431; *Metzger/Barudi,* Open Source Software in der Insolvenz 2009, 557; *Nimmer,* Coexisting with Free and Open Source Software, CRInt 2006, 129; *Plaß,* Open Contents im deutschen Urheberrecht, GRUR 2002, 670; *Pfeiffer,* Neues Internationales Vertragsrecht, EuZW 2008, 622; *Oberhem,* Vertrags- und Haftungsfragen beim Vertrieb von Open-Source-Software, CRInt 2008, 16; *Omsels,* Open Source und das deutsche Vertrags- und Urheberrecht, Fs. für Hertin, 2000, S. 141 ff.; *Sandl,* Open Source-Software: politische, ökonomische und rechtliche Aspekte, CR 2001, 346; *Schäfer,* Der virale Effekt, 2007; *Schäfer,* Aktivlegitimation und Anspruchsumfang bei der Verletzung der GPL v2 und v3, K&R 2010, 298; *Schiffner,* Open Source Software, 2003; *Schulz,* Dezentrale Softwareentwicklungs- und Softwarevermarktungskonzepte, 2005; *Sester,* Open-Source-Software: Vertragsrecht, Haftungsrisiken und IPR-Fragen, CR 2000, 797; *Spindler* (Hrsg.), Rechtsfragen bei Open Source, 2004; *ders.,* Open Source Software auf dem gerichtlichen Prüfstand – Dingliche Qualifikation und Inhaltskontrolle, K&R 2004, 528; *ders.,* Miturheberschaft und BGB-Gesellschaft, Fs. für Schricker, 2005, S. 539 ff.; *Spindler/Wiebe,* Open Source-Vertrieb, CR 2003, 873; *Sujezki,* Vertrags- und urheberrechtliche Aspekte von Open Source Software im deutschen Recht, jurPC Web-DOK 145/2005, Abs. 1; *Ullrich/Lejeune* (Hrsg.), Der internationale Softwarevertrag, 2. Aufl. 2006; *Wiebe/Heidinger,* GPL 3.0 und EUPL – Aktuelle Entwicklungen im Bereich Open Source Lizenzen, MR 2006, 258; s. auch die Webseite www.ifross.de; *Wuermeling* Open Source Software: Eine juristische Risikoanalyse, CR 2003, 87.

Der **Open Source Software** liegt eine Bewegung zugrunde, die es sich zum Ziel gesetzt **25** hat, jedermann die freie Benutzung der Software gebührenfrei zu gestatten und die unbeschränkte Weitergabe zu erlauben, teilweise auch die Veränderung der Software. Die Nutzer

Vor §§ 69a ff.   Vorbemerkungen

werden jedoch verpflichtet, die Software unter den gleichen Bedingungen weiterzugeben und auch eigene Weiterentwicklungen anderen Nutzern uneingeschränkt zur Verfügung zu stellen (s. auch die Definitionen von Open Source bei www.gnu.org/philosophy/free-sw.html, sowie bei www.opensource.org/osd.html; Fromm/Nordemann/*Czychowski*[10] Vor §§ 69a ff. Rdnr. 25 f.; *Dreier*/Schulze[3] § 69a Rdnr. 11; Dreyer/*Kotthoff*/Meckel[2] § 69c Rdnr. 36). Das geschieht oftmals in der Form, dass den Nutzern einfache Nutzungsrechte unter den genannten Bedingungen eingeräumt werden (sog. **Copyleft**; Einzelheiten bei *Jaeger*/*Metzger*[2] Rdnr. 45 ff.; Spindler/ *Arlt*/*Brinkel*/*Volkmann* Kap. I Rdnr. 1 f., 14, 35; umfassend hierzu *Spindler*/*Wiebe* CR 2003, 873; *Koch* CR 2000, 273 und 333). Oftmals und gerade bei der Gestattung der weiteren Bearbeitung ist auch der freie Zugang zum Quellcode von der Lizenz umfasst. Open Source Software wird entweder horizontal in einem lose organisierten Team von mehreren Urhebern entwickelt, wobei eine Gruppe federführend sein kann und die jeweils vorgeschlagenen Module akzeptiert (Basar-Modell), oder vertikal, indem eine Software in der Vertriebskette stetig weiter entwickelt wird (Kathedral-Modell); zu den verschiedenen Formen *Spindler* Kap. A Rdnr. 6; *Jaeger*/*Metzger*[2] Rdnr. 16, 143 f.; *Marly*[5] Rdnr. 909.

26   Die Tatsache, dass der Zugang zum Quellcode und die Rechte zur Weiterverbreitung und Veränderung in aller Regel unentgeltlich eingeräumt werden, hindert aber nicht, dass der Rechteinhaber **an der Software anderweitig verdienen** kann. So werden häufig entgeltliche Pflege- und Schulungsverträge abgeschlossen (s. *Jaeger*/*Metzger*[2] Rdnr. 21; *Spindler* Kap. A Rdnr. 5; *Sandl* CR 2001, 346/237). Selbst der **entgeltliche Vertrieb von Software,** die unter einer Open Source Lizenz steht, ist nicht von vornherein unmöglich: Handelt es sich um den ersten Rechteinhaber, also den eigentlichen Urheber am Anfang einer Kette, kann er die Software sowohl unter einer proprietären Lizenz als auch unter einer Open Source Lizenz vermarkten (sog. **Dual Licensing,** dazu *Jaeger*/*Metzger*[2] Rdnr. 114 ff.; *Spindler* Kap. B Rdnr. 12; *Leupold*/*Glossner* Teil 3 Rdnr. 89 f.; *Gerlach* CR 2006, 649/65; *Kreutzer* GPL-Onlinekommentar 2005 Ziff. 10 Rdnr. 1 abrufbar unter http://www.ifross.de/ifross_html/Druckfassung/Die_GPL_kommentiert_und_ erklaert.pdf). Dies muss kein Widerspruch sein, da es dem Urheber frei steht, mit wem er unter welchen Bedingungen kontrahiert, so dass für ein und dasselbe immaterielle Wirtschaftsgut verschiedene Lizenzen abgeschlossen werden können. Damit wird es dem Urheber ermöglicht, die Software auch an solche Interessenten zu veräußern, die auf der Basis der erworbenen Software eigene Software entwickeln wollen, die dann unter proprietären Lizenzen vertrieben werden soll – was unter der GPL ausgeschlossen wäre. Ausgeschlossen ist diese Form der Lizenzierung jedoch, wenn es sich um Software handelt, die bereits unter der GPL steht, da diese den Weitervertrieb zu anderen Bedingungen als der GPL untersagt. Dementsprechend ist es auch nicht möglich, später veränderte Software, die unter der GPL lizenziert wurde, in einen proprietären Teil zu überführen.

27   Dabei kann **nicht von einer einheitlichen Open Source Lizenz** gesprochen werden; vielmehr gibt es zahlreiche verschiedene Lizenzen, die nicht immer miteinander kompatibel sind. Die am Markt wohl vorherrschende Lizenz ist aber nach wie vor die **General Public License (GPL),** die nach Schätzungen für mehr als 70% aller als Open Source qualifizierter Software herangezogen wird. Bekanntestes Beispiel ist die unter der GPL v2 stehende Betriebssystemsoftware Linux, aber auch andere Software wie die unter der Apache-Lizenz stehende Serversoftware beherrschen weite Teile spezieller Märkte. Darüber hinaus wird ein kleiner, aber relevanter Markt von BSD-artigen bzw. Mozilla (Firefox-Browser etc.) Lizenzen beherrscht, die eher als die GPL eine Kombination mit eigener Software zulassen und den proprietären Vertrieb teilweise gestatten (die Lizenzen sind zusammengefasst unter www.ifross.de/ifross_html/lizenzcenter.html zu finden; dazu auch Spindler/*Arlt*/*Brinkel*/*Volkmann* Kap. I Rdnr. 1 ff.; *Jaeger*/ *Metzger*[2] Rdnr. 81 ff. und Anhang; *Dreier*/*Vogel* S. 213; *Funk*/*Zeifang* CR 2007, 617 ff.).

28   **a) Urheberrechtliche Grundlagen.** Auch **Open Source Software unterliegt dem Urheberrecht;** ohne urheberrechtlichen Schutz und Ausschließlichkeitsrechte könnte der **Copyleft-Effekt** wahrscheinlich kaum realisiert werden (ebenso *Dreier*/Schulze[3] § 69c Rdnr. 38; Fromm/Nordemann/*Czychowski*[10] Vor §§ 69a ff. Rdnr. 27; *Schäfer* S. 21 ff.). Auch verstößt die GPL nicht **gegen ungeschriebene Grundsätze des Urheberrechts** (so aber *Grzeszick* MMR 2000, 412/416 f.); denn die Open Source Bewegung verwendet lediglich die vom Urheberrecht gebotenen Instrumente, um einen entsprechenden Zweck zu erreichen. Ebenso wenig wie Schenkungen mit dinglicher Besicherung von Auflagen von vornherein der Eigentumsordnung widersprechen, kann die GPL als ein grundsätzlicher Verstoß gegen Prinzipien des Immaterialgüterrechts gewertet werden.

Vorbemerkungen Vor §§ 69a ff.

aa) Urheberschutz. Die **Urheber haben die Rechte nach** § 69 c; die Einräumung der Nut- 29 zungsrechte folgt den Regeln der §§ 31 ff. Allerdings ist – vergleichbar den End-User-Licence-Agreements – der **wirksame Abschluss des Lizenzvertrages** und damit die darauf basierende Einräumung von Rechten problematisch. Eine einseitige **Einräumung von Nutzungsrechten** (so *Heussen* MMR 2004, 445/447 f.) oder eine „neue einseitige Form der Rechtseinräumung" (so *Wandtke/Bullinger/Grützmacher*[3] § 69 c Rdnr. 75) scheiden von vornherein aus, so dass alle Open Source Lizenzen, insbesondere die GPL, die Einräumung der Rechte an Pflichten der Nutzer bzw. Lizenznehmer knüpfen. Aus diesem Grund scheidet auch die Einordnung als Gefälligkeitsverhältnis aus (aA *Wandtke/Bullinger/Grützmacher*[3] § 69 c Rdnr. 75). Die Lizenzen sehen vielmehr ausdrücklich ihre Einbeziehung in vertraglicher Form vor, wie dies in Ziff. 5 der GPL v3 und nunmehr Ziff. 9 GPL v3 zum Ausdruck kommt. Stattdessen bleibt es dabei, dass ein zweiseitiger Lizenzvertrag vorliegt (*Jaeger/Metzger*[2] Rdnr. 27, 176 ff.; *Deike* CR 2003, 9/13; *Koch* CR 2000, 333/338; *Kreutzer* MMR 2004, 695/696 f.; unklar *Fromm/Nordemann/Czychowski*[10] nach § 69 c Rdnr. 8 f.), dessen Begründung allerdings im Einzelfall schwierig sein kann (Einzelheiten bei *Spindler* Kap. C Rdnr. 40 ff.). Allein die Fiktion in Ziff. 5 der GPL v2 bzw. Ziff. 9 GPL v3 kann jedenfalls nicht zum Vertragsschluss führen, da diese bereits den wirksamen Einbezug der GPL voraussetzen würde, was logisch ein Widerspruch ist (s. auch *Omsels*, Fs. für Hertin, 2000, S. 141/152). In der Regel dürfte aber der Nutzer ähnlich den EULA mit Benutzung der Software aufgefordert werden, der Lizenz zuzustimmen, so dass spätestens hier eine Annahme vorliegt. Andernfalls muss von einer konkludenten Annahme ausgegangen werden. Vertragspartner des Lizenznehmers werden die jeweiligen Urheber, sei es als Miturheber (bei einer horizontalen Entwicklung) oder die jeweiligen sukzessiven Urheber (bei einer vertikalen Weiterentwicklung).

Problematisch ist in diesem Zusammenhang, dass zahlreiche Open Source Lizenzen allein **auf** 30 **Englisch** abgefasst sind, so dass sich das Problem der Möglichkeit einer **zumutbaren Kenntnisnahme** bei den als **Allgemeine Geschäftsbedingungen** einzustufenden Open Source Lizenzen stellt (umfassend hierzu *Schulz* Rdnr. 692; *Koglin* S. 166 f.; *Spindler* K&R 2004 528/532). Zumindest der Einbezug gegenüber **Verbrauchern** ist daher mehr als zweifelhaft, denn die sprachliche Verständlichkeit komplexer juristischer Texte kann nicht ohne weiteres angenommen werden (*Spindler* Kap. C Rdnr. 53; wohl auch *Wandtke/Bullinger/Grützmacher*[3] § 69 c Rdnr. 73; *Schulz* Rdnr. 694; im Grundsatz auch *Plaß* GRUR 2002, 670/678 f., die aber über Treu und Glauben den Nutzer schützen will). Demgegenüber wird zwar angeführt, dass im Internet- und Computerrecht Englisch als bedeutsame Sprache bisweilen anerkannt und damit von einer Verständlichkeit regelmäßig auszugehen sei (*Schiffner* S. 185; *Kreutzer* MMR 2004, 693/696; *Sester* CR 2000, 797; s. auch *Schulz* Rdnr. 692 ff.); jedoch kommt für das Open Source Modell hinzu, dass die Allgemeinheit die Möglichkeit erhalten soll, die Software zu verändern und vertreiben, so dass auf eine durchschnittliche Sprachbeherrschung abgestellt werden muss (letztlich auch *Schulz* Rdnr. 703) Was anderes kann nur gelten, wenn die Software etwa von einer ausländischen Website heruntergeladen wird. Hier lässt sich der Nutzer willentlich auf die fremde Verhandlungssprache ein und kann sich nicht auf ein mangelndes Verständnis berufen (*Spindler* Kap. C Rdnr. 54; überblicksartig *Müller-Hengstenberg* NJW 1996, 1777/1782). Bei **Unternehmen** ist dagegen ein Einbezug ohne weiteres möglich (LG München I CR 2004, 774 – GPL-Verstoß mit Anm. *Hoeren* und *Metzger*; LG Frankfurt CR 2006, 729/731; *Wandtke/Bullinger/Grützmacher*[3] § 69 c Rdnr. 73; *Schulz* Rdnr. 694; *Spindler* K&R 2004, 528/532). Nach LG München I (CR 2008, 57/58) soll selbst bei Unwirksamkeit der Bedingungen der Verletzer sich nicht darauf berufen können. Denn das Risiko einer etwaigen Unwirksamkeit der AGB sei nicht von den Urhebern der Open Source Software zu tragen, da diese mit dem Verletzer gerade nicht in eine lizenzvertragliche Beziehung treten wollten. Die Auffassung des LG stellt jedoch die anerkannten Grundsätze einer Inhaltskontrolle nach §§ 305 ff. BGB auf den Kopf (s. auch *Jaeger* CR 2008, 59).

bb) Konsequenzen des Urheberschutzes. Eine Verletzung der Nutzungsbedingungen 31 (GPL, General Public Licence) kann ein Erlöschen der Nutzungsrechte zur Folge haben (LG München CR 2004, 774 – GPL-Verstoß). Die **dogmatische Konstruktion** folgt dabei einer **auflösenden Bedingung:** Verändert der Nutzer die Software und verbreitet er sie weiter, muss er die veränderte Software der gleichen Lizenz unterstellen und sie unter den gleichen Bedingungen vertreiben, wie er sie erworben hat. Verstößt er gegen diese Pflichten, tritt ein automatischer Rückfall der Nutzungsrechte ein (zur Konstruktion *Jaeger/Metzger*[2] Rdnr. 152; *Auer-Reinsdorf* ITRB 2009, 69; LG München I CR 2003, 774/775; LG Frankfurt CR 2006, 729/732; *Spindler* K&R 2004, 528, 530; *Spindler* Kap. C Rdnr. 35 ff.; *Metzger* CR 2004, 778/779; *Deike* CR 2003, 9/16; *Kreutzer* MMR 2004, 695/698; *Schulz* Rdnr. 621 ff.; *Lenhard* S. 329 ff.;

Vor §§ 69a ff.   Vorbemerkungen

Wandtke/Bullinger/*Grützmacher*[3] § 69 c Rdnr. 79; *Marly*[5] Rdnr. 921; krit. *Hoeren* CR 2004, 776/777; *Jaeger* CR 2008, 57/60). Die Lizenz kann jederzeit wieder direkt von den Urhebern erworben werden, Ziff. 8 Abs. 2, 3 GPL v3 (*Funk/Zeifang* CR 2007, 618/ 623). Eine dingliche Beschränkung gem. § 31 als eigene Nutzungsart kann dagegen nicht angenommen werden (so aber *Koch* CR 2000, 333/335 f.; der gleichwohl Bedenken wegen Umgehung der Erschöpfungswirkung äußert; ähnlich *Hoeren* CR 2004, 776/777). Zumindest für die GPL gilt, dass sie eindeutig sämtliche Rechte entfallen lässt, mithin keine bloße Urheberrechtsverletzung vorliegen soll. Zudem ist nicht ersichtlich, warum allein die Lizenzbestimmungen eine sich von anderen Nutzungsformen unterscheidende technisch-wirtschaftliche Nutzung darstellen sollen (*Spindler* Kap. C Rdnr. 31 ff.; zust. Wandtke/Bullinger/*Grützmacher*[3] § 69 c Rdnr. 79; Fromm/Nordemann/*Czychowski*[10] nach § 69 c Rdnr. 29 f.). Zu kartellrechtlichen Fragen s. unten Rdnr. 55.

32 Die im Urhebervertragsrecht vorgesehenen zwingenden **Vergütungsansprüche** hätten an sich dem Open Source Gedanken geschadet; der Gesetzgeber hat dem Rechnung durch die Vorschrift des § 32 Abs. 3 S. 3 getragen, indem bei Unentgeltlichkeit der Rechteeinräumung keine zwingende Vergütung anfällt (näher Wandtke/Bullinger/*Grützmacher*[3] § 69 c Rdnr. 76; *Dreier*/Schulze[3] § 69 c Rdnr. 38; Rechtsausschuss. BT-Drucks. 14/8058, S. 19; BT-Drucks. 14/ 6433 S. 15). In entsprechender Weise sieht § 32 a Abs. 3 vor, dass der **Fairnessausgleich** nach § 32 a, der dem Urheber eine weitere Beteiligung an den Erträgen gewährt, wenn die vereinbarte Vergütung in einem auffälligen Missverhältnis zu den Erträgen aus der Werknutzung steht, bei Open Source nicht tangiert wird, um hierdurch einer möglichen Rechtsunsicherheit entgegenzuwirken und den gesamten Open Content zur weitgrößten Entfaltung zu bringen (Wandtke/ Bullinger/*Grunert*[3] § 32 a Rdnr. 33; *Dreier*/Schulze[3] § 69 c Rdnr. 38; Loewenheim/*v. Becker*[2], § 29 Rdnr. 103; vgl. auch BT-Drucks. 16/1828 S. 25). Schließlich wird die Besonderheit von Open Source Lizenzen auch bei dem zwingenden Vergütungsanspruch nach § 32 c Abs. 3 für unbekannte Nutzungsarten berücksichtigt (s. unten § 32 c Rdnr. 39).

33 Oftmals handelt es sich bei Open Source Software **um gemeinschaftlich** oder sukzessiv **entwickelte Software**. Bei gemeinschaftlicher Entwicklung finden §§ 8 f. UrhG Anwendung, mit der Folge, dass der einzelne Miturheber nur auf Leistung an die Gemeinschaft klagen kann, aber dafür berechtigt ist, die **Unterlassung** der weiteren Nutzung auch allein zu verlangen (LG München I CR 2004, 774/775; LG Frankfurt CR 2006, 729/732; *Kreutzer* MMR 2004, 695/696; Einzelheiten bei *Spindler* Kap. C Rdnr. 17 ff.; *Jaeger/Metzger*[2] Rdnr. 166). Im Übrigen wäre es mehr als zweifelhaft, wie ein Schaden angesichts der kostenlosen Rechteeinräumung berechnet werden sollte (*Spindler* Kap. C Rdnr. 132; s. auch Fromm/Nordemann/*Czychowski*[10] nach § 69 c Rdnr. 42; aA *Schäfer* K&R 2010, 298/301 wegen der Pflicht zur Offenlegung des Codes. Dies kann allerdings bei angebotenem dual licensing anders zu beurteilen sein (*Schäfer* K&R 2010, 298/302)). Auch kann der Einzelne Auskunftsansprüche geltend machen (LG Frankfurt CR 2006, 729/733). Unter Umständen kann ein horizontaler Entwicklungs- und Gesellschaftsvertrag zwischen den Entwicklern vorliegen (*Spindler* Kap. C Rdnr. 9; *Grützmacher* ITRB 2002, 84/86). Bei **sukzessiv entwickelter Software** besteht überhaupt keine **Miturhebergemeinschaft** mehr; vielmehr ist jeder Urheber nur für seinen einzelnen Teil anspruchsberechtigt (näher *Spindler*, Fs. Schricker 2005, 539/554). Daher ist in der Praxis fast nur die Unterlassungsklage anzutreffen (s. etwa LG München I CR 2008, 57; LG Frankfurt CR 2006, 729). Zu weit geht es allerdings, per se eine Publikumsgesellschaft bei Open Source Entwicklungen anzunehmen (so aber *Sester* CR 2000, 797/802). Verschiedentlich wird auch eine Treuhandlösung erwogen (IT-Report ITRB 2003, 69; Treuhandvertrag abrufbar unter http://fsfeurope.org/projects/fla), teilweise auch über die freesoftware foundation; diese vermag jedoch nichts daran zu ändern, dass zum einen dem Treugeber explizit die Rechte eingeräumt werden müssen, zum anderen wiederum nur Leistung an die Gemeinschaft gefordert werden kann, mithin alle Urheber an die Treuhand ihre Ansprüche übertragen müssten, abgesehen von der Problematik der Schadensberechnung (weitere Bedenken auch bei Fromm/Nordemann/*Czychowski*[10] nach § 69 c Rdnr. 39 f.; *Grützmacher* CR 2006, 733). Auch Erwerber können Ansprüche geltend machen, da die GPL als Lizenzvertrag ihnen das Recht einräumt, den Quellcode offenbart zu bekommen (*Schäfer* K&R 2010, 298/299 f.).

34 **b) Open Source Software im internationalen Verhältnis.** Die **internationale Anwendbarkeit** folgt den allgemeinen urheberrechtlichen Regeln (LG München GRUR-RR 2004, 350 = CR 2004, 774/775 m. zust. Anm. *Metzger* CR 2004, 778/779 f.; LG Frankfurt CR 2006, 729 m. krit. Anm. *Grützmacher* 733/734; näher *Spindler* Kap. C Rdnr. 135 ff.; *Jaeger/ Metzger* GRUR Int. 1999, 839/841 f.; *Deike* CR 2003, 9/11 ff.; *Lenhard* S. 295 ff.). Demnach

Vorbemerkungen   **Vor §§ 69a ff.**

unterliegen die Entstehung, die Wirkung und das Erlöschen des Urheberrechts einer Open Source Software dem **Schutzlandprinzip** bzw. **Territorialitätsprinzip** (ausführlich *Katzenberger* Vor §§ 120 ff. Rdnr. 120 ff. mwN; *Dreier/Schulze*[3] Vor §§ 120 ff. Rdnr. 28; *Schiffner* S. 108), wenn in Deutschland Schutz für die Open Source Software begehrt wird. Dies schließt nicht aus, dass hinsichtlich des schuldrechtlichen Teils des Lizenzvertrages die Grundsätze des Vertragskollisionsrechts angewandt werden (*Katzenberger* Vor §§ 120 ff. UrhG Rdnr. 147 ff.). Selbst wenn daher die US-amerikanische Rechtsordnung, die offenbar die Grundlage für die GPL bildet, einen **Verzicht** auf das **Urheberrecht** kennt, wirkt sich dieser nach hM und Rechtsprechung keineswegs in Deutschland aus (*Marly*[5] Rdnr. 917; *Plaß* GRUR 2002, 670/671). Aus dem Eingreifen des Schutzlandprinzips ergeben sich zahlreiche Konsequenzen:

Für die bei Open Source Projekten charakteristische **Miturheberschaft** kommt es nicht für 35 jeden einzelnen Miturheber auf dessen Heimatland an, ob und in welchem Umfang ein Urheberrecht entsteht und wie die Miturheberschaft ausgestaltet ist, sondern nur auf das Schutzland, in dessen Bereich der Urheberschutz geltend gemacht wird (*Schiffner* Open Source Software, S. 121 f.; *Koglin* S. 74 f.; *Metzger* MMR 2003, 431/436). Auch für das verbundene Werk nach § 9 UrhG kommt es zunächst auf das jeweilige Schutzland an, ob der Werkbeitrag Urheberrechtsschutz genießt (*Koch* CR 2000, 273/277). Davon zu trennen ist jedoch das kollisionsrechtliche Schicksal der mit dem verbundenen Werk entstehenden **BGB-Gesellschaft** – eine im **Internationalen Gesellschaftsrecht** bislang noch nicht vollständig zufriedenstellend gelöste Frage (Einzelheiten bei *Spindler* Kap. C Rdnr. 138 mwN; umfassend *Spindler*, Fs. für Schricker, 2005, S. 538 ff.). Für die nach § 9 UrhG gebildete Miturhebergemeinschaft und die darüberliegende BGB-Gesellschaft kann aber nicht angenommen werden, dass es sich um ein Gebilde mit verfestigten Strukturen handelt; kennzeichnend ist vielmehr ein loser Verbund von zahlreichen Teilnehmern, die zwar ein gemeinsames Ziel verfolgen, aber nicht über eine stabile Organisation verfügen. Hinsichtlich des **Lizenzvertrages** selbst greift grundsätzlich das Prinzip der freien Rechtswahl nach Art. 3 Rom I-VO ein. In Ermangelung einer Rechtswahlklausel findet daher bei Lieferung von Software zunächst das Recht des „Verkäufers" – hier: des Schenkers – Anwendung, hilfsweise diejenige Rechtsordnung, die eine engere Verbindung zu dem Rechtsgeschäft aufweist, Art. 4 Abs. 4 Rom I-VO. Allerdings wird diese Anknüpfung schon bei Geschäften mit einem Verbraucher zwingend durch Art. 6 Rom I-VO bzw. durch das Recht des Staates des gewöhnlichen Aufenthaltsorts des Verbrauchers modifiziert (Einzelheiten bei *Spindler* Kap. C Rdnr. 139 ff.; *Pfeiffer* EuZW 2008, 622/624). Eine Rechtswahlklausel fehlt oft in den Open Source Lizenzen, etwa in der GPL (Fromm/Nordemann/*Czychowski*[10] Nach § 69 c Rdnr. 7). Allein aus der Tatsache, dass die GPL vor dem Hintergrund der US-amerikanischen Rechtsordnung erstellt wurde, kann jedenfalls keine – konkludente – Rechtswahl abgeleitet werden (so aber in der Tendenz: *Jaeger/Metzger* GRUR Int. 1999, 839/842; dagegen *Schiffner* Open Source Software, S. 109; *Sester* CR 2000, 797/802; *Deike* CR 2003, 9/11; *R. H. Weber*, Fs. Honsell, 2002, S. 41/49).

c) **Das Verhältnis von GPL v2 zu GPL v3.** Die bekannteste Open Source Lizenz ist die 36 **General Public License**, deren wichtigste **Versionen** die **GPLv2** und die erst Mitte 2007 verabschiedete **GPLv3** sind, die genau auseinander gehalten werden müssen, da die neue Version zahlreiche wichtige Änderungen gegenüber der Version 2 enthält (Fromm/Nordemann/ *Czychowski*[10] Nach § 69 c Rdnr. 1 ff.; ausführlich dazu *Jaeger/Metzger* GRUR 2008, 130 ff.; *Funk/Zeifang* CR 2007, 617 ff.; *Koglin* CR 2008, 137 ff.). Auf die **neue Version der GPL** (Version 3) kann aber nur diejenige Open Source Software, die unter der GPL v2 steht, umgestellt werden, wenn die „**any later version**"-Klausel unter Ziff. 9 der GPLv2 Bestandteil der Lizenz wurde (*Koglin* CR 2008, 137; *Jaeger/Metzger* GRUR 2008, 130/137; *Wiebe/Heidinger* MR 2006, 258/261 f.; missverständlich *Koch* ITRB 2007, 261 der wohl auch von einer Fortgeltung der Lizenz ausgeht). Wichtigste Ausnahme von der GPL v3 stellt das Betriebssystem Linux dar; hier gilt nach wie vor die GPL v2, so dass stets genau unterschieden werden muss, welche Version die Software erfasst (*Koglin* CR 2008, 137). Darüber hinaus kann nach allgemeinen Grundsätzen der Lizenzgeber nicht ohne Weiteres ohne Zustimmung des Lizenznehmers die Lizenz bzw. deren Bedingungen nachträglich ändern, so dass schon hieraus ein **automatischer Wechsel der GPL v2 auf die GPL v3 ausscheidet**. Auch nach §§ 305 ff. BGB ruft ein solches Verständnis der Klausel Bedenken hervor, denn eine einseitige Änderung der Vertragsgrundlage würde gegen § 308 Nr. 4 BGB verstoßen (ähnlich Fromm/Nordemann/ *Czychowski*[10] Nach § 69 c Rdnr. 9, zum Klauselverbot allgemein Wolf/Lindacher/Pfeiffer/ *Damman*[5] § 308 Nr. 4 Rdnr. 11 ff. sa. § 69 c Rdnr. 7).

Vor §§ 69a ff. Vorbemerkungen

37   Nach Ziff. 9 der GPL v2 steht aber das **Wahlrecht zwischen den einzelnen Versionen** in zweifacher Hinsicht **dem Lizenznehmer zu:** Enthält die Lizenz die Bestimmung, dass das Programm einer bestimmten GPL oder jeder späteren Lizenzversion, also **„any later version"** unterfällt, hat der Lizenznehmer grundsätzlich das Recht zwischen der genannten Version und irgendeiner späteren Version frei zu wählen. Ist hingegen gar keine Versionsnummer der GPL angegeben, kann der Lizenznehmer frei zwischen allen bislang veröffentlichten GPL Versionen auswählen. Da es sich somit bei Ziff. 9 GPL v2 grundsätzlich um ein zusätzliches Wahlrecht des Lizenznehmers handelt, das Vertragsverhältnis gerade nicht vom Lizenzgeber einseitig im laufenden Vertrag geändert werden kann, ist diese Konstellation, anderes als die Vorherige, nicht AGB-rechtlich bedenklich, da diese eine zulässige und in der Rechtspraxis **gängige Vertragsanpassung** darstellt und gerade kein Verstoß gegen § 308 Nr. 4 BGB anzunehmen ist (*Jaeger/Metzger*[2] Rdnr. 190; *Koglin* S. 221; *Kreutzer* GPL-Kommentar, 2005, Ziff. 9 Rdnr. 23, abrufbar unter http://www.ifross.de/ifross_html/Druckfassung/Die GPL_kommentiert_und_erklaert.pdf).

38   Für den Lizenzgeber stellt sich weiter die Frage, ob dieser im Vorhinein das **Wahlrecht des Lizenznehmers** ausschließen und somit die Software einer bestimmten Lizenzversion unterwerfen kann. Nach *Koglin* ist dieses anhand einer Wortlautauslegung des Lizenztextes nicht eindeutig feststellbar, dieser weise jedoch eher auf eine Zulässigkeit eines Ausschlusses hin. Denn bei einer ausschließlichen Zulässigkeit der Optionen des Lizenznehmers gem. Ziff. 9 Abs. 2 S. 2, 3 GPL v2 sei eine „if-else"-Satzkonstruktion anstelle der verwendeten „if"-Konstruktionen sprachlich korrekter und dieses auch den Autoren des Lizenztextes aus der Programmiersprache geläufig (*Koglin* S. 217 ff.; *ders.* CR 2008, 137/139). Zum gleichen Ergebnis gelangt *Koglin,* indem der dem Lizenzgeber quasi als GPL-internes Dual Licensing (s. oben Rdnr. 28) die freie Wahl zuspricht, sein Programm unter einer oder mehreren benannten GPL-Versionen zu lizenzieren und es gegebenenfalls auch für zukünftige Versionen der GPL freizugeben (*Koglin* S. 220; *ders.* CR 2008, 137/ 139; *Kreutzer* GPL-Komm 2005 Ziff. 9 Rdnr. 23 ff.). Für diese Auslegung spricht auch die Grundintention der Ziff. 9 GPL v2, die ohnehin nicht auf Beschränkungen des Lizenzgebers ausgerichtet ist, sondern die generelle Möglichkeit neuer Versionen und deren Rahmenbedingungen ausgestalten soll.

39   **aa) Relevante Nutzungsrechte.** Im Allgemeinen werden dem Lizenznehmer in der GPL v2 das **Vervielfältigungs-, das Verbreitungs- und das Bearbeitungsrecht** eingeräumt, in der GPL v3 findet sich keine derartige Beschränkung mehr, indem nur noch auf den Begriff des „propagate" (Ziff. 2 GPL v3) verwiesen wird, der „anything" umfassen soll, was in irgendeiner Weise urheberrechtlich relevant ist (*Jaeger/Metzger* GRUR 2008, 130/134). Allerdings ist eine derart weite Formulierung kaum noch mit der Zweckübertragungslehre in Einklang zu bringen und nur durch eine Auslegung der GPL zu retten (zutr. Fromm/Nordemann/*Czychowski*[10] Nach § 69c Rdnr. 16). Keinesfalls kann in der GPL ein **Verzicht** auf das Urheberrecht gesehen werden; dies widerspräche explizit der Intention der Open Source Lizenz, die gerade das Urheberrecht voraussetzt, um die beabsichtigten Wirkungen zu entfalten (inzwischen allgemeine Meinung, vgl. *Jaeger/Metzger* Rdnr. 115; *dies.* GRUR Int. 1999, 839/842; *Spindler* Kap. C Rdnr. 6; Wandtke/Bullinger/*Grützmacher*[3] § 69c Rdnr. 74; *Koch* CR 2000, 333; *Lenhard* S. 307 f.).

40   Das **Verbreitungsrecht** erfasst in der GPL v3 inzwischen auch die unkörperliche Weitergabe, damit auch das **Vermietrecht** (*Koch* ITRB 2007, 261/263). Für die GPL v2 war noch strittig, ob das Vermietrecht von der GPL umfasst war, da die Verbreitung nach deutschem Recht nur die körperliche Verwertung erfasste (*Spindler* Kap C Rdnr. 80; Wandtke/Bullinger/*Grützmacher*[3] § 69c Rdnr. 74; aA *Jaeger/Metzger*[2] Rdnr. 30, die den Begriff „distribution" in der GPL v2 extensiv verstehen). Auch steht der Vermietung die Zwecksetzung der GPL einer unentgeltlichen Weitergabe entgegen (Wandtke/Bullinger/*Grützmacher*[3] § 69c Rdnr. 74). Vor allem für das **Application Service Providing** (s. Rdnr. 67) ist die Einräumung des Vermietrechts bedeutsam, mit der Konsequenz, dass unter der GPL v2 stehende Software nicht in ASP-Umgebungen verwandt werden kann (*Koch* ITRB 2001, 39/41; aA *Bettinger/Scheffelt* CR 2001, 729/736, mit der Begründung, dass die Online-Nutzung von Software im Rahmen des ASP die Übertragung des Vermietrechts gerade nicht voraussetzt; *Jaeger/Metzger*[2] Rdnr. 31, die ASP nicht als Vermietung, sondern als öffentliche Zugänglichmachung einordnen).

41   Probleme werfen das Verbreitungsrecht und die Bedingungen der GPL im Hinblick auf den **Erschöpfungsgrundsatz** auf. Eine dinglich wirkende Beschränkung des Verbreitungsrechts ist für den Zweiterwerb nicht möglich (BGH CR 2000, 651 – OEM-Version; s. Wandtke/Bullinger/*Grützmacher*[3] § 69c Rdnr. 87). Demgemäß können auch die Bedingungen der GPL nicht mehr gegenüber dem Zweiterwerber wirken, wenn die Software unverändert weitergegeben wurde (ausführlich *Spindler* Kap. C Rdnr. 93 ff.; *Spindler/Wiebe* CR 2003, 873/876 ff.; *Schulz* Rdnr. 482 ff.;

Vorbemerkungen Vor §§ 69a ff.

zust. Wandtke/Bullinger/*Grützmacher*³ § 69 c Rdnr. 78; aA wohl LG München GRUR-RR 2004, 350/351). Zwar kann dadurch ab der zweiten Stufe die Software mit Gewinn veräußert werden, ohne die Bindungen der GPL; doch erhalten die nachfolgenden Erwerber dann auch nicht die entsprechenden Rechte, die die GPL einräumt (*Spindler/Wiebe* CR 2003, 873/877 f.; *Spindler* Kap. C Rdnr. 98; sa. *Heussen* MMR 2004, 445/449 f.).

Das **Bearbeitungsrecht** ist umfassend ausgestaltet (Ziff. 2 iVm. Ziff. 0 GPL v3), indem die 42
Software sowohl umgearbeitet, weiterentwickelt als auch dazu dekompiliert und kompiliert werden darf (allg. *Jaeger/Metzger* GRUR 2008, 130/134; zu GPL v2 *Jaeger/Metzger*² Rdnr. 26 ff.; *Spindler* Kap. C Rdnr. 74 f.; *Koch* CR 2000, 333/338).

Das **Recht der öffentlichen Zugänglichmachung** (§ 19 a) und Wiedergabe ist ebenfalls 43
von der GPL v3 jetzt ausdrücklich umfasst, Ziff. 0 Abs. 6 S. 2, Nr. 6 Abs. 1 d GPL v3 (umfassend *Jaeger/Metzger* GRUR 2008, 139/134; *Koch* ITRB 2007, 261/262). Für die GPL v2 – und damit vor allem für Linux – bleibt aber nach wie vor der Streit relevant, ob diese Lizenzversion bereits das Recht der online-Übertragung bzw. Bereitstellung umfasst. Dies soll sich aus der Tatsache ergeben, dass schon 1991 online Programme für die Entwicklung von Open Source übertragen wurden (so *Jaeger*/Metzger² Rdnr. 29; *Omsels*, Fs. für Hertin, 2000, S. 141/158, 164 f.; Wandtke/Bullinger/*Grützmacher*³ § 69 c Rdnr. 74; *Schulz* Rdnr. 573 ff.; *Lenhard* S. 319 ff.). Doch steht dem nach wie vor entgegen, dass 1991 allgemein die Nutzungsart der Internetverwertung nicht bekannt war (s. § 31 a Rdnr. 50), so dass Zweifel bestehen, ob aus der Nutzung in einigen Kreisen bereits generell für die gesamte GPL v2 und alle von ihr erfasste Software die Einräumung eines solchen Rechts angenommen werden kann (näher *Spindler* Kap. C Rdnr. 63 ff.).

bb) Lizenzbedingte Problemfelder. Die Bearbeitung und Weiterverbreitung der unter der 44
GPL stehenden Software – auch wenn sie nicht bearbeitet wurde – steht unter der **auflösenden Bedingung** (Rdnr. 33), dass die GPL in Kopie beigefügt werden muss (Ziff. 1 GPL v2) oder zugänglich sein muss (Ziff. 4 GPL v3), ferner, dass die Software wiederum unter der GPL lizenziert wird und auf den Urheber hingewiesen wird. Ist die Software bearbeitet worden, verlangt Ziff. 2 GPL v2 bzw. Ziff. 5 GPL v3 einen Hinweis auf die Änderungen und deren Datum, wobei keinerlei Entgelt für die Änderungen verlangt werden darf (Wandtke/Bullinger/*Grützmacher*³ § 69 c Rdnr. 77; *Jaeger/Metzger* GRUR 2008, 130/135). Für die Zugänglichmachung nach Ziff. 5 iVm. Ziff. 6 b GPL v3 genügt jetzt auch die Angabe einer Internetseite, auf der sich der Quellcode befindet (Fromm/Nordemann/*Czychowski*¹⁰ Nach § 69 c Rdnr. 34; *Jaeger/Metzger* GRUR 2008, 130/135). Bei Embedded-Systemen gelten ebenfalls die Möglichkeiten der Ziff. 6 GPL v3, wonach beispielsweise auch der Code einschließlich des Textes der GPL auf einem Medium beigefügt werden kann. Wie bereits bei der GPL v2 genügt gem. Ziff. 6 b GPL v3 aber auch ein 3 Jahre lang gültiges Angebot des Vertreibers, jedem eine vollständige Kopie des Codes zu geben (Fromm/Nordemann/*Czychowski*¹⁰ Nach § 69 c Rdnr. 34 f.; *Koch* ITRB 2008, 261; zusammenfassend zu Open Source und Embedded Systems *Grützmacher* ITRB 2009, 184).

Schließlich darf **kein Entgelt über den eigentlichen Kopiervorgang hinaus** verlangt wer- 45
den, außer es werden über die GPL hinausgehende Rechte wie etwa Gewährleistung etc. eingeräumt (Ziff. 1 Abs. 2 GPL v2, jetzt Ziff. 4 Abs. 2 GPL v3). Allerdings ist nach wie vor in der Praxis umstritten, was unter dieser prinzipiellen Unentgeltlichkeit im Einzelnen zu verstehen ist und ob gegebenenfalls auch noch ein Gewinn erwirtschaftet werden kann (einschränkend *Koch* ITRB 2007, 261/262 f.; dagegen *Koglin* CR 2008, 137/141). Den Ursprung der Diskussion bildet der veränderte Lizenzwortlaut der Ziff. 1 Abs. 2 GPL v2 gegenüber der entsprechenden Ziff. 4 Abs. 2 GPL v3, wonach das sog. **Lizenzgebührenverbot** in der dritten Version nicht übernommen wurde, sondern vielmehr die Vergütungsberechnung für die Verbreitung des Programms im Quellcode offen steht „You may charge any price or no price". Hingegen verbietet der Wortlaut der Ziff. 10 Abs. 3 GPL v3 explizit das Verlangen einer Gebühr für die Ausübung der unter der Lizenz stehenden Rechte „You may not impose a licence fee". Richtigerweise kann aber allein die Deckung der anfallenden Kosten für den Verschaffungsvorgang erlaubt sein (ebenso Wandtke/Bullinger/*Grützmacher*³ § 69 c Rdnr. 76; *Koch* CR 2000, 333/334). Die Software und ihr Quellcode müssen hingegen wie schon bei GPL v2 entgeltfrei zugänglich sein, wie bereits der klare Wortlaut der Ziff. 7 GPL v2 und Ziff. 10 Abs. 3, Ziff. 11 Abs. 3, 7, Ziff. 12 GPL v3 hinreichend belegt; der Kunde kann damit auch unter der GPL v3 weiterhin kostenfrei weltweit vom ursprünglichen Rechteinhaber die Einräumung von Nutzungsrechten verlangen (ebenso Wandtke/Bullinger/*Grützmacher*³ § 69 c Rdnr. 76; *Spindler* Kap. C Rdnr. 90 f.; *Koch* ITRB 2007, 261/263). Schließlich darf die Nutzung des Programms nicht eingeschränkt werden, so dass auch keine Vergütungen während des Ablaufens der Software verlangt werden dürfen (sog. „metering", vgl. Wandtke/Bullinger/*Grützmacher*³ § 69 c Rdnr. 77, *Koch* CR 2000, 333/337; zum Lizenzge-

bührenverbot der GPL v2 allgemein *Jaeger/Metzger*[2] Rdnr. 39f.; *Ullrich*/Lejeune/*Konrad*/*Timm-Goltzsch*[2] Teil I Rdnr. 869).

46 Bei der Auslieferung und Weiterverbreitung muss die Software mitsamt dem **Quellcode** oder dem Angebot, diesen zur Verfügung zu stellen, ausgeliefert werden. Ziff. 3 GPL v2, Ziff. 1 GPL v3, insbesondere die Definitionen der „corresponding source" in Ziff. 1 Abs. 4 GPL v3 erläutern den Umfang der zur Verfügung zu stellenden Sourcen, etwa Skripte oder Programmbibliotheken (*Wiebe/Heidinger* MR 2006, 258/259; *Jaeger/Metzger* GRUR 2008, 130/135). Allerdings dürfen deswegen nicht Informationen über proprietär lizenzierte Software ausgeliefert werden, etwa bei Schnittstellen der Open Source Software zu proprietärer Software (grundlegend *Backu* ITRB 2003, 180 ff.; Wandtke/Bullinger/*Grützmacher*[3] § 69 c Rdnr. 76). Ziff. 1 Abs. 4 GPL v3 macht nunmehr zudem deutlich, welche Bestandteile des Quellcodes nicht eingeschlossen sind. Hierzu gehören die sog. **„System Libraries"**, die Standardkomponenten enthalten, die nicht zu der Software selbst gehören, aber benötigt werden, um diese ablaufen zu lassen und regelmäßig auch anderweitig frei erhältlich sind (z. B. Compiler, Linker, Betriebssystem), wodurch einerseits vermieden werden soll, dass der Quellcode deshalb praktisch wertlos ist, weil Bearbeitungen nur mit einem speziellen, „unfreien" Compiler neu kompiliert werden können, andererseits aber frei lizenzierte Standardwerkzeuge immer mitgeliefert werden müssen (*Jaeger/Metzger* GRUR 2008, 130/135).

47 cc) **Sonderproblem: Der „virale Effekt" der GPL.** Von diesen Bedingungen werden alle Softwaremodule, Bearbeitungen und Weiterentwicklungen erfasst, die das unter der GPL lizenzierte Programm umfassen oder darauf beruhen. Der von manchen so genannte **„Viral effect"** (oder Copyleft-Prinzip), der zur Überleitung der GPL auf Programme führt, die auf GPL-geschütztem Code beruhen, ist in Ziff. 2 Abs. 1 b), Abs. 2 GPL v2 verankert („derivative work"), in der Version 3 nunmehr in Ziff. 5 Abs. 1 c), Abs. 2 GPL v3 als „work based on the earlier work". Die neue Version 3 ist dabei wenig hilfreich, da sie nur auf die jeweilige nationale Bestimmung der Bearbeitung abstellt (Ziff. 5 Abs. 1 c), Ziff. 0 Abs. 4 GPL v3). Der einfache Verweis darauf, ob eine urheberrechtliche Erlaubnis erforderlich ist – und damit auf den urheberrechtlichen Bearbeitungs- und Verbindungsbegriff – führt zu dem Erfordernis, dass geklärt werden muss, was im Softwareurheberrecht als Umarbeitung iSd. § 69 c Nr. 2 UrhG bzw. Verbindung iSd. § 9 UrhG zu verstehen ist und ob sich daraus relevante Abweichungen von dem in der GPL v2 beschriebenen Verständnis ergeben (*Jaeger/Metzger* GRUR 2008, 130/135). Zudem können sich im Hinblick auf das Schutzlandprinzip Abweichungen in den einzelnen Urheberrechtsordnungen ergeben, so dass sich das Copyleft bei einem weltweiten Vertrieb wohl nach der Urheberrechtsordnung richten muss, die die geringsten Anforderungen an eine zustimmungspflichtige Bearbeitung oder Verbindung stellt (*Jaeger/Metzger* GRUR 2008, 130/135).

48 Die Abgrenzung von **selbständigen Programmen,** die nicht unter die GPL gestellt werden müssen, und **„abgeleiteten Werken"** stellt in der Praxis ein erhebliches Problem dar (instruktiv *Hoppen/Thalhofer* CR 2010, 275 ff.). Die Grenzen können hier ähnlich den für die Bearbeitung eines Werkes §§ 23, 69 c Nr. 2 UrhG und der Zusammenfügung bzw. der Verbindung zweier Werke gem. § 9 UrhG gezogen werden (ähnlich Fromm/Nordemann/*Czychowski*[10] Nach § 69 c Rdnr. 11; aus US-amerikanischer Sicht *Determann* GRUR Int. 2006, 645/649). Während die zusammengefügten oder verbundenen Werke jedes für sich getrennt nutzbar bleiben, stellen das Originalwerk und dessen Bearbeitung nicht zwei selbständige Werke dar. Die **Bearbeitung** ist gerade ähnlich der in Ziff. 0 Abs. 1 Satz 2 GPL v2 unter die Lizenz gestellten „work based on the program" lediglich **eine abhängige Umgestaltung des Ausgangswerkes,** wohingegen die Eigenart der jeweiligen zusammengefügten Werke nach §§ 23, 69 c Nr. 2 UrhG dem Begriff „identifiable sections of that work which are not derived from the program and which can be reasonably considered independant and separate works in themselves" in Ziff. 2 Abs. 2 GPL v2 nahe kommt, für die der Geltungsbereich der Lizenz ausgeschlossen sein soll. Nach Ziff. 2 Abs. 2 GPL v2 ist aber selbst bei **Unabhängigkeit des neuen Werkes** die **Unterstellung unter die GPL zwingend,** wenn das neue Werk zusammen mit der GPL-geschützten Software als Ganzes verbreitet wird – anders als nach deutschem Recht, das nicht nach der Verbreitung differenziert. Bei der Frage, ob die gemeinsame Weitergabe von GPL-Programmen und proprietärer Software als Ganzes den **„viralen Effekt"** auslöst, wird diskutiert, ob die Herstellung eines „work based on the Program" durch eine technische Verbindung zusätzliche Voraussetzung für das Eingreifen des „viralen Effekts" ist (*Funk/Zeitfang* CR 2007, 617/619, ähnlich *Determann* GRUR Int. 2006, 645/650, der die inhaltliche Übernahme wesentlicher und kreativer Anteile für nötig hält). Auch soll es nach Ziff. 2 GPL nicht darauf ankommen, ob das abgeleitete Werk zusammen mit dem GPL-Code auf einem Speichermedium (Datenträger) verbreitet wird, so dass auch GPL-Code zusammen mit eigenständiger („proprietärer") Software verbreitet werden darf, ohne dass deswegen bereits die Software als „Ganzes" qualifiziert und damit der GPL unterstellt würde (s. auch *Jaeger/Metzger*[2] Rdnr. 47 ff.; *Determann* GRUR Int. 2006, 645/650). Beim Verbinden von freien und proprietären Komponenten ist die „Arms Length", also der Abstand zwischen den Komponenten ein zentraler Punkt. Werden sie durch statisches Linken verbunden, überträgt sich die GPL automatisch auf das entstehende Produkt, beim **dynamischen Linken** ist die Situation nicht eindeutig (Grauzone), da die benötigten Komponenten erst zur Laufzeit in die Applikation eingebunden werden (*Hoppen/Thalhofer* CR 2010, 275/279 f.); wenn die Komponenten über ein klar definiertes Interface miteinander kommunizieren, überträgt sich die Lizenz nicht (*Degen/Lanz/Luthiger* Mitteilungen der Schweizer Informatiker Gesellschaft 2003, 305/307 ff.). Da es kaum allgemeingültige Kriterien geben dürfte, kann nur auf eine **wertende Gesamtbetrachtung** insgesamt abgestellt werden. Als **Indizien für ein gemeinsames Ganzes aus GPL-Code und neuem Werk** können etwa gelten (ebenso *Jaeger/Metzger*[2] Rdnr. 52 ff.; ähnlich aber offen im Ergebnis Fromm/Nordemann/*Czychowski*[10] Nach § 69c Rdnr. 13 ff.): dass der Code nicht ohne den GPL-Code selbständig geladen werden kann, sonst liegt ein selbständiges Werk auch im Sinne der GPL vor, wobei es nicht auf die Abhängigkeit vom Betriebssystem ankommt, da sonst sämtliche an sich eigenständigen Programme stets ein Derivativ vom Betriebssystem wären; dass sowohl der GPL-Code als auch der hinzugefügte Code Teil eines Anwendungsprogramms (.exe bzw. Executable) werden und ob sie in einem Adressraum ausgeführt werden. Ergänzend muss es auf die Verkehrsanschauung ankommen, ob die Funktionen eines Programms vorliegen, wobei komplexere Software wie Betriebssysteme oder Office-Systeme nicht als eine einheitliche Software, sondern nur als Konglomerat verschiedener Anwendungen gelten können.

dd) Besonderheiten der GPL. Einen wichtigen Sonderfall stellt die Verwendung des Links auf **Software-Libraries im Wege des Dynamic Linking** dar. Derartige „Bibliotheken" stehen gemeinsam den Anwendungsprogrammen zur Verfügung („shared library"), so dass diese von zahlreichen Modulen entlastet werden können. Im Open Source Bereich finden sich Bibliotheken, die entweder der GPL oder der Lesser GPL unterstellt sind, einer speziell für diesen Bereich entwickelten Public License. Bei einer **dynamischen Verlinkung** werden die Bibliothek und deren Routinen erst geladen, wenn die fremde Software auf die Bibliothek im Verlauf der Ausführung darauf zurückgreift. Eine klare und einheitliche Aussage, unter welchen Umständen eine Software, die auf der GPL unterstellte Programmbibliotheken zugreift, selbst von der GPL bei gemeinsamem Vertrieb mit der GPL-Programmbibliothek erfasst würde, lässt sich nicht geben (*Wuermeling/Deike* CR 2003, 87/90; *Hoppen/Thalhofer* CR 2010, 275/278 f.). Bei Verwendung der LGPL lassen sich einige dieser Probleme vermeiden, da Linking-Vorgänge nicht dazu führen, dass die entsprechenden Programme von vornherein auch unter die LGPL gestellt werden müssten. 49

Besondere Fragen stellen sich beim Einsatz von Compilern oder Editoren, die ihrerseits unter die GPL gestellt worden sind. Üblicherweise übersetzt ein **Compiler** einen Quellcode in den Maschinencode (Objektcode). Auch die GPL selbst will diese Fälle nicht der GPL unterstellen, indem Ziff. 0 Abs. 2 S. 2 GPL v2 noch festhält, dass der Output des Programms nicht der GPL unterliegt, wenn der Inhalt nur ein auf dem Programm basierendes Werk darstellt. Allerdings greift diese Regel nur dann ein, wenn der Compiler nicht Teile seines eigenen Quellcodes in den Objektcode überträgt, wie es beim Programm Bison als sog. Compiler-Compiler (Parser) bekannt wurde (*Jaeger/Metzger*[2] Rdnr. 61). Die gleichen Grundsätze finden Anwendung auf der GPL unterstehenden **Editoren**, die bei der Erstellung von Softwaretools hilfreich sind. Deren Einsatz führt in der Regel nicht zur Unterstellung der erstellten Software unter die GPL, da kein eigenständiger GPL-Code in die Software eingeführt wird und der Editor nur Hilfsfunktionen übernimmt. 50

Schließlich sind auch **Treiber** nach der Verkehrsauffassung als eigenständig anzusehen und nicht als Teil einer übergreifenden Betriebssystemsoftware, was sich nicht zuletzt in den – im proprietären Sektor – unterschiedlichen Vertriebskanälen für Treiber- und Betriebssystemsoftware niederschlägt. 51

Die GPL Version 3 enthält zudem erstmals besondere Bedingungen für den **Einsatz von DRM-Systemen.** Demnach verzichtet nach Ziff. 3 Abs. 2 GPL v3 derjenige, der ein GPL-Programm vertreibt, auf sein Recht, die Umgehung technischer Schutzmaßnahmen zu verbieten, soweit diese die Ausübung der Nutzungsrechte aus der GPL beschränken (zusammenfassend *Jaeger/Metzger* GRUR 2008, 130/131 f.; *Koch* ITRB 2007, 261/262). Eine weitere Lizenzklausel in Bezug auf die DRM-Systeme findet sich in Ziff. 6 Abs. 4 GPL v3. Demnach müssen beim 52

Vor §§ 69a ff. Vorbemerkungen

Vertrieb von Geräten mit GPL-Software die erforderlichen „installation information" mitgeliefert werden, um bearbeitete GPL-Programme wieder installieren und ausführen zu können. Diese Regelung schließt die erforderlichen Authentifizierungsschlüssel mit ein, gilt jedoch nur für Verbrauchergeräte. Hintergrund dieser – zulässigen – Regelungen waren Auseinandersetzungen um Software in Hardware-Systemen, die unter der GPL standen, bei denen aber die Hardware durch technische Schutzmaßnahmen abgesichert war, so dass die Nutzer nicht die Software verändern oder bearbeiten konnten (aA wohl Fromm/Nordemann/*Czychowski*[10] Nach § 69 c Rdnr. 36: Vertrag zu Lasten Dritter; krit. auch *Funk/Zeitfang* CR 2007, 617/623, diese weisen darauf hin, dass der Adressatenkreis der Verzichtsanordnung nicht klar definiert sei, wodurch unklar ist, ob sich die Verzichtsanordnung der Ziff. 3 Abs. 2 GPL v3 nur auf dispositionsbefugte Rechteinhaber beschränkt oder darüber hinausgehen soll, so dass sich vor allem urheberrechtliche Bedenken ergeben).

53   Besondere Probleme ergeben sich bei einer Erstellung von Open Source Software unter der GPL im Rahmen von **Arbeitsvertragsverhältnissen**, wie sie in der Praxis häufig vorkommen. Denn der Arbeitnehmer erstellt die Software nicht entgeltfrei, wie von der GPL postuliert wird; auch bleibt er Urheber, der Arbeitgeber erhält zwar zwingend die Verwertungsrechte, nicht aber die Rechtsstellung als Urheber (im Einzelnen Fromm/Nordemann/*Czychowski*[10] Nach § 69 c Rdnr. 17; *Koch* CR 2000, 333/341; *Spindler* Kap. C Rdnr. 107 ff.; *Deike* CR 2003, 9/17; *Sujecki* JurPC Web-Dok. 145/2005 Abs. 31 f.). Zwar wird demgegenüber eingewandt, dass in Ansehung von § 32 Abs. 3 S. 3 die Rechteeinräumung nicht gegen gesondertes Entgelt erfolge (so Wandtke/Bullinger/*Grützmacher*[3] § 69 b Rdnr. 22, § 69 c Rdnr. 76); doch geht dies an dem Problem vorbei, da § 32 Abs. 3 S. 3 nur verhindern will, dass die zwingende Vergütung die Anwendung der GPL und anderer Open Source Lizenzen generell behindert (*Jaeger/Metzger*[2] Rdnr. 135 ff.; Rechtsausschuss BT-Drucks. 14/8058 S. 19; BT-Drucks. 14/6433 S. 15). Die Regelung hebelt nicht das Synallagma von Arbeitslohn und Einräumung von Verwertungsrechten nach § 69 b UrhG aus. Es wäre lebensfremd, anzunehmen, dass ein angestellter Programmierer bei proprietärer Software einen Lohn für die Einräumung der Verwertungsrechte erhält, bei Open Source Software aber rein altruistisch arbeiten sollte. Ebenso wenig kann davon ausgegangen werden, dass der Arbeitnehmer die Software nicht verbreiten würde (so aber Wandtke/Bullinger/*Grützmacher*[3] § 69 c Rdnr. 76; aA auch *Jaeger/Metzger*[2] Rdnr. 135 ff.); **denn eine Verbreitung liegt schon in der Weitergabe an den Arbeitgeber, da es sonst § 69 b UrhG nicht bedurft hätte** (*Sujecki* JurPC Web-Dok. 145/2005 Abs. 32; *Wuermeling/Deike* CR 2003, 87/88). Hier kann nur eine ergänzende Auslegung der GPL selbst helfen, indem als Urheber („author") in solchen Fällen nicht der Arbeitnehmer, sondern der Arbeitgeber angesehen wird (zusammenfassend *Spindler* Kap. C Rdnr. 109).

54   Die von der GPL vorgesehenen **Gewährleistungs- und Haftungsausschlüsse** (Ziff. 11, 12 GPL v2, Ziff. 15, 16 GPL v3) sind nach deutschem Recht unwirksam (allg. M. *Jaeger/Metzger*[2] Rdnr. 219 ff., 266 f.; *Spindler* Kap. D Rdnr. 17, 22; *Grützmacher* ITRB 2002, 84/89 f.; *Koch* CR 2000, 333/335/340 f.). Dem trägt zwischen die GPL v3 insofern Rechnung als sie die Ausschlüsse unter den Vorbehalt des nationalen Rechts stellt. An die Stelle der unwirksamen Haftungs- und Gewährleistungsausschlüsse treten die Haftungserleichterungen für den jeweiligen Vertragstyp, bei alleiniger Überlassung der Software etwa Schenkungsvertragsrecht (*Jaeger/Metzger*[2] Rdnr. 205 ff.; *Spindler* Kap. D Rdnr. 4 ff.). Bei gemischten entgeltlichen Verträgen, also Softwareüberlassung zusammen mit Schulung, Implementation etc., bleibt es aber bei den jeweiligen vertragstypischen Haftungsmaßstäben, etwa Dienstleistungsrecht oder Werkvertragsrecht (eingehend *Spindler* Kap. D Rdnr. 25 ff.; *Jaeger/Metzger* Rdnr. 256 ff., 261 ff.; *Schulz* Rdnr. 807 ff.).

55   Bedenken gegen die rechtliche Wirksamkeit der Auferlegung von Pflichten aus der GPL gegenüber Nutzern können sich allerdings aus **kartellrechtlichen** Erwägungen ergeben. Denn die Pflichten etwa zur Offenlegung des Quellcodes ebenso wie die Vorgabe der weitgehenden Unentgeltlichkeit stellen im Prinzip eine vertikal wirkende Bindung dar, die der kartellrechtlichen Rechtfertigung bedarf (daher für Kartellrechtswidrigkeit Fromm/Nordemann/*Czychowski*[10] Nach § 69 c Rdnr. 21 ff.). Nach Art. 4 a GVO-VV (hierzu Spindler/*Heath* Kap. G Rdnr. 6 ff.), Art. 4 Abs. 1 lit. a, Abs. 2 lit. a GVO-Technologietransfer ist allerdings eine solche Preisbindung unbedenklich (aA Fromm/Nordemann/*Czychowski*[10] Nach § 69 c Rdnr. 24, Spindler/*Heath* Kap. G Rdnr. 9, da keine Höchstpreisgrenze vorliege, sondern Preisfestsetzung und damit freistellungsfähig. Zu berücksichtigen ist hier insbesondere, dass mit Hilfe der Open Source Lizenzgestaltung neue Sekundärmärkte geschaffen werden und der Abschottung bestehender Märkte entgegen gewirkt wird (ebenso im Ergebnis Wandtke/Bullinger/*Grützmacher*[3] § 69 c Rdnr. 79; Spindler/*Heath* Kap. G Rdnr. 6 ff.; *Ullrich/Lejeune/Konrad/Timm-Goltzsch*[2]

Vorbemerkungen **Vor §§ 69a ff.**

Teil I Rdnr. 869 ff.; offen aber LG Frankfurt CR 2006, 729/732; die gebotene gesamtökonomische Abwägung verkennen dagegen Fromm/Nordemann/*Czychowski*[10] Nach § 69 c Rdnr. 21 ff.). Darüber hinaus bestätigt § 32 Abs. 3 S. 3 UrhG, der gerade mit Blick auf das Open Source Softwaremodell eingeführt wurde (Begr. BT-Drucks. 14/6433 S. 15), dass es in der Entscheidungsfreiheit des Urhebers liegt, einfache Nutzungsrechte einzuräumen, was prinzipiell vom Kartellrecht zu akzeptieren ist (*Ullrich*/Lejeune/*Konrad*/*Timm-Goltsch*[2] Teil I Rdnr. 869). Die Verpflichtung zur Zugänglichmachung des Source Code begegnet keinen kartellrechtlichen Bedenken, weil der Softwareerwerber die Software lediglich in der Art und Weise, nämlich in der Form des Source Code, weitergeben muss, in der er die Software selbst erhalten hat; zudem fördert die Offenhaltung und Kenntnis des Source Code den Wettbewerb, und zwar bezüglich der Softwareentwicklung wie auch bezüglich der von der Kenntnis des Source Code abhängigen Drittleistungen wie beispielsweise Anpassungen oder Softwarepflege (*Ullrich*/Lejeune/*Konrad*/ *Timm-Goltsch*[2] Teil I Rdnr. 872 f.).

Nennenswerte Bedeutung haben ferner die **Apache-Lizenzen** sowie die **BSD-Lizenzen** 56 und Mozilla-Lizenzen (z. B. der bekannte Browser Firefox) erlangt. Die Apache-Lizenz zeichnet sich durch das Fehlen einer Copyleft-Klausel sog. **Non-Copyleft-Lizenzmodelle** aus, so dass modifizierte Versionen der Software auch proprietär vertrieben werden können, wobei diese jedoch nur mit Erlaubnis des Kennzeicheninhabers unter dem Namen „Apache" weiterverbreitet werden dürfen (*Grassmuck* S. 271 ff.; *Jaeger*/*Metzger*[2] Rdnr. 102 ff.; *Grützmacher* ITRB 2006, 108). Auch die BSD-Lizenz sieht keine Copyleft-Klausel vor, sondern regelt vor allem die Einräumung von Nutzungsrechten (dazu *Jaeger*/*Metzger*[2] Rdnr. 99 ff.; Spindler/*Arlt*/*Brinkel*/*Volkmann* Kap. I Rdnr. 28 ff.; *Grützmacher* ITRB 2006, 108). Die Mozilla-Lizenz wiederum ermöglicht mittels einer beschränkten Copyleft-Klausel eine, gegenüber der strengen GPL-Copyleft-Klausel, einfachere Kombination von Software mittels Verbindung verschiedener Lizenztypen (*Grassmuck* S. 307 ff.; *Jaeger*/*Metzger*[2] Rdnr. 81 ff.; Spindler/*Arlt*/*Brinkel*/*Volkmann* Kap. I. Rdnr. 5 ff.; *Steinle* JurPC Web-Dok.139/2007 Abs. 19 ff.).

Auch die EU hat eine Modelllizenz für Open Source Programm entwickelt, die **European** 57 **Public License** (EUPL, abrufbar unter http://ec.europa.eu/idabc/en/document/7774; dazu eingehend *Wiebe*/*Heidinger* MR 2006, 258; *Wiebe*/*Heidinger* European Union Public Licence – EUPL V 0.2, Kommentar, Wien 2006, abrufbar unter *www.infolaw.at*).

VI. Softwarelizenzverträge

Schrifttum: Barth/Schüll (Hrsg.), Grid Computing, 2006; *Baun*/*Kunze*/*Nimis*/*Tai*, Cloud Computing: web- 58 basierte dynamische IT-Services, 2009; *Bettinger*/*Scheffelt*, Application Service Providing: Vertragsgestaltung und Konflikt-Management, CR 2001, 729 ff.; *Bierekoven*, Lizenzierung in der Cloud, ITRB 2010, 42; *Bräutigam* (Hrsg.), IT-Outsourcing, 2. Auflage, 2009; *Bräutigam*/*Rücker*, Softwareerstellung und § 651 BGB – Diskussion ohne Ende oder Ende der Diskussion, CR 2006, 361 ff.; *Czychowski*/*Bröcker*, ASP – ein Auslaufmodell für das Urheberrecht?, MMR 2002, 81 ff.; *Dreier*/*Vogel*, Software- und Computerrecht, 2008; *Dunkel*/*Eberhart*/*Fischer Kleiner*/*Koschel*, System-Architekturen für verteilte Anwendungen, 2008; *Eymann*/*Matros*, Entwicklungsperspektiven des Grid Computing, in: *Hoffmann*/*Leible* (Hrsg.) Vernetztes Rechnen – Softwarepatente – Web 2.0, Reihe Recht und Neue Medien, Band 16, 2008, S. 9 ff.; *Grützmacher*, Application Sercice Providing – Urhebervertragsrechtliche Aspekte, ITBR 2001, 59 ff.; *Günther*, Zur Reichweite des Urheberrechtsschutzes bei Computerprogrammen, CR 1994, 611 ff.; *Haberstumpf*, Handbuch des Urheberrechts, 2. Auflage, 2000; *ders.*/*Hintermeier*, Einführung in das Verlagsrecht, 1985; *Hoeren*, Die Kündigung von Softwareerstellungsverträgen und deren urheberrechtliche Auswirkungen, CR 2005, 773; *ders.*, Softwareauditierung, CR 2008, 409; *Hoppen*, Die technische Seite der Softwarelizenzierung, CR 2007, 129 ff.; *Jani*, Der Buy-Out-Vertrag im Urheberrecht, 2003; *Jacobs*, Der neue urheberrechtliche Vermietbegriff, GRUR 1998, 246 ff.; *Karger*/*Sarre*, Wird Cloud Computing zu neuen juristischen Herausforderungen führen?, in *Taeger*/*Wiebe* (Hrsg.) Inside the Cloud – Neue Herausforderungen für das Informationsrecht. 2009, S. 427 ff.; *Frank A. Koch*, Computer-Vertragsrecht, 7. Aufl., 2008; *ders.*, Weltweit verteiltes Rechnen im Grid Computing, CR 2009, 42 ff.; *ders.*, GRID Computing im Spiegel des Telemedien-, Urheber- und Datenschutzrechts, CR 2006, 111 ff.; *ders.*, Rechtsschutz für Benutzeroberflächen von Software, GRUR 1991, 180 ff.; *König*, Das Computerprogramm im Recht, 1991; *Lehmann*, Das Urhebervertragsrecht der Softwareüberlassung, Fs. Schricker, 1995, S. 543 ff.; *Marly*, Praxishandbuch des Softwarerechts, 5. Aufl. 2009; *Maume*/*Wilser*, Viel Lärm um nichts? Zur Anwendung von § 651 BGB auf IT-Verträge, CR 2010, 209; *Moos*/*Flemming*, Softwarelizenz-Audits, CR 2006, 797 ff.; *Moritz*, Softwarenutzungsverträge im Spannungsfeld von Urheber- und Kartellrecht, 1988; *Schneider*, Softwareerstellungsverträge, 2006; *ders.*/*von Westphalen* (Hrsg.), Softwareerstellungsverträge, 2006; *Schulz*, Rechtliche Aspekte des Cloud Computing im Überblick, in: Taeger/Wiebe (Hrsg.) Inside the Cloud – Neue Herausforderungen für das Informationsrecht, 2009, S. 403 ff.; *Schuster*/*Reichl*, Cloud Com-

Vor §§ 69a ff.   Vorbemerkungen

puting & SaaS: Was sind die wirklich neuen Fragen? CR 2010, 38; *Schweinoch/Roas,* Paradigmenwechsel für Projekte: Vertragstypologie der Neuerstellung von Individualsoftware, CR 2004, 326 ff.; *Spindler,* Rechtliche Probleme des GRID-Computing, in: Hoffmann/Leible (Hrsg.) Vernetztes Rechnen – Softwarepatente – Web 2.0, 2008, S. 21 ff.; *ders.,* Die Entwicklung des EDV-Rechts 2008/2009, K&R 2009, 521 ff.; *ders./Klöhn,* Neue Qualifikationsprobleme im E-Commerce, CR 2003, 81 ff.; *Srocke,* Das Abstraktionsprinzip im Urheberrecht, GRUR 2008, 867; *Ullrich/Lejeune* (Hrsg.), Der internationale Softwarevertrag, 2. Aufl. 2006; *Zimmeck,* Grundlagen der Nutzungsrechtübertragung an urheberrechtlich geschützten Computerprogrammen durch den Lizenznehmer, ZGE 2009, 324; sa. § 31 zu allgemeinen urhebervertragsrechtlichem Schrifttum.

1. Vertragstypologische Einordnung von Softwarelizenzverträgen

59   Besondere Vorgaben für Softwarelizenzverträge bestehen nicht, die **§§ 31 ff. UrhG** finden grundsätzlich auch auf Software Anwendung. In der Praxis haben sich **zahlreiche Vertragstypen** herausgebildet, die zum Teil erheblich von den Leitbildern des BGB abweichen, aber auf bestimmte Grundtypen zurückgeführt werden können. So finden sich etwa für Verträge über die **Überlassung von Standardsoftware auf Dauer** eher kaufvertragsähnliche Verträge, die von der Rechtsprechung auch zumindest analog dem **Kaufvertragsrecht** unterworfen werden (BGH NJW 2007, 2394/2395 f. = CR 2007, 75/75 f. mwN; explizit ab BGH CR 1988, 124/126; BGH CR 1990, 24/26; BGH CR 1990, 384/386; BGH CR 1990, 707/708; BGH CR 1993, 203/204; BGH CR 2000, 207/208) – seit der Einführung von § 453 BGB ist zumindest im Kaufvertragsrecht auch die Frage weitgehend obsolet, ob Software eine Sache oder ein Recht oder ein aliud darstellt. Dieses Problem stellt sich indes nach wie vor für Verträge im Werklieferungsbereich, **§ 651 BGB**, zur Abgrenzung gegenüber dem Werkvertrag, der auf die **Erstellung einer individuellen Software** gerichtet ist (für weitgehende Anwendung von § 651 BGB und damit Kaufrecht: BGH CR 2009, 637; näher dazu *Schweinoch* CR 2010, 1; *Maume/Wilser* CR 2010, 209; *Müller-Hengstenberg* NJW 2010, 1181; zuvor *Bräutigam/Rücker* CR 2006, 361 ff.; *Spindler/Klöhn* VersR 2003, 273/273; *Spindler/Klöhn* CR 2003, 81 ff.; *Schmidl* MMR 2004, 590 ff.; *Ullrich/Lejeune,* Rdnr. 294 f.; *Schweinoch/Ross* CR 2004, 326 ff.; *Marly*[5] Rdnr. 625 ff.; *Lenhard* Vertragstypologie von Softwareüberlassungsverträgen, 2008, S. 148 ff.; *Schneider*[4], Kap. H Rz. 3 ff.; *Schneider/von Westphalen* Softwareerstellungsverträge, Kap. B Rz. 8 ff.; *Dreier/Vogel* Software- und Computerrecht, S. 141 ff.). Darüber hinaus existieren zahlreiche Misch-Verträge, etwa Softwareüberlassungsverträge verbunden mit Wartungs- und Pflegeverträgen, um die Software an sich häufig ändernde Rahmenbedingungen anzupassen. Ferner wird differenziert nach Einzelplatz oder Mehrplatznutzung, nach der wirtschaftlichen Nutzung der Software in Abhängigkeit von der Leistungsfähigkeit von EDV-Anlagen (etwa bei sog. CPU-Klauseln, dazu BGHZ 152, 233 = CR 2003, 323 ff., = NJW 2003, 2014 ff. = GRUR 2003, 416 ff., = MMR 2003, 393 ff.) m. Anm. *Spindler* JZ 2003, 1113/1117), auch nach Mengen, etwa bei Volumenlizenzverträgen, bei denen nur eine Master-CD geliefert und dem Anwender erlaubt wird, der Lizenzvorgabe folgend entsprechend viele Vervielfältigungsstücke herzustellen (zu Volumenlizenzverträge s. *Schneider*[4], Kap. C Rdnr. 134; *Hoppen* CR 2007, 129/131). Schließlich erlangt die Nutzung von Software auf ausgelagerten Rechnern zunehmend Bedeutung, sei es in Gestalt des sog. **Application Service Providing** (hierzu Rdnr. 65 ff.), bei der die Software auf einem fremden Server liegt zur Benutzung (dazu *Dreier*/Schulze[3] § 69 c Rdnr. 36; *Schneider*[4], Kap. M Rdnr. 24; Wandtke/Bullinger/*Grützmacher*[3] § 69 c Rdnr. 44, 65, § 69 d Rdnr. 13; *Bettinger/Scheffelt* CR 2001, 729 ff.), sei es durch **GRID-Computing** (hierzu Rdnr. 71 ff., das verschiedene Rechnerkapazitäten zentral managt und dabei auch Software zum Einsatz kommt (dazu *Frank A. Koch* CR 2006, 42 ff., 111 ff.; *Spindler* in Hoffmann/Leible, Vernetztes Rechnen – Softwarepatente – Web 2.0 2008, S. 21 ff.), sei es neuerdings durch **Cloud Computing** (hierzu Rdnr. 68 ff., *Pohle/Ammann* CR 2009, 273 ff.; *Niemann/Paul* K&R 2009, 444 ff.; Beiträge in IM 02/2009, 6 ff.; wNachw unten Rdnr. 68) das ähnlich wie das GRID-Computing (dazu *Spindler* in Hoffmann/Leible (Hrsg.), Vernetztes Rechnen – Softwarepatente – Web 2.0, S. 21 ff.; *Eymann/Matros* in Hoffmann/Leible (Hrsg.), Vernetztes Rechnen – Softwarepatente – Web 2.0, S. 9 ff.; *Frank A. Koch* CR 2006, 42 ff.; *Frank A. Koch* CR 2006, 111 ff.; *Piger* 2008, S. 5 ff.; *Barth*/Schüll/*Harms/Rehm/Rueter/Wittmann* Grid Computing, 2006, S. 1 ff.; *Dunkel/Eberhart/Fischer/Kleiner/Koschel* System-Architekturen für verteilte Anwendungen, 2008, S. 161 ff. weitere Literaturnachweise Rdnr. 68) weltweit Rechnersysteme für die Verarbeitung von Daten nutzt.

2. Geltung der urhebervertraglichen Regelungen bei Softwarelizenzverträgen

60   **a) Anwendbarkeit des Trennungs- und Abstraktionsprinzips.** Die einzelnen vertragsrechtlichen Probleme können im Rahmen einer urheberrechtlichen Kommentierung nicht vertieft werden (s. dazu die Werke von Marly, Frank A. Koch, Schneider, Redeker). Die urheberver-

Vorbemerkungen   Vor §§ 69a ff.

tragsrechtlichen Regelungen gelten jedoch auch hier, insbesondere das **Trennungsprinzip**, indem zwischen Kausalgeschäft (schuldrechtlicher Nutzungsvertrag) und Rechteeinräumung durch Verfügung unterschieden wird (Vor §§ 28 ff. Rdnr. 98, § 31 Rdnr. 8; *Loewenheim/ J. B. Nordemann*[2], § 26 Rdnr. 2; *Wandtke/Bullinger/Grützmacher*[3] Vor §§ 69a ff. Rn. 11; *Picot* Abstraktion und Kausalabhängigkeit im deutschen Immaterialgüterrecht, 2007, S. 53 f.). Hintergrund hierfür ist, dass nach h. M. der Einräumung von einfachen und ausschließlichen urheberrechtlichen Nutzungsrechten (§ 31), soweit sie sich jeweils auf ein selbstständiges Nutzungsrecht beziehen, dingliche Wirkung zukommt (Grund: Sukzessionsschutz gem. § 33) und daher die Einräumung eines urheberrechtlichen Nutzungsrechts immer eine belastende Verfügung über das Urheberrecht darstellt, der ein Verpflichtungsgeschäft (Nutzungsvertrag) zugrunde liegt, mit welchem der Umfang des Nutzungsrechts sowie die einzelnen Konditionen festgelegt werden (BGH GRUR 1959, 200/202 – Der Heiligenhof; LG München I GRUR-RR 2004, 350 – GPL-Verstoß; *Wandtke/Bullinger/Grunert*[3] § 31 Rdnr. 31; *Fromm/Nordemann/J. B. Nordemann*[10] § 31 Rdnr. 87, 92; *Dreier/Schulze*[3] § 31 Rdnr. 52, 56; *Schack*[5] Rdnr. 603; *Loewenheim/J. B. Nordemann*[2] § 25 Rdnr. 3, 7; *Dreyer/Kotthoff/Meckel*[2] § 31 Rdnr. 103, 105). Von der Einräumung einfacher oder ausschließlicher urheberrechtlicher Nutzungsrechte (§ 31) ist die rein schuldrechtliche Nutzungserlaubnis (§ 29 Abs. 2) zu unterscheiden. Da es an einer Verfügung fehlt, spielt das Trennungsprinzip hier keine Rolle. Ob bei der Einräumung einfacher oder ausschließlicher urheberrechtlicher Nutzungsrechte allerdings auch das **Abstraktionsprinzip** zur Anwendung gelangt, ist sowohl für das Urheberrecht generell wie auch spezifisch für den Schutz von Computerprogrammen nach wie vor nicht endgültig geklärt. Seine Anwendung wird jedoch von der überwiegenden Auffassung in Rechtsprechung und Literatur zu Recht abgelehnt (OLG Köln GRUR-RR 2007 – Computerprogramm für Reifenhändler, 33/34; LG Köln GRUR-RR 2006, 357/358 ff.; LG Mannheim CR 2004, 811/814; Pres S. 150; *Lehmann*, Fs. für Schricker, 1995, S. 543/546; allgemein ablehnend für das Urheberrecht: OLG Karlsruhe ZUM-RD 2007, 76/78; OLG Hamburg GRUR 2002, 335/336 – Kinderfernseh-Sendereihe; OLG Brandenburg NJW-RR 1999, 839/840; OLG Hamburg GRUR Int. 1999, 76/81; Vor §§ 28 ff. Rdnr. 100; *Fromm/Nordemann/J. B. Nordemann*[10] § 31 Rdnr. 32; für eine Anwendung beim Softwareerstellungsvertrag: *Hoeren* CR 2005, 773/774; *Grützmacher* CR 2004, 814; allgemein für eine Anwendung im Urheberrecht: *Schack*[5], Rdnr. 589 f.; *Schwarz/Klingner* GRUR 1998, 103 ff.; gegen pauschale Betrachtungsweise: *Srocke* GRUR 2008, 867 ff.). Die Ablehnung des Abstraktionsprinzip hat zur Folge, dass bei Unwirksamkeit oder Beendigung des schuldrechtlichen Nutzungsvertrags ein automatischer Rechterückfall an den Urheber erfolgt, ohne dass es einer gesonderten Rückübertragung bedarf. Dies gilt nach überwiegender Ansicht (§ 35 Rdnr. 22, 23 mwN; OLG Köln MMR 2006, 750/751; OLG Hamburg ZUM 2001, 1005/1008; *Dreier/Schulze*[3] § 35 Rdnr. 16; *Wandtke/Bullinger/Grunert*[3] § 35 Rdnr. 7 ff.; aA: *Schwarz/Klingner* GRUR 1998, 103/110 unter Heranziehung des Gedankens aus § 33 UrhG) auch für die auf 2. Stufe erteilten Nutzungsrechte (§ 35), die somit bei Wegfall des ausschließlichen Nutzungsrechts früherer Stufe, aufgrund dessen das Nutzungsrecht 2. Stufe erteilt wurde, zum Fortfall kommen. Für die Nichtgeltung des Abstraktionsprinzips im Urheberrecht kann die Regelung des § 9 Abs. 1 VerlG herangezogen werden, nach der mit Beendigung des schuldrechtlichen Verlagsvertragsverhältnisses das dingliche Verlagsrecht automatisch erlischt (OLG Hamburg GRUR 2002, 335/336; LG Köln GRUR-RR 2006, 357/358 ff.; *Fromm/Nordemann/J. B. Nordemann*[10] § 31 Rdnr. 32; *Dreier/Schulze*[3] § 31 Rdnr. 19; LG Mannheim CR 2004, 811/814; *Wandtke/Bullinger/Grützmacher*[3] Vor §§ 69a ff. Rdnr. 11 äußert aufgrund der Novellierung des Urhebervertragsrechts Zweifel am Bestehen einer planwidrigen Regelungslücke; Analogie abl. *Grützmacher* CR 2004, 814; *Schack*[5] Rdnr. 591; *Hoeren* CR 2005, 773/774), wie auch auf die Tatsache, dass § 40 Abs. 3 ein Durchschlagen des Kausalverhältnisses auf die Vergütung anordnet (Vor § 28 Rdnr. 100; *Fromm/Nordemann/ J. B. Nordemann*[10] § 31 Rdnr. 32). Der BGH hat zur Geltung des Abstraktionsprinzips im Urheberrecht bisher nur Fallkonstellationen im Verhältnis Verwerter zu Verwerter, nicht von Urheber zu Verwerter entschieden; hier sprach der BGH aus, dass das Abstraktionsprinzip auch für urheberrechtliche Verträge gelte (BGHZ 27, 90 ff. = BGH GRUR 1958, 504/506 – Privatsekretärin; BGH GRUR 1982, 369/371 – Allwetterbad; BGH GRUR 1990, 443/446 a. E. – Musikverleger IV).

b) Zweckübertragungslehre und deren Berücksichtigung im Rahmen der AGB-rechtlichen Inhaltskontrolle. Ferner gilt auch für Computerprogramme die **Zweckübertragungslehre** nach § 31 Abs. 5 UrhG (*Wandtke/Bullinger/Grützmacher*[3] Vor §§ 69a ff. Rn. 12 f.; *Loewenheim/Lehmann*[2] § 76 Rdnr. 34), so dass im Zweifel nur Nutzungsrechte eingeräumt

61

werden, die ausdrücklich im Vertrag aufgeführt wurden oder die der Branchenübung entsprechen, und die ferner für das Geschäft erforderlich sind (Loewenheim/*J. B. Nordemann*[2] § 60 Rdnr. 12ff.). Auch findet die **Inhaltskontrolle** nach §§ 305ff. BGB nach richtiger Auffassung wie im allgemeinen Urhebervertragsrecht auch hier Anwendung (Wandtke/Bullinger/*Grützmacher*[3] Vor §§ 69a ff. Rn. 14; allg. Loewenheim/*J. B. Nordemann*[2] § 60 Rdnr. 3; Fromm/Nordemann/*J. B. Nordemann* Vor §§ 31 ff. Rdnr. 192ff.; *Schack*[5] Rdnr. 1086 ff.; *Kuck* GRUR 2000, 285/ 287 ff.). Bei der Inhaltskontrolle nach § 307 BGB sind als wesentliche Grundgedanken der gesetzlichen Regelung (§ 307 Abs. 2 Nr. 1 BGB) die **tragenden Regelungen des Urheberrechts** zu berücksichtigen, beispielsweise die Sicherung einer angemessenen Vergütung für die Nutzung des Werkes sowie die **Zweckübertragungslehre** (Loewenheim/*J. B. Nordemann*[2] § 60 Rdnr. 5). Die Rechtsprechung stand der Berücksichtigung der Zweckübertragungslehre im Rahmen der Inhaltskontrolle bislang eher zurückhaltend gegenüber (BGH GRUR 1984, 45/49 – Honorarbedingungen; BGH GRUR 1984, 119/121 – Synchronisationssprecher), indem die Vorschrift des § 31 Abs. 5 nicht als gesetzliche Bestimmung, die eine Nutzungsrechtsübertragung über den Vertragszweck hinaus für unzulässig erklärt, gewertet wird, sondern jene nur als Auslegungsregel aufgefasst wird, die nur zur Anwendung gelangt, wenn die streitigen Nutzungsrechte im Vertrag nicht einzeln genannt worden sind (BGH GRUR 1984, 45/49; BGH GRUR 1984, 119/121). Da in den zu beurteilenden Klauseln jeweils unzweideutig zum Ausdruck kam, welche urheberrechtlichen Nutzungsrechte nach den Willen der Vertragspartner übertragen werden sollten, wurde die Vorschrift des § 31 Abs. 5 erst gar nicht berücksichtigt. Seit der Urhebervertragsrechtsreform 2002, die ausdrücklich die vertragliche Position der Urheber stärken wollte, sprechen die besseren Gründe jedoch für eine Berücksichtigung im Rahmen der Inhaltskontrolle (Loewenheim/*J. B. Nordemann*[2] § 60 Rdnr. 12), mithin auch bei Software nach §§ 69a ff. UrhG.

3. Keine Geltung verlagsrechtlicher Grundsätze

62 Das **Verlagsrecht** findet grundsätzlich keine analoge Anwendung (mehr); denn seit der Novellierung des Urhebervertragsrechts besteht hier keine Lücke, die der Gesetzgeber gelassen hätte (zutr. Wandtke/Bullinger/*Grützmacher*[3] Vor §§ 69a ff. Rn. 11; Grützmacher CR 2004, 814). Demgemäß unterliegt der Verwerter von Computerprogrammen keiner Auswertungspflicht, wie sie im Verlagsrecht in §§ 1 S. 2, 32 VerlG gilt (Wandtke/Bullinger/*Grützmacher*[3] Vor §§ 69a ff. Rn. 11; *Haberstumpf* Hdb. des Urheberrechts[2] Rdnr. 424). Das typische Merkmal des Verlagsvertrags – der Verbreitungszwang – (BGH GRUR 1958, 504/506 f.) und damit eine Auswertungspflicht gilt im Urheberrecht nur, wenn diese vertraglich vereinbart wird (§ 31 Rdnr. 27; Dreier/*Schulze*[3] § 31 Rdnr. 61).

4. Zulässigkeit von Buy-Out-Klauseln in Softwarelizenzverträgen

63 In der Praxis sind sog. **Buy-Out-Klauseln** auf Seiten der Lizenznehmer öfters anzutreffen, die diesem die Möglichkeit geben sollen, möglichst alle Nutzungsrechte und Nutzungsarten vom Urheber hinsichtlich der Software gegen Zahlung einer pauschalen Vergütung zu erhalten. Solche Klauseln begegnen zwar nach allgemeinen Urhebervertragsrecht insbesondere aufgrund der Zweckübertragungslehre Bedenken (Vor §§ 28 ff. Rdnr. 40; Wandtke/Bullinger/*Grunert*[3] § 31 Rdnr. 42; *Jani*, Der Buy-Out-Vertrag im Urheberrecht, 2003, S. 251 f.); im Softwarebereich sind sie jedoch zulässig. Denn anders als bei traditionell urheberrechtlich geschützten geistigen Schöpfungen (§ 2 Abs. 1 UrhG) steht bei Software nicht der persönlichkeitsrechtliche Charakter im Vordergrund; Software ist primär ein Wirtschaftsgut, das nicht in demselben Maße mit dem Urheber als Ausdruck seiner Kreativität und Persönlichkeit verknüpft ist wie dies bei anderen Werken der Fall ist. Auf der anderen Seite hat ein Lizenznehmer ein berechtigtes Interesse daran, die Software möglichst in umfassender Weise zu nutzen, eben vergleichbar einem erworbenen Wirtschaftsgut. Daher sind derartige Buy-Out-Klauseln eher zulässig als im sonstigen Urhebervertragsrecht (zutr. Wandtke/Bullinger/*Grützmacher*[3] Vor §§ 69a ff. Rdnr. 14, der zudem noch auf die weitergehenden Möglichkeiten der Übertragbarkeit von Software in anderen europäischen Mitgliedstaaten verweist).

5. Einzelplatz- und Netzwerklizenzen

64 Die Unterscheidung von **Einzelplatz- und Netzwerklizenzen** betrifft den mehrfachen Einsatz von Programmen: Bei einer Einzelplatzlizenz darf die Software nur auf einem einzigen Rechner eingesetzt werden, jede weitere Nutzung auf anderen Rechner, egal in welcher Form, bedarf der Einräumung weiterer Vervielfältigungsrechte, da selbst bei Client-Server-Betrieb eine

Vorbemerkungen **Vor §§ 69a ff.**

Vervielfältigung im Arbeitsspeicher stattfindet (str., s. dazu § 69d Rdnr. 9; *Dreier*/Schulze³ § 69d Rdnr. 8; Fromm/Nordemann/*Czychowski*¹⁰ § 69d Rdnr. 13; Wandtke/Bullinger/*Grützmacher*³ § 69d Rdnr. 9; Dreyer/*Kotthoff*/Meckel² § 69d Rdnr. 5, 6; *Schneider* Kap. C Rdnr. 159). Auch der Einsatz einer Software durch einen Nutzer sowohl auf Desktop als auch auf Laptop bedarf der entsprechenden Lizenz, selbst wenn der Desktop und der Laptop von nur einer Person alternativ (zB Benutzung des Laptops nur auf Reisen) genutzt werden (ebenso *Dreier*/Schulze³ § 69d Rdnr. 8; Fromm/Nordemann/*Czychowski*¹⁰ § 69d Rdnr. 13; Wandtke/Bullinger/ *Grützmacher*³ § 69d Rdnr. 9; Dreyer/*Kotthoff*/Meckel² § 69d Rdnr. 6; aA: *Hoeren*/*Schumacher* CR 2000, 137/139). § 69d Abs. 1 UrhG hilft hier ebenfalls nicht weiter, da es nicht zur bestimmungsgemäßen Nutzung der für einen Einzelplatz lizenzierten Software gehört, auf weiteren Rechnern eingesetzt zu werden. Dies gilt erst recht, wenn eine Software in einem Netzwerk auf mehreren Rechnern genutzt werden soll; hierfür bedarf es einer **besonderen Netzwerklizenz**, die oftmals die Zahl der Arbeitsplätze spezifiziert (*Schneider* Kap. C Rz. 170ff.; s. auch *Dreier*/ Schulze³ § 69c Rdnr. 35). Es wäre jedoch verfehlt, von einem einheitlichen Netzwerklizenz-Typus auszugehen; denn hierzu gehören sowohl sog. Einprozessor-Mehrplatzsysteme (Netzwerksoftware) als auch Multiprozessor-Systeme bzw. Mehrprozessor-Mehrplatzsysteme (zu den Begriffen: *Marly*⁵ Rdnr. 1673ff.; *Huppertz* CR 2006, 145/148). **Einprozessor-Mehrplatzsysteme** dienen von vornherein dem Mehrbenutzerbetrieb; es handelt sich quasi um den Normalgebrauch dieser netzwerkfähigen Software, der Gebrauch im Netzwerk ist schon der Natur des Programms nach der bestimmungsgemäße Gebrauch (*Dreier*/Schulze³ § 69c Rdnr. 35; Wandtke/ Bullinger/*Grützmacher*³ § 69d Rdnr. 10; *Pres*, Gestaltungsformen urheberrechtlicher Softwarelizenzverträge, 1994, S. 155). Hier nimmt der einzelne Nutzer keine urheberrechtlich relevante Nutzungshandlung vor, da sich für alle Nutzer die Software im zentralen Arbeitsspeicher befindet, ohne dass nutzerzahlabhängige Vervielfältigungsvorgänge stattfinden (*Fröhlich-Bleuler* AJP/ PJA 5/95, 569/572; *König*, Das Computerprogramm im Recht, 1991, 532). Sowohl wirtschaftlich (da mehrere Nutzer) wie technisch (da besondere Softwarekonzeption) ist diese Nutzung von der normalen Einzelplatznutzung getrennt zu behandeln, so dass es sich um eine besondere Nutzungsart handelt (*Pres*, Gestaltungsformen urheberrechtlicher Softwarelizenzverträge, 1994, 155; im Umkehrschluss auch *Dreier*/Schulze³ § 69c Rdnr. 35; Wandtke/Bullinger/*Grützmacher*³ § 69d Rdnr. 10). Bei **Multiprozessor-Systemen bzw. Mehrprozessor-Mehrplatzsysteme** werden dagegen „intelligente", voll eigenständige Rechner (Einzelplatzsysteme) miteinander vernetzt (*Marly*⁵ Rdnr. 1675). Dasselbe Programm wird von verschiedenen Nutzern abgerufen, wobei jeweils eine urheberrechtliche Vervielfältigung stattfindet (*Marly*⁵ Rdnr. 1680). Der Einsatz der Software auf solche Art vernetzten Rechnern stellt indes keine eigenständige Nutzungsart dar (*Dreier*/Schulze³ § 69c Rdnr. 35; *Pres*, Gestaltungsformen urheberrechtlicher Softwarelizenzverträge, 1994, S. 156; offen: *Marly*⁵ Rdnr. 1683). Die Nutzungen an verschiedenen Rechnern haben keinen inneren Zusammenhang; sie sind reine Parallelnutzungen, die man auch durch das einmalige Übertragen per Diskette oder auf andere Weise erreichen könnte. Die Software wird nicht auf neue Weise verwertet, sondern der Normalgebrauch wird multipliziert (*Pres*, Gestaltungsformen urheberrechtlicher Softwarelizenzverträge, 1994, S. 156). Die gegenteilige Auffassung, die die Ermöglichung von Parallelnutzungen als eine eigenständige Nutzungsart wertet (OLG Frankfurt/ Main CR 2000, 146/150; Kilian/Heussen/*Harte-Bavendamm*/*Wiebe* Computerrechts-Handbuch, Loseblattsammlung Stand: 26. Ergänzungslieferung Januar 2008, Teil Urheberrecht Rdnr. 102; Lehmann/*Haberstumpf*, Rechtsschutz und Verwertung von Computerprogrammen, II Rdnr. 163; *Fröhlich-Bleuler* AJP/PJA 5/95, 569/572; Fromm/Nordemann/*J. B. Nordemann*¹⁰ § 31, Rdnr. 69), stellt darauf ab, dass wirtschaftlich gesehen eine erheblich intensivere Nutzung vorliegt.

6. Application-Service-Providing, Software as a Service

a) Begriff, Erscheinungsformen, ASP als eigenständige Nutzungsart. In den letzten 65 Jahren hat das Outsourcing von Software- und Rechnerleistungen zunehmend an Bedeutung gewonnen: Was früher sog. Rechenzentrumsverträge waren, in denen die Kunden beim Rechenzentrum Kapazitäten anmieten und dort ihre Daten verarbeiten lassen konnten, sind heute **Application-Service-Providing** Verträge (hierzu *Schneider* Kap. M Rdnr. 24ff.; *Marly*⁵ Rdnr. 1071ff.; Bräutigam/*Grapentin* IT-Outsourcing² Teil 3 Rdnr. 1ff., 55ff.; Bräutigam/*Huppertz* IT-Outsourcing² Teil 4 Rdnr. 112ff.; *Röhrborn*/Sinhart CR 2001, 69ff.; *Grützmacher* ITBR 2001, 59ff.; *Czychowski*/Bröcker MMR 2002, 81ff.; *Sedlmeier*/Kolk MMR 2002, 75ff.; *Bettinger*/Scheffelt CR 2001, 729ff.), ebenso wie Software-as-a-Service-Verträge, SaaS (hierzu *Pohle*/Ammann K&R 2010, 625ff.; zu Web Services *Nink*, Rechtliche Rahmenbedingungen von serviceorientierten

Architekturen mit Web Services, 2010). Sowohl ASP als auch SaaS zeichnen sich dadurch aus, dass sich die Hardware sowie die Software physisch im Rechenzentrum des Providers befinden und der Kunde die Software mittels öffentlicher Datennetze – wie das Internet – nutzen kann. Im Unterschied zum ASP, bei dem es grundsätzlich möglich ist, dass Anwendungen für spezifische Kunden betrieben werden, wird beim SaaS die Software als Standardprodukt des Providers ohne umfangreiche Customizing-Optionen zur Verfügung gestellt, „multi-tenant architecture" (Bräutigam/*Grapentin* IT-Outsourcing² Teil 3 Rdnr. 2). Aus urheberrechtlicher Sicht steht hier im Vordergrund, dass in aller Regel der Nutzer selbst kein Lizenznehmer ist, sondern derjenige, der die Dienstleistung anbietet. Gerade beim Application-Service-Providing wird ein und dasselbe Programm von mehreren Nutzern unabhängig und zeitgleich genutzt, durchaus vergleichbar einem klassischen (inhäusigen) Netzwerkbetrieb. Trotzdem ist eine normale Netzwerklizenz für den ASP-Betrieb nicht ausreichend (Wandtke/Bullinger/*Grützmacher*³ § 69 d Rdnr. 13; *Dreier*/ *Schulze*³ § 69 d Rdnr. 2, 8, § 69 c Rdnr. 36 aber ohne nähere Begründung; Bettinger/*Scheffelt* CR 2001, 729/733; *Grützmacher* ITRB 2001, 59, 62; Kilian/Heussen/*Harte-Bavendamm/Wiebe* Computerrechts-Handbuch, Loseblattsammlung Stand: 26. Ergänzungslieferung Januar 2008, Teil: Urheberrecht Rdnr. 102), da es sich angesichts der technischen Besonderheiten und der eigenständigen wirtschaftlichen Bedeutung um eine eigenständige Nutzungsart handelt, die gesondert einzuräumen ist (Bräutigam/*Huppertz* IT-Outsourcing² Teil 3 Rdnr. 118 ff.; Kilian/Heussen/ *Harte-Bavendamm/Wiebe*, Computerrechts-Handbuch Loseblattsammlung Stand: 26. Ergänzungslieferung Januar 2008, Teil: Urheberrecht Rdnr. 102; Wandtke/Bullinger/*Grützmacher*³ § 69 d Rdnr. 13; *Grützmacher* ITBR 2001, 59/62; *Czychowski/Bröcker* MMR 2002, 81/82; Fromm/ Nordemann/*Czychowski*¹⁰ § 69 c Rdnr. 75). Schon die unter Umständen völlig anders geartete intensive Nutzung der Software spricht hier für einen Unterschied gegenüber der üblichen Netzwerknutzung bzw. -lizenz.

66 **b) Vertragstypologische Einordnung.** Die **„Online-Überlassung"** der **Software** seitens des ASP-Dienstleistanbieters an den ASP-Endkunden ist **vertragstypologisch** als **Vermietung** zu qualifizieren (BGH NJW 2010, 1449 Tz. 19; BGH MMR 2007, 243/244 Tz. 11 ff.), denn für die zeitweise Überlassung ist es nicht erforderlich, dass der Kunde selbst die Software auf seinen Rechnern hat, es genügt ein (Teil-)Fremdbesitz, wie ihn der BGH schon früh für die Qualifizierung von Rechenzentrumsverträgen als Mietverträge angenommen hat (BGH NJW-RR 1993, 178/178 dazu noch *Bartsch* CR 1994, 667, 671; Spindler/*Schuppert,* Vertragsrecht der Internet-Provider², Kap. II Rdnr. 46 ff.; OLG Hamm CR 1989, 910; zu ASP: *Marly*⁵ Rdnr. 1088; Bräutigam/*Grapentin* IT-Outsourcing² Teil 3 Rdnr. 56 ff.; Bräutigam/*Huppertz* IT-Outsourcing² Teil 4 Rdnr. 112; s. auch BGH MMR 2007, 243/244; *Pohle/Schmeding* K&R 2007, 385 ff.; *Dreier*/ *Schulze*³ § 69 c Rn. 36; *Röhrborn/Sinhart* CR 2001, 69/70/71; *Bettinger/Scheffelt* CR 2001, 729, 734 (Typenkombinationsvertrag, der in Bezug auf die Nutzung der Software als Miete zu qualifizieren ist); *Redeker*, IT-Recht⁴, Rdnr. 989, der den ASP-Vertrag als Dienstvertrag qualifiziert). Zu datenschutzrechtlichen Fragen s. *Schuster/Reichl* CR 2010, 38, 41 ff., zu internationalprivatrechtlichen Fragen *Nordmeier* MMR 2010, 151 ff.

67 **c) Urheberrechtliche Einordnung.** Die schuldrechtliche Einordung als Miete muss nicht unbedingt dazu führen, dass auch urheberrechtlich ein Vermietrecht erforderlich ist. Denn nach **§ 69 c Nr. 3 UrhG** setzt das Vermietrecht als Unterfall des Verbreitungsrechts eine körperliche Überlassung eines Werkstücks an den Nutzer voraus (*Marly*⁵ Rdnr. 1084; *Grützmacher* ITRB 2001, 59/61; *Bettinger/Scheffelt* CR 2001, 729/734; *Jacobs* GRUR 1998, 246/249; Wandtke/ Bullinger/*Grützmacher*³ § 69 c Rdnr. 44; § 17 Rdnr. 30 ff.; aA: *Frank A. Koch* ITRB 2001, 39/ 41, der von der vertragstypologischen Einordnung des ASP als Miete auf ein „urheberrechtliches Vermieten" schließt ohne weitere Begründung). Daran fehlt es aber beim ASP, da dem Nutzer kein eigenes Werkstück zur Verfügung gestellt wird, sondern nur die Nutzung der Software, die als Werkstück weiterhin auf dem Server des Anbieters belegen bleibt, gewährt wird. Der ASP-Betrieb stellt vielmehr – auch ohne Übertragung von Programmdaten – ein **öffentiches Zugänglichmachen iSd. § 69 c Nr. 4 UrhG** dar (str. bejahend: OLG München CR 2009, 500/502 Tz. 53 ff.; *Marly*⁵ Rdnr. 1085 ff.; *Bettinger/Scheffelt* CR 2001, 729/735 aA: Wandtke/Bullinger/*Grützmacher*³ § 69 c Rdnr. 65, die § 69 c Nr. 4 UrhG nur annehmen, wenn Programmteile und nicht bloß Grafikdaten übertragen werden). Neben dem Vervielfältigungsrecht muss sich daher der ASP-Dienstanbieter auch das Recht der öffentlichen Zugänglichmachung einräumen lassen. Alle weiteren urheberrechtsrelevanten Handlungen, die notwendigerweise in diesem Rahmen anfallen, sind dann auch durch § 69 d Abs. 1 UrhG als „bestimmungsgemäßer Gebrauch" erfasst, wenn der Urheber seine Zustimmung zu einem ASP-Einsatz

Vorbemerkungen   **Vor §§ 69a ff.**

gegeben hat (*Dreier*/Schulze[3] § 69c Rn. 36). Teilweise wird allerdings angenommen, dass bei einigen Varianten des ASP, z.B. beim sog. Emulations-ASP (zu den verschiedenen ASP-Formen: *Bröcker/Czychowski* MMR 2002, 81/82; *Bräutigam/Sosna* IT-Outsourcing[2] Teil 14 Stichwort „ASP") keine Vervielfältigung eintrete, da der Nutzer das Computerprogramm nicht mehr auf seiner Festplatte speichern müsse, um dieses ablaufen zu lassen (so Fromm/Nordemann/ *Czychowski*[10] § 69c Rn. 75; *Bräutigam/Huppertz* IT-Outsourcing[2] Teil 4 Rdnr. 113ff., 116; *Bröcker/Czychowski* MMR 2002, 81/82); vielmehr lädt sich der ASP-Endkunde in den meisten Fällen nur eine Benutzeroberfläche auf seinen eigenen Rechner, während der eigentliche Programmablauf auf dem Server des ASP-Anbieters erfolgt, mit der Folge, dass dem ASP-Endkunden keine Vervielfältigungsrechte an der genutzten Software eingeräumt werden müssten (*Bettinger/Scheffelt* CR 2001, 729/733). Dies kann im Einzelfall zutreffen, jedenfalls aber nur dann, wenn keine Vervielfältigung im Arbeitsspeicher (RAM) stattfindet, die eine urheberrechtlich relevante Vervielfältigung darstellt (Loewenheim/*Lehmann*[2] § 76 Rdnr. 8; *Loewenheim* § 69c Rdnr. 7f. mwN; *Marly*[5], Rdnr. 1082, 133ff.). Nur dann, wenn technisch tatsächlich der vollständige Programmablauf außerhalb der Rechner des Nutzers stattfinden sollte, ohne dass Teile der Steuerungselemente beim Nutzer vervielfältigt werden, werden keine Urheberrechte betroffen sein, da das bloße Benutzen eines Computerprogramms zu Recht keine urheberrechtlich relevanten Vervielfältigung umfasst (LG Mannheim CR 1999, 360/361; § 69c Rdnr. 2, 4ff.; Wandtke/Bullinger/*Grützmacher*[3] § 69c Rdnr. 7 mwN; *Marly*[5] Rdnr. 135ff., 159ff. mwN; *Bettinger/Scheffelt* CR 2001, 729/734; aA: *Junker/Benecke*[3] Computerrecht, Rdnr. 64). Beim Emulations-ASP, bei dem nur der Ablauf des Programms beim Betreiber für den Nutzer an dessen Bildschirm sichtbar gemacht wird (*Bröcker/Czychowski* MMR 2002, 81/82; allerdings zweifelhaft hinsichtlich Bildschirm-Speicher) ist zudem Voraussetzung, dass Bildschirmmasken eines Computerprogramms nicht dem urheberrechtlichen Schutz gemäß § 69a UrhG unterfallen (so aber: OLG Karlsruhe CR 1994, 607ff. – Bildschirmmasken, mit der Folge, dass dem ASP-Endkunden die Rechte zur Benutzung der Bildschirmmasken eingeräumt werden müssten; aA: § 69a Rdnr. 7 (Vorauflage); *Bettinger/Scheffelt* CR 2001, 729/733, 734; *Grützmacher*, ITRB 2001, 59/60; *Koch* GRUR 1991, 180ff.; *Günther* CR 1994, 610/611ff.). Zur abweichenden Rechtslage, wenn dem ASP-Endkunden anstatt bloßer Bildschirmmasken sog. JAVA-Applets auf den Rechner übertragen werden (*Grützmacher* ITRB 2001, 59/60; *Bettinger/Scheffelt* CR 2001, 729/733, 734). Wiederum anders ist die Rechtslage bei Software as a Service zu beurteilen: denn hier findet an sich keine Vervielfältigung wie beim Application Service Providing statt, allenfalls im Browser Cache. Wenn diese nicht nur temporärer Natur ist, ist auch beim SaaS eine entsprechende Lizenzierung erforderlich (*Pohle/Ammann* K&R 2009, 625, 629).

7. Cloud-Computing

a) Begriff, Funktionsweise, angebotene Dienstleistungen. Eine Weiterentwicklung von   **68**
ASP stellen das sog. **Cloud-** und **GRID-Computing** dar. Unter dem neueren Begriff des **Cloud-Computing** (hierzu *Pohle/Ammann* CR 2009, 273ff.; *Niemann/Paul* K&R 2009, 444ff.; *Schulz* in Taeger/Wiebe (Hrsg.) Inside the Cloud – Neue Herausforderungen für das Informationsrecht 2009, S. 403ff.; *Karger/Sarre* in Taeger/Wiebe (Hrsg.) Inside the Cloud – Neue Herausforderungen für das Informationsrecht, 2009, S. 427ff.; *Schuster/Reichl* CR 2010, 38ff.; s. auch die Beiträge in IM 02/2009, 6ff., 15ff.; *Dunkel/Eberhart/Fischer/Kleiner/Koschel* System-Architekturen für verteilte Anwendungen, 2008, S. 270ff.) wird ein **auf Virtualisierung basierendes IT-Bereitstellungsmodell** verstanden, bei dem Ressourcen sowohl in Form von Infrastruktur als auch Anwendungen und Daten als verteilter Dienst über das Internet durch einen oder mehrere Leistungserbringer bereitgestellt werden, wobei diese Dienste nach Bedarf flexibel skalierbar sind und verbrauchsabhängig abgerechnet werden können (Definition nach *Böhm/Leimeister/Riedl/Kremar* IM 02/2009, 6/8). Zu beachten ist jedoch, dass sich angesichts der Vielzahl der Produkte und Ansätze der Cloud-Anbieter eine gängige Definition für die Gesamtheit der unter der Bezeichnung „Cloud-Computing" angebotenen Dienste noch nicht herausgebildet hat (*Niemann/Paul* K&R 2009, 444/445; *Henneberger/Ruess/Sessing* IM 02/2009, 18/20). Zu den Techniken des Geschäftsmodells Cloud-Computing gehört neben der Virtualisierung (*Dunkel/Eberhart/Fischer/Kleiner/Koschel* System-Architekturen für verteilte Anwendungen, S. 266ff.) das Grid-Computing (*Eren* NET 03/09, 37ff.). Ähnlich dem ASP-Modell betreiben die Anwender ihre IT-Infrastruktur inkl. Hard- und Software nicht mehr selbst, sondern beziehen diese Ressourcen über das Internet von einem Anbieter, der beides für sie und andere Nutzer in einem oder mehreren Rechenzentren betreibt (*Pfirsching* IM 02/2009,

Vor §§ 69a ff. Vorbemerkungen

34/34). Die Leistungen aus der „Cloud" gehen jedoch weit über das hinaus, was ein ASP-Anbieter zur Verfügung stellt (beim Cloud-Computing: Bündelung von IT-Leistungen), indem über Applikationssoftware hinaus auch Hardwareressourcen und Systemsoftware nach Bedarf zur Verfügung gestellt werden (*Schulz* in Taeger/Wiebe (Hrsg.) Inside the Cloud – Neue Herausforderungen für das Informationsrecht 2009, S. 403/404; *Schuster/Reichl* CR 2010, 38/39f.). Im Einzelnen beinhaltet Cloud-Computing derzeit neben **Infrastrukturdiensten** (Infrastructure-as-a-Service, IaaS, Zur-Verfügung-Stellung von Rechenleistung und Speicherplatz), auch die **Bereitstellung von Applikations- und Entwicklungsplattformen** (Plattform-as-a-Service, PaaS) und zudem die **Dienstleistungen die bisher unter dem Begriff Software-as-a-Service** (SaaS) (zum Begriff bereits oben Rdnr. 65) erbracht wurden (*Henneberger/Ruess/Sessing* IM 02/2009, 18/20). Im Unterschied zum ASP sind „Dienstleistungen aus der Cloud" skalierbar (*Dunkel/Eberhart/Fischer/Kleiner/Koschel* System-Architekturen für verteilte Anwendungen, S. 270; *Schuster/Reichl* CR 2010, 38/39). Zudem kommen die Leistungen nicht wie beim ASP von einem Server oder einer bestimmten Serverfarm, sondern von unterschiedlichen Servern, die auch unterschiedlichen Anbietern gehören und überall auf der Welt verteilt sein können und zusammen ein „Grid" bilden. Damit kann der Nutzer natürlich auch nicht mehr nachvollziehen, auf welchem Server seine Daten gespeichert sind.

69 **b) Urheberrechtliche Einordnung.** Aus **urheberrechtlicher Sicht** stellt zunächst die Nutzung der Anwendungssoftware durch den Cloud-Anbieter immer eine Vervielfältigung iSd. § 69c Nr. 1 dar, da die Software auf dem Server des Anbieters installiert und gespeichert wird (*Schneider* Kap. C Rdnr. 65; *Niemann/Paul* K&R 2009, 444/448). Entsprechend der Ausführungen zum ASP (vgl. oben Rdnr. 65ff.) liegt im Verhältnis Cloud-Anbieter – Kunde **keine zustimmungspflichtige Softwarevermietung iSd. § 69c Nr. 3 UrhG** vor, da die Vermietung im urheberrechtlichen Sinne die körperliche Überlassung eines Vervielfältigungsstücks voraussetzt (*Marly*[5] Rdnr. 1084 mwN; und oben Rdnr. 67). Eine nachfolgende Bereitstellung zur Nutzung durch den Anwender fällt vielmehr unter **§ 19a UrhG** (Wandtke/*Bullinger*[3] § 19a Rdnr. 10/12/18/23; *Pohle/Ammann* CR 2009, 273/276; *Niemann/Paul* K&R 2009, 444/448; *Schuster/Reichl* CR 2010, 38/40f.; aA: *Schneider* Kap. M Rdnr. 26, mit der Begründung, dass es an dem Merkmal „öffentlich" fehlt, da es keine Mehrzahl von Mitgliedern der Öffentlichkeit als Kunden gebe, wie nach § 15 Abs. 3 erforderlich). Ob es auch beim Nutzer zu entsprechenden urheberrechtlich relevanten Verwertungshandlungen kommt, hängt davon ab, ob zumindest im Arbeitsspeicher des Nutzers die Software zum Ablauf gebracht wird (s. dazu oben Rdnr. 67; *Pohle/Ammann* CR 2009, 273/276; aA: *Niemann/Paul* K&R 2009, 444/448, mit der Begründung, dass etwaige Vervielfältigungshandlungen ausschließlich in der Cloud stattfinden *Schuster/ Reichl* CR 2010, 38/40f.; unentschieden *Bierekoven* NRB 2010, 42/44). Allein § 44a UrhG kann hierauf nicht ohne Weiteres angewandt werden, da § 69c UrhG als lex specialis vorgeht und § 44a UrhG auf der InfoSoc-Richtlinie beruht, die gerade nicht auf Computerprogramme Anwendung finden soll (dies jedoch erwägend *Pohle/Ammann* CR 2009, 273/276; anders wohl *Hoeren* CR 2009, 573/576f.). Auch eine Rechtfertigung durch § 69d Abs. 1 UrhG wegen bestimmungsgemäßer Benutzung des Computerprogramms scheitert in der Regel an der mangelnden Berechtigung des Endnutzers (*Pohle/Ammann* CR 2009, 273/276), da der Endnutzer keine vertraglichen Nutzungsrechte an der betreffenden Software originär erworben hat (Wandtke/ Bullinger/*Grützmacher*[3] § 69d Rdnr. 25).

70 **c) Vertragstypologische Einordnung.** Aufgrund der großen Bandbreite der angebotenen Leistungen im Rahmen des Cloud-Computings ist eine pauschale Zuordnung des Cloud-Computing-Vertrags zu einem der gängigen Vertragstypen des Schuldrechts nicht möglich (so auch *Karger/Sarre* in Taeger/Wiebe (Hrsg.) Inside the Cloud – Neue Herausforderungen für das Informationsrecht (Tagungsband Herbstakademie 2009, S. 427/432). **Vertragstypologisch** wird es sich jedoch bei der entgeltlichen Bereitstellung von Cloud-Diensten häufig um **typengemischte Verträge** mit im Wesentlichen **mietvertraglichen Charakter** handeln (*Pohle/ Amman* CR 2009, 273/274; *Niemann/Paul* K&R 2009, 444/447; *Schuster/Reichl* CR 2010, 38/ 41; *Karger/Sarre* in Taeger/Wiebe (Hrsg.) Inside the Cloud – Neue Herausforderungen für das Informationsrecht. 2009, S. 427/432; *Schulz* in Taeger/Wiebe (Hrsg.) Inside the Cloud – Neue Herausforderungen für das Informationsrecht, 2009, S. 403/406), wobei auch hier entsprechend dem ASP und der früheren Rechtsprechung zu Verträgen mit Rechenzentren (BGH NJW-RR 1993, 178/178) die für die Annahme eines Mietverhältnisses erforderliche Körperlichkeit und der „Besitz" des Nutzers durch den Zugriff auf die entsprechenden Fazilitäten im Rechenzentrum gegeben sind, auf dem die Cloud-Leistungen installiert sind. Werden zentrale Unternehmensaufgaben auf den Cloud-Computing-Anbieter verlagert, kommen als maßgebliche Vertragstypen der Werk- und Dienstvertrag in Betracht (*Schulz* in Taeger/Wiebe (Hrsg.) Inside the Cloud – Neue Herausforderungen für das Informationsrecht, 2009, S. 403/407). Da sich beim Cloud-Computing noch keine allgemeinen Standards herausgebildet haben, kommen den sog. Service Level Agreements, SLAs, besondere Bedeutung zu (*Schulz* in Taeger/Wiebe (Hrsg.) Inside the Cloud – Neue Herausforderungen für das Informationsrecht, 2009, S. 403/408). Erbringt der Cloud-Computing-Anbieter nicht sämtliche Services durch die Nutzung der eigenen Infrastruktur, sondern bezieht diese von Dritten, stellen sich klassische Fragen von **Back-to-Back-Vereinbarungen** im Verhältnis zum Subunternehmer (*Karger/Sarre* in Taeger/Wiebe (Hrsg.) Inside the Cloud – Neue Herausforderungen für das Informationsrecht, 2009, 427/433). Zu datenschutzrechtlichen Fragen s. *Schuster/Reichl* CR 2010, 38/41 ff.; zu internationalprivatrechtlichen Fragen *Nordmeier* MMR 2010, 151 ff.; zu strafprozessualen Problemen *Obenhausen* NJW 2010, 651 ff.

8. GRID-Computing

a) Begriff, Bedeutung. Das mit dem Cloud-Computing eng verbundene **GRID-Computing** (hierzu *Spindler* in Hoffmann/Leible (Hrsg.) Vernetztes Rechnen – Softwarepatente – Web 2.0, 2007, S. 21 ff.; *Koch* CR 2006, 42 ff., 111 ff.; Bräutigam/*Küchler* IT-Outsourcing², Teil 1 Rdnr. 61; zum Begriff auch *Piger*, Nutzerdefinierte Restriktion delegierter Privilegien im Grid-Computing, 2008, S. 5 ff.; *Barth/Schüll/Harms/Rehm/Rueter/Wittmann* Grid Computing, 2006, S. 1 ff.; *Dunkel/Eberhart/Fischer/Kleiner/Koschel* System-Architekturen für verteilte Anwendungen, 2008, S. 161 ff.) schließt verschiedenste Rechner über eine Software gesteuert im Rahmen eines Netzes zu einer Art **virtuellen Großrechner** zusammen (virtuelles Netzwerk, „GRID"), auf den Nutzer bei Bedarf zwecks **verteilter Problembearbeitung** zugreifen können (*Spindler* in Hoffmann/Leible Vernetztes Rechnen – Softwarepatente – Web 2.0, 2007, S. 21, 22 f.; *Koch* CR 2006, 42/42). Zum einen können damit brachliegende Kapazitäten sinnvoll genutzt werden (Bräutigam/*Küchler* IT-Outsourcing² Teil 1 Rdnr. 61), zum anderen können sich Nutzer selbst die Anschaffung von kostenintensiven Großrechnern ersparen (*Sax/Mohammed/Viezens/Rienhoff*, Grid-Computing in der biomedizinischen Forschung, 2006, S. 44). Die Beteiligten des GRID sind der (bzw. die) Rechnerbetreiber (Ressourcenanbieter), der Endnutzer des GRID und u. U. der zwischengeschaltete GRID-Dienstleister (Betreiber von GRID-Managementsystemen) als eigenständiger Leistungsanbieter. In der kommerziellen Anwendung ist die Vereinigung des Anbieters der Rechenkapazität und des GRID-Managers der Regelfall (*Spindler* in Hoffmann/Leible (Hrsg.) Vernetztes Rechnen – Softwarepatente – Web 2.0, S. 21/23).

b) Urheberrechtliche Einordnung, lizenzvertragliche Fragen. Das GRID-Computing wirft etliche **urheberrechtliche Fragen** auf (hierzu ausführlich *Spindler* in Hoffmann/Leible (Hrsg.) Vernetztes Rechnen – Softwarepatente – Web 2.0, S. 21 ff.; *Koch* CR 2006, 111/113 ff.): Anders als beim ASP wird die Software des GRID-Teilnehmers (Ressourcenanbieter) oftmals nicht zur Verfügung gestellt, sondern die reine Rechnerkapazität (Hardware); wenn allerdings auch Software etwa zu Problemlösungen angeboten wird, dann kann eine öffentliches Zugänglichmachen nach § 19a UrhG in Betracht kommen, ebenso Vermietrechte, insoweit den ASP-Verträgen vergleichbar. Zu einer Vervielfältigung der Software auf Speichern des Endnutzers wird es dagegen in aller Regel nicht kommen. Durch das verteilte Rechnen können zudem **lizenzvertragliche Fragen** auftreten, da die Software eines GRID-Kunden (aber ebenso auch eines zentralen Managers/Providers) auf allen Rechnern des GRID notwendigerweise eingesetzt wird, was in Konflikt mit auf Einzelplätze zugeschnittene Lizenzgestaltungen geraten kann (zutr. insoweit *Koch* CR 2006, 111/115 f.). Während für die GRID-Software selbst noch davon ausgegangen werden kann, dass der GRID-Teilnehmer sie nicht eigenständig nutzt, da die Steuerung allein beim GRID-Kunden bzw. GRID-Manager liegt, mithin kein urheberrechtlich relevanter Vervielfältigungsvorgang vorliegt, sieht dies für die auf den GRID-Rechnern in Anspruch genommene Software der GRID-Teilnehmer, mindestens der System-Software, anders aus. Konflikte könnten hier aus entsprechenden Beschränkungen in Lizenzverträgen zB hinsichtlich des Verbots einer Mehrplatznutzung oder einer intensiveren Nutzung entstehen. Indes verfangen beide Verbote nicht: Denn der GRID-Rechner bzw. seine Software wird gerade nicht auf anderen Rechnern bzw. Plätzen eingesetzt, es bleibt bei der Einzelplatznutzung, nur für einen fremden Nutzer. Gleiches gilt für die intensivere Nutzung: Zwar soll hier aufgrund der externen Nutzung eine wesentliche Erhöhung der Nutzung der Software resultieren (so *Koch* CR 2006, 111/116); doch ist nicht recht ersichtlich, worin die intensivere Nutzung liegen soll, wenn der

GRID-Teilnehmer lediglich ungenutzte Kapazitäten Dritten zur Verfügung stellt. Während für CPU-Bindungen ersichtlich ist, dass die Software in einem anderen Maße als ursprünglich vereinbart genutzt wird (BGH CR 2003, 323 ff., = NJW 2003, 2014 ff.; *Spindler* JZ 2003, 1117; *Metzger* NJW 2003, 1994 f.), da höhere Rechenleistungen möglich sind, ändert sich hier an der Hardware und damit den Kapazitäten des Systems, für das die Software lizenziert wurde, nichts. Anders ausgedrückt müsste der Lizenzgeber auch eine wesentlich intensivere „Rund-um-die-Uhr"-Nutzung seiner Software bei gleich bleibender Hardware des GRID-Teilnehmers ebenfalls dulden. Bedenken können sich daher allenfalls dahin ergeben, dass die Lizenz zur Nutzung der Software nur einem bestimmten Lizenznehmer erteilt wurde – ohne dass dieser die Software durch jeden beliebigen Dritten nutzen lassen könnte; anders ausgedrückt wurde die Nutzung der Software nicht dem Dritten gestattet, sondern nur dem Lizenznehmer. Allerdings ist hier zumindest an einen schuldrechtlichen Anspruch des Lizenznehmers gegen den Lizenzgeber auf Gestattung der Nutzungsfreigabe zu denken, da der Lizenznehmer ein berechtigtes Interesse hat, seine Ressourcen gegebenenfalls auch in einem GRID zu nutzen.

73   c) **Vertragstypologische Einordnung.** Bei der **vertragstypologischen Einordnung** sind die verschiedenen vertraglichen Beziehungen streng voneinander zu unterscheiden: Ausgeschieden werden kann zunächst in aller Regel eine BGB-Gesellschaft zwischen Endnutzer, GRID-Betreiber (Operator, Administrator) und GRID-Ressourcenanbietern; denn den Beteiligten fehlt es an einer gemeinsamen Zweckverfolgung, der Austauschcharakter steht im Vordergrund (näher dazu *Spindler* in Hoffmann/Leible Vernetztes Rechnen – Softwarepatente – Web 2.0, 2008, S. 21/24 f., bei Fn 17 ff.). Bestehen nur Beziehungen zwischen GRID-Ressourcenanbieter und Endnutzer, handelt es sich zunächst um die einem **Mietvertrag** vergleichbare Überlassung von Rechnerkapazitäten, ähnlich dem Verhältnis bei ASP-Verträgen (s. oben Rdnr. 66; s. auch Spindler/*Schuppert,* Vertragsrecht der Internet-Provider, Kap.V Rdnr. 3 ff.). Nur im Falle von gleichzeitig übernommenen weiteren Leistungen, wie die selbständige Berechnung von Lösungen, kann **Dienst-, ggf. auch Werkvertragsrecht** in Betracht kommen (näher *Spindler* in Hoffmann/Leible Vernetztes Rechnen – Softwarepatente – Web 2.0, 2008, S. 21/27 f., bei Fn. 29 ff.; ähnlich, aber teilweise aA *Koch* CR 2006, 42/46). Bei Einschaltung eines GRID-Operators/Administrators oder Managers hängt die Einordnung der konkreten vertragstypologischen Beziehungen sehr davon ab, welche Leistungen der GRID-Operator übernommen hat, ob reine Vermittlung (dann unter Umständen Maklerrecht) oder eigenständige Koordinationsleistungen verbunden mit dem Versprechen, die Rechnerkapazitäten zur Verfügung zu stellen; in letzteren Fall wird nur der GRID-Operator Vertragspartner des Endnutzers (im Einzelnen *Spindler* in Hoffmann/Leible Vernetztes Rechnen – Softwarepatente – Web 2.0, 2008, S. 21/28, bei Fn. 35 ff.; teilweise auch *Koch* CR 2006, 42/48). In diesem Rahmen treten die allgemeinen, schon von ASP-Verträgen, aber auch Access-Providing-Verträgen bekannten Probleme der Verfügbarkeit und der weiteren Pflichten der Netzbetreiber auf, wobei zahlreiche Detailfragen noch ungeklärt sind (*Spindler* in Hoffmann/Leible, Vernetztes Rechnen – Softwarepatente – Web 2.0, 2007, S. 21/31 ff., bei Fn. 45 ff. mwN).

§ 69a Gegenstand des Schutzes

(1) **Computerprogramme im Sinne dieses Gesetzes sind Programme in jeder Gestalt, einschließlich des Entwurfsmaterials.**

(2) [1]**Der gewährte Schutz gilt für alle Ausdrucksformen eines Computerprogramms.** [2]**Ideen und Grundsätze, die einem Element eines Computerprogramms zugrunde liegen, einschließlich der den Schnittstellen zugrundeliegenden Ideen und Grundsätze, sind nicht geschützt.**

(3) [1]**Computerprogramme werden geschützt, wenn sie individuelle Werke in dem Sinne darstellen, daß sie das Ergebnis der eigenen geistigen Schöpfung ihres Urhebers sind.** [2]**Zur Bestimmung ihrer Schutzfähigkeit sind keine anderen Kriterien, insbesondere nicht qualitative oder ästhetische, anzuwenden.**

(4) **Auf Computerprogramme finden die für Sprachwerke geltenden Bestimmungen Anwendung, soweit in diesem Abschnitt nichts anderes bestimmt ist.**

(5) **Die Vorschriften der §§ 95 a bis 95 d finden auf Computerprogramme keine Anwendung.**

Gegenstand des Schutzes § 69a

Schrifttum: *Czarnota/Hart,* „Legal Protections of Computer Programs in Europe – A Guide to the EC Directive", 1991; *Dreier,* Rechtsschutz von Computerprogrammen. Die Richtlinie des Rates der EG vom 14. Mai 1991, CR 1991, 577; *ders.,* Verletzung urheberrechtlich geschützter Software nach der Umsetzung der EG-Richtlinie, GRUR 1993, 781; *Ensthaler/Möllenkamp,* Reichweite des urheberrechtlichen Softwareschutzes nach der Umsetzung der EG-Richtlinie zum Rechtsschutz der Computerprogramme, GRUR 1994, 151; *Erdmann/Bornkamm,* Schutz von Computerprogrammen, GRUR 1991, 877; *v. Gravenreuth,* Juristisch relevante technische Fragen zur Beurteilung von Computerprogrammen, GRUR 1986, 720; *Haberstumpf,* Der urheberrechtliche Schutz von Computerprogrammen, in Lehmann (Hrsg.), Rechtsschutz und Verwertung von Computerprogrammen, 2. Aufl. 1993, S. 69; *ders.,* Neue Entwicklungen im Software-Urheberrecht, NJW 1991, 2105; *Harte-Bavendamm/Wiebe,* in Kilian/Heussen (Hrsg.), Computerrechtshandbuch, 26. Ergänzungslieferung 2008, Teil 5 (Urheberrecht) Rdnr. 15 ff.; *Härting/Kuon,* Designklau – Webdesign, Screendesign, Look and Feel im Urheberrecht, CR 2004, 527; *Henkenborg,* Der Schutz von Spielen, 1995; *Horns,* Anmerkungen zu begrifflichen Fragen des Softwareschutzes, GRUR 2001, 1; *Katko/Maier,* Computerspiele – die Filmwerke des 21. Jahrhunderts?, MMR 2009, 306; *Koch,* Handbuch Software- und Datenbankrecht, 2003, S. 555 ff.; *ders.,* Rechtsschutz für Benutzeroberflächen von Software, GRUR 1991, 180; *ders.,* Begründung und Grenzen des urheberrechtlichen Schutzes objektorientierter Software, GRUR 2000, 191; *ders.,* Grundlagen des Urheberrechtsschutzes im Internet und in Online-Diensten, GRUR 1997, 417; *Kolle,* Der Rechtsschutz der Computersoftware in der Bundesrepublik Deutschland, GRUR 1982, 443; *Kreutzer,* Computerspiele im System des deutschen Urheberrechts, CR 2007, 1; *Lambrecht,* Der urheberrechtliche Schutz von Bildschirmspielen, 2006; *Lehmann,* Das neue deutsche Softwarerecht, CR 1992, 324; *ders.,* Die Europäische Richtlinie über den Schutz von Computerprogrammen, in Lehmann (Hrsg.), Rechtsschutz und Verwertung von Computerprogrammen, 2. Aufl. 1993, S. 1; *ders.,* Freie Schnittstellen („interfaces") und freier Zugang zu den Ideen („reverse engineering)", CR 1989, 1057; *ders.,* Richtlinie des Rates vom 14. Mai 1991 über den Rechtsschutz von Computerprogrammen, Einführung, in Möhring/Schulze/Ulmer/Zweigert (Hrsg.), Quellen des Urheberrechts, Europ. GemeinschaftsR/II/1; *Lehmann/Tucher,* Urheberrechtlicher Schutz von multimedialen Webseiten, CR 1999, 700; *Lesshaft/Ulmer,* Urheberrechtliche Schutzwürdigkeit und tatsächliche Schutzfähigkeit von Software, CR 1993, 607; *Loewenheim,* Der urheberrechtliche Schutz der Computer-Software, ZUM 1985, 26; *ders.,* Urheberrechtliche Probleme bei Multimedia-Anwendungen, Fs. für Piper, 1996, S. 709; *ders.,* Urheberrechtliche Probleme bei Multimediaanwendungen, GRUR 1996, 830; *Marly,* Softwareüberlassungsverträge, 4. Aufl. 2004; *ders.,* Urheberrechtsschutz für Computersoftware in der Europäischen Union, 1995 (zitiert: Urheberrechtsschutz); *Maruhn,* Der Schutz der Computersoftware in der Praxis, Fs. für Traub, 1994, S. 259; *Paschke/Kerfack,* Wie klein ist die „kleine Münze"? Der Schutz von Computerprogrammen nach der Urheberrechtsnovelle 1993, ZUM 1994, 498; *Raubenheimer,* Beseitigung/Umgehung eines technischen Programmschutzes nach UrhG und UWG, CR 1996, 69; *ders.,* Softwareschutz nach dem neuen Urheberrecht, CR 1994, 69; *Schlatter,* Der Rechtsschutz von Computerspielen, Benutzeroberflächen und Computerkunst, in Lehmann (Hrsg.), Rechtsschutz und Verwertung von Computerprogrammen, 2. Aufl. 1993, S. 169; *Schricker,* Urheberrecht auf dem Weg zur Informationsgesellschaft, 1997; *Ullmann,* Urheberrechtlicher und patentrechtlicher Schutz von Computerprogrammen, CR 1992, 641; *Ullrich/Körner* (Hrsg.), Der internationale Softwarevertrag, 1995; *Ulmer/Kolle,* Der Urheberrechtsschutz von Computerprogrammen, GRUR 1982, 489; *Vinje,* Die EG-Richtlinie zum Schutz von Computerprogrammen und die Frage der Interoperabilität, GRUR Int. 1992, 250; *Weber-Steinhaus,* Computerprogramme im deutschen Urheberrechtssystem, 1993; *Wiebe,* Rechtsschutz für Software in den neunziger Jahren, BB 1993, 1094; *ders.,* „User Interfaces" und Immaterialgüterrecht – Der Schutz von Benutzungsoberflächen in den U.S.A. und in der Bundesrepublik Deutschland, GRUR Int. 1990, 21; *Wiebe/Funkat,* Multimedia-Anwendungen als urheberrechtlicher Schutzgegenstand, MMR 1998, 69; *Wittmer,* Der Schutz von Computersoftware – Urheberrecht oder Sonderrecht?, 1981.
Siehe auch die Schrifttumsangaben vor §§ 69 a ff.

Übersicht

	Rdnr.
I. Zweck und Bedeutung der Norm	1
II. Computerprogramme (Abs. 1)	2–7
III. Schutz aller Ausdrucksformen (Abs. 2)	8–13
1. Idee und Ausdruck	8, 9
2. Schutzfähige Elemente	10, 11
3. Nicht schutzfähige Elemente	12, 13
IV. Schutzvoraussetzungen (Abs. 3)	14–22
1. Übersicht	14
2. Menschliche Schöpfung, geistiger Gehalt und Formgestaltung	15, 16
3. Individualität	17–22
V. Anwendbarkeit der für Sprachwerke geltenden Bestimmungen (Abs. 4)	23–25
VI. Keine Anwendung der §§ 95 a bis 95 d	26
VII. Sonderfragen	27–30

I. Zweck und Bedeutung der Norm

Während § 2 Abs. 1 Nr. 1 bestimmt, dass Computerprogramme zu den urheberrechtlich geschützten Werken gehören, und sie als Sprachwerke einordnet, regeln §§ 69 a ff. **Gegenstand, Umfang und Voraussetzungen des Schutzes.** Innerhalb der §§ 69 a–69 g bestimmt § 69 a in seinem Abs. 1, was ein Computerprogramm ist, in Abs. 2, welche Elemente eines Computerprogramms schutzfähig sind und welche nicht, in Abs. 3 die Schutzvoraussetzungen, in Abs. 4 **1**

§ 69a

die ergänzende Anwendung der Vorschriften für Sprachwerke, in Abs. 5 die Nichtanwendung der §§ 95a bis 95d. Abs. 3, dem die Zielsetzung einer gemeinschaftsweiten Harmonisierung der Anforderungen an die Schöpfungshöhe von Computerprogrammen zugrunde liegt (näher Rdnr. 17), gehört zu den zentralen Regelungsinhalten. Da die Regelungen für Computerprogramme zum Teil von denen für andere Werkarten abweichen (vgl. auch vor §§ 69a ff. Rdnr. 5), hat die Einordnung eines Werkes als Computerprogramm auch für die Rechtsfolgen Konsequenzen. Zur Entwicklung des Rechtsschutzes von Computerprogrammen vgl. vor §§ 69a ff. Rdnr. 1 ff. Als europäisches Urheberrecht sind §§ 69a ff. richtlinienkonform auszulegen (vor §§ 69a ff. Rdnr. 6). Gemäß § 137d Abs. 1 S. 1 ist § 69a auch auf vor dem 24. Juni 1993 geschaffene Computerprogramme anwendbar.

II. Computerprogramme (Abs. 1)

2   Ebenso wie die Computerprogrammrichtlinie enthält **§ 69a keine Definition des Begriffs Computerprogramm.** Dem Gesetzgeber erschien eine solche Begriffsbestimmung nicht ratsam, da er befürchtete, dass sie alsbald durch die Entwicklung überholt gewesen wäre (AmtlBegr. BTDrucks. 12/4022 S. 9). Stattdessen hat er auf den 7. Erwgr. der Richtlinie verwiesen (AmtlBegr. aaO), wo es heißt, dass der Begriff des Computerprogramms Programme in jeder Form umfassen soll, auch solche, die in die Hardware integriert sind und auch das Entwurfsmaterial zur Entwicklung eines Computerprogramms. Während das Entwurfsmaterial in § 69a Abs. 1 ausdrücklich aufgeführt ist, ist dem 7. Erwgr. zu entnehmen, dass auch in die Hardware integrierte Programme als Computerprogramm iSd. §§ 69a ff. gelten; die Verweisung in der AmtlBegr. erlaubt es, die Begriffsbestimmung der Richtlinie unmittelbar heranzuziehen und nicht erst über den Umweg einer richtlinienkonformen Auslegung (ebenso *Dreier* GRUR 1993, 781/785 Fn. 44). Im Schrifttum wird vielfach auf § 1 (i) der **Mustervorschriften der WIPO** (GRUR 1979, 306 = GRUR Int. 1978, 286) und die **DIN-Norm 44300** (GRUR 1979, 306) zurückgegriffen (vgl. etwa *Dreier*/Schulze[3] § 69a Rdnr. 12; Wandtke/Bullinger/*Grützmacher*[3] § 69a Rdnr. 3; Fromm/Nordemann/*Czychowski*[10] § 69a Rdnr. 5; Loewenheim/*Lehmann*, Handbuch des Urheberrechts, § 9 Rdnr. 49; Möhring/Nicolini/*Hoeren*[2] § 69a Rdnr. 2; weitere Nachweise in der 2. Auflage Rdnr. 2); auch der BGH hat sich an der DIN-Norm orientiert (BGH GRUR 1985, 1041/1047 – Inkassoprogramm). Nach § 1 (i) der Mustervorschriften der WIPO ist ein Computerprogramm eine Folge von Befehlen, die nach Aufnahme in einen maschinenlesbaren Träger fähig sind zu bewirken, dass eine Maschine mit informationsverarbeitenden Fähigkeiten eine bestimmte Funktion oder Aufgabe oder ein bestimmtes Ergebnis anzeigt, ausführt oder erzielt". Die DIN-Norm 44300 definiert ein Programm als „eine zur Lösung einer Aufgabe vollständige Anweisung zusammen mit allen erforderlichen Vereinbarungen". In der Praxis lässt sich, wie die Erfahrung zeigt, ohne weiteres ohne eine feste Begriffsbestimmung des Computerprogramms auskommen. Die umfassende Formulierung in § 69a Abs. 1 und im 7. Erwgr. der Richtlinie spricht jedenfalls für eine **weite Auslegung** des Begriffs des Computerprogramms (allg. Ansicht, vgl. statt vieler *Dreier*/Schulze[3] § 69a Rdnr. 12).

3   Unerheblich ist, um welche **Art von Computerprogramm** es sich handelt. Betriebsprogramme (Systemsoftware), die der internen Steuerung und Verwaltung des Computers dienen, sind ebenso geschützt wie Anwenderprogramme, mit denen der Benutzer bestimmte Datenverarbeitungsaufgaben löst (zB Textverarbeitungsprogramme, Kalkulationsprogramme, Grafikprogramme usw.). Standardsoftware (für eine Vielzahl von Benutzern entwickelte Programme) fällt ebenso unter § 69a wie Individualsoftware, also Programme, die für bestimmte Benutzer individuell entwickelt sind. Genauso wenig kommt es auf die Programmsprache an, in der ein Programm abgefasst ist. Zu Fragen der Public-Domain-Software, der Shareware und der Open Source Software vgl. vor §§ 69a ff. Rdnr. 19 ff.

4   § 69a Abs. 1 erfasst Computerprogramme **in jeder Gestalt.** Unerheblich ist damit, in welcher Form ein Computerprogramm festgelegt ist. Es kommt nicht darauf an, ob es auf Diskette, Band, CD-ROM, einer Festplatte oder einem anderen Datenträger gespeichert ist. Auch **in die Hardware integrierte Programme** (Firmware, dazu *Haberstumpf* in Lehmann [Hrsg.], Rechtsschutz[2], Kap. II Rdnr. 14 mwN; *Moritz* in Kilian/Heussen, Computerrechts-Handbuch, 26. Erg.lief. 2008, 1. Abschnitt, Teil 3, III, Rdnr. 10) fallen, wie der 7. Erwgr. der Richtlinie klarstellt und worauf die AmtlBegr. (BTDrucks. 12/4022 S. 9) Bezug nimmt, unter § 69a (vgl. auch Rdnr. 2, allg. Ansicht auch im Schrifttum, vgl. statt vieler *Dreier*/Schulze[3] § 69a Rdnr. 13). Die Hardware selbst ist dagegen kein Computerprogramm. Ebenso wird der Aus-

druck oder die sonstige **graphische Aufzeichnung** eines Programms erfasst (*Ullmann* CR 1992, 641/642). Die Vervielfältigung eines Ausdrucks des Computerprogramms beurteilt sich daher nach § 69 c Nr. 1 und nicht nach § 16. Erforderlich ist nur, dass das Programm überhaupt eine Gestalt gefunden hat, dh. eine Form angenommen hat, in der es der Wahrnehmung durch die menschlichen Sinne zugänglich ist, sei es auch nur mittels technischer Einrichtungen (vgl. § 2 Rdnr. 20 ff.).

Das **Entwurfsmaterial** zählt § 69 a Abs. 1 ausdrücklich zum Computerprogramm. Zum 5 Entwurfsmaterial gehören die Vorstufen des Programms, insbesondere also das **Flussdiagramm** (Datenflussplan), in dem der Lösungsweg in Form einer graphischen Darstellung des Befehls- und Informationsablaufs wiedergegeben wird und der **Programmablaufplan**. Schon der BGH hatte diese Vorstufen als schutzfähig angesehen (BGH GRUR 1985, 1041/1046 f. – Inkasso-Programm). Aber auch andere Dokumentationen von Vor- und Zwischenstufen gehören zum Programm, wobei es auch hier nicht darauf ankommt, ob sie in digitaler oder graphischer Form niedergelegt sind (vgl. zum Entwurfsmaterial auch *Haberstumpf* in Lehmann [Hrsg.], Rechtsschutz[2], Kap. II Rdnr. 15 ff., 20 f.; sa. *Lesshaft/Ulmer* CR 1993, 607). Der Schutz von Entwurfsmaterial wird allerdings eher ausnahmsweise eine Rolle spielen, weil meist fertige Programme vervielfältigt werden und die Vorstufen darin meist enthalten sind. Nicht zum Entwurfsmaterial gehört das **Pflichtenheft,** das die durch das Computerprogramm zu lösenden Aufgaben beschreibt (*Dreier/*Schulze[3] § 69 a Rdnr. 14; Wandtke/Bullinger/*Grützmacher*[3] § 69 a Rdnr. 9; Fromm/Nordemann/*Czychowski*[10] § 69 a Rdnr. 24; Mestmäcker/Schulze/*Haberstumpf* § 69 a Rdnr. 7; Möhring/Nicolini/*Hoeren*[2] § 69 a Rdnr. 4). Ebenfalls nicht zum Entwurfsmaterial zählen rein konzeptionelle Vorgaben, etwa kaufmännischer oder betriebswirtschaftlicher Art (OLG Köln GRUR-RR 2005, 303/304 – Entwurfsmaterial). **Quellcode** und **Objektcode** (Maschinencode) stellen hingegen bereits das Programm selbst dar und sind kein Entwurfsmaterial.

Das Begleitmaterial wie **Handbücher, Bedienungsanleitungen, Wartungsbücher** und 6 sonstige Unterlagen, die dem Benutzer zur Information und richtigen Bedienung des geschützten Programms überlassen werden, gehören dagegen nicht zum Computerprogramm (*Dreier/* Schulze[3] § 69 a Rdnr. 15; Wandtke/Bullinger/*Grützmacher*[3] § 69 a Rdnr. 13; Möhring/Nicolini/ *Hoeren*[2] § 69 a Rdnr. 4; Dreyer/*Kotthoff*/Meckel[2] § 69 a Rdnr. 14). Auch der BGH hat im Anschluss an die Mustervorschriften der WIPO (s. Rdnr. 2) zwischen Computerprogramm und Begleitmaterial unterschieden (BGH GRUR 1985, 1041/1047 – Inkasso-Programm). Das gilt unabhängig davon, ob das Begleitmaterial in Printform oder in digitaler Form (zB auf Diskette oder CD-ROM) vorliegt. Begleitmaterial kann aber nach § 2 Abs. 1 Nr. 1 als Sprachwerk (vgl. § 2 Rdnr. 93) oder nach § 2 Abs. 1 Nr. 7 als wissenschaftlich-technische Darstellung geschützt sein (BGH aaO; LG Köln CR 1994, 227/228). Ebenso kann Wettbewerbsschutz nach § 1 UWG bestehen.

Auch die **Benutzeroberfläche** (zum Begriff *Schlatter* in Lehmann [Hrsg.], Rechtsschutz[2], 7 Kap. III Rdnr. 67 f.; *Koch* GRUR 1991, 180 ff.) zählt nicht zum Computerprogramm. Die Benutzeroberfläche ist eine textlich-graphische Gestaltung der Bildschirmoberfläche, die durch das Computerprogramm erzeugt wird, aber selbst kein Computerprogramm darstellt (OLG Karlsruhe GRUR-RR 2010, 234 – Reisebürosoftware; OLG Düsseldorf CR 2000, 184; OLG Frankfurt GRUR-RR 2005, 299/300; LG Köln ZUM 2005, 910/913; *Dreier/Schulze*[3] § 69 a Rdnr. 16; Wandtke/Bullinger/*Grützmacher*[3] § 69 a Rdnr. 14; Dreyer/*Kotthoff*/Meckel[2] § 69 a Rdnr. 9; *Harte-Bavendamm/Wiebe*, Computerrechts-Handbuch, 26. Erg.lief. 2008, 1. Abschnitt, Teil 5, A III 3, Rdnr. 32; *Haberstumpf*, Hdb. des Urheberrechts[2], Rdnr. 129; Lehmann/*v. Tucher* CR 1999, 700/703; aA OLG Karlsruhe GRUR 1994, 726/729, das sich zur Begründung darauf beruft, § 69 a beziehe sich auf Computerprogramme in jeder Gestalt und jeder Ausdrucksform, dabei aber verkennt, dass es bereits an einem Computerprogramm fehlt; aA auch Möhring/Nicolini/*Hoeren*[2] § 69 a Rdnr. 6; Koch GRUR 1997, 417/719). Die Benutzeroberfläche ist genauso wenig Programm wie ein Text oder eine Grafik, die auf dem Bildschirm dargestellt werden. Die Unterschiede zwischen Benutzeroberfläche und Computerprogramm zeigen sich auch darin, dass die gleiche Benutzeroberfläche durch unterschiedliche Computerprogramme erzeugt werden kann (sa. OLG Hamburg CR 2001, 434/435 f.; *Schlatter* in Lehmann [Hrsg.], Rechtsschutz[2], Kap. III Rdnr. 4). Benutzeroberflächen können aber ihrerseits nach § 2 Abs. 1 Nr. 1 als Sprachwerk (dazu § 2 Rdnr. 114), nach § 2 Abs. 1 Nr. 7 als wissenschaftlich-technische Darstellung (dazu § 2 Rdnr. 217), uU auch nach § 2 Abs. 1 Nr. 4 geschützt sein, auch kann Wettbewerbsschutz nach § 3 (früher § 1) UWG (dazu LG Hamburg NJW 1990, 1610) bestehen (näher *Koch* GRUR 1991, 180/182 ff.).

III. Schutz aller Ausdrucksformen (Abs. 2)

1. Idee und Ausdruck

8 Abs. 2 ist Ausprägung des allgemeinen urheberrechtlichen Grundsatzes, dass **nur Form und Ausdruck eines Werkes geschützt** sind, aber **nicht die Idee** (AmtlBegr. BTDrucks. 12/40224 S. 9; vgl. auch den 13.–15. Erwgr. der Richtlinie). Der Gesetzgeber hat sich ebenso wenig wie die Richtlinie dazu geäußert, wie Idee und Ausdruck voneinander abzugrenzen sind; die Lösung dieses Problems hat er vielmehr der Rechtsprechung überlassen. In ihrer Formulierung knüpft die Richtlinie (und ihr folgend § 69a Abs. 2) an die Unterscheidung von **idea und expression** des anglo-amerikanischen Rechts an; nach diesem dort fest verankerten Prinzip ist nur der Ausdruck (expression) und nicht die Idee (idea) schutzfähig (s. dazu auch den Überblick bei *Haberstumpf* in Lehmann (Hrsg.), Rechtsschutz[2], Kap. II Rdnr. 54f.). Das bedeutet aber nicht, dass bei Anwendung der Idee-Ausdruck-Dichotomie an anglo-amerikanische Rechtsgrundsätze anzuknüpfen wäre; im 15. Erwgr. heißt es vielmehr, dass der Schutz nach dem Recht und der Rechtsprechung der Mitgliedstaaten zu erfolgen habe (ebenso *Schulte* CR 1992, 588/649; *Wiebe* BB 1993, 1094/1096). Vielmehr ist diese Unterscheidung als ein Stück **eigenständigen europäischen Urheberrechts** zu verstehen, das seiner eigenen Auslegung bedarf (sa. *Wiebe* aaO).

9 Hinter der Abgrenzung von Form und Ausdruck eines Werkes gegenüber der bloßen Idee stehen zwei Grundsätze. Zum einen geht es darum, dass das **Vorgegebene**, das, was Allgemeingut ist, urheberrechtlich nicht schutzfähig ist, weil es nicht auf der schöpferischen Leistung des Urhebers beruht. Nur die Konkretisierung des Vorgegebenen in einem Werk, die Form und der Ausdruck, den der Urheber der Idee gibt, kann Gegenstand des Urheberschutzes sein (s. dazu auch § 2 Rdnr. 51). Zum anderen müssen **abstrakte Gedanken und Ideen** im Interesse der Allgemeinheit prinzipiell frei bleiben und dürfen nicht durch das Urheberrecht monopolisiert werden (Nachw. zur Rspr. in § 2 Rdnr. 51). Die Rücksicht auf die Freiheit des geistigen Lebens fordert es, dass solche Gedanken und Ideen jedenfalls in ihrem Kern, in ihrem gedanklichen Inhalt, in ihrer politischen, wirtschaftlichen oder gesellschaftlichen Aussage benutzbar und Gegenstand der freien geistigen Auseinandersetzung bleiben, dass ihre Anwendung, Diskussion und Kritik nicht urheberrechtlich untersagt werden kann. Das gilt selbst in Fällen, in denen sie vom Urheber ersonnen worden sind (vgl. auch § 2 Rdnr. 59). Besonders bei wissenschaftlichen Werken, zu denen auch Computerprogramme zählen (vor §§ 69a ff. Rdnr. 7), trifft dies zu (vgl. § 2 Rdnr. 60, 65), weil bei ihnen die zur Verfügung stehenden Ausdrucksmöglichkeiten wesentlich begrenzter sind als beispielsweise bei literarischen Werken. Von diesen Grundsätzen hat sich die Anwendung des § 69a Abs. 2 leiten zu lassen. Dabei ist allerdings zu berücksichtigen, dass die Unterscheidung von Idee und Ausdruck ein urheberrechtliches Leitprinzip ist, das die maßgeblichen Abgrenzungskriterien beschreibt, aber nicht die schematische Lösung urheberrechtlicher Fälle erlaubt. Das ist auch bei der idea-expression-dichotomy im anglo-amerikanischen Recht nicht anders. Entscheidend bleibt die Analyse des Einzelfalls, bei der alle Umstände zu berücksichtigen und gegeneinander abzuwägen sind. Insofern wird es im Sinne der AmtlBegr. (vgl. Rdnr. 8) in der Tat Aufgabe der Rechtsprechung sein, die Grenzen von Ausdruck und Idee im Einzelfall abzustecken.

2. Schutzfähige Elemente

10 Schutzfähig sind **alle Ausdrucksformen** des Computerprogramms. Das bedeutet einen umfassenden Schutz, dessen Grenzen durch die in Abs. 2 S. 2 genannten Grundsätze und Ideen bestimmt werden. Dem Schutz unterliegen sowohl der (maschinenlesbare) **Objektcode** als auch der **Quellcode,** der das für den Fachmann lesbare Computerprogramm in einer Programmiersprache darstellt, ebenso die **Vorstufen** und das **Entwurfsmaterial,** die nach Abs. 1 gleichfalls zum Computerprogramm zählen (dazu Rdnr. 5). Wie Abs. 2 S. 2 zeigt, wird auch den **Schnittstellen** (dazu Rdnr. 13) Schutz gewährt, soweit es nicht um die ihnen zugrundeliegenden Ideen und Grundsätze geht. Das Gleiche gilt für **Logik, Algorithmen** und **Programmsprachen** (zu diesen Begriffen vgl. Rdnr. 12); generell vom Schutz ausgenommen sind nur die ihnen zugrundeliegenden Ideen und Grundsätze (14. Erwgr. der Richtlinie). Das ist unter Berücksichtigung der Unterscheidung von Ausdruck und Idee (vgl. Rdnr. 8f.) so zu verstehen, dass Logik und Algorithmen als allgemeine Grundsätze und mathematische Regeln sowie Programmsprachen als allgemeines Kommunikationsmittel dem Schutz nicht zugänglich sind, wohl aber ihre konkrete Anwendung und Verknüpfung im Programm; in der Art und Weise der Implementierung und Zuordnung zueinander können sie urheberrechtsschutzfähig sein (BGH GRUR 1991, 449/453 – Betriebssystem; OLG Celle CR 1994, 748/749f.; *Dreier/Schulze*[3] § 69a Rdnr. 22; *Dreier* GRUR 1993, 781/786; Fromm/Nordemann/*Czychowski*[10] § 69a Rdnr. 30; Wandtke/ Bullinger/*Grützmacher*[3] § 69a Rdnr. 25; Möhring/Nicolini/*Hoeren*[2] § 69a Rdnr. 12; *Haberstumpf* in Lehmann [Hrsg.], Rechtsschutz[2], Kap. II Rdnr. 23ff.; *Haberstumpf* NJW 1991, 2105/2107f.; *Wiebe* BB 1993, 1094/1096). Für die Schutzfähigkeit bei der Verwendung von Logik, Algorithmen und Programmsprachen ist damit vor allem auf die individuelle Programmstruktur abzustellen, auf die Art, wie durch sie zB Unterprogramme, Arbeitsroutinen und Verzweigungsanweisungen miteinander verknüpft werden (BGH aaO).

Der Schutz aller Ausdrucksformen bedeutet auch, dass es nicht darauf ankommt, in welcher **11** **Form** das Computerprogramm festgelegt ist, ob es auf Diskette, Band, CD-ROM, DVD, einer Festplatte oder einem anderen Datenträger gespeichert oder in die Hardware integriert ist (*Ullmann* CR 1992, 641/342). Schutzfähig sind auch **Teile** von Computerprogrammen, soweit sie ihrerseits die Schutzvoraussetzungen nach Abs. 3 erfüllen (OLG Hamburg CR 2001, 434/435; *Dreier*/*Schulze*[3] § 69a Rdnr. 23; Wandtke/Bullinger/*Grützmacher*[3] § 69a Rdnr. 12; allgemein zum Schutz von Werkteilen vgl. § 2 Rdnr. 67f.; einschränkend, aber insoweit unzutreffend *Paschke/Kerfack* ZUM 1996, 498/501). In der Praxis dürfte dies jedoch eine geringere Rolle spielen, da zumeist ganze Computerprogramme kopiert oder in sonstiger Weise unzulässig benutzt werden. Zu den Ausdrucksformen zählt aber **nicht** die **Web-Seite** oder **Benutzeroberfläche** (vgl. Rdnr. 7).

3. Nicht schutzfähige Elemente

Nicht schutzfähig sind **Ideen und Grundsätze,** die irgendeinem Element des Programms **12** einschließlich seiner Schnittstellen zugrunde liegen (s. auch Rdnr. 8f.). Das gilt zunächst für die **Idee, für eine bestimmte Anwendung ein Computerprogramm zu erstellen** (OLG Köln GRUR-RR 2005, 303/304 – Entwurfsmaterial; OLG Karlsruhe GRUR 1994, 726/729; unzutreffend *Paschke/Kerfack* ZUM 1996, 498/501). Es gilt vor allem auch für die **der Logik, den Algorithmen und den Programmsprachen zugrundeliegenden Ideen und Grundsätze** (14. Erwgr. der Richtlinie). Allgemeine Prinzipien mathematischer **Logik,** also Grundsätze, die die Behandlung grundlegender mathematischer Fragestellungen oder mathematischer Begriffe betreffen, sind als solche nicht schutzfähig; geschützt sein kann lediglich ihre konkrete Implementierung und Verwendung in einem Programm (s. Rdnr. 10). Unter **Algorithmus** versteht man in der Informatik eine Verarbeitungsvorschrift, die so präzise gefasst ist, dass sie von einem mechanisch oder elektronisch arbeitenden Gerät durchgeführt werden kann. Einen Algorithmus in diesem Sinne stellt praktisch jedes Computerprogramm dar. Was schutzunfähig ist, sind Algorithmen höherer Allgemeinheitsstufe, die sich bei der Lösung bestimmter Arten von Aufgaben bewährt haben und dort üblich sind; sie gehören oft zum Standardrepertoire der der Programmiertechnik (*Dreier*/*Schulze*[3] § 69a Rdnr. 22; *Koch,* Handbuch Software- und Datenbankrecht, S. 591f.; *Haberstumpf* in Lehmann [Hrsg.], Rechtsschutz[2], Kap. II Rdnr. 23ff.; OLG Celle CR 1994, 748/749f.; BPatG CR 1997, 616; *Weber-Steinhaus* S. 16ff.; *Ensthaler/Möllenkamp* GRUR 1994, 151/152ff.). Schutzfähig kann dagegen wieder ihre konkrete Anwendung in einem Programm, die Art ihrer Implementierung und Verknüpfung sein (Rdnr. 10). Das Gleiche gilt für **Programmsprachen,** dh. Sprachen zur Formulierung von Rechenvorschriften, von Datenstrukturen und Algorithmen. Sie sind als allgemeines Ausdrucks- und Kommunikationsmittel nicht schutzfähig (Wandtke/Bullinger/*Grützmacher*[3] § 69a Rdnr. 30; aA *Dreier*/ *Schulze*[3] § 69a Rdnr. 24), nur das konkrete Konzept oder Schema, das durch sie zum Ausdruck kommt, kann Schutz genießen.

Als **Schnittstellen** (interfaces) bezeichnet man die Informationen und mathematischen Grö- **13** ßen, die erforderlich sind, um verschiedene Systeme miteinander kompatibel zu machen. Schnittstellen sind beispielsweise die Übergänge zwischen Tastatur oder Maus und Computer; hier müssen die mathematischen Größen und Informationen so aufeinander abgestimmt sein, dass die Verbindung fehlerfrei zustande kommt. Bei den Schnittstellen von Software geht es um die Teile eines Programms, die eine Verbindung und Interaktion verschiedener Programme untereinander oder mit der Hardware ermöglichen sollen (sa. AmtlBegr. BTDrucks. 12/4022 S. 9; 11. Erwgr. der Richtlinie). Die Kenntnis der Schnittstellen ist erforderlich, wenn ein Softwarehersteller sein Produkt mit einem anderen Produkt kompatibel machen will; etwa wenn der Hersteller eines Anwendungsprogramms sein Programm so ausgestalten will, dass es unter bestimmten Betriebssystemen läuft (Problem der Interoperabilität, dazu § 69 e Rdnr. 7; zu Schnittstellen sa. § 69 e Rdnr. 8; *Lehmann* CR 1989, 1057/1058; *Vinje* GRUR Int. 1992, 250/258 ff.). Auch bei Schnittstellen gibt es Grundsätze und Lösungen, die sich bei bestimmten Aufgaben bewährt haben und dort üblich sind; sie sind zu den nicht schutzfähigen Ideen und Grundsätzen zu zählen. Nicht geschützt sind daher die Regeln und Methoden der Interoperabilität (dh. die Schnittstellenspezifikationen), die die ursprüngliche Schnittstelle aufgestellt hat (*Vinje* GRUR Int. 1992, 250/259). Schutzfähig ist dagegen die konkrete Implementierung und Anwendung dieser Ideen und Grundsätze in einem Programm (*Dreier*/Schulze[3] § 69 a Rdnr. 23; Fromm/Nordemann/*Czychowski*[10] § 69 a Rdnr. 32; Wandtke/Bullinger/*Grützmacher*[3] § 69 a Rdnr. 31). Je mehr eine Schnittstelle vereinheitlicht und standardisiert ist, desto größer wird bei ihr der Anteil an schutzunfähigen Ideen und Grundsätzen sein; die fortschreitende Normierung und Standardisierung von Schnittstellen dürfte dazu führen, dass der Schutz von Schnittstellen eher die Ausnahme bildet (*Lehmann* in Lehmann [Hrsg.], Rechtsschutz[2], Kap. I A Rdnr. 7).

IV. Schutzvoraussetzungen (Abs. 3)

1. Übersicht

14   Computerprogramme werden nur geschützt, wenn sie **individuelle Werke** darstellen und das Ergebnis einer **eigenen geistigen Schöpfung** sind. Darin liegt keine prinzipielle Abweichung vom Schutzerfordernis der persönlichen geistigen Schöpfung iSv. § 2 Abs. 2 (ebenso OLG Hamburg GRUR-RR 2002, 217/218 – CT-Klassenbibliothek; OLG Düsseldorf CR 1997, 337; Fromm/Nordemann/*Czychowski*[10] § 69 a Rdnr. 16; Dreyer/*Kotthoff*/Meckel[2] § 69 a Rdnr. 19; *Dreier*/Schulze[3] § 69 a Rdnr. 26; Mestmäcker/Schulze/*Haberstumpf* § 69 a Rdnr. 22; *Harte-Bavendamm*/Wiebe in Kilian/Heussen, Computerrechts-Handbuch, 26. Erg.Lief. 2008, 1. Abschnitt, Teil 5, A III 2, Rdnr. 23; *Erdmann*/Bornkamm GRUR 1991, 877 f.; aA *Wandtke*/Bullinger/*Grützmacher* Rdnr. 33; *Marly* Urheberrechtsschutz S. 128 ff., 135 ff.). Die unterschiedliche Formulierung erklärt sich daraus, dass der Gesetzgeber bewusst den Wortlaut der Richtlinie weitgehend wörtlich in die §§ 69 a ff. übernommen hat, auch soweit dies nicht dem Sprachgebrauch des UrhG entspricht (vgl. auch vor §§ 69 a ff. Rdnr. 5). **Schutzvoraussetzungen** sind also auch für Computerprogramme **persönliche Schöpfung, geistiger Gehalt, Formgestaltung** und **Individualität** (ebenso *Dreier*/Schulze[3] § 69 a Rdnr. 26; allgemein zu diesen Voraussetzungen § 2 Rdnr. 9 ff.). Bei der Individualität ist zu berücksichtigen, dass auch die kleine Münze geschützt wird; die in der früheren Rechtsprechung des BGH verlangte Gestaltungshöhe kann nicht mehr aufrechterhalten werden (OLG Hamburg GRUR-RR 2002, 217/218 – CT-Klassenbibliothek; näher dazu Rdnr. 17). Diese Schutzvoraussetzungen sind jeweils festzustellen und gegebenenfalls zu beweisen (s. dazu auch Gloy/Loschelder/Erdmann/*Harte-Bavendamm*/Schöler, Hdb. WettbewerbsR[4], § 64 Rdnr. 44 ff.; *Schulte* CR 1992, 641/643 ff.); es besteht **keine gesetzliche Vermutung** der urheberrechtlichen Schutzfähigkeit von Computerprogrammen (AmtlBegr. BTDrucks. 12/4022 S. 9). Zum Bestehen einer tatsächlichen Vermutung vgl. Rdnr. 22. Nach den Schutzvoraussetzungen des Abs. 3 sind auch Computerprogramme zu beurteilen, die vor dem 24. Juni 1993 geschaffen worden sind (§ 137 d Abs. 1).

2. Menschliche Schöpfung, geistiger Gehalt und Formgestaltung

15   Auch bei Computerprogrammen muss es sich um eine **persönliche Schöpfung** handeln, das Computerprogramm muss auf der **menschlich-gestalterischen Tätigkeit** des Urhebers beruhen (*Dreier*/Schulze[3] § 69 a Rdnr. 26; Wandtke/Bullinger/*Grützmacher*[3] § 69 a Rdnr. 32; Möhring/Nicolini/*Hoeren*[2] § 69 a Rdnr. 14; allgemein zur Voraussetzung der persönlichen Schöpfung § 2 Rdnr. 11 ff.). Bei Computerprogrammen, die lediglich durch Software-Generatorprogramme erstellt werden, ist dies nicht der Fall (Wandtke/Bullinger/*Grützmacher*[3] § 69 a Rdnr. 32; Möhring/Nicolini/*Hoeren*[2] § 69 a Rdnr. 14; im Ergebnis auch *Dreier*/Schulze[3] § 69 a Rdnr. 26; näher mit Nachw. *Haberstumpf* in Lehmann [Hrsg.], Rechtsschutz[2], Kap. II Rdnr. 34; *Schricker* in Schricker [Hrsg.], Informationsgesellschaft, S. 46). Anders ist es jedoch bei nur **computerunterstützter Programmerstellung** (sa. § 2 Rdnr. 13). Programme werden heute weitgehend im Verfahren des computer-aided software-engineering (CASE) erstellt. Dabei bedient sich der Programmierer bestimmter Computerprogramme als Hilfsmittel zur Programmerstellung; ebenso kann er andere Computerprogramme als Bausteine für die Erstellung eines Programms verwenden (s. dazu Fromm/Nordemann/*Czychowski*[10] § 69 a Rdnr. 19;

Harte-Bavendamm/Wiebe in Kilian/Heussen, Computerrechts-Handbuch, Teil 5 (Urheberrecht) Rdnr. 11). Im allgemeinen verbleibt dabei noch ausreichend Spielraum für eigenes menschliches Schaffen; soweit auch die weiteren Voraussetzungen der persönlichen geistigen Schöpfung gegeben sind, steht dem Urheberechtsschutz nichts im Wege (Wandtke/Bullinger/*Grützmacher*[3] § 69 a Rdnr. 32; Fromm/Nordemann/*Czychowski*[10] § 69 a Rdnr. 199).

Die Voraussetzung des **geistigen Gehalts,** die besagt, dass der menschliche Geist im Werk 16 zum Ausdruck kommen muss (dazu allgemein § 2 Rdnr. 18 ff.), ist bei Computerprogrammen regelmäßig erfüllt. Der geistige Gehalt eines Programms liegt in den Problemlösungen, in den technisch-wissenschaftlichen Aussagen, die der Programmierer für die ihm gestellte Aufgabe gefunden hat (OLG München CR 2000, 429/430). Die Voraussetzung der **Formgestaltung** bedeutet, dass das Programm eine Form angenommen haben muss, in der es der Wahrnehmung durch die menschlichen Sinne zugänglich ist (dazu allgemein § 2 Rdnr. 20). Dass dies nur mittelbar unter Zuhilfenahme technischer Einrichtungen möglich ist, reicht aus (vgl. § 2 Rdnr. 21). Ausreichend ist jede Festlegung des Programms, sei es in digitaler oder in schriftlicher Form. Auch Abs. 2 S. 1 geht davon aus, dass nur Ausdrucks„formen" geschützt sind.

3. Individualität

Die in Abs. 3 S. 1 aufgestellte Voraussetzung der Individualität wird durch Abs. 3 S. 2 präzi- 17 siert: Es dürfen **keine anderen Kriterien,** insbesondere keine qualitativen oder ästhetischen, angewendet werden. Diese Regelung bezweckt ebenso wie der durch sie umgesetzte Art. 1 Abs. 3 der Richtlinie eine **gemeinschaftsweite Harmonisierung der Anforderungen an die Gestaltungshöhe** (Schöpfungshöhe, dazu § 2 Rdnr. 24) bei Computerprogrammen, also an das Ausmaß der Individualität, die im Computerprogramm zum Ausdruck kommen muss. Die Gestaltungshöhe soll innerhalb der EU auf einem einheitlichen Niveau liegen; es soll verhindert werden, dass ein Programm in einem Mitgliedstaat urheberrechtlichen Schutz genießt, in einem anderen dagegen wegen höherer Anforderungen an die Gestaltungshöhe nicht (Amtl-Begr. BTDrucks. 12/4022 S. 9). Diese Regelung ist auf die frühere Rechtsprechung des BGH gemünzt, die hohe Anforderungen an die Gestaltungshöhe bei Computerprogrammen stellte und dem durchschnittlichen Programm gerade keinen urheberrechtlichen Schutz gewährte (vgl. vor §§ 69 a ff. Rdnr. 3). Heute ist in Rechtsprechung und Schrifttum allgemein akzeptiert, dass die früheren Maßstäbe des BGH nicht mehr anzulegen sind und auch die kleine Münze bei Computer-Programmen geschützt wird (grundlegend BGH GRUR 1994, 39 – Buchhaltungsprogramm; BGH GRUR 2005, 860/861 – Fash 2000; OLG Hamburg GRUR-RR 2002, 217/218 – CT-Klassenbibliothek; sa. *Erdmann/Bornkamm* GRUR 1991, 877/878; *Ullmann* CR 1992, 641/642).

Andere Kriterien als die in Rdnr. 14 genannten sind **nicht zu berücksichtigen.** Das Ge- 18 setz hebt solche qualitativen und ästhetischer Art hervor, beschränkt sich aber nicht auf diese. Eine individuelle Schöpfung muss freilich vorliegen, insofern lässt sich auf die Anlegung qualitativer Maßstäbe nicht ganz verzichten (OLG Hamburg ZUM 2002, 558/560; einschränkend wohl Möhring/Nicolini/*Hoeren*[2] § 69 a Rdnr. 16; s. aber auch die Nachweise in Rdnr. 20). Das Verbot der Berücksichtigung **qualitativer** Kriterien besagt lediglich, dass ein über das Vorliegen von Individualität hinausgehendes qualitatives Niveau, also eine weitergehende Gestaltungsoder Schöpfungshöhe nicht verlangt werden darf. Ebenso wenig kommt es auf die technische oder wirtschaftliche Qualität eines Computerprogramms an (vgl. auch § 2 Rdnr. 45). Die Hervorhebung **ästhetischer** Kriterien schließt die Berücksichtigung in der deutschen Rechtsprechung verschiedentlich aufgetauchten Begriffen wie „ästhetischer Überschuss" (vgl. § 2 Rdnr. 142) oder „ästhetischer Gehalt" (so das LG Mannheim für Computerprogramme, vgl. vor §§ 69 a ff. Rdnr. 2) aus (sa. OLG München CR 1999, 688/689). Aber auch Kriterien wie objektive Neuheit, Umfang des Programms, sein Zweck, Dauer, Schwierigkeit, Aufwand und Kosten der Herstellung begründen nicht die Werkqualität (*Ullmann* CR 1992, 641/643), ebenso wenig die Schwierigkeit (LG München I CR 1998, 655/656). Diese Kriterien (allgemein dazu § 2 Rdnr. 42 ff.) können allenfalls von indizieller Bedeutung sein.

Individualität bedeutet auch im Rahmen von § 69 a Abs. 3, dass das Werk **vom individu-** 19 **ellen Geist des Urhebers geprägt** sein muss, dass es sich als Ergebnis seines individuellen geistigen Schaffens darstellen muss (dazu allgemein § 2 Rdnr. 23). Individualität ist auch hier nicht im Sinne einer statistischen Einmaligkeit zu verstehen (so noch OLG Hamburg GRUR 1998, 332/333 und CR 1999, 298 sowie OLG München CR 1999, 688/689, anders aber dann OLG Hamburg GRUR-RR 2002, 217/218 sowie OLG München CR 2000, 429/430; zur Kritik der

§ 69a

Gegenstand des Schutzes

Lehre von der statistischen Einmaligkeit vgl. § 2 Rdnr. 31). Ausreichend ist ein **Minimum an Individualität;** auch die **kleine Münze** (zum Begriff § 2 Rdnr. 39) ist geschützt (AmtlBegr. BTDrucks. 12/4022 S. 9; BGH GRUR 2005, 860/861 – Fash 2000; heute unbestritten, vgl. auch Rdnr. 17). Nach der Intention des Gesetzgebers ist **Urheberrechtsschutz von Computerprogrammen die Regel** und fehlende Schöpfungshöhe die Ausnahme (AmtlBegr. aaO). Computerprogramme, die nicht völlig banal sind, verlangen in der Regel neben solidem handwerklichen Können analytisch-konzeptionelle Fähigkeiten, Geschick, Einfallsreichtum und planerisch-konstruktives Denken (s. dazu OLG München CR 2000, 429/430; *Dreier*/Schulze[3] § 69 a Rdnr. 26; Wandtke/Bullinger/*Grützmacher*[3] § 69 a Rdnr. 34; *Kolle* GRUR 1982, 443/453; *Ulmer*/*Kolle* GRUR Int. 1982, 489/494; Gloy/Loschelder/Erdmann/*Harte-Bavendamm*/*Schöler*, Hdb. WettbewerbsR[4], § 64 Rdnr. 47); hier besteht genug Raum für die Entfaltung von Individualität. Auch durch die Be-, Um- und Einarbeitung vorbekannter Elemente und Formen kann Individualität erzielt werden (OLG Hamburg ZUM 2002, 558/560).

20 **Nicht schutzfähig** ist das **völlig Banale,** das, was jeder so machen würde oder was von der Sache her vorgegeben ist; die schablonenhafte, mechanische und routinemäßige Zusammenstellung vorgegebener Daten und bereits bekannter Programme und Module begründet keinen Urheberrechtsschutz (AmtlBegr. BTDrucks. 12/4022 S. 10; BGH GRUR 2005, 860/861 – Fash 2000; OLG Düsseldorf CR 1997, 337/339; OLG Frankfurt/M CR 1998, 525; OLG München CR 1999, 688/689; *Dreier*/Schulze[3], § 69 a Rdnr. 27; Wandtke/Bullinger/*Grützmacher*[3] § 69 a Rdnr. 34; Mestmäcker/Schulze/*Haberstumpf* § 69 a Rdnr. 22; Möhring/Nicolini/*Hoeren*[2] § 69 a Rdnr. 16; *Harte-Bavendamm*, Hdb. WettbewerbsR[3], § 43 Rdnr. 260). Was bereits Gemeingut ist, kann nicht individuell sein. Auch wo sich die Gestaltung bereits aus der Natur der Sache ergibt, durch Gesetze der Zweckmäßigkeit oder Logik oder durch technische Notwendigkeiten vorgegeben ist, kann sich Individualität nicht entfalten (vgl. auch § 2 Rdnr. 29). Ebensowenig sind eine abstrakte Idee, ein allgemeines Motiv oder ein bestimmter Stil schutzfähig (OLG München ZUM-RD 2008, 149 für die Gestaltung eines Bildschirmschoners).

21 In der **Rechtsprechung** wurden beispielsweise als **schutzfähig** angesehen: Das Betriebssystem „MS-DOS" und die grafische Benutzeroberfläche „Windows for Workgroups" (BGH GRUR 2001, 153 – OEM-Software); eine über längere Zeit entwickelte komplexe Software mit einem nicht unerheblichen Marktwert (BGH GRUR 2005, 860/861 – Fash 2000); Computerprogramme zur Herstellung von Schalt- und Steuerungsplänen auf dem Gebiet der Elektrotechnik (OLG Düsseldorf CR 1997, 337f.); Computerprogramme, mit denen Einstellungen an CD-ROM-Laufwerken vorgenommen und verschiedene CD-Typen abgespielt werden können (OLG München CR 1999, 688); eine Hotelsoftware, die ein komplexes Computersystem darstellte, das nicht nur marktgängig war, sondern auch von einer Mehrzahl von Programmierern im Zuge jahrelanger Arbeit und Fortentwicklung entwickelt worden und bei der die Art der technischen Umsetzung durch die gewählte Programmierungssoftware als individuell und schöpferisch anzusehen war (OLG Hamm GRUR-RR 2008, 154/155 – Copyrightvermerk); ein Computerprogramm in Form eines Expertensystems, mit dessen Hilfe Subventionsmöglichkeiten ermittelt werden können, weil es sich um sehr komplexe Fragen handelte, die mit der geläufigen Technik nicht zu bewältigen seien, sondern den Einsatz nicht alltäglicher Programmiertechniken erfordert hätten (LG Oldenburg GRUR 1996, 481); ein digitalisierten Schriften zugrundeliegendes Computerprogramm (LG Köln CR 2000, 431). Als **nicht schutzfähig** wurden angesehen: Die Hardwarekonfiguration einer zum Betrieb innerhalb eines Rechners vorgesehenen Faxkarte (OLG Hamburg CR 2001, 434); ein Add-On, das nur aus selbst erspielten und dann abgespeicherten Spielständen eines Computerspiels besteht (OLG Düsseldorf CR 2000, 742); die multimediale Darstellung einzelner Websites auf dem Computerbildschirm ist bereits keine Ausdrucksform des zu Grunde liegenden HTML-Codes als Computerprogramm (OLG Frankfurt GRUR-RR 2005, 299/300).

22 Wer sich auf die Verletzung eines Urheberrechts beruft, trägt nach allgemeinen prozessualen Grundsätzen die **Darlegungs- und Beweislast** für dessen Bestehen einschließlich Schutzfähigkeit und Schutzumfang. Der Anspruchsteller muss also darlegen, dass sein Programm eine eigene geistige Schöpfung ist. Der Gesetzgeber hat darauf hingewiesen, dass **Erleichterungen der Darlegungslast** nötig sind, die eine globale, pauschale Beschreibung des Umstandes ermöglichen, dass ein Programm nicht völlig banal und zumindest als „kleine Münze" geschützt ist. Die Möglichkeit einer einstweiligen Verfügung oder die Grenzbeschlagnahme nach § 111a UrhG dürfte nicht durch zu hohe Anforderungen an die Darlegung der Werkqualität eines Computerprogramms erschwert werden, mit der Folge, dass diese Verfahrensweisen praktisch kaum handhabbar wären (AmtlBegr. BTDrucks. 12/4022 S. 10). Dem ist zuzustimmen; im Gegensatz zu

den meisten anderen Werken lässt sich bei Computerprogrammen die Werkqualität nicht durch unmittelbare sinnliche Wahrnehmung beurteilen, so dass die sonst übliche Vorlage eines Werkstücks zur Darlegung der Werkqualität nicht ausreicht. Zudem sollte der Anspruchsteller nicht ohne Not gezwungen sein, seine im Programm enthaltenen Betriebsgeheimnisse aufzudecken (ebenso *Haberstumpf* in Lehmann [Hrsg.], Rechtsschutz², Kap. II Rdnr. 94). Eine **globale, pauschale Beschreibung des Programms,** aus der hervorgeht, dass es sich **nicht um eine völlig banale Gestaltung** handelt und es **nicht lediglich das Programm eines anderen nachahmt,** muss daher jedenfalls im Normalfall ausreichen. Nur wenn ernsthafte Anhaltspunkte bestehen, dass ein Programm sehr einfach strukturiert ist, sollte eine nähere Darlegung des Inhaltes des Programms verlangt werden (AmtlBegr. aaO). Bei komplexen Programmen spricht eine tatsächliche Vermutung für eine hinreichende Individualität der Programmgestaltung (BGH GRUR 2005, 860/861 – Fash 2000). Macht der Anspruchsgegner geltend, dass es sich ganz oder teilweise um die Nachahmung eines anderen Programms oder um vorbekannte Strukturen handelt, so hat er dies darzulegen und zu beweisen (BGH GRUR 2005, 860/861 – Fash 2000; BGH GRUR 1991, 449/451; ähnlich *Ullmann* CR 1992, 641/643 f.; *Raubenheimer* CR 1994, 69/72). Insofern lässt sich auch von einer **tatsächlichen Vermutung** sprechen (BGH aaO, LG Mannheim CR 1994, 627; *Dreier*/Schulze³ § 69a Rdnr. 29; Wandtke/Bullinger/*Grützmacher*³ § 69a Rdnr. 37; Gloy/Loschelder/Erdmann/*Harte/Bavendamm/Schöler,* Hdb. WettbewerbsR⁴, § 64 Rdnr. 48; *Erdmann/Bornkamm* GRUR 1991, 877/879; s. zu diesen Fragen auch *Haberstumpf* in Lehmann [Hrsg.], Rechtsschutz², Kap. II Rdnr. 93 ff.; *ders.* NJW 1991, 2105/2110 f.). Andererseits ist aber eine bloße Beschreibung der Programme (der GUI-Klassen) als sehr komplex und/oder die Vorlage der Quellcodes nicht ausreichend (OLG Hamburg ZUM 2002, 558/560).

V. Anwendbarkeit der für Sprachwerke geltenden Bestimmungen (Abs. 4)

Die Richtlinie behandelt nicht alle Bereiche, die für den Rechtsschutz von Computerprogrammen von Bedeutung sind. So fehlt es beispielsweise an einer Regelung des Urheberpersönlichkeitsrechts und weitgehend auch an einem Sanktionensystem. Andererseits enthält die Richtlinie Regelungen, die im deutschen Urheberrecht in entsprechender Form bereits vorhanden sind und deswegen der Umsetzung nicht bedurften (vgl. auch AmtlBegr. BTDrucks. 12/4022 S. 10). Abs. 4 bestimmt daher, dass die Vorschriften für Sprachwerke auf Computerprogramme entsprechende Anwendung finden, soweit in §§ 69a–69g keine Sonderregelung getroffen ist. **Keine Anwendung** auf Computer-Programme finden die Vorschriften der **§§ 95a– 95d** (§ 69a Abs. 5; näher dazu Rdnr. 26). 23

Im Einzelnen ist Folgendes hervorzuheben (eingehend Wandtke/Bullinger/*Grützmacher*³ § 69a Rdnr. 43 ff.): In **§ 2 Abs. 1 Nr. 1** ist die Schutzfähigkeit von Computerprogrammen geregelt, zur Anwendbarkeit von **§ 2 Abs. 2** s. Rdnr. 14. **§ 3** stellt klar, dass Bearbeitungen selbstständig schutzfähig sind. Das gilt auch für Computerprogramme, jedoch mit der Maßgabe, dass sich die Schutzvoraussetzungen nach § 69a bestimmen. Bei **§ 4** bestimmt Abs. 2 S. 2, dass ein zur Schaffung des Datenbankwerkes oder zur Ermöglichung des Zugangs zu dessen Elementen verwendetes Computerprogramm nicht Bestandteil des Datenbankwerkes ist. Im Übrigen können Sammelwerke und Datenbankwerke auch Computerprogramme als Inhalt enthalten; die Schutzvoraussetzungen bestimmen sich freilich wieder um für diese nach § 69a. Die Begriffe der Veröffentlichung und des Erscheinens in **§ 6** haben durch § 69a ff. keine Sonderregelung erfahren, gelten also auch für Computerprogramme. **§§ 7–10** treffen die in Art. 2 Abs. 1 und 2 sowie in Art. 3 der Richtlinie enthaltene Regelung; ihre Umsetzung war deshalb entbehrlich, sie finden auf Computerprogramme Anwendung (sa. AmtlBegr. BT-Drucks. 12/4022 S. 10). Die Vorschriften über das Urheberpersönlichkeitsrecht **(§§ 12–14)** gelten auch für Computerprogramme (sa. AmtlBegr. aaO), zum Urheberpersönlichkeitsrecht bei Urhebern in Arbeits- und Dienstverhältnissen s. § 69b Rdnr. 14. Zu berücksichtigen ist allerdings, dass eine Interessenabwägung anders ausfallen kann als bei Sprachwerken (sa. *Dreier* GRUR 1993, 781/783). Bei den Verwertungsrechten der **§§ 15–23** hat die Sonderregelung in § 69c Vorrang, wodurch freilich ein Rückgriff auf die Begriffsbestimmungen der **§§ 16 ff.** nicht ausgeschlossen ist, soweit § 69c nichts Abweichendes vorsieht (vgl. zB § 69c Rdnr. 5). Darüber hinaus kann bei den Rechten der unkörperlichen Werkwiedergabe eine ergänzende Anwendung des § 15 Abs. 2, 19 ff. in Betracht kommen, soweit § 69c keine Regelung trifft (*Dreier* GRUR 1993, 781/784). **§ 24** ist auf Computerprogramme anwendbar, ebenso **§ 27 Abs. 2** (dazu § 27 Rdnr. 14). Die Vorschrif- 24

§ 69a

ten über Vererbung, Übertragung und Rechtsnachfolge (**§§ 28–30**) gelten auch für Computerprogramme; zur Situation in Arbeits- und Dienstverhältnissen s. § 69b Rdnr. 1, 11 ff.).

25 Ebenso finden die Vorschriften über Nutzungsrechte der **§§ 31–42** Anwendung; freilich ist die Zweckübertragungslehre (§ 31 Abs. 5) in Arbeits- und Dienstverhältnissen nicht zu berücksichtigen (AmtlBegr. BTDrucks. 12/4022 S. 10; sa. § 69b Rdnr. 12). Auch dürfen vertragliche Bestimmungen nicht in Widerspruch zu § 69d Abs. 2 und 3 oder § 69e stehen (vgl. § 69g Rdnr. 2; sa. *Dreier* GRUR 1993, 781/784). Für § 43 gilt, dass die Regelung in § 69b Vorrang hat. Unterschiedlich sind die Vorschriften über die Schranken des Urheberrechts (**§§ 44a ff.**) zu beurteilen. Teilweise betreffen die Schrankenregelungen keine Sprachwerke oder passen für Computerprogramme nicht, so dass von daher eine Anwendung ausscheidet. Möglich erscheint eine Anwendung vom **§ 44a** (Fromm/Nordemann/*Czychowski*[10] § 69a Rdnr. 43), zustimmungsfreie Vervielfältigung im Interesse der Rechtspflege und öffentlichen Sicherheit (**§ 45**) und eine Anwendung des Zitatrechts des **§ 51 Nr. 1 und 2** (*Dreier*/Schulze[3] § 69a Rdnr. 34; *Dreier* GRUR 1993, 781/784; aA *Haberstumpf* in Lehmann [Hrsg.], Rechtsschutz[2], Kap. II Rdnr. 148; Wandtke/Bullinger/*Grützmacher*[3] § 69a Rdnr. 75 für § 51). Ausgeschlossen sind dagegen **§§ 53–54h**; Vervielfältigungen von Computerprogrammen zum privaten und sonstigen eigenen Gebrauch sind stets unzulässig (AmtlBegr. BTDrucks. 12/4022 S. 8f.; sa. § 53 Rdnr. 12). Die Schutzdauer für Computerprogramme beträgt nach **§ 64** 70 Jahre post mortem auctoris. Art. 8 der Richtlinie sah zwar als Regelschutzdauer 50 Jahre p.m.a. vor; durch die Schutzdauerrichtlinie der EG wurde jedoch allgemein die siebzigjährige Schutzdauer eingeführt. Keine Anwendung auf Computerprogramme finden die Vorschriften der **§§ 95a–95d** (§ 69a Abs. 5; näher dazu Rdnr. 26). Die **§§ 96–111** sind auch auf die Verletzung von Rechten an Computerprogrammen grundsätzlich anwendbar; § 69f verdrängt allerdings **§ 98 Abs. 1**, verweist jedoch in seinem Abs. 2 auf **§ 98 Abs. 2 und 3**. **§§ 115–119** sind, soweit sie Sprachwerke betreffen, auf Computerprogramme anwendbar, ebenso **§§ 120–123**. Bei den Übergangsregelungen gilt die Vorschrift des **§ 137d**.

VI. Keine Anwendung der §§ 95a bis 95d

26 Die Vorschriften über den Schutz technischer Maßnahmen und der zur Rechtewahrnehmung erforderlichen Informationen nach §§ 95a–95d sind gemäß Abs. 5 auf Computer-Programme nicht anzuwenden. Der Grund hierfür liegt darin, dass nach Art. 1 Abs. 2 (a) der Richtlinie zur Informationsgesellschaft, in deren Umsetzung §§ 95a–95d eingeführt wurden (vgl. dazu § 95a Rdnr. 6) die Bestimmungen über den rechtlichen Schutz von Computer-Programmen unberührt bleiben (vgl. auch Erwägungsgrund 50 der Richtlinie). Der Vorschlag des Bundesrates, §§ 95a und 95c in § 69a Abs. 5 aufzunehmen (vgl. BTDrucks. 15/38 S. 37) wurde deshalb in der Gegenäußerung der Bundesregierung zurückgewiesen (BTDrucks. 15/38 S. 42).

VII. Sonderfragen

27 Beim Schutz von **Computerspielen** (Videospielen) ist zu unterscheiden zwischen dem Schutz der audio-visuellen Darstellung auf dem Bildschirm und des sie erzeugenden Computerprogramms (sa. Rdnr. 7). Für den **Schutz des Computerprogramms** gelten keine Besonderheiten; es finden die § 69a ff. Anwendung. Die **audio-visuelle Darstellung** kann in ihrem Bewegungsablauf (Spielablauf) als Filmwerk (§ 2 Abs. 1 Nr. 6) geschützt sein, sofern es sich um eine persönliche geistige Schöpfung iSv. § 2 Abs. 2 handelt, im Übrigen kommt ein **Laufbildschutz** nach §§ 95, 94 in Betracht (näher § 2 Rdnr. 188 f.). Das Einzelbild kann Schutz als **Lichtbildwerk** (§ 2 Abs. 1 Nr. 5) bzw. als **Lichtbild** (§ 72) genießen. Zum Schutz der **Figuren** vgl. § 2 Rdnr. 149, 189, zum Ganzen eingehend *Schlatter* in Lehmann (Hrsg.), Rechtsschutz[2], Kap. III Rdnr. 8 ff.; *Lambrecht*, Der urheberrechtliche Schutz von Bildschirmspielen, 2006; *Kreutzer*, Computerspiele im System des deutschen Urheberrechts, CR 2007, 1. Dass heute die meisten Computerspiele angesichts ihrer phantasievollen und realitätsgetreuen Darstellung der Figuren, der Szenerie und der Handlungsabläufe Urheberrechtsschutz genießen, kann keinem Zweifel unterliegen. Eindrucksvolle Beispiele bilden virtuelle Welten wie Second Life oder Open Life.

28 Die **Benutzeroberfläche** stellt als solche kein Computerprogramm dar. Sie kann aber als Sprachwerk nach § 2 Abs. 1 Nr. 1, als wissenschaftlich-technische Darstellung nach § 2 Abs. 1

Nr. 7, oder auch nach § 2 Abs. 1 Nr. 4 geschützt sein, auch kann Wettbewerbsschutz nach § 3 UWG bestehen (dazu näher Rdnr. 7).

Ebenso wenig stellen **Multimedia-Erzeugnisse** Computerprogramme dar. Zwar kommen sie angesichts der Digitaltechnik ohne Computerprogramme, die den Geschehensablauf steuern, nicht aus. Aber die in Multimedia-Werken enthaltene schöpferische Leistung liegt in der durch Sprache, Bild und Ton vermittelten gedanklichen Aussage, nicht in den für Ablauf und Wiedergabe erforderlichen Computerprogrammen; die multimediale Darstellung auf dem Computerbildschirm ist keine Ausdrucksform des zu Grunde liegenden Computerprogramms (OLG Frankfurt GRUR-RR 2005, 299/300; LG Köln MMR 2006, 52/55; *Dreier*/Schulze[3] § 69a Rdnr. 18; Wandtke/Bullinger/*Grützmacher*[3] § 69a Rdnr. 21; Fromm/Nordemann/*Czychowski*[10] § 69a Rdnr. 10; sa. *Loewenheim*, Fs. für Piper, S. 709/714f.; *ders.* GRUR 1997, 830/832; aA *Koch* GRUR 1995, 459 ff.; näher zu diesen Fragen auch *Lehmann/v. Tucher* CR 1999, 700/703; *Wiebe/Funkat* MMR 1998, 69 ff.; sa. oben Rdnr. 7). Ein multimediales Werk wie etwa eine Musikdarbietung mit gleichzeitiger Möglichkeit der Verfolgung des Notenbildes, wird auch nicht dadurch zum Computerprogramm, dass es in ein digitales Format übertragen wird. 29

Mehrfach hatte sich die Rechtsprechung mit der Beseitigung eines **Dongle-Schutzes** zu befassen. Der Dongle ist kein Computerprogramm, sondern ein mechanisches Bauteil (Hardwarestecker, hardware lock), das auf eine Schnittstelle eines Computers aufgesteckt wird (*Dreier*/Schulze[3] § 69a Rdnr. 12; sa. § 69f Rdnr. 10. Computerprogramme können so konzipiert sein, dass sie laufend eine Dongle-Abfrage vornehmen und deshalb nur bei aufgestecktem Dongle laufen. Dadurch lässt sich eine unzulässige Mehrfachnutzung des Programms verhindern, weil nur das Programm, nicht aber der Dongle kopiert werden kann und die Programmkopie ohne Dongle nicht läuft. Dieser Schutz lässt sich durch Entfernung der Dongle-Abfrage aus dem Programm beseitigen oder durch ein Zusatzprogramm umgehen. In der Beseitigung der Dongle-Abfrage liegt eine **Umarbeitung des Programms,** die unter § 69c Nr. 2 fällt (s. § 69c Rdnr. 14) und bei der sich die Frage stellt, ob sie nach § 69d Abs. 1 oder § 69e zulässig sein kann (dazu § 69d Rdnr. 11 und § 69e Rdnr. 10); § 95a findet gemäß § 69a Abs. 5 keine Anwendung. Programme, die eine Beseitigung oder Umgehung der Dongle-Abfrage ermöglichen, unterliegen dem Vernichtungsanspruch des § 69f Abs. 2. Die Beseitigung oder Umgehung der Dongle-Abfrage stellt auch einen **Wettbewerbsverstoß** nach § 1 UWG dar (BGH GRUR 1996, 78 – Umgehungsprogramm; OLG Stuttgart CR 1989, 685 – Hardlock-Entferner; OLG Düsseldorf GRUR 1990, 535 – Hardware-Zusatz; OLG München CR 1995, 663; OLG München CR 1996, 11 und 674; LG Oldenburg CR 1996, 217; sa. *Raubenheimer* CR 1996, 69 mwN). 30

§ 69b Urheber in Arbeits- und Dienstverhältnissen

(1) **Wird ein Computerprogramm von einem Arbeitnehmer in Wahrnehmung seiner Aufgaben oder nach den Anweisungen seines Arbeitgebers geschaffen, so ist ausschließlich der Arbeitgeber zur Ausübung aller vermögensrechtlichen Befugnisse an dem Computerprogramm berechtigt, sofern nichts anderes vereinbart ist.**

(2) **Absatz 1 ist auf Dienstverhältnisse entsprechend anzuwenden.**

Schrifttum: *Bayreuther,* Zum Verhältnis zwischen Arbeits-, Urheber- und Arbeitnehmererfindungsrecht – Unter besonderer Berücksichtigung der Sondervergütungsansprüche des angestellten Softwareerstellers, GRUR 2003, 570; *Berger,* Zum Anspruch auf angemessene Vergütung (§ 32 UrhG) und weitere Beteiligung (§ 32a UrhG) bei Arbeitnehmer-Urhebern, ZUM 2003, 173; *Brandi-Dohrn,* Arbeitnehmererfindungsschutz bei Softwareerstellung, Kommerzielle Online-Nutzung von Computerprogrammen, CR 2001, 285; *Brandner,* Zur Rechtsstellung eines angestellten Programmierers, GRUR 2001, 883; *Buchner,* Der Schutz von Computerprogrammen und Know-how im Arbeitsverhältnis, in Lehmann (Hrsg.), Rechtsschutz und Verwertung von Computerprogrammen, 2. Aufl. 1993, S. 421; *Czychowski,* Die angemessene Vergütung im Spannungsfeld zwischen Urhebervertrags- und Arbeitnehmererfindungsrecht – ein Beitrag zur Praxis des neuen Urhebervertragsrechts im Bereich der angestellten Computerprogrammierer, Fs. für Nordemann, 2004, S. 157; *Dreier,* Rechtsschutz von Computerprogrammen. Die Richtlinie des Rates der EG vom 14. Mai 1991, CR 1991, 577; *Holländer,* Das Urheberpersönlichkeitsrecht des angestellten Programmierers, CR 1992, 279; *Götting,* Allgemeines Urhebervertragsrecht, in Beier/Götting/Lehmann/Moufang (Hrsg.), Urhebervertragsrecht (Fs. für Schricker), 1995, S. 53; *Harte-Bavendamm/Wiebe,* in Kilian/Heussen (Hrsg.), Computerrechtshandbuch, 26. Ergänzungslieferung 2008, Teil 5 (Urheberrecht) A IV 1b Rdnr. 50ff.; *Hauptmann,* Abhängige Beschäftigung und der urheberrechtliche Schutz des Arbeitsergebnisses, 1994; *Hilty/Peukert,* Das neue deutsche Urhebervertragsrecht im internationalen Kontext, GRUR Int. 2002, 643; *Himmelmann,* Vergütungsrechtliche Ungleichbehandlung von Arbeitnehmer-Erfinder und Arbeitnehmer-Urheber, GRUR 1999, 897; *Hoff,* Die Vergütung angestellter Software-Entwickler, 2009; *Holländer,* Arbeitnehmerrechte an Software, 1991; *ders.,* Das Urheberpersönlichkeitsrecht des angestellten Programmierers, CR 1992, 279; *ders.,* Nut-

§ 69b

zungsrechte an freiwillig erstellter Software im Arbeitsverhältnis, CR 1991, 614, *Karger,* Rechtseinräumung bei Software-Erstellung, CR 2001, 357; *Koch,* Handbuch Software- und Datenbankrecht, 2003, S. 216 ff.; *ders.,* Urheberrechte an Computerprogrammen im Arbeitsverhältnis, CR 1985, 86 (Teil I) u. 146 (Teil II); *Leuze,* Urheberrechte der Beschäftigten im öffentlichen Dienst , 3. Aufl. 2008; *v. Olenhusen,* Der Urheber- und Leistungsrechtsschutz der arbeitnehmerähnlichen Personen, GRUR 2002, 11; *Ruzman,* Softwareentwicklung durch Arbeitnehmer, 2004; *Sack,* Arbeitnehmer-Urheberrechte an Computerprogrammen nach der Urheberrechtsnovelle, UFITA 121 (1993) 15; *ders.,* Computerprogramme und Arbeitnehmer-Urheberrecht, unter Berücksichtigung der Computerprogramm-Richtlinie der EG vom 14. 5. 1991, BB 1991, 2165; *Ullmann,* Das urheberrechtlich geschützte Arbeitsergebnis – Verwertungsrecht und Vergütungspflicht, GRUR 1987, 6; *Wandtke,* Reform des Arbeitnehmerurheberrechts?, GRUR 1999, 390; *Wimmers/Rode,* Der angestellte Softwareprogrammierer und die neuen urheberrechtlichen Vergütungsansprüche, CR 2003, 399.

Übersicht

	Rdnr.
I. Zweck und Bedeutung der Norm	1
II. Arbeits- oder Dienstverhältnis	2–4
III. In Arbeits- oder Dienstverhältnissen geschaffene Werke	5–10
IV. Berechtigung des Arbeitgebers	11–14
V. Vergütungsanspruch	16–19
IV. Abweichende Vereinbarungen	20

I. Zweck und Bedeutung der Norm

1 Nach dem **Urheberschaftsprinzip** (dazu § 7 Rdnr. 1) ist auch in Arbeits- und Dienstverhältnissen Urheber derjenige, der die persönliche geistige Schöpfung erbracht hat; in seiner Person entstehen die Rechte, die das UrhG dem Urheber zuweist. Der Arbeitgeber oder Dienstherr darf daher die im Rahmen des Arbeits- oder Dienstverhältnisses geschaffenen Werke nur verwerten, wenn er sich vom Arbeitnehmer bzw. Bediensteten vertraglich (im Allgemeinen im Arbeitsvertrag) ein Nutzungsrecht einräumen oder jedenfalls eine schuldrechtliche Nutzungserlaubnis geben lässt (dazu näher § 43 Rdnr. 6). Grundsätzlich besteht keine gesetzliche Vermutung, dass durch das Arbeitsverhältnis diese Rechte dem Arbeitgeber (Dienstherrn) eingeräumt sind. Art. 2 Abs. 3 der Computerprogramm-Richtlinie (dazu vor §§ 69a ff. Rdnr. 4) trifft eine hiervon abweichende Regelung. Diese Vorschrift ändert zwar nichts am Urheberschaftsprinzip, sieht aber ein (vertraglich abdingbares) **Recht des Arbeitgebers zur Ausübung aller wirtschaftlichen Rechte am Programm** vor. Da der deutsche Gesetzgeber Zweifel hatte, ob durch eine bloße Auslegung der Generalklausel des § 43 eine korrekte Umsetzung erfolgen würde (AmtlBegr. BTDrucks. 12/4022 S. 10), hat er Art. 2 Abs. 3 weitgehend wörtlich in § 69b Abs. 1 übernommen und in Abs. 2 auf Dienstverhältnisse erstreckt. Es handelt sich bei § 69b um eine **Sonderregelung,** die ausschließlich für Computerprogramme gilt. Sie hat keine Ausstrahlungen auf andere in Arbeits- oder Dienstverhältnissen geschaffene Werke (vgl. auch vor §§ 69a ff. Rdnr. 5). Als europäisches Urheberrecht ist sie **richtlinienkonform auszulegen** (vor §§ 69a ff. Rdnr. 6). § 69b ist gemäß § 137d Abs. 1 auch auf Computerprogramme anzuwenden, die vor dem 24. Juni 1993 geschaffen worden sind.

II. Arbeits- oder Dienstverhältnis

2 § 69b gilt **nur für die in einem Arbeits- oder Dienstverhältnis stehenden Urheber.** Die Vorschrift findet **keine Anwendung auf Auftragswerke,** etwa auf Grund eines Werkvertrags (allg. Ansicht, vgl. etwa *Dreier*/Schulze[3] § 69b Rdnr. 4; *Möhring/Nicolini/Hoeren*[2] § 69b Rdnr. 6; *Dreyer/Kotthoff/Meckel*[2] § 69b Rdnr. 4). Der ursprüngliche Kommissionsentwurf (vgl. CR 1989, 450) hatte in Art. 2 Abs. 3 eine gleichartige Regelung für Auftragswerke vorgesehen, die aber wieder gestrichen wurde (dazu *Lehmann* in Lehmann [Hrsg.], Rechtsschutz[2], Kap. I A Rdnr. 10). Dadurch sollte die Position der freiberuflichen Programmierer gestärkt werden (*Dreier* CR 1991, 577/579).

3 Wer **Arbeitnehmer** ist, wird vom Gemeinschaftsrecht nicht bestimmt. Es finden daher die im Arbeitsrecht und zu § 43 entwickelten Rechtsgrundsätze Anwendung (AmtlBegr. BT-Drucks. 12/4022 S. 11). Danach ist Arbeitnehmer, wer in einem Arbeitsverhältnis steht und eine vom Arbeitgeber abhängige, weisungsgebundene Tätigkeit ausübt. Zu Einzelheiten und Abgrenzungsfragen vgl. § 43 Rdnr. 11ff. **Freie Mitarbeiter** sind grundsätzlich keine Arbeitnehmer (vgl. § 43 Rdnr. 16f.; Wandtke/Bullinger/*Grützmacher*[3] § 69b Rdnr. 3; Fromm/Nordemann/

Czychowski[10] § 69b Rdnr. 4, Möhring/Nicolini/*Hoeren*[2] § 69b Rdnr. 7). Allerdings kommt es nicht auf die Bezeichnung, sondern auf die Ausgestaltung des Rechtsverhältnisses an (sa. *Karger* CR 2001, 357/360); das Gleiche gilt für **arbeitnehmerähnliche Personen** (vgl. § 43 Rdnr. 18; Wandtke/Bullinger/*Grützmacher*[3] § 69b Rdnr. 3; Möhring/Nicolini/*Hoeren*[2] § 69b Rdnr. 6; *v. Olenhusen,* GRUR 2002, 11/14 f.).

Die Regelung des Abs. 1 wurde in Abs. 2 auf **Dienstverhältnisse** erweitert, weil eine abweichende Behandlung der in öffentlich-rechtlichen Dienstverhältnissen stehenden Personen nicht gerechtfertigt gewesen wäre (AmtlBegr. BT-Drucks. 12/4022 S. 11; vgl. auch *Buchner* in Lehmann [Hrsg.], Rechtsschutz[2], Kap. XI Rdnr. 23). Unter Abs. 2 fallen alle **öffentlich-rechtlichen Dienstverhältnisse;** die Vorschrift ist anwendbar auf Beamte, Soldaten und Richter, aber auch auf sonstige öffentlich-rechtliche Dienstverhältnisse, die keine Beamtenverhältnisse im engeren Sinne sind (AmtlBegr. aaO). Arbeitnehmer im öffentlichen Dienst fallen bereits unter Abs. 1. Vgl. im Übrigen zum Begriff des Dienstverhältnisses § 43 Rdnr. 10. 4

III. In Arbeits- oder Dienstverhältnissen geschaffene Werke

Von § 69b werden nur Werke erfasst, die der Arbeitnehmer (Bedienstete) **in Wahrnehmung seiner Aufgaben** oder **nach den Anweisungen seines Arbeitgebers bzw. Dienstherrn** geschaffen hat. Diese Formulierung ist gleichbedeutend mit der Wendung „in Erfüllung seiner Verpflichtungen" in § 43 (*Dreier*/Schulze[3] § 69b Rdnr. 8; *Buchner* in Lehmann [Hrsg.], Rechtsschutz[2], Kap. XI Rdnr. 33; *Hauptmann* S. 163). Der von § 43 abweichende Wortlaut erklärt sich aus dem Bestreben des Gesetzgebers, die Bestimmungen der Richtlinie möglichst wörtlich zu übernehmen (vgl. vor § 69a ff. Rdnr. 5). Auf **außervertragliche bzw. außerdienstliche Werke** findet die Vorschrift damit **keine Anwendung** (AmtlBegr. BTDrucks. 12/4022 S. 11). 5

Was zu den **Aufgaben** des Arbeitnehmers (Bediensteten) gehört, ergibt sich primär aus dem **Arbeitsvertrag (Dienstverhältnis),** daneben aus der **betrieblichen Funktion, tarifvertraglichen Regelungen,** dem **Berufsbild** und der **Üblichkeit** (*Dreier*/Schulze[3] § 69b Rdnr. 8; Wandtke/Bullinger/*Grützmacher*[3] § 69b Rdnr. 6; Möhring/Nicolini/*Hoeren*[2] § 69b Rdnr. 9; *Sack* UFITA 121 [1993] 15/17 f.; Einzelheiten bei § 43 Rdnr. 22 ff.). Ein **enger innerer Zusammenhang** mit den arbeitsvertraglichen Pflichten reicht aus, auch dann, wenn das Arbeitsverhältnis primär auf eine andere Tätigkeit als die Erstellung von Computerprogrammen ausgerichtet ist (OLG München CR 2000, 429/430; KG WM 1997, 1443; OLG Karlsruhe GRUR 1987, 845/848; *Dreier*/Schulze[3] § 69b Rdnr. 8; Fromm/Nordemann/*Czychowski*[10] § 69b Rdnr. 7; *Buchner* in Lehmann [Hrsg.], Rechtsschutz[2], Kap. XI Rdnr. 30; *Sack* S. 18; aA *Götting,* Fs. für Schricker, S. 99). Das gilt jedenfalls dann, wenn der Arbeitnehmer während seiner Arbeitszeit Programme mit Billigung und auf Kosten des Arbeitgebers erstellt (KG NJW-RR 1997, 1405) oder wenn dem Arbeitnehmer Spielraum für eine entsprechende Gestaltung und Organisation seiner Tätigkeit gelassen ist (*Buchner* aaO). Ist der Arbeitnehmer zwecks Erstellung eines Computerprogramms von sonstigen Aufgaben und der Anwesenheitspflicht im Betrieb weitgehend freigestellt, so findet § 69b auch dann Anwendung, wenn das Programm überwiegend außerhalb der regulären Arbeitszeiten erstellt wurde (OLG Köln GRUR-RR 2005, 302 – TKD-Programme; Fromm/Nordemann/*Czychowski*[10] § 69b Rdnr. 7). Mit dem zunehmendem Einzug der Computer-Technologie in nahezu alle Arbeitsbereiche kann für den Arbeitnehmer Anlass bestehen, sich zur Erledigung seiner Aufgaben eines Computers zu bedienen und gegebenenfalls auch aus eigener Initiative Programme zu entwickeln (KG aaO). Auch solche Programme sind dann noch in Wahrnehmung der arbeitsvertraglichen Aufgaben erstellt (anders noch BAG GRUR 1989, 429 – Statikprogramme). Sofern der Arbeitnehmer die vermögensrechtlichen Befugnisse selbst ausüben will, muss er eine entsprechende Vereinbarung nach Abs. 1 aE treffen (vgl. auch Rdnr. 20). An der Stellung der im Hochschulbereich tätigen **Professoren** (näher § 43 Rdnr. 131; eingehend *Kraßer*/Schricker S. 100 ff.) hat sich durch § 69b nichts geändert; an von ihnen geschaffenen Computerprogrammen erwirbt der Dienstherr grundsätzlich keine Rechte (Fromm/Nordemann/*Czychowski*[10] § 69b Rdnr. 10; Wandtke/Bullinger/*Grützmacher*[3] § 69b Rdnr. 15; *Sack* aaO S. 22). 6

Die **Anweisungen** des Arbeitgebers bzw. Dienstherrn umfassen sowohl die Aufgabenübertragung, Computerprogramme zu erstellen, als auch konkrete Anweisungen zur Art und Weise der Herstellung oder inhaltlichen Gestaltung von Computerprogrammen (*Dreier*/Schulze[3] § 69b Rdnr. 8; Wandtke/Bullinger/*Grützmacher*[3] § 69b Rdnr. 16; *Sack* UFITA 121 [1993] 15/19 f.). Sie können allgemein für die Tätigkeit erfolgen oder sich auf eine konkrete Aufgabenstellung 7 beziehen. Ob die Anweisung durch die Weisungsbefugnis des Arbeitgebers gedeckt ist, ist für die Anwendbarkeit des § 69b unerheblich (*Sack* aaO S. 20); die Frage ist arbeitsrechtlich, nicht urheberrechtlich zu lösen.

8   In Wahrnehmung seiner Aufgaben oder nach den Anweisungen seines Arbeitgebers bzw. Dienstherrn sind Programme nur dann geschaffen, wenn sie **während des Bestehens des Arbeits- oder Dienstverhältnisses** erstellt worden sind. An Computerprogrammen, die der Arbeitnehmer vorher geschaffen hat und während des Arbeits- oder Dienstverhältnisses benutzt, erwirbt der Arbeitgeber keine Rechte (Wandtke/Bullinger/*Grützmacher*[3] § 69b Rdnr. 10; *Sack* UFITA 121 [1993] 15/20f.; *Buchner* in Lehmann [Hrsg.], Rechtsschutz[2], Kap. XI Rdnr. 46). Ebenso wenig findet § 69b Anwendung auf Programme, die der Arbeitnehmer zwar in Wahrnehmung seiner Aufgaben benutzt, die aber nicht von ihm entwickelt sind, sondern an denen er lediglich ein Nutzungsrecht besitzt (BAG CR 1997, 88/89). Hat ein Arbeitnehmer ein Computerprogramm bei einem Arbeitgeber begonnen und nach einem Arbeitsplatzwechsel bei einem anderen vollendet oder fortgeschrieben, so stehen jedem der Arbeitgeber die Rechte an den Teilen zu, die der Arbeitnehmer während seiner Tätigkeit bei ihm erstellt hat (aA *Sack* aaO S. 21). Zum Computerprogramm, an dem der Arbeitgeber Rechte erwirbt, gehören eben auch die Vorstufen und das Entwurfsmaterial (§ 69a Abs. 1; sa. Rdnr. 11). Der erste Arbeitgeber muss zustimmen, wenn die bei ihm erstellten Teile beim zweiten Arbeitgeber benutzt werden sollen.

9   **Keine Anwendung** findet § 69b, wenn der Arbeitnehmer (Bedienstete) Computerprogramme nicht in Wahrnehmung seiner Aufgaben oder nach Anweisung des Arbeitgebers, aber unter **Verwendung von Arbeitsmitteln und Kenntnissen aus dem Betrieb des Arbeitgebers** geschaffen hat. Teilweise wird in entsprechender Anwendung von § 4 Abs. 2 Nr. 2, 6f. ArbnErfG angenommen, dass der Arbeitgeber das Recht zur Inanspruchnahme des Computerprogramms habe (LG München CR 1997, 351/354, bestätigt durch OLG München 2000, 429); dafür soll dem Arbeitnehmer (Bediensteten) ein entsprechender Vergütungsanspruch aus § 9 bzw. 40 ArbnErfG (so LG München CR 1997, 351/355) bzw. § 242 BGB (so OLG München aaO) zustehen (vom BGH GRUR 2001, 155/157 – Wetterführungspläne ist die Frage offengelassen worden; eingehend dazu Wandtke/Bullinger/*Grützmacher*[3] § 69b Rdnr. 32f.). Dieser Auffassung ist nicht zu folgen. Während § 4 Abs. 2 ArbnErfG den Aufgabenerfindungen die Erfahrungserfindungen ausdrücklich an die Seite gestellt hat, ist dies durch § 69b gerade nicht geschehen. Daraus lässt sich nicht auf eine vom Gesetzgeber nicht erkannte Lücke schließen. Die gesetzlichen Wertungen des Arbeitnehmererfinderrechts lassen sich nicht ohne weiteres auf das Arbeitnehmerurheberrecht übertragen. Wer ein Werk schafft, in das maßgeblich dienstlich erworbene Kenntnisse und Erfahrungen einfließen, ist grundsätzlich nicht verpflichtet, die Nutzung dieses Werkes dem Arbeitgeber zu überlassen (vgl. § 43 Rdnr. 31; wie hier auch *Dreier*/Schulze[3] § 69b Rdnr. 8; Fromm/Nordemann/*Czychowski*[10] § 69b Rdnr. 8; *Koch*, Handbuch Software- und Datenbankrecht, S. 646; *Bayreuther* GRUR 2003, 570/577f.; *Brandi-Dohrn* CR 2001, 285/290; *Ullmann* GRUR 1987, 6/14; vgl. auch *Buchner* in Lehmann [Hrsg.], Rechtsschutz[2], Kap. XI Rdnr. 38f. mwN). Nur Computerprogramme, die patentrechtlich geschützt sind, unterliegen dem Arbeitnehmererfindergesetz. allerdings kann sich bei Programmen, die mit vom Arbeitgeber verwendeten Programmen in Konkurrenz stehen, aus dem Gesichtspunkt der arbeitsrechtlichen Treuepflicht ein Verwertungsverbot ergeben (Fromm/Nordemann/*Czychowski*[10] § 69b Rdnr. 8; Wandtke/Bullinger/*Grützmacher*[3] § 69b Rdnr. 36).

10 Im **privaten Bereich** erstellte Computerprogramme fallen nicht unter § 69b (*Dreier*/Schulze[3] § 69b Rdnr. 8). Entscheidend ist dagegen nicht, ob ein Programm während der Arbeitszeit oder während der Freizeit geschaffen wurde (sa. OLG Köln GRUR-RR 2005, 302 – TKD-Programme; Fromm/Nordemann/*Czychowski*[10] § 69b Rdnr. 7; *Sack* UFITA 121 [1993] 15/20). Gerade bei höheren Tätigkeiten können dienstliche Aufgaben auch in der Freizeit erledigt werden. Auch an den von einem Beamten im Rahmen einer Nebentätigkeit erstellten Programmen erwirbt der Dienstherr keine Rechte (sa. allgemein § 43 Rdnr. 30; zu Hochschulprofessoren vgl. Rdnr. 6). Ist ein Computerprogramm im privaten Bereich geschaffen worden, so besteht grundsätzlich auch keine Verpflichtung zur Einräumung eines Nutzungsrechts an den Arbeitgeber oder Dienstherrn (*Buchner* in Lehmann [Hrsg.], Rechtsschutz[2], Kap. XI Rdnr. 39; sa. 9).

IV. Berechtigung des Arbeitgebers

11 Der Arbeitgeber (Dienstherr) erwirbt ein **ausschließliches Recht zur Ausübung aller vermögensrechtlichen Befugnisse.** Strittig ist dessen **Rechtsnatur.** Teils wird von einer ge-

setzlichen Lizenz ausgegangen (so Wandtke/Bullinger/*Grützmacher*[3] § 69b Rdnr. 1; *Lehmann* in Lehmann [Hrsg.], Rechtsschutz[2], Kap. I A Rdnr. 9; *Sack* UFITA 121 [1993] 15/24; auch noch Vorauflage Rdnr. 11; wohl auch BGH GRUR 2001, 155/157 – Wetterführungspläne I; BGH GRUR 2002, 149/151 – Wetterführungspläne II; *Schack*[4], Urheber- und Urhebervertragsrecht, Rdnr. 271: cessio legis, was wohl auch im Sinne einer Lizenz gemeint ist, da das Urheberrecht nicht übertragbar ist), teils von einer gesetzlichen Auslegungsregel (Fromm/Nordemann/ *Czychowski*[10] § 69b Rdnr. 2; wohl auch OLG Düsseldorf CR 1997, 337/338). Für eine **gesetzliche Auslegungsregel** spricht die in § 69b vorgesehene Möglichkeit einer anderen Vereinbarung, die den Rechtsübergang eher in einen vertraglichen Rahmen als in den Rahmen einer gesetzlichen Lizenz stellt. Vor allem aber lässt sich auf diese Weise vermeiden, dass die durch § 69b angeordnete Regelung auf das deutsche Urheberrecht beschränkt bleibt und ausländische Urheberrechte nicht erfasst. Der vom Gesetzgeber verfolgte Zweck, dem Arbeitgeber die vermögensrechtlichen Befugnisse vollständig zuzuordnen (AmtlBegr. BTDrucks. 12/4022 S. 10), wird auf diese Weise einfacher erreicht. Geht man von einer gesetzlichen Lizenz aus, so wäre im Hinblick auf ausländische Urheberrechte entweder eine zusätzliche Vereinbarung erforderlich oder man muss dem Arbeitsstatut nach Art. 30 EGBGB den Vorrang vor dem urheberrechtlichen Territorialitätsprinzip geben (dazu *Sack* UFITA 121 (1993) 15/26). Damit liegt kein originärer, sondern ein derivativer Rechtserwerb vor; der Arbeitgeber erwirbt vom Arbeitnehmer ein umfassendes **ausschließliches Nutzungsrecht,** das sämtliche vermögensrechtlichen Nutzungsbefugnisse umfasst (BGH GRUR 2001, 155/157 – Wetterführungspläne I; *Dreier/* Schulze[3] § 69b Rdnr. 9; Wandtke/Bullinger/*Grützmacher*[3] § 69b Rdnr. 18; Fromm/Nordemann/ *Czychowski*[10] § 69b Rdnr. 13). Dieses Recht erwirbt er im Hinblick auf § 69a Abs. 1 nicht nur am fertigen Programm, sondern bereits an seinen **Vorstufen** am Entwurfsmaterial (BGH GRUR 2002, 149/151 – Wetterführungspläne II; insoweit unzutreffend OLG Celle CR 1994, 681; wie hier *Schweyer* in Anm. zu OLG Celle CR 1994, 684). Der Erwerb des Nutzungsrechts erfolgt kraft Gesetzes, es handelt sich nicht um eine bloße gesetzliche Vermutung des Rechtserwerbs (*Sack* aaO S. 23). Der **Arbeitnehmer** ist **zur Verwertung des Computerprogramms nicht berechtigt.** Allerdings kann ihm der Arbeitgeber die Nutzung des Programms durch Einräumung eines Nutzungsrechts oder rein schuldrechtlich gestatten.

Das Nutzungsrecht berechtigt zur **Ausübung aller vermögensrechtlichen Befugnisse an dem Computerprogramm.** Mit dieser Formulierung hat der Gesetzgeber bezweckt, die vermögensrechtlichen Befugnisse dem Arbeitgeber vollständig zuzuordnen (AmtlBegr. BTDrucks. 12/4022 S. 10). Das Nutzungsrecht ermöglicht dem Arbeitgeber eine umfassende Verwertung des Computerprogramms. Es ist **sachlich, räumlich und zeitlich nicht beschränkt** (*Dreier*/Schulze[3] § 69b Rdnr. 9; Wandtke/Bullinger/*Grützmacher*[3] § 69b Rdnr. 18; Fromm/ Nordemann/*Czychowski*[10] § 69b Rdnr. 13; näher *Sack* UFITA 121 [1993] 15/24ff.); für die Anwendung der **Zweckübertragungslehre** (§ 31 Abs. 5) ist im Rahmen des § 69b kein Raum (AmtlBegr. aaO; BGH GRUR 2001, 155/157 – Wetterführungspläne I; *Dreier*/Schulze[3] § 69b Rdnr. 9; Wandtke/Bullinger/*Grützmacher*[3] § 69b Rdnr. 19). Es kommt daher nicht darauf an, zu welchem Zweck das Computerprogramm entwickelt wurde. Der Arbeitgeber kann (soweit praktikabel) sämtliche in den §§ 15ff. aufgeführten Verwertungshandlungen vornehmen oder vornehmen lassen. Insbesondere hat er das **Bearbeitungsrecht,** er kann also (auch durch Dritte) das Programm weiterentwickeln oder anderen Erfordernissen anpassen (AmtlBegr. BTDrucks. 12/4022 S. 10). Er kann das Nutzungsrecht **übertragen**; er kann am Nutzungsrecht **weitere Nutzungsrechte** ausschließlicher oder nicht ausschließlicher Art einräumen (sa. OLG Frankfurt CR 1998, 525, 526 – Software-Innovation; Fromm/Nordemann/*Czychowski*[10] § 69b Rdnr. 14; Wandtke/Bullinger/*Grützmacher*[3] § 69b Rdnr. 18). Anders als nach §§ 34, 35 ist die Zustimmung des Urhebers hierzu nicht erforderlich; das entspricht nicht nur der gesetzgeberischen Absicht einer vollständigen Rechtszuordnung an den Arbeitgeber, sondern ist auch durch eine richtlinienkonforme Auslegung (dazu vor §§ 69a ff. Rdnr. 6) geboten. Übertragung und Einräumung weiterer Nutzungsrechte können auch sachlich, räumlich oder zeitlich beschränkt erfolgen; dabei sind freilich die Grenzen der Aufspaltung von Nutzungsrechten (dazu vor §§ 28ff. Rdnr. 87ff.) zu beachten. Auch die Nutzungsrechte für bislang **unbekannte Nutzungsarten** können eingeräumt werden; vor Inkrafttreten des zweiten Gesetzes zur Regelung des Urheberrechts in der Informationsgesellschaft (zweiter Korb) war nach allgemeiner Ansicht die Anwendung des **§ 31 Abs. 4** ausgeschlossen (*Dreier*/Schulze[3] § 69b Rdnr. 9; Wandtke/Bullinger/*Grützmacher*[3] § 69b Rdnr. 19; Wandtke/Bullinger/*Grützmacher*[3] § 69b Rdnr. 13); nach Inkrafttreten dieses Gesetzes ist die Einräumung von Nutzungsrechten für bislang unbekannte Nutzungsarten angesichts der Aufhebung des § 31 Abs. 4 ohnehin zulässig. Angesichts der vom Gesetzgeber beabsichtigten umfassenden Rechtseinräumung an den Arbeitgeber und der mit der Richtlinie verfolgten europäischen Harmonisierung ist auch das Schriftformerfordernis des § 31a nicht anzuwenden (*Dreier*/Schulze[3] § 69b Rdnr. 9; Fromm/Nordemann/ *Czychowski*[10] § 69b Rdnr. 13). Diese Möglichkeiten bestehen nicht nur während, sondern auch **nach Beendigung des Arbeits- oder Dienstverhältnisses** (*Dreier*/Schulze[3] § 69b Rdnr. 12).

13   Strittig ist, ob der Arbeitgeber auch die **gesetzlichen Vergütungsansprüche** erwirbt. Das wird zum Teil mit der Begründung abgelehnt, dass § 69b dem Arbeit- bzw. Dienstgeber ermöglichen solle, die wirtschaftliche Verwertung der im Arbeits- bzw. Dienstverhältnis geschaffenen Programme ohne weitere Mitsprache des Programmschöpfers kontrollieren zu können, dazu bedürfe er aber nicht der gesetzlichen Vergütungsansprüche (*Dreier*/Schulze[3] § 69b Rdnr. 10; sa. *Dreier* GRUR 1993, 781, 785; in der Tendenz auch Fromm/Nordemann/ *Czychowski*[10] § 69b Rdnr. 16). Berücksichtigt man jedoch, dass die urheberrechtliche Leistung des Arbeitnehmers durch den Arbeitslohn abgegolten ist und dem Arbeitgeber das Arbeitsergebnis ohne zusätzliche Entlohnung zufließen soll (dazu Rdnr. 16), so spricht das eher dafür, auch die gesetzlichen Vergütungsansprüche auf den Arbeitgeber übergehen zu lassen; sofern dies nicht gewollt ist, besteht die Möglichkeit einer anderen Vereinbarung gemäß § 69b Abs. 1 (im Ergebnis wie hier Wandtke/Bullinger/ *Grützmacher*[3] § 69b Rdnr. 18; Möhring/Nicolini/*Hoeren*[2] § 69b Rdnr. 16).

14   Der Arbeitgeber bzw. Dienstherr erwirbt **nicht die urheberpersönlichkeitsrechtlichen Befugnisse** am Computerprogramm, diese verbleiben beim Arbeitnehmer bzw. Bediensteten (AmtlBegr. BTDrucks. 12/4022 S. 10; OLG Hamm GRUR-RR 2008, 154/155 – Copyrightvermerk). Damit wird die Übereinstimmung mit Art. 6bis Abs. 1 RBÜ hergestellt. Der Arbeitnehmer behält also im Grundsatz das Veröffentlichungsrecht (§ 12), das Recht auf Anerkennung der Urheberschaft (§ 13), den Schutz gegen Entstellungen des Werkes (§ 14), das Recht auf Zugang zu Werkstücken (§ 25) und das Rückrufsrecht (§§ 41, 42). Allerdings muss er **Einschränkungen** hinnehmen, die sich aus dem Zweck der vollständigen Zuordnung der vermögensrechtlichen Befugnisse an den Arbeitgeber (Dienstherrn) ergeben (*Dreier*/Schulze[3] § 69b Rdnr. 3; Fromm/Nordemann/*Czychowski*[10] § 69b Rdnr. 15; Wandtke/Bullinger/ *Grützmacher*[3] § 69b Rdnr. 38; *Buchner* in Lehmann [Hrsg.], Rechtsschutz[2], Kap. XI Rdnr. 70; *Sack* UFITA 121 [1993] 15/32; *Götting*, Fs. für Schricker, S. 100). Solche Einschränkungen bestehen bereits bei Nutzungsrechtseinräumungen im Rahmen des § 43 (dazu § 43 Rdnr. 73 ff.), können aber bei § 69b angesichts der Besserstellung des Arbeitgebers ausgeprägter als bei § 43 sein (ebenso Wandtke/Bullinger/ *Grützmacher*[3] § 69b Rdnr. 38).

15   Eine Ausübung des **Veröffentlichungsrechts** (§ 12) muss zumindest insoweit ausscheiden, als sie die Verwertung des Programms durch den Arbeitgeber beeinträchtigt (*Dreier*/ Schulze[3] § 69b Rdnr. 3; Wandtke/Bullinger/ *Grützmacher*[3] § 69b Rdnr. 39; Fromm/Nordemann/ *Czychowski*[10] § 69b Rdnr. 15; *Sack* UFITA 121 [1993] 15/32f. mwN; *Holländer* CR 1992, 279/280). Das sich aus § 13 ergebende **Recht auf Namensnennung** wird die Verwertung des Computerprogramms durch den Arbeitgeber in aller Regel nicht beinträchtigen, kann aber ausnahmsweise eingeschränkt sein, wenn ein berechtigtes Interesse des Arbeitgebers besteht, das Programm nur unter seinem Namen zu vermarkten. Der Arbeitgeber darf sich zwar nicht selbst als Urheber bezeichnen, kann sich jedoch im Hinblick auf § 10 Abs. 2 als Herausgeber benennen oder den Copyrightvermerk© anbringen (s. dazu OLG Hamm GRUR-RR 2008, 154/155 – *Copyrightvermerk*; *Dreier*/Schulze[3] § 69b Rdnr. 3; Wandtke/Bullinger/ *Grützmacher*[3] § 69b Rdnr. 40; Fromm/Nordemann/*Czychowski*[10] § 69b Rdnr. 15; *Götting*, Fs. für Schricker, S. 100; *Holländer* CR 1992, 279/280; sa. § 43 Rdnr. 79 ff.). Ein Verzicht auf die Urheberbenennung bleibt wie in anderen Fällen (dazu § 13 Rdnr. 22 ff.) möglich (so auch Wandtke/Bullinger/ *Grützmacher*[3] § 69b Rdnr. 40 mit Überlegungen zu einer entsprechenden Branchenübung). Vor allem unterliegt das sich aus dem Schutz gegen Entstellungen des Werkes (§ 14) ergebende **Änderungsverbot** Einschränkungen; die Weiterentwicklung und Anpassung des Programms muss dem Arbeitgeber möglich bleiben (*Dreier*/Schulze[3] § 69b Rdnr. 3; Wandtke/Bullinger/*Grützmacher*[3] § 69b Rdnr. 44; Fromm/Nordemann/*Czychowski*[10] § 69b Rdnr. 15; *Sack* aaO S. 34f.; *Götting* aaO S. 100; *Holländer* CR 1992, 279/282f.). Auch § 39 ist insoweit nicht anwendbar (sa. *Buchner* in Lehmann [Hrsg.], Rechtsschutz[2], Kap. XI Rdnr. 71; zu § 43 vgl. dort Rdnr. 83 ff.). Beim Recht auf **Zugang zu Werkstücken** ist zwischen den beiderseitigen Interessen abzuwägen. Da der Arbeitgeber alle vermögensrechtlichen Befugnisse erlangt, wird ein Interesse des Arbeitnehmers an einem Zugang vielfach nicht bestehen; die Interessen des Arbeitgebers werden im Hinblick auf Geheimnisschutz jedenfalls überwiegen, wenn er nach Ausscheiden des Arbeitnehmers das Programm weiterentwickelt hat (Wandtke/Bullinger/ *Grützmacher*[3] § 69b

Rdnr. 43; *Sack* aaO S. 35 ff.; *Götting* aaO S. 101; *Holländer* CR 1992, 279/283; sa. § 43 Rdnr. 95). Für die Geltendmachung eines **Rückrufsrechts** wird es meist schon an den tatbestandlichen Voraussetzungen der §§ 41 oder 42 fehlen; auf keinen Fall darf der Arbeitgeber (Dienstherr) an der Benutzung des Computerprogramms gehindert werden (Wandtke/Bullinger/*Grützmacher*[3] § 69 b Rdnr. 45 f.; *Götting* aaO S. 101; sa. § 43 Rdnr. 88).

V. Vergütungsanspruch

Der Arbeitnehmer hat **kein Recht auf eine gesonderte Vergütung** (BGH GRUR 2001, 155/157 – Wetterführungspläne I; BGH GRUR 2002, 149/151 – Wetterführungspläne II; *Dreier*/*Schulze*[3] § 69 b Rdnr. 9; Wandtke/Bullinger/*Grützmacher*[3] § 69 b Rdnr. 22; Dreyer/*Kotthoff*/*Meckel*[2] § 69 b Rdnr. 12; *Bayreuther* GRUR 2003, 570/572; aA *Brandner* GRUR 2001, 883/884; differenzierend Fromm/Nordemann/*Czychowski*[10] § 69 b Rdnr. 20 f.). § 69 b hat eine Vergütung nicht vorgesehen und fügt sich damit in das generelle Arbeitnehmerurheberrecht ein, das davon ausgeht, dass die urheberrechtliche Leistung des Arbeitnehmers **durch den Arbeitslohn abgegolten** ist (vgl. § 43 Rdnr. 64). § 9 bzw. 40 ArbnErfG sind nicht anwendbar (zur Vergütung für Computerprogramme, die der Arbeitnehmer nicht in Wahrnehmung seiner Aufgaben oder nach Anweisung des Arbeitgebers, aber unter Verwendung von Arbeitsmitteln und Kenntnissen aus dem Betrieb des Arbeitgebers geschaffen hat, vgl. Rdnr. 9). 16

Strittig ist, ob **§ 32 und § 32 a auf § 69 b anwendbar** sind, ob also auch der Programmierer im Arbeits- oder Dienstverhältnis bei nicht angemessener Vergütung einen Korrekturanspruch nach § 32 Abs. 1 S. 3 hat und ob er bei einem auffälligen Missverhältnis von Gegenleistung und Erträgen eine weitere angemessene Beteiligung nach § 32 a verlangen kann. Für eine Anwendung der §§ 32 und 32 a sprechen sich aus *Dreier*/Schulze[3] § 69 b Rdnr. 10; Wandtke/Bullinger/*Grützmacher*[3] § 69 c Rdnr. 23; *Ruzman* S. 142 ff.; ferner zu § 36 a aF *Sack* UFITA 121 (1993) 15/31 f.; *ders.*, BB 1991, 2165/2171; *Koch*, Handbuch Software- und Datenbankrecht, S. 641; dagegen Fromm/Nordemann/*Czychowski*[10] § 69 b Rdnr. 22 ff. (äußerst zweifelhaft, vgl. aaO Rdnr. 27); ebenso *Czychowski* in Fs. für Nordemann, 2004, S. 157 ff. (dito); *Berger* in Berger/Wündisch, Urhebervertragsrecht, § 15 Rdnr. 33; *Bayreuther* GRUR 2003, 570/573 ff.; *Wimmers*/*Rhode* CR 2003, 399/403 f.; *Ory* AfP 2002, 93/95; *Zirkel* WRP 2003, 59/65. Bei der Entscheidung ist zu berücksichtigen, dass die Rechtsprechung des BGH, dass der Urheberarbeitnehmer kein Recht auf eine gesonderte Vergütung hat und dass die urheberrechtliche Leistung des Arbeitnehmers durch den Arbeitslohn abgegolten ist (vgl. Rdnr. 16) noch nicht die mit dem Gesetz zur Stärkung der vertraglichen Stellung von Urhebern und ausübenden Künstler verfolgten Ziele berücksichtigen konnte und daher nicht den Ausschlag geben kann. Die Frage ist damit Teil der allgemeinen Problematik, ob die Vergütungsregelung des § 32 auch in Arbeitsverhältnissen gilt. Vielfach wird das bejaht (*Dreier*/Schulze[3] § 43 Rdnr. 30; Wandtke/Bullinger/*Wandtke*[3] § 43 Rdnr. 145 f. mit eingehenden Nachweisen; *Hilty*/*Peukert* GRUR Int. 2002, 643/648 mit weit. Nachw.; sa. § 43 Rdnr. 64; einschränkend *Jacobs* NJW 2002, 1905/1906 – soweit sich nicht aus Inhalt oder Wesen des Arbeits- bzw. Dienstverhältnisses etwas anderes ergibt; aA Loewenheim/*v. Becker*, Handbuch des Urheberrechts[2], § 29 Rdnr. 126 ff.; *Berger*/Wündisch, Urhebervertragsrecht, § 15 Rdnr. 33; *Berger* ZUM 2003, 173; *Ory* AfP 2002, 93/95; Dreyer/*Kotthoff*/*Meckel*[2] § 69 b Rdnr. 12 – „weitgehend ausgeschlossen"; sa. *Hucko* ZUM 2001, 273/274). 17

Eine **Anwendung des § 32 im Rahmen des § 69 b** ist im Grundsatz möglich, sollte aber mit Zurückhaltung erfolgen. Für eine solche Zurückhaltung spricht nicht nur, dass tarifvertragliche Regelungen ohnehin Vorrang haben (§ 32 Abs. 4), sondern vor allem, dass das Gesetz zur Stärkung der vertraglichen Stellung von Urhebern und ausübenden Künstlern vor allem dem Schutz freiberuflicher Urheber und ausübender Künstler gegenüber den wirtschaftlich und strukturell stärkeren Verwertern dient (vgl. AmtlBegr. BTDrucks. 14/7564 S. 1; Beschlussempfehlung des Rechtsausschusses BTDrucks. 14/8058 S. 1). Demgegenüber verfügt das Arbeitsrecht über eigene Regelungsinstrumente, um Machtungleichgewichte und wirtschaftliche Interessen zum Ausgleich zu bringen (sa. Loewenheim/*v. Becker*, Handbuch des Urheberrechts[2], § 29 Rdnr. 126; *Berger* ZUM 2003, 173/177 f.; *Bayreuther* GRUR 2003, 570/574). Bei Programmierern in Arbeits- und Dienstverhältnissen geht es in aller Regel nicht um eine aus gestörter Vertragsparität resultierende Unterbezahlung, sondern eher darum, dass ein Programm einen außergewöhnlichen Erfolg hat, der mit dem Arbeitslohn noch nicht abgegolten ist, so dass eher eine Anwendung von § 32 a in Betracht kommt (vgl. dazu Rdnr. 19). Probleme praktischer Art, 18 nämlich der Berechnung einer angemessenen Vergütung, ergeben sich auch daraus, dass Programmierer nur teil- oder zeitweise mit der Entwicklung neuer Programme und im Übrigen beispielsweise mit der Wartung anderer Programme beschäftigt sein können.

19 Eine **Anwendung des § 32 a auf § 69 b** ist hingegen in vollem Umfang zu bejahen. Die spezifische urheberrechtliche Situation, dass die Erträge und Vorteile aus der Nutzung des Werkes in einem auffälligen Missverhältnis zur vereinbarten Gegenleistung (Arbeitslohn) stehen, wird durch das allgemeine Arbeitsrecht nicht erfasst, dem die § 32 a zugrunde liegende Ex-post-Betrachtung fremd ist. Liegen die Voraussetzungen des § 32 a vor, so hat also auch der in einem Arbeits- oder Dienstverhältnis tätige Programmierer Anspruch auf eine den Umständen nach weitere angemessenen Beteiligung (ebenso *Dreier*/Schulze[3] § 69 b Rdnr. 10; Wandtke/Bullinger/*Grützmacher*[3] § 69 c Rdnr. 23; Dreyer/*Kotthoff*/Meckel[2] § 69 b Rdnr. 12; *Bayreuther* GRUR 2003, 570/575; zu § 36 aF *Brandner* GRUR 2001, 883/885; aA *Wimmers*/Rode CR 2003, 399/403 f.).

VI. Abweichende Vereinbarungen

20 Die Rechtsfolgen des § 69 b treten nur ein, sofern **nichts anderes vereinbart** ist. Die Parteien haben es also in der Hand, die Regelung des § 69 b auszuschließen oder einzuschränken. Solche Vereinbarungen können auch während des Arbeitsverhältnisses getroffen werden. Praktische Bedeutung werden vor allem Abreden haben, die dem Arbeitnehmer (Bediensteten) einzelne Verwertungsbefugnisse belassen. Die Vereinbarung bedarf **keiner Form;** sie kann also auch **konkludent** erfolgen (*Dreier*/Schulze[3] § 69 b Rdnr. 11; Fromm/Nordemann/*Czychowski*[10] § 69 b Rdnr. 17; *Buchner* in Lehmann [Hrsg.], Rechtsschutz[2], Kap. XI Rdnr. 61; zurückhaltend Wandtke/Bullinger/*Grützmacher*[3] § 69 b Rdnr. 17). Es muss sich allerdings um eine konkrete Vereinbarung handeln; aus dem bloßen Zweck des Arbeitsverhältnisses ergibt sich eine solche Vereinbarung noch nicht (*Dreier*/Schulze[3] § 69 b Rdnr. 11; *Buchner* aaO). Der Verzicht des Arbeitgebers auf die Inanspruchnahme einer Erfindung nach dem ArbNErfG bedeutet noch nicht, dass auch eine abweichende Vereinbarung nach § 69 b getroffen wurde (so aber *Brandi-Dohrn* CR 2001, 285,/291 f.; wie hier Wandtke/Bullinger/*Grützmacher*[3] § 69 b Rdnr. 17; *Dreier*/Schulze[3] § 69 b Rdnr. 11).

§ 69 c Zustimmungsbedürftige Handlungen

Der Rechtsinhaber hat das ausschließliche Recht, folgende Handlungen vorzunehmen oder zu gestatten:

1. die dauerhafte oder vorübergehende Vervielfältigung, ganz oder teilweise, eines Computerprogramms mit jedem Mittel und in jeder Form. Soweit das Laden, Anzeigen, Ablaufen, Übertragen oder Speichern des Computerprogramms eine Vervielfältigung erfordert, bedürfen diese Handlungen der Zustimmung des Rechtsinhabers;
2. die Übersetzung, die Bearbeitung, das Arrangement und andere Umarbeitungen eines Computerprogramms sowie die Vervielfältigung der erzielten Ergebnisse. Die Rechte derjenigen, die das Programm bearbeiten, bleiben unberührt;
3. jede Form der Verbreitung des Originals eines Computerprogramms oder von Vervielfältigungsstücken, einschließlich der Vermietung. Wird ein Vervielfältigungsstück eines Computerprogramms mit Zustimmung des Rechtsinhabers im Gebiet der Europäischen Union oder eines anderen Vertragsstaates des Abkommens über den Europäischen Wirtschaftsraum im Wege der Veräußerung in Verkehr gebracht, so erschöpft sich das Verbreitungsrecht in bezug auf dieses Vervielfältigungsstück mit Ausnahme des Vermietrechts;
4. die drahtgebundene oder drahtlose öffentliche Wiedergabe eines Computerprogramms einschließlich der öffentlichen Zugänglichmachung in der Weise, dass es Mitgliedern der Öffentlichkeit von Orten und zu Zeiten ihrer Wahl zugänglich ist.

Schrifttum: *Alpert,* Kommerzielle Online-Nutzung von Computerprogrammen, CR 2000, 345; *Becker,* Neue Übertragungstechniken und Urheberrecht, ZUM 1995, 231; *Berger,* Urheberrechtliche Erschöpfungslehre und digitale Informationstechnologie, GRUR 2002, 198; *Bergmann,* Zur Reichweite des Erschöpfungsprinzips bei der

Zustimmungsbedürftige Handlungen § 69c

Online-Übermittlung urheberrechtlich geschützter Werke, Fs. für Erdmann, 2002, S. 17; *Bräutigam/Wiesemann,* Der BGH und der Erschöpfungsgrundsatz bei Software, CR 2010, 215; *Deike,* Open Source Software: IPR-Fragen und Einordnung ins deutsche Rechtssystem, CR 2003, 9; *Dreier,* Perspektiven einer Entwicklung des Urheberrechts, in Becker/Dreier (Hrsg.), Urheberrecht und digitale Technologie, 1994, S. 123; *ders.,* Verletzung urheberrechtlich geschützter Software nach der Umsetzung der EG-Richtlinie, GRUR 1993, 781; *ders.,* Die internationale Entwicklung des Rechtsschutzes von Computerprogrammen, in Lehmann (Hrsg.), Rechtsschutz und Verwertung von Computerprogrammen, 2. Aufl. 1993, S. 31; *ders.,* Die Richtlinie des Rates der EG vom 14. Mai 1991, CR 1991, 577; *v. Gravenreuth,* Juristisch relevante technische Fragen zur Beurteilung von Computer-Programmen, GRUR 1986, 720; *Günther,* Änderungsrechte des Softwarenutzers, CR 1994, 321; *Haberstumpf,* Der urheberrechtliche Schutz von Computerprogrammen, in Lehmann (Hrsg.), Rechtsschutz und Verwertung von Computerprogrammen, 2. Aufl. 1993, S. 69; *ders.,* Der Handel mit gebrauchter Software und die Grundlagen des Urheberrechts, CR 2009, 345; *Harte-Bavendamm/Wiebe,* in Kilian/Heussen (Hrsg.), Computerrechtshandbuch, 26. Ergänzungslieferung 2008, Teil 5 (Urheberrecht) A V 2 Rdnr. 53 ff.; *Heinrich,* Die Strafbarkeit der unbefugten Vervielfältigung und Verbreitung von Standardsoftware, 1993; *Heymann,* Rechtsprobleme des Sharewarevertriebs, CR 1991, 6; *Hoeren,* Softwareüberlassung als Sachkauf, 1989; *ders.,* Überlegungen zur urheberrechtlichen Qualifizierung des elektronischen Abrufs, CR 1996, 517; *ders.,* Der urheberrechtliche Erschöpfungsgrundsatz bei der Online-Übertragung von Computerprogrammen, CR 2006, 573; *Jaeger,* Die Erschöpfung des Verbreitungsrechts bei OEM-Software, ZUM 2000, 1070; *Jaeger/Metzger,* Open Source Software, 2002; *Koch,* Das neue Softwarerecht und die praktischen Konsequenzen, NJW-CoR 1994, 293; *ders.,* Grundlagen des Urheberrechtsschutzes im Internet und in Online-Diensten, GRUR 1997, 417; *ders.,* Urheber- und kartellrechtliche Aspekte der Nutzung von Open-Source-Software; Teil I: CR 2000, 273, Teil II: CR 2000, 333; *ders.,* Rechtliche Möglichkeiten technischer Beschränkungen und Kontrolle der Software-Nutzung, CR 2002, 629; *Lehmann,* Das neue deutsche Softwarerecht, CR 1992, 324; *ders.,* Das neue Software-Vertragsrecht – Verkauf und Lizenzierung von Computerprogrammen, NJW 1993, 1822; *ders.,* Das Urhebervertragsrecht der Softwareüberlassung, in Beier/Götting/Lehmann/Moufang (Hrsg.), Urhebervertragsrecht (Fs. für Schricker), 1995, S. 543; *ders.,* Portierung und Migration von Anwendersoftware – Urheberrechtliche Probleme, CR 1990, 625; *ders.,* Vermieten und Verleihen von Computerprogrammen, CR 1994, 271; *Loewenheim,* Benutzung von Computerprogrammen und Vervielfältigung im Sinne des § 16 UrhG, Fs. für Gamm, 1990, S. 423; *ders.,* Konturen eines europäischen Urheberrechts, Fs. für Kraft, 1998, S. 361; *ders.,* Urheberrecht, in Loewenheim/Koch (Hrsg.), Praxis des Online-Rechts, 1998, S. 269; *ders.,* Urheberrechtliche Probleme bei Multimediaanwendungen, GRUR 1996, 830; *ders.,* Zum Begriff des Anbietens in der Öffentlichkeit nach § 17 UrhG, Fs. für Traub, 1994, S. 251; *Mäger,* Der urheberrechtliche Erschöpfungsgrundsatz bei der Veräußerung von Software, CR 1996, 522; *Marly,* Softwareüberlassungsverträge, 4. Aufl. 2004; *ders.,* Urheberrechtsschutz für Computersoftware in der Europäischen Union, 1995; *Metzger,* Die Zulässigkeit von CPU-Klauseln in Softwarelizenzverträgen, NJW 2003, 1994; *ders.,* Erschöpfung des urheberrechtlichen Verbreitungsrechts bei vertikalen Vertriebsbindungen, CR 2001, 210; *Moritz/Tybusseck,* Computersoftware – Rechtsschutz und Vertragsgestaltung, 2. Aufl. 1992; *Polley,* Verwendungsbeschränkungen in Softwareüberlassungsverträgen, CR 1999, 345; *Pres,* Gestaltungsformen urheberrechtliche Softwarelizenzverträge, CR 1994, 520; *ders.,* Gestaltungsformen urheberrechtlicher Softwarelizenzverträge, 1994; *Rupp,* Verstößt die unbefugte Benutzung eines urheberrechtlich geschützten Computerprogramms gegen §§ 97 ff., 106 UrhG?, GRUR 1986, 146; *Sandl,* „Open Source"-Software: Politische, ökonomische und rechtliche Aspekte, CR 2001, 346; *Schneider,* Rechnerspezifische Erschöpfung bei Software im Bundle ohne Datenträgerübergabe, CR 2009, 553; *Scholz/Haines,* Hardwarebezogene Verwendungsbeschränkungen in Standardverträgen zur Überlassung von Software, CR 2003, 393; *Schricker* (Hrsg.), Urheberrecht auf dem Weg zur Informationsgesellschaft, 1997; *ders.,* Grundfragen der künftigen Medienordnung, Urheberrechtliche Aspekte, FuR 1984, 63; *Schuhmacher,* Wirksamkeit von typischen Klauseln in Softwareüberlassungsverträgen, CR 2000, 641; *Schulz,* Shareware, CR 1990, 296; *Schwarz* (Hrsg.), Recht im Internet, Loseblatt 1996 ff.; *ders.,* Urheberrecht im Internet, in Becker (Hrsg.), Rechtsprobleme internationaler Datennetze, 1996, S. 13; *ders.,* Urheberrecht und unkörperliche Verbreitung multimedialer Werke, GRUR 1996, 836; *Spindler,* Der Handel mit Gebrauchtsoftware – Erschöpfungsgrundsatz quo vadis?, CR 2008, 69; *Spindler/Wiebe,* Open Source-Vertrieb, CR 2003, 873; *Ullrich/Körner* (Hrsg.), Der internationale Softwarevertrag, 1995; *Waldenberger,* Zur zivilrechtlichen Verantwortlichkeit für Urheberrechtsverletzungen im Internet, ZUM 1997, 176; *Wiebe,* „User Interfaces" und Immaterialgüterrecht – Der Schutz von Benutzeroberflächen in den U.S.A. und in der Bundesrepublik Deutschland, GRUR Int. 1990, 21; *Witte,* Urheberrechtliche Gestaltung des Vertriebs von Standardsoftware, CR 1999, 65; *Wuermeling/Deike,* Open Source Software: Eine juristische Risikoanalyse, CR 2003, 87.
Siehe auch die Schrifttumsangaben zu § 69 a und vor §§ 69 a ff.

Übersicht

	Rdnr.
I. Zweck und Bedeutung der Norm	1–5
II. Das Vervielfältigungsrecht	4–11
1. Vervielfältigung	5
2. Einzelne Vervielfältigungshandlungen	6–11
III. Das Umarbeitungsrecht	12–20
1. Umarbeitung	13, 14
2. Abgrenzungsfragen	15–18
3. Das Bearbeiterurheberrecht	19, 20
IV. Das Verbreitungsrecht	21–40
1. Verbreitung	22–26
2. Vermietung	27, 28
3. Beschränkungen des Verbreitungsrechts	29–31
4. Erschöpfung des Verbreitungsrechts	32–40
a) Voraussetzungen	34–38
b) Erschöpfungswirkung	39, 40
V. Das Recht der öffentlichen Zugänglichmachung	41

I. Zweck und Bedeutung der Norm

1 § 69 c regelt für Computerprogramme das **Vervielfältigungsrecht**, das **Umarbeitungsrecht**, das **Verbreitungsrecht** einschließlich der Erschöpfung und das **Recht der öffentlichen Zugänglichmachung**. Die Vorschrift setzt Art. 4 der Computerprogrammrichtlinie um (zur Richtlinie vgl. vor §§ 69 a ff. Rdnr. 4), deren Regelungen auch durch die Richtlinie zur Harmonisierung bestimmter Aspekte des Urheberrechts und verwandter Schutzrechte in der Informationsgesellschaft vom 22. 5. 2001 (Richtlinie 2001/29/EG, ABl. L 167 v. 22. 6. 2001 S. 10) nach dessen Art. 1 Abs. 2 lit. a nicht berührt werden. § 69 c Nr. 4 wurde durch das Gesetz zur Regelung des Urheberrechts in der Informationsgesellschaft v. 10. 9. 2003 (BGBl. I S. 1774) eingefügt. Angesichts der Ungeklärtheit der in der Computerprogrammrichtlinie verwendeten Begriffe hat der deutsche Gesetzgeber die Formulierung des Art. 4 der Computerprogrammrichtlinie weitgehend wörtlich übernommen; er wollte damit vor allem beim Vervielfältigungsbegriff einen möglichst vollständigen Einklang mit der künftigen europäischen Rechtsentwicklung sicherstellen (AmtlBegr. BTDrucks. 12/4022 S. 11). Bei § 69 c handelt es sich um eine für Computerprogramme geltende und auf diese beschränkte **Sondervorschrift**. Das bedeutet, dass die Bestimmungen der §§ 16 und 17, 19 – 22, insbesondere 19 a, sowie 23 hinter § 69 c zurücktreten, soweit § 69 c eine abweichende Regelung trifft (vgl. § 69 a Abs. 4, dazu § 69 a Rdnr. 23 ff.; vgl. aber zum einheitlichen Vervielfältigungsbegriff Rdnr. 5, zum einheitlichen Verbreitungsbegriff Rdnr. 22). Als europäisches Urheberrecht ist § 69 c **richtlinienkonform auszulegen** (dazu vor §§ 69 a ff. Rdnr. 6). § 69 c ist gemäß § 137 d auch auf Computerprogramme anzuwenden, die vor dem 24. Juni 1993 geschaffen worden sind; jedoch erstreckt sich das Vermietrecht nach Nr. 3 nicht auf vor dem 1. Januar 1993 zu Vermietzwecken erworbene Programmkopien (§ 137 d Abs. 1 S. 2). Bei **Rechtsverletzungen** bestehen die Ansprüche aus §§ 97 ff.; für den Vernichtungsanspruch gilt aber § 69 f.

2 Bei der Überlassung von Software werden dem Erwerber regelmäßig am Vervielfältigungsrecht, Umarbeitungsrecht und gegebenenfalls auch am Verbreitungsrecht und am Recht der öffentlichen Zugänglichmachung **Nutzungsrechte eingeräumt**, die ihn rechtlich in die Lage versetzen, die überlassene Software zu benutzen (näher zu Verträgen über Computerprogramme vor §§ 69 a ff. Rdnr. 55 ff.; sa. *Lehmann*, Fs. für Schricker 1995, S. 543 ff.; allgemein zur Nutzungsrechtseinräumung vor §§ 28 ff. Rdnr. 47; zur rein schuldrechtlichen Gestattung vgl. vor §§ 28 ff. Rdnr. 55); die Softwareüberlassung erschöpft sich nicht im Kauf oder der Gebrauchsüberlassung des Datenträgers, der eine Kopie des Computerprogramms enthält (BGH GRUR 1994, 363/365 – Holzhandelsprogramm). Mit der Nutzungsrechtseinräumung kommt der Veräußerer seiner Verpflichtung aus dem schuldrechtlichen Grundgeschäft nach, dem Erwerber die Benutzung der Software rechtlich zu ermöglichen (näher *Lehmann* aaO S. 546). Dem beabsichtigten Zweck der Programmnutzung entsprechend kann der Umfang, in dem Nutzungsrechte eingeräumt werden, sehr unterschiedlich sein. Eine Nutzungsrechtseinräumung ist jedoch nur insoweit erforderlich, als urheberrechtliche Ausschließlichkeitsrechte bestehen. Insoweit determiniert § 69 c auch den Umfang der erforderlichen Einräumung von Nutzungsrechten. § 69 c geht von einem **weiten Begriff** der Vervielfältigung und der Umarbeitung aus. Selbst Handlungen, die zur bestimmungsgemäßen Benutzung des Programms durch den rechtmäßigen Erwerber erforderlich sind, werden von diesen Begriffen erfasst, zB das Laden von Programmen in Nr. 1 S. 2. Das findet seinen Ausgleich darin, dass nach § 69 d für bestimmte Benutzungshandlungen die Zustimmung des Urhebers oder sonstigen Berechtigten nicht erforderlich ist. Eine weitere Einschränkung erfährt § 69 c durch § 69 e, der dem Zweck dient, den Zugang zu Informationen zu erlauben, die für die Interoperabilität eines unabhängig geschaffenen Programms mit anderen Programmen notwendig sind (vgl. Erwägungsgrund 17 und 20 der Richtlinie). §§ 69 d und 69 e stellen damit **Schranken** der in § 69 c Nr. 1 und 2 genannten Verwertungsrechte dar (sa. § 69 d Rdnr. 1), die gegenüber den allgemeinen Schrankenbestimmungen des 6. Abschnitts des Urheberrechtsgesetzes Vorrang haben (s. § 69 a Abs. 4). Insbesondere findet § 53 auf Computerprogramme keine Anwendung (vgl. auch § 69 a Rdnr. 25). § 44 a ist dagegen analog anzuwenden (s. § 44 a Rdnr. 3).

3 Eine Einräumung von Nutzungsrechten erfolgt auch bei Softwareformen wie der **Public-Domain-Software**, der **Freeware** oder der **Open Source Software**. Auch bei diesen Formen handelt es sich um (in aller Regel) urheberrechtlich geschützte Software, deren Benutzung einer Gestattung in Form der Einräumung (einfacher) Nutzungsrechte bedarf, welche regelmäßig unentgeltlich erfolgt, aber bestimmten Bedingungen unterliegt. Bei der **Shareware** handelt

es sich um ein Vermarktungskonzept, das dem Benutzer für eine begrenzte Zeit oder eine begrenzte Anzahl von Benutzungshandlungen die Nutzung gestattet. S. dazu im einzelnen vor §§ 69a ff. Rdnr. 19 ff.

II. Das Vervielfältigungsrecht

§ 69c Nr. 1 gewährt dem Urheber bzw. sonstigen Berechtigten das **ausschließliche Recht** 4 zur Vervielfältigung des geschützten Computerprogramms. Zum Verhältnis von § 69c Nr. 1 zu **§ 16** vgl. Rdnr. 1 und 5. Dem Vervielfältigungsrecht unterliegen auch die nach § 69c Nr. 2 hergestellten Umarbeitungen des Programms. Zum Verhältnis von § 69c Nr. 1 zu **§ 44a** vgl. § 44a Rdnr. 3.

1. Vervielfältigung

Schon die Computerprogramm-Richtlinie verdeutlicht durch ihre Formulierung in Art. 4 5 lit. a, dass sie von einem **weiten Vervielfältigungsbegriff** ausgeht. Mit Art. 2 der Richtlinie zur Informationsgesellschaft hat der europäische Gesetzgeber einen grundsätzlich für das ganze Urheberrecht geltenden (vgl. Art. 1 Abs. 1 der Richtlinie) Vervielfältigungsbegriff eingeführt; wenn auch Art. 1 Abs. 2 lit. a der Richtlinie bestimmt, dass die Bestimmungen über den rechtlichen Schutz von Computer-Programmen unberührt bleiben, so ist doch davon auszugehen, dass es sich um einen einheitlichen Vervielfältigungsbegriff handelt und die Formulierung in Art. 4 lit. a der Computerprogramm-Richtlinie durch Art. 2 der Richtlinie zur Informationsgesellschaft präzisiert wird. Danach umfasst der Begriff der Vervielfältigung die unmittelbare oder mittelbare, vorübergehende oder dauerhafte Vervielfältigung auf jede Art und Weise und in jeder Form, ganz oder teilweise. Da der deutsche Gesetzgeber davon ausgegangen ist, dass nach Einfügung der Worte „ob vorübergehend oder dauerhaft" § 16 den Vorgaben der Richtlinie zur Informationsgesellschaft entspricht und § 16 ohnehin nach dieser Richtlinie auszulegen ist (vgl. § 16 Rdnr. 4), gilt der **Vervielfältigungsbegriff des § 16 auch für § 69c Nr. 1** (ebenso Dreier/Schulze[3] § 69c Rdnr. 6; Fromm/Nordemann/Czychowski[10] § 69c Rdnr. 7; Dreyer/Kotthoff/Meckel[2] § 69c Rdnr. 5), wobei allerdings die Ausnahmen der §§ 69d und 69e zu berücksichtigen sind. Die nähere Interpretation des Vervielfältigungsbegriffs sollte sich maßgeblich am **Partizipationsinteresse des Urhebers** orientieren. Das bedeutet, dass nicht jede technische Vervielfältigung auch eine Vervielfältigung im urheberrechtlichen Sinn darstellen muss, dass aber eine urheberrechtlich relevante Vervielfältigung dann vorliegt, wenn durch die technische Vervielfältigung **zusätzliche Nutzungen** des Programms ermöglicht werden (ebenso Loewenheim/Lehmann, Handbuch des Urheberrechts[2], § 76 Rdnr. 7; Dreier in Schricker [Hrsg.], Informationsgesellschaft, S. 104). In diese Richtung weist auch Art. 5 Abs. 1 (b) der Richtlinie zur Informationsgesellschaft, wo bei den Ausnahmen vom Vervielfältigungsrecht ua. darauf abgestellt wird, ob technische Vervielfältigungshandlungen eine eigenständige wirtschaftliche Bedeutung haben.

2. Einzelne Vervielfältigungshandlungen

Eine Vervielfältigung stellen zunächst alle Handlungen dar, durch die eine **dauerhafte Fest-** 6 **legung** erfolgt. Unerheblich ist, ob es sich um eine Festlegung als **körperliches Werkstück** (insb. in Printform) oder auf einen **digitalen Speichermedium** handelt. Vervielfältigung ist also nicht nur der Ausdruck eines Computerprogramms als Hardcopy, sondern auch seine Festlegung auf einem zur dauerhaften Speicherung geeigneten digitalen Datenträger wie der **Festplatte eines Computers,** einer **Diskette,** einem **Band,** einer **CD-ROM,** einer **DVD** oder einem **Server,** unabhängig davon, ob oder nach welchem Zeitraum die Festlegung wieder gelöscht wird (BGH GRUR 1994, 363/365 – Holzhandelsprogramm; BGH GRUR 1991, 449/453 – Betriebssystem; OLG Düsseldorf CR 1997, 337/338; allgemeine Ansicht auch im Schrifttum, vgl. statt vieler Dreier/Schulze[3] § 69c Rdnr. 7). Auch die Herstellung einer **Sicherungskopie** ist Vervielfältigung, bedarf aber im Rahmen des § 69d Abs. 2 nicht der Zustimmung (näher § 69d Rdnr. 16 ff.). Eine Vervielfältigung liegt unabhängig davon vor, ob das Programm **offline** von einem anderen digitalen Datenträger oder **online** durch Downloading übernommen wird. Zu Vervielfältigungen bei den einzelnen Arten von Softwareverträgen s. eingehend vor §§ 69a ff. Rdnr. 58 ff.

§ 69c

Zustimmungsbedürftige Handlungen

7   Auch die **vorübergehende Festlegung** eines Computerprogramms stellt eine Vervielfältigung dar. § 69c Nr. 1 S. 2 nennt das **Laden, Anzeigen, Ablaufen, Übertragen** und **Speichern** des Programms; also Vorgänge, die mit einer dauerhaften Festlegung nicht verbunden sein müssen. Die weitere gesetzliche Regelung, dass diese Handlungen der Zustimmung des Rechtsinhabers bedürfen, „soweit" sie eine Vervielfältigung darstellen, ist tautologisch und trägt zur Klarstellung nichts bei; hinter ihr steht aber die Absicht des Richtliniengesetzgebers (der deutsche Gesetzgeber hat die Formulierung des Art. 4 lit. a S. 2 der Richtlinie wörtlich übernommen), Beispiele auch für vorübergehende Vervielfältigungen zu geben. Die früher sehr umstrittene Frage, ob auch die bloß vorübergehende Festlegung im **Arbeitsspeicher** des Computers (RAM) als Vervielfältigung im urheberrechtlichen Sinn zu qualifizieren ist, dürfte heute im Sinne der Bejahung einer Vervielfältigung entschieden sein (vgl. OLG Köln, CR 2001, 708/710; OLG Hamburg CR 2001, 704/705; LG Hamburg CR 2000, 776/777; offengelassen in BGH GRUR 1999, 325/327 – Elektronische Pressearchive; aus dem umfangreichen Schrifttum etwa *Dreier*/Schulze[3] § 69c Rdnr. 8; Wandtke/Bullinger/*Grützmacher*[3] § 69c Rdnr. 5; Mestmäcker/Schulze/*Haberstumpf* § 69c Rdnr. 5; Dreyer/*Kotthoff*/Meckel[2] § 69c Rdnr. 9; Loewenheim/*Lehmann*, Handbuch des Urheberrechts[2], § 76 Rdnr. 8; *Schack*[4], Urheber- und Urhebervertragsrecht, Rdnr. 379; *Koch* CR 2002, 629/636; *Sosnitza* CR 2001, 693/698; zur Begründung dieser Auffassung und zum früheren Streitstand vgl. 2. Aufl. Rdnr. 9).

8   Der bloße **Programmlauf,** also das reine Abarbeiten der Daten im Prozessor des Computers, stellt zwar für sich genommen nach herrschender und zutreffender Auffassung keine Vervielfältigung dar (BGH GRUR 1991, 449/453 – Betriebssystem; LG Mannheim CR 1999, 360/361; Wandtke/Bullinger/*Grützmacher*[3] § 69c Rdnr. 7; *Lehmann*, Fs. für Schricker, S. 566; *Haberstumpf* in Lehmann [Hrsg.], Rechtsschutz[2], Kap. II Rdnr. 122ff.; Harte-Bavendamm/Wiebe, in Kilian/Heussen (Hrsg.), Computerrechtshandbuch, 26. Ergänzungslieferung 2008, Teil 5 (Urheberrecht) A V 2a Rdnr. 55; weitere Nachweise auch zur Gegenauffassung in der 2. Aufl. Rdnr. 10 sowie bei Wandtke/Bullinger/*Grützmacher*[3] § 69c Rdnr. 7 und Harte-Bavendamm/Wiebe aaO). Da aber der Programmlauf in aller Regel (anders bei in Hardware integrierter Software) die Festlegung zumindest von Teilen des Programms im Arbeitsspeicher erfordert, ist auch bei der normalen Benutzung eines Programms regelmäßig ein Vervielfältigungsvorgang gegeben (*Dreier*[3]/Schulze § 69c Rdnr. 8). Dem Interesse des Programmnutzers wird durch die Vorschrift des § 69d Abs. 1 ausreichend Rechnung getragen, nach der die für eine bestimmungsgemäße Benutzung des Programms erforderlichen Vervielfältigungshandlungen nicht der Zustimmung des Rechtsinhabers bedürfen. Zudem dürfte mit dem Erwerb eines Programms regelmäßig die Zustimmung zu den für die Benutzung erforderlichen Vervielfältigungshandlungen verbunden sein. Schließlich dürfte sich auch aus § 44a die Zulässigkeit dieser Vervielfältigungshandlungen ergeben (zur Anwendbarkeit des § 44a im Rahmen des § 69c vgl. § 44a Rdnr. 3).

9   Keine Vervielfältigung ist auch die **Darstellung des Programms auf dem Bildschirm,** sie ist als solche eine unkörperliche Wiedergabe (BGH GRUR 1991, 449/453 – Betriebssystem; *Dreier*/Schulze[3] § 69c Rdnr. 8; Wandtke/Bullinger/*Grützmacher*[3] § 69c Rdnr. 8; Mestmäcker/Schulze/*Haberstumpf* § 69c Rdnr. 3; Gloy/Loschelder/Erdmann/*Harte-Bavendamm*/Schöler, Hdb. WettbewerbsR[4], § 64 Rdnr. 51; *Marly*, Urheberrechtsschutz, S. 161f.). Nur soweit sie ein Einlesen des Programms in den Arbeitsspeicher erfordert, ist auch mit ihr ein Vervielfältigungsvorgang verbunden, für den aber bei bestimmungsgemäßer Benutzung nach § 69d Abs. 1, § 44a Nr. 2 oder unter dem Gesichtspunkt (konkludenter) vertraglicher Zustimmung beim Softwareerwerb die Erlaubnis des Rechtsinhabers nicht benötigt wird (vgl. Rdnr. 8).

10   Auch die **teilweise Vervielfältigung** wird durch § 69c Nr. 1 erfasst. Vorauszusetzen ist allerdings, dass der vervielfältigte Teil selbstständig schutzfähig ist. Von der Vervielfältigung für sich genommen nicht schutzfähiger Teile eines Computerprogramms ist der Fall zu unterscheiden, dass ein Computerprogramm sukzessive in den Computer eingelesen wird, wie dies etwa beim Time-Sharing und Multiprogramming geschieht. Selbst wenn dabei die Einzelteile nicht schutzfähig sind, so ändert das doch nichts daran, dass das Programm insgesamt vervielfältigt wird; es reicht beim sukzessiven Einlesen also aus, dass die Gesamtheit der eingelesenen Teile die Schutzvoraussetzungen erfüllt (sa. *Dreier*/Schulze[3] § 69c Rdnr. 10; *Haberstumpf* CR 1987, 409/412; *v. Gravenreuth* GRUR 1986, 720/723; *Rupp* GRUR 1986, 147/149). Zur urheberrechtlichen Beurteilung übereinstimmender Programmsequenzen vgl. OLG Düsseldorf GRUR-RR 2009, 217.

11   Dass es auf das **Mittel** oder die **Form** der Vervielfältigung nicht ankommt, stellt der Wortlaut des § 69c Nr. 1 ausdrücklich klar. Vervielfältigungen in digitaler Form werden also ebenso wie analoge Vervielfältigungen erfasst, ebenso unerheblich ist das Trägermaterial, auf das die Verviel-

fältigung erfolgt. Auch die Implementierung eines Programms in die Hardware stellt damit eine Vervielfältigung dar (*Dreier*/Schulze[3] § 69 c Rdnr. 11).

III. Das Umarbeitungsrecht

Nach § 69 c Nr. 2 S. 1 hat der Urheber bzw. sonstige Berechtigte das ausschließliche Recht zur Umarbeitung des geschützten Computerprogramms; einbezogen ist die Vervielfältigung umgearbeiteter Programme (zum Verbreitungsrecht an umgearbeiteten Programmen vgl. Rdnr. 21). Im **Verhältnis zu §§ 23 und 39** ist § 69 c Nr. 2 lex specialis (*Dreier*/Schulze[3] § 69 c Rdnr. 14). §§ 23 und 39 können somit nicht zur Anwendung kommen, soweit § 69 c Nr. 2 eine abweichende Regelung trifft (vgl. auch Rdnr. 1), im Übrigen bleiben sie gemäß § 69 a Abs. 4 anwendbar. Ein wesentlicher Unterschied zur Regelung des § 23 liegt darin, dass § 69 c Nr. 2 bereits die **Herstellung** der Umarbeitung untersagt und nicht (wie § 23 S. 1) nur ihre Veröffentlichung oder Verwertung (sa. AmtlBegr. BTDrucks. 12/4022 S. 11). Auch die noch nicht installierte oder in Betrieb genommene Umarbeitung kann jetzt also beispielsweise unter die Sanktionen des § 69 f Abs. 1 fallen (*Dreier* GRUR 1993, 781/786). Das Umarbeitungsrecht wird eingeschränkt durch §§ 69 d und 69 e. 12

1. Umarbeitung

§ 69 c Nr. 2 S. 1 nennt als **Obergriff** die **Umarbeitung** und hebt die Übersetzung, die Bearbeitung und das Arrangement als Beispiele hervor. Diese Begriffe sind wörtlich Art. 4 lit. b der Richtlinie entnommen und entsprechen Art. 2 Abs. 3, 8 und 12 RBÜ. Sie lehnen sich damit an den internationalen urheberrechtlichen Sprachgebrauch an, können allerdings die spezifischen Probleme bei der Änderung von Computerprogrammen nur begrenzt beschreiben. Der Begriff der Bearbeitung (zur Verwendung dieses Begriffs in Nr. 2 S. 2 vgl. Rdnr. 19) lässt sich von der Umarbeitung kaum sinnvoll abgrenzen. Eine Übersetzung stellt, wie sich aus § 69 e Abs. 1 ergibt, die Übertragung des Programms aus dem Quellcode in den Objektcode und umgekehrt dar; aber auch die Übersetzung des Quellprogramms in eine andere Programmsprache fällt unter diesen Begriff (vgl. auch *Marly* Softwareüberlassungsverträge[4] Rdnr. 1190; nach § 3 UrhG ist die Übersetzung ein Unterfall der Bearbeitung). Der Begriff des Arrangements ist ein im EDV-Bereich eher unüblicher Begriff, unter den zB das Verbinden von Programmen oder Programmteilen fallen kann (*Koch* NJW-CoR 1994, 293/300 Fn. 24 mit weiteren Beispielen und Nachw.). Entscheidend ist, dass eine Umarbeitung vorliegt; ob man sie als Übersetzung, Bearbeitung oder Arrangement qualifiziert, bleibt für die Anwendung von § 69 c Nr. 2 S. 1 unerheblich. 13

Ebenso wie der Vervielfältigungsbegriff ist der **Begriff der Umarbeitung** ein **weiter Begriff,** der grundsätzlich jede Abänderung eines Computerprogramms umfasst (*Dreier*/Schulze[3] § 69 c Rdnr. 15; Fromm/Nordemann/*Czychowski*[10] § 69 c Rdnr. 20; Möhring/Nicolini/*Hoeren*[2] § 69 c Rdnr. 8; *Schack*[4], Urheber- und Urhebervertragsrecht, Rdnr. 428); den Interessen der Benutzer an zustimmungsfreien Abänderungen wird durch §§ 69 d und 69 e Rechnung getragen. Ebenso wie bei § 23 (vgl. dort Rdnr. 4 f.) erfordert die Umarbeitung **keine schöpferische Leistung** des Bearbeiters. Das wird zum Teil anders gesehen (vgl. *Haberstumpf* in Lehmann [Hrsg.], Rechtsschutz[2], Kap. II Rdnr. 139); eine derartige Einschränkung des Umarbeitungsbegriffs dürfte aber den Intentionen der Richtlinie kaum entsprechen, auch dann nicht, wenn man nicht schöpferische Umarbeitungen durch § 69 c Nr. 1 erfassen wollte. Unter § 69 c Nr. 2 fallen beispielsweise Fehlerbeseitigungen, Änderungen zur Anpassung an individuelle Benutzerwünsche, an eine neue Benutzeroberfläche oder an neue gesetzliche, organisatorische oder technische Anforderungen, Programmverbesserungen, Erweiterungen des Funktionsumfanges, die Übertragung des Quellprogramms in eine andere Programmiersprache, die Umwandlung des Quellprogramms in das Objektprogramm (sa. Rdnr. 13) und umgekehrt sowie Änderungen zur Portierung auf andere Hardware oder ein neues Betriebssystem (s. dazu *Dreier*/Schulze[3] § 69 c Rdnr. 16; Fromm/Nordemann/*Czychowski*[10] § 69 c Rdnr. 21; *Günther* CR 1994, 321/322; *Harte-Bavendamm/Wiebe*, in Kilian/Heussen (Hrsg.), Computerrechtshandbuch, 26. Ergänzungslieferung 2008, Teil 5 (Urheberrecht) A V 2 d Rdnr. 72; *Marly*, Urheberrechtsschutz, S. 213; *Haberstumpf* in Lehmann [Hrsg.], Rechtsschutz[2], Kap. II Rdnr. 146; zur Portierung auch *Lehmann* CR 1990, 625). Auch die **Entfernung der Dongleabfrage** in einem Computerprogramm ist eine Umarbeitung nach § 69 c Nr. 2 (OLG Karlsruhe CR 1996, 341; OLG Düsseldorf CR 1997, 337; LG Düsseldorf CR 1996, 737; ebenso das Schrifttum, vgl. etwa *Dreier*/ 14

§ 69c Zustimmungsbedürftige Handlungen

Schulze[3] § 69c Rdnr. 16; Wandtke/Bullinger/*Grützmacher*[3] § 69c Rdnr. 21; Möhring/Nicolini/ Hoeren[2] § 69c Rdnr. 8; Dreyer/*Kotthoff*/Meckel[2] § 69c Rdnr. 13).

2. Abgrenzungsfragen

15   Wie die Umgestaltung iSd. § 23 (vgl. dort Rdnr. 3) setzt auch die Umarbeitung voraus, dass wesentliche Züge des Originalprogramms übernommen werden; es muss sich also um eine vom Originalprogramm **abhängige Nachschöpfung** handeln. Damit ist die Umarbeitung von der freien Benutzung (dazu § 24 Rdnr. 8 ff.) zu unterscheiden, bei der das Originalprogramm lediglich als Anregung für das eigene Werkschaffen dient. Wer ein fremdes Computerprogramm lediglich als Anregung für eigene Gestaltung benutzt, arbeitet das fremde Programm nicht um.

16   Eine **freie Benutzung** liegt vor, wenn die dem geschützten älteren Werk entnommenen individuellen Züge gegenüber der Eigenart des neugeschaffenen Werks verblassen (BGH GRUR 2008, 693/695 – TV-Total; BGH GRUR 2003, 956/958 – Gies-Adler; BGH GRUR 1999, 984/987 – Laras Tochter; BGH GRUR 1994, 191/193 – Asterix-Persiflagen; BGH GRUR 1994, 206/208 – Alcolix; weitere Nachw. in § 24 Rdnr. 10). Dieser Maßstab wird auch bei Computerprogrammen angelegt (*Dreier*/Schulze[3] § 69c Rdnr. 13; Dreyer/*Kotthoff*/Meckel[2] § 69c Rdnr. 12; *Haberstumpf* in Lehmann [Hrsg.], Rechtsschutz[2], Kap. II Rdnr. 141; Gloy/Loschelder/Erdmann/*Harte-Bavendamm/Schöler,* Hdb. WettbewerbsR[4], § 64 Rdnr. 56; aA Fromm/Nordemann/*Czychowski*[10] § 69c Rdnr. 22). Bei Computerprogrammen stößt diese Abgrenzung allerdings auf sehr viel größere Schwierigkeiten als bei den traditionellen Werkarten; im Regelfall wird die Entscheidung dem Sachverständigen überlassen werden müssen (so auch *Dreier*/Schulze[3] § 69c Rdnr. 17; *Czychowski* aaO; *Haberstumpf* aaO Rdnr. 142; *Harte-Bavendamm* aaO).

17   In der Praxis wird sich der **Nachweis der abhängigen Nachschöpfung** am ehesten durch die Übereinstimmung oder Ähnlichkeit wesentlicher Programmteile oder -strukturen führen lassen, wobei auch die Anzahl der Übereinstimmungen oder Ähnlichkeiten zu berücksichtigen ist. Dabei können aber Übereinstimmungen oder Ähnlichkeiten nur mit solchen Programmteilen oder -strukturen einbezogen werden, die ihrerseits den urheberrechtlichen Schutzvoraussetzungen genügen; die Übernahme nicht schutzfähiger – allgemein üblicher – Ausdrucksformen bleibt erlaubt (näher dazu mit Nachw. § 24 Rdnr. 14). In der Rechtsprechung haben vor allem die Übernahme von Eigentümlichkeiten des Programms, die nicht durch Zufälligkeiten oder durch ein freies Nachschaffen erklärt werden können, zur Bejahung einer abhängigen Nachschöpfung geführt, etwa von Programmfehlern (zB rechnertechnisch ungünstige Divisionen und Potenzierungen anstelle von günstigeren Multiplikationen), von überflüssigen Programmbefehlen sowie individualisierenden Stilmerkmalen wie Programmierung der arithmetischen Ausdrücke, Formulierung von Laufanweisungen, Konstruktion von Programmverzweigungen, Aufteilung von Formeln sowie Anordnung und Reihenfolge der Variablen innerhalb von Formeln, Anordnung und Aufteilung von Unterprogrammen und deren Auftreten innerhalb der Hauptprogramme, Wahl der Variablennamen, insbesondere durch keine Konventionen vorgeschriebene bzw. gegen Konventionen verstoßende Namensgebungen oder eine vom Üblichen abweichende Zeilennummerierung (vgl. OLG Frankfurt/M CR 1986, 13/20 – Baustatikprogramme; LG München I CR 1986, 384/386; vgl. auch Wandtke/Bullinger/*Grützmacher*[3] § 69c Rdnr. 10 ff.; *Harte-Bavendamm/Wiebe,* in Kilian/Heussen (Hrsg.), Computerrechtshandbuch, 26. Ergänzungslieferung 2008, Teil 5 (Urheberrecht) A V 2 d Rdnr. 73).

18   Keine Umarbeitung iSd. § 69c Nr. 2 ist die bloße **Vervielfältigung,** bei der ein neues Werkstück nicht in veränderter, sondern in unveränderter Form erstellt wird (wenn die Bearbeitung bzw. Umarbeitung auch ihrem Wesen nach eine Vervielfältigung des Originalwerks in umgestalteter Form ist, vgl. dazu § 23 Rdnr. 3). Die Vervielfältigung wird vielmehr von § 69c Nr. 1 erfasst. Der BGH hat eine identische Übernahme und damit eine Vervielfältigung auch bei einer Fehlerbeseitigung im Umfang von etwa 5% des Programms angenommen (BGH CR 1990, 188/189). Wenn sich das im Hinblick auf § 69d Abs. 1 auch nicht auf das rechtliche Ergebnis auswirkt, so dürften Änderungen im Umfang von 5% doch eine Umarbeitung darstellen, lediglich ganz geringe Abänderungen werden am Vervielfältigungscharakter nichts ändern (so auch Dreyer/*Kotthoff*/Meckel[2] § 69c Rdnr. 13). Keine Vervielfältigung sondern Umarbeitung ist auch die Übersetzung des Quellcodes in den Objektcode und umgekehrt, da insoweit Veränderungen stattfinden (*Dreier*/Schulze[3] § 69c Rdnr. 16; Fromm/Nordemann/*Czychowski*[10] § 69c Rdnr. 21; Wandtke/Bullinger/*Grützmacher*[3] § 69c Rdnr. 18; Dreyer/*Kotthoff*/Meckel[2] § 69c Rdnr. 11; aA *Haberstumpf* in Lehmann [Hrsg.], Rechtsschutz[2], Kap. II Rdnr. 145).

3. Das Bearbeiterurheberrecht

Erreicht die Umgestaltung eines Werks das Niveau einer persönlichen geistigen Schöpfung, so 19 erwirbt der Bearbeiter nach § 3 ein **eigenes Urheberrecht an der Bearbeitung**. § 69c Nr. 2 S. 2 bestimmt, dass dieses Bearbeiterurheberrecht durch das Bearbeitungsrecht des Urhebers des bearbeiteten Programms nicht berührt wird. Der deutsche Gesetzgeber hat in Nr. 2 S. 2 den Begriff des Bearbeitens statt den des Umarbeitens verwendet, um sich dem Sprachgebrauch des § 3 anzupassen und eine Änderung dieser Vorschrift zu vermeiden (AmtlBegr. BTDrucks. 12/4022 S. 11). Das hat zu einer unterschiedlichen Wortwahl in § 69c Nr. 2 S. 1 und S. 2 geführt. § 69c Nr. 2 S. 2 bezieht sich aber auf alle Fälle der Umarbeitung, nicht nur auf den in § 69c Nr. 2 S. 1 angeführten Unterfall der Bearbeitung (ebenso *Dreier*/Schulze[3] § 69c Rdnr. 18). An jeder Umarbeitung, die die Voraussetzungen einer persönlichen geistigen Schöpfung erfüllt, erlangt der Bearbeiter also ein Bearbeiterurheberrecht. Das ergibt sich nicht nur aus dem Sinnzusammenhang und dem vom Gesetzgeber mit seiner Wortwahl verfolgten Zweck, sondern entspricht auch einer richtlinienkonformen Auslegung: Artikel 4 lit. b der Richtlinie spricht von den Rechten der Person, die das Programm umarbeitet.

Schutzgegenstand des Bearbeiterurheberrechts ist nur die Umarbeitung als solche, am Ori- 20 ginalprogramm erwirbt der Bearbeiter keinerlei Rechte. Da die Verwertung der Bearbeitung die Benutzung des Originalprogramms notwendig voraussetzt, ist das Bearbeiterurheberrecht ein **abhängiges Urheberrecht**: Zur Verwertung des bearbeiteten Programms ist sowohl die Zustimmung des Bearbeiters als auch die des Urhebers des Originalprogramms (bzw. des sonstigen Berechtigten) erforderlich. Auch der Bearbeiter selbst darf das bearbeitete Programm nicht ohne Zustimmung des Originalurhebers verwerten. Dass er es nicht vervielfältigen darf, ergibt sich bereits aus § 69c Nr. 2 S. 1; er darf es aber auch ohne die Zustimmung des Urhebers nicht verbreiten (sa. Rdnr. 21). Auf der anderen Seite darf auch der Urheber des Originalprogramms die bearbeitete Fassung nicht ohne Zustimmung des Bearbeiters benutzen. Wegen weiterer Einzelheiten zum Bearbeiterurheberrecht vgl. § 3 Rdnr. 38 ff.

IV. Das Verbreitungsrecht

Nach § 69c Nr. 3 S. 1 hat der Urheber bzw. sonstige Berechtigte das ausschließliche Recht 21 der Verbreitung. In seinem Regelungsgehalt stimmt § 69c Nr. 3 mit § 17 weitgehend überein, so dass trotz des prinzipiellen Vorrangs des § 69c (dazu Rdnr. 1) die Begriffsbestimmungen des § 17 Anwendung finden können (*Dreier*/Schulze[3] § 69c Rdnr. 20; Wandtke/Bullinger/*Grützmacher*[3] § 69c Rdnr. 25; Fromm/Nordemann/*Czychowski*[10] § 69c Rdnr. 26; Dreyer/*Kotthoff*/Meckel[2] § 69c Rdnr. 18; s. im Einzelnen Rdnr. 22ff., 28). Nach dem Wortlaut der Nr. 3 S. 1 unterliegen dem Verbreitungsrecht das Original sowie Vervielfältigungsstücke des Computerprogramms. Auch Umarbeitungen eines Computerprogramms fallen aber unter das Verbreitungsrecht; die sich nur auf die Vervielfältigung beziehende Formulierung in § 69c Nr. 2 S. 1 ist insofern unvollständig. Das ergibt sich schon daraus, dass die Umarbeitung das Originalwerk (in abgeänderter Form) enthält und ihrem Wesen nach eine Vervielfältigung des Originalwerks in umgestalteter Form ist (vgl. § 23 Rdnr. 3). Die frühere Streitfrage, ob unter § 69c Nr. 3 auch die Online-Zugänglichmachung von Computerprogrammen gehört, hat sich durch die Einfügung von § 69c Nr. 4 erledigt.

1. Verbreitung

Auch der Verbreitungsbegriff ist **weit** zu verstehen (*Dreier*/Schulze[3] § 69c Rdnr. 20): § 69c 22 Nr. 3 S. 1 erfasst jede Form der Verbreitung. Da § 69c eine Definition der Verbreitung nicht enthält, ist von der Begriffsbestimmung in § 17 Abs. 1 auszugehen; der Gesetzgeber hat „in Übereinstimmung mit § 17" ein Verbreitungsrecht vorgesehen (AmtlBegr. BTDrucks. 12/4022 S. 11). Danach ist Verbreitungshandlung sowohl das **Inverkehrbringen** der Werkstücke als auch deren **Angebot an die Öffentlichkeit.** Damit wird bereits eine Vorstufe des Inverkehrbringens tatbestandsmäßig erfasst (Einzelheiten in § 17 Rdnr. 7).

Unter **Angebot** ist jede Aufforderung zum Eigentumserwerb des Werkstücks zu verstehen 23 (KG GRUR 1983, 174 – Videoraubkassetten; OLG Düsseldorf GRUR 1983, 760/761 – Standeinrichtung oder Ausstellung; Wandtke/Bullinger/*Heerma*[2] § 17 Rdnr. 7; näher *Loewenheim*, Fs. für Traub, S. 251/252 mwN). Die in diesen Nachweisen noch vertretene **frühere Auffassung, es brauche sich nicht um ein Angebot zum Verkauf zu handeln**, auch das Angebot zur

§ 69c

Zustimmungsbedürftige Handlungen

Vermietung, zum Verleih oder zu einer sonstigen Überlassung, etwa von Notenmaterial oder Filmkopien, falle unter § 17 (AmtlBegr. BTDrucks. IV/270 S. 48; KG GRUR 1983, 174 – Videoraubkassetten), ist durch die Entscheidung des EuGH v. 17. 4. 2008 **überholt** (EuGH ZUM 2008, 508 – C-456/06, auf Vorlage des BGH, s. GRUR 2007, 50 – Le Corbusier-Möbel; näher dazu § 17 Rdnr. 8). Danach liegt die Verbreitung des Originals oder von Vervielfältigungsstücken des Werkes **nur bei einer Eigentumsübertragung** vor (EuGH ZUM 2008, 508 – C-456/06 Tz. 41); das Angebot zur Überlassung des Besitzes für einen nur vorübergehenden Zeitraum (so noch BGH GRUR 2007, 50 Tz. 14 – Le Corbusier-Möbel) genügt nicht. Erst recht reicht es nicht aus, dass Dritten der Gebrauch von urheberrechtlich geschützten Werkstücken ermöglicht wird, ohne dass mit der Gebrauchsüberlassung eine Übertragung der tatsächlichen Verfügungsgewalt über die Werkstücke verbunden ist oder dass urheberrechtlich geschützte Werkstücke öffentlich gezeigt werden, ohne dass Dritten die Möglichkeit zur Benutzung eingeräumt wird (so die Entscheidung des EuGH über die Vorlagefrage des BGH, vgl. EuGH ZUM 2008, 508 – C-456/06; BGH GRUR 2007, 50 – Le Corbusier-Möbel). Ein Angebot im Rechtssinn ist nicht erforderlich, auch Werbemaßnahmen durch Inserate, Kataloge oder Prospekte stellen ein Angebot dar. Dass die Gegenstände, auf die sich das Angebot bezieht, bereits vorhanden sind, wird nicht vorausgesetzt (so aber KG GRUR 1983, 174 – Videoraubkassetten; OLG Köln GRUR 1995, 265/268 – Infobank; LG München AfP 1996, 181/183; weitere Nachw. in § 17 Rdnr. 10). Gerade bei Computerprogrammen, Computerspielen und Ähnlichem erfolgt die Verbreitung von Raubkopien oft in der Form, dass die Vervielfältigungstücke erst nach Eingang einer Bestellung angefertigt werden. Es reicht vielmehr aus, dass die Werkstücke **auf Bestellung lieferbar** sind (BGH GRUR 1991, 316/317 – Einzelangebot; BGH GRUR 1999, 707/711 – Kopienversanddienst; OLG München ZUM 1997, 136/138; OLG Köln GRUR 1992, 312/313 – Amiga-Club; Dreier/*Schulze*[2] § 17 Rdnr. 13; weitere Nachweise in § 17 Rdnr. 10). Die angebotenen Computerprogramme brauchen im Angebot **nicht im Einzelnen konkretisiert** zu sein, etwa durch Angabe der Titel oder Mitteilung des Inhalts (*Loewenheim,* Fs. für Traub, S. 251 ff.; Wandtke/Bullinger/*Heerma*[2] § 17 Rdnr. 8; aA noch KG GRUR 1983, 174 – Videoraubkassetten; sa. § 17 Rdnr. 11).

24 Der Begriff der **Öffentlichkeit** bestimmt sich nach der Legaldefinition des § 15 Abs. 3 (BGH GRUR 1991, 316/317 – Einzelangebot; sa. § 17 Rdnr. 12). Zur Öffentlichkeit gehört jeder, der nicht mit dem Anbietenden oder mit den anderen Personen, denen das Programm angeboten wird, durch persönliche Beziehungen verbunden ist (§ 15 Abs. 3 S. 2; s. zur alten Fassung des § 15 Abs. 3 auch KG GRUR 1983, 174 – Videoraubkassetten; weitere Einzelheiten in § 17 Rdnr. 12). Das Angebot braucht nicht gegenüber einer Mehrzahl von Personen gemacht zu werden, das **Angebot an eine Einzelperson** kann ausreichen. Gerade Angebote an (der Öffentlichkeit angehörende) Einzelpersonen zum Erwerb von Raubkopien von Computerprogrammen, Computerspielen und ähnlichem werden auf diese Weise erfasst (BGH GRUR 1991, 316/317 – Einzelangebot; OLG Köln GRUR 1992, 312/313 – Amiga-Club; KG GRUR 2000, 49 – Mitschnitt-Einzelangebot; weitere Einzelheiten und Nachw. in § 17 Rdnr. 13).

25 **Inverkehrbringen** ist jede Handlung, durch die Werkstücke aus der internen Betriebssphäre der Öffentlichkeit zugeführt werden (BGH GRUR 2007, 691 Rdnr. 27 – Staatsgeschenk; BGH GRUR 2007, 50 Rdnr. 14 – Le Corbusier-Möbel; BGH GRUR 2004, 421/424 – Tonträgerpiraterie durch CD-Export; BGH GRUR 1991, 316/317 – Einzelangebot; OLG Hamburg GRUR 1972, 375/376 – Polydor II). Dabei muss es sich aber um eine **Eigentumsübertragung** handeln, die bloße Überlassung zum Besitz oder zum Gebrauch reicht nach der Entscheidung des EuGH v. 17. 4. 2008 (EuGH ZUM 2008, 508 – C-456/06; näher dazu § 17 Rdnr. 8) nicht aus. Ausreichend ist die Übereignung an Dritte, mit denen keine persönliche Verbundenheit besteht (vgl. Rdnr. 24 und § 17 Rdnr. 12). Die Überlassung eines einzelnen Exemplars genügt (BGH GRUR 1991, 316/317 – Einzelangebot; BGH GRUR 1985, 129/130 – Elektrodenfabrik; BGH GRUR 1980, 227/230 – Monumenta Germaniae Historica).

26 Der Verbreitungsbegriff des § 17 erfasst nur die **Verbreitung von Werkstücken in körperlicher Form** (vgl. § 17 Rdnr. 5). Die Verbreitung in unkörperlicher Form fällt unter die in § 15 Abs. 2 geregelten Fälle. Computerprogramme können nicht nur in körperlicher Form, dh. auf Disketten oder sonstigen digitalen Datenträgern übertragen werden, sondern auch **online** durch Datenfernübertragung oder durch Sendung. Früher war verschiedentlich gefordert worden, auch diese Übertragungsformen als Verbreitung anzusehen; überwiegend nahm man allerdings ein unter § 15 Abs. 2 fallendes unbenanntes Recht der öffentlichen Wiedergabe an (s. zum Streitstand 2. Aufl. Rdnr. 24 mit Nachweisen; vgl. auch § 17 Rdnr. 6). Diese Streitfrage hat sich durch die Einfügung des § 19a (Recht der öffentlichen Zugänglichmachung) und für

§ 69c Nr. 3 durch die Einfügung von § 69c Nr. 4, der die Online-Zugänglichmachung von Computerprogrammen erfasst, erledigt.

2. Vermietung

§ 69c Nr. 3 gewährt dem Urheber das Verbreitungsrecht einschließlich der Vermietung. Zur Frage, ob das Vermietrecht Teil des Verbreitungsrechts ist vgl. § 17 Rdnr. 30); jedenfalls unterliegt das Vermietrecht nicht der Erschöpfung. Mit dem Inverkehrbringen im Sinne des § 69c Nr. 3 S. 2 erschöpft sich also das Verbreitungsrecht (dazu Rdnr. 32 ff.), der Rechtsinhaber behält aber das Recht, die Vermietung der in Verkehr gebrachten Datenträger zu untersagen. Gemäß § 137d Abs. 1 S. 2 unterliegen vor dem 1.1.1993 zu Vermietzwecken erworbene Programmkopien nicht dem Vermietrecht. 27

Der **Begriff Vermietung** bedeutet nach dem 16. Erwgr. der Computerprogrammrichtlinie die Überlassung eines Computerprogramms oder einer Kopie davon zur zeitweiligen Verwendung und zu Erwerbszwecken. Diese Begriffsbestimmung stimmt mit der Definition der Vermietung in § 17 Abs. 3 S. 1 und Art. 1 Abs. 2 der Vermiet- und Verleihrechtsrichtlinie sachlich überein. Auch wenn Art. 3 der Vermiet- und Verleihrechtsrichtlinie bestimmt, dass Art. 4 lit. c der Computerprogrammrichtlinie unberührt bleibt, lässt sich daher die Definition in § 17 Abs. 3 auch für die Auslegung des Vermietungsbegriffs in § 69c Nr. 3 heranziehen; das dürfte auch für die Ausnahme in § 17 Abs. 3 S. 2 Nr. 2 gelten, da die Interessenlage (dazu § 17 Rdnr. 41) sich insofern nicht unterscheidet. Einzelfragen zum Begriff der Vermietung bei § 17 Rdnr. 32 ff. Das Vermietrecht schließt **nicht** das **Verleihrecht** ein (vgl. auch AmtlBegr. BT-Drucks. 12/4022 S. 11 und den 16. Erwgr. der Richtlinie), dieses verbleibt ein selbstständiges, vom Vermietrecht unabhängiges Element des Verbreitungsrechts, das sich zusammen mit dem Verbreitungsrecht erschöpft (vgl. auch § 27 Rdnr. 12). Im Gegensatz zur Vermietung kann der Urheber daher den Verleih des Computerprogramms nach dessen Inverkehrbringen nicht mehr untersagen, er hat aber beim Verleih durch eine der Öffentlichkeit zugängliche Einrichtung den Vergütungsanspruch nach § 27 Abs. 2. 28

3. Beschränkungen des Verbreitungsrechts

Das Verbreitungsrecht an Computerprogrammen unterscheidet sich nicht von dem in § 17 geregelten allgemeinen Verbreitungsrecht. Es ist also ein gegenüber dem Vervielfältigungsrecht selbstständiges Recht (vgl. § 17 Rdnr. 17), das nach § 31 Abs. 1 S. 2 auch **räumlich, zeitlich oder inhaltlich beschränkt eingeräumt** werden kann (zu § 69c Nr. 3 vgl. KG CR 1998, 137/138; zweifelnd LG München I CR 1998, 141 f.; zur dinglichen Rechtsnatur dieser Beschränkungen und zur Abgrenzung gegenüber schuldrechtlichen Beschränkungen vgl. § 17 Rdnr. 19 und vor §§ 28 ff. Rdnr. 96). 29

Auch beim Verbreitungsrecht an Computerprogrammen ergeben sich Probleme bezüglich seiner **Aufspaltbarkeit,** also der Frage, inwieweit dingliche Beschränkungen des Verbreitungsrechts zulässig sind (allgemein zu den Grenzen der Aufspaltbarkeit des Verbreitungsrechts § 17 Rdnr. 20 ff.). Das betrifft namentlich inhaltliche Beschränkungen, dh. Eingrenzungen des Verbreitungsrechts auf bestimmte wirtschaftliche Formen der Verwertung, besonders des Vertriebswegs. Im Interesse der Rechtssicherheit und Rechtsklarheit darf die Aufspaltung nicht zu unübersichtlichen und unklaren Rechtsverhältnissen im Urheberrechtsverkehr führen, die eine Feststellung von Rechtsinhaberschaft und Umfang der Berechtigung nicht oder nur unter erheblichen Schwierigkeiten zulassen. Als Grundsatz gilt, dass eine beschränkte Einräumung des Verbreitungsrechts nur für solche Verwertungsformen zulässig ist, **die nach der Verkehrsauffassung klar abgrenzbar** sind und eine **wirtschaftlich und technisch einheitliche und selbständige Nutzungsart** darstellen (BGH GRUR 2003, 416/418 – CPU-Klausel; BGH GRUR 2001, 153/154 – OEM-Version; BGH GRUR 1992, 310/311 – Taschenbuch-Lizenz; BGH GRUR 1990, 669/671 – Bibelreproduktion; sa. § 17 Rdnr. 20, 23; allgemein zur Aufspaltbarkeit von Nutzungsrechten vor §§ 28 ff. Rdnr. 87 ff. mit Nachw.). Zu **verneinen** ist die klare Abgrenzbarkeit und die Selbstständigkeit der Nutzungsart bei **OEM-Klauseln,** dh das Nutzungsrecht kann nicht dergestalt beschränkt eingeräumt werden, dass Programme in einer bestimmten Aufmachung nur in Verbindung mit dem Kauf eines Computers veräußert werden dürfen (BGH GRUR 2001, 153/154 – OEM-Version; *Dreier*/Schulze[3] § 69c Rdnr. 26; Dreyer/ *Kotthoff*/Meckel[2] § 69c Rdnr. 32; Möhring/Nicolini/*Hoeren*[2] § 69c Rdnr. 17; aA Wandtke/ Bullinger/*Grützmacher*[3] § 69c Rdnr. 90 f.; weitere Nachweise in Voraufl. § 69c Rdnr. 29). Ebenso wenig kann ein Hersteller die **Update-Version** eines Computerprogramms unter dem 30

§ 69c Zustimmungsbedürftige Handlungen

Vorbehalt veräußern, dass ein Verkauf nur an solche Nutzer zulässig ist, die bereits die ursprüngliche Vollversion des Programmes erworben haben (OLG Frankfurt CR 1999, 7; OLG München CR 1998, 265). Zulässig sind dagegen **schuldrechtliche Beschränkungen**. Diese wirken aber nur gegenüber dem schuldrechtlich Gebundenen (Vertragspartner), nicht dagegen auf späteren Vertriebsstufen.

31   Auch dingliche Beschränkungen des Verbreitungsrechts wirken sich nur auf der **Stufe der Erstverbreitung** aus. Auf weitere Vertriebsstufen erstreckt sich die Beschränkung nicht. Ist nämlich ein Werkstück mit Zustimmung des Berechtigten im Wege der Veräußerung in Verkehr gebracht worden, so ist das Verbreitungsrecht mit Ausnahme des Vermietrechts erschöpft (dazu Rdnr. 32 ff.); der weitere Vertrieb kann vom Berechtigten nicht mehr kontrolliert werden. Selbst eine zulässige dingliche Beschränkung des Nutzungsrechts hat nicht zur Folge, dass der Berechtigte nach dem mit seiner Zustimmung erfolgten Inverkehrbringen die weiteren Verbreitungsakte daraufhin kontrollieren kann, ob sie mit der ursprünglichen Begrenzung des Nutzungsrechts im Einklang stehen oder nicht (BGH GRUR 2001, 153/154 – OEM-Version mit zust. Anm. v. *Lehmann* CR 2000, 740 und v. *Witte* CR 2000, 654; BGH GRUR 1986, 736/737 – Schallplattenvermietung; *Haberstumpf* in Lehmann [Hrsg.], Rechtsschutz[2], Kap. II Rdnr. 129; kritisch Wandtke/Bullinger/*Grützmacher*[3] § 69c Rdnr. 89 ff.). Bei der Verwertung von Computerprogrammen kann daher durch eine beschränkte Einräumung des Verbreitungsrechts nur derjenige gebunden werden, dem zum Vertrieb die Verbreitung vom Berechtigten erlaubt werden muss (also zB der Hersteller der Programmdisketten, dem das Recht zur Vervielfältigung und Verbreitung eingeräumt wird). Händler auf weiteren Vertriebsstufen benötigen dagegen die Erlaubnis zum Weitervertrieb der Disketten nicht, weil das Verbreitungsrecht nach dem ersten Inverkehrbringen mit Zustimmung des Berechtigten erschöpft ist (dazu näher Rdnr. 32 ff.).

4. Erschöpfung des Verbreitungsrechts

32   Das Verbreitungsrecht findet seine Grenze am **Erschöpfungsgrundsatz**. Hat der Rechtsinhaber durch eigene Benutzungshandlungen das ihm vom Gesetz eingeräumte ausschließliche Verwertungsrecht ausgenutzt und damit verbraucht, so werden weitere Verwertungshandlungen (mit Ausnahme des Vermietrechts) nicht mehr vom Schutzrecht erfasst (Einzelheiten in § 17 Rdnr. 42 ff.). Für das Verbreitungsrecht an Computerprogrammen ist die Erschöpfung in § 69c Nr. 3 S. 2 geregelt; diese Regelung stellt zwar eine Sonderregelung gegenüber § 17 Abs. 2 dar, deckt sich aber mit dieser inhaltlich mit ihr (KG GRUR CR 1998, 137/138). Im Gegensatz zu § 17 Abs. 2 nennt § 69c Nr. 3 S. 2 nur Vervielfältigungsstücke und nicht das Original. Das dürfte darauf zurückzuführen sein, dass bei Computer-Programmen das Original in der Regel nicht veräußert zu werden pflegt. Soweit allerdings das Original veräußert wird, ist § 69c Nr. 3 S. 2 im Wege der Auslegung auch auf diesen Fall anzuwenden, eine Erschöpfung tritt also auch bei der Verbreitung des Originals ein (*Dreier*/Schulze[3] § 69c Rdnr. 23). Erschöpfung kann **nur beim Verbreitungsrecht,** nicht aber beim Vervielfältigungsrecht eintreten (dazu § 17 Rdnr. 45). Zur Erschöpfung bei der Online-Übertragung von Computerprogrammen s. Rdnr. 34.

33   Bei der Erschöpfung handelt es sich um **zwingendes Recht,** das nicht vertraglich abbedungen werden kann. Klauseln in Softwareüberlassungsverträgen, die die Weiterveräußerung der überlassenen Software ausschließen, haben daher allenfalls schuldrechtliche, aber **keine dingliche Wirkung** und führen nicht zur Unwirksamkeit der Weiterveräußerung (Wandtke/Bullinger/*Grützmacher*[3] § 69c Rdnr. 38; Dreyer/*Kotthoff*/Meckel[2] § 69c Rdnr. 31; *Marly*, Softwareüberlassungsverträge[4], Rdnr. 1044; *Haberstumpf* in Lehmann [Hrsg.], Rechtsschutz[2], Kap. II Rdnr. 133; *Hoeren* Softwareüberlassung Rdnr. 150; *Lehmann* NJW 1993, 1822/1825). Eine dingliche Wirkung ist ebenso Klauseln abzusprechen, die den Erwerber eines Computerprogramms daran hindern sollen, die zur Benutzung des Programms erforderlichen Vervielfältigungsrechte bei einer Weiterveräußerung des Programms auf den Zweiterwerber zu übertragen. Dadurch würde nicht nur der Erschöpfungsgrundsatz unterlaufen (dazu näher *Haberstumpf* in Lehmann [Hrsg.], Rechtsschutz[2], Kap. II Rdnr. 133); vielmehr steht dem auch § 69d entgegen, weil auch der Zweiterwerber Nutzungsberechtigter iSd. Vorschrift ist (*Lehmann* NJW 1993, 1822/1825; sa. § 69d Rdnr. 4). Soweit (schuldrechtliche) Weiterveräußerungsverbote in **Allgemeinen Geschäftsbedingungen** vereinbart werden, verstoßen sie in der Regel gegen § 307 BGB verstoßen, weil sie mit dem Grundgedanken der gesetzlichen Regelung in § 69c Nr. 3 S. 2 nicht zu vereinbaren sind (§ 307 Abs. 2 Nr. 1 BGB; Wandtke/Bullinger/*Grützmacher*[3] § 69c Rdnr. 38; Dreyer/*Kotthoff*/Meckel[2] § 69c Rdnr. 31; näher *Marly*, Softwareüberlassungsverträge[4], Rdnr. 1046 ff.; sa. *Koch* CR 2002, 629/631).

§ 69c

a) Voraussetzungen. Der Eintritt der Erschöpfung setzt voraus, dass ein Vervielfältigungsstück eines Computerprogramms im Wege der Veräußerung in Verkehr gebracht wird (dazu Rdnr. 35), dass das Inverkehrbringen im Gebiet der EU oder des EWR erfolgt (dazu Rdnr. 36) und dass das Inverkehrbringen mit Zustimmung des Berechtigten geschieht (dazu Rdnr. 37). Die Erschöpfung setzt die Weitergabe körperlicher Gegenstaände (Datenträger) voraus; eine Erschöpfung tritt daher nicht bei der **Online-Übertragung** von Computerprogrammen ein (OLG München CR 2006, 655; OLG Düsseldorf CR 2009, 566; LG München CR 2006, 159; Fromm/Nordemann/*Czychowski*[10] § 69 c Rdnr. 14 ff., 32 ff.; *Dreier*/Schulze[3] § 69 c Rdnr. 24; *Koch* CR 2002, 629/631; *Bergmann*, Fs. für Erdmann, S. 17/19; *Koehler* S. 35; *Haines/Scholz* CR 2006, 161; *Heyn/Schmidt* K&R 2002, 629/631; aA Wandtke/Bullinger/*Grützmacher*[3] § 69 c Rdnr. 31, 36; *Hoeren* CR 2006, 573 ff.; *Berger*, GRUR 2002, 198/200 ff.; *Mäger* CR 1996, 522 ff.; sa. *Grützmacher* ZUM 2006, 302; *Schneider* CR 2009, 553; von den Vertretern der Gegenansicht wird dann die Zulässigkeit der Weiterveräußerung durch den Ersterwerber bejaht; zum Ausschluss dieser Zulässigkeit durch AGB vgl. Wandtke/Bullinger/*Grützmacher*[3] § 69 c Rdnr. 38; Fromm/ Nordemann/*Czychowski*[10] § 69 c Rdnr. 64; *Hoeren* CR 2006, 573/577 f.). Die Online-Übertragung stellt keine Verbreitung dar, sondern fällt unter das Recht der öffentlichen Wiedergabe (sa. Rdnr. 26), das in Bezug auf Computerprogramme seine Regelung in § 69 c Nr. 4 gefunden hat, der eine Erschöpfungsregelung nicht vorsieht. Hiervon zu unterscheiden ist der Fall, dass der **Empfänger online übertragener Programme diese Programme auf körperliche Datenträger vervielfältigt und diese Datenträger verbreitet.** Hat der Rechtsinhaber zu der Verbreitung seine Zustimmung gegeben, so ist der Fall nicht anders zu beurteilen, als wenn es sich um offline hergestellte Datenträger handelt: es sind Vervielfältigungsstücke mit Zustimmung des Rechtsinhabers in Verkehr gebracht worden (so auch *Dreier*/Schulze[3] § 69 c Rdnr. 24 sowie § 19 a Rdnr. 11; *Bergmann*, Fs. für Erdmann, S. 17/20; eingehend *Spindler* CR 2008, 69/70 ff.). Die bloße Erlaubnis des Rechtsinhabers zur Herstellung von Vervielfältigungsstücken ersetzt allerdings nicht die Zustimmung zur Verbreitung. Der Rechtsinhaber muss die Weitergabe dieser Vervielfältigungsstücke kontrollieren können und vor einer Verbreitung, der er nicht zugestimmt hat, geschützt werden, zumal sich meist kaum feststellen lässt, ob der Nutzer nicht bei der Herstellung von Vervielfältigungsstücken die ihm erlaubte Anzahl überschreitet (im Ergebnis ebenso *Bergmann*, Fs. für Erdmann, S. 17/19 f., 24 ff.; aA Wandtke/Bullinger/ *Grützmacher*[3] § 69 c Rdnr. 31, 36 f.; Dreyer/*Kotthoff*/Meckel[2] § 69 c Rdnr. 27; eingehend *Spindler* CR 2008, 69/70 ff; *Berger* GRUR 2002, 198/199; *Mäger*, CR 1996, 522 ff.; wohl auch *Dreier*/Schulze § 69 c Rdnr. 24; Möhring/Nicolini/*Hoeren*[2] Rdnr. 16; *Waldenberger* ZUM 1997, 176/178). Auch Erwägungsgrund 29 der Richtlinie zur Informationsgesellschaft (2001/29/GG) spricht davon, dass sich die Frage der Erschöpfung nicht stellt, wenn der Benutzer eines Online-Dienstes von den online übermittelten Daten mit Zustimmung des Rechtsinhabers materielle Vervielfältigungsstücke herstellt. Zur parallelen Problematik bei Datenbanken vgl. § 4 Rdnr. 52; s. ferner § 17 Rdnr. 45. Ebenso wenig darf der Benutzer die Programme online weiterübermitteln (aA *Berger* GRUR 2002, 198/200 ff.). Zur Erschöpfung beim In-Verkehrbringen von Computern mit CoA Stickern s. OLG Frankfurt GRUR-RR 2010, 5 ff. – CoA-Echtheitszertifikat.

Inverkehrbringen bedeutet, dass die Vervielfältigungsstücke des Programms effektiv in den freien Handelsverkehr gelangt sein müssen, sei es auch nur auf dem Großhandelsmarkt; die bloße **Durchfuhr** durch einen Mitgliedstaat reicht dafür nicht aus (BGH GRUR Int. 1981, 562/564 – Schallplattenimport; dazu auch mwN § 17 Rdnr. 46). Das Inverkehrbringen muss im Wege der **Veräußerung** erfolgen. Der Begriff der Veräußerung ist allerdings nicht nur im Sinne eines Verkaufs im §§ 433 ff. BGB zu verstehen, sondern erfasst in der Regel jede Übereignung oder Entäußerung des Eigentums, ohne dass es auf den Charakter des zugrundeliegenden Kausalgeschäfts (Kauf, Tausch, Schenkung usw.) ankommt (BGH GRUR 1995, 673/675 f. – Mauerbilder). Entscheidend ist, dass sich der Berechtigte **der Verfügungsmöglichkeit** über die Werkstücke **endgültig begibt**; die vorübergehende Besitzüberlassung, etwa durch Vermieten oder Verleihen der Vervielfältigungsstücke, reicht nicht aus (Nachweise in § 17 Rdnr. 48). Bei **Lizenzverträgen** über Software ist darauf abzustellen, ob der Lizenznehmer die Software nach Vertragsende zurückzugeben oder zu vernichten hat; ist dies nicht der Fall, so ist von einer Veräußerung auszugehen (*Haberstumpf* in Lehmann [Hrsg.], Rechtsschutz[2], Kap. II Rdnr. 128; sa. *Marly* Softwareüberlassungsverträge[4] Rdnr. 1041 f.). Zur Sicherungsübereignung und zum gesetzlichen Eigentumsübergang vgl. § 17 Rdnr. 50.

Das Inverkehrbringen muss im Gebiet der **Europäischen Union** oder eines anderen **Vertragsstaates des Abkommens über den Europäischen Wirtschaftsraum** (dh. Island, Liechtenstein oder Norwegen) erfolgen. Maßgeblich ist der Ort des Inverkehrbringens, auf den

§ 69c Zustimmungsbedürftige Handlungen

Ort der Herstellung kommt es demgegenüber nicht an (BGH GRUR Int. 1981, 362/564 – Schallplattenimport). Zur **internationalen Erschöpfung** vgl. § 17 Rdnr. 64 ff.

37 Das Inverkehrbringen muss **mit Zustimmung des zur Verbreitung Berechtigten** erfolgt sein. Berechtigter ist der Urheber sowie alle diejenigen, die eine Berechtigung vom Urheber ableiten (weitere Einzelheiten in § 17 Rdnr. 54). Die Berechtigung muss für das Gebiet bestehen, in dem das Inverkehrbringen erfolgt (dazu näher § 17 Rdnr. 55). Zur Verbreitung **rechtswidrig hergestellter Werkstücke** liegt eine Zustimmung in aller Regel nicht vor, so dass ihre Verbreitung verhindert werden kann. Das gilt auch für die sog. **Surplus-Produktion,** also die Fälle, in denen der Hersteller von Computerprogrammen mehr Exemplare herstellt, als er auf Grund des ihm eingeräumten Nutzungsrechts darf. Wird diese Mehrproduktion in Verkehr gebracht, so fehlt es insoweit an der Zustimmung des Berechtigten (vgl. auch § 17 Rdnr. 57). Im Interesse der Rechtsklarheit kann die **Zustimmung keinen Beschränkungen oder Bedingungen** unterworfen werden (BGH GRUR 1986, 736/737 – Schallplattenvermietung; weitere Nachw. in § 17 Rdnr. 58). Der Berechtigte kann seine **Zustimmung nicht auf einen Teil des Verbreitungsrechts beschränken,** er kann auch nicht über das ihm eingeräumte Verbreitungsrecht hinausgehen. Durch die Zustimmung des Berechtigten wird immer (mit Ausnahme des Vermietrechts) dessen **gesamtes Verbreitungsrecht erschöpft,** der Berechtigte hat nicht die Möglichkeit, durch eine Beschränkung seiner Zustimmung die Erschöpfungswirkung nur partiell eintreten lassen (Einzelheiten in § 17 Rdnr. 58).

38 Davon zu unterscheiden ist die Situation, dass das **Verbreitungsrecht beschränkt eingeräumt** worden ist. Ist dies der Fall, so führt ein Inverkehrbringen von Werkstücken, das sich im Rahmen der beschränkt eingeräumten Verbreitungsberechtigung hält, dazu, dass die **Erschöpfung nur hinsichtlich des beschränkt eingeräumten Teils des Verbreitungsrechts eintritt,** nicht aber hinsichtlich der Teile, die durch die Beschränkung von der Rechtseinräumung ausgenommen wurden. Bringt also der Lizenznehmer Werkstücke auf einem anderen als auf dem zugelassenen Absatzweg in Verkehr, so ist diese Nutzung nicht mehr von der Zustimmung des zur Verbreitung Berechtigten gedeckt mit der Folge, dass insoweit mangels Zustimmung keine Erschöpfung des Verbreitungsrechts eintreten kann (BGH GRUR 2001, 153/154 – OEM-Version; BGH GRUR 1986, 736/737 – Schallplattenvermietung; weitere Einzelheiten und Nachw. in § 17 Rdnr. 59).

39 b) **Erschöpfungswirkung.** Die Wirkung der Erschöpfung besteht darin, dass die **Weiterverbreitung** der Werkstücke **zulässig** ist, der Urheber oder sonstige zur Verbreitung Berechtigte kann sein Verbietungsrecht nicht mehr geltend machen. Das führt ua. dazu, dass sich Beschränkungen des Verbreitungsrechts nur auf der Stufe der Erstverbreitung auswirken und die Veräußerung auf weiteren Vertriebsstufen nicht beschränkt werden kann (vgl. näher Rdnr. 31). Der Regelungsbereich des § 69c Nr. 3 S. 2 beschränkt sich angesichts des Territorialitätsprinzips (dazu vor §§ 120 ff. Rdnr. 120) zwar auf den Geltungsbereich des Urheberrechtsgesetzes, so dass diese Vorschrift auch nur für dieses Gebiet den Erschöpfungseintritt anordnen kann (vgl. auch AmtlBegr. BTDrucks. 12/4022 S. 11). Angesichts der Harmonisierung der nationalen Regelungen in den Mitgliedstaaten tritt die Erschöpfungswirkung aber im Ergebnis einheitlich für das gesamte Gebiet der Europäischen Union und des Abkommens über den Europäischen Wirtschaftsraum ein.

40 Die Wirkung der Erschöpfung erstreckt sich nicht auf das **Vermietrecht.** Der Inhaber des Verbreitungsrechts kann also die Vermietung von Vervielfältigungsstücken von Computerprogrammen auch dann untersagen, wenn sie mit seiner Zustimmung veräußert worden sind. Die diesbezügliche frühere Streitfrage (dazu 1. Aufl. § 17 Rdnr. 13 f.) hat sich damit erledigt. Das **Verleihrecht** (zum Begriff vgl. § 27 Abs. 2 S. 2, dazu auch § 27 Rdnr. 16) wird dagegen von der Erschöpfung umfasst; das Verleihen von Programmträgern kann also nach ihrer Veräußerung vom Inhaber des Verbreitungsrechts nicht untersagt werden (dazu kritisch *Lehmann* CR 1994, 271/274). – Dass das **Vervielfältigungsrecht** nicht der Erschöpfung unterliegt, ergibt sich bereits aus seiner Selbstständigkeit gegenüber dem Verbreitungsrecht.

V. Das Recht der öffentlichen Zugänglichmachung

41 § 69c Nr. 4 wurde durch das Gesetz zur Regelung des Urheberrechts in der Informationsgesellschaft v. 10. 9. 2003 (BGBl. I S. 1774) eingefügt, um klarzustellen, dass das Recht der öffentlichen Zugänglichmachung ausschließlich dem Rechtsinhaber zugewiesen ist (AmtlBegr. BTDrucks. 15/38 S. 22). Mit dieser Klarstellung hat der Gesetzgeber zum Ausdruck gebracht,

dass dieses Recht dem Urheber bzw. sonstigen Rechtsinhaber auch schon vorher zustand, wobei davon auszugehen ist, dass es sich um einen unbenanntes Recht der öffentlichen Wiedergabe (§ 15 Abs. 2) handelte (vgl. dazu Rdnr. 26). Einer besonderen Übergangsvorschrift bedurfte es deshalb nicht. Das **Recht der öffentlichen Zugänglichmachung** ist das Recht, das Werk drahtgebunden oder drahtlos der Öffentlichkeit in einer Weise zugänglich zu machen, dass es Mitgliedern der Öffentlichkeit von Orten und zu Zeiten ihrer Wahl zugänglich ist (§ 19a; sa. OLG München GRUR-RR 2009, 91 – ASP). § 69c Nr. 4 wird vor allem bei der Datenübertragung im Internet, in sonstigen Netzwerken und bei On-Demand-Services zur Anwendung kommen (Wandtke/Bullinger/*Grützmacher*³ § 69c Rdnr. 51; sa. OLG München aaO zum Application Service Providing). Die Bereitstellung von Computerprogrammen zum Abruf bedarf in solchen Fällen der Zustimmung des Rechtsinhabers. Das Recht der öffentlichen Zugänglichmachung unterliegt nicht der Erschöpfung (vgl. Rdnr. 34).

§ 69d Ausnahmen von den zustimmungsbedürftigen Handlungen

(1) **Soweit keine besonderen vertraglichen Bestimmungen vorliegen, bedürfen die in § 69c Nr. 1 und 2 genannten Handlungen nicht der Zustimmung des Rechtsinhabers, wenn sie für eine bestimmungsgemäße Benutzung des Computerprogramms einschließlich der Fehlerberichtigung durch jeden zur Verwendung eines Vervielfältigungsstücks des Programms Berechtigten notwendig sind.**

(2) **Die Erstellung einer Sicherungskopie durch eine Person, die zur Benutzung des Programms berechtigt ist, darf nicht vertraglich untersagt werden, wenn sie für die Sicherung künftiger Benutzung erforderlich ist.**

(3) **Der zur Verwendung eines Vervielfältigungsstücks eines Programms Berechtigte kann ohne Zustimmung des Rechtsinhabers das Funktionieren dieses Programms beobachten, untersuchen oder testen, um die einem Programmelement zugrundeliegenden Ideen und Grundsätze zu ermitteln, wenn dies durch Handlungen zum Laden, Anzeigen, Ablaufen, Übertragen oder Speichern des Programms geschieht, zu denen er berechtigt ist.**

Schrifttum: *Baus*, Umgehung der Erschöpfungswirkung durch Zurückhaltung von Nutzungsrechten, MMR 2002, 14; *Bettinger/Scheffel*, Application Service Providing: Vertragsgestaltung und Konflikt-Management, CR 2001, 729; *Caduff*, Die urheberrechtlichen Konsequenzen der Veräußerung von Computerprogrammen, 1997; *Dreier*, Verletzung urheberrechtlich geschützter Software nach der Umsetzung der EG-Richtlinie, GRUR 1993, 781; *Fritzemeyer/Schoch*, Übernahme von Softwareüberlassungsverträgen beim IT-Outsourcing, CR 2003, 793; *Günther*, Änderungsrechte des Softwarenutzers, CR 1994, 321; *Haberstumpf*, Das Software-Urhebervertragsrecht im Lichte der bevorstehenden Umsetzung der EG-Richtlinie über den Rechtsschutz von Computerprogrammen, GRUR Int. 1992, 715; *ders.*, Der urheberrechtliche Schutz von Computerprogrammen, in Lehmann (Hrsg.), Rechtsschutz und Verwertung von Computerprogrammen, 2. Aufl. 1993, S. 69; *ders.*, Der Handel mit gebrauchter Software und die Grundlagen des Urheberrechts, CR 2009, 345; *Harte-Bavendamm/Wiebe*, in Kilian/Heussen (Hrsg.), Computerrechtshandbuch, 26. Ergänzungslieferung 2008, Teil 5 (Urheberrecht) A V 3c Rdnr. 74–79; *Harte-Bavendamm*, Wettbewerbsrechtliche Aspekte des Reverse Engineering von Computerprogrammen, GRUR 1990, 657; *Hoeren*, Der urheberrechtliche Erschöpfungsgrundsatz bei der Online-Übertragung von Computerprogrammen, CR 2006, 573; *Hoeren/Schuhmacher*, Verwendungsbeschränkungen im Softwarevertrag, CR 2000, 137; *Koch*, Urheberrechtliche Zulässigkeit technischer Beschränkungen und Kontrolle der Software-Nutzung, CR 2002, 629; *ders*. Das neue Softwarerecht und die praktischen Konsequenzen, NJW-CoR 1994, 293; *König*, Zur Zulässigkeit der Umgehung von Softwareschutzmechanismen, NJW 1995, 3293; *Kreutzer*, Computerspiele im Sytem des deutschen Urheberrechts – Eine Untersuchung des geltenden Rechts für Sicherungskopien und Schutz technischer Maßnahmen bei Computerspielen, CR 2007, 1; *Lehmann*, Das neue Software-Vertragsrecht – Verkauf und Lizenzierung von Computerprogrammen, NJW 1993, 1822; *ders.*, Das Urhebervertragsrecht der Softwareüberlassung, in Beier/Götting/Lehmann/Moufang (Hrsg.), Urhebervertragsrecht, Festgabe für Gerhard Schricker zum 60. Geburtstag, 1995, S. 543; *Lietz*, Technische Aspekte des Reverse Engineering, CR 1991, 564; *Mäger*, Der urheberrechtliche Erschöpfungsgrundsatz bei der Veräußerung von Software, CR 1996, 522; *Marly*, Softwareüberlassungsverträge, 4. Aufl. 2004; *ders.*, Urheberrechtsschutz für Computersoftware in der Europäischen Union, 1995 (zitiert Urheberrechtsschutz); *Moritz*, Vervielfältigungsstück eines Programms und seine berechtigte Verwendung – § 69d UrhG und die neueste BGH-Rechtsprechung, MMR 2001, 94; *Pres*, Gestaltungsformen urheberrechtlicher Softwarelizenzverträge, 1994; *Raubenheimer*, Beseitigung/Umgehung eines technischen Programmschutzes nach UrhG und UWG, CR 1996, 69; *ders.*, Die jüngste Rechtsprechung zur Beseitigung/Umgehung eines Dongles, NJW-CoR 1996, 174; *Runte*, Produktaktivierung, CR 2001, 657; *Scholz/Haines*, Hardwarebezogene Verwendungsbeschränkungen in Standardverträgen zur Überlassung von Software, CR 2003, 393; *Schuhmacher*, Wirksamkeit von typischen Klauseln in Softwareüberlassungsverträgen, CR 2000, 641; *Schulte*, Der Referentenentwurf eines Zweiten Gesetzes zur Änderung des Urheberrechtsgesetzes, CR 1992, 588 und 648; *Spindler/Wiebe*, Open Source-Vertrieb, CR 2003, 873; *Ullrich/Körner* (Hrsg.), Der internationale Softwarevertrag, 1995; *Vinje*, Die EG-Richtlinie zum Schutz von Computerprogrammen und die Frage der Interoperabilität, GRUR Int. 1992, 250; *ders.*, Softwarelizenzen im Lichte von Art. 85 des EWG-Vertrages, CR 1993, 401; *Werner*, Sind Sicherheitskopien von CDs notwendig?, CR 2000, 807.
Siehe auch die Schrifttumsangaben zu § 69a und vor §§ 69a ff.

§ 69d Ausnahmen von den zustimmungsbedürftigen Handlungen

Übersicht

	Rdnr.
I. Zweck und Bedeutung der Norm	1
II. Herstellung von Vervielfältigungen und Bearbeitungen (§ 69d Abs. 1)	2
1. Der Vorschrift unterfallende Benutzungshandlungen	3
2. Zur Verwendung berechtigte Personen	4, 5
3. Notwendigkeit zur bestimmungsgemäßen Nutzung einschließlich der Fehlerberichtigung	6–12
4. Besondere vertragliche Bestimmungen	13–15
a) Zwingender Kern der Rechte des Benutzers	13
b) Einzelfragen	14, 15
III. Erstellung von Sicherungskopien (§ 69d Abs. 2)	16–20
IV. Programmtestläufe (§ 69d Abs. 3)	21–24

I. Zweck und Bedeutung der Norm

1 Die weitgehende Zuweisung von Ausschließlichkeitsrechten an den Urheber (vgl. § 69c Rdnr. 2), die auch die bestimmungsgemäße Benutzung von Computerprogrammen erfasst, macht eine Regelung notwendig, in welchen Fällen Benutzungshandlungen trotz ihres Charakters als Vervielfältigung oder Umarbeitung der Zustimmung des Urhebers nicht bedürfen. Diesem Zweck dient (neben § 69e) die Vorschrift des § 69d, die Art. 5 der Computerprogrammrichtlinie umsetzt. Sie regelt in Abs. 1 die bestimmungsgemäße Benutzung, in Abs. 2 die Herstellung einer Sicherungskopie und in Abs. 3 bestimmte Handlungen der Beobachtung, der Untersuchung und des Testens des Programms. § 69d stellt damit in erster Linie eine **Schrankenbestimmung** dar, die das Vervielfältigungsrecht und Umarbeitungsrecht an Computerprogrammen begrenzt (Möhring/Nicolini/*Hoeren*[2] § 69d Rdnr. 1; *Harte-Bavendamm/Wiebe* in Kilian/Heussen, Teil 5 (Urheberrecht) A V 3c Rdnr. 74; *Lehmann*, Fs. für Schricker, S. 553 mwN; *Schulte* CR 1992, 588/592; aA *Dreier*/Schulze[3] § 69d Rdnr. 2, der von einer Mischform zwischen gesetzlicher Lizenz und vertraglicher Auslegungsvorschrift spricht; Fromm/Nordemann/*Czychowski*[10] § 69d Rdnr. 4; Wandtke/Bullinger/*Grützmacher*[3] § 69d Rdnr. 1; Mestmäcker/Schulze/*Haberstumpf* § 69d Rdnr. 2; für die hier vertretene Auffassung spricht auch die Amtl. Begr. zur funktionsgleichen Vorschrift des § 55a, vgl. BTDrucks. 13/7934 S. 43). Während die Befugnis zur Erstellung einer Sicherungskopie (Abs. 2) und zu Programmtestläufen (Abs. 3) zwingender Natur ist und dagegen verstoßende Vereinbarungen nach § 69g Abs. 2 nichtig sind, können in den Fällen des Abs. 1 abweichende vertragliche Bestimmungen getroffen werden. Auch Abs. 1 enthält jedoch einen zwingenden Kern von Benutzerbefugnissen, der vertraglich nicht eingeschränkt werden darf (dazu näher Rdnr. 13). Zur Entstehungsgeschichte der Norm und der ihr zugrundeliegenden Richtlinienbestimmung vgl. *Lehmann* aaO S. 549ff.; *Schulte* CR 1992, 648/651ff. Gemäß § 137d Abs. 1 S. 1 ist § 69f auch auf vor dem 24. Juni 1993 geschaffene Computerprogramme anwendbar.

II. Herstellung von Vervielfältigungen und Bearbeitungen (§ 69d Abs. 1)

2 Durch Abs. 1 soll dem berechtigten Benutzer die **bestimmungsgemäße Benutzung** des Computerprogramms ermöglicht werden (AmtlBegr. BTDrucks. 12/4022, S. 12; sa. 17. Erwgr. der Richtlinie); dafür soll der Benutzer mit den erforderlichen Rechten ausgestattet werden (OLG Karlsruhe CR 1996, 341/342). Es soll sichergestellt sein, dass der befugte Benutzer mit dem Programm auch wirtschaftlich sinnvoll arbeiten kann und dabei nicht durch unangemessene Verbote des Inhabers des Urheberrechts am Programm eingeschränkt wird (*Lehmann*, Fs. für Schricker, 1995, S. 555); der in Abs. 1 vorgesehene Vorbehalt besonderer vertraglicher Bestimmungen findet dafür seine Grenze an einem zwingenden Kern von Benutzerbefugnissen, welcher nicht eingeschränkt werden kann (näher Rdnr. 13).

1. Der Vorschrift unterfallende Benutzungshandlungen

3 Abs. 1 schränkt das Vervielfältigungsrecht des § 69c Nr. 1 und das Umarbeitungsrecht des § 69c Nr. 2 ein; es werden also **Vervielfältigungshandlungen** (dazu § 69c Rdnr. 5ff.) und **Umarbeitungshandlungen** (dazu § 69c Rdnr. 13ff.) gestattet. Der Benutzer darf beispielsweise unter den Voraussetzungen des Abs. 1 das Programm in den Arbeitsspeicher laden und auf der

Festplatte abspeichern (zu Vervielfältigungshandlungen im Netzwerkbetrieb vgl. Rdnr. 9). Auf den bloßen Programmlauf und die Darstellung auf dem Bildschirm ist Abs. 1 dagegen nicht anzuwenden, weil es sich insoweit nicht um Vervielfältigungen handelt (vgl. § 69 c Rdnr. 8 f.). Umarbeitungen des Programms können nicht nur für die Fehlerberichtigung in Betracht kommen, sondern auch bei der Anpassung des Programms an individuelle Erfordernisse des Benutzers, an veränderte technische, wirtschaftliche oder organisatorische Gegebenheiten, an ein neues Betriebssystem oder bei der Portierung auf eine andere Hardware. Sie können bereits in der Erstellung von Programmroutinen, Makros und ähnlichem liegen. **§ 69 d Abs. 1 bezieht sich nicht auf das Verbreitungsrecht**; Verbreitungshandlungen werden also durch diese Vorschrift nicht gestattet. Ebenso wenig erfasst § 69 d Abs. 1 das **Recht der öffentlichen Zugänglichmachung** nach § 69 c Nr. 4. Bei der Einfügung des § 69 c Nr. 4 hat der Gesetzgeber die Vorschrift des § 69 d Abs. 1 nicht geändert; zudem dürfte eine öffentliche Zugänglichmachung von Programmen für deren bestimmungsgemäße Benutzung, die § 69 d Abs. 1 sicherstellen will, nicht erforderlich sein. Bedenken bestehen auch dagegen, im Rahmen des § 69 d Abs. 1 die **Dekompilierung** zuzulassen (*Dreier*/Schulze[3] § 69 d Rdnr. 10; Wandtke/Bullinger/*Grützmacher*[3] § 69 d Rdnr. 22 mit weit. Nachweisen; *Harte-Bavendamm/Wiebe*, in Kilian/Heussen (Hrsg.), Computerrechtshandbuch, 26. Ergänzungslieferung 2008, Teil 5 (Urheberrecht) A V 3 d Rdnr. 80; *Raubenheimer* CR 1996, 69/76; im Grundsatz auch Fromm/Nordemann/*Czychowski*[10] § 69 d Rdnr. 20; aA Dreyer/*Kotthoff*/Meckel[2] § 69 d Rdnr. 7; *Hoeren/Schuhmacher* CR 2000, 137/140; *Koch* NJW-CoR 1994, 293/296 f.; *Lehmann*, Fs. für Schricker, S. 558). Die Dekompilierung ist in § 69 e nur unter zahlreichen Kautelen und lediglich zum Zweck der Herstellung der Interoperabilität von Programmen zugelassen; Gesetzgebungsgeschichte und Fassung des § 69 e sprechen dafür, sie auf den dort geregelten Fall zu beschränken.

2. Zur Verwendung berechtigte Personen

Berechtigte iSd. Abs. 1 sind nicht nur die **Käufer** von Programmen, sondern alle Personen, die am Programm urheberrechtliche **Nutzungsbefugnisse wirksam erworben** haben, insbesondere also auch diejenigen, die einen **Softwarelizenzvertrag** geschlossen haben (AmtlBegr. BTDrucks. IV/270 S. 12; allg. Ansicht auch im Schrifttum, vgl. etwa *Dreier*/Schulze[3] § 69 d Rdnr. 6; Wandtke/Bullinger/*Grützmacher*[3] § 69 d Rdnr. 24; Fromm/Nordemann/*Czychowski*[10] § 69 d Rdnr. 10; *Marly* Softwareüberlassungsverträge[4] Rdnr. 1007; *Haberstumpf* GRUR Int. 1992, 715/719; *Pres* S. 119). Während die Richtlinie vom „rechtmäßigen Erwerber" spricht, hat der deutsche Gesetzgeber zu Recht den Begriff des „zur Verwendung Berechtigten" gebraucht, um Lizenznehmer einzuschließen (AmtlBegr. aaO). Berechtigte können auch **Zweit- sowie weitere Erwerber** sein, soweit der Vorerwerber berechtigt war, ihnen die Software zu überlassen; ob dies der Fall ist, hängt von den (ausdrücklichen oder stillschweigenden) Vereinbarungen mit dem (berechtigten) Vorveräußerer ab (vgl. dazu auch *Lehmann* NJW 1993, 1822/1825; *Koch* NJW-CoR 1994, 293/295). Ebenso können Personen, die **keine eigenen Nutzungsbefugnisse** erworben haben, zur Benutzung berechtigt sein, etwa Angestellte, Familienmitglieder, Freunde und Bekannte und dgl. Auch hier hängt es wieder von den Vereinbarungen mit dem Vorveräußerer ab, ob eine Benutzung durch solche Personen gestattet ist. Dabei ist allerdings zu berücksichtigen, dass die nach Abs. 1 an sich zulässigen vertraglichen Einschränkungen ihre Grenze am zwingenden Kern der Benutzerrechte finden (dazu Rdnr. 13). **Bibliotheksbenutzer**, die in Bibliotheken Computerprogramme entleihen, sind gleichfalls berechtigte Benutzer, und zwar auch, soweit nach den Pflichtexemplargesetzen des Bundes und der Länder für Computerprogramme eine Ablieferungspflicht besteht und die Programme auf diese Weise in den Bibliotheksbestand gelangt sind (AmtlBegr. aaO). Zur Selbstverpflichtungserklärung der öffentlichen Bibliotheken zur Einschränkung der Ausleihe von Computerprogrammen vgl. § 27 Rdnr. 14.

Der zur Verwendung Berechtigte kann sein Recht **durch Dritte ausüben** lassen (OLG Düsseldorf CR 2002, 95/97), das Recht ist jedoch **nicht übertragbar** (*Dreier*/Schulze[3] § 69 d Rdnr. 6; *Caduff* S. 160 f.).

3. Notwendigkeit zur bestimmungsgemäßen Nutzung einschließlich der Fehlerberichtigung

Abs. 1 sieht zwar die Möglichkeit besonderer vertraglicher Bestimmungen über die Programmbenutzung vor, enthält aber gleichwohl einen **zwingenden Kern** von Benutzerbefugnissen, der nicht eingeschränkt werden kann (AmtlBegr. BTDrucks. IV/270 S. 12). Handlungen,

§ 69d Ausnahmen von den zustimmungsbedürftigen Handlungen

die zur Benutzung einer Kopie eines rechtmäßig erworbenen Computerprogramms erforderlich sind, dürfen nicht vertraglich untersagt werden (17. Erwgr. der Richtlinie). Was vertraglich geregelt werden kann, ist die nähere Ausgestaltung der Umstände der Ausübung der Benutzungshandlungen (AmtlBegr. aaO). Einzelheiten zum Umfang dieses zwingenden Kerns in Rdnr. 13 ff.

7   Für die Frage, was **bestimmungsgemäße Programmbenutzung** ist, sind grundsätzlich die (meist in Lizenzbedingungen niedergelegten) **Vereinbarungen zwischen dem Softwarehersteller und dem Benutzer** maßgeblich (OLG Düsseldorf CR 1997, 337/338; *Dreier*/*Schulze*[3] § 69d Rdnr. 7; Möhring/Nicolini/*Hoeren*[2] § 69d Rdnr. 6; *Marly* Softwareüberlassungsverträge[4] Rdnr. 486; *Pres* S. 128; *Hoeren*/*Schuhmacher* CR 2000, 137/139; sa. die Beispiele bei Fromm/Nordemann/*Czychowski*[10] § 69d Rdnr. 13 ff.). Wozu ein Programm benutzt werden soll, wird sich zwar vielfach aus der Art des Programms und seiner Ausgestaltung ergeben, primär sind aber die Parteivereinbarungen maßgeblich. Die Art und Weise der Programmnutzung unterliegt der Parteiautonomie, in deren Rahmen auch eine sich aus Art und Ausgestaltung ergebende Nutzungsbestimmung abgeändert werden kann. Den Beteiligten obliegt es, ausdrücklich oder stillschweigend eine Bestimmung zu treffen, wie das Computerprogramm von seinem Erwerber genutzt werden soll. Bei einer solchen Bestimmung sind aber nicht nur die allgemeinen Grenzen der Privatautonomie und des AGB-Gesetzes zu berücksichtigen, sondern auch der durch Abs. 1 garantierte zwingende Kern von Benutzerbefugnissen (Rdnr. 6, 13 ff.). Jeder Softwareüberlassungsvertrag hat die durch den zwingenden Kern garantierten Mindestrechte zu respektieren und dem Benutzer zu eröffnen (*Lehmann*, Fs. für Schricker, S. 553). Aufgrund der Wertung des § 69d kann die normale Benutzung dem Erwerber eines Programms nicht untersagt werden. Insofern setzt der zwingende Kern von Mindestrechten nicht nur den in Abs. 1 genannten „besonderen vertraglichen Bestimmungen" Grenzen, sondern wirkt sich auch auf die Bestimmung der Programmbenutzung aus.

8   Vereinbarungen über die bestimmungsgemäße Programmbenutzung können **ausdrücklich** erfolgen, was im Allgemeinen in Lizenzbedingungen des Softwareveräußerers zu geschehen pflegt. Sind **keine ausdrücklichen Vereinbarungen** getroffen, so tritt die Art und Ausgestaltung des Programms und die daraus sich ergebende **übliche Nutzung** in den Vordergrund (sa. OLG Düsseldorf CR 1997, 337/338; OLG Karlsruhe CR 1996, 341/342); der Zweck des Softwareüberlassungsvertrages besteht ja darin, dem Erwerber diese Nutzung zu ermöglichen (sa. *Marly* Softwareüberlassungsverträge[4] Rdnr. 1195). Ferner ist im Rahmen der Zweckübertragungsregel (dazu § 31 Rdnr. 64 ff.) zu fragen, zu welchen **wirtschaftlichen und technischen Zwecken** die Software überlassen wurde (*Lehmann* aaO S. 558), wobei auch die technische Ausgestaltung des Programms (zB als netzwerkfähige Software) aussagekräftig sein kann (*Lehmann* aaO S. 559; s. dazu auch Fromm/Nordemann/*Czychowski*[10] § 69d Rdnr. 12).

9   Ist nichts anderes vereinbart, so ist grundsätzlich von einer **Einzelplatzlizenz** auszugehen. Bei dieser gehört zum bestimmungsgemäßen Gebrauch das Laden, Anzeigen, Ablaufen, Übertragen und Speichern des Computerprogramms (*Dreier*/*Schulze*[3] § 69d Rdnr. 8; Fromm/Nordemann/*Czychowski*[10] § 69d Rdnr. 13; Wandtke/Bullinger/*Grützmacher*[3] § 69d Rdnr. 9). Die Neuinstallation auf demselben Computer zählt zum bestimmungsgemäßen Gebrauch, ebenso auf einem anderen Computer, wenn sichergestellt ist, dass das Programm auf dem ersten Computer nicht mehr genutzt wird (*Dreier*/*Schulze*[3] § 69d Rdnr. 8; Wandtke/Bullinger/*Grützmacher*[3] § 69d Rdnr. 9; Dreyer/*Kotthoff*/Meckel[2] § 69d Rdnr. 5f.; Fromm/Nordemann/*Czychowski*[10] § 69d Rdnr. 13; *Hoeren*/*Schuhmacher* CR 2000, 137/139). Die zusätzliche Installation auf einem zweiten Computer, insbesondere einem Laptop oder einem Notebook, soll dagegen nicht mehr vom bestimmungsgemäßen Gebrauch erfasst seien (*Dreier*/*Schulze*[3] § 69d Rdnr. 8; Fromm/Nordemann/*Czychowski*[10] § 69d Rdnr. 13; Wandtke/Bullinger/*Grützmacher*[3] § 69d Rdnr. 9). Soweit diese Installation aber nur dazu dient, das Programm auch an anderen Orten, etwa auf Reisen, benutzen zu können, und eine gleichzeitige Nutzung durch verschiedene Personen ausgeschlossen ist, sollte aber ein bestimmungsgemäße Gebrauch angenommen werden können (ebenso Mestmäcker/Schulze/*Haberstumpf* § 69d Rdnr. 7; *Hoeren*/*Schuhmacher* CR 2000, 137/139). Bei **Mehrplatzlizenzen** kommt es maßgeblich auf die Art der Lizenz an. Es kann eine Lizenz für die (gleichzeitige) Nutzung auf lediglich einer Zentraleinheit (CPU) erteilt werden, es kann sich um eine Netzwerklizenz handeln (die auf eine bestimmte Anzahl von work stations begrenzt sein kann), oder die Benutzung kann auf bestimmte Zwecke oder bestimmte Personen beschränkt werden (sa. Wandtke/Bullinger/*Grützmacher*[3] § 69d Rdnr. 10 ff.; *Dreier*/*Schulze*[3] § 69d Rdnr. 8; Fromm/Nordemann/*Czychowski*[10] § 69d Rdnr. 14; Mestmäcker/Schulze/*Haberstumpf* Rdnr. 7; *Hoeren*/*Schumacher* CR 2000, 137/139; *Lehmann*, Fs. für Schricker, 1995, S. 559, jeweils mwN). Der bestimmungsgemäße Gebrauch wird sich in den meisten Fällen be-

Ausnahmen von den zustimmungsbedürftigen Handlungen § 69 d

reits aus der jeweiligen Version des Programms (zB Netzwerkversion) und den bei diesen Versionen üblicherweise vereinbarten Lizenzbedingungen ergeben. Auch für den **Client-Server-Betrieb** ist eine Einzelplatzlizenz nicht ausreichend, da zusätzliche Vervielfältigungen im Arbeitsspeicher erfolgen. Bei **Rechenzentrumsbetrieb, Outsourcing, Application Service Providing** und **Service-Büro-Betrieb** bedarf es grundsätzlich besonderer Vereinbarungen, um diese Formen der Benutzung in den bestimmungsgemäßen Gebrauch einzubeziehen (*Dreier/Schulze*[3] § 69 d Rdnr. 8; näher dazu *Wandtke/Bullinger/Grützmacher*[3] § 69 d Rdnr. 13 f.; zum Outsourcing sa. *Fritzemeyer/Schoch* CR 2003, 793, zum Application Service Providing *Bettinger/Scheffelt* CR 2001, 729; *Broecker/Czychowski* MMR 2002, 81). Bei einer Generallizenz zur Nutzung eines Computerprogramms durch eine Vielzahl von Mitarbeitern des Lizenznehmers kann es zum bestimmungsgemäßen Gebrauch gehören, dass ein Dritter das Programm zur Schulung der Mitarbeiter nutzt (OLG Düsseldorf CR 2002, 95/96). S. zum Ganzen auch vor §§ 69 a ff. Rdnr. 63.

Zur bestimmungsgemäßen Benutzung zählt nach § 69 d auch die **Fehlerberichtigung.** Fehler sind diejenigen Elemente, die eine bestimmungsgemäße Benutzung des Programms beeinträchtigen, wie Funktionsstörungen, Programmabstürze, Viren und „Bugs" (sa. *Dreier/Schulze*[3] § 69 d Rdnr. 9; *Wandtke/Bullinger/Grützmacher*[3] § 69 d Rdnr. 17; *Lehmann*, Fs. für Schricker, S. 55; *ders.* NJW 1993, 1822/1823). Es braucht sich nicht um dem Programm immanente Faktoren zu handeln, etwa um Fehler, die bei seiner Erstellung gemacht wurden. Auch von außen kommende Elemente wie die Verseuchung mit Viren sind als Fehler anzusehen. Abs. 1 spricht nicht von Programmfehlern, sondern allgemein von Fehlern, und zur bestimmungsgemäßen Benutzung gehört es auch, Viren aus einem Programm entfernen zu können oder andere nicht programmimmanente Störungen beseitigen zu können. Aus dem gleichen Grunde brauchen die Fehler nicht bereits beim Erwerb des Programms vorhanden zu sein, auch später auftretende Fehler muss der Benutzer beheben können (ebenso *Dreier/Schulze*[3] § 69 d Rdnr. 9); es geht bei Abs. 1 nicht um Fragen des Gewährleistungsrechts. Die Benutzung von entsprechenden Tools, zB von **Antivirusprogrammen,** ist daher durch Abs. 1 gedeckt, auch soweit dadurch Vervielfältigungen und Umarbeitungen erfolgen. Das Gleiche gilt für das Hinzufügen eines zusätzlichen Moduls (BGH GRUR 2000, 866/868 – Programmfehlerbeseitigung; *Dreier/Schulze* Rdnr. 9). **Keine Fehlerbeseitigung** stellen dagegen Maßnahmen wie Programmverbesserungen, Erweiterungen des Funktionsumfanges, Anpassungen an neue gesetzliche, organisatorische oder technische Anforderungen, an veränderte Benutzerwünsche und ähnliches dar (*Dreier/Schulze*[3] § 69 d Rdnr. 9; *Lehmann* NJW 1993, 1822/1824; aA LG Köln NJW-RR 2006, 1709/1711). Veränderungen eines Computerprogramms, die bewirken, dass ein anderer, wesentlicher Teil des Programms ausgeschaltet wird, fallen nicht unter den bestimmungsgemäßen Gebrauch (OLG Karlsruhe CR 1996, 341/343). Mit der Fehlerbeseitigung darf der Benutzer auch **Dritte** beauftragen (*Dreier/Schulze*[3] § 69 d Rdnr. 9; *Koch* NJW-CoR 1994, 293/296). Zum vertraglichen Ausschluss der Fehlerbeseitigung vgl. Rdnr. 15. Zur Unzulässigkeit der **Dekompilierung** zur Fehlerbeseitigung vgl. Rdnr. 3.

Zur Fehlerbeseitigung gehört grundsätzlich nicht die Entfernung von **Kopierschutzroutinen,** zB eines **Dongle** (zum Begriff vgl. § 69 f Rdnr. 10). Dass solche Programmschutzmechanismen nicht als Fehler anzusehen sind, ergibt sich bereits aus § 69 f Abs. 2. Die bestimmungsgemäße Benutzung des Programms besteht in dessen Benutzung mit und nicht ohne Dongle (OLG Düsseldorf CR 1997, 337/338; OLG Karlsruhe CR 1996, 341/342; LG Frankfurt CR 1997, 25/26; *Dreier/Schulze*[3] § 69 d Rdnr. 9; *Fromm/Nordemann/Czychowski*[10] § 69 d Rdnr. 22; *Möhring/Nicolini/Hoeren*[2] § 69 d Rdnr. 14; *Raubenheimer* in Anm. zu OLG Karlsruhe CR 1996, 343). Anders kann die Beurteilung ausfallen, wenn infolge des Dongles das Programm nicht einwandfrei läuft. In diesem Fall kann ein Programmfehler vorliegen (so die Situation in OLG Karlsruhe CR 1996, 341/342). Vielfach wird angenommen, dass in solchen Fällen der Benutzer zur Entfernung der Dongleabfrage berechtigt sei (LG Mannheim CR 1995, 542; *Dreyer/Kotthoff/Meckel*[2] § 69 d Rdnr. 7; *Koch* NJW-CoR 1994, 293/296; *König* NJW 1995, 3293; sa. *Schack*[4], Urheber- und Urhebervertragsrecht, Rdnr. 428; aA OLG Karlsruhe CR 1996, 341/342; LG Düsseldorf CR 1996, 737/739; *Raubenheimer* CR 1996, 69 ff.; *ders.* NJW-CoR 1996, 174 ff. mit eingehenden Nachw. zu Rspr. und Schrifttum). Die Frage ist zunächst, ob die Entfernung durch den Benutzer notwendig ist. Das wird dann zu verneinen sein, wenn der Programmhersteller oder Lieferant zur Beseitigung der Störung bereit und in der Lage ist (sa. *Wandtke/Bullinger/Grützmacher*[3] § 69 d Rdnr. 18 f.; *Harte-Bavendamm/Wiebe*, in Kilian/Heussen (Hrsg.), Computerrechtshandbuch, 26. Ergänzungslieferung 2008, Teil 5 (Urheberrecht) A V 3 c Rdnr. 76 sowie unten Rdnr. 12). Auch soweit das nicht der Fall ist, sollte aber

10

11

Loewenheim 1361

§ 69d

gegenüber der Annahme eines Selbsthilferechts angesichts der erheblichen Missbrauchsgefahr äußerste Zurückhaltung bestehen (OLG Düsseldorf CR 1997, 337/338; sa. OLG Karlsruhe aaO; LG Düsseldorf aaO; *Raubenheimer* NJW-CoR 1996, 174/177). Zur wettbewerbsrechtlichen Beurteilung der Beseitigung einer Dongleabfrage vgl. auch § 69 a Rdnr. 30 und die Nachw. bei *Raubenheimer* CR 1996, 343.

12 Abs. 1 setzt weiter voraus, dass die Vervielfältigung oder Umarbeitung zur bestimmungsgemäßen Benutzung **notwendig** ist. Es reicht nicht aus, dass sie lediglich zweckmäßig oder nützlich ist (*Dreier*/Schulze[3] § 69 d Rdnr. 11; Dreyer/*Kotthoff*/Meckel[2] § 69 d Rdnr. 8; *Haberstumpf* GRUR Int. 1992, 715/719; aA *Günther* CR 1994, 321/325 f.; Wandtke/Bullinger/*Grützmacher*[3] § 69 d Rdnr. 23: Abwägung im Einzelfall); der 17. Erwgr. der Richtlinie spricht von „technisch erforderlichen" Benutzungshandlungen. Dass zweckmäßige oder nützliche Vervielfältigungen nicht unter Abs. 1 fallen, zeigt sich auch daran, dass ihr wichtigster Fall, nämlich die Anfertigung einer Sicherungskopie des Programms, in Abs. 2 geregelt ist. Der Begriff der **Notwendigkeit** ist weit auszulegen (OLG München CR 1996, 11/18; aA Fromm/Nordemann/*Czychowski*[10] § 69 d Rdnr. 18; Wandtke/Bullinger/*Grützmacher*[3] § 69 d Rdnr. 23). Notwendigkeit besteht dann, wenn durch andere zumutbare Maßnahmen die bestimmungsgemäße Benutzung des Programms nicht ermöglicht werden kann. Die Notwendigkeit zu eigenen Maßnahmen des Benutzers (oder durch einen von ihm beauftragten Dritten) ist dann zu verneinen, wenn sich der Programmhersteller oder Lieferant bereit erklärt, die bestimmungsgemäße Benutzung sicherzustellen, und dies für den Benutzer zumutbar ist (OLG München CR 1996, 11/18; Gloy/Loschelder/Erdmann/*Harte-Bavendamm/Schöler*, Hdb. WettbewerbsR[4], § 64 Rdnr. 57; *Harte-Bavendamm/Wiebe*, in Kilian/Heussen (Hrsg.), Computerrechtshandbuch, 26. Ergänzungslieferung 2008, Teil 5 (Urheberrecht) A V 3 c Rdnr. 75; sa. OLG Düsseldorf CR 1997, 337/338). So ist beispielsweise die Lieferung eines Programms zur Umgehung eines Dongle nur dann notwendig, wenn der Rechtsinhaber nicht bereit ist, einen fehlerhaften Dongle auszutauschen (OLG München CR 1996, 11/18). Dabei wird es auch darauf ankommen, ob die Maßnahmen des Programmherstellers oder Lieferanten mit Kosten für den Benutzer verbunden sind und in einem angemessenen Zeitraum erfolgen (ebenso *Dreier*/Schulze[3] § 69 d Rdnr. 11). Insbesondere bei der Fehlerbeseitigung (dazu auch Rdnr. 10) kann die Notwendigkeit aus diesem Grund entfallen.

4. Besondere vertragliche Bestimmungen

13 **a) Zwingender Kern der Rechte des Benutzers.** Nach Abs. 1 können besondere vertragliche Bestimmungen über die Zulässigkeit von Vervielfältigungen und Umarbeitungen getroffen werden, jedoch gibt es einen **zwingenden Kern von Benutzerbefugnissen,** der nicht eingeschränkt werden kann. Das entspricht nicht nur dem Willen des deutschen Gesetzgebers (vgl. AmtlBegr. BTDrucks. IV/270 S. 12) und ist durch den 17. Erwgr. der Richtlinie vorgegeben; sondern auch in Rechtsprechung und Schrifttum anerkannt (BGH GRUR 2000, 866/868 – Programmfehlerbeseitigung; BGH GRUR 2003, 416/419 – CPU-Klausel; OLG Düsseldorf CR 2002, 95/96; *Dreier*/Schulze[3] § 69 d Rdnr. 12; Fromm/Nordemann/*Czychowski*[10] § 69 d Rdnr. 31; Wandtke/Bullinger/*Grützmacher*[3] § 69 d Rdnr. 34; Dreyer/*Kotthoff*/Meckel[2] § 69 d Rdnr. 10; *Schuhmacher* CR 2000, 641/645; *Baus* MMR 2002, 14/15; *Lehmann*, Fs. für Schricker, 1995, S. 553 ff., auch zur Entstehungsgeschichte; *ders.* NJW 1993, 1822/1823; *Marly* Softwareüberlassungsverträge[4] Rdnr. 1202; *Haberstumpf* in Lehmann [Hrsg.], Rechtsschutz[2], Kap. II Rdnr. 159; *Schulte* CR 1992, 648/653; *Günther* CR 1994, 321/326; *Schulte* CR 1992, 648/652 f.; *Günther* CR 1994, 321/326 f.; aA *Moritz* MMR 2001, 94/96). Wie weit dieser zwingende Kern von Mindestrechten reicht, hat der Gesetzgeber offen gelassen; Ausmaß und Bedeutung sollen durch die Rechtsprechung festgelegt werden (AmtlBegr. aaO). Bei der **näheren Bestimmung dieser Mindestrechte** wird primär zu berücksichtigen sein, dass der europäische Gesetzgeber jedem befugten Benutzer garantieren wollte, dass er mit dem Programm auch arbeiten und dieses wirtschaftlich sinnvoll nutzen kann (*Lehmann*, Fs. für Schricker, 1995, S. 555). Dem steht das **Partizipationsinteresse des Urhebers** gegenüber, der an den Erträgnissen seines Werkes und an den einzelnen Verwertungsvorgängen wirtschaftlich beteiligt werden soll. Notwendig ist daher eine **Interessenabwägung,** in die die Umstände des jeweiligen Einzelfalls einzubeziehen sind (zur Problematik der Auslegung des zwingenden Kerns vgl. auch *Schulte* CR 1992, 648/682 f.).

14 **b) Einzelfragen.** Vorbehaltlich der Besonderheiten des Einzelfalls werden dem **zwingenden Kern von Mindestrechten** folgende Benutzungshandlungen zuzurechnen sein: Das **La-**

den und Ablaufenlassen des Programms kann vertraglich nicht ausgeschlossen werden, es bildet den unverzichtbaren Kern der bestimmungsgemäßen Nutzung und kann als Werkgenuss dem befugten Benutzer eines Werkstücks nicht untersagt werden (*Dreier*/Schulze[3] § 69 d Rdnr. 12; Wandtke/Bullinger/*Grützmacher*[3] § 69 d Rdnr. 35; *Lehmann* NJW 1993, 1822/1824 f.; *Harte-Bavendamm/Wiebe*, in Kilian/Heussen (Hrsg.), Computerrechtshandbuch, 26. Ergänzungslieferung 2008, Teil 5 (Urheberrecht) A V 3a Rdnr. 77; *Pres* S. 126; vgl. auch den 17. Erwgr. der Richtlinie, wo es heißt, dass das Laden und Ablaufen, sofern es für die Benutzung einer Kopie eines rechtmäßig erworbenen Computerprogramms erforderlich ist, sowie die Fehlerberichtigung nicht vertraglich untersagt werden dürfen). Dazu gehören auch das **Speichern** des Programms im Arbeitsspeicher des Computers (*Dreier*/Schulze[3] § 69 d Rdnr. 12; Wandtke/Bullinger/*Grützmacher*[3] § 69 d Rdnr. 35; *Haberstumpf* in Lehmann [Hrsg.], Rechtsschutz[2], Kap. II Rdnr. 159) sowie sonstige mit bestimmungsgemäßer Nutzung verbundene Vervielfältigungs- und Speichervorgänge (sa. *Schuhmacher* CR 2000, 641/645 f. mwN); ferner die **Fehlerbeseitigung** durch den Benutzer (*Dreier*/Schulze[3] § 69 d Rdnr. 12; Fromm/Nordemann/*Czychowski*[10] § 69 d Rdnr. 31; *Lehmann*, Fs. für Schricker, 1995, S. 558; *Marly* Urheberrechtsschutz S. 223). Etwas anderes kann nur gelten, wenn der Programmhersteller oder Lieferant ein Interesse hat, dass der Benutzer nicht in das Programm eingreift, und er seinerseits die Beseitigung von Fehlern kostenfrei und in einem angemessenen Zeitraum anbietet (*Lehmann* aaO; *Pres* S. 131). Auch in diesem Fall muss aber die Benutzung von gängigen Programmen zur Fehlerbeseitigung, beispielsweise von Antivirusprogrammen, zulässig bleiben. Zum zwingenden Kern gehört auch die Möglichkeit der Einschaltung eines Dritten zur Fehlerbeseitigung, wenn der Hersteller selbst hierzu nicht willens oder in der Lage ist (BGH GRUR 2000, 866/868 – Programmfehlerbeseitigung), ferner die Zulässigkeit des **Wechsels der Hardware** (BGH GRUR 2003, 416/419 – CPU-Klausel; *Scholz/Haines* CR 2003, 393/396). Zur Vereinbarkeit weiterer technischer Maßnahmen wie Aktivierung der Nutzung oder Kopier- oder Laufzeitsperren mit dem zwingenden Kern der Benutzerrechte vgl. *Koch* CR 2002, 629.

Vertragliche Einschränkungen der Benutzungsbefugnisse werden dagegen – wiederum **15** vorbehaltlich der Besonderheiten des Einzelfalls – in folgenden Fällen **zulässig** sein: Grundsätzlich zulässig ist es, **Art und Umfang der Benutzung** des Computerprogramms durch die Vergabe beschränkter Nutzungsrechte zu beschränken, wobei freilich die Grenzen der Aufspaltbarkeit von Nutzungsrechten (dazu vor §§ 28 ff. Rdnr. 87 ff.) und, soweit AGB verwendet werden, die Grenzen des AGBG zu beachten sind (zur Verwendung von AGB sa. *Schuhmacher* CR 2000, 641 ff.; *Koch* CR 2002, 629/632 f.). Dazu können das Vervielfältigungs- und das Umarbeitungsrecht beschränkt werden (sa. *Haberstumpf* in Lehmann [Hrsg.], Rechtsschutz[2], Kap. I A Rdnr. 159). Zu solchen prinzipiell zulässigen Beschränkungen gehören **CPU-Klauseln** (gleichzeitige Benutzung des Programms nur auf einer Zentraleinheit) und **Netzwerkbeschränkungen** (*Haberstumpf* aaO Rdnr. 163; *Lehmann*, Fs. für Schricker, 1995, S. 559). Vertraglich untersagt werden können grundsätzlich auch **Änderungen zur Anpassung** des Programms an individuelle Benutzerwünsche (aA *Günther* CR 1994, 321/327) sowie **Programmverbesserungen** und **Erweiterungen des Funktionsumfanges** (zum Ganzen eingehend Fromm/Nordemann/*Czychowski*[10] § 69 d Rdnr. 36 ff.).

III. Erstellung von Sicherungskopien (§ 69 d Abs. 2)

Abs. 2 will dafür Sorge tragen, dass der berechtigte Programmnutzer erforderlichenfalls vom **16** Programm eine Sicherungskopie herstellen darf, um die zukünftige Programmnutzung sicherzustellen. Die Vorschrift verbietet daher die vertragliche Untersagung der Anfertigung von Sicherungskopien. Das bedeutet zugleich, dass der Programmnutzer **zur Herstellung einer Sicherungskopie der Zustimmung des Rechteinhabers nicht bedarf**. Auf diese Weise werden gleichermaßen die Schranken des Vervielfältigungsrechts (vgl. auch Rdnr. 1) und die Zulässigkeitsgrenzen vertraglicher Regelungen bestimmt. § 69 d Abs. 2 ist zwingendes Recht; vertragliche Bestimmungen, die dagegen verstoßen, sind nach § 69 g Abs. 2 **nichtig;** die Wirksamkeit der übrigen Vertragsbestimmungen wird dadurch grundsätzlich nicht berührt (vgl. § 69 g Rdnr. 3). Unter einer **Sicherungskopie** ist eine Kopie des Computerprogramms zu verstehen, die für den Fall bereitgehalten wird, dass die Arbeitskopie des Programms beschädigt wird, versehentlich gelöscht oder sonst zerstört wird, verloren geht oder aus einen anderen Grund nicht mehr einsatzfähig ist (zum Begriff sa. AmtlBegr. BTDrucks. 12/4022 S. 12; *Dreier*/Schulze[3] § 69 d Rdnr. 15; *Caduff* S. 161 f.; *Werner* CR 2000, 807/808). Da die Sicherungskopie

§ 69d Ausnahmen von den zustimmungsbedürftigen Handlungen

die Neuinstallation des Programms ermöglichen soll, erstreckt sie sich auf die Installations- und Startdateien (*Dreier*/Schulze³ § 69d Rdnr. 15).

17 Die **Anzahl** der zulässigen Sicherungskopien ist strittig. Der Gesetzgeber ist davon ausgegangen, dass nur eine einzige Sicherungskopie zulässig ist (AmtlBegr. BTDrucks. 12/4022 S. 12; ebenso Möhring/Nicolini/*Hoeren*² § 69d Rdnr. 18; *Mäger* CR 1996, 522/524; *Lehmann* NJW 1993, 1822/1823; *Pres* S. 134), von anderer Seite wird dagegen angenommen, dass auch mehrere Sicherungskopien erlaubt sind, wenn die Bedürfnisse des Benutzers es erfordern (Fromm/Nordemann/*Czychowski*¹⁰ § 69d Rdnr. 24; Wandtke/Bullinger/*Grützmacher*³ § 69d Rdnr. 56; Dreyer/Kotthoff/Meckel² § 69d Rdnr. 17; *Marly*, Urheberrechtsschutz, S. 188f.; *Hoeren*/Schuhmacher CR 2000, 137/140). Im Grundsatz sollte es bei der Herstellung einer einzigen Sicherungskopie bleiben; es muss verhindert werden, dass unter dem Deckmantel der Anfertigung von Sicherungskopien das Vervielfältigungsrecht unterlaufen wird. In besonderen Fällen wird sich allerdings die Herstellung einer weiteren Kopie nicht ausschließen lassen (ebenso *Dreier*/Schulze³ § 69d Rdnr. 17), etwa dann, wenn die Sicherungskopie auf einem externen Datenträger aufbewahrt wird, die Datensicherung auf dem Computer die Vervielfältigung von Programmen mit einschließt, beispielsweise durch Spiegelung der Festplatte.

18 Der Begriff der **zur Benutzung berechtigten Person** entspricht nicht dem der zur Verwendung berechtigten Person des Abs. 1 (vgl. dazu Rdnr. 4). Könnte jeder, der das Programm – auch nur kurzfristig – verwenden darf, sich eine Sicherungskopie anfertigen, so würde dies zu einer nicht mehr überschaubaren und nicht mehr kontrollierbaren Anzahl von Vervielfältigungsstücken des Programms führen. Die nicht ausschließbare Berechtigung zur Erstellung einer Sicherungskopie sollte sich daher auf die Personen beschränken, denen Nutzungsrechte am Programm eingeräumt werden (ebenso *Dreier*/Schulze³ § 69d Rdnr. 14; Fromm/Nordemann/*Czychowski*¹⁰ § 69d Rdnr. 23; aA Wandtke/Bullinger/*Grützmacher*³ § 69d Rdnr. 59; *Caduff* S. 159f.); sie sind es auch, denen vertraglichen Abmachungen stehen, bei denen die vertragliche Untersagung unzulässig ist. Wird die Benutzungsmöglichkeit legal weiteren Personen eröffnet (sa. Rdnr. 4), so muss diesen gegebenenfalls auch der Zugriff auf die Sicherungskopie gegeben werden. Die Erstellung einer Sicherungskopie kann der Benutzungsberechtigte **durch Dritte** vornehmen lassen, das Recht ist aber **nicht übertragbar** (*Dreier*/Schulze³ § 69d Rdnr. 14; *Caduff* S. 160f.).

19 Die Erstellung der Sicherungskopie muss für die Sicherung der künftigen Benutzung des Programms **erforderlich** sein. Das ist jedenfalls dann zu bejahen, wenn der Programmhersteller oder Lieferant mit dem Programm keine Sicherungskopie geliefert hat. Ist dem Benutzer dagegen eine **Sicherungskopie mitgeliefert** worden, so ist davon auszugehen, dass das Recht auf Anfertigung einer Sicherungskopie ausgeschlossen werden kann (AmtlBegr. BTDrucks. 12/4022 S. 12; ebenso das Schrifttum, vgl. etwa *Dreier*/Schulze³ § 69d Rdnr. 16; Fromm/Nordemann/*Czychowski*¹⁰ § 69d Rdnr. 25; Wandtke/Bullinger/*Grützmacher*³ § 69d Rdnr. 54; *Haberstumpf* in Lehmann [Hrsg.], Rechtsschutz², Kap. II Rdnr. 160; *Hoeren*/Schuhmacher CR 2000, 137/139f.). Der Zweck des Abs. 2, nämlich dem Benutzer bei Zerstörung oder Verlust der Arbeitskopie die künftige Benutzung des Programms durch ein weiteres Vervielfältigungsstück des Programms zu sichern, ist in diesem Fall auf andere Weise erfüllt. Eine Sicherungskopie wird nicht dadurch ausgeschlossen, dass das Programm auf einer CD-ROM oder DVD geliefert wird; auch ein solcher Datenträger kann beschädigt werden (*Dreier*/Schulze³ § 69d Rdnr. 16; Wandtke/Bullinger/*Grützmacher*³ § 69d Rdnr. 55; *Werner* CR 2000, 807/808; aA LG Bochum, vgl. den Bericht in CR 1998, 381; *Marly*, Softwareüberlassungsverträge⁴, Rdnr. 1009ff.).

20 Abs. 2 erfasst nicht die Fälle, in denen die Anfertigung von Sicherungskopien durch **Kopierschutzmechanismen** verhindert wird. Der Gesetzgeber hatte noch das Verhältnis zwischen dem Recht auf Sicherungskopie und dem Schutz von Kopierschutzmechanismen als ungeklärt bezeichnet (AmtlBegr. BTDrucks. 12/4022 S. 12). Dem Wertungsgehalt der Vorschrift ist aber zu entnehmen, dass der Erwerber eines Programms in solchen Fällen einen vertraglichen Anspruch auf Beseitigung des Kopierschutzmechanismus oder auf Lieferung einer Sicherungskopie hat (*Dreier*/Schulze³ § 69d Rdnr. 19; Fromm/Nordemann/*Czychowski*¹⁰ § 69d Rdnr. 26; *Koch* CR 2002, 629/634; *Haberstumpf* in Lehmann [Hrsg.], Rechtsschutz², Kap. II Rdnr. 160; *Lehmann* NJW 1993, 1822/1823). Dafür spricht jetzt auch die Vorschrift des § 95b, die zwar auf Computerprogramme nicht anzuwenden ist (vgl. § 69a Abs. 5), aber zum Ausdruck bringt, dass Rechte zur Herstellung von Vervielfältigungen nicht durch Kopierschutzmechanismen unterlaufen werden sollen. Der Schutz von Kopierschutzmechanismen durch § 69f Abs. 2 (bzw. Art. 7 Abs. 1 lit. c der Richtlinie) steht dem nicht entgegen. § 69f Abs. 2 dient der Verhinderung von

Piraterie, will aber nicht die durch § 69d Abs. 2 ausdrücklich zugelassene Herstellung von Sicherungskopien verhindern.

IV. Programmtestläufe (§ 69d Abs. 3)

Die Ideen und Grundsätze, die den Elementen eines Computerprogramms zugrunde liegen, 21 sind gemäß § 69a Abs. 2 S. 2 nicht geschützt. § 69d Abs. 3 gestattet es dem berechtigten Benutzer, diese **Ideen und Grundsätze zu ermitteln**. Die Fassung der Vorschrift ist (ebenso wie die des ihr nahezu wörtlich zugrundeliegenden Art. 5 Abs. 3 der Richtlinie) missglückt. Ihrem Wortlaut nach besagt sie, dass der Benutzer durch Handlungen, zu denen er ohnehin berechtigt ist, etwas feststellen darf, was urheberrechtlich nicht geschützt ist (sa Möhring/Nicolini/*Hoeren*[2] § 69d Rdnr. 23). Zu erklären ist die Norm durch ihre Entstehungsgeschichte, bei der ein Kompromiss zwischen Befürwortern und Gegnern des Reverse Engineering (zum Begriff vgl. § 69e Rdnr. 6) gefunden werden musste (dazu *Vinje* GRUR Int. 1992, 250/253f.). Ihren Sinn gewinnt sie erst iVm. § 69g Abs. 2, indem sie nämlich die vertragliche Untersagung der Ermittlung der Ideen und Grundsätze für unzulässig erklärt (*Ullrich* in Ullrich/Körner [Hrsg.] S. 75). Über § 69d Abs. 1 geht sie nicht nur im Hinblick auf die Anwendbarkeit von § 69g Abs. 2 hinaus, sondern auch insofern, als sie mit der Funktionsanalyse durch Beobachten, Untersuchen oder Testen sich auf Handlungen bezieht, die außerhalb der bestimmungsgemäßen Benutzung iSd. § 69d Abs. 1 liegen (sa. *Dreier*/Schulze[3] § 69d Rdnr. 20; *Koch* NJW-CoR 1994, 293/295). Da die Vorschrift den Kreis zulässiger Nutzungshandlungen nicht erweitert (vgl. Rdnr. 22), sind ihre Bedeutung und Reichweite beschränkt (so auch Dreyer/*Kotthoff*/Meckel[2] § 69d Rdnr. 19).

Abs. 3 gestattet das **Beobachten, Untersuchen oder Testen des Funktionierens des** 22 **Programms**. Damit sind, wie sich aus der Gegenüberstellung zu § 69e ergibt, diejenigen Formen der Programmanalyse gemeint, die **nicht mit einem Dekompilieren des Programms** (zum Begriff des Dekompilierens vgl. § 69e Rdnr. 4) verbunden sind (*Dreier*/Schulze[3] § 69d Rdnr. 22; Wandtke/Bullinger/*Grützmacher*[3] § 69d Rdnr. 21; Fromm/Nordemann/*Czychowski*[10] § 69d Rdnr. 28; *Vinje* GRUR Int. 1992, 250/253; *ders.* CR 1993, 401/407; *Koch* NJW-CoR 1994, 293/296; *Marly* Urheberrechtsschutz S. 269ff.; *Dreier* GRUR 1993, 781/789; *Pres* S. 135f.). Die Programmanalyse kann verschiedenen Zwecken dienen, etwa der Herstellung der Kompatibilität von Programmen, der Anpassung des Programms an geänderte Anforderungen, der wissenschaftlichen Forschung oder dem Nachweis der Identität mit anderen Programmen im Verletzungsprozess (sa. *Haberstumpf* GRUR Int. 1992, 715/719; *Harte-Bavendamm* GRUR 1990, 657/659; *Lietz* CR 1991, 564/567f.). Zulässig sind die sog. **Black-box-Techniken** (s. dazu *Vinje* aaO). Dazu gehören beispielsweise Testläufe, Speicherabzüge (Dumps, dazu *Lietz* aaO S. 565) und die Protokollierung der Signalkommunikation; dagegen ist die Anzeige des hexadezimalen Objektcodes auf dem Bildschirm als solche schon deswegen zulässig, weil sie keine Vervielfältigung darstellt (*Dreier*/Schulze[3] § 69d Rdnr. 22; vgl. auch § 69c Rdnr. 9; sa. *Koch* aaO; *Haberstumpf* GRUR Int. 1992, 715/720; *Marly* Urheberrechtsschutz S. 272). Es dürfen auch **Tools** eingesetzt werden, die den Ablauf des Programms in einzelne Befehlschritte aufteilen und damit ein Verfolgen des Programmablaufs ermöglichen, ohne den Programmcode zu kennen, beispielsweise Debugger oder Linetracer, mit denen man die Zusammenarbeit von Programmen an Hand von deren Signalkommunikation beobachten kann (*Koch* aaO S. 295f.; *Lietz* aaO S. 566). Auf diese Weise können auch Informationen über Schnittstellen gewonnen werden (*Vinje* GRUR Int. 1992, 250/253f.).

Zur Programmanalyse nach Abs. 3 dürfen nur **Handlungen** zum Laden, Anzeigen, Ablaufen, 23 Übertragen oder Speichern des Programms vorgenommen werden, zu denen der Benutzer **ohnehin berechtigt** ist. Abs. 3 erweitert also nicht den Kreis zulässiger Benutzungshandlungen. Die Berechtigung ergibt sich aus der vom Programmhersteller oder Lieferanten eingeräumten Nutzungsberechtigung unter Berücksichtigung der Schranken des § 69d Abs. 1. Insbesondere erlaubt Abs. 3 **keine weiteren Vervielfältigungen**; sind Programmstrukturen auf dem Bildschirm sichtbar gemacht, so dürfen sie nicht ausgedruckt oder auf einem Datenträger abgespeichert werden, hierzu ist vielmehr die Zustimmung des Berechtigten erforderlich (*Dreier*/Schulze[3] § 69d Rdnr. 22; *Haberstumpf* GRUR Int. 1992, 715/720; Wandtke/Bullinger/*Grützmacher*[3] § 69d Rdnr. 64; Mestmäcker/Schulze/*Haberstumpf* § 69d Rdnr. 16; *Ullrich* in Ullrich/Körner [Hrsg.] S. 76 Fn. 143; *Harte-Bavendamm/Wiebe*, in Kilian/Heussen (Hrsg.), Computerrechtshandbuch, 26. Ergänzungslieferung 2008, Teil 5 (Urheberrecht) A V 3c Rdnr. 79; *Marly* Urheberrechtsschutz S. 271; *Pres* S. 135). Ebensowenig sind durch Abs. 3 **Veränderungen des**

§ 69e   Dekompilierung

Programms gestattet, wie sich auch aus der Bezugnahme auf die in § 69c Nr. 1 genannten Handlungen ergibt. **Vertragliche Beschränkungen der Benutzung** von Computerprogrammen auf eine bestimmte Anzahl von Geräten oder an bestimmten Orten **bleiben wirksam.** Ist beispielsweise die Benutzung eines Programms nur auf einem bestimmten Terminal in den Räumen des Kunden erlaubt, so darf das Programm nicht auf anderen Computern unter Berufung auf § 69d Abs. 3 getestet werden. Auf diese Weise wollte der Gesetzgeber der Gefahr unzulässiger dauerhafter Vervielfältigungen vorbeugen (dazu AmtlBegr. BTDrucks. 12/4022 S. 12f.).

24   Die Programmanalyse darf von den **zur Verwendung eines Vervielfältigungsstücks eines Programms Berechtigten** vorgenommen werden. Dieser Begriff entspricht dem des Abs. 1 (vgl. dazu Rdnr. 4). Der Berechtigte braucht die Programmanalyse aber nicht selbst vorzunehmen, sondern kann sie **durch Dritte** vornehmen lassen. Das Recht ist aber **nicht übertragbar.** Abs. 3 ist nicht nur auf einzelne Programmelemente, sondern auch **auf vollständige Programme anwendbar** (AmtlBegr. BTDrucks. 12/4022 S. 12). Abs. 3 ist **zwingendes Recht,** in Widerspruch zu dieser Vorschrift stehende Vereinbarungen sind nach § 69g Abs. 2 nichtig.

§ 69e Dekompilierung

(1) **Die Zustimmung des Rechtsinhabers ist nicht erforderlich, wenn die Vervielfältigung des Codes oder die Übersetzung der Codeform im Sinne des § 69c Nr. 1 und 2 unerläßlich ist, um die erforderlichen Informationen zur Herstellung der Interoperabilität eines unabhängig geschaffenen Computerprogramms mit anderen Programmen zu erhalten, sofern folgende Bedingungen erfüllt sind:**

1. **Die Handlungen werden von dem Lizenznehmer oder von einer anderen zur Verwendung eines Vervielfältigungsstücks des Programms berechtigten Person oder in deren Namen von einer hierzu ermächtigten Person vorgenommen;**
2. **die für die Herstellung der Interoperabilität notwendigen Informationen sind für die in Nummer 1 genannten Personen noch nicht ohne weiteres zugänglich gemacht;**
3. **die Handlungen beschränken sich auf die Teile des ursprünglichen Programms, die zur Herstellung der Interoperabilität notwendig sind.**

(2) **Bei Handlungen nach Absatz 1 gewonnene Informationen dürfen nicht**
1. **zu anderen Zwecken als zur Herstellung der Interoperabilität des unabhängig geschaffenen Programms verwendet werden,**
2. **an Dritte weitergegeben werden, es sei denn, daß dies für die Interoperabilität des unabhängig geschaffenen Programms notwendig ist,**
3. **für die Entwicklung, Herstellung oder Vermarktung eines Programms mit im wesentlichen ähnlicher Ausdrucksform oder für irgendwelche anderen das Urheberrecht verletzenden Handlungen verwendet werden.**

(3) **Die Absätze 1 und 2 sind so auszulegen, daß ihre Anwendung weder die normale Auswertung des Werkes beeinträchtigt noch die berechtigten Interessen des Rechtsinhabers unzumutbar verletzt.**

Schrifttum: *Arnold,* Rechtmäßige Anwendungsmöglichkeiten zur Umgehung von technischen Kopierschutzmaßnahmen?, MMR 2008, 144; *Dreier,* Rechtsschutz von Computerprogrammen. Die Richtlinie des Rates der EG vom 14. Mai 1991, CR 1991, 577; *ders.,* Verletzung urheberrechtlich geschützter Software nach der Umsetzung der EG-Richtlinie, GRUR 1993, 781; *Ernst,* die Verfügbarkeit des Source Codes – Rechtlicher Know-How-Schutz bei Software und Webdesign, MMR 2001, 208; *Günther,* Änderungsrechte des Softwarenutzers, CR 1994, 321; *Haberstumpf,* Die Zulässigkeit des Reverse Engineering, CR 1991, 129; *Harte-Bavendamm/Wiebe,* in Kilian/Heussen (Hrsg.), Computerrechtshandbuch, 26. Ergänzungslieferung 2008, Teil 5 (Urheberrecht) A V 3d Rdnr. 80f.; *Harte-Bavendamm,* Wettbewerbsrechtliche Aspekte des Reverse Engineering von Computerprogrammen, GRUR 1990, 657; *Ilzhöfer,* Reverse-Engineering von Software und Urheberrecht – Eine Betrachtung aus technischer Sicht, CR 1990, 578; *Kindermann,* Reverse Engineering von Computerprogrammen, CR 1990, 638; *Koch,* Das neue Softwarerecht und die praktischen Konsequenzen, NJW-CoR 1994, 293; *König,* Können Objektprogramme urheberrechtlich geschützt sein? Zugleich eine Kritik an Kullmann, Berlin 1988, GRUR 1989, 559; *Lehmann,* Der neue Europäische Rechtsschutz für Computerprogrammen, NJW 1991, 2112; *ders.,* Freie Schnittstellen („interfaces") und freier Zugang zu den Ideen („reverse engineering") – Schranken des Urheberrechtsschutzes von Software, CR 1989, 1057; *Lietz,* Technische Aspekte des Reverse Engineering, CR 1991, 564; *Marly,* Softwareüberlassungsverträge, 4. Aufl. 2004; *ders.,* Der neue Urheberrechtsschutz für Computersoftware, NJW-CoR 1993, 21; *ders.,* Urheberrechtsschutz für Computersoftware in der Europäischen Union, 1995; *Moritz,* Rechtslage nach der Harmonisierung durch die EG-Richtlinie über den Rechtsschutz von Computerprogrammen. Teil 1: Grenzen nach Art. 85 EWG-Vertrag, CR 1993, 257; *Pilny,* Mißbräuchliche Marktbeherrschung gemäß Art. 86 EWGV durch Immaterialgüterrechte – Die Magill-Entscheidung des EuGH als Schnittstelle zwischen europäischem Wettbewerbs- und nationalem Urheberrecht, GRUR Int. 1995, 954; *Pres,* Gestaltungsformen urheberrechtlicher Softwarelizenzverträge, 1994; *Raubenheimer,* Beseitigung/Umgehung eines technischen Programmschutzes nach UrhG und UWG, CR 1996, 69; *Schulte,* Die jüngste Rechtsprechung zur Beseitigung/Umgehung eines Dongles, NJW-CoR 1996, 174; *ders.,* Der Referentenentwurf eines Zweiten Gesetzes zur Änderung des Urheberrechtsgesetzes, CR 1992, 588 und 648; *Sucker,* Normsetzung durch Kartelle und Marktbeherrscher im Bereich der Datenverarbeitungsindustrie – Eine Betrachtung aus Sicht des EG-Kartellrechts, CR 1988, 271; *Ullrich/Körner* (Hrsg.), Der internationale Softwarevertrag, 1995; *Vinje,* Die EG-Richtlinie zum Schutz von Computerprogrammen und die Frage der Interoperabilität, GRUR Int. 1992, 250; *ders.,* Softwarelizenzen im Lichte von Art. 85 des EWG-Vertrages, CR 1993, 401. Siehe auch die Schrifttumsangaben zu § 69 a und vor §§ 69 a ff.

Übersicht

	Rdnr.
I. Zweck und Bedeutung der Norm	1–3
II. Begriffe	4–8
1. Dekompilierung	4–6
2. Interoperabilität	7
3. Schnittstellen	8
III. Zulässigkeitsvoraussetzungen der Dekompilierung (Abs. 1)	9–16
1. Unabhängig geschaffenes Computerprogramm	9
2. Herstellung der Interoperabilität mit anderen Programmen	10–12
a) Dekompilierungszweck	10
b) Keine Herstellung der Interoperabilität von Hardware	11
c) Andere Programme	12
3. Unerlässlichkeit zum Erhalt der erforderlichen Informationen	13
4. Berechtigte Personen (Abs. 1 Nr. 1)	14
5. Fehlende Zugänglichkeit der Informationen (Abs. 1 Nr. 2)	15
6. Beschränkung auf die notwendigen Programmteile (Abs. 1 Nr. 3)	16
IV. Erlaubte Handlungen	17, 18
1. Vervielfältigung des Codes und Übersetzung der Codeform	17
2. Verwendung der gewonnenen Informationen	18
V. Verbot anderweitiger Verwendung (Abs. 2)	19–21
1. Verwendung zu anderen Zwecken (Abs. 2 Nr. 1)	19
2. Weitergabe an Dritte (Abs. 2 Nr. 2)	20
3. Verwendung für urheberrechtsverletzende Handlungen (Abs. 2 Nr. 3)	21
VI. Interessenabwägung (Abs. 3)	22

I. Zweck und Bedeutung der Norm

§ 69e soll den **Zugang zu Schnittstellen** (zum Begriff Rdnr. 8) und die Möglichkeit der **Herstellung der Interoperabilität** (zum Begriff Rdnr. 7) der verschiedenen Elemente eines Computersystems sicherstellen (AmtlBegr. BTDrucks. 12/4022 S. 13; 20.–22. Erwgr. der Richtlinie; sa. OLG Düsseldorf CR 2001, 371/372). Die in § 69c gewährten Ausschließlichkeitsrechte ermöglichen es, diesen Zugang – auch zu den gemäß § 69a Abs. 2 S. 2 nicht geschützten Ideen und Grundsätzen der Schnittstellen – zu versperren, weil sie ohne Maßnahmen der Vervielfältigung und Übersetzung regelmäßig nicht erschlossen werden können (dazu näher *Haberstumpf* CR 1991, 129/133 ff.). Das würde nicht nur zu einem urheberrechtlichen de facto-Schutz an sich nicht schutzfähiger Objekte führen (dazu *Lehmann* CR 1989, 1057/1059 f.), sondern auch empfindliche Beeinträchtigungen des freien Wettbewerbs mit sich bringen. Schnittstellen oder andere technische Definitionen marktmächtiger Hersteller können im Markt als de facto-Standards etablieren, die von Substitutionsprodukte anbietenden Wettbewerbern benutzt werden müssen, wenn sie konkurrenzfähig bleiben wollen. Ganze Branchen können auf diese Weise von einem marktmächtigen Unternehmen abhängig werden. Die Mitbewerber sind dann entweder auf die Mitteilung der Codes durch das marktbeherrschende Unternehmen oder auf die Erschließung der Codes durch Dekompilierung (zum Begriff Rdnr. 4) angewiesen (vgl. dazu die AmtlBegr. BTDrucks. 12/4022 S. 13; näher *Vinje* GRUR Int. 1992, 250 ff.; *Sucker* CR 1988, 271/274 ff.; *Pilny* GRUR Int. 1995, 954/960; zur Interessenlage sa. *Haberstumpf* CR 1991, 129 f.; *Marly* Urheberrechtsschutz S. 276 ff.). 1

Entstehungsgeschichte: Die Europäische Kommission hat schon frühzeitig auf die wirtschafts- und wettbewerbspolitische Problematik des Zugangs zu den Schnittstellen von Computerprogrammen und der Interoperabilität hingewiesen (Grünbuch über Urheberrecht und die technologische Herausforderung, Dok. KOM [88] 172 v. 23. 8. 1988, S. 184 ff.), strebte aber zunächst keine urheberrechtliche, sondern eine kartellrechtliche Lösung an. Erst auf Grund einer Intervention des Europäischen Parlaments wurde eine Regelung über die Dekompilierung 2

§ 69e Dekompilierung

in die Richtlinie zum Schutz von Computerprogrammen aufgenommen (dazu näher *Haberstumpf* CR 1991, 129f.). Dem lag eine intensive Auseinandersetzung zugrunde, die dazu führte, dass der (durch § 69e umgesetzte) Art. 6 die wohl umstrittenste und am härtesten umkämpfte Vorschrift der Richtlinie wurde (dazu *Lehmann* in Lehmann [Hrsg.], Rechtsschutz[2], Kap. I A Rdnr. 20 mwN). Einerseits wurde unter Einschränkung des Urheberrechts freier Zugang zu den Schnittstellen gefordert, andererseits wurde befürchtet, eine Freigabe des Dekompilierens werde zu einer weitgehenden Übernahme mit Mühe und Kosten entwickelter Programmelemente und Standards führen und für den Entwickler erhebliche Wettbewerbsnachteile mit sich bringen (s. dazu *Schulte* CR 1992, 648/653). Das Ergebnis war ein Kompromiss, der nicht nur in gesetzessystematischer Hinsicht unbefriedigend ist, weil die Tatbestandsvoraussetzungen nicht ausreichend aufeinander abgestimmt sind, sich überschneiden und Regelungsinhalte wiederholen, sondern der auch trotz seiner detaillierten Regelungen viele Fragen offen lässt und kaum zu überwindende Abgrenzungsschwierigkeiten aufwirft (sa. *Ullrich* in Ullrich/Körner [Hrsg.] S. 77ff.). Auch der deutsche Gesetzgeber spricht von einem diffizilen Kompromiss und der umstrittensten Bestimmung der Richtlinie (AmtlBegr. BTDrucks. 12/4022 S. 13). Er hat angesichts der Unklarheiten der europäischen Regelung den Wortlaut des Art. 6 in § 69e nahezu wörtlich und vollständig übernommen (so ausdrücklich die AmtlBegr. aaO), was freilich die Anwendung der Vorschrift nicht erleichtert. Die bisherige Entwicklung zeigt, dass die Vorschrift keine größere Bedeutung erlangt hat (sa. *Dreier*/Schulze[3] § 69e Rdnr. 7; Fromm/Nordemann/*Czychowski*[10] § 69e Rdnr. 2; Möhring/Nicolini/*Hoeren*[2] § 69d Rdnr. 1).

3 § 69e stellt eine **Schrankenbestimmung** dar, die wie alle Ausnahmebestimmungen grundsätzlich **eng auszulegen** ist (Wandtke/Bullinger/*Grützmacher*[3] § 69e Rdnr. 15; sa. *Raubenheimer* CR 1996, 69/76; zur engen Auslegung der urheberrechtlichen Schrankenbestimmungen vgl. vor §§ 45ff. Rdnr. 18ff.). Das ergibt sich auch daraus, dass der europäische Gesetzgeber mit der detaillierten Regelung des § 69e jeden Missbrauch vermeiden wollte (Gloy/Loschelder/Erdmann/*Harte-Bavendamm*/Schöler, Hdb. WettbewerbsR[4], § 64 Rdnr. 58); im 20. und 21. Erwgr. der Richtlinie wird betont, dass nur in den auf die Herstellung der Interoperabilität begrenzten Fällen eine Dekompilierung rechtmäßig sei, anständigen Gepflogenheiten entspreche und deshalb nicht der Zustimmung des Rechtsinhabers bedürfe. Ein **vertraglicher Ausschluss** der Dekompilierung ist **nichtig** (§ 69g Abs. 2). Ebenso wenig kann für die Dekompilierung eine Lizenzgebühr verlangt werden. – Von der **Programmanalyse nach § 69d Abs. 3** unterscheidet sich die Dekompilierung nach § 69e dadurch, dass sich die Regelung des § 69d Abs. 3 auf Handlungen beschränkt, zu denen der Programmnutzer ohnehin berechtigt ist (vgl. § 69d Rdnr. 23), während § 69e in Ausschließlichkeitsrechte eingreift, die dem Urheber nach § 69c Nr. 1 und 2 zugewiesen sind. Gemäß § 137d Abs. 1 S. 1 ist § 69e auch auf vor dem 24. Juni 1993 geschaffene Computerprogramme anwendbar. Die **Darlegungs- und Beweislast** für das Vorliegen der Voraussetzungen des § 69e trägt derjenige, der sich auf die Zulässigkeit der Dekompilierung beruft (Fromm/Nordemann/*Czychowski*[10] § 69e Rdnr. 17; Wandtke/Bullinger/ *Grützmacher*[3] § 69e Rdnr. 19; Gloy/Loschelder/Erdmann/*Harte-Bavendamm*/Schöler, Hdb. WettbewerbsR[4], § 64 Rdnr. 58; *Harte-Bavendamm*/Wiebe, in Kilian/Heussen (Hrsg.), Computerrechtshandbuch, 26. Ergänzungslieferung 2008, Teil 5 (Urheberrecht) A V 3d Rdnr. 81).

II. Begriffe

1. Dekompilierung

4 Jedes Computerprogramm durchläuft bei seiner Herstellung eine Reihe von Entwicklungsphasen (vgl. etwa *Ilzhöfer* CR 1990, 578ff.; *Lietz* CR 1991, 564ff.; sa. BGH GRUR 1985, 1041/1046f. – Inkasso-Programm). Nachdem der Lösungsweg für den Programmablauf festgelegt ist, wird der **Quellcode** (Quellenprogramm, Sourcecode) erstellt, der das Computerprogramm in einer für den Menschen lesbaren höheren Programmiersprache bildet. In dieser Sprache ist das Programm für den Computer nicht lesbar, es muss vielmehr in den maschinenlesbaren **Objektcode** (Objektprogramm) übersetzt werden. Der Objektcode ist ein binärer Code, der in hexadezimalen Ziffern dargestellt wird, dh. in einer Abfolge von Nullen und Einsen, die den Schaltzuständen des Computers entsprechen (zB 1 0110101, was der Zahl 181 entspricht). In dieser binären Form sind Computerprogramme auf den Programmträgern enthalten. Diese Maschinensprache, also der Objektcode, ist aber wiederum für den Menschen nicht lesbar; will man Programmelemente lesen, so müssen sie wieder in den Quellcode zurückübersetzt werden, gegebenenfalls auch in frühere Entwicklungsstufen. Diese **Rückübersetzung** wird als

Dekompilierung § 69e

Dekompilierung bezeichnet; sie erfolgt mit Hilfe von Decompilern oder anderen Tools (sa. *Lietz* CR 1991, 564/565 ff.; dort auch zu den Schwierigkeiten der Dekompilierung). Auf diese Weise können Programmstrukturen erschlossen werden, die der Programmhersteller oft als geheimes Know-how nicht bekannt werden lassen möchte.

Die **Bedeutung der Dekompilierung** beschränkt sich nicht auf die Herstellung der Interoperabilität mit anderen Programmen, sie kann auch sonstigen Zielen dienen (was dann allerdings nicht durch § 69e erlaubt wird, sondern die Zustimmung des Rechtsinhabers voraussetzt, vgl. Rdnr. 10, 19). Dazu sind beispielsweise die Anpassung des Programms an geänderte Anforderungen, die wissenschaftliche Forschung oder der Nachweis der Identität mit anderen Programmen im Verletzungsprozess zu zählen. In der AmtlBegr. (BTDrucks. 12/4022 S. 14) wird darauf hingewiesen, dass die beweispflichtige Partei sich auf das Gutachten eines unabhängigen Sachverständigen berufen kann, der die Quellcodes beider Programme miteinander vergleicht. Das Gericht könne dann dem Gegner aufgeben, entweder dem Sachverständigen den Quellcode zur Verfügung zu stellen oder in die Dekompilierung des eigenen Programms einzuwilligen. Weigere sich dieser dem nachzukommen, so könnten die Grundsätze der Beweisvereitelung Anwendung finden (s. dazu auch *Dreier* GRUR 1993, 781/789 f.). 5

Der Begriff des **Reverse Engineering** ist demgegenüber weiter als der des Dekompilierens (vgl. zum Reverse Engineering eingehend *Harte-Bavendamm* GRUR 1990, 657 ff.; *Kindermann* CR 1990, 638 ff.; *Haberstumpf* CR 1991, 129 ff.; *Ernst* in Hoeren/Sieber, Handbuch Multimedia-Recht, 20. Ergänzungslieferung 2008, Teil 7.1 Grundlagen des Multimedia-Urheberrechts, Rdnr. 14). Er umfasst auch Techniken der Programmanalyse, die nicht mit einer Rückübersetzung verbunden sind, insbesondere Testläufe, Speicherabzüge (Dumps, dazu *Lietz* CR 1991, 564/565) und die Protokollierung der Signalkommunikation (sa. *Vinje* GRUR Int. 1992, 250/251 Fn. 7; zur Zulässigkeit dieser Techniken nach § 69d Abs. 3 vgl. dort Rdnr. 22). 6

2. Interoperabilität

Interoperabilität wird im 12. Erwgr. der Richtlinie als „die Fähigkeit zum Austausch von Informationen und zur wechselseitigen Verwendung der ausgetauschten Informationen" definiert. Computerprodukte sind also dann interoperabel, wenn sie mit den Software- oder Hardwareelementen eines anderen Computersystems zusammenarbeiten können (*Vinje* GRUR Int. 1992, 250/251 Fn. 6). Vielfach wird auch von Kompatibilität gesprochen, international durchgesetzt hat sich aber der Begriff der Interoperabilität. 7

3. Schnittstellen

Als Schnittstellen bezeichnet der 11. Erwgr. der Richtlinie diejenigen Teile eines Computerprogramms, die eine Verbindung und Interaktion zwischen den Elementen von Software und Hardware ermöglichen sollen (vgl. auch AmtlBegr. BTDrucks. 12/4022 S. 9). Es handelt sich also um Informationen bzw. Vereinbarungen über die Art, wie an einer bestimmten logischen Stelle im Computersystem die Daten bereitgestellt werden müssen oder die Aufrufe für Programme erfolgen müssen, damit die Interoperabilität verschiedener Systeme hergestellt wird und sie miteinander kompatibel sind (vgl. dazu auch § 69a Rdnr. 13; *Pilny* GRUR Int. 1995, 954/960; *Lehmann* CR 1989, 1057/1058; *Vinje* GRUR Int. 1992, 250/258 ff.). 8

III. Zulässigkeitsvoraussetzungen der Dekompilierung (Abs. 1)

1. Unabhängig geschaffenes Computerprogramm

Die Dekompilierung von Computerprogrammen ist nur dann durch § 69e gedeckt, wenn es sich um ein unabhängig geschaffenes Computerprogramm handelt, das mit anderen Programmen interoperabel gemacht werden soll. Es dürfen also nicht Teile der Programme, mit denen die Interoperabilität begründet werden soll, in einer Weise übernommen werden, die über den zur Herstellung der Interoperabilität erforderlichen Umfang (dazu Rdnr. 16) hinausgeht. Dabei ist allerdings zu berücksichtigen, dass es im Urheberrecht nicht auf die objektive Neuheit der Gestaltung ankommt, sondern dass es ausreicht, wenn es sich für den Urheber (subjektiv) um etwas Neues handelt, wenn er also eine etwa schon vorhandene Gestaltungsform nicht kennt (dazu § 2 Rdnr. 42). Das unabhängige Schaffen ist daher aus der Sicht des Programmierers zu beurteilen. 9

§ 69e

2. Herstellung der Interoperabilität mit anderen Programmen

10 **a) Dekompilierungszweck.** Zweck der Dekompilierung ist die **Herstellung der Interoperabilität.** Nur zu diesem Zweck erlaubt § 69e Dekompilierungen ohne Zustimmung des Rechtsinhabers. Dekompilierungen zu anderen Zwecken bedürfen stets der Zustimmung (*Dreier*/Schulze[3] § 69e Rdnr. 12; Fromm/Nordemann/*Czychowski*[10] § 69e Rdnr. 8; Möhring/Nicolini/*Hoeren*[2] § 69d Rdnr. 7; Wandtke/Bullinger/*Grützmacher*[3] § 69e Rdnr. 6f.; Gloy/Loschelder/Erdmann/*Harte-Bavendamm/Schöler,* Hdb. WettbewerbsR[4], § 64 Rdnr. 58; *Marly* Ureberrechtsschutz S. 313; *ders.,* Softwareüberlassungsverträge Rdnr. 1173; *Pres* S. 139; aA Dreyer/*Kotthoff*/Meckel[2] § 69e Rdnr. 4). Eine Dekompilierung zum Zweck der **Programmwartung** wird zB durch § 69e nicht erfasst, selbst dann nicht, wenn der Programmhersteller zur Wartung nicht bereit oder nicht der Lage ist (*Dreier*/Schulze[3] § 69e Rdnr. 12; Wandtke/Bullinger/*Grützmacher*[3] § 69e Rdnr. 7; dazu näher *Marly* aaO S. 314f., 316). Auch zur **Fehlerberichtigung** lässt § 69e die Dekompilierung nicht zu (*Dreier*/Schulze[3] § 69e Rdnr. 12; Möhring/Nicolini/*Hoeren*[2] § 69d Rdnr. 7; *Raubenheimer* CR 1996, 69/76; das Gleiche gilt für § 69d, s. dort Rdnr. 3 und 22; aA Dreyer/*Kotthoff*/Meckel[2] § 69e Rdnr. 4); die Beseitigung einer Dongle-Abfrage kann daher durch § 69e auch dann nicht gerechtfertigt werden, wenn das Programm infolge des Dongles fehlerhaft läuft (OLG Karlsruhe CR 1996, 341/342 m. zust. Anm. *Raubenheimer; ders.* NJW-CoR 1996, 174/178f.; Möhring/Nicolini/*Hoeren*[2] § 69d Rdnr. 7; vgl. auch die Entscheidung der Vorinstanz LG Mannheim CR 1995, 542; s. ferner LG Düsseldorf CR 1996, 737/739; zum Begriff des Dongles vgl. § 69f Rdnr. 10). Ebensowenig fällt die Dekompilierung zum Zweck der **Programmanpassung** unter § 69e, etwa zur Anpassung an veränderte Anforderungen oder Benutzerwünsche oder zum Zweck der **wissenschaftlichen Forschung** (*Dreier*/Schulze[3] § 69e Rdnr. 12; Wandtke/Bullinger/*Grützmacher*[3] § 69e Rdnr. 7; sa. *Marly* aaO S. 317; *ders.,* Softwareüberlassungsverträge Rdnr. 1174). Auch zum Zweck des Nachweises der Identität mit anderen Programmen im **Verletzungsprozess** gestattet § 69e die Dekompilierung nicht (Wandtke/Bullinger/*Grützmacher*[3] § 69e Rdnr. 7; Möhring/Nicolini/*Hoeren*[2] § 69d Rdnr. 7; näher *Dreier*/Schulze[3] § 69e Rdnr. 12); in der AmtlBegr. wird jedoch darauf hingewiesen, dass bei einer Verweigerung der Einwilligung des Rechtsinhabers in die Dekompilierung die Grundsätze der Beweisvereitelung Anwendung finden können (vgl. Rdnr. 5).

11 **b) Keine Herstellung der Interoperabilität von Hardware.** § 69e spricht von der Herstellung der Interoperabilität eines Computerprogramms. Das bedeutet, dass die Dekompilierung nur zur Herstellung der Interoperabilität von Software, nicht dagegen von Hardware gestattet ist (Wandtke/Bullinger/*Grützmacher*[3] § 69e Rdnr. 9; Fromm/Nordemann/*Czychowski*[10] § 69e Rdnr. 9; Möhring/Nicolini/*Hoeren*[2] § 69d Rdnr. 9; a.A. *Dreier*/Schulze[3] § 69e Rdnr. 11). Bestrebungen, die Vorschrift ausdrücklich auf die Herstellung der Interoperabilität von Hardware zu erstrecken, haben sich weder im Europäischen Parlament noch im Rat durchgesetzt (AmtlBegr. BTDrucks. 12/4022 S. 13; *Marly* Urheberrechtsschutz S. 322ff.; *ders.,* Softwareüberlassungsverträge Rdnr. 1181; *Harte-Bavendamm/Wiebe,* in Kilian/Heussen (Hrsg.), Computerrechtshandbuch, 26. Ergänzungslieferung 2008, Teil 5 (Urheberrecht) A V 3d Rdnr. 81; s. dazu auch *Schulte* CR 1992, 648/654ff.; *Moritz* CR 1993, 257/266).

12 **c) Andere Programme.** Andere Programme sind **nicht nur das dekompilierte Programm,** sondern auch sonstige Programme. Die ursprüngliche Formulierung, die die Herstellung der Interoperabilität auf das dekompilierte Programm beschränkte, wurde verworfen (dazu näher *Vinje* GRUR Int. 1992, 250/255ff.; *Moritz* CR 1993, 257/266; *Schulte* CR 1992, 648/653f.). Dekompilierung ist also nicht nur zum Zweck der Herstellung von Interoperabilität mit dem dekompilierten Programm gestattet. Das bedeutet, dass auch zum Zweck der Schaffung von Programmen dekompiliert werden darf, die (in der Interoperabilität mit anderen Programmen) mit dem dekompilierten Programm **in Wettbewerb stehen** bzw. dieses ersetzen können (Stellungnahme der EG-Kommission an das Parlament, Dok. SEK [91] 87 endg. – SYN 183 v. 18. 1. 1991; *Vinje* GRUR Int. 1992, 250/255ff.; OLG Düsseldorf CR 2001, 371, 372; *Dreier*/Schulze[3] § 69e Rdnr. 11; Wandtke/Bullinger/*Grützmacher*[3] § 69e Rdnr. 8; Fromm/Nordemann/*Czychowski*[10] § 69e Rdnr. 9; Möhring/Nicolini/*Hoeren*[2] § 69d Rdnr. 8; *Haberstumpf* in Lehmann [Hrsg.], Rechtsschutz[2], Kap. II Rdnr. 175; *Dreier* CR 1991, 577/582; sa. *Marly* Urheberrechtsschutz S. 316f.). Es ist beispielsweise zulässig, dass ein Softwareingenieur das PC-BIOS von IBM dekompiliert, um die Schnittstellenspezifizierungen zu ermitteln und diese Spezifizierungen dann unabhängig in einem nicht verletzenden PC-BIOS zu implementieren, das mit anderen Programmen (zB Lotus 1–2–3 und dBase IV) in derselben Weise zusammenarbeitet wie

Dekompilierung   § 69e

das IBM PC-BIOS (Beispiel nach *Vinje* aaO S. 256). Teilweise wird allerdings angenommen, die Dekompilierung zwecks Herstellung konkurrierender Programme verstoße gegen § 69e Abs. 3 (dazu *Moritz* CR 1993, 257/266; *Harte-Bavendamm/Wiebe*, in Kilian/Heussen (Hrsg.), Computerrechtshandbuch, 26. Ergänzungslieferung 2008, Teil 5 (Urheberrecht) A V 3d Rdnr. 80, jeweils mwN).

3. Unerlässlichkeit zum Erhalt der erforderlichen Informationen

Nur für die Informationen, die zur Herstellung der Interoperabilität erforderlich sind, ist die   13
Dekompilierung zulässig. Andere Informationen dürfen durch das Dekompilieren nicht gewonnen werden. Mit dieser Voraussetzung soll sichergestellt werden, dass keine Offenlegung von Know-how erfolgt, die nicht durch den Gesetzeszweck der Herstellung von Interoperabilität gedeckt ist. Bei den erforderlichen Informationen wird es sich in der Regel um die Schnittstellen handeln, die die Interoperabilität ermöglichen. **Unerlässlichkeit** bedeutet, dass die Informationen nicht auf anderem Wege zu beschaffen sein dürfen; die Dekompilierung muss das letzte aller möglichen Mittel sein (*Dreier*/Schulze[3] § 69e Rdnr. 10; Fromm/Nordemann/*Czychowski*[10] § 69e Rdnr. 10; Wandtke/Bullinger/*Grützmacher*[3] § 69e Rdnr. 13; Dreyer/*Kotthoff*/Meckel[2] § 69e Rdnr. 8; *Marly* Urheberrechtsschutz S. 319; ders., Softwareüberlassungsverträge Rdnr. 1175; *Lehmann* NJW 1991, 2112/2116; Gloy/Loschelder/Erdmann/*Harte-Bavendamm*/Schöler, Hdb. WettbewerbsR[4], § 64 Rdnr. 58). Lassen sich die Informationen bereits mit den nach § 69d Abs. 3 zulässigen Maßnahmen (vgl. § 69d Rdnr. 22) gewinnen, so ist die Dekompilierung nicht unerlässlich (*Dreier* CR 1991, 577/582; sa. *Vinje* GRUR Int. 1992, 250/257). Zum Verhältnis zu Abs. 1 Nr. 2 und 3 vgl. Rdnr. 15 und 16.

4. Berechtigte Personen (Abs. 1 Nr. 1)

Berechtigt zur Vornahme der Dekompilierung sind nach Abs. 1 Nr. 1 nur der Nutzungsberechtigte   14
(Lizenznehmer) sowie weitere zur Verwendung des Programms Berechtigte (vgl. dazu § 69d Rdnr. 4), ferner die von diesen Personen Ermächtigten. Dafür kommen insbesondere Fachleute in Betracht, die in der Lage sind, eine Dekompilierung durchzuführen. Liegt eine solche Ermächtigung nicht vor, so darf die Dekompilierung nicht ohne Zustimmung des Rechtsinhabers erfolgen.

5. Fehlende Zugänglichkeit der Informationen (Abs. 1 Nr. 2)

Die für die Herstellung der Interoperabilität notwendigen Informationen dürfen den Berech-   15
tigten (dazu Rdnr. 14) noch nicht ohne weiteres zugänglich gemacht worden sein. Diese Voraussetzung überschneidet sich mit dem Merkmal der Unerlässlichkeit: sind die Informationen bereits zugänglich gemacht, so ist die Dekompilierung nicht unerlässlich (sa. *Marly* Urheberrechtsschutz S. 319; *Dreier* CR 1991, 577/582). Der Programmhersteller bzw. Rechtsinhaber hat es also in der Hand, durch die Zurverfügungstellung der Informationen die Dekompilierung seines Programms auszuschließen. **Ohne weiteres zugänglich** sind die Informationen, wenn sie veröffentlicht, in der Begleitdokumentation zum Programm enthalten oder vom Programmhersteller auf Anforderung zu erhalten sind. Dazu gehört auch, dass sie auf Nachfrage kostenlos oder gegen Erstattung lediglich der Unkosten zu erhalten sind (*Dreier*/Schulze[3] § 69e Rdnr. 15; Wandtke/Bullinger/*Grützmacher*[3] § 69d Rdnr. 15; Möhring/Nicolini/*Hoeren*[2] § 69d Rdnr. 11; *Lehmann* in Lehmann [Hrsg.], Rechtsschutz[2], Kap. I A Rdnr. 21; *Marly* NJW-CoR 1993, 21/23f.; sa. *Schulte* CR 1992, 648, 650; aA Dreyer/*Kotthoff*/Meckel[2] § 69e Rdnr. 10). Ist die Nachfrage umständlich oder wird nicht in kurzer Zeit beantwortet, so sind die Informationen nicht ohne Weiteres zugänglich und der Nachfragende ist zur Dekompilierung berechtigt (*Dreier*/Schulze[3] § 69e Rdnr. 15; Wandtke/Bullinger/*Grützmacher*[3] § 69d Rdnr. 15; gegen jegliche Nachfragepflicht *Vinje* GRUR Int. 1992, 250/257; *Marly* Urheberrechtsschutz S. 319).

6. Beschränkung auf die notwendigen Programmteile (Abs. 1 Nr. 3)

Die Berechtigung zum Dekompilieren beschränkt sich auf diejenigen Programmteile, deren   16
Dekompilierung zur Herstellung der Interoperabilität erforderlich ist. Damit soll einem Missbrauch des § 69e zum Zweck der unfairen Aneignung fremden Programmentwicklungsaufwandes vorgebeugt werden. Auch diese Voraussetzung überschneidet sich mit dem Merkmal der Unerlässlichkeit; die Dekompilierung von Programmteilen, die nicht dekompiliert zu werden brauchen, ist nicht unerlässlich (sa. *Marly* Urheberrechtsschutz S. 319). Die Entscheidung, welche

Programmteile dekompiliert werden dürfen, wird sich nur im Einzelfall treffen lassen. Es ist jedoch nicht nur die Dekompilierung als solcher gekennzeichneter oder benannter Schnittstellen vom Zustimmungserfordernis ausgenommen (*Dreier*/Schulze[3] § 69 e Rdnr. 16; Wandtke/Bullinger/*Grützmacher*[3] § 69 d Rdnr. 16). Ist nicht bekannt, welche Programmteile die erforderlichen Informationen liefern, so dürfen auch solche Programmteile dekompiliert werden, bei denen die Informationen zu vermuten, wenngleich tatsächlich nicht vorhanden sind (Wandtke/Bullinger/*Grützmacher*[3] § 69 d Rdnr. 16). Es muss aber zuvor versucht werden, die in Frage kommenden Programmteile mit anderen Mitteln einzugrenzen, einschließlich einer Programmanalyse nach § 69 d Abs. 3 (*Marly* aaO S. 319; sa. *Vinje* GRUR Int. 1992, 250/257).

IV. Erlaubte Handlungen

1. Vervielfältigung des Codes und Übersetzung der Codeform

17   Als Dekompilierungshandlungen lässt § 69 e die Vervielfältigung des Codes und die Übersetzung der Codeform iSd. § 69 c Nr. 1 und 2 zu. Es handelt sich um diejenigen Maßnahmen, die die Rückerschließung in eine andere Programmsprache (vgl. Rdnr. 4) ermöglichen (näher dazu *Marly* Urheberrechtsschutz S. 273 ff.; *König* GRUR 1989, 559 ff.). Zulässig sind **alle Formen der Vervielfältigung** (zum Begriff der Vervielfältigung vgl. § 69 c Rdnr. 5) sowie **jede Übertragung der Codeform eines Computerprogramms in eine andere Codeform.** Erfasst wird nicht nur die Übersetzung aus dem Objektcode in den Quellcode (zu den Begriffen vgl. Rdnr. 4), sondern auch in **frühere Programmstufen** (*Koch* NJW-CoR 1994, 293/298); ebenso die **Redekompilierung,** also das Wiederübersetzen des rückerschlossenen Quellcodes in den Objektcode, etwa um durch den Programmlauf des rekonstruierten Objektcodes Übereinstimmungen und Abweichungen gegenüber dem ursprünglichen Objektcode festzustellen (*Koch* aaO). Voraussetzung ist freilich stets, dass diese Maßnahmen für die zur Herstellung der Interoperabilität erforderliche Informationsgewinnung unerlässlich (dazu Rdnr. 13) sind. Gestattet ist auch der Einsatz von **Softwarewerkzeugen** wie Dekompiler-Programmen, Disassembler-Programmen, Programmcode/Graphik-Umsetzerprogrammen und ähnlichen Tools (zur Technik sa. *Haberstumpf* CR 1991, 129/133 mwN), sofern damit nicht eine Vervielfältigung oder Übersetzung nicht notwendiger Programmteile (vgl. Rdnr. 16) verbunden ist (*Koch* aaO). Nicht durch § 69 e gestattet sind die in § 69 c Nr. 2 genannten **sonstigen Formen der Umarbeitung,** es sei denn, dass es sich um zur Übersetzung notwendige Maßnahmen handelt (*Koch* aaO).

2. Verwendung der gewonnenen Informationen

18   Die Zulässigkeit der Informationsgewinnung zur Herstellung der Interoperabilität von Programmen impliziert, dass der Entwickler des unabhängig geschaffenen Programms auch in der Lage sein muss, die gewonnenen Informationen in seinem Programm zu verwerten (sa. *Haberstumpf* in Lehmann [Hrsg.], ‚Rechtsschutz[2], Kap. II Rdnr. 173 mwN). Das ist unproblematisch, solange lediglich die **Schnittstellenspezifikationen,** dh. die zu den nach § 69 a Abs. 2 S. 2 nicht geschützten Ideen und Grundsätzen der Schnittstellen gehörenden Regeln und Methoden der Interoperabilität (vgl. dazu § 69 a Rdnr. 13) übernommen werden. Es lässt sich aber, wenn die Interoperabilität sichergestellt sein soll, die Übernahme der Ausdrucksform, der **konkreten Implementierung und Anwendung** dieser Ideen und Grundsätze im Programm nicht immer vermeiden (s. dazu auch *Haberstumpf* aaO; *Vinje* GRUR Int. 1992, 250/259) – von den Abgrenzungsschwierigkeiten einmal ganz abgesehen. Da diese Elemente dem Urheberrechtsschutz unterliegen (vgl. § 69 a Rdnr. 13), stellt sich die Frage, ob eine Übernahme auch insoweit zulässig ist. Das ist prinzipiell zu bejahen. Zweck des § 69 e bzw. Art. 6 der Richtlinie ist es, die Verbindung aller Elemente eines Computersystems, auch solcher verschiedener Hersteller zu ermöglichen, so dass sie zusammenwirken können (22. Erwgr. der Richtlinie). Dieses Ziel ließe sich nicht erreichen, wenn nicht auch in Fällen, in denen dies erforderlich ist, die Übernahme geschützter Schnittstellenmerkmale zulässig wäre (wie hier *Haberstumpf* aaO; *Marly* Urheberrechtsschutz S. 324; *Pres* S. 141; im Ergebnis auch *Vinje* aaO S. 258 ff.; sa. *Schulte* CR 1992, 648/650; *Dreier* CR 1991, 577/583). Die Einschränkung des Vervielfältigungsrechts durch § 69 e kann sich also auch auf **urheberrechtlich schutzfähige Schnittstellenelemente** erstrecken, allerdings nur, soweit die Übernahme unvermeidlich ist. Grenzen können sich immer noch aus § 69 e Abs. 3 ergeben. Soweit schutzfähige Schnittstellenelemente übernommen werden dürfen,

muss auch ihre Verbreitung zusammen mit dem unabhängig geschaffenen Programm möglich sein (*Haberstumpf* aaO).

V. Verbot anderweitiger Verwendung (Abs. 2)

1. Verwendung zu anderen Zwecken (Abs. 2 Nr. 1)

Abs. 2 enthält eine Reihe weiterer Kautelen, die die Verwendung der durch Dekompilierung gewonnenen Informationen betrifft und durch die eine missbräuchliche Benutzung dieser Informationen verhindert werden soll. Anders als die nach § 69 d Abs. 3 gewonnenen Informationen dürfen die aus der Dekompilierung stammenden Resultate **nur zur Herstellung der Interoperabilität** des unabhängig geschaffenen Programms verwendet werden (Abs. 2 Nr. 1). Jede andere Verwendung, etwa zu Forschungszwecken oder zum Nachweis der Übereinstimmung im Verletzungsprozess ist nur mit Zustimmung des Rechteinhabers des dekompilierten Programms zulässig. Auch zur Herstellung anderer Programme, die nicht mit dem dekompilierten Programm interoperabel sein sollen, ist die Verwendung der Informationen nicht gestattet (*Marly* Urheberrechtsschutz S. 320). Das Verwendungsverbot bezieht sich nicht nur auf urheberrechtlich geschützte, sondern auch auf urheberrechtlich nicht schutzfähige Informationen (ganz hM, vgl. *Dreier/Schulze*[3] § 69 e Rdnr. 18; Fromm/Nordemann/*Czychowski*[10] § 69 e Rdnr. 13; Wandtke/Bullinger/*Grützmacher*[3] § 69 e Rdnr. 20; Mestmäcker/Schulze/ *Haberstumpf* § 69 e Rdnr. 13; Möhring/Nicolini/*Hoeren*[2] § 69 d Rdnr. 13; *Marly*, Urheberrechtsschutz, S. 319 ff.; aA Walter/*Blocher*, Europäisches Urheberrecht, 2001, Software-RL, Art. 6 Rdnr. 34 ff.). 19

2. Weitergabe an Dritte (Abs. 2 Nr. 2)

Nach Abs. 2 Nr. 2 dürfen die Informationen nicht an Dritte weitergegeben werden, es sei denn, dass dies für die Interoperabilität des unabhängig geschaffenen Programms notwendig ist. Eine solche Notwendigkeit kann beispielsweise dann bestehen, wenn der Hersteller des unabhängig geschaffenen Programms die Schnittstelleninformationen an seine Kunden weitergeben muss, um die Lauffähigkeit seines Programms sicherzustellen (*Vinje* GRUR Int. 1992, 250/258). Unzulässig ist dagegen die **Veröffentlichung** der durch Dekompilierung erlangten Informationen in der Fachliteratur ohne Zustimmung des Rechtsinhabers, wie dies früher häufig zu geschehen pflegte (*Marly* Urheberrechtsschutz S. 321). Ebenfalls nicht durch § 69 e gedeckt ist die Weitergabe der Informationen an **andere Programmhersteller,** die interoperable Programme schaffen wollen (Wandtke/Bullinger/*Grützmacher*[3] § 69 e Rdnr. 21). Abs. 2 Nr. 2 bezieht die Notwendigkeit für die Interoperabilität auf „das" unabhängig geschaffene Programm und nicht auf „ein" unabhängig geschaffenes Programm (ebenso *Marly* aaO S. 320). Die anderen Programmhersteller müssen also selbst die Dekompilierung durchführen. Dieses Weitergabeverbot dient dem Schutz des Rechtsinhaber vor einer unkontrollierten Verbreitung der Informationen, erschwert aber angesichts des mit einer Dekompilierung verbundenen Aufwandes die Herstellung interoperabler Programme für kleine und mittlere Hersteller (dazu näher *Marly* aaO S. 320). 20

3. Verwendung für urheberrechtsverletzende Handlungen (Abs. 2 Nr. 3)

Abs. 2 Nr. 3 untersagt die Verwendung der Informationen für die **Entwicklung, Herstellung oder Vermarktung eines Programms mit im Wesentlichen ähnlicher Ausdrucksform** (dh. für Programme, die das dekompilierte Programm verletzen) sowie für **andere urheberrechtsverletzende Handlungen.** Auch bei dieser Bestimmung handelt es sich um eine zusätzliche Kautele zugunsten der Rechtsinhaber, die sich teilweise mit anderen Regelungen überschneidet. Die Vermarktung urheberrechtsverletzender Programme ist als Verbreitung ebenso wie die Begehung sonstiger urheberrechtsverletzender Handlungen schon nach den allgemeinen Regelungen des Urheberrechts unzulässig; Abs. 2 Nr. 3 hat insoweit keine eigenständige Bedeutung. Eine eigenständige Funktion hat die Vorschrift nur insofern, als der Rechtsschutz für dekompilierte Computerprogramme gegenüber Verletzungsprogrammen, die die dekompilierten Informationen benutzen, auf die Stufe der Entwicklung und Herstellung vorverlagert wird (*Marly* Urheberrechtsschutz S. 321 f.; zur Entstehung der Bestimmung *Vinje* GRUR Int. 1992, 250/258). 21

VI. Interessenabwägung (Abs. 3)

22 Die Vorschrift des Abs. 3 hat zu den verschiedensten Deutungen Anlass gegeben (s. den Überblick bei *Marly* Urheberrechtsschutz S. 325; sa. *Dreier*/*Schulze*[3] § 69e Rdnr. 22). Der ihr zugrundeliegende Art. 6 Abs. 3 der Richtlinie besagt, dass zur Wahrung der Übereinstimmung mit der RBÜ die Bestimmungen über die Dekompilierung nicht in einer Weise ausgelegt werden dürfen, die die rechtmäßigen Interessen des Rechtsinhabers in unvertretbarer Weise beeinträchtigt oder im Widerspruch zur normalen Nutzung des Computerprogramms steht. Damit wird auf den Dreistufentest des Art. 9 Abs. 2 RBÜ Bezug genommen. Der deutsche Gesetzgeber hat nicht den Richtlinientext, sondern die allgemeinere Formulierung des Art. 9 Abs. 2 RBÜ übernommen (AmtlBegr. BTDrucks. IV/270 S. 13). Ob es der Umsetzung insoweit überhaupt bedurft hätte, ist zu Recht angezweifelt worden, weil Deutschland als Mitglied der RBÜ ohnehin an deren Vorschriften gebunden ist (vgl. dazu *Marly* aaO; *Vinje* GRUR Int. 1992, 250/258; sa. *Schulte* CR 1992, 648/654) und zur Einhaltung des Dreistufentestes auch nach Art. 13 TRIPS und Art. 10 WCT verpflichtet ist. Einen Sinn erhält Abs. 3 erst dann, wenn man ihn als nochmalige Verpflichtung versteht, bei der Anwendung des § 69e einen **Interessenausgleich** zwischen den Belangen des Inhabers der Rechte am Computerprogramm und dem Benutzer des Programms herbeizuführen (in diesem Sinne auch *Marly* aaO S. 326). Immerhin hat das LG Düsseldorf die Vorschrift herangezogen, um die Unzulässigkeit der Beseitigung einer Dongle-Abfrage zu begründen (CR 1996, 737/739; sa. OLG Düsseldorf BB 1997, 7).

§ 69f Rechtsverletzungen

(1) ¹**Der Rechtsinhaber kann von dem Eigentümer oder Besitzer verlangen, daß alle rechtswidrig hergestellten, verbreiteten oder zur rechtswidrigen Verbreitung bestimmten Vervielfältigungsstücke vernichtet werden.** ²**§ 98 Abs. 3 und 4 ist entsprechend anzuwenden.**

(2) **Absatz 1 ist entsprechend auf Mittel anzuwenden, die allein dazu bestimmt sind, die unerlaubte Beseitigung oder Umgehung technischer Programmschutzmechanismen zu erleichtern.**

Schrifttum: *Arlt,* Ansprüche des Rechteinhabers bei Umgehung seiner technischen Schutzmaßnahmen, MMR 2005, 148; *Arnold,* Rechtmäßige Anwendungsmöglichkeiten zur Umgehung von technischen Kopierschutzmaßnahmen?, MMR 2008, 144; *Dreier,* Verletzung urheberrechtlich geschützter Software nach der Umsetzung der EG-Richtlinie, GRUR 1993, 781; *Harte-Bavendamm/Wiebe,* in Kilian/Heussen (Hrsg.), Computerrechtshandbuch, 26. Ergänzungslieferung 2008, Teil 5 (Urheberrecht) A VIII 4 Rdnr. 129 f.; *König,* Zur Zulässigkeit der Umgehung von Softwareschutzmechanismen, NJW 1995, 3293; *Kreutzer,* Schutz technischer Maßnahmen und Durchsetzung von Schrankenbestimmungen bei Computerprogrammen, CR 2006, 804; *Kuhlmann,* Kein Rechtsschutz für den Kopierschutz? – Standardsoftware in rechtlicher Sicht, CR 1989, 177; *Lehmann,* Die Europäische Richtlinie über den Schutz von Computerprogrammen, in Lehmann (Hrsg.), Rechtsschutz und Verwertung von Computerprogrammen, 2. Aufl. 1993, S. 1; *ders.,* Richtlinie des Rates vom 14. Mai 1991 über den Rechtsschutz von Computerprogrammen, Einführung, in Möhring/Schulze/Ulmer/Zweigert (Hrsg.), Quellen des Urheberrechts, Europ. GemeinschaftsR/II/1; *Raubenheimer,* Beseitigung/Umgehung eines technischen Programmschutzes nach UrhG und UWG, CR 1996, 69; *ders.,* Die jüngste Rechtsprechung zur Beseitigung/Umgehung eines Dongles, NJW-CoR 1996, 174; *ders.,* Vernichtungsanspruch gemäß § 69f UrhG, CR 1994, 129; *Wand,* Dreifach genäht hält besser! – Technische Identifizierungs- und Schutzsysteme, GRUR Int. 1996, 897.
Siehe auch die Schrifttumsangaben zu § 69a und vor §§ 69a ff.

Übersicht

	Rdnr.
I. Zweck und Bedeutung der Norm	1–3
II. Vernichtung von Vervielfältigungsstücken (Abs. 1)	4–8
1. Der Vernichtung unterliegende Vervielfältigungsstücke	4, 5
2. Anspruchinhaber und Anspruchsgegner	6
3. Verschuldensunabhängigkeit	7
4. Unverhältnismäßigkeit	8
III. Umgehung von Programmschutzmechanismen (Abs. 2)	9–16
1. Programmschutzmechanismen	10
2. Mittel zur Erleichterung der unerlaubten Beseitigung oder Umgehung des Programmschutzes	11–13
3. Alleinige Bestimmung	14
4. Sonstiges	15, 16
IV. Gegenstand der Vernichtung und Überlassungsanspruch	17, 18

I. Zweck und Bedeutung der Norm

§ 69f richtet sich gegen bestimmte Verletzungshandlungen und dient der Umsetzung von **Art. 7 der Richtlinie.** Die Vorschrift des Art. 7 beruht auf dem Einfluss britischer Urheberrechtstradition und umfasst als Verletzungshandlungen auch eine Reihe von Vorbereitungshandlungen und mittelbaren Verletzungshandlungen, wie sie dem anglo-amerikanischen Rechtsinstitut des secondary infringement zugrunde liegen (vgl. auch AmtlBegr. BTDrucks. IV/270 S. 15; *Lehmann* in Lehmann [Hrsg.], Rechtsschutz², Kap. I A Rdnr. 23; *Dreier* GRUR 1993, 781/787). Art. 7 sieht eine Verpflichtung der Mitgliedstaaten vor, geeignete Maßnahmen gegen Personen zu treffen, die Kopien von Computerprogrammen in Verkehr bringen oder zu Erwerbszwecken besitzen, soweit diese Personen wussten oder Grund zu der Annahme hatten, dass es sich um eine unerlaubte Kopie handelt (Art. 7 Abs. 1 lit. a und b), oder die Mittel zur Beseitigung oder Umgehung von Programmschutzmechanismen in Verkehr bringen oder zu Erwerbszwecken besitzen (Art. 7 Abs. 1 lit. c). Die Möglichkeit, solche Mittel sowie unerlaubte Kopien von Computerprogrammen beschlagnahmen zu lassen, ist dagegen den Mitgliedstaaten anheim gestellt (Art. 7 Abs. 2 und 3). 1

Der deutsche Gesetzgeber hat bei der **Umsetzung** den ihm durch Art. 7 eingeräumten Freiraum genutzt und mit der Systematik des deutschen Urheberrechts abgestimmte Ansprüche geschaffen, die gleichzeitig den Zielsetzungen des Produktpirateriegesetzes v. 7. 3. 1990 (BGBl. I S. 422) Rechnung tragen. Dabei hat er sich – insoweit über die Vorgaben der Richtlinie hinausgehend – für einen **generellen Vernichtungsanspruch** entschieden, der nicht auf das Inverkehrbringen und den Besitz zu Erwerbszwecken beschränkt ist und auch nicht die Kenntnis oder die Vermutung der Illegalität zur Voraussetzung hat. Mit Recht ist der Gesetzgeber davon ausgegangen, dass der Besitzer oder Eigentümer eines rechtswidrig hergestellten Vervielfältigungsstücks eines Computerprogramms dieses wegen § 69c Nr. 1 nicht weiter benutzen könne, weil das eine unzulässige weitere Vervielfältigung voraussetzen würde (vgl. auch § 69c Rdnr. 7) und dass ein solches Vervielfältigungsstück nur Grundlage rechtswidriger weiterer Benutzung oder untersagter Vervielfältigung oder Verbreitung sein könne. Durch den Vernichtungsanspruch soll sichergestellt werden, dass der Berechtigte alle rechtswidrig hergestellten, verbreiteten oder zur rechtswidrigen Verbreitung bestimmten Vervielfältigungsstücke aus dem Verkehr ziehen kann, um weitere Beeinträchtigungen seines Rechts zu verhindern und dem Missbrauch rechtswidriger Vervielfältigungsstücke vorzubeugen (AmtlBegr. BTDrucks. 12/4022 S. 14). Der Regelung § 98 UrhG entsprechend (damals §§ 98 aF, 99 aF) kann anstelle der Vernichtung die Überlassung der Vervielfältigungsstücke gegen Zahlung einer angemessenen Vergütung verlangt werden. Ebenso unterliegt der Vernichtungs- und Überlassungsanspruch gemäß § 69f Abs. 1 S. 2 dem Verhältnismäßigkeitsgebot des § 98 Abs. 4. 2

§ 69f erweitert die Ansprüche aus § 98 insofern, als der Eigentümer oder Besitzer der Vervielfältigungsstücke nicht der Verletzer zu sein braucht. **Gegenüber § 98 ist § 69f die Spezialvorschrift** (*Dreier*/Schulze³ § 69f Rdnr. 2f.). § 98 ist damit auf die Vernichtung der in § 69f bezeichneten Vervielfältigungsstücke von Computerprogrammen nicht anwendbar; läßt sich jedoch auf die in § 98 Abs. 1 S. 2 bezeichneten Vorrichtungen anwenden (Beispiel nach *Dreier* aaO: ein CD-Brenner wird vorwiegend zur Herstellung von Raubkopien von Computerprogrammen verwendet). Im Übrigen bleiben gemäß § 69a Abs. 4 (mit Ausnahme der §§ 95a–95d, vgl. § 69a Abs. 5) **sämtliche Ansprüche und Sanktionen einschließlich der strafrechtlichen Sanktionen nach §§ 96 bis 111 unberührt** (AmtlBegr. BTDrucks. IV/270 S. 15). Gemäß der **Übergangsvorschrift** des § 137d Abs. 1 S. 1 ist § 69f auch auf vor dem 24. Juni 1993 geschaffene Computerprogramme anwendbar. Im **einstweiligen Verfügungsverfahren** kann der Vernichtungsanspruch als eine nicht vorläufige Maßnahme nicht durchgesetzt werden, er kann aber dadurch gewahrt werden, dass neben dem Unterlassungsantrag ein Sicherstellungsantrag gestellt wird (Fromm/Nordemann/*Czychowski*[10] § 69f Rdnr. 12; Gloy/Loschelder/Erdmann/*Harte-Bavendamm/Schöler*, Hdb. WettbewerbsR⁴, § 64 Rdnr. 62). 3

II. Vernichtung von Vervielfältigungsstücken (Abs. 1)

1. Der Vernichtung unterliegende Vervielfältigungsstücke

Dem Vernichtungsanspruch nach Abs. 1 unterliegen alle Vervielfältigungsstücke, die rechtswidrig hergestellt, rechtswidrig verbreitet oder zur rechtswidrigen Verbreitung bestimmt sind. Der Begriff der **Vervielfältigungsstücke** bezieht sich primär auf die dem Schutz der §§ 69a ff. 4

§ 69f

unterliegenden Computerprogramme. Diese werden in jeglicher Gestalt einschließlich des Entwurfsmaterials erfasst (§ 69a Abs. 1, näher dazu § 69a Rdnr. 5). Eine Regelung, § 69f ebenfalls auf das (nicht zum Computerprogramm gehörende, vgl. § 69a Rdnr. 6) Begleitmaterial wie Handbücher, Bedienungsanleitungen, Wartungsbücher und sonstige dem Benutzer zur Information und richtigen Bedienung des geschützten Programms überlassene Unterlagen anzuwenden, wäre sinnvoll gewesen und hätte eine einheitliche Rechtsgrundlage geschaffen, ist aber vom Gesetzgeber nicht vorgenommen worden. Für eine Beschränkung des Vernichtungsanspruchs auf die Computerprogramme spricht, dass bei diesen angesichts ihrer digitalen Form die Gefahr einer weiteren Vervielfältigung und Verbreitung wesentlich höher als bei Printpublikationen ist; auch soweit heute Begleitmaterial in digitaler Form geliefert wird, ist die Gefahr einer weiteren Vervielfältigung nicht so groß wie bei den Computerprogrammen selbst. Auf das Begleitmaterial ist daher nur der Vernichtungsanspruch nach § 98 anzuwenden (hM, vgl. Wandtke/Bullinger/*Grützmacher*[3] § 69f Rdnr. 6; *Dreier*/Schulze[3] § 69f Rdnr. 4; Fromm/Nordemann/*Czychowski*[10] § 69f Rdnr. 3; anders noch Vorauflage sowie *Harte-Bavendamm/Wiebe*, in Kilian/Heussen (Hrsg.), Computerrechtshandbuch, 26. Ergänzungslieferung 2008, Teil 5 (Urheberrecht) A VIII 4 Rdnr. 129).

5   Die Herstellung bzw. Verbreitung ist **rechtswidrig**, wenn sie unter Verstoß gegen die Ausschließlichkeitsrechte des § 69c erfolgt, also weder durch die Zustimmung des Berechtigten noch durch die Schrankenbestimmungen der §§ 69d und 69e gedeckt ist und, soweit es sich um die Verbreitung handelt, das Verbreitungsrecht nicht erschöpft ist (§ 69c Nr. 3 S. 2). Ist bereits die Herstellung rechtswidrig erfolgt, also unter Verstoß gegen das Vervielfältigungsrecht (§ 69c Nr. 1) oder Umarbeitungsrecht (§ 69c Nr. 2), so wird auch die Verbreitung von der Rechtswidrigkeit erfasst (§ 96 Abs. 1). Auch die Verbreitung rechtmäßig hergestellter Vervielfältigungsstücke ist aber rechtswidrig, wenn sie von der Zustimmung des Berechtigten nicht gedeckt ist; das Verbreitungsrecht ist ein gegenüber dem Vervielfältigungsrecht selbstständiges Recht (näher dazu § 17 Rdnr. 17). Unerheblich ist die **Art der Festlegung** der Computerprogramme, Vervielfältigungsstücke in Form externer Datenträger wie Diskette, CD-ROM, DVD, Band oder memory stick fallen ebenso unter § 69f wie auf der Festplatte eines Computers abgespeicherte Programme.

2. Anspruchsinhaber und Anspruchsgegner

6   Inhaber des Vernichtungsanspruchs ist der **Rechtsinhaber**, also derjenige, dem die Rechte am Computerprogramm zustehen, von dem die Vervielfältigungsstücke hergestellt sind. Das kann der Urheber sein, im Allgemeinen aber der Programmhersteller, dem die Nutzungsrechte am Programm eingeräumt sind oder nach § 69b zustehen. Der Vernichtungsanspruch richtet sich gegen den **Eigentümer oder Besitzer** der Vervielfältigungsstücke. Im Unterschied zu § 98 ist es nicht erforderlich, dass der Eigentümer oder Besitzer auch der **Verletzer** ist, also derjenige, der die rechtswidrige Handlung begangen hat (sa. AmtlBegr. BT-Drucks. 12/4022 S. 14). Obwohl der Besitz als solcher nach deutschem Rechtsverständnis noch keine Urheberrechtsverletzung darstellt, war die Einbeziehung des Besitzers durch Art. 7 der Richtlinie vorgegeben. Angesichts der heutigen Möglichkeiten, Computerprogramme zu vervielfältigen und zu verbreiten, ist dieser weitreichende Schutz angemessen. Besitzen in einem Unternehmen Arbeitnehmer oder Beauftragte Vervielfältigungsstücke im Sinne des § 69f Abs. 1, so ist gegen den **Inhaber des Unternehmens,** wenn er nicht schon mittelbarer Besitzer ist, der Vernichtungsanspruch in analoger Anwendung des § 99 begründet (*Dreier*/Schulze[3] § 69f Rdnr. 6; Wandtke/Bullinger/*Grützmacher*[3] § 69f Rdnr. 5; Möhring/Nicolini/*Hoeren*[2] § 69f Rdnr. 11).

3. Verschuldensunabhängigkeit

7   Der Vernichtungsanspruch setzt **kein Verschulden** voraus, er ist ebenso wie der Anspruch aus § 98 als **Störungsbeseitigungsanspruch** konzipiert (vgl. auch § 98 Rdnr. 6). Anders als nach Art. 7 Abs. 1 lit. a und b der Richtlinie ist es also nicht erforderlich, dass der Eigentümer oder Besitzer der Vervielfältigungsstücke wusste oder Grund zu der Annahme hatte, dass es sich um eine unerlaubte Kopie handelt. Es ist nicht davon auszugehen, dass diese Regelung nicht richtlinienkonform ist (so noch Dreyer/*Kotthoff*/Meckel[1] § 69f Rdnr. 2). Die Richtlinie stellt insoweit nur Mindestvoraussetzungen auf.

4. Unverhältnismäßigkeit

8   Nach § 69f Abs. 1 S. 2 iVm. § 98 Abs. 3 unterliegt der Vernichtungsanspruch dem **Verhältnismäßigkeitsgebot.** Ist die Vernichtung gegenüber dem Eigentümer oder Besitzer der Ver-

vielfältigungsstücke unverhältnismäßig und kann der rechtsverletzende Zustand auf andere Weise beseitigt werden, so hat der Rechtsinhaber nur Anspruch auf die hierfür erforderlichen Maßnahmen. Als Alternative zur Vernichtung des Datenträgers kommt in erster Linie **Löschung der gespeicherten Daten** unter Erhalt des Datenträgers bzw. ein **Neuformatieren** des Datenträgers in Betracht. Bei Datenträgern wie Festplatten, Arbeitsspeichern, Disketten, CD-ROMS, Memorysticks u. dgl. wird das vielfach ausreichen (s. AmtlBegr. BTDrucks. 12/4022 S. 14; *Dreier*/Schulze[3] § 69f Rdnr. 7; Fromm/Nordemann/*Czychowski*[10] § 69f Rdnr. 6; Wandtke/Bullinger/*Grützmacher*[3] § 69f Rdnr. 9; Möhring/Nicolini/*Hoeren*[2] § 69f Rdnr. 7ff.). Entscheidend ist aber, dass die Wiederherstellung des gelöschten Programms auf dem Datenträger nicht möglich ist; so reicht es zum Beispiel nicht aus, dass auf Festplatten oder Disketten das Programm lediglich im Register gelöscht wird und damit nicht mehr abrufbar ist, aber als solches erhalten bleibt und durch entsprechende Tools wiederhergestellt werden kann. In solchen Fällen ist eine **Neuformatierung** des Datenträgers erforderlich. Das kann Probleme bei Löschungen von Festplatten aufwerfen; lässt sich bei einer solchen Teillöschung das Programm mittels entsprechender Tools wiederherstellen, so kommt nur eine Neuformatierung in Betracht, die dann aber auch die übrigen Programme auf der Festplatte beseitigt (von denen allerdings vorher eine Sicherungskopie erstellt werden kann, sa. Wandtke/Bullinger/*Grützmacher*[3] § 69f Rdnr. 9). Ist das **Programm in die Hardware fest integriert,** so dass es vom Speichermedium nicht entfernt werden kann, zB bei einer nicht wieder beschreibbaren CD-ROM oder DVD, so kommt nur eine Vernichtung des Datenträgers in Betracht (*Dreier*/Schulze[3] § 69f Rdnr. 7; Wandtke/Bullinger/*Grützmacher*[3] § 69f Rdnr. 10; Möhring/Nicolini/*Hoeren*[2] § 69f Rdnr. 8). Trifft den Eigentümer oder Besitzer kein Verschulden, so kann er in analoger Anwendung des § 101 unter den dort genannten Voraussetzungen einen **Abfindungsanspruch** (Entschädigung in Geld) geltend machen (*Dreier*/Schulze[3] § 69f Rdnr. 9; aA Fromm/Nordemann/*Czychowski*[10] § 69f Rdnr. 6).

III. Umgehung von Programmschutzmechanismen (Abs. 2)

Die Regelung des Abs. 1 ist entsprechend auf Mittel anzuwenden, deren alleinige Bestimmung die unerlaubte Beseitigung oder Umgehung technischer Programmschutzmechanismen ist; auch sie unterliegen also dem Vernichtungsanspruch. Der Gesetzgeber wollte mit dieser Regelung einen Einklang mit der Zielsetzung des Produktpirateriegesetzes und der darauf beruhenden Änderung des § 99 aF (jetzt § 98 Abs. 1 S. 2) herbeiführen: den dort genannten Vorrichtungen zur rechtswidrigen Herstellung von Vervielfältigungsstücken hat er die Mittel zur rechtswidrigen Beseitigung oder Umgehung von Programmschutzmechanismen gleichgestellt, da auch sie letzten Endes zum Ziel haben, rechtswidrige Vervielfältigungen zu ermöglichen (AmtlBegr. BTDrucks. 12/4022 S. 14). 9

1. Programmschutzmechanismen

Technische Programmschutzmechanismen sind alle Vorrichtungen, die Urheberrechtsverletzungen der Programme verhindern sollen. Dazu gehören nicht nur Vorrichtungen, die die Vervielfältigung oder Veränderung des Programms vereiteln sollen, sondern auch solche, die sich gegen eine urheberrechtlich nicht genehmigte Art und Weise der Nutzung richten, beispielsweise gegen die gleichzeitige Mehrfachnutzung. Die Vorrichtungen können **hardware- oder softwaremäßiger Art** sein. Als Hardwareprogrammschutz hat vor allem den Dongle (Hardwarelock) Verbreitung gefunden, der (in Verbindung mit entsprechenden Abfragemechanismen im Programm) die gleichzeitige Mehrfachnutzung des Programms verhindert (beim Dongle handelt es sich um einen Stecker, der auf die parallele Schnittstelle des Computers aufgesteckt wird und dessen Vorhandensein das Programm laufend abfragt; erfolgt auf die Abfrage keine oder eine falsche Antwort, wird der Programmlauf gestoppt. Da der Dongle als mechanisches Bauelement nicht kopiert werden kann, kann das Programm nur auf einem Computer laufen). Softwareprogrammschutzmechanismen bestehen meist in einem Kopierschutz, der die Herstellung von Vervielfältigungen verhindert (zur Technik des Kopierschutzes sa. *Kuhlmann* CR 1989, 177/178; *Wand* GRUR Int. 1996, 897). Es kann sich aber auch um softwaretechnische **Passwortabfragen, Programmsperren** oder **Routineabfragen** handeln, die bei Shareware (dazu vor §§ 69a ff. Rdnr. 21 ff.) die Benutzung des Programms über einen bestimmten Zeitpunkt oder über eine bestimmte Anzahl von Benutzungshandlungen hinaus verhindern. 10

2. Mittel zur Erleichterung der unerlaubten Beseitigung oder Umgehung des Programmschutzes

11 Als **Mittel zur unerlaubten Beseitigung oder Umgehung** des Programmschutzes wollte der Gesetzgeber sog. **Kopierprogramme** erfassen, durch die ein Kopierschutz des Programmherstellers ausgeschaltet wird (AmtlBegr. BTDrucks. 12/4022 S. 14f.). Dabei handelt es sich vor allem um speziell für die Beseitigung des Kopierschutzes geschriebene Disketteneditoren und Debugger/Disassembler (Unprotect-Werkzeuge), die den Kopierschutz eines Programms identifizieren und ausschalten, sowie um Programme oder Zusatzgeräte zum Analogkopieren, die Daten vom Datenträger oder aus dem Hauptspeicher identisch einschließlich des in ihnen enthaltenen Kopierschutzes vervielfältigen können (näher dazu *Kuhlmann* CR 1989, 177/178). Zu den Mitteln des Abs. 2 zählen aber auch **Dongle-Umgehungsprogramme,** deren Zweck darin besteht, die Dongle-Abfrage eines Programms auszuschalten (*Dreier*/Schulze[3] § 69f Rdnr. 12; *Raubenheimer* CR 1996, 69/71f.; sa. ders. CR 1994, 129/130ff.; ders. NJW-CoR 1996, 174/177; *König* NJW 1995, 3293; sa. OLG Karlsruhe CR 1996, 341/342; OLG Düsseldorf CR 1997, 337/339; LG Düsseldorf CR 1996, 737/739; zum Angebot von Dongle-Umgehungsprogrammen als Verstoß gegen § 1 UWG s. BGH CR 1996, 79/80; OLG München CR 1996, 11/16ff.; OLG Stuttgart CR 1989, 685; sa. § 69d Rdnr. 11). Weiter sind hier Programme zu nennen, die Passwortabfragen, Programmsperren, Routineabfragen oder bei Shareware (dazu vor §§ 69a ff. Rdnr. 21ff.) Programmschutzmechanismen ausschalten, die die Benutzung des Programms über einen bestimmten Zeitpunkt oder über eine bestimmte Anzahl von Benutzungshandlungen hinaus verhindern (s. dazu auch *Dreier*/Schulze[3] § 69f Rdnr. 12; Wandtke/Bullinger/*Grützmacher*[3] § 69f Rdnr. 15f.).

12 Die Mittel müssen zur **unerlaubten** Beseitigung oder Umgehung des Programmschutzes bestimmt sein. Unter Berufung auf dieses Tatbestandsmerkmal ist angenommen worden, dass Mittel zur Ausschaltung des Kopierschutzes dann nicht unter Abs. 2 fielen, wenn es um die **Herstellung einer Sicherungskopie** nach § 69d Abs. 2 gehe (*Raubenheimer* CR 1996, 69/72; ders. CR 1994, 129/131; *Kreutzer* CR 2006, 804, 807f.; Möhring/Nicolini/*Hoeren*[2] § 69f Rdnr. 16; die AmtlBegr. sieht einen nicht gelösten Konflikt zwischen Art. 5 Abs. 2 und Art. 7 Abs. 1 lit. c der Richtlinie, vgl. BTDrucks. 12/4022 S. 12). Dem ist nicht zu folgen (ebenso *Dreier*/Schulze[3] § 69f Rdnr. 12; Wandtke/Bullinger/*Grützmacher*[3] § 69f Rdnr. 19). § 69d Abs. 2 sieht vor, dass die Erstellung einer Sicherungskopie vertraglich nicht ausgeschlossen werden kann, seinem Wertungsgehalt ist auch zu entnehmen, dass der Erwerber eines Programms ein Recht auf eine Sicherungskopie hat, die Vorschrift gibt aber kein Recht zur Selbsthilfe in Form der Ausschaltung von Programmschutzmechanismen (vgl. näher § 69d Rdnr. 20). Die (eigene) Ausschaltung des Programmschutzes ist also auch zur Erstellung einer Sicherungskopie nicht gestattet; der Anwendung des § 69f kann nicht mit dem Hinweis entgegengetreten werden, man habe das Kopierprogramm nur für die Anfertigung einer Sicherungskopie benutzen wollen (aA Möhring/Nicolini/*Hoeren*[2] § 69f Rdnr. 16). Wie die Rechtsprechungsfälle zeigen, würde auch mit dem Akzeptieren einer solchen Behauptung dem Missbrauch Tür und Tor geöffnet (vgl. dazu etwa die Fälle OLG München CR 1996, 11/13/15; OLG Düsseldorf CR 1997, 337/338; sa. Vorinstanz LG Düsseldorf CR 1996, 737/739).

13 Die Mittel iSd. Abs. 2 müssen die Beseitigung oder Umgehung der Programmschutzmechanismen **erleichtern.** Das bedeutet, dass die Ausschaltung des Programmschutzes nicht ausschließlich auf diesen Mitteln zu beruhen braucht. Es reicht aus, dass sie die Ausschaltung vereinfachen. Der Vernichtungsanspruch wird also nicht dadurch ausgeschlossen, dass der Programmschutz im Wesentlichen durch die Tätigkeit des Programmbenutzers ermöglicht wird.

3. Alleinige Bestimmung

14 Die unerlaubte Ausschaltung des Programmschutzes muss alleinige Bestimmung der Mittel iSd. Abs. 2 sein. Damit werden Programme und sonstige Mittel von der Anwendung des Abs. 2 ausgeschlossen, die legalen Zwecken, etwa der Wartung oder Dekompilierung dienen, dabei aber auch die Ausschaltung von Programmschutzmechanismen ermöglichen. Abs. 2 erfasst grundsätzlich nur solche Programme und sonstige Mittel, die **keinen anderen Bestimmungszweck** haben (*Dreier*/Schulze[3] § 69f Rdnr. 13; Wandtke/Bullinger/*Grützmacher*[3] § 69f Rdnr. 21; Fromm/Nordemann/*Czychowski*[10] § 69f Rdnr. 11; anders wohl *Raubenheimer* CR 1994, 129/131f.). Allerdings ist das „allein dazu bestimmt" nicht streng wörtlich auszulegen; ein Kopierprogramm lässt sich dem Anwendungsbereich des Abs. 2 nicht dadurch entziehen, dass es mit zusätzlichen, nicht der Ausschaltung des Kopierschutzes dienenden Funktionen ausgestattet wird

(LG München I MMR 2008, 839/841). Zumindest sind derartige Fälle unter dem Gesichtspunkt der Umgehung des § 69f Abs. 2 zu erfassen. Ob eine solche alleinige Bestimmung vorliegt, ist objektiv und nicht nach den subjektiven Vorstellungen des Herstellers oder des Verkäufers zu beurteilen (LG München I MMR 2008, 839/841; *Dreier*/Schulze[3] § 69f Rdnr. 13; Wandtke/Bullinger/*Grützmacher*[3] § 69f Rdnr. 21; Fromm/Nordemann/*Czychowski*[10] § 69f Rdnr. 11; Möhring/Nicolini/*Hoeren*[2] § 69f Rdnr. 16). Die an sich bestehenden Abgrenzungsschwierigkeiten verlieren in der Praxis an Gewicht, wenn man die Art und Weise berücksichtigt, wie für solche Programmschutzumgehungsmechanismen geworben wird und wie sie zum Einsatz kommen.

4. Sonstiges

Ebenso wie der Vernichtungsanspruch nach Abs. 1 (vgl. Rdnr. 7) setzt auch der Anspruch 15 nach Abs. 2 **kein Verschulden** voraus. Die Verweisung auf Abs. 1 bezieht sich auch auf Abs. 1 S. 2 iVm. § 98 Abs. 3 und 4, so dass auch der Anspruch nach § 69f Abs. 2 zum einen dem **Verhältnismäßigkeitsgebot** unterliegt (dazu Rdnr. 8), zum anderen der Überlassungsanspruch nach § 98 Abs. 3 besteht.

Anspruchsinhaber ist der Inhaber der Rechte an dem Programm, dessen Programmschutz- 16 mechanismen durch die Mittel nach Abs. 2 ausgeschaltet werden können, regelmäßig also der Programmhersteller. Sind diese Mittel geeignet, die Programmschutzmechanismen **verschiedener Hersteller** auszuschalten, so steht der Vernichtungsanspruch jedem Hersteller zu, der ein Programm mit dem entsprechenden Kopierschutz vertreibt (AmtlBegr. BTDrucks. 12/4022 S. 15).

IV. Gegenstand der Vernichtung und Überlassungsanspruch

Die Ansprüche nach Abs. 1 und 2 richten sich auf **Vernichtung** der Vervielfältigungsstücke 17 bzw. der Programmschutzumgehungsmechanismen. Bei **Computerprogrammen** bedeutet das nicht von vornherein, dass auch die Vernichtung des Programmträgers verlangt werden kann. Dieser ist weder Vervielfältigungsstück des Programms noch Mittel zur Ausschaltung des Programmschutzes, sondern verkörpert diese nur. Unter dem Gesichtspunkt der Verhältnismäßigkeit wird der Berechtigte nur die **Löschung der Speicherung** oder **Neuformatierung** des Datenträgers verlangen können (dazu näher Rdnr. 8; vgl. auch AmtlBegr. BTDrucks. 12/4022 S. 14). Anders ist es, wenn das Programm vom Speichermedium nicht entfernt werden kann, zB bei einer nicht wieder beschreibbaren CD-ROM. Hier unterliegt auch der Datenträger dem Vernichtungsanspruch (s. Rdnr. 8; wegen weiterer Fragen zur Vernichtung vgl. § 98 Rdnr. 7ff.).

Nach Abs. 1 S. 2 iVm. § 98 Abs. 3 kann der Verletzte statt der Vernichtung die **Überlassung** 18 **der Gegenstände** gegen Zahlung einer angemessenen Vergütung verlangen. Das gilt sowohl für die Vervielfältigungsstücke nach Abs. 1 als auch für die Mechanismen zur Ausschaltung des Programmschutzes nach Abs. 2. In Voraussetzungen und Rechtsfolgen weist der Überlassungsanspruch keine Besonderheiten gegenüber dem unmittelbar sich aus § 98 Abs. 3 ergebenden Anspruch auf. Auf die dortige Kommentierung kann verwiesen werden (vgl. § 98 Rdnr. 17f.).

§ 69g Anwendung sonstiger Rechtsvorschriften; Vertragsrecht

(1) **Die Bestimmungen dieses Abschnitts lassen die Anwendung sonstiger Rechtsvorschriften auf Computerprogramme, insbesondere über den Schutz von Erfindungen, Topographien von Halbleitererzeugnissen, Marken und den Schutz gegen unlauteren Wettbewerb einschließlich des Schutzes von Geschäfts- und Betriebsgeheimnissen, sowie schuldrechtliche Vereinbarungen unberührt.**

(2) **Vertragliche Bestimmungen, die in Widerspruch zu § 69d Abs. 2 und 3 und § 69e stehen, sind nichtig.**

Schrifttum: *Dreier,* Verletzung urheberrechtlich geschützter Software nach der Umsetzung der EG-Richtlinie, GRUR 1993, 781; *Lehmann,* Das neue deutsche Softwarerecht, CR 1992, 324; *ders.,* Die Europäische Richtlinie über den Schutz von Computerprogrammen, in Lehmann (Hrsg.), Rechtsschutz und Verwertung von Computerprogrammen, 2. Aufl. 1993, S. 1; *ders.,* Richtlinie des Rates vom 14. Mai 1991 über den Rechtsschutz von Computerprogrammen, Einführung, in Möhring/Schulze/Ulmer/Zweigert (Hrsg.), Quellen des Urheberrechts, Europ.

§ 69g Anwendung sonstiger Rechtsvorschriften; Vertragsrecht

GemeinschaftsR/II/1; *Pres,* Gestaltungsformen urheberrechtlicher Softwarelizenzverträge, 1994; *Raubenheimer,* Die jüngere BGH-Rechtsprechung zum Softwareschutz nach Patentrecht, CR 1994, 328.
Siehe auch die Schrifttumsangaben zu § 69a und vor §§ 69a ff.

Übersicht

	Rdnr.
I. Anwendung sonstiger Rechtsvorschriften	1, 2
II. Nichtigkeit vertraglicher Bestimmungen	3

I. Anwendung sonstiger Rechtsvorschriften

1 § 69g Abs. 1 setzt Art. 9 Abs. 1 S. 1 der Richtlinie um. Unberührt bleibt danach zunächst der Rechtsschutz von Computerprogrammen nach **anderen Schutzrechten,** insbesondere also nach Patentrecht und Markenrecht. Unberührt bleibt ferner der Schutz nach dem **UWG** (s. zum Schutz von Computerprogrammen nach anderen Rechtsvorschriften vor §§ 69a ff. Rdnr. 8 ff.). Die Aufzählung der wirksam bleibenden Rechtsvorschriften in Abs. 1 ist **nicht abschließend** (AmtlBegr. BTDrucks. 12/4022 S. 15). Anwendbar bleiben beispielsweise §§ 823 Abs. 1 und 2, § 826, §§ 812 ff. und § 687 Abs. 2 BGB sowie das Kartellrecht (s. eingehend zur Anwendung sonstiger Rechtsvorschriften Fromm/Nordemann/*Czychowski*[10] § 69g Rdnr. 3 ff.).

2 § 69g Abs. 1 lässt weiter die **vertraglichen Vereinbarungen** über Computerprogramme unberührt, insb. also Lizenzverträge. Dabei ist allerdings zu berücksichtigen, dass nach § 69g Abs. 2 vertragliche Bestimmungen, die in Widerspruch zu § 69d Abs. 2 und 3 sowie zu § 69e stehen, nichtig sind. Dies gilt nicht nur für urheberrechtliche Verträge, sondern wirkt sich auch auf andere Rechtsgebiete aus. So ist beispielsweise ein lizenzvertragliches Verbot der Herstellung von Sicherungskopien oder ein gegen § 69e verstoßendes Dekompilierungsverbot auch dann nichtig, wenn es im Rahmen einer Patent- oder einer Know-how-Lizenz ausgesprochen wird (vgl. auch *Lehmann* in Lehmann [Hrsg.], Rechtsschutz[2], Kap. I A Rdnr. 25; *Raubenheimer* CR 1994, 328/334; *Dreier* GRUR 1993, 781/784).

II. Nichtigkeit vertraglicher Bestimmungen

3 § 69g Abs. 2 setzt Art. 9 Abs. 1 S. 2 der Richtlinie um. § 69d Abs. 2 und 3 sowie § 69e sind zwingendes Recht, vertragliche Bestimmungen, die gegen diese Vorschriften verstoßen, sind nichtig. § 69g Abs. 2 ist nicht auf § 69d Abs. 1 anwendbar (allerdings enthält § 69d Abs. 1 einen vertraglich nicht abdingbaren zwingenden Kern von Benutzerbefugnissen, vgl. § 69d Rdnr. 13). Gemäß § 137d Abs. 2 fallen auch vor dem 24. Juni 1993 geschlossene Verträge **(Altverträge)** unter § 69g Abs. 2. Nichtig sind in Widerspruch zu § 69d Abs. 2 und 3 und § 69e stehende Vertragsbestimmungen auch dann, wenn die Verträge andere Schutzrechte zum Gegenstand haben (vgl. Rdnr. 2). Die Nichtigkeit ist **auf die Vertragsbestimmungen beschränkt,** die gegen § 69d Abs. 2 und 3 bzw. gegen § 69e verstoßen; die übrigen Vertragsteile werden von der Nichtigkeit nicht erfasst. Das entspricht dem Grundsatz, dass bei Verbotsnormen, die eine Vertragspartei vor nachteiligen Klauseln schützen sollen, nur die nachteiligen Klauseln nichtig sind und das Rechtsgeschäft im Übrigen wirksam bleibt; §§ 69d und 69e iVm. § 69g stellen solche Schutznormen dar (*Dreier*/Schulze[3] § 69g Rdnr. 3). – Die Unwirksamkeit von Bestimmungen in Verträgen über Computerprogramme kann sich ferner unter dem Gesichtspunkt der Kontrolle Allgemeiner Geschäftsbedingungen aus §§ 305 ff. BGB ergeben, gegebenenfalls auch aus kartellrechtlichen Vorschriften.

Teil 2. Verwandte Schutzrechte

Abschnitt 1. Schutz bestimmter Ausgaben

§ 70 Wissenschaftliche Ausgaben

(1) Ausgaben urheberrechtlich nicht geschützter Werke oder Texte werden in entsprechender Anwendung der Vorschriften des Teils 1 geschützt, wenn sie das Ergebnis wissenschaftlich sichtender Tätigkeit darstellen und sich wesentlich von den bisher bekannten Ausgaben der Werke oder Texte unterscheiden.

(2) Das Recht steht dem Verfasser der Ausgabe zu.

(3) ¹Das Recht erlischt fünfundzwanzig Jahre nach dem Erscheinen der Ausgabe, jedoch bereits fünfundzwanzig Jahre nach der Herstellung, wenn die Ausgabe innerhalb dieser Frist nicht erschienen ist. ²Die Frist ist nach § 69 zu berechnen.

Schrifttum: *Gentz,* Schutz von wissenschaftlichen und Erst-Ausgaben im musikalischen Bereich, UFITA 52 (1969) 135; *Gounalakis,* Urheberrechtsschutz für die Bibel?, GRUR 2004, 996; *Hubmann* (Hrsg.), Rechtsprobleme musikwissenschaftlicher Editionen, 1982; *Katzenberger,* Urheberrechtliche und urhebervertragsrechtliche Fragen bei der Edition philosophischer Werke, GRUR 1984, 319; *Klinkenberg,* Urheber- und verlagsrechtliche Aspekte des Schutzes wissenschaftlicher Ausgaben nachgelassener Werke, GRUR 1985, 419; *Lührig,* Die Revision der Lutherbibel – eine schöpferische Leistung?, WRP 2003, 1269; *Möhring,* Der Schutz wissenschaftlicher Ausgaben im Urheberrecht, in Homo creator, Fs. für Alois Troller, 1976, S. 153; *Rehbinder,* Zum Rechtsschutz der Herausgabe historischer Texte, UFITA 106 (1987) 255; *Ruzicka,* Zum Leistungsschutzrecht des Wissenschaftlers nach § 70 UrhG, UFITA 84 (1979) 65.

Übersicht

	Rdnr.
I. Allgemeines	1–4
1. Zweck und Bedeutung der Norm	1, 2
2. Verhältnis zu anderen Vorschriften	3, 4
II. Schutzvoraussetzungen	5–9
1. Urheberrechtlich nicht geschützte Werke oder Texte	5
2. Ausgabe	6
3. Wissenschaftlich sichtende Tätigkeit	7
4. Wesentliche Unterscheidung von bisher bekannten Ausgaben	8, 9
III. Inhalt des Schutzrechts	10, 11
IV. Rechtsinhaberschaft	12
V. Entstehung und Dauer des Schutzes	13, 14

I. Allgemeines

Die wissenschaftliche Edition nachgelassener Werke oder Texte, wie alter Handschriften oder Inschriften, stellt häufig eine **bedeutende wissenschaftliche Leistung** dar, die mit erheblichem Aufwand an Arbeit und Kosten verbunden zu sein pflegt. Die dafür erforderliche wissenschaftlich sichtende Tätigkeit, die im Allgemeinen eingehende historische und fachwissenschaftliche Kenntnisse sowie die genaue Beherrschung der entsprechenden wissenschaftlichen Methoden erfordert, schlägt sich aber im Gegensatz zu anderen Formen der Publikation wissenschaftlicher Ergebnisse nur in geringerem Umfang in einer urheberrechtlich schutzfähigen Leistung nieder. Urheberschutz ist nur dort möglich, wo eigenes Werkschaffen vorliegt, und dafür kommen nur eigene Ergänzungen, Anmerkungen und Kommentierungen, insb. der „wissenschaftliche Apparat", in Betracht (sa. Rdnr. 3), nicht hingegen die Herausgabe des Werkes bzw. Textes selbst, die insofern nur eine Wiedergabe fremder Geistestätigkeit darstellt (vgl. auch KG GRUR 1973, 602/604 – Hauptmann-Tagebücher). Diese noch im LUG und KUG bestehende Schutzlücke hat das UrhG 1965 dadurch geschlossen, dass es dem Verfasser der Edition ein Leistungsschutzrecht gewährt, das in seinem Inhalt, abgesehen von der Schutzdauer, dem Urheberrecht voll entspricht. – Zur historischen Entwicklung des Schutzes wissenschaftlicher Ausgaben vgl. *Rehbinder* UFITA 106 (1987) 255/260 ff. 1

Trotz des unabweisbaren Bedürfnisses eines Schutzes der wissenschaftlichen Edition (vgl. Rdnr. 1) ist die **praktische Bedeutung** des § 70, gemessen an der Zahl gerichtlich entschiedener Fälle, relativ gering geblieben. Das dürfte vor allem darauf zurückzuführen sein, dass im 2

§ 70

wissenschaftlichen Bereich Streitigkeiten eher innerhalb der „scientific community" als unter Inanspruchnahme der Gerichte ausgetragen werden, zumal die Verhältnisse hier oft durch persönliche Beziehungen, traditionell auch durch hierarchische Abhängigkeitsverhältnisse gekennzeichnet sind (vgl. dazu auch *Katzenberger* GRUR 1984, 319 f.).

2. Verhältnis zu anderen Vorschriften

3   Neben der nach § 70 geschützten wissenschaftlich sichtenden Tätigkeit, die selbst keine persönliche geistige Schöpfung darstellt (vgl. Rdnr. 1), pflegen wissenschaftliche Editionen auch Teile zu enthalten, die auf **eigenem Werkschaffen** des Verfassers der Edition beruhen. Neben dem Werktext findet sich der wissenschaftliche Apparat, der text- und quellenkritische Bericht des Verfassers in Form von Kommentaren, Anmerkungen oder Abhandlungen, die im Allgemeinen das für eine persönliche geistige Schöpfung erforderliche Niveau erreichen. Das Gleiche gilt für vom Verfasser vorgenommene Ergänzungen des Originaltextes an Stellen, an denen dessen authentische Wiederherstellung nicht möglich war (vgl. dazu für musikwissenschaftliche Editionen *Hofmann* in *Hubmann* [Hrsg.] S. 17 ff.). Solche Teile unterliegen, sofern sie eine persönliche geistige Schöpfung verkörpern, dem **Urheberrechtsschutz** (KG GRUR 1991, 596/597 – Schopenhauer-Ausgabe; *Dreier/Schulze*[3] § 70 Rdnr. 3; Fromm/Nordemann/*A. Nordemann*[10] § 70 Rdnr. 6; Wandtke/Bullinger/*Thum*[3] § 70 Rdnr. 32; *Schricker,* Verlagsrecht[3] §§ 39/40 Rdnr. 1; *Schack*[4], Urheber- und Urhebervertragsrecht, Rdnr. 659; *Ulmer*[3] § 22 I 2). Dieser kann sich nicht nur aus § 2, sondern bei Vorliegen der entsprechenden Voraussetzungen auch aus § 3 oder § 4 ergeben. Der Urheberrechtsschutz beschränkt sich aber auf diejenigen Teile, die eine schöpferische Leistung des Verfassers der Edition darstellen, er umfasst weder den edititerten Text noch die auf der wissenschaftlich sichtenden Tätigkeit beruhende Herausgabe des Textes, die Wiedergabe fremder Geistestätigkeit ist. § 70 gewährt das **Leistungsschutzrecht unabhängig von** einem etwa bestehenden **Urheberrechtsschutz** (AmtlBegr. BTDrucks. IV/270 S. 87); Urheberrechtsschutz und Leistungsschutz schließen sich also nicht aus. Bei einer Verletzung urheberrechtlich geschützter Teile der Edition wird man sich freilich am ehesten auf das Urheberrecht stützen.

4   Während § 70 die in der Herstellung der Edition liegende wissenschaftliche Leistung schützt, gewährt **§ 71** Schutz für die Erstausgabe nachgelassener Werke, die auf diese Weise der Öffentlichkeit zugänglich gemacht werden (vgl. § 71 Rdnr. 1). Beide Tatbestände können zusammentreffen, wenn die wissenschaftliche Edition zugleich eine Erstausgabe darstellt. Sind die Voraussetzungen beider Vorschriften erfüllt, so entsteht sowohl ein Leistungsschutzrecht nach § 70, das dem Verfasser der wissenschaftlichen Edition zusteht, als auch ein Leistungsschutzrecht nach § 71, das dem Herausgeber zusteht. Ist der Verfasser mit dem Herausgeber identisch, so stehen ihm beide Rechte unabhängig voneinander zu, er kann sich auf beide Rechte stützen. Fallen Verfasser und Herausgeber auseinander, so muss sich der Herausgeber vom Verfasser der wissenschaftlichen Ausgabe für die Herausgabe das Recht zur Vervielfältigung und Verbreitung einräumen lassen.

II. Schutzvoraussetzungen

1. Urheberrechtlich nicht geschützte Werke oder Texte

5   Das Leistungsschutzrecht des § 70 hat Ausgaben urheberrechtlich nicht geschützter Werke oder Texte zum Gegenstand. Es darf also **kein Urheberrechtsschutz** bestehen; besteht solcher Schutz, so stellt die Herausgabe keine schützenswerte Leistung dar und bedarf der Zustimmung des Rechtsinhabers. Aus welchem Grund der Schutz fehlt, ist unerheblich (Mestmäcker/Schulze/*Hertin* § 70 Rdnr. 7). Unter **Werken** sind Gestaltungen zu verstehen, die an sich vom schöpferischen Niveau her schutzfähig, aber im konkreten Fall nicht geschützt sind, etwa wegen Ablaufs der Schutzfrist oder weil es sich um nach § 5 vom Schutz ausgeschlossene amtliche Werke handelt (Wandtke/Bullinger/*Thum*[3] § 70 Rdnr. 2, 5 f.; aA Fromm/Nordemann/*A. Nordemann*[10] § 70 Rdnr. 11; *Dreier/Schulze*[3] § 70 Rdnr. 5). Auch wenn die Einbeziehung nicht schutzfähiger Gestaltungen wünschenswert sein mag (so Fromm/Nordemann/*A. Nordemann*[10] § 70 Rdnr. 11), ergibt sich die Absicht des Gesetzgebers doch klar aus der Gegenüberstellung von Werken und Texten, die anderenfalls sinnlos wäre (ebenso Wandtke/Bullinger/*Thum*[3] § 70 Rdnr. 6); soweit es um die Herausgabe nicht schutzfähiger Gestaltungen geht, lassen sich Sprachgebilde als Texte erfassen, im Übrigen kommt allenfalls eine analoge Anwendung in Betracht. Es kommen alle in § 2 Abs. 1 genannten Werkarten in Frage; auch die Edition von Musikwerken, alten Karten oder Plänen usw. kann nach § 70 geschützt sein (*Dreier/Schulze*[3]

§ 70 Rdnr. 5; Wandtke/Bullinger/*Thum*³ § 70 Rdnr. 2). **Texte** sind schutzunfähige Sprachgebilde, die die Voraussetzungen einer persönlichen geistigen Schöpfung nicht aufweisen, etwa Inschriften, Chroniken oder Briefe, denen die erforderliche Individualität fehlt (Dreyer/Kotthoff/*Meckel*² § 70 Rdnr. 7; *Möhring*, Fs. für Troller, S. 153/160 f.).

2. Ausgabe

Die **Ausgabe** braucht nicht in schriftlicher Form zu erfolgen; jede Festlegungsform reicht aus, beispielsweise auch die Festlegung auf Ton- oder Bildträger oder die Festlegung in digitaler Form (*Dreier*/Schulze³ § 70 Rdnr. 6; Fromm/Nordemann/*A. Nordemann*¹⁰ § 70 Rdnr. 10; Loewenheim/*A. Nordemann*, Handbuch des Urheberrechts², § 44 Rdnr. 4). Anders als bei § 71 braucht es sich bei § 70 nicht um eine Erstausgabe zu handeln. 6

3. Wissenschaftlich sichtende Tätigkeit

Die Edition muss das Ergebnis wissenschaftlich sichtender Tätigkeit sein. Nur für die wissenschaftlich fundierte Herstellung eines in dieser Form bisher unbekannten Originaltextes wird das Schutzrecht gewährt, nicht dagegen für dieses Niveau nicht erreichende Tätigkeiten, etwa das bloße Auffinden eines alten Schriftstücks (AmtlBegr. BTDrucks. IV/270 S. 87). Erforderlich ist eine **sichtende, ordnende und abwägende Tätigkeit unter Anwendung wissenschaftlicher Methoden** (BGH GRUR 1975, 667/668 – Reichswehrprozess). Der Regelfall ist die text- und quellenkritische Arbeit zur Rekonstruktion der (verlorengegangenen) Originalfassung. Wissenschaftlich sichtende Tätigkeit liegt aber auch noch vor bei der Vergleichung umfangreichen und zum Teil widersprüchlichen Zeitungsmaterials, dessen kritischer Sichtung und Klassifizierung nach Wahrscheinlichkeits- und Häufigkeitsgesichtspunkten mit dem Ziel, den Ablauf eines Prozesses zu rekonstruieren (BGH GRUR 1975, 667/668 – Reichswehrprozess). Ein wissenschaftlicher Apparat in Form von Anmerkungen oder Fußnoten ist nicht erforderlich, stellt aber ein Indiz für die Anwendung wissenschaftlicher Methoden dar (*Dreier*/Schulze³ § 70 Rdnr. 7; Fromm/ Nordemann/*A. Nordemann*¹⁰ § 70 Rdnr. 15; Wandtke/Bullinger/*Thum*³ § 70 Rdnr. 10; Loewenheim/*A. Nordemann*, Handbuch des Urheberrechts², § 44 Rdnr. 8; Mestmäcker/Schulze/*Hertin* § 70 Rdnr. 11). Als schutzrechtsbegründende Kriterien wurden in der Rechtsprechung ferner angesehen die Modernisierung von Rechtschreibung und Zeichensetzung, die Einfügung von altsprachlichen Übersetzungen und deren Berichtigung, die Bearbeitung sämtlicher bisher erschienenen Ausgaben, um die Textunterschiede philologisch festzuhalten, die Anordnung der Schriften in der editorisch richtigen Reihenfolge sowie die Schaffung eines in dieser Form bislang nicht existierenden Personen- und Begriffsregisters (KG GRUR 1991, 596/597 – Schopenhauer-Ausgabe). Erreicht die wissenschaftlich sichtende Tätigkeit schöpferisches Niveau, so entsteht insoweit ein Urheberrecht (vgl. Rdnr. 3). Einen Grenzfall bildet die Entscheidung BGH GRUR 1975, 667 – Reichswehrprozess; dazu kritisch *Ruzicka* UFITA 84 (1979) 65 ff. 7

4. Wesentliche Unterscheidung von bisher bekannten Ausgaben

Die Edition muss sich wesentlich von bisher bekannten Ausgaben der Werke bzw. Texte unterscheiden. Diese Tatbestandsvoraussetzung soll der **Rechtssicherheit** dienen: Würden auch Editionen geschützt, die sich von bereits bekannten Ausgaben nicht oder nur unwesentlich unterscheiden, so ließe sich bei einer Verwertung nicht feststellen, welche der Editionen benutzt wurde (vgl. AmtlBegr. BTDrucks. IV/270 S. 87). Von diesem Normzweck her ist der Begriff der **wesentlichen Unterscheidung** zu bestimmen: bei einer Verwertung muss sich ohne weiteres feststellen lassen, welche der Ausgaben zugrundegelegt wurde (*Dreier*/Schulze³ § 70 Rdnr. 8; Fromm/Nordemann/*A. Nordemann*¹⁰ § 70 Rdnr. 16; Loewenheim/*A. Nordemann*, Handbuch des Urheberrechts², § 44 Rdnr. 9; eingehend Wandtke/Bullinger/*Thum*³ § 70 Rdnr. 11 ff.; Mestmäcker/Schulze/*Hertin* § 70 Rdnr. 14; Dreyer/*Kotthoff*/Meckel² § 70 Rdnr. 7 im Anschluss an *v. Gamm* Rdnr. 7, die die gleichen Anforderungen wie bei einer freien Benutzung nach § 24 stellen wollen). Das Erfordernis der Unterscheidung von bisher bekannten Ausgaben besteht naturgemäß nur, wenn solche bisher bekannten Ausgaben existieren; der Verfasser eines wissenschaftlich edierten Werkes kann nicht deswegen schutzlos bleiben, weil er der Erste ist, der sich dieser Aufgabe unterzogen hat. 8

Der **Schutz** nach § 70 ist daher **zu versagen**, wenn auf Grund aufwändiger quellenkritischer Arbeit eine Originalfassung rekonstruiert wird, die sich von bereits bekannten Fassungen des Werkes kaum unterscheidet, etwa wenn sie zu dem Ergebnis führt, dass eine bisher unbekannte Originalfassung mit einer bekannten Edition vollständig oder doch im Wesentlichen überein- 9

§ 70

stimmt (AmtlBegr. BTDrucks. IV/270 S. 87; sa. LG München I ZUM-RD 2007, 212/215). An einer wesentlichen Unterscheidung fehlt es regelmäßig auch dann, wenn bereits bekannte Einzelwerke in einem Gesamtwerk zusammengefasst oder in veränderter Reihenfolge vorgelegt werden (*Möhring* Fs. für Troller, S. 161); wohl aber können in solchen Fällen die Voraussetzungen des § 4 erfüllt sein. Zum Kriterium der wesentlichen Unterscheidung bei **Musikwerken** vgl. Wandtke/Bullinger/*Thum*[3] § 70 Rdnr. 15 ff. mwN.

III. Inhalt des Schutzrechts

10   Abgesehen von der Schutzdauer (dazu Rdnr. 14) entspricht der durch § 70 gewährte Schutz **voll dem urheberrechtlichen Schutz** (vgl. auch AmtlBegr. BTDrucks. IV/270 S. 87). Dem Verfasser der Edition stehen ua. die **urheberpersönlichkeitsrechtlichen Befugnisse** der §§ 12–14 zu, insbesondere auch das Recht auf Namensnennung (dazu für Arbeits- und Dienstverhältnisse näher *Katzenberger* GRUR 1984, 319/322 f.; vgl. auch BGH GRUR 1978, 360 – Hegel-Archiv). Der Verfasser hat ferner die **Verwertungsrechte** der §§ 15–23, insbesondere also das Vervielfältigungsrecht und das Verbreitungsrecht; er kann auch im Rahmen des § 23 **Bearbeitungen** seiner Edition untersagen, die Grenze bildet § 24. Die Übertragung des Leistungsschutzrechts ist im gleichen Umfang wie beim Urheberrecht ausgeschlossen, dafür können **Nutzungsrechte** am Leistungsschutzrecht nach §§ 31 ff. eingeräumt werden. Ebenso finden die Vorschriften über die **Schranken** des Urheberrechts Anwendung; insbesondere unterliegen Vervielfältigungen den Schranken des § 53 und der Vergütungspflicht der §§ 54 ff.

11   Der durch § 70 gewährte **Schutz beschränkt sich auf die vom Verfasser** der Edition in wissenschaftlich sichtender Tätigkeit **geschaffene Fassung** des Werkes bzw. Textes. Geschützt ist, was auf der wissenschaftlich sichtenden Tätigkeit beruht; nur diejenigen Teile genießen den Schutz des § 70, in denen sich die wissenschaftliche Leistung manifestiert (Fromm/Nordemann/ *A. Nordemann*[10] § 70 Rdnr. 18; Loewenheim/*A. Nordemann,* Handbuch des Urheberrechts[2], § 44 Rdnr. 11; Wandtke/Bullinger/*Thum*[3] § 70 Rdnr. 19; Mestmäcker/Schulze/*Hertin* § 70 Rdnr. 20; *Klinkenberg* GRUR 1985, 419/421; sa. *Ulmer*[3] § 118 I 3). Anders als nach § 71 (vgl. dort Rdnr. 12) ist also nicht das Werk als solches geschützt. Die Benutzung anderer Ausgaben kann nicht untersagt werden, ebensowenig derjenigen Teile der Ausgabe, in der die wissenschaftlich sichtende Tätigkeit nicht zum Ausdruck kommt. Gleichermaßen ist es zulässig, unter Benutzung des Quellenmaterials eine neue Ausgabe zu erstellen. Selbst wenn diese Ausgabe mit der vorhergehenden Edition identisch ist, liegt keine Verletzung des Leistungsschutzrechts des ersten Verfassers vor (Fromm/Nordemann/*A. Nordemann*[10] § 70 Rdnr. 18; Dreyer/Kotthoff/ *Meckel*[2] § 70 Rdnr. 11; *Ulmer* in Hubmann [Hrsg.] S. 41), allerdings ist die neue Ausgabe dann ihrerseits wegen fehlender Unterscheidung von früheren Ausgaben nicht schutzfähig (Loewenheim/*A. Nordemann,* Handbuch des Urheberrechts[2], § 44 Rdnr. 11), auch darf sie nicht in einer das Leistungsschutzrecht des ersten Verfassers verletzenden Weise verwertet werden (Möhring/ Nicolini/*Kroitzsch*[2] § 70 Rdnr. 8; *Schack*[4], Urheber- und Urhebervertragsrecht, Rdnr. 657).

IV. Rechtsinhaberschaft

12   Schutzrechtsinhaber ist gemäß Abs. 2 der **Verfasser der Ausgabe,** also der Musik- oder Literaturwissenschaftler, der die wissenschaftlich sichtende Tätigkeit erbracht hat, nicht aber der Verlag oder das Institut, für das er tätig wird (AmtlBegr. BTDrucks. IV/270 S. 87; *Dreier*/Schulze[3] § 70 Rdnr. 10; Fromm/Nordemann/*A. Nordemann*[10] § 70 Rdnr. 19; Wandtke/Bullinger/*Thum*[3] § 70 Rdnr. 23; Mestmäcker/Schulze/*Hertin* § 70 Rdnr. 22; zur Problematik bei Arbeits- und Dienstverhältnissen eingehend *Katzenberger* GRUR 1984, 319/321 ff.; bei musikwissenschaftlichen Editionen *Hofmann* in Hubmann [Hrsg.] S. 17 ff.). Anders als bei § 71 kann Schutzrechtsinhaber nur eine **natürliche Person** sein; das ergibt sich bereits aus der urheberpersönlichkeitsrechtlichen Komponente des Schutzrechts. Die **Wahrnehmung** der Rechte an wissenschaftlichen Ausgaben von Musikwerken erfolgt durch die VG Musikedition.

V. Entstehung und Dauer des Schutzes

13   Der **Schutz entsteht,** wie sich aus Abs. 3 ergibt, mit der Herstellung der Fassung des Werkes oder Textes, also bereits mit der Erstellung des Manuskripts und nicht erst mit der Veröffentli-

chung oder dem Erscheinen der Ausgabe (*Dreier*/Schulze³ § 70 Rdnr. 12; Wandtke/Bullinger/ *Thum*³ § 70 Rdnr. 25; *Ulmer*³ § 118 I 2; *Gentz* UFITA 52 [1969] 135/145). Ist das Schutzrecht durch die Herstellung des Manuskripts entstanden, so bleibt es auch erhalten, wenn vor der Veröffentlichung eine andere Ausgabe erscheint (Wandtke/Bullinger/*Thum*³ § 70 Rdnr. 25; Dreier/ Schulze³ § 70 Rdnr. 12; *Ulmer* in Hubmann [Hrsg.] S. 44).

Die **Schutzdauer** beträgt 25 Jahre ab Erscheinen (zum Begriff des Erscheinens § 6 Abs. 2) bzw. 25 Jahre ab Herstellung, wenn innerhalb dieser Zeit die Ausgabe nicht erschienen ist (Abs. 3 S. 1). Die Fristberechnung erfolgt nach § 69, dh. sie beginnt mit Ablauf des Kalenderjahres, in das das Erscheinen bzw. die Herstellung fällt. Ursprünglich betrug die Schutzdauer nur 10 Jahre, weil der Gesetzgeber von 1965 eine zu starke Behinderung der wissenschaftlichen Arbeit befürchtete (AmtlBegr. BTDrucks. IV/270 S. 87). Durch das Produktpirateriegesetz v. 7. 3. 1990 (BGBl. I S. 422) wurde die Schutzdauer auf 25 Jahre verlängert, weil die 10-jährige Schutzfrist im Vergleich zur 25jährigen Schutzfrist anderer Leistungsschutzrechte nicht mehr zu vertreten war (AmtlBegr. BTDrucks. 11/5744 S. 35; sa. den Bericht der Bundesregierung über die Auswirkungen der Urheberrechtsnovelle 1985, BTDrucks. 11/4929 S. 33).

14

§ 71 Nachgelassene Werke

(1) ¹Wer ein nicht erschienenes Werk nach Erlöschen des Urheberrechts erlaubterweise erstmals erscheinen läßt oder erstmals öffentlich wiedergibt, hat das Recht, das Werk zu verwerten. ²Das gleiche gilt für nicht erschienene Werke, die im Geltungsbereich dieses Gesetzes niemals geschützt waren, deren Urheber aber schon länger als siebzig Jahre tot ist. ³Die §§ 5 und 10 Abs. 1 sowie die §§ 15 bis 24, 26, 27, 44a bis 63 und 88 sind sinngemäß anzuwenden.

(2) **Das Recht ist übertragbar.**

(3) ¹**Das Recht erlischt fünfundzwanzig Jahre nach dem Erscheinen des Werkes oder, wenn seine erste öffentliche Wiedergabe früher erfolgt ist, nach dieser.** ²**Die Frist ist nach § 69 zu berechnen.**

Schrifttum: *Büscher*, Concertion Veneziano – Über die Schutzfähigkeit von Werken älterer Komponisten, Fs. für Raue, 2006, 363; *Dietz*, Die Schutzdauer-Richtlinie der EU, GRUR Int. 1995, 670; *Eberl*, Himmelscheibe von Nebra, GRUR 2006, 1009; *Ekrutt*, Der Schutz der „editio princeps", UFITA 84 (1979) 45; *Gentz*, Schutz von wissenschaftlichen und Erst-Ausgaben im musikalischen Bereich, UFITA 52 (1969) 135; *Götting/Lauber-Rönsberg*, Der Schutz nachgelassener Werke, GRUR 2006; *Götting/Lauber-Rönsberg*, Noch einmal: Die Himmelscheibe von Nebra, GRUR 2007, 303; *Hubmann* (Hrsg.), Rechtsprobleme musikwissenschaftlicher Editionen, 1982; *Juranek*, Harmonisierung der urheberrechtlichen Schutzfristen in der EU, 1994; *Kleinheisterkamp*, Der Schutz des Herausgebers nach § 71 UrhG im internationalen Vergleich, ZUM 1989, 548; *Klinkenberg*, Urheber- und verlagsrechtliche Aspekte des Schutzes wissenschaftlicher Ausgaben nachgelassener Werke, GRUR 1985, 419; *v. Lewinski*, Richtlinie des Rates vom 29. Oktober 1993 zur Harmonisierung der Schutzdauer des Urheberrechts und bestimmter verwandter Schutzrechte, in *Möhring/Schulze/Ulmer/Zweigert* (Hrsg.), Quellen des Urheberrechts, Europ. GemeinschaftsR/II/4; *Rehbinder*, Zum Rechtsschutz der Herausgabe historischer Texte, UFITA 106 (1987) 255; *Rüberg*, Mo(n)tezumas späte Rache, ZUM 2006, 122; *Stroh*, Der Schutz nachgelassener Werke gemäß § 71 UrhG, Fs. für Nordemann, 1999, S. 269; *Vogel*, Die Umsetzung der Richtlinie zur Harmonisierung der Schutzdauer des Urheberrechts und bestimmter verwandter Schutzrechte, ZUM 1995, 451; *Waitz*, Das Leistungsschutzrecht am nachgelassenen Werk, 2008; *Walter*, Der Schutz nachgelassener Werke nach der EG-Schutzdauer-Richtlinie, im geänderten deutschen Urheberrecht und nach der österreichischen UrhG-Novelle 1996, Fs. für Beier, 1996, S. 425.

Übersicht

	Rdnr.
I. Zweck und Bedeutung der Norm	1–5
II. Schutzvoraussetzungen	6–11
1. Das veröffentlichte Werk	6–9
a) Werke	6
b) Nichterschienensein	7, 8
c) Erloschensein (Abs. 1 S. 1) oder Nichtbestehen (Abs. 1 S. 2) des Urheberschutzes	9
2. Die Veröffentlichung	10, 11
a) Erstmaliges Erscheinenlassen und erstmalige öffentliche Wiedergabe des Werkes	10
b) Erlaubterweise	11
III. Inhalt des Schutzrechts	12, 13
IV. Rechtsinhaberschaft	14
V. Entstehung und Dauer des Schutzes	15

§ 71

I. Zweck und Bedeutung der Norm

1 § 71 gewährt einen Schutz für die **Erstausgabe** (editio princeps) oder **erstmalige öffentliche Wiedergabe nachgelassener Werke,** deren urheberrechtliche Schutzfrist abgelaufen ist. Anders als § 70 setzt § 71 keine wissenschaftliche Leistung voraus, sondern knüpft allein an die Tatsache an, dass jemand ein bisher noch nicht veröffentlichtes Werk nach Ablauf der Schutzfrist der Öffentlichkeit zugänglich macht. Das können Bücher und sonstige Schriften, Aufzeichnungen von Musikwerken sowie Kunstwerke aller Art sein. Der Gesetzgeber ging mit Recht davon aus, dass das Auffinden, Sammeln und die Herausgabe solcher Werke auch dann, wenn eine wissenschaftlich-textkritische Bearbeitung entbehrlich ist, oft einen erheblichen Arbeits- und Kostenaufwand erfordern, der es gerechtfertigt erscheinen lässt, dem Herausgeber für eine gewisse Zeit das ausschließliche Recht zur Verwertung der Ausgabe zu gewähren (AmtlBegr. BTDrucks. IV/270 S. 87 f.). Zugleich wurde herausgestellt, dass der Allgemeinheit der bleibende Besitz des Werkes vermittelt wird (AmtlBegr. aaO S. 88). Der **Normzweck** des § 71 lässt sich also in dreifacher Hinsicht bestimmen: Erstens findet die Leistung Anerkennung, die im Auffinden des Werkes, dem Erkennen seines Wertes und seiner Veröffentlichung liegt; zweitens wird der Herausgeber der editio princeps dafür belohnt, dass er durch die Veröffentlichung das Werk der Allgemeinheit zugänglich macht und drittens soll durch das Schutzrecht ein Anreiz für die Veröffentlichung nachgelassener Werke geboten werden (LG Magdeburg GRUR 2004, 672/673 – Himmelsscheibe von Nebra; Wandtke/Bullinger/ *Thum*³ § 71 Rdnr. 1; Möhring/Nicolini/*Kroitzsch*² § 71 Rdnr. 5; *Walter*, Fs. für Beier, S. 425/429). – Zum **Verhältnis zu § 70** vgl. dort Rdnr. 4.

2 **Entstehungsgeschichte: Vor Inkrafttreten des Urheberrechtsgesetzes** 1965 bestand für die Erstherausgabe nachgelassener Werke kein besonderes Schutzrecht, es gab lediglich eine Verlängerung der urheberrechtlichen Schutzfrist: war ein Werk nicht innerhalb der normalen Schutzfrist von 50 Jahren post mortem auctoris veröffentlicht, so erlosch der Urheberschutz gemäß § 29 S. 1 LUG erst, wenn 10 Jahre seit Veröffentlichung des Werks verstrichen waren (vgl. zur historischen Entwicklung auch *Rehbinder* UFITA 106 [1987] 255/260 ff.). Diese Regelung war in zweifacher Hinsicht unbefriedigend: einmal führte sie zu einer Verewigung des Urheberrechts an unveröffentlichten Werken, zum anderen kam der Schutz nicht dem Herausgeber zugute, der die schutzwürdige Leistung erbracht hatte, sondern den Erben des Urhebers, die nichts zu ihr beigetragen hatten. Aus den in Rdnr. 1 genannten Gründen wurde deshalb mit dem **Urheberrechtsgesetz 1965** das Leistungsschutzrecht des § 71 eingeführt. Dieser Schutz knüpfte an das Erscheinenlassen eines bisher nicht erschienenen nachgelassenen Werkes an und gewährte dem Herausgeber das ausschließliche Recht der Vervielfältigung und Verbreitung sowie der öffentlichen Wiedergabe von Vervielfältigungsstücken des Werkes. Durch das **Produktpirateriegesetz** v. 7. 3. 1990 (BGBl. I S. 422) wurde die ursprünglich bestehende Schutzfrist von 10 Jahren auf 25 Jahre verlängert (dazu Rdnr. 15). Durch das **3. UrhGÄndG** v. 23. 6. 1995 (BGBl. I S. 842, in Kraft getreten am 1. 7. 1995), wurde Art. 4 der Schutzdauerrichtlinie (Richtlinie 93/98/EWG des Rates vom 29. Oktober 1993 zur Harmonisierung der Schutzdauer des Urheberrechts und bestimmter verwandter Schutzrechte; ABl. Nr. L 290 S. 9, abgedr. in GRUR Int. 1994, 141) umgesetzt. Durch das Gesetz zur Stärkung der vertraglichen Stellung von Urhebern und ausübenden Künstlern (BGBl. I S. 1155) wurde mit Wirkung vom 1. 7. 2002 Abs. 1 S. 3 eingefügt, der durch die Gesetze v. 7. 7. 2008 (BGBl. I S. 1191) und 26. 10. 2007 (BGBl. I S. 2513) um die Verweisung auf § 44a und § 10 Abs. 1 erweitert wurde.

3 Durch die **Neufassung** von 1995 (Rdnr. 2) hat der Tatbestand des § 71 eine in mehrfacher Hinsicht **problematische Erweiterung** erfahren. Die Vorschrift knüpft nicht mehr an das erstmalige Erscheinen, sondern auch an die **erstmalige öffentliche Wiedergabe** an. Soweit der Schutz dadurch entstehen soll, darf also das Werk bisher nicht öffentlich wiedergegeben sein; die (den Schutz begründen sollende) öffentliche Wiedergabe wäre sonst nicht erstmalig (vgl. näher Rdnr. 7). Der Gesetzgeber von 1965 hatte auf ein solches Kriterium unter dem Aspekt der Rechtssicherheit mit der zutreffenden Begründung verzichtet, dass eine öffentliche Wiedergabe im Gegensatz zum Erscheinen keine Spuren hinterlasse und dass sich deshalb kaum jemals mit Sicherheit feststellen lasse, ob früher bereits einmal eine öffentliche Wiedergabe und damit eine Veröffentlichung stattgefunden habe (AmtlBegr. BTDrucks. IV/270 S. 88; Wandtke/ Bullinger/ *Thum*³ § 71 Rdnr. 5). Wie dieses Problem gerade bei alten Werken gelöst werden soll, ist offen; das Leistungsschutzrecht des § 71 wird jedenfalls mit dem Risiko behaftet sein, dass von dritter Seite eine Vorveröffentlichung in Form einer öffentlichen Wiedergabe erfolgreich geltend gemacht wird (sa. LG München I ZUM-RD 2007, 212; *Dietz* GRUR Int. 1995, 670/

680). Der Gesetzgeber von 1965 hatte auch aus guten Gründen das Schutzrecht nur für das erstmalige Erscheinenlassen und nicht für die erstmalige öffentliche Wiedergabe gewährt, weil erst durch das Erscheinenlassen, also die Herstellung und Verbreitung von Vervielfältigungsstücken, der Allgemeinheit der bleibende Besitz des Werkes vermittelt wird (AmtlBegr. aaO; s. dazu auch *Walter*, Fs. für Beier, S. 425/432; *Stroh*, Fs. für Nordemann, 1999, S. 269/275 ff.).

Problematisch ist aber auch der **weite Schutzumfang**, der sich nicht mehr auf das Recht **4** der Vervielfältigung und Verbreitung sowie der öffentlichen Wiedergabe von Vervielfältigungsstücken beschränkt, sondern in vollem Umfang die urheberrechtlichen Verwertungsrechte für die Dauer von 25 Jahren gewährt. Die in der Veröffentlichung liegende Leistung lässt sich mit der des Urhebers nicht vergleichen und rechtfertigt nicht einen in vermögensrechtlicher Hinsicht gleichen Schutz, dessen Kehrseite naturgemäß die Monopolisierung des aufgefundenen Werkes ist. So kann derjenige, der in einem Museum ein altes unveröffentlichtes Werk der Musik findet und öffentlich wiedergibt, nunmehr auch die öffentliche Wiedergabe dieses Musikwerks von der Originalpartitur verbieten. Wer ein in fremdem Eigentum stehendes, bisher nicht veröffentlichtes Kunstwerk veröffentlicht, erhält daran als Folgerecht bei jeder Veräußerung des Werkes fünf Prozent des Veräußerungserlöses kassieren (vgl. zu den Beispielen *Vogel* ZUM 1995, 451/456). Im Schrifttum ist vorgeschlagen worden, diesen Schwierigkeiten im Wege der Auslegung durch eine (den Wortlaut des Art. 4 der Schutzdauerrichtlinie korrigierende) teleologische Reduktion zu begegnen (*Walter* aaO S. 434). Im Hinblick auf das mit der Harmonisierung verfolgte Ziel einer einheitlichen Fassung und Anwendung der mitgliedstaatlichen Rechtsvorschriften dürfte dies aber kaum möglich sein. Eine Korrektur kann nur auf europäischer Ebene erfolgen (sa. *Stroh*, Fs. für Nordemann, 1999, S. 269/272).

Ein weiteres Problem, das die Regelung des § 71 allerdings nur mittelbar betrifft, ergibt sich **5** aus der **Aufhebung des § 64 Abs. 2**. Diese Vorschrift sah vor, dass bei der Veröffentlichung eines nachgelassenen Werks innerhalb der letzten zehn Jahre vor Ablauf der Schutzfrist das Schutzrecht erst zehn Jahre nach der Veröffentlichung erlosch. Da nach Art. 1 Abs. 1 der Schutzdauerrichtlinie die Schutzfrist unabhängig vom Zeitpunkt der Veröffentlichung berechnet wird, mussten die an die Veröffentlichung anknüpfenden Sonderregelungen bei posthum veröffentlichten Werken aufgehoben werden (dazu *Dietz* GRUR Int. 1995, 670/672). Das hat zur Folge, dass ein „unerfreulicher übergangsloser Bruch" (*Dietz* aaO S. 673) zwischen der urheberrechtlichen Schutzdauerregelung und dem Leistungsschutzrecht des § 71 entsteht. Wird nämlich ein nachgelassenes Werk innerhalb des letzten Jahres vor Ablauf der siebzigjährigen Schutzfrist veröffentlicht, so ist die Schutzdauer auf die wenigen Monate Restlaufzeit dieser Schutzfrist begrenzt. Wird ebendieses Werk nur einen Tag nach Ablauf der Schutzfrist veröffentlicht, so genießt es den fünfundzwanzigjährigen Schutz des § 71, der hinsichtlich der Verwertungsrechte dem Urheberrechtsschutz nicht nachsteht (sa. *Stroh*, Fs. für Nordemann, 1999, S. 269/272).

II. Schutzvoraussetzungen

1. Das veröffentlichte Werk

a) **Werke.** Es muss sich bei § 71 um an sich schutzfähige persönliche geistige Schöpfungen **6** iSd. § 2 Abs. 2 handeln (*Dreier*/Schulze[3] § 71 Rdnr. 4; Wandtke/Bullinger/*Thum*[3] § 71 Rdnr. 9; Fromm/Nordemann/*A. Nordemann*[10] § 71 Rdnr. 10; Ekrutt UFITA 84 [1979] 45/46). Das ergibt sich nicht nur daraus, dass Abs. 1 S. 1 das Erlöschen des Urheberrechts voraussetzt, sondern auch aus einer Gegenüberstellung mit dem Wortlaut des § 70, der neben den Werken die (schutzunfähigen) Texte aufführt. Geschützt ist nicht die Veröffentlichung beliebiger Texte, sondern nur urheberrechtliches Niveau aufweisender Schöpfungen. Beispiele bilden Bücher und sonstige Schriften, Partituren und andere Aufzeichnungen von Musikwerken sowie Kunstwerke wie Gemälde, Grafiken, Werke der Bildhauerei. Die AmtlBegr. zum UrhG 1965 nennt noch alte Märchen, Sagen, Volkslieder und Volkstänze (BTDrucks. IV/270 S. 87); nach der Neufassung der Vorschrift von 1995 (vgl. Rdnr. 2) wird ein Schutz für solche Werke aber vielfach ausscheiden, weil sie bereits öffentlich wiedergegeben worden sind. An amtlichen Werken kann ein Schutz nach § 71 nicht begründet werden (Abs. 1 S. 3).

b) **Nichterschienensein.** Nach dem Wortlaut des § 71 muss es sich um ein **nicht erschiene- 7 nes Werk** handeln. Diese Formulierung ist aus § 71 aF übernommen worden; sie hatte dort ihren Sinn, weil schutzbegründend ausschließlich das erstmalige Erscheinenlassen des Werkes war. Nachdem § 71 nunmehr aber auch die erstmalige öffentliche Wiedergabe als schutzbegründenden Tatbestand einbezieht, muss es sich in den Fällen, in denen der Schutz durch die erstmalige öffentliche Wiedergabe entstehen soll, um Werke handeln, die bisher **noch nicht öffentlich wiedergegeben** worden sind; anderenfalls wäre die Wiedergabe, die den Schutz begründen soll, nicht erstmalig (ebenso *Dreier/Schulze*[3] § 71 Rdnr. 5; Wandtke/Bullinger/*Thum*[3] § 71 Rdnr. 12; Mestmäcker/Schulze/*Hertin* § 71 Rdnr. 10; *Dietz* GRUR Int. 1995, 670/673; *Vogel* ZUM 1995, 451/456; *Götting/Lauber-Rönsberg* GRUR 2006, 638/645; aA Fromm/Nordemann/*A. Nordemann*[10] § 71 Rdnr. 18; sa. Loewenheim/*A. Nordemann,* Handbuch des Urheberrechts, § 44 Rdnr. 20). Auch der Wortlaut des Art. 4 der Schutzdauerrichtlinie ist insofern nicht klarer; der dort gebrauchte Begriff der Veröffentlichung ist nicht iSd. § 6 Abs. 1 als ein „der Öffentlichkeit Zugänglichmachen", sondern dem Sprachgebrauch der Richtlinie und dem internationalen Sprachgebrauch entsprechend im Sinne eines Erscheinens zu verstehen (*Dietz* aaO; eingehend *Walter,* Fs. für Beier, S. 425/ 430 ff.). Soweit also der Schutz nach § 71 durch die erstmalige öffentliche Wiedergabe entstehen soll, ist eine **berichtigende Auslegung** des § 71 geboten: das Werk darf nicht nur nicht erschienen sein, es darf auch noch nicht öffentlich wiedergegeben worden sein. Den gleichen Maßstab an die Schutzentstehung durch das erstmalige Erscheinenlassen anzulegen, wäre im Sinne einer Gleichstellung der Tatbestände zwar sinnvoll, ist aber nicht nur nicht nur nicht im Falle der öffentlichen Wiedergabe zwingend geboten (Dreyer/Kotthoff/*Meckel*[2] § 71 Rdnr. 7: beide Voraussetzungen müssen kumulativ vorliegen). Jedenfalls kann dann, wenn jemand ein Recht nach § 71 durch öffentliche Wiedergabe erworben hat, ein Dritter nicht mehr ein Recht durch Erscheinenlassen begründen. Das Werk darf **weder im Inland noch im Ausland** erschienen bzw. öffentlich wiedergegeben sein; das Abdrucken oder die öffentliche Wiedergabe bereits im Ausland erschienener Werke stellt keine schutzwürdige Leistung dar (OLG Düsseldorf ZUM 2005, 825 – Motezuma; *Dreier/Schulze*[3] § 71 Rdnr. 5; Fromm/Nordemann/*A. Nordemann*[10] § 71 Rdnr. 12; Wandtke/Bullinger/*Thum*[3] § 71 Rdnr. 10; Möhring/Nicolini/*Kroitzsch*[2] § 71 Rdnr. 8; *Ulmer*[3] § 118 II 2; *Götting/Lauber-Rönsberg* GRUR 2006, 638/645; *Ekrutt* UFITA 84 [1979] 45/48).

8   Der **Begriff des Erscheinens** beurteilt sich nach § 6 Abs. 2 (OLG Düsseldorf ZUM 2005, 825 – Motezuma; LG München I ZUM-RD 2007, 212/214). Danach ist ein Werk erschienen, wenn mit Zustimmung des Berechtigten Vervielfältigungsstücke in genügender Anzahl der Öffentlichkeit angeboten oder in Verkehr gebracht worden sind (näher dazu § 6 Rdnr. 29 ff.). **Der Begriff der öffentlichen Wiedergabe** bestimmt sich nach § 15 Abs. 2 und 3 (dazu näher § 15 Rdnr. 45 ff.). Die **Darlegungs- und Beweislast** dafür, dass das Werk noch nicht erschienen bzw. öffentlich wiedergegeben worden ist, trägt derjenige, der sich auf § 71 beruft, also derjenige, der das Recht nach § 71 in Anspruch nimmt (BGH GRUR 2009, 942/943 – Motezuma; OLG Düsseldorf ZUM 2005, 825 – Motezuma). Ob ein Werk schon einmal öffentlich wiedergegeben worden ist, wird oft schwer festzustellen sein (vgl. auch Rdnr. 3). Den daraus resultierenden Schwierigkeiten lässt sich im Rahmen des Zumutbaren dadurch begegnen, dass derjenige, der sich auf § 71 beruft, sich zunächst auf die Behauptung beschränkt, das Werk sei nicht erschienen und dass dann die Gegenseite substantiiert darlegen muss, welche Umstände für das Erscheinen sprechen (BGH GRUR 2009, 942/943 – Motezuma). Bei der Beurteilung der Tatbestandsmerkmals der Nichterschienensein ist der Zweck der Vorschrift zu berücksichtigen, eine Belohnung dafür zu gewähren, dass ein bisher noch nicht bekanntes Werk der Öffentlichkeit zugänglich gemacht wird (vgl. Rdnr. 1). Mögliche öffentliche Wiedergaben, die so lange zurückliegen, dass das Werk praktisch verschollen und unbekannt ist, brauchen daher nicht berücksichtigt zu werden; beispielsweise spielt es keine Rolle, ob ein mehrere tausend Jahre altes Werk seinerzeit veröffentlicht worden ist (LG Magdeburg GRUR 2004, 672/674 – Himmelsscheibe von Nebra). Andererseits begründet der Umstand, dass ein Werk über längere Zeit als verschollen galt, noch nicht die Vermutung des Nichterscheinens (OLG Düsseldorf ZUM 2005, 825 – Motezuma; eingehend zu diesen Fragen Fromm/Nordemann/*A. Nordemann*[10] § 71 Rdnr. 32 ff.; *Götting/Lauber-Rönsberg* GRUR 2006, 638/642 ff.; *Büscher* in Fs. für Raue S. 363/369, 371 ff.).

9   c) **Erloschensein (Abs. 1 S. 1) oder Nichtbestehen (Abs. 1 S. 2) des Urheberschutzes.** Nach Abs. 1 S. 1 muss das Urheberrecht am Werk **erloschen** sein, es muss also die Schutzfrist abgelaufen sein. Das sind, soweit nicht früher kürzere Schutzfristen bestanden, 70 Jahre nach Ablauf des Kalenderjahres, in dem der Urheber gestorben ist (§ 64 iVm. § 69). Bei Werken, die nach Ablauf von 50 Jahren nach dem Tode des Urhebers, aber vor Inkrafttreten des UrhG veröffentlicht sind, ist die Vorschrift des § 129 Abs. 2 zu beachten. Den Werken, an denen das Urheberrecht erloschen ist, sind in Abs. 1 S. 2 diejenigen Werke gleichgestellt, die im Geltungsbereich des UrhG (Bundesrepublik Deutschland) **niemals geschützt** waren und deren Urheber schon länger als 70 Jahre tot ist. Diese Regelung ist zwar in Art. 4 der Schutzdauerrichtlinie nicht vorgesehen, ihrer Beibehaltung steht jedoch nichts entgegen (AmtlBegr. BTDrucks. 13/781 S. 14; *v. Lewinski* in Möh-

ring/Schulze/Ulmer/Zweigert [Hrsg.] S. 11 f.; *Vogel* ZUM 1995, 451/456). Diese Regelung erfasst Werke aus Zeiten, in denen es einen Urheberrechtsschutz noch nicht gab (vor allem altes Volksgut) sowie Werke ausländischer Urheber, die nach den Regeln des internationalen Urheberrechts in der Bundesrepublik keinen Schutz genießen. Die Voraussetzung, dass der Urheber seit 70 Jahren verstorben sein muss, verhindert die Entstehung des Schutzrechts für das Erscheinenlassen von Werken zeitgenössischer ausländischer Urheber (vgl. auch AmtlBegr. BTDrucks. IV/270 S. 88; *Ekrutt* UFITA 84 [1979] 45/47). Bei altem Kulturgut wie Märchen, Sagen, Volksliedern und Volkstänzen, deren Urheber nicht bekannt und bei denen der Ablauf der Schutzfrist daher nicht feststellbar ist, lässt sich vermuten, dass das Schutzrecht erloschen ist oder nie bestanden hat (Wandtke/Bullinger/*Thum*[3] § 71 Rdnr. 19; Möhring/Nicolini/*Kroitzsch*[2] § 71 Rdnr. 20).

2. Die Veröffentlichung

a) Erstmaliges Erscheinenlassen und erstmalige öffentliche Wiedergabe des Werkes. 10
Die Entstehung des Schutzes nach § 71 knüpft an das erstmalige Erscheinenlassen und an die erstmalige öffentliche Wiedergabe des Werkes an. Ausreichend ist, dass einer dieser beiden Tatbestände erfüllt ist. Der Begriff des **Erscheinens** bestimmt sich nach § 6 Abs. 2 (OLG Düsseldorf GRUR 2006, 673/674 – Motezuma). Es müssen also Vervielfältigungsstücke des Werks in genügender Anzahl der Öffentlichkeit angeboten oder in Verkehr gebracht worden sein (vgl. näher § 6 Rdnr. 32 ff.). Es handelt sich damit um eine Werkverwertung in körperlicher Form, die aber nicht in Printform zu erfolgen braucht, auch das Erscheinen auf digitalen Datenträgern oder im Internet reicht aus (*Dreier*/Schulze[3] § 71 Rdnr. 7; Wandtke/Bullinger/*Thum*[3] § 71 Rdnr. 21; Mestmäcker/Schulze/*Hertin* § 71 Rdnr. 25). Die **öffentliche Wiedergabe** stellt eine Werkverwertung in unkörperlicher Form dar, sie umfasst die in § 15 Abs. 2 geregelten Fälle (vgl. dort Rdnr. 45 ff.; zum Begriff der Öffentlichkeit § 15 Rdnr. 57 ff.). Seit dem Inkrafttreten der Neufassung (1. Juli 1995) braucht das Erscheinenlassen **nicht mehr im Geltungsbereich des Urheberrechtsgesetzes** zu erfolgen; ebenso wenig ist das für die öffentliche Wiedergabe erforderlich. Der Gesetzgeber hat diese Tatbestandsvoraussetzung aufgegeben, weil bei ihrer Beibehaltung ein einheitlicher Schutz innerhalb der Europäischen Union und dem EWR nicht erreicht worden wäre (AmtlBegr. BTDrucks. 13/781 S. 14).

b) Erlaubterweise. Zu den Unklarheiten der Neufassung gehört die Tatbestandsvoraussetzung, 11
dass das Erscheinenlassen und die öffentliche Wiedergabe erlaubterweise zu erfolgen haben (vgl. Mestmäcker/Schulze/*Hertin* § 71 Rdnr. 30; auch *Stroh,* Fs. für Nordemann, 1999, S. 269/278). Diese Voraussetzung findet sich ebenso in Art. 4 der Schutzdauerrichtlinie; der deutsche Gesetzgeber hat sie unverändert in die Neufassung des § 71 übernommen und die Auslegung den Gerichten überlassen (AmtlBegr. BTDrucks. 13/781 S. 14). Im allgemeinen urheberrechtlichen Kontext wird das Erlaubtsein von Verwertungshandlungen regelmäßig auf die Zustimmung des Urhebers oder sonstigen Berechtigten bezogen. Das kann hier aber nicht gemeint sein, weil § 71 ja gerade voraussetzt, dass der Urheberrechtsschutz erloschen ist oder niemals bestanden hat und es daher einen urheberrechtlich Berechtigten gar nicht geben kann (sa. *Götting*/Lauber-Rönsberg GRUR 2006, 638/646; *Walter,* Fs. für Beier, S. 425/434 f.; *Stroh* aaO). Urheberrechtlich ergibt dieses Tatbestandsmerkmal also keinen Sinn. Man muss es vielmehr dahingehend interpretieren, dass das Erscheinenlassen bzw. die öffentliche Wiedergabe nicht gegen andere Rechtsvorschriften verstoßen darf, insbesondere nicht gegen Eigentums- oder Besitzrechte an den für die Erstausgabe oder öffentliche Wiedergabe benutzten Werkexemplaren (*Dreier*/Schulze[3] § 71 Rdnr. 8; Fromm/Nordemann/*A. Nordemann*[10] § 71 Rdnr. 24; Wandtke/Bullinger/*Thum*[3] § 71 Rdnr. 26; *Götting*/Lauber-Rönsberg GRUR 2006, 638/646). Ein Beispiel bildet der Fall, dass archäologische Gegenstände gefunden werden, deren Eigentümer nach denkmalschutzrechtlichen Bestimmungen die öffentliche Hand ist und dass in Zeitungsberichten dieser Fund mit Abbildungen ohne Zustimmung der öffentlichen Hand veröffentlicht wird (LG Magdeburg GRUR 2004, 672/674 – Himmelsscheibe von Nebra).

III. Inhalt des Schutzrechts

Da es nicht wie in § 70 um eine der schöpferischen Leistung des Urhebers verwandte wissen- 12
schaftliche Tätigkeit geht, sondern lediglich um die im Erscheinenlassen oder der öffentlichen Wiedergabe liegende Leistung, gewährt § 71 **kein Urheberpersönlichkeitsrecht,** sondern beschränkt sich auf die vermögensrechtlichen Befugnisse in Form der **Verwertungsrechte.** Diese

werden seit der Neufassung von 1995 **in vollem Umfang** gewährt; die Beschränkung auf das Vervielfältigungsrecht, das Verbreitungsrecht und das Recht der öffentlichen Wiedergabe von Vervielfältigungsstücken ist entfallen. Der Rechtsinhaber ist damit insoweit dem Urheber gleichgestellt (zur Kritik vgl. Rdnr. 3). Er hat die Rechte zur Verwertung in körperlicher Form (§§ 16–18), insbesondere das Vervielfältigungsrecht und das Verbreitungsrecht einschließlich des Vermietrechts, er hat ferner die Rechte zur Verwertung in unkörperlicher Form (§§ 19–22). Er hat auch das Bearbeitungsrecht, kann also ebenfalls die Verwertung des Werkes in bearbeiteter Form untersagen. Diese Rechte unterliegen den Schranken der §§ 44a–63 (Abs. 1 S. 3). Der Rechtsinhaber kann ferner den Vergütungsanspruch nach § 27 und das Folgerecht des § 26 geltend machen. Die Einfügung des § 88 in Abs. 1 S. 3 ist lediglich gesetzessystematischer Art und hat sachlich nichts geändert; diese Regelung war vorher in § 88 Abs. 3 enthalten, der gestrichen wurde.

13   Der Schutz bezieht sich – anders als nach § 70 (vgl. dort Rdnr. 10f.) auf das **Werk,** nicht nur auf eine bestimmte Ausgabe. Der Rechtsinhaber kann also die Verwertung des Werkes auch dann untersagen, wenn dies anhand einer weiteren aufgefundenen Ausgabe des Werkes erfolgen soll. Da sich das Recht der öffentlichen Wiedergabe nicht mehr auf Vervielfältigungsstücke der Erstausgabe beschränkt, ist die Rechtsprechung des BGH, dass vor Entstehung des Schutzrechts hergestellte Vervielfältigungsstücke auch nach Entstehung des Schutzrechts zu öffentlichen Wiedergaben benutzt werden dürfen (vgl. BGH GRUR 1975, 447 – TE DEUM) nicht mehr anwendbar (sa. AmtlBegr. BTDrucks. 13/781 S. 14; *Dreier/Schulze*[3] § 71 Rdnr. 10). In entsprechender Anwendung des § 5 besteht kein Schutz, wenn es sich um **amtliche Werke** im Sinne dieser Vorschrift handelt (Abs. 1 S. 3). Wegen des Fehlens der persönlichkeitsrechtlichen Komponente ist das Leistungsschutzrecht im Gegensatz zum Urheberrecht voll **übertragbar** (Abs. 2); auf die Übertragung finden §§ 398ff. BGB Anwendung. Der Umfang der Übertragung bestimmt sich nach dem Parteiwillen; wegen der Gleichheit der Interessenlage lässt sich aber der der Zweckübertragungstheorie zugrundeliegende Rechtsgedanke entsprechend heranziehen (*Dreier/Schulze*[3] § 71 Rdnr. 12; Wandtke/Bullinger/*Thum*[3] § 71 Rdnr. 36; *Klinkenberg* GRUR 1985 419/422; aA Fromm/Nordemann/*A. Nordemann*[10] § 71 Rdnr. 28).

IV. Rechtsinhaberschaft

14   Inhaber des Leistungsschutzrechts ist derjenige, der die Leistung erbringt, die im Auffinden des Werkes, dem Erkennen seines Wertes und seiner Veröffentlichung liegt. Das ist der **Herausgeber** der editio princeps bzw. derjenige, der die **erste öffentliche Wiedergabe** besorgt (AmtlBegr. zum UrhG 1965, BTDrucks. IV/270 S. 88 und zum 3. UrhGÄndG, BTDrucks. 13/781 S. 14; *Dreier/Schulze*[3] § 71 Rdnr. 9; Fromm/Nordemann/*A. Nordemann*[10] § 71 Rdnr. 29; Wandtke/Bullinger/*Thum*[3] § 71 Rdnr. 32; Loewenheim/*A. Nordemann,* Handbuch des Urheberrechts[2], § 44 Rdnr. 28; Dreyer/Kotthoff/*Meckel*[2] § 71 Rdnr. 13; *Walter,* Fs. für Beier, S. 425/435f.). Von anderer Seite wird der Verleger als Rechtsinhaber angesehen (*Schack*[4], Urheber- und Urhebervertragsrecht, Rdnr. 662; *Schmieder* UFITA 73 [1975] 65/68; differenzierend *Ekrutt* UFITA 84 [1979] 45/52ff.). Unerlaubte Vorveröffentlichungen (dazu Rdnr. 11) begründen das Recht nach § 71 nicht (vgl. dazu den Fall des LG Magdeburg GRUR 2004, 672 – Himmelsscheibe von Nebra, das die Rechtsinhaberschaft unmittelbar aus der Eigentümerposition ableiten will). Anders als bei § 70 (vgl. dort Rdnr. 12) kann nicht nur eine natürliche, sondern auch eine juristische Person Rechtsinhaber sein, insbesondere ein Institut oder eine Akademie (*Dreier/Schulze*[3] § 71 Rdnr. 9; Für die Entstehung des Schutzrechts ist unerheblich, ob der Herausgeber Deutscher oder Ausländer ist (*Dreier/Schulze*[3] § 71 Rdnr. 9; Fromm/Nordemann/*A. Nordemann*[10] § 71 Rdnr. 30; Loewenheim/ *A. Nordemann,* Handbuch des Urheberrechts[2], § 44 Rdnr. 29). Die Rechte an der editio princeps von Musikwerken werden durch die VG Musikedition wahrgenommen.

V. Entstehung und Dauer des Schutzes

15   Der **Schutz entsteht,** wie sich aus Abs. 3 ergibt, mit dem Erscheinen des Werkes oder mit seiner ersten öffentlichen Wiedergabe (zu den Begriffen vgl. Rdnr. 10). Die **Schutzdauer** beträgt 25 Jahre. Sie belief sich ursprünglich auf 10 Jahre und wurde bereits durch das ProduktpiraterieG v. 7. 3. 1990 (BGBl. I S. 422) auf 25 Jahre verlängert, weil die 10-jährige Schutzfrist nach Auffassung des Gesetzgebers im Vergleich zur 25-jährigen Schutzfrist anderer Leistungsschutzrechte nicht mehr zu vertreten war (AmtlBegr. BTDrucks. 11/5744 S. 35; sa. den Bericht der Bundesregierung über die Auswirkungen der Urheberrechtsnovelle 1985, BTDrucks. 11/4929 S. 33; zur Kritik s. Rdnr. 4). Der **Beginn der Schutzfrist** knüpft nach dem Gesetzeswortlaut

und wohl auch nach der Absicht des Gesetzgebers (vgl. AmtlBegr. BTDrucks. 13/781 S. 14 f.) an das Erscheinen bzw. an die erste öffentliche Wiedergabe an, je nachdem, welcher Zeitpunkt früher liegt (so auch *Dreier*/*Schulze*³ § 71 Rdnr. 13; Fromm/Nordemann/*A. Nordemann*¹⁰ § 71 Rdnr. 31). § 71 Abs. 3 S. 2 aF, der die Fristberechnung nach § 69 anordnete, wurde in die Neufassung nicht übernommen, dies wohl deswegen, weil auch Art. 4 der Schutzdauerrichtlinie die Schutzdauer „ab dem Zeitpunkt, zu dem das Werk erstmals erlaubterweise veröffentlicht oder erstmals erlaubterweise öffentlich wiedergegeben worden ist" anordnet. Allerdings bestimmt Art. 8 der Schutzdauerrichtlinie, dass die Fristen der Richtlinie vom 1. Januar des Jahres an berechnet werden, das auf das für den Beginn der Frist maßgebende Ereignis folgt. Die Regelung in Art. 4 der Richtlinie dürfte als das „maßgebende Ereignis" im Sinne von Art. 8 der Richtlinie zu verstehen sein. Da § 71 richtlinienkonform ausgelegt werden muss, ist davon auszugehen, dass die 25jährige Frist mit dem 1. Januar des auf das Erscheinen bzw. die öffentliche Wiedergabe folgenden Jahresbeginns beginnt (so auch *Dreier*/*Schulze*³ § 71 Rdnr. 14; *Wandtke/ Bullinger*/*Thum*³ § 71 Rdnr. 39; *Loewenheim*/*A. Nordemann,* Handbuch des Urheberrechts², § 44 Rdnr. 31; Dreyer/Kotthoff/*Meckel*² § 71 Rdnr. 14; *Walter* in Walter [Hrsg.], Europäisches Urheberrecht, 2001, Schutzdauer-RL, Art. 8 Rdnr. 3). Das erscheint auch deswegen sinnvoll, weil entsprechende Vorschriften (§ 70 Abs. 2 S. 3, § 82 S. 3, § 85 Abs. 3 S. 4) auf § 69 verweisen, der den Fristbeginn mit Ablauf des Kalenderjahres, in denen das maßgebende Ereignis fällt, vorsieht.

Abschnitt 2. Schutz der Lichtbilder

§ 72 Lichtbilder

(1) **Lichtbilder und Erzeugnisse, die ähnlich wie Lichtbilder hergestellt werden, werden in entsprechender Anwendung der für Lichtbildwerke geltenden Vorschriften des Teils 1 geschützt.**

(2) **Das Recht nach Absatz 1 steht dem Lichtbildner zu.**

(3) **¹Das Recht nach Absatz 1 erlischt fünfzig Jahre nach dem Erscheinen des Lichtbildes oder, wenn seine erste erlaubte öffentliche Wiedergabe früher erfolgt ist, nach dieser, jedoch bereits fünfzig Jahre nach der Herstellung, wenn das Lichtbild innerhalb dieser Frist nicht erschienen oder erlaubterweise öffentlich wiedergegeben worden ist. ²Die Frist ist nach § 69 zu berechnen.**

Schrifttum: *Bappert/Wagner,* Urheberrechtsschutz oder Leistungsschutz für die Photographie?, GRUR 1954, 104; *dies.,* Der Referentenentwurf und die Revidierte Berner Übereinkunft, UFITA 18 (1954) 328; *Baum,* Die Brüsseler Konferenz zur Revision der Revidierten Berner Übereinkunft, GRUR 1949, 1; *Berberich,* Die urheberrechtliche Zulässigkeit von Thumbnails bei der Suche nach Bildern im Internet, MMR 2005, 145; *Bollack,* Die Rechtsstellung des Urhebers im Dienst- oder Arbeitsverhältnis, GRUR 1976, 74; *Davis,* Pixel Piracy, Digital Sampling & Moral Rights, GRUR Int. 1996, 888; *Dreier,* Sachfotografie, Urheberrecht und Eigentum, Fs. für Dietz, 2001, S. 235; *Eknutt,* Der Rechtsschutz der Filmeinzelbilder, GRUR 1973, 512; *Elster,* Die photographischen „Urheberrechte", GRUR 1934, 500; *Erdmann,* Schutz der Kunst im Urheberrecht, Fs. für v. Gamm, 1990, S. 389; *ders./Bornkamm,* Schutz von Computerprogrammen, GRUR 1991, 877; *Flechsig,* Das Lichtbild als Dokument der Zeitgeschichte, UFITA 116 (1991) 5; *Franzen/Götz v. Olenhusen,* Lichtbildwerke, Lichtbilder und Fotoimitate. Abhängige Bearbeitung oder freie Benutzung?, UFITA Bd. 2007/II, S. 435; *v. Gamm,* Photographieschutz und Schutzumfang, NJW 1958, 371; *Gerstenberg,* Zur Schutzdauer für Lichtbilder und Lichtbildwerke, GRUR 1976, 131; *ders.,* Fototechnik und Urheberrecht, Fs. für Klaka, 1987, S. 120; *Habel/Meindl,* Das Urheberrecht an Fotografien bei Störung ihrer professionellen Verwertung, ZUM 1993, 270; *Hanser-Strecker,* Zur Frage des urheberrechtlichen Schutzes des Notenbildes, UFITA 93 (1982) 13; *Heitland,* Der Schutz der Fotografie im Urheberrecht Deutschlands, Frankreichs und der Vereinigten Staaten von Amerika, 1995; *Hoffmann,* Die Verlängerung der Schutzfristen für das Urheberrecht an Lichtbildern, UFITA 13 (1940) 120; *Hubmann,* Das Recht des schöpferischen Geistes, 1954; *Jacobs,* Photographie und künstlerisches Schaffen, Fs. für Quack, 1991, S. 33; *Karnell,* Photography – A Stepchild of International Conventions and National Laws on Copyright, Copyright 1988, 132; *Katzenberger,* Urheberrecht und Datenbanken, GRUR 1990, 94; *ders.,* Neue Urheberrechtsprobleme der Photographien, GRUR Int. 1989, 116; *Koch,* Rechtsschutz für Benutzeroberflächen von Software, GRUR 1991, 180; *Krieger, U.,* Lichtbildschutz für die photomechanische Vervielfältigung?, GRUR 1973, 286; *Leistner/Stang,* Die Bildersuche im Internet aus urheberrechtlicher Sicht; CR 2008, 499; *Maaßen,* Urheberrechtliche Probleme der elektronischen Bildverarbeitung, ZUM 1992, 338; *ders.,* Vertragshandbuch für Fotografen und Bildagenturen, 1995; *Mielke,* Fragen zum Fotorecht, 4. Aufl. 1996; *Mielke/Mielke,* Allgemeine Liefer- und Geschäftsbedingungen im Fotobereich, ZUM, 1998, 646; *Noll,* Lichtbildwerk und/oder einfaches Lichtbild, ÖBl 2003, 164; *Nordemann, A.,* Zur Problematik der Schutzfristen für Lichtbildwerke und Lichtbilder im vereinigten Deutschland, GRUR 1991, 418; *ders.,* Die künstlerische Fotografie als urheberrechtlich geschütztes Werk, 1991; *ders.,* Verwertung von Lichtbildern, in *Beier/Götting/Lehmann/Moufang* (Hrsg.), Urhebervertragsrecht (= Fs. für Schricker), 1995, S. 477; *ders./Mielke,* Zum

§ 72 Lichtbilder

Schutz von Fotografien nach der Reform durch das Dritte Urheberrechtsänderungsgesetz, ZUM 1996, 214; *Nordemann, J. B.*, Die MFM-Bildhonorare: Marktübersicht für angemessene Lizenzgebühren im Fotobereich, ZUM 1998, 642; *Nordemann, W.*, Das Prinzip der Inländerbehandlung und der Begriff der „Werke der Literatur und Kunst", GRUR Int. 1989, 615; *ders.*, Die Urheberrechtsreform 1985, GRUR 1985, 837; *ders.*, Lichtbildschutz für fotografisch hergestellte Vervielfältigungen?, GRUR 1987, 15; *ders.*, Das Dritte Urheberrechtsänderungsgesetz, NJW 1995, 2534; *Oldekop*, Elektronische Bildbearbeitung im Urheberrecht, 2006; *Ott*, Zulässigkeit der Erstellung von Thumbnails durch Bilder- und Nachrichtensuchmaschinen, ZUM 2007, 119; *ders.*, Bildsuchmaschinen und Internet – Sind Thumbnails unerlässlich, sozial nützlich, aber rechtswidrig?, ZUM 2009, 345; *Pfennig*, Die digitale Verwertung von Werken der bildenden Kunst und von Fotografien, in *Becker/Dreier* (Hrsg.), Urheberrecht und digitale Technologie, 1994, S. 95; *Platena*, Das Lichtbild im Urheberrecht, Diss. Marburg 1998; *Reuter*, Digitale Film- und Bildbearbeitung im Licht des Urheberrechts, GRUR 1997, 320; *Riedel*, Der Schutz der Photographie im geltenden und zukünftigen Urheberrecht, GRUR 1951, 378; *ders.*, Das photographische Urheberrecht in den Referentenentwürfen des Bundesjustizministeriums zur Urheberrechtsreform, GRUR 1954, 500; *ders.*, Fotorecht für die Praxis, 4. Aufl. 1988; *Schack*, Urheberrechtliche Gestaltung von Webseiten unter Einsatz von Links und Frames, MMR 2009, 9; *Schrader/Rautenstrauch*, Urheberrechtliche Verwertung von Bildern durch Anzeige von Vorschaugrafiken (sog. „Thumbnails") bei Internetsuchmaschinen, UFITA 2007/III, 761; *Schricker*, Abschied von der Gestaltungshöhe im Urheberrecht, Fs. für Kreile, 1994, S. 715; *Schulze, G.*, Die kleine Münze und ihre Abgrenzungsproblematik bei den Werkarten des Urheberrechts, 1983; *ders.*, Der Schutz von technischen Zeichnungen und Plänen, Lichtbildschutz für Bildschirmzeichnungen?, CR 1988, 181; *Schulze, G./Bettinger*, Wiederaufleben des Urheberrechtsschutzes bei gemeinfreien Fotografien, GRUR 2000, 12; *Vogel*, Die Umsetzung der Richtlinie zur Harmonisierung der Schutzdauer des Urheberrechtsrechts und bestimmter verwandter Schutzrechte, ZUM 1995, 451; *v. Ungern-Sternberg*, Schlichte einseitige Einwilligung und treuwidrig widersprüchliches Verhalten des Urheberberechtigten bei Internetnutzungen, GRUR 2009, 369; *Wadle*, Photographie und Urheberrecht im 19. Jahrhundert – Die deutsche Entwicklung bis 1876 –, in *ders.* (Hrsg.), Geistiges Eigentum, 1996, S. 343.

Übersicht

	Rdnr.
I. Allgemeines	1–16
1. Rechtsentwicklung	2–4
2. Die Gesetzgebung unter dem UrhG von 1965	5–9
3. Charakteristik des Lichtbildschutzes	10–14
a) Rechtnatur	10
b) Inhalt	11, 12
c) Rechtfertigung	13
d) Bedeutung	14
4. Persönlicher Geltungsbereich	15, 16
II. Einzelerläuterungen	17–43
1. Schutzgegenstand	17–22
a) Lichtbilder und Erzeugnisse, die ähnlich wie Lichtbilder hergestellt werden	17–19
b) Schutzvoraussetzungen	20, 21
c) Ober- und Untergrenze des Schutzbereichs	22, 23
2. Inhalt des Lichtbildschutzes	24–34
a) Verwertungsrechte	25–29
b) Bearbeitungsrecht	30
c) Persönlichkeitsrechte	31–34
3. Rechtsinhaber (Abs. 2)	35, 36
4. Schutzdauer (Abs. 3)	37–43
III. Recht des Lichtbildners im Rechtsverkehr	44–52
1. Abtretbarkeit und Vererblichkeit	44, 45
2. Vertragsrechtliche Fragen	46–52
IV. Wettbewerbsrechtlicher Schutz	53

I. Allgemeines

1 § 72 erweitert den Fotografieschutz über den Bereich schöpferischer Lichtbildwerke nach § 2 Abs. 1 Nr. 5, Abs. 2 hinaus, indem er die für diese geltenden Vorschriften auf **Lichtbilder, dh. nicht schöpferische Fotografien,** für entsprechend anwendbar erklärt. Über die ausdrückliche Abweichung in der Schutzdauer (Abs. 3) hinaus ergeben sich dabei Unterschiede zwischen gestalteten Lichtbildwerken und abbildenden Lichtbildern *(A. Nordemann)* im Wesentlichen aus dem Schutzumfang, der sich nach dem Maß der individuellen Gestaltung der jeweiligen Fotografie richtet und in dessen Lichte die entsprechende Anwendung der für Urheber geltenden Vorschriften zu erfolgen hat, sowie aus dem unterschiedlichen, leistungsschutzrechtlichen Wesen des Lichtbildschutzes.

1. Rechtsentwicklung

2 Französischem Vorbild folgend stellte in Deutschland erstmals das **Bayerische Gesetz zum Schutze des Urheberrechts an literarischen Erzeugnissen und Werken der Kunst vom**

28. 6. 1865 durch Fotografie oder ein anderes ähnliches Kunstverfahren hergestellte Werke unter Schutz, soweit sie als Werke der Kunst zu betrachten waren (§ 28). Die noch in jener Zeit vorherrschenden **Unikattechniken** prägten die Vorstellung dieses Gesetzes von der Fotografie als einer neuen Art der Kunst. Sie geriet zunehmend in Zweifel, je mehr neue fotografische Verfahren die Herstellung beliebig vieler Reproduktionsstücke zuließen. Die Auffassung, die Fotografie sei ein bloß abbildendes industrielles Erzeugnis ohne gestalterische Elemente, gewann die Oberhand (eingehend *Wadle* S. 343/351 ff./360 ff.; *Allfeld* KUG S. 6). Sie lag schließlich dem **Gesetz, betr. den Schutz von Photographien gegen unbefugte Nachbildung vom 10. 1. 1876 (PG)** zugrunde, welches unabhängig vom schöpferischen Gehalt einer Fotografie ihrem Verfertiger für die Dauer von 5 Jahren ab dem Erscheinen das Recht der mechanischen Nachbildung vorbehielt, vorausgesetzt, das Foto war mit seinem Namen und Wohnsitz sowie dem Erscheinungsjahr bezeichnet worden (vgl. *Allfeld* KUG S. 11 f.).

Das ihm folgende **Gesetz, betr. das Urheberrecht an Werken der bildenden Kunst** **3** **und der Photographie vom 9. 1. 1907 (KUG)** stellte Fotografie- und Kunstschutz gleich, beließ es gemäß § 26 KUG jedoch bei einer kurzen Schutzfrist für Fotografien von 10, seit 1940 von 25 Jahren seit dem Erscheinen (zur Fristverlängerung von 1940 *Hoffmann* UFITA 13 [1940] 120). Außerdem traf es – in der leistungsschutzrechtlichen Tradition des PG stehend – wegen des nach damaliger Auffassung geringen gestalterischen Spielraums des Fotografen, der sich auf die Abbildung von Vorgaben der Natur beschränke, keine Unterscheidung nach dem jeweiligen schöpferischen Gehalt einer Fotografie (vgl. RGZ 105, 160/162 – Der Industriehafen; BGH GRUR 1961, 489/490 – Autohochhaus; *Allfeld* KUG § 1 Anm. 29 f.; eingehend dazu *Heitland* S. 26 ff.). In der Zeit der Reformdiskussion vor dem 2. Weltkrieg blieben die Meinungen über den schöpferischen Spielraum des Fotografen geteilt. Einige **Reformentwürfe** sahen für fotografische Werke urheberrechtlichen Schutz vor (Elster-E [1929] §§ 1, 2; Goldbaum-E [1929] § 1 Nr. 1; Marwitz-E [1929] § 1 Abs. 1), während andere wie der Akademie-E (1939) den Fotografieschutz ohne Differenzierung nach dem jeweiligen schöpferischen Gehalt zu regeln gedachten (§ 58).

RefE (§§ 68–71) und **MinE** (§§ 77–80) kannten – dem KUG folgend – für Fotografien we- **4** gen fehlender künstlerischer Leistung ebenfalls nur ein Leistungsschutzrecht. Erst der **RegE** unterschied unter dem Eindruck der Literatur (vgl. *Ulmer*² § 95; *Riedel* GRUR 1951, 378; *ders.* GRUR 1954, 500; *Bappert/Wagner* GRUR 1954, 104; *dies.* UFITA 18 [1954] 328/330 ff.; zurückhaltend allerdings *v. Gamm* NJW 1958, 371; *Hubmann* S. 170 ff.) systematisch zwischen schöpferischem Lichtbildwerk und nichtschöpferischem Lichtbild. **Er wurde insoweit unverändert 1965 Gesetz.** Wegen „unüberwindlicher Schwierigkeiten" bei der Abgrenzung zwischen Lichtbildwerken und Lichtbildern hielt es der Gesetzgeber jedoch weiterhin für angebracht, den Schutz beider Arten fotografischer Erzeugnisse nach Inhalt und Dauer unterschiedslos auszugestalten, zumal ihm eine Höherbewertung des Leistungsschutzrechts für Lichtbilder gegenüber anderen Leistungsschutzrechten nicht gerechtfertigt erschien (AmtlBegr. UFITA 45 [1965] 240/306). Die Schutzfrist für Fotografien betrug deshalb ungeachtet eines individuellen Ausdrucks einheitlich 25 Jahre seit ihrem Erscheinen (§§ 68, 72 idF v. 9. 9. 1965).

2. Die Gesetzgebung unter dem UrhG von 1965

Beeinflusst von einer sich allgemein **wandelnden Einstellung zur künstlerischen Foto-** **5** **grafie,** zunehmender **Kritik des Schrifttums an der Gleichbehandlung von Lichtbildwerken und Lichtbildern** (vgl. *Gerstenberg* GRUR 1976, 131; *Ulmer*³ § 26 IV) und einem **Gesetzentwurf der CDU/CSU-Fraktion** zur Verbesserung des Schutzes der Urheber von Lichtbildwerken im Jahre 1978 (BTDrucks. 8/2064) kam es schließlich im Rahmen der **Novellierung des Urheberrechtsgesetzes vom 24. 6. 1985** zur Streichung von § 68 und damit zur Anwendung der urheberrechtlichen **Regelschutzfrist von 70 Jahren pma.** auch auf Lichtbildwerke sowie auf Empfehlung des Rechtsausschusses zur **Verlängerung der Schutzfrist einfacher Lichtbilder, die Dokumente der Zeitgeschichte sind,** von 25 auf 50 Jahre ab ihrem Erscheinen bzw. ihrer Herstellung und damit zu einer Privilegierung, die im selben Jahr in Frankreich auf Drängen der Fotografen und ihrer Verbände gerade erst wieder abgeschafft worden war (kritisch zur Aufhebung der Gleichbehandlung von Lichtbildern und Lichtbildwerken *W. Nordemann* GRUR 1981, 326/332 f.; sa. *Schricker/Gerstenberg*¹ Rdnr. 3).

Nach § 137a Abs. 1 kommen die 1985 **verlängerten Schutzfristen** den fraglichen Lichtbildwerken bzw. Lichtbildern nur dann zugute, wenn die zuvor gültige Frist von 25 Jahren nach

§ 72 Lichtbilder

ihrem Erscheinen bzw. ihrer Herstellung am 1. Juli 1985 noch nicht abgelaufen war. Zum Verständnis dessen ist die Kenntnis der Vorgeschichte des § 135a unerlässlich:

Die hilfsweise Berechnung ab dem Tode des Fotografen, die noch § 26 S. 2 KUG für nicht erschienene Fotografien vorsah, wurde durch die Anknüpfung an den Zeitpunkt der Herstellung der Fotografie ersetzt. Diese Änderung erfolgte zunächst ohne Übergangsregelung (§ 135 UrhG), so dass der Wechsel der Anknüpfung der Schutzfristberechnung bei nicht erschienenen Fotografien (Zeitpunkt der Herstellung anstatt dem des Todes des Herstellers) im Einzelfall erhebliche rechtliche Einbußen nach sich ziehen musste (§§ 72 Abs. 1, 68, 129 Abs. 1, 135 UrhG (1965)). Die mitunter eingetretene Verkürzung des Schutzes dieser Fotografien erwies sich im Lichte der Entscheidung des BVerfG zu der ähnlich problembeladenen Neuregelung der Schutzdauer des Interpretenrechts und der rückwirkenden Anknüpfung ihrer Berechnung als Verstoß gegen Art. 14 GG, während die grundsätzliche Verkürzung der Schutzfrist der verfassungsrechtlichen Überprüfung standhielt (BVerfGE 31, 275 – Schallplatten).

Daraufhin wurde 1972 § 135a UrhG in das Gesetz eingefügt. Er bestimmt mit Wirkung vom 1. 1. 1973 für die zu KUG-Zeiten lediglich hergestellten, jedoch nicht erschienenen Fotografien, dass die Neuregelung der Berechnung ihrer 25-jährigen Schutzfrist (Anknüpfung nicht mehr an den Tod des Herstellers einer Fotografie, sondern an deren Herstellung) nicht schon mit ihrer Herstellung zu laufen beginnt, sondern erst mit dem Inkrafttreten des Urheberrechtsgesetzes am 1. 1. 1966 (§ 143 Abs. 2 UrhG). Der Schutz dieser Lichtbilder lief somit erst Ende 1990 ab. Ist der Hersteller einer nicht erschienenen Fotografie jedoch vor dem 1. 1. 1966 verstorben, berechnet sich die gleich gebliebene Schutzfrist von 25 Jahren weiterhin ab seinem Tode. Denn ein übergangsrechtlicher Ausgleich war aus verfassungsrechtlichen Gründen nur da geboten, wo die Neuregelung der Schutzfristberechnung zu einer solchen Verkürzung der Schutzdauer führte, die ihm nicht einmal mehr die volle neue Schutzfrist belassen hätte.

6   Mit dem **Inkrafttreten des Einigungsvertrages am 3. 10. 1990** (dazu eingehend vor §§ 120ff. Rdnr. 24ff.) findet das UrhG rückwirkend auch auf die in der ehemaligen DDR entstandenen Lichtbilder und Lichtbildwerke Anwendung (Anl. I Kap. III Sachgeb. E Abschn. II 2 § 1 Abs. 1 und 2 des Einigungsvertrages). Erstere waren dort 10 Jahre nach ihrer Veröffentlichung (§§ 77, 82 URG-DDR), letztere 50 Jahre pma. geschützt (§ 33 Abs. 1 URG-DDR). Während bei Lichtbildern der Einigungsvertrag eine Verlängerung der Schutzdauer bzw. ein Wiederaufleben des Schutzes bewirkte, führte die Erstreckung des UrhG auf in der DDR noch geschützte Lichtbildwerke, die vor dem Inkrafttreten der Novelle von 1985 (1. 7. 1985) durch Ablauf der bis dahin gültigen 25jährigen Schutzfrist gemäß § 68 gemeinfrei geworden waren, zunächst zu einer verfassungsrechtlich bedenklichen Verkürzung der Schutzdauer. Der Problematik ist jedoch durch die Entscheidung des EuGH vom 20. 10. 1993 (GRUR 1994, 280 – Phil Collins: Verpflichtung zur Gleichbehandlung aller EU-Bürger) in Verbindung mit der Umsetzung der Schutzdauer-Richtlinie im 3. UrhGÄndG die Spitze genommen worden (s. *A. Nordemann* GRUR 1991, 418/420; *ders./Mielke* ZUM 1996, 214/215).

7   Anlässlich der **Umsetzung der EG-Richtlinie über die Schutzdauer der Urheberrechte und anderer verwandter Schutzrechte vom 29. 10. 1993 (93/98/EWG) durch das 3. UrhGÄndG vom 23. 6. 1995,** aber ohne insoweit durch die Richtlinie veranlasst worden zu sein, hat der Gesetzgeber die 1985 eingeführte Besserstellung dokumentarischer Lichtbilder wegen praktischer Schwierigkeiten ihrer Qualifizierung wieder abgeschafft (BTDrucks. 13/781 S. 15; zur früheren Rechtslage vgl. *Flechsig* UFITA 116 [1991] 5; *Platena* S. 196; *Schricker/Gerstenberg*[1] Rdnr. 3, 7; *Fromm/Nordemann/Hertin*[9] Rdnr. 1), indem er die Schutzdauer unterschiedslos für alle Lichtbilder auf 50 Jahre festgelegt und dabei die Anknüpfungsregelung der Schutzdauer-Richtlinie bei Leistungsschutzrechten nach Art. 3, 4 übernommen hat (Einzelheiten s. Rdnr. 22; *Schricker,* Fs. für Kreile, S. 715/718f.).

8   Richtlinienbedingte Änderungen hat der Gesetzgeber im Bereich der Fotografie nicht für erforderlich erachtet. Im Hinblick auf **Art. 6 der Schutzdauer-Richtlinie,** der verbietet, den Schutz von Werken der Fotografie von anderen Kriterien als dem Vorliegen einer eigenen geistigen Schöpfung abhängig zu machen, begnügt sich die Begründung mit dem zutreffenden Hinweis, dass bereits die nach geltendem Recht anerkannte untere Schutzgrenze der **kleinen Münze** Fotografien ohne besondere Schöpfungshöhe unter urheberrechtlichen Schutzstelle und deshalb Gesetzesänderungen erübrige (AmtlBegr. BTDrucks. 13/781 S. 10; sa. § 2 Rdnr. 182).

9   Wegen der nach § 72 Abs. 1 weitgehenden entsprechenden Anwendung der für den Urheber geltenden Vorschriften hat die Umsetzung der **Informationsgesellschafts-Richtlinie 2001/**

29/EG (ABl. EG L 167/10) keine Änderungen dieser Vorschrift erfordert, so dass sie von dem **Gesetz zur Regelung des Urheberrechts in der Informationsgesellschaft** vom 10. 9. 2003 (BGBl. I S. 1774) bis auf kleinere redaktionelle Korrekturen unberührt geblieben ist (AmtlBegr. BTDrucks. 15/38 S. 22).

3. Charakteristik des Lichtbildschutzes

a) Rechtsnatur. Seiner Rechtsnatur nach ist der Lichtbildschutz gemäß § 72 ein **umfassend ausgestaltetes dem Urheberrecht verwandtes Schutzrecht,** das dem Lichtbildner originär zugeordnet ist und die mit der Herstellung einer Fotografie verbundene **technische Leistung als immaterielles Gut** honoriert (AmtlBegr. UFITA 45 [1965] 240/306; ähnlich OGH GRUR Int. 2001, 351/352 – Vorarlberg Online). Der Lichtbildschutz setzt weder eine handwerkliche noch eine schöpferische Leistung voraus (*Loewenheim/Vogel* § 37 Rdnr. 8; anders *Fromm/Nordemann/A. Nordemann*[10] Rdnr. 10, der als weiteres Merkmal verlangt, dass eine dreidimensionale Vorlage mit Hilfe fotografischer oder fotografieähnlicher Technik in ein zweidimensionales Bild umgesetzt wird, muss dabei jedoch – nicht unproblematisch – die fotografische Abbildung von Gemälden und Zeichnungen einschließen; aA *Schack*[5] Rdnr. 720: weder besondere technische noch besondere persönliche Leistung). Lediglich in Abgrenzung zur ungeschützten Reproduktionsfotografie verlangt der Lichtbildschutz ein Mindestmaß **an geistiger Leistung (nicht Schöpfung),** die meist in der technischen Fertigkeit des Lichtbildners im Umgang mit den Aufnahmegeräten liegen wird (BGH GRUR 2000, 317/318 – Werbefotos; BGH GRUR 1993, 34/35 – Bedienungsanweisung; BGH GRUR 1990, 669/673 – Bibel-Reproduktion; sa. Rdnr. 21, 23; Rdnr. 13; *Loewenheim/Vogel* § 37 Rdnr. 10; sa. *Fromm/Nordemann/A. Nordemann*[10] Rdnr. 9). Angesichts des Schutzes der kleinen Münze schöpferischer, dh. gestalteter Fotografien (dazu § 2 Rdnr. 177) gibt es keine eigentümlichen Lichtbilder (s. Rdnr. 22, 23). Wo gerade noch Individualität vorliegt, greifen die Grundsätze der kleinen Münze als der Untergrenze urheberrechtlichen Schutzes (ebenso *A. Nordemann* S. 116; unzutreffenderweise wird mitunter der Leistungsschutz nach § 72 als die kleine Münze der Lichtbildwerke angesehen; so noch *W. Nordemann* GRUR 1981, 326/333 sowie *G. Schulze* S. 243). Das Recht nach § 72 entsteht **unabhängig vom Gegenstand der Abbildung und unabhängig von der Art der eingesetzten fotografischen Technik,** findet jedoch seine untere Grenze der Schutzgewährung durch den Ausschluss der Reproduktionsfotografie (dazu Rdnr. 23). Nach den allgemeinen Grundsätzen des Rechts an Immaterialgütern kommt ein **gutgläubiger Erwerb** des Schutzrechts **nicht in Betracht** (*Schricker/Gerstenberg*[1] Rdnr. 13; *Rossbach* S. 94 f.).

b) Inhalt. Nach der 1965 und 1985 endgültig vollzogenen **systematischen und dogmatischen Unterscheidung von** urheberrechtlich zu schützendem schöpferischem **Lichtbildwerk** gemäß § 2 Abs. 1 Nr. 5 und lediglich durch den Einsatz einer Kamera oder ähnlicher Geräte gekennzeichnetem **Lichtbild** gemäß § 72 sind dem Lichtbildner **inhaltlich** zwar **dieselben umfassenden Rechte** geblieben, die dem schöpferischen Fotografen zustehen, mit denselben Schranken der §§ 44 a ff. einschließlich des § 5 (OLG Düsseldorf ZUM-RD 2007, 521 – Fahrradausrüstung), jedoch weiterhin für eine **kürzere Schutzdauer** (Abs. 3), mit einem **geringeren Schutzumfang,** der naturgemäß aus der fehlenden Individualität des Lichtbildes resultiert (instruktiv dazu OLG Hamburg ZUM-RD 1997, 217/219 ff. – Troades-Fotografie), und mit Einschränkungen, die sich aus seiner eigenständigen leistungsschutzrechtlichen Natur ergeben (vgl. auch *Flechsig* UFITA 116 [1991] 5/29).

Aus dem geringeren Schutzumfang des Lichtbildes gegenüber dem Lichtbildwerk folgen **in lediglich entsprechender Anwendung** der für Lichtbildwerke geltenden Vorschriften zwangsläufig **Abweichungen beim Bearbeitungsrecht nach § 23,** das die Rechte des Urhebers auch auf das Werk in bearbeiteter Form erstreckt, einschließlich des **Rechts der freien Benutzung (§ 24), und bei den Persönlichkeitsrechten,** die beim Lichtbildner insofern enger zu fassen sind, als sein Recht keine schöpferische, sondern eine technische Leistung voraussetzt (s. Rdnr. 9, 27).

c) Rechtfertigung. Wenngleich § 72 selbst bedeutungslose Knipsbilder unter Schutz stellt, erfährt er im Wesentlichen seine Rechtfertigung durch die Erfassung all jener nichtschöpferischen Fotografien, die unter Einsatz umfangreicher finanzieller und technischer Mittel und mitunter hohem technischem Verständnis und handwerklichem Geschick im Bereich der Wissenschaften, namentlich der Naturwissenschaften und der Technik, sowie im Bereich der Dokumentation der Zeitgeschichte gefertigt werden und vor dem unberechtigten Zugriff Dritter zu bewahren sind. Dies gilt in besonderem Maße für die „Erzeugnisse, die ähnlich wie Lichtbilder

§ 72   Lichtbilder

hergestellt werden", seitdem die **Digitaltechnik** in vielfältiger Ausprägung und andere moderne Bildtechniken bei der Bildherstellung Einzug gehalten haben (s. OGH GRUR Int. 2001, 351 – Vorarlberg Online; *Maaßen* ZUM 1992, 338 f.; *Pfennig* S. 95 f.).

14   **d) Bedeutung.** Die Bedeutung des § 72 liegt darin, dass er der Rechtsprechung häufig Ausführungen zu der bisweilen schwierig zu beantwortenden Frage erspart, ob eine Fotografie schöpferischer Natur ist. Dies tut er jedoch nur solange, als die 50-jährige Schutzfrist des Lichtbildes noch nicht abgelaufen ist und Fragen des Schutzumfangs und des Persönlichkeitsschutzes nicht in Rede stehen. Ferner erlangt die Vorschrift besondere Bedeutung für den Schutz technisch mitunter aufwändiger Fotografien ohne schöpferischen Charakter (etwa Satellitenbilder), weil auf sie ohne Zustimmung ihres Lichtbildners bzw. der von ihm beauftragten Foto-Agentur nicht zugegriffen werden kann und er außerdem eine differenzierte Verwertung von Lichtbildern erlaubt.

4. Persönlicher Geltungsbereich

15   Der persönliche Geltungsbereich des § 72 richtet sich, soweit es nicht um Lichtbilder deutscher Staatsangehöriger geht, zunächst nach dem **nationalen Fremdenrecht des § 124,** der wiederum die §§ 120 bis 123 sinngemäß für anwendbar erklärt (Einzelheiten jeweils dort). Zu beachten ist, dass § 120 Abs. 2 idF des 3. UrhGÄndG EU- und EWR-Angehörige deutschen Staatsangehörigen ausdrücklich gleichstellt, nachdem der EuGH das Diskriminierungsverbot des Art. 18 AEUV (neue Nummerierung) auch auf dem Gebiet der Urheber- und Leistungsschutzrechte für anwendbar erklärt hat (EuGH GRUR 1994, 280 – Phil Collins).

16   Nach **internationalem Fremdenrecht** sind Lichtbilder weder durch die **RBÜ** noch durch das **WUA** geschützt. Vielmehr regeln beide Konventionen lediglich den internationalen Schutz von Lichtbild**werken** (Art. 2 Abs. 1 RBÜ „fotografische Werke"; hinsichtlich der RBÜ umstritten: wie hier OLG Frankfurt GRUR Int. 1993, 872/873 – The Beatles; *Wagner*, Fs. für Bappert, S. 299/302; *Nordemann/Vinck/Hertin* RBÜ Art. 2 Rdnr. 3; *Loewenheim/Vogel* § 37 Rdnr. 1; *Fromm/Nordemann/A. Nordemann*[10] Rdnr. 5; *Bappert/Wagner* RBÜ Art. 2 Rdnr. 11; *Heitland* S. 10 ff.; *Schack*[5] Rdnr. 720; aA belg. Cour de Cassation GRUR Int. 1990, 863; ebenso OLG Hamburg AfP 1983, 347 – Lech Walesa, allerdings ohne Erörterung der Streitfrage; *Katzenberger* GRUR Int. 1989, 116/119 mwN; *Ulmer* GRUR 1974, 593/598; Art. I WUA, jedoch ohne Verpflichtung der Vertragsstaaten, fotografische Werke überhaupt zu schützen, sowie Art. IV 3 WUA). Artt. 1, 6 iVm. Erwägungsgrund 17 der Schutzdauer-Richtlinie stützen die hier vertretene Auffassung (sa. Rdnr. 39). Das **TRIPS-Übereinkommen** (Art. 9) und der **WCT** (Art. 1) nehmen die RBÜ in Bezug, so dass die Befürwortung der Anwendung der RBÜ auf Lichtbilder auch die Anwendung des TRIPS-Übereinkommens und des WCT auf diesen Schutzgegenstand zur Folge hat. Das **deutsch-amerikanische Abkommen vom 15. 1. 1892** erstreckt sich ebenfalls nicht auf Lichtbilder, da dieses Abkommen keinen Leistungsschutz zum Gegenstand hat, sondern ausschließlich auf einen gegenseitigen Urheberrechtsschutz gerichtet ist (zum sachlichen Geltungsbereich dieses Abkommens BGH GRUR 1986, 454/455 – Bob Dylan; BGH GRUR 1992, 845/846 f. – Cliff Richard; aA wegen der ausdrücklichen Nennung der Fotografien in diesem Abkommen *Wandtke/Bullinger/v. Welser* § 121 Rdnr. 33; wohl auch, letztlich jedoch offen gelassen OLG Düsseldorf GRUR-RR 2009, 45 f. – Schaufensterdekoration; Einzelheiten zu diesem Abkommen *Schricker/Katzenberger* vor §§ 120 ff. Rdnr. 72, § 124 Rdnr. 3). Der **WPPT** betrifft per definitionem nur Künstler- und Tonträgerherstellerrechte (ebenso *Fromm/Nordemann/A. Nordemann*[10] Rdnr. 5; *Loewenheim/Vogel* § 37 Rdnr. 1).

II. Einzelerläuterungen

1. Schutzgegenstand

17   **a) Schutzgegenstand** des § 72 sind nach seiner weiten tatbestandlichen Fassung, die Spielraum lässt für die Berücksichtigung neuer Technologien **fotografischer Abbildung** (dazu OGH GRUR Int. 2001, 351 – Vorarlberg Online), sowohl **Lichtbilder** als auch **Erzeugnisse, die ähnlich wie Lichtbilder hergestellt werden.** Der Rechtsnatur der Vorschrift entsprechend bezieht sich der Schutz allein auf das fotografisch hergestellte Bild **als immaterielles Gut,** nicht dagegen auf seine Verkörperung, und zwar selbst dann nicht, wenn – wie bei der Gegenstandsfotografie zwangsläufig – die Vorlage naturgetreu abfotografiert wird (missverständlich in der Formulierung BGH GRUR 1967, 315/316 – skai cubana; wie hier OGH GRUR

Int. 2001, 351/352 – Vorarlberg Online; *Ulmer*[3] § 119 II 1; *Rossbach* S. 93; *Heitland* S. 102; *Walter*, öUrhR, § 74 Rdnr. 1589: Gegenstand des Schutzes ist nicht die Festlegung, sondern die Abbildung; *W. Nordemann* GRUR 1987, 15; aA *Platena* S. 120ff., der den Schutz mit der Belichtung der chemisch oder physikalisch lichtempfindlichen Schicht entstehen lässt [S. 111ff.]; *Schricker/Gerstenberg*[1] § 72 Rdnr. 9). **Handwerkliches Können,** das in einem Bild zum Ausdruck kommt, **spielt** für die Begründung des Rechtsschutzes nach § 72 **keine Rolle** (*Ulmer*[3] § 119 I 1). Wohl aber bedarf es notwendigerweise des Einsatzes fotografischer Technik und eines Mindestmaßes an geistiger Leistung, die in der oft schwierigen Handhabung der Technik zum Ausdruck kommt (s. Rdnr. 22, 23). **Ohne Bedeutung** ist des Weiteren die **körperliche Festlegung** des Bildes. § 72 kommt folglich auch dann zur Anwendung, wenn, wie etwa bei live gesendeten Bildern, die körperliche Festlegung nicht erfolgt, das Bild erst unter Zuhilfenahme technischer Mittel (Projektoren etc.) sichtbar wird, es sich um **Einzelbilder aus Fernsehsendungen** handelt oder wenn es um **Schattenspiele** geht. Wer folglich ein live gesendetes Fernsehbild fotografisch festhält, verletzt das Vervielfältigungsrecht seines Lichtbildners (BGHZ 37, 1/6/9 – AKI; *Walter*, öUrhR, § 74 Rdnr. 1589; ebenso *Schack*[5] Rdnr. 721; zu Schattenspielen auch *Nordemann* GRUR 1987, 15/16; aA *Platena* S. 130: es fehle an einer strahlenempfindlichen Schicht). In gleicher Weise genießt ein **Einzelbild aus einem Filmstreifen** zumindest Leistungsschutz nach § 72, bei ausreichender Schöpfungshöhe freilich Werkschutz unabhängig davon, ob es einem Filmwerk nach § 2 Abs. 1 Nr. 6 oder Laufbildern nach § 95 entstammt (arg. § 91 alt; s. die Erl. dazu in der 2. Aufl. § 91 Rdnr. 1ff.; BGHZ 9, 262/268 – Lied der Wildbahn I; ebenso *Fromm/Nordemann/A. Nordemann*[10] Rdnr. 13; *Dreier/Schulze/Schulze* Rdnr. 5; aA *Ekrutt* GRUR 1973, 512ff.: Schutz nur im Rahmen und im Umfang des Rechts an Filmwerken oder Laufbildern; dagegen wiederum *Staehle* GRUR 1974, 205f.). Rechtlich bedeutungslos ist schließlich der **Inhalt eines Bildes,** seitdem die Privilegierung dokumentarischer Fotos durch die Rückkehr zu einer einheitlichen Schutzfrist entfallen ist (sa. Rdnr. 7 sowie Rdnr. 40).

Ohne Abweichungen in den Rechtsfolgen und damit ohne die Notwendigkeit strenger Abgrenzung unterscheidet das Gesetz (kritisch zu dieser Unterscheidung *Heitland* S. 22f.) begrifflich:

- **Lichtbilder,** die – im Gegensatz zu gestalteten Lichtbildwerken – lediglich **abbildende Fotografien** (Gegenstandsfotografien) sind, ohne die Qualität einer persönlichen geistigen Schöpfung iSd. § 2 Abs. 2 zu erreichen. Ebenso wie jene entstehen sie dadurch, dass **strahlungsempfindliche Schichten chemisch** (herkömmliche analoge Fototechnik) **oder physikalisch** (digitaltechnisch mittels lichtempfindlicher Elemente wie CCD oder CMOS) durch Strahlung (Licht) eine Veränderung erfahren (so OLG Köln GRUR 1987, 42f. – Lichtbildkopien; ausführlich *Platena* S. 111f.; *A. Nordemann* S. 61ff.; *Heitland* S. 20f.; sa. Rdnr. 173; *Loewenheim/Vogel* § 37 Rdnr. 9; *Fromm/Nordemann/A. Nordemann*[10] Rdnr. 8; *Voigtländer/Elster/Kleine*[4] S. 26; *Möhring/Nicolini/Kroitzsch*[2] Rdnr. 3; *W. Nordemann* GRUR 1987, 15ff.). Diese Voraussetzungen sind etwa auch bei Standbildern gegeben, die von computergesteuerten Kameras aufgenommen und auf der Festplatte eines mit der Kamera eine Einheit bildenden PCs gespeichert werden (OGH GRUR Int. 2001, 351/352 – Vorarlberg Online zum entsprechenden Lichtbildschutz in Österreich). Ferner zählen zu dieser Kategorie von Lichtbildern auch Einzelbilder eines Films und einer live ausgestrahlten Fernsehsendung (s. Rdnr. 17). 18

- **Erzeugnisse, die ähnlich wie Lichtbilder hergestellt werden.** Sie umfassen in gebotener weiter Auslegung des § 72 (ebenso OGH GRUR Int. 2001, 351/352 – Vorarlberg Online zum entsprechenden Lichtbildschutz in Österreich) all diejenigen Bilder, die zwar nicht den technischen Anforderungen der herkömmlichen Fototechnik entsprechen, wohl aber ebenfalls unter Benutzung strahlender Energie erzeugt werden (BGHZ 37, 1/6 – AKI; LG Hamburg ZUM 2004, 675/677 – Becker-Seltur: Digitalfotos zumindest Erzeugnisse, die ähnlich wie Lichtbilder hergestellt werden). Unabhängig von der jeweils angewandten Aufnahmetechnik und unabhängig von der Art der strahlenden Energie (Licht, Wärme, Röntgenstrahlen u.a.) bezieht sich § 72 deshalb auch auf solche fotografieähnlichen Abbildungen von in der Natur Vorgegebenem, die etwa durch **Infrarotstrahlen, durch Kernspin- und Computertomographie oder sonstige Strahlungstechniken** hergestellt und elektromagnetisch (Ampex), chemisch oder digital festgelegt werden (sa. *Platena* S. 108ff.; *Loewenheim/Vogel* § 37 Rdnr. 8; *Fromm/Nordemann/A. Nordemann*[10] Rdnr. 10; *Dreier/Schulze/Schulze* Rdnr. 6; *Fromm/Nordemann/Hertin*[9] Rdnr. 3, 4; *Maaßen* ZUM 1992, 338/339f.). Dazu rechnen insbesondere auch die zahlreichen in der Astronomie oder in der Industrietechnik eingesetzten spektroskopischen Messverfahren. 19

§ 72 Lichtbilder

20 **b) Schutzbegründend ist allein der Einsatz der genannten Techniken** durch den jeweiligen Lichtbildner als natürlicher Person, gleich, ob er das Bild mit einer einfachen oder hochkomplexen, einer automatischen, handbetriebenen oder mit einer digitalen computergesteuerten Kamera herstellt. Auch von Flugzeugen mit speziellen, automatischen Kameras (sog. Reihenmesskammern) aufgenommene **Luftbilder** und auf ähnliche Weise hergestellte **Satellitenfotos**, bei denen die Aufnahmebedingungen durch die Flugplanung, Navigation und Steuerung beeinflusst werden (*Katzenberger* GRUR Int. 1989, 116/118 f.), sowie Bilder, die im **Bildautomaten** (polizeiliche Radarbilder; Passbilder ua.) entstehen, fallen unter den Schutz des § 72 (hM OGH GRUR Int. 2001, 351/352 – Vorarlberg Online; LG Berlin GRUR 1990, 270 – Satellitenfoto; *Loewenheim/Vogel* § 37 Rdnr. 9; *Fromm/Nordemann/A. Nordemann*[10] Rdnr. 10; *Dreier/Schulze/Schulze* Rdnr. 4; aA *Möhring/Nicolini/Kroitzsch*[2] Rdnr. 3; aA hinsichtlich Satellitenfotos *Schack*[5] Rdnr. 723; aA hinsichtlich Radarfotos *Wandtke/Bullinger/Thum* Rdnr. 10; *Schack*[5] Rdnr. 723; *Meckel* in HK-UrhG Rdnr. 8). Bei derart fototechnisch hergestellten Bildern ist als Hersteller jeweils diejenige Person anzusehen, die die automatische Kamera des Flugzeugs, des Satelliten oder den Lichtbildautomaten konditioniert und damit die Herstellung des Lichtbildes bewirkt (ebenso OGH GRUR Int. 2001, 351/352 f. – Vorarlberg Online; *Platena* S. 91 f.; *Gerstenberg*, Fs. für Klaka, S. 120/124, mit weiteren Beispielen zufallsgenerierter Fotografien; *Katzenberger* GRUR Int. 1989, 116/118).

21 **Keine fotografischen oder ähnlich wie Lichtbilder hergestellte Abbilder** in diesem Sinne sind **auf dem Computerbildschirm erzeugte,** nicht lediglich aus einem Bildspeicher abgerufene und damit unkörperlich wiedergegebene Bilder (**CAD- und CAM-Bilder, Bildschirmdisplays, Computeranimationen** ua.; sa. OLG Köln GRUR-RR 2010, 141/142 – 3D-Messestände; OLG Hamm GRUR-RR 2005, 73/74 – Web-Grafiken; LG Köln MMR 2008, 556 – Virtueller Dom in Second Life; *Fromm/Nordemann/A. Nordemann*[10] Rdnr. 8; *Loewenheim/A. Nordemann* Rdnr. 128; *Oldekop* S. 11 ff.; *Wandtke/Bullinger/Thum* Rdnr. 18; *Loewenheim/Vogel* § 37 Rdnr. 9; *Heitland* S. 23 ff.; *Maaßen* ZUM 1992, 338/341 f.; *Reuter* GRUR 1997, 23/27; aA *Dreier/Schulze/Schulze* Rdnr. 7; *Walter*, öUrhR, § 74 Rdnr. 1594; *G. Schulze* CR 1988, 181/188 f.; *Schack*[5] Rdnr. 721). Dasselbe gilt für eingescannte, also vervielfältigte und am Bildschirm auf vielerlei Art der digitalen Bildbearbeitung wie etwa **Fotocomposing, Webdesign u. a. digital veränderte Bilder.** Sie begründen kein Recht nach § 72, weil sie nicht auf der Verarbeitung von Lichtreizen, sondern auf der Wiedergabe und/oder Veränderung gespeicherter Bilder mittels elektronischer Befehle beruhen und der unter Umständen nach § 2 Abs. 1 Nr. 4 oder Nr. 7 geschützten Zeichnung näher stehen als der fotografischen Abbildung (so *Fromm/Nordemann/A. Nordemann*[10] Rdnr. 8; *Oldekop* S. 16, 53 ff.: Computergrafik als Ausdrucksform des Computerprogramms; wie hier auch OLG Hamm GRUR-RR 2005, 73/74 – Web-Graphiken; LG Hamburg ZUM 2004, 675/677 – Becker-Seltur; *Platena* S. 127 ff.; *Loewenheim/Vogel* § 37 Rdnr. 9; *Schack* MMR 2001, 9/12 f.; aA *G. Schulze* CR 1988, 181/190 f.). Bei diesen Techniken wird unter Verzicht auf eine fotografische Abbildung lediglich ein im jeweiligen Computerprogramm potentiell angelegtes oder gespeichertes Bild visualisiert und unter Umständen bearbeitet, dessen Nutzung allenfalls über die Rechte am eingesetzten Computerprogramm und/oder an den bearbeiteten Vorlagen kontrolliert werden kann (ebenso *Fromm/Nordemann/Hertin*[9] Rdnr. 5; *Möhring/Nicolini/Kroitzsch*[2] Rdnr. 3; *Wandtke/Bullinger/Thum* Rdnr. 12; *Schack* MMR 2001, 9/12 f.; *Maaßen* ZUM 1992, 338/341 f.; *Heitland* S. 23 ff.; *Reuter* GRUR 1997, 23/27; aA *Dreier/Schulze/Schulze* Rdnr. 7 unter Hinweis auf ein Schutzbedürfnis angesichts der jüngsten technischen Entwicklung; *G. Schulze* CR 1988, 181/188; für einen Lichtbildschutz von Bildschirmdisplays auch *Fromm/Nordemann/Hertin*[9] Rdnr. 4; *Koch* GRUR 1991, 180/184 f., nicht jedoch von Benutzeroberflächen einer Software, ebd. S. 189). Wohl aber können unerlaubte Veränderungen dieser Art unter Umständen die Rechte des Lichtbildners der Vorlage berühren (s. dazu auch Rdnr. 31). **Kartographische Orthofotos**, die durch rechnergestützte Entzerrung von Luftbildern entstehen, um ein abgebildetes Gebiet perspektivisch genau wiederzugeben, sind **lediglich die technische Bearbeitung einer fotografischen Vorlage** und damit bloße Vervielfältigungsstücke, nicht jedoch gegenüber dem entzerrten Luftbild eigenständige Lichtbilder (aA *Katzenberger* GRUR Int. 1989, 116/118; wie hier *Fromm/Nordemann/Hertin*[9] Rdnr. 3). Keine fotografischen Abbilder stellen ferner Lithographien und Masken für die Herstellung von Halbleitern dar (*Möhring/Nicolini/Kroitzsch*[2] Rdnr. 3; *Wandtke/Bullinger/Thum* Rdnr. 12). Auch die Herstellung eines Positivabzugs, eines Klischees oder eines Films für den Druck begründen als bloße Vervielfältigungen einer Vorlage keinen Leistungsschutz nach § 72 (ebenso *Dreier/Schulze/Schulze* Rdnr. 11; *Wandtke/Bullinger/Thum* Rdnr. 13; aA *Katzenberger* GRUR Int. 1999, 116/117 f.; hinsichtlich des Notendrucks *Hanser-Strecker* UFITA 93 [1982] 13/18). Einzelheiten s. § 2 Rdnr. 179.

c) Der **Schutzbereich** des § 72 findet seine **Obergrenze** dort, wo der Schutz eines Licht- 22
bildwerkes mangels Individualität endet (aA *Fromm/Nordemann/A. Nordemann*[10] Rdnr. 2, 12: alle
Lichtbildwerke sind zugleich auch als Lichtbilder geschützt; ebenso *Walter*, öUrhR, § 74
Rdnr. 1595; wie hier *Oldekop* S. 117). Die Anforderungen an die Individualität schöpferischer
Fotografien sind jeweils im Lichte von Art. 6 der Schutzdauer-Richtlinie festzulegen. Er verlangt
lediglich eine **eigene geistige Schöpfung** und verbietet bei der Prüfung der Schutzfähigkeit
die Berücksichtigung anderer, eine besondere Gestaltungshöhe begründender – etwa
ästhetischer – Kriterien (BGH GRUR 2000, 317/318 – Werbefotos unter Verweis auf die
AmtlBegr. des 3. UrhGÄndG, s. BTDrucks. 13/781 S. 10; § 2 Rdnr. 178 ff.). Einer durch
Art. 6 der Richtlinie veranlassten Gesetzesänderung hat es nicht bedurft (aA wohl *W. Nordemann*
NJW 1995, 2534/2535; *A. Nordemann/Mielke* ZUM 1996, 214/215), weil die Grundsätze der
kleinen Münze, nach denen ein Minimum an Individualität bereits schutzbegründend wirkt,
auch im Bereich der Fotografie gelten (vgl. AmtlBegr. BTDrucks. 13/781 S. 10; zur Auslegung
des nationalen Rechts im Lichte europäischer Richtlinien *Erdmann/Bornkamm* GRUR 1991,
877/879 f.; sa. § 2 Rdnr. 182 sowie vor §§ 87 a ff. Rdnr. 12). Für gesteigerte Schutzanforderungen
an die Gestaltungshöhe bei Lichtbildwerken, wie sie teilweise wegen des leistungsschutzrechtlichen
Unterbaus des Lichtbildschutzes befürwortet worden sind (*Möhring/Nicolini/Kroitzsch*[2]
Rdnr. 2: „künstlerische fotografische Erzeugnisse"; *Gerstenberg,* Fs. für Klaka, S. 120; sa. *W. Nordemann*
NJW 1995, 2534/2535; *A. Nordemann/Mielke* ZUM 1996, 214/215), ist spätestens seit
der europäischen Harmonisierung des Schutzstandards für diese Werkkategorie kein Raum mehr
(BGH GRUR 2000, 317/318 – Werbefotos; zur inzwischen obsolet gewordenen Diskussion
Heitland S. 53 ff.; *Vogel* ZUM 1995, 451/455; *Walter/Walter* Schutzdauer-Richtlinie Art. 6
Rdnr. 7 f.; dies scheint das OLG Düsseldorf GRUR 1997, 49/50 f. – Beuys-Fotografien zu
übersehen). Ginge man in Deutschland gleichwohl von einer Herabsetzung der Schutzanforderungen
durch die Richtlinie aus, wie dies im Übrigen in Österreich unstreitig der Fall ist (OGH
ZUM-RD 2002, 281 – Eurobike = ÖBl. 2003, 39; dazu *Noll* ÖBl 2003, 164), käme ihr für
Verletzungshandlungen, die vor dem Inkrafttreten der Richtlinienumsetzung am 1. 7. 1995 begangen
worden sind, keine Rückwirkung zu (BGH GRUR 2000, 317/318 – Werbefotos; BGH
GRUR 1994, 39 – Buchhaltungsprogramm). Erst wo fotografische Tätigkeit keine eigenschöpferischen
Züge aufweist, sondern sich bei einem Mindestmaß an geistiger Leistung (BGH
GRUR 2000, 317/318 – Werbefotos; BGH GRUR 1993, 34/35 – Bedienungsanleitung; BGH
GRUR 1990, 669/673 – Bibelreproduktion; ablehnend *Möhring/Nicolini/Kroitzsch*[2] Rdnr. 4: kein
Mindestmaß an persönlicher Leistung) im Gängigen oder Technischen erschöpft, endet der urheberrechtliche
Schutzbereich und beginnt der Leistungsschutz nach § 72 (sa. § 2 Rdnr. 182 f.).

Die **Untergrenze** des Lichtbildschutzes bildet nach dem Sinn und Zweck der Vorschrift die 23
nicht mehr schutzfähige **Reproduktionsfotografie,** bei der lediglich eine zweidimensionale
Bild- oder Textvorlage mechanisch durch Foto-, Mikro- oder elektrostatische Kopie oder, nach
Abzug eines Negativs, durch nach ihm hergestellte Diapositive, Vergrößerungen, Duplikatnegative
oder durch digitale Techniken wie das Scannen vervielfältigt wird (hM, *Fromm/Nordemann/Hertin*[9]
Rdnr. 3; *Oldekop* S. 129; *Katzenberger* GRUR Int. 1989, 116/117; *Heitland* S. 73 ff.
jeweils mwN; aA zur Mikrokopie *Riedel* GRUR 1951, 378/381). Denn nicht der lediglich
technische Reproduktionsvorgang begründet den Lichtbildschutz, sondern vielmehr der Umstand,
dass das Lichtbild als solches originär, dh. als **Urbild** *(Hertin),* geschaffen wird (BGH
GRUR 2001, 755/757 – Telefonkarte; BGH GRUR 1990, 669/673 – Bibel-Reproduktion sowie
die Vorinstanz OLG Köln GRUR 1987, 42/43 – Lichtbildkopien unter Verweis auf *Riedel* § 72
Anm. 6 sowie *Ulmer*[3] § 119 I 1; *Dreier/Schulze/Schulze* Rdnr. 9; *Fromm/Nordemann/A. Nordemann*[10]
Rdnr. 9). Insoweit gilt für § 72 nichts anderes als für das Recht des Tonträgerherstellers,
welches nach § 85 Abs. 1 S. 1 auch nicht durch die bloße Vervielfältigung eines Tonträgers entsteht.
Andernfalls könnte durch wiederholte fotografische Reproduktionsvorgänge die Schutzfrist eines
Lichtbildes beliebig verlängert werden (BGH GRUR 1990, 669/673 – Bibel-Reproduktion, im
Anschluss an *Fromm/Nordemann/Hertin*[9] Rdnr. 3; *W. Nordemann* GRUR 1987, 15/18; *Krieger*
GRUR Int. 1973, 286/287; *Gerstenberg,* Fs. für Klaka, S. 120/122; *Schack*[5] Rdnr. 722; *Loewenheim/Vogel*
§ 37 Rdnr. 10; aA *Platena* S. 140 ff., der der hM vorhält, den Lichtbildbegriff zu sehr
im Lichte der Werkarten des § 2 zu verstehen, ebd. S. 148). Entsprechendes gilt für fotografisch
von einer Bild- oder Textvorlage hergestellte **Klischees für den Druck** (*Fromm/Nordemann/Hertin*[9]
Rdnr. 3; aA die ältere Rspr. für Faksimile-Drucke RGZ 130, 196/198 – Codex
Aureus; *Katzenberger* GRUR Int. 1989, 116/117 f. unter Hinweis auf den Unterschied zu den
am Lichtbildschutz des Negativs teilhabenden bloßen Positivabzügen und auf das durch den
fotografisch-technischen Vorgang entstehende selbstständig verwertbare, schutzbedürftige Wirt-

schaftsgut; *Hanser-Strecker* UFITA 91 [1981] 13/18 für den Notendruck; Beschränkung des Schutzes auf Lichtbilder von Werken der bildenden Kunst [keine Sprachwerke]; *Krieger* GRUR Int. 1973, 286/288; ähnlich *Fromm/Nordemann/Hertin*[9] Rdnr. 3) und für Abzüge, die vom Negativ als dem fotografischen Urbild hergestellt werden und damit unabhängig von einer Originaleigenschaft (dazu § 44 Rdnr. 23) Vervielfältigungen iSd. § 16 darstellen (OLG Köln GRUR 1987, 42/43 – Lichtbildkopien).

Mit der zutreffenden überwiegenden Meinung in Literatur und Rechtsprechung setzt § 72 **ein Mindestmaß an geistiger Leistung (nicht Schöpfung)** voraus (BGH GRUR 2001, 755/757 – Telefonkarte; BGH GRUR 2000, 317/318 – Werbefotos; BGH GRUR 1993, 34/35 – Bedienungsanweisung; GRUR 1990, 669/673 – Bibel-Reproduktion; *Dreier/Schulze/Schulze* Rdnr. 10; *Ulmer*[3] § 119 I 1; *Gerstenberg*, Fs. für Klaka, S. 120/123; *Schricker/Gerstenberg*[1] Rdnr. 5; *Walter*, öUrhR, § 74 Rdnr. 1587 f.: Mindestmaß an Aufnahmetätigkeit; *W. Nordemann* GRUR 1987, 15/17; *Schack*[5] Rdnr. 722; aA *Platena* S. 131; im Hinblick auf bloße Knipsbilder auch *Fromm/Nordemann/Hertin*[9] Rdnr. 3 sowie *Möhring/Nicolini/Kroitzsch*[2] Rdnr. 4: keine persönliche Leistung; kritisch auch *Fromm/Nordemann/A. Nordemann*[10] Rdnr. 10: kein Mindestmaß an geistiger und technischer Leistung, sondern lediglich Leistung, die der des fotografischen Urhebers ähnlich sei. Sie kann die in der handwerklichen Fertigkeit bei der Bedienung technisch oft hochkomplexer Apparate oder in der – häufig gegenstandsbedingten – Wahl des Blickwinkels, der Entfernung, des Motivs etc. liegen, ohne dass das Bild den Anforderungen an die Individualität einer Werkschöpfung genügen muss. Ein solches Mindestmaß liegt nicht vor, wenn ein Foto allein durch Zufall zustande gekommen ist (sa. bei *Fromm/Nordemann/A. Nordemann*[10] Rdnr. 11 die zu Recht kritische Auseinandersetzung mit LG Hamburg ZUM 2004, 675/677 – Becker-Seltur, wo die Kriterien, die für die schöpferische Fotografie maßgeblich sind, zur Rechtfertigung des Leistungsschutzes herangezogen werden). Anders verhält es sich hingegen, wenn der Zufall lediglich mitspielt (ebenso *Heitland* S. 79; aA *Gerstenberg*, Fs. für Klaka, S. 120/124).

2. Inhalt des Lichtbildschutzes

24   In **entsprechender Anwendung der Vorschriften des Teils 1 des UrhG** stehen dem Lichtbildner **dieselben umfassenden Rechte zu wie dem Urheber von Lichtbildwerken,** wobei sich allerdings Abweichungen aus der leistungsschutzrechtlichen Natur seines Rechts ergeben. Somit hat auch der Lichtbildner das ausschließliche Recht, seine Fotografie in jeder körperlichen und unkörperlichen Form zu verwerten. Im Rechtsverkehr gelten die §§ 31 ff. (Einzelheiten unten Rdnr. 46 ff.). Die Vorschrift des § 5 über die Gemeinfreiheit amtlicher Werke gilt für Lichtbilder entsprechend. Auch stehen dem Recht des Lichtbildners **dieselben Schranken** gezogen wie dem Urheberrecht (§§ 72 Abs. 1 iVm. 44 a ff. sowie § 5; zutreffend insoweit OLG Düsseldorf ZUM-RD 2007, 531 – Fahrradausrüstung) mit der Folge, dass auch der Lichtbildner an den **gesetzlichen Vergütungsansprüchen** nach §§ 45 a Abs. 2, 46 Abs. 4, 47 Abs. 2 S. 2, 49 und 53 Abs. 1 und 2, 54 partizipiert (s. dazu auch Rdnr. 48). Dem Lichtbildner steht außerdem ein Vergütungsanspruch für das Verleihen seiner Fotografie zu (§ 27 Abs. 2), nicht dagegen das Folgerecht nach § 26 (s. § 26 Rdnr. 20). Auch und gerade für ihn gilt ferner die Auslegungsregel des § 60 (Einzelheiten dort). Je nach Gegenstand des Lichtbildes kann seiner Herstellung und Nutzung das allgemeine Persönlichkeitsrecht oder das Eigentumsrecht Dritter entgegenstehen (s. zum Verhältnis von Sachfotografie und Sacheigentum § 59 Rdnr. 3). Nach Maßgabe des Schutzumfangs hat er schließlich in engen Grenzen das Recht der Verwertung seines Lichtbildes in bearbeiteter Form (§ 23) und persönlichkeitsrechtliche Befugnisse, soweit sich aus der mangelnden Individualität seiner Fotografie keine Besonderheiten ergeben (dazu OLG Hamburg ZUM-RD 1997, 217/219 ff. – Troades-Fotografie).

25   a) Hinsichtlich der **Verwertungsrechte** gelten die §§ 15–22, sofern sie für Lichtbilder der Sache nach einschlägig sind. Das gilt spätestens seit der Novelle von 2003 auch für das Recht der öffentlichen Zugänglichmachung nach § 19 a, dem für die Verwertung von Lichtbildern besondere wirtschaftliche Bedeutung zukommt. Auf die dortigen Erläuterungen wird verwiesen.

26   Speziell zum **Vervielfältigungsrecht an Lichtbildern** ist folgendes anzumerken: Der Begriff der Vervielfältigung hängt weder vom angewandten Vervielfältigungsverfahren noch von der Anzahl der gefertigten Vervielfältigungsstücke ab. Eine Vervielfältigung kann auch in der Einspeicherung eines Lichtbildes in den Arbeitsspeicher liegen, bisweilen verbunden mit einer öffentlichen Zugänglichmachung nach § 19 a (vgl. LG Hamburg GRUR-RR 2004, 313 – Thumbnails). Eine Vervielfältigung ist auch dann gegeben, wenn vom analogen Originalnegativ, etwa eines Filmwerkes (zum Begriff des Originals bei schöpferischen Fotografien vgl. § 44

Rdnr. 23), einem Positiv oder einem Klischee ein Abzug gefertigt wird, wenn das Foto in einen digitalen Speicher eingescannt oder auf andere Weise digital gespeichert wird (ebenso *Oldekop* S. 131 ff.; *Maaßen* ZUM 1992, 338/340; *Pfennig* S. 95/100), wenn es elektronisch von einem Speicher in einen anderen überspielt oder von einem solchen Speicher abgerufen und ausgedruckt wird (zu elektronischen Vervielfältigungen eingehend § 16 Rdnr. 16 ff.). Vervielfältigungsstücke sind auch Fotokopien eines Lichtbildes, unabhängig davon, ob mit der Vervielfältigung eine **Formatänderung** einhergeht oder nicht (BGH GRUR 2010, 328/629 f. Tz. 22 – Vorschaubilder; so auch *Ott* ZUM 2009, 345/346; *ders.* ZUM 2007, 119/125 mit eigenem Vorschlag für die erblaubnisfreie Nutzung von Bildern als Thumbnails S. 126 f.). Die Annahme, es handle sich insoweit um eine unfreie Benutzung, ist damit überholt (so noch OLG Jena MMR 2008 – 408/410 – Thumbnails; LG Hamburg ZUM 2009, 315/318 f. – Suchmaschine G.; LG Hamburg GRUR-RR 2004, 313/316 – Thumbnails; *Berberich* MMR 2005, 145/147 f.; *Schrader/ Rautenstrauch* UFITA 2007/III, 761/763; *Fromm/Nordemann/A. Nordemann*[10] Rdnr. 21; wie hier auch *Schack* Anm. zu OLG Jena MMR 2008, 408/815). Dem Lichtbildner vorbehalten ist demnach auch die Nutzung seines Lichtbildes in Form sog. **Thumbnails** (qualitativ minderwertige Kleinstwiedergaben von Bilden häufig durch Suchmaschinen im Internet; BGH GRUR 2010, 628/629 f. Tz. 22 – Vorschaubilder; OLG Jena MMR 2008, 408/410 – Thumbnails; LG Hamburg ZUM 2009, 315/318 ff. – Suchmaschine G.; LG Hamburg GRUR-RR 2004, 313/315 – Thumbnails). Der BGH geht jedoch davon aus, dass derjenige, der ein Bild in das Internet einstellt, zwar keine rechtsgeschäftliche Erklärung durch Einräumung entsprechender Nutzungsrechte oder in Form einer schuldrechtlichen Gestattung abgibt, wohl aber die Rechtswidrigkeit eines Eingriffs in das ausschließliche Recht des Lichtbildners wegen Vorliegens einer rechtsgeschäftsähnlichen Handlung in Form einer schlichten Einwilligung entfällt, weil ein Suchmaschinenbetreiber darauf vertrauen könne, dass eine unverschlüsselte Einstellung von Bildern ins Internet auch mit der Einwilligung in dessen Nutzung im Wege der üblichen Bildersuche verbunden sei (BGH GRUR 2010, 628/631 ff. Tz. 34 ff. – Vorschaubilder mwN). Dabei kommt es wegen der alleinigen Maßgeblichkeit des objektiven Erklärungsinhalts aus der Sicht des Erklärungsempfängers nicht darauf an, welche Nutzungshandlungen im Einzelnen mit der üblichen Bildersuche durch eine Bildersuchmaschine verbunden sind (BGH Tz. 36 – Vorschaubilder; ebenso bereits vorher *Berberich* MMR 2005, 145/147 f.; *Ott* ZUM 2007, 119/126 f.; *ders.* ZUM 2009, 345/346 f.; *v. Ungern-Sternberg* GRUR 2009, 369 ff., insbesondere 371 f.; *Leistner/Stang* CR 2008, 499/504 f.; aA *Schack* MMR 2008, 414/415 f.; *Schrader/Rautenstrauch* UFITA 2007/III, 761/776 ff.). Die Herstellungstechnik der Vorlage und des Vervielfältigungsstücks müssen nicht übereinstimmen (OLG Köln GRUR 1987, 42/43 – Lichtbildkopien). Auch im Abmalen eines Lichtbildes kann bei getreulicher Wiedergabe eine Vervielfältigung liegen (ebenso *Ulmer*[3] § 119 II 1; zur Abgrenzung zur Bearbeitung bzw. freien Benutzung Rdnr. 30).

Grundsätzlich keine Sperrwirkung erzeugt der Lichtbildschutz **gegenüber nachschaffenden Leistungen und hinsichtlich des gewählten Motivs** (sa. Rdnr. 28). Auch die Wesenszüge des aufgenommenen Gegenstandes gehören – anders als bei der auf unterschiedlichen Darstellungsmitteln wie Farbe und Pinsel beruhenden Malerei – nicht zum Schutzumfang der oft technisch bedingten Gestaltungsmittel einer Fotografie (Entfernung und Winkel zum Gegenstand, Blende, Zeit, Schärfe etc.). Dasselbe gilt für Personenbilder (s. dazu *Dreier/Schulze/ Schulze* Rdnr. 14). In gleicher Weise vermögen Stil, Manier und Vorgehensweise des Fotografen keine Sperrwirkung zu begründen (OLG Hamburg ZUM-RD 1997, 217/221 – Troades-Fotografie; LG München I ZUM-RD 2002, 489/493 – Scharping/Pilati-Foto). Wer selbst vor der Natur ein fotografisches Urbild herstellt, das mit einem anderen Lichtbild (nahezu) identischen Inhalts ist, verletzt nicht die Rechte des Lichtbildners der älteren Fotografie, sondern erwirbt selbst ein originäres Leistungsschutzrecht an dem von ihm hergestellten Lichtbild (BGH GRUR 1967, 315/316 – *skai cubana;* anders mag es sich freilich bei der Übernahme kreativ arrangierter Motive von Lichtbildwerken verhalten; s. zum Motivschutz BGH GRUR 2003, 1035/1037 – *Hundertwasser-Haus;* LG Mannheim ZUM 2006, 886 – *Freiburger Münster;* OLG Köln GRUR 2000, 43/44 – *Klammerpose;* ausführlich dazu *Franzen/Götz v. Olenhusen* UFITA 2007/II, S. 435/ 455 ff., zum Fotoimitat S. 458 ff.; *dies.* kritisch zu der Entscheidung OLG Hamburg ZUM-RD 1997, 217/219/221 – *Troades-Inszenierung* [keine rechtsverletzende Nachahmung einer Fotografie] aaO S. 468 ff., jeweils mwN; sa. *Fromm/Nordemann/A. Nordemann*[10] Rdnr. 21; *Möhring/Nicolini/ Kroitzsch,* UrhG, § 72 Rdnr. 7; *Heitland,* Fotografie, S. 106; *Schack*[5] Rdnr. 724).

Kommt Leistungsschutz nach § 72 nicht in Betracht, ist **wettbewerbsrechtlicher Schutz** nach § 3 iVm. § 4 Nr. 9 UWG denkbar, wenn zur Übernahme des Lichtbildes besondere die Sittenwidrigkeit begründende Umstände hinzutreten (OLG Hamburg ZUM-RD 1997, 217/221 –

Troades-Fotografie; OLG München ZUM 1991, 431 – Hochzeits-Fotograf; *Franzen/Götz v. Olenhusen* UFITA 2007/II, S. 435/455 ff., grundsätzlich zur ergänzenden Anwendung des Wettbewerbsrechts Rdnr. 53 sowie Einl. Rdnr. 50 ff.).

29 Besonderheiten ergeben sich auch beim **Teileschutz**. Das Vervielfältigungsrecht des Urhebers bezieht sich auch auf Teile des Werkes, wenn der jeweilige Ausschnitt selbst schutzfähig ist, also den Anforderungen einer persönlichen geistigen Schöpfung nach § 2 Abs. 2 genügt. Davon kann bei Lichtbildern wegen ihres unterschiedlichen Schutzgrundes naturgemäß nicht ausgegangen werden. Denn bei ihnen geht es nicht um den Schutz einer kreativen, sondern einer **investiven technischen Leistung**, die bereits dann berührt ist, wenn es um die Übernahme und Verarbeitung einzelner Pixel geht, und zwar unabhängig von ihrer Quantität und Qualität. Die geschützte Leistung kommt nicht allein im vollständigen Lichtbild zum Ausdruck, sondern findet ihren Niederschlag in jedem einzelnen Teil des Bildes, mag er auch noch so klein sein (zur entsprechenden Beurteilung kleinster Partikel von Tonaufnahmen BGH GRUR 2009, 403/404 Tz. 14 ff. – Metall auf Metall). Deshalb gebietet es der Schutzgrund des § 72, von einer entsprechenden Anwendung urheberrechtlicher Grundsätze (Teileschutz nur, wenn das entnommene Segment selbst urheberrechtlich schutzfähig ist) auf Lichtbildteile abzusehen (so auch *Dreier*, in *Schricker* (Hrsg., Informationsgesellschaft, S. 114; ihm folgend *Oldekop* S. 123) und das Lichtbild auch dann dem ausschließlichen Vervielfältigungsrecht zu unterstellen, wenn der fragliche, häufig digital gefertigte Ausschnitt des Lichtbildes quantitativ und qualitativ deutlich weniger als einen substantiellen Teil ausmacht (aA noch 3. Aufl. sowie Reuter GRUR 1997, 23/28, der von der Übernahme wesentlicher Teile der Fotografie spricht; vgl. auch § 85 Rdnr. 42 f. sowie die Beispiele bei *Davis* GRUR Int. 1996, 888/894 f.). Auf die **Individualisierung und Zuordnung der entnommenen Teile des Lichtbildes** kommt es somit lediglich **im Rahmen der Beweisbarkeit** an (zur Verwendung eines Lichtbildteils als Grundlage eines Kunstwerkes *Jacobs*, Fs. für Quack, S. 33/40).

30 b) Grundsätzlich steht dem Lichtbildner auch ein **Recht der Verwertung seines Lichtbildes in bearbeiteter Form** zu (§ 23). Der Schutzbereich nichtschöpferischer Fotografien beschränkt sich jedoch meist auf ihre nahezu identische Übernahme. Denn je geringer die schöpferische Eigenart des Bildes ist, umso enger bemisst sich sein Schutzumfang (ebenso *Walter*, öUrhR, § 74 Rdnr. 1591; Einzelheiten zum Schutzumfang § 2 Rdnr. 73 f.; sa. oben Rdnr. 21), so dass bereits bei geringfügigen Änderungen das Verbotsrecht des Lichtbildners nicht mehr berührt und die Grenze zur freien Benutzung nach § 24 überschritten wird (OLG Hamburg ZUM-RD 1997, 217/219 – Troades-Fotografie; LG München I ZUM-RD 2002, 489/493 – Scharping/Pilati-Foto; LG München I Schulze LGZ 87 – Insel der Frauen, m. zust. Anm. *Gerstenberg*; sa. die bei *Mielke*[4] Abschn. 1 angeführten Entscheidungen). Bei naturgetreuen Gegenstandsfotografien reduziert sich der Lichtbildschutz gar auf die konkrete Aufnahme, weil derartige Lichtbilder einer über diese hinausgehenden immateriellen Leistung entbehren (BGH GRUR 1967, 315/316 f. – skai cubana, mit zust. Anm. *Reimer*; ebenso *Möhring/Nicolini/Kroitzsch*[2] Rdnr. 7; *v. Gamm* Rdnr. 5; *Reuter* GRUR 1997, 23/26). Dem Lichtbildner vorbehalten sind gleichwohl Nutzungen des Lichtbildes in kolorierter oder (digitaltechnisch) retuschierter Form sowie – im Hinblick auf den Schutz von Lichtbildteilen – die Verwendung seines Lichtbildes im Rahmen einer Fotokollage, was freilich einen abhängigen Urheberrechtsschutz des Bearbeiters nicht ausschließt (ebenso *Walter*, öUrhR, § 74 Rdnr. 1590; s. zum Teileschutz Rdnr. 29). Abgrenzungsprobleme ergeben sich bei **Gemälden nach fotografischen Vorlagen** (s. RGZ 169, 109/114 – Hitler-Bild, wo die Benutzung eines Lichtbildes durch den bildenden Künstler in der Regel als freie Benutzung erachtet wird; kritisch dazu *A. Nordemann* S. 226) sowie bei Gemälden des Fotorealismus (vgl. LG München I GRUR 1988, 36 – Hubschrauber mit Damen; zu dieser Entscheidung eingehend *A. Nordemann* S. 219 ff.). Wird dabei ein Lichtbild vollständig übernommen und durch Hinzufügungen ergänzt, liegt eine abhängige Umgestaltung zumindest dann vor, wenn der charakteristische Gesamteindruck des Lichtbildes erhalten bleibt (ebenso *A. Nordemann* S. 226; *Heitland* S. 104 f.; s. aber auch die Bewertung von Gerhard Richters „Zyklus 18. Oktober 1977" als freie Benutzung der zugrundeliegenden Photos durch *Jacobs*, Fs. für Quack, S. 33/38 f.).

31 c) Bei entsprechender Anwendung der dem Urheber zustehenden **Persönlichkeitsrechte** ist zu berücksichtigen, dass das Recht des Lichtbildners ungeachtet einer individuellen Schöpfung begründet wird und deshalb auch keine geistigen und persönlichen Beziehungen iSd. § 11 zu dem von ihm hergestellten Lichtbild geschützt werden können (für einen – im Hinblick auf §§ 12, 13 nicht gerechtfertigten – vollständigen Ausschluss der Anwendung von §§ 12–14 bei

automatisierten Aufnahmetechniken *Fromm/Nordemann/Hertin*[9] Rdnr. 7). Eine entsprechende Anwendung von § 14, der den **Entstellungsschutz** betrifft, sollte deshalb nicht in Betracht kommen, da die dort geschützten persönlichen und geistigen Interessen am Werk auf einem Werkschaffen beruhen, das gerade bei Lichtbildern fehlt (wie hier *Möhring/Nicolini/Kroitzsch*[2] Rdnr. 6; aA *Ulmer*[3] § 119 II 2; *Schricker/Gerstenberg*[1] Rdnr. 11; *Fromm/Nordemann/A. Nordemann*[10] Rdnr. 17; *Dreier/Schulze/Schulze* Rdnr. 18; *Schack*[5] Rdnr. 724; *Dreyer* in HK-UrhG Rdnr. 13; *Wandtke/Bullinger/Thum* Rdnr. 33; *Fromm/Nordemann/Hertin*[9] Rdnr. 7 unter Bezugnahme auf LG Mannheim ZUM-RD 1997, 405/407 – Freiburger Holbein-Pferd). **Denkbar** ist bei minderwertiger Wiedergabe oder Vervielfältigung und bei anderen Beeinträchtigungen des Lichtbildes jedoch eine **Verletzung des allgemeinen Persönlichkeitsrechts**, wenn sie das berufliche Ansehen des Lichtbildners in Mitleidenschaft ziehen.

Von den übrigen Persönlichkeitsrechten des Urhebers stehen dem Lichtbildner dagegen das **Veröffentlichungsrecht** (§ 12) (OLG Köln ZUM-RD 2003, 539/540 – Figurensammlung), das **Namensnennungsrecht** (§ 13) und das **Zugangsrecht** (§ 25) in entsprechender Anwendung zu (ebenso *Fromm/Nordemann/A. Nordemann*[10] Rdnr. 17; *Fromm/Nordemann/Hertin*[9] Rdnr. 7). Denn diese Rechte haben für die vermögensrechtlichen Belange des Lichtbildners Bedeutung (Einzelheiten bei den jeweiligen Kommentierungen). 32

Dem **Namensnennungsrecht** des Lichtbildners genügt nicht die bloße Angabe einer Nachrichtenagentur, die am Lichtbild Nutzungsrechte erworben hat (etwa Foto: dpa; zur Einschränkung des Bestimmungsrechts durch vertragliche Vereinbarungen oder Branchenübungen s. § 13 Rdnr. 22 ff.). Vielmehr ist der Lichtbildner unter dem Bild oder in einem speziellen Bildnachweis so klar und deutlich anzugeben, dass der Zusammenhang zwischen dem Foto und seinem Hersteller erkennbar wird. Bei Fotodateien auf einer CD-ROM ist die Nennung des Lichtbildners auf jeder einzelnen Datei entbehrlich; zumindest die Vermutungsregel des § 10 setzt nicht mehr voraus, als dass der Hinweis auf den Lichtbildner in einer separaten Datei der CD-ROM erfolgt (so LG Kiel GRUR-RR 2005, 181 – Fotodateien). Die Namensnennung ist nicht zuletzt deshalb von besonderer Bedeutung, weil andernfalls in den Fällen erlaubnisfreier Nutzung der Verpflichtung zur Quellenangabe nicht nachgekommen werden kann (§ 63). Auf das Recht kann wegen des fehlenden persönlichkeitsrechtlichen Bezugs vollständig verzichtet werden. Unterlässt der Nutzer die Namensnennung, steht dem Lichtbildner nach der Rspr. der Untergerichte neben dem angemessenen Honorar ein 100%-iger Aufschlag als Schadensersatz zu (OLG Düsseldorf GRUR-RR 2006, 393/394 f. – Informationsbroschüre; NJW-RR 1999, 194; OLG Hamburg GRUR 1989, 912/913 – Spiegel-Fotos; im entschiedenen Fall auch LG Hamburg ZUM 2004, 675/679 – Becker-Seltur, mit insoweit krit. Anm. *Feldmann;* LG Düsseldorf GRUR 1993, 664 – Urheberbenennung bei Fotos; LG München I ZUM 1995, 57/58 – Venus der Lumpen; LG Berlin ZUM 1998, 673 – MFM-Empfehlungen; LG Münster NJW-RR 1996, 32 – T-Magazin; weitere Fallbeispiele bei *Mielke*[4] Abschn. 2; *Loewenheim/A. Nordemann* § 73 Rdnr. 33; *Dreier/Schulze/Schulze* Rdnr. 27; *Wandtke/Bullinger/Thum* Rdnr. 32; zurückhaltend in jüngerer Zeit OLG Hamburg MMR 2009, 196/197 f. – Fiktive Lizenzgebühr m. zust. Anm. *Möller*). 33

In einem engen sachlichen Zusammenhang mit dem Recht auf Namensnennung steht in entsprechender Anwendung auch das Recht der **Vermutung der Lichtbildnerschaft** (§ 10). Sie gilt nach § 10 Abs. 1 nur für in üblicher Weise auf der Rückseite oder bei Negativen auf dem Umschlag namentlich gekennzeichnete Lichtbilder (Einzelheiten dort). Für denjenigen, der Fotografien auf einem Datenträger an einen Dritten übergibt, spricht nach Auffassung des LG München I dann ein erster Anschein, Lichtbildner zu sein, wenn der Dritte die übergebenen Fotos auf seiner Hompage nutzt (LG München I ZUM-RD 2008, 615/619 f. – Auf einer Homepage veröffentliche Fotos). 34

3. Rechtsinhaber (Abs. 2)

Nach Abs. 2 steht der Lichtbildschutz originär dem **Lichtbildner** als derjenigen **natürlichen Person** zu, die persönlich das Lichtbild oder das lichtbildähnliche Erzeugnis herstellt, indem sie den Blickwinkel auswählt, die Einstellung der Kamera vornimmt und den Auslöser betätigt. Bei Luft- und Satellitenbildern sowie Fotoautomaten für Passbilder ist Lichtbildner derjenige, der die jeweiligen Parameter der Aufnahme festlegt oder einen unterstützend zum Einsatz kommenden Computer konditioniert und so die Bildgestaltung bestimmt (LG Berlin GRUR 1990, 270 – Satellitenfoto; *Dünnwald* UFITA 71 [1976] 165/175; *Fromm/Nordemann/A. Nordemann*[10] Rdnr. 26; *Loewenheim/Vogel* § 37 Rdnr. 12; *Dreier/Schulze/Schulze* Rdnr. 32 f.; *Wandtke/Bullinger/* 35

§ 72 Lichtbilder

Thum Rdnr. 34; *Fromm/Nordemann/Hertin*[9] Rdnr. 6; sa. Rdnr. 20). In Betracht kommt auch die Herstellung eines Lichtbildes durch **mehrere gleichberechtigte Personen,** auf die in diesen Fällen die Grundsätze der Miturheberschaft nach § 8 anzuwenden sind. Denkbar ist dies etwa bei hochkomplexen astronomischen Messgeräten. Wer lediglich demjenigen, der die entscheidenden Einstellungen festlegt, weisungsabhängig Hilfedienste leistet, scheidet als Lichtbildner aus (OGH GRUR Int. 2001, 351/353 – Vorarlberg Online).

36   Ein **originärer Rechteerwerb durch den Arbeitgeber** eines Lichtbildners **kommt** im Hinblick auf den Wortlaut des Abs. 2 **nicht in Frage** (LG Berlin GRUR 1990, 270 – Satellitenfoto). Der Arbeitgeber hat eventuelle Nutzungsrechte vertraglich zu erwerben, wobei § 43 zu berücksichtigen ist (sa. Rdnr. 51; zum Umfang einer stillschweigenden Übertragung von Nutzungsrechten des angestellten Fotografen auf den Arbeitgeber s. KG GRUR 1976, 264 – Gesicherte Spuren sowie *Bollack* GRUR 1976, 74/76 f.). Ist nach dem bis zum 30. 6. 2002 geltenden Recht ein Lichtbild bei der Herstellung eines Filmwerkes entstanden, gingen die Rechte der filmischen Verwertung des Lichtbildes kraft Gesetzes auf den Filmhersteller über (str.; s. 2. Aufl. § 91 Rdnr. 6). Dies galt nicht für Verwertungsbefugnisse an Lichtbild**werken**, die bei der Filmherstellung entstanden sind (Einzelheiten dazu 2. Aufl. § 91 Rdnr. 12). Seit dem Inkrafttreten des Gesetzes zur Stärkung der vertraglichen Stellung von Urhebern und ausübenden Künstlern am 1. 7. 2002 gilt nicht mehr die cessio legis des aufgehobenen § 91, sondern der gleichzeitig eingefügte § 89 Abs. 4, nach dem der Lichtbildner dem Filmproduzenten nur im Zweifel das ausschließliche Recht einräumt, die bei der Filmherstellung entstandenen Bildern auf alle bekannten Nutzungsarten zu nutzen (Einzelheiten dazu § 89 Rdnr. 24 ff.).

4. Schutzdauer (Abs. 3)

37   **Die Dauer** des Lichtbildschutzes beträgt **einheitlich 50 Jahre.** Die 1985 eingeführte Privilegierung dokumentarischer gegenüber einfachen Lichtbildern ist 1995 durch die generelle Anhebung der Schutzfrist auf 50 Jahre entfallen (dazu Rdnr. 5; zur früheren Rechtslage s. *Schricker/Gerstenberg*[1] Rdnr. 20 ff.). Die Schutzfrist beginnt in dogmatischer Abgrenzung zur schöpferischen Fotografie nicht mit dem Tode des Lichtbildners zu laufen, sondern seit dem 3. UrhGÄndG in Anlehnung an die Anknüpfungsregel des Art. 3 der Schutzdauer-Richtlinie (vgl. die ebenfalls geänderte Anknüpfung in §§ 70 Abs. 3, 82, 85 Abs. 3, 94 Abs. 3) ab **dem Erscheinen nach § 6 Abs. 2 oder der** mit Zustimmung des Lichtbildners erfolgten **erstmaligen öffentlichen Wiedergabe** des Lichtbildes iSd. § 15 Abs. 2 und 3, falls diese zeitlich vor seinem Erscheinen liegt. **Hilfsweiser Anknüpfungszeitpunkt** ist die **Herstellung** des Lichtbildes geblieben. Dies ist der Zeitpunkt der Herstellung des Negativs als der der ersten körperlichen Festlegung des Lichtbildes oder der Zeitpunkt der Live-Sendung (s. Rdnr. 17), nicht dagegen der der Fertigung des Abzuges. Bei digitalen Fotografien ist für deren Herstellung der Zeitpunkt ihrer Einspeicherung in den digitalen Speicher, also der der Aufnahme, maßgeblich. Anders als nach früherer Rechtslage beginnt die Schutzfrist somit schon dann zu laufen, wenn ein Lichtbild zB im Fernsehen gesendet oder als Diapositiv öffentlich vorgeführt wird, bevor es in einem Buch abgedruckt iSd. § 6 Abs. 2 erscheint. Dagegen bleibt das Erscheinen für die Schutzfristberechnung maßgeblich, wenn das Bild erst später erstmals öffentlich wiedergegeben wird. Ist das Lichtbild innerhalb von 50 Jahren nach der Herstellung weder erschienen noch öffentlich wiedergegeben worden, wird es gemeinfrei. Der Schutz eines Lichtbildes beläuft sich demnach auf maximal 100 Jahre, wenn es im 50. Jahr nach seiner Herstellung erscheint oder erstmals öffentlich wiedergegeben wird.

38   Dies gilt auch hinsichtlich solcher **persönlichkeitsrechtlicher Befugnisse** des Lichtbildners, die ihm in entsprechender Anwendung der für den Werkschöpfer geltenden Vorschriften gewährt werden (s. Rdnr. 31). Da das Lichtbild nichtschöpferischer Natur ist, bedarf es keiner Regelung, derzufolge persönlichkeitsrechtliche Befugnisse frühestens mit dem Tode des originär Berechtigten enden (ebenso *Flechsig* UFITA 116 [1991] 5/29, der anderenfalls auf die Notwendigkeit einer der Vorschrift des § 76 (§ 83 Abs. 3 alt) entsprechenden Regelung hinweist; aA *Schricker/Gerstenberg*[1] Rdnr. 11). Das allgemeine Persönlichkeitsrecht des Lichtbildners wirkt als Auffangrecht freilich über seinen Tod hinaus (BVerfGE 50, 133 – Mephisto; wie hier *Schack*[5] Rdnr. 727).

39   Obwohl die **Verlängerung der Schutzfrist** für einfache Lichtbilder im Zusammenhang mit der Schutzfristenharmonisierung in der EU erfolgt ist, gilt für diese anders als für Lichtbildwerke nicht die Regel des § 137 f Abs. 2, nach der abgelaufene Schutzfristen wieder aufleben, wenn die betreffenden Werke in einem Mitgliedstaat der EU noch Schutz genießen. Denn die Verlängerung der Schutzfrist des Abs. 3 war nicht durch die Schutzdauer-Richtlinie veranlasst. Die

Verlängerung kommt folglich nach allgemeinen Grundsätzen nur solchen Lichtbildern zugute, die im Zeitpunkt des Inkrafttretens der einschlägigen Bestimmungen des 3. UrhGÄndG am 1. 7. 1995 noch geschützt waren. Demnach waren all diejenigen vor dem 1. 1. 1970 erschienenen bzw. hergestellten Lichtbilder bereits gemeinfrei, die nach der alten Fassung des Abs. 3 nicht als Dokumente der Zeitgeschichte zu qualifizieren waren. Für dokumentarische Lichtbilder ist der maßgebliche Stichtag der 1. 1. 1960. Denn alle vorher erschienenen bzw. hergestellten nicht schöpferischen dokumentarischen Fotos waren 1985, als für sie die 25jährige Schutzfrist auf 50 Jahre verlängert wurde, bereits gemeinfrei, so dass sie 1995 nicht mehr in den Genuss der Schutzfristverlängerung kommen konnten. Für eine entsprechende Anwendung des § 137f Abs. 2 S. 2 auf Lichtbilder, wie sie von G. *Schulze* vorgeschlagen wird (*Dreier/Schulze/Schulze* Rdnr. 41; *Schulze/Bettinger* GRUR 2000, 12/18), ist angesichts der Eindeutigkeit der Bestimmung kein Raum (wie hier OLG Düsseldorf GRUR 1997, 49/50 – Beuys-Fotografien; *A. Nordemann/Mielke* ZUM 1996, 214/216). Die Schutzdauer-Richtlinie sieht insoweit keine Notwendigkeit der Harmonisierung. Dies ergibt sich unzweifelhaft aus Art. 6 iVm. Erwgr. 17 der Richtlinie, der die Regelung einfacher Lichtbilder ausdrücklich dem nationalen Gesetzgeber überlässt (das wird übersehen von *Dreier/Schulze/Schulze* Rdnr. 41, die aus dem Verweis des Art. 1 Abs. 2 der Richtlinie auf die nach Art. 2 RBÜ geschützten Werke auf eine Harmonisierung auch des Lichtbildrechts schließen).

Für die **Bemessung der Schutzdauer** von Lichtbildern, die in der Zeit vom **1. 1. 1960 bis 31. 12. 1969** erschienen oder hergestellt worden sind, spielt folglich die Frage, ob ihnen **dokumentarischer Charakter** iSd. alten Fassung des Abs. 3 zukommt, noch eine Rolle. Denn alle einfachen, nicht dokumentarischen Lichtbilder, deren Schutzfrist vor Ende dieses Zeitraums zu laufen begonnen hatte, waren im Zeitpunkt des Inkrafttretens des 3. UrhGÄndG bereits gemeinfrei. Für sie kam folglich die Verlängerung der Schutzfrist am 1. 7. 1995 auf 50 Jahre zu spät. Für dokumentarische Fotos aus diesem Zeitraum hingegen wurde bereits 1985 die Schutzfrist auf 50 Jahre verlängert. **40**

Demnach ist bei der Schutzfristberechnung zu beachten (instruktiv OLG Hamburg GRUR 1999, 717 – Wagner-Familienfotos; Beispiele zur Berechnung der Schutzdauer dokumentarischer Lichtbilder auch bei *Flechsig* UFITA 116 [1991] 5/32), **41**
– dass bei **unveröffentlichten Lichtbildern,** die vor dem Inkrafttreten des UrhG entstanden sind, der Schutz **nach § 26 S. 2 KUG** 25 Jahre nach dem Tode des Lichtbildners endet,
– dass **nach § 135 a S. 1** die Schutzfrist des § 72 erst mit dem Inkrafttreten des UrhG zu laufen beginnt, wenn die Frist eines vorher entstandenen Rechts ebenfalls vorher zu laufen begonnen hat, jedoch nach S. 2 spätestens endet, wenn der Schutz nach altem Recht abgelaufen ist (spätester Ablauf des Schutzes solcher Lichtbilder am 31. 12. 1990; sa. Rdnr. 5),
– dass **dokumentarische Lichtbilder,** die bei Inkrafttreten der Novellierung von 1985 (1. 7. 1985) noch geschützt waren, in entsprechender Anwendung des **§ 137a** (s. die Erläuterungen dort Rdnr. 49) in den Genuss der Fristverlängerung auf 50 Jahre gekommen sind, und
– dass mit der Einführung des generellen Lichtbildschutzes von 50 Jahren ab dem 1. Juli 1995 für alle noch geschützten Lichtbilder eine Schutzfristverlängerung eintrat, jedoch **kein Wiederaufleben des Schutzes** angeordnet wurde (s. **§ 137f Abs. 2,** der § 72 nicht aufführt; anders verhält es sich bei Lichtbildwerken, dazu OLG Hamburg ZUM 2004, 303 – U-Boot).

Für **in der früheren DDR geschaffene oder veröffentlichte Lichtbilder** brachte mit dem Inkrafttreten des Einigungsvertrages am 3. 10. 1990 die Anwendung des § 72 eine Verlängerung bzw. ein Wiederaufleben der Schutzfrist (dazu Rdnr. 6) nach Maßgabe der Ausführungen unter Rdnr. 32. Zur einigungsbedingten Anwendung des UrhG auf Lichtbildwerke, die zunächst damit verbundene Schutzfristverkürzung für vor dem 1. 1. 1960 geschaffene oder veröffentliche Lichtbildwerke und deren Revision durch das Diskriminierungsverbot des Art. 12 EGV (früher Art. 6 EGV) sowie die Umsetzung der Schutzdauer-Richtlinie s. Rdnr. 6 und § 64 Rdnr. 71 mwN. **42**

Die **Frist beginnt** nach § 72 Abs. 3 S. 2 iVm. § 69 mit dem auf das fristauslösende Ereignis folgenden 1. Januar zu laufen. **43**

III. Das Recht des Lichtbildners im Rechtsverkehr

1. Abtretbarkeit und Vererblichkeit

Obwohl der Lichtbildschutz anders als das Urheberrecht keine schöpferische Leistung voraussetzt und damit eines die grundsätzliche Unabtretbarkeit rechtfertigenden persönlichkeitsrecht- **44** lichen Elementes entbehrt, wird das Recht des Lichtbildners in entsprechender Anwendung der für den Urheber geltenden Vorschrift des § 29 Abs. 1 S. 1 für unübertragbar gehalten (so die hM: *Wandtke/Bullinger/Thum* Rdnr. 30; *Fromm/Nordemann/Hertin*[9] Rdnr. 15; *Ulmer*[3] II 2; *Schack*[5] Rdnr. 725; *Heitland* S. 123). Demgegenüber ist der Auffassung der Abtretbarkeit des Leistungsschutzrecht nach § 72 im Hinblick auf die nicht schöpferische Leistung des Lichtbildners gegenüber der hM der Vorzug zu geben. Zwar wird diese einer weitgehend einheitlichen entsprechenden Anwendung der urheberrechtlichen Vorschriften besser gerecht. Gleichwohl werden dadurch Abgrenzungsschwierigkeiten zum Urheberrechtsschutz von Lichtbildwerken, mit denen die Unabtretbarkeit begründet wird (AmtlBegr. UFITA 45 [1965] 240/306), nicht völlig ausgeschlossen (so. Rdnr. 4; *Flechsig* UFITA 116 [1991] 5/29; Einzelheiten zur dogmatischen Begründung der Unübertragbarkeit des Urheberrechts unter Lebenden vgl. § 29 Rdnr. 3, 8 ff.). Überdies sprechen die zu Lebzeiten des Lichtbildners endenden Rechte nach § 72 für die hier vertretene Auffassung (sa. Rdnr. 38).

45   Hinsichtlich der **Vererblichkeit** des Rechts des Lichtbildners gilt § 28 entsprechend. Für Miterben kommen nicht etwa die Grundsätze der Miturheberschaft nach § 8 entsprechend zur Anwendung, vielmehr richtet sich ihr Verhältnis untereinander nach den §§ 2032 ff. BGB (OLG Hamburg GRUR 1999, 717 – Wagner Familienfotos). In der **Zwangsvollstreckung** gelten die für das Urheberrecht bestehenden persönlichkeitsrechtlich begründeten Einschränkungen der §§ 113–119 entsprechend (ebenso *Platena* S. 161).

2. Vertragsrechtliche Fragen

46   Für das Recht des Lichtbildners im Rechtsverkehr finden die §§ 31 ff. entsprechende Anwendung (*Loewenheim/A. Nordemann* § 73 Rdnr. 27, 37, 50), für Fotografen in Arbeits- oder Dienstverhältnissen somit § 43. Dabei spielt die Zweckübertragungsregel nach § 31 Abs. 5 für freischaffende Fotografen eine wichtige Rolle (zuletzt BGH GRUR 2010, 623/624 Tz. 20 ff. – Restwertbörse mwN; sa. Rdnr. 49). Infolge vielfältiger Verwertungsmöglichkeiten der Fotografie haben sich in der Praxis Besonderheiten entwickelt, die bei der Gestaltung von Verträgen über die Nutzung von Fotografien zu berücksichtigen sind (eingehend dazu *A. Nordemann*, Fs. für Schricker, [1995], S. 477; *Loewenheim/ders.* § 73; Vertragsmuster finden sich im MünchVertragshdb/*Vinck*[6] XI 65 (Agenturvertrag) sowie bei *Maaßen,* Vertragshandbuch). Dies gilt auch für die Frage des Eigentumserwerbs an den überlassenen Fotografien bei der Einräumung von Nutzungsrechten (dazu ausführlich die Erläuterungen zu § 44 Rdnr. 17).

47   Häufig schaltet der Fotograf bei der Verwertung seiner Bilder treuhänderisch arbeitende **Bildagenturen** ein, denen er ein ausschließliches Nutzungsrecht einräumt, auf Grund dessen die Werknutzer (Buch- und Zeitungsverlage, Sendeunternehmen etc.) wiederum einfache Nutzungsrechte erwerben können (Einzelheiten bei *Loewenheim/A. Nordemann* § 73 Rdnr. 4 ff.). Mit den Fotografen verbindet die Bildagentur ein Geschäftsbesorgungsvertrag nach § 675 BGB. Bildagenturen sind im eigenen Namen und für fremde Rechnung tätig, wobei sie sich in der Regel die erlösten, von der **Mittelstandsvereinigung Foto-Marketing (MFM)**, einem Arbeitskreis im Bundesverband Pressebild-Agenturen und Bildarchive (abgedruckt in ZUM 1998, 695 ff.), empfohlenen Honorare hälftig mit dem Lichtbildner teilen (LG Düsseldorf GRUR 1993, 664 – Urheberbenennung bei Fotos; LG München I ZUM 1995, 57/58 – Venus der Lumpen; Einzelheiten bei *A. Nordemann*, Fs. für Schricker, [1995], S. 477/482 f./494 ff.; *J.B. Nordemann* ZUM 1998, 642; Agenturverträge finden sich bei *Maaßen* S. 109 ff. sowie im MünchVertragshdb/*Vinck*[4] IX 65). Die MFM-Empfehlungen enthalten häufig die angemessene Vergütung nach § 32. Sie können auch für die Schadensberechnung nach der Lizenzanalogie bei unberechtigter Verwertung eines Lichtbildes herangezogen werden, sofern feststeht, dass die MFM-Empfehlungen marktübliche, unter den besonderen Umständen des jeweiligen Falles heranzuziehende Honorarsätze enthalten (insoweit kritisch OLG Hamburg GRUR-RR 2008, 378/382 – Restwertbörse [n. rkr.]: MFM-Empfehlungen weniger eine „Übersicht der marktüblichen Vergütungssätze", sondern eher einseitige Festlegungen der Anbieterseite, die darüber hinaus wegen der pauschalierenden Festsetzung eine Vielzahl der wertbildenden Faktoren nicht berücksichtigen; zurückhaltend zur Anwendung der MFM-Empfehlungen bei der Berechnung eines Schadensersatzes auch OLG Hamburg MMR 2009, 196/197 – Fiktive Lizenzgebühr [n.rkr.]; ausführlich zur Schadensberechnung bei Verlust teilweise überlassener Fotos OLG Hamburg ZUM-RD 2008, 183 – Kuschelfotograf; zur Lizenz- und Schadensberechnung sa. LG Berlin GRUR-RR 2003, 97/98 – PNN (MFM-Empfehlungen); LG Berlin ZUM 1998, 637 – MFM-Empfehlungen; LG München I ZUM 2008, 78/79 ff. – Überlassene Diapositive; OLG

Brandenburg ZUM 2009, 412/413 – Online-Auktion: angemessene Vergütung nach § 32 als Schadensersatz; LG Düsseldorf BeckRS 2008, 12988 – Ebay-Angebote).

Daneben besteht die **kollektive Wahrnehmung** der Rechte der Fotografen durch die dem **48** Wahrnehmungszwang nach § 11 UrhWG unterliegende **VG Bild-Kunst**. Soweit die VG Bild-Kunst nach ihrem Wahrnehmungsvertrag für die Berufsgruppe 2 (Fotografen, Bildjournalisten, Grafik-Designer, Foto-Designer, Karikaturisten, Pressezeichner sowie Bildagenturen) Rechte verwaltet, tritt die individuelle Wahrnehmung durch die Agenturen zurück. Der Wahrnehmungsvertrag der VG Bild-Kunst für Fotografen erfasst – ungeachtet des schöpferischen Gehalts einer Fotografie – keine Reproduktionsrechte, wohl aber die Vorführrechte (§ 19 Abs. 4), die Senderechte, einschließlich die Kabelweiter- und Satellitensenderechte von in Büchern erschienenen Fotografien sowie die gesetzlichen Vergütungsansprüche (s. den Wahrnehmungsvertrag der VG Bild-Kunst, abrufbar auf deren Web-Seite). Die Reproduktionsrechte verbleiben bei den Bildagenturen.

Bei den kollektiv verwalteten Rechten wird nach dem **Verteilungsplan** der VG Bild-Kunst ungeachtet der Frage, ob der Fotograf oder die Bildagentur die Rechte in die Verwertungsgesellschaft eingebracht haben, das Vergütungsaufkommen je nach verwaltetem Nutzungsrecht zwischen Verleger, Bildagentur und Fotografen aufgeteilt (Einzelheiten dazu im Verteilungsplan der VG Bild-Kunst idF vom 7. 7. 2007, abrufbar auf der Web-Seite der VG Bild-Kunst). Diese Regelung begegnet freilich im Hinblick auf den Treuhandgrundsatz insofern schwerwiegenden Bedenken, als danach die VG Bild-Kunst regelmäßig auch an solche Leistungsempfänger ausschüttet, die überhaupt keine Rechte eingebracht haben. Da Fotografen und andere kreative Mitglieder der VG Bild-Kunst mit dem Abschluss des Wahrnehmungsvertrages ihre einschlägigen Rechte im Voraus einbringen, können dies Verlage oder Bildagenturen nicht mehr tun. Ihre Beteiligung lässt sich nicht etwa dadurch rechtfertigen, dass in den Wahrnehmungsverträgen Satzung und Verteilungspläne in Bezug genommen werden. Denn die höchstrichterliche Rechtsprechung beurteilt zwischenzeitlich die Statuten der Verwertungsgesellschaften deutlich kritischer und unter **Stärkung der individuellen Rechte der Urheber gegenüber ihren Treuhändern** (siehe etwa zur Anwendung des § 31 Abs. 4 UrhG auf Wahrnehmungsverträge BGH GRUR 1986, 62/65 – GEMA-Vermutung I; GRUR 1988, 296/298 – GEMA-Vermutung IV). Nach der Rechtsprechung des BGH unterliegen **Satzungen von Monopolvereinen**, folglich auch die von Verwertungsgesellschaften, einer Angemessenheitsüberprüfung auf ihre Vereinbarkeit mit Treu und Glauben (BGH NJW 1989, 1724 – Spitzenverband der Kreditgenossenschaften). Ferner sind die Wahrnehmungsverträge der Verwertungsgesellschaften, die deren Satzungen und Verteilungspläne in Bezug nehmen, als nicht körperschaftsrechtliche Bestimmungen der **Inhaltskontrolle nach den Bestimmungen des BGB (§§ 305 ff.) über Allgemeine Geschäftsbedingungen** unterworfen (BGH GRUR 2002, 332/333 – Klausurerfordernis; GRUR 2005, 757/759 – Pro-Verfahren; GRUR 2006, 319/321 – Alpensinfonie; GRUR 2009, 395/400 Tz. 23, 39, 40 – Klingeltöne für Mobiltelefone mwN; ausführlich dazu *Augenstein*, Rechtliche Grundlagen des Verteilungsplans urheberrechtlicher Verwertungsgesellschaften, 2004, S. 73 ff.). Genügen sie danach den gesetzlichen Anforderungen nicht, wie dies bei der Verkürzung des Anteils der originär Berechtigten zugunsten Dritter, die keine Rechte eingebracht haben, der Fall ist, sind sie insoweit als unangemessene Benachteiligung gemäß § 9 AGBG bzw. § 307 Abs. 1 BGB unwirksam, und zwar auch dann, wenn die jeweiligen Satzungs- und Verteilungsplanbestimmungen mehrheitlich beschlossen worden sind (BGH NJW 1989, 1724/1726).

Das gilt insbesondere für gesetzliche **Vergütungsansprüche**, die aus den §§ 44a ff. resultieren und nach § 63a seit dem 1. 7. 2002 nicht mehr an Dritte abtretbar sind, seit dem 1. 1. 2008 freilich wieder eingeschränkt an einen Verleger, wenn dieser sie in eine Verwertungsgesellschaft zu Wahrnehmung einbringt (dazu § 63a Rdnr. 7, 21). Ausgeschüttet werden kann ungeachtet dessen jedoch nur den denjenigen, der Rechte einbringt und nur in deren Umfang. Im Zeitalter computergestützter Rechteverwaltung lässt sich dies unschwer berücksichtigen. Auch deshalb darf die Mitgliederversammlung nicht ohne Verstoß gegen § 242 BGB und §§ 305 ff. BGB Dritte, die keine Rechte einbringen, an dem Aufkommen der ausgewiesenen Rechteinhaber beteiligen, zumal da diese gesetzlich gezwungen sind, ihre Rechte kollektiv durch eine Verwertungsgesellschaft wahrnehmen zu lassen (zB § 54h Abs. 1).

Verwerten Fotografen ihre Fotos selbst, kommt für den Umfang von Rechtseinräumun- **49** gen namentlich § 31 Abs. 4 (alt) und 5 sowie § 31a (neu) (unbekannte Nutzungsarten und Zweckübertragungslehre) nicht zuletzt im Hinblick auf neue digitale Reproduktions- und Wiedergabetechniken besondere Bedeutung zu (BGH GRUR 2007, 693 Tz. 31 – Archivfotos;

§ 72

OLG Hamburg GRUR –RR 2008, 378/379 – Restwertbörse; LG Berlin ZUM-RD 2001, 36/39 – Internetnutzung von Pressefotos bestätigt durch KG GRUR 2002, 252/254 ff. – Internet-Homepage einer Tageszeitung; OLG Hamburg ZUM 1999, 410 – Tonträger-Cover-Foto). Dies hat zur Folge, dass AGB-Klauseln, nach denen die Einräumung sämtlicher Nutzungsrechte gegen eine Pauschalvergütung vereinbart wird, gemäß § 307 Abs. 2 Nr. 1, Abs. 3 BGB unwirksam sind, weil sie gegen den Leitgedanken der angemessenen Beteiligung nach § 11 Satz 2 verstoßen (LG Hamburg ZUM 2010, 72/73 – Pauschale Vergütung von Fotografen [n. rkr.]). Ohne besondere Absprachen ist mit der Veräußerung einer Fotografie keine Nutzungsrechtseinräumung verbunden (§ 44 Abs. 1). Etwas anderes kommt in Betracht, wenn Sinn und Zweck des Vertrages, besondere Kostenübernahmen und/oder die Höhe des Honorars zusätzlich für die Einräumung von Nutzungsrechten sprechen (BGH GRUR 1996, 885/886 – METAXA, mit krit. Anm. *Hertin;* OLG Karlsruhe GRUR 1984, 522/523 f. – Herrensitze in Schleswig-Holstein; *Dreier/Schulze/Schulze* Rdnr. 21; Einzelheiten dazu § 44 Rdnr. 17). Bei **Auftragsproduktionen** sind zusätzlich die Regeln über den Werkvertrag nach § 631 BGB zu beachten; diese verpflichten aber nicht ohne weiteres zur Herausgabe der Negative (LG Hannover NJW-RR 1989, 53 f. – Hochzeitsfoto; aA AG Regensburg NJW-RR 1987, 1008 – Fotoreportage, jedenfalls soweit keine künstlerischen Interessen des Fotografen entgegenstehen). Namentlich für die **Werbefotografie,** aber auch bei **Illustrationsverträgen** und **Verträgen über die Aufnahme von Fotos in Pressearchive** gilt das in gleicher Weise. Bei Letzteren kann jedoch die Entgeltlichkeit der Überlassung für eine Eigentumsübertragung sprechen (OLG Hamburg GRUR 1989, 912/914 – Spiegel-Fotos (s. zur Übertragung des Eigentums am Werkstück auch die Erläuterungen zu § 44 Rdnr. 14 ff.).

Beim **fotografischen Kunstverlagsvertrag,** der namentlich die Vervielfältigung und Verbreitung von Fotografien in Kalendern oder Büchern zum Gegenstand hat, handelt es sich um einen Vertrag sui generis nach § 305 BGB mit Zügen des Pacht- und Werkvertrages (*A. Nordemann,* Fs. für Schricker [1995], S. 477/488; vgl. auch OLG Hamburg – ZUM 1998, 665/667 – Tiere auf Weiß), auf den die Bestimmungen des Verlagsgesetzes jedoch mitunter entsprechende Anwendung finden (ausführlich Vor §§ 28 ff. Rdnr. 127 ff.; *Schricker,* Verlagsgesetz[3], § 1 Rdnr. 33, 34). Eine Übertragung des Eigentums am Lichtbild ist mit seinem Abschluss ohne besondere Absprache nicht verbunden.

50 Die **Rechte zur filmischen Verwertung von Einzelbildern,** die bei der Herstellung eines Filmwerkes entstanden sind, erwirbt der Filmhersteller nach § 89 Abs. 4 im Zweifel hinsichtlich aller bekannten Nutzungsarten (Einzelheiten dazu unter § 89 Rdnr. 24 ff.). Das schließt eine enge Auslegung des Begriffs der filmischen Verwertung nicht aus. So ist er nach § 31 Abs. 5 auf das zu begrenzen, was konkret zur Verwendung eines hergestellten Films benötigt wird. Das Einstellen von nach § 72 geschützten Einzelbildern eines Films in ein Online-Archiv ist davon nicht umfasst (BGH GRUR 620/621 Tz. 18 – Film-Einzelbilder; Einzelheiten zu § 91 [gültig bis 30. 6. 2002]: s. die Erläuterungen dort).

51 **Angestellte Fotografen** räumen ihrem Arbeitgeber Nutzungsrechte ausdrücklich oder stillschweigend nach Maßgabe des § 43 ein, soweit sie nicht unter den Tarifvertrag für arbeitnehmerähnliche freie Journalisten oder den Manteltarifvertrag für Redakteure und Redakteurinnen an Tageszeitungen und an Zeitschriften bzw. den Tarifvertrag für Film- und Fernsehschaffende fallen (KG GRUR 1976, 264 – Gesicherte Spuren; Einzelheiten bei *A. Nordemann,* Fs. für Schricker [1995], S. 477/490 ff.; *Loewenheim/A. Nordemann* § 73 Rdnr. 63 ff.; § 43 Rdnr. 103 ff.). Kommen Tarifverträge nicht zur Anwendung, ist zu prüfen, ob die Herstellung der betreffenden Fotografien zum arbeitsvertraglichen Aufgabenbereich des Lichtbildners gehören (sa. LG Düsseldorf BeckRS 2008, 12988 – Ebay-Angebote)

52 Besonderheiten gelten bei **Verträgen über die Herstellung von Bildnissen** (Portraits, Passbilder, Hochzeitsfotos etc., s. *Loewenheim/A. Nordemann* § 73 Rdnr. 49 ff. sowie die Erläuterungen zu § 60). Ihrer Natur nach stellen sie Werklieferungsverträge nach § 651 BGB dar. Bei der Lizenzvergabe gelten die §§ 31 f., allerdings mit der Maßgabe, dass § 31 Abs. 5 durch die gesetzliche Auslegungsregel des § 60 eine Einschränkung erfährt (Einzelheiten dort). § 60 gestattet dem Besteller des Bildnisses die Vervielfältigung und die unentgeltliche sowie nicht gewerblichen Zwecken dienende Verbreitung des Lichtbildes; dasselbe gilt für seinen Rechtsnachfolger, den Abgebildeten des bestellten Bildnisses und nach seinem Tode für seine Angehörigen (Einzelheiten § 60). Eine Verpflichtung zur Übergabe der Negative ist damit auch im Lichte von § 31 Abs. 5 nicht verbunden (LG Hannover NJW-RR 1989, 53/54 – Hochzeitsfoto; LG Wuppertal GRUR 1989, 54/55 – Lichtbild-Negative; sa. § 60 Rdnr. 7 sowie *A. Nordemann,* Fs. für Schricker [1995], S. 477/489 f.). Bei der Verwertung von Bildnissen sind zusätzlich das Recht

des Abgebildeten am eigenen Bild, das Recht des Lichtbildners auf entgeltliche Verbreitung sowie sein Namensnennungsrecht zu beachten.

IV. Wettbewerbsrechtlicher Schutz

Nach Ablauf des Sonderschutzes des § 72 tritt eine Verlängerung der Schutzfrist durch das Wettbewerbsrecht nicht ein. Allerdings ist eine Berufung auf § 3 iVm. § 4 Nr. 9 UWG auch nach Ablauf der Schutzfrist des § 72 Abs. 3 möglich, wenn besondere außerhalb des leistungsschutzrechtlichen Tatbestandes liegende Umstände gegeben sind, die die Nutzung eines Lichtbildes aus wettbewerbsrechtlicher Sicht als sittenwidrig erscheinen lassen und ein wettbewerbsrechtlicher Schutz nicht in Widerspruch zur spezialgesetzlichen Regelung des UrhG tritt (st. Rspr. zuletzt BGH GRUR 2003, 956/962 f. – *Paperboy*; BGH GRUR 1999, 325 – *Elektronische Pressearchive*; BGH GRUR 1997, 459 – *CD-Infobank I*; BGH GRUR 1992, 697/699 – *ALF*; BGH GRUR 1987, 814/816 – *Die Zauberflöte*; Einzelheiten Einl. Rdnr. 50 ff. insb. 54 ff. mwN). 53

Abschnitt 3. Schutz des ausübenden Künstlers

Vorbemerkung

Schrifttum: *Ahlberg*, Der Einfluss des § 31 UrhG auf die Auswertungsrechte von Tonträgerunternehmen, GRUR 2002, 313; *Bäcker*, Die Rechtsstellung der Leistungsschutzberechtigten im digitalen Zeitalter, Berlin 2005; *Baum*, Zum Recht des ausübenden Musikers, GRUR 1952, 556; *ders.*, Über den Rom-Entwurf zum Schutze der vortragenden Künstler, der Hersteller von Phonogrammen und des Rundfunks, GRUR Ausl. Teil 1953, 197; *Bayreuther*, Beschränkungen der Urheberrechts nach der neuen EU-Urheberrechtsrichtlinie, ZUM 2001, 828; *Beining*, Der Schutz ausübender Künstler im internationalen und supranationalen Recht, Baden-Baden, 2000; *Blomeyer*, Der Urheberrechtsschutz für den ausübenden Tonkünstler nach deutschem Recht, 1960; *Boden*, Über die Unzulänglichkeit des Leistungsschutzes der ausübenden Künstler, GRUR 1968, 537; *de Boor*, Die Entwicklung des Urheberrechts im Jahre 1939, UFITA 13 (1940) 185; *Bortloff*, Der Tonträgerpiraterieschutz im Immaterialgüterrecht, 1995; *Braun*, „Filesharing"-Netze und deutsches Urheberrecht, GRUR 2001, 1106; *ders.*, Schutzlücken-Piraterie – Der Schutz ausländischer ausübender Künstler in Deutschland vor einem Vertrieb von bootlegs, Diss. Bielefeld, 1995 = UFITA Bd. 135 (1995); *ders.*, Die Schutzlückenpiraterie nach dem Urheberrechtsänderungsgesetz vom 23. Juni 1995, GRUR Int. 1996, 790; *Breuer*, Die Rechte des ausübenden Künstler im digitalen Zeitalter, Diss. Saarbrücken 2007; *Büchen*, Welche Rechte hat die Schallplattenindustrie gem. § 2 Abs. 2 LitUrhG?, in Leistungsschutz, INTERGU-Schriftenr. Bd. 5 (1958) 73; *Bünte*, Die künstlerische Darbietung als persönliches und immaterielles Rechtsgut, Diss. Würzburg, 1999 = UFITA Schriftenreihe Bd. 178 (2000); *Bungeroth*, Der zeitliche Integritätsanspruch des ausübenden Künstler gegen die Verbreitung im Ausland hergestellter Vervielfältigungsstücke ihrer Darbietungen, GRUR 1976, 454; *Cahn-Speyer*, Leistungsschutz oder Urheberrecht des ausübenden Künstlers?, UFITA 4 (1931) 368; *Däubler-Gmelin*, Zur Notwendigkeit eines Urhebervertragsgesetzes, GRUR 2000, 764 f.; *Davies/v. Rauscher auf Weeg*, Das Recht der Hersteller von Tonträgern. Zum Urheber- und Leistungsschutzrecht in der Europäischen Gemeinschaft, 1983; *Dietz*, Die Entwicklung des bundesdeutschen Urheberrechts in Gesetzgebung und Rechtsprechung von 1972 bis 1979, UFITA 87 (1980), 1; *ders.*, Die Schutzdauer-Richtlinie der EU, GRUR Int. 1995, 670; *Dietz, Loewenheim, Nordemann, Schricker, Vogel*, Entwurf eines Gesetzes zur Stärkung der vertraglichen Stellung der Urheber und ausübenden Künstler, GRUR 2000, 765; *Dreier*, Die Umsetzung der Urheberrechtsrichtlinie 2001/29/EG in deutsches Recht, ZUM 2002, 28; *Drücke*, ZUM 2009, 108 ff., Der Richtlinienvorschlag der EU-Kommission aus Sicht der Tonträgerhersteller; *Dünnwald*, Zum Leistungsschutz an Tonträgern und Bildtonträgern, UFITA 76 (1976) 165; *ders.*, Interpret und Tonträgerhersteller, GRUR 1970, 274; *ders.*, Zum Begriff des ausübenden Künstlers, UFITA Bd. 52 (1969), S. 49; *ders.*, Leistungsschutz im „unteren Bereich" oder überdehnter Leistungsschutz, in: Fs. Roeber, 1982, S. 73; *ders.*, Die künstlerische Leistung als geschützte Leistung, UFITA Bd. 84 (1979), S. 1; *ders.*, Sind die Schutzfristen für Leistungsschutzrechte noch angemessen?, ZUM 1989, 47; *ders.*, Die Leistungsschutzrechte im TRIPS-Abkommen, ZUM 1996, 725; *ders.*, Zur Angleichung des künstlerischen Leistungsschutzes an das Urheberrecht, Fs. Rehbinder, 2002, S. 233 f.; *ders.*, Die Neufassung des künstlerischen Leistungsschutzes, ZUM 2004, 161 ff.; *Ekrutt*, Der Schutz des ausübenden Künstlers, GRUR 1976, 193; *Erdmann*, Die zeitliche Begrenzung des ergänzenden wettbewerbsrechtlichen Leistungsschutzes, in: Fs. Vieregge, 1995, S. 197; *ders.*, Urhebervertragsrecht im Meinungsstreit, GRUR 2002, 923 ff.; *Ernst*, Urheberrecht und Leistungsschutz im Tonstudio, Diss. Freiburg (Breisgau) 1994 = UFITA-Schriftenreihe Bd. 130 (1995) *Fischer/Reich* (Hrsg.), Der Künstler und sein Recht, 1992; *Fiscor*, Attempts to Provide International Protection for Folklore by Intellectual Property Rights, in: UNESCO – WIPO World Forum on the Protection of Folklore, Phuket, Thailand, April 8 to 10, 1997, WIPO Publication No. 758 (zit.: *Fiscor*, WIPO Publication No. 758); *Flechsig*, Bespr. von *Gotzen*, Das Recht des Interpreten in der Europäischen Wirtschaftsgemeinschaft, UFITA Bd. 1982, 170; *ders.*, Der Leistungsintegritätsanspruch des ausübenden Künstlers, 1977; *ders.*, Die Dauer des Anspruchs des ausübenden Künstlers auf Integrität seiner künstlerischen Leistung, FuR 1976, 208; *ders.*, Beeinträchtigungsschutz von Regieleistungen im Urheberrecht, FuR 1976, 429; *ders.*, Darbietungsschutz in der Informationsgesellschaft, NJW 2004, 575 ff.; *Flechsig/Kuhn*, Das Leistungsschutzrecht des ausübenden Künstlers in der Informationsgesellschaft, ZUM 2004, 14 ff.; *Fohrbeck/Wiesand*, Der Künstlerreport, 1975; *Freitag*, Die Kommerzialisierung von Darbietung und Persönlichkeit des ausübenden Künstlers, UFITA-Schriftenr. Bd. 103 (1993); *Frotz*, Gedanken zu einer Revision des Rom-Abkommens über den Schutz der ausübenden Künstler, der Hersteller von Tonträgern und der Sendeunternehmen, INTERGU-Jahrbuch

1975, S. 91; *Gentz,* Urheberrechtliches Nachbarrecht oder Leistungsschutzrecht, GRUR Int. 1957, 538; *ders.,* Der künstlerische Leistungsschutz, GRUR 1974, 328; *Gerlach,* Lizenzrecht und Internet – Statement aus der Sicht der GVL, ZUM 2000, 856; *ders.,* Ausübende Künstler als Kreative 2. Klasse? – Teilhabe der ausübenden Künstler an den Schutznormen des UrhG und des UrhWahrnG, ZUM 2008, 372 ff.; *Gottschalk,* Digitale Musik und Urheberrecht aus US-amerikanischer Sicht, GRUR Int. 2002, 95; *Gotzen,* Das Recht der Interpreten in der Europäischen Wirtschaftsgemeinschaft, 1980; *ders.,* Angleichung des Rechts der ausübenden Künstler im Rahmen der Europäischen Gemeinschaft, GRUR Int. 1980, 471; *v. d. Groeben,* Darbietung und Einwilligung des ausübenden Künstlers, in: Fs. Reichardt, 1990, S. 3; *Grünberger,* Das Interpretenrecht, Diss. Köln, 2006; *ders.,* Die Urhebervermutung und die Inhabervermutung für die Leistungsschutzberechtigten, GRUR 2006, 894 ff.; *Haensel,* Leistungsschutz oder Normalvertrag, 1954; *Hartwieg,* Die „Gemeinschaft" von Interpret und Hersteller, GRUR 1970, 67; *ders.,* Die künstlerische Darbietung, GRUR 1971, 144; *Hertin,* Der Künstlerbegriff des Urhebergesetzes und des Rom-Abkommens, UFITA Bd. 81 (1978), S. 39; *ders.,* Sounds von der Datenbank – eine Erwiderung auf Hoeren, GRUR 1989, 578; *ders.,* Die Vermarktung nicht lizenzierter Live-Mitschnitte von Darbietungen ausländischer Künstler nach den höchstrichterlichen Entscheidungen „Bob Dylan" und „Die Zauberflöte", GRUR 1991, 722; *Hesse,* Flankenschutz für das Leistungsschutzrecht, ZUM 1985, 365; *Hillig,* Urheber- und Verlagsrecht, 8. Aufl. 2001; *Hilty,* Gedanken zum Schutz der nachbarrechtlichen Leistung, UFITA 116 (1991) 35; *ders.,* Urheberrecht in der Informationsgesellschaft: „Wer will was von wem woraus?" – Ein Auftakt zum „zweiten Korb", ZUM 2003, 983 ff.; *Hirsch Ballin,* Verwandte Schutzrechte, UFITA 18 (1954) 310; *Hock,* Das Namensnennungsrecht des Urhebers, Baden-Baden 1993; *Hoeren,* Sounds von der Datenbank – Zur urheber- und wettbewerbsrechtlichen Beurteilung des Samplings in der Popmusik, GRUR 1989, 11; *ders.* Entwurf einer EU-Richtlinie zum Urheberrecht in der Informationsgesellschaft, MMR 2000, 515; *Hoffmann,* Bespr. von *Lyon,* Das Recht des Bühnenregisseurs, Diss. Breslau 1930, GRUR 1930, 1213; *ders.,* Die Konkurrenz von Urheberrecht und Leistungsschutz, UFITA 12 (1939) 96; *Hubmann,* Hundert Jahre Berner Übereinkunft – Rückblick und Ausblick, UFITA Bd. 103 (1986), S. 5; *ders.,* Zum Leistungsschutzrecht des Tonmeisters, GRUR 1984, 620; *Hunziker,* Leistungsschutzrechte nach dem Tode des Interpreten, FuR 1983, 591; *Jaeger,* Der ausübende Künstler und der Schutz seiner Persönlichkeitsrechte im Urheberrecht Deutschlands, Frankreichs und der Europäischen Union, Baden-Baden 2002; *Katzenberger,* TRIPS und das Urheberrecht, GRUR Int. 1995, 447; *Klass,* Die geplante Schutzfristenverlängerung für ausübende Künstler und Tonträgerhersteller: Der falsche Ansatz für das richtige Ziel, ZUM 8/9/2008, S. 663 ff.; *Kleine,* Die Urteile des Bundesgerichtshofs zum Leistungsschutz für die ausübenden Künstler, GRUR 1960, 577; *Kloth,* Der Schutz der ausübenden Künstler nach TRIPs und WPPT, Baden-Baden 2000; *ders.* Bericht über die WIPO-Sitzungen zum möglichen Protokoll zur Berner Konvention und zum „Neuen Instrument" im September 1995, ZUM 1995, 815; *Kohler,* Autorschutz des reproduzierenden Künstlers, GRUR 1909, 230; *Kreile,* Bericht über die WIPO-Sitzungen zum möglichen Protokoll zur Berner Konvention und zum „Neuen Instrument" im Dezember 1994, ZUM 1995, 307; *ders.,* Der Bericht der Bundesregierung über die Auswirkungen der Urheberrechtsnovelle 1985 und Fragen des Urheber- und Leistungsschutzrechts vom 4. 7. 1989 und seine gesetzgeberische Umsetzung in der 11. Legislaturperiode, ZUM 1990, 1; *ders.,* ZUM 2009, 113 ff., Der Richtlinienvorschlag der EU-Kommission aus Sicht der Filmhersteller; *Kröger,* Die Urheberrechtsrichtlinie für die Informationsgesellschaft – Bestandsaufnahme und kritische Bewertung, CR 2001, 316; *Krüger,* Zur Anwendung der Zweckübertragungstheorie im Leistungsschutzrecht des ausübenden Künstlers, WRP 1980, 30; *ders.,* Persönlichkeitsschutz und Werbung, GRUR 1980, 628; *ders.,* Zum Leistungsschutzrecht ausländischer ausübender Künstler in der Bundesrepublik Deutschland im Falle des sog. bootlegging, GRUR Int. 1986, 381; *ders.,* Kritische Bemerkungen zum Regierungsentwurf für ein Gesetz zur Regelung des Urheberrechts in der Informationsgesellschaft aus der Sicht eines Praktikers, ZUM 2003, 122; *ders.,* Zum postmortalen Schutz des Künstlerpersönlichkeitsrechts, in: FS für Dietz 2001; *ders.,* „Eroc III" – eine rechtsdogmatische Erosion? – Überlegungen zu BGH GRUR 2003, 234 ff., in: FS für W. Nordemann; *Krüger-Nieland,* Das Urheberpersönlichkeitsrecht, eine besondere Erscheinungsform des allgemeinen Persönlichkeitsrechts?, in Fs. Hauß, 1978, S. 215; *Lehmann* (Hrsg.), Internet- und Multimediarecht (Cyberlaw), 1997; *Lewenton,* Der Schutz der ausübenden Künstler in Film und Fernsehen, Diss. München 1966; *v Lewinski,* 7. Teil: Verwandte Schutzrechte, in: Schricker (Hrsg.), Urheberrecht auf dem Weg in die Informationsgesellschaft, Baden-Baden 1997, S. 229 (zitiert: *v. Lewinski,* Informationsgesellschaft); *ders.,* Die diplomatische Konferenz der WIPO 1996 zum Urheberrecht und zu den verwandten Schutzrechten, GRUR Int. 1997, 667; *Leupold/Demisch,* Bereithalten von Musikwerken zum Abruf in digitalen Netzen, ZUM 2000, 379; *Liermann,* Die Stellung der §§ 2 Abs. 2, 22 und 22 a LUG im Rahmen der freistaatlichen Ordnung, INTERGU-Schriftenr. Bd. 1 (1959) 7; *Lindner,* Der Referentenentwurf für ein Gesetz zur Regelung des Urheberrechts in der Informationsgesellschaft vom 18. März 2002, KUR 2002, 56; *Mayer,* Richtlinie 2001/29/EG zur Harmonisierung bestimmter Aspekte des Urheberrechts und der verwandten Schutzrechte in der Informationsgesellschaft, EuZW 2002, 325; *Metzger,* Rechtsgeschäfte über Droit moral im deutschen und französischen Urheberrecht, 2002; *Metzger/Kreutzer,* Richtlinie zum Urheberrecht in der „Informationsgesellschaft" – Privatkopie trotz technischer Schutzmaßnahmen, MMR 2002, 139; *Möhring/Elsaesser,* Die internationale Regelung des Rechts der ausübenden Künstler und anderer sog. Nachbarrechte, INTERGU-Schriftenr. Bd. 6 (1958); *Moser/Scheuermann* (Hrsg.), Handbuch der Musikwirtschaft, 6. Aufl., 2003; *Nater,* Der künstlerische Leistungsschutz, Diss. Zürich 1977; *Neumann-Duesberg,* Rechtsschutz der Leistung des ausübenden Künstlers, INTERGU-Schriftenr. Bd. 9 (1959) 57; *Nipperdey,* Der Leistungsschutz des ausübenden Künstlers, INTERGU-Schriftenr. Bd. 10 (1959) 7; *Nordemann,* Rechtsschutz von Folkloreformen, 2001; *Nordemann,* Vererblichkeit von Leistungsschutzrechten, FuR 1969, 15; *ders.,* Die Anwendung der Zweckübertragungstheorie im Leistungsschutzrecht, UFITA 58 (1970) 1; *ders.,* Kunst und Kaffee, Zur „White Christmas"-Entscheidung des BGH, WRP 1979, 695; *Obergfell,* Deutscher Urheberschutz auf internationalen Kollisionskurs – Zur zwingenden Geltung der §§ 32, 32 a UrhG im Internationalen Vertragsrecht, K & R 2003, 118; *Overath,* Urheber und Interpret in der Musik, INTERGU-Schriftenr. Bd. 11 (1959) 40; *Peter,* Das allgemeine Persönlichkeitsrecht und das „droit moral" des Urhebers und des Leistungsschutzberechtigten in den Beziehungen zum Film, UFITA Bd. 36 (1962), S. 257; *Peukert,* Der Leistungsschutzrechte des ausübenden Künstlers nach dem Tode, Baden-Baden 1997, 2003; *ders.,* Leistungsschutz des ausübenden Künstlers de lege lata und de lege ferenda unter besonderer Berücksichtigung der postmortalen Rechtslage, UFITA 138 (1999), 63; *Pietzko,* Die Werbung mit dem Doppelgänger eines Prominenten, AfP 1988, 209; *Pakuscher,* ZUM 2009, 89 ff., Der Richtlinienvorschlag der EU-Kommission zur Schutzfristenverlängerung für ausübende Künstler und Tonträgerhersteller; *Piola Caselli,* Die Regelung der Konflikte zwischen dem Urheberrecht und manchen benachbarten oder ähnlichen Rechten, UFITA 11 (1938) 1 und 71; *Püschel,* 100 Jahre Berner Union, Leipzig 1986; *v. Rauscher auf Weeg,* Das Aufführungsrecht der Interpreten und *Schallplattenhersteller* nach geltendem deutschen Recht, 1960; *Reimer/Ulmer,* Die Reform der materiellrechtlichen Bestimmungen der

Vorbemerkung   **Vor §§ 73 ff.**

Berner Übereinkunft, GRUR Int. 1967, 431; *Reinbothe,* Die EG-Richtlinie zum Urheberrecht in der Informationsgesellschaft, GRUR Int. 2001, 733; *ders.,* Die Umsetzung der EU-Urheberrechtsrichtlinie in deutsches Recht, ZUM 2002, 43; *ders.,* Der Schutz des Urheberrechts und der Leistungsschutzrechte im Abkommensentwurf GATT/TRIPs, GRUR Int. 1992, 707; *ders.,* TRIPS und die Folgen für das Urheberrecht, ZUM 1996, 735; *Reinbothe/v. Lewinski,* THE WIPO Treaties 1996, The WIPO Copyright Treaty and the WIPO Performances and Phonograms Treaty, Commentary and Legal Analysis, Butterworths 2002; *Reinhard/Distelkötter,* Die Haftung des Dritten bei Bestsellerwerken nach § 32a Abs. 2 UrhG, ZUM 2003, 269; *Roeber,* Zur Gleichstellung ausübender Künstler mit Werkurhebern, FuR 12/1960, 3; *Röber,* Der Leistungsschutz des ausübenden Künstlers, Diss. Leipzig 1935; *v. Rom,* Die Leistungsschutzrechte im Regierungsentwurf für ein Gesetz zur Regelung des Urheberrechts in der Informationsgesellschaft, Diskussionsbericht der gleich lautenden Arbeitssitzung des Instituts für Urheber- und Medienrecht am 29. November 2002, ZUM 2003, 128; *Rossbach,* Die Vergütungsansprüche im deutschen Urheberrecht, 1990; *Rüll,* Allgemeiner und urheberrechtlicher Persönlichkeitsschutz des ausübenden Künstlers, Diss. München 1998; *Runge,* Urheberrechts- oder Leistungsschutz?, GRUR 1959, 75; *Ruzicka,* Wiederholungsvergütungen für ausübende Künstler, FuR 1978, 512; *Samson,* Die Grenzen des Quasi-Urheberrechts der ausübenden Künstler nach § 2 LUG, GRUR 1960, 174; *Sasse/Waldhausen,* Musikverwertung im Internet und deren vertragliche Gestaltung – MP3, Streaming, On-Demand-Service etc., ZUM 2000, 837; *Schack,* Das Persönlichkeitsrecht der Urheber und ausübenden Künstler nach dem Tode, GRUR 1985, 352; *ders.,* Schutz digitaler Werke vor privater Vervielfältigung – zu den Auswirkungen der Digitalisierung auf § 53 UrhG, ZUM 2002, 497; *Schardt,* Musikverwertung im Internet und deren vertragliche Gestaltung, ZUM 2000, 849; *Schiefler,* Verhältnis des Urheberrechts und des Leistungsschutzrechts des ausübenden Künstlers zum allgemeinen Persönlichkeitsrecht, GRUR 1960, 156; *Schierholz,* Der Schutz der menschlichen Stimme gegen Übernahme und Nachahmung, Diss. München 1997, UFITA-Schriftenreihe Bd. 159 (1998); *Schimmel,* Erwartungen aus der Sicht der ausübenden Künstler – Statement ver.di e. V., ZUM 2003, S. 1028–1032; *Schippan,* Urheberrecht goes digital – Die Verabschiedung der „Multimedia-Richtlinie 2001/29/EG", NJW 2001, 2682; *Schmidt,* Der Vergütungsanspruch des Urhebers nach der Reform des Urhebervertragsrechts, ZUM 2002, 781; *Schmieder,* Das Recht des Werkmittlers, 1963; *ders.,* Wann endet das Schutzrecht der ausübenden Künstler nach dem neuen Urheberrechtsgesetz?, FuR 1968, 315; *ders.,* Erwiderung auf die Entgegnung *Nordemanns,* FuR 1969, 15; *ders.,* Vererblichkeit von Leistungsschutzrechten, FuR 1969, 15; *ders.,* Die verwandten Schutzrechte – ein Torso?, UFITA 73 (1975) 65; *ders.,* Werkintegrität und Freiheit der Interpretation, NJW 1990, 1945; *Schorn,* Zum Schutz ausübender Künstler in der Bundesrepublik Deutschland, GRUR 1983, 492; *ders.,* Das Recht der Interpreten in der Europäischen Wirtschaftsgemeinschaft, GRUR Int. 1983, 167; *Schorn,* Sounds von der Datenbank, GRUR 1989, 579; *Schricker,* Zum neuen deutschen Urhebervertragsrecht, GRUR Int. 2002, 797; *ders.* (Hrsg.), Urheberrecht auf dem Weg in die Informationsgesellschaft, 1997; *Schwarz,* Der ausübende Künstler ZUM 1999, 40; *Schwarz/Schierholz,* Das Stimmplagiat: Der Schutz der Stimme berühmter Schauspieler und Sänger gegen Nachahmung im amerikanischen und deutschen Recht, in: Fs. Kreile, 1994, S. 723; *Schulze,* ZUM 2009, 93 ff., Der Richtlinienvorschlag der EU-Kommission aus dogmatischer, krtischer und konstruktiver Sicht; *Schwenzer,* Tonträgerauswertung zwischen Exklusivrecht und Sendeprivileg im Lichte von Internetradio, GRUR Int. 2001, 722; *Schweyer,* Die Zweckübertragungstheorie im Urheberrecht, 1982; *Seelig,* Der Schutz von Sprechleistungen im Rundfunk, UFITA 133 (1997), 53; *Seibold,* Urheberrecht in der Informationsgesellschaft – der Referentenentwurf zum Zweiten Korb, ZUM 2005, 130 ff.; *Sontag,* Das Miturheberrecht, Köln u. a., 1972; *Spai,* Der internationale Schutz ausübender Künstler, UFITA 35 (1961) 26; *Spieß,* Urheber- und wettbewerbsrechtliche Probleme des Sampling in der Popmusik, ZUM 1991, 524; *Spindler,* Europäisches Urheberrecht in der Informationsgesellschaft, GRUR 2002, 105; *Steiger-Herms,* Der Leistungsschutz des Schauspielers, Basel 1981; *Straus,* Der Schutz des ausübenden Künstlers und das Rom-Abkommen von 1961 – Eine retrospektive Betrachtung, GRUR Int. 1985, 19; *Straus,* Der Schutz der ausübenden Künstler und das Rom-Abkommen von 1961 – Eine retrospektive Betrachtung, GRUR Int. 1985, 19; *Stuwe,* ZUM 2009, 117, Der Richtlinienvorschlag der EU-Kommission zur Schutzfristenverlängerung für ausübende Künstler und Tonträgerhersteller – Diskussionsbericht zur gleich lautenden Arbeitssitzung des Instituts für Urheber- und Medienrecht am 5. Dezember 2008; *Süss,* Das Recht der ausübenden Künstler, der Schallplattenhersteller und des Rundfunks, INTERGU-Schriftenr. Bd. 11 (1959) 46; *Tournier,* Das Quasi-Bearbeiterrecht im deutschen Gesetz, in Landesgesetzen, INTERGU-Schriftenr. Bd. 5 (1958) 59; *Troller,* Jurisprudenz auf dem Holzweg, INTERGU-Schriftenr. Bd. 13 (1959); *Ullmann,* Urheberrecht und Leistungsschutz im Tonstudio (Buchbesprechung), GRUR 1996, 145–146; *Ulmer,* Der Rechtsschutz der ausübenden Künstler, der Hersteller von Tonträgern und der Sendegesellschaften, 1957 (zit. Rechtsschutz); *ders.,* Das Rom-Abkommen über den Schutz der ausübenden Künstler, der Hersteller von Tonträgern und der Sendeunternehmungen, GRUR Int. 1961, 569; *Unger,* Die Verlängerung der Schutzfristen für ausübende Künstler: Perpetuierung des bootleg-Problems bei historischen Aufnahmen?, ZUM 1990, 501; *Unger/v. Olenhusen,* Historische Live-Aufnahmen ausübender Künstler im Bereich klassischer Musik, ZUM 1987, 154; *Vogel,* Bedarf es längerer Schutzfristen für Leistungsschutzrechte?, Das Orchester 1989, 378; *ders.,* Verlängerte Schutzfrist für die Leistungsschutzrechte der ausübenden Künstler, Das Orchester 1990, 1140; *ders.,* Wahrnehmungsrecht und Verwertungsgesellschaften in der Bundesrepublik Deutschland – eine Bestandsaufnahme im Hinblick auf die Harmonisierung des Urheberrechts in der Europäischen Gemeinschaft, GRUR 1993, 513; *ders.,* Die Umsetzung der Richtlinie zur Harmonisierung der Schutzdauer des Urheberrechts und bestimmter verwandter Schutzrechte, ZUM 1995, 451; *ders.,* Zur Neuregelung des Rechts des ausübenden Künstlers, in: FS für Nordemann, 2004; *Walter* in Walter (Hrsg.), Europäisches Urheberrecht, 2001 (zit.: *Walter* Info-RL); *Wandtke/Gerlach,* ZUM 2008, 822 ff., Für eine Schutzfristverlängerung im künstlerischen Leistungsschutz; *Wawretzko,* Leistungsschutz des ausübenden Künstlers in arbeitsrechtlicher Sicht, INTERGU-Schriftenr. Bd. 11 (1959) 74; *v. Welser,* Die Wahrnehmung urheberpersönlichkeitsrechtlicher Befugnisse durch Dritte, Berlin 2000; *Weßling,* Der zivilrechtliche Schutz gegen digitales Sound-Sampling, 1995; *Wippermann,* Der Schutz der Leistung des ausübenden Künstlers nach geltendem und nach künftigem Recht, Diss. Köln 1959; *Zecher,* Die Umsetzung der EU-Urheberrichtlinie in deutsches Recht, ZUM 2002, 52.

Übersicht

	Rdnr.
I. Allgemeines	1, 2
1. Gesetzestechnische Einordnung der §§ 73 ff.	1
2. Unterschiede zu den sonstigen verwandten Schutzrechten	2

Vor §§ 73 ff.

Vorbemerkung

	Rdnr.
II. Rechtsentwicklung	3–6
1. Fiktives Bearbeiterurheberrecht gem. § 2 Abs. 2 LUG	3
2. Entwicklung der Rechtsprechung bis 1965	4
3. Schrifttum, Gesetzesentwürfe und internationale Entwicklung bis 1965	5
4. Die Entwicklung nach 1965	6–6 b
III. Grundzüge der Regelung	7
IV. Rechtspolitische und dogmatische Grundlagen des Künstlerschutzes	8–16
1. Rechtspolitische Aspekte	8, 9
a) Leitgedanke der gesetzlichen Regelung	8
b) Spannungsverhältnis zwischen Individual- u. Kollektivschutz	9
2. Dogmatische Aspekte	10–16
a) Einheitlichkeit des Leistungsschutzrechts als Gesamtrecht	10
b) Rechtsnatur der einzelnen Ansprüche und Berechtigungen	11–13
c) Verhältnis zum UrhR	14–16
V. Ergänzende Anwendung urheberrechtlicher, persönlichkeitsrechtlicher und wettbewerbsrechtlicher Bestimmungen	17–26
1. Urheberrecht	17–23
a) Allgemeines	17
b) Legaldefinition des Ersten Teils des UrhG	18
c) Zweckübertragungstheorie	19
d) Einzelbestimmungen des Ersten Teils des UrhG	20–23
2. Allgemeines Persönlichkeitsrecht und Wettbewerbsrecht	24–26
a) Allgemeines	24
b) Allgemeines Persönlichkeitsrecht	25
c) Wettbewerbsrecht	26
VI. Verwertungsgesellschaft (GVL)	27–30
1. Verteilungspläne	27
2. Umfang der Wahrnehmungsbefugnis und Inkasso	28, 29
3. Nationales und EG-Kartellrecht	30

I. Allgemeines

1 1. Im Dritten Abschnitt (§§ 73–83) wird (erstmals im UrhG 1965) der Schutz des ausübenden Künstlers **eigenständig geregelt.** Hierdurch sollte die Ratifikation des Rom-Abkommens (RA) vom 26. 10. 1961 (abgedruckt und kommentiert bei *Nordemann/Vinck/Hertin* S. 263–342; sowie – in englischer Sprache – bei *Nordemann/Vinck/Hertin/Meyer,* International Copyright, 1990, S. 337–433) ermöglicht und die bisherige – systematisch verfehlte – Regelung des sog. fiktiven Bearbeiterurheberrechts in § 2 Abs. 2 LUG (s. Rdnr. 3) abgelöst werden (AmtlBegr. *Haertel/Schiefler* S. 314 f.). Der Künstlerschutz erhielt durch diese Einfügung in die Gruppe der Leistungsschutzrechte nach Auffassung des Gesetzgebers eine saubere dogmatische Grundlage, „die es ermöglicht, Umfang und Dauer des Rechts unabhängig von der Ausgestaltung des Urheberrechts nach eigenen, der besonderen Interessenlage entsprechenden Grundsätzen zu entwickeln" (AmtlBegr. *Haertel/Schiefler* S. 316). Seit 1965 ist allerdings die Rechtsentwicklung in diesem Bereich auch in Deutschland weiter vorangeschritten, und zwar vor allem vor dem Hintergrund der Vorgaben des WIPO-Vertrages über Darbietungen und Tonträger von 1996 (WIPO Performances and Phonogramm Treaty, WPPT; GRUR Int. 2004, 112 ff.), der durch das Gesetz zur Regelung des Urheberrechts in der Informationsgesellschaft v. 10. 9. 2003 (BGBl. 2003 I, 1774 ff.) Berücksichtigung gefunden hat. Dies stellt den legislatorisch jüngsten Schritt einer schon seit geraumer Zeit zu konstatierenden Entwicklung in Richtung auf eine weitgehende Angleichung der Interpretenschutzes an den Urheberrechtsschutz dar, die oft beschrieben worden ist (vgl. nur *Dünnwald,* Fs. Rehbinder, S. 233 ff.; *ders.* ZUM 2004, 161 ff.; *Flechsig* ZUM 2004, 14 ff.; *Krüger* ZUM 2003, 122 ff. und *Vogel,* Fs. Nordemann, 2004, S. 349 ff., *Grünberger,* Interpretenrecht, Rdnr. 142 ff.; *Breuer,* Rechte der ausübenden Künstler im digitalen Zeitalter, S. 209–213, kritisch *Rehbinder*[15] § 6 II, 2). Schon die Richtlinie 92/100/EG zum Vermiet- und Verleihrecht sowie zu bestimmten, dem Urheberrecht verwandten Schutzrechten statuierte in ihrem Anwendungsbereich eine Gleichstellung der ausübenden Künstler mit den Urhebern (sa. *Dreier/Schulze*[3] Rdnr. 3 zu § 73). Allerdings hat der deutsche Gesetzgeber dies nicht konsequent durchgehalten, sondern zB in § 79 Abs. 2 die Vorschriften über unbekannte Nutzungsarten (früher § 31 Abs. 4, jetzt §§ 31 a, 32 c) von der entsprechenden Anwendbarkeit auf ausübende Künstler ausgenommen. Weiterhin wurden Regelungen beibehalten, die im Gegensatz zu § 29 Abs. 1 die translative Vollrechtsübertragung unter Lebenden bei den Interpreten zulassen (§ 79 Abs. 1 S. 1). Auch werden im Todesfall lediglich die vermögenswerten Rechte der ausübenden Künstler für vererbbar gehalten, während die Künstlerpersön-

Vorbemerkung   Vor §§ 73ff.

lichkeitsrechte der Wahrnehmungsbefugnis von Angehörigen unterliegen (vgl. § 76, S. 4). Damit kommt im deutschen Interpretenrecht nach wie vor eine gewisse Aufspaltung in voneinander unabhängige Persönlichkeits- und Vermögensrechte zum Ausdruck, die im deutschen Urheberrecht auf der Grundlage der monistischen Gesetzeskonzeption nicht besteht. Diese gewisse Inkonsequenz des deutschen Gesetzgebers ist vielfach kritisiert worden (vgl. nur *Vogel*, Fs. Nordemann, 2004, 349ff.; *Peukert* UFITA 138 [1999] 63ff.; *Krüger*, Fs. Dietz, 2001, S. 101ff. und *ders.* ZUM 2003, 122ff.), ist aber für die Rechtsanwendung de lege lata hinzunehmen, auch wenn dies nicht nur im internationalen Privatrecht (dazu *Ahrens*, Fs. Erdmann, S. 3ff.), sondern auch im deutschen materiellen Recht (dazu *Brändel*, Fs. Erdmann, S. 49ff.) zu für die praktische Rechtsanwendung unerfreulichen Verwerfungen und Komplikationen führen kann.

2. Im Übrigen darf die dargestellte gesetzessystematische Behandlung des Rechts der ausübenden Künstler nicht über die **Unterschiede** hinwegtäuschen, die **gegenüber den anderen verwandten Schutzrechten** des Zweiten Teils des Gesetzes bestehen (Einl. Rdnr. 39). Von den §§ 70–72 unterscheiden sich die §§ 73ff. vor allem dadurch, dass Letztere nur gegen die unmittelbare Leistungsübernahme durch technische Mittel, nicht aber gegen nachschaffende Leistungen Schutz gewähren (*Ulmer*[3] § 3 IV, § 120 IV 2; *Rehbinder*[15] § 6 II, 2). In diesem Schutzumfang stimmen die §§ 73ff. zwar mit den Rechten der Tonträgerhersteller (§ 85) und der Sendeunternehmen (§ 87) überein (*Ulmer*[3] § 3 IV, § 120 IV 3); der Schutzgrund und der Schutzgegenstand ist aber ein verschiedener (*v. Gamm* Einf. Rdnr. 32; *Ulmer*[3] § 120 II 2; *Schack*[4] Rdnr. 59; sa. BFH GRUR 1984, 586ff. – Bewertung von Tonträgern). Die Tonträgerhersteller und Sendeunternehmen (§§ 85, 87) sind im Hinblick auf die hoch qualifizierte, technische Leistung und den wirtschaftlichen Aufwand, den die Herstellung eines zum Vertrieb geeigneten Tonträgers bzw. die Veranstaltung einer Sendung erfordert, geschützt (s. § 85 Rdnr. 1 u. § 87 Rdnr. 1). Der Schutz des ausübenden Künstlers gründet sich dagegen auf dessen persönliche Darbietung (s. § 73 Rdnr. 15–18), wobei – ähnlich wie im Urheberrecht, s. Einl. Rdnr. 28 – persönlichkeits- und vermögensbezogene Interessen ineinander verwoben sind (*Ulmer*[3] § 120 II 1; s. näher unten Rdnr. 10). Diese Unterschiede hat der Gesetzgeber bei der Urheberrechtsnovelle v. 10. 9. 2003, BGBl. 2003 I, 1774ff. in verschiedener Hinsicht, zB bei der Möglichkeit der translativen Rechtsübertragung (§ 79 Abs. 1 S. 1), leider nicht berücksichtigt (*Schimmel* ZUM 2003, 1028ff., 1031; *Dünnwald* ZUM 2004, 161ff., 170). Auch im Zweiten Gesetz zur Regelung des Urheberrechts in der Informationsgesellschaft v. 26. 10. 2007 (BGBl. 2007 I, 2513ff., sog. 2. Korb) ist dies nicht geschehen (vgl. die Kritik hieran bei *Gerlach*, ZUM 2008, 372, 373ff.).

II. Rechtsentwicklung

1. Ein eigenständiger Schutz der ausübenden Künstler ist in Deutschland **erst durch das UrhG von 1965** geschaffen worden. Die Entwicklung war nicht zuletzt wegen des energischen Widerstandes der Urheberverbände schleppend verlaufen (*Straus* GRUR Int. 1985, 19/21). Die Schallplatte hatte zwar nach der Erfindung der Tonaufnahme im Jahre 1877 durch Edison bereits Anfang dieses Jahrhunderts ihren Siegeszug angetreten. Die im Jahre 1910 in das LUG eingefügte Regelung des § 2 Abs. 2 LUG galt dem Schutz dieses Industriezweiges (s. Verh. RT Bd. 275 S. 1793, sa. zu Art. 4 Abs. 2 schweiz. URG BG Schulze Ausl. Schweiz 4). Dieses sog. **fiktive Bearbeiterurheberrecht des § 2 Abs. 2 LUG** wurde freilich mit Recht als systematisch verfehlt angesehen (allgM vgl. nur *Schack*[4] Rdnr. 590; aA aber zB *Schmieder* S. 99; *Blomeyer* S. 41 f.); es konnte auch mit der weiteren technischen Entwicklung nicht Schritt halten, die durch Film und Hörfunk sowie – seit 1935 – durch das Fernsehen geprägt war (s. zur Entwicklung des „gefunkten Films" BGH GRUR 1982, 727ff. – Altverträge). § 2 Abs. 2 LUG galt nur für den Tonträger, nicht aber zB für Live-Sendungen im Hörfunk (LG Berlin MuW 1924/1925, 161; KG MuW 1925/1926, 20; RGZ 113, 413; aA OLG Düsseldorf BB 1958, 852). Die für die ideellen Belange des ausübenden Künstlers bedeutsame erstmalige Festlegung seiner Darbietung (heute § 77 Abs. 1) war bewusst aus dem Anwendungsbereich des § 2 Abs. 2 LUG ausgeklammert (Verh. RT Bd. 276, S. 2316; BGHZ 17, 266/271 – Grundig-Reporter; BGHZ 33, 20/25 – Figaros Hochzeit; *Blomeyer* S. 15 f.; *Nipperdey* S. 8, 62; *Kleine* GRUR 1960, 577/580; *Baum* GRUR 1952, 556/559).

2. Die Rechtsprechung hatte diese Lücken in erster Linie über das allgemeine Persönlichkeitsrecht und das UWG geschlossen (s. dazu bis zum 13. 10. 03 die 2. Aufl. dieses Kommentars

Rdnr. 24–26). Grundlegend waren hierfür die vier sog. Leistungsschutzurteile des BGH vom 31. 5. 1960 (BGHZ 33, 1 – Künstlerlizenz Schallplatten; BGHZ 33, 20 – Figaros Hochzeit; BGHZ 33, 38 – Künstlerlizenz Rundfunk; BGHZ 33, 48 – Orchester Graunke; s. aber auch schon LG Berlin GRUR 1900, 131 f.: Schutz eines Opernsängers gegen Vervielfältigung der von ihm besungenen Phonographenwalzen nach dem LitUrhG vom 11. 6. 1870). Die eigentliche Bedeutung dieser BGH-Urteile lag freilich nicht auf dem Gebiet des allgemeinen Persönlichkeitsrechts oder Wettbewerbsrechts, sondern in der mit urheberrechtlichen Gesichtspunkten begründeten Anerkennung des seit jeher außerordentlich umstrittenen „Aufführungsrechts des reproduzierenden Künstlers". In den Jahren 1958/59 waren allein in der „Schriftenreihe der Internationalen Gesellschaft für Urheberrecht eV" (INTERGU) insgesamt fünf Bände erschienen, in denen 11 Autoren im Ergebnis auch weitgehend in der Begründung übereinstimmend sowohl de lege lata als auch de lege ferenda ein solches Aufführungsrecht für den ausübenden Künstler ablehnten (*Büchen* S. 73 ff.; *Hubmann*, INTERGU-Schriftenr. Bd. 9 [1959] S. 7 ff.; *Liermann* S. 7 ff.; *Möhring/Elsässer* S. 55/65; *Neumann-Duesberg* S. 57 ff.; *Nipperdey* S. 65; *Overath* S. 40 ff.; *E. Schulze* in Leistungsschutz, INTERGU-Schriftenr. Bd. 5 [1958] S. 9 ff.; *Süss* S. 46 ff.; *Tournier* S. 59 f.; *Wawretzko* S. 74 ff.). Das RG hatte demgegenüber schon im Jahre 1936 auf Grund der fiktiven Gleichstellung des § 2 Abs. 2 LUG mit dem Urheber den urheberrechtlichen Grundsatz der tunlichst angemessenen Beteiligung des Urhebers an jeder möglichen Gewinnerzielung (vgl. Einl. Rdnr. 13) auch zugunsten des ausübenden Künstlers angewandt; es hat auf dieser Grundlage ein ausschließliches Recht zur Sendung auch bereits erschienener Schallplatten bejaht (RGZ 153, 1 ff. – Rundfunksendung von Schallplatten – mit abl. Bespr. *Hoffmann* UFITA 10 [1937] 133 ff.; zustimmend dagegen zB *Blomeyer* S. 41 f.; *v. Rauscher auf Weeg* S. 62; vgl. *Samson* GRUR 1960, 174 ff./177; zur diesbezüglichen Entwicklung bis 1960 s. *Ulmer* UFITA 33 [1961] 1/6 f., *Grünberger*, Interpretenrecht, Rdnr. 16–37; s. heute § 78 Abs. 1 Nr. 2). Daran hat der BGH angeknüpft (*v. Gamm* Einf. Rdnr. 31), nicht ohne allerdings zu betonen, dass es dem Gesetzgeber im Rahmen der Urheberrechtsreform vorbehalten bleiben müsse, darüber zu befinden, inwieweit diese Gleichstellung auch de lege ferenda berechtigt sei (BGHZ 33, 1/18 – Künstlerlizenz Schallplatten).

5 **3. Im Schrifttum** setzten erste Bestrebungen zur Schaffung eines von § 2 Abs. 2 LUG abweichenden, eigenständig geregelten „Künstlerschutzes" bereits Ende der zwanziger Jahre ein (s. dazu den Überblick bei *Haensel* S. 12 f.; *ders.* UFITA 19 [1955] 15/19 f.). *Josef Kohler* hatte seine ursprüngliche Meinung, die Kunst der Wiedergabe könne nur Gegenstand eines Persönlichkeitsrechts, nicht aber eines Urheberrechts sein, im Jahre 1909 unter dem Eindruck der technischen Entwicklung aufgegeben (GRUR 1909, 230 ff.; MuW 1909/1910, 267/269; s. für die Zeit bis 1910 den Überblick bei *v. Rauscher auf Weeg* S. 24 ff.). Auf der Rom-Konferenz 1928 wurden die beteiligten Regierungen zur Prüfung der Möglichkeit des Schutzes der ausübenden Künstler aufgefordert (*Runge* S. 341; *Haensel* S. 33). Die Diskussion stand damals ganz unter dem Eindruck der hereinbrechenden Weltwirtschaftskrise und damit für die ausübenden Künstler immer bedrohlicher werdenden Arbeitsmarktlage (*Möhring/Elsässer* S. 51 f.; *Nater* S. 11 ff.; *Haensel* S. 88; *Straus* GRUR Int. 1985, 19/21). Vor allem *Elster* (UFITA 3 [1930] 574 ff.), *Hoffmann* (GRUR 1930, 1213/1214) und *Marwitz* (UFITA 3 [1930] 299 ff.) sprachen sich für ein besonderes Leistungsschutzrecht des ausübenden Künstlers aus. Damit waren die Forderungen nach einem „echten" Urheberrecht zugunsten der ausübenden Künstler zwar nicht verstummt (vgl. zB *Cahn-Speyer* UFITA 4 [1931] 368 ff.; *Hirsch Ballin* UFITA 18 [1954] 310 ff.; für die Solisten auch *Troller* S. 63 ff.; *Runge* GRUR 1959, 75 ff.). Schon der RJM-E 1932 (§§ 57–59), der private Entwurf Hoffmann 1933 (§ 50) und der Akademie-E 1939 (§§ 55 f.) sahen indessen ein besonderes, vom Urheberrecht systematisch zu unterscheidendes Leistungsschutzrecht vor (*Runge* S. 345). Diese Linie wurde trotz zahlreicher Widerstände bis zur Urheberrechtsreform im Jahre 1965 nicht verlassen.

6 **4. a) Die Rechtsentwicklung nach 1965** (s. dazu jetzt eingehend *Grünberger*, Interpretenrecht, Rdnr. 53–102 und *Dünnwald/Gerlach*, Einl., Rdnr. 32 ff.) ist geprägt durch eine zunehmende **Aufwertung** der Rechte der ausübenden Künstler gegenüber den Urhebern (s. dazu schon Rdnr. 1 aE). Die alte Lehre von *Piola Caselli*, wonach neben dem ausschließlichen Recht des Urhebers kein Raum für ein weiteres ausschließliches Recht sein könne, da hierdurch die Verwertung des Werks durch den Urheber behindert werde (*Piola Caselli* UFITA 11 [1938] 1 ff. und 71 ff.), hatte sich von Anfang an weder in Deutschland noch international durchgesetzt (vgl. dazu 2. Aufl., Rdnr. 6). Aber auch die Erwägungen des Gesetzgebers aus dem Jahr 1965, durch eine klare Trennung zwischen den Rechten der Urheber und den Rechten der ausübenden

Vorbemerkung   Vor §§ 73 ff.

Künstler zu verhindern, „dass die Gerichte urheberrechtliche Grundsätze da zur Auslegung heranziehen, wo dies vom Gesetzgeber nicht ausdrücklich vorgeschrieben ist" (*Reischl* UFITA 45, 1 ff., 17) haben sich weder in der Rechtsprechung noch in der Gesetzgebung nach 1965 letztlich als tragfähig erwiesen (*Dünnwald,* Fs. Rehbinder, S. 233 ff., 238; vgl. dazu aber auch unten Rdnr. 17). Vielmehr hat sich vor allem auf dem Weg in das Informationszeitalter die Erkenntnis zunehmend Geltung verschafft, dass Urheber und ausübende Künstler zwei Gruppen von Kreativen sind, die einer „wirtschafts-, sozial- und kulturpolitisch gleich gelagerten Beurteilung" unterliegen (vgl. Begründung des Gesetzes zum Urhebervertragsrecht unter A-II.4 b.; *Däubler-Gmelin* ZUM 1999, 265, 273; *dies.* GRUR 2000, 764 f.; *Dünnwald* ZUM 2004, 161 ff., 162). Die innere Rechtfertigung für diese Entwicklung muss auch vor dem Hintergrund gesehen werden, dass heute zB im Bereich der U-Musik die wirtschaftliche Wertigkeit bzw. Verkäuflichkeit eines Tonträgers häufig weniger durch den Texter und Komponisten als durch den Sänger bzw. Interpreten bestimmt ist (*Krüger* ZUM 2003, 122 ff., 124; vgl. auch *Hilty* ZUM 2003, 983 ff., 987 f. u. *Grünberger,* Interpretenrecht, Rdnr. 112; s. auch *Breuer,* S. 125). Auch das Bundesverfassungsgericht hat eine gleichwertige Zuordnung des Urheberrechts und des künstlerischen Leistungsschutzes zum geistigen Eigentum vorgenommen (*Dünnwald,* Fs. Rehbinder, S. 233 ff., 248 unter Hinweis auf BVerfGE 81, 12 18 – Vermietungsvorbehalt und BVerfGE 81, 208, 219 – Bob Dylan).

b) Folgende **legislatorische Schritte** in Richtung auf eine derartige Angleichung sind pars pro toto hervorzuheben: Durch das **Produktpirateriegesetz v. 7. 3. 1990** (BGBl. I, S. 422) wurde die **Schutzfrist** (§ 82) für ausübende Künstler generell von 25 Jahren auf 50 Jahre verlängert (s. dazu im Einzelnen § 82 Rdnr. 5. Mit dem **3. UrhG ÄndG v. 23. 6. 1995** (BGBl. I, S. 842) wurde in Umsetzung der Vermiet- und Verleihrechtsrichtlinie v. 19. 11. 1992 (ABl. Nr. L 346, S. 61) für den ausübenden Künstler auch das **Verbreitungsrecht** (§ 77 Abs. 2 S. 1, 2. Alternative = § 75 Abs. 2 aF) eingeführt (vgl. § 77 Rdnr. 1 u. Rdnr. 3). Durch die Bezugnahme auf § 75 Abs. 2 aF / § 77 Abs. 2 S. 1 nF in § 125 Abs. 3 wurde damit zugleich die Rechtsstellung ausländischer ausübender Künstler im Falle der Erst- oder Simultanveröffentlichung von Bild- oder Tonträgern in Deutschland konstitutiv verbessert (vgl. *Dünnwald/Gerlach,* Einl., Rdnr. 41). Auf internationaler Ebene sorgten das am 1. 1. 1995 in Kraft getretene **TRIPS-Abkommen** und der **WIPO-Vertrag** über Darbietungen und Tonträger von 1996 (WPPT) für eine weitere Angleichung der Rechte der ausübenden Künstler an diejenigen der Urheber (s. im Einzelnen *Grünberger,* Interpretenrecht, Rdnr. 59–73; *Dünnwald/Gerlach,* Einl., Rdnr. 45–49). Durch das **Gesetz zur Stärkung der vertraglichen Stellung von Urhebern und ausübenden Künstlern** v. 22. 3. 2002 (BGBl. I, S. 1155) wurde eine weitgehende Gleichstellung der ausübenden Künstler mit den Urhebern in **vertragsrechtlicher Hinsicht** herbeigeführt, allerdings nicht in Bezug auf die unbekannten Nutzungsarten (§ 31 Abs. 4 aF bzw. die seit 1. 1. 2008 geltenden §§ 31 a, 32 c), für die § 79 Abs. 2 S. 2 nach wie vor keine entsprechenden Verweisungsnormen enthält (vgl. dazu die Kritik oben Rdnr. 1 und unten Rdnr. 17). Das **Gesetz zur Regelung des Urheberrechts in der Informationsgesellschaft** v. 10. 9. 2003 (BGBl. I, 1774), durch welches die Richtlinie zum Urheberrecht und der verwandten Schutzrechte in der Informationsgesellschaft v. 22. 5. 2001 (ABl. L 167, S. 10) in gleichzeitiger Anpassung an die WIPO-Verträge von 1996 umgesetzt wurde (vgl. Einl., Rdnr. 47 f.) brachte vor dem Hintergrund von Art. 2 lit. a WPPT die Einbeziehung **folkloristischer Darbietungen** in § 73 (s. dazu § 73 Rdnr. 11), die Einführung des **Namensnennungsrechts** in § 74 (Art. 5 Abs. 1 WPPT), die Schutzdauerregelung für die Künstlerpersönlichkeitsrechte in § 76 (Art. 5 Abs. 2 WPPT) und die Ergänzung um die öffentliche Wahrnehmbarmachung öffentlich zugänglich gemachter Tonträger in § 78 Abs. 2 Nr. 3 (Art. 15 Abs. 1 und Abs. 4 WPPT). Außerdem wurde in Umsetzung von Art. 3 Abs. 2 lit. a der Richtlinie zum Urheberrecht und der verwandten Schutzrechte in der Informationsgesellschaft v. 22. 5. 2001 in § 78 Abs. 1 Nr. 1 das **Recht der öffentlichen Zugänglichmachung** für den ausübenden Künstler eingeführt (vgl. dazu § 78 Rdnr. 3). Ohne Vorgaben durch diese Richtlinie oder durch den WPPT erfolgte bei dieser Gelegenheit eine **Neufassung** des gesamten Abschnitts 3 des Teils II des UrhG, bei dem nur die Vorschriften der §§ 73, 80, 81 und 82 an der gleichen Stelle geblieben sind (vgl. *Grünberger,* Interpretenrecht, Rdnr. 99–102; *Dünnwald/Gerlach,* Einl., Rdnr. 57–59). Das am 1. 1. 2008 in Kraft getretene **Zweite Gesetz zur Regelung des Urheberrechts in der Informationsgesellschaft** v. 26. 10. 2007 (BGBl. I, S. 2513 ff.) brachte keine weitere Angleichung der Rechtsstellung der ausübenden Künstler an diejenigen der Urheber. Dieser sog. **Zweite Korb** betrifft in erster Linie die Schrankenregelun-   **6a**

Vor §§ 73ff.
Vorbemerkung

gen des 6. Abschnitts des 1. Teils des UrhG, vor allem die **Neuregelung** des Rechts der **privaten Vervielfältigung**, was **wegen § 83 UrhG** allerdings auch für die ausübenden Künstler von Bedeutung ist. Außerdem wurde § 31 Abs. 4, wonach die **Einräumung von Nutzungsrechten für noch nicht bekannte Nutzungsarten** unwirksam ist, durch die Abgeltungsregelung der §§ 31 a, 32 c ersetzt. Obwohl damit der Grund für die Ausklammerung des § 31 Abs. 4 aus der entsprechenden Anwendung auf die ausübenden Künstler (das Erfordernis, sich bei einer großen Anzahl von Berechtigten um eine Nutzungsrechtseinräumung bemühen zu müssen) entfallen war, blieben auch die §§ 31 a, 32 c weiterhin aus der entsprechenden Anwendbarkeit in § 79 Abs. 2 S. 2 ausgeklammert (vgl. dazu die Kritik oben Rdnr. 1 und unten Rdnr. 17 sowie *Dünnwald/Gerlach*, Einl., Rdnr. 61). Durch die Herausnahme des § 42 a aus § 79 Abs. 2 S. 2 wurde klargestellt, dass die **Zwangslizenz** zur Herstellung von Tonträgern für den ausübenden Künstler nicht gilt (zu dem Redaktionsversehen in § 79 Abs. 2 S. 2 aF vgl. die Vorauß., Vor §§ 73 ff., Rdnr. 19 und § 79 Rdnr. 9). Durch das am 1.9.2008 in Kraft getretene **Gesetz zur Verbesserung der Durchsetzung von Rechten des geistigen Eigentums** v. 7. 7. 2008 (BGBl. I, S. 1191) erfolgte die – bislang letzte – Annäherung der Rechtsstellung der ausübenden Künstler an diejenigen der Urheber, und zwar durch die **Einfügung des § 74 Abs. 3**. Die **Urhebervermutung** des § 10 Abs. 1 gilt danach entsprechend auch für ausübende Künstler. Dies beruht auf den Vorgaben in Art. 5 der Richtlinie zur Durchsetzung des geistigen Eigentums v. 29. 4. 2004 (vgl. dazu auch unten Rdnr. 17 sowie *Dünnwald/Gerlach*, Einl., Rdnr. 62; eingehend *Grünberger*, Interpretenrecht, Rdnr. 375–406 und *ders.*, GRUR 1006, 894 ff.).

6b c) **Ausblick:** Aufgrund einer Entschließung des Deutschen Bundestages bei Verabschiedung des sog. Zweiten Korbes am 5. 7. 2007 (s. dazu oben Rdnr. 6 a) und einer Entschließung des Deutschen Bundesrates v. 21. 9. 2007 besteht das Vorhaben eines sog. **Dritten Korbes** (vgl. dazu *Langhoff/Oberndörfer/Jani*, ZUM 2007, 593, 601 f. und *Becker*, ZUM 2008, 361 f.). In diesem Zusammenhang wird gefordert, im Rahmen des Dritten Korbes die translative Rechtsübertragung in § 79 Abs. 1 zu streichen, den ausübenden Künstler auch an der Abgeltungsregelung der §§ 31 a, 32 c bei unbekannten Nutzungsarten zu beteiligen, diese Abgeltungsregelung auf Filmwerke zu erstrecken und die Hinterlegungspflicht des § 11 Abs. 2 UrhWahrnG auch für die gesetzlichen Vergütungsansprüche einzuführen (vgl. im Einzelnen *Gerlach*, ZUM 2008, 372 ff. mit Diskussionsbericht von *Niederalt* in ZUM 2008, 397 ff., 398 f.). Auf europäischer Ebene ist der Vorschlag der EU-Kommission v. 16. 7. 2008 für eine Richtlinie des europäischen Parlaments und des Rates zur Änderung der Richtlinie 2006/116/EG über die Schutzdauer des Urheberrechts und bestimmter verwandter Schutzrechte KOM (2008) 464/3 (abrufbar unter http://eur-lex.europa.eu) zu nennen. Dieser Vorschlag sieht zur Verbesserung der sozialen Situation ausübender Künstler (insbesondere von nicht namentlich genannten Studiomusikern, vgl. dazu unten Rdnr. 8) eine Verlängerung der Schutzdauer von 50 Jahren auf 95 Jahre für Tonträger und die darauf enthaltenen Darbietungen vor. Durch einen neuen Art. 10 a soll sichergestellt werden, dass diese Schutzfristverlängerung nicht (nur) den Tonträgerherstellern, sondern (auch) den ausübenden Künstlern zugute kommt. Auf diese Weise soll u. a. eine bei den ausübenden Künstlern am Ende ihres Lebens entstehende Einkommenslücke (vgl. Erwägungsgrund 5 des Richtlinienvorschlages) geschlossen werden (vgl. dazu auch schon die Pressemitteilung des EU-Binnenmarktkommissars *McCreevy* v. 14. 2. 2008, JP/08/240 und *Gerlach*, ZUM 2008, 372 ff., 376 mit Diskussionsbericht von *Niederalt*, ZUM 2008, 397 ff., 399; ablehnend *Klass*, ZUM 2008, 663 ff. und 828 ff.; *Wandtke/Gerlach*, ZUM 2008, 822 ff.; *Pakuscher*, ZUM 2009, 89 ff.; *Schulze*, ZUM 2009, 93 ff.; *Drücke*, ZUM 2009, 108 ff.; *Kreile*, ZUM 2009, 113 ff.; mit Diskussionsbericht *Stuwe*, ZUM 2009, 117 ff.; GRUR-Stellungnahme, abgedr. in GRUR 2009, 38 ff.).

III. Grundzüge der Regelung

7 Die Befugnisse der ausübenden Künstler in ihrer heutigen gesetzlichen Ausgestaltung lassen sich nach wie vor in **drei Kategorien** unterteilen (vgl. schon *Ulmer*[3] § 123 I), nämlich in die nun an den Anfang gestellten persönlichkeitsrechtlichen Befugnisse der §§ 74–76, die früher lediglich als Einwilligungsrechte ausgestalteten (vermögensrechtlichen) Ausschließlichkeitsrechte der §§ 77, 78 Abs. 1, 78 Abs. 4 iVm. § 20 b Abs. 1 und die Vergütungsansprüche der §§ 78 Abs. 2 und Abs. 4 iVm. 20 b Abs. 1. Schutzgegenstand ist jeweils die Darbietung des ausübenden Künstlers, der nach der Legaldefinition des § 73 Werkinterpret ist (s. § 73 Rdnr. 24). Die Schutzfrist beträgt einheitlich 50 Jahre (§ 82). Der persönlichkeitsrechtliche Schutz aus den

Vorbemerkung Vor §§ 73ff.

§§ 74 und 75 endet frühestens mit dem Tode des ausübenden Künstlers (§ 76). Die Rechte und Ansprüche des ausübenden Künstlers aus den §§ 77 und 78 sind weiterhin, wie schon nach dem bis zum 13. 9. 2003 geltenden Rechtszustand, in vollem Umfang (translativ) übertragbar (§ 79 Abs. 1 S. 1). Daneben hat der ausübende Künstler die Möglichkeit der Einräumung von – dinglich wirkenden – einfachen oder ausschließlichen Nutzungsrechten in Bezug auf einzelne oder alle der ihm vorbehaltenen Nutzungsarten (§ 79 Abs. 2 S. 1). Der frühere § 79 für die Rechte der ausübenden Künstler in Arbeits- oder Dienstverhältnissen ist durch die Verweisung auf § 43 durch § 79 Abs. 2 Satz 2 ersatzlos entfallen, so dass sich die Zahl der Einzelvorschriften des Abschnitts 3 um eine Vorschrift verringert hat. Der frühere § 84 ist jetzt redaktionell angepasst in § 83 zu finden. § 84 ist demzufolge jetzt unbesetzt. § 80 ist gegenüber dem bisherigen Recht neu gefasst und erweitert. Während § 80 aF lediglich bei Chor-, Orchester- und Bühnenaufführungen zur Erleichterung des Rechtsverkehrs die Befugnisse zur Wahrnehmung der Rechte der Ensemble-Mitglieder auf die Vorstände und Leiter der jeweiligen Künstlergruppe konzentrierte, statuiert § 80 jetzt darüber hinaus ganz allgemein in Anlehnung an die Miturheberschaft gem. § 8 die gesamthänderische Zuordnung und Ausübung der Verwertungsrechte bei gemeinsam erbrachten Darbietungen. § 81 gibt dem Veranstalter neben dem ausübenden Künstler ein eigenständiges Ausschließlichkeitsrecht gegenüber einer von ihm nicht autorisierten Aufnahme (§ 77 Abs. 1), der Vervielfältigung und Verbreitung (§ 77 Abs. 2 Satz 1), der öffentlichen Zugänglichmachung (§ 78 Abs. 1 Nr. 1) und der Sendung nicht erlaubter Weise erschienener oder öffentlich zugänglich gemachter Bild- oder Tonträger (§ 78 Abs. 1 Nr. 2) sowie ferner der Lautsprecherübertragung (§ 78 Abs. 1 Nr. 3). Dagegen hat der Veranstalter keine Vergütungsansprüche im Falle der Zweitwiedergabe (§ 78 Abs. 2). § 83 verweist für die Schranken der Verwertungsrechte auf die §§ 44a–63a. Für Filmwerke vgl. die weiteren Einschränkungen in den §§ 92, 93.

IV. Rechtspolitische und dogmatische Grundlagen des Künstlerschutzes

1. a) Der ausübende Künstler steht als „Werkmittler" (*Schmieder* S. 3 ff., 60 ff.) in einer „**doppelten Konfliktsituation**" zwischen Urheber und Verwerter (*Straus* GRUR Int. 1985, 19/20). Wegen dieses Spannungsverhältnisses zwischen den verschiedenen Interessen beruhen die rechtspolitischen Grundlagen der §§ 73 ff. auf einem Zusammenspiel verschiedener Gesichtspunkte (s. dazu jetzt auch *Grünberger*, Interpretenrecht, Rdnr. 103–123). **Rechtspolitischer Leitgedanke** der §§ 73 ff. ist die mit Drittwirkung ausgestattete rechtliche Absicherung der mit der Werkwiedergabe erbrachten Leistung gegen deren unmittelbare Übernahme mit den Mitteln der Technik (AmtlBegr. *Haertel/Schiefler* S. 313 ff.; *Ulmer*[3] § 120 II 1; *Rehbinder*[15] § 59 III, Rdnr. 785). Die verschlechterte Beschäftigungssituation der großen Masse ausübender Künstler ist nicht zuletzt auf die Verdrängung der lebenden Darbietungen durch Schall- und Bildkonserven zurückzuführen (*Gotzen* GRUR Int. 1980, 471/472; *Straus* GRUR Int. 1985, 19/20; *Schricker/Katzenberger* GRUR 1985, 87/91); die Arbeitslosenquote liegt bei den ausübenden Künstlern höher als in der allgemeinen Durchschnitt (s. die Zahlen bei *Fohrbeck/Wiesand* S. 194 ff.; *Gotzen* GRUR Int. 1980, 471/472; *Straus* GRUR Int. 1985, 19/20). Am 1. 1. 2007 betrug das durchschnittliche Jahreseinkommen der aktiv bei der Künstlersozialkasse (KSK) Versicherten im Bereich Musik 9698 € (vgl. die Übersicht der KSK, abrufbar unter www.kuenstlersozialkasse.de). Andererseits hat die technische Entwicklung derjenigen Spitzengruppe ausübender Künstler, deren Darbietung durch Fernsehen, Hörfunk, Film und Schallplatten nachgefragt zu werden pflegt, neue, zT außerordentlich lukrative Verdienstmöglichkeiten eröffnet (s. schon *Möhring/Elsässer* S. 51 f.; sa. BFH UFITA 89 [1981] 343/347). Der ausübende Künstler ist auf Grund dieser technischen Entwicklung gewissermaßen in die Lage gekommen, mit sich selbst in Konkurrenz zu treten (*Straus* GRUR Int. 1985, 19/20). Dabei hat sich gezeigt, dass große Diskrepanzen zwischen dem niedrigen Einkommen der Masse der unbekannten, namentlich nicht genannten Künstler, insbesondere der Studiomusiker und dem hohen Einkommen der „Superstars" bzw. der „Featured Artists" für die Musikbranche typisch sind (vgl. hierzu und auch im Übrigen zur aktuellen sozialen Lage der ausübenden Künstler den Vorschlag der EU-Kommission für eine Richtlinie zur Verlängerung der Schutzfrist für ausübende Künstler v. 16. 7. 2008, KOM (2008) 0464 endg.).

b) Im Spannungsverhältnis zwischen Individualschutz des einzelnen ausübenden Künstlers einerseits und dem Schutz des Berufsstandes der ausübenden Künstler andererseits orientiert sich die gesetzliche Regelung in den §§ 73 ff. **am Individualschutz** (s. schon RefE 1954, Begr.

Vor §§ 73 ff. Vorbemerkung

S. 194). Ein gewisser Ausgleich im Wege der Umverteilung ist allerdings durch das den §§ 6–9 WahrnG auch in Bezug auf die für die ausübenden Künstler zuständige Wahrnehmungsgesellschaft GVL (zu ihr s. Rdnr. 23 f.) zugrunde liegende „Gebot der horizontalen Sozialbindung" geschaffen, welches bei pauschalierten Ausschüttungen, die nicht an individuell registrierbare Nutzungsvorgänge, sondern an objektive Nutzungsmöglichkeiten anknüpfen, verstärkte Berücksichtigung innerhalb der Solidargemeinschaft der Berechtigten finden kann (*Loewenheim/ Melichar*[2], Handbuch des Urheberrechts, § 47 Rdnr. 41 mwN; vgl. auch § 8 WahrnG, Rdnr. 1). Derartiges liegt freilich ebenso außerhalb des Regelungsrahmens der §§ 73 ff. (krit. dazu *Gentz* GRUR Int. 1957, 538/543) wie die gesetzgeberischen Aktivitäten zur Verbesserung der sozialen Lage ausübender Künstler durch das Künstlersozialversicherungsgesetz (BGBl. 1981 I S. 705; s. vor §§ 28 ff. Rdnr. 21) und die Einbeziehung arbeitnehmerähnlicher Personen in die Möglichkeiten tarifvertraglicher Regelungen durch § 12 a TVG (vor §§ 28 ff. Rdnr. 27). Die hierdurch für einen bestimmten Kreis ausübender Künstler bewirkte Stärkung ihrer Verhandlungsposition gegenüber den Verwertern wird freilich mit einem „syndikalistischen Ansatz" erkauft, der durch das auf Grund der Verweisung des § 79 Abs. 2 S. 2 auf §§ 36, 36 a auch für ausübende Künstler seit dem 2. 7. 2002 zur Verfügung gestellte „kollektive Urheberrecht für Freischaffende" (vgl. dazu die Erl. zu § 36) noch verstärkt worden ist.

10 **2. a) Dogmatisch** handelte es sich nach der Konzeption, die dem UrhG aus dem Jahre 1965 zugrunde lag, bei den §§ 73 ff. weder um ein Immaterialgüterrecht noch um ein Persönlichkeitsrecht, sondern um ein Recht eigener Art, das man am Besten als Leistungsschutzrecht an der Wiedergabe deuten konnte (s. 2. Aufl. Rdnr. 10). Die Neuregelung durch die Novelle v. 10. 9. 2003 (BGBl. I S. 1774) legt es indessen nahe, jetzt von einem **vollwertigen, selbständig** neben dem Urheberrecht stehenden weiteren Immaterialgüterrecht zu sprechen, soweit die vermögensrechtliche Seite betroffen ist (eingehend dazu schon zum alten Recht *Freitag* UFITA 103 [1993] S. 41 ff., 68 ff., 165 ff.; s. auch *Grünberger*, Interpretenrecht, Rdnr. 140–186). Hinsichtlich des Schutzes der ideellen Interpreteninteressen handelt es sich dagegen seiner Rechtsnatur nach um ein – vom allgemeinen Persönlichkeitsrecht zu unterscheidendes – besonderes Persönlichkeitsrecht, das man – vergleichbar dem Urheberpersönlichkeitsrecht – als „Künstlerpersönlichkeitsrecht" bezeichnen mag. Beide Aspekte sind so untrennbar ineinander verwoben, dass es konsequent erscheint, die für das Urheberrecht herrschende **monistische** Theorie auch dem Interpretenrecht zugrunde zu legen (s. dazu ausführlich *Bünte*, Die künstlerische Darbietung als persönliches und immaterielles Rechtsgut, Diss. Würzburg 1999, UFITA-Schriftenreihe, Bd. 178 und *Grünberger*, Interpretenrecht aaO; *Dünnwald/Gerlach*, Einl., Rdnr. 66; aA zum alten Recht zB *Möhring/Nicolini/Kroitzsch*[2], § 73 Rdnr. 2; *Peukert*, Leistungsschutzrechte, S. 45 ff.; zum neuen Recht *Schack*[4], Rdnr. 606; *Rehbinder*[15], § 59 III, 3; *Breuer*, S. 183; *Flechsig/Kuhn*, ZUM 2004, 14, 26 sa. Rdnr. 18 Vor §§ 12 ff.). Freilich kommt nach wie vor in der Regelung der Vererblichkeit der vermögenswerten Rechte des ausübenden Künstlers einerseits (vgl. § 76 S. 4) und der Wahrnehmungsbefugnis seiner Angehörigen nach dem Tode hinsichtlich seiner persönlichkeitsrechtlichen Befugnisse andererseits in gewisser Weise eine dualistische Trennung von Vermögens- und Persönlichkeitsrechten der ausübenden Künstler zum Ausdruck (vgl. hierzu eingehend *Krüger*, Fs. Dietz 2001, S. 101 ff.; kritisch de lege ferenda auch *Mestmäcker/Schulze/ Hertin*, Vor §§ 73 ff. Rdnr. 15). Dem Reformgesetzgeber aus dem Jahre 2003 wurde auch deshalb vorgeworfen, „auf halbem Wege stehen geblieben" zu sein (*Vogel*, Fs. Nordemann, S. 349 ff., 351; ähnlich *Dünnwald* ZUM 2004, 161 ff., 166, 171, der allerdings den Anschluss der entsprechenden Anwendbarkeit der §§ 28–30 in § 79 Abs. 2 S. 2 auch rechtspolitisch für gerechtfertigt hält).

11 **b)** Ein weiterer auch dogmatisch wesentlicher Unterschied zum Urheberrecht, der nach wie vor ebenfalls Zweifel an der monistischen Deutung des Interpretenrechts aufkommen lässt, besteht insofern, als die Rechte und Ansprüche aus den §§ 77, 78 nach § 79 Abs. 1 auch unter Lebenden im Wege der sog. translativen Übertragung grundsätzlich (vgl. aber die Einschränkungen in § 79 Abs. 1 S. 2 iVm. § 78 Abs. 3 u. 4) frei übertragbar sind. Diese erst auf Empfehlung des Rechtsausschusses des Bundestages (BT-Drucksache 15/837, S. 35) eingefügte Bestimmung des § 79 Abs. 1 steht im Gegensatz zu der Regelung für die Urheber in § 29, wonach deren Verwertungsrechte angesichts ihrer persönlichkeitsrechtlichen Gebundenheit als solche ebenso wenig übertragen werden können, wie das Urheberrecht insgesamt (vgl. § 29 Rdnr. 7 ff.). Diese mit Grund als „eigentlich systematisch nicht ganz korrekte" kritisierte gesetzgeberische Entscheidung in Bezug auf die ausübenden Künstler (vgl. nur *Dreier/Schulze*[3], Rdnr. 2 zu § 79; *Mestmäcker/Schulze/Hertin*, Vor §§ 73 Rdnr. 16 und eingehend *Grünberger*, Interpretenrecht, Rdnr. 1066 ff.) sollte bei der nächsten sich bietenden Gelegenheit überdacht werden (ebenso

Vorbemerkung   **Vor §§ 73 ff.**

Vogel, Fs. Nordemann, S. 349 ff., 354; ferner *Krüger* ZUM 2003, 122, 125; eingehend *Dünnwald* ZUM 2004, 161 ff., 166–170; vgl. aber auch *Flechsig/Kuhn* ZUM 2004, 14 ff., 26 und *Schack*[4] Rdnr. 606). Auch das Zweite Gesetz zur Regelung des Urheberrechts in der Informationsgesellschaft (sog. 2. Korb) greift dieses berechtigte Anliegen nicht auf (kritisch hierzu *Gerlach,* ZUM 2008, 372, 375 f.).

Die **Rechtsnatur** der verschiedenen, in den §§ 77, 78 geregelten Rechte und Ansprüche ist **12** nicht identisch. Die Ausschließlichkeitsrechte der §§ 77, 78 Abs. 1 verwirklichen nicht nur das aus Art. 2 Abs. 1 GG abzuleitende verfassungsrechtliche Gebot der Selbstbestimmungsbefugnis des ausübenden Künstlers hinsichtlich der Verwertung seiner Darbietung, sondern zugleich (Rdnr. 10) das – durch Art. 14 GG ebenfalls verfassungsrechtlich abgesicherte – Recht auf eine angemessene finanzielle Teilhabe an den durch die Technik gesteigerten Nutzungsmöglichkeiten der Darbietung (AmtlBegr. *Haertel/Schiefler* S. 314). Dabei wurde früher von der hM die persönlichkeitsrechtliche Komponente in den Vordergrund gestellt (vgl. 2. Aufl., Rdnr. 12). Das BVerfG hat indessen aus Art. 14 GG das verfassungsrechtliche Gebot abgeleitet, nicht nur dem Urheber, sondern auch dem ausübenden Künstler „das wirtschaftliche Ergebnis seiner Tätigkeit grundsätzlich zuzuordnen" (BVerfGE 31, 275 ff. – Schallplatten; s. dazu *Maunz* GRUR 1973, 107/113; *Hubmann* GRUR Int. 1973, 270/273; vgl. auch BVerfG GRUR 1990, 438 ff./441 – Bob Dylan; *Wandtke* ZUM 1991, 484/487 ff.). Hiermit korrespondiert eine zunehmende Kommerzialisierung auch des allgemeinen Persönlichkeitsrechts (vgl. schon *Lehmann,* Fs. für Hubmann, 1985, S. 255/264); insgesamt erscheint es gerechtfertigt, die vermögensrechtlichen Belange des ausübenden Künstlers in den §§ 77, 78 Abs. 1 heute zumindest gleichgewichtig neben seine ideellen Belange zu stellen (ebenso wohl schon *Peter* UFITA 36 [1962] 257/303).

Die **Vergütungsansprüche** des § 78 Abs. 2 sind in ihrer Rechtsnatur verwandt mit einem **13** Teil der zugunsten der Urheber statuierten Vergütungsansprüche (zB §§ 46 Abs. 4, 49 Abs. 1 S. 2). Es handelt sich um rein vermögensrechtliche Ansprüche, denen freilich in der Praxis eine erhebliche Bedeutung zukommt (Rdnr. 25; § 73 Rdnr. 4). Ihre verfassungsrechtliche Absicherung gründet sich auf Art. 14 GG, ohne dass die Herabstufung des Aufführungsrechts, wie es der BGH unter Geltung des § 2 Abs. 2 LUG anerkannt hatte (so. Rdnr. 4), zu einem reinen Vergütungsanspruch im Lichte des Art. 14 GG Bedenken begegnet (BVerfGE 31, 275 ff. – Schallplatten).

c) Für das **Verhältnis zum Urheberrecht** sieht das Rom-Abkommen (RA) in Art. 1 RA **14** vor, dass keine seiner Bestimmungen in einer Weise ausgelegt werden kann, die dem Urheberschutz Abbruch tut (s. dazu *Nordemann/Vinck/Hertin/Meyer,* International Copyright, 1990, RA, Art. 1, Rdnr. 1–3; *Ulmer* GRUR Int. 1961, 569/574 f.; *Straus* GRUR Int. 1985, 19/23, s. auch in Frankreich Art. L. 211–1 CPI. Für das deutsche Recht erübrigte sich eine solche ausdrückliche Vorrangklausel nach Auffassung des Gesetzgebers, weil „das berechtigte Interesse der Urheber, in der Auswertung ihrer Werke durch die Leistungsschutzrechte nicht unbillig behindert zu werden, bereits bei der Ausgestaltung dieser Rechte berücksichtigt ist" (AmtlBegr. *Haertel/Schiefler* S. 307; s. dazu auch *Reischl* UFITA 45 [1965] 1/17 f.; *Schweyer,* Die Zwecküberträgungstheorie im Urheberrecht, 1982, S. 112). Hieraus wurde teilweise schon vor der Neuordnung der §§ 73 ff. im Jahre 2003 auf eine Gleichrangigkeit der Rechte geschlossen (*Schweyer* S. 112; *Dünnwald,* Fs. Rehbinder, S. 233 ff., 247). Die wohl überwiegende Auffassung betonte dagegen nach einem anschaulichen Bild von *Frotz* (S. 91/106), dass die Urheber und ausübenden Künstler zwar in demselben Boot sitzen, den Urhebern dabei aber die besseren Plätze zukommen (so auch 2. Aufl., Rdnr. 14, dieses Bild jetzt mit Recht abwandelnd *Grünberger,* Interpretenrecht, Rdnr. 115).

Ob heute im digitalen Zeitalter und nach der dabei erfolgten Aufwertung der Interpreten- **15** rechte im Lichte von Art. 12 Abs. 2 der Informations-Richtlinie und Art. 1 Abs. 2 WPPT (s. dazu schon oben Rdnr. 6) noch von einem derartigen **Primat** des Urheberrechts ausgegangen werden kann, muss indessen angezweifelt werden. Jedenfalls wäre es verfehlt, aus einem derartigen Primat abzuleiten, dass die Urheberinteressen **stets Vorrang** vor den Interessen der ausübenden Künstler haben. Eine Verletzung der ideellen Belange der ausübenden Künstler kann regelmäßig nicht mit Verwertungsinteressen der Urheber gerechtfertigt werden (*Reischl* UFITA 45 [1965] 1/17 f.). Wirtschaftliche Einbußen, die sich nach der **sog. Kuchentheorie** (s. dazu *Ulmer*[3] § 120 III 3) aus der rechtlichen Ausgestaltung des Künstlerschutzes in den §§ 73 ff. angeblich für die Urheber ergeben, sind vielmehr von diesen hinzunehmen (ebenso zu Art. 1 RA *Nordemann/Vinck/Hertin/Meyer,* International Copyright, 1990, Art. 1, Rdnr. 3, vgl. auch *Stewart,* International Copyright, S. 190 ff. u. S. 226).

Vor §§ 73 ff. Vorbemerkung

16 Insgesamt kann gesagt werden, dass die §§ 73 ff. jedenfalls **selbständig** neben den Rechten der Urheber stehen; sie können unabhängig von diesen ausgeübt und abgetreten werden (s. § 73 Rdnr. 36). Die Auffassung, wonach es sich um vom Urheberrecht abgeleitete Rechte handelt, trifft jedenfalls heute für das deutsche Recht nicht mehr zu (§ 73 Rdnr. 12).

V. Ergänzende Anwendung urheberrechtlicher, persönlichkeitsrechtlicher und wettbewerbsrechtlicher Bestimmungen

17 1. a) Inwieweit **urheberrechtliche** Bestimmungen und Grundsätze auf die §§ 73 ff. entsprechend anwendbar sind, ist von der Rechtsprechung und Literatur vor der Neuordnung des Interpretenrechts sehr unterschiedlich und differenziert gesehen worden (vgl. dazu eingehend 2. Aufl., Rdnr. 17–23). Schon mit der durch das Gesetz zur Stärkung der vertraglichen Stellung von Urhebern und ausübenden Künstlern zum 1. 7. 2002 eingeführten Vorschrift des § 75 Abs. 4 (vgl. heute: § 79 Abs. 2 Satz 2) hat der Gesetzgeber indessen den für die Rechtsanwendung verbleibenden Spielraum zur Schließung etwaiger planwidriger Regelungslücken in den §§ 73 ff durch Heranziehung urheberrechtlicher Bestimmungen und Grundsätze weitgehend verschlossen. Denn gesetzessystematisch muss man aus der verstreuten Verweisung in den §§ 76 S. 2 und S. 4, 77 Abs. 2 S. 2, 78 Abs. 1 Nr. 1, 78 Abs. 4, 79 Abs. 2 S. 2, 80 Abs. 1 S. 3, 82 S. 3 und des § 83 auf die Schrankenregelungen der §§ 44a–63a wohl den Umkehrschluss ableiten, dass eine entsprechende Anwendbarkeit anderer als der genannten urheberrechtlichen Bestimmungen auszuscheiden hat, zB den bewusst ausgeklammerten §§ 31a, 32c über **unbekannte Nutzungsarten** (vgl. schon zur Ausklammerung des § 31 Abs. 4 aF. mit Recht kritisch *Erdmann*, GRUR 2002, 923 ff., 930; *Loewenheim/Rossbach*[2], Hdb. UrhR, § 69, Rdnr. 18 zur Ausklammerung der §§ 31a, 32c *Gerlach*, ZUM 2008, 372, 374 f.). Auf diese – de lege lata freilich hinzunehmende – Weise hat der Gesetzgeber sein erklärtes Ziel, die Rechtsstellung der ausübenden Künstler derjenigen der Urheber weitest möglich anzunähern (vgl. BT-Dr. 15/38 v. 6. 11. 2002, S. 1 unten), in einer vielleicht sogar ungewollten und jedenfalls gesetzessystematisch wenig konsequenten Weise in Bezug auf die Möglichkeiten zukünftiger Rechtsfortbildung durch die höchstrichterliche Rechtsprechung konterkariert (vgl. dazu schon oben Rdnr. 1 und die Auswirkungen in BGH GRUR 2003, 234 ff. – Eroc III mit abl. Bespr. *Krüger*, Fs. Nordemann, S. 343 ff. und abl. Bespr. *W. Nordemann*, in Schulze BGHZ Nr. 504; gegen den BGH auch *Wandtke*, Fs. Nordemann, S. 267 ff., 275; *Wandtke/Holzapfel* GRUR 2004, 284 ff., 291; *Dünnwald* ZUM 2004, 161 ff., 168; zustimmend dagegen *J. B. Nordemann*, Fs. Nordemann, S. 193 ff., 195). Auch das zweite Gesetz zur Regelung des Urheberrechts in der Informationsgesellschaft (sog. 2. Korb) sieht in § 79 Abs. 2 RegE weiterhin diese Differenzierung vor, indem die §§ 31a, 32c, die an die Stelle des § 31 Abs. 4 getreten sind, ebenfalls von der entsprechenden Anwendbarkeit auf ausübende Künstler ausgenommen bleiben. Der Umstand, dass die hierfür in Bezug auf § 31 Abs. 4 gegebene Begründung im Falle der „Abspeckung" auf die §§ 31a, 32c nicht (mehr) passt, blieb unberücksichtigt (dazu mit Recht kritisch *Gerlach*, ZUM 2008, 372, 374 f. und *ders.* ZUM 2005, 130 ff., 134). Zur Frage der analogen Anwendung der **Urhebervermutung** des § 10 und ggf. einer eigenständigen Interpretenvermutung in den §§ 73 ff. (in § 84) als Teilumsetzung von Art. 5 lit. b der Richtlinie 2004/48/EG de lege ferenda vor dem am 1. 9. 2008 in Kraft getretenen Gesetz zur Verbesserung der Durchsetzung von Rechten des geistigen Eigentums v. 7. 7. 2008 [BGBl I, 1191] s. *Grünberger*, Interpretenrecht, Rdnr. 375–406 u. *ders.* GRUR 2006, 894 ff.). Jetzt verweist § 74 Abs. 3 auf § 10 Abs. 1, nicht aber auf § 10 Abs. 2 als entsprechend anwendbar (s. dazu kritisch schon *Grünberger*, Interpretenrecht, Rdnr. 394 u. *ders.* GRUR 2006, 894 ff. 901 f.). Dagegen fehlt für den ausübenden Künstler nach wie vor ein (dingliches) Recht auf Freigabe seiner Darbietung zur **Erstveröffentlichung** analog § 12 (dies de lege ferenda mit Recht befürwortend *Mestmäcker/Schulze/Hertin*, Vor §§ 73 ff. Rdnr. 14; aA *Dünnwald/Gerlach*, Vor § 74 Rdnr. 1).

18 b) Eine andere Frage ist, ob die **Legaldefinitionen des Ersten Teils des UrhG** auch für die §§ 73 ff. gelten (so *Dünnwald* UFITA 76 [1976] 165/182; s. auch *ders.* ZUM 2004, 161 ff., 170 f.). Diese Frage ist vor allem für den Begriff der Darbietung (§ 73 Rdnr. 15–26) und den Begriff des Erscheinens (§ 78 Rdnr. 23) von Bedeutung. Eine am Schutzzweck der §§ 73 ff. orientierte, uU eigenständige Auslegung dieser Begriffe ist zwar erwünscht, um rein begriffsjuristische Ableitungen zu vermeiden. Andererseits werden aber urheberrechtliche Nutzungsrechte und leistungsschutzrechtliche Einwilligungsrechte vielfach im Bündel, teilweise in ein und derselben sog. Urheberrechtsklausel erworben, eine zu starke Relativierung der Begriffe kann

Vorbemerkung   Vor §§ 73 ff.

daher zu kautelarjuristischen Schwierigkeiten führen. Aus diesem Grund wird in der folgenden Kommentierung der §§ 73 ff. die Auslegung der Legaldefinitionen des Ersten Teils des UrhG zugrunde gelegt, soweit Abweichungen nicht besonders vermerkt sind.

c) Zur entsprechenden Anwendung der urheberrechtlichen Schrankenbestimmungen (§§ 44 a– 19 63 a) vgl. § 83 und die dortige Kommentierung. Die **Erschöpfung des Verbreitungsrechts** (§ 17 Abs. 2) gilt auch für ausübende Künstler. Zwar verweist § 77 Abs. 2 nicht ausdrücklich auf § 17 Abs. 2. Die dort (in Satz 2) statuierte entsprechende Anwendung des § 27 setzt aber denknotwendig voraus, dass sich auch das Verbreitungsrecht des ausübenden Künstlers unter den Voraussetzungen des § 17 Abs. 2 erschöpft, weil die Einräumung des Vermietrechts (als Unterfall des Verbreitungsrechts) durch den ausübenden Künstler diesem gegen den Vermieter den Verbotsanspruch aus § 77 Abs. 2 Satz 1, 2. Alternative nimmt bzw. zu einem Vergütungsanspruch herabstuft (vgl. dazu auch Begr. Zum RegE des Gesetzes v. 23. 6. 1995, abgedr. in UFITA 129 [1995] 154 und *v. Lewinski* ZUM 1995, 422 ff., 443).

2. a) Die spezialgesetzliche Regelung in den §§ 73 ff. hat Vorrang vor den **Generalklauseln** 20 **des BGB und den Vorschriften des UWG** (allgM, s. nur *Rehbinder*[15] § 58 I; *v. Gamm* § 73 Rdnr. 3; vgl. allgemein Einl. Rdnr. 31, 36 ff.). Dies gilt aber nur, soweit die §§ 73 ff. ausdrücklich oder sinngemäß als abschließende Regelung anzusehen sind. Sowohl § 95 Abs. 4 des RefE (heute § 85) als auch § 33a des Entwurfes eines Gesetzes zur Neuordnung des zivilrechtlichen Persönlichkeits- und Ehrenschutzes (UFITA 29 [1959] 39/44) sahen gesetzliche Klarstellungen in dieser Richtung vor (*Ulmer*, Fs. für Hefermehl, 1971, S. 189/193; *Schiefler* GRUR 1960, 156 ff.); dass sie ersatzlos gestrichen bzw. nicht in Kraft gesetzt wurden, ändert an der subsidiären Anwendbarkeit der allgemeinen Bestimmungen nichts. Grundsätzlich ist danach Raum für eine ergänzende Anwendung des allgemeinen Persönlichkeitsrechts (§ 823 Abs. 1 BGB) und der §§ 3, 4 Nr. 9 UWG, solange dadurch kein Wertungswiderspruch zu den §§ 73 ff. entsteht; so liegt es, wenn die dort bewusst normierten Schutzgrenzen in sachlicher oder zeitlicher Hinsicht aus den Angeln gehoben würden (s. zum UWG: *D. Reimer*, Fs. für Wendel, 1969, S. 98/102; *Ulmer*, Fs. für Hefermehl, 1971, S. 189/194; *Piper/Ohly*[4], § 4 UWG, Rdnr. 9/8; *Hefermehl/Köhler/Bornkamm*, § 4 UWG, Rdnr. 9–6 f.; zum allg. Persönlichkeitsrecht: *v. Gamm* Einf. Rdnr. 93; *Rehbinder*[15] § 58 II; *Schiefler* GRUR 1960, 156 ff.).

b) Der Rückgriff auf das **allgemeine Persönlichkeitsrecht** ist für solche persönlichen Inte- 21 ressen des ausübenden Künstlers unproblematisch, die nicht typischerweise bereits von den §§ 73 ff. erfasst sind (aA *Rehbinder*[15], § 59 III, 8, Rdnr. 807). Dazu zählt vor allem die öffentliche Wiedergabe (§ 78 Abs. 2 Nr. 2 u. 3) einer nicht öffentlichen Darbietung, deren Festlegung (§ 77 Abs. 1) der ausübende Künstler lediglich zu Erinnerungs- oder Übungszwecken (zB Balletproben, s. dazu § 78 Rdnr. 29) gestattet hatte (*Schiefler* GRUR 1960, 156/162). Weiterhin kann der ausübende Künstler trotz Übertragung seines Rechts aus § 77 Abs. 1 nach § 79 Abs. 1 S. 1 auf Grund seines allgemeinen Persönlichkeitsrechts verbieten, dass der Abtretungsempfänger oder Dritte Aufnahmen seiner Darbietung verwerten, die sie sich durch Vertrauensbruch oder auf andere Weise erschlichen haben (*Schiefler* GRUR 1960, 156/163; dagegen jetzt aber nachdrücklich *Dünnwald/Gerlach*, Vor § 74 Rdnr. 15). Auch § 75 Satz 1 schließt einen Rückgriff auf das allgemeine Persönlichkeitsrecht nur aus, wo es um das Ansehen oder den Ruf gerade als ausübender Künstler in Bezug auf die Darbietung geht; anderweitige Beeinträchtigungen der Privat- und Intimsphäre sind nach der persönlichkeitsrechtlichen Generalklausel (§ 823 Abs. 1 BGB) zu beurteilen (*Schiefler* GRUR 1960, 156/164; *Loewenheim/Vogel*[2], Hdb. des UrhR, § 38 Rdnr. 36; vgl. dazu auch die Münchner Diss. von *Rüll*, Allgemeiner und urheberrechtlicher Persönlichkeitsschutz des ausübenden Künstlers, 1998, S. 99 ff.; aA *Dünnwald/Gerlach*, Vor § 74 Rdnr. 15). Hierher gehören auch die Fälle der unautorisierten Veröffentlichung von Nacktaufnahmen (s. aber OLG Hamburg Schulze OLGZ 153 – Kyldex I), der nicht genehmigten Verwendung von Aufnahmen zu Wahlkampfzwecken (s. LG München I UFITA 87 [1980] 342/346 – Wahlkampf) oder für die Konsumgüterwerbung (ebenso *Rüll*, S. 111); denn hier liegt nicht eine Rufgefährdung oder Ansehensminderung iSd. § 75 inmitten (s. dazu § 75 Rdnr. 31), sondern ein durch die §§ 73 ff. nicht typischerweise und abschließend erfasster (so. Rdnr. 20) Eingriff in die geistige und wirtschaftliche Selbstbestimmung des Betroffenen als solche. Die künstlerische Leistung des Interpreten muss insoweit nach denselben Maßstäben gegen Eigenmächtigkeiten Dritter geschützt werden wie der Name (s. dazu BGH GRUR 1981, 846/847 – Rennsportgemeinschaft) oder das Bildnis (§ 22 S. 1 KUG) einer Person (*Krüger* GRUR 1979, 639/640 f.). Auch gegenüber der Stimmenimitation kommt daher ein Schutz aus § 823 I BGB in Betracht (OLG Hamburg GRUR 1989, 666 – Heinz Erhardt; *Pietzko* AfP 1988, 209 ff.;

Vor §§ 73 ff. Vorbemerkung

Schwarz/Schierholz, Fs. für Kreile, S. 723 ff., 736 ff., einschränkend *Rehbinder*[15], § 59 III, 8, Rdnr. 807: nur bei Imitation zu Werbezwecken). Auch die mindere technische Qualität eines Tonträgers, die nicht zu einer rufgefährdenden Beeinträchtigung des ausübenden Künstlers iSd. § 75 führt, kann dessen allgemeines Persönlichkeitsrecht verletzen, wenn zB unerlaubte Mitschnitte von Live-Darbietungen eines Künstlers vertrieben werden, der wegen seines Strebens nach Klanginszenierungen von absoluter Ästhetik grundsätzlich nur Studioaufnahmen zum Tonträgervertrieb freigibt (BGH GRUR 1987, 814, 816 f. – Zauberflöte; s. auch OLG Hamburg GRUR 1989, 525, 527 – Zauberflöte II und – enger – OLG Köln, GRUR 1992, 388, 389 – Prince). Dagegen konnte das früher (bis zum 3. UrhÄndG v. 23. 6. 1995, BGBl. I S. 842 ff.) den ausübenden Künstlern bewusst nicht gewährte Verbreitungsrecht (s. dazu 2. Aufl. Rdnr. 12) nicht über das allgemeine Persönlichkeitsrecht kompensiert werden (BVerfG GRUR 1990, 438, 441 – Bob Dylan; BGH GRUR 1987, 814, 816 – Zauberflöte; vgl. dazu auch *Rüll* S. 113 ff., der freilich für Altaufnahmen aus der Zeit vor Inkrafttreten des UrhG 1965 eine Ausnahme hiervon befürwortet).

22 c) Das **Wettbewerbsrecht** (§§ 3, 4 UWG) kommt ergänzend zum Zuge, wo die §§ 73 ff. überhaupt keine Regelung enthalten, also weder in einem positiven noch in einem negativen Sinne etwas zur Frage des Leistungsschutzes sagen (so. Rdnr. 20). So liegt es bei allen Darbietungen, denen kein schutzfähiges Werk iSd. § 2 Abs. 2 oder eine Ausdrucksform der Volkskunst zugrunde liegt, also vor allem den bei Sport-, Zirkus- oder Varietévorführungen erbrachten Leistungen (s. dazu auch § 73 Rdnr. 10 f.). Hier ist neben dem allgemeinen Persönlichkeitsrecht (so. Rdnr. 21) auch der Schutz gegen Ausbeutung fremder Leistung nach §§ 3, 4 Nr. 9 und Nr. 10 UWG (vgl. allg. Einl. Rdnr. 54 ff.) einschränkungslos heranziehbar (allgM, s. *Ulmer*[3] § 122 I; *Rehbinder*[15] § 58, 8, III; *D. Reimer,* Fs. für Wendel, 1969, S. 98/103). Ist dagegen die Regelung in den §§ 73 ff. nach ihrem Sinnzusammenhang abschließend, dann kommt eine Anwendung der §§ 3, 4 Nr. 9 und Nr. 10 UWG ohne Vorliegen besonderer, die Wettbewerbswidrigkeit begründender Umstände nicht in Betracht. Ausländische ausübende Künstler, die nicht nach Maßgabe des § 125 oder des Art. 6 Abs. 1 EG (vgl. EuGH GRUR Int. 1994, 53 – Phil Collins – und BGH GRUR Int. 1995, 65 – Rolling Stones – sowie jetzt § 125 Abs. 1 S. 2 iVm. 120 Abs. 2 Nr. 2) Inländerbehandlung genießen, können daher nicht ohne weiteres auf §§ 3, 4 Nr. 9 und Nr. 10 UWG rekurrieren (vgl. BGH GRUR 1986, 454/456 – Bob Dylan – m. abl. Anm. *Krüger;* BGH GRUR 1987, 814 – Die Zauberflöte – m. abl. Anm. *Schack;* OLG Hamburg GRUR 1989, 525 ff. – Die Zauberflöte II; BVerfG GRUR 1990, 438 – Bob Dylan; OLG Köln GRUR 1992, 388/390 – Prince; *Hertin* GRUR 1991, 722 ff./727; *Erdmann,* Fs. Vieregge, S. 197/200 ff., 206 ff.; *Loewenheim/Vogel*[2], Hdb. UrhR, § 38 Rdnr. 35). Auch die weitere Vervielfältigung (§ 77 Abs. 2 Satz 1) erlaubter Weise hergestellter Aufnahmen kann deshalb ebenfalls nicht nach Ablauf der Schutzfrist des § 82 über §§ 3, 4 Nr. 9 und Nr. 10 UWG unterbunden werden, ohne dass besondere – in den §§ 73 ff. nicht berücksichtigte – Unlauterkeitsmomente vorliegen (s. dazu *D. Reimer,* Fs. für Wendel, 1969, S. 98/102; *Schorn* GRUR 1983, 492/493; *Loewenheim/Vogel*[2], Hdb. UrhR, § 38 Rdnr. 35). Eine Ausnahme hiervon erscheint aber wiederum – wie bei der ergänzenden Anwendung des allgemeinen Persönlichkeitsrechts (s. dazu oben Rdnr. 21) – zulässig und geboten, wenn es sich um Altaufnahmen vor Inkrafttreten des UrhG 1965 handelte (vgl. *Rüll* S. 114, der mit Recht darauf hinweist, dass dieser Aspekt in BGH GRUR 1986, 734 ff. – Bob Dylan nicht hinreichend berücksichtigt wurde und vom BVerfG in GRUR 1990, 438/439 – Bob Dylan wegen diesbezüglich erst verspätet erhobener Rüge nicht berücksichtigt werden konnte; s. dazu auch *Schack* GRUR 1986, 734; *Krüger* GRUR 1986, 456, 457; *ders.* GRUR Int. 1986, 381, 383 f. u. 386 f.). Die nachschaffende Imitation der künstlerischen Leistung (Doubles von Charlie Chaplin, Elvis Presley oder Heino) ist zwar grundsätzlich frei; sie kann aber unter dem Gesichtspunkt der Rufausbeutung oder der vermeidbaren Herkunftstäuschung wettbewerbswidrig sein (*Krüger* GRUR 1980, 628/635 f.; vgl. dazu auch *Pietzko* AfP 1988, 209 ff. und *Schwarz/Schierholz,* Fs. für Kreile, S. 723 ff., 738 f.; zur wettbewerbsrechtlichen Beurteilung des sog. Sampling in der Popmusik vgl. *Hoeren* GRUR 1989, 11 ff./13 f.; *Spieß* ZUM 1991, 524 ff./532 f.).

VI. Verwertungsgesellschaft (GVL)

23 1. Die ausübenden Künstler und die Tonträgerhersteller haben 1959 gemeinsam die Gesellschaft zur Verwertung von Leistungsschutzrechten mbH (GVL) mit Sitz jetzt in Berlin (früher Hamburg u. davor Köln) gegründet, deren Stammkapital jetzt von der Deutschen Orchesterver-

Vorbemerkung   Vor §§ 73ff.

einigung eV, Berlin, und dem Bundesverband Musikindustrie eV, Berlin, gehalten wird (s. GmbH-Vertrag idF. v. 12. 2. 2008, abrufbar unter https://www.gvl.de/pdf/gesellschaftsvertrag.pdf). Für die Aufstellung der **Verteilungspläne** ist in § 2 Ziff. 4 des Gesellschaftsvertrags im Grundsatz eine Aufteilung der eingezogenen Vergütungen zwischen ausübenden Künstlern und Tonträgerherstellern im Verhältnis 50 vH zu 50 vH vorgesehen. Im Verhältnis der ausübenden Künstler untereinander sind die im Geschäftsjahr erzielten, der GVL zu meldenden und anrechenbaren Einkünfte aus der Erstverwertung ihrer künstlerischen Leistungen im Inland maßgebend. Der Anteil des einzelnen an der unter diesem Personenkreis zu verteilenden Gesamtsumme bemisst sich nach seinem Anteil an der Gesamtsumme dieser Erstentgelte (Einzelheiten bei *Dünnwald/Gerlach,* Hdb. der Musikwirtschaft[6], S. 708ff., 712; vgl. auch *Mauß,* Der Wahrnehmungsvertrag, 1991, S. 143; *Vogel* GRUR 1993, 513/523). Beruhen diese Entgelte nicht ausschließlich auf einer leistungsschutzrechtlich iSd. §§ 73ff. relevanten Tätigkeit, so werden Abschläge gemacht; der Abschlag beträgt beim sog. Bandübernahmevertrag 55 vH, weil der ausübende Künstler das Erstentgelt hier zugleich in seiner Eigenschaft als Produzent des fertigen, überspielungsfähigen Bandes erhält, das er der Schallplattenfirma vertraglich zur Verfügung zu stellen verpflichtet ist (s. LG Hamburg v. 30. 4. 1993 – 324 O 240/91 abgedr. in Anl. 2 zum Nachweisbogen der GVL 1993 vgl. dazu auch BVerfG ZUM 1997, 555f.; BGH GRUR 1004, 767 – Bandübernahmevertrag und *Dünnwald/Gerlach,* Einl., Rdnr. 63). Bis zu 5 vH der für die Verteilung zur Verfügung stehenden Vergütungen können für kulturelle, kulturpolitische und soziale Zwecke nach hierfür festgelegten Richtlinien verwendet werden (s. dazu §§ 7 S. 2, 8 WahrnG und den Beiratsbeschluss vom 15. 1. 1980 betr. Härtefälle bei Zweitverwertungen, abgedr. bei *Schulze* Urhebervertragsrecht[3] S. 77f.; s. auch KG GRUR 1978, 247, 248 – Verwertungsgesellschaft und aktuell die Richtlinien für die Gewährung von Zuwendungen für kulturelle, kulturpolitische und soziale Zwecke idF d. Beiratsbeschlusses v. 15. 2. 2007).

2. Der **Wahrnehmungsvertrag** der GVL für ausübende Künstler idF. v. März 2008, abrufbar unter https://www.gvl.de/pdf/wahrnehmungsvertrag-ausuebende-kuenstler.pdf, hatte vor Einführung der Leistungsschutzrechte durch das Urheberrechtsgesetz von 1965 das fiktive Bearbeiterurheberrecht des § 2 Abs. 2 UrhG zum Gegenstand. Heute nimmt die GVL die Zweitverwertungsrechte für ausübende Künstler (§ 73) und Tonträgerproduzenten (§ 85) wahr (s. dazu näher § 79 Rdnr. 8). **24**

Das **Inkasso** der Vergütungsansprüche aus § 78 Abs. 2 Nr. 2 u. 3 wird für die GVL hinsichtlich der öffentlichen Wiedergabe von Musik durch die GEMA wahrgenommen (*Mestmäcker/Schulze* § 77 Anm. 2; *Dünnwald,* Das Orchester 1984, 209/210; sa. LG Hannover Schulze LGZ 117 m. Anm. *Schatz*); hinsichtlich der Geräteabgabe (§§ 83, 54 Abs. 1) gilt der Gesellschaftsvertrag der Zentralstelle für private Überspielungsrechte (ZPÜ) (s. *Schulze* Urhebervertragsrecht[3] S. 742ff.). Von allen Einnahmequellen der GVL ist diejenige aus den Schallplattensendevergütungen (§ 78 Abs. 2 Nr. 1) die größte, während die Vergütungen für die öffentliche Wiedergabe (§ 78 Abs. 2 Nr. 2 u. 3) und private Vervielfältigung (§§ 83, 54 Abs. 1) eine geringere Rolle spielen (*Nordemann/Vinck/Hertin/Meyer,* RA, Art. 12 Rdnr. 23). Die Rechte und Ansprüche der Filmurheber nimmt die GVL insoweit wahr, als es sich um tonträgerbegleitende Bildträger (Videoclips) handelt. Heute gehören der GVL über 100 000 ausübende Künstler und über 5000 Tonträgerhersteller an. Das jährliche Vergütungsaufkommen ist seit Gründung der GVL im Jahre 1959 von 2 Mio. DM auf über 160 Mio. EURO gestiegen (*Loewenheim/Melichar*[2], Hdb. UrhR, § 46 Rdnr. 10; *Dünnwald/Gerlach,* Hdb. der Musikwirtschaft[6], S. 708ff., 713), woraus sich die praktische Bedeutung der Vergütungsansprüche bei Zweitverwertungen im Rahmen der §§ 73ff. ergibt (sa. § 73 Rdnr. 4; *Straus* GRUR Int. 1985, 19/26). Auf internationaler Ebene ist die GVL Mitglied der 1994 gegründeten Association of European Performer's Organisations (AEPO), die im November 2004 mit ARTIS fusionierte und mit der die Zusammenarbeit zwischen den Organisationen ausübender Künstler und die kollektive Verwaltung ihrer Leistungsschutzrechte in Europa gefördert werden soll. Inzwischen gehören ihr 27 Verwertungsgesellschaften ausübender Künstler aus 21 europäischen Staaten sowie die International Federation of Musicians (FIM) und die International Federation of Actors (FIA) als Mitglieder an. **25**

3. Kartellrechtlich ist auch für die GVL die partielle Bereichsausnahme des § 102a GWB aF in der 6. GWB-Novelle (6. Gesetz zur Änderung des Gesetzes gegen Wettbewerbsbeschränkungen v. 26. 8. 1998, BGBl. I, S. 2546) durch § 30 GWB ersetzt und durch die 7. GWB-Novelle (7. Gesetz zur Änderung des Gesetzes gegen Wettbewerbsbeschränkungen vom 7. 7. 2005, BGBl. I, S. 1954) ersatzlos gestrichen worden. In der Sache bedeutet dies aber keine Än- **26**

derung der Rechtslage (vgl. dazu Rdnr. 5 zu § 24 WahrnG). Allerdings scheint im Unterschied zu § 30 GWB aF. eine Meldung an die Aufsichtsbehörde (Deutsches Patentamt) nicht mehr Freistellungsvoraussetzung zu sein (*Immenga/Mestmäcker*[4], Rdnr. 394 zu § 16 GWB; aA *Dreier/ Schulze*[3], § 24 UrhWG, Rdnr. 5). Im Anwendungsbereich des EG-Vertrags liegt ein Schwerpunkt bei der Kontrolle der Tätigkeit der Verwertungsgesellschaften nach Art. 81 EG-Vertrag (*Schricker*[3] Einl. Rdnr. 49; *Mestmäcker/Schulze* UrhWG S. 5 vor § 1; § 1 Anm. 1 f.; IntR 9. Abschn. S. 45 ff., 63; *Schulze* Urhebervertragsrecht[3] S. 41 ff.; *Dietz,* Urheberrecht in der Europ. Gemeinschaft, Rdnr. 43 ff.; *Fikentscher,* Fs. für Schricker, S. 149 ff.; *J. B.* Nordemann, GRUR 2007, 203 ff., 213 f.). Nach der vom EuGH (GRUR Int. 1983, 734 – GVL) bestätigten Entscheidung der EG-Kommission (GRUR Int. 1982, 242 – GVL) ist die GVL als marktbeherrschendes Unternehmen iSv. Art. 82 EG-Vertrag verpflichtet, auch mit ausländischen Künstlern, die in der Bundesrepublik Deutschland keinen Wohnsitz haben, Wahrnehmungsverträge abzuschließen, sofern es sich um Angehörige eines anderen EU-Mitgliedsstaates oder um solche Personen handelt, die in einem anderen EU-Mitgliedsstaat ihren Wohnsitz haben (dieser Verpflichtung kommt die GVL bereits seit dem 21. 11. 1980 nach). Die zwischen den Leistungsschutzgesellschaften bestehenden Gegenseitigkeitsverträge sehen bei Kompatibilität ihrer Verteilungssysteme einen wechselseitigen Geldtransfer vor und schließen bei Unterschiedlichkeit der Verteilungssysteme einen Geldtransfer aus. Die Rechtsangleichung und die verstärkte Zusammenarbeit der Leistungsschutzgesellschaften innerhalb der EU ist in vollem Gange (*Dünnwald/ Gerlach,* Hdb. der Musikwirtschaft[6], S. 708 ff., 713 f.; s. auch Mitt. der Kommission zur Wahrnehmung von Urheberrechten und verwandten Schutzrechten im Binnenmarkt v. 16. 4. 2004, KOM 2004, 261). Im Zuge der europäischen Harmonisierung des Urheberrechts wird teilweise der Erlass einer EU-Richtlinie befürwortet, die die Rahmenbedingungen im Hinblick auf die Wahrnehmung von Urheber- und Leistungsschutzrechten vorschreibt, insbesondere den Minderheitenschutz Wahrnehmungsberechtigter, die Verhältnismäßigkeit der Berechtigten- und Nutzerinteressen, den Tarifvergleich und die aufsichtsrechtlichen Befugnisse innerhalb der EU harmonisiert (*Schulze,* Fs. für Mestmäcker, 1995, S. 461 ff., 465 f.; *ders.,* Geschätzte und geschützte Noten, 1995, S. 691). Vgl. zum Ganzen auch *Stockmann* in Fs. Kreile, S. 25 ff. und *Loewenheim/ Loewenheim*[2], Hdb. UrhR, § 56 Rdnr. 1 ff. sowie eingehend m. umf. weiteren Nachw. Vor §§ 1 ff. WahrnG, Rdnr. 16.

§ 73 Ausübender Künstler

Ausübender Künstler im Sinne dieses Gesetzes ist, wer ein Werk oder eine Ausdrucksform der Volkskunst aufführt, singt, spielt oder auf eine andere Weise darbietet oder an einer solchen Darbietung künstlerisch mitwirkt.

Schrifttum: S. zunächst die Schrifttumsnachweise vor §§ 73 ff. *Andresen,* Orchester aus dem Chip – Musik ohne Musiker?, ZUM 1985, 38; *ders.,* Leistungsschutz für Tonmeister?, ZUM 1986, 335; *Dünnwald,* Zum Begriff des ausübenden Künstlers, UFITA 52 (1969) 49; *ders.,* Inhalt und Grenzen des künstlerischen Leistungsschutzes, UFITA 65 (1972) 99; *ders.,* Ist der Regisseur Urheber oder ausübender Künstler?, Das Orchester 1977, 329; *ders.,* Die künstlerische Darbietung als geschützte Leistung, UFITA 84 (1979) 1; *ders.,* Der Quizmaster ein Interpret – Leistungsschutz „im unteren Bereich", Das Orchester 1981, 737; *ders.,* Leistungsschutz „im unteren Bereich" oder überdehnter Leistungsschutz. Fs. für Roeber, 1982, S. 73; *ders.,* Das Leistungsschutzrecht des ausübenden Künstlers in der neueren Rechtsprechung des BGH, FuR 1984, 615; *Dünnwald/Gerlach,* Schutz des ausübenden Künstlers, zit. als Dünnwald/Gerlach; *Ekrutt,* Der Rechtsschutz der ausübenden Künstler, GRUR 1976, 193; *Ernst,* Urheberrecht und Leistungsschutz im Tonstudio, Baden-Baden 1995; *Gentz,* Der künstlerische Leistungsschutz, GRUR 1974, 328; *v. d. Groeben,* Darbietung und Einwilligung des ausübenden Künstlers, Fs. für Reichardt, 1990, S. 39; *Grunert,* Götterdämmerung, Iphigenie und die amputierte Czárdásfürstin – Urteile zum Urheberrecht des Theaterregisseurs und die Folgen für die Verwertung seiner Leistung, ZUM 2001, 210; *Haltem,* Musik (und Recht) heute – Eine rhapsodische Collage, in: Epping u. a. (Hrsg.), Festschrift für K. Ipsen, München 2000, 651 (zit.: *Haltem* Fs. K. Ipsen); *Hertin,* Zum Künstlerbegriff des Urhebergesetzes und des Rom-Abkommens, UFITA 81 (1978) 39; *ders.,* Sounds von der Datenbank – Eine Erwiderung auf *Hoeren* GRUR 1989, 11 ff. – GRUR 1989, 578; *Hodik,* Der Begriff „ausübende Künstler" im österreichischen Urheberrecht, ÖBl. 1990, 49; *Hubmann,* Zum Leistungsschutzrecht der Tonmeister, GRUR 1984, 620; *Hoeren,* Sounds von der Datenbank – zum Schutz des Tonträgerherstellers gegen Sampling, Fs. Hertin, 2000, S. 113 ff.; *Nordemann,* Das Leistungsschutzrecht des Tonmeisters, GRUR 1980, 568; *Nordmann,* Rechtsschutz von Folkloreformen, 2001; *Obergfell,* Tanz als Gegenwartskunstform im 21. Jahrhundert, ZUM 2005, 621; *Peukert,* Die Leistungsschutzrechte des ausübenden Künstlers nach dem Tode, 1999; *ders.,* Leistungsschutzrecht des ausübenden Künstlers de lege lata und die postmortale Rechtslage, UFITA 137 (1999), 83; *Schlemm,* Zum Leistungsschutzrecht der Musiktonmeister, UFITA 105 (1987), 17; *Reupert,* Der Film im Urheberrecht – Neue Perspektiven nach hundert Jahren Film, UFITA-Schriftenreihe Bd. 134, Baden-Baden (1995); *Schorn,* Sounds von der Datenbank, GRUR 1989, 579; *Schulze,* Urheber- und leistungsschutzrechtliche Fragen virtueller Figuren, ZUM 1997, 77 ff.; *Seelig,* Der Schutz von Sprechleistungen im Rundfunk, 1997 u. in UFITA 133 (1997) 53; *Tenschert,* Ist der Sound urheberrechtlich schützbar?, ZUM 1987, 612; *Wild/Salagean,* Das Zusammenfallen von Werkschöpfung und Werkdarbietung im deutschen und schweizerischen Urheberrecht, ZUM 2008, 580 ff.

Übersicht

	Rdnr.
A. Allgemeines	1–9
I. Bedeutung des § 73	1–4
1. als Legaldefinition in der Neufassung	1, 2
2. als Voraussetzung für die Anwendung der §§ 74 ff.	3
3. in der Praxis	4
II. Entstehungsgeschichte des § 73	5–7
1. Abkehr von § 2 Abs. 2 LUG	5, 6
2. Einfluss von Art. 3 a RA und Art. 2 a WPPT	7
III. Normzweck des § 73	8, 9
B. Einzelerläuterungen	10–41
I. Erfordernis der Darbietung eines Werkes oder einer Ausdrucksform der Volkskunst	10–14
1. Werk iSd. § 2; Ausdrucksformen der Volkskunst	10, 11
2. Ungeschützte Werke und Werkteile	12
3. Vortragbarkeit und Aufführbarkeit der in § 2 Abs. 1 genannten Werkarten	13
4. Neue Werkarten	14
II. Der Begriff der Darbietung	15–26
1. Vortrag und Aufführung iSd. § 19 Abs. 1 und Abs. 2	15
2. Das Merkmal öffentlich	16, 17
3. Das Merkmal persönlich, Abgrenzung zu Aufnahme und Sendung	18–20
4. Das Merkmal künstlerisch	21, 22
5. Nähere Bestimmung des Merkmals künstlerisch	23–26
III. Künstlerische Mitwirkung bei der Darbietung	27–35
1. Mitwirkung	27–29
2. künstlerische Mitwirkung	30, 31
3. Mitwirkung „bei" der Darbietung	32–35
IV. Konkurrenz der Rechte	36–39
V. Index (alphabetisch geordnet)	40, 41

A. Allgemeines

I. Bedeutung des § 73

1. Die **Legaldefinition** des § 73 aF knüpfte an die Begriffe Vortrag und Aufführung in § 19 Abs. 1 und Abs. 2 an, die in den §§ 74 ff. (nach wie vor) nur noch unter dem Oberbegriff „Darbietung" zusammengefasst werden (vgl. dazu 2. Auflage Rdnr. 1). Die **Neufassung** des § 73 durch Gesetz vom 10. 9. 2003 (BGBl. 2003 I 1774 ff.) **erweitert** dem gegenüber basierend auf **Art. 2 a WPPT** (dt. Fassung abgedr. in GRUR Int. 2004, 112 ff.) den Schutz der §§ 74 ff. über die Darbietung von Werken hinaus auch auf die Darbietung von **Ausdrucksformen der Volkskunst** (Folklore) und zwar unabhängig von deren Werkcharakter. Diese partielle Aufhebung der **Werk-Akzessiorietät** in den § 73 ff. war durch Art. 3 II Satz 2 WPPT geboten, weil nach Art. 3 II Satz 2 WPPT die Vertragsstaaten die Begriffsbestimmungen der Art. 2 WPPT anzuwenden haben und die Folklore auf Antrag Argentiniens in die Definitionen des Art. 2 a WPPT aufgenommen wurde (vgl. *Kloth*, S. 195: „Zugeständnis an die Entwicklungsländer"; ferner *Kreile* ZUM 1996, 565).

Der Wortlaut des § 73 ist auch im Übrigen verändert worden. Während § 73 aF lediglich die Begriffe „Aufführung" und „Vortrag" aus § 19 Abs. 1 u. 2 übernahm, ist in Anlehnung an Art. 2 a WPPT und Art. 3 lit. a des ROM-Abkommens (RA) v. 26. 10. 1961 jetzt eine Konkretisierung erfolgt („aufführt, singt, spielt oder auf eine andere Weise darbietet"). Eine inhaltliche Änderung ist damit aber nicht verbunden (ebenso *Dreier/Schulze*[3] § 73 Rdnr. 10). Auch führt die Aufnahme der Darbietungsform „interpretieren" in Art. 2 a WPPT zu keiner inhaltlichen Abweichung von der Legaldefinition des § 73, weil auch für das vorher schon geltende deutsche Recht von dem Begriff der Werkinterpretation bei der Auslegung des § 73 auszugehen war (vgl. 2. Auflage, Rdnr. 24). Es handelt sich insoweit bei der Definition in Art. 2 a WPPT allenfalls um eine Klarstellung (vgl. Begr. zu § 73 neue Fassung, BT-Drucks. 15/38, 23). Allerdings nennt § 73 zusätzlich zu Art. 3 lit. a RA diejenigen Personen, die an der Darbietung des Werkes „künstlerisch mitwirken" (Rdnr. 27–35). Dieser Zusatz bezweckt nach dem AmtlBegr. eine Abgrenzung zum technischen Personal, das nicht unter die Vorschrift fällt *(Haertel/Schiefler* S. 317). Die beispielhafte Aufzählung der Regisseure und Dirigenten als „Mitwirkende" in der Amtl-Begr. *(Haertel/Schiefler* S. 317) ist jedoch eher missverständlich, da gerade Regisseur und Dirigent die Darbietung entscheidend prägen *(Dünnwald* UFITA 52 [1969] 49/73; *ders.* UFITA 65 [1972] 99/103; *ders.,* Das Orchester 1977, 329/331; *Gentz* GRUR 1974, 328/330). Unter der Geltung des § 2 Abs. 2 LUG war streitig, ob auch Mitglieder des Bühnenensembles, des Orchesters, des Chores oder des Balletts unter die Vorschrift fallen (bejahend BGHZ 33, 20/23 f. – Figaros Hochzeit; BGHZ 33, 48/52 – Orchester Graunke; aA BOSchG Frankfurt/M Schulze SchG 1; *Baum* GRUR 1951, 372; *ders.* GRUR 1952, 556). Die jetzige Gesetzesfassung verdeutlicht insofern zusätzlich zu § 80, dass dies zu bejahen ist *(Gentz* GRUR 1974, 328/331).

3   2. § 73 hat eine **Schlüsselfunktion** für den gesamten Dritten Abschnitt des Zweiten Teils des UrhG, weil der Anwendungsbereich der §§ 74 ff. durch die Auslegung dieser Vorschrift abgesteckt wird. Wer nicht ausübender Künstler iSd. § 73 ist, kann keine der in den §§ 74 ff. gewährten Befugnisse für sich in Anspruch nehmen, gleichgültig, ob die Befugnisse persönlichkeitsbezogen, vermögensbezogen oder zugleich persönlichkeits- und vermögensbezogen iSd. monistischen Theorie (vor §§ 73 ff. Rdnr. 10) sind. Da das Gesetz für die verschiedenen in den §§ 74 ff. gewährten Rechte und Ansprüche von ein und demselben in § 73 definierten Künstlerbegriff ausgeht, liegt – insoweit ähnlich wie für den Werkbegriff in § 2 – ein einheitliches Kriterium für die Rechtsanwendung zugrunde.

4   3. **In der Praxis** sind die Prozesse um die Auslegung des § 73 vielfach wegen der Beteiligung an den Vergütungen aus den §§ 76 Abs. 2 aF, 77 aF, 84 aF iVm. § 54 Abs. 1 aF geführt worden (vgl. LG Hamburg GRUR 1976, 151 – Rundfunksprecher; BGH GRUR 1981, 419 – Quizmaster; BGH GRUR 1984, 730 – Filmregisseur; AG u. LG Hamburg ZUM 1995, 340 ff. – Moderatorentätigkeit für Musiksendungen). Diese Vergütungen haben im Rahmen des Schutzes der ausübenden Künstler heute eine erhebliche praktische Bedeutung (s. vor §§ 73 ff. Rdnr. 29), die für die Auslegung des § 73 nicht außer Betracht bleiben kann (s. Rdnr. 22, 26). Das System der Pauschalvergütungen (s. vor §§ 73 ff. Rdnr. 27) gestattet es nicht, die durch eine weite Auslegung des § 73 erfolgende Vergrößerung des Berechtigtenkreises, die automatisch eine Verringerung der Ausschüttungen an die einzelnen Berechtigten zur Folge hat, durch eine Änderung der Pauschbeträge sogleich wieder aufzufangen *(Dünnwald,* Fs. für Roeber, 1982, S. 73/82; *ders.* FuR 1984, 615; *Schack*[4] Rdnr. 602 sa. Rdnr. 26). Dies ist der praktische Hintergrund von drei Grundsatzprozessen, in denen die GVL als Beklagte jeweils für eine enge Auslegung des § 73 eingetreten ist (s. die Fälle LG Hamburg GRUR 1976, 151 – Rundfunksprecher; BGH GRUR 1981, 419 – Quizmaster; BGH GRUR 1984, 730 – Filmregisseur – m. Anm. *Schricker).*

II. Entstehungsgeschichte des § 73

5   1. **§ 2 Abs. 2 LUG** (s. dazu vor §§ 73 ff. Rdnr. 3) unterschied zwischen der durch persönlichen Vortrag bewirkten Übertragung auf einen mechanischen Wiedergabeträger (§ 2 Abs. 2 Nr. 1 LUG) und der „Übertragung durch Lochen, Stanzen, Anordnen von Stiften oder eine ähnliche Tätigkeit, die als eine künstlerische Leistung anzusehen ist" (§ 2 Abs. 2 Nr. 2 LUG). Bereits der RJM-E von 1932 sprach dagegen in § 57 Abs. 1 nur noch von „das Werk vortragenden oder an der Aufführung mitwirkenden Personen". § 73 des RefE 1954 und § 81 des MinE 1959 bezeichneten als ausübenden Künstler den „Vortragenden oder Aufführenden", ohne die sonstigen „mitwirkenden Personen" zu erwähnen. Dieser Zusatz erfolgte erst im RegE im Lichte der vier Leistungsschutz-Urteile des BGH aus dem Jahre 1960 (s. vor §§ 73 ff. Rdnr. 4) und hatte dort lediglich eine klarstellende Funktion (AmtlBegr. UFITA 45 [1965] 240/304; sa. oben Rdnr. 2).

6   Aus dieser Entstehungsgeschichte folgt, dass für die **Auslegung des § 73** nicht an die Definitionstechnik des § 2 Abs. 2 LUG angeknüpft werden kann. Durch § 2 Abs. 2 LUG wurden in erster Linie die Interessen der Tonträgerhersteller gewahrt (s. vor §§ 73 ff. Rdnr. 3). Diese Funktion hat § 73 angesichts der eigenständigen Regelung des Leistungsschutzrechts der Tonträgerhersteller in § 85 nicht (s. vor §§ 73 ff. Rdnr. 2). Selbst wenn die frühere Fassung des § 73 in ihrer sprachlichen Ausgestaltung an § 2 Abs. 2 LUG erinnerte *(Fromm/Nordemann/Hertin*[9] Rdnr. 1; *Hertin* UFITA 81 [1978] 39/41/49), so können doch wegen dieser anderen Funktion des § 73 aus § 2 Abs. 2 LUG Schlussfolgerungen weder für § 73 in seiner früheren Fassung (so aber *Hertin* UFITA 81 [1978] 39/41/49) noch in seiner jetzigen Fassung abgeleitet werden.

7   2. Aus der AmtlBegr. ergibt sich weiter, dass mit den §§ 73 ff. die **Ratifizierung des RA** ermöglicht werden sollte (s. vor §§ 73 ff. Rdnr. 1). Eine Auslegung des § 73, die hinter der Künst-

lerdefinition der Art 2 WPPT und Art. 3 lit. a RA (s. Rdnr. 2) zurückbleibt, wäre mit diesem Anliegen nicht vereinbar (insoweit zutr. *Hertin* UFITA 81 [1978] 39/49; s. auch *Dünnwald* UFITA 84 [1979] 1/17 f.). Auch in der internationalen Rechtsentwicklung, beginnend mit der Rom-Konferenz des Jahres 1928 (s. vor §§ 73 ff. Rdnr. 5), waren die Begriffe Interpret und Interpretation für die Charakterisierung von Schutzobjekt und Schutzsubjekt des Künstlerschutzes maßgebend (s. die Nachw. bei *Dünnwald* UFITA 84 [1979] 1/18 in Fn. 38); das stimmt mit der hier vertretenen Auslegung des § 73 und der Rspr. des BGH (su. Rdnr. 24) überein. Weder der Wortlaut noch der Sinn des Art. 3 lit. a RA und des Art. 2 WPPT geben Anlass, diese Linie bei der Auslegung des § 73 zu verlassen (aA *Fromm/Nordemann/Hertin*[9] Rdnr. 5; *Hertin* UFITA 81 [1978] 39/50 wie hier jetzt aber *Mestmäcker/Schulze/Hertin*, § 73 Rdnr. 23; *Fromm/Nordemann/Schaefer*[10], Rdnr. 7). Dies gilt auch in Bezug auf die jüngste internationale und nationale Entwicklung. Insbesondere kann aus dem jetzt gewährten Darbietungsschutz für Folklore (so. Rdnr. 1) nicht abgeleitet werden, dass nunmehr auch zB Leistungssportler order Karnevalisten als ausübende Künstler anzusehen sind (*Loewenheim/Vogel*[2], Hdb. UrhR, § 38 Rdnr. 41). Zwar stellt Art. 9 RA den nationalen Gesetzgebern frei, auch Darbietungen zu schützen, die keine Werkinterpretationen sind (vgl. *Lipszyk* GRUR Int. 1997, 683; *Beining* S. 27). Hiervon wurde auf der Basis von Art. 2a WPPT in § 73 nur für den Bereich der – durchaus interpretierbaren – Folklore (vgl. dazu instruktiv *Nordmann,* Rechtsschutz von Folkloreformen, 2001, S 58 ff.) Gebrauch gemacht. Der Grundsatz der **Werkakzessorietät** in § 73 im Übrigen blieb dagegen unangetastet (ebenso *Wandtke/Bullinger-Büscher*[3], § 73 Rdnr. 4; *Kloth* S. 196; *Bünte* S. 55, der allerdings auf S. 81 de lege ferenda – durchaus erwägenswert – die generelle Aufgabe des Grundsatzes der Werkakzessionität empfiehlt; aA aber *Kornmeier/Cichon,* Hdb. der Musikwirtschaft[6], S. 898).

III. Normzweck des § 73

Der Gesetzgeber hat aus der Vielfalt der bei Theater, Film, Fernsehen, Schallplatte und Hörfunk zu erbringenden Leistungen, die häufig künstlerisches Einfühlungsvermögen erfordern, (zB Souffleuse, Inspizient, Beleuchter, Dramaturg, Leiter des künstlerischen Besetzungsbüros, Ton- und Bildtechniker) durch die Legaldefinition des § 73 (s. Rdnr. 1) einen engeren Kreis **spezifischer Leistungen** herausgeschnitten; nur sie sollen dem besonderen Schutz der §§ 73 ff. unterfallen (*Dünnwald* UFITA 65 [1972] 99/100 f.). Die Besonderheiten, die diesen Leistungen anhaften, hat der BGH bereits in seinen vier Leistungsschutz-Urteilen vom 31. 5. 1960 (s. vor §§ 73 ff. Rdnr. 4) mit ihrer Vergänglichkeit und der daraus folgenden Nachfrage nach ihrer Wiederholung charakterisiert; diese Leistungen weisen ohne körperliche Festlegung „kein den Schaffensvorgang überdauerndes Leistungsergebnis" auf (BGHZ 33, 20/27 f. – Figaros Hochzeit; sa. BFH UFITA 89 [1981] 343/347). Bereits *Kohler* sprach insoweit von der „Kunst des Augenblicks" (GRUR 1909, 230). 8

Der **Zweck des § 73,** diese spezifischen Leistungen von anderen Tätigkeiten im Kulturgeschehen abzugrenzen, verlangt eine **funktionale** Betrachtung, die – ausgehend vom Darbietungsbegriff (s. Rdnr. 15 ff.) – die Schutzbedürftigkeit der jeweiligen Leistung an ihrer Ersetzbarkeit durch technische Wiedergabeformen misst (s. dazu auch vor §§ 73 ff. Rdnr. 8). Nur diejenigen Leistungen, die ihrer Art nach zur Aufnahme auf Bild- oder Tonträger oder zur Sendung geeignet sind, können funktional dem § 73 zugeordnet werden; sie sind durch Einmaligkeit in dem Sinne gekennzeichnet, dass sie von verschiedenen Personen – auch bei ähnlichem Aussehen und gleichwertigen Fähigkeiten – nicht genau gleich wiederholt werden können (*Dünnwald* UFITA 52 [1969] 49 ff./86). Maßgebend ist dabei nicht die Zugehörigkeit zu einem bestimmten Berufsstand oder zu einer bestimmten sozialen Schicht, sondern die Art der Tätigkeit, die im Einzelfall zu dem zu schützenden Leistungsergebnis – der Darbietung – führt (*Dünnwald* UFITA 52 [1969] 49 ff./68 f.; *ders.* UFITA 65 [1972] 99 ff., 108; *ders.* in Dünnwald/Gerlach, § 73 Rdnr. 5; *Peter* UFITA 36 [1962] 257/300; *Gentz* GRUR 1968, 182/183; vgl. auch BGH GRUR 2002, 961, 962 – Mischtonmeister; *Poll,* ZUM 1999, 29, 33). Wie diese Tätigkeit bezeichnet worden ist oder im Sprachgebrauch des betreffenden Kunstzweiges bezeichnet zu werden pflegt, ist für die Anwendung des § 73 demgegenüber nicht entscheidend (LG Berlin FuR 1978, 136/140 – Quizmaster). 9

§ 73

B. Einzelerläuterungen

I. Erfordernis der Darbietung eines Werkes oder einer Ausdrucksform der Volkskunst

10 1. a) Aus der Legaldefinition (s. Rdnr. 1) des § 73 folgt, dass nur die **Darbietung** eines Werkes aus dem Werkkatalog des § 2 Abs. 1 oder einer Ausdrucksform der Volkskunst geschützt ist (s. dazu schon oben Rdnr. 7). Freilich ist **nicht** erforderlich, dass dieses Werk die nach § 2 Abs. 2 erforderliche **Schöpfungshöhe** aufweist (*Dreier/Schulze*[3] Rdnr. 8 zu § 73; *Wandtke/Bullinger-Büscher*[3] Rdnr. 4, abw. 2. Auflage Rdnr. 10 und eingehend *Hoeren*, Fs. Hertin, S. 113 ff., 116 ff. und die wohl bislang hM; vgl. nur *Möhring/Nicolini/Kroitzsch*[2] § 73 Rdnr. 3). Es genügt vielmehr, dass das Werk **seiner Art nach** einem Urheberrechtsschutz zugänglich ist. Fehlt dem Werk allerdings die nach § 2 Abs. 2 erforderliche Schöpfungshöhe, dann wird häufig kein hinreichender Interpretationsspielraum verbleiben, der für die Schutzfähigkeit als Darbietung iSd. § 73 erforderlich ist (*Fromm/Nordemann/Schaefer*[10], Rdnr. 10; s. aber auch unten Rdnr. 24). Nicht unter § 73 fällt jedenfalls die nicht auf einer Choreographie oder Pantomime im urheberrechtlichen Sinne (dazu § 2 Rdnr. 130 f.) beruhende artistische Vorführung eines dressierten Elefanten, mag auch die Dressurleistung als solche noch so bewundernswert sein (LG München UFITA 54 [1969] 320 ff.). Auch Stripteasetänzerinnen und Pornodarsteller in Pornofilmen führen kein Werk auf, sondern bieten lediglich ihren Körper dar (*Dünnwald/Gerlach*, § 78 Rdnr. 20; aA teilweise – in Bezug auf etwaige Handlungsteile – *Dreier/Schulze*[3], § 73 Rdnr. 12). Dasselbe gilt für die Darbietung von Zauberkünstlern, Clowns, Akrobaten oder anderen Variétékünstlern (vgl. LG Berlin AfP 1988, 168 – Trickkünstler; OLG Köln GRUR-RR 2007, 263, 264 – Arabeske) sofern es sich bei dem Dargebotenen nicht ausnahmsweise um ein seiner Art nach dem Werkschutz zugängliches, also insbesondere die dafür erforderliche Einheitlichkeit aufweisendes Gewebe (s. dazu BGH GRUR 1981, 419 f. – Quizmaster u. BGH NJW 2003, 2828, 2829 f. – Sendeformat) handelt (s. dazu § 2 Rdnr. 130, 131). Letzteres kann – da eine vorherige Festlegung auch insoweit nicht mehr Voraussetzung für den Urheberschutz ist (s. § 2 Rdnr. 130, 131), vor allem bei Werken der Pantomime einschließlich der Werke der Tanzkunst (§ 2 Abs. 1 Nr. 3), die improvisiert aufgeführt werden, zu bejahen sein (LG München I GRUR 1979, 852/853 – Godspell). In jedem Falle aber muss die Darbietung über bloß akrobatische Leistungen hinausgehen (vgl. zu sog. kontorsionischen Darbietungen OLG Köln, GRUR-RR 2007, 263 Tz. 5). Zu weit geht es deshalb auch, wenn unabhängig von der optischen Darstellung eines Gedanken- oder Gefühlsinhalts durch Mimik und Bewegung (s. dazu LG München I GRUR 1979, 852/853 – Godspell; *Schlatter-Krüger* GRUR Int. 1985, 299/306 f.), die Eislaufkür etwa von Marika Kilius/Hans-Jürgen Bäumler, die Reitvorführungen der Spanischen Hofreitschule oder das „Todesballett von Mensch und Tier" im Rahmen eines Stierkampfes noch in den Schutzbereich der §§ 73 ff. einbezogen werden (*Samson* S. 197; *Schlatter-Krüger* GRUR Int. 1985, 299/307; *Dünnwald/Gerlach*, Schutz des ausübenden Künstlers, § 73 Rdnr. 18; *Mestmäcker/Schulze/Hertin* § 73 Rdnr. 58, *Möhring/Nicolini/Kroitzsch*[2] § 73 Rdnr. 10; sh. auch *Haars/Reimann* SpuRt 1999, 182; zu Sportlern sh. auch *Winter* ZUM 2003, 531 ff., 535; *Kirschenhofer* ZUM 2006 15 f.). Der rechtspolitisch gebotene Schutz auch derartiger Darbietungen gegen unmittelbare Leistungsübernahme (s. Rdnr. 11) darf nicht zu einer Ausdehnung des urheberrechtlichen Werkbegriffs des § 2 führen. Die Frage, wann die Darbietung eines Werkes vorliegt, ist im Rahmen des § 73 vielmehr eine Vorfrage, die ausschließlich nach den zu § 2 geltenden Maßstäben zu beurteilen ist, wobei es allerdings insoweit nach der hier vertretenen Auffassung (s. o.) auf die individuelle Gestaltungshöhe iSd. § 2 Abs. 2 **nicht** ankommt. Im Einzelnen wird daher hierzu auf die Erläuterungen zu § 2 verwiesen.

11 b) Die de lege ferenda seit langem erhobene Forderung, den Schutz der §§ 73 ff. auf künstlerische Leistungen auszudehnen, die sich nicht als Werkwiedergabe darstellen (vgl. dazu eingehend 2. Auflage Rdnr. 11), hat freilich durch die Hereinnahme des Schutzes von Darbietungen der – nicht notwendig Werkcharakter besitzenden – Ausdrucksformen der Volkskunst zusätzliche Nahrung erhalten (vgl. zB *Bünte* S. 81). Man kann mit Grund die Frage stellen, worin sich vom Normzweck der §§ 73 ff. her (s. dazu oben Rdnr. 8 f.) eine Varieté- oder Zirkusvorführung von einer Vorführung unterscheidet, die Folklore zum Gegenstand hat. Der Begriff der **Volkskunst** ,entspricht demjenigen, was man im deutschen Sprachgebrauch als Folklore bezeichnet. Die Ersetzung des in Art. 2 a WPPT verwendeten Begriffs „folklore" durch das deutsche Wort „Volkskunst" bedeutet keine Abweichung von den konventionsrechtlichen Vorgaben (*Dünnwald*,

ZUM 2004, 161, 174; *ders.* in Schutz der ausübenden Künstler, § 73 Rdnr. 21; *Mestmäcker/Schulze/ Hertin,* § 73 Rdnr. 7). Allerdings muss ich die Volkskunst bzw. Folklore in einer **"Ausdrucksform"** manifestieren. Das steht im Gegensatz zu dem – nicht in eine konkrete Form gebrachte – Gedankengut der Folklore (*Dünnwald/Gerlach,* § 73 Rdnr. 21). Wesentlich für den international umstrittenen Folklore-Begriff ist die meist mündliche, teilweise aber auch schriftliche Überlieferung des künstlerischen Erbes einer Gemeinschaft von Generation zu Generation, wie sie typischerweise bei **Volkserzählungen, Volksgedichten, Volksmärchen, Volksmusik** und **Volkstänzen** anzutreffen ist (vgl. eingehend *Nordmann,* Rechtsschutz von Folkloreformen, S. 58 ff., S. 158). Da es sich um eine über mehrere Generationen bewahrte Tradition handeln muss, die einem bestimmten Urheber nicht (mehr) zugeordnet werden kann und die nach allgemeiner Anschauung eine kulturelle Eigentümlichkeit einer bestimmten Region, Landsmannschaft oder Zunft darstellt (*Beining,* S. 24 ff.; *Kloth,* S. 194 ff.; *Jaeger,* S. 140), kommen kurzzeitige Modeerscheinungen, wie zB der Umzug "Love Parade" nicht in Betracht (*Mestmäcker/Schulze/Hertin,* § 73 Rdnr. 13). Auch Zirkus und Varieté gehören nicht zur Folklore (*Dünnwald/Gerlach,* § 73 Rdnr. 21). Große historische Imitationsumzüge, wie zB die Landshuter Hochzeit, aber auch die "klassischen" Karnevals- und Fastnachtsumzüge zB in Basel, Köln und Mainz, können dagegen Ausdrucksformen der Volkskunst sein, ebenso Passionsspiele, wie das Donaueschinger Passionsspiel oder das Halberstädter Adamsspiel (*Mestmäcker/Schulze/Hertin,* § 73 Rdnr. 16). Häufig wird es sich bei den in Betracht kommenden Erscheinungsformen um urheberrechtsschutzfähige Werke handeln, auch wenn deren Urheber nicht (mehr) feststellbar ist. Das ist zB bei Volksliedern und Volksmusik überwiegend der Fall (*Dünnwald/Gerlach,* Schutz der ausübenden Künstler, § 73 Rdnr. 21; *Mestmäcker/Schulze/Hertin,* § 73 Rdnr. 18). Ob es sich begrifflich um Volkskunst handelt, bedarf dann keiner Prüfung mehr (*Mestmäcker/Schulze/Hertin,* § 73 Rdnr. 18). Die Einbeziehung der Ausdrucksformen der Volkskunst in die Neuregelung des § 73 gilt für alle Darbietungen, deren Schutzfrist (§§ 76, 82) am Tag des Inkrafttretens der Neuregelung (13. 9. 2003) noch nicht abgelaufen war. Die Auffassung, der Schutz gelte nur für Darbietungen, die ab Inkrafttreten erfolgt sind (*Dreier/Schulze*[3], § 73 Rdnr. 9), ist mit dem WPPT 1996 nicht vereinbar (vgl. im Einzelnen *Dünnwald/Gerlach,* § 73 Rdnr. 21 aE).

Die Neuregelung wirft de lege ferenda die Frage auf, ob es angebracht ist, nicht auch im **11a** Übrigen von dem alten Dogma der Werk-Akzessiorität im Interpretenrecht Abschied zu nehmen, also von der Schutzfunktion der §§ 73 ff. her den Schwerpunkt von der Interpretation eines Werkes auf die Art und Weise der künstlerischen Darbietung zu verlagern (so vor allem *Bünte* S. 80 f. mit sehr lesenswerter Gedankenführung; vgl. auch *Kornmeier/Cichon,* Hdb. der Musikwirtschaft[6], S. 898). Dies ist eine Forderung, die in anderem Zusammenhang – nämlich dem Bereich der Digital-, insbesondere Sample-Technik – ebenfalls bereits erhoben wurde (s. unten Rdnr. 12).

Die Beantwortung dieser Frage hängt letztlich mit dem Problem der Wahrnehmungs- und Verteilungspraxis der GVL zusammen, die sich immer neu stellt, wenn der Kreis der durch die §§ 73 geschützten "Interpreten" ausgeweitet wird (s. dazu schon Rdnr. 4). Solange dieses Problem nicht gelöst ist, erscheint es vielleicht besser, die Betroffenen auf das allgemeine Persönlichkeitsrecht und das Wettbewerbsrecht zu verweisen (vgl. dazu Vor §§ 73 ff., Rdnr. 22).

2. Es ist nicht Voraussetzung, dass das der Darbietung zugrunde liegende Werk im Geltungs- **12** reich des UrhG Schutz genießt, auch die Darbietung **gemeinfreier Werke** und solcher **ausländischer** Urheber, die im Inland nicht geschützt sind, fällt unter die §§ 73 ff. (allgM, s. AmtlBegr. *Haertel/Schiefler* S. 317, aA aber wohl *Hoeren,* Fs. Hertin, S. 113 ff., 116 f.). Das entspricht der früheren Rechtslage zu § 2 Abs. 2 LUG (*Voigtländer/Elster/Kleine*[4] § 2 LUG Anm. 3 g) ebenso wie der Rechtslage nach Art. 3 lit. a WPPT (*Nordemann/Vinck/Hertin/Meyer,* RA Art. 3 Rdnr. 1) und Art. 2 lit. a WPPT (*Kloth* S. 195); es zeigt sich hier, dass – entgegen einer früher in Frankreich vertretenen Auffassung – die Leistungsschutzrechte der ausübenden Künstler nicht vom Urheberrecht abgeleitete Rechte ("droits dérivés"), sondern originäre Rechte sind (*Ulmer* Rechtsschutz S. 23; *Flechsig* S. 43; sa. vor §§ 73 ff. Rdnr. 16). Schutzgegenstand ist nicht das dargebotene Werk, sondern die Darbietung (*v. Gamm* Rdnr. 4; *Ulmer* Rechtsschutz S. 23; *ders.* Urhebervertragsrecht Rdnr. 75; *Flechsig* S. 30); es kommt daher auch nicht darauf an, ob gerade derjenige Teil des Werkes, den der ausübende Künstler darbietet, die Schutzfähigkeit des Werkes begründet. Denn der Darbietung muss nach der hier jetzt (abw. 2. Auflage, Rdnr. 10) vertretenen Auffassung (s. Rdnr. 10) ohnehin kein Werk zugrunde liegen, welches im Einzelfall die erforderliche Schöpfungshöhe iSd. § 2 Abs. 2 aufweist, sondern es genügt, wenn das dargebotene Werk **seiner Art nach** ein Werk iSd. § 2 Abs. 1 ist, insbesondere also eine hinreichend konkrete, in sich geschlosse-

§ 73

ne Gestalt angenommen hat, um als solches im Falle der erforderlichen Schöpfungshöhe Urheberschutz zu genießen (s. oben Rdnr. 10). Die Gegenmeinung, die auf den Grundsatz der Werkakzessiorität abhebt und deshalb verlangt, dass gerade der dargebotene Werkteil urheberrechtsschutzfähig ist (*Schack* JZ 1998, 754; *Müller* ZUM 1999, 557; *Weßling* S. 149 f.; *Hertin* GRUR 1989, 581; *Hoeren,* Fs. Hertin, S. 113 ff., 117) berücksichtigt nicht hinreichend den Schutzzweck der §§ 73 ff. (s. oben Rdnr. 8 f.) und die dadurch erforderlich werdende Differenzierung zwischen dem Werkcharakter als solchem und seiner für einen Urheberschutz vorauszusetzenden hinreichenden Individualität (wie hier *Dreier/Schulze*[3] Rdnr. 8; *Möhring/Nicolini/Kroitzsch*[2] § 73 Rdnr. 3; *Tenschert* ZUM 1987, 621; *Schorn* GRUR 1989, 579; *Spieß* ZUM 1991, 530; *Schwenzer* ZUM 1996, 584; *Bortloff* S. 110; *ders.* ZUM 1993, 476, 477; *von Lewinski* in Schricker (Hrsg.), Informationsgesellschaft, S. 229; *Kornmeier/Cichon,* Hdb. der Musikwirtschaft[6], S. 898; *Münker,* Digital Sampling, S. 194; *Rüll* S. 127). Fehlt es allerdings – wie regelmäßig bei einer Zusammenfügung von Reportagen, Interviews oder der Aneinanderreihung verschiedener Programmpunkte in einer Unterhaltungssendung – an einem einheitlichen Werk iSd. § 2, so muss jeder einzelnen Darbietung im konkreten Fall ein Werk zugrunde liegen (BGH GRUR 1981, 419/420 – Quizmaster; *Dünnwald* Das Orchester 1981, 737 ff./741 f.; *ders.* FuR 1984, 615/616 f.; *Wandtke/Bullinger-Büscher*[3] § 73 Rdnr. 4). Anders als bei einem Drama, einer Oper, einem Spielfilm, einem Fernseh- oder Hörspiel genügt daher bei einer Quizsendung nicht jede noch so kurze Mitwirkung an einer x-beliebigen Stelle des Geschehens (*Dünnwald,* Das Orchester 1981, 737 ff./741; *ders.* FuR 1984, 615/616 f.). Die Frage, unter welchen Voraussetzungen der Darbietungsschutz gewährt wird, ist insoweit auch durch die **Digitaltechnik** in jüngerer Zeit in Bewegung geraten. Teilweise wird befürwortet, den Schutz von der Darbietung eines **Werkes** schwerpunktmäßig auf die Art und Weise der künstlerischen Darbietung zu verlagern, weil die moderne **Sampling-Technik** ein Umdenken erfordere (vgl. zB *Kornmeier* in Hdb. der Musikwirtschaft[6] S. 864 ff., 867). Dabei wird erwogen, angesichts des insoweit eindeutigen Wortlauts des § 73 durch eine **Gesetzesänderung** auch Darbietungen von Werkelementen in den §§ 73 ff. unter Schutz zu stellen (*v. Lewinski* in *Schricker* (Hrsg.), Informationsgesellschaft, S. 229, 285). Ob bereits de lege lata ein Leistungsschutz für künstlich geschaffene virtuelle Figuren anerkannt werden kann, erscheint indessen fraglich (weitgehend bejahend *Schulze* ZUM 1997, 77 ff./83 ff.; vgl. auch *Lausen* ZUM 1997, 86 ff.).

13 **3.** Aus der Legaldefinition des § 73 folgt, dass **nicht alle** in § 2 Abs. 1 genannten **Werkarten** für eine Darbietung iSd. §§ 74 ff. in Betracht kommen, sondern nur diejenigen, die ihrer Art nach dargeboten (s. dazu Rdnr. 18–20) werden können. Dies sind die in § 2 Abs. 1 Nr. 1–3 genannten Sprachwerke, Werke der Musik sowie die pantomimischen Werke einschließlich der Werke der Tanzkunst (*Dünnwald* UFITA 65 [1972] 99/109; *ders.* UFITA 52 [1969] 49/69/84; *Flechsig* S. 31) und deren Bearbeitung (§ 3) sowie Sammelwerke (§ 4) und auch amtliche Werke (§ 5), nicht aber Werke der bildenden Kunst (§ 2 Abs. 1 Nr. 4) mit Ausnahme bestimmter Formen der zeitgenössischen Kunst (vgl. *Mestmäcker/Schulze/Hertin* § 73 Rdnr. 6), Lichtbildwerke (§ 2 Abs. 1 Nr. 5), Filmwerke (§ 2 Abs. 1 Nr. 6) oder Darstellungen wissenschaftlicher oder technischer Art (§ 2 Abs. 1 Nr. 7). Die Werke der bildenden Kunst „interpretieren sich selbst" (*Fromm/Nordemann/Schaefer*[10], Rdnr. 13; AmtlBegr. *Haertel/Schiefler* S. 163; *Wippermann* S. 9, 22); die in § 2 Abs. 1 Nr. 5–7 genannten Werke können zwar „vorgeführt" werden iSd. § 19 Abs. 4, nicht aber einer Darbietung iSd. § 73 sein. Dies gilt auch im Rahmen einer bühnenmäßigen Darstellung für Bühnenbild, Kostüme und Masken, die bei Vorliegen der Voraussetzungen des § 2 Abs. 2 als Werke der bildenden Kunst Urheberschutz genießen (s. § 2 Rdnr. 146). **Bühnen-, Masken- und Kostümbildner** sind daher auch dann, wenn ihre Leistungen als „künstlerisch" (s. dazu Rdnr. 23 ff., 30 f.) anzusehen sind, nicht ausübende Künstler iSd. § 73; denn durch ihre künstlerische Tätigkeit wird lediglich auf das äußere Erscheinungsbild der Darbietung, nicht aber auf die Darbietung selbst (iSv. Interpretation einer der in § 2 Abs. 1 Nr. 1–3 genannten Werke) ein bestimmender Einfluss ausgeübt (*Ulmer*[3] § 122 III; *ders.* Urhebervertragsrecht Rdnr. 75; *Dünnwald* UFITA 65 [1972] 99/109; *ders.* UFITA 52 [1969] 49/84; *Schack*[4] Rdnr. 601; *Wandtke* ZUM 1993, 163 ff./165; aA *D. Reimer* Anm. GRUR 1974, 674; *Boden* GRUR 1968, 537/538; *Neumann* Anm. zu Schulze BGHZ 209 – Celestina; *Flechsig* S. 44 f., *Rehbinder*[15] § 59 III 1). Der BGH hat diese grundsätzliche Frage im Celestina-Urteil offen gelassen, weil im konkreten Fall der Maskenbildner bei der Umsetzung der Bühnenaufführung in eine Fernsehaufzeichnung nicht „künstlerisch" iSd. § 73 Halbs. 2 mitgewirkt hatte (su. Rdnr. 31), sondern sich seine Tätigkeit in einer „handwerklichen Nachvollziehung vorgegebener Formgestaltungen" erschöpfte (BGH GRUR 1974, 672 – Celestina – m. Anm. *D. Reimer*). Die Bühnen-, Kostüm- und Maskenbildner waren indessen schon im früheren Recht nicht nach § 2 Abs. 2 LUG, sondern nur im Einzelfall nach Maßgabe des KUG als Urheber geschützt (s. zum Bühnenbildner BOSchG Frankfurt/M Schulze SchG 3 m. Anm. *Neumann-Duesberg*; *Voigtländer/Elster/Kleine*[4] § 1 LUG Anm. III G 4); sie waren auch in § 80 aF nicht neben dem Dirigenten und Regisseur als ausübende Künstler genannt (*Dünnwald* UFITA 65 [1972] 99/114). Gegen ihre Einbeziehung in den Schutzbereich der §§ 73 ff. spricht der Normzweck des § 73 (Rdnr. 8 f.), da ihre Leistungen nicht von Natur aus vergänglich sind; das für das Schutzbedürfnis der Darbietungen ausübender Künstler spezifische Element (Rdnr. 9) fehlt hier (so auch *Dünnwald* UFITA 52 [1969] 49/86).

4. Da der Katalog der in § 2 Abs. 2 genannten Werkarten nicht abschließend ist (s. § 2 Rdnr. 1), muss bei **neuen Werkarten** im Rahmen des § 73 jeweils geprüft werden, ob sie einer persönlichen Darbietung iS einer Interpretation (s. Rdnr. 24–26) zugänglich sind (zum sog. Fernsehfeature s. BGH GRUR 1984, 730 ff. – Filmregisseur – m. Anm. *Schricker* und unten Rdnr. 35). So können zB die sog. Ton-Collagen, die sich bereits auf Tonträgern befinden, durch die Mitglieder eines Kabarett-Ensembles schauspielerisch interpretiert werden (OLG München Schulze OLGZ 178 – Pol(h)itparade – m. Anm. *Nordemann*). Obwohl objektiv der Umfang der Rechte und Befugnisse der ausübenden Künstler in den §§ 73 ff. erschöpfend geregelt ist (vor §§ 73 ff. Rdnr. 17), ergibt sich aus der Verweisung des § 73 auf den Werkbegriff des § 2, dass bei neuen Werkarten auch neuartige persönliche Darbietungen dem Schutz durch die §§ 73 ff. unterfallen können (*Nordemann* GRUR 1980, 568/572). Für die Abgrenzung im Einzelnen ist insoweit nach dem Schutzzweck der §§ 73 ff. die Ersetzbarkeit der persönlichen Darbietung durch technische Wiedergabeformen entscheidend (Rdnr. 9). 14

II. Der Begriff der Darbietung

1. Darbietung ist der auch in den §§ 74 ff. verwendete **zentrale Begriff (als Oberbegriff in § 73 aF für den Vortrag und die Aufführung eines Werkes)**. In den §§ 73 ff. wird weder das Merkmal „öffentlich" (su. Rdnr. 16) noch das Merkmal „persönlich" (su. Rdnr. 18) genannt, während in § 19 Abs. 1 und Abs. 2 das Merkmal „öffentlich" durchgehend und das Merkmal „persönlich" zwar bei dem Vortrag von Sprachwerken (§ 19 Abs. 1) und bei der Aufführung von Werken der Musik (§ 19 Abs. 2, 1. Alt.), nicht aber bei der bühnenmäßigen Darstellung (§ 19 Abs. 2, 2. Alt.) auftaucht (s. dazu auch *Dünnwald* UFITA 52 [1969] 49 ff./73). 15

2. a) Nach der Neufassung des § 73 folgt noch deutlicher als bisher schon aus dem Gesetzeswortlaut, dass durch die §§ 73 ff. **auch** die lediglich **mittelbare öffentliche Darbietung** geschützt ist (*Fromm/Nordemann/Schaefer*[10], Rdnr. 16). Das Merkmal „öffentlich" ist in § 19 den Begriffen Vortrag und Aufführung hinzu gesetzt, weil die private Werknutzung in unkörperlicher Form grundsätzlich frei ist (§ 15 Abs. 2). Bei den entsprechenden Rechten aus den §§ 19 Abs. 3, 19a, 20, 21, 22 und § 78 Abs. 1 wird auch für den Urheber auf die lediglich mittelbare Öffentlichkeit, die durch den Einsatz technischer Mittel begründet wird, abgestellt. Im Rahmen der §§ 73 ff. ist diese Differenzierung entbehrlich, weil dort Regelungsgegenstand von vorneherein nur die unmittelbare Leistungsübernahme durch technische Mittel ist (vor §§ 73 ff. Rdnr. 2). Der **„Studiokünstler"** fällt damit unmittelbar unter § 73, ohne dass insoweit eine Gesetzeslücke vorliegt, die erst durch Analogie geschlossen werden müsste (so aber *Dünnwald* UFITA 52 [1969] 49/63 f.; *ders.* UFITA 65 [1972] 99 ff./106; zutreffend *Gentz* GRUR 1974, 328/330; *Flechsig* S. 31; ebenso *Ulmer*[3] § 122 II; *ders.* Urhebervertragsrecht Rdnr. 74; *Freitag* S. 80 f.; *Schack*[4] Rdnr. 589; *Mestmäcker/Schulze/Hertin* § 73 Rdnr. 29, *Dünnwald* ZUM 2004, 161, 173, vgl. auch OLG Koblenz UFITA 70 [1974] 331 f. – Liebeshändel in Chioggia; nicht entschieden in BGH GRUR 1983, 22/24 – Tonmeister). Dieser Schutz besteht auch dann, wenn der ausübende Künstler ausschließlich Studiokünstler ist, also weder üblicherweise, noch auch nur hin und wieder unmittelbar vor ein Publikum tritt (*Dünnwald* UFITA 52 [1969] 49/62; aA *v. d. Groeben*, Fs. für Reichardt, 1990, S. 45 ff., der dem Studiokünstler lediglich einen vergütungsbezogenen Leistungsschutz zubilligen will). 16

b) **Begriffswesentlich** für die Darbietung ist andererseits, dass das Werk **für Dritte** (vgl. § 19 Rdnr. 5) wahrnehmbar gemacht wird (*Hubmann* GRUR 1984, 620/621). Die sog. Selbstdarbietung, bei der es nur Beteiligte und kein Auditorium gibt (Singen und Musizieren bei Jugend- oder Wandergruppen, Kirchengesang) ist keine für Dritte bestimmte Darbietung iSd. § 73 (*Loewenheim/Vogel*[2], § 38 Rdnr. 48; *Dünnwald/Gerlach*, § 73 Rdnr. 22 aE; aA *Mestmäcker/Schulze/Hertin*, § 73 Rdnr. 31; s. auch die Nachw. bei § 19 Rdnr. 15). **Proben,** die die fertige Werk- 17 wiedergabe vorbereiten, sind nur dann Darbietungen iSd. § 73, wenn sie bereits eine – unfertige – Werkinterpretation darstellen, die Gegenstand von Aufnahme, Vervielfältigung und Sendung sein kann (*Dünnwald* UFITA 52 [1969] 49/71 in Fn. 62; zu den Einstudierungskräften s. im Übrigen unten Rdnr. 31).

18 3. a) Der Begriff der Darbietung wird in § 19 Abs. 1 und Abs. 2 durch das Merkmal „**persönlich**" von den technischen Mitteln der Werkwiedergabe iSd. §§ 21, 22 abgegrenzt (s. § 19 Rdnr. 5 ff.). Da nach § 73 lediglich eine künstlerische Mitwirkung „an" der Darbietung, nicht aber nach der Darbietung (bei Aufnahme und Sendung) geschützt ist (s. Rdnr. 20), hat die Auslegung des Darbietungsbegriffs – anders als nach § 2 Abs. 2 Nr. 2 LUG (s. Rdnr. 5) – im Rahmen des § 73 entscheidungserhebliche Bedeutung (BGH GRUR 1983, 22 – Tonmeister; OLG Köln GRUR 1984, 345 – Tonmeister II; LG Köln FuR 1979, 437 – Vorinstanz zu BGH-Tonmeister; *Hubmann* GRUR 1984, 620; *Nordemann* GRUR 1980, 568; *Dünnwald* UFITA 52 [1969] 49/78; *ders.* UFITA 65 [1972] 99/104; *ders.* UFITA 84 [1979] 1/5 f.; *Gentz* GRUR 1974, 328/331).

19 b) Der BGH hat - allerdings zu § 73 aF – lediglich die unmittelbare, im Moment der Klangerzeugung durch Instrumente und Stimmen wahrnehmbare Klangdarbietung als **Aufführung** iSd. § 19 Abs. 2 angesehen (BGH GRUR 1983, 22/25 – Tonmeister; kritisch hierzu *Hubmann* GRUR 1984, 620 ff.). Das OLG Köln hat dagegen darauf abgestellt, was beim Zuhörer im Veranstaltungsraum als das „Live-Erlebnis" der Aufführung „ankommt" (OLG Köln GRUR 1984, 345 – Tonmeister II). Nach richtiger Auffassung gehören zur Darbietung im Rechtssinne jedenfalls auch die Mittel zur Klanggestaltung und Klangverstärkung, die auf dem Weg vom Sänger oder Instrumentalisten zum Zuhörer im Veranstaltungsraum durch Mikrophone, Lautsprecher, Entzerrer, Filter, Hall-Einrichtungen, etc. eingesetzt werden (s. § 19 Rdnr. 6). Insbesondere im Bereich der U-Musik ist heute der durch diese Mittel erzeugte „Sound" aus der Sicht der Zuhörer Bestandteil der Darbietung selbst und nicht nur technisches Mittel zur Übertragung der Darbietung (ebenso *Nordemann* GRUR 1980, 568/571, *Ullmann* GRUR 1996, 145, 146; sa. § 19 Rdnr. 6). Dasselbe gilt auch bei Studioaufnahmen, die in einzelnen Takes und damit letztlich erst am Mischpult entstehen (*Schack*[4] Rdnr. 599, *Ernst* S. 42 ff., sa. *Mestmäcker/Schulze/Hertin* § 73 Rdnr. 39, 41). Der Ton-Producer ist als der für den Sound verantwortliche Musikregisseur ausübender Künstler (*Dünnwald/Gerlach*, § 73 Rdnr. 15 u. Rdnr. 37). Das bloße digitale Remastering begründet dagegen kein eigenständiges Leistungsschutzrecht (OLG Hamburg GRUR-RR 2002, 220.

20 c) Die Tätigkeit, die nicht die Werkinterpretation als solche, sondern **lediglich** deren **Aufnahme oder Sendung** beeinflusst, gehört dagegen nicht mehr zur Darbietung im Rechtssinne (BGH GRUR 1983, 22/23 – Tonmeister; OLG Köln GRUR 1984, 345/347 – Tonmeister II; LG Köln FuR 1979, 437/439; OLG Hamburg ZUM 1995, 52 ff. – Tonmeister III; *Dünnwald* UFITA 84 [1979] 1/6; *Gentz* GRUR 1974, 328/331; *Schack*[4] Rdnr. 599; aA *Hubmann* GRUR 1984, 620/622 u. *Ernst* S. 47 f.). Auch eine analoge Anwendung des § 73 auf einen derartigen **Tonmeister**, der keinerlei Einfluss auf den „sound" einer Darbietung nimmt (wie etwa der sog. künstlerische Produzent) scheidet angesichts des Wortlauts, der Systematik und des Schutzzwecks der §§ 73 ff. aus (BGH GRUR 1983, 22/25 – Tonmeister; aA *Nordemann* GRUR 1980, 568/572; *Hubmann* GRUR 1984, 620/626; *Rehbinder*[15] § 59 III 1; vgl. auch *Schlemm* UFITA 105 [1987] 17 ff.; *Andresen* ZUM 1986, 335 ff.; *Tenschert* ZUM 1987, 612 ff./617 f. und eingehend *Ernst*, Urheberrecht und Leistungsschutz im Tonstudio, 1995, S. 31 ff.). Zwar sah § 2 Abs. 2 Nr. 2 LUG ein Bearbeiterurheberrecht auch für die künstlerische Mitwirkung bei der Übertragung eines Werkes auf mechanische Wiedergabeinstrumente vor. Hieraus können aber wegen der jetzt eigenständigen Regelung von Künstlerschutz einerseits und Leistungsschutz der Tonträgerhersteller und Sendeunternehmen andererseits (s. vor §§ 73 ff. Rdnr. 2) keine Schlussfolgerungen für die Behandlung moderner Aufnahmetechniken nach geltendem Recht abgeleitet werden (so. Rdnr. 6). Ob auch derjenige, der lediglich bei Aufnahme und Sendung künstlerisch mitwirkt, ein eigenes Leistungsschutzrecht haben soll oder ob dieser Bereich heute durch die §§ 85, 87 abschließend geregelt ist (so LG Köln FuR 1979, 437/439), muss vielmehr der Gesetzgeber entscheiden (BGH GRUR 1983, 22/25 – Tonmeister; OLG Hamburg ZUM 1995, 52 ff. – Tonmeister III). Der Deutsche Bundestag hat insoweit mit Beschluss vom 24. 5. 1985 die Bundesregierung ersucht zu prüfen, ob ein Leistungsschutzrecht zugunsten der Tonmeister einzuführen ist (s. dazu BRDrucks. 246/85, vgl. dazu auch – ablehnend – Kapitel III des „Berichts der Bundesregierung über die Auswirkungen der Urheberrechtsnovelle 1985 und Fragen des Urheber- und Leistungsschutzrechtes" – BTDrucks. 11/4929 S. 47; ferner *Wandtke*

ZUM 1991, 484/488). Diese Frage dürfte vor allem im Hinblick auf die für die Sendeanstalten tätigen Tonmeister auch vertragsrechtliche Implikationen haben.

4. Das Merkmal **„künstlerisch"** ist nach dem Gesetzeswortlaut nur in der 2. Alternative des § 73 („künstlerisch mitwirkt"), nicht dagegen in der ersten Alternative („aufführt, singt, spielt oder auf andere Weise darbietet") vorhanden. Teilweise wurde zu § 73 aF hieraus sowie aus der Entstehungsgeschichte (s. Rdnr. 5–7), dem Normzweck (s. Rdnr. 8–9) und der Definition des ausübenden Künstlers in Art. 3 lit. a RA (s. Rdnr. 2) abgeleitet, dass das Merkmal „künstlerisch" bei denjenigen, die selbst unmittelbar das Werk vortragen oder aufführen, nicht als zusätzliches Erfordernis zu prüfen ist (*Fromm/Nordemann/Hertin*[9] Rdnr. 5; *Hertin* UFITA 81 [1978] 39/48 f.; *Ekrutt* GRUR 1976, 193). Nach hM konnte dagegen schon zu § 73 aF ein derartiger Unterschied der Auslegung innerhalb des § 73 nicht gemacht werden, da bereits dem Begriff des ausübenden Künstlers das Moment des Künstlerischen wesensimmanent ist (BGH GRUR 1981, 419/420 – Quizmaster; LG Hamburg GRUR 1976, 151 – Rundfunksprecher; AG und LG Hamburg ZUM 1995, 340 ff. – Moderatorentätigkeit für Musiksendungen; *Schack*[4] Rdnr. 588; *Dünnwald* UFITA 65 [1972] 99/108; *Gentz* GRUR 1974, 328/331; *Breuer*, S. 103).

Der hM ist insbesondere nach der Neufassung des § 73 zuzustimmen. Der Wortlaut des § 73 hat sich geändert und erlaubt keinen Bezug mehr zu den in § 19 verwendeten Begriffen des Vortrags und der Aufführung (*Mestmäcker/Schulze/Hertin* § 73 Rdnr. 23; *Grünberger* Interpretenrecht 2006, S. 69). Die frühere **persönlichkeitsrechtlich orientierte Auslegung** von *Hertin* (s. Rdnr. 21), die jeden unmittelbar-persönlichen Vortrag eines Sprechers als solchen für geschützt hält, ließ schon nach § 73 aF außer acht, dass die §§ 73 ff. auch vermögensrechtliche Befugnisse gewähren, die allein mit den persönlichkeitsrechtlichen Interessen des Betroffenen nicht zu rechtfertigen sind (LG Hamburg GRUR 1976, 151/153 – Rundfunksprecher; AG und LG Hamburg ZUM 1995, 340 ff. – Moderatorentätigkeit für Musiksendungen; *Dünnwald* UFITA 84 [1979] 1/9); dies wird insbesondere bei der Beteiligung an der Geräteabgabe (§ 83 iVm. § 54 Abs. 1) deutlich (*Dünnwald* FuR 1984, 615). Etwas anderes ergibt sich auch nicht aus dem Grundsatz der konventionsfreundlichen Auslegung (*Ulmer*[3] § 11 III) im Lichte des RA. Zwar bezieht Art. 3 lit. a RA in seiner deutschen Fassung (s. Art. 33 Abs. 2 RA) auch das „Vorlesen" in den Schutz mit ein; die demgegenüber vorrangige (s. Art. 33 Abs. 1 RA) französische Fassung („... qui déclament") zeigt aber, dass dieses Argument nicht zwingend ist (sa. *Ulmer* GRUR Int. 1978, 214/215); denn auch nach deutschem Sprachgebrauch ist das schlichte Ablesen eines Manuskripts nicht als ein „Deklamieren" anzusehen (*Dünnwald* UFITA 65 [1972] 99/112). Eine zusätzliche Stütze der hM dürfte jetzt in der Formulierung des Art. 2a WPPT zu finden sein, die ausdrücklich auf den – für das deutsche Recht ohnehin im Mittelpunkt stehenden – Begriff der Interpretation abhebt (vgl. oben Rdnr. 2 und unten Rdnr. 24, so jetzt auch *Mestmäcker/Schulze/Hertin* § 73 Rdnr. 23 und Rdnr. 27; *Fromm/Nordemann/Schaefer*[10], Rdnr. 7).

5. a) § 73 definiert weder den **Begriff** des „Künstlers", noch denjenigen **des „Künstlerischen"**, sondern lediglich den des „ausübenden Künstlers" („exécutant", „performer"; s. *Movsessian* Anm. zu Schulze LGZ 146); für die danach offene Frage, was unter „künstlerisch" iSd. § 73 zu verstehen ist, kann nur bedingt auf die Judikatur und das Schrifttum in anderen Bereichen, zB Verfassungs-, Straf-, Steuer- oder Baurecht zurückgegriffen werden, da die unterschiedlichen Gesetzeszwecke zu unterschiedlichen Beurteilungsmaßstäben führen (*Dünnwald* UFITA 52 [1969] 49/66; s. aber auch *Movsessian* Anm. zu Schulze LGZ 146). Immerhin ergibt sich aber aus der verfassungsrechtlichen Kunst-Freiheitsgarantie des Art. 5 Abs. 3 S. 1 GG, dass ebenso wie beim urheberrechtlichen Werkbegriff (s. § 2 Rdnr. 18 ff.) auch im Rahmen des § 73 eine wertdifferenzierungsfreie Betrachtung ohne Rücksicht auf Inhalt, Stilrichtung oder Gestaltungshöhe zu erfolgen hat, dass also auf den „Rang" der künstlerischen Leistung oder auf die „künstlerische Reife" des Dargebotenen für den Schutz aus den §§ 73 ff. nicht abgestellt werden kann (allgM, s. BGH GRUR 1981, 419/420 – Quizmaster; *Möhring/Nicolini/Kroitzsch*[2] Rdnr. 4; *Dünnwald* UFITA 84 [1979] 1/11 f./21; *Breuer*, S. 104). Nicht zu folgen ist daher dem BFH, der – allerdings zu § 34 Abs. 4 EStG 1955 – eine „gewisse" Gestaltungshöhe vorausgesetzt und mit dieser Begründung die Tätigkeit eines Schauspielers als Sprecher von Werbetexten im Rundfunk als „nicht künstlerisch" eingestuft hat (Schulze FinG 3 m. abl. Anm. *Runge*, s. zu § 18 Abs. 1 Nr. 1 EStG jetzt auch Finanzgericht Rheinland-Pfalz, Urt. v. 2. 4. 2008 – Az. 3 K 2240/04 – BeckRS 2008, 26025095). Andererseits wäre es aber verfehlt, das Merkmal „künstlerisch" lediglich als „wertfreien Kategorisierungsbegriff" zu deuten, den man formal zu verstehen hat (s. dazu Rdnr. 26). Denn die Frage, ob überhaupt eine künstlerische Gestaltung vorliegt, ist der Frage nach deren Gestaltungshöhe vorgelagert; diese Frage kann im Rahmen des § 73 nicht offen blei-

§ 73 Ausübender Künstler

ben (s. Rdnr. 21 und hierzu eingehend mit interessantem Definitionsversuch *Bünte* S. 73 ff., 79, ihm zustimmend *Mestmäcker/Schulze/Hertin* § 73 Rdnr. 27, der primär auf den von der Persönlichkeit des Künstlers eingebrachten emotionalen und geistigen Gehalt der Leistung abstellt).

24 **b)** Die AmtlBegr. versteht unter dem ausübenden Künstler „Musiker, Sänger, Schauspieler, Tänzer und jeden anderen Werkinterpreten", knüpft also an den Begriff des **(Werk-)Interpreten** an (*Haertel/Schiefler* S. 317). Von diesem Begriff ist für die Auslegung des geltenden Rechts auszugehen (BGH GRUR 1981, 419/420 – Quizmaster; BGH GRUR 1983, 22/24 – Tonmeister; LG Hamburg GRUR 1976, 151 – Rundfunksprecher; *Möhring/Nicolini/Kroitzsch*[2] Rdnr. 2 f.; *Mestmäcker/Schulze/Hertin* § 73 Rdnr. 23; *Dünnwald* UFITA 84 [1979] 1/23; *ders.* UFITA 65 [1972] 99/108; *ders.* UFITA 52 [1969] 49/86 ff.; *Loewenheim* UFITA 79 [1977] 175/202). Der Einwand, damit verlagere sich lediglich die Abgrenzungsproblematik von der Art der Wiedergabeleistung auf die Interpretationsfähigkeit des wiedergegebenen Werkes (*Ekrutt* GRUR 1976, 193) überzeugt nicht. Auch ein Sprachwerk, das von seinem Inhalt her keine Möglichkeiten zur Interpretation bietet, wie etwa ein wissenschaftlicher oder politischer Kommentar, kann – zB im Wege kabarettistischer Verfremdung – „künstlerisch" vorgetragen und damit interpretiert werden (KG FuR 1979, 150/152 als Vorinstanz zu BGH – Quizmaster; *Flechsig* S. 30). Entscheidend ist nicht die inhaltliche Interpretationsfähigkeit des dargebotenen Werkes, sondern die Charakterisierung der geschützten Wiedergabeleistung als Interpretation (*Dünnwald,* Fs. für Roeber, 1982, S. 73/78 f.; *ders.* UFITA 84 [1979] 1/11; *Flechsig* S. 30; AG u. LG Hamburg ZUM 1995, 340 ff. – Moderatorentätigkeit für Musiksendungen; vgl. auch die Abgrenzung bei *Seelig* S. 110 ff., 152). Auch ein allein auf Informationsweitergabe abzielendes Werk, wie zB ein Fachbuch oder ein Zugfahrplan kann satirisch oder kabarettistisch verfremdet und in diesem Sinne künstlerisch vorgetragen werden (*Loewenheim/Vogel,* Hdb. des Urheberrechts, § 38 Rdnr. 54; *Mestmäcker/Schulze/Hertin,* § 73 Rdnr. 26). Deshalb ist es systematisch folgerichtig, auch die Interpretation von Werken, die keine Gestaltungshöhe bzw. „hinreichende" Individualität iS von § 2 Abs. 2 haben, in den Schutzbereich der §§ 73 ff. einzubeziehen (s. oben Rdnr. 10 und Rdnr. 12).

25 **c)** Eine Interpretation in diesem Sinne liegt vor, wenn durch die Wiedergabe ein „die Stimmung, das Empfinden, das Gefühl oder die Phantasie anregender **Sinneseindruck**" vermittelt wird (BGH GRUR 1981, 419/421 – Quizmaster). Auf die Wertschätzung oder die Beliebtheit, die der Vortragende bei dem Publikum genießt, kommt es dabei aus den oben Rdnr. 23 genannten Gründen nicht an (BGH GRUR 1981, 419/421 – Quizmaster; aA die Vorinstanz KG FuR 1979, 150/153). Auch ist die **Zweckbestimmung** der Darbietung **unerheblich,** so dass eine Darbietung zu rein kommerziellen Zwecken (Werbefunk) ebenfalls „künstlerisch" iSd. § 73 sein kann (so auch – zu § 34 Abs. 4 EStG 1955 – in der Begründung BFH Schulze FinG 3 mit insoweit zust. Anm. *Runge; Flechsig* S. 28). Ähnlich wie im Urheberrecht die sog. **kleine Münze** anerkannt ist (s. § 2 Rdnr. 39–41), gibt es im Rahmen der §§ 73 ff. einen „unteren Bereich" der Werkinterpretation, in dem an die Schutzwürdigkeit der Leistung nur geringe Anforderungen gestellt werden. Zwar muss in der Darbietung ein „künstlerischer Eigenwert" zutage treten; dieser kann sich aber bereits aus der „inneren Anteilnahme des Sprechenden bei abgestufter Lebhaftigkeit seines Vortrags und dadurch bedingter besonderer Ausstrahlung" ergeben (BGH GRUR 1981, 419/421 – Quizmaster – m. insoweit abl. Anm. *Platho* FuR 1982, 221; aA *Dünnwald,* Fs. für Roeber, 1982, S. 73/80 f.; *ders., Das Orchester* 1981, 737/743; *ders.* UFITA 84 [1979] 1/16 f./23 f.; *ders.* in Dünnwald/Gerlach, Schutz der ausübenden Künstler, § 73 Rdnr. 26 f.). Der Unterschied zu der Auffassung, die jeden persönlichen Vortrag eines Werkes iSd. § 19 Abs. 1 als eine Darbietung iSd. §§ 73 ff. ansieht (s. Rdnr. 21), ist danach zwar nur gering, aber doch vorhanden. Es wird wenigstens ein Minimum an eigenpersönlicher Ausprägung verlangt, das bei der schlichten Übermittlung von Sachinformationen noch nicht erreicht ist (LG Hamburg GRUR 1976, 151/153 – Rundfunksprecher; *Mestmäcker/Schulze/Hertin* § 73 Rdnr. 23, 27, *Wandtke/Bullinger-Büscher*[3] § 73 Rdnr. 7; *Fromm/Nordemann/Schaefer*[10], Rdnr. 7; *Ulmer*[3] § 122 II; *ders.* Urheberpvertragsrecht Rdnr. 74; *ders.* GRUR Int. 1978, 214/215; *Schack*[4] Rdnr. 588; unklar *Flechsig* S. 27 einerseits und S. 28 f. andererseits).

26 Teils weiter, teils enger ist demgegenüber die **Formthese Dünnwalds,** die allein darauf abstellt, ob bei der Wiedergabe ein „Rollen- oder Identitätswechsel" des Vortragenden stattfindet (*Dünnwald,* Fs. für Roeber, 1982, S. 73/80 f.; *ders., Das Orchester* 1981, 737 ff.; *ders.* UFITA 84 [1979] 1/15 f./23 f.; *ders.* FuR 1984, 615/618 f. und eingehend jetzt in *Dünnwald/Gerlach,* § 73 Rdnr. 26; ihm folgend LG Berlin FuR 1978, 136 als Vorinstanz zu BGH GRUR 1981, 419 – Quizmaster vgl. auch *Schack*[4] Rdnr. 588, *Freitag* S. 79). Es erscheint indessen nicht gerechtfertigt, zB den Autor bei einer Dichterlesung ungeachtet der eigenpersönlichen Ausprägung seines

Vortrages nur wegen dieses formalen Kriteriums ungeschützt zu lassen (so aber noch *Dünnwald* UFITA 65 [1972] 99/110; anders jetzt ders. in Dünnwald/Gerlach, Schutz der ausübenden Künstler, § 73 Rdnr. 26: Der Autor schlüpfe bei der Dichterlesung in die Rolle des Erzählers oder einer seiner Romanfiguren). Die Formthese Dünnwalds (in den Vorauf. unzutreffend als Formalthese bezeichnet) würde außerdem dazu führen, dass in Abweichung von BGH GRUR 1981, 419, 421 – Quizmaster der gesamte Bereich des sog. Infotainment aus dem Schutzbereich der §§ 73 ff. herausfallen und auch zB ein im Rahmen eines Werbespots eingesetzter bekannter Berufssportler unabhängig von der Eigenart seines Auftritts nicht durch die §§ 73 ff. geschützt würde (hiergegen auch *Mestmäcker/Schulze/Hertin*, § 73 Rdnr. 24; *Bünte*, S. 73; speziell für Sprechleistungen *Seelig*, UFITA 133 (1997), S. 53, 87).

III. Künstlerische Mitwirkung an der Darbietung

1. a) Mitwirkung bedeutet eine **Einflussnahme auf die Werkinterpretation** (s. Rdnr. 24–26), nicht nur auf das äußere Erscheinungsbild der Darbietung (s. Rdnr. 13). Es handelt sich zumeist (s. aber unten Rdnr. 28–29) um in der Werkauslegung wurzelnde Hinweise, Anweisungen oder Belehrungen an die das Werk unmittelbar darbietenden Personen (*Dünnwald*, Fs. für Roeber, 1982, S. 73/74). Ein bestimmter Umfang oder eine bestimmte Intensität der Mitwirkung wird dabei nicht verlangt (allgM; vgl. nur BGH GRUR 1974, 672 – Celestina; aA wohl *Dünnwald* UFITA 65 [1972] 99/103). Es genügt vielmehr auch eine nur geringe Einflussnahme, sofern sie für die Werkinterpretation als solche mitbestimmend bleibt (BGH GRUR 1981, 419/420 – Quizmaster; OLG Hamburg GRUR 1976, 708 – Staatstheater; *Nordemann* GRUR 1980, 568/571; aA wohl LG Köln FuR 1979, 437/440 ff. als Vorinstanz zu BGH GRUR 1983, 22 – Tonmeister). 27

b) Nach dem vom BGH zu § 73 aF zugrunde gelegten engen Darbietungsbegriff (s. oben Rdnr. 19) ist die **nachträgliche Beeinflussung** des vom Sänger oder Instrumentalisten bereits erzeugten Klangbildes auch dann keine Mitwirkung iSd. § 73, wenn sie im Zuhörer- oder Zuschauerraum das Live-Erlebnis der Aufführung mitbestimmt (BGH GRUR 1983, 22/25 – Tonmeister). Dieses obiter dictum des BGH erscheint insbesondere nach der Neufassung des § 73 („an" statt „bei") überprüfungsbedürftig. Richtig ist zwar, dass bei einer solchen Einflussnahme keine Einwirkung auf die unmittelbar das Werk vortragenden oder aufführenden Personen erfolgt, aus der Sicht der Zuhörer ist aber dasjenige Darbietung, was ihnen zu Gehör gebracht wird (so. Rdnr. 17–19). Deshalb kann auch die Klangverfremdung durch einen **Tonregisseur** Mitwirkung iSd. § 73 sein, sofern dessen Tätigkeit sich auf die Werkinterpretation so, wie sie den Live-Zuhörer im Zuschauerraum erreicht, auswirkt (OLG Hamburg GRUR 1976, 708 – Staatstheater; zust. *Hertin* UFITA 81 [1978] 39/46 f.; *Schack*[4] Rdnr. 599; *Ernst* S. 42 ff.; ebenso schon – noch zum LUG – *Gentz* UFITA 34 [1961] 9/15). Selbst bei unmittelbarer Einwirkung auf das Spiel der Musiker liegt andererseits eine Mitwirkung iSd. § 73 nicht vor, wenn diese Einwirkung erhebliche Bedeutung für das Live-Erlebnis der Aufführung, sondern lediglich für das – technische und nicht künstlerische – (zu letzterem so Rdnr. 19 aE) – Klangergebnis auf einem Tonträger hat (OLG Köln GRUR 1984, 345/347 – Tonmeister II; OLG Hamburg, ZUM 1995, 52, 53 – Tonmeister III). Diese Abgrenzung ist zwar subtil, entspricht aber dem Schutzzweck des § 73 (so. Rdnr. 8 f. und *Fromm/Nordemann/Schaefer*[10], Rdnr. 22; aA *Hubmann* GRUR 1984, 620/625; *Nordemann* GRUR 1980, 568/582; *Rehbinder*[15] 59 III 2). 28

c) Die konkrete und die **elektronische Musik** kennt keine Aufführung und Wiedergabe im traditionellen Sinne, da der Komponist selbst Lautstärke, Tempi, etc. auf der Bandaufnahme (als abspielfähiges Urband) festlegt (*Weissthanner*, Urheberrechtliche Probleme Neuer Musik, 1974, S. 14; *Davies/v. Rauscher auf Weeg* S. 25). Insbesondere bei der sog. Zufallsmusik werden die Grenzen zwischen Werkschöpfung und Interpretation fließend (*Girth,* Das Orchester 1978, 371/372; *Hirsch Ballin* UFITA 50 [1967] 843). An die Stelle der Partitur tritt das Tonband oder der Lochstreifen, der die erste Festlegung der „Komposition" darstellt (*Weissthanner* S. 14). Weitgehend verdrängt werden die Instrumentalmusiker – vor allem im Bereich der U-Musik – durch die Musikcomputer, die jede gewünschte Klangzusammenstellung auf Abruf bereithalten (*Ulmer*[3] § 20 I 3; *Weissthanner* S. 19 ff.; *Andresen* ZUM 1985, 38 ff.). Beim sog. Sound-Sampling kann das gesampelte Klangobjekt jederzeit über die mit dem Computer verbundene Klaviatur abgerufen und in jeder beliebigen Tonhöhe hörbar gemacht werden. Der Sampler digitalisiert und speichert den gewünschten Klang auf einer Sound-Datenbank (vgl. dazu *Spieß* ZUM 1991, 524 ff.; 29

§ 73

Hoeren GRUR 1989, 11 ff.; *ders.* GRUR 1989, 580 f.; *Tenschert* ZUM 1987, 612 ff.; *Hertin* GRUR 1989, 578 ff.; *Schorn* GRUR 1989, 579 f.). Obwohl damit eine Interpretation iSd. § 73 zumeist entfällt (*Ulmer*[3] § 23 I 2), ist für sie doch Raum, wenn durch eine individuelle Aussteuerung zB der Bandaufzeichnung, die bestimmten Variablen unterworfen sein kann, im Zuhörerraum nicht vorbestimmte Klangeffekte erzielt werden (*Weissthanner* aaO S. 15). Der Tonregisseur kann bei solcher Fallgestaltung das Mischpult nach Art eines Musikinstruments mit entsprechendem interpretatorischen Spielraum bedienen (OLG Hamburg GRUR 1976, 708 – Staatstheater; zust. *Hertin* UFITA 81 [1978] 39/44 ff.; *Schack*[4] Rdnr. 599; sa. *Gentz* UFITA 34 [1961] 9 ff.). Ob Klangeffekte (iS einer Werkinterpretation) mit Hilfe eines herkömmlichen Musikinstruments oder mit Hilfe moderner elektronischer Geräte erzielt werden, ist für das schutzwürdige Leistungsergebnis im Lichte des Normzwecks des § 73 (s. Rdnr. 8 f.) unerheblich (aA wohl *Dünnwald* UFITA 52 [1969] 49/78 f.).

30   2. Nicht jede Mitwirkung, sondern nur die künstlerische Mitwirkung fällt unter § 73. Die nach der AmtlBegr. hierdurch bezweckte **Abgrenzung zum technischen Personal** (so. Rdnr. 2) bedeutet zunächst, dass alle nur für den äußeren Ablauf der Darbietung erforderlichen Tätigkeiten, mögen sie auch künstlerisches Einfühlungsvermögen voraussetzen, als typische Veranstalterleistungen (s. § 81) aus dem Anwendungsbereich des § 73 ausscheiden (*Fromm/Nordemann/Schaefer*[10] Rdnr. 21 u. 23; *Dünnwald* UFITA 52 [1969] 49/70/77 f.). Das gilt zB für den **Inspizienten,** der die Auftritte der Bühnendarsteller überwacht, für den **Souffleur,** der den Text vorsagt, den **Orchesterwart** und den **Requisiteur** sowie die Bühnenarbeiter, die dafür sorgen, dass für die Vorstellung alles am richtigen Platz ist (*Dünnwald* UFITA 52 [1969] 49/78).

31   Andererseits kann aber **auch eine technisch bedingte Tätigkeit** künstlerischer Natur sein (*Hubmann* GRUR 1984, 620/622). Maßgebend ist nicht die Art des eingesetzten Mittels, sondern die Einflussnahme auf die Werkinterpretation (so. Rdnr. 29); sie setzt bei dem Mitwirkenden zwar nicht die letzte Entscheidung über das „wie" der Darbietung voraus (so. Rdnr. 27), wohl aber ein Minimum an eigenem gestalterischen Spielraum (s. auch oben Rdnr. 25). Der **Toningenieur,** der lediglich durch fachgerechten Einsatz technischer Hilfsmittel vollständig vorbestimmte akustische Effekte erzielt, ist daher – anders als uU der Tonregisseur (so. Rdnr. 28 f.) oder der **Tonmeister** (so. Rdnr. 19) niemals ausübender Künstler iSd. § 73 (OLG Saarbrücken UFITA 84 [1979] 225 ff. – Toningenieur; so auch schon BGHZ 33, 1/17 – Künstlerlizenz Schallplatten). Dasselbe gilt für den **Maskenbildner,** wenn er eine ihm vorgegebene Formgestaltung lediglich handwerklich umsetzt (BGH GRUR 1974, 672/674 – Celestina – m. Anm. *D. Reimer; Fromm/Nordemann/Schaefer*[10], Rdnr. 32; hierzu sowie zum **Bühnen-** und **Kostümbildner** s. im Übrigen oben Rdnr. 13). Der **Ballettmeister** wirkt zwar auf die Tänzer ein, seine Mitwirkung ist aber nur künstlerisch, wenn sie sich nicht in der bloßen Einstudierung und Überwachung der durch den Choreographen bereits vollständig vorbestimmten Schritte und Figuren erschöpft (*Dünnwald* UFITA 52 [1969] 49/83 f.). Das ist der Fall, wenn er als **Tanzregisseur** die Choreographie durch gestalterische Anweisungen in Aktion umsetzt (*Dünnwald/Gerlach*, § 73 Rdnr. 33; *Mestmäcker/Schulze/Hertin*, § 73 Rdnr. 43; s. aber auch *Schack*[4] Rdnr. 600). Etwas anderes gilt für die **Einstudierungskräfte,** wie Korrepetitoren, Gesangslehrer, Chordirektoren oder Lehrer an Schauspielschulen, die im Regelfall lediglich die technischen Fertigkeiten und Kenntnisse der Werkinterpreten, die Voraussetzung für die Werkinterpretation sind, fördern, nicht aber deren Werkinterpretation selbst beeinflussen (*Dünnwald* UFITA 52 [1969] 49/77; *ders.* UFITA 65 [1972] 99/103 f.; *Mestmäcker/Schulze/Hertin*, § 73 Rdnr. 44 f.; *Dünnwald/Gerlach*, § 73 Rdnr. 34). Der **Abendspielleiter,** der lediglich die Einhaltung des Regie-Konzepts überwacht und erforderlichenfalls eine kurze Einweisung von Gastkünstlern übernimmt, fällt nicht unter § 73 (*Dünnwald* UFITA 52 [1969] 49/75 in Fn. 70). Der **Regieassistent** ist künstlerisch Mitwirkender iSd. § 73, wenn er einzelne Szenen, die nicht von völlig untergeordneter Bedeutung sind, selbstständig gestaltet (so *Dünnwald* UFITA 52 [1969] 49/77 in Fn. 73) oder jedenfalls in bestimmender Weise (s. Rdnr. 27) mitgestaltet. Der **Beleuchter** ist auch dann nicht ausübender Künstler, wenn er durch besondere Lichteffekte das äußere Erscheinungsbild der Aufführung künstlerisch mitgestaltet, denn auf die Werkinterpretation der Sänger, Schauspieler oder Tänzer selbst nimmt er keinen bestimmenden Einfluss (sa. oben Rdnr. 13, 17).

32   3. Es muss eine Mitwirkung „**an**" der Darbietung vorliegen; maßgebend hierfür ist aber nicht ein zeitlicher (so aber *Flechsig* S. 33), sondern ein **sachlicher Zusammenhang mit der Werkinterpretation** in dem oben Rdnr. 27 f. dargelegten Sinne; dies zeigt schon die Tätigkeit des **Bühnenregisseurs,** die unzweifelhaft unter § 73 fällt (AmtlBegr. *Haertel/Schiefler* S. 317, aA *Rehbinder*[15] § 59 III 1), obwohl sie der Darbietung regelmäßig vorausgeht (BGH GRUR 1983,

22/25 – Tonmeister; *Fromm/Nordemann/Schaefer*[10], Rdnr. 20; *Schack*[4] Rdnr. 603; vgl. auch OLG München ZUM 1996, 598; *Nordemann* GRUR 1980, 568/570; *Hubmann* GRUR 1984, 620/ 621 in Fn. 9). Insofern wird der Sinn des Gesetzes durch die Formulierung „Mitwirkung an der Darbietung" in § 73 jetzt besser zum Ausdruck gebracht als durch das eher missverständliche Wörtchen „bei" in § 73 aF (s. schon *Nordemann* GRUR 1980, 568/570). Zur Abgrenzung, was im Einzelnen zur Darbietung gehört, wird auf die Erläuterungen oben Rdnr. 19 f., 28 verwiesen. Der **Aufnahmeleiter** („Schallplattenmusikregisseur") wirkt danach nicht an der Darbietung selbst, sondern erst an deren Aufnahme (Vervielfältigung oder Sendung) mit (*Dünnwald* UFITA 65 [1972] 99/104; *ders.* UFITA 84 [1979] 1/5). Gleiches gilt im Regelfall für den **Tonmeister** (so. Rdnr. 20, 28), für den **Bildregisseur** bei Live-Übertragungen im Fernsehen (*Dünnwald* UFITA 84 [1979] 1/5), den **Kameramann** und den **Cutter;** sie wirken nicht an einer Darbietung iSd. § 73, sondern bei der Herstellung von Laufbildern (§ 95) oder bei einem Filmwerk mit (*Möhring/Nicolini/Kroitzsch*[2] Rdnr. 11; *Ulmer*[3] § 122 III; teilw. abw. *v. Hartlieb*[3] Kap. 62); sie können letzterenfalls Filmurheber sein (s. vor §§ 88 ff. Rdnr. 61, 70).

Der **Filmregisseur** ist regelmäßig Filmurheber (s. vor §§ 88 ff. Rdnr. 61, 70); er ist aber au- **33** ßerdem ausübender Künstler iSd. § 73, wenn er durch die Führung der Darsteller Einfluss auf die Interpretation eines vorbestehenden Werkes (§ 89 Abs. 3) nimmt (*Dünnwald,* Fs. für Roeber, 1982, S. 73/74; *ders., Das Orchester* 1977, 329/332; *ders.* FuR 1984, 615/617; aA *Roeber* UFITA 36 [1962] 127/162; zur Konkurrenz dieser Rechte su. Rdnr. 38).

Die Frage ist **wegen § 92** in erster Linie für etwaige Vergütungsansprüche von Bedeutung **34** (§ 78 Abs. 2), da für die Rechte aus §§ 77 Abs. 1 u. 2 Satz 1, 78 Abs. 1 die Nutzungsrechtseinräumung an den Produzenten vermutet wird (§ 92 Abs. 1); werden aber zB aus einem Musikfilm die Filmsongs auf Tonträger herausgebracht, so kann der Filmregisseur in Bezug auf den von ihm interpretatorisch beeinflussten Gesangsvorträge als ausübender Künstler iSd. § 73 das Verbotsrecht aus § 77 Abs. 2 geltend machen (s. noch zu § 2 Abs. 2 LUG LG Berlin FuR 1966, 198 ff. – Dreigroschenoper; zust. *Dünnwald, Das Orchester* 1977, 329/332; *Rehbinder*[15] § 22 I 2 b). Insoweit besteht auch ein Anspruch auf Beteiligung an der Geräteabgabe gegen die GVL nach §§ 54 Abs. 1, 77 Abs. 2 S. 1, 83 (s. den Fall BGH GRUR 1981, 419 ff. – Quizmaster).

Sog. **„features"** sind gestaltete Dokumentarsendungen, die ohne Drehbuch hergestellt wer- **35** den und bei denen Werkdarbietungen von Berufsschauspielern nicht vorkommen, so dass hier jedenfalls das typische Tätigkeitsbild eines Regisseurs nicht gegeben ist (*Dünnwald* FuR 1984, 615/616). Ebenso scheidet das Kriterium der Darstellerführung bei künstlerisch gestalteten Kulturfilmen, in welchen Vorgänge der Natur oder des Tierlebens eigenschöpferisch dargestellt werden, mangels Mitwirkung von Schauspielern, die geführt werden können, aus (*Dünnwald,* Fs. für Roeber, 1982, S. 73/74). Auch ein bloßer „Regieeinfall" ist noch keine interpretierende Regieleistung (LG Berlin FuR 1978, 136/144 – Quizmaster). Die rein organisatorische Planung und technische Abwicklung von Fernsehauftritten im Rahmen einer Unterhaltungssendung ist dem Bereich der Fernsehmoderation bzw. der Aufnahmeleitung zuzurechnen, sie ist aber keine künstlerische Mitwirkung iSd. § 73 (LG Berlin FuR 1978, 136/143 – Quizmaster –, bestätigt durch KG FuR 1979, 150/155 und BGH GRUR 1981, 419/421; *Dünnwald, Das Orchester* 1977, 329/332; *ders., Das Orchester* 1981, 737/738 ff.; *ders.,* Fs. für Roeber, 1982, S. 73/75 f.). Der **Hörfunkregisseur** ist dagegen ausübender Künstler, wenn er das vom Wortautor schriftlich gelieferte Werk mit Hilfe aufführungstechnischer Hilfsmittel in eine Hörfunk-Fassung umsetzt (OLG Köln UFITA 87 [1980] 331/333 f.), zB indem er die einzelnen Sprechstimmen zur Ensembleleistung zusammenführt und für die musikalische Untermalung sorgt (LG Saarbrücken UFITA 38 [1962] 224/227 ff.; *Dünnwald, Das Orchester* 1977, 329/332). Der Hörfunkregisseur, der auf der Grundlage eines vorbestehenden Manuskripts lediglich ein Hörfunk-Feature erstellt und das Sprechen überwacht, trägt demgegenüber nicht selbst vor und führt nicht selbst auf, er wirkt auch nicht beim Vortrag oder der Aufführung künstlerisch mit (AG Hamburg, ZUM 2002, 661, 662). Entsprechendes gilt für einen **Radiomoderator,** der die selbst verfassten Texte spricht, die lediglich Informationen vornehmlich aus der Musikszene und Ansichten des Moderators vermitteln (AG Hamburg, ZUM 1995, 340 f.).

IV. Konkurrenz der Rechte

1. Die Rechte aus den §§ 73 ff. bestehen **unabhängig von den Urheberrechten** an dem **36** dargebotenen Werk (*v. Gamm* Rdnr. 4). Nutzungsrechtseinräumung und Übertragung nach Maßgabe des § 79 sind daher auch ohne die Zustimmung des Urhebers des dargebotenen Wer-

§ 73

kes wirksam (s. schon zu § 2 LUG BGH GRUR 1962, 370/373 f. – Schallplatteneinblendung – m. Anm. *Ulmer*). Es besteht lediglich eine faktische Abhängigkeit insofern, als der aus der Einwilligung oder Abtretung Berechtigte für die Verwertung auch die Zustimmung des Urhebers benötigt. Dabei hängt es von den Umständen des Einzelfalls ab, ob der aus den §§ 73 ff. Leistungsschutzberechtigte seinen Vertragspartner hierauf besonders hinweisen muss (BGH GRUR 1962, 370/375 – Schallplatteneinblendung).

37 Urheber und ausübende Künstler **in einer Person** sind diejenigen, die das Werk schöpferisch (mit)gestalten und außerdem bei dessen Vortrag oder Aufführung künstlerisch mitwirken, wie zB der Stegreifdichter oder der improvisierende Jazzpianist (LG München I ZUM 1993, 432, 434; vgl. auch den Fall LG Mannheim, ZUM 2005, 915, 917). Der Sänger hat durch seine Interpretation der Komposition als solche zwar noch keine Miturheberschaft an dem interpretierten Werk (Kammergericht GRUR-RR 2004, 129, 130), er kann aber, wenn sich seine Tätigkeit nicht in der reinen Interpretation erschöpft, zugleich Miturheber sein (LG Mannheim, ZUM 2005, 915, 917). Ebenso ist auch der improvisierende Tänzer sowohl (Mit-)Urheber als auch ausübender Künstler (*Loewenheim/Vogel*[2], Hdb. UrhR, § 38 Rdnr. 56; *Obergfell*, ZUM 2005, 621 ff., 625). Sofern diese Leistungen – mögen sie auch zeitlich zusammenfallen – ihrem Wesen nach etwas Verschiedenes sind und demzufolge sachlich auseinander gehalten werden können, besteht für dieselbe Person nebeneinander sowohl Urheber- als auch Leistungsschutz (BGH GRUR 1984, 730/732 – Filmregisseur – m. Anm. *Schricker; Nordemann/Vinck/Hertin/Meyer,* RA Art. 3 Rdnr. 6; *Fromm/Nordemann/Schaefer*[10], Rdnr. 25 f.; *Schack*[4] Rdnr. 591, *Wild/Salagean* ZUM 2008, 580 ff.).

38 Anders ist die Rechtslage dagegen, wenn der Leistungsschutz im Ergebnis ausschließlich für eine Tätigkeit begehrt wird, die der Werkschöpfung zuzuordnen ist. Dann geht der urheberrechtliche Schutz vor; für einen zusätzlichen Leistungsschutz besteht dann weder Anlass noch Raum (BGH GRUR 1984, 730/732 – Filmregisseur – m. krit. Anm. *Schricker; Fromm/Nordemann/Schaefer*[10], Rdnr. 28; sa. *Krüger*, Fs. für Klaka, S. 139; *Schack*[4] Rdnr. 591; *Lütje*, Die Rechte der Mitwirkenden am Filmwerk, 1987, S. 131). Trotz grundsätzlicher Verschiedenheit von Schöpfung und Interpretation und dem vom Urheberrecht abweichenden Schutzgegenstand der §§ 73 ff. (so. Rdnr. 7, 9, 12) besteht für diese **„Absorptionsregel"** des BGH ein – wenn auch kleiner – Anwendungsbereich; es geht hierbei um Fälle, in denen das urheberrechtlich geschützte Werk erst durch eine – auf Werkschöpfung gerichtete – Tätigkeit, zB die Realisation eines noch nicht urheberschutzfähigen Konzepts entsteht; derartiges ist zB bei der sog. Entwurfsmusik (s. dazu § 2 Rdnr. 126–129) und beim Filmschaffen (s. dazu § 2 Rdnr. 194, 195) denkbar (*Ulmer*[3] § 28 V 2). Spielt eine Laiendarstellerin im Rahmen eines sog. Fernsehfeatures ihr wirkliches Leben ohne künstlerische Verfremdung, so sind die ihr hierbei vom Filmregisseur gegebenen Anweisungen nicht nur zeitlich und räumlich, sondern auch gedanklich untrennbarer Bestandteil der auf Werkschöpfung gerichteten Tätigkeit des Filmregisseurs, die sein Urheberrecht am Filmwerk begründet (BGH GRUR 1984, 730/733 – Filmregisseur; aA *Schricker* GRUR 1984, 734; *Hoeren* GRUR 1992, 145 ff./150, *Wild/Salagean* ZUM 2008, 580, 586). Freilich wird auch beim Filmregisseur häufig ein nicht vom Urheberschutz absorbierter **leistungsschutzrechtlicher Überschuss** bestehen (*Schricker* GRUR 1984, 734). So liegt es zB, wenn die im Film dargestellten Vorgänge selbst als Darbietung eines bereits existenten Werkes zu qualifizieren sind; der Filmregisseur wirkt dann durch die Führung der Darsteller künstlerisch mit iSd. § 73 (so. Rdnr. 33). Die ihm hieraus erwachsenden Ansprüche stehen dann selbstständig neben seinen Rechten als Filmurheber. Die Frage ist untrennbar verbunden mit der Frage nach der Rechtsstellung des **Filmschauspielers,** der nicht ein vorbestehendes Werk aufführt oder vorträgt, sondern **Mitwirkender** an einem Filmwerk ist (§ 92). Das Filmwerk ist insofern eine Werkart, die von jeher eine Sonderstellung einnimmt, weil sie ihren Werkcharakter aus der kollektiven Zusammenführung aller filmischen Gestaltungsmöglichkeiten (Handlungsablauf, Regie, Kameraführung, Tongestaltung, Schnitt, Filmmusik, Szenenbild, Kostümgestaltung, usw.) schöpft (vgl. § 2 Rdnr. 191). Der **Film** als solcher ist daher kein Werk, das ein ausübender Künstler aufführen oder vortragen könnte (vgl. schon Rdnr. 13; *Rüll* S. 127; *Reupert* S. 195). Er ist nach § 92 Filmmitwirkender, der in Bezug auf die Rechte am Film wie ein Filmurheber behandelt wird und auf den die Legaldefinition des § 73 nicht passt. Teilweise wird darin eine ungewollte Gesetzeslücke gesehen, die durch analoge Anwendung der §§ 73 ff. auf Filmschauspieler zu schließen sei (so *Reupert* S. 195 f.). Der **Filmtonmeister** ist zwar regelmäßig nicht als ausübender Künstler geschützt, er kann aber für die Mitgestaltung am Filmwerk ggf. ein eigenes Urheberrecht erwerben (BGH GRUR 2002, 961, 962 – Filmtonmeister).

2. Die Leistungsschutzrechte sind **auch in sich voneinander unabhängig,** so dass zB der 39 Regisseur bei einem Theaterstück, in dem er selbst mitspielt, für beide Leistungen auch im Rahmen des § 78 Abs. 2 sowie der §§ 77 Abs. 2, 78 Abs. 1 iVm. **§§ 83, 54 Abs. 1** zwei verschiedene Vergütungsansprüche gegen die GVL (s. vor §§ 73 ff. Rdnr. 27 f.) hat (*v. Gamm* Rdnr. 6, *Wandtke/Bullinger-Büscher*³ § 73 Rdnr. 20, *Wild/Salagean* ZUM 2008, 580, 587). Bei mehreren Berechtigten ist hinsichtlich der persönlichkeitsrechtlichen Belange das Gebot gegenseitiger Rücksichtnahme zu beachten (§ 75 Satz 2, s. dort Rdnr. 34). Dasselbe kann nach Treu und Glauben (§ 242 BGB) auf Grund der Zusammenarbeit im Rahmen einer künstlerischen Gemeinschaft auch für die Rechtsausübung außerhalb des § 75 Satz 2 gelten (*v. Gamm* Rdnr. 6).

V. Index (alphabetisch geordnet)

Zwar kommt es für die Qualifikation als ausübender Künstler nicht auf die Bezeichnung, 40 sondern auf die konkret ausgeübte Tätigkeit an (so. Rdnr. 9). Es lassen sich aber gleichwohl aus der **Tätigkeitsbezeichnung** für die Praxis gewisse Richtlinien entnehmen. Im Folgenden wird daher unter Verweis auf die entsprechenden obigen Randnummern in alphabetischer Reihenfolge eine solche **Orientierungshilfe** gegeben. Dabei bedeutet (+), dass die Künstlereigenschaft im Regelfall zu bejahen und (–), dass sie im Regelfall zu verneinen ist.

Abendspielleiter (–) Rdnr. 31; Akrobat (–) Rdnr. 10; Aufnahmeleiter (–) Rdnr. 32, 35; Ballett- 41 meister (–) Rdnr. 31; Beleuchter (–) Rdnr. 31; Bildregisseur (–) Rdnr. 32; Bühnenarbeiter (–) Rdnr. 30; Bühnenbildner (–) Rdnr. 13; Chordirektor (–) Rdnr. 31; Clown (–) Rdnr. 10; Cutter (–) Rdnr. 32; Dichterlesung (+) Rdnr. 26; Einstudierungskräfte (–) Rdnr. 31; Eislaufkünstler (–) Rdnr. 10; Fernsehmoderator (–) Rdnr. 35; Filmregisseur (+) Rdnr. 33, s. aber auch Rdnr. 37; Gesangslehrer (–) Rdnr. 31; Hörfunkregisseur (+) Rdnr. 35; Inspizient (–) Rdnr. 30; Kabarett-Ensemble (+) Rdnr. 14, 24; Kameramann (–) Rdnr. 32; Korrepetitor (–) Rdnr. 31; Kostümbildner (–) Rdnr. 13; Leistungssportler (–) Rdnr. 11; Maskenbildner (–) Rdnr. 13, 31; Musiker (+) Rdnr. 24; Orchesterwart (–) Rdnr. 30; Quizmaster (+) Rdnr. 25; Regieassistent ggf. (+) Rdnr. 31; Regisseur (–) Rdnr. 32; Requisiteur (–) Rdnr. 30; Rundfunksprecher (+) Rdnr. 21, 25; Souffleur (–) Rdnr. 30; Sprecher von Werbetexten (+) Rdnr. 23, 25; Stegreifdichter (+) Rdnr. 37; Studiokünstler (+) Rdnr. 16; Tänzer (+) Rdnr. 13; Theaterfriseur (–) Rdnr. 30; Theaterregisseur (+) Rdnr. 39; Tierdompteur (–) Rdnr. 10; Toningenieur (–) Rdnr. 31; Tonmeister (–) Rdnr. 19, 20, 28, 32; Tonregisseur (+) Rdnr. 28, 29; Varietékünstler (–) Rdnr. 10, 11; Veranstalterleistungen (–) Rdnr. 30.

§ 74 Anerkennung als ausübender Künstler

(1) ¹**Der ausübende Künstler hat das Recht, in Bezug auf seine Darbietung als solcher anerkannt zu werden.** ²**Er kann dabei bestimmen, ob und mit welchem Namen er genannt wird.**

(2) ¹**Haben mehrere ausübende Künstler gemeinsam eine Darbietung erbracht und erfordert die Nennung jedes Einzelnen von ihnen einen unverhältnismäßigen Aufwand, so können sie nur verlangen, als Künstlergruppe genannt zu werden.** ²**Hat die Künstlergruppe einen gewählten Vertreter (Vorstand), so ist dieser gegenüber Dritten allein zur Vertretung befugt.** ³**Hat eine Gruppe keinen Vorstand, so kann das Recht nur durch den Leiter der Gruppe, mangels eines solchen nur durch einen von der Gruppe zu wählenden Vertreter geltend gemacht werden.** ⁴**Das Recht eines beteiligten ausübenden Künstlers auf persönliche Nennung bleibt bei einem besonderen Interesse unberührt.**

(3) **§ 10 Abs. 1 gilt entsprechend.**

Schrifttum: *Baum,* Zum Recht des ausübenden Musikers, GRUR 1952, 556; *Dünnwald,* Die Neufassung des künstlerischen Leistungsschutzes, ZUM 2004, 161; *Flechsig,* Der Leistungsintegritätsanspruch des ausübenden Künstlers, 1976; *ders.,* Die Vererbung des immateriellen Schadensersatzanspruchs des ausübenden Künstlers, FuR 1976, 74; *ders.,* Die Dauer des Anspruchs des ausübenden Künstlers auf Integrität seiner Leistung, FuR 1976, 208; *Freitag,* Die Kommerzialisierung von Darbietung und Persönlichkeit des ausübenden Künstlers, 1993; *Grünberger,* Das Interpretenrecht, 2005; *ders.,* Die Urhebervermutung und die Inhabervermutung für die Leistungsschutzberechtigten, GRUR 2006, 894; *Jaeger,* Der ausübende Künstler und der Schutz seiner Persönlichkeitsrechte im Urheberrecht Deutschlands, Frankreichs und der Europäischen Union, 2002; *Kloiber,* Handbuch der Oper, 2 Bde., 8. Aufl., 1973; *Lucas,* Rechtsverhältnisse in Orchestern – Die Wahrnehmung von Leistungsschutzrechten ausübender Künstler bei Gruppendarbietungen gem. § 80 UrhG, 2002; *Peukert,* Leistungsschutz des ausübenden Künstlers de lege lata und de lege ferenda unter besonderer Berücksichtigung der postmortalen Rechts-

§ 74   Anerkennung als ausübender Künstler

lage, UFITA 138 (1999) 63; Radmann, Abschied von der Branchenübung: Für ein uneingeschränktes Namensnennungsrecht der Urheber, ZUM 2001, 788; *Rehbinder,* Das Namensnennungsrecht des Urhebers, ZUM 1991, 220; *Reinbothe/von Lewinski,* The WIPO-Treaties 1996, 2002; *Rüll,* Allgemeiner und urheberrechtlicher Persönlichkeitsschutz des ausübenden Künstlers, 1998; *Samson,* Die urheberrechtliche Regelung in Dienst- und Tarifverträgen, UFITA 64 (1972) 181; *Schack,* Das Persönlichkeitsrecht der Urheber und ausübenden Künstler nach dem Tode, GRUR 1985, 352; *Schlatter,* Die BGH-Entscheidung „The Doors": Zur Prozeßführungsbefugnis bei Gruppenleistungen nach § 80 UrhG – zum Leistungsschutz ausübender Künstler bei Sachverhalten mit Auslandsberührung, ZUM 1993, 522; *Schlatter-Krüger,* Zur Urheberrechtsschutzfähigkeit choreographischer Werke in der Bundesrepublik Deutschland und der Schweiz, GRUR Int. 1985, 299; *Vogel,* Zur Neuregelung des Rechts des ausübenden Künstlers, Fs. für Nordemann, 2004, S. 349.

Übersicht

	Rdnr.
I. Allgemeines	1–12
1. Entstehungsgeschichte der Vorschrift	3
2. Frühere Rechtslage	4, 5
3. Sinn und Zweck sowie Rechtfertigung der Vorschrift	6–8
4. Systematik, Rechtsnatur und Bedeutung	9–12
II. Recht auf Anerkennung und auf Bestimmung der Künstlerbezeichnung	13–19
1. Verhältnis beider Rechte	13
2. Recht auf Anerkennung (Abs. 1 S. 1)	14, 15
3. Recht auf Bestimmung der Künstlerbezeichnung (Abs. 1 S. 2)	16–18
4. Vertragliche Regelungen der Künstlerbezeichnung	19
III. Mehrheit von ausübenden Künstlern	20–38
1. Abs. 2 im Überblick	20
2. Nennung als Künstlergruppe	21–23
3. Gesetzliche Beschränkung der Rechtsausübung	24–35
a) Innenverhältnis	24–27
b) Außenverhältnis	28
c) Vertretungsberechtigte	29–31
aa) Vorstand	29
bb) Leiter der Gruppe	30
cc) Gewählter Vertreter	31
d) Prozessstandschaft	32–35
4. Besonderes Interesse an persönlicher Nennung (Abs. 2 S. 4)	36–38
IV. Interpretenvermutung (Abs. 3)	39, 40
V. Sonstige Fragen	41
Ausländische ausübende Künstler	41

I. Allgemeines

1   Das Recht des ausübenden Künstlers auf Anerkennung (Abs. 1 S. 1) und Namensnennung (Abs. 1 S. 2) – in das UrhG eingefügt im Rahmen der Neuordnung des Künstlerrechts im Gesetz zur Regelung des Urheberrechts in der Informationsgesellschaft vom 10. 9. 2003 (BGBl. I S. 1774) – stellt eine wesentliche Ergänzung der beiden bisher bereits gesetzlich anerkannten Persönlichkeitsrechte des Interpreten dar, nämlich die Aufnahme seiner Darbietung zu erlauben und zu verbieten (§ 77 Abs. 1 früher § 75 Abs. 1) sowie der Beeinträchtigung seiner Darbietung entgegentreten zu können (§ 75 früher § 83). § 74 bewirkt zusammen mit der gleichzeitigen Einführung von Nutzungsrechten anstelle der bisherigen Einwilligungsrechte und der Gewährung eines Rücktrittsrechts wegen gewandelter Überzeugung (§ 79 Abs. 2 iVm. § 42) eine weitere Annäherung der Rechte von Urhebern und Interpreten. Bis zu dieser Gesetzesänderung blieb der Künstler darauf verwiesen, die Nennung seines Namens in Verbindung mit seiner Darbietung vertraglich zu regeln (s. Rdnr. 7). Im Filmbereich ist das Recht des Interpreten durch § 93 Abs. 2 eingeschränkt (s. die Erläuterungen dort Rdnr. 4a–c).

2   Der gegenüber dem Urheberrecht eigenständige Schutzgegenstand und die nicht umfassende Ausgestaltung des Interpretenrechts gestatten dennoch **keine analoge Anwendung weiterreichender persönlichkeitsrechtlicher Bestimmungen** des Teils 1 UrhG auf leistungsschutzrechtliche Sachverhalte (AmtlBegr. UFITA 45 [1965] 240/304; *Dünnwald/Gerlach* vor § 74 Rdnr. 15; *Fromm/Nordemann/Hertin*[9] vor § 73 Rdnr. 4; *Flechsig* S. 11 ff. mwN).

1. Entstehungsgeschichte der Vorschrift

3   Die Aufnahme des § 74 in das UrhG wurde veranlasst durch **Art. 5 Abs. 1 WPPT,** der erstmals in einem internationalen Vertrag neben dem Recht auf Leistungsintegrität (right of integrity) ein Recht des ausübenden Künstlers auf Nennung (right to be identified) als Darbie-

tender normiert (ausführlich dazu *Reinbothe/v. Lewinski* WPPT Art. 5 passim). Der **aquis communautaire** der Europäischen Union kennt dieses Recht nicht, weil es in ihrem Regelwerk bisher an einer die Urheber- und Künstlerpersönlichkeitsrechte harmonisierenden Richtlinie fehlt. Die Unterzeichnung des WPPT durch die EU (Art. 26 Abs. 2 und 3 WPPT) und ihre einzelnen Mitgliedstaaten lässt jedoch bereits das Fundament erkennen, auf dem in der EU harmonisierte Moral Rights auch des ausübenden Künstlers gründen werden. Dies hat den nationalen Gesetzgeber veranlasst, ein dem § 13 nachgebildetes Recht auf Anerkennung und auf Namensnennung in das UrhG aufzunehmen (AmtlBegr. BTDrucks. 15/38 S. 23). Unabhängig davon ist dieser gesetzgeberische Schritt geboten, um eine Besserstellung ausländischer gegenüber nationalen Interpreten zu vermeiden. Die Bundesrepublik Deutschland hat dem WPPT mit Gesetz vom 10. 8. 2003 (BGBl. II S. 754, abgedruckt bei *Hillig* [Hrsg.] S. 367) zugestimmt und die Ratifizierungsurkunde zusammen mit den alten EU-Staaten am 14. 12. 09 hinterlegt, so dass dieser Vertrag für deren Territorium drei Monate nach der Hinterlegung, d.h. am 14. 3. 2010 in Kraft getreten ist.

Art. 5 Abs. 1 WPPT beschränkt als Mindestrecht seinen Anwendungsbereich auf hörbare Live-Darbietungen und auf Tonträgern festgelegte Darbietungen, während § 74 sich auch auf ausschließlich visuell wahrnehmbare Darbietungen erstreckt (etwa Pantomime ua.). Außerdem gewährt der WPPT – anders als § 74 Abs. 1 S. 1 – seinem Wortlaut nach kein ausdrückliches Recht auf Anerkennung, sondern nach dem Wortlaut der Vorschrift nur das Recht auf Namensnennung. *Wandtke/Bullinger/Büscher* und *Grünberger* weisen allerdings zutreffend darauf hin, dass Art. 5 WPPT in Verbindung mit Art. 6bis Abs. 1 RBÜ zu lesen ist, der Art. 5 WPPT als Vorbild gedient hat und ausdrücklich das Recht des Urhebers vorsieht, die Urheberschaft an seinem Werk zu beanspruchen (*Wandtke/Bullinger/Büscher* Rdnr. 6; *Grünberger* S. 91; sa. *Reinbothe/v. Lewinski* WPPT Art. 5 Rdnr. 9 f.). Schließlich schränkt Art. 5 Abs. 1 WPPT weitergehend als § 74 Abs. 2 das Nennungsrecht des Künstlers ein, wenn – gleich, ob bei einer Einzel- oder Ensembledarbietung – die Unterlassung der Namensnennung durch die Art der Nutzung der Darbietung geboten ist, während das nationale Recht dies nur bei einer Mehrzahl von Darbietenden gestattet (s. AmtlBegr. BTDrucks. 15/38 S. 23).

2. Frühere Rechtslage

Vor dem Inkrafttreten des Gesetzes zur Regelung des Urheberrechts in der Informationsgesellschaft am 13. 9. 2003 gab es, wie die AmtlBegr. von 1965 hervorhebt (AmtlBegr. UFITA 45 [1965] 240/313), kein gegenüber jedermann durchsetzbares Recht auf Namensnennung. Allerdings wurde das Namensnennungsrecht mitunter bei Solo-Darbietungen im Rahmen des Üblichen als vertraglich vereinbart angesehen, wo ausdrückliche Abmachungen fehlten (OLG Köln UFITA 93 [1982] 203/205 – TÜLAY; anders hingegen LG München I UFITA 71 [1974] 253/274 – Domicile conjugal = Schulze LGZ 132 – Tisch und Bett m. zust. Anm. *Müller*, das einem ausübenden Künstler die Nennung im Abspann der deutschen Fassung eines Films – anders als in der Originalfassung – unter Hinweis auf eine fehlende gesetzliche Regelung verwehrte (kritisch dazu *Dietz* UFITA 87 [1980] 1/9; Einzelheiten zur Nennung nach früherem Recht *Dünnwald/Gerlach* vor § 74 Rdnr. 5 mwN). Bisweilen wurde in diesen Fällen der Rückgriff auf das aPR bejaht (nach Abwägung der Interessen der Künstler und derjenigen der Verwerter *Rüll* § 19 I 1 c cc; *Dreier/Schulze/Dreier* Rdnr. 3), überwiegend jedoch verneint, weil ohne besondere Gründe eine fehlende gesetzliche Regelung nicht durch das aPR ausgeglichen werden könne (*Jaeger* S. 63).

Über die Verweisungsnorm des § 84 aF (§ 83 nF) kam freilich auch schon früher bei **gesetzlichen Nutzungsverhältnissen** die Regel des § 63 (Quellenangabe) als persönlichkeitsrechtliche Bestimmung des Teils 1 des UrhG zur Anwendung (ausführlich zur Bedeutung des § 74 für Sachverhalte mit Bezug auf die Zeit vor dessen Inkrafttreten am 13. 9. 2003 *Dünnwald/Gerlach* vor § 74 Rdnr. 11).

3. Sinn und Zweck sowie Rechtfertigung der Vorschrift

a) Nach seinem **Sinn und Zweck** festigt § 74 das persönliche Band zwischen dem Interpreten und der von ihm erbrachten künstlerischen Darbietung, in der sein Werkverständnis und sein persönliches interpretatorisches Einfühlungsvermögen Ausdruck findet. Dabei geht es zunächst in Abs. 1 S. 1 als dem allgemeineren Recht um den Schutz des Künstlerinteresses, als Interpret in Bezug auf seine Darbietung anerkannt zu werden (**Authentizitätsinteresse**), im Wesentlichen also um die **Abwehr von Leistungsanmaßungen** durch Dritte **oder von bloßem Bestreiten**

der Künstlerschaft, und sodann nach Abs. 1 S. 2 um sein demgegenüber spezielleres Interesse, positiv bestimmen zu können, ob er seine Darbietung mit seinem bürgerlichen Namen oder mit einem Künstlernamen versehen möchte **(Bestimmungsinteresse)** (so die hM gegenüber der Auffassung, die Befugnis zur Offenlegung der Verbindung von Künstler und Leistung enthalte nicht zugleich das Recht zur Bestimmung der Form der Nennung, etwa *Wandtke/Bullinger/ Bullinger* § 13 Rdnr. 10; *Schack*[5] Rdnr. 370; wie hier und iSd. hM ausführlich *Grünberger* S. 88 f. mwN). Dabei ist es nach § 74 – anders als nach § 13 S. 2, der nur für die Anbringung des Namens des Werkschöpfers auf körperlichen Werkstücken gilt (dazu § 13 Rdnr. 12) – ohne Belang, ob die Darbietung der Öffentlichkeit in körperlicher oder in unkörperlicher Form begegnet. Angesichts der überragenden Bedeutung des Künstlernamens für die Vermarktung von Werken und deren Interpretation spielt § 74 für die wirtschaftliche Seite des Urheber- und Interpretenrechts eine hervorgehobene Rolle. Der zuletzt eingefügte Abs. 3 dient mit der Normierung einer Interpretenvermutung nicht zuletzt der Erleichterung der Piraterieverfolgung (dazu Rdnr. 39 f.).

7   Auch bei **Ensembledarbietungen** erwirbt jeder Mitwirkende nach § 73 ein individuelles Leistungsschutzrecht an der Darbietung (BGH GRUR 2005, 502/504 – Götterdämmerung; BHGZ 121, 319/321 = BGH GRUR 1993, 550/551 – The Doors). Ohne besondere Regelungen würde dies Schwierigkeiten im Rechtsverkehr bereiten, weil jeder einzelne Interpret ohne Rücksicht auf die übrigen Mitwirkenden seine Nennung einfordern könnte. Überdies dürften bei wechselnden Mitgliedern eines Ensembles Probleme bei der Berücksichtigung sämtlicher Berechtigter nicht zu umgehen sein, zumal eine analoge Anwendung der urheberrechtlichen Vorschriften für in Miturheberschaft geschaffener Werke bzw. verbundene Werke (§§ 8, 9) ausscheidet (ebenso *Fromm/Nordemann/Hertin*[9] § 80 Rdnr. 1; *Möhring/Nicolini/Kroitzsch*[2] § 80 Rdnr. 1; aA *Lucas* S. 118 ff.: zumindest bei kleinen Künstlergruppen § 8 analog). Zum **Schutz der Rechteerwerber** sowie der Mehrheit der Interpreten vor einem abweichenden Votum einer Minderheit von ihnen und zur **Erleichterung des Rechtsverkehrs** bei Ensembledarbietungen reduziert deshalb Abs. 2 die Rechte aus Abs. 1 S. 2 auf die **Nennung als Künstlergruppe** und vereinheitlicht ihre Ausübung bzw. Geltendmachung durch ein hervorgehobenes Mitglied, wenn die Nennung aller Mitglieder einen unverhältnismäßigen Aufwand verursacht. Ausnahmen gelten nur bei einem besonderen Interesse eines ausübenden Künstlers (Abs. 2 S. 4).

8   b) Seine **Rechtfertigung** erfährt die Normierung eines absolut wirkenden Rechts auf Authentizität und Namensnennung zum einen durch die nicht zuletzt verfassungsrechtlich durch Art. 1 und Art. 2 Abs. 1 GG gebotene **Achtung der persönlichen kreativen Leistung** des ausübenden Künstlers und zum anderen durch die **für ihre wirtschaftliche Verwertung unverzichtbare Verknüpfung von Darbietung und Künstlername,** auch ohne dass es dazu einer besonderen, ohnehin nur gegenüber dem Vertragspartner wirkenden Vereinbarung bedarf.

4. Systematik, Rechtsnatur und Bedeutung

9   a) **Systematik.** Das Recht auf Anerkennung als ausübender Künstler hat – ungeachtet seines gleichzeitigen Schutzes auch materieller Interessen (s. Rdnr. 3) – zu Recht seinen **systematischen Ort** im Kontext der §§ 75 und 76 gefunden. Anders als noch die frühere Fassung des Gesetzes hebt der Neuordnung des Interpretenrechts die Bedeutung seiner persönlichkeitsrechtlichen Seite durch die Platzierung der §§ 74 bis 76 **vor den Verwertungsrechten und Vergütungsansprüchen** hervor. Sie wird ferner unterstrichen durch die differenzierte, zur Interessenabwägung verpflichtende Regelung des Rechts auf Anerkennung bei der Mitwirkung mehrerer Interpreten in Abs. 2, durch die Regelung seiner Dauer in § 76, nach der das Recht niemals vor dem Tode des Künstlers endet, und durch die Nachbildung der für den Werkschöpfer geltenden Regel des § 13 in § 74 Abs. 1.

10 b) **Rechtsnatur.** Es gehört **zum Wesen des einheitlichen Künstlerrechts,** die persönliche Bindung des Interpreten an seine Darbietung unter Schutz zu stellen. Denn in ihr findet in vielerlei Hinsicht sein individuelles Werk- und Folkloreverständnis seinen Ausdruck. Neben dem Recht, entscheiden zu können, ob seine Darbietung überhaupt festgelegt werden soll (§ 77 Abs. 1) und in welcher sein Leistungsintegritätsinteresse nach § 75 wahrenden Erscheinungsform ihre Verwertung vorgenommen wird, erhält der Künstler mit den Rechten auf Anerkennung und Namensnennung nach § 74 Abs. 1 eine für seine persönlichen Interessen zusätzliche absolute Rechtsposition in Bezug auf die Werkinterpretation, die lediglich in den Fällen der Beteiligung mehrerer Künstler durch Abs. 2 aus Praktikabilitätsgründen relativiert ist (s. Rdnr. 3). Im Sinne des monistischen Verständnisses auch des Interpretenrechts mit seiner ihm innewohnenden spezifischen Verklammerung des Schutzes ideeller und materieller Interessen (aA *Peukert* vor

§§ 12 ff. Rdnr. 18 f.) dient Abs. 1 neben der Wahrung der ideellen Bande zwischen Künstler und seiner Interpretation den Verwertungsinteressen des Künstlers, indem er – ähnlich einer Marke – mit der Namensnennung des Künstlers die Individualisierung und Abgrenzung seiner Darbietung gegenüber konkurrierenden Aufnahmen ermöglicht (gegen die überwiegend monistische Deutung des Interpretenrechts mit beachtenswerten Einwänden jetzt *Peukert* vor §§ 12 ff. Rdnr. 18 f.; *Peukert* UFITA 138 [1999] 63/66 ff.: „Bündel von Rechten"; *Schack*[5] Rdnr. 681; *ders.* GRUR 1985, 352/354; *Möhring/Nicolini/Kroitzsch*[2] § 73 Rdnr. 6, § 83 Rdnr. 4, § 82 Rdnr. 1; wie hier OLG München GRUR 1980, 49/50 – Cinderella; *Dietz* in der Voraufl. vor §§ 12 ff. Rdnr. 18; vor §§ 73 ff. Rdnr. 10; *Dünnwald/Gerlach* Einl. Rdnr. 66; *Flechsig* S. 11 ff.; *ders.* FuR 1976, 74/76 f.; *ders.* FuR 1976, 208/209 f.; *Vogel*, Fs. für Nordemann [2004], S. 349 ff.; *Rüll* § 4 IV; wohl auch *Fromm/Nordemann/Hertin*[9] vor § 73 Rdnr. 11). Deshalb kommt es im Einzelfall nicht darauf an, ob der Interpret sein Recht aus rein materiellen oder allein ideellen Gründen geltend macht (*Dünnwald/Gerlach* Rdnr. 3).

Aus dem persönlichkeitsrechtlichen Wesen des Rechts auf Anerkennung folgt seine **Unverzichtbarkeit und Unabtretbarkeit in toto** (e contrario § 79 Abs. 1 S. 1; sa. BGH GRUR 1995, 671/673 – Namensnennungsrecht des Architekten). Art. 5 WPPT lässt diese Frage mit Rücksicht auf den anglo-amerikanischen Rechtskreis offen (s. *Reinbothe/v. Lewinski* WPPT Art. 5 Rdnr. 7). Vertragliche oder sich zwangsläufig aus den Umständen ergebende und deshalb stillschweigend hingenommene Einschränkungen des Rechts werden dadurch im Einzelfall nicht ausgeschlossen. Abs. 2 ordnet eine derartige Beschränkung für die Fälle mehrerer Mitwirkender an. 11

c) Bedeutung des Rechts. § 74 als **absoluter Schutz des Authentizitätsinteresses** des ausübenden Künstlers **und des Rechts seiner Bezeichnung** erlangt besondere praktische Bedeutung **im Bereich freischaffender Künstler,** denen ihr Name oder ihre Künstlerbezeichnung auch als Werbeträger dient oder die bei einer Mehrheit von Interpreten einer praktikablen Regelung ihrer Anerkennung und Nennung bedürfen, wie sie Abs. 2 vorsieht. Letzteres ist der Fall bei Darbietungen von Kirchenchören, Unterhaltungsorchestern, Musikbands, freien Tanzgruppen und anderen lose zusammengeschlossenen Ensembles sowie bei außerdienstlichen, tarifvertraglich nicht geregelten Darbietungen im Anstellungsverhältnis stehender Gruppenmitglieder (zB Tonträgerproduktionen mit den Berliner Philharmonikern, Studioaufnahmen mit dem Ensemble des Stuttgarter Balletts). Im Übrigen stehen die Mitglieder von Chor-, Orchester-, Ballett-Ensembles und Statisterien weitgehend in einem festen Anstellungsverhältnis bei Konzert-, Sende- oder Bühnenunternehmen. Für sie gelten die einschlägigen Tarifverträge und die darauf bezugnehmenden Dienstverträge auch hinsichtlich der Nennung als ausübende Künstler (die einzelnen Tarifverträge, die der Deutsche Bühnenverein mit den Gewerkschaften der ausübenden Künstler, namentlich der Deutschen Orchestervereinigung, geschlossen hat, finden sich in der Vertragssammlung *Dt. Bühnenverein* [Hrsg.], Bühnen- und Musikrecht; zu Besonderheiten bei der Geltendmachung vermögenswerter Rechte s. die Erläuterungen zu § 80 Rdnr. 7 ff.). 12

Mit der Einführung des absoluten Namensnennungsschutzes erübrigen sich vertragliche Abmachungen mit dem Tonträgerhersteller und anderen Nutzern einer Darbietung über die namentliche Nennung des Interpreten nicht, vielmehr bleiben auch weiterhin Vereinbarungen über den Namen und den Umfang seiner Nennung erforderlich, nicht zuletzt um Probleme nach Ablauf einer Exklusivbindung, markenrechtliche Fragen ua. zu regeln (*Loewenheim/Vogel* § 38 Rdnr. 122).

II. Recht auf Anerkennung und auf Bestimmung der Künstlerbezeichnung (Abs. 1)

1. Verhältnis beider Rechte

§ 74 Abs. 1 S. 1 normiert den allgemeinen Grundsatz des **Rechts des ausübenden Künstlers auf Anerkennung** als Interpret eines von ihm dargebotenen Werkes oder einer von ihm dargebotenen Ausdrucksform der Volkskunst. Abs. 1 S. 1 sichert dabei die **Authentizität einer Darbietung,** während Abs. 1 S. 2 das gegenüber dem Grundprinzip speziellere **Bestimmungsrecht** statuiert, welches dem Interpreten vorbehält zu bestimmen, ob er mit seinem bürgerlichen Namen, anonym oder pseudonym mit seiner Darbietung in Verbindung gebracht werden möchte (zum Unterschied von Nichtbezeichnung und Anonymität § 13 Rdnr. 14). In der Regel wird dem Recht nach Abs. 1 S. 1 mit der Durchsetzung des Rechts nach Abs. 1 S. 2 genügt. Abs. 1 findet – anders als § 13 S. 2, der nach überwiegender Auffassung nur auf Verkörperungen eines Werkes anzuwenden ist (s. § 13 Rdnr. 6, 12 f. mwN) – seinem Wesen entspre- 13 chend unabhängig davon Anwendung, ob es um eine Live- oder um eine festgelegte Darbietung geht, dh. unabhängig davon, ob der Künstler seine Anerkennung in Bezug auf ein Vervielfältigungsstück seiner Darbietung, auf eine öffentliche Wiedergabe mittels Tonträger oder auf eine Live-Darbietung geltend macht (AllgM *Grünberger* S. 92 f.; *Dünnwald* ZUM 2004, 161/174; *Dünnwald/Gerlach* Rdnr. 5; *Fromm/Nordemann/Schaefer*[10] Rdnr. 7; *Dreier/Schulze/Dreier* Rdnr. 4; *Wandtke/Bullinger/Büscher* Rdnr. 9; sa. AmtlBegr. BTDrucks. 15/38 S. 22). Beide Rechte des Abs. 1 schließen den Verzicht auf ihre Geltendmachung im Einzelfall nicht aus, ein grundsätzlicher Verzicht hingegen würde den Kernbereich des Rechts berühren und deshalb unzulässig sein (sa. Rdnr. 11). Mit dem Tode des ausübenden Künstlers erhalten seine Angehörigen das Recht, die Befugnisse nach Abs. 1 wahrzunehmen (s. § 76 Rdnr. 8).

2. Recht auf Anerkennung (Abs. 1 S. 1)

14 Das Recht auf Anerkennung verleiht dem ausübenden Künstler das positive Recht, **jederzeit in Bezug auf seine Darbietung als Interpret** anerkannt zu werden. In seinem Schwerpunkt dient es freilich der Abwehr eines Angriffs auf die unauflösliche persönliche Verbindung eines Künstlers mit seiner Darbietung (entsprechend § 13 S. 1 für das Recht des Urhebers, s. § 13 Rdnr. 8; ebenso *Dünnwald/Gerlach* Rdnr. 3; *Wandtke/Bullinger/Büscher* Rdnr. 2, 10). Ein solcher Angriff kann in der **Anmaßung der Künstlerschaft** liegen, sei es unmittelbar durch die wahrheitswidrige mündliche oder schriftliche Behauptung eines Dritten, er selbst oder eine andere Person sei Interpret der Darbietung des betroffenen Künstlers, sei es mittelbar etwa durch einen Bühnenauftritt mit unterlegter fremder Werkinterpretation. Auch das **Bestreiten** der Authentizität einer fremden Interpretation, die **Entfernung, Unterdrückung** oder **Unterlassung** des Hinweises auf den Interpreten fallen unter das Abwehrrecht des Abs. 1 S. 1 (*Grünberger* S. 93). Dabei mag es um die Verbindung der Person des Künstlers mit einer Festlegung seiner Darbietung gehen, seine Nennung im Zusammenhang mit der Sendung oder einer sonstigen öffentlichen Wiedergabe seiner Darbietung (etwa auf einem Plakat, einer öffentlichen Einladung, in einem Zeitungsartikel etc.) in Rede stehen oder der werbliche Einsatz seine Darbietung für ein Konzert oder für ein Produkt im Streit sein.

15 Mit dem positiven Recht des Künstlers auf Anerkennung korrespondiert – unabhängig von vertraglichen Absprachen – sein **Recht auf Nichtnennung,** das es ihm gestattet durchzusetzen, nicht (mehr) mit seiner Darbietung in Verbindung gebracht zu werden (Distanzierungsrecht). Meist dürfte es in solchen Fällen darum gehen, sich von der künstlerischen oder technischen Qualität einer Aufnahme oder von der weltanschaulichen Tendenz eines früher dargebotenen Werkes zu distanzieren, mitunter um nicht auf das schärfere Mittel der Untersagung etwa wegen eines Verstoßes gegen § 75 zurückgreifen zu müssen (vgl. die Erläuterungen zu § 13 Rdnr. 10). Im Rahmen vertraglicher Beziehungen kommt ihm dabei auch das Rückrufrecht wegen gewandelter Überzeugung zur Hilfe (§ 79 Abs. 2 iVm. § 42). Wird dem Künstler hingegen eine **fremde Darbietung zugeordnet**, steht ihm nicht das Recht nach Abs. 1 S. 1 zur Seite (dem jedoch zuneigend *Fromm/Nordemann/Schaefer*[10] Rdnr. 6, letztlich offengelassen), sondern sein **allgemeines Persönlichkeitsrecht unter dem Gesichtspunkt des Rechts auf Nichtkünstlerschaft** (ebenso *Grünberger* S. 94: kein droit de non-paternité unter Hinweis auf BGH GRUR 1995, 668/670 – Emil Nolde; *Wandtke/Bullinger/Büscher* Rdnr. 11; *Reinbothe/v. Lewinski* WPPT Art. 5 Rdnr. 18; zum entsprechenden Recht des Urhebers § 13 Rdnr. 11).

3. Recht auf Bestimmung der Künstlerbezeichnung (Abs. 1 S. 2)

16 Das Bestimmungsrecht des ausübenden Künstlers als wichtigste Ausprägung des Anerkennungsrechts verleiht dem Interpreten – im Filmbereich nach § 93 Abs. 2 nicht in Fällen unzumutbaren Aufwands (s. dort Rdnr. 4 a–c) – die ausschließliche Entscheidungsbefugnis darüber, **ob und mit welcher Bezeichnung** er mit seiner Darbietung eines Werkes oder einer Ausdrucksform der Volkskunst in Verbindung gebracht zu werden wünscht (sa. *Grünberger* S. 94 ff.). Es umfasst zum einen negativ die Abwehr all derjenigen Bezeichnungen, die von seiner Bestimmung abweichen, einschließlich der Unterdrückung des von ihm bestimmten Namens, und zum anderen positiv die persönliche Wahl des bürgerlichen Namens oder eines (Künstler-)Namens, mit dem er in Bezug auf seine Darbietung genannt sein möchte. Hinzu kommen die **Anonymität** und der **Verzicht auf eine Künstlerbezeichnung,** die sich dadurch unterscheiden, dass bei Letzterer der Interpret im konkreten Fall lediglich von einer Bezeichnung Abstand nimmt, seine Identität jedoch der Öffentlichkeit durchaus bekannt ist, während dies bei der

Anonymität nicht der Fall ist (*Wandtke/Bullinger/Büscher* Rdnr. 14 f.), ohne dass die Anonymität vor einer Offenlegung durch Dritte schützt (*Grünberger* S. 95; *Schack*[5] Rdnr. 374).

Das Bezeichnungsrecht umfasst **Ankündigungen von unkörperlichen Wiedergaben von** **17** **Darbietungen** mit der vom Künstler bestimmten Bezeichnung auf Plakaten, in Zeitungen, im Fernsehen, Radio oder Internet ua. ebenso wie **auf Verkörperungen von Darbietungen** in Form von Tonträgern und Bildtonträgern gleich welcher Technik (ebenso *Fromm/Nordemann/Schaefer*[10] Rdnr. 8). Dies geschieht bei Tonträgern durch die Beschriftung des Trägers, durch entsprechende Angaben auf der Hülle und im Booklet, bei Filmen in gleicher Weise sowie im Vor- oder Abspann, je nach dem, ob es sich um eine Vorführkopie für das Kino oder um eine Kassette für den Endverbraucher handelt, bei der die Angabe allein auf der Verpackung nicht genügt (OLG München ZUM 2000, 61/63 – Das kalte Herz). Die Namensnennung im Fernseh- und Hörfunk erfolgt gewöhnlich durch Ansage oder durch Untertitel (*Dünnwald/Gerlach* Rdnr. 6).

Fehlen Absprachen über die Art und Weise der Kennzeichnung, ist der Künstler **grundsätz-** **18** **lich unmissverständlich und deutlich namentlich kenntlich zu machen,** wobei das gebotene Maß seiner Hervorhebung mit der Bedeutung der Bezeichnung für die jeweilige Darbietung wächst. Entsprechendes gilt bei mündlicher Benennung im Radio oder im Fernsehen.

Bei **Zweitverwertungen**, die auf Grund von Schrankenregelungen nach §§ 83 iVm. 44 a ff. erlaubnisfrei zulässig sind, gelten insoweit die Einschränkungen der §§ 62 Abs. 1 S. 2, 63 mit der Folge, dass der Name des Interpreten nicht geändert, dh. auch nicht weggelassen werden darf, sofern nichts anderes vereinbart worden ist (§§ 62 Abs. 1 S. 2 iVm 39 Abs. 1). Bei den gesetzlichen Lizenzen nach §§ 78 Abs. 2, 78 Abs. 4 iVm 20 b, 77 Abs. 2 S. 2 iVm 27 Abs. 2 (Schallplattensendung, Kabelweitersendung, Verleihen) fehlen den §§ 62 Abs. 1 S. 2, 63 entsprechende Regelungen, und auch § 39, der nach dem Gesetzeswortlaut nur bei den ausschließlichen Nutzungsbefugnissen zur Geltung kommt (§ 79 Abs. 2 S. 2), findet auf sie keine unmittelbare Anwendung (so auch *Loewenheim/Vogel* § 38 Rdnr. 123). Gleichwohl sollte er mit *Dünnwald/Gerlach* wegen einer offensichtlichen Regelungslücke bei gesetzlichen Lizenzen entsprechend angewendet werden (*Dünnwald/Gerlach* vor § 74 Rdnr. 9, § 74 Rdnr. 5, 6; bei der Schallplattensendung als Massennutzung sollte de lege ferenda die GVL über das Recht nach § 74 UrhG kraft ihres Wahrnehmungsvertrags verfügen dürfen).

4. Vertragliche Regelungen der Künstlerbenennung

Das **Recht auf Namensnennung** gewährt das Gesetz **uneingeschränkt** (BGH GRUR **19** 1995, 671/672 – Namensnennungsrecht des Architekten für den Urheber, ohne Abweichung für den Interpreten). Um Auseinandersetzungen aus dem Wege zu gehen, werden – häufig auch stillschweigend – nach §§ 79 Abs. 2 iVm 39 Abs. 1 erforderliche vertragliche Vereinbarungen über die Art und Weise der Benennung des ausübenden Künstlers getroffen (ebenso *Grünberger* S. 97; zur stillschweigenden Verfügung über Künstlerpersönlichkeitsrechte ausführlich *Dünnwald/Gerlach* vor § 74 Rdnr. 5). § 39 Abs. 1 ist nicht durch den Vorbehalt von Treu und Glauben nach § 39 Abs. 2 eingeschränkt. Im Einzelfall kann **vertraglich** auch ein **Verzicht auf Namensnennung** – freilich nicht mit Wirkung gegenüber jedermann – zulässigerweise vereinbart werden, sofern dies unter Berücksichtigung der beiderseitigen Interessen ausgewogen erscheint und **nicht den Kerngehalt** des Rechts berührt (sa. § 75 Rdnr. 7; vor §§ 12 ff. Rdnr. 27 sowie § 13 Rdnr. 24; *Dünnwald/Gerlach* vor § 74 Rdnr. 3; *Loewenheim/Vogel* § 38 Rdnr. 124; *Wandtke/Bullinger/Büscher* Rdnr. 17; zur Rechtsnatur von Vereinbarungen über die Namensnennung *Grünberger* S. 98 ff. mwN). Begegnen wird der Verzicht dort, wo die Darbietung lediglich eine sekundäre Rolle spielt, wie etwa bei der Hintergrund- oder Werbemusik. Zu beachten ist dabei, dass ein Verzicht auch einen Verzicht auf das Anerkennungsrecht nach Abs. 1 S. 1 einschließt.

Branchenübliche Einschränkungen, die sich weitgehend noch zu Zeiten des alten Rechts herausgebildet haben, bewegen sich in Fällen der wirtschaftlichen Unterlegenheit der kreativen Seite mitunter am Rande des Unsittlichen (vgl. LG München I AfP 1994, 239/240 – Venus der Lumpen; § 13 Rdnr. 25; *Schack*[5] Rdnr. 377; *Fromm/Nordemann/Hertin*[9] § 13 Rdnr. 9). Sie können nach der für den Urheber geltenden Rechtslage **nicht ohne Weiteres als stillschweigend vereinbart** gelten (BGH GRUR 1995, 671/672 – Namensnennungsrecht des Architekten), sondern nach dieser Rechtsprechung nur unter Beachtung nicht zu geringer Anforderungen. Diesen ist im Bereich des Interpretenrechts dann genügt, wenn insbesondere die allgemeinen Zweckübertragungslehre beachtet wird, wenn Brachenübungen im konkreten Fall objektiv bestehen, wenn sie als dem Künstler bekannt angesehen werden können und sich aus dem Vertrag im Übrigen nichts Entgegenstehendes ergibt (vgl. dazu auch OLG München GRUR 1969, 146 f. – Bundeswehrplakat; zur Beachtung von Branchenübungen ferner *Dünnwald/Gerlach* vor § 74 Rdnr. 3 ff.; *Grünberger* S. 104 ff.; *Loewenheim/Vogel* § 38 Rdnr. 125; für strengere Anforderungen im Bereich des Interpretenrechts *Wandtke/Bullinger/Büscher* Rdnr. 19; zum Urheberrecht § 13 Rdnr. 25 mwN; *Fromm/Nordemann/Hertin*[9] § 13 Rdnr. 9; *Radmann* ZUM 2001, 788/791: Unbeachtlichkeit einer Branchenübung per se; *Schack*[5] Rdnr. 377: Einschränkungen nur durch vertragliche Vereinbarungen, die im Lichte von Verkehrssitte und Branchenübungen auszulegen sind; aus der Zeit vor der BGH-Entscheidung *Ulmer*[3] § 40 IV 2: nur in besonderen Fällen unter Berücksichtigung der Natur des Werkes und der Verkehrsgewohnheiten; aA *Rehbinder* ZUM 1991, 220/225: Namensnennung im Hinblick auf § 63 Abs. 2 nur im Rahmen der Verkehrssitte). Ohne eine derartige strenge Prüfung träte eine Relativierung des Rechts nach § 74 ein, weil dem ausübenden Künstler die Last aufgebürdet würde, sich gegen ihn einseitig belastende Branchenübungen zu wehren und vertraglich Abweichungen von den Branchengewohnheiten durchzusetzen, um in den Genuss der ihm gesetzlich zustehenden Rechte zu gelangen. Damit würde letztlich die Rechtslage perpetuiert, die vor Inkrafttreten des § 74 galt (so auch *Grünberger* S. 104 ff., der den Ausschluss der Namensnennung nur bei sozialer Inadäquanz, dh. nach eindeutigem Vorrang der Verwerterinteressen, etwa in Diskotheken oder bei Hintergrundmusik, favorisiert, ebd. S. 106 ff.; dagegen *Dünnwald/Gerlach* vor § 74 Rdnr. 6 unter Hinweis auf *Dietz* § 13 Rdnr. 23: zunächst Nichtausübung oder konkludente Abbedingung prüfen). Dies gilt auch für Künstlerverträge in Arbeits- oder Dienstverhältnissen (sa. § 79 Rdnr. 38; § 13 Rdnr. 27).

III. Mehrheit von ausübenden Künstlern (Abs. 2)

1. Abs. 2 im Überblick

20   Das **Recht auf Nennung** nach Abs. 1 S. 2 – **nicht** hingegen das **Recht auf Anerkennung** nach Abs. 1 S. 1 (AmtlBegr. BTDrucks. 15/38 S. 23) – unterliegt nach Abs. 2 aus praktischen Gründen der Relativierung bei Ensembleleistungen. Beim Recht auf Anerkennung stellen sich die mit der gemeinsamen Darbietung mehrerer Künstler verbundenen praktischen Probleme nicht in gleicher Schärfe. Es wird deshalb von Abs. 2 nicht erfasst mit der Folge, dass jeder mitwirkende Künstler selbst gegen die ihm verwehrte Anerkennung vorgehen kann (*Dünnwald/Gerlach* Rdnr. 9; *Wandtke/Bullinger/Büscher* Rdnr. 22). Nach seinem Sinn und Zweck soll Abs. 2 den Schwierigkeiten begegnen, die sich bei der Wahrnehmung sowohl ideeller als auch materieller Belange der Ensemblemitglieder ergeben können, wenn einzelne von der Mehrheitsmeinung abweichen und wenn die Mitglieder häufig wechseln. Dabei liegen die Vorteile der gesetzlichen Regelung sowohl auf Seiten des Ensembles als auch bei denen, die mit ihm in geschäftliche Beziehungen treten (s. BGH GRUR 2005, 502/504 – Götterdämmerung).
Abs. 2 enthält im Wesentlichen **zwei Regelungen:** zunächst reduziert Abs. 2 S. 1 das Nennungsrecht des einzelnen Mitwirkenden auf die **Nennung lediglich der Künstlergruppe.** Allein bei Filmwerken gilt die weiterreichende Ausnahme des § 93 Abs. 2, nach der die Nennung eines mitwirkenden Künstlers unter Umständen ganz entfallen kann. Sodann findet für Künstlergruppen bei der Ausübung ihres Nennungsrechts nach Abs. 1 S. 2 die **gesetzliche Vertretungsregelung** des Abs. 2 S. 2 und 3 Anwendung. Beide Bestimmungen werden wiederum in zweifacher Hinsicht eingeschränkt. So steht die Reduzierung des Nennungsrechts auf die bloße Nennung der Künstlergruppe unter dem **Vorbehalt eines ansonsten unverhältnismäßigen Aufwandes.** Insoweit korrespondiert die Vorschrift mit dem weniger strengen Art. 5 Abs. 1 WPPT, der das Nennungsrecht nur gewährt, sofern die Unterlassung der Namensnennung nicht durch die Art der Nutzung der Darbietung geboten ist. Ferner finden beide Einschränkungen dann keine Anwendung, wenn ein Künstler ein **besonderes Interesse** an seiner persönlichen Nennung geltend machen kann (Abs. 2 S. 4).

2. Nennung als Künstlergruppe

21   Die Befugnis, anstelle jedes einzelnen ausübenden Künstlers lediglich die Künstlergruppe nennen zu dürfen, besteht zunächst nur bei einer **gemeinsamen Darbietung mehrerer Künstler.** Mehrere Künstler iSd. Vorschrift sind nicht allein Großgruppen, sondern bereits zwei Interpreten, die dasselbe ein- oder mehrstimmige Werk darbieten (BGH GRUR 1993, 550/551 – The Doors). Spielen zwei Mitglieder einer Gruppe unabhängig von einander und nachgeordnet,

fehlt es an der Gemeinsamkeit der Darbietung, so dass beide zu nennen sind. Bei kleineren Gruppen stellt sich freilich die Problematik, der Abs. 2 Herr zu werden versucht, seltener. Sie besteht im Wesentlichen bei Chören, Orchestern, Tanzgruppen oder Schauspieltruppen, bei denen die Einzelnennung aller beteiligten Künstler in der Regel an ihrer technischen Bewältigung scheitert.

Die Beantwortung der Frage, unter welchen Voraussetzungen sich das Nennungsrecht nach Abs. 1 S. 2 auf die Nennung der Künstlergruppe beschränkt, setzt eine differenzierende Betrachtung des gesetzlich vorausgesetzten **unverhältnismäßigen Aufwandes** bei der Nennung aller Künstler voraus. Als Ausnahme von Abs. 1 ist Abs. 2 **eng auszulegen**, so dass Letzterer nur zum Tragen kommt, wenn es nach Abwägung der beiderseitigen Interessen dem Verwerter nicht zuzumuten ist, alle Mitwirkenden zu nennen (*Dünnwald/Gerlach* Rdnr. 10; vgl. auch die Erläuterungen zu § 93 Abs. 1, der bereits die Rechte des einzelnen Künstlers nach Abs. 1 unter den Vorbehalt eines unverhältnismäßigen Aufwandes stellt). Grundsätzlich ist davon auszugehen, dass sich der Aufwand umso eher der Unverhältnismäßigkeitsschwelle nähert, je mehr Künstler an der Darbietung mitwirken (ebenso *Dreier/Schulze/Dreier* Rdnr. 6; *Dünnwald/Gerlach* Rdnr. 10). Jedoch wird bei der Abwägung auch nach **den Umständen und der Art des Mediums** zu unterscheiden sein, die eine Darbietung der Öffentlichkeit ankündigen und präsentieren (ebenso *Fromm/Nordemann/Schaefer*[10] Rdnr. 10). Die Mitglieder eines Nonetts werden zwar im Beiheft eines Tonträgers problemlos genannt werden können, nicht aber auf dem Träger selbst oder seinem Cover. Dasselbe dürfte anzunehmen sein bei der Nennung aller Mitglieder im Rundfunkprogrammheft eines Sendeunternehmens, wo sich mitunter die Namen aller Mitglieder eines größeren Orchesters anführen lassen, hingegen nicht bei der Ansage einer Darbietung vor ihrer Sendung. Nichts anderes gilt auch für die Nennung auf dem Plakat im Programmheft einer Veranstaltung. Selbstverständlich hindert Abs. 2 S. 1 niemand, einen unverhältnismäßigen Aufwand zu betreiben und auch dort alle Interpreten einzeln zu nennen, wo dies über das Vertretbare hinausgeht (ähnlich differenzierend *Reinbothe/v. Lewinski* WPPT Art. 5 Rdnr. 16).

Als **keine Frage des Aufwandes, sondern der stillschweigend gebilligten Branchenübung** stellt sich die bloße Nennung der Gruppe in den Bereichen der **Popmusik** ua. dar. Dort entspricht es den Gepflogenheiten, dass die Künstler weniger mit ihrem bürgerlichen Namen als vielmehr unter ihrem Gruppennamen auftreten (vgl. auch *Fromm/Nordemann/Schaefer*[10] Rdnr. 10). Bei Streichquartetten, insbesondere solchen mit langer Tradition, begegnet nicht selten der bürgerliche Name neben dem Gruppennamen. Wird das Quartett zu einem Quintett erweitert, ist es verbreitete Übung, auf jeden Fall den hinzugetretenen Musiker namentlich hervorgehoben zu benennen.

3. Gesetzliche Beschränkung der Rechtsausübung (Abs. 2 S. 2 und 3)

a) **Innenverhältnis.** Abs. 2 S. 2 und 3, denen die Regelung des § 80 Abs. 1 aF entspricht, trifft **keine Regelung des Verhältnisses der Gruppenmitglieder untereinander und zu ihrem Vorstand oder Leiter.** Zur Beurteilung der Vorschrift geben auch die Gesetzesmaterialien keinen Aufschluss. Die Rechtsprechung zu § 80 aF hat sich im Zusammenhang mit der Geltendmachung von Vergütungsansprüchen gem. § 80 Abs. 2 aF auf die vor Erlass des UrhG 1965 ergangene BGH-Entscheidung „Figaros Hochzeit" berufen (BGHZ 33, 20/30) und auf die Stellung des Vorstands nach den gesetzlichen Vorschriften über die **Rechtsgemeinschaft und die vereinsrechtlichen Bestimmungen** der §§ 741, 54, 24ff. BGB verwiesen (OLG Frankfurt GRUR 1984, 162f. – Erhöhungsgebühr bei Orchestervorstand; OLG Frankfurt GRUR 1985, 380f. – Operneröffnung; OLG München GRUR 1989, 55/56 – Cinderella; AG Hamburg GRUR 1990, 267/269 – Bayreuther Orchester; ebenso *v. Gamm* § 80 Rdnr. 6; *Fromm/Nordemann/Hertin*[9] § 80 Rdnr. 1: Gemeinschaftsrecht oder alternativ dazu Gesellschaftsrecht nach §§ 705ff. BGB; ähnlich noch zum Recht unter dem LUG *Baum* GRUR 1952, 556/560).

Die tatsächliche Handhabung innerhalb dieser Gruppen spricht eher für die vom OLG Frankfurt (GRUR 1984, 162f. – Erhöhungsgebühr bei Orchestervorstand; GRUR 1985, 380f. – Operneröffnung; vgl. auch OLG München GRUR 1989, 55/56 – Cinderella – und AG Hamburg GRUR 1990, 267/269 – Bayreuther Orchester) angenommene und auch vom BGH (GRUR 2005, 502/504 – Götterdämmerung) neben der gesellschaftsrechtlichen für naheliegend erachtete **vereinsrechtliche Struktur**, selbst wenn entsprechende Satzungen nicht vorhanden sind. Auch der Tarifvertrag über Bildung und Aufgaben des Orchestervorstandes (TV Orchestervorstand) vom 1. 7. 1971 in der Fassung vom 4. 12. 2002 (abgedruckt in *Dt. Bühnenverein*

[Hrsg.], Bühnen- und Musikrecht, II A 3) lässt keinen Rückschluss auf die Rechtsform der Gruppen zu. Die dort in § 4 Abs. 5 genannte Geschäftsordnung betrifft nur das Verhältnis der Vorstandsmitglieder untereinander und ist theoretisch sowohl bei Gesamthands- als auch bei Bruchteilsgemeinschaften denkbar. Etwaige tarifvertragliche Bindungen des Gruppenvorstands lassen jedenfalls dessen Aktivlegitimation nach Abs. 2 S. 2 zur Geltendmachung von Ansprüchen aus den §§ 97 ff. unberührt (OLG München ZUM 1988, 349 – Cinderella und ZUM 1993, 42 – Cosi fan tutte). Aus dem Gesetzeszweck des Abs. 2 S. 2 ergibt sich jedoch, dass durch die gesetzliche Prozessstandschaft des Gruppenvorstands die Durchsetzung der persönlichkeitsrechtlichen und über § 80 Abs. 2 auch der vermögensrechtlichen Ansprüche der Beteiligten vom **häufigen Mitgliederwechsel unabhängig gemacht** werden soll (BGH GRUR 2005, 502/ 504 – Götterdämmerung; ebenso bereits OLG Frankfurt/M GRUR 1984, 162 f. – Erhöhungsgebühr bei Orchestervorstand sowie GRUR 1985, 380 f. – Operneröffnung). Dieses Ziel lässt sich nur über die Struktur eines nicht rechtsfähigen Vereins erreichen. Dabei sind nach § 54 BGB ergänzend die Vorschriften des Gesellschaftsrechts heranzuziehen, soweit die Vorschriften des Vereinsrechts (§§ 21 ff. BGB) die Rechtsfähigkeit voraussetzen (*Palandt/Heinrichs* BGB[63] § 54 Rdnr. 1).

26 Dem Vereinsrecht entsprechend werden in den genannten **tarifvertraglich gebundenen Gruppen Mehrheitsentscheidungen** bei der Einräumung von Nutzungsrechten (früher Einwilligungsrechten) als **ausreichend** erachtet (vgl. § 32 BGB im Gegensatz zu § 709 BGB; so allgemein für Gruppenentscheidungen *Fromm/Nordemann/Hertin*[9] § 80 Rdnr. 7). Die vereinsrechtliche Analogie entspricht Art. 8 RA, nach dem die nationalen Regelungen die Willensbildung innerhalb der Gruppe reglementieren können, so dass Entscheidungen nach dem Mehrheitsprinzip konventionskonform sind (*Nordemann/Vinck/Hertin* RA Art. 8 Rdnr. 3; sa. § 66 Abs. 3 öUrhG, der eine Entscheidung mit einfacher Mehrheit ohne Berücksichtigung von Stimmenthaltungen vorsieht).

27 **Bei Künstlerpersönlichkeitsrechten** des einzelnen Interpreten, wie etwa der Wahl des Gruppennamens, erscheint jedoch im Innenverhältnis (zur Problematik der Geltendmachung vermögenswerter Rechte des Künstlers nach § 80 Abs. 2, s. die Erläuterungen zu § 80 Rdnr. 7 ff.) eine strikte Unterwerfung ihrer Ausübung unter Mehrheitsbeschlüsse durch eine direkte oder analoge Anwendung gesellschafts-, gemeinschafts- oder vereinsrechtlicher Vorschriften nicht unproblematisch (so auch *Möhring/Nicolini/Kroitzsch*[2] § 80 aF Rdnr. 12: persönlichkeitsrechtliche Ansprüche können nur vom Künstler selbst geltend gemacht werden). Zwar belässt Abs. 2 S. 1 unter den dort näher bezeichneten Umständen den Künstlern nur das Recht, als Künstlergruppe genannt zu werden; deren Name ist jedoch für den einzelnen Mitwirkenden nicht belanglos. Dasselbe gilt für die Frage der Durchsetzung dieses Namens und der Geltendmachung von Schadensersatzansprüchen. Im Rahmen des Abs. 2 S. 1 sollte deshalb eine Majorisierung des einzelnen Künstlers nur dann in Betracht gezogen werden, wenn sie in einer Satzung, einem Gesellschaftsvertrag oder einem Tarifvertrag vereinbart ist und darüber hinaus das Nennungsrecht des einzelnen durch eine Mehrheitsentscheidung der Gruppe **nicht in seinem Kern berührt** wird (s. Rdnr. 11, 19). Ohne ausdrückliche Regelung der gruppeninternen Willensbildung sollte im Innenverhältnis wie in § 75 S. 2 das **Gebot gegenseitiger Rücksichtnahme** gelten, nach dem bei einer Abwägung der wechselseitigen Interessen die der Minderheit nicht schwerer wiegen dürfen als die Interessen der Mehrheit (sa. § 75 Rdnr. 34).

28 **b) Außenverhältnis.** Abs. 2 S. 2 und 3 regeln, wer in welcher Reihenfolge gesetzlich befugt ist, eine Künstlergruppe bei der Frage der Nennung ihres Gruppennamens gegenüber Dritten zu vertreten. Dabei spielt es keine Rolle, ob die aktuelle Zusammensetzung des Ensembles noch mit der übereinstimmt, die bestanden hat, als der Anspruch entstanden ist, und auch, ob der Vorstand noch derselbe ist, vorausgesetzt, bei dem Ensemble handelt es sich um einen auf einen längeren Zeitraum und unter Beibehaltung seiner einem Verein oder einer Gesellschaft entsprechenden Eigenart angelegten Zusammenschluss (BGH GRUR 2005, 502/504 – Götterdämmerung). Ferner ist es unerheblich, ob das Ensemble, wie etwa das Bayreuther Festspielorchester nur in bestimmten Zeiträumen aktiv ist. Die Regelung entspricht der des § 80 Abs. 2 aF für Chor-, Orchester- und Bühnenaufführungen. Nach § 80 Abs. 2 nF findet sie für die Vertretung mehrerer Künstler bei der Geltendmachung der vermögenswerten Rechte nach §§ 77 und 78 entsprechende Anwendung (s. dazu auch die Erläuterungen zu § 80 Rdnr. 7 ff.).

Abs. 2 S. 2 und 3 sind erst auf Empfehlung des Rechtsausschusses an die alte Fassung des § 80 Abs. 2 aF angeglichen worden (s. Beschlussempfehlung und Bericht des Rechtsausschusses vom 8. 4. 2003 BTDrucks. 15/837 S. 23). Der RegE sah noch die Geltendmachung des Nennungs-

Anerkennung als ausübender Künstler **§ 74**

rechts durch einen gewählten Vertreter mit Zustimmung der Mehrheit der beteiligten ausübenden Künstler vor (AmtlBegr. BTDrucks. 15/38 S. 8; zur Entstehungsgeschichte der Vorschrift *Wandtke/Bullinger/Büscher* Rdnr. 26).

c) Vertretungsberechtigte. aa) Vorstand. Nach der in Kraft getretenen Fassung der Vor- 29 schrift steht die Geltendmachung des Rechts zunächst dem **gewählten Vertreter** der Künstlergruppe zu. Dies ist der Vorstand. Wie er zu wählen ist, richtet sich aus der Satzung der Gruppe, ihrem Tarif- oder ihrem Gesellschaftsvertrag. Über die **Wahl des Gruppenvorstands** enthält § 2 des TV-Orchestervorstand vom 1. 7. 1971 (abgedr. in *Dt. Bühnenverein* [Hrsg.], Bühnen- und Musikrecht, II A 3) genauere Verfahrensvorschriften für den Geltungsbereich der Orchester, ua. über die Zahl der Vorstandsmitglieder, die aktiv und passiv Wahlberechtigten, das Mehrheitsprinzip und die Wahlperiode. Für die nach dem Normalvertrag (NV) Chor/Tanz vom 2. 11. 2000 in der Fassung vom 17. 4. 2001 (Bühnen und Musikrecht I B 1) gewählten Vorstände gilt nach § 48 ähnliches mit der Maßgabe, dass dort ein Obmann mit qualifizierter Mehrheit im ersten Wahlgang zu wählen ist. Da derartige Wahlverfahren der zumindest analog anwendbaren vereinsrechtlichen Vorschrift des § 32 Abs. 1 S. 3 BGB entsprechen, ist einfache Mehrheit auch bei der Vorstandswahl nicht tarifvertraglich gebundener Gruppen als ausreichend anzusehen. Eine in freier Wahlen praktisch nie zu erzielende Einstimmigkeit zu verlangen (so aber im Hinblick auf die wirtschaftliche Bedeutung der Entscheidungen der Vorstände für den freien Interpreten *Möhring/Nicolini/Kroitzsch*[2] § 80 Rdnr. 13), widerspräche der ratio legis, die Gruppe primär durch eine aus den eigenen Reihen gewählte Person ihres Vertrauens vertreten zu lassen (AmtlBegr. BTDrucks. 15/38 S. 23).

bb) Leiter der Gruppe. Fehlt ein Vorstand, ist subsidiär der Leiter der Gruppe befugt, das 30 Nennungsrecht auszuüben. Dies ist in aller Regel der ständige **künstlerische Leiter** und kann zB der Dirigent, Chorleiter oder Ballettmeister sein (AmtlBegr. UFITA 45 [1965] 240/312; ausführlich *Dünnwald/Gerlach* Rdnr. 13), nicht jedoch eine Person, die nur vorübergehend als Gast tätig ist oder ihrer Aufgaben wegen organisatorisch der Arbeitgeberseite zuzuordnen ist, wie dies beim Intendanten der Fall ist (allgM BGH GRUR 1999, 49/50 – Bruce Springsteen and his Band [Solist als Arbeitgeber der Begleitband]; *Dünnwald/Gerlach* Rdnr. 13; *Dreier/Schulze/Dreier* Rdnr. 7; *Fromm/Nordemann/Hertin*[9] § 80 Rdnr. 7; *Fromm/Nordemann/Schaefer*[10] Rdnr. 16), oder wie zB ein Gastdirigent keine dauerhafte Beziehung zur Gruppe hat (*Fromm/Nordemann/Hertin*[9] § 80 Rdnr. 7).

cc) Gewählter Vertreter. Erst **wenn auch ein Gruppenleiter fehlt, hat das Ensemble** 31 **einen Vertreter zu wählen,** der nicht zwangläufig aus seiner Mitte stammen muss. Für die Wahl des Vertreters gelten die Ausführungen zur Wahl des Vorstandes entsprechend (Rdnr. 26). Wegen des zwingenden Charakters des § 80 aF wurde eine Rechtsausübung ohne gewählten Vertreter, etwa durch **einzelne Gruppenmitglieder**, bereits nach altem Recht von einem Teil der Literatur für unzulässig erachtet (*v. Gamm* § 80 Rdnr. 7; nach neuem Recht auch *Dreier/Schulze/Dreier* Rdnr. 7). So besagt es auch der Wortlaut des § 74 Abs. 2 S. 2 und 3. Dem ist jedoch der BGH noch unter dem Recht des § 80 Abs. 2 aF insofern entgegengetreten, als die Durchsetzung verfassungsrechtlich verbriefter Rechte mangels eines Leiters der Gruppe scheitern würde, und hat in einem solchen Fall auch einzelne Gruppenmitglieder für aktivlegitimiert angesehen (vgl. BGH GRUR 1993, 550/551 – The Doors). Daran sollte die neue Vorschrift trotz teilweise geändertem Wortlaut nichts ändern (so überzeugend *Fromm/Nordemann/Schaefer*[10] Rdnr. 14 unter Hinweis auf die AmtlBegr. BT-Drucks. 15/38, S. 25).

d) Prozessstandschaft. Nach ihrem Wortlaut bezieht sich die Bestimmung des **Abs. 2 S. 2** 32 **und 3** auf das Recht nach Abs. 2 S. 2 (Nennung als Gruppe), zu dessen Geltendmachung der Vorstand, Leiter oder sonstige gewählte Vertreter für die Gruppe in **gesetzlicher Prozessstandschaft** ermächtigt wird (BGH GRUR 2005, 502/503 f. – Götterdämmerung; so auch schon für das alte Recht BGHZ 33, 20 – Figaros Hochzeit; ebenso zu § 80 aF BGH GRUR, 1993, 550/551 – The Doors; OLG Frankfurt/M GRUR 1985, 380 – Operneröffnung; OLG Frankfurt/M GRUR 1984, 162 – Erhöhungsgebühr bei Orchestervorstand; s. ferner mit ausführlicher Begründung *Dünnwald/Gerlach* Rdnr. 12; *Loewenheim/Vogel* § 38 Rdnr. 127; *v. Gamm* § 80 Rdnr. 5; *Möhring/Nicolini/Kroitzsch*[2] § 80 Rdnr. 9; aA *Fromm/Nordemann/Hertin*[9] § 80 Rdnr. 2; OLG München GRUR 1989, 55/56 – Cinderella; LG Hamburg ZUM 1991, 98 f. – Bayreuther Orchester; ferner KG ZUM-RD 1997, 245 – Staatskapelle Berlin). Auch das § 74 ergänzende Verbotsrecht nach § 96 (s. dazu § 96 Rdnr. 6 ff.) wird vom Zweck der Regelung, eine möglichst einheitliche Rechtsverfolgung zu gewährleisten, mitumfasst (BGH GRUR 1993, 550/551 – The Doors). Darüber hinaus gilt die gesetzliche Prozessstandschaft auch für die Geltendmachung der aus einer Rechtsverletzung folgenden Ansprüche der §§ 97 ff. (so schon die AmtlBegr. zu § 80 Abs. 2 aF UFITA 45 [1965] 240/312). Ein aus mehreren Mitgliedern bestehender Vorstand ist prozessual und gebührenrechtlich nicht als eine Partei anzusehen (OLG Frankfurt/M GRUR 1984, 162 – Erhöhungsgebühr bei Orchestervorstand).

33 Dem Normzweck der Vereinfachung des Rechtsverkehrs und der Prozessökonomie entsprechend ist eine **Passivlegitimation** des Vorstands, Leiters oder eines sonstigen gewählten Vertreters in denjenigen Fällen anzunehmen, in denen er auf der Klägerseite aufgrund der Prozessstandschaft des Abs. 2 S. 2 und 3 aktivlegitimiert wäre (*Fromm/Nordemann/Hertin*[9] § 80 Rdnr. 9; *Wandtke/Bullinger/Büscher* § 80 Rdnr. 16), jedoch nicht für Schadensersatzansprüche wegen Vertragsverletzung, die sich allein gegen jeden einzelnen Künstler zu richten haben (*Möhring/Nicolini/Kroitzsch*[2] § 80 Rdnr. 11).

34 Die **persönlichkeitsrechtlichen Befugnisse** der Gruppenmitglieder aus § 75 bleiben von der Bestimmung des Abs. 2 S. 2 und 3 unberührt (zu der teilweise befürworteten Ausübung des Änderungsrechts durch den Vorstand sa. *Flechsig* S. 128 ff.). Ihre Geltendmachung bleibt jedem einzelnen Gruppenmitglied unter Beachtung des Grundsatzes gegenseitiger Rücksichtnahme vorbehalten (sa. § 75 Rdnr. 7; *Fromm/Nordemann/Hertin*[9] § 80 Rdnr. 8; *Möhring/Nicolini/Kroitzsch*[2] § 80 Rdnr. 12; *Ulmer*[3] § 124 II 3).

35 **Persönlichkeitsrechtliche Befugnisse der Gruppe als solcher** sind de lege lata nicht gegeben, auch wenn in Einzelfällen ein entsprechendes Schutzbedürfnis anzuerkennen ist, so zB gegen die unterlassene Namensnennung eines Chors oder Orchesters bei Sendungen (*Samson* UFITA 64 [1972] 181/189) oder eine nur die Gesamtwirkung einer Gruppenleistung entstellende Videoaufnahme.

4. Besonderes Interesse an persönlicher Nennung (Abs. 2 S. 4)

36 Nicht von den Beschränkung des Abs. 2 S. 1 bis 3 betroffen sind **Personen mit besonderem Interesse an ihrer persönlichen Nennung.** Dazu zählt im Wesentlichen der Kreis von Künstlern, den § 80 Abs. 1 aF noch ausdrücklich aufgeführt hat: Solisten, die bereits per definitionem nicht zur Gruppe gehören (*Loewenheim/Vogel* § 38 Rdnr. 126), Dirigenten (abgelehnt jedoch im Fall LG Köln ZUM-RD 2008, 211/213 – *E. Symphoniker,* das unter Berücksichtigung aller Umstände des Einzelfalles [erfolgte Nennung unter „very special thanks", Länge der eingespielten Musik, E-Musik u. a.] eine gesonderte hervorgehobene Nennung des Dirigenten nicht für erforderlich hielt; zum Begriff des Dirigenten s. *Fromm/Nordemann/Hertin*[9] § 80 Rdnr. 4) sowie Regisseure, und zwar neben dem Schauspiel- und Opernregisseur – soweit im Einzelfall erforderlich – auch der Bewegungs- und Tonregisseur (vgl. OLG Hamburg GRUR 1976, 708 – Staatstheater – für das Musikwerk „Staatstheater" von Mauricio Kagel; s. dazu auch § 73 Rdnr. 30). Der Ballett- und Tanzregisseur kann sich zudem auf § 13 berufen, da der Choreograph überwiegend ein urheberrechtsschutzfähiges Werk der Tanzkunst schafft bzw. bearbeitet und es nicht nur interpretiert (vgl. § 2 Rdnr. 130 f.; § 3 Rdnr. 21 ff.; zur Abgrenzung *Schlatter-Krüger* GRUR Int. 1985, 299/307). Soweit Dirigenten, Regisseure oder Solisten gleichzeitig gewählte Vorstände oder Leiter einer Gruppe sind, können sie deren Einwilligungsrechte neben ihren eigenen ausüben.

37 Für die **Abgrenzung zwischen Solist und Gruppenmitglied** ist die Bezeichnung im Arbeitsvertrag kein verlässliches Indiz, da – abgesehen von Vertragstypen wie „Halbsolo" und „Gruppe mit Solo" im Ballett – insbesondere bei kleinen Ensembles teilweise Solisten auch zur Mitwirkung in der Gruppe verpflichtet sind und Gruppenmitgliedern kleine Solopartien übertragen werden. Die in der Literatur als sicheres Indiz für die Solisteneigenschaft bezeichnete Namensnennung im Programm (*v. Gamm* § 80 Rdnr. 4; *Möhring/Nicolini/Kroitzsch*[2] § 80 Rdnr. 5; *Fromm/Nordemann/Hertin*[9] § 80 Rdnr. 3) kann angesichts geänderten und örtlich unterschiedlichen Bühnenbrauchs nur noch bedingt als Abgrenzungskriterium herangezogen werden. Besonders bei Tanzdarbietungen werden heute auch die Mitglieder des corps de ballet namentlich aufgeführt. Abgesehen davon kann auch ein **einfaches Gruppenmitglied bei Vorliegen eines besonderen Interesses** an einer individuellen Nennung sich auf Abs. 2 S. 4 berufen (*Dünnwald/Gerlach* Rdnr. 14).

38 Für die Differenzierung **zwischen Solo- und Chorsänger** hat sich in der Praxis auch bei den Bühnenschiedsgerichten die Verwendung von *Kloibers* Handbuch der Oper durchgesetzt. Die dort gesondert genannten Stimmen werden als Solo behandelt. Für Orchester, Ballett und Komparserie ist ein entsprechender Bühnenbrauch nicht festzustellen. Hier muss die Abgrenzung danach vorgenommen werden, ob im konkreten Fall die Leistung des einzelnen ausüben-

den Künstlers in der Wirkung der Gesamtleistung aufgeht (BGHZ 33, 20/30 – Figaros Hochzeit; BGHZ 33, 48/52 – Orchester Graunke) oder aus dieser für das Publikum erkennbar visuell oder akustisch hervortritt (ebenso *v. Gamm* Rdnr. 3; *Möhring/Nicolini/Kroitzsch*[2] § 80 Rdnr. 5; ähnlich *Fromm/Nordemann/Hertin*[9] § 80 Rdnr. 3). Solistische Einlagen eines Mitglieds der Gruppe genügen hierfür nicht (OLG Hamburg ZUM 1991, 496/499 – The Doors; kritisch hierzu *Schlatter* ZUM 1993, 522/523).

IV. Interpretenvermutung (Abs. 3)

39 Nach dem **Gesetz zur Verbesserung der Durchsetzung von Rechten des geistigen Eigentums vom 7. 7. 2008** (BGBl. I S. 1191; der insoweit unverändert gebliebene Reg-E vom 20. 4. 2007 (BT-Drucks. 16/5048) ist auszugsweise abgedruckt in: *Hillig*[11] [Hrsg.] S. 533 ff.), in Kraft getreten am 1. September 2008, ist infolge eines dem § 74 angefügten Abs. 3 die Vorschrift des § 10 Abs. 1 künftig auf das Recht des ausübenden Künstlers entsprechend anzuwenden. Diese Gesetzesänderung geht zurück auf Art. 5 lit. b der Durchsetzungsrichtlinie 2004/48/EG und deren Erwgr. 19. § 74 Abs. 3 statuiert die die Pirateriebekämpfung erleichternde tatsächliche Vermutung, dass der auf einem Vervielfältigungsstück einer erschienenen Darbietung angegebene ausübende Künstler bis zum Beweis des Gegenteils als deren tatsächlicher Interpret anzusehen ist. Der Vorschlag *Grünbergers* (*Grünberger* S. 113 ff., 116, 118 f.; *ders.* GRUR 2006, 894/901 f.), § 10 Abs. 2 UrhG wegen übereinstimmender Interessenlage auch ohne gesetzliche Inbezugnahme auf den anonym bleibenden Interpreten entsprechend anzuwenden, weil dieser nicht gezwungen werden dürfe, seine Anonymität zu lüften, verdient bedacht zu werden. Dies hätte eine widerlegliche Vermutung zugunsten des Inhabers eines ausschließlichen Nutzungsrechts zur Folge, zur Geltendmachung der Interpretenrechte an einer anonymen Darbietung befugt zu sein (*Grünberger* S. 118 f.; *ders.* GRUR 2006, 894/902). Eine planwidrige Regelungslücke als Voraussetzung einer Analogie dürfte insoweit freilich kaum vorliegen.

40 Ferner erhält § 10 selbst einen Abs. 3, der, auch ohne dass § 74 Abs. 3 ausdrücklich auf ihn verweist, für das Recht des ausübenden Künstlers wie für das Recht des Urhebers bestimmt, dass die Vermutung des § 10 Abs. 1 UrhG nicht allein für den originären Rechtsinhaber zur Anwendung kommt, sondern auch für die Inhaber ausschließlicher Nutzungsrechte, jedoch insoweit nur in Verfahren des einstweiligen Rechtsschutzes oder bei der Geltendmachung von Unterlassungsansprüchen (ebenso *Dreier/Schulze/Dreier* Rdnr. 11). Um Missbräuchen entgegenzuwirken, kommt letzteres jedoch nicht im Verhältnis zum Urheber und zum ursprünglichen Inhaber eines verwandten Schutzrechts zur Geltung (§ 10 Abs. 3 S. 2), da es keine Vermutung für die Gültigkeit eines Lizenzvertrages gibt (BT-Drucks. 16/5048, S. 113; sa. *Fromm/Nordemann/Schaefer*[10] Rdnr. 19 ff.).

V. Sonstige Fragen

41 **Ausländische ausübende Künstler.** Die Rechte aus § 74 stehen nach § 125 Abs. 6 allen ausländischen Staatsangehörigen ungeachtet geschlossener Staatsverträge zu, unterliegen jedoch, soweit es sich nicht um EU-Angehörige handelt (§ 125 Abs. 1), hinsichtlich ihrer Dauer dem Schutzfristenvergleich des § 125 Abs. 7 (Einzelheiten dort; sa. *Grünberger* S. 92).

§ 75 Beeinträchtigungen der Darbietung

¹Der ausübende Künstler hat das Recht, eine Entstellung oder eine andere Beeinträchtigung seiner Darbietung zu verbieten, die geeignet ist, sein Ansehen oder seinen Ruf als ausübender Künstler zu gefährden. ²Haben mehrere ausübende Künstler gemeinsam eine Darbietung erbracht, so haben sie bei der Ausübung des Rechts aufeinander angemessene Rücksicht zu nehmen.

Schrifttum: *Boden,* Über die Unzulänglichkeit des Leistungsschutzrechtes des ausübenden Künstlers, GRUR 1968, 537; *Bortloff,* Der Tonträgerpiraterieschutz im Immaterialgüterrecht, 1995; *Braun,* Schutzlücken-Piraterie – Der Schutz ausländischer ausübender Künstler in Deutschland vor einem Vertrieb von bootlegs, 1996; *ders.,* Die Schutzlückenpiraterie nach dem Urheberrechtsänderungsgesetz vom 23. Juni 1995, GRUR Int. 1996, 790; *Flechsig,* Der Leistungsintegritätsanspruch des ausübenden Künstlers, 1977; *ders.,* Die Vererbung des immateriellen Schadensersatzanspruchs des ausübenden Künstlers, FuR 1976, 74; *ders.,* Die Dauer des Anspruchs des ausübenden Künstlers auf Integrität seiner künstlerischen Leistung, FuR 1976, 208; *ders.,* Beeinträchtigungsschutz von Regieleistungen im Urheberrecht, FuR 1976, 429; *Freitag,* Kommerzialisierung von Darbietung und Persönlichkeit des ausübenden Künstlers, 1993; *Häuser,* Sound und Sampling, 2002; *Hertin,* Sounds von der Datenbank, GRUR 1989, 578; *ders.,* Die Vermarktung nicht lizenzierter Live-Mitschnitte von Darbietungen ausländischer Künstler nach den höchstrichterlichen Entscheidungen „Bob Dylan" und „Die Zauberflöte", GRUR 1991, 722; *Hoeren,* Sounds von der Datenbank – zum Schutz des Tonträgerherstellers gegen Sampling, Fs. für Hertin, 2000, S. 113; *Kloth,* Der Schutz der ausübenden Künstler nach TRIPs und WPPT, 2000; *Krüger,* Persönlichkeitsschutz und Werbung, GRUR 1980, 628; *ders.,* Zum Leistungsschutzrecht ausländischer ausübender Künstler in der Bundesrepublik Deutschland im Falle der sog. bootlegging, GRUR Int. 1986, 381; *Krüger-Nieland,* Das Urheberpersönlichkeitsrecht, eine besondere Erscheinungsform des allgemeinen Persönlichkeitsrechts?, Fs. für Hauß, 1978, S. 215; *W. Nordemann,* Vererblichkeit von Leistungsschutzrechten, FuR 1969, 15; *Peukert,* Die Leistungsschutzrechte des ausübenden Künstlers nach dem Tode, 1999; *ders.,* Leistungsschutz des ausübenden Künstlers de lege lata und de lege ferenda unter besonderer Berücksichtigung der postmortalen Rechtslage, UFITA 138 (1999) 63; *ders.,* Persönlichkeitsbezogene Immaterialgüterrechte?, ZUM 2000, 710; *Peter,* Das allgemeine Persönlichkeitsrecht und das „droit moral" des Urhebers und des Leistungsschutzberechtigten in den Beziehungen zum Film, UFITA 36 (1962) 257; *Reinbothe/v. Lewinski,* The WIPO Treaties 1996, 2002; *Rüll,* Allgemeiner und urheberrechtlicher Persönlichkeitsschutz des ausübenden Künstlers, Diss. München 1997 (zit. nach Kap.); *Schack,* Das Persönlichkeitsrecht der Urheber und ausübenden Künstler nach dem Tode, GRUR 1985, 352; *Schaefer/Körfer,* Tonträgerpiraterie, 1995; *Schiefler,* Verhältnis des Urheberrechts und des Leistungsschutzrechts des ausübenden Künstlers zum allgemeinen Persönlichkeitsrecht, GRUR 1960, 156; *Schmieder,* Wann endet das Schutzrecht der ausübenden Künstler nach dem neuen Urheberrechtsgesetz?, FuR 1968, 315; *ders.,* Vererblichkeit von Leistungsschutzrechten, FuR 1969, 15; *ders.,* Werkintegrität und Freiheit der Interpretation, NJW 1990, 1945; *Schwarz/Schierholz,* Das Stimmplagiat: Der Schutz der Stimme berühmter Schauspieler und Sänger gegen Nachahmung im amerikanischen und deutschen Recht, Fs. für Kreile, 1994, S. 723; *Unger/Götz v. Olenhusen,* Historische Live-Aufnahmen ausübender Künstler im Bereich klassischer Musik, ZUM 1987, 154; *Weßling,* Der zivilrechtliche Schutz gegen digitales Sound-Sampling, 1995.

Übersicht

	Rdnr.
I. Allgemeines	1–15
1. Grundcharakteristik der Vorschrift	1, 2
2. Rechtslage vor dem UrhG und Gesetzgebungsgeschichte	3, 4
3. Zweck und Rechtfertigung des Rechts auf Leistungsintegrität	5
4. Rechtsnatur und Schutzumfang	6–13
a) Rechtsnatur	6, 7
b) Regelungsumfang	8–10
c) Persönlicher Geltungsbereich	11, 12
d) Zeitlicher Geltungsbereich	13
5. § 75 im Verhältnis zu den für den Urheber geltenden änderungsrechtlichen Bestimmungen	14
6. Reformüberlegungen	15
II. Anwendungsbereich und -methodik des § 75	16–33
1. Anwendungsbereich	16–21
a) Eingriffsbefugnis und Nutzungsrechtseinräumung	16–19
b) Leistungsbeeinträchtigung und gesetzliche Nutzungsbefugnis	20, 21
2. Anwendungsmethodik	22, 23
3. Entstellung und andere Beeinträchtigung	24–30
a) Direkte Beeinträchtigungen	25–30
aa) Live-Darbietungen	26
bb) Beeinträchtigungen bei der Festlegung	27
cc) Eingriff in die fixierte Darbietung	28, 29
b) Indirekte Beeinträchtigungen	30
4. Ruf- und Ansehensgefährdung	31
5. Interessengefährdung	32
6. Beweislast	33
III. Beeinträchtigungsverbot bei Ensemble-Leistungen (Satz 2)	34
IV. Rechtsfolgen der Verletzung des Beeinträchtigungsverbots	35, 36
V. Fremdenrechtliche Fragen	37

I. Allgemeines

1. Grundcharakteristik der Vorschrift

1 § 75 gewährt dem ausübenden Künstler ein der Regelung des § 14 nachgebildetes Recht auf „Leistungstreue". In seinem Schwerpunkt schützt es das **ideelle Interesse des Interpreten an der Integrität seiner Werkinterpretation**, dient gleichzeitig aber auch der Wahrung seiner materiellen Belange, soweit die unverfälschte Leistungswiedergabe zum wirtschaftlichen Erfolg des Künstlers beizutragen vermag (ebenso *Flechsig* FuR 1976, 208/210; *Rüll* § 4 IV im Hinblick auf die AmtlBegr. UFITA 45 [1965] 240/313; *Möhring/Nicolini/Kroitzsch*[2] § 83 Rdnr. 1; sa. *Peter* UFITA 36 [1962] 257/300).

§ 75 regelt die **Persönlichkeitsrechte** des ausübenden Künstlers in Bezug auf seine Darbietung nicht alleine (*Dünnwald/Gerlach* vor § 74 Rdnr. 15; zur Rechtslage vor dem Inkrafttreten des Gesetzes zur Regelung des Urheberrechts in der Informationsgesellschaft vom 10. 9. 2003 s. vor §§ 73 ff. Rdnr. 7; *Fromm/Nordemann/Hertin*⁹ vor § 73 Rdnr. 2, 4; *v. Gamm* § 83 Rdnr. 4; kritisch dazu *Boden* GRUR 1968, 537/538/540; aA *Rüll* § 17), **sondern neben den** neu in das Gesetz aufgenommenen **Rechten auf Anerkennung als ausübender Künstler und auf Namensnennung nach § 74 und im weiteren Sinne dem Aufnahmerecht nach § 77 Abs. 1.** Der gegenüber dem Urheberrecht eigenständige Schutzgegenstand und die nicht umfassende Ausgestaltung des Interpretenrechts verbieten – über die §§ 74, 75 hinausgehend – die analoge Anwendung weiterreichender persönlichkeitsrechtlicher Bestimmungen des Teils 1 des UrhG auf leistungsschutzrechtliche Sachverhalte (AmtlBegr. UFITA 45 [1965] 240/304; *Dünnwald/Gerlach* vor § 74 Rdnr. 15; *Fromm/Nordemann/Hertin*⁹ vor § 73 Rdnr. 4; *Flechsig* S. 11 ff. mwN). Dies gilt namentlich für das **Veröffentlichungsrecht,** welches nur über den Zuschnitt von eingeräumten Nutzungsrechten ausgeübt werden kann, und dies galt bis zum Inkrafttreten der Gesetzesnovelle vom 10. 9. 2003 am 13. 9. 2003, wie die AmtlBegr. hervorhebt (AmtlBegr. UFITA 45 [1965] 240/313), auch für das **Recht auf Namensnennung,** das allerdings nach altem Recht im Rahmen des Üblichen als vertraglich vereinbart galt, wo ausdrückliche Abmachungen fehlten (Einzelheiten dazu § 74 Rdnr. 4 mwN). Über die Verweisungsnorm des § 83 nF (§ 84 aF) kommt freilich bei gesetzlichen Nutzungsverhältnissen als persönlichkeitsrechtliche Bestimmung des Teils 1 des UrhG neben § 63 (Quellenangabe) die Regel des § 62 (Änderungsverbot) zur Anwendung, innerhalb der wiederum – allerdings ohne praktische Auswirkungen gegenüber der Rechtslage nach § 75 (sa. § 62 Rdnr. 12) – die änderungsrechtliche Vorschrift des § 39 zu berücksichtigen ist. Sie ist nach neuem Recht gemäß § 79 Abs. 2 ebenso wie das Rückrufrecht wegen gewandelter Überzeugung nach § 42 nunmehr auch im Zusammenhang mit leistungsschutzrechtlichen Nutzungsverträgen entsprechend anzuwenden.

2. Rechtslage vor dem UrhG und Gesetzgebungsgeschichte

Zur **Entstehungsgeschichte** des Leistungsschutzrechts des ausübenden Künstlers s. vor §§ 73 ff. Rdnr. 3–6; *Dünnwald/Gerlach* Einl. Rdnr. 1 ff.

Die **Geschichte gesetzlich geregelter Persönlichkeitsrechte des ausübenden Künstlers** beginnt mit den Reformentwürfen vor dem 2. Weltkrieg, von denen der RJM-E 1932, der Hoffmann-E 1933 und der Akademie-E 1939 bereits Interpretenrechte vorsahen, die die ideellen Interessen des ausübenden Künstlers berücksichtigten. Der RJM-E behielt ihm das Recht auf körperliche Festlegung seiner Darbietung vor (§ 57 Abs. 1 RJM-E), während der Akademie-E dem Interpreten gar einen Entstellungsschutz sowie die Rechte auf Namensnennung und Veröffentlichung zu gewähren gedachte (§§ 55 Abs. 4 S. 4 iVm. 10a Abs. 1 bis 3 Akademie-E). Der persönlichkeitsrechtlichen Grundlage des Interpretenrechts entsprechend, die der BGH später in seinen vier leistungsschutzrechtlichen Entscheidungen vom 31. 5. 1960 (BGHZ 33, 1 – Künstlerlizenz Schallplatten; BGHZ 33, 20 – Figaros Hochzeit; BGH 33, 38 – Künstlerlizenz Rundfunk; BGHZ 33, 48 – Orchester Graunke) bekräftigte, sah nach dem 2. Weltkrieg § 80 RefE 1954 bei genereller Gefährdung des Ansehens oder des Rufs des Künstlers ein Beeinträchtigungs- und Entstellungsverbot vor. Die **genauere Unterscheidung von Künstlerehre und bürgerlicher Ehre** hingegen kam erst in § 88 MinE 1959 zum Ausdruck (vgl. *Schiefler* GRUR 1960, 156/161). Diese Vorschrift stellte einschränkend nur auf diejenigen Beeinträchtigungen und Entstellungen der Darbietung des Interpreten ab, die sein Ansehen oder seinen Ruf als ausübender Künstler in Gefahr bringen. Sie wurde als § 93 in den RegE 1962 übernommen und 1965 als § 83 UrhG in Kraft gesetzt (ausführlich zur geschichtlichen Entwicklung der Vorschrift *Dünnwald/Gerlach* Rdnr. 2).

Mit der **Neuordnung des Rechts des ausübenden Künstlers durch das Gesetz vom 10. 9. 2003** (s. Rdnr. 2) wurde § 83 Abs. 1 wörtlich in § 75 S. 1 übernommen. Der teilweise erhobenen Forderung, die Vorschrift dem Wortlaut des § 14 anzupassen, hat der Gesetzgeber nicht entsprochen (dazu *Wandtke/Bullinger/Büscher* Rdnr. 2 f.). § 83 Abs. 2 aF wurde § 75 S. 2 nF, während sich in der Regelung des § 83 Abs. 3 S. 4 nF regelungstechnisch wiederfindet. § 75 steht schließlich im Einklang mit Art. 5 Abs. 1 WPPT, der erstmals in einem internationalen Vertrag dem ausübenden Künstler das Recht verleiht, sich gegen jede Entstellung, Verstümmelung oder sonstige Änderung seiner Darbietung, die seinem Ruf abträglich ist, zu widersetzen (sa. *Grünberger* S. 121).

3. Zweck und Rechtfertigung des Rechts auf Leistungsintegrität

5   Seinen **Zweck** und seine **Rechtfertigung** findet § 75 in der Notwendigkeit einer gegenüber dem aPR gesonderten Regelung des Integritätsschutzes, um mit einem speziell zugeschnittenen Tatbestand dem Wesen des iSd. monistischen Theorie einheitlichen Leistungsschutzrechts (str., s. vor §§ 12ff. Rdnr. 18f. mwN sowie unten Rdnr. 6f.) mit persönlichkeitsrechtlichen und vermögensrechtlichen Elementen besser zu entsprechen (vgl. AmtlBegr. UFITA 45 [1965] 240/313 sowie die Nachw. unter Rdnr. 6). Der praktische Schwerpunkt der Vorschrift liegt naturgemäß auf dem Schutz der von der Persönlichkeit des Interpreten losgelösten Darbietung, ohne freilich den Schutz von Live-Darbietungen gegen Beeinträchtigungen auszuschließen. Als eine auf den Schutz der ideellen Beziehungen des Interpreten zu seiner Darbietung beschränkte besondere Erscheinungsform des aPR des ausübenden Künstlers sieht § 75 Satz 2 mit der **Anordnung angemessener Rücksichtnahme** bei der Ausübung des Leistungsintegritätsanspruchs **bei Ensembleleistungen** ausdrücklich eine der besonderen Interessenlage gerecht werdende Konfliktlösung vor.

4. Rechtsnatur und Schutzumfang

6   a) **Rechtsnatur.** Seiner Rechtsnatur nach stellt der Schutz gegen Leistungsbeeinträchtigung eine **besondere, selbständige Erscheinungsform des aPR** dar (BGH GRUR 1971, 525/526 – Petite Jacqueline; ebenso *Fromm/Nordemann/Hertin*[9] § 83 Rdnr. 1; *v. Gamm* Einf. Rdnr. 93; *Flechsig* S. 22; *Rüll* § 6 I 2; für das UrhR vor §§ 12ff. Rdnr. 14; für einen Ausschnitt des aPR AmtlBegr. UFITA 45 [1965] 240/313; *Schiefler* GRUR 1960, 156/162; *Schack*[5] Rdnr. 46: Verhältnis des UPR zum aPR ist nicht das eines Teils zum Ganzen, sondern das zweier nebeneinander bestehender Rechte mit teilweisen Überschneidungen; zu den Konkurrenzen mit dem aPR s. die Ausführungen von *Rüll* Teil 3 sowie vor §§ 12ff. Rdnr. 14ff. mwN; ferner vor §§ 73ff. Rdnr. 21). Als Bestandteil des **einheitlichen Interpretenrechts** (s. vor §§ 73ff. Rdnr. 10; *v. Gamm* § 83 Rdnr. 2; *Flechsig* S. 11ff.; *ders.* FuR 1976, 74/76f.; *ders.* FuR 1976, 208/209f.; *Rüll* § 4 IV; wohl auch *Fromm/Nordemann/Hertin*[9] vor § 73 Rdnr. 11; aA mit beachtenswerten Gründen *Peukert* vor §§ 12ff. Rdnr. 18f.; *ders.* UFITA 138 [1999] 63ff.; *Möhring/Nicolini/Kroitzsch*[2] § 83 Rdnr. 4, § 82 Rdnr. 1; *Schack*[5] Rdnr. 681; *ders.* GRUR 1985, 352/354 [Fn. 54, 58]/359 [Fn. 137]) ist das Recht auf Leistungsintegrität untrennbar mit den vermögensrechtlichen Befugnissen des ausübenden Künstlers verknüpft. Innerhalb seines speziellen Anwendungsbereichs verdrängt das Recht auf Leistungstreue das aPR (*Schiefler* GRUR 1960, 156/162). Dagegen kommt das aPR weiterhin zur Anwendung, soweit besondere außerhalb des sondergesetzlichen Tatbestands liegende persönlichkeitsverletzende Umstände hinzutreten und der Schutz nach dem aPR nicht in Wertungswiderspruch zu dem nach § 75 tritt (vor §§ 73ff. Rdnr. 21; ausführlich *Rüll* § 8 III 3 jeweils mwN; *Häuser* S. 119), und auch das Namensrecht nach § 12 BGB sowie das Recht am eigenen Bilde gemäß §§ 22ff. KUG bleiben neben den §§ 74, 75 anwendbar (s. Rdnr. 8).

7   Wegen seiner persönlichkeitsrechtlichen Natur ist das Recht aus § 75 in seinem **Kerngehalt** – wie im Übrigen das Leistungsschutzrecht im Ganzen – **unübertragbar** (*v. Gamm* § 83 Rdnr. 2; *Fromm/Nordemann/Hertin*[9] § 83 Rdnr. 2; *Möhring/Nicolini/Kroitzsch*[2] § 83 Rdnr. 3; *Schmieder* FuR 1969, 15/16), insoweit auch **unverzichtbar** (LG München I UFITA 87 [1980] 342/345 – Wahlkampf; sa. vor §§ 12ff. Rdnr. 17, 28 jeweils mwN) und – im Gegensatz zu den entsprechenden Rechten des Urhebers – **unvererblich. Stattdessen ordnet das Gesetz eine Wahrnehmungsbefugnis der Angehörigen hinsichtlich des postmortalen Persönlichkeitsrechts an** (*v. Gamm* § 78 Rdnr. 8, § 83 Rdnr. 2; str., Einzelheiten § 76 Rdnr. 8 mwN; krit. *Rüll* § 6 II 2b bb). Im Übrigen sind vertragliche Einschränkungen denkbar und verbreitete Praxis. Aus denselben Gründen steht es ungeachtet geschlossener Staatsverträge jedem ausländischen Staatsangehörigen zu (§ 125 Abs. 6) und kann weder bei einem veranstaltenden Unternehmen (§ 81), Tonträger- (§ 85) oder Filmhersteller (§ 94) noch bei einem sonstigen Dritten, etwa dem Dienstherrn des Künstlers oder einem Orchestervorstand, entstehen (vgl. *v. Gamm* § 83 Rdnr. 1; *Möhring/Nicolini/Kroitzsch*[2] § 83 Rdnr. 3). Seine persönlichkeitsrechtliche Natur bedingt endlich, dass das Recht aus § 75 in **gewillkürter Prozessstandschaft** von Dritten nur geltend gemacht werden kann, wenn – in Anlehnung an die für das Urheberrecht geltenden Grundsätze – der wirksam Ermächtigte ein eigenes schutzwürdiges Interesse an der Rechtsdurchsetzung, wie etwa die wirtschaftliche Verwertung der Darbietung, nachweisen kann (BGH GRUR 1971, 35/37 – Maske in Blau – m. zust. Anm. *Ulmer;* zum Recht aus § 75 bei Ensemble-Darbietungen s. Rdnr. 34).

§ 75

b) Regelungsumfang. In **sachlicher Hinsicht** beschränkt sich § 75 nach Maßgabe seiner 8 tatbestandlichen Voraussetzungen auf den Schutz der persönlichen Bande zwischen dem Künstler und seiner Werkdarbietung iSd. § 73 (zur Individualität der Darbietung § 73 Rdnr. 24; *Dünnwald/Gerlach* Rdnr. 3; *Rüll* § 5 II). Wird der Interpret in seinem Ruf oder Ansehen als Künstler gefährdet, ohne dass ein direkter oder ein indirekter Angriff auf die Integrität seiner Leistung vorliegt, scheidet die Anwendung des § 75 aus. Dies gilt auch dann, wenn umgekehrt zwar in die Leistung des Künstlers eingegriffen wird, dabei aber weder sein Ruf noch sein Ansehen in Gefahr geraten (*Möhring/Nicolini/Kroitzsch*[2] § 83 Rdnr. 2; *Dreier/Schulze/Dreier* § 75 Rdnr. 1; *Flechsig* S. 15; zur Abgrenzung *Rüll* § 8 II; sa. Rdnr. 22). In diesen Fällen kommt je nach Sachverhalt Schutz nach §§ 22 ff. KUG, 12 BGB und dem aPR in Betracht (s. BGH GRUR 1995, 668/670 f. – *Emil Nolde*; *Krüger* GRUR 1980, 628 ff.; *ders.* GRUR 1979, 639 Anm. zu BGH GRUR 1979, 637 – *White Christmas*; *Schiefler* GRUR 1960, 156/161 ff.; *Krüger-Nieland*, Fs. für Hauß, S. 215/222 jeweils mwN; zum Schutz der Stimme durch das aPR sowie das UWG *Schwarz/Schierholz*, Fs. für Kreile, S. 723/734 f.; *Rüll* § 11 IV 2; *Krüger* GRUR 1980, 628/634). Ob im Einzelfall ein Angriff auf die persönlichen oder geistigen Interessen des Künstlers in Bezug auf seine Leistung vorliegt oder sein genereller Anspruch auf Schutz seiner Persönlichkeit missachtet wird, ist wertend zu entscheiden (ebenso *Rüll* § 8 II mwN).

Weniger strenge Voraussetzungen des Beeinträchtigungsverbots normiert die Sonderregelung 9 des § 93 für **Leistungen, die bei der Herstellung von Filmwerken** und Laufbildern erbracht werden. Bei ihnen können im Hinblick auf das wirtschaftliche Engagement des Filmherstellers einschränkend nur **gröbliche Entstellungen oder andere gröbliche Beeinträchtigungen** untersagt werden.

Sodann unterliegt der Leistungsintegritätsanspruch insofern einer **doppelten Relativierung,** 10 als er stets an möglichen entgegenstehenden Interessen der Nutzungsberechtigten und/oder eventuell an der Darbietung beteiligter weiterer Künstler gemessen und ihnen gegenüber für vorrangig befunden werden muss (s. dazu Rdnr. 16 ff.).

c) Den **persönlichen Geltungsbereich** des § 75 bestimmt § 125. Nach dessen Abs. 1 ge- 11 nießen alle deutschen Staatsangehörigen sowie alle ihnen gleichgestellten EU- und EWR-Angehörigen (§ 125 Abs. 1 S. 2, Art. 12 EG) ungeachtet des Ortes ihrer Darbietung Schutz gemäß § 75. Nach dem nationalen Fremdenrecht des § 125 Abs. 6 kommt dieser Schutz ferner allen übrigen ausländischen Interpreten ungeachtet ihrer Staatsangehörigkeit zu, sofern die Verletzungshandlung im Inland stattfindet (Einzelheiten § 125 Rdnr. 10; sa. Rdnr. 37). Bei Leistungsbeeinträchtigungen im Ausland und Vertrieb des Tonträgers im Inland richtet sich der Künstlerschutz wegen der Nichtanwendung des § 96 Abs. 1 im Rahmen des § 125 Abs. 6 (BGH GRUR 1986, 454/455 – *Bob Dylan*; BGH GRUR 1987, 814/815 – *Die Zauberflöte*) nach dem Inhalt der Staatsverträge (§ 125 Abs. 5; sa. Rdnr. 37).

Als **Staatsvertrag** im Sinne dieser Vorschrift ist das auf dem Grundsatz der Inländerbehandlung basierende **Rom-Abkommen** zu beachten (dazu § 125 Rdnr. 11). Die für die Anwendung des RA erforderliche Internationalität des Sachverhalts knüpft primär nicht an die Staatsangehörigkeit, sondern daran an, ob die Darbietung in einem Vertragsstaat stattfindet, ob sie auf einem nach Art. 5 RA geschützten Tonträger festgelegt oder ob die nicht festgelegte Darbietung durch eine nach Art. 6 RA geschützte Sendung ausgestrahlt wird (Art. 4 lit. a–c RA). Die Staatsangehörigkeit des Interpreten spielt seit dem Inkrafttreten des 3. UrhGÄndG lediglich insofern eine Rolle, als § 125 Abs. 1 S. 2 Angehörige von Mitgliedstaaten der EU und des EWR im Anschluss an die das Diskriminierungsverbot des Art. 12 EG auf das Urheber- und Leistungsschutzrecht anwendende Phil Collins-Entscheidung des EuGH (GRUR 1994, 280) nunmehr ausdrücklich deutschen Staatsangehörigen gleichstellt.

Im internationalen Leistungsschutz sieht der **WPPT** in Art. 5 Abs. 1 erstmals iure conven- 12 tionis ein Recht des ausübenden Künstlers auf Integrität seiner Darbietung vor. Außerdem steht dem Interpreten nach derselben Vorschrift dieses internationalen Vertrages ein Recht auf Namensnennung zu (dazu § 74 Rdnr. 3). Als Vertragsunterzeichner dürfte die EU, die bisher von einer Harmonisierung der Persönlichkeitsrechte der Urheber und ausübenden Künstler abgesehen hat, mittelfristig das Schutzniveau des Art. 5 Abs. 1 und 2 WPPT, dem das deutsche UrhG bereits seit Inkrafttreten des Gesetzes zur Regelung des Urheberrechts in der Informationsgesellschaft vom 10. 9. 2003 entspricht, rechtsvereinheitlichend für alle Mitgliedstaaten vorschreiben.

d) Zeitlich findet § 75 seine Beschränkung in der speziellen Schutzdauerregel des § 76. Eine 13 **rückwirkende Anwendung** des § 75 auf Verletzungshandlungen vor Inkrafttreten des Gesetzes scheidet wegen § 129 aus (BGH GRUR 1971, 525/526 – *Petite Jacqueline*).

Vogel

5. § 75 im Verhältnis zu den für den Urheber geltenden änderungsrechtlichen Bestimmungen

14 § 75 weist zum Recht des Urhebers auf Werktreue nach § 14 sowohl in seiner Systematik als auch in seiner Tragweite keine wesentlichen Unterschiede auf (ebenso *Dünnwald / Gerlach* Rdnr. 3 mwN; *Möhring/Nicolini/Kroitzsch*[2] § 83 Rdnr. 7; *Flechsig* S. 65 ff.; aA *Fromm/Nordemann/Hertin*[9] Rdnr. § 83 Rdnr. 4: Verschärfung gegenüber § 14). Gleichwohl sind beide Rechte wegen ihres anderen Schutzgegenstandes stets unabhängig von einander zu prüfen, denn eine Verletzung des § 14 impliziert nicht eine solche des § 75 und umgekehrt. Die Vorschrift des § 39 kommt nach der Novellierung 2003 ebenso wie bei den Rechten des Werkschöpfers auch beim Leistungsschutzrecht des ausübenden Künstlers sowohl im Rahmen gesetzlicher Nutzungsverhältnisse nach § 83 nF iVm. § 62 als auch bei Künstlerverträgen gemäß § 79 Abs. 2 nF zur Geltung (*Loewenheim/Vogel* § 38 Rdnr. 106; *Dünnwald/Gerlach* vor § 74 Rdnr. 4; *Wandtke/Bullinger/Büscher* § 79 Rdnr. 21). Dies beruht letztlich darauf, dass § 39 lediglich klarstellende, das Beeinträchtigungsverbot bekräftigende Funktion zukommt (s. § 39 Rdnr. 1; ebenso *Rüll* § 2 I 1). Ausgangspunkt auch des leistungsschutzrechtlichen Beeinträchtigungsverbots ist der **grundsätzliche Schutz der Darbietung in unveränderter Form.** Dies folgt sowohl aus der persönlichkeitsrechtlichen Grundlage des Künstlerrechts als auch aus seiner einheitlichen, sowohl ideelle als auch materielle Belange umfassenden Rechtsnatur (vgl. *Flechsig* S. 21 ff.; *Rüll* § 5 III). Das Beeinträchtigungsverbot erfährt für den Interpreten wie für den Urheber zunächst insoweit eine **Einschränkung,** als über entstellende Eingriffe **vertraglich disponiert** werden kann, solange der unverzichtbare Kern des Rechts gewahrt bleibt (s. vor §§ 12 ff. Rdnr. 17, 26 f.). Sodann sind änderungsrechtliche Sachverhalte im Bereich des Interpretenrechts nicht anders als nach den Vorschriften der §§ 14 und 39 Abs. 2 einer **Interessenabwägung** unterworfen (s. §§ 14 Rdnr. 4, 39 Rdnr. 1). Letzteres ergibt sich aus der vom Gesetzgeber beabsichtigten, weitgehend übereinstimmenden Ausgestaltung der §§ 14 und 75 S. 1, demselben Schutzzweck beider Normen und den insoweit gleichgelagerten Interessen der Anspruchsberechtigten (zum unterschiedlichen Wortlaut beider Vorschriften s. Rdnr. 23; vgl. auch *Schiefler* GRUR 1960, 156/162; *Flechsig* FuR 1976, 429/431 ff.).

6. Reformüberlegungen

15 Dennoch hat es der Gesetzgeber bei der Neuordnung des Rechts des ausübenden Künstlers im Jahre 2003 nicht für erforderlich gehalten, im Hinblick auf die zunehmende Gefährdung der Leistungsintegrität durch den Einsatz digitaler Techniken die Vorschrift des § 75 klarstellend an den Wortlaut des § 14 anzupassen und § 93 zu streichen. Eingeführt wurde lediglich durch § 74 ein Anerkennungs- und Namensnennungsrecht des ausübenden Künstlers nach der Vorgabe des Art. 5 Abs. 1 WPPT verbunden mit einer Einschränkungsmöglichkeit ihrer Wahrnehmung bei Ensemble-Leistungen gemäß dessen Abs. 2 S. 1 2. Halbsatz. Die Einführung eines Bearbeitungsrechts des Interpreten zur Abwehr digitaltechnischer Eingriffe im Hinblick auf die bestehenden Rechte der Vervielfältigung und auf Leistungsintegrität wurde der Literatur folgend für entbehrlich gehalten (vgl. *v. Lewinski* in *Schricker* [Hrsg.], Informationsgesellschaft, S. 236 ff.; eingehend zu möglichen Gesetzesänderungen mit teilweise weitergehenden Vorschlägen *Peukert* UFITA 138 [1999] 63/80 ff.; *Rüll* Teil 5 und 6).

II. Anwendungsbereich und -methodik des § 75

1. Anwendungsbereich

16 **Eingriffsbefugnis und Nutzungsrechtseinräumung.** Bei Nutzungen, die nur mit Genehmigung des Interpreten zulässig sind (§§ 77, 78 Abs. 1), richten sich die **Eingriffsbefugnisse zunächst nach den im Einzelnen darüber getroffenen Absprachen** (dazu *Peter* UFITA 36 [1962] 257/303 ff.), wobei bei der Vertragsauslegung die allgemeine Zweckübertragungsregel zur Anwendung kommt (BGH GRUR 1979, 637 – White Christmas; BGHZ 15, 249/258 – Cosima Wagner; BGH GRUR 1977, 551/554 – Textdichteranmeldung; OLG Frankfurt/M GRUR 1995, 215 – Springtoifel; § 31 Rdnr. 83 mwN). Vertraglich nach Reichweite, Ausmaß und Tendenz konkretisierte Änderungsmöglichkeiten vermögen einen stärkeren Eingriff in die Leistungssubstanz zuzulassen als ein pauschal gestatteter Eingriff, der freilich am persönlichkeitsrechtlichen Kern des Rechts seine Grenzen findet (*Schricker*[3] § 13/39 Rdnr. 10; *ders.,* Fs für Hubmann, 409 ff.; ihm folgend die Kommentierung zu § 39 Rdnr. 10 [*Dietz*]; *Dreier/Schulze/Dreier* Rdnr. 3; *Schack*[4]

Rdnr. 347 unter Verweis auf § 21 Abs. 3 öUrhG, Rdnr. 351). Auch **konkludent zugestandene Eingriffe** sind denkbar, namentlich in Verträgen zu Werbe- und Merchandisingzwecken, soweit sie nicht den Kern des Rechts berühren (s. Rdnr. 7; *Fromm/Nordemann/Hertin*[9] § 83 Rdnr. 8). Als stillschweigend zugestanden haben solche Eingriffe zu gelten, die – etwa durch technische, inszenatorische oder organisatorische Notwendigkeiten veranlasst – mit der Ausübung des eingeräumten Nutzungsrechts zwangsläufig verbunden sind (BGH GRUR 1986, 458/459 – Oberammergauer Passionsspiele I; BGH GRUR 1989, 106/107 – Oberammergauer Passionsspiele II; OLG München NJW 1996, 1157 – Iphigenie in Aulis; § 39 Rdnr. 11; *Schricker*[3] § 39 Rdnr. 10; *Haberstumpf/Hintermeier* S. 144/145; *Schack*[5] Rdnr. 390; dagegen im Hinblick auf die Systematik des § 39 *Fromm/Nordemann/Vinck*[9] § 39 Rdnr. 2 gegen -/*Hertin* § 83 Rdnr. 8). Die Rechte an im Künstlervertrag unberücksichtigt gebliebenen Nutzungsarten dagegen können nach der Zweckübertragungslehre nicht ohne weiteres als stillschweigend eingeräumt angesehen werden, so dass insoweit auch nicht von gewährten Eingriffsbefugnissen ausgegangen werden kann (LG München I UFITA 87 [1980] 342 – Wahlkampf) und zudem keine Möglichkeit der Ausweitung der Befugnisse des Nutzungsberechtigten nach Treu und Glauben gemäß § 39 Abs. 2 besteht (*Dünnwald/Gerlach* Rdnr. 15). **Nachträgliche** ausdrückliche oder stillschweigende Billigungen von Beeinträchtigungen sind möglich (vgl. *Schricker*[3] § 13/§ 39 UrhG Rdnr. 10; *Dünnwald/Gerlach* Rdnr. 15).

Leistungsbeeinträchtigungen, die weder ausdrücklich oder stillschweigend genehmigt noch in Anwendung der **allgemeinen Zweckübertragungsregel** vom Vertragszweck gedeckt sind wie beispielsweise immer häufiger begegnende digitale Vervielfältigungen in verkürzter oder verlängerter Form, in anderer Tonhöhe oder Lautstärke unterliegen bereits den Verbotsrechten nach §§ 77, 78 Abs. 1 (BGH GRUR 1979, 637 – White Christmas – m. krit. Anm. *Krüger;* BGH GRUR 1984, 119/121 – Synchronisationssprecher; Einzelheiten *Peter* UFITA 36 [1962] 257/ 311), soweit **Änderungen nach Treu und Glauben gemäß § 39 Abs. 2** nicht untersagt werden können (s. die Erläuterungen zu § 39 Rdnr. 14ff. sowie *Dünnwald/Gerlach* Rdnr. 15). Dasselbe gilt bei gesetzlich zulässigen Nutzungen **im Rahmen der Schrankenregelungen** (§§ 83 iVm 79 Abs. 2, 44aff.). Dabei geht die hM – nicht unproblematisch – davon aus, dass gemäß § 39 Abs. 2 nach Treu und Glauben nur Eingriffe in die Darbietung als solche hinzunehmen sind (statt vieler *Dünnwald/Gerlach* Rdnr. 15 mwN unter Hinweis insbesondere auf BGH GRUR 1982, 107/109 – Kircheninnenraumgestaltung; aA § 39 Rdnr. 8; sa. Rdnr. 20).

Bei Künstlerverträgen ist idR davon auszugehen, dass sie nur den normalen Absatzweg und die Vervielfältigung ohne jede technische Modifizierung abdecken. Der im Rahmen des künstlerischen Leistungsschutzes analog anzuwendende § 16 umfasst zwar mehr als die bloße Kopie 1:1 (vgl. § 16 Rdnr. 3), jedoch betreffen die nach dieser Vorschrift zulässigen Änderungsmöglichkeiten lediglich eine andere Art und Weise der Festlegung. Dagegen ist mit der Einräumung des Vervielfältigungsrechts ohne besondere Gestattung über das nach § 39 Abs. 2 Zulässige hinaus kein Recht verbunden, in die Identität der Darbietung einzugreifen. Mit der Gewährung eines eigenen Verbreitungsrechts gemäß § 77 Abs. 2 S. 1 (§ 75 Abs. 2 aF) durch das 3. UrhG-ÄndG vermag der Künstler den Vertriebsweg seiner Darbietung vertraglich zu konkretisieren und so eine Verbreitung zu verhindern, die sein Ansehen oder seinen Ruf als Künstler gefährdet (vgl. *Krüger* GRUR 1980, 628/634f.).

Die **Feststellung einer rufgefährdenden Beeinträchtigung** nach § 75 S. 1 bleibt in den Fällen vertraglich oder gesetzlich zulässiger Nutzungen, von § 39 Abs. 2 jedoch nicht gedeckter Eingriffe insofern von Bedeutung, als sie für eine angemessene Entschädigung gemäß § 97 Abs. 2 tatbestandlich vorausgesetzt wird (s. dazu § 97 Rdnr. 176ff.). **18**

Einwilligungen in beeinträchtigende Eingriffe können **nicht unbegrenzt** widerrufen werden. Eine durch vertragliche Absprachen geschaffene Vertrauenslage, vereinbarte Honorarzahlungen und andere Vermögensdispositionen sind in diesen Fällen gegen das Interesse des Künstlers am Widerruf abzuwägen, wobei insbesondere die Vorhersehbarkeit des Ausmaßes der Beeinträchtigung und nunmehr auch der Umstand zu berücksichtigen sind, dass nach neuem Recht dem Interpreten ein Rückrufrecht wegen gewandelter Überzeugung gemäß § 79 Abs. 2 iVm. § 42 zusteht (vgl. auch OLG Hamburg Schulze OLGZ 153 – Kyldex I m. Anm. *Neumann-Duesberg;* LG Oldenburg GRUR 1988, 694 – Grillfest). Auch im Übrigen unterliegen Leistungsbeeinträchtigungen der durch § 75 gebotenen Interessenabwägung (Rdnr. 22, 32, 34), bei interpretatorischen Leistungen für die Filmherstellung allerdings nur nach Maßgabe des § 93. **19**

b) Leistungsbeeinträchtigung und gesetzliche Nutzungsbefugnis. In den Fällen gesetzlicher Lizenzen gemäß §§ 77 Abs. 2 S. 2, 78 Abs. 2 sowie bei den Schrankenregelungen **20**

nach § 83 iVm. §§ 44a ff. sind wie bei ausdrücklich oder stillschweigend genehmigten Eingriffen dem Beeinträchtigungsverbot entgegenstehende Interessen kaum denkbar. Bedeutung in der Praxis kann § 75 für auf **Bild- oder Tonträger** festgehaltene Leistungen zukommen, wenn diese **zur öffentlichen Wiedergabe benutzt** werden. Die Wiedergabe in zerstückelter, verzerrter oder durch elektronische Eingriffe manipulierter Form vermag ebenso eine Leistungsbeeinträchtigung – meist sogar in der schwerwiegenden Form der Entstellung – zu bewirken wie die indirekte Beeinträchtigung durch die Schaffung eines anstößigen Zusammenhangs, etwa durch die Wiedergabe ernster Musik im Rahmen einer Werbesendung, durch die Verwendung einer aufgenommenen Musikdarbietung entgegen ihrer ursprünglichen Bestimmung wie etwa für Wahlkampfzwecke (LG München I UFITA 87 [1980] 342 – Wahlkampf) oder durch die Kombination einer Gesangsaufnahme mit unpassenden Bildern des Interpreten.

21 Grundsätzlich gilt § 75 auch im Rahmen der Schrankenregelungen der §§ 44a ff. Bestimmten, dem Interpretenrecht gezogenen **Schranken** wie etwa dem Zitatrecht (§ 51) sind jedoch **Änderungsbefugnisse immanent.** Abgesehen davon gestattet § 75 iVm. §§ 62, 39 Abs. 2 Änderungen nach Treu und Glauben.

2. Anwendungsmethodik

22 Angesichts seiner weitgehenden tatbestandlichen Übereinstimmung mit § 14 erfordert § 75 dasselbe dort gebotene **dreistufige Prüfungsverfahren,** bei dem nach der Feststellung einer **Beeinträchtigung** oder **Entstellung** als deren besonders schwerer Fall (1. Stufe) und deren **Eignung zur Gefährdung des künstlerischen Rufs oder Ansehens** (2. Stufe) abzuwägen ist, ob gegenüber dem gefährdeten Künstlerinteresse gewichtigeren **Gegeninteressen** der Vorrang einzuräumen ist (3. Stufe) (ebenso OLG Dresden ZUM 2000, 955/957 – Die Csárdásfürstin; *Fromm/Nordemann/Schaefer*[10] Rdnr. 8; Einzelheiten s. § 14 Rdnr. 18 ff. mwN; aA *Dünnwald/Gerlach* Rdnr. 14). Dabei indiziert idR die Beeinträchtigung (zum Begrifflichen Rdnr. 24 ff.; § 14 Rdnr. 19 ff.) bereits die Eignung zur Ruf- oder Ansehensgefährdung (ebenso *Fromm/Nordemann/Hertin*[9] § 83 Rdnr. 3), es sei denn, der Künstler hat sein Einverständnis mit der Beeinträchtigung zu erkennen gegeben (Einzelheiten § 14 Rdnr. 27). Die Kriterien, nach denen die sich begegnenden Interessen zu gewichten sind, entsprechen im Wesentlichen denjenigen, die im Rahmen des § 14 Beachtung finden (dort Rdnr. 28 ff.).

23 Soweit § 75 abweichend von § 14 die **Eignung der Beeinträchtigung zur Ruf- oder Ansehensgefährdung** (anstatt der Gefährdung der persönlichen oder geistigen Interessen am Werk) tatbestandlich voraussetzt, ist dieser Unterschied dem anderen Schutzgegenstand des Leistungsschutzrechts und dessen unmittelbarer Verknüpfung mit der Persönlichkeit des Künstlers geschuldet (ebenso OLG Dresden ZUM 2000, 955/957 – Die Csárdásfürstin). Eine Verschärfung der Schutzvoraussetzungen ist darin nicht zu sehen (aA *Fromm/Nordemann/Schaefer*[10] Rdnr. 17: § 75 enger als § 14; *Fromm/Nordemann/Hertin*[9] § 83 Rdnr. 4; *Freitag* S. 93 f.; wie hier *v. Gamm* § 83 Rdnr. 4; *Möhring/Nicolini/Kroitzsch*[2] § 83 Rdnr. 7; *Ulmer*[3] § 123 V; *Flechsig* S. 65 ff.; *Weßling* S. 154 ff.; *Rüll* § 5 III). Demnach schützt § 75 – ebenso wie § 14 im Rahmen des Urheberrechts – zum einen den persönlichen Interessen des Interpreten in Bezug auf seine Darbietung durch die Wahrung seines **Rufinteresses** und zum anderen seine geistigen Interessen in Form des **Wirkungs-** und **Bestandsinteresses** (vgl. *Schmieder* NJW 1990, 1945/1948; ausführlich dazu *Rüll* § 5 III). Angesichts dieser Übereinstimmungen hätte sich bei der jüngsten Novellierung des Künstlerrechts empfohlen, beide Vorschriften gleichlautend zu formulieren und auch im Rahmen des § 75 auf die Gefährdung der persönlichen und geistigen Interessen des Künstlers in Bezug auf seine Interpretation abzustellen (sa. Rdnr. 14).

3. Entstellung und andere Beeinträchtigung

24 Der Wortlaut von § 75 unterscheidet zwischen Entstellung und anderer Beeinträchtigung. Dabei bildet der Begriff der Beeinträchtigung den Oberbegriff, während die **Entstellung** als deren schwerwiegenderer Fall zu verstehen ist (OLG München ZUM 1991, 540/542 – U2; *Flechsig* FuR 1976, 429/430; *Fromm/Nordemann/Hertin*[9] Rdnr. 4; aA *Dünnwald/Gerlach* Rdnr. 6: beide Begriffe gleichwertig) und unter den Begriff der **anderen Beeinträchtigung** solche Eingriffe zu subsumieren sind, die nicht direkt, sondern indirekt eine Abwertung der Darbietung verursachen. Maßgeblich ist die Sicht des unvoreingenommenen Durchschnittsbetrachters bzw. -hörers (OLG München ZUM 1991, 540/541 – U2; § 14 Rdnr. 23 ff.). Einer genaueren Abgrenzung zwischen dem Begriff der Beeinträchtigung und dem der Entstellung, der eine Verzerrung, Verfälschung oder sonstige schwerwiegende künstlerische Veränderung der Darbietung

zugrunde liegt (OLG Frankfurt/M GRUR 1976, 199/202 – Götterdämmerung) und überdies eine stärkere negative Bewertung beinhaltet (BGH NJW 1989, 384/385 – Oberammergauer Passionsfestspiele II), bedarf es nicht, da beide Formen des Angriffs auf die Integrität der Interpretenleistung grundsätzlich dieselben Sanktionen auslösen. Die Intensität der Beeinträchtigung spielt lediglich bei der vorzunehmenden Interessenabwägung eine Rolle (Rdnr. 22). Nach ganz überwiegender Auffassung kommt § 75 bei Live-Darbietungen in gleicher Weise zur Anwendung wie bei festgelegten Darbietungen (ebenso *Rüll* § 9 III 2 mwN; aA *Schack*[5] Rdnr. 683; *Freitag* S. 82 ff.). Unerheblich ist der Zeitpunkt des Eingriffs bei **Theaterinszenierungen,** so dass auch die Wiederaufnahme einer Inszenierung in veränderter Form unter Umständen nach § 75 untersagt werden kann (OLG München NJW 1996, 1157 – Iphigenie in Aulis).

a) Direkte Beeinträchtigungen. Direkte Beeinträchtigungen (Entstellungen), dh. solche 25
des „Darbietungssubstrats" (*Flechsig* S. 69 ff.), sind denkbar als Eingriff in eine Live-Darbietung (aA *Schack*[5] Rdnr. 683 im Anschluss an *Freitag* S. 82 ff.), als Eingriff bei deren Festlegung oder als Eingriff in die fixierte Darbietung (vgl. *Rüll* § 10 II).

aa) Live-Darbietungen. Bei Live-Darbietungen ausübender Künstler können direkte Beein- 26
trächtigungen mit der Folge einer Ruf- oder Ansehensgefährdung insbesondere dann vorliegen, wenn eine Darbietung mit Unterbrechungen, von Mischpulten verzerrt und/oder nur bruchstückhaft von Lautsprechern übertragen oder gesendet wird und dabei die Gefahr besteht, dass das Publikum dem Künstler die beeinträchtigte Darbietung als authentisch zurechnet (vgl. *Fromm/Nordemann/Schaefer*[10] Rdnr. 14; *Fromm/Nordemann/Hertin*[9] § 83 Rdnr. 3; *v. Gamm* § 83 Rdnr. 5; *Peter* UFITA 36 [1962] 257/311 ff.). Eine direkte Beeinträchtigung liegt zB in einer unautorisierten Veränderung der Inszenierung eines Bühnenstücks (OLG München NJW 1996, 1157 – Iphigenie in Aulis).

bb) Beeinträchtigung bei der Festlegung. Technisch mangelhafte Aufzeichnungen 27
allein erfüllen noch nicht den Tatbestand des § 75 (BGH GRUR 1987, 814/816 – Die Zauberflöte; OLG Hamburg GRUR 1989, 525/526 – Die Zauberflöte II; OLG Hamburg ZUM 1991, 545/547 – The Rolling Stones; OLG Köln GRUR 1992, 388/389 – Prince). In diesen Fällen indiziert die Beeinträchtigung die Ruf- oder Ansehensgefährdung ausnahmsweise nicht (vgl. Rdnr. 22; dazu auch *Rüll* § 12 II 2), vielmehr bedarf es zusätzlich der Feststellung, dass die Mängel die Gefahr hervorrufen, der Hörer werde die schlechte Aufnahmequalität für eine mindere künstlerische Leistung halten (BGH GRUR 1987, 814/816 – Die Zauberflöte; OLG Köln GRUR 1992, 388/389 – Prince; OLG Hamburg GRUR 1992, 512/513 – Prince; ebenso *Schack* GRUR 1986, 734/735 Anm. zu BGH GRUR 1986, 454 – Bob Dylan). Bei **älteren Aufnahmen** dürfte dies nur selten der Fall sein, da sich der Hörer bei historischen Aufnahmen der verminderten Aufnahmequalität regelmäßig bewusst ist (*Unger/Götz v. Olenhusen* ZUM 1987, 154/165; *Bortloff* S. 112 ff.). Die technisch unzulängliche Aufzeichnung einer Live-Darbietung aus dem Jahre 1962 als solche stellt jedenfalls noch keine Beeinträchtigung iSd. § 75 dar (BGH GRUR 1987, 814/816 – Die Zauberflöte). Dies gilt ebenfalls für Live-Mitschnitte, insbesondere **Bootlegs** (zum Begrifflichen *Schaefer/Körfer* S. 17 ff., 93 ff.), bei denen die üblichen Unzulänglichkeiten derartiger Aufnahmen zumindest bei einem entsprechenden Hinweis offensichtlich sind (OLG Hamburg ZUM 1991, 545/547 – The Rolling Stones; OLG Köln GRUR 1992, 388/390 – Prince; *Fromm/Nordemann/Schaefer*[10] Rdnr. 20; *Fromm/Nordemann/Hertin*[9] § 83 Rdnr. 5; zu den Beeinträchtigungsmöglichkeiten bei Live-Mitschnitten ausführlich *Bortloff* S. 111 ff.). Deshalb sind nur solche Aufnahmemängel beachtlich, die das aufnahmetechnisch bedingte Maß überschreiten (ebenso *Rüll* § 11 II 2). Bei digitalen Manipulationen während der Aufnahme wie der Veränderung der Lautstärke, der Geschwindigkeit und der Tonhöhe dürfte angesichts der engen Auslegung des § 75 durch die zitierte höchstrichterliche Rechtsprechung ein Eingriff in die Leistungsintegrität wohl nur bei Darbietungen von überdurchschnittlicher Leistungshöhe in Betracht kommen, weniger hingegen bei Aufnahmen der Unterhaltungsmusik (sa. *Rüll* § 12 II 2 b).

cc) Eingriff in die fixierte Darbietung. Bei dieser Form der Beeinträchtigung geht es um 28
bearbeitungsähnliche Eingriffe in die festgelegte Darbietung, meist zur digitalen Aufbereitung von Altaufnahmen (Digital Remastering), die freilich idR der Darbietung selbst dienen und deshalb § 75 nicht zur Anwendung bringen. Dennoch lassen sich erhebliche Beeinträchtigungen auch unter Anwendung digitaler Technik in vielfältiger Weise denken, etwa im **Musikbereich** durch die Veränderung des Tempos einer Darbietung, durch ihre Verkürzung oder Ausdehnung, durch die Veränderung der Tonlage, der Klangfarbe oder des Rhythmus, durch die Einfügung oder Entfernung einzelner Stimmen ua. (sa. *Reinbothe/v. Lewinski* WPPT Art. 5 Rdnr. 20; vgl.

auch *Grünberger* S. 133 f.: eine Beeinträchtigung ist nicht zwingend mit einer Verschlechterung verbunden), im **Bereich des Films** durch Veränderung der Stimme, der Bewegung oder der Mimik eines Schauspielers, durch die Einblendung von Doubles, Stuntmen und virtuellen Figuren oder durch Werbeunterbrechungen ua. (Einzelheiten bei *Rüll* § 11 II). Die Manipulation einer festgelegten Darbietung hat die Rspr. zB in der Unterlegung einer schauspielerischen Leistung durch Nachsynchronisation mit einer fremden Stimme gesehen (OLG München UFITA 28 [1958] 342 – Stimme; zu Unrecht ablehnend im Hinblick auf die häufige Praxis der Nachsynchronisation und dem weniger strengen § 93 *v. Hartlieb*[3] Kap. 101 Rdnr. 38; weitere Beispiele bei *Flechsig* S. 41 ff.).

29   Derartige Eingriffe in die Leistungsintegrität beruhen auch und gerade auf der Technik des **digitalen Sound-Samplings,** die es ua. ermöglicht, Sequenzen einer Darbietung aus der Ursprungsaufnahme herauszulösen und in einen neuen „gesampelten" Klangzusammenhang zu stellen oder eine ganze Aufnahme in ihrem Klangbild zu verändern. Der Ruf oder das Ansehen des Interpreten geraten dabei mitunter durch die Art der neu entstandenen Musik, durch die Kombination unterschiedlicher Klänge, durch Verzerrungen und/oder durch Zerstückelung seiner Interpretation in Gefahr (*Häuser* S. 98 f.; *Grünberger* S. 133 f.).

Das stellt die Frage nach dem Schutz von **Darbietungsteilen.** Liegt einem Darbietungsteil ein selbstständig schutzfähiger Werkteil zugrunde, besteht kein Zweifel an seinem Leistungsschutz, weil er von vorneherein die Voraussetzungen eine Werkdarbietung im Sinne des § 73 UrhG erfüllt. Umstritten ist hingegen, ob für einen Darbietungsteil auch dann Leistungsschutz beansprucht werden kann, wenn er derart klein ausfällt, dass dem ihm zugrundeliegenden Werkstück kein schöpferischer Charakter im Sinne des § 2 Abs. 2 UrhG mehr zukommt. Eine andere Meinung geht dahin, eine Analogie zu ziehen zum Teileschutz beim Recht des Urhebers, der dann nur gewährt wird, wenn der einem Werk entnommene Teil selbst eine persönliche geistige Schöpfung beinhaltet (*Fromm/Nordemann/Schaefer*[10] § 77 Rdnr. 18; *Mestmäcker/Schulze/Hertin* § 77 Rdnr. 7; *Fromm/Nordemann/Hertin*[9] § 73 Rdnr. 2; *ders.* GRUR 1989, 578/579; *Weßling* S. 149 f. Ziff. 154; *Schack*[5] Rdnr. 220; *Hoeren*, Fs. für Hertin, S. 113/117; *ders.* GRUR 1989, 12; *Reinbothe/v. Lewinski* WPPT Art. 5 Rdnr. 21; *Kloth* S. 166; 89, 579; *v. Lewinski* in: *Lehmann* (Hrsg.), Internet und Multimediarecht, S. 149, 152; jeweils mwN). Die demgegenüber überzeugendere erstgenannte Auffassung leitet sich nicht zuletzt aus dem dogmatischen Unterschied zwischen Werkschöpfung und Werkinterpretation sowie dem ausdrücklichen Schutz der künstlerischen Mitwirkung an einer Darbietung nach § 73 letzte Alt. ab (so *Häuser* S. 82 ff.; *Fromm/Nordemann/Hertin*[9] § 73 Rdnr. 12; *Loewenheim/Vogel* § 38 Rdnr. 64; *Dünnwald/Gerlach* § 73 Rdnr. 11, 13: es geht hier nicht um den Schutz des übernommenen Teils, sondern um den Schutz der „geplünderten Aufnahme"; § 73 Rdnr. 12 mwN; *Möhring/Nicolini/Kroitzsch*[2] § 73 Rdnr. 3; *Rüll* § 9 I 3a im Hinblick auf die Darbietung als gegenüber dem des Urheberrechts anderen Schutzgegenstands des Leistungsschutzrechts; *Bortloff* S. 110, der lediglich **Individualisierbarkeit** des übernommenen Licks verlangt). Denn die Mitwirkung an einer Darbietung verlangt nicht zwingend, dass jeder Mitwirkende einen jeweils selbstständig schutzfähigen Werkteil interpretiert. Vielmehr setzt sie lediglich voraus, dass sein Darbietungsteil im Zusammenhang mit der Interpretation eines Werkes steht (BGHZ 79, 363/367 = GRUR 1981, 419/421 f. – Quizmaster; BGH GRUR 1974, 672/673 – Celestina; § 73 Rdnr. 12 mwN). Der Paukist, der nur zweimal mit einem Paukenwirbel an der Interpretation eines vollständigen Orchesterwerkes mitwirkt, genießt zweifellos Schutz nach § 73 UrhG, ohne dass seinem meist kurzen Einsatz selbst in jedem Falle ein urheberrechtlich schutzfähiger Werkteil zugrunde liegt. Der (digitale) Zusammenschnitt einzelner, unterschiedlichen Darbietungen entnommener Klangpartikel **(Sampling)** kann folglich das Leistungsschutzrecht ihrer ausübenden Künstler verletzen, sofern diese selbstverständlicherweise individualisierbar sind und die entnommenen Einzelteile ein Minimum an künstlerischer Gestaltung erkennen lassen (ebenso *Dreier/Schulze/Dreier* Rdnr. 12, deshalb jedoch zweifelnd hinsichtlich der House- und Hip-Hop-Musik; § 77 Rdnr. 9 mwN; für einen ausdrücklichen gesetzlichen Schutz von Darbietungsteilen *v. Lewinski* in: *Schricker* (Hrsg.), Informationsgesellschaft, S. 228 f.; *Häuser* S. 82 ff. mwN). Wird einer Darbietung ein einziger, besonders charakteristischer Ton entnommen und zur Erzeugung eines Sounds verwendet, kann selbst dies unter Umständen die Darbietung in ihrer Integrität berühren, wenn sich eine gedankliche Verbindung zwischen Ton und Ausgangsdarbietung herstellen lässt (aA wohl *Häuser* S. 120 f.). Ist dies zu verneinen, kann der Interpret unter der Voraussetzung der weiteren tatbestandlichen Voraussetzungen allenfalls auf wettbewerbsrechtliche Ansprüche oder solche aus dem allgemeinen Persönlichkeitsrecht zurückgreifen (vgl. auch *Loewenheim/Vogel* § 38 Rdnr. 32 ff.). Unter dem Gesichtspunkt des unternehmerischen Leistungsschutzes nach § 85 beurteilt der BGH die Entnahme kleinster Tonfetzen eines Tonträgers ebenfalls als Verletzung des Tonträgerherstellerrechts nach § 85 (BGH GRUR 2009, 403 – Metall auf Metall; sa. § 85 Rdnr. 43).

Das Leistungsintegritätsinteresse eines ausübenden Künstlers nach § 75 kann **umgekehrt** auch dann berührt sein, wenn **einzelne Töne der Aufnahme** seiner Darbietung durch Töne fremder oder anderer eigener Darbietungen **ersetzt** werden.

Nicht endgültig geklärt ist die Frage der Rechts des Sacheigentümers zur **Vernichtung des Originals** eines urheberrechtlich geschützten Werkes (s. dazu § 14 Rdnr. 37 ff.; *Grünberger* S. 134 f. mwN). Nach Auffassung *Grünbergers* tritt beim künstlerischen Leistungsschutz an die Stelle des Originals das **Masterband**, mit dessen Vernichtung das persönliche Band des Interpreten zu seiner Darbietung zerstört würde (aA *Reinbothe/v. Lewinski* WPPT Art. 5 Rdnr. 23). Dem könnte durch eine Anbietungspflicht abgeholfen werden.

b) Andere (indirekte) Beeinträchtigungen. Bei indirekten Beeinträchtigungen bleibt die 30 Darbietung selbst unangetastet, wird jedoch in einen für den Künstler nachteiligen Zusammenhang gestellt, der geeignet ist, seinen Ruf oder sein Ansehen zu gefährden (*Fromm/Nordemann/ Schaefer*[10] Rdnr. 15; *Fromm/Nordemann/Hertin*[9] § 83 Rdnr. 4; *v. Gamm* § 83 Rdnr. 5; *Flechsig* S. 71 ff.; *Unger/Götz v. Olenhusen* ZUM 1987, 154/165). Bei Live-Darbietungen begegnen derartige indirekte Beeinträchtigungen etwa, wenn die Darbietung von unpassenden Lichteffekten begleitet und/oder mit sachlich nicht zu rechtfertigender Kameraführung übertragen wird (zum Persönlichkeitsschutz bei Live-Darbietungen so. Rdnr. 26 sowie *Peter* UFITA 36 [1962] 257/ 312). Bei festgelegten Darbietungen kommen indirekte Beeinträchtigungen ua. durch anstößig gestaltete Schallplattenhüllen (vgl. BGH GRUR 1987, 814 – Die Zauberflöte; zum Urheberrecht OLG Frankfurt/M GRUR 1995, 215 – Springtoifel), herabwürdigende Kombinationen mit anderen Aufnahmen oder durch die Verwendung zu Werbezwecken (LG München UFITA 87 [1980] 342/345 – Wahlkampfwerbung; siehe auch den Sachverhalt von BGH GRUR 1979, 637 – White Christmas) in Betracht (weitere Beispiele bei *Flechsig* S. 71 ff. sowie *Rüll* § 11 III).

4. Ruf- und Ansehensgefährdung

Die Beeinträchtigung einer Darbietung indiziert die **Gefährdung des Rufs oder Anse-** 31 **hens** des Interpreten (OLG München NJW 1996, 1157/1158 – Iphigenie in Aulis; LG Leipzig ZUM 2000, 331/334 – Die Csárdásfürstin; sa. § 14 Rdnr. 27, § 39 Rdnr. 14 ff. jeweils mwN; enger *Grünberger* S. 137 f.: dies gilt nicht für indirekte Beeinträchtigungen, so dass insoweit die Indizwirkung entfällt und der Künstler die volle Darlegungs- und Beweislast für die Gefährdung seiner Interessen trägt; sa. *Flechsig* FuR 1976, 429/432; *Weßling* S. 155 Ziff. 266; zur Ausnahme bei technisch mangelhaften Aufzeichnungen s. Rdnr. 27). Sie kann bewirken, dass sie dem Künstler selbst zugerechnet wird, sei es als vermeintliches künstlerisches Unvermögen, sei es, dass die Vermutung naheliegt, der Künstler habe die Beeinträchtigung hingenommen (sa. *Fromm/Nordemann/Schaefer*[10] Rdnr. 22, dort auch zur Rolle der Fachöffentlichkeit; *Rüll* § 12 I 1). Für das Ansehen und den Ruf des ausübenden Künstlers sind alle Faktoren von Bedeutung, die unter Zugrundelegung der Vorstellung eines **unvoreingenommenen Durchschnittsbetrachters** die öffentliche Meinung über seine künstlerischen Fähigkeiten und Auffassungen prägen und die Wertschätzung seiner Künstlerpersönlichkeit zu beeinflussen vermögen (ausführlich *Flechsig* S. 66 ff.). Dabei spielt es keine Rolle, ob die Darbietung aus mancher Sicht eine „Verbesserung" erfährt, denn durch § 75 ist die Darbietung ungeachtet einer ästhetischen Bewertung vor jeglichem Eingriff geschützt (*Grünberger* S. 134). Es ist ein objektivierter Maßstab anzulegen, so dass persönliche Empfindlichkeiten des Interpreten außer Betracht zu bleiben haben. Im Übrigen kommt den Erwägungen der Rspr. zum aPR von Schauspielern, die ihre Person als solche und nicht ihre Leistung in einen für sie unerwünschten Zusammenhang gestellt sehen, auch im Rahmen von § 75 Bedeutung zu (s. BGHZ 20, 345 – Paul Dahlke; BGHZ 30, 7 – Caterina Valente; BGH GRUR 1972, 97 – Liebestropfen; eingehend dazu die Erläuterungen zu § 60/§§ 22 ff. KUG mwN). Ungeachtet einer Verletzung des Rufs oder Ansehens des Künstlers durch die Verwendung seiner Leistung zu Werbezwecken kommt Schutz nach dem aPR in Frage, wenn dadurch in die wirtschaftliche und persönliche Selbstbestimmung des Betroffenen eingegriffen wird (BGH GRUR 1979, 425/427 – Fußballspieler; BGH GRUR 1981, 446/447 – Rennsportgemeinschaft; BGH GRUR 1992, 557 – Talkmaster-Fotos; BGH GRUR 2000, 715 – Marlene Dietrich; aA noch BGHZ 30, 7/12 – Caterina Valente; ferner vor §§ 73 ff. Rdnr. 21).

5. Interessenabwägung

32 Bei der **Interessenabwägung**, die § 93 für Filmwerke bekräftigt und § 75 S. 2 bei Ensemble-Leistungen ausdrücklich vorschreibt, ist einerseits auf die Leistungshöhe, die Intensität des Eingriffs, das Maß der Abweichung von bereits bestehenden vertraglichen Änderungsvereinbarungen sowie deren vorherige Kenntnis ua. (OLG Dresden ZUM 2000, 955/957 – Die Csárdásfürstin mit insoweit zust. Anm. *Wündisch*) und andererseits auf das Maß der wirtschaftlichen und künstlerischen Interessen des Interpreten und auf den Umfang vermögenswerter Dispositionen (OLG Frankfurt/M GRUR 1976, 199/202 – Götterdämmerung), arbeitsvertragliche Bindungen (zum Direktionsrecht des Arbeitgebers s. § 79 Rdnr. 30) sowie eine durch Zusagen geschaffene Vertrauenslage (OLG Hamburg Schulze OLGZ 153, 7f. – Kyldex I) ua. abzustellen (Einzelheiten § 14 Rdnr. 28ff.; *Rüll* § 13). Eine generelle Privilegierung der ideellen Interessen des Künstlers gegenüber etwaigen wirtschaftlichen Interessen des Verwerters ist nicht statthaft (§ 14 Rdnr. 29; *v. Gamm* § 14 Rdnr. 9; *Schricker*[3] § 13/§ 39 UrhG Rdnr. 11; *Grünberger* S. 139, aA *Fromm/Nordemann/Vinck*[9] § 39 Rdnr. 4; *Möhring/Nicolini/Spautz*[2] § 39 Rdnr. 10); jedoch hat das künstlerische Interesse nicht schon allein deshalb hinter die wirtschaftlichen Interessen des Verwerters zurückzutreten, weil es vom Publikum nicht überwiegend positiv bewertet wird (OLG Frankfurt/M GRUR 1976, 199/202 – Götterdämmerung; LG Leipzig ZUM 2000, 331/334 – Die Csárdásfürstin). Denn die Akzeptanz der künstlerischen Leistung eines verpflichteten Regisseurs liegt weitgehend im Risikobereich des Auftraggebers. Möchte er sein Risiko verringern, muss er vertraglich konkrete Vorgaben vereinbaren (dazu *Loewenheim/Schulze* § 70 Rdnr. 45).

6. Beweislast

33 Die Beweislast für das Vorliegen einer anspruchsbegründenden, rufgefährdenden Entstellung oder anderer Beeinträchtigungen seiner Leistung nach § 75 obliegt dem Künstler (OLG Hamburg ZUM 1991, 545/547 – The Rolling Stones). Hinsichtlich der durch die Beeinträchtigung indizierten Rufgefährdung bedarf es freilich des Beweises nur bei Wegfall der Indizwirkung (s. Rdnr. 22). Die Beweislast für das Vorliegen entgegenstehender Interessen trägt der Verletzer (ebenso *Dreier/Schulze/Dreier* Rdnr. 8).

III. Beeinträchtigungsverbot bei Ensemble-Leistungen (Satz 2)

34 § 75 S. 2 gebietet untereinander **angemessene Rücksichtnahme** bei der Geltendmachung des Leistungsintegritätsanspruchs, wenn mehrere Künstler (Orchester-, Chormitglieder, Solisten, Dirigenten, Tänzer, Schauspieler ua.) an der Darbietung beteiligt sind. Bei der dabei erforderlichen Interessenabwägung sind im Wesentlichen das Maß der Leistungsbeeinträchtigung auf der einen und das Verwertungsinteresse der übrigen Künstler auf der anderen Seite zu berücksichtigen und zu gewichten (*Fromm/Nordemann/Schaefer*[10] Rdnr. 31ff.). Mehrheitsentscheidungen des Ensembles braucht sich der Interpret nicht zu unterwerfen (*Dünnwald/Gerlach* Rdnr. 19). Häufig dürfte dem Interesse des in seinem Persönlichkeitsrecht betroffenen Künstler der Vorrang gebühren vor etwaigen Interessen der übrigen Künstler an der Verwertung einer beeinträchtigenden Aufnahme (ebenso *Fromm/Nordemann/Hertin*[9] § 83 Rdnr. 6; *Meckel* in HK-UrhG Rdnr. 7; *Möhring/Nicolini/Kroitzsch*[2] § 83 Rdnr. 11 und *Dreier/Schulze/Dreier* Rdnr. 13 hingegen stellt allein auf die Abwägung unter Berücksichtigung der gegenläufigen Interessen, des künstlerischen Werts der Darbietung und der Schwere des Eingriffs ab). Zu berücksichtigen ist jedoch auch die Anzahl der übrigen Mitwirkenden, die Qualität ihrer Darbietung und die Schwere der Beeinträchtigung der Leistung des betroffenen Künstlers (*Fromm/Nordemann/Schaefer*[10] Rdnr. 34ff.). Eine Geltendmachung des Rechts durch einen Gruppenvorstand scheidet aus. Denn eine Regelung wie in § 74 Abs. 2 hat der Gesetzgeber im Rahmen des § 75 nicht getroffen (*Fromm/Nordemann/Schaefer*[10] Rdnr. 37; *Dünnwald/Gerlach* Rdnr. 19). Gewillkürte Prozessstandschaft ist nur in engen Grenzen möglich, wenn ein berechtigtes Interesse des Dritten (etwa Vertragspartners des Künstlers) an der Durchsetzung des Rechts besteht und der Künstler nicht selbst sein Recht verfolgt (*Fromm/Nordemann/Schaefer*[10] Rdnr. 38 unter Hinweis auf die zum Urheberrecht ergangenen Entscheidungen BGH GRUR 1995, 668/670 – Emil Nolde und OLG Hamburg ZUM 2008, 438/441 – Anita). Im **Filmbereich** können die einzelnen Mitwirkenden nur gröbliche Entstellungen und andere gröbliche Beeinträchtigungen ihrer Darbietung geltend machen. Ferner haben sie nicht nur untereinander angemessene Rücksicht zu nehmen, sondern nach § 93

IV. Rechtsfolgen der Verletzung des Beeinträchtigungsverbots

Bei Verletzung der Rechte aus § 75 kann gemäß § 97 Abs. 1 auf **Beseitigung,** bei Wiederholungsgefahr auf **Unterlassung** und bei Vorsatz oder Fahrlässigkeit auch auf **Ersatz eines** freilich oft schwer zu beweisenden **materiellen Schadens** geklagt werden (Einzelheiten unter §§ 97ff.). Zudem kommt nach § 97 Abs. 2 im Rahmen der Billigkeit bei schwerwiegenden Persönlichkeitsverletzungen eine Entschädigung wegen des erlittenen **immateriellen Schadens** in Betracht, wenn auf andere Weise kein befriedigender Ausgleich erzielt werden kann (BGH GRUR 1971, 525/526 – Petite Jacqueline; OLG Hamburg GRUR 1992, 512/513 – Prince; Einzelheiten s. § 97 Rdnr. 176ff. sowie die Erläuterungen zu §§ 60 UrhG, 33–50 KUG; sa. *Rüll* § 15). 35

Ein **Eingriff in das Recht** des ausübenden Künstlers auf Leistungsintegrität **liegt allein in der jeweiligen Entstellungshandlung**. Trotz des Umstandes, dass das Gesetz bei persönlichkeitsrechtlichen Tatbeständen die Art der Verletzungshandlungen nicht im Einzelnen bestimmt, wird ein Verstoß gegen § 75 nicht in der bloßen Verbreitung der entstellten Darbietung gesehen werden können (ebenso BGH GRUR 1987, 814/816 – Die Zauberflöte; OLG Köln GRUR 1992, 388/389 – Prince; OLG Hamburg ZUM 1991, 545/547 – The Rolling Stones; *Dünnwald/Gerlach* Rdnr. 6; aA *Schack* GRUR 1987, 817/818; *ders.*[5] Rdnr. 937; *Braun* S. 80ff., 104ff.; *ders.* GRUR Int. 1996, 790/796, die die Verbreitung als Steigerung der Beeinträchtigung werten). Die maßgebliche Rechtsverletzung findet somit nicht auch am Ort der Verbreitung, sondern allein am Ort der entstellenden Handlung statt. Bei der Durchsetzung des Entstellungsverbots kann sich der Interpret jedoch darauf berufen, die erforderlichen Befugnisse nach §§ 77 Abs. 2, 78 Abs. 1 zur Nutzung der aufgenommenen Darbietung nicht oder nicht für die fragliche Fassung erteilt zu haben. Abgesehen davon können die Verbreitung und öffentliche Wiedergabe der entstellten Darbietung auch nach § 96 Abs. 1 untersagt werden (s. § 96 Rdnr. 4). 36

V. Fremdenrechtliche Fragen

Zum persönlichen Geltungsbereich der Vorschrift s. zunächst Rdnr. 11f. Für **ausländische ausübende Künstler,** deren Rechtsverhältnisse sich nicht nach bestehenden Staatsverträgen richten (namentlich nach Art. 5 Abs. 1 WPPT) und auch im Übrigen kein Bezug zu Deutschland (Darbietung, Simultanveröffentlichung bzw. Sendung) als Schutzland besteht, statuiert **§ 125 Abs. 6 eine fremdenrechtliche Beschränkung** des Interpretenschutzes auf die Rechte aus §§ 74 und 75, 77 Abs. 1 und 78 Abs. 1 Nr. 3 sowie § 78 Abs. 1 Nr. 2 im Falle der unmittelbaren Sendung. Die Rechte nach §§ 77 Abs. 2, 78 Abs. 2 Nr. 1 und Nr. 2 nimmt § 125 Abs. 6 hingegen nicht in Bezug. Da auch das Verwertungsverbot des § 96 nicht zu den Mindestrechten des ausübenden Künstlers zählt, kann sich der nicht staatsvertraglich oder infolge des § 125 Abs. 2–4 in Deutschland geschützte Künstler nicht zur Wehr setzen, wenn die Entstellung seiner Darbietung im Ausland erfolgt ist, die beanstandete inländische Handlung aber allein in der Verbreitung der entstellenden Aufnahme liegt. Bei derart gelagerten grenzüberschreitenden Sachverhalten bietet das deutsche Fremdenrecht als Schutzlandrecht nach § 125 Abs. 6 keine Handhabe (ebenso OLG Hamburg ZUM 1991, 545/547 – The Rolling Stones; OLG Frankfurt/M GRUR Int. 1993, 702 – Bruce Springsteen; im Anschluss an BGH GRUR 1986, 454/455 – Bob Dylan; BGH GRUR 1987, 814/815 – Die Zauberflöte). Denn § 125 Abs. 6 versagt – ohne Verstoß gegen Art. 1, 2 und 14 GG (BVerfG GRUR 1990, 438 – Bob Dylan) – dem ausübenden Künstler die Befugnis, die unautorisierte Aufnahme seiner Darbietung nach § 96 zu unterbinden, weil diese Vorschrift nicht von § 125 Abs. 6 erfasst wird und der Gesetzgeber den ausländischen Interpreten nicht gegen die inländische Vermarktung einer unautorisierten Aufnahme hat schützen wollen (gleicher Ansicht *Fromm/Nordemann/Hertin*[9] § 83 Rdnr. 9; *Hertin* GRUR 1991, 722/727; *Dünnwald/Gerlach* Rdnr. 27; wegen nicht ausreichenden Sachvortrags zu einer Verletzung des § 83 [jetzt § 75] letztlich offen gelassen in OLG Köln GRUR 1992, 388/389 – Prince; gleicher Ansicht auch in Bezug auf das TRIPS-Übereinkommen, das in Art. 14 Abs. 1 kein Verbietungsrecht des ausübenden Künstlers vorsieht OLG Hamburg ZUM 2004, 133/136 – unautorisierte Konzertmitschnitte; aA noch 1. Aufl. § 83 Rdnr. 22 sowie noch OLG Hamburg GRUR Int. 1986, 416/419 – Karajan; OLG München 37

ZUM 1991, 540/541 – U2; *Krüger* GRUR Int. 1986, 381/384 ff.; *Schack* GRUR 1987, 817/818; *Braun* S. 80 ff., 104 ff.; *ders.* GRUR Int. 1996, 790/796 ua. mit dem Einwand, § 125 Abs. 6 verzichte auf die in Bezugnahme von Rechtsfolgenregelungen, zu denen auch § 96 zu zählen sei, weshalb diese auch in den Fällen des § 125 Abs. 6 Anwendung fänden). Das Problem wird freilich an Bedeutung verlieren, je mehr Staaten dem am 20. 2. 2002 in Kraft getretenen WPPT ratifizieren und infolge dessen deren Angehörige sich in den Vertragsstaaten unmittelbar auf Art. 5 und das Verbreitungsrecht nach Art. 8 WPPT stützen können.

§ 76 Dauer der Persönlichkeitsrechte

¹Die in den §§ 74 und 75 bezeichneten Rechte erlöschen mit dem Tode des ausübenden Künstlers, jedoch erst 50 Jahre nach der Darbietung, wenn der ausübende Künstler vor Ablauf dieser Frist verstorben ist, sowie nicht vor Ablauf der für die Verwertungsrechte nach § 82 geltenden Frist. ²Die Frist ist nach § 69 zu berechnen. ³Haben mehrere ausübende Künstler gemeinsam eine Darbietung erbracht, so ist der Tod des letzten der beteiligten ausübenden Künstler maßgeblich. ⁴Nach dem Tod des ausübenden Künstlers stehen die Rechte seinen Angehörigen (§ 60 Abs. 2) zu.

Schrifttum: Siehe auch die Literaturhinweise zu §§ 74, 75; *Flechsig*, Der Leistungsintegritätsanspruch des ausübenden Künstlers, 1976; *ders.*, Die Vererbung des immateriellen Schadensersatzanspruchs des ausübenden Künstlers, FuR 1976, 74; *ders.*, Die Dauer des Anspruchs des ausübenden Künstlers auf Integrität seiner künstlerischen Leistung, FuR 1976, 208; *Krüger*, Kritische Bemerkungen zum Regierungsentwurf für ein Gesetz zur Regelung des Urheberrechts in der Informationsgesellschaft aus der Sicht eines Praktikers, ZUM 2003, 122; *ders.*, Zum postmortalen Schutz des Künstlerpersönlichkeitsrechts, Fs. für Dietz, 2001, S. 101; *Nordemann*, Nochmals: Vererblichkeit von Leistungsschutzrechten (mit *Schmieder*), FuR 1969, 15; *Peukert*, Die Leistungsschutzrechte des ausübenden Künstlers nach dem Tode, 2000; *ders.*, Leistungsschutz des ausübenden Künstlers de lege lata und de lege ferenda unter besonderer Berücksichtigung der postmortalen Rechtslage, UFITA 138 (1999) 63.

Übersicht

	Rdnr.
I. Allgemeines	1–3
1. Entstehung, Systematik und Rechtsnatur der Vorschrift	1, 2
2. Änderungen gegenüber dem alten Recht	3
II. Einzelerläuterungen	4–8
1. Aufgenommene Darbietung	4
2. Schutzfristberechnung	5, 6
3. gemeinsame Darbietung	7
4. Wahrnehmungsbefugnis der Angehörigen	8
III. Sonstige Fragen	9–12
1. Allgemeines Persönlichkeitsrecht	9
2. Übergangsrecht	10–12

I. Allgemeines

1. Entstehung, Systematik und Rechtsnatur der Vorschrift

1 § 76 geht **entstehungsgeschichtlich** auf die Neuordnung des Rechts des ausübenden Künstlers im Gesetz zum Urheberrecht in der Informationsgesellschaft vom 10. 9. 2003 und die dort in Angleichung an das Schutzniveau des Art. 5 WPPT vorgenommene Einführung des Rechts auf Anerkennung als ausübender Künstler und auf Namensnennung gemäß § 74 zurück (dazu *Loewenheim/Vogel* § 38 Rdnr. 132 ff.; *Wandtke/Bullinger/Büscher* vor §§ 73 ff. Rdnr. 8, § 76 Rdnr. 3). Die Vorschrift übernimmt die **Regelungscharakteristik** und die Schutzdauer des noch auf das Beeinträchtigungsverbot beschränkten § 83 Abs. 3 aF mit der primären Anknüpfung der Schutzdauer an den Zeitpunkt der Darbietung des ausübenden Künstlers, ergänzt durch zwei Mindestschutzdauerregelungen. Danach enden nach § 76 die Rechte auf Anerkennung und Namensnennung nach § 74 ebenso wie das Recht des Künstlers, die Beeinträchtigung seiner Darbietung zu verbieten (§ 75; früher § 83 Abs. 1), 50 Jahre nach der Darbietung, jedoch **niemals vor dem Tode des Künstlers und** – dies ist in Anlehnung an Art. 5 Abs. 2 S. 1 WPPT neu in das Gesetz aufgenommen worden – **niemals vor Ablauf der Frist nach § 82** (§ 76 S. 1 am Ende).

2 Mit dem von § 82 abweichenden zeitlichen Mindestschutz der Rechte aus §§ 74, 75 (Lebenszeit des Künstlers) trägt das Gesetz der in ihrem Schwerpunkt **persönlichkeitsrechtlichen**

Natur dieser Vorschriften Rechnung (AmtlBegr. UFITA 45 [1965] 240/313). Da die Persönlichkeitsrechte des ausübenden Künstlers nach §§ 74, 75 anders als noch nach § 83 Abs. 3 aF **zusätzlich auch niemals vor Ablauf der Schutzfrist nach § 82** enden, gehen die vermögens- und die persönlichkeitsrechtlichen Befugnisse des in seinem Wesen einheitlichen, der Ausgestaltung des Urheberrechts zunehmend angenäherten Leistungsschutzrechts des ausübenden Künstlers im Gegensatz zum früheren Recht nur noch beschränkt eigene Wege (sa. § 74 Rdnr. 10 mwN; aA zur Einheitlichkeit des Künstlerrechts *Peukert* vor §§ 12 Rdnr. 18 f. mwN sowie noch zum alten Recht *ders.* UFITA 138 [1999] 63 ff.). Durch die Einheitlichkeit des Leistungsschutzrechts des ausübenden Künstlers waren einheitliche Schutzfristen zwar nicht geboten, sachlich sind sie jedoch wiederholt als vorzugswürdig erachtet worden (ebenso *Grünberger* S. 141; *Fromm/Nordemann/Hertin*[9] § 83 Rdnr. 7; *Rüll* § 14 II; zumindest im Hinblick auf die Entscheidung BGH GRUR 2000, 709 – Marlene Dietrich *Krüger*, Fs. für Dietz, S. 101/109; de lege ferenda auch *Peukert* UFITA 138 [1999] 63/79 f.). Der Gesetzgeber konnte sich trotz der angestrebten Annäherung des Künstlerrechts an das Wesen des Urheberrechts jedoch nicht dazu entschließen, dem in der Literatur unterbreiteten Vorschlag zu entsprechen, § 76 S. 4 durch eine entsprechende Anwendung der §§ 28, 29 zu ersetzen (s. *Krüger* ZUM 2003, 122/126).

2. Änderungen gegenüber dem alten Recht

Somit spielen **im Gegensatz zum alten Recht und in Übereinstimmung mit Art. 5 Abs. 2 S. 1 WPPT** der Zeitpunkt des Erscheinens oder der erstmaligen berechtigten Verwendung der Aufnahme zur öffentlichen Wiedergabe für die Schutzfristberechnung nach § 76 zumindest eine mittelbare Rolle, wenn der Künstler mehr als fünfzig Jahre nach seiner Darbietung verstirbt, die Schutzfrist des § 82 aber noch läuft, weil die Darbietung vor weniger als fünfzig Jahren erschienen ist. Durch das zusätzliche Mindesterfordernis der Berücksichtigung der Schutzdauer nach § 82 tritt **bei allen noch geschützten Persönlichkeitsrechten eine Verlängerung des Schutzes** ein. Sofern der Schutz bei Inkrafttreten der Neuregelung bereits abgelaufen war, lebt er mangels einer ausdrücklichen Anordnung nicht wieder auf. 3

Die überwiegende Meinung erachtete nach altem Recht eine Ausdehnung der Schutzdauer des § 83 Abs. 3 aF auf die des § 82 aF, falls diese später ablief, für unzulässig (so *Fromm/Nordemann/Hertin*[9] § 83 Rdnr. 7; *Möhring/Nicolini/Kroitzsch*[2] Rdnr. 13; *Schack* GRUR 1985, 352/359; für eine einheitliche Beendigung der Schutzdauer *v. Gamm* § 83 Rdnr. 3; *Flechsig* S. 99; *ders.* FuR 1976, 208/209). Art. 22 Abs. 1 WPPT iVm. Art. 18 Abs. 1 und 2 RBÜ bestimmen nichts anderes.

II. Einzelerläuterungen

1. Aufgenommene Darbietung. Die Schutzfristberechnung knüpft an die aufgenommene Darbietung iSd. § 73 an. Für nicht aufgenommene Darbietungen spielt die Schutzdauer naturgemäß keine Rolle, wenngleich die Rechte nach §§ 74, 75 auch für sie gelten. Ob die aufgenommene Darbietung öffentlich erfolgt oder nur im Studio stattfindet, spielt dabei keine Rolle (vgl. § 73 Rdnr. 16; *Loewenheim/Vogel* § 38 Rdnr. 47 ff.). 4

2. Für die **Schutzfristberechnung** des § 76 sind **drei Ereignisse** maßgeblich, von denen dasjenige als Anknüpfungspunkt zu wählen ist, welches die längste Schutzdauer zu begründen vermag. Zunächst knüpft § 76 S. 1 an die **Darbietung** an. Von diesem Zeitpunkt gerechnet sind die Persönlichkeitsrechte nach §§ 74, 75 auf jeden Fall 50 Jahre lang geschützt, unabhängig davon, ob der Künstler inzwischen verstorben ist (*Dreier/Schulze/Dreier* Rdnr. 2; *Wandtke/Bullinger/Büscher* Rdnr. 2). Überlebt er hingegen den Ablauf dieser Frist, währt der Schutz auf Grund der zweiten Mindestregel des Satz 1 auf jeden Fall bis zu seinem **Tod oder bis zum Ablauf des Schutzes der vermögenswerten Rechte und Ansprüche nach § 82** als dritter Mindestregel des § 76 S. 1, falls der Schutz dieser Rechte über Zeitpunkt des Todes hinausreicht. Dies hat zur Folge, dass die Rechte aus §§ 74, 75 ebenso wie die vermögenswerten Rechte und Ansprüche maximal hundert Jahre geschützt sein können, wenn eine aufgenommene Darbietung im letzten Jahr der Regelschutzdauer erscheint oder öffentlich wiedergegeben wird und damit die Schutzdauer von fünfzig Jahren gemäß § 82 erst ab diesem Zeitpunkt zu laufen beginnt. Denkbar sind aber auch Fälle, in denen der Tod des Künstlers den Zeitpunkt des Fristablaufs bestimmt, etwa wenn die aufgenommene Darbietung mehr als fünfzig Jahre zuvor erschienen oder öffentlich wiedergeben worden ist. 5

§ 76

6 Nach **Satz 2 iVm.** § 69 werden die Fristen mit dem **Ablauf des Kalenderjahres** in Lauf gesetzt, in das das maßgebliche Ereignis (Darbietung, Erscheinen, erlaubte Benutzung eines Bild- oder Tonträgers zur öffentlichen Wiedergabe) fällt. Sie enden folglich am 31. Dezember des letzten Jahres der gesetzlichen Schutzdauer. Das gilt nicht in den Fällen, in denen der künstlerpersönlichkeitsrechtliche Schutz mit dem Tod des Interpreten endet (§ 76 S. 1). Die aA von *Dreier/Schulze/Dreier* Rdnr. 3, der aus Gründen der Vereinfachung und der Rechtssicherheit – § 69 entsprechend – auch bei Beendigung des Schutzes durch den Tod des Interpreten den diesem Ereignis folgenden 31. Dezember als maßgebliches Datum für den Schutzablauf annehmen will, dürfte mit dem Wesen des Persönlichkeitsschutzes und mit dem Wortlaut des S. 1 nicht in Einklang zu bringen sein (ebenso *Fromm/Nordemann/Schaefer*[10] § 82 Rdnr. 7; *Dünnwald/Gerlach* Rdnr. 4).

7 **3. Gemeinsame Darbietung. Satz 3** bestimmt die Berechnung der Schutzdauer bei gemeinsamen Darbietungen mehrerer Künstler. In diesen Fällen ist der Tod des längstlebenden mitwirkenden Künstlers maßgeblich, und zwar im Gegensatz zum alten Recht (§ 83 Abs. 3 aF), nach dem die Schutzfristen für alle Interpreten getrennt liefen, für alle Mitwirkenden gleichermaßen (*Fromm/Nordemann/Schaefer*[10] Rdnr. 9f.). Andere Anknüpfungen (Darbietung, Erscheinen, früher erfolgte erlaubte Benutzung des Bild- oder Tonträgers zu einer öffentlichen Wiedergabe) bleiben von S. 3 unberührt.

8 **4. Wahrnehmungsbefugnis der Angehörigen.** Soweit die Rechte aus §§ 74, 75 nach dem Tode des Künstlers fortgelten, gehen sie nach **Satz 4** auf die **Angehörigen** iSd. § 60 Abs. 2 über. Dies sind der Ehegatte, der Lebenspartner und die Kinder, mangels solcher die Eltern (Einzelheiten § 60 Rdnr. 23, § 60/§ 22 KUG Rdnr. 57f.). In dieser Regelung liegt keine Vererbung, sondern die **Anordnung einer Wahrnehmungsbefugnis hinsichtlich des postmortalen Persönlichkeitsrechts,** wie sie für das aPR charakteristisch ist (BGHZ 50, 133/137ff./140 – Mephisto; BGH GRUR 1995, 668/670 – Emil Nolde; § 28 Rdnr. 14; *Dreier/Schulze/Dreier* Rdnr. 4; *Grünberger* S. 143ff.; *Fromm/Nordemann/Schaefer*[10] Rdnr. 12; *Wandtke/Bullinger/Büscher* Rdnr. 6; *v. Gamm* § 83 Rdnr. 2 und § 78 Rdnr. 8; *Peukert* UFITA 138 [1999] 66/77; *Schack* GRUR 1985, 352/354 Fn. 54; *ders.*[5] Rdnr. 685; ebenso auch *Ulmer*[3] § 123 V 2. *Möhring/Nicolini/Kroitzsch*[2] § 83 Rdnr. 13 nimmt eine Wahrnehmungsbefugnis „zum Schutze der Angehörigen" an; in diesem Sinne auch die AmtlBegr. UFITA 45 [1965] 240/313). Nach anderer Meinung liegt eine Klarstellung vor, dass mit dem Tode des Berechtigten das Recht nicht ende (so *Schmieder* FuR 1968, 315/316), und eine Bekräftigung der sich aus der Einheitlichkeit des Leistungsschutzrechts ergebenden gesetzlichen Erbfolge (§§ 1922ff. BGB), von der jedoch im Wege der Verfügung von Todes wegen oder der Anordnung der Testamentsvollstreckung abgewichen werden könne (*Fromm/Nordemann/Hertin*[9] § 83 Rdnr. 7; *Flechsig* S. 100ff.; *ders.* FuR 1976, 208/210ff.; *Schmieder* FuR 1968, 315/316f.; *ders.* FuR 1969, 15f.; *Nordemann* mit *Schmieder* FuR 1969, 15; *Rüll* § 6 II 2; zuletzt *Krüger,* Fs. für Dietz, S. 101/104f./109; *ders.* ZUM 2003, 122/125f.). Damit können in den Fällen, in denen der ausübende Künstler vor Ablauf von 50 Jahren nach der Darbietung bzw. vor Ablauf der Schutzfrist nach § 82 stirbt, andere Personen zur Ausübung der künstlerpersönlichkeitsrechtlichen Befugnisse befugt sein als diejenigen, die der ausübende Künstler uU testamentarisch als Erben der Verwertungsrechte eingesetzt hat. Stirbt der Interpret nachher, enden seine Rechte nach §§ 74, 75 mit dem Tag seines Todes (§ 76 S. 1).

III. Sonstige Fragen

1. Allgemeines Persönlichkeitsrecht

9 Entfällt der Schutz des § 76 mit dem Tode des Künstlers (so. Rdnr. 5), kann in besonders gelagerten Fällen zum Schutz der verstorbenen Künstlerpersönlichkeit der Rückgriff auf das aPR erforderlich sein, um der grundgesetzlichen Wertentscheidung der Art. 1, 2 Abs. 1 GG zu entsprechen (s. BGH GRUR 1995, 668/670f. – Emil Nolde; *Fromm/Nordemann/Hertin*[9] § 83 Rdnr. 7; *Krüger-Nieland,* Fs. für Hauß, S. 215/222/223; *Schack* GRUR 1985, 352/354/359; *ders.*[5] Rdnr. 688; vor §§ 12ff. Rdnr. 14ff.). Ebenso wie die persönlichkeitsrechtlichen Befugnisse aus §§ 74, 75 können die Rechte aus dem aPR nur von den Angehörigen, nicht dagegen von sonstigen Erben wahrgenommen werden (s. Rdnr. 8). Zu beachten ist, dass nach höchstrichterlicher Rechtsprechung zum postmortalen Schutz des Persönlichkeitsrechts Ansprüche nach dem aPR länger geltend gemacht werden können als solche nach §§ 74, 75 (BGH

GRUR 2007, 168/169 – Klaus Kinski; GRUR 2002, 690/691 – Marlene Dietrich; GRUR 2000, 709/711 – Marlene Dietrich).

Wegen der Auffangfunktion des aPR erscheinen die verfassungsrechtlichen Bedenken von *Schack* (GRUR 1985, 352/359) gegen die Regelung des § 76 (früher § 83 Abs. 3) nicht begründet.

2. Übergangsrecht

Bei Leistungen, die **vor Inkrafttreten des UrhG** erbracht wurden, sind hinsichtlich ihrer Schutzdauer die Vorschriften der §§ 135, 135 a zu beachten (Einzelheiten dort). § 137 f spielt für der Rechte aus §§ 74, 75 keine Rolle, da die Schutzdauer-Richtlinie (Richtlinie 93/98/EWG) von einer Harmonisierung der Schutzdauer der Urheberpersönlichkeitsrechte und der Persönlichkeitsrechte des ausübenden Künstlers absieht (dort Art. 9). 10

Für den **Übergang von § 83 Abs. 3 aF zu § 76** hat der Gesetzgeber keine besondere Bestimmung vorgesehen. Somit gilt nach allgemeiner Regel (vgl. zB Art. 18 RBÜ), dass ohne ausdrückliche gesetzliche Anordnung abgelaufene Rechte nicht wieder aufleben. Ergibt sich folglich aus der Anknüpfung der Schutzdauer der Verwertungsrechte des ausübenden Künstlers gemäß § 82, dass der Schutz einer Darbietung nach § 76 noch besteht, der Beeinträchtigungsschutz gemäß § 83 aF aber bei Inkrafttreten der Neuregelung des § 76 schon abgelaufen war, kommt die Schutzfristverlängerung dem Künstler bzw. nach seinem Tode seinen Angehörigen (§ 76 S. 4) nicht zugute (sa. *Loewenheim/Vogel* 38 Rdnr. 136). Anders verhält es sich bei den neu entstandenen Rechten nach § 74, die bei Inkrafttreten des § 76 nach dessen Voraussetzungen noch geschützt sind. Inter partes wirkende frühere Vereinbarungen über die Namensnennung des Künstlers gelten nach Maßgabe ihrer vertraglich festgelegten zeitlichen Geltung fort. 11

Entsprechendes gilt für Sachverhalte mit Auslandsbezug, auf die der WPPT zur Anwendung kommt. Art. 22 Abs. 1 WPPT bringt hinsichtlich der im WPPT vorgesehenen Rechte des ausübenden Künstlers Art. 18 RBÜ analog zur Anwendung mit der Folge, dass Rechte, die nach dem Schutzlandrecht bereits bei Inkrafttreten des WPPT nicht mehr geschützt waren, nicht wieder aufleben. Eine Beschränkung der Anwendung der Rechte aus Art. 5 WPPT, wie es nach Art. 22 Abs. 2 WPPT gestattet ist, hat der deutsche Gesetzgeber nicht vorgenommen. 12

§ 77 Aufnahme, Vervielfältigung und Verbreitung

(1) Der ausübende Künstler hat das ausschließliche Recht, seine Darbietung auf Bild- oder Tonträger aufzunehmen.

(2) ¹Der ausübende Künstler hat das ausschließliche Recht, den Bild- oder Tonträger, auf den seine Darbietung aufgenommen worden ist, zu vervielfältigen und zu verbreiten. ²§ 27 ist entsprechend anzuwenden.

Schrifttum: S. zunächst die Schrifttumsnachweise vor §§ 73 ff. und zu § 73. *Bortloff,* Tonträgersampling als Vervielfältigung, ZUM 1993, 476 ff.; *Braun,* Die Schutzlücken-Piraterie und das Urheberrechtsänderungsgesetz v. 23. 6. 1995, GRUR Int. 1996, 790 ff.; *Bungeroth,* Der Schutz der ausübenden Künstler gegen die Verbreitung im Ausland hergestellter Vervielfältigungsstücke ihrer Darbietungen, GRUR 1976, 454; *Häuser,* Sound und Sampling, 2002; *Hertin,* Die Vermarktung nicht lizenzierter Live-Mitschnitte von Darbietungen ausländischer Künstler nach den höchstrichterlichen Entscheidungen „Bob Dylan" und „Die Zauberflöte", GRUR 1991, 722; *Hesse,* Flankenschutz für das Leistungsschutzrecht, ZUM 1985, 365; *Hoeren,* Sounds von der Datenbank – zum Schutz des Tonträgerherstellers gegen Sampling, in. Fs. Hertin, 2000, S. 113 ff.; *Jörger,* Das Plagiat in der Popularmusik, UFITA-Schriftenr. Bd. 99 (1992); *Krüger,* Zum Leistungsschutzrecht ausländischer ausübender Künstler in der Bundesrepublik Deutschland im Falle des sog. bootlegging, GRUR Int. 1986, 381; *Lewinski von,* Musik und Multimedia, in: Lehmann, Internet- und Multimediarecht (Cyberlaw), 1997; *dies.,* Das Urheberrecht zwischen GATT/WTO und WIPO, UFITA 136 (1998), S. 103–127; *dies.,* Der EG-Richtlinienvorschlag zum Urheberrecht und zu verwandten Schutzrechten in der Informationsgesellschaft, GRUR Int. 1998, S. 637–642; *dies.* Die diplomatische Konferenz der WIPO 1996 zum Urheberrecht und zu verwandten Schutzrechten, GRUR Int. 1997, S. 667–681; *dies.,* Die Umsetzung der Richtlinie über Vermiet- und Verleihrecht, ZUM 1995, 442–450; *dies.,* Vertragsrecht, in: Gerhard Schricker, Eva-Maria Bastian, Adolf Dietz (Hrsg.), Konturen eines europäischen Urheberrechts, Baden-Baden 1996; *Loewenheim,* Der Schutz ausübender Künstler aus anderen Mitgliedstaaten der Europäischen Gemeinschaft im deutschen Urheberrecht, GRUR Int. 1993, 105; *Münker,* Urheberrechtliche Zustimmungserfordernisse beim Digital Sampling, Frankfurt a. M., 1995 (zit. Bearbeiter, in: Münker, Digital Sampling; *Rochlitz,* Der strafrechtliche Schutz des ausübenden Künstlers, des Tonträger- und Filmherstellers und des Sendeunternehmens, 1987; *Salagean,* Sampling im deutschen, schweizerischen und US-amerikanischen Urheberrecht, UFITA – Schriftenreihe, Bd. 248, Baden-Baden 2008; *Schack,* Leistungsschutz für Tonträgeraufnahmen ausländischer ausübender Künstlern aus den USA, ZUM 1986, 69; *Schaefer,* Für EG-Bürger führen viele Wege nach Rom, GRUR 1992, 424; *Ulmer,* Die Verbreitung körperlich festgelegter Darbietungen ausländischer ausübender Künstler, IPRax 1987, 13; *Unger/v. Olenhusen,* Historische Live-Aufnahmen ausübender Künstler im Bereich Klassische Musik, ZUM 1987, 154; *Unger,* Die Verlänge-

§ 77 Aufnahme, Vervielfältigung und Verbreitung

rung der Schutzfristen für ausübende Künstler – Perpetuierung des bootleg-Problems bei historischen Aufnahmen?, ZUM 1990, 501; *ders.*, Herstellung und Import unautorisierter Live-Aufnahmen auf Tonträger, ZUM 1988, 59; *Waldhausen*, Schutzmöglichkeiten gegen Bootlegs in der Bundesrepublik Deutschland und den USA unter besonderer Berücksichtigung des TRIPS-Abkommens, Bd. 83 der Schriftenreihe des Instituts für Rundfunkrecht, Köln, 2002; *ders.*, Schließt TRIPS die Schutzlücke bei Bootlegs?, ZUM 1998, 1015.

Übersicht

	Rdnr.
I. Allgemeines	1–5
1. Anwendungsbereich, Sinn und Zweck der Vorschrift	1
2. Entstehungsgeschichte	2
3. Verhältnis von § 77 Abs. 1 zu § 77 Abs. 2; Vergleich mit Art. 7 Abs. 1 lit. c des Rom-Abkommens	3–5
a) Keine „Erschöpfung" der Drittwirkung durch Vertragsabschluss	3
b) Verhältnis zum Tonträgerhersteller bei objektiver Zweckidentität iSd. Art. 7 Abs. 1 lit. c RA	4
c) Vorrang des deutschen Rechts nach dem Grundsatz der Inländerbehandlung	5
II. Einzelerläuterungen	6–17
1. Aufnahme iSd. § 77 Abs. 1	6–8
a) Begriff	6, 7
b) Bedeutung	8
2. Vervielfältigung iSd. § 77 Abs. 2	9–11
a) Begriff	9
b) Bedeutung	10
c) Digitale Veränderungen	11
3. Verbreitung iSd. § 77 Abs. 2	12, 13
a) Bedeutung der Neufassung für die sog. Schutzlückenpiraterie	12
b) Ausschließlichkeit des Rechts, Erschöpfung	13
4. Die analoge Anwendung des § 27	14–16
5. Ausnahmen vom Ausschließlichkeitsrecht	17
III. Ausländische ausübende Künstler	18, 19
1. Angehörige der EU und des EWR	18
2. Sonstige	19

I. Allgemeines

1 1. Der neu gefasste § 77 entspricht inhaltlich weitgehend dem bisherigen § 75. § 75 Abs. 3 aF wurde redaktionell gestrafft in § 77 S. 2 übernommen. Diese Straffung war – ohne inhaltliche Änderung – möglich, weil sich aus der Verweisung auf § 27 ohne weiteres und ohne die ausdrückliche Bezugnahme auf die Vergütungen für das Vermieten und Verleihen (so die umständlichere Fassung des § 75 Abs. 3 aF) ergibt, dass es sich um diese Vergütungsansprüche handelt (s. amtl. Begr. BT-Drucks. 15/38, S. 23 f.). Wie bisher gewährt die Vorschrift dem ausübenden Künstler das Recht auf die Erstfixierung (§ 77 Abs. 1) sowie die Vervielfältigung und Verbreitung (§ 77 Abs. 2). Anders als in § 75 aF ist jetzt aber auch das Recht in Bezug auf die Erstaufnahme (§ 77 Abs. 1) nicht mehr als „Einwilligungsrecht", sondern als echtes Ausschließlichkeitsrecht ausgestaltet. § 77 **bezweckt**, dem ausübenden Künstler die Entscheidung über den unmittelbaren Wirkungsbereich seiner Darbietung vorzubehalten (vor §§ 73 ff. Rdnr. 8). Sie verwirklicht das dem ausübenden Künstler nach Art. 2 Abs. 1 GG gewährte Selbstbestimmungsrecht hinsichtlich seiner Darbietung (OLG Hamburg ZUM 1985, 371/374 – Karajan; *Schorn* GRUR 1983, 492/493); die vermögensmäßige Komponente der Berechtigungen aus § 77 findet ihre verfassungsrechtliche Grundlage in Art. 14 GG (vor §§ 73 ff. Rdnr. 12). Durch die Änderung der Vorschrift mit dem 3. UrhGÄndG v. 23. 6. 1995 (BGBl. I S. 842) wurde die Vermiet- und Verleihrechtsrichtlinie (Richtlinie 92/100/EWG des Rats v. 19. 11. 1992, ABl. Nr. L 346 S. 61, abgedr. in GRUR Int. 1993, 144) umgesetzt. Sie schreibt in Art. 9 Abs. 1 ein Verbreitungsrecht für den ausübenden Künstler vor, welches nach Art. 2 Abs. 1 auch das Recht umfasst, die Vermietung und das Verleihen der Aufzeichnung seiner Darbietungen zu erlauben oder zu verbieten (vgl. dazu auch *v. Lewinski* GRUR Int. 1991, 104 f. und – zur Umsetzung – *dies.* ZUM 1995, 442 ff.).

2 2. Die – recht bewegte – **Entstehungsgeschichte** (dazu eingehend *Dünnwald/Gerlach*, § 77 Rdnr. 2 f.) der Vorschrift ist aufschlussreich auch für die Anwendung des geltenden Rechts. Die auf den Schutz der Tonträgerhersteller zugeschnittene Regelung in § 2 Abs. 2 LUG (vor §§ 73 ff. Rdnr. 3) sicherte dem ausübenden Künstler neben dem Vervielfältigungsrecht auch ein Verbreitungsrecht (§ 11 Abs. 1 LUG; ebenso § 57 Abs. 4 RJM-E 1932). Nachdem der Hoffmann-E 1933 und der Akademie-E 1939 aber für den Tonträgerhersteller ein originäres Verviel-

Aufnahme, Vervielfältigung und Verbreitung **§ 77**

fältigungs- und Verbreitungsrecht konzipiert hatten (§ 85 Rdnr. 4), wurde dem ausübenden Künstler im RefE 1954 zunächst nicht nur das Verbreitungsrecht, sondern auch das Recht der Einwilligung in die (weitere) Vervielfältigung genommen; sogar das Recht zur Einwilligung in die erstmalige Festlegung wurde ausgeschlossen, wenn der ausübende Künstler für eine Sendeanstalt oder einen Ton- bzw. Bildträgerhersteller tätig wird (§ 76 RefE). Nach dieser Konzeption des RefE sollte der ausübende Künstler ein eigenes Recht mit Drittwirkung nur haben, wenn er sich nicht ausreichend durch Vertrag sichern kann, weil Aufnahme, Übertragung oder Sendung der Darbietung ohne sein Wissen erfolgen (RefE 1954 Begr. S. 190 f.; zust. *Neumann-Duesberg* UFITA 31 [1960] 162/167/169). Mit der Einführung des Verbreitungsrechts durch das 3. UrhGÄndG (so. Rdnr. 1) und der Anordnung der entsprechenden Anwendung des § 27 in § 77 Abs. 2 S. 2 (ebenfalls durch das 3. UrhGÄndG, damals allerdings in § 75 Abs. 3 mit etwas umständlicherer Formulierung, vgl. oben Rdnr. 1) wurden zwei für das alte Recht vielfach bemängelte (vgl. zB *Wandtke* ZUM 1991, 484/487; *Nordemann* GRUR 1991, 1/3) Lücken im Leistungsschutzrecht der ausübenden Künstler geschlossen (vgl. auch *Dünnwald/Gerlach*, § 77, Rdnr. 3). Die Stellung des ausübenden Künstlers wurde derjenigen des Urhebers insgesamt stärker angenähert, wie sich auch an der Änderung des § 92 zeigt (vgl. dazu die Begr. zum RegE des 3. UrhGÄndG, UFITA 129 [1995] 157 und die Erl. zu § 92).

3. a) Die Rechte aus § 77 sind nicht nur als Rechte gegenüber Nichtvertragspartnern zu verstehen, sondern es kann **Anspruchskonkurrenz** zu vertraglichen Ansprüchen bestehen (aA wohl noch BFH GRUR 1980, 49/50 – Teilaktivierung); der ausübende Künstler kann im Übrigen auch in den Verträgen mit Tonträgerherstellern oder Sendeanstalten Vorbehalte mit Drittwirkung machen. Außerdem stehen die in § 77 gewährten Rechte **selbständig nebeneinander**; eine „Erschöpfung" des Rechts aus § 77 Abs. 2 kann allein durch die Einräumung des Rechts aus § 77 Abs. 1 also nicht eintreten (s. BFH GRUR 1980, 49/50 – Teilaktivierung; OLG Hamburg ZUM 1985, 371/373 – Karajan). Beide Ausschließlichkeitsrechte sind zwar wirtschaftlich häufig auf dasselbe Auswertungsziel gerichtet; sie werden deshalb in der Praxis vielfach uno actu erteilt (BFH UFITA 89 [1981] 343/348). Rechtlich kann aber nicht aus der Einräumung des Rechts aus § 77 Abs. 1 ohne Weiteres auf die Einräumung auch der Rechte aus § 77 Abs. 2 geschlossen werden (*Fromm/Nordemann/Schaefer*[10], Rdnr. 10). Denn es kann dem ausübenden Künstler regelmäßig nicht gleichgültig sein, von wem und in welchem Umfang weitere Vervielfältigungshandlungen iSd. § 77 Abs. 2 vorgenommen werden. Im Einzelfall ist daher die Zweckübertragungstheorie zur Auslegung heranzuziehen. Dies hat wegen des Interesses des ausübenden Künstlers an der Überprüfung der Qualität der erstmaligen Festlegung vor ihrer Freigabe auch persönlichkeitsrechtliche Implikationen (*v. d. Groeben*, Fs. Reichardt, 1990, S. 49); sie vermischen sich – rechtlich untrennbar (vor §§ 73 ff. Rdnr. 10) – mit dem vermögensbezogenen Anliegen des ausübenden Künstlers, Ort und Umfang der weiteren Vervielfältigungshandlungen im Interesse der Nachfrage nach seinen Live-Darbietungen zu kontrollieren (vor §§ 73 ff. Rdnr. 8).

b) Mit der Gewährung von drei „selbständigen" ausschließlichen Rechten geht das deutsche Recht über den in **Art. 7 Abs. 1 lit. c RA** vorgeschriebenen Mindestschutz hinaus. Dient die weitere Vervielfältigung keinen anderen Zwecken als die erstmalige Festlegung, dann ist nach dem Konventionsrecht des RA für die weitere Vervielfältigung nur die Zustimmung des Tonträgerherstellers, der die erstmalige Festlegung mit Zustimmung des ausübenden Künstlers vorgenommen hat, erforderlich (Art. 10 RA). Einer Zustimmung auch des ausübenden Künstlers bedarf es in diesen Fällen nach dem RA nicht. Die Frage war zwar international bis zuletzt strittig. Die Interessen der Rundfunkanstalten am Ausschluss der Kumulation zweier selbstständiger Zustimmungserfordernisse im Falle der objektiven Zweckidentität setzten sich aber schließlich durch (s. *Ulmer* Rechtsschutz S. 42 ff.; *ders.* GRUR Int. 1961, 569/582; *Stewart*, International Copyright and Neighbouring Rights, 1983, S. 214; *Nordemann/Vinck/Hertin/Meyer*, RA Art. 7 Rdnr. 8 c; *Wallace* GRUR Int. 1960, 609/613; krit. zu dieser Regelung im RA *Frotz* S. 91/104 ff.).

c) Im deutschen Recht haben **Begrenzungen im Künstlervertrag** auf einen bestimmten Vervielfältigungsort, eine bestimmte Anzahl von Vervielfältigungsexemplaren oder ein bestimmtes Vervielfältigungsunternehmen (zB Verbot der Unterlizenzierung) dagegen nicht nur Bedeutung inter partes, sondern **Drittwirkung** (*Ulmer* Rechtsschutz S. 43 f.; *Schweyer* S. 110; sa. *Nordemann/Vinck/Hertin/Meyer*, RA Art. 7 Rdnr. 20). Diese Drittwirkung ist in Deutschland unter den Voraussetzungen der Inländerbehandlung (Art. 4 RA) auch im Anwendungsbereich des RA anzuerkennen, da die Mindestschutzregelung in Art. 7 Abs. 1 lit. c RA (so. Rdnr. 4) im Hin-

Krüger 1469

§ 77

blick auf Art. 21 RA nicht als Maximalschutz verstanden werden kann (s. *Nordemann/Vinck/ Hertin/Meyer*, RA Art. 21/22 Rdnr. 1 u. RA Art. 12 Rdnr. 9; s. aber auch *Ulmer* GRUR Int. 1961, 569/585).

II. Einzelerläuterungen

6   1. a) **Aufnahme iSd. § 77 Abs. 1** ist jede erstmalige Festlegung auf einen Bild- oder Tonträger, gleichgültig, ob dies mit mechanischen Mitteln, mit Hilfe elektromagnetischer Vorgänge oder durch andere technische Mittel geschieht. Maßgebend ist nach dem Normzweck der §§ 73 ff. (vor §§ 73 ff. Rdnr. 8; § 73 Rdnr. 8–9) die Wiederholbarmachung der als solche vergänglichen Darbietung mit den Mitteln der Technik. Aufnahme iSd. § 77 Abs. 1 ist daher nicht nur die Festlegung der Darbietung ohne Zwischenschaltung technischer Hilfsmittel (zB Mitschnitt im Konzertsaal), sondern auch die erstmalige Festlegung einer durch Übertragung (§ 78 Abs. 1 Nr. 3) oder Sendung (§ 78 Abs. 1 Nr. 2) zugänglich gemachten, bislang noch nicht festgelegten Darbietung (s. AmtlBegr. *Haertel/Schiefler* S. 319; *Dünnwald/Gerlach*, § 77 Rdnr. 4). Es gilt die Legaldefinition des § 16 Abs. 2 (s. dazu § 16 Rdnr. 25–27). Unter diesem Aspekt wird die Trennung zwischen Aufnahmerecht (§ 77 Abs. 1) und Vervielfältigungsrecht (§ 77 Abs. 2) als legislatorische Fehlleistung kritisiert (*Dünnwald* ZUM 2004, 161 ff., 164). Diese Kritik berücksichtigt freilich nicht, dass Verwertungshandlungen, die direkt auf die Darbietung zugreifen (Bildschirm- und Lautsprecherübertragung, Erstaufnahme, öffentliche Zugänglichmachung und Livesendung) einen wesentlich stärkeren persönlichkeitsrechtlichen Charakter aufweisen, als die (weitere) Vervielfältigung bereits festgelegter Darbietungen (so zutreffend *Bünte* S. 97 ff., 103). Deshalb wird auch auf internationaler Ebene zwischen dem Erstfestlegungsrecht und dem (weiteren) Vervielfältigungsrecht unterschieden (*Bünte* S. 129, s. auch *Dünnwald/Gerlach*, § 77 Rdnr. 4). Während das Erstfestlegungsrecht des § 77 Abs. 1 stark durch das Selbstbestimmungsrecht des ausübenden Künstlers geprägt ist und eine ähnliche Rolle einnimmt wie das Veröffentlichungsrecht des Urhebers gem. § 12 (*Bünte* S. 98), sind die Rechte aus § 77 Abs. 2 eher den immaterialgüterrechtlichen Verwertungsrechten zuzuordnen. Dies zieht differenzierende Konsequenzen für die Frage der (freien) Vollrechtübertragbarkeit nach sich (s. dazu § 79 Rdnr. 4).

7   Es muss **die Darbietung als solche** festgelegt und damit verfügbar gemacht werden. Dies ist bei einem Szenenfoto der Darbietung nicht der Fall; deshalb findet § 77 insoweit keine Anwendung. In Betracht kommt nur ein Schutz nach § 22 KUG (LG München I GRUR 1979, 852 – Godspell; *Dünnwald/Gerlach*, § 77 Rdnr. 4; *Wandtke/Bullinger-Büscher*[3], Rdnr. 3; *Dreier/ Schulze/Dreier*[3], Rdnr. 4; ebenso schon zu § 2 Abs. 2 LUG *Rudloff* UFITA 3 [1930] 459/461; *Lewenton* S. 55). Die Problematik der sog. **Thumbnails** (s. dazu § 72 Rdnr. 26) stellt sich daher im Rahmen des § 77 regelmäßig nicht.

8   b) Die **Verwendungsmöglichkeiten der Aufnahme sind für den Schutz nach § 77 Abs. 1 unerheblich.** Auch Aufnahmen, die nicht zur weiteren Vervielfältigung, Verbreitung oder öffentlichen Wiedergabe hergestellt werden, bedürfen der Einräumung eines Nutzungsrechts nach Abs. 1, wenn keine ausdrücklich vom Gesetz angeordnete Ausnahme vorliegt (s. dazu Rdnr. 17). Deshalb dürfen Darbietungen, die öffentlich sind (§ 15 Abs. 3), auch zum privaten oder sonstigen eigenen Gebrauch nicht ohne Einräumung eines Nutzungsrechts durch den ausübenden Künstler aufgenommen werden. § 83 iVm. § 53 Abs. 1 und Abs. 2 gewährt diese Befugnis nicht (s. § 53 Abs. 7). Zulässig ist lediglich die Aufnahme einer **Sendung** (§ 20) bei Live-Darbietung zum privaten Gebrauch (vgl. *v. Gamm* § 53 Rdnr. 4; *Möhring/Nicolini/Decker*[2] § 53 Anm. 57; aA auch insoweit jetzt *Mestmäcker/Schulze/Hertin*, § 77 Rdnr. 9). Die Möglichkeit zur Schaffung einer sog. kleinen Ausnahme für die private Benutzung iSd. Art. 15 Abs. 1 lit. a RA (s. dazu *Nordemann/Vinck/Hertin/Meyer* RA Art. 15 Rdnr. 4) hat der deutsche Gesetzgeber nicht voll ausgeschöpft (s. dazu für den Urheber Art. 9 Abs. 2 RBÜ).

9   2. a) **Vervielfältigung iSd. § 77 Abs. 2** ist jede weitere Festlegung der bereits festgelegten Darbietung durch Übertragung von einem Bild- oder Tonträger auf einen anderen Bild- oder Tonträger. Dazu gehört nicht nur die unmittelbare Übertragung (Nachpressen von Schallplatten), sondern auch die mittelbare Übertragung durch Auffangen der durch Funk gesendeten Platten, Bänder etc. (sog. „off the air copying", s. *Ulmer* Rechtsschutz S. 45; *Dünnwald/Gerlach*, § 77 Rdnr. 6). Die Digitalisierung einer Aufnahme, dh. die Übertragung in einen Binärcode, ist ebenfalls Vervielfältigung (vgl. § 16 Rdnr. 18). Da nach der hier vertretenen Auffassung über die §§ 73 ff. auch die Darbietung von Werkteilen geschützt ist, die als solche keine hinreichende Individualität iSd. § 2 Abs. 2 haben (s. § 73 Rdnr. 12), ist beim sogenannten *Soundsampling* zu

fragen, ob dem übernommenen Darbietungsteil ein – sei es auch nicht schutzfähiges – Werkteil zugrunde liegt und das Kriterium „künstlerisch" (s. dazu § 73 Rdnr. 25) erfüllt ist (vgl. dazu auch *Loewenheim/Vogel²*, Hdb. UrhR § 38 Rdnr. 43 u. 64; *Dünnwald/Gerlach*, § 77 Rdnr. 7; *Fromm/Nordemann/Schaefer*[10], Rdnr. 18; aA unter Hinweis auf den Grundsatz der Werkakzessorietät *Mestmäcker/Schulze/Hertin*, § 77 Rdnr. 13). Zu den Rechten der Tonträgerhersteller (§ 85) hat der BGH die Streitfrage, ob auch die Übernahme kleinster Teile, sog. Licks oder Tonfetzen, eine Verletzung der Rechte aus § 85 ist, inzwischen entgegen der Vorinstanz (OLG Hamburg, GRUR-RR 2007, 3 ff. – Metall auf Metall) in bejahendem Sinne entschieden, allerdings unter bestimmten Voraussetzungen eine analoge Anwendung des § 24 Abs. 1 für gerechtfertigt gehalten (BGH GRUR 2009, 403 – Metall auf Metall m. Anm. *Lindhorst* = ZUM 2009, 219 ff. m. Anm. *Stieper*; vgl. § 85 Rdnr. 43). Im Rahmen des § 77 stellt sich die Frage unter dem anderen Aspekt, ob der künstlerische Eigenwert (s. dazu § 73 Rdnr. 25) der Darbietung in dem entlehnten Teil (mit-)enthalten ist (*Rüll*, S. 127). Diese Frage ist freilich praktisch ohne große Bedeutung, weil die Rechte aus § 77 ohnehin an den Tonträgerhersteller abgetreten sind (s. § 79 Rdnr. 8) und dessen eigene Rechtsposition aus § 85 gegen das Soundsampling keinesfalls schwächer ist als diejenige aus diesem abgetretenen Recht (vgl. auch *Dreier/Schulze*³ Rdnr. 5; sa. *Hoeren*, Fs. Hertin, S. 113 ff., 128; abw. *Kornmeier/Cichon*, Hdb. der Musikwirtschaft⁶, S. 899). Tatsächlich werden die Fälle des Tonträger-Scamplings deshalb auch regelmäßig über § 85 und nicht über § 77 Abs. 2 verfolgt (vgl. *Fromm/Nordemann/Schaefer*[10], Rdnr. 18). Letztlich dürfte es im Rahmen des § 77 Abs. 2 darauf ankommen, ob der gesampelte Klangeffekt – die übernommene und in den Sampler eingespeiste Geräuschsequenz – eine Interpretation iSd. § 73 darstellt (s. dazu allgemein § 73 Rdnr. 19). Ob er freilich für sich genommen (isoliert) den für den Darbietungsbegriff erforderlichen „künstlerischen Eigenwert" (§ 73 Rdnr. 25) verkörpert, ist eine Frage des Einzelfalls. Diese Frage wird bei der Anfertigung sog. Ton-Collagen und bei dem sog. Tonfolgesampling eher zu bejahen sein als beim sog. Einzelsampling (s. dazu *Spieß* ZUM 1991, 524 ff./530 f.; *Hertin* GRUR 1989, 578/579; *Schorn* GRUR 1989, 579 f.; *Tenschert* 1987, 612 ff./621; *Köhn* ZUM 1994, 278/279 f.; *Bortloff* ZUM 1993, 476 ff.). Freilich wird auch bei Bejahung einer Verletzung des Rechts aus § 77 Abs. 2 durch das Tonträgerscampling die analoge Anwendung des § 24 Abs. 1 der Geltendmachung der entsprechenden Rechte entgegenstehen. Die analoge Anwendbarkeit des § 24 Abs. 1 ist vom BGH nicht nur im Rahmen des § 85, sondern auch im Rahmen des § 77 Abs. 2 ausdrücklich bejaht worden (BGH GRUR 2009, 403 ff. – Metall auf Metall m. Anm. *Lindhorst*). Zum Teil wird de lege ferenda eine gesetzliche Klarstellung dahingehend empfohlen, dass auch Darbietungen von nicht schutzfähigen Werkelementen nach den §§ 73 ff. geschützt sind (vgl. *v. Lewinski* in Schricker [Hrsg.], Informationsgesellschaft, S. 229; s. zu dieser Streitfrage de lege lata § 73 Rdnr. 12).

b) Auch im Rahmen des § 77 Abs. 2 besteht der Schutz grundsätzlich **unabhängig** davon, **10** wozu die (weitere) Vervielfältigung dient; die Aufnahme einer Sendung zum privaten oder sonstigen eigenen Gebrauch ist jedoch nach Maßgabe von § 53 zulässig (Rdnr. 13–14). Insbesondere ist für § 77 Abs. 2 nicht erforderlich, dass die Vervielfältigung zum Zwecke der Verbreitung vorgenommen wird. Schon § 2 Abs. 2 LUG (vor §§ 73 ff. Rdnr. 3) galt nicht nur für Industrieschallplatten, sondern auch für alle anderen Tonträger einschließlich der im Betriebe des Rundfunks zu Rundfunkzwecken hergestellten Tonträger (BGHZ 33, 38/40 – Künstlerlizenz Rundfunk; *Ulmer* UFITA 33 [1961] 1/14). Für einen engeren Begriff der „Vervielfältigung im eigentlichen Sinne", wie ihn *Schorn* (GRUR 1982, 644/645) zur Beschränkung des Anwendungsbereichs des § 85 vorgeschlagen hat, ist bei § 77 Abs. 2 kein Raum. Einschränkungen des Rechts aus § 77 Abs. 2 können sich vielmehr nur auf Grund gesetzlicher Ausnahmebestimmungen ergeben; sie sind im Zweifel eng auszulegen (Rdnr. 17).

c) Da der ausübende Künstler de lege lata kein Bearbeitungsrecht hat (s. aber für Künstlerver- **11** träge, die ab 1. 7. 2002 geschlossen sind, die Verweisung des § 79 Abs. 2 S. 2 auf § 37 Abs. 1 und dazu § 79 Rdnr. 17), ist für ihn anders als für den Urheber von besonderer Bedeutung, unter welchen Voraussetzungen die zahlreichen Möglichkeiten der **digitalen Veränderungen** von Bild- oder Tonaufnahmen unter den Begriff der Vervielfältigung subsumierbar sind. Im Rahmen des § 16 ist unbestritten, dass nicht nur die 1:1-Kopie, sondern auch Festlegungen in veränderter Form, zB mit Formatänderungen, Farbänderungen oder Materialänderungen eine Vervielfältigung darstellen (vgl. im Einzelnen § 16 Rdnr. 8 ff.). Jedenfalls signifikante Tempo- oder Lautstärkenveränderungen, Remixfassungen und das Einspeisen ganzer Klangsequenzen in einen Sampler sind eine Vervielfältigung iSd. § 77 Abs. 2 S. 1 (*Wandtke/Bullinger-Büscher*³ Rdnr. 6; s. aber auch OLG Hamburg GRUR-RR 2002, 220 – Remix/Remastering). Zumeist wird auch im Übrigen die digitale Veränderung – zB im Wege des Sampling oder des Remix – der 1 : 1 Kopie sehr nahe kommen, so dass bei **wertender** Auslegung des Vervielfältigungsbegriffs jedenfalls eine entsprechende Anwendung möglich ist (so *v. Lewinski* in *Schricker* [Hrsg.], Informationsgesellschaft, S. 253 ff., die darüber hinaus die Vervielfältigung in geänderter Form als selbstständig abspaltbare Nutzungsart mit der Folge der Anwendbarkeit der Zweckübertragungstheorie ansieht; s. auch *Häuser,* Sound und Sampling, 2002, S. 81 u. S. 25 f.). Da die Bearbeitungsfreiheit des § 23 Satz 1 für die Aufnahmen von geschützten Darbietungen nicht gilt, ist jede nicht-autorisierte Bearbeitung einer Aufnahme bereits als solche eine Vervielfältigung (vgl. *Fromm/Nordemann/Schaefer*[10], Rdnr. 17). Ist vertraglich zwar das Recht zur Vervielfältigung, nicht aber zur Bearbeitung eingeräumt (s. dazu § 79 Rdnr. 17), dann kommt es darauf an, ob es sich um eine Veränderung handelt, die bei wertender Betrachtung iSd. Zweckübertragungstheorie (s. § 79 Rdnr. 10 ff.) noch als vom Vervielfältigungszweck gedeckt angesehen werden kann; dies wurde zB für die Modernisierung einer Liedaufnahme im Wege des Sampling bejaht (KG Berlin GRUR-RR 2004, 129 ff., 131; s. dazu auch § 79 Rdnr. 12). Veränderungen, die sich urheberrechtlich als freie Bearbeitung iSd. § 24 darstellen würden, sind leistungsschutzrechtlich dagegen nicht zu erfassen. Dies folgt auch daraus, dass nach der jüngsten Rechtsprechung des BGH § 24 auf ausübende Künstler entsprechende Anwendung findet (BGH GRUR 2009, 403 ff. – Metall auf Metall m. Anm. *Lindhorst*).

12   3. a) Ein **besonderes Verbreitungsrecht** wurde dem ausübenden Künstler erst im Zuge der Umsetzung der Vermiet- und Verleihrechtsrichtlinie durch das 3. UrhGÄndG gewährt (s. schon oben Rdnr. 1 f.). Vorher bestand insbesondere in Bezug auf auslandsbezogene Sachverhalte eine empfindliche Regelungslücke, die nur durch direkte oder analoge Anwendung des § 96 geschlossen werden konnte (BGHZ 121, 319 ff. – The Doors und *Katzenberger* GRUR Int. 1993, 640 ff.; sa. *Braun,* Der Schutz ausländischer ausübender Künstler in Deutschland vor einem Vertrieb von bootlegs, 1995, S. 37 ff. einerseits und *Bortloff,* Der Tonträgerpiraterieschutz im Immaterialgüterrecht, 1995, S. 163 ff. andererseits m. Rezension beider Dissertationen von *Krüger* GRUR Int. 1997, 78 ff.; *Wandtke/Bullinger-Büscher*[3], Rdnr. 7; ferner – aus italienischer Sicht – *Ubertazzi,* Fs. Hertin, S. 269 ff.). Die Problematik der sog. Schutzlückenpiraterie unter Ausnutzung des internationalen Rechtsgefälles innerhalb der EU (vgl. dazu eingehend die 1. Auflage dieses Kommentars, Rdnr. 12–21) ist dagegen heute nicht nur durch die Einführung des Verbreitungsrechts in § 77 Abs. 2, sondern auch durch die Gleichstellung der Staatsangehörigen anderer EU-Staaten mit Inländern (§ 125 Abs. 1 S. 2 iVm. § 120 Abs. 2 Nr. 2) und die Verlängerung der Schutzfrist in § 85 Abs. 2 von 25 auf 50 Jahre im Wesentlichen entschärft (vgl. *Braun* GRUR Int. 1996, 790 ff. und *Schäfer,* in Handbuch der Musikwirtschaft[6], S. 805 ff., der die Schutzlückenpiraterie sogar als „ein überwundenes Problem" bezeichnet, zu noch bestehenden Lücken vgl. vor allem *Braun* GRUR Int. 1997, 427 ff. und *Waldhausen* ZUM 1998, 1015; s. dazu näher unten, Rdnr. 18 u. 19).

13   b) In Abweichung von der früheren Terminologie („darf nur mit seiner Einwilligung ...") lehnt sich die Formulierung des § 77 Abs. 2 an den Sprachgebrauch des § 85 Abs. 1 Satz 1 und des § 94 Abs. 1 Satz 1 an (s. Begr. zum RegE, UFITA 129 [1995] 154). Damit wird deutlich, dass es sich um **absolute Rechte** handelt, die auch dogmatisch dem Vervielfältigungs- und Verbreitungsrecht des Urhebers entsprechen (s. schon vor §§ 73 ff. Rdnr. 11). Die Begründung zum RegE des 3. UrhGÄndG (BGBl. I S. 842) hebt insoweit zutreffend Begriffssystematik und Übereinstimmung in Rechtsgedanken und Zweckbestimmung der einschlägigen Bestimmungen hervor (UFITA 129 [1995] 154). Aus ihr folgt die Anwendung der **Erschöpfungsregelung** des § 17 Abs. 2 auch auf das Verbreitungsrecht des ausübenden Künstlers (s. schon vor §§ 73 ff. Rdnr. 23). Da das Verbreitungsrecht auch das Vermiet- und Verleihrecht umfasst (s. die Erl. zu § 17), wurde mit der Einführung des Verbreitungsrechts für den ausübenden Künstler zugleich das durch Art. 2 Abs. 1 der Vermiet- und Verleihrechtsrichtlinie (Richtlinie 90/100/EWG des Rates v. 19. 11. 1992) geforderte ausschließliche **Vermietrecht** des ausübenden Künstlers eingeführt (s. Begr. zum RegE, UFITA 129 [1995] 154 und dazu *v. Lewinski* ZUM 1995, 442 ff.). Dieses Vermietrecht bleibt als absolutes Recht des ausübenden Künstlers bestehen, auch wenn sein Verbreitungsrecht im Übrigen – also einschließlich des Rechts zum Verleihen – erschöpft ist (vgl. § 17 Abs. 2 aE: „mit Ausnahme der Vermietung" und *Kröber* ZUM 1995, 854/855). Dies ist insbesondere für die elektronische Lieferung „on demand" bzw. im sog. Mehrkanalsystem von Bedeutung (s. dazu unten Rdnr. 15).

14   4. a) Durch **§ 77 Abs. 2 S. 2** wird eine Gleichbehandlung der ausübenden Künstler mit den Urhebern in Bezug auf den unverzichtbaren und im Voraus nur an eine Verwertungsgesellschaft

abtretbaren **Vergütungsanspruch** für den Fall sichergestellt, dass das Verbreitungsrecht (so. Rdnr. 12 f.) bereits erschöpft ist. Soweit es um die **Vermietung** (nach Einräumung des ausschließlichen Rechts an den Tonträger- oder Filmhersteller) geht, ist dies im Wesentlichen durch die Vermiet- und Verleihrechtsrichtlinie vorgegeben (s. Begr. zum RegE, UFITA 129 (1995) 154). § 77 Abs. 2 S. 2 erstreckt die Gleichbehandlung aber darüber hinaus auch auf die Vergütung für das **Verleihen,** die nach Art. 5 Abs. 1 der Richtlinie nur für den Urheber zwingend vorgesehen ist. Der Gesetzgeber sah in diesem Punkt – abweichend vom früheren Recht (vgl. dazu 1. Aufl. vor §§ 73 ff. Rdnr. 23) – eine Schlechterbehandlung der ausübenden Künstler nicht mehr als gerechtfertigt an (vgl. UFITA 129 [1995] 154). Ob diese Gleichstellung allerdings seit dem Inkrafttreten des Urhebervertragsgesetzes vom 22. 3. 2002 auch in Bezug auf die Unverzichtbarkeit und Abtretbarkeit im Voraus nur an eine Verwertungsgesellschaft gilt, kann nach systematischer Stellung, Wortlaut und Verhältnis der einzelnen Vorschriften (§§ 27 Abs. 1 S. 2 u. 3, 63 a) zueinander bezweifelt werden (so die Vorauflage Rdnr. 14. Nach der Entstehungsgeschichte und der Gesetzesbegründung dürfte es sich aber insoweit um ein Redaktionsversehen handeln (s. § 29 Rdnr. 6, § 63 a Rdnr. 1, *Loewenheim/Vogel²,* Hdb. UrhR, § 38, Rdnr. 78; *Dreier/Schulze³,* § 63 a Rdnr. 9; s. auch *Dünnwald/Gerlach,* § 77 Rdnr. 10). Zur – erforderlichen – richtlinien-konformen Auslegung des Begriffs der angemessenen Vergütung vgl. EuGH, GRUR Int. 2003, 529 ff. – SENA/NOS und EuGH GRUR Int. 2006, 50 ff. – Lagardère/SPRE und GVL.

b) Der in § 17 Abs. 3 definierte **Begriff der Vermietung** und der in § 27 Abs. 2 S. 2 definierte Begriff des **Verleihens** gilt auch im Rahmen des § 77 Abs. 2 S. 2 (vgl. dazu auch vor §§ 73 ff. Rdnr. 18). Es kann daher insoweit auf die Erl. zu § 17 Abs. 3 und zu § 27 Abs. 2 S. 2 verwiesen werden. Freilich taucht für die ausübenden Künstler ein Sonderproblem auf, wenn man die **digitale Übermittlung** zB über einen On-Demand-Dienst oder im Rahmen von Mehrkanaldiensten (vgl. zu den Charakteristika dieser neuen Verwertungsformen *v. Lewinski* in *Lehmann* [Hrsg.], Multimediarecht, S. 149, 158 ff., 164 ff.) nicht der körperlichen, sondern der unkörperlichen Werkwiedergabe zuordnet, weil die ausübenden Künstler anders als die Urheber bei den zuletzt genannten Verwertungsformen unter gewissen Voraussetzungen nur Vergütungs- und nicht Verbotsansprüche haben (§ 78 Abs. 2). Teilweise wurde vor der Umsetzung der Informationsrichtlinie durch das Gesetz v. 10. 9. 2003 (BGBl. I, S. 1774) insoweit ein „virtuelles" Verbreitungsrecht mit der Folge eines Verbotsanspruchs aus § 77 Abs. 2 (analog) bejaht, nachdem die Kommission im Grünbuch v. 19. 7. 1995 über „Urheberrecht und verwandte Schutzrechte in der Informationsgesellschaft" (Kap. 2, Teil 2, Abschnitt IV, insb. Ziff. 2. u. 3.) zum Ausdruck gebracht hatte, dass das „electronic delivery" durch erweiternde Auslegung von dem Begriff des Vermietens erfasst sein sollte (vgl. dazu *Thurow* in *Becker/Dreier* [Hrsg.], Urheberrecht und digitale Technologie, S. 77, 83; *v. Lewinski* in *Lehmann* [Hrsg.], Multimediarecht, S. 158 ff.; *v. Lewinski* in *Schricker* [Hrsg.], Informationsgesellschaft, S. 268 ff.). Dieses „virtuelle Verbreitungsrecht" ist freilich seit Schaffung des Rechts der öffentlichen Zugänglichmachung (§§ 78 Abs. 1 Nr. 1, 19 a) durch das Gesetz v. 10. 9. 2003 (BGBl. I, S. 1774) in seiner Bedeutung im Wesentlichen auf Fälle beschränkt, in denen die Einordnung der jeweiligen Verwertungshandlung weder unter dieses Recht des § 78 Abs. 1 Nr. 1, noch unter den Begriff der Sendung iSd. § 78 Abs. 1 Nr. 2 möglich ist (ebenso *Dreier/Schulze³* § 77 Rdnr. 7). Dort allerdings, wo die **wirtschaftliche Vergleichbarkeit** mit dem Verbreitungsrecht gegeben ist, insbesondere die öffentliche Zugänglichmachung mit **Speicherungen** verbunden ist, die als Vervielfältigungen iSd. § 77 Abs. 2 S. 1, 1. Alternative anzusehen sind (zB beim **FTP-Dienst** oder individueller Übermittlung per **E-Mail** bzw. per **Mailing-Listen,** s. dazu *Loewenheim/Hoeren²,* Hdb. UrhR, § 21 Rdnr. 64 ff. und *Loewenheim/Vogel²,* Hdb. UrhR, § 38 Rdnr. 70), bleibt die Frage der (analogen) Anwendung des § 77 Abs. 2 auch dann von Bedeutung, wenn – in Konkurrenz dazu – die §§ 78 Abs. 1 Nr. 1, 19a einschlägig sind. Denn das Vervielfältigungsrecht des § 77 Abs. 2 S. 1, 1. Alternative kann vom ausübenden Künstler in andere Hände gegeben worden sein, als das Recht der öffentlichen Zugänglichmachung gem. §§ 78 Abs. 1 Nr. 1, 19a und das Recht der Sendung gem. § 78 Abs. 1 Nr. 2 (vgl. zum sog. streaming webcast zB LG München I ZUM 2001, 260). Dies hat zur Folge, dass bei rechtswidrig in das Netz gestellten Inhalten der Inhaber des Vervielfältigungs- und (virtuellen) Verbreitungsrechts des § 77 Abs. 2 S. 1 über § 96 Abs. 1, 2. Alternative und/oder § 96 Abs. 2 Verbotsansprüche selbst dann haben kann, wenn das Recht aus § 78 Abs. 1 Nr. 1 in anderen Händen liegt oder nicht verletzt wurde. Diese insbesondere auch bei sog. **File-Sharing-Systemen** nach wie vor aktuelle Frage (vgl. zB *Schack* ZUM 2002, 497; *Kreutzer* GRUR Int. 2001, 193; ferner *Dreier/Schulze³* § 96 Rdnr. 5, 9 u. 11) ist durch die

Einführung des § 78 Abs. 1 Nr. 1 und Nr. 2 nicht obsolet geworden. In diesem Kontext ist auch zu beachten, dass in Fällen der nur vorübergehenden (virtuellen) Verbreitung, die als ein Vermieten oder Verleihen zu qualifizieren ist, der zwingende Vergütungsanspruch des § 77 Abs. 2 S. 2 iVm. § 27 sich gegen den Vermieter bzw. Verleiher richtet, wohingegen es eine derartige Rechtskonstruktion in den Fällen der öffentlichen Wiedergabe des § 78 nicht gibt.

16 c) **Praktisch** spielt der Vergütungsanspruch nach § 77 Abs. 2 S. 2 derzeit im Bereich von Tonträgern kaum eine Rolle, da die CD-Vermietung bislang von den Tonträgerherstellern gänzlich verboten wird (*Dünnwald/Gerlach* in Hdb. der Musikwirtschaft[6] S. 711; *Dünnwald/Gerlach*, § 77 Rdnr. 12). Dies hielt europarechtlicher Überprüfung stand (EuGH ZUM 1998, 490 – Metronome/Music Point). Auch die aktuell praktizierte unterschiedliche Ausübung des Vermietrechts innerhalb der EU durch die Filmproduzenten in Bezug auf Videokassetten und DVD (dazu *Dünnwald/Gerlach*, § 77 Rdnr. 12) ist europarechtlich zulässig (EuGH ZUM 1998, 1025 – FDV/Laserdisks). Die für das Vermieten und Verleihen von der GVL aufgestellten Tarife (s. dazu *Gerlach* in Hdb. der Musikwirtschaft[6] S. 767) wurden von den Videotheken und öffentlichen Bibliotheken hinsichtlich ihrer Angemessenheit in verschiedenen Schiedsstellenverfahren bestritten (zur Videovermietung vgl. *Melichar*, Fs. für Kreile, S. 409 ff.). Derzeit erhält die GVL aus der Videovermietung nach Abzug einer Kommission von 30% für die Geschäftsführung der GEMA 32,34% der Einnahmen der ZVV-Zentralstelle für Videovermietung (s. dazu *Loewenheim/Dünnwald*[2], § 87 Rdnr. 31 ff. und *Dünnwald/Gerlach*, § 77 Rdnr. 12). Der Anteil an der sog. Bibliothekstantieme (s. dazu *Loewenheim/Dünnwald*[2], § 87 Rdnr. 31 ff.) bemisst sich nach dem Anteil der Ton- und Bildträger an den gesamten Ausleihvorgängen aufgrund statistischer Erhebung, wobei sich die GVL den Anteil für die Bildtonträger zu gleichen Bruchteilen mit den Filmverwertungsgesellschaften teilt (vgl. *Dünnwald/Gerlach*, § 77 Rdnr. 12).

17 5. **Ausnahmen** vom Ausschließlichkeitsrecht ergeben sich in Einklang mit Art. 15 RA aus § 83 iVm. den §§ 44a ff. (s. dazu die Erl. zu § 83). Außerdem ist hinsichtlich der Rechte aus § 77 Abs. 2 für Bildträger, die Filmwerke fixieren, § 92 zu beachten (s. dazu § 92 Rdnr. 2, 11). Diese Vorschriften sind wegen ihres Ausnahmecharakters einer erweiternden Auslegung oder analogen Anwendung jedenfalls nicht ohne weiteres zugänglich (vgl. dazu im Einzelnen Vor §§ 44a ff., Rdnr. 18 ff.). Die zum privaten oder sonstigen Gebrauch zulässigerweise hergestellten Vervielfältigungsstücke (§ 83 iVm. § 53 Abs. 1–4) dürfen nicht verbreitet oder zu öffentlichen Wiedergaben benutzt werden (§ 83 iVm. § 53 Abs. 6 S. 1). Öffentliche Darbietungen dürfen nur mit Einwilligung des ausübenden Künstlers aufgenommen werden (§ 53 Abs. 7). Zur Aufnahme nicht-öffentlicher Darbietungen, zB sog. studio-outtakes vgl. auch Vor §§ 73 ff. Rdnr. 21, § 73 Rdnr. 16 f. Zu der Übergangsregelung bei Umsetzung der Vermiet- und Verleihrechtsrichtlinie durch das 3. UrhGÄndG v. 23. 6. 1995 vgl. § 137e und dazu *Kröber* ZUM 1995, 854/856 f.

III. Ausländische ausübende Künstler

18 1. **EU-Angehörige** sind ebenso wie **EWR-Angehörige** nicht nur den deutschern Urhebern, sondern auch den deutschen ausübenden Künstlern auf der Grundlage von EuGH GRUR Int. 1994, 53 – Phil Collins (vgl. dazu *Karnell* GRUR Int. 1994, 733; *Schack* JZ 1994, 144 ff.; zum Problem s. auch schon *Loewenheim* GRUR Int. 1993, 105 einerseits und *Mestmäcker* GRUR Int. 1993, 582 ff. andererseits) gleichgestellt. Dies wurde im 3. UrhGÄndG v. 23. 6. 1995 durch die §§ 125 Abs. 1 S. 2, 120 Abs. 2 Nr. 2 klargestellt und hat **rückwirkende** Kraft (BGHZ 125, 382 ff., 393 f. – Rolling Stones; BGH GRUR Int. 1995, 503, 504 – Cliff Richard II), ohne dass – jedenfalls ohne Vorliegen besonderer Umstände – Vertrauensschutz in Bezug auf die vermeintliche Schutzfreiheit gewährt wird (vgl. BGH GRUR 1999, 49, 51 f. – Bruce Springsteen and his Band u. BGH GRUR 1998, 568, 569 – Beatles-Doppel-CD). Darin liegt keine verfassungswidrige Rückwirkung (BVerfG GRUR 2001, 499 – Beatles). Sie gilt auch in Fällen, in denen der Urheber und ausübende Künstler bereits verstorben war, bevor der Staat, dem er angehört hatte, der EU oder dem EWR (Island, Norwegen und Liechtenstein) beigetreten war (EuGH GRUR 2002, 689 f. – Ricordi). Ob das dieser Rechtslage zugrunde liegende **Diskriminierungsverbot des Art. 12 Abs. 1 EGV** allerdings auch dann (rückwirkend) gilt, wenn im Zeitpunkt des Beitritts des jeweiligen EU- oder EWR-Staates, dessen Angehöriger nicht nur schon verstorben war, sondern auch die Schutzfrist für sein Werk bzw. seine Darbietung – zB nach einem konventionsrechtlich gebotenen Schutzfristvergleich – in diesem Beitritts-

Aufnahme, Vervielfältigung und Verbreitung   § 77

zeitpunkt bereits abgelaufen war, ist derzeit noch offen, aber wohl zu bejahen (vgl. *Dreier/Schulze*[3]
Einl. Rdnr. 50). Die Beweislast für die Staatsangehörigkeit eines EU-Mitgliedstaates trifft den
ausübenden Künstler; sie ist auch bei Mitgliedern einer berühmten Rockgruppe nicht offenkundig (OLG Köln GRUR-RR 2005, 75 f. – Queen).

2. Ausländische ausübende Künstler, die **nicht** Angehörige eines EU- oder EWR-Staates 19
sind, genießen den Schutz des § 77 nur nach Maßgabe der – komplizierten – fremdenrechtlichen Bestimmungen des § 125 Abs. 2–7 (wegen des Ausschlusses der rückwirkenden Anwendung des RA nach Art. 20 Abs. 2 RA iVm. Art. 4 des Zustimmungsgesetzes (BGBl. 1995 II,
S. 1243) und der Anknüpfung des RA an den Ort der Darbietung (Art. 4 RA), also nicht –
auch nicht alternativ oder kumulativ – an die Staatsangehörigkeit (von *Schaefer* GRUR 1992,
424, 425 mit Recht als „Geburtsfehler" des RA kritisiert), bestehen freilich, insbesondere bei
sog. **bootlegs,** nach wie vor zwei **Schutzlücken:** Zum einen bestehen sie für sog. **Alt-Darbietungen** aus der Zeit vor Beitritt des betreffenden Staates zum RA (so lag der Sachverhalt
zB in BGH GRUR 1986, 734 ff. – Bob Dylan, s. dazu schon Vor §§ 73ff., Rdnr. 22) und zum
anderen für Darbietungen in Staaten, die nicht dem RA angehören, also insbesondere den USA
(vgl. *Dreier/Schulze*[3] § 125 Rdnr. 16). In Bezug auf die **Altdarbietungen** könnten **TRIPS** und
WPPT diese Schutzlücken schließen, weil beide Übereinkommen (anders als das RA) **mit
Rückwirkung** ausgestattet sind, soweit im Zeitpunkt ihres Inkrafttretens bzw. des Beitritts die
Darbietung noch geschützt war, also insbesondere eine dafür in dem jeweiligen Beitrittsland
geltende Schutzfrist noch nicht abgelaufen war (vgl. Vor §§ 120 ff. Rdnr. 23 u. Rdnr. 84). Allerdings kann sich der allein durch TRIPS geschützte ausländische ausübende Künstler in
Deutschland nach wohl überwiegender Auffassung weder auf das Verbreitungsrecht nach § 77
Abs. 2 S. 1, 2. Alt., noch auf das Verwertungsverbot des § 96 berufen, weil beides nicht zu den
durch TRIPS gewährten Mindestrechten gehört, auf die sich der Grundsatz der Inländerbehandlung nach TRIPS beschränkt (so OLG Hamburg ZUM-RD 1997, 343 f. – TRIPS-Rechte
und OLG Hamburg ZUM 2004, 133 ff. – Mit Fe.live dabei, Urteil wurde nach Rücknahme der
Nichtzulassungsbeschwerde bei dem für Anwaltshaftung zuständigen IX. Zivilsenat des BGH
rechtskräftig; ebenso KG ZUM 2004, 133, 136 f. – Billy Joel; LG Berlin ZUM 2006, 761 ff. –
Prince, aber Anspruch wegen Verletzung des Rechts am eigenen Bild nach § 22 S. 1 KuG gewährt; *Möhring/Nicolini/Hartmann*[2] Vor §§ 120 ff. Rdnr. 113; *Dreier/Schulze*[3] § 125 Rdnr. 17;
Katzenberger, Fs. Dietz, S. 481 ff., 483; *Dünnwald* ZUM 1996, 725 ff., 730; *Mestmäcker/Schulze/
Hertin*, § 77 Rdnr. 16; s. auch Vor §§ 120 ff. Rdnr. 19). Dem ist allerdings entgegen gehalten
worden, dass § 96 eine das Vervielfältigungsrecht des § 77 Abs. 2 S. 1, 1. Alt. ergänzende Funktion hat (*Braun* GRUR Int. 1997, 431 f.; *Waldhausen* ZUM 1998, 1018 ff.). Dies hat auch der
BGH der Sache nach im Anschluss an *Bungeroth*, GRUR 1976, 454 (vgl. auch *Flechsig* UFITA
81/1878, 97; *Hesse* ZUM 1985, 365; *Katzenberger* GRUR Int. 1986, 381; *Schack* ZUM 1986,
69; *Schorn* GRUR 1983, 492; *Ulmer* JPRax 1987, 13) schon anerkannt (vgl. BGHZ 121, 319 ff.
– The Doors m. Bespr. *Schlatter* ZUM 1993, 522 ff.). Auf die Frage, ob Art. 14 Abs. 1 TRIPS
hinsichtlich der Vervielfältigung ein positives Benutzungsrecht (so *Hertin,* Hdb. der Musikwirtschaft[6], S. 776; vgl. auch *Braun* GRUR Int. 1996, 790, 798) oder aber „nur" ein negatives Verbreitungsrecht statuiert (so wohl richtig *Waldhausen* ZUM 1998, 615 ff., 1017 f.; ebenso *Dünnwald* ZUM 1996, 725, 728; *Kreile* ZUM 1995, 307, 314 und wohl auch *Braun* GRUR Int.
1997, 427, 430), dürfte es in diesem Zusammenhang nicht ankommen. Denn die **Inländerbehandlung** gem. Art. 3 Abs. 1 S. 1 TRIPS führt dazu, dass sich TRIPS-Angehörige für Darbietungen in TRIPS-Ländern hinsichtlich der „Verhinderungsmöglichkeiten" gegenüber der deutschen Verbreitung im Ausland unautorisiert hergestellter Tonträger in gleicher Weise auf die
§§ 77 Abs. 2, 96 Abs. 1 berufen können, wie dies der BGH bereits in GRUR 1993, 550 ff. –
The Doors für die Verhinderungsmöglichkeiten nach Art. 2 Abs. 1 lit. a, 7 RA zuerkannt hat.
Diesem Ergebnis kann allerdings entgegengehalten werden, dass der Inländerbehandlungsgrundsatz des RA jedenfalls nach traditioneller Auffassung (vgl. dazu die Kontroverse zwischen *Reinbothe* GRUR Int. 1992, 713 ff.; *v. Lewinski* GRUR Int. 1997, 671 und *Loewenheim/Lewinski*[2],
Hdb. UrhR, § 57 Rdnr. 49 einerseits und *Katzenberger,* Fs. Dietz, 487 ff.; *Kloth* S. 35 und *Drexl*
S. 226 sowie *Nordemann/Vinck/Hertin/Meyer* Rdnr. 7 zu Art. 10 RA andererseits) **weitergeht,**
als derjenige von TRIPS. Dieser wohl überwiegenden Gegenmeinung geht es vor allem darum,
bei TRIPS den sog. **Trittbrettfahrereffekt** zu vermeiden: TRIPS-Länder, die bislang nicht
dem RA angehören, sollen weiterhin einen Anreiz behalten, dem RA beizutreten. Dieser Anreiz würde nicht bestehen, wenn alle TRIPS-Länder schon auf Grund von TRIPS Inländerbehandlung in Bezug auf Rechte hätten, die allein das RA gewährt (s. dazu *Wandtke/Bullinger-*

Braun/v. Welser[3], Rdnr. 35 zu § 125 mwN). Die hieraus abgeleitete Argumentation der hM., wonach § 96 Abs. 1 nur im Anwendungsbereich des RA, nicht aber im Rahmen von TRIPS als eine legitime Ergänzung des Mindestschutzrechts der Vervielfältigung (nach Art. 14 Abs. 1 TRIPS) angesehen werden kann, (so zB OLG Hamburg, ZUM 2004, 133 ff. – Mit Fe.live dabei; ebenso LG Berlin ZUM 2006, 761 ff. – Prince), **negiert aber,** dass „bootlegs" jedenfalls heute in nahezu der gesamten Staatengemeinschaft von TRIPS als eine wirksam zu bekämpfende Form der Piraterie geächtet werden (vgl. Abs. 3 der TRIPS-Präambel). Deshalb haben zB die dem RA nach wie vor nicht beigetretenen USA zur Erfüllung der Verpflichtungen aus TRIPS spezielle Anti-Bootleg-Vorschriften erlassen (§ 101 U.S.C. 17; § 2319 A.U. S C. 18; vgl. *Waldhausen* ZUM 1998, 1015 ff., 1023). Es ist daher der Gegenmeinung zu folgen, wonach es geboten ist, auch § 96 Abs. 1 in dem durch TRIPS vorgegebenen Rahmen anzuwenden (so auch *Wandtke/Bullinger-Braun/v. Welser,* § 125 Rdnr. 36 unter Hinweis auf OLG Schleswig, Beschluss v. 23. 9. 1996, Az 6 W 15/96, S. 6 und LG Frankfurt/M, Urteil v. 7. 12. 1999, Az. 2/03 O 348/98, S. 8 f.; *Waldhausen* ZUM 1998, 1018 ff.; *Beining* S. 105 ff.; *Kloth* S. 146 ff.; *Dünnwald/Gerlach,* § 77 Rdnr. 28; vgl. auch AG Donaueschingen MMR 2000, 179 ff.). Im Anwendungsbereich des am 20. 5. 2002 in Kraft getretenen, und von Deutschland schon ratifizierten, aber für Deutschland noch nicht bindenden **WPPT-Vertrages** (s. dazu Vor §§ 120 ff.; Rdnr. 84–91), der die ausübenden Künstler allerdings – jedenfalls bislang – nur im Tonträger- und nicht im audiovisuellen Bereich schützt, wurde – erstmals in einer immaterialgüterrechtlichen Konvention – das **Verbreitungsrecht** der ausübenden Künstler international anerkannt (Art. 8 I WPPT). Die vorstehend zu TRIPS behandelte Streitfrage stellt sich hier daher folglich nicht (vgl. dazu auch *Kloth* S. 225 f.; *Wandtke/Bullinger-Braun/v. Welser,* § 125 Rdnr. 42).

§ 78 Öffentliche Wiedergabe

(1) Der ausübende Künstler hat das ausschließliche Recht, seine Darbietung
1. öffentlich zugänglich zu machen (§ 19 a),
2. zu senden, es sei denn, dass die Darbietung erlaubterweise auf Bild- oder Tonträger aufgenommen worden ist, die erschienen oder erlaubterweise öffentlich zugänglich gemacht worden sind,
3. außerhalb des Raumes, in dem sie stattfindet, durch Bildschirm, Lautsprecher oder ähnliche technische Einrichtungen öffentlich wahrnehmbar zu machen.

(2) Dem ausübenden Künstler ist eine angemessene Vergütung zu zahlen, wenn
1. die Darbietung nach Abs. 1 Nr. 2 erlaubterweise gesendet,
2. die Darbietung mittels Bild- oder Tonträger öffentlich wahrnehmbar gemacht oder
3. die Sendung oder die auf öffentlicher Zugänglichmachung beruhende Wiedergabe der Darbietung öffentlich zugänglich gemacht wird.

(3) [1]Auf Vergütungsansprüche nach Abs. 2 kann der ausübende Künstler im Voraus nicht verzichten. [2]Sie können im Voraus nur an eine Verwertungsgesellschaft abgetreten werden.

(4) § 20 b gilt entsprechend.

Schrifttum: S. zunächst die Schrifttumsnachweise vor §§ 73 ff. und zu § 73. *Knies B.*, Aus für das Internetradio? Neuer Webcasting-Tarif der GVL in der Kritik, JurPC Web-Dok. 42/2004, Abs. 1–18; *Poll,* Neue internetbasierte Nutzungsformen – Das Recht der Zugänglichmachung auf Abruf (§ 19 a UrhG) und seine Abgrenzung zum Senderecht (§§ 20, 20 b UrhG); *Schack,* Rechtsprobleme der Online-Übermittlung, GRUR 2007, S. 639 ff.; *Zimmermann v.,* Recording-Software für Internetradios, MMR 2007, S. 553 ff.;

Übersicht

	Rdnr.
I. Allgemeines	1
II. Die Ausschließlichkeitsrechte des § 78 Abs. 1	2–20
1. Öffentliche Zugänglichmachung (Nr. 1)	2–4
a) Verweis auf die Kommentierung zu § 19 a	2
b) Die Vorgaben von Art. 3 Abs. 2 a der Richtlinie 2001/29/EG und Art. 10 WPPT	3
c) Abgrenzung von Nr. 1 zu Nr. 2	4
2. Sendung (Nr. 2)	5–10
a) Begriff	5
b) Entstehungsgeschichte	6

Öffentliche Wiedergabe **§ 78**

Rdnr.
    c) Abgrenzung zu § 78 Abs. 2 Nr. 1 7
    d) Verhältnis zum Künstlervertragsrecht 8
    e) Kritik am sog. Sendeprivileg 9, 10
  3. Öffentliche Wahrnehmbarmachung durch Lautsprecher etc. (Nr. 3) ... 11–20
    a) Anknüpfung an § 19 Abs. 3 11
    b) Sinn und Zweck dieses Ausschließlichkeitsrechts 12
    c) Anwendungsbereich 13, 14
    d) Praktische Bedeutung 15
    e) Mittelbare Öffentlichkeit 16
    f) Öffentlichkeitsbegriff des § 15 Abs. 3 maßgebend 17, 18
    g) Abgrenzung zur Zweitverwertung 19
    h) Ausländische Künstler 20
III. Die Vergütungsansprüche des § 78 Abs. 2 21–33
  1. Sendevergütung (Nr. 1) 21–25
    a) Auslegung des sog. Sendeprivilegs 21
    b) Erlaubnisvorbehalt 22
    c) Begriff des Erscheinens, öffentliche Zugänglichmachung, Sendung von Werbespots 23, 24
    d) Praktische Bedeutung 25
  2. Vergütung für öffentliche Wahrnehmbarmachung (Nr. 2) 26–32
    a) Zweck 26
    b) Entstehungsgeschichte 27
    c) Anwendungsbereich 28
    d) Abgrenzung zu den §§ 77, 78 Abs. 1 29
    e) Das Merkmal „öffentlich" 30
    f) Angemessenheit der Vergütung 31
    g) Ausländische Künstler 32
  3. Die sog. Drittauswertungen der Nr. 3 33
IV. Vorausverzicht, Abtretung und analoge Anwendung des § 20b (§ 78 Abs. 3 u. 4) ... 34
  1. Verweis auf andere Stellen der Kommentierung 34
  2. Besonderheiten bei § 20b 35

I. Allgemeines

1. Die **Neufassung** des § 78 durch das Gesetz vom 10. 9. 2003 (BGBl. I S. 1774) bündelt **1** die bisher in §§ 74, 76 und 77 geregelten Rechte und Ansprüche ausübender Künstler in Bezug auf die öffentliche Wiedergabe ihrer Darbietungen in einer einzigen Vorschrift (BT-Drucks. 15/ 38, S. 24); sie entspricht insoweit weitgehend dem bisherigen Recht (vgl. dazu auch die synoptische Gegenüberstellung bei *Wandtke/Bullinger-Büscher*[3], § 78 Rdnr. 2). **Neu** ist allerdings das Recht der **öffentlichen** Zugänglichmachung in § 78 Abs. 1 Nr. 1 (s. dazu unten Rdnr. 2f.), welches anders als das Recht der Sendung (§ 78 Abs. 1 Nr. 2) auch dann Ausschließlichkeitsrecht bleibt, wenn es sich um die öffentliche Zugänglichmachung einer Darbietung handelt, die erlaubterweise auf bereits erschienene oder erlaubterweise öffentlich zugänglich gemachte Bild- oder Tonträger aufgenommen worden ist. Dieses Recht aus § 78 Abs. 1 Nr. 1 kann sich, wie Art. 3 Abs. 3 der Richtlinie 2001/29/EG ausdrücklich klarstellt, anders als das Verbreitungsrecht (§§ 77 Abs. 2, 17) nicht erschöpfen (*Dünnwald* ZUM 2004, 161 ff., 166). Daher ist die richtige Abgrenzung zwischen § 78 Abs. 1 Nr. 1 und § 78 Abs. 1 Nr. 2 (s. dazu unten Rdnr. 4) im Recht der ausübenden Künstler von größerem Gewicht als diejenige zwischen § 19a und § 20 im Recht der Urheber (s. auch *Wandtke/Bullinger-Büscher*[3], § 78 Rdnr. 7 und *Dreier/Schulze*[3] § 19a Rdnr. 10 und § 20 Rdnr. 16). Insoweit kann es nach geltendem Recht zB Schwierigkeiten geben, wenn Hörfunk- oder Fernsehproduktionen von Live-Darbietungen oder mit Hintergrundmusik vom Tonträger von Sendeanstalten in Abrufdienste eingestellt werden, da der ausübende Künstler im Gegensatz zur Nutzung für Sendezwecke hier über das Ausschließlichkeitsrecht des § 78 Abs. 1 Nr. 1 verfügt (*Weber* ZUM 2003, 1037 ff., 1039).

II. Die Ausschließlichkeitsrechte des § 78 Abs. 1

1. a) Öffentliche Zugänglichmachung (Nr. 1) ist ein neues – ausschließliches – Vermö- **2** gensrecht des ausübenden Künstlers in Anlehnung an die für die Urheber geltende Regelung des – ebenfalls neuen – § 19a. Für Einzelheiten wird daher auf die Kommentierung zu § 19a zunächst verwiesen.

b) Die §§ 19a, 78 Abs. 1 Nr. 1 setzen die Vorgaben sowohl von Art. 3 Abs. 2 Buchst. a der **3** Richtlinie 2001/29/EG Urheberrecht in der Informationsgesellschaft als auch von Art. 10 des

WIPO-Vertrages über Darbietungen und Tonträger (WPPT) um. Freilich geht § 78 Abs. 1 Nr. 1 über diese Vorgaben hinaus: Während sowohl Art. 3 Abs. 2 Buchst. a der Richtlinie als auch Art. 10 WPPT das Recht auf öffentliche Zugänglichmachung nur in Bezug auf bereits aufgezeichnete Darbietungen vorsehen, gilt § 78 Abs. 1 Nr. 1 auch in Bezug **auf noch nicht fixierte** Darbietungen. Dies folgt aus dem Hinweis in den Gesetzesmaterialien auf Art. 6 (i) WPPT, welcher im Hinblick auf solche Darbietungen, die nicht bereits auf Bild- oder Tonträger aufgenommen und noch nicht gesendet sind, ein umfassendes Recht der öffentlichen Wiedergabe vorsieht. Der deutsche Gesetzgeber hat dies ausweislich der Gesetzesmaterialien (vgl. BT-Drucks. 15/38, S. 24) zum Anlass genommen, jedenfalls das Recht der öffentlichen Zugänglichmachung (als Unterfall des Rechts der öffentlichen Wiedergabe) auch auf noch nicht fixierte Darbietungen zu erstrecken (ebenso *Wandtke/Bullinger-Büscher*[3], § 78 Rdnr. 4; *Breuer*, S. 81; s. aber auch *Bolwin*, der ausweislich des Tagungsberichts *v. Rom* in ZUM 2003, 128, 133 meint, das Recht aus § 78 Abs. 1 Nr. 1 sei auf Aufzeichnungen zu beschränken). Dieses Recht besteht – insoweit auch über Art. 6 WPPT hinausgehend – selbst dann fort, wenn die Live-Darbietung schon gesendet wurde (vgl. BT-Drucks. 15/38, S. 24; *Wandtke/Bullinger-Büscher*[3], § 78 Rdnr. 5 und *Flechsig/Kuhn* ZUM 2004, 14 ff., 25). Andererseits hat sich der deutsche Gesetzgeber aber nicht entschließen können, für die ausübenden Künstler nach dem Vorbild des § 15 Abs. 2 ein allgemeines (nicht enumeratives) Recht der öffentlichen Wiedergabe einzuführen (*Wandtke/Bullinger-Büscher*[3] § 78, Rdnr. 4; dafür aber im Hinblick auf die rasante digitale Entwicklung de lege ferenda: *Dreier* ZUM 2002, 28, 31; *Lindner* KUR 2002, 56, 57; *Breuer*, S. 174). Bei Wiedergabeformen, die sich weder unter § 78 Abs. 1 Nr. 1 noch unter § 78 Abs. 1 Nr. 2 oder 3 subsumieren lassen, könnte insoweit eine Schutzlücke entstehen (s. auch *Wandtke/Bullinger-Büscher*[3], § 78 Rdnr. 7 und *Dreier/Schulze*[3] § 19 a Rdnr. 10 und § 20 Rdnr. 16; *Fromm/Nordemann/Schaefer*[10], Rdnr. 18–21). Zur Schließung einer derartigen planwidrigen Lücke kommt eine analoge Anwendung des § 78 Abs. 1 Ziff. 1 in Beracht (*Fromm/Nordemann/Schaefer*[10], Rdnr. 21).

4   **c) Die Abgrenzung des Rechts aus § 78 Abs. 1 Nr. 1 zu dem Recht aus § 78 Abs. 1 Nr. 2** ist ebenso strittig wie bei den Urhebern die Abgrenzung zwischen § 19 a und § 20 (vgl. daher hierzu zunächst und im Einzelnen die Kommentierung zu den §§ 19 a, 20). Diese Abgrenzung ist für die ausübenden Künstler und Tonträgerhersteller noch bedeutsamer als für die Urheber, weil nur bei ihnen, nicht aber bei den Urhebern im Falle der Sendung das Sendeprivileg des § 78 Abs. 2 Nr. 1 (Herabschraubung des Verbotsanspruches zu einem Vergütungsanspruch) greift (vgl. zB *Schack* GRUR 2007 639 ff., 642: „kein Glasperlenspiel"). Außerdem hängt von der Abgrenzung die Zuständigkeit für die Rechtevergabe ab, weil die Rechte aus §§ 19 a, 78 Abs. 1 Nr. 1 von dem ausübenden Künstler individuell, diejenigen aus §§ 20, 78 Abs. 2 Nr. 1 dagegen kollektiv – von der GVL – wahrgenommen werden (*Poll*, GRUR 2007, 476 ff.). Versuche, im nachbarrechtlichen Bereich die sog. Sendeprivilegien des § 78 Abs. 1 Nr. 2 von vornherein nicht auf die digitale Sendung zu erstrecken, den Begriff der Sendung hier also enger (auf die analoge Sendung beschränkt) auszulegen, als in § 20, vermochten sich nicht durchzusetzen (vgl. dazu eingehend *Schwenzer* GRUR Int. 2001, 722 ff., 727 f. mwN). Andererseits geht die Vorstellung des Gesetzgebers, es könne abgrenzungsscharf zwischen dem interaktiven Abruf (= öffentliche Zugänglichmachung iSd. §§ 19 a, 78 Abs. 1 Nr. 1) und dem nicht interaktiven Zugriff (= Sendung iSd. §§ 20, 78 Abs. 1 Nr. 2) unterschieden werden (vgl. BT-Drucks. 15/38, 16 f.) daran vorbei, dass zwischen beiden Formen der öffentlichen Wiedergabe heute sowohl wirtschaftliche als auch technische Konvergenz besteht (s. dazu eingehend *Dreier* in Fs. Erdmann, S. 73 ff.; vgl. auch *Poll*, GRUR 2007, 476 ff.: „bloßes Wunschdenken"). Auch wenn lediglich graduell mögliche Abstufbarkeiten bzw. fließende Übergänge zwischen beiden Wiedergabeformen im Internet bestehen (so *Bortloff*, GRUR Int. 2003, 669 ff., 675), kann die Abgrenzungsfrage nicht offen bleiben.

4a   Die Bereithaltung zum **individuellen Abruf („on-demand")** ist immer eine öffentliche Zugänglichmachung iSd. §§ 78 Abs. 1 Nr. 1, 19 a, gleichgültig, ob dies durch ein **„Downloading"** oder ein **„Streaming"** geschieht (OLG Hamburg ZUM 2005, 749 ff. – Staytuned.de; LG Hamburg ZUM 2007, 869 ff.; OLG Stuttgart MMR 2008, 474 ff.). Entscheidend ist, dass der Endverbraucher hier – anders als bei der Sendung iSd. §§ 78 Abs. 1 Nr. 2, 20 – selbst über Zeitpunkt, Reihenfolge und Umfang des von ihm veranlassten Empfangs bestimmt (vgl. im Einzelnen § 19 a Rdnr. 51 ff.). Ob er die Musik nur anhören oder auch durch Herunterladen in seinen Besitz nehmen kann, ist dagegen unerheblich (OLG Hamburg ZUM 2005, 749 ff. – Staytuned.de; OLG Stuttgart MMR 2008, 474 ff.). Andererseits liegt eine öffentliche Zugänglichmachung iSd. §§ 78 Abs. 1 Nr. 1, 19a **nicht** vor, wenn bei dem Endverbraucher lediglich der **Eindruck** jederzeitiger Abrufmöglichkeit besteht, weil zB in sehr kurzen Sendeintervallen immer wieder dieselbe Musik gesendet wird, in deren laufende Übertragung sich der Endverbraucher einschalten kann. Die GVL (Vor §§ 73ff. Rdnr. 23) hat zwar in den Klauseln 2–4 ihrer Nutzungsbedingungen für das sog. **webcasting** (abrufbar unter https://www.gvl.de/pdf/nutzungsbedingungen.pdf) bzgl. einer derartigen **mittelbaren Interaktivität** festgelegt, wie viele Musikstücke desselben Albums bzw. desselben Künstlers pro Stunde gespielt werden dürfen und wie häufig sich das Programm wiederholen darf. Derartige Nutzungsbedingungen können aber die Abgrenzung zwischen Ausschließlichkeitsrecht (§§ 78 Abs. 1 Nr. 1, 19a) und Vergütungsanspruch (§ 78 Abs. 2 Nr. 1) nicht zugunsten des Ausschließlichkeitsrechts verschieben (vgl. *Knies*, Aus für das Internetradio? – Neuer Webcasting-Tarif der GVL in der Kritik, JurPC Web-Dok. 42/2004, Abs. 1–18). Das **Internetradio** und das **Internet-TV** (Web TV) fällt dementsprechend auch dann unter die §§ 78 Abs. 2 Nr. 1, 20 (und nicht unter die §§ 78 Abs. 1 Nr. 1, 19a), wenn der Endverbraucher – wie bei **Spartenprogrammen** in Form sog. **Mehrkanaldienste** – mittelbar auswählen kann, was er hören oder sehen möchte, weil über eine Vielzahl von Kanälen in Programmschleifen und kurzen Intervallen wiederholt dieselben Darbietungen ausgestrahlt werden (vgl. BGH GRUR 2004, 669, 670 – Musikmehrkanaldienst). Die hier im Vergleich zur herkömmlichen Sendung gesteigerte Nutzungsintensität und die damit verbundene stärkere Beeinträchtigung der Primärverwertung wird lediglich bei der **Höhe der angemessenen Vergütung** gemäß § 78 Abs. 2 Nr. 1 berücksichtigt (BGH GRUR 2004, 669, 671ff. – Musikmehrkanaldienst; s. im Einzelnen § 20 Rdnr. 9 u. Rdnr. 46m. umf. Nachw. zum Streitstand; aA zB *Wandtke/Bullinger-Büscher*[3], Rdnr. 8; *Fromm/Nordemann/Schaefer*[10], Rdnr. 21). Das sog. **Near-Video-on-Demand** wurde indessen auch vom EuGH als Fernsehsendung (iSv. Art. 1 lit. a der Richtlinie 89/552) angesehen (EuGH MMR 2005, 517ff.). Zu dem sog. persönlichen Videorecorder, bei dem die Sendungen auf einer Zentraleinheit gespeichert werden, der einzelne Speicherplatz aber ausschließlich einem bestimmten Kunden zugewiesen ist, BGH GRUR 2009, 845ff. m. Anm. *Becker* – Internet-Videorecorder. Zu den sog. **Push-** und **Pull-Diensten** s. § 20 Rdnr. 47f.). Zur sog. **Recording-Software** für Internetradios vgl. *v. Zimmermann*, MMR 2007, 553ff.

2. a) Sendung (Nr. 2) ist so zu verstehen, wie in § 20, erfasst also nach hM auch alle digitalen Sendeformen (s. dazu schon oben, Rdnr. 4a). Ob es sich um eine Live-Sendung, die Sendung einer bereits festgelegten Darbietung, um eine Anschluss-, Weiter- oder Wiederholungssendung handelt, ist ebenfalls – anders als nach Art. 7 Abs. 1 lit. a RA – gleichgültig (Amtl. Begr. *Haertel/Schiefler*, S. 322; *Ulmer*[3] § 123 II; *v. Gamm* Rdnr. 3 zu § 76 aF; *Möhring/Nicolini/Kroitzsch*[2] Anm. 2f. – zu § 76 aF; *Hillig* FuR 1966, 79/82; *Brack* UFITA 50 [1967] 544/546; *Lewenton* S. 588f.). Dahinter steht der Gedanke, dass durch jede Art der Sendung die Nutzungsmöglichkeiten der Darbietung mit Mitteln der Technik gesteigert werden; hieran ist der ausübende Künstler nach dem Sinn und Zweck der §§ 73ff. angemessen zu beteiligen (s. vor §§ 73ff. Rdnr. 8, 12). 5

Dieser gesetzgeberische Zweck wird im Grundsatz für **alle Arten der Sendung** einschließlich der Weiter- und Wiederholungssendungen durch das Ausschließlichkeitsrecht des Abs. 1 verwirklicht; nur unter der Voraussetzung des § 76 Abs. 2 aF, die jetzt in § 78 Abs. 1 Nr. 2 mit der Wendung „es sei denn, dass ..." übernommen wurde, ist dieses Ausschließlichkeitsrecht zu einem Vergütungsanspruch herabgeschraubt (zur Verfassungsmäßigkeit dieser Einschränkung s. vor §§ 73ff. Rdnr. 13; zur Rechtslage unter Geltung des § 2 Abs. 2 LUG s. vor §§ 73ff. Rdnr. 3–4). Dieser Einschränkung des Ausschließlichkeitsrechts wird im Schrifttum vielfach Ausnahmecharakter zugeschrieben und daraus folgend eine im Zweifel enge Auslegung befürwortet. Dem kann heute **nicht mehr** gefolgt werden (s. im Einzelnen unten Rdnr. 21).

b) Die **Entstehungsgeschichte** des § 78 Abs. 1 Nr. 2 (vgl. dazu jetzt eingehend *Dünnwald/Gerlach*, § 78 Rdnr. 2–11) hängt mit derjenigen des § 77 (s. dort Rdnr. 2) eng zusammen. Alle Gesetzesentwürfe zu § 76 Abs. 1 und Abs. 2 aF = § 78 Abs. 1 Nr. 2 und Abs. 2 Nr. 1 vertraten den Standpunkt, dass das Senderecht (§ 20) den ausübenden Künstlern nicht in ebenso umfassender Weise zugebilligt werden könne wie den Urhebern. Während die Urheber ein Interesse an möglichst intensiver Nutzung ihrer Werke auch im Wege der Sendung haben, besteht bei den ausübenden Künstlern die Gefahr einer Blockierung der Funksendung zur Erhaltung der Nachfrage nach lebenden Darbietungen (RefE 1954, veröffentlicht durch das BMJ 1954, S. 1ff., Begr. S. 55/69/192; MinE 1959 UFITA 29 [1959] 214ff.; AmtlBegr. zum RegE s. *Haertel/Schiefler* S. 315f., 321). Schon § 58 Abs. 3 RJM-E 1932 sah deshalb vor, dass rechtmäßig herge- 6

§ 78 Öffentliche Wiedergabe

stellte Bild- und Schallvorrichtungen auch ohne Einwilligung der ausübenden Künstler gesendet werden dürfen. Den erstmals im RefE 1954 für derartige Sendungen vorgesehenen Vergütungsanspruch lehnte der Entwurf Hoffmann 1933 noch ab, weil er nur den Prominenten zugute komme, die bereits das Missvergnügen ihrer Berufsgenossen hervorgerufen haben (RefE 1954 Begr. S. 194). Die RefE 1954 verwies demgegenüber auf die Verteilungspläne der Verwertungsgesellschaften; es liege insoweit in den Händen der ausübenden Künstler selbst, inwieweit sie ihren Vergütungsanspruch dazu einsetzen, um für eine angemessene Umverteilung innerhalb ihres Berufsstandes Sorge zu tragen (RefE 1954 Begr. S. 194; s. dazu vor §§ 73 ff. Rdnr. 9).

7 c) Schwankend war freilich die **Abgrenzung zwischen** dem **Verbotsanspruch** (§ 78 Abs. 1 Nr. 2) **und** dem **Vergütungsanspruch** (§ 78 Abs. 2 Nr. 1). Der RefE 1954 und der MinE 1959 schlossen den Verbotsanspruch bereits dann aus, wenn die Darbietung mit Erlaubnis des ausübenden Künstlers festgelegt worden war. Erst der RegE fügte als weitere Voraussetzung ein, dass die Bild- oder Tonträger erschienen sein müssen (s. dazu unten Rdnr. 22). Es sei nicht gerechtfertigt, dem ausübenden Künstler auch hinsichtlich der nicht zur Verbreitung bestimmten Bild- und Tonträger die weitere Kontrolle über ihre Verwertung zu entziehen (vgl. zu den sog. studio-outtakes zB *Braun*, Schutzlückenpiraterie, S. 20 f. u. S. 126 ff., BGH GRUR Int. 1994, 337, 339 – *Beatles*; *Schack* JZ 1994, 363). Dies gilt insbesondere für die von den Sendeanstalten zur Erleichterung des Sendebetriebs hergestellten Bild- oder Tonträger. Gegen deren Verwertung durch andere Sendeunternehmen, zB im Wege der Anschluss- oder Weitersendung, ist der ausübende Künstler durch ein Ausschließlichkeitsrecht mit Drittwirkung geschützt (AmtlBegr. *Haertel/Schiefler* S. 321 f.).

8 d) Das **Verhältnis** des § 78 Abs. 1 Nr. 2 **zum Künstlervertragsrecht** ist in den Materialien zu § 76 aF mehrfach behandelt. Der RefE 1954 trat für die Nichtgewährung eines Leistungsschutzrechts nach den §§ 73 ff. überall dort ein, wo vertragliche Regelungsmöglichkeiten bestehen (s. § 77 Rdnr. 2); dies galt auch im Verhältnis zu den Sendeanstalten. Deshalb wurde das Ausschließlichkeitsrecht des § 78 Abs. 1 Nr. 2 im RefE 1954 ausgeschlossen, wenn der ausübende Künstler für eine Sendeanstalt tätig wird; bevor der ausübende Künstler vor das Mikrophon einer Sendeanstalt trete, könne er seine ideellen und materiellen Belange ausreichend durch Vertrag sichern (RefE Begr. S. 190). Aufgrund derselben Konzeption hatte der MinE 1959 für die auf Dauer bei einer Sendeanstalt Beschäftigten keinen Vergütungsanspruch (§ 78 Abs. 2 Nr. 1) vorgesehen. Insoweit sei ausschließlich das Arbeitsverhältnis zu der Sendeanstalt maßgebend (§ 83 Abs. 2 MinE 1959). Diese Einschränkung wurde im RegE (BTDrucks. IV/270) fallengelassen. Bis zur Einfügung des § 78 Abs. 3 durch das Gesetz v. 10. 9. 2003 (BGBl. I S. 1774) war daher rechtstechnisch eine Kollision der – teilweise tarifvertraglich vorgesehenen – Abtretung des Anspruchs aus § 78 Abs. 2 Nr. 1 an den Arbeitgeber mit der Vorausabtretung des entsprechenden Rechts an die GVL (s. vor §§ 73 ff. Rdnr. 23–26) denkbar (*Sieger* UFITA 77 [1976] 79/91). Über die Wirksamkeit der Abtretung entschied bei solchen „doppelten Vorausabtretungen" der Prioritätsgrundsatz nach den §§ 398 ff. BGB (s. allgemein vor §§ 28 ff. Rdnr. 60). Dieses Problem ist freilich jetzt wegen § 78 Abs. 3 gegenstandslos.

9 e) An der Vorschrift wird seit langem **kritisiert,** dass sich mit ihrer Hilfe die rechtspolitisch erwünschte Begrenzung der Sendezeiten „aus Konserve" nicht, jedenfalls nicht unmittelbar erreichen lässt (*Gotzen* GRUR Int. 1980, 471/478; sa. *Schorn* GRUR Int. 1983, 167/179 f.; zur Kritik im älteren Schrifttum s. *Neumann-Duesberg* UFITA 31 [1960] 162/172; *Boden* GRUR 1968, 537/538 f.; ferner vor §§ 73 ff. Rdnr. 4–5). Diese Begrenzung der sog. „needle-time" (Funksendung von Schallplatten) wird in Großbritannien seit langem praktiziert (*Gotzen* GRUR Int. 1980, 471/478); sie erscheint auch für das deutsche Recht nach wie vor wünschenswert (*Schorn* GRUR Int. 1983, 167/179 f.; *Ulmer*[3] § 120 III 2) und ist wegen des vorwiegend auf „Konserve" ausgerichteten Programmangebots vieler privater Sender im dualen Rundfunksystem von besonderer Aktualität. Der Vorschlag von *Gotzen,* den Vergütungsanspruch des Abs. 2 Nr. 1 (s. Rdnr. 12 ff.) durch einen verwertungsgesellschaftenpflichtigen Verbotsanspruch unter gleichzeitiger Abschaffung des Abschlusszwangs nach § 11 Abs. 1 WahrnG zu ersetzen (GRUR Int. 1980, 471/478) ging freilich sehr weit. Er war international, auch innerhalb der EU, nicht durchsetzbar (sa. *Flechsig* FuR 1982, 170/171; *Schorn* GRUR Int. 1983, 167/170). Eher ist an eine Begrenzung der needle-time auf freiwilliger Basis zu denken (s. *Ulmer*[3] § 120 III 2); durch eine entsprechende Vertragsgestaltung seitens der GVL könnte ein gewisser Anreiz zu solchen freiwilligen Begrenzungen geschaffen werden. Nach der Protokollnotiz zu § 1 des inzwischen nicht mehr geltenden Tonträger-Sendevertrags der GVL vom 10. 7. 1978 mit den öffentlich-rechtlichen Rundfunkanstalten bedurfte es einer Neufestsetzung der Sendevergütungen, wenn sich Art und Umfang der musikalischen Eigenproduktion der Rundfunkanstalten, insbesondere durch die Auflösung fest angestellter Klangkörper der Rundfunkanstalten, wesentlich ändern. Auch im Verhältnis zu den privaten Programmveranstaltern kommt als Rechtsgrundlage für eine entsprechende Differenzierung der Tarife § 13 Abs. 3 WahrnG in Betracht (s. dazu § 13 WahrnG Rdnr. 6 ff.).

Im **digitalen Zeitalter** kommen rechtspolitisch weitere Fragestellungen hinzu, insbesondere die Abgrenzung zu § 78 Abs. 1 Nr. 1 (s. oben Rdnr. 4); teilweise wird heute das sog. Sendeprivileg jedenfalls für den digitalen Bereich als nicht mehr zeitgemäß angesehen (s. dazu schon oben Rdnr. 4) und insbesondere von der Tonträgerwirtschaft ein exklusives Senderecht auch in Bezug auf bereits erschienene Tonträger gefordert (*Gebhardt* ZUM 2003, 1022 ff., 1023). **10**

3. a) Das Recht der öffentlichen Wahrnehmbarmachung durch **Lautsprecher oÄ iSd. Nr. 3** knüpft an die für den Urheber in **§ 19 Abs. 3** getroffene Regelung an (§ 19 Rdnr. 31 ff.). Es handelt sich bei § 78 Abs. 1 Nr. 3 um ein neues Recht iSd. § 137 Abs. 1 S. 2, das es vor 1965 noch nicht gab. Allerdings gewährt es kein umfassendes Ausschließlichkeitsrecht der öffentlichen Wiedergabe an der Live-Darbietung, sondern beschränkt den Schutz auf die öffentliche Wiedergabe außerhalb des Darbietungsraums mit technischen Mitteln. Der damit verbundene Ausschluss des Schutzes innerhalb des Darbietungsraumes und der nicht technisch vermittelten Wiedergabe außerhalb des Darbietungsraumes (s. unten Rdnr. 12 u. 14) wird teilweise als eine rechtspolitisch nicht gerechtfertigte Schutzlücke kritisiert (*Dünnwald/Gerlach*, Vor § 77 Rdnr. 5). An die Stelle der noch im RegE 1965 enthaltenen Fassung („außerhalb der Veranstaltung, bei der sie stattfindet") ist erst im Rechtsausschuss des Bundestags die jetzige Formulierung getreten (s. UFITA 45 [1965] 155 ff./202). Diese **Entstehungsgeschichte** bedeutet aber nicht, dass nur Darbietungen in geschlossenen Räumen iSd. § 243 Abs. 1 Nr. 1 StGB gegen unbefugte Lautsprecher- und sonstige Übertragungen iSd. § 78 Abs. 1 Nr. 3 geschützt sind (sa. § 19 Rdnr. 32). Unter die Vorschrift fallen vielmehr auch Open-Air-Festivals und ähnliche Veranstaltungen unter freiem Himmel (ebenso *Dünnwald/Gerlach*, § 78 Rdnr. 25). Ein sachlicher Unterschied zu der mit § 59 des RJM-E 1932 identischen Formulierung in § 71 Abs. 1 öUrhG – „... außerhalb des Ortes (Theater, Saal, Platz, Garten und dgl.), wo sie stattfinden" –, besteht insoweit nicht. Die gegenüber dem RegE 1965 geänderte Fassung stellt lediglich klar, dass auch die im Rahmen einer Veranstaltung iSd. § 81 (s. dazu § 81 Rdnr. 15 ff.) organisiert durchgeführten sowie die lediglich vor einem privaten Kreis oder in einem Studio zu Aufnahmezwecken vorgenommenen Darbietungen (s. dazu § 73 Rdnr. 16) durch § 78 Abs. 1 Nr. 3 erfasst werden. **11**

b) Seinem **Sinn und Zweck** nach schützt § 78 Abs. 1 Nr. 3 – ebenso wie § 78 Abs. 1 Nr. 1 und 2 – die Bestimmungsbefugnis des ausübenden Künstlers hinsichtlich des unmittelbaren Wirkungsbereichs seiner Darbietung (s. dazu allgemein vor §§ 73 ff. Rdnr. 10 und AmtlBegr. *Haertel/Schiefler* S. 322). Hieraus folgt, dass nur die willkürliche (s. *Möhring/Nicolini/Kroitzsch*² § 74 aF Anm. 2) oder heimliche (AmtlBegr. UFITA 45 [1965] 240/308) Erweiterung des Zuhörer- bzw. Zuschauerkreises unter die Vorschrift fällt, nicht dagegen fallen darunter technische Maßnahmen zur Verstärkung oder Verbesserung der Akustik am Darbietungsort selbst, durch die der Teilnehmerkreis nicht erweitert wird (s. AmtlBegr. *Haertel/Schiefler* S. 318). Für Großveranstaltungen in Stadien, Arenen oder auf öffentlichen Plätzen gilt de lege lata nichts anderes, auch wenn hier durchaus ein Kontrollverlust des ausübenden Künstlers über seinen Wirkbereich eintreten kann (vgl. *Dünnwald/Gerlach*, § 78 Rdnr. 25). Das Anliegen des deutschen Bühnenvereins, im Rahmen der sog. 2. Korbes durch Einfügung des Wortes „auch" vor den Worten „außerhalb des Raumes" in § 19 Abs. 3 auch rauminterne Übertragungen in § 78 Abs. 1 Nr. 3 generell zu erfassen (vgl. *Bolwin* ZUM 2003, 1008 f.) ist andererseits vom Schutzzweck der Vorschrift her nicht ohne Weiteres nachvollziehbar. Jedenfalls de lege lata sind rein rauminterne Übertragungen auch ohne Autorisierung durch die ausübenden Künstler zulässig. Das gilt im Falle des sog. **Playback** auch dann, wenn eine bereits innerhalb des Raumes, in dem die Darbietung erfolgt, mit Lautsprecher übertragene Aufzeichnung einer Darbietung auch außerhalb dieses Raumes mit den Mitteln des § 78 Abs. 1 Nr. 3 öffentlich wahrnehmbar gemacht wird. Dies fällt nicht unter § 78 Abs. 1 Nr. 3, sondern löst nur Vergütungsansprüche nach § 78 Abs. 2 Nr. 2 oder 3 aus (*Möhring/Nicolini/Kroitzsch*² § 74 aF Anm. 2; vgl. auch – im Einzelnen differenzierend – *Dünnwald/Gerlach*, § 78 Rdnr. 24). **12**

c) Eine das Ausschließlichkeitsrecht des § 78 Abs. 1 Nr. 3 verletzende Erweiterung des Teilnehmerkreises kann **auch innerhalb desselben Gebäudes,** in dem die Darbietung stattfindet, **13**

§ 78 Öffentliche Wiedergabe

erfolgen. Anders als nach § 72 Abs. 5 öUrhG bedarf daher auch die heute häufig anzutreffende Übung, dass für zu spät kommende Besucher einer Theater- oder Opernaufführung, die erst nach Schluss des 1. Aktes eingelassen werden, ein Monitor zwecks Verfolgung der Aufführung im Vorraum des Theaters aufgestellt wird, einer Nutzungsrechtseinräumung nach § 78 Abs. 1 Nr. 3; ebenso *Wandtke*, Theater u. Recht, Nr. 391f.; *Loewenheim/Schlatter*[2], Hdb. UrhR, § 72 Rdnr. 81; *Dünnwald/Gerlach*, § 78 Rdnr. 25; aA *Kurz*, Praxishandbuch Theaterrecht, 13. Kap. Rdnr. 120; sie folgt in der Praxis zumeist aus einem stillschweigenden Einverständnis der ausübenden Künstler mit der Übertragung im Haus mittels der ihnen bekannten technischen Einrichtungen (*Dünnwald/Gerlach*, § 78 Rdnr. 45; vgl. dazu auch *Bolwin* ZUM 2003, 1008f., der insoweit eine Ergänzung des § 79 im sog. 2. Korb durch den Gesetzgeber gefordert hatte).

14 **Nicht** unter die Vorschrift fällt eine eigenmächtige Erweiterung des Teilnehmerkreises auf andere Weise als durch die in § 78 Abs. 1 Nr. 3 genannten technischen Einrichtungen (Entfernung von Sichtschutzmaßnahmen, Aufstellen von Podesten auf Nachbargrundstück etc.). Der ausübende Künstler, der nicht zugleich Veranstalter ist, hat aber gegen Letzteren vertragliche Ansprüche, wenn derartige Maßnahmen vom Veranstalter in Widerspruch zu dem mit dem Künstler abgeschlossenen Vertrag vorgenommen werden. Gegen Außenstehende, die mit dem Veranstalter in keiner Vertragsbeziehung stehen, hilft dies freilich nicht (*Dünnwald/Gerlach*, § 78 Rdnr. 26).

15 d) Die **praktische Bedeutung** des § 78 Abs. 1 Nr. 3 ist gering (*Ulmer,* Rechtsschutz S. 38). Einschlägige Gerichtsentscheidungen fehlen. Stets ist wegen § 81 auch die Einwilligung des Veranstalters einzuholen (s. dazu § 81 Rdnr. 1, 29f.); ihm steht insoweit ein – eigenständiges – Ausschließlichkeitsrecht zu (zur vergleichbaren Rechtslage bei § 37 Abs. 3 s. dort Rdnr. 14).

16 e) Die Wahrnehmbarmachung muss „öffentlich" erfolgen. Dazu ist allerdings nicht erforderlich, dass die Darbietung selbst bereits öffentlich ist (s. § 73 Rdnr. 16). Auch eine nicht-öffentliche Darbietung, bei der die – **mittelbare** – **Öffentlichkeit** erst durch eine der in § 78 Abs. 1 Nr. 3 genannten technischen Hilfsmittel hergestellt wird, fällt nach dem Schutzzweck der §§ 73ff. (s. vor §§ 73ff. Rdnr. 8) in den Anwendungsbereich des § 78 Abs. 1 Nr. 3 (ebenso *Schack*[2] Rdnr. 599; *Dünnwald/Gerlach*, § 78 Rdnr. 25; *Loewenheim/Vogel*[2], Hdb. UrhR, § 38 Rdnr. 68; aA *v. d. Groeben*, Fs. für Reichardt, 1990, S. 47). Keine leistungsschutzrechtliche Relevanz, sondern nur persönlichkeitsrechtliche und uU strafrechtliche Bedeutung hat dagegen das unbefugte Abhören oder Ablauschen einer Darbietung durch einzelne (§§ 201 Abs. 1 Nr. 2 StGB, 823 Abs. 1 BGB). Denn insoweit sind nur rein persönlichkeitsrechtliche Interessen berührt, die für sich genommen wegen des Fehlens der vermögensrechtlichen Komponente des einheitlichen Leistungsschutzrechts (s. vor §§ 73ff. Rdnr. 10) zur Anwendung der §§ 73ff. nicht ausreichen (aA für § 74 aF de lege ferenda *Schorn* GRUR Int. 1983, 167/169; zur Anwendung des allgemeinen Persönlichkeitsrechts in diesen Fällen s. vor §§ 73ff. Rdnr. 21).

17 f) Es gilt der **Öffentlichkeitsbegriff** des § 15 Abs. 3 (s. dazu § 15 Rdnr. 57ff.). Danach ist an sich nicht erforderlich, dass die Mehrzahl der Personen, für die die Übertragung bestimmt ist, in ein und demselben Raum vereinigt ist (s. § 15 Rdnr. 70). Eine öffentliche **Wahrnehmbarmachung** liegt aber nur vor, wenn der Empfängerkreis die Wiedergabe an einem Ort *gemeinsam* wahrnehmen kann (s. § 15 Rdnr. 71; § 19 Rdnr. 41; § 21 Rdnr. 10; § 22 Rdnr. 11f.; aA *Dünnwald/Gerlach*, § 78 Rdnr. 27 unter Hinweis auf LG Berlin, Schulze LGZ 98 – Schallplatten-Espresso). Die Ermöglichung der Wahrnehmung einer in einem hoteleigenen Veranstaltungsraum stattfindenden Live-Darbietung durch Lautsprecher etc. in den einzelnen Hotelzimmern fällt daher regelmäßig nicht unter §78 Abs. 1 Nr. 3. Erfolgt die Übermittlung der Darbietung aber – wie zumeist – über eine hoteleigene Verteileranlage, kommt die Anwendung des § 78 Abs. 1 Nr. 2 in Betracht (zum sog. Hotelvideo s. § 19 Rdnr. 41, § 21 Rdnr. 9).

18 Die **tatsächliche Rezeption** der Darbietung ist für die Anwendung des § 78 Abs. 1 Nr. 3 **nicht** wesentlich. Es kommt also nicht darauf an, ob und wie viele Personen an demjenigen Ort erschienen sind, an dem die Darbietung durch Lautsprecher etc. wahrnehmbar gemacht wird. Dass es im Anwendungsbereich der §§ 19 Abs. 1 und Abs. 2 demgegenüber auf die tatsächliche Wahrnehmung ankommt (*Ulmer*[3] § 53 III 1) steht dieser Auslegung des § 78 Abs. 1 Nr. 3 nicht entgegen. Diese Unterschiede erklären sich aus den verschiedenen Normzwecken der genannten Vorschriften (s. dazu § 73 Rdnr. 16).

19 g) § 78 Abs. 1 Nr. 3 gibt dem ausübenden Künstler nur für die Lautsprecherübertragung einer **Live-Darbietung** ein Ausschließlichkeitsrecht (*Dünnwald/Gerlach*, § 78 Rdnr. 24). War die Darbietung bereits auf Ton- oder Bildträger aufgenommen (§ 77 Abs. 1) oder durch Funk gesendet (§ 78 Abs. 1 Nr. 2), dann gilt für die Weiterübertragung durch Lautsprecher oÄ § 78

Abs. 2 Nr. 2 oder 3, sofern Aufnahme oder Sendung rechtmäßig erfolgten; ist letzteres nicht der Fall, so gelten die §§ 77, 78 Abs. 1 Nr. 2 iVm. § 96. Einer analogen Anwendung des § 78 Abs. 2 Nr. 1 bedarf es in diesem Zusammenhang nicht (*Dünnwald/Gerlach*, § 78 Rdnr. 24). Der Unterschied zwischen Erstverwertung iSd. § 78 Abs. 1 Nr. 3 und **Zweitverwertung iSd. § 78 Abs. 2 Nr. 2 und 3** ergibt sich nicht schon aus der Zwischenschaltung einer der in § 78 Abs. 1 Nr. 3 genannten technischen Hilfsmittel als solcher, sondern aus dem Vorausgehen einer dem ausübenden Künstler durch das Einwilligungserfordernis der §§ 77, 78 Abs. 1 zugewiesenen Verwertungsart. § 78 Abs. 1 Nr. 3 ist deshalb immer, aber auch nur dann anwendbar, wenn die öffentliche Wahrnehmbarmachung (dazu oben Rdnr. 16–18) ohne Inanspruchnahme einer der in den §§ 77, 78 Abs. 1 genannten technischen Einrichtungen erfolgt.

h) **Ausländische ausübende Künstler** genießen den Schutz aus § 78 Abs. 1 Nr. 3 **für alle Darbietungen,** gleichviel, wo diese stattfinden (§ 125 Abs. 6 iVm. § 125 Abs. 1). Eine spezielle internationalrechtliche Mindestschutzregelung im RA (vor §§ 73 ff. Rdnr. 1) ist nur deshalb unterblieben, weil der Tatbestand ohne wesentliche internationale Tragweite erschien (*Ulmer* Rechtsschutz S. 38). Für das RA wird daher auf den Grundsatz der Inländerbehandlung (Art. 4 RA) verwiesen (*Ulmer* Rechtsschutz S. 38). 20

III. Die Vergütungsansprüche des § 78 Abs. 2

1. a) Die Sendevergütung gemäß Nr. 1 setzt voraus, dass die Darbietung nach **§ 78 Abs. 1 Nr. 2** erlaubterweise gesendet wurde. Der Begriff „erlaubterweise" ist an dieser Stelle irreführend, da dieser Tatbestand gerade unabhängig von einer Zustimmung des ausübenden Künstlers zur Sendung gegeben ist. Es kommt nur darauf an, dass die Darbietung erlaubterweise auf Bild- oder Tonträger aufgenommen worden ist, die entweder erschienen oder öffentlich zugänglich gemacht worden sind (*Dünnwald/Gerlach*, § 78 Rdnr. 34). Dies ist nach Gesetzessystematik (vgl. „... es sei denn dass ..." in § 78 Abs. 1 Nr. 2) zwar die Ausnahme. Hieraus kann aber entgegen einer im Schrifttum weit verbreiteten Auffassung jedenfalls vor dem Hintergrund der neueren Rspr. des BGH heute nicht mehr gefolgert werden, dass § 78 Abs. 2 Nr. 1 im Zweifel eng auszulegen ist (*Dünnwald/Gerlach*, § 78 Rdnr. 28; aA die Vorauflage dieses Kommentars, Rdnr. 21; *Dreier/Schulze*[3], § 78 Rdnr. 12; *Möhring/Nicolini/Kroitzsch*[2], Rdnr. 2 zu § 76 aF; *Mestmäcker/Schulze/Hertin*, § 78 Rdnr. 10). Denn die These, dass dem ausübenden Künstler in seinem **wirtschaftlichen Interesse** an der größtmöglichen Beteiligung an der Verwertung seiner Darbietung eher durch einen Verbots- als durch einen Vergütungsanspruch Rechnung getragen wird, ist in dieser Allgemeinheit nicht richtig (vgl. grundlegend – für den Urheber – BGH GRUR 2002, 963, 966 – elektronischer Pressespiegel; s. dazu im Einzelnen Vor §§ 44a ff. Rdnr. 18 ff.). Die Anwendung des § 78 Abs. 2 Nr. 1 beschränkt sich daher nicht auf die Sendung im Handel erhältlicher Industrietonträger in herkömmlichen Rundfunksendungen, auf die die amtl. Begründung zum UrhG 1965 allein abgestellt hatte (vgl. Haertel/Schiefler, S. 321). Erfasst werden vielmehr auch digitale Mehrkanaldienste mit einzelnen Musiksparten ohne Wortunterbrechungen (vgl. BGH GRUR 2004, 669, 671 ff. – Musikmehrkanaldienst). Die Frage, ob die jeweilige – digitale oder analoge – Übertragungstechnik geeignet ist, den herkömmlichen Verkauf von Bild- und Tonträgern zu ersetzen, ist damit kein Gesichtspunkt mehr für die Abgrenzung zwischen dem Verbotsanspruch des § 78 Abs. 1 Nr. 2 und dem Vergütungsanspruch des § 78 Abs. 2 Nr. 1 (anders die Vorauflagen dieses Kommentars, Rdnr. 21). Die für den ausübenden Künstler erzielbare Höhe der Vergütung kann bei Anwendung des § 78 Abs. 2 Nr. 1 sogar höher sein als im Falle des ausschließlichen Senderechts nach § 78 Abs. 1 Nr. 2 (BGH 2004, 669, 670 – Musikmehrkanaldienst). 21

b) Der Erlaubnisvorbehalt in § 78 Abs. 2 Nr. 1 („erlaubterweise") bezog sich in der bis zum Gesetz vom 10. 9. 2003 (BGBl. I, S. 1774) geltenden Fassung des § 76 Abs. 2 S. 1 aF zwar seinem Wortlaut nach nur auf die erstmalige Festlegung iSd. § 77 Abs. 1, also weder auf die weitere Vervielfältigung iSd. § 77 Abs. 2 noch auf das Erscheinen der Bild- oder Tonträger iSd. § 6 Abs. 2. In beiderlei Hinsicht war aber auch schon unter Geltung des § 76 aF die Zustimmung des ausübenden Künstlers erforderlich; denn unerlaubt hergestellte Vervielfältigungsexemplare dürfen schon nach § 96 Abs. 1 nicht zur öffentlichen Wiedergabe und damit auch nicht zur Sendung (vgl. § 15 Abs. 2 Nr. 2) benutzt werden (hM, vgl. nur *Fromm/Nordemann/Schaefer*[10], Rdnr. 6). Das Erscheinen eines Bild- oder Tonträgers ohne Zustimmung des Berechtigten ist kein Erscheinen im Rechtssinne, wie sich aus § 6 Abs. 2 ergibt; diese Beurteilung gilt auch im Rahmen des § 78 Abs. 1 Nr. 2, ohne dass das Zustimmungserfordernis des § 6 Abs. 2 dort noch einmal ausdrücklich hätte wiederholt werden müssen (*Brack* UFITA 50 [1967] 544/546). 22

§ 78

23   c) Für den Rechtsbegriff des **Erscheinens** ist die Auslegung des § 6 Abs. 2 maßgebend (s. schon AmtlBegr. *Haertel/Schiefler* S. 321; BGH GRUR 1981, 360/362 – Erscheinen von Tonträgern; Vorinstanz: OLG Hamburg GRUR 1979, 114 – Tonträgervervielfältigung; *Hubmann* GRUR 1980, 537/538; *Greffenius* UFITA 87 [1980] 97; *Brack* UFITA 50 [1967] 544/546). Der BGH hat die Bemusterung des institutionellen Abnehmermarktes der Sendeanstalten mit 50 Vervielfältigungsexemplaren von nur für das professionelle Abspielen geeigneten 38 cm-Tonbändern ausreichen lassen, um unter Ausschluss des Verbotsanspruchs (§ 78 Abs. 1 Nr. 2) die Mitglieder der GVL auf einen Vergütungsanspruch (§ 78 Abs. 2 Nr. 1) zu verweisen; unerheblich sei in diesem Zusammenhang, dass die Tonbänder ihrer Zweckbestimmung nach nicht für den Hörer- sondern für den Sendemarkt bestimmt seien (BGH GRUR 1981, 360/361 – Erscheinen von Tonträgern; vgl. auch OLG Frankfurt/M, ZUM 1996, 697, 701 f. – Yellow Submarine; aA *Ruzicka* FuR 1979, 507/510 ff.; *Mestmäcker/Schulze/Hertin*, § 78 Rdnr. 8; kritisch hierzu auch die Vorauf. dieses Kommentars, Rdnr. 21 mit Anwendung der Zweckübertragungsregel als korrektiv; dagegen wiederum *Dünnwald/Gerlach*, § 78 Rdnr. 30). Vorausgesetzt wird aber, dass „die Vervielfältigungsstücke der Verwertung in der Öffentlichkeit zugeführt werden und hierzu alles Erforderliche in die Wege geleitet wird" (BGH GRUR 1981, 360, 362 – Erscheinen von Tonträgern; s. auch OLG Frankfurt/M, ZUM 1996, 697, 701 – Yellow Submarine). Dazu gehören auch entsprechende Angebote an die Öffentlichkeit zum **Verleih oder zur Vermietung** (hM, vgl. *Fromm/Nordemann/Schaefer*[10], Rdnr. 8; *Mestmäcker/Schulze/Hertin*, § 78 Rdnr. 9; *Wandtke/Bullinger/Büscher*[3], Rdnr. 18; unentschieden *Loewenheim/Vogel*[2], § 38 Rdnr. 72; aA Vorauf. dieses Kommentars, Rdnr. 24). Vervielfältigungsstücke, die Sendeunternehmen zur Erleichterung ihres eigenen Sendebetriebs herstellen, erfüllen dagegen als **rein innerbetrieblicher Vorgang** den Begriff des Erscheinens nicht (BGH GRUR 1981, 360, 362 – Erscheinen von Tonträgern; OLG Frankfurt/M, ZUM 1996, 697, 701 – Yellow Submarine; *Mestmäcker/Schulze/Hertin*, § 78 Rdnr. 8). Werden derartige **Eigenproduktionen** der Sendeanstalten aber von diesen selbst oder über deren Tochtergesellschaften oder Lizenznehmer als Tonträger oder Bildtonträger in der Öffentlichkeit in genügender Anzahl vermarktet, dann sind diese ebenfalls erschienen iSd. § 78 Abs. 1 Nr. 2 (BGH ZUM 1999, 402 – Sendeunternehmen als Tonträgerhersteller; ebenso als Vorinstanz OLG Hamburg, ZUM 1997, 43 – Aufnahme eines Rundfunksenders in die GVL; kritisch hierzu *Dünnwald/Gerlach*, § 78 Rdnr. 31). Da Filmwerke durch die Inverleihgabe an die Filmtheater erscheinen können (vgl. BGH GRUR Int. 1973, 49, 51 – Goldrausch), fallen auch im Fernsehen gesendete **Kinofilme** unter § 78 Abs. 2 Nr. 1 (*Dünnwald/Gerlach*, § 78 Rdnr. 32).

24   Nicht erschienene, aber erlaubterweise **öffentlich zugänglich gemachte** Ton- oder Bildträger stehen nach der Neufassung des § 78 Abs. 1 Nr. 2 durch das Gesetz v. 10. 9. 2003 (BGBl. I, S. 1774) den erschienenen Ton- oder Bildträgern gleich (hM, vgl. nur *Fromm/Nordemann/Schaefer*[10], Rdnr. 7). Auch für sie gilt daher das sog. Sendeprivileg. (Zum Begriff der öffentlichen Zugänglichmachung s. oben Rdnr. 2–4a). Allerdings wird man diese Gleichstellung nur vornehmen können, wenn die **Online-Angebote zur Speicherung durch die Allgemeinheit mit dauerhafter Zugriffsmöglichkeit** bereitgehalten werden. Denn nur dann ist eine mit dem Erscheinen der Ton- oder Bildträger vergleichbare Verselbstständigung und Breitenwirkung in der Öffentlichkeit gegeben. Bloße Streaming-Angebote, die keine legale Speicherung ermöglichen, erfüllen diese Voraussetzungen nicht (*Dünnwald/Gerlach*, § 78 Rdnr. 33).

24a   Die Sendung von **Werbespots** ist durch § 78 Abs. 2 Nr. 1 nicht gedeckt, sondern bedarf einer besonderen Erlaubnis des ausübenden Künstlers (*Dreier/Schulze*[3], § 78 Rdnr. 12; *Wandtke/Bullinger/Büscher*[3], § 78 Rdnr. 20; *Dünnwald/Gerlach*, § 78 Rdnr. 34; differenzierend *Fromm/Nordemann/Schaefer*[10], Rdnr. 10 f.). Hintergrund hierfür ist, dass bei einem Einsatz zu Werbezwecken zwangsläufig künsterpersönlichkeitsrechtliche Interessen berührt werden, so dass der ausübende Künstler trotz Gewährung einer angemessenen Vergütung ein rechtlich schützenswertes Interesse an der Versagung der Zustimmung haben kann (*Dünnwald/Gerlach*, § 78 Rdnr. 34). Insoweit besteht eine Parallele zur Rspr. zum Urheberrecht hinsichtlich der Abgrenzung von Verlags- und GEMA-Berechtigungsvertrag (vgl. dazu zB OLG Hamburg, ZUM 1991, 90 – The Pink Panther; OLG München, ZUM 1997, 275 – O Fortuna; LG Düsseldorf, ZUM 1986, 158 – West Side Story und die Handy-Klingelton-Rspr. des OLG Hamburg, GRUR-RR 2002, 249 – Handy-Klingeltöne; OLG Hamburg, GRUR 2006, 323 – Handy-Klingeltöne II; OLG Hamburg, GRUR-RR 2008, 282 – Anita; im Ergebnis im Wesentlichen bestätigt durch BGH GRUR 2009, 395 ff. m. Anm. *G. Schulze* – Klingeltöne für Mobiltelefone). Zur werblichen Programmvorschau in **Trailern** vgl. Dünnwald/Gerlach, § 78 Rdnr. 34.

d) Der Vergütungsanspruch gemäß § 78 Abs. 2 Nr. 1 hat erhebliche praktische Bedeutung; er **25** greift auch im Falle der Weitersendung bereits gesendeter Schallplatten ein; es handelt sich um die Haupteinnahmequelle der GVL (s. vor §§ 73 ff. Rdnr. 25). Schon 1981 wurden ca. 60% der Hörfunksendungen mit Schallplattenaufnahmen bestritten (*Schorn* GRUR 1982, 644/648). Heute kommt die Fernsehsendung der sog. Videoclips hinzu, für die die GVL ebenfalls wahrnehmungsbefugt ist (s. vor §§ 73 ff. Rdnr. 25). De lege ferenda wird für den sog. dritten Korb gefordert, einen Hinterlegungsanspruch nach § 11 Abs. 2 WahrnG für die gesetzlichen Vergütungsansprüche des § 78 Abs. 2 einzuführen (*Gerlach*, ZUM 2008, 372 ff. – Bundestag-Enquetekommission „Kultur in Deutschland", BT-Dr. 16/7000). Im Durchschnitt entfallen von den Gesamteinnahmen der GVL (2006: rund 165 Mio. Euro) etwa 50% auf diese Vergütungen aus § 78 Abs. 2 Nr. 1. Die frühere gespaltene Vergütung – feste Pauschalbeträge pro Hörfunk- und Fernsehgerät, prozentuale Beteiligungen an den Werbeerlösen – wurde durch einen einheitlichen Prozentsatz bezogen auf die Gesamteinnahmen aus Gebühren, Werbung und Sponsoring ersetzt (vgl. dazu BGH ZUM 2001, 983 – Gesamtvertrag privater Rundfunk und BGH Urt. v. 5. 4. 2001 – I ZR 32/99 – Gesamtvertrag ARD, nicht veröffentlicht). Sie beläuft sich gegenwärtig unter Berücksichtigung eines Gesamtvertragsrabatts bei den öffentlich-rechtlichen Anstalten auf 1,3% dieser Gesamteinnahmen im Hörfunk und 0,1% im Fernsehen. Private Rundfunkveranstalter zahlen wegen der hier höheren Nutzungsintensität und wegen des ihnen anders als den öffentlich-rechtlichen Anstalten nicht gewährten sog. Kulturrabatts höhere Sätze, nämlich 5,58% im Hörfunk und 0,25% im Fernsehen (ohne Berücksichtigung des Gesamtrabatts in Höhe von 20% für Mitglieder der Gesamtvertragspartner VPRT und APR). Für digitale Mehrkanaldienste beläuft sich die Vergütung auf 10%. Neben der höheren Nutzungsintensität wird hier auch die verstärkte negative Auswirkung auf die Primärverwertung (Tonträgerverkäufe) berücksichtigt (vgl. BGH GRUR 1004, 669 – Musikmehrkanaldienst und zum Ganzen eingehend *Dünnwald/Gerlach*, § 78 Rdnr. 50).

2. a) Die Vergütung des **§ 78 Abs. 2 Nr. 2** für die öffentliche Wahrnehmbarmachung durch **26** Bild- und Tonträger **bezweckt**, ähnlich wie diejenige des § 78 Abs. 2 Nr. 1 (s. oben Rdnr. 21 ff.), dem ausübenden Künstler eine finanzielle Teilhabe auch an der mittelbaren Verwertung seiner Darbietung zu sichern. Die Zurückschraubung des Verbotsanspruchs zu einem Vergütungsanspruch erfolgte aus denselben Gründen wie in § 78 Abs. 2 Nr. 1 (AmtlBegr. *Haertel/Schiefler* S. 323). Das Vergütungsaufkommen und damit die praktische Bedeutung ist freilich im Vergleich zu § 78 Abs. 2 Nr. 1 geringer (s. vor §§ 73 ff. Rdnr. 25 u. unten Rdnr. 31).

b) Die **Entstehungsgeschichte** der Vorschrift fußt auf einer Bemerkung in BGHZ 33, 38/ **27** 48 – Künstlerlizenz Rundfunk-, wonach ausübende Künstler sich uU dem Vorwurf des Rechtsmissbrauchs aussetzen, wenn sie trotz Angebots einer angemessenen Vergütung den ihnen nach altem Recht durch die Rechtsprechung zuerkannten Verbotsanspruch (s. dazu vor §§ 73 ff. Rdnr. 4) geltend machen. Insofern bedeute § 78 Abs. 2 Nr. 2 keine nennenswerte Schlechterstellung der ausübenden Künstler gegenüber dem früheren Rechtszustand (s. AmtlBegr. *Haertel/Schiefler* S. 323; krit. hierzu *Boden* GRUR 1968, 537/539 f.; zur Verfassungsmäßigkeit der Vorschrift s. vor §§ 73 ff. Rdnr. 13).

c) Der **Anwendungsbereich** des § 78 Abs. 2 Nr. 2 knüpft an das für den Urheber in § 21 **28** geregelte Zweitwiedergaberecht an. Der Vergütungsanspruch aus § 78 Abs. 2 Nr. 2 deckt auch die Weiterübertragung durch Bildschirm, Lautsprecher oder ähnliche technische Einrichtungen ab (ebenso *Dreier/Schulze*[3] Rdnr. 16). An diesem Vergütungsanspruch sind die Tonträgerhersteller ebenso gemäß § 86 beteiligt, wie an den Vergütungsansprüchen des § 78 Abs. 2 Nr. 1 und Nr. 3 (vgl. OLG Hamburg ZUM-RD 1997, 453, 455).

d) Für die **Abgrenzung zu den Ausschließlichkeitsrechten** aus den § 77, 78 Abs. 1 muss **29** jeweils geprüft werden, ob der öffentlichen Wiedergabe eine dem ausübenden Künstler durch einen Verbotsanspruch vorbehaltene Verwertungsart vorausgegangen war (s. dazu schon oben Rdnr. 19). Gegenstand der Wahrnehmbarmachung ist daher nicht, wie bei § 78 Abs. 1 Nr. 3 die Live-Darbietung, sondern die auf Bild- oder Tonträger aufgenommene Darbietung. Diese müssen allerdings – anders als bei § 78 Abs. 2 Nr. 1 – nicht erschienen oder öffentlich zugänglich gemacht sein (*Dünnwald/Gerlach*, § 78 Rdnr. 36). Die öffentliche Wiedergabe rechtswidrig hergestellter oder vervielfältigter Aufnahmen ist nach § 96 Abs. 1 verboten; dasselbe gilt nach § 96 Abs. 2 für die öffentliche Wiedergabe rechtswidrig veranstalteter Funksendungen; verboten ist nach § 83 iVm. § 53 Abs. 6 S. 1 auch die öffentliche Wiedergabe von zulässigerweise zum privaten oder sonstigen eigenen Gebrauch hergestellten Vervielfältigungsexemplaren. In den Grenzen des Normzwecks des § 78 Abs. 2 Nr. 2 (so. Rdnr. 26) ist die **Zweckübertragungs-**

theorie (s. § 79 Rdnr. 11) anwendbar: Zwar unterliegen Ton- und Bildträger, die bereits erschienen oder öffentlich zugänglich gemacht sind (s. Rdnr. 23 f.) nicht mehr der Steuerungsbefugnis der ausübenden Künstler. Die öffentliche Wiedergabe noch nicht erschienener oder öffentlich zugänglich gemachter Bild- oder Tonträger kann dagegen im Künstlervertrag mit Drittwirkung ausgeschlossen oder eingeschränkt werden (ebenso *Dreier/Schulze*[3], § 78 Rdnr. 17; *Dünnwald/Gerlach*, § 78 Rdnr. 36); hat zB ein Orchester der Verwendung von Bandaufnahmen nur für Ballettproben zugestimmt (s. dazu auch den Zustimmungsvorbehalt zugunsten von Solisten und diesen gleichgestellte Bühnenangehörige in § 54 Abs. 1 des Normalvertrags Bühne v. 15. 10. 2002, abgedr. in Loseblattsammlung des dt. Bühnenvereins), so ist deren öffentliche Wiedergabe im Rahmen von Ballettaufführungen wegen Überschreitung dieses Einstudierungszwecks rechtswidrig (s. insoweit zur sog. Stuttgarter Tonbandaffäre die Kontroverse zwischen *Dünnwald* FuR 1979, 25 f. einerseits u. *Sieger* FuR 1979, 23 ff./26 andererseits; vgl. auch den Sachverhalt in OLG München ZUM 1993, 42 – Videoaufzeichnung für theatereigene Zwecke; zur ergänzenden Anwendung des allgemeinen Persönlichkeitsrechts in Fällen unautorisierter öffentlicher Wiedergabe s. vor §§ 73 ff. Rdnr. 21).

30 e) Für das Merkmal „**öffentlich**" gilt im Rahmen des § 78 Abs. 2 Nr. 2 – ebenso wie im Rahmen des § 78 Abs. 1 Nr. 3 – der Öffentlichkeitsbegriff des § 15 Abs. 3 (s. dazu § 15 Rdnr. 57 ff.).

31 f) Die **Angemessenheit der Vergütung** richtet sich nach der Intensität der wirklichen oder potentiellen Nutzung; sie beläuft sich in der Regel auf 20% (Tonträgerwiedergabe) bzw. 26% (Wiedergabe von Funksendungen) der jeweiligen GEMA-Tarife. Für die Tonträgernutzung in Diskotheken beträgt der GVL-Zuschlag 57,5%. Insgesamt machen die Vergütungen aus § 78 Abs. 2 Nr. 2 und Nr. 3 etwa 25% der Gesamteinnahmen der GVL (s. oben Rdnr. 25) aus. Das Inkasso wird für die GVL von der GEMA durchgeführt (s. vor §§ 73 ff. Rdnr. 25), und zwar idR gemeinsam mit den GEMA-Vergütungen für die jeweils gleichen Zeiträume. Für ihre Aufwendungen erhält die GEMA eine Inkassoprovision von z. Zt. 15% (vgl. dazu und zu den im Vergleich zum Ausland unangemessen niedrigen Vergütungssätzen Dünnwald/Gerlach, § 78 Rdnr. 54).

32 g) **Ausländische** ausübende Künstler genießen den Schutz aus § 78 Abs. 2 Nr. 2 für alle im Inland erschienenen Bild- und Tonträger nach Maßgabe des § 125 Abs. 3–4, im Übrigen dagegen nur auf Grund von Staatsverträgen (§ 125 Abs. 5); hierzu gehört im Anwendungsbereich des Rom-Abkommens das Bestehen von Gegenseitigkeit mit dem betreffenden Verbandsstaat (s. *Nordemann/Vinck/Hertin/Meyer*, RA Art. 12 Rdnr. 12). Zur Wahrnehmungspflicht der GVL innerhalb der EU s. vor §§ 73 ff. Rdnr. 26.

33 3. Zu den Vergütungsansprüchen bei der öffentlichen Wahrnehmbarmachung von gesendeten oder öffentlich zugänglich gemachten Darbietungen (**§ 78 Abs. 2 Nr. 3** = § 77, 2. Alternative aF) gilt sinngemäß die gleiche Rechtslage, wie zu § 78 Abs. 2 Nr. 2 = § 77, 1. Alternative aF. Es kann daher auf vorstehende Rdnr. 26–32 verwiesen werden. Wird eine Sendung bereits erschienener Bild- oder Tonträger öffentlich wahrnehmbar gemacht, spricht man insoweit auch von **Drittauswertung** (*Dünnwald*, Das Orchester, 1984, 209 f.; *Dünnwald/Gerlach*, § 78 Rdnr. 38). Der gegenüber § 77 2. Alternative aF durch Gesetz vom 10. 9. 2003 (BGBl. I, S. 1774) hinzu gekommene Vergütungsanspruch bei **öffentlicher Wahrnehmbarmachung einer schon öffentlich zugänglich gemachten Darbietung (§§ 19 a, 78 Abs. 1 Nr. 1)** greift ein, wenn Darbietungen, die zum Abruf durch Netznutzer in ein digitales Netz gestellt wurden, für an demselben Ort anwesenden Mitgliedern der Öffentlichkeit hör- oder sichtbar gemacht werden, ohne dass der Tatbestand der Sendung (§ 20) erfüllt ist (vgl. *Dreier/Schulze*, Rdnr. 19). Dieser Anspruch entspricht – allerdings zum Vergütungsanspruch herabgeschraubt – dem Ausschließlichkeitsrecht des § 22 für Urheber. Er besteht zB im Falle öffentlicher Computerterminals (Dünnwald/Gerlach, § 78 Rdnr. 38). Die öffentliche Wiedergabe von per **Download** gespeicherten Aufnahmen ist dagegen ein Anwendungsfall des § 78 Abs. 2 Nr. 2 und nicht des § 78 Abs. 2 Nr. 3; denn Download-Vervielfältigungen ermöglichen im Unterschied zur flüchtigen Sendung, die auch den interaktiven Abruf kennzeichnet, eine dauerhafte Nutzung (*Dünnwald/Gerlach*, § 78 Rdnr. 38). Diese Abgrenzung ist u. a. bedeutsam für den Beteiligungsanspruch der Tonträgerhersteller nach § 86, der nur an den Vergütungen aus § 78 Abs. 2 Nr. 2 und nicht an denjenigen des § 78 Abs. 2 Nr. 3 besteht (vgl. *Mestmäcker/Schulze/Hertin*, Rdnr. 23).

IV. Vorausverzicht, Abtretung und Anwendung des § 20b
(§ 78 Abs. 3 u. 4)

1. § 78 Abs. 3 ist eine besondere Absicherung gegen den Verlust der gesetzlichen Vergütungsansprüche des § 78 Abs. 2 durch Abtretung an Produzenten oder andere Dritte. Die Vorschrift entspricht im Wortlaut § 63a in dessen Fassung bis zum zweiten Gesetz zur Regelung des Urheberrechts in der Informationsgesellschaft v. 26. 10. 2007 (BGBl. I, S. 2513 ff.). § 78 Abs. 3 wurde neben dem gemäß § 83 auch für ausübende Künstler analog anzuwendenden § 63a erforderlich, weil die ursprünglich im Regierungsentwurf zum Gesetz zur Stärkung der vertraglichen Stellung von Urhebern und ausübenden Künstlern v. 22. 3. 2002 (BGBl. I, 1155) in § 29 Abs. 3 vorgesehene allgemeine Regelung in § 63a verschoben wurde und damit nur (noch) für die gesetzlichen Vergütungsansprüche im Rahmen der Schrankenbestimmungen der §§ 44a ff. galt (vgl. im Einzelnen die Erl. zu § 63a). Da es sich bei den Vergütungsansprüchen des § 78 Abs. 2 nicht um für die urheberrechtlichen Schranken des 6. Abschnitts vorgesehene Vergütungsansprüche handelt und mithin die §§ 83, 63a auf die Ansprüche aus § 78 Abs. 2 nicht anwendbar sind, wurde im Gesetz v. 10. 9. 2003 (BGBl. I, S. 1774) als Pendant zu § 63a (und ähnlich den §§ 20b Abs. 2, S. 2 u. 3, 27 Abs. 1, S. 2 u. 3) die Vorschrift des § 78 Abs. 3 eingefügt. Trotz des Wortlauts des § 78 Abs. 3 und im Einklang mit der durch das Gesetz v. 26. 10. 2007 (BGBl. I, S. 2513 ff.) in § 63a vorgenommen Ergänzung können freilich die Vergütungsansprüche des § 78 Abs. 2 weiterhin an die Tonträgerhersteller zur Einbringung in die GVL abgetreten werden, die sie gemeinsam mit den Rechten der Tonträgerhersteller wahrnimmt (vgl. dazu auch § 79 Rdnr. 8 und *Dünnwald/Gerlach*, § 78 Rdnr. 40). 34

2. Zur **Kabelweitersendung** (§ 20b) stand die Regelungskonstruktion für die Vermietung (s. § 77 Rdnr. 13f.) Pate (vgl. *Loewenheim/Vogel²*, Hdb. UrhR, § 38 Rdnr. 79). Die Vergütungsregelung beruht aber insoweit nicht auf sekundärem Gemeinschaftsrecht und wird in ihrer zwingenden Wirkung dadurch abgemildert, dass **in der Praxis** die Vergütung für die Kabelweitersendung zwischen der GVL (s. Vor §§ 73ff. Rdnr. 23–26) und dem (originären) Sendeunternehmen ausgehandelt werden, welches dem weitersendenden Kabelunternehmen eine **Freistellungserklärung** erteilt (*Loewenheim/Vogel²*, Hdb. UrhR, § 38 Rdnr. 79). Für die Kabelweitersendung von Live-Darbietungen und von für Sende- oder Filmzwecke aufgenommenen Darbietungen erhalten die ausübenden Künstler 20% der Kabelweitersendungserlöse Hörfunk und 13,3% der Erlöse Fernsehen (*Dünnwald/Gerlach*, § 78 Rdnr. 52). Darin nicht enthalten sind die Vergütungen für die Kabelweitersendung von erschienenen Tonträgern und Videoclips. Sie sind Bestandteil der Sendevergütung nach § 78 Abs. 2 Nr. 1, da die Kabelweitersendung ein Unterfall der Sendung iSd §§ 78 Abs. 2 Nr. 1, 20 ist (*Dünnwald/Gerlach*, § 78 Rdnr. 53). Die GVL hat sich aber in den einschlägigen Gesamtverträgen das Recht vorbehalten, für die Kabelweitersendung eine zusätzliche Vergütung von den Kabelunternehmern zu verlangen. Dieser Vergütungsanspruch wird, soweit er nicht die Kabelweitersendung von Programmen in Verteileranlagen von Hotels und Krankenhäusern betrifft (vgl. dazu OLG München ZUM-RD 2002, 150 – Kabelweitersendung in Beherbergungsbetrieben; OLG Hamm, ZUM 2007, 918 – Hotel-Kabelanlagen; LG Potsdam, ZUM 2007, 334 – Weiterleitung privater Rundfunkprogramme), durch die sog. Münchner Gruppe geltend gemacht (*Dünnwald/Gerlach*, § 78 Rdnr. 53). 35

§ 79 Nutzungsrechte

(1) ¹Der ausübende Künstler kann seine Rechte und Ansprüche aus den §§ 77 und 78 übertragen. ²§ 78 Abs. 3 und 4 bleibt unberührt.

(2) ¹Der ausübende Künstler kann einem anderen das Recht einräumen, die Darbietung auf einzelne oder alle der ihm vorbehaltenen Nutzungsarten zu nutzen. ²§ 31 Abs. 1 bis 3 und 5 sowie die §§ 32 bis 43 sind entsprechend anzuwenden.

A. Übertragungs- und Nutzungsrechte im Allgemeinen

Schrifttum: S. zunächst die Schrifttumsnachweise vor §§ 73ff., *Berger/Wündisch* (Hrsg.) Hdb. Urhebervertragsrecht 2008, *Bungeroth*, Der Schutz der ausübenden Künstler gegen die Verbreitung im Ausland hergestellter Vervielfältigungsstücke ihrer Darbietungen, GRUR 1976, 454; *Dahl/Schmitz*, Die geplante Einführung eines § 108a InsO zur Regelung der Insolvenzfestigkeit von Lizenzen; *Flechsig*, Die Vererbung des immateriellen Schadensersatzan-

§ 79 Nutzungsrechte

spruchs des ausübenden Künstlers, FuR 1976, 74; *Forkel,* Lizenzen an Persönlichkeitsrechten durch gebundene Rechtsübertragung, GRUR 1988, 491; *Gentz,* Aus dem neuen Schallplattenrecht, UFITA 46 (1966) 33; *Gilbert/Scheuermann,* Künstler-, Produzenten- und Bandübernahmeverträge, in: Moser/Scheuermann, Handbuch der Musikwirtschaft 6. Aufl., 2003, S. 1257; *Gotzen,* Die Verträge über die Verwertung der Rechte von ausübenden Künstlern, 1981; *ders.,* Die Verträge über die Verwertung der Rechte von ausübenden Künstlern, 1981; *Hertin* in: *Schütze/Weipert* (Hrsg.), Münchner Vertragshandbuch, Bd. 3, Wirtschaftsrecht, 1. Halbbd., 1998; *ders.,* Urhebervertragsnovelle 2002: Up-Date von Urheberrechtsverträgen, MMR 2003, 16 ff.; *ders.,* Tonträgerproduktionsvertrag/Künstlerexklusivvertrag; Bandübernahmevertrag; Konzertvertrag, in: Schütze/Weipert, Münchener Vertragshandbuch, Bd. 3, Wirtschaftsrecht II, 5. Aufl., 2004, VII.23, S. 811 ff., VII.25, S. 536 ff., VII.26, S. 844; *Hubmann,* Die Zulässigkeit der Anleihe von Videokassetten in öffentlichen Bibliotheken, FuR 1984, 495; *Kornmeier/Cichon,* Nutzungsrechte bei Multimedia- und Internetauswertungen, in: Rolf Moser, Andreas Scheuermann (Hrsg.), Handbuch der Musikwirtschaft, 6. Aufl., Starnberg 2003, S. 894–950; *Nordemann W.,* Vorschlag für ein Urhebervertragsgesetz, GRUR 1991, 1 ff.; *Nordemann J. B.,* Die erlaubte Einräumung von Rechten für unbekannte Nutzungsarten, in: Ulrich Loewenheim, Hrsg. Urheberrecht im Informationszeitalter, FS für Wilhelm Nordemann, München 2004, S. 198/211; *Pahlow,* In der Insolvenz sind Lizenzen in Gefahr, FAZ 158/2008, S. 21; *Pleister/Ruttig,* Beteiligungsansprüche für ausübende Künstler bei Bestsellern, ZUM 2004, 337 ff.; *Reber,* Die Beteiligung von Urhebern und ausübenden Künstlern an der Mehrfachauswertung von Filmwerken in Deutschland und den USA, Diss. München 1998; *Rossbach/Joos,* Vertragsbeziehungen im Bereich Musikverwertung unter besonderer Berücksichtigung des Musikverlags und der Tonträgerherstellung, in: Urhebervertragsrecht (Fs. *Schricker*), 1995, 333 ff.; *Schwenzer,* Die Rechte der Musikproduzenten, 2001; *Schweyer,* Die Zweckübertragungstheorie im Urheberrecht, München 1982; *Srocke,* Das Abstraktionsprinzip im Urheberrecht, GRUR 2008, 867 ff.; *Ulmer,* Gutachten zum Urhebervertragsrecht, Bonn 1977 (zit. *Ulmer* Gutachten); *Wandtke,* Aufstieg und Fall des § 31 Abs. 4 UrhG?, in: Ulrich Loewenheim, Hrsg. Urheberrecht im Informationszeitalter, FS für Wilhelm Nordemann, München 2004, S. 267–275; *Will-Flatau,* Rechtsbeziehung zwischen Tonträgerproduzent und Interpret aufgrund eines Standard-Künstlerexklusivvertrages, 1990 (zitiert: *Will-Flatau,* Rechtsbeziehung).

Übersicht

	Rdnr.
I. Allgemeines	1–3
1. Regelungsgegenstand und Einfluss der Neukonzeption	1, 2
2. Kritik an der Neufassung	3
II. Einzelerläuterungen	4–17b
1. Die Vollrechtsübertragung nach § 79 Abs. 1	4–6
a) Übertragung des Erstfixierungsrechts	4
b) Analoge Anwendbarkeit der §§ 31, 32 bis 32b, 33 bis 42 und 43	5
c) Die Einschränkungen des § 79 Abs. 1 S. 2	6
2. Die Nutzungsrechtseinräumungen nach § 79 Abs. 2 S. 1	7, 8
a) Überblick	7
b) Einzelfragen	8
3. Bedeutung des § 79 Abs. 2 S. 2	9–12
a) Überblick	9
b) Verweis auf § 31	10–12
aa) Besonderheiten bei ausübenden Künstlern	10
bb) Beispiele für die Anwendung des § 31 Abs. 5	11
cc) Exkurs: Verhältnis zu dem (nicht analog anwendbaren) §§ 31a, 32c	12
c) Verweis auf §§ 32–32b, 33 bis 42 und 43	13–17
aa) Altverträge	14
bb) Ausländische ausübende Künstler	15
cc) Filmwerke und Künstlergemeinschaften	16
dd) Bearbeitung und Änderung	17
ee) Rückrufrechte, §§ 41, 42	17a
ff) Zugangsrecht, § 25	17b

I. Allgemeines

1 1. § 79 ist an die Stelle der bis zum Inkrafttreten des Gesetzes vom 10. 9. 2003 (BGBl. I, S. 1774) geltenden § 78 getreten, der seinerseits schon durch das 3. UrhÄndG v. 23. 6. 1995 (BGBl. I S. 842) geändert worden war (vgl. dazu 2. Auflage. Rdnr. 2 f.). **Regelungsgegenstand** ist das Künstlervertragsrecht mit seiner zwar sehr weitgehenden, allerdings gleichwohl nicht vollständigen **Verweisung** auf das **Urhebervertragsrecht** in § 79 Abs. 2 S. 2, die auch § 43 erfasst, so dass eine besondere Bestimmung für ausübende Künstler in Arbeits- oder Dienstverhältnisse (= der frühere § 79) überflüssig geworden ist.

2 Während nach § 78 aF streitig war, ob die **Abtretung** der damaligen sog. Einwilligungsrechte Vollrechtsübertragung ist (so BFH UFITA 89 [1981] 343, 348) oder aber – lediglich – Einräumung eines ausschließlichen Nutzungsrechts (so 2. Auflage, Rdnr. 4 zu § 78 aF; kritisch zu dieser damals wohl hM aber *Wandtke/Bullinger-Büscher,* 1. Auflage, Rdnr. 3 zu § 78 aF), führt nach der Neufassung in dem jetzigen § 79 kein Weg daran vorbei, die Übertragung des § 79 Abs. 1 S. 1 als **(translative) Vollrechtsübertragung** zu deuten; denn nach der Neukonzeption der

§§ 73 ff. ist die Einräumung ausschließlicher und einfacher Nutzungsrechte jetzt in § 79 Abs. 2 S. 1 geregelt; sie ist mithin von der Übertragung iSd. § 79 Abs. 1 S. 1 zu unterscheiden (vgl. auch *Schippan* ZUM 2003, 378 ff., 388; *Flechsig* NJW 2004, 575 ff., 577). Andererseits sind die einschlägigen Verwertungsverträge nach der Zweckübertragungsregel (s. dazu unten Rdnr. 11) im Zweifel dahin auszulegen, dass keine Nutzungsrechtseinräumung nach § 79 Abs. 2 S. 2 erfolgt ist (*Loewenheim/Vogel*[2], § 38 Rdnr. 87; *Mestmäcker/Schulze/Hertin*, § 79 Rdnr. 10; *Dünnwald*, ZUM 2004, 161, 179).

2. Die Vorschrift wird auch in der Neufassung (zur Kritik an § 78 in der Fassung bis zum 3. UrhÄndG v. 23. 6. 1995, BGBl. I S. 842 vgl. die 1. Aufl. dieses Kommentars, Rdnr. 5 zu § 78 aF) mit Grund und nachhaltig kritisiert (vgl. *Dünnwald* ZUM 2004, 161 ff., 166 ff., 179; *Dünnwald/Gerlach*, Einl. Rdnr. 59 u. § 79 Rdnr. 6; *Breuer*, S. 187 f.; *Grünberger*, Interpretenrecht, Rdnr. 1066 ff., *Gerlach*, ZUM 2008, 372 ff., 375 f., *Mestmäcker/Schulze/Hertin*, § 79 Rdnr. 3, *Vogel* in FS Nordemann, S. 353 f., *Gerlach* in Hilty/Peukert, Interessenausgleich im Urheberrecht, S. 61, 64 f.)). Dies betrifft nicht nur den Ausschluss der entsprechenden Anwendbarkeit auch in der „abgespeckten" Regelung der neuen Nutzungsarten in den §§ 31 a, 32 c (s. dazu schon Vor §§ 73 Rdnr. 17), sondern auch die Nebeneinanderstellung der Vollrechtsübertragung in § 79 Abs. 1 S. 1 und der Nutzungsrechtseinräumung in § 79 Abs. 2 S. 1 in Bezug auf die Ausschließlichkeitsrechte des ausübenden Künstlers (§§ 77, 78 Abs. 1). Denn diese Nebeneinanderstellung wirft ua. die Frage auf, ob die Schutzvorschriften die zugunsten der ausübenden Künstler im Falle der Nutzungsrechtseinräumung iSd. § 79 Abs. 2 S. 1 gelten, durch eine translative Rechtsübertragung iSd. § 79 Abs. 1 S. 1 aus den Angeln gehoben bzw. umgangen werden können (vgl. *Dünnwald* ZUM 2004, 161 ff., 169 f.). Am besten wäre insofern eine ersatzlose Streichung des § 79 Abs. 1 unter Beibehaltung des § 79 Abs. 2 S. 1 und Neuformulierung von § 79 Abs. 2 S. 2 wie folgt: „Die Vorschriften des fünften Abschnitts im ersten Teil mit Ausnahme des § 42a gelten entsprechend" (ähnlich *Dünnwald* ZUM 2004, 161 ff., 179). Diese Anregung ist freilich – mit Ausnahme der Streichung des § 42 a aus der entsprechenden Anwendbarkeit (s. dazu schon vor §§ 73 ff. Rdnr. 19) – auch im sog. 2. Korb nicht aufgegriffen worden (*Gerlach*, ZUM 2008, 372 ff., 376).

II. Einzelerläuterungen

1. a) Die in § 79 Abs. 1 S. 1 ausdrücklich zugelassene Vollrechtsübertragung wirft in Bezug 4 auf das **Aufnahmerecht** des § 77 Abs. 1 (Erstfixierung von Live-Darbietungen, auch im Studio oder im Wege des off the air copying, vgl. § 77, Rdnr. 9) Fragen auf, die sich – jedenfalls in dieser Schärfe – bei der Vollrechtsübertragung des Vervielfältigungs- und/oder Verbreitungsrechts des § 77 Abs. 2 S. 1 nicht stellen. Dies beruht auf der beim Aufnahmerecht des § 77 Abs. 1 im Vergleich zum Vervielfältigungs- und Verbreitungsrecht des § 77 Abs. 2 gegebenen stärkeren künstlerpersönlichkeitsrechtlichen Komponente des Rechts (s. dazu § 77 Rdnr. 6). Diese Komponente legt es nahe, die Übertragung insoweit ähnlich wie bei dem Erstveröffentlichungsrecht des Urhebers (s. dazu § 12 Rdnr. 19) in Bezug auf **künftige** Darbietungen nicht ohne weiteres zuzulassen (ablehnend hierzu *Fromm/Nordemann/Schaefer*[10], Rdnr. 35), jedenfalls insoweit § 40 analog anzuwenden und auch im Übrigen von einer sogenannten „gebundenen" Übertragung (s. Vor §§ 12 ff. Rdnr. 26) auszugehen, die der engen Verbindung zwischen der Entscheidung über die **Veröffentlichungsreife** der Darbietung und der Person des ausübenden Künstlers Rechnung trägt. Dies dürfte auch die Möglichkeiten der an sich gegebenen **Pfändung** des Rechts aus § 77 Abs. 1 und demzufolge auch der **Zwangsvollstreckung** in dieses Recht begrenzen, soweit diese sich nicht zu Zahlungsansprüchen konkretisiert haben. Hierzu kann der Rechtsgedanke des § 114 Abs. 2 Nr. 3 und des § 115 S. 2 für nicht vom ausübenden Künstler zur Veröffentlichung freigegebene Darbietungen sinngemäß herangezogen werden (s. dazu – in Bezug auf Urheber – auch *Dreier/Schulze*[3] § 112 Rdnr. 1; ferner zur – rechtspolitisch nicht gerechtfertigten – zwangsvollstreckungsrechtlichen Schlechterstellung der ausübenden Künstler gegenüber den Verfassern wissenschaftlicher Ausgaben nach § 70 und den Lichtbildnern nach § 72 *Möhring/Nicolini/Lütje*[2] § 118 Rdnr. 2 f.).

b) Da die entsprechende Anwendung der §§ 31, 32 bis 32 b, 33 bis 42 und 43 ledig- 5 lich in § 79 Abs. 2 S. 2 zu den in § 79 Abs. 2 S. 1 vorgesehenen Nutzungsrechtseinräumungen (s. dazu unten Rdnr. 7 f.) statuiert ist, legt es diese – missglückte (s. oben Rdnr. 3) – Gesetzesfassung nahe, die genannten urheberrechtlichen Schutzvorschriften auf die translativen Vollrechtsübertragungen des § 79 Abs. 1 S. 1 nicht zugunsten der ausübenden Künstler analog

§ 79   Nutzungsrechte

anzuwenden. Dies wäre indessen gegenüber dem früheren Recht, wo das Gesetz nur die Vollrechtsabtretung vorsah (vgl. § 78 aF) und gleichwohl zB § 31 Abs. 5 entsprechend auf ausübende Künstler angewendet wurde (s. Rdnr. 11), ein Rückschritt, der im Widerspruch zur gewollten Stärkung der vertragsrechtlichen Stellung der ausübenden Künstler in Angleichung an die diesbezügliche Stellung der Urheber (s. dazu Vor §§ 73 ff., Rdnr. 1 u. 6) stünde, ohne dass sich aus den Gesetzesmaterialien irgendein Hinweis ergibt, dass und warum dies durch den erst auf Grund der Beschlussempfehlung und des Berichts des Rechtsausschusses des dt. Bundestages v. 9. 7. 2003 (BT-Drucks. 15/837 m. Begr. S. 84) in den Gesetzestext aufgenommenen § 79 Abs. 1 S. 1 beabsichtigt gewesen wäre (ebenso *Dünnwald* ZUM 2004, 161 ff., 168). Man wird daher die Verweisung in § 79 Abs. 2 S. 2 auch auf die Fälle der Vollrechtsübertragung der Ausschließlichkeitsrechte der §§ 77, 78 Abs. 1 gem. § 79 Abs. 1 S. 1 anzuwenden haben (so wohl auch – zumindest hinsichtlich des § 31 Abs. 5 UrhG – *Loewenheim/Vogel²*, Hdb. UrhR, § 38, Rdnr. 87; wie hier im Wege der teleologischen Auslegung *Dünnwald/Gerlach*, § 79 Rdnr. 6 aE; *Gerlach*, ZUM 2008, 372, 375; s. auch *Schütze/Weipert/Hertin*, S. 825; *Berger/Wündisch/Berger*, Hdb. Urhebervertragsrecht § 2 Rdnr. 54; *Berger/Wündisch/Fierdag*, Hdb. Urhebervertragsrecht, § 23 Rdnr. 141; aA weil dies eine Auslegung contra legem wäre *Fromm/Nordemann/Schaefer*[10], Rdnr. 10).

6   **c)** Die Vollabtretung der **Vergütungsansprüche** aus den §§ 77 Abs. 2 S. 2, 27 und 78 Abs. 2 lässt nach **§ 79 Abs. 1 S. 2** die §§ 78 Abs. 3 und 4 unberührt (vgl. dazu auch *Schwarz* ZUM 1999, 40, 47 u. *Loewenheim/Vogel²*, Hdb. UrhR, § 38 Rdnr. 85). Für die Vergütungsansprüche des § 78 Abs. 2 ist damit ein Vorausverzicht ausgeschlossen und eine Vorausabtretung nur an Verwertungsgesellschaften möglich (§ 78 Abs. 3). Das Recht der Kabelweitersendung (§ 78 Abs. 4 iVm. § 20 b Abs. 1) kann der ausübende Künstler dagegen auch im Voraus an Dritte, zB eine Sendeanstalt, abtreten. Es kann außer von der Sendeanstalt nur durch eine Verwertungsgesellschaft geltend gemacht werden. Der weder im Voraus **noch nachträglich** verzichtbare Vergütungsanspruch gegen das Kabelunternehmen für die Kabelweitersendung kann vom ausübenden Künstler im Voraus wiederum nur an eine Verwertungsgesellschaft abgetreten und nur durch eine solche geltend gemacht werden (§ 78 Abs. 4 iVm. § 20 b Abs. 2). Ebenso ist der Vergütungsanspruch für das **Vermieten** (§§ 77 Abs. 2 S. 2, 27 Abs. 1 S. 2 u. 3, Abs. 3) zugunsten des ausübenden Künstlers selbst gegen einen nachträglichen Verzicht abgesichert (s. § 77 Rdnr. 14), dasselbe gilt im Ergebnis trotz des insoweit abweichenden Wortlauts in § 27 auch für das **Verleihen** (s. § 77 Rdnr. 14). Für die Vergütungsansprüche aus § 83 iVm. §§ 46 Abs. 4, Abs. 1 u. Abs. 2, 52 a Abs. 4, 52 b S. 3, 53 a Abs. 2, 54 Abs. 1, 54 e Abs. 2 gilt nicht das Prinzip der Vollrechtsübertragung des § 79 Abs. 1 S. 1 mit den Einschränkungen aus S. 2, sondern § 63 a, dh. diese Vergütungsansprüche können insgesamt **im Voraus** nur unter den dort genannten Voraussetzungen abgetreten werden und sind im Voraus unverzichtbar. Im Ergebnis sind damit alle denkbaren gesetzlichen Vergütungsansprüche ausübender Künstler allenfalls **nach** Entstehen des Anspruchs an Verwerter oder sonstige Dritte abtretbar, so dass von § 79 S. 1 insoweit lediglich ausübende Künstler betroffen sind, die ihre gesetzlichen Vergütungsansprüche vor deren Entstehung noch nicht in eine Verwertungsgesellschaft eingebracht haben (vgl. dazu auch *Schwarz* ZUM 1999, 40, 47; *Rossbach*, Vergütungsansprüche, S. 117 ff., 200 ff., S. 149; umfassend zu den Vergütungsansprüchen S. 104 ff; s. auch *Schack* Rdnr. 538, 606, 762). Dies wird im Schrifttum teilweise als Schutzlücke empfunden; es wird kritisiert, dass § 79 Abs. 1 für die gesetzlichen Vergütungsansprüche keinen vernünftigen Sinn ergebe (*Dünnwald* ZUM 2004, 161 ff., 169; vgl. auch *Dünnwald/Gerlach*, § 83 Rdnr. 87: „Flickenteppich").

7   **2. a)** Die Möglichkeit der **Einräumung von Nutzungsrechten nach § 79 Abs. 2 S. 1** ist eines der Kernstücke der **Neukonzeption** der §§ 73 ff. durch das Gesetz v. 10. 9. 2003 (BGBl. 2003 I, 1774 ff.). Anlass für die **dogmatische Umorientierung** gegenüber den lediglich schuldrechtlich wirkenden Einwilligungsrechten des früheren Rechts (vgl. dazu 2. Auflage § 74 aF, Rdnr. 6–13) war neben dem vom Gesetzgeber erkannten Bedürfnis einer **Angleichung** des Künstlervertragsrechts an das Urhebervertragsrecht (s. Vor §§ 73 ff., Rdnr. 1) das Aufkommen neuer Verwertungsformen im Rahmen multimedialer Produktionen, bei denen auch ausübende Künstler die Möglichkeit der Einräumung einfacher Nutzungsrechte **mit dinglicher Wirkung** haben sollten (BT-Drucks. 15/38, S. 22 f.). Diese Neukonzeption erfolgte freilich schrittweise: Schon im Jahr 1995 wurde im Zuge der Umsetzung der Vermiet- und Verleihrichtlinie in das deutsche Recht durch das 3. UrhGÄndG v. 23. 6. 1995 (BGBl. I, S. 842) das bis dahin nach § 78 Halbs. 2 idF des UrhG 1965 dem ausübenden Künstler gewährte höchstpersönliche, unabtretbare, unverzichtbare sowie unvererbbare Recht, die Einwilligung

Nutzungsrechte **§ 79**

auch nach erfolgter Abtretung des Einwilligungsrechts stets selbst zu erteilen (s. dazu die 1. Aufl. dieses Kommentars § 78 Rdnr. 2 und 5; ferner BGH GRUR 1999, 49, 50 – Bruce Springsteen and his Band), abgeschafft (vgl. dazu *Möhring/Nicolini/Kroitzsch*² § 78 aF Rdnr. 3). Lediglich im Filmbereich gilt die relative, mehrfache Verfügungsbefugnis der ausübenden Künstler in Anlehnung an die Rechtslage bei den Filmurhebern zugunsten der Filmhersteller und deren Interesse an einem rechtssicheren Erwerb weiter (§§ 92 Abs. 2, 89 Abs. 2). Allerdings muss der Filmhersteller bei filmunabhängig hergestellten vorbestehenden Werken trotz § 92 Abs. 2 die sog. Einblenderechte (master use license) im Regelfall von dem Produzenten des vorbestehenden Werkes, bei Musikstücken also von dem Tonträgerhersteller, an den sie der ausübende Künstler bereits übertragen hat (s. Rdnr. 8), erwerben (*Loewenheim/Schwarz/Reber*², Hdb. UrhR, § 74, Rdnr. 180; *Ventroni* ZUM 1999, 24 f.; *Dünnwald/Gerlach*, § 79 Rdnr. 7). Für die gesetzlichen Vergütungsansprüche der ausübenden Künstler (§§ 77 Abs. 2 Nr. 2 iVm. § 27, 78 Abs. 2, 78 Abs. 4 iVm. § 20 b Abs. 2, 83 iVm. § 46 Abs. 4, 52 Abs. 1 u. 2, 52 a Abs. 4, 52 b S. 3, 53 a Abs. 2, 54 Abs. 1, 54 e Abs. 2) gilt § 92 Abs. 2 ohnehin nicht (ebenso *Loewenheim/Schwarz/Reber*², Hdb. UrhR, § 74 Rdnr. 180). Diese gesetzlichen Vergütungsansprüche, die nach der Gesetzeslage von der GVL (s. Vor §§ 73 ff. Rdnr. 23 ff.) wahrzunehmen sind (s. oben Rdnr. 6), werden freilich – in bedenklicher Weise – im Filmbereich nicht von der GVL, sondern von den Filmproduzenten, an die diese von den ausübenden Künstlern abgetreten wurden, wahrgenommen (vgl. § 94 Rdnr. 29 u. *Dünnwald/Gerlach* ZUM 1999, 52, 53; *Loewenheim/Schwarz/Reber*², Hdb. UrhR, § 74, Rdnr. 179, Fn. 257). Andere Verwerter, die sich nicht auf § 92 Abs. 2 berufen können, müssen dagegen schon seit 1995 gewärtig sein, dass die ausübenden Künstler als Nichtberechtigte in Bezug auf ihre Live-Darbietungen verfügen, weil sie bereits vorher anderweitig Exklusivbindungen in Bezug auf ihre Live-Darbietungen mit anderen Verwertern eingegangen sind. Ein Gutglaubensschutz für die Verwerter kommt insoweit bei deren Verträgen mit den ausübenden Künstlern ebenso wenig in Betracht, wie bei den Verträgen mit den Urhebern (vgl. dazu Vor §§ 28 ff., Rdnr. 102).

b) Einzelfragen: Trotz der dinglichen Natur des eingeräumten Nutzungsrechts ist dieses, **8** entgegen der amtl. Begründung (BT-Dr. 15/38, S. 23), anders als noch unter der Geltung der Konkursordnung heute wegen der fehlenden Anwendbarkeit der §§ 108 ff. InsO auf pachtähnliche Nutzungsrechtsverträge, die nicht iSd. § 108 Abs. 2 S. 1 InsO drittfinanziert sind, nach der wohl vorherrschenden Auffassung nur **unter erheblichen Einschränkungen** im Falle der **Lizenzgeberinsolvenz insolvenzfest** (vgl. dazu eingehend *Loewenheim/Kreuzer/Reber*², Hdb. UrhR, § 95, Rdnr. 69–104, *Wandtke/Bullinger-Bullinger*³, Rdnr. 2 ff. zu InsO, §§ 103, 105 und 108; abw. aber mit beachtlichen Gründen zum ähnlichen Problem bei der Markenlizenz jetzt *Fezer* WRP 2004, 793 ff. m. umfassenden Nachw. zum Streitstand; vgl. auch *Koehler/Ludwig*, WRP 2006, 1342). Hier soll der geplante § 108 a InsO (BT-Dr 16/7416) Abhilfe schaffen s. hierzu zweifelnd insbes. im Falle von Lizenzketten z. B. *Dahl/Schmitz*, NZI 2008, 424 f. und *Pahlow*, FAZ 158/2008, 21 v. 9.7. 2008; *Wandtke/Bullinger-Bullinger*³, Rdnr. 25–30 zu InsO §§ 103, 105 und 108). Anders als in die urheberrechtlichen Nutzungsrechte kann in die leistungsschutzrechtlichen vom ausübenden Künstler eingeräumten einfachen und ausschließlichen Nutzungsrechte auch ohne Einwilligung des ausübenden Künstlers wegen Geldforderungen **vollstreckt** werden; denn die Beschränkungen des § 113 gelten nach § 118 nur für den Verfasser wissenschaftlicher Ausgaben (§ 70) und seinen Rechtsnachfolger sowie Lichtbildner (§ 72), nicht aber für die ausübenden Künstler (zur Kritik an dieser gesetzlichen Regelung s. oben Rdnr. 4). Die unter Geltung d Konkursordnung und bis zum Inkrafttreten der InsolvenzO am 1.1. 1999 als wirksam anerkannten automatischen **Rechterückfallklauseln** und **Kündigungsklauseln** in Künstlerlizenzverträgen für den Fall der Insolvenz des Lizenznehmers sollen jetzt nach hM. durch die §§ 112, 119 InsO beschränkt sein (vgl. nur *Loewenheim/Kreuzer/Reber*², Hdb. UrhR, § 95 Rdnr. 59; *Wandtke/Bullinger-Bullinger*³, Rdnr. 23 zu InsO §§ 103, 105 und 108; dagegen mit Recht *Dreier/Schulze*³ § 112 Rdnr. 26; *Dünnwald/Gerlach*, § 79 Rdnr. 17, vgl. im Einzelnen § 112 Rdnr. 26). In der **Lizenzgeberinsolvenz** gelten die Beschränkungen der insolvenzbedingten Vertragsauflösung ohnehin **nicht** (*Loewenheim/Kreuzer/Reber*², Hdb. UrhR, § 95 Rdnr. 62). In der **Praxis** sind die ausübenden Künstler häufig bei einem bestimmten Tonträgerhersteller exklusiv unter Vertrag. In diesen sogenannten **Künstlerexklusivverträgen** mit branchenüblichen Laufzeiten von ein bis fünf Jahren und Verlängerungsoptionen (vgl. *Scheuermann/Gilbert/Westerhoff/Deubzer*⁶ Hdb. der Musikwirtschaft, S. 1096 ff., *Berger/Wündisch/Fierdag*, Hdb. Urhebervertragsrecht, § 23 Rdnr. 110 ff.) räumt der ausübende Künstler die Nutzungsrechte zumeist vollumfänglich und weltweit für die gesamte gesetzliche Schutzfrist von

50 Jahren ein. Diese Rechtseinräumung umfasst auch – vorbehaltlich des § 75 – die **Nutzung für Werbezwecke**, sofern diese im Vertrag ausdrücklich genannt sind (vgl. BGH GRUR 1979, 637, 638 f. – White Christmas, dazu näher unten Rdnr. 11). Dasselbe gilt für das Recht zur sampling-technischen Verwertung von **Einzelsounds** und wohl auch die Rechte zur **Einblendung in Kino- und Fernsehfilmen** sowie zur Verwendung als **Handy-Klingeltöne** (*Dünnwald/Gerlach*, § 77 Rdnr. 17). Man unterscheidet hierbei **drei Arten** von Exklusivität, nämlich die persönliche Exklusivität (Beispiel: KG Berlin Ufita Bd. 86 [1980] 230, 237 – Tangerine Dream), die Titelexklusivität (vgl. BGH GRUR 2002, 795 ff. – Titelexklusivität) und die Exklusivität an der aufgenommenen Darbietung (vgl. im Einzelnen *Dünnwald/Gerlach*, § 77 Rdnr. 17; *Loewenheim/Rossbach*[2], Hdb. UrhR, § 69, Rdnr. 22–24; *Moser/Scheuermann/Gilbert*[6], Hdb. der Musikwirtschaft, 1024 f., *Berger/Wündisch/Fierdag*, Hdb. Urhebervertragsrecht, § 23 Rdnr. 120 ff. und *Will-Flatau*, Rechtsbeziehungen, S. 19 ff.). Während persönliche und titelmäßige Exklusivität nur schuldrechtliche Wirkung haben können, dh. bei Verletzung durch den ausübenden Künstler eine Schadensersatzpflicht gegenüber dem Vertragspartner begründen, kommt der Exklusivität an der aufgenommenen Darbietung jetzt (dingliche) Drittwirkung zu (s. oben Rdnr. 7). Im nicht-solistischen Bereich überträgt der Studiokünstler oder Background-Sänger (sog. „non-featured artists") mit der **sogenannten Künstlerquittung** seine Rechte an der Tonaufnahme pauschal zur Auswertung, also ohne prozentuale Beteiligung an den Auswertungserlösen (*Dünnwald/Gerlach*, § 77 Rdnr. 17; *Loewenheim/Rossbach*[2], Hdb. UrhR, § 69 Rdnr. 8, *Berger/Wündisch/Fierdag*, Hdb. Urhebervertragsrecht, § 23 Rdnr. 160). Bei sogenannten **Bandübernahmeverträgen,** bei denen der ausübende Künstler zugleich der wirtschaftliche Produzent ist und das auf eigene Kosten produzierte Band per Lizenzvertrag einer Musikfirma mit eigenem Vertrieb zur Verwertung überlässt, sind dagegen Regelungen häufig, mit denen die Verwertungsrechte nur territorial auf die EU begrenzt und nur für die Dauer von fünf Jahren nach Vertragsende oder nach jeweiliger Veröffentlichung eingeräumt werden (*Scheuermann/Gilbert/Westerhoff/Deubzer*[6], Hdb. der Musikwirtschaft, S. 1098, *Berger/Wündisch/Fierdag*, Hdb. Urhebervertragsrecht, § 23 Rdnr. 146 ff.). **Bühnenkünstler,** die als Selbstständige in freier Mitarbeit tätig werden und daher nicht den größtenteils durch Tarifverträge festgelegten standardisierten Vertragsbedingungen nach dem Normalvertrag Bühne in der Neufassung mit Wirkung ab 1. 2. 2006 und Änderungstarifvertrag v. 1. 8. 2008 (s. dazu unten, Rdnr. 42) unterliegen, schließen zB kurzfristige Stück- oder Gastspielverträge mit Dienstleistungs- oder Werkvertragscharakter, in denen die Leistungsschutzrechte zur Nutzung nur in dem für den vereinbarten Zweck benötigten Umfang eingeräumt werden, also regelmäßig **nicht zur** sog. **Zweitnutzung,** zu der im Zweifel auch die zeitgleiche Lautsprecher- und Bildschirmwiedergabe ins Freie, zB auf einen Platz vor dem Opernhaus im Rahmen einer kostenlosen „Oper-für-alle"-Aktion gehört (*Loewenheim/Schlatter*[2], Hdb. UrhR, § 72 Rdnr. 83). Der **Wahrnehmungsvertrag** der ausübenden Künstler mit der GVL (s. Vor §§ 73 ff. Rdnr. 24) sieht nach wie vor die treuhänderische Übertragung (iSd. § 35 Abs. 1 S. 2) **aller** gegenwärtigen und während der Dauer des Wahrnehmungsvertrages entstehenden Leistungsschutzrechte der ausübenden Künstler auf die GVL vor, allerdings mit der Möglichkeit der Einschränkung auf die Wahrnehmung nur bestimmter Ansprüche und Rechte und deren Wahrnehmung nur in der Bundesrepublik Deutschland. Die ausübenden Künstler machen von diesen Einschränkungsmöglichkeiten regelmäßig dadurch Gebrauch, dass sie direkt mit Veranstaltern oder Verwertern, wie zB exklusiv mit Tonträgerherstellern kontrahieren, denen sie alle Rechte einräumen, die diese dann wiederum – partiell – in ihren Wahrnehmungsverträgen mit der GVL in diese einbringen (vgl. § 1 Ziff. 6 des Tonträgerherstellerwahrnehmungsvertrages, abgedr. in Hdb. der Musikwirtschaft[6], S. 1003 f.). Genau genommen stimmte dieses „Wahrnehmungsgeflecht" wegen § 78 Abs. 3 S. 2 jedenfalls bis zur Neufassung des insoweit zumindest analog anwendbaren § 63 a S. 2 durch den 3. Korb mit der geltenden Rechtslage nicht (mehr) überein, weil die Vorausabtretung der Vergütungsansprüche der ausübenden Künstler an die Tonträgerhersteller, die diese ihrerseits erst in die GVL einbringen, nach § 78 Abs. 3 S. 2 an sich unwirksam war. Die am Schutzzweck des § 78 Abs. 3 orientierte teleologische Reduktion der Vorschrift konnte es aber rechtfertigen, diesen althergebrachten (Umweg-) Mechanismus auch unter Geltung des § 78 Abs. 3 als rechtlich wirksam anzuerkennen, weil die treuhänderische Bindung erhalten bleibt und durch Ziff. II des Wahrnehmungsvertrages ausübende Künstler iVm. § 6 des Wahrnehmungsvertrages Tonträgerhersteller sichergestellt ist, dass der Halbteilungsgrundsatz des Verteilungsplans unangetastet bleibt (für eine analoge Anwendung des § 63 a Satz 2 idZ auch *Fromm/Nordemann/Schaefer*[10], Rdnr. 11 u. Rdnr. 41). Der geschilderte „Umweg" über die Tonträgerhersteller führt dazu, dass die GVL nicht nur die Vergütungsansprüche der ihr direkt angehörenden ausübenden Künstler, sondern

Nutzungsrechte **§ 79**

auch aller anderen (zB ausländischen) ausübenden Künstler wahrnimmt, die bei Tonträgerherstellern unter Vertrag sind, die ihrerseits Mitglieder der GVL sind. Eine dem § 1 S. 2 VerlG entsprechende **Auswertungspflicht** besteht zugunsten ausübender Künstler an sich nicht (vgl. dazu die Kontroverse zwischen *Dünnwald* GRUR 1970, 274, 277 einerseits und *Hartwieg* GRUR 1970, 67, 72 andererseits sowie die Darstellung des Streitstandes bei *Loewenheim/ Rossbach*[2], Hdb. UrhR, § 69 Rdnr. 26–29 und *Berger/Wündisch/Fierdag,* Hdb. Urhebervertragsrecht, § 23 Rdnr. 126, jeweils mwN). Rechtsprechung und Literatur sind aber über eine **Auslegung** der Künstlerverträge zur **Bejahung** einer Auswertungspflicht gelangt, wenn bestimmte Vertragsklauseln, wie zB die – in Künstlerexklusivverträgen regelmäßig statuierte – finanzielle Beteiligung des Künstlers am Auswertungsergebnis, ein vertraglich vorgeschriebener bestimmter Mindestproduktionsumfang oder auch nur eine Klausel, die dem Tonträgerhersteller das Recht zur Bestimmung der Veröffentlichungszeitpunktes oder der Streichung aus dem Repertoire nach Belieben einräumen, dies indiziell nahe legen (vgl. KG Berlin Ufita Bd. 86 [1980] 230, 238 – Tangerine Dream; BGH Ufita Bd. 86 [1980] 240, 243; BGH GRUR 1989, 198, 201 – Künstlerverträge; *Will-Flatau,* Rechtsbeziehung, S. 93 ff; *Rossbach/Joos* in Fs. Schricker, S. 369 f.; differenzierend *Schwenzer,* Die Rechte der Musikproduzenten, S. 245). Zur Sittenwidrigkeit (§ 138 BGB) von Künstlerverträgen sind die Umstände zur Zeit des Vertragsschlusses maßgebend (BGH GRUR 1998, 673, 676 – Popmusikproduzenten; OLG Karlsruhe, ZUM 2003, 785 – Xavier Naidoo, mit Nichtannahme der Verfassungsbeschwerde durch BVerfG GRUR 2005, 881 ff., s. auch LG Flensburg GRUR Int. 2006, 430 ff.). Für ab dem 1. 6. 2001 abgeschlossene Künstlerverträge (vgl. § 132 Abs. 3 S. 3) kommt allerdings vorrangig § 32 zur Anwendung (vgl. *Mestmäcker/Schulze/Hertin,* § 79 Rdnr. 21). Eine auf § 138 I BGB beruhende Nichtigkeit des Künstlervertrages kann auch die Unwirksamkeit der erfolgten Nutzungsrechtseinräumung in Bezug auf die bereits festgelegten Darbietungen zur Folge haben (OLG Karlsruhe, BeckRS 2006, 14 445 – Popmusiker = LS in GRUR-RR 2007, 199 m. krit. Bespr. *Srocke,* GRUR 2008, 867 ff.; sa. LG Berlin, ZUM 2007, 754 – Catterfeld; zur – eingeschränkten – Geltung des Abstraktionsprinzips im UrhR allgemein s. Vor §§ 28 ff. Rdnr. 100). Bestrebungen, dem ausübenden Künstler unabhängig von der Vertragsgestaltung im Einzelfall jedenfalls im Falle seiner – regelmäßig gegebenen – **persönlichen Exklusivbindung** in analoger Anwendung der §§ 32, 30 VerlG bei Nichtausübung ein Rücktrittsrecht zuzugestehen (*Will-Flatau,* Rechtsbeziehung, S. 90 ff., 95; *Rossbach/Joos* in Fs. Schricker, 369 f.; *Schwenzer,* Die Rechte der Musikproduzenten, S. 267; *Münchner Vertragshandbuch/Hertin,* Bd. 3, Wirtschaftsrecht, 1. Halbbd., S. 1002, 1011, Anm. 7) bzw. dem ausübenden Künstler das Recht zur Kündigung aus wichtigem Grund mit der Rechtsfolge des § 9 VerlG zu geben (KG Ufita Bd. 86 [1980] S. 238 f. – Tangerine Dream), dürften durch den jetzt auch auf die ausübenden Künstler analog (§ 79 Abs. 2 S. 2) anwendbaren § 41 **(Rückrufrecht wegen Nichtausübung, vgl. dazu auch unten Rdn. 18)** wohl überholt sein (aA offenbar *Loewenheim/Rossbach*[2], Hdb. UrhR, § 69 Rdnr. 29). Zur Kollision mit dem Recht des Tonträgerherstellers aus § 85 Abs. 1 bei einer vom ausübenden Künstler beabsichtigten Wiederverwertung der auf Tonträger festgelegten Darbietung nach Ausübung des Rückrufrechts vgl. eingehend *Grünberger,* Das Interpretenrecht, 2006, S. 208 ff. sh. dazu auch *Fromm/Nordemann/Schaefer*[10], Rdnr. 63.

3. a) Die entsprechende Anwendung urhebervertragsrechtlicher Bestimmungen 9 **(§ 79 Abs. 2 S. 2)** war in Bezug auf die §§ 31 Abs. 5, 32, 32a, 36, 36a, 39 für das Aufnahme-, Vervielfältigungs- und Verbreitungsrecht des § 75 Abs. 1 und 2 aF (= jetzt § 77 Abs. 1 und 2 S. 1) schon durch § 75 Abs. 4 idF des Gesetzes zur Stärkung der vertragsrechtlichen Stellung von Urhebern und ausübenden Künstlern v. 22. 3. 2002 (BGBl. I, S. 1155) zum 1. 7. 2002 eingeführt worden (zur Rechtslage davor s. 2. Auflage Vor §§ 73 ff., Rdnr. 17 ff.). An die Stelle dieses § 75 Abs. 4 aF ist durch das Gesetz v. 10. 9. 2003 (BGBl 2003 I, S. 1774 ff.) mit § 79 Abs. 2 S. 2 eine **umfassendere** Verweisung getreten, die auch die unkörperlichen Wiedergabeformen des § 78 erfasst und auch die §§ 31, 32 bis 32b, 33 bis 42 und 43 nunmehr ausdrücklich für entsprechend anwendbar erklärt. Aus Abschnitt 5, Unterabschnitt 2 des UrhG – Nutzungsrechte – sind damit jetzt lediglich §§ 31a, 32c, 42a und § 44 von der analogen Anwendbarkeit auf ausübende Künstler ausgenommen. Die rechtspolitisch fragwürdige und im Schrifttum ganz überwiegend kritisierte (s. dazu Vor §§ 73 ff., Rdnr. 17) Ausklammerung der §§ 31a und c aus dem Künstlervertragsrecht kann de lege lata allenfalls durch eine (etwas) großzügigere Anwendung des § 31 Abs. 5 auf die ausübenden Künstler in ihren Auswirkungen abgeschwächt werden (s. dazu unten Rdnr. 12). Der Ausschluss der analogen Anwendbarkeit des § 44 versteht sich dagegen aus der Natur der Sache, weil die Darbietung als solche, die den Schutzgegenstand der

Krüger 1493

§§ 73 ff. bildet (vgl. § 73 Rdnr. 8 f.) ein nicht iSd. § 44 Abs. 1 veräußerbares körperliches Originalwerkstück ist, welches iS der §§ 44 Abs. 2, 18 ausgestellt werden könnte (*Dünnwald* ZUM 2004, 61 ff., 166; s. auch § 73 Rdnr. 13). Keine Anwendung findet die Verweisung des § 79 Abs. 2 S. 2 auf Werkverträge, die den ausübenden Künstler zur Erbringung der Darbietung selbst verpflichten (amtl. Begr. BT-Drucks. 14/6433, 18 zu § 75 Abs. 4 aF; *Fromm/Nordemann/ Schaefer*[10], Rdnr. 15). Dem Hauptdarsteller einer besonders erfolgreichen Theateraufführung steht daher kein weiterer Beteiligungsanspruch aus § 32 a zu (vgl. *Wandtke/Bullinger-Büscher*[3], § 79 Rdnr. 11; *Breuer*, S. 194). Auch eine analoge Anwendung auf die Live-Darbietungen als solche kommt nicht in Betracht (aA *Breuer*, S. 240 ff.).

10   **b) Zu dem Verweis auf § 31** kann im Wesentlichen auf die Kommentierung des § 31 verwiesen werden.

aa) Besonderheiten ergeben sich allerdings daraus, dass den ausübenden Künstlern, anders als den Urhebern (vgl. dazu § 15 Rdnr. 17), **kein umfassendes** Verwertungsrecht an ihrer Darbietung zusteht, sondern nur die in den §§ 77, 78 aufgezählten **Einzelbefugnisse**. Dies wirkt sich insbesondere im Bereich der öffentlichen Wiedergabe aus. Die dem Urheber durch § 31 Abs. 1 S. 2, 2. Halbs. gegebene Möglichkeit inhaltlicher Beschränkungen des eingeräumten Nutzungsrechts jedenfalls nach Maßgabe der im Gesetz vorgegebenen Verwertungsrechte (s. Vor §§ 28 Rdnr. 92 f.) muss bei den ausübenden Künstlern dem Umstand Rechnung tragen, dass § 78 mit dem sog. Sendeprivileg teilweise für die ausübenden Künstler die Verbotsansprüche zu Vergütungsansprüchen herabgeschraubt hat. Das darf weder durch § 31 Abs. 1 S. 2, 2. Halbs., noch durch die Zweckübertragungsregel des § 31 Abs. 5 aus den Angeln gehoben werden. Werden also zB in einem Künstlervertrag ausschließliche Senderechte an den Tonträgerhersteller eingeräumt, ist diese Rechtseinräumung in Bezug auf erschienene oder öffentlich zugänglich gemachte Tonträger unwirksam, da ein derartiges Ausschließlichkeitsrecht nicht zu den dem ausübenden Künstler „vorbehaltenen" Nutzungsarten iSd. § 79 Abs. 2 S. 1 gehört. In Betracht kommt lediglich eine Umdeutung in eine treuhänderische Abtretung des Vergütungsanspruchs aus § 78 Abs. 2 Nr. 1 an den Tonträgerhersteller zur Einbringung in die GVL zugunsten des ausübenden Künstlers (*Dünnwald/Gerlach*, § 79 Rdnr. 9).

11   **bb)** Für die Anwendung der **Zweckübertragungsregel des § 31 Abs. 5** (s. dazu jetzt eingehend *Dünnwald/Gerlach*, § 79 Rdnr. 11), die schon § 75 Abs. 4 idF des Gesetzes v. 22. 3. 2002 (BGBl. I, S. 1155) ausdrücklich in Bezug genommen hatte und die auch schon davor auf Verträge mit ausübenden Künstlern analog angewendet wurde (vgl. nur BGH GRUR 1979, 637, 638 f. – White Christmas und BGH GRUR 984, 119, 121 – Synchronisationssprecher), folgende **Beispiele:** Die Einräumung eines einfachen oder ausschließlichen Nutzungsrechts an der Vervielfältigung und/oder Verbreitung der auf Bild- oder Tonträger aufgenommenen Darbietung (§ 77 Abs. 2 S. 1) deckt im Zweifel nur die Vervielfältigung und ggf. Verbreitung zum Zwecke des **branchenüblichen** Vertriebs der Bild- oder Tonträger. Dazu gehört im Zweifel auch ohne ausdrückliche Benennung das sog. Kopplungsrecht, dh. das Recht, die Tonausnahmen des Künstlers mit Aufnahmen dieses Künstlers (sog. „best of"-Kopplungen) oder mit Aufnahmen anderer Künstler (sog. Drittkopplungen) auf Tonträgern, sog. Compilations, auszuwerten (OLG Frankfurt, GRUR 1995, 215 – Springtoifel, s. auch *Berger/Wündisch/Fierdag*, Hdb. Urhebervertragsrecht, § 23 Rdnr. 116), wenn nicht durch die Kompilation **künstlerpersönlichkeitsrechtliche Interessen** des ausübenden Künstlers berührt werden. So liegt es zB wenn durch die Zusammenstellung und Artworkgestaltung der Eindruck der Verbreitung rechtsradikalen Gedankenguts erweckt wird (OLG Frankfurt, GRUR 1995, 215 f. – Springtoifel; s. dazu auch *Loewenheim/Rossbach*[2], Hdb. UrhR, § 69 in Fn. 41 zu Rdnr. 27, *Berger/Wündisch/Fierdag*, Hdb. Urhebervertragsrecht, § 23 Rdnr. 128). Die **Werbesendung** ist eine eigenständige Nutzungsart (OLG Hamburg GRUR 1991, 599 f. – Rundfunkwerbung; OLG München ZUM 1997, 275 ff. – Trailer-Werbung). Deshalb bedarf auch das Recht zur Verwertung eines Musicals für die Werbung von branchenfremden Erzeugnissen (Kraftfahrzeugen) im Rundfunk einer darauf bezogenen Gestattung (LG Düsseldorf ZUM 1986, 158, 159 – West-Side-Story). Dasselbe gilt bei einem an eine Rundfunkanstalt eingeräumten Recht zur Verwendung einer Darbietung für alle Fernseh- und Filmzwecke einschließlich des Rechts, die Produktion anlässlich von Messen, Ausstellungen, Festivals und Wettbewerben zu verwerten. Dieses Recht erstreckt sich nicht auf Werbemaßnahmen außerhalb des Sendeunternehmens, zB zur Vorführung einer Videokassette durch einen Flugsportverein an seinem Ausstellungsstand (vgl. OLG Frankfurt, ZUM 1989, 302, 304 – Wüstenflug). In Verkaufsförderungsmaßnahmen der Konsumgüterindustrie muss sich der ausübende Künstler nicht ungefragt einspannen lassen. Die Vervielfältigung zum Zwecke des Vertriebs als **sog. gekoppeltes Vorspannangebot,** zB einer Schallplatte in Verbindung mit einer Tafel Schokolade oder einem Pfund Kaffee, bedarf daher einer speziellen Einwilligung des ausübenden Künstlers (BGH GRUR 1979, 637 – White Christmas – m. Anm. *Krüger*). Dasselbe gilt für die Vervielfältigung der Sprachaufnahme eines Rundfunksprechers **zu Zwecken der Wahlkampfwerbung** einer politischen Partei (LG München I UFITA 87 [1980] 342/346 – Wahlkampf). Die Einwilligung in die Aufnahme zum Zwecke des Schallplattenvertriebs deckt nicht die Überspielung der Aufnahme auf eine Tonspur zur Herstellung von **Filmwerken, Laufbildern oder Videogrammen** (s. – noch zu § 2 Abs. 2 LUG – BGH GRUR 1962, 370 – Schallplatteneinblendung; *Brack* UFITA 50 [1967] 544/550 f.; sog. Londoner Videogrammprinzipien 1973, abgedr. bei *Davies/v. Rauscher auf Weeg* S. 233). Die Einwilligung in die Aufnahme **zu Rundfunkzwecken** und die Einräumung des Rechts aus § 78 Abs. 1 Nr. 2 deckt im Zweifel nicht die – von der Rundfunkauswertung wesensverschiedene – Vervielfältigung zum Zwecke des Vertriebs als Schallplatte oder Videogramm (BGHZ 33, 1 – Künstlerlizenz Schallplatten; sa. KG Schulze KGZ 78 m. Anm. *Reichardt; Ulmer,* Urhebervertragsrecht, Rdnr. 109 ff.). Die Einwilligung in die Aufnahme zu Einstudierungszwecken bei Ballettproben gibt keine Befugnis zur **öffentlichen Wiedergabe** der Aufnahme bei Ballettaufführungen (s. § 78 Rdnr. 29). Im Einzelfall kann, soweit es um den Umfang der Rechtseinräumung geht, auch auf die Rechtsprechung zu § 22 KUG (s. dazu § 60/§ 22 KUG Rdnr. 44) zurückgegriffen werden, weil hier ein vergleichbarer Interessenkonflikt besteht (*Krüger* GRUR 1979, 639/640 f.).

cc) Der – rechtspolitisch fragwürdige (s. Rdnr. 3 u. Vor §§ 73 Rdnr. 17) – **Ausschluss der** **12** **§§ 31 a, 31 c** von der analogen Anwendbarkeit auf ausübende Künstler wirft die Frage auf, unter welchen Voraussetzungen die Einräumung von Rechten an unbekannten Nutzungsarten entweder der Spezifizierungslast des § 31 Abs. 5 S. 1 (s. dazu § 31 Rdnr. 69) entspricht oder aber jedenfalls durch den von beiden Parteien zugrunde gelegten Vertragszweck iSv. § 31 Abs. 5 S. 1 (s. dazu § 31 Rdnr. 87 ff.) gedeckt und daher wirksam ist. Pauschale Formulierungen, dass auch alle Rechte an unbekannten Nutzungsarten (mit-)übertragen sind, genügen der **Spezifizierungslast** des § 31 Abs. 5 nicht (ebenso *Hertin* MMR 2003, 16 ff., 22). Der Auffassung des OLG München (ZUM 2000, 62, 66 – Paul Verhoeven), wonach eine generelle Beschreibung der unbekannten Nutzungsart genüge, weil eine unbekannte Nutzungsart nicht in eine spezifischere Sprache gebracht werden könne, ist insoweit **nicht** zu folgen (ebenso *Dünnwald/Gerlach,* § 79 Rdnr. 11; *Fette,* Fs. Hertin, S. 53 ff.; *Drewes,* Neue Nutzungsarten im Urheberrecht, 2001, S. 31 f.; aA *J. B. Nordemann,* Fs. Nordemann, S. 193 ff., 206). Ebenso bedenklich ist es, wenn eine Klausel in einer Künstlerquittung „ohne Einschränkung … sämtliche Leistungsschutzrechte und -ansprüche" zur Verwertung der Aufnahmen „in jeder Weise" für hinreichend spezifiziert gehalten wird, um auch das im Zeitpunkt der Erteilung der Künstlerquittung noch unbekannte sog. sampling (s. dazu § 77 Rdnr. 11) zu erfassen wie etwa KG Berlin GRUR-RR 2004, 129 ff., 131 – Modernisierung einer Liedaufnahme). Es kann aber in derartigen Fällen der **Vertragszweck** die pauschale Umschreibung ausreichend sein lassen; hierbei muss sowohl die finanzielle als auch die immaterielle Seite des Problems **umfassend** gewürdigt werden. **Vergütungsklauseln,** wonach der ausübende Künstler angemessen für neue Nutzungsarten zu vergüten ist, sprechen für die Wirksamkeit derartiger pauschaler Bezugnahmen auf unbekannte Nutzungsarten (ebenso *Dünnwald/Gerlach,* § 79 Rdnr. 11; *J. B. Nordemann* in Fs. Nordemann, S. 193 ff., 203). Selbst dann, wenn die unbekannten Nutzungsarten im Vertrag mit dem ausübenden Künstler nicht einmal pauschal genannt sind, kann der **Vertragszweck** deren Einbeziehung ergeben. So lag es in der – aus anderen Gründen zu kritisierenden (vgl. dazu *Krüger,* Fs. Nordemann, S. 343 ff.) – Entscheidung des BGH iS „Eroc III", GRUR 2003, 234 ff.: Der BGH hat – insoweit zutreffend – die Vertragsklausel „… ohne Einschränkung – und zeitlich unbegrenzt das Recht, die Schallplattenaufnahmen in jeder beliebigen Weise auszuwerten" trotz der fehlenden in Bezugnahme der unbekannten Nutzungsarten auf die – möglicherweise – im Zeitpunkt der Rechtseinräumung noch unbekannte digitale Nutzung der Aufnahmen auf CD erstreckt (vgl. insoweit zum Verhältnis zwischen § 31 Abs. 4 aF und § 31 Abs. 5 auch *Wandtke/Holzapfel* GRUR 2004, 284 ff., 286). Ebenso ist es im Ergebnis zutreffend, wenn die Modernisierung einer Liedaufnahme im Wege des Sampling noch als vom Vertragszweck gedeckt angesehen wird (KG Berlin GRUR-RR 2004, 129 ff., 131 – Modernisierung einer Liedaufnahme). Werden dagegen aus einer digitalisierten musikalischen Leistung einzelne Tonfolgen – gleich einem „Steinbruch" – herausgenommen, um diese dann zu einem neuen, vom Ursprungswerk losgelösten Werk mit anderen Klangfolgen zu vermischen, so ist eine solche digitalisierte Verwertung zu beliebigen, neu komponierten Werken nicht mehr vom Zweck der Studio-Einspielung der Gesangsleistung gedeckt, sondern erfordert eine ausdrückliche

§ 79 Nutzungsrechte

Erlaubnis (*Hertin* GRUR 1989, 578, 579; KG Berlin GRUR-RR 2004, 129 ff., 131 – Modernisierung einer Liedaufnahme). Die **immaterielle Seite** des Problems darf freilich auch im Rahmen der §§ 79 Abs. 2 S. 2, 31 Abs. 5 nicht vernachlässigt werden (*Drewes* S. 35; aA *J. B. Nordemann*, in Fs. Nordemann, S. 193 ff., 204). Die durch den BGH schon im Jahre 1979 vorgenommene Anwendung der Zweckübertragungsregel zu Gunsten des Schlagersängers Peter Alexander gegen die Vermarktung eines von ihm besungenen Tonträgers als gekoppeltes Vorspannangebot mit Schokolade und Kaffee in den Tchibo-Filialen (vgl. BGH GRUR 1979, 637, 638f. – White Christmas) ist hierfür ein nach wie vor tauglicher Beleg. Eine im Zeitpunkt der Nutzungseinräumung noch nicht bekannte Vermarktungsform, die (auch) ideelle Belange des ausübenden Künstlers tangiert, ist danach im Zweifel vom Vertragszweck nicht gedeckt (ebenso *Dünnwald/Gerlach*, § 79 Rdnr. 11).

13 c) Wegen des **Verweises auf die §§ 32–32 b, 33 bis 42 und 43** kann wiederum zunächst auf die dortige Kommentierung des Urhebervertragsrechts verwiesen werden. Folgende Besonderheiten in Bezug auf die ausübenden Künstler sind aber zu beachten:

14 aa) Die entsprechende Anwendung der §§ 32, 32 a, 32 b, 36, 36 a auf Künstlerverträge ist für **Altverträge** aus der Zeit vor dem 1. 7. 2002 nur nach Maßgabe der Übergangsvorschrift des § 132 Abs. 4 iVm. § 132 Abs. 3 angeordnet (vgl. *Loewenheim/Vogel*², Hdb. UrhR, § 38, Rdnr. 30). Dies gilt insbesondere für die ein Redaktionsversehen des Gesetzes v. 22. 3. 2002 (BGBl. I S. 1155) korrigierende Nachholung der Inbezugnahme von § 32b über die zwingende Anwendung der §§ 32, 32a in Fällen mit Auslandsbezügen (vgl. zu § 75 Abs. 4 idF des Gesetzes v. 22. 3. 2002, BGBl. I, S. 1155; *Hilty/Peukert* GRUR Int. 2002, 643, 644). Der Nachvergütungsanspruch des § 32a gilt allerdings auch in Bezug auf Altverträge für Sachverhalte, die nach dem 28. 3. 2002 entstanden sind (§ 132 Abs. 3 S. 2). Hierbei ist nach dem Wortlaut des § 132 Abs. 3 S. 2 unklar, ob das auffällige Missverhältnis nach dem 28. 3. 2002 neu entstanden sein muss, oder ob auch das Fortdauern eines solchen Missverhältnisses ausreicht (Letzteres bejahend *Pleister/Ruttig* ZUM 2004, 337 ff., 338).

15 bb) **Ausländische** ausübende Künstler, die Inländern nicht schon nach § 125 Abs. 1 S. 1 iVm. § 120 Abs. 2 gleichgestellt sind, können sich jedenfalls für ihre Darbietungen im Inland auf die §§ 32, 32a, 32b, 36, 36a berufen (§ 125 Abs. 2). Dasselbe gilt, wenn für im Ausland erfolgende Nutzungshandlungen deutsches Recht im Künstlervertrag vereinbart wurde (vgl. dazu *A. Nordemann-Schiffel*, Fs. Nordemann, S. 479 ff., 486 in Fn. 20). Fehlt eine entsprechende Rechtswahl, dann soll dagegen fremdenrechtlich bei ausländischen ausübenden Künstlern – anders als bei ausländischen Urhebern – eine zwingende Anwendung der §§ 32, 32a nach Maßgabe des § 32b sich nicht aus den internationalen Abkommen ergeben, weil die in Art. 2 Nr. 2 ROM-Abkommen, Art. 4 Abs. 1 WPPT, Art. 3 Abs. 1 S. 2 TRIPS vorgeschriebene Inländerbehandlung sich nur auf die in dem Abkommen selbst geregelten Materien beziehe, zu denen das zwingende Künstlervertragsrecht nicht gehöre (*Hilty/Peukert* GRUR Int. 2002, 643, 655; *A. Nordemann-Schiffel*, Fs. Nordemann, S. 479 ff., 487; aA wohl mit Recht *W. Nordemann*, Das neue Urhebervertragsrecht, § 32b Rdnr. 7; sa. oben § 32 b Rdnr. 31).

16 cc) Bei der Verweisung auf die §§ 34, 35, 41, 42 ist zu beachten, dass diese Verweisung bei ausübenden Künstlern, die an der Herstellung eines **Filmwerks** mitwirken, nur bis zum Beginn der Dreharbeiten gilt (§ 92 Abs. 3, 90). Die Verweisung auf § **34 Abs. 2** erfordert eine Abgrenzung zu Produktionen, bei denen sich die Beiträge der einzelnen ausübenden Künstler nicht gesondert verwerten lassen iSd. § 80 Abs. 1 S. 1 (s. dazu § 80 Rdnr. 1 und 4). Während § 34 Abs. 2 bei Sammelwerken (§ 4) die Zustimmung zur Übertragung von Nutzungsrechten nur des Urhebers des Sammelwerks und nicht der Urheber der jeweils gesammelten Werke fordert, verlangt § 8 Abs. 1 bei Miturhebern die Zustimmung aller Miturheber, die allerdings nicht wider Treu und Glauben verweigert werden darf (§§ 8 Abs. 2 S. 2, 34 Abs. 1 S. 2). Bei **Künstlergemeinschaften** iSv. § 80 Abs. 1 (s. dazu § 80 Rdnr. 4) wird diese Zustimmung regelmäßig von deren gewähltem Vertreter (Vorstand) oder Leiter oder zu wählendem Vertreter iSd. § 74 Abs. 2 S. 2 und S. 3, auf den § 80 Abs. 2 verweist (s. dazu § 80 Rdnr. 10 f.) erteilt. Bei **Tonträgerkopplungen** (s. dazu oben Rdnr. 11), bei denen die Art und Weise der Kopplung eine künstlerische Leistung des sog. producers zugrunde liegt (vgl. dazu *Loewenheim/Rossbach*², Hdb. UrhR, § 69, Rdnr. 4, s. zum sog. producer-Vertrag auch *Berger/Wündisch/Fierdag*, Hdb. Urhebervertragsrecht, § 23 Rdnr. 161 ff.), aber auch bei durch den künstlerischen Leiter in eine Gesamtdarbietung künstlerisch eingebetteten Soli (s. das Beispiel bei *Dreier/Schulze*³ § 80 Rdnr. 2 und die Beispiele bei *Loewenheim/Vogel*², Hdb. UrhR, § 38 Rdnr. 101) kommt dagegen die analoge Anwendung des § 34 Abs. 2 in Betracht.

dd) Obwohl der ausübende Künstler weder ein Veröffentlichungsrecht gemäß § 12 noch das **17**
– dinglich wirkende – **Bearbeitungsrecht** des § 23 iS eines Ausschließlichkeitsrechts hat (s.
§ 77 Rdnr. 11), bedeutet **die Verweisung auf § 37 Abs. 1,** dass bei allen Künstlerverträgen ab
1. 7. 2002 (vgl. §§ 132 Abs. 4 u. 3) der Vertragspartner des ausübenden Künstlers im Zweifel
nicht das Recht zur Veröffentlichung oder Verwertung einer Bearbeitung der Darbietung hat
(aA *Dünnwald/Gerlach*, § 79 Rdnr. 20; *Fromm/Nordemann/Schaefer*[10], Rdnr. 59, der die Verweisung als Redaktionsfehler bezeichnet) zur diesbezüglichen Rechtslage bei Altverträgen vgl.
2. Auflage, Vor §§ 73 ff. Rdnr. 22 und KG Berlin GRUR-RR 2004, 129 ff., 131 – Modernisierung einer Liedaufnahme). Dies wirkt aber – ebenso, wie das **Änderungsverbot des § 39
Abs. 1** – nur schuldrechtlich **inter partes** zwischen den Parteien des Künstlerlizenzvertrages
und den Parteien auf den nachfolgenden Verwertungsstufen iSd. §§ 34, 35. Ähnlich wie bei den
Urhebern (vgl. dazu § 39, Rdnr. 1) kann man freilich auch bei den ausübenden Künstlern darüber streiten, ob der Verweis auf § 39 Abs. 1 nur klarstellende Bedeutung im Rahmen von
Vertragsbeziehungen für den Umfang der **Künstlerpersönlichkeitsrechte (§§ 74, 75)** hat,
oder die Ansprüche aus §§ 79 Abs. 2 S. 2, 39 Abs. 1 selbständig neben den §§ 74, 75 stehen (so
für das Verhältnis zwischen § 14 und § 39 Abs. 1 dezidiert noch BGH GRUR 1982, 107, 109 –
Kirchen-Innenraumgestaltung; *Fromm/Nordemann/Vinck*[9] § 39 Rdnr. 1; abweichend aber BGH
GRUR 1999, 230, 232 – Treppenhausgestaltung und die heute wohl hM vgl. *Dünnwald/
Gerlach*, § 79 Rdnr. 23 mwN.).

ee) Die entsprechende Anwendung des **§ 41 (Rückrufrecht wegen Nichtausübung)** und **17a**
des **§ 42 (Rückrufrecht wegen gewandelter Überzeugung)** gilt auch für vor dem 1. 7.
2002 abgeschlossene Verträge, das Rückrufrecht des § 42 sogar für Verträge aus der Zeit vor
dem 1. 1. 1966 (vgl. § 132 Abs. 1 S. 1). Es setzt – anders als die analoge Anwendung des § 9
VerlG nach altem Recht (s. dazu oben, Rdnr. 8) eine **Auswertungspflicht nicht** voraus
(*Dünnwald/Gerlach*, § 79 Rdnr. 26). Den Inhaber des ausschließlichen Nutzungsrechts trifft
aber eine **Ausübungslast** (vgl. für den Urheber § 41 Rdnr. 13). Während das Rückrufrecht
wegen gewandelter Überzeugung (§ 42) eindeutig künstlerpersönlichkeitsrechtlichen Charakter
hat (vgl. *Dünnwald/Gerlach*, § 79 Rdnr. 32; *Wandtke/Bullinger-Büscher*[3], § 79 Rdnr. 23; *Wandtke*,
KUR 2003, 109, 112), wird man bei dem Rückrufrecht wegen Nichtausübung (§ 41) – wie
beim Urheber (vgl. dazu § 41 Rdnr. 4) – von einer **Doppelnatur** mit einerseits persönlichkeitsrechtlichen Interessen an der Publizitätswirkung der in entsprechendem Umfang veröffentlichten Darbietung und anderseits verwertungsmäßigen Interessen in Bezug auf die Erlösbeteiligung des ausübenden Künstlers auszugehen haben (vgl. dazu auch *Dünnwald/Gerlach*, § 79
Rdnr. 27; *Grünberger*, Interpretenrecht, S. 154 ff.; aA wohl *Wandtke/Bullinger-Büscher*[3], § 79
Rdnr. 23). Diese Frage hat Bedeutung für den Rückruf bei gemeinsamen Darbietungen und
den Rückruf nach dem Tode des ausübenden Künstlers: Während das Recht aus § 41 dem Gesamthandprinzip des § 80 unterliegt (vgl. § 80 Rdnr. 1) und nach dem Tode des ausübenden
Künstlers dessen Erben zufällt (§§ 1922 ff. BGB), gelten für das Recht aus § 42 bei gemeinsamen Darbietungen hinsichtlich der Geltendmachung die §§ 74, 75 (*Dünnwald/Gerlach*, § 79
Rdnr. 32) und nach dem Tode des ausübenden Künstlers die Wahrnehmungsbefugnis der Angehörigen gem. §§ 76, S. 4, 60 Abs. 2 (*Dünnwald/Gerlach*, § 79 Rdnr. 31; aA *Grünberger*, Interpretenrecht, S. 250 ff.). Obwohl die Rückrufrechte bei **Filmwerken** ausgeschlossen sind (§§ 92
Abs. 3, 90), erfasst der zulässige Rückruf von Tonträgern im Zweifel auch die **Videoclips,** denen die Tonträgeraufnahmen zugrunde liegen (*Dünnwald/Gerlach*, § 79 Rdnr. 25).

ff) § 79 Abs. 2 S. 2 verweist **nicht** auf § 25 **(Zugangsrecht),** so dass eine analoge Anwendung an sich nach allgemeinen Grundsätzen nicht in Betracht kommt (s. dazu Vor §§ 73 ff., **17b**
Rdnr 17). Für eine **neue Auswertung** nach einem gem. § 41 ausgeübten Rückruf kann der
ausübende Künstler einen Zugang zum sog. Masterband benötigen. Mit der Einführung
der Rückrufrechte für den ausübenden Künstler ist insoweit eine **Regelungslücke** entstanden
(eingehend *Grünberger,* Interpretenrecht, S. 241 ff.). Um den ausübenden Künstler nicht um die
Wirkung des ihm eingeräumten Rückrufrechts aus § 41 zu bringen, ist ihm daher in **analoger
Anwendung des § 25** ein Zugang zu ermöglichen, wenn dies zur Herstellung von Vervielfältigungsstücken erforderlich ist und berechtigte Interessen des Tonträgerherstellers nicht entgegenstehen (*Grünberger,* Interpretenrecht, S. 243; ebenso *Dünnwald/Gerlach*, § 79 Rdnr. 29; aA
Fromm/Nordemann/Schaefer[10], Rdnr. 61–66, der § 41 – anders als § 42 – von vorneherein wegen
der gegenseitigen Rechteblockade zwischen ausübenden Künstlern und Tonträgerherstellern
nicht für sinnvoll anwendbar hält).

B. Ausübende Künstler in Arbeits- oder Dienstverhältnissen

Übersicht

	Rdnr.
1. Teil: Übertragungs- und Nutzungsrechte im Allgemeinen	1–17
2. Teil: Ausübende Künstler in Arbeits- oder Dienstverhältnissen	18–54
a) Leistungsschutzvertragsrecht	18
b) Entsprechende Anwendbarkeit des § 43	19
c) Zeitlich befristete Arbeitsverhältnisse	20
d) Abtretung der Leistungsschutzrechte an den Arbeitgeber oder Dienstherrn	21–25
aa) Ausdrückliche Regelung	21
bb) Stillschweigende Übertragung der Rechte	22–25
e) Abtretung der Leistungsschutzrechte an Dritte	26–30
aa) Durch den Arbeitgeber	26, 27
bb) Durch den Arbeitnehmer	28–30
f) Vergütungsansprüche	31–35
g) Persönlichkeitsrechte	36–40
aa) Entstellungsverbot	36, 37
bb) Recht der Namensnennung	38, 39
cc) Rückrufsrechte	40
h) Einzelne arbeitsvertragliche Regelungen	41–53
aa) Das Bühnenarbeitsrecht	41–47
bb) Filmbereich	48, 49
cc) Funk und Fernsehen	50, 51
dd) Orchester	52, 53
i) Auslands- und Internationales Recht	54

Schrifttum: *Beining*, Der Schutz ausübender Künstler im internationalen und supranationalen Recht, Diss., Berlin, UFITA Schriftenreihe Bd. 176, 2000: *Brugger*, Aktuelle Vertragsfragen für die Produktion von Fernseh- und Kinofilmen, FuR 1974, 758; *Erfurter Kommentar zum Arbeitsrecht*, 5. Auflage, 2004; *Fallenstein*, Anmerkung zum Urteil des ArbG Dresden vom 27. 10. 2004, ZUM 2005, 420; *Flechsig/Kuhn*, Das Leistungsschutzrecht des ausübenden Künstlers in der Informationsgesellschaft ZUM 2004, 14 ff.; *Fohrbeck/Wiesand*, Der Künstler-Report, 1975; *Germelmann*, Die Schließung einer staatlichen Bühne, ZfA 2000, 149, 153; *Greiffenhagen*, Die Gastverträge im Bühnenrecht, UFITA 88 (1980) 1; *Haupt/Ullmann*, zum Umfang der Nutzungsrechte an Schnitt- und Restmaterial im Lichte von § 89 UrhG, ZUM 2005, 883; *Heinze*, Zum Arbeitsrecht der Musiker, NJW 1985, 2112; *Herschel*, Freie Mitarbeiter, Arbeitnehmer und arbeitnehmerähnliche Personen im Medienbereich, FuR 1980, 573; *Kauffmann*, Arbeitsrecht und Leistungsschutz im ausübenden Bühnenkünstler, DB 1963, 202; *ders.*, Leistungsschutz des Bühnenkünstlers und Bühnenarbeitsvertrag, UFITA 41 (1964) 279; *Jaeger*, Der ausübende Künstler und der Schutz seiner Persönlichkeitsrechte im Urheberrecht Deutschlands, Frankreichs und der Europäischen Union UFITA 199, 2002; *Kluth*, Der Anspruch auf Sondervergütung im Bühnenrecht, Diss. Köln 1969; *Krüger*, Kritische Bemerkungen zum Regierungsentwurf von einem Gesetz zur Regelung des Urheberrechts in der Informationsgesellschaft aus der Sicht eines Praktikers, ZUM 2003, 122 ff.; *Kutzer*, Das Dienstrecht der Bühnenmitglieder, 1931; *Loewenheim*, Handbuch des Urheberrechts, 2003; *Monjau*, Kettenverträge bei künstlerischen Berufen, UFITA 74 (1975) 69; *Neufeldt*, Tarifverträge für „auf Produktionsdauer Beschäftigte", FuR 1977, 236; *ders.*, Neue Tarifverträge für Film- und Fernsehschaffende, FuR 1980, 127; *ders.*, Grundnormen zum Regievertrag im Fernseh- und Filmbereich, FuR 1980, 586; *v. Olenhusen*, Zur rechtlichen und sozialen Lage der Künstler, FuR 1975, 833; *ders.*, Zeitverträge im Hochschul-, Medien- und Bühnenbereich, FuR 1982, 298; *ders.*, Filmbereitsrecht, Handbuch des Medienrechts, Teil 3, 1990; *ders.* Medienarbeitsrecht für Hörfunk und Fernsehen 2004; *ders./Franzen*, Zeitverträge und Probearbeitsverhältnisse im Orchesterbereich, auch Rundfunkorchester, UFITA (2005) 397; *Opolony*, Die Rechtsnatur des Gastspielvertrages darstellender Bühnenkünstler, ZUM 2007, 519; *Pleister/Ruttig*, Beteiligungsansprüche für ausübende Künstler bei Bestsellern, ZUM 2004, 337 ff.; *Rehbinder*, Zur Kompetenz der Bühnenschiedsgerichte und zur Abgrenzung der Vertragstypen im Bühnenarbeitsrecht, UFITA 41 (1964) 291; *ders.*, Zur Rechtfertigung des Zeitvertrages im Bühnenarbeitsrecht, FuR 1977, 804; *ders.*, Künstlerischer Spielraum – soziales Netz, UFITA 88 (1980) 89; *Reuter*, Tarifverträge für auf Produktionsdauer Beschäftigte und arbeitnehmerähnliche Personen bei den Rundfunkanstalten, FuR 1977, 78; *Riepenhausen*, Das Arbeitsrecht der Bühne, 2. Aufl. 1956; *ders.*, Grundzüge des Arbeitsrechts der Bühnenkünstler, UFITA 24 (1957) 27; *Rojahn*, Der Arbeitnehmerurheber in Presse, Funk und Fernsehen, 1978; *Ruzicka*, Wiederholungsvergütungen für ausübende Künstler, FuR 1978, 512; *Schaub*, Arbeitsrechtshandbuch 10. Auflage, 2002; *Sack*, Münchener Handbuch Arbeitsrecht, Bd. 1, 2. Auflage 2000, § 102 II; *Sieger*, Garstige Tonbandleader – Schallmauer gegen Ballettgastspiele, FuR 1979, 29; *Schacht*, Die Einschränkungen des Urheberpersönlichkeitsrechts im Arbeitsverhältnis, Schriften zum deutschen und internationalen Persönlichkeits- und Immaterialgüterrecht, Bd. 7, 2004; *Schricker*, Zum neuen deutschen Urhebervertragsrecht, RdA 1981, 219; *Spautz*, Urhebervertragsrecht der Künstler und Arbeitnehmer, RdA 1981, 219; *Wandtke*, Zu einigen leistungsschutzrechtlichen Aspekten im Bühnenarbeitsrecht, ZUM 1993, 163; *Wandtke/Haupt*, Zur Stellung des Fernsehregisseurs und dessen Rechte im Zusammenhang mit dem Einigungsvertrag, GRUR 1992, 21; *Wandtke*, Zum Bühnentarifvertrag und zu den Leistungsschutzrechten der ausübenden Künstler im Lichte der Urheberrechtsreform 2003, ZUM 2004, 505 ff.; *Wawretzko*, Leistungsschutz des ausübenden Künstlers in arbeitsrechtlicher Sicht, INTERGU-Schriftenr. Bd. 11 (1959) 74.

18 **a) Leistungsschutzvertragsrecht.** Die ausübenden Künstler erbringen ihre Darbietungen zumeist im Rahmen eines Arbeitsverhältnisses. Nahezu 75 % aller Musikschaffenden und Darsteller sind Arbeitnehmer (*Fohrbeck/Wiesand* S. 136). Dies hat dazu geführt, dass schon frühzeitig

kollektive Regelungen, insbesondere Tarifverträge, die auch die Leistungsschutzrechte betreffen, ausgehandelt wurden. Für die Bühnenangehörigen, die bereits 1919 den ersten Tarifvertrag abgeschlossen hatten, hat sich ein besonderes Arbeitsrecht herausgebildet. Aber auch im Medienbereich ist zunehmend eine tarifliche Regelung, ebenfalls für die auf Produktionsdauer beschäftigten Leistungsschutzberechtigten, zu finden. Eine nähere Darstellung der für die Praxis besonders bedeutsamen tarifvertraglichen Regelungen in den Bereichen Bühne, Film, Funk und Fernsehen sowie Orchester wird unten gegeben (Rdnr. 33–51).

b) Entsprechende Anwendbarkeit des § 43. Infolge des Gesetzes zur Regelung des Urheberrechts in der Informationsgesellschaft vom 10. 9. 2003 wurde in Abs. 2 Satz 2 der Verweis auf § 43 aufgenommen, wodurch die im Wesentlichen mit § 43 wesensgleiche Bestimmung des § 79 aF bzgl. der Rechte an Darbietungen ausübender Künstler in Arbeits- und Dienstverhältnissen überflüssig und aufgehoben wurde. 19

Aufgrund des Verweises im aktuellen § 79 Abs. 2 Satz 2 ist jetzt § 43 entsprechend auf ausübende Künstler in Arbeits- und Dienstverhältnissen anwendbar, so dass diesbezüglich grundsätzlich auf die dortige Kommentierung verwiesen werden kann.

Trotz der vorgenommenen Angleichung der Rechtspositionen von Urhebern und ausübenden Künstlern sind die im Folgenden dargelegten Besonderheiten hinsichtlich der Rechte von ausübenden Künstlern in Arbeits- und Dienstverhältnissen zu beachten.

c) Zeitlich befristete Arbeitsverhältnisse. Gerade ausübende Künstler sind nicht selten **zeitlich befristet** bei einem Unternehmen, zB nur für eine bestimmte Produktion, beschäftigt (s. *Opolony*, Die Befristung von Bühnenarbeitsverhältnissen, ZfA 2000, 179, 185; *ders.* NZA 2001, 1351). Auch in diesen Fällen ist die Arbeitnehmereigenschaft von der Rechtsprechung häufig bejaht worden, so etwa für Künstler, die von einer Rundfunkanstalt nur für eine bestimmte Produktion beschäftigt werden (LAG Saarbrücken UFITA 47 [1966] 347; LAG Düsseldorf UFITA 92 [1982] 293/295; aA LAG Bremen ZTR 1990, 163; zur Problematik der Kettenarbeitsverträge s. *v. Olenhusen* FuR 1982, 298 mwN). Allerdings hat das BAG das Vorliegen eines Arbeitsverhältnisses für den Fall verneint, dass ein Opernsänger als Gastsänger an einem Opernhaus für einen bestimmten Probezeitraum und bestimmte vereinbarte Vorstellungen verpflichtet wird, da es insoweit an einer erforderlichen Weisungsabhängigkeit mangelt (BAG ZUM 2007, 507; aA *Wandtke/Bullinger/Büscher*[3] Rdnr. 27; *Opolony* ZUM 2007, 519, der bei Bühnen- und Engagementverträgen stets von Arbeitsverträgen ausgeht). Arbeitnehmer sind idR auch Regisseure, Schauspieler, Sänger etc., die bei der Herstellung eines Filmes mitwirken (zur Arbeitnehmereigenschaft von Regisseuren BAG UFITA 92 [1982] 242; OLG München UFITA 44 [1965] 207; ArbG München UFITA 27 [1959] 112). Das Gleiche gilt für Regisseure, Sänger und Schauspieler an Bühnen, und zwar auch bei Saison- und Gastspielverträgen (LAG Düsseldorf UFITA 92 [1982] 293/295; BOSchG Köln UFITA 75 [1976] 283/286). Auch Orchestermusiker sind idR Arbeitnehmer (s. zum Arbeitsrecht der Musiker, insbesondere zum Problem der Ensemblemusiker, *Heinze* NJW 1985, 2112). Die Zulässigkeit befristeter Arbeitsverträge richtet sich auch nach Inkrafttreten des Gesetzes über Teilzeitarbeit und befristete Arbeitsverträge (TzBfG) am 1. 1. 2002 danach, ob ein sachlicher Grund für die Befristung vorliegt (vgl. zB BAG Urteil v. 14. 1. 2004 – 7 AZR 213/03; BAG v. 6. 11. 2003 – 2 AZR 690/02 Arbeitsrechtliche Praxis Nr. 7; BAG Urteil vom 26. 7. 2006 – 7 AZR 495/05; ArbG Berlin ZUM 2004, 587). Dieser bislang schon von der Rechtsprechung vertretene Grundsatz ist in § 14 Abs. I TzBfG jetzt ausdrücklich geregelt. Gerade im Bühnenbereich ist es üblich, auf eine oder mehrere Spielzeiten befristete Arbeitsverträge abzuschließen. Dies ist nach ständiger Rechtsprechung und auch nach Inkrafttreten des § 14 TzBfG sachlich gerechtfertigt dadurch, dass sich das künstlerische Konzept von Produktion zu Produktion ändert und in der Regel nicht dieselben Mitarbeiter in das künstlerische Konzept der folgenden Produktionen integrierbar sind (vgl. zB BAG NZA 1992, 925 ff.). Auch der Abschluss eines mit Sachgrund befristeten Arbeitsvertrag im Anschluss an ein ohne Sachgrund befristetes Arbeitsverhältnis ist gem. TzBfG grundsätzlich möglich. Eine Grenze für den wiederholten Abschluss befristeter Verträge mit Sachgrund besteht nicht (vgl. *Erfurter Kommentar/Glöge* § 14 Rdnr. 12). Für den Bereich der Rundfunk- und Fernsehanstalten hat das BVerfG ausdrücklich bestätigt, dass der von der Rechtsprechung der Gerichte für Arbeitssachen geforderte sachliche Grund bei programmgestaltender Tätigkeit in der Rundfunkfreiheit (Art. 5 GG) selbst liegt und weitere Gründe nicht hinzutreten müssen, wenn die Intensität der Einflussnahme des betreffenden Mitarbeiters auf die Programmgestaltung dies rechtfertigt (vgl. BVerfG v. 18. 2. 2000 – NZA 2000, 653). Zur Problematik befristeter Arbeitsverhältnisse s. auch § 43 Rdnr. 15. 20

21 **d) Abtretung der Leistungsschutzrechte an den Arbeitgeber oder Dienstherrn. aa) Ausdrückliche Regelung.** Die Zweckübertragungslehre gilt auf Grund der Verweisung auf § 43 (Abs. 2 Satz 2) auch für den in einem Arbeits- oder Dienstverhältnis tätigen ausübenden Künstler Diesbezüglich wird auf die dortige Kommentierung verwiesen. Die Zweckübertragungslehre kommt jedoch dann nicht zur Anwendung, wenn die Vertragsparteien die Einwilligung oder die Abtretung der leistungsschutzrechtlichen Befugnisse ausdrücklich in Form einzelner Bezeichnung der Nutzungsarten (vgl. § 31 Abs. 5) vertraglich geregelt haben. Für die Bereiche Bühne, Film, Funk und Fernsehen sowie Orchester bestehen Tarifverträge, die – zum Teil sehr umfassende – Leistungsschutzklauseln enthalten (vgl. Rdnr. 33 ff.). Zum großen Teil verwenden die Unternehmen auch Formulararbeitsverträge, die entweder selbst Leistungsschutzklauseln enthalten oder auf die entsprechenden Klauseln in Tarifverträgen verweisen (*Rojahn* S. 74 ff.; *Ulmer* Urhebervertragsrecht Rdnr. 20–22; *Wandtke/Bullinger/Büscher*[3] Rdnr. 30 ff.). Der **Umfang der Einwilligung oder der Abtretung** von Rechten **richtet** sich dann zunächst nach diesen **vertraglichen Vereinbarungen.** Im Rahmen der vertraglichen Vereinbarung kann der ausübende Künstler auch verpflichtet werden, Einwilligungen zu erteilen und Rechte abzutreten, die sein Arbeitgeber oder Dienstherr nicht benötigt. Es kann auch vereinbart werden, dass diese zusätzliche Rechtsübertragung mit dem Arbeitslohn abgegolten ist. Zahlt jedoch ein Theater an seine angestellten Schauspieler und Chorsänger Vergütungen für die Übertragung von Leistungsschutzrechten, so handelt es sich nicht um Arbeitsentgelt, das mit Beiträgen zur Sozialversicherung zu belegen ist (SG Hamburg, Beck RS 2006, 43 904). Zulässig kann es auch sein, dass der Arbeitnehmer bereits bei Abschluss des Arbeitsvertrages alle zukünftigen Rechte an seinen Arbeitgeber umfassend abtritt.

Enthält der Vertrag nur die Klausel, dass der ausübende Künstler alle Leistungsschutzrechte an seinen Arbeitgeber abtritt ohne eine sonstige die Nutzungsarten nicht einzeln bezeichnende Klausel, so ist für die **Auslegung** die Lehre von der **Zweckübertragung** heranzuziehen.

22 **bb) Stillschweigende Übertragung der Rechte.** Haben die Parteien die Abtretung der Leistungsschutzrechte nicht ausdrücklich vertraglich geregelt, ist bei ausübenden Künstlern in Arbeits- oder Dienstverhältnissen – ebenso wie bei Urhebern – idR von einer stillschweigenden Übertragung der für die betrieblichen Zwecke erforderlichen Rechte an den Arbeitgeber oder Dienstherrn auszugehen (RGZ 153, 1/8 – Rundfunksendung von Schallplatten; LG Saarbrücken UFITA 38 [1962] 224/229). Diesbezüglich wird grundsätzlich verwiesen auf die Kommentierung zu § 43 (Rdnr. 40 ff.). Angestellte ausübende Künstler sind überwiegend im Bühnen-, Hörfunk-, Fernseh- und Filmbereich tätig. Je nach ihrem arbeitsvertraglichen **Aufgabenbereich** und nach den **Bedürfnissen** des **Arbeitgebers** bestimmt sich der **Umfang der übertragenen Leistungsschutzrechte.** Welche Leistungen der ausübende Künstler für seinen Arbeitgeber oder Dienstherrn zu erbringen hat, ergibt sich aus den arbeitsrechtlichen Normen, etwaigen kollektivvertraglichen Regelungen und den jeweiligen individuellen Vereinbarungen.

23 Die **Bühnenangehörigen** sind arbeitsvertraglich verpflichtet, an der jeweiligen Bühneninszenierung mitzuwirken. Hieraus folgt keine Verpflichtung, eine Aufnahme auf einen Bild- oder Tonträger oder eine Übertragung dieser Darbietung zu dulden (BGHZ 33, 20/29 – Figaros Hochzeit; BGHZ 33, 48/52 – Orchester Graunke; BOSchG Frankfurt UFITA 41 [1964] 365; *Kutzer* S. 244; *Riepenhausen*[2] S. 128/129/222; *Sack*, Münchener Hdb. ArbeitsR, Bd. 1, § 102 Rdnr. 46), denn der betriebliche Zweck eines Bühnenunternehmens ist die unmittelbare Darbietung eines Werkes und nicht die Verwertung dieser Darbietung durch den Hörfunk oder das Fernsehen. Will das Bühnenunternehmen die Bühneninszenierung auf einen Bild- oder Tonträger aufzeichnen, um diese durch eine Fernsehausstrahlung verwerten zu lassen, bedarf es der Einwilligung der angestellten Leistungsschutzberechtigten. Der Arbeitgeber kann sich insbesondere auch nicht darauf berufen, dass er die Mitwirkung eines Bühnenmitgliedes unbegrenzt nutzen könne, während dieses nur eine angemessene Vergütung fordern dürfe (OLG Hamburg GRUR 1976, 708/711 – Staatstheater). Soweit jedoch auch für die Realisierung der Bühneninszenierung selbst die Aufzeichnung der Darbietung auf Bild- oder Tonträger notwendig ist, ist eine Einwilligung des ausübenden Künstlers anzunehmen. Hierzu gehören Aufzeichnungen der Orchestermusik, um Ballettproben durchführen zu können, oder Aufzeichnungen der schauspielerischen Leistungen während der Probe, um bestimmte Teilstudien bestreiten zu können. Die Aufnahme von Szenenfotos fällt nicht unter § 77 (so LG München I GRUR 1979, 852 – Godspell zum früheren § 75, dessen Regelung jetzt mit weitergehenden Rechten für den ausübenden Künstler in § 77 Abs. 1 enthalten ist), so dass sich ihre Zulässigkeit wiederum nach arbeitsrechtlichen Normen regelt.

Eine **Rundfunkanstalt** benötigt stets die Einwilligung der angestellten ausübenden Künstler, 24
die Darbietung durch Funk zu senden, § 78. Daher ist von einer stillschweigenden Einwilligung
des Künstlers auszugehen. Da eine Live-Sendung immer mehr zur Ausnahme wird, gehört es
auch zu den betrieblichen Zwecken einer Rundfunkanstalt, dass der ausübende Künstler seine
Einwilligung erteilt, die Darbietung auf Bild- oder Tonträger aufzunehmen, § 77 Abs. 1. Dies
bedeutet jedoch nicht, dass der Rundfunksender mit der Einwilligung zur Aufzeichnung der
Darbietung diese Bild- oder Tonträger beliebig verwerten kann. Auch eine stillschweigende
Abtretung der Leistungsschutzrechte erfolgt nur insoweit, als dies zur Durchführung von Rundfunkaufnahmen und deren bestimmungsgemäßer Verwendung erforderlich ist. Vom Rundfunkzweck noch erfasst ist die Weitergabe der Bild- und Tonträger im Rahmen des Programmaustausches (LG Saarbrücken UFITA 38 [1962] 224/229). Eine weitergehende – außerhalb der
Rundfunkzwecke liegende – Verwertung, insbesondere die Herstellung von CDs, Schallplatten
oÄ, bedarf einer zusätzlichen Einwilligung aller Leistungsschutzberechtigten (KG UFITA 91
[1981] 224/227/228). Zur Einwilligung bei Chor-, Orchester- und Bühnenaufführungen s. die
Erl. zu § 80, der im Zuge der Umsetzung der Richtlinie 2001/29/EG Urheberrecht in der
Informationsgesellschaft neu gefasst und erweitert wurde, so dass die Vorschrift neben Chor-,
Orchester- und Bühnendarbietungen jetzt sämtliche Darbietungen zusammenwirkender ausübender Künstler erfasst.

Für ausübende Künstler, die bei der Herstellung eines **Films** mitwirken, trifft § 92 UrhG 25
eine Sonderregelung des Inhalts, dass die Rechte aus § 77 Abs. 1 und 2 sowie § 78 Abs. 1 Nr. 1
und Nr. 2 hinsichtlich der Verwertung des Filmwerks durch den Vertrag mit dem Filmhersteller
im Zweifel an diesen abgetreten werden, wobei dies eine widerlegbare Vermutung ist. Die Mitwirkung bei dem jeweiligen Filmprojekt gehört zu den Hauptpflichten des angestellten Künstlers. Der Filmhersteller kann – ohne Beschränkung – den Film umfassend verwerten, sei es
durch Fernsehausstrahlung oder durch Vervielfältigung und Verbreitung von Videokassetten
oder durch andere technische Möglichkeiten.

e) Abtretung der Leistungsschutzrechte an Dritte. aa) Durch den Arbeitgeber. In 26
welchem Umfange der Arbeitgeber die Leistungsschutzrechte, die seine Arbeitnehmer an ihn
abgetreten haben durch Abtretung an Dritte verwerten kann, ist zum Teil **tarifvertraglich** umfassend geregelt worden (s. Rdnr. 41 ff.). Eine stillschweigende Zustimmung wird dann **vorliegen,** wenn die Abtretung der Leistungsschutzrechte an Dritte noch **vom Betriebszweck** selbst
erfasst wird (*Ulmer*[3] § 124 I; *ders.* Urhebervertragsrecht Rdnr. 117).

Vom **Rundfunkzweck** noch erfasst ist die Weitergabe der Bild- oder Tonträger im Rahmen 27
des Programmaustausches mit anderen Rundfunkanstalten (OLG Hamburg GRUR 1977, 556 –
Zwischen Marx und Rothschild; LG Saarbrücken UFITA 38 [1962] 224/229). Nicht mehr
vom Rundfunkzweck gedeckt hingegen ist eine kommerzielle Verwertung der Rundfunksendungen durch die Erstellung von Videogrammen und Ähnliches.

Die zu Einstudierzwecken bespielten Tonbänder eines **Bühnenorchesters** dürfen nicht an
andere Bühnen weitergegeben werden, die diese Bänder dann für die Bühneninszenierungen
selbst nutzen wollen (§ 78 Rdnr. 11). Eine dementsprechende Weitergabe ist nicht mehr vom
Betriebszweck gedeckt (vgl. zu dieser Auseinandersetzung *Sieger* FuR 1979, 23 und *Dünnwald*
FuR 1979, 25).

bb) Durch den Arbeitnehmer. Leistungsschutzrechte können vom ausübenden Künst- 28
ler im **voraus umfassend abgetreten** werden. Eine derartige Vorausabtretung ist für Zweitverwertungsrechte an Verwertungsgesellschaften üblich. Sie hat zur Folge, dass der ausübende
Künstler die bereits abgetretenen Rechte nicht erneut an den Arbeitgeber oder Dienstherrn
abtreten kann. Seit der Streichung des § 78 S. 2 aF durch das 3. UrhGÄndG kann auch die
Einwilligung zur Verwertung nicht mehr erteilt werden.

Der **Arbeitgeber** veranstaltet idR die Darbietung des ausübenden Künstlers. Er ist somit 29
Veranstalter gemäß § 81. In diesen Fällen kann der ausübende Künstler oder ein Dritter, dem
die Rechte abgetreten wurden, die Darbietung gemäß §§ 77 Abs. 1 und 2 Satz 1 sowie 78
Abs. 1 nur verwerten, wenn auch der Arbeitgeber einwilligt. Aber genauso wie der Arbeitnehmer dem Arbeitgeber auf Grund seiner Treuepflicht durch eine eigenständige Verwertung
seiner Darbietung während des Arbeitsverhältnisses keine Konkurrenz machen darf (vgl. dazu
§ 43 Rdnr. 59), darf der Arbeitgeber auf Grund seiner **Fürsorgepflicht** dem Arbeitnehmer
nicht willkürlich die Einwilligung zur eigenständigen Verwertung verweigern (zur Fürsorgepflicht des Arbeitgebers s. *Schaub* Arbeitsrechts-Hdb.[12] § 107 I, II 4). Werden die **betrieblichen Belange** des Arbeitgebers durch eine eigenständige Verwertung des Arbeitnehmers

§ 79

nicht tangiert, ist der **Arbeitgeber verpflichtet,** seine **Einwilligung** gemäß § 81 **zu erteilen.**

30   Bei künstlerischen Darbietungen handelt es sich überwiegend um Leistungen eines **Ensembles.** Will einer der Mitwirkenden die Darbietung außerbetrieblich verwerten, bedarf er der Einwilligung aller Leistungsschutzberechtigten. Diese richtet sich bei Chor-, Orchester- und Bühnenaufführungen sowie bei anderen gemeinsam erbrachten Darbietungen nach § 80.

31   **f) Vergütungsansprüche.** Der ausübende Künstler hat für seine Tätigkeit gegenüber dem Arbeitgeber einen Anspruch auf Zahlung des vereinbarten oder – falls eine Vergütung nicht geregelt wurde – des angemessenen Lohnes. Mit dieser **Lohnzahlung** ist regelmäßig auch die Abtretung der **Verwertungsrechte,** die der Arbeitgeber für die betrieblichen Zwecke benötigt, **abgegolten;** (*Dreier/Schulze/Dreier*[3] Rdnr. 8; *Wandtke/Bullinger/Büscher*[3] Rdnr. 35; *v. Vogel* NJW 2007, 177, 178). Die grundsätzliche Zulässigkeit von Pauschalvergütungen wird auch durch die Reform des Urhebervertragsrechts nicht in Frage gestellt (vgl. *Schricker,* Zum neuen deutschen Urhebervertragsrecht, GRUR Int. 2002, 797, 807). Aufgrund der durch die Gesetzesreform eingeführte Verweisung des § 79 Abs. 2 S. 2 auf die Vergütungsbestimmungen der §§ 32 ff. kann der ausübende Künstler für die Zweitverwertung seiner Darbietung stets eine angemessenen Vergütung verlangen (vgl. *Loewenheim,* Handbuch des Urheberrechts, 2003, § 72 Rdnr. 86). Diesbezüglich wird verwiesen auf die Kommentierung zu § 43 Rdnr. 64 ff.

Zusätzliche Vergütungsansprüche bestehen grundsätzlich auch dann, wenn der Arbeitgeber die Leistungsschutzrechte des Arbeitnehmers über den eigentlichen Betriebszweck hinaus nutzt oder der Arbeitnehmer Darbietungen erbringt, die nicht mehr von seinen arbeitsvertraglichen Pflichten erfasst werden (vgl. dazu § 43 Rdnr. 65–69).

32   Die Aufnahme einer **Theaterinszenierung** auf einen Bild- und Tonträger zum Zwecke der Fernsehausstrahlung oder die unmittelbare Übertragung im Hörfunk oder Fernsehen ist eine Verwertung außerhalb des betrieblichen Zweckes eines Theaterunternehmens. Der Arbeitgeber erzielt durch diese Verwertung idR einen zusätzlichen Ertrag; der Arbeitnehmer ist zu vergüten. Nach Auffassung des ArbG Dresden besteht auch dann der vertraglich vereinbarte zusätzliche Vergütungsanspruch, wenn die vorgesehene Rundfunkübertragung tatsächlich nicht stattgefunden hat (ArbG Dresden ZUM 2005, 418). Durch den Arbeitslohn ist diese Verwertung nicht bereits abgegolten, es sei denn, dies ist vertraglich vereinbart (OLG Hamburg GRUR 1976, 708/710 – Staatstheater; OLG Frankfurt/M GRUR 1985, 380 – Operneröffnung; BOSchG Frankfurt/M UFITA 41 [1964] 365; BOSchG Frankfurt/M AP Nr. 3 zu § 611 BGB – Bühnenengagementsvertrag – mit abl. Anm. *Neumann-Duesberg; Kauffmann* UFITA 41 [1964] 279/ 285; *Riepenhausen*[2] S. 1 f.; *Kutzer* S. 197). Ebenso hat ein **Rundfunkorchester** einen Anspruch auf eine zusätzliche Honorierung, wenn die Orchesteraufnahmen vom Rundfunksender aufgenommen und zum Zwecke der Schallplattenverwertung weitergegeben werden (KG UFITA 91 [1981] 224).

Der Umfang der Mitwirkungspflicht ist zumeist arbeitsvertraglich geregelt. Erbringt der angestellte Künstler außervertragliche Leistungen, so steht ihm hierfür ein zusätzlicher Arbeitslohn zu (*Kutzer* S. 242; *Riepenhausen*[2] S. 226). Insbesondere im **Bühnenarbeitsrecht** nehmen die Fälle der Sonderleistung einen breiten Raum ein. So wurde das rhythmische Hammerschlagen der Chormitglieder auf Fassreifen im Refrain des Fassbinderliedes in der Operette „Boccaccio" als Sonderleistung angesehen (BOSchG Frankfurt/M UFITA 97 [1984] 245), wie auch der Holzschuhtanz der Chormitglieder in der Oper „Zar und Zimmermann" (BOSchG Frankfurt/M UFITA 97 [1984] 255) oder die Darbietung lediglich von Teilen musikalischer Bühnenwerke im Rahmen eines Konzerts von Opernchormitgliedern (vgl. BAG NJOZ 2002, 680 ff.). Hierbei handelt es sich um Leistungen, zu denen Chormitglieder nicht verpflichtet waren. Für diese zusätzliche Arbeitsleistung besteht auch ein zusätzlicher Honoraranspruch (aA *Sack,* Münchener Hdb. ArbeitsR, Bd. 1, § 102 Rdnr. 49).

33   Mitwirkende, die selbst **keine Leistungsschutzrechte erwerben,** können für ihre Tätigkeit bei einer Fernsehaufzeichnung ihre Ansprüche auf Zahlung einer zusätzlichen Vergütung nur auf §§ 611, 612 BGB stützen (BOSchG Frankfurt/M UFITA 88 [1980] 253 – Tätigkeit von Inspizienten und Souffleuren; BOSchG Frankfurt/M UFITA 88 [1980] 293 – Tätigkeit von Maskenbildnern; BOSchG Frankfurt/M UFITA 97 [1984] 254 – Tätigkeit von Inspizienten).

34   **Nachvergütungsansprüche** entsprechend dem nun auch auf ausübende Künstler anwendbaren § 32 a kommen nur dann in Betracht, wenn der besondere Erfolg des Werkes auf der Nutzung eines vom Künstler eingeräumten Nutzungsrechts aus den §§ 77, 78 beruht. Dies wird sich voraussichtlich auf Fälle beschränken, in denen die Aufführung zB eines Theaterstücks mit Einverständ-

nis der beteiligten Künstler in elektronische Medien übertragen oder auf Bild-/Tonträger aufgenommen wird und die Nutzung in diesen Medien besonders erfolgreich ist (vgl. *Pleister/Ruttig*, Beteiligungsansprüche für ausübende Künstler bei Bestsellern ZUM 2004, 337 ff.).

Im Übrigen wird hinsichtlich der gemäß § 79 Abs. 2 S. 2 entsprechenden Anwendung der 35 §§ 32 und 32a auf die Kommentierung zu § 43 verwiesen (vgl. Rdnr. 64). Sofern die Vergütung tarifvertraglich festgelegt ist, kann sich der ausübende Künstler nicht auf ihre Unangemessenheit berufen und keine Einwilligung in deren Änderung entsprechend § 32 Abs. 1 S. 3 verlangen. Auch eine weitere Beteiligung entsprechend § 32a Abs. 1 kann ein tarifvertraglich gebundener ausübender Künstler nicht verlangen.

g) Persönlichkeitsrechte. Durch das Gesetz zur Regelung des Urheberrechts in der Informationsgesellschaft wurden die Persönlichkeitsrechte ausübender Künstler erheblich gestärkt. Dies gilt auch für ausübende Künstler in Arbeits- oder Dienstverhältnissen.

aa) Entstellungsverbot. Auch in einem Arbeits- oder Dienstverhältnis kann der ausübende 36 Künstler grundsätzlich Entstellungen oder andere Beeinträchtigungen seiner Darbietung verbieten, die geeignet sind, sein Ansehen und seinen Ruf als ausübender Künstler zu gefährden. Als **persönlichkeitsrechtliche Befugnis** des ausübenden Künstlers ist § 75 auch für in einem Arbeits- oder Dienstverhältnis stehende Künstler **unabdingbar** (*v. Gamm* Rdnr. 1; *Wandte/Bullinger/ Büscher*³ Rdnr. 37; *Ulmer*³ § 124 III). Zulässig ist nur eine auf den konkreten Fall bezogene Zustimmung des ausübenden Künstlers (LG München I UFITA 87 [1980] 342/345 – Wahlkampf; vgl. auch *Schricker*, Fs. für Hubmann, 1985, S. 409/416). So sind zB vertragliche Vereinbarungen hinsichtlich der Änderung der Darbietung zulässig, sofern sie den Kern der persönlichkeitsrechtlichen Belange des ausübenden Künstlers unangetastet lassen (vgl. *Dreier/Schulze/ Dreier*³ § 75 Rdnr. 3). Im Rahmen eines Arbeits- oder Dienstverhältnisses ist jedoch eine besondere Interessenabwägung vorzunehmen. Der Arbeitgeber wird die Darbietung des ausübenden Künstlers trotz einer Entstellung verwerten können, wenn eine Namensnennung unterbleibt und seine Person als solche durch die Verwertung der Darbietung nicht erkannt wird. Ferner ist dem Theaterunternehmen das Recht zuzubilligen, bei einer Inszenierung, die von Publikum und Presse einmütig als misslungen bezeichnet worden ist, die Anregungen der Kritik aufzugreifen und die Inszenierung diesen Anregungen anzupassen (zur Interessenabwägung vgl. OLG Frankfurt/M GRUR 1976, 199 – Götterdämmerung). Der Fall einer Entstellung wäre zB dann gegeben, wenn eine Schallplattenaufzeichnung für parteipolitische Zwecke unter Namensnennung des Sprechers verwandt wird (LG München I UFITA 87 [1980] 342 – Wahlkampf). Eine nicht mehr hinzunehmende Entstellung ist auch dann gegeben, wenn Schauspieler entgegen ihrem Willen synchronisiert oder gedoubelt werden (OLG München UFITA 28 [1959] 342 – Stimme; zustimmend nunmehr *v. Hartlieb/Schwarz/Reber*⁴ Kap. 63 Rdnr. 12).

Für die **unmittelbare Darbietung** hat der ausübende Künstler dem **Direktionsrecht** des 37 Arbeitgebers zu folgen (zum Direktionsrecht *Schaub* Arbeitsrechts-Hdb.⁸ § 45 IV 1). Dieses Direktionsrecht gilt grundsätzlich auch für die künstlerischen Leistungen des ausübenden Künstlers, denn auch er leistet in erster Linie fremdbestimmte Arbeit und muss sich in den jeweiligen Betrieb des Arbeitgebers eingliedern. In welchem **Umfange** der Arbeitgeber jedoch von seinem Direktionsrecht Gebrauch machen kann, hängt auch vom **Berufsbild** und den **übernommenen Aufgaben** des Künstlers ab. Je höher die künstlerische Aufgabe und Leistung des Arbeitnehmers ist, umso stärker wird das Direktionsrecht des Arbeitgebers eingeschränkt. So hat das BOSchG ausgeführt, dass, soweit nicht der Stil und sonstige künstlerische Modalitäten der Inszenierung angesprochen sind, die Theaterleitung mit Rücksicht auf den schöpferischen Charakter der Regieleistung nicht berechtigt ist, einem Gastregisseur in seine Regie hineinzureden (BOSchG Köln UFITA 75 [1976] 283).

bb) Recht der Namensnennung. Für den ausübenden Künstler ist seine Namensnennung 38 von großer wirtschaftlicher Bedeutung. Je bekannter sein Name dem Publikum wird, umso leichter ist es für ihn, im Rahmen von Vertragsverhandlungen wirtschaftliche, aber auch künstlerische Wünsche durchzusetzen. Mit dem Gesetz zur Regelung des Urheberrechts in der Informationsgesellschaft vom 10. 9. 2003 (BGBl. I S. 1774) wurde der Persönlichkeitsschutz ausübender Künstler entsprechend der Vorgabe des Art. 5 des WIPO-Vertrags über Darbietungen und Tonträger (WPPT) um das Recht erweitert, in Bezug auf die Darbietung als ausübender Künstler anerkannt zu werden. Dadurch wurde ausübenden Künstlern im deutschen Urheberrecht erstmals ein gesetzliches Namensnennungsrecht zuerkannt.

Der **Umfang der Namensnennung** richtet sich ebenfalls nach der Branchenübung. Das Recht der Darsteller eines Films, genannt zu werden, bezieht sich somit auch nur auf die branchenüblichen Formen der Nennung, vor allem im Titelvorspann und auf den Plakaten, nicht jedoch auf Insertion und Außenfrontreklame (ArbG München UFITA 27 [1959] 104/108). Anders scheint dies jedoch in der Filmproduktion zu sein, wo gelegentlich zB im Abspann im Fernsehen, nicht die Namen aller ausübenden Künstler genannt werden.

Im Theaterbereich bedeutet dies keine wirkliche Neuerung, da auch schon bislang die Namen der Künstler idR im Programmheft aufgeführt wurden. Handelt es sich um eine gemeinsame Darbietung mehrerer ausübender Künstler, so haben auch diese ein Recht auf Namensnennung gemäß § 74 Abs. 2 S. 2, es sei denn, die Nennung jedes Einzelnen ist mit einem unverhältnismäßigen Aufwand verbunden. In diesen Fällen wird das Namensnennungsrecht der Künstlergruppe zuerkannt (vgl. *Wandtke* ZUM 2004, 505 ff.).

39 Wird der Name des ausübenden Künstlers entgegen der vertraglichen Vereinbarung oder der Branchenübung nicht genannt, kann der Arbeitnehmer grundsätzlich einen **Schadensersatzanspruch** geltend machen. Er muss jedoch nachweisen, dass ihm gerade durch die Nichtnennung ein konkreter Schaden entstanden ist (BAG UFITA 33 [1960] 232 – Schadensersatzanspruch eines Kapellmeisters bei Unterlassung der rundfunküblichen Namensnennung; *Riepenhausen*[2] S. 128/129). Das LG Frankfurt a. M. hat bei der Verletzung des vertraglich vereinbarten Zustimmungsvorbehalts für eine Fernsehausstrahlung dem – allerdings freien Künstler – zugesprochen, dass er seinen Schadensersatzanspruch auch in Form der Herausgabe des Verletzergewinns berechnen kann (ZUM 2003, 791).

40 **cc) Rückrufsrechte.** Seit Inkrafttreten des Gesetzes zur Regelung des Urheberrechts in der Informationsgesellschaft vom 10. 9. 2003 steht jetzt auch ausübenden Künstlern ein Rückrufsrecht wegen Nichtausübung oder wegen gewandelter Überzeugung zu (s. § 79 Abs. 2 Satz 2 iVm. § 41 bzw. § 42). Gemäss § 41 kann der ausübende Künstler ein (ausschließliches) Nutzungsrecht zurückrufen, wenn dieses vom Rechtsinhaber nicht oder nicht hinreichend ausgeübt wird und dies zu einer Verletzung berechtigter Interessen des ausübenden Künstlers führt. § 42 gewährt dem ausübenden Künstler ein Rückrufsrecht, wenn die Darbietung nicht mehr seiner Überzeugung entspricht und ihm auf Grund dessen die Verwertung dieser Darbietung nicht mehr zugemutet werden kann. Da die §§ 41, 42 bei ausübenden Künstlern entsprechend anwendbar sind, wird in Bezug auf Einzelheiten auf die dortige Kommentierung verwiesen. In der Praxis kann das Rückrufsrecht aus § 41 wegen Nichtausübung insbesondere für ausübende Künstler in der Musikbranche von Bedeutung sein, in der oft exklusive Bindungen bestehen, die die Verwertung für längere Zeit blockieren. Vor allem bei jungen, noch unbekannten Künstlern unterbleibt eine Verwertung häufig ganz, wogegen sie sich nun durch die entsprechende Anwendbarkeit des § 41 wehren können. Das Rückrufsrecht aus § 42 wegen gewandelter Überzeugung wird zB bei Künstlern aktuell, die von ihren früheren Darbietungen distanziert haben (vgl. *Flechsig/Kuhn* ZUM 2004, 14 ff. unter Bezugnahme auf *Jaeger* S. 161 f., zum Fallbeispiel einer Musikband, die wegen eines politischen Meinungswechsels die Rechte an der Verwertung von alten Aufnahmen mit rechtsradikalen Texten zurückrufen möchte). Allerdings ist im Fall des Rückrufs wegen gewandelter Überzeugung der Inhaber des Nutzungsrechts gemäß § 42 Abs. 3 angemessen zu entschädigen. Da durch die Ausübung des Rückrufsrechts Produktionen erheblich gestört werden können, wurde das Rückrufsrecht für ausübende Künstler im Filmbereich im Interesse einer ungestörten Verwertung des Filmwerkes ausgeschlossen (vgl. § 92 Abs. 3 iVm. § 90).

Die Rückrufsrechte gelten grundsätzlich auch für ausübende Künstler in Arbeits- und Dienstverhältnissen, sind aber entsprechend dem Wesen und Inhalt des Arbeits- bzw. Dienstverhältnisses eingeschränkt (vgl. hierzu § 43 Rdnr. 88 ff.).

41 **h) Einzelne arbeitsvertragliche Regelungen. aa) Das Bühnenarbeitsrecht. Historische Entwicklung.** Bereits im vorigen Jahrhundert wurde der Grundstein für ein **spezielles Arbeitsrecht der Bühne** gelegt. Im Jahre 1846 wurde der Deutsche Bühnenverein (DBV) gegründet. In diesem Jahr erfolgte auch die Einführung von Bühnenschiedsgerichten, deren Aufgabe es jedoch zunächst nur war, Streitigkeiten der Vereinsmitglieder zu schlichten. Die Gründung der Genossenschaft Deutscher Bühnenangehöriger (GDBA) erfolgte im Jahre 1871. 1873 wurde die **Schiedsgerichtsbarkeit** auf alle Streitigkeiten aus den Bühnenengagementsverträgen zwischen Vereinsbühnen und Arbeitnehmern ausgedehnt. Zwei der insgesamt fünf Schiedsrichter wurden aus dem Kreise der angestellten Künstler gewählt. 1905 erfolgte eine paritätische Besetzung, nämlich von jeder Seite drei Beisitzer. Vorsitzender des Spruchgremiums war ein rechtskundiger Obmann. Die beiden Verbände schlossen 1918 den ersten **Tarifvertrag** ab, und zwar für Solisten, Chor- und Tanzmitglieder. Im Zusammenhang mit diesen tariflichen

Normalverträgen wurde auch eine neue Schiedsgerichtsordnung vereinbart, deren Fassung aus dem Jahre 1927 im Wesentlichen die noch heute gültige Form begründet hat. Die Bühnenschiedsgerichte nahmen frühzeitig zur Mitwirkungspflicht und zu den Vergütungsansprüchen der Bühnenkünstler im Falle von Rundfunksendungen Stellung. Diese Schiedssprüche fanden ihren Niederschlag in dem Normalvertrag Solo von 1933, der für eine solche Mitwirkung der Bühnenkünstler eine angemessene Vergütung zusicherte (abgedr. im Anhang bei *Riepenhausen*[2]).

Auch nach dem 2. Weltkrieg wurde die Tradition der Bühnenschiedsgerichte fortgesetzt. Die zunächst historisch bedingte arbeitsrechtliche Sonderstellung der Bühnenkünstler hat sich im Laufe der Jahre zu einem **Sondergebiet des Arbeitsrechts** entwickelt, das die bühnenkünstlerischen und sozialen Aspekte des Bühnenwesens berücksichtigt (zur historischen Entwicklung des Bühnenarbeitsrechts s. *Rehbinder* UFITA 41 [1964] 291 ff.; *Riepenhausen* UFITA 24 [1957] 27 ff.).

Normalvertrag Bühne. 1. Regelung der Leistungsschutzrechte. Zur Zeit ist der Normalvertrag Bühne (NV-Bühne) neugefasst mit Wirkung vom 1. 2. 2006 sowie durch den dritten Änderungstarifvertrag vom 1. 8. 2008 verbindlich (abgedruckt in *Bolwin/Sponer*, Bühnentarifrecht, Loseblattsammlung). Mit dem Tarifvertrag vom 15. 10. 2002 war eine völlige Neuordnung der früheren Tarifverträge NV Solo (für Solokünstler), NV Chor/Tanz (für Opernchöre und Tanzgruppen), Bühnentechnikertarifvertrag BTT (für technische Angestellte mit künstlerischer oder überwiegend künstlerischer Tätigkeit) und den Bühnentechnikervertrag Landesbühne BTTL (für technische Angestellte mit künstlerischer oder überwiegend künstlerischer Tätigkeit an Landesbühnen) erfolgt. Im NV-Bühne sind insbesondere die **Mitwirkungspflichten** sowie die **Vergütungs-** und **Beschäftigungsansprüche** des Künstlers und die **Kündigungsmodalitäten** geregelt. Der NV-Bühne gilt im persönlichen Bereich für Solomitglieder (zB Einzeldarsteller, Dirigenten, Regisseure, Dramaturgen, Kostümbildner, Souffleure, Direktoren des künstlerischen Betriebs etc., vgl. § 1 Abs. 2 NV-Bühne), Bühnentechniker (zB technische Direktoren, Chefmaskenbildner, Tonmeister, Leiter des Beleuchtungswesens etc., vgl. § 1 Abs. 3 NV Bühne) sowie für Opernchor- und Tanzgruppenmitglieder. Die Einbeziehung in den NV hängt somit nicht davon ab, ob der Bühnenangehörige als ausübender Künstler im Sinne des § 73 anzusehen ist. So ist die Tätigkeit der Repetitoren, Inspizienten und Souffleure idR keine künstlerische (BOSchG Frankfurt/M UFITA 88 [1980] 253 – zur künstlerischen Tätigkeit von Inspizienten und Souffleuren).

Bereits in den zwanziger Jahren zeigte sich, dass Bühnenaufführungen durch eine **gleichzeitige** oder **zeitversetzte Ausstrahlung im Rundfunk** nochmals verwertet wurden. Das BOSchG hatte im Schiedsspruch vom 29. 5. 1925 dem Bühnenkünstler für die damit verbundenen Nachteile die „Gewährung eines Anteils an den Erträgnissen" zugesprochen (BOSchG vom 29. 5. 1925, zitiert bei *Kutzer* S. 197 in Anm. 2). Im NV-Solo von 1924 idF von 1933 wurde zwischen den Tarifparteien geregelt, dass „für die Mitwirkung in Vorstellungen, die aus dem Theater durch den Rundfunk oder Fernsprecher übertragen werden, sowie für die Mitwirkung bei Ensembledarbietungen des Theaters, die aus dem Senderaum durch Rundfunk übertragen werden, neben dem Gehalt eine angemessene Vergütung im Dienstvertrag zu vereinbaren ist" (§ 3 Abs. 4 NV-Solo). Jeder Mitwirkende hatte damit für diese Verwertung einen Anspruch auf ein **zusätzliches Entgelt;** es war jedoch gerechtfertigt, nichtkünstlerischen Bühnenangehörigen weniger zu zahlen als Bühnenkünstlern (BOSchG Frankfurt/M UFITA 88 [1980] 253/257).

Diese tarifliche Klausel blieb über 50 Jahre unverändert. Sie wurde von Bühnenschiedsgerichten, aber auch von Zivilgerichten restriktiv ausgelegt. Eine Mitwirkungspflicht und Verpflichtung zur Abtretung der Leistungsschutzrechte wurde somit für den Fall verneint, dass die Theateraufführung auf Bild- oder Tonträger aufgezeichnet werden sollte (OLG Hamburg GRUR 1976, 708/711 – Staatstheater; BOSchG Frankfurt/M UFITA 41 [1964] 365).

Der auch im Bühnenbetrieb rasanten technischen Entwicklung wurde zunächst in der bis zum 31. 12. 2002 geltenden Fassung des NV-Solo Rechnung getragen. Die durch das Arbeitsverhältnis begründete Mitwirkungspflicht des Bühnenmitgliedes ist in fachlicher, inhaltlicher und zeitlicher Hinsicht allgemein in § 7 NV-Bühne und für die einzelnen Berufsgruppen in §§ 54 ff. (Solomitglieder), in §§ 63 ff. (Bühnentechniker), in §§ 71 ff. (Chormitglieder) und in §§ 84 ff. (Tanzgruppenmitglieder) genau geregelt. Der Tarifvertrag NV-Bühne differenziert klar zwischen den Mitwirkungspflichten und der Rechteübertragung. Letztere ist in § 8 NV-Bühne allgemein und für die einzelnen Berufsgruppen in § 59 (Solomitglieder), in § 68 (Bühnentechniker), in § 80 (Chormitglieder) und in § 93 (Tanzgruppenmitglieder) geregelt. Die insoweit übereinstimmenden Regelungen gewähren zusätzliche Sondervergütungen für Aufzeichnungen und Live-Veranstaltungen zu Sendezwecken einschließlich Sendung, deren Wiedergabe, Wiederholungssendungen, Kabel- und Satellitenverbreitung und Weiterverbreitung des Sendeguts durch dritte Sendeunternehmen. § 8 Abs. 1 enthält bereits die Einwilligung für die Verwertung der künstlerischen Leistungen in Online-Diensten. Präzisiert wird jetzt, dass bei „Online-Angeboten mit Downloadmöglichkeit der Download" (also der Mitschnitt) „nur unentgeltlich erfolgen, die Wiedergabedauer 15 Minuten nicht überschreiten und nicht mehr als ein Viertel des Werkes umfassen" darf. Außerdem wird klargestellt, dass die Werbezwecke des Arbeitgebers auch die Abgabe von Tonträgern (zB CDs) sowie Bildtonträger (zb DVDs) umfasst, sofern sie unentgeltlich oder nur gegen eine Schutzgebühr erfolgt. Die Tarifparteien sind sich darüber einig, dass die Entwicklung des elektronischen Markts, vor allem des Internets, alsbald eine Neuregelung der Rechteübertragungsbestimmungen erfordert. Was im Einzelfall theatereigener Zweck oder Gebrauch bedeutet, ist sowohl durch den Bühnenbrauch als spezifisches Regelungsinstrument des Bühnenarbeitsrechts als auch durch die Zweckbestimmung der Leistungsschutzrechte der ausübenden Künstler im Arbeitsverhältnis festzustellen (vgl. *Wandtke* ZUM 2004, 505 ff.). Abweichungen davon durch Individualvereinbarung sind nur für Solisten vorgesehen (vgl. § 59 Abs. 5 NV-Bühne).

45   **2. Beschäftigungsanspruch.** Für den Bühnenkünstler ist der **Beschäftigungsanspruch** – wie bereits die zahlreichen Entscheidungen der Schiedsgerichte zeigen – von **zentraler Bedeutung.** Nur eine angemessene Beschäftigung in seinem Rollenfach eröffnet dem Bühnenkünstler die Chance, auch andere Bühnen auf sich aufmerksam zu machen und damit sein weiteres Fortkommen zu sichern (*Riepenhausen*[2] Ergänzungsbd. S. 62 f.; *ders.* UFITA 24 [1957] 27/29 f. mwN; *Schwarze* UFITA 16 [1925] 252). Ein Bühnenunternehmen ist somit verpflichtet, dem **Bühnendarsteller** eine **angemessene Beschäftigung zu sichern** (BAG AP Nr. 14 zu § 611 BGB – Bühnenengagementsvertrag; zum Beschäftigungsanspruch von Anfängern BOSchG Frankfurt/M UFITA 88 [1980] 258; BOSchG Köln UFITA 75 [1976] 270; zum Beschäftigungsanspruch auch bei Gastspielverträgen BOSchG Frankfurt/M UFITA 75 [1976] 278).

46   Kommt das Theaterunternehmen seiner **Beschäftigungspflicht nicht nach,** kann der Bühnenkünstler materiellen **Schadensersatz** verlangen. Die Nichtbeschäftigung des Künstlers wirkt sich meist negativ auf das Weiterkommen des Künstlers, insbesondere auf neue Engagements aus (vgl. BOSchG Frankfurt/M UFITA 88 [1980] 356; BOSchG Frankfurt/M UFITA 97 [1984] 259; BOSchG Frankfurt/M UFITA 88 [1980] 271). Ist das Fortkommen des Bühnenkünstlers trotz Verletzung der Pflichten des Bühnenleiters nicht tangiert, besteht kein Schadensersatzanspruch (BOSchG Frankfurt/M UFITA 97 [1984] 259/260).

Dies gilt gemäß § 54 Abs. 2 NV-Bühne jedoch nicht für Solo-Darsteller und ihnen gleichgestellte Nichtdarsteller, zu denen laut Rechtsprechung des BOSchG nicht alle in § 1 Abs. 2 NV-Bühne genannten Solomitglieder, zumindest aber die angestellten (nicht auf Grund von Gastspielverträgen tätigen) Dirigenten, Regisseure, Bühnenbildner, Choreographen, einstudierenden Ballettmeister und Korrepetitoren zählen (vgl. *Loewenheim,* unter Bezugnahme auf *Kurz* Praxishandbuch Theaterrecht 7. Kap. Rdnr. 146 ff.). Für Chor- und Tanzgruppenmitglieder bedeutet dies eine erhebliche Verschlechterung ihrer Rechtsposition gegenüber den früheren Einzeltarifverträgen, die auch für diese Berufsgruppen einen solchen Anspruch vorsahen.

47   **Schiedsgerichtsverfahren.** Die Tarifparteien haben für den Tarifvertrag NV-Bühne in § 53 die Zuständigkeit der **Bühnenschiedsgerichte** vereinbart. Die Zulässigkeit der Schiedsgerichtsvereinbarung richtet sich nach § 101 Abs. 2 ArbGG. Der Schiedsvertrag ist nur für bestimmte, enumerativ aufgezählte Berufsgruppen zulässig, hierzu gehören auch die Bühnenkünstler und Filmschaffende. Das BAG hat die Zulässigkeit der Tarifvereinbarung für die Bühnenschiedsgerichte ausdrücklich bestätigt (BAG NJW 1964, 268).

Es gibt **Bezirksschiedsgerichte** in Berlin, Hamburg, Köln, Frankfurt am Main, München und Chemnitz (§ 3 Tarifvertrag über die Bühnenschiedsgerichtsbarkeit vom 1. 10. 1948 idF vom 5. 9. 1994, abgedr. in Bühnen- und Musikrecht I E 3). Gegen eine Entscheidung dieser Bezirksschiedsgerichte kann **Berufung** zum **Bühnenoberschiedsgericht** eingelegt werden, das seinen Sitz in Frankfurt hat. Die Schiedsgerichte werden in der Besetzung mit dem Obmann und je zwei Beisitzern der Theaterveranstalter und der Bühnenangestellten tätig, § 7. Der Obmann muss die Befähigung zum Richteramt haben und wird von den beteiligten Tariforganisationen gewählt, § 6. Gegen einen rechtskräftigen Schiedsspruch ist die Klage auf Aufhebung nach § 110 ArbGG zulässig. Diese Klage ist bei dem ausschließlich zuständigen Arbeitsgericht Köln zu erheben (zur Kompetenz der Bühnenschiedsgerichte *Rehbinder* UFITA 41 [1964] 291 ff.).

Der **Schiedsgerichtsbarkeit** sind jedoch die **urheber-** oder **leistungsschutzrechtlichen Ansprüche entzogen,** § 104 UrhG (s. zu den Einzelheiten § 104 Rdnr. 1, 2). Wird eine nicht vereinbarte Vergütung ausschließlich auf die Verletzung von Leistungsschutzrechten gestützt, ist der ordentliche Rechtsweg gegeben (BOSchG Frankfurt/M UFITA 88 [1980] 293 – Mitwirkung bühnenverpflichteter Maskenbildner bei Fernsehaufzeichnungen).

bb) Filmbereich. Bereits das Reichsgericht hatte anerkannt, dass **darstellende Künstler** 48 sowie sonstige Mitwirkende bei einer **Filmproduktion Arbeitnehmer** sind (RG JR 1927, 848). Im Jahre 1943 erfolgte eine Tarifordnung für Filmschaffende, die sämtliche Filmschaffende erfasste und bis zum Inkrafttreten des Tarifvertrages für Filmschaffende am 19. 12. 1959 verbindlich war (abgedr. in UFITA 31 [1960] 86). Später galt der Tarifvertrag vom 1. 1. 1996. Dieser Tarifvertrag für Film- und Fernsehschaffende wurde am 11. 2. 2004 von der Vereinten Dienstleistungsgesellschaft ver.di gekündigt. Trotz dieser Kündigung bleiben jedoch gemäß § 19.2 des Tarifvertrags vom 1. 1. 1996 dessen Bestimmungen solange verbindlich, bis ein Tarifpartner dem anderen schriftlich mitteilt, dass er die Verhandlungen über einen neuen Tarifvertrag nicht aufnehmen oder fortsetzen wird. Somit sind weiterhin insbesondere folgende Regelungen dieses Tarifvertrags zu beachten:

Der Filmhersteller kann Aufnahmen derselben Fassung nachsynchronisieren. Er darf hierfür jedoch nur dann eine andere Kraft einsetzen, wenn dies aus künstlerischen oder wirtschaftlichen Gründen notwendig ist (Ziff. 3.8 des Tarifvertrages).

Genauso wie für den Bühnendarsteller ist auch für den Filmschauspieler sein **Beschäfti-** 49 **gungsanspruch** von zentraler Bedeutung. Sein „Marktwert" hängt davon ab, dass er seine schauspielerische Leistung dem Publikum zeigen kann. Im Hinblick auf die Besonderheiten des Filmes – insbesondere bedingt durch das erhebliche wirtschaftliche Risiko – wird dem Filmdarsteller jedoch kein Anspruch auf Beschäftigung gewährt. Der Filmhersteller kann auf die Dienste des Filmschaffenden verzichten (Ziff. 4.3 des Tarifvertrages). Der Filmdarsteller behält seinen Gagenanspruch. Ein weitergehender finanzieller Ausgleich wegen Nichtbeschäftigung steht ihm nicht zu. Aus dem Beschäftigungsanspruch folgt allerdings nicht, dass der Künstler Anspruch auf die ihm ursprünglich angebotene Rolle hat. Das BAG hat betont, dass bei einer Vertragsauslegung die Bedeutung der Freiheit der künstlerischen Betätigung für den Produzenten und für den Künstler angemessen zu berücksichtigen sei. Im Hinblick auf das Weisungsrecht des Arbeitgebers müsse eine Filmschauspielerein auch Änderungen an ihrer arbeitsvertraglich vorgesehenen Filmrolle hinnehmen (BAG NZA 2007, 974 – Umfang des Weisungsrechts gegenüber Filmschauspielerin; BVerfG ZUM 2003, 785 – Xavier Naidoo).

Ein Filmschaffender, der mit einem Jahresvertrag hat oder einen Ausschließlichkeitsvertrag für einen bestimmten Film, kann nach Ablauf von $^5/_{12}$ der Vertragszeit den Vertrag unter Setzung eine Nachfrist von acht Wochen kündigen, wenn seine Beschäftigung gröblich vernachlässigt worden ist. In diesem Fall behält er seinen Anspruch auf Zahlung der vereinbarten Gage, ein weitergehender Schadensersatz wird jedoch auch für diesen Fall ausdrücklich ausgeschlossen (Ziff. 4.6 des Tarifvertrages).

Inzwischen haben die Produzentenvertreter eine der wesentlichen Forderungen der Gewerkschaft akzeptiert und sich bereit erklärt, Zeitkonten für auf Produktionsdauer Beschäftigte einzuführen. Dies ist geregelt in dem am 1. 6. 2005 in Kraft getretenen Übergangstarifvertrag für Film- und Fernsehschaffende.

cc) Funk und Fernsehen. Neben den fest angestellten Mitarbeitern beschäftigen die Rund- 50 funk- und Fernsehanstalten auch **Mitarbeiter nicht für** eine **bestimmte Produktion.** Auch diese sind **Arbeitnehmer** (BAG UFITA 81 [1978] 314 und BAG ZUM 1993, 306, allerdings ein Arbeitsverhältnis verneinend – für eine Fernsehreporterin; BAG UFITA 85 [1979] 294 für einen Filmautor; BAG UFITA 92 [1982] 242 für einen Regisseur; LAG Düsseldorf UFITA 92 [1982] 293/295; *Ulmer* Urhebervertragsrecht Rdnr. 76–79).

Rundfunkanstalten haben zum Teil für diesen Personenkreis einen **gesonderten Tarifver-** 51 **trag** abgeschlossen (ausführlich hierzu *v. Olenhusen,* Medienarbeitsrecht für Hörfunk und Fernsehen, S. 163 ff.). Hierzu gehört der Tarifvertrag für auf Produktionsdauer Beschäftigte des WDR" vom 1. 12. 1976 in der Fassung vom 1. 4. 2001.

Diese Tarifverträge gelten für Arbeitnehmer, die bei der Herstellung von Produktionen des Fernsehens oder Hörfunks unmittelbar und persönlich mitwirken und für datumsmäßig bestimmte oder durch die Dauer einer Produktion begrenzte Zeit zu diesen Tätigkeiten verpflichtet werden (Schauspieler, Regisseure, Kamerapersonal, Cutter).

In Ziff. 13 des WDR-Vertrages ist eine umfassende **Rechtseinräumung** geregelt worden. Auch hier werden Urheber- und Leistungsschutzrechte gleichbehandelt (vgl. dazu § 43

Rdnr. 115 ff.). Der Geltungsbereich des Tarifvertrages betrifft aber nahezu ausschließlich Leistungsschutzberechtigte. Unterschieden wird hinsichtlich der Rechtseinräumung „zu Rundfunkzwecken" (§ 13) und „zu anderen Zwecken" (§ 14), zu Letzterem gehören ua. Kino- und Schmalfilmverwertung, audiovisuelle Verwertung sowie Tonträger- und digitale Verwertung. Von der Übertragung der Rechte zu Rundfunkzwecken ist auch die Verwendung von Standbildern im Internet umfasst (OLG Köln GRUR-RR 2005, 179). Die **Nutzungseinräumung „zu anderen Zwecken"** erfolgt grundsätzlich gegen ein **gesondertes Entgelt**. Dieses zusätzliche Entgelt wird zunächst für die Gesamtheit der Mitwirkenden berechnet und dann im Verhältnis der vereinbarten Erstvergütung der jeweils Beschäftigten geteilt. Eine Besonderheit sieht der WDR-Vertrag hinsichtlich der sogenannten **Wiederholungshonorare** vor. Die Vergütungspflicht trifft den WDR aber nur dann, wenn eine erneute Ausstrahlung durch den Sender selbst erfolgt, nicht wenn andere die Sendung verwerten (LAG Köln, Urteil vom 27. 4. 2007, Az: 12 Sa 1158/06). Auch für eine rundfunkmäßige Verwertung erhalten Mitwirkende eine Vergütung. Für den Hauptregisseur sind besondere Wiederholungsvergütungen vorgesehen (vgl. zum WDR-Vertrag auch *Neufeldt* FuR 1977, 236; *Reuter* FuR 1977, 78 f.). Wiederholungshonorare und Erlösbeteiligungen, die an ausübende Künstler von Hörfunk oder Fernsehproduktionen als Nutzungsentgelte für die Übertragung originärer urheberrechtlicher Verwertungsrechte gezahlt werden, stellen keinen Arbeitslohn dar (BFH GRUR 2006, 1021).

52   dd) **Orchester**. Zwischen dem Deutschen Bühnenverein und dem Deutschen Orchesterverein wurde am 1. 7. 1971 ein **Tarifvertrag** für die Musiker in Kulturorchestern (TVK) abgeschlossen, der trotz Kündigung im Jahre 2005 weiterhin in der Fassung vom 4. 12. 2002 gilt (abgedr. in Bühnen- und Musikrecht II A 2). Dieser Tarifvertrag gilt nur für **Musiker in Kulturorchestern**, das heißt für Orchester, die regelmäßig Operndienst versehen oder Konzerte ernster Musik spielen. Nicht dem Tarifvertrag unterliegen Orchester, die nur oder überwiegend Operettendienst versehen, § 1 TVK.

Im **persönlichen Bereich** gilt der TVK nicht für Kapellmeister (für diese gilt der NV-Bühne), für Orchesteraushilfen und angestellte Musiker in beamtenähnlicher Stellung, § 2 TVK.

53   Gemäß § 7 Abs. 2 TVK umfasst die **Mitwirkungspflicht** der Orchestermitglieder auch die Mitwirkung bei **Darbietungen** für **Rundfunk-** und **Fernsehzwecke** (live oder aufgezeichnet) im Theater, Konzertsaal oder im Rundfunk- bzw. Fernsehstudio. In dieser Klausel ist auch geregelt, dass die Arbeitnehmer verpflichtet sind, die für die Verwertung der Aufnahmen notwendigen Rechte einzuräumen (vgl. § 7 Abs. 2 b).

Eine Mitwirkungspflicht besteht für die in einem Orchester beschäftigten Musiker gem. § 7 Abs. I TVK auch dann, wenn sich der Arbeitgeber als solcher auf der Veranstaltung eines Dritten (zB Jubiläumsveranstaltungen etc.) in der dortigen Öffentlichkeit durch Vorstellung einer Darbietung darstellt. Dabei muss die Veranstaltung weder allein dem Repräsentationszweck (des Arbeitgebers) dienen, noch muss es sich um eine rein kulturelle bzw. künstlerische Veranstaltung handeln. Sofern die Veranstaltung zumindest auch der Repräsentation des Arbeitgebers dient, steht den Mitgliedern von Kulturorchestern keine gesonderte Vergütung zu (vgl. LAG Schleswig-Holstein vom 10. 3. 2005 – 3 Sa 546/04).

Allerdings stellt die Protokollnotiz Nr. 3 zu § 7 TVK klar, dass die Verwertung durch die Sender oder deren Produktionsgesellschaften voraussetzt, dass jeweils **vor Beginn** einer Sendung oder Aufzeichnung die **Sende-** und **Vervielfältigungsvergütungen** mit dem Mitwirkenden oder den Verwertungsgesellschaften **zu vereinbaren** sind. Damit ist klargestellt, dass eine Übertragung der Einwilligungsrechte auf den Arbeitgeber nur unter der aufschiebenden Bedingung der Vergütungsregelung erfolgt. Fehlt es an einer entsprechenden Regelung, ist die Einwilligung nicht erteilt. Die Orchestermitglieder können somit gegenüber den Sendeanstalten Vergütungsrechte geltend machen (OLG Frankfurt/M GRUR 1985, 380 – Operneröffnung).

54   i) **Auslands- und Internationales Recht**. Der WIPO-Vertrag über Darbietungen und Tonträger vom Dezember 1996 (WPPT) enthält als erster völkerrechtlicher Vertrag eine Regelung des Künstlerpersönlichkeitsrechts (Art. 5 WPPT). Des Weiteren führte er für ausübende Künstler und Tonträgerhersteller ein ausschließliches Recht auf öffentliche Zugänglichmachung ihrer auf Tonträgern festgelegten Darbietungen ein (Art. 10 bzw. 14 WPPT) und weist ihnen ein ausschließliches Vervielfältigungs- (Art. 7 bzw. 11 WPPT), Verbreitungs- (Art. 8 bzw. 12 WPPT) und Vermietrecht (Art. 9 bzw. 13 WPPT) zu. Der WPPT sowie der WIPO-Urheberrechtsvertrag (WCT), ebenfalls vom Dezember 1996, wurden auf europäischer Ebene umgesetzt mit der Richtlinie 2001/29/EG vom 22. 5. 2001 zur Harmonisierung bestimmter Aspekte des Urheberrechts

und der verwandten Schutzrechte in der Informationsgesellschaft. Diese Regelungen kommen auch dem in einem Arbeitsverhältnis tätigen Künstler zugute.

Dadurch wurden alle Mitgliedsstaaten der Europäischen Union verpflichtet, die zwingenden Vorgaben der Richtlinie in nationales Recht umzusetzen, so dass die Rechtsposition ausübender Künstler in den anderen EU-Staaten der in Deutschland bereits zum Teil bereits vergleichbar ist und im Übrigen bald vergleichbar sein dürfte. Zum aktuellen Stand der Umsetzung in den EU-Staaten vgl. Übersicht auf der Website www.urheberrecht.org.

§ 80 Gemeinsame Darbietung mehrerer ausübender Künstler

(1) ¹**Erbringen mehrere ausübende Künstler gemeinsam eine Darbietung, ohne dass sich ihre Anteile gesondert verwerten lassen, so steht ihnen das Recht zur Verwertung der gesamten Hand zu.** ²**Keiner der beteiligten ausübenden Künstler darf seine Einwilligung zur Verwertung wider Treu und Glauben verweigern.** ³**§ 8 Abs. 2 Satz 3, Abs. 3 und 4 ist entsprechend anzuwenden.**

(2) **Für die Geltendmachung der sich aus den §§ 77 und 78 ergebenden Rechte und Ansprüche gilt § 74 Abs. 2 Satz 2 und 3 entsprechend.**

Schrifttum: S. zunächst die Schrifttumsnachweise vor §§ 73 ff. und zu § 73. *Dünnwald,* Replik: Zur Stuttgarter Tonbandaffäre, FuR 1979, 25; *v. Erffa,* Einiges zum Recht des ausübenden Künstlers, GRUR 1952, 334; *Schaefer,* Vom Nutzen neuer Nutzungsarten, in: Ulrich Loewenheim, Hrsg. Urheberrecht im Informationszeitalter, FS für Wilhelm Nordemann, München 2004, S. 227–241; *Schlatter,* Die BGH-Entscheidung „The Doors": Zur Prozeßführungsbefugnis bei Gruppenleistungen nach § 80 UrhG – Zum Leistungsschutz ausübender Künstler bei Sachverhalten mit Auslandsberührung, ZUM 1993, 522 ff.; *Sieger,* Garstige Tonbandleader – Schallmauer gegen Ballettgastspiele, FuR 1979, 23 u. 26.

Übersicht

	Rdnr.
I. Allgemeines	1–3
1. Anwendungsbereich im Vergleich zu § 80 aF	1
2. Die beiden Normzwecke der Vorschrift	2
3. Rechtspolitische Kritik an der Vorschrift	3
II. Einzelerläuterungen	4–15
1. Rechtswahrnehmung nach Abs. 1	4
a) Die Gesamthandsbindung des Satz 1	4, 5
b) Die Treu-und-Glauben-Vorschrift des Satz 2	6
c) Die analoge Anwendung nach Satz 3	7–9
2. Vertretungsbefugnis nach Abs. 2	10–15
a) Die analoge Anwendung des § 74 Abs. 2 Satz 2 und 3	10, 11
b) Wahrnehmung durch GVL	13
c) Prozessuale Bedeutung	14
d) Vorstand und Leiter in ihrem Verhältnis zur Gruppe	15

I. Allgemeines

1. Während **der Anwendungsbereich** des § 80 aF sich zumindest seinem Wortlaut nach auf bestimmte Arten von Aufführungen, nämlich die Chor-, Orchester- und Bühnenaufführungen sowie die dabei mitwirkenden Künstlergruppen wie Chor, Orchester, Ballett und Bühnenensemble beschränkte (vgl. aber zum Streit um die Anwendbarkeit auch auf Kleingruppen, wie zB einer nur aus drei Mitgliedern bestehenden Popmusikgruppe nach altem Recht, 2. Aufl. Rdnr. 2 u. Rdnr. 16, sowie BGHZ 121, 319 ff. – The Doors einerseits die Anwendbarkeit des § 80 aF auch insoweit bejahend und *Schack* JZ 1994, 43 f., *ders.*⁴ Rdnr. 596 andererseits, eine Analogie zu § 8 Abs. 2 S. 3 befürwortend), gilt die Vorschrift in ihrer Neufassung jetzt auch ihrem Wortlaut nach für **alle** ausübenden Künstler, die **gemeinsam** eine Darbietung mit verwertungsmäßig voneinander **untrennbaren** Anteilen erbringen. Dies ist teils weiter, teils enger als § 80 aF. Weiter ist die Regelung insofern, als jetzt auch Dirigenten, Regisseure und Solisten erfasst sind (*Dünnwald* ZUM 2004, 161 ff., 163; LG Köln, ZUM-RD 2008, 211 ff.); enger ist sie, weil bei voneinander trennbaren, lediglich (iS von § 9) miteinander verbundenen Darbietungen, zB Soli aus einem Chor- oder Orchesterwerk, Arien oder sonstige Ausschnitte aus einer Operngesangsaufnahme, ausgewählte Filmszenen ohne die dazu gehörige Filmmusik (s. diese Beispiele bei *Dünnwald* ZUM 2004, 161 ff., 164) jedenfalls § 80 Abs. 1 keine Anwen-

§ 80

dung findet (zur Anwendbarkeit des Abs. 2 insoweit *Dünnwald* ZUM 2004, 161 ff., 164 und unten, Rdnr. 10).

2   Ebenso wie § 80 aF (s. dazu 2. Aufl. Rdnr. 1) verfolgt die Vorschrift auch in ihrer Neufassung **zwei** nicht in jeder Hinsicht miteinander kompatible, jedenfalls aber **unterschiedliche Zwecke** (s. dazu auch BGH GRUR 2005, 502 ff., 504 – Götterdämmerung): Zum Einen soll im **Innenverhältnis** zwischen den Mitgliedern der „Künstlergemeinschaft" (vgl. die Formulierung bei *Wandtke/Bullinger-Büscher*[3], § 80, Rdnr. 8) verhindert werden, dass einzelne Mitglieder bei **Uneinigkeit** der Willensbildung der Gruppenmitglieder untereinander die Verwertung der gemeinsamen Darbietung gegen den Mehrheitswillen **blockieren** (s. schon die amtl. Begr. Zum UrhG 1965, *Haertel/Schiefler* S. 327). Während § 80 aF diesen Zweck ohne Regelung des Innenverhältnisses zu erreichen trachtete, welches unter Geltung des § 80 aF in Rspr. und Literatur teils als Bruchteilsgemeinschaft nach §§ 741 ff. BGB, teils vereinsrechtlich (§§ 54, 24 ff. BGB), teils aber auch gesellschaftsrechtlich (§§ 705 ff. BGB) gedeutet wurde (s. dazu ausführlich 2. Aufl., Rdnr. 9–13), gilt jetzt nach § 80 Abs. 1 S. 1 eine **gesamthänderische Bindung,** und zwar in Bezug auf **alle** für die Verwertung bedeutsamen Rechte und Ansprüche, also nicht nur die Einräumung und Übertragung von Nutzungsrechten, sondern auch die Verfolgung von Rechtsverletzungen sowie die Geltendmachung obligatorischer Ansprüche aus Verträgen über Nutzungsrechte (amtl. Begr. BT-Drucks. 15/38, S. 24; s. auch BGH GRUR 2005, 502 ff. 504 – Götterdämmerung; LG Köln, ZUM-RD 2008, 211 ff.). Der Gesetzgeber wollte damit für den Fall des Fehlens abweichender Vereinbarungen im Innenverhältnis zwischen den Gruppenmitgliedern offenbar das **Einstimmigkeitsprinzip** der §§ 709, 714 BGB einführen mit dem Zwang zur vorherigen Absprache und Einigung unter den Künstlern im Interesse der Konfliktvermeidung (*Flechsig/Kuhn* ZUM 2004, 14 ff., 27; *Flechsig* NJW 2004, 575 ff., 578). Ob und in welchem Umfang diese gesamthänderische Bindung auch für die zwar bei den Verwertungsrechten geregelten (§§ 79 Abs. 2 S. 2 iVm. §§ 32–43), aber eher künstlerpersönlichkeitsrechtlich geprägten Befugnissen gilt, wie zB das Rückrufrecht aus gewandelter Überzeugung (§ 42), ist freilich zweifelhaft (s. dazu näher unten, Rdnr. 5). Im **Außenverhältnis** bezweckt die Vertretungsregelung des **§ 80 Abs. 2** (s. dazu näher unten, Rdnr. 10 ff.) Rechtssicherheit und Praktikabilität im Rechtsverkehr mit größeren, organisierten Künstlergruppen (Amtl. Begr. BT-Drucks. 15/38, S. 24). Dieser Zweck kann nur erreicht werden, wenn § 80 Abs. 2 – wie § 80 aF (s. 2. Aufl., Rdnr. 15) – als **zwingend** angesehen wird (ebenso *Wandtke/Bullinger-Büscher*[3], Rdnr. 9).

3   3. Ob die Neufassung gegenüber dem bisherigen Recht einen Fortschritt darstellt, kann in Frage gestellt werden. So wird nicht ohne Grund **kritisiert,** dass die Frage, wie es sich mit der Zuweisung und Ausübung der Rechte der ausübenden Künstler bei gemeinsamen Darbietungen verhalten soll, statt in einer einzigen Vorschrift an drei verschiedenen Stellen geregelt ist, nämlich für das Namensnennungsrecht in § 74 Abs. 2, für die Entstellungsabwehrrecht in § 75 S. 2 und für die Verwertungsrechte in § 80 Abs. 1 u. 2 (*Dünnwald* ZUM 2004, 161 ff., 163). Ferner wird die Praktikabilität der Parallelregelung von gesamthänderischer Regelung einerseits (§ 80 Abs. 1) und Vertretungsregelung andererseits (§ 80 Abs. 2) bezweifelt (*Dünnwald* ZUM 2004, 161 ff., 163; s. dazu auch *Krüger* ZUM 2003, 122 ff., 127). Diese Bedenken bestehen freilich nicht, wenn man in § 80 Abs. 2 eine **lex specialis** zu § 80 Abs. 1 sieht, durch die die actio pro socio des § 80 Abs. 1 S. 3 iVm. § 8 Abs. 2 S. 3 ausgeschlossen wird (so *Flechsig/Kuhn* ZUM 2004, 14 ff., 29 und *Flechsig* NJW 2004, 575 ff., 578; s. dazu auch den Diskussionsbericht *v. Rom* in ZUM 2003, 128 ff., 132).

II. Einzelerläuterungen

4   1. a) Die **gesamthänderische** Bindung nach Abs. 1 S. 1 der Vorschrift gilt nur für gemeinsame Darbietungen, deren Anteile sich nicht gesondert verwerten lassen. Maßgebend ist dabei für die Abgrenzung – ebenso wie für die Abgrenzung zwischen § 8 und § 9 bei den Urhebern (s. dazu § 8 Rdnr. 5) – die **theoretische Möglichkeit** der getrennten Verwertung unabhängig davon, ob ihr vertragliche Absprachen entgegenstehen oder ob die theoretisch trennbaren Teile am Markt realistischerweise isoliert eine Vermarktungschance haben (ebenso *Loewenheim/Vogel*[2], Hdb. UrhR, § 38, Rdnr. 101; LG Köln, ZUM-RD 2008, 211 ff.). Beispiele für eine derartige gesonderte Verwertbarkeit sind etwa Arien ohne Orchesterbegleitung, in eine Gesamtdarbietung eingebettete Soli, die Vokalstimme einer Lieddarbietung ohne Klavierbegleitung oder ausgewählte Filmszenen ohne die dazugehörige Filmmusik (s. die Beispiele bei *Dünnwald* ZUM 2004,

161 ff., 164 u. *Loewenheim/Vogel*², Hdb. UrhR, § 38 Rdnr. 101; ferner *Dreier/Schulze*³ Rdnr. 2). Nach der traditionellen Gesamthandtheorie sind die Gesamthänder und nicht eine von ihnen begrifflich verschiedene „Person" Träger der Rechte und Pflichten (*Palandt/Heinrichs*⁶⁸ Vor § 21 BGB Rdnr. 2). Nach der neueren Rspr. des BGH ist die Gesamthand dagegen eine als solche teilrechtsfähige Wirkungseinheit, bei der ein Wechsel im Mitgliederbestand keinen Einfluss auf den Fortbestand der zu der Gesamthand bestehenden Rechtsverhältnisse hat (vgl. BGHZ 146, 341 ff.; BGH NJW 2002, 1207, s. auch schon BGHZ 79, 374, 378 f.; in BGHZ 142, 315 ff. noch offen gelassen). Es gibt nach dieser auf *Flume* ZHR 136 (1972), 177 ff. zurückgehenden, jetzt vom BGH aufgegriffenen Gesamthandsdogmatik keine Anteile der Gesamthänder an den einzelnen Vermögensgegenständen, sondern nur Anteile an der Gesamthand im Ganzen (vgl. *Palandt/Heinrichs*⁶⁸ Vor § 21 BGB Rdnr. 2).

Freilich wird die Deutung von Künstlergemeinschaften als Gesamthandsgemeinschaft den **5** charakteristischen Zügen, die den gemeinsam eine Darbietung erbringenden Künstlergemeinschaften eigen sind, nicht in jeder Hinsicht gerecht. Die ausschließlich auf Vermögensverwaltung zugeschnittenen Regeln über die Gesamthandsgemeinschaft eignen sich insbesondere nicht, den Besonderheiten der **künstlerpersönlichkeitsrechtlichen Belange** Rechnung zu tragen. Es liegt insoweit ähnlich wie bei der Miturhebergemeinschaft (vgl. dazu § 8 Rdnr. 1 u. 10). Ebenso wie die Miturhebergemeinschaft ist auch die Künstlergemeinschaft eine **Gemeinschaft besonderer Art,** auf die die Regeln über die Gesamthandsgemeinschaft nur anwendbar sind, soweit dies mit den künstlerpersönlichkeitsrechtlichen Belangen der beteiligten Künstler vereinbar ist. Bei **nicht festgelegten Darbietungen** hatte der BGH noch unter Geltung des LUG die Anwendung der §§ 741 ff. BGB abgelehnt, weil diese kein „Vermögensgegenstand" seien (BGHZ 33, 20 ff., 30, 33 – Figaros Hochzeit). Diese rein persönlichkeitsrechtliche Deutung des Erstfixierungsrechts des § 77 Abs. 1 und der Rechte zur (erstmaligen) öffentlichen Wiedergabe des § 78 Abs. 1 Nr. 1–3 entspricht zwar nicht (mehr) dem heutigen Verständnis von Rechtsnatur und Bedeutung dieser Rechte im Rechtsverkehr (vgl. Vor §§ 73 ff., Rdnr. 10–12). Gleichwohl ist aber bei diesen Rechten der künstlerpersönlichkeitsrechtliche Anteil stärker als bei den übrigen Verwertungsrechten, weil – besonders bei nichtöffentlichen Darbietungen – das **Veröffentlichungsrecht** ideelle Belange berührt, die in verschiedener Hinsicht eine Sonderbehandlung erheischen (vgl. § 77 Rdnr. 6 u. § 79 Rdnr. 4). Für die Anwendung des § 80 Abs. 1 folgt daraus, dass **vertragliche Absprachen** der Mitglieder der Künstlergruppe untereinander – auch in Form von Vereinssatzungen, Gesellschaftsverträgen etc. – die das dem § 80 Abs. 1 zugrunde liegende **Einstimmigkeitsprinzip** (s. oben Rdnr. 2) durch das **Mehrheitsprinzip** ersetzen, für den Fall der **Bearbeitung** oder **Änderung** der gemeinsamen Darbietung nicht ohne Weiteres anerkannt werden können und im Bereich der **Erstveröffentlichung** nur unter denselben Voraussetzungen wirksam sind, wie bei Vereinbarungen über künstlerpersönlichkeitsrechtliche Befugnisse, also den **Kern des Künstlerpersönlichkeitsrechts** unberührt lassen. Auch insoweit ist die Rechtslage bei Künstlergemeinschaften nicht anders als bei Urhebergemeinschaften (vgl. daher im Einzelnen § 8 Rdnr. 14 u. 18). Das Rückrufsrecht (§ 79 Abs. 2 S. 2 mit §§ 41, 42) unterliegt aber trotz seiner persönlichkeitsrechtlichen Komponente dem Gesamthandsprinzip (*Dünnwald/Gerlach*, § 80 Rdnr. 5 unter Hinweis auf BGH UFITA 69, 241, 244 – Musikverleger II; *Flechsig/Kuhn*, ZUM 2004, 14, 28; aA *Mestmäcker/Schulze/Hertin*, § 80 Rdnr. 9).

b) Die Vorschrift des **§ 80 Abs. 1 S. 2,** wonach keiner der beteiligten ausübenden Künstler **6** seine Einwilligung zur Verwertung wider **Treu und Glauben** verweigern darf, ist der entsprechenden Vorschrift für Miturheber in § 8 Abs. 2 Satz 2 nachgebildet, bezieht sich aber anders als § 8 Abs. 2 S. 2 nur auf die Einwilligung zur Verwertung und nicht auch auf die Einwilligung zur Veröffentlichung und zur Änderung (*Wandtke/Bullinger/Büscher*³, Rdnr. 11). Veränderungen, die gegen das Beeinträchtigungsverbot des § 75 Satz 1 verstoßen, gilt das Rücksichtnahmegebot des § 75 S. 2. Darüber hinaus ist innerhalb bestehender Vertragsverhältnisse über die Verweisung des § 79 Abs. 2 S. 2 die Vorschrift des § 39 Abs. 2 anzuwenden, dh. Änderungen, zu denen der ausübende Künstler seine Einwilligung nach Treu und Glauben nicht versagen kann, sind zulässig. Im Übrigen bringt § 80 Abs. 1 S. 2 einen weit über den Anwendungsbereich des Gesamthandsprinzips nach Satz 1 gültigen, sehr viel **allgemeineren Rechtsgedanken** zum Ausdruck, der der **typischen Gemengelage** bei Produktionen, an denen eine Vielzahl von Urhebern und ausübenden Künstlern beteiligt ist, Rechnung trägt (vgl. dazu eingehend *Schaefer*, Fs. Nordemann, S. 227 ff.). Schon unter Geltung des LUG hatte der BGH im Verhältnis zwischen Solisten, Dirigenten und Regisseur einerseits und dem Chor-, Orchester-, Ballett- und Bühnenensemble andererseits diesen Grundsatz in dem hier fraglichen Bereich als **verallgemeinerungsfähig** hervorgehoben (BGHZ 33, 20 ff., 33 f. – Figaros Hochzeit). Es ist daher gerechtfertigt, diesen Grundsatz auch dann, wenn lediglich verbundene, aber theoretisch trennbare Darbietungen (s. die Bsp. oben Rdnr. 1 u. 4) vorliegen, in Analogie zu § 9 anzuwenden (s. dazu auch *Dünnwald* ZUM 2004, 161 ff., 164; anders jetzt aber *Dünnwald/Gerlach*, § 80 Rdnr. 4 aE: analoge Anwendung des Gebots der gegenseitigen Rücksichtnahme des § 75 S. 2 auf die Verwertungsrechte). Dasselbe gilt, soweit künstlerpersönlichkeitsrechtliche Belange zur Unanwendbarkeit des Gesamthandprinzips des Satz 1 führen (s. Rdnr. 5). Zwar sind Ansprüche aus § 75 S. 1 wegen einer Beeinträchtigung der Darbietung ohnehin nicht von § 80 erfasst, sondern von jedem einzelnen Künstler individuell geltend zu machen; es gilt insoweit bei gemeinsamen Darbietungen lediglich das Rücksichtnahmegebot des § 75 S. 2 (s. dazu § 75 Rdnr. 34). Das darüber hinausgehende Zustimmungserfordernis nach Treu und Glauben gem. S. 2 kann aber auch außerhalb des Anwendungsbereichs des § 75 eine **Interessenabwägung** zB zwischen den ökonomischen Interessen eines Teils der Künstler der Gruppe an möglichst umfassender Verwertung auch in geänderter bzw. bearbeiteter zB modernisierter Form einerseits und den dem uU entgegenstehenden ideellen Belangen eines anderen Teils der Künstlergruppe erfordern. Entsprechendes gilt, wenn künstlerpersönlichkeitsrechtliche Belange schon Bestandteil auch der Verwertungsrechte sind (*v. Gamm* § 80 aF Rdnr. 5), wie zB das **Selbstbestimmungsrecht** des ausübenden Künstlers in Bezug auf die erstmalige Festlegung (§ 77 Abs. 1) oder erstmalige öffentliche Wiedergabe (§ 78 Abs. 1 Nr. 1–3) seiner bislang unveröffentlichten Darbietung (s. oben Rdnr. 5). Die wohl überwiegende Gegenansicht, das Treuegebot in Bezug auf Veröffentlichungen und Veränderungen gelte ausnahmslos nur für die Miturheber nach § 8 Abs. 2 S. 2, nicht aber im Rahmen des § 80 für die Künstlergruppen, weil die Darbietung bereits mit ihrer Erbringung veröffentlicht werde und Veränderungen immer nur nach § 75 S. 1 zu beurteilen seien (*Dreier/Schulze*[3] Rdnr. 4; *Fromm/Nordemann/Schaefer*[10], Rdnr. 16; *Wandtke/Bullinger-Büscher*[3], Rdnr. 11), berücksichtigt nicht das Phänomen der Studio-Outtakes bei Studioaufnahmen (s. dazu § 73 Rdnr. 16) und den Umstand, dass Veränderungen insbesondere digitaler Art nicht immer eine Beeinträchtigung iSd. § 75 S. 1 darstellen (vgl. dazu zuletzt KG Berlin GRUR-RR 2004, 129 ff. – Modernisierung einer Liedaufnahme).

7   c) Nach § 80 Abs. 1 S. 3 ist **die actio pro socio des § 8 Abs. 2 S. 3** auf Künstlergruppen analog anwendbar. Dies gilt für **alle** verwertungsrechtlichen Rechte und Ansprüche, also nicht nur die Verbotsansprüche der §§ 77, 78 Abs. 1 und die Vergütungsansprüche des § 78 Abs. 2, sondern auch für alle weiteren Vergütungsansprüche (s. deren Zusammenstellung bei § 79, Rdnr. 6) einschließlich der Korrekturansprüche nach Maßgabe des § 79 Abs. 2 S. 2 iVm. §§ 32, 32a (s. oben Rdnr. 2). Der – in mehrfacher Hinsicht missglückte – § 75 Abs. 5 idF des Gesetzes zur Stärkung der vertraglichen Stellung von Urhebern und ausübenden Künstlern v. 22. 3. 2002 (BGBl. I S. 1155) wurde damit überflüssig und konnte deshalb ersatzlos gestrichen werden (s. Amtl. Begr. BT-Drucks. 15/38, S. 24). Freilich ist diese actio pro socio **im Innenverhältnis** zwischen den Mitgliedern der Gruppe **abdingbar.** Insofern wird die **gesetzliche Prozessstandschaft** des § 80 Abs. 1 S. 3 iVm. § 8 Abs. 2 S. 3, die auch gegen einen Mit-Künstler geltend gemacht werden kann und auch die **gemeinschaftlichen,** also nicht ausschließlich ein oder mehrere, sondern **alle** Gruppenmitglieder berührenden **ideellen Interessen** in Bezug auf Verwertung der gemeinsamen Darbietung erfasst (s. *Flechsig/Kuhn* ZUM 2004, 14 ff., 28), durch die entsprechende gesetzliche Prozessstandschaft des § 80 Abs. 2 abgelöst, wenn die Gruppe einen gewählten Vertreter (Vorstand) oder Leiter iSd. § 74 Abs. 2 S. 2 bzw. S. 3 hat. Dies war schon nach § 80 Abs. 1 und 2 aF zur Vereinfachung des Rechtsverkehrs **zwingend** (s. 2. Aufl., Rdnr. 15 zu § 80 aF), allerdings nur soweit deren Voraussetzungen gegeben sind, also insbesondere ein Vorstand oder ein Leiter vorhanden ist (BGHZ 121, 319 ff., 323 – The Doors). Fehlt ein solcher, so soll es nach der amtl. Begr. (BT-Drucks. 15/38, S. 25) bei der actio pro socio des § 80 Abs. 1 verbleiben. In dieser amtl. Begr. ist indessen nicht berücksichtigt, dass § 80 Abs. 2 erst auf Empfehlung des Rechtsausschusses des deutschen Bundestags seine jetzige Fassung erhielt, die durch den Verweis auf § 74 Abs. 2 S. 3 letzte Alternative klarstellt, dass bei Fehlen eines Vorstands oder Leiters für die Geltendmachung **in jedem Fall** („nur") ein entsprechender Vertreter zu wählen ist (so auch *Rehbinder*[15] § 59 III, 6). Damit verbleibt für die Anwendung des § 80 Abs. 1 S. 1 iVm. § 8 Abs. 2 S. 3 im Außenverhältnis gegenüber Dritten nur subsidiär in den seltenen Fällen neben Abs. 2 ein Anwendungsspielraum, wenn es auch nicht möglich ist, ad hoc im Bedarfsfall für die Geltendmachung einen Vertreter der Gruppe als Prozessstandschaftler zu wählen (aA wohl *Wandtke/Bullinger-Büscher*[3], Rdnr. 14).

Die entsprechende Anwendung des § 8 Abs. 3 bedeutet, dass **für die Verteilung der Er-** 8
trägnisse aus der Verwertung der gemeinsamen Darbietung unter den Mitgliedern der Künstlergruppe in erster Linie die vertraglichen Vereinbarungen im **Innenverhältnis** maßgebend sind. Fehlen solche, dann ist in zweiter Linie je nach der Struktur der Gruppe auf die dispositiven Bestimmungen des **Vereinsrechts** (§§ 24 ff., 54 BGB) oder des **Gesellschaftsrechts** (§§ 705 ff. BGB) zurückzugreifen (s. dazu eingehend 2. Aufl. Rdnr. 9–13 zu § 80 aF). Erst, wenn sich auch daraus kein Maßstab für die interne Erträgnisverteilung ergibt, kommt es auf den Umfang (Quantität) der Mitwirkung der einzelnen Mitglieder an, der in der Praxis freilich schwierig zu bestimmen ist und notfalls vom Gericht nach § 287 ZPO geschätzt werden muss (*Flechsig/Kuhn* ZUM 2004, 14 ff., 28).

Nicht ohne Weiteres klar ist, welche Bedeutung die Anordnung der entsprechenden Anwen- 9
dung des **§ 8 Abs. 4** auf Künstlergemeinschaften hat. Denn § 8 Abs. 4 ist eine Ausnahme von § 29 Abs. 1 Halbs. 1, der, wie aus einem Umkehrschluss aus § 79 Abs. 2 S. 2 folgt, auf ausübende Künstler nicht anwendbar ist (*Flechsig/Kuhn* ZUM 2004, 14 ff., 28). Freilich ist für den Urheber durchaus strittig, in welchem Umfang § 29 Abs. 1 Halbs. 1 nicht nur die Übertragbarkeit, sondern auch den Verzicht hinsichtlich einzelner urheberrechtlicher Befugnisse und Ansprüche unter Lebenden ausschließt (s. zB den Überblick bei *Wandtke/Bullinger-Block*[3] § 29 Rdnr. 15–21). Ebenso ist für die Miturheber im Rahmen des § 8 Abs. 4 strittig, wie weit die Ausnahme von § 29 Abs. 1 Halbs. 2 trägt, dh. ob die Verzichterklärung im Zweifel **eng** auszulegen ist (so *Dreier/Schulze*[3] § 8 Rdnr. 26), ob die §§ 31–39 auf die Verzichtserklärung nicht anzuwenden sind (so *Wandtke/Bullinger-Thum*[3] § 8 Rdnr. 48 f.; *Fromm/Nordemann/W. Nordemann*[10] § 8 Rdnr. 32; aA *Möhring/Nicolini/Ahlberg*[2] § 8 Rdnr. 48; *Schack*[4] Rdnr. 285; *Rehbinder*[15] Rdnr. 171) und ob im Rahmen einer Miturhebergemeinschaft nach der Sonderregelung des § 8 Abs. 4 auch auf Vergütungsansprüche verzichtet werden kann, die an sich - zB nach den §§ 26 Abs. 2, 27 Abs. 1 S. 2, 20b Abs. 2 S. 2 – unverzichtbar sind (so *Ulmer*[3] S. 192; *Fromm/Nordemann/ W. Nordemann*[10] § 8 Rdnr. 32; *Wandtke/Bullinger-Thum*[3] § 8 Rdnr. 50; s. auch § 8 Rdnr. 17 einerseits und § 26 Rdnr. 43 andererseits). Durch die Verweisung des § 80 Abs. 1 S. 3 auf § 8 Abs. 4 sind diese Streitfragen jetzt auch bei Künstlergemeinschaften iSd. § 80 relevant und nach denselben Gesichtspunkten zu entscheiden, wie bei den Urhebergemeinschaften. Auf die Erl. zu § 8 kann daher insoweit verwiesen werden.

2. a) Der Verweis auf die **Vertretungsregelungen des § 74 Abs. 2 S. 2 und S. 3** in § 80 10
Abs. 2 ist erst im Rechtsausschuss des dt. Bundestags in das Gesetz gekommen. Der Regierungsentwurf enthielt noch eine – gegenüber § 80 Abs. 2 aF geringfügig geänderte – allgemeine Regelung der gesetzlichen Vertretungsmacht des gewählten Vertreters bzw. Leiters einer Künstlergruppe gegenüber Dritten, ohne sich auf die in § 80 aF genannten Künstlergruppen zu beschränken (Amtl. Begr. BT-Drucks. 15/38, S. 24).

Die Verweisung erfasst allerdings ihrem Wortlaut nach nur die sich aus den §§ 77 und 78 er- 11
gebenden Rechte und Ansprüche, woraus man folgern könnte, dass zB die vertraglichen Vergütungs- und Korrekturansprüche der §§ 32, 32a von den einzelnen Gruppenmitgliedern individuell auszuüben sind. Dem Sinn und Zweck des § 80 Abs. 2, der Rechtssicherheit und Praktikabilität in Bezug auf die Verwertung von Darbietungen größerer, organisierter Künstlergruppen Rechnung zu tragen (s. oben Rdnr. 2), entspräche dies freilich nicht. Auch die amtliche Begründung erwähnt ausdrücklich die §§ 32, 32a als von der Vorschrift erfasst (BT-Drucks. 15/38, S. 24), ohne dass Anhaltspunkte dafür ersichtlich sind, dass der gesetzgeberische Wille zu diesem Punkt durch die Umformulierung im Rechtsausschuss des dt. Bundestags eine Änderung erfahren hat (ebenso *Dreier/Schulze*[3] § 80 Rdnr. 6). § 80 Abs. 2 gilt analog für die Geltendmachung von Rechten gem. §§ 2, 3 EinV an gemeinsamen Darbietungen, die in der ehemaligen DDR aufgezeichnet worden sind (KG ZUM-RD 1997, 245, 247 – Staatskapelle Berlin).

b) Bei der Umformulierung im dt. Bundestag (Wahl der Verweisungstechnik auf § 74 Abs. 2 12
S. 2 und 3) ist allerdings die Klarstellung, dass die Vertretungsbefugnis auch zugunsten einer Verwertungsgesellschaft eingeräumt werden kann (§ 80 Abs. 2 S. 2 aF), ersatzlos entfallen. Dies dürfte ein Redaktionsversehen sein, das man korrigieren sollte (ebenso *Dünnwald* ZUM 2004, 161 ff., 179). Unabhängig davon hat sich die Rechtslage in diesem Punkt gegenüber § 80 Abs. 2 aF aber im Ergebnis nicht geändert. Denn die treuhänderische Einbringung der Rechte und Ansprüche in die GVL ist noch keine Geltendmachung iS des § 80 Abs. 2 (*Dünnwald/Gerlach*, § 80 Rdnr. 11; *Fromm/Nordemann/Schaefer*[10], Rdnr. 33). Die Geltendmachung der Ansprüche durch die GVL gegenüber den Nutzern entspricht der bisherigen Wahrnehmungspraxis, die

durch den Wegfall des § 80 Abs. 2 S. 2 aF nicht geändert werden sollte (*Fromm/Nordemann/ Schaefer*[10], Rdnr. 34–36).

13 Zu § 80 Abs. 2 S. 2 aF war **streitig,** ob sich aus der Vorschrift im Umkehrschluss ergibt, dass an andere Dritte, die nicht Verwertungsgesellschaften sind, eine translative Vollrechtsübertragung iSd. § 79 Abs. 1 S. 1 bzw. § 78 S. 1 aF in Bezug auf die gemeinsame Darbietung ausgeschlossen ist und ob diese Abtretung, falls sie möglich ist, vom Vorstand oder Leiter der Gruppe (so wohl *Möhring/Nicolini/Kroitzsch*[2] Rdnr. 10 zu § 80 aF) oder nur von dem einzelnen Gruppenmitglied individuell vorgenommen werden kann (so *Wandtke/Bullinger-Büscher* Rdnr. 14 zu § 80 aF). Diese Frage wird nach der Neufassung des § 80 Abs. 2 insbesondere praktisch, wenn man die Vorschrift im Gegensatz zu § 80 Abs. 1 (s. dazu oben Rdnr. 1 und 4) auch auf gemeinsame Darbietungen anwendet, die – zumindest theoretisch – einer trennbaren Verwertung zuführbar sind (vgl. die Beispiele oben Rdnr. 4). Zumeist sind die ausübenden Künstler schon vor der Bildung einer Künstlergruppe und unabhängig von ihrer Gruppenzugehörigkeit als Einzelpersonen Mitglieder der GVL (s. Vor §§ 73 ff. Rdnr. 27–30). Es greift dann in Bezug auf Künstlergruppen das in § 79 Rdnr. 8 geschilderte „Wahrnehmungsgeflecht" mit der Maßgabe ein, dass **ausschließlich** der Vorstand oder Leiter der Gruppe die Befugnis hat, im Außenverhältnis mit Verwertern für die Gruppe Abschlüsse zu tätigen (s. dazu auch *Dünnwald* ZUM 2004, 161 ff., 164). Da § 80 Abs. 2 zwingend ist (s. oben Rdnr. 2 und 7) und dem § 80 Abs. 1 als **lex specialis** vorgeht (s. oben Rdnr. 3 und 7), kann diese Rechtslage, die der Gesetzgeber bewusst zur Vereinfachung und Rechtssicherheit im Rechtsverkehr geschaffen hat (s. oben Rdnr. 2) nicht durch translative Übertragungen einzelner Gruppenmitglieder oder eines Vorstandes bzw. Leiters an Dritte durchkreuzt werden.

14 c) **Prozessual** wirkt diese Konzentration sowohl auf der Aktiv- als auch – praktisch wichtig für den Fall negativer Feststellungsklagen – auf der Passivseite (*Möhring/Nicolini/Kroitzsch*[2] Rdnr. 11 zu § 80 aF *Mestmäcker/Schulze/Hertin,* Rdnr. 19; *Wandtke/Bullinger-Büscher*[3] Rdnr. 16). Dies gilt allerdings auf der Passivseite nur in demjenigen Umfang, in dem der Vorstand oder Leiter auf der Aktivseite ebenfalls legitimiert wäre (ebenso *Wandtke/Bullinger-Büscher*[3] Rdnr. 16), also zB nicht für vertragliche Ansprüche gegen einzelne Ensemble-Mitglieder, sofern sich nicht etwas anderes beispielsweise aus der Art der Vereinigung der Gruppe oder dem Vertrag ergibt (*Möhring/ Nicolini/Kroitzsch*[2] Rdnr. 11 zu § 80 aF). Auch die Beteiligungsansprüche der Tonträgerhersteller gem. § 86 müssen gem. § 80 Abs. 2 gegen den Vorstand oder Leiter der Gruppe geltend gemacht werden (*Möhring/Nicolini/Kroitzsch*[2] Rdnr. 11 zu § 80 aF). Es handelt sich um Fälle der **gesetzlichen Prozessstandschaft** (OLG München ZUM 1988, 349 – Cinderella Ballett; BGHZ 121, 319, 322 – The Doors; BGH GRUR 2005, 502 ff., 504 – Götterdämmerung; aA Dünnwald/Gerlach, § 80 Rdnr. 12: gesetzliche Vertretungsmacht). Sie besteht auch für Rechte, die entstanden sind, als die Gruppe noch einen anderen Vorstand oder Leiter und andere Mitglieder hatte, wenn es sich bei Künstlergruppe um einen über einen längeren Zeitraum und unabhängig von dem Wechsel der Mitglieder fortbestehenden Zusammenschluss handelt (BGH GRUR 2005, 502 ff., 504 – Götterdämmerung; LG Köln, ZUM-RD 2008, 211 ff, LG Hamburg ZUM 1991, 98 – Ring des Nibelungen; *Rehbinder*[15] § 59 III, 6). Die Neufassung gilt, da insoweit eine spezielle Übergangsregelung nicht existiert, entsprechend der allgemeinen Regel des § 129 auch für ältere, vor Inkrafttreten der Neufassung erbrachte Ensemble-Darbietungen (BGH GRUR 2005, 502 ff., 504 – Götterdämmerung; LG Köln, ZUM-RD 2008, 211 ff.).

15 d) Zur Frage, wer Leiter, Vorstand oder Vertreter ist (bzw. sein kann), wie er gewählt wird und wie sein Verhältnis zur jeweiligen Gruppe ist, vgl. im Einzelnen § 74 Rdnr. 29 ff. Hat ein Ensemble sowohl einen künstlerischen Leiter als auch einen solchen, der die rechtlichen Belange der Gruppe vertritt, so ist nur letzterer prozessführungsbefugt (vgl. OLG Köln, ZUM 2001, 166 ff. – Kelly-Family). Zum Verhältnis des Sängers zu seiner Begleitband vgl. BGH 1999, 49 f. – Bruce Springsteen and his band. Intendant oder Chefdramaturg können nicht Vorstand oder Leiter sein, weil sie im Arbeitgeberlager stehen (*Möhring/Nicolini/Kroitzsch*[2] Rdnr. 7 zu § 80 aF; *Wandtke/Bullinger-Büscher*[3], Rdnr. 14). Zur Rechtslage, wenn die Gruppe weder einen Vorstand noch einen Leiter hat, vgl. oben Rdnr. 7.

§ 81 Schutz des Veranstalters

[1] Wird die Darbietung des ausübenden Künstlers von einem Unternehmen veranstaltet, so stehen die Rechte nach § 77 Abs. 1 und 2 Satz 1 sowie § 78 Abs. 1 neben dem ausübenden Künstler auch dem Inhaber des Unternehmens zu. [2] § 10 Abs. 1, § 31 Abs. 1 bis 3 und 5 sowie die §§ 33 und 38 gelten entsprechend.

§ 81

Schrifttum: de Oliveira Ascensao, Der Schutz von Veranstaltungen kraft Gewohnheitsrechts, GRUR Int. 1991, 20; *Gentz,* Veranstalterrecht, GRUR 1968, 182; *Hilty/Henning-Bodewig,* Leistungsschutzrechte zugunsten von Sportveranstaltungen, 2007; *Hodik,* Der Schutz des Theater- und Konzertveranstalters in Deutschland, Österreich und der Schweiz, GRUR Int. 1984, 421; *Melichar,* „Hörfunkrechte" an Spielen der Fußballbundesliga?, Fs. für Nordemann, 2004, S. 213; *Runge,* Schutz der ausübenden Künstler, UFITA 35 (1961) 159; *G. Schulze,* Die kleine Münze und ihre Abgrenzungsproblematik bei den Werkarten des Urheberrechts, 1983; *Stolz,* Die Rechte der Sendeunternehmen nach dem Urheberrechtsgesetz und ihre Wahrnehmung, 1987; *Schmieder,* Der Rechtsschutz des Veranstalters, GRUR 1964, 121; *ders.,* Die Verwandten Schutzrechte – ein Torso?, UFITA 73 (1975) 65.

Übersicht

	Rdnr.
I. Allgemeines	1–14
1. Rechtslage vor dem UrhG von 1965, Entstehungsgeschichte, Zweck und Bedeutung des § 81	2–6
2. Rechtsnatur, Regelungsgegenstand und Rechtsfolgen der Norm	7–9
3. Kritik des besonderen Veranstalterrechts	10–12
4. Rechtspolitische Erwägungen	13, 14
II. Einzelerläuterungen	15–33
1. Schutzgegenstand des § 81	15–19
2. Unternehmen als Berechtigte iSd. § 81	20–28
3. Die Rechtsverhältnisse zwischen Veranstalter und ausübendem Künstler	29–33
III. Sonstige Fragen	34–38
1. Schutzfrist	34
2. Schrankenregelung	35
3. Persönlicher Geltungsbereich	36
4. Übertragbarkeit und Vererblichkeit	37
5. Konkurrenzen	38

I. Allgemeines

Die Vorschrift des § 81 regelt die Fälle, in denen die Darbietung eines ausübenden Künstlers von einem in organisatorischer und wirtschaftlicher Hinsicht verantwortlichen Unternehmen veranstaltet wird. Sie gewährt dem veranstaltenden Unternehmen ein eigenes, von dem des Interpreten unabhängiges Recht, hinsichtlich der unmittelbaren Verwertung der Darbietung durch ihre Aufnahme auf Bild- oder Tonträger, durch Vervielfältigung und Verbreitung der Bild- und Tonträger, durch Bildschirm- oder Lautsprecherübertragung, durch öffentliche Zugänglichmachung und durch Funksendung Nutzungsrechte einzuräumen. Die Entstehung dieses Rechts ist ohne einen Künstlervertrag zwischen Interpreten und Veranstalter nicht denkbar. Gleichwohl hat es seinen Rechtsgrund nicht in einer vertraglichen Abrede, sondern in der eigenständigen, gesetzlich geschützten Veranstalterleistung. **1**

1. Rechtslage vor dem UrhG von 1965, Entstehungsgeschichte, Zweck und Bedeutung des § 81

a) Vor Inkrafttreten des UrhG hatte der Veranstalter einer Darbietung die Möglichkeit, als Besitzer oder Eigentümer des Veranstaltungsorts sein **Hausrecht** (§§ 858, 1004 BGB) gegenüber jedem Dritten geltend zu machen, der unautorisiert die veranstaltete Darbietung aufzunehmen versuchte (AmtlBegr. UFITA 45 [1965] 240/312; *v. Gamm* Rdnr. 1; *Schmieder* GRUR 1964, 121/124; *Runge* UFITA 35 [1961] 159/179). Als gewerblichem Veranstalter standen ihm grundsätzlich gegen derart unmittelbare Eingriffe in seinen gewerblichen Tätigkeitsbereich auch Ansprüche aus dem **Recht am eingerichteten und ausgeübten Gewerbebetrieb nach § 823 Abs. 1 BGB** und bei vorsätzlicher sittenwidriger Schädigung nach **§ 826 BGB** zu. **2**

In Ausnahmefällen war auch an einen **Urheberrechtsschutz** für den Veranstalter **gemäß § 4 LUG** zu denken, wenn die Auswahl und/oder Anordnung der dargebotenen Werke auf ihn zurückging und den Anforderungen einer persönlichen geistigen Schöpfung genügte (dazu ausführlich *Schmieder* GRUR 1964, 121/122).

Gegen Wettbewerber, die veranstaltete Darbietungen mitschnitten, kamen Ansprüche aus § 1 UWG aF wegen unmittelbarer Leistungsübernahme hinzu, wobei der BGH nach früherer, heute überholter Rechtsprechung (s. Rdnr. 16) bereits in dem Umstand der **unmittelbaren Leistungsübernahme** die Sittenwidrigkeit des Handelns sah (BGHZ 33, 38/47 – Künstlerlizenz Rundfunk; BGHZ 37, 1/20 – AKI; BGHZ 39, 352/356 – Vortragsveranstaltung). Das UWG schützte den Veranstalter, gleich, was er veranstaltete, auch gegen **Beeinträchtigungen eines zwangsläufigen Nebengeschäfts** wie die Herausgabe und den Vertrieb des Veranstaltungsprogramms (BGHZ 27, 264/270 – Box-Programme). **3**

4 **b) Entstehungsgeschichtlich** geht der Veranstalterschutz auf – wenn auch noch unvollkommene – Regelungen im RJM-E 1932 (§ 57 Abs. 2), im Hoffmann-E 1933 (§ 50 Abs. 2) und im Akademie-E 1939 (§ 56 Abs. 2) zurück. Daran anknüpfend gewährten der RefE 1954 (§ 79 Abs. 2) wie später noch der MinE 1959 (§ 87 Abs. 1 S. 2) dem Unternehmer lediglich ein Einwilligungsrecht bei künstlerischen Darbietungen im Rahmen seines Betriebes (vgl. *Schmieder* GRUR 1964, 121/122; *Runge* UFITA 35 [1961] 159/178). Umfassenderen Schutz erhielt die Veranstalterleistung erst in § 91 des RegE 1962, der 1965 unverändert als § 81 Gesetz wurde (ausführlich zur Geschichte der Vorschrift *Dünnwald/Gerlach* Rdnr. 2). Mit dem InformationsgesG vom 10. 9. 2003 (BGBl. I S. 1774) ist § 81 an die gleichzeitigen Änderungen des Rechts des ausübenden Künstlers – namentlich die Erstreckung des Künstlerrechts auf Ausdrucksformen der Volkskunst, die Umwandlung der Einwilligungs- in ausschließliche Nutzungsrechte und die Gewährung des Rechts der öffentlichen Zugänglichmachung – angepasst worden. Ferner wurden § 31 Abs. 1 bis 3 und 5 sowie §§ 33 und 38 für entsprechend anwendbar erklärt. Das **2. InformationsgesG vom 26. 10. 2007** (BGBl. I 2513) strich – veranlasst durch die Aufhebung von § 31 Abs. 4 – in S. 2 nach der Angabe § 31 die Angabe „Abs. 1 bis 3 und 5" wieder, während das **DurchsetzungsG vom 7. 7. 2008** (BGBl. I 1191) auf die Beschlussempfehlung des Rechtsausschusses vom 9. 4. 2008 (BT-Drucks. 16/8783) die Angabe „Abs. 1 bis 3 und 5" wieder einfügte und durch die Angabe „§ 10 Abs. 1" ergänzte, ohne dass aus den Materialien klar würde, welchem praktischen Zweck die Vermutungsregel in Verbindung mit dem Veranstalterrecht zu dienen bestimmt ist (dazu ausführlich *Wandtke/Bullinger/Büscher* Rdnr. 1).

5 **c)** Nach der AmtlBegr. des UrhG (UFITA 45 [1965] 240/312) findet der Veranstalterschutz seinen **Zweck** und seine – im Schrifttum umstrittene (s. Rdnr. 10–14) – **Rechtfertigung** darin, dass bei Darbietungen eines ausübenden Künstlers, die von einem Unternehmen (Bühnenunternehmen, Konzertunternehmen und dgl.) veranstaltet werden, auch die wirtschaftlichen Interessen des Inhabers des Unternehmens zu berücksichtigen seien (s. *Schmieder* UFITA 73 [1975] 65/71). Dieser solle im Falle des Schmarotzens Dritter an den von ihm mit „Mühe und Kosten durchgeführten Darbietungen" nicht allein auf sein Hausrecht verwiesen werden, da die Lautsprecherwiedergabe, die Festlegung auf Bild- oder Tonträger und deren Vervielfältigung sowie die Funksendung der Darbietung auch ohne sein Wissen erfolgen könnten.

Mit der tatbestandlichen Beschränkung auf veranstaltende **Unternehmen** und auf die Veranstaltung von Darbietungen urheberrechtlich schutzfähiger – wenn auch nicht notwendig geschützter – Werke privilegiert § 81 die organisatorische Leistung des gewerblichen Veranstalters im Kulturbereich. Der Zweck dieser Bestimmung ist damit **auch im Schutz organisatorischwirtschaftlicher Leistungen auf kulturellem Gebiet** zu sehen, der letztlich ihre Aufnahme in das UrhG rechtfertigt.

6 **d)** Seine **Bedeutung gegenüber der früheren Rechtslage** gewinnt § 81, der anders als § 3 iVm. § 4 Nr. 9 UWG (§ 1 UWG aF) tatbestandlich weder ein Wettbewerbsverhältnis noch den Vorwurf unlauteren Verhaltens begründende zusätzliche Umstände verlangt, vor allem durch die **geringere Darlegungslast** (vgl. *Gentz* GRUR 1968, 182/183; *de Oliveira Ascensao* GRUR Int. 1991, 20/22), durch die gegenüber § 3 iVm. § 4 Nr. 9 UWG und §§ 823, 826 BGB **erleichterte Beweisbarkeit** seiner tatbestandlichen Voraussetzungen sowie durch die Länge seiner **Schutzfrist** (Rdnr. 34). Hinzu kommt, dass § 81 als ausschließliches Recht dem Veranstalter gestattet, jeden Dritten, der die von ihm veranstaltete Darbietung auf die in den §§ 77 Abs. 1 und 2 S. 1, 78 Abs. 1 genannten Arten ohne seine Rechtseinräumung nutzt, unabhängig von einer Rechtseinräumung des Interpreten auf Beseitigung, Unterlassung und ggf. Schadensersatz in Anspruch zu nehmen (§ 97 Abs. 1), selbst wenn dieser den Eingriff nicht unmittelbar begangen hat (s. *Ulmer*[3] § 124 III). Wer folglich den erlaubterweise vorgenommenen Konzertmitschnitt gutgläubig erwirbt und vervielfältigt, verbreitet, öffentlich zugänglich oder mittels Bildschirm oder Lautsprecher öffentlich wahrnehmbar macht oder die veranstaltete Darbietung sendet, setzt sich dem Verbotsrecht sowohl des ausübenden Künstlers als auch des Veranstalters aus. Nicht zuletzt stehen dem Veranstalter nach § 81 iVm. § 83 **Vergütungsansprüche aus privater Überspielung (§ 54 Abs. 1)** sowie gemäß §§ 46 Abs. 4 und 47 Abs. 2 zu.

2. Rechtsnatur, Regelungsgegenstand und Rechtsfolgen der Norm

7 **a)** Der Veranstalterschutz gehört als ein seiner **Rechtsnatur nach unternehmensbezogenes Leistungsschutzrecht** neben dem Recht des Tonträgerherstellers (§ 85), dem Recht des Sendeunternehmens (§ 87), dem Recht des Datenbankherstellers (§§ 87 a ff.) und dem Recht des Filmherstellers (§§ 94, 95) zur Gruppe derjenigen verwandten Schutzrechte, die im Wesentlichen einen **besonderen unternehmerischen Aufwand** und ein mit ihm verbundenes **Auswertungsrisiko** auf kulturwirtschaftlichem Gebiet rechtlich absichern (AmtlBegr. UFITA 45 [1965] 240/312; *v. Gamm* Rdnr. 1; *Rehbinder*[16] Rdnr. 810). Seiner Entstehungsgeschichte nach ist er als **wettbewerbsrechtlicher Sondertatbestand** gedacht, jedoch geht er durch die Teilhabe des Veranstalters an verschiedenen gesetzlichen Vergütungsansprüchen über ein Recht rein wettbewerbsrechtlicher Natur hinaus. Mit der ausdrücklichen Berechtigung des Inhabers des veranstaltenden Unternehmens in § 81 wird klargestellt, dass anders als bei den Vorschriften der §§ 70, 72 und 73 ff. auch eine juristische Person als Inhaber dieses Leistungsschutzrechts in Betracht kommt (*v. Gamm* Rdnr. 4; *Fromm/Nordemann/Hertin*[9] Rdnr. 6; *Gentz* GRUR 1968, 182/185).

b) § 81 teilt wohl seine Rechtsnatur, nicht aber seine **Tragweite** mit den übrigen unternehmensbezogenen Leistungsschutzrechten. Anders als diese setzt der Veranstalterschutz **keine technische Leistung** voraus (so aber *v. Gamm* Rdnr. 4), **sondern** verbindet den Rechtsschutz mit einer **organisatorischen Leistung** (vgl. *Fromm/Nordemann/Hertin*[9] Rdnr. 2; *Rehbinder*[16] Rdnr. 810; vermittelnd *Schmieder* GRUR 1964, 121, der von einem technisch-organisatorischen Rahmen spricht, den der Veranstalter auf eigenes Risiko erbringe; s. allgemein zur Einteilung der verwandten Schutzrechte Einl. Rdnr. 28). Anders auch als bei diesen Rechten, die selbst dann in Anspruch genommen werden können, wenn der Tonträgeraufnahme, der Sendung oder dem Filmstreifen kein schutzfähiges Werk zugrunde liegt (s. § 85 Rdnr. 9, 16; § 87 Rdnr. 14, 28; § 95 Rdnr. 19), verlangt der Veranstalterschutz die Darbietung eines schutzfähigen Werkes iSd. § 2 oder nunmehr auch einer Ausdrucksform der Volkskunst (*Fromm/Nordemann/Hertin*[9] Rdnr. 3; *v. Gamm* Rdnr. 1; *Gentz* GRUR 1968, 182/185).

c) In seinen **Rechtsfolgen** knüpft § 81 an die Rechte des ausübenden Künstlers an, ohne sie 9 insgesamt auch für den Veranstalter zu übernehmen (zu den Verwertungsrechten s. §§ 77 Abs. 1 und 2 S. 1, 78 Abs. 1). In **abschließender Regelung** gewährt ihm das Gesetz dieselben Verwertungsrechte wie dem Interpreten, versagt ihm aber die Teilhabe an den Vergütungsansprüchen aus § 78 Abs. 2 sowie – der Rechtsnatur des Veranstalterrechts entsprechend – den persönlichkeitsrechtlichen Befugnissen des ausübenden Künstlers gemäß §§ 74 und 75 (vgl. *v. Gamm* Rdnr. 3; *Möhring/Nicolini/Kroitzsch*[2] Rdnr. 2; *Fromm/Nordemann/Hertin*[9] Rdnr. 9; *Ulmer*[3] § 124 III; s. auch § 75 Rdnr. 7). Die Rechte des Veranstalters genießen einen kürzeren Schutz als die Interpretenrechte (§ 82: 25 gegenüber 50 Jahre), unterliegen aber in sinngemäßer Anwendung des Teils 1 Abschnitt 6 des UrhG denselben Schrankenregelungen wie diese (§ 83); schließlich sind sie nicht strafbewehrt (vgl. § 108 Abs. 1 Nr. 4).

3. Kritik des besonderen Veranstalterrechts

Das eigene Leistungsschutzrecht des Veranstalters verdient mit dem überwiegenden Teil des 10 Schrifttums (*Fromm/Nordemann/Hertin*[9] Rdnr. 1; *Möhring/Nicolini/Kroitzsch*[2] Rdnr 2; *Wandtke/Bullinger/Büscher* Rdnr. 2; *v. Gamm* Rdnr. 1, Einf. Rdnr. 37; *Ulmer*[3] § 124 III; aA *Gentz* GRUR 1968, 182/183; *Stolz* S. 100 f.; aus der Zeit vor Inkrafttreten des UrhG s. *Runge* UFITA 35 [1961] 159/178; *Schmieder* GRUR 1964, 121/122; *ders.*, Das Recht des Werkmittlers, 1963, S. 25; *Peter*, Der Haager Entwurf [1960] eines internationalen Abkommens zum Schutze der ausübenden Künstler, der Hersteller von Tonträgern und der Sendegesellschaften 1960, S. 30, 105) **Kritik** hinsichtlich seiner **grundsätzlichen Berechtigung** (aA *Dünnwald/Gerlach* Rdnr. 5) sowie seiner **Regelung innerhalb der Bestimmungen zum Schutz des Interpreten** (insoweit zustimmend *Dünnwald/Gerlach* Rdnr. 5; *Dreier/Schulze/Dreier* Rdnr. 1).

a) Das gegenüber dem Wettbewerbsrecht durch gesetzliche Vergütungsansprüche erweiterte 11 und tatbestandlich fest umrissene Leistungsschutzrecht des § 81 bricht nicht nur mit dem Prinzip einer generalklauselartigen Erfassung wettbewerbswidrigen Verhaltens durch § 1 UWG aF bzw. – ohne Änderung insoweit – der nunmehr beispielhaften Aufzählung in § 3 iVm. § 4 Nr. 9 UWG nF (s. *v. Gamm* Einf. Rdnr. 37; zum neuen UWG *Hefermehl/Köhler/Bornkamm*[27] § 4 Rdnr. 9.4, 9.7), sondern führt in seiner rechtlichen Wertung auch zu einer **unverhältnismäßigen Beschränkung des Interpretenschutzes** (*Möhring/Nicolini/Kroitzsch*[2] Rdnr. 2; *Fromm/Nordemann/Hertin*[9] Rdnr. 1; aA *Gentz* GRUR 1968, 182/183; *Stolz* S. 100 f.; *Schack*[5] Rdnr. 695; zum Verhältnis von § 81 zur früheren, durch das 3. UrhGÄndG richtlinienbedingt geänderten Fassung des § 78 vgl. AmtlBegr. BTDrucks. 13/115 S. 15; sa. 1. Aufl. Rdnr. 11).

b) Unabhängig von diesen grundsätzlichen Erwägungen überzeugt die Regelung des Veran-12 stalterschutzes im Abschnitt über die Rechte des ausübenden Künstlers nicht (vgl. *Fromm/Norde-*

*mann/Hertin*⁹ Rdnr. 1; *Möhring/Nicolini/Kroitzsch*² Rdnr. 2; *Schmieder* GRUR 1964, 121/122). § 81 dient nur der Wahrung wirtschaftlicher Belange und schließt nicht, wie dies bei den Vorschriften über den Schutz des ausübenden Künstlers der Fall ist, auch den Schutz ideeller Interessen ein (vgl. *v. Gamm* Rdnr. 3). Als ein in seinem Schutzgegenstand vom Recht des Interpreten verschiedenes Recht hätte dem Veranstalterschutz ebenso wie den besonderen Rechten des Tonträger- und Filmherstellers und des Sendeunternehmens ein eigener Abschnitt gebührt (ebenso *Möhring/Nicolini/Kroitzsch*² Rdnr. 2).

So aber entwertet § 81 wirtschaftlich die Verwertungsrechte des Interpreten, indem er für die sehr häufigen Fälle einer von einem Veranstalter organisierten Darbietung diesem ein selbstständiges Verbotsrecht neben dem des ausübenden Künstlers zuspricht, so dass dieser nur dann seine Verwertungsrechte unabhängig nutzen kann, wenn er seine Darbietung selbst veranstaltet (vgl. *Fromm/Nordemann/Hertin*⁹ Rdnr. 7; *Möhring/Nicolini/Kroitzsch*² Rdnr. 1). Dieser Kritik hat der Gesetzgeber bei der Novellierung des Urheberrechtsgesetzes durch das Gesetz zur Regelung des Urheberrechts in der Informationsgesellschaft vom 10. September 2003 (BGBl. I S. 1774) nicht entsprochen.

4. Rechtspolitische Erwägungen

13 Angesichts des weitreichenden Schutzes, den der Veranstalter ohnehin durch das Hausrecht (Besitz- und Eigentumsrecht), durch das Recht am eingerichteten und ausgeübten Gewerbebetrieb gemäß § 823 Abs. 1 BGB, durch § 826 BGB und durch § 3 iVm. § 4 Nr. 9 UWG nF erfährt, hätte es ausgereicht, ihn zur Wahrung seiner weitergehenden Interessen auf eine schuldrechtliche Vereinbarung mit dem ausübenden Künstler zu verweisen (ebenso *Fromm/ Nordemann/Schaefer*¹⁰ Rdnr. 13; *Möhring/Nicolini/Kroitzsch*² Rdnr. 2; *Runge* UFITA 35 [1961] 159/178 f.).

14 In der Praxis scheint ein Bedürfnis nach einem gesonderten Leistungsschutz des Veranstalters auch nicht zu bestehen. Eine offensichtlich bewährte Vertragspraxis sowohl im tarifvertraglichen Bereich mit angestellten Künstlern – die Rechte aus §§ 77 Abs. 1 und 2 S. 1 und 78 Abs. 1 werden nach den bestehenden Tarifverträgen gesondert ausgehandelt und abgegolten (Ziff. 3 der Protokollnotizen zu § 7 des Tarifvertrages für die Musiker in Kulturorchestern [TVK] zwischen dem Dt. Bühnenverein und der Dt. Orchestervereinigung vom 1. 7. 1971, abgedruckt in *Dt. Bühnenverein* [Hrsg.], Bühnen- und Musikrecht II A 2 [Stand Juli 2003]; s. ferner die Erl. zu § 79 Rdnr. 41 ff.) – als auch bei frei engagierten Interpreten, mit denen die Veranstalter das Recht der Sendung üblicherweise in einem eigenen Vertrag zu regeln pflegen, hat dazu geführt, dass es seit Bestehen des § 81 eine obergerichtliche Rechtsprechung zum Veranstalterrecht nicht gibt. De lege ferenda wäre deshalb daran zu denken, § 81 zu streichen. Das Gesetz befände sich damit in Übereinstimmung mit dem internationalen und europäischen Recht, dem ein gesonderter Leistungsschutz des Veranstalters fremd ist.

II. Einzelerläuterungen

1. Schutzgegenstand des § 81

15 **a)** Geschützte Leistung iSd. § 81 ist die **veranstaltete Darbietung** (ebenso *Möhring/Nicolini/ Kroitzsch*² Rdnr. 3; *Loewenheim/Vogel* § 39 Rdnr. 4; *Wandtke/Bullinger/Büscher* Rdnr. 4; *Stolz* S. 102; *Gentz* GRUR 1968, 182/183; aA *Dünnwald/Gerlach* Rdnr. 3: Schutzgegenstand ist die Veranstaltung), nicht etwa die Darbietung selbst (so jedoch *Hodik* GRUR Int. 1984, 421 f.), an der der Veranstalter kein Recht erwirbt, oder die Veranstaltung als solche, die Schutz nur durch das UWG genießt. Das Recht an der Darbietung ist in den Bestimmungen der §§ 73 ff. allein dem ausübenden Künstler zugeordnet.

16 **b)** § 81 verlangt tatbestandlich die **Darbietung eines ausübenden Künstlers** iSd. § 73 (s. dazu die Erl. zu § 73). Das bedeutet nach dem Schutzzweck der Norm zweierlei: Zunächst ist § 81 **nur auf Live-Aufführungen,** nicht aber auf solche Veranstaltungen anwendbar, bei denen, wie etwa in Diskotheken, erschienene Tonträger abgespielt werden (*Dünnwald/Gerlach* Rdnr. 3; *Dreier/Schulze/Dreier* Rdnr. 3; *Wandtke/Bullinger/Büscher* Rdnr. 4). Für solche Werkwiedergaben ist allein der auf den ausübenden Künstler beschränkte § 78 Abs. 2 Nr. 2 einschlägig. Die dem Veranstalter gestatteten öffentlichen Wiedergaben müssen allerdings nicht ausnahmslos live erfolgen. Bei der zeitversetzten Sendung und bei der öffentlichen Zugänglichmachung sind notwendigerweise Festlegungen der Darbietung zwischengeschaltet, die der Einräumung des Vervielfälti-

gungsrechts nach § 77 Abs. 1 durch den Veranstalter bedürfen. Sodann beschränkt sich durch den Bezug auf § 73 der Geltungsbereich des § 81 auf Darbietungen **urheberrechtlich schutzfähiger,** nicht notwendig jemals geschützter oder noch geschützter **Werke iSd. § 2 Abs. 2** sowie auf Darbietungen von Ausdrucksformen der Volkskunst, gleich, ob ihnen Werkcharakter zukommt oder nicht (sprachliche, musikalische, tänzerische Überlieferungen im weiteren Sinne). Mit der Einbeziehung von Ausdrucksformen der Volkskunst ist keine wesentliche Erweiterung des Schutzbereichs verbunden, da es sich bei ihnen in ganz überwiegendem Maße um Werke iSd. § 2 Abs. 2 handeln dürfte, auch wenn ihre Urheber unbekannt sind (s. dazu *Loewenheim/Vogel* § 38 Rdnr. 26, 46; aA *Dreier/Schulze/Dreier* § 73 Rdnr. 9; *Wandtke/Bullinger/Büscher* § 73 Rdnr. 10–12 mwN). Wenngleich der Gesetzgeber mit dieser Neuerung – dem internationalen Leistungsschutz des WPPT folgend – sich von der Beschränkung des Künstlerschutzes auf die Darbietung von schutzfähigen Werken entfernt, kann sich auch weiterhin nicht auf § 81 berufen, wer einen sportlichen Wettkampf, eine Zirkusnummer etc. unter Übernahme des finanziellen Risikos veranstaltet, sondern nur auf sein Hausrecht und/oder auf § 3 iVm. § 4 Nr. 9 UWG, wenn zur unmittelbaren Leistungsübernahme besondere, die Sittenwidrigkeit begründende Umstände hinzutreten (OLG Hamburg GRUR-RR 2007, 181/184 – Slowakischer Fußball; OLG München ZUM-RD 1997, 290/292 – Box-Classics; LG Stuttgart ZUM 2009, 258/259 f. – Württembergischer Fußballverband; zum alten UWG BGH NJW 1990, 2815/2817 – Sportübertragungen; allgemein Einl. Rdnr. 50 ff.; ferner BGHZ 51, 41/46/48 f. – Reprint; *Dünnwald/Gerlach* Rdnr. 3; *D. Reimer,* Fs. für Wendel, 1969, S. 98/103 f.; *G. Schulze* S. 287 f.; *Baumbach/Hefermehl*[19] UWG § 1 Rdnr. 581).

Nach **§ 5 Abs. 4 des Staatsvertrages vom 31. 8. 1991 über den Rundfunk im vereinten Deutschland** zuletzt geändert durch Art. 1 des 8. Staatsvertrags zur Änderung rundfunkrechtlicher Staatsverträge vom 8. bis 15. 10. 2004 besteht bei Ereignissen von allgemeinem Informationsinteresse ein **Anspruch auf unentgeltliche Kurzberichterstattung** gegen den Veranstalter, dem namentlich bei Sportereignissen besondere Bedeutung zukommt. Jedoch gilt der RStV nur für das Fernsehen (vgl. *Melichar,* Fs. für Nordemann [2004], S. 213/222 ff.). Hörfunkübertragungen braucht der Veranstalter von Sportveranstaltungen freilich nicht unentgeltlich zu gestatten (dazu *Melichar,* Fs. für Nordemann [2004], S. 213 ff.: ungenehmigte Hörfunkübertragungen verstoßen gegen § 1 UWG aF bzw. § 3 iVm. § 4 Nr. 9 UWG nF sowie § 823 Abs. 1 BGB [Recht am eingerichteten und ausgeübten Gewerbebetrieb] und können außerdem vom Veranstalter unter Berufung auf sein Hausrecht [§§ 858, 1004] untersagt werden; so jetzt letztinstanzlich der Kartellsenat des BGH [ZUM 2006, 137] unter Verneinung eines Verstoßes gegen das Behinderungs- und Diskriminierungsverbots nach § 20 Abs. 1 GWB und das Verbot des Missbrauchs einer marktbeherrschenden Stellung nach § 19 Abs. 1, 2 Nr. 2 GWB; Vorinstanzen: LG Hamburg ZUM 2002, 655; OLG Hamburg AfP 2003, 361; ebenso OLG Hamburg GRUR-RR 2007, 181/184 – Slowakischer Fußballverband).

c) Eine Veranstaltung nach § 81 setzt – anders als § 73 (§ 73 Rdnr. 16) – die Darbietung **unmittelbar vor einem Publikum** voraus (*Fromm/Nordemann/Schaefer*[10] Rdnr. 8, *Möhring/Nicolini/Kroitzsch*[2] Rdnr. 4; *Fromm/Nordemann/Hertin*[9] Rdnr. 4; *Dreier/Schulze/Dreier* Rdnr. 4; *Wandtke/Bullinger/Büscher* Rdnr. 5; *Hodik* GRUR Int. 1984, 421/422; aA *Gentz* GRUR 1968, 182/184; *Stolz* S. 103). Erst vor geworbenem Publikum erhält die veranstaltete Darbietung ihre den wettbewerblichen Sonderschutz rechtfertigende und gegenüber der Darbietung ohne Zuhörer oder Zuschauer **eigene Qualität.** Denn erst durch die Anwesenheit von Publikum werden zwischen diesem und dem Interpreten persönliche Wechselbeziehungen wirksam (vgl. BGHZ 39, 352/354/355 – Vortragsveranstaltung). Der Interpret erfährt durch die unmittelbaren Reaktionen des Publikums Anregungen und Impulse, die je nach der Art des dargebotenen Werkes mehr oder weniger stark seine Interpretenleistung beeinflussen und die Einmaligkeit der Darbietung begründen (s. RGZ 113, 413/422 – Der Tor und der Tod). Erst die Werbung des Publikums begründet auch das dem wirtschaftlichen Interesse des Veranstalters zugrundeliegende Auswertungsrisiko, das nach der AmtlBegr. zu § 81 bei der veranstalteten Darbietung in die Interessenabwägung einzustellen ist (s. Rdnr. 5). Das schließt nicht aus, dem Veranstalter auch für Generalproben oder Vorauführungen den Schutz des § 81 zukommen zu lassen (zustimmend *Fromm/Nordemann/Schaefer*[10] Rdnr. 8; *Fromm/Nordemann/Hertin*[9] Rdnr. 4; *Wandtke/Bullinger/Büscher* Rdnr. 5).

17

d) Die veranstaltete Darbietung muss ebenfalls im Unterschied zur gemäß § 73 geschützten Darbietung (vgl. *Fromm/Nordemann/Hertin*[9] Rdnr. 4; *v. Gamm* § 73 Rdnr. 5; *Dünnwald* UFITA 65 [1972] 99/107) **öffentlich** sein (*Fromm/Nordemann/Hertin*[9] Rdnr. 4; *Dünnwald/Gerlach*

18

Rdnr. 6; *Dreier/Schulze/Dreier* Rdnr. 3; *Wandtke/Bullinger/Büscher* Rdnr. 5 unter Hinweis auf das fehlende Amortisationsinteresse bei privaten Veranstaltungen; aA *Fromm/Nordemann/Schaefer*[10] Rdnr. 9; *Möhring/Nicolini/Kroitzsch*[2] Rdnr. 4). Wann Öffentlichkeit gegeben ist, bestimmt sich nach § 15 Abs. 3 (s. § 15 Rdnr. 57 ff.). **Private Veranstaltungen** liegen, selbst wenn sie gesendet, öffentlich zugänglich gemacht oder durch Lautsprecher öffentlich wiedergegeben werden, außerhalb des Schutzbereichs des § 81 (*Dünnwald/Gerlach* Rdnr. 4; *Wandtke/Bullinger/Büscher* Rdnr. 5; aA *Möhring/Nicolini/Kroitzsch*[2] Rdnr. 4; *Gentz* GRUR 1968, 182/184; *Stolz* S. 103), denn der ausübende Künstler soll bei privaten Veranstaltungen allein darüber befinden können, ob seine Darbietung veröffentlicht wird. Die gegenteilige Auffassung ist, sofern keine gleichzeitige öffentliche Wiedergabe stattfindet, mit dem Schutz des allgemeinen Persönlichkeitsrechts des Interpreten nicht zu vereinbaren (ebenso *Dreier/Schulze/Dreier* Rdnr. 3; sa. § 73 Rdnr. 15 f. sowie *Fromm/Nordemann/Hertin*[9] § 73 Rdnr. 3). Ebenso fallen nicht-öffentliche Darbietungen bei Studioaufnahmen des Tonträgerherstellers, Filmproduzenten oder Sendeunternehmens nicht unter § 81. Für sie kommen lediglich die Leistungsschutzrechte der §§ 85, 87 und 94 in Betracht (ebenso *Fromm/Nordemann/Hertin*[9] Rdnr. 4; *Dünnwald/Gerlach* Rdnr. 6; *Schack*[5] Rdnr. 696; aA *Gentz* GRUR 1968, 182/186; *Stolz* S. 100 f.). Veranstaltet dagegen ein Sendeunternehmen nicht ausschließlich zum Zwecke der gleichzeitigen oder späteren Sendung ein Konzert oder eine Bühnenaufführung vor einer eintrittspflichtigen Öffentlichkeit, kann für diese Veranstaltungen neben den Rechten aus § 87 zusätzlicher Schutz gemäß § 81 beansprucht werden (*Dünnwald/Gerlach* Rdnr. 6; zur Veranstaltung vor bestelltem Publikum Rdnr. 24). Entsprechendes gilt für derartige Veranstaltungen von Tonträger- und Filmherstellern (ebenso *Fromm/Nordemann/Hertin*[9] Rdnr. 4; aA *Gentz* GRUR 1968, 182/184). Sie haben in diesen Fällen auch Anteil an der Vergütung für private Überspielung (§ 83 iVm. § 54 Abs. 1). § 87 Abs. 4 gilt im Hinblick auf Veranstalterrechte gemäß § 81 nur, soweit Sendeunternehmen allein zu Sendezwecken veranstalterisch tätig werden.

19 **e)** Die Anwendung des § 81 ist auf solche Veranstaltungen zu beschränken, deren **primärer Veranstaltungszweck** in der Werkvermittlung zu sehen ist (gegen diese Einschränkung *Fromm/Nordemann/Schaefer*[10] Rdnr. 12; *Fromm/Nordemann/Hertin*[9] Rdnr. 2 und 5). Dies ist bei Theater- oder Konzertveranstaltungen, die beispielhaft in der AmtlBegr. aufgeführt sind (UFITA 45 [1965] 240/312), der Fall, nicht dagegen bei solchen Veranstaltungen, bei denen die musikalische Darbietung lediglich der Umrahmung oder Untermalung von Festakten, Sportereignissen, Industriemessen, Modeschauen, Volksfesten, Verkaufsförderungen und dgl. dient (dem folgend *Wandtke/Bullinger/Büscher* Rdnr. 9; ablehnend *Möhring/Nicolini/Kroitzsch*[2] Rdnr. 5 wegen Abgrenzungsschwierigkeiten; *Fromm/Nordemann/Hertin*[9] Rdnr. 5). Eine derart enge Auslegung des § 81 wird durch den Normzweck geboten, der darauf gerichtet ist, kulturwirtschaftliche bedeutende Investitionen abzusichern (s. Rdnr. 5) und die erst durch eine qualifizierte Veranstaltungsleistung zustande kommende Interaktion zwischen Darbietendem und Publikum unter Schutz zu stellen (s. Rdnr. 17).

2. Unternehmen als Berechtigte iSd. § 81

20 **a)** Berechtigt nach § 81 ist der Inhaber des **Unternehmens,** das die Darbietung des ausübenden Künstlers veranstaltet. Das Gesetz gewährt folglich die Befugnisse aus diesem Leistungsschutzrecht **nicht jedem Veranstalter,** sondern nur derjenigen organisatorischen Einheit, die die Eigenschaft eines Unternehmens aufweist (*Fromm/Nordemann/Schaefer*[10] Rdnr. 14; *Möhring/Nicolini/Kroitzsch*[2] Anm. 4; aA *Stolz* S. 105 f.). Gleichwohl erfährt nicht jedes gewerbliche Unternehmen den Schutz für eine von ihm verantwortete Veranstaltung, vielmehr muss die Veranstaltung auch insoweit die qualifizierten Voraussetzungen nach § 81 wie etwa die Öffentlichkeit erfüllen (*Dünnwald/Gerlach* Rdnr. 4). Der Interpret selbst kann Veranstalter seiner eigenen Darbietung sein (*Fromm/Nordemann/Schaefer*[10] Rdnr. 17; aA Gentz GRUR 1968, 182/186); aus § 81 sind für ihn jedoch nur die Vergütungsansprüche (s. Rdnr. 6), nicht dagegen die Verwertungsrechte von Bedeutung. Der Begriff des Unternehmens ist, da die Rechtsordnung keinen einheitlichen Rechtsbegriff des Unternehmens kennt, nach dem jeweiligen Normzweck auszulegen (vgl. *Baumbach/Hopt* HGB[33] Einl. vor § 1). Der Interpret kann ebenso wie jeder Dritte auch Mitveranstalter sein (OLG München GRUR 1979, 152 – Transvestiten-Show), wobei sich das Verhältnis untereinander in der Regel nach dem zwischen beiden geschlossenen Vertrag richtet (ebenso *Dünnwald/Gerlach* Rdnr. 6).

Wie der offene, eine weite wie eine einschränkende Auslegung gestattende Begriff des Unternehmens in § 81 zu verstehen ist, ergibt sich aus einem Vergleich dieser Vorschrift mit der ihre Rechtsnatur teilenden Bestimmung zum Schutz des Tonträgerherstellers (§ 85). Während § 81 nur ein Unternehmen schützt, ist das Recht aus § 85 grundsätzlich dem Tonträger**hersteller** zugeordnet, dh. der natürlichen oder juristischen Person, die in technischer und wirtschaftlicher Hinsicht die erste Tonfestlegung vornimmt (RA Art. 3 lit. c). Das kann, wie die AmtlBegr. (UFITA 45 [1965] 240/314) hervorhebt, sowohl ein gewerblicher als auch ein nichtgewerblicher Hersteller sein. Eine Klarstellung ausschließlich für die gewerbliche Herstellung von Tonträgern enthält § 85 Abs. 2 S. 2 (s. AmtlBegr. UFITA 45 [1965] 240/314): Ist ein Tonträger in einem Unternehmen hergestellt worden, wird dessen Inhaber als Tonträgerhersteller fingiert (s. § 85 Rdnr. 30). Die Beschränkung des Unternehmensbegriffs auf gewerbliche Unternehmen in § 85 ist angesichts der wettbewerbsrechtlichen Zielsetzung beider Vorschriften auch in § 81 geboten (ebenso *Fromm/Nordemann/Schaefer*[10] Rdnr. 14; *Dreier/Schulze/Dreier* Rdnr. 4; *Wandtke/Bullinger/Büscher* Rdnr. 7). Gestützt wird diese Auffassung durch die AmtlBegr., wonach bei veranstalteten Darbietungen das **wirtschaftliche Interesse des Inhabers des Unternehmens** zu berücksichtigen sei (AmtlBegr. UFITA 45 [1965] 240/312), dagegen nicht die des Veranstalters schlechthin (ebenso *Hodik* GRUR Int. 1984, 421/422).

b) Unter **gewerblichen Unternehmen** sind solche zu verstehen, deren wirtschaftliche Tätigkeit auf die Erzielung von Einnahmen ausgerichtet ist. Beim Inhaber des Unternehmens kann es sich um natürliche oder juristische Personen handeln (hM; *Fromm/Nordemann/Hertin*[9] Rdnr. 6; *v. Gamm* Rdnr. 4; *Gentz* GRUR 1968, 182/185), gleich welcher Organisationsform des Handels- (OHG, KG, GmbH, AG etc.) oder des bürgerlichen Rechts (Gesellschaft, Genossenschaft, Verein etc.). 21

aa) Eine Beschränkung des Kreises der nach § 81 Berechtigten auf solche Unternehmen, die nach der Gewerbeordnung als Gewerbe zu gelten haben (s. dazu im Einzelnen *Landmann/Rohmer/Eyermann/Fröhler* GewO[13] Einl. Rdnr. 32ff.), wird den besonderen Verhältnissen des Kulturbereiches und dem Schutzzweck der Norm nicht gerecht (im Ergebnis ebenso *Dreier/Schulze/Dreier* Rdnr. 4). Ein wesentlicher Anteil kultureller Aktivitäten kann nur aufrechterhalten werden, weil die öffentliche Hand finanziell unterstützend tätig wird oder selbst die Trägerschaft von Theater- und Konzertbetrieben übernommen hat. Es wäre deshalb sachfremd, **öffentlich-rechtliche Unternehmen,** die grundsätzlich nicht als gewerblich iSd. Gewerbeordnung anzusehen sind, aus dem Kreis der gemäß § 81 Berechtigten auszuschließen. Überdies kann es für die Anwendung des § 81 keinen Unterschied machen, ob ein Theaterunternehmen als subventionierter öffentlich-rechtlicher Regiebetrieb (Anstalt, Zweckverband) oder als privatrechtliche GmbH veranstaltend tätig wird (s. *Dünnwald/Gerlach* Rdnr. 4; zur Organisation von Theaterunternehmen *Dünnwald*, Die Rechtsstellung des Intendanten, Diss. Köln 1964, S. 38ff.). Schließlich handeln subventionierte öffentlich-rechtlich organisierte Unternehmen unter denselben wirtschaftlichen Gesichtspunkten wie gewerbliche Unternehmen des privaten Rechts. Selbst wenn sie keine Gewinne erzielen, so ist ihre Tätigkeit stets auf die Erzielung von Einnahmen angewiesen. Entsprechendes hat für die öffentlich-rechtlichen Rundfunkanstalten zu gelten. 22

bb) Auch eine **einmalige veranstalterische Tätigkeit** vermag Rechte aus § 81 zu begründen (*v. Gamm* Rdnr. 4; *Möhring/Nicolini/Kroitzsch*[2] Rdnr. 5; *Dreier/Schulze/Dreier* Rdnr. 4). Die Veranstalterrechte sollen nicht demjenigen vorenthalten werden, der seine gesamte wirtschaftliche Kraft auf die Organisation einer Veranstaltung richtet. Deshalb wird auch die Organisation einer einmaligen Wohltätigkeitsveranstaltung vom Schutzzweck der Norm umfasst. 23

cc) Ferner verlangt § 81 die **Übernahme eines Auswertungsrisikos.** Der Aufwendung von Mühe und Kosten für die Organisation muss die Ungewissheit ihrer Amortisation gegenüberstehen (aA wegen Abgrenzungsschwierigkeiten *Dreier/Schulze/Dreier* Rdnr. 4; *Dünnwald/Gerlach* Rdnr. 4). Diese Voraussetzungen werden regelmäßig auch solche Veranstalter erfüllen, die für einen Festpreis tätig sind, ohne dass damit jegliche Ausfallrisiken abgedeckt sind (*Fromm/Nordemann/Schaefer*[10] Rdnr. 16). Dies kann, muss aber nicht zwangläufig der Fall sein, wenn eine Kirchengemeinde zur Erreichung eines ideellen Zwecks wie der Steigerung des Kirchenbesuchs eine eintrittsfreie Motette oder eine Messe aufführen lässt, oder die Werbeagentur, die zur Produktwerbung zu einem Unterhaltungskonzert einlädt. Dasselbe gilt für Sendeunternehmen, die lediglich vor einem **bestellten Publikum** Darbietungen veranstalten, oder für den örtlichen Arrangeur, der gegen eine Arrangementgebühr im Namen und für Rechnung des Veranstalters die technische Abwicklung am Ort besorgt, ohne am Gewinn und Verlust beteiligt zu sein oder auf die Programmgestaltung Einfluss nehmen zu können (sa. Rdnr. 26, 28). Ob im Einzelfall Veranstalterschutz in Anspruch genommen werden kann, hängt von der Bewertung der jeweili- 24

§ 81

gen Umständen ab (*Wandtke/Bullinger/Büscher* Rdnr. 9; eher zurückhaltend *Fromm/Nordemann/Hertin*[9] Rdnr. 6; *Dreier/Schulze/Dreier* Rdnr. 4; *Fromm/Nordemann/Schaefer*[10] Rdnr. 16).

25   c) Die Verwertungsrechte nach § 81 stehen dem **Inhaber** des Unternehmens zu. Mit dieser Zuordnung wird klargestellt, dass es bei § 81 nicht darauf ankommt, wer persönlich die organisatorische Leistung erbringt (s. *Fromm/Nordemann/Hertin*[9] Rdnr. 6). Inhaber des Unternehmens ist die natürliche oder juristische Person, die Rechte erwerben und Verpflichtungen eingehen kann und unter deren Namen das Unternehmen geführt wird (vgl. *v. Gamm* § 100 Rdnr. 4; *Möhring/Nicolini/Lütje*[2] § 100 Rdnr. 12). Das kann der Eigentümer, Besitzer, Nießbraucher oder Pächter sein. Bei natürlichen Personen, etwa Einzelkaufleuten, werden diese selbst berechtigt, bei Gesellschaften des bürgerlichen Rechts die Gesellschafter zur gesamten Hand (vgl. *v. Gamm* § 100 Rdnr. 4; *Fromm/Nordemann/Nordemann*[9] § 100 Rdnr. 2), bei der OHG und der KG wegen § 124 HGB die Personengesellschaft und bei juristischen Personen die jeweilige Gesellschaft (AG, GmbH ua.). Bei Unternehmen des öffentlichen Rechts ist Inhaber die juristische Person des öffentlichen Rechts, die Trägerin des Unternehmens ist. Die Einwilligungserklärung ist von der natürlichen Person oder einem zur Erklärung befugten Vertreter des Unternehmens abzugeben.

Wer auf Vervielfältigungsstücken einer veranstalteten Darbietung als Veranstalter angegeben ist, gilt seit dem Inkrafttreten des § 10 Abs. 1 bis zum Beweis des Gegenteils als deren Veranstalter. Auch ohne gesetzliche Inbezugnahme sollte auch § 10 Abs. 3 im Veranstalterrecht zu Geltung kommen und unter den einzelnen Voraussetzungen dieser Vorschrift eine gesetzliche Vermutung zugunsten des Inhabers von vom Veranstalter abgeleiteten Nutzungsrechten statuieren (ebenso *Dreier/Schulze/Dreier* Rdnr. 9).

26   d) Die **Veranstalterleistung** des Unternehmens liegt in der organisatorischen Vorbereitung und Durchführung der Veranstaltung und in der Übernahme ihres finanziellen Risikos. Diese von der Rspr. (BGH GRUR 1960, 253/255 – Auto-Skooter; KG GRUR 1959, 150/151 – Musikbox-Aufsteller; OLG München GRUR 1979, 152 – Transvestiten-Show; sa. *Fromm/Nordemann/Schaefer*[10] Rdnr. 15) zum Veranstalterbegriff der §§ 37 LUG, 15 Abs. 3 UrhG herausgearbeiteten Merkmale sind nur unter Beachtung einschränkender Besonderheiten gültig, die sich aus dem Zweck dieser Vorschrift als gewerblichem Leistungsschutzrecht ergeben. Für § 81 ist entscheidend, dass das Unternehmen die für die veranstaltete Live-Darbietung wesentlichen **Verträge mit den ausübenden Künstlern und dem Publikum** schließt und gerade **durch diese Verträge ein Auswertungsrisiko** übernimmt (vgl. *Fromm/Nordemann/Hertin*[9] Rdnr. 6; *Dreier/Schulze/Dreier* Rdnr. 5). **§ 15 Abs. 3 dagegen setzt keine Verpflichtung darbietender Künstler voraus.** Vielmehr umfasst er auch solche Veranstaltungen, in denen Tonträger geschützter Werke abgespielt werden. In dieser Vorschrift dient die persönliche Beziehung eines Veranstaltungsteilnehmers zum Verwerter als Kriterium der Abgrenzung einer öffentlichen von einer nichtöffentlichen Werkwiedergabe gleich welcher Art. Unerheblich für § 15 Abs. 3 ist, ob der Verwerter auch die qualifizierten Veranstalterleistungen, die § 81 voraussetzt (s. Rdnr. 28), erbringt (aA zur alten Fassung des § 15 Abs. 3 *Gentz* GRUR 1968, 182/183, der beide Veranstalterbegriffe gleichsetzt).

27   aa) Neben der Übernahme des finanziellen Wagnisses (s. dazu Rdnr. 28) gehören zu den **typischen organisatorischen Veranstalterleistungen** die vertragliche Verpflichtung der Interpreten, die Gestaltung des Programms, die Anmietung des Saales, die Übernahme der Nebenkosten, die Durchführung von Nebengeschäften, wie Programmherstellung und -verkauf (s. dazu BGHZ 27, 264 – Box-Programme), die Werbung und nicht zuletzt der Kartenverkauf (ausführlich zu den Veranstalterleistungen auch BGH GRUR 1971, 46/47 – Bubi Scholz). **Technische Leistungen** wie die Installation einer Lautsprecheranlage können und werden regelmäßig hinzutreten, für den Veranstalterschutz sind sie aber **nicht schutzbegründend** (s. Rdnr. 6). Auch für ein Kammerkonzert ohne jede technische Installation können folglich Rechte aus § 81 beansprucht werden.

28   bb) Der Veranstalter iSd. § 81 muss nicht sämtliche, wohl aber **die wesentlichen, ein Auswertungsrisiko begründenden organisatorischen Leistungen selbst verantworten.** Dies sind die **Verpflichtung des Ensembles** und die **Werbung des Publikums,** weil erst die Darbietung vor Zuhörern zu einer schutzfähigen Veranstaltung führt (Rdnr. 17). Wer die Darbietung nur duldet, weil er der Musikkapelle lediglich den Veranstaltungsort, der Laienspielgruppe das Freilichttheater oder dem Sänger die Bühne zur Verfügung stellt, scheidet mangels organisatorischer Leistung ebenso als Berechtigter aus (vgl. *Ulmer*[3] § 128 III; aA *v. Gamm* § 15 Rdnr. 16) wie derjenige, der in eigener oder fremder Verantwortung bloß die Programmhefte gestaltet und vertreibt oder sonstige für die Darbietung erforderliche äußere Vorkehrungen trifft (RG JW 1910, 682/683). Letztlich ist auch die Auswahl der dargebotenen Stücke für die Veranstalterleistung iSd. § 81 nicht von ausschlaggebender Bedeutung (anders aber BGH GRUR 1960, 253/25 – Auto-Skooter).

3. Die Rechtsverhältnisse zwischen Veranstalter und ausübendem Künstler

a) Die **Verwertungsrechte** des Veranstalters entstehen **originär** mit der Erbringung der Veranstalterleistung. Sie sind zwar ohne einen Künstlervertrag nicht denkbar, werden aber niemals durch einen solchen Vertrag begründet. Der Veranstalter hat das Recht, an seinen Verwertungsrechten Nutzungsbefugnisse neben, dh. **unabhängig** von denen des ausübenden Künstlers einzuräumen. Er kann folglich mit dieser Befugnis die in den §§ 77 Abs. 1 und 2 S. 1, 78 Abs. 1 genannten Nutzungshandlungen verhindern (allgM; etwa *Schmieder* UFITA 73 [1975] 65/71; *Fromm/Nordemann/Schaefer*[10] Rdnr. 18; *Dünnwald/Gerlach* Rdnr. 7; *Fromm/Nordemann/Hertin*[9] Rdnr. 7; *Möhring/Nicolini/Kroitzsch*[2] Rdnr. 1). § 81 S. 2 erklärt die § 31 Abs. 1–3, 5 sowie §§ 33 und 38 auf das unternehmensbezogene Veranstalterrecht, auch wenn dieses nicht ausdrücklich so bezeichnet ist, für entsprechend anwendbar, ohne dass freilich klar würde, weshalb der praktisch nur auf Druckwerke anwendbare § 38 im Bereich des Veranstalterrechts Anwendung finden soll (*Fromm/Nordemann/Schaefer*[10] Rdnr. 21). Im Übrigen bekräftigt S. 2, dass nach der Umwandlung der Einwilligungsrechte des Veranstalters in ausschließliche Verwertungsrechte auf das Veranstalterrecht im Rechtsverkehr auch die Vorschriften der §§ 31 ff. anzuwenden sind, jedoch der Natur dieses Rechts entsprechend unter Ausschluss all derjenigen Vorschriften, die einen persönlichkeitsrechtlichen Charakter aufweisen (§§ 39, 41, 42) oder dem Schutz der Kreativen als der regelmäßig schwächeren Vertragspartei gelten (§ 31 Abs. 4, der allerdings auch für ausübende Künstler nicht gilt [§ 79 Abs. 2 S. 2], §§ 32, 32a, 34 bis 37, 40, 43).

b) Angesichts der dadurch gegebenen Möglichkeiten des Veranstalters, den Interpreten über den Künstlervertrag hinaus an der Auswertung seiner Leistung zu hindern, steht die Ausübung seiner Verwertungsrechte unter dem **Vorbehalt von Treu und Glauben** (vgl. *Möhring/Nicolini/Kroitzsch*[2] Rdnr. 2). Dies gilt umgekehrt auch für den ausübenden Künstler. Er kann jedoch anders als der Veranstalter eine Nutzungsrechtseinräumung auch aus persönlichkeitsrechtlichen Gründen verweigern (vgl. *v. Gamm* Rdnr. 3). Bei der Beurteilung einer verweigerten Rechtseinräumung unter dem Gesichtspunkt von § 242 BGB sind die Höhe der gezahlten Gage und die Einnahmen des Veranstalters zu berücksichtigen.

c) Der ausübende Künstler kann seine Verwertungsrechte an den Veranstalter **abtreten** (§ 79 Abs. 1 S. 1). Der Veranstalter vermag dann die für Nutzungen nach §§ 77 Abs. 1 und 2 S. 1, 78 Abs. 1 erforderlichen Rechte alleine einzuräumen, ohne dass es noch einer zusätzlichen Nutzungsrechtseinräumung des ausübenden Künstlers bedarf. Dies gilt auch in umgekehrter Richtung. Anders als noch nach der früheren, richtlinienbedingt durch das 3. UrhGÄndG (s. Amtl-Begr. BT-Drucks. 13/115 S. 15) geänderten Fassung des § 78 verbleibt dem ausübenden Künstler keine Befugnis mehr, die Rechtseinräumung (früher Einwilligung) trotz Abtretung selbst zu erteilen (§ 78 S. 2 aF; zur früheren Rechtslage s. 1. Aufl. Rdnr. 31). **Verzichtet der Veranstalter** gegenüber einem Interpreten auf die Geltendmachung seiner Rechte aus § 81, liegt darin nicht ohne Weiteres auch ein Verzicht gegenüber Dritten (OLG München ZUM 1997, 144/145 – Michael Jackson).

d) Die Nutzungsrechte werden regelmäßig von den ausübenden Künstlern und den Veranstaltern selbst eingeräumt. Die **Gesellschaft zur Verwertung von Leistungsschutzrechten (GVL)** nimmt lediglich die **Zweitverwertungsrechte** beider Vertragspartner wahr. Für den Veranstalter handelt es sich dabei allein um die Vergütung für private Überspielung gemäß § 54 Abs. 1, die sich in ihrer Höhe nach dem Entgelt für die Erstverwertung richtet (s. vor §§ 73 ff. Rdnr. 23 ff.).

e) Im Verhältnis **zwischen ausübendem Künstler und Veranstalter** kann – neben den allgemeinen schuldrechtlichen Schranken der Rechtsausübung – das **UWG** zur Anwendung kommen (vgl. BGHZ 26, 52/58 – Sherlock Holmes; *Ulmer*[3] § 7 I), etwa wenn der Interpret zum Zwecke des Wettbewerbs unter einem anderen Veranstalter in zeitlichem und räumlichem Zusammenhang mit der ersten Veranstaltung dasselbe Werk darbietet (sa. *Fromm/Nordemann/Hertin*[9] Rdnr. 8 unter Verweis auf *Hodik* GRUR Int. 1984, 421/422).

III. Sonstige Fragen

34 1. Für das Recht des Veranstalters gilt nach § 82 anders als für das Recht des ausübenden Künstlers (50 Jahre) eine **25jährige Schutzfrist** (s. Einzelheiten dazu bei § 82). **Nach Ablauf der sondergesetzlichen Schutzfrist** kann der Veranstalter sich auf § 3 iVm. § 4 Nr. 9 UWG berufen, wenn besondere außerhalb des leistungsschutzrechtlichen Tatbestands liegende Umstände gegeben sind, die die unmittelbare Übernahme seiner Veranstalterleistung aus wettbewerbsrechtlicher Sicht als sittenwidrig erscheinen lassen und ein solcher Rechtsschutz nicht in Gegensatz zu der spezialgesetzlichen Regelung des §§ 81, 82 tritt (sa. Rdnr. 38; vor §§ 73ff. Rdnr. 22; *Hefermehl/Köhler/Bornkamm*[27] § 4 Rdnr. 9.6f.; *D. Reimer*, Fs. für Wendel, 1969, S. 98/100ff.; *G. Schulze* FuR 1984, 619/625; ausführlich zur ergänzenden Anwendung des UWG Einl. Rdnr. 50ff. mwN).

35 2. Die **Schrankenregelungen** des Teils 1 Abschnitt 6 des UrhG finden gemäß § 83 ausdrücklich auch auf die dem Veranstalter zustehenden Rechte entsprechende Anwendung. Deshalb hat auch der Veranstalter Anteil an den Vergütungen gemäß §§ 46, 47 und 54 Abs. 1 (s. Einzelheiten dazu Rdnr. 6, 18 sowie die Erläuterungen zu § 83).

36 3. § 125 bestimmt auch den **persönlichen Geltungsbereich des Rechts des Veranstalters,** obwohl diese Bestimmung nach ihrem Wortlaut nur den Schutz deutscher und ausländischer Staatsangehöriger für alle ihre Darbietungen regelt. Die fehlende Erwähnung des Veranstalters dürfte auf ein Redaktionsversehen zurückzuführen sein (im Ergebnis ebenso *Möhring/Nicolini/Kroitzsch*[2] § 125 Rdnr. 11; *v. Gamm* § 125 Rdnr. 1; Einzelheiten dazu s. § 125; aA *Dünnwald/Gerlach* Rdnr. 8: keine analoge Anwendung von § 125 [passt nicht für das Veranstalterrecht], sondern § 127 analog). § 81 gilt deshalb auch für Leistungen deutscher Veranstalter im Ausland (OLG München ZUM 1997, 144/145 – Michael-Jackson-Konzert). Deutschen Veranstaltern sind nach § 125 Abs. 1 S. 2 iVm. § 120 Abs. 2 EU- und EWR-Ausländer gleichgestellt.

37 4. Hinsichtlich der **Übertragbarkeit** und **Vererblichkeit** der Veranstalterrechte gelten die für vermögensrechtliche Leistungsschutzrechte einschlägigen allgemeinen Bestimmungen. Die Veranstalterrechte sind als Ganzes übertragbar (§§ 413, 398ff. BGB) und vererblich (§ 1922 BGB) (s. *v. Gamm* Rdnr. 4, § 85 Rdnr. 3 sowie vor §§ 28ff. Rdnr. 45ff.). Soweit durch die Inbezugnahme von § 63a die gesetzlichen Vergütungsansprüche des Veranstalters im Voraus nur an eine Verwertungsgesellschaft abtretbar sind, handelt es sich wohl um ein Redaktionsversehen, zumal die Gesetzesbegründung nichts Gegenteiliges erkennen lässt. Der § 63a zugrunde liegende Schutzgedanke ist dem unternehmensbezogenen Leistungsschutz ebenso fremd wie die persönlichkeitsrechtliche Befugnisse der vertragsrechtlichen Bestimmungen der §§ 31ff., die der Gesetzgeber nach § 81 S. 2 ausdrücklich nicht für entsprechend anwendbar erklärt hat, (dazu Rdnr. 29; sa. § 85 Rdnr. 51).

5. Konkurrenzen

38 § 81 geht den wettbewerbsrechtlichen Bestimmungen des § 3 iVm. § 4 Nr. 9 UWG und den §§ 823 Abs. 1, 826 BGB als **lex specialis** vor und schließt deren Anwendung aus; das gilt für § 3 iVm. § 4 Nr. 9 UWG nur insoweit, als nicht besondere Begleitumstände vorliegen, die die Ausnutzung fremder Leistung wettbewerbsrechtlich als unlauter erscheinen lassen und diese die Unlauterkeit begründenden Umstände außerhalb des Sonderschutztatbestands liegen (BGH GRUR 1986, 454/456 – Bob Dylan; BGH GRUR 1987, 814/816 – Die Zauberflöte; BGH GRUR 1992, 697/699 – ALF; s. zum Verhältnis der Leistungsschutzrechte zum Wettbewerbsrecht auch Vor §§ 73ff. Rdnr. 22 sowie Einl. Rdnr. 40ff.; *Hodik* GRUR Int. 1984, 421/423). Neben § 81 verbleiben dem Veranstalter im Übrigen die Rechte aus seinem Hausrecht nach §§ 858, 1004 BGB (s. Rdnr. 2). Außerdem kann er neben § 81 vorbehaltlich des Vorliegens der weiteren tatbestandlichen Voraussetzungen auch die Rechte aus §§ 73 (s. Rdnr. 20), 85, 87, 94 und 95 geltend machen (s. Rdnr. 18; ebenso *Dreier/Schulze/Dreier* Rdnr. 2).

§ 82 Dauer der Verwertungsrechte

[1]Ist die Darbietung des ausübenden Künstlers auf einen Bild- oder Tonträger aufgenommen worden, so erlöschen die in den §§ 77 und 78 bezeichneten Rechte des ausübenden Künstlers 50 Jahre, die in § 81 bezeichneten Rechte des Veranstalters 25 Jahre nach dem Erscheinen des Bild- oder Tonträgers oder, wenn dessen erste erlaubte Benut-

zung zur öffentlichen Wiedergabe früher erfolgt ist, nach dieser. ²Die Rechte des ausübenden Künstlers erlöschen jedoch bereits 50 Jahre, diejenigen des Veranstalters 25 Jahre nach der Darbietung, wenn der Bild- oder Tonträger innerhalb dieser Frist nicht erschienen oder erlaubterweise zur öffentlichen Wiedergabe benutzt worden ist. ³Die Frist nach Satz 1 oder 2 ist nach § 69 zu berechnen.

Schrifttum: *Dünnwald,* Sind die Schutzfristen für Leistungsschutzrechte noch angemessen?, ZUM 1989, 47; *Dietz,* Die Schutzdauer-Richtlinie der EU, GRUR Int. 1995, 670; *Drücke,* der Richtlinienvorschlag der EU-Kommission zur Schutzfristenverlängerung für ausübende Künstler und Tonträgerhersteller aus Sicht der Tonträgerhersteller, ZUM 2009, 113; *Erdmann,* Die zeitliche Begrenzung des ergänzenden wettbewerbsrechtlichen Leistungsschutzes, Fs. für Vieregge, 1995, S. 197; *Gerlach,* Der Richtlinienvorschlag der EU-Kommission zur Schutzfristenverlängerung für ausübende Künstler und Tonträgerhersteller aus Sicht des ausübenden Künstlers, ZUM 2009, 1003; *Hilty/Kur/Klass/Geiger/Peukert/Drexl/Katzenberger,* Stellungnahme des Max-Planck-Institut für Geistiges Eigentum, Wettbewerbs- und Steuerrecht zum Vorschlag der Kommission für eine Richtlinie zur Änderung der Richtlinie 2006/116/EG des Europäischen Parlaments und des Rates über die Schutzdauer des Urheberrechts und bestimmter verwandter Schutzrechte, GRUR Int. 2008, 907; *R. Kreile,* Der Bericht der Bundesregierung über die Auswirkungen der Urheberrechtsnovelle 1985 und Fragen des Urheber- und Leistungsschutzrechts vom 4. 7. 1989 und seine gesetzgeberische Umsetzung in der 11. Legislaturperiode, ZUM 1990, 1; *Pakuscher,* Der Richtlinienvorschlag der EU-Kommission zur Schutzfristverlängerung für ausübende Künstler und Tonträgerhersteller, ZUM 2009, 89; *Peukert,* Leistungsschutz des ausübenden Künstlers de lege lata und de lege ferenda unter besonderer Berücksichtigung der postmortalen Rechtslage, UFITA 138 (1999) 63; *G. Schulze,* Der Richtlinienvorschlag der EU-Kommission zur Schutzfristverlängerung für ausübende Künstler und Tonträgerhersteller aus dogmatischer, kritischer und konstruktiver Sicht, ZUM 2009, 93; *Unger,* Die Verlängerung der Schutzfristen für ausübende Künstler: Perpetuierung des bootleg-Problems bei historischen Aufnahmen?, ZUM 1990, 501; *Vogel,* Bedarf es längerer Schutzfristen für Leistungsschutzrechte?, Das Orchester 1989, 378; *ders.,* Verlängerte Schutzfrist für die Leistungsschutzrechte der ausübenden Künstler, Das Orchester 1990, 1140; *ders.,* Die Umsetzung der Richtlinie zur Harmonisierung der Schutzdauer des Urheberrechts und bestimmter verwandter Schutzrechte, ZUM 1995, 451.

I. Allgemeines

1. Regelungsgegenstand

§ 82 regelt die **Schutzdauer der Rechte des Veranstalters** (§ 81) und **des ausübenden** 1 **Künstlers** (§ 73), soweit letztere in ihrem Schwerpunkt **vermögensrechtlicher Natur** sind. Dies sind die Verwertungsrechte nach §§ 77 Abs. 1 und Abs. 2 S. 1, § 78 Abs. 1 sowie die Vergütungsansprüche nach § 77 Abs. 2 S. 2 und nach § 78 Abs. 2. Für den persönlichkeitsrechtlichen Schutz des Interpreten vor Entstellung und Beeinträchtigung seiner Leistung sowie sein Recht auf Anerkennung gilt die abweichende Schutzfristregel des § 76, derzufolge die Rechte aus §§ 74 und 75 ihrem Wesen entsprechend niemals vor dem Tode des Künstlers erlöschen, mindestens aber solange währen wie die Rechte nach § 82. Die vermögens- und persönlichkeitsrechtlichen Befugnisse des ausübenden Künstlers können somit zu unterschiedlichen Zeitpunkten enden (aA *Flechsig* FuR 1976, 74/77; dazu auch § 76 Rdnr. 2, 5 mwN), ohne dass dies dem Grundsatz der Einheitlichkeit des Interpretenrechts widerspricht (s. *Dietz,* Urheberrecht in der Europäischen Gemeinschaft, Rdnr. 163; aA *Möhring/Nicolini/Kroitzsch*[2] Rdnr. 1; *Peukert* vor §§ 12ff. Rdnr. 18f.; *ders.* UFITA 138 [1999] 63/66ff.; sa. § 76 Rdnr. 2).

Die Regelung der Schutzfristen in § 82 ist nur für festgelegte Leistungen von Bedeutung, 2 nicht dagegen für solche, die wohl geschützt, nicht aber aufgenommen und deshalb auch nicht wiederholbar sind (*Fromm/Nordemann/Hertin*[9] Rdnr. 1). Die Regelung bezieht sich auch auf **rechtswidrige Aufnahmen,** jedoch unterliegen diese ungeachtet der Schutzfrist des § 82 zeitlich unbegrenzt dem Verwertungsverbot des § 96 (LG Hamburg ZUM 1991, 98/99 – Bayreuther Orchester; sa. § 96 Rdnr. 2; ebenso *Dreier/Schulze/Dreier* Rdnr. 4, die freilich zu erwägen geben, rechtswidrig hergestellte Tonträger nach Fristablauf freizugeben).

2. Entwicklung der Schutzfrist des Interpretenrechts

a) Das LUG, das noch keine eigenen Leistungsschutzrechte kannte, stellte den ausübenden 3 Künstler einem Bearbeiterurheber gleich (§ 2 Abs. 2 LUG idF des Gesetzes vom 22. 5. 1910), so dass seine Rechte erst 50 Jahre post mortem auctoris endeten. Das **UrhG von 1965** schaffte im Anschluss an die vier leistungsschutzrechtlichen Urteile des BGH vom 31. 5. 1960 (s. dazu vor §§ 73ff. Rdnr. 4) die dogmatisch verfehlte Konstruktion des fiktiven Bearbeiterurheberrechts ab und gewährte dem ausübenden Künstler ein eigenes, in seinem Wesen vom Recht des Werkschöpfers unterschiedenes Leistungsschutzrecht, welches gemäß § 82 aF 25 Jahre nach Erscheinen der Darbietung endete und zunächst uneingeschränkt, dh. ohne besonderen Übergang, auch auf diejenigen Darbietungen Anwendung finden sollte, die vor Inkrafttreten des UrhG

§ 82   Dauer der Verwertungsrechte

erbracht worden waren (§§ 129, 135). Demnach wären alle vor dem Jahre 1940 erschienenen Aufnahmen Ende 1965 übergangslos gemeinfrei geworden.

4   Diese Regelung hat das **BVerfG** mit **Beschluss vom 8. 7. 1971** zwar grundsätzlich für verfassungsgemäß erachtet, jedoch insoweit als verfassungswidrige entschädigungslose Enteignung beanstandet, als bei älteren Rechten das für den Beginn der Schutzfrist maßgebende Ereignis (Erscheinen bzw. Darbietung) vor dem Inkrafttreten des UrhG gelegen und deshalb zu einer Verkürzung der Schutzdauer geführt hätte (BVerfGE 31, 275/292 ff. – Schallplatten; kritisch dazu *Schorn* NJW 1973, 687). **Mit der Einführung des § 135 a im Zuge der Urheberrechtsnovelle von 1972** trug der Gesetzgeber diesem Beschluss Rechnung, indem er die 25 jährige Frist erst mit dem Inkrafttreten des Gesetzes (1. Januar 1966) in Lauf setzte, wenn das für den Schutzfristbeginn maßgebende Ereignis vor diesem Zeitpunkt lag. Zu einer Verlängerung der nach altem Recht gültigen Frist führte die Neuregelung jedoch nicht (§ 135 a. 2) (Einzelheiten s. §§ 135/135 a Rdnr. 5, 18; sa. *Dünnwald* ZUM 1989, 47/48; *Vogel* Das Orchester 1989, 378/379).

5   **b)** Infolge dieser Regelung sollten spätestens am 31. 12. 1990 alle unter dem LUG entstandenen und noch geschützten Aufnahmen gemeinfrei werden, so dass diese **Altaufnahmen** – häufig digitaltechnisch verbessert – in Konkurrenz zu den wegen der zu zahlenden Künstlervergütungen kostspieligeren Neuaufnahmen getreten wären (dazu *Dünnwald* ZUM 1989, 47/51 f.; *Vogel* Das Orchester 1989, 378/379 ff.; kritisch im Hinblick auf historische Aufnahmen *Unger* ZUM 1990, 501/502 ff.). Wegen der **durch neue Techniken** der Aufbereitung und Festlegung **verlängerten Vermarktungsmöglichkeit** (s. Beschlussempfehlung und Bericht des Rechtsausschusses UFITA 113 [1990] 259/263), längerer Schutzfristen in zahlreichen **ausländischen Rechtsordnungen** und der sich abzeichnenden **Schutzfristenharmonisierung innerhalb der Europäischen Gemeinschaft** wurde im **ProduktpiraterieG vom 7. 3. 1990** (BGBl. I S. 422) die zunächst rechtspolitisch für vertretbar gehaltene und vom BVerfG wegen der Gestaltungsbefugnis des Gesetzgebers für verfassungsrechtlich unbedenklich erklärte (BVerfGE 31, 275/288 f. – Schallplatten), in der Literatur freilich wiederholt auf Kritik gestoßene (*Schmieder* UFITA 73 [1975] 65/71/81; *Schorn* GRUR 1978, 230 ff.; *ders.* GRUR 1982, 644/650 im Hinblick auf die Rechte der Tonträgerhersteller; *Ulmer*, Fs. für Hefermehl, 1971, S. 189/199) 25-jährige Schutzfrist der Rechte der ausübenden Künstler – nicht dagegen die der unternehmensbezogenen Leistungsschutzrechte der Veranstalter (§ 81), Film- und Tonträgerhersteller (§§ 94, 95 und § 85) – auf 50 Jahre angehoben. Seit dem **Inkrafttreten des Einigungsvertrages am 3. 10. 1990** (dazu eingehend vor §§ 120 ff. Rdnr. 24 ff.) findet das UrhG rückwirkend auch auf die in der ehemaligen DDR erfolgten Darbietungen Anwendung (Anl. I Kap. III Sachgeb. E Abschn. II 2 § 1 Abs. 1 und 2 des Einigungsvertrages; sa. Rdnr. 15).

6   **c)** Seine vorläufig letzte substantielle Änderung erfuhr die Schutzdauer der Interpretenrechte durch das **3. UrhGÄndG vom 23. 6. 1995** (BGBl. I S. 842), das fristgerecht vor dem 1. 7. 1995 ua. die Vorgaben der Schutzdauer-Richtlinie (Richtlinie 93/98/EWG des Rates vom 29. 10. 1993 zur Harmonisierung der Schutzdauer des Urheberrechts und bestimmter verwandter Schutzrechte, ABl. Nr. L 290 S. 9, konsolidierte Fassung: Richtlinie 2006/116/EG vom 12. 12. 2006; ABl. EG vom 27. 12. 2006 Nr. L 372 S. 12 = GRUR Int. 2007, 223; Art. 13 Abs. 1) in nationales Recht transformierte. Art. 3 dieser Richtlinie legt eine einheitliche Schutzfrist von 50 Jahren für die Rechte der ausübenden Künstler, Tonträger- und Filmhersteller sowie der Sendeunternehmen fest. Art. 11 Abs. 2 wiederum setzt die Vorschrift des Art. 12 der Vermiet- und Verleihrechts-Richtlinie außer Kraft (Richtlinie 92/100/EWG zum Vermietrecht und Verleihrecht sowie zu bestimmten dem Urheberrecht verwandten Schutzrechten im Bereich des geistigen Eigentums, ABl. Nr. L 346 S. 61, konsolidierte Fassung: Richtlinie 2006/115/EG vom 12. 12. 2006, ABl. EG vom 27. 12. 2006 Nr. L 376 S. 28 = GRUR Int. 2007, 219), den der Mitgliedstaaten die Einführung der Schutzfristen des Rom-Abkommens zur Pflicht gemacht hatte (dazu ausführlich *Dietz* GRUR Int. 1995, 670/678 ff.). Für die nach dem UrhG geschützten Interpreten brachte die Umsetzung der Richtlinie lediglich die zusätzliche Fristanknüpfung an den in praxi schwer zu beweisenden Zeitpunkt der ersten erlaubten öffentlichen Wiedergabe einer Aufnahme, wenn diese früher erfolgt ist als ihr Erscheinen, sowie die Angleichung der Mindestschutzdauer der Persönlichkeitsrechte des ausübenden Künstlers in § 83 Abs. 3 aF (jetzt § 76) (s. zur Umsetzung allgemein AmtlBegr. UFITA 129 [1995] 219/228 f./243 f.; *Vogel* ZUM 1995, 450/455). Mit dem **Gesetz zur Regelung des Urheberrechts in der Informationsgesellschaft** vom 10. 9. 2003 (BGBl. I 1774) hat § 82 lediglich durch die Umwandlung der Einwilligungsrechte des ausübenden Künstlers sowie des Veranstalters in Verwertungsrechte und die Neuordnung der Vorschriften des Künstlerrechts bedingte redaktionelle Anpassungen erfahren. Durch die gleichzeitige

Änderung der Schutzdauerregelung des Tonträgerherstellerrechts in § 85 Abs. 3 endet der Schutz beider Rechte nicht mehr notwendigerweise gleichzeitig (§ 85 Rdnr. 53).

Nach einem **Vorschlag der EU-Kommission** für eine Richtlinie des Europäischen Parlaments und des Rates **zur Änderung der Richtlinie** 2006/116/EG des Europäischen Parlaments und des Rates **über die Schutzdauer des Urheberrechts und bestimmter verwandter Schutzrechte** (Dok. KOM (2008) 464/3) soll die Schutzdauer des Interpretenrechts für solche Darbietungen von **50 auf 95 Jahre** verlängert werden, die innerhalb von 50 Jahren nach der Darbietung erschienen oder erlaubterweise öffentlich wiedergegeben worden sind. Im Übrigen soll die Schutzfrist weiterhin 50 Jahre betragen. Hat der der Interpret Nutzungsrechte an seiner Darbietung eingeräumt oder eine Abtretung vorgenommen, soll nach dem Vorschlag der Kommission eine widerlegliche Vermutung dafür sprechen, dass sich die Fristverlängerung auch auf diese Nutzungsrechtseinräumungen bzw. Abtretungen bezieht. Als Ausgleich für den weiteren Nutzungszeitraum ist daran gedacht, dem Interpreten 20% der jährlichen Einnahmen zukommen zulassen, wenn nicht ohnehin wiederkehrende Leistungen vertraglich vereinbart worden sind. Den Mitgliedstaaten soll allerdings die Möglichkeit offenstehen, kleinere Tonträgerhersteller von dieser Vergütungspflicht freizustellen. Machen die Inhaber von Nutzungsrechten keine Anstrengung, die Darbietung körperlich oder unkörperlich im Netz zu verwerten, ist an eine Kündigungsmöglichkeit gedacht. Der Kommissionsvorschlag ist heftig in die Kritik geraten, so dass sein weiteres Schicksal ungewiss ist (dazu ausführlich *Hilty* u. a. GRUR Int. 2008, 907; sowie *Pakuscher, G. Schulze, Gerlach und Drücke* ZUM 2009, 89, 93, 103, 108, 113).

II. Einzelerläuterungen

1. Die 50jährige Schutzfrist des Leistungsschutzrechts des ausübenden Künstlers nach § 82 **knüpft an den Zeitpunkt des Erscheinens** des Bild- oder Tonträgers der festgelegten Darbietung an oder an den Zeitpunkt von deren **erster erlaubter Benutzung zur öffentlichen Wiedergabe, falls diese früher erfolgt ist.** Der jeweils frühere Zeitpunkt ist also der maßgebliche. **Hilfsweise kommt es auf den Zeitpunkt der Aufnahme an,** wenn diese nicht als Tonträger innerhalb von 50 Jahren erschienen oder ihre Festlegung erlaubterweise, dh. aufgrund einer Nutzungsrechtseinräumung oder einer gesetzlichen Lizenz, zur öffentlichen Wiedergabe benutzt worden ist. Die Schutzfrist einer Darbietung wird nur dann durch eine öffentliche Wiedergabe in Lauf gesetzt, wenn die dabei verwendete Aufnahme auch dieselbe Darbietung verkörpert (*Dünnwald/Gerlach* Rdnr. 5). Festgelegte Darbietungen die im Jahr ihrer Aufnahme auch erschienen oder erstmals erlaubterweise zur öffentlichen Wiedergabe benutzt worden sind, genießen demnach 50 Jahre Schutz, während bei später erschienen bzw. erstmals erlaubterweise zur öffentlichen Wiedergabe verwendeten Aufnahmen sich die Schutzfrist von 50 Jahren um den zwischen der Festlegung und dem maßgeblichen Anknüpfungszeitpunkt liegenden Zeitraum verlängert. Die maximale Schutzdauer einer Darbietung kann sich somit auf 100 Jahre belaufen, wenn das die Frist in Lauf setzende Ereignis in das 50. Jahr nach der Aufnahme der Darbietung fällt.

Entsprechendes gilt für die Berechnung der Schutzdauer des **Rechts des Veranstalters** gemäß § 81 mit der Maßgabe, dass dieses lediglich 25 Jahre währt.

2. Zur **Definition des Bild- und Tonträgers** s. § 16 Rdnr. 27.

3. Der **Begriff des Erscheinens** in § 82 entspricht dem des § 6 Abs. 2, wenngleich diese Vorschrift ihrem Wortlaut nach lediglich für Werke gilt (Einzelheiten s. § 6 Rdnr. 29 ff.; ebenso *Dünnwald* UFITA 76 [1976] 165/182; sa. § 86 Rdnr. 9), der **Begriff der öffentlichen Wiedergabe** wiederum dem der Legaldefinition des § 15 Abs. 2 und 3 (Einzelheiten dazu § 15 Rdnr. 45 ff.). Damit können neben der öffentlichen Tonträgerwiedergabe sowohl die öffentliche Zugänglichmachung als auch die Sendung als auch die Aufführung die Schutzfrist in Lauf setzen. **Rundfunkaufnahmen** von Darbietungen oder Veranstaltungen, die nach altem Recht meist nicht innerhalb der Schutzfrist iSd. § 6 Abs. 2 erschienen und folglich nur 50 bzw. 25 Jahre ab der Darbietung (Aufnahme) geschützt waren (s. *Fromm/Nordemann/Hertin*[9] Rdnr. 2), genießen seit der Einfügung der zusätzlichen Anknüpfung Schutz ab dem Zeitpunkt der Sendung, soweit durch sie die festgelegte Darbietung erstmals erlaubterweise öffentlich wiedergegeben wird. Dasselbe gilt für auf Bild- oder Tonträger festgelegte Aufnahmen, die über das Internet erstmals erlaubterweise öffentlich zugänglich gemacht werden (§ 19 a). Ist die Darbietung live gesendet worden und hat die Aufnahme danach lediglich im Archiv geruht, berechnet sich ihr Schutz von 50 Jahren ab der (live gesendeten) Darbietung.

§ 82   Dauer der Verwertungsrechte

Aufnahmen, die zwar nicht unmittelbar von der Öffentlichkeit erworben werden können, sondern auf Spezialmärkten vertrieben und über Werkmittler der Allgemeinheit zugänglich gemacht werden, sind gleichwohl erschienen (BGH GRUR 1981, 360/361 f. – Erscheinen von Tonträgern; s. dazu auch § 86 Rdnr. 9 f.).

11 Deutsche Hersteller pflegen zur Kennzeichnung des Schutzvorbehalts gemäß **Art. 11 RA das Erscheinungsjahr** zusammen mit einem Ⓟ-Vermerk auf oder neben dem Etikett in die Schallplatte einzuprägen oder einzubrennen (s. dazu BGH GRUR 2003, 228 – P-Vermerk; *Gentz* UFITA 46 [1966] 33/35). Seit einiger Zeit werden Tonaufnahmen nach dem International Standard Recording Code (ISRC) gekennzeichnet, der es erlaubt, die Nutzung digitaler Tonaufnahmen im digitalen Umfeld festzustellen (dazu Phono Press 1998, 25 f.).

12 4. Für den **Fristbeginn** ist nach § 82 S. 3 iVm. § 69 stets das Ende des Jahres maßgebend, in dem die Aufnahme der Darbietung erschienen, ihre Festlegung vorher erstmals erlaubterweise für eine öffentliche Wiedergabe benutzt worden oder die Aufnahme erfolgt ist. Damit entfallen mögliche Unsicherheiten, wie sie sich noch nach früherem Recht dadurch ergaben, dass sich die Schutzfrist bei Ensemble-Leistungen noch 50 Jahre ab dem Tode des zuletzt verstorbenen Chor- bzw. Orchestermitglieds berechnete.

13 5. **Nach Ablauf der sondergesetzlichen Schutzdauer** stehen die Leistungen der Künstler und Veranstalter jedermann zur Nutzung frei. Gleichwohl können sich Interpreten und Veranstalter auf **§ 3 iVm. § 4 Nr. 9 UWG** berufen, wenn besondere außerhalb des leistungsschutzrechtlichen Tatbestands liegende Umstände gegeben sind, die die unmittelbare Übernahme ihrer Leistung aus wettbewerbsrechtlicher Sicht als sittenwidrig erscheinen lassen und ein solcher Rechtsschutz nicht in Gegensatz zur zeitlich befristeten spezialgesetzlichen Regelung ihres verwandten Schutzrechts tritt (s. BGH GRUR 1987, 814/816 – Zauberflöte; BGH GRUR 1992, 697/699 – ALF; sa. vor §§ 73 ff. Rdnr. 22; *Erdmann*, Fs. für Vieregge, S. 197/200 ff./206 ff.; älteres Schrifttum: *D. Reimer*, Fs. für Wendel, 1969, S. 98/100 ff.; *G. Schulze* FuR 1984, 619/625; allgemein zur ergänzenden Anwendung des UWG Einl. Rdnr. 50 ff. mwN).

III. Sonstige Fragen

14 1. **Übergangsregelungen.** Nach der im **ProduktpiraterieG vom 7. 3. 1990** geschaffenen **Übergangsvorschrift des § 137 c Abs. 1** kommt die Fristverlängerung von 25 auf 50 Jahre nicht jeder im Zeitpunkt des Inkrafttretens dieses Gesetzes noch geschützten Interpretation zugute. Vielmehr profitieren von ihr nur diejenigen Darbietungen, die vor dem 1. 7. 1990 auf Bild- oder Tonträger aufgenommen und am 1. 1. 1991 noch nicht vor mehr als 50 Jahren erschienen sind bzw. deren Aufnahmezeitpunkt noch nicht länger als 50 Jahre zurückliegt. Nach Abs. 1 S. 3 dauert der Schutz in keinem Falle länger als 50 Jahre nach dem Erscheinen bzw. nach der Darbietung (s. dazu *R. Kreile* ZUM 1990, 1/5 ff.; *Vogel* Das Orchester 1990, 1140/1142 sowie die Erläuterungen zu § 137 c).

15 Nach § 1 Abs. 2 der die Einführung des UrhG in der ehemaligen DDR betreffenden Bestimmungen des **Einigungsvertrages** (Anlage I Kap. II Sachgeb. E Abschn. II 2) ist die Schutzfristregel des § 82 UrhG auch auf Leistungen anzuwenden, die nach § 82 URG-DDR (Schutzfrist 10 Jahre) bereits gemeinfrei geworden waren. Dies gilt erst recht für die im Zeitpunkt des Inkrafttretens des Einigungsvertrages (3. 10. 1990) nach dem Recht der DDR noch geschützten Leistungen (KG ZUM-RD 1997, 245/247/249 – Staatskapelle Berlin).

16 Für die im **3. UrhGÄndG** (s. Rdnr. 6) vorgenommenen Änderungen des § 82 gilt die **Übergangsvorschrift des § 137 f.** Da bereits vor Inkrafttreten dieses Gesetzes für Interpretenrechte die 50jährige Schutzfrist galt, wäre § 137 f allenfalls in denjenigen Fällen von Bedeutung, in denen sich durch den zusätzlichen Anknüpfungspunkt der ersten öffentlichen Wiedergabe einer aufgenommenen Darbietung Änderungen ergeben. Praktisch sind sie freilich ohne Belang: Wurde eine vor dem Stichtag (1. 7. 1995, Art. 13 Abs. 1 der Richtlinie) erfolgte Aufnahme vor ihrem Erscheinen erstmals erlaubterweise öffentlich wiedergegeben, berechnet sich die Schutzdauer nach dem **Grundsatz der Besitzstandswahrung** weiterhin nach altem Recht (§ 137 f Abs. 1 S. 1). **Fälle des Wiederauflebens** eines abgelaufenen Interpretenschutzes **nach § 137 f Abs. 2** iVm. § 82 sind **nicht ersichtlich** (vgl. AmtlBegr. UFITA 129 [1995] 219/248; Einzelheiten dazu in der Kommentierung zu § 137 f).

17 2. **Ausländische Interpreten,** die einem EU- oder EWR-Staat angehören, sind im Anschluss an die Phil Collins-Entscheidung des EuGH (GRUR 1994, 280), die das EU-vertragliche Diskriminierungsverbot (Art. 12 EG, früher Art. 6 EGV) im Bereich der Leistungs-

schutzrechte für anwendbar erklärt hat, nun auch nach dem ausdrücklichen Wortlaut des § 125 Abs. 1 S. 2 in der Fassung des 3. **UrhGÄndG** deutschen Interpreten uneingeschränkt gleichgestellt (sa. § 77 Rdnr. 18 f.). Nicht der EU oder dem EWR angehörige ausländische Interpreten, deren Darbietungen nach dem **RA** geschützt sind (§ 125 Abs. 5), kommen ebenfalls in den Genuss der vollen Schutzfrist des § 82, weil nach dem RA kein Schutzfristenvergleich stattfindet (s. *Nordemann/Vinck/Hertin* RA Art. 14 Rdnr. 1) und die Mindestschutzfrist von 20 Jahren (Art. 14 RA) hinter der nationalen Schutzdauer zurückbleibt. In den Fällen des § 125 Abs. 2 bis 4 und 6 gilt dagegen nunmehr die Schutzfrist des Staates, dem der ausübende Künstler angehört, ohne dass die Frist des § 82 überschritten werden darf (§ 125 Abs. 7). Das **TRIPS-Übereinkommen** sieht für ausübende Künstler eine rückwirkende Mindestschutzfrist von 50 Jahren vor, gerechnet ab dem Ende des Kalenderjahres, in dem die Festlegung der Darbietung erfolgt ist oder die Darbietung stattgefunden hat (Art. 14 Abs. 5 und 6 TRIPS iVm. Art. 18 RBÜ). Der **WPPT** normiert in Art. 17 Abs. 1 dieselbe Schutzfristregel mit der einzigen Abweichung, dass die Frist ausschließlich an den Zeitpunkt der ersten Festlegung anknüpft.

3. Die **vermögensrechtlichen Befugnisse** des ausübenden Künstlers und das Recht des 18 Veranstalters sind nicht nach § 28 UrhG, wohl aber nach §§ 1922 ff. BGB **vererblich** (§ 28 Rdnr. 14). Sie gehen deshalb auf die Erben über, sofern die Schutzfrist im Zeitpunkt des Todes noch nicht abgelaufen ist. Anders verhält es sich mit den Rechten aus §§ 74, 75, für die das Gesetz in § 76 eine Wahrnehmungsbefugnis der Angehörigen anordnet (str.; s. § 76 Rdnr. 8 mwN).

§ 83 Schranken der Verwertungsrechte

Auf die dem ausübenden Künstler nach den §§ 77 und 78 sowie die dem Veranstalter nach § 81 zustehenden Rechte sind die Vorschriften des Abschnitts 6 des Teils 1 entsprechend anzuwenden.

Schrifttum: *Vogel*, Überlegungen zum Schutzumfang der Leistungsschutzrechte des Filmherstellers – angestoßen durch die BGH-Entscheidung TV-Total, Fs. für Loewenheim, 2009, S. 367.

I. Allgemeines

1. Schranken des Leistungsschutzrechts

§ 83 in seiner Fassung des Gesetzes zur Regelung des Urheberrechts in der Informationsge- 1 sellschaft vom 10. 9. 2003 entspricht inhaltlich § 84 aF (AmtlBegr. BT-Drucks. 15/38, S. 25), der nach der Neuordnung des Rechts des ausübenden Künstlers vakant geworden ist. § 83 überträgt die für das Urheberrecht geltenden Schranken auf die Rechte des ausübenden Künstlers und des Veranstalters. Dieselben Beschränkungen sind auch den Rechten des Tonträgerherstellers (§ 85 Abs. 4), des Sendeunternehmens (§ 87 Abs. 4 mit Ausnahme der Vergütungsansprüche nach §§ 47 Abs. 2 S. 2 und 54 Abs. 1) und des Filmherstellers (§ 94 Abs. 4) gesetzt, so dass der Inhaber verwandter Schutzrechte niemals dort ein Verbotsrecht geltend machen kann, wo es dem Urheber oder einem anderen Leistungsschutzberechtigten nach §§ 70 bis 72 auf Grund gesetzlicher Schrankenbestimmungen genommen ist. Diesem Grundgedanken entsprechend hat der BGH auch § 24 (freie Benutzung) über den Gesetzeswortlaut hinaus auch für das Leistungsschutzrecht des Filmherstellers für entsprechend anwendbar erklärt (BGH GRUR 2000, 703/704 – Mattscheibe; GRUR 2008, 693/694 Tz. 24 ff. – TV-Total; GRUR 2009, 403 – Metall auf Metall; dazu auch *Vogel*, Fs. für Loewenheim, S. 367 ff.). Nichts anderes dürfte auch für das Recht des ausübenden Künstlers gelten (dazu *Vogel*, Fs. für Loewenheim, S. 367/371 ff.). Das Recht des Datenbankherstellers unterliegt indes den besonderen Schrankenregelungen des § 87 c.

Die **Gleichförmigkeit der Schranken der Urheber- und Leistungsschutzrechte** kenn- 2 zeichnete bereits die im RefE 1954 (§ 81), MinE 1959 (§ 89) und RegE 1962 (§ 94) enthaltenen Schrankenregelungen, jedoch unterschieden sie sich nach Art und Umfang.

2. Zweck und Rechtfertigung

a) Nach der AmtlBegr. findet die Vorschrift des § 83 ihren Zweck und ihre Rechtfertigung 3 in denselben Gemeinwohlerwägungen, die auch für die Beschränkungen der Urheberrechte maßgeblich sind (AmtlBegr. UFITA 45 [1965] 240/313; Einzelheiten s. vor §§ 44a ff. Rdnr. 3f.), im Verbot der Besserstellung des Interpreten gegenüber dem Urheber (AmtlBegr. UFITA 45 [1965] 240/313) und in der aus Effektivitätsgründen gebotenen Übereinstimmungen von Urheberrechts- und Leistungsschutzrechtsschranken (s. Rdnr. 1).

4   **b)** Der Verzicht auf die Anordnung einer **Zwangslizenz** zugunsten des Tonträgerherstellers in entsprechender Anwendung von § 61 aF ist geblieben. Als ihrer Natur nach vertragrechtliche Regelung hat sie durch das Gesetz vom 10. 9. 2003 zur Regelung des Urheberrechts in der Informationsgesellschaft richtigerweise ihren Platz in Abschnitt 5 des Teils 1 gefunden (§ 42a). Wenn § 79 Abs. 2 S. 2 ihn gleichwohl in Bezug nimmt, beruht das auf einem Redaktionsversehen (ebenso *Dünnwald* ZUM 2004, 161/170). Denn es gibt keine Anhaltspunkte dafür, dass nicht auch weiterhin der Wettbewerb bei der Interpretation und damit dem Interesse konkurrierender kulturwirtschaftlicher Unternehmen auf dem Gebiet der Tonträger- und Filmherstellung bestehen bleiben soll (vgl. AmtlBegr. UFITA 45 [1965] 240/313; *Fromm/Nordemann/Hertin*[9] § 84 Rdnr. 2; *v. Gamm* § 84 einzige Anm.; *Möhring/Nicolini/Kroitzsch*[2] § 84 Rdnr. 2; *Ulmer*[3] § 123 III 1).

Das Schriftformerfordernis des § 34 aF GWB bei **Künstlerexklusivverträgen** außerhalb von Arbeitsverhältnissen ist im Zuge der 6. GWB-Novelle (Gesetz vom 26. 6. 1998, BGBl. I 2521, neu bekannt gemacht mit neuer Paragraphenfolge am 26. 8. 1998 im BGBl. I 2546) ersatzlos entfallen (zum früheren Recht OLG München GRUR 1981, 614 – Schallplatten-Lizenzvertrag).

3. Verfassungsrechtliche Fragen

5   **Verfassungsrechtlich** haben die Beschränkungen der von der Eigentumsgarantie des Art. 14 Abs. 1 S. 1 GG getragenen Interpretenrechte (BVerfGE 81, 208/219 ff. – Bob Dylan – in Fortführung von BVerfGE 31, 275/283 ff. – Schallplatten) dem Verhältnismäßigkeitsgrundsatz und damit dem **Verbot übermäßiger Belastung der Rechte des ausübenden Künstlers** zugunsten der Allgemeinheit zu genügen. Im Einzelnen gelten die zu den urheberrechtlichen Schranken entwickelten Grundsätze (s. BVerfGE 31, 229 – Kirchen- und Schulgebrauch; BVerfGE 49, 382 – Kirchenmusik) freilich unter Beachtung des qualitativen Unterschieds zwischen persönlicher geistiger Leistung des Werkschöpfers und nachvollziehender Interpretation des ausübenden Künstlers, der in der unterschiedlichen Ausgestaltung von Urheber- und Leistungsschutzrechten seinen Niederschlag gefunden hat (Einzelheiten zur Verfassungsmäßigkeit der Schrankenregelungen s. vor §§ 44a ff. Rdnr. 7 ff.).

4. Internationales Recht

6   **Konventionsrechtlich** hält sich § 83 mit der Übertragung der Urheberrechtsschranken auf die Künstlerrechte im Rahmen dessen, was Art. 15 Abs. 2 RA und Art. 14 Abs. 6 TRIPS dem nationalen Gesetzgeber an Gestaltungsspielraum zugestanden hat. **EU-rechtlich** werden die Schrankenregelungen von Art. 10 der Vermiet- und Verleihrichtlinie und sowie den später in Kraft getreten Art. 5 und 6 der Informationsgesellschafts-Richtlinie 2001/29/EG gedeckt, an die die Vorschriften der §§ 45 ff. (nunmehr §§ 44a ff.) durch die Novellierung vom 10. 9. 2003 angepasst worden sind. Das gilt insbesondere für den in Art. 5 Abs. 5 der Richtlinie bekräftigten Dreistufen-Test.

II. Einzelne Schrankenregelungen

1. Fälle erlaubnisfreier, aber zu vergütender Nutzungen

7   **a)** Die wirtschaftlich bedeutendste Regel, die über § 83 auch für Interpreten und Veranstalter zur Anwendung gelangt, ist die **Vergütungspflichtigkeit der erlaubnisfrei zulässigen privater Überspielung gemäß § 54 Abs. 1.** 2007 belief sich das Gesamtaufkommen der GVL auf ca. € 159,1 Mio., der Anteil der Geräte- und Leerkassettenvergütung betrug dabei € 36,2 Mio. oder knapp 22,8%, wobei für 2008 wegen der Änderungen der §§ 54ff. im 2. InformationsgesG und der nunmehr nicht mehr gesetzlich vorgeschriebenen Vergütungssätze deutlich schlechtere Zahlen zu erwarten sind. Das Aufkommen für die der privaten Überspielung wird nach dem Verteilungsplan der GVL im Verhältnis 64% zu 36% zwischen Künstlern und Tonträgerherstellern aufgeteilt, wobei der Anteil der Veranstalter in dem der Künstler enthalten ist.

8   **b)** Außerdem stehen ausübenden Künstlern Vergütungsansprüche aus erlaubnisfreien Nutzungshandlungen gemäß §§ 45a (Vervielfältigung für und Verbreitung an behinderte Men-

schen), 46 (Sammlungen für Kirchen-, Schul- und Unterrichtsgebrauch), 47 (Schulfunksendungen) und 52 zu. In letzterem Fall konkurriert § 52 mit der gesetzlichen Lizenz für die Schallplattensendung nach § 78 Abs. 2 Ziff. 2, so dass diese Schranke sinnvollerweise nur auf die dem Verbotsrecht des Interpreten unterliegende öffentliche Wiedergabe einer Live-Darbietung nach § 78 Abs. 1 zur Anwendung kommt (so zutreffend *Fromm/Nordemann/Schaefer*[10] Rdnr. 7). Ansprüche aus § 49 (Pressespiegel) sind im Bereich des Leistungsschutzrechts des Interpreten zwar denkbar, kommen in der Praxis jedoch nicht vor. Die GVL nimmt diesen verwertungsgesellschaftenpflichtigen Anspruch deshalb nicht wahr (s. Wahrnehmungsvertrag der GVL, abrufbar unter www.GVL.de). Alle Vergütungen aus gesetzlichen Lizenzen sind mit den übrigen originär Berechtigten zu teilen.

2. Erlaubnis- und vergütungsfreie Nutzungen

a) Neben den Urhebern haben auch ausübende Künstler vergütungslos hinzunehmen, wenn eine **Aufnahme ihrer Darbietung für ein Gerichtsverfahren** vervielfältigt und dort öffentlich wiedergegeben wird (§ 45), ihre Darbietung im Rahmen der **Berichterstattung über Tagesereignisse** durch Presse, Funk und Film wahrnehmbar wird (§ 50) (s. OLG Frankfurt/M GRUR 1985, 380 – Operneröffnung; Einzelheiten dazu § 50) oder eine Aufnahme ihrer Darbietung etwa für ein **Musikzitat** Verwendung findet (§ 51), wobei nach *Schaefer* der Belegzweck des Zitats sich auf die interpretatorische Leistung als Schutzgegenstand des Künstlerrechts beziehen muss (*Fromm/Nordemann/Schaefer*[10] Rdnr. 6) Damit würde freilich ein Musikzitat, das sich nur auf die Komposition als urheberrechtlich geschütztes Werk bezieht, weitgehend unmöglich. 9

b) Die Befugnis zur so genannten **ephemeren Festlegung** (§ 55) bezieht sich nicht nur auf die (erstmalige) Aufnahme einer Darbietung auf einen Bild- oder Tonträger, sondern auch auf den Umschnitt einer Schallplatte auf Tonband oder eines Zelluloid-Films auf Ampex (*Brack* UFITA 50 [1957] 544/548) oder ein technisch anders geartetes heute meist digital-technisches Trägermaterial. Weitergehend als nach § 55, nämlich ungeachtet der Dauer ihrer Festlegung, ist den Sendeanstalten die Vervielfältigung von Tonträgern „für Rundfunkzwecke" (s. dazu *Ulmer* Urhebervertragsrecht Rdnr. 109 ff.; *Dietz* GRUR Int. 1983, 390/393 f.) nach Nr. 1 b des Tonträger-Sendevertrages mit der GVL bzw. nach den einschlägigen Tarifverträgen der Sendeanstalten (s. zB Ziffer 13.2.2 des WDR-Tarifvertrages für auf Produktionsdauer Beschäftigte vom 1. 12. 1976 idF v. 1. 4. 2001, abgedr. bei *Hillig*[13] [Hrsg.] S. 166) gestattet. 10

c) Bei **öffentlichen Reden** (§ 48) ist der Redner im Regelfall Urheber und Interpret zugleich und deshalb in seinen Urheber- wie in seinen Leistungsschutzrechten beschränkt, der Veranstalter freilich nur in seinem Leistungsschutzrecht gemäß § 81. Ohne praktische Bedeutung für die Rechte des Interpreten und Veranstalters sind wegen ihres Bezugs zur bildenden Kunst die Vorschriften der §§ 58–60 (ebenso *Fromm/Nordemann/Schaefer*[10] Rdnr. 10). 11

3. Persönlichkeitsrechtliche Bestimmungen

a) **Änderungsrechtlich** ergeben sich im Rahmen der Schrankenregelungen keine Abweichungen zu dem, was gemäß §§ 74, 75 an Beeinträchtigungen künstlerischer Leistungen zulässig ist. § 62 Abs. 1 S. 2 erklärt zwar die auf verwandte Schutzrechte grundsätzlich unanwendbare Vorschrift des § 39 (s. Rdnr. 14 sowie § 75 Rdnr. 14) im Rahmen der Schrankenregelungen für entsprechend anwendbar. § 39 bekräftigt jedoch lediglich das bereits in § 75 enthaltene Abwägungsgebot (s. § 75 Rdnr. 16). 12

b) Die **Verpflichtung zur Quellenangabe** nach § 63 obliegt sowohl dem Nutzer einer künstlerischen wie dem einer veranstalterischen Leistung, obwohl die Persönlichkeitsrechte des ausübenden Künstlers in §§ 74, 75 abschließend geregelt sind (vgl. § 75 Rdnr. 2) und dem Veranstalter grundsätzlich keine Persönlichkeitsrechte zustehen (vgl. § 81 Rdnr. 9). Die Regel des § 63 geht in ihrer Tragweite jedoch über eine bloße Bekräftigung des Namensnennungsrechts gemäß § 13 hinaus. Sie enthält auch Bestimmungen zum Schutze des Verlegers bzw. Sendeunternehmens (§ 63 Abs. 3), an deren Stelle im Bereich der verwandten Schutzrechte Veranstalter, Tonträgerhersteller, Sendeunternehmen und Filmproduzenten treten. § 63 fällt deshalb nach der Normierung des Nennungsrechts in § 74 im Bereich der Leistungsschutzrechte nicht dahin, sondern tritt infolge der ausdrücklichen Inbezugnahme durch § 83 neben den persönlichkeitsrechtlichen Schutz nach §§ 74 und 75 (ebenso *Dreier/Schulze/Dreier* Rdnr. 4). 13

In der Vergangenheit wurde § 63 für den ausübenden Künstler praktisch, wenn er es versäumt hatte, mit seinem – gesetzlich nicht dazu verpflichteten (s. § 75 Rdnr. 2, 12; dazu § 74

§ 85   Verwertungsrechte

Rdnr. 4; 2. Aufl. § 79 Rdnr. 31 f. jeweils mwN) – Produzenten die Namensnennung zu vereinbaren oder eine Namensnennung nicht wie etwa bei Solodarbietungen dem Üblichen entsprach (OLG Köln UFITA 93 [1982] 203 – TÜLAY). Diese Auslegung von § 84 aF iVm. § 63 führte zu keinem Wertungswiderspruch zu der im Übrigen geltenden abschließenden Regelung der Persönlichkeitsrechte des Interpreten in § 83 aF, vielmehr stellte er die vertraglich vereinbarte Namensnennung im Bereich der gesetzlich freien Nutzung sicher.

III. Sonstige Fragen

14 § 83 verweist lediglich auf die Bestimmungen des Abschnitts 6 des Teils 1 des UrhG. Angesichts der nichtumfassenden abschließenden Regelung der Rechte des ausübenden Künstlers und des Veranstalters ist die **analoge Gewährung weiterreichender Befugnisse des Urhebers im Bereich des Leistungsschutzrechts ausgeschlossen.** Demnach stehen dem ausübenden Künstler keine über §§ 74, 75 hinausgehenden Persönlichkeitsrechte zu (vor §§ 73 ff. Rdnr. 17; *Müller* Anm. zu Schulze LGZ 132, 3). Dagegen ist er seit dem Inkrafttreten des 3. UrhGÄndG an der Vergütung für das Vermieten und Verleihen von Ton- und Bildtonträgern zu beteiligen (§ 77 Abs. 2 Satz 2 iVm. § 27).

§ 84 *(weggefallen)*

Durch die Neuordnung des Rechts des ausübenden Künstlers im Gesetz zur Regelung des Urheberrechts in der Informationsgesellschaft vom 10. September 2003 (BGBl. I 1774) hat sich die Zahl der einschlägigen Vorschriften um einen Paragraphen verringert.

Abschnitt 4. Schutz des Herstellers von Tonträgern

§ 85 Verwertungsrechte

(1) ¹Der Hersteller eines Tonträgers hat das ausschließliche Recht, den Tonträger zu vervielfältigen, zu verbreiten und öffentlich zugänglich zu machen. ²Ist der Tonträger in einem Unternehmen hergestellt worden, so gilt der Inhaber des Unternehmens als Hersteller. ³Das Recht entsteht nicht durch Vervielfältigung eines Tonträgers.

(2) ¹Das Recht ist übertragbar. ²Der Tonträgerhersteller kann einem anderen das Recht einräumen, den Tonträger auf einzelne oder alle ihm vorbehaltenen Nutzungsarten zu nutzen. ³§ 31 und die §§ 33 und 38 gelten entsprechend.

(3) ¹Das Recht erlischt 50 Jahre nach dem Erscheinen des Tonträgers. ²Ist der Tonträger innerhalb dieser Frist nicht erschienen, aber erlaubterweise zur öffentlichen Wiedergabe benutzt worden, so erlischt das Recht 50 Jahre nach dieser. ³Ist der Tonträger innerhalb dieser Frist nicht erschienen oder erlaubterweise zur öffentlichen Wiedergabe benutzt worden, so erlischt das Recht 50 Jahre nach der Herstellung des Tonträgers. ist. ⁴Die Frist ist nach § 69 zu berechnen.

(4) § 10 Abs. 1 und § 27 Abs. 2 und 3 sowie die Vorschriften des Teil 1 Abschnitt 6 sind entsprechend anzuwenden.

Schrifttum: *Ahlberg,* Die Vermietung von Schallplatten und Videokassetten, GRUR 1983, 406; *ders.,* Der Einfluß des § 31 Abs. 4 UrhG auf die Auswertungsrechte von Tonträgerunternehmen, GRUR 2002, 313; *Baum,* Über den Rom-Entwurf zum Schutze der vortragenden Künstler, der Hersteller von Phonogrammen und des Rundfunks, GRUR Int. 1953, 197; *Bechthold,* Multimedia und Urheberrecht – einige grundsätzliche Anmerkungen, GRUR 1998, 18; *Bortloff,* Der Tonträgerpiraterieschutz im Immaterialgüterrecht, 1995; *ders.,* Tonträgersampling als Vervielfältigung, ZUM 1993, 476; *ders.,* Internationale Lizenzierung von Internet-Simulcasts durch die Tonträgerindustrie, GRUR Int. 2003, 669; *Brack,* Die Rechte der ausübenden Künstler und der Hersteller von Tonträgern bei der Verwertung von Schallplatten im Rundfunk, UFITA 50 (1967) 544; *Braun,* Schutzlücken-Piraterie, 1995; *ders.,* Die Schutzlücken-Piraterie nach dem Urheberrechtsänderungsgesetz vom 23. Juni 1995, GRUR Int. 1996, 790; *ders.,* „Filesharing"-Netze und deutsches Urheberrecht – zugleich eine Entgegnung auf Kreutzer, GRUR 2001, 193, GRUR 2001, 1106; *Brugger,* Rechtsfragen bei neuen Verfahren der elektronischen Bildaufzeichnung und Bildwiedergabe, UFITA 56 (1970) 1; *Bundesverband Musikindustrie* (Hrsg.), Musikindustrie in Zahlen, 2009; *Davies/v. Rauscher auf Weeg,* Das Recht der Herstellung von Tonträgern. Zum Urheber- und Leistungsschutzrecht in der Europäischen Gemeinschaft, 1983; *Dierkes,* Die Verletzung der Leistungsschutzrechte des Tonträgerherstellers, 2000; *Dünnwald,* Interpret und Tonträgerhersteller, GRUR 1970, 274; *ders.,* Die Rechtsentwicklung im Bereich der Audiovision, NJW 1974, 22; *ders.,* Zum Leistungsschutz an Ton- und Bildtonträgern, UFITA 76 (1976) 165; *ders.,* Die Leistungsschutzrechte im TRIPS-Abkommen, ZUM 1996, 725; *Erdmann,* Die zeitliche Begrenzung des ergänzenden wettbewerbsrechtlichen Leistungsschutzes, Fs. für Vieregge, 1995, S. 197; *Ernst,* Urheberrecht und Leistungsschutz im Tonstudio, 1995; *Flechsig,* Gesetzliche Regelung des Sendevertragsrechts?, GRUR 1980, 1046; *ders.,* Beteiligungsansprüche von Sendeunternehmen an gesetzlichen Vergütungsansprüchen wegen privater Vervielfältigungshandlung, ZUM 2004, 249; *Gentz,* Aus dem neuen Schallplattenrecht, UFITA 46 (1966) 33; *ders.,* Musikpiraterie und Leistungsschutzrecht, UFITA 70 (1974) 25; *Gampp,* Die Beurteilung von „Musik-Tauschbörsen" im Internet nach US-amerikanischem Urheberrecht – Der Präzedenzfall Napster und seine Nachfolger, GRUR Int. 2003, 991; *Häuser,* Sound und Sampling, 2002; *Hertin,* Sounds von der Datenbank, GRUR 1989, 578; *ders.,* Die Vermarktung nicht lizenzierter Live-Mitschnitte von Darbietungen ausländischer Künstler nach den höchstrichterlichen Entscheidungen „Bob Dylan" und „Die Zauberflöte", GRUR 1991, 722; *Hoeren,* Sounds von der Datenbank – Zur urheber- und wettbewerbsrechtlichen Beurteilung des Samplings in der Popmusik, GRUR 1989, 11; *Knies,* Die Rechte der Tonträgerhersteller in internationaler und rechtsvergleichender Sicht, 1999; *Kreutzer,* Napster, Gnutella & Co.: Rechtsfragen zu Filesharing-Netzen aus der Sicht des deutschen Urheberrechts de lege lata und de lege ferenda GRUR 2001, 193, 307; *Krieger,* Beteiligung der Sendeanstalten an der urheberrechtlichen Vergütung für private Ton- und Bildaufzeichnungen?, GRUR Int. 1983, 429; *Krüger,* Zum Leistungsschutzrecht ausländischer ausübender Künstler in der Bundesrepublik Deutschland im Falle des sog. bootlegging, GRUR Int. 1986, 381; *Krüger-Nieland,* Zur Frage der Beteiligung der Sendeunternehmen an den Vergütungen für private Ton- und Bildüberspielungen sowie für nicht gelöschte Vervielfältigungen von Schulfunksendungen, GRUR 1982, 253; *dies.,* Beteiligung der Sendeanstalten an den Erlösen aus den Geräte- bzw. Leerkassettenvergütungen, GRUR 1983, 345; *von Lewinski,* EU und Mitgliedstaaten ratifizieren WIPO-Internetverträge – Was ändert sich aus deutscher Sicht?, GRUR-Prax 2010, 49; *Loewenheim,* Die Beteiligung der Sendeunternehmen an den gesetzlichen Vergütungsansprüchen im Urheberrecht, GRUR 1998, 513; *Müncker,* Urheberrechtliche Zustimmungserfordernisse beim Digital Sampling, 1994; *Neumann-Duesberg,* Die „verwandten Schutzrechte" im Urheberrechts-Gesetzentwurf 1959, UFITA 31 (1960) 162; *Nick,* Musikdiebstahl, 1979; *J. B. Nordemann/Dustmann,* To Peer Or Not To Peer, CR 2004, 380; *W. Nordemann,* Altaufnahmen aus den USA und das deutsche Urheberrecht, Fs. für Kreile, 1994, S. 455; *Ossenbühl,* Verfassungsrechtliche Fragen der Beteiligung der Sendeunternehmen an den Vergütungen für private Ton- und Bildüberspielungen, GRUR 1984, 841; *v. Rauscher auf Weeg,* Die Rechte der Rom-Konvention, GRUR Int. 1973, 310; *D. Reimer,* Einige Bemerkungen zum Leistungsschutz des § 1 UWG, Fs. für Wendel, 1969, S. 98; *ders.,* Urheberrecht und freier Warenverkehr, GRUR Int. 1981, 70; *Reinbothe,* TRIPS und die Folgen für das Urheberrecht, ZUM 1996, 735; *Rossbach,* Die Vergütungsansprüche im deutschen Urheberrecht, 1990; *Schack,* Leistungsschutz für Tonträgeraufnahmen mit ausübenden Künstlern aus den USA, ZUM 1986, 69; *ders.,* Ansprüche der Fernsehanstalten für Videonutzung ihrer Sendungen, GRUR 1985, 197; *ders.,* Zur Beteiligung der Sendeunternehmen an der Geräte- und Speichermedienabgabe des § 54 I UrhG, GRUR 2009, 490; *Schaefer/Körfer,* Tonträgerpiraterie, 1995; *Schmieder,* Das Recht des Werkmittlers, 1963; *Schorn,* Zum Rechtsschutz der ausübenden Künstler und Tonträgerhersteller, NJW 1973, 687; *ders.,* Zum Leistungsschutz nach deutschem Recht, GRUR 1978, 230; *ders.,* Zur Frage der Änderung von § 87 Absatz 3 und anderer Vorschriften des Urheberrechtsgesetzes im Rahmen der Urheberrechtsreform, GRUR 1982, 644; *ders.,* Zur Frage der Änderung von § 87 Absatz 3 des Urheberrechtsgesetzes, GRUR 1983, 718; *Schricker* (Hrsg.), Urheberrecht auf dem Weg zur Informationsgesellschaft, 1997; *G. Schulze,* Urheberrecht und neue Musiktechnologien, ZUM 1994, 15; *Schwenzer,* Die Rechte der Tonträgerproduzenten, 2. Aufl. 2001; *ders.,* Tonträgerauswertung zwischen Exklusivrecht und Sendeprivileg im Lichte von Internetradio, GRUR Int. 2001, 722; *Stewart,* Das Genfer Tonträgerabkommen, UFITA 70 (1974) 1; *Stolz,* Der Begriff der Herstellung von Ton- und Bildtonträgern und seine Abgrenzung zum Senderecht, UFITA 96 (1983) 55; *ders.,* Das „schutzwürdige Interesse" der Sendeunternehmen hinsichtlich der Beteiligung an den Vergütungsansprüchen für private Ton- und Bildüberspielungen, GRUR 1983, 632; *ders.,* Die Rechte der Sendeunternehmen nach Inkrafttreten der Urheberrechtsnovelle von 1985, GRUR 1986, 859; *ders.,* Die Rechte der Sendeunternehmen nach dem Inkrafttreten der europäischen Nachbarstaaten und ihre Wahrnehmung in der Bundesrepublik Deutschland, UFITA 104 (1987) 31; *ders.,* Die Rechte der Sendeunternehmen nach dem Urheberrechtsgesetz und ihre Wahrnehmung, 1987 (zitiert: Sendeunternehmen); *Thurow,* Die digitale Verwertung von Musik aus der Sicht von Schallplattenproduzenten und ausübenden Künstlern, in *Becker/Dreier* (Hrsg.), Urheberrecht und digitale Technologie, 1994, S. 77; *ders.,* Zur gemeinsamen Interessenlage von Musikurhebern, Künstlern und Tonträgerherstellern angesichts der Herausforderungen einer multimedialen Zukunft, Fs. für Kreile, 1994, S. 763; *Ulmer,* Vom deutschen Urheberrecht und seiner Entwicklung, UFITA 26 (1958) 257; *ders.,* Der Rechtsschutz der ausübenden Künstler, der Hersteller von Tonträgern und der Sendegesellschaften, 1957 (zit. Rechtsschutz); *ders.,* Das Rom-Abkommen über den Schutz der ausübenden Künstler, der Hersteller von Tonträgern und der Sendeunternehmungen, GRUR Int. 1961, 569; *ders.,* Der wettbewerbliche Schutz der Schallplattenhersteller, Fs. für Hefermehl, 1971, S. 189; *ders.,* Die Entscheidungen zur Kabelübertragung von Rundfunksendungen im Lichte urheberrechtlicher Grundsätze, GRUR Int. 1981, 372; *v. Ungern-Sternberg,* Erschöpfung des Verbreitungsrechts und Vermietung von Videokassetten, GRUR 1984, 262; *ders.,* Die Rechtsprechung des Bundesgerichtshofs zum Urheberrecht und zu den verwandten Schutzrechten in den Jahren 2006 und 2007 GRUR 2008, 193 (Teil I), 291 (Teil II); *ders.,* Die Rechtsprechung des Bundesgerichtshofs zum Urheberrecht und den verwandten Schutzrechten in den Jahren 2008 und 2009, GRUR 2010, 273 (Teil I), 386 (Teil II); *Vogel,* Überlegungen zum Schutzumfang der Leistungsschutzrechte des Filmherstellers – angestoßen durch die TV-Total-Entscheidung des BGH, Fs. für Loewenheim, 2008, S. 367; *Weßling,* Der zivilrechtliche Schutz gegen digitales Sound-Sampling, 1995; *Windisch,* Gemeinsamer Markt und Schutzrechtsverbrauch, UFITA 66 (1973) 75; *ders.,* Beziehungen zwischen Urheber-, Erfinder-, Programmier- und Tonaufnahme-Leistungen, GRUR 1980, 587.

Übersicht

	Rdnr.
I. Allgemeines	1–17
1. Rechtslage vor dem UrhG von 1965	2, 3
2. Gesetzgebungsgeschichte	4–7
3. Sinn und Zweck sowie Rechtfertigung des Tonträgerherstellerrechts	8–10
4. Rechtsnatur und Schutzumfang	11, 12
5. Verfassungsrechtliche Grundlage	13
6. Bedeutung und Kritik der Vorschrift; Entfaltung digitaler Technik	14–17

§ 85 Verwertungsrechte

	Rdnr.
II. Einzelerläuterungen	18–89
1. Der Schutzgegenstand des § 85	18–29
2. Der Tonträgerhersteller als Berechtigter iSd. § 85	30–40
3. Die ausschließlichen Rechte des Tonträgerherstellers auf Vervielfältigung, Verbreitung und öffentliche Zugänglichmachung (Abs. 1)	41–48
4. Das Tonträgerherstellerrecht im Rechtsverkehr (Abs. 2)	49–51
5. Die Schutzfristregelung des Abs. 3	52–58
6. Die Schranken des Rechts des Tonträgerherstellers (Abs. 4)	59–67
7. Der persönliche Geltungsbereich des § 85, insbesondere die internationalen Abkommen	68–89
III. Sonstige Fragen	90–94
1. Weitere Schutzrechte des Tonträgerherstellers	90
2. Schutz aus abgeleiteten Rechten	91
3. Ansprüche nach Rechtsverletzung	92
4. Konkurrenzen	93, 94

I. Allgemeines

1 Die Bestimmungen der §§ 85, 86 regeln die Befugnisse, die dem Tonträgerhersteller von Gesetzes wegen hinsichtlich des von ihm hergestellten Tonträgers zustehen. Sie sind nicht mehr wie noch vor Inkrafttreten des UrhG abgeleitete Rechte, sondern haben – ungeachtet notwendiger vertraglicher Vereinbarungen mit Urhebern und Interpreten – ihren Rechtsgrund in der eigenständigen organisatorischen, technischen und wirtschaftlichen Leistung, die gewöhnlich mit der Herstellung eines Tonträgers verbunden ist.

Die **Einführung eines originären Leistungsschutzrechts des Tonträgerherstellers** ersetzte nicht nur die vordem gültige, dogmatisch unbefriedigende Konstruktion des fiktiven Bearbeiterurheberrechts nach § 2 Abs. 2 LUG, das der Tonträgerhersteller vom Interpreten erwarb, sondern schuf auch eine tragfähige Grundlage für die Ratifikation des Internationalen Abkommens über den Schutz der ausübenden Künstler, der Hersteller von Tonträgern und der Sendeunternehmen vom 26. 10. 1961 (Rom-Abkommen) und später des Übereinkommens zum Schutz der Hersteller von Tonträgern gegen die unerlaubte Vervielfältigung ihrer Tonträger vom 29. 10. 1971 (Genfer Tonträgerabkommen), deren vornehmliche Aufgabe – inzwischen zusammen mit dem TRIPS-Übereinkommen und dem WPPT – im grenzüberschreitenden Schutz des Herstellers gegen die um sich greifende Tonträger- und Internetpiraterie liegt. Auf dieser konventionsrechtlichen Grundlage beruht auch das europaweit harmonisierte Tonträgerherstellerrecht.

1. Rechtslage vor dem UrhG von 1965

2 **Vor Inkrafttreten des UrhG** konnte sich der Tonträgerhersteller – sieht man von den seit der Entscheidung des RG vom 7. 4. 1910 (RGZ 73, 294 – Schallplatten) für einschlägig erachteten allgemeinen Bestimmungen der §§ 1 UWG aF, 823, 826 BGB ab – gegen die unbefugte Vervielfältigung und öffentliche Wiedergabe seiner Tonaufzeichnungen nur auf solche Rechte stützen, die er vom Interpreten erworben hatte (ausführlich zur Geschichte des mechanischen Rechts RGZ 134, 198/204 ff. – Schallplattenrechte; BGHZ 11, 135/140 ff. – Lautsprecherübertragung; vor §§ 73 ff. Rdnr. 3 f.). Diese Möglichkeit kannte das LUG jedoch nicht von Beginn an. Erst mit der **Novelle vom 22. 5. 1910** wurde im Interesse der Schallplattenindustrie (s. Verh. RT XII. Legislaturperiode II. Session Bd. 275 S. 1793) das LUG dem Schutzniveau der Berner Übereinkunft angepasst, die auf ihrer Berliner Revisionskonferenz von 1908 die Rechte des Urhebers auch auf die Übertragung seines Werkes auf Tonträger und auf die öffentliche Wiedergabe unter deren Verwendung erstreckt hatte (s. *Ulmer* Rechtsschutz S. 17 f.).

Der **1910 eingefügte § 2 Abs. 2 LUG** stellte die Übertragung von Werken der Literatur und Tonkunst auf einen Tonträger einer Bearbeitung gleich. Das Recht des Bearbeiters entstand folglich erst mit der körperlichen Festlegung seiner Darbietung. Nach der Vorstellung des Gesetzgebers übertrug **der ausübende Künstler als fiktiver Bearbeiterurheber** dem Tonträgerhersteller ausdrücklich oder stillschweigend seine Nutzungsbefugnisse (§ 12 Abs. 2 Nr. 5 LUG), einschließlich des Rechts der öffentlichen Wiedergabe. Letzteres wurde allerdings für den Fall gesetzlich eingeschränkt, dass die Wiedergabe mittels eines Tonträgers erfolgte, der auf Grund einer freiwilligen oder Zwangslizenz hergestellt worden war (§ 22a LUG). Einzelheiten dazu *Ulmer* UFITA 26 (1958) 257/268 ff.

3 Die **Rechtsprechung** wandte in der Folgezeit die Ausnahmevorschrift des § 22a LUG nur auf die im Zeitpunkt der Novelle von 1910 bekannten Wiedergabetechniken an und behielt dem Urheber wie dem insoweit rechtlich gleichgestellten fiktiven Bearbeiterurheber (BGHZ 33, 1/18 – Künstlerlizenz Schallplatten) das Recht der Schallplattenwiedergabe im Rundfunk als eine besondere Art der Werkverbreitung (RGZ 153, 1/25 – Rundfunksendung von Schallplatten; sa. vor §§ 73 ff. Rdnr. 4) ebenso vor wie das Recht der öffentlichen Wiedergabe einer Schallplattenaufnahme über Lautsprecher (BGHZ 11, 135/150 – Lautsprecherübertragung).

2. Gesetzgebungsgeschichte

Entstehungsgeschichtlich gehört das verwandte Schutzrecht des Tonträgerherstellers zu den 4 Rechten, die im Laufe der Diskussion über die grundsätzliche Unterscheidung von schöpferischer und werkvermittelnder Leistung als selbstständig schützenswert anerkannt wurden (s. vor §§ 73 ff. Rdnr. 5 f. sowie *Schmieder* S. 15 ff. jeweils mwN). Der RJM-E 1932 kannte zwar schon eigene Leistungsschutzrechte des ausübenden Künstlers, aber nur abgeleitete Rechte des Tonträgerherstellers (§ 57 Abs. 4). Wenig später ordneten der Hoffmann-E 1933 in § 48 Abs. 2 und der Akademie-E 1939 in § 59 dem Tonträgerhersteller das originäre Recht der Vervielfältigung und Verbreitung des Tonträgers zu. Darauf aufbauend enthielten §§ 82, 83 RefE 1954 bereits die Konzeption eines ausschließlichen Rechts der Vervielfältigung und Verbreitung und eines schuldrechtlichen Beteiligungsanspruchs des Tonträgerherstellers gegen den ausübenden Künstler im Falle der Nutzung des Tonträgers zur öffentlichen Wiedergabe, die bis zum 13. 9. 2003, dem Tag des Inkrafttreten des Gesetzes zur Regelung des Urheberrechts in der Informationsgesellschaft vom 10. 9. 2003 (BGBl. I S. 1774), ihre Gültigkeit behielt. Seither steht dem Tonträgerhersteller mit dem Recht der öffentlichen Zugänglichmachung (§ 19 a) – internationalem und europäischem Recht folgend – erstmals auch ein ausschließliches Recht der Verwertung des Tonträgers in unkörperlicher Form zu.

Die mit der dogmatisch gebotenen **Umwandlung des fiktiven Bearbeiterurheberrechts** 5 **des § 2 Abs. 2 LUG in ein Leistungsschutzrecht** verbundene **Schutzfristverkürzung** von 50 Jahren post mortem auctoris auf 25 Jahre ab dem Erscheinen bzw. der Herstellung des Tonträgers wurde vom BVerfG mit Beschluss vom 8. 7. 1971 als entschädigungslose Enteignung für verfassungswidrig erklärt, sofern der Zeitpunkt des Fristbeginns vor dem des Inkrafttretens des Gesetzes lag und deshalb zu einer Verkürzung der Schutzdauer geführt hätte (BVerfGE 31, 275 – Schallplatten; kritisch dazu *Schorn* NJW 1973, 687). Der Beschluss hatte die Einfügung des § 135 a im Zuge der Novelle vom 10. 11. 1972 zur Folge (Einzelheiten dazu § 82 Rdnr. 3 f., § 135 a).

Im letzten Jahrzehnt des 20. Jahrhunderts ist das **Tonträgerherstellerrecht europaweit** 6 **harmonisiert** worden. Dies bedeutet, dass die nationalen Vorschriften der §§ 85, 86 im Lichte europäischen Rechts, namentlich der einschlägigen Richtlinien und ihren Erwägungsgründen, auszulegen sind. Dabei ist wiederum im Auge zu behalten, dass diese Richtlinien partiell darauf abzielen, im Einklang mit den Regelungen internationaler Verträge (RA, GTA, TRIPS, WPPT) zu bleiben, die im Falle des WPPT und des TRIPS-Übereinkommen von der EU-Kommission selbst und eigenständig für die EU verhandelt und als Vertragspartei unterzeichnet worden sind (Art. 26 Abs. 3 WPPT). Geht europäisches Recht freilich über den Regelungsgehalt international gewährter Mindestrechte hinaus, gebietet dies eine insoweit autonome und nicht etwa eine durch internationale Regelungen gebotene einschränkende Auslegung europäischen Rechts. Dasselbe gilt, soweit europäisches Recht internationale Vorgaben mit nationalem Regelungsspielraum zur Vermeidung eines innerhalb der Gemeinschaft unterschiedlichen Schutzniveaus vereinheitlichend ausfüllt, wie dies im Hinblick auf Art. 12 RA bei der Schallplattensendung geschehen ist (Art. 8 Abs. 2 Vermiet- und Verleihrichtlinie).

Im Zuge der **Umsetzung der Vermiet- und Verleihrichtlinie** (Richtlinie 92/100/EWG 7 zum Vermiet- und Verleihrecht sowie zu bestimmten dem Urheberrecht verwandten Schutzrechten im Bereich des geistigen Eigentums, ABl. Nr. L 346 vom 27. 11. 1992 S. 61, abgedruckt auch in GRUR Int. 1993, 144, konsolidierte Fassung: Richtlinie 2006/115/EG vom 12. 12. 2006, ABl. EG vom 27. 12. 2006 Nr. L 376 S. 28 = GRUR Int. 2007, 219) durch das **3. UrhGÄndG** vom 23. 6. 1995 (BGBl. I S. 842) wurde dem Tonträgerhersteller wie dem Urheber, dem ausübenden Künstler und dem Filmhersteller nicht allein ein ausschließliches Vermietrecht gewährt (§ 17 Abs. 2), sondern auch der Vergütungsanspruch für das Verleihen von Tonträgern (§ 27 Abs. 2 und 3) auf die leistungsschutzberechtigten Interpreten und Hersteller erstreckt (§ 85 Abs. 3 aF, nunmehr § 85 Abs. 4). Die gleichzeitige **Umsetzung der Schutzdauer-Richtlinie** (Richtlinie 93/98/EWG des Rates zur Harmonisierung der Schutzdauer des Urheberrechts und bestimmter verwandter Schutzrechte, ABl. Nr. L 290 v. 24. 11. 1993, S. 9, abgedruckt auch in GRUR Int. 1994, 670, konsolidierte Fassung: Richtlinie 2006/116/EG vom 27. 12. 2006, ABl. vom 27. 12. 2006 Nr. L 372 S. 12 = GRUR Int. 2007,

223) brachte die Verlängerung der Schutzdauer des Tonträgerherstellerrechts auf fünfzig Jahre und mit der erstmaligen Benutzung des Tonträgers zur öffentlichen Wiedergabe eine zum Erscheinen hinzutretende zusätzliche Anknüpfung des Beginns der Schutzfrist, wenn diese öffentliche Wiedergabe früher erfolgt ist (dazu Rdnr. 52 sowie § 82 Rdnr. 6). Zuletzt sorgte die **Richt-linie 2001/29/EG zur Harmonisierung bestimmter Aspekte des Urheberrechts und der verwandten Schutzrechte in der Informationsgesellschaft** vom 22. 5. 2001 (ABl. Nr. L 167 S. 10, ber. Nr. L 6, 2002, S. 71, abgedruckt auch in GRUR Int. 2001, 745) für eine Anpassung des Tonträgerherstellerrechts an die veränderten Praktiken der Verwertung festgelegter Darbietungen im digitalen Umfeld. Die Umsetzung ihrer Vorgaben in nationales Recht erledigte das **Gesetz zur Regelung des Urheberrechts in der Informationsgesellschaft** vom 10. 9. 2003 (BGBl. I S. 1774), welches den ausschließlichen Rechten des Tonträgerherstellers das Recht der öffentlichen Zugänglichmachung nach Art. 14 WPPT und nach Art. 3 Abs. 1, 2 b der Informationsgesellschafts-Richtlinie hinzufügte, die Schrankenregelungen auch des Tonträgerherstellerrechts digitalen Nutzungsgewohnheiten anpasste und gemäß Art. 11 Abs. 2 der Richtlinie die Anknüpfung der Schutzfristberechnung in § 85 Abs. 2 aF in der Weise modifizierte, dass primär allein noch das Erscheinen iSd. § 6 Abs. 2 unabhängig von einer vorherigen oder nachfolgenden öffentlichen Wiedergabe für den Fristbeginn maßgeblich ist. Die erstmalige Benutzung des Tonträgers zur öffentlichen Wiedergabe spielt – anders als noch nach der Regelung des 3. UrhGÄndG – nur dann noch eine Rolle, wenn der Tonträger nicht erschienen ist (s. Rdnr. 53). Ferner regelt § 85 Abs. 2 zum Tonträgerherstellerrecht im Rechtsverkehr mit der Übertragbarkeit dieses Rechts nunmehr ausdrücklich, was bereits vorher auf Grund seiner Rechtsnatur selbstverständlich war (dazu Rdnr. 49). Im 2. InformationsgesG folgte die Streichung der Angaben der auf das Tonträgerherstellerrecht analog anwendbaren Absätze des § 31, da § 31 Abs. 4 gestrichen wurde. Mit dem DurchsetzungsG vom 7. 7. 2008 schließlich kam die analoge Anwendung des § 10 Abs. 1 auf das Recht des Tonträgerhellers hinzu (Abs. 4).

3. Sinn und Zweck sowie Rechtfertigung des Tonträgerherstellerrechts

8   Seinen **Sinn und Zweck** und seine **Rechtfertigung** findet der besondere Leistungsschutz des Tonträgerherstellers in denselben Überlegungen, die schon 1910 den Gesetzgeber zur Einführung des fiktiven Bearbeiterurheberrechts veranlasst hatten. Die hochqualifizierte **organisatorische, technische und wirtschaftliche Leistung,** die die Herstellung eines zum Vertrieb geeigneten Tonträgers erfordert (BGH GRUR 2009, 403/404 Tz. 14 – Metall auf Metall; AmtlBegr. UFITA 45 [1965] 240/314; *Dreier/Schulze/Schulze* Rdnr. 15; *Möhring/Nicolini/Kroitzsch*[2] Rdnr. 1; *v. Gamm* Rdnr. 1), ist in hohem Maße der Gefahr ausgesetzt, von unbefugten Dritten durch technisch leicht zu bewerkstelligendes Nachpressen oder Überspielen des Tonträgers ausgebeutet zu werden (so schon RGZ 73, 294 – Schallplatten). Das gilt in verschärfter Form, seitdem digitale Aufnahme-, Vervielfältigungs- und Wiedergabetechniken, namentlich im Internet, vorherrschen.

9   Die dem Tonträgerhersteller in den Vorschriften der §§ 85, 86 zugeordneten originären Befugnisse dienen nach der AmtlBegr. (UFITA 45 [1965] 240/303 f.) überdies der **rechtsdogmatischen Trennung** der Rechte für schöpferische Leistungen von denen, die lediglich im Zusammenhang mit der Verwertung von Werken der Urheber erbracht werden (vgl. *Ulmer* UFITA 45 [1965] 18/45 f.), sowie der **Anpassung des nationalen Rechts an die Bestimmungen des RA,** das in Art. 10 ein eigenes Vervielfältigungsrecht des Tonträgerherstellers vorsieht und in Art. 12 iVm. Art. 16 dem nationalen Gesetzgeber ausdrücklich freistellt zu regeln, wem und in welchem Umfang die Benutzung eines Tonträgers zur öffentlichen Wiedergabe vergütet werden soll (vgl. AmtlBegr. UFITA 45 [1965] 240/304/314; *Ulmer* UFITA 45 [1965] 18/46 ff.; *Fromm/Nordemann/Hertin*[9] §§ 85/86 Rdnr. 1). Angestoßen durch die internationale und europäische Rechtsentwicklung harmoniert das nationale Tonträgerherstellerrecht infolge mehrerer zwischenzeitlicher Änderungen inhaltlich mit den Anforderungen des TRIPS-Übereinkommens, des WPPT und der EU-Richtlinien zum Urheberrecht und den verwandten Schutzrechten (s. Rdnr. 6 f., 70 ff.).

10 § 85 bezweckt ferner eine **Ausweitung des Sonderrechtsschutzes.** Er gilt – anders als noch das vom Interpreten abgeleitete Bearbeiterurheberrecht gemäß § 2 Abs. 2 LUG – auch für solche Tonträger, denen **keine künstlerische Darbietung** zugrunde liegt. Wegen des hauptsächlichen Anwendungsbereichs der §§ 85, 86 bei künstlerischen Darbietungen ist ihr Zweck, der ihre Aufnahme in das Urheberrechtsgesetz rechtfertigt, ferner im Schutz qualifizierter, unter Einsatz von Technik erbrachter Leistungen auf kulturwirtschaftlichem Gebiet zu sehen (vgl. *Samson* S. 203 f.; *Ulmer*[3] § 3).

4. Rechtsnatur und Schutzumfang

a) Das Recht des Tonträgerherstellers gehört seiner **Rechtsnatur** nach ebenso wie die Immaterialgüterrechte des Veranstalters (§ 81), des Sendeunternehmens (§ 87), des Datenbank- (§ 87 a) und des Filmherstellers (§§ 94, 95) zu den verwandten Schutzrechten (s. allgemein Einl. Rdnr. 37 ff.), die als **Sondertatbestände mit wettbewerbsrechtlichem Bezug** im Wesentlichen **einen besonderen unternehmerischen Aufwand** gegen unmittelbare Leistungsübernahme, nicht jedoch gegen nachschaffende und nachahmende Verwertungen rechtlich stärker absichern, als dies das UWG zu tun vermag; allerdings weist es – und dies gilt vor allem im Hinblick auf § 85 Abs. 4 iVm. §§ 27 Abs. 2 und 3, 45 a Abs. 2, 47 Abs. 2 S. 2, 52 a Abs. 4, 54 Abs. 1 und § 86 – durch die Gewährung von Vergütungsansprüchen und durch seine festen inhaltlichen, zeitlichen und sachlichen Konturen über einen bloßen wettbewerbsrechtlichen Schutz hinaus (vgl. OLG München GRUR Int. 1993, 332/334 – Christoph Columbus; *Ulmer*[3] § 120 II 2; *ders.*, Fs. für Hefermehl, 1971, S. 189/193; *Stolz* UFITA 96 [1983] 55/65; *Gentz* UFITA 70 [1974] 25 ff. gegen die rein wettbewerbsrechtliche Sicht von *Windisch* UFITA 66 [1973] 75/87). Es steht gleichermaßen dem gewerblichen wie dem nicht gewerblichen Hersteller zu (AmtlBegr. UFITA 45 [1965] 240/314), knüpft jedoch nicht an eine persönliche Leistung an, sondern fingiert als originären Inhaber des Rechts dasjenige Unternehmen, welches den Tonträger herstellt (§ 85 Abs. 1 S. 2). Das Recht des Tonträgerherstellers zählt deshalb zu den **unternehmensbezogenen Leistungsschutzrechten**, die – anders als die Rechte nach §§ 70, 72 und 73 – wegen ihres fehlenden persönlichkeitsrechtlichen Gehalts (hM, s. *v. Gamm* Rdnr. 1; *Ulmer*[3] § 120 II 2) originär auch juristischen Personen zukommen können (hM, s. *Dreier/Schulze/Schulze* Rdnr. 5, 15; *Fromm/Nordemann/Hertin*[9] §§ 85/86 Rdnr. 4 unter Hinweis auf Art. 3 lit. c RA).

b) In seinem **Schutzumfang** orientiert sich das einheitliche, jedoch nicht umfassende Recht des Tonträgerherstellers (*v. Gamm* Rdnr. 1) ebenso wie die übrigen unternehmensbezogenen Leistungsschutzrechte und die Rechte des ausübenden Künstlers an der Verhinderung unmittelbarer Leistungsübernahme durch moderne technische Hilfsmittel, vornehmlich der Tonträger- und Internetpiraterie. Nachschaffende oder nachahmende Leistungen lässt es dagegen unberührt (s. *Ulmer*[3] § 120 II 3; zum ausübenden Künstler s. vor §§ 73 ff. Rdnr. 2). In **abschließender Regelung** (s. *v. Gamm* Rdnr. 1; *Fromm/Nordemann/Hertin*[9] §§ 85/86 Rdnr. 12; *Dreier/Schulze/Schulze* Rdnr. 29) verleiht § 85 dem Hersteller die ausschließlichen Rechte der Vervielfältigung und Verbreitung des Tonträgers sowie seiner Benutzung zur öffentlichen Zugänglichmachung, nicht dagegen auch das Recht der Verwendung des Tonträgers zur Sendung oder sonstigen öffentlichen Wiedergabe (vgl. dazu *Dünnwald* GRUR 1970, 274/275). Für die **Zweitverwertung** eines erschienenen oder erlaubterweise öffentlich zugänglich gemachten Tonträgers gewährt § 86 lediglich einen **schuldrechtlichen Anspruch** gegen den ausübenden Künstler der auf dem Tonträger festgelegten Darbietung **auf angemessene Beteiligung an dessen Vergütung,** um so die durch sekundäre Nutzungen verursachte Mindererlöse bei der Verwertung des Tonträgers auf der Grundlage der Ausschließlichkeitsrechte nach § 85 Abs. 1 auszugleichen. Die Schutzfrist ist in Abs. 3 auf 50 Jahre beschränkt (Einzelheiten Rdnr. 52 ff.). Die dem Recht gezogenen **Schranken** sind dieselben, die auch dem Urheberrecht gesetzt sind (Abs. 4). Die vertragsrechtliche Vorschrift über die Zwangslizenz für Tonträgerhersteller (§ 42 a, früher systematisch zu Unrecht in § 61 aF als Schrankenbestimmung geregelt) sorgt für den notwendigen Wettbewerb auf dem Gebiet der Interpretation.

5. Verfassungsrechtliche Grundlage

Das Vervielfältigungs- und Verbreitungsrecht sowie das Recht der öffentlichen Zugänglichmachung des Tonträgerherstellers unterliegen ebenso wie das Urheberrecht und das Leistungsschutzrecht des ausübenden Künstlers der **Eigentumsgarantie des Art. 14 Abs. 1 S. 1 GG** (BVerfG GRUR 1990, 183 – Vermietungsvorbehalt, in Fortführung von BVerfGE 31, 229 – Kirchen- und Schulgebrauch sowie BVerfG GRUR 1990, 438 – Bob Dylan). Der grundgesetzlich verbriefte Eigentumsschutz bedeutet jedoch nicht, dass dem Tonträgerhersteller jede nur denkbare Verwertungsmöglichkeit zustünde, vielmehr garantiert die Verfassung nur ein **Recht auf angemessene Verwertungsmöglichkeit,** dem idR schon dann Rechnung getragen ist, wenn dem Hersteller das Recht der Erstverwertung des Tonträgers gewährt wird. Im Übrigen ist dem Gesetzgeber bei der Inhalts- und Schrankenbestimmung des Eigentums nach Art. 14 Abs. 1 S. 2 GG ein weiter Gestaltungsspielraum zuzubilligen, innerhalb dessen er die Interessen der Urheber, ausübenden Künstler und der Tonträger- und Filmhersteller in einen gerechten Ausgleich bringen kann (BVerfG GRUR 1990, 183/184 – Vermietungsvorbehalt).

6. Bedeutung und Kritik der Vorschrift; Entfaltung digitaler Technik

14 **a)** Seine **Bedeutung** gegenüber den Rechten der Urheber und sonstiger Leistungsschutzberechtigter erlangt das Recht des Tonträgerherstellers durch seine **eigenständigen Entstehungsvoraussetzungen,** die es dem Berechtigten erlauben, unabhängig von vertraglich erworbenen Befugnissen jede ungenehmigte Verwertung des Tonträgers in körperlicher Form sowie in Form der öffentlichen Zugänglichmachung aus eigenem Recht zu untersagen (vgl. *Neumann-Duesberg* UFITA 31 [1960] 162/166), ohne jedoch den Urheber bei der Ausübung seiner ausschließlichen Rechte der Sendung und der öffentlichen Wiedergabe, mit Ausnahme der öffentlichen Zugänglichmachung, mittels Tonträger infolge eines Verbotsrechts behindern zu können. Als besonderes Leistungsschutzrecht bietet § 85 auch da Schutz, wo die Voraussetzungen wettbewerbswidrigen Verhaltens nach dem UWG nicht vorliegen oder nur schwer beweisbar sind (vgl. AmtlBegr. UFITA 45 [1965] 240/313 ff.; *Ulmer*[3] §§ 3 II, 120 II 2).

15 Großes wirtschaftliches Gewicht kommt dem Recht des Tonträgerherstellers vor allem bei der **Bekämpfung der Tonträger- und Internetpiraterie** zu (dazu eingehend *Wandtke/Bullinger/Schaefer* Rdnr. 39 ff. mwN). Angesichts seit Jahren rückläufiger Umsätze durch die rapide Zunahme legaler Privatkopie und illegaler traditioneller und Internetpiraterie – die IFPI gibt für 2008 den Wert der Privatkopien und Piraterieprodukte wie folgt an: Privatkopie 4810 Mio. Euro; Internetpiraterie 354 Mio. Euro, physische Piraterie 180 Mio. Euro – fordert die betroffene Musikindustrie, ohne die Entwicklung neuer Verwertungsstrategien über das Internet zu vernachlässigen, einen über den derzeitigen Standard hinausgehenden Schutz, der ihr eine intensivere Kontrolle der Herstellung, des Vertriebs und der Zugänglichmachung von Tonträgerinhalten ermöglicht (Näheres zur wirtschaftlichen Seite *Bundesverband Musikindustrie* [Hrsg.], Musikindustrie in Zahlen, 2009, S. 24 ff., 29; zu den rechtlichen Forderungen *Braun* S. 54 ff.; ferner *Bortloff* S. 25 ff.; *Nick* S. 19; *Schaefer/Körfer* S. 13 ff.).

16 **b) Kritik.** Es mag in der Tradition des dem Tonträgerhersteller übertragenen fiktiven Bearbeiterurheberrechts des § 2 Abs. 2 LUG als einem für eine persönliche Leistung gewährten Recht begründet sein, dass der Gesetzgeber von 1965 sich nicht hat entschließen können, das Tonträgerherstellerrecht als reines Unternehmensrecht auszugestalten, obwohl es, wie die AmtlBegr. erkennen lässt, verschiedene Befürworter im Gesetzgebungsverfahren fand. Nach geltendem Recht erhält so auch der private Tonträgerhersteller die Befugnisse aus §§ 85, 86, die allein der gewerbliche Hersteller als Investitionsschutz benötigt. Mit der Beschränkung der Berechtigten auf gewerbliche Hersteller ginge nicht nur zwangsläufig eine Beschränkung des Rechtsschutzes auf solche Tonträger einher, die zur gewerblichen Nutzung bestimmt sind und einem gewissen technischen Standard genügen, sie ließe zudem eine klarere Abgrenzung des Tonträgerherstellerrechts von den Rechten der öffentlich-rechtlichen Sendeunternehmen zu (s. dazu Rdnr. 39, 61 ff.).

17 **c)** Mit der seit dem letzten Jahrzehnt des vergangenen Jahrhunderts rapiden **Entfaltung digitaler Technik,** die zunächst der CD als Tonträger zum unumstrittenen Offline-Mediums auf dem Musikmarkt verholfen hat und durch die Erschließung eines nahezu unbegrenzten Musikangebots über **Abrufsysteme (Music-On-Demand), Simulcast-, Webcast- und Near on Demand-Dienste,** inhaltlich hoch differenzierte **Multikanalsysteme** u. a. den traditionellen Rundfunk mit einem breit gefächerten Programmangebot mittelfristig einzuschränken droht, steht die hergebrachte Unterscheidung der Erstverwertung durch die Vervielfältigung und Verbreitung des Tonträgers und seiner nachgeordneten Zweitverwertung in Form der Schallplattensendung auf dem Prüfstand. Die Einschaltung von Spartensendern mit ihren für jeden Geschmack zugeschnittenen Programmschleifen sowie die rasche Verbreitung legaler und illegaler **File-Sharing-Systeme** (Musiktauschbörsen) in den letzten Jahren setzen – neben dem ungebremsten Brennen von CDs und DVDs im privaten Bereich – nicht allein dem Kaufgeschäft mit CD-Tonträgern zu, sondern stellen selbst den wirtschaftlichen Erfolg von Musikabrufsystemen in Frage. Im Einzelnen geht es dabei um die Verwendung privat zulässiger- oder unzulässigerweise vervielfältigte Tonträger zur öffentlichen Wiedergabe (§ 53 Abs. 6 bzw. § 96 Abs. 1) oder um die Benutzung eines Tonträgers zur ungenehmigten öffentlichen Zugänglichmachung nach § 19 a. Dennoch zeichnet sich in jüngster Zeit eine gewisse Legalisierung des Online-Geschäfts ab und auch der nach § 95 a gewährte Schutz technischer Maßnahmen könnte eine weiterreichende Sicherung der Investitionsinteressen der Musikindustrie gewährleisten. Um die Auswer-

tung eines Tonträgers durch die zunehmend in den Vordergrund rückende Spartenkanalsendung so steuern zu können, dass auch die Vervielfältigung und Verbreitung von Tonträgern noch einträglich bleibt, hätte es sich im Interesse aller am Musikgeschäft partizipierenden Urheber und Leistungsschutzberechtigten empfohlen, zumindest für die spezielle Nutzungsart der Sendung über Multikanalsysteme dem Tonträgerhersteller – ebenso wie dem ausübenden Künstler – ein **ausschließliches Recht** zu gewähren, wie es für die On-Demand-Nutzung im Anschluss an Art. 14 WPPT durch Art. 3 der Informationsgesellschafts-Richtlinie und § 19a in Verbindung mit gewissen Korrekturen der Schranken- und Strafbestimmungen geschehen ist (Einzelheiten zu verschiedenen neuen Nutzungsarten der Zugänglichmachung § 19a Rdnr. 51 ff.; zum **Internetradio** ausführlich *Schwenzer* GRUR Int. 2001, 722 ff.; *Bortloff* GRUR Int. 2003, 669 ff.; zu den **File-Sharing-Systemen** *Kreutzer* GRUR 2001, 193 ff., 307 ff.; *Braun* GRUR 2001, 1106 ff.; *J.B. Nordemann/Dustmann* CR 2004, 380 ff.; *Bechthold* GRUR 1998, 18 ff.; ferner *Thurow,* Die digitale Verwertung von Musik, S. 77 ff.; *ders.,* Fs. für Kreile, S. 763 ff.). Derzeit bleibt abzuwarten, ob nicht die Mehrkanaldienst-Entscheidung des BGH (GRUR 2004, 669), die diese Nutzungsart zwar nicht dem Verbotsrecht des Tonträgerherstellers unterwirft, es der GVL bei der tariflichen Festlegung der angemessen Vergütung für Mehrkanalsendungen jedoch ausdrücklich gebietet, die der Erstverwertung von Tonträgern durch diese Art der erlaubnisfreien Sendung zugefügten Einträge zu berücksichtigen, eine Verbesserung der Ertragslage bewirkt.

II. Einzelerläuterungen

1. Der Schutzgegenstand des § 85

a) **Schutzgegenstand** der Vorschrift des § 85 ist die **im Tonträger** – das ist nach der Legaldefinition des § 16 Abs. 2 eine Vorrichtung zur wiederholbaren Wiedergabe einer Tonfolge (s. § 16 Rdnr. 26) – **verkörperte besondere wettbewerbliche Herstellerleistung als immaterielles Gut** (BGH GRUR 2010, 620/622 Tz. 35 – Film-Einzelbilder; GRUR 2008, 693/694 Tz. 16 – TV-Total; wie hier auch *Häuser* S. 103 ff.; *Wandtke/Bullinger/Schaefer* Rdnr. 2; *Dreier/Schulze/Schulze* Rdnr. 15; *v. Gamm* Rdnr. 4; *Windisch* GRUR 1980, 587/589; *Rossbach* S. 97; ähnlich *Schorn* GRUR 1982, 644, der unter dem Begriff des Tonträgers das auf ihm festgelegte Programm versteht; aA OLG Köln ZUM-RD 1998, 371 – Remix-Version; *Dünnwald/Gerlach* Einl. Rdnr. 64; *Dünnwald* UFITA 76 [1976] 165/167; *Knies* S. 186; *Stolz* UFITA 96 [1983] 55/63; *ders.* Sendeunternehmen S. 68, 72f.; *Möhring/Nicolini/Kroitzsch*[2] Rdnr. 3; sa. § 94 Rdnr. 9). Anders als Art. 3 lit. b RA, aber in Übereinstimmung mit Art. 2 lit. b WPPT beschränkt sich der Begriff des Tonträgers nach § 85 nicht auf die Festlegung vernehmbarer Töne, sondern umfasst auch solche festgelegten Töne, die unabhängig von der Art ihrer Erzeugung ohne vorherige akustische Wahrnehmbarkeit, etwa durch ein Keyboard, in einen elektronischen Speicher eingegeben und dort wiederholbar gespeichert werden („representation of sounds"). Maßgeblich für den Begriff der **Aufnahme** iSd. § 16 Abs. 2 Halbs. 1 ist **der Akt der Festlegung.** Darin unterscheidet sich der Tonträger vom klassischen Tonerzeuger (Musikinstrument). Ein Widerspruch zu Art. 3 lit. b RA besteht insoweit nicht, weil das RA lediglich einen Mindestschutz statuiert (ebenso *v. Lewinski* in Schricker [Hrsg.], Informationsgesellschaft, S. 225 f.; für eine strikte Auslegung von § 85 nach Maßgabe des Art. 3 lit. b RA *Schack*[5] Rdnr. 701).

§ 85 beschränkt sich in seinem Anwendungsbereich nicht auf solche Aufnahmen, denen eine künstlerische, nach § 73 schutzfähige Darbietung zugrunde liegt, sondern erfasst – insoweit in Übereinstimmung mit Art. 3 lit. b RA – auch **Tonaufnahmen gleich welchen Inhalts und welcher Festlegungstechnik:** Konzerte, Sprachdarbietungen, digitale Einspeisungen elektronischer Klangwerte, Glockengeläute, Hintergrundgeräusche aller Art, Tierlaute wie etwa Vogelstimmen oder andere Naturgeräusche (AmtlBegr. UFITA 45 [1965] 240/314; *Ulmer*[3] § 125 II 1; *Fromm/Nordemann/Hertin*[9] §§ 85/86 Rdnr. 2; *Dünnwald* GRUR 1970, 274/275; *Stolz* UFITA 96 [1983] 55/63), festgelegt auf historischen Musikwalzen, Schellack- oder Vinylplatten, MC oder DAT, CD oder DVD, Speicherchips, Midi-Files etc. (hM, s. § 16 Rdnr. 27; speziell zu Midi-Files OLG München ZUM 2001, 420/425 f. – Midi-Files im Internet). Die Vorschrift gilt nach Wortlaut und Systematik allein für Tonaufnahmen, **nicht** dagegen **für Bild- und Tonfolgen,** die nach den besonderen Vorschriften der §§ 94, 95 geschützt werden. Zur Beurteilung der verselbstständigten Tonspur eines Filmwerkes s. Rdnr. 27 f.

Das Recht des Tonträgerherstellers an der vom Tonträger als materiellem Gut verkörperten spezifischen Herstellerleistung **entsteht unbeschadet etwaiger bei der Herstellung be-**

troffener Rechte der Urheber, ausübenden Künstler (vgl. *Dünnwald* GRUR 1970, 274/275) und Sendeunternehmen (§ 87 Abs. 1 Nr. 2) an den von diesen geschaffenen immateriellen Gütern. Es entsteht ferner unbeschadet **eines urheberrechtlichen Schutzes des Tonträgerherstellers gemäß § 4**, wenn, wie dies freilich selten der Fall ist, in der Auswahl und Anordnung der aufgenommenen Musikstücke eine persönliche geistige Schöpfung gesehen werden kann (Einzelheiten dazu § 4), oder eines **Datenbankherstellerrechts des Tonträgerproduzenten**, sofern dieser eine Musikdatenbank iSd. § 87a erstellt hat (Art. 7 Abs. 1 der Richtlinie 96/3/EG über den rechtlichen Schutz von Datenbanken). Eine solche kommt bei CDs mangels ausreichender Investition ebenfalls nur ausnahmsweise in Frage, während er bei DVDs oder sonstigen großen digitalen Musikspeichern zum Internetabruf häufiger der Fall sein dürfte (s. Erwgr. 19 der Datenbankrichtlinie; ferner § 87a Rdnr. 43; § 4 Rdnr. 34; *Wandtke/Bullinger/ Schaefer* Rdnr. 18).

21   b) § 85 begründet ein Herstellerrecht nur im Fall der **Erstaufnahme** einer Darbietung oder Tonfolge, also bei einer Vervielfältigung iSd. § 16 Abs. 2 Halbs. 1 (BGH GRUR 1999, 577/ 578 – Sendeunternehmen als Tonträgerhersteller; vgl. *v. Gamm* Rdnr. 3; *Fromm/Nordemann/ Hertin*[9] §§ 85/86 Rdnr. 3; *Möhring/Nicolini/Kroitzsch*[2] Rdnr. 10; *Stolz* UFITA 96 [1983] 55/63). Der besondere Schutz soll nur demjenigen zuteil werden, der die Vergänglichkeit dargebotener oder sonstiger Tonfolgen aufhebt, indem er sie **zur beliebigen Wiederholbarkeit** mittels einer Wiedergabevorrichtung **fixiert**. Wiederholbarkeit erfordert zwar keine „ewige", wohl aber eine nicht unerhebliche Dauer der Festlegung, so dass nur vorübergehende Festlegungen wie Zwischenspeicherungen im Computer nicht rechtsbegründend wirken (ebenso *Wandtke/Bullinger/ Schaefer* Rdnr. 3; *Fromm/Nordemann/Boddien*[10] Rdnr. 19, *Dreier/Schulze/Schulze* Rdnr. 7). In der Regel liegt heutzutage die Erstaufnahme in der Herstellung des **Masters**, eines Tonbands oder eines entsprechenden digitalen Speichers. Das Master gleich welcher Technik beruht auf einer Vielzahl einzelner technisch bearbeiteter Tonkanäle, die auf ihm zum endgültigen Produkt zusammengeführt werden. In dieser aufeinander bezogenen Form bilden sie erst den geschützten Tonträger, genießen jedoch auch als Teil dieses Tonträgers selbstständigen Schutz nach § 85 (s. dazu *Wandtke/Bullinger/Schaefer* Rdnr. 4; sa. Rdnr. 32). Wird hingegen lediglich der Träger bereits festgelegter Töne vervielfältigt (§ 16 Abs. 1 Halbs. 2), entsteht, wie § 85 Abs. 1 S. 3 klarstellt, dieses Recht nicht. Dasselbe bestimmt wörtlich auch Art. 3 lit. c RA („erstmals ... festlegt"), in dessen Lichte § 85 zu lesen ist. Das Recht zur Vervielfältigung eines Tonträgers iSd. § 16 Abs. 2 Halbs. 2, dh. zur Anfertigung weiterer Vervielfältigungsstücke, resultiert vielmehr erst originär aus der Leistung der Erstaufnahme einer Tonfolge gemäß § 16 Abs. 2 Halbs. 1 (zur erstmaligen Festlegung als Schutzvoraussetzung gemäß Art. 5 Abs. 1 lit. b iVm. Art. 3 lit. c RA; sa. BGH GRUR 1987, 814/815 – Die Zauberflöte).

22   aa) Im Hinblick auf den Schutzzweck der Norm bedeutet **Erstaufnahme weder Erstmaligkeit der Aufnahme eines bestimmten Werkes noch Exklusivität der Aufnahme einer bestimmten Darbietung.** Der Schutz des Tonträgerherstellers knüpft ausschließlich an den schutzwürdigen Aufwand der Erstfestlegung an, gleichviel, ob zB dieselbe Darbietung, dieselbe Geräuschkulisse oder dasselbe Glockengeläute gleichzeitig auch von Dritten aufgenommen werden (allgM, etwa *Dreier/Schulze/Schulze* Rdnr. 34; *v. Gamm* Rdnr. 4; *Ulmer* Rechtsschutz S. 53; *Windisch* GRUR 1980, 587/588). Erstaufnahme meint demnach die erste körperliche Festlegung einer Tonfolge, von der sich wiederum inhaltlich und qualitativ übereinstimmende Kopien herstellen lassen.

23   bb) Eine Erstaufnahme iSd. § 85 setzt **keine Festlegung** der Töne **unmittelbar am Ort der Darbietung** voraus. Geschützt sind deshalb auch die im Studio einer Rundfunkanstalt klangtechnisch aufbereitete Aufnahmen gesendeter Live-Konzerte (begrifflich abweichend *v. Gamm* Rdnr. 3, der offensichtlich jede Erstaufnahme als unmittelbare Aufnahme bezeichnet). Dagegen scheidet der bloße **private Mitschnitt gesendeter oder durch Lautsprecher übertragener Live-Darbietungen** wegen fehlenden wirtschaftlichen und technischen Aufwandes aus dem Kreis der vom Gesetzgeber für schutzwürdig erachteten Erstaufnahmen ebenso regelmäßig aus wie unerlaubte Live-Mitschnitte eines Konzerts mittels eines Mikrofons (bootlegs) (sa. Rdnr. 21, 29; ebenso *Wandtke/Bullinger/Schaefer* Rdnr. 14; *Dreier/Schulze/Schulze* Rdnr. 26; wohl auch *Fromm/ Nordemann/Boddien*[10] Rdnr. 26; *Schack*[5] Rdnr. 702; aA *Fromm/Nordemann/Hertin*[9] §§ 85/86 Rdnr. 3). Wird eine Schallplattenaufnahme gesendet, ist die Aufzeichnung der Sendung ohnehin lediglich als Vervielfältigung iSd. § 85 Abs. 1 S. 3, nicht aber als eine die Rechte aus § 85 begründende Erstaufnahme zu werten (vgl. *Fromm/Nordemann/Hertin*[9] §§ 85/86 Rdnr. 3; *Möhring/ Nicolini/Kroitzsch*[2] Rdnr. 10).

Verwertungsrechte § 85

cc) Keine Erstaufnahme entsteht, wenn – wie dies bei Multimedia-Produkten mitunter 24
der Fall ist – unter besonderen Ordnungskriterien **bereits vorhandene Tonaufnahmen ausgewählt und zu neuen Ton- oder Bildtonträgern zusammengestellt werden** (vgl. *Fromm/ Nordemann/Hertin*[9] §§ 85/86 Rdnr. 7). Ihnen liegt möglicherweise ein urheberrechtlich schutzwürdiges Sammelwerk nach § 4 und/oder eine nach §§ 87a ff. (Art. 7 Abs. 1 der Datenbankrichtlinie [96/3/EG]) geschützte Datenbank zugrunde, nicht aber die den Rechtsschutz des § 85 begründende Leistung der ersten körperlichen Festlegung (sa. Rdnr. 16). Im Verhältnis zu den Erstaufnahmen ist der neu zusammengestellte Tonträger (etwa als Multimedia-Produkt) wiederum nur Vervielfältigungsstück iSd. § 85 Abs. 1 S. 3.

Entsprechendes gilt für **(digital-)technisch verbesserte und akustisch bereinigte historische Aufnahmen, sog. Remix,** die ebenfalls nur Vervielfältigungen sind (*Fromm/Nordemann/ Hertin*[9] §§ 85/86 Rdnr. 7; *Schorn* GRUR 1982, 644/647 [Fn. 23]; aA *Wandtke/Bullinger/Schaefer* Rdnr. 15; *Fromm/Nordemann/Boddien*[10] Rdnr. 38 ff.; *Dünnwald* UFITA 76 [1976] 165/176; *Gentz* UFITA 46 [1966] 33/43 f.; soweit ein neues Klangbild entsteht, dessen Erarbeitung der Tonträgerherstellung am Computer als Klangquelle entspricht, auch *Dreier/Schulze/Schulze* Rdnr. 22; zum Technischen *Schwenzer* S. 99). Schutzgegenstand des § 85 ist nicht die technische Leistung an sich, sondern nur eine solche, die in den Erfolg der Wiederholbarkeit einer Tonfolge mündet. Davon kann nicht ausgegangen werden, wenn lediglich archivierte Tonspuren bearbeitet und zu einem neuen Master zusammengeführt werden (aA *Wandtke/Bullinger/Schaefer* Rdnr. 15; *Knies* S. 190 f.). Gleichwohl ist zuzugeben, dass der Unterschied der technische Leistung desjenigen, der für die Festlegung einer „representation of sounds" iSd. Art. 2 lit. c WPPT Schutz erfährt, gegenüber derjenigen eines Remixers regelmäßig geringfügig bleiben dürfte. Auch die klangliche, meist digital-technische Aufbesserung **(Digital Remastering)** einer Aufnahme durch die Beseitigung von Nebengeräuschen oder die Verbesserung des Klangeindrucks (vgl. BGH GRUR 1976, 317/322 – Unsterbliche Stimmen) stellt, selbst wenn sie unter hohem technischem Aufwand geschieht, nach Ablauf der Schutzfrist des Abs. 3 eine allenfalls unter wettbewerbsrechtlichen Gesichtspunkten (§ 3 iVm. § 4 Nr. 9 UWG) zu schützende Leistung dar (dem folgend *v. Lewinski* in *Schricker* [Hrsg.], Informationsgesellschaft, S. 235; aA *Wandtke/Bullinger/Schaefer* Rdnr. 16; *Fromm/Nordemann/Boddien*[10] Rdnr. 28 ff.; *Knies* 190 f., 218: technisch neue Aufnahme mit neuer Schutzfrist). Denn die zugrunde liegende Aufnahme bleibt dieselbe, sie wird lediglich klangtechnisch bearbeitet. Ein Recht der technischen Bearbeitung des Tonträgers kennt das Gesetz nicht; seine Einführung ist sogar bei der Beratung des WPPT ausdrücklich abgelehnt worden (s. *Knies* S. 75 f., 218). Auch das Leistungsschutzrecht des ausübenden Künstlers bleibt dadurch unberührt (OLG Hamburg ZUM-RD 2002, 145 – Amon Düül II). Anders soll es sich verhalten, wenn die Remix-Version einen deutlichen gestalterischen Abstand zur Erstaufnahme hält, so dass es sich verbietet, von derselben Aufnahme zu sprechen (OLG Köln ZUM-RD, 1998, 371/378 – Remix-Version, das damit jedoch in Widerspruch zur Schutzbegründung durch die erstmalige Fixierung gerät).

dd) Angesichts der heute üblichen Aufnahmetechniken wird eine Tonfolge erstmals **idR als** 26
Master auf einem analogen Tonband oder in einem digitalen Speicher festgelegt (*Fromm/ Nordemann/Boddien*[10] Rdnr. 20). Davon abgeleitete **Matrizen oder Disketten** zur Vervielfältigung sind selbst **nur Vervielfältigungsstücke** iSd. §§ 85 Abs. 1 S. 3, 16 Abs. 2 Halbs. 2 (ebenso *Gentz* UFITA 46 [1966] 33/43). Dasselbe gilt für die unter ihrer Verwendung hergestellten traditionellen Schallplatten, DVD CDs, CD-ROM, CDI, Tonbänder oder sonstigen Tonträger, gleich welchen Materials, welcher Form oder welcher Art der Wiedergabetechnik (so. Rdnr. 23; vgl. auch *Dünnwald* UFITA 76 [1976] 165/167; *Ulmer* Rechtsschutz S. 50).

ee) Die – in der Literatur umstrittene – Beurteilung der **Tonspur eines Bildtonträgers** 27
richtet sich, soweit die Rechte an ihr nicht von einem anderen Tonträgerhersteller abgeleitet sind, ausnahmsweise nach ihrer **Zweckbestimmung** (BGH GRUR 1999, 577/578 – Sendeunternehmen als Tonträgerhersteller; GRUR 1982, 102/103 – Masterbänder; *Fromm/Nordemann/ Boddien*[10] Rdnr. 27; s. aber auch Rdnr. 38). IdR stellt der Filmhersteller Ton- und Bildteil eines Filmstreifens getrennt her. Dabei erwachsen ihm an der Tonaufnahme zunächst originäre Rechte aus § 85 (soweit hM, vgl. *Stolz* UFITA 96 [1983] 55/79 mwN). Werden Ton und Bild nach getrennter Fixierung auf Grund einer Nutzungsvereinbarung oder eines Gemeinschaftsproduktionsvertrages technisch wie inhaltlich aufeinander bezogen, so dass ein zur einheitlichen Verwertung bestimmter Tonfilmstreifen entsteht, gehen die Rechte aus § 85 in der in ihrem Schutzumfang weiterreichenden Spezialvorschrift des § 94 auf (zustimmend *Wandtke/Bullinger/Schaefer* Rdnr. 5). Dafür spricht nicht nur die AmtlBegr., die in § 94 die „im Filmstreifen verkörperte Gesamtleistung", also Bild **und** Ton, geschützt sieht (UFITA 45 [1965] 240/321), sondern auch das RA, an dem sich der Gesetzgeber bei der Fassung des UrhG orientieren wollte (AmtlBegr.

§ 85

UFITA 45 [1965] 240/307/314). Art. 3 lit. b RA bezieht sich nur auf ausschließlich auf den Ton beschränkte Festlegungen, weil Rechte am Filmstreifen im RA – und ebenso in den späteren Abkommen GTA und WPPT – nicht berücksichtigt werden sollten (vgl. *Nordemann/ Vinck/Hertin* RA Art. 3 Rdnr. 11, Art. 19 Rdnr. 1; *Wandtke/Bullinger/Schaefer* Rdnr. 5; *Dünnwald* UFITA 76 [1976] 165/167f.; *Ulmer* GRUR Int. 1961, 569/592; *ders.* Rechtsschutz S. 50; *Schack*[5] Rdnr. 701; im Hinblick auf Art. 1 lit. a GTA auch OLG München ZUM-RD 1997, 357/358 – Garth Brooks; für Rechte des Filmherstellers aus § 94 und § 85 *Möhring/ Nicolini/Kroitzsch*[2] § 94 Rdnr. 19; *v. Gamm* Rdnr. 2; *Gentz* UFITA 46 [1966] 33/42; *Stolz* UFITA 96 [1983] 55/80; *ders.*, Sendeunternehmen, S. 112ff.). Dies gilt selbst dann, wenn zueinandergehörige Bild- und Tonfolgen auf getrennten Trägern verkörpert bleiben (ebenso *Fromm/Nordemann/Hertin*[9] §§ 85/86 Rdnr. 5; für Rechte des Filmherstellers aus §§ 94 und 85 in diesen Fällen *Möhring/Nicolini/Kroitzsch*[2] Rdnr. 9; *Stolz* UFITA 96 [1983] 55/81). Die Vervielfältigung der Tonfolge eines Filmstreifens, etwa durch Überspielung anlässlich einer Sendung, kann folglich als Vervielfältigung eines Teils der Bild- und Tonträger allein aus § 85 nicht untersagt werden; als eines integralen Bestandteils des Filmstreifens berechnet sich ihre Schutzfrist allein nach § 94 Abs. 3, und die Vergütung für private Überspielung der Filmmusik bei der Sendung des Filmstreifens kann allein auf Grund der Bestimmungen der § 94 iVm. § 54 Abs. 1 verlangt werden. Ebenso sind elektromagnetische und digitale Aufzeichnungen zu beurteilen, bei denen Töne und Bilder gleichzeitig auf einem einheitlichen Bildtonträger fixiert werden (*Stolz* UFITA 96 [1983] 55/79). Scheitert die Realisierung des Filmwerks nach der Fertigstellung der Tonspur, bleiben ihrem Hersteller die Rechte aus § 85 (s. *Möhring/Nicolini/Kroitzsch*[2] Rdnr. 9; *Stolz* UFITA 96 [1983] 55/79; *ders.*, Sendeunternehmen, S. 114f.).

28 Wird die **Tonspur** gleichzeitig mit der Filmaufnahme oder später dazu bestimmt, **getrennt vom Bildteil verwertet** zu werden, stehen dem Filmhersteller neben den Rechten am Filmstreifen aus § 94 auch solche aus § 85 für die separate Verwertung der Tonspur zu (hM, etwa *Wandtke/ Bullinger/Schaefer* Rdnr. 5; *Fromm/Nordemann/Hertin*[9] §§ 85/86 Rdnr. 5; *Nordemann/Vinck/Hertin* RA Art. 3 Rdnr. 11; *Dreier/Schulze/Schulze* Rdnr. 27; *Dünnwald* UFITA 76 [1976] 165/168f.). Diese Rechte können unterschiedlichen Schutzfristen unterliegen, wenn der Filmstreifen zu einem anderen Zeitpunkt erschienen oder erlaubterweise zur öffentlichen Wiedergabe benutzt worden ist als die verselbstständigte Tonspur (§§ 85 Abs. 3, 94 Abs. 3). Der Beginn der Schutzfrist der getrennten Tonspur richtet sich nach dem gemäß § 85 Abs. 3 maßgeblichen Zeitpunkt, nicht nach dem der Trennung vom Bildteil des Films. Unterschiedliches gilt – mit Ausnahme des Rechts der öffentlichen Zugänglichmachung nach § 19a – auch hinsichtlich des Rechts der öffentlichen Wiedergabe, das für die losgelöste Tonspur in § 86 geregelt ist, während die Sendung des Filmstreifens im Ganzen wie in Teilen, also auch hinsichtlich der Tonspur, vom ausschließlichen Recht des Herstellers gemäß § 94 umfasst wird.

29 c) Der zu erbringende **Leistungsumfang** ist insofern von Bedeutung, als ein Mindestmaß an wirtschaftlichem, organisatorischem und technischem Aufwand zu fordern ist, der den Schutz der Leistung rechtfertigt (sa. Rdnr. 21, 23). Geschützt sein kann sowohl die Aufnahme eines Amateurs mit Tonbandgerät und Mikrofon als auch die eines Keyboarders oder eines hochqualifizierten Produzenten, wenn sie nur zum Erfolg der durch die Erstaufnahme ermöglichten Wiederholbarkeit von Tonfolgen führt. Das zu fordernde Mindestmaß an technischer Leistung muss mehr beinhalten als eine bloße Vervielfältigung (arg. § 85 Abs. 1 S. 3) oder eine ihr in technischer Hinsicht gleichzusetzende Handlung. Eine, wenngleich zu strenge Orientierung für den die Schutzfähigkeit begründenden Leistungsumfang hat die AmtlBegr. gegeben. Danach hat der Tonträger technisch den Anforderungen zu genügen, die ein zum Vertrieb geeigneter Tonträger erfüllen muss (sa. Rdnr. 37; AmtlBegr. UFITA 45 [1965] 240/314; *Dünnwald* UFITA 76 [1976] 165/175/179; vgl. auch BGH GRUR 1990, 669/673 – Bibelreproduktion sowie *Nordemann* GRUR 1987, 15 zu den Mindestanforderungen beim Lichtbildschutz; weniger strenge Anforderungen wohl auch *Fromm/Nordemann/Boddien*[10] Rdnr. 24ff.).

2. Der Tonträgerhersteller als Berechtigter iSd. § 85

30 a) **Berechtigter** iSd. des § 85 **ist der Hersteller** eines Tonträgers. Dies ist – der Natur und dem Zweck dieser Vorschrift zufolge – nicht ausschließlich die natürliche Person, die die geschützte Leistung erbringt, sondern im Hinblick auf die besondere Schutzwürdigkeit der mit der Tonträgerherstellung verbundenen organisatorischen, wirtschaftlichen und technischen Leistungen **auch das Unternehmen, in dessen Betrieb die Herstellung erfolgt** (AmtlBegr. UFITA 45 [1965] 240/314). Der Herstellerbegriff des § 85 Abs. 1 deckt sich insoweit mit dem des

Art. 3 lit. c RA, der jede natürliche oder juristische Person einschließt, die erstmals die Töne einer Darbietung oder andere Töne festlegt. Was das RA durch die ausdrückliche Berechtigung auch juristischer Personen deutlich macht, stellt § 85 Abs. 1 S. 2 durch eine Fiktion zur Vorbeugung nahe liegender Rechtszweifel *(Esser)* klar: Im Falle einer betrieblichen Herstellung eines Tonträgers gilt das **Unternehmen** und **nicht die angestellte Person** als aus § 85 berechtigt (s. AmtlBegr. UFITA 45 [1965] 240/314; BGH GRUR 1993, 472/473 – Filmhersteller; *Möhring/Nicolini/Kroitzsch*[2] Rdnr. 8; *Dünnwald* UFITA 76 [1976] 165/174; *Schack*[5] Rdnr. 702; aA *v. Gamm* Rdnr. 3, der § 85 Abs. 1 S. 2 als widerlegbare Vermutung versteht). Gleichwohl ist der Schutz des Tonträgerherstellers nicht als reines Unternehmensrecht ausgestaltet, da nach Auffassung des Gesetzgebers die Leistung des nichtgewerblichen, etwa privaten Tonträgerherstellers als nicht weniger schutzwürdig zu erachten ist (AmtlBegr. UFITA 45 [1965] 240/314; vgl. OLG Hamburg GRUR 1997, 826 f. – Erkennungsmelodie).

Der **Nachweis des Erwerbs der Tonträgerherstellerrechte** erfolgt zwar in der Regel durch den Nachweis der Erstfixierung. Er kann jedoch je nach den Umständen des Einzelfalls durch Indizien wie die Exklusivbindung des Künstlers, P-Vermerke, Lexika-Einträge ua. erleichtert werden, wenn auf Grund dessen keine vernünftigen Zweifel an der Herstellereigenschaft mehr bestehen können (OLG Hamburg GRUR-RR 2001, 121/123 f. – Cat Stevens). **Nach internationaler Gepflogenheit** wird der Hersteller eines Tonträgers meist hinter dem sog. **P-Vermerk** auf dem Tonträger oder seiner Hülle angegeben. Diese Praxis geht zurück auf Art. 5 GTA und Art. 11 RA. Sie erspart mitunter die Erfüllung national geforderter Förmlichkeiten, begründete in der Vergangenheit jedoch keine Vermutung iSd. § 10, dass dem genannten Unternehmen auch die Herstellereigenschaft iSd. § 85 zukommt (BGH GRUR 2003, 228/230 – P-Vermerk).

Durch die nunmehr **entsprechende Anwendung von § 10 Abs. 1** nach § 85 Abs. 4 idF des DurchsetzungsG vom 7. 7.2008 (BGBl. I S. 1191) gibt es ab dessen Inkrafttreten (1. 9. 2008) eine **Vermutung der Tonträgerherstellerschaft.** Sie ist dem Gesetzgeber aufgegeben durch Art. 5 lit. b der Durchsetzungsrichtlinie 2004/48/EG. Ob dabei die Angabe im P-Vermerk die Vermutungswirkung nach §§ 85 Abs. 4, 10 Abs. 1 auszulösen vermag, ist allerdings fraglich. Denn in der P-Vermerk-Entscheidung des BGH heißt es, der P-Vermerk benenne nicht unbedingt das Unternehmen, das für sich in Anspruch nehme, Inhaber der Rechte des Tonträgerherstellers zu sein. Es könne sich dabei auch um einen Rechtsnachfolger oder den Inhaber einer ausschließlichen Lizenz handeln (BGH GRUR 2003, 228/230f. – *P-Vermerk,* wo eine analoge Anwendung des § 10 Abs. 1 wegen zu großer Interessenunterschiede zwischen Urheber und Tonträgerhersteller angelehnt wird; kritisch dazu die Anm. von *W. Nordemann* in KUR 2003, 53, der darauf abstellt, dass § 10 Abs. 1 gerade nicht von einem gesicherten Rechtszustand ausgehe, sondern sich am Regelfall orientiere und lediglich eine widerlegliche Vermutung auch in Bezug auf den P-Vermerk aufstelle). Bliebe es auch nach der Novellierung des § 85 Abs. 4 UrhG bei dieser Rechtsprechung, träte die richtlinienkonforme Vermutungsregel in Konflikt mit dem internationalen Recht (Art. 11 RA, Art. 5 GTA). Ginge man hingegen nach neuem Recht und im Unterschied zum BGH davon aus, der P-Vermerk löse die Vermutungswirkung aus, führte dies zu dem fragwürdigen Ergebnis, dass ein und dieselbe Tatsache (P-Vermerk) über § 85 Abs. 4 UrhG iVm. § 10 Abs. 1 die Tonträgerherstellereigenschaft und wegen § 10 Abs. 3, der auf dessen Abs. 1 Bezug nimmt, auch die Inhaberschaft ausschließlichen Nutzungsrechts an der Darbietung soll begründen können (vgl. hinsichtlich der Anwendung des § 10 Abs. 3 im Rahmen des Tonträgerherstellerrechts auch *Wandtke/Bullinger/Schaefer* Rdnr. 29 a). Eine Vermutungslage kann jedoch immer nur einen Rückschluss auf eine einzige Tatsache zulassen. In den Gesetzesmaterialien (BT-Drucks. 16/5048, S. 47) ist dieses Problem nicht angesprochen.

b) Hersteller ist, wem objektiv der **Erfolg der Herstellerleistung** zuzuordnen ist; subjektive Vorstellungen der Beteiligten spielen dabei keine Rolle (BGH GRUR 1993, 472/473 – Filmhersteller; vgl. auch OLG Hamburg GRUR 1997, 826 – Erkennungsmelodie). Die Herstellerleistung liegt in der Übernahme der wirtschaftlichen Verantwortung durch Abschluss der erforderlichen Verträge und in der organisatorischen Vorbereitung und Durchführung der Tonaufnahme, einschließlich der Programmauswahl und dem Abschluss der Sach- und Personalverträge (vgl. *Wandtke/Bullinger/Schaefer* Rdnr. 6 ff.; *Fromm/Nordemann/Hertin*[9] §§ 85/86 Rdnr. 4; *Dünnwald* UFITA 76 [1976] 165/178 f.), in der Bereitstellung der dafür erforderlichen wirtschaftlichen Mittel (vgl. AmtlBegr. UFITA 45 [1965] 240/314) und in der technischen Bewerkstelligung der Fixierung der Darbietung oder sonstiger Tonfolgen (Einzelheiten dazu *Davies/v. Rauscher auf Weeg* S. 21 ff.; *Gentz* UFITA 70 [1974] 25/35 f.). Sie muss in einem zur Wiedergabe geeigneten Tonträ- 31 ger als Leistungserfolg ihren Ausdruck finden. Dem Umfang der Herstellerleistung kommt nur insofern Bedeutung zu, als das Gesetz in § 85 Abs. 1 S. 3 die Überspielung von einem Tonträger auf einen anderen sowie das Mitschneiden einer gesendeten Tonaufnahme vom Rechtsschutz ausnimmt, also allein auf die Erstaufnahme abstellt und ein Mindestmaß an Leistungsumfang fordert (s. Rdnr. 29). Deshalb ist Tonträgerhersteller – wie dies im heutigen Zeitalter digitaler Technik überwiegend begegnet – der Komponist, der seinem Vertragspartner ein sendefähiges Tonband oder eine Diskette liefert, hingegen nicht ohne weiteres der Produzent eines Tonträgers mit Melodien dieses Komponisten (OLG Hamburg ZUM-RD 1997, 453 – Erkennungsmelodie).

32   Erst der **fertige Tonträger** verkörpert die den besonderen gesetzlichen Schutz rechtfertigende Leistung, mag sie in einer hochqualifizierten Studioaufnahme oder in einer mit einfacherer Technik ins Werk gesetzten Aufnahme, etwa von Naturgeräuschen, liegen. Technisch erforderliche Zwischenschritte wie die Herstellung einzelner Tonspuren begründen für sich genommen noch kein Tonträgerherstellerrecht. Dazu bedarf es erst ihrer Zusammenführung zur endgültigen Aufnahme. Nach erfolgreichem Abschluss der schutzbegründenden Aufnahme stellt sich unter Umständen die Frage des Schutzes von Teilen dieser Aufnahme (s. Rdnr. 42 f.).

33   c) Sind **an der Tonträgerherstellung mehrere beteiligt,** berechtigt § 85 denjenigen, in dessen Namen die Personal- und Sachverträge geschlossen werden (vgl. *Fromm/Nordemann/Hertin*[9] §§ 85/86 Rdnr. 4; *Dünnwald* UFITA 76 [1976] 165/178). Den Ausschlag gibt die **organisatorische Verantwortung.** Die Herstellerleistung kann dabei auch von mehreren in **Mitherstellerschaft** erbracht werden. Dies ist bei Koproduktionen der Fall, aber auch bereits dann, wenn sich ein deutlicher Schwerpunkt der Herstellerleistung bei einem Beteiligten nicht feststellen lässt. In solchen Fällen ist von einer Gesamthandsgemeinschaft auszugehen, auf die die Grundsätze des § 8 entsprechend anzuwenden sind (s. zu den entsprechenden Regelungen des Filmherstellers vor §§ 88 ff. Rdnr. 36 f.; *Dreier/Schulze/Schulze* § 94 Rdnr. 10; *Wandtke/Bullinger/Manegold* § 94 Rdnr. 30, 55; OLG Bremen GRUR-RR 2009, 244 – Mitherstellerschaft bei Filmwerken).

Im Übrigen scheidet als Tonträgerhersteller aus, wer lediglich im **Lohnauftrag** Tonaufnahmen herstellt (vgl. BGH GRUR 1982, 102 – Masterbänder; BGH GRUR 1987, 632/634 – Symphonie d'Amour; BGH ZUM 1998, 405/408 – Popmusikproduzenten). So kann etwa das **Presswerk,** das erst nach der Fertigstellung einer Aufnahme im Auftrag des für die Tonträgerherstellung wirtschaftlich und organisatorisch Verantwortlichen die industrielle Vervielfältigung eines Tonträgers besorgt, allein auf Grund dieser Tätigkeit keine originären Rechte nach § 85 beanspruchen; jedoch haftet es bei rechtswidrigen Vervielfältigungen wegen seines adäquat kausalen Beitrags zur Verletzung des Tonträgerherstellerrechts (§ 97 Rdnr. 61; *Dreier/Schulze/Schulze* Rdnr. 8), und zwar auch dann, wenn die inländische Pressung allein für das Ausland bestimmt ist (BGH MMR 2004, 355 – Strafbarkeit der Verletzung inländischer Tonträgerherstellerrechte durch CD-Pressung). Wer dagegen als Auftragnehmer die Fertigstellung eines Tonträgers iSd. § 85 schuldet und dabei alle erforderlichen Verträge im eigenen Namen und für eigene Rechnung abschließt **(Auftragsproduzent),** ist Berechtigter gemäß § 85, auch wenn er nach gewissen inhaltlichen Vorgaben gearbeitet hat und die Auswertung des fertigen Produkts nicht übernimmt (vgl. *Fromm/Nordemann/Hertin*[9] §§ 85/86 Rdnr. 4, § 94 Rdnr. 5; *Dreier/Schulze/Schulze* Rdnr. 9; *Dünnwald* UFITA 76 [1976] 165/178). Das Auswertungsrisiko trägt in diesen Fällen der Auftraggeber nach vertraglicher Einräumung der zur Auswertung notwendigen Tonträgerherstellerrechte des Auftragnehmers. Im Übrigen sind die Grundsätze zur Bestimmung des Tonträgerherstellers entsprechend heranzuziehen (s. vor §§ 88 ff. Rdnr. 31 ff.; zum Filmhersteller zuletzt BGH GRUR 2010, 620/622 f. Tz. 36 – Film-Einzelbilder; GRUR 2009, 403/404 Tz. 14 – Metall auf Metall; GRUR 2008, 693/694 Tz. 19 – TV-Total; BGH UFITA 55 [1970] 313/319 ff. – Triumph des Willens; BGH GRUR 1993, 472/473 – Filmhersteller).

34   In der **Praxis der modernen Tonträgerherstellung und -vermarktung** haben sich nicht zuletzt unter dem Einfluss des dominanten angloamerikanischen Geschäftskreises und sich wandelnder Techniken der Tonträgerherstellung Aufgabenverteilungen herausgebildet, die mit dem klassischen, dem Urheberrechtsgesetz zugrundeliegenden Modell nicht mehr vollständig übereinstimmen (s. dazu *Schwenzer* passim; *Rossbach/Joos,* Fs. für Schricker [1995], S. 333/334 ff.; *Wandtke/Bullinger/Schaefer* Rdnr. 7 ff.). Hinzu kommen begriffliche Unklarheiten, die durch die unkritische Übernahme englischsprachiger Terminologie verursacht werden. Deshalb bedarf es der Abgrenzung des Tonträgerherstellers von weiteren Mitwirkenden, deren Tätigkeit sich mit den klassischen Berufsbildern der Musikbranche partiell überschneiden.

Verwertungsrechte   § 85

aa) **Produzent und Tonmeister.** So ist **Produzent oder „producer"**, wer in der Regel 35
als Angestellter oder als auf andere Weise vom Tonträgerhersteller Verpflichteter die Aufnahmesitzung leitet, ohne die vom Gesetz geforderte Herstellerleistung zu erbringen. Bisweilen mag in
der Produzentenleistung auch eine kreative Interpretation iSd. § 73 oder gar eine (Mit-)Urheberschaft zu sehen sein. Deshalb sind die Verträge des Produzenten denen des ausübenden
Künstlers ähnlich (zu Begriff und Tätigkeitsbereich des Musikproduzenten, seinen originären
Rechten und seiner Stellung im Rahmen der Musikverwertung eingehend *Schwenzer* S. 17 ff.,
106 ff, 155 ff.). Der Tätigkeit des Produzenten verwandt ist die des **Tonmeisters oder** englisch
„recording engineer", der auf die klangliche Erscheinung einer Aufnahme mit akustisch-technischen Mitteln einwirkt, nicht jedoch auf die Darbietung. Ein eigenes, von seiner Berufsgruppe gefordertes Leistungsschutzrecht hat ihm der Gesetzgeber bisher verweigert (sa. BGH
GRUR 1983, 22/24 – Tonmeister; zur Filmurheberschaft des Filmtonmeisters BGH GRUR
2002, 961/962 – Mischtonmeister).

bb) **Schallplattenfirma.** Ebenfalls keine Tonträgerherstellereigenschaft kommt regelmäßig 36
der Schallplattenfirma, dem deutschen Begriff für das englische „label", zu. Denn die Tätigkeit
von Plattenfirmen konzentriert sich heute im Wesentlichen auf den Abschluss der Künstlerverträge, die Betreuung der Produktion, die Beauftragung des Presswerks und den Vertrieb von
Tonträgern. Am Anfang ihrer Tätigkeit steht der sogenannte **Bandübernahmevertrag mit
dem Künstler** (dazu *Loewenheim/Rossbach* § 69 Rdnr. 62 ff. sowie *Wandtke/Bullinger/Schaefer*
Rdnr. 35 ff.), der meist durch die Einspeisung seiner Musik in digitale Speicher selbst die Tonträgerherstellung übernimmt und sodann das ihm als Künstler und als Tonträgerhersteller zustehende Recht der Vervielfältigung und Verbreitung an die Plattenfirma überträgt.

d) **Zweckfreiheit.** § 85 gewährt Rechtsschutz **ohne besondere Zweckbestimmung** der 37
Aufnahme (BGH GRUR 1999, 577/578 – Sendeunternehmen als Tonträgerhersteller; BGH
GRUR 1982, 102/103 – Masterbänder). Wenngleich die AmtlBegr. von einer Eignung des Tonträgers zum Vertrieb spricht (UFITA 45 [1965] 240/314), beschränkt sich die Anwendung der
Vorschrift nicht auf Tonträger, die zur weiteren Verbreitung hergestellt worden sind (vgl. *Fromm/
Nordemann/Hertin*⁹ §§ 85/86 Rdnr. 5; *Ulmer* GRUR Int. 1961, 569/584 f.; *Stolz* UFITA 96
[1983] 55/69; *Dünnwald* UFITA 76 [1976] 165/169; *Krüger-Nieland* GRUR 1983, 345/346/348
gegen *Schorn* GRUR 1982, 644/645). Der Tonträger muss sich nach der AmtlBegr. lediglich zum
Vertrieb eignen, nicht jedoch dafür bestimmt sein (AmtlBegr. UFITA 45 [1965] 240/314; *Dünnwald* UFITA 76 [1976] 165/175). Dabei wird jedoch übersehen, dass auch das Halbfertigprodukt
des Masters bereits nach § 85 Schutz genießt (s. Rdnr. 21).

Die Zweckbestimmung des Tonträgers erlangt **ausnahmsweise** für die Rechte aus § 85 Be- 38
deutung, wenn die Leistung des Tonträgerherstellers in einer anderen nach dem UrhG unter
Schutz gestellten Leistung aufgeht, wie dies bei der Herstellung von Bild- und Tonträgern gemäß § 94 der Fall ist (s. zur Beurteilung der Tonspur Rdnr. 24 f.), und – bei der Auslegung von
§ 87 Abs. 4 – wenn wie in aller Regel bei zeitversetzten Rundfunksendungen dem Tonträger
eine lediglich dienende Funktion bei der gesondert geschützten Leistung des Sendeunternehmens zugewiesen ist (so ebenfalls *Dünnwald* UFITA 76 [1976] 165/170, jedoch im Ergebnis mit
weiterreichendem Ausschluss der Tonträgerherstellerrechte durch § 87; im Ergebnis ebenso
BGH GRUR 1999, 577/578 – Sendeunternehmen als Tonträgerhersteller; aA *Stolz* UFITA 96
[1983] 55/62 f.; *ders.,* Sendeunternehmen, S. 124 ff.).

Grundsätzlich erwachsen auch einem **Sendeunternehmen** unabhängig von anderen originä- 39
ren Leistungsschutzrechten etwa nach §§ 81, 87, 87 a, 94 und 95 bei jeder Tonträgerherstellung die
Rechte aus § 85, gleichviel, zu welchem Zweck die Aufnahme erfolgt (BGH GRUR 1999,
577/578 – Sendeunternehmen als Tonträgerhersteller; *Wandtke/Bullinger/Schaefer* Rdnr. 17; *Möhring/Nicolini*[1] Anm. 5; *Fromm/Nordemann/Hertin*⁹ §§ 85/86 Rdnr. 6; *v. Gamm* Rdnr. 2; *Rehbinder*[16]
Rdnr. 813; *Stolz* UFITA 96 [1983] 55/79; *ders.,* Sendeunternehmen, S. 117 f.; insoweit aA *Dünnwald* UFITA 76 [1976] 165/170 ff., der zu Sendezwecken hergestellte Tonträger grundsätzlich
vom Schutz des § 85 ausnimmt). Das Sendeunternehmen kann deshalb aus eigenem Recht gegen
die ungenehmigte Vervielfältigung und Verbreitung seiner zu Sendezwecken hergestellten Tonträger vorgehen. Auch wenn der Tonträger eines Sendeunternehmens lediglich als Sendegut benutzt wird, treten, da die Leistung der Tonträgerherstellung eine andere als die des Sendens ist, zu
den Rechten aus § 87 solche aus § 85 hinzu (vgl. *v. Gamm* Rdnr. 2; *Wandtke/Bullinger/Schaefer*
Rdnr. 17; *Dreier/Schulze/Schulze* Rdnr. 12; *Möhring/Nicolini/Kroitzsch*[2] Rdnr. 3; aA *Fromm/Nordemann/Hertin*⁹ §§ 85/86 Rdnr. 6; *Gentz* UFITA 46 [1966] 33/42). Deshalb verdrängt in diesen
Fällen § 87 Abs. 4, der die Sendeunternehmen von der Vergütung für private Überspielung aus-

§ 85

schließt, die Rechte des Tonträgerherstellers aus § 85 Abs. 4 iVm. § 54 Abs. 1 insofern nicht, als das Sendeunternehmen kommerziell verwertbare Tonträger herstellt (so BGH GRUR 1999, 577/578 – Sendeunternehmen als Tonträgerhersteller; Einzelheiten dazu Rdnr. 61 ff.).

40   e) Die **Rechtmäßigkeit der Tonträgerherstellung** ist für die Entstehung des Produzentenrechts ohne Bedeutung, denn § 85 knüpft allein an der als besonders schutzwürdig erachteten Herstellerleistung an. Er erstreckt sich tatbestandlich deshalb auch auf solche Tonträger, die unter Verletzung von Urheber- oder Leistungsschutzrechten Dritter hergestellt worden sind. Wer derartige Tonträger unbefugt vervielfältigt und verbreitet oder zur öffentlichen Zugänglichmachung benutzt, verletzt wie ihr Hersteller die Rechte dieser Urheber und Interpreten, gleichzeitig aber auch das originäre Leistungsschutzrecht des Herstellers an der rechtswidrig erfolgten Erstaufnahme. Kopist wie Tonträgerhersteller sind freilich in gleicher Weise den Unterlassungs-, Schadensersatz- und Vernichtungsansprüchen der Urheber und Künstler nach §§ 96, 97 ff. ausgesetzt (vgl. *Fromm/Nordemann/Hertin*[9] §§ 85/86 Rdnr. 3). Überdies dürfen rechtswidrig hergestellte Tonträger – selbst nach Ablauf der Schutzfrist (§ 85 Abs. 3) – weder verbreitet noch zu öffentlichen Wiedergaben benutzt werden (§ 96) (aA soweit auch keine Urheber- und Künstlerrechte mehr geschützt sind *Dreier/Schulze/Schulze* Rdnr. 19).

3. Die ausschließlichen Rechte des Tonträgerherstellers auf Vervielfältigung, Verbreitungsrecht und öffentliche Zugänglichmachung (Abs. 1)

41   Die **Ausschließlichkeitsrechte** des Tonträgerherstellers beschränken sich in Übereinstimmung mit der Vermiet- und Verleihrichtlinie 92/100/EWG sowie der Informationsgesellschafts-Richtlinie (Richtlinie 2001/29/EG) (s. Rdnr. 6) auf die **körperliche Verwertung des Tonträgers durch seine Vervielfältigung und Verbreitung sowie** – in erstmaliger Durchbrechung des Grundsatzes, dass die Benutzung eines erschienenen Tonträgers für die öffentliche Wiedergabe einer gesetzlichen Lizenz unterliegt – **der unkörperlichen öffentlichen Zugänglichmachung.** Inhalt und Tragweite dieser für Urheber und Leistungsschutzberechtigte gleichermaßen auf **europäischem Recht** beruhenden Verwertungsrechte (Art. 7 und 9 Vermiet- und Verleihrichtlinie sowie Art. 3 Abs. 1 und 2 lit. b Informationsgesellschafts-Richtlinie) sind richtlinienkonform **in analoger Anwendung** der für den Urheber geltenden Bestimmungen **der §§ 16, 17 und 19 a** festzulegen (vgl. *Brack* UFITA 50 [1967] 544/549; *Gentz* UFITA 46 [1966] 33/44; *Dünnwald* UFITA 76 [1976] 165/182).

Zu einem ausschließlichen **Senderecht des Tonträgerherstellers** zumindest für die das traditionelle Tonträgergeschäft nachhaltig beeinträchtigenden **Mehrkanaldienste**, die sich unzweifelhaft der Sendetechnik bedienen (s. *v. Lewinski*, in *Schricker* [Hrsg.], Informationsgesellschaft, S. 270), hat man sich weder auf internationaler noch auf europäischer und damit zwangsläufig auch nicht auf nationaler Ebene verständigen können, so dass auch für sie das Sendeprivileg des § 78 Abs. 2 Nr. 1 iVm. § 86 zu Anwendung kommt (BGH GRUR 2004, 669/670 – Mehrkanaldienst; für die von *Wandtke/Bullinger/Schaefer* § 86 Rdnr. 5 ff. und *Knies* S. 219 ff. im Anschluss an *v. Lewinski* in *Schricker* [Hrsg.], Informationsgesellschaft, S. 269 ff. favorisierte teleologische Reduktion des Sendeprivilegs auf die traditionelle Zweitverwertung und Subsumtion der Primärnutzung der Mehrkanalsendung unter das ausschließliche Recht des § 78 Abs. 1 Nr. 2 dürfte nach der Entscheidung des BGH ebenso wie beim Simual- und Webcasting wohl kein Raum mehr bleiben, s. dazu die Kritik von *Bortloff* GRUR Int. 2003, 669/673 ff.; letztlich wird deshalb aus Gründen der Rechtssicherheit de lege ferenda eine Aufhebung des Sendeprivileg empfohlen von *v. Lewinski* in *Schricker* [Hrsg.], Informationsgesellschaft, S. 274).

Ein Recht der **Verwertung** eines Tonträgers **in bearbeiteter Form** scheidet mangels gesetzlicher Grundlage im abschließend geregelten Tonträgerherstellerrecht aus (dazu ausführlich die Analyse von *v. Lewinski* in *Schricker* [Hrsg.], Informationsgesellschaft, S. 252; ebenso *Knies* S. 218; Rdnr. 25; aA *Wandtke/Bullinger/Schaefer* Rdnr. 15 f. mwN; sa. *Dreier/Schulze/Schulze* Rdnr. 33). In diesen Fällen geht es jedoch unter Umständen um Fragen des unlauteren Wettbewerbs und/oder der Entstellung einer künstlerischen Darbietung nach § 75 (s § 75 Rdnr. 28).

Für **analog anwendbar** auch auf die Leistungsschutzrechte hat der BGH allerdings **§ 24 über die freie Benutzung** erklärt und dabei darauf abgestellt, dass es sich bei dieser Vorschrift trotz ihrer systematischen Einordnung unter den sonstigen Rechten des Urhebers ihrem Wesen nach um eine Schrankenbestimmung handele, die die kulturelle Fortentwicklung ermöglichen solle und deshalb gleichermaßen auf Leistungsschutzrechte Anwendung finde, weil andernfalls der Tonträgerhersteller gegen den Sinn und Zweck der Vorschrift ein Verbotsrecht geltend machen könne, wo es dem Urheber genommen sei (zuletzt BGH GRUR 2009, 403/405 f. Tz. 19 ff. –

Metall auf Metall mwN; für die Benutzung von Filmträgern BGH GRUR 2008, 693/694 Tz. 23 ff. – TV-Total; GRUR 2000, 703/704 – Mattscheibe; ausführlich zur Problematik und im Ergebnis zustimmend *Vogel,* Fs. für Loewenheim, S. 367 ff.; *v. Ungern-Sternberg* GRUR 2010, 386/387 f.; sowie Rdnr. 59 mwN). Demnach ist, wenngleich der schöpferische Gehalt eines Tonträgers für seine Schutzfähigkeit keine Rolle spielt, im Rahmen des § 85 zu prüfen, ob die fragliche Tonaufnahme einen genügenden Abstand zu den entnommenen Tonfolgen wahrt (BGH GRUR 2009, 403/406 Tz. 25 – Metall auf Metall; GRUR 2008, 693/695 Tz. 29 – TV-Total; *v. Ungern-Sternberg* GRUR 2010, 386/387 f.; *Vogel,* Fs. für Loewenheim, S. 367/374 f.; vgl. auch Rdnr. 19, 59).

a) Das **Vervielfältigungsrecht** des Tonträgerherstellers weist insoweit Besonderheiten auf, als die Erstaufnahme, die urheberrechtlich bereits als eine Vervielfältigung gewertet wird, in § 85 erst den schutzbegründenden Tatbestand darstellt. In wertender Betrachtung des Begriffs der Vervielfältigung nach § 16, der ungeachtet der Persönlichkeitsrechte des ausübenden Künstlers gemäß § 75 nach allgemeiner Auffassung Dimensionsvertauschungen, Änderungen des Trägermaterials, der Klangfarbe, des Lautstärke und des Tempos einer Einspielung einschließt, beschränkt sich das Vervielfältigungsrecht nicht auf das Recht zur Kopie 1 : 1 (s. *v. Lewinski* in *Schricker* [Hrsg.], Informationsgesellschaft, S. 253 ff.). Eine Vervielfältigung liegt auch dann vor, wenn eine analoge Aufnahme digitalisiert wird (OLG Wien ZUM-RD 1999, 1). Die Rechte nach § 85 Abs. 1 sind sodann bei der **Nutzung von Teilen eines Tonträgers** ebenso berührt wie bei der **Aufnahme einer Tonträgersendung** (hM, zum Schutz von Teilen statt vieler *v. Lewinski* in *Schricker* [Hrsg.], Informationsgesellschaft, S. 227; aA *Hoeren* GRUR 1989, 580: Schutz nur des vollständigen Tonträgers; zum Eingriff in das Recht des Tonträgerherstellers bei der Aufnahme von Schallplattensendungen s. *Ulmer*[3] § 125 II). 42

b) Zur Frage der rechtlichen Beurteilung der Übertragung lediglich kleinster Tonpartikel (Licks) im Wege des **Sound-Samplings** (zum Technischen ausführlich *Häuser* S. 5 ff.) auf einen digitalen Speicher, um mit anderen Licks kombiniert zu werden oder um den klanglichen Ausgangspunkt einer gesampelten Aufnahme zu bilden, waren die Meinungen lange geteilt (dazu ausführlich Vorauflage Rdnr. 43 sowie aus der Sicht des Interpretenrechts § 77 Rdnr. 9 mwN; nur bei messbarer Beeinträchtigung des Tonträgers als wirtschaftlichem Gut: OLG München ZUM 1991, 540/548 – U2; OLG Hamburg GRUR Int. 1992, 390/391 – Tonträgersampling; *Häuser* S. 111; *Knies* S. 193; *Müncker* S. 251, 257 f.; anders *Hoeren* GRUR 1989, 580 f.: nur bei Vervielfältigung des gesamten Tonträgers; ähnlich *Bortloff* S. 110 f.; ders. ZUM 1993, 476/478; für einen Eingriff in das Recht nach § 85 Abs. 1 auch bei Übernahme kleinster Tonfetzen *Weßling* S. 159: keine Schutzbereichseinschränkung „nach unten"; *Dierkes* S. 26; *Hertin* GRUR 1989, 578; ders. GRUR 1991, 722/730; *G. Schulze* ZUM 1994, 15/20; *Schorn* GRUR 1989, 579/580; *Wandtke/Bullinger/Schaefer* Rdnr. 25; *Dreier/Schulze/Schulze* Rdnr. 25; *Schack*[5] Rdnr. 700; *Fromm/Nordemann/Hertin*[9] §§ 85/86 Rdnr. 8). 43

Wie groß der gerade noch schutzfähige Teil sein muss, hat der **BGH** nunmehr nach den heftigen Auseinandersetzungen in Rechtsprechung und Literatur endgültig entschieden (BGH GRUR 2009, 403 – Metall auf Metall; Vorinstanz OLG Hamburg GRUR-RR 2007, 3/4). Danach verletzt das Sound-Sampling fremde Tonträgerherstellerrechte nicht erst dann, wenn, wie *hier* noch in der Vorauflage vertreten, die von einzelnen Tonträgern entnommenen Teile einen mindestens substantiellen, wettbewerbsrechtlich relevanten Bestandteil der betroffenen Herstellerleistung verkörpern, sondern **bereits bei der Entnahme kleinster Tonpartikel**, und zwar unabhängig von ihrer Quantität oder Qualität, dh. unabhängig von ihrer Länge und unabhängig von ihrer wettbewerblichen Eigenart (BGH GRUR 2009, 403 Tz. 11 ff. – Metall auf Metall). Dafür sei entscheidend, dass andernfalls dem Tonträgerhersteller die Verwertungsmöglichkeit seiner sich auch in kleinsten Teilen einer Aufnahme niederschlagende unternehmerische Leistung entzogen würde (BGH GRUR 2009, 403 Tz. 15 – Metall auf Metall unter Hinweis auf die Verwertung von Klammerteilchen). Der Rechtsschutz findet damit im Prinzip seine Grenze in der **Beweisbarkeit** der Entnahme eines Tonpartikels. Hier begegnet berechtigten **Bedenken** im Hinblick auf die Größe des noch geschützten Tonpartikels. *v. Ungern-Sternberg* (GRUR 2010, 386/387) sieht es insoweit für geboten an, die Entscheidung des BGH nicht im Sinne des Schutzes eines einzelnen aufgenommenen Tones oder gar Tonteils (Obertons) zu verstehen. In der Entscheidung selbst werde wiederholt und im Plural von Tonfolgen, Tönen oder Klängen gesprochen und vom wirtschaftlichen Wert, den selbst kleinste Teile von Tonaufnahmen hätten (Metall auf Metall aaO Tz. 15, 17, 23). Im Lichte des Schutzzwecks des Tonträgerherstellerrechts, das sich auf Tonträger und nicht auf Partikel von Tonträgern beziehe, und im Hinblick darauf, dass die erbrachte Leistung des Tonträgerherstellers sehr gering ausfallen könne, sei beim Schutz von Tonsequenzen eine nicht zu niedrige Untergrenze festzulegen. Diese gebiete im Interesse der Allgemeinheit auch die zu verhindernde Ausuferung von 50 Jahre währenden Monopolrechten, die die Nutzung des kulturellen Erbes erschweren. Schließlich dürfe in einem Rechtsstaat die vollständige Ausschöpfung einer Rechtsposition nicht an der Beweisbarkeit scheitern.

44 c) Für das **Verbreitungsrecht** des Tonträgerherstellers gilt ebenso wie für das Verbreitungsrecht des Urhebers der EU-rechtlich vorgegebene **Grundsatz der gemeinschaftsweiten Erschöpfung** (Art. 9 Abs. 2 Vermiet- und Verleihrichtlinie; Art. 4 Abs. 2 Informationsgesellschafts-Richtlinie). Danach kann das Verbreitungsrecht nur hinsichtlich solcher Vervielfältigungsstücke nicht mehr geltend gemacht werden, die **mit Zustimmung des zur Verbreitung Berechtigten im Gebiet der Europäischen Union oder des EWR im Wege der Veräußerung in den Verkehr gebracht** worden sind (EuGH GRUR Int. 2007, 237/238 Tz. 21 – Laserdisken; zur Verbreitung nur bei Übertragung des Eigentums EuGH GRUR Int. 2008, 593/595 Tz. 33 – Le Corbusier-Möbel). Das Erschöpfungsprinzip, dessen Grundgedanke einerseits darauf beruht, dass der Berechtigte die Möglichkeit erhalten hat, die Verbreitung des Vervielfältigungsstücks von der Zahlung eines Entgelts abhängig zu machen, andererseits darauf, dass der freie Warenverkehr im Interesse der Allgemeinheit durch weitere Eingriffe in den Vertrieb nicht behindert werden soll (Näheres § 15 Rdnr. 31 ff.; § 17 Rdnr. 41 mwN; *Knies* S. 199 ff.), stellt – anders als zunächst vom BGH angenommen (BGH GRUR Int. 1981, 562/563 – Schallplattenimport m. abl. Anm. *Ulmer*; BGH GRUR 1982, 100/101 – Schallplattenexport/Gebührendifferenz III; BGH GRUR 1985, 924/925 – Schallplattenimport II; BGH GRUR 1986, 736/737 – Schallplattenvermietung m. Anm. *Hubmann*; BGH GRUR 1988, 206/210 – Kabelfernsehen II: keine allgemeine, auf alle Verwertungsrechte des gewerblichen Rechtsschutzes und des Urheberrechts anwendbare Rechtsregel, sondern einen auf Grund seiner Rechtfertigung ausschließlich auf das Verbreitungsrecht anwendbaren Grundsatz dar (Einzelheiten § 15 Rdnr. 30 ff. mwN). Nach der Rspr. des EuGH zu Art. 28, 30 (früher 30, 36) EGV (EuGH GRUR Int. 1981, 229/230 – Gebührendifferenz II; EuGH GRUR Int. 1982, 372/376 – Polydor/Harlequin; EuGH GRUR Int. 1989, 319/320 – Warner/Christiansen) sowie nunmehr auch ausdrücklich nach Art. 9 Abs. 2 der Vermiet- und Verleihrichtlinie – umgesetzt im **3. UrhGÄndG** – tritt die Erschöpfungswirkung EU- und EWR-weit, dh. für den gesamten Binnenmarkt, ein, wie es der geänderte auf das Verbreitungsrecht des Tonträgerherstellers entsprechend anwendbare § 17 Abs. 2 anordnet (Einzelheiten § 17 Rdnr. 61 ff.). Dies gilt nicht für von der EU geschlossene **Freihandelsabkommen** (s. EuGH GRUR Int. 1982, 372 – Polydor/Harlequin; dazu auch *D. Reimer* GRUR Int. 1981, 70/76 f.). Art. 3 Abs. 3 der Informationsgesellschafts-Richtlinie stellt unmissverständlich klar, dass bei unkörperlichen Verwertungsrechten keine Erschöpfung eintritt (so inzwischen auch BGH GRUR 2000, 699/701 – Kabelweitersendung). Einzelheiten zur Erschöpfung des Verbreitungsrechts § 17 Rdnr. 42 ff.

45 d) **§ 17 Abs. 2 idF des 3. UrhGÄndG nimmt die Vermietung von der Erschöpfungswirkung aus** und verleiht dem Tonträgerhersteller seit dem Inkrafttreten dieser Bestimmung am 30. 6. 1995 ein eigenständiges Vermietrecht auch an solchen Tonträgern, die mit Zustimmung des Berechtigten durch Veräußerung in den Verkehr gebracht worden sind. Damit hat sich das Problem der rechtlichen Beurteilung des auf einem Tonträger aufgedruckten Vermietvorbehalts erledigt (vgl. BGH GRUR 1986, 736 – Schallplattenvermietung; Einzelheiten § 17 Rdnr. 26 ff.). Vor der Novellierung bestand ein ausschließliches Vermietrecht nur an solchen Tonträgern, hinsichtlich derer noch keine Erschöpfung des Verbreitungsrechts eingetreten war. Die Neuregelung entspricht den Vorgaben von Art. 2 Abs. 1 der Vermiet- und Verleihrichtlinie sowie des Art. 14 Abs. 4 TRIPS-Übereinkommen. Übergangsrechtlich ist § 137 e zu beachten (s. die Erläuterungen dort).

46 Das 3. UrhGÄndG gewährt dem Tonträgerhersteller auch einen **Vergütungsanspruch für den Verleih von Tonträgern** (§ 85 Abs. 4 iVm. § 27 Abs. 2 und 3), den ihm das vordem gültige Recht noch versagt hatte (s. 1. Aufl. Rdnr. 33; Einzelheiten dazu § 27 Rdnr. 11 ff.).

47 e) **Recht der öffentlichen Zugänglichmachung.** Der entsprechend auf das Tonträgerherstellerrecht anzuwendende § 19a, der auf Art. 14 WPPT und Art. 3 Abs. 2 der Informationsgesellschafts-Richtlinie zurückgeht, verleiht dem Hersteller erstmals das Recht, die ausschließliche Verwertung seines Tonträgers im Wege der öffentlichen Wiedergabe vorzunehmen. Bis zum Inkrafttreten des 1. InformationsgesG vom 10. 9. 2003 am 13. 9. 2003 (BGBl. I S. 1774) war ihm

dies nicht möglich. Vielmehr stand ihm bei der öffentlichen Tonträgerwiedergabe lediglich der Beteiligungsanspruch nach § 86 zu. Seither vermag der Tonträgerhersteller zu bestimmen, ob und zu welchen Konditionen sein Tonträger online an von Mitgliedern der Öffentlichkeit gewählten Orten und zu ebenfalls beliebigen Zeitpunkten zugänglich gemacht wird, und so diese Art der Tonträgernutzung wirtschaftlich zu steuern, die die traditionelle körperliche Form der Tonträgerverwertung zumindest partiell bereits substituiert (sa. OLG Hamburg MMR 2006, 173 – stayutuned; ZUM 2005, 749/750 – Streamingverfahren; ZUM 2009, 414/415 f. – Stay Tuned III; LG Hamburg ZUM 2007, 869 – Streaming-on-Demand; sa. Rdnr. 17). Das Verwertungsrecht entsteht dabei jeweils mit der Herstellung des Tonträgers, also nicht erst mit seinem Erscheinen oder seiner erstmaligen Verwendung zur öffentlichen Wiedergabe (ebenso *Dreier/Schulze/Schulze* Rdnr. 40). Für am 13. 9. 2003 noch geschützte Tonträger gilt mangels einer besonderen Übergangsbestimmung § 129 Abs. 1 mit der Folge, dass auch an ihnen Rechte nach § 19 a begründet sind (s. § 129 Rdnr. 1 f.). Einschlägige Nutzungshandlungen vor dem Stichtag können ohne besondere gesetzliche Regel freilich nachträglich nicht sanktioniert werden. Dazu hätte es einer ausdrücklichen Regelung in der Richtlinie bedurft, die dem nationalen Gesetzgeber die Normierung einer Umsetzungsfrist auferlegt hätte. Nutzungen, die vor Inkrafttreten der Einführung des Rechts der öffentlichen Zugänglichmachung erfolgt sind, können nicht nachträglich unter dem Gesichtspunkt einer vordem angenommenen Verletzung des Verbreitungsrechts sanktioniert werden (aA *Dreier/Schulze/Schulze* Rdnr. 42).

Besondere Bedeutung erlangt das Recht der öffentlichen Zugänglichmachung für den entgeltlichen Internet-Vertrieb von Musikdarbietungen wie zB mittels eines Apple-iPod ua., aber auch für die rechtliche Beurteilung von **File-Sharing Systemen,** das durch die Musiktauschbörsen Napster, Gnutella, eDonkey, KaZaA ua. zu einem erheblichen Musikumschlag, allerdings ohne Vergütung der ausübenden Künstler und Tonträgerhersteller, geführt hat. Dabei werden von Privatpersonen (Peers) Musikstücke im Netz zum Abruf angeboten und sodann Interessenten durch einen Diensteanbieter entweder über einen zentralen Server (so bei Napster) oder direkt, dh. über ein dezentrales System (so bei Gnutella, KaZaA, eDonkey), mit dem Anbieter in Verbindung gebracht (Peer to Peer oder P2P). Unabhängig von einer Verantwortlichkeit des Diensteanbieters als möglicher mittelbarer Täter verletzt das unautorisierte Anbieten im Netz die ausschließlichen Rechte des Tonträgerherstellers nach Abs. 1 S. 1: zunächst das Vervielfältigungsrecht nach § 16 Abs. 1 durch das Einspeichern der angebotenen Aufnahme in den Arbeitsspeicher des Anbieters und sodann das Recht der öffentlichen Zugänglichmachung nach § 19 a durch das Anbieten des Titels im Netz. Dabei kann sich der Anbieter nicht auf eine nach § 52 Abs. 1 privilegierte öffentliche Wiedergabe berufen, da nach dessen Abs. 3 diese Ausnahmebestimmung nicht für das öffentliche Zugänglichmachen gilt. Ferner kann insoweit die Schranken-Schranke des § 53 Abs. 6 S. 1 zur Anwendung kommen, weil zu privaten Zwecken hergestellte Vervielfältigungsstücke nicht zu öffentlichen Wiedergaben benutzt werden dürfen. Sanktionsrechtlich kann bei einer öffentlichen Wiedergabe mittels einer rechtswidrig hergestellten Kopie Unterlassung nach § 96 Abs. 1 verlangt werden (vgl. BGH GRUR 2006, 319 Tz. 32 ff. – Alpensinfonie).

Das **Herunterladen einer Musikdatei** in den Arbeitsspeicher des Abrufenden stellt zwar grundsätzlich eine **dem Hersteller vorbehaltene Vervielfältigungshandlung** dar, bei der allerdings jeweils zu prüfen ist, ob sie als private Vervielfältigung nicht nach § 53 Abs. 1 zulässig oder als von einer offensichtlich rechtswidrigen Vorlage stammend verboten ist (im Einzelnen str.; s. *Heghmanns* MMR 2004, 14 ff.; *J. B. Nordemann/Dustmann* CR 2004, 380 ff., dort auch zur Haftung der Serverbetreiber unter dem TDG; *Braun* GRUR 2001, 1106 ff.; *Kreutzer* GRUR 2001, 193 ff., 307 ff.; *Wandtke/Bullinger/Schaefer* Rdnr. 44; zur Rechtslage in den USA *Gampp* GRUR Int. 2003, 991 ff.).

f) Anders als dem Filmhersteller (§ 94 Abs. 1 S. 2) steht dem Tonträgerhersteller kein Recht zu, **48** aus wirtschaftlichen Gründen die **Entstellung oder Kürzung** seines Tonträgers zu verbieten, soweit die Veränderungen nicht mehr im Rahmen des nach § 16 Zulässigen liegen (s. Rdnr. 42 f.; § 94 Rdnr. 6). Der bei der Filmherstellung zu beachtende § 93 gilt für den Tonträgerhersteller selbst bei der Integration seiner Leistung in einen Bild-Tonträger nicht. Denn diese Vorschrift bezieht sich auf die persönlichkeitsrechtlichen Bestimmungen der §§ 14, 75. Sie ist deshalb nur auf Urheber und Interpreten als natürlichen kreativen Personen, nicht aber auf Produzenten als meist juristische, unternehmerisch agierende Personen anwendbar (so auch *Fromm/Nordemann/Hertin*[9] §§ 85/86 Rdnr. 12 gegen *Dünnwald* UFITA 76 [1976] 165/187 ff.). Zu Einzelheiten der Rechte der Vervielfältigung, Verbreitung und öffentlichen Zugänglichmachung s. die Erl. zu §§ 16, 17 und 19 a.

4. Das Tonträgerherstellerrecht im Rechtsverkehr (Abs. 2)

49 **a) Übertragbarkeit und Vererblichkeit.** Als Leistungsschutzrecht vermögensrechtlicher Natur ohne persönlichkeitsrechtlichen Gehalt ist das Tonträgerherstellerrecht in vollem Umfang verkehrsfähig (Abs. 2 S. 1), dh als Ganzes übertragbar gemäß §§ 398 ff., 413 BGB (BGH GRUR 1994, 210/211 – The Beatles) – insoweit gilt nichts anderes als für das Recht des Filmherstellers (§ 94 Abs. 2) – und vererblich gemäß § 1922 BGB (vgl. *Fromm/Nordemann/Hertin*[9] §§ 85/86 Rdnr. 15; *v. Gamm* Rdnr. 3; s. allgemein vor §§ 28 ff. Rdnr. 66, 67). Einer gesetzlichen Regelung dieser Selbstverständlichkeit hätte es nicht bedurft. Für die Wirksamkeit der Rechtsübertragung ist grundsätzlich ihr Gegenstand genau zu bezeichnen. Globale Rechtsübertragungen zwischen konzerngebundenen Unternehmen, die das gesamte alte (back catalogue) und uU zukünftige Repertoires eines vertragsgebundenen Künstlers betreffen, können jedoch nach Auffassung des OLG Hamburg auch dann dem Bestimmtheitsgebot genügen und deshalb wirksam sein, wenn nicht alle übertragenen Titel einzeln genannt sind (OLG Hamburg GRUR-RR 2001, 121/124 – Cat Stevens).

50 **b) Nutzungsrechte,** insbesondere die entsprechende Anwendung von Vorschriften des Urhebervertragsrechts. Selbstverständlichkeiten enthält ebenfalls Abs. 2 S. 3, der sich auf Abs. 2 S. 2 bezieht, nicht aber auf die Übertragung des Rechts nach S. 1 (*Wandtke/Bullinger/Schaefer* Rdnr. 27). Soweit dort urhebervertragsrechtliche Vorschriften der §§ 31 ff. nicht in Bezug genommen sind, hat dies seinen Grund entweder in den urheberpersönlichkeitsrechtlichen Bezügen dieser Normen oder in ihrer Schutzfunktion gegenüber den Urhebern und Interpreten als den bei der Verwertung ihrer Schöpfungen bzw. Darbietungen regelmäßig schwächeren Vertragsparteien. Dies gilt auch für **§ 31 a, der an die Stelle des aufgehobenen § 31 Abs. 4** getreten ist. Seine Anwendung hatten der Gesetzgeber jedoch bereits im StärkungsG von 2002 und später der BGH selbst für die Zeit vor Inkrafttreten dieses Gesetzes am 1. 7. 2002 auf Verträge ausübender Künstler ausgeschlossen (BGH GRUR 2003, 234 – EROC III; dazu Einl. Rdnr. 86; berechtigte Kritik dazu von *Krüger*, Fs. für Nordemann, 2004, S. 343; *Vogel*, Fs für Nordemann, 2004, S. 349/351; hinsichtlich der Anwendung des § 31 Abs. 4 auf vordem liegende Sachverhalte auch *Ahlberg* GRUR 2002, 313/316 f.). **Unternehmen, die am freien Wettbewerb teilnehmen, sind solche Schutznormen wesensfremd.** Deshalb legt die Gewährung von Nutzungsrechten systematisch die analoge Anwendung der § 31 Abs. 1 bis 3 und 5 sowie des § 33 auf Tonträgerherstellerverträge bereits ohne ausdrückliche gesetzliche Regelung nahe (zur Rechtslage vor dem Inkrafttreten des 1. InformationsgesG am 13. 9. 2003 s. *Schricker/Schricker*[2] vor §§ 28 ff. Rdnr. 33 ff.). Der Zweck der analogen Anwendung des auf periodisch erscheinende Sammlungen zugeschnittenen § 38 ist nicht recht erkennbar. Die für Urheberrechte bestehende Zwangslizenz des § 42 a (§ 61 aF) erstreckt sich zur Gewährleistung des Wettbewerbs der Tonträgerhersteller untereinander zwangsläufig nicht auf deren Leistungsschutzrechte. Damit entspricht das Gesetz auch der eingeschränkten Zulassung von Zwangslizenzen nach Art. 15 Abs. 2 S. 2 RA (dazu auch Rdnr. 51).

51 **c) Vergütungs- und Beteiligungsansprüche.** Soweit dem Tonträgerhersteller nach § 85 Abs. 4 iVm. §§ 44 a ff. gesetzliche Vergütungsansprüche zustehen, kann er nach dem eindeutigen Wortlaut des § 63 a auf diese im Voraus nicht verzichten und sie im Voraus auch nur an eine Verwertungsgesellschaft abtreten. Die zum Schutz der Kreativen als der regelmäßig schwächeren Vertragspartei eingeführte **Verfügungsbeschränkung des § 63 a** in der Fassung des 2. InformationsgesG vom 26. 10. 2007 ist **dem unternehmensbezogenen Leistungsschutzrecht** des Tonträgerherstellers jedoch **wesensfremd.** Der Tonträgerhersteller muss über seine vermögenswerten Rechte frei disponieren können. § 63 a sollte, zumal auch die Gesetzesbegründung nichts Gegenteiliges erkennen lässt, deshalb auf die aus § 85 Abs. 4 resultierenden Vergütungsansprüche sowie auf diejenigen nach § 137 e wegen eines offensichtlichen gesetzgeberischen Irrtums nicht angewendet werden (aA *Dreier/Schulze/Schulze* Rdnr. 44). Dasselbe hat auch für die Beteiligungsansprüche nach § 86 sowie die Vergütungsanspruch nach § 27 Abs. 2 für das Verleihen zu gelten. Denn die Verzichts- und Abtretungsbeschränkungen des § 78 Abs. 3 gelten ihrem Sinn und Zweck entsprechend nur für die Vergütungsansprüche des ausübenden Künstlers.

5. Die Schutzfristregelung des Abs. 3

52 **a) Fristberechnung vor dem 13. 9. 2003** (Inkrafttreten des 1. InformationsgesG). **Die Schutzfrist** des Rechts nach § 85 UrhG betrug – EU-rechtlich harmonisiert durch die Schutz-

Verwertungsrechte **§ 85**

dauer-Richtlinie – **seit Inkrafttreten des 3. UrhGÄndG** (1. 7. 1995) nach dessen Abs. 2 aF 50 Jahre ab dem Erscheinen oder ab der ersten Benutzung der Aufnahme zur öffentlichen Wiedergabe, falls diese früher erfolgt war, hilfsweise ab der Herstellung der Aufnahme. Diese Schutzfristregelung entsprach der des Interpretenrechts in § 82. Vor der Gesetzesänderung wiederum war für beide Rechte nur das Erscheinen, hilfsweise die Herstellung des Tonträgers maßgeblich. Die Frist des Rechts des ausübenden Künstlers war allerdings anders als die des Tonträgerherstellerrechts bereits mit Wirkung vom 1. 1. 1990 auf 50 Jahre verlängert worden. Dennoch ergaben sich in der Vergangenheit keine Unterschiede in der Laufzeit beider Rechte, weil die Schutzdauer-Richtlinie die Herstellerrechte wieder aufleben ließ, wenn sie nach Ablauf der Schutzfrist von 25 Jahren in Deutschland in einem anderen Mitgliedstaat der EU oder des EWR, wie dies zB im Vereinigten Königreich der Fall war, noch Bestand hatten und die in Deutschland hergestellten Tonträger infolge der Phil Collins-Entscheidung des EuGH dort noch geschützt waren (§ 137f Abs. 2). Die Regelung des § 85 Abs. 2 aF bedeutet, dass der Schutz maximal 100 Jahre währt, wenn der Tonträger im 50. Jahr nach der Herstellung der Aufnahme erschienen oder erstmals für eine öffentliche Wiedergabe verwendet worden ist (dazu ausführlich *Dünnwald* ZUM 1989, 47; *Vogel* Das Orchester 1989, 378; *ders.* Das Orchester 1990, 1140; *Kreile* ZUM 1990, 1). Entsprechendes gilt für die derzeit geltende Regelung des Abs. 3 (vgl. Rdnr. 53).

b) Geltende Fristberechnung. Mit dem **Inkrafttreten des 1. InformationsgesG** am 53 13. 9. 2003 hat die Schutzdauerregel des Tonträgerherstellerrechts in **§ 85 Abs. 3 eine erneute Änderung** erfahren, auch diesmal **bedingt durch europäisches Recht** (Art. 11 Abs. 2 der Informationsgesellschafts-Richtlinie 2001/29/EU vom 22. 5. 2001). Sie führt gegenüber der abgelösten Vorschrift allein zu Schutzfristverlängerungen (ebenso *Wandtke/Bullinger/Schaefer* Rdnr. 28). Nach nunmehr geltendem Recht erlischt das Tonträgerherstellerrecht grundsätzlich 50 Jahre nach dem Erscheinen des Tonträgers (§ 85 Abs. 3 S. 1). Ist der Tonträger jedoch innerhalb von 50 Jahren nach seiner Herstellung nicht erschienen, wohl aber innerhalb dieses Zeitraums zu einer erlaubten öffentlichen Wiedergabe benutzt worden, beginnt der Lauf der Schutzfrist ab dieser öffentlichen Wiedergabe (§ 85 Abs. 3 S. 2). Allein wenn weder an ein Erscheinen noch an eine öffentliche Wiedergabe innerhalb von 50 Jahren nach der Herstellung angeknüpft werden kann, berechnet sich die Schutzfrist ab letzterer. Nach der Neuregelung hat das **Erscheinen des Tonträgers gegenüber einer erlaubterweise erfolgten öffentlichen Wiedergabe nunmehr stets Vorrang,** und zwar unabhängig davon, ob letztere innerhalb von 50 Jahren nach der Herstellung des Tonträgers vor oder nach einem späteren Erscheinen stattgefunden hat. Zwischen beiden Ereignissen gilt folglich nicht die zeitliche Priorität, sondern der **günstigere Grundsatz subsidiärer Anknüpfung an die öffentliche Wiedergabe,** falls eine Anknüpfung an das Erscheinen innerhalb von 50 Jahren nach der Herstellung ausscheidet. Damit gelten unpraktischerweise für Tonträgerhersteller und ausübende Künstler unterschiedliche Anknüpfungen der Schutzfristberechnungen (s. die Erl. zu § 82). Die Berechnung der Schutzfrist hat nach § 69 zu erfolgen (§ 85 Abs. 3 S. 3).

c) Übergangsrecht. Bei der Fristberechnung sind gegebenenfalls Übergangsregeln zu beachten: bei Aufnahmen, die vor Inkrafttreten des UrhG **am 1. 1. 1966** hergestellt worden sind, finden die Vorschriften der **§§ 129 Abs. 1, 135, 135a** Anwendung, bei **vor dem 1. 7. 1995** hergestellten Aufnahmen zusätzlich **§ 137 f.** Daraus ergibt sich Folgendes:
Für alle **vor dem Inkrafttreten des Urheberrechtsgesetzes am 1. 1. 1966 erschienenen Tonträger** begann die 25-jährige Schutzfrist des § 85 erst ab dem 1. 1. 1966 zu laufen, so dass das Recht spätestens nach dem 31. 12. 1990 erloschen war, es sei denn, die Schutzfrist nach dem LUG war bereits vorher abgelaufen (§ 135 a). Als die Schutzdauer mit Wirkung vom 1. 7. 1995 auf 50 Jahre verlängert wurde, führte dies infolge des § 137 f Abs. 2 zu einem Wiederaufleben des nach nationalem Recht bereits erloschenen Schutzes, sofern der Tonträger in einem anderen Mitgliedstaat der EU oder einem Vertragsstaats des EWR noch geschützt war (s. *Vogel* ZUM 1995, 451/457 f. sowie § 137 f Rdnr. 3 f.). Denn der Hersteller eines während der schutzlosen Zeit in der Bundesrepublik Deutschland gemeinfreien Tonträgers kam in anderen Mitgliedstaaten der EU bzw. Vertragsstaaten des EWR, die – wie etwa das Vereinigte Königreich – bereits eine 50-jährige Laufzeit des Rechts kannten und infolge des Diskriminierungsverbots des Art. 12 EGV zur Gleichbehandlung der in der Bundesrepublik hergestellten Tonträger verpflichtet waren, mitunter noch in den Genuss des Schutzes seines Tonträgers (EuGH GRUR Int. 1994, 53 – *Phil Collins;* zum Diskriminierungsverbot eingehend *Walter/Walter,* aaO, Allgemeiner Teil, 2. Kapitel). Dies führte zu einem **Wiederaufleben des Schutzes in der Bun-**

§ 85   Verwertungsrechte

desrepublik Deutschland. Das Wiederaufleben erfordert konkrete Feststellungen zur Schutzrechtslage in dem jeweiligen Mitgliedstaat der EU (OLG Hamburg GRUR 2000, 707/708 f. – Frank Sinatra). Die wiederauflebenden Rechte stehen nach § 137 f Abs. 3 dem Tonträgerhersteller zu. In schutzloser Zeit begonnene Verwertungshandlungen Dritter dürfen im vorgesehenen Rahmen gegen Zahlung einer angemessenen Vergütung für die Zeit nach Inkrafttreten der Schutzfristverlängerung fortgeführt werden (§ 137 f Abs. 3 S. 2 und 3). Auf **Vorlage des BGH** (GRUR Int. 2007, 610 – **Tonträger aus Drittstaaten**) hat der EuGH im Sinne des freien Warenverkehrs klargestellt, dass die Schutzdauer-Richtlinie nach deren Art. 10 Abs. 2 auch dann in zeitlicher Hinsicht Anwendung findet, wenn der betreffende Gegenstand in dem Staat, in dem um Schutz nachgesucht wird, noch nie geschützt war, wohl aber am 1. 7. 1995 in zumindest einem Mitgliedstaat nach dessen nationalen Vorschriften (EuGH GRUR Int. 2009, 404/406 f. – Sony/Falcon; im Anschluss an die EuGH-Entscheidung BGH ZUM 2010, 429 – Tonträger aus Drittstaaten II, jedoch gegen den Wortlaut des § 137 f Abs. 2, so *v. Ungern-Sternberg* GRUR 2010, 386/388; für eine restriktive Auslegung des Art. 10 Abs. 2 der Schutzdauer-Richtlinie demgegenüber *v. Ungern-Sternberg* GRUR 2008, 291/294).

55   Die Neuregelung der Schutzdauerberechnung des Tonträgerherstellerrechts mit dem 1. InformationsgesG vom 10. 9. 2003 hat die **Übergangsregel des § 137j Abs. 2 und 3 UrhG** nach sich gezogen. Sie ist durch die verspätete Umsetzung der Informationsgesellschafts-Richtlinie (Stichtag 22. 12. 2002) veranlasst und bezieht sich auf diejenigen Fälle, in denen ein am Stichtag noch geschützter Tonträger wegen verspäteter Transformation der Richtlinie in nationales Recht (13. 9. 2003) nicht in den Genuss des nach europäischem Recht gebotenen längeren Schutzes kommen konnte. Um dadurch entstandenen Schaden zu beheben, findet die Neuregelung des § 85 Abs. 3 UrhG gemäß § 137j Abs. 2 UrhG rückwirkend auf solche Altaufnahmen Anwendung, die im fraglichen Zeitraum gemeinfrei geworden sind, bei rechtzeitiger Richtlinienumsetzung jedoch gemäß § 129 Abs. 1 UrhG von der neuen Schutzdauerberechnung unmittelbar profitiert hätten (vgl. § 137j Rdnr. 4 f.). Ob freilich die von *Thorsten Braun* genannte Fallkonstellation einer 1952 hergestellten und gesendeten, aber erst 1960 erschienenen Aufnahme in den Anwendungsbereich des § 137j Abs. 2 UrhG fällt, erscheint insofern zweifelhaft, als sich die Schutzdauer des vor 1966 entstandenen abgeleiteten Bearbeiterurheberrechts des Tonträgerherstellers ab dem Tod des letztversterbenden ausübenden Künstlers berechnete. Beim Übergang zu den Leistungsschutzrechten nach §§ 73, 85 UrhG wurde – freilich erst in der Folge der einschlägigen BVerfG-Entscheidung aus dem Jahre 1971 (BVerfGE 31, 275 – *Schallplatten*) – die Berechnung umgestellt, so dass nach dem 1972 in das Gesetz eingefügten § 135a UrhG der Schutz des Tonträgers in dem von *Braun* herangezogenen Beispiels zunächst Ende 1990 auslief, dann 1995 wieder auflebte und erst am 31. 12. 2015 enden wird (vgl. *Wandtke/Bullinger/Braun*[2] § 137j Rdnr. 6 ff.; aA auch *Dreier/Schulze/Schulze* Rdnr. 48, der wiederum übergeht, dass sich der Tonträgerhersteller unter dem LUG das Bearbeiterurheberrecht des ausübenden Künstlers hat übertragen lassen und diese Verfügung ihre Wirksamkeit nicht verloren hat (§ 132 Abs. 2 UrhG), so dass der Tonträgerhersteller von dem neuen Recht nach § 85 UrhG auch hinsichtlich seiner Altaufnahmen profitierte). Ein Fall des § 137f UrhG dürfte dies deshalb nicht sein.
     Für den Zeitraum des Wiederauflebens weist § 137j Abs. 3 UrhG das Recht dem Tonträgerhersteller zu, bestimmt allerdings nicht, wie in schutzloser Zeit vorgenommene Nutzungshandlungen Dritter zu beurteilen sind. Insoweit dürfte sich die analoge Anwendung des § 137 f Abs. 3 UrhG anbieten (so § 137j Rdnr. 6).

56   Hinsichtlich des mit dem Inkrafttreten des 3. UrhGÄndG (1. 7. 1995) **harmonisierten Vermietrechts** (§ 17 Abs. 2 und 3) ist beim Übergang von altem zu neuem Recht § 137e zu beachten (Einzelheiten dort).

57   d) Zur **Verfassungsmäßigkeit der Verkürzung der Schutzfrist** des LUG durch das UrhG s. Rdnr. 5. Zur Berechnung der Schutzfrist der vor Inkrafttreten des UrhG erbrachten Herstellerleistungen s. §§ 129, 135, 135a; zur übergangsweisen Berechnung der Schutzdauer nach der Umsetzung der Schutzdauer-Richtlinie, s. § 137 f.

58   e) **Nach Ablauf des Sonderschutzes** des § 85 ist die Vervielfältigung, Verbreitung und öffentliche Zugänglichmachung der auf dem Tonträger festgelegten Inhalte grundsätzlich jedermann gestattet, sofern die Nutzungshandlungen keine anderen Urheber- und Leistungsschutzrechte verletzen. Eine Verlängerung der Schutzfrist durch das Wettbewerbsrecht tritt nicht ein (vgl. *Fromm/Nordemann/Hertin*[9] §§ 85/86 Rdnr. 13, 17 gegen *Schorn* GRUR 1978, 230/231), nachdem der Gesetzgeber einen noch im RegE enthaltenen Abs. 4, der den Schutz nach anderen gesetzlichen Vorschriften unberührt ließ, unter Hinweis auf die ausreichende 25-jährige Schutz-

frist des § 85 Abs. 2 aF gestrichen hatte (vgl. AmtlBegr. UFITA 45 [1965] 240/315; *Ulmer*[3] § 125 I; *ders.*, Fs. für Hefermehl [1971], S. 189/193). Ein Verstoß gegen § 3 iVm. § 4 Nr. 9 UWG kann allerdings auch nach Ablauf der Schutzfrist des § 85 Abs. 3 nF vorliegen, wenn besondere außerhalb des leistungsschutzrechtlichen Tatbestandes liegende Umstände gegeben sind, die die Nutzung des Tonträgers aus wettbewerbsrechtlicher Sicht als sittenwidrig erscheinen lassen und ein wettbewerbsrechtlicher Schutz nicht in Widerspruch zur spezialgesetzlichen Regelung des UrhG tritt (BGH GRUR 1992, 697/699 – ALF; *Hefermehl/Köhler/Bornkamm*[27] § 4 Rdnr. 9.4, 9.7 mwN; sa. vor §§ 73 ff. Rdnr. 22 mwN; *Erdmann*, Fs. für Vieregge, S. 197/200 ff./206 ff.). Eigenleistungen wie technische und akustische Verbesserungen der Aufnahmen schließen regelmäßig ein wettbewerbswidriges Verhalten aus (vgl. BGH GRUR 1976, 317/322 – Unsterbliche Stimmen; *Fromm/Nordemann/Hertin*[9] §§ 85/86 Rdnr. 17; aA *Schorn* GRUR 1978, 230/231). Zur Verwendung rechtswidrig hergestellter Vervielfältigungsstücke nach Ablauf der Schutzfrist s. Rdnr. 40.

6. Die Schranken des Rechts des Tonträgerherstellers (Abs. 4)

Sowohl die Ausschließlichkeitsrechte als auch die Beteiligungsansprüche des Tonträgerherstellers unterliegen im Einklang mit Art. 5 der Informationsgesellschafts-Richtlinie denselben **Schrankenregelungen** wie das Recht des Urhebers und das Leistungsschutzrecht des ausübenden Künstlers (Einzelheiten dazu s. § 83). Dem Tonträgerhersteller verbleibt deshalb niemals dort ein Ausschließlichkeitsrecht, wo den Rechten des Urhebers und des Interpreten Schranken gezogen sind. Darin liegt letztlich die Rechtfertigung dafür, dass der BGH § 24 über die **freie Benutzung eines Werkes analog auf die unternehmensbezogenen Leistungsschutzrechte der §§ 85, 94, 95** angewendet, obwohl es deren Schutzgegenstand dogmatisch und systematisch gerade fernliegt, dass eine fremde Leistung darauf geprüft wird, ob sie zu einer früheren Leistung den notwendigen Abstand wahrt (BGH GRUR 2009, 403/405 f. Tz. 20 ff. – Metall auf Metall; GRUR 2008, 693/694 Tz. 23 ff. – TV-Total; GRUR 2000, 703 – Mattscheibe; zustimmend *Vogel*, Fs. für Loewenheim, S. 367 ff.; ausführlich dazu auch § 87 Rdnr. 29, 45). Beim Einsatz technischer Schutzmaßnahmen nach § 95 a ist zur Durchsetzung von Schrankenbestimmungen § 95 b zu beachten. Dem Tonträgerhersteller stehen **Ansprüche auf angemessene Vergütung** zu 59
– für die erlaubnisfreie Vervielfältigung von Tonträgern und ihre Verbreitung an behinderte Menschen zu nicht gewerblichen Zwecken nach § 45 a,
– für Sammlungen für den Kirchen-, Schul- oder Unterrichtsgebrauch nach § 46 Abs. 4,
– für vervielfältigte und nicht innerhalb der gesetzlichen Frist gelöschte Schulfunksendungen nach § 47 Abs. 2 S. 2,
– für die öffentliche Zugänglichmachung in Unterricht und Forschung nach § 52 a Abs. 4,
– für die private Überspielung in Form der Beteiligung an der Vergütung aus §§ 54 Abs. 1, 54 h Abs. 2.
Sofern diese Vergütungsansprüche nicht bereits auf Grund gesetzlicher Anordnung allein durch eine Verwertungsgesellschaft wahrgenommen werden können, sind sie entgegen der eindeutigen Inbezugnahme des § 63 a durch § 85 Abs. 4 **uneingeschränkt verzichtbar und abtretbar** (so. Rdnr 51; aA § 63 a Rdnr. 5; *Dreier/Schulze/Schulze* § 63 a Rdnr. 9; § 85 Rdnr. 44). Deshalb gehen auch die sich aus der analogen Anwendung der §§ 44 a ergebenden Vergütungsansprüche des Tonträgerherstellers im Zuge einer Gesamtrechtsübertragung nach § 85 Abs. 2 S. 1 auf den Erwerber über. Selbst wenn § 63 a iVm. § 85 Abs. 4 für anwendbar angesehen würde, ginge ihm Abs. 2 S. 1 vor (ebenso *Wandtke/Bullinger/Schaefer* Rdnr. 30).
Nach Maßgabe des § 63 steht dem Tonträgerhersteller in den Fällen gesetzlich zulässiger Nutzungen ein **Anspruch auf Quellenangabe** zu. Die frühere Regelung der Zwangslizenz in § 61 ist als einer ihrer Natur nach vertragsrechtlichen Regelung mit dem abschließenden Schrankenkatalogs in Art. 5 der Informationsgesellschafts-Richtlinie (Erwgr. 32) inhaltsgleich in § 42 a verlagert worden (aA hinsichtlich der Rechtsnatur der Regel des § 42 a *Wandtke/Bullinger/Schaefer* Rdnr. 30: Beschränkung der Ausübbarkeit und damit durchaus eine Schrankenregelung).
Durch die mit dem 3. UrhGÄndG vom 23. 6. 1995 eingefügte Inbezugnahme von **§ 27 Abs. 2 und 3** verleiht das Gesetz dem Tonträgerhersteller ferner einen Anspruch auf Beteiligung an der Vergütung für das unentgeltliche Verleihen von Tonträgern, deren Weiterverbreitung nach § 17 Abs. 2 zulässig ist (Rdnr. 45 f., 56). Außerdem stehen ihm für das **erlaubnisfreie Vermieten** eines Tonträgers im Zeitraum verspäteter Umsetzung der Vermiet und Verleihrichtlinie (1. 7. 1994 – 60

§ 85 Verwertungsrechte

30. 6. 1995) nach **Maßgabe des § 137e Abs. 3 Vergütungsansprüche** zu (Einzelheiten s. die Erläuterungen dort). Zu den **Beteiligungsansprüchen** des Tonträgerherstellers **gegen den ausübenden Künstler** in den Fällen der Benutzung erschienener oder erlaubterweise öffentlich zugänglich gemachter Tonträger **nach § 86** siehe die Erläuterungen dort.

61 Lange war **strittig, ob der Vergütungsanspruch gemäß § 54 Abs. 1 auch Sendeunternehmen zusteht,** soweit sie durch die Herstellung von Tonträgern Rechte nach § 85 erworben haben (so *Flechsig* GRUR 1980, 1046/1050f.; *Stolz* UFITA 96 [1983] 55/84ff.; *ders.* GRUR 1983, 632/637f.; *ders.* GRUR 1986, 859; *ders.* UFITA 104 [1987] 31f.; *ders.,* Sendeunternehmen, S. 124ff.; *Brugger* UFITA 56 [1970] 1/13), oder ob Sendeunternehmen infolge des § 87 Abs. 4 selbst als Tonträgerhersteller nach § 85 von der Vergütung für private Überspielung abgeschnitten sind (so LG Hamburg ZUM 1996, 818 – Wahrnehmungsvertrag GVL; *Dünnwald* UFITA 76 [1976] 165/190; *Möhring/Nicolini*[1] § 87 Anm. 8; *Hubmann*[6] § 55 III; jedenfalls für öffentlich-rechtliche Sendeunternehmen auch *Schack* GRUR 1985, 197/200). Bei Beantwortung der Frage ist in verfassungsrechtlicher Bewertung des § 87 Abs. 4 zu beachten, dass öffentlich-rechtliche Sendeunternehmen bereits keine Träger des Grundrechts aus Art. 14 GG sind (vgl. BVerfG ZUM 1988, 296) und es an der Verpflichtung des Gesetzgebers gegenüber privaten Sendeunternehmen fehlt, jede nur denkbare Verwertungsmöglichkeit zu gewährleisten (vgl. BVerfGE 31, 229/240f.).

62 Letzterer Meinung ist bereits in der 2. Auflage im Hinblick auf Entstehungsgeschichte, Systematik und Normzweck des § 87 Abs. 4 (aF Abs. 3) der Vorzug gegeben worden, und zwar auch insoweit, als Tonträger nicht **ausschließlich Sendezwecken** zu dienen bestimmt sind (entgegen der 1. Aufl. Rdnr. 42; ihr folgend *Rossbach* S. 177ff. ebenso § 94 Rdnr. 29ff. mwN; sa. § 87 Rdnr. 45f.). Der Gesetzgeber sah kein schutzwürdiges Interesse, das eine Beteiligung der Sendeunternehmen, deren Rechte er auf das unbedingt Erforderliche beschränken wollte (AmtlBegr. UFITA 45 [1965] 240/315), an der Vergütung für private Überspielung gerechtfertigt hätte, und auch die internationalen Verträge verpflichteten den nationalen Gesetzgeber zu einer solchen Regelung nicht (s. schriftl. Bericht des Rechtsausschusses UFITA 46 [1966] 174/198f.; an dieser Auffassung hat auch der Regierungsentwurf zu einem Zweiten Gesetz zur Regelung des Urheberrechts in der Informationsgesellschaft vom 22. 3. 2006 festgehalten, abrufbar unter der Webseite des Instituts für Urheber- und Medienrecht www.urheberrecht.org/topic/korb-2; zur EU-rechtlichen Beurteilung dieser Frage Rdnr. 67). Dies hat seinen Grund darin, dass Sendeunternehmen – anders als Hersteller von Ton- und Bildtonträgern, deren Absatz durch die private Überspielung beeinträchtigt wird – keine nennenswerten Nachteile erleiden, wenn ihre Eigenproduktionen privat vervielfältigt werden (ebenso *Krieger* GRUR Int. 1983, 429/432 gegen die verfassungsrechtlichen Bedenken von *Krüger-Nieland* GRUR 1982, 253/254ff. und GRUR 1983, 345 sowie die Erwiderungen von *Schorn* GRUR 1982, 644 und GRUR 1983, 718; ferner kritisch gegenüber der hier vertretenen Auffassung *Stolz* GRUR 1983, 632; *ders.,* Sendeunternehmen, S. 129ff. sowie *Ossenbühl* GRUR 1984, 841). Der mit der Regelung des § 87 Abs. 4 (aF Abs. 3) verfolgte Zweck würde jedoch unterlaufen, wenn Sendeunternehmen, die lediglich zur Aufrechterhaltung eines durchgehenden Programmbetriebes Ton- und Bildtonträger herstellen und diese zu Sendezwecken nutzen, dafür Ansprüche nach § 85 Abs. 4 (aF Abs. 3) iVm. § 54 Abs. 1 geltend machen könnten. Hinzu kommt, dass bei Befürwortung der Gegenmeinung Sendeanstalten als Produzenten von Tonträgern, Filmwerken **und** Laufbildern einen überragenden Anteil der Vergütung für private Überspielung für sich zu beanspruchen hätten. Dies aber widerspräche den Vorstellungen des Gesetzgebers, der den Anspruch nach § 54 Abs. 1 gerade geschaffen hat, um Urhebern, Interpreten, Film- und Tonträgerproduzenten sowie sonstigen Berechtigten einen angemessenen Ausgleich für die durch die private Vervielfältigung verursachten Einnahmeverluste bei der Auswertung ihres Vervielfältigungsrechts zu gewähren (AmtlBegr. UFITA 45 [1965] 240/288).

63 Gestützt wird die hier vertretene Auffassung, wonach § 87 Abs. 4 (aF Abs. 3) sich auch auf § 85 Abs. 4 (aF Abs. 3) einschränkend auswirkt, durch eine systematische Zusammenschau mit der **Vorschrift des § 55**, die den Sendeunternehmen – wenngleich unter engen Voraussetzungen – ephemere Aufnahmen zu Sendezwecken ohne Genehmigung und ohne Vergütung des Urhebers gestattet. Stünden Sendeunternehmen für solche Aufnahmen Vergütungen gemäß § 85 Abs. 4 iVm. § 54 Abs. 1 zu, führte dies zu einer doppelten Benachteiligung der Urheber und Interpreten: Sie müssten nicht nur ephemere Aufnahmen vergütungslos hinnehmen, sondern sähen sich darüber hinaus durch eben diese Aufnahmen in ihrem Anteil an der Vergütung für private Überspielung zum Vorteil der Sendeunternehmen geschmälert (vgl. auch *Krieger* GRUR Int. 1983, 429/433; kritisch dazu *Stolz,* Sendeunternehmen, S. 139f.).

Verwertungsrechte § 85

Die Frage, ob **Sendeunternehmen, die von ihnen hergestellten Tonträger oder Filme** 64
vervielfältigen und zum Kauf anbieten, Vergütungsansprüche aus §§ 85 Abs. 4, 94 Abs. 3, 95
iVm. § 54 Abs. 1 zuzubilligen sind, hat der **BGH zu Gunsten der Sendeunternehmen entschieden** mit der Begründung, dass auf Grund verschiedener Leistungen auch verschiedene Leistungsschutzrechte entstehen können und § 87 Abs. 4 einer Beteiligung der Sendeunternehmen am
Aufkommen nach § 54 Abs. 1 nicht hindere, sofern diese in Eigenregie bzw. durch Lizenznehmer
ihre Tonträger vervielfältigten und verbreiteten. Dies folge daraus, dass durch die zulässige Aufzeichnung von Rundfunksendungen nicht unmittelbar in die geschützte Tätigkeit der Sendeanstalten eingegriffen werde, während bei der privaten Vervielfältigung kommerzialisierter Tonträger
der Kern des Geschäfts getroffen werde (BGH GRUR 1999, 577/578 – Sendeunternehmen als
Tonträgerhersteller; Bestätigung von OLG Hamburg ZUM 1997, 43 – Wahrnehmungsvertrag
GVL; im Ergebnis ebenso *Fromm/Nordemann/Hertin*[9] § 87 Rdnr. 14; 1. Aufl. Rdnr. 42; *Rossbach*
S. 179; § 94 Rdnr. 91; aA *Dünnwald* NJW 1974, 22; *Loewenheim* GRUR 1998, 519).

Dieses Ergebnis erscheint unter Berücksichtigung zunehmender digitaler Online-Nut- 65
zungen als problematisch. Schon jetzt speichern Sendeanstalten oder ihnen wirtschaftlich verbundene Tochterunternehmen ihre Sendungen in elektronische Datenbanken ein und bieten
diese der Öffentlichkeit zum Abruf an. Die elektronische Einspeicherung begründet aber, soweit
nicht bereits vorher eine Festlegung erfolgt ist, nach §§ 85, 94, 95 ein Recht an einem Tonbzw. Bildtonträger, der mit der Zugriffsmöglichkeit der Öffentlichkeit iSd. § 6 Abs. 2 erschienen
ist (§ 6 Rdnr. 40) und deshalb nach dieser einschränkenden Auffassung Vergütungsansprüche
auslösen würde. Damit aber erhielten Sendeunternehmen, deren originäre Rechte der Gesetzgeber auf das unbedingt Erforderliche beschränkt sehen wollte (s. Rdnr. 62), für die Randnutzung der Ton- und Bildtonträgerherstellung einen zu Lasten der übrigen Berechtigten gehenden
beträchtlichen Anteil (kritisch insoweit auch *Loewenheim* GRUR 1998, 519/521).

Die bereits nach geltendem Recht bestehenden Ansprüche ließ die Novellierung von 1985, 66
so die AmtlBegr., unberührt (BTDrucks. 10/837 S. 22). Für eine uneingeschränkte, über den
dargelegten Umfang hinausgehende Beteiligung der Sendeunternehmen an der Vergütung für
private Überspielung gibt die AmtlBegr. keine Bestätigung (aA offensichtlich *Hillig* UFITA 102
[1986] 11/23; *Stolz* UFITA 104 [1987] 31). Entsprechendes gilt für den Ausschluss der Vergütung nach § 47 Abs. 2 S. 2 durch § 87 Abs. 4.

Inzwischen haben die Gerichte die – auch politisch umstrittene, durch die **Informationsge-** 67
sellschafts-Richtlinie 2001/29/EG aufgeworfene – Frage der Beteiligung der Sendeunternehmen an der Vergütung für private Überspielung nach § 54 Abs. 1 beantwortet. Zwar erlaubt
Art. 5 Abs. 2 lit. b der Richtlinie die private Vervielfältigung (nicht erstmalige Festlegung einer
Live-Sendung nach Art. 6 Abs. 2 der Vermiet- und Verleihrichtlinie) nur unter der Bedingung,
dass der Rechtsinhaber – dh. auch Sendeunternehmen (Art. 7 Abs. 1 der Vermiet- und Verleihrichtlinie) – dafür einen gerechten Ausgleich erhält. Der BGH hat in seinem Beschluss vom 24. 6.
2010 (Az. III ZR 140/09, BeckRS 2010, 16796) die Beschwerde in der Staatshaftungssache der
VG Media wegen der Nichtzulassung der Revision gegen das Urteil des KG vom 14. 4. 2009
(KG GRUR 2010, 65 – Gerechter Ausgleich) zurückgewiesen und zur Begründung im Wesentlichen ausgeführt, die Bundesrepublik Deutschland habe bei der Umsetzung der Richtlinie die
ihr durch das Unionsrecht gesetzten Grenzen unter Berücksichtigung aller Umstände des Einzelfalls ihre Rechtssetzungsbefugnisse weder offenkundig noch erheblich überschritten (Tz. 7).
Denn der Begriff des „gerechten Ausgleichs" lasse sie mit dem einer „angemessenen Vergütung"
nicht gleichsetzen (Tz. 9) (im Ergebnis ebenso *Schack* in seinem für die ZPÜ erstatteten Gutachten GRUR 2009, 490; aA noch Voraufl.; *Flechsig* ZUM 2004, 249 jeweils mwN).

7. Der persönliche Geltungsbereich des § 85

a) Inländer. Den persönlichen Geltungsbereich des Tonträgerherstellerrechts regelt § 126. 68
Nach dessen Abs. 1 sind seit dem Inkrafttreten des 3. UrhGÄndG (1. 7. 1995) als Folge der Phil
Collins-Entscheidung des EuGH (GRUR 1994, 280) **EU-Ausländer und Angehörige von
EWR-Staaten** bzw. Unternehmen aus diesen Staaten nach § 126 Abs. 1 ausdrücklich **Inländern uneingeschränkt gleichgestellt** (zur Auswirkung dieser Entscheidung auf in der Vergangenheit liegende Sachverhalte s. BGH GRUR 1994, 794/797 – Rolling Stones; für die Zubilligung eines entschuldigenden Rechtsirrtums OLG Frankfurt/M ZUM 1996, 697/699 ff. –
Yellow Submarine; kritisch zur Rechtsprechung des EuGH und ihren Folgen *Schack*[5] Rdnr. 988 ff.
mwN). Ihnen kommen die Rechte der §§ 85, 86 unabhängig vom Ort und vom Zeitpunkt des
Erscheinens ihres Tonträgers zu.

§ 85 Verwertungsrechte

69 Auf vor dem Inkrafttreten des **Einigungsvertrages** (3. 10. 1990) hergestellte Tonträger finden §§ 85, 86 selbst dann Anwendung, wenn sie nach dem Recht der früheren DDR nicht mehr geschützt waren, die Schutzfrist nach dem UrhG aber noch lief (Einigungsvertrag Anl. I Kap. III Sachgeb. E Abschn. II 2 § 1 Abs. 2).

70 b) **Ausländische Staatsangehörige.** Nach § 126 Abs. 2 genießen ausländische Staatsangehörige denselben Schutz für ihre im Geltungsbereich des UrhG erschienenen oder innerhalb von 30 Tagen nach der Erstveröffentlichung im Ausland auch in der Bundesrepublik erschienenen Tonträger. Hinsichtlich der für diese Tonträger geltenden Schutzdauer ordnet das Gesetz nach § 126 Abs. 2 S. 2 die Durchführung des Schutzfristenvergleichs an, sofern sich der ausländische Staatsangehörige nicht gemäß § 126 Abs. 3 auf einen Staatsvertrag berufen kann (OLG Hamburg GRUR 2000, 707/708 – Frank Sinatra). Einzelheiten dazu unter § 126.

71 Im Übrigen gilt nach § 126 Abs. 3 **internationales Fremdenrecht.** Als **Staatsverträge** iSd. § 126 Abs. 3 kommen in Betracht:

72 aa) **Rom-Abkommen.** Ebenso wie für die Rechte des ausübenden Künstlers und des Sendeunternehmens bildet das Rom-Abkommen vom 26. 10. 1961 für die Rechte des Tonträgerherstellers die Grundlage grenzüberschreitenden Schutzes. Im Zuge der Ausweitung und Aktualisierung des internationalen Herstellerrechts wurde in der Folgezeit wiederholt Ausgangspunkt weitergehender Regelungen, ohne dass jedoch seine Vorschriften stets in vollem Umfang rechtlich in Bezug genommen worden wären. Das gilt für das TRIPS-Übereinkommen (kein „Romplus"-Ansatz, vgl. *Katzenberger* GRUR Int. 1995, 447/457) ebenso wie für den faktisch auf dem Schutzniveau des Rom-Abkommens gründenden WPPT. Bei der EU-weiten Harmonisierung der verwandten Schutzrechte im Zweiten Teil der Vermiet- und Verleihrichtlinie wiederum standen die Regelungen des Rom-Abkommens den Vorschriften der Richtlinie weitgehend Pate.

73 Das Rom-Abkommen kommt dort, wo es nicht lediglich um im Inland hergestellte Tonträger geht, zur Anwendung, sofern eines seiner besonderen Anknüpfungsmerkmale erfüllt ist. Substantiell basiert es beim Recht des Tonträgerherstellers ebenso wie bei den Rechten des ausübenden Künstlers und des Sendeunternehmens auf den beiden **Grundsätzen der Inländerbehandlung und gewisser Mindestrechte.** Beide Grundsätze bestehen unabhängig nebeneinander, so dass der Rechtsinhaber sich auf die jeweils günstigere Regelung etwa bei den Schutzfristen berufen kann (sa. *Knies* S. 8 f.). Inländerbehandlung bedeutet dabei wie in Art. 5 Abs. 1 RBÜ, dass sämtliche materiellen Rechte der nationalen Rechtsordnung auch dem konventionsgeschützten Berechtigten zu gewähren sind (Inländerbehandlung im weiteren Sinne). Entgegen anderer Meinung beschränkt Art. 2 Abs. 2 RA folglich die Inländerbehandlung nicht auf die konkrete nationale Ausgestaltung der Mindestrechte des RA (Inländerbehandlung im engeren Sinne, so aber *v. Lewinski* in: *Möhring/Schulze/Ulmer/Zweigert* EG-Recht II/4 S. 13; siehe zum Meinungsstand auch die Hinweise bei *Loewenheim/Vogel* § 38 Rdnr. 7).

74 **Anknüpfungsmerkmale des RA** sind die Staatsangehörigkeit des Tonträgerherstellers oder die Festlegung des Tons in einem anderen Vertragsstaat oder die Veröffentlichung des Tonträgers in einem anderen Vertragsstaat bzw. seine Veröffentlichung innerhalb von dreißig Tagen auch dort (Art. 5 Abs. 1 und 2 RA, wobei nach Art. 5 Abs. 3 RA den Vertragsstaaten die Möglichkeit der Nichtanwendung der Merkmale der Veröffentlichung – so die Bundesrepublik Deutschland – und Festlegung eingeräumt ist). Zu den Mindestrechten des Tonträgerherstellers zählen neben der **Schutzdauer von 20 Jahren** ab der Festlegung (Art. 14 RA) insbesondere das **Recht der unmittelbaren und mittelbaren Vervielfältigung** seines Tonträgers (Art. 10 RA). Unter dem Vorbehalt, von der Möglichkeit gewisser nationaler Einschränkungserklärungen bis hin zur Erklärung der Gegenseitigkeit Gebrauch machen zu können (Art. 16 RA), steht der in Art. 12 RA geregelte **Vergütungsanspruch für die öffentliche Wiedergabe mittels eines Tonträgers.** Bei der Normierung dieses Anspruchs überlässt es das Abkommen den nationalen Gesetzgebern, die Vergütung dem Tonträgerhersteller alleine, ihm gemeinsam mit dem ausübenden Künstler oder ausschließlich dem ausübenden Künstler zuzuordnen.

75 Mit Rücksicht auf den angelsächsischen Rechtskreis kennt das Rom-Abkommen den **Grundsatz beschränkter Förmlichkeit** (Art. 11 RA). Danach können Vertragsstaaten in ihrer nationalen Gesetzgebung als Schutzvoraussetzung die Erfüllung bestimmter Förmlichkeiten verlangen, ohne also dazu verpflichtet zu sein. Zur Erleichterung der Erfüllung der Förmlichkeiten reicht es, um nach dem RA geschützt zu sein, aus, dass Hersteller aus einem vertragsschließenden Staat, der zur Schutzbegründung die Erfüllung von Förmlichkeiten verlangt, ihren Tonträger mit einem ℗-Vermerk und der Jahreszahl der Erstveröffentlichung zu versehen (Einzelheiten bei *Nordemann/Vinck/Hertin* RA Art. 11).

In **zeitlicher Hinsicht** verpflichtet das Abkommen **nicht zu einer rückwirkenden Anwendung** auf solche Tonträger, die vor seinem Inkrafttreten hergestellt worden sind (Art. 20 RA). 76

bb) Das Genfer Tonträger-Abkommen. Der wirksameren **Bekämpfung der seinerzeit zunehmenden Tonträgerpiraterie** dient das am 29. 10. 1971 geschlossene Übereinkommen zum Schutz der Hersteller von Tonträgern gegen die unerlaubte Vervielfältigung ihrer Tonträger (Genfer Tonträgerabkommen, GTA). Es soll die Möglichkeit eröffnen, diejenigen Staaten in die Pirateriebekämpfung einzubeziehen, die, wie etwa die USA, sich zu einem Beitritt zum Rom-Abkommen nicht haben entschließen können (Zur Tonträgerpiraterie ausführlich *Wandtke/Bullinger/Schaefer* Rdnr. 38 ff. sowie die Publikationen von *Nick*, Musikdiebstahl, und *Schaefer/Körfer*, Tonträgerpiraterie). Zu diesem Zweck verpflichtet es unter Verzicht auf die Übernahme des Prinzips der Inländerbehandlung die Vertragsstaaten lediglich zur **Gewährleistung des Schutzes vor ungenehmigter Vervielfältigung, Verbreitung und Einfuhr** der Tonträger von Herstellern aus anderen Vertragsstaaten, sofern Herstellung und Einfuhr zum Zwecke der Verbreitung an die Öffentlichkeit bestimmt sind (Art. 2 GTA). Das GTA beinhaltet insoweit keine subjektiven Mindestrechte, sondern lässt es den Vertragsstaaten freigestellt, ob sie diesen vertraglichen Verpflichtungen wettbewerbsrechtlich, strafrechtlich oder leistungsschutzrechtlich genügen wollen (*Knies* S. 24 ff.; sa. OLG Hamburg ZUM 1999, 853/856 – Frank Sinatra). Es gewährt also dem Tonträgerhersteller Rechtsschutz nur unter der Voraussetzung nationaler Umsetzung des Mindestschutzes und nur mit den Unterschieden, die sich zwangsläufig aus dem durch das Abkommen eröffneten Umsetzungsspielraum ergeben (*Knies* S. 24, 28 f.). Die Schutzdauer darf 20 Jahre ab der ersten Festlegung nicht unterschreiten (Art. 4 GTA); hinsichtlich der Schranken des Tonträgerherstellerrechts wird eine weitergehende Regelung, als sie national für das Urheberrecht vorgesehen ist, ausgeschlossen (Art. 6 GTA). Dasselbe gilt für eine rückwirkende Anwendung des Abkommens auf Altaufnahmen (*Stewart* UFITA Bd. 70 [1974], S. 1/6). 77

Die Bundesrepublik Deutschland hat dem GTA mit Gesetz vom 10. 12. 1973 zugestimmt (abgedruckt in: *Hillig* [Hrsg.] S. 448); in Kraft getreten für die Bundesrepublik ist es am 18. 5. 1974 [BGBl. II S. 336]). Im Zustimmungsgesetz ist festgelegt, dass das Abkommen in der Bundesrepublik keine Vergütungsansprüche des Tonträgerherstellers nach § 86 UrhG und nach §§ 85 Abs. 3, 54 UrhG (alt) begründet und dass sich der Rechtsschutz des Abkommens auch auf vor seinem Inkrafttreten hergestellte Tonträger bezieht, wobei allerdings der Schutz nicht weiter zurückreicht als der Inlandsschutz, der nach § 129 Abs. 1 UrhG keine Rückwirkung über den Zeitpunkt des Inkrafttretens des Urheberrechtsgesetzes am 1. 1. 1966 hinaus vorsieht, weil dem Tonträgerhersteller vordem lediglich Schutz nach §§ 1 UWG aF, 823, 826 BGB zukam und das fiktive Bearbeiterurheberrecht nach § 2 Abs. 2 LUG originär nicht bei ihm, sondern bei dem ausübenden Künstler entstand (§ 129) (vgl. BGH GRUR 1994, 220/222 – The Beatles; OLG Hamburg ZUM 1999, 853/856 – Frank Sinatra; das Rückwirkungsverbot des internationalen Schutzes über den Zeitpunkt des Inkrafttretens des Urheberrechtsgesetzes hinaus gilt auch für alle übrigen den Tonträgerherstellerschutz betreffenden Staatsverträge, vgl. für das RA oben Rdnr. 14; ebenso *Dreier/Schulze/Schulze* § 85 Rdnr. 3). 78

cc) TRIPS-Übereinkommen. Den bis dahin effektivsten internationalen Schutz des Tonträgerherstellers gewährt das Übereinkommen über handelsbezogene Aspekte der Rechte des geistigen Eigentums (TRIPS), einem Teilabkommen der WTO, dem nahezu alle wichtigen Handelsnationen beigetreten sind (teilweise abgedruckt in: *Hillig* [Hrsg.] S. 426; Einzelheiten zu TRIPS vor §§ 120 ff. Rdnr. 13 ff.; *Katzenberger* GRUR Int. 1995, 447 ff.; *Loewenheim/Vogel* § 38 Rdnr. 9 und *Loewenheim/Walter* § 57 Rdnr. 66 ff.). 79

Das TRIPS-Übereinkommen übernimmt **in persönlicher Hinsicht die Anknüpfungspunkte des Rom-Abkommens** (s. *Knies* S. 44) und gewährt mindestens, also ungeachtet der Rechtslage im Schutzland, die in diesem Übereinkommen enthaltenen Rechte (Art. 3 Abs. 1 S. 2 iVm. Art. 14 TRIPS). Für diese Rechte gilt der Grundsatz der Inländerbehandlung im engeren Sinne, dh. die Gewährung der Mindestrechte in ihrer konkreten Ausgestaltung im Schutzland (enger Inländerbehandlungsgrundsatz; sa. vor §§ 120 ff. Rdnr. 19). Außerdem bringt es im Rahmen der Immaterialgüterrechte und des Urheberrechts den aus dem GATT bekannten **Grundsatz der Meistbegünstigung** zur Anwendung (Art. 4 TRIPS). Die Verpflichtung zur Meistbegünstigung erfährt jedoch gewisse Beschränkungen, um zu verhindern, dass Nichtmitglieder der RBÜ und des Rom-Abkommens ohne weiteres in den Genuss der dort gewährten Mindestrechte gelangen. 80

Dies betrifft namentlich die nicht zu den **Mindestrechten des TRIPS** gehörenden Mindestrechte des Rom-Abkommens (Art. 4 lit. c TRIPS), sodann Rechte, die nach dem Rom-Ab- 81 kommen von der **Reziprozität** abhängig gemacht werden können (Art. 4 lit. b TRIPS iVm. Art. 16 Ziff. 1 lit. a RA), und schließlich Verpflichtungen aus internationalen Verträgen, die vor Inkrafttreten des TRIPS-Übereinkommens eingegangen worden sind, vorausgesetzt, diese Verträge sind dem Rat von TRIPS notifiziert worden und stellen keine willkürliche und ungerechtfertigte Diskriminierung von Angehörigen anderer Mitglieder des TRIPS-Übereinkommens dar (Art. 4 lit. d TRIPS; ausführlich zum Meistbegünstigungsgrundsatz des Art. 4 TRIPS *Katzenberger* GRUR Int. 1995, 447/461 ff.; *Dünnwald* ZUM 1996, 725/728; *Reinbothe* ZUM 1996, 735/740f.; *Knies* S. 45ff.). Von letzterem Recht haben die EU-Kommission und die Bundesrepublik Deutschland in Bezug auf das Diskriminierungsverbot nach Art. 12 EG und seine Wirkungen nicht zuletzt auch hinsichtlich des Tonträgerherstellerrechts Gebrauch gemacht.

82 Dem **Tonträgerhersteller gewährt TRIPS** das ausschließliche Recht der unmittelbaren und mittelbaren **Vervielfältigung** (Art. 14 Abs. 2 TRIPS). Die Mitglieder des TRIPS-Übereinkommens sind jedoch befugt, hinsichtlich dieser Rechte dieselben **Bedingungen, Beschränkungen, Ausnahmen und Vorbehalte** vorzusehen, die das Rom-Abkommen ermöglicht (siehe Art. 16 RA). Sodann steht dem Hersteller durch entsprechende Anwendung von Art. 11 TRIPS über das Vermietrecht an Computerprogrammen und Filmwerken ein Vermietrecht bezüglich seines Tonträgers zu, wobei es allerdings den Mitgliedern überlassen bleibt, ob sie die Gleichstellung von Tonträgern mit Filmwerken vorsehen. Auch können sie in Bezug auf dieses Recht ein bereits bestehendes bloßes Vergütungssystem beibehalten (Art. 14 Abs. 4 TRIPS; Einzelheiten *Knies* S. 50ff. mwN). Der zeitliche Geltungsbereich des Tonträgerherstellerrechts geht mit **mindestens 50 Jahren** ab der Festlegung weit über den Schutz des Rom-Abkommens hinaus und auch durch die rückwirkende Anwendung auf bereits vor seinem Inkrafttreten erfolgte noch geschützte Herstellerleistungen (Art. 14 Abs. 6 TRIPS iVm. Art. 18 RBÜ) erweist sich das TRIPS-Übereinkommen dem Rom-Abkommen überlegen (kritisch zu Systematik und Auswirkungen der Rückwirkungsregelung von TRIPS *Knies* S. 55 f. mwN).

Nach **Art. 14 Abs. 6 S. 2 TRIPS** ist Art. 18 RBÜ auf die Leistungsschutzrechte des Tonträgerherstellers analog anzuwenden, so dass das TRIPS-Übereinkommen **rückwirkend für bereits hergestellte Tonträger** gilt (vgl. *Dünnwald* ZUM 1996, 725/730), jedoch nicht weiter als bis zum 1. 1. 1966 (vgl. BGH GRUR 1994, 220/222 – The Beatles; dazu auch Rdnr. 78 zum GTA und zu anderen Staatsverträgen). Eine entsprechende Regelung enthält **Art. 22 Abs. 1 WPPT.**

83 **dd) Der WPPT.** Der am 20. 5. 2002 in Kraft getretene WIPO Performances and Phonograms Treaty (WPPT) vom 20. 12. 1996 (abgedruckt in: *Hillig* [Hrsg.] S. 357; zur Geschichte des WPPT *Knies* S. 58ff. mwN), dem der Deutsche Bundestag mit Gesetz vom 10. 8. 2003 zugestimmt hat, während die Ratifikationsurkunde erst am 14. 12. 2009 hinterlegt worden ist (BGBl. II S. 754, abgedruckt auch in: *Hillig* [Hrsg.] S. 367; für Deutschland 3 Monate später in Kraft getreten, Einzelheiten *v. Lewinski* GRUR-Prax 2010, 49), steht mit dem Rom-Abkommen nicht in rechtlicher, wohl aber in tatsächlicher Verbindung, denn seine Vorschriften lassen Verpflichtungen aus anderen internationalen Verträgen unberührt und verbieten Auslegungen, die mit diesen Abkommen nicht vereinbar sind (Art. 1 WPPT; Einzelheiten vor §§ 120 ff. Rdnr. 84).

84 Wie das Rom-Abkommen und das TRIPS-Übereinkommen basiert der WPPT auf dem engen Grundsatz der **Inländerbehandlung** (Art. 4 WPPT; sa. vor §§ 120ff. Rdnr. 86; *Knies* S. 69). Die Inländerbehandlung beschränkt sich folglich wie bei jenen internationalen Abkommen auf die im Vertrag selbst geregelten Mindestrechte (Art. 4 Abs. 1 WPPT). Schutzberechtigt sind alle diejenigen Angehörigen von Mitgliedstaaten, auf die die Anknüpfungskriterien des Rom-Abkommens zutreffen (Art. 3 Abs. 2 WPPT). Die Erfüllung von Förmlichkeiten wird nicht verlangt (Art. 20 WPPT).

85 **Mindestrechte des Tonträgerherstellers** sind nach dem WPPT für die **Dauer von 50 Jahren** ab der Veröffentlichung (für die Online-Veröffentlichung siehe Art. 15 Abs. 4 WPPT), hilfsweise ab der Festlegung (Art. 17 Abs. 2 WPPT), das **Vervielfältigungs- und Verbreitungsrecht** (Art. 11 und 12 WPPT), das **Vermietrecht** (Art. 13 WPPT) und das **„Making available right"** (Art. 14 WPPT). Hinsichtlich der Schallplattensendung steht dem Tonträgerhersteller und dem ausübenden Künstler nach Art. 15 Abs. 1 WPPT ebenso wie nach dem Rom-Abkommen nur ein Vergütungsanspruch zu, anders als dort allerdings auch bei mittelbarer Benutzung des Tonträgers zur öffentlichen Wiedergabe (klassischer Fall der öffentlichen Wiedergabe einer Schallplattensendung). Dabei können die Mitgliedstaaten einen gewissen Handlungsrahmen bei der Frage nutzen, wer anspruchsberechtigt sein soll (Art. 15 Abs. 2

WPPT). Außerdem sind sie insoweit zur **Erklärung von Vorbehalten** befugt (Art. 15 Abs. 3 WPPT).

Überdies enthält der WPPT – ebenso wie der entsprechende WCT – Vorschriften über **technische Schutzvorkehrungen, über Informationen für die Rechtewahrnehmung und über die Rechtsdurchsetzung** (Art. 18, 19 und 23 WPPT). 86

Wie das TRIPS-Übereinkommen verweist auch der WPPT schließlich hinsichtlich seines zeitlichen Anwendungsbereichs auf Art. 18 RBÜ, so dass die Rechte des WPPT **auch für vor seinem Inkrafttreten hergestellte Tonträger** in Anspruch genommen werden können (Art. 22 Abs. 1 WPPT). 87

ee) Das **Übereinkommen zwischen dem Deutschen Reich und den Vereinigten Staaten von Amerika** über den gegenseitigen Schutz der Urheberrechte vom 15.1. 1892 (RGBl. 473) stellt keinen Staatsvertrag iSd. § 126 Abs. 3 dar, da es sich ausschließlich auf Urheberrechte bezieht; das fiktive Bearbeiterurheberrecht nach § 2 Abs. 2 LUG war jedoch seinem materiellen Gehalt nach schon immer ein Leistungsschutzrecht (BGH GRUR 1986, 454/455 – Bob Dylan; BGH GRUR 1992, 845/846 f. – Cliff Richard; *Bortloff* S. 138; *Nordemann*, Fs. für Kreile, S. 455/459; aA OLG Hamburg ZUM 1991, 143/144 – Cliff Richard; OLG Hamburg ZUM 1992, 638 – The Rolling Stones; *Braun* S. 101 f.; *ders.* GRUR Int. 1996, 790/794 im Anschluss an *Schack* ZUM 1986, 69/71 f.). 88

ff) **PVÜ.** Angehörige solcher Staaten, die keine Mitglieder der EU oder des EWR sind, nicht dem TRIPS-Übereinkommen und nicht oder erst nach dem Zeitpunkt der fraglichen Rechtsverletzung dem RA (vgl. Art. 20 Abs. 2 RA iVm. Art. 4 des Ratifizierungsgesetzes zum RA v. 15.9. 1965 [BGBl. II S. 1243]), sondern nur der PVÜ beigetreten sind, können, soweit die §§ 85, 86 für sie nicht unmittelbar Anwendung finden (§ 126 Abs. 2), für ihre Tonträger wettbewerbsrechtlichen Schutz gemäß **Art. 1 Abs. 2, 2, 10bis PVÜ** nur beanspruchen, wenn im Übrigen die Voraussetzungen des unlauteren Wettbewerbs erfüllt sind und der Rechtsschutz nicht in Widerspruch zur sonderrechtlichen Regelung des § 85 tritt (BGH GRUR 1986, 454 – Bob Dylan; ebenso Fromm/Nordemann/*Hertin*[9] §§ 85/86 Rdnr. 17; *Hertin* GRUR 1991, 722/725 f.; *Nordemann*, Fs. für Kreile, S. 455/463; kritisch dazu *Krüger* GRUR Int. 1986, 381/386 f. sowie GRUR 1986, 456/457 f. unter Berufung auf *Ulmer*, Fs. für Hefermehl, 1971, S. 189/193/195 ff.). Denn neben einem bestehenden Sonderrechtsschutz darf der ergänzende wettbewerbsrechtliche Schutz nicht dazu dienen, dem international geltenden Gegenseitigkeitsprinzip seine Wirkung auf die Gesetzgebung nicht konventionsgebundener Staaten zu nehmen (*Nordemann*, Fs. für Kreile, S. 455/463; dazu auch BVerfG GRUR 1990, 438/441 f. – Bob Dylan). 89

III. Sonstige Fragen

1. Weitere Schutzrechte des Tonträgerherstellers

Neben den Befugnissen aus § 85 stehen dem Tonträgerhersteller ergänzend die Rechte aus §§ 823, 826 BGB sowie § 3 iVm. § 4 Nr. 9 UWG zu, wenn ein von ihm hergestellter Tonträger ungenehmigt vervielfältigt und verbreitet wird (stRspr. seit RGZ 73, 294 – Schallplatten), wobei allerdings die Anwendung dieser allgemeinen Vorschriften nicht in Gegensatz zu Sinn und Zweck der spezialgesetzlichen Regelung des § 85 treten darf (s. Einl. Rdnr. 42, 55 ff. mwN; zum Rechtsschutz nach Ablauf des Sonderschutzes sa. Rdnr. 58, 72). 90

2. Schutz aus abgeleiteten Rechten

Häufig wird der Tonträgerhersteller seine Ansprüche zusätzlich auf vertraglich vom ausübenden Künstler erworbene Befugnisse stützen können, wegen § 42a dagegen nur eingeschränkt auf Nutzungsrechte, die ihm der Urheber eingeräumt hat. Von besonderer Bedeutung sind die vom ausübenden Künstler und Urheber erworbenen Befugnisse der Vermietung, damit der Tonträgerhersteller allein entscheiden kann, ob er den Vermietmarkt nutzt. Die vertraglich erworbenen Rechte können über die originären Rechte aus § 85 hinausgehen, etwa wenn der Interpret im Künstlervertrag dem Tonträgerhersteller sein Recht zur Bewilligung der Funksendung seiner Darbietung gemäß § 78 Abs. 1 Nr. 2 eingeräumt hat. 91

3. Ansprüche nach Rechtsverletzung

In den Fällen der Verletzung der Rechte nach § 85 Abs. 1 stehen dem Berechtigten neben dem Verwertungsverbot des § 96 die Ansprüche aus § 97 auf Beseitigung, Unterlassung, Aus- 92 kunft und Schadensersatz, aus § 98 auf Vernichtung oder Überlassung der rechtswidrig hergestellten Vervielfältigungsstücke und aus § 99 auf Vernichtung oder Überlassung der Vervielfältigungsvorrichtungen zu (Einzelheiten jeweils dort sowie eingehend *Dierkes* S. 32 ff.). Außerdem kann er die **strafrechtliche Verfolgung** der Rechtsverletzungen beantragen (§§ 108 Abs. 1 Nr. 5, 109). Einzelheiten jeweils dort.

4. Konkurrenzen

93   Soweit neben der Herstellung von Tonträgern weitere sonderrechtlich geschützte Leistungen des Teils 2 des Urheberrechtsgesetzes erbracht werden, etwa die Leistungen des Veranstalters, Sendeunternehmens oder Filmherstellers, treten die Rechte aus §§ 81, 87 und 94, 95 selbstständig neben diejenigen aus § 85 (vgl. BGH GRUR 1999, 577/578 – Sendeunternehmen als Tonträgerhersteller).

94   Dasselbe gilt für mögliche Rechte des Tonträgerherstellers aus § 4 sowie dem Leistungsschutzrecht des Datenbankherstellers nach §§ 87a ff. Aus Letzterem lassen sich freilich meist keine Rechte herleiten, weil die in einem Tonträger verkörperte kompilatorische Leistung regelmäßig nicht ausreicht, um den Sonderrechtsschutz nach §§ 87a ff. zu begründen (s. Erwgr. 19 der Datenbankrichtlinie). Anders liegen die Dinge bei Musikdatenbanken mit groß dimensionierten Musikspeichern. Ausnahmsweise geht § 85 in § 94 auf, wenn ein Tonträger hergestellt wird, um ihn in einen Tonfilmstreifen zu integrieren (Rdnr. 27). § 87 Abs. 4 ist gegenüber § 85 Abs. 4 Spezialgesetz, wenn das Sendeunternehmen den von ihm hergestellten Tonträger lediglich zu Sendezwecken verwendet (Rdnr. 61 ff.). Den allgemeinen Rechten aus §§ 823, 826 BGB sowie § 3 iVm. § 4 Nr. 9 UWG geht § 85 als lex specialis vor (vgl. *v. Gamm* Rdnr. 2).

§ 86 Anspruch auf Beteiligung

Wird ein erschienener oder erlaubterweise öffentlich zugänglich gemachter Tonträger, auf den die Darbietung eines ausübenden Künstlers aufgenommen ist, zur öffentlichen Wiedergabe der Darbietung benutzt, so hat der Hersteller des Tonträgers gegen den ausübenden Künstler einen Anspruch auf angemessene Beteiligung an der Vergütung, die dieser nach § 78 Abs. 2 erhält.

Schrifttum: Siehe zunächst die Schrifttumsnachweise zu § 85. *Greffenius,* Der Begriff des „Erscheinens" von Tonträgern, UFITA 87 (1980) 97; *Hubmann,* Zum Rechtsbegriff des Erscheinens, GRUR 1980, 537; *Ruzicka,* Verlagsproduzenten und Verwertungsgesellschaften, FuR 1979, 507.

I. Allgemeines

1   Während das Recht des Tonträgerherstellers zur Vervielfältigung, Verbreitung und öffentlichen Zugänglichmachung des Tonträgers bzw. der auf ihm festgelegten Darbietung in § 85 absolut ausgestaltet ist (Einzelheiten s. § 85 Rdnr. 41), gewährt das Gesetz bei der **Zweitverwertung** durch die Benutzung des erschienenen Tonträgers zur öffentlichen Wiedergabe – mit Ausnahme der öffentlichen Zugänglichmachung (§ 85 Abs. 1) – dem Tonträgerhersteller lediglich einen **schuldrechtlichen Anspruch gegen den Interpreten** der aufgenommenen Darbietung auf angemessene Beteiligung an dessen Vergütungen in den Fällen der erlaubnisfrei zulässigen Nutzungen nach § 78 Abs. 2.

1. Zur Entstehungsgeschichte des Beteiligungsanspruchs

2   **Nach den Bestimmungen des LUG** konnte der Tonträgerhersteller auf Grund des ihm vom Interpreten übertragenen fiktiven Bearbeiterurheberrechts – von den Fällen des eng auszulegenden § 22a LUG abgesehen – die Verwendung des Tonträgers zum Zwecke der öffentlichen Wiedergabe verbieten (vgl. BGHZ 33, 1/3 – Künstlerlizenz Schallplatten; BGHZ 33, 48 – Orchester Graunke). Er war deshalb in der Lage, mit der Geltendmachung seines abgeleiteten Verbotsrechts die Urheber an der mittelbaren Verwertung ihrer Werke durch öffentliche Wiedergabe zu hindern, wenngleich der BGH erkennen ließ, dass dies bei Zahlung einer angemessenen Vergütung unter Umständen als rechtsmissbräuchlich hätte erachtet werden können (vgl. BGHZ 33, 1/10 – Künstlerlizenz Schallplatten, unter Verweis auf BGHZ 18, 44/57 – Fotokopie).

Mit der dogmatischen Trennung von Urheber- und Leistungsschutzrechten im geltenden Ur- 3
heberrechtsgesetz stufte der Gesetzgeber bei der Zweitverwertung das Verbotsrecht des Interpreten auf einen **Anspruch auf angemessene Vergütung** zurück, um den Interessen der Werkschöpfer an einer ungehinderten sekundären Nutzung ihrer Werke besser Rechnung zu tragen. Der Tonträgerhersteller wurde dagegen auf einen Beteiligungsanspruch gegen den ausübenden Künstler verwiesen, wenn der von ihm hergestellte Tonträger mit dessen Darbietung erschienen ist und zur Sendung oder sonstigen öffentlichen Wiedergabe benutzt wird (kritisch dazu bereits *Neumann-Duesberg* UFITA 31 [1960] 162/169 ff.; zur Entstehungsgeschichte der Norm *Rossbach* S. 55 f. sowie *Schwenzer* GRUR Int. 2001, 722/725 f.). Diese Regelung hält sich im Rahmen von Art. 12 RA, der dessen Vertragsstaaten freistellt, die Vergütung für die Benutzung von Schallplatten zur öffentlichen Wiedergabe den ausübenden Künstlern, Tonträgerherstellern oder beiden zuzuordnen. Die vom deutschen Gesetzgeber gewählte Variante hat die EU in der Vermiet- und Verleihrichtlinie für ihre Mitgliedstaaten bindend eingeführt (Richtlinie 92/100/EWG Art. 8 Abs. 2), so dass insoweit kein Umsetzungsbedarf bestand. Das Gesetz zur Regelung des Urheberrechts in der Informationsgesellschaft vom 10. 9. 2003 (BGBl. I S. 1774) modifizierte § 86 in der Weise, dass er auch dem neuen ausschließlichen Recht des Tonträgerherstellers, den von ihm hergestellten Tonträger zur öffentlichen Zugänglichmachung zu benutzen (§ 85 Abs. 1), Rechnung trägt und ihm den Beteiligungsanspruch gegen den ausübenden Künstler ebenfalls gewährt, wenn der von ihm hergestellte Tonträger zwar nicht erschienen, wohl aber die dort aufgenommene Darbietung öffentlich zugänglich gemacht worden ist und im Anschluss daran nach § 78 Abs. 2 erlaubnisfrei öffentlich wiedergegeben wird.

2. Sinn und Zweck sowie Rechtfertigung des § 86

Nach der AmtlBegr. liegen **Sinn und Zweck sowie Rechtfertigung** der Vorschrift des 4
§ 86 darin, dass die zusätzliche Ausnutzung der Leistung des Tonträgerherstellers in den Fällen des § 78 Abs. 2 auszugleichen ist (vgl. UFITA 45 [1965] 240/315). Mit der Zuordnung lediglich eines Anspruchs auf Beteiligung an der angemessenen Vergütung, die dem ausübenden Künstler nach §§ 78 Abs. 2 zusteht, verfolgt der Gesetzgeber zwei Ziele: Zum einen soll der Werknutzer nur **einem einzigen Anspruchsberechtigten** ausgesetzt sein, zum anderen eine **Rangfolge in der Wertigkeit** der künstlerischen Leistung des Interpreten und der technisch-organisatorischen Leistung des Tonträgerherstellers zum Ausdruck gebracht werden (AmtlBegr. UFITA 45 [1965] 240/315; vgl. *Ulmer* UFITA 45 [1965] 18/47; *Rossbach* S. 56).

Durch die tatbestandliche Beschränkung des § 86 auf erschienene oder zur öffentlichen Zu- 5
gänglichmachung benutzte Tonträger **mit festgelegten Darbietungen ausübender Künstler,** nicht jedoch schutzunfähiger Geräusche dient diese Vorschrift überdies der **Privilegierung der auf kulturwirtschaftlichem Gebiet tätigen Tonträgerhersteller** (sa. Rdnr. 8).

II. Einzelerläuterungen

1. Berechtigter und Verpflichteter nach § 86

Berechtigter iSd. § 86 ist **der Tonträgerhersteller** (s. dazu § 85 Rdnr. 30 ff.), **Verpflich-** 6
teter nicht der Werknutzer, sondern **der ausübende Künstler,** dessen aufgenommene Darbietung unter Verwendung des erschienenen oder zur öffentlichen Zugänglichmachung benutzten Tonträgers auf eine der in § 78 Abs. 2 genannten Arten öffentlich wiedergegeben wird.

2. Tragweite des § 86

Ebenso wie in § 85 geht es in § 86 um **die im Tonträger verkörperte besonders schutz-** 7
würdig erachtete Herstellerleistung als immaterielles Gut (Einzelheiten s. § 85 Rdnr. 18), allerdings mit **zwei gegenüber § 85 wesentlichen Einschränkungen:**

a) Anders als jene gilt die Vorschrift des § 86 nach ihrem Wortlaut und durch ihre Ausgestal- 8
tung als Beteiligungsanspruch nur bei Tonträgern mit **Aufnahmen von Darbietungen aus-**
übender Künstler. Das setzt voraus, dass der aufgenommenen Darbietung ein urheberrechtlich schutzfähiges, nicht notwendig noch geschütztes Werk iSd. § 2 oder eine Ausdrucksform der Volkskunst zugrunde liegt (s. § 73 Rdnr. 10, 11). Akustische Darbietungen allein artistischer Art ohne Werk- oder Folklorecharakter (Lautmalereien, Bauchreden etc.) lösen deshalb ebenso wenig einen Beteiligungsanspruch nach § 86 aus wie die öffentliche Wiedergabe aufgenommener

§ 86   Anspruch auf Beteiligung

Vogelstimmen, Glockengeläute etc. mittels Tonträger (vgl. *Fromm/Nordemann/Hertin*[9] §§ 85/86 Rdnr. 11).

9   b) § 86 verlangt – insoweit ebenfalls einschränkend gegenüber § 85 – ferner, dass der verwendete Tonträger **erschienen oder zur öffentlichen Zugänglichmachung benutzt** worden ist. Auf beide Begriffe sind die einschlägigen Vorschriften des § 6 Abs. 2 und § 19a des Teils 1 im Hinblick auf den ihnen zugrundeliegenden Rechtsgedanken und die insofern gleichgelagerten Interessen von Urhebern und Tonträgerherstellern entsprechend anzuwenden (vgl. *Hubmann* GRUR 1980, 537/538; zur analogen Anwendung urheberrechtlicher Vorschriften im Bereich der Leistungsschutzrechte s. vor §§ 73 ff. Rdnr. 17 ff.; für eine unmittelbare Anwendung BGH GRUR 1981, 360/361 – Erscheinen von Tonträgern, unter Hinweis auf die AmtlBegr.). Ein Tonträger gleich welcher Technik ist demnach erschienen, wenn er mit Zustimmung der Berechtigten in genügender Zahl der interessierten Öffentlichkeit angeboten oder in den Verkehr gebracht worden ist (Einzelheiten s. § 6 Rdnr. 32 ff.; *Greffenius* UFITA 87 [1980] 97; *Hubmann* GRUR 1980, 537). Ob diese Voraussetzungen erfüllt sind, beurteilt sich in jedem Einzelfall nach der Werkart, der Verwertungsart und der Vertriebsform (BGH GRUR 1981, 360/362 – Erscheinen von Tonträgern; OLG Frankfurt/M ZUM 1996, 697/701 f. – Yellow Submarine). Der Begriff des Erscheinens erfordert daher nicht zwangsläufig, dass der Tonträger von der Öffentlichkeit unmittelbar erworben wird, vielmehr kann es ausreichen, dass Vervielfältigungsstücke in ausreichender Zahl für die Öffentlichkeit hergestellt worden sind und der Öffentlichkeit die Möglichkeit eröffnet wird, die auf den Tonträger aufgenommene Darbietung wahrzunehmen (BGH GRUR 1981, 360/361 f. – Erscheinen von Tonträgern). Deshalb können auch solche Tonträger erschienen sein, die auf Spezialmärkten vertrieben und über Werkmittler wie Sendeunternehmen, Filmproduzenten oder Werbeagenturen der Allgemeinheit zugänglich gemacht worden sind (aA *Ruzicka* FuR 1979, 507/510 ff.; kritisch auch § 78 Rdnr. 23). Erschienen sind schließlich auch solche Tonträger, deren Inhalt in elektronische Datenbanken eingespeichert und dort der Öffentlichkeit zugänglich gemacht werden (s. § 6 Rdnr. 55; dies gilt nicht für die bloße Bemusterung von kommerziellen Nutzern, s. § 6 Rdnr. 50). Zur öffentlichen Zugänglichmachung s. die Erläuterungen zu § 19a.

10   c) Der Tonträger muss für eine **öffentliche Wiedergabe** iSd. §§ 78 Abs. 2 benutzt werden, dh. für eine **Tonträgersendung, einschließlich des Simul- und Webcastings sowie der Mehrkanaldienste** (s. BGH GRUR 2004, 669 – Mehrkanaldienst; kritisch zu den Entscheidungen der Vorinstanzen und eingehend zu neuen Nutzungsarten durch das Internetradio *Schwenzer* GRUR Int. 2001, 722/723/730 f. mwN; kritisch zur Erstreckung der gesetzlichen Lizenz auf diese neue Nutzungsart auch *Bortloff* GRUR Int. 2003, 669/673 ff.; *Wandtke/Bullinger/Schaefer* Rdnr. 5 ff.), **der Europäischen Satellitensendung nach § 20a und der Kabelweitersendung nach § 20b Abs. 1, für eine öffentliche Wahrnehmbarmachung iSd. § 21** (Abs. 2 Nr. 2) **oder für die Wahrnehmbarmachung einer Sendung oder einer auf öffentlicher Zugänglichmachung beruhenden öffentlichen Wiedergabe iSd. § 22** (Einzelheiten dazu § 78 Rdnr. 2 ff.). Hingegen scheidet eine Anwendung des § 86 bei nach §§ 78 Abs. 1 Nr. 1, 19a bzw. § 85 Abs. 1 vorbehaltenen Nutzungen von Tonträgeraufnahmen im Streamingverfahren aus (OLG Hamburg ZUM 2009, 414/415 f. – Stay Tuned III; MMR 2006, 173 – staytuned; ZUM 2005, 749/750 – Streamingverfahren; LG Hamburg ZUM 2007, 869 – Streaming on Demand). Der Beteiligungsanspruch des Tonträgerherstellers für die Kabelweitersendung von Werken und Leistungen unter Zugrundelegung von Tonträgern fußt auf dem unverzichtbaren und im Voraus nur an eine Verwertungsgesellschaft abtretbaren Vergütungsanspruch des ausübenden Künstlers nach § 20b Abs. 2 für die Kabelweitersendung nach der Definition des § 20b Abs. 1 (§§ 86, 78 Abs. Nr. 1 iVm. §§ 78 Abs. 4, 20b Abs. 2). Die Ausstrahlung von Erkennungsmelodien für bestimmte Fernsehprogramme stellt sich nicht ohne weiteres als öffentliche Wiedergabe iSd. § 86 unter Verwendung eines Tonträgers mit einer Sammlung derartiger Erkennungsmelodien dar, wenn der von einer Sendeanstalt beauftragte Komponist dieser gegenüber zur Ablieferung eines Tonbandes verpflichtet war und die Musiker vollständig abgefunden worden sind (OLG Hamburg GRUR 1997, 826 f. – Erkennungsmelodie).

3. Anspruch auf angemessene Beteiligung

11   a) Der **Vergütungsanspruch des ausübenden Künstlers** nach §§ 78 Abs. 2 ist nicht nur Entstehungsvoraussetzung für den Beteiligungsanspruch des Tonträgerherstellers (ebenso *Rossbach* S. 101), sondern auch maßgeblich für seine Höhe. Der Beteiligungsanspruch des Tonträ-

Anspruch auf Beteiligung   § 86

gerherstellers entfiel nach früherem Recht (dh. vor Inkrafttreten des 1. InformationsgesG am 13. 9. 2003) – so in bedenklicher Weise das OLG Hamburg (GRUR 1997, 826/827 – Erkennungsmelodie) –, wenn ihm der Künstler gegen ein einmaliges Honorar alle Rechte übertragen hatte, weil in derartigen Fällen kein Vergütungsanspruch mehr ausgelöst werden könne (kritisch dazu auch *Dreier/Schulze/Schulze* Rdnr. 14). Nach § 78 Abs. 3 ist der Vergütungsanspruch nunmehr unverzichtbar und abtretbar im Voraus nur noch an eine Verwertungsgesellschaft, so dass die vom OLG Hamburg entschiedene Fallgestaltung auch ohne Verwertungsgesellschaftenpflichtigkeit der Vergütungsansprüche nach § 78 Abs. 2 nicht mehr eintreten dürfte. Strittig ist, ob im Ausland erfolgte Abtretungen der Vergütungsansprüche des ausübenden Künstlers an den Tonträgerhersteller auch im Inland Geltung beanspruchen können. § 32b wird teilweise nur auf urhebervertragsrechtliche Sachverhalte nach §§ 31 ff. angewendet. Nach dem Sinn und Zweck der Vorschrift sollte § 32b sich auch auf Abtretungsbeschränkungen nach § 63a bzw. § 78 Abs. 3 erstrecken (s. *Katzenberger* unter § 32b Rdnr. 24, 33 f. mwN).

b) Die Beteiligung muss angemessen sein. Zum Begriff der **Angemessenheit** s. § 32 12
Rdnr. 29 ff. für den Bereich des Vertragsrechts sowie § 78 Rdnr. 31.

III. Sonstige Fragen

1. In praktischer Hinsicht wirft § 86 wenige Probleme auf. Sowohl die Vergütungsansprüche 13
der Interpreten nach §§ 78 Abs. 2 als auch der Beteiligungsanspruch des Tonträgerherstellers aus § 86 werden als **Zweitverwertungsrechte** von der GVL (s. vor §§ 73 ff. Rdnr. 23 ff.) wahrgenommen, die die eingenommenen Vergütungen zu gleichen Teilen an Interpreten und Tonträgerhersteller ausschüttet. Unter altem Recht (vor dem 13. 9. 2003, s. Rdnr. 11) spielte es dabei keine Rolle, ob die Vergütungsansprüche des ausübenden Künstlers direkt von diesem oder nach Abtretung im Künstlervertrag von seinem Tonträgerhersteller in die Verwertungsgesellschaft eingebracht worden sind (s. Gesellschaftsvertrag der Gesellschaft zur Verwertung von Leistungsschutzrechten mbH [GVL] idF vom 12. 5. 2003 § 2 Abs. 4 Nr. 1). Auf Grund des § 78 Abs. 3 ist das nur noch durch den Künstler selbst möglich.

Die **Prüfung der Angemessenheit der Beteiligung** obliegt den ordentlichen Gerichten, 14
nicht der Schiedsstelle gemäß § 14 WahrnG. Unabhängig davon kann aber insoweit der Verteilungsplan der Verwertungsgesellschaft als unangemessen und willkürlich iSd. §§ 6, 7 WahrnG vom Deutschen Patent- und Markenamt als Aufsichtsbehörde über Verwertungsgesellschaften beanstandet werden. Der **gerichtlichen Prüfung der Angemessenheit der** von der GVL aufgestellten **Tarife nach § 11 UrhWG für die Vergütung der Ansprüche nach § 78 Abs. 2** ist die Anrufung der Schiedsstelle beim DPMA vorgeschaltet (zu den Prüfungskriterien s. BGH ZUM 2001, 983 – Gesamtvertrag privater Rundfunk; BGH GRUR 2004, 669 – Mehrkanaldienst sowie die Erläuterungen zu § 13 UrhWG).

2. Die **Fristen- und Schrankenregelungen** des § 85 Abs. 3 und Abs. 4 gelten auch für den 15
Beteiligungsanspruch aus § 86 (s. § 85 Rdnr. 52 ff., 59 ff.).

3. Hinsichtlich der **Übertragbarkeit und Vererblichkeit** des Beteiligungsanspruchs gelten 16
die allgemeinen Bestimmungen der §§ 398 ff. BGB und § 1922 BGB (s. vor §§ 28 ff. Rdnr. 59 ff.). Der durch § 85 Abs. 4 in Bezug genommene § 63a ist auf die Vergütungsansprüche des Tonträgerherstellers nicht anwendbar. Der ihm zugrunde liegende Schutzgedanke ist dem unternehmensbezogenen Leistungsschutz fremd (s. dazu § 85 Rdnr. 51, 59).

4. Den **persönlichen Geltungsbereich** des § 86 bestimmt § 126. Als Staatsvertrag iSd. § 126 17
Abs. 3 kommt das **Rom-Abkommen** zur Anwendung, das in Art. 12 die Vergütung für die Benutzung von Tonträgern zur öffentlichen Wiedergabe regelt. Von der Möglichkeit der Vorbehaltserklärung hinsichtlich des Umfangs und der Dauer des Schutzes nach Art. 12 RA hat die Bundesrepublik Deutschland Gebrauch gemacht und durch Art. 2 Nr. 2 des Gesetzes zu dem Internationalen Abkommen vom 26. Oktober 1961 über den Schutz der ausübenden Künstler, der Hersteller von Tonträgern und der Sendeunternehmen vom 15. September 1965 (BGBl. II S. 1243) Umfang und Dauer der Rechte aus § 86 unter Gegenseitigkeitsvorbehalt gestellt (s. dazu *Nordemann/Vinck/Hertin* RA Art. 12 Rdnr. 12 f.; RA Art. 16 Rdnr. 3 ff.). Dieser Vorbehalt gilt nicht für Angehörige von Mitgliedstaaten der EU und Vertragsstaaten des EWR, die im Anschluss an die Phil Collins-Entscheidung des EuGH (GRUR 1994, 280) nach dem im 3. UrhGÄndG geänderten § 126 Abs. 1 ausdrücklich Inländern gleichgestellt sind. Anders als das RA sehen das

Vogel   1563

GTA, das dem Schutz vor Piraterie dient, und das **TRIPS-Übereinkommen** keine Beteiligung an Vergütungsansprüchen für die Zweitverwertung eines Tonträgers durch seine Verwendung für die öffentliche Wiedergabe vor (vgl. *Dünnwald* ZUM 1996, 725/733 f.). Der **WPPT** wiederum gewährt in Art. 15 einen § 86 entsprechenden Anspruch auf angemessene Vergütung für die Tonträgersendung und für die Mitteilung einer Tonträgeraufnahme an die Öffentlichkeit, die der öffentlichen Wiedergabe entspricht. Anders als das RA gewährt der WPPT den Vergütungsanspruch auch bei mittelbarer Benutzung des Tonträgers zur öffentlichen Wiedergabe (Fall der öffentlichen Wiedergabe einer Schallplattensendung). Der WPPT stellt dabei jedoch ebenso wie das Rom-Abkommen (Art. 12, 16 RA) den Vertragsstaaten frei zu regeln, wer Anspruchsberechtigter sein soll sowie ob und wie die Vergütung zwischen Herstellern und Interpreten zu verteilen ist. Nach Art. 15 Abs. 3 WPPT können Vertragsstaaten eine Notifikation hinterlegen, nach der sie die Anwendung von Art. 15 beschränken oder ganz ausschließen.

Abschnitt 5. Schutz des Sendeunternehmens

§ 87 Sendeunternehmen

(1) Das Sendeunternehmen hat das ausschließliche Recht,
1. seine Funksendung weiterzusenden und öffentlich zugänglich zu machen,
2. seine Funksendung auf Bild- oder Tonträger aufzunehmen, Lichtbilder von seiner Funksendung herzustellen sowie die Bild- oder Tonträger oder Lichtbilder zu vervielfältigen und zu verbreiten, ausgenommen das Vermietrecht,
3. an Stellen, die der Öffentlichkeit nur gegen Zahlung eines Eintrittsgeldes zugänglich sind, seine Funksendung öffentlich wahrnehmbar zu machen.

(2) [1]Das Recht ist übertragbar. [2]Das Sendeunternehmen kann einem anderen das Recht einräumen, die Funksendung auf einzelne oder alle der ihm vorbehaltenen Nutzungsarten zu nutzen. [3] § 31 und die §§ 33 und 38 gelten entsprechend.

(3) [1]Das Recht erlischt 50 Jahre nach der ersten Funksendung. [2]Die Frist ist nach § 69 zu berechnen.

(4) § 10 Abs. 1 sowie die Vorschriften des Teils 1 Abschnitt 6 mit Ausnahme des § 47 Abs. 2 Satz 2 und des § 54 Abs. 1 gelten entsprechend.

(5) [1]Sendeunternehmen und Kabelunternehmen sind gegenseitig verpflichtet, einen Vertrag über die Kabelweitersendung im Sinne des § 20 b Abs. 1 Satz 1 zu angemessenen Bedingungen abzuschließen, sofern nicht ein die Ablehnung des Vertragsabschlusses sachlich rechtfertigender Grund besteht; die Verpflichtung des Sendeunternehmens gilt auch für die ihm in bezug auf die eigene Sendung eingeräumten oder übertragenen Senderechte. [2]Auf Verlangen des Kabelunternehmens oder des Sendeunternehmens ist der Vertrag gemeinsam mit den in Bezug auf die Kabelweitersendung anspruchsberechtigten Verwertungsgesellschaften zu schließen, sofern nicht ein die Ablehnung eines gemeinsamen Vertragsschlusses sachlich rechtfertigender Grund besteht.

Schrifttum: a) Literatur bis 1966: *Bobsin,* Das Recht des Rundfunks an der Sendung, GRUR 1954, 57; *Brack,* Der Rundfunk in den Ministerialentwürfen zur Urheberrechtsreform, GRUR 1960, 165; *Brugger,* Die Stellung des Fernsehens im Entwurf des Gesetzes über Urheberrecht und verwandte Schutzrechte, UFITA 41 (1964) 257; *Bußmann,* Urheberrechtsreform und Rundfunk, UFITA 18 (1954) 29; *Haensel,* Leistungsschutz oder Normalvertrag, 1954; *Heyn,* Der Rechtsschutz der Rundfunkreportage und des Rundfunkinterviews, UFITA 20 (1955) 58; *Hubmann,* Der Schutz der Rundfunksendung gegen unbefugte Verwertung, GRUR 1953, 316; *ders.,* Rechtsfragen des Aki-Kino-Prozesses, UFITA 29 (1959) 177; *Kaminstein,* Diplomatische Konferenz über den internationalen Schutz der ausübenden Künstler, der Hersteller von Tonträgern und der Sendeunternehmen (Rom, 10. bis 26. Oktober 1961), UFITA 40 (1963) 99; *Krause,* Der Schutz der Fernsehsendung und ihres Titels, GRUR 1959, 346; *Sterner,* Rechtsfragen der Fernsehberichterstattung, GRUR 1963, 303; *Taeger,* Urheberrechtlicher Schutz der Fernsehsendung nach geltendem Recht?, GRUR 1954, 304.

b) Literatur 1966–1990: *Dreier,* Kabelrundfunk, Satelliten und das Rom-Abkommen zum Schutz der ausübenden Künstler, der Hersteller von Tonträgern und der Sendeunternehmen, GRUR Int. 1988, 753; *Dünnwald,* Zum Leistungsschutz an Tonträgern und Bildtonträgern, UFITA 76 (1976) 165; *ders.,* Die Rechtsentwicklung im Bereich der Audiovision, NJW 1974, 22; *Flechsig,* Schutz der Rundfunkanstalt gegen Einfuhr und Verbreitung unautorisierter Sendekopien, UFITA 81 (1978) 97; *Fuhr,* Der Anspruch des Sendeunternehmens nach §§ 94, 54 UrhG bei Auftragsproduktionen, Fs. für Reichardt, 1990, S. 29; *Gentz,* Veranstalterrecht, GRUR 1968, 182; *Guthmann,* Die Weitersendung von Sendeprogrammen durch andere Sender und die damit verbundenen Fragen des Urheberrechts, ZUM 1989, 67; *Hillig,* Der Rundfunk im neuen deutschen Urheberrecht, UFITA 46 (1966) 1; *ders.,* Urheberrecht und Wettbewerbsrecht, in *Fuhr/Rudolf/Wasserburg* (Hrsg.), Recht der Neuen Medien, 1989, S. 384; *Hübner,* Zivilrechtlicher Schutz der Sendeunternehmen gegen Videopiraterie, Fs. für Hubmann, 1985, S. 151; *Ory,*

Sendeunternehmen § 87

Rechtsfragen des Abonnementfernsehens, ZUM 1988, 225; *Ossenbühl,* Verfassungsrechtliche Fragen der Beteiligung der Sendeunternehmen an den Vergütungen für private Ton- und Bildüberspielungen, GRUR 1984, 841; *Rochlitz,* Der strafrechtliche Schutz des ausübenden Künstlers, des Tonträger- und Filmherstellers und des Sendeunternehmens, 1987; *Schack,* Ansprüche der Fernsehanstalten bei Videonutzung ihrer Sendungen, GRUR 1985, 197; *Schricker,* Urheberrechtliche Probleme des Kabelrundfunks, 1986; *Stolz,* Der Begriff der Herstellung von Ton- und Bildtonträgern und seine Abgrenzung zum Senderecht, UFITA 96 (1983) 55; *ders.,* Die Rechte der Sendeunternehmen nach Inkrafttreten der Urheberrechtsnovelle von 1985, GRUR 1986, 859; *ders.,* Die Rechte der Sendeunternehmen nach dem Urheberrechtsgesetz und ihre Wahrnehmung, 1987; *ders.,* Die Rechte der Sendeunternehmen nach den Urheberrechtsgesetzen der europäischen Nachbarstaaten und ihre Wahrnehmung in der Bundesrepublik Deutschland, UFITA 104 (1987) 31; *ders.,* Die Auswirkungen der medienpolitischen und urheberrechtlichen Entwicklung in der Bundesrepublik Deutschland auf die Stellung der öffentlich-rechtlichen Sendeunternehmen im System der Verwertungsgesellschaften, Fs. für Uchtenhagen, 1987; *v. Ungern-Sternberg,* Die Satellitensendungen des Rundfunks – Zur Frage ihres Schutzes durch das Rom-Abkommen, GRUR Int. 1970, 303; *ders.,* Die Rechte der Urheber an Rundfunk- und Drahtfunksendungen, 1973.

c) Literatur nach 1990: *Arnold/Langhoff,* Fehlende Beteiligung von privaten Sendeunternehmen an der Leerträgervergütung gemäß § 54 UrhG – ein Fall der Staatshaftung?, ZUM 2006, 605; *Bartosch,* Digital Video Broadcasting (DVB) im Kabel – ein Wirrwarr aus Rundfunk-, Telekommunikations- und Wettbewerbsrecht, CR 1997, 517; *Bauer,* Netz und Nutzung – Rechtspositionen vertikal integrierter Betreiber digitaler Breitbandkabelnetze, 2004; *Becker,* Onlinevideorecorder im deutschen Urheberrecht, AfP 2007, 5; *Bernhöft,* Die urheberrechtliche Zulässigkeit der digitalen Aufzeichnung einer Sendung, 2009; *Bornkamm,* Vom Detektorempfänger zum Satellitenrundfunk, GRUR-Fs. 1991, 13; *Charissé,* Kabelkommunikation zwischen Rundfunk- und Telekommunikationsrecht, K&R 2002, 164; *Christmann/Enßlin/Wachs,* Der Markt für Breitbandkabel in der digitalen Übergangsphase – Ordnungspolitische Herausforderungen für die deutsche Medienpolitik, MMR 2005, 291; *Diesbach/Bormann/Vollrath,* „Public-Viewing" als Problem des Urheber- und Wettbewerbsrechts, ZUM 2006, 265; *Dittrich,* Der Begriff des Rundfunkunternehmers, Fs. für Frotz, 1993, S. 715; *Dreier,* Kabelweiterleitung und Urheberrecht – eine vergleichende Darstellung, 1991; *ders.,* Rundfunk und Urheberrechte im Binnenmarkt – Das Grundsatzpapier der EG-Kommission zu den urheberrechtlichen Fragen im Bereich des Satellitensendungen und Kabelweiterverbreitung, GRUR Int. 1991, 13; *Flechsig,* EU-Harmonisierung des Urheberrechts und der verwandten Schutzrechte in der Informationsgesellschaft, ZUM 1998, 139; *ders.,* Beteiligungsansprüche von Sendeunternehmen an gesetzlichen Vergütungsansprüchen wegen privater Vervielfältigungshandlung, ZUM 2004, 249; *Gaertner/Raab/Gierschmann/Freytag,* Rechtliche Fragestellungen im Zusammenhang mit der Fußballweltmeisterschaft 2006, K&R 2006, 1; *Ganea,* Verwandte Schutzrechte im Urheberrecht der Länder Japan, China und Deutschland – eine vergleichende Studie, 2000; *Götting,* Beteiligung der Sendeunternehmen an der Pauschalvergütung nach § 54 UrhG, 2004; *ders.,* Die Regelung der öffentlichen Wiedergabe nach § 87 Abs. 1 Nr. 3 UrhG, ZUM 2005, 185; *Gounalakis,* Das Vierte Gesetz zur Änderung des Urheberrechtsgesetzes – Kritische Anmerkungen zur Hypertrophie des Urheberschutzes, NJW 1999, 545; *Gounalakis/Mand,* Kabelweiterleitung und urheberrechtliche Vergütung, 2003; *Graschitz,* Überlegungen zum Umfang der Leistungsschutzrechte, Fs. für Dittrich, 2000, S. 151; *Grünberger,* Die Urhebervermutung und die Inhaberermittlung der Leistungsschutzberechtigten, GRUR 2006, 894; *Guibault/Melzer,* Der rechtliche Schutz von Rundfunksignalen, IRIS plus 2004, 2 (abrufbar unter www.obs.coe.int/medium/intl.html); *Hahn/Vesting* (Hrsg.), Beck'scher Kommentar zum Rundfunkrecht, 2. Aufl. 2008; *Hahne,* Kabelbelegung und Netzzugang – Rechtsfragen des Zugangs von Programm- und Diensteanbietern zum Breitbandkabelnetz, 2003; *Hamacher/Efing,* Das WM-Erlebnis auf der Großbildleinwand, SpuRt 2006, 15; *v. Hartlieb/Schwarz,* Handbuch des Film-, Fernseh- und Videorechts, 4. Aufl. 2004; *Hein/Schmidt,* Entgelte für die Übertragung von Rundfunksignalen über das Breitbandkabel, K&R 2002, 409; *Herrmann/Lausen,* Rundfunkrecht, 2. Aufl. 2004; *Hillig,* Urheberrechtliche Fragen des Netzzugangs in der Kabelkommunikation, MMR 2001, Beilage Nr. 2 S. 34; *ders.,* Auf dem Weg zu einem WIPO-Übereinkommen zum Schutz der Sendeunternehmen, GRUR Int. 2007, 122; *Hoeren,* Neue Nutzungsformen und Verbreitungswege im Bereich des Rundfunks und ihre urheberrechtliche Einordnung: IP-TV, Handy-TV, Triple-Play, in: Vierzig Jahre Urheberrechtsgesetz – Rückblick und Perspektiven, 2007, S. 65; *ders.,* Urheberrechtliche Fragen rund um IP-TV und Handy-TV, MMR 2008, 139; *ders.,* Genießt die Sendefolge urheberrechtlichen Schutz?, ZUM 2008, 271; *Hoeren/Veddern,* Voraussetzungen und Grenzen klauselmäßiger Beteiligungen der Sendeunternehmen an den gesetzlichen Vergütungsansprüchen, UFITA 2002, 7; *Hofmann,* Virtuelle Personal Video Recorder vor dem Aus?, MMR 2006, 793; *Katzenberger,* Vergütung der Sendeunternehmen für Privatkopien ihrer Livesendungen aus der Sicht der europäischen Urheberrechtsrichtlinien, GRUR Int. 2006, 190; *Krekel,* Zulässige Public-Viewing-Events bei Einbindung von Sponsoren, SpuRt 2006, 59; *Kruczek,* Die Bewertung der Kabelweitersenderechte von Sendeunternehmen in Deutschland und den USA, 2005; *Kuper,* Internet Protocol Television – IPTV, 2009; *v. Lewinski,* Vermieten, Verleihen und verwandte Schutzrechte – Der zweite Richtlinienvorschlag der EG-Kommission, GRUR Int. 1991, 104; *dies.,* Der EG-Richtlinienvorschlag zur Harmonisierung der Schutzdauer im Urheber- und Leistungsschutzrecht, GRUR Int. 1992, 724; *dies.,* Vermiet- und Verleih-Richtlinie, in *Walter* (Hrsg.), Europäisches Urheberrecht, 2001, S. 279 ff.; *Loewenheim,* Die Beteiligung von Urhebern und ausübenden Künstlern an gesetzlichen Vergütungsansprüchen im Urheberrecht, GRUR 1998, 513; *Lutz,* Das Vierte Gesetz zur Änderung des Urheberrechtsgesetzes, ZUM 1998, 622; *Megumi Ogawa,* Protection of Broadcasters' Rights, 2006; *von Münchhausen,* Der Schutz der Sendeunternehmen nach deutschem, europäischem und internationalem Recht, 2000; *Neumaier,* Die Beurteilung grenzüberschreitender Rundfunksendungen nach der Revidierten Berner Übereinkunft, dem Welturheberrechtsabkommen und dem Rom-Abkommen, UFITA 2003, 639; *v. Olenhusen,* Schadensersatzansprüche wegen Nichtumsetzung einer EG-Richtlinie, MR-Int. 2008, 6; *Pleister/von Einem,* Zur urheberrechtlichen Schutzfähigkeit der Sendefolge, ZUM 2007, 904; *Reber,* Die Beteiligung von Urhebern und ausübenden Künstlern an der Verwertung von Filmwerken in Deutschland und den USA, 1998; *Reinbothe,* Die EG-Richtlinie zum Urheberrecht in der Informationsgesellschaft, GRUR Int. 2001, 733; *Reinbothe/v. Lewinski,* The E.C. Directive on Rental and Lending Rights and on Piracy, 1993; *Reinholz,* Marketing mit der FIFA WM 2006 – Werbung, Marken, Tickets, Public Viewing, WRP 2005, 1485; *ders.,* Lizenzgebühren für Public Viewing: K&R 2010, 364; *Rüberg,* Vom Rundfunk- zum Digitalzeitalter, 2007; *Rumphorst,* The Broadcasters' Neighbouring Right, Fs. für Dittrich, 2000, S. 297; *Schack,* Zur Beteiligung der Sendeunternehmen an den Geräte- und Speichermedienabgabe des § 54 I UrhG, GRUR Int. 2009, 490; *Schricker* (Hrsg.), Urheberrecht auf dem Weg zur Informationsgesellschaft (Verfasser: *Dreier, Katzenberger, v. Lewinski, Schricker*), 1997; *Schuler-Harms,* Das Rundfunksystem der Bundesrepublik Deutschland, in *Hans-Bredow-Institut* (Hrsg.), Internationales Handbuch für Hörfunk und Fernsehen 2000/2001,

§ 87

25. Aufl. 2000, A 3 S. 139; *Schwartmann* (Hrsg.), Praxishandbuch Medien-, IT- und Urheberrecht, 2008; *Sharma,* Der chancengleiche Zugang zum digitalen Kabelfernsehnetz: das Verhältnis von Programmveranstalter und Kabelnetzbetreiber im Spannungsfeld von Rundfunkrecht und neuer Telekommunikationsordnung, 2009; *Spindler,* Die Einspeisung von Rundfunkprogrammen in Kabelnetze, MMR 2003, 1; *Treyde,* Kabelfernsehen in Deutschland im Licht des Europäischen Gemeinschaftsrechts, 2000; *Triebe,* Beteiligung der Sendeunternehmen an der Privatkopievergütung, 2008; *Vogel,* Vorschlag der EG-Kommission für eine Richtlinie zur Koordinierung bestimmter urheber- und leistungsschutzrechtlicher Vorschriften betreffend Satellitenrundfunk und Kabelweiterverbreitung, ZUM 1992, 21; *Wagner,* Die Digitalisierungsfalle, Fs. für Raue, 2006, S. 723; *Walter* (Hrsg.), Europäisches Urheberrecht, 2001; *Weisser/Höppener,* Kabelweitersendung und urheberrechtlicher Kontrahierungszwang, ZUM 2003, 597; *Wittneben,* Anmelde- und Lizenzpflicht von Public Viewing-Events zur WM 2006, WRP 2006, 675; *Zimmer,* Lizenzpflicht für EPG-Daten, K&R 2008, 590.

Übersicht

A. Allgemeines	1–11
I. Wesen und Bedeutung des Rechts	1, 2
II. Rechtsentwicklung. Europäisches Gemeinschaftsrecht	3–11
B. Sendeunternehmen	12–18
C. Funksendung	19–29
I. Funksendung als Sendevorgang	19–21
II. Funksendung als Schutzgegenstand des § 87	22–29
D. Recht an der Weitersendung und dem öffentlichen Zugänglichmachen der Funksendung (Abs. 1 Nr. 1)	30–35 a
E. Rechte aus Abs. 1 Nr. 2	36–40
F. Recht am öffentlichen Wahrnehmbarmachen der Funksendung (Abs. 1 Nr. 3)	41, 42
G. Übertragbarkeit des Schutzrecht (Abs. 2)	42 a, b
H. Schutzdauer (Abs. 3)	43, 44
J. Schranken des Schutzrechts. Vermutung der Rechtsinhaberschaft (Abs. 4)	45–47
K. Verpflichtung zum Vertragsschluss über die Kabelweitersendung (Abs. 5)	48–57
L. Ergänzender Schutz der Sendeunternehmen	58–64
I. Schutz aus anderen verwandten Schutzrechten	59
II. Schutz aus sonstigen originär erworbenen Rechten	60
III. Schutz aus abgeleiteten Rechten	61
IV. Schutz der Sendeunternehmen durch das öffentliche Recht	62–64
M. Schutz der Sendeunternehmen im Ausland	65–76

A. Allgemeines

I. Wesen und Bedeutung des Rechts

1   § 87 gibt dem Sendeunternehmen ein **ausschließliches Leistungsschutzrecht** an seiner Funksendung als dem Ergebnis seiner Unternehmerleistung. Die Veranstaltung einer Sendung erfordert im Allgemeinen einen kostspieligen organisatorisch-technischen und wirtschaftlichen Aufwand. Diese Leistung des Sendeunternehmens soll sich ein Dritter nicht durch Handlungen der in Abs. 1 Nr. 1 bis 3 genannten Art mühelos zunutze machen können (AmtlBegr. zu § 97 RegE, jetzt § 87, UFITA 45 [1965] 240/315; vgl. weiter *Stolz* S. 38 ff. und GRUR 1983, 632/ 635; *Reinbothe/v. Lewinski* S. 87; ebenso – zu § 76 a öUrhG – OGH GRUR Int. 1991, 653 – Oberndorfer Gschichtn = MR 1990, 230/231 mit Anm. *Walter*). Der Schutz durch § 87 hängt allerdings nicht davon ab, dass im Einzelfall ein besonderer Aufwand getrieben wird (s. Rdnr. 14). Ebenso wie die auf gleichartigen Gedanken beruhenden unternehmensbezogenen Leistungsschutzrechte der Tonträgerhersteller (§ 85, § 86), der Datenbankhersteller (§ 87 a) und der Filmhersteller (§ 94, § 95) ist das Leistungsschutzrecht des Sendeunternehmens vermögensrechtlicher Natur ohne persönlichkeitsrechtlichen Gehalt (*v. Gamm* Einf. Rdnr. 37; ebenso – zu § 76 a öUrhG – OGH GRUR Int. 1991, 653 – Oberndorfer Gschichtn). Besondere Bedeutung hat das selbstständige Schutzrecht in Fällen, in denen sich das Sendeunternehmen gegen die Auswertung seiner Sendung durch Dritte nicht auf vertraglich erworbene urheber- und leistungsschutzrechtliche Befugnisse berufen kann (vgl. auch Rdnr. 58 ff.).

Der **Anwendungsbereich** des § 87 wird durch § 127 bestimmt. Zu den **Schranken** des 2
Rechts s. Abs. 4 und Rdnr. 45 ff.

II. Rechtsentwicklung. Europäisches Gemeinschaftsrecht

1. **Vor Inkrafttreten des UrhG** hat der BGH einen Schutz der Sendeunternehmen bei 3
Ausnutzung ihrer Fernsehsendungen durch öffentliche Wiedergabe in Lichtspieltheatern aus § 1
UWG (aF) und aus den – von den Urhebern erworbenen – Rechten an den einzelnen Fernsehbildern hergeleitet (BGHZ 37, 1 – AKI; zum Schutz der Rundfunksendung nach früherem
Recht vgl. auch *Hubmann* UFITA 29 [1959] 177; *Krause* GRUR 1959, 346; *Sterner* GRUR
1963, 303/307; *von Münchhausen* S. 68 ff., jeweils mwN).

2. Das **UrhG** hat in § 87 mit Wirkung vom 1. 1. 1966 den Sendeunternehmen ein Leistungs- 4
schutzrecht zuerkannt. (Zur vorangegangenen Reformdiskussion sowie zur Behandlung der
Rechte der Sendeunternehmen in den Entwürfen zum UrhG und im Gesetzgebungsverfahren
s. *Stolz* S. 6 ff., 25 f., 39 ff.; *von Münchhausen* S. 70 ff., 232 ff.; sa. *Bornkamm*, GRUR-Fs., S. 1349/
1347). Dadurch wurde den Anforderungen des Europ. Abkommens zum Schutz von Fernsehsendungen (s. Rdnr. 67; vor §§ 120 ff. Rdnr. 100 ff.) und des sog. Rom-Abkommens (s. Rdnr. 66;
vor §§ 120 ff. Rdnr. 75 ff.), deren Ratifizierung durch das UrhG ermöglicht werden sollte, entsprochen. Das Schutzrecht wurde allerdings damals auf das unbedingt Erforderliche beschränkt
(vgl. die AmtlBegr. zu § 97 RegE UFITA 45 [1965] 240/315).

3. Durch **Gesetz vom 24. 6. 1985** (Gesetz zur Änderung von Vorschriften auf dem Gebiet des 5
Urheberrechts, BGBl. I S. 1137; zur Entstehungsgeschichte vgl. *Möller,* Die Urheberrechtsnovelle
'85, 1986, S. 51 f.; *von Münchhausen* S. 234 ff.) wurden § 53 und § 54 geändert und dementsprechend in § 87 Abs. 3 aF die Bezugnahme auf § 53 Abs. 5 durch eine solche auf § 54 Abs. 1 ersetzt
(vgl. dazu auch Rdnr. 45 f.). Durch diese Novelle wurde auch der den Sendeunternehmen nach
§ 54 Abs. 2 aF zustehende Anspruch auf eine angemessene Vergütung bei Vervielfältigung ihrer
Funksendungen zum sonstigen eigenen Gebrauch zu gewerblichen Zwecken beseitigt (s. dazu
Flechsig NJW 1985, 1991/1995; *Hillig* UFITA 102 [1986] 11/23; *Stolz* GRUR 1986, 859/862 ff.).

4. Das **3. UrhGÄndG** vom 23. 6. 1995 (BGBl. I S. 842) hat in Umsetzung von Richtlinien 6
des Rates den Schutz der Sendeunternehmen erweitert. Umgesetzt wurden durch dieses Gesetz
die sog. **Vermiet- und Verleihrechtsrichtlinie** (Einl. Rdnr. 78; kodifizierte Fassung: Richtlinie 2006/115/EG des Europäischen Parlaments und des Rates vom 12. 12. 2006 zum Vermietrecht und Verleihrecht sowie zu bestimmten dem Urheberrecht verwandten Schutzrechten im
Bereich des geistigen Eigentums, ABl. Nr. L 376 v. 27. 12. 2006, S. 28, abgedr. auch in GRUR
Int. 2007, 219; zur Auslegung der Richtlinie vgl. *Reinbothe/v. Lewinski,* The E. C. Directive on
Rental and Lending Rights and on Piracy, 1993; *Walter/v. Lewinski,* Europäisches Urheberrecht,
S. 279 ff.; zu den Vorarbeiten vgl. Richtlinienvorschlag der Kommission GRUR Int. 1991, 111;
vgl. weiter *v. Lewinski* GRUR Int. 1991, 104 und GRUR Int. 1992, 724) und die sog. **Schutzdauerrichtlinie** (Einl. Rdnr. 78; kodifizierte Fassung: Richtlinie 2006/116/EG des Europäischen Parlaments und des Rates vom 12. 12. 2006 über die Schutzdauer des Urheberrechts
und bestimmter verwandter Schutzrechte, ABl. Nr. L 372 v. 27. 12. 2006, S. 12, abgedr. auch in
GRUR Int. 2007, 223).

Entsprechend der **Vermiet- und Verleihrechtsrichtlinie** wurden durch das 3. UrhGÄndG 7
die Rechte aus § 87 Abs. 1 Nr. 2 um das Verbreitungsrecht (mit Ausnahme des Vermietrechts;
s. dazu Rdnr. 38) erweitert (vgl. Art. 9 der Richtlinie) und das Recht aus § 87 Abs. 1 Nr. 3, die
Funksendung öffentlich wahrnehmbar zu machen, auch auf Hörfunksendungen erstreckt (vgl. Art. 8
Abs. 3 der Richtlinie). Diese Schutzrechtserweiterungen traten am 30. 6. 1995 in Kraft (Art. 3
Abs. 1 des 3. UrhGÄndG); sie gelten nach § 137 e auch für frühere Funksendungen, es sei denn,
dass diese am 30. 6. 1995 nicht mehr geschützt waren. Während die Vermiet- und Verleihrechtsrichtlinie sonst grundsätzlich die Obergrenze des Schutzes festlegt, hindert sie im Regelungsbereich ihres Art. 8 die Mitgliedstaaten nicht, einen weiterreichenden Schutz vorzusehen (Erwgr. 20
der Richtlinie; Begr. des RegE eines 3. UrhGÄndG, BTDrucks. 13/115 S. 10). Im Übrigen können sich Unterschiede im Schutzumfang der Rechte der Sendeunternehmen in den Mitgliedstaaten nur hinsichtlich der durch Art. 10 der Richtlinie zugelassenen Beschränkungen ergeben.

Entsprechend Art. 3 Abs. 4 der **Schutzdauerrichtlinie** wurde durch das 3. UrhGÄndG die 8
Schutzdauer auf 50 Jahre (statt bisher 25) festgesetzt und bestimmt, dass die Schutzfrist mit der
ersten Funksendung beginnt (s. dazu Rdnr. 43 f.). Diese Neuregelung trat am 1. 7. 1995 in

§ 87

Kraft (Art. 3 Abs. 2 des 3. UrhGÄndG); mit § 137 f ist eine Übergangsregelung getroffen worden.

9   5. Das **4. UrhGÄndG** vom 8. 5. 1998 (BGBl. I S. 902; Inkrafttreten gemäß Art. 3 des 4. UrhGÄndG am 1. 6. 1998) hat die sog. **Satelliten- und Kabelrichtlinie** (Richtlinie 93/83/EWG des Rates vom 27. 9. 1993 zur Koordinierung bestimmter urheber- und leistungsschutzrechtlicher Vorschriften betreffend Satellitenrundfunk und Kabelweiterverbreitung, ABl. Nr. L 248 S. 15, abgedr. auch in GRUR Int. 1993, 936) umgesetzt (vgl. Art. 4 der Richtlinie; s. weiter vor §§ 20 Rdnr. 28 f.). Ohne Neufassung des Wortlauts des § 87 wurde der Inhalt der Rechte der Sendeunternehmen verändert: Geschützt sind nunmehr auch Funksendungen, die durch eine europäische Satellitensendung iSd. § 20 a Abs. 3 übertragen werden, dh. durch Einspeisung der Funksendung in eine ununterbrochene Übertragungskette, die zum Satelliten und zurück zur Erde führt. Ebenso erfasst der Schutz gegen Weitersendung nunmehr auch die Weitersendung durch solche Satellitensendungen (vgl. dazu Begr. zu § 87 Abs. 4 des RegE, BTDrucks. 13/4796 S. 14; sa. Art. 4 Abs. 2, Art. 1 Abs. 2 der Satelliten- und Kabelrichtlinie iVm. Art. 8 Abs. 3 der Vermiet- und Verleihrechtsrichtlinie). Bei Altverträgen gilt jedoch die Übergangsvorschrift des § 137 h Abs. 1 (vgl. Begr. zu § 87 Abs. 4 des RegE, BTDrucks. 13/4796 S. 14). Ferner wurde § 87 Abs. 4 (jetzt Abs. 5; s. Rdnr. 9 a) angefügt. Die durch das 4. UrhGÄndG für das Recht der Kabelweitersendung in § 20 b Abs. 1 begründete Verwertungsgesellschaftenpflicht findet auf § 87 keine Anwendung (vgl. Begr. zu § 87 Abs. 4 des RegE, BTDrucks. 13/4796 S. 14 unter Hinweis auf § 20 b Abs. 1 Satz 2). Die Richtlinie wurde nach dem vorgegebenen Termin (gemäß Art. 14 Abs. 1: 1. 1. 1995) umgesetzt.

9a   6. Die **Informationsgesellschafts-Richtlinie** (Richtlinie 2001/29/EG des Europäischen Parlaments und des Rates vom 22. 5. 2001 zur Harmonisierung bestimmter Aspekte des Urheberrechts und der verwandten Schutzrechte in der Informationsgesellschaft), die mit ihrer Veröffentlichung in Kraft getreten ist (ABl. Nr. L 167 vom 22. 6. 2001 S. 10, abgedr. auch GRUR Int. 2001, 745) und bis zum 22. 12. 2002 umzusetzen war (Art. 13 Abs. 1 der Richtlinie), hat den Mitgliedstaaten auch Vorschriften zum Schutz der Sendeunternehmen gemacht (s. weiter zur Richtlinie Einl. Rdnr. 78; § 19 a Rdnr. 22 f.). Das Sendeunternehmen nach Art. 2 lit. e der Richtlinie zu gewährende Vervielfältigungsrecht bezieht sich auf die Vervielfältigung von Aufzeichnungen ihrer Sendungen. Art. 7 aF der Vermiet- und Verleihrechtsrichtlinie, in dem dieses Vervielfältigungsrecht der Sendeunternehmen zuvor geregelt war, ist durch Art. 11 Abs. 1 lit. a der Informationsgesellschafts-Richtlinie aufgehoben worden. Die sonstigen Bestimmungen über den Schutz der Sendeunternehmen in früheren Richtlinien blieben durch die Informationsgesellschafts-Richtlinie unberührt (Art. 1 Abs. 2 der Richtlinie; vgl. *Reinbothe* GRUR Int. 2001, 733/735 f.). Das Recht der Sendeunternehmen, ihre Sendungen aufzuzeichnen, ist nunmehr in Art. 7 der kodifizierten Fassung der Vermiet- und Verleihrechtsrichtlinie geregelt (s. dazu *Walter/Walter*, Europäisches Urheberrecht, S. 1039 ff.). Nach Art. 3 Abs. 2 lit. d der Informationsgesellschafts-Richtlinie ist den Sendeunternehmen in Bezug auf die Aufzeichnungen ihrer Sendungen auch das Recht der öffentlichen Zugänglichmachung zu gewähren. Eine Erschöpfung dieses Rechts ist nach Art. 3 Abs. 3 der Richtlinie ausgeschlossen (sa. Erwgr. 29). Art. 5 der Informationsgesellschafts-Richtlinie regelt erschöpfend die zwingenden oder nach Maßgabe des nationalen Rechts möglichen Schranken der Rechte aus den Art. 2 und 3 (vgl. dazu die Erwgr. 31 ff.).

Die Informationsgesellschafts-Richtlinie ist durch das Gesetz zur Regelung des Urheberrechts in der Informationsgesellschaft vom 10. 9. 2003 (**UrhG-Novelle 2003**; BGBl. I S. 1774; Inkrafttreten gemäß Art. 6 Abs. 1 des Gesetzes am 11. 9. 2003) umgesetzt worden.

Aufgrund der UrhG-Novelle 2003 wird den Sendeunternehmen in Abs. 1 Nr. 1 auch das ausschließliche Recht gewährt, ihre Funksendungen öffentlich zugänglich zu machen (s. dazu § 19 a sowie Rdnr. 35 a). Durch die Novelle ist weiter Abs. 2, der die Übertragbarkeit des Rechts regelt, eingefügt worden. Die bisherigen Absätze 2, 3 und 4 wurden dadurch Absätze 3, 4 und 5.

9b   7. Durch das Zweite Gesetz zur Regelung des Urheberrechts in der Informationsgesellschaft vom 26. Oktober 2007 (BGBl. I S. 2513, **„2. Korb"**) sind die Absätze 2 und 4 des § 87 geändert worden. Die Änderung des Abs. 2 (Streichung der Angabe „Abs. 1 bis 3 und 5" in Abs. 2 Satz 3) war lediglich redaktioneller Art und ergab sich daraus, dass das Verbot, Rechte an unbekannten Nutzungsarten zu übertragen (§ 31 Abs. 4 aF), dessen Geltung für Sendeunternehmen durch die bisherige Fassung des Abs. 2 ausgeschlossen war, aufgehoben worden ist. Abs. 5 wurde Satz 2 angefügt. Durch diese Rechtsänderung soll Kabelunternehmen und Sendeunternehmen

Sendeunternehmen **§ 87**

ermöglicht werden, einen Vertrag über die Kabelweitersendung gemeinsam mit allen anspruchsberechtigten Verwertungsgesellschaften zu schließen, sofern nicht ein die Ablehnung eines gemeinsamen Vertragsschlusses sachlich rechtfertigender Grund besteht.

8. Nach Art. 6 Nr. 7 des **Gesetzes zur Verbesserung der Durchsetzung von Rechten des geistigen Eigentums** vom 7. 7. 2008 (BGBl. I S. 1191) ist in § 87 Abs. 4 die Urhebervermutung des § 10 Abs. 1 durch Anordnung der entsprechenden Anwendbarkeit auf die Rechte der Sendeunternehmen erstreckt worden. Dadurch ist Art. 5 lit. b der **Durchsetzungsrichtlinie** umgesetzt worden (Richtlinie 2004/48/EG des Europäischen Parlaments und des Rates v. 29. 4. 2004 zur Durchsetzung der Rechte des geistigen Eigentums, ABl. Nr. L 195 v. 2. 6. 2004, S. 16 [Abdruck der berichtigten Fassung]). Zur Frage der unmittelbaren Anwendbarkeit des Art. 5 lit. b der Durchsetzungsrichtlinie nach Ablauf der Umsetzungsfrist am 29. 4. 2006 vgl. *Grünberger* GRUR 2006, 894/902 f. **9c**

9. Die **Auslegung** des § 87 ist soweit wie möglich an Wortlaut und Zweck der in seinem Regelungsbereich erlassenen Richtlinien auszurichten (zu dieser richtlinienkonformen Auslegung s. § 15 Rdnr. 40; sa. vor §§ 87 a ff. Rdnr. 14). Zur Auslegung der geltenden EG-Richtlinien zum Urheberrecht sa. die Erläuterungen in *Walter* (Hrsg.), Europäisches Urheberrecht, 2001. Im Übrigen kommt auch der Auslegung des Rom-Abkommens und des Europ. Abkommens zum Schutz von Fernsehsendungen mit Rücksicht auf die Entstehungsgeschichte des § 87 bei dessen Auslegung Bedeutung zu (sa. Rdnr. 4). **10**

10. Nach §§ 76, 80 ff. **URG-DDR** hatten Sendeunternehmen ein Leistungsschutzrecht (vgl. dazu *Püschel* ua., Urheberrecht, 2. Aufl. 1986, S. 117 ff.; *Wandtke* UFITA 115 [1991] 23/115 ff.). Zur Entwicklung der **Rundfunkorganisation** in der DDR und in den neuen Bundesländern vgl. BGHZ 144, 244/256 ff. – Barfuß ins Bett; *Klute*, Das Rundfunkrecht der neuen Bundesländer – eine kommentierte Dokumentation, 1992; *Stögmüller*, Deutsche Einigung und Urheberrecht – 1994, S. 114 ff.; *Schuler-Harms* A 3 S. 133/135 ff.; *Herrmann/Lausen*[2] S. 127 f., 132 ff.; s. weiter Rdnr. 64. **11**

B. Sendeunternehmen

Der **Begriff des Sendeunternehmens** in § 87 ist ein Begriff des Urheberrechts, nicht des öffentlich-rechtlichen Rundfunk- und Telekommunikationsrechts. Eine Definition des Begriffs „Sendeunternehmen" ist weder in § 87 noch in den internationalen Abkommen und den Richtlinien enthalten, auf denen § 87 in seiner geltenden Fassung beruht (zu diesen s. Rdnr. 4, 6 ff.; zum Rom-Abkommen vgl. allerdings die Erläuterungen im Generalbericht von *Kaminstein* UFITA 40 [1963] 99/108). Der Begriff wird jedoch bereits dadurch näher bestimmt, dass § 87 die „Funksendung" des Sendeunternehmens als Gegenstand des Schutzrechts bezeichnet und so auf § 20 und § 20 a (Senderecht) verweist. Sendeunternehmen iSd. § 87 ist danach jedes Unternehmen, das mit Hilfe von Funk iSd. § 20 (dh. durch „Ton- und Fernsehrundfunk, Satellitenrundfunk, Kabelfunk oder ähnliche technische Mittel") oder durch Satellitensendung iSd. § 20 a Abs. 3 Funksendungen (zum Begriff s. Rdnr. 22) veranstaltet, die zum unmittelbaren zeitgleichen Empfang durch die Öffentlichkeit bestimmt sind (sa. Rdnr. 17). Aus dem Begriff des „Unternehmens" folgt, dass die Veranstaltung von Sendungen zumindest auf eine gewisse Dauer angelegt sein muss (vgl. *Möhring/Nicolini/Hillig*[2] Rdnr. 11; *von Münchhausen* S. 95). **12**

Die Eingrenzung des Begriffs des Sendeunternehmens auf **Veranstalter von Sendungen** ergibt sich aus dem Zweck des § 87, Schutz zu gewähren gegen die mühelose Ausbeutung des organisatorisch-technischen Aufwands bei der Veranstaltung von Sendungen. Deshalb sind Unternehmen (zB Kabelunternehmen), die in keiner Weise einen solchen Aufwand tätigen, weil sie lediglich Sendungen anderer unverändert und zeitgleich weitersenden, keine Sendeunternehmen (ebenso *Schack*[5] Rdnr. 706; *Fromm/Nordemann/Boddien*[10] Rdnr. 13; *Dreier* in *Dreier/Schulze*[3] Rdnr. 6; *Dittrich*, Fs. für Frotz, S. 715/718 ff. – Letzterer zum Begriff des Sendeunternehmens iSd. Rom-Abkommens und des § 76a öUrhG; sa. *Flechsig* in Loewenheim[2] § 41 Rdnr. 17 ff.; s. weiter Rdnr. 22 ff.). Rein technische Leistungen bei der Weiterleitung fremder Programme können in diesem Fall die Eigenschaft als Sendeunternehmen nicht begründen (sa. Rdnr. 26). **13**

Dies entspricht der Regelung der Rechte der Sendeunternehmen in den **europäischen Richtlinien**. Das Aufzeichnungsrecht nach Art. 7 Abs. 2 der Vermiet- und Verleihrechtsrichtlinie (kodifizierte Fassung; s. Rdnr. 6) wird gemäß deren Art. 7 Abs. 3 Kabelunternehmen, die ledig-

§ 87

lich Sendungen anderer Sendeunternehmen über Kabel weiterverbreiten, versagt. Das darin zum Ausdruck kommende Verständnis des Begriffs des Sendeunternehmens gilt auch für die anderen in der Vermiet- und Verleihrechtsrichtlinie zugunsten der Sendeunternehmen verankerten Rechte. Es kann nicht angenommen werden, dass die Richtlinie den Kreis der Rechtsinhaber bei den verschiedenen den Sendeunternehmen zuerkannten Rechten unterschiedlich fassen wollte. Das Fehlen einer Art. 7 Abs. 3 der Richtlinie entsprechenden ausdrücklichen Regelung bei den anderen in der Richtlinie geregelten Rechten ist ein Redaktionsversehen (vgl. *Reinbothe/v. Lewinski* S. 87 f., 90, 99, 102; *Walter/v. Lewinski*, Europäisches Urheberrecht, S. 349 Rdnr. 5, S. 351 Rdnr. 2, S. 361 Rdnr. 23). Der sich aus der Vermiet- und Verleihrechtsrichtlinie ergebende Begriff des Sendeunternehmens ist auch für das Verständnis dieses Begriffs in der Informationsgesellschafts-Richtlinie maßgebend (vgl. *Walter/Walter*, Europäisches Urheberrecht, S. 1042 Rdnr. 57).

14 Es genügt, dass das Unternehmen als Veranstalter von Sendungen angesehen werden kann; besondere Anforderungen an das **Maß des organisatorisch-technischen und wirtschaftlichen Aufwands** stellt das Gesetz nicht. Die eigene Leistung des Sendeunternehmens bei der Veranstaltung der Sendung kann somit im Einzelfall sehr gering sein. Grundsätzlich genügt es, dass seinen Ausstrahlungen nicht lediglich Funksendungen anderer Unternehmen zugrunde liegen (vgl. aber auch Rdnr. 17). Auch ein Unternehmen, das – wie zB ein **Mehrkanaldienst** (s. dazu § 20 Rdnr. 9) – für seine Ausstrahlungen an die Öffentlichkeit lediglich von Dritten hergestelltes Programmmaterial verwendet (zB Spielfilme oder Tonträger), ist Sendeunternehmen iSd. § 87 (ebenso *Wandtke/Bullinger/Ehrhardt*[3] Rdnr. 12; *Möhring/Nicolini/Hillig*[2] Rdnr. 11). Es ist nicht notwendig, dass ein solches Unternehmen dabei einen besonderen Auswahlaufwand betreibt, wie er etwa für die Vorbereitung von Mischprogrammen erforderlich ist (aA *v. Lewinski* in *Schricker* [Hrsg.], Informationsgesellschaft, S. 270). Der organisatorisch-technische Aufwand muss sich auf die Veranstaltung von Funksendungen (iSd. Sendevorgangs) beziehen; deshalb sind Unternehmen, die (zB als **Auftragsproduzenten** oder Werbeagenturen) nur Programme für die Sendezwecke anderer herstellen, keine Veranstalter von Sendungen und damit keine Sendeunternehmen (ebenso – zum Rom-Abkommen – *Kaminstein* UFITA 40 [1963] 99/108; *Dittrich*, Fs. für Frotz, S. 715/717 ff.). Unerheblich ist, ob die Sendungen Werke iSd. § 2 Abs. 2 zum Inhalt haben (vgl. Rdnr. 28).

15 Als Sendeunternehmen iSd. § 87 wird nur tätig, wer sich selbst mit seiner Sendung **unmittelbar an die Öffentlichkeit** wendet, nicht ein Unternehmen, das eine Übertragung (wie zB eine Richtfunk- oder Kabelübertragung) durchführt, die eine Ausstrahlung durch ein Sendeunternehmen an die Öffentlichkeit nur vorbereitet, auch wenn sich diese unmittelbar anschließen soll (aA *von Münchhausen* S. 104; *Flechsig* in Loewenheim[2] § 41 Rdnr. 16). Die Vorschrift des § 87 gibt „Sendeunternehmen" ein Schutzrecht. Dies sind nach herkömmlichem Sprachgebrauch, von dem § 87 (wie das Rom-Abkommen) ausgeht, grundsätzlich nur Unternehmen, die sich mit ihren Sendungen unmittelbar an die Öffentlichkeit wenden und dabei die Ausstrahlung der Sendungen an die Öffentlichkeit auch selbst veranstalten. Da § 87 die Sendeunternehmen schützen soll, wenn sie als solche tätig werden, muss auch die Funksendung, für die ein Sendeunternehmen im konkreten Fall ein Schutzrecht in Anspruch nehmen will, unmittelbar an die Öffentlichkeit ausgestrahlt worden sein.

16 Die **Unterhaltung eigener Sendeanlagen** ist für die Anerkennung als Sendeunternehmen weder erforderlich noch ausreichend. Sendeunternehmen ist nicht, wer lediglich die technischen Sendeanlagen betreibt, über die Sendungen ausgestrahlt werden, sondern dasjenige Unternehmen, das als Veranstalter von Sendungen diese Sendeanlagen zur Übermittlung seiner Sendungen an die Öffentlichkeit einsetzt (*v. Gamm* § 55 Rdnr. 3; *Möhring/Nicolini/Hillig*[2] Rdnr. 11; für das Rom-Abkommen ebenso *Kaminstein* UFITA 40 [1963] 99/108; *Dittrich*, Fs. für Frotz, S. 715/716 ff.; vgl. dazu auch die Definition des „Ursprungsunternehmens" in Art. 1 Nr. vi des Brüsseler Satelliten-Abkommens (Rdnr. 70) als „die natürliche oder juristische Person, die darüber entscheidet, welches Programm die ausgestrahlten Signale tragen werden"). So ist zB die T-Systems, ein Tochterunternehmen der Deutschen Telekom AG, nicht als Sendeunternehmen tätig, wenn sie Fernsehprogramme von Rundfunkanstalten für diese über ihre Sendeanlagen ausstrahlt (vgl. dazu auch § 20 Rdnr. 16). Für die Fälle von Sendungen iSd. § 20 a gilt nichts anderes. Auch in diesen Fällen ist Sendeunternehmen nur, wer die mit der Einspeisung der programmtragenden Signale in die Übertragungskette ermöglichte Ausstrahlung an eine Öffentlichkeit kontrolliert und verantwortet (sa. § 20 a Rdnr. 18). Die ARD (Arbeitsgemeinschaft der öffentlich-rechtlichen Rundfunkanstalten in Deutschland) ist kein Sendeunternehmen, weil sie nicht selbst Veranstalter von Sendungen ist (vgl. *Stolz* S. 50; vgl. weiter zum öffentlich-rechtlichen Rundfunk *Wandtke/Bullinger/Ehrhardt*[3] Rdnr. 11).

Empfängerkreis der Funksendungen muss nicht stets die Allgemeinheit sein (ebenso 17
*Möhring/Nicolini/Hillig*² Rdnr. 12; *von Münchhausen* S. 1106 f.; aA *Stolz* S. 47). Eine solche Einschränkung lässt sich dem Wortlaut des § 87 nicht entnehmen und würde auch den Begriffsinhalt zu sehr am Vorbild der herkömmlichen Sendeunternehmen orientieren. Auch wenn ein Unternehmen mit entsprechendem organisatorisch-technischem und wirtschaftlichem Aufwand Sendungen nur für Angehörige eines bestimmten Konzerns (sog. Unternehmensfernsehen) oder bestimmte Gruppen oder Empfängerkreise (zB in Altersheimen, Justizvollzugsanstalten) veranstalten sollte, würde es nach dem Gesetzeszweck den Schutz des § 87 verdienen. Dies bedeutet nicht, dass auch spezielle Funkdienste wie Polizei-, Taxi-, Schiffs- und Flugzeugfunk Sendeunternehmen sind (im Ergebnis allgM; vgl. *Wandtke/Bullinger/Ehrhardt*³ Rdnr. 13; für das Rom-Abkommen vgl. *Kaminstein* UFITA 40 [1963] 99/108). Diese Einrichtungen benutzen den Funk lediglich zur schnelleren und breiteren betriebsbezogenen Informationsübermittlung. Das Schutzrecht des § 87 soll jedoch nicht allgemein die über Funk übermittelten Informationen, sondern nur die Leistung schützen, die mit der Veranstaltung einer Sendung für Konsumenten (ein Publikum) verbunden ist (ebenso *Fromm/Nordemann/Boddien*¹⁰ Rdnr. 20). Es genügt daher nicht, dass der Empfängerkreis iSd. § 15 Abs. 3 öffentlich ist (aA *Möhring/Nicolini/Hillig*² Rdnr. 12; *Dreier* in *Dreier/Schulze*³ Rdnr. 10). Eine Presseagentur, die regelmäßig über Kabel zeitgleich Meldungen an eine Vielzahl von Redaktionen übermittelt, ist danach kein Sendeunternehmen, anders als ein Unternehmen, das Fernsehtextsendungen mit entsprechenden Meldungen für die Öffentlichkeit veranstaltet. Die Sendungen müssen zum zeitgleichen Empfang durch die Öffentlichkeit bestimmt sein (s. dazu auch Rdnr. 20). Dienste, die Programme uA auf individuellen Abruf hin übertragen, sind daher keine Sendeunternehmen (ebenso OLG Hamburg ZUM 2005, 749/751; *Wandtke/Bullinger/Ehrhardt*³ Rdnr. 13; *von Münchhausen* S. 122 f.; sa. § 20 Rdnr. 46).

Inhaber des Schutzrechts ist der Rechtsträger des Sendeunternehmens. Davon geht das 18
Gesetz auch ohne eine § 85 Abs. 1 S. 2 entsprechende Vorschrift als selbstverständlich aus (vgl. *Dünnwald* UFITA 76 [1976] 165/174). Die Rechtsform des Rechtsträgers (juristische Person des privaten oder öffentlichen Rechts, natürliche Person) ist bedeutungslos. Entsprechend dem Wortlaut des § 87 ist es auch unerheblich, ob das Sendeunternehmen zur Veranstaltung von Sendungen und ggf. zum Betrieb von Sendeanlagen befugt ist. Auch sog. Piratensendern (vgl. dazu das Europ. Übereinkommen vom 22. 1. 1965 zur Verhütung von Rundfunksendungen, die von Sendestellen außerhalb der staatlichen Hoheitsgebiete gesendet werden, BGBl. 1969 II S. 1940) und Schwarzsendern kann für ihre Sendungen ein Leistungsschutzrecht zustehen (allgM).

C. Funksendung

§ 87 verwendet das Wort „Funksendung" in Abs. 1 und Abs. 2 in unterschiedlicher Bedeu- 19
tung (zur Verwendung des Wortes „Funksendung" in anderen Bestimmungen des UrhG vgl. *Hillig* in *Möhring/Nicolini*² Rdnr. 19 f.; *Stolz* S. 44 und GRUR 1983, 632/634).

I. „Funksendung" als Sendevorgang

Nach **Abs. 3** beginnt die Schutzfrist mit der „ersten Funksendung". **Funksendung** in die- 20
sem Sinn bezeichnet den Vorgang des Sendens, wie er in § 20 und in § 20a Abs. 3 umschrieben wird (vgl. Begr. zu § 87 Abs. 4 des RegE des 4. UrhGÄndG, BTDrucks. 13/4796 S. 14). Senden ist danach der Vorgang, durch den der Sendeinhalt durch Funk, wie Ton- und Fernsehrundfunk, Satellitenrundfunk, Kabelfunk oder ähnliche technische Mittel der Öffentlichkeit zugänglich gemacht wird (§ 20) und – im Fall der sog. europäischen Satellitensendung (§ 20a) – die Einspeisung der für den Empfang durch die Öffentlichkeit bestimmten programmtragenden Signale in eine ununterbrochene Übertragungskette, die zum Satelliten und zurück zur Erde führt.

Eine **Sendung mit kodierten Signalen** ist eine Funksendung, wenn die Mittel zur Deco- 21
dierung durch das Sendeunternehmen selbst oder mit seiner Zustimmung der Öffentlichkeit zugänglich gemacht worden sind (vgl. § 20 Rdnr. 12; § 20a Rdnr. 17).

§ 87

II. „Funksendung" als Schutzgegenstand des § 87

22 1. In **Abs. 1** bezeichnet „Funksendung" den Schutzgegenstand des Rechts des Sendeunternehmens. Der Begriff wird maßgeblich bestimmt durch den Zweck des § 87, das Ergebnis der besonderen Leistung der Sendeunternehmen als Veranstalter von Sendungen für die Öffentlichkeit zu schützen (s. Rdnr. 1). Die Funksendung als Gegenstand des Schutzrechts ist ein Immaterialgut (vgl. dazu auch – zum Schutzgegenstand des § 85 als Immaterialgut – § 85 Rdnr. 18; *Häuser*, Sound und Sampling, 2002, S. 103 ff.; zum Schutzgegenstand des Filmherstellerrechts s. BGH, Urt. v. 19. 11. 2009 – I ZR 128/07, Tz. 35 – Film-Einzelbilder; § 94 Rdnr. 9); sie ist die „Funkform", in der das Sendeunternehmen ein bestimmtes Material (zB Konzert, Film, Computeranimation) bei seiner (ersten) Ausstrahlung an die Öffentlichkeit dieser zugänglich gemacht hat. Die Funksendung als „Funkform" des Sendematerials (in der Formulierung von *Möhring/Nicolini/Hillig*[2] Rdnr. 22 und *Dreier* in *Dreier/Schulze*[3] Rdnr. 9: das „ausgestrahlte Sendegut") ist zu unterscheiden von dem – live, auf der Grundlage eines Bild- oder Tonträgers oder nach einer zwischengeschalteten Computerspeicherung – gesendeten Material als solchem. Sie ist auch zu unterscheiden von den (wechselnden) Verkörperungen, in denen sie der Öffentlichkeit erstmals und ggf. später erneut zugänglich gemacht wird, und den Vervielfältigungsstücken, auf denen sie aufgezeichnet ist. Als Immaterialgut wird die Funksendung erstmals verkörpert durch die elektronisch erzeugten Programmsignale, mit denen das zu sendende Material zur ersten Ausstrahlung an die Öffentlichkeit (der ersten Funksendung iSd. Abs. 2) aus dem Sendestudio „auf Sendung" geht, danach von den die Programmsignale tragenden Funkwellen, die sie der Öffentlichkeit zugänglich machen (ebenso jetzt auch *von Münchhausen* S. 129 ff., 134 f.).

23 Der **Schutz der Funksendung als Immaterialgut** knüpft notwendig an deren (wechselnde) Verkörperungen an. Darin unterscheidet sich der Schutz der Funksendung (als des Ergebnisses der Unternehmerleistung des Sendeunternehmens) von dem Schutz eines urheberrechtlich geschützten Werkes, das auch gegen Nachahmungen, die das Werk nur als Vorlage benutzt haben, geschützt ist. Der Schutz der Funksendung ist aber unabhängig davon, welche ihrer Verkörperungen der Nutzung durch Dritte zugrunde liegen (vgl. dazu auch – zum Filmherstellerrecht – BGHZ 175, 135/139 = GRUR 2008, 693/694 Tz. 16 – TV-Total; zum Leistungsschutzrecht an Lichtbildern vgl. BGH GRUR 1967, 315, 316 – skai-cubana, sa. § 72 Rdnr. 26; *Wandtke/Bullinger/Thum*[3] § 72 Rdnr. 22, 25). Die Ausstrahlung der Funksendung an die Öffentlichkeit ist Voraussetzung des Schutzes, weil Sendeunternehmen nach § 87 als Veranstalter von Sendungen für die Öffentlichkeit Schutz genießen. Vor der ersten Ausstrahlung, mit der die Schutzfrist erst zu laufen beginnt (Abs. 3), besteht noch kein Schutz nach § 87 (aA *Pleister/von Einem* ZUM 2007, 904/907). Wird aber die Ausstrahlung an die Öffentlichkeit durchgeführt, ist es unerheblich, ob die Nutzung der Funksendung technisch an die Ausstrahlung an die Öffentlichkeit als solche, eine parallel zu dieser durchgeführte Richtfunk-, Satelliten- oder Kabelübertragung (wie im Programmaustausch der Sendeunternehmen) oder eine Aufzeichnung der Funksendung anknüpft (sa. Rdnr. 34; vgl. *Flechsig* in Loewenheim[2] § 41 Rdnr. 14; *Fromm/Nordemann/Boddien*[10] Rdnr. 28; s. weiter *Dreier* in *Dreier/Schulze*[3] Rdnr. 13). Die durch § 87 geschützte Leistung des Sendeunternehmens wird im Sendegut als „Funkform" des Sendematerials (vgl. Rdnr. 22) verkörpert. Ob diese – ab der Ausstrahlung des Sendeguts an die Öffentlichkeit geschützte – Leistung technisch im Wege des Empfangs der an die Öffentlichkeit gerichteten Ausstrahlung oder durch Anzapfen eines anderen Übertragungsweges übernommen wird, ist im Hinblick auf den Schutzzweck des § 87 ohne Belang (ebenso jetzt auch *von Münchhausen* S. 135 ff.). Die Funksendung als Immaterialgut ist dementsprechend auch geschützt, wenn die Programmsignale nach der Einspeisung in die ununterbrochene Übertragungskette (s. dazu § 20 a Abs. 3), die zur Ausstrahlung an die Öffentlichkeit führt, aber noch vor der Ausstrahlung an die Öffentlichkeit selbst übernommen werden (ebenso AmtlBegr. zu Art. 2 des Zustimmungsgesetzes zum Brüsseler Satelliten-Abkommen, BTDrucks. 8/1390 S. 6 = BlfPMZ 1979, 378). Da das Schutzrecht auch dann eingreift, wenn die Übernahme an eine Aufzeichnung der geschützten Funksendung anknüpft, genießt das geschützte Sendeunternehmen auch bei einer Wiederholungssendung auf Grund einer eigenen Aufzeichnung seiner Funksendung Schutz, auch wenn die Wiederholungssendung selbst kein neues Schutzrecht begründet (s. Rdnr. 24, 36; sa. AmtlBegr. zu Art. 2 des Zustimmungsgesetzes, BTDrucks. 8/1390 S. 6 = BlfPMZ 1979, 378; *Schack*[5] Rdnr. 706).

24 Mit einer **erneuten Ausstrahlung der Funksendung** (Rdnr. 22) durch das Erstsendeunternehmen selbst oder ein anderes Sendeunternehmen wird kein neues Schutzrecht begründet

Sendeunternehmen **§ 87**

(ebenso *von Münchhausen* S. 138f.; *Flechsig* in Loewenheim[2] § 41 Rdnr. 15, 49; *Dreier* in *Dreier/Schulze*[3] Rdnr. 6, 9; *Wandtke/Bullinger/Ehrhardt*[3] Rdnr. 18, 24; *Fromm/Nordemann/Boddien*[10] Rdnr. 21; aA *Möhring/Nicolini/Hillig*[2] Rdnr. 24; s. weiter Rdnr. 43; zur abweichenden Rechtslage nach dem Brüsseler Satelliten-Abkommen s. Rdnr. 68f.; zum Schutz des Erstsendeunternehmens aus dem durch die Erstsendung begründeten Schutzrecht s. Rdnr. 23). Dies gilt nicht nur im Fall von gleichzeitigen Weitersendungen (vgl. – zum Rom-Abkommen und zu § 76a öUrhG – *Dittrich*, Fs. für Frotz, S. 715/718 ff.; s. weiter Rdnr. 13), sondern auch bei zeitversetzten Weitersendungen der Funksendung durch ein anderes Sendeunternehmen. Dies ist für zeitversetzte Weitersendungen nicht selbstverständlich und folgt auch nicht notwendig aus dem Wesen der Funksendung als Immaterialgut. Anforderungen an das Maß der organisatorisch-technischen Leistung des Sendeunternehmens stellt § 87 nicht (s. Rdnr. 14); die Leistung bei der Veranstaltung von Sendungen durch Neuausstrahlung einer aufgezeichneten Funksendung ist auch nicht geringer als diejenige bei der Veranstaltung von Sendungen auf der Grundlage von Tonträgern oder Bildtonträgern. Wird ein Schutzrecht aus § 87 nicht gewährt, wenn eine Funksendung erneut ausgestrahlt wird, kann zudem die Kontrolle über die Nutzung einer Funksendung (etwa einer Sportsendung) im Inland dann nicht ohne Weiteres gesichert werden, wenn das Erstsendeunternehmen im Inland keinen Schutz genießt. Dieses letztere Problem hat allerdings aufgrund der internationalen Rechtsentwicklung der vergangenen Jahre wesentlich an Bedeutung verloren, insb. durch das Brüsseler Satelliten-Abkommen (s. Rdnr. 68), die Erweiterung des Kreises der Vertragsstaaten des Rom-Abkommens (s. Rdnr. 66) und die Rechtssetzungsakte der EU (s. Rdnr. 6 ff.).

Maßgebend für die Auslegung, dass eine erneute Ausstrahlung der Funksendung kein neues **25** Schutzrecht begründet, sind die Bestimmungen der Schutzdauerrichtlinie, die mit der Neufassung des § 87 durch das 3. UrhGÄndG umgesetzt wurde (s. Rdnr. 6), während der Wortlaut der Vorschriften über die Rechte der Sendeunternehmen in der Vermiet- und Verleihrichtlinie auch eine andere Auslegung zulassen würde (vgl. dazu näher *Reinbothe/v. Lewinski* S. 87f.; sa. *Walter/Walter*, Europäisches Urheberrecht, S. 573 Rdnr. 26; *von Münchhausen* S. 100f., 138f.). Nach Art. 3 Abs. 4 der Schutzdauerrichtlinie – und dementsprechend auch nach § 87 Abs. 3 S. 1 – erlöschen die Rechte der Sendeunternehmen fünfzig Jahre nach der Erstsendung. Diese Regelung bezweckt nach ihrer Erläuterung im Erwgr. 19 der Richtlinie, das Recht der Sendeunternehmen an ihren Sendungen zeitlich zu begrenzen. Die Vorschrift, dass die Schutzdauer nur von der ersten Ausstrahlung einer bestimmten Sendung an laufe, solle verhindern, dass eine neue Frist zu laufen beginne, wenn die Sendung mit einer vorhergehenden identisch ist. Wenn es somit dem Erstsendeunternehmen selbst nicht möglich ist, durch Neuausstrahlung einer Funksendung eine neue Funksendung (als neuen Schutzgegenstand) zu schaffen, dann kann auch die Neuausstrahlung einer Funksendung durch ein anderes Sendeunternehmen nicht zu einem Schutzrechtserwerb führen. Bestätigt wird dies durch Art. 7 Abs. 3 der Vermiet- und Verleihrechtsrichtlinie (s. Rdnr. 6), der bestimmt, dass einem weiterverbreitenden Kabelsendeunternehmen, das lediglich Sendungen anderer Sendeunternehmen über Kabel weiterverbreitet, kein Recht, die Aufzeichnung seiner Sendungen zu erlauben oder zu verbieten, zusteht (s. Rdnr. 13). (Aus entsprechenden Gründen schließt § 85 Abs. 1 S. 3 den Erwerb des Schutzrechts eines Tonträgerherstellers aus, wenn ein bereits vorhandener Tonträger nur vervielfältigt wird; s. § 85 Rdnr. 21). An die Vorgaben der Schutzdauerrichtlinie und der Vermiet- und Verleihrechtsrichtlinie war der deutsche Gesetzgeber gebunden. Die Möglichkeit, einen weiterreichenden Schutz der Sendeunternehmen vorzusehen, ist nur nach der Vermiet- und Verleihrechtsrichtlinie – und auch dort nur beschränkt – gegeben (vgl. Erwgr. 16 der Richtlinie; vgl. im Übrigen die Begr. zu Art. 1 Nr. 6 RegE des 3. UrhGÄndG, BTDrucks. 13/115 S. 16 und zu Art. 1 Nr. 9 RegE des 4. UrhGÄndG, BTDrucks. 13/781 S. 15).

Anders ist die Rechtslage bei **Sendung desselben Materials** (zB desselben Films oder des- **26** selben Tonträgers), etwa durch zwei unabhängig voneinander ausstrahlende Sendeunternehmen. In diesem Fall schaffen beide Sendeunternehmen jeweils für sich eine „Funksendung" iSd. § 87 und erwerben dementsprechend auch unabhängig voneinander ein Schutzrecht. Die veränderte Neuausstrahlung einer Funksendung (zB mit neuer Synchronisation oder nach Nachkolorierung von Schwarzweißsendungen) kann ein neues Schutzrecht hinsichtlich der veränderten Teile begründen, soweit diese für sich als neue Funksendung angesehen werden können (ebenso *Fromm/Nordemann/Boddien*[10] Rdnr. 22; sa. Rdnr. 29). Bloße technische Verbesserungen der Funksendung vor der Neuausstrahlung (zur Verbesserung der Ton- oder Bildqualität) führen dagegen nicht zu einem neuen Schutzrecht (vgl. zur entsprechenden Problematik bei dem Schutz der Hersteller von Tonträgern § 85 Rdnr. 25, bei dem Schutz der Filmhersteller § 94 Rdnr. 15). Der

§ 87

Erwgr. 18 der Schutzdauerrichtlinie (s. Rdnr. 6) schließt ein neues Schutzrecht nur bei einer identischen Neuausstrahlung aus.

27   2. Die Funksendung wird nach § 87 geschützt, gleichgültig welche **Art der Ausstrahlung** (drahtlos oder leitungsgebunden) das Sendeunternehmen selbst für seine eigene Ausstrahlung der Funksendung an die Öffentlichkeit gewählt hat. Demgegenüber gewähren das Rom-Abkommen (Art. 3 lit. g, Art. 13 lit. a RA und das Europ. Abkommen zum Schutz von Fernsehsendungen (Art. 1 „broadcasts") nur Schutz für drahtlos ausgestrahlte Sendungen (zum Rom-Abkommen sa. *Dreier* GRUR Int. 1988, 753/759).

28   3. Das Schutzrecht aus § 87 ist unabhängig vom **Inhalt der Funksendung**, ebenso davon, ob an diesem Urheber- oder Leistungsschutzrechte (zB ausübender Künstler) bestehen und ob das Sendeunternehmen die zur Ausstrahlung der Funksendung erforderlichen Rechte erworben hat. Geschützt sind zB auch Funksendungen mit Wetterberichten oder Toto- und Lottoergebnissen. Live-Sendungen werden ebenso geschützt wie Sendungen auf der Grundlage von Aufzeichnungen des Programmmaterials (Tonträgern usw.). Unabdingbar ist aber jedenfalls, dass eine Funksendung in Tonfolgen oder Bild- und Tonfolgen verkörperte und für die Öffentlichkeit bestimmte Inhalte (im weitesten Sinn) enthält. Die Ausstrahlung eines Standbilds als Testbild ist keine Veranstaltung einer Funksendung.

29   4. Auch bei **Nutzung der Funksendung in Teilen oder in veränderter Form** können die Rechte des Sendeunternehmens aus Abs. 1 gegeben sein (ebenso – zu § 76a öUrhG – OGH GRUR Int. 1991, 653/654 – Oberndorfer Gschichtn = MR 1990, 230/231 mit Anm. *Walter;* OGH ÖBl. 1999, 304 = MR 1999, 229, 230 – Konflikte mit Anm. *Walter; Graschitz,* Fs. für Dittrich, S. 151 ff.; vgl. weiter – zum Rom-Abkommen – *Kaminstein* UFITA 40 [1963] 99/121; Art. 1 Abs. 1 lit. d und e, Art. 5 EuFSA; vgl. auch – zum Gegenstand der Verwertungsrechte an einem Werk – § 15 Rdnr. 3). Es genügt, wenn sich der Übernehmende die in der Veranstaltung einer Funksendung liegende organisatorisch-technische Leistung zum Teil in einer Weise zunutze gemacht hat, dass auch insoweit noch von Funksendung gesprochen werden kann (sa. Rdnr. 28). Auf das Verhältnis der Dauer des übernommenen Teils der Funksendung zu deren Gesamtdauer kommt es dabei nicht an. Bloße Einzelelemente einer Funksendung genießen aber jedenfalls keinen Schutz als Funksendung nach § 87. Andernfalls wäre die Sonderregelung für die Herstellung, Vervielfältigung und Verbreitung von Lichtbildern von einer Funksendung (Abs. 1 Nr. 2) nicht notwendig gewesen (ebenso *Dreier* in *Dreier/Schulze*[3] Rdnr. 12). Ein Lichtbild oder ein Einzelton aus einer Funksendung sind für sich genommen keine Funksendung (aA *von Münchhausen* S. 146 f., die eine Schutzrechtsverletzung auch bei Übernahme eines Einzeltons aus einer Funksendung für möglich hält; sa. *Hillig,* ZUM 2009, 677). Dementsprechend definiert Art. 3 lit. f des Rom-Abkommens (vgl. Rdnr. 4, 66) den Begriff der Funksendung als „die Ausstrahlung von Tönen oder Bildern und Tönen mittels radioelektrischer Wellen zum Zweck des Empfangs durch die Öffentlichkeit". Zur entsprechenden Frage bei dem Schutz des Herstellers von Tonträgern s. BGH GRUR 2009, 403/404 Tz. 14 – Metall auf Metall = MMR 2009, 253 mit Anm. *Hoeren; von Münchhausen* S. 144 f.; *Häuser,* Sound und Sampling, 2002, S. 106 ff.; *v. Ungern-Sternberg* GRUR 2010, 386 f. mwN; § 85 Rdnr. 42 f.; zur entsprechenden Frage beim Filmherstellerrecht s. BGHZ 175, 135/140 = GRUR 2008, 693/694 Tz. 19 – TV-Total; BGH, Urt. v. 19. 11. 2009 – I ZR 128/07, Tz. 36 – Film-Einzelbilder; s. weiter § 94 Rdnr. 25. Zum Schutz ausübender Künstler bei der Übernahme von Darbietungsteilen vgl. § 75 Rdnr. 29.

Die **Vermiet- und Verleihrechtsrichtlinie** (s. Rdnr. 6) lässt die Frage, ob die Rechte der Sendeunternehmen auch bei einer Verwendung kleinster Teile eingreifen, offen (s. *Walter/v. Lewinski,* Europäisches Urheberrecht, S. 352 Rdnr. 5).

Eine **Nutzung der Funksendung in veränderter Form** liegt nur vor, wenn die Funksendung iSd. § 87 (s. Rdnr. 22 f.) benutzt wird (wie etwa bei der Aufzeichnung der Sendung eines Films und der Neuausstrahlung in nachkolorierter Form). Die veränderte Neuproduktion des Inhalts einer Funksendung greift nicht in das Schutzrecht des Sendeunternehmens ein. Für die **freie Benutzung** einer Funksendung gilt § 24 entsprechend (vgl. dazu – zum Filmherstellerrecht – BGH GRUR 2000, 703/704 – Mattscheibe; BGHZ 175, 135/142 f. = GRUR 2008, 693/694 Tz. 24 ff. – TV-Total; zum Tonträgerherstellerrecht: BGH GRUR 2009, 403/405 Tz. 19 ff. – Metall auf Metall; vgl. dazu *v. Ungern-Sternberg,* GRUR 2010, 386/387 mwN). Es gibt keinen Grund, ein Leistungsschutzrecht stärker gegen die Benutzung für ein neues selbstständiges Werk zu schützen als urheberrechtlich schutzfähige Werke. Eine freie Benutzung kann auch bei einer unveränderten Übernahme gegeben sein, vor allem bei einer Parodie oder Satire. In einem solchen Fall ist aber ein strenger Maßstab angebracht; eine bloße parodistische Zielsetzung gibt noch keinen Freibrief für unfreie Entlehnungen (vgl. – zum Filmherstellerrecht – BGH GRUR 2000, 703/704 – Mattscheibe; BGHZ 175, 135/145 = GRUR 2008, 693/695 Tz. 36 – TV-Total). Im Fall „Mattscheibe" hat der BGH eine freie Benutzung angenommen, weil die verwendeten Original-Laufbilder zusammen genommen nur eine kurze Dauer hatten und in der Gesamtbetrachtung einen integrierenden, für die Gesamtwirkung wesentlichen Bestandteil des neuen urheberrechtlich schutzfähigen Werkes bildeten, dies auch deshalb, weil die benutzten Laufbilder nach ihrem Inhalt nur einen geringen eigenschöpferischen Gehalt aufwiesen BGH GRUR 2000, 703/706). Die Berücksichtigung des schöpferischen Gehalts der übernommenen Teile einer nach § 87 geschützten Sendung (oder nach § 95 geschützter Laufbilder) widerspricht nicht dem Umstand, dass das Recht aus § 87 ein Schutzrecht an einer Unternehmerleistung ist, kein Schutzrecht an einer schöpferischen Gestaltung. Bei der Prüfung, ob eine freie Benutzung vorliegt, ist der schöpferische Gehalt des Inhalts der übernommenen Teile einer Sendung allerdings nur unter dem Gesichtspunkt der Selbstständigkeit des neuen Werkes von Bedeutung. Der für die Prüfung der freien Benutzung eines Werkes geltende Gedanke, dass ein Werk geringerer Eigenart eher in dem nachgeschaffenen Werk aufgeht als ein Werk besonderer Eigenprägung, gilt deshalb bei der Übernahme geschützter Leistungen nur in modifizierter Form (insoweit – wohl nur in der Formulierung – abweichend BGHZ 175, 135/145 = GRUR 2008, 693/695 Tz. 36 – TV-Total – zum Filmherstellerrecht).

D. Recht an der Weitersendung und dem öffentlichen Zugänglichmachen der Funksendung (Abs. 1 Nr. 1)

Nach Abs. 1 Nr. 1 hat das Sendeunternehmen das ausschließliche Recht, seine Funksendung 30 weiterzusenden und öffentlich zugänglich zu machen.

Weitersendung iSd. Abs. 1 Nr. 1 ist nur eine gleichzeitige Weitersendung (allgM; BGH 31 GRUR 2009, 845/847 Tz. 29 – Internet-Videorecorder = K&R 2009, 573 mit Anm. *Damm*; BGH GRUR 2010, 530/531 Tz. 21 – Regio-Vertrag). Die Bestimmung wird insoweit einschränkend ausgelegt, weil das Rom-Abkommen, dem § 87 nachgebildet ist, den Schutz gegen die Weitersendung auf gleichzeitige Weitersendungen begrenzt (Art. 13 lit. a iVm. Art. 3 lit. g RA; das Gleiche gilt für Art. 1 Abs. 1 lit. a EuFSA – s. dazu *Nordemann/Vinck/Hertin* SFA Art. 1 Rdnr. 4 – und Art. 8 Abs. 3 Vermiet- und Verleihrechtsrichtlinie, s. zu dieser *Reinbothe/v. Lewinski* S. 99; *Walter/v. Lewinski,* Europäisches Urheberrecht, S. 362 Rdnr. 24). Eine zeitgleiche Weitersendung in diesem Sinn ist auch anzunehmen, wenn eine automatisch vorgenommene technische Aufbereitung der empfangenen Signale zum Zweck der sich unmittelbar daran anschließenden Weitersendung zu einer gewissen Zeitverschiebung führt. Die Vermiet- und Verleihrechtsrichtlinie (s. Rdnr. 6) hindert die Mitgliedstaaten nicht, den Schutz der Sendeunternehmen auf zeitverschobene Weitersendungen ihrer Funksendungen auszudehnen (vgl. Erwgr. 16 der Richtlinie). Allerdings besteht insoweit kaum ein Schutzbedürfnis: Zeitschobene Weitersendungen sind nur auf der Grundlage einer vorherigen Aufzeichnung einer Funksendung möglich. Im Inland unterliegt diese dem Recht aus Abs. 1 Nr. 2. Auch im Ausland besteht vielfach Schutz gegen die unbefugte Vervielfältigung der Funksendung (s. Rdnr. 65 ff.). Wird eine im schutzrechtsfreien Ausland unautorisiert hergestellte Vervielfältigung im Inland zur zeitverschobenen Weitersendung verwendet, besteht Schutz nach § 96 Abs. 1 (s. dazu Rdnr. 39).

Nicht jede gleichzeitige Weiterübertragung der Funksendung ist eine Weitersendung iSd. 32 Abs. 1 Nr. 1. Der Begriff der Weitersendung verweist auf § 20 (vgl. BGH GRUR 2009, 845/ 848 Tz. 31 – Internet-Videorecorder; BGH GRUR 2010, 530/531 Tz. 17 – Regio-Vertrag). Nur wenn die Weiterübertragung eine **Sendung im Rechtssinn** ist, liegt eine Weitersendung vor (*Ulmer*³ 127 II 1; vgl. § 20 Rdnr. 10, 35).

Als **technische Verfahren** der Weitersendung kommen alle Arten des Funks iSd. § 20 (ein- 33 schließlich der Sendung im Internet) und des § 20a in Betracht (s. § 20 Rdnr. 3, 10, 45; vgl. auch – zur Funksendung iSd. Sendevorgangs – Rdnr. 20). Bei einer Weitersendung durch eine europäische Satellitensendung gilt jedoch in den Fällen des § 20a nur die Einspeisung in die ununterbrochene Übertragungskette als Weitersendung (vgl. dazu Art. 4 Abs. 2, Art. 1 Abs. 2 der Satelliten- und Kabelrichtlinie iVm. Art. 8 Abs. 3 der Vermiet- und Verleihrechtsrichtlinie; s. weiter Rdnr. 9). Der anzunehmende Ort der Weitersendung – und zugleich die Anwendbarkeit des deutschen Rechts (vgl. dazu § 20a Rdnr. 7 f.) – wird dabei durch § 20a Abs. 1 und 2

§ 87 Sendeunternehmen

bestimmt. Anders als § 87 Abs. 1 Nr. 1 erfasst das Rom-Abkommen nur drahtlose Weitersendungen (Art. 13 lit. a, Art. 3 lit. f und g RA; zum Schutz gegen Kabelweitersendungen durch das Europ. Abkommen zum Schutz von Fernsehsendungen vgl. Art. 1 Nr. 1 lit. b, Art. 3 Abs. 1 lit. a EuFSA); das Gleiche gilt für Art. 8 Abs. 3 der Vermiet- und Verleihrechtsrichtlinie, der nach dem Vorbild des Rom-Abkommens gefasst wurde (s. dazu Rdnr. 7; *Reinbothe/v. Lewinski* S. 99 f.; *Walter/v. Lewinski*, Europäisches Urheberrecht, S. 362 Rdnr. 24 f.). Der weitergehende Schutz durch § 87 Abs. 1 Nr. 1 steht mit Art. 8 der Vermiet- und Verleihrechtsrichtlinie in Einklang, da dieser nur einen Mindestschutz vorschreibt (vgl. *Walter/v. Lewinski*, Europäisches Urheberrecht, S. 362 Rdnr. 26).

34   Das Recht an der Weitersendung der Funksendung greift nicht nur ein, wenn die Weitersendung auf der **Grundlage der Ausstrahlung** des Sendeunternehmens an die Öffentlichkeit stattfindet, sondern – dem Wesen der Funksendung iSd. § 87 als Immaterialgut entsprechend – auch dann, wenn ihr eine gleichzeitige Anschlusssendung eines anderen Unternehmens oder eine Richtfunk-, Kabel- oder Satellitenübertragung der Funksendung durch das Sendeunternehmen oder ein anderes Unternehmen zugrunde liegt (vgl. Rdnr. 23; ebenso jetzt *von Münchhausen* S. 157 f.; *Flechsig* in Loewenheim[2] § 41 Rdnr. 30; *Fromm/Nordemann/Boddien*[10] Rdnr. 28).

35   Der **Weitersendende** muss nicht selbst ein Sendeunternehmen sein (ebenso *Möhring/Nicolini/Hillig*[2] Rdnr. 25; *Fromm/Nordemann/Boddien*[10] Rdnr. 27). Das Rom-Abkommen setzt dagegen eine Weitersendung durch ein anderes Sendeunternehmen voraus (Art. 13 lit. a iVm. Art. 3 lit. g RA; ebenso zum Europ. Abkommen zum Schutz von Fernsehsendungen *Nordemann/Vinck/Hertin* SFA Art. 1 Rdnr. 4).

35a Das **Recht der öffentlichen Zugänglichmachung** ihrer Funksendungen wurde den Sendeunternehmen in Umsetzung von Art. 3 Abs. 2 lit. d der Informationsgesellschafts-Richtlinie (s. Rdnr. 9 a) durch Art. 1 Abs. 1 Nr. 29 Buchst. a der UrhG-Novelle 2003 (s. Rdnr. 9 a) zuerkannt.

E. Rechte aus Abs. 1 Nr. 2

36   Das Sendeunternehmen (Rdnr. 12 f.) hat nach Abs. 1 Nr. 2 die ausschließlichen **Vervielfältigungsrechte**, seine Funksendung (Rdnr. 22) auf Bild- oder Tonträger (Legaldefinition § 16 Abs. 2; vgl. dazu BGHZ 140, 94/97 – Sendeunternehmen als Tonträgerhersteller) aufzunehmen, Lichtbilder (§ 72) von der Funksendung herzustellen und die hergestellten Bild- oder Tonträger oder Lichtbilder zu vervielfältigen (vgl. dazu die Erläuterungen zum Vervielfältigungsrecht des Urhebers aus § 16; sa. Rdnr. 9 a). Es ist unerheblich, ob die Funksendung – als ein erstmals im Verlauf der Erstsendung verkörpertes Immaterialgut (vgl. Rdnr. 22) – bereits bei der Erstsendung oder später, auf Grund von Ausstrahlungen an die Öffentlichkeit oder mit Hilfe bereits bestehender Vervielfältigungsstücke vervielfältigt wird (vgl. dazu Art. 2 der Informationsgesellschafts-Richtlinie; sa. *Walter/v. Lewinski*, Europäisches Urheberrecht, S. 352 Rdnr. 4). Das Recht zur Vervielfältigung der Funksendung bezieht sich nur auf diese, nicht auch auf etwaige Programmaufzeichnungen (Tonträger, Bänder oÄ), die der Funksendung zugrunde lagen. Nicht nur die Herstellung von Lichtbildern aus einer laufenden Fernsehsendung, sondern auch aus einer Vervielfältigung der Funksendung fällt unter Abs. 1 Nr. 2. Der Schutz erstreckt sich auch auf die Vervielfältigung von Teilen einer Funksendung (vgl. *Reinbothe/v. Lewinski* S. 90 f.; s. weiter Rdnr. 29).

37   Vervielfältigungsstücke, die rechtmäßig zum privaten oder sonstigen eigenen Gebrauch hergestellt wurden, dürfen weder verbreitet (§ 17) noch zu öffentlichen Wiedergaben (§ 15 Abs. 2) verwendet werden (Abs. 4 iVm. § 53 Abs. 6).

38   Ein ausschließliches **Verbreitungsrecht** (vgl. § 17) an Bild- oder Tonträgeraufnahmen und Lichtbildern der Funksendung sowie Vervielfältigungsstücken hiervon wird den Sendeunternehmen durch Abs. 1 Nr. 2 seit dem 3. UrhGÄndG (s. Rdnr. 6 f.) zuerkannt. Ausdrücklich ausgenommen vom Verbreitungsrecht ist das Vermietrecht (§ 17 Abs. 3). Dies widerspricht nicht Art. 9 Abs. 1 der Vermiet- und Verleihrechtsrichtlinie, die mit der Änderung des Abs. 1 Nr. 2 umgesetzt werden sollte (s. Rdnr. 6). Denn das Vermietrecht ist nur nach der Terminologie des § 17 (seit dessen Neufassung durch Art. 1 Nr. 1 des 3. UrhGÄndG) Teil des Verbreitungsrechts, nicht auch iSd. Art. 9 Abs. 1 der Richtlinie (vgl. die Begr. zu Art. 1 Nr. 6 RegE, BTDrucks. 13/115 S. 7/15; sa. *Reinbothe/v. Lewinski* S. 103). Die Vermiet- und Verleihrechtsrichtlinie hat es bewusst dem nationalen Recht überlassen, näher zu bestimmen, wann eine Verbreitung gegenüber einer Öffentlichkeit vorgenommen wird (s. *Reinbothe/v. Lewinski* S. 103; *Walter/v. Lewinski*, Europäisches

Urheberrecht, S. 367 Rdnr. 3; vgl. dazu allerdings auch – zur Auslegung des Begriffs der öffentlichen Wiedergabe – EuGH GRUR 2007, 225/226 Tz. 31 – SGAE/Rafael; s. weiter § 15 Rdnr. 40). Zur Erschöpfung des Verbreitungsrechts s. § 17 Rdnr. 42 ff.; *Reinbothe/v. Lewinski* S. 104 f.).

Nach der **Rechtslage vor dem 30. 6. 1995** (Inkrafttreten der Neufassung des Abs. 1 Nr. 2, **39** vgl. Art. 3 Abs. 1 des 3. UrhGÄndG) hatten die Sendeunternehmen noch kein ausschließliches Verbreitungsrecht. In gewissem Umfang wurden allerdings die Vervielfältigungsrechte aus Abs. 1 Nr. 2 aF durch § 96 Abs. 1 ergänzt. Nach dieser Vorschrift dürfen rechtswidrig hergestellte Vervielfältigungsstücke weder verbreitet (§ 17) noch zu öffentlichen Wiedergaben (§ 15 Abs. 2) benutzt werden. Ein ausschließliches Verbreitungsrecht folgte daraus jedoch nicht (*Schorn* GRUR 1982, 644/646; *Bungeroth* GRUR 1976, 454 Fn. 12; *Hübner*, Fs. für Hubmann, S. 151/153; *Schack* GRUR 1985, 197 f.; aA *Stolz* S. 62). Nach § 96 Abs. 1 konnte aber bereits verboten werden, dass im Ausland unautorisiert hergestellte Vervielfältigungen von Funksendungen im Inland verbreitet oder zu öffentlichen Wiedergaben benutzt werden (*Flechsig* UFITA 81 [1978] 97/104; ebenso zur entsprechenden Problematik beim Schutz ausübender Künstler BGHZ 121, 319/324 – The Doors; BGH GRUR Int. 1995, 503/505 – Cliff Richard II).

Die Vervielfältigungsrechte aus Abs. 1 Nr. 2 gehen über die im **Rom-Abkommen** (Art. 13 **40** lit. c RA; s. Rdnr. 66) vorgesehenen Rechte hinaus (vgl. dazu *Kaminstein* UFITA 40 [1963] 99/121). Das Rom-Abkommen gibt den Sendeunternehmen kein Verbreitungsrecht an den Vervielfältigungen ihrer Funksendungen (*Kaminstein* UFITA 40 [1963] 99/122; *Schorn* GRUR 1982, 644/646).

F. Recht am öffentlichen Wahrnehmbarmachen der Funksendung (Abs. 1 Nr. 3)

Das Sendeunternehmen hat nach Abs. 1 Nr. 3 das ausschließliche Recht, seine Funksendung **41** (Rdnr. 22) an Stellen, die der Öffentlichkeit nur gegen Zahlung eines Eintrittsgeldes zugänglich sind (wie den sog. Fernsehstuben aus den Anfangsjahren des Fernsehens), öffentlich wiederzugeben (§ 15 Abs. 3). Zu den wirtschaftlichen Erwägungen, auf denen Abs. 1 Nr. 3 beruht, vgl. *Ulmer*³ § 127 II 3; *Bußmann* UFITA 18 [1954] 29/38; *Götting* ZUM 2005, 185 f. Das Recht am öffentlichen Wahrnehmbarmachen war – entsprechend der Regelung in Art. 13 lit. d RA – bis zur Neufassung des Abs. 1 Nr. 3 durch das 3. UrhGÄndG auf Fernsehsendungen beschränkt; die Einbeziehung der Hörfunksendungen beruht auf Art. 8 Abs. 3 der Vermiet- und Verleihrechtsrichtlinie (s. Rdnr. 6 f.). Die Wiedergabe von Funksendungen an Orten, die ohne Eintrittsgeld zugänglich sind (zB Gaststätten), ist frei (im Unterschied zu § 22, § 78 Abs. 2 Nr. 3 und § 86; dagegen de lege ferenda *Götting* ZUM 2005, 185 ff.). Die Vermiet- und Verleihrechtsrichtlinie würde es nicht verbieten, den Schutz der Sendeunternehmen auch auf öffentliche Wiedergaben an Plätzen zu erstrecken, die ohne Entgelt zugänglich sind, da sie nur einen Mindestschutz regelt (vgl. *Walter/v. Lewinski*, Europäisches Urheberrecht, S. 362 f. Rdnr. 27 ff.; *Götting* ZUM 2005, 185/190). Zum Merkmal der Zugänglichkeit gegen Entgelt vgl. § 52 Rdnr. 17; sa. *Wandtke/Bullinger/Ehrhardt*³ Rdnr. 23; *Flechsig* in Loewenheim² § 41 Rdnr. 40 f.; *Schwarz/Reber* ebd. § 21 Rdnr. 117; *Reinholz* WRP 2005, 1485/1486 f.; *ders.* K&R 2010, 364 ff.; *Diesbach/Bormann/Vollrath* ZUM 2006, 265/266 ff.; *Gaertner/Raab/Gierschmann/Freytag* K&R 2006, 1/5 f.; *Hamacher/Efing* SpuRt 2006, 15/16 ff.; *Krekel* SpuRt 2006, 59 ff.; *Wittneben* WRP 2006, 675 ff.).

Das Schutzrecht bezieht sich bei Fernsehsendungen auch auf die getrennte Wiedergabe von **42** Bild- oder Tonteil (zB bei Opernsendungen; vgl. Art. 5 EuFSA; anders noch § 91 Abs. 1 Nr. 3 MinE 1959). Das Recht aus Abs. 1 Nr. 3 greift – entsprechend dem Wesen der Funksendung als Immaterialgut (s. Rdnr. 22) – nicht nur ein, wenn die Funksendung zeitgleich mit ihrer Ausstrahlung öffentlich wahrnehmbar gemacht wird (ebenso *Dreier* in Dreier/Schulze³ Rdnr. 17; *von Münchhausen* S. 180; aA *Möhring/Nicolini/Hillig*² Rdnr. 43).

G. Übertragbarkeit des Schutzrechts (Abs. 2)

Die UrhG-Novelle 2003 hat durch Einfügung eines neuen Abs. 2 in § 87 ausdrücklich klar- **42a** gestellt, dass das Recht aus § 87 – anders als Urheberrechte – übertragbar ist und Nutzungsrechte eingeräumt werden können. Die Verweisung in Abs. 2 Satz 3 klammert diejenigen Vorschriften aus, die vertragsrechtliche Konkretisierungen des Urheberpersönlichkeitsrechts sind oder lediglich dem Schutz des Urhebers als der regelmäßig schwächeren Vertragspartei dienen (vgl. Begr. des RegE BTDrucks. 15/38 S. 25). Das Abstraktionsprinzip, das nach verbreiteter Ansicht bei Urheberrechten für das Verhältnis von Verpflichtung und Verfügung gilt (vgl. dazu BGH GRUR 2009, 946 ff. – Reifen Progressiv = K&R 2009, 712 ff. mit Anm. *Reinhard* = ZUM 2009, 852 ff. mit Anm. *Reber;* s. vor §§ 28 ff. Rdnr. 99 ff.), findet jedenfalls keine Anwendung auf das unbeschränkt übertragbare Leistungsschutzrecht aus § 87, da diesem kein persönlichkeitsrechtlicher Gehalt (s. Rdnr. 1) zukommt (vgl. *Nolden,* Das Abstraktionsprinzip im urheberrechtlichen Lizenzverkehr, 2005, S. 194 ff.; *Deichfuß,* Fs. für Schilling, 2007, S. 73/83 ff.; aA *Picot,* Abstraktion und Kausalabhängigkeit im deutschen Immaterialgüterrecht, 2007, S. 134 f.). Die Wirksamkeit der verschiedenen Verfügungen über Rechte aus dem UrhG, die aufgrund eines einheitlichen schuldrechtlichen Sendevertrages vorgenommen worden sind, kann daher bei Unwirksamkeit dieses Verpflichtungsgeschäfts unterschiedlich zu beurteilen sein.

Die Rechte aus § 87 waren bereits nach **früherem Recht** unbeschränkt übertragbar (§§ 398 ff., 413 BGB; allgM). Ebenso konnten – analog §§ 31 ff. – Nutzungsrechte eingeräumt werden.

42b Zur **Wahrnehmung** der Leistungsschutzrechte der Sendeunternehmen s. *Stolz* UFITA 104 [1987] 31/57 ff.; *Wandtke/Bullinger/Ehrhardt*[3] Rdnr. 17; *Castendyk* in Loewenheim[2] § 75 Rdnr. 340 ff. Als Verwertungsgesellschaften sind die VFF Verwertungsgesellschaft der Film- und Fernsehproduzenten GmbH (www.vffvg.de) und die VG Media Gesellschaft zur Verwertung der Urheber- und Leistungsschutzrechte von Medienunternehmen (www.vgmedia.de) tätig.

H. Schutzdauer (Abs. 3)

43 Das Schutzrecht erlischt 50 Jahre nach Ablauf des Kalenderjahres, in dem die Funksendung erstmals an die Öffentlichkeit ausgestrahlt wurde (Abs. 3 iVm. § 69). Die Schutzfrist entspricht der Schutzdauer bei vergleichbaren Leistungsschutzrechten (§ 85 Abs. 3, § 94 Abs. 3). Eine erneute Ausstrahlung der Funksendung an die Öffentlichkeit begründet kein neues Schutzrecht (s. Rdnr. 24; s. aber auch Rdnr. 23; anders *Möhring/Nicolini/Hillig*[2] Rdnr. 24, 44, der aber annimmt, dass bei einer Wiederholungssendung keine neue Schutzfrist zu laufen beginnt; aA auch *von Münchhausen* S. 148 ff., die – wenig praktikabel – vor allem darauf abstellt, welchen Aufwand das Sendeunternehmen – insbesondere im Hinblick auf einen Neuerwerb der Rechte – für die Neuausstrahlung tätigen musste). Um dies „klarzustellen", hat das 3. UrhGÄndG (s. Rdnr. 6) in Abs. 1 Nr. 3 vor dem Wort „Funksendung" das Wort „ersten" eingefügt (vgl. Begr. des RegE eines 3. UrhG-ÄndG, BTDrucks. 13/781 S. 10 und 15; sa. *Schack*[5] Rdnr. 706). Zur Schutzdauer bei Funksendungen, die Sendeunternehmen ohne Sitz im Inland dort ausstrahlen s. § 127 Abs. 1 und 2 (idF des 3. UrhGÄndG).

44 Die Schutzdauer ist durch das **3. UrhGÄndG** von bis dahin 25 Jahren auf 50 Jahre ausgedehnt worden (s. Rdnr. 6, 8; Übergangsregelung in § 137 f).

Durch Art. 1 Abs. 1 Nr. 29 Buchst. c der UrhG-Novelle 2003 (s. Rdnr. 9 a) wurde der bisherige Abs. 2 ohne inhaltliche Änderung Abs. 3.

J. Schranken des Schutzrechts. Vermutung der Rechtsinhaberschaft (Abs. 4)

45 1. Die Bestimmungen des Sechsten Abschnitts des Ersten Teils über die Schranken des Urheberrechts (§§ 44 a ff.) gelten entsprechend auch für das Schutzrecht aus § 87. Zur Anwendung des Zitatrechts (§ 51 Nr. 2) und der Schranke zugunsten der Berichterstattung über Tagesereignisse (§ 50) vgl. BGHZ 175, 135/146 f./148 f. = GRUR 2008, 693/696 Tz. 39 ff., 46 ff. – TV-Total (zum Filmherstellerrecht). Anders als den ausübenden Künstlern, Veranstaltern, Herstellern von Tonträgern und Filmherstellern (§ 83, § 85 Abs. 4, § 94 Abs. 4) stehen den Sendeunternehmen nach der gesetzlichen Regelung unter dem Gesichtspunkt des Schutzes ihrer Funksendungen der Löschungs- und der Vergütungsanspruch bei Aufnahmen von Schulfunksendungen (§ 47 Abs. 2 S. 2) und der zum Ausgleich für private Vervielfältigungen auf Bild- oder Tonträger vorgesehene Vergütungsanspruch (§ 54 Abs. 1) nicht zu. Der Rechtsausschuss des Bundestages hat ein schutzwürdiges Interesse der Sendeunternehmen an diesen Rechten verneint (UFITA 45 [1965] 155/208; UFITA 46 [1966] 143/198; *Stolz* GRUR 1983, 632/634; *von Münchhausen* S. 232 ff.). Diese Einschränkung des Schutzes der Sendeunternehmen ist mit dem Rom-Abkommen (Art. 15 Nr. 1 lit. a und d RA) und dem Europ. Abkommen zum

Schutz von Fernsehsendungen (Art. 3 Abs. 1 lit. c EuFSA) vereinbar (ebenso *von Münchhausen* S. 270ff.; *Schack* GRUR Int. 2009, 490/492). Ihre Vereinbarkeit mit Art. 2 und Art. 5 Abs. 2 lit. b der Informationsgesellschafts-Richtlinie (s. Rdnr. 9a) wird von *Flechsig* (ZUM 2004, 249ff.), *Götting* (Beteiligung der Sendeunternehmen, S. 47ff.) und *Triebe* (S. 221ff.) verneint, von *Schack* (GRUR Int. 2009, 490/492ff.) bejaht (vgl. dazu auch OLG Dresden ZUM 2007, 203/206; *Dreier* in *Dreier/Schulze*[3] Rdnr. 24; *Riesenhuber* UFITA 2006 I S. 262/265f.). Demgegenüber hat das KG angenommen, dass Art. 5 Abs. 2 lit. b der Informationsgesellschafts-Richtlinie die Mitgliedstaaten nicht verpflichte, die Sendeunternehmen an der Geräte- und Speichermedienabgabe zu beteiligen; es hat demgemäß einen gemeinschaftsrechtlichen Staatshaftungsanspruch der Sendeunternehmen, der mit einer mangelhaften Umsetzung der Richtlinie begründet war, abgewiesen (KG ZUM 2009, 567 [nicht rkr.]; Vorinstanz: LG Berlin MR-Int. 2008, 9 mit Anm. *v. Olenhusen* MR-Int. 2008, 6; s. dazu auch § 85 Rdnr. 67; *Flechsig* in Loewenheim[2] § 41 Rdnr. 56; *Castendyk* ebd. § 75 Rdnr. 340; *Bernhöft* S. 249ff.). Zur Verfassungsmäßigkeit des Ausschlusses der öffentlich-rechtlichen Rundfunkanstalten von einer Beteiligung am Vergütungsaufkommen des § 54 Abs. 1 vgl. BVerfG NJW 1988, 1715; sa. *Triebe* S. 193ff.; *Schack* GRUR Int. 2009, 490/495; *Bernhöft*, S. 247ff. Zur Frage, ob den Sendeunternehmen die Vergütungsansprüche aus § 47 Abs. 2 S. 2 und § 54 Abs. 1 (vgl. § 53 Abs. 5 aF) zustehen, soweit sie als Hersteller von Tonträgern oder Bild- und Tonträgern tätig sind s. Rdnr. 59; § 85 Rdnr. 39, 61ff.; § 94 Rdnr. 30f. Zur Frage, ob die Sendeunternehmen in Allgemeinen Geschäftsbedingungen wirksam ihre Beteiligung an den Vergütungsansprüchen aus § 54 Abs. 1 vereinbaren können, vgl. *Hoeren/Veddern* UFITA 2002, 7ff./44f.; *Triebe* S. 161f.

Ob den Sendeunternehmen **de lege ferenda** im Hinblick auf ihre Funksendungen Vergütungsansprüche aus § 47 Abs. 2 S. 2 und § 54 Abs. 1 (vgl. § 53 Abs. 5 aF) zuerkannt werden sollen, war auch nach der UrhG-Novelle 1985 (s. Rdnr. 5), die ablehnend entschieden hat, umstritten (bejahend: *Krüger-Nieland* GRUR 1982, 253 und GRUR 1983, 345; *Flechsig* GRUR 1980, 1046/1051; *Ossenbühl* GRUR 1984, 841; *Stolz* S. 121ff.; *ders.* UFITA 96 [1983] 55/86, GRUR 1983, 632 und GRUR 1986, 859ff.; *Hillig* in *Fuhr/Rudolf/Wasserburg* [Hrsg.] S. 436; *ders.* UFITA 102 [1986] 11/23; *Rumphorst* Copyright 1982, 211; *Triebe* S. 171ff.; verneinend: *Möller* FuR 1983, 240/249; *Schack* GRUR 1985, 197/200f.; *Schorn* GRUR 1982, 644 und GRUR 1983, 718; *von Münchhausen* S. 277ff.; vgl. auch *Krieger* GRUR Int. 1983, 429). Die **UrhG-Novelle 2003** (s. Rdnr. 9a) hat jedoch daran, dass den Sendeunternehmen im Hinblick auf ihre Funksendungen keine Vergütungsansprüche aus § 47 Abs. 2 S. 2 und § 54 Abs. 1 zustehen, nichts geändert. Ein im Gesetzgebungsverfahren gestellter Änderungsantrag, der darauf abzielte, die Sendeunternehmen an den Vergütungen gemäß § 54 zu beteiligen, wurde nicht angenommen (vgl. Bericht des BT-Rechtsausschusses, BTDrucks. 15/837 S. 31; sa. *Flechsig* ZUM 2004, 249/254).

Das Zweite Gesetz zur Regelung des Urheberrechts in der Informationsgesellschaft vom 26. Oktober 2007 (BGBl. I S. 2513; „**2. Korb**") hat die Gesetzeslage hinsichtlich der Beteiligung der Sendeunternehmen an den Vergütungsansprüchen aus § 47 Abs. 2 S. 2 und § 54 Abs. 1 unverändert gelassen (vgl. dazu die Begr. des RegE für den „2. Korb", BTDrucks. 16/1828 S. 16ff.; zustimmend *Schack* GRUR Int. 2009, 490ff.; dagegen *Arnold/Langhoff* ZUM 2006, 605ff.; s. dazu auch *Katzenberger* GRUR Int. 2006, 190ff.).

46 2. Zur **Zulässigkeit von Beschränkungen** der Rechte der Sendeunternehmen vgl. Art. 15 Rom-Abkommen, Art. 3 EuFSA und Art. 10 Vermiet- und Verleihrechtsrichtlinie (s. dazu *Reinbothe/v. Lewinski* S. 107ff.).

Für das Schutzrecht der Sendeunternehmen besteht **keine Zwangslizenz**. Nach Art. 10 Abs. 2 Satz 2 der Vermiet- und Verleihrechtsrichtlinie (s. Rdnr. 6) dürfen die EU-Mitgliedstaaten Zwangslizenzen für die Rechte der Sendeunternehmen ohnehin nur insoweit vorsehen, als diese mit den Bestimmungen des Rom-Abkommens (s. vor §§ 120ff. Rdnr. 75ff.) vereinbar sind. Der noch in Art. 18 des Entwurfs einer Richtlinie zum Rundfunkwesen vom 29. 4. 1986 (GRUR Int. 1986, 388/392/401) enthaltene Vorschlag, die zeitgleiche, unveränderte und ungekürzte Kabelweiterübertragung von Rundfunksendungen aus anderen Mitgliedstaaten gegebenenfalls auch durch eine gesetzliche Lizenz zu erleichtern, wurde damit aufgegeben.

47 3. **Vermutung der Rechtsinhaberschaft.** Durch Art. 6 Nr. 7 des Gesetzes zur Verbesserung der Durchsetzung von Rechten des geistigen Eigentums vom 7. 7. 2008 (BGBl. I S. 1191) ist in § 87 Abs. 4 die Urhebervermutung des § 10 Abs. 1 durch Anordnung der entsprechenden Anwendbarkeit auf die Rechte der Sendeunternehmen erstreckt worden (s. Rdnr. 9c). Zum Inhalt der Vermutung s. *Wandtke/Bullinger/Thum*³ § 10 Rdnr. 49; *Fromm/Nordemann/Boddien*¹⁰ Rdnr. 40; *Grünberger* GRUR 2006, 894/897 ff.

K. Verpflichtung zum Vertragsschluss über die Kabelweitersendung (Abs. 5)

48 **1. Durch das 4. UrhGÄndG wurde Abs. 5 Satz 1** (früher Abs. 4; s. Rdnr. 9 a) – in Umsetzung der sog. Satelliten- und Kabelrichtlinie (vgl. Erwgr. 30, Art. 12 der Richtlinie; s. weiter Rdnr. 9) – in das Gesetz eingefügt. Die **Auslegung** dieser Regelung ist deshalb am Inhalt der Richtlinie – einschließlich ihrer Erwägungsgründe (s. Erwgr. 30) – auszurichten (s. Rdnr. 10). Die Vorschrift des Abs. 5 Satz 1 ist mit Art. 9 der Satelliten- und Kabelrichtlinie vereinbar (s. Begr. des RegE des 4. UrhGÄndG, BTDrucks. 13/4796 S. 15; *Dreier* in *Dreier/Schulze*³ Rdnr. 26; *Treyde* S. 164 f.; *Rüberg* S. 155; aA *Gounalakis* NJW 1999, 545/547; vgl. auch die Bedenken der Ausschüsse des Bundesrats BRDrucks. 257/1/06 S. 19). Sie will nur entsprechend der Vorgabe des Art. 12 Abs. 1 der Richtlinie, der nach seiner Überschrift die „Verhinderung des Missbrauchs von Verhandlungspositionen" zum Ziel hat, sicherstellen, dass der Vertragsabschluss nicht treuwidrig ohne triftigen Grund verhindert wird. Nur unter diesen Voraussetzungen enthält die Vorschrift einen Kontrahierungszwang. Abs. 5 soll in erster Linie Kabelsendungen erleichtern (sa. Art. 12 Abs. 1 der Satelliten- und Kabelrichtlinie: „Verhandlungen über die *Erlaubnis* der Kabelweiterverbreitung").

Von Bedeutung für die Auslegung des Abs. 5 Satz 1 ist auch das Europäische Abkommen zum Schutz von Fernsehsendungen vom 22. 6. 1960 (EuFSA, s. Rdnr. 67; vor §§ 120 ff. Rdnr. 100 ff.), nach dessen Art. 3 Abs. 3 die Vertragsstaaten hinsichtlich der Kabelweitersendung von Fernsehsendungen eine Zwangsschlichtung nur für Fälle vorsehen können, in denen ein Sendeunternehmen das ihm nach Art. 1 Abs. 1 lit. c EuFSA zustehende Recht der öffentlichen Übertragung seiner Sendungen durch Kabelfunk in willkürlicher Weise verweigert oder unter unangemessenen Bedingungen gewährt (vgl. dazu Begr. des RegE des 4. UrhGÄndG, BTDrucks. 13/4796 S. 14).

Durch Art. 1 Nr. 18 des Zweiten Gesetzes zur Regelung des Urheberrechts in der Informationsgesellschaft vom 26. Oktober 2007 (BGBl. I S. 2513; **„2. Korb"**) wurde **Abs. 5 Satz 2** angefügt (s. Rdnr. 50).

49 **2. Zweck der Vorschrift** ist es, den Abschluss von Verträgen über Kabelweitersendungen iSd. § 20 b Abs. 1 zu fördern, bei denen gesendete Werke im Rahmen eines zeitgleich, unverändert und vollständig weiterübertragenen Programms durch Kabel- oder Mikrowellensysteme weitergesendet werden sollen (vgl. Erwgr. 30 der Satelliten- und Kabelrichtlinie). Sie schränkt dazu die Vertragsfreiheit der Beteiligten ein. Dies steht nicht in Widerspruch zu dem Grundsatz der Vertragsfreiheit beim Rechteerwerb, der Art. 9 der Richtlinie zugrunde liegt, weil die Satelliten- und Kabelrichtlinie in Art. 12 von den Mitgliedstaaten verlangt, durch wirksame Vorschriften dafür zu sorgen, dass die Beteiligten Verhandlungen über die Kabelweitersendung nicht ohne triftigen Grund be- oder verhindern (ebenso *Dreier* in *Dreier/Schulze*³ Rdnr. 26; vgl. dazu auch Begr. des RegE des 4. UrhGÄndG, BTDrucks. 13/4796 S. 15). Der Kontrahierungszwang begründet jedoch kein Nutzungsrecht zur Kabelweitersendung ohne vorherigen Abschluss eines Vertrages (OLG Dresden GRUR 2003, 601/603 f.; sa. *Weisser/Höppener* ZUM 2003, 597/608 ff.; *Flechsig* in Loewenheim² § 41 Rdnr. 61).

Die Vorschrift des Abs. 5 begründet nicht nur Pflichten hinsichtlich des Abschlusses eines Vertrages, sondern auch hinsichtlich der **Beendigung eines bestehenden Vertrages**. Nach Sinn und Zweck des Abs. 5 ist es einem Normadressaten verwehrt, einen Vertrag zu beenden, wenn er danach gemäß Abs. 5 wieder zum Vertragsschluss verpflichtet wäre (s. dazu auch – zu § 20 Abs. 1 GWB – BGH GRUR 2003, 893/894 – Schülertransporte).

50 **3. Normadressaten des Abs. 5 Satz 1** sind Sendeunternehmen und Kabelunternehmen. Beide Seiten sind einander unter den Voraussetzungen des Abs. 5 gleichermaßen zum Vertragsschluss verpflichtet. Die Verpflichtung gilt bereits nach dem Wortlaut der Vorschrift („gegenseitig") auch für die Kabelunternehmen bei der Gewährung des Netzzugangs (vgl. Schiedsstelle ZUM 2009, 180/183; *Hillig* MMR 2001, Beilage Nr. 2 S. 34/37; *Dreier* in *Dreier/Schulze*³ Rdnr. 26; aA *Hahne* S. 170; *Weisser/Höppener* ZUM 2003, 597/599; sa. Rdnr. 55). Sendeunternehmen unterliegen – entsprechend der Zielsetzung des Art. 12 der Satelliten- und Kabelrichtlinie – gemäß Abs. 5 Satz 1 Halbs. 2 nicht nur dann den Rechtspflichten aus Abs. 5, wenn sie Rechte an eigenen Funksendungen im engeren Sinne des Abs. 1 innehaben, sondern immer dann, wenn sie – originär oder abgeleitet erworbene – Rechte zur Kabelweitersendung (aus Urheberrechten oder Leistungsschutzrechten) geltend machen können, die nicht der Verwertungsgesellschaftenpflicht unterliegen (vgl. dazu § 20b Abs. 1, § 78 Abs. 4, § 94 Abs. 4).

4. Durch **Abs. 5 Satz 2** (eingefügt mit Wirkung vom 1. 1. 2008) soll den Kabelunternehmen und den Sendeunternehmen ermöglicht werden, eine umfassende Vereinbarung mit allen Berechtigten, vor allem über die Gesamtsumme der Vergütungen, die für die Kabelweitersendung zu zahlen sind, herbeizuführen, sofern nicht ein die Ablehnung eines gemeinsamen Vertragsschlusses sachlich rechtfertigender Grund besteht. Die Verwertungsgesellschaften mussten in Abs. 5 nicht zum Vertragsschluss verpflichtet werden, weil sie ohnehin dem – weitergehenden – Abschlusszwang des § 11 WahrnG unterliegen. Bereits bestehende Vereinbarungen zur Kabelweitersendung werden durch die Neuregelung nicht berührt (vgl. Begr. des RegE für den „2. Korb", BTDrucks. 16/1828 S. 32). 51

5. Gegenstand und Inhalt des abzuschließenden Vertrages ist die Gestattung der Kabelweitersendung iSd. § 20b Abs. 1 im Hinblick auf alle Senderechte (aus Urheberrechten oder Leistungsschutzrechten), die dem Sendeunternehmen an seinen Sendungen originär oder abgeleitet zustehen (vgl. Abs. 5 Satz 1 Halbs. 2). 52

6. Sendeunternehmen und Kabelunternehmen sind einander verpflichtet, einen Vertrag **zu angemessenen Bedingungen** abzuschließen (vgl. dazu auch § 11 Abs. 1 WahrnG; sa. *Hein/Schmidt* K&R 2002, 409/412 ff.; *Gounalakis/Mand* S. 96 ff.; *Weisser/Höppener* ZUM 2003, 597/606; *Spindler* MMR 2003, 1/5 ff.; *Flechsig* in Loewenheim[2] § 41 Rdnr. 65 f.; *Castendyk*, ebd. § 75 Rdnr. 326 ff.; *Dreier* in *Dreier/Schulze*[3] Rdnr. 28). Diese Pflicht bezieht sich nur auf die Bedingungen für die Einräumung der Nutzungsrechte, nicht auch auf sonstige Leistungsbeziehungen, die in dem Vertrag mit geregelt werden (aA *Spindler* MMR 2003, 1/8). Der Vertragsschluss über die Kabelweitersendung darf nicht von vertragsfremden Zusatzleistungen abhängig gemacht werden (vgl. Begr. zu Art. 1 Nr. 18 des RegE für den „2. Korb", BTDrucks. 16/1828 S. 32). Für die Beurteilung von Vertragsbedingungen für Leistungsbeziehungen anderer Art würde der Schiedsstelle, die nach § 14 Abs. 1 Nr. 2 WahrnG in Streitfällen angerufen werden kann, auch die besondere Sachkunde fehlen. Kabelunternehmen werden nach Abs. 5 nur ausnahmsweise verpflichtet sein, Kabelweitersendungen von Programmen, die nicht kostenlos zur Verfügung gestellt werden, durchzuführen, da es ihnen – soweit nicht medienrechtliche Verpflichtungen bestehen – grundsätzlich zugestanden werden muss, ihr unternehmerisches Verhalten bei der Nachfrage nach Rundfunkprogrammen so auszugestalten, wie sie es für richtig und sinnvoll halten (vgl. dazu auch – zu § 26 GWB aF [§ 20 GWB nF] – BGH GRUR 1996, 808/810 f. – Pay-TV-Durchleitung; *Markert* in *Immenga/Mestmäcker*[4] GWB § 20 Rdnr. 207 ff.). Die Verpflichtung der Kabelunternehmen aus Abs. 5 zur Übernahme von Programmen iSd. § 20b Abs. 1 wird daher kaum weiter gehen als nach Kartellrecht (s. dazu auch Rdnr. 55). 53

7. Ein Vertragsschluss kann von Sendeunternehmen oder Kabelunternehmen abgelehnt werden, wenn dafür ein **sachlich rechtfertigender Grund** besteht (Art. 12 Abs. 1 der Satelliten- und Kabelrichtlinie benutzt die Wendung „nicht ohne triftigen Grund"; sa. Art. 3 Abs. 3 EuFSA; s. dazu auch Rdnr. 48). In den Materialien zu Abs. 5 (früher Abs. 4, s. Rdnr. 9a; Begr. des RegE des 4. UrhGÄndG, BTDrucks. 13/4796 S. 15) ist dazu ausgeführt, ein sachlich rechtfertigender Grund könne im Einzelfall im tatsächlichen, aber auch im rechtlichen Bereich liegen. So könnten auch entgegenstehende medienrechtliche Vorschriften der Länder, insbesondere auch mangelnde Übertragungskapazitäten des Kabelunternehmens aufgrund anderweitiger medienrechtlicher Übertragungspflichten (vgl. § 51b des Rundfunkstaatsvertrags; sa. Rdnr. 55), die Ablehnung des Vertragsabschlusses rechtfertigen. Ein Sendeunternehmen kann den Vertragsschluss über die digitale Kabelweitersendung seiner Sendungen nicht mit der Begründung ablehnen, es habe bereits der analogen Weitersendung zugestimmt (vgl. Begr. zu Art. 1 Nr. 18 des RegE für den „2. Korb", BTDrucks. 16/1828 S. 32; s. weiter *Hahne* S. 168 f.; *Weisser/Höppener* ZUM 2003, 597/604 ff.; *Wagner*, Fs. für Raue, S. 723/733 f.; *Flechsig* in Loewenheim[2] § 41 Rdnr. 61, 63). Geht es um die Weitersendung von Programmpaketen ist bei der Beurteilung, ob ein sachlich rechtfertigender Grund für die Ablehnung eines Vertragsschlusses besteht, ggf. nach den einzelnen Programmen zu unterscheiden (sa. *Wagner*, Fs. für Raue, S. 723/734 f.). Zur Frage, ob die Ablehnung eines Vertragsschlusses ohne sachlich rechtfertigenden Grund zum Schadensersatz verpflichtet, s. *Weisser/Höppener* ZUM 2003, 597/608 f. 54

8. Abs. 5 schließt **Ansprüche aus anderen Rechtsgründen** nicht aus (vgl. dazu auch Begr. des RegE des 4. UrhGÄndG, BTDrucks. 13/4796 S. 15). Aus diesen kann sich auch ergeben, 55

§ 87

dass ein Rechtsinhaber verpflichtet ist, Nutzungswilligen ein Nutzungsrecht einzuräumen (vgl. BGHZ 154, 260/265 – Gies-Adler; BGHZ 160, 67/72ff. – Standard-Spundfaß; sa. § 15 Rdnr. 39). Zur Frage, ob der Inhaber eines Kabelnetzes gemäß § 19 Abs. 4 Nr. 4 GWB oder §§ 20, 33 GWB (bis zum 31. 12. 1998: § 35, § 26 Abs. 2 GWB) zur Durchleitung von Programmen an die Empfänger verpflichtet sein kann, s. *Hahne* S. 136ff.; *Bauer* S. 192ff.; *Christmann/Enßlin/ Wachs* MMR 2005, 291/293; *Sharma* S. 235ff.; *Flechsig* in Loewenheim[2] § 41 Rdnr. 61; sa. BGH GRUR 1996, 808 – Pay-TV-Durchleitung; OLG Hamburg AfP 2000, 371; OLG Naumburg AfP 2000, 367. Lehnt ein Rechtsinhaber unter Missbrauch einer marktbeherrschenden Stellung den Abschluss eines Lizenzvertrages ab (Art. 82 EG [jetzt Art. 102 AEUV], §§ 19, 20 GWB), kann gegen den Unterlassungsanspruch der kartellrechtliche „Zwangslizenzeinwand" geltend gemacht werden, wenn der Nutzer darlegt, er habe sich erfolglos um eine Lizenz zu angemessenen Bedingungen bemüht, der Rechtsinhaber verstoße durch die Lizenzverweigerung gegen das kartellrechtliche Verbot, andere Unternehmen zu diskriminieren oder ohne sachlichen Grund zu behindern. Der Nutzer darf das Recht allerdings nur dann im Vorgriff auf den rechtswidrig verweigerten Lizenzvertrag nutzen, wenn er auch die sich aus dem angestrebten Vertrag ergebenden Verpflichtungen erfüllt, insbesondere die angemessene Lizenzgebühr an den Rechtsinhaber zahlt oder die Zahlung zumindest durch Hinterlegung sicherstellt (vgl. – zum Patentrecht – BGHZ 180, 312 = GRUR 2009, 694/695 Tz. 22ff. – Orange-Book-Standard = Mitt. 2009, 338 mit Anm. *Maume*; vgl. auch *Jestaedt* GRUR 2009, 801ff.; *Hötte* MMR 2009, 689f.; *Busche* CIPReport 2009, 104ff.; *Nägele/Jacobs* WRP 2009, 1062ff.; *de Bronnett* WuW 2009, 899ff.; *Gärtner/Vormann* Mitt. 2009, 440ff.; *Heinemann* LMK 2009, 286659; *Ullrich* IIC 2010, 337ff.; *Ann* VPP-Rundbrief 2010 Nr. 2 S. 46ff.). Zum Verhältnis des Abs. 5 zu den kartellrechtlichen Ansprüchen sa. OLG Dresden GRUR 2003, 601/603.

Vgl. weiter zu Pflichten der Betreiber von Kabelnetzen, Sendeunternehmen für ihre Programme den Netzzugang zu ermöglichen, *Schmid* in *Schwartmann* (Hrsg.), Praxishandbuch Medien-, IT- und Urheberrecht, S. 98f.; sa. *Schwartmann* ebd. S. 61; *Janik* ebd. S. 148f.; *Bauer* S. 177ff.; *Sharma* S. 76ff.; *Gersdorf* K&R 2009 Beilage Nr. 1 S. 2ff. Kulturpolitisch begründete nationale Regelungen, die Kabelunternehmen verpflichten, die von bestimmten Rundfunkveranstaltern gesendeten Programme zu übertragen („must carry"), können mit dem Gemeinschaftsrecht vereinbar sein (vgl. EuGH ZUM 2008, 131 Tz. 24ff. – United Pan-Europe Communications Belgium ua.; EuGH AfP 2009, 42/43 Tz. 19ff. – Kabel Deutschland/Niedersächsische Landesmedienanstalt für privaten Rundfunk = K&R 2009, 249 mit Anm. *Rößner*; vgl. weiter Art. 31 der Universaldienstrichtlinie 2002/22/EG). Zur rundfunkrechtlichen Sicherung der Zugangsfreiheit der Rundfunkanbieter gegenüber Anbietern von Telekommunikationsdienstleistungen s. *Janik* in *Schwartmann* (Hrsg.), Praxishandbuch Medien-, IT- und Urheberrecht, S. 158f.; *Korehnke* ebd. S. 299f.; *Engel/Lüdemann* ZUM 2008, 904ff.; *Sharma* S. 132ff. Zu Netzzugangsansprüchen aus europäischem Gemeinschaftsrecht vgl. *Wille/Schulz/Fach-Petersen* in *Hahn/Vesting* (Hrsg.), Beck'scher Kommentar zum Rundfunkrecht, 2. Aufl. 2008, § 52 RStV Rdnr. 20ff.; *von Bonin* K&R 2002, 565ff.; *Sharma* S. 121ff. Zur telekommunikationsrechtlichen Regulierung von Zugangsberechtigungssystemen s. § 50 TKG (vgl. dazu *Janik* in *Schwartmann* [Hrsg.], Praxishandbuch Medien-, IT- und Urheberrecht, S. 158f.; *ders.* in *Dörr/Kreile/Cole* [Hrsg.], Handbuch Medienrecht, 2008, S. 123f.; *Korehnke* ebd. S. 299; *Holznagel/Enaux/Nienhaus*, Telekommunikationsrecht, 2. Aufl. 2006, Rdnr. 447ff.; *Arndt/Fetzer/ Scherer*, TKG, 2008, Erläuterungen zu § 50 TKG). Zum Unterlassungsanspruch eines Netzbetreibers gegen die Durchleitung von Programmsignalen in Breitbandkabelnetzen s. BGHZ 156, 172 – Fremdeinspeisung = MMR 2004, 29 mit Anm. *Dierck*.

Nach § 21 TKG kann die Bundesnetzagentur Betreiber öffentlicher Telekommunikationsnetze, die über beträchtliche Marktmacht verfügen, verpflichten, anderen Unternehmen Zugang zu gewähren. Wie sich aus der Legaldefinition des Zugangsbegriffs in § 3 Nr. 32 TKG ergibt, ist diese Vorschrift jedoch auf Programmanbieter nicht anwendbar, die von Kabelnetzbetreibern Transportdienstleistungen nachfragen, selbst aber nicht beabsichtigen, mithilfe dieser Leistungen Endkunden Telekommunikationsdienste anzubieten (vgl. Begr. zu § 19 des Regierungsentwurfs eines Telekommunikationsgesetzes, BRDrucks. 755/03 S. 88; BeckTKG-Komm/*Gersdorf*, 2006, Einl. C Rdnr. 33; *Piepenbrock/Attendorn* ebd. § 21 Rdnr. 28f.; *Christmann/Enßlin/Wachs* MMR 2005, 291/293; *Sharma* S. 197ff.).

56 9. Zu den **Regeln für die Streitschlichtung** s. §§ 14ff. WahrnG (s. dazu § 14 WahrnG Rdnr. 1f.; vgl. auch Erwgr. 30 sowie Art. 11f. der Satelliten- und Kabelrichtlinie). Diese Bestimmungen sollen sicherstellen, dass über konkrete Streitfälle im Zusammenhang entschieden werden kann, auch wenn zusätzlich eine oder mehrere Verwertungsgesellschaften beteiligt sind (Begr. des RegE des 4. UrhGÄndG, BTDrucks. 13/4796 S. 15). Vor einer auf Abs. 5 gestützten Klage auf Abschluss eines Vertrages über die Kabelweitersendung ist gemäß § 14 Abs. 1 Nr. 2, § 16 Abs. 1 WahrnG ein Verfahren vor der Schiedsstelle durchzuführen. Dies gilt nach OLG Dresden GRUR 2003, 601/604 (sa. *Weisser/Höppener* ZUM 2003, 597/610 f.) auch dann, wenn Streit über die Frage besteht, ob bereits ein solcher Vertrag zustande gekommen ist.

Keiner vorgängigen Anrufung der Schiedsstelle bedarf es dagegen bei einer Unterlassungsklage gegen die Kabelweitersendung, wenn sich der Kabelnetzbetreiber lediglich zu Unrecht (s. Rdnr. 49) darauf beruft, er sei auch schon vor Abschluss eines gemäß Abs. 5 abgeschlossenen Vertrages zur Kabelweitersendung berechtigt (OLG Dresden GRUR 2003, 601/602 f.). **57**

L. Ergänzender Schutz des Sendeunternehmens

Die Sendeunternehmen können sich idR im Zusammenhang mit ihren Funksendungen nicht **58** nur auf ihre Schutzrechte aus § 87 berufen, sondern auch auf andere Rechtspositionen.

I. Schutz aus anderen verwandten Schutzrechten

Neben dem Recht aus § 87 können die Sendeunternehmen grundsätzlich auch andere Leis- **59** tungsschutzrechte geltend machen (insb. aus § 85, § 94, § 95), sofern sie die entsprechenden Leistungen erbracht haben (vgl. BGHZ 140, 94/98 – Sendeunternehmen als Tonträgerhersteller, mwN; s. weiter § 85 Rdnr. 39; § 94 Rdnr. 20). § 87 ist keine Vorschrift, die abschließend regelt, welche Leistungsschutzrechte ein Sendeunternehmen im Sendebereich geltend machen kann. Die Leistungsschutzrechte entstehen mit der Erbringung der geschützten Leistung, unabhängig davon, welche Zweckbestimmung das Unternehmen hat, in dem die Leistung erbracht worden ist, oder für welchen Zweck das Leistungsergebnis benutzt werden soll. Hat sich ein Sendeunternehmen als Film- oder Tonträgerhersteller betätigt, können die auf diese Weise erworbenen Schutzrechte nicht ohne weiteres dadurch wieder entfallen, dass diese Eigenproduktionen zu einem späteren Zeitpunkt im Sendeprogramm ausgestrahlt werden. Zur Beteiligung der Sendeunternehmen in der Eigenschaft als Tonträgerhersteller und Filmhersteller an den nach § 54 Abs. 1 gezahlten Vergütungen s. BGHZ 140, 94/101 f. – Sendeunternehmen als Tonträgerhersteller; *Loewenheim* LM UrhG § 85 Nr. 4 (Anmerkung); *Nordemann/Brock* K&R 1999, 323 f.; *Götting*, Beteiligung der Sendeunternehmen an der Pauschalvergütung nach § 54 UrhG, 2004; *von Münchhausen* S. 262 ff., diese auch – S. 292 ff. – zu Erwägungen de lege ferenda. Zur Beteiligung der Sendeunternehmen am Vergütungsaufkommen aus § 54 Abs. 1 als Veranstalter iSd. § 81 s. *von Münchhausen* S. 268 ff.; § 81 Rdnr. 18. Zu diesem Problemkreis s. weiter Rdnr. 45.

II. Schutz aus sonstigen originär erworbenen Rechten

Bei Verletzung des Schutzrechts aus § 87 stehen den Sendeunternehmen die Ansprüche aus **60** § 97 Abs. 1 zu (vgl. zu diesen auch *Schack* GRUR 1985, 197/198 ff.; *Hübner*, Fs. für Hubmann, S. 151/155). Zu Ansprüchen gegen Unternehmen, die Software mit dem Hinweis bewerben, diese ermögliche es, Pay-TV-Sendungen ohne Genehmigung unverschlüsselt weiterzusenden, s. BGH GRUR 2009, 841 – Cybersky. Daneben können die Sendeunternehmen auch Ansprüche aus anderen gesetzlichen Vorschriften geltend machen (§ 102 a). Dazu gehören auch Ansprüche aus dem Gesetz gegen den unlauteren Wettbewerb (UWG), die auch Sendeunternehmen – einschließlich der öffentlich-rechtlichen Rundfunkanstalten – zustehen können (vgl. dazu auch *Köhler* in *Köhler/Bornkamm* Wettbewerbsrecht[28] § 4 UWG Rdnr. 13.5, § 12 UWG Rdnr. 2.5; sa. § 127 Rdnr. 8). Der wettbewerbsrechtliche Schutz darf jedoch nicht in Widerspruch zu den Grenzen des Sonderrechtsschutzes aus § 87 stehen (vgl. dazu BGHZ 141, 13/27 – Kopienversanddienst; BGHZ 156, 1/17 – Paperboy; *Köhler* in *Köhler/Bornkamm* Wettbewerbsrecht[28] UWG § 4 Rdnr. 9.6 f. mwN; sa. Einl. Rdnr. 50 ff.). Nach Erlöschen des Schutzrechts aus § 87 (vgl. § 87 Abs. 3) kann der Schutz deshalb nicht auf dem Weg über das Wettbewerbsrecht verlängert werden. Wettbewerbsrechtliche Ansprüche können nach Schutzfristablauf nur gegeben sein, wenn über die Vornahme von Nutzungshandlungen gemäß § 87 hinaus besondere

§ 87

Umstände vorliegen, die das Gesamtverhalten als unlautere Wettbewerbshandlung erscheinen lassen.

III. Schutz aus abgeleiteten Rechten

61 Der Inhalt einer Funksendung ist regelmäßig das Ergebnis der Leistungen einer größeren Zahl von Personen, an deren Beiträgen Urheber- und Leistungsschutzrechte bestehen können (zB Drehbuchautor, Komponist, Schauspieler, Tonträgerhersteller, Veranstalter). Zur Frage, ob das Gesamtprogramm eines Sendeunternehmens als Sammelwerk (§ 4) urheberrechtlich schutzfähig sein kann, s. § 4 Rdnr. 18; *von Münchhausen* S. 79 ff.; *Pleister/von Einem* ZUM 2007, 904/905 f.; *Hoeren* ZUM 2008, 271; *Zimmer* K&R 2008, 590; *Veigel* AfP 2008, 551 ff. Durch ihre Verträge mit den Berechtigten erwerben die Sendeunternehmen vielfach nicht nur die Rechte, die für die eigene Ausstrahlung der Funksendung erforderlich sind, sondern auch darüber hinausgehende Rechte. Aus diesen abgeleiteten Rechten kann das Sendeunternehmen einen ergänzenden Schutz gegen ungenehmigte Verwertungen seiner Funksendung herleiten. Zur Geltendmachung abgeleiteter Rechte durch die Sendeunternehmen s. Rdnr. 48 ff.; § 20 b Rdnr. 14 ff.

IV. Schutz der Sendeunternehmen durch das öffentliche Recht

62 Einen gewissen Schutz genießen die Sendeunternehmen auch auf Grund des öffentlichen Rechts. Das Leistungsschutzrecht der Sendeunternehmen wird als **Eigentum** iSd. Art. 14 Abs. 1 Satz 1 GG geschützt (BVerfG NJW 1998, 1627/1631). Öffentlich-rechtliche Rundfunkanstalten können allerdings eine Verletzung des Art. 14 Abs. 1 Satz 1 GG nicht geltend machen (BVerfG NJW 1988, 1715).

63 Schutzmaßnahmen gegen den unbefugten Empfang von Rundfunksendungen (zB **Verschlüsselung**) werden nach Maßgabe von § 95a, § 108b, § 111a sowie der Strafvorschriften und der Ordnungswidrigkeitentatbestände des Zugangskontrolldiensteschutz-Gesetzes vom 19. 3. 2002 (ZKDSG, BGBl. I S. 1090) geschützt (vgl. *Linnenborn* K&R 2002, 571). Aus § 3, § 4 Nr. 10 UWG iVm. §§ 2 und 3 ZKDSG können Ansprüche wegen der Verbreitung von Umgehungsvorrichtungen (insb. Entschlüsselungsgeräten) zur unerlaubten Nutzung von zugangskontrollierten Diensten (wie Pay-TV) und der Förderung des Absatzes solcher Geräte gegeben sein (vgl. OLG Frankfurt aM GRUR-RR 2003, 287 – Magic Modul; vgl. auch die Bußgeld- und Strafvorschriften in §§ 4 und 5 ZKDSG). Der Vertrieb von Vorrichtungen, die es Fernsehzuschauern ermöglichen, bei Werbesendungen automatisch auf einen anderen Sender umzuschalten, ist dagegen nicht wettbewerbswidrig iSd. § 3, § 4 Nr. 10 UWG (vgl. – zu § 1 UWG aF – BGH GRUR 2004, 877/878 ff. – Werbeblocker; zu dieser Entscheidung sa. *Ladeur* GRUR 2005, 559 ff.).

64 Zur **Organisation des Rundfunks in Deutschland** vgl. *Schwartmann* (Hrsg.), Praxishandbuch Medien-, IT- und Urheberrecht, 2008; *Herrmann/Lausen*, Rundfunkrecht, 2. Aufl. 2004; *Hesse*, Rundfunkrecht, 3. Aufl. 2003; *Hahn/Vesting* (Hrsg.), Beck'scher Kommentar zum Rundfunkrecht, 2. Aufl. 2008; *Kloepfer*, Informationsrecht, 2002, § 14; *Castendyk* in *v. Hartlieb/Schwarz*[4] S. 590 ff.; *Ory* in Wandtke (Hrsg.), Medienrecht, 2008, S. 1277 ff.; sa. Rdnr. 11. Zu deutschen Rundfunksendungen für das Ausland s. *Pieper*, Der deutsche Auslandsrundfunk, 2000; *Niepalla*, Deutsche-Welle-Gesetz, 2003; *ders.* ZUM 2005, 532; *Zöllner*, Internationaler Auslandsrundfunk, in *Hans-Bredow-Institut* (Hrsg.), Internationales Handbuch Medien 28. Aufl. 2009, A S. 175 ff.; *Herrmann/Lausen*[2] S. 184 f., 438. Zur Organisation des Fernsehens in der DDR s. Rdnr. 11. Zu den Militärsendern in Deutschland s. *Herrmann/Lausen*[2] S. 484. Die verfassungsrechtlichen Grundlagen der Rundfunkordnung sind eingehend im Urteil des BVerfG vom 12. 3. 2008 (2 BvF 4/03, AfP 2008, 174 ff.) dargestellt.

Zum Rechtsrahmen der **Telemedien** (§ 1 Abs. 1 Satz 1 TMG) vgl. *von Coelln*, Nichts Neues statt „Medienordnung 2.0"? Das Telemediengesetz des Bundes, UFITA 2007 III S. 715 ff.

M. Schutz der Sendeunternehmen im Ausland

65 **1.** In den Mitgliedstaaten der EU und in den Vertragsstaaten des EWR genießen Sendeunternehmen mit Sitz in Deutschland denselben Schutz wie Sendeunternehmen mit Sitz in diesen Staaten (vgl. dazu und zum umgekehrten Fall der Schutzbeanspruchung in Deutschland § 127 Rdnr. 1 ff.). Im sonstigen Ausland sind die Sendeunternehmen geschützt nach Maßgabe des

Sendeunternehmen **§ 87**

jeweiligen nationalen Rechts und der geltenden **Staatsverträge** (vgl. zu diesen § 127 Rdnr. 6). Für einen Überblick über den internationalen Schutz der Sendeunternehmen vgl. das WIPO-Memorandum „Existing International, Regional and National Legislation Concerning the Protection of the Rights of Broadcasting Organisations" (WIPO-Dokument SCCR/1/3 vom 7. 9. 1998 = UFITA 138 [1999] 283), *von Münchhausen* S. 31 ff., *Megumi Ogawa* S. 21 ff.; *Guibault/Melzer* IRIS plus 2004, 2 ff. (abrufbar unter www.obs.coe.int/medium/intl.html) und Hillig GRUR Int. 2007, 122 f.

2. Zum **Rom-Abkommen** s. vor §§ 120 ff. Rdnr. 75 ff.; vgl. weiter *Dreier* GRUR Int. **66** 1988, 753; *von Münchhausen* S. 35 ff.

3. Zum **Europäischen Abkommen zum Schutz von Fernsehsendungen** s. vor §§ 120 ff. **67** Rdnr. 100 ff.; vgl. weiter *Stolz* S. 29 ff.; *von Münchhausen* S. 45 ff.

4. Das **Brüsseler Satelliten-Abkommen** (s. vor §§ 120 ff. Rdnr. 96 ff.; vgl. weiter *Steup/* **68** *Bungeroth* GRUR Int. 1975, 124 ff.; *von Münchhausen* S. 50 ff.; zu den Entwürfen für das Abkommen sa. *v. Ungern-Sternberg* S. 175 ff.) enthält selbst keine Mindestrechte, sondern verpflichtet die Vertragsstaaten nach seinem Art. 2 Abs. 1 Satz 1, „angemessene Maßnahmen zu treffen, um die Verbreitung von programmtragenden Signalen in seinem Hoheitsgebiet oder von seinem Hoheitsgebiet aus durch einen Verbreiter zu verhindern, für den die an den Satelliten ausgestrahlten oder darüber geleiteten Signale nicht bestimmt sind." Nach Art. 2 Abs. 1 Satz 2 des Abkommens gilt diese Verpflichtung „für den Fall, dass das Ursprungsunternehmen Staatsangehöriger eines anderen Vertragsstaats ist und die verbreiteten Signale abgeleitete Signale sind". Deutschland hat zur Erfüllung dieser Verpflichtung in Art. 2 des Zustimmungsgesetzes zu dem Brüsseler Satelliten-Abkommen vom 14. 2. 1979 (BGBl. II S. 113; sa. vor §§ 120 ff. Rdnr. 98) ein eigenes Schutzrecht neben § 87 begründet (Art. 2 Abs. 6 des Zustimmungsgesetzes).

Dieses Schutzrecht des Brüsseler Satelliten-Abkommens hat einen anderen **Schutzgegen- 69 stand** als § 87 (s. AmtlBegr. zu Art. 2 des Zustimmungsgesetzes, BTDrucks. 8/1390 S. 6 = BlfPMZ 1979, 378). Das Abkommen selbst bezeichnet als Schutzgegenstand die programmtragenden Signale, Art. 2 Abs. 1 des Zustimmungsgesetzes die Sendung. Geschützt sind nicht die technischen Signale, die in den verschiedenen Stadien der Satellitenübertragung immer wieder durch neue Signale ersetzt werden, sondern das in diesen Signalen verkörperte Immaterialgut, die „Funkform" des gesendeten Materials (vgl. dazu – zum Schutzgegenstand des § 87 – Rdnr. 22; sa. *v. Ungern-Sternberg* S. 168 Fn. 123). Aus Art. 2 Abs. 1 ergibt sich, dass der Schutz bereits mit der Ausstrahlung zum Satelliten beginnt („an den Satelliten ausgestrahlten oder darüber geleiteten Signale"). Das Brüsseler Satelliten-Abkommen schützt die Sendeunternehmen bei Satellitenübertragungen wegen des dafür erforderlichen Aufwands und im Interesse der Verwendung von Satellitenverbindungen zur Programmverbreitung (sa. die Präambel des Abkommens). Dementsprechend entsteht das Schutzrecht – anders als das Recht aus § 87 (s. Rdnr. 24 f.) – bei jeder Satellitenübertragung neu, also auch bei Wiederholungssendungen des Ursprungsunternehmens auf Grund einer Aufzeichnung einer früheren Satellitensendung (vgl. AmtlBegr. zu Art. 2 des Zustimmungsgesetzes, BTDrucks. 8/1390 S. 6).

Inhaber des Schutzrechts des Brüsseler Satelliten-Abkommens ist dasjenige Unternehmen, **70** das die programmtragenden Signale über den Satelliten übertragen lässt. Dieses Ursprungsunternehmen muss nach Art. 1 Nr. vi des Abkommens kein Sendeunternehmen iSd. § 87 sein (s. Rdnr. 12 f.), dh. es muss nicht selbst Funksendungen veranstalten, die zum unmittelbaren gleichzeitigen Empfang durch die Öffentlichkeit bestimmt sind. Ursprungsunternehmen können auch Nachrichtenagenturen oder Sportveranstalter sein, die über den Satelliten fertige Sendungen an Sendeunternehmen zur Ausstrahlung an die Öffentlichkeit übertragen (sa. *v. Ungern-Sternberg* S. 167 f.). Auch das Unternehmen, für das die Satellitensendung (als „Verbreiter" iSd. Art. 1 Nr. vii des Abkommens) bestimmt ist, muss nach dem Brüsseler Satelliten-Abkommen kein Sendeunternehmen iSd. § 87 sein; es kann sich bei ihm – anders als nach § 87 (s. Rdnr. 13) – auch um ein Unternehmen handeln, das lediglich Sendungen anderer unverändert und zeitgleich an die Allgemeinheit oder einen Teil der Allgemeinheit weitersendet. Die Vorschrift des Art. 2 des Zustimmungsgesetzes ist insoweit entsprechend dem Inhalt des Abkommens auszulegen.

Die Bedeutung des Brüsseler Satelliten-Abkommens ist begrenzt. Nach seinem Art. 2 Abs. 3 ist **71** es nicht anzuwenden auf die Weitersendung von programmtragenden Signalen, die ein **Unternehmen** an die Allgemeinheit oder einen Teil der Allgemeinheit weiterverbreitet hat, für das die programmtragenden Signale bestimmt waren. Weiterhin ist es nach seinem Art. 3 nicht anzuwenden, wenn die programmtragenden Signale durch einen Satelliten unmittelbar zum Zweck des

Vor §§ 87a ff. Vorbemerkung

Empfangs durch die Allgemeinheit ausgestrahlt werden. Zur Anwendbarkeit des Brüsseler Satelliten-Abkommens bei Kabelweitersendungen s. *Steup/Bungeroth* GRUR Int. 1975, 124/133 f.

72 5. Das **TRIPS-Abkommen** gewährt den Sendeunternehmen in Art. 14 Abs. 3 bestimmte Mindestrechte. Das Recht zur Kabelweitersendung kann gemäß Art. 14 Abs. 6 TRIPs-Abkommen einer Verwertungsgesellschaftenpflicht unterworfen werden (vgl. Schweiz.BG GRUR Int. 2009, 77/80 – Kabelweitersendung). Zur Rechtslage nach dem TRIPS-Abkommen s. weiter vor §§ 120 ff. Rdnr. 13 ff., 23; vgl. weiter *Füller* in *Busche/Stoll*, TRIPs, 2007, Art. 14 Rdnr. 23 ff.; *Reinbothe* GRUR Int. 1992, 707; *Katzenberger* GRUR Int. 1995, 447/467 f.; *Dünnwald* ZUM 1996, 725; *von Münchhausen* S. 32 ff.

73 6. Die **Europäische Konvention über urheber- und leistungsschutzrechtliche Fragen im Bereich des grenzüberschreitenden Satellitenrundfunks** vom 11. 5. 1994 (vgl. BR-Drucks. 377/95 vom 22. 9. 1995) ist noch nicht in Kraft getreten und von Deutschland auch noch nicht ratifiziert worden (s. vor §§ 120 ff. Rdnr. 103 ff.; s. weiter *von Münchhausen* S. 55 ff.).

74 7. Im Rahmen der **WIPO** wird seit 1998 über einen Vertrag zum Schutz der Rechte der Sendeunternehmen beraten (s. *Flechsig* in Loewenheim[2] § 41 Rdnr. 99 ff.; *Bongers*, Strategien der Rechtsvereinheitlichung am Beispiel des Urheberrechts, 2008, S. 403 ff.; *Guibault/Melzer*, Der rechtliche Schutz von Rundfunksignalen, IRIS plus 2004, 2/5 ff. (abrufbar unter www.obs.coe.int/medium/intl.html); *Megumi Ogawa* S. 92 ff.; *Hillig* GRUR Int. 2007, 122 ff.; *Hoeren* MMR 2008, 139/142). Die Beratungsprotokolle und Beratungsunterlagen des zuständigen Standing Committee on Copyright and Related Rights (SCCR) der WIPO sind unter www.wipo.int abrufbar. Der Beschluss der WIPO Vollversammlung vom 2. 10. 2006, für Ende 2007 eine diplomatische Konferenz einzuberufen, auf der ein Abkommen über den Schutz der Sendungen von (herkömmlichen) Rundfunkunternehmen (einschließlich Kabelsendeunternehmen) vereinbart werden sollte, konnte wegen zu großer Meinungsverschiedenheiten über den möglichen Inhalt des geplanten Abkommens nicht umgesetzt werden. Eine Einigung auf der Grundlage des letzten Entwurfs, des WIPO-Dokuments SCCR/15/2 (Revised Draft Basic Proposal for the WIPO Treaty on the Protection of Broadcasting Organizations), war bisher nicht möglich. Das Vorhaben soll jedoch weiter auf der Tagesordnung des SCCR bleiben (vgl. WIPO-Dokument Report SCCR/18/7 S. 42 f.; vgl. dazu auch das Informal Paper des Vorsitzenden *Jukka Liedes*, WIPO-Dokument SCCR/17/INF/1).

75 **Schutzgegenstand** soll nach Art. 6 Abs. 1 des revidierten Entwurfs des Abkommens (WIPO-Dokument SCCR/15/2) das programmtragende Signal sein (sa. *Hillig* GRUR Int. 2007, 122/125).

76 Die mit **Webcasting** und **Simulcasting** zusammenhängenden Fragen sind bei dem Vertragsvorhaben besonders umstritten (sa. *Hoeren* MMR 2008, 139/142). Unter Webcasting wird dabei verstanden die drahtlose oder kabelgebundene Übertragung von Tönen und/oder Bildern (oder deren Verkörperungen) über ein Computernetzwerk (dh. insb. über das Internet) zum Empfang durch die Öffentlichkeit mittels eines programmtragenden Signals, das Mitgliedern der Öffentlichkeit im Wesentlichen zeitgleich zugänglich ist (vgl. WIPO-Dokument SCCR/14/2 Appendix Art. 2 (a)). Simulcasting wird definiert als das gleichzeitige und unveränderte Webcasting der eigenen Sendungen durch ein Rundfunkunternehmen (vgl. WIPO-Dokument SCCR/14/2 S. 76; s. dazu auch vor §§ 20 ff. Rdnr. 7).

Abschnitt 6. Schutz des Datenbankherstellers

Vorbemerkung Vor §§ 87 a ff.

Schrifttum: *Barta/Markiewicz*, Datenbank als schutzfähiges Werk im Urheberrecht, Fs. für Beier, 1996, S. 343; *Bechtold*, Der Schutz des Anbieters von Information – Urheberrecht und Gewerblicher Rechtsschutz im Internet, ZUM 1997, 427; *Becker/Dreier* (Hrsg.), Urheberrecht und digitale Technologie, 1994; *Benecke*, Was ist „wesentlich" beim Schutz von Datenbanken, CR 2004, 608; *Berberich*, Die urheberrechtliche Zulässigkeit von Thumbnails bei der Suche nach Bildern im Internet, MMR 2005, 145; *Bensinger*, Sui-generis Schutz für Datenbanken, 1999; *Berger*, Der Schutz elektronischer Datenbanken nach der EG-Richtlinie vom 11. 3. 1996, GRUR 1997, 169; *Bettinger/Freytag*, Privatrechtliche Verantwortlichkeit für Links, CR 1998, 545; *Chichon*, Urheberrechte an Webseiten, ZUM 1998, 897; *Cornish*, European Community Directive on Database Protection, Columbia VLA Journal of Law & the Arts 21/1 (1996) 1; *Dannecker*, Rechtsschutz nach der Datenbank-Richtlinie: Einführung „geeigneter Sanktionen", K&R, 1999, 529; *Davison/Hugenholtz*, Football Fixtures, Horseraces and Spin-offs: The ECJ Domesticates the Database Right, E. I. P. R. 2005, 113; *Derclaye*, Database Sui Generis Right: What is a Substantial Investment?

Vorbemerkung   Vor §§ 87a ff.

A Tentative Definition, IIC 2005, 2; *Dittrich,* Einige Bemerkungen zum Schutz schlichter Datenbanken, ÖBl 2002, 3; *Dreier,* Die Harmonisierung des Rechtsschutzes von Datenbanken in der EG, GRUR Int. 1992, 739; *ders.,* Perspektiven einer Entwicklung des Urheberrechts, in *Becker/Dreier* (Hrsg.), Urheberrecht und digitale Technologie, 1994, S. 123; *Eggert,* Urheberrechtsschutz von Landkarten, 1999; *Ehmann,* Datenbankurheberrecht, Datenbankherstellerrecht und die Gemeinschaft der Rechteinhaber – zugleich Besprechung von BGH „Gedichttitelliste I und II", GRUR 2008, 474; *Ernst/Vassilaki/Wiebe* (Hrsg.), Hyperlinks, 2002; *Flechsig,* Der rechtliche Rahmen der europäischen Richtlinie zum Schutz von Datenbanken, ZUM 1997, 577; *ders./Fischer,* Speicherung von Printmedien in betriebseigenen Datenbankarchiven und die Grenze ihrer betrieblichen Nutzung, ZUM 1996, 833; *Fikentscher,* Urhebervertragsrecht und Kartellrecht, in *Beier/Götting/Lehmann/Moufang* (Hrsg.), Urhebervertragsrecht (= Fs. für Schricker), 1995, S. 149; *Fuchs,* Die Gemeinfreiheit von amtlichen Datenbanken, UFITA 2008/I, S. 27; *v. Gamm,* Rechtsfragen bei Datenbanken, GRUR 1993, 203; *Gaster,* Der Rechtsschutz von Datenbanken, Kommentar zur Richtlinie 96/9/EG mit Erläuterungen zur Umsetzung in das deutsche und österreichische Recht, 1999; *ders.,* Suigeneris-Recht der Datenbankrichtlinie, in *Hoeren/Sieber* (Hrsg.), Handbuch Multimediarecht, 2003; *ders.,* Der Rechtsschutz von Datenbanken im Lichte der Diskussion zu den urheberrechtlichen Aspekten der Informationsgesellschaft, in *Dittrich* (Hrsg.), Beiträge zum Urheberrecht IV, ÖSGRUM 19 (1996) 15; *ders.,* Urheberrecht und verwandte Schutzrechte in der Informationsgesellschaft, ZUM 1995, 740; *ders.,* Die neue EU-Richtlinie zum rechtlichen Schutz von Datenbanken, VPP-Rundbrief 1996, 107; *ders.,* Zur anstehenden Umsetzung der EG-Datenbankrichtlinie, CR 1997, 669 u. 717; *Gerhardt,* Aufbau und Erstellung von Datenbanken, in *Wiebe/Leupold* (Hrsg.) Teil I A und B, 2003; *Grützmacher,* Urheber-, Leistungs- und Sui-generis-Schutz von Datenbanken, 1999; *Haberstumpf,* Der urheberrechtliche Schutz von Computerprogrammen, in *Lehmann* (Hrsg.), Rechtsschutz und Verwertung von Computerprogrammen, 2. Aufl. 1993, S. 69; *ders.,* Der Schutz elektronischer Datenbanken nach dem Urheberrechtsgesetz, GRUR 2003, 14; *Hackemann,* Rechtlicher Schutz von Datenbanken, CR 1991, 305; *ders.,* Urheberrechtlicher Schutz von Datenbanken – rechtsvergleichend und nach internationalem Recht, ZUM 1987, 269; *ders.,* Schutz multimedialer Datenbanken, CR 1998, 510; *ders./Scheller,* Die Verwirklichung der urheberrechtlichen Verwertungsrechte beim Einsatz neuer Medien in der Fachkommunikation, ZUM 1985, 154; *Heinrich,* Der rechtliche Schutz von Datenbanken, WRP 1997, 275; *Heinz,* Die europäische Richtlinie über den rechtlichen Schutz von Datenbanken in verfassungsrechtlicher und rechtstheoretischer Sicht, GRUR 1996, 455; *Herberger,* Die Datenbanken sind im Urheberrecht angekommen, JurPC 1996, 207; *Hertin,* Datenbankschutz für topografische Landkarten, GRUR 2004, 646; *Hillig,* Der Schutz von Datenbanken aus der Sicht des deutschen Rechts, ZUM 1992, 325; *Hoebbel,* EG-Richtlinienentwurf über den Rechtsschutz von Datenbanken, CR 1993, 12; *ders.,* Der Schutz von elektronischen Datenbanken nach deutschem und kommendem europäischen Recht, in *Lehmann* (Hrsg.), Rechtsschutz und Verwertung von Computerprogrammen, 2. Aufl. 1993, S. 1015; *Hoeren,* Überlegungen zur urheberrechtlichen Qualifizierung des elektronischen Abrufs, CR 1996, 517; *ders.,* Multimedia = Multilegia, CR 1994, 390; *ders.,* Anm. zu EuGH Urteil vom 9. 11. 2004 – C-203/02 – BHB-Pferdewetten, in MMR 2005, 34; *ders./Sieber,* Handbuch MultimediaRecht, 2003; *Hohagen,* WIPO-Sitzung zum zukünftigen Schutz von Datenbanken (Genf, 17.–19. September 1997), GRUR Int. 1998, 54; *Hornung,* Die EU-Datenbank-Richtlinie und ihre Umsetzung in das deutsche Recht, 1998; *Hubmann,* Der Schutz von Adressenverzeichnissen gegen unerlaubte Benutzung, Fs. für Preu, 1988, S. 77; *Jarass,* Richtlinienkonforme bzw. EG-rechtskonforme Auslegung nationalen Rechts, EuR 1991, 211; *Joppich,* Das Internetz als Informationsnetz?, CR 2003, 504; *Kappes,* Rechtsschutz computergestützter Informationssammlungen, 1996; *ders.,* Gesetzliche Vergütungsansprüche bei der privaten Nutzung von computergestützten Informationsanlagen, GRUR 1997, 338; *Katzenberger,* Urheberrecht und Dokumentation, GRUR 1973, 629; *ders.,* Urheberrechtsfragen der elektronischen Textkommunikation, GRUR Int. 1983, 895; *ders.,* Urheberrecht und Datenbanken, GRUR 1990, 94; *ders.,* Internationalrechtliche Aspekte des Schutzes von Datenbanken, ZUM 1992, 332; *ders.,* TRIPS und das Urheberrecht, GRUR Int. 1995, 447; *Kazemi,* Online-Nachrichten in Suchmaschinen, CR 2007, 94; *Kindler,* Leistungsschutz für Datenbanken ohne Werkcharakter – Eine Zwischenbilanz, K & R 2000, 265; *Klein,* Die Zweitverwertung von Stellenanzeigen, GRUR 2005, 377; *Koch,* Grundlagen des Urheberrechtsschutzes im Internet und in Online-Diensten, GRUR 1997, 417; *ders.,* Zur Regelung der Online-Übermittlung von Datenbanken im Diskussionsentwurf zum Fünften Urheberrechtsänderungsgesetz, ZUM 2001, 839; *M. Köhler,* Der Schutz von Websites gemäß §§ 87a ff. UrhG, ZUM 1999, 548; *Kotthoff,* Zum Schutz von Datenbanken beim Einsatz von CD-ROMs in Netzwerken, GRUR 1997, 597; *Kur/Hilty/Geiger/Leistner,* First Evaluation of The Directive 96/9/EC of the Legal Protection of Databases – Comment by the Max Planck Institute for Intellectual Property, Competition and Tax Law, Munich, IIC 2006, 551; *Kutscher,* Über den Gerichtshof der Europäischen Gemeinschaft, EuR 1981, 392; *Leistner,* „Last exit" withdrawal?, K&R 2007, 457; *ders.,* Urheber- und wettbewerbsrechtlicher Schutz der Website und rechtliche Beurteilung von Hyperlinks, in *Bettinger/Leistner* (Hrsg.), Werbung und Vertrieb im Internet, 2003, Teil 1 B S. 63; *ders.,* Anm. zum EuGH Urteil vom 9. 11. 2004 C 203/02 – BHB-Pferdewetten, JZ 2005, 408; *Lehmann,* Die neue Datenbankrichtlinie und Multimedia, NJW-CoR 1996, 249; *ders.,* Einführung zur Richtlinie 96/9/EG des Europäischen Parlaments und des Rates vom 11. März 1996 über den rechtlichen Schutz von Datenbanken, in *Möhring/Schulze/Ulmer/Zweigert* (Hrsg.), Quellen des Urheberrechts, Europäisches Gemeinschaftsrecht III/5; *ders.* (Hrsg.), Internet- und Multimediarecht, 1996; *ders.,* Der Rechtsschutz von Datenbanken im deutschen und europäischen Recht, 2000; *ders.,* Der Schutz von Telefonverzeichnissen und das neue Datenbankherstellerrecht, MMR 1999, 636; *ders.,* Der neue Rechtsschutz des Datenbankherstellers, GRUR Int. 1999, 819; *ders.,* Recht der elektronischen Datenbanken: Urheberrecht und Datenbankherstellerrecht, in *Wiebe/Leupold* (Hrsg.), Recht der elektronischen Datenbanken, 2003, Teil II A und B; *ders.,* Verwandte Schutzrechte im europäischen Urheberrecht: Eine Untersuchung am Beispiel des Datenbankherstellerschutzes, Fs. für Dietz, 2001, S. 493; *v. Lewinski,* Kommentar zu Art. 7 IuKDG, in *Roßnagel* (Hrsg.), Recht der Multimediadienste, 1999; *dies.,* Die WIPO-Verträge zum Urheberrecht und zu verwandten Schutzrechten vom Dezember 1996, CR 1997, 438; *dies.,* Die diplomatische Konferenz der WIPO 1996 zum Urheberrecht und zu den verwandten Schutzrechten, GRUR Int. 1997, 667; *dies.,* Der Schutz von Datenbanken: Rechtsangleichung in der EG, MR 1992, 178; *Loewenheim,* Harmonisierung des Urheberrechts in Europa, GRUR Int. 1997, 285; *ders.,* Urheberrechtliche Grenzen der Verwendung geschützter Dokumente in Datenbanken, 1994 (zitiert: Urheberrechtliche Grenzen); *Marek,* Glossar zum Bereich Informationswesen, 1981; *Maurer/Hugenholtz,* Europe's Database Experiment, Sience Vol. 294 vom 26. 10. 2001, S. 789; *Mehrings,* Vertragliche Aspekte der Nutzung von Online- und CD-ROM-Datenbanken, NJW 1993, 3102; *ders.,* Wettbewerbsrechtlicher Schutz von Online-Datenbanken, CR 1990, 305; *ders.,* Der Rechtsschutz computergestützter Fachinformation, 1990; *Melichar,* Virtuelle Bibliotheken und Urheberrecht, CR 1995, 756; *Milbradt,* Urheberrechtsschutz von Datenbanken – Im Spannungsverhältnis zwischen Informationsfreiheit und Schutz des Datenbankherstellers, CR 2002, 710; *Moufang,*

Vor §§ 87a ff. Vorbemerkung

Datenbankverträge, in *Beier/Götting/Lehmann/Moufang* (Hrsg.), Urhebervertragsrecht (= Fs. für Schricker), 1995, S. 571; *Müglich,* Urheberrechtsschutz digitaler Kartenwerke, CR 1995, 257; *Nolte,* Paperboy oder die Kunst, den Informationsfluss zu regulieren, ZUM 2003, 540; *Nordemann/Hertin,* Die juristische Datenbank in urheber- und wettbewerbsrechtlicher Sicht, NJW 1971, 857; *Ott,* Die urheberrechtliche Zulässigkeit des Framing nach der BGH-Entscheidung im Fall „Paperboy", ZUM 2004, 357; *Plaß,* Hyperlinks im Spannungsfeld von Urheber-, Wettbewerbs- und Haftungsrecht, WRP 2000, 599; *dies.,* Der Aufbau und die Nutzung eines Online-Volltextsystems durch öffentliche Bibliotheken aus urheberrechtlicher Sicht, WRP 2001, 195; *Raczinski/Rademacher,* Urheberrechtliche Probleme beim Aufbau und Betrieb einer juristischen Datenbank, GRUR 1989, 324; *Raue/Bensinger,* Umsetzung des sui-generis-Rechts an Datenbanken in den §§ 87 a ff. UrhG, MMR 1998, 507; *Reinbothe,* Der Schutz des Urheberrechts und der Leistungsschutzrechte im Abkommensentwurf GATT/TRIPS, GRUR Int. 1992, 707; *Röttinger,* Der Rechtsschutz von Datenbanken nach EG-Recht, ZUM 1992, 594; *Schack,* Die urheberrechtliche Gestaltung von Webseiten unter Einsatz von Links und Frames, MMR 2001, 9; *Scheller,* Wettbewerbsrechtliche Aspekte beim Schutz von Datenbanken und ihrer Nutzung, CR 1988, 806; *Schneider* (Hrsg.), Lexikon der Informatik und Datenverarbeitung, 3. Aufl. 1993; *Schricker,* Urheber- und wettbewerbsrechtlicher Schutz von Telefonbüchern und Telefonbuchdaten, ArchivPT 1996, 5; *ders.,* Abschied von der Gestaltungshöhe, Fs. für Kreile, 1994, S. 715; *ders.,* Hundert Jahre Urheberrechtsentwicklung, GRUR-Fs., 1991, S. 1095; *Sendrowski,* Zum Schutzrecht „sui generis" an Datenbanken, GRUR 2005, 369; *Sieber,* Informationsrecht und Recht der Informationstechnik, NJW 1989, 2569; *Sosnitza,* Das Internet im Gravitationsfeld des Rechts: Zur rechtlichen Beurteilung sogenannter Deep Links, CR 2001, 693; *Spindler,* Die Entwicklung des EDV-Rechts, K&R, 2008, 565; *Tountopoulos,* Das private Handelsregister und die Datenbankrichtlinie, CR 1998, 129; *Ubertazzi,* Der urheberrechtliche Schutz von elektronischen Datenbanken in Italien, GRUR Int. 1985, 294; *Ullmann,* Die Einbindung der elektronischen Datenbanken in den Schutz der Immaterialgüterschutz, Fs. für Brandner, 1996, S. 507; *Ulmer,* Einspeicherung und Wiedergewinnung urheberrechtlich geschützter Werke durch Computer-Anlagen, GRUR 1971, 297; *v. Ungern-Sternberg,* Die Rechtsprechung des Bundesgerichtshofs zum Urheberrecht und zu den verwandten Schutzrechten in den Jahren 2006 und 2007, GRUR 2008, 193 (Teil I), 291 (Teil II); *ders.,* Die Rechtsprechung des Bundesgerichtshofs zum Urheberrecht und zu den verwandten Schutzrechten in den Jahren 2008 und 2009, GRUR 2010, 273 (Teil I), 386 (Teil II); *Völker/Lührig,* Abwehr unerwünschter Inline-Links, K&R 2000, 20; *Vogel,* Wenn die Computer zu Archiven werden, Blick durch die William Hill", GRUR Int. 1997, S. 10; *ders.,* Die Umsetzung der EG-Richtlinie 96/9/EG über den rechtlichen Schutz von Datenbanken in Art. 7 des Regierungsentwurfs eines Informations- und Kommunikationsdienstegesetzes, ZUM 1997, 592; *ders.,* Von Johann Stephan Pütter und von der Rechtsprechung des Europäischen Gerichtshofs zum Datenbankherstellerrecht, Fs. für Schricker, 2005, S. 567; *Volkmann,* Haftung für fremde Inhalte: Unterlassungs- und Beseitigungsansprüche gegen Hyperlinksetzer im Urheberrecht, GRUR 2005, 200; *Weber,* Schutz von Datenbanken – Ein neues Immaterialgüterrecht?, UFITA 132 (1996) 5; *Westkamp,* Der Schutz von Datenbanken und Informationssammlungen im britischen und deutschen Recht, 2003; *Wiebe,* Europäischer Datenbankschutz nach „William Hill" – Kehrtwende zur Informationsfreiheit? CR 2005, 169; *ders.,* Information als Naturkraft – Immaterialgüterrecht in der Informationsgesellschaft, GRUR 1994, 233; *ders.,* Rechtsschutz von Datenbanken und europäische Harmonisierung, CR 1996, 198; *ders./Funkat,* Multimediaanwendung als urheberrechtlicher Schutzgegenstand, MMR 1998, 404; *Wiebe/Leupold* (Hrsg.), Recht der elektronischen Datenbanken, 2003; *Wittmann,* Umsetzung der Datenbankrichtlinie, MR 1997, 130; *Zuleeg,* Die Auslegung des europäischen Gemeinschaftsrechts, EuR 1969, 97.

Übersicht

	Rdnr.
I. Allgemeines	1–16
1. Wesensmerkmale der Datenbank	1
2. Neuordnung des Rechts an Sammlungen	2–7
a) Rechtslage vor dem 1. 1. 1998	2–5
b) Besondere Vorschriften über das Recht an Datenbanken	6, 7
3. Die europäische Richtlinie über den rechtlichen Schutz von Datenbanken	8–13
a) Entstehungsgeschichte	8
b) Inhalt	9–13
4. Auslegung der Richtlinie und ihre Umsetzung in nationales Recht	14–19
a) Auslegungsfragen	14
b) Gesetzgebungsverfahren	15
c) Grundzüge der Umsetzung	16–19
II. Sinn und Zweck, Rechtfertigung und Bedeutung der Neuregelung des Rechts an Datenbanken	20–27
1. Sinn und Zweck	20
2. Rechtfertigung	21–23
3. Bedeutung	24, 25
4. Evaluierung	26, 27
III. Das Recht des Datenbankherstellers im Besonderen	28–41
1. Rechtsnatur und Schutzgegenstand	28–33
2. Reichweite des Schutzes	34–41
a) Sachlich	35–37
b) Zeitlich	38
c) Persönlich	39–41
IV. Verhältnis der Rechte an Datenbanken zu anderen Schutzrechten	42–54
1. Datenbankwerke und Datenbanken	42
2. Rechte am Inhalt	43–45
3. Rechte am Computerprogramm	46
4. Wettbewerbsrecht	47, 48
5. Kartellrecht	49, 50

Vorbemerkung   Vor §§ 87a ff.

	Rdnr.
6. Verfassungsrecht	51, 52
7. Fremdenrecht	53
8. Übergangsrecht	54

I. Allgemeines

1. Wesensmerkmale der Datenbank

Mit dem Einzug digitaler Technik in das Gebiet des Informationswesens und der Entstehung 1 globaler Informationsmärkte haben die Sammlung und die Bereitstellung von Daten vielfältigster Art eine vordem ungeahnte wirtschaftliche Dimension erfahren. **Neben die traditionellen Informationsträger** des Buches, der Kartei, der Mikrofilme und -fiches ua. sind seither immer leistungsfähigere **elektronische Informationsspeicher** getreten, die entweder online zugänglich sind oder – etwa als CD-ROM, DVD ua. – in körperlicher Form erworben und offline genutzt werden können. Sie zeichnen sich durch ihre nahezu unbegrenzte Speicherkapazität aus und durch die Möglichkeit, gesammelte Informationen aller Art wie zB Werke, Texte, Töne, Bilder, Zahlen und Fakten in demselben technischen Format elektronisch, elektromagnetisch, elektrooptisch oder durch andere Verfahren unter Verwendung von Computerprogrammen zu ordnen, zu speichern und sodann einzeln zugänglich zu machen (eingehend *Gerhardt* in *Wiebe/Leupold* [Hrsg.] Teil I A und B; *Dreier* in *Becker/Dreier* [Hrsg.] S. 123 ff.). Mit den traditionellen Sammlungen der Nachschlagewerke oder -verzeichnisse (Lexika, Adressbücher, Kataloge, Statistiken etc.) in Papierform haben derartige elektronische Datenbanken trotz aller Unterschiede wesensmäßige Gemeinsamkeiten: Sie sind **inhaltlich abgegrenzt,** die gesammelten Informationen sind **nach bestimmten** – nicht notwendig logischen – **Prinzipien geordnet** und auf die gespeicherten Informationen kann **einzeln unter bestimmten Suchkriterien zugegriffen** werden (dazu *Grützmacher* S. 26 ff.; *Mehrings* S. 59 ff. mwN; *Formm/Nordemann/Czychowski*[10] § 87a Rdnr. 3 ff.). Angesichts dieser Übereinstimmung konstitutiver Merkmale ist es folglich für die **Definition der Datenbank,** die im rechtlichen Sinne einen Unterfall der Sammlung darstellt, nicht ausschlaggebend, ob sie elektronisch oder unter Zuhilfenahme herkömmlicher Mittel aufgebaut und zugänglich ist (Einzelheiten zum rechtlichen Begriff der Datenbank unter § 87a Rdnr. 5 ff. sowie § 4 Rdnr. 32 ff.).

2. Neuordnung des Rechts an Sammlungen

a) Rechtslage vor dem 1. 1. 1998. Wie bereits § 4 LUG und Art. 2 Abs. 5 RBÜ stellt das 2 UrhG **Sammelwerke** als eigene Werkart unter Schutz. Nach dem Wortlaut von § 4 UrhG in seiner ursprünglichen Fassung vom 9. 9. 1965 liegt bei ihnen die **persönliche geistige Schöpfung in der Auslese und/oder Anordnung der in die Sammlung aufgenommenen Werke oder anderen Beiträge.** Unterschiedlich beurteilt wird dabei lediglich die Frage, ob § 4 UrhG infolge des Merkmals der „anderen Beiträge" auch auf Sammlungen schutzunfähiger Angaben, Daten, Fakten etc. Anwendung findet (so *Möhring/Nicolini*[1] § 4 Anm. 3 b aa; teilweise auch *Ulmer*[3] § 29 I 1; *Katzenberger* GRUR Int. 1983, 895/899; sa. § 4 Rdnr. 3, 9 ff.) oder ob es lediglich solche Sammlungen umfasst, deren Beiträge selbst zwar iSd. § 2 Abs. 2 schutzfähig, jedoch – wie etwa amtliche Werke nach § 5 – nicht zwangsläufig auch geschützt sind (so und deshalb bei schöpferischen Sammlungen schutzunfähiger Elemente von „organisierten Werken" nach § 2 ausgehend 1. Aufl. § 4 Rdnr. 9; *v. Gamm* § 4 Rdnr. 6; *Hubmann,* Fs. für Preu, S. 77/83; *Fromm/Nordemann/Vinck*[8] § 2 Rdnr. 88; § 4 Rdnr. 1; *Ullmann,* Fs. für Brandner, S. 507/516; *Berger* GRUR 1997, 169/170; ebenso BGH GRUR 1987, 704 – Warenzeichenlexika; ausführlich zur Problematik ferner *Mehrings* S. 114 ff.; speziell zum im Ergebnis bejahten urheberrechtlichen Schutz von Telefonbüchern *Schricker* ArchivPT 1996, 5/6 ff.).

Unabhängig von der Beantwortung dieser – praktisch freilich wenig bedeutsamen – Streitfrage 3 besteht in der **Literatur** Einigkeit darüber, dass das UrhG von Beginn an auch ohne ausdrückliche Erwähnung **schöpferische Datenbanken,** bei denen also die Struktur, dh. die Auswahl und/oder Anordnung ihres Inhalts, die Voraussetzungen einer persönlichen geistigen Schöpfung nach § 2 Abs. 2 erfüllen, unter Schutz stellt, gleichviel, ob sie elektronisch oder in herkömmlicher Weise aufgebaut sind (*Fromm/Nordemann/Nordemann*[9] § 4 Rdnr. 1; *Hillig* ZUM 1992, 325/326; *Ullmann,* Fs. für Brandner, S. 507/516 mwN; *Nordemann/Hertin* NJW 1971, 857/858 f.; Einzelheiten zur schöpferischen Tätigkeit des Urhebers einer Datenbank § 4 Rdnr. 38 f.; *Schricker* ArchivPT 1996, 5/9 ff.).

Vor §§ 87a ff. Vorbemerkung

4   Der **BGH** hatte vor Inkrafttreten der §§ 87a ff. keine Gelegenheit, sich zur Schutzfähigkeit **elektronischer Datenbanken** zu äußern. Die in den achtziger Jahren seinen Entscheidungen zugrunde gelegten strengen Anforderungen an die Gestaltungshöhe wissenschaftlich-technischer Werke dürften jedoch diese Werkkategorie häufig vom Urheberrechtsschutz ausgeschlossen haben (vgl. etwa BGH GRUR 1984, 659/661 – Ausschreibungsunterlagen; BGH GRUR 1986, 739/740 – Anwaltsschriftsatz; BGH GRUR 1987, 704/706 – Warenzeichenlexika; kritisch dazu *Schricker*, GRUR-Fs., S. 1095/1106 ff.; *ders.*, Fs. für Kreile, S. 715 ff.; *ders.* ArchivPT 1996, 5/8 f.; § 2 Rdnr. 32 ff.; weniger streng noch BGH GRUR 1980, 227/231 – Monumenta Germaniae Historica; und neuerdings wieder BGH GRUR 1991, 130/133 – Themenkatalog; BGH GRUR 1992, 382/385 – Leitsätze; weniger streng in jüngerer Zeit auch LG Frankfurt/M CR 1994, 473; Einzelheiten § 2 Rdnr. 19; ausführlich dazu auch *Mehrings* S. 116 ff.; *ders.* CR 1990, 305 f.; *Hillig* ZUM 1992, 325/326; *Katzenberger* GRUR 1990, 94/99; *Heinrich* WRP 1997, 275 f. jeweils mwN).

5   **Nichtschöpferische Datenbanken,** die also einer schöpferischen Struktur, dh. einer individuellen Auswahl und/oder Anordnung ihres Inhalts, entbehren, weil sie – wie häufig elektronische, aber auch herkömmliche Datenbanken – unter dem Gesichtspunkt bloßer Vollständigkeit und nach wenigen alphabetischen, numerischen, chronologischen oder sonstigen logisch zwingenden Ordnungskriterien rein schematisch und damit ohne phantasievolle Prägung angelegt sind (vgl. BGH GRUR 1980, 227/231 – Monumenta Germaniae Historica; OLG Hamburg ZUM 1997, 145/146 – Hubert Fichte; dazu ausführlich § 4 Rdnr. 34 f.; *Haberstumpf*[2] Rdnr. 525, 527; *Moufang*, Fs. für Schricker, S. 571/578 ff.; *Mehrings* S. 127, 129, 143 f.; *Berger* GRUR 1997, 169/173 f.), genossen hingegen nach altem Recht keinen sondergesetzlichen, sondern bei Vorliegen unlauterkeitsbegründender Umstände lediglich **wettbewerbsrechtlichen Schutz gemäß § 1 UWG (aF),** nach überwiegender Fallgestaltung unter dem Gesichtspunkt der sklavischen Nachahmung, speziell ihrer Unterfälle der unmittelbaren Leistungsübernahme und der Rufausbeutung (BGH GRUR 1999, 923/927 – Tele-Info-CD; BGH GRUR 1988, 308/309 – Informationsdienst; OLG Frankfurt/M CR 1996, 211 – Telefonbuch-CD-ROM; LG Mannheim CR 1996, 411 – D-Info 2.0; LG Hamburg CR 1994, 476 – Teleauskunft 1188; die wettbewerbliche Eigenart einer Gesetzessammlung dagegen verneinend OLG München WRP 1996, 1221 – CD-ROM-Gesetzessammlung; ausführlich zum seinerzeitigen wettbewerbsrechtlichen Schutz *Heinrich* WRP 1997, 275 f./278 ff. mit zahlreichen Nachweisen zur Rspr.; *Schricker* ArchivPT 1996, 5/14 ff.; *Hubmann*, Fs. für Preu, S. 77/86 ff.; *Nordemann/Hertin* NJW 1971, 857/860 f.; *Hillig* ZUM 1992, 325/329; *Ullmann*, Fs. für Brandner, S. 507/520 f.; *Berger* GRUR 1997, 169/171; *Scheller* CR 1988, 806). Dies wurde angesichts der nicht selten von Datenbanken verkörperten wirtschaftlichen Leistung zunehmend als unzureichend empfunden, weil das UWG – anders als der immaterialgüterrechtliche Sonderschutz – ein Wettbewerbsverhältnis der Beteiligten und eine wettbewerbliche Eigenart der Datenbank bzw. des übernommenen Teils voraussetzt, das Vorliegen eines wettbewerbswidrigen Verhaltens oft nur schwer zu beweisen ist, die Sanktionsmöglichkeiten gegenüber dem Sonderrecht beschränkt sind (kein Vernichtungsanspruch nach § 98) und scharfe Konturen der zeitlichen Geltung des Rechtsschutzes fehlen (Einzelheiten Einl. Rdnr. 50 ff.; vor §§ 69 a Rdnr. 13 ff. jeweils mwN). Außerdem erlaubt das Wettbewerbsrecht nicht die Untersagung der Herstellung, sondern nur die Verbreitung einer Datenbank (BGH GRUR 1999, 923/927 – Tele-Info-CD) und vermag kein selbstständig abtretbares Ausschließlichkeitsrecht zu gewähren (sa. *Dreier/Schulze/Dreier* Rdnr. 6). Hinzu kommt, dass die hergebrachten Schranken des Urheberrechts, namentlich soweit sie die private Vervielfältigung betreffen, für elektronische Datenbanken fragwürdig geworden sind. Die in allen Mitgliedstaaten der EU in dieser oder ähnlicher Form bestehenden Schutzdefizite sowie die grundsätzlichen Unterschiede der Urheberrechtssysteme innerhalb der Gemeinschaft haben zur europaweiten Harmonisierung des Rechts an Datenbanken durch die **Datenbankrichtlinie** Anlass gegeben (Richtlinie 96/9/EG des Europäischen Parlaments und des Rates vom 11. 3. 1996 über den rechtlichen Schutz von Datenbanken, ABl. Nr. L 77 S. 20, abgedr. auch in GRUR Int. 1996, 806).

6   **b) Besondere Vorschriften über das Recht an Datenbanken.** Seit der fristgerecht zum 1. 1. 1998 erfolgten **Umsetzung der Datenbankrichtlinie** in nationales Recht (Art. 16 Abs. 1 der Richtlinie) durch Art. 7 des Informations- und Kommunikationsdienstegesetzes (IuKDG) vom 13. 6. 1997 (BGBl. I S. 1870) beruht der Schutz von Sammlungen richtlinienbedingt auf einer breiteren und zugleich begrifflich differenzierteren Grundlage (s. zur Integration europäischen Urheberrechts in das UrhG Rdnr. 14; Einl. Rdnr. 76 ff.; § 4 Rdnr. 30). Nunmehr trifft das UrhG für Datenbanken, die die Richtlinie in Art. 1 Abs. 2 als solche Sammlungen

definiert, deren inhaltlichen **Elemente systematisch oder methodisch angeordnet und einzeln mit elektronischen Mitteln oder auf andere Weise zugänglich** sind, spezielle, in mehrfacher Hinsicht von den für herkömmliche Sammlungen geltenden allgemeinen Vorschriften abweichende Regelungen (dazu Rdnr. 16 f.).

Das Gesetz unterscheidet bei **schöpferischen Sammlungen** fortan zwischen **Sammelwerken** nach § 4 Abs. 1 und ihrer speziellen Erscheinungsform der **Datenbankwerke** nach § 4 Abs. 2. Jedenfalls Datenbankwerke (Einzelheiten zum Begriff § 4 Rdnr. 36 ff.; § 87 a Rdnr. 5 ff.) sind künftig im Lichte der Originalitätsdefinition der Richtlinie bereits dann urheberrechtlich geschützt, wenn ihre Struktur auf einer eigenen geistigen Schöpfung beruht, ohne dass für die Beurteilung der Schutzfähigkeit eines Datenbankwerkes andere Kriterien maßgeblich sein dürfen (Art. 3 Abs. 1). Ihr Schutzstandard entspricht damit dem des harmonisierten europäischen Rechts an Computerprogrammen (§ 69 a Abs. 3) und an schöpferischen Fotografien (dazu § 2 Rdnr. 39 ff.; § 72 Rdnr. 8). Neben das Urheberrecht an Datenbankwerken tritt nunmehr das selbstständige, in seinem Rechtsgrund vom Urheberrecht verschiedene **Leistungsschutzrecht des Datenbankherstellers** nach §§ 87 a ff. (BGH GRUR 2007, 686/688 Tz. 27 – Gedichttitelliste I; zur Rechtsnatur s. unten Rdnr. 28 ff.). Es entsteht unabhängig vom Recht des Urhebers nach § 4 Abs. 2, gilt nicht für jede beliebige Sammlung von Werken, Daten und anderen unabhängigen Elementen, sondern ausschließlich für eine Datenbank als systematisch oder methodisch angelegte Sammlung mit einzeln zugänglichen Elementen iSd. gesetzlichen Definition des § 87 a Abs. 1 und verbindet den Rechtsschutz nicht mit einer schöpferischen, sondern mit einer wirtschaftlichen Leistung, die nach dem Gesetzeswortlaut in einer nach **Art oder Umfang wesentlichen Investition in Form der Beschaffung, Überprüfung oder Darstellung des Datenbankinhalts** zu bestehen hat (s. die Erl. zu § 87 a Rdnr. 40 ff.).

3. Die europäische Richtlinie über den rechtlichen Schutz von Datenbanken

a) Entstehungsgeschichte. Die Änderung des UrhG durch Art. 7 IuKDG (s. Rdnr. 6) setzt den – nationalen – Schlusspunkt unter die mehr als ein Jahrzehnt währenden Bemühungen der EG-Kommission, angesichts erheblicher urheber- und wettbewerbsrechtlicher Unterschiede in den Rechtsordnungen der Mitgliedstaaten, namentlich bei den Anforderungen an die urheberrechtliche Schöpfungshöhe, die rechtlichen Voraussetzungen des Schutzes von Datenbanken durch die Angleichung der einschlägigen urheberrechtlichen Bestimmungen und durch die Einführung eines zusätzlichen, andersartigen Rechts zugunsten des Datenbankherstellers europaweit zu harmonisieren (dazu ausführlich *Leistner* S. 5 ff., 29 ff.; *Bensinger* S. 84 ff., zu den rechtspolitischen Überlegungen S. 89 ff., zu den kritischen Einwänden S. 103 ff.; *Westkamp* S. 19 ff.; *Grützmacher* S. 159 ff.; *Gaster* Rdnr. 8 ff., 416 ff.; *ders.* in *Hoeren/Sieber* [Hrsg.] Teil 7.8 Rdnr. 5 ff.; *ders.* CR 1997, 669/671 f.; *Walter/v. Lewinski* vor Art. 7 Rdnr. 2 f. jeweils mwN; *Möhring/Nicolini/Decker*[2] Rdnr. 2). Am Anfang standen entsprechende Überlegungen im Grünbuch „Urheberrecht und die technologische Herausforderung" der EG-Kommission von 1988 (Dok. KOM [88] 172 endg. v. 23. 8. 1988, S. 205–216), die in ihrem urheberrechtlichen Arbeitsprogramm „Initiativen zum Grünbuch" von 1991 (Dok. KOM [90] 584 endg. v. 17. 1. 1991) bekräftigt wurden. Einen ersten Richtlinienvorschlag unterbreitete die Kommission dem Europäischen Parlament im Jahre 1992 (Dok. KOM [92] 24 endg., ABl. Nr. C 156 S. 4). Er blieb noch auf den Schutz **elektronischer** Datenbanken beschränkt und sah neben dem urheberrechtlichen Schutz schöpferischer Datenbanken ein vom Werkcharakter einer Datenbank unabhängiges, durch die Möglichkeit der Einräumung einer **Zwangslizenz** beschränktes, aus dem Wettbewerbsrecht abgeleitetes Ausschließlichkeitsrecht auf **Schutz vor unlauteren Auszügen** und die Weiterverwertung der Datenbank oder ihres Inhalts für gewerbliche Zwecke vor (Einzelheiten dazu mit teils kritischen Anmerkungen bei *Dreier* GRUR Int. 1992, 739/741 f.; *Gaster* ÖSGRUM 19 [1995] 15/25; *ders.* in *Hoeren/Sieber* [Hrsg.] Teil 7.8 Rdnr. 5 ff.; *Röttinger* ZUM 1992, 594; *Hoebbel* CR 1993, 12; *v. Gamm* GRUR 1993, 203; *Flechsig* ZUM 1997, 577 f.). Dieser Entwurf erfuhr im Laufe der Ausschuss- und Parlamentsberatungen vielfältige Kritik, die sich in dem geänderten Richtlinienvorschlag der Kommission vom 4. 1. 1993 niederschlug (Dok. KOM [93] 464 endg., ABl. Nr. C 308 S. 1). Er lag den weiteren Beratungen zugrunde, welche – wiederum nach Berücksichtigung verschiedener Änderungsvorschläge – schließlich mit dem Gemeinsamen Standpunkt des Rates der Mitgliedstaaten v. 6. 6. 1995 (ABl. Nr. C 288 S. 14) und nach geringfügigen Korrekturen auf Wunsch des Parlaments mit dem Erlass der Richtlinie zum rechtlichen Schutz von Datenbanken v. 13. 3. 1996 (ABl. Nr. L 77/28 v. 27. 3. 1996, S. 20, abgedr.

auch in GRUR Int. 1996, 806) erfolgreich abgeschlossen werden konnten (*Gaster* ZUM 1995, 740/742ff.; *ders.* VPP-Rundbrief 1996, 107; *Leistner* S. 32ff.; *Walter/v. Lewinski* vor Art. 1 Rdnr. 1 ff.; Vor Art. 7 Rdnr. 4ff.). Die später erlassene Informationsgesellschafts-Richtlinie 2001/29/EG lässt die Datenbankrichtlinie unberührt; ebenso stellt das europäische Recht klar, dass Datenbanken rechtlich keine Computerprogramme sind (Erwgr. 23 der Datenbankrichtlinie; dazu auch *Gaster* in *Hoeren/Sieber* [Hrsg.] Teil 7.8. Rdnr. 32 f.).

9 **b) Inhalt.** Die Richtlinie mit nicht weniger als 60 für ihre Auslegung bedeutsamen Erwägungsgründen übernimmt die von der Kommission vorgeschlagene **zweigliedrige Konzeption eines Datenbankschutzes** (wegen dadurch geschaffener unübersichtlicher Rechtsverhältnisse für einen Verzicht auf urheberrechtlichen Schutz *Berger* GRUR 1997, 169/172 f., der jedoch den in vielen EU-Staaten bestehenden umfassenden Schutz persönlicher geistiger Schöpfungen und die konventionsrechtliche Bindung der Mitgliedstaaten durch Art. 2 Abs. 5 RBÜ außer acht lässt); sie beschränkt sich jedoch anders als frühere Entwürfe nicht mehr ausschließlich auf elektronische Datenbanken und gewährt dem Datenbankhersteller die Verbotsrechte des neuen Rechts sui generis unabhängig vom Handeln Dritter zu gewerblichen Zwecken und unabhängig von besonderen Unlauterkeitskriterien als eigenständiges, nicht durch eine Zwangslizenz eingeschränktes Immaterialgüterrecht (ebenso *Walter/v. Lewinski* vor Art. 7 Rdnr. 6; eingehend zu den einzelnen Regelungen der Richtlinie *Leistner* S. 50 ff.; *Flechsig* ZUM 1997, 577 ff.). Im Falle des urheberrechtlichen Schutzes bezieht sich dieses auf die **schöpferische Auswahl oder/und Anordnung (Struktur)** des Inhalts der Datenbank (Erwgr. 15), im Falle des Rechts sui generis auf die von ihr repräsentierte **wesentliche Investition,** jeweils ungeachtet bestehender Rechte am Inhalt selbst (Art. 3 Abs. 2; Art. 7 Abs. 4) und ungeachtet etwaiger Rechte an den für den Zugang zur Datenbank und für ihren Aufbau erforderlichen Computerprogrammen (Art. 1 Abs. 3, Art. 3 Abs. 3).

10 Die Bestimmungen über den **urheberrechtlichen Schutz von Datenbanken,** der durch die Regelung des Art. 2 Abs. 5 RBÜ über den Schutz von Sammelwerken bereits recht weitgehend harmonisiert war und zwischenzeitlich durch Art. 10 Abs. 2 TRIPS und Art. 5 WCT (dazu unten Rdnr. 41) auf einem breiteren internationalen Fundament steht, konzentrieren sich auf die Regelung der Urheberschaft unter grundsätzlicher Wahrung des Schöpferprinzips (Art. 4 Abs. 1), auf die Festlegung der eigenen geistigen Schöpfung als ausschließlichem Kriterium für die Beurteilung der Schutzfähigkeit (Art. 3 Abs. 1), auf die Normierung der dem Urheber ausschließlich zustehenden Verwertungsrechte der Vervielfältigung, Verbreitung und öffentlichen Wiedergabe sowie des Rechts der Umgestaltung, einschließlich der Bearbeitung und Übersetzung (Art. 5), auf die Anordnung der europaweiten Erschöpfung des Verbreitungsrechts (Art. 5 lit. c) und schließlich auf die Normierung obligatorischer Schranken zugunsten des rechtmäßigen Datenbankbenutzers (Art. 6 Abs. 1) sowie verschiedener optionaler Schranken zugunsten der Allgemeinheit. Letztere betreffen die private Vervielfältigung nichtelektronischer Datenbanken, die nicht kommerzielle Benutzung der Datenbank in Unterricht und Forschung, ihre Verwendung zu Zwecken der öffentlichen Sicherheit sowie in Verwaltungs- und Gerichtsverfahren und endlich – unbeschadet der vorgenannten Fälle – bestehende traditionelle nationale Schrankenbestimmungen (Art. 6 Abs. 2).

11 Der Kern des dem **Datenbankhersteller** auf 15 Jahre ab der Veröffentlichung, hilfsweise ab der Herstellung (Art. 10 Abs. 1) für eine wesentliche Investition in eine Datenbank, einschließlich ihres Thesaurus, Index und Abfragesystems (elektronisches Material), gewährte, durch wesentlichen Änderungen unbegrenzt verlängerbare **Recht sui generis** liegt in der ausschließlichen Befugnis, die Entnahme und die Weiterverwendung der **Gesamtheit oder eines wesentlichen Teils des Inhalts** der Datenbank zu untersagen (Art. 7 Abs. 1). Zudem kann er die Entnahme und Weiterverwendung auch **un**wesentlicher Teile unterbinden, wenn derartige Nutzungen wiederholt und systematisch erfolgen sowie der normalen Nutzung der Datenbank entgegenstehen oder die berechtigten Interessen ihres Herstellers unzumutbar beeinträchtigen (Art. 7 Abs. 5). Dabei bedeutet Entnahme nach Art. 7 Abs. 2 lit. a der Richtlinie die ständige oder vorübergehende Übertragung ungeachtet ihrer Form und ungeachtet der verwendeten Übertragungsmittel, während unter Weiterverwendung jede Form öffentlicher Verfügbarmachung durch die Verbreitung von Vervielfältigungsstücken oder durch Online- oder andere Formen der Übermittlung zu verstehen ist (Art. 7 Abs. 2 lit. b).

12 **Gegenüber dem rechtmäßigen Benutzer** bezieht sich das Ausschließlichkeitsrecht des Herstellers nicht auf unwesentliche Teile einer öffentlich zugänglich gemachten Datenbank. Andererseits darf der rechtmäßige Benutzer einer derartigen Datenbank weder deren normale

Vorbemerkung Vor §§ 87a ff.

Nutzung beeinträchtigen noch die berechtigten Interessen ihres Herstellers unzumutbar verletzen (Art. 8). Die auch hier normierten obligatorischen und optionalen **Schrankenregelungen** sind nahezu identisch mit denen des Urheberrechts an Datenbankwerken, so dass bei nichtschöpferischen elektronischen Datenbanken ebenfalls jede private Vervielfältigung eines wesentlichen Teils ihres Inhalts dem Ausschließlichkeitsrecht des Datenbankherstellers unterliegt (Art. 9).

In **persönlicher Hinsicht** beschränkt Art. 11 das Recht sui generis auf solche Datenbanken, 13 deren Hersteller oder Rechtsinhaber Angehörige der EU sind oder dort ihren gewöhnlichen Aufenthalt haben bzw. auf dort niedergelassene oder dorthin in ständiger wirtschaftlicher Verbindung stehende Unternehmen. Gemäß Art. 11 Abs. 1 der Datenbankrichtlinie gilt der Schutz auch denjenigen Personen, die ihren gewöhnlichen Aufenthalt in einem EU- oder EWR-Mitgliedstaat haben. Dies ins deutsche UrhG umzusetzen ist versehentlich unterblieben, so dass dieser Personenkreis im Wege richtlinienkonformer Auslegung ebenfalls zu den Rechtsinhabern zu zählen ist (ebenso *Leistner* S. 320; *Walter/v. Lewinski* Art. 11 Rdnr. 19; *Fromm/Nordemann/ Hertin*[9] § 127a Rdnr. 2; *Haberstumpf* GRUR 2003, 14/27; aA *Möhring/Nicolini/Decker*[2] § 127a Rdnr. 8). Im Übrigen steht das Datenbankherstellerrecht ausländischen Staatsangehörigen nur auf der Basis materieller Reziprozität oder auf Grund eines bilateralen Vertrages zwischen der EU und seinem Herkunftsland zu. Für im Zeitpunkt des Inkrafttretens der Neuregelung bereits existierende Datenbanken sind Übergangsregelungen vorgesehen (Art. 14).

4. Auslegung der Richtlinie und ihre Umsetzung in nationales Recht

a) **Auslegungsfragen.** Der Umsetzung in nationales Recht bedürfen lediglich die operativen 14 Normen der Richtlinie, nicht dagegen ihre Erwägungsgründe, die jedoch zur Auslegung der Normen heranzuziehen sind (allgM, etwa *Leistner* S. 39). Dabei ist unter Beachtung der angestrebten Harmonisierungswirkung zu prüfen, welche Regelungen das nationale Recht bereits enthält und welche ohne Umsetzungsspielraum zu übernehmen sind, wo die Richtlinie dem nationalen Gesetzgeber Gestaltungsspielraum zugesteht und wo bereits eine richtlinienkonforme Auslegung des geltenden Rechts die angestrebte europäische Rechtsangleichung herbeizuführen vermag (vgl. zur richtlinienkonformen Auslegung als Mittel der Umsetzung EuGH EuZW 1994, 498/500 – Paola Faccini Dori; EuGH EuZW 1996, 236 – El Corte Inglés; zur Umsetzungstechnik auch *Vogel* ZUM 1997, 592ff.; zur Auslegung des EU-Rechts *Leistner*, Fs. für Dietz, S. 493/494 mwN). Vorschriften, die im Zuge der Implementierung europäischen Rechts in das nationale UrhG Eingang gefunden haben, sind gerade auch insoweit, als sie nicht lediglich den Richtlinienwortlaut übernehmen, ein Teil europäischen Urheberrechts (vgl. AmtlBegr. des 2. UrhGÄndG BTDrucks. 12/4022 S. 8), das mit Blick auf Sinn und Zweck der harmonisierenden europäischen Richtlinie autonom und einheitlich auszulegen ist, sofern nicht die jeweilige europäische Vorschrift auf das Recht der Mitgliedstaaten verweist (EuGH GRUR 2009, 1041/1043 Tz. 27 – Infopaq/DDF; ausführlich dazu § 15 Rdnr. 40). Dabei ist insbesondere dort, wo ein völkerrechtlicher Vertrag in europäisches Gemeinschaftsrecht transformiert wird, nach Möglichkeit eine Auslegung im Lichte des Völkerrechts vorzunehmen (EuGH GRUR Int. 2008, 593/595 Tz. 30 – Peek und Cloppenburg).

Das gilt ebenso für Vorschriften, die, wenngleich nicht unbedingt in ihrem Wortlaut, so doch in ihrem Regelungsgehalt schon der Vorgabe der Richtlinie entsprechen und deshalb nicht zwangsläufig eine Änderung des nationalen Rechts erforderlich gemacht haben (s. etwa zur Auslegung der Begriffe der Vervielfältigung, Verbreitung und öffentlichen Wiedergabe im Lichte der Richtlinienbestimmung des Art. 7 die Erläuterungen unter § 87b Rdnr. 5, 6). Denn Richtlinien sind nach Art. 189 Abs. 3 EG nur ihrem Ziel nach verbindlich, welches die Rechtsprechung als Träger öffentlicher Gewalt nach Art. 5 EG und damit als Adressat der Umsetzungsverpflichtung ebenso wie die Exekutive zu beachten und damit harmonisiertem Recht durch im Zweifel richtlinienkonforme Auslegung nationale Geltung zu verschaffen hat (ausführlich *Erdmann/Bornkamm* GRUR 1991, 877/879; *Jarass* EuR 1991, 21, insb. 217ff.; *Kutscher* EuR 1981, 392; *Zuleeg* EuR 1969, 97 jeweils mwN). Bei der Auslegung der nationalen Bestimmungen harmonisierten Urheberrechts ist ferner über den Richtlinientext hinaus die einschlägige Rechtsprechung in anderen Mitgliedstaaten der EU in Betracht zu ziehen.

b) **Gesetzgebungsverfahren.** Die Umsetzung der Datenbankrichtlinie, in deren Lichte fortan 15 die einschlägigen Bestimmungen des UrhG als einem Teil harmonisierten europäischen Urheberrechts auszulegen sind (vgl. AmtlBegr. BTDrucks. 12/4022 S. 8), ist in Art. 7 des Informations- und Kommunikationsdienstegesetzes (IuKDG, s. Rdnr. 6) erfolgt. Der **RegE** (BRDrucks. 966/

Vor §§ 87a ff. Vorbemerkung

96) dieser Umsetzung hat in der Öffentlichkeit erhebliche Kritik erfahren (s. etwa *Vogel,* Blick durch die Wirtschaft v. 20. 1. 1997, S. 10; *ders.* ZUM 1997, 592 ff.), so dass sich das Bundesministerium der Justiz veranlasst sah, dem zuständigen Ausschuss für Bildung, Wissenschaft, Forschung, Technologie und Technikfolgenabschätzung im Wege der **Formulierungshilfe** einen völlig **neuen Entwurf** mit Begründung für die weitere parlamentarische Beratung zur Verfügung zu stellen (A-Drucks. 13/611, ohne Begründung abgedr. in ZUM 1997, 602). Er lag nach Berücksichtigung verschiedener Streichungsvorschläge (s. *Vogel* ZUM 1997, 605 f.) der Beschlussempfehlung und dem Bericht des Ausschusses zugrunde (BTDrucks. 13/7934 S. 22 ff., 42 ff.) und wurde am 13. 6. 1997 als Gesetz verabschiedet (BGBl. I 1870). Der Begründung des RegE (BRDrucks. 966/96) kommt demnach für die Auslegung des Gesetzes nur noch insoweit Bedeutung zu, als sie nicht durch die Formulierungshilfe und ihre Begründung überholt ist.

16 c) **Grundzüge der Umsetzung.** Anders als bei der Umsetzung der Richtlinie zum Schutz von Computerprogrammen und entgegen dem RegE hat der Gesetzgeber den richtlinienbedingt neuen **urheberrechtlichen Bestimmungen keinen eigenen Abschnitt** am Ende des Teils 1 des UrhG gewidmet, sondern die Umsetzung systematisch richtig durch wenige Änderungen oder Ergänzungen der bereits existierenden einschlägigen Bestimmungen bewerkstelligt (s. *Vogel* ZUM 1997, 592/599; § 4 Rdnr. 32; zustimmend statt vieler *Leistner* S. 259 mwN; kritisch *Gaster* CR 1997, 717/719). So vermochte er sich darauf zu beschränken, die nach altem Recht strittige Frage, ob die in ein Sammelwerk aufgenommenen Beiträge selbst Werkcharakter haben müssen oder ob auch schöpferische Sammlungen von Beiträgen ohne Werkcharakter Rechte nach § 4 begründen können (so. Rdnr. 2; Bericht und Beschlussempfehlung des Ausschusses BTDrucks. 13/7934 S. 43), richtlinienkonform in letzterem Sinne klarzustellen (§ 4 Abs. 1) und in § 4 Abs. 2 die schöpferische Datenbank als Spezialfall eines Sammelwerkes nach Abs. 1 zu definieren, welches durch die systematische oder methodische Anordnung seiner einzeln elektronisch oder auf andere Weise zugänglichen Elemente charakterisiert ist. Unter Bezugnahme auf diese Definition eines Datenbankwerkes konnte mit einer geringfügigen Ergänzung des § 23 das Verbot der Herstellung einer Bearbeitung auf diese Werkkategorie erstreckt, durch die Einfügung eines Abs. 5 in übersichtlicher Weise die private Vervielfältigung elektronischer Datenbankwerke von der Schrankenregelung des § 53 ausgenommen und die Vervielfältigung zum wissenschaftlichen Gebrauch für diese Werkart auf nicht gewerbliche Zwecke beschränkt werden. Auf ähnlich einfache Weise ließ sich die durch Art. 6 Abs. 2 lit. b veranlasste Anpassung des § 63 (Quellenangabe) bewerkstelligen, so dass als einzige neue urheberrechtliche Vorschrift die durch Art. 6 Abs. 1 gebotene Schrankenregelung des § 55 a über die zustimmungsfreie Benutzung eines Datenbankwerkes durch den rechtmäßigen Benutzer in das Gesetz einzufügen war. Schließlich wurden in § 137 g Abs. 1 und 3 einige übergangsrechtlich gebotene Regelungen getroffen.

17 Im Übrigen bestand keine Veranlassung zu Gesetzesänderungen. Dies gilt namentlich für den von der Richtlinie angeordneten Verzicht auf besondere Anforderungen an die Gestaltungshöhe (Art. 3 Abs. 1), dem unter **zwingender Anwendung der Grundsätze der kleinen Münze auf Datenbankwerke** im deutschen Recht Geltung zu verschaffen ist (s. § 4 Rdnr. 37 sowie § 2 Rdnr. 39 f.; aA noch die ursprüngliche Fassung der Formulierungshilfe sowie *Gaster* CR 1997, 717; kritisch dazu *Vogel* ZUM 1997, 592/600, 605; zum Verhältnis der EU-Richtlinien zu den Grundsätzen der kleinen Münze s. § 2 Rdnr. 39 f.; § 4 Rdnr. 37; § 72 Rdnr. 8, 21 jeweils mwN; *Erdmann/Bornkamm* GRUR 1991, 877/879; *Schricker,* Fs. für Kreile, S. 715/719 ff. sowie die AmtlBegr. zur Unterlassung gesetzgeberischer Maßnahmen im Hinblick auf Art. 6 der Schutzdauerrichtlinie BTDrucks. 13/781 S. 10), ebenso wie für die Beachtung des dem deutschen Recht zugrundeliegenden Schöpferprinzips (§ 7), für das Urheberrecht im Arbeitsverhältnis und für die dem Schöpfer einer Datenbank zustehenden Verwertungsrechte. Die ursprüngliche Umsetzungslücke beim Recht der Online-Übermittlung als nicht speziell geregeltem Innominatfall der öffentlichen Wiedergabe, die der Gesetzgeber aus zeitlichen Gründen offen gelassen hatte (s. BTDrucks. 13/7934 S. 55), ist mit der Einfügung des § 19 a durch das Gesetz zur Regelung des Urheberrecht in der Informationsgesellschaft vom 10. 9. 2003 (BGBl. I S. 1774) in das UrhG geschlossen worden (sa. § 15 Rdnr. 25; § 19 a Rdnr. 31; § 87 b Rdnr. 9).

18 Die **Umsetzung des Rechts sui generis** im Sechsten Abschnitt des Teils 2 des Gesetzes überzeugt ebenfalls sowohl unter rechtsdogmatischen als auch – wenngleich mit Einschränkungen – unter systematischen Aspekten (zustimmend auch *Leistner* S. 259 f.; *Dreier/Schulze/Dreier* Rdnr. 2; *Wandtke/Bullinger/Thum* Rdnr. 6 f.). Denn das Datenbankherstellerrecht stellt ein Leistungsschutzrecht iSd. Teils 2 des UrhG dar, welches ebenso wie die unternehmerbezogenen

Vorbemerkung   Vor §§ 87a ff.

Rechte nach §§ 81 (Veranstalter), 85 (Tonträgerhersteller), 87 (Sendeunternehmen) und 94, 95 (Filmhersteller) bestimmte Investitionsleistungen auf kulturwirtschaftlichem Gebiet unter besonderen Schutz stellt (ganz überwiegende Meinung *Wiebe* CR 1996, 198/202; *Berger* GRUR 1997, 169/172; *Leistner* GRUR Int. 1999, 819/825; *ders.,* Fs. für Dietz, S. 493/506; *Bensinger* S. 114 ff.; *Walter/v. Lewinski* vor Art. 7 Rdnr. 8 ff.; dazu auch Rdnr. 20; aA *Lehmann* in *Möhring/ Schulze/Ulmer/Zweigert* [Hrsg.] S. 4; kritisch *Gaster* ÖSGRUM 19 [1996] 15/26; *Westkamp* S. 402; ebenso *Kotthoff* in HK-UrhG § 87a Rdnr. 3 in der irrigen Annahme, nach §§ 87a ff. geschützte Datenbanken hätten im Unterschied zu den anderen unternehmensbezogenen Leistungsschutzrechten systemwidrig nicht notwendig schutzfähige Werke zum Inhalt; dies ist freilich bei den Rechten nach §§ 85, 87, und 95 ebenso der Fall). Eines in den Erörterungen der Richtlinienumsetzung gelegentlich befürworteten eigenen Gesetzes nach dem Vorbild des Ministerialentwurfs Österreichs, der schließlich zugunsten einer Integration des neuen Rechts in das österreichische UrhG fallen gelassen worden ist, hat es deshalb nicht bedurft (ebenso *Flechsig* ZUM 1997, 577/589 f.; zum österr. MinE *Wittmann* MR 1997, 130). Allerdings steht die sammelnde, sichtende, ordnende und prüfende Tätigkeit des Datenbankherstellers in gewisser Hinsicht der nach §§ 70, 71 geschützten Leistung der Editoren nahe, so dass sich eine Einordnung seines Rechts im Ersten Abschnitt des Teils 2 eher empfohlen hätte (s. *Vogel* ZUM 1997, 592/59; *Hoebbel* S. 77 ff.).

Zutreffend ist, anders als noch im RegE, die die **begriffliche Einheitlichkeit des Geset-** 19 **zes** wahrende Übertragung der Begriffe der Entnahme und Weiterverwendung in die jeweiligen Entsprechungen der geltenden Terminologie (Vervielfältigung, Verbreitung und öffentliche Wiedergabe), wo keine wesentlichen inhaltlichen Unterschiede bestehen (dazu § 87b Rdnr. 6 f., 12 f.; s. zu den Unterschieden *Bensinger* S. 186 ff. und *Westkamp* S. 413 ff., der sich deshalb kritisch zur vorgenommenen Umsetzung der Richtlinie in das deutsche Recht äußert). Die ursprünglich fehlende Umsetzung des nach Art. 7 Abs. 2 lit. b der Richtlinie zwingend einzuführenden Rechts der Online-Übermittlung, welche zumindest eine Änderung des Öffentlichkeitsbegriffs nach § 15 Abs. 3 erfordert hätte, ist durch die Einführung des § 19a wettgemacht worden (eingehend zur rechtlichen Beurteilung der Online-Übermittlung § 19a Rdnr. 42 ff.; zu den Erfordernissen der Umsetzung des Rechts sui generis *Vogel,* Blick durch die Wirtschaft v. 20. 1. 1997, S. 10; *ders.* ZUM 1997, 592/594 ff.; kritisch zur begrifflichen Anpassung außer *Bensinger* S. 189; *Westkamp* S. 413 ff. auch *Gaster* CR 1997, 717/720; *Lehmann* in *Möhring/ Schulze/Ulmer/Zweigert* [Hrsg.] S. 10 f.; zurückhaltend hinsichtlich des Rechts der öffentlichen Wiedergabe *Roßnagel/v. Lewinski* § 87b Rdnr. 24 f.; auch *Leistner* S. 306 ff.: im Grundsatz zustimmend, aber unterlassene Anpassung der allgemeinen Verwertungsrechte an die inhaltlich übereinstimmenden Vorgaben der Richtlinie für Datenbankwerke und Datenbanken, S. 308). Die dem nationalen Gesetzgeber teilweise zur Einführung freigestellten Schrankenbestimmungen finden sich in § 87c, die Schutzdauerregel des neuen Rechts in § 87d und die Vorschrift über die vertraglichen Mindestrechte des rechtmäßigen Benutzers in § 87e. In die strafrechtlichen und die Zwangsvollstreckungsbestimmungen der §§ 108 und 119 ist das Datenbankherstellerrecht einbezogen worden. § 127a schließlich enthält die durch die Richtlinie gebotene fremdenrechtliche Beschränkung des Rechts auf der Grundlage materieller Gegenseitigkeit, während § 137g die Anwendung des neuen Rechts auf vor seinem Inkrafttreten hergestellte Datenbanken regelt.

II. Sinn und Zweck, Rechtfertigung und Bedeutung der Neuregelung des Rechts an Datenbanken

1. Sinn und Zweck

Sinn und Zweck der Novellierung des Rechts an Sammlungen liegen – der Zielsetzung der 20 Richtlinie entsprechend – zunächst in der Ergänzung des unzureichenden urheberrechtlichen, auf die schöpferische Anordnung und Auswahl gerichteten Schutzes, der meist nicht einmal bei einem unerlaubten Zugriff auf wesentliche Teile eines Datenbankwerks berührt ist; sodann in der Beseitigung von Handelshemmnissen und Wettbewerbsverzerrungen innerhalb der EU durch die Rechtsangleichung der in den Mitgliedstaaten trotz des Art. 2 Abs. 5 RBÜ noch von einander abweichenden Bestimmungen über den urheberrechtlichen Schutz von Sammelwerken (Erwgr. 2–4); und schließlich in der europäischen Harmonisierung des Rechts an Datenbanken durch die Einführung des weltweit neuartigen Rechts des Datenbankherstellers, das die Unterschiede in den vordem geltenden nationalen wettbewerbs- und urheberrechtlichen Regelungen innerhalb der Gemeinschaft (Erwgr. 6) und den durch die Digitaltechnik veränderten Verhältnissen auf dem Informationsmarkt Rechnung tragen soll. Denn durch die Möglichkeit der elektronischen Informationsspeicherung und -wiedergewinnung hat sich bei Sammlungen der wirtschaftliche Schwerpunkt von schöpferischen Sammelwerken auf solche (meist elektronisch organisierten) umfangreichen Sammlungen von Werken, Daten, Fakten und anderen Elementen verschoben, deren schematische Ordnungskriterien und Ausrichtung auf Vollständigkeit häufig keinen Spielraum für schöpferische Tätigkeit bei der Auswahl und/oder Anordnung des Inhalts lassen (s. § 4 Rdnr. 34 f.; dazu auch *Barta/Markiewicz*, Fs. für Beier, S. 343/345; *Hoebbel* in *Lehmann* [Hrsg.], Rechtsschutz², S. 1015/1022 ff.), gleichwohl aber wegen der Gefahr unbefugter unmittelbarer Übernahme der bei Aufbau, Aktualisierung und Pflege der Datenbank investierten sammelnden, sichtenden, prüfenden und ordnenden Leistungen eines besonderen Schutzes bedürfen (ebenso *Dreier/Schulze/Dreier* Rdnr. 3 ff.).

2. Rechtfertigung

21   Die **Gefahr der Vervielfältigung vollständiger, namentlich elektronischer Datenbanken** ohne besonderen Aufwand und ohne angemessene Vergütung ihres Herstellers rechtfertigt die Einführung eines über das Wettbewerbsrecht hinausgehenden besonderen Rechts, das dem Datenbankhersteller angesichts der Bedrohung des von ihm geschaffenen Wirtschaftsgutes den notwendigen **Investitionsschutz** gewährt (Erwgr. 7 und 40; *Haberstumpf*² Rdnr. 527; zu den Ausgangsüberlegungen der EG-Kommission *Gaster* Rdnr. 8 ff.; *ders.* in *Hoeren/Sieber* Teil 7.8 Rdnr. 36 f.; *Walter/v. Lewinski* vor Art. 7 Rdnr. 1). Um jedoch nicht mit der in Art. 10 EMK geschützten Informationsfreiheit in Konflikt zu geraten, beugt das Datenbankrecht der Monopolisierung von Informationen im Interesse der Allgemeinheit vor (zum Verhältnis von Datenbankschutz und Informationsfreiheit *Fromm/Nordemann/Czychowski*[10] Rdnr. 36 ff.).

22   Es ermöglicht nämlich den ungehinderten **Zugang zu Informationen**, indem es die ausschließlichen Rechte des Datenbankherstellers in Übereinstimmung mit der Richtlinie nicht auf jede Verwertung erstreckt, sondern sie auf die Entnahme oder/und Weiterverwendung der **Datenbank im Ganzen oder in wesentlichen Teilen** beschränkt und damit unwesentliche Teile jedermann zur erlaubnis- und vergütungsfreien Nutzung freigibt (allgM, vgl. EuGH GRUR 2005, 244/248 Tz. 45 – BHB-Pferdewetten; BGH GRUR 2005, 857/859 – HIT BILANZ; GRUR 2005, 940/942 – Marktstudien; sa. § 87 b Rdnr. 12; *Dreier/Schulze/Dreier* § 87 b Rdnr. 5). Eine Ausnahme gilt lediglich für die wiederholte und systematische Vervielfältigung, Verbreitung und öffentliche Wiedergabe **un**wesentlicher Teile der Datenbank, soweit sie ihrer normalen Auswertung entgegenstehen oder die berechtigten Interessen des Datenbankherstellers unzumutbar beeinträchtigen (§ 87 b Abs. 1 S. 2). Solche Nutzungen sind in ihren Rechtsfolgen der Nutzung wesentlicher Teile gleichgestellt.

23   Dieselben Gründe rechtfertigen überdies die gegenüber den bisherigen Regeln veränderten **Schrankenbestimmungen.** Sie beziehen sich einerseits nicht auf die private Vervielfältigung sowohl schöpferischer als auch nichtschöpferischer elektronischer Datenbanken (§§ 53 Abs. 5, 87 c Abs. 1 Nr. 1), statuieren andererseits aber im Informationsinteresse des rechtmäßigen Benutzers weitergehende Einschränkungen der Ausschließlichkeitsrechte als bisher, indem sie ihm bestimmte – im Falle des Rechts sui generis vertragliche – Mindestbefugnisse sichern (§§ 55 a, 87 e), sofern diese – wiederum beschränkt auf das Recht sui generis – nicht der wirtschaftlichen Auswertung der Datenbank zuwiderlaufen und der Datenbankhersteller in seinen berechtigten Interessen nicht unzumutbar beeinträchtigt wird.

3. Bedeutung

24   Das neue Recht sui generis bietet nach den Vorstellungen des Richtliniengebers mit seinen gegenüber dem Wettbewerbsrecht schärfer umrissenen tatbestandlichen Voraussetzungen nicht nur eine wesentliche Voraussetzung für den Schutz immaterieller Güter in einer Umgebung technisch revolutionierter Informationsvermittlung, sondern gleichzeitig auch einen seiner wirtschaftlichen Bedeutung entsprechenden **Investitionsanreiz** (Erwgr. 11 und 12), der ua. den Rückstand der EU auf dem Gebiet elektronischer Datenbanken insbesondere gegenüber den USA verringern helfen soll (s. dazu die Angaben in der Begründung des Richtlinienentwurfs Dok. KOM. [92] 24 endg., ABl. Nr. C 156 vom 23. 6. 1992, S. 4; danach betrug 1989 der europäische Anteil des weltweiten Umsatzes bei Online- und Realzeitdatenbanken von 8,5 Mrd. ECU lediglich 2 Mrd. ECU oder ein Drittel des US-Umsatzes; zum wirtschaftlichen Hintergrund des Rechtsschutzes von Datenbanken ausführlich *Grützmacher* S. 75 ff. mwN).

Vorbemerkung   Vor §§ 87a ff.

Erste Einschätzungen der Auswirkungen des Datenbankherstellerrechts in der EU beurteilen 25
die Erreichung des vorgegebenen Ziels freilich eher skeptisch (vgl. *Maurer/Hugenholtz* Sience
Vol. 294 vom 26. 10. 2001, S. 789 f.; kritisch auch *Bensinger* S. 103 ff.; ausführlich dazu nun die
erste Evaluierung der Richtlinie 96/9/EG über den rechtlichen Schutz von Datenbanken durch
die Kommission vom 12. 12. 2005, dazu unten Rdnr. 26 ff.). Dem Vorbild der USA beim
Schutz von Halbleitern folgend kommt das Recht an Datenbanken Ausländern aus Drittstaaten
nur auf der Grundlage **materieller Gegenseitigkeit** oder besonderer bilateraler Verträge zugute,
um für Staaten mit niedrigerem Schutzniveau einen Anreiz zu schaffen, den Schutz von Datenbanken im eigenen Lande dem EU-Niveau anzupassen (*Gaster* ZUM 1995, 740/744; *Lehmann* in
Möhring/Schulze/Ulmer/Zweigert [Hrsg.] S. 15). Die europäische Reziprozitätsregelung hat zunächst dazu geführt, dass im Rahmen der WIPO ein internationaler Vertrag über den Rechtsschutz von Datenbanken auf der Grundlage der Vorstellungen der europäischen Richtlinie diskutiert wurde (dazu *v. Lewinski* GRUR Int. 1997, 667/680; *Gaster* CR 1997, 669/675 f.;
Hohagen GRUR Int. 1998, 54 f.). Nach anfänglichen Fortschritten sind jedoch nennenswerte
Ergebnisse ausgeblieben und nach dem heutigen Stand der Dinge auch nicht mehr zu erwarten
(dazu *Fromm/Nordemann/Czychowski*[10] Rdnr. 15 ff. mwN).

4. Evaluierung

Art. 16 Abs. 3 der Datenbank-Richtlinie gibt der Kommission auf, gerechnet ab dem 1. 1. 26
1998 in dreijährigen Abständen dem Europäischen Parlament über die Auswirkungen der EUweiten Neuregelung des Rechts an Datenbanken durch die Richtlinie 96/9/EG zu berichten.
Die Kommission tat dies erstmals mit ihrem **Bericht über die Anwendung der Datenbankrichtlinie vom 12. 12. 2005** (abrufbar unter http://ec.europa.eu/internal_market/copy
right/docs/databases/evaluation_report_en). Insgesamt zieht er eine skeptische Bilanz der
Wirkungen der Richtlinie (s. dazu auch die kritische Stellungnahme von *Kur/Hilty/Geiger/
Leistner* IIC 2006, 551; *ders.* K&R 2007, 457 ff.) und stellt letztlich **vier Optionen** zur Diskussion:
- Rücknahme der Richtlinie, also die rechtlich fragwürdige Rückkehr zum status quo ante mit
  der vorhersehbaren Folge, dass Datenbankhersteller zum Selbstschutz durch Zugangskontrollen greifen werden;
- Rücknahme des sui generis Rechts unter Beibehaltung des harmonisierten Urheberrechtsschutzes, wodurch nach mitunter vertretener Auffassung der Ineffektivität des Rechts infolge
  seines unbewiesenen Konzepts Rechnung getragen werde. Dabei sei freilich zu erwarten, dass
  der angelsächsische Rechtskreis den höheren Originalitätsstandard des Urheberrechts nicht zuletzt im Hinblick auf die Feist-Entscheidung (U.S. Supreme Court GRUR Int. 1991, 933
  m. Anm. *Hoebbel*) beibehalte, also weniger Datenbanken unter gesetzlichen Schutz stelle, so
  dass vertragliche Schutzvereinbarungen und der Einsatz technischer Schutzmechanismen insoweit erforderlich würden;
- Änderung des sui generis Rechts im Hinblick auf den unklaren Schutzumfang: eindeutigere
  Fassung der geltenden unbestimmten Rechtsbegriffe des sui generis Rechts;
- Beibehaltung des Status quo.

Auf der Grundlage des vorliegenden Berichts und den dort aufgeführten Zahlen kann derzeit 27
nur die **Beibehaltung des derzeitigen Rechtszustands** sinnvoll sein. Nach den im Bericht
der Kommission zitierten Angaben der European Association of Directory and Database Publishers (EADP) und den Daten des „Gale Directory of Databases" (GDD), dem größten Adressbuch mit statistischen Angaben zum Wachstum der weltweiten Datenbankindustrie, wuchs zwischen 1996 und 2001 der Weltmarktanteil Westeuropäischer Datenbanken von 22 auf 34%,
während der US-Anteil von 69% auf 60% absank. Zwischen 2002 und 2004 wiederum ging der
europäische Anteil von 33% auf 24% zurück, der US-amerikanische hingegen stieg von 62 auf
72%. Dies bedeutet eine Anteilsverschiebung von 1:2 im Jahre 1996 auf 1:3 im Jahre 2004. Wie
immer die dürftige statistische Grundlage zu interpretieren ist, eine Revision wäre nach so kurzer Zeit übereilt. Das sui generis Rechts ist ein junges Recht, das seine Bewährung noch vor
sich hat. Außerdem bedarf noch der gerichtlichen Klärung offener Fragen, um ein zuverlässiges
Bild vom Nutzen des neuen Datenbankherstellerrechts zu erhalten (s. zur fortlaufenden Entwicklung des Datenbankrechts in Europa auch die Webseite des Institut für Informationsrecht
der Universität Amsterdam (IViR).

III. Das Recht des Datenbankherstellers im Besonderen

1. Rechtsnatur und Schutzgegenstand

28 Die Richtlinie äußert sich zum Wesen des Rechts sui generis nicht. Es heißt dort lediglich, es handle sich um ein völlig neues Recht ohne Vorbild (s. *Gaster* ÖSGRUM 19 [1996] 15/26). Der Grund der Betonung seiner Neuartigkeit liegt ganz offensichtlich darin, dass zum einen den Mitgliedstaaten verwehrt bleiben soll, sich je nach Rechtstradition bei der Umsetzung auf das Wettbewerbsrecht oder ein „unfair extraction right" zurückzuziehen (s. *Gaster* CR 1997, 669/673; *ders.* ÖSGRUM 19 [1995] 15/25; *Lehmann* in *Möhring/Schulze/Ulmer/Zweigert* [Hrsg.] S. 4), und zum anderen, um klarzustellen, dass dieses Recht nicht unter bestehendes Konventionsrecht fällt und deshalb Angehörigen von Drittstaaten nicht auf der Grundlage der Inländerbehandlung zusteht (s. Rdnr. 39 ff.; *Lehmann* NJW-CoR 1997, 249/251). Nach der Dogmatik und der Systematik des deutschen UrhG freilich stellt das die Richtlinienregelung nachvollziehende Datenbankherstellerrecht gemäß §§ 87a ff. ein **dem Urheberrecht verwandtes unternehmensbezogenes Schutzrecht** iSd. Teils 2 des Gesetzes dar (vgl. Einl. Rdnr. 37 ff.; *Leistner,* Fs. für Dietz, S. 493/506 f.; *Berger* GRUR 1997, 169/172; kritisch *Gaster* ÖSGRUM 19 [1995] 15/25 f.; aA auch *Lehmann* in *Möhring/Schulze/Ulmer/Zweigert* [Hrsg.] S. 4, jedoch ohne Begründung, weshalb das Recht sui generis kein Leistungsschutzrecht iSd. Teils 2 des UrhG sei). Denn es entsteht häufig, wenngleich nicht zwingend, im wirtschaftlichen Umfeld der Verwertung von Urheberrechten, etwa wenn die Datenbank sowohl unter urheber- als auch unter leistungsschutzrechtlichen Gesichtspunkten geschützt ist, die Datenbank aus geschützten Werken iSd. § 2 besteht oder wenn mit der Erstellung oder Nutzung der Datenbank der Einsatz eines oder mehrerer urheberrechtlich geschützter Computerprogramme verbunden ist.

29 Sein **Schutzgegenstand** ist weder der Inhalt der Datenbank noch die Verkörperung einer Datenbank etwa in Form einer CD-ROM, eines Buches oder einer Kartei noch die Datenbank an sich, sondern die jeweilige **auf einem Trägermedium festgelegte Datenbank als Erscheinungsform des unter wesentlichem Investitionsaufwand gesammelten, geordneten und einzeln zugänglich gemachten Inhalts als immaterielles Gut,** einschließlich der für Betrieb und Abfrage erforderlichen Elemente wie Thesaurus, Index und Abfragesystem (Erwgr. 20; sa. § 87a Rdnr. 30 ff.; ebenso *v. Ungern-Sternberg* GRUR 2008, 291/293). Ebenso wie die Schutzrechte des Veranstalters (§ 81), des Sendeunternehmens (§ 87) sowie des Tonträger- (§ 85) und des Filmherstellers (§§ 94, 95), setzt das Datenbankherstellerrecht keine schöpferische, sondern eine wirtschaftlich aufwändige und deshalb schützenswerte sammelnde, sichtende und ordnende Tätigkeit voraus (dazu auch die Erl. zu § 87a Rdnr. 45 ff.), die – mit Ausnahme des Veranstalterrechts – in eine Verkörperung des Leistungserfolges münden muss. Der unterschiedliche Schutzgrund erlaubt es nicht, das auf wirtschaftlicher Investition beruhende Datenbankherstellerrecht in die Nähe der auf schöpferischem Tun basierenden kleinen Münze des Urheberrechts an Datenbankwerken zu rücken.

30 Seiner Rechtsnatur nach ist es deshalb ebenso wie jene Rechte ein – in seiner Ausschließlichkeitswirkung allerdings auf wesentliche Teile der Datenbank beschränktes – **Immaterialgüterrecht,** das zwar in wettbewerbsrechtlicher Tradition steht, jedoch durch das Erfordernis eines materiellen Substrats (EuGH GRUR 2005, 254/255 Tz. 30 – Fixtures-Fußballspielpläne II; BGH GRUR 2005, 940/941 – Marktstudien; *Leistner* S. 148 im Anschluss an *Ulmer*[2] § 26 II 1), durch die Gewährung positiver Nutzungsrechte, durch abschließend normierte Schrankenregelungen und durch eine gesetzlich festgelegte zeitliche Geltung über die Sanktionierung unlauteren Verhaltens hinausgeht (ausführlich dazu Rdnr. 5, 34). Ferner setzt es kein Wettbewerbsverhältnis voraus und schließlich lässt er nach § 87b Abs. 1 S. 2 die Nutzung unwesentlicher Teile der Datenbank nur zu, sowie sie weder der normalen Auswertung der Datenbank zuwiderläuft noch die Interessen des Herstellers unzumutbar beeinträchtigt (§ 87b Rdnr. 12, 21 ff.; sa. *Vogel* ZUM 1997, 592/594; *Wiebe* CR 1996, 198/202; *Berger* GRUR 1997, 169/171 f.).

31 Ebenso wie die Leistungsschutzrechte nach den §§ 81, 85, 87, 94 und 95 ist das Recht des Datenbankherstellers ein **unternehmensbezogenes Leistungsschutzrecht** zur Gewährleistung eines **Investitionsschutzes** (st. Rspr. des EuGH, zuletzt EuGH GRUR 2008, 1077/1079 Tz. 33 – Directmedia Publishing; s. ferner *v. Ungern-Sternberg* GRUR 2010, 386/388 mwN). Es wird konsequenterweise demjenigen Unternehmen zugeordnet, welches meist als juristische Person die risikobehaftete Investitionsleistung organisatorisch und wirtschaftlich verantwortet, dh. nicht notwendig der die sammelnde, prüfende, ordnende und sichtende Tätigkeit tatsächlich ausführenden natürlichen Person (s. § 87a Rdnr. 69 ff.; *Gaster* in *Hoeren/Sieber* [Hrsg.] Teil 7.8.

Rdnr. 109 f.; *Leistner,* Fs für Dietz, S. 493/506; *Loewenheim/Loewenheim* § 43 Rdnr. 2, 15). Diese Charakteristik des Datenbankherstellerrechts findet in der Regelung der sich bei Neuinvestitionen verlängernden Schutzdauer eine signifikante Ausprägung (Art. 10 Abs. 3 der Richtlinie, umgesetzt durch § 87 a Abs. 1 S. 2).

Als derartiges Immaterialgüterrecht entbehrt das Recht des Datenbankherstellers zwangsläufig **32** und anders als das Urheberrecht an Datenbankwerken persönlichkeitsrechtlicher Elemente, schließt jedoch Ansprüche aus dem allgemeinen Persönlichkeitsrecht wie etwa den Anspruch auf Anerkennung der unternehmerischen Vaterschaft nicht aus. Es ist deshalb auch – wiederum anders als das Urheberrecht – in vollem Umfang **übertragbar** (§§ 398, 413 BGB; deshalb sind Investitionen eines früheren Inhabers des Datenbankherstellerrechts bei der zurechenbaren Investition zu berücksichtigen, s. *v. Ungern-Sternberg,* GRUR 2010, 386/389) – ebenso wie jenes – **vererblich** (§ 1922 BGB), ohne dass dies einer besonderen gesetzlichen Erwähnung bedarf (lediglich klarstellend Art. 7 Abs. 3 der Richtlinie; sa. BGH GRUR 2009, 852/853 Tz. 27 – Elektronischer Zolltarif; *Wandtke/Bullinger/Thum* Rdnr. 27; *Dreier/Schulze/Dreier* Rdnr. 2; *Flechsig* ZUM 1997, 577/588; *Vogel* ZUM 1997, 605). Aus diesem Grunde war – von der fehlenden Vorgabe der Richtlinie abgesehen – auch das in den Formulierungshilfen noch vorgesehene Veröffentlichungsrecht des Datenbankherstellers zu streichen (s. dazu *Vogel* ZUM 1997, 605). Die Veröffentlichung einer Datenbank kann ihr Hersteller, wie dies im Übrigen auch bei Tonträgern, Filmen ua. der Fall ist, nur durch Ausübung der Sachherrschaft über den Datenbankträger, auf vertraglichem Wege oder durch eine entsprechende Handhabung der ihm zustehenden Verwertungsrechte steuern.

Infolge der **systematischen Einordnung** des Datenbankherstellerrechts **im Teil 2 des** **33** **UrhG** (dazu näher Rdnr. 18 ff.) finden die allgemeinen Bestimmungen des Teils 4 des UrhG über ergänzende Schutzbestimmungen nach §§ 95 a ff., über die Rechtsdurchsetzung bei Rechtsverletzungen §§ 96, 97 ff. sowie die Regeln über das Leistungsschutzrecht im Rechtsverkehr auf das neue Recht direkte oder zumindest entsprechende Anwendung.

2. Reichweite des Schutzes

Angesichts der beabsichtigten Harmonisierungswirkung und des ihnen zugrunde liegenden **34** Schutzzwecks regeln die §§ 87 a ff. den Inhalt des Datenbankherstellerrechts **abschließend.** Trotz der weitreichenden Befugnisse seines Inhabers ist dieses Recht – anders als das Urheberrecht, aber ebenso wie die übrigen unternehmensbezogenen Leistungsschutzrechte des Teils 2 des UrhG – nicht umfassend geregelt.

a) In **sachlicher Hinsicht** schlägt sich dies in der Beschränkung der ausschließlichen Rechte **35** auf solche Teile einer Datenbank nieder, die eine **wesentliche** Investition verkörpern, und in den abschließend aufgezählten, lediglich durch die von den §§ 87 c und e eingeschränkten Verwertungsrechten nach § 87 b. Der Schutz schließt, so Erwgr. 20, auch Elemente ein, die für den Betrieb oder die Abfrage bestimmter Datenbanken erforderlich sind, wie etwa **Thesaurus, Abfrage- oder Indexierungssysteme** (s. dazu § 87 a Rdnr. 30 ff.; kritisch zur rechtlichen Unselbstständigkeit des sog. elektronischen Materials, dessen Schutzfähigkeit mit der Auswahl oder Anordnung des Inhalts der Datenbank falle, *Dreier* GRUR Int. 1992, 739/745).

Die ausschließlichen Verwertungsrechte können – anders als unter urheber- oder wettbe- **36** werbsrechtlichen Gesichtspunkten (vgl. etwa *Nordemann/Hertin* NJW 1971, 857/859/861) – auch dann berührt sein, wenn wesentliche Teile des Inhalts einer Datenbank oder ihre Gesamtheit vervielfältigt und unter anderen Parametern neu zusammengestellt werden (Erwgr. 38; EuGH GRUR Int. 2009, 501/506 Tz. 48 – Apis-Hristovich; BGH GRUR 2005, 857 – HIT BILANZ). Das Ausschließlichkeitsrecht bezieht sich nach dem Wortlaut der Richtlinie und dem des § 87 b Abs. 1 dagegen **nicht auf unwesentliche Teile** einer nicht notwendig, in der Praxis freilich regelmäßig veröffentlichten Datenbank, sofern die jeweiligen Nutzungen nicht wiederholt und systematisch erfolgen und nicht der normalen Auswertung der Datenbank zuwiderlaufen oder die berechtigten Interessen des Datenbankherstellers unzumutbar beeinträchtigen (§ 87 b Abs. 1 S. 2). In der Ausgrenzung der Nutzung unwesentlicher Teile einer Datenbank vom Schutzumfang des Herstellerrechts ist keine Schrankenregelung zu sehen, sondern lediglich eine Grenzziehung des nicht umfassend ausgestalteten Rechts. Hinsichtlich unwesentlicher Teile der Datenbank stehen ihrem Hersteller im Übrigen schuldrechtliche Gestaltungsmittel zur Verfügung, sofern sich der Nutzer der Datenbank nicht auf die gesetzlichen Schranken des § 87 c oder die (Teil-)Unwirksamkeit des Nutzungsvertrages nach § 87 e berufen kann.

Vor §§ 87a ff. Vorbemerkung

37   Das Recht bezieht sich – ebenso wie das Urheberrecht an Datenbankwerken – **nicht auf den Inhalt der einzelnen Datenbankelemente** (Daten, Fakten, Werke etc.), denn nicht die gesammelten Informationen sind Gegenstand dieses Leistungsschutzrechts, sondern die Datenbank als systematisch oder methodisch angeordnete investitionsintensive Sammlung einzeln zugänglicher Elemente (s. Rdnr. 21; § 87a Rdnr. 30ff.; *v. Ungern-Sternberg* GRUR 2008, 291/292f.). Urheber- und Leistungsschutzrechte am Inhalt sowie dessen Schutz nach dem UWG bleiben deshalb unberührt (s. Rdnr. 43). Wegen des unterschiedlichen Schutzgegenstandes besteht das Datenbankherstellerrecht zudem unabhängig neben dem Urheberrecht nach § 4 Abs. 2, wenn eine Datenbank sowohl urheberrechtlich als auch leistungsschutzrechtlich schutzfähig ist, und unabhängig neben dem urheberrechtlichen Schutz des zum Aufbau und zur Erschließung einer elektronischen Datenbank erforderlichen Computerprogramms, zu dem sich jedoch mitunter Abgrenzungsschwierigkeiten ergeben können (s. *v. Ungern-Sternberg* GRUR 2008, 193/194f.; *Dreier* GRUR Int. 1992, 739/745; *Hoebbel* in *Lehmann* [Hrsg.], Rechtsschutz[2], S. 1015/1017ff.; *ders.* CR 1993, 12/14; *Haberstumpf*[2] Rdnr. 170, 527).

38   **b)** In **zeitlicher Hinsicht** gilt die fünfzehnjährige Schutzfrist des § 87d nach der Veröffentlichung der Datenbank, unbeschadet längerer (urheberrechtlicher) Schutzfristen der in die Datenbank aufgenommenen Werke bzw. des sie erschließenden Computerprogramms, welche regelmäßig länger währen, es sei denn, in die Datenbank wird über den Ablauf der urheberrechtlichen Schutzfrist hinaus ständig schutzfristverlängernd investiert (§ 87a Abs. 1 S. 2; § 87a Rdnr. 58ff.; § 87d Rdnr. 5ff.).

39   **c)** In **persönlicher Hinsicht** ist zu beachten, dass etwaige Urheber- und Leistungsschutzrechte an einer Datenbank nicht stets originär in derselben Rechtspersönlichkeit entstehen, da Urheber nur eine natürliche, Datenbankhersteller iSd. § 87a Abs. 2 dagegen auch eine juristische Person sein kann (s. Rdnr. 31; § 87a Rdnr. 69ff.). Die originären Rechte an einer investitionsintensiven, nach §§ 87aff. geschützten, zugleich aber nach § 4 Abs. 2 schöpferischen Datenbank fallen auseinander, wenn Werkschöpfer und Investor nicht identisch sind. Soweit hier § 43 nicht weiterhilft, sind zur Verwertung der Datenbank die einschlägigen Rechte durch vertragliche Vereinbarungen in einer Hand zusammenzuführen (sa. *Dreier/Schulze/Dreier* Rdnr. 8).

40   Bei **nicht schöpferischen Datenbanken mit Auslandsbezug** gilt § 127a (s. die Erläuterungen dort). Internationale Verträge über den grenzüberschreitenden Schutz nichtschöpferischer Datenbanken sind zwar beraten, bis heute aber nicht abgeschlossen worden (zu den Bemühungen Ende der 90iger Jahre Copyright 1997, 348f.; *v. Lewinski* GRUR Int. 1997, 667/680; *Hohagen* GRUR Int. 1998, 54f.). Insbesondere kommt für US-amerikanische nichtschöpferische Datenbanken nicht das **Übereinkommen zwischen dem Deutschen Reich und den Vereinigten Staaten von Amerika vom 15. 1. 1892** über den gegenseitigen Schutz der Urheberrechte zur Anwendung, weil dieser Vertrag keine Leistungsschutzrechte zum Gegenstand hat (vgl. BGH GRUR 1986, 454/456 – Bob Dylan; BGH GRUR 1992, 845/846f. – Cliff Richard).

41   Anders verhält es sich beim **internationalen Schutz schöpferischer Datenbanken.** Hier kann sich der Verbandsurheber zunächst auf den Schutz von Sammelwerken nach **Art. 2 Abs. 5 RBÜ** berufen (dazu *Grützmacher* S. 149ff. mwN). Nach dem am 6. 3. 2002 gemäß dessen Art. 20 in Kraft getretenen, von der EU und den meisten EU-Mitgliedstaaten am 14. 12. 2009 ratifizierten **WIPO Copyright Treaty (WCT)** vom 20. 12. 1996, einem Sonderabkommen iSd. Art. 20 RBÜ zur Anpassung des internationalen Urheberrechts an die Erfordernisse neuer Informations- und Kommunikationstechnologien (dazu eingehend *v. Lewinski* GRUR Int. 1997, 667/677f. sowie *dies.* CR 1997, 438/442; vor §§ 120ff. Rdnr. 50ff.), gehören Datenbanken, gleich welcher Art und Technik, zu den ausdrücklich geschützten Werkarten, wobei Art. 5 WCT wiederum klarstellt, dass der Schutz sich nicht auf den Inhalt erstreckt und Urheberrechte an den kompilierten Daten oder Materialien, zu denen auch Werke zählen können, nicht berührt. Angehörige eines Vertragsstaates des **TRIPS-Übereinkommens** (dazu ausführlich *Katzenberger* GRUR Int. 1995, 447ff., zu Datenbanken insb. S. 464f.; *Reinbothe* GRUR Int. 1992, 707/710; vor §§ 120ff. Rdnr. 13ff.) können sich außerdem in anderen Vertragsstaaten auf Art. 10 Abs. 2 TRIPS berufen, der eine Art. 5 WCT entsprechende Regelung enthält, sich also auch auf nicht elektronische Datenbanken bezieht. Der speziellen Vorschrift des Art. 10 Abs. 2 TRIPS kommt freilich insofern begrenzte praktische Bedeutung zu, als Art. 9 Abs. 1 TRIPS die Vertragsstaaten zur Beachtung von Art. 1–21 RBÜ, mit Ausnahme von Art. 6bis RBÜ, verpflichtet.

IV. Verhältnis der Rechte an Datenbanken zu anderen Schutzrechten

1. Datenbankwerke und Datenbanken

Aufgrund des Art. 13 der Richtlinie, der das immaterialgüterrechtliche **Kumulationsprinzip** 42 bekräftigt, können, sofern die näheren Vorrausetzungen vorliegen, neben die Ansprüche aus dem Recht des Datenbankherstellers zusätzliche Ansprüche aus weiteren Schutzrechten treten. Rechte an Datenbankwerken nach § 4 Abs. 2 und an Datenbanken nach § 87a Abs. 1 entstehen nicht notwendig gemeinsam. Selbst wenn sie dies tun, haben sie nicht zwangsläufig denselben originären Rechtsinhaber, weil das Urheberecht dem Schöpferprinzip folgt, der Leistungsschutz nach §§ 87a ff. hingegen das Recht nicht etwa einem Angestellten, sondern dem investierenden Hersteller zuweist (§ 87a Abs. 2). Außerdem weichen sie im Schutzumfang voneinander ab und erlöschen regelmäßig nicht zur gleichen Zeit. Denn eine schöpferische Datenbank begründet dann kein Datenbankherstellerrecht, wenn sie nicht gleichzeitig auf einer nach Art und Umfang wesentlichen Investition beruht, wie umgekehrt lediglich das Leistungsschutzrecht entsteht, wenn eine Datenbank zwar eine wesentliche Investition erfordert hat, jedoch keine schöpferische, sondern allenfalls handwerkliche oder routinemäßige Struktur aufweist. Entstehen beide Rechte gleichzeitig und nebeneinander, sind namentlich im Rechtsverkehr die angesichts des anderen Rechtsgrundes bestehenden Unterschiede in der ersten Inhaberschaft, im Schutzumfang einschließlich des Beginns der Schutzfrist sowie die unterschiedlichen tatbestandlichen Voraussetzungen einer Rechtsverletzung zu beachten (vgl. BGH GRUR 2007, 685/687 Tz. 27 – Gedichttitelliste I: der Urheber des Datenbankwerks ist nicht berechtigt, als Gesamtgläubiger auch den dem Datenbankhersteller entstandenen Schaden aus der Verletzung seines Leistungsschutzrechts geltend zu machen; kritisch dazu *Ehmann* GRUR 2008, 474/476 f.; s. auch die Erläuterungen § 87a Rdnr. 5 ff. und § 87b Rdnr. 1 f.; *v. Ungern-Sternberg* GRUR 2009 193/194 f.; *Dreier/Schulze/Dreier* vor §§ 87a ff. Rdnr. 8).

2. Rechte am Inhalt

Sowohl das Urheberrecht als auch das Leistungsschutzrecht an einer Datenbank beziehen sich 43 nicht auf die in die Datenbank aufgenommenen einzelnen Werke und Leistungen (BGH GRUR 2007, 685/686 Tz. 16 – Gedichttitelliste I; dazu ausführlich *Loewenheim*, Urheberrechtliche Grenzen, passim; *Katzenberger* GRUR 1990, 94 ff.; *Ubertazzi* GRUR Int. 1985, 294/297; sa. § 4 Rdnr. 22, 27, 56 f.; oben Rdnr. 16 mit Hinweis auf Bericht und Beschlussempfehlung des Ausschusses BTDrucks. 13/7934 S. 43). Das stellt Art. 7 Abs. 4 der Richtlinie ausdrücklich klar. An den einzelnen Elementen existierende Urheber- und Leistungsschutzrechte sowie wettbewerbliche Rechtspositionen entstehen neben den Rechten an der Datenbank und haben ihr eigenes Schicksal (§ 4 Abs. 1; Erwgr. 46), weil sie auf einem jeweils anderen Schutzgegenstand und auf einem anderen Rechtsgrund beruhen. Sie nehmen deshalb weder am Schutz der Datenbank teil noch wird ihr eigener Schutz durch das Recht an der Datenbank eingeengt (vgl. EuGH GRUR 2005, 244/250 Tz. 72 – BHB-Pferdewetten). Das gilt auch für das Verhältnis eines Werkes zu seiner – je nach Fallgestaltung urheberrechtlich abhängig oder unabhängig schutzfähigen – Zusammenfassung (Abstract) (s. dazu § 3 Rdnr. 15; *Katzenberger* GRUR 1990, 94/97; liegt eine schöpferische Zusammenfassung des Inhalts eines wissenschaftlichen Aufsatzes mit ausschließlich eigenen Worten vor, handelt es sich in aller Regel um ein unabhängiges Werk, vgl. *Flechsig* ZUM 1996, 833/835).

Bei der Aufnahme eines Werkes in eine Datenbank, eventuell in interpretierter Form, sind 44 deshalb vom Originalurheber, Bearbeiter, Interpreten und/oder von sonstigen Leistungsschutzberechtigten die erforderlichen urheber- und leistungsschutzrechtlichen Nutzungsrechte zu erwerben, soweit dem Werknutzer keine Schrankenregelungen zugute kommen (dazu *Loewenheim*, Urheberrechtliche Grenzen, S. 46 ff.; *Flechsig* ZUM 1996, 833/838 ff.; *Katzenberger* GRUR 1990, 94/95/97; *Raczinski/Rademacher* GRUR 1989, 324/326 ff.). Dasselbe gilt für sämtliche Leistungsschutzrechte des Teils 2 des UrhG (§§ 70, 71, 72, 73, 81, 85, 87, 94, 95). Die ungenehmigte Vervielfältigung, Verbreitung oder öffentliche Wiedergabe eines einzelnen Werkes oder einiger weniger Werke aus einem Datenbankwerk verletzt zwar das Urheberrecht des Schöpfers des Einzelwerks, nicht aber das des Urhebers des Datenbankwerkes, weil – nach den Grundsätzen über den urheberrechtlichen Schutz von Werkteilen – ein einzelnes Werk oder wenige Werke keinen selbstständig schutzfähigen Bestandteil eines Datenbankwerkes darstellen (vgl. § 4 Rdnr. 36). Genießt das einer schöpferischen Datenbank entnommene Werk keinen

Vor §§ 87a ff.
Vorbemerkung

urheberrechtlichen Schutz oder handelt es sich dabei um ein schutzunfähiges Element, kann der Urheber des Datenbankwerkes weder aus originärem noch aus abgeleitetem Recht deren Nutzung unterbinden. Wird dagegen ein Teil eines Datenbankwerkes unbefugt genutzt, der selbst schöpferische Qualität iSd. § 4 Abs. 2 iVm. § 2 Abs. 2 aufweist, werden die Urheberrechte sowohl des Datenbankurhebers als auch die der Urheber der entnommenen Werke verletzt (s. *Barta/ Markiewicz*, Fs. für Beier, S. 343/349).

45   Für Datenbankelemente einer nach §§ 87a ff. geschützten Datenbank gilt Entsprechendes. Das Recht des Datenbankherstellers ist dann betroffen, wenn die vervielfältigten Teile als Inhalt der Datenbank selbst eine nach Art oder Umfang wesentliche Investition iSd. § 87b Abs. 1 verkörpern (dazu auch *Dreier* GRUR Int. 1992, 739/741 f.). Keine schutzbegründende Investitionsleistung liegt ferner in Aufwendungen für die Erzeugung von Daten, so dass diese meist anderweitig nicht zu beschaffende Daten (sole source data) nicht von der Ausschließlichkeit des Herstellerrechts erfasst werden (s. § 87a Rdnr. 52 ff.).

3. Rechte am Computerprogramm

46   Den in der Richtlinie ausdrücklich hervorgehobenen Grundsatz (Art. 1 Abs. 3), dass Rechte an einer Datenbank nicht die Rechte an den zu ihrer Schaffung oder zu ihrem Zugang verwendeten Computerprogrammen berühren, übernimmt lediglich § 4 Abs. 2. Angesichts des auf den leistungsschutzrechtlichen Datenbankschutz ebenfalls zutreffenden Regelungszwecks der Vorschrift gilt sie jedoch in entsprechender Anwendung auch für das Herstellerrecht nach §§ 87a ff. (ebenso *Grützmacher* S. 175). Somit ist die Art des für die Verwaltung einer Datenbank verwendeten Computerprogramms für den Begriff der Entnahme ohne Bedeutung (EuGH GRUR Int. 2009, 501/506 Tz. 53, 55 – Apis-Hristovich). Dies bedeutet, dass in der Regel der Erwerb der einschlägigen Nutzungsrechte an dem als bloßem Hilfsmittel für den Aufbau und den Zugang zu einer Datenbank dienenden, nach §§ 69a ff. gesondert geschützten Computerprogramm erforderlich ist (*Ubertazzi* GRUR Int. 1985, 294/296). Das führt bisweilen zu Schwierigkeiten bei der Abgrenzung des Rechts an der Datenbank von dem Recht an dem zur Nutzung ihres elektronischen Materials verwendeten Computerprogramm nach §§ 69a ff., insbesondere dann, wenn sich bei einer elektronischen Datenbank die schöpferische oder investorische Leistung für ihr Abfragesystem, ihren Index und ihren Thesaurus im Wesentlichen in den Computerprogrammen verbirgt (Einzelheiten dazu § 4 Rdnr. 43, § 87a Rdnr. 51; *Wiebe* CR 1996, 198/201; *Hoeppel* R 1993, 12/14; *ders.* in *Lehmann* [Hrsg.], Rechtsschutz², S. 1015/1017 ff.; *Bensinger* S. 141; *Grützmacher* S. 174 ff.; *Berger* GRUR 1997, 169/174 f.). Derartige Abfragesysteme werden trotz ihrer Ähnlichkeit teils nicht als Computerprogramme iSd. Software-Richtlinie und damit als Bestandteil der Datenbank erachtet (s. *Walter/v. Lewinski* Art. 1 Rdnr. 28 mwN), teils wird gar die Datenbank unter Hinweis auf § 69a Abs. 2 als Ausdrucksform der sie generierenden Datenbanksoftware eingestuft (s. *Koch* GRUR 1997, 417/419).

4. Wettbewerbsrecht

47   Neben dem Sonderschutz nach § 4 Abs. 2 und §§ 87a ff., dessen gesetzgeberische Wertungen und Grenzziehungen in der Sache zu respektieren sind, kommt das Wettbewerbsrecht, namentlich §§ 3, 4 Ziff. 9 UWG, ergänzend nur zur Anwendung (sa. oben Rdnr. 5; Einl. Rdnr. 56), wenn neben den sonstigen wettbewerbsrechtlichen Voraussetzungen des Handelns im geschäftlichen Verkehr zu Zwecken des Wettbewerbs **besondere außerhalb des urheber- und/oder leistungsschutzrechtlichen Sonderschutzes liegende Umstände** gegeben sind, die die Nutzung der Datenbank aus wettbewerbsrechtlicher Sicht als sittenwidrig erscheinen lassen und ein wettbewerbsrechtlicher Schutz nicht in Widerspruch zur spezialgesetzlichen Regelung des UrhG tritt. Dies gilt sowohl für den Gegenstand des Sonderschutzes und für den Umfang der vorbehaltenen Rechte als auch für einen wettbewerbsrechtlichen Schutz nach Ablauf der Schutzfrist, deren Bemessung grundsätzlich hinzunehmen ist (st. Rspr. zuletzt BGH GRUR 2003, 956/962 f. – Paperboy; BGH GRUR 1999, 325 – Elektronische Pressearchive; BGH GRUR 1997, 459 – CD-Infobank I; BGH GRUR 1992, 697/699 – ALF; BGH GRUR 1987, 814/816 – Die Zauberflöte; Einzelheiten Einl. Rdnr. 50 ff. insb. 54 ff.; § 4 Rdnr. 31 sowie *Formm/Nordemann/Czychowski*[10] Rdnr. 26 ff.; ebenso *Dreier/Schulze/Dreier* Rdnr. 9).

48   Der **BGH** hat die **vollständige Übernahme von Telefonbucheintragungen** unabhängig von ihren äußeren Gestaltungsmerkmalen (Wechsel der Schriftart) als unmittelbare Leistungsübernahme der wettbewerblichen Eigenart der Teilnehmerdaten gewertet und die in solchen Fällen geringeren Anforderungen an die Unlauterkeit in der Rufausbeutung infolge verdeckter

Vorbemerkung   Vor §§ 87a ff.

Anlehnung an eine mit erheblichen Mühen und Kosten erbrachte fremde Leistung angesehen (BGH GRUR 1999, 923/927 Tele-Info-CD; zum ergänzenden wettbewerbsrechtlichen Leistungsschutz eingehend auch *Leistner* S. 326; *ders.* zur BGH-Entscheidung Tele-Info-CD aaO S. 340 f., mit der kritischen Anmerkung, hinter dem wettbewerbsrechtlichen Anspruch verberge sich in Wahrheit ein leistungsbezogener Investitionsschutz; ebenso *ders.* MMR 1999, 636/641 f.; kritisch hinsichtlich der Annahme einer Rufausbeutung auch *Dreier/Schulze/Dreier* Rdnr. 9). Ferner sind diese Grundsätze bei der Prüfung im Rahmen eines konventionsrechtlichen Wettbewerbsschutzes nach **Art. 1 Abs. 2, 2, 10bis PVÜ** zu beachten (s. dazu die Nachweise zu der gleichgelagerten Problematik beim Recht des Tonträgerherstellers § 85 Rdnr. 72).

5. Kartellrecht

Das – wenngleich auf wesentliche Teile der Datenbank beschränkte – Verbotsrecht des Datenbankherstellers beschwört die Gefahr des Missbrauchs einer marktbeherrschenden Stellung herauf, weil es die Monopolisierung von Informationen ermöglicht. Die Richtlinie stellt deshalb klar, dass zur Gewährleistung des Wettbewerbs zwischen Anbietern von Informationsprodukten und -diensten sowohl das europäische (Art. 81, 82 EG = Art. 85, 86 alter Nummerierung) als auch das nationale Kartellrecht von der Richtlinie unberührt bleiben (Art. 13 und Erwgr. 47; sa. *Gaster* CR 1997, 669/675; kritisch zur Streichung der Zwangslizenzregelung des Vorentwurfs der Richtlinie *Ullmann*, Fs. für Brandner, S. 507/522 ff.; *Flechsig* ZUM 1997, 577/589 f.; ausführlich zum Verhältnis von UrhG und GWB Einl. Rdnr. 59 ff.). Dies bedeutet, dass die grundsätzlichen urheberrechtlichen Wertungen zu beachten sind, jedoch allein die Ausübung eines Urheber- und Leistungsschutzrechts durch ein Unternehmen in marktbeherrschender Stellung noch nicht die Anwendung des Art. 82 EG ausschließt. So kann die Verweigerung einer Lizenzerteilung unter außergewöhnlichen Umständen ein missbräuchliches Verhalten darstellen (EuGH GRUR Int. 1995, 490/493 – Magill TV Guide; EuGH GRUR Int. 1999, 262 – Bronner; EuGH GRUR Int. 2004, 644/646 – IMS Health).

Dies setzt nach diesen Vorlageentscheidungen des **EuGH** voraus, dass die **Ausübung des Urheber- und Leistungsschutzrechts unter Ausnutzung einer marktbeherrschenden Stellung eine sachlich nicht gerechtfertigte Weigerung** beinhaltet, Erzeugnisse oder Dienstleistungen in einem unverzichtbaren vorgelagerten Markt zu liefern, ohne die es Dritten unmöglich ist, in einem – auch nur hypothetischen – nachgelagerten Markt ein neues Erzeugnis oder eine neue Dienstleistung anzubieten, die potentiell nachgefragt werden und vom Inhaber der marktbeherrschenden Stellung nicht angeboten werden, so dass jeglicher Wettbewerb auf diesem Markt ausgeschlossen ist. Bei der Entscheidung darüber ist zu berücksichtigen, in welchem Umfang die Nutzer des ausschließlich geschützten Rechts zu dessen Entwicklung, namentlich durch die Lieferung von Daten, beigetragen haben und welcher Aufwand, auch in finanzieller Hinsicht, betrieben werden muss, um ein alternatives Erzeugnis oder eine alternative Dienstleistung zu entwickeln (EuGH GRUR Int. 2004, 644/647 – IMS Health; zum Verhältnis von Urheber- und Leistungsschutzrechten und nationalem und europäischem Kartellrecht Einl. Rdnr. 45 f., 47; *Fikentscher*, Fs. für Schricker [1995], S. 149 ff. jeweils mwN). Praktisch kann dies bei Single-Source-Datenbanken der Fall sein (s. § 87a Rdnr. 47 sowie *Wandtke/Bullinger/ Thum* Rdnr. 46 f.).

6. Verfassungsrecht

Sowohl das Urheberrecht an Datenbankwerken als auch das Leistungsschutzrecht des Datenbankherstellers fallen unter die **Eigentumsgarantie des Art. 14 Abs. 1 S. 1 GG**. Für das Urheberrecht bestätigt dies in stRspr. BVerfG GRUR 1980, 44 – Kirchenmusik, während für das Datenbankherstellerrecht die Begründung der Rechtsprechung des verfassungsrechtlichen Schutzes des Tonträgerherstellerrechts entsprechend heranzuziehen ist (vgl. BVerfG GRUR 1990, 183 – Vermietungsvorbehalt). Zur Sozialbindung des Eigentums und zu den sich daraus rechtfertigenden Schrankenbestimmungen s. vor §§ 44a Rdnr. 1 ff., 7 ff.

Ferner steht § 87b in einem Spannungsverhältnis zur verfassungsrechtlich in **Art. 5 Abs. 1 GG und überdies in Art. 10 EMRK verankerten Informationsfreiheit der Allgemeinheit,** die jedoch nach Art. 5 Abs. 2 GG durch die allgemeinen Gesetze wie das Urheberrechtsgesetz beschränkt werden kann. Bei der gebotenen Abwägung zwischen dem Informationsinteresse der Allgemeinheit und dem Interesse des Datenbankherstellers an einer ungefährdeten Amortisation seiner Investitionen in seine Datenbank hat der Gesetzgeber die **Entnahme unwesentlicher Datenbankteile gestattet,** sofern sie ihrer normalen Auswertung nicht zuwi-

§ 87a

derläuft und die berechtigten Interessen des Datenbankherstellers nicht unzumutbar beeinträchtigt (BGH GRUR 2005, 857/859 – HIT BILANZ; sa. *Dreier/Schulze/Dreier* § 87b Rdnr. 5).

7. Fremdenrecht

53   Der leistungsrechtliche Schutz ausländischer Datenbankhersteller beruht in Übereinstimmung mit der Richtlinie nach § 127a auf der Grundlage der **Reziprozität** (Einzelheiten dort). Ein urheberrechtlicher Schutz ist im internationalen Kontext freilich durch Art. 2 Abs. 5 RBÜ und Art. 10 Abs. 2 TRIPS geboten, der konventionsrechtlich zum Schutz schöpferischer Datenbanken verpflichtet.

8. Übergangsrecht

54   Für Datenbanken, die vor Inkrafttreten des Art. 7 des Informations- und Kommunikationsdienstegesetzes (IuKDG) am 1. 1. 1998 hergestellt worden sind, gelten die §§ 87a ff. richtlinienkonform (Art. 14 Abs. 3 und 5 der Datenbankrichtlinie) nur, sofern die Herstellung nicht vor dem 1. 1. 1983 erfolgt ist (§ 137g). Werden somit aus Datenbanken ausschließlich Daten vervielfältigt, die vor dem 1. 1. 1983 erhoben worden sind, unterliegen sie nicht dem Schutz der §§ 87a ff. (BGH GRUR 2006, 1132/1134 – Briefmarkenkatalog; GRUR 2005, 857/860 – HIT BILANZ). Einzelheiten unter den Erläuterungen zu § 137g.

§ 87a Begriffsbestimmungen

(1) ¹**Datenbank** im Sinne dieses Gesetzes ist eine Sammlung von Werken, Daten oder anderen unabhängigen Elementen, die systematisch oder methodisch angeordnet und einzeln mit Hilfe elektronischer Mittel oder auf andere Weise zugänglich sind und deren Beschaffung, Überprüfung oder Darstellung eine nach Art oder Umfang wesentliche Investition erfordert. ²Eine in ihrem Inhalt nach Art oder Umfang wesentlich geänderte Datenbank gilt als neue Datenbank.

(2) **Datenbankhersteller** im Sinne dieses Gesetzes ist derjenige, der die Investition im Sinne von Absatz 1 vorgenommen hat.

Schrifttum: Siehe die Schrifttumshinweise vor §§ 87a ff.

Übersicht

	Rdnr.
I. Allgemeines	1–4
1. Regelungsgehalt der Vorschrift	1
2. Richtlinienumsetzung	2
3. Bedeutung der Begriffsbestimmungen	3, 4
II. Datenbank iSd. § 87a Abs. 1 S. 1	5–57
1. Datenbanken und Datenbankwerke	5–29
a) Gemeinsamkeiten	5–25
aa) Unabhängige Elemente	6–18
bb) Systematische oder methodische Anordnung	19–23
cc) Einzeln zugänglich	24, 25
b) Unterschiede	26
c) Beispiele	27–29
2. Schutzgegenstand des Datenbankherstellerrechts	30–39
3. Nach Art oder Umfang wesentliche Investition	40–57
a) Wesentlichkeit	41–44
b) Investitionen	45–51
c) Kosten der Datenerzeugung	52–55
d) Dem Umfang nach	56
e) Der Art nach	57
III. Neue Datenbank iSd. Abs. 1 S. 2	58–68
1. Fiktion der Neuheit	58
2. Wesentliche Neuinvestition	59–62
3. Wesentliche Inhaltsänderung	63–65
4. Schutzumfang des Herstellerrechts nach Abs. 1 S. 2	66, 67
5. Verlängerung der Schutzfrist	68
IV. Datenbankhersteller iSd. Abs. 2	69–74

Begriffsbestimmungen § 87a

I. Allgemeines

1. Regelungsgehalt der Vorschrift

§ 87a enthält drei für sämtliche Vorschriften des Datenbankherstellerrechts – nicht dagegen 1
für das Urheberrecht an Datenbankwerken – maßgebliche Begriffsbestimmungen: Zunächst
definiert er die **Datenbank** (Abs. 1 S. 1) als seinen immateriellen Schutzgegenstand, sodann den
Datenbankhersteller (Abs. 2) als seinen originären Inhaber und schließlich legt Abs. 1 S. 2 die
Voraussetzungen fest, unter denen eine bestehende, inhaltlich veränderte Datenbank als **neue
Datenbank** fingiert wird mit der Folge, dass für sie eine neue Schutzfrist nach § 87d zu laufen
beginnt. Zu Sinn und Zweck, Rechtfertigung und Bedeutung des Rechtsschutzes von Datenbanken, insbesondere zum Recht des Datenbankherstellers s. vor §§ 87a ff. Rdnr. 20 ff.

2. Umsetzung der Datenbankrichtlinie

Die Vorschrift geht auf **zwingende Vorgaben der Datenbankrichtlinie** zurück (Richtlinie 2
96/9/EG des Europäischen Parlaments und des Rates vom 11. 3. 1996 über den rechtlichen
Schutz von Datenbanken, ABl. EG Nr. L 77 S. 20, abgedr. auch in GRUR Int. 1996, 806), die
dem nationalen Gesetzgeber wegen der angestrebten Harmonisierungswirkung keinen Umsetzungsspielraum lassen (s. dazu vor §§ 87a ff. Rdnr. 14). Abs. 1 S. 1 übernimmt aus Art. 7 Abs. 1
iVm. Art. 1 Abs. 2 der Richtlinie (sa. Erwgr. 40) die Wesensmerkmale der Datenbank. Abs. 2
bestimmt den Datenbankhersteller nach Sinn und Zweck des Art. 7 Abs. 1 der Richtlinie und
unter Heranziehung von Erwgr. 41 als denjenigen, der die bei der Herstellung einer Datenbank
maßgeblichen Investitionen erbringt. Abs. 1 S. 2 schließlich fußt auf Art. 10 der Richtlinie über
die Schutzdauer des Rechts sui generis, dessen Abs. 3 festlegt, unter welchen Voraussetzungen
Neuinvestitionen in eine bestehende Datenbank den Lauf einer neuen Schutzfrist in Gang setzen (zur Änderung und Begründung der Vorschriften im Gesetzgebungsverfahren ausführlich
Gaster Rdnr. 8 ff.; *Roßnagel/v. Lewinski* Rdnr. 2 ff.).

3. Bedeutung der Begriffsbestimmungen

Die Definitionen des § 87a, namentlich die des Schutzgegenstandes, verleihen dem Daten- 3
bankherstellerrecht seine Charakteristik. Mit der Voraussetzung einer wesentlichen Investition in
die Herstellung einer Datenbank erweist es sich als ein gegenüber dem auf schöpferischer Tätigkeit beruhenden Urheberrecht an einem Datenbankwerk verschiedenes, **durch den Schutz
einer wirtschaftlichen Leistung gekennzeichnetes verwandtes Schutzrecht**. Infolgedessen ist es nach Abs. 2 nicht dem tatsächlichen Hersteller der Datenbank als natürlicher, sondern
dem **Investor** als gegebenenfalls auch juristischer Person originär zugeordnet (Einzelheiten zu
Rechtsnatur und Schutzgegenstand des Datenbankherstellerrechts vor §§ 87a ff. Rdnr. 28 ff.;
§ 87a Rdnr. 30 ff.). Da **elektronische Datenbanken** wegen ihrer heute enormen Speicherkapazitäten vielfach auf Vollständigkeit angelegt sowie nach sachlogischen Prinzipien geordnet sind
und deshalb in der Regel weniger Spielraum für die Schaffung schöpferischer Strukturen lassen
(s. § 4 Rdnr. 38 f.), kommt dem Leistungsschutzrecht gegenüber dem Urheberrecht an Datenbanken wachsende wirtschaftliche Bedeutung auf dem Fachinformationsmarkt und für die Bereitstellung von Informationen in Bulletin Boards des Internets zu (Einzelheiten vor §§ 87a ff.
Rdnr. 24 f.; s. jedoch die zurückhaltende Evaluierung der EU-Kommission vor §§ 87a ff.
Rdnr. 26 ff.).

Allerdings sind weder nach dem Wortlaut der Vorschrift noch nach ihrer Entstehungs- 4
geschichte (dazu vor §§ 87a Rdnr. 8) noch nach ihrem Sinn und Zweck **herkömmliche analoge Datenbanken** in Buch-, Loseblatt- oder Karteikartenform ua. oder die kategorisierende
Gliederung von Zeitungen und ihren Anzeigenteilen von diesem Schutz ausgeschlossen (hM:
BGH GRUR 1999, 923/925 – Tele-Info-CD; bejahend zum datenbankrechtlichen Schutz
von Zeitungen in Online-Version BGH GRUR 2003, 958 – Paperboy sowie die Vorinstanz OLG
Köln GRUR-RR 2001, 97 – Suchdienst für Zeitungsartikel; OLG Köln ZUM-RD 2001, 82 –
Printmedien; OLG München GRUR-RR 2003, 329/330 – Chart-Listen; OLG Dresden ZUM
2001, 595 – sächs. Ausschreibungsblatt; *Dreier/Schulze/Dreier* Rdnr. 8; *Wandtke/Bullinger/Thum*
Rdnr. 4; *Gaster* Rdnr. 41 ff.; *ders.* in *Hoeren/Sieber* [Hrsg.] Teil 7.8. Rdnr. 21 f.; *Leistner* GRUR
Int. 1999, 819/820; *Kindler* K&R 2000, 265/271; aA *Fromm/Nordemann/Hertin*[9] Rdnr. 5 im
Anschluss an *Kappes* ZEuP 1997, 654/657).

§ 87a Begriffsbestimmungen

II. Datenbank iSd. § 87a Abs. 1 S. 1

1. Datenbanken und Datenbankwerke

5 **a) Gemeinsamkeiten.** Datenbanken iSd. UrhG haben – unabhängig davon, ob für sie Schutz nach Teil 1 oder Teil 2 des Gesetzes in Frage kommt – folgende gemeinsame, sich einer isolierten Auslegung verschließende Begriffsmerkmale:
Sie beinhalten erstens eine **Sammlung von** Werken, Daten oder anderen **unabhängigen Elementen;** diese sind zweitens **systematisch oder methodisch angeordnet;** und drittens sind sie mit Hilfe elektronischer Mittel oder auf andere Weise **einzeln zugänglich,** dh. wiedergewinnbar (s. dazu auch die Erl. zu § 4 Rdnr. 36, 41 f.; *Dreier/Schulze/Dreier* Rdnr. 3 ff.). In gebotener weiter Auslegung der §§ 4 Abs. 2, 87a Abs. 1 S. 1 entsteht ihr Schutz unabhängig von einer kommerziellen oder privaten Zweckbestimmung (unter Hinweis auf die Entstehungsgeschichte EuGH GRUR 2005, 244/248 Tz. 48 – BHB-Pferdewetten; ebenso *Berger* GRUR 1997, 169/173; *Tountopoulos* CR 1998, 129/131), unabhängig von ihrer Veröffentlichung und unabhängig von ihrer Größe, wenn nur die Voraussetzungen einer schöpferischen Struktur auf der einen und/oder einer wesentlichen Investition auf der anderen Seite vorliegen. Insbesondere unter dem Blickwinkel des Datenbankherstellerrechts ist zu den gemeinsamen Merkmalen im Einzelnen auszuführen:

6 **aa)** Nach dem **Oberbegriff** der nicht abschließenden Aufzählung des Abs. 1 S. 1 bestehen Datenbanken aus **einer Sammlung voneinander unabhängiger Elemente,** die nach dem Wortlaut der Vorschrift und dem des Erwgr. 17 auch eine Sammlung von **Werken** der Literatur, Kunst, Musik ua. Schöpfungen iSd. Urheberrechts und/oder von informationstragenden **Daten, Tönen Bildern, Zahlen, Fakten** ua. sein kann (zum Erfordernis der Unabhängigkeit s. Rdnr. 7 ff.). Auf die **Anzahl der Datenbankelemente** zur Bestimmung der Untergrenze des sachlichen Anwendungsbereichs des Datenbankrechts kommt es dabei im Prinzip nicht an (s. *Gaster* Rdnr. 61 f.; *Leistner* S. 45 [insb. Fn. 112]; *Hornung* S. 73; *Haberstumpf* GRUR 2003, 14/18), sondern allein auf die in der Sammlung zum Ausdruck kommende schutzbegründende schöpferische oder Investitionsleistung. Gleichwohl ist eine **Mindestanzahl von unabhängigen Elementen für eine systematisch angeordnete Sammlung,** wie sie das Gesetz voraussetzt, **unverzichtbar** (EuGH GRUR 2005, 254/255 Tz. 24 – Fixtures-Fußballspielpläne II; sa. *Leistner* S. 45 f.; *Möhring/Nicolini/Decker*[2] Rdnr. 9; *Wandtke/Bullinger/Thum* Rdnr. 8 sprechen zu weitgehend von einer Vielzahl von Elementen). Demnach kann eine Datenbank auch aus einer ausreichenden Anzahl von Sub-Datenbanken bestehen, die selbst und unabhängig von einander die Schutzvoraussetzungen des § 87a erfüllen (vgl. EuGH GRUR Int. 2009, 501/507 Tz. 61 ff. – Apis-Hristovich).

7 Das damit umso bedeutsamere Erfordernis der **Unabhängigkeit der in eine Datenbank aufgenommenen Elemente** richtet sich gegen die mögliche Aufsplitterung „einheitlich zu betrachtender Ausdrucksformen menschlicher Kreativität" (*Leistner* GRUR Int. 1999, 819/820) oder inhaltlich geschlossener Informationen (allgM, *Bensinger* S. 128 f.; *Raue/dies.* MMR 1998, 507 ff.; *Haberstumpf* GRUR 2003, 14/18; *ders.*[2] Rdnr. 163; *Leistner* S. 47; *ders.* GRUR Int. 1999, 819/820 ff.; *ders.* in *Wiebe/Leupold* [Hrs.] Teil II A Rdnr. 7 ff.; *Gaster* Rdnr. 74 ff.; *Grützmacher* S. 169 f.; *Dittrich* ÖBl 2002, 3 f.; *Kaye* EIPR 1995, 583 f.; *Walter/v. Lewinski* Art. 1 Rdnr. 22; *Dreier/Schulze/Dreier* Rdnr. 6; *Wandtke/Bullinger/Thum* Rdnr. 11; abweichend *Hornung* S. 75: Problem der einzelnen Zugänglichkeit; aA *Wiebe/Funkat* MMR 1998, 69/74: technisch strukturierte Ablagemöglichkeit reicht aus). Dies folgt systematisch daraus, dass das Gesetz zu den unabhängigen Elementen ausdrücklich Werke bzw. schutzfähige Werkteile iSd. § 2 rechnet, die jeweils auf Grund ihrer schöpferischen Gestalt ein geschlossenes Ganzes bilden und sich durch ihren eigenständigen Aussagegehalt von anderen Datenbankelementen, die durchaus eine inhaltliche Verwandtschaft aufweisen können, absetzen (das scheint *Milbradt* CR 2002, 710/712 in ihrer Kritik an *Leistner* GRUR Int. 1999, 819/821 zu übersehen).

8 Deshalb wird zur **Bestimmung der Einheitlichkeit** in der Literatur (*Wiebe/Funkat* MMR 1998, 69/74; *Leistner* S. 46 f.; *ders.* GRUR Int. 1999, 819/829 f.; *Wandtke/Bullinger/Thum* Rdnr. 11) mitunter der **Grundsatz der gesonderten Verwertbarkeit** herangezogen, der für die Unterscheidung von Sammelwerk und Miturheberschaft dient und dabei darauf abstellt, ob ein Beitrag weder unvollständig noch ergänzungsbedürftig und deshalb einer Weiterverwertung zugänglich ist (BGH GRUR 1959, 335/336 – Wenn wir alle Engel wären).

9 Ein derartiges **inhaltliches Gewebe** ist etwa **dem Film wesentlich,** bei dem Musik, Text und Bild aufeinander bezogen und untrennbar miteinander verschmolzen sind (Erwgr. 17 S. 3

der Richtlinie nennt außerdem audiovisuelle, literarische oder musikalische Werke; sa. *Leistner* S. 49 f.; *Möhring/Nicolini/Decker*[2] Rdnr. 2; *Wandtke/Bullinger/Thum* Rdnr. 11. Etwas anderes gilt für die **vom Bild isolierte Tonspur eines Films,** wenn sie als unabhängiges Element in eine Musikdatenbank aufgenommen ist, oder einer **Webseite,** sofern ihre Einzelteile von vornerein gestaltet aufeinander bezogen sind (OGH GRUR Int. 2002, 452/453 – C-Villas; *Leistner* in *Bettinger/Leistner* [Hrsg.] Rdnr. 36; *Gaster* in *Hoeren/Sieber* [Hrsg.] Teil 7.8. Rdnr. 23).

Bei den urheberrechtlich nicht näher bestimmten **Multimediawerken** verhält es sich im Lichte der Richtliniendefinition der Datenbank nicht anders. Multimediawerke bedienen sich in der Regel zwar unterschiedlicher, technisch allerdings auf dasselbe Format reduzierter und häufig unabhängig voneinander abgelegter Ausdrucksmittel menschlicher Kommunikation (s. *Schricker* in *Schricker* [Hrsg.], Informationsgesellschaft, S. 41; *Haberstumpf* GRUR 2003, 14/20; *ders.*[2] Rdnr. 147; *Bensinger* S. 147 ff.; *Walter/v. Lewinski* Art. 1 Rdnr. 26 f.; zur Charakteristik von Multimediawerken auch *Grützmacher* S. 63 f.), führen diese jedoch letztlich zu einer einheitlichen Darstellungsform zusammen, so dass auf dem Bildschirm eine Einheit inhaltlich untrennbar verbundener Bild-, Musik- und Textelemente des Multimediawerkes erscheint (ebenso *Leistner* S. 50 f.; *Bensinger* S. 148). 10

Kommt Multimediawerken allerdings **Referenzcharakter** zu, weil sie zahlreiche in sich geschlossene, von einander unabhängige Informationen vermitteln, wie dies bei multimedialen Lexika, Katalogen ua. begegnet, fallen sie regelmäßig unter den Datenbankherstellerschutz des § 87 a (s. dazu auch *Leistner* S. 51 f.; *ders.* GRUR Int. 1999, 819/824; *Haberstumpf* GRUR 2003, 14/20; *Walter/v. Lewinski* Art. 1 Rdnr. 27). Auch mehreren **durch Links miteinander verbundenen und systematisch angeordneten Webseiten** können somit die Voraussetzungen der Datenbank im Sinne der Vorschrift erfüllen (OGH GRUR Int. 2002, 452/453 – C-Villas; zurückhaltend OLG Düsseldorf MMR 1999, 729/731 – Frames; bzgl. einer Linkliste LG Köln ZUM-RD 2000, 304 – Kidnet.de; *Gaster* in *Hoeren/Sieber* [Hrsg.] Teil 7.8 Rdnr. 23, 27; *Wandtke/Bullinger/Thum* Rdnr. 96; zu Links und Frames auch § 19 a Rdnr. 46 sowie § 87 b Rdnr. 35 ff. jeweils mwN). 11

Angesichts des **Erfordernisses gedanklicher Einheit** schließt das Merkmal der Unabhängigkeit eines Elements solche Zusammenstellungen von einem eigenständigen Datenbankschutz sowohl nach § 4 Abs. 2 als auch nach §§ 87 a ff. aus, deren Elemente, mögen sie auch digitaltechnisch oder manuell einzeln zugänglich sein (Wörter, Buchstaben, Pixel, Noten ua.), bei isolierter Betrachtung keinen eigenständigen geistigen Gehalt (wie etwa bei Film-, Sprach-, Bild- oder Musikwerken) aufweisen, sondern sich auf eine **Sammlung inhaltsloser Zeichen** reduzieren (allgM, s. *Haberstumpf* GRUR 2003, 14/18; *ders.*[2] Rdnr. 163; *Leistner* S. 47; *ders.* GRUR Int. 1999, 819/820 ff.; *ders.* in *Wiebe/Leupold* [Hrsg.] Teil II A Rdnr. 7 ff.; *Gaster* Rdnr. 74 ff.; *Grützmacher* S. 169 f.; *Hornung* S. 75; *Dittrich* ÖBl 2002, 3 f.; *Fromm/Nordemann/Czychowski*[10] Rdnr. 9; *Walter/v. Lewinski* Art. 1 Rdnr. 22; *Dreier/Schulze/Dreier* Rdnr. 6; *Wandtke/Bullinger/Thum* Rdnr. 11; aA *Wiebe/Funkat* MMR 1998, 69/74, die zur Begründung der Unabhängigkeit bei Multimediaprodukten allein auf die technisch strukturierte Ablage einzelner Daten eines inhaltlich geschlossenen Elements abstellen; sa. Rdnr. 8). 12

Meist wird es bei solchen Elementen bereits am zusätzlichen gesetzlichen **Erfordernis der Einzelzugänglichkeit** fehlen, weil dieses einen das Element bestimmenden Sinngehalt verlangt, der das Datenretrieval ermöglicht. Den notwendigen Sinngehalt vermittelt erst das vollständige sinntragende Element eines Bildes, Gedichtes, Musikstücks etc. (*Leistner* S. 47; *Walter/v. Lewinski* Art. 1 Rdnr. 22; sa. *Grützmacher* S. 172). An der Möglichkeit **des einzelnen Zugriffs** fehlt es etwa bei **Elementen neuronaler Netze,** die lediglich interne, dem Nutzer verborgene Informationen (Neuronen) für das Verhalten des Netzes verkörpern (sog. Gewichte) und deshalb als konstitutive Elemente einer Datenbank ausscheiden (dazu *Grützmacher* S. 65 f., 172; *Dreier* GRUR Int. 1992, 739/745; *Haberstumpf* GRUR 2003, 14/19; *Walter/v. Lewinski* Art. 1 Rdnr. 23; *Hornung* S. 75). Würden im Übrigen kleine, allein technisch definierte Elemente als einzeln zugänglich iSd. Art. 1 Abs. 2 der Richtlinie angesehen, führte dies zur Begründung eines sachlich nicht zu rechtfertigenden weiteren Schutzrechts an demselben immaterialgüterrechtlichen Schutzgegenstand wie etwa einem Musik-, Sprach-, Film- oder Bildwerk (*Dittrich* ÖBl. 2002, 3 f.; *Dreier/Schulze/Dreier* Rdnr. 9) und zu einer unvertretbaren Ausweitung des sachlichen Anwendungsbereichs des Datenbankherstellerrechts, so dass eine Korrektur über das Erfordernis der wesentlichen Investition zwingend notwendig wäre. Fehlt es hingegen an einem derartigen gedanklichen Zusammenhang der einzelnen Elemente wie etwa bei Wörterbüchern (Wort und dessen fremdsprachige Entsprechung) oder Soundarchiven, können die datenbankrechtlichen Vorschriften der §§ 87 a ff. bzw. des § 4 Abs. 2 zum Zuge kommen. 13

§ 87a

14 In Konsequenz dessen vermögen auch **Elemente ohne Werkcharakter** iSd. Vorschrift **unabhängig voneinander** zu sein, sofern ihnen – **bei gebotener inhaltlich wertender Betrachtung** und mit Rücksicht auf die Möglichkeiten des Such- und Abfrageprogramms der Datenbank – ein **eigenständiger** sachlicher oder sonstiger **Informationsgehalt** zukommt, der verloren ginge, wenn die Elemente auseinander gerissen würden (ebenso EuGH GRUR 2005, 254/255 Tz. 29 – Fixtures-Fußballspielpläne II; BGH GRUR 2005, 940/941 – Marktstudien; GRUR 2005, 857/858 – HIT BILANZ; sa. *Leistner* S. 47 Fn. 125; *Haberstumpf* GRUR 2003, 14/19; Rdnr. 6 mwN). Obgleich bei elektronischen Datenbanken die unabhängigen Elemente über die thematische Ausrichtung und die Auswahl- und Ordnungskriterien der Datenbank, also über deren elektronisches Material, regelmäßig untereinander eine lose Verbindung aufweisen, bedeutet dies, dass der selbstständige Informationsgehalt des einzeln zugänglichen Elements weder den geistigen Gehalt anderer Elemente noch die unterscheidbare Struktur der Sammlung berühren darf (*Leistner* GRUR Int. 1999, 819/821 f.; *Haberstumpf* GRUR 2003, 14/18; *ders.* Rdnr. 163). Die Einzelelemente dürfen folglich nicht durch Hinzuziehung zusätzlicher Elemente additiv erweitert werden. Vielmehr ist ihre Größe unter Berücksichtigung des verwendeten elektronischen Materials am Grundsatz kleinstmöglicher Aufspaltbarkeit ihres geistigen Gehalts zu bestimmen (Erwgr. 20; sa. § 4 Rdnr. 6 f., 36; *Haberstumpf* GRUR 2003, 14/18; *ders.*[2] Rdnr. 163, 170; *Kotthoff* in HK-UrhG Rdnr. 16). Deshalb sind zB Abfahrts- und Ankunftszeiten eines Zuges keine von den Abfahrts- und Zielorten unabhängige Elemente der Datenbank (Fahrplan) eines Bahnunternehmens, wohl aber sind beide Angaben zusammengenommen unabhängig gegenüber anderen Fahrzeiten zwischen denselben Orten. Technische Elemente wie Bits oder Pixel vermögen die Unabhängigkeit von Elementen im Sinne der Definition des Abs. 1 S. 1 nicht zu begründen (ausführlich dazu Rdnr. 6; *Leistner* S. 46 ff. mwN; aA *Wiebe/Funkat* MMR 1998, 69 ff.).

15 Dieser Auffassung hat sich der EuGH angeschlossen und Ort, Datum, Uhrzeit und Identität der Mannschaften eines Fußballspiels zusammengenommen als unabhängiges, einen selbstständigen Informationswert besitzendes Element eines als Datenbank qualifizierten Fußballspielplans gewertet, mag sich auch ein darüber hinausgehendes Interesse der Öffentlichkeit auf den vollständigen Spielplan richten (EuGH GRUR 2005, 254/255 f. Tz. 33, 36 – Fixtures-Fußballspielpläne II). Dem entsprechend orientiert sich die Beurteilung des Einzelzugangs bei einer Datenbank von Sammelwerken (zB mehrerer Gedichtsammlungen, vgl. LG Mannheim GRUR-RR 2004, 196 – Freiburger Anthologie) nicht etwa an der Zugänglichkeit des einzelnen Sammelwerkes, sondern an der Zugänglichkeit seiner Einzelbestandteile (vgl. auch EuGH GRUR Int. 2009, 501/507 Tz. 61 ff. – Apis-Hristovich; aA *Möhring/Nicolini/Decker*[2] Rdnr. 10; *Wandtke/Bullinger/Thum* Rdnr. 16). Weist somit eine Datenbank nur eine grobe Strukturierung auf, so dass ihre Elemente nicht einzeln abgerufen werden können, liegt keine Datenbank iSd. des § 87a Abs. 1 vor, sondern lediglich ein Datenhaufen (KG GRUR-RR 2001, 102 – Stellenanzeigen im Internet; OLG München GRUR-RR 2001, 228/229 – Stellenanzeigen im Internet; LG Berlin ZUM 2006, 343/344 – ebay-Angebotsdatenbank).

16 **Beispiele.** Unter Berücksichtigung des Erfordernisses einer **Sammlung** voneinander unabhängiger Elemente können demnach Datenbanken aus Sammlungen selbstständiger **schutzfähiger Werke aller Art** bestehen (zB Werke der Wissenschaft und Kunst wie Schrift-, Musik-, Bild-, Film- und fotografische Werke), aus Sammlungen **schutzunfähiger Tonfolgen, Bilder, Filme oder Texte** (zB kurze Tonfolgen, Lichtbilder, kleinste Pressemeldungen und Wirtschaftsnachrichten), aus **Zeitungen und Zeitschriften** (*Gaster* in *Hoeren/Sieber* [Hrsg.] Teil 7.8 Rdnr. 27), **Datensammlungen** (zB bibliographische Angaben, wissenschaftliche oder sonstige [Mess-]Daten) in Form von Soundarchiven, Rechentabellen, Börsenkurstabellen, Gebührentabellen, Fahrplänen, Listen, **privaten und amtlichen Registern** (Vereins-, Handels- und Schiffsregister, Bundeszentralregister, Grundbuch, Patentrolle, Marken-, Geschmacksmusterregister ua.), aus Sammlungen systematisch oder methodisch aufgenommener Satellitenbilder (s. Rdnr. 10), aus Vermessungskatastern, Telefonbüchern, sonstigen Nachschlagewerken etc. oder aus Sammlungen von **Fakten** und sonstigen **anderen unabhängigen Elementen** wie zB Zeichen- oder Symbolsammlungen. Ob Sammlungen **körperlicher Gegenstände ohne geistigen Gehalt** wie Briefmarken, Münzen etc. ein Datenbankherstellerrecht begründen können, ist umstritten (dagegen § 4 Rdnr. 7 mwN; *Haberstumpf* GRUR 2003, 14/18; dafür *Dreier/Schulze/Dreier* Rdnr. 4; *Dreyer* in HK-UrhG Rdnr. 6; *Wandtke/Bullinger/Thum* Rdnr. 9). Die Körperlichkeit kann nicht den Ausschlag geben. Denn Gegenstand des Schutzrechts ist die festgelegte Datenbank als Gesamtergebnis der investitionsintensiven, nicht notwendig schöpferischen Zusammenstellung der in den jeweiligen Trägern verkörperten Informationen als immaterielles Gut (s. Rdnr. 19 sowie vor §§ 87a ff. Rdnr. 30 ff.).

Bei **digitalen Kartenwerken** ist fraglich, ob eine einzelne Karte selbst als Datenbank im geschilderten Sinne qualifiziert werden kann. Meist dürfte offen bleiben, nach welchen Kriterien sich die Mindestgröße und der Mindestinhalt einzelner voneinander unabhängiger Kartenelemente bestimmen lassen, ohne dass sie auf lediglich technisch unabhängige Elemente ohne Inhalt reduziert werden (Pixel, Bytes). Bei analogen topografischen Kartenwerken ist deshalb die Wiedergewinnbarkeit der einzelnen Elemente fraglich, weil die Karte sie als simultan wahrnehmbares Bildwerk aus aufeinander bezogenen Einzelinformationen darstellt (deshalb keine Datenbank iSd. § 87a *Hertin* GRUR 2005, 646/649; aA LG München I ZUM-RD 2006, 28/31 – topographische Karten, das eine Karte als die Summe einzelner unabhängige Elemente wertet, die einzeln zugänglich sind; aA wohl auch *Wandtke/Bullinger/Thum* Rdnr. 101). 17

Leichter beantwortet sich diese Frage bei der Betrachtung eines nach Objektkarten und ihren Attributen gegliederten **digitalen Objektkartenkatalogs,** wie er einem digitalen Landschaftsmodell (DLM) zugrunde liegt (Einzelheiten unter der Webseite des Amtlichen topografisch-kartografischen Informationssystems [ATKIS] und bei *Eggert* S. 50ff., 153ff.). Ein DLM setzt sich aus einer Vielzahl übereinanderliegender, systematisch oder methodisch angeordneter und einzeln abrufbarer Objektkarten zusammen, die jeweils besondere (Teil-)Aspekte einer Landschaft (etwa Autobahnen, Bundes- und Landstraßen, Schienen- und Wasserwege, Gebirgsrücken, Ortschaften mit einer bestimmten Einwohnerzahl, Feuchtegebiete und vieles andere mehr) darstellen. Derartige Objektkataloge erfüllen in der Regel die Voraussetzungen einer Datenbank iSd. § 87a Abs. 1 (ebenso *Hertin* GRUR 2004, 646/648/652; sa. *Müglich* CR 1995, 257; zustimmend auch *Fromm/Nordemann/Czychowski*[10] Rdnr. 10). Entsprechendes gilt für Katasterkarten, Vermessungsdaten, Orthofotos und Satellitenbilder, die nach einem bestimmten Anforderungsprofil (Messdaten) aufgenommen, zerlegt, nach bestimmten Parametern geordnet und nach unterschiedlichen Anforderungsprofilen verwertet werden (s. zu Satellitenbildern auch *Walter/v. Lewinski* Art. 1 Rdnr. 21). Bei der Beurteilung ihrer Datenbankeigenschaft ist jedoch im Auge zu behalten, dass Investitionen in die Datenerzeugung nicht berücksichtigungsfähig sind, ohne dass dies angesichts des sonstigen Aufwandes für die Bereitstellung, Überprüfung und Darstellung der relevanten Kartendaten eine Rolle spielen dürfte (s. Rdnr. 30). 18

bb) Die einzelnen, voneinander unabhängigen Elemente einer Datenbank müssen erkennbar nach bestimmten entweder **systematischen oder methodischen Ordnungsprinzipien,** dh. nach vorgegebenen logischen oder sachlichen Kriterien bzw. nach einem vorgegebenen Zweck planmäßig strukturiert abgelegt sein (so auch *Fromm/Nordemann/Czychowski*[10] Rdnr. 11; *Fromm/Nordemann/Hertin*[9] Rdnr. 4; *Dreier/Schulze/Dreier* Rdnr. 7; *Fuchs* UFITA 2008/I, S. 27/33: mit diesen Ordnungsprinzipien könnten nur Informationen über bestimmte Elemente [Metadaten] gemeint sein, weil nur mit ihnen die Verarbeitung von Daten möglich sei). Strenge Anforderungen an die Qualität derartiger Methodik sind dabei im Interesse des angestrebten Investitionsschutzes nicht zu stellen, weil diese lediglich der Abgrenzung schutzfähiger Datenbanken von bloßen Datenhaufen dient (OLG München GRUR 2001, 228/229 – Übernahme fremder Inserate; *Haberstumpf* GRUR 2003, 14/18f.; *Leistner* S. 53ff.; ders. GRUR Int. 1999, 819/822f.; *Gaster* Rdnr. 66; *Walter/v. Lewinski* Art. 1 Rdnr. 20; *Wandtke/Bullinger/Thum* Rdnr. 19ff., 24, s. dort auch Rdnr. 88ff. zur Problematik der Auffindbarkeit einzelner Elemente in Tageszeitungen und Zeitschriften sowie deren Online-Versionen). Die geordnete Zusammenführung vorhandener Daten ist es, die den geschützten Mehrwert der Datenbank im Wesentlichen begründet (OLG Köln MMR 2007, 443/445 – DWD-Wetterdaten). 19

Das unverzichtbare Ordnungsprinzip dient der **Wiedergewinnung der in die Datenbank aufgenommenen Elemente** (EuGH GRUR 2005, 254/255 Tz. 30 – Fixtures-Fußballspielpläne II). Es begründet, weshalb der Herstellerschutz eine körperliche Festlegung der Datenbank voraussetzt, ohne dass dadurch freilich der immaterialgüterrechtliche Charakter des Rechts in Frage gestellt würde (s. Rdnr. 19). Die Wiedergewinnung der Elemente muss nach objektiv nachvollziehbaren Kriterien möglich sein. Eine lediglich ungeordnete Aneinanderreihung von Elementen nimmt am Schutz nicht teil. Ist folglich der Datenbanknutzer im äußersten Fall gezwungen, wegen des Fehlens einer systematischen oder methodischen Anordnung jedes Element einzeln anzusteuern, liegt keine Datenbank iSd. Abs. 1, sondern nur ein dem Sonderschutz unzugänglicher Datenhaufen vor (s. Rdnr. 12), mögen auch die Daten selbst von hohem Informationswert sein (EuGH GRUR 2005, 254/255 Tz. 31 – Fixtures-Fußballspielpläne II; KG GRUR-RR 2001, 102 – Stellenmarkt; OLG München ZUM 2001, 255f. – Stellenmarktanzeigen; *Haberstumpf* GRUR 2003, 14/19; *Sendrowski* GRUR 2005, 269/370f.; ebenso *Fromm/Nordemann/Czychowski*[10] Rdnr. 11). 20

§ 87a

21 Als **bloße Mindestvoraussetzung in Abgrenzung zu unstrukturierten Willkürprodukten** schließen die erforderlichen Ordnungsprinzipien mit Blick auf urheberrechtlich geschützte Datenbankwerke **geistig-ästhetische Anordnungen** nicht aus, sofern sie nur die Wiedergewinnung der Daten ermöglichen (*Sendrowski* GRUR 2005, 369/371; *Möhring/Nicolini/Decker*[2] Rdnr. 6; *Walter/v. Lewinski* Art. 1 Rdnr. 20; *Wandtke/Bullinger/Thum* Rdnr. 27 f.; *Leistner* S. 53 f.; *Gaster* Rdnr. 66; *Hornung* S. 74; *Flechsig* ZUM 1997, 577/580; aA *Raue/Bensinger* MMR 1998, 507/508). Am häufigsten begegnen auf der Benutzerseite freilich alphabetische, numerische oder chronologische Datenanordnungen oder Kombinationen dieser Parameter (vgl. LG München I MMR 2002, 58 – Schlagzeilensammlung im Internet, dort nach geographischen Gesichtspunkten). Daneben sind beliebig viele Anordnungen oder Verknüpfungen der gesammelten unabhängigen Elemente denkbar, die die Anwendung der §§ 4 Abs. 2, 87a ff. auf zahllose Arten von Datenbanken zulassen und angesichts vielfältiger Kombinationsmöglichkeiten von Ordnungskriterien auch die Annahme eines Datenbankwerkes rechtfertigen (dazu § 4 Rdnr. 36 ff.). Überwiegend ergibt sich jedoch die Anordnung des Datenbankinhalts aus der Sachlogik, die für eine schöpferische Tätigkeit wenig Raum lässt (§ 4 Rdnr. 37 mwN; dem widerspricht *Haberstumpf* GRUR 2003, 14/21 unter Hinweis auf die Relativität des Kriteriums der Vollständigkeit, das erst bestimmte Gesichtspunkte voraussetze, an denen die Vollständigkeit zu messen sei. Selbst banale Aufgabenstellungen eines Datenbankherstellers ließen vielfältige schöpferische Lösungsmöglichkeiten zu).

22 In Abgrenzung dazu genießen **bloße Datenhaufen**, deren einzelne Bestandteile als **Rohdaten** nicht nach wie auch immer vorgegebenen Ordnungskriterien zusammengestellt sind, selbst **keinen Schutz** nach §§ 87a ff., auch wenn sie physisch geordnet abgelegt sind (Erwgr. 21; *Gaster* in *Hoeren/Sieber* [Hrsg.] Teil 7.8 Rdnr. 26 ff.). Ihnen fehlt die für den Schutz einer Datenbank unverzichtbare Einzelzugänglichkeit (vgl. OLG Köln MMR 2007, 443/444 – DWD-Wetterdaten). Jedoch bilden Datenhaufen mitunter die Vorstufe zu einer im Aufbau begriffenen Datenbank, so dass die für ihre Zusammenstellung aufgewendeten Mittel zu den Investitionen in eine Datenbank zu zählen sind (s. Rdnr. 45 ff.). Dies gilt auch für **Datenpools bzw. Datenbasen**, sofern sie – nach enger, im deutschen Sprachgebrauch vorherrschender Definition – gegenüber Datenbanken durch die fehlende Recherchierbarkeit ihrer Daten gekennzeichnet sind (s. *Marek* S. 183; *Mehrings* S. 55 ff. mwN), nicht aber bei international üblicher synonymer Verwendung der Begriffe der Datenbasen und Datenbanken (dazu *Hackemann* CR 1991, 305/306 f. insb. Fn. 8 f.). Bei elektronischen Datenbanken liegt es in der Natur des Mediums, dass die Daten ungeordnet in den physischen Speicher eingegeben werden und das elektronische Material wie das Abfragesystem in Verbindung mit der der Datenbank unterlegten logischen Struktur erst auf der Zugriffsebene ihre schutzbegründende systematische oder methodische Ordnung herbeiführt. Rechtliche Konsequenzen für den Schutz einer Datenbank hat dies nicht (davon geht auch die Richtlinie in Erwgr. 21 aus; ebenso EuGH GRUR 2005, 254/255 Tz. 30 – Fixtures-Fußballspielpläne II; OLG Köln MMR 2007, 443/444 – DWD-Wetterdaten; GRUR-RR 2006, 78/79 – EZT; § 4 Rdnr. 39; *Leistner* S. 54; *Bensinger* S. 137; *Fromm/Nordemann/Hertin*[9] Rdnr. 4; *Dreier/Schulze/Dreier* Rdnr. 7; *Wandtke/Bullinger/Thum* Rdnr. 21; sa. oben Rdnr. 19 ff.).

23 Wegen der an den Grad der systematischen und methodischen Anordnungen der Daten zu stellenden geringen Anforderungen genügen auch investitionsintensive **Volltextdatenbanken**, die nicht über ein Abfragesystem, sondern eine Volltextrecherche zugänglich sind, insoweit den Anforderungen an eine schutzfähige Datenbank (*Kotthoff* in HK-UrhG Rdnr. 19). Entsprechendes kann für Hypertextsysteme gelten, bei denen die Informationssuche im Unterschied zu Datenbanken nicht durch einen flexiblen Abruf wie Boolesche Operatoren, sondern wesentlich umständlicher über Hyperlinks erfolgt (näher *Grützmacher* S. 62 f.). Das Ordnen von Stellenanzeigen nach lediglich zwei Ordnungskriterien (Größe und Branche) hat die Rspr. für eine nicht ausreichend systematisierte Anordnung iSd. Vorschrift erachtet (KG GRUR-RR 2001, 102 – Stellenmarkt; OLG München ZUM 2001, 255 f. – Stellenmarktanzeigen; s. zu Tageszeitungen auch Rdnr. 11). Dasselbe kann für die analoge Ausgabe einer Tageszeitung gelten, deren Inhaltsverzeichnis meist den Anforderungen der Wiedergewinnbarkeit der Daten nicht genügen dürfte (*Bensinger* S. 149).

24 cc) Die unabhängigen Elemente müssen endlich **einzeln und mit elektronischen oder anderen Mitteln zugänglich** sein. Dieses weitere Erfordernis, das die Anwendung der Richtlinie auf herkömmliche wie elektronische Datenbanken klarstellt (s. BGH GRUR 1999, 923/925 – Tele-Info-CD), ergänzt zwangsläufig die Merkmale der Unabhängigkeit und der systematischen oder methodischen Anordnung der Datenbankelemente (s. Rdnr. 5 ff.). Denn bei

Begriffsbestimmungen § 87a

elektronischen Datenbanken genügen unabhängige Elemente der Einzelzugänglichkeit nur, wenn sie, anders als dies bei einzelnen Tönen oder Pixeln der Fall ist, unter Anwendung des benutzten und auf sie ausgerichteten Such- und Abfrageprogramms sowie unabhängig von den anderen Elementen eingegeben und später wieder zur Kenntnis genommen werden können (s. Rdnr. 7; *Haberstumpf* GRUR 2003, 14/19; *Bensinger* S. 137; *Leistner* S. 47; *Walter/v. Lewinski* Art. 1 Rdnr. 22). Zugänglichkeit in diesem Sinne ist zB nicht gegeben bei Daten, die lediglich statistischen Zwecken dienen, oder bei Anwendungsprogrammen mit einer integrierten Datenbasis wie etwa Rechtschreibprogrammen etc., weil auf sie der Nutzer nicht zugreifen kann (s. *Fromm/Nordemann/Hertin*[9] Rdnr. 3; *Haberstumpf* GRUR 2003, 14/19). Dies bedeutet, dass etwa Filmwerke, deren einzelne Beiträge sich inhaltlich untrennbar voneinander zu einem Gesamtkunstwerk verbinden (s. Rdnr. 6, 9; sa. vor §§ 88 ff. Rdnr. 65), keine Datenbanken im Sinne des Gesetzes ergeben können (Erwgr. 17). Dasselbe gilt für multimediale Werke, sofern sich bei ihnen gleichfalls mehrere Ausdrucksformen miteinander verschmelzen (so. Rdnr. 6). Anders verhält es sich bei solchen Datenbanken, die aus einer Vielzahl einzeln abrufbarer Multimediawerke und Filme zusammengestellt werden, weil bei ihnen das jeweils einzeln zugängliche Element aus einem vollständigen Multimediawerk bzw. aus einem vollständigen Film besteht (*Gaster* CR 1997, 669/673; sa. Rdnr. 6, 10f.). Nichts anderes gilt bei Suchmaschinen, die den Einzelzugriff auf Webseiten über ihre Indizes ermöglichen (*Haberstumpf* GRUR 2003, 14/19; im Ergebnis ebenso *Leistner* S. 62; *ders.* GRUR Int. 1999, 819/824).

Schließlich bedeutet das Merkmal „einzeln und mit elektronischen oder anderen Mitteln zugänglich", dass das Gesetz in nicht abschließender Regelung **sowohl elektronische und elektrooptische als auch herkömmliche, auf analoger Technik basierende Datenbanken** unter Schutz stellt (allgM, s. Rdnr. 3 f. mwN; BGH GRUR 1999, 923/925 – Tele-Info-CD; aA lediglich *Fromm/Nordemann/Hertin*[9] Rdnr. 5). Auch andere physikalische, chemische oder mechanische Mittel des Zugangs können in Betracht kommen. Einzeln zugänglich ist demnach ein Element, wenn es durch das Aufschlagen eines Buches, das Blättern in einer Kartei, das Einlegen eines Mikrofilms oder -fiches, das Ansteuern auf einer CD-ROM oder durch den Abruf aus einer Online-Datenbank zur Kenntnis genommen werden kann. Einen **unmittelbaren Zugriff** des Benutzers auf die einzeln zugänglichen Daten setzt der Gesetzeswortlaut entgegen einer engen Auffassung (*Fromm/Nordemann/Hertin*[9] Rdnr. 3; *Wiebe/Funkat* MMR 1998, 69/74) nicht voraus; vielmehr genießen – dem Schutzzweck der Norm entsprechend – auch solche Datenbanken Schutz, die als Thesaurus oder Index in ein Computerprogramm inkorporiert sind und nur mittelbar über dessen Anwendung benutzt werden können (ebenso *Grützmacher* S. 172; *Dreier/Schulze/Dreier* Rdnr. 8; aA *Westkamp* S. 45 ff.). 25

b) Unterschiede zwischen Datenbanken und Datenbankwerken bestehen insoweit, als **Datenbankwerke urheberrechtlicher Natur** sind und damit eine Struktur aufweisen, die auf einer zumindest eigenen geistigen Schöpfung nach Art. 1 Abs. 1 der Richtlinie beruht (dazu § 4 Rdnr. 37 f.; vor §§ 87 a ff. Rdnr. 7, 42), während Datenbanken nach § 87 a Abs. 1 S. 1 – über die allen **Datenbanken** gemeinsamen Merkmale hinaus – bei einer lediglich handwerklichen Struktur eine nach Art oder Umfang **wesentliche Investition** bei der Beschaffung, Überprüfung oder Darstellung ihres Inhalts verlangen. Die Voraussetzungen einer schöpferischen wie einer nichtschöpferischen Datenbank können in derselben Datenbank verwirklicht sein, so dass in diesem Fall Urheber- und Leistungsschutzrecht gemeinsam und nebeneinander entstehen (dazu vor §§ 87 a ff. Rdnr. 7, 42; aus systematischen Gründen kritisch zur terminologischen Unterscheidung von Datenbankwerk und Datenbank im deutschen UrhG *Leistner* S. 300 f.). Dies bleibt auch so, wenn eine analoge Datenbank digitalisiert wird, denn die digitalisierte Form einer herkömmlichen Datenbank stellt lediglich deren Vervielfältigung dar; sie kann bei nicht schöpferischen Datenbanken allenfalls durch Änderungen eine neue Datenbank iSd. Abs. 1 S. 2 begründen (s. *Haberstumpf* GRUR 2003, 14/20 mwN). 26

c) Beispiele. In der Praxis begegnen bei Datenbanken ua. folgende Unterscheidungen: **nach dem Inhalt** der Datenbank Wort-, Musik-, Zahlen-, Bilddatenbanken ua.; **nach dem Speicher- oder Trägermedium** digitale und analoge Datenbanken (Bibliotheken, Artotheken, Museumssammlungen, Bücher, Karteien, sonstige Papierformen, Mikrofilme und -fiches, CD-ROM, Online-Datenbanken ua.); bei elektronischen Datenbanken **nach dem Zugang** Online- (Internet, Intranet) und Offline-Datenbanken (CD-ROM, CD-I, DVD u.a.); **nach der Aktualität** Realzeitdatenbanken (nur online) und klassische, meist statische Datenbanken (in Papierform oder computergestützt); **nach der Vollständigkeit** des Inhalts bibliographische, Abstract- oder Volltextdatenbanken; nach der **Art des Inhalts** Wirtschafts-, Rechts- oder na- 27

§ 87a Begriffsbestimmungen

turwissenschaftliche Datenbanken etc.; **nach dem Benutzerzuschnitt** Standardprofil- oder Individualprofildienste. Daneben oder überschneidend kommen vielfältige digital wie analog organisierte traditionelle Datenbankarten in Frage: Fachinformationssammlungen, Lexika und sonstige Nachschlagewerke wie Wörterbücher, Anthologien, Bibliographien, Register, Kataloge, Rechentabellen, Fahrpläne, Telefon- und Adressbücher, Listen aller Art, geographische, meteorologische, hydrographische oder sonstige naturwissenschaftliche Datensammlungen ua. Auch Satellitenaufnahmen können – ungeachtet ihrer Lichtbildeigenschaft nach § 72 – wegen der bei ihrer Herstellung erfolgten systematischen Erfassung von Helligkeitswerten ebenso wie Vermessungskataster, die aus einer Zusammenstellung von geographischen Messdaten bestehen, die gesetzlichen Voraussetzungen einer Datenbank erfüllen (sa. Rdnr. 18). Denn für den Schutz einer Datenbank nach §§ 87a ff. ist ausschlaggebend, dass die bei ihrer Herstellung gesammelten Daten nach bestimmten im Voraus festgelegten Parametern geordnet werden. Diese Voraussetzungen können bei Satellitenaufnahmen und Vermessungskatastern ebenso vorliegen wie das Erfordernis, dass die ermittelten, in ihrer Gesamtheit die Datenbank erst ergebenden Messwerte einzeln abrufbar sein müssen (weitere Beispiele bei *Bensinger* S. 146 f.).

28   Das **Internet** hingegen stellt keine Datenbank dar, da es gleichsam ungeordnet den Weg zu zahllosen Netzen eröffnet, während bei **Suchmaschinen** (Google ua.), die den geordneten Zugriff auf Websites ermöglichen, dies meist zu bejahen ist (*Fromm/Nordemann/Hertin*[9] Rdnr. 3; *Haberstumpf* GRUR 2003, 14/19; *Leistner* S. 63 f.; *Wandtke/Bullinger/Thum* Rdnr. 97).

Die Subsumtion der Benutzeroberfläche einer einzelnen **Webseite** unter den Datenbankbegriff dürfte scheitern, sofern sie als ein einheitliches Ganzes erscheint, bei dem die Einzelelemente zu einem Gesamtbild verschmolzen sind; deshalb ist insoweit allenfalls von einem Werk der bildenden Kunst auszugehen (OGH GRUR Int. 2002, 349/350 – telering.at; OGH GRUR Int. 2002, 452/453 – C-Villas; OLG Karlsruhe GRUR-RR 2010, 234/235 – Reisebüro-Software; OLG Köln GRUR-RR 2010, 141/143 – 3D-Messestände; OLG Düsseldorf MMR 1999, 729/730 – Frames mit krit. Anm. *Gaster*; *Schack* MMR 2001, 9/11; im Ergebnis ebenso *Kotthoff* in HK-UrhG Rdnr. 17). Dies muss jedoch nicht so sein. Denkbar ist etwa auch eine **Webseite als Sammlung von Hyperlinks**, die einzelne voneinander unabhängige Elemente miteinander verknüpfen und dabei bisweilen komplexe Strukturen schaffen, oder als Sammlung sonstiger selbstständig geschützter und damit auch gegen eine isolierte Übernahme gefeiter Elemente wie Lichtbilder, Laufbilder, Sprachwerke, Tonfolgen ua. (OGH GRUR Int. 2002, 349/350 – telering.at; OGH GRUR Int. 2002, 452/453 – C-Villas; ausführlich *Leistner/Bettinger* S. 9 ff.; *dies.* CR 1999, 921/936 ff.; *Schack* MMR 2001, 9/11; *Köhler* ZUM 1999, 548/552 f.; *Wandtke/Bullinger/Marquardt* § 4 Rdnr. 14; aA wegen fehlender Indexierungs- und Katalogisierungsfunktion von Webseiten, jedoch für Sammelwerkschutz *Chinon* ZUM 1998, 897/901 im Anschluss an *Koch* GRUR 1997, 417/420; sa. *Haberstumpf* GRUR 2003, 14/20). Zweifellos ist insoweit ein Online-Lexikon wie Wikipedia wegen des Einzelzugangs der Beiträge datenbankrechtlich schutzfähig (ebenso *Wandtke/Bullinger/Thum* Rdnr. 96). Entscheidend sind im Übrigen die Verhältnisse im Einzelfall, wobei es um die Frage der systematischen Sammlung und der Einzelzugänglichkeit über Indexe, Gliederungen oder sonstige Ordnungsprinzipien geht.

29   Die **Rechtsprechung** hatte ua. in folgenden Fällen über den Datenbankcharakter zu entscheiden: **EuGH** GRUR 2005, 244 – BHB-Pferdewetten (Datenbank mit vielfältigen Informationen über Pferderennen [+]); EuGH GRUR 2005, 252 –Fixtures-Fußballspielpläne I sowie EuGH GRUR 2005, 254 – Fixtures-Fußballspielpläne II (Fußballspielpläne grundsätzlich [+], im konkreten Fall jedoch keine wesentliche Investition); **BGH** GRUR 2009, 852 – Elektronischer Zolltarif (Sammlung von Zolltarifen [+]); GRUR 2007, 137 – Bodenrichtwertsammlung [+]); GRUR 2005, 857 – HIT BILANZ (Music-Sales-Charts [+]); GRUR 2005, 940 – Marktstudien; GRUR 2003, 958 – Paperboy (Internetauftritt eines Zeitungsverlags durch Zugänglichmachung von Beiträgen; Datenbankherstellerrecht dahingestellt); BGH GRUR 1999, 923 – Tele-Info-CD und BGH I ZR 210/96 (unveröffentlicht) (Telefonbuch [+]); **OLG München** MMR 2007, 525 – Subito (periodische Veröffentlichung von Aufsätzen in Zeitschriften [–] n.rkr.); ZUM 2003, 789 – Chart-Listen (nach bestimmten Kriterien zusammengestellte Musiktitel [+]; Vorinstanz zu BGH HIT BILANZ); OLG München ZUM 2001, 255 – Stellenmarktanzeigen (kein methodisches Ordnungsprinzip [–]); **OLG Köln** MMR 2009, 191 – Internet-Bewertungsdatenbank (Bewertungssystem über Zahnarztleistungen [+]); OLG Köln ZUM 2001, 414 – Paperboy (Suchdienst von Zeitpartikeln [–]); MMR 2007, 443 – DWD-Wetterdaten [+]); ZUM-RD 2001, 82 – List of Presses (Sammlung von Daten über Duckmaschinenhersteller in Printform [+]); **KG** ZUM-RD 2001, 88 – Stellenanzeigen aus FAZ (syste-

matische oder methodischen Anordnung nicht erkennbar [–]); ZUM 2001, 70 – Ticketverkauf (Sammlung vielfältiger Daten über Veranstaltungen aller Art [+]); **OLG Hamburg** ZUM 2001, 512 – Roche Lexikon Medizin [+]; ZUM 1999, 849 – Börsendaten (kein Datenbankwerk; Herstellerrecht dahingestellt); **OLG Dresden** ZUM 2001, 595 – sächs. Ausschreibungsblatt (Ausschreibungsblatt [+]); **OLG Düsseldorf** MMR 1999, 729 – Frames (Homepage-Webseiten mit Werbeinhalt [Investition nicht nachgewiesen]); OLG Frankfurt ZUM-RD 2003, 180 – Marktberichte ([+]); **OLG Hamm** JurPC Web-Dok. 260/2004 (äußeres Erscheinungsbild von Webseiten [–]); **LG München I** ZUM-RD 2007, 212 – Rudolf Steiner Gesamtausgabe (+); ZUM 2001, 1008 – verlinkte Schlagzeilen in Internet-Nachrichtendiensten (+); **LG Berlin** ZUM 1999, 420 – Internetangebot von Kleinanzeigen verschiedener Berliner Zeitungen (+); JurPC Web-Dok. 185/2001 – Deep Links (Nachrichtensammlung der lokalen Tageszeitung Main-Post [+]); **LG Düsseldorf** ZUM 2004, 147 – Datenbank der Übersetzer, Dolmetscher und Agenturen (+); ZUM 2002, 65 – Dienstleistungs-Plattform der Insel Rügen (+); **LG Köln** JurPC Web-Dok. 166/2002 – Online-Auskünfte der Deutschen Bahn AG (+); JurPC Web-Dok. 138/2001 – Deep Links (nach Tätigkeitsbereich, Art der Tätigkeit und Region geordnete Stellenanzeigen [+]); JurPC Web-Dok 211/2001 – Frame-Linking (im Internet bereitgehaltenes Angebot geordneter und elektronisch erschlossener lyrischer Textbeiträge [+]); ZUM-RD 2000, 304 – Kidnet.de (Sammlung von Links zu Eltern, Kindern und Familien [+]); **AG Rostock** ZUM-RD 2002, 31 – Linksammlung als Datenbank (+).

Entscheidungen aus Österreich: OGH GRUR Int. 2002, 452 – C-Villas (Webseite [–]); GRUR Int. 2002, 349 – telering.at (Webseite [–]); GRUR Int. 2002, 940 – Gelbe Seiten (Verzeichnis aller erfassbaren Unternehmen Österreichs [–]); GRUR Int. 2001, 775 – C-Compass (APS-Manager [+]).

2. Schutzgegenstand des Datenbankherstellerrechts

a) Gegenstand des Leistungsschutzrechts ist **weder der Datenbankinhalt** als die Summe der in die Datenbank aufgenommenen einzelnen Informationen in Form von Werken, Daten und anderen Elementen (so aber OGH GRUR Int. 2002, 940/941 – Gelbe Seiten; *Bensinger* S. 108 ff.: Schutz des Inhalts als Summe der Datenbankbestandteile unter Hinweis auf Erwgr. 38, dem zufolge die Übernahme des Datenbankinhalts unter anderer methodischer Anordnung vorbehalten ist), weil der Schutz nicht eingreift, wenn der Datenbankinhalt von anderer Seite beschafft wird (s. *Haberstumpf* GRUR 2003, 14/25 f.); **noch die Informationen als solche**, weil in diesem Fall nicht erklärt werden kann, weshalb der Schutz wesentliche Investitionen voraussetzt und nur auf die Nutzung wesentlicher Teile der Datenbank, nicht aber auf die Nutzung jedes ihrer Einzelteile gerichtet ist (Erwgr. 46; ebenso *Leistner* S. 146 f.: kein Schutz der Information als solcher und kein objektbezogener Schutz hinsichtlich des Datenbankinhalts; aA OGH GRUR Int. 2002, 940/941 – Gelbe Seiten; ebenfalls *Fromm/Nordemann/Hertin*[9] § 87 b Rdnr. 13: Schutz des Datenbankinhalts als solchem; wohl auch *Westkamp* S. 142); **noch** richtet sich **der Schutz auf die Investition als solche**, da seine Entstehung untrennbar vom Leistungserfolg der schutzfähigen Datenbank abhängt; **noch gilt der Schutz der Datenbank an sich** (kein Objektschutz), weil nicht jede Datenbank eine schutzbegründende wesentliche Investition verkörpert (§ 87a Abs. 1 S. 1); **noch schützt das Recht die Datenbank in ihrer materiellen Form**, weil nicht allein solche Nutzungshandlungen ihrem Hersteller vorbehalten sind, die sich direkt vom ersten Träger der Datenbank ableiten (so aber die Schlussanträge der Generalanwältin in der Sache EuGH C-203/02 Tz. 100), sondern auch indirekte Nutzungen wie die Entnahme oder Weiterverwendung auf der Grundlage eines Vervielfältigungsstücks dem Rechtsinhaber vorbehalten sind (ebenso EuGH GRUR 2005, 244/248 Tz. 52 – BHB-Pferdewetten; BGH GRUR 2009, 852/856 Tz. 56 – Elektronischer Zolltarif; vgl. auch BGH GRUR 2010, 620/622 Tz. 35 – Film-Einzelbilder: immaterielles Gut als Schutzgegenstand mwN).

Dies bedingt – dem Charakter anderer unternehmensbezogener Leistungsschutzrechte wie denen des Tonträger- und Filmherstellers (s. § 85 Rdnr. 18; § 94 Rdnr. 9) sowie des Sendeunternehmens (§ 87 Rdnr. 22) entsprechend –, **dass die Datenbank als Leistungserfolg einen körperlichen Niederschlag finden muss**, ohne dass damit das immaterialgüterrechtliche Wesen des Rechts in Frage gestellt wird (ebenso EuGH GRUR 2005, 254/255 Tz. 30 – Fixtures-Fußballspielpläne II; BGH GRUR 2005, 940/941 – Marktstudien; *v. Ungern-Sternberg* GRUR 2008, 291/292; *Leistner* S. 148 f. spricht im Anschluss an *Ulmer*[2] S. 134 in diesem Zusammenhang zutreffend von der Voraussetzung eines „materiellen Substrats" der Datenbank). Unter Berücksichtigung dessen ist **Schutzgegenstand** des Datenbankherstellerrechts **die auf**

§ 87a

einem Trägermedium festgelegte Datenbank als Erscheinungsform des unter wesentlichem Investitionsaufwand gesammelten, geordneten und einzeln zugänglich gemachten Inhalts als immaterielles Gut (ähnlich OLG Hamburg GRUR 2000, 319/320 – Börsendaten; *Leistner* S. 148 f.; *Grützmacher* S. 329 f.; *Schack*[5] Rdnr. 744 f.; *Gaster* Rdnr. 475; *ders.* in *Hoeren/Sieber* [Hrsg.] Rdnr. 68; *Flechsig* ZUM 1997, 577/587 f.; *Ullmann*, Fs. für Brandner, S. 507/521; *Wiebe* CR 1996, 198/202; *Wandtke/Bullinger/Thum* Rdnr. 68). Dazu zählen, wie Erwgr. 20 der Richtlinie ausdrücklich hervorhebt, auch **der Thesaurus, der Index und das Abfragesystem** oder andere, etwa elektronische Mittel der Wiederauffindbarkeit der unabhängigen Elemente als unverzichtbare Bestandteile der Datenbank (EuGH GRUR 2005, 254/255 Tz. 30 – Fixtures-Fußballspielpläne II; sa. vor §§ 87 a ff. Rdnr. 29), ohne die der Inhalt meist nur Rohmaterial bliebe (*Gaster* Rdnr. 69).

32   **aa)** Nur diese die **wesentliche Investition als konstitutives Element des Schutzgegenstandes** einbeziehende Definition erklärt, warum die Ausschließlichkeitsrechte nach § 87 b Abs. 1 sich nicht auf jede Nutzung der Datenbank erstrecken, sondern sich auf ihre Verwertung insgesamt oder wesentliche Datenbankteile beschränken und die Nutzung unwesentlicher Teile nur einschließen, wenn sie in ihrer Intensität der Nutzung wesentlicher Teile gleichgestellt werden kann (s. *Leistner* S. 149; *Leistner* in *Wiebe/Leupold* [Hrsg.] Teil II B Rdnr. 13; § 87 b Rdnr. 20 ff.). Da das Recht dem Datenbankhersteller gebührt, also demjenigen, der in den Aufbau einer Datenbank investiert, wird es **nicht durch Lizenzgebühren für die Nutzung anderer Datenbanken als Beschaffungskosten und nicht durch den Kauf einer Datenbank** begründet, so dass zu ihrer wirtschaftlichen Auswertung der Erwerb der entsprechenden Rechte vom Datenbankhersteller erforderlich ist (ebenso BGH GRUR 2009, 852/853 f. Tz. 22 ff., insb. Tz. 24 – Elektronischer Zolltarif; *Gaster* Rdnr. 480; *ders.* in *Hoeren/Sieber* [Hrsg.] Teil 7.8 Rdnr. 90; *Haberstumpf* GRUR 2003, 14/26; *Westkamp* S. 119; *Dreier/Schulze/Dreier* Rdnr. 13). Anders verhält es sich, wenn der Kauf nur einen Teil der beim Aufbau einer Datenbank getätigten Investitionen ausmacht (vgl. *Westkamp* S. 119). Deshalb kommt es nicht darauf an, ob die Investitionen des Datenbankherstellers in der Aufbereitung und Darstellung einer Datenbank selbst gewonnene oder anderweitig erworbene Daten betreffen (BGH GRUR 2009, 852/854 Tz. 28 – Elektronischer Zolltarif).

33   **bb)** Der **Index** einer Datenbank stellt ein meist alphabetisch geordnetes Register der in der Datenbank vorkommenden Wörter mit Angabe der Belegstellen dar. Als spezielle Arten begegnen etwa Wortformen-, Häufigkeits- oder rückläufige Indizes, bei denen je nach Aufbau andere Aspekte in den Vordergrund rücken.

34   Unter **Thesaurus** versteht man im Bereich der Dokumentation eine geordnete Menge von Bezeichnungen, die ein offenes oder geschlossenes System zur fach- oder/und problemorientierten Klassifizierung und Ordnung von Begriffen bilden. Index und Thesaurus stellen selbst eine Sammlung in der Sammlung dar, für die Schutz als Teil einer Datenbank, aber auch selbstständiger Schutz nach § 4 Abs. 2 S. 1 beansprucht werden kann (vgl. BGH GRUR 1987, 705 – Warenzeichenlexika; BGH GRUR 1980, 231 – Monumenta Germaniae Historica).

35   Das **Abfragesystem** ermöglicht bei elektronischen Datenbanken die Wiedergewinnung der in den Datenspeicher meist ungeordnet eingegebenen Daten (vgl. OLG Köln MMR 2007, 443/444 – DWD-Wetterdaten). Dies geschieht in der Regel unter Verwendung einer Abfragesprache und durch die Beantwortung einer Anzahl vordefinierter parametrisierter Abfragen, wobei einfache Boolsche Operatoren wie UND-, ODER-, ABER NICHT-, JEDOCH AUCH- und vielfältige sonstige Verknüpfungen vorgenommen werden können, die bisweilen erst den schöpferischen Gehalt eines Datenbankwerkes begründen (s. § 4 Rdnr. 39; *Berger* GRUR 1997, 169/175). Je nach dem einer Datenbank zugrundeliegenden Konzept kann sich der Benutzer lediglich im Rahmen vorgesehener Abfragewünsche bewegen oder die Informationswünsche selbst flexibel gestalten (Einzelheiten dazu unter den jeweiligen Schlagwörtern in *Schneider* [Hrsg.], Lexikon der Informatik und Datenverarbeitung).

36   **b) Grenzen des Datenbankschutzes. aa) Nicht** vom Schutz einer Datenbank iSd. § 87 a Abs. 1 **erfasst** werden die in ihr enthaltenen **einzelnen Werke, Daten und anderen Elemente** (sa. oben Rdnr. 6 ff., 30 ff.; vor §§ 87 a ff. Rdnr. 43 ff.). Dies hat zur Konsequenz, dass mit dem Datenbankherstellerrecht **kein Ausschließlichkeitsrecht an den einzelnen Elementen oder den einzelnen Informationen** einhergeht (Erwgr. 45). Vielmehr kann der Datenbankhersteller aus eigenem Recht die Entnahme des Inhalts seiner Datenbank nur insoweit untersagen, als sie über die normale Nutzung der Datenbank hinausgeht, damit das Informationsinteresse der Allgemeinheit übersteigt und seiner Investition Schaden zufügt. Dies ver-

birgt sich hinter der gesetzgeberischen Entscheidung, die ausschließlichen Verwertungsrechte auf wesentliche Teile der Datenbank zu beschränken (ebenso *Benecke* CR 2004, 608/612; § 87b Rdnr. 12 ff.; zum Recht am Datenbankinhalt sa. vor §§ 87 a ff. Rdnr. 37).

bb) Keinen selbstständigen Schutz nach §§ 87 a ff. genießt auch die **Struktur** der Datenbank. Sie ist lediglich insoweit erheblich, als für ihre Schaffung Investitionen erbracht worden sind. Die Vervielfältigung der Struktur kann der Hersteller bei ausreichender Schöpfungshöhe nur aus einem abgeleiteten Datenbankurheberrecht nach § 4 Abs. 2 untersagen. **37**

cc) Ferner erstreckt sich das Datenbankherstellerrecht – vorgegeben durch Art. 1 Abs. 3 der Richtlinie und deren Erwgr. 23 – wegen seines anderen Schutzgegenstandes **nicht auf** die zur Herstellung und zum Betrieb einer elektronischen Datenbank erforderlichen **Computerprogramme,** deren Schutz sich allein nach §§ 69 a ff. richtet (ebenso OLG Köln MMR 2009, 191 – Internet-Bewertungsdatenbank; fraglich ist, ob das auch für in Computerprogrammen integrierte Datenbanken gilt; ausführlich dazu *Westkamp* S. 45 ff.; *Bensinger* S. 137 ff.; sa. vor §§ 87 a ff. Rdnr. 46). Die für Computerprogramme einschlägige Vorschrift des § 4 Abs. 2 S. 2 bezieht sich systematisch zwar auf Datenbankwerke, ihrer ratio nach beansprucht sie jedoch auch für das Datenbankherstellerrecht Geltung, denn sie bekräftigt lediglich den Grundsatz, dass zwei Schutzrechte mit unterschiedlichem Rechtsgrund unabhängig voneinander entstehen und einem eigenen Schicksal unterliegen. **38**

dd) Sodann bezieht sich das Herstellerrecht **nicht auf die in einer Datenbank inkorporierten einzeln unzugänglichen Programm-Interfaces und Benutzeroberflächen,** unabhängig von ihrer Schutzfähigkeit im Einzelnen (ebenso *Leistner* S. 58 ff. gegen *Beutler* ENT.LR 1996, 317/325, der Art. 1 Abs. 3 der Richtlinie insoweit lediglich als Abgrenzung gegenüber dem europäisch harmonisierten Schutz von Computerprogrammen versteht). **Umstritten** ist die Beurteilung von **im HTML-Code beschriebener Webseiten,** denen die einen wegen fehlender Indexierungs- und Katalogisierungsfunktion datenbankrechtlichen Schutz absprechen (*Cichon* ZUM 1998, 898), während die anderen wegen der in HTML-Dokumenten enthaltenen Strukturinformationen insoweit eine Sammlung von Daten und anderen unabhängigen Elementen iSd. § 87 a sehen (vgl. OLG Frankfurt GRUR-RR 2005, 299/301 – HTML-Umsetzung einer Website unter Hinweis auf *Köhler* ZUM 1999, 548/551 ff.). Schließlich umfassen §§ 87 a ff. keine **anderen sondergesetzlich geschützten Leistungen** des Teils 2 des UrhG wie diejenigen der Herausgeber, Interpreten, Lichtbildner, Veranstalter, Sendeunternehmen, Tonträger- und Filmhersteller (zu Lizenzzahlungen für die Nutzung von Computerprogrammen als Teil der Investition in eine Datenbank, s. Rdnr. 28), deren Rechte nicht im Datenbankherstellerrecht aufgehen, sondern wegen ihres unterschiedlichen Schutzgegenstandes unabhängig vom ihm bestehen bleiben. **39**

3. Nach Art oder Umfang wesentliche Investition

Seinem Sinn und Zweck sowie seiner Rechtsnatur entsprechend gewährt das Datenbankherstellerrecht dem Datenbankhersteller einen zeitlich und sachlich begrenzten Schutz für die mit dem Aufbau einer Datenbank verbundene Investition (EuGH GRUR 2005, 254/256 Tz. 39 – Fixtures-Fußballspielpläne II). Die schutzbegründenden Merkmale des Abs. 1 S. 1 setzen dabei voraus, dass die fragliche **Investition bei der Beschaffung, Überprüfung oder Darstellung vorhandener Datenbankelemente** erbracht wird und **der Art oder dem Umfang nach wesentlich** ist. Auf diese Weise normiert das Gesetz einen **Minimum-Standard,** der wirtschaftlich unbedeutende Datenbanken vom Schutz ausschließt. Die bei Datenbankwerken geltende urheberrechtliche Schutzuntergrenze der kleinen Münze hat damit nichts zu tun. Als de minimis-Kriterium stellt das Merkmal der Wesentlichkeit schon im Hinblick auf die geringeren Schutzstandards des angelsächsischen Rechtskreises und die mit der Richtlinie angestrebte europäische Rechtsangleichung keine Anforderungen mit substantiellem Gewicht an den Umfang der zu tätigenden Investitionen (aA LG Köln ZUM-RD 2000, 304/306 – Kidnet.de; unter Berufung auf *Kappes* ZEuP 1997, 655/668 im Hinblick auf die Freiheit der Information *Fromm/Nordemann/Hertin*[9] Rdnr. 9; *Dreier/Schulze/Dreier* Rdnr. 14, obwohl Informationsfreiheit nicht unentgeltlichen Zugang zu Informationen bedeutet; *Schack*[5] Rdnr. 745; ders. MMR 2001, 9/12; *Wiebe* CR 1996, 198/203; wie hier OLG Köln MMR 2009, 191 – Internet-Bewertungsdatenbank; AG Rostock MMR 2001, 631 f. – Linksammlung als Datenbank; *Leistner* S. 163 ff., 168; ders. GRUR Int. 1999, 819/830; ders. in *Wiebe/Leupold* [Hrsg.] Teil II B Rdnr. 24 ff.; *Haberstumpf* GRUR 2003, 14/26; *Sendrowski* GRUR 2005, 369/373; *Hornung* S. 112; *Gaster* Rdnr. 476; *Fromm/Nordemann/Czychowski*[10] Rdnr. 9, 16; *Wandtke/Bullinger/Thum* Rdnr. 34, 55; **40**

§ 87a Begriffsbestimmungen

Walter/v. Lewinski Art. 7 Rdnr. 9). Vielmehr begünstigten hohe Anforderungen an die Wesentlichkeit der Investition gerade große Datenbanken und damit wirtschaftlich mächtige Datenbankbetreiber gegenüber kleineren, denen der Rechtsschutz versagt bliebe, weil sie deren Inhalte ungehindert in ihre eigene Datenbank übernehmen könnten (*Leistner* S. 162 ff.; *ders.* GRUR 1999, 819/830 f.; *Haberstumpf* GRUR 2003, 14/26; *Benecke* CR 2004, 608/611).

41 **a) Wesentlichkeit.** Wie der **unbestimmte,** sich einer generalisierenden Definition entziehende **Rechtsbegriff der Wesentlichkeit** auszufüllen ist, hat – schon angesichts der Zurückhaltung der Gesetzesbegründung (AmtlBegr. BRDrucks. 966/96 S. 47) – die Rechtsprechung vornehmlich im Lichte der Erwägungsgründe der Richtlinie zu entscheiden. Dabei helfen die Begriffe „Art oder Umfang" als bloße deskriptive Tatbestandsmerkmale ebenso wenig weiter wie ihre Entsprechungen „qualitativ oder quantitativ" in der Richtlinie, weil der Begriff der Wesentlichkeit stets durch qualitative und/oder quantitative Merkmale bestimmt wird. Eine andere Möglichkeit erscheint kaum denkbar. So geht es um eine **Gesamtbetrachtung** und eine **wertende Entscheidung** unter dem Gesichtspunkt des Investitionsschutzes als Zweck der Norm.

42 **aa)** Für die Beurteilung der Wesentlichkeit einer Investition können die im Wettbewerbsrecht entwickelten **Grundsätze zur wettbewerblichen Eigenart nur sehr bedingt fruchtbar** gemacht werden. Denn die wettbewerbliche Eigenart stellt keine feste Größe bei der Ermittlung unlauteren Verhaltens dar und hängt zwar nicht notwendig, jedoch häufig von der Höhe der getätigten Investition ab (zustimmend *Leistner* S. 302 f.; *Dreier/Schulze/Dreier* Rdnr. 12; für zumindest eine Indizwirkung wettbewerbsrechtlicher Erwägungen *Möhring/Nicolini/Decker*² Rdnr. 11; vgl. auch BGH GRUR 2010, 80/82 Tz. 21 ff. – LIKEaBIKE; OLG Köln MMR 2009, 191/192 – Internet-Bewertungsdatenbank). Zudem hebt das Datenbankherstellerrecht nicht darauf ab, ob eine Investition privat oder in einem Wettbewerbsverhältnis getätigt wird, ob ein Vorsprung im Wettbewerb erzielt wird (*Gaster* Rdnr. 465; *ders.* in *Hoeren/Sieber* [Hrsg.] Teil 7.8 Rdnr. 73 ff.; *Walter/v. Lewinski* Art. 7 Rdnr. 11) oder ob die Auswertung der Datenbank einen Gewinn erwarten lässt (*Möhring/Nicolini/Decker*² Rdnr. 11). Vielmehr steht sie in Wechselbeziehung zu den übrigen gegeneinander abzuwägenden Tatbestandselementen und erhält dabei je nach Fallgestaltung andere Konturen (s. Einl. Rdnr. 58 ff.; *Schricker* ArchivPT 1996, 5/15 f.; *v. Gamm* WettbR 1. Halbbd. 5. Aufl. 1987, 21. Kap. Rdnr. 8 ff. jeweils mwN).

43 **bb)** Die Wesentlichkeit der Investition iSd. Abs. 1 S. 1 ist vielmehr **im Hinblick auf den Schutzzweck und den Schutzgegenstand** des europäischen Datenbankherstellerrechts selbstständig und **nach objektiven, nicht strengen Maßstäben** zu bestimmen (die **Gegenmeinung** verlangt **Investitionen mit substantiellem Gewicht:** LG Köln ZUM-RD 2000, 304/306 – Kidnet.de; *Fromm/Nordemann/Hertin*⁹ Rdnr. 9; *Schack*⁵ Rdnr. 745; *ders.* MMR 2001, 9/12; *Dreier/Schulze/Dreier* Rdnr. 14: nicht allzu niedrig, um Folgeentwicklungen im Datenbankbereich nicht über Gebühr zu blockieren; **wie hier:** AG Rostock ZUM-RD 2002, 31 f. – Linksammlung als Datenbank; *Haberstumpf* GRUR 1999, 14/26 f.; *Leistner* S. 162 ff.; *ders.* GRUR Int. 1999, 819/831; *Hornung* S. 122; *Gaster* Rdnr. 476; *ders.* in *Hoeren/Sieber* [Hrsg.] Teil 7.8. Rdnr. 84; *Kindler* K&R 2000, 265/271; *Köhler* ZUM 1999, 551/554; *Gleisner* GRUR 1999, 813; *Dittrich* ÖBl 2002, 3/7; *Fromm/Nordemann/Czychowski*¹⁰ Rdnr. 16; *Wandtke/Bullinger/Thum* Rdnr. 55). Eine Orientierung bietet die Faustregel des englischen Rechts: „What is worth copying is prima facie worth protecting". Dem entsprechend spielt beim sonderrechtlichen Schutz von Datenbanken der getätigte Aufwand, für den dem Datenbankhersteller die Darlegungs- und Beweislast obliegt (zu Unrecht für strenge Anforderungen an die Darlegungs- und Beweislast OLG Düsseldorf MMR 1999, 729/731 f. – Frames m. Anm. *Gaster;* ebenfalls insoweit kritisch *Gaster* in *Hoeren/Sieber* [Hrsg.] Teil 7.8. Rdnr. 91 f.), auch dann eine nicht zu vernachlässigende Rolle, wenn er kein wettbewerblich eigenartiges Produkt zum Ergebnis hat (vgl. auch OLG Köln MMR 2009, 191/192 – Internet-Bewertungsdatenbank). Je höher die Investitionsleistung freilich ist, je mehr Aufwand an Geld, Arbeit und Zeit also in den Aufbau der Datenbank geflossen ist, umso eher ist von einem Leistungsschutz auszugehen (die Höhe der Investition wird allerdings meist auch wettbewerbsrechtlich von Bedeutung sein; dazu Einl. Rdnr. 44). Einfache Tonträger (bzw. CDs) erfüllen nach Vorstellung des Richtliniengebers diese Voraussetzung in aller Regel nicht (Erwgr. 19), ohne dass deshalb Tonträger generell vom Datenbankschutz ausgenommen werden können (vgl. § 4 Rdnr. 38 unter Hinweis auf den Kompromisscharakter dieses Erwgr.).

44 **cc)** Dem eigenständig auszulegenden Wortlaut des Art. 7 Abs. 1 der Datenbankrichtlinie und dem Schutzgegenstand des Rechts entsprechend sind dem Grunde nach **sämtliche wirtschaftlichen Aufwendungen** bei der Beurteilung der Wesentlichkeit zu berücksichtigen (*Dreier/*

Begriffsbestimmungen § 87a

Schulze/Dreier Rdnr. 12; *Fromm/Nordemann/Czychowski*[10] Rdnr. 15; *Fromm/Nordemann/Hertin*[9] Rdnr. 8; *Leistner* S. 150; *Wandtke/Bullinger/Thum* Rdnr. 62), die **für den Aufbau, die Bereitstellung für den Nutzer sowie die Überprüfung einer Datenbank** als der Gesamtheit der zusammengestellten, geordneten und einzeln zugänglich gemachten Informationen erbracht werden und diese als ein selbstständiges, schützenswertes Wirtschaftsgut ausweisen. Dazu zählen alle menschlichen, finanziellen und technischen Leistungen, die entweder **quantitativ** bezifferbar sind oder **qualitativ** in geistiger Anstrengung oder einem Verbrauch an menschlicher Energie liegen können (so EuGH GRUR 2005, 254/256 Tz. 44 – Fixtures-Fußballspielpläne II unter Bezugnahme auf die Erwgr. 7, 39 und 40 der Richtlinie; EuGH C-46/02 Tz. 38; sa. KG ZUM 2001, 70/71 f. – Ticketverkauf). Ohne Bedeutung ist dabei, ob die fragliche Investitionsleistung objektiv erforderlich war oder ob sie sich tatsächlich rentiert. Einer Auseinandersetzung über die Effizienz oder den Sinn einer Aufwendung bedarf es somit nicht (ebenso LG Köln ZUM-RD 2000, 304/307 – Kidnet.de; *Leistner* in *Wiebe/Leupold* [Hrsg.] Teil II B Rdnr. 16f.; aA *Roßnagel/v. Lewinski* Rdnr. 21: keine Berücksichtigung unnötiger Investitionen).

b) Investitionen. Die danach berücksichtigungsfähigen Aufwendungen und Tätigkeiten benennt Abs. 1 S. 1 nur allgemein und in weitgefassten Begriffen, weil sie sich im Lichte des Normzwecks und angesichts ihrer Vielfalt nicht einzeln und abschließend benennen lassen (*Leistner* GRUR Int. 1999, 819/825; *ders.* in *Wiebe/Leupold* [Hrsg.] Teil II B Rdnr. 16; *Wandtke/Bullinger/Thum* Rdnr. 53; *Roßnagel/v. Lewinski* Rdnr. 11). Die **Beschaffung, Überprüfung und Darstellung** sind jedoch die **maßgeblichen Tätigkeiten**, die zusammengenommen erst zum Erfolg einer schutzfähigen Datenbank führen, mag auch die wesentliche Investition nur durch eine einzige dieser Tätigkeiten begründet werden. Wegen der Abtretbarkeit des Rechts sind auch Investitionen des früheren Inhabers des Datenbankherstellerrechts zu berücksichtigen (s. *v. Ungern-Sternberg* GRUR 2010, 386/389).   45

aa) Bei der Beschaffung des Datenbankinhalts liegen die einschlägigen Investitionen in der Regel in der **sichtenden, beobachtenden und auswertenden Tätigkeit** des Herstellers. Sie ist **abzugrenzen von** den rechtlich unbeachtlichen Tätigkeiten für die **Datenerzeugung** (s. unten Rdnr. 52 ff.). Bei der Beschaffung kann es auch um die Einbeziehung vorbestehender Produkte *(Dreier)* gehen, je nach Fallgestaltung also um **Kosten des Erwerbs** sonderrechtlich **nicht geschützter Daten** (Kaufpreis, Beschaffungsgebühren ua.) sowie um Kosten des Erwerbs **notwendiger Nutzungsrechte** an den in die Datenbank aufgenommenen Werken (ebenso BGH GRUR 2009, 852/853 Tz. 24 – Elektronischer Zolltarif; *Leistner* S. 150 f.), nicht jedoch um den Kaufpreis oder um die Lizenz an einer anderen Datenbank (s. Elektronischer Zolltarif Tz. 32; sa. *v. Ungern-Sternberg* GRUR 2010, 386/389). Unerheblich ist, ob die in die Datenbank eingestellten vorbestehenden Daten von ihrem Hersteller zunächst für andere Zwecke beschafft oder gar generiert worden sind, wenn es sich bei der Datenbank nur um eine eigenständige wirtschaftliche Unternehmung handelt, die freilich nicht notwendig die Haupttätigkeit des Herstellers sein muss (EuGH GRUR 2005, 252/253 Tz. 29 – Fixtures-Fußballspielpläne I; sa. LG München I ZUM 2001, 1008/1010 – MainPost).   46

bb) Wer als Datenerzeuger die rechtliche Kontrolle über seine Daten nach den §§ 87 a ff. bewahren möchte, wird diese, wenn er nicht selbst die schutzbegründenden Aufwendung für die Erstellung einer Datenbank erbringt, unter entsprechenden Konditionen an einen Dritten verkaufen, der wiederum als Käufer oder Lizenznehmer die geleisteten Zahlungen als schutzbegründenden Aufwand für sich ins Feld führen kann, um als Datenbankhersteller im Sinne der Vorschrift anerkannt zu sein. Handelt es sich in derartigen Fällen um **Single-Source Datenbanken**, besteht die Gefahr der Monololisierung von Daten, der lediglich kartellrechtlich begegnet werden kann (vgl. *Wandtke/Bullinger/Thum* Rdnr. 46 f.; zum Verhältnis von Kartell- und Datenbankrecht vor §§ 87 a ff. Rdnr. 49 f.; sa. unten Rdnr. 52 ff.).   47

cc) Berücksichtigungsfähig sind somit **Aufwendungen** für die **Darstellung des Datenbankinhalts**, dh. die Mittel, die der systematischen oder methodischen Anordnung der in der Datenbank enthaltenen Elemente und der Organisation der individuellen Zugänglichkeit dieser Elemente gewidmet werden (vgl. EuGH GRUR 2005, 252/253 Tz. 27 – Fixtures-Fußballspielpläne I; GRUR 2005, 254/256 Tz. 43 – Fixtures-Fußballspielpläne II; BGH GRUR 2009, 852/854 Tz. 27 – Elektronischer Zolltarif). Dabei geht es um Investitionen in die Datenbank, wie etwa ihre Aufbereitung und Erschließung durch die Erstellung von **Tabellen, Abstracts, Thesauri, Indizes, Abfragesystemen** ua., die erst die für eine Datenbank charakteristische Einzelzugänglichkeit ihrer Elemente ermöglichen, um Kosten des Erwerbs der zur Datenbanknutzung **erforderlichen Computerprogramme** (s. unten Rdnr. 51) sowie um Kosten der Herstel-   48

Vogel 1617

§ 87a Begriffsbestimmungen

lung eines Datenbankträgers (CD-ROM ua.) bzw. – bei herkömmlichen Datenbanken in Papierform – um aufgewendete **Druckkosten ua.** (vgl. OLG Düsseldorf ZUM-RD 2008, 598/ 599 f. – T-Tabletten). Dabei spielt es keine Rolle, ob sich die Anforderungen an die Darstellung auf Daten beziehen, die der Datenbankhersteller selbst gewonnen oder anderweitig erworben hat (BGH GRUR 2009, 852/854 Tz. 28 – Elektronischer Zolltarif). Sodann fallen die Kosten **der Datenaufbereitung,** einschließlich der Optimierung der Abfragesysteme, ins Gewicht, die sich im Wesentlichen in **Lohnkosten** für ihre systematische oder sonstige methodische Anordnung niederschlagen (s. *Gaster* in *Hoeren/Sieber* [Hrsg.] Teil 7.8. Rdnr. 86), sowie Kosten **der Bereitstellung** wie zB laufende Kosten des Betriebs der Datenbank, durch die die Datenbankelemente dem Nutzer erst zugänglich werden (KG ZUM 2001, 70/71 f. – Ticketverkauf).

49   Zu prüfen bleibt jedoch stets, ob es sich bei der jeweiligen Investition nicht primär um eine **unbeachtliche Investition in die Datenerzeugung** handelt (EuGH GRUR 2005, 252/253 Tz. 24 – Fixtures-Fußballspielpläne I; GRUR 2005, 254/256 Tz. 41–43 – Fixtures-Fußballspielpläne II; GRUR GRUR 2005, 244/247 Tz. 31 ff., 42 – BHB-Pferdewetten; ebenso *Leistner* S. 153; *Dreier/Schulze/Dreier* Rdnr. 12; insoweit aA *Möhring/Nicolini/Decker*[2] Rdnr. 14; s. ferner Rdnr. 52 ff.).

50   dd) Zu Buche schlagen ferner die sowohl **bei der Erstellung als auch bei der kontinuierlichen Pflege** einer verlässlichen Datenbank entstehenden **Kosten der Überprüfung der Richtigkeit und Aktualität** ihrer Daten (EuGH GRUR 2005, 252/253 Tz. 27 – Fixtures-Fußballspielpläne I; GRUR 2005, 254/256 Tz. 43 – Fixtures-Fußballspielpläne II; GRUR 2005, 244/247 Tz. 34 – BHB-Pferdewetten; sa. 30 f.). Bei einer bestehenden Datenbank stellen derartige Überprüfungen **schutzfristverlängernde Änderungen** nach Abs. 1 S. 2 dar, wenn sie das dafür erforderliche Ausmaß erreichen (dazu unten Rdnr. 58 ff.; EuGH GRUR 2005, 254/ 256 Tz. 43 – Fixtures-Fußballspielpläne II). **Überprüfungen, die im Zusammenhang der Datenerzeugung** vorgenommen werden, zählen hingegen **nicht** zu den berücksichtigungsfähigen Investitionen (EuGH GRUR 2005, 244/247 Tz. 34 – BHB-Pferdewetten; sa. Rdnr. 30). Zu den rechtlich beachtlichen Aufwendungen rechnen auch die **laufenden Kosten für die einschlägigen Tätigkeiten des Personals** wie Mieten ua. (LG München I MMR 2002, 58 f. – Schlagzeilensammlung im Internet; LG München I ZUM 2001, 1008/1010 – MainPost; LG Köln ZUM-RD 2000, 304/306 – Linksammlung; sa. Rdnr. 56).

51   ee) Die **Kosten des Erwerbs von Nutzungsrechten** an den für den Aufbau und den Betrieb elektronischer Datenbanken erforderlichen **Computerprogrammen** gehören dem Grunde nach ebenfalls zu den einschlägigen Investitionsmaßnahmen (KG ZUM 2001, 70/72 – Ticketverkauf; OLG Dresden ZUM 2001, 595 f. – sächs. Ausschreibungsblatt; *Leistner* S. 150 f.; aA OLG Düsseldorf ZUM-RD 1999, 492/294 – Frames = MMR 1999, 729; *Wandtke/Bullinger/ Thum* Rdnr. 35, 39). Rechtlich unerheblich ist dabei, dass das Recht am Computerprogramm nach §§ 69 a ff. einen gegenüber dem Datenbankherstellerrecht nach §§ 87 a ff. anderen Schutzgrund und infolge seines unterschiedlichen Wesens und Schutzumfangs auch ein anderes rechtliches Schicksal hat sowie konventionsrechtlich anderen Regeln unterliegt (s. § 4 Rdnr. 43 mwN sowie vor §§ 87 a ff. Rdnr. 46). Denn bei dem Erwerb der Nutzungsrechte an den notwendigen Computerprogrammen geht es im Rahmen des § 87 a Abs. 1 allein um die Frage einer für den Aufbau und den Betrieb einer elektronischen Datenbank erheblichen (Teil-)Investition. Computerprogramme sind für die systematische oder methodische Anordnung sowie für die individuelle Zugänglichkeit der Datenbankelemente und damit **für die Darstellung des Datenbankinhalts ein unerlässliches,** von der elektronischen Datenbank selbst zu unterscheidendes **Hilfsmittel.** Sie bleiben rechtlich auch dann ein **aliud gegenüber der Datenbank,** wenn sie für deren Herstellung und Betrieb eine unverzichtbare Rolle spielen und deshalb einen Teil des erbrachten, im Rahmen des § 87 a Abs. 1 zu berücksichtigenden Investitionsaufwandes darstellen (*Leistner* S. 153; *Fromm/Nordemann/Czychowski*[10] Rdnr. 20; *Fromm/Nordemann/Hertin*[9] Rdnr. 8; *Wandtke/Bullinger/Thum* Rdnr. 39). Selbst wenn die wesentliche Investition ausschließlich oder überwiegend in der Herstellung der zum Aufbau und zur Erschließung einer elektronischen Datenbank erforderlichen Computerprogramme liegt und nicht in der Beschaffung, Überprüfung oder Darstellung ihres Inhalts, vermag diese Investitionen wegen der **gebotenen Gesamtbetrachtung** aller erforderlichen Aufwendungen ein Datenbankherstellerrecht zu begründen, das neben dem von einem wirtschaftlichen Aufwand unabhängigen Urheberrecht an den Computerprogrammen steht (s. vor §§ 87 a ff. Rdnr. 46).

52   c) **Kosten der Datenerzeugung.** Hingegen betreffen die Kosten der Datenerzeugung lediglich eine der Datenbankherstellung vorgeschaltete Tätigkeit, die für die Beurteilung der We-

Begriffsbestimmungen **§ 87a**

sentlichkeit einer Investition in den Aufbau einer Datenbank **nicht berücksichtigungsfähig** sind. Denn der Begriff der mit der Darstellung des Inhalts einer Datenbank verbundenen Investition in Art. 7 Abs. 1 der Richtlinie bezieht sich auf die Mittel, mit denen der Datenbank durch die Beschaffung, Überprüfung und oder Darstellung vorhandener Elemente ihre Funktion der Informationsverarbeitung verliehen wird, dh. die der systematischen oder methodischen Anordnung der eingegebenen Elemente und ihrer individuellen Zugänglichkeit dienen (EuGH GRUR 2005, 254/256 Tz. 43 ff. – Fixtures-Fußballspielpläne II; EuGH C-46/02 Tz. 34; EuGH GRUR 2005, 244/247 Tz. 31 ff., 42 – BHB-Pferdewetten; ebenso *Möhring/Nicolini/Decker*[2] Rdnr. 14; *Wiebe* MMR 1999, 474/475; *Gaster* in *Hoeren/Sieber* [Hrsg.] Teil 7.8. Rdnr. 87). Die Datenerzeugung fällt somit nicht unter den **Schutzzweck** der §§ 87a ff., einen **Anreiz für die Erstellung von Informationssystemen** zu bieten (EuGH GRUR 2008, 1077/1079 Tz. 33 = Directmedia Publishing; GRUR 2005, 254/256 Tz. 40 ff. – Fixtures-Fußballspielpläne II; EuGH C-46/02 Tz. 44 ff.; EuGH GRUR 2005, 252/253 Tz. 23 – Fixtures-Fußballspielpläne I unter Hinweis auf Erwgr. 9, 10 und 12 der Richtlinie). Dem entsprechend ist in Erwgr. 12 von „Investitionen in moderne Datenspeicher- und Datenverarbeitungs-Systeme" die Rede. Nicht datenbankbezogene Daten, die lediglich der Organisation der jeweiligen Veranstaltung dienen, hat der EuGH danach als unerheblich bei der Wesentlichkeitsprüfung angesehen (sa. *Wiebe* CR 2005, 169/171). **Unbeachtlich** sind deshalb **auch während der Datenerzeugung vorgenommene Überprüfungen** der Richtigkeit der aufgenommenen Daten (EuGH GRUR 2005, 244/247 Tz. 34 – BHB-Pferdewetten; so jetzt auch *Wandtke/Bullinger/Thum* Rdnr. 37, aA wohl *Leistner* S. 151 f.).

aa) Von ihnen sind jedoch solche **Überprüfungen zu unterscheiden, die der Zuverlässigkeit der Daten einer im Aufbau befindlichen Datenbank** dienen. Sie sind als **berücksichtigungsfähige Investitionsmaßnahmen** in eine Datenbank zu werten und vermögen deshalb zur Begründung von Herstellerrechten bzw. zur Entstehung einer neuen Datenbank iSd. Abs. 1 S. 2 beizutragen (EuGH GRUR 2005, 244/247 Tz. 34, 42 – BHB-Pferdewetten; dazu auch Rdnr. 45). Zu ihnen rechnet **auch wissenschaftlicher Beobachtungs- und Messaufwand hinsichtlich in der Natur vorhandener Daten**, der der Richtigkeitsprüfung dient und von jedermann vorgenommen werden kann. Auch er ist – unter Aufgabe des Standpunkts in der Vorauflage – als Datenbeschaffung bzw. Überprüfung berücksichtigungsfähig (ebenso *Leistner* S. 151 f.; *ders.* Anm. zur EuGH-Entscheidung „BHB-Pferdewetten" in JZ 2005, 408/409; *ders.* in *Wiebe/Leupold* [Hrsg.] Teil II B Rdnr. 18: nicht jedoch Datengenerierung im eigentlichen Sinne mit neuem Informationsgehalt der gewonnenen Elemente [etwa Zuordnung einer Telefonnummer an den Teilnehmer]; ebenso *ders.* GRUR Int. 1999, 819/826; für eine Berücksichtigung der Kosten der Datengewinnung: *Haberstumpf* GRUR 2003, 14/26; *Hornung* S. 111; *Dittrich* ÖBl 2002, 3/6; *Wandtke/Bullinger/Thum* Rdnr. 36; *Roßnagel/v. Lewinski* Rdnr. 15, 18; *Kotthoff* in HK-UrhG Rdnr. 24). In diesem Sinne hat der **BGH unter Berufung auf den EuGH** (GRUR 2005, 244/247 Tz. 32 ff. – BHB-Pferdewetten; GRUR 2005, 254/256 Tz. 40 ff. – Fixtures-Fußballspielpläne II; GRUR 2005, 252/253 Tz. 24 f. – Fixtures-Fußballspielpläne I) ausgeführt, dass die Feststellung tatsächlicher Vorgänge und somit die Ermittlung vorhandener Elemente zur Zusammenstellung in einer Datenbank als **bereits existierende und nicht erzeugte, auch weiterhin jedermann zur Verfügung stehende Information** eine rechtsbegründende Investition darstellt (BGH GRUR 2005, 857/859 – HIT BILANZ; GRUR 2005, 940/941 – Marktstudien; dem folgend auch OLG Köln MMR 2007, 443 – DWD-Wetterdaten; LG München I GRUR 2006, 225 – Topographische Kartenblätter).

bb) Bei der **Grenzziehung zwischen unbeachtlicher Datengenerierung und beachtlicher Investitionsmaßnahme** ist **mit dem EuGH** eine **wertende Betrachtung** vorzunehmen: Richtet sich die Investition primär auf andere Zwecke als den Aufbau einer Datenbank wie zB die Veranstaltung einer Fußballmeisterschaft und die Aufstellung der dafür erforderlichen Spielpläne, ist sie der Datengenerierung zuzuordnen und damit für die Beurteilung der Wesentlichkeit einer Investition unbeachtlich. Die gesetzlichen Voraussetzungen einer wesentlichen Investition sind in diesen Fällen erst erfüllt, wenn im Sinne einer „pro-rata-Betrachtung" der Spielplan als Datenbank einen **selbstständigen investorischen Überschuss** für die Beschaffung, Darstellung und Überprüfung der Richtigkeit der Daten erfordert hat. In den vom EuGH entschiedenen Fällen war dies zu verneinen (EuGH GRUR 2005, 254/256 Tz. 46 ff. – Fixtures-Fußballspielpläne II; EuGH GRUR 2005, 252/253 f. Tz. 29, 33 – Fixtures-Fußballspielpläne I [dort jeweils verneint]; EuGH GRUR 2005, 244/247 Tz. 35 – BHB-Pferdewetten; ebenfalls für eine „pro-rata-Betrachtung" *Vogel*, Fs. für Schricker [2005], S. 581/588; *Möhring/Nicolini/Decker*[2] Rdnr. 12; einschränkend auch OLG Düsseldorf MMR 1999, 729 – Frames mit krit.

53

54

§ 87a   Begriffsbestimmungen

Anm. *Gaster; ders.* in *Hoeren/Sieber* [Hrsg.] Teil 7.8 Rdnr. 87 auch für die Berücksichtigung von „Vorleistungen" auf dem Weg zu einer verwertbaren Datenbank; kritisch zur Abgrenzung des EuGH *Sendrowski* GRUR 2005, 369/372). Fällt die Datengenerierung mit der sammelnden, sichtenden und ordnenden Tätigkeit bei der Erstellung einer Datenbank zusammen, wie es zB bei der Erstellung eines Bibliothekskatalogs der Fall sein kann, sind also genaue Zuordnungen der Kosten vorzunehmen (kritisch dazu und unter Berufung auf die zitierte Rechtsprechung des EuGH für eine klare Trennung beider Arten von Investitionen *Wandtke/Bullinger/Thum* Rdnr. 43f.; zur Schwierigkeit der Grenzziehung zwischen der Ermittlung vorhandener Elemente und der Erzeugung von Daten s. *v. Ungern-Sternberg* GRUR 2010, 386/389 Fn. 37).

55   Die **Abgrenzung von Datenerzeugung und Datenbeschaffung** erweist sich insbesondere bei **elektronisch aufbereiteten Tageszeitungen** als schwierig (*Vogel*, Fs. für Schricker [2005], S. 581/589). Nach den obigen Ausführungen ist der käufliche Erwerb von Datenbeständen als Investition in eine Datenbank beachtlich. Ob dasselbe aber auch bei der Erstellung einer elektronisch erschlossenen Tageszeitung als Datenbank zu gelten hat oder ob die Veranlassung der Abfassung von Zeitungsartikeln der Datengenerierung zuzuordnen ist, bedarf noch einer endgültigen Klärung. Grundsätzlich dürfte anzunehmen sein, dass die einschlägigen Daten „vom Leben" generiert, also vorgefunden werden. Die Abfassung von Zeitungsartikeln stellt sich dann nicht als Datenerzeugung dar. Anders könnte es sich bei Kommentaren verhalten, die weniger über vorgefundene Tatsachen berichten, sondern Meinungen äußern, so dass sie eher der Datenerzeugung zuzuordnen wären.

56   **d) Dem Umfang nach.** Die bezifferbare, ihrem Umfang nach wesentliche Investition in eine Datenbank ist zweifellos die überwiegende Art der nach Abs. 1 schutzbegründenden Investition. Sie braucht lediglich geringen Anforderungen zu genügen und wird meist in der **Aufwendung finanzieller Mittel** liegen, sei es als Kaufpreis-, Lizenz- oder Lohnzahlung an Dritte (BGH GRUR 1999, 923/926 – Tele-Info-CD), sei es als Finanzierungs-, sei es als Sachmittelaufwand (LG München I MMR 2002, 58f. – Schlagzeilensammlung im Internet; LG Köln ZUM-RD 2000, 304/306 – Kopieren einer Linksammlung). Daneben ist sonstiger, häufig eigener Aufwand in Form fiktiver Lohnkosten für aufgewendete **Zeit, Arbeit und Energie** (etwa Lektoratsaufwand) einzustellen (Erwgr. 40; EuGH GRUR 2005, 254/256 Tz. 44 – Fixtures-Fußballspielpläne II unter Bezugnahme auf die Erwgr. 7, 39 und 40 der Richtlinie; EuGH C-46/02 Tz. 38; ebenso *Leistner* S. 154). Die iSd. Vorschrift wesentliche Investition kann sukzessiv durch mehrere zeitlich auseinanderliegende einschlägige Leistungen erbracht werden. Auch dabei ist stets zu prüfen, ob sie nicht der Datengenerierung zuzuordnen und deshalb unbeachtlich sind (EuGH GRUR 2005, 244/247 Tz. 34f. – BHB-Pferdewetten). Ist dies der Fall, können gleichwohl die Zusammenstellung, die systematische oder methodische Anordnung der Datenbank, die Organisation ihrer Zugänglichkeit und die Kontrolle der Richtigkeit im Laufe der Zeit zu einer in quantitativer und qualitativer Hinsicht wesentlichen Investition iSd. Abs. 1 führen (EuGH GRUR 2005, 244/247 Tz. 36 – BHB-Pferdewetten). Schutz kommt der Datenbank freilich erst zu, wenn sich sämtliche Investitionsleistungen zusammengenommen als wesentlich erweisen, unabhängig davon, in welcher (Teil-)Leistung ihr Schwerpunkt zu sehen ist (ebenso *Dreier/Schulze/Dreier* Rdnr. 12).

57   **e) Der Art nach** schützen Richtlinie und nationales Gesetz außer den bezifferbaren Investitionen auch **nicht quantifizierbare Anstrengungen.** Bisweilen geht es dabei um den Schutz mitunter **wettbewerblich bedeutsamer Schutzpositionen** wie eine besondere **innovative Leistung** bei der Zusammenstellung und Darstellung des Datenbankinhalts, bei der Gestaltung des Datenzugangs, bei der Beschaffung der Daten, beim Erwerb einer exklusiven Rechtsposition in Bezug auf die Daten, bei der Vermarktung der Datenbank durch eine besondere Geschäftsidee ua. (zur – der Sache nach freilich wenig ergiebigen – Kategorisierung qualitativ wesentlicher Investitionen ausführlich *Leistner* S. 156ff.). Voraussetzung ist dies aber nicht. Maßgebliche, **der Art nach wesentliche Investitionen** vermag zB eine solche Datenbank zu verkörpern, die zwar eine relativ geringe Datenmenge enthält, diese jedoch bisher noch nirgends in der nämlichen Weise aufbereitet oder unter bestimmten Aspekten noch nicht in der nämlichen Vollständigkeit angeboten oder noch nicht in einer bestimmten Vernetzung mit anderen Publikationen zusammengestellt worden ist (ebenso *Leistner* S. 156; *ders.* GRUR Int. 1999, 819/828; *Kindler* K&R 2000, 265/272; *Benecke* CR 2004, 608/610). Eine qualitativ wesentliche Investition kann demnach auch in der Anordnung von Datensätzen unter bisher einmaligen wissenschaftlichen Kriterien liegen, in der Gliederungsdichte der Schlagwörter von Thesaurus und Index oder im besonderen Komfort des Abfragesystems. Häufig fallen freilich qualitativ wesent-

liche mit quantitativ wesentlichen Aufwendungen zusammen, mitunter begründen erst beide gemeinsam die Wesentlichkeit der Investition. Die mit der Herstellung einer Datenbank verbundenen schöpferischen Leistungen (Schaffung der Datenbankstruktur) sind nur insofern für die Bestimmung der Wesentlichkeit von Bedeutung, als sie sich in Form investitionsrelevanter Arbeit, Energie, Zeit und/oder Geld niederschlagen. Ihre Individualität allein wird mit der Gewährung eines Urheberrechts belohnt. Die für sie aufgewendeten Lohnkosten oder Arbeitszeiten finden dagegen bei den Investitionen in die Datenbank Berücksichtigung, die erst das eigene, seiner Natur nach vom Urheberrecht verschiedene Datenbankherstellerrecht begründen. Keinesfalls dürfen qualitativ relevante Investitionen missverstanden werden als „kleine Münze" des urheberrechtlichen Schutzes von Datenbanken, weil es beim Recht sui generis eben nicht um den Schutz schöpferischer, sondern unternehmerischer Leistungen geht (ebenso *Leistner* S. 155, 162).

III. Neue Datenbank iSd. Abs. 1 S. 2

1. Fiktion der Neuheit

Abs. 1 S. 2 fingiert die Neuheit einer bereits bestehenden, **wesentlich geänderten Daten-** 58 **bank,** um für diese den Lauf einer neuen Schutzfrist in Gang zu setzen. Die Vorschrift führt mit diesem methodischen Kunstgriff zu derselben Rechtsfolge wie der ihr zugrundeliegende Art. 10 Abs. 3 der Richtlinie, welcher als Regel über die zeitliche Geltung des Datenbankherstellerrechts bei wesentlichen Änderungen des Inhalts einer bestehenden Datenbank deren Schutzfrist neu beginnen lässt, um auf diese Weise einen wirtschaftlichen Anreiz zur fortwährenden Pflege bestehender Datenbanken zu geben.

2. Wesentliche Neuinvestition

Eine Schutzfristverlängerung nach Abs. 1 S. 2 setzt voraus, dass **die wesentliche Inhaltsän-** 59 **derung auf einer wesentlichen Neuinvestition** in die Datenbank **beruht.** Der Wortlaut des Art. 10 Abs. 3 der Richtlinie in seiner deutschsprachigen Fassung („Veränderungen, auf Grund derer angenommen werden kann, dass eine wesentliche Neuinvestition erfolgt ist") bringt dies nicht unmissverständlich zum Ausdruck, sondern lässt daran denken, eine wesentliche Änderung des Datenbankinhalts begründe die Vermutung einer wesentlichen Neuinvestition. Nach dem Wortlaut des Abs. 1 S. 2 („sofern die Änderung eine ... wesentliche Investition erfordert") und dem Sinn und Zweck des Datenbankherstellerrechts folgend ist jedoch davon auszugehen, dass es zur Begründung einer neuen Schutzfrist einer – vom Hersteller zu beweisenden (Erwgr. 53) – wesentlichen Neuinvestition in die Datenbank bedarf. Überdies machte eine Vermutungsregel keinen Sinn: eine unwiderlegliche Vermutung erübrigte das Tatbestandsmerkmal der wesentlichen Investition, eine widerlegliche Vermutung wiederum hätte eine Beweislastumkehr zur Folge, ohne dass der Verletzer wegen seiner Ferne zur Sache den Beweis führen könnte (ebenso *Leistner* S. 204, der zudem zutreffend darauf hinweist, dass es sich bei der wesentlichen Neuinvestition um eine Rechtsfrage geht, die sich nicht im Wege einer Vermutungsregel beantworten lässt).

Auch in Abs. 1 S. 2 geht es um den Schutz einer Investition in die Datenbank, nicht um den 60 Schutz ihres Inhalts, so dass eine Inhaltsänderung allein rechtlich ohne Bedeutung ist (ebenso *Leistner* S. 303; *Hornung* S. 193). Dieser Schutz steht folgerichtig demjenigen nicht zu, der **zwar wesentliche inhaltliche Änderungen** an seiner Datenbank vornimmt, diese **aber** tatsächlich **auf keiner wesentlichen Investition** beruhen (zustimmend *Fromm/Nordemann/ Czychowski*[10] Rdnr. 33; *Fromm/Nordemann/Hertin*[9] Rdnr. 10; *Leistner* S. 203; *Gaster* Rdnr. 643; *ders.* in ÖSGRUM Bd. 19 [1996] S. 15/29 f.; *Dreier/Schulze/Dreier* Rdnr. 18; zur umgekehrten Frage einer wesentlichen Investition ohne wesentliche Inhaltsänderung s. Rdnr. 61). Dies wäre etwa bei einer elektronischen Datenbank von Flugtarifen der Fall, wenn sämtliche in ihr enthaltenen Zahlenangaben automatisch um einen Punkt erhöht würden. Eine derartige Maßnahme würde zwar den Inhalt der Datenbank wesentlich verändern, gleichwohl keine wesentliche Investition darstellen, die nach der ratio legis mit einer neuen Schutzfrist belohnt werden soll.

Wann von einer **wesentlichen** Neuinvestition auszugehen ist, lässt sich nicht generalisierend 61 beantworten. Ihr Umfang muss nicht notwendig denjenigen Investitionen entsprechen, die für den Aufbau der Datenbank erforderlich waren, ohne dass dies zu einem anderen Wesentlichkeitsmaßstab und zu anderen Beurteilungskriterien bei der Erstellung einer Datenbank auf der

§ 87a   Begriffsbestimmungen

einen und bei der Neuinvestition auf der anderen Seite führt (ebenso *Haberstumpf* GRUR 2003, 14/30; *Cornish* Columbia-VLA LA 1996, S. 1/9 f.; *Leistner* S. 206 ff.; aA *Kotthoff* in HK-UrhG Rdnr. 33: es reichten mindestens 25% der ursprünglichen Investition). Vielmehr normiert das Gesetz auch insoweit **lediglich eine Mindestanforderung** an die schutzbegründende Investitionshöhe (ebenso *Leistner* S. 207 f.). Es liegt in der Natur der Änderung begründet, dass sie gegenüber der Erstellung meist weniger Aufwand erfordert (für einen einheitlichen Wesentlichkeitsmaßstab beim Aufbau und bei der Aktualisierung einer Datenbank auch *Leistner* in *Wiebe/Leupold* Teil II B Rdnr. 38; im Ergebnis ebenso *Fromm/Nordemann/Hertin*[9] Rdnr. 10).

62   Der **rechtlich bedeutsame Aufwand für die Erstellung und die Änderung** ist lediglich dann gleich hoch zu bemessen, wenn er bei der ursprünglichen Datenbank gerade die Mindestanforderungen erfüllt. Erst dann kann von einer neuen Datenbank iSd. Abs. 1 S. 2 gesprochen werden. Für die Beurteilung der wesentlichen Neuinvestition sind ohne Unterschied zur Erstinvestition die Art der Datenbank, die Kosten der Beschaffung der geänderten Daten, der getätigte Überprüfungsaufwand, redaktionelle Arbeiten, Druckkosten ua. zu berücksichtigen (s. Rdnr. 45 ff.). Bei dynamischen Datenbanken bedarf es zunächst der Feststellung, zu welchem Zeitpunkt erstmals eine schutzfähige Datenbank vorgelegen hat. Von diesem Zeitpunkt an tragen alle weiteren Investitionen bereits zu ihrer wesentlichen Änderung iSd. Abs. 1 S. 2 bei (ebenso *Bensinger* S. 143).

3. Wesentliche Inhaltsänderung

63   Sowohl nach dem Wortlaut des Art. 10 Abs. 3 der Richtlinie als auch nach dem des Abs. 1 S. 2 werden neue Schutzfristen durch **wesentliche Inhaltsänderungen** in Lauf gesetzt. Nach der Richtlinie können sie bei einer bestehenden Datenbank etwa durch **Veränderungen, Löschungen oder Anhäufungen von Zusätzen** erfolgen. Meist geht es im Wege des Updating um die Aktualisierung der Datenbank durch Ersatz, Ergänzung, Streichung veralteter Daten und/oder um ihre Erweiterung durch Hinzufügung neuer Datensätze bisher unberücksichtigter Kategorien. Wesentliche Änderungen können auch und gerade durch **sukzessives Updating** bewirkt werden (ebenso *Dreier/Schulze/Dreier* Rdnr. 17). Eine neue Datenbank iSd. Abs. 1 S. 2 liegt in diesen Fällen vor, wenn alle Änderungen zusammen als wesentlich bezeichnet werden können (ebenso *Bensinger* S. 143; *Leistner* in *Wiebe/Leupold* [Hrsg.] Teil II B Rdnr. 37; aA *Hornung* S. 171 [Fn. 791] unter Hinweis auf *Dreier* GRUR Int. 1992, 739/749). Ebenso wie die wesentliche Neuinvestition (s. Rdnr. 59 ff.) wird die wesentliche Änderung des Datenbankinhalts regelmäßig quantitativ nicht denselben Aufwand erfordern wie die vollständig neue Zusammenstellung des Datenbankinhalts.

64   Eine neue Datenbank iSd. Abs. 1 S. 2 setzt eine in **ihrem Inhalt nach Art oder Umfang wesentlich geänderte Datenbank** voraus (Beschlussempfehlung und Bericht des Ausschusses ziehen unter Verweis auf den österr. MinE eine Parallele zur selbständig geschützten Bearbeitung im Urheberrecht s. BTDrucks. 13/7934 S. 44). Abs. 1 S. 2 bezieht sich seinem Wortlaut nach nur auf eine Änderung des Inhalts, jedoch treten seine Rechtsfolgen dem Schutzgegenstand und dem Sinn und Zweck der Norm entsprechend auch bei einer Änderung allein des elektronischen Materials einer Datenbank ein (s. oben Rdnr. 33 ff. und 59; aA *Roßnagel/v. Lewinski* Rdnr. 23). Wann bei einer Änderung des Datenbankinhalts von einer neuen Datenbank iSd. Vorschrift gesprochen werden kann, entscheidet sich im Einzelfall unter Berücksichtigung der bereits für die Herstellung maßgeblichen Wesentlichkeitskriterien (Einzelheiten Rdnr. 41 ff.; wie hier auch *Dreier/Schulze/Dreier* Rdnr. 17 f.). Für quantitativ wesentliche Änderungen spielt das Verhältnis der geänderten Teile zum Gesamtumfang der Datenbank eine beachtenswerte, allerdings nicht allein maßgebliche Rolle. Für eine qualitative Änderung ist die inhaltliche Bedeutung der vorgenommenen Änderungen für den Gesamtinhalt der Datenbank zu berücksichtigen. Bei schnell veraltenden Datenbanken dürfte sie regelmäßig höher einzuschätzen sein als etwa bei langlebigen Konversationslexika.

65   Nach ihrem **Sinn und Zweck,** durch die **Verlängerung des Investitionsschutzes** zur Prüfung und Aktualisierung von Datenbanken zu ermuntern, findet die Vorschrift des Abs. 1 S. 2 auch dann Anwendung, wenn eine Datenbank lediglich auf ihre Aktualität **überprüft** wird, **ohne** dass dies **wesentliche Änderungen** erfordert (so zwar nicht der Wortlaut der Richtlinie und auch nicht der des Abs. 1 S. 2, wohl aber Erwgr. 55, in dessen Lichte beide Vorschriften zu lesen sind; ebenso *Haberstumpf* GRUR 2003, 14/30; *Vogel* ZUM 1997, 592/597; *Bensinger* S. 271; *Leistner* S. 205; *Hornung* S. 170 ff.; *Fromm/Nordemann/Czychowski*[10] Rdnr. 31; *Fromm/Nordemann/Hertin*[9] Rdnr. 10; *Dreier/Schulze/Dreier* Rdnr. 18; *Wandtke/Bullinger/Thum* Rdnr. 125; im Ergebnis

auch *Roßnagel/v. Lewinski* Rdnr. 23: Änderung im weitesten Sinne; *Walter/dies.* Art. 10 Rdnr. 6; *Gaster* Rdnr. 647 will das Merkmal der wesentlichen Inhaltsänderung als bloß beispielhaft verstanden wissen). Ratio legis ist der Schutz der Investition, die freilich – im Unterschied zur urheberrechtlichen Bearbeitung – ebenso in einer aufwändigen Überprüfung ohne oder mit geringem Änderungsbedarf wie in wesentlichen Änderungen des Inhalts liegen kann (s. *Vogel* ZUM 1997, 592/597; die in der Beschlussempfehlung und im Bericht des Ausschusses BTDrucks. 13/7934 S. 44 gezogene Parallele zum urheberrechtlichen Bearbeitungsrecht erscheint deshalb fragwürdig). Aufwändig ist meist die Prüfung, die aus ihr resultierende tatsächliche Korrektur des Inhalts dagegen nur eine weniger aufwändige Folge. Man sollte deshalb die Überprüfung entgegen dem Wortlaut der Vorschrift als eine qualitative Änderung des Datenbankinhalts verstehen, die der Datenbank das Gütemerkmal der Aktualität verleiht (*Leistner* S. 205; *Roßnagel/v. Lewinski* Rdnr. 23; *Walter/dies.* Art. 10 Rdnr. 6). Ohne sichtbare Veränderungen des Inhalts der Datenbank ist allerdings der Beweis einer wesentlichen Investition in Form der Überprüfung durch den beweispflichtigen Hersteller schwerer zu führen als bei augenfälligen Änderungen des Datenbankinhalts (ebenso zur Beweisproblematik *Haberstumpf* GRUR 2003, 14/30f.; *Bensinger* S. 271; *Fromm/Nordemann/Hertin*[9] Rdnr. 12). Es empfiehlt sich deshalb eine genaue Protokollierung der vorgenommenen Änderungen, nicht zuletzt, um dem Vorwurf einer Schutzfristerschleichung entgegentreten zu können.

4. Umfang des Herstellerrechts bei neuen Datenbanken nach Abs. 1 S. 2

Umstritten ist die Frage nach dem **Schutzumfang des Rechts an der neuen Datenbank** 66 und damit, welchen ihrer Teile eine Schutzfristverlängerung zugute kommt. Die einen beschränken den Umfang der neuen Datenbank auf die aktualisierten Teile und stellen diese selbstständig und mit eigener Schutzfrist ausgestattet neben den unverändert gebliebenen Teil der alten Datenbank. Dadurch entstehen zeitlich unterschiedlich geschützte Datenbankteile (*Fromm/Nordemann/Hertin*[9] § 87d Rdnr. 2f.; *Gaster* Rdnr. 651f.; *Roßnagel/v. Lewinski* Rdnr. 26; differenzierend *Hornung* S. 173f.: für statische Datenbanken, nicht jedoch für dynamische Datenbanken). Die anderen sehen – richtigerweise – in der geänderten Datenbank eine Einheit aller geänderten und unverändert gebliebenen Datenbankelemente (wie hier die Schlussanträge der Generalanwältin *Stix-Hackl* Tz. 139ff., 149 in der Sache EuGH GRUR 2005, 244 – BHB-Pferdewetten; *Möhring/Nicolini/Decker*[2] § 87d Rdnr. 5; *Leistner* S. 209f.; *ders.* GRUR Int. 1999, 819/835ff.; *ders.* in *Wiebe/Leupold* [Hrsg.] Teil II B Rdnr. 34ff.; ihm folgend *Haberstumpf* GRUR 2003, 14/30; *Dreier/Schulze/Dreier* § 87d Rdnr. 8; *Wandtke/Bullinger/Thum* Rdnr. 126f.), beschränken aber mit Ausnahme von *Decker* die Wesentlichkeitsprüfung auf die Entnahme solcher Teile, die Gegenstand von Neuinvestitionen der letzten 15 Jahre waren. Ersterer Meinung ist zwar zuzugeben, dass die rechtlich relevante Investition im Falle einer Aktualisierung sich unmittelbar nur auf die betroffenen Elemente bezieht und dass der Wortlaut des Art. 10 Abs. 3 der Richtlinie, sofern er von der Begründung einer „**eigenen Schutzdauer**" für die „**Datenbank, die das Ergebnis dieser Neuinvestition ist**" spricht, ihr zumindest nicht eindeutig entgegensteht. Das gilt auch für den Wortlaut des Abs. 1 S. 2, nach dem die neue Datenbank allein auf die vorgenommenen Änderungen in Form von Korrekturen, Streichungen, Hinzufügungen und Überprüfungen zu reduzieren sei. Für die Richtigkeit dieser Auffassung streitet schließlich auch die Formulierung von der „eigenen Schutzdauer" des Ergebnisses der Neuinvestition in Art. 10 Abs. 3 der Richtlinie.

Die Dogmatik des Datenbankherstellerrechts weist allerdings in die Richtung der hier 67 bevorzugten Auffassung. Denn sein Schutz richtet sich nicht auf die Investition an sich, sondern auf die Datenbank als materielles Substrat (*Leistner* S. 148f.) des unter wesentlichem Investitionsaufwand gesammelten, geordneten und einzeln zugänglich gemachten Inhalts als immaterielles Gut (s. oben Rdnr. 31). Ihr einheitliches Wesen wird von Neuinvestitionen nicht berührt. Dies folgt daraus, dass auch solche Neuinvestitionen wesentlich sein können, die für sich genommen keine gegenüber der alten Datenbank eigenständige „neue Datenbank" iSd. Vorschrift zum Ergebnis haben müssen. Unter praktischen Gesichtspunkten kommt hinzu, dass bei einer mehrfach aktualisierten Datenbank, namentlich einer dynamischen Datenbank kaum lösbare Darlegungs- und Beweisschwierigkeiten entstünden, wenn eine Entnahme nach § 87b Abs. 1 gemeinfreie und aktualisierte Elemente gleichermaßen beträfe, insbesondere bei einer Vielzahl entnommener Elemente in Frage stünde, ob das jeweilige Element zu einem gemeinfreien Teil einer Datenbank zählt, ob es wegen einer zwischenzeitlichen Überprüfung nach Abs. 1 S. 2 erneuten Schutz erlangt hat und – bei mehreren Überprüfungen einer Datenbank und mehreren unterschiedlich endenden Schutzfristen – welcher Schutzfrist die jeweilige Entnahme unterfällt (im Ergebnis ebenso die Schlussanträge der Generalanwältin *Stix-Hackl* Tz. 139 ff., 152 f. in der Sache EuGH GRUR 2005, 244 – BHB-Pferdewetten). Diesen Schwierigkeiten vermag eine Berücksichtigung der Neuinvestition allein bei der Prüfung der Wesentlichkeit einer Entnahme zwar nur bedingt abzuhelfen (so *Leistner* S. 212 f.; *ders.* GRUR Int. 1999, 819/837, der dabei nur die in den letzten 15 Jahren veröffentlichten und damit noch unter die Schutzfrist fallenden Datenbankteile berücksichtigen will; ihm folgend *Haberstumpf* GRUR 2003, 14/30 f.; *Dreier/Schulze/ Dreier* § 87 d Rdnr. 8; *Wandtke/Bullinger/Thum* Rdnr. 131). Gleichwohl ist dieser Lösung der Vorzug zu geben, weil sie den Schutzgegenstand des Rechts und seine zeitliche Beschränkung respektiert und außerdem die Interessen der Allgemeinheit an einem möglichst ungehinderten Zugang zu Altdaten wahrt (aA hinsichtlich der Differenzierung im Verletzungsfall *Möhring/ Nicolini/Decker*[2] § 87 d Rdnr. 5 sowie noch 2. Aufl. Rdnr. 26). Zu den Konsequenzen für die zeitliche Geltung des Schutzes der geänderten Datenbank s. § 87 d Rdnr. 6.

5. Verlängerung der Schutzfrist

68 Die **Verlängerung der Schutzfrist tritt ein,** wenn die neue Datenbank hergestellt ist, also sämtliche getätigten Neuinvestitionen zusammen die Grenze der Wesentlichkeit überschritten haben (s. § 87 d Rdnr. 3). Dafür trägt der Hersteller die Beweislast (Erwgr. 53; sa. Rdnr. 65). Die Anknüpfung und Berechnung der Schutzfrist richtet sich nach § 87 d S. 2 (sa. § 87 d Rdnr. 8).

IV. Datenbankhersteller iSd. Abs. 2

69 Originärer Inhaber des Schutzrechts nach §§ 87 a ff. ist gemäß Abs. 2 **der Datenbankhersteller,** dh. – wie im Übrigen bei den weiteren unternehmensbezogenen Leistungsschutzrechten (s. vor §§ 87 a ff. Rdnr. 31) – in gebotener weiter Auslegung diejenige natürliche oder juristische Person, die die wesentlichen Investitionen (s. Rdnr. 40 ff.) vornimmt und damit **das organisatorische und wirtschaftliche Risiko** trägt, welches der Aufbau einer Datenbank mit sich bringt (Erwgr. 41).

70 **Datenbankhersteller** ist demnach – anders als beim Urheberrecht an Datenbankwerken (s. § 4 Rdnr. 32) – nicht die natürliche Person, die im Angestelltenverhältnis die sammelnde, sichtende und prüfende Tätigkeit selbst vornimmt oder der Unternehmer, der im Lohnauftrag tätig wird. Vielmehr ist es diejenige nicht notwendig gewerblich tätige natürliche Person bzw. dasjenige Unternehmen, welches **die einschlägigen Finanzierungs-, Beschaffungs- und Personalverträge im eigenen Namen und für eigene Rechnung schließt,** die Nutzungsrechte an den in die Datenbank aufgenommenen Werken und Leistungen in seiner Hand vereinigt und/ oder andere unabhängige Elemente zum Zwecke der Eingabe in eine Datenbank von Datenbasenherstellern, Informationsbrokern oder sonstigen Anbietern von Daten oder anderem Informationsgut erwirbt (ebenso KG ZUM 2001, 70/71 f. – Ticketverkauf; OLG Düsseldorf MMR 1999, 729/732 – Frames m. krit. Anm. *Gaster;* OLG München ZUM 2003, 789/790 – Chart-Listen; vgl. auch die von der Rspr. für den Filmproduzenten aufgestellten Kriterien BGH GRUR 1993, 472/473 – Filmhersteller; allgM etwa *Leistner* S. 170). Dieser natürlichen oder juristischen Person, die die Organisations- und Anordnungsgewalt über den Datenbankaufbau innehat, muss schließlich die sich in einer Datenbank manifestierende **Herstellerleistung als Ergebnis seiner wesentlichen Investition** zuzuordnen sein. Zu den Datenbankherstellern zählt auch, wer die Kosten der Wiedergabe einer Datenbank durch Werbung auf seiner kommerziell betriebenen Homepage auf einen Werbekunden abwälzt, solange er selbst das wirtschaftliche Risiko des Unterhalts der Homepage trägt (anders wohl OLG Düsseldorf MMR 1999, 729/732 – Frames m. krit. Anm. *Gaster*), nicht hingegen, wer die gesammelten Daten lediglich erhoben und an das das wirtschaftliche Risiko tragende Unternehmen übergeben hat (vgl. BGH GRUR 1999, 923/925 – Tele-Info-CD). Denn nur diejenigen natürlichen oder juristischen Personen (GmbH, KG ua.) sind Rechtsträger im Sinne der Vorschrift, die in sammelnde, sichtende, ordnende und darstellende Leistungen investieren (etwa im vom OLG Düsseldorf entschiedenen Fall durch die Bereitstellung einer Homepage) und das Risiko der Amortisation der Datenbank übernehmen.

71 Datenbankhersteller können **auch juristische Personen des öffentlichen Rechts** oder Justizverwaltungen sein (OLG Köln CR 2006, 368/370 – EZT), die auf Grund gesetzlichen Auftrags amtliche Register unterhalten (Handelsregister, Grundbuch, Patentrolle ua.; sa. § 87 b Rdnr. 59 f.). Die Generierung der in diesen Registern enthaltenen Daten allein können aller-

dings die Datenbankherstellerschaft nicht begründen (s. Rdnr. 45 ff.). Allerdings dürfen einige dieser Register weder in Teilen noch im Ganzen durch die öffentliche Hand wirtschaftlich verwertet werden (vgl. BGH CR 1989, 984/985 – Handelsregister, m. krit. Anm. *Smid;* zu amtlichen Datenbanken ausführlich § 87b Rdnr. 59 ff. mwN).

Der Datenbankhersteller trägt zwar das **Amortisationsrisiko,** jedoch ist seiner Rechtsstellung nicht wesentlich, dass er die wirtschaftliche Auswertung der Datenbank selbst vornimmt. Dieses Geschäft kann er vertraglich Dritten übertragen, ohne seine Herstellereigenschaft zu verlieren (ebenso *Dreier/Schulze/Dreier* Rdnr. 19; *Wandtke/Bullinger/Thum* Rdnr. 135; sa. die Ausführungen zum Tonträger- und Filmhersteller als originär Berechtigtem § 85 Rdnr. 30 ff.; vor §§ 88 ff. Rdnr. 31 ff.). 72

Beruht eine Datenbank auf der Investitionsleistung **mehrerer Hersteller,** die sämtliche wesentlichen Entscheidungen gemeinsam treffen und das wirtschaftliche Risiko gemeinsam tragen (vgl. KG ZUM 2001, 70/72 – Ticketverkauf), richtet sich ihr rechtliches Verhältnis im Hinblick auf die von ihnen erstellte Datenbank nach den **getroffenen Vereinbarungen.** Meist werden sie als Gesellschaft bürgerlichen Rechts nach §§ 705 ff. BGB organisiert und damit Datenbankhersteller nach § 87a Abs. 2 in gesamthänderischer Bindung sein; zumindest aber wird eine Bruchteilsgemeinschaft nach § 741 BGB vorliegen (ebenso *Fromm/Nordemann/Czychowski*[10] Rdnr. 26; *Fromm/Nordemann/Hertin*[9] Rdnr. 11; *Dreier/Schulze/Dreier* Rdnr. 21). Allein der Umstand, dass mehrere an der Herstellung mitgewirkt haben, begründet noch keine gemeinsame Herstellerstellung (BGH GRUR 1999, 923/925 – Tele-Info-CD: kein Herstellerrecht der Deutschen Telekom durch Verkauf der Telefonanschlussdaten an eines ihrer Tochterunternehmen, welches das Telefonbuch herausgibt; aA *Kindler* K&R 2000, 265/272; *Wiebe* MMR 1999, 474/475). 73

Bei Datenbanken, **die wegen des anderen Schutzgegenstand zusätzlich urheberrechtlichen Schutz** genießen (BGH GRUR 2007, 686/688 Tz. 27 – Gedichttitelliste I), gilt es, bei mehren Schöpfern die Vorschrift des § 8 über in Miturheberschaft geschaffener Werke heranzuziehen. Bisweilen fallen bei derartigen Konstellationen die **originären Rechtspositionen nach § 4 und §§ 87a ff. in persönlicher Hinsicht auseinander,** dürften jedoch, soweit die Urheber Angestellte sind, durch § 43 oder sonstige Vereinbarungen vertraglich wieder in einer Hand zusammengeführt werden (*Hackemann* CR 1998, 510/512; *Möhring/Nicolini/Decker*[2] vor §§ 87a ff. Rdnr. 6; *Dreier/Schulze/Dreier* Rdnr. 22; *Wandtke/Bullinger/Thum* Rdnr. 137). 74

§ 87b Rechte des Datenbankherstellers

(1) ¹Der Datenbankhersteller hat das ausschließliche Recht, die Datenbank insgesamt oder einen nach Art oder Umfang wesentlichen Teil der Datenbank zu vervielfältigen, zu verbreiten und öffentlich wiederzugeben. ²Der Vervielfältigung, Verbreitung oder öffentlichen Wiedergabe eines nach Art oder Umfang wesentlichen Teils der Datenbank steht die wiederholte und systematische Vervielfältigung, Verbreitung oder öffentliche Wiedergabe von nach Art und Umfang unwesentlichen Teilen der Datenbank gleich, sofern diese Handlungen einer normalen Auswertung der Datenbank zuwiderlaufen oder die berechtigten Interessen des Datenbankherstellers unzumutbar beeinträchtigen.

(2) § 17 Abs. 2 und § 27 Abs. 2 und 3 sind entsprechend anzuwenden.

Schrifttum: Siehe die Schrifttumshinweise vor §§ 87 a ff.

Übersicht

	Rdnr.
I. Allgemeines	1–11
1. Inhalt und Regelungsumfang des Datenbankherstellerrechts	1–4
2. Umsetzung der Datenbankrichtlinie	5–8
3. Richtlinienkonforme Auslegung	9–10
4. Bedeutung der Norm	11
II. Einzelerläuterungen	12–62
1. Begrenzung der Ausschließlichkeitsrechte auf wesentliche Datenbankteile	12–29
2. Vervielfältigungsrecht	30–43
a) Digitale Vervielfältigungsarten	33–34
b) Links und Frames	35–41
c) Analoge Datenbanken	42
d) Beweisfragen	43

§ 87b   Rechte des Datenbankherstellers

	Rdnr.
3. Verbreitungsrecht	44–48
4. Recht der öffentlichen Wiedergabe	49–51
a) Benannte Verwertungsrechte	50
b) Recht der öffentlichen Zugänglichmachung	51
5. Unzulässige Nutzung unwesentlicher Datenbankteile (Abs. 1 S. 2)	52–58
6. Insbesondere amtliche Register	59–61
7. Erschöpfung des Verbreitungsrechts; Vergütung für das Verleihen (Abs. 2)	62
III. Sonstige Fragen	63
Beweislast	63

I. Allgemeines

1. Inhalt und Regelungsumfang des Datenbankherstellerrechts

1   § 87 b legt **Inhalt und Umfang** der dem Datenbankhersteller an seiner Datenbank zustehenden ausschließlichen Verwertungsbefugnisse **in abschließender Regelung** fest. Nach Abs. 1 S. 1 sind dies das Vervielfältigungsrecht, das Verbreitungsrecht sowie das Recht der öffentlichen Wiedergabe, sämtliche Rechte jedoch beschränkt auf Nutzungen der **Datenbank insgesamt oder eines wesentlichen Teils** von ihr. In dieser Begrenzung des Schutzes ist **keine Schrankenregelung** zu sehen, so dass grundsätzlich auch keine enge Auslegung der Vorschrift geboten ist. Vielmehr entsteht das Recht von vorneherein nur in dem von § 87 b normierten Umfang, wird also nicht nachträglich in Einzelfällen wieder beschränkt. Dies unterstreicht auch die Systematik der Datenbankrichtlinie (Richtlinie 96/9/EG des Europäischen Parlaments und des Rates vom 11. 3. 1996 über den rechtlichen Schutz von Datenbanken, ABl. Nr. L 77 S. 20, abgedr. auch in GRUR Int. 1996, 806), die die Schrankenbestimmungen gesondert und darüber hinaus optional in Art. 9 aufführt (ebenso *Leistner* S. 148; *Bensinger* S. 203).

2   **Nutzungshandlungen,** die einen nach Art oder Umfang lediglich **un**wesentlichen Teil einer Datenbank betreffen, unterliegen im Interesse des freien Zugangs zu Informationen und zur Verhinderung ihrer Monopolisierung nicht dem Verbotsrecht des Datenbankherstellers, sofern der freie Zugang nicht durch das Umgehungsverbot des Abs. 1 S. 2 begrenzt ist (dazu Rdnr. 3). Aus denselben Gründen erklärt die Vorschrift des § 87 e Verträge, die nicht dem Ausschließlichkeitsrecht des Datenbankherstellers unterliegende Nutzungen unwesentlicher Teile einer Datenbank einschränken, für unwirksam. Sie verfolgt damit als zwingende vertragsrechtliche Mindestregel dasselbe Ziel wie die für Datenbankwerke geltende Bestimmung des § 55 a, die dort allerdings als echte Schrankenregelung ausgestaltet ist (s. § 87 e Rdnr. 2 ff.).

3   Abs. 1 S. 2 enthält eine **Einschränkung der nach Abs. 1 S. 1 freigestellten Nutzungen unwesentlicher Teile** einer Datenbank bei Nutzungshandlungen, die wiederholt und systematisch erfolgen und zudem entweder einer normalen Auswertung der Datenbank zuwiderlaufen oder die berechtigten Interessen des Datenbankherstellers unzumutbar beeinträchtigen. Abs. 1 S. 2 hält auf diese Weise den in Abs. 1 S. 1 gefundenen **Ausgleich des durch Art. 5 Abs. 1 S. 1 GG und Art. 10 EMRK geschützten Informationsinteresses des Datenbanknutzers** einerseits **und des Amortisationsinteresses des Datenbankherstellers** andererseits in der Balance, wenn die Quantität der Nutzungen unwesentlicher Teile einer Datenbank in eine die wirtschaftlichen Interessen ihres Herstellers beeinträchtigende Qualität umschlägt. Indem er zusätzlich ein systematisches und damit planmäßiges Vorgehen verlangt, beugt er – in der wettbewerbsrechtlichen Tradition des Rechts sui generis stehend, allerdings ohne den Nachweis unlauteren Handelns zu erfordern (s. vor §§ 87 a ff. Rdnr. 5 f., 47 f.) – einem Missbrauch der erlaubnisfreien Nutzung unwesentlicher Teile vor.

4   Abs. 2 erstreckt in entsprechender Anwendung des § 17 Abs. 2 den Grundsatz der **europaweiten Erschöpfung auf das Verbreitungsrecht** des Datenbankherstellers mit der im Zuge der Umsetzung der Vermiet- und Verleihrichtlinie (Richtlinie 92/100/EWG des Rates vom 19. 11. 1992 zum Vermietrecht und Verleihrecht sowie zu bestimmten dem Urheberrecht verwandten Schutzrechten im Bereich des geistigen Eigentums, ABl. Nr. L 346 S. 61; konsolidierte Fassung: Richtlinie 2006/115/EG vom 12. 12. 2006 ABl. v. 27. 12. 2006 Nr. L 376 S. 28 = GRUR Int. 2007, 219) eingeführten **Ausnahme** hinsichtlich der Weiterverbreitung in Form der **Vermietung.** Infolge der zusätzlichen **entsprechenden Anwendung des § 27 Abs. 2 und 3** erhält der Datenbankhersteller kraft Gesetzes einen Vergütungsanspruch für das Verleihen der von ihm hergestellten Datenbank. Die Vereinbarkeit dieser Bestimmung mit der Datenbankrichtlinie **begegnet allerdings Bedenken** (s. Rdnr. 5, 48, 62).

2. Umsetzung der Datenbankrichtlinie

a) **§ 87b Abs. 1 S. 1 geht auf Art. 7 Abs. 1 der Datenbankrichtlinie** zurück, Abs. 1 S. 2, auf deren Art. 7 Abs. 5. § 87b Abs. 2 wiederum beruht, soweit er § 17 Abs. 2 für entsprechend anwendbar erklärt, auf der Definition des das Verbreitungsrecht umfassenden ausschließlichen Rechts der Weiterverwendung in Art. 7 Abs. 2 lit. b der Richtlinie, welches sich mit der Verbreitung eines Vervielfältigungsstücks in der EU oder des EWR im Wege des Erstverkaufs europaweit erschöpft. Soweit Abs. 2 den gesetzlichen Vergütungsanspruch für das Verleihen in § 27 Abs. 2 und 3 auf das Datenbankherstellerrecht erstreckt, ist seine Legitimation durch die Richtlinie zweifelhaft. Denn deren Art. 7 Abs. 2 letzter Satz nimmt den öffentlichen Verleih ausdrücklich von den dem Hersteller ausschließlich vorbehaltenen Rechten aus. Zwar bestimmt Art. 2 lit. b der Richtlinie, dass die Vorschriften der Vermiet- und Verleihrichtlinie (92/100/ EWG) und damit auch der dort anstelle eines Verbotsrechts vorgesehene Vergütungsanspruch für das Verleihen (Art. 5 Abs. 1) von der Datenbankrichtlinie unberührt bleiben. Die Vermiet- und Verleihrichtlinie sieht aber ebenso wie die Datenbankrichtlinie keinen gesetzlichen Vergütungsanspruch für den Datenbankhersteller vor (s. Rdnr. 48, 62; aA *Lehmann* in *Möhring/ Schulze/Ulmer/Zweigert* [Hrsg.] S. 11 Fn. 60).

b) Anders als noch der RegE (kritisch insoweit *Vogel* ZUM 1997, 592/596f.; *ders.,* Blick durch die Wirtschaft vom 20. 1. 1997, S. 10) übernimmt das Gesetz nicht die **Begriffe der Entnahme und Weiterverwendung** der Richtlinie, sondern ersetzt diese zur Wahrung der dogmatischen Klarheit des Gesetzes richtigerweise durch ihre Entsprechungen im geltenden Recht, ohne mit der Zielsetzung der Richtlinienregelung in Konflikt zu geraten (ebenso Beschlussempfehlung und Bericht BTDrucks. 13/7934 S. 44 unter Hinweis auf Art. 189 Abs. 3 EGV; ablehnend gegenüber der terminologischen Abweichung von der Richtlinie *Gaster* CR 1997, 717/720; *Roßnagel/v. Lewinski* Rdnr. 20ff.; *Bensinger* S. 186ff.; wohl auch *Kotthoff* GRUR 1997, 597/602, der allerdings schon in Widerspruch zum Wortlaut der Richtlinie den Begriff der Weiterverwendung auf den der Weiterverbreitung verengt). Denn die Richtlinie definiert die Entnahme als die ständige oder vorübergehende Übertragung des Inhalts einer Datenbank auf einen andern Datenträger, ungeachtet der dafür verwendeten Mittel und ungeachtet der Form der Entnahme. Sie weicht damit nicht von dem ab, was nach Art. 5 lit. a der Datenbankrichtlinie (Vervielfältigungsrecht des Urhebers eines Datenbankwerkes), nach Art. 2 der Informationsgesellschafts-Richtlinie 2001/29/EG des Europäischen Parlaments und des Rates zur Harmonisierung bestimmter Aspekte des Urheberrechts und der verwandten Schutzrechte in der Informationsgesellschaft (ABl. Nr. L 167 S. 10, ber. ABl. Nr. L 6, 2002 S. 71) und nach den europäischem Recht angepassten §§ 16 und 69c UrhG unter Vervielfältigung verstanden wird (s. vor §§ 87a ff. Rdnr. 14ff.).

Lediglich **am Rande** ergeben sich – wie dies von § 85 Abs. 1 durch die lediglich entsprechende Anwendung des § 16 bekannt ist – **gewisse Unschärfen** insofern, als im Begriff der Entnahme der Zugriff auf das materielle Substrat der Datenbank enthalten ist, während das bei der Vervielfältigung eines Datenbankwerkes iSd. § 16 auf Grund des anderen Schutzgegenstandes nicht der Fall ist. Die dadurch auftretenden Probleme lassen sich auch im Rahmen des § 87b Abs. 1 durch eine analoge Anwendung des § 16 lösen (sa. § 85 Rdnr. 41). Entsprechendes gilt für die Umsetzung des Rechts der Weiterverwendung. Dieses Recht umfasst nach der Richtliniendefinition des Art. 7 Abs. 2 „jede Form öffentlicher Verfügbarmachung der Gesamtheit oder eines wesentlichen Teils des Inhalts der Datenbank durch die Verbreitung von Vervielfältigungsstücken, durch Vermietung, durch Online-Übermittlung oder durch andere Formen der Übermittlung" und deckt sich damit inhaltlich mit den dem Datenbankurheber in Art. 5 lit. c und d der Richtlinie und in §§ 17 Abs. 1, 15 Abs. 2 zugewiesenen Rechten der Verbreitung und öffentlichen Wiedergabe (kritisch *Roßnagel/v. Lewinski* Rdnr. 24: zu weitgehende Umsetzung, da kein Vorführungsrecht).

c) Eine ausdrückliche Regelung des **Rechts der Online-Übermittlung** ist erst im Zuge der Anpassung des europäischen Rechts an Art. 8 WCT und Art. 10, 14 WPPT durch Art. 3 der Richtlinie 2001/21/EG erfolgt. Seine Umsetzung durch das Gesetz zur Regelung des Urheberrechts in der Informationsgesellschaft vom 10. 9. 2003 (BGBl. I S. 1774) hat zur Einführung des Rechts der öffentlichen Zugänglichmachung nach § 19a als Unterfall der öffentlichen Wiedergabe und zur Klarstellung in der Begründung geführt (AmtlBegr. BTDrucks. 15/38, S. 17), dass unter § 15 Abs. 3 neben der gleichzeitigen auch die sukzessive Öffentlichkeit falle (§ 15 Rdnr. 71; vorher umstritten, s. 2. Aufl. § 15 Rdnr. 59f. jeweils mwN). Bis dahin war freilich die Online-Übermittlung bereits als Innominatrecht und Unterfall des durch § 15 (idF

§ 87b

vom 9. 9. 1965) umfassend geregelten Rechts der öffentlichen Wiedergabe vorbehalten (BGH GRUR 2003, 958/961 f. – Paperboy). Das galt durch die Regelung des § 87b Abs. 1 vor der Geltung des § 19a auch für das Recht des Datenbankherstellers (sa. § 19a Rdnr. 31; vor §§ 87a ff. Rdnr. 18 f.; *Westkamp* S. 90; *Dreier* in *Schricker* [Hrsg.], Informationsgesellschaft, S. 134 ff.).

3. Richtlinienkonforme Auslegung

9   Die Übereinstimmung des nationalen Urheberrechts mit den Vorgaben europäischer Richtlinien gewährleistet im Übrigen das **Gebot richtlinienkonformer Auslegung** all derjenigen Vorschriften, die zur Umsetzung der Datenbankrichtlinie erlassen worden sind oder ohne Anpassungsbedarf bereits in den Regelungsumfang der Richtlinie fallen und deshalb insoweit ein Stück europäischen Urheberrechts innerhalb des UrhG verkörpern (vgl. AmtlBegr. des 2. UrhGÄndG BTDrucks. 12/4022 S. 7 f.; zur richtlinienkonformen Auslegung des nationalen Urheberrechts vgl. § 19a Rdnr. 22; vor §§ 87a ff. Rdnr. 14). Die zunächst unterbliebene Implementierung des Rechts der Online-Übermittlung ist deshalb bei Datenbanken und Datenbankwerken durch die Annahme eines unbenannten Falles der öffentlichen Wiedergabe und hinsichtlich der Abrufübertragung durch Auslegung des Begriffs der Öffentlichkeit in § 15 Abs. 3 im Sinne einer kumulativen und/oder sukzessiven Öffentlichkeit ausgeglichen worden (vgl. BGH GRUR 2003, 958/961 – Paperboy; Einzelheiten § 19a Rdnr. 15 ff., 34 ff., 40 f.; *Dreier* in *Schricker* [Hrsg.], Informationsgesellschaft, S. 134 ff. mwN; *Vogel* ZUM 1997, 592/597 mwN; im Ergebnis ebenso Beschlussempfehlung und Bericht des Ausschusses BTDrucks. 13/7934 S. 45; sa. 49).

10   Die dem Datenbankhersteller vorbehaltenen Rechte sind in § 87b ebenso wie in Art. 7 der Richtlinie **abschließend** aufgeführt. Eine darüber hinausgehende Zuordnung weiterer Innominatrechte an den Datenbankhersteller im Wege der Auslegung ist wegen der damit verbundenen disharmonisierenden Wirkung innerhalb der EU weder nach dem Wortlaut des § 87b noch nach dem der Richtlinie statthaft, es sei denn, es handelt sich um „andere Formen der Übermittlung" iSd. Art. 7 Abs. 2 lit. b der Richtlinie. Denn das Recht der Übermittlung ist im Hinblick auf die rasche technische Entwicklung auf dem Gebiet der Elektronik und deshalb nicht auszuschließender neuer Übermittlungstechniken umfassend ausgestaltet.

4. Bedeutung der Norm

11   Mit der Zuordnung weitreichender, durch die grundsätzliche Beschränkung auf wesentliche Teile der Datenbank allerdings abgeschwächter absoluter Rechte ist dem Datenbankhersteller ein rechtliches Instrumentarium an die Hand gegeben, wirtschaftlich bedeutsame Nutzungen seiner Datenbank von seiner Erlaubnis abhängig machen zu können. Besonderes Gewicht kommt dem Umfang der Verwertungsrechte nach Abs. 1 S. 1 für die Hersteller elektronischer Datenbanken zu, die in hohem Maße der Gefahr ausgesetzt sind, rasch und kostengünstig zum Schaden ihres Herstellers kopiert oder unkörperlich wiedergegeben zu werden. Die ausschließlichen Rechte der §§ 87a ff. stellen folglich eine wesentliche Voraussetzung für **Investitionen auf dem Informationsmarkt** dar. Gleichzeitig sorgt Abs. 1 S. 2 mit der Freigabe der Nutzung unwesentlicher Teile der Datenbank für einen Ausgleich der Interessen des Herstellers mit den Interessen der normalen Nutzer, namentlich aus dem Bereich der Wissenschaft, an einem möglichst ungehinderten **Informationszugang** (zu Rechtfertigung und Bedeutung des Datenbankherstellerrechts, s. ferner vor §§ 87a ff. Rdnr. 21 ff.), ohne dass der Hersteller durch wiederholte und planmäßige Nutzungen unwesentlicher Datenbankteile wirtschaftlichen Schaden befürchten muss.

II. Einzelerläuterungen

1. Begrenzung der Ausschließlichkeitsrechte auf wesentliche Datenbankteile

12   a) **Allgemeines.** Abs. 1 S. 1 begrenzt die ausschließlichen Rechte des Datenbankherstellers auf die Vervielfältigung, Verbreitung und öffentliche Wiedergabe der **Datenbank insgesamt oder eines der Art oder dem Umfang nach wesentlichen Datenbankteils,** wobei es keine Rolle spielt, ob der Zugriff auf die fragliche Datenbank **direkt oder indirekt** erfolgt (EuGH GRUR 2005, 244/249 Tz. 52 f. – BHB-Pferdewetten; dazu auch *Davison/Hugenholtz* E. I. P. R. 2005,113/117). **Unwesentliche Teile** einer von ihrem Hersteller der Öffentlichkeit zugänglich gemachten Datenbank dürfen unter Beachtung der Einschränkungen des Abs. 1 S. 2 **erlaubnisfrei** genutzt werden. Der Datenbankhersteller kann die gesetzlich freien Nutzungen

auch nicht vertraglich einschränken (§ 87 e). Andererseits führt seine Zustimmung zum öffentlichen Zugang einer Datenbank nicht zu einer Erschöpfung des Rechts sui generis (Erwgr. 43; EuGH GRUR 2005, 244/249 Tz. 58 – BHB-Pferdewetten), vielmehr ist die erlaubnisfreie Nutzung lediglich Ausdruck der im Datenbankherstellerrecht verankerten **besonderen Form des unter Abwägung des Amortisationsinteresses** des Herstellers **und des Informationsinteresses der Allgemeinheit** von vorneherein festgelegten **Investitionsschutzes** (allgM, EuGH GRUR 2005, 244/248 Tz. 45 – BHB-Pferdewetten; BGH GRUR 2005, 857/859 – HIT BILANZ unter Hinweis auf die nach Art. 5 Abs. 2 GG zulässige Einschränkung der Informationsfreiheit durch einfaches Gesetz; sa. *Fromm/Nordemann/Czychowski*[10] vor §§ 87 a ff. Rdnr. 36 ff.; *Haberstumpf* GRUR 2003, 14/27; *Milbradt* CR 2002, 710/713).

b) **Entnahmehandlung.** Zur Auslegung des Begriffs der Entnahme hat **der BGH dem EuGH die Frage vorgelegt**, ob eine Übernahme von Daten aus einer iSd. Art. 7 Abs. 1 der Datenbankrichtlinie geschützten Datenbank auch dann eine Entnahme iSd. Art. 7 Abs. 2 lit. a der Richtlinie ist, wenn sie aufgrund von Abfragen nach einer Abwägung im Einzelnen vorgenommen wird, oder ob eine Entnahme iSd. Vorschrift einen Vorgang des (physischen) Kopierens eines Datenbestandes voraussetzt (BGH GRUR 2007, 688/690 Tz. 23 – Gedichttitelliste II). Der **EuGH** hat diese Frage entgegen der hier vertretenen Auffassung verneint und im Interesse des Investitionsschutzes des Datenbankherstellers (EuGH GRUR 2008, 1077 – Direktmedia Publishing = MMR 2008, 807 m. zust. Anm. *Rössel* = JZ 2009, 98 m. Anm. *Leistner*) einen **weiten, von den eingesetzten Mitteln und Formen unabhängigen Entnahmebegriff** befürwortet (Direktmedia Publishing Tz. 33–35, 37–38, 49; ebenso EuGH GRUR 2009, 572/575 Tz. 40 – Apis-Hristovich), der nicht auf das technische Kopieren von Daten beschränkt werden könne, sondern auch das bloße Abschreiben einschließe (EuGH GRUR 2009, 572/575 Tz. 40 – Apis-Hristovich; GRUR 2008, 1077/1079 Tz. 37 – Directmedia Publishing). Danach ist die Entnahme von formalen, technischen oder physischen Kriterien ebenso unabhängig (Directmedia Publishing Tz. 38; EuGH GRUR 2009, 572/575 Tz. 41 – Apis Hristovich) wie von der der Entnahme zugrundeliegenden Zielsetzung (Directmedia Publishing Tz. 47; Apis-Hristovich Tz. 46). Die Tatsache, dass der Datenbankhersteller nicht allein gegen Entnahmen der Gesamtheit oder eines wesentlichen Teils seiner Datenbank, sondern unter bestimmten Voraussetzungen auch unwesentlicher Teile des Datenbankinhalts geschützt sei (Apis-Hristovich Tz. 43), spreche dafür, dass auch die Übertragung eines unwesentlichen und unstrukturierten Datenbestandes unter den Entnahmebegriff des Art. 7 der Richtlinie falle (Apis-Hristovich Tz. 44). Auch die kritische Prüfung der entnommenen Daten (Apis-Hristovich Tz. 45) sowie die andere Anordnung der Daten in einer neuen Datenbank (Apis-Hristovich Tz. 39) spielt nach der Rspr. des EuGH bei der Entnahme keine Rolle (Apis-Hristovich Tz. 47 f.). 13

Die **Directmedia Publishing-Entscheidung** des EuGH ist im Hinblick auf ihre Tragweite **nicht unproblematisch**. Sie kann dazu führen, dass im Rahmen wissenschaftlicher Arbeit die kritische Überprüfung, Bewertung und Übernahme einzelner Daten das nach dieser Entscheidung erlaubnisfrei zulässige Maß entnommener Daten rasch überschreitet, ohne dass dies tatsächlich noch dem beabsichtigten Investitionsschutz der Norm dient. Hingegen vermag die weite Auslegung des Entnahmebegriffs die Informationsfreiheit mitunter übermäßig zu beschränken und führt zudem zu rechtlicher Unsicherheit. Es bleibt abzuwarten, ob deshalb diese Entscheidung nicht eine gewisse Korrektur durch den EuGH erfahren wird. Denkbar wäre, den durch diese Entscheidung sehr weit gezogenen Schutzbereich durch strengere Anforderungen an das Maß der schutzbegründenden Investition auszugleichen (vgl. § 87a Rdnr. 40, 43 mwN). Einen bedenkenswerten Weg schlägt neuerdings *v. Ungern-Sternberg* unter Anknüpfung an den Begriff der Übertragung in Art. 7 Abs. 2 lit. a der Datenbankrichtlinie vor. Entnahme erfordere eine **Übertragung** zumindest eines Teils des Inhalts der Ursprungsdatenbank auf einen anderen Datenträger. Von einer Übertragung könne **unter wertender Betrachtung und im Hinblick auf den Zweck des Schutzrechts** nur gesprochen werden, wenn der übernommene Datenbankinhalt – ungeachtet einer anderen Anordnung oder Organisation der betroffenen Elemente und ungeachtet der Hinzufügung weiterer Elemente – noch als derselbe anzusehen ist (GRUR 2010, 386/390 unter Verweis auf unten Rdnr. 16 ff.; gegen *Wandtke/Bullinger/Thum* Rdnr. 10; *Dreier/Schulze/Dreier* Rdnr. 12; *Fromm/Nordemann/Czychowski*[10] Rdnr. 4). Dies sei bei der inhaltlichen Verarbeitung der übernommenen Datenbankteile und ihrer Verbindung mit anderen Inhalten nicht mehr der Fall und deshalb nicht mehr als vorbehaltene Nutzung im Sinne der Norm zu werten. Damit dürfte allerdings die entsprechende Anwendung des Vervielfältigungsbegriffs nicht mehr zu vereinbaren sein (dazu unten Rdnr. 30 ff.). 14

15 Bei der **Bestimmung, welche Handlungen erlaubnisfrei zulässig** sind und welche der Hersteller kraft seines Ausschließlichkeitsrechts unterbinden kann, ist neben dem **Schutzzweck** des Rechts auch **sein Schutzgegenstand** im Auge zu behalten, der **nach hier vertretener Auffassung** nicht lediglich auf die erbrachte Investition an sich reduziert ist, sondern **eine körperliche Erscheinungsform** als Ergebnis der bei der Errichtung der Datenbank erbrachten Investitionsleistung als Immaterialgut voraussetzt (vgl. BGH GRUR 2007, 688/690 Tz. 23 – Gedichttitelliste II; *Leistner* in *Wiebe/Leupold* [Hrsg.] Teil II B Rdnr. 52; *ders.* S. 146 ff.; sa. § 87 a Rdnr. 30; aA (keine körperliche Erscheinungsform) EuGH GRUR 2008, 1077/1079 Tz. 40 – Directmedia Publishing; *Wandtke/Bullinger/Thum* Rdnr. 68; *Gaster* Rdnr. 475 ff.; *ders.* in *Hoeren/Sieber* Teil 7.8. Rdnr. 68; *Schack*[5] Rdnr. 774). Dies verdeutlicht die Definition der Entnahme in Art. 7 Abs. 2 lit. a der Datenbankrichtlinie als die „ständige oder vorübergehende Übertragung der Gesamtheit oder eines wesentlichen Teils des Inhalts einer Datenbank auf einen anderen Datenträger, ungeachtet der dafür verwendeten Mittel und der Form der Entnahme". Ferner heißt es in den Erwägungsgründen im Hinblick auf den Inhalt der Datenbank klarstellend, dass in den vorbehaltenen Nutzungshandlungen „in keinerlei Hinsicht eine Ausdehnung des urheberrechtlichen Schutzes auf reine Daten und Fakten zu sehen" ist (Erwgr. 45) und dass die Ausschließlichkeitsrechte des Herstellers nicht „zur Entstehung eines neuen Rechts an diesen Werken, Daten und Elementen selbst" führt (Erwgr. 46). Die Verwendung der Daten ist also datenbankrechtlich frei.

16 **c) Entnahme und normale Nutzung.** Demnach kann – über das immer schon freie Blättern, Recherchieren oder Lesen in einer Datenbank sowie über ihre nichtöffentliche Wiedergabe hinaus – die **normale Nutzung (Abfrage) einer entgeltlich oder unentgeltlich der Öffentlichkeit zur Verfügung gestellten Datenbank** auch in Form der Vervielfältigung, Verbreitung und öffentlichen Wiedergabe nicht behindert werden (vgl. EuGH GRUR 2008, 1077/1080 Tz. 51 ff. – Directmedia Publishing; GRUR 2005, 244/249 Tz. 54 ff. – BHB-Pferdewetten; BGH GRUR 2009, 852/855 Tz. 42 – Elektronischer Zolltarif). In Erwgr. 42 ist in diesem Zusammenhang von den „begründeten Rechten" des Benutzers die Rede. Zur normalen Nutzung rechnet ua. die erkennbare gedankliche Auseinandersetzung, das Eintreten in einen Diskurs mit dem Inhalt der Datenbankelemente, bei dem diese auch inhaltliche Veränderungen erfahren und in einen anderen gedanklichen Zusammenhang gestellt werden können, ohne dass die Rechte des Herstellers berührt werden.

17 Auch kann nicht von einer nach Abs. 1 S. 1 vorbehaltenen Handlung ausgegangen werden, **wenn die Nutzungen mit einer Verwendung der Datenbank als Informationsquelle** und erst recht mit **einer geistigen Verarbeitung eines wesentlichen Teils ihres Inhalts** einhergehen. Insoweit sind Entnahmen und Weiterverwendungen unabhängig vom Umfang der genutzten Teile der Datenbank als erlaubnisfreie normale Nutzungen zu betrachten (EuGH GRUR 2008, 1077/1079 f. Tz. 43 – Directmedia Publishing). Die bestimmungsgemäße, normale Nutzung einer Datenbank durch **Kenntnisnahme, Konsultation sowie durch selbstständige geistige Verarbeitung ihres Inhalts** hat der Rechteinhaber allerdings nur insoweit hinzunehmen, als er für notwendigerweise vorausgehende, im Sinne der Richtlinie und des Abs. 1 erlaubnispflichtige Entnahmehandlungen seine Zustimmung erteilt hat. Sie ist zB geboten, wenn die Darstellung des Datenbankinhalts auf dem Bildschirm dessen dauerhafte oder vorübergehende Vervielfältigung in seiner Gesamtheit oder zu einem wesentlichen Teil auf einem anderen Datenträger wie etwa einer DVD oder einer Festplatte erfordert und die Schrankenregelung des § 44 a nicht eingreift (Erwgr. 44; EuGH GRUR 2008, 1077/1080 Tz. 53 – Directmedia Publishing; GRUR 2009, 572/575 Tz. 41 f. – Apis-Hristovich; sa. § 87 c Rdnr. 1).

18 Demnach fällt nach hier vertretener Auffassung ähnlich wie beim Recht des Tonträgerherstellers **nur die rein mechanische Übertragung des Datenbankinhalts** in seiner Gesamtheit oder in wesentlichen Teilen **auf einen anderen Datenträger,** die Kopie 1:1 also, unter die Richtliniendefinition der vorbehaltenen Entnahme gemäß Art. 7 Abs. 2 lit. a (ebenso *Bensinger* S. 188 f.).

Unerheblich ist dabei jeweils, ob die entnommenen wesentlichen Teile des Datenbankinhalts in einer neuen Datenbank identischen Inhalts eine andere strukturelle Anordnung finden oder dort einem anderen Zweck dienen (Erwgr. 38; EuGH GRUR 2009, 572/575 Tz. 41 – Apis-Hristovich; GRUR 2008, 1077/1079 Tz. 39 – Direktmedia Publishing; BGH GRUR 2005, 857/859 – HIT BILANZ im Anschluss an EuGH GRUR 2005, 244/252 Tz. 81 – BHB-Pferdewetten; gegen die Vorinstanz OLG München ZUM 2003, 789/790 – Chart-Listen). Selbst ohne die Absicht, eine neue Datenbank aufzubauen, kann die Entnahme unzulässig sein, etwa wenn die Übertragung der Daten ihrer vorübergehenden Darstellung auf dem Bildschirm dient (Erwgr. 44; EuGH GRUR 2008, 1077/1080 Tz. 47 – Directmedia Publishing; BGH GRUR 2009, 852/854 Tz. 36 – Elektronischer Zolltarif). Entscheidend ist die unveränderte Übernahme des Datenbankinhalts. Denn die Struktur der Datenbank ist nur unter urheberrechtlichen Gesichtspunkten, nicht aber nach dem Recht sui generis geschützt (*Bensinger* S. 189). Unabhängig davon ist ihre Erarbeitung freilich als Aufwendung für die Darstellung des Datenbankinhalts iSd. Art. 7 Abs. 1 der Richtlinie bei der Beurteilung der wesentlichen wirtschaftlichen Investition zu berücksichtigen. Zu prüfen ist jedoch stets, ob die Rechtswidrigkeit der jeweiligen Entnahme nicht entfällt, weil sie als normale Nutzung der Datenbank zu werten ist (s. Rdnr. 20 ff.). Entsprechendes gilt für die Verbreitung und die unkörperlichen Arten der Datenbanknutzung.

Als Investitionsschutzrecht kennen die §§ 87 a auch **kein Bearbeitungsrecht des Daten-** 19 **bankherstellers.** Der Umfang seiner ausschließlichen Rechte nach Abs. 1 S. 1 richtet sich nur auf Nutzungen der in der **Datenbank enthaltenen Daten in unveränderter Form.** Der Rechtsinhaber kann sich deshalb nicht gegen eine Datenbank, für deren Errichtung die Gesamtheit oder wesentliche Teile der Daten seiner eigenen Datenbank zunächst unverändert übernommen, dort anschließend aber inhaltlich verändert integriert worden sind, zur Wehr setzen. Dies gilt erst recht, wenn wesentliche Teile seiner Datenbank von dem Nutzer inhaltlich unverändert in der nämlichen oder auch in veränderter Anordnung der Elemente auf einen anderen Datenträger übertragen werden (vgl. BGH GRUR 2005, 857/859 – HIT BILANZ).

d) Umfang der vorbehaltenen Nutzungshandlungen. Vorbehaltene Nutzungshandlun- 20 gen nach Abs. 1 S. 1 setzen voraus, dass sie **wesentliche Teile** oder die **Gesamtheit des Datenbankinhalts** betreffen. Eine allgemein verbindliche Definition des **unbestimmten Rechtsbegriffs eines der Art oder dem Umfang nach wesentlichen Teils** des Datenbankinhalts findet sich in § 87b Abs. 1 S. 1 ebenso wenig wie in § 87a Abs. 1 S. 1. Seine Ausfüllung obliegt deshalb der Rechtsprechung (allgM, Schlussanträge der Generalanwältin *Stix-Hackl* Tz. 81 zu EuGH GRUR 2005, 244 – BHB-Pferdewetten; *Leistner* S. 171; *Flechsig* ZUM 1997, 577/588; *Gaster* Rdnr. 496; *Dreier/Schulze/Dreier* Rdnr. 5; *Fromm/Nordemann/Hertin*[9] Rdnr. 11). **Dabei rechnet zum Datenbankinhalt alles, was Investitionen bei seiner Beschaffung, Überprüfung oder Darstellung erfordert hat** (s. § 87a Rdnr. 40 ff.; demgegenüber reduziert *Bensinger* S. 186 ff. in Konsequenz des von ihr angenommenen Schutzgegenstands [s. § 87a Rdnr. 30] den Inhalt der Datenbank auf die bloßen Datenbankelemente). Für die Auslegung des **Wesentlichkeitsbegriffs** gelten die zu § 87a Abs. 1 S. 1 entwickelten Kriterien entsprechend, da es jeweils um das Maß einer getätigten Investition geht (dort Rdnr. 40 ff.; ebenso *Leistner* S. 172 f.; *ders.* GRUR Int. 1999, 819/832; beide Begriffe zwar aufeinander bezogen, jedoch keineswegs deckungsgleich *Fromm/Nordemann/Czychowski*[10] Rdnr. 7; *Fromm/Nordemann/Hertin*[9] Rdnr. 12 f.; ähnlich *Benecke* CR 2004, 608/610). Unter ihrer Berücksichtigung sowie im Lichte des Schutzzwecks und des Schutzgegenstandes des Rechts orientiert sich die Wesentlichkeit eines Datenbankteils daran, ob seine Vervielfältigung, Verbreitung oder öffentliche Wiedergabe über das begründete Informationsinteresse des Benutzers der Datenbank hinausgeht und zusätzlich dem Amortisationsinteresse ihres Herstellers einen Schaden zugefügt (vgl. Erwgr. 42). Bei dieser Auslegung spielt es keine Rolle, ob die fraglichen Nutzungshandlungen der Herstellung eines parasitären Konkurrenzproduktes dienen, denn ein Wettbewerbsverhältnis zwischen Hersteller und Nutzer wird nicht vorausgesetzt (EuGH GRUR 2005, 244/248 Tz. 47 f. – BHB-Pferdewetten; ebenso *Haberstumpf* GRUR 2003, 14/27; *Leistner* in *Wiebe/Leupold* [Hrsg.] Teil II B Rdnr. 57).

Auch bedarf es für die Beurteilung der Wesentlichkeit eines verwendeten Datenbankteils **kei-** 21 **nes Nachweises einer konkreten wirtschaftlichen Beeinträchtigung** infolge der vom Datenbankhersteller vorbehaltenen Nutzungshandlungen (vgl. EuGH GRUR 2005, 244/248 Tz. 51 – BHB-Pferdewetten; ebenso *Leistner* in *Wiebe/Leupold* [Hrsg.] Teil II B Rdnr. 53). Vielmehr geht das Gesetz bei der unbefugten Nutzung eines wesentlichen Teils unwiderleglich von einer Beeinträchtigung der Herstellerinteressen aus. Allein bei der wiederholten und systematischen Nutzung unwesentlicher Teile des Datenbankinhalts nach Abs. 1 S. 2 hat der Hersteller entweder die Beeinträchtigung der normalen Auswertung der Datenbank oder die unzumutbare Beeinträchtigung seiner berechtigten Interessen zu beweisen (dazu Rdnr. 54 ff.).

aa) Der **EuGH** und ihm folgend der **BGH** stellen bei der Auslegung des Begriffs der We- 22 sentlichkeit eines Datenbankteils bei Nutzungen **dem Umfang nach wesentlicher Teile** allein auf die Proportionalität der entnommenen Daten zum Gesamtvolumen der Datenbank ab

§ 87b

(GRUR 2009, 572/577 Tz. 59 – Apis-Hristovich; EuGH GRUR 2005, 244/250 Tz. 69f. – BHB-Pferdewetten; BGH GRUR 2009, 852/855 Tz. 43 – Elektronischer Zolltarif). Das genutzte Datenvolumen ist im Verhältnis zu dem der Datenbank insgesamt zu beurteilen und in diesem Maße erheblich, während generierte Daten unbeachtlich sind (s. dazu § 87a Rdnr. 52ff.). Der Informationswert der Daten bleibt dabei ebenso unberücksichtigt wie der Wert der Daten für den Benutzer (sa. *Wiebe* CR 2005, 169/173).

23   Ist eine nicht notwendig schutzfähige **Datenbank in mehrere Untergruppen aufgegliedert**, die für sich allein die Voraussetzungen einer schutzfähigen Datenbank nach § 87a erfüllen, ist Folgendes zu beachten: gilt eine Entnahmehandlung lediglich Teilen einer einzigen Untergruppe, so entscheidet bei der Wesentlichkeitsprüfung das Verhältnis des Gesamtvolumens dieser Untergruppe zu dem Volumen der ihr entnommenen Teile (EuGH GRUR 2009, 572/577 Tz. 63 – Apis-Hristovich). Erfüllt diese Untergruppe nicht alleine, sondern nur in der Summe mit den anderen Untergruppen die Voraussetzungen einer nach § 87a schutzfähigen Datenbank, so richtet sich die quantitative Wesentlichkeitsprüfung nach dem Verhältnis der einer oder mehrerer Untergruppen entnommenen Elemente zum Gesamtvolumen der Datenbank (EuGH GRUR 2009, 572/577 Tz. 64 – Apis-Hristovich). Auch erhält eine Untergruppe nicht bereits durch ihren selbständigen Vertrieb die Eigenschaft einer als selbständig zu bewertenden Datenbankuntergruppe iSd. § 87a, weil die Schutzfähigkeit einer Datenbank von geschäftlichen Überlegungen unabhängig ist (Apis-Hristovich Tz. 65).

24   **bb)** Für **der Art nach wesentliche Teile** ist eine besondere Investitionsintensität charakteristisch. Der EuGH sieht ihre Bedeutung für die Datenbank darin, dass sie unabhängig von ihrem Umfang erhebliche menschliche, technische oder finanzielle Anstrengungen bei der Beschaffung, Überprüfung und Darstellung des Datenbankinhalts erfordert haben (EuGH GRUR 2009, 572/575 Tz. 66 – Apis-Hristovich; ebenso EuGH GRUR 2005, 244/250 Tz. 71 – BHB-Pferdewetten). Dabei kommt dem schöpferischen oder Informationswert der einzelnen Elemente keine Bedeutung zu, weil der sui generis Schutz die Rechte an den einzelnen Datenbankelementen unberührt lässt (EuGH GRUR 2005, 244/250 Tz. 72, 78 – BHB-Pferdewetten). Auch dem subjektiven Wert und Verwendungszweck, den der Hersteller den genutzten Daten beimisst, hat der EuGH keine Relevanz für die Wesentlichkeit in qualitativer Hinsicht zuerkannt (EuGH GRUR 2005, 244/250 Tz. 78 – BHB-Pferdewetten; dazu auch *Davison/Hugenholtz* E.I.P.R. 2005, 113/116f.). Bei der Übernahme der Art nach wesentlicher Teile kann bereits die einmalige Entnahme eine Rechtsverletzung begründen (BGH GRUR 2009, 852/855 Tz. 46 – Elektronischer Zolltarif). In dem vom BGH entschiedenen Fall lag die qualitativ wesentliche Entnahme in der Erstellung einer Abweichliste sowie in der unmittelbaren Übernahme aller in einer aktualisierten Datenbank geänderten Daten (Tz. 44ff.). Daraus ergeben sich gewisse Anhaltspunkte für eine weiter differenzierende Auslegung des Begriffs der Wesentlichkeit, gleichwohl bleiben aber auch offene Fragen.

25   **cc) Unbeantwortet bleibt** nach den Entscheidungen des EuGH weiterhin die Frage, wie zu entscheiden ist, wenn die genutzten Teile weder der Art noch dem Umfang nach eine schützenswerte Investition verkörpern, wohl aber **Art und Umfang der Investitionen zusammen** als wesentlich anzusehen sind. Die alternative Formulierung des Wortlautes der Vorschrift scheint eine derartige Betrachtung auszuschließen. Da es sich jeweils um deskriptive Attribute handelt, dürfte eine Gesamtbetrachtung aller Investitionen bei der Bestimmung der Wesentlichkeit dem Normzweck am ehesten entsprechen. Ferner gerät der Grundsatz, nach dem mit zunehmender Größe der Gesamtinvestition der Umfang der erlaubnisfrei entnehmbaren Teile abnimmt (vgl. *Cornish* Columbia-VTA Journal of Law & The Arts 1996 1/8f.; *Leistner* S. 172; *Bensinger* S. 204ff.; *Raue/Bensinger* MMR 1998, 507/508; *Wandtke/Bullinger/Thum* Rdnr. 12ff.), in Konflikt mit dem **Proportionalitätsprinzip des EuGH** (s. Rdnr. 22). Beide Prinzipien sollten jedoch nicht schematisch angewandt und die Entscheidung nicht allein vom Umfang der Investitionsleistung abhängig gemacht werden können, die in den entnommenen Teil eingeflossen ist (vgl. *Haberstumpf* GRUR 2003, 14/27).

26   Deshalb erscheint es angebracht, unter Berücksichtigung des Schutzgegenstands des Rechts (s. § 87a Rdnr. 30ff.) stets die **jeweiligen Umstände des Einzelfalles** in Betracht zu ziehen (hM, OLG Köln GRUR-RR 2001, 97/100 – Suchdienst für Zeitungsartikel; *Haberstumpf* GRUR 2003, 14/27; *Leistner* GRUR Int. 1999, 819/832; *ders.*, in Wiebe/Leupold [Hrsg.] Teil II B Rdnr. 54; *Flechsig* ZUM 1997, 577/588; *Kotthoff* GRUR 1997, 597/602). Neben dem Verhältnis des Umfangs der Datenbank zu dem Umfang der entnommenen Teile ist dabei auch ihr wirtschaftlicher Wert zu berücksichtigen (ebenso *Haberstumpf* GRUR 2003, 14/27; *Dreier/Schulze/Dreier* Rdnr. 6; *Kotthoff* in HK-UrhG Rdnr. 9). Zu Letzterem rechnet allerdings nicht

die handwerkliche (nicht schöpferische) **Charakteristik der Datenbank,** dh. in anderen Formulierungen ihre äußeren Gestaltungsmerkmale (so OLG München ZUM 2003, 789/790 – Chart-Listen) oder ihre konkrete Erscheinungsform, denn auf die äußere Darstellung, die Sortierung und die Zusammenfassung der Daten kommt es nicht an (BGH GRUR 2005, 857/859 – HIT BILANZ im Anschluss an EuGH GRUR 2005, 244/252 Tz. 81 – BHB-Pferdewetten).

Die Bewertung ist unter Berücksichtigung **sämtlicher wertbildender Faktoren der voll-** 27 **ständigen Datenbank** vorzunehmen, die eine gegenüber der Summe ihre Einzelelemente eigene Qualität aufweist. So mag der entnommene Teil im Verhältnis zum Gesamtumfang der Datenbank unter quantitativen Gesichtspunkten relativ klein ausfallen, in qualitativer Hinsicht jedoch unter bestimmten Parametern eine solche Vollständigkeit aufweisen, dass die Amortisation der Datenbank auf dem von ihrem Hersteller betretenen Markt beeinträchtigt wird und deshalb der entnommene Teil als wesentlich iSd. Vorschrift anzusehen ist (so *Leistner* GRUR Int. 1999, 819/832; ihm folgend *Kotthoff* in HK-UrhG Rdnr. 10). Andererseits ist nicht auszuschließen, dass das Amortisationsinteresse von der Entnahme eines deutlich größeren Teils einer Datenbank unberührt bleibt (vgl. *Haberstumpf* GRUR 2003, 14/27; *Leistner* in *Wiebe/Leupold* [Hrsg.] Teil II B Rdnr. 55 f.).

dd) Sodann kann die **Wesentlichkeit** der Investition durch **den Index, den Thesaurus,** 28 **das elektronische Material** und/oder durch **den Umfang und/oder die Art der entnommenen Einzelelemente** begründet werden (ebenso *Wandtke/Bullinger/Thum* Rdnr. 5), **nicht hingegen** durch das einer Datenbank zugrundeliegende **Ordnungssystem,** weil ein bestimmter Aufbau einer Datenbank nicht monopolisierbar sein soll *(Dreier/Schulze/Dreier* Rdnr. 7 unter Hinweis auf OLG Frankfurt MMR 2003, 45/48 – IMS Health). Keinen Ausschlag für die Wesentlichkeit gibt, ob die fraglichen Elemente en bloc entnommen werden oder sukzessiv in Einzelteilen (arg. Erwgr. 38, sa. vor §§ 87a ff. Rdnr. 36; ebenso *Dittrich* ÖBl 2002, 3/8). Die Entnahme einzelner ohne wesentlichen Aufwand beschaffter Elemente beeinträchtigt das geschützte Amortisationsinteresse des Datenbankherstellers in der Regel nicht, so dass sie die Wesentlichkeit nicht zu begründen vermag (BGH GRUR 2003, 958/962 – Paperboy; ebenso *Dreier/Schulze/Dreier* Rdnr. 7; *Fromm/Nordemann/Hertin*[9] Rdnr. 12, 13; aA *Haberstumpf* GRUR 2003, 14/27). Nichts anderes gilt für ein ansonsten ohne besonderen Aufwand beschafftes, der Art nach einmaliges Element einer Datenbank (aA *Ullmann,* Fs. für Brandner, S. 507/522; ähnlich *Kotthoff* GRUR 1997, 597/602; wie hier *Fromm/Nordemann/Hertin*[9] Rdnr. 13; *Grützmacher* S. 340). Denn der inhaltliche Wert einzelner Daten spielt für die Beurteilung der Wesentlichkeit keine Rolle (EuGH GRUR 2005, 244/251 Tz. 78 – BHB-Pferdewetten).

ee) Im Rahmen des § 87b Abs. 1 S. 1 ist ebenso wie nach § 87a Abs. 1 **kein allzu strenger** 29 **Maßstab** an das Wesentlichkeitserfordernis anzulegen (der EuGH [EuGH GRUR 2005, 244/250 Tz. 71 – BHB-Pferdewetten] spricht im Zusammenhang qualitativer Wesentlichkeit von „ganz erheblichen menschlichen, technischen oder finanziellen Investitionen", die sich in einem quantitativ geringfügigen Teil des Inhalts einer Datenbank verbergen können; sa. § 87a Rdnr. 43; wie hier OLG Köln MMR 2009, 191 – Internet-Bewertungsdatenbank; *Leistner* S. 179: keinen strengen Anforderungen; aA OLG Dresden ZUM 2001, 595/596 – Sächsisches Ausschreibungsblatt; *Gaster* CR 1997, 669/671; *Wiebe* CR 1996, 198/202; *Schack*[5] Rdnr. 745; *Dreier/Schulze/Dreier* Rdnr. 5; *Fromm/Nordemann/Hertin*[9] Rdnr. 13 jeweils substantielle Anforderungen). In jedem Falle wird Wesentlichkeit vorliegen, wenn sich in dem entnommenen Teil der Datenbank auch eine wesentliche Investition des Herstellers niederschlägt, so dass der entnommene Teil selbst die Voraussetzungen einer schutzfähigen Datenbank nach § 87a Abs. 1 S. 1 erfüllt (ebenso OLG Köln MMR 2009, 191/192 – Internet-Bewertungsdatenbank dort ein Zehntel der Bewertungen und 1,5% quantitativ nicht wesentlich; *Dreier/Schulze/Dreier* Rdnr. 7). Notwendig ist das für die Wesentlichkeit aber nicht (so auch *Haberstumpf* GRUR 2003, 14/27). Eine pauschale Festlegung der Wesentlichkeitsschwelle auf 50% des Datenbankinhalts führt in die Irre, weil sie sich nicht am möglichen Schaden für die Investition orientiert (gegen *Raue/Bensinger* MMR 1998, 507/511; wie hier *Leistner* GRUR Int. 1999, 819/832; *Wandtke/ Bullinger/Thum* Rdnr. 15; ähnlich *Walter/v. Lewinski* Art. 7 Rdnr. 15: auch die Entnahme von 2% der Datenbank kann ausreichen, wenn deren Beschaffung besonders kostspielig war; s. ferner *Dreier/Schulze/Dreier* Rdnr. 7).

2. Vervielfältigungsrecht

Das Recht der Vervielfältigung nach Abs. 1 S. 1 **entspricht inhaltlich dem Recht der** 30 **Entnahme** nach Art. 7 Abs. 2 lit. a der Richtlinie als der ständigen oder vorübergehenden

§ 87b

Übertragung der Gesamtheit oder eines wesentlichen Teils des Inhalts einer Datenbank auf einen anderen (elektronischen oder analogen) Datenträger, ungeachtet der dafür verwendeten Mittel und ungeachtet des Zwecks der Entnahme (EuGH GRUR 2009, 572/575 Tz. 40, 46 – Apis-Hristovich). Diese Legaldefinition deckt sich nicht zuletzt unter Berücksichtigung der Rspr. des EuGH (s. Rdnr. 12 ff.) inhaltlich mit dem Begriff der Vervielfältigung als Werknutzung in körperlicher Form, wie er in Art. 4 lit. a der Computerprogrammrichtlinie (Richtlinie 91/250/EWG) niedergelegt und wörtlich als § 69c Nr. 1 für Computerprogramme in das UrhG übernommen worden ist, sowie mit den Definitionen der Vervielfältigung in Art. 7 der Vermiet- und Verleihrichtlinie, in Art. 5 a der Datenbankrichtlinie für Datenbankwerke und schließlich in Art. 2 der Informationsgesellschafts-Richtlinie, die wiederum ihre nationale Entsprechung in § 16 finden.

31 Gegenüber dem bereits vordem weiten Vervielfältigungsbegriff des § 16 beinhalten die europäische Definition in Art. 2 der Informationsgesellschafts-Richtlinie und die Freistellung vorübergehender Vervielfältigungshandlungen in deren Art. 5 Abs. 1 lediglich Klarstellungen bislang kontrovers diskutierter Fragen zu verschiedenen digitalen Arten der Vervielfältigung (so gilt § 16 auch im Rahmen der Spezialvorschrift des §§ 69c Nr. 1, s. § 44a Rdnr. 3, 9 ff.; § 69c Rdnr. 5 ff.; *Haberstumpf* in *Lehmann* [Hrsg.], Rechtsschutz[2], S. 69/132 ff.; *ders*. Rdnr. 157; *Dreier* in *Schricker* [Hrsg.] Informationsgesellschaft, S. 110 ff. jeweils mwN). Die genannten Vorschriften der Informationsgesellschafts-Richtlinie finden zwar auf das Recht des Datenbankherstellers keine unmittelbare Anwendung, weil deren Art. 2 ihn nicht als Rechtsinhaber aufführt und Art. 5 deswegen sowie wegen der abschließenden Schrankenregelung des Art. 9 der Datenbankrichtlinie (umgesetzt in Art. 87c) für ihn nicht gilt. Jedoch ist ihre **entsprechende Anwendung** geboten: für § 16 folgt dies selbstverständlicherweise aus dem ausdrücklichen Rückgriff auf die Rechte des urheberrechtlichen Teils des UrhG (ebenso § 44a Rdnr. 3 mwN, anders hingegen *Wandtke/Bullinger/v. Welser* § 44a Rdnr. 23), für § 44a, der Art. 5 Abs. 1 der Informationsgesellschafts-Richtlinie umsetzt, gebieten dies sein inhaltlicher Bezug auf § 16 und der insoweit praktisch erforderliche Gleichlauf der Verwertungsrechte des Urhebers und des Herstellers einer Datenbank. Überdies ist davon auszugehen, dass der Richtliniengeber und der nationale Gesetzgeber den andernfalls sich ergebenden Unterschied im Umfang des Vervielfältigungsbegriffs nach § 16 und § 87b Abs. 1 S. 1 offensichtlich nicht gesehen haben. Nicht zuletzt beruht diese Differenz auf der fehlenden systematischen Abgleichung der einzelnen Richtlinien, die jeweils einzelne Teile des Urheber- und Leistungsschutzrechts vereinheitlichen, und auf der eigenständigen Terminologie des Datenbankherstellerrechts (Entnahme statt Vervielfältigung). Es ist Aufgabe des nationalen Rechts für die systematische Widerspruchsfreiheit zu sorgen, so dass § 44a trotz der abschließenden Regelung des § 87c auf das Vervielfältigungsrecht nach § 87b Abs. 1 S. 1 entsprechende Anwendung finden sollte (im Ergebnis ebenso § 44a Rdnr. 3), In diesem Sinne hat sich der EuGH für eine weite Auslegung des Begriffs der Entnahme ausgesprochen und betont, dass im Interesse des gebotenen Schutzes gegen unerlaubte Kopiervorgänge **auch die indirekte Übertragung** von Daten vom Ausschließlichkeitsrecht der Entnahme als erfasst anzusehen sind (EuGH GRUR 2005, 244/248 Tz. 52 – BHB-Pferdewetten).

32 Als **Leitlinie für die Auslegung des Entnahmebegriffs** hat der EuGH ausgeführt, dass die Entnahme sich dem Sinn und Zweck der Norm entsprechend auf jede Handlung bezieht, die darin besteht, sich ohne die Zustimmung des Datenbankherstellers **die Ergebnisse seiner Investition anzueignen oder sie öffentlich verfügbar zu machen** und ihm damit die Einkünfte zu entziehen, die es ermöglichen sollen, die Kosten dieser Investition zu amortisieren (EuGH GRUR 2005, 244/248 Tz. 47, 51 – BHB-Pferdewetten; ebenso BGH GRUR 2005, 940/942 – Marktstudien; OLG Köln MMR 2007, 443/445 – DWD-Wetterdaten: unzumutbare Beeinträchtigung). Dabei ist es **nicht erforderlich,** dass die Daten durch einen **unmittelbaren Zugang** zu der geschützten Datenbank erlangt worden sind (EuGH GRUR 2005, 244/248 Tz. 53 f., 67 – BHB-Pferdewetten; ebenso BGH GRUR 2005, 940/942 – Marktstudien). Im Übrigen finden die für den Vervielfältigungsbegriff nach § 16 geltenden Grundsätze auch im Rahmen des § 87b Abs. 1 entsprechende Anwendung.

33 **a) Digitale Vervielfältigungsarten.** Abgesehen von der Anwendbarkeit des § 44a sind **digitale Vervielfältigungen elektronischer Datenbanken** nach § 87a Abs. 1 S. 1 angesichts der Übereinstimmung in den geregelten technischen Abläufen und der nahezu gleichlautenden Definition der Begriffe der Entnahme in Art. 7 Abs. 2 lit. a der Datenbankrichtlinie und der Vervielfältigung in Art. 5 lit. a der Informationsgesellschafts-Richtlinie sowie in Art. 4 Nr. 1 der Computerprogrammrichtlinie richtlinienkonform unter Zugrundelegung desselben Vervielfälti-

gungsbegriffs zu beurteilen, wie er in § 16 niedergelegt ist (ebenso § 4 Rdnr. 49; § 16 Rdnr. 17). Dies bedeutet, dass ihrem Hersteller neben der dauerhaften auch die **vorübergehende Vervielfältigung** einer Datenbank in digitalen Speichern vorbehalten ist, vorausgesetzt, die jeweilige Vervielfältigungshandlung betrifft einen zumindest wesentlichen Datenbankteil (EuGH GRUR 2009, 572/575 Tz. 42 – Apis-Hristovich; BGH GRUR 2009, 852/854 Tz. 36, 49 – Elektronischer Zolltarif; OLG Köln MMR 2007, 443/445 – DWD-Wetterdaten). Deshalb unterliegen unstreitig die – meist dauerhafte – Festlegung der Datenbank auf einem **digitalen Datenträger** gleich welcher Art (CD-ROM, DVD, Diskette, Festplatte, Magnetband, MO-Disk, Memory-Stick ua.) sowie die Überspielung von einem Datenträger, der nicht notwendig das Original sein muss, wohl aber in einer ununterbrochenen Kette von Vervielfältigungen zum Original zurückführt, auf einen anderen Datenträger dem Verbotsrecht nach Abs. 1 S. 1 (indirekte Vervielfältigung, s. EuGH GRUR 2005, 244/248 Tz. 52 – BHB-Pferdewetten; BGH GRUR 2009, 852/856 Tz. 56 – Elektronischer Zolltarif). Dies gilt ebenfalls für den **Ausdruck wesentlicher Datenbankteile,** für ihre **Digitalisierung** (OLG Hamburg GRUR-RR 2002, 251 – Handy-Klingeltöne; HG Wien MR 1998, 25 – Radio Melody I; *Dreier/Schulze/Schulze* § 16 Rdnr. 13; eingehend § 16 Rdnr. 17f.) und für ihr **Einscannen** (Einzelheiten § 69c Rdnr. 6; § 16 Rdnr. 17 jeweils mwN; demgegenüber unzutreffend ist die Auffassung, die Digitalisierung stelle eine unbenannte Nutzungsart dar, so aber *Lehmann* in *Lehmann* [Hrsg.], Multimediarecht, S. 57/58 ff.). Dem Datenbankhersteller vorbehalten sind ferner **vorübergehende Vervielfältigungen** der Datenbank wie etwa ihre Festlegung **im Arbeits- oder in einem Zwischenspeicher** des Computers (EuGH GRUR 2009, 572/575 Tz. 42 – Apis-Hristovich; OLG Köln MMR 2007, 443/444 – DWD-Wetterdaten). Dies gilt selbst dann, wenn sie alsbald wieder gelöscht werden (ausführlich dazu § 69c Rdnr. 7f.; § 16 Rdnr. 20 jeweils mwN). Nicht anders zu beurteilen ist bei Online-Nutzungen einer Datenbank **die digitale Ablage** eines zumindest wesentlichen Teils der Datenbank **in der Mail-Box** des Benutzers oder – bei **Benutzungshandlungen im Internet** – das **Downloading** von Datenbanken vom Serverrechner auf den Arbeitsspeicher des eigenen Computers (Einzelheiten zu technisch bedingten Zwischenspeicherungen sowie zum **Routing** bei Internet-Benutzungen s. die Erläuterungen unter § 16 Rdnr. 22, 25 und zum umgekehrten **Uploading** (§ 16 Rdnr. 23 mwN). Die Rechtswidrigkeit entfällt freilich bei **normalen Nutzungen** wie der Übertragung einer Datenbank von einer CD-ROM auf die Festplatte eines Computers, ohne den mit einer elektronischen Datenbank nicht gearbeitet werden kann. Diese Vervielfältigungshandlung genügt dem Erfordernis des **bestimmungsgemäßen Gebrauchs,** in den mit dem Verkauf der CD-ROM stillschweigend eingewilligt wird (EuGH GRUR 2005, 244/248 Tz. 54 – BHB-Pferdewetten; EuGH GRUR 2008, 1077/1080 Tz. 51 – Directmedia Publishing; BGH GRUR 2009, 852/854 Tz. 36 – Elektronischer Zolltarif). Ein Datenabgleich gehört, wie der BGH in der zitierten Entscheidung ausgeführt hat, dazu nicht.

Extrem kurze Festlegungen beim Durchsuchen von Datenbanken, wie sie beim **Browsing** und **Caching** stattfinden, werden hinsichtlich ihrer rechtlichen Relevanz unterschiedlich beurteilt (s. § 16 Rdnr. 21 mwN). Sie fallen jedoch ebenso unter die Schrankenregelung des § 44a (s. Rdnr. 39 sowie § 44a Rdnr. 10, 11) wie die Überspielung einer Datei von einem erlaubterweise benutzten Datenspeicher (CD-ROM ua.) auf den Arbeitsspeicher eines Rechners. Bei der bloßen **Wiedergabe auf dem Bildschirm** hingegen erfolgt nach einhelliger Meinung keine nachgeordnete, erneute körperliche Festlegung, die gemäß § 44a Nr. 2 erlaubnisfrei zulässige (sa. Erwgr. 44) ist, sondern eine erlaubnisfreie unkörperliche Wiedergabe (BGH GRUR 1991, 449/453 – Betriebssystem; ausführlich § 69c Rdnr. 9 und § 16 Rdnr. 19 jeweils mwN). 34

b) Links und Frames ua. Eine differenzierende Betrachtung verlangen **Verweisungen im Internet.** Sie begegnen in Form von **Hyperlinks,** bei deren Aktivierung die aufgeschlagene Seite verlassen und die verlinkte Seite aufgerufen wird, **Inline-Links,** die fremde Texte unmittelbar in die eigene Seite übernehmen, und **Frames,** die im Gegensatz dazu die in Bezug genommenen Seiten eines anderen Anbieters unverändert, häufig mit Werbung verbunden in die Ursprungsseite integrieren, ohne dass die Homepage des Dritten aufgerufen werden muss (zum Begrifflichen *Sosnitza* CR 2001, 693/694f.; *Leistner* in *Bettinger/Leistner* [Hrsg.] Rdnr. 64ff.; *Dieselhorst* Anm. zu OLG Hamburg CR 2001, 704 – Roche Lexikon Medizin, S. 706ff.; *Decker* in *Hoeren/Sieber* [Hrsg.] Teil 7.6 Rdnr. 48ff.). Grundsätzlich stellt sich dabei die Frage des Eingriffs in ein Verwertungsrecht zum einen des Urhebers des in Bezug genommenen Werkes und zum anderen des Datenbankherstellers, aus dessen Datenbank das Werk entnommen worden ist. In letzterem Falle dürfte es dabei meist um Rechtsverletzungen unter dem Gesichtspunkt der 35

§ 87b

unzumutbaren Beeinträchtigung berechtigter Interessen durch die systematische Entnahme unwesentlicher Teile nach Abs. 1 S. 2 gehen. Der Endnutzer allerdings entnimmt der Datenbank meist nur unwesentliche Teile. Bei Seiten, die durch Framing und Inline-Linking in eine Seite Dritter integriert worden sind, tut er dies zudem, ohne in der Regel erkennen zu können, wessen Seite er tatsächlich ansteuert und vervielfältigt. Veranlasst hat eine solche Nutzung derjenige, der den Verweis auf seiner Webseite gesetzt bzw. den fremden Text in seine Webseite integriert und dadurch den Nutzern den Zugriff eröffnet hat. Er macht auf diese Weise wesentliche oder – zumindest wiederholt und systematisch unter unzumutbarer Beeinträchtigung der Interessen des Datenbankherstellers – unwesentliche Teile einer Datenbank öffentlich zugänglich und trägt dazu bei, dass die übernommenen Teile vervielfältigt werden (vgl. zB *Haberstumpf* GRUR 2003, 14/29; aA *Volkmann* GRUR 2005, 200/202). Liegt ein Eingriff vor, haftet für ihn in jedem Falle – unter Umständen neben dem Endnutzer (für die Vervielfältigung im Arbeitsspeicher, soweit ihm keine Schrankenregelungen nach § 87c zugute kommen) – der Frame- oder Linksetzer (für die ungenehmigte öffentliche Zugänglichmachung infolge der Inkorporation fremder Inhalte in die eigene Homepage), gleich, ob er als Haupttäter oder Teilnehmer des Eingriffs in vorbehaltene Rechte in Frage kommt (LG München I CR 2003, 526/527 – schwarzaufweiss; *Haberstumpf* GRUR 2003, 14/29; *Sosnitza* CR 2001, 693/698; *Schack* MMR 2001, 9/13f.; *Blaß* WRP 2000, 599/602; *Bettinger/Leistner* Rdnr. 70f.).

36 aa) Bei **Hyperlinks**, die namentlich durch **Suchmaschinen** auf eine im Internet öffentlich zugängliche Datei gesetzt werden, handelt es sich nicht um eine vorbehaltene Nutzungshandlung gleich welcher Art, sondern – vergleichbar einem traditionellen Querverweis oder Fundstellennachweis – lediglich um eine **technische Erleichterung des Zugangs** zu einer ohnehin jedermann zum Abruf bereitgestellten Datei (BGH GRUR 2003, 958/961 – Paperboy [zu Hyperlinks]; vorher umstritten, unzulässig: OLG Hamburg ZUM 2001, 512/513f. – Roche Lexikon Medizin; LG Köln JurPC Web-Dok. 211/2001 Abs. 14 – Frame-Linking [Verletzung des Verbreitungsrechts]; zulässig: OLG Köln GRUR-RR 2001, 97 – Suchdienst für Zeitungsartikel; LG Berlin JurPC Web-Dok. 185/2001 Abs. 17 – MainPost [konkludentes Einverständnis mit dem Zugriff über Deep Links]). Das Einverständnis des Rechtsinhabers dazu wird angenommen (ebenso OLG Düsseldorf MMR 1999, 729/732 – Frames; *Sosnitza* CR 2001, 693/699L; *Plaß* WRP 2000, 599/602; zurückhaltend *Leistner* in *Bullinger/Leistner* [Hrsg.] Rdnr. 76: die Annahme einer Zustimmung muss im Einklang mit der Zweckübertragung liegen; ablehnend *Schack* MMR 2001, 9/14).

37 bb) Das gilt, selbst wenn der Rechtsinhaber den unmittelbaren Durchgriff technisch verhindern könnte, auch für **Deep Links**, die unter Umgehung der Startseite und damit auch der häufig den jeweiligen Internetauftritt finanzierenden Werbung direkt zum gewünschten Dokument führen und so den erlaubnisfreien Abruf eines bereitgestellten Werkes oder einer Leistung lediglich komfortabler gestalten (aA OLG Hamburg ZUM 2001, 512 – Roche Lexikon Medizin; *Wiebe* in *Ernst/Vassilaki/Wiebe* [Hrsg.] Rdnr. 68; *Dreier/Schulze/Schulze* § 16 Rdnr. 14; *Schack* MMR 2001, 9/13; *Leistner* in *Bettinger/Leistner* [Hrsg.] Rdnr. 77; wie hier *Joppich* CR 2003, 504/507; *Wandtke/Bullinger/Heerma* § 16 Rdnr. 16). Die Beurteilung fällt selbst dann nicht anders aus, wenn auf die Volltexte durch einzelne ihnen entnommener Sätze (sog. Teaser) oder durch Schlagwörter neugierig gemacht wird (BGH GRUR 2003, 958/961 – Paperboy sowie Vorinstanz OLG Köln GRUR-RR 2001, 97/98 – Suchdienst für Zeitungsartikel). Zu einer Vervielfältigung kommt es in diesen Fällen erst nach der Aktivierung des Links durch das Laden des Datenbankinhalts in den Arbeitsspeicher (BGH GRUR 2003, 958/961f. – Paperboy; OLG Köln GRUR-RR 2001, 97 – Suchdienst für Zeitungsartikel; *Wandtke/Bullinger/Heerma* § 16 Rdnr. 16; *Wiebe* in *Ernst/Vassilaki/Wiebe* [Hrsg.] Rdnr. 29; *Loewenheim* in *Loewenheim/Koch* [Hrsg.] Kap. 7.2.4.7; *Koch* GRUR 1997, 417/430; *Sosnitza* CR 2001, 693/698; *Plaß* WRP 2001, 195/202; *dies.* WRP 2000, 599/601; *Nolte* ZUM 2003, 540/542; *Bechtold* ZUM 1997, 427/433; *Ernst* NJW-CoR 1997, 224 sowie in ZUM 2003, 860; aA *Wirtz* Rdnr. 143). Aus denselben Gründen scheidet auch eine Verletzung des Rechts der öffentlichen Zugänglichmachung aus (BGH GRUR 2003, 958/961f. – Paperboy). Eingehend zum Setzen von Links s. § 19a Rdnr. 46ff.

38 cc) Auf das **Framing** bezieht sich die Paperboy-Entscheidung des BGH nicht. Der Zugriff auf fremde Inhalte stellt sich dabei deutlich intensiver dar, weil diese in eine fremde Homepage integriert und dort bisweilen mit Werbung kombiniert zugänglich gemacht werden.

39 dd) Bei **Inline-Links** kommt demgegenüber erschwerend hinzu, dass mit dieser Technik fremde Inhalte direkt in die eigene Webseite des Übernehmenden eingebunden werden, ohne

dass es erst eines gesonderten Aufrufs der einbezogenen Seite bedarf und meist ohne dass deren Urheber erkennbar wird.

ee) Dasselbe gilt auch für sog. **Thumbnails,** mit denen Bilder fremder Webseiten in Kleinstformat (Fingernagelgröße) auf einer anderen Homepage erscheinen, um durch ihr Anklicken auf die Ursprungsseite des Bildes zu führen (BGH GRUR 2010, 628/629 f. Tz. 19 ff. – Vorschaubilder; vgl. auch die Vorinstanz OLG Jena MMR 2008, 408/410 – Thumbnail, mit im Wesentlichen zustimmender Anm. *Schack;* LG Hamburg ZUM 2009, 315/318 ff. – Suchmaschine G.; LG Hamburg GRUR-RR 2004, 313/315 – Thumbnails; *Ott* ZUM 2009, 345/346). Derartige Thumbnails berühren sowohl das Vervielfältigungsrecht als auch das Recht der öffentlichen Zugänglichmachung bereits durch die identische Übernahme fremder Inhalte (ebenso *Leistner* in *Bettinger/Leistner* [Hrsg.] Rdnr. 66, 70; sa. § 16 Rdnr. 9 sowie § 72 Rdnr. 26). Der BGH geht jedoch davon aus, dass derjenige, der ein Bild in das Internet einstellt, zwar keine rechtsgeschäftliche Erklärung durch Einräumung entsprechender Nutzungsrechte oder in Form einer schuldrechtlichen Gestattung abgibt, dass aber die Rechtswidrigkeit eines Eingriffs in das ausschließliche Recht des Lichtbildners wegen Vorliegens einer rechtsgeschäftsähnlichen Handlung in Form einer schlichten Einwilligung entfällt, weil ein Suchmaschinenbetreiber darauf vertrauen könne, dass eine unverschlüsselte Einstellung von Bildern ins Internet auch mit der Einwilligung in dessen Nutzung im Wege der üblichen Bildersuche verbunden sei (BGH GRUR 2010, 628/631 ff. Tz. 34 ff. – Vorschaubilder mwN). Dabei kommt es wegen der alleinigen Maßgeblichkeit des objektiven Erklärungsinhalts aus der Sicht des Erklärungsempfängers nicht darauf an, welche Nutzungshandlungen im Einzelnen mit der üblichen Bildersuche durch eine Bildersuchmaschine verbunden sind (BGH Tz. 36 – Vorschaubilder; ebenso bereits vorher *Berberich* MMR 2005, 145/147 f.; *Ott* ZUM 2007, 119/126 f.; *ders.* ZUM 2009, 345/346 f.; *v. Ungern-Sternberg* GRUR 2009, 369 ff., insbesondere 371 f.; *Leistner/Stang* CR 2008, 499/504 f.; aA *Schack* MMR 2008, 414/415 f.; *Schrader/Rautenstrauch* UFITA 2007/III, 761/776 ff.); sa. die dogmatisch kritische Anmerkung zur BGH-Entscheidung „Vorschaubilder" *Conrad* ZUM 2010, 585).

ff) Im Einzelfall ist es denkbar, dass derartige Verweisungen bzw. Einbeziehungen eine **gegenüber der Argumentation des BGH andere Bewertung** rechtfertigen. Dies gilt selbst dann, wenn der Berechtigte sein Werk zur allgemeinen Kenntnisnahme ins Netz gestellt hat und das Framing, Inline-Linking bzw. Setzen von Thumbnails durch technische Maßnahmen unterbinden könnte (vgl. OLG Hamburg ZUM 2001, 512/513 f. – Roche Lexikon Medizin; LG Köln ZUM 2001, 714/716 – Lyrik-Sammlung; *Wandtke/Bullinger/Thum* Rdnr. 43). Denn anders als bei Deep Links muss derjenige, der im Internet auftritt, mit dem Einsatz derartiger Hilfsmittel nicht unbedingt rechnen, weil er meist nicht wird voraussehen können, mit welchen Frames sein Werk in Verbindung gebracht wird, und weil dabei seine Adresskennung nicht aufscheint (ebenso *Niemann* Anm. zu LG München I CR 2003, 526 – schwarzaufweiss, S. 528/530; *Sosnitza* CR 2001, 693/700; *Joppich* CR 2003, 504/507). Deshalb wird einschränkend Framing nur unter zwei Voraussetzungen für zulässig zu erachten sein: zunächst muss deutlich erkennbar sein, dass es sich um einen fremden Inhalt handelt und wer der ursprüngliche Anbieter ist; sodann darf fremde Werbung nicht umgangen werden (vgl. *Leistner* in *Bettinger/Leistner* [Hrsg.] Rdnr. 76, enger *Schack* MMR 2001, 9/16 f.; aA *Blaß* WRP 2000/599/603 f.: auch mit Framing muss gerechnet werden). Entsprechendes hat für Inline-Links und Thumbnails zu gelten (s. zu Linking und Framing auch § 16 Rdnr. 24 mwN; zur wettbewerbsrechtlichen Beurteilung *Leistner* in *Bullinger/Leistner* [Hrsg.] Rdnr. 78 ff.).

c) Bei **analogen Datenbanken,** die meist als Bibliotheken, Artotheken, Bücher, Karteikarten, Microfiches, Filmlochkarten etc. auf traditionellen Trägermaterialien festgelegt sind, ergeben sich ebenfalls keine Besonderheiten des Vervielfältigungsbegriffs des Abs. 1 S. 1 gegenüber dem § 16. Denn nach seiner gesetzlichen Definition kommt es nicht darauf an, welche analoge oder digitale Vervielfältigungstechnik in Rede steht, ob eine Formatänderung erfolgt, ob ein Wechsel des Trägermediums stattfindet, ob die Datenbank oder zumindest wesentliche Teile von ihr infolge der körperlichen Fixierung unmittelbar oder nur mittelbar wahrnehmbar werden und ob mit der Vervielfältigung ein bestimmter Zweck verfolgt wird (Einzelheiten § 16 Rdnr. 5–15). Ein Telefonbuch kann deshalb nur mit Zustimmung seines (Datenbank-Herstellers auf Microfiches übertragen werden und auch das Einscannen eines Lexikons in einen digitalen Datenträger stellt eine zustimmungsbedürftige Vervielfältigungshandlung dar (so. Rdnr. 16; zur Vervielfältigung mit Änderungen der Vorlage ausführlich *Schricker* ArchivPT 1996, 5/12 ff.).

§ 87b

43 **d) Beweisfragen.** Nach allgemeinen Grundsätzen kommt dem Umstand, dass materielle und technische Merkmale einer Datenbank in der Datenbank eines anderen Herstellers vorkommen, indizielle Wirkung für eine Vervielfältigungshandlung nach Abs. 1 zu, sofern sich eine solche Übereinstimmung nicht durch andere Faktoren als eine Vervielfältigung erklären lässt (EuGH GRUR 2009, 572/575 Tz. 51, 55 – Apis-Hristovich).

3. Verbreitungsrecht

44 Das **Verbreitungsrecht** des Datenbankherstellers nach Abs. 1 S. 1 **ist Teil des** in Art. 7 Abs. 2 lit. b der Datenbankrichtlinie definierten **Rechts der Weiterverwendung** als jede Form der öffentlichen Verfügbarmachung der Gesamtheit oder eines wesentlichen Teils der Datenbank durch die Verbreitung von Vervielfältigungsstücken, durch Vermietung, durch Online-Übermittlung oder durch andere Formen der Übermittlung. Ebenso wie beim Verbreitungsrecht des Urhebers an Datenbankwerken bedarf der Begriff der Verbreitung in Abs. 1 S. 1 einer weiten Auslegung. Er steht damit im Einklang mit dem Verbreitungsbegriff nach § 69c Nr. 3 und dem inhaltlich übereinstimmenden § 17 Abs. 1, die beide als europäisch harmonisiertes Urheberrecht wiederum den Vorgaben des Art. 4 der Computerprogramm- und Art. 4 der Informationsgesellschafts-Richtlinie entsprechen (s. § 69c Rdnr. 1, 21 ff.; ferner § 4 Rdnr. 50) und sowohl das Angebot von Vervielfältigungsstücken an die Öffentlichkeit (dazu § 17 Rdnr. 6 ff.; § 69c Rdnr. 19 f.) als auch ihr Inverkehrbringen einschließt (s. § 17 Rdnr. 11; § 69c Rdnr. 23 f.). Die Erläuterungen zu § 17 und zu § 69c Nr. 3 gelten deshalb auch für das Verbreitungsrecht nach § 87b Abs. 1 S. 1, freilich mit der gesetzlichen Einschränkung der Verwertungsrechte des Datenbankherstellers auf wesentliche Datenbankteile und mit der Ausnahme für das Verleihen.

45 Das **Recht der Weiterverwendung** nach Art. 7 Abs. 2 lit. b der Datenbankrichtlinie erschöpft sich, soweit es die körperliche Verwertungsform der Verbreitung des Originals oder eines Vervielfältigungsstücks einer Datenbank umfasst, europaweit, wenn die Verbreitung des Vervielfältigungsstücks durch den Rechtsinhaber im Wege der Erstveräußerung innerhalb der EU und des EWR erfolgt (Art. 7 Abs. 2 lit. b S. 2 und nunmehr auch Art. 4 Abs. 2 der Informationsgesellschafts-Richtlinie). Der **Grundsatz der europaweiten Erschöpfung des Verbreitungsrechts** im Falle der Erstveräußerung eines Vervielfältigungsstücks in einem Mitgliedstaat der EU oder einem Vertragsstaat des EWR ist durch die Inbezugnahme des § 17 Abs. 2 in § 87b Abs. 2 umgesetzt (s. Rdnr. 5 f.; Einzelheiten zur Erschöpfung des Verbreitungsrecht unter § 17 Rdnr. 42 ff.). Die Erschöpfungswirkung tritt nur mit der Verbreitung einer geschützten Datenbank ein und betrifft auch nur das Verbreitungsrecht an ihr selbst, **nicht** hingegen die **Erschöpfung des Verbreitungsrechts an ihren Elementen.** Denn die Rechte an einer Datenbank lassen die Rechte an deren Einzelbestandteilen unberührt. Genießen die Elemente als Werke oder Leistungen Sonderschutz, der dem Berechtigten ein Verbreitungsrecht an ihnen gewährt, erschöpft dieses nicht automatisch mit der Verbreitung der Datenbank. Vielmehr wird die Erschöpfungswirkung nur herbeigeführt, wenn der Berechtigte seine Zustimmung zur Verbreitung des einzelnen Elements erteilt hat. Besteht an ihnen kein sonderschutzrechtliches Verbreitungsrecht, wie dies bei bloßen Daten oder Fakten der Fall ist, kann auch keine Erschöpfungswirkung eintreten (dies übersieht das OLG München GRUR-RR 2002, 89/90 – Marktdaten; inzwischen richtig gestellt in der Revisionsentscheidung BGH GRUR 2005, 940/942 – Marktstudien). Dasselbe gilt für Elemente, die zwar grundsätzlich schutzfähig sind, jedoch nicht oder nicht mehr nach dem UrhG geschützt sind.

46 Als **Form der körperlichen Verwertung** ist die Verbreitung nach harmonisiertem europäischem Urheberrecht und ihm angepasstem nationalem Recht (§ 15 Abs. 1 Nr. 2) von den unkörperlichen Verwertungsformen zu unterscheiden. Dies gilt namentlich im Verhältnis zur öffentlichen Zugänglichmachung (Online-Übermittlung), die nach Art. 3 Abs. 3 der Informationsgesellschafts-Richtlinie und dem ihm nachgebildeten § 19a als unkörperliche Verwertung und nicht als eine der Erschöpfung unterliegende Verbreitungshandlung anzusehen ist (früher umstritten: wie hier *Gaster* ÖSGRUM 19 [1996] 15/21 f.; *ders.* CR 1997, 669/675; *Flechsig* ZUM 1997, 577/584; *Vogel* ZUM 1997, 592/600; aA *Berger* GRUR 1997, 169/176; *Lehmann* in *Möhring/Schulze/Ulmer/Zweigert* [Hrsg.] S. 10 f.; *ders.* in *Lehmann* [Hrsg.], Multimediarecht, S. 67/71 Fn. 16; *Kotthoff* GRUR 1997, 597/599 f., der die Nutzung von CD-ROMs in betriebseigenen Netzen als Verbreitung in Form der Vermietung qualifiziert, soweit die Gebrauchsüberlassung nicht im Rahmen von Arbeits- oder Dienstverhältnissen erfolgt; Einzelheiten s. die ausführlichen Erläuterungen zu § 4 Rdnr. 50, 54; § 15 Rdnr. 19 ff.; § 17 Rdnr. 5; § 69c Rdnr. 21 jeweils mwN). Davon geht auch das harmonisierte europäische Recht aus, welches die

Online-Übermittlung als Dienstleistung versteht und folglich dieses Recht nicht dem allein auf körperliche Verwertungsformen anwendbaren Erschöpfungsgrundsatz unterstellt (Erwgr. 43; Art. 7 Abs. 2 lit. b S. 2 der Richtlinie; Einzelheiten zur Erschöpfung § 15 Rdnr. 30 ff.; § 17 Rdnr. 42 ff.). Das Recht der Online-Übermittlung ist deshalb bereits vor dem Inkrafttreten des § 19 a als ein unbenanntes Recht der öffentlichen Wiedergabe iSd. § 15 Abs. 2 angesehen worden (s. Rdnr. 29; vor §§ 87a ff. Rdnr. 19; ausführlich zu den Innominatrechten mit jedoch anderer Auffassung zur Öffentlichkeit der Wiedergabe § 15 Rdnr. 18, 22 ff., 59 f.). Unabhängig von der Frage, welches Verwertungsrecht betroffen ist, stellt das Setzen von Hyperlinks keinen Eingriff in vorbehaltene Rechte dar (Einzelheiten Rdnr. 35 f.).

Das in Art. 7 Abs. 2 lit. b der Richtlinie dem Datenbankhersteller vorbehaltene **Vermietrecht** ist im Einzelnen bereits in der europäischen Vermiet- und Verleihrichtlinie (Richtlinie 92/100/EWG) harmonisiert. Die dort getroffenen Regelungen lässt Art. 2 lit. b der Datenbankrichtlinie ausdrücklich unberührt, so dass sie entsprechend auch für das Recht an Datenbanken gelten (Erwgr. 24). Nach der Dogmatik des UrhG wird das Vermietrecht als das Recht der zeitlich begrenzten, unmittelbar oder mittelbar Erwerbszwecken dienenden Gebrauchsüberlassung (§ 17 Abs. 3) vom Verbreitungsrecht umfasst, unterliegt jedoch nach § 17 Abs. 2 nicht der Erschöpfung (zur Umsetzung des europäischen Vermietrechts in das UrhG § 17 Rdnr. 1, 30). § 17 gilt deshalb auch für das Vermietrecht des Datenbankherstellers entsprechend (Einzelheiten § 17 Rdnr. 30 ff.). **47**

Das **Verleihrecht** zählt nach Art. 7 Abs. 2 letzter Satz der Richtlinie nicht zu den ausschließlichen Rechten der Entnahme und Weiterverwendung. Dies hat anders als gemäß § 17 zur Folge, dass nach §§ 87 a ff. geschützte Datenbanken selbst dann verliehen werden dürfen, wenn das Verbreitungsrecht nicht erschöpft ist. Der Wortlaut des § 87 b Abs. 1 S. 1 bringt dies nicht zum Ausdruck. Er ist deshalb im Lichte der Richtlinie einschränkend dahingehend auszulegen, dass das ausschließliche Verbreitungsrecht des Datenbankherstellers nicht das Verleihrecht umfasst. Das hat Konsequenzen für den Vergütungsanspruch für das Verleihen von Datenbanken nach § 87 b Abs. 2. Zwar bleiben nach Art. 2 lit. b der Datenbankrichtlinie die Vorschriften der Vermiet- und Verleihrichtlinie unberührt, jedoch bezieht sich letztere Richtlinie nicht auf das neuartige Recht sui generis an Datenbanken. Auch die Datenbankrichtlinie sieht einen solchen Vergütungsanspruch für das Verleihen nicht vor. Wegen der damit verbundenen disharmonisierenden Wirkung sind die nationalen Gesetzgeber der Mitgliedstaaten daran gehindert, dem Datenbankhersteller den weder mit der Vermiet- und Verleihrichtlinie noch mit der Datenbankrichtlinie im Einklang stehenden Vergütungsanspruch für das Verleihen von Datenbanken zu gewähren (sa. Rdnr. 62; aA *Lehmann* in *Möhring/Schulze/Ulmer/Zweigert* [Hrsg.] S. 11 Fn. 60). **48**

4. Recht der öffentlichen Wiedergabe

Das Recht der öffentlichen Wiedergabe nach Abs. 1 S. 1 findet keine wörtliche Entsprechung in der Richtlinie. Dort ist lediglich von dem Recht der „Online-Übermittlung oder anderen Formen der Übermittlung" die Rede (Art. 7 Abs. 2 lit. b). Gleichwohl ist es aus mehreren Gründen gerechtfertigt, den Begriff der Übermittlung unter dem eingeführten Begriff der öffentlichen Wiedergabe in das nationale Recht zu transformieren. Dafür spricht zunächst die Annahme, dass angesichts der vielfältigen Überschneidungen von Datenbankurheber- und Datenbankherstellerrecht weitreichende Unterschiede in der Art der jeweils gewährten Verwertungsrechte vermieden werden sollten; dafür spricht – unter dogmatischen Gesichtspunkten – ferner, dass die Richtlinie in Kap. II den weiten Oberbegriff der öffentlichen Wiedergabe zur Bezeichnung sämtlicher dem Datenbank**urheber** gewährten ausschließlichen Rechte der Werknutzung in unkörperlicher Form verwendet, der auch ohne gesonderte Erwähnung das Recht der öffentlichen Zugänglichmachung umfasst (vgl. Art. 5 lit. d); und schließlich spricht dafür die systematische Erwägung, dass beim Recht sui generis der Begriff der Entnahme als Synonym der Vervielfältigung, und der Begriff der Weiterverwendung, welcher nach der Definition des Richtliniengebers die Verbreitung eines Werkstücks umfasst, bereits die Verwertung der Datenbank in körperlicher Form vollständig abdecken, so dass mit dem Begriff der „Online-Übermittlung und anderen Formen der Übermittlung" lediglich noch ihre unkörperliche Verwertung durch die öffentliche Wiedergabe gemeint sein kann, wie sie im Übrigen inhaltlich unter Berücksichtigung der Bestimmungen der WIPO-Verträge (WCT und WPPT) in Art. 3 der Informationsgesellschafts-Richtlinie 2001/29/EG definiert wird (ähnlich *Grützmacher* S. 339: Vortrags- und Senderecht andere Formen der Übermittlung iSd. Richtlinie; aA *Roßnagel/v. Lewinski* Rdnr. 24: zu weitgehend). **49**

§ 87b

50   a) Von den **benannten Verwertungsrechten der öffentlichen Wiedergabe** sind die auf bestimmte Werkkategorien beschränkten Rechte des Vortrags und der Aufführung (§ 19 Abs. 1 und 2) für das Recht an Datenbanken praktisch ohne Bedeutung (ebenso *Dreier* in *Schricker* [Hrsg.], Informationsgesellschaft, S. 132 f.). Denn Datenbanken werden weder als Sprachwerke öffentlich persönlich dargeboten noch öffentlich bühnenmäßig aufgeführt. Deshalb kommt auch eine Wahrnehmbarmachung der Datenbank mit technischen Einrichtungen außerhalb des Raumes, in dem die Aufführung oder Darbietung stattfindet (§ 19 Abs. 3), nicht in Frage. Mitunter begegnen andere Formen der Wahrnehmbarmachung, bei denen Datenbanken unmittelbar für die menschlichen Sinne wahrnehmbar und damit für eine zwangsläufig an demselben Ort versammelte Öffentlichkeit wiedergegeben werden (s. § 21 Rdnr. 9). So können Datenbanken nach § 19 Abs. 4 vorgeführt oder durch Bild- oder Tonträger (§ 21) bzw. von Funksendungen übernommen (§ 22) öffentlich wiedergegeben werden, etwa wenn eine Datenbank, wie dies bisweilen begegnen mag, in einem Satellitenfoto oder in Papierform verkörpert ist und im Rahmen eines Vortrags mittels eines Dia- oder Overhead-Projektors öffentlich an die Wand projiziert wird. In Frage kommt auch die Sendung (§§ 20, 20 a) einer derartigen Datenbank, etwa wenn sie in Form von Bildern in einer Fernsehsendung ausgestrahlt wird (sa. § 87 a Rdnr. 9). Als Beispiel ist die Sendung von Börsendatenbanken zu nennen, die im Übrigen darüber hinaus auch auf Bildschirmen in Wartehallen wiedergegeben (§ 22) oder vorgeführt werden können (§ 19 Abs. 4) (sa. *Roßnagel/v. Lewinski* Rdnr. 24).

51   b) **Öffentliche Zugänglichmachung (Online-Übermittlung).** Nach §§ 87 a ff. geschützte Datenbanken werden folglich weniger auf traditionelle Nutzungsarten öffentlich wiedergegeben, weil es an einer unmittelbaren Wahrnehmbarmachung (Einzelheiten § 19 Rdnr. 2) oder einem Zugänglichmachen mit sendetechnischen Mitteln fehlt (näher § 20 Rdnr. 3). Vielmehr steht bei ihnen das Art. 3 der Informationsgesellschafts-Richtlinie umsetzende Recht der öffentlichen Zugänglichmachung elektronischer Datenbanken nach § 19 a im Vordergrund (sa. Rdnr. 28). Es ist an die Stelle des vordem angenommenen Innnominatrechts als einem Unterfall der öffentlichen Wiedergabe getreten, bei dem unter Verzicht auf das Erfordernis der Gleichzeitigkeit der Wiedergabe die Öffentlichkeit kumulativ und/oder sukzessiv durch wiederholte Wiedergabehandlungen hergestellt wird (s. § 17 Rdnr. 6 mwN; ebenso Beschlussempfehlung und Bericht des Ausschusses BTDrucks. 13/7934 S. 45; zu den Innominatfällen insbesondere und mit teilweise abweichender Beurteilung der Online-Übermittlung § 15 Rdnr. 22 ff; eine Klarstellung hinsichtlich der sukzessiven Öffentlichkeit hielt noch *Dreier* in *Schricker* [Hrsg.], Informationsgesellschaft, S. 134 für erforderlich; Einzelheiten § 15 Rdnr. 71 jeweils mwN). Wenngleich Art. 3 Abs. 2 der Informationsgesellschafts-Richtlinie den Datenbankhersteller nicht als Inhaber dieses Verwertungsrechts aufführt, ist davon auszugehen, dass das Recht der Online-Übermittlung in Art. 7 Abs. 2 lit. b der Datenbankrichtlinie inhaltlich Art. 3 Abs. 1 der Informationsgesellschafts-Richtlinie entspricht (s. die Erläuterungen zu § 19 a). Es wird im Übrigen durch Linking nicht verletzt; bei Framing ist dies zweifelhaft (Einzelheiten Rdnr. 35, 38).

5. Unerlaubte Nutzung unwesentlicher Teile (Abs. 1 S. 2)

52   Abs. 1 S. 2 stellt die Vervielfältigung, Verbreitung oder öffentliche Wiedergabe **unwesentlicher Teile einer Datenbank** der Nutzung wesentlicher Datenbankteile gleich, wenn Nutzungshandlungen **wiederholt und systematisch** vorgenommen werden und – in Anlehnung an den Wortlaut von Art. 9 Abs. 2 RBÜ – **der normalen Auswertung der Datenbank zuwiderlaufen oder die berechtigten Interessen ihres Herstellers unzumutbar beeinträchtigen.** Als Umgehungstatbestand verhindert diese Vorschrift, dass die im Interesse des freien Informationszugangs normierte erlaubnisfreie Nutzung unwesentlicher Datenbankteile in planmäßiger und schädigender Weise erfolgt, so dass sie im Ergebnis der Nutzung wesentlicher Teile gleichzustellen ist und das Verbotsrechts des Datenbankherstellers nach Abs. 1 S. 1 unterläuft (EuGH GRUR 2005, 244/251 Tz. 91 – BHB-Pferdewetten; *Haberstumpf* GRUR 2003, 14/28). Daneben kann der Datenbankhersteller solche Nutzungen unwesentlicher Teile einer Datenbank, die nicht wiederholt und systematisch erfolgen, gleichwohl aber ihre normale Auswertung stören oder seine berechtigten Interessen unzumutbar beeinträchtigen, durch vertragliche Vereinbarungen unterbinden (s. § 87 e).

53   Für die Bestimmung **unwesentlicher Teile** einer Datenbank gelten die Kriterien, die für die Beurteilung der Wesentlichkeit von Datenbankteilen nach Abs. 1 S. 1 maßgeblich sind, entsprechend (s. Rdnr. 12 ff.; sa. § 87 a Rdnr. 40). Unwesentlich ist somit auch hier alles, was nicht wesentlich ist (EuGH GRUR 2005, 244/250 Tz. 73 – BHB-Pferdewetten).

Die **wiederholten Nutzungen** unwesentlicher Teile **müssen sich in ihrer Summe zu** 54
einer Nutzung eines wesentlichen Teils der Datenbank hochrechnen (EuGH GRUR
2005, 244/251 Tz. 89 – BHB-Pferdewetten; kritisch insoweit *Leistner* Anm. zu dieser Entscheidung JZ 2005, 408/410, der darauf hinweist, dass ein Schaden für die Amortisation bereits vor
Erreichen der kumulativen Wesentlichkeitsgrenze eintreten könne) und **zugleich auf einem
systematischen Vorgehen** beruhen (ebenso OLG Köln ZUM-RD 2003, 421/422 – EZT).
Wiederholte Nutzungen ohne systematisches Vorgehen reichen nicht aus. Nach dem Sinn und
Zweck der Vorschrift können die wiederholten Nutzungen ein und demselben, aber auch mehreren Datenbankteilen gelten und in verschiedenen Nutzungsarten erfolgen (*Leistner* S. 181;
Dreier/Schulze/Dreier Rdnr. 11; *Wandtke/Bullinger/Thum* Rdnr. 13). Denkbar ist folglich, dass
ein Teil der entnommenen Daten vervielfältigt, ein anderer Teil dagegen online abgerufen wird.
Begrifflich ist Wiederholung mehr als ein einziges Mal. Eine zweimalige Nutzung lässt freilich
kaum eine Entscheidung darüber zu, ob sie auch systematisch, dh. aus der Perspektive des Nutzers planmäßig und nach sachlogischen Kriterien, erfolgt. Für ein planmäßiges und sachlogisches
Vorgehen könnte etwa der Umstand sprechen, dass die wiederholten Nutzungen unwesentlicher
Teile in einem engen zeitlichen Zusammenhang stehen oder die jeweils entnommenen unwesentlichen Teile sich inhaltlich ergänzen, während ein solches Vorgehen eher fern liegt, wenn
sich die Wiederholung der Entnahmen nur zufällig aus einem bestimmten Verwendungszweck
ergibt (*Haberstumpf* GRUR 2003, 14/28). Letztlich ist **eine Einzelfallentscheidung unter Berücksichtigung aller Umstände** gefordert (vgl. *Leistner* GRUR Int. 1999, 819/833; *Fromm/
Nordemann/Hertin*[9] Rdnr. 14; *Dreier/Schulze/Dreier* Rdnr. 13; *Wandtke/Bullinger/Thum* Rdnr. 14).
Dabei ist Abs. 1 S. 2 im Zweifel eng auszulegen, da er eine Ausnahme gegenüber dessen S. 1
regelt (*Dreier/Schulze/Dreier* Rdnr. 13; *Walter/v. Lewinski* Art. 7 Rdnr. 16).

Die wiederholten und systematischen Nutzungen unwesentlicher Teile einer Datenbank müs- 55
sen **entweder deren normaler Auswertung zuwiderlaufen oder die berechtigten Interessen ihres Herstellers unzumutbar beeinträchtigen.** Diese Erfordernisse entsprechen den
beiden Merkmalen, die neben dem Vorliegen eines Sonderfalls die Voraussetzungen des Dreistufentests nach Art. 9 Abs. 2 RBÜ, Art. 13 TRIPS, Art. 10 Abs. 2 WCT, Art. 16 Abs. 2 WTPT
sowie Art. 5 Abs. 5 der Informationsgesellschafts-Richtlinie 2001/29/EG bilden, dort jedoch
nicht alternativ wie nach Abs. 1 S. 2, sondern kumulativ wie im Übrigen auch nach § 69 e
Abs. 3 anzuwenden sind (vgl. auch die Erläuterungen dort Rdnr. 21). Wegen der Gleichstellung
der Nutzungen nach Abs. 1 S. 2 mit der Nutzung wesentlicher Teile nach Abs. 1 S. 1 lassen sich
die Kriterien für die Bestimmung der Wesentlichkeit nach Abs. 1 S. 1 auch für die Auslegung
der Merkmale der beiden Handlungsvarianten des Abs. 1 S. 2 fruchtbar machen. Jedoch kann
das Vorliegen der Voraussetzungen nach Abs. 1 S. 2 letztlich nur anhand des jeweiligen Einzelfalles festgestellt werden (OLG Dresden ZUM 2001, 595/597 – Sächsisches Ausschreibungsblatt;
Fromm/Nordemann/Hertin[9] Rdnr. 15; *Dreier/Schulze/Dreier* Rdnr. 13).

Der Prüfung der Voraussetzungen des Abs. 1 S. 2 ist ein **objektiver Maßstab** zugrunde zu 56
legen, wie es die Begriffe der „normalen Nutzung" und der „berechtigten" Interessen erkennen
lassen (*Wandtke/Bullinger/Thum* Rdnr. 15). Wegen der alternativen Formulierung des zu der
wiederholten und systematischen Nutzung unwesentlicher Teile hinzutretenden weiteren
Merkmals ist der Tatbestand bereits erfüllt, wenn die Nutzungen entweder der normalen Nutzung zuwiderlaufen **oder** die berechtigten Interessen des Rechtsinhabers unzumutbar beeinträchtigen. Eine Nutzungshandlung kann somit der normalen Nutzung zuwiderlaufen, ohne die
berechtigten Interessen des Rechtsinhabers unzumutbar zu beeinträchtigen und umgekehrt. Eine
Überschneidung der Alternativen ist denkbar (aA *Dreier/Schulze/Dreier* Rdnr. 14 in gebotener
enger Auslegung der Vorschrift).

Der **normalen Nutzung steht entgegen,** wenn der Nutzer sich beim Aufbau eines Kon- 57
kurrenzprodukts durch die systematischen Entnahmen eigene Aufwendungen erspart (OLG
Dresden ZUM 2001, 595/597 – Sächsisches Ausschreibungsblatt; LG Köln ZUM-RD 2000,
304/308 – Kidnet.de: selbst die Übernahme weniger Links von insgesamt 251 zu kommerziellen Zwecken ausreichend). Sodann findet Abs. 1 S. 2 Anwendung, wenn der Nutzer für
die wiederholten und systematischen Entnahmen und Weiterverwendungen unwesentlicher
Datenbankteile Nutzungsverträge mit dem Rechtsinhaber hätte abschließen müssen (ebenso
Haberstumpf GRUR 2003, 14/28: *Leistner* GRUR Int. 1999, 819/833; *Wandtke/Bullinger/Thum*
Rdnr. 16; einschränkend *Dreier/Schulze/Dreier* Rdnr. 14: nicht schon jede denkbare Auswertung
vorbehalten, weil andernfalls dieses Erfordernis seinen Sinn verlöre). Letzteres ist nicht nur dann
der Fall, wenn sein Vorgehen dazu dient, ein parasitäres Konkurrenzprodukt aufzubauen, sondern auch, wenn der Investition des Datenbankherstellers ganz allgemein ein wesentlicher Scha-

§ 87b

den zugefügt wird (Erwgr. 42). Dafür ist die Verfolgung kommerzieller Interessen des Nutzers zumindest ein Indiz (ähnlich *Dreier/Schulze/Dreier* Rdnr. 14: reicht allein nicht aus). Die Beschränkung des Begriffes der „Störung der normalen Auswertung" auf solche Nutzungen, die dem Aufbau einer unmittelbaren wirtschaftlichen Konkurrenz dienen, erscheint zu eng, vielmehr liegt auch dann eine Störung vor, wenn die Entnahmehandlungen zur Ausübung einer anderen Tätigkeit erfolgt (vgl. EuGH GRUR 2005, 244/251 Tz. 87 – BHB-Pferdewetten; aA *Dreier/Schulze/Dreier* Rdnr. 14: unmittelbare Konkurrenz erforderlich). Andererseits begründet die Wiedergabe lediglich kleiner Satzteile der Datenbankelemente keinen Eingriff in die normale Nutzung, weil sie bloß auf den Inhalt der Datenbank aufmerksam macht, seine Nutzung aber nicht ersetzt (BGH GRUR 2003, 958/962 – Paperboy). Nicht erforderlich ist, dass der Rechtsinhaber die die normale Auswertung störende Nutzung bereits selbst ausübt. Es reicht vielmehr, wenn sie seinen wirtschaftlichen Aktionsradius auf dem von ihm betretenen Markt einengt (*Dreier/Schulze/Dreier* Rdnr. 14). Bei den vorzunehmenden Abwägungen ist stets der Gesetzeszweck des Investitionsschutzes im Auge zu behalten. Der Wortlaut der Vorschrift verlangt nicht den Nachweis eines konkreten Schadens (ebenso *Dreier/Schulze/Dreier* Rdnr. 14; *Wandtke/Bullinger/Thum* 15).

58   Die zweite Alternative unzulässiger systematischer Nutzungen unwesentlicher Teile betrifft die Art und Weise der Nutzungen, die eine **unzumutbare Beeinträchtigung berechtigter Interessen** des Datenbankherstellers zur Folge haben (*Haberstumpf* GRUR 2003, 14/28; *Fromm/Nordemann/Hertin*[9] Rdnr. 15; *Dreier/Schulze/Dreier* Rdnr. 16). Dabei vermag nicht jede Interessenbeeinträchtigung das Verbotsrecht zu begründen, sondern nur die im Einzelfall unzumutbare. Was der Datenbankhersteller hinzunehmen hat, ist im Lichte des Normzwecks zu entscheiden. Da es folglich auch bei dieser Variante um den Schutz des Amortisationsinteresses des Datenbankherstellers geht (*Dreier/Schulze/Dreier* Rdnr 16), das durch das Informationsinteresse der Allgemeinheit gesetzliche Einschränkungen erfährt, ist das Erfordernis der Unzumutbarkeit an ihm zu messen. Richtschnur ist Erwgr. 42, nach dem die Voraussetzungen einer Nutzungsuntersagung gegeben sind, wenn Nutzungshandlungen in Rede stehen, die über die berechtigten Interessen des Nutzers hinausgehen und somit der Investition Schaden zufügen. Die Rechtsprechung hat sich in der Vergangenheit wiederholt dazu geäußert, als es um die Zulässigkeit des Linking und die dadurch veranlasste Umgehung von Werbung auf der Ausgangsseite eines Internetauftritts ging (Einzelheiten dazu Rdnr. 17 mwN; *Dreier/Schulze/Dreier* Rdnr. 17; sa. *Wiebe* CR 2005, 169/173). Mit der Paperboy-Entscheidung des BGH (GRUR 2003, 958) ist diese Frage geklärt. Es fehlt insoweit an einer relevanten Nutzung nach Abs. 1 S. 1. Für das sachverhaltlich unterschiedliche Framing ist die Frage noch höchstrichterlich offen (s. Rdnr. 17 am Ende).

6. Insbesondere amtliche Register

59   Bei amtlichen Datenbanken beurteilt sich der amtliche Charakter als amtliche Bekanntmachung iSd. § 5 Abs. 1 oder als anderes amtliches Werk iSd. § 5 Abs. 2 dem Schutzgegenstand des Datenbankherstellerrechts entsprechend (s. § 87a Rdnr. 30ff.) nach der Gesamtheit der zusammengestellten Daten, also nach dem Wesen der Datenbank als solcher und nicht nach dem amtlichen Charakter der einzelnen Datenbankelemente (EuGH GRUR Int. 2009, 501/508 Tz. 71 ff. – Apis-Hristovich; BGH GRUR 2009, 852/854 Tz. 32 – Elektronischer Zolltarif; BGH GRUR 2007, 137, 138 Tz. 11 ff. – Bodenrichtwertsammlung; *v. Ungern-Sternberg* GRUR 2008, 291/293 f.). Sie stehen als amtliche Register (Vereins-, Handels- oder Schiffsregister, Verkehrsstrafenregister, kommunale Kfz-Register, Grundbuch, Patent- und Urheberrolle, Markenregister, Geschmacksmusterregister, Bundeszentralregister, Fahndungsbuch ua.), soweit dies gesetzlich angeordnet ist, der Öffentlichkeit – teils nur gegen den Nachweis eines besonderen Interesses – zur Einsichtnahme und zur Anfertigung von Auszügen zur Verfügung (vgl. etwa § 9 HGB, § 138 Abs. 4 UrhG, § 31 Abs. 1 S. 2 PatG, § 8 Abs. 5 GebrMG, § 62 Abs. 3 MarkenG, §§ 8,11 GeschmMG; nur bei einem besonderen Interesse hingegen: § 12 Abs. 1 und 2 GBO; § 44 BZRG ua.). Die Herstellung derartiger – überwiegend, aber nicht ausnahmslos (für das Handelsregister *Tountopoulos* CR 1998, 129/132 f. mwN) – auf die Information im Einzelfall gerichteter Auszüge stellt in aller Regel die Nutzung lediglich **un**wesentlicher Datenbankteile dar. Dies wird regelmäßig auch dann der Fall sein, wenn Auszüge, sei es für Rechts- oder Patentanwaltskanzleien, sei es für Versicherungen, sei es für andere Behörden etc., wiederholt hergestellt und versandt werden. Abgesehen davon entbehren derartige Nutzungen meist der erforderlichen Systematik iSd. Abs. 1 S. 2, weil es an der Planmäßigkeit wiederholter Nutzungen von

Registern fehlt und die jeweils entnommenen Daten keinen inhaltlichen Bezug zueinander aufweisen. Ferner laufen solche Nutzungen weder der normalen Auswertung des Registers zuwider, noch beeinträchtigen sie die berechtigten Interessen der jeweiligen Verwaltung als Hersteller dieser Datenbanken. Denn öffentlich zugängliche amtliche Register werden gerade aufgrund gesetzlichen Auftrags zur Anfertigung von Auszügen der Öffentlichkeit zur Verfügung gestellt. Dies gilt unabhängig davon, ob die öffentliche Hand die Datenbank selbst erstellt oder sich dabei privater Unternehmen bedient (Vorlagebeschluss des BGH GRUR 2007, 500/502 Tz. 19 – Sächsischer Ausschreibungsdienst, zurückgezogen mit Schreiben des BGH vom 20. 5. 2008 an den EuGH, der das betreffende Aktenzeichen durch Beschluss vom 25. 6. 2008 gelöscht hat [ABl. EU vom 8. 11. 2008 C 285/32]; zum Vorlagebeschluss des BGH v. *Ungern-Sternberg* GRUR 2008, 291/293 f.).

Einer differenzierten Beurteilung bedarf es, wenn aus öffentlich zugänglichen staatlichen Registern **Daten in wesentlichem Umfang entnommen werden oder gar das gesamte Register** vervielfältigt wird. Liegen keine gesetzlichen Beschränkungen der Einsichtnahme in ein Register und der Anfertigung von Auszügen vor, besteht zur Wahrung des Publizitätsinteresses des Registers grundsätzlich ein unbegrenztes Recht der Information auch in Form der Anfertigung von Auszügen (vgl. BGH CR 1989, 984/985 im Hinblick auf das Handelsregister; zust. *Tountopoulos* CR 1998, 129/133; ebenso bereits im Hinblick auf den Schutzgegenstand des Datenbankherstellerrechts *v. Ungern-Sternberg* GRUR 2008, 291/293 f.). Soweit der gesetzliche Informationsauftrag des Registers reicht, ist ein Amortisationsinteresse der öffentlichen Verwaltung nicht berührt (aA wohl *Dittrich* ÖBl 2002, 3/5). 60

Werden hingegen wesentliche Teile oder die Gesamtheit eines Registers vervielfältigt, um diese etwa bei der Erstellung eines Konkurrenzregisters oder eines Registers mit anderen Parametern wirtschaftlich zu nutzen, steht die bestimmungsgemäße Benutzung des Registers in Frage. Es geht in diesem Falle nicht mehr um eine bloße Einsichtnahme etwa in das Handelsregister, sondern um dessen gewerbliche Verwertung, wie sie zB von § 9 HGB nicht gedeckt wird (BGH CR 1989, 984/985 – Handelsregister). Derart motivierte Verwertungshandlungen unterliegen deshalb uneingeschränkt dem Verbot der Entnahme oder Weiterverwendung wesentlicher Datenbankteile oder der Datenbank in ihrer Gesamtheit nach Abs. 1 S. 1 (s. Rdnr. 9; vor §§ 87a ff. Rdnr. 36 f.), weil bei ihnen das öffentliche Register seine Funktion als Informationsquelle für jedermann verliert und über seinen gesetzlichen Auftrag hinaus zum Objekt des wirtschaftlichen Interesses wird. Eine analoge Anwendung der Vorschrift des § 5 über die Aufhebung des Urheberrechtsschutzes amtlicher Werke (so *Lehmann* in *Möhring/Schulze/Ulmer/Zweigert* [Hrsg.] S. 13 f., unter Berufung auf die Notwendigkeit des freien Zugangs zu den in Datenbanken enthaltenen amtlichen Werken, die freilich zum ohnehin nicht geschützten Inhalt einer Datenbank gehören; ähnlich *Tountopoulos* CR 1998, 129/131; *Westkamp* S. 403) scheitert in diesen Fällen nicht allein an dem damit verbundenen Widerspruch zur Richtlinie, die die Schranken des Rechts sui generis abschließend regelt (s. § 87c Rdnr. 3), und der damit verbundenen disharmonisierenden Wirkung, sondern auch daran, dass derartige Nutzungen der Gesamtheit oder wesentlicher Teile der Datenbank nicht im amtlichen Interesse im Sinne dieser Vorschrift lägen (im Ergebnis wie hier *Leistner* S. 317 f.; *Dittrich* ÖBl 2002, 3/4, 6; *Wandtke/Bullinger/Thurn* Rdnr. 23; OGH ÖBl 2002, 46/48 f. – EDV-Firmenbuch I; OLG Dresden ZUM 2001, 595/597 – Sächsisches Ausschreibungsblatt; für eine analoge Anwendung von § 5: *v. Ungern-Sternberg* GRUR 2008, 291/293 mit dem Hinweis, dass unter Berücksichtigung der Besonderheiten des Datenbankherstellerrechts das amtliche Interesse an der allgemeinen Kenntnisnahme iSd. § 5 sich nicht allein auf die Veröffentlichung der eingespeicherten Informationen, sondern auch darauf beziehen müsse, dass die Datenbankelemente gerade auch in der Form eines wesentlichen Teil der Datenbank genutzt werden könne; sa. *ders.* GRUR 2008, 193/195 f. zu amtlichen Datenbankwerken; für eine analoge Anwendung des § 5 im Rahmen der §§ 87a ff. ferner *Gaster* Rdnr. 608, 612 ff.; *ders.* in Hoeren/Sieber [Hrsg.] Teil 7.8 Rdnr. 120 ff.; *Fromm/Nordemann/Hertin*[9] § 87a Rdnr. 2; *Möhring/Nicolini/Ahlberg* § 5 Rdnr. 22; *Möhring/Nicolini/Decker*[2] vor §§ 87a ff. Rdnr. 9: § 5 als allgemeiner Grundsatz, der einen Gleichlauf mit dem Urheberrecht erfordere; aus denselben Gründen und wegen des teilweisen Verbots der Nutzung unwesentlicher Teile nach § 87b Abs. 1 S. 2 zumindest § 5 Abs. 2 analog: *Dreier/Schulze/Dreier* § 87c Rdnr. 1; sa. § 5 Rdnr. 40; zu einer analogen Anwendung des § 5 Abs. 2 tendierend BGH in seinem Vorlagebeschluss GRUR 2007, 500/502 Tz. 18 ff. – Sächsischer Ausschreibungsdienst; im Hinblick auf Art. 8 Abs. 1 S. 1 1. Alt. der Richtlinie auch *Fuchs* UFITA 2008/1 S. 27/44 f.). Im Gegenteil besteht – vom Interesse an der eigenen wirtschaftlichen Nutzung derartiger Datenbanken durch die Behörden und von datenschutzrechtlichen Einwän- 61 den abgesehen – zumindest bei einigen Registerarten die Notwendigkeit, die Legitimationswirkung und Zuverlässigkeit öffentlicher Register zu erhalten, so dass kein Anlass erkennbar ist, den Inhalt dieser Datenbanken in ihrer Gesamtheit oder zu wesentlichen Teilen jedermann und zudem unentgeltlich zur wirtschaftlichen Nutzung zur Verfügung zu stellen. Aus denselben Gründen würde die wiederholte und systematische Nutzung unwesentlicher Teile staatlicher Register den berechtigten Interessen der jeweiligen Behörden iSd. Abs. 1 S. 1 zuwiderlaufen und deshalb ihrem Verbotsrecht unterliegen.

7. Erschöpfung des Verbreitungsrechts; Vergütung für das Verleihen (Abs. 2)

62 Abs. 2 erklärt die Vorschriften der §§ 17 Abs. 2 und 27 Abs. 2 und 3 auf das Recht des Datenbankherstellers für entsprechend anwendbar. Dies bedeutet, dass sich das Verbreitungsrecht mit Ausnahme des Vermietrechts analog zu § 17 Abs. 2 im Falle der Erstveräußerung einer körperlichen Festlegung der Datenbank europaweit erschöpft, wenn die Verbreitungshandlung innerhalb der EU oder des EWR erfolgt ist (s. dazu Rdnr. 45). Die entsprechende Anwendung von § 27 Abs. 2 und 3 hat zur Folge, dass dem Datenbankhersteller im Falle des Verleihens eines Vervielfältigungsstücks seiner Datenbank, an dem sich das Verbreitungsrecht erschöpft hat, ein verwertungsgesellschaftspflichtiger Vergütungsanspruch zusteht. Die Vereinbarkeit der Regelung mit der Richtlinie begegnet Bedenken (s. Rdnr. 4 f.).

III. Sonstige Fragen

63 **Beweislast.** Macht der Hersteller einer Datenbank gegenüber einem anderen Datenbankhersteller geltend, dieser habe einen wesentlichen Teil seiner der Öffentlichkeit zugänglichen Datenbank vervielfältigt und in seine Datenbank integriert, so obliegt ihm als Kläger die Beweislast hinsichtlich der Identität der Daten und ihrer Wesentlichkeit iSd. Abs. 1 S. 1, während der Beklagte zu beweisen hat, dass er sich die strittigen Daten anderweitig besorgt hat (sa. BGH GRUR 2009, 852/855 Tz. 40 – Elektronischer Zolltarif).

§ 87c Schranken des Rechts des Datenbankherstellers

(1) ¹Die Vervielfältigung eines nach Art oder Umfang wesentlichen Teils einer Datenbank ist zulässig

1. zum privaten Gebrauch; dies gilt nicht für eine Datenbank, deren Elemente einzeln mit Hilfe elektronischer Mittel zugänglich sind,
2. zum eigenen wissenschaftlichen Gebrauch, wenn und soweit die Vervielfältigung zu diesem Zweck geboten ist und der wissenschaftliche Gebrauch nicht zu gewerblichen Zwecken erfolgt,
3. für die Benutzung zur Veranschaulichung des Unterrichts, sofern sie nicht zu gewerblichen Zwecken erfolgt.

²In den Fällen der Nummern 2 und 3 ist die Quelle deutlich anzugeben.

(2) Die Vervielfältigung, Verbreitung und öffentliche Wiedergabe eines nach Art oder Umfang wesentlichen Teils einer Datenbank ist zulässig zur Verwendung in Verfahren vor Gericht, einem Schiedsgericht oder einer Behörde sowie für Zwecke der öffentlichen Sicherheit.

Schrifttum: Siehe die Schrifttumshinweise vor §§ 87a ff. und zu § 53.

Übersicht

	Rdnr.
I. Allgemeines	1–8
1. Übersicht	1
2. Umsetzung der Datenbankrichtlinie	2–5
a) Gesetzgebungsgeschichte	3, 4
b) Gesetzestechnik	5
3. Auslegungsfragen	6–8
a) Enge Auslegung	6
b) Richtlinienkonforme Auslegung	7, 8

	Rdnr.
II. Einzelerläuterungen	9–22
1. Gemeinsamkeiten sämtlicher Schranken des § 87 c	9–11
2. Zum privaten Gebrauch	12, 13
3. Zum eigenen wissenschaftlichen Gebrauch	14–17
4. Zur Veranschaulichung des Unterrichts	18–21
5. Rechtspflege und öffentliche Sicherheit	22

I. Allgemeines

1. Übersicht

§ 87 c normiert – Art. 9 der Datenbankrichtlinie entsprechend (Richtlinie 96/9/EG des Euro- 1
päischen Parlaments und des Rates vom 11. 3. 1996 über den rechtlichen Schutz von Datenbanken, ABl. Nr. L 77 S. 20, abgedr. auch in GRUR Int. 1996, 806) – **in abschließender Regelung** die dem Recht des Datenbankherstellers gezogenen Schranken (ebenso OLG Köln MMR 2007, 443/445 – DWD-Wetterdaten; *Wandtke/Bullinger/Thum* Rdnr. 1; *Fromm/Nordemann/Hertin*[9] Rdnr. 3). Eine Ausdehnung der Schranken des § 87 c über die Richtlinienvorgabe hinaus durch entsprechende Anwendung des § 5 auf amtliche Datenbanken (zu amtlichen Datenbank ausführlich § 87 b Rdnr. 59ff.) oder von Bestimmungen der §§ 44aff., die der Richtliniengesetzgeber für das Datenbankherstellerrecht nicht vorgesehen hat, ist wegen der damit verbundenen disharmonisierenden Wirkung grundsätzlich unzulässig, ohne dass damit auch gleichzeitig eine gleichlaufende Auslegung übereinstimmender Tatbestandsmerkmale ausgeschlossen wäre (*Fromm/Nordemann/Czychowski*[10] Rdnr. 18; *Fromm/Nordemann/Hertin*[9] Rdnr. 3; *Dreier/Schulze/Dreier* Rdnr. 1). Denn anders als bei den Schrankenregelungen des Urheberrechts an Datenbankwerken lässt Art. 9 der Richtlinie bei Datenbanken einen Rückgriff auf traditionelle innerstaatliche Schrankenbestimmungen nicht zu (vgl. Erwgr. 35, der sich ausschließlich auf Art. 6 der Richtlinie bezieht). Gleichwohl wird im Hinblick auf das Gesamtgefüge der datenbankrechtlichen Regelungen ohne gewisse Korrekturen nicht auszukommen sein. So sollte die nach § 44a erlaubnisfreie vorübergehende Vervielfältigung elektronischer Datenbanken zugelassen werden, zumal diese Schrankenbestimmung auf technisch bedingte Vervielfältigungen ohne wirtschaftliche Bedeutung abstellt (ausführlich dazu § 87 b Rdnr. 31ff.). Will man nicht ausnahmsweise unter Durchbrechung der abschließenden Regelung des § 87 c § 44a analog heranziehen, wird man jedenfalls davon ausgehen können, dass die dort freigestellten Nutzungshandlungen bereits nicht vom Begriff der Entnahme nach Art. 7 Abs. 2 lit. a der Datenbankrichtlinie umfasst sind.

Zu beachten ist, dass sich die Schranken des **Abs. 1 lediglich** auf das Recht der **Vervielfäl-** 2
tigung wesentlicher Teile einer Datenbank beziehen, während im Falle des **Abs. 2 auch die Verbreitung und öffentliche Wiedergabe** wesentlicher Teile erlaubnisfrei zulässig sind. **Inhaltlich gehören** die Tatbestände des Abs. 1 zu den Ausnahmen der Nutzung **zum privaten Gebrauch** (mit Ausnahme elektronischer Datenbanken, Abs. 1 S. 1 Nr. 1 Halbs. 2; das wird übersehen von *Wandtke/Bullinger/Thum* Rdnr. 14) sowie zur **Erleichterung des Schulunterrichts und der Wissenschaft und Forschung** (Abs. 1 S. 1 Nr. 2 und 3), während Abs. 2 das Ausschließlichkeitsrecht im **Interesse der Rechtspflege, der Verwaltung und der öffentlichen Sicherheit** aufhebt.

2. Umsetzung der Datenbankrichtlinie

a) Gesetzgebungsgeschichte. Die Regelung des Art. 7 Nr. 6 IuKDG (s. dazu vor §§ 87 aff. 3
Rdnr. 6, 16ff.) enthält gegenüber dem RegE drei wesentliche Änderungen. Auf Wunsch des Bundesrates (BRDrucks. 420/1/97 und 420/97 – Beschluss) ist die Vervielfältigung von Datenbanken zum Unterrichtsgebrauch in den Kreis gesetzlich zulässiger Nutzungen aufgenommen (Beschlussempfehlung und Bericht des Ausschusses BTDrucks. 13/7934 S. 45), die Vervielfältigung zum eigenen wissenschaftlichen Gebrauch dem Gebot von Art. 9 lit. b der Richtlinie entsprechend auf nichtgewerbliche Zwecke beschränkt und der kritisch kommentierte Vorschlag einer Beteiligung des Datenbankherstellers an den Betreiber-, Geräte- und Ton- bzw. Bildtonträgervergütungen nach den §§ 54, 54a ersatzlos gestrichen worden (vgl. dazu *Vogel* ZUM 1997, 592/598).

Auf die Beschlussempfehlung des Vermittlungsausschusses zum **4. UrhGÄndG** (BT- 4
Drucks. 13/10200) hat Abs. 1 S. 1 Nr. 3 eine neue Fassung erhalten. Einem Vorschlag des Bundesrates folgend wurde der ursprüngliche Wortlaut der Bestimmung, der sich sprachlich eng an

§ 87c

§ 53 Abs. 3 Nr. 1 anlehnte, durch die nunmehr gültige, dem Wortlaut des Art. 9 lit. b der Richtlinie strenger verpflichtete Formulierung ersetzt, um die Freistellung der Nutzung wesentlicher Teile einer Datenbank nicht nur zu Unterrichts-, sondern auch zu Prüfungszwecken zu erreichen (dazu Rdnr. 18).

5 **b) Gesetzestechnik.** Anders als bei den übrigen verwandten Schutzrechten des Teils 2 des UrhG übernimmt das Gesetz bei der Schrankenziehung nicht die Technik, die für das Urheberrecht geltenden Schrankenbestimmungen der §§ 44a ff., soweit es die Richtlinie gestattet, für entsprechend anwendbar zu erklären. Vielmehr formuliert es – unter inhaltlicher Ausschöpfung des durch Art. 9 der Richtlinie (s. Erwgr. 50) gesetzten Rahmens optionaler Schranken – sämtliche Ausnahmetatbestände neu, gießt jedoch mit Ausnahme von Abs. 1 S. 1 Nr. 3 (dazu Rdnr. 2) in zutreffender Weise die Richtlinientatbestände in die Begrifflichkeit des Teils 1 Sechster Abschnitt um und sichert so die weitgehende Parallelität der auf Datenbankwerke und leistungsschutzrechtlich geschützte Datenbanken anwendbaren Schrankenregelungen. Diese Art der Umsetzung hätte es freilich zugelassen, kürzer und übersichtlicher einzelne Schrankenbestimmungen der §§ 44a ff. auf das Recht des Datenbankherstellers für entsprechend anwendbar zu erklären. Anders als bei urheberrechtlich geschützten Datenbanken hat der Richtliniengeber die zusätzliche Einführung traditioneller nationaler Schranken beim Recht sui generis nicht gestattet (vgl. Art. 6 Abs. 2 lit. d gegenüber Art. 9 der Richtlinie), so dass eine entsprechende Anwendung über § 87c hinausgehender Schrankenbestimmungen des Teils 1 des UrhG ausscheidet (zum Ausschluss der analogen Anwendung des § 5 auf amtliche Datenbanken s. § 87b Rdnr. 59ff.). Die Bemühungen um eine Parallelität der nach §§ 45, 53 Abs. 1 Nr. 1, Abs. 3 Nr. 1 und Abs. 5 für Datenbankwerke und der nach § 87c für Datenbanken geltenden Schranken waren weitgehend erfolgreich: § 87c Abs. 2 entspricht § 45; Abs. 1 S. 1 Nr. 1 deckt sich mit § 53 Abs. 1 und 5 in der Beschränkung auf analoge Datenbanken, lässt aber anders als letztere Vorschrift die Vervielfältigung durch Dritte nicht zu und limitiert auch nicht die Zahl der erlaubten Vervielfältigungsstücke auf „einzelne" (BGH GRUR 1978, 474/476 – Vervielfältigungsstücke: jedenfalls nicht mehr als sieben Exemplare); ebenfalls ohne Einschränkung auf „einzelne" Vervielfältigungsstücke, aber ansonsten unterschiedslos geht Abs. 1 S. 1 Nr. 2 mit § 53 Abs. 2 Nr. 1 iVm. Abs. 5 S. 2 einher; während Abs. 1 S. 1 Nr. 3 über § 53 Abs. 3 Nr. 1 iVm. Abs. 5 S. 2 insoweit hinausgeht, als er die Privilegierung nicht auf die Nutzung kleiner Teile beschränkt, sondern weitergehend die Nutzung wesentlicher Teile einer Datenbank zulässt (*Möhring/Nicolini/Decker*[2] Rdnr. 1 und *Wandtke/Bullinger/Thum* Rdnr. 25 sehen überhaupt keine Entsprechung des Abs. 1 S. 1 Nr. 1 in § 53).

3. Auslegungsfragen

6 **a) Enge Auslegung.** Für § 87c gilt – wie im Übrigen für alle auf der Sozialbindung der Leistungsschutzrechte als Eigentum iSd. Art. 14 GG (s. dazu vor §§ 87a ff. Rdnr. 51) beruhenden Schranken – grundsätzlich das Gebot enger Auslegung. Dies schließt jedoch nicht aus, dass ein besonders schützenswertes Interesse des Nutzers es rechtfertigt, bei der Auslegung der als abschließend zu verstehenden Schrankenregelung einen großzügigeren Maßstab anzulegen (stRspr., zuletzt BGH GRUR 1994, 800/802 – Museumskatalog; BGHZ 150, 6/8 = GRUR 2002, 605f. – Verhüllter Reichstag; BGHZ 151, 300/310 = GRUR 2002, 963 – Elektronischer Pressespiegel; BGH GRUR 2003, 956/957 – Gies-Adler; BGH GRUR 2003, 1035/1037 – Hundertwasser-Haus; BGH GRUR 2005, 670/671 – WirtschaftsWoche; sa. vor §§ 44a ff. Rdnr. 18ff.). Wenngleich damit nicht die Möglichkeit verbunden ist, über den Regelungsgehalt der jeweiligen Schrankenregelung hinauszugehen, wird man nicht umhinkommen, im Wege analoger Anwendung des § 55a und des Erwgr. 34 der Richtlinie die Frage zu lösen, woraus sich die Berechtigung zur Vornahme solcher vorgelagerter Nutzungshandlungen ergibt, die, wie etwa das Laden in den Arbeitsspeicher, zur Ausübung der zustimmungsfreien Nutzung nach § 87c unverzichtbar sind. Der Wortlaut der Vorschrift gibt dazu nichts her, und ein Rückgriff auf eine stillschweigende Lizenzierung (so *Fromm/Nordemann/Hertin*[9] § 87b Rdnr. 5) oder die Anwendung der Zweckübertragungstheorie nach § 31 Abs. 5 (so *Leistner* S. 297f.) führt bei gesetzlichen Nutzungsbefugnissen nicht in jedem Fall zu einem befriedigenden Ergebnis (wie hier *Raue/Bensinger* MMR 1998, 507/511; *Dreier/Schulze/Dreier* Rdnr. 4; aA *Möhring/Nicolini/Decker*[2] § 87b Rdnr. 3: keine Analogie, da keine unbewusste Regelungslücke, wohl aber konkludente Lizenz zur normalen Nutzung).

7 **b) Richtlinienkonforme Auslegung.** Bei der Auslegung der Schrankenbestimmungen ist darauf zu achten, dass diese im Interesse der einheitlichen Anwendung des Gemeinschaftsrechtes

autonom und einheitlich auszulegen sind, soweit sie nicht ausdrücklich auf das Recht des Mitgliedstaats verweisen (EuGH GRUR 2009, 1041/1043 Tz. 27 – Infopaq/DDP). Im Lichte dessen ist in zwei Fällen wegen der gebotenen Harmonisierungswirkung eine **richtlinienkonforme Auslegung** der Vorschrift angezeigt, weil der Wortlaut des § 87c den bindenden Rahmen der Richtlinienvorgabe überschreitet. Art. 9 der Richtlinie lässt Einschränkungen des Ausschließlichkeitsrechts nur bei **veröffentlichten Datenbanken** zu. Dieses Merkmal fehlt in § 87c. Es kann wegen der damit verbundenen Disharmonisierung europäischen Rechts nicht außer acht bleiben. § 87c ist deshalb richtlinienkonform einschränkend auszulegen und nur auf veröffentlichte Datenbanken anzuwenden. Dies entspricht auch der Systematik der Schrankenbestimmungen des Teils 1, erlaubnisfrei nur Nutzungen veröffentlichter Werke und – in entsprechender Anwendung – Leistungen zu gestatten (ebenso *Leistner* S. 313; *Dreier/Schulze/Dreier* Rdnr. 4; *Roßnagel/v. Lewinski* Rdnr. 14; *Wandtke/Bullinger/Thum* Rdnr. 2). Praktisch dürfte das Problem freilich kaum eine Rolle spielen, weil zu privaten, nicht der Öffentlichkeit angebotenen Datenbanken regelmäßig der Zugang fehlt. Die Vornahme der erlaubnisfrei statthaften Nutzungen nach § 87c wird nach überwiegender Meinung auch dann – entsprechend dem nationalen Recht nach § 53 – für zulässig erachtet, wenn die Nutzungshandlungen von Dritten vorgenommen werden (*Fromm/Nordemann/Czychowski*[10] Rdnr. 6; *Dreier/Schulze/Dreier* Rdnr. 5; *Möhring/Nicolini/Decker* Rdnr. 1; im Hinblick auf die Unüberprüfbarkeit, wer die Kopie vorgenommen hat, auch *Wandtke/Bullinger/Thum* Rdnr. 20).

Ferner übernimmt der Wortlaut des § 87c nicht den nach Art. 9 der Richtlinie begünstigten **8 rechtmäßigen** Benutzer, sondern belässt es in Übereinstimmung mit den für Datenbankwerke geltenden Schranken beim bloßen Berechtigten, ohne auf dessen Rechtmäßigkeit abzustellen. Dies verdient Zustimmung, weil es sich bei den Fallgestaltungen des § 87c um gesetzliche Lizenzen handelt, bei denen sich die Berechtigung allein aus den jeweiligen Merkmalen der Ausnahmetatbestände herleitet, ohne dass es der Prüfung einer darüber hinausgehenden (vertraglichen) Berechtigung bedarf (*Vogel* ZUM 1997, 592/598; *Raue/Bensinger* MMR 1998, 507/512; *Hornung* S. 197f.; *Leistner* S. 312: systematisch korrekt und im Einklang mit der materiellen Richtlinienvorgabe; *Wandtke/Bullinger/Thum* Rdnr. 4; aA *Roßnagel/v. Lewinski* Rdnr. 13: unkorrigierbarer Verstoß gegen die Richtlinie). Die von der Gegenmeinung geforderte richtlinienkonforme Beschränkung der Vorschrift auf denjenigen Personenkreis, mit dem § 87e den rechtmäßigen Benutzer umschreibt, also den Eigentümer eines mit Zustimmung des Datenbankherstellers durch Veräußerung in Verkehr gebrachten Vervielfältigungsstücks der Datenbank, den in sonstiger Weise zu dessen Gebrauch Berechtigten oder denjenigen, dem eine Datenbank auf Grund eines mit dem Datenbankhersteller oder eines mit dessen Zustimmung mit einem Dritten geschlossenen Vertrages zugänglich gemacht wird, wird dem Wesen der Schrankenregelung nicht gerecht (anders jedoch *Fromm/Nordemann/Hertin*[9] Rdnr. 1; *Roßnagel/v. Lewinski* Rdnr. 13). Zur Berechtigung des Benutzers, die zur erlaubnisfreien Nutzungen einer Datenbank erforderlichen Handlungen vorzunehmen, s. Rdnr. 7.

II. Einzelerläuterungen

1. Gemeinsamkeiten sämtlicher Schranken des § 87c

Alle in § 87c statuierten Ausnahmen des Ausschließlichkeitsrechts des Datenbankherstellers **9** haben naturgemäß gemeinsam, dass sie sich auf Nutzungen **wesentlicher Teile einer veröffentlichten Datenbank** beziehen (s. dazu die Erläuterungen zu § 87a Rdnr. 40ff.). In gebotener enger Auslegung der Vorschrift und in Übereinstimmung mit der Richtlinie beziehen sich die Schranken **nicht auf Nutzungen der Datenbank im Ganzen** (aA *Möhring/Nicolini/Decker*[2] Rdnr. 1; *Raue/Bensinger* MMR 1998, 507/512; wie hier *Dreier/Schulze/Dreier* Rdnr. 3; *Wandtke/Bullinger/Thum* Rdnr. 3: nur in Ausnahmefällen [nicht Sicherungskopie, Rdnr. 14] zulässig).

Unwesentliche Teile einer Datenbank dürfen ohnehin erlaubnisfrei genutzt werden. Soweit **10** § 87b Abs. 1 S. 2 das Ausschließlichkeitsrecht des Datenbankherstellers in den Fällen wiederholter und systematischer Nutzungen auf unwesentliche Teile einer Datenbank erstreckt, weil derartige Nutzungen zu Lasten ihrer normalen Auswertung gehen oder berechtigte Interessen des Datenbankherstellers unzumutbar beeinträchtigen, kommen die Schrankenregelungen nicht zur Anwendung. Denn zum einen dürfen Schrankenregelungen grundsätzlich die normale Auswertung eines Schutzrechts nicht unterlaufen (s. etwa Art. 5 Abs. 5 der Informationsgesellschafts-Richtlinie 2001/29/EG; Art. 9 Abs. 2 RBÜ ua.), zum anderen belegt § 87b Abs. 1 S. 2 die wiederholte und systematische Vervielfältigung als Umgehungshandlung wegen der damit indizierten Planmäßigkeit mit einem Unlauterkeitsurteil, zu dessen Aufhebung Schrankenbestimmungen nicht berufen sind (zustimmend *Leistner* S. 314, der darauf hinweist, dass die Gleichstellung der zustimmungspflichtigen Nutzungen nach § 87 b Abs. 1 S. 2 mit denen nach Abs. 1 S. 1 nicht auch automatisch die Ausdehnung der Schrankenregelungen nach sich zieht; *Wandtke/Bullinger/Thum* Rdnr. 3; aA *Roßnagel/v. Lewinski* Rdnr. 12; wohl auch *Möhring/Nicolini/Decker*[2] Rdnr. 1).

11 **Keine Vergütungspflicht.** Anders als in den Fällen der urheberrechtlichen Schrankenbestimmungen des § 53 Abs. 1 bis 3, für die §§ 54, 54 a eine Vergütungspflicht statuieren, sind sämtliche durch § 87 c freigegebenen Nutzungshandlungen **vergütungsfrei**. Eine entsprechende Anwendung der einschlägigen Vorschriften des Teils 1 scheidet ohne Ermächtigung durch die Richtlinie und der folglich abschließenden Regelung des § 87 c aus. Die Erstreckung der Vergütungspflicht des § 54 in § 87 b Abs. 2 RegE auf die private Vervielfältigung einer Datenbank ist deshalb zu Recht fallengelassen worden (nicht einschlägig für das Datenbankherstellerrecht sind wegen der abschließenden Schrankenregelung des § 87 c die Überlegungen von *Kappes* zur gesetzlichen Vergütung der Nutzung von Informationssammlungen durch Netzwerkeinsatz und Online-Zugriff GRUR 1997, 338/342 ff.). Dies bedeutet freilich nicht, dass **für die Vervielfältigung des geschützten Inhalts** einer Datenbank **und eines Datenbankwerkes** nach § 4 Abs. 2 ebenfalls keine **Vergütungspflicht** bestünde. Insoweit gelten uneingeschränkt die Bestimmungen der §§ 53 ff.

2. Zum privaten Gebrauch

12 Abs. 1 S. 1 Nr. 1 geht auf Art. 9 lit. a der Richtlinie zurück (dort „private Zwecke"), ohne dass sich aus der sprachlich von der Richtlinie abweichenden Fassung inhaltliche Unterschiede ergäben. Mit der Ausnahme der unterbliebenen Begrenzung der Anzahl der zulässigen Vervielfältigungsstücke auf „einzelne" entspricht er inhaltlich § 53 Abs. 1 S. 1 und gestattet die Vervielfältigung wesentlicher Teile einer Datenbank in der Privatsphäre zur Befriedigung rein persönlicher eigener Bedürfnisse. Darüber hinausgehende Nutzungen bleiben vorbehalten. Folglich gestattet diese Regel keine erlaubnisfreie Verbreitung der zum privaten Gebrauch hergestellten Vervielfältigungsstücke, so dass die fehlende Limitierung der zulässigen Vervielfältigungen auch keine ernsthafte Gefährdung der Interessen des Datenbankherstellers begründet. Eine Limitierung ergibt sich ungeschrieben im Übrigen aus dem Verhältnismäßigkeitsgrundsatz. Der private Gebrauch ist zu unterscheiden vom Gebrauch zu gewerblichen oder öffentlichen Zwecken sowie vom sonstigen eigenen Gebrauch (Einzelheiten zum privaten Gebrauch § 53 Rdnr. 13 f.).

13 Nach Abs. 1 S. 1 Nr. 1 Halbs. 2 gilt die Ausnahme zum privaten Gebrauch **nicht für Datenbanken, deren Elemente einzeln mit Hilfe elektronischer Mittel zugänglich sind, dh.** er gilt **nur für analoge Datenbanken** (wie hier *Dreier/Schulze/Dreier* Rdnr. 7; aA *Fromm/Nordemann/Hertin*[9] Rdnr. 4: auch für elektronische Offline-Datenbanken). Damit umschreibt das Gesetz die auf digitaler Technik beruhenden elektronischen Online- und Offline-Datenbanken (so der Wortlaut der Richtlinie), deren Amortisation durch das einfach durchzuführende digitale Kopieren besonders gefährdet ist (vgl. auch § 53 Abs. 4 lit. a [Verbot der Vervielfältigung von Noten] sowie das Recht an Computerprogrammen, das ebenfalls keine Ausnahme für die Fälle des privaten Gebrauchs kennt [§ 69 d]).

3. Zum eigenen wissenschaftlichen Gebrauch

14 Abs. 1 S. 1 Nr. 2 übernimmt zur Umsetzung von Art. 9 lit. b der Richtlinie (dort „zu wissenschaftlichen Zwecken") die im deutschen UrhG eingeführte Formulierung der Freistellung von Wissenschaft und Forschung in § 53 Abs. 2 Nr. 1 (s. zur Auslegung im Einzelnen die Erl. zu § 53 Rdnr. 39 ff.). Zur Wissenschaft, gleich, ob es sich um Geistes- oder Naturwissenschaften geht (s. Erwgr. 36), rechnen Forschung und Lehre gleichermaßen. Deshalb können sich Universitäten und Hochschulen auf Abs. 1 Nr. 2 berufen, soweit sie neben der Forschung auch ihren Verpflichtungen zur wissenschaftlichen Lehre nachkommen. Der im Vergleich zum Richtlinienwortlaut in Abs. 1 S. 1 Nr. 2 enthaltene Zusatz „soweit die Vervielfältigung **zu diesem Zweck geboten** ist" bringt lediglich den jeder Schrankenregelung immanenten Grundsatz der Verhältnismäßigkeit zum Ausdruck und tritt an die Stelle der Limitierung der zulässigen Vervielfältigungsstücke in § 53 Abs. 2 (sa. Rdnr. 6 sowie *Kotthoff* in HK-UrhG Rdnr. 5). Eine – im Übrigen wegen des optionalen Charakters der Ausnahmebestimmungen zulässige – Einschränkung gegenüber dem Regelungsumfang der Richtlinie ist darin nicht zu sehen.

Anders als die Ausnahme zum privaten Gebrauch erstreckt sich die Ausnahme zum eigenen 15
wissenschaftlichen Gebrauch **auch** auf die **Vervielfältigung digitaler Datenbanken.** Die
Verbreitung und öffentliche Wiedergabe, insbesondere die öffentliche Zugänglichmachung wesentlicher Teile einer geschützten Datenbank oder ihrer Gesamtheit bleiben jedoch von der
Schrankenbestimmung unberührt.

In Übereinstimmung mit der Richtlinie gilt die Schrankenregelung für jede nach wissen- 16
schaftlichen Methoden arbeitende Forschungstätigkeit, sei es im Rahmen wissenschaftlicher
Institutionen, sei es privat, jedoch **nicht für die gewerblichen Zwecken dienende Wissenschaft,** also weder für die Forschungsabteilungen von Wirtschaftsunternehmen noch für die auf
Gewinnerzielung ausgerichtete Auftragsforschung. Abzustellen ist jeweils auf die konkrete Tätigkeit, nicht auf den Charakter der Institution, so dass auch in einem Industrieunternehmen
nicht kommerzielle Forschung iSd. Vorschrift betrieben werden kann (s. *Roßnagel/v. Lewinski*
Rdnr. 18).

Wird erlaubnisfrei vervielfältigt, besteht die **Verpflichtung zur Quellenangabe (Abs. 1** 17
S. 2). Der Nutzer hat auf dem Vervielfältigungsstück deutlich sichtbar anzugeben, **aus welcher**
Datenbank der entnommene wesentliche Teil stammt und wer ihr Hersteller ist (wie hier *Dreier/*
Schulze/Dreier Rdnr. 11; *Wandtke/Bullinger/Thum* Rdnr. 16). Die Nennung des Herstellers wird
nicht einmütig für erforderlich gehalten (*Fromm/Nordemann/Hertin*[9] Rdnr. 7: nur Nennung der
Datenbank). Zwar fehlt dem Datenbankherstellerrecht der persönlichkeitsrechtliche Charakter
des Urheberrechts an Datenbankwerken, eine Nennung des Datenbankherstellers dient jedoch
der erforderlichen Unterscheidungskraft der benutzten Quelleangabe (ähnlich die Erl. zu § 63
Rdnr. 14 f.: im Zweifel Angabe auch des Herstellers). Unterbleibt die Quellenangabe, ist die ansonsten zulässige Vervielfältigung insgesamt noch nicht unzulässig, jedoch kann gegen die konkrete Form der Benutzung ohne Quellenangabe im Wege der Unterlassungsklage nach § 97 Abs. 1
vorgegangen und unter Umständen auch Schadensersatz gefordert werden (Einzelheiten str.; ausführlich zu den Rechtsfolgen der Verletzung des Gebots zur Quellenangabe § 63 Rdnr. 20 ff.
mwN).

4. Zur Veranschaulichung des Unterrichts

Abs. 1 S. 1 Nr. 3 gestattet die Vervielfältigung wesentlicher Teile einer Datenbank zur, wie es 18
im Richtlinientext heißt (Art. 9 lit. b), Veranschaulichung des Unterrichts, soweit dieser nicht
zu gewerblichen Zwecken veranstaltet wird. Die mit dem 4. UrhGÄndG eingeführte neue
Formulierung des Abs. 1 S. 1 Nr. 3 bezieht sich **nicht,** wie seinerzeit vom Bundesrat angestrebt,
auf die **Vervielfältigung zu Prüfungszwecken** (s. Rdnr. 2). Mag auch ein enger sachlicher
Zusammenhang zwischen Unterricht und Prüfung bestehen, so lässt bereits der eindeutige
Wortlaut sowohl der Vorschrift als auch der Richtlinie, die die Obergrenze optionaler Schranken
festlegt und deshalb nationale Überschreitungen verbietet, eine Freistellung der Vervielfältigung
wesentlicher Teile einer Datenbank zu Prüfungszwecken nicht zu. Gestützt wird diese Auffassung durch die Systematik und Dogmatik des § 53 Abs. 3 Nr. 1 und Nr. 2. Dort unterscheidet
das Gesetz ausdrücklich zwischen Unterrichtszwecken (Abs. 3 Nr. 1) und Prüfungszwecken
(Abs. 3 Nr. 2), so dass das Abrücken von dieser Differenzierung und die Subsumtion beider
Begriffe unter den des Unterrichts in Abs. 1 S. 1 Nr. 3 wenigstens einer Erläuterung in den
Materialien bedurft hätte. Schließlich widerspräche die Einbeziehung der Vervielfältigung zu
Prüfungszwecken dem Gebot enger Auslegung von Ausnahmebestimmungen, hier des Begriffs
des Unterrichts (s. Rdnr. 6).

Anders als § 53 Abs. 3 Nr. 1 verzichtet die neue, gegenüber der ursprünglichen Fassung allge- 19
meiner formulierte Vorschrift des Abs. 1 S. 1 Nr. 3 darauf, die **privilegierten Bildungsinstitu-**
tionen ausdrücklich zu benennen, obwohl die Richtlinie dies den nationalen Gesetzgebern ausdrücklich freistellt (s. Erwgr. 51). Wiederum aus systematischen Gründen führt das gegenüber
§ 53 Abs. 3 Nr. 1 nicht zu einer Erweiterung des Kreises der begünstigten Einrichtungen (öffentlich zugängliche Schulen, nichtgewerbliche Einrichtungen der Aus- und Weiterbildung, Einrichtungen der Berufsbildung ua.), so dass sich namentlich **Universitäten und Hochschulen nicht**
auf Abs. 1 S. 1 Nr. 3 berufen können (s. aber Rdnr. 4; wie hier *Leistner* S. 316; *Wandtke/Bullinger/*
Thum Rdnr. 11; *Möhring/Nicolini/Decker*[2] Rdnr. 8; aA *Roßnagel/v. Lewinski* Rdnr. 20; *Fromm/*
Nordemann/Hertin[9] Rdnr. 6, die allein auf den Unterweisungscharakter der jeweiligen Veranstaltung abstellen; dies unterstreichen auch für universitäre Unterrichtsveranstaltungen *Dreier/*
Schulze/Dreier Rdnr. 12). Ihre Einbeziehung geriete nicht nur mit dem Gebot enger Auslegung in
Konflikt, sondern hätte zudem der Erwähnung zumindest in den Gesetzesmaterialien bedurft,

nachdem der Gesetzgeber bei der Neufassung des § 53 Abs. 3 Nr. 1 wegen der damit verbundenen Unüberschaubarkeit des erlaubnis- und vergütungsfrei nutzenden Personenkreises Universitäten und Hochschulen ausdrücklich aus dem Kreis der Begünstigten ausgeschlossen hatte (BTDrucks. 10/3360 S. 19). Da endlich nicht erkennbar ist, dass mit der Änderung von Abs. 1 S. 1 Nr. 3 im 4. UrhGÄndG eine Einschränkung der begünstigten Institutionen bezweckt wurde, und die Richtlinie den nationalen Gesetzgebern insoweit freie Hand lässt, ist der Kreis der privilegierten Bildungseinrichtungen, in denen die Vervielfältigung zur Veranschaulichung des Unterrichts erlaubnisfrei gestattet ist, derselbe wie in § 53 Abs. 1 Nr. 1. Ebenso wie nach § 53 Abs. 3 Nr. 1 dürfen diese Einrichtungen **keine gewerblichen Zwecke** verfolgen, so dass die kommerziell betriebene Aus- und Fortbildung (etwa zeitlich eng begrenzte Kurse, entgeltliche Privatschulen etc.) nicht von Abs. 1 S. 1 Nr. 3 profitiert (dazu eingehend § 53 Rdnr. 59; § 46 Rdnr. 10). Der Ausschluss der Universitäten und Hochschulen von der Privilegierung nach Abs. S. 1 Nr. 3 bedeutet nicht, dass diese Institutionen sich auch nicht auf die Freistellung des wissenschaftlichen Gebrauchs nach Abs. 1 S. 1 Nr. 2 berufen können, da dieser tatbestandlich die wissenschaftliche Lehre umfasst (sa. § 53 Rdnr. 39 ff. sowie oben Rdnr. 14).

20 Die Vervielfältigungen müssen der **Veranschaulichung des Unterrichts** dienen, dh die Funktion eines Hilfsmittels erfüllen, welches die Stoffvermittlung im Unterricht erleichtert. Die Vervielfältigungen dürfen folglich keinen Selbstzweck haben, sondern müssen strikt in das Unterrichtsprogramm eingebunden sein und in dessen Rahmen eine didaktische Aufgabe übernehmen, wo mündliche Erläuterungen der notwendigen Anschaulichkeit entbehren. Bloße Hilfsmaterialien für den Lehrer fallen deshalb nicht unter die Schrankenregelung (ebenso *Dreier/Schulze/Dreier* Rdnr. 14). Ferner dürfen nur so viele Exemplare hergestellt werden, wie für sämtliche Schüler und den Lehrer einer Klasse erforderlich sind (sa. § 53 Rdnr. 62). Andere Datenbanknutzungen, insbesondere durch Verbreitung und öffentliche Wiedergabe zu Unterrichtszwecken sind insoweit nicht privilegiert (*Dreier/Schulze/Dreier* Rdnr. 13).

21 Ebenso wie bei der Vervielfältigung zum eigenen wissenschaftlichen Gebrauch ist bei der Vervielfältigung zum eigenen Gebrauch im Schulunterricht die **Quelle deutlich anzugeben,** aus der die entnommenen wesentlichen Datenbankteile stammen (Abs. 1 S. 2; s. Rdnr. 17). Zu den Rechtsfolgen der Verletzung des Gebots zur Quellenangabe ausführlich § 63 Rdnr. 20 ff.

5. Rechtspflege und öffentliche Sicherheit

22 Abs. 2 gestattet in inhaltlicher Übereinstimmung mit Art. 9 lit. c der Richtlinie erlaubnisfrei nicht nur die Vervielfältigung, sondern **auch die Verbreitung** iSd. **§ 17 und die öffentliche Wiedergabe** einer Datenbank, einschließlich der öffentlichen Zugänglichmachung nach § 19a (s. dazu § 87b Rdnr. 49 ff.), zur Verwendung in gerichtlichen oder behördlichen Verfahren sowie zu Zwecken der öffentlichen Sicherheit. Da letzteren den Sicherheitsbehörden anvertraut ist, ergibt sich insoweit gegenüber den in einem weiteren Sinne zu verstehenden behördlichen Verfahren keine neue Tatbestandsvariante (aA *Möhring/Nicolini/Decker*[2] Rdnr. 12, die ebenso wie *Fromm/Nordemann/Hertin*[9] Rdnr. 8 eine andere Zielrichtung mit weiterem Personenkreis dieser Privilegierung annehmen [auch Beliehene, Verwaltungshelfer, privat Inpflichtgenommene oder Beauftragte]; an der Richtlinienkonformität von Schiedsgerichten zweifeln *Roßnagel/v. Lewinski* Rdnr. 21). Abs. 2 lehnt sich weitgehend an den Wortlaut der entsprechenden urheberrechtlichen Schrankenbestimmung des § 45 an. Aus den geringfügigen Abweichungen (Beschränkung auf die Vervielfältigung von Bildnissen in § 54 Abs. 2) resultieren keine Unterschiede im Regelungsumfang (ebenso *Dreier/Schulze/Dreier* Rdnr. 18; aA *Fromm/Nordemann/Hertin*[9] Rdnr. 8; *Möhring/Nicolini/Decker*[2] Rdnr. 12: keine Rückschlüsse aus § 45). Auf die dortigen Erläuterungen kann deshalb verwiesen werden.

§ 87d Dauer der Rechte

¹**Die Rechte des Datenbankherstellers erlöschen fünfzehn Jahre nach der Veröffentlichung der Datenbank, jedoch bereits fünfzehn Jahre nach der Herstellung, wenn die Datenbank innerhalb dieser Frist nicht veröffentlicht worden ist.** ²**Die Frist ist nach § 69 zu berechnen.**

Schrifttum: Siehe die Schrifttumshinweise vor §§ 87 a ff.

Dauer der Rechte § 87d

1. Allgemeines

§ 87d legt die Schutzdauer des Leistungsschutzrechts des Datenbankherstellers auf 15 Jahre 1 fest. Er weicht damit deutlich von den europäisch harmonisierten Schutzfristen anderer unternehmensbezogener Leistungsschutzrechte wie denen der Tonträger- und Filmherstellern sowie der Sendeunternehmen (50 Jahre) ab (Art. 3, 4 und 5 der Schutzdauer-Richtlinie [Richtlinie 93/98/EWG des Rates vom 29. 10. 1993 zur Harmonisierung der Schutzdauer des Urheberrechts und bestimmter verwandter Schutzrechte, ABl. Nr. L 290 S. 9]), ohne dass dafür eine sachliche Begründung erkennbar wäre (ebenso *Dreier/Schulze/Dreier* Rdnr. 1), es sei denn, der Gesetzgeber habe zu ständigen schutzfristverlängernden Neuinvestitionen in die Datenbank Anlass geben wollen (s. dazu Rdnr. 4 f.). Die Regelung gilt nur für Datenbanken nach §§ 87a ff., nicht hingegen für Datenbankwerke, deren Schutzdauer sich nach §§ 64, 65 Abs. 1 (70 Jahre pma.) richtet, nicht für die in die Datenbank aufgenommen Elemente und nicht für die Computerprogramme, die zur Herstellung der Datenbank und/oder zur Ermöglichung des Zugangs zu ihren Elementen dienen (§ 4 Abs. 2 S. 2 analog; s. § 4 Rdnr. 43; vor §§ 87a ff. Rdnr. 46; § 87a Rdnr. 39). Für Datenbanken, die sowohl unter leistungsschutzrechtlichen als auch unter urheberrechtlichen Voraussetzungen geschützt sind, bleibt § 87d folglich ohne Bedeutung.

2. Beginn der Schutzfrist

Art. 10 Abs. 1 und 2 der Datenbankrichtlinie (Richtlinie 96/9/EG des Europäischen Parla- 2 ments und des Rates vom 11. 3. 1996 über den rechtlichen Schutz von Datenbanken, ABl. Nr. L 77 S. 20, abgedr. auch in GRUR Int. 1996, 806) folgend knüpft die Vorschrift den Beginn der Schutzfrist nicht, wie es nach früherem nationalem Recht bei Leistungsschutzrechten der Fall war, an **den Zeitpunkt** des Erscheinens, sondern an **der** – freilich schwerer zu beweisenden – **Veröffentlichung der Datenbank**. Wann dies der Fall ist, richtet sich nach § 6 Abs. 1, also danach, wann die Datenbank mit Zustimmung ihres Herstellers oder eines von ihm Berechtigten der Öffentlichkeit, dh. nicht notwendig der Allgemeinheit, zugänglich gemacht worden ist (s. die Erl. zu § 6 Rdnr. 6 ff.). Dabei ist zwischen Veröffentlichungen in körperlicher Form (Zugänglichmachung eines analog oder digital festgelegten Nachschlagewerkes etc.) und – unter Beachtung der Voraussetzungen des § 15 Abs. 3 (s. die Erläuterungen dort) – in unkörperlicher Form, namentlich der öffentlichen Zugänglichmachung nach § 19a, zu unterscheiden.

Ist eine Datenbank nicht veröffentlicht worden, berechnet sich die fünfzehnjährige Schutzfrist 3 **hilfsweise ab ihrer Herstellung**. Dies ist der Zeitpunkt, an dem die Merkmalsvoraussetzungen einer Datenbank nach § 87a Abs. 1, insbesondere die systematische oder methodische Anordnung ihrer Elemente, erstmals vorliegen und die bei ihrem Aufbau getätigten Investitionen insgesamt **erstmals als wesentlich** iSd. Vorschrift bezeichnet werden können (hM., *Leistner* S. 202; *Dreier/Schulze/Dreier* Rdnr. 4; *Möhring/Nicolini/Decker*[2] Rdnr. 3; *Fromm/Nordemann/Czychowski*[10] Rdnr. 2). Spätere Veränderungen, Ergänzungen oder Überprüfungen erlangen Bedeutung als Beitrag zu einer neuen Datenbank nach § 87a Abs. 1 S. 2. Der Zeitpunkt der Herstellung ist vom Datenbankhersteller zu beweisen (Erwgr. 53), so dass sich eine genaue Protokollierung des Datenbankaufbaus empfiehlt.

3. Maximale Schutzdauer

Die Schutzdauer einer kontinuierlich innerhalb der laufenden Frist **aktualisierten Daten-** 4 **bank** läuft demnach unbegrenzt, wenn die vorgenommenen Änderungen die Voraussetzungen des § 87a Abs. 1 S. 2 erfüllen, also nach Art oder Umfang wesentlich sind und damit die Annahme rechtfertigen, auf einer wesentlichen Investition zu beruhen (s. § 87a Rdnr. 40 ff.). Eine **unveränderte Datenbank** ist maximal dreißig Jahre geschützt, wenn sie erst im fünfzehnten Jahr nach ihrer Herstellung veröffentlicht wird.

4. Schutzdauer einer nach § 87a Abs. 1 S. 2 neuen Datenbanken

Die fünfzehnjährige Schutzfrist beginnt erneut zu laufen, wenn eine bestehende noch ge- 5 schützte Datenbank wesentliche Änderungen erfährt, so dass sie **nach § 87a Abs. 1 S. 2** als **neue Datenbank** gilt (s. § 87a Rdnr. 58 ff.). Auch bei neuen Datenbanken ist für den Beginn der Schutzfrist der Zeitpunkt der Veröffentlichung, hilfsweise derjenige der Herstellung maßgeblich. Er tritt ein, wenn an einer bestehenden Datenbank vorgenommene **Änderungen** erstmals ein solches Ausmaß erlangen, dass sie als **nach Art oder Umfang wesentlich** bezeichnet werden können. Die fünfzehnjährige Schutzdauer verlängert sich in diesen Fällen um den Zeitraum zwischen der Veröffentlichung bzw. Herstellung der Datenbank und der wesentlichen Neuinvestition. Hat der Datenbankhersteller im Laufe der verlängerten Frist weitere Investitionen vorgenommen, beginnt wiederum ab dem Zeitpunkt, an dem die Neuinvestitionen wesentlich geworden sind, eine neue fünfzehnjährige Schutzfrist zu laufen, so dass ein „ewiger" Schutz der Datenbank grundsätzlich möglich ist.

6   Damit ist die umstrittene Frage noch nicht beantwortet, **welcher Teil der veränderten Datenbank als neue Datenbank iSd. § 87a Abs. 1 S. 2** von der Schutzfristverlängerung profitiert (sa. § 87a Rdnr. 66f.). Ist es nur der Teil, der, in welcher Form auch immer (Ergänzung, Überprüfung, Streichung etc), Aktualisierungen erfahren hat, so dass eine Verlängerung des Schutzes der unverändert oder unkontrolliert gebliebenen Teile der Datenbank ausscheidet und – mit der Folge eines sich ständig verändernden Schutzumfangs – für jede wesentliche Neuinvestition eine eigene Schutzfrist zu laufen beginnt (so *Gaster* Rdnr. 651 f., *Dittrich* ÖBl 2002, 3/9; *Walter/v. Lewinski* Art. 10 Rdnr. 5; *Fromm/Nordemann/Hertin*[9] Rdnr. 2 spricht von der Möglichkeit mehrerer sich aneinanderreihender oder sich gar überlappender Schutzfristen); oder ist es die Datenbank insgesamt, einschließlich der unverändert oder unkontrolliert gebliebenen Elemente, so dass mit jeder Neuinvestition eine Verlängerung der Schutzdauer der Datenbank in ihrer Gesamtheit eintritt (insbesondere für dynamische Datenbanken s. Schlussanträge der Generalanwältin *Stix-Hackl* Tz. 154 in der Sache EuGH GRUR 2005, 244 – BHB-Pferdewetten; ebenso im Hinblick auf die entstehenden Beweisprobleme und die gesetzliche Fiktion des § 87a Abs. 1 S. 2 *Möhring/Nicolini/Decker*[2] Rdnr. 5; ähnlich *Wandtke/Bullinger/Thum* § 87a Rdnr. 51); oder ist – im Ergebnis zwischen beiden Auffassungen vermittelnd – nach der oder den Neuinvestition(en) zwar weiterhin von einer einheitlichen, alte wie neue Elemente umfassenden Datenbank, jedoch mit unterschiedlich in Lauf gesetzten Schutzfristen auszugehen und erst **im Verletzungsfall** bei der Frage, ob nach § 87b Abs. 1 ein ihr wesentlicher Teil entnommen oder weiterverwendet worden ist, nur der geänderte bzw. indirekt von den Neuinvestitionen beeinflusste Teil der neuen Datenbank zu berücksichtigen (so *Leistner* S. 209ff.; *Haberstumpf* GRUR 2003, 14/31; *Wiebe* CR 2005, 169/ 174; *Dreier/Schulze/Dreier* Rdnr. 8; im Ergebnis auch *Fromm/Nordemann/Hertin*[9] Rdnr. 3). Dies kann u. U. zu einem Neubeginn der Schutzdauer der gesamten Datenbank führen, wenn der Hersteller sie vollständig überprüft hat und dies beweisen kann (*Wiebe* CR 2005, 169/174).

7   **Erstere Lösung** lässt offen, wie zu entscheiden ist, wenn die schutzbegründende wesentliche Investition in der systematischen oder methodischen Anordnung der Elemente liegt, diese jedoch bei der Neuinvestition unverändert geblieben ist und deshalb bei der Beurteilung der neuen Datenbank außer Betracht zu bleiben hat. Die **zweite Auffassung** berücksichtigt zutreffend, dass bei sukzessiven Überarbeitungen stets die Datenbank als Gesamtheit Gegenstand der Aktualisierung ist (so auch *Leistner* S. 209; zum Schutzgegenstand s. § 87a Rdnr. 30ff.), und vermeidet darüber hinaus unüberwindliche Beweisprobleme bei der Frage, welches Element wann geändert worden ist und welcher neuen Datenbank es jeweils zuzuordnen ist (sa. § 87a Rdnr. 66f.), löst andererseits aber nicht das Problem des bei immateriellen Gütern unüblichen Ewigkeitsschutzes unverändert gebliebener Elemente. Die **dritte Ansicht** teilt zwar zutreffend die Sicht von der Datenbank als einheitlichem Schutzgegenstand und respektiert die Entscheidung einer fünfzehnjährigen Schutzdauer des immateriellen Schutzgegenstandes, entgeht aber, indem sie bei der Entnahme wesentlicher Teile auf alle durch Neuinvestitionen der letzten 15 Jahre noch geschützten Elemente abstellt (*Leistner* S. 212f.), nicht gänzlich den sich stellenden Beweisproblemen, sondern verlagert sie lediglich in die Wesentlichkeitsprüfung (s. dazu die Ausführungen unter § 87a Rdnr. 66f.). Dennoch verdient sie aus dogmatischen und teleologischen Gründen den Vorzug. Denn die Schutzfrist und das Erfordernis der Wesentlichkeit kennzeichnen in gleicher Weise den zeitlich und sachlich beschränkten Investitionsschutz.

5. Fristberechnung

8   Die Frist berechnet sich nach § 69. Sie beginnt folglich mit Ablauf des Kalenderjahres, in dem das für den Fristbeginn maßgebliche Ereignis (Herstellung, Veröffentlichung oder wesentliche Änderung) eingetreten ist. Die Schutzfrist einer im Februar 1998 veröffentlichten Datenbank beginnt somit am 1. 1. 1999 zu laufen und endet, wenn die Datenbank unverändert bleibt, am 31. 12. 2014 (s. im Übrigen die Erl. zu § 69).

6. Schutzdauer unter Berücksichtigung des Übergangsrechts

Bei Datenbanken, die vor dem Inkrafttreten der Bestimmungen des Art. 7 IuKDG (dazu vor §§ 87a ff. Rdnr. 6, 14 ff.) hergestellt worden sind und auf Grund der Übergangsregel des § 137g Abs. 2 – dh. weil ihre Herstellung in der Zeit zwischen dem 1. 1. 1983 und dem 31. 12. 1997 liegt – unter den Schutz der Neuregelung fallen (sa. § 137g Rdnr. 3), richtet sich die Schutzdauer ebenfalls nach § 87d, jedoch mit der Maßgabe, dass die Schutzfrist am 1. 1. 1998 zu laufen beginnt (kritisch zu dieser Umsetzung von Art. 14 Abs. 5 der Richtlinie § 64 Rdnr. 46; *Flechsig* ZUM 1997, 577/589; *Vogel* ZUM 1997, 592/598, die den Zeitpunkt der Herstellung der Datenbank auch in diesen Fällen für den richtigen Anknüpfungspunkt halten). Diese Anknüpfung bedarf der richtlinienkonformen Korrektur iSd. Kritik (sa. § 64 Rdnr. 46; *Wandtke/Bullinger/Thum* Rdnr. 10; aA *Dreier/Schulze/Dreier* Rdnr. 10, die eine korrigierende richtlinienkonforme Auslegung angesichts des eindeutigen Wortlauts des § 137g Abs. 2 für unstatthaft halten und zudem die englische Fassung der Richtlinie für ihre Ansicht ins Feld führen; wie diese *Fromm/Nordemann/Hertin*[9] § 137g Rdnr. 2; *Roßnagel/v. Lewinski* § 137g Rdnr. 15). Der BGH hat die Problematik in seiner Entscheidung GRUR 2006, 493/495 – Michel-Nummern nicht erörtert, sondern alle vor dem 1. 1. 1983 erhobene Daten vom Schutz ausgeschlossen (ebenso BGH GRUR 2005, 857/860 – HIT BILANZ).

9

§ 87e Verträge über die Benutzung einer Datenbank

Eine vertragliche Vereinbarung, durch die sich der Eigentümer eines mit Zustimmung des Datenbankherstellers durch Veräußerung in Verkehr gebrachten Vervielfältigungsstücks der Datenbank, der in sonstiger Weise zu dessen Gebrauch Berechtigte oder derjenige, dem eine Datenbank aufgrund eines mit dem Datenbankhersteller oder eines mit dessen Zustimmung mit einem Dritten geschlossenen Vertrages zugänglich gemacht wird, gegenüber dem Datenbankhersteller verpflichtet, die Vervielfältigung, Verbreitung oder öffentliche Wiedergabe von nach Art und Umfang unwesentlichen Teilen der Datenbank zu unterlassen, ist insoweit unwirksam, als diese Handlungen weder einer normalen Auswertung der Datenbank zuwiderlaufen noch die berechtigten Interessen des Datenbankherstellers unzumutbar beeinträchtigen.

Schrifttum: Siehe die Schrifttumshinweise vor §§ 87a ff.

Übersicht

	Rdnr.
I. Zweck und Bedeutung der Norm	1–5
II. Einzelerläuterungen	6–14
1. Rechtmäßiger Benutzer	6–8
a) Offline-Datenbanken	7
b) Online-Datenbanken	8
2. Vertragliche Vereinbarung	9–14
a) Unwesentliche Teile	10, 11
b) Berechtigte Interessen des Datenbankherstellers	12
c) Beweislast	13
d) Übergangsrecht	14

I. Zweck und Bedeutung der Norm

§ 87e flankiert als **zwingende vertragsrechtliche Vorschrift** die Begrenzung der ausschließlichen Befugnisse des Datenbankherstellers auf wesentliche Teile seiner Datenbank. Er hindert den Datenbankhersteller daran, den ihm nach § 87b Abs. 1 gesetzlich zustehenden Umfang ausschließlicher Rechte gegenüber demjenigen, der als „rechtmäßiger Benutzer" (so der Wortlaut von Art. 8 der Richtlinie) das Recht zur Nutzung seiner **veröffentlichten Datenbank** erwirbt, durch – freilich nur inter partes wirkende – vertragliche Vereinbarungen auf unwesentliche Teile auszudehnen und damit die Wertung des Gesetzes zu umgehen. § 87e beruht auf den bindenden Vorgaben des Art. 8 Abs. 1 und 2 sowie hinsichtlich seiner Rechtsfolge auf denen des Art. 15 der Datenbankrichtlinie (Richtlinie 96/9/EG des Europäischen Parlaments und des Rates vom 11. 3. 1996 über den rechtlichen Schutz von Datenbanken, ABl. Nr. L 77

1

§ 87e   Verträge über die Benutzung einer Datenbank

S. 20, abgedr. auch in GRUR Int. 1996, 806; zur Entstehungsgeschichte s. vor §§ 87a ff. Rdnr. 8 ff.). Seinem Wesen nach gleicht er der Bestimmung des § 69g Abs. 2 über die vertragliche Einschränkung gesetzlich zulässiger Nutzungen von Computerprogrammen. Da er keine Schrankenregelung beinhaltet, sondern eine zwingende vertragsrechtliche Regel über den Umfang des Verhandelbaren verlangt er auch **keine enge Auslegung.**

2   Als Vorschrift zur Sicherung vertraglich unabdingbarer Mindestbefugnisse des Datenbanknutzers verfolgt § 87e das Ziel, **einen möglichst ungehinderten Informationszugang des Benutzers** angesichts der häufigen Marktmacht, mitunter gar Monopolstellung des Datenbankherstellers und seiner daraus resultierenden Möglichkeiten der inhaltlichen Gestaltung des Benutzervertrags zu gewährleisten. Grundsätzlich sind nur die Gesamtheit oder wesentliche Teile einer Datenbank ihrem Hersteller zur ausschließlichen Nutzung vorbehalten (§ 87b Abs. 1 S. 1) sowie die wiederholte und systematische Nutzung unwesentlicher Teile, sofern sie die berechtigten Interessen des Datenbankherstellers unzumutbar beeinträchtigt oder der normalen Auswertung der Datenbank zuwiderläuft (§ 87b Abs. 1 S. 2). Wo letztere Voraussetzungen nicht vorliegen, die Amortisation der Datenbank also nicht in Frage steht (*Kappes* ZEuP 1997, 654/669; *Bensinger* S. 231), zieht das Gesetz durch § 87e dem Datenbankherstellerrecht abredefeste Grenzen, so dass jedenfalls die normale Nutzung unwesentlicher Teile einer Datenbank als Mindestrecht gewährleistet ist.

3   Nach **dem Wortlaut des § 87e** und dem des Art. 8 Abs. 2 der Richtlinie soll der Datenbankhersteller **auch ohne das Vorliegen wiederholter und systematischer Nutzungen** unwesentlicher Teile Vereinbarungen über Nutzungen unwesentlicher Teile schließen können, die die normale Auswertung der Datenbank stören oder seine berechtigten Interessen unzumutbar beeinträchtigen. Dies führte jedoch zu dem widersprüchlichen Ergebnis, dass der Datenbankhersteller dem vertraglich berechtigten Nutzer mehr verbieten könnte, als das Gesetz jedermann gestattet. § 87e aE und § 87b Abs. 1 S. 2 sind deshalb deckungsgleich im Sinne letzterer Vorschrift auszulegen (s. *Leistner* S. 92 f.; in diesem Sinne auch AmtlBegr. BTDrucks. 13/7934, S. 45).

4   Als **unabdingbare Vorschrift** gehört § 87e zum Kernbereich des nationalen Urhebervertragsrechts und findet deshalb als **zwingendes Recht des Schutzlandes nach Art. 34 EGBGB** auch auf Verträge Anwendung, die sich auf Grund des Vertragsstatuts nach ausländischem Recht richten (s. vor §§ 120 ff. Rdnr. 150 mwN; *Dreier/Schulze/Dreier* Rdnr. 2; *Fromm/Nordemann/Czychowski*[10] Rdnr. 7).

5   Für das Urheberrecht an Datenbankwerken dient **§ 55a demselben Zweck** wie § 87e. Allerdings ist diese Vorschrift nicht als Bestimmung über vertragliche Mindestrechte, sondern wegen des weiten Umfangs des urheberrechtlichen Verbotsrechts als Schrankenregelung ausgebildet. § 55a begrenzt das Vervielfältigungs- und das Bearbeitungsrecht des Datenbankurhebers an der dem Datenbankwerk zugrunde liegenden Auswahl und/oder Anordnung (Struktur), um den Zugang zum Datenbankinhalt und übliche Nutzungen des Datenbankwerkes uneingeschränkt zu gewährleisten (Erwgr. 34; Beschlussempfehlung und Bericht des Ausschusses BT-Drucks. 13/7934 S. 45; vgl. § 55a Rdnr. 1).

II. Einzelerläuterungen

1. Rechtmäßiger Benutzer

6   § 87e beschränkt die vertraglichen Gestaltungsmöglichkeiten des Datenbankherstellers gegenüber dem **rechtmäßigen Benutzer,** dh. demjenigen, dem er den Zugang zu seiner veröffentlichten Datenbank durch einen Online-Dienst oder andere Mittel grundsätzlich gestattet (vgl. Erwgr. 34). Das Gesetz umschreibt ihn in wenig übersichtlicher Weise als „Eigentümer eines mit Zustimmung des Datenbankherstellers durch Veräußerung in Verkehr gebrachten Vervielfältigungsstücks der Datenbank, den in sonstiger Weise zu dessen Gebrauch Berechtigten oder denjenigen, dem eine Datenbank auf Grund eines mit dem Datenbankhersteller oder eines mit dessen Zustimmung mit einem Dritten geschlossenen Vertrages zugänglich gemacht wird". Ebenso wie bei der Formulierung des § 55a hat der Gesetzgeber nicht den in der Richtlinie verwendeten Begriff des „rechtmäßigen Benutzers" als Lizenznehmer (vgl. Erwgr. 34) in die nationale Vorschrift übernommen, sondern den rechtmäßigen Benutzer als denjenigen spezifiziert, der – so die AmtlBegr. – als Adressat einer rechtmäßig vorgenommenen distributorischen Verwertungshandlung anzusehen ist und als solcher die Benutzungsberechtigung erwirbt (BTDrucks. 13/7934 S. 45; sa. § 55a Rdnr. 5). Auf welchem Rechtsgrund die Rechtmäßigkeit

des Zugangs beruht, ist unerheblich. Immer handelt es sich bei dem rechtmäßigen Benutzer um eine natürliche oder juristische Person, die ihre Nutzungsberechtigung vom Hersteller der Datenbank oder – über den engen Wortlaut der Vorschrift hinaus – seinem Rechtsnachfolger herleitet (sa. Erwgr. 49). Auf andere, nicht vertraglich berechtigte Datenbankbenutzer kommt § 87e nicht zur Anwendung. Dem unrechtmäßigen Benutzer kann der Datenbankhersteller die Nutzung unwesentlicher Teile wegen seines gesetzlich beschränkten Ausschließlichkeitsrechts ohnehin nicht verbieten.

a) **Offline-Datenbanken.** Bei Datenbanken auf herkömmlichen Datenträgern oder bei offline zugänglichen elektronischen Datenbanken ist der rechtmäßige Benutzer idR der „**Eigentümer eines mit Zustimmung des Datenbankherstellers durch Veräußerung in Verkehr gebrachten Vervielfältigungsstücks der Datenbank**", dh. etwa der Käufer einer Datenbank in der Verkörperung zB einer CD-ROM, eines Mikrofiche oder eines Buches. Er erwirbt mit dem Kauf einer CD-ROM idR gleichzeitig auch die für die bestimmungsgemäße Nutzung der Datenbank erforderlichen Vervielfältigungsrechte, etwa für das Laden der Datenbank in den Arbeitsspeicher des Computers. Das Lesen eines Buches oder Mikrofiches unterliegt ohnehin weder urheber- noch leistungsschutzrechtlichen Verbotsrechten. Bei dem „**in sonstiger Weise zu dessen Gebrauch Berechtigten**" beruht die Berechtigung meist auf einer vertraglichen Einräumung dinglich wirkender Nutzungsbefugnisse oder auf einer lediglich schuldrechtlichen Gestattung etwa im Rahmen eines Mietvertrags durch den auch insoweit berechtigten Eigentümer der Verkörperung einer Datenbank oder durch einen berechtigten Dritten (sa. § 55a Rdnr. 6). Verträge des rechtmäßigen Nutzers einer Offline-Datenbank (CD-ROM etc.), der einem Dritten unter Auferlegung von Beschränkungen, die über das nach dem Wortlaut des § 87e Zulässige hinausgehen, vertraglich die Nutzung gestattet, werden allerdings von § 87e nicht erfasst, weil von ihnen keine Gefahr der Monopolisierung von Informationen ausgeht (*Dreier/Schulze/Dreier* Rdnr. 4). 7

b) **Online-Datenbanken.** Die dritte Form der Berechtigung nach § 87e betrifft denjenigen, „dem eine Datenbank auf Grund eines mit dem Datenbankhersteller oder eines mit dessen Zustimmung mit einem Dritten geschlossenen Vertrages zugänglich gemacht wird". Dies ist nach der AmtlBegr. der Nutzer einer veröffentlichten Online-Datenbank, dem der Datenbankhersteller oder -betreiber in der Regel die für die normale Nutzung erforderlichen Nutzungsbefugnisse für das Downloading und Browsing einräumt (s. BTDrucks. 13/7934 S. 43 zu dem insoweit gleich lautenden § 55a; sa. § 55a Rdnr. 6f.). Unabhängig davon, auf welcher rechtlichen Grundlage die Berechtigung beruht und auf welche Arten der Nutzung der Gesamtheit oder wesentlicher Teile der Datenbank sie sich bezieht, ist es in keinem Falle dem Hersteller gestattet, die Nutzung unwesentlicher Teile seiner Datenbank vertraglich einzuschränken, es sei denn, dies geschieht zur Sicherung der normalen Auswertung der Datenbank oder zur Verhinderung einer unzumutbaren Beeinträchtigung seiner berechtigten Interessen. 8

2. Vertragliche Vereinbarung

Bei den in § 87e geregelten Vereinbarungen handelt es sich im Wesentlichen um **Verträge über den Zugang zu einer veröffentlichten**, dh. einer iSd. § 6 Abs. 1 der Öffentlichkeit gleich in welcher Form zur Verfügungen gestellten **Datenbank,** in denen der Hersteller die Nutzung unwesentlicher Teile der Datenbank einzuschränken versucht, ohne auf Grund eigener berechtigter Interessen dazu befugt zu sein (§ 87e aE). Sind Teile einer Datenbank unveröffentlicht, gilt für sie § 87e nicht mit der Folge, dass der Datenbankhersteller insoweit einschränkende Zugangsberechtigungen auch hinsichtlich unwesentlicher Teile vereinbaren kann (*Dreier/Schulze/Dreier* Rdnr. 6; *Wandtke/Bullinger/Thum* Rdnr. 16). Praktisch denkbar sind auch solche Fälle, in denen der Datenbankhersteller Dritten inhaltlich, zeitlich und/oder räumlich beschränkte Nutzungsbefugnisse an zumindest wesentlichen Teilen der Datenbank, die ihm nach § 87b Abs. 1 S. 1 ausschließlich zustehen, einräumt und gleichzeitig in einer **schuldrechtlichen Zusatzklausel** seinen Vertragspartner in der **Nutzung** unwesentlicher Datenbankteile **auf eine andere Nutzungsart oder zeitlich** einzuschränken versucht. Derartige Vereinbarungen sind **unwirksam.** Soweit es sich um Teilunwirksamkeit handelt, ist von der Fortgeltung des anderen Teils des Vertrages nach § 139 BGB auszugehen (ebenso *Wandtke/Bullinger/Thum* Rdnr. 19; *Dreier/Schulze/Dreier* Rdnr. 7). 9

a) § 87e betrifft nur Vereinbarungen über den **Ausschluss der Nutzung nach Art und Umfang unwesentlicher Teile** einer Datenbank. Das Wort „und" beruht nicht, wie noch in den Vorauflagen und auch von *Dreier* und *Czychowski* (*Dreier/Schulze/Dreier*, 2. Aufl., Rdnr. 5; 10

§ 87e

Fromm/Nordemann/Czychowski[10] Rdnr. 5) angenommen, nicht auf einem Redaktionsversehen und bedarf deshalb auch nicht entsprechend der Formulierung in § 87b Abs. 1 durch das Wort „oder" ersetzt zu werden. *Thum* hat zutreffend dargelegt hat, dass dem Datenbankhersteller nach § 87b Abs. 1 entweder qualitativ **oder** quantitativ wesentliche Teile seiner Datenbank zur ausschließlichen Nutzung vorbehalten sind. In § 87c hingegen geht es darum, dass **Datenbankteile** nur dann unwesentlich sind, wenn sie **weder qualitativ noch quantitativ wesentlich** sind. Diese Voraussetzungen sind nur durch das Wort „und" gegeben (*Wandtke/Bullinger/Thum* Rdnr. 11ff.).

11   Der **Begriff der unwesentlichen Teile** ist derselbe wie in § 87b Abs. 1 S. 2 und deshalb in gleicher Weise auszulegen (s. § 87a Rdnr. 40ff.; § 87b Rdnr. 20ff.). Bei Datenbanken, die aus **mehreren selbstständig zugänglichen Teilbereichen** bestehen, findet § 87e nur insoweit Anwendung, als es um die vertragliche Einschränkung der Nutzung derjenigen Teile geht, auf die sich die Erlaubnis bezieht. Für andere Datenbankteile begründet § 87e keine Zugangserlaubnis (ebenso unter Hinweis auf Art. 8 Abs. 1 S. 2 der Datenbankrichtlinie *Dreier/Schulze/Dreier* Rdnr. 6; *Fromm/Nordemann/Hertin*[9] Rdnr. 1; *Wandtke/Bullinger/Thum* Rdnr. 8; sa. *Gaster* Rdnr. 588).

12   b) **Vertragliche Vereinbarungen** über den Ausschluss oder die Einschränkung der Nutzung unwesentlicher Datenbankteile nach § 87e sind **lediglich dann zulässig**, wenn der Datenbankhersteller – wiederum wie in § 87b Abs. 1 S. 2 – geltend machen kann, dass diese **Nutzung unwesentlicher Teile der normalen Auswertung der Datenbank zuwiderläuft oder seine berechtigten Interessen unzumutbar beeinträchtigt**. Auch diese Tatbestandsmerkmale sind inhaltlich dieselben wie in § 87b Abs. 1 S. 2 und deshalb in gleicher Weise auszulegen (Einzelheiten unter § 87b Rdnr. 52ff.).

13   c) **Beweislast.** Für die ihm günstigen Umstände trifft den Datenbankhersteller nach allgemeinen Regeln die Beweislast, dh. er muss beweisen, dass die als unwirksam angegriffene Klausel über den vertraglichen Ausschluss der Nutzung unwesentlicher Datenbankteile erforderlich ist, um die normale Auswertung der Datenbank zu gewährleisten oder seine berechtigten Interessen vor unzumutbaren Beeinträchtigungen zu bewahren (ebenso *Dreier/Schulze/Dreier* Rdnr. 5; *Wandtke/Bullinger/Thum* Rdnr. 21).

14   d) **Übergangsrecht.** Nach § 137g Abs. 3 findet § 87e nur auf solche Verträge Anwendung, die nach seinem Inkrafttreten am 1. 1. 1998 geschlossen worden sind. Ältere Verträge unterliegen unter den näheren gesetzlichen Voraussetzungen der Inhaltskontrolle nach dem AGB oder dem allgemeinen Verbot der Sittenwidrigkeit.

Teil 3. Besondere Bestimmungen für Filme

Vorbemerkung

Schrifttum: a) älteres Schrifttum (Auswahl): *Bappert,* Das Urheberrecht am Tonfilm, Diss. Mainz 1956; *v. Gamm,* Grundfragen des Filmrechts, 1957; *Reimer,* Schranken der Rechtsübertragung im Urheberrecht, GRUR 1962, 619; *Roeber,* Das Filmrecht und seine Reformbedürftigkeit, 1932; *ders.,* Die Urheberschaft am Film, UFITA 22 (1956) 1; *Sprenkmann,* Zum Filmurheberrecht, 1936; *Ulmer,* Zur Neuregelung des Filmrechts, GRUR 1952, 5; *ders.,* Kinematographie und Urheberrecht, GRUR Int. 1953, 182; *ders.,* Ergänzender Bericht über Kinematographie und Urheberrecht, GRUR Int. 1954, 206; *ders.,* Grundfragen des Filmrechts, GRUR 1955, 518.

b) Schrifttum bis 1987: *Ahlberg,* Die Vermietung von Schallplatten und Videokassetten, GRUR 1983, 406; *Berg-Schwarze,* Filmförderung durch das öffentlich-rechtliche Fernsehen, Media Perspektiven 1985, 777; *Bohr,* Die Urheberrechtsbeziehungen der an der Filmherstellung Beteiligten, 1978; *ders.,* Fragen der Abgrenzung und inhaltlichen Bestimmung der Filmurheberschaft, UFITA 78 (1977) 95; *Breloer,* Verfilmung, Verfilmungsrecht und Fernsehfilm, 1973; *Brinkmann,* Die Vermietung von Videokassetten aus urheberrechtlicher Sicht, NJW 1983, 599; *Brugger,* Der Begriff der Bearbeitung und Verfilmung im neuen Urheberrechtsgesetz, UFITA 51 (1968) 89; *ders.,* Die neuen audiovisuellen Systeme, 1970; *ders.,* Das Begriffsbild der audiovisuellen Verwertung, FuR 1972, 372; *ders.,* Aktuelle Vertragsfragen für die Produktion von Fernseh- und Kinofilmen, FuR 1974, 757; *Brugger/Wedel,* Das Recht des Filmherstellers zur audiovisuellen Verwertung von Filmen unter Berücksichtigung der Zweckübertragungstheorie, UFITA 65 (1972) 159; *Christ,* Das Urheberrecht der Filmschaffenden, 1982; *Deutsche Vereinigung für gewerblichen Rechtsschutz und Urheberrecht,* Stellungnahme zu dem von Professor Dr. Eugen Ulmer erstatteten Gutachten zum Urhebervertragsrecht, insbesondere zum Recht der Sendeverträge, GRUR 1980, 1060; *Dünnwald,* Spielfilmauswertung und Zweckübertragungstheorie, GRUR 1973, 245; *ders.,* Gibt es ein Verfilmungsrecht und ein Filmherstellungsrecht?, FuR 1974, 76; *Flechsig,* Gesetzliche Regelung des Sendevertragsrechts?, GRUR 1980, 1046; *Fromm,* Zur Filmrechtsregelung des Fernsehens, UFITA 48 (1966) 121; *Goldman,* Das Hollywood-Geschäft, 1985; *Hertin,* Honorarbedingungen für Freie Mitarbeiter beim Rundfunk, FuR 1983, 151; *Hillig,* Filmauswertung und Zweckübertragungstheorie, FuR 1974, 576; *ders.,* Urhebervertragsrecht des Fernsehens und des Hörfunks, UFITA 73 (1975) 107; *Hodik,* Die Urheberrechte des Bühnenbildners, FuR 1983, 298; *Hubmann,* Die geplante Neuregelung der Sendeverträge, GRUR 1978, 468; *Katzenberger,* Urheberrechtsfragen der elektronischen Textkommunikation, GRUR Int. 1983, 895; *ders.,* Urheberrechtsfragen der elektronischen Textkommunikation, in *Bullinger* (Hrsg.), Rechtsfragen der elektronischen Textkommunikation, 1984, S. 99; *Knorr,* Die Schutzfristberechnung bei Filmwerken, Diss. Berlin 1980; *Kreile,* Die Stellung des Fernsehproduzenten im Urheberrecht, FuR 1975, 293; *Kühlberg,* Zum Filmherstellungsrecht, FuR 1981, 359; *Loewenheim,* Urheberrechtlicher Schutz von Videospielen, Fs. für Hubmann, 1985, S. 307; *Mielke,* Vermietung von Videokassetten und Erschöpfung des Verbreitungsrechts, UFITA 101 (1985) 11; *Monaco,* Film verstehen. Kunst-Technik-Sprache. Geschichte und Theorie des Films, 1985; *Moser,* Videoverwertung von Kinofilmen, MR 5/1984, 15; *Movsessian,* Audiovisuelle Verwertung, FuR 1972, 366; *dies.,* Spielfilmauswertung – Zweckübertragungstheorie und neue audio-visuelle Medien – Eine Entgegnung, GRUR 1974, 371; *dies.,* Zweckübertragungstheorie und neue audio-visuelle Medien, FuR 1974, 549; *dies.,* Urheberrechte und Leistungsschutzrechte an Filmwerken, UFITA 79 (1977) 213; *Neufeldt,* Neue Tarifverträge für Film- und Fernsehschaffende, FuR 1980, 127; *Nordemann,* Urhebervertragsrecht für Sendeanstalten, GRUR 1978, 88; *ders.,* Bildschirmspiele – eine neue Werkart im Urheberrecht, GRUR 1981, 891; *Paschke,* Urheberrechtliche Grundlagen der Filmauftragsproduktion, FuR 1984, 403; *Platho,* Urheberrechtsprobleme der Weiterverbreitung von Sendungen in Kabelnetzen, 1983; *ders.,* Sind Kabel-, Satelliten- und Pay TV-Sendung eigenständige Nutzungsarten nach § 31 UrhG?, ZUM 1986, 572; *Poll,* Aktuelle Rechtsfragen bei der Videoauswertung von Spielfilmen, FuR 1981, 505; FuR 1982, 356; FuR 1983, 9; *ders.,* Zur Anwendung der Zweckübertragungstheorie auf alte Filmauswertungsverträge, ZUM 1985, 248; *ders.* (Hrsg.), Videorecht, Videowirtschaft. Ein Handbuch, 1986; *Rehbinder,* Rundfunkanstalten und Kassettenmarkt, UFITA 65 (1972) 117; *Reichardt,* Zur Stellung des Filmregisseurs im Urheberrecht, UFITA 60 (1971) 147; *Reimer,* Urheberrechtsfragen der neuen audio-visuellen Medien, GRUR Int. 1973, 315; *Riepenhausen,* Tarifverträge für freie Mitarbeiter der Rundfunkanstalten, FuR 1977, 504; *ders.,* Neues Sendevertragsrecht, FuR 1982, 20; *Roeber,* Der Film im neuen Urheberrecht, FuR 1965, 223; *ders.,* Zur urheberrechtlichen Relevanz des Filmherstellungsbeginns, GRUR Int. 1973, 325; *ders.,* Zum Thema: Urhebervertragsrecht, FuR 1974, 784; FuR 1975, 102, 319; *ders.,* Die fachliche Diskussion um ein Urhebervertragsgesetz, FuR 1979, 77; *ders.,* Neue Medien im System der Rechtsbegriffe, FuR 1982, 403; *Roeber/Jacoby,* Handbuch der filmwirtschaftlichen Medienbereiche, 1973; *Scharf,* Aktuelle Fragen des Satellitenrechts unter internationalen Aspekten, FuR 1973, 205; *Schulze,* Die Tonbildschau – ein Werk, das „ähnlich wie Filmwerke" geschaffen wird, FuR 1983, 374; *Schweyer,* Die Zweckübertragungstheorie im Urheberrecht, 1982; *Stolz,* Die Nutzungsrechte am Arbeitsergebnis des bei einem Sendeunternehmen beschäftigten Mitarbeiters im Spannungsverhältnis zwischen Urheber- und Arbeitsrecht, UFITA 101 (1985) 29; *Strahl,* Wirtschaftliche Filmförderung des Bundes und ihre Folgen dargestellt am Beispiel des Filmförderungsgesetzes 1979, UFITA 103 (1986) 169; *Ulmer,* Urhebervertragsrecht, 1977; *v. Ungern-Sternberg,* Das Urheberrecht, der Hörfunk und das Fernsehen, ZHR-Beiheft Nr. 46 (1974) 51; *ders.,* Erschöpfung des Verbreitungsrechts und Vermietung von Videokassetten, GRUR 1984, 262; *Wietek,* Der urheberrechtliche Schutz der Film- und Fernsehwerke (œuvres audiovisuelles) in Frankreich und der Bundesrepublik Deutschland, UFITA 49 (1967) 54.

c) Schrifttum seit 1987: *Becker,* Musik im Film – Rechtsprobleme aus der Sicht der GEMA, in *Becker* (Hrsg.), Musik im Film, 1993, S. 53; *ders.,* Aktuelle Probleme der Filmförderung, 1994; *ders.,* Die digitale Verwertung von Musikwerken aus der Sicht der Musikurheber, in *Becker/Dreier* (Hrsg.), Urheberrecht und digitale Technologie, 1994, S. 45; *Bohr,* Die urheberrechtliche Rolle des Drehbuchautors, ZUM 1992, 121; *Breidenstein,* Urheberrecht und Direktsatellit, 1993; *Budde,* Das sog. Filmherstellungsrecht, in *Moser/Scheuermann* (Hrsg.), Handbuch der Musikwirtschaft, 3. Aufl. 1994, S. 637; *Bundesregierung,* Bericht über die Auswirkungen der Urheberrechtsnovelle 1985 und Fragen des Urheber- und Leistungsschutzrechts, BTDrucks. 11/4929 vom 7. 7. 1989; *Claussen,* Die Vergütung

Vor §§ 88ff.

Vorbemerkung

für die Überspielung zum privaten Gebrauch gemäß § 54 Absatz 1 UrhG und ihre Verteilung unter die Berechtigten im Filmbereich, 1993; *Deckert/Lilienthal,* Der europäische Film in rechtsvergleichender Sicht, ZUM 1996, 26; *Deutscher Bundestag* (Hrsg.), Enquete Kommission Zukunft der Medien in Wirtschaft und Gesellschaft; Deutschlands Weg in die Informationsgesellschaft: Neue Medien und Urheberrecht, 1997; *Deutsches Patentamt,* Richtlinie für die Verteilung des Aufkommens aus der Video-Geräte- und Cassetten-Abgabe, ZUM 1989, 506; *dass.,* Schriftverkehr zwischen dem Deutschen Patentamt und der VFF zur Verteilung des Aufkommens aus der Videogeräte- und Cassetenabgabe, ZUM 1990, 233; *Dreier,* Perspektiven einer Entwicklung des Urheberrechts, in *Becker/Dreier* (Hrsg.), Urheberrecht und digitale Technologie, 1994, S. 123; *ders.,* Urheberrecht auf dem Weg zur Informationsgesellschaft, GRUR 1997, 859; *Eberle,* Medien und Medienrecht im Umbruch, GRUR 1995, 790; *Ehlgen,* Merchandising, ZUM 1996, 1008; *Endter,* Internet – die unbekannte Nutzungsart, Fs. für Engelschall, 1996, S. 199; *Ernst,* Urheberrechtliche Probleme bei der Veranstaltung von On-demand-Diensten, GRUR 1997, 592; *Feyock/Straßer,* Die Abgrenzung der Filmwerke von Laufbildern am Beispiel der Kriegswochenschauen, ZUM 1992, 11; *Flechsig,* Einigungsvertrag und Urhebervertragsrecht, ZUM 1991, 1; *ders.,* Die clausula rebus sic stantibus im Urhebervertragsrecht – Die Lehre vom Wegfall der Geschäftsgrundlage im Urhebervertragsrecht im Lichte des Einigungsvertrages und Sendeauftrag der öffentlich-rechtlichen Rundfunkanstalten, Fs. für Nirk, 1992, S. 263; *ders.,* Musik im Fernsehen – Ein referierter Bericht –, in *Becker* (Hrsg.), Musik im Film, 1993, S. 85; *ders.,* Die Auswirkungen der ditigalen Signalverarbeitung auf Anbieter von Rundfunk und Fernsehen, in *Becker/Dreier* (Hrsg.), Urheberrecht und digitale Technologie, 1994, S. 27; *Friccius,* Aktuelle Probleme der Vertragsgestaltung bei der Produktion von Filmen und Fernsehfilmen – „Co-Finanzierung/Pre-sale", ZUM 1991, 392; *Frohne,* Probleme bei der Lizenzierung von Kabelweitersenderechten durch Verwertungsgesellschaften für den Bereich der EG, Fs. für Kreile, 1990, S. 109; *Fuhr,* Der Anspruch des Sendeunternehmens nach §§ 94, 54 UrhG bei Auftragsproduktionen, Fs. für Reichardt, 1990, S. 29; *v. Gamm,* Urheber- und urhebervertragsrechtliche Probleme des „digitalen Fernsehens", ZUM 1994, 591; *v. Hartlieb,* Die Auswirkungen der Kündigung eines Lizenzvertrages, Fs. für Schwarz, 1988, S. 121; *ders.,* Handbuch des Film-, Fernseh- und Videorechts, 3. Aufl., 1991; *Häußer,* Die Verteilung der im Rahmen der Wahrnehmung von Urheberrechten und Leistungsschutzrechten erzielten Einnahmen an Ausländer, Fs. für Kreile, 1994, S. 281; *Haupt,* Das Wiederholungshonorar für Drehbuchautoren, ZUM 1996, 636; *v. Have/Eickmeier,* Der Gesetz-liche Rechtsschutz von Ferseh-Show-Formaten, ZUM 1994, 269; *Hegemann,* Nutzungs- und Verwertungsrechte an dem Filmstock der DEFA, 1996; *Heker,* Druckrechte, ZUM 1996, 1015; *Henning-Bodewig,* Urhebervertragsrecht auf dem Gebiet der Filmherstellung und -verwertung, Fs. für Schricker, 1995, S. 389; *Hertin,* Die urheberrechtliche Stellung des Kameramannes, UFITA 118 (1992) 57; *Hoeren,* Urheberrechtliche Probleme des Dokumentarfilms, GRUR 1992, 145; *ders.,* Multimedia = Multilegia, CR 1994, 390; *ders.,* Der europäische Kulturkanal. Urheberrechtliche Probleme bei der Ausstrahlung von Filmwerken über ARTE, ZUM 1994, 552; *ders.,* Multimedia als noch nicht bekannte Nutzungsart, CR 1995, 710; *Jessen,* Rechtsfragen der Vermarktung von Sportereignissen im deutschen und englischen Recht, 1997; *Joch,* Das Filmherstellungsrecht am hergestellten Film. Zur Reichweite des Rechterückfalls in den Berechtigungsverträgen der GEMA, Fs. für Schwarz, 1988, S. 131; *Kanzog,* Die schöpferische Leistung der Filmarchitekten, Szenen- und Kostümbildner, UFITA 126 (1994) 31; *Katzenberger,* Die urheberrechtliche Stellung der Filmarchitekten und Kostümbildner, ZUM 1988, 545; *ders.,* Vom Kinofilm zum Videogramm, GRUR-Fs., 1991, S. 1401; *ders.,* Kein Laufbildschutz für ausländische Videospiele in Deutschland, GRUR Int. 1992, 513; *ders.,* Urhebervertragsrecht, in *Schricker* (Hrsg.), Urheberrecht auf dem Weg zur Informationsgesellschaft, 1997, S. 181; *Koch,* Rechtsschutz für Benutzeroberflächen von Software, GRUR 1991, 180; *Kreile, J.,* Aktuelle Probleme der Vertragsgestaltung bei der Produktion von Filmen und Fernsehfilmen – „Auftragsproduktion", ZUM 1991, 386; *Kreile, J./Westphal,* Multimedia und das Filmbearbeitungsrecht, GRUR 1996, 254; *Kreile, R.,* Einnahme und Verteilung der gesetzlichen Geräte- und Leerkassettenvergütung für private Vervielfältigung in Deutschland. Ein System hat sich bewährt, GRUR Int. 1992, 24; *Krüger,* Das Buch zum Film, Fs. für Schwarz, 1988, S. 153; *ders.,* Zur Wahrnehmung des sog. Filmherstellungsrechts durch die GEMA, Fs. für Reichardt, 1990, S. 79; *Lehmann,* Digitalisierung und Urhebervertragsrecht, in *Lehmann* (Hrsg.), Internet- und Multimediarecht (Cyberlaw), 1997, S. 57; *v. Lewinski,* Die Umsetzung der Richtlinie zum Vermiet- und Verleihrecht, ZUM 1995, 442; *v. Lewinski/Dreier,* Kolorierung von Filmen, Laufzeitänderung und Formatanpassung: Urheberrecht als Bollwerk?, GRUR Int. 1989, 635; *Litten,* Der Schutz von Fernseh-Show- und Fernsehserienformaten, 1997; *Loewenheim,* Kurzkommentar zu BGH, Urt. v. 11. 10. 1990 – „Videozweitauswertung", EWiR 1991, 83; *ders.,* Vergütungsregelungen für das private Kopieren von Ton- und audiovisuellen Trägern in der EG, ZUM 1992, 109; *ders.,* Kurzkommentar zu BGH, Urt. v. 8. 7. 1993 – „Videozweitauswertung II", EWiR 1993, 1223; *ders.,* Die urheberrechtliche Stellung der Szenenbildner, Filmarchitekten und Kostümbildner, UFITA 126 (1994) 99; *ders.,* Urheberrechtliche Probleme bei Multimedia-Anwendungen, Fs. für Piper, 1996, S. 709; *ders.,* Urheberrechtliche Probleme bei Multimedia-Anwendungen, GRUR 1996, 830; *ders.,* Multimedia and the European Copyright Law, 27 IIC (1996) 41; *Lütje,* Die Rechte der Mitwirkenden am Filmwerk, 1987; *Manthey,* Die Filmrechtsregelungen in den wichtigsten filmproduzierenden Ländern Europas und den USA, 1993; *Marshall,* Grenzen der Aufspaltbarkeit von Nutzungsrechten unter dem Gesichtspunkt der fortschreitenden wirtschaftlichen, technischen und politischen Entwicklung, Fs. für Reichardt, 1990, S. 125; *Meier,* Softwarepiraterie – eine Straftat?, JZ 1992, 657; *Meiser,* Urheberrechtliche Besonderheiten bei angestellten Filmschaffenden, NZA 1998, 291; *Melichar,* Videovermietung nach der EG-Richtlinie zum Vermiet- und Verleihrecht, Fs. für Kreile, 1994, S. 409; *Merker,* Das Urheberrecht des Chefkameramannes am Spielfilmwerk, 1996; *Mewes,* „Musik im Film" aus der Sicht der Verleger, in *Becker* (Hrsg.), Musik im Film, 1993, S. 45; *Mielke,* Urheberrechtsfragen der Videogramme, 1987; *Moser,* Musik im Film aus wirtschaftlicher und rechtlicher Sicht, in *Becker* (Hrsg.), Musik im Film, 1993, S. 29; *ders.,* Musikbudgets und Medienkooperationen, in *Moser/Scheuermann* (Hrsg.), Handbuch der Musikwirtschaft, 3. Aufl., 1994, S. 215; *ders.,* Tonträgerrechte, ZUM 1996, 1025; *Nordemann,* Die Verteilung der Geräte- und Leerkassettenvergütung nach der deutschen Urheberrechtsnovelle von 1985, Fs. für Voyame, 1989, S. 173; *Ostermaier,* Video on Demand und Urheberrecht, 1997; *Peifer,* Werbeunterbrechungen in Spielfilmen, 1994; *ders.,* Werbeunterbrechungen in Spielfilmen nach deutschem und italienischen Urheberrecht, GRUR Int. 1995, 25; *Petersdorf-Campen,* Videozweitauswertung, ZUM 1996, 1037; *Platho,* „Colorization" – und die Möglichkeiten der Verhinderung durch die Mitwirkenden am Filmwerk, GRUR 1987, 424; *Poll,* Filmherstellungs- und Filmeinblendungsrecht aus der Sicht der Videoproduzenten, in *Becker* (Hrsg.), Musik im Film, 1993, S. 99; *ders.,* Die Videoauswertung von alten TV-Musiksendungen, in *Moser/Scheuermann* (Hrsg.), Handbuch der Musikwirtschaft, 3. Aufl. 1994, S. 662; *Prümm,* Die schöpferische Rolle des Kameramannes, UFITA 118 (1992) 23; *Reber,* Die Bekanntheit der Nutzungsart im Filmwesen – ein weiterer Mosaikstein in einem undeutlichen Bild, GRUR 1997, 162; *ders.,* Die Beteiligung von Urhebern und ausübenden Künstlern an der Verwertung von Filmwerken in Deutschland und den USA, 1998; *ders.,* Digitale Verwertungs-

Vorbemerkung Vor §§ 88ff.

techniken – neue Nutzungsarten: Hält das Urheberrecht der technischen Entwicklung noch stand?, GRUR 1998, 792; *ders.*, Die Substitutierbarkeit von Nutzungsformen im Hinblick auf § 31 Abs. 4 und 5 UrhG, ZUM 1998, 481; *Reemann*, Rechtsprobleme beim Schallplatten- und Videovertrieb, GRUR 1987, 339; *Rehbinder*, Zum Urheberrechtsschutz für fiktive Figuren, insbesondere für die Träger von Film- und Fernsehserien, Fs. für Schwarz, 1988, S. 163; *ders.*, Über Ursprung und Rechtsgrund einer Beteiligung der VGF an der Geräteabgabe, ZUM 1990, 234; *Reupert*, Der Film im Urheberrecht, 1995; *dies.*, Rechtsfolgen der Deutschen Einheit für das Filmurheberrecht, ZUM 1994, 87; *Reinbothe/v. Lewinski*, The EC Directive on Rental and Lending Rights and on Piracy, 1993; *Reuter*, Digitale Bild- und Filmbearbeitung im Licht des Urheberrechts, GRUR 1997, 23; *Rochlitz*, Der strafrechtliche Schutz des ausübenden Künstlers, des Tonträger- und Filmherstellers und des Sendeunternehmens, 1987; *ders.*, Die Erst- bzw. Zweitauswertung von Musik-Bildtonträgern, in *Becker* (Hrsg.), Musik im Film, 1993, S. 77; *Rossbach*, Die Vergütungsansprüche im deutschen Urheberrecht: Praktische Wahrnehmung, Rechtsverkehr und Dogmatik, 1990; *Roth*, Die Vereinbarkeit von Auswertungsbeschränkungen in Filmlizenzverträgen mit deutschem und europäischem Kartellrecht, Fs. für Schwarz, 1988, S. 85; *Schack*, Der Vergütungsanspruch der in- und ausländischen Filmhersteller aus § 54 I UrhG, ZUM 1989, 267; *ders.*, Wem gebührt das Urheberrecht, dem Schöpfer oder dem Produzenten?, ZUM 1990, 59; *Scheuermann*, Urheber- und vertragsrechtliche Probleme der Videoauswertung von Filmen, 1990; *Schlatter*, Der Rechtsschutz von Computerspielen, Benutzeroberflächen und Computerkunst, in *Lehmann* (Hrsg.), Rechtsschutz und Verwertung von Computerprogrammen, 2. Aufl. 1993, S. 169; *Schneider*, Künstlerische Aspekte der Filmmusik, in *Moser/Scheuermann* (Hrsg.), Handbuch der Musikwirtschaft, 3. Aufl., S. 197; *Schricker*, Kurzkommentar zu BGH, Urt. v. 22. 10. 1992 – „Filmhersteller", EWiR 1993, 399; *ders.*, Kurzkommentar zu BGH, Urt. v. 26. 1. 1995 – „Videozweitauswertung III", EWiR 1995, 393; *ders.*, Kurzkommentar zu BGH, Urt. v. 4. 7. 1996 – „Klimbim", EWiR 1996, 1139; *ders.* (Hrsg.), Urheberrecht auf dem Weg zur Informationsgesellschaft, 1997; *ders.*, Multiforme Werke – Urheberrecht in einer sich wandelnden Medienwelt, Fs. für Strömholm, 1997, S. 755; *Schulze, G.*, Teil-Werknutzung, Bearbeitung und Werkverbindung bei Musikwerken – Grenzen des Wahrnehmungsumfangs der GEMA, ZUM 1993, 255; *ders.*, Urheber- und Leistungsschutzrechte des Kameramannes, GRUR 1994, 855; *ders.*, Urheber- und leistungsschutzrechtliche Fragen virtueller Figuren, ZUM 1997, 77; *Schumacher*, Rechtsfragen der externen Fernsehprogrammbeschaffung und ihrer externen Gestaltungsformen, 1997; *Schwarz, M.*, Kabelweitersendung in Europa. Die kollektive Geltendmachung von Entgeltansprüchen aus der Kabelweitersendung (AGICOA) und internationale Lizenzverträge, Fs. für Schwarz, 1988, S. 75; *ders.*, Schutzmöglichkeiten audiovisueller Werke von der Idee bis zum fertigen Werk – aus der Sicht anwaltlicher Beratung, ZUM 1990, 317; *ders.*, Aktuelle Probleme der Vertragsgestaltung bei der Produktion von Filmen und Fernsehfilmen – „Internationale Co-Produktionen", ZUM 1991, 381; *ders.*, Der urheberrechtliche Schutz audiovisueller Werke im Zeitalter der digitalen Medien, in *Becker/Dreier* (Hrsg.), Urheberrecht und digitale Technologie, 1994, S. 105; *ders.*, Der Referentenentwurf eines Vierten Gesetzes zur Änderung des Urheberrechtsgesetzes, ZUM 1995, 687; *ders.*, Urheberrecht und unkörperliche Verbreitung multimedialer Werke, GRUR 1996, 836; *ders.*, Anmerkung zum Urteil des Bundesgerichtshofs vom 4. Juli 1996 (AZ I ZR 101/94), ZUM 1997, 94; *Schwarz, W./Freys/Schwarz, M.*, Schutz und Lizenzierung von Fernsehshowformaten, Fs. für Reichardt, 1990, S. 203; *Schwarz, W./Schwarz, M.*, Die Bedeutung des Filmherstellungsrechtes für die Auswertung des fertiggestellten Filmes, ZUM 1988, 429; *Serra*, Schutz von Autoren und Produzenten während der Phase der Entwicklung von audiovisuellen Werken, ZUM 1990, 328; *Siefahrt*, US-amerikanisches Filmurheberrecht, 1991; *Straßer*, Die Abgrenzung der Laufbilder vom Filmwerk, 1995; *Straßer/Stumpf*, Neue Nutzungsarten in Filmverwertungsverträgen nach deutschem und US-amerikanischem Urheberrecht, GRUR Int. 1997, 801; *Ulmer-Eilfort*, US-Filmproduzenten und deutsche Vergütungsansprüche, 1993; *Urek*, Die Abgrenzung des Filmherstellungsrechts von den Filmauswertungsrechten, ZUM 1993, 168; *Wachter*, Multimedia und Recht, GRUR Int. 1995, 860; *Wandtke*, Deutsche Kriegswochenschauen als Filmwerke, UFITA 132 (1996) 31; *Wandtke/Haupt*, Zur Stellung des Fernsehregisseurs und dessen Rechte im Zusammenhang mit dem Einigungsvertrag, GRUR 1992, 21; *Wente/Härle*, Rechtsfolgen einer außerordentlichen Vertragsbeendigung auf die Verfügungen in einer „Rechtekette" im Filmlizenzgeschäft und die Konsequenzen für die Vertragsgestaltung, GRUR 1997, 96; *Wiebe/Funkat*, Multimedia-Anwendungen als urheberrechtlicher Schutzgegenstand, MMR 1998, 69; *Wittig/Terhardt*, Zweckübertragungstheorie und Praxis der Senderechtseinräumung im öffentlich-rechtlichen Rundfunk am Beginn der 90er Jahre, Fs. für Reichardt, 1990, S. 245; *Zabre*, Randnutzung durch Rundfunkanstalten, 1991.

d) Schrifttum seit 1998/1999: *Ahlmer*, Die Insolvenz im Filmrechtehandel, 2005; *Amlung/Fisch*, Digitale Rundfunkangebote im Netz – Bewegtbild in der digitalen Welt, ZUM 2009, 442; *Bartram*, Urheberrecht für Filmschaffende, 2008; *Baur*, Der Filmherstellerbegriff im Urheber-, Filmförderungs- und Steuerrecht, UFITA 2004 III, 665; *Becker, J.*, Die Schöpfer von Filmmusik und die Verwaltung ihrer Rechte durch die GEMA, ZUM 1999, 16; *Becker, M.*, Onlinevideorecorder im deutschen Urheberrecht AfP 2007, 5; *Berger*, Das neue Urhebervertragsrecht, 2003; *ders.*, Verträge über unbekannte Nutzungsarten nach dem Zweiten Korb, GRUR 2005, 907; *Beucher/Raitz v. Frentz*, Kreditsicherung bei Filmproduktionen, ZUM 2002, 511; *Brauer/Sopp*, Sicherungsrechte an Lizenzrechten; eine unsichere Sicherheit?, ZUM 2004, 112; *Brauneck/Brauner*, Optionsverträge über künftige Werke im Filmbereich, ZUM 2006, 513; *Brauner*, Die urheberrechtliche Stellung des Filmkomponisten, 2001; *ders.*, Das Haftungsverhältnis mehrerer Lizenznehmer eines Filmwerks innerhalb einer Lizenzkette bei Inanspruchnahme aus § 32a UrhG, ZUM 2004, 96; *Brehm*, Filmrecht: das Handbuch für die Praxis, 2. Aufl. 2008; *Breinersdorfer*, Die rechtliche Stellung des Filmproduzenten aus Sicht der Autoren, ZUM 2003, 743; *Büchner*, Wie kommt der Ball ins Netz? Fußball im IPTV und Mobile-TV, CR 2007, 473; *ders.*, Die urheberrechtliche Schutzfähigkeit virtueller Güter, K&R 2008, 425; *Bullinger/Jani*, Fußballübertragung in der virtuellen Welt. Lizenz erforderlich oder nicht? ZUM 2008, 897; *Burian*, Audiovisuelle Werke im russischen und deutschen Urheberrecht, 2003; *Castendyk*, Rechtswahl bei Filmlizenzverträgen – Ein Statement aus der Praxis, ZUM 1999, 934; *ders.*, Neue Ansätze zum Problem der unbekannten Nutzungsart in § 31 Abs. 4 UrhG, ZUM 2002, 332; *ders.*, Programminformationen der Fernsehsender im EGP – auch ein Beitrag zur Auslegung des § 50 UrhG, ZUM 2008, 916; *Castendyk/Kirchherr*, Das Verbot der Übertragung von Rechten an unbekannten Nutzungsarten – Erste Überlegungen für eine Reform des § 31 Abs. 4 UrhG, ZUM 2003, 751; *Castendyk/Schwarzbart*, Die Rechte des Fernsehshow-Regisseurs aus dem Urheberrecht, UFITA 2007, 33; *Christmann*, Sonderfragen zur territorialen Rechtevergabe und territorialen Adressierung bei Pay-TV am Beispiel Film und Sport, ZUM 2006, 72; *Czychowski*, „Wenn der dritte Korb aufgemacht wird …". Das zweite Gesetz zur Regelung des Urheberrechts in der Informationsgesellschaft, GRUR 2008, 586; *Degmair*, Die Schutzfähigkeit von Fernsehshowformaten nach dem spanischen Urheberrecht, GRUR Int. 2003, 204; *Diesbach*, Rechtliche Möglichkeiten eines Piraterieschutzes für Filme, ZUM 2006, 690; *Dietrich*, Die neue

Vor §§ 88ff. Vorbemerkung

Nutzungsart am Beispiel des Filmkomponisten, UFITA 2008, 359; *Donhauser,* Der Begriff der unbekannten Nutzungsart gemäß § 31 Abs. 4 UrhG, 2001; *Drewes,* Neue Nutzungsarten im Urheberrecht, 2002; *Dünnwald/Gerlach,* Die Berechtigten am Filmwerk, ZUM 1999, 52; *Duvvuri,* Öffentliche Filmförderung in Deutschland, 2007; *Eickmeier/Fischer-Zernin,* Ist der Formatschutz am Ende?, GRUR 2008, 755; *Eilers,* Fußballübertragungsrechte für Internet und Mobilfunktechnik – Abgegrenzte Gebiete oder Doppelvergabe der Fernsehrechte?, SpuR 2006, 224; *Ensthaler/Bosch/Völker,* Handbuch Urheberrecht und Internet, 2002; *Erd,* Film- und Fernsehrecht: vom Drehbuch zum Film, 2007; *Erdmann,* Urhebervertragsrecht im Meinungsstreit, GRUR 2002, 923; *Federath,* Neueste technische Entwicklungen und Nutzungen im Internet – MP3, Streaming, Webcasting, On-demand-services, ZUM 2000, 804; *Fette,* Die Zweckübertragungslehre – immer noch und immer wieder aktuell -. Eine Betrachtung aus Anlaß der Verwertung des Filmstocks der DEFA auf Video und in den neuen Medien, Fs. für Hertin, 2000, S. 53; *ders.,* DVD – keine neue unbekannte Nutzungsart, ZUM 2003, 49; *Fischer,* Der Begriff des Sendens aus urheberrechtlicher und rundfunkrechtlicher Sicht, Diskussionsbericht, ZUM 2009, 465; *Fitzek,* Die unbekannte Nutzungsart, 2000; *Flatau,* Neue Verbreitungsformen für Fernsehen und ihre rechtliche Einordnung: IPTV aus technischer Sicht, ZUM 2007, 1; *Flechsig,* Urheberrecht und verwandte Schutzrechte in der Informationsgesellschaft, CR 1998, 225; *ders,* Der Entwurf eines Gesetzes zur Stärkung der vertragsrechtlichen Stellung von Urhebern und ausübenden Künstler, ZUM 2000, 484; *ders.,* Formatschutz und Anforderungen an urheberrechtlich geschütztes Werkschaffen, ZUM 2003, 767; *Forster/Schwarz,* Streitschlichtung und Meditation in der Film- und Medienwirtschaft, ZUM 2004, 800; *Franz,* Die Übertragung von DVD-Rechten auf zweiter Stufe in Altverträgen, ZUM 2006, 306; *Freiwald,* Die private Vervielfältigung im digitalen Kontext am Beispiel des Filesharing, 2004; *Frey/Rudolph,* Verfügungen über unbekannte Nutzungsarten: Anmerkungen zum Regierungsentwurf des Zweiten Korbs, ZUM 2007, 13; *Frohne,* Filmverwertung im Internet und deren vertragliche Gestaltung, ZUM 2000, 810; *Gärtner/Gottschalck,* Novelle zum Filmförderungsgesetz aus Sicht des privaten Rundfunks, ZUM 2008, 742; *Ganea,* Zur Einordnung eines Videospiels als Filmwerk nach japanischem Urheberrecht, GRUR Int. 2001, 185; *Geier,* Filmförderung und Europarecht, ZUM 2007, 178; *Gerhardt,* Urheberrechtsform zur Stärkung der Stellung des Filmproduzenten – Anregungen für Korb 2, ZUM 2003, 746; *Geulen/Klinger,* Verfassungsrechtliche Aspekte des Filmurheberrechts, ZUM 2000, 891; *Götting,* Schöpfer vorbestehender Werke, ZUM 1999, 3; *Gonzalez,* Der digitale Film im Urheberrecht, 2002; *Gounalakis,* Der Begriff des Sendens aus urheberrechtlicher Sicht, ZUM 2009, 447; *Graef,* Insolvenz des Lizenzgebers und Wahlrecht des Insolvenzverwalters – Lösungsansätze aus der Praxis, ZUM 2006, 104; *Grunert,* Risikomanagement im internationalen B2B-Filmlizenzhandel aus vertrags-, urheber- und persönlichkeitsrechtlicher Sicht, 2005; *Haas,* Das neue Urhebervertragsrecht, 2002; *v. Hartlieb/Schwarz* (Hrsg.), Handbuch des Film-, Fernseh- und Videorechts[4], 2004; *Haupt* Unterlassungsanspruch des Urhebers/Rechtsnachfolgers bei digitaler Verwertung im Internet – DEFA, MMR 2003, 113; *ders.,* Urheberrecht und DEFA-Film, 2005; *ders.* (Hrsg.), Urheberrecht für Filmschaffende, 2008; *Haupt/Ullmann,* Zum Umfang der Nutzungsrechte an Schnitt- und Restmaterial im Lichte von § 89 UrhG, ZUM 2005, 883; *Hausmann,* Insolvenzklauseln und Rechtefortfall nach der neuen Insolvenzordnung, ZUM 1999, 914; *v. Have/Harris,* Der neue kulturelle Test des Filmförderungsgesetzes, ZUM 2009, 470; *Heid,* Schutz von Filmen gegen Piraterie, Diskussionsbericht, ZUM 2006, 713; *dies.,* Die Novelle zum Filmförderungsgesetz, Diskussionsbericht, ZUM 2008, 756; *Heinkelein,* Der Schutz der Urheber von Fernsehshows und Fernsehshowformaten, 2004; *Heinkelein/Fey,* Der Schutz von Fernsehformaten im deutschen Urheberrecht, GRUR Int. 2004, 378; *Hellriegel/von Reden-Lütcken,* Ist das neue deutsche Fördersystem „bankable"?, ZUM 2007, 364; *Henning-Bodewig,* Urhebervertragsrecht auf dem Gebiet der Filmherstellung und –verwertung, in Fs. für Schricker, 2005, S. 389; *Hertin,* Urhebervertragsnovelle 2002: *ders.,* Up-Date von Urheberrechtsverträgen, MMR 2003, 16; *Hoeren,* Genießt die Sendefolge urheberrechlichen Schutz?, ZUM 2008, 271; *Homann,* Praxishandbuch Filmrecht, 3. Aufl., 2009; *Hub,* Filmlizenzen in der Insolvenz des Lizenzgebers, 2004; *Huber,* Filmrecht für Drehbuchautoren, 2004; *Hucko* (2002), Das neue Urhebervertragsrecht, 2002; *ders.* „Zweiter Korb". Das neue Urheberrecht in der Informationsgesellschaft, 2007; *Hullen,* Illegale Streaming-Filmportale im Internet, ITRB 2008, 230; *Hummel,* Volkswirtschaftliche Auswirkungen einer gesetzlichen Regelung der Urheberverträge, ZUM 2001, 660; *Ivens,* Film- und Fernsehrecht, 2006; *Jacobs,* Die Urheberrechtsfähigkeit von Sendeformaten, Fs. für Raue, 2006, S. 499; *Jacobshagen,* Filmrecht – die Verträge, 2005; *ders.,* Filmrecht im Kino- und TV-Geschäft, 2008; *Jani,* Der Buy-out-Vertrag im Urheberrecht, 2003; *Kamina,* Film Copyright in the European Union, 2002; *Kasten,* Das kulturwirtschaftliche Ziel bleibt unscharf – Zur Novelle des Filmförderungsgesetzes aus der Sicht der Urheber, ZUM 2008, 751; *Katzenberger,* Die rechtliche Stellung des Filmproduzenten im internationalen Vergleich, ZUM 2003, 712; *ders.,* Filmverwertung auf DVD als unbekannte Nutzungsart im Sinne des § 31 Abs. 4 UrhG, GRUR Int. 2003, 889; *ders.,* Film auf DVD. Neue Fakten und Überlegungen zu § 31 Abs. 4 UrhG, GRUR Int. 2005, 215; *Klages* (Hrsg.), Grundzüge des Filmrechts, 2004; *Klauze,* Urheberrechtliche Nutzungsrechte in der Insolvenz, 2006; *Klinger,* Die Berechtigten am Filmwerk, ZUM 1999, 1; *Kreile, J.,* Die Berechtigten am Film: Produzent/Producer aus der Sicht der Verwertungsgesellschaft, ZUM 1999, 59; *ders.,* Der Zweitverwertungsmarkt – Ein Weg zur Stärkung der Unabhängigkeit der Produzenten, ZUM 2000, 364; *ders.,* Neue Nutzungsarten – Neue Organisation der Rechteverwaltung? ZUM 2007, 682; *Kreile, J./Höfinger,* Der Produzent als Urheber, ZUM 2003, 719; *Lang,* Anmerkung zum Urteil des Landgerichts München I vom 4. September 2002 – 21 O 4847/01, ZUM 2003, 150; *Lausen,* Der Rechtsschutz von Sendeformaten, 1998; *ders.,* Der Schutz des Showformats, Fs. für W. Schwarz, 1999, S. 169; *Leitgeb,* Virales Marketing – Rechtliches Umfeld für Werbefilme auf Internetportalen wie Youtube, ZUM 2009, 39; *Loewenheim,* Rechtswahl bei Filmlizenzverträgen, ZUM 1999, 923; *Lütje,* Die unbekannte Nutzungsart im Bereich der Filmwerke – alles Klimbim?, Fs. für W. Schwarz, 1999, S. 115; *ders.,* Deutsche Filmförderung – Quo Vadis?, Fs. für Raue, 2006, S. 541; *Marrder,* Verwertung von Filmrechten in der Inolvenz, 2006; *Melichar,* Schöpfer vorbestehender Werke aus der Sicht der VG WORT, ZUM 1999, 12; *Menn,* Interessenausgleich im Filmurheberrecht, 2008; *Meschede,* Der Schutz digitaler Musik- und Filmwerke vor privater Vervielfältigung nach dem neuen Gesetzen zur Regelung des Urheberrechts in der Informationsgesellschaft, 2007; *Moser,* Filmmusik aus wirtschaftlicher Sicht, in *Moser/Scheuermann* (Hrsg.), Handbuch der Musikwirtschaft[6], 2003, S. 369; *Neckermann,* Außergewöhnliches Filmjahr bringt Rekordbesuch, Media Perspektiven 2002, 557; *Negele,* Das neue Filmförderungsgesetz und die Digitalisierung, ZUM 2008, 748; *Nordemann,* Das neue Urhebervertragsrecht, 2002; *Nordmann/Pfennig,* Plädoyer für eine neue Vertrags- und Vergütungsstruktur im Film- und Fernsehbereich, ZUM 2005, 689; *Obergfell,* Filmverträge im deutschen materiellen und internationalen Privatrecht, 2001; *dies.,* Kein Harmonisierungsbedarf im europäischen Filmurheberrecht? – Bemerkungen zum Kommissionsbericht über die Frage der Filmurheberrechts in der Gemeinschaft, The European Legal Forum 2003, 200; *dies.,* Verlags- und Filmverträge, in *Reithmann/Martiny,* Internationales Vertragsrecht[6], 2004, S. 1267; *dies.,* Zur Auswertungspflicht des Filmverleihers, ZUM 2003, 292; *Oeter/Ruttig,* Filmrechteverwertung in der Insolvenz, ZUM 2003, 611; *v. Olenhusen,* Film- und Fernsehen, Arbeitsrecht – Tarif-

Vorbemerkung   **Vor §§ 88ff.**

recht – Vertragrecht, 2001; *Ory*, Rechtliche Überlegungen aus Anlass des „Handy-TV" nach dem DMB-Standard, ZUM 2007, 7; *Ott*, Der Filmproduzent ist kein Urheber, ZUM 2003, 765; *ders.*, Haftung für Embedded Videos von YouTube und anderen Videoplattformen im Internet, ZUM 2008, 556; *Pätzold/Röper*, Fernsehproduktionsmarkt Deutschland 2001–2002, Media Perspektiven 2004, 576; *Pense*, Der urheberrechtliche Filmherstellerbegriff des § 94 UrhG, ZUM 1999, 121; *Peters*, Fernseh- und Filmproduktion Rechtshandbuch, 2003; *v. Petersdorf-Campen*, Vermutung der Rechtseinräumung und Beweislastumkehr bei Altverträgen, Fs. für W. Schwarz, 1999, S. 115; *ders.*, Anmerkung zum Urteil des Landesgerichts München I vom 4. Oktober 2001 – 7 O 3154/01, ZUM 2002, 74; *ders.*, Vervielfältigung auf DVD als neue Nutzungsart, ZUM 2002, 74; *Pfennig*, Die Berechtigten am Filmwerk, ZUM 1999, 36; *ders.*, Neue Nutzungsarten – Neue Organisation der Rechteverwaltung?, ZUM 2007, 694; *Pleister/von Einem*, Zur urheberrechtlichen Schutzfähigkeit der Sendefolge, ZUM 2007, 904; *Poll*, Filmurheberrecht. Rechtsprechungssammlung mit Kurzkommentar, Loseblatt. Stand 2003; *ders.*, Urheberschaft und Verwertungsrecht am Filmwerk, ZUM 1999, 29; *ders.*, Anmerkung zum Urteil des OLG München vom 5. Dezember 2002 – 29 U 306/02, ZUM 2003, 237; *ders.*, Die Harmonisierung des europäischen Filmurheberrechts aus deutscher Sicht, GRUR Int. 2003, 290; *Poll/Brauneck*, Rechtliche Aspekte des Gaming-Markts, GRUR 2001, 389; *Radmann*, Urheberrechtliche Fragen der Filmsynchronisation, 2003; *Raitz v. Frentz*, Die nachträgliche Bestimmung der Leistungszeit bei Filmlizenzverträgen, ZUM 2001, 382; *ders.*, Insolvenz des Filmrechtehändlers, ZUM 2001, 761; *Raitz v. Frentz/Masch*, Rechtehandelsunternehmen und Unternehmenskauf, ZUM 2009, 354; *Reber*, Die Beteiligung von Urhebern und ausübenden Künstlern an der Verwertung von Filmwerken in Deutschland und den USA, 1998; *ders.*, Digitale Verwertungstechniken – neue Nutzungsarten: Hält das Urheberrecht der technischen Entwicklung noch stand?, GRUR 1998, 792; *ders.*, Die Redlichkeit der Vergütung (§ 32 UrhG) im Film- und Fernsehbereich, GRUR 2003, 393; *Rigopoulos*, Die digitale Werknutzung nach dem griechischen und deutschen Urheberrecht, 2004; *Roth*, Filmrechte in der Insolvenz, 2007; *Rudolph*, Filmrechte in der Insolvenzordnung, 2006; *Schaefer*, Vom Nutzen neuer Nutzungsarten, Fs. für Nordemann, 2004, S. 227; *Schmidt*, Urheberrecht als Kreditsicherheit nach der gesetzlichen Neuregelung des Urhebervertragsrechts, WM 2003, 461; *Schricker*, Anmerkung zu BGH 26. 6. 2003, LMK 2004, 195; *ders.*, Das „Damoklesschwert" des § 31 Abs. 4 UrhG – Regelungsbedarf für neue Nutzungsarten, ZUM 2003, 733; *ders.*, Der Entwurf für ein neues Filmförderungsgesetz 2009 – Eine Beurteilung aus Sicht der Produktionswirtschaft, ZUM 2008, 730; *Schwarz/Evers*, Der Referentenentwurf für ein zweites Gesetz zur Regelung des Urheberrechts in der Informationsgesellschaft aus der Sicht der Filmwirtschaft, ZUM 2005, 113; *Schwarz/Klinger*, Rechtsfolgen der Beendigung von Filmlizenzverträgen, GRUR 1998, 103; *dies.*, Mittel der Finanzierungs- und Investitionssicherung im Medien- und Filmbereich, UFITA 138 (1999) 29; *Schwarz/v. Zitzewitz*, Die internationale Koproduktion, ZUM 2001, 958; *Stieper/Frank*, DVD als neue Nutzungsart?, MMR 2000, 643; *Straßer*, Gestaltung internationaler Film-/Fernsehlizenzverträge, ZUM 1999, 928; *Sucker*, Audiovisuelle Medien innerhalb der WTO: Waren, Dienstleistungen und/oder geistiges Eigentum?, ZUM 2009, 30; *Uhlig*, Der Koproduktionsvertrag der Filmherstellung, 2007; *Ulbricht*, Unterhaltungssoftware: Urheberrechtliche Bindungen bei Projekt- und Publishingverträgen, CR 2002, 317; *Umbeck*, Rechtsübertragungsklauseln bei der Filmauftrags- und Koproduktion öffentlich-rechtlicher Rundfunkanstalten, 2000; *Veit*, Filmrechtliche Fragestellungen im digitalen Zeitalter, 2003; *Ventroni*, Filmmusik aus der Perspektive der deutschen Tonträgerindustrie, ZUM 1999, 24; *ders.*, Das Filmherstellungsrecht, 2001; *Walter*, Die cessio legis im österreichischen Filmurheberrecht und im deutschen Referentenentwurf („Zweiter Korb") vor dem Hintergrund des Europäischen Urheberrechts, Fs. für Schricker, 2005, S. 593; *Wandtke*, Nochmals: Zur urheberrechtlichen Stellung des Filmregisseurs in der DDR und Probleme der Rechteverwertung nach der Wiedervereinigung, GRUR 1999, 305; *ders.*, Zur Reform des Urhebervertragsrechts, K&R 2001, 601; *Weber, A.*, Die urheberrechtliche Stellung des unabhängigen Film- und Fernsehproduzenten, 2007; *Weber, P.*, Neue Nutzungsarten – Neue Organisation der Rechteverwaltung. – Die Sicht des öffentlich-rechtlichen Rundfunks, ZUM 2007, 688; *ders.*, Die Novelle zum Filmförderungsgesetz aus Sicht des öffentlich-rechtlichen Rundfunks, ZUM 2008, 736; *ders.*, Die Reichweite des urheberrechtlichen Sendebegriffs aus Sicht der Europäischen Rundfunkunion EBU, ZUM 2009, 460; *Wernicke/Kockentiedt*, Das Rückrufsrecht aus § 34 Abs. 3 UrhG, ZUM 2004, 348; *v. Westerholt/Joppich*, Insolvenz des Lizenznehmers bei Film- und Fernsehlizenzen, ZUM 2003, 262; *Wolff*, Urheberrechtliche Lizenzen in der Insolvenz von Film- und Fernsehunternehmen, 2007; *Würtenberger*, Der Schutz des Filmurhebers und Filmherstellers im französischen und europäischen Recht, 1999; *Zehnsdorf*, Filmnutzungsrechte in der Insolvenz, 2006; *Zscherpe*, Zweitverwertungsrechte und § 31 Abs. 4 UrhG, 2004.

S. ferner die Schrifttumsnachweise zu §§ 91, 93, 94.

Übersicht

	Rdnr.
I. Allgemeines	1–3
II. Der Film in der Geschichte des Urheberrechts	4–8
III. Sinn und Zweck und Regelungsinhalt der §§ 88–95. Ergänzende Anwendung der allgemeinen Bestimmungen des UrhG	9–19
1. Sinn und Zweck der §§ 88–95	9
2. Beschränkter Regelungsinhalt der §§ 88–95	10–14
3. Ergänzende Anwendung der allgemeinen Bestimmungen des UrhG	15–19
IV. Begriffe und Rechtsinstitute der §§ 88–95	20–37
1. Filme, Filmwerke, Laufbilder	20, 21
2. Filmträger, Bildträger, Bild- und Tonträger	22
3. Verfilmung	23–26

Vor §§ 88ff. Vorbemerkung

	Rdnr.
4. Verfilmungsrecht, Filmherstellungsrecht	27–30
5. Filmhersteller	31–37
V. Kritik, Auslegung und Anwendungsbereich der §§ 88–95	38–51
1. Kritik	38–40
2. Auslegung der §§ 88–95	41
3. Anwendungsbereich der §§ 88–95	42–51
a) Grundsätze des gegenständlichen Anwendungsbereichs	42, 43
b) Videospiele (Bildschirmspiele, Computerspiele)	44
c) Tonbildschauen	45
d) Multimediawerke	46
e) Zeitlicher Anwendungsbereich	47–50
f) Internationaler Anwendungsbereich	51
VI. Urheberschaft bei Filmwerken	52–73
1. Filmhersteller und ausübende Künstler als solche keine Filmurheber	52–56
2. Filmurheber und Urheber von zur Filmherstellung benutzten Werken – Beurteilung durch die hM	57–64
3. Eigene Beurteilung	65–72
4. Bedeutung des Ergebnisses	73

I. Allgemeines

1 Das **Filmrecht** zählt zu den wirtschaftlich bedeutendsten, aber **rechtlich schwierigsten Teilgebieten des Urheberrechts**. Die Gründe für diese Schwierigkeiten sind mannigfaltig. Ein wesentlicher Grund liegt in der **Eigenart des Filmes** und zumal des Spielfilms als Idealtypus des Filmes. Er bildet eine Kunst- und Werkgattung sui generis und erscheint als Einheit (s. AmtlBegr. BTDrucks. IV/270 S. 37f. zu § 2 Abs. 1 Nr. 6), in die schöpferische und andere künstlerische Beiträge unterschiedlicher Art einer häufig größeren Zahl von Personen eingehen und deren professionelle Herstellung idR einen beträchtlichen finanziellen, technischen und organisatorischen Aufwand bedingt. Jedenfalls durch den erstgenannten Umstand unterscheidet sich der Film wesentlich von anderen Gegenständen des Urheberrechts, wie den Werken der Literatur, der Musik und der bildenden Künste. Nach verbreiteter herkömmlicher, aber zB große verlegerische Editionen und Tonträgerproduktionen vernachlässigender Auffassung soll dies auch für den zweiten Umstand gelten. Das Recht sieht sich beim Film durch beide Aspekte auf besondere Weise vor die Aufgabe gestellt, die Interessen der verschiedenen an der Filmherstellung Beteiligten zu einem angemessenen Ausgleich zu bringen.

2 Der Film ist außerdem, verglichen mit jenen anderen, traditionellen Werkarten, eine noch **junge Kunstform**. Er entwickelte sich als Stummfilm erst gegen Ende des 19. Jahrhunderts und als Tonfilm erst in der zweiten Hälfte der zwanziger Jahre des 20. Jahrhunderts (s. zur Geschichte des Filmes *Monaco* S. 214ff. sowie die Bibliographie auf S. 418ff.). Daraus folgten und folgen Probleme der Anwendung urheberrechtlicher Rechtsinstitute, wie der Urheberschaft, der Miturheberschaft, der Werkverbindung und der Bearbeitung, die zunächst am Modell jener anderen Werkarten entwickelt wurden, auf den Film mit seinen eigengearteten Entstehungsbedingungen und Strukturen.

3 Ein weiterer Grund für die Schwierigkeiten der urheberrechtlichen Beurteilung des Filmes liegt in der **Systematik des UrhG**. Es hält in seinem Dritten Teil in den §§ 88–95 zwar besondere Bestimmungen für Filme bereit, jedoch enthalten diese keine umfassende Regelung aller urheberrechtlichen Aspekte des Filmes. Normiert sind hier vielmehr nur einige, wenn auch wichtige Fragen. Daraus ergibt sich, dass die Sondervorschriften der §§ 88–95 für Filme die allgemeinen Bestimmungen des UrhG über das Urheberrecht (Erster Teil des Gesetzes, §§ 1–69g) und die verwandten Schutzrechte (Zweiter Teil des Gesetzes, §§ 70–87e) nur partiell verdrängen und ersetzen. Selbst unmittelbare Regelungsgegenstände der besonderen Bestimmungen für Filme, wie der Umfang der vertraglichen Rechtseinräumung an den Filmhersteller nach §§ 88, 89, 92 nF, sind in den Sondervorschriften nur unvollständig geregelt, so dass ergänzend wiederum auf die einschlägigen allgemeinen Regeln zurückgegriffen werden muss. Hinzu kommt, dass bei den einzelnen Vorschriften der §§ 88–95 jeweils geprüft werden muss, ob sie hinsichtlich älterer Filme und Verträge nach den Übergangsbestimmungen des UrhG (§§ 129 ff.) überhaupt angewendet werden dürfen (s. dazu Rdnr. 47–50).

II. Der Film in der Geschichte des Urheberrechts

4 1. Das **LUG von 1901** und das **KUG von 1907** (s. Einl. Rdnr. 113) enthielten in ihrer ursprünglichen Fassung keine Bestimmungen speziell über den Film. Bereits im Jahre 1908 aber

Vorbemerkung   **Vor §§ 88ff.**

beschloss die Berliner Konferenz zur Revision der Berner Übereinkunft zum Schutz von Werken der Literatur und Kunst (s. Einl. Rdnr. 115) im Hinblick auf den Stummfilm die Einfügung einer eigenen Vorschrift (Art. 14) über die „Kinematographie" in den Konventionstext. Diese berücksichtigte bereits zwei Aspekte der neuen Kunstgattung: den Schutz anderer, insbesondere literarischer Werke gegen die kinematographische Verwertung zum einen und den Schutz schöpferischer Erzeugnisse der Kinematographie ihrerseits zum anderen (s. zum Vorstehenden und zum Folgenden näher *Katzenberger,* GRUR-Fs., S. 1401/1409ff.).

2. In Deutschland wurde die konventionsrechtliche Regelung durch das **Gesetz zur Ausführung der revidierten Berner Übereinkunft** vom 22. 5. 1910 (s. Einl. Rdnr. 115) in das LUG und das KUG übergeleitet. In § 12 Abs. 2 Nr. 6 LUG fand der Schutz literarischer Werke gegen die filmische Verwertung als besondere Form der Bearbeitung Anerkennung. Zusätzlich bestimmte § 14 Nr. 5 LUG für den Fall der vertraglichen Übertragung des Urheberrechts an solchen Werken und des Fehlens einer anders lautenden Vereinbarung, dass dem Urheber neben anderen Befugnissen auch die Rechte zur filmischen Verwertung seines Werkes verblieben. Die Bestimmung über den Schutz der Filmwerke selbst wurde als § 15a in das KUG aufgenommen, wobei der Gesetzgeber nur an den Stummfilm bedenken konnte und an den Schutz fotografischer Werke durch eben dieses Gesetz anknüpfte (s. *Ulmer*² § 26 I 2). 5

3. In der Folgezeit, zumal nach Aufkommen des Tonfilms, erwiesen sich insbesondere § 15a KUG und die gesetzliche Verankerung des Filmwerkschutzes in diesem Gesetz insgesamt als unzureichend; die **Schutzlücken** waren nach hM durch Anwendung allgemeiner urheberrechtlicher Grundsätze und der Bestimmungen auch des LUG zu schließen (s. *Ulmer*² § 26 I, III). In der Rechtsprechung erlangte insbesondere die **Tonfilm-Entscheidung** des RG vom 5. 4. 1933 (RGZ 140, 231) grundlegende und bis heute nachwirkende Bedeutung. Sie anerkannte das selbstständige Verfügungsrecht des Komponisten über die Rechte an der Tonfilmmusik sowie die rechtliche Wirksamkeit und dingliche Wirkung der Übertragung des Aufführungsrechts an solcher auch erst künftig zu schaffender Musik auf eine urheberrechtliche Verwertungsgesellschaft. Filmtheater konnten somit das Recht zu der mit der Filmvorführung einhergehenden Aufführung der Tonfilmmusik von Komponisten, die dieses Recht einer Verwertungsgesellschaft übertragen hatten, nicht von Seiten des Filmherstellers bzw. über das Filmverleihunternehmen, sondern nur durch die Verwertungsgesellschaft erlangen. Auch heute noch erwerben Filmtheater die Wiedergaberechte an Tonfilmmusik von Wahrnehmungsberechtigten der Verwertungsgesellschaft GEMA über Pauschalverträge von dieser, nicht den Filmproduzenten (vgl. *Ulmer*³ § 115 II 2; *Rehbinder*¹⁵ § 22 I 4 a). 6

4. Wichtigster Streitpunkt des Filmurheberrechts vor Verkündung des UrhG von 1965 war die **Frage der Filmurheberschaft** und dabei insbesondere die Frage des originären Erwerbs des Urheberrechts am Filmwerk durch die an seiner Entstehung schöpferisch beteiligten Personen oder durch den Filmhersteller (zum Streitstand *Ulmer*² § 35 I, II). Der im Jahre 1954 veröffentlichte **Referentenentwurf** zum UrhG (s. Einl. Rdnr. 117) bezog, in der Form einer gesetzlichen Fiktion, die Position des originären Urheberrechts des Filmherstellers am Filmwerk selbst (§ 93 Abs. 1 RefE), unterschied davon aber die Urheberrechte an den zur Herstellung des Filmwerks benutzten Werken, aus deren Kreis er den verfilmten Roman, das Drehbuch und die Filmmusik ausdrücklich und beispielhaft benannte (§ 93 Abs. 2 RefE), sowie die Leistungsschutzrechte der an der Herstellung des Filmwerks mitwirkenden Künstler (§§ 73ff., 99 RefE). Durch das Urheberrecht des Filmherstellers sollte diesem die wirtschaftliche Auswertung des Filmwerks erleichtert und der Schwierigkeit begegnet werden, festzustellen, welche der uU zahlreichen an den Dreharbeiten mitwirkenden Personen im Einzelfall schöpferische Leistungen erbringen; deren Leistungen würden idR nur, unerkennbar von wem sie stammten, auf dem Filmstreifen festgelegt, während die Inhaber der bei der Filmherstellung benutzten Werke idR leicht feststellbar seien (RefE 1954 S. 218ff.). Der RefE enthielt ferner ua. Bestimmungen über den Umfang der Rechtseinräumung bei Vergabe des Verfilmungsrechts an den zur Herstellung des Filmes benutzten Werken (§ 92), über den Schutz der Leistung des Regisseurs (§ 96) und des Filmwerks insgesamt (§ 97) gegen Entstellung sowie über die Dauer des Urheberrechts am Filmwerk, das 50 Jahre nach Veröffentlichung bzw. Herstellung erlöschen sollte (§ 98 Abs. 1). Mit dem Ablauf dieser Frist sollte bezüglich der Verwertung des betreffenden Filmwerks auch das Verwertungsrecht an den zur Herstellung dieses Filmwerks benutzten Werken erlöschen (§ 98 Abs. 2). 7

5. Insbesondere das fiktive originäre Urheberrecht des Filmherstellers am Filmwerk, wie es der RefE vorsah, wurde in der Wissenschaft und von den beteiligten Urheberkreisen heftig kri- 8 tisiert, weil es dem Grundsatz widersprach, dass das Urheberrecht originär nur für den Schöpfer des Werkes entsteht. Die dem RefE folgenden amtlichen Gesetzentwürfe, der **Ministerialentwurf** von 1959 und der **Regierungsentwurf** von 1962 (s. Einl. Rdnr. 117), rückten daher vom Urheberrecht des Filmherstellers wieder ab (s. AmtlBegr. BTDrucks. IV/270 S. 35). Sie behielten aber die Unterscheidung zwischen den Rechten an den für die Filmherstellung benutzten Werken und den Rechten am Filmwerk selbst bei, ersetzten die Bestimmung über die Urheberschaft am Filmwerk durch eine gesetzliche Vermutung über den Umfang der vertraglichen Rechtseinräumung an den Filmhersteller auch bezüglich des Filmwerks als solchen, schränkten zugunsten der erleichterten Filmverwertung durch den Hersteller bestimmte Rechte der Urheber und ausübenden Künstler ein, verzichteten auf eine besondere Regelung über die Dauer des Schutzes von Filmwerken und gestanden dem Filmhersteller ein den Rechten der Tonträgerhersteller und der Sendeunternehmen ähnliches, mit dem Urheberrecht verwandtes Schutzrecht zu. Diese Grundkonzeption lag auch den Filmrechtsregelungen des **UrhG in seiner ursprünglichen Fassung** von 1965 zugrunde.

Auch das **geltende Recht** hält an dieser Grundkonzeption fest. Jedoch enthält es aufgrund des **3.** und des **4. UrhGÄndG** von 23. 6. 1995 (BGBl. I S. 842) und vom 8. 5. 1998 (BGBl. I S. 902) eine Reihe markanter **Änderungen:** insb. eine Spezialbestimmung über die Schutzdauer von Filmwerken (§ 65 Abs. 2; s. dort Rdnr. 4f.), eine Verbesserung der Rechtsstellung der an einem Filmwerk mitwirkenden ausübenden Künstler (§ 92 nF; s. dort Rdnr. 3) und eine zeitliche und inhaltliche Erweiterung des verwandten Schutzrechts des Filmherstellers (§ 94 Abs. 3 und 4 nF; s. dort Rdnr. 22, 32, 35). Diese Änderungsgesetze dienten der Umsetzung von drei europäischen Harmonisierungsrichtlinien in das deutsche Recht, nämlich der Vermiet- und Verleihrechtsrichtlinie, der Schutzdauerrichtlinie und der Satelliten- und Kabelrichtlinie (s. zu diesen Einl. Rdnr. 78). Unabhängig von Vorgaben des europäischen Rechts wurden die filmrechtlichen Vorschriften der §§ 88, 89 und 90 durch das **Urhebervertragsgesetz** des Jahres 2002 (s. dazu §§ 28 ff. Rdnr. 7 ff.) erneut geändert und § 91 aufgehoben. Weitere Änderungen der §§ 92, 93 und 94 erfolgten wiederum aus europäischem Anlass durch die **UrhG-Novelle 2003**, das **Gesetz zur Regelung des Urheberrechts in der Informationsgesellschaft** vom 10. 9. 2003 (BGBl. 2003 I S. 1774), und der **Referentenentwurf** vom 27. 9. 2004 (www. urheberrecht.org./topic/Korb-2/bmj/760.pdf) für ein **Zweites Gesetz zur Regelung des Urheberrechts in der Informationsgesellschaft** sah, ohne europäischen Zwang, bereits wieder tiefgreifende Änderungen der §§ 88, 89 vor: zu Lasten der Urheber und zu Gunsten der Filmproduzenten, bis hin zu einer **cessio legis** der Rechte der Filmurheber iSd. § 89 auf die letzteren. Der **Regierungsentwurf** zu diesem Gesetz (BT-Drucks. 16/1828) und dann auch **die Neufassung des § 89** durch das **Gesetz vom 26. 10. 2007** selbst (BGBl. I S. 2513/2517, Art. 1 Nr. 20) sahen von einer so weitgehenden Entrechtung der Filmurheber ab. Jedoch wurde die in **§ 89 Abs. 1 (und § 88 Abs. 1)** schon von Anfang an bestimmte **gesetzliche Vermutung der Rechtseinräumung an den Filmhersteller** nunmehr **auch auf Nutzungsarten** erstreckt, die im Zeitpunkt des Vertragsschlusses noch **unbekannt** waren. Dies geschah im Zusammenhang damit, dass **§ 31 Abs. 4** betr. die Unwirksamkeit der Einräumung von Nutzungsrechten für unbekannte Nutzungsarten und von Verpflichtungen hierzu durch dasselbe Gesetz (Art. 1 Nr. 3) aufgehoben und durch neue **§§ 31a, 32c** betr. Verträge über unbekannte Nutzungsarten ersetzt wurde. Auch für den Filmbereich beibehalten wurden dabei zwar das grundsätzliche Erfordernis der **Schriftform** (§ 31a Abs. 1 S. 1, 2), und der **Vergütungsanspruch** (§ 32c), **nicht** aber die Möglichkeiten des **Widerrufs** (§§ 31a Abs. 1 S. 3 und 4, Abs. 2 und 3, 88 Abs. 1 S. 2, 89 Abs. 1 S. 2) und die **Unverzichtbarkeit** der Rechte des Urhebers aus § 31a gemäß Abs. 4 (§§ 88 Abs. 1 S. 2, 89 Abs. 1 S. 2). Noch weitergehend sieht die **Übergangsvorschrift des § 1371 Abs. 1 S. 1** für die Einräumung von Nutzungsrechten im Zeitraum seit Inkrafttreten des ursprünglichen UrhG am 1. 1. 1966 (§ 143 Abs. 2) und dem 1. 1. 2008, dem Zeitpunkt des Inkrafttretens des Gesetzes vom 26. 10. 2007 (Art. 4), unter bestimmten Voraussetzungen sogar eine **gesetzliche Übertragungsfiktion ua. für früher unbekannte Nutzungsarten** vor, die allerdings für Rechtseinräumungen an Werken aller Art, also nicht nur von Filmwerken, gilt und lediglich dadurch gemildert wird, dass dem zum einen für inzwischen bekannt gewordene Nutzungsarten **(nur) innerhalb eines Jahres** seit dem 1. 1. 2008, wiederum für Werke aller Art, **widersprochen** werden konnte, auch dies aber nicht bedingungslos (s. § 1371 Abs. 4 S. 2, Abs. 3, 4), und dass zum anderen das Gesetz den Urhebern einen speziellen **Anspruch auf angemessene Vergütung** (§ 1371 Abs. 5 S. 1, 2) zugesteht, der allerdings nur durch eine **Verwertungsgesellschaft** geltend gemacht werden kann (§ 1371 Abs. 5 S. 3). **Faktisch** bezieht sich diese Regelung vor allem auf die seit etwa 15 Jahren bekannt gewordenen

Vorbemerkung   Vor §§ 88ff.

digitalen Verwertungs- und Nutzungstechniken; sie erinnert an das umstrittene US-amerikanische **Google Book Settlement** (s. dazu vor §§ 120 ff. Rdnr. 173 ff. und die Kommentierung des § 137 l).

III. Sinn und Zweck und Regelungsinhalt der §§ 88–95. Ergänzende Anwendung der allgemeinen Bestimmungen des UrhG

1. Sinn und Zweck der §§ 88–95

Wie sich auch aus ihrer Entstehungsgeschichte (s. Rdnr. 7, 8) ergibt, steht es als **Zielsetzung** der §§ 88 ff. im Vordergrund, dem Filmhersteller die wirtschaftliche Verwertung seiner Filme zu erleichtern, sie insb. nicht an ausschließlichen Rechten der Urheber und sonstiger Berechtigter scheitern zu lassen (s. die AmtlBegr. BTDrucks. IV/270 S. 35 f., 98 ff.; *Ulmer*³ § 36 III; *Rehbinder*¹⁵ § 22 I 4; *Schack*⁴ Rdnr. 1095 f./1098). Daneben sollten durch Regeln über die Vertragsauslegung, wie in §§ 88, 89, auch Streitigkeiten über den Vertragsinhalt vermieden werden (s. § 88 Rdnr. 2). Im Referentenentwurf des Jahres 2004 (s. Rdnr. 8) haben die Tendenzen zur Verbesserung der Rechtsstellung der Filmhersteller ihren bisherigen Höhepunkt seit dem gescheiterten Projekt eines originären Urheberrechts des Filmherstellers am Filmwerk aus dem Jahre 1954 (s. Rdnr. 7/8) erreicht. 9

2. Beschränkter Regelungsinhalt der §§ 88–95

Aus der Zweckbestimmung der §§ 88–95 folgt auch ihr beschränkter Regelungsinhalt. 10

a) Nach Verzicht des Gesetzgebers auf das originäre Urheberrecht des Filmherstellers am Filmwerk (s. Rdnr. 8) enthalten die §§ 88 ff. in erster Linie Bestimmungen über den **Umfang der vertraglichen Rechtseinräumung** von Seiten der Urheber an den Filmhersteller, und zwar in der Form von gesetzlichen Auslegungsregeln (§§ 88, 89). Das Gesetz unterscheidet dabei zwischen den Rechten an zur Herstellung eines Filmes benutzten Werken (§§ 88, 89 Abs. 3) und den Rechten am Filmwerk selbst (§ 89 Abs. 1, 2, 4). Die gesetzliche Auslegungsregel ging ursprünglich im zweiten Fall weiter als im ersten. Im Rahmen des Urhebervertragsgesetzes des Jahres 2002 (s. Rdnr. 8) jedoch wurde einerseits zugunsten des Filmherstellers die gesetzliche Vermutung der Rechtseinräumung an filmisch benutzten Werken (§ 88 Abs. 1) derjenigen am Filmwerk selbst (§ 89 Abs. 1) angeglichen, andererseits aber die **vergütungsrechtliche Stellung der Filmurheber** wesentlich verbessert (s. die Kommentierung des § 90). In Bezug auf das Filmwerk selbst sichert § 89 Abs. 2 die Möglichkeit eines Rechteerwerbs des Herstellers bei Vorauseinräumung eines Nutzungsrechts durch den Urheber an einen Dritten, insbesondere an eine Verwertungsgesellschaft. Durch das 3. UrhGÄndG (s. Rdnr. 8) ist § 92 neu gefasst worden, und zwar iS einer Anpassung der Rechtsstellung der an einem Filmwerk mitwirkenden ausübenden Künstler an diejenige der Inhaber von Urheberrechten am Filmwerk iSd. § 89. Durch die UrhG-Novelle 2003 (s. Rdnr. 8) wurde dies in dem neuen § 92 Abs. 3 bekräftigt; zugleich ergaben sich Folgeänderungen in § 92 Abs. 1 und 2 sowie in § 93 aus der Neuregelung der Bestimmungen über den Schutz der ausübenden Künstler (§§ 73 ff.). Darüber hinaus wurde die Bestimmung über das verwandte Schutzrecht des Filmherstellers (§ 94) ergänzt. Durch das Zweite Gesetz zur Regelung des Urheberrechts in der Informationsgesellschaft vom 26.10.2007 schließlich wurden die gesetzlichen Vermutungen zugunsten der Filmhersteller gemäß § 88 Abs. 1 und 89 Abs. 1 auch auf unbekannte Nutzungsarten erstreckt (so. Rdnr. 8).

b) Dem Zweck einer erleichterten Verfügung des Filmherstellers über die Rechte am Filmwerk dienen zum zweiten Bestimmungen, durch welche bestimmte, sich aus den allgemeinen Regelungen des UrhG ergebende **Rechte der Urheber und ausübenden Künstler** in Bezug auf Filme **ausgeschlossen** oder **eingeschränkt** werden. Dazu zählen §§ 88 Abs. 1 S. 2 und 89 Abs. 1 S. 2 über die Nichtanwendung von die Urheber schützenden Regelungen, die das Zweite Gesetz zur Regelung des Urheberrechts in der Informationsgesellschaft vom 26.10.2007 für die Einräumung von Nutzungsrechten an unbekannten Nutzungsarten vorsieht (so. Rdnr. 8), § 90 über Rechte der Urheber an zur Filmherstellung benutzten Werken und am Filmwerk selbst und § 93 über den eingeschränkten persönlichkeitsrechtlichen Schutz von Werken und Leistungen gegen Entstellung. § 92 aF, der hinsichtlich der Verwertung des Filmwerks wesentliche Rechte der ausübenden Künstler ausgeschlossen hatte, ist durch das 3. UrhGÄndG (s. Rdnr. 8, 10) neu gefasst worden. Die damit verbundene Anpassung an die Rechtsstellung der Filmurheber iSd. § 89 (s. Rdnr. 10) hat die Rechte der ausübenden Künstler erheblich gestärkt. 11

Katzenberger   1665

12   c) Die Rechte zur filmischen Verwertung der bei der Herstellung eines Filmes entstehenden **einzelnen Lichtbilder** erwarb ursprünglich kraft Gesetzes nicht der Kameramann, sondern der Filmhersteller (§ 91). Durch das Urhebervertragsgesetz des Jahres 2002 (s. Rdnr. 8) wurde § 91 aufgehoben, und wurden die Rechte an den Filmeinzelbildern in § 89 Abs. 4 denen am Filmwerk selbst (§ 89 Abs. 1, 2) gleichgestellt.

13   d) Der **Filmhersteller** erhält mit Rücksicht auf seine organisatorische und wirtschaftliche Leistung ein **eigenes mit dem Urheberrecht verwandtes Schutzrecht** am Bildträger bzw. Bild- und Tonträger, auf dem der Film aufgenommen worden ist (§ 94); dieses Schutzrecht entspricht den verwandten Schutzrechten der Tonträgerhersteller (§§ 85 f.), der Sendeunternehmen (§ 87) und der Datenbankhersteller (§§ 87 a ff.).

14   e) Die meisten Bestimmungen der §§ 88 ff., insb. auch § 94 über das verwandte Schutzrecht des Filmherstellers, werden zu dessen Gunsten auch auf solche Filme für anwendbar erklärt, die mangels einer persönlichen geistigen Leistung im Rechtssinne keine Filmwerke sind (vgl. § 2 Abs. 1 Nr. 6, Abs. 2); das Gesetz nennt solche Filme **Laufbilder** (§ 95).

3. Ergänzende Anwendung der allgemeinen Bestimmungen des UrhG

15   Aus diesem Katalog von Regelungsinhalten der §§ 88–95 ergibt sich zugleich, welche Fragen des urheberrechtlichen Filmrechts nach den allgemeinen Bestimmungen des UrhG zu beurteilen sind:

16   a) Die Frage nach dem Begriff und den **Schutzvoraussetzungen des Filmwerks** ist nach § 2 Abs. 1 Nr. 6, Abs. 2 zu beurteilen (s. § 2 Rdnr. 185 ff.). Anwendbar sind auch die §§ 3–6 (s. § 5 Rdnr. 9, 22, 34, 59,72 zu amtlichen Filmwerken und § 6 Rdnr. 13, 36 f., 40, 44 zur Veröffentlichung und zum Erscheinen von Filmwerken). Anwendbar sind ferner die Bestimmungen der §§ 7–10 über die **Urheberschaft** (s. Rdnr. 52 ff.) sowie die §§ 11–27 über den **Inhalt des Urheberrechts**, soweit sich nicht aus der Eigenschaft als Filmwerk oder, bezüglich des Urheberpersönlichkeitsrechts, aus § 93 als Spezialregelung gegenüber § 14 etwas anderes ergibt. Bezüglich der urheberrechtlichen Verwertungsrechte sind für verfilmte Werke und für Filmwerke insb. von Bedeutung die allgemeinen Bestimmungen über das Vervielfältigungs- und Verbreitungsrecht einschließlich des Vermietrechts (§§ 15 Abs. 1 Nr. 1 u. 2, 16, 17), das Vorführungsrecht (§§ 15 Abs. 2 Nr. 1, 19 Abs. 4), das Recht der öffentlichen Zugänglichmachung (§§ 15 Abs. 2 Nr. 2, 19 a), das Senderecht (§§ 15 Abs. 2 Nr. 3, 20–20 b) sowie das Recht der Wiedergabe von Funksendungen (§§ 15 Abs. 2 Nr. 5, 22). Zur Problematik des Verhältnisses von § 19 Abs. 4 zu § 21 vgl. § 19 Rdnr. 38 f., 43. Auf das Filmrecht anwendbar sind insb. auch die Bestimmungen über Bearbeitungen (§ 23, vgl. dort insb. Rdnr. 6, 12) und die freie Benutzung (§ 24).

17   b) Im Bereich des Filmrechts anwendbar sind die Bestimmungen über die **Rechtsnachfolge** in das Urheberrecht (§§ 28–30), jedoch enthalten die §§ 88 ff. bestimmte Sonderregelungen gegenüber einer Reihe der allgemeinen Bestimmungen über die **Einräumung von Nutzungsrechten** (§§ 31 ff.; zu den Einzelheiten vgl. die Kommentierung der §§ 88 ff.). Mit gewissen Ausnahmen, wie nach § 52 a Abs. 2 S. 2, anwendbar sind im Filmbereich die Bestimmungen über die **gesetzlichen Schranken des Urheberrechts** (§§ 44 a–63). Bezüglich der **Schutzdauer** von Filmwerken enthält § 65 Abs. 2, eingeführt durch das 3. UrhGÄndG (s. Rdnr. 8), eine Spezialregelung.

18   c) Bezüglich der Regelungen über die **verwandten Schutzrechte** (§§ 70 ff.) sind zu beachten: § 88 Abs. 3 aF (jetzt § 71 Abs. 1 S. 3) über die entsprechende Anwendung der Abs. 1, 2 dieser Bestimmung auf die verwandten Schutzrechte der §§ 70, 71, die inzwischen aufgehobene Sonderregelung des § 91 gegenüber dem Schutz der Lichtbilder nach § 72 (jetzt § 89 Abs. 4) sowie die Vorschriften der §§ 92 nF, 93 über die Rechte der ausübenden Künstler. Zum Verhältnis des verwandten Schutzrechts des Filmherstellers (§ 94) zu demjenigen des Tonträgerherstellers (§§ 85, 86) bezüglich des Tonteils von Tonfilmen vgl. § 85 Rdnr. 16, 24 f. sowie zum Schutzrecht der Sendeunternehmen (§ 87) § 94 Rdnr. 20, 30.

19   d) Auf den Film anwendbar sind schließlich auch sämtliche Vorschriften des **Vierten und Fünften Teils des UrhG** mit den gemeinsamen Bestimmungen für Urheberrecht und verwandte Schutzrechte (§§ 95 a–119) und über den Anwendungsbereich des UrhG sowie mit den Übergangs- und Schlussbestimmungen (§§ 120–143).

Vorbemerkung   Vor §§ 88ff.

IV. Begriffe und Rechtsinstitute der §§ 88–95

1. Filme, Filmwerke, Laufbilder

a) Das UrhG verwendet den Begriff des **Filmes** in der Überschrift seines Dritten Teils als 20 Oberbegriff, der sowohl die urheberrechtlich geschützten **Filmwerke** (§ 2 Abs. 1 Nr. 6 und §§ 88–94) als auch urheberrechtlich nicht schutzfähige filmische Erzeugnisse umfasst; letztere nennt das Gesetz **Laufbilder** (amtliche Überschrift zu § 95). Gemeinsames Merkmal von Filmwerken und Laufbildern und damit von Filmen insgesamt ist eine **Bildfolge** (beim Stummfilm) oder eine **Bild- und Tonfolge** (beim Tonfilm) (§ 95). Dem Wesen des Filmes gemäß sind darunter aber nur solche Folgen von Bildern bzw. Bildern und Tönen zu verstehen, die den **Eindruck des bewegten Bildes** entstehen lassen (s. § 2 Rdnr. 186 zum Filmwerksbegriff; *Fromm/Nordemann*[10] Rdnr. 9; *v. Gamm* § 2 Rdnr. 23; *Möhring/Nicolini*[2] § 2 Rdnr. 33, § 88 Rdnr. 27; *Schack*[4] Rdnr. 211; BGHZ 26, 52/55 – Sherlock Holmes; sa. öOGH ZUM-RD 2005, 11/13 – Fast Film).

b) Für den urheberrechtlichen Begriff des Filmes und damit auch des Filmwerks und Laufbildes 21 kommt es weder auf den **Inhalt** (zB Spielfilm, Dokumentarfilm mit oder ohne Handlung, Kulturfilm, Naturfilm, Unterrichtsfilm, Industriefilm, Werbefilm, Zeichentrickfilm), noch auf das **Aufnahmeverfahren** (zB fotografisch auf Zelluloid-Filmstreifen, elektromagnetisch auf Magnetband, mittels Laser und digitaler Zeichen auf Bildplatten, sog. CD-Platten oder Compact Discs, auf DVDs, Blue-ray Discs (BDs), in Form eines Computerprogramms auf Magnetplatte, Magnetband oder Mikrochips), noch dementsprechend auf das **Trägermaterial,** noch überhaupt auf eine **dauerhafte Aufzeichnung** an, so dass auch **Live-Sendungen** des Fernsehens Filme im Rechtssinne sind (s. § 2 Rdnr. 186; AmtlBegr. BTDrucks. IV/270 S. 98; *Fromm/Nordemann*[10] Rdnr. 9; *v. Gamm* § 2 Rdnr. 23, § 88 Rdnr. 2; *Möhring/Nicolini*[2] § 2 Rdnr. 33). Filme sind auch die bewegten, ausschließlich am Computer erzeugten Bild- und Tonfolgen virtueller Figuren, Gegenstände, Welten und Ereignisabläufe von **Computeranimationen** in Spiel- und Dokumentationsfilmen sowie von **Videospielen** (Näheres zu Letzteren su. Rdnr. 45) und uU selbst die **animierten Effekte** der Menüführung einer **Internet-Homepage** (s. LG München I ZUM-RD 2005, 81/83 – Homepage), **nicht** aber zB mangels einer filmartig bewegten Bild- und Tonfolge sog. **Tonbildschauen** (Näheres zu Letzteren su. Rdnr. 45). Auch wenn gelegentlich **Fernsehwerke** iSd. § 2 Abs. 1 Nr. 6 nur als Werke bezeichnet werden, „die ähnlich wie Filmwerke geschaffen werden" (so *Rehbinder*[15] § 15 III; *Ulmer*[3] § 27 I 2), so folgen daraus doch jedenfalls keine Zweifel an der Anwendbarkeit der besonderen Bestimmungen für Filme (§§ 88–95) auf Fernsehwerke und Fernseh-Laufbilder, gleich ob diese aufgezeichnet oder nur live ausgestrahlt werden (*Rehbinder*[15] § 15 III; *Ulmer*[3] § 27 II 2, III; sa. die ausdrückliche Erwähnung des „zur Funksendung bestimmten Filmwerkes" in § 88 Abs. 1 Nr. 4 aF). Aus dem Vorstehenden folgt zugleich, dass es für die Begriffe des Filmes, des Filmwerks und des Laufbildes nicht auf den **Verwertungszweck** ankommt. Als Filme zu qualifizieren sind nicht nur **Vorführfilme,** die primär zur Vorführung im Normalformat in Filmtheatern und/oder im Schmalfilmformat in Bildungseinrichtungen, Kirchen, Verbänden, in Industrieunternehmen usw. bestimmt sind, sondern auch **Fernsehfilme** einschließlich uU **Fernsehshows** (s. zu den Letzteren *Castendyk/Schwarzbart* UFITA 2007, 33/35 mwN; in einem obiter dictum für den Regelfall verneinend mangels Vorliegens einer formgebenden Einheit BGH BGHZ 79, 362/366f. – Quizmaster) und Filme, die primär dazu bestimmt sind, in Form von **Videogrammen** (auch audiovisuelle Medien genannt) zur Vorführung im privaten Bereich verkauft oder vermietet zu werden; zu den Videogrammen zu rechnen sind neben den schon länger bekannten **Schmalfilmen** insbesondere im 8mm- bzw. Super-8-Format vor allem die modernen **Videokassetten, DVDs und Blue-ray Discs** (s. insb. *Ulmer*[3] § 27 II und Urhebervertragsrecht Rdnr. 46f.; auch *Fromm/Nordemann*[10] Rdnr. 10; *Loewenheim/A. Nordemann* § 9 Rdnr. 162; *Rehbinder*[15] § 15 III; OLG München ZUM 1998, 413/415 – Video-on-Demand).

2. Filmträger, Bildträger, Bild- und Tonträger

Von den Filmen, Filmwerken und Laufbildern zu unterscheiden sind, soweit es sich um körperlich 22 festgelegte bewegte Bildfolgen oder Bild- und Tonfolgen handelt, die betreffenden **Filmträger.** Das Gesetz (§ 94 Abs. 1, 3) nennt sie **Bildträger** bzw. **Bild- und Tonträger** (vgl. auch § 16 Abs. 2). Auf die Verwertung solcher Bildträger und Bild- und Tonträger bezieht und beschränkt sich das mit dem Urheberrecht verwandte Schutzrecht des Filmherstellers nach

Vor §§ 88ff.   Vorbemerkung

§§ 94, 95 (s. § 94 Rdnr. 7). Dieses Recht greift daher nicht Platz in Bezug auf Live-Sendungen des Fernsehens, obwohl deren Gegenstände als bewegte Bildfolgen bzw. Bild- und Tonfolgen im Rechtssinne Filmwerke oder Laufbilder und damit Filme sind (so. Rdnr. 20, 21). An seine Stelle tritt insoweit das verwandte Schutzrecht des Sendeunternehmens nach § 87 (AmtlBegr. BT-Drucks. IV/270 S. 98, 102) sowie – auch für inländische Sendeunternehmen – nach dem Europäischen Fernseh-Abkommen (s. vor §§ 120ff. Rdnr. 100ff.; dort Rdnr. 13ff., 75ff., 103ff. zum sonstigen internationalen Schutz der Sendeunternehmen).

3. Verfilmung

23   Unter **Verfilmung** ist die Herstellung eines Filmes unter Benutzung eines anderen (des verfilmten) Werkes jeder Art, also nicht nur von Sprachwerken, sondern auch von Werken der Musik, der bildenden Künste, choreographischen Werken usw. (vgl. den Werkekatalog in § 2 Abs. 1), zu verstehen (vgl. § 88 Abs. 1 S. 1 nF, § 88 Abs. 1 Nr. 1 aF). Es kommt nicht darauf an, ob ein Filmwerk oder ein bloßes Laufbild entsteht (vgl. die Verweisung auf § 88 in § 95) und auch nicht darauf, ob das benutzte (verfilmte) Werk unverändert oder in bearbeiteter oder umgestalteter Form in den Film übernommen wird (§ 88 Abs. 1 nF, § 88 Abs. 1 Nr. 1 aF). Demgegenüber unterscheidet BGH GRUR 2006, 319/321 – Alpensinfonie, zwischen der ästhetischen Verbindung von unverändert übernommener Konzertmusik mit dem Bildteil eines Filmes zu einem Gesamtkunstwerk einerseits und einer Verfilmung im Rechtssinne andererseits, die eine Bearbeitung des Musikteils voraussetze, an der es bei der bloßen filmischen Aufzeichnung eines Konzerts aber fehle. Von Letzterem wird auch im Folgenden (su. Rdnr. 24) ausgegangen, so dass es sich letztlich nur um eine Frage der Terminologie handelt (aA offensichtlich *Dreier/Schulze*[3] § 23 Rdnr. 21).

24   Bei **unveränderter oder nicht schöpferisch veränderter Übernahme** des verfilmten Werkes und seiner Festlegung auf einem Filmträger, zB bei Übertragung von Schallplattenmusik auf die Tonspur eines Filmstreifens oder auf ein Film-Magnetband (vgl. BGH GRUR 1962, 370 – Schallplatteneinblendung), bei der Fernseh- und Videoaufnahme eines Konzerts (s. BGH GRUR 2006, 319/321f. – Alpensinfonie; OLG München GRUR 2003, 420/421 – Alpensinfonie), bei der Übernahme von geschützten Textpassagen bzw. deren Übersetzungen (s. § 3) in ein Drehbuch und einen Film (s. OLG München ZUM 2004, 845/847 – Vor meiner Zeit) oder bei filmischer Aufnahme von Werken der bildenden Künste, handelt es sich im Rechtssinne um eine **Vervielfältigung** iSd. § 16 Abs. 2 (AmtlBegr. BTDrucks. IV/270 S. 46; *Möhring/Nicolini*[2] § 88 Rdnr. 28; *Brugger* UFITA 51 (1968) 89/101 f.; *v. Ungern-Sternberg* ZHR-Beiheft Nr. 46 (1974) 51/58; aA KG GRUR 1984, 507/508 – Happening –, das die im Wesentlichen unveränderte Aufzeichnung eines künstlerischen Happenings als Bearbeitung bezeichnet; vom BGH GRUR 1985, 529 – Happening –, wurde offen gelassen, ob eine Vervielfältigung oder eine Bearbeitung vorlag; ähnlich wie das KG LG München I ZUM 2003, 69/71 – Alpensinfonie – zu einer Konzertaufzeichnung; LG München I ZUM 1993, 289 – Carmina Burana – zur Benutzung des Teils eines Musikwerks bei Vorführung eines Videofilms im Rahmen von Konzertauftritten eines Popsängers; LG München I GRUR 2005, 574/575 – O Fortuna – Nutzung desselben Musikstücks beim „Walk-in" eines Boxers; aA *Schulze/Dreier*[3] § 23 Rdnr. 21, welche die filmische Aufzeichnung von Konzerten als Bearbeitung beurteilen; auch *Rehbinder*[15] §§ 15 II 3, 27 II 4, der annimmt, dass eine Verfilmung eine Vervielfältigung des benutzten Werkes und zugleich eine Bearbeitung darstellt). Daher ist auch die von *v. Gamm* § 88 Rdnr. 2, 4, 8 für die unveränderte Übernahme eines Werkes in einen Film gewählte Bezeichnung **Filmung** überflüssig (wie hier *Möhring/Nicolini*[2] § 88 Rdnr. 27; *Dünnwald* FuR 1974, 76/80).

25   Wird das bei der Filmherstellung benutzte (verfilmte) Werk für den Film **schöpferisch verändert,** so handelt es sich um eine Verfilmung in Form einer **Bearbeitung** iSd. § 23 S. 2 (s. dort Rdnr. 12, 20) bzw., bei Festlegung des Filmes auf einem Filmträger, wiederum um eine **Vervielfältigung** (in bearbeiteter Form), da das Bearbeitungsrecht richtiger Ansicht nach kein besonderes, eigenständiges Verwertungsrecht ist, sondern nur den Schutzumfang der gesetzlich anerkannten Verwertungsrechte, wie des Vervielfältigungsrechts, kennzeichnet (s. Rdnr. 27; § 23 Rdnr. 1). Daher bedarf zB die Verfilmung eines Romans auf der Grundlage eines Drehbuches, das eine unfreie Bearbeitung des Romans darstellt, der Zustimmung des Romanautors nach § 23 S. 2 (s. LG Hamburg ZUM 2003, 403/405ff. – Die Päpstin; anders bei freier Benutzung iSd. § 24 der Kernfabel sowie nicht schutzfähiger Ideen und freier Gestaltungselemente eines Romans in einem Film, s. zB LG Köln ZUM 2004, 853/857ff. – Katastrophenfilm).

Vorbemerkung   **Vor §§ 88ff.**

Auch bei einer **Live-Sendung** des Fernsehens entsteht ein Film, und zwar je nach Vorliegen   26
oder Fehlen einer schöpferischen Leistung bei der Aufnahme und Übertragung des Programms
ein Filmwerk oder ein bloßes Laufbild (so. Rdnr. 20, 21). Wird dabei ein anderes Werk unverändert oder verändert benutzt und ausgestrahlt, so handelt es sich auch hier wieder um eine
Verfilmung, allerdings **nicht** um eine **Vervielfältigung**, da die dafür nach § 16 erforderliche
körperliche Festlegung fehlt (vgl. *v. Ungern-Sternberg* ZHR-Beiheft Nr. 46 (1974) 51/58).
Rechtlich kann dieser Vorgang bezüglich des verfilmten Werkes nur als **Sendung** dieses Werkes (in
unveränderter oder bearbeiteter Form) iSd. Senderechts (§§ 15 Abs. 2 Nr. 2, 20) erfasst werden.

4. Verfilmungsrecht, Filmherstellungsrecht

Der Begriff **Verfilmungsrecht** ist in der Rechts- und Vertragspraxis gebräuchlich. Im UrhG   27
erscheint er in der Formulierung „Recht zur Verfilmung" nur in der (amtlichen) Überschrift zu
§ 88. Versteht man entsprechend dem Begriff der Verfilmung (so. Rdnr. 23) und mit der Amtl-Begr. (BTDrucks. IV/270 S. 98) unter dem Verfilmungsrecht das Recht, ein Werk zur Herstellung eines Filmwerkes bzw. eines Filmes zu benutzen, so entspricht dem Begriff Verfilmungsrecht als Synonym der ebenfalls gebräuchliche Begriff **Filmherstellungsrecht** (s. BGH GRUR
2006, 319/322 – Alpensinfonie, zur Vertragspraxis der GEMA; *Joch,* Fs. für Schwarz, S. 131 ff.;
Krüger, Fs. für Reichardt, S. 79 ff.; *Poll* in *Becker* (Hrsg.) S. 99 ff.; *Schwarz/Schwarz* ZUM 1988,
429 ff.; *Urek* ZUM 1993, 168 ff.; sa. § 15 Rdnr. 19). Speziell aus der Sicht der filmischen Nutzung von Musik werden mehr oder weniger gleichbedeutend auch die Begriffe Filmeinblendungsrecht (so *Poll* in *Becker* (Hrsg.) S. 99/103) oder Filmverwendungsrecht (so *Budde* in *Moser/Scheuermann* (Hrsg.) S. 637/639; *Schulz* in *Moser/Scheuermann* (Hrsg.)[6] S. 1380) vorgeschlagen.
Von einem weiteren, auch die Filmverwertung einbeziehenden Begriff des Verfilmungsrechts
geht aber zB *Ulmer*[3] § 56 IV aus. Jedenfalls ist zur näheren Qualifizierung des Verfilmungsrechts
zwischen seiner Einordnung unter die urheberrechtlichen Verwertungsrechte (§§ 15 ff.) und die
vertraglich einräumbaren Nutzungsrechte (§§ 31 ff., 88 ff.) zu unterscheiden (s. dazu grundsätzlich vor §§ 28 ff. Rdnr. 48).

a) Das Verfilmungsrecht ist **kein besonderes, eigenständiges Verwertungsrecht** des Ur-   28
hebers iSd. in den §§ 15 ff. normierten Rechte (BGHZ 123, 142/146 f. – Videozweitauswertung
II – mit zust. Anm. von *Loewenheim* in EWiR 1993, 1223 f. und *Poll* in GRUR 1994, 44 f.; OLG
München GRUR 2003, 420/421 – Alpensinfonie; LG München I ZUM 2003, 69/71 – Alpensinfonie; früher schon *Ulmer*[3] § 56 III, IV; *v. Gamm* § 15 Rdnr. 7, vgl. aber auch § 23 Rdnr. 2:
Verwertungsrecht im weiteren Sinne; *Möhring/Nicolini*[2] § 88 Rdnr. 2; *Brugger* UFITA 51 (1968)
89/103 f.; *Dünnwald* FuR 1974, 76/77 f.; *v. Ungern-Sternberg* ZHR-Beiheft Nr. 46 (1974) 51/58;
Schack[4] Rdnr. 427; *Joch,* Fs. für Schwarz, S. 131/142 ff; *Krüger,* Fs. für Reichardt, S. 79/82; *Scheuermann* S. 104 ff.; *Schwarz/Schwarz* ZUM 1988, 429/435 f.; *Urek* ZUM 1993, 168/170; *Wandtke/Bullinger*[3] Vor §§ 88 ff. Rdnr. 26; § 88 Rdnr. 9 f. aA *Breloer* S. 61 ff.; *Dreier/Schulze*[3] § 88
Rdnr. 13; *Schulze* GRUR 2001, 1084/1085). Die AmtlBegr. (BTDrucks. IV/270 S. 46) hat es
aus systematischen Gründen und als überflüssig zutreffend abgelehnt, das Verfilmungsrecht in den
Katalog der gesetzlich anerkannten Verwertungsrechte aufzunehmen. Aus der Sicht der dem Urheber zustehenden Befugnisse kennzeichnet der Begriff Verfilmungsrecht nämlich nur den Umstand, dass sich die gesetzlich anerkannten Verwertungsrechte nicht nur auf die Verwertung eines
Werkes in dessen unveränderter Form, sondern auch auf diejenige in verfilmter Form erstrecken;
er kennzeichnet somit den **Schutzumfang** dieser Rechte. Soweit eine Verfilmung eine Bearbeitung des verfilmten Werkes einschließt (so. Rdnr. 25), ist das Verfilmungsrecht nichts anderes als
ein spezielles Bearbeitungsrecht (s. dazu § 23 Rdnr. 1, 6, 12). Es erschöpft sich aber nicht in dieser Bedeutung, da es auch den Fall der unveränderten filmischen Verwertung eines Werkes umschließt (so. Rdnr. 24). In bezug auf die Filmherstellung und aus verwertungsrechtlicher Sicht ist,
abgesehen von Live-Sendungen des Fernsehens (s. Rdnr. 26), die zutreffende rechtliche Kategorie daher das Vervielfältigungsrecht (§ 16; sa. Rdnr. 24, 25), in Bezug auf die Filmverwertung
sind betroffen wiederum das Vervielfältigungsrecht sowie das Verbreitungsrecht (Herstellung und
Verbreitung von Filmkopien), außerdem das Vorführungsrecht (§§ 15 Abs. 2 Nr. 1, 19 Abs. 4),
das Recht der öffentlichen Zugänglichmachung (§§ 15 Abs. 2 Nr. 2, 19a), das Senderecht (§§ 15
Abs. 2 Nr. 3, 20–20b) und die Wiedergaberechte nach §§ 15 Abs. 2 Nr. 4 u. 5, 21, 22 (zur Frage
der Anwendung des § 21 vgl. § 19 Rdnr. 38, 43 f.).

Dem Nichtbestehen eines Verfilmungsrechts als eines selbstständigen Verwertungsrechts ent-   29
spricht die Nichtexistenz eines selbstständigen, verwertungsrechtlichen **Video-Verfilmungsrechts** oder **Video-Filmherstellungsrechts**. Daher war der Versuch von Musikverlagen ver-

Vor §§ 88 ff. Vorbemerkung

geblich, die **Videozweitauswertung** von Kinospielfilmen mit Musik ihres Repertoires unter Berufung auf ein solches Recht von ihrer Zustimmung und der Zahlung eines zusätzlichen Entgelts abhängig zu machen, wenn sie bzw. die Musikautoren die Vervielfältigungs- und Verbreitungsrechte zur Videonutzung der betreffenden musikalischen Werke der GEMA zur Wahrnehmung übertragen hatten und diese den Videoproduzenten entsprechende Nutzungsrechte eingeräumt hatte (BGHZ 123, 142/145 ff. – Videozweitauswertung II – mit zust. Anm. von *Loewenheim* in EWiR 1993, 1223 f. und *Poll* in GRUR 1993, 44 f.; *Wandtke/Bullinger*[3] Rdnr. 10; sa. § 15 Rdnr. 20; ebenso früher schon *Poll* in *Becker* (Hrsg.) S. 99/103 ff.; *Rochlitz* in *Becker* (Hrsg.) S. 77/79 f.; *Scheuermann* S. 104 ff.; *Schwarz/Schwarz* ZUM 1988, 429 ff.; allg. *Urek* ZUM 1993, 168 ff.; aA *Becker* in *Becker* (Hrsg.) S. 53/60 ff.; *Budde* in *Moser/Scheuermann* (Hrsg.) S. 637/654 ff.; *Krüger*, Fs. für Reichardt, S. 81/85 ff.). Entsprechend sind zu beurteilen, und zwar wiederum insb. auch unter Berücksichtigung der den Verwertungsgesellschaften GEMA und GVL übertragenen Auswertungsrechte, die **Musiknutzung** bei der **Videonutzung von Fernsehproduktionen** (s. dazu *Moser* in *Becker* (Hrsg.) S. 29/40 ff.; OLG Hamburg ZUM 1992, 303/304 f. – Piccolo Bolero; LG Hamburg ZUM-RD 1997, 256 f. – The River of Dreams; aA *Schulz* in *Moser/Scheuermann* (Hrsg.)[6] S. 1380/1381), bei der **Fernsehsendung von Kinospielfilmen** (s. insb. *Joch*, Fs. für Schwarz, S. 131 ff.), bei der **Einspielung von Tonträgern in ein Filmwerk** in Bezug auf das verwandte Schutzrecht des Tonträgerherstellers (s. dazu insb. *Moser* in *Becker* (Hrsg.) S. 29/40 ff.) und bei der **Zweitauswertung von Musik-Fernsehsendungen durch Musik-Bildtonträger** (Videoclips, Musikvideos; s. dazu insb. *Becker* in *Becker* (Hrsg.) S. 53/65 ff.; *Rochlitz* in *Becker* (Hrsg.) S. 77/79 ff.).

30 b) Als **vertraglich einräumbares Nutzungsrecht** betrifft das Verfilmungsrecht eine wirtschaftlich selbstständige Art der Nutzung geschützter Werke (vgl. allg. vor §§ 28 ff. Rdnr. 48, 85 f.). Es ist daher legitim, der Rechts- und Vertragspraxis sowie der Überschrift und dem Wortlaut des § 88 Abs. 1 entsprechend vom Verfilmungsrecht als einem selbstständigen Nutzungsrecht zu sprechen (sa. OLG München GRUR 2003, 420/421 – Alpensinfonie; *Dreier/Schulze*[3] § 88 Rdnr. 14; *Schweyer* S. 80; vor §§ 28 ff. Rdnr. 157). Anders als bei Verwendung der Bezeichnung Verfilmungsrecht für einen bestimmten Ausschnitt aus dem Kreis der gesetzlich anerkannten Verwertungsrechte, die zwar ebenfalls zulässig (vgl. vor §§ 28 ff. Rdnr. 48), aber doch mit der Gefahr von Missverständnissen verbunden ist (so. Rdnr. 28, 29), kann es bei Verwendung dieser Bezeichnung für ein Nutzungsrecht zu solchen Fehldeutungen nicht kommen: Die vertraglich einräumbaren Nutzungsrechte finden ihre äußersten Grenzen stets in den gesetzlich anerkannten Verwertungsrechten (s. allg. vor §§ 28 ff. Rdnr. 48; *Strömholm* GRUR Int. 1973, 350/351 ff.); ihre näheren räumlichen, zeitlichen und inhaltlichen Grenzen sind in jedem Einzelfall nach den vertraglichen Vereinbarungen, durch Vertragsauslegung sowie unter Anwendung der gesetzlichen Bestimmungen der §§ 31 ff., 88 ff. zu bestimmen (s. allg. vor §§ 28 ff. Rdnr. 85 ff.).

5. Filmhersteller

31 Der Begriff des **Filmherstellers** wird in den §§ 89 Abs. 1 u. 2, 91 aF, 92 Abs. 1 u. 2, 93 Abs. 1 u. 2 und 94 Abs. 1 verwendet, jedoch weder im Gesetzestext noch in den Materialien näher bestimmt. Hingewiesen wird in der AmtlBegr. (BTDrucks. IV/270 S. 98/100 ff.; sa. Rdnr. 9) jedoch darauf, dass dem Filmhersteller mit Rücksicht auf seinen großen Kostenaufwand und das von ihm getragene Risiko die Filmverwertung erleichtert werden solle und ihm wegen seiner organisatorischen und wirtschaftlichen Leistung ein dem Recht des Tonträgerherstellers (und des Sendeunternehmens) ähnliches verwandtes Schutzrecht gebühre. Aus diesen Motiven ergibt sich, wie der BGH in UFITA 55 (1970) 313/320 – Triumph des Willens – ausführt, dass als Filmhersteller diejenige natürliche oder juristische Person anzusehen ist, welche das für die Filmherstellung erforderliche Kapital beschafft, die persönlichen und sachlichen Voraussetzungen der Filmproduktion organisiert, die Filmherstellung überwacht und im eigenen Namen und für eigene Rechnung die erforderlichen Verträge schließt; darauf, ob sie auch die Filmauswertung selbst vornimmt oder diese, im Fall des Kinofilms, einer Verleihfirma überlässt und dieser entsprechende Nutzungsrechte einräumt, kommt es nicht an. Unter Berufung auf diese ältere Entscheidung stellt auch BGHZ 120, 67/70 f. – Filmhersteller (s. dazu die Anm. von *Schricker* EWiR 1993, 399 f.) – für den Begriff und die Eigenschaft des Filmherstellers auf die Übernahme der **wirtschaftlichen Verantwortung** und der **organisatorischen Tätigkeit** ab, die erforderlich sind, um den Film als fertiges, zur Auswertung geeignetes Ergebnis der Leistungen aller bei seiner Schaffung Mitwirkenden herzustellen. Filmhersteller ist, wer **tatsächlich** und nicht nur nach den subjektiven Vorstellungen der Parteien (s. OLG Bremen OLGR Bre-

Vorbemerkung Vor §§ 88ff.

men 2009, 105 ff. Rdnr. 59 – Dokumentarfilm Die Stimme) in diesem Sinne tätig geworden ist, und zwar im Fall eines Unternehmens der Inhaber und nicht derjenige, der im Einzelfall Hand angelegt hat (s. dazu Näheres unter Rdnr. 37). Für den Filmhersteller ist im Übrigen kennzeichnend, dass er die notwendigen **Entscheidungen in die Tat umsetzt,** insb. durch den Abschluss von Verträgen mit Rechteinhabern, Geldgebern, ausübenden Künstlern und sonstigen Mitwirkenden, und dass er die wirtschaftlichen Folgen dieser Entscheidungen verantwortet. Wenn ein weiterer Beteiligter, wie im entschiedenen Fall Rainer Werner Fassbinder (BGH aaO), aufgrund seiner überragenden Stellung als Künstler erheblichen **Einfluss auf diese Entscheidungen** ausübt, ohne aber zB die Verträge mit abzuschließen, so macht ihn dies ebensowenig zum Mithersteller des Filmes wie die Einflussnahme auf die Auswahl des Filmstoffes und auf die Ausarbeitung von Exposé und Drehbuch; selbst eine interne Risikobeteiligung würde allein nicht ausreichen, um die Eigenschaft als Mithersteller des Filmes zu begründen. Auch der Veranstalter des gefilmten Ereignisses, wie eines Boxkampfes, ist nicht Mithersteller des Filmes (s. OLG München ZUM-RD 1997, 290/293 – Box-Classics).

Wesentliche **Kriterien** sind danach Finanzierung, Risiko, organisatorische Leitung und Abschluss der Verträge im eigenen Namen und für eigene Rechnung (zust. OLG Düsseldorf GRUR-RR 2002, 121/122 – Das weite Land; OLG Stuttgart ZUM-RD 2003, 586/589 – Sex-Aufnahmen; OLG Bremen OLGR Bremen 2009, 105 ff. Rdnr. 59 – Dokumentarfilm Die Stimme; LG München I ZUM 2008, 161/162 f. – Vote Media IV, unter zeitlicher Konkretisierung auf die erste Bildfolgenfixierung). Ihre Anwendung bereitet keine Schwierigkeiten, wenn sie alle zusammen bei einem einzigen Unternehmen gegeben sind oder in der Hand einer Person liegen. In anderen Fällen ist str., welches Kriterium das **entscheidende** ist. So betonen *v. Hartlieb/Schwarz*[4] 59. Kap. Rdnr. 9/12 die zumindest indiziell ausschlaggebende Bedeutung des vertraglichen Erwerbs der für die Herstellung und Auswertung des Filmes erforderlichen Rechte (hierzu aA *Möhring/Nicolini*[2] § 94 Rdnr. 10), während *Fromm/Nordemann*[10] § 94 Rdnr. 12 im Anschluss an BGHZ 120, 67 (s. Rdnr. 31) entscheidend auf das finanzielle Risiko iSd. wirtschaftlichen Verantwortung abstellen (sa. OLG Düsseldorf GRUR-RR 2002, 121/122 – Das weite Land; LG München I ZUM 2008, 161/162 f. – Vote Media IV) und *v. Gamm* § 94 Rdnr. 3 die wirtschaftliche Gesamtleistung und Risikoübernahme hervorhebt (ähnlich *Paschke* FuR 1984, 403/406 ff. unter Hinweis auf § 950 BGB und Betonung der tatsächlichen Verhältnisse gegenüber den allein nicht entscheidenden vertraglichen Vereinbarungen). Unter den spezifischen Verhältnissen der ehemaligen **DDR** waren die verschiedenen staats- bzw. volkseigenen Filmproduktionsbetriebe (VEB) der **DEFA** (s. dazu *Wandtke/Bullinger*[3] EVtr Rdnr. 80) Filmhersteller iSd. mit der deutschen Wiedervereinigung auf die neuen Bundesländer übergeleiteten Bundesrechts (s. vor §§ 120 ff. Rdnr. 25) und darunter zB auch des § 94 (s. KG GRUR 1999, 721 – DEFA-Film; KG MMR 2003, 110 – Paul und Paula; sa. vor §§ 120 ff. Rdnr. 29).

Praktische Bedeutung hat die Frage vor allem bei den zahlreichen **Auftragsproduktionen** freier Filmproduzenten für das Fernsehen der öffentlichrechtlichen Rundfunkanstalten, für Werbung treibende Wirtschaftsunternehmen (Werbespots im Fernsehen und Kinowerbung) sowie von Industriefilmen (s. *v. Hartlieb/Schwarz*[4] 84. Kap. Rdnr. 5; sa. die unter Rdnr. 40 genannten Umsatzzahlen der deutschen Filmwirtschaft). Der Produzent und **Auftragnehmer** ist hier jedenfalls dann als (alleiniger) Filmhersteller anzusehen, wenn er die organisatorische Gesamtleitung der Produktion innehat, die Verträge im eigenen Namen schließt, die Rechte selbst erwirbt, selbst wenn er diese, auch im voraus, zum Zwecke der Filmauswertung teilweise oder ganz auf den Auftraggeber weiterüberträgt, und zumindest teilweise das Risiko übernimmt, zB das der Fertigstellung (so OLG Bremen 2009, 105 ff. Rdnr. 59 – Dokumentarfilm Die Stimme) oder Nichtabnahme oder der Festpreisproduktion oder der Kostenüberschreitung (so LG München I ZUM 2008, 161/163 – Vote Media IV); der Umstand, dass den Auftraggeber Finanzierung und Risiko zu einem wesentlichen Teil treffen und er **Einfluss** auf die Besetzung, den Filminhalt und die künstlerische Gestaltung erhält, steht dieser Beurteilung grundsätzlich nicht entgegen (so unter Betonung des Aspekts des Rechteerwerbs *v. Hartlieb/Schwarz*[4] 84. Kap. Rdnr. 2, 3; sa. *Pense* ZUM 1999, 121/123 f.; ähnlich unter zusätzlicher Hervorhebung der organisatorischen Gesamtverantwortung des Produzenten *Dünnwald* UFITA 76 (1976) 165/178 f.; zu den Festpreisproduktionen *Kreile* FuR 1975, 293/297; im Ergebnis gleich oder ähnlich KG GRUR 1999, 721 – DEFA-Film; bestätigt durch KG MMR 2003, 110 – Paul und Paula; *Fromm/Nordemann*[10] § 94 Rdnr. 12 unter Hervorhebung des unternehmerischen Risikos und *v. Gamm* § 94 Rdnr. 3 unter Betonung der organisatorischen Gesamtleistung; *Paschke* FuR 1984, 403/407 unter zusätzlicher Forderung des wesentlichen wirtschaftlichen Risikos auf Seiten des Auftragnehmers, das er allerdings bereits durch die üblichen, von den Rundfunkanstalten praktizierten

32

33

Vor §§ 88 ff. Vorbemerkung

vertraglichen Abnahmeverweigerungsrechte als gegeben ansieht; s. auch zur Parallelfrage des Tonträgerherstellers § 85 Rdnr. 33).

34 Nicht entscheidend ist, von wem die **Initiative zu der Auftragsproduktion** ausgeht (ebenso LG München I ZUM 2008, 161/163 – Vote Media IV; *Möhring/Nicolini* § 94 Anm. 2). Zwar gilt nach Art. 2 Abs. 2 der Europäischen Vereinbarung über den Austausch von Programmen mit Fernsehfilmen vom 15. 12. 1958 (DdA 1959, 37; deutsche Übersetzung in UFITA 27 (1959) 232) diejenige Rundfunkorganisation als Herstellerin eines Fernsehfilms, welche dessen Herstellung „in eigener Verantwortung in die Wege geleitet hat", jedoch ist diese Vereinbarung, die das besondere Ziel verfolgt, unter den Mitgliedstaaten des Europarats den Austausch von Fernsehfilmen durch die jeweiligen Rundfunkorganisationen zu erleichtern (vgl. die Präambel der Vereinbarung und *Straschnov* DdA 1959, 40 ff.), nicht geeignet, zur Auslegung des deutschen urheberrechtlichen Begriffs des Filmherstellers entscheidend beizutragen. Eine Übernahme der Definition der Europäischen Vereinbarung als Art. 4 Abs. 6 in die RBÜ war zwar im Programm von deren Stockholmer Revisionskonferenz von 1967 vorgesehen (s. Records of the Intellectual Property Conference of Stockholm, 1971, I S. 99), die Konferenz hat diesen Programmpunkt aber nicht angenommen (vgl. Records II S. 1140; entgegen den anderslautenden Hinweisen bei *Möhring/Nicolini* § 94 Anm. 2; *Paschke* FuR 1984, 403/405; *Stolz* UFITA 96 (1983) 55/73).

35 Der **Auftraggeber** ist Filmhersteller, wenn der Produzent und Auftragnehmer in jeder Hinsicht seinen Weisungen zu folgen hat, im Namen und auf Rechnung des Auftraggebers Verträge schließt und Rechte erwirbt und diesem die Finanzierung und das Risiko voll überlässt (ebenso OLG München ZUM-RD 1997, 290/293 – Box-Classics; OLG Bremen OLGR Bremen 2009, 105 ff. Rdnr. 60; sa. *Paschke* FuR 1984, 403/407; *v. Hartlieb/Schwarz*[4] 85. Kap. Rdnr. 1 ff., die hier von unechter Auftragsproduktion sprechen; sa. § 85 Rdnr. 33 zur Herstellereigenschaft bei der Tonträgerherstellung im Lohnauftrag).

36 Bei **Koproduktionen**, bei denen die beteiligten Personen und Unternehmen alle wesentlichen Entscheidungen gemeinsam treffen und in die Tat umsetzen sowie Finanzierung und Risiko gemeinsam tragen und die idR rechtlich als Gesellschaften des bürgerlichen Rechts iSd. §§ 705 ff. BGB zu qualifizieren sind, und in anderen Fällen der **Arbeitsteilung**, bei denen zB der Auftraggeber das wirtschaftliche Risiko trägt, der Auftragnehmer aber selbstständig den Hauptteil der organisatorischen Tätigkeit ausübt wie im Fall OLG Bremen OLGR Bremen 2009, 105 ff. Rdnr. 60–62 – Dokumentarfilm Die Stimme, werden die Vertragsparteien jedenfalls im Regelfall Filmhersteller in **Gesamthandbindung**; eine Aufteilung der Filmauswertung unter den Parteien zB durch Fernsehausstrahlung einerseits und Kinovorführung andererseits steht dem wiederum (s. Rdnr. 31) nicht entgegen (*v. Hartlieb/Schwarz*[4] 83. Kap. Rdnr. 3/4; dort (Rdnr. 8) auch zu Innengesellschaften und zur Bestimmung eines federführenden Produzenten; zum Ergebnis auch *Gamm* § 94 Rdnr. 3; *Movsessian* UFITA 79 (1977) 213/235); stärker differenzierend *Möhring/Nicolini*[2] § 94 Rdnr. 16; *Fromm/Nordemann*[10] § 94 Rdnr. 23; sa. *v. Hartlieb/Schwarz*[4] 83. Kap. Rdnr. 26; zu einer geographischen Rechteverteilung unter Koproduzenten s. BGH GRUR 2005, 48/49 ff. – man spricht deutsh).

37 Weitere Merkmale zum Begriff des Filmherstellers folgen aus einer **entsprechenden Anwendung von § 85 Abs. 1 S. 2** und sonstiger zum **Recht und Begriff des Tonträgerherstellers** anerkannter Rechtsgrundsätze. Nach § 85 Abs. 1 S. 2 gilt, wenn der Tonträger in einem Unternehmen hergestellt worden ist, der **Inhaber des Unternehmens,** nicht die dort angestellte Person, die den Tonträger tatsächlich gefertigt hat, als Hersteller. Das verwandte Schutzrecht des Tonträgerherstellers findet seine Rechtfertigung, anders als das Urheberrecht und das verwandte Schutzrecht der ausübenden Künstler, nicht in einer schöpferischen oder künstlerischen, sondern in einer organisatorischen, technischen und wirtschaftlichen Leistung, die dem Unternehmen bzw. seinem Inhaber, nicht einem Angestellten zuzurechnen ist (s. Amtl.-Begr. BTDrucks. IV/270 S. 95 f.; § 85 Rdnr. 30). Das gleiche gilt für den Filmhersteller und das diesem durch § 94 gewährte Recht (s. Rdnr. 13, 31 ff. sowie § 94 Rdnr. 19), was die entsprechende Anwendung des § 85 Abs. 1 S. 2 auf das Schutzrecht des § 94 und auf den Begriff des Filmherstellers überhaupt nahelegt und rechtfertigt (ebenso zu § 94 BGHZ 120, 67/71 – Filmhersteller; *Dreier/Schulze*[3] § 94 Rdnr. 5; *Fromm/Nordemann*[10] § 94 Rdnr. 14; *Dünnwald* UFITA 76 (1976) 165/174 f. mit berechtigter Kritik an den uneinheitlichen Formulierungen des UrhG; *Stolz* UFITA 96 (1983) 55/73; vgl. auch die Zuweisung der Schutzrechte aus §§ 81, 87 und 87 b iVm. 87 a Abs. 2 an den Unternehmensinhaber, das Unternehmen bzw. denjenigen, der eine Investition vorgenommen hat). Zur entsprechenden Anwendung auch des § 85 Abs. 1 S. 3, der nicht den Begriff des Tonträgerherstellers, sondern die Entstehung seines verwandten Schutzrechts betrifft, auf das Schutzrecht des Filmherstellers s. § 94 Rdnr. 12. Im Übrigen folgt

Vorbemerkung   Vor §§ 88ff.

aus der Parallele des Rechts des Tonträgerherstellers, dass Filmhersteller nicht nur eine als Produzent gewerblich tätige Person oder ein Unternehmen, sondern auch eine **Privatperson,** zB ein Amateurfilmer, sein kann (ebenso *Dreier/Schulze*³ § 94 Rdnr. 5; *Dünnwald* UFITA 76 (1976) 165/173f.; *Wandtke/Bullinger*³ § 94 Rdnr. 36; sa. § 85 Rdnr. 30; AmtlBegr. BTDrucks. IV/270 S. 96 zum Tonträgerhersteller; kritisch *Fromm/Nordemann*¹⁰ § 94 Rdnr. 18).

V. Kritik, Auslegung und Anwendungsbereich der §§ 88–95

1. Kritik

Bereits im Gesetzgebungsverfahren sind die besonderen Bestimmungen des UrhG für Filme **38** von kompetenter Seite nicht als endgültiges Optimum verstanden worden; es wurde von der Möglichkeit einer späteren abschließenden gesetzlichen Regelung und der Notwendigkeit gesprochen, die Ausfüllung der Bestimmungen den Gerichten zu überlassen (so der Vorsitzende des Unterausschusses Urheberrecht und Berichterstatter des Rechtsausschusses des Deutschen Bundestags *Reischl* bei den abschließenden parlamentarischen Beratungen des RegE zum UrhG, UFITA 46 (1966) 201/226f.; vgl. auch *ders.* in FuR 1966, 107/112). Neben Kritik an der Gesetzessystematik und Einzelpunkten der gesetzlichen Regelung (vgl. zB *Dünnwald* UFITA 76 (1976) 165/174ff.; *Rehbinder*¹⁵ § 22 I 4; *v. Ungern-Sternberg* ZHR-Beiheft Nr. 46 (1974) 51/62 mwN) wurden in neuerer Zeit erhebliche **grundsätzliche Bedenken** gegen die gravierenden Eingriffe des Gesetzgebers in die Rechte der Haupturheber der Filmwerke und der an der Filmherstellung mitwirkenden ausübenden Künstler durch die Bestimmungen der §§ 89, 90, 92 aF und 93 erhoben und deren Reform vorgeschlagen (s. *Ulmer*³ § 115 III zu § 89; §§ 36 III 2, 87 IV zu § 90; § 123 III 2 zu § 92 und §§ 36 III 2, 126 IV, 2c zu § 93; sowie *ders.* zusammenfassend in Urhebervertragsrecht Rdnr. 44ff.; s. dazu die Stellungnahme der *Deutschen Vereinigung für gewerblichen Rechtsschutz und Urheberrecht* GRUR 1980, 1060ff.; *Nordemann* GRUR 1978, 88ff. und die aA von *Hubmann* GRUR 1978, 468ff.; sa. *Fromm/Nordemann*⁹ Rdnr. 11). Inzwischen wurde durch das 3. UrhGÄndG (s. Rdnr. 8) einem Teil dieser Bedenken dadurch Rechnung getragen, dass die Rechtsstellung der an einem Filmwerk mitwirkenden ausübenden Künstler durch Neufassung des § 92 erheblich verbessert wurde (s. Rdnr. 10 f.). Verbesserungen zugunsten der Filmurheber in der Vergütungsfrage ergaben sich aus dem Urhebervertragsgesetz des Jahres 2002 (s. Rdnr. 10). In neuester Zeit allerdings zeigen sich wieder Tendenzen zu Lasten der Kreativen (s. Rdnr. 8).

Jene Kritik ist berechtigt, und zwar um so mehr, als die **Motive,** die den Gesetzgeber des **39** Jahres 1965 zu jenen einschneidenden Eingriffen bewogen haben, den heutigen **tatsächlichen Verhältnissen der Filmproduktion** in weitestem Umfang nicht mehr entsprechen. Wesentliches Schutzziel des Gesetzgebers war die Förderung des mit hohem finanziellen Aufwand und vollem eigenen Risiko arbeitenden Produzenten von für die Vorführung in Filmtheatern bestimmten Spielfilmen (s. Rdnr. 7–9 sowie AmtlBegr. BTDrucks. IV/270 S. 35, 98). Dass das Schutzbedürfnis und die Interessenlage in Bezug auf die unter dieselben Bestimmungen fallenden Fernsehfilmwerke und Instruktionsfilmwerke im Schmalfilmformat schon damals andere waren als beim Kinospielfilm, wurde vom Gesetzgeber zu Unrecht vernachlässigt; die neuen audiovisuellen Medien/Videogramme (s. Rdnr. 21 aE) und die bei diesen ebenfalls anders als bei Kinospielfilmen liegenden Bedingungen und Interessen konnten vom Gesetzgeber noch nicht berücksichtigt werden (*Ulmer* Urhebervertragsrecht Rdnr. 45ff.; zu den audiovisuellen Medien auch *Reimer* GRUR Int. 1973, 315/317f.).

In den Bereichen **Fernsehen** und **Kinospielfilm** und in ihrem Verhältnis zueinander haben **40** sich die Gegebenheiten seit 1965 weit von den Modellvorstellungen des seinerzeitigen Gesetzgebers entfernt. Neben dem finanzstarken, gebührenfinanzierten öffentlich-rechtlichen **Fernsehen** von ARD und ZDF mit seinen umfangreichen Eigenproduktionen (beim ZDF 27% des Programms im Jahre 1984; s. *Berg-Schwarze* Media Perspektiven 1985, 777/779) und Aufwendungen für Leistungen der deutschen und ausländischen Filmwirtschaft über Auftragsproduktionen, Erwerb von Ausstrahlungsrechten und dgl. in Höhe von 711 Mio. DM im Jahre 1983 und 1126 Mio. DM im Jahre 1984 (vgl. *Berg-Schwarze* Media Perspektiven 1985, 777/780f./783; 1984 einschl. der bekannten seinerzeitigen Filmpaketkäufe) sowie 1775 Mio. DM im Jahre 1996 (s. Media Perspektiven Basisdaten 1997, S. 62) spielt die deutsche **Kinofilmproduktion** als allenfalls mit dem vom Gesetzgeber unterstellten besonderen Risiko belastete Sparte der deutschen Filmwirtschaft nur mehr eine bescheidene Rolle. Nach der amtlichen Filmwirtschaftsstatistik 1983 (Statistisches Jahrbuch 1986, S. 375) erzielten die deutschen Kinofilmproduzenten

Vor §§ 88ff. Vorbemerkung

in diesem Jahr bei Produktion von etwa 100 Spielfilmen einen Umsatz von ca. 115 Mio. DM, die **Fernsehfilmhersteller** als Auftragsproduzenten der Rundfunkanstalten aber fast 470 Mio. DM und selbst die **Werbefilmhersteller** mit ca. 127 Mio. DM noch mehr als die ersteren. Für 1996 werden Verleihumsätze für deutsche Filme in Höhe von 85,6 Mio. DM und die Erstaufführung von 64 deutschen Spielfilmen mitgeteilt (s. Medienbericht 1998, BTDrucks. 13/10 650 S. 127 f.; Media Perspektiven Basisdaten 1997, S. 63). In neuester Zeit zeichnen sich freilich auch erfreulich positive Tendenzen für den deutschen Film ab. So erreichte im Jahr 2004 die Zahl der deutschen Spielfilm-Erstaufführungen mit 87 einen Höchststand seit 10 Jahren (s. www.spio.de/index.asp?SeitID=24, abgefragt am 21. 7. 2005), und bescherte dem deutschen Film das Jahr 2003 einen Marktanteil von 16,7% am gesamten Verleihumsatz nach zB nur 6,3% im Jahr 1995; in denselben Vergleichsjahren sank der entsprechende Anteil des nach wie vor ganz dominierenden US-amerikanischen Films von 87,1% auf 76,8% (s. www.spio.de/index.asp?/Seit ID=25, abgefragt am 21. 7. 2005, sa. *Neckermann* Media Perspektiven 2002, 557/561). Für das Jahr 2007 lauten die entsprechenden Zahlen: 122 deutsche Spielfilm-Erstaufführungen, Marktanteil deutscher Filme am Verleihumsatz 15,1% und Anteil US-amerikanischer Filme 73,2% (aaO, abgefragt am 15. 6. 2009). Auch die **Risikolage** der **Kinofilmproduzenten** hat sich unter dem Dach der wirtschaftlichen **Filmförderung** des Bundes und der Länder wesentlich verändert. So konnte zu Zeiten festgestellt werden, dass die Modalitäten der Filmförderung nach dem Filmförderungsgesetz 1979 im Zusammenhang mit anderen Förderungssystemen „eine finanziell weitgehend risikofreie Filmproduktion" erlaubten (so *Strahl* UFITA 103 (1986) 169/183 ff./215; sa. die Zitate in der Einführung von *Becker* in dem von ihm 1994 herausgegebenen Band über Aktuelle Probleme der Filmförderung, S. 13 f.). Wenn dennoch trotz anhaltender Filmförderung (das Filmförderungsgesetz des Bundes in der Fassung einer Bekanntmachung vom 24. 8. 2004, BGBl. I S. 2277, ist zuletzt durch das Fünfte Gesetz zur Änderung des Filmförderungsgesetzes vom 22. 12. 2008, BGBl. I S. 3000, in Kraft getreten am 1. 1. 2009, aktualisiert worden) über ein **hohes Insolvenzrisiko** in der deutschen Filmwirtschaft berichtet wird und die Zahl der Veröffentlichungen über Filmrechte in der Insolvenz in den letzten Jahren erheblich zugenommen hat (s. die Nachweise im einleitenden Verzeichnis des Schrifttums seit 1998/1999), so scheint dies vor allem **strukturelle Ursachen** zu haben: So waren an 130 Filmen, die in Deutschland im Jahr 2002 in Arbeit waren, nicht weniger als 115 Produktionsfirmen beteiligt (s. *Pätzold/Röper* Media Perspektiven 2004, 576/582 f.). Es sind also wohl andere Ursachen für die wirtschaftlichen Schwierigkeiten der deutschen Filmwirtschaft verantwortlich als das deutsche Filmurheberrecht, das angeblich „mit Abstand schlechteste Recht innerhalb der EU" (so *Poll* GRUR Int. 2003, 290/301), eine Wertung, die rechtsvergleichend auch gar nicht haltbar ist (s. *Katzenberger* ZUM 2003, 712 ff.).

2. Auslegung der §§ 88–95

41 Nicht nur bei der künftigen Gesetzgebung, sondern auch bei der Auslegung und Anwendung der §§ 88 ff. muss darauf geachtet werden, dass die berechtigten Interessen der Urheber und ausübenden Künstler nicht über das Unvermeidliche hinaus beeinträchtigt werden (für eine zurückhaltende Anwendung der §§ 88 ff. zB auch *Dreier/Schulze*[3] Rdnr. 4; aA *Fromm/Nordemann*[10] Rdnr. 7). Dies ist auch ein Gebot des verfassungsrechtlichen Schutzes des Urheberrechts durch Art. 1, 2 und 14 GG (s. Einl. Rdnr. 10, 13, vor §§ 44a ff. Rdnr. 7 ff.): Der schon vom Reichsgericht entwickelte und vom Bundesgerichtshof ausgebaute Grundsatz, den Urheber tunlichst an jeder Nutzung seines Werkes angemessen zu beteiligen (s. mwN Einl. Rdnr. 13), ist vom Bundesverfassungsgericht in Form des Grundsatzes übernommen worden, dass dem Urheber die vermögenswerten Ergebnisse seiner schöpferischen Leistung zuzuordnen sind (vgl. BVerfGE 31, 229/240 – Kirchen- und Schulgebrauch; BVerfGE 49, 382/392 – Kirchenmusik; sa. vor §§ 44a ff. Rdnr. 7 ff.). Diese Grundregel des Urheberrechts in vermögensrechtlicher Hinsicht gilt auch für das Urhebervertragsrecht, um das es sich bei den besonderen Bestimmungen des UrhG für Filme der Sache nach handelt (s. BGHZ 123, 115/118 – Platzzuschüsse; BGH GRUR 1984, 45/48 f. – Honorarbedingungen: Sendevertrag; *Katzenberger* GRUR Int. 1983, 410 f.). Das neue Urhebervertragsgesetz aus dem Jahre 2002 (s. Rdnr. 8) hat sie als urheberrechtlichen Leitgedanken in § 11 Satz 2 ausdrücklich anerkannt.

3. Anwendungsbereich der §§ 88–95

42 **a) Grundsätze des gegenständlichen Anwendungsbereichs.** Gegenständlich wird der Anwendungsbereich der §§ 88–95 in erster Linie durch den Begriff des Filmes bestimmt. Die

Vorbemerkung Vor §§ 88ff.

dem Gesetzgeber bekannte, durch das technische Merkmal der bewegten Bild- bzw. Bild- und Tonfolgen bestimmte umfassende Reichweite dieses Begriffs (s. Rdnr. 20, 21) schließt es, trotz der unter Rdnr. 39, 40 genannten Umstände, im Grundsatz aus, diese Bestimmungen etwa nur auf solche Filme anzuwenden, die primär für die Vorführung in Filmtheatern bestimmt sind. Nur ausnahmsweise ist an eine Nichtanwendung einzelner dieser Vorschriften zB auf Fernsehfilme (vgl. die Hinweise von *Kreile* FuR 1975, 293/296 zu § 89; sa. dort Rdnr. 10) oder auf für die Verbreitung an Privatpersonen bestimmte, dem Gesetzgeber noch nicht bekannte Videogramme (vgl. *Reimer* GRUR Int. 1973, 315/319 zu § 92 aF; sa. § 92 Rdnr. 16) zu denken.

Im übrigen verlangen die unter Rdnr. 41 genannten Auslegungsaspekte aber Zurückhaltung 43 in der Anwendung der §§ 88–95 auf Gegenstände, die nicht eindeutig dem Filmbereich zuzuordnen sind. (aA *Fromm/Nordemann*[10] Rdnr. 7; wie hier *Dreier/Schulze*[3] Rdnr. 4). Fraglich sind insoweit vor allem Videospiele, Tonbildschauen und Multimediawerke.

b) Videospiele (Bildschirmspiele, Computerspiele). Bei Videospielen als interaktiven 44 Medien ist zwischen den verschiedenen Elementen zu unterscheiden, für die möglicherweise Urheberrechtsschutz beansprucht werden kann. In Betracht kommt neben dem Schutz der einzelnen graphisch gestalteten Figuren als Werken der bildenden Künste (§ 2 Abs. 1 Nr. 4; vgl. OLG Frankfurt/M GRUR 1983, 757 – Donkey Kong Junior I; LG Düsseldorf ZUM 2007, 559/563 – Transportsimulationsspiel, jedoch Werkqualität iSd. § 2 Abs. 2 der dreidimensionalen grafischen Gestaltung des Spielraums verneint, ebenso aaO S. 562 mangels schöpferischer Konkretisierung ein Schutz der Spielidee, s. dazu § 2 Rdnr. 51–53, § 88 Rdnr. 16; LG Köln ZUM 2008, 533/535 f. – Kölner Dom, zu Texturen des Doms für die Internet-Plattform „Second Life", jedoch Werkqualität iSd. § 2 Abs. 2 verneint) insb. der Schutz der bewegten Bild- bzw. Bild- und Tonfolgen als Filmwerke oder Laufbilder (§§ 2 Abs. 1 Nr. 6, 94, 95; Filmwerkschutz bejaht von OLG Hamburg GRUR 1983, 436/437 f. – Puckman; sa. öOGH ZUM-RD 2005, 11/13 f. – Fast Film; Laufbildschutz bejaht von OLG Karlsruhe CR 1986, 723/725 – „1942"; Filmwerk- und Laufbildschutz grundsätzlich verneint von OLG Frankfurt/M GRUR 1984, 509 – Donkey Kong Junior II; vgl. auch OLG Frankfurt/M GRUR 1983, 753/756 – Pengo – und GRUR 1983, 757 f. – Donkey Kong Junior I; LG Köln ZUM 2008, 533/536 – Kölner Dom, Filmwerk- und Laufbildschutz der Internet-Plattform „Second Life" sinngemäß nur zugunsten der Erstellerin des virtuellen Kölner Doms verneint; sa. BezirksG Tokio GRUR Int. 2001, 183 m. Anm. v. Ganea) und der Schutz der zugrundeliegenden Computerprogramme als Sprachwerke iSd. § 2 Abs. 1 Nr. 1, § 69 a (vgl. OLG Frankfurt/M wie vor; LG Düsseldorf ZUM 2007, 559/563 – Transportsimulationsspiel; zur unfreien Bearbeitung der Software eines Computerspiels s. OLG Düsseldorf GRUR-RR 2009, 217 – 3DTT, nur Leits.; sa. öOGH ZUM-RD 2005, 11/13 – Fast Film) (vgl. zum Vorstehenden insgesamt § 2 Rdnr. 188 f. sowie *Loewenheim*, Fs. für Hubmann, S. 307; *Nordemann* GRUR 1981, 891; *Poll/Brauneck* GRUR 2001, 389/390; *Schlatter* in *Lehmann* (Hrsg.), Rechtsschutz[2], S. 169 ff.). Eine Anwendung der §§ 88–95, insb. zB der weitreichenden Vermutung der Rechtseinräumung an den Filmhersteller von Seiten der Urheber nach § 89 Abs. 1, kommt hier nur in Bezug auf den Schutz als Filmwerk in Betracht (vgl. OLG Hamburg FuR 1983, 432/433 – Puckman –, insoweit in GRUR 1983, 436/437 nicht abgedruckt), nicht aber, wenn ausschließlich ein Schutz als Sprachwerk bzw. Computerprogramm (§ 2 Abs. 1 Nr. 1, § 69 a) oder graphisches Werk (§ 2 Abs. 1 Nr. 4) zu bejahen ist. Im letzteren Fall ist, soweit nicht § 69 b anwendbar ist, der Umfang der Rechtseinräumung in Zweifelsfällen nicht nach § 89 Abs. 1, sondern nach der für den Urheber günstigeren Bestimmung des § 31 Abs. 5 zu beurteilen. Allenfalls kommt in Bezug auf solche Elemente eine Anwendung des § 88 in Betracht (s. *Ulbricht* CR 2002, 317/320).

c) Tonbildschauen. Eine sog. Tonbildschau (s. die Beschreibung bei *Schulze* FuR 1983, 45 374/376 f.) kann mangels einer nach Art des Filmes bewegten Bild- und Tonfolge (s. Rdnr. 20) jedenfalls nicht unmittelbar als Filmwerk oder Laufbild beurteilt werden; in Betracht kommt allenfalls eine Qualifikation als Werk, das iSd. § 2 Abs. 1 Nr. 6 ähnlich wie ein Filmwerk geschaffen wird (dem neigt das OLG Frankfurt/M UFITA 90 (1981) 192/196 zu; zust. *Schulze* FuR 1983, 374/377; *Fromm/Nordemann*[9] § 2 Rdnr. 78). Dies ist zwar abzulehnen, da es bei Tonbildschauen an dem für den Film charakteristischen Eindruck des bewegten Bildes (s. Rdnr. 20) fehlt (sa. § 2 Rdnr. 186); selbst wenn eine solche Beurteilung aber zuträfe, wäre doch mit Rücksicht auf die gebotene restriktive Handhabung der §§ 88–95 (s. Rdnr. 41) eine Anwendung dieser Bestimmungen auszuschließen (im Ergebnis ebenso *Dreier/Schulze*[3] Rdnr. 4; *Fromm/Nordemann*[10] Rdnr. 13; aA noch *Schulze* FuR 1983, 374/377 f.).

46 **d) Multimediawerke.** Bei allen Unsicherheiten der begrifflichen Definition von Multimediawerken zeichnen sich diese doch namentlich dadurch aus, dass in ihnen Elemente unterschiedlicher Ausdrucksformen (Kommunikationsmittel), wie Sprache, Texte, Musik, Geräusche, unbewegte und bewegte Bilder, zu einer Einheit mit eigener Individualität verschmolzen sein können, dass sie auf einem einheitlichen digitalen Trägermedium, wie einer CD-ROM oder einer DVD, oder in einer Online-Datenbank, festgehalten sind und mittels eines einheitlichen Wiedergabemediums, nämlich eines Computers und gegebenenfalls über ein Telekommunikationsnetzwerk, genutzt werden können (s. § 2 Rdnr. 77; *Schricker* in *Schricker* (Hrsg.), Informationsgesellschaft, S. 20f., 32, 41 ff.; *ders.*, Fs. für Strömholm, S. 755/756f.; jeweils mwN). Den herkömmlichen Werkkategorien lassen sich Multimediawerke im allg. kaum zuordnen (s. § 2 Rdnr. 77), und dies gilt auch für die Kategorie der Multimediawerke, obwohl sie mit diesen die Verschmelzung unterschiedlicher Ausdrucksformen zu einem „Gesamtkunstwerk" (s. Rdnr. 65; § 2 Rdnr. 190) gemeinsam haben (s. § 2 Rdnr. 77; *Schricker* in *Schricker* (Hrsg.), Informationsgesellschaft, S. 42f.; *ders.*, Fs. für Strömholm, S. 755/764; *Schack*[4] Rdnr. 217; *Hoeren* CR 1994, 390/392 qualifiziert Multimediawerke als filmähnliche Werke iSd. § 2 Abs. 1 Nr. 6; für einen zurückhaltenden Rückgriff auf die Kategorie des Multimediawerks LG Köln ZUM 2008, 533/535 – Kölner Dom). Aufgrund der gebotenen restriktiven Auslegung und Anwendung der §§ 88 ff. (s. Rdnr. 41) scheidet demnach eine Anwendung dieser Bestimmungen auf Multimediawerke im allg. aus (s. hierzu auch *Dreier/Schulze*[3] Rdnr. 4 mit Zugeständnissen aufgrund Geltung der Vergütungsregelungen der §§ 32 und 32a auch im Filmbereich; *Katzenberger* in *Schricker* (Hrsg.), Informationsgesellschaft, S. 181/215f.); keinesfalls dürfen die §§ 88ff. auf Multimediawerke generell analog angewendet werden (so nun auch wohl *Schack*[3] Rdnr. 217; zu weitgehend für eine umfassende Anwendung der §§ 88ff. auch auf Multimediawerke *Fromm/Nordemann*[10] Rdnr. 7/12). Eine Anwendung dieser Bestimmung ist vielmehr nur insoweit zulässig, als es sich bei Multimediawerken insgesamt oder bei einzelnen ihrer Elemente um das für den Film charakteristische bewegte Bild (s. Rdnr. 20) handelt (s. *Katzenberger* aaO S. 181/216), wie etwa bei Computerspielen (s. Rdnr. 44; dazu auch *Dreier* in *Becker/Dreier* (Hrsg.) S. 123/148).

47 **e) Zeitlicher Anwendungsbereich.** Die Bestimmungen über den zeitlichen Anwendungsbereich des UrhG sind enthalten in den §§ 129–137 l. Für das Filmrecht von Bedeutung ist vor allem § 129 Abs. 1, der den Grundsatz enthält, dass die Vorschriften des UrhG auch auf die vor seinem Inkrafttreten (nach § 143 Abs. 2 am 1. 1. 1966) geschaffenen Werke anzuwenden sind, es sei denn, dass diese zu diesem Zeitpunkt nicht geschützt sind oder dass das UrhG sonst etwas anderes bestimmt. Aus § 129 Abs. 1 S. 2, der die entsprechende Geltung dieser Regel für verwandte Schutzrechte bestimmt, und aus dem Umstand, dass das **verwandte Schutzrecht des Filmherstellers** nach § 94 vor Inkrafttreten des UrhG nicht anerkannt war (s. Rdnr. 7, 8 sowie § 94 Rdnr. 2, 4), folgt, dass dieses Recht erst durch eine Filmherstellung ab dem 1. 1. 1966 begründet werden konnte (ebenso *Dreier/Schulze*[9] § 129 Rdnr. 15; *Fromm/Nordemann*[10] § 129 Rdnr. 6; *v. Gamm* § 129 Rdnr. 1; *Möhring/Nicolini*[2] § 129 Rdnr. 18/20).

Da der Filmhersteller als solcher nach hM auch nach altem Recht grundsätzlich nicht als Filmurheber anzusehen war (s. Rdnr. 7, 53), ergeben sich seine Befugnisse an älteren, dh. vor dem 1. 1. 1966 geschaffenen Filmwerken auch nicht aus § 134 S. 1, der vorschreibt, dass weiterhin, dh. auch unter Geltung des UrhG, als Urheber gilt, wer nach früherem Recht, nicht aber nach dem UrhG als Urheber eines Werkes anzusehen ist (vgl. zu den Urheberschaftsverhältnissen am Filmwerk Rdnr. 52 ff.). Auch bei vor dem 1. 1. 1966 geschaffenen Filmwerken kommt daher nur eine auf von den Urhebern vertraglich erworbene Rechte gestützte Rechtsstellung des Filmherstellers in Betracht.

48 Für die heutige Rechtsstellung der **ausübenden Künstler,** die vor dem 1. 1. 1966 an der Entstehung eines Filmwerks mitgewirkt haben, und in Bezug auf die bei der Herstellung eines vor diesem Datum geschaffenen Filmes entstandenen einzelnen **Lichtbilder** und uU auch Lichtbildwerke sind die §§ 135, 135a zu beachten (vgl. die Kommentierung dieser Bestimmungen).

49 Für **Urheberrechtsübertragungen,** die **vertragliche Einräumung von Verfilmungsrechten** und **Verträge der Filmhersteller mit Filmurhebern** und ausübenden Künstlern aus der Zeit **vor dem 1. 1. 1966** gilt nach § 132 Abs. 2, dass die darin enthaltenen Verfügungen über urheberrechtliche Befugnisse auch unter der Geltung des UrhG wirksam bleiben, dass jedoch auf solche Verträge grundsätzlich nicht die Bestimmungen des UrhG und damit auch nicht die §§ 88 ff. Anwendung finden, sondern das früher geltende Recht anzuwenden ist (§ 132 Abs. 1 mit Anführung derjenigen Bestimmungen des UrhG, die ausnahmsweise anwendbar sind;

Vorbemerkung **Vor §§ 88 ff.**

vgl. Näheres in der Kommentierung des § 132). Nach § 137 Abs. 1 S. 1 stehen im Falle der (nach §§ 8 LUG, 10 KUG zulässigen) Übertragung des Urheberrechts vor dem 1. 1. 1966 dem Erwerber nunmehr die entsprechenden Nutzungsrechte zu (vgl. vor §§ 28 ff. Rdnr. 45 ff.). Wichtig ist dabei auch für ältere Verträge im Filmbereich, dass sich die Übertragung im Zweifel nicht auf Befugnisse erstreckt, die erst durch das UrhG geschaffen wurden (§ 137 Abs. 1 S. 2; Näheres in der Kommentierung dieser Bestimmung). Zu beachten sind darüber hinaus § 137 Abs. 2–5 über die Auswirkungen der durch das UrhG gegenüber dem früheren Recht im Rahmen der §§ 64–66 bewirkten Verlängerungen der Schutzdauer des Urheberrechts auf vertragliche Verfügungen über die Rechte an verfilmten Werken und Filmwerken selbst sowie § 137a Abs. 2 über die Auswirkungen der durch die Urheberrechtsnovelle vom 24. 6. 1985 (BGBl. I S. 1137) Gesetz gewordenen Verlängerung der Schutzdauer des Urheberrechts an Lichtbildwerken auf die Einräumung von Nutzungsrechten an solchen Werken.

Im Hinblick auf die seit Erscheinen dieses Kommentars in der ersten Auflage im Jahre 1987 50 eingetretenen Gesetzesänderungen mit Auswirkungen auch auf den Filmbereich sind die folgenden **neuen Übergangsregelungen** zu beachten: §§ **137 b** und **137 c** im Hinblick auf die Urheberrechtsnovelle von 1990 durch das Produktpiraterigesetz (PrPG vom 7. 3. 1990, BGBl. I S. 422; s. Einl. Rdnr. 119), §§ **137 e** und **137 f** im Hinblick auf die Umsetzung der europäischen Richtlinien zum Vermiet- und Verleihrecht sowie zur Schutzdauer (s. Einl. Rdnr. 78) durch Gesetz vom 23. 6. 1995 (BGBl. I S. 842), § **137 h** im Hinblick auf die Umsetzung der europäischen Satelliten- und Kabelrichtlinie durch Gesetz vom 8. 5. 1998 (BGBl. I S. 902), § **132 Abs. 3 und 4** mit Bezug auf das neue Urhebervertragsgesetz aus dem Jahr 2002 (s. Rdnr. 8) und § **137 l** im Hinblick auf die Aufhebung des § 31 Abs. 4 betr. die Unwirksamkeit der Einräumung von Nutzungsrechten für unbekannte Nutzungsarten und von Verpflichtungen hierzu durch das Zweite Gesetz zur Regelung des Urheberrechts in der Informationsgesellschaft vom 26. 10. 2007 (BGBl. I S. 2513) mit einer weitreichenden, nur durch kurzfristige Widerspruchsrechte und einen speziellen gesetzlichen Vergütungsanspruch des Urhebers gemilderten Fiktion der Rechtseinräumung auch für unbekannte Nutzungsarten in der Vergangenheit, nämlich durch Verträge im Zeitraum zwischen dem 1. 1. 1966 und dem 1. 1. 2008 (sa. oben Rdnr. 8). Ferner sind auch für den Filmbereich die Maßnahmen des Gesetzgebers anlässlich der **deutschen Wiedervereinigung** (s. vor §§ 120 ff. Rdnr. 24 ff.) zu berücksichtigen.

f) Internationaler Anwendungsbereich der §§ 88–95. Die Frage nach dem internationalen Anwendungsbereich der §§ 88–95 berührt das Internationale Privatrecht, die internationalen urheberrechtlichen Verträge und die Bestimmungen der §§ 120–128. Vgl. dazu die Kommentierung dieser Vorschriften sowie vor §§ 120 ff. Rdnr. 2 ff., 13 ff., 120 ff. 51

VI. Urheberschaft bei Filmwerken

1. Filmhersteller und ausübende Künstler als solche keine Filmurheber

a) Nachdem bereits im Rahmen der amtlichen Vorarbeiten zum UrhG der im RefE von 52 1954 enthaltene Gesetzesvorschlag einer fiktiven Urheberschaft des Filmherstellers am Filmwerk abgelehnt wurde (s. Rdnr. 7, 8), gibt es unter der Geltung des UrhG keine Zweifel mehr, dass Urheber des Filmwerks nur diejenigen natürlichen Personen sein können, die an seiner Entstehung schöpferisch mitwirken, nicht aber der Filmhersteller in seiner eigentlichen, dh. kaufmännischen und organisatorischen Funktion; es gilt auch für das Filmwerk das **Schöpferprinzip** des § 7 (nahezu allgM; vgl. AmtlBegr. BTDrucks. IV/270 S. 35, 100; *Ulmer*[3] § 36 II; *Rehbinder*[15] § 22 I; *v. Hartlieb/Schwarz*[4] 37. Kap. Rdnr. 23; *Dreier/Schulze*[3] § 89 Rdnr. 19; *Fromm/Nordemann*[10] Rdnr. 22, § 89 Rdnr. 14; *v. Gamm* § 89 Rdnr. 3; *Schack*[4] Rdnr. 297; *Loewenheim/Schwarz/U. Reber* § 12 Rdnr. 25; *Wandtke/Bullinger*[3] Rdnr. 29; *Obergfell* S. 29; *Ott* ZUM 2003, 765; aA neuerdings nur *Kreile J./Höfinger* ZUM 2003, 719 ff.).

Im Hinblick auf § 134 (s. Rdnr. 47) ist nach wie vor von Bedeutung, dass der Filmhersteller 53 als solcher auch **unter Geltung des LUG von 1901 und des KUG von 1907,** also bis zum 31. 12. 1965 (s. § 143 Abs. 2), nach ganz hM nicht als Urheber eines Filmwerks anzusehen war (so BGH GRUR 1960, 199/200 – Tofifa – und allg. BGHZ 15, 338/346 – Indeta; *Ulmer*[2] § 35 II; *v. Gamm* Grundfragen S. 5, 16 ff.; *Sprenkmann* S. 32 ff. jeweils mwN auch aA). Wenn einige Entscheidungen, wie RGZ 106, 362/365 – Tausend und eine – Frau – und OLG Frankfurt/M GRUR 1952, 434/435 f. vom Filmhersteller als Träger des Urheberrechts sprachen und das KG MuW 1923/24, 13/14 ihn sogar als Urheber bezeichnete, so konnte das im ersten Fall

Vor §§ 88 ff.
Vorbemerkung

auch iS eines vertraglich abgeleiteten Rechts verstanden werden oder entsprach jedenfalls nicht der hM.

54   b) Das UrhG unterscheidet zwischen dem Urheberschutz **schöpferischer Leistungen** (Erster Teil des Gesetzes, §§ 1–69 g) und dem Schutz ua. der **Wiedergabeleistungen,** die ausübende Künstler wie Schauspieler, Sänger, Sprecher, Musiker und Tänzer beim Vortrag oder bei der Aufführung eines Werkes oder bei der künstlerischen Mitwirkung bei einem Vortrag oder einer Aufführung erbringen; für solche Wiedergabeleistungen gewährt das UrhG das verwandte Schutzrecht der §§ 73 ff. (s. dazu Näheres Einl. Rdnr. 37 ff. und vor §§ 73 ff. Rdnr. 1, 3 ff.). Aus dieser Unterscheidung folgt, dass auch die Wiedergabeleistungen solcher Künstler im Rahmen der Produktion eines Filmwerks keine Urheberrechte am Filmwerk begründen können (allgM; vgl. AmtlBegr. BTDrucks. IV/270 S. 98 f.; *Ulmer*[3] § 36 II 1; *Rehbinder*[15] § 22 I 2 b; *v. Hartlieb/Schwarz*[4] 37. Kap. Rdnr. 21/22; *Fromm/Nordemann*[10] Rdnr. 21, § 89 Rdnr. 17; Loewenheim/Schwarz/ U. Reber § 12 Rdnr. 24; *v. Gamm* § 89 Rdnr. 3; *Dreier/Schulze*[3] § 89 Rdnr. 18; *Meckel* in HK-UrhR[2] § 89 Rdnr. 5; *Obergfell* Rdnr. 45; *Schack*[4] Rdnr. 299; LAG Köln NZA-RR 2001, 266 – Lindenstraße).

55   Auch nach dem **vor Inkrafttreten des UrhG** geltenden Recht war bereits zwischen den dem Urheberrechtsschutz zugänglichen schöpferischen Leistungen und den Wiedergabeleistungen der ausübenden Künstler zu unterscheiden, deren Schutz sich mangels einer den nunmehr geltenden §§ 73 ff. entsprechenden gesetzlichen Regelung aus dem allgemeinen bürgerlichen Recht sowie aus persönlichkeits- und wettbewerbsrechtlichen Grundsätzen ergab (s. dazu insb. die vier sog. Leistungsschutzurteile des BGH BGHZ 33, 1/11 ff. – Künstlerlizenz Schallplatten; BGHZ 33, 20/25 ff. – Figaros Hochzeit; BGHZ 33, 38/43 ff. – Künstlerlizenz Rundfunk; BGHZ 33, 48/50 ff. – Orchester Graunke; *Ulmer*[2] §§ 26 IV, 27 III, 35 V, 96 II, VI). Daraus folgt für § 134 (s. Rdnr. 47), dass an der Herstellung älterer Filmwerke beteiligte ausübende Künstler auch unter dem jetzt geltenden Gesetz aus ihren Wiedergabeleistungen keine Urheberstellung ableiten können. Das fiktive Bearbeiterurheberrecht der ausübenden Künstler bei Übertragung ihrer persönlichen Vorträge auf Tonträger nach § 2 Abs. 2 LUG von 1901 (s. Einl. Rdnr. 116, vor §§ 73 ff. Rdnr. 3) erstreckte sich nicht auf die optische Festlegung der Leistungen der Filmdarsteller und war richtiger Ansicht nach auch auf akustische Aufnahmen auf die Tonstreifen des Tonfilms nicht anzuwenden (s. *Ulmer*[2] §§ 97 I 2, 98 III 2 im zuletzt genannten Punkt gegen ein obiter dictum in RGZ 140, 231/241 – Tonfilm). Auf dieses Recht wäre im Übrigen auch nicht § 134, sondern § 135 anwendbar; danach stünde auch den ausübenden Künstlern, die an älteren Filmen mitgewirkt haben, mit der Übergangsregelung des § 135 a für die Schutzfrist nur das verwandte Schutzrecht der §§ 73 ff., jedoch kein Urheberrecht zu.

56   c) Die genannten Grundsätze schließen es nicht aus, dass auch Filmhersteller und führende Filmschauspieler bei der Filmherstellung **in Einzelfällen** auch schöpferische, ein Urheberrecht begründende Leistungen erbringen, zB durch die Einbringung eines schöpferischen Einfalls bezüglich der Filmhandlung, durch Mitgestaltung der Szenenfolge oder der Ausgestaltung einer Szene; die dadurch begründete Urheberstellung ist dann aber keine Folge ihrer eigentlichen kaufmännischen, organisatorischen oder darstellerischen Tätigkeit, sondern einer darüber hinausgehenden Leistung (s. dazu AmtlBegr. BTDrucks. IV/270 S. 99 f.; *Ulmer*[3] § 36 II 1; *Rehbinder*[15] § 22 I 3; *v. Hartlieb/Schwarz*[4] 37. Kap. Rdnr. 21/23; *Dreier/Schulze*[3] § 89 Rdnr. 18/19; *Fromm/Nordemann*[10] § 89 Rdnr. 17/19; *v. Gamm* § 89 Rdnr. 3; BGH GRUR 1957, 614/616 – Ferien vom Ich – zum Miturheberrecht des Produzenten am Filmwerk wegen schöpferischer Mitwirkung am Drehbuch und bei der Herstellung des Filmes; OLG Köln ZUM 2005, 235 – Standbilder im Internet, zum Produzenten zweier Fernsehfilme, der offensichtlich zugleich als Drehbuchautor und Kameramann fungierte).

2. Filmurheber und Urheber von zur Filmherstellung benutzten Werken – Beurteilung durch die hM

57   a) **Gesetzliche Grundlage** für die Beurteilung der Urheberschaftsverhältnisse bei Filmwerken sind primär die **§§ 7 und 8** über die Person des Urhebers und die Miturheberschaft (s. Rdnr. 16; zur Werkverbindung iSd. § 9 s. Rdnr. 64; § 10 regelt Erleichterungen für den Nachweis der Urheberschaft etc.). Dies ist erst jüngst durch die AmtlBegr. zum 3. UrhGÄndG (s. Rdnr. 8; BTDrucks. 13/781 S. 9; sa. BTDrucks. 13/115 S. 10 zu 5.) bestätigt worden (sa. Rdnr. 71). An dieser Rechtslage hat sich auch dadurch nichts geändert, dass dieses Gesetz in **§ 65 Abs. 2** eine Spezialregelung über die **Schutzdauer von Filmwerken** eingeführt hat, die eine **Hervorhebung von vier Personen** beinhaltet, die regelmäßig an Spielfilmen schöpfe-

Vorbemerkung   **Vor §§ 88ff.**

risch mitwirken. Es sind dies der Hauptregisseur, der Urheber des Drehbuchs, der Urheber der Dialoge und der Komponist der Filmmusik. Für die Beurteilung der Schutzdauer eines Filmwerks bestimmt der Tod des Längstlebenden von diesen Personen den Zeitpunkt, von dem an die 70jährige Schutzfrist zu berechnen ist (s. § 65 Rdnr. 4). Die Neuregelung dient der Umsetzung von Art. 2 Abs. 2 der europäischen Schutzdauerrichtlinie (s. dazu § 64 Rdnr. 13, 25). Sie bezieht sich jedoch nur auf die Schutzdauer von Filmwerken, sie bezweckt und bewirkt **keine Festlegung in der Urheberschaftsfrage** (s. die AmtlBegr. BTDrucks. 13/781 S. 9, 13; zur Richtlinie s. § 64 Rdnr. 25). Darüber hinaus hat die Europäische Kommission in einem Bericht aus dem Jahre 2002, KOM (2002) 691 endgültig, über die Frage der Urheberschaft von Filmwerken oder audiovisuellen Werken in der Gemeinschaft keinen aktuellen Anlass gesehen, die Filmurheberschaft über das bereits Erreichte, nämlich die Urheberschaft des Hauptregisseurs, hinaus weiter zu harmonisieren (s. dazu kritisch *Obergfell,* The European Legal Forum 2003, 200/205f.). Ob die in § 65 Abs. 2 genannten Personen oder weitere Mitwirkende an der Filmproduktion Urheber bzw. Miturheber des Filmwerks sind, ist daher weiterhin nach den schon bisher geltenden Kriterien des deutschen Rechts zu beurteilen (s. BTDrucks. 13/781 S. 13). Als Argument gegen die im deutschen Recht hM, die unter den genannten vier Personen nur den Hauptregisseur als Urheber des Filmwerks anerkennt (s. Rdnr. 60f.), sind § 65 Abs. 2 und Art. 2 Abs. 2 der Schutzdauerrichtlinie aber dennoch von Bedeutung (s. Rdnr. 72). Den §§ 88, 89 liegt die Unterscheidung zwischen **Urhebern des Filmwerks** als solchen und **Urhebern anderer Werke** zugrunde, **die zur Herstellung des Filmwerks benutzt werden.** Für die ersteren gelten die gesetzliche Vermutung umfassender Rechtseinräumung an den Filmhersteller nach § 89 Abs. 1 sowie § 89 Abs. 2 über die Erhaltung ihrer Verfügungsbefugnis gegenüber dem Filmhersteller auch nach Einräumung ihrer Rechte an Dritte. Für Urheber filmisch benutzter Werke enthielt § 88 aF weniger weitreichende gesetzliche Vermutungen über den Umfang der Rechtseinräumung an den Filmhersteller; durch das Urhebervertragsgesetz des Jahres 2002 (s. Rdnr. 8) wurde die Vermutungsregelung des § 88 Abs. 1 jedoch an diejenige des § 89 Abs. 1 angeglichen (sa. Rdnr. 10). In § 89 Abs. 3 heißt es, dass die Urheberrechte an den zur Herstellung des Filmwerks benutzten Werken, wie Roman, Drehbuch und Filmmusik, von den Bestimmungen der Abs. 1 u. 2 des § 89 unberührt bleiben.

b) Aus dieser Unterscheidung und Regelung sowie entsprechenden Äußerungen über die **58** Filmurheberschaft in der AmtlBegr. (BTDrucks. IV/270 S. 98, 99f.) entnimmt die traditionell **hM eine gesetzliche Festlegung über die Urheberschaft bei Filmwerken.**

aa) **Nicht Filmurheber,** sondern Urheber von zur Filmherstellung benutzten Werken sind **59** danach zum ersten die Schöpfer der sog. **vorbestehenden Werke,** die nicht unmittelbar für Filmzwecke geschaffen worden sind, wie Romane, Novellen, Opern, Operetten, Dramen und andere Bühnenwerke, Schlagerlieder und andere filmunabhängig geschaffene musikalische Kompositionen, unabhängige choreographische Werke, filmisch abgebildete vorbestehende Werke der Baukunst und andere Werke der bildenden Künste; in § 89 Abs. 3 werden diese Werke durch den dort beispielhaft genannten Roman repräsentiert (zum Ergebnis AmtlBegr. BTDrucks. IV/270 S. 98, 99f.; *Ulmer*[3] § 36 II 1; *Rehbinder*[15] § 22 I 2a; *v. Hartlieb/Schwarz*[4] 37. Kap. Rdnr. 3, 38. Kap. Rdnr. 1ff.; *Dreier/Schulze*[3] Rdnr. 8; *Fromm/Nordemann*[10] Rdnr. 15/16; *v. Gamm* § 89 Rdnr. 3; *Obergfell* S. 37f.; *Schack*[4] Rdnr. 298).

bb) **Nicht Filmurheber** sind nach hM auch Urheber von Werken, die unmittelbar mit der **60 Zweckbestimmung für ein Filmwerk geschaffen** worden sind, die sich aber vom Filmwerk selbst **unterscheiden lassen** und gesondert, **selbstständig verwertet** werden können. Dazu zählen insb. das **Filmexposé,** das **Filmtreatment,** das **Drehbuch** und die **Filmmusik** als speziell für einen bestimmten Film, uU auch erst nach Abschluss der Dreharbeiten komponierte Musik. Als entscheidende Kriterien gelten die Unterscheidbarkeit vom Filmwerk als solchem und die selbstständige Verwertbarkeit, letztere zB bei den literarischen Vorstufen eines Filmwerks in Form gedruckter Ausgaben oder durch Verwendung auch für andere Filme, bei der Filmmusik durch Verwertung auf Tonträgern. Drehbuch und Filmmusik sind in § 89 Abs. 3 ausdrücklich und beispielhaft für solche Werke genannt (zum Ergebnis AmtlBegr. BTDrucks. IV/270 S. 98, 99; *Ulmer*[3] § 36 II 1, 2 (kritisch); *Fromm/Nordemann*[10] Rdnr. 17, § 89 Rdnr. 28; *Rehbinder*[15] § 22 I 2a; *v. Hartlieb/Schwarz*[4] 37. Kap. Rdnr. 3/30, 38. Kap. Rdnr. 1ff.; *v. Gamm* § 89 Rdnr. 3; *Möhring/Nicolini*[2] § 88 Rdnr. 8/9; *Schack*[4] Rdnr. 298/300; *Meckel* in HK-UrhR[2] § 89 Rdnr. 5; *Wandtke/Bullinger*[3] Rdnr. 30; wohl auch *Dreier/Schulze*[3] Rdnr. 9ff.).

cc) Als **Filmurheber** kommen daher nach hM nur diejenigen schöpferisch Mitwirkenden **61** einer Filmproduktion in Betracht, deren Leistungen im Filmwerk selbst ununterscheidbar auf-

Vor §§ 88ff. Vorbemerkung

gehen und am Filmwerk als solchem im Laufe der und im Anschluss an die Dreharbeiten erbracht werden. Als Filmurheber genannt werden daher an erster Stelle der **Filmregisseur** (BGH GRUR 1991, 133/135 – Videozweitauswertung; BGH BGHZ 147, 244/249 – Barfuß ins Bett; LAG Köln NZA-RR 2001, 266 – Lindenstraße; OLG Köln GRUR-RR 2009, 208 – Frosch mit der Maske, Dr. Mabuse u. Winnetou; sa. § 89 Rdnr. 7, Art. 2 Abs. 2 der europ. Vermiet- und Verleihrechtsrichtlinie, Art. 1 Abs. 5 der europ. Satelliten- und Kabelrichtlinie und Art. 2 Abs. 1 der europ. Schutzdauerrichtlinie), daneben als mögliche Filmurheber auch der **Kameramann** und **Schnittmeister (Cutter)**, zT auch **Beleuchter** und **Tonmeister** (s. Amtl-Begr. BTDrucks. IV/270 S. 100; *Ulmer*[3] § 36 II 1; *Rehbinder*[15] § 22 I 3; *v. Hartlieb/Schwarz*[4] 37. Kap. Rdnr. 4 ff.; *Fromm/Nordemann*[10] § 89 Rdnr. 19–23; *v. Gamm* § 89 Rdnr. 3; *Meckel* in HK-UrhR[2] § 89 Rdnr. 5; *Möhring/Nicolini*[2] § 89 Rdnr. 11; *Wandtke/Bullinger*[3] § 89 Rdnr. 12/13).

62   **dd) Nicht einheitlich** beurteilt hinsichtlich ihrer Eigenschaft als mögliche Filmurheber oder Urheber filmisch benutzter Werke werden Filmschaffende wie **Filmarchitekten, Filmdekorateure** und **Filmausstatter, Filmmaler, Filmgraphiker** und **Zeichner** von Zeichentrickfilmen, **Kostümbildner, Maskenbildner** und **Filmchoreographen**. Teilweise werden sie als Filmurheber aufgeführt (so *Rehbinder*[15] §§ 15 II 3, 22 I 3 zu Filmarchitekten, Filmmalern und Zeichnern, Kostüm- und Maskenbildnern; *Samson* S. 207, 216 zu Filmarchitekten, Requisiteuren, Choreographen, Kostümbildnern; *v. Gamm* § 89 Rdnr. 3 zu Bühnenbildnern; *Möhring/Nicolini*[2] § 89 Rdnr. 11 zu Kostümbildnern, Bühnenbildnern, Architekten, Lichtdesignern und Specialeffects-Verantwortlichen). Andere betonen die gesonderte Verwertbarkeit ihrer Leistungsergebnisse zB auch für andere Filme oder die Notwendigkeit der Umsetzung dieser Ergebnisse in die filmische Bildfolge und beurteilen sie daher lediglich als mögliche Urheber filmisch benutzter Werke (so zu Filmarchitekten, Dekorateuren und Kostümbildnern *v. Ungern-Sternberg* ZHR-Beiheft Nr. 46 (1974) 51/57 u. Fn. 28 zu allen Genannten mit Ausnahme der **Bildregie** beim **Zeichentrickfilm**). Nach Auffassung *Lütjes*, S. 68 ff., soll danach unterschieden werden, ob der jeweilige, vom Filmwerk unterscheidbare und trennbare Gegenstand, wie Trick, Maske, Kostüm, Ausstattung, Dekor, Requisit und Architektur, auch losgelöst vom Filmwerk noch Werkqualität besitzt. Wenn ja, handle es sich bei dessen Urheber um den Urheber eines benutzten Werkes, wenn nein, sei er den Filmurhebern zuzurechnen.

63   **c)** Aus der Unterscheidung zwischen Filmwerken und Filmurhebern einerseits und filmisch benutzten Werken und deren Urhebern andererseits iSd. hM ergeben sich auch **Folgerungen für das Verhältnis zwischen den verschiedenen Werken, Werkstufen** und **Urhebern**.

64   Das Filmwerk erscheint danach als **Bearbeitung** nicht nur des verfilmten Romans und anderer in das filmische Medium umgesetzter vorbestehender literarischer Werke, sondern auch des Drehbuchs; dieses wiederum als Bearbeitung des Treatments usw.; insb. wird demzufolge der **Drehbuchautor nicht als Miturheber des Filmwerks** beurteilt (so *Rehbinder*[15] § 22 I 2 a; *v. Hartlieb/Schwarz*[4] 37. Kap. Rdnr. 3; *v. Gamm* § 2 Rdnr. 18, 23, § 8 Rdnr. 4, § 23 Rdnr. 10, § 88 Rdnr. 5, § 89 Rdnr. 3; *Ulmer*[3] § 36 II 2, 3 unter Annahme von Bearbeitung im Verhältnis von Drehbuch zu Roman, dagegen Werkvollendung im Verhältnis von Filmwerk zu Drehbuch; BGH UFITA 24 (1957) 399/401 – Lied der Wildbahn III – und BGHZ 27, 90/96 – Die Privatsekretärin: Filmwerk als Bearbeitung des Drehbuchs; BGH GRUR 1963, 441/443 – Mit Dir allein: Drehbuch als Bearbeitung eines Treatments; sa. § 3 Rdnr. 35). Uneinheitlich auch innerhalb der hM ist die Bestimmung des Verhältnisses von Filmwerk zu **Filmmusik**. Abgelehnt wird zwar generell **Miturheberschaft** auch des **Komponisten** der speziell für einen bestimmten Film geschaffenen Musik am Filmwerk, entsprechend dem unter Rdnr. 60 Gesagten. Des Näheren wird aber teilweise **Werkverbindung** iSd. § 9 angenommen (so insb. *v. Gamm* § 9 Rdnr. 3, § 89 Rdnr. 3; aus der Rechtsprechung zB KG Schulze KGZ 57, 6 – Brennender Sand), während *Ulmer*[3] § 35 II zu Recht darauf hinweist, dass sich die Urheber der für den Film benutzten Werke nicht iSd. § 9 zu gemeinsamer Verwertung ihrer Werke verbinden, sondern dem Filmhersteller Nutzungsrechte für die Filmverwertung einräumen, so dass der Komponist der Filmmusik **Alleinurheber** derselben ohne die Bindungen aus § 9 ist (sa. § 9 Rdnr. 6 sowie *Ulmer*[3] § 36 II 3; zust. *Schwarz/Schwarz* ZUM 1988, 429/433 Fn. 19; im Ergebnis ebenso *Fromm/Nordemann*[10] § 8 Rdnr. 13). Diese Beurteilung gilt entsprechend, soweit **Filmarchitekten** und die anderen unter Rdnr. 62 genannten Filmschaffenden als Urheber filmisch benutzter Werke und nicht als Filmmiturheber beurteilt werden (s. Rdnr. 62 sowie *Fromm/Nordemann*[10] § 8 Rdnr. 13 einerseits und *v. Gamm* § 89 Rdnr. 3 andererseits).

Vorbemerkung								Vor §§ 88 ff.

3. Eigene Beurteilung

a) Die Beurteilung der Filmurheberschaft durch die hM ist insofern unbefriedigend, als sie 65
die Schöpfer wesentlicher, unmittelbar für einen Film bestimmter und diesen mitprägender Beiträge, wie des Drehbuchs, der Filmmusik, der Filmbauten und -ausstattung, der Kostüme und Masken usw., von der Miturheberschaft am Filmwerk ausschließt und sie auf das Urheberrecht an den von ihnen geschaffenen unterscheidbaren Gegenständen verweist und beschränkt (vgl. auch die Kritik bei *Ulmer*[3] § 36 II 2 sowie zu der von der jetzt hM abw. Beurteilung nach dem Recht vor Inkrafttreten des UrhG *Ulmer*[2] § 35 III 2). Die hM vernachlässigt den Umstand, dass es sich bei Filmwerken um „synchronistische Werkeinheiten" (so *Hubmann*[5] § 16 II 3a), um **„Gesamtkunstwerke"** (so *Fromm/Nordemann*[10] § 2 Rdnr. 201; *v. Gamm* § 2 Rdnr. 23; KG Schulze KGZ 57, 6 – Brennender Sand) handelt, in denen auch die Beiträge der hier genannten Urheber mit den Leistungen der anerkannten Filmurheber zu einer **Einheit** verschmelzen (zu letzterem AmtlBegr. BTDrucks. IV/270 S. 38 zu § 2; BGH GRUR 1957, 611/612f. – Bel ami – zur Verschmelzung von Bild und Ton zu einer Einheit beim Tonfilm). In der Praxis internationaler und nationaler Filmpreisverleihungen nicht nur für Regie, Kameraführung und Filmschnitt, sondern auch für Drehbücher, Filmmusik, Filmarchitektur (Art Direction) und Kostümdesign wird diese Einheit deutlich (s. zB § 7 Abs. 1 Nr. 3 der Filmförderungsrichtlinien des BMI vom 27. 2. 1984, GMBl. S. 71).

Für die betroffenen Urheber bedeutet der Ausschluss von der Filmurheberschaft als solcher 66
und die damit verbundene Zuweisung der Alleinurheberschaft am Filmwerk an den Filmregisseur als Regelfall (so besonders deutlich bei *Fromm/Nordemann*[9] § 8 Rdnr. 13; s. jetzt aber differenzierter *Fromm/Nordemann*[10] § 89 Rdnr. 20 ff.) bei aller Anerkennung der spezifischen Regieleistung eine **Herabwürdigung** ihrer eigenen und eigengearteten künstlerischen Leistungen (so aus amerikanischer Sicht zur Theorie des Autorenfilms *Goldman* S. 130). Unter dem Gesichtspunkt der Beurteilung der urheberrechtlichen Werkqualität und der relativen Gewichtung der verschiedenen künstlerischen Beiträge zu Filmwerken begründet die Sicht der hM zudem die **Gefahr einer verkürzten Betrachtungsweise,** die nur das einzelne vom Film losgelöste Werk oder Objekt betrachtet und seine für den konkreten Film spezifische dramaturgische, atmosphärische, inhaltliche und visuell-ästhetische Wirkung vernachlässigt.

b) Aus der Sicht dieser Beeinträchtigungen ergeben sich sogar **verfassungsrechtliche Be-** 67
denken gegen die hM. Wenn bereits Eingriffe des Gesetzgebers in einzelne Verwertungsbefugnisse des Urhebers unvereinbar mit der Verfassung waren (s. vor §§ 44 a ff. Rdnr. 7 ff.), so begegnet es erst recht Bedenken, und zwar nicht nur aus Art. 14, sondern auch aus Art. 1 und 2 GG, wenn ganzen Kategorien von Urhebern die Urheberschaft an Werken abgesprochen wird, an denen sie wesentlich schöpferisch mitgewirkt haben (s. dazu auch *Obergfell* S. 48; *Knorr* S. 97 ff.; *Götting* ZUM 1999, 3/6; sowie zur Parallelfrage des Ausschlusses bestimmter Werke vom Urheberrechtsschutz § 5 Rdnr. 11 f.; zum Recht auf Anerkennung der Urheberschaft s. § 13).

Daneben zeigt die uneinheitliche Beurteilung der unter Rdnr. 62 behandelten Beiträge die 68
Ungeeignetheit der Abgrenzungskriterien der hM (s. dazu auch *v. Ungern-Sternberg* ZHR-Beiheft Nr. 46 (1974) 51/57). Auch folgt aus § 134 das **fragwürdige Ergebnis,** die Urheberschaft an vor dem 1. 1. 1966 geschaffenen Filmwerken uU anders beurteilen zu müssen als diejenige an neueren Filmwerken (zur Beurteilung nach früherem Recht *Ulmer*[2] § 35 III 2).

c) Der hM vorzuziehen ist daher die insb. von *Bohr* S. 44 ff., UFITA 78 (1977) 95/129 ff. und 69
neuerdings ZUM 1992, 121/123 ff. (speziell zum Drehbuch) unter eingehender Würdigung der verschiedenen filmspezifischen schöpferischen Leistungen entwickelte **Lehre vom Doppelcharakter** derjenigen filmbestimmt geschaffenen schöpferischen Beiträge, die sowohl das Filmwerk mitgestalten als auch selbständig verwertet werden können. Die Urheber solcher Beiträge sind sowohl Filmmiturheber als auch Alleinurheber ihrer Beiträge als solcher (im Ergebnis ähnlich aus der Sicht des schweizerischen Rechts *Christ* S. 22 f., 50 ff. sowie zur Filmmusik und zum Drehbuch *Kühlberg* FuR 1981, 359/360; sa. *Katzenberger,* GRUR-Fs., S. 1401/1425 ff.; neuerdings wie hier *Götting* ZUM 1999, 3/6 ff.; *Henning-Bodewig,* Fs. für Schricker, S. 389/407 f.; *Obergfell* S. 50 ff. *Reupert* S. 98 ff./107; beachtliche Gründe werden der hier vertretenen Auffassung von *Fromm/Nordemann*[9] Rdnr. 22 attestiert; ablehnend jetzt aber *Fromm/Nordemann*[10] Rdnr. 17, sowie *v. Hartlieb/Schwarz*[4] 37. Kap. Rdnr. 3/30; *Rehbinder*[15] § 22 I 2a; *Loewenheim/ Schwarz/U. Reber* § 12 Rdnr. 28 ff.; *Möhring/Nicolini*[2] § 88 Rdnr. 9; *Wandtke/Bullinger*[3] Rdnr. 30; *Schack*[4] Rdnr. 300). Die Lehre wird den Interessen der Filmschaffenden gerecht, trägt zur Einheitlichkeit der Beurteilung bei und vermeidet die unter Rdnr. 67, 68 genannten Probleme.

Vor §§ 88ff. Vorbemerkung

70   Soweit sie an Filmproduktionen überhaupt mitarbeiten, sind daher, vorbehaltlich abweichender Beurteilung im Einzelfall, idR neben dem Regisseur, Kameramann, Cutter und Tonmeister auch alle unter Rdnr. 60 und 62 genannten Filmschaffenden Miturheber des Filmwerks. *Bohr* S. 62 und UFITA 78 (1977) 95/146 nennt entsprechend als **regelmäßige Filmurheber: Drehbuchautor, Regisseur** (sa. Rdnr. 61), **Kameramann** (s. OLG Köln GRUR-RR 2005, 337/338 – Dokumentarfilm Massaker; LG München I ZUM 2009, 794/799f. – Das Boot), **Filmarchitekt** (mit positiver Tendenz dahingestellt gelassen von OLG München GRUR 2003, 50/51f. – Der Zauberberg; sa. die Anwendung des § 89 Abs. 1 über Filmurheber auf die Leistungen der Filmarchitekten und Szenenbildner durch BGH GRUR 2005, 937/939 – Der Zauberberg), **Filmdekorateur, Kostümbildner, Filmkomponist, Tonmeister** (s. BGHZ 151, 92/97 – Mischtonmeister) und **Cutter** (zu deren schöpferischen Leistungen s. § 2 Rdnr. 195). Der Ausschluss der Autoren von **Filmexposé** und **Treatment** aus dieser Beurteilung (*Bohr* S. 44 und UFITA 78 (1977) 95/128f.) vermag allerdings nicht zu überzeugen (wie hier im Ergebnis auch *Christ* S. 52ff.; *Götting* ZUM 1999, 3/7; *Henning-Bodewig* Fs. für Schricker, S. 389/407f.; *Obergfell* S. 51/53).

71   **d) Mit §§ 88, 89** ist dieses Ergebnis ohne weiteres **vereinbar.** Diese Bestimmungen regeln nicht die Urheberschaft an Filmwerken, sondern sind urhebervertragsrechtlicher Natur. Soweit Filmmiturheber in dem hier befürworteten Sinne selbstständig verwertbare Werke schaffen, ist der Umfang, in dem sie dem Filmhersteller Nutzungsrechte einräumen, nach § 88 aF, nicht nach § 89 Abs. 1 zu bestimmen; auch § 89 Abs. 2 findet auf sie nicht Anwendung. Dies folgt auch bei der hier vertretenen Lösung aus § 89 Abs. 3, wo Drehbuch und Filmmusik nur beispielhaft für solche Beiträge genannt sind. Geht ein Beitrag im Filmwerk ununterscheidbar auf, wie die Regieleistung oder diejenige des Kameramanns (bei letzterem abgesehen vom einzelnen Lichtbild, für das früher § 91 galt) oder auch uU die szenische Gestaltung durch den Filmarchitekten, so bestimmt sich der Umfang der Rechtseinräumung nach § 89 Abs. 1, und § 89 Abs. 2 ist anwendbar. Unberührt bleibt auch die Möglichkeit der Vorauseinräumung von Rechten an der Tonfilmmusik und anderen filmbestimmt geschaffenen Werken an Verwertungsgesellschaften (s. Rdnr. 6 sowie § 88 Rdnr. 46). Bei der Bewertung der in der AmtlBegr. enthaltenen Äußerungen über die Filmurheberschaft (s. Rdnr. 58) darf im Übrigen nicht übersehen werden, dass sie noch geprägt sind von Formulierungen im RefE von 1954, der noch eine Regelung über die Filmurheberschaft iS eines fiktiven originären Urheberrechts des Filmherstellers vorsah (s. Rdnr. 7, 8).

72   **e) Auch aus der Sicht der Filmrechtsbestimmungen der Art. 14, 14bis RBÜ** (Stockholmer und Pariser Fassung) bestehen keine Bedenken gegen diese Beurteilung. Diese Bestimmungen enthalten keine für die Verbandsländer bindende Regelung über die Urheberschaft an Filmwerken. Art. 14bis enthält lediglich für Länder wie die Bundesrepublik Deutschland, die als Inhaber des Urheberrechts an Filmwerken die schöpferisch mitwirkenden Personen anerkennen, eine Vermutung, dass diese sich mangels anderweitiger vertraglicher Vereinbarung der Verwertung des Filmwerks durch den Hersteller nicht widersetzen können (Art. 14bis Abs. 2 lit. b). Diese Bestimmung ist aber mangels anderslautender innerstaatlicher Regelung nicht anwendbar auf die Urheber der Drehbücher, der Dialoge, der Filmmusik und auf den Hauptregisseur (Art. 14bis Abs. 3; vgl. *Ulmer*³ § 36 I 3 und Urhebervertragsrecht Rdnr. 48 mit dem Hinweis, dass diesen Urhebern auch die Bühnenbildner, Filmarchitekten und Zeichner als Urheber selbstständig verwertbarer Werke gleichzustellen sind). Daraus folgt für die Urheber selbstständig verwertbarer Werke ein Gleichklang mit den Regelungen der §§ 88, 89 Abs. 3; hinsichtlich des Hauptregisseurs, für den die Vermutung der Rechtseinräumung nach § 89 Abs. 1 gilt, schöpft das deutsche Recht die von der Konvention gewährte Möglichkeit nicht aus. Aus der Sicht der Berner Konvention hat die hier vertretene Beurteilung der Frage der Filmurheberschaft sogar den Vorzug, dass sie, mit dem Vorbehalt der Doppelfunktion, der dort nach französischem und italienischem Vorbild getroffenen Art der Unterscheidung zwischen vorbestehenden Werken und filmbestimmt geschaffenen Beiträgen entspricht (s. dazu *Ulmer* Urhebervertragsrecht Rdnr. 48). Dasselbe gilt für die Schutzdauerregelung des **§ 65 Abs. 2,** die durch das 3. UrhGÄndG (s. Rdnr. 8) in Umsetzung des Art. 2 Abs. 2 der europäischen Schutzdauerrichtlinie neu eingeführt worden ist und, wenn auch begrenzt auf die Schutzdauerfrage, denselben Personenkreis hervorhebt (s. Rdnr. 57).

4. Bedeutung des Ergebnisses

Der Art der Beantwortung der Frage nach den Urheberschaftsverhältnissen an Filmwerken 73 kommt Bedeutung vor allem in Bezug auf die **ideellen Interessen der Filmschaffenden** zu. So kann auch die Art der Namensnennung davon abhängen, ob ein Urheber (auch) Filmmiturheber oder nur Urheber eines filmisch benutzten Werkes ist (vgl. BGH GRUR 1963, 40/42 – Straßen – gestern und morgen – zur Frage der Nennung des Verfassers eines Filmexposés im Filmvorspann). Daneben erfordert die nunmehr schon etablierte Wahrnehmung bestimmter Rechte der Filmurheber durch urheberrechtliche **Verwertungsgesellschaften** (s. vor §§ 1 ff. WahrnG Rdnr. 14) eine **typisierende Betrachtungsweise** der regelmäßigen Urheberschaftsverhältnisse bei Filmwerken. Die übermäßige Heraushebung einzelner Filmurheber, wie der Filmregisseure, und die Verweisung anderer Filmurheber zB auf das Urheberrecht an Werken der Baukunst (beim Filmarchitekten) oder an Modeerzeugnissen als Werken der angewandten Kunst (bei Kostümbildnern) entgegen den typischerweise gegebenen tatsächlichen Verhältnissen begründet die ernsthafte Gefahr einer ungerechtfertigten Hintanstellung von deren Rechten und Interessen. Im Übrigen ändert die Beurteilung eines Urheberrechts als Urheberrecht am Filmwerk selbst oder an einem filmisch benutzten Werk nichts daran, dass der Filmhersteller für die Filmverwertung Nutzungsrechte in jedem Fall erwerben muss (vgl. *Ulmer*[3] § 36 II 2). Auch für die Anwendung der §§ 88, 89 ergeben sich zwischen der hM und der hier vertretenen Auffassung keine Unterschiede (s. Rdnr. 71), zumal diese Bestimmungen inzwischen einander weitgehend angeglichen worden sind (so. Rdnr. 8, 10).

Abschnitt 1. Filmwerke

§ 88 Recht zur Verfilmung

(1) **Gestattet der Urheber einem anderen, sein Werk zu verfilmen, so liegt darin im Zweifel die Einräumung des ausschließlichen Rechts, das Werk unverändert oder unter Bearbeitung oder Umgestaltung zur Herstellung eines Filmwerkes zu benutzen und das Filmwerk sowie Übersetzungen und andere filmische Bearbeitungen auf alle Nutzungsarten zu nutzen. § 31 a Abs. 1 Satz 3 und 4 und Abs. 2 bis 4 findet keine Anwendung.**

(2) ¹**Die in Absatz 1 bezeichneten Befugnisse berechtigen im Zweifel nicht zu einer Wiederverfilmung des Werkes.** ²**Der Urheber ist im Zweifel berechtigt, sein Werk nach Ablauf von zehn Jahren nach Vertragsabschluß anderweit filmisch zu verwerten.**

§ 88 aF Recht zur Verfilmung

(1) Gestattet der Urheber einem anderen, sein Werk zu verfilmen, so liegt darin im Zweifel die Einräumung folgender ausschließlicher Nutzungsrechte:
1. *das Werk unverändert oder unter Bearbeitung oder Umgestaltung zur Herstellung eines Filmwerkes zu benutzen;*
2. *das Filmwerk zu vervielfältigen und zu verbreiten;*
3. *das Filmwerk öffentlich vorzuführen, wenn es sich um ein zur Vorführung bestimmtes Filmwerk handelt;*
4. *das Filmwerk durch Funk zu senden, wenn es sich um ein zur Funksendung bestimmtes Filmwerk handelt;*
5. *Übersetzungen und andere filmische Bearbeitungen oder Umgestaltungen des Filmwerkes in gleichem Umfang wie dieses zu verwerten.*

(2) (unverändert)

(3) Die vorstehenden Bestimmungen sind auf die in den §§ 70 und 71 bezeichneten Schutzrechte entsprechend anzuwenden.

Schrifttum: S. die Schrifttumsnachweise vor §§ 88 ff.

Übersicht

	Rdnr.
I. Zweck, Entstehungsgeschichte, Bedeutung und Tragweite des § 88	1–11
II. Voraussetzungen der Anwendung des § 88 (alle Verträge seit 1. 1. 1966)	12–31
1. Geschützte, zur Verfilmung benutzte Werke (und Ausgaben)	13–23

§ 88

	Rdnr.
a) Vorbestehende Werke	14, 15
b) Filmbestimmt geschaffene, zur Filmherstellung benutzte Werke	16–22
c) Wissenschaftliche Ausgaben und Ausgaben nachgelassener Werke	23
2. Einräumung des Verfilmungsrechts	24–31
a) Rechtsnatur der in § 88 vorausgesetzten Einräumung des Verfilmungsrechts	24
b) Einräumung des Verfilmungsrechts in Zweifelsfällen. Art der Verfilmung	25–27
c) Vertragsparteien und Vertragsarten	28–31
III. Umfang der Rechtseinräumung nach § 88 Abs. 1 nF 2002, 2007 und aF: Herstellung und Verwertung des Filmwerks (zT diff. Verträge seit 1. 1. 1966, 1. 7. 2002 und 1. 1. 2008)	32–53
1. Benutzung des Werkes zur Filmherstellung (§ 88 Abs. 1 nF 2002, 2007 und § 88 Abs. 1 Nr. 1 aF)	33–35
2. Nutzung des Filmwerks auf alle (bzw. alle bekannten) Nutzungsarten (§ 88 Abs. 1 nF 2002, 2007)	36
3. Vervielfältigung und Verbreitung des Filmwerks (§ 88 Abs. 1 nF 2002, 2007 und § 88 Abs. 1 Nr. 2 aF)	37–42
4. Öffentliche Vorführung des zur Vorführung und Funksendung des zur Funksendung bestimmten Filmwerks (§ 88 Abs. 1 Nr. 3 und 4 aF)	43–49
5. Verwertung von Übersetzungen und anderen filmischen Bearbeitungen und Umgestaltungen des Filmwerks (§ 88 Abs. 1 nF 2002, 2007 und § 88 Abs. 1 Nr. 5 aF)	50–53
IV. Umfang der Rechtseinräumung nach § 88 Abs. 2: Wiederverfilmung und anderweitige filmische Verwertung des verfilmten Werkes (alle Verträge seit 1. 1. 1966)	54–58
V. Beweisfragen	59

I. Zweck, Entstehungsgeschichte, Bedeutung und Tragweite des § 88

1   Die AmtlBegr. zu § 88 aF (BTDrucks. IV/270 S. 98) verweist auf die **Vertragspraxis** der Filmhersteller, vom Urheber eines zu verfilmenden Werkes nicht nur das Verfilmungsrecht – als das Recht zur Herstellung eines Filmwerks unter Benutzung des zu verfilmenden Werkes (s. vor §§ 88 ff. Rdnr. 27–30) –, sondern auch das Recht zu erwerben, das Filmwerk auf eine Art und Weise zu verwerten, wie es seiner Zweckbestimmung entspricht, es also (durch Herstellung von Filmkopien) zu vervielfältigen, die Filmkopien zu verbreiten, das Filmwerk öffentlich vorzuführen oder durch Funk zu senden sowie es für die entsprechende internationale Verwertung in fremde Sprachen zu übersetzen oder sonst den ausländischen Verhältnissen anzupassen. Der vertragliche Erwerb der Rechte an dem zu verfilmenden Werk ist für die Filmherstellung und für die Filmverwertung erforderlich, weil und soweit das Filmwerk geschützte Elemente des verfilmten Werkes enthält (s. vor §§ 88 ff. Rdnr. 27–30).

2   1. § 88 verfolgt den **Zweck,** in Zweifelsfällen durch **gesetzliche Auslegungsregeln** Streitigkeiten über den Inhalt von Verfilmungsverträgen zu vermeiden (AmtlBegr. BTDrucks. IV/270 S. 98 zu § 98, jetzt § 88) und dem Filmhersteller eine sinnvolle, durch von den Urhebern verfilmter Werke zu erwerbende ausschließliche Nutzungsrechte gesicherte Verwertung von Filmen zu gewährleisten (s. vor §§ 88 ff. Rdnr. 9 zur generellen Zielsetzung der §§ 88 ff.). Der Gesetzgeber hatte dabei ursprünglich zwei Hauptarten der Filme und der Filmverwertung im Auge: den für die öffentliche Vorführung in Filmtheatern bestimmten Kinofilm und den für die Sendung bestimmten Fernsehfilm. Dem Hersteller eines Kinofilms sollte dementsprechend (nur) das idR erforderliche Recht zur öffentlichen Vorführung (§ 88 Abs. 1 Nr. 3 aF), dem Hersteller eines Fernsehfilms das Senderecht (§ 88 Abs. 1 Nr. 4 aF) gesichert werden (zur Sicherung nur dieser jeweils idR erforderlichen Rechte deutlicher als der RegE der MinE von 1959, Entwürfe des BMJ zur Urheberrechtsreform, 1959, S. 76). Mit zu regeln waren, in der Reihenfolge der tatsächlichen Vorgänge bei der Produktion und Verwertung von Filmen, die Vorstufen der Filmherstellung durch Vervielfältigung oder Bearbeitung des verfilmten Werkes (§ 88 Abs. 1 Nr. 1 aF) und der Herstellung und Verbreitung der jeweils benötigten Filmkopien (§ 88 Abs. 1 Nr. 2 aF) sowie die Verwertung des übersetzten oder sonst filmisch bearbeiteten Filmwerks im Ausland (§ 88 Abs. 1 Nr. 5 aF; vgl. dazu auch vor §§ 120 ff. Rdnr. 120 ff., 147 ff.). Ferner sollten Auslegungsregeln für die Wiederverfilmung des verfilmten Werkes geschaffen werden (§ 88 Abs. 2).

Im Rahmen des neuen **Urhebervertragsgesetzes** des Jahres **2002** (s. vor §§ 88 ff. Rdnr. 8) wurde **§ 88 Abs. 1 wesentlich umgestaltet** und dabei § 89 Abs. 1 über die Vermutung umfassender Rechtseinräumung an den Filmhersteller durch Filmurheber **für alle bekannten Nutzungsarten** angeglichen. Der Regierungsentwurf zu diesem Gesetz (BT-Drucks. 14/7564 S. 5 iVm. BT-Drucks. 14/6433 S. 5/19) hatte lediglich vorgesehen, den in § 88 Abs. 1 aF allein berücksichtigten Kino- und Fernsehfilmen Videofilme als dritte Filmkategorie zur Seite zu stellen. Auf der Grundlage einer entsprechenden Formulierungshilfe vom 14. 1. 2002 (abgedruckt bei *Hucko* (2002) S. 149/167) führten dann aber die Beratungen im Rechtsausschuss des Deutschen Bundestags (s. BT-Drucks. 14/8058 S. 11/21) zur Angleichung des § 88 Abs. 1 an § 89 Abs. 1. Im Anschluss an Überlegungen aus dem Bereich der Filmwirtschaft (Stellungnahme vom 21. 8. 2001, zugänglich über www.urheberrecht.org) erschien es plausibel, „im Zweifel sämtliche filmischen Verwertungsbefugnisse in der Hand des Produzenten zu sammeln, um bei voller Berücksichtigung der Interessen der Urheber gleichzeitig auch den heutigen Verwertungsbedingungen von Filmwerken Rechnung zu tragen". **§ 88 Abs. 2** wurde in der ursprünglichen Fassung beibehalten, **§ 88 Abs. 3 aF** aufgehoben, weil die Anwendung des § 88 auf das verwandte Schutzrecht an nachgelassenen Werken (§ 71) nunmehr in § 71 Abs. 1 S. 3 geregelt wurde und eine Verfilmung wissenschaftlicher Ausgaben iSd. § 70 nicht in Betracht komme (s. BT-Drucks. 14/6433 S. 19). Vergleicht man § 88 Abs. 1 nF 2002 (und 2007) mit § 88 Abs. 1 aF, so beinhaltet die Neuregelung den Regelungsgehalt des § 88 Abs. 1 Nr. 1 und 5 der früheren Fassung. Jedoch verzichtet sie auf die Differenzierung des § 88 Abs. 1 Nr. 2–4 aF. An die Stelle entsprechend eingeschränkter Rechtseinräumungen der Rechtseinräumung je nach Filmart tritt in § 88 Abs. 1 nF 2002 (und 2007) die Vermutung einer umfassenden Rechtseinräumung an den Filmhersteller für Filme jeder Art. Urheber verfilmter Werke sind damit im Hinblick auf die gesetzliche Vermutung der Rechtseinräumung an den Filmhersteller den Filmurhebern iSd. § 89 Abs. 1 gleichgestellt (s. *Dreier/Schulze*[3] Rdnr. 2/48; *Loewenheim/Schwarz/U. Reber* § 74 Rdnr. 19; *Meckel* in HK-UrhR[2] Rdnr. 13; *Wandtke/Bullinger*[3] Rdnr. 3; *Berger* S. 114; *Haas* S. 101 unter Hinweis auf einen redaktionellen Fehler in § 88 Abs. 1 nF). Mit der „vollen Berücksichtigung der Interessen der Urheber" iSd. BT-Drucks. 14/8058 S. 11/21 ist der Anspruch der Urheber auf angemessene Vergütung iSd. § 32 nF (und gegebenenfalls auf eine weitere Beteiligung iSd. § 32a) angesprochen (ebenso *Dreier/Schulze*[3] Rdnr. 50) mit der Folge, dass sich die vermutete umfassende Rechtseinräumung auf das Maß der angemessenen Vergütung iSd. § 32 nF auswirken muss (so *Haas* S. 102) bzw. eine zu niedrige vereinbarte Vergütung die Annahme einer nur beschränkten Rechtseinräumung rechtfertigen kann (so *Dreier/Schulze*[3] Rdnr. 50 für den Fall des Fehlens einer vertraglichen Vergütungsregelung). Nach der **Übergangsregelung** des § 132 **Abs. 3 S. 1** findet § 88 nF 2002 nur auf Verfilmungsverträge Anwendung, die **seit dem 1. 7. 2002**, dem Zeitpunkt des Inkrafttretens des Urhebervertragsgesetzes, geschlossen worden sind. Auf ältere Verfilmungsverträge ist daher nach wie vor § 88 aF anwendbar.

Durch das **Zweite Gesetz zur Regelung des Urheberrechts in der Informationsgesellschaft** vom 26. 10. 2007 (BGBl. I S. 2513, Art. 1 Nr. 19 und 20) wurden die gesetzlichen Vermutungen zugunsten der Rechtseinräumung an den Filmhersteller in § 88 Abs. 1 und § 89 Abs. 1 auch auf im Zeitpunkt des Vertragsabschlusses noch **unbekannte Nutzungsarten** erstreckt. Dies geschah durch Streichung des Wortes „bekannten" in diesen Bestimmungen und stand in Zusammenhang damit, dass durch dasselbe Gesetz (Art. 1 Nr. 3, 4 und 6) die seit dem 1. 1. 1966 geltende **allgemeine Bestimmung des § 31 Abs. 4** betr. die Unwirksamkeit der Einräumung von Nutzungsrechten für unbekannte Nutzungsarten sowie von Verpflichtungen hierzu **aufgehoben** und durch eine **Neuregelung** solcher Rechtsgeschäfte in den **§§ 31a und 32c** ersetzt wurde. Letztere besteht darin, dass dem Urheber einerseits entsprechende vertragliche Verfügungen und Verpflichtungen hierzu ermöglicht werden, er aber andererseits durch mehrere Maßnahmen auch geschützt wird: durch das regelmäßige Erfordernis schriftlicher Vereinbarungen (§ 31a Abs. 1 S. 1), durch ein grundsätzliches, im Voraus unverzichtbares, wenn auch zeitlich befristetes Recht des Urhebers zum Widerruf vor Aufnahme der neuen Art der Werknutzung durch den Werkverwerter (§ 31a Abs. 1 S. 3 und 4, Abs. 2 bis 4) und durch einen ebenfalls im Voraus unverzichtbaren Anspruch des Urhebers auf eine gesonderte angemessene Vergütung bei Aufnahme der neuen Art der Werknutzung durch den Verwerter (§ 32c; zu den Einzelheiten vgl. die Kommentierung der §§ 31a und 32c). Nach der **AmtlBegr.** (BT-Drucks. 16/1828 S. 14/21f./24f.) sollte durch die Neuregelung der Rechtseinräumung für unbekannte Nutzungsarten einerseits in Zeiten rasanter technischer Entwicklung den Werkverwertern die umfassende, unverzügliche, blockadefreie und rechtssichere Nutzung der jeweils neuesten Nutzungstechniken erleichtert und damit auch den Interessen der Allgemeinheit und der Urheber selbst gedient werden: der Allgemeinheit an der Verfügbarkeit auch der Kultur früherer Zeiten mittels der jeweils neuesten technischen Mittel und der Urheber zB daran, die Nutzung ihrer Werke auf solche Weise auch für die Zeit nach ihrem Tod sichern zu können. Andererseits sollte der Urheber als regelmäßig schwächere Vertragspartei vor allem durch sein Widerrufsrecht später in Fällen reagieren können, in denen er Nutzungsrechte für unbekannte Nutzungsarten „aus gegebenen Konstellationen heraus einräumen ‚musste'" (aaO S. 24). Im Vergleich mit dieser

§ 88

allgemeinen Rechtslage ist diejenige der **Urheber im Filmbereich deutlich geschwächt** geregelt worden. Die allgemeine bloße Möglichkeit der Rechtseinräumung für unbekannte Nutzungsarten wurde durch die Einbeziehung in die gesetzliche Vermutung für Zweifelsfälle **in § 88 Abs. 1 nF 2007** (und § 89 Abs. 1 nF 2007) zum **Regelfall** erklärt (s. die AmtlBegr. BT-Drucks. 16/1828 S. 32), und die Möglichkeit des **Widerrufs** wurde ihnen durch § 88 Abs. 1 S. 2 nF 2007 (und § 89 Abs. 1 S. 2 nF 2007) **verwehrt**, weil sie einer möglichst ungehinderten Filmverwertung auch in neuen Nutzungsarten widerspräche (s. aaO S. 33). Zum Schutz der Urheber im Filmbereich hat es somit mit dem Schriftformerfordernis nach § 31a Abs. 1 S. 1 und dem gesetzlichen Vergütungsanspruch nach § 32c sein Bewenden. Aus der **Übergangsregelung** des § 1371 Abs. 1 S. 1 folgt, dass die jüngste Neufassung des § 88 Abs. 1 (und des § 89 Abs. 1) nur für **seit dem 1. 1. 2008 abgeschlossene Verträge** gilt. Für „**Altverträge**" aus der Zeit **zwischen dem 1. 1. 1966 und dem 1. 1. 2008**, dh. den Zeitpunkten des Inkrafttretens des UrhG (s. § 143 Abs. 2) und des Inkrafttretens der Neuregelung (s. Art. 4 des Gesetzes vom 26. 10. 2007), gilt § 88 in seinen früheren Fassungen, und zwar, wie eingangs dieser Rdnr. gezeigt, in seiner ursprünglichen Fassung (§ 88 aF) für Verträge aus dem **Zeitraum 1. 1. 1966 bis 30. 6. 2002** und in seiner auf bekannte Nutzungsarten beschränkten Neufassung durch das Urhebervertragsrecht des Jahres 2002 (§ 88 nF 2002) für Verträge aus der Zeit **zwischen dem 1. 7. 2002 und dem 1. 1. 2008**. Auf „Altverträge" aus der **Zeit vor 1966** ist, wie unter vor §§ 88ff. Rdnr. 49/50 dargestellt, § 88 in keiner seiner Fassungen anwendbar; es bewendet insoweit bei der Anwendung des vor dem 1. 1. 1966 geltenden Gesetzes- und Richterrechts. Soweit § 88 in Betracht zu ziehen oder anzuwenden ist, sind demnach derzeit in der Summe **vier Vertragsepochen** zu **unterscheiden**:

– Verträge vor 1966: Recht vor 1966,
– Verträge vom 1. 1. 1966 bis zum 30. 6. 2002: § 88 aF,
– Verträge vom 1. 7. 2002 bis zum 31. 12. 2007: § 88 nF 2002, und
– Verträge seit dem 1. 1. 2008: § 88 nF 2007.

In der folgenden Kommentierung sind demzufolge alle bisherigen Fassungen des § 88 zu berücksichtigen. Dies erklärt auch den Mitabdruck der ursprünglichen Fassung des § 88 (§ 88 aF).

3   2. **§ 88 aF** enthält mit seinem Katalog von dem Filmhersteller im Zweifel eingeräumten Nutzungsrechten nichts anderes als eine ausdrückliche Anerkennung und **Konkretisierung des urhebervertragsrechtlichen Zweckübertragungsprinzips**. Dieses besagt nämlich nicht nur, dass die zur Erreichung des Zwecks eines Vertrags nicht erforderlichen Befugnisse im Zweifel beim Urheber verbleiben, sondern auch, dass die zur Erreichung des Vertragszwecks erforderlichen Befugnisse im Zweifel von der Einräumung eines Nutzungsrechts mit erfasst werden (s. § 31 Rdnr. 64, 69, 74; *Schweyer* S. 93). Dem entspricht es, dass die Gerichte auch schon zum **früher geltenden Recht** aus der Zeit vor 1966 in Befolgung des Zweckübertragungsgedankens den Grundsatz entwickelt haben, dass der Urheber eines zu verfilmenden Werkes dem Filmhersteller mit der Einräumung des Verfilmungsrechts im Zweifel auch das Recht zur üblichen Verwertung des Filmwerks überträgt, soweit er daran nicht durch Vorausübertragungen an eine Verwertungsgesellschaft gehindert ist (so RGZ 140, 231/244f. – Tonfilm – zur Übertragung des Aufführungsrechts an der Tonfilmmusik; BGHZ 5, 116/121 – Parkstraße 13 – zur Übertragung des Verfilmungsrechts und der üblichen Filmauswertungsrechte an einem Bühnenwerk; BGH GRUR 1955, 596/597 – Lied der Wildbahn II – und UFITA 24 (1957) 399/402 – Lied der Wildbahn III – zur Übertragung des Verfilmungsrechts und der Filmverwertungsrechte an einem Drehbuch; KG GRUR 1933, 510/511 – Der Schrecken der Garnison – zur stillschweigenden Einräumung des „Weltverfilmungsrechts" an einem Drehbuch einschließlich des Rechts zur Herstellung und Verwertung einer fremdsprachigen Version des Filmwerks).

4   3. Als bloße gesetzliche Auslegungsregeln treten die Bestimmungen des § 88 aF hinter **vertraglichen Vereinbarungen** über den Inhalt und Umfang der dem Filmhersteller eingeräumten Nutzungsrechte zurück. Dies gilt nicht nur für eindeutige **ausdrückliche Abreden,** sondern auch für solche Vereinbarungen, deren Bedeutung sich erst durch **Vertragsauslegung** nach allgemeinen Grundsätzen, jedenfalls im Hinblick auf § 88 aF einschließlich des Zweckübertragungsprinzips in seiner in § 31 Abs. 5 normierten Form (s. dazu § 31 Rdnr. 64ff.), ergibt (BGH GRUR 1985, 529/530 – Happening; KG GRUR 1984, 507/508 – Happening – als Vorinstanz; sa. BGH GRUR 1984, 45/48 – Honorarbedingungen: Sendevertrag; zur dinglichen Wirkung eines vertraglich vereinbarten Zustimmungsvorbehalts bezüglich Wiederholungssendungen einer Fernsehserie s. LG Frankfurt/M. ZUM 2003, 791/792f. – Bodo Bach; sa. *Dreier/Schulze*[3] Rdnr. 3; *v. Gamm* Rdnr. 6; *Möhring/Nicolini*[2] Rdnr. 16ff.).

Führt daher unter der Geltung des § 88 aF die Vertragsauslegung unter **Berücksichtigung** 5 **des § 31 Abs. 5** zu dem Schluss, dass eine bestimmte Art der Nutzung eines Filmwerks vom Zweck des Verfilmungsvertrags und damit auch von der in ihm enthaltenen Rechteeinräumung nicht umfasst wird, so ist für eine Anwendung der Auslegungsregeln des § 88 kein Raum. Umfasste zB die von einem Gastprofessor einer Universität erteilte Einwilligung, ein von ihm zu Lehrzwecken veranstaltetes Happening auf Videoband aufzunehmen, nach § 31 Abs. 5 im Zweifel nicht die Verwertung dieser Aufzeichnung durch Herstellung einer Kopie und deren Verbreitung an eine außeruniversitäre Einrichtung, so konnte die Universität sich auch nicht auf § 88 Abs. 1 Nr. 2 aF berufen, wonach mit der Einräumung des Verfilmungsrechts im Zweifel dem Filmhersteller auch das Recht eingeräumt wird, das Filmwerk oder iVm. § 95 das Laufbild zu vervielfältigen oder zu verbreiten (so BGH GRUR 1985, 529/530 – Happening). Das gleiche gilt, wenn nach § 31 Abs. 5 die Einräumung der Rechte an einem Manuskript zur Herstellung und sendemäßigen Verwertung eines Fernsehfilms an den Auftragsproduzenten einer öffentlich-rechtlichen Rundfunkanstalt und diejenige zur Herstellung und Verwertung eines Vorführfilms an einen Filmhersteller nicht auch die Einräumung des Rechts in sich schließt, das jeweilige Filmwerk auch im Schmalfilmformat durch Herstellung und Verbreitung von Schmalfilmkopien zum Zwecke der Vorführung im privaten Bereich auszuwerten, dh. entsprechend zu vervielfältigen und zu verbreiten (BGH GRUR 1974, 786/787 f. – Kassettenfilm; BGHZ 67, 56/66 f. – Schmalfilmrechte); der BGH ging in beiden Entscheidungen auf § 88 Abs. 1 Nr. 2 aF zu Recht gar nicht ein (vgl. ferner zur Anwendung des § 31 Abs. 5 bei der Einräumung von Verfilmungsrechten BGH GRUR 1986, 62/66 – GEMA-Vermutung I (insoweit nicht in BGHZ 95, 274); OLG Köln GRUR 1983, 568/570 – Video-Kopieranstalt; OLG Hamburg ZUM 1986, 151/155; im Ergebnis zum Verhältnis von § 31 Abs. 5 und § 88 ebenso bereits *v. Gamm* Rdnr. 6; *Reimer* GRUR Int. 1973, 315/323; *Movsessian* GRUR 1974, 371/376 und UFITA 79 (1977) 213/221 ff.; wohl auch *Schweyer* S. 97; aA *Brugger* S. 50 ff., UFITA 56 (1970) 1/7 und FuR 1974, 757/764).

Entsprechend bedarf es eines Rückgriffs auf § 88 auch dann nicht, wenn eine Rechteeinräu- 6 mung unter dem Gesichtspunkt des § 31 Abs. 5 eine bestimmte Nutzungsart bereits **eindeutig umfasst,** wie im Fall der Schmalfilmrechte-Entscheidung des BGH (BGHZ 67, 56/58 ff.) die Herstellung und Verbreitung von Schmalfilmkopien mit dem Zwecke der öffentlichen Vorführung in anderen Einrichtungen als Filmtheatern als wirtschaftlich nicht selbstständige, unumgängliche Vorbereitungshandlungen für die vertraglich vorgesehenen Vorführungen auch dieser Art, obwohl sich hier das gleiche Ergebnis auch aus § 88 Abs. 1 Nr. 2 aF ergäbe (vgl. zur Anwendung des § 31 Abs. 5 in solchen Fällen auch BGH GRUR 1984, 45/48 f./51 – Honorarbedingungen: Sendevertrag; KG GRUR 1984, 509/513 f. – Honorarbedingungen Urheber/Fernsehen).

4. Auch **§ 31 Abs. 4,** der im Hinblick auf **Verträge aus dem Zeitraum 1. 1. 1966 bis** 7 **31. 12. 2007** (s. § 132 Rdnr. 3 und oben Rdnr. 2) die Einräumung von Nutzungsrechten für noch nicht bekannte Nutzungsarten für unwirksam erklärt, kommt der **Vorrang vor § 88 aF und nF 2002** zu. Aus § 88 kann daher kein Rechtserwerb des Filmherstellers hergeleitet werden, wenn die betreffende Rechteeinräumung nach § 31 Abs. 4 unwirksam ist; dies ist vor allem für die **Video-Auswertung von Filmen** und Verträge aus der Zeit zwischen 1966 (vgl. §§ 132, 143 Abs. 2 und vor § 88 ff. Rdnr. 49) und ca. 1978 je nach Entscheidung der Frage des Bekanntwerdens dieser Verwertungsart (s. § 31a Rdnr. 39) von praktischer Bedeutung (im Ergebnis zum Vorstehenden insgesamt ebenso BGHZ 95, 274/282 ff. – GEMA-Vermutung I – und BGH GRUR 1988, 296/297 ff. – GEMA-Vermutung IV – zur Beurteilung der Frage nach § 31 Abs. 4, ob der GEMA bereits durch deren Berechtigungsvertrag von 1968 die Video-Auswertungsrechte an Spielfilmmusik zur Wahrnehmung eingeräumt werden konnten; sa. *Dreier/Schulze*[3] Rdnr. 4; *Fromm/Nordemann*[9] Rdnr. 2; im Ergebnis wie hier wohl auch *Movsessian* GRUR 1974, 371/374 mit 376; *Reimer* GRUR Int. 1973, 315/322 mit 323; *Schweyer* S. 97). Unabhängig davon, ob die **DVD-Auswertung** von Filmen im Vergleich mit der Video-Auswertung eine selbstständige Nutzungsart darstellt oder nicht, nimmt sie jedenfalls an deren Selbstständigkeit gegenüber Kino-, Fernseh- und Schmalfilmauswertung und **Unbekanntheit bis längstens 1978** teil (s. *Katzenberger* GRUR Int. 2003, 889/890/892/897). Richtiger Ansicht nach handelt es sich beim Film auf DVD aber ohnehin um eine selbstständige, bis Ende der 1990er Jahre unbekannte Nutzungsart (s. *Katzenberger* GRUR Int. 2003, 889/895 ff. ders., GRUR Int. 2005, 215 ff. mwN pro und contra; LG München ZUM 2002, 71/73 – Der Zauberberg; LG Köln 25. 5. 2002 Az. 28 O 31/02, unveröffentlicht, aufgehoben durch OLG Köln ZUM 2003, 317 –

§ 88   Recht zur Verfilmung

Freigabedokumente – wegen Bekanntheit der Nutzungsart 1998; sa. § 31 a Rdnr. 47; aA BGH BGHZ 163, 109/114 ff. – Der Zauberberg; BGH GRUR 2006, 319/321 – Alpensinfonie; schon früher OLG München GRUR 2003, 50/53 f. – Der Zauberberg; LG München I ZUM 2003, 147 – Die Macht der Bilder – Leni Riefenstahl). In Bezug auf **seit dem 1. 1. 2008 geschlossene Verträge** bzw. getätigte Rechtseinräumungen und **§ 88 Abs. 1 nF 2007** ist zu beachten, dass **§ 31 Abs. 4** mit Wirkung von diesem Datum an durch das Zweite Gesetz zur Regelung des Urheberrechts in der Informationsgesellschaft vom 26. 10. 2007 (BGBl. I S. 2513) **aufgehoben** worden ist (s. Art. 1 Nr. 3 und Art. 4 dieses Gesetzes). Darüber hinaus kann aus der durch dieses Gesetz (Art. 1 Nr. 21) eingeführten Übergangsregelung des **§ 137 l** auch in Bezug auf „Altverträge" aus dem Zeitraum 1. 1. 1966 bis 31. 12. 2007 auch eine **Korrektur** des aus § 31 Abs. 4 folgenden Ergebnisses resultieren (so. Rdnr. 2, vor §§ 88 ff. Rdnr. 8 und die Kommentierung des § 137 l).

8   5. Zu beachten sind hinsichtlich der Frage der **Anwendung der übrigen allgemeinen urhebervertragsrechtlichen Bestimmungen** des UrhG (§§ 31 ff.) die Sonderregelung des § 88 Abs. 1 nF 2002 und 2007, § 88 Abs. 1 Nr. 5 aF bezüglich der filmischen Bearbeitung des Filmwerks gegenüber § 37 Abs. 1, der sinngemäße, aus dem Wesen der Festlegung von Filmwerken auf Bild- und Tonträgern folgende Ausschluss der Auslegungsregel des § 37 Abs. 2 durch § 88 Abs. 1 nF 2002 und 2007, § 88 Abs. 1 Nr. 1, 2 aF sowie § 90, der in Bezug auf die in § 88 Abs. 1 nF 2002 und 2007, § 88 Abs. 1 Nr. 2–5 aF genannten Rechte die Anwendung der §§ 34, 35, 41 und 42 ausschließt oder einschränkt. Im Hinblick auf § 31 Abs. 1 S. 2 nF, § 32 aF (räumlich, zeitlich oder inhaltlich beschränkte Einräumung eines Nutzungsrechts) kann etwa in einem Filmlizenzvertrag das **Fernsehsenderecht** an Spielfilmen mit dinglicher Wirkung **räumlich beschränkt** zB auf die deutschsprachigen Länder als Sendegebiet eingeräumt werden (s. aber auch BGH GRUR 2005, 48/49 – man spricht deutsh). Einer **personellen Beschränkung** der Weiterübertragbarkeit dieses Senderechts nur an **Dritte mit Sitz im Sendegebiet** kommt jedoch keine dingliche, sondern nur schuldrechtliche Wirkung zu, weil § 32 aF (§ 31 Abs. 1 S. 2 nF) eine solche Beschränkung nicht vorsieht (s. OLG München GRUR 1996, 972/973 f. – Accatone). Zu Fragen im Zusammenhang mit den nach § 31 Abs. 1 S. 2 nF, § 32 aF möglichen **zeitlichen Beschränkungen** der als Nutzungsrechte eingeräumten **Filmauswertungsrechte** an einem verfilmten Werk (der sog. Stoffrechte) und mit Wiederverfilmungen s. § 88 Abs. 2 S. 2 aF und dazu Rdnr. 58; zu Fragen bei Einräumung eines **Optionsrechts zur zeitlichen Verlängerung** der Filmauswertungsrechte s. OLG München ZUM-RD 1998, 130/137 ff. – Stoffrechte. Im Hinblick auf die Möglichkeit **inhaltlicher Beschränkungen** eines vertraglich eingeräumten Nutzungsrechts nach § 32 aF (§ 31 Abs. 1 S. 2 nF) kann in einem **Videolizenzvertrag** die **Weiterübertragung des Vermietungsrechts** in Form der Vergabe von Unterlizenzen mit dinglicher Wirkung ausgeschlossen werden (s. BGH GRUR 1987, 37/39 – Videolizenzvertrag). Das in einem englischsprachigen Videolizenzvertrag über einen fremdsprachigen Film eingeräumte **Recht zur Untertitelung** („right to sub-titling") in jeder Sprache und das ebenfalls eingeräumte „mechanical synchronization right" umfassen **nicht** ohne weiteres auch das Recht zur Videoverwendung des Filmes in einer deutschen **Synchron-** oder **Voice-over-Fassung;** dabei wird Synchronisierung iSd. Herstellung einer anderssprachigen Filmfassung im Englischen nicht als „synchronization", sondern als „dubbing" bezeichnet und ist unter „Voice-over" die Überlagerung des Originaltons durch eine „außerhalb der Szene" gesprochene Übersetzung zu verstehen (s. dazu OLG Köln ZUM 2007, 401/402 f. – Videozweitverwertung).

9   6. Von der das allgemeine gesetzliche Urhebervertragsrecht modifizierenden Funktion des § 88 abgesehen, kommt insb. dessen Abs. 1 aF weithin nur eine **klarstellende Funktion** zu, da § 88 die Anwendung des § 31 Abs. 5 unberührt lässt (s. Rdnr. 4–6) und auch diese Bestimmung eine Auslegungsregel für Fälle der nicht eindeutigen vertraglichen Einräumung von Nutzungsrechten enthält (s. § 31 Rdnr. 64 ff.). Die mit den Regeln des § 88 Abs. 1 aF grundsätzlich übereinstimmenden, unter dem Zweckübertragungsgedanken gewonnenen Ergebnisse zum Umfang der Rechtseinräumung bei der Übertragung des Verfilmungsrechts (s. Rdnr. 3) bestätigen diese Beurteilung.

10   Hinzu kommt, dass die Regeln des § 88 Abs. 1 aF ihrerseits **nach Maßgabe des Zweckübertragungsprinzips auszufüllen** sind. So ist insb. das Vervielfältigungs- und Verbreitungsrecht des Filmherstellers nach § 88 Abs. 1 Nr. 2 aF als auf diejenige Art und Anzahl von Filmkopien beschränkt anzusehen, die dem konkreten Verwendungszweck des Filmwerks entsprechen (s. *Drei-*

er/*Schulze*[3] Rdnr. 57; *v. Gamm* Rdnr. 17; *Möhring/Nicolini*[2] Rdnr. 36; *Movsessian* GRUR 1974, 371/376 und UFITA 79 (1977) 213/224; *Reimer* GRUR Int. 1973, 315/323).

7. § 88 aF und nF 2002 und 2007 enthält auch im Übrigen nur eine **unvollständige Regelung.** So stellt er insb. keine Auslegungsregeln für die Beantwortung der Frage zur Verfügung, ob eine vertragliche Rechteeinräumung zB in pauschaler Form überhaupt das **Verfilmungsrecht** umfasst; seine Auslegungsregeln setzen vielmehr die Einräumung dieses Rechts voraus. In gleicher Weise ist in Bezug auf **§ 88 aF** nicht geregelt, unter welchen Umständen mangels eindeutiger vertraglicher Vereinbarungen ein Filmwerk als zur **Vorführung** iSd. Abs. 1 Nr. 3 aF bzw. zur **Funksendung** iSd. Abs. 1 Nr. 4 aF bestimmt anzusehen ist. Für die im Jahre 1965 bei Erlass des UrhG noch unbekannte besondere Nutzungsform von Filmwerken durch Herstellung und Verbreitung von zur Vorführung im privaten Bereich bestimmten **Videogrammen** enthält § 88 aF überhaupt keine Regelung (sa. Rdnr. 7). In allen diesen Fällen muss auf die allgemeinen Regeln der Auslegung von Urheberrechtsverträgen, insb. auf **§ 31 Abs. 5** und das allgemeine Zweckübertragungsprinzip, zurückgegriffen werden. In **§ 88 Abs. 1 nF 2002 und 2007** kommt es in den zuletzt genannten Fällen auf **§ 31 Abs. 5** grundsätzlich **nicht mehr** an, weil nunmehr bei Einräumung des Verfilmungsrechts in Zweifelsfällen vermutet wird, dass damit die Einräumung umfassender Nutzungsrechte verbunden ist (s. Rdnr. 2, 41 sowie § 89 Rdnr. 3). Die Vorfeldbedeutung des § 31 Abs. 5 bleibt davon unberührt. 11

Das vorstehend zu § 88 aF Gesagte gilt gleichermaßen für **gesetzliche Vergütungsansprüche** und **Zweitwiedergaberechte,** für deren Übertragung an den Filmhersteller **§ 88 aF** keine Regelung vorsieht (vgl. zum Motiv AmtlBegr. BTDrucks. IV/270 S. 98 f.). Entsprechend der Rechtslage bei § 89 (s. dort Rdnr. 19) werden diese Ansprüche und Rechte aber auch von der vermuteten umfassenden Rechtseinräumung nach **§ 88 Abs. 1 nF 2002 und 2007** nicht erfasst (so auch *Dreier/Schulze*[3] Rdnr. 48 iVm. § 89 Rdnr. 34; *Wandtke/Bullinger*[3] § 89 Rdnr. 25; zu den Vergütungsansprüchen wohl auch *Loewenheim/Schwarz/U. Reber* § 74 Rdnr. 39, anders aber aaO Rdnr. 49 zum Zweitwiedergaberecht des § 22; aA zu den Vergütungsansprüchen wohl *Schack*[4] Rdnr. 434. Zum Vergütungsaufkommen aus § 54 und zu dessen Verteilung im Filmbereich s. § 94 Rdnr. 29.

II. Voraussetzungen der Anwendung des § 88: geschützte, zur Verfilmung benutzte Werke; Einräumung des Verfilmungsrechts (alle Verträge seit 1. 1. 1966)

Die Anwendung der Auslegungsregeln und sonstigen Bestimmungen des § 88 aF und nF setzt voraus, dass an einem urheberrechtlich geschützten Werk oder, bei § 88 aF, an einer durch Abs. 3 gleichgestellten geschützten Ausgabe iSd. §§ 70, 71 vertraglich ein Verfilmungsrecht eingeräumt wird bzw. eingeräumt worden ist. 12

1. Geschützte, zur Verfilmung benutzte Werke (und Ausgaben)

Unter den von § 88 erfassten, zur Filmherstellung benutzten Werken können die sog. vorbestehenden, nicht für das bestimmte in Frage stehende Filmwerk oder überhaupt nicht unmittelbar für Filmzwecke geschaffenen Werke einerseits und unmittelbar für ein bestimmtes Filmvorhaben geschaffene, aber vom Filmwerk selbst unterscheidbare und auch selbstständig verwertbare Werke andererseits unterschieden werden (s. vor §§ 88 ff. Rdnr. 59, 60). Dieser Unterscheidung kommt nach der hier vertretenen, aber von der hM abweichenden Auffassung Bedeutung für die Beurteilung der Urheberschaft an Filmwerken zu (s. vor §§ 88 ff. Rdnr. 59 ff., 65 ff.). Für § 88 ist diese Unterscheidung nicht wesentlich, da diese Bestimmung auf beide Werkkategorien anzuwenden ist. Dies folgt insb. auch aus § 89 Abs. 3, der für Beispiele beider Werkkategorien, nämlich den Roman zum einen und Drehbuch und Filmmusik zum anderen, die Anwendung des § 89 Abs. 1 und 2 ausschließt (vgl. zum Ergebnis auch die AmtlBegr. BTDrucks. IV/270 S. 98; *Ulmer*[3] § 115 I, II und allgM; sa. vor §§ 88 ff. Rdnr. 57, 71). 13

a) Vorbestehende Werke. Vorbestehende, zur Filmherstellung benutzte Werke können Werke aller Art sein. In Betracht kommt der gesamte Beispielkatalog urheberrechtlich schutzfähiger Werke des § 2 Abs. 1. Darauf, ob ein Werk durch den Akt der Verfilmung notwendigerweise umgestaltet oder bearbeitet wird oder aber auch in unveränderter Form in ein Filmwerk Eingang finden kann, kommt es nicht an (s. vor §§ 88 ff. Rdnr. 23–26 zum Begriff der Verfilmung). § 89 Abs. 3 nennt als Beispiel eines vorbestehenden Werkes den Roman. Weitere **Beispiele** solcher Werke sind Novellen, Opern, Operetten, Dramen und andere Bühnenwerke, 14

§ 88

Schlagerlieder und andere filmunabhängig geschaffene musikalische Kompositionen, filmunabhängige choreographische Werke, Werke der Baukunst und andere Werke der bildenden Künste (s. die Nachw. vor §§ 88 ff. Rdnr. 59). Auch ein schon vorhandenes Filmwerk kann als Vorlage für eine Neuverfilmung benutzt werden und in diesem Sinne ein vorbestehendes Werk sein (s. zu den hierbei auftretenden Rechtsfragen BGH GRUR 1957, 614/615 f. – Ferien vom Ich; zum Sonderfall der Fortsetzung erfolgreicher Werke s. allg. § 24 Rdnr. 24 ff.). Werden Werke einer Jugendbuchreihe verfilmt und dabei auch Szenen übernommen, für die ein Buchillustrator **Illustrationen** geschaffen hat, so sind diese keine vorbestehenden Werke zu den Filmwerken, wenn diesen lediglich die **literarisch beschriebenen Handlungen**, nicht aber die Illustrationen zugrunde liegen. Dasselbe gilt, wenn die beim **Casting ausgewählten Filmschauspieler** gewisse Ähnlichkeiten mit den Personen aufweisen, die in den Illustrationen dargestellt sind (s. LG München I ZUM-RD 2009, 134/158 – Die wilden Kerle). **Anders** liegt es, und um vorbestehende, zur Filmherstellung benutzte Werke handelt es sich, wenn **Buchillustrationen** wie die bekannte grafische Gestalt des Pumuckl aus der gleichnamigen Kinderbuchreihe **als solche** filmisch genutzt werden (s. dazu auch eine solche Nutzung betreffenden Entscheidungen des LG München I ZUM 2003, 64/66 f. – Pumuckl I; OLG München ZUM 2003, 964/969 – Pumuckl II; jeweils zum Benennungsrecht der Urheberin der Pumuckl-Grafik). Für die Beurteilung der urheberrechtlichen Schutzfähigkeit aller vorbestehenden Werke gelten die zu §§ 2–5 genannten Grundsätze, insb. ist die Schutzvoraussetzung einer persönlichen geistigen Schöpfung iSd. § 2 Abs. 2 zu beachten (s. dort Rdnr. 8 ff.).

15 Von besonderer Bedeutung für die häufigen Fälle der Verfilmung von belletristischen Sprachwerken und Bühnenwerken ist, dass auch **inhaltliche Elemente** solcher Werke urheberrechtlich geschützt sein können (s. § 2 Rdnr. 54 ff.); werden solche geschützten Elemente in ein Filmwerk übernommen, ohne dass die strengen Voraussetzungen einer freien Benutzung iSd. § 24 erfüllt sind, so handelt es sich um den Tatbestand einer Verfilmung, der der Zustimmung des Urhebers des verfilmten Werkes bedarf. Schutzfähig in diesem Sinne können bei einem Bühnenwerk zB sein der Gang der Handlung mit seinen dramatischen Konflikten und Höhepunkten, die Einfügung eines bestimmten Einfalls in einen Handlungsablauf, die Akt- und Szenenführung sowie die Rollenverteilung und Charakteristik der handelnden Personen (so BGH GRUR 1959, 379/381 – Gasparone). Für Romane, Novellen etc. gilt Entsprechendes (zur freien Benutzung bekannter Romanfiguren für ein Filmwerk BGHZ 26, 52/57 – Sherlock Holmes; aus der neuen Rspr. s. einerseits LG Hamburg ZUM 2003, 403/405 ff. – Die Päpstin, Verletzung des Urheberrechts an einem Roman durch Verfilmung bejaht; andererseits LG Köln ZUM 2004, 853/857 ff. – Katastrophenfilm, Rechtsverletzung verneint; sa. § 24 Rdnr. 19).

16 **b) Filmbestimmt geschaffene, zur Filmherstellung benutzte Werke. aa)** Unter den für ein Filmwerk geschaffenen und für die Filmherstellung benutzten, jedoch vom Filmwerk selbst unterscheidbaren und selbstständig, zB auch für ein anderes Filmwerk verwertbaren Gegenständen kann uU bereits einer **Filmidee** der urheberrechtliche Schutz gebühren; es gelten die allgemeinen Grundsätze für den Urheberrechtsschutz von Ideen (s. § 2 Rdnr. 51–53). Schutzvoraussetzung ist ein Mindestmaß an Originalität und konkreter Ausformung, die zB darin liegen können, dass aufgrund eines schöpferischen Einfalls die Hauptfigur eines in der Urfassung nicht mehr geschützten Bühnenwerks und deren Rolle in spannungsteigernder Weise abgewandelt und diese Abwandlung in das Originalwerk eingearbeitet wird (BGH GRUR 1959, 379/381 – Gasparone – zur Bearbeitung einer Operette). Nicht schutzfähig waren die ungestaltete allgemeine Idee, in einem Film die Grausamkeit des Filmbetriebs darzustellen, und die einem tatsächlichen Erlebnis entnommene bloße Anregung für die Gestaltung einer Filmszene (OLG München GRUR 1956, 432/434 – Solange Du da bist) sowie die historischen Vorgängen entlehnte Idee, den Kampf um einen Berggipfel filmisch zu verwerten (KG GRUR 1931, 287/288 ff. – Berge in Flammen), und das Szenario einer neuen, sich rasch ausbreitenden Eiszeit mit ihren weitgehend vorhersehbaren Auswirkungen auf die moderne Zivilisation der USA in einem Katastrophenfilm bzw. -roman (s. LG Köln ZUM 2004, 853/857 f. – Katastrophenfilm). Einem an sich schutzfähigen Einfall für einen Film kann der Schutz mangeln, wenn er nicht eine ausreichende konkrete Ausformung erfahren hat (KG UFITA 17 (1944) 62/69 f. – Wer küßt Madeleine?; dort auch zum ergänzenden Schutz der Filmidee nach §§ 826 BGB, 1 UWG; vgl. ferner BGH GRUR 1963, 40/41 f. – Straßen – gestern und morgen – zu einer in einem Drehbuchentwurf konkretisierten Filmidee; BGH GRUR 1962, 531/533 – Bad auf der Tenne II – zur Miturheberschaft an einem von einem Autor mündlich entwickelten und mit einem weiteren Autor gemeinsam erstmals schriftlich niedergelegten Filmstoff; BGH UFITA 24

(1957) 399/401 – Lied der Wildbahn III – zum Schutz der Idee, den Kreislauf des Jahres als Grundlage für den Aufbau eines Naturfilms zu benutzen). Zur Frage des Urheberrechtsschutzes und der freien Benutzung (§ 24) eines **Konzepts** zu einer Fernsehserie s. OLG München GRUR 1990, 674/675 f. – Forsthaus Falkenau. Zum nahe verwandten Fragenkreis des sog. **Formatschutzes** insb. für Fernsehshows und -serien s. ablehnend BGH GRUR 2003, 876/878 – Sendeformat; kritisch dazu *Heinkelein/Fey* GRUR Int. 2004, 378/384 ff.; *Jacobs* in Fs. Für Raue, S. 499 ff.; *Schricker* GRUR Int. 2004, 923/925 ff.; *ders.* LMK 2004, 195; sa. *Degmair* GRUR Int. 2003, 204/206 ff.; *Flechsig* ZUM 2003, 767; *v. Hartlieb/Schwarz*[4] 39. Kap.; *v. Have/Eickmeier* ZUM 1994, 269; *Henkelein* S. 216 ff.; *Klein* ZUM 1995, 194; *Lausen* S. 24 ff.; *ders.* Fs. für W. Schwarz, S. 169 ff.; *Litten* S. 11 ff.; *Schwarz/Freys/Schwarz*, Fs. für Reichardt, S. 203/205 ff.; *Möhring/Nicolini*[2] Rdnr. 6; *Wandtke/Bullinger*[3] Rdnr. 22 ff.; zum Schutz **virtueller Figuren** ua. im Film- und Fernsehbereich s. *Rehbinder*, Fs. für Schwarz, S. 163; *Schulze* ZUM 1997, 77/80 ff.; ferner im Zusammenhang mit Computerspielen vor §§ 88 ff. Rdnr. 44.

bb) Filmexposé, Filmtreatment und **Drehbuch** sind literarische Vorstufen des Filmwerks, 17 von denen jede üblicherweise auf der vorhergehenden aufbaut, wobei die Autoren wechseln können. Übernimmt der Autor eines dieser Werke geschützte Elemente aus der jeweiligen, von einem anderen geschaffenen Vorstufe, so ist der Schutz seines Werkes als Bearbeitung nach § 3, die Frage der Zulässigkeit der Übernahme nach § 23 S. 1 zu beurteilen. Entgegen dem Wortlaut, aber entspr. dem Sinn dieser Bestimmung kann bereits die Herstellung einer solchen Bearbeitung der Zustimmung des Urhebers der Vorstufe bedürfen, nämlich wenn sie nicht durch den Bearbeiter privat, sondern bereits im Auftrag eines Filmherstellers vorgenommen wird (vgl. *Ulmer*[3] § 56 IV 2; BGH GRUR 1963, 441/443 – Mit Dir allein – zur Verletzung des Urheberrechts an einem Treatment bereits durch Herstellung eines Rohdrehbuchs im Auftrag eines Filmherstellers, jedoch zum früheren Recht; zum geltenden Recht aA OLG München UFITA 60 (1971) 317/319 zur auftragsgemäßen Herstellung eines weiteren Exposés unter Bearbeitung eines bereits vorliegenden Exposés eines anderen Autors; vgl. allg. § 23 Rdnr. 23). Das **Exposé** enthält gewöhnlich in knapper Form auf wenigen Seiten eine Schilderung der Filmhandlung und des Filmaufbaus (s. OLG München UFITA 60 (1971) 317/318; BGH GRUR 1963, 40/42 – Straßen – gestern und morgen – zu einem Exposé für einen Lehrfilm im Umfang von einer Schreibmaschinenseite; *Loewenheim/Schwarz/U. Reber* § 12 Rdnr. 10 geben als Regel einen Umfang von 10 bis 20 Seiten an; vgl. auch *Bohr* S. 5 mwN). Das **Treatment** enthält eine ausführlichere Darstellung des Filminhalts sowie bereits eine Aufgliederung nach Schauplätzen und Bildern, Teile des Dialogs und eine Charakterisierung der Personen (OLG München UFITA 60 (1971) 317/318; *Bohr* S. 5 mwN); es ist umfangreicher als ein Exposé (*Loewenheim/Schwarz/ U. Reber* § 12 Rdnr. 10 nennen bis zu 100 Seiten). Das **Drehbuch,** bei dem man je nach Ausarbeitungsgrad noch zwischen Rohdrehbuch und kurbelfertigem Drehbuch unterscheiden kann (vgl. zB BGH GRUR 1963, 441/443 – Mit Dir allein; OLG München Schulze OLGZ 31), enthält ins Einzelne gehende Anweisungen für die Dreharbeiten mit einer exakten Wiedergabe des Handlungsablaufs, sämtlichen Bildeinstellungen, allen Texten und Dialogen sowie Beschreibungen und Anweisungen für die szenische Gestaltung, die Regie, Kameraeinstellungen, Kostüme, Masken und Geräusche (s. *Bohr* S. 5 mwN; *v. Hartlieb*[3] Kap. 61 Rdnr. 5: meist 100 bis 200 Seiten).

Exposé, Treatment und Drehbuch sind im urheberrechtlichen Sinne zum einen **Sprachwerke** 18 iSd. § 2 Abs. 1 Nr. 1, zum anderen aber auch **Entwürfe für Filmwerke** iSd. § 2 Abs. 1 Nr. 6, deren Struktur sie wesentlich mitbestimmen (s. *Ulmer*[3] § 27 V 1); diesem Doppelcharakter entsprechend sind ihre Urheber entgegen der hM zugleich (Allein-)Urheber von Sprachwerken und Miturheber von Filmwerken (s. vor §§ 88 ff. Rdnr. 59 ff., 65 ff.). Für die Beurteilung ihrer urheberrechtlichen Schutzfähigkeit gelten demgemäß grundsätzlich die für Sprachwerke allgemein geltenden Regeln (s. § 2 Rdnr. 79 ff.). Ihr Schutz kann daher sowohl auf der individuellen Sprachform, bei Drehbüchern zB auch auf den Dialogen, als auch auf originellen inhaltlichen Elementen beruhen (s. Rdnr. 15). Dem möglichen Schutz der Fabel eines literarischen Werkes (s. § 2 Rdnr. 58, 85) entspricht der mögliche Schutz der Fabel eines Filmwerks bzw. ihrer Entwicklung in seinen literarischen Vorstufen (s. OLG München GRUR 1956, 432/434 – Solange Du da bist – und Schulze OLGZ 4, 3). Darüber hinaus können aber auch **filmspezifische Gestaltungselemente** den Urheberrechtsschutz eines Filmexposés, eines Filmtreatments oder eines Drehbuchs begründen (s. *v. Hartlieb*[3] Kap. 61 Rdnr. 6), so bei einem nur eine Seite langen **Exposé** für einen Lehrfilm die dessen Bilderkomposition bestimmende Disposition für die Filmarbeiten mit ins Einzelne gehenden Angaben über den Aufbau des Filmes, die Aufnahmeobjekte und ihre technische Erfassung durch Trickaufnahmen (BGH GRUR 1963, 40/42 –

Straßen – gestern und morgen; zum Schutz eines Exposés zu einer Fernsehserie s. OLG München GRUR 1990, 674/675 – Forsthaus Falkenau), Inhalt und Aufbau eines **Treatments** zu einem Spielfilm (BGH GRUR 1962, 531/533 – Bad auf der Tenne II; BGH GRUR 1963, 441/443 – Mit Dir allein; dort auch zur Frage der Verletzung des Urheberrechts an einem Treatment bereits durch Herstellung eines Rohdrehbuchs; sa. zur Frage des Miturheberrechts des Regisseurs an einem Spielfilm-Treatment aufgrund von filmspezifischen Anregungen KG GRUR 1935, 1002/1004; s. ferner KG GRUR 1931, 287/289 – Berge in Flammen – zur Ausgestaltung der Gesamthandlung, auf Filmwirkung abgestellte Einzelhandlungen und Beschreibung filmisch wirksamer Bild- und Klangeffekte als für das Urheberrecht wesentliche Elemente eines Treatments oder Filmmanuskripts), bei einem **Drehbuch** Gang der Handlung, Gliederung und Anordnung des Filmstoffs durch Akt- und Szenenfolge, Rollenverteilung und Charakteristik der Personen, aber unter Ausschluss filmdramaturgisch bedingter und naheliegender Elemente (BGH GRUR 1978, 302/304 – Wolfsblut; s. weiter zum Schutz von Drehbüchern und zur Rechtseinräumung durch den Drehbuchautor an den Filmhersteller BGH UFITA 24 (1957) 399/401 ff. – Lied der Wildbahn III; OLG München Schulze OLGZ 4 zum Schutz von Idee und Fabel, Szenenaufbau und Fassung der Dialoge; LG München I GRUR 1957, 617/618 – Dunja – zum Schutz eines Drehbuchs aufgrund der Bearbeitung einer Erzählung von Puschkin in dramatischer Form und Einfügung eines neuen Handlungselements, neuer Figuren und dramatischer Effekte; KG Schulze KGZ 16 – Der Sänger mit der Maske – zur Frage des Rechts des Erwerbers des Verfilmungsrechts an einem nach einem Roman hergestellten Drehbuch nach Verzicht auf das Verfilmungsrecht an dem Roman gegenüber der anderweitigen filmischen Verwertung des Romans; OLG Karlsruhe UFITA 45 (1965) 347/351 f. – Unfälle – zur Einräumung der Filmverwertungsrechte durch den Drehbuchautor (Regisseur) an den Filmhersteller; KG GRUR 1933, 510/511 – Der Schrecken der Garnison – zum Umfang der dem Filmhersteller eingeräumten Filmverwertungsrechte (Verwertung einer fremdsprachigen Version) an einem Drehbuch; zu sonstigen vertraglichen Fragen bei Drehbuchaufträgen OLG München Schulze OLGZ 31 und UFITA 60 (1971) 320; OLG Hamburg UFITA 25 (1958) 463); zur stillschweigenden Rechtseinräumung an „**Story Line**" und Drehbuch durch einen Regievertrag s. OLG München ZUM 2000, 767/772 – Down Under. Urheberrechtlich geschützt ist in aller Regel auch die deutsche **Dialog- und Synchronfassung** eines ausländischen Filmes; es handelt sich dann aber um ein filmbestimmt geschaffenes, auch selbstständig, zB literarisch verwertbares Werk, auf das § 88, nicht § 89 Abs. 1, 2 anzuwenden ist (ebenso *Fromm/Nordemann*[10] § 89 Rdnr. 20 gegen LG München I FuR 1984, 534 – All about Eve).

19   cc) **Doppelcharakter** als selbstständig verwertbare, vom Filmwerk unterscheidbare Werke und als das Filmwerk selbst mitprägende Elemente kann auch zahlreichen **anderen filmbestimmt geschaffenen Schöpfungen** zukommen, so der Filmmusik, der Filmchoreographie, Filmbauten, Bühnenbildern und Dekorationen, Kostümen, Masken, Puppen und anderen Figuren in Kinder- und Science Fiction-Filmen (s. zB zur Plastik für die Figur einer Androidin in dem Film „Metropolis" aus dem Jahre 1926 OLG Hamburg GRUR-RR 2003, 33 f. – Maschinenmensch), Zeichnungen in Zeichentrickfilmen usw. Auch bei diesen Werken ist daher bei Erfüllung der urheberrechtlichen Schutzvoraussetzungen zugunsten von deren Schöpfern entgegen der hM (Allein-)Urheberschaft an den vom Filmwerk unterscheidbaren Gegenständen und Miturheberschaft am Filmwerk selbst anzunehmen (s. vor §§ 88 ff. Rdnr. 57 ff., 65 ff.). Für die Beurteilung der urheberrechtlichen Schutzfähigkeit des Einzelgegenstands ist wiederum von den Grundsätzen auszugehen, welche für die Werkkategorie iSd. § 2 Abs. 1 gelten, der er zuzuordnen ist. Zusätzlich zu berücksichtigen ist aber stets, dass auch filmspezifische Gestaltungselemente den Schutz begründen können (s. dazu auch Rdnr. 18).

20   Für die **Filmmusik** gelten die allg. anerkannten geringen Anforderungen an die Gestaltungshöhe musikalischer Werke iSd. § 2 Abs. 1 Nr. 2 (s. § 2 Rdnr. 124). Nach § 3 S. 2 wird allerdings die nur unwesentliche Bearbeitung eines nicht geschützten Werkes der Musik nicht als selbstständiges Werk geschützt (zur Bedeutung dieser Einschränkung allg. s. § 3 Rdnr. 30 ff.). Bei der Zusammenstellung von Filmmusik werden häufig fremde, auch nicht mehr geschützte Kompositionen verwendet, in vielen Fällen ist dies zur Charakterisierung einer bestimmten Epoche sogar künstlerisch notwendig (s. KG GRUR 1967, 111/113 – Das Riesenrad). Bei der Beurteilung solcher **Gesamtkompositionen** zu Filmzwecken, aber auch der originär geschaffenen Musik unter dem Gesichtspunkt der Schutzfähigkeit, dürfen ihre **filmspezifischen Elemente**, insb. ihre Funktion für Atmosphäre und Dramaturgie des Filmwerks nicht vernachlässigt werden (s. mwN *Bohr* S. 26/53 ff.; zur Anpassung der Filmmusik an die Filmhandlung mit der Folge einer künstlerischen Einheit zwischen Musik und Bilderfolge BGH GRUR 1957,

611/613 – Bel ami; zur Art der Namensnennung des Komponisten der Filmmusik und musikalischen Leiters einer Filmproduktion im Filmvorspann sowie in Filmvorankündigungen KG GRUR 1967, 111 – Das Riesenrad; zum Schutz auch schon verkürzter Melodien und weniger Takte von Schlagerliedern gegen die Verwertung als Begleit- und Hintergrundmusik in Filmen OLG Karlsruhe Schulze OLGZ 202, 4; LG Frankfurt/M UFITA 57 (1970) 342/344 f.).

Bei der Beurteilung der urheberrechtlichen Schutzfähigkeit von **Filmbauten** ist von den für Werke der Baukunst iSd. § 2 Abs. 1 Nr. 4 geltenden Grundsätzen auszugehen (s. dazu § 2 Rdnr. 151–157). In Bezug auf die bei der Filmproduktion häufig verwendeten **Attrappen** und **Kulissen** ist von Bedeutung, dass auch individuell gestaltete Teile von Bauten, wie Fassaden, urheberrechtlich geschützt sein können (s. § 2 Rdnr. 153). Zu berücksichtigen ist die Ausrichtung der Filmbauten auf ihre filmische Wirkung, so dass der Schutz selbst solchen Filmbauten zukommen kann, die einem historischen oder sonstigen Vorbild nachgebildet, jedoch mit Details oder Variationen in Gestaltung oder Farbe versehen sind, die, ohne zB aufnahmetechnisch notwendig zu sein, spezifische filmkünstlerische Zwecke verfolgen (s. *v. Hartlieb/Schwarz*[4] 38. Kap. Rdnr. 9 zum Schutz von auf die optischen Werte des Filmes ausgerichteten Gebäudenachbildungen; *Bohr* S. 19, 57 f. insb. auch zur Mitgestaltung des Filmwerks als solchen durch den Filmarchitekten; s. idS auch LG München I ZUM 2002, 71/72 – Der Zauberberg; OLG München GRUR 2003, 50/51 f. – Der Zauberberg – mit der Tendenz, Miturheberschaft des betr. Filmarchitekten und Szenenbildners zu bejahen; auch BGH GRUR 2005, 937/939 – Der Zauberberg, wendet auf die Leistungen von Filmarchitekten und Szenenbildnern § 89 betr. Filmurheber an). Den Schutz begründen kann auch eine individuelle kompositorische Zueinanderordnung von Baukörpern (BGHZ 24, 55/65 – Ledigenheim; zust. *v. Gamm* § 2 Rdnr. 21 Stichwort „Bauwerke"). Daher kann auch **Filmdekorationen** von Innenräumen der Schutz nicht nur in Bezug auf einzelne in sie einbezogene Gegenstände, wie künstlerische Plastiken, Gemälde oder Gebrauchsgegenstände (s. § 2 Rdnr. 133 ff., 146 ff., 158 ff.), sondern auch in Bezug auf die kompositorische Anordnung der Einrichtungsgegenstände und die Gesamtgestaltung zugesprochen sein (s. zum Schutz von Werken der Innenarchitektur § 2 Rdnr. 152 sowie RGZ 110, 393/395 ff. – Riviera – zur Innenausstattung von Gaststätten; BGH GRUR 1982, 107/109 – Kirchen-Innenraumgestaltung; BGH GRUR 2008, 984/985 f. – St. Gottfried, ebenfalls zu einem Kircheninnenraum; Schutz eines Hotelfestsaals mangels Verletzung dahingestellt gelassen bei LG Göttingen Schulze LGZ 86; gegen die Schutzfähigkeit der Anordnung von Dekorationsgegenständen *v. Gamm* § 2 Rdnr. 21 Stichwort „Dekorationen"), wobei wiederum filmspezifische Gestaltungselemente besonders zu berücksichtigen sind (zur Bedeutung der Filmdekoration für die Filmgestaltung *Bohr* S. 20 f./58). Für die Beurteilung der Schutzfähigkeit von Filmdekorationen und Filmkulissen sind die zum Schutz von **Bühnenbildern** entwickelten Grundsätze verwertbar. Soweit sie über die bloße zweckmäßige Zusammenstellung von Requisiten hinausgehen, können Bühnenbilder geschützt sein. in Bezug auf die Gesamtgestaltung des Bühnenraums, in der Zuordnung der einzelnen Bildelemente und in einem formerischen Gestaltungswillen geprägten einheitlichen Stilwirkung; auch naturalistische Gestaltungen, wie ein aus Gebäuden und Torbögen gestalteter Hintergrund oder ein streifiger Himmel, können in den Schutz einbezogen sein (so BGH GRUR 1986, 458 f. – Oberammergauer Passionsspiele; der dort alternativ zugrundegelegten Qualifizierung als Werk der angewandten Kunst ist aber nicht zu folgen, vgl. § 26 Rdnr. 24; vgl. ferner BOSchG UFITA 16 (1943) 148/151 – Elisabeth von England – zur Schutzfähigkeit des Bühnenbildes zu einer Oper aufgrund Abstimmung in Raum, Farbe, Maßen, Licht und Schatten auf Stil und Stimmung des dramatischen und musikalischen Geschehens; BOSchG Schulze SchG 3, 16 – Rosenkavalier – zur künstlerischen, auf das Bühnenbild bezogenen Mitwirkung des technischen Direktors eines Theaters bei der Fernsehübertragung einer Aufführung; LG Köln GRUR 1949, 303/304 f. – Urfaust – zum Schutz der Gesamtheit eines auf einer besonderen konstruktiven Idee beruhenden Bühnenbildes und zur grundsätzlich gegebenen Gestaltungsfreiheit des Bühnenbildners gegenüber dem Regisseur; LAG Berlin GRUR 1952, 100/101 f. – Der Tod des Handelsreisenden – zum Schutz eines im Arbeitsverhältnis geschaffenen Bühnenbildes gegen wesentliche Änderungen auf Veranlassung des Arbeitgebers; LG Düsseldorf UFITA 77 (1976) 282/284 – Die Zimmerschlacht – zum Schutz eines Bühnenbildes aufgrund eigentümlicher Anordnung und Zusammensetzung der Details des Bildes und zur Gestaltungsfreiheit des Bühnenbildners; vgl. zum Schutz von Bühnenbildern auch *Heker*, Der urheberrechtliche Schutz von Bühnenbild und Kulisse, 1990; *Hodik* FuR 1983, 298 ff.; *Sack* JZ 1986, 1015 ff.).

Für den Urheberrechtsschutz von **Kostümen** und **Masken** der Filmdarsteller sowie von für den Film geschaffenen **Puppen** und **Figuren** ist Ausgangspunkt der Beurteilung der Schutz von Werken der bildenden Künste iSd. § 2 Abs. 1 Nr. 4 (s. § 2 Rdnr. 133 ff.); filmspezifische

Gestaltungselemente sind aber wieder stets in Rechnung zu stellen. Soweit die genannten Gegenstände nicht von vorneherein auch zur Verwertung als Muster für Modeerzeugnisse oder im Wege des sog. Merchandising, dh. der Vermarktung als Einzelgegenstände, bestimmt sind, sind sie nicht dem Bereich der angewandten, sondern dem der reinen (freien, hohen) bildenden Kunst zuzuordnen (s. § 26 Rdnr. 24); auch scheidet unter diesen Voraussetzungen ein Geschmacksmusterschutz aus (s. OLG Frankfurt/M GRUR 1955, 210/211; *v. Gamm* GeschmMG Einf. Rdnr. 8, § 1 Rdnr. 13). Dies hat Bedeutung nicht nur für eventuelle Ansprüche aus dem Folgerecht (vgl. § 26 Abs. 8), sondern auch für die Anforderungen an die Gestaltungshöhe als Voraussetzung des urheberrechtlichen Schutzes (s. § 2 Rdnr. 34, 160). Unter Beachtung dieser Besonderheiten kann bei der Beurteilung der Schutzfähigkeit von **Filmkostümen** von den für Modeerzeugnisse anerkannten Grundsätzen ausgegangen werden (s. § 2 Rdnr. 168 mwN; zur regelmäßig schöpferischen Leistung des Kostümbildners beim Film *Bohr* S. 23 f./58 f. mwN; *Christ* S. 60; aA für den Regelfall *v. Gamm* § 2 Rdnr. 21 Stichwort „Kostüme"). Für das Berufsbild des 1. Maskenbildners bei den Bühnen der Stadt Köln und dessen Leistungen sowohl für Theateraufführungen als auch für deren Anpassung an Fernsehaufzeichnungen hat der BGH in GRUR 1974, 672/673 f. – Celestina – mit Rücksicht auf dessen Unterordnung unter die künstlerische Bestimmungsbefugnis von Regisseur, Kostüm- und Bühnenbildner das Vorliegen einer regelmäßigen, also nicht nur in Einzelfällen gegebenen künstlerischen Leistung iSd. § 73 verneint. Künstlerische Gestaltungshöhe vorausgesetzt können aber **Masken** in Film, Fernsehen und Theater im Einzelfall durchaus sogar dem Urheberrechtsschutz zugänglich sein (s. *Bohr* S. 22 f. mwN; *Fromm/Nordemann*[10] § 89 Rdnr. 27; *v. Gamm* § 2 Rdnr. 21; *Reimer* GRUR 1974, 674). Bei lediglich handwerklich nachvollziehender Tätigkeit des Maskenbildners ist stets das Alleinurheberrecht des Künstlers in Betracht zu ziehen, der die Maske entworfen hat (s. § 2 Rdnr. 133, 157 zum Schutz von Entwürfen zu Werken der bildenden Künste). Erfüllt eine von einem Filmmaskenbildner geschaffene Maske sowohl die Schutzvoraussetzungen eines Werkes der bildenden Künste iSd. § 2 Abs. 1 Nr. 4 als auch den Anforderungen des Leistungsschutzes nach § 73, so verdrängt der Urheberrechtsschutz den letzteren (entspr. BGH GRUR 1984, 730/732 – Filmregisseur – mit krit. Anm. von *Schricker*). Für den Urheberrechtsschutz von für den Film geschaffenen **Puppen** und **Figuren** kann von den unter § 2 Rdnr. 149, 165 genannten zahlreichen Entscheidungen ausgegangen werden. In Grenzfällen wird insb. bei fehlender selbstständiger Vermarktung solcher Puppen und Figuren und unter Berücksichtigung filmspezifischer Gestaltungselemente der Schutz großzügig zu bejahen sein (s. die unter § 2 Rdnr. 149, 165 genannten Entscheidungen betr. Mecki-Igel, Bambi und Schlümpfe, bei denen der Urheberrechtsschutz ungeachtet ihrer industriellen Vermarktung und Schutzfähigkeit auch als Geschmacksmuster bejaht wurde; s. neuerdings auch OLG Karlsruhe ZUM 2000, 327/329 – Happy Hippos).

23 **c) Wissenschaftliche Ausgaben und Ausgaben nachgelassener Werke.** Die Auslegungsregeln des § 88 Abs. 1, 2 aF sind nach Abs. 3 aF entsprechend anzuwenden auf die nach §§ 70, 71 durch mit dem Urheberrecht verwandte Schutzrechte geschützten wissenschaftlichen Ausgaben urheberrechtlich nicht (mehr) geschützter Werke und Texte sowie Ausgaben nachgelassener Werke, deren Urheberrechtsschutz erloschen ist (zu den Einzelheiten dieser Schutzrechte vgl. die Kommentierung der §§ 70, 71). § 88 Abs. 3 aF trägt dem Umstand Rechnung, dass auch solche Ausgaben zur Herstellung eines Filmes benutzt, dh. verfilmt werden können. Er ist inzwischen aufgehoben und sein Regelungsinhalt in § 71 Abs. 1 S. 3 übernommen worden, nicht aber in § 70 (so. Rdnr. 2).

2. Einräumung des Verfilmungsrechts

24 **a) Rechtsnatur der in § 88 vorausgesetzten Einräumung des Verfilmungsrechts.** Voraussetzung der Anwendung der Auslegungsregeln des § 88 ist, dass der Urheber es einem anderen „gestattet", sein Werk zu verfilmen. Grundlage für eine solche „Gestattung" ist das ausschließliche Verfilmungsrecht des Urhebers in dem an anderer Stelle beschriebenen Sinne (s. vor §§ 88 ff. Rdnr. 28). Die „Gestattung" iSd. § 88 Abs. 1 scheint der „Einwilligung" iSd. § 23 zu entsprechen, die sich zwar in aller Regel als vertragliche Einräumung eines gegenständlichen Nutzungsrechts darstellt, aber auch bloße einseitige, die Rechtswidrigkeit einer Verwertungshandlung ausschließende Einwilligung oder schuldrechtliche vertragliche Nutzungsgestattung sein kann (s. § 23 Rdnr. 25 mwN). § 88 ist jedoch eindeutig als Spezialnorm für Verfilmungs**verträge** konzipiert (s. die AmtlBegr. BTDrucks. IV/270 S. 98 zu § 98 (jetzt § 88) sowie Rdnr. 1, 2) und setzt daher die vertragliche Einräumung eines Nutzungsrechts iSd. §§ 31 ff. zur Verfilmung voraus (so im Ergebnis auch *v. Gamm* Rdnr. 1, 4). Mit jenen anderen möglichen Deutungen der in § 88

Abs. 1 genannten „Gestattung" wären die in § 88 angeordneten Rechtsfolgen ausschließlicher Nutzungsrechte des Filmherstellers unvereinbar, jedenfalls wären sie in Bezug auf sie übermäßig. Da § 88 das Zweckübertragungsprinzip zugrundeliegt (s. Rdnr. 3) und dieses Prinzip auch auf Einwilligungsrechte iSd. UrhG anzuwenden ist (vgl. BGH GRUR 1979, 637/638 f. – White Christmas – zu § 75 aF; BGH GRUR 1984, 119/121 – Synchronisationssprecher – zu §§ 75, 78, jeweils aF; sa. § 31 Rdnr. 74 ff.), ist aber eine vorsichtige, ausschließliche Rechte des Filmherstellers ausschließende entsprechende Anwendung des § 88 Abs. 1 in inhaltlicher Hinsicht auf bloße einseitige Einwilligungen und rein schuldrechtliche Nutzungsgestattungen durchaus in Betracht zu ziehen.

b) Einräumung des Verfilmungsrechts in Zweifelsfällen. Art der Verfilmung. § 88 **25** enthält selbst **keine Regelung** für die Entscheidung der Frage, ob eine vertragliche **Nutzungsrechtseinräumung** insb. pauschaler Art das **Verfilmungsrecht mit einschließt**, so dass insoweit auf die allgemeinen Regeln zurückgegriffen werden muss (s. Rdnr. 11). Anwendbar ist insb. § 31 Abs. 5, soweit es sich um Verträge aus der Zeit seit Inkrafttreten des UrhG am 1. 1. 1966 handelt (s. §§ 132, 143 Abs. 2). Bei älteren Verträgen ist auf das auch schon vor diesem Zeitpunkt jahrzehntelang anerkannte allgemeine Zweckübertragungsprinzip zurückzugreifen (s. § 31 Rdnr. 64). Entscheidungen zu solchen Verträgen sind für die Anwendung des § 88 insoweit von Interesse, als sie Maßstäbe auch für die Beurteilung neuerer, an § 31 Abs. 5 zu messender Verträge setzen, da auch diese Bestimmung nur eine gesetzliche Anerkennung des Zweckübertragungsgrundsatzes beinhaltet (s. Rdnr. 3; § 31 Rdnr. 64 ff.). Nach allgemeinen urhebervertragsrechtlichen Grundsätzen, nicht nach § 88 ist auch zu beurteilen, auf welche Art der Verfilmung sich die Einräumung eines Verfilmungsrechts bezieht; das Ergebnis dieser Beurteilung entscheidet ua. über die Anwendung der Auslegungsregeln des § 88 Abs. 1 Nr. 3 oder 4 aF (s. Rdnr. 11).

aa) Aus der vom BGH in der Entscheidung „Maske in Blau" (GRUR 1971, 35/39 f.) zu **26** einem **Aufführungsvertrag** zwischen einem Bühnenverlag und einem Theater aus den Jahren 1966/67 sinngemäß angewendeten, wenn auch nicht ausdrücklich zitierten Bestimmung des § 31 Abs. 5 folgt, dass die Einräumung des Aufführungsrechts an einer Operette bei Fehlen einer entsprechenden unzweideutigen Vereinbarung nicht das Recht umfasst, urheberrechtlich geschützte Teile des Bühnenwerks zum Zwecke der Einblendung im Rahmen der bühnenmäßigen Aufführung zu verfilmen. Eine solche Befugnis des Theaters folgt auch nicht aus dem Zweck des Aufführungsvertrags und dem Umstand, dass Filmeinblendungen in Bühnenaufführungen seit längerem ein gebräuchliches Mittel moderner Inszenierung sind. **Pauschale Rechtseinräumungen** haben die Gerichte vor allem in älterer Zeit beschäftigt. So ist bereits im Jahre 1922 entschieden worden, dass unter den Bedingungen des Jahres 1915, als die Verfilmung von Romanen noch selten war, auch die Übertragung des „unbeschränkten Urheber- und Verlagsrechts mit allen Verfügungsrechten ohne Ausnahme" durch einen Romanautor an einen Verlag ohne eigene Filmproduktion das Verfilmungsrecht nicht umfasste (KG GRUR 1923, 140/141 f. – Ein fataler Brief). Dementsprechend erwarb auch ein Verlag im Jahre 1910, als es nur den Stummfilm gab, die Verfilmung von Musikwerken daher noch nicht in Betracht kam und die Verwertung von Opern- und Operettentexten für Filme noch nicht üblich war, an solchen Texten nicht das Verfilmungsrecht, obwohl ihm daran für alle Zeiten „alle gegenwärtigen und künftig fließenden Rechte" übertragen worden waren (RGZ 118, 282/284 ff. – Musikantenmädel). Enthielt ein Verlagsvertrag aus dem Jahre 1955 über einen Roman neben der Übertragung des Verlagsrechts in Buchform und buchnaher Nebenrechte auch eine Vereinbarung über die **Erträgnisverteilung** bei Abschlüssen über die Wiedergabe in **Tonfilm und Rundfunk** mit vollständigem Verbleib der Einnahmen beim Autor im Falle eines Abschlusses durch ihn, so wurden dadurch weder das Verfilmungsrecht, noch das seinerzeit (s. dann auch § 88 Abs. 1 Nr. 3 und 4 aF) gesondert verstandene Recht zur Fernsehnutzung, noch das Recht zur Nutzung in elektronischen Medien einschließlich der digitalen Nutzung, noch die Merchandisingrechte übertragen (so KG ZUM 2000, 595/596 – Sturm am Tegernsee). Dagegen umfasste die Übertragung des Urheberrechts an einem Werbevers an ein werbendes Unternehmen aus dem Jahre 1923 wegen des geringen Wertes des Werkes, des Zuschnitts des Verses auf das Unternehmen und dessen umfassenden Werbeinteresses auch das Recht, den Vers im Tonfilm zu verwerten (OLG Köln GRUR 1934, 758/759).

bb) Das Zweckübertragungsprinzip und die ihm zugrundeliegende Idee, dem Urheber eine **27** möglichst weitgehende wirtschaftliche Beteiligung an der Nutzung seiner Werke zu sichern (s. § 31 Rdnr. 65), aber auch der Schutz der ideellen Interessen, die den Urheber mit seinem Werk verbinden, entscheiden auch über die **Art der Verfilmung,** zu der der Erwerber eines

Verfilmungsrechts befugt ist. So ist vom BGH in der „Kaviar"-Entscheidung (GRUR 1976, 382/383) zu einem Vertrag aus dem Jahre 1959 entschieden worden, dass die Einräumung des Verfilmungsrechts an einem Roman für einen Kino-Spielfilm im Zweifel nicht auch das Recht umfasst, den Roman auch speziell für das Fernsehen zu verfilmen. Wurden einem Filmhersteller durch Verträge aus den Jahren 1949 und 1952 an Bühnenstücken die „uneingeschränkten deutschen Verfilmungsrechte" eingeräumt und von ihm daraufhin entsprechende Filme zur Vorführung in Kinos hergestellt, so umfasste diese Rechtseinräumung nicht auch die spätere Fernsehauswertung dieser Filme (so BGH GRUR 1969, 143/144 f. – Curt Goetz-Filme II). Ein Verlag, dem im Rahmen eines Verlagsvertrags als Nebenrecht unspezifiziert auch das Verfilmungsrecht übertragen wurde, erwarb dadurch nur das Recht, nach dem Werk einen Spielfilm herzustellen, nicht aber das Recht zur Fernsehverfilmung (LG Köln UFITA 42 (1964) 209/211 ff. – Peterchens Mondfahrt). Dagegen umfasste nach Auffassung des OLG Frankfurt/M (Schulze OLGZ 183, 12 ff. – Das Millionenspiel) die Übertragung von „all motion picture rights" an einer Kurzgeschichte nach den Gesamtumständen des Vertrags auch das Recht der speziellen Fernsehverfilmung. Trotz Anerkennung der Tonfilmverwertung eines Werkes als einer gegenüber dem Stummfilm selbstständigen Verwertungsart (s. RGZ 140, 231/242 f. – Tonfilm) entschied das RG, dass die Übertragung der gesamten Urheberrechte einschließlich des Verfilmungsrechts an einer Operette (Musik und Textbuch) bereits in den Jahren 1923/24 auch die Tonfilmverwertung umfasste, obwohl der Tonfilm zu dieser Zeit zwar als technische Erfindung schon vorlag, sich aber noch nicht bis zur praktisch durchführbaren Verwertungsart entwickelt hatte; tragender Gesichtspunkt für dieses Ergebnis war, dass die Parteien für alle Werkverwertungen eine **prozentuale Beteiligung der Urheber an den Erträgnissen** vereinbart hatten, wodurch das Ziel des Zweckübertragungsprinzips erreicht wurde (RGZ 140, 255/257 f. – Der Hampelmann). Fehlt es an einer solchen Beteiligung, so erscheint es mit der vor 1966 geltenden Rechtslage nicht vereinbar, anzunehmen, dass eine pauschale, aber auch zukünftige Nutzungsarten umfassende Übertragung der Rechte an einem Filmdrehbuch aus dem Jahre 1956 auch die spätere Videonutzung des Filmes umfasste (gegen LG Hamburg ZUM-RD 1999, 134/135 f. – Heinz Erhard; sa. § 89 Rdnr. 3). Eine inhaltliche Begrenzung der Verfilmungsbefugnis eines Filmherstellers folgerte der BGH in der Entscheidung „Bel ami" (GRUR 1957, 611/612 f.) aus dem Zweckübertragungsprinzip. Werden Werke, wie Filmmusik und Liedertexte, speziell für Filme mit bestimmtem Inhalt geschaffen, so erlaubt es auch die Übertragung der „unbeschränkten Urheberrechte" einschließlich des Rechts „zur Wiederverfilmung und mehrmaligen Ausübung" dem Produzenten nicht, diese Werke auch für **Filme mit ganz anderem Inhalt** zu verwerten. Der BGH betont dabei ua. das aus der künstlerischen Einheit von Musik und Bilderfolge resultierende spezifische künstlerische Interesse des Filmkomponisten, zu wissen, in welchem filmischen Rahmen seine Musik der Öffentlichkeit dargeboten wird. Die Übertragung aller Urheberrechte durch einen Vertrag, der die Verwendung von Musik als Hintergrundmusik für Fernsehfilme bezweckte, umfasste weder das Verlagsrecht noch das Bühnenaufführungsrecht (so BGH GRUR 1971, 481/482 – Schwarzwaldfahrt).

28 c) **Vertragsparteien und Vertragsarten. aa)** Entscheidendes Kriterium für die Anwendung der Auslegungsregeln des § 88 ist die vertragliche Einräumung des Verfilmungsrechts (s. Rdnr. 24) durch den **Urheber** an einen **anderen** (Abs. 1). In der Regel ist dieser andere ein **Filmhersteller,** doch macht § 88 dies nicht zur Bedingung. Er ist daher auch dann anzuwenden, wenn der Urheber das Verfilmungsrecht zB im Rahmen eines Verlagsvertrags als Nebenrecht einem **Verlag** einräumt (ebenso *Dreier/Schulze*[3] Rdnr. 26; *Fromm/Nordemann*[10] Rdnr. 26). Da der Verlag bei einer Weiterübertragung des Verfilmungsrechts oder Einräumung eines entsprechenden Nutzungsrechts zweiter Stufe (s. vor §§ 28 ff. Rdnr. 51) an einen Filmhersteller nicht mehr Rechte übertragen kann, als er selbst erworben hat, kann nur so dem Gesetzeszweck, dem Filmhersteller eine angemessene Verwertung des Filmes zu sichern (s. Rdnr. 2), Genüge getan werden (zur Verfügungsbefugnis des Verlags nur im eigenen Namen, nicht im Namen des Urhebers bei treuhänderischer Wahrnehmung des Verfilmungsrechts BGH GRUR 1962, 595/597 f. – Kleine Leute – große Reise). Dementsprechend müssen die Auslegungsregeln des § 88 trotz Erwähnung nur des Urhebers als Verfügenden im Wortlaut der Bestimmung auch auf die genannten **Verfügungen des Verlags gegenüber dem Filmhersteller** Anwendung finden (im Ergebnis ebenso *Dreier/Schulze*[3] Rdnr. 26; *Fromm/Nordemann*[10] Rdnr. 25; *Loewenheim/Schwarz/U. Reber* § 74 Rdnr. 21; *Wandtke/Bullinger*[3] Rdnr. 11). Aus den gleichen Gründen ist § 88 auch anwendbar auf die Übertragung des Verfilmungsrechts seitens des Urhebers an eine **Verwertungsgesellschaft** zur Wahrnehmung und auf die Vergabe des Verfilmungsrechts durch eine

solche Gesellschaft an einen Filmhersteller (BGH GRUR 1977, 42/43 – Schmalfilmrechte –, insoweit in BGHZ 67, 56 nicht abgedruckt, wendet auf den GEMA-Berechtigungsvertrag von 1968 sinngemäß, wenn auch nicht ausdrücklich, § 88 Abs. 1 Nr. 2 aF an, wenn er aus dem Erwerb des Verfilmungsrechts durch die GEMA darauf schließt, dass dieser damit „in gewissem Umfang auch Vervielfältigungs- und Verbreitungsrechte übertragen" wurden; sa. OLG Köln GRUR 1983, 568/569 – Video-Kopieranstalt). Anzuwenden sind die Auslegungsregeln des § 88 auch auf die Einräumung des Verfilmungsrechts an in **Arbeitsverhältnissen** geschaffenen Werken durch den Arbeitnehmer an den Arbeitgeber (ebenso *Loewenheim/Schwarz/U. Reber* § 74 Rdnr. 21); § 43 steht dem nicht entgegen, jedoch kann sich aus dieser Bestimmung bzw. dem dort angesprochenen Inhalt oder Wesen des Arbeitsverhältnisses oder aus Tarifverträgen oder Einzelarbeitsverträgen die Einräumung weitergehender Rechte ergeben, als § 88 aF es vorsieht (s. § 43 Rdnr. 48 ff. sowie Rdnr. 115 ff., 122 ff. zu den Tarifverträgen mit Urheberrechtsklauseln in den Bereichen Fernsehen und Film). Anwendbar ist § 88 auf Verträge der Filmhersteller mit **Inhabern der Rechte aus §§ 70, 71** (s. Rdnr. 23 sowie § 88 Abs. 3 aF), nicht aber auf Verträge mit **ausübenden Künstlern** (*Fromm/Nordemann*[10] Rdnr. 41); für letztere gilt § 92 nF.

bb) Hauptanwendungsfälle des § 88 sind **Verfilmungsverträge** mit Filmherstellern und **29** **Sendeverträge** auf der Grundlage von sog. **Honorarbedingungen (Sendeverträge) für Urheber/Fernsehen bzw. Allgemeinen Bedingungen** mit Rundfunkanstalten über vorbestehende Werke (vgl. die Vertragsmuster und Honorarbedingungen im Münchener Vertragshdb. Bd. 3 Wirtschaftsrecht[5] S. 962 ff. (bearbeitet von *Hertin*); Verfilmungsvertrag auch bei *Schulze* Urhebervertragsrecht[3] S. 787 ff. und in UFITA 63 (1972) 181 ff.; zur Terminologie und zu den Rechten und Pflichten der Vertragsparteien aus Verfilmungsverträgen s. vor §§ 28 ff. Rdnr. 155 ff., zu Sendeverträgen Rdnr. 144 ff.). Zum Teil verwenden die Rundfunkanstalten auch für Urheber filmbestimmt geschaffener, aber auch selbständig verwertbarer Werke, auf die § 88, auch § 89 Abs. 1, 2 anzuwenden ist (s. Rdnr. 13, 19 ff.), nämlich für Filmarchitekten, Filmdekorateure, Kostüm- und Maskenbildner und Choreographen, ihre **Honorarbedingungen** bzw. **Allgemeinen Bedingungen für Urheber/Fernsehen (Mitwirkendenverträge)** (s. Münchener Vertragshdb. Bd. 3 Wirtschaftsrecht[5] 980 ff. (bearbeitet von *Hertin*) sowie die Anm. 1 auf S. 988 f.). Spezielle Verträge werden üblicherweise über die literarischen Vorstufen des Filmwerks sowie über die Filmmusik geschlossen; auch auf diese Verträge sind die Auslegungsregeln des § 88 anwendbar. Im einzelnen handelt es sich hierbei um sog. **Filmmanuskriptverträge** über alle Vorstufen des Rohdrehbuchs, also insb. Filmexposé und Filmtreatment (s. Rdnr. 17) (Muster bzw. Vertragsbedingungen bei *Schulze* Urhebervertragsrecht[3] S. 776 ff. und in UFITA 63 (1972) 186 ff.; Münchener Vertragshdb. Bd. 3 Wirtschaftsrecht[5] S. 865 ff. (bearbeitet von *Hertin*), das in den Filmmanuskriptvertrag Drehbücher einbeziebt), **Filmdrehbuchverträge** (*Schulze* Urhebervertragsrecht[3] S. 781 ff. und in UFITA 63 (1972) 189 ff.; Münchener Vertragshdb. Bd. 3 Wirtschaftsrecht[5] S. 868 ff. (bearbeitet von *Hertin*) und **Filmmusikverträge** (Münchener Vertragshdb. Bd. 3 Wirtschaftsrecht[5] S. 877 ff. (bearbeitet von *Hertin*); *Schulze* Urhebervertragsrecht[3] S. 793 ff.).

Nach dem **Berechtigungsvertrag der GEMA** (zuletzt Fassung von 2007) übertragen **30** Komponisten und Textdichter bzw. Musikverlage als deren Treuhänder der GEMA zur Wahrnehmung ua. das Filmherstellungsrecht (= Verfilmungsrecht, s. vor §§ 88 ff. Rdnr. 27) (§ 1 lit. i), dies allerdings nur unter auflösender Bedingung: Diese tritt ein, wenn der Urheber oder Verlag das Verfilmungsrecht selbst einem Filmhersteller zum Zweck der Herstellung eines **Filmes** einräumt, der zur **öffentlichen Vorführung in Filmtheatern** und gleichzustellenden Vorführungsräumen bestimmt ist, und dies der GEMA schriftlich mitteilt (s. zu dieser Regelung und zu weiteren Einzelheiten *Becker* ZUM 1999, 16/17 ff.; *Dreier/Schulze*[3] Rdnr. 19 ff.; *Loewenheim/Schwarz/U. Reber* § 74 Rdnr. 11; *Möhring/Nicolini*[2] Rdnr. 11). Macht der Urheber eines musikalischen Werkes oder sein Rechtsnachfolger von der Möglichkeit des Rückerwerbs des Verfilmungsrechts von Seiten der GEMA Gebrauch, so kann er nach § 96 gegen die öffentliche Wiedergabe dieses Werkes in Verbindung mit einem darauf abgestimmten Videofilm vorgehen, wenn eine vertragliche Einigung über diese Nutzung nicht zustande gekommen ist; dies gilt auch dann, wenn das Musikstück parallel zur Filmvorführung von einem Tonträger abgespielt wird (so LG München I ZUM 1993, 289/291 ff. – Carmina Burana – rechtskräftig, zu einem Videofilm im Rahmen einer Auftrittsshow des Popsängers Michael Jackson). Dies gilt auch, wenn bei Fernsehproduktionen unter Beteiligung Dritter, wie bei **Fernseh-Koproduktionen**, das Filmherstellungsrecht nach § 1 lit. i Abs. 3 S. 2 des GEMA-Berechtigungsvertrags bei den Urhebern bzw. Musikverlagen verbleibt, nicht aber für das Recht zur weiteren Vervielfältigung und Verbreitung selbst der ohne Einwilligung dieser Rechtsinhaber und damit rechtwidrig her-

§ 88

gestellten Filme auf Bild- und Tonträgern, das nach § 1 lit. h. S. 1 des Berechtigungsvertrags wiederum von der GEMA wahrgenommen wird (so BGH GRUR 2006, 319/320/322 – Alpensinfonie). Aus der generellen ausschließlichen Wahrnehmungsbefugnis der GEMA im Hinblick auf **Fernseh-Eigen- und Auftragsproduktionen** für Sendezwecke nach § 1 lit. i Abs. 3 S. 1 des GEMA-Berechtigungsvertrags (das sog. Senderprivileg; s. dazu *Staudt*, in *Kreile/Becker/Riesenhuber*, Recht und Praxis der GEMA, 2. Aufl. 2008, Kap. 10 Rdnr. 263 ff.) folgt eine dingliche Beschränkung des allgemeinen, der GEMA nur unter der genannten auflösenden Bedingung eingeräumten Filmherstellungsrechts nach § 1 lit. i Abs. 1 des GEMA-Berechtigungsvertrags. Daraus folgt, dass der Hersteller eines Kinofilms, der von einem der GEMA angehörenden Komponisten das ausschließliche Filmherstellungsrecht an der Filmmusik erworben hat, den Komponisten nicht auf Schadensersatz in Anspruch nehmen kann, wenn mit dessen Zustimmung und von der GEMA genehmigt die Filmmusik später als **Titelmelodie einer Fernsehserie** Verwendung findet (so LG München I ZUM 2006, 580/582 f. – Zum Beispiel Otto Spalt). Hat die GEMA das Vervielfältigungs- und Verbreitungsrecht an der Musik für einen **Kinofilm** wirksam vergeben, so können die Komponisten bzw. Musikverlage für die Videoauswertung eines solchen Filmes **nicht** noch einmal ein spezielles **Video-Verfilmungsrecht** oder Video-Filmherstellungsrecht geltend machen (so BGH BGHZ 123, 142/145 ff. – Videozweitauswertung II, und dazu vor §§ 88 ff. Rdnr. 29).

Frühere Fassungen des GEMA-Berechtigungsvertrags sahen eine Verpflichtung der GEMA zur Rückübertragung des Verfilmungsrechts vor (s. zu den dabei entstandenen Rechtsfragen LG München I FuR 1984, 266 ff. – GEMA/Filmrechte; vgl. ferner zur Anwendung des § 31 Abs. 4, 5 auf den GEMA-Berechtigungsvertrag von 1968 BGHZ 95, 274/282 ff. – GEMA-Vermutung I – und BGH GRUR 1988, 296/297 ff. – GEMA-Vermutung IV – sowie § 31 a Rdnr. 21 ff.; zur Rechtsinhaberschaft bei der Videozweitverwertung von Kinofilmen uÄ s. vor §§ 88 ff. Rdnr. 29).

31   cc) Auf **Filmverwertungsverträge,** insb. auf die Verträge der Filmhersteller mit Sendeunternehmen, Filmverleihunternehmen und die Verträge der letzteren mit Filmtheatern (s. dazu vor §§ 28 ff. Rdnr. 166 ff.), ist § 88 nicht anzuwenden (ebenso *Fromm/Nordemann*[10] Rdnr. 25), jedoch sind die Verwertungsbefugnisse der genannten Unternehmen davon abhängig, dass der Filmhersteller als ihr Vertragspartner seinerseits, uU nach § 88, die erforderlichen Rechte erworben hat.

III. Umfang der Rechtseinräumung nach § 88 Abs. 1 nF 2002, 2007 und aF: Herstellung und Verwertung des Filmwerks (zT diff. Verträge seit 1. 1. 1966, 1. 7. 2002 und 1. 1. 2008)

32   Die Auslegungsregeln des § 88 betreffen die Befugnisse des Erwerbers des Verfilmungsrechts an einem geschützten Werk und unterscheiden zwischen Herstellung und Verwertung eines ersten Filmes (Abs. 1) sowie der Wiederverfilmung desselben Werkes durch den Erwerber des Verfilmungsrechts bzw. einen Rechtsnachfolger und der anderweitigen filmischen Verwertung dieses Werkes durch den Urheber bzw. einen von diesem bestimmten anderen Filmhersteller (Abs. 2). Innerhalb des Abs. 1 aF ist zu unterscheiden zwischen der Herstellung und Verwertung des Filmwerks in unveränderter Form (Nr. 1–4) und der (Herstellung und) Verwertung einer Bearbeitung oder sonstigen Umgestaltung des Filmwerks, insb. einer Übersetzung (Nr. 5). Implizit liegt diese Unterscheidung auch § 88 Abs. 1 nF 2002 und 2007 zugrunde.

1. Benutzung des Werkes zur Filmherstellung (§ 88 Abs. 1 nF 2002, 2007 und § 88 Abs. 1 Nr. 1 aF)

33   a) Da die Anwendung der Auslegungsregeln des § 88 die Einräumung des Verfilmungsrechts voraussetzt (s. Rdnr. 24) und Verfilmung eines Werkes nichts anderes ist als die Herstellung eines Filmes unter Benutzung des Werkes, wobei dieses unverändert oder verändert in den Film eingehen kann (s. vor §§ 88 ff. Rdnr. 23 ff.), enthalten § 88 Abs. 1 nF 2002 und 2007 und § 88 Abs. 1 Nr. 1 aF, indem sie somit das Recht des Erwerbers des Verfilmungsrechts zur Verfilmung feststellen, nur eine Selbstverständlichkeit; die Bestimmungen haben insoweit nur klarstellende Funktion. Die in ihnen enthaltene Einschränkung, dass der Erwerber des Verfilmungsrechts zur Herstellung eines (urheberrechtlich geschützten) Filmwerks befugt ist, ist praktisch ohne Bedeutung, da § 88 nach § 95 auch auf die Herstellung und Verwertung urheberrechtlich nicht geschützter Filme, sog. Laufbilder (s. vor §§ 88 ff. Rdnr. 20), anzuwenden ist. Über eine bloße

Klarstellung geht die in § 88 Abs. 1 nF und § 88 Abs. 1 Nr. 1 aF iVm. dem einleitenden Satz des § 88 Abs. 1 aF enthaltene Regelung hinaus, dass der Erwerber des Verfilmungsrechts (auch) für die Filmherstellung ein **ausschließliches** Nutzungsrecht erwirbt.

b) Auf **dieses Recht** ist § 31 Abs. 3 über die Befugnisse des Inhabers eines ausschließlichen **34** Nutzungsrechts anzuwenden (s. dazu § 31 Rdnr. 11 f.). Speziell für das Nutzungsrecht nach § 88 Abs. 1 Nr. 1 aF gelten auch **§§ 34, 35** über das Erfordernis der Zustimmung des Urhebers zur Übertragung des Nutzungsrechts und zur Einräumung weiterer, nach § 35 aF einfacher Nutzungsrechte durch den Inhaber eines ausschließlichen Nutzungsrechts; § 90 aF ordnet die Nichtanwendung dieser Bestimmungen nur für die in § 88 Abs. 1 Nr. 2–5 aF bezeichneten Rechte an (s. dazu § 90 Rdnr. 8, 9). § 90 S. 2 nF stellt entsprechend klar, dass sich die Urheber ua. auf die §§ 34 und 35 erst ab Beginn der Dreharbeiten nicht mehr berufen können (s. BT-Drucks 14/8058 S. 22). Nach den ebenfalls anwendbaren **§§ 31 Abs. 1 S. 2 nF, 32 aF** kann auch das Verfilmungsrecht als Nutzungsrecht räumlich, zeitlich und inhaltlich beschränkt eingeräumt werden. Ob solche Beschränkungen vorliegen, ist in erster Linie den vertraglichen Vereinbarungen zu entnehmen (s. allg. vor §§ 28 ff. Rdnr. 85). Um eine räumliche Beschränkung des Nutzungsrechts geht es dabei streng genommen nicht bei der Frage nach der **internationalen Reichweite** der Rechtseinräumung (s. vor §§ 28 ff. Rdnr. 90 f.). Ist eine Rechtseinräumung insoweit unbeschränkt, so bedeutet dies nach dem das internationale Urheberrecht beherrschenden Territorialitätsprinzip (s. vor §§ 120 ff. Rdnr. 120 ff.), dass der Erwerber des deutschen Nutzungsrechts auch die diesem entsprechenden ausländischen Befugnisse erworben hat, was ua. die betreffenden ausländischen Recht zu entnehmende Verfügungsbefugnis des Urhebers voraussetzt. Unter Berücksichtigung dieses Vorbehalts ist § 88 aF und nF für Zweifelsfälle das **Prinzip der international räumlich unbegrenzten Einräumung des Verfilmungsrechts,** des sog. **Weltverfilmungsrechts,** zu entnehmen, das auch die Filmvertragspraxis beherrscht (ebenso *Dreier/Schulze*³ Rdnr. 38; *Loewenheim/Schwarz/U. Reber* § 74 Rdnr. 28; aA Fromm/Nordemann⁹ Rdnr. 24; wie hier jetzt *Fromm/Nordemann*¹⁰ Rdnr. 49). Für die Filmverwertung folgt dies bereits aus § 88 Abs. 1 nF 2002 und 2007, § 88 Abs. 1 Nr. 5 aF, über das Recht zur Verwertung des Filmwerks in einer den ausländischen Bedürfnissen angepassten, insb. übersetzten, Form (s. Rdnr. 50 ff.). Aber auch für das Filmherstellungsrecht nach § 88 Abs. 1 Nr. 1 aF kann nichts anderes gelten (im Ergebnis ebenso *Dreier/Schulze*³ Rdnr. 38). Im Hinblick auf **vertragliche Vereinbarungen über eine zeitliche Beschränkung** ist zwischen dem Recht zur Filmherstellung und dem zur Filmverwertung zu unterscheiden und durch Vertragsauslegung festzustellen, ob nur das erstere oder auch das letztere beschränkt werden sollte (BGHZ 5, 116/122 f. – Parkstraße 13 – zur Verfilmung eines Bühnenwerks mit dem Ergebnis einer zeitlichen Beschränkung beider Rechte und dinglicher Wirkung dieser Beschränkung auch gegenüber dem, dem der Filmhersteller ein zeitlich unbeschränktes Vorführungsrecht eingeräumt hat; zust. *Schwarz/Schwarz* ZUM 1988, 429/434 Fn. 25; ebenso *Joch,* Fs. für Schwarz, S. 131/145). Str. ist, ob dieser Entscheidung als generelle Regel für Zweifelsfälle entnommen werden kann, dass bei einer vertraglich vereinbarten zeitlichen Beschränkung des Filmherstellungsrechts auch die Rechte zur Filmauswertung zeitlich beschränkt sind (so *Dreier/Schulze*³ Rdnr. 39) oder zeitlich unbeschränkt eingeräumt wurden (so *Fromm/Nordemann*¹⁰ Rdnr. 48; *v. Hartlieb/Schwarz*⁴ 93. Kap. Rdnr. 15). Es empfiehlt sich daher, die Frage vertraglich ausdrücklich zu regeln. In Bezug auf mögliche **inhaltliche Beschränkungen** des Filmherstellungsrechts ist auf die in Rdnr. 27 genannten Filmarten (Vorführfilm, Fernsehfilm, Tonfilm, Stummfilm) hinzuweisen, denen noch der Videofilm beizufügen ist (s. zur Parallele der Nutzungsarten vor §§ 28 ff. Rdnr. 92 ff.). Eine dinglich wirkende inhaltliche Beschränkung des Filmherstellungsrechts ist auch in der Form möglich, dass der Filmhersteller nur ein Filmwerk mit einem bestimmten Inhalt herstellen darf (BGH GRUR 1957, 611/612 f. – Bel ami – zur Filmmusik und Wirkung solcher Beschränkung auch gegenüber dem Rechtsnachfolger des Filmherstellers; s. zum Ganzen auch Rdnr. 27 sowie vor §§ 28 ff. Rdnr. 87 ff., 92 ff.).

c) Die Frage, zu welchen **Änderungen des verfilmten Werkes** der Filmhersteller befugt **35** ist, ist in erster Linie nach den getroffenen Vereinbarungen (s. § 39 Abs. 1), im Übrigen aufgrund einer Gesamtwertung der §§ 14, 29 Abs. 2, 39, 93 zu entscheiden, wobei § 14 mit dem Gebot der Interessenabwägung und § 93 mit dem Merkmal des Verbots nur der gröblichen Entstellung oder anderen gröblichen Beeinträchtigung auch gegenüber dem Merkmal von Treu und Glauben in § 39 Abs. 2 den entscheidenden Maßstab setzen (s. dazu im einzelnen die Kommentierung des § 93, insb. Rdnr. 2, 14 ff.). Zur Frage der **Verpflichtung des Erwerbers des Verfilmungsrechts, dieses auszuüben,** vgl. vor §§ 28 ff. Rdnr. 162. Bei Nichtausübung kann

§ 88 Recht zur Verfilmung

der Urheber das Verfilmungsrecht **nach § 41 zurückrufen**; bezüglich des in § 88 Abs. 1 Nr. 1 aF geregelten Filmherstellungsrechts schließt § 90 aF die Anwendung des § 41 nicht aus; nach § 90 S. 2 nF iVm. § 88 Abs. 1 nF entfällt 2002 und 2007 das Recht des Urhebers eines vorbestehenden Werkes nach § 41 erst ab Beginn der Dreharbeiten (s. dazu § 90 Rdnr. 8, 9; dort auch zum **Rückrufsrecht wegen gewandelter Überzeugung** iSd. § 42).

2. Nutzung des Filmwerks auf alle (bzw. alle bekannten) Nutzungsarten (§ 88 Abs. 1 nF 2002 und 2007)

36 Räumt der Urheber eines vorbestehenden Werkes einem Filmhersteller oder anderen Werkverwerter (so. Rdnr. 28) das Verfilmungsrecht **ausdrücklich** auch für im Zeitpunkt des Vertragsabschlusses noch **unbekannte Nutzungsarten** ein, so scheitert die Wirksamkeit einer solchen Rechtseinräumung seit Inkrafttreten des Zweiten Gesetzes zur Regelung des Urheberrechts in der Informationsgesellschaft vom 26. 10. 2007 (BGBl. I S. 2513) am 1. 1. 2008 nicht mehr an § 31 Abs. 4, der durch dieses Gesetz aufgehoben wurde (so. Rdnr. 2). Sie scheitert auch nicht daran, dass eine solche Nutzungsart bei Vertragsabschluss noch nicht im Einzelnen bezeichnet, sondern nur durch eine **pauschale Formulierung**, wie diejenige einer Rechtseinräumung auch für erst künftig entstehende Technologien, erfasst werden konnte (so die AmtlBegr. BT-Drucks. 16/1828 S. 24). Bestehen insoweit **Zweifel**, weil zB die Rechtseinräumung ohne nähere Spezifizierung auf **alle Nutzungsarten** lautet, so greift § 88 Abs. 1 S. 1 nF 2007 Platz: Die Rechtseinräumung bezieht sich auch auf bei Vertragsabschluss noch unbekannte, erst zukünftig bekannt werdende Nutzungsarten (zum Sinn und Zweck dieser Neuerung s. bereits oben Rdnr. 2). Voraussetzung dieser den Filmhersteller oder sonstigen Erwerber des Verfilmungsrechts begünstigenden gesetzlichen Vermutung ist allerdings ein Regelfall, dass der betreffende Vertrag **schriftlich** abgefasst ist (s. die AmtlBegr. BT-Drucks. 16/1828 S. 33; *Dreier/Schulze*[3] Rdnr. 51 a; *Fromm/Nordemann*[10] Rdnr. 72; *Wandtke/Bullinger*[3] Rdnr. 52). Dies folgt daraus, dass § 88 Abs. 1 S. 2 nF 2007 ausdrücklich nur § 31 a Abs. 1 S. 3 und 4, nicht aber S. 1 und 2 für nicht anwendbar erklärt. Lediglich die unentgeltliche Einräumung eines einfachen, dh. nicht ausschließlichen Verfilmungsrechts für jedermann durch den Urheber bedarf nicht der Schriftform (§ 31 a Abs. 1 S. 2). Gedacht ist hierbei an sog. **Open Access**- und **Open Source**-**Verwertungsmodelle** (s. die Stellungnahme des Bundesrats zum RegE des Gesetzes vom 26. 10. 2007, BT-Drucks. 16/1828 S. 37; BR-Drucks. 257/06 S. 3, Bericht des Rechtsausschusses des Deutschen Bundestags BT-Drucks. 16/5939 S. 44), für die es im Filmbereich vor allem bei interaktiven Computerspielen (s. zu diesen vor §§ 88 ff. Rdnr. 44) Anwendungsfälle geben dürfte. Die Vermutung des § 88 Abs. 1 nF 2007 ist im Übrigen nur auf **Verträge** aus der **Zeit ab 1. 1. 2008** anwendbar (so. Rdnr. 2). **Mangelt** es solchen Verträgen an der erforderlichen **Schriftform**, so ist auf sie § 88 Abs. 1 nF 2007 dahingehend auszulegen, dass die dort bestimmte Vermutung sich nur auf **bekannte** Nutzungsarten erstreckt. Dies bedeutet, dass diese Bestimmung auf solche Verträge ebenso anwendbar ist wie § 88 Abs. 1 nF 2002 auf Verträge aus der **Zeit ab 1. 7. 2002 bis 31. 12. 2007** (so. Rdnr. 2 zu den verschiedenen bei § 88 zu beachtenden Vertragsepochen). Durch das Schriftformerfordernis nur in Bezug auf die Rechtseinräumung für unbekannte Nutzungsarten zwingt auch § 88 nF 2007 ebenso wie § 88 nF 2002 zur **Unterscheidung** zwischen **bekannten und unbekannten Nutzungsarten**. Ist, wie im Filmbereich jedenfalls bei Verträgen über vorbestehende Werke üblich, die Schriftform aber gewahrt, so reduziert sich die Bedeutung dieser Unterscheidung allerdings auf den **Vergütungsaspekt** gemäß der Sonderregelung des **§ 32 c** für die Einräumung von Nutzungsrechten für unbekannte Nutzungsarten und auf die **Übergangsregelung** des **§ 137 l**.

§ 88 Abs. 1 nF 2002 sieht als gesetzliche Auslegungsregel für Zweifelsfälle der Einräumung filmischer Nutzungsrechte an vorbestehenden Werken vor, dass eine solche Rechtseinräumung das ausschließliche Recht beinhaltet, das **Filmwerk** sowie Übersetzungen und andere filmische Bearbeitungen auf **alle bekannten Nutzungsarten** zu nutzen. Diese Vermutung unbekannte Nutzungen noch aussparender, aber sonst umfassender Rechtseinräumung an den Erwerber des Verfilmungsrechts ist erst durch das neue Urhebervertragsgesetz aus dem Jahre 2002 eingeführt worden (s. Rdnr. 2). Sie gilt gemäß § 132 Abs. 3 S. 1 nur für **Rechtseinräumungen, die seit dem 1. 7. 2002** vorgenommen werden oder wurden (s. Rdnr. 2). Wie den Vermutungen beschränkter Rechtseinräumung insbesondere nach § 88 Abs. 1 Nr. 2–4 aF liegt der im Jahre 2002 (und dann auch im Jahre 2007) eingeführten (bzw. noch einmal erweiterten), auf die Verwertung des Filmwerks bezogenen Vermutung die berechtigte Vorstellung zugrunde, dass mit der Verwertung eines **Filmwerkes** auch die darin enthaltenen filmisch benutzten, **vorbestehenden**

Werke verwertet werden (s. Rdnr. 1/37), die Regelungsgegenstand des § 88 aF und nF 2002 und 2007 sind. Mit der Neuregelung des § 88 Abs. 1 im Jahre 2002 sollte die Rechtslage hinsichtlich der Einräumung von Nutzungsrechten an filmisch benutzten Werken derjenigen der Rechtseinräumung durch Filmurheber nach § 89 Abs. 1 in der seinerzeitigen aF angeglichen werden (s. Rdnr. 2). Von den unterschiedlichen Anknüpfungspunkten (insbes. Gestattung der Verfilmung bei § 88 Abs. 1 und Verpflichtung zur Mitwirkung bei der Herstellung eines Filmes bei § 89 Abs. 1) der beiden Auslegungsregeln abgesehen, sind diese nahezu identisch formuliert. Der einzige Unterschied liegt darin, dass § 89 Abs. 1 aF und nF neben Übersetzungen und anderen filmischen Bearbeitungen auch „**Umgestaltungen**" des Filmwerkes in die Auslegungsregel einbeziehen, was in § 88 Abs. 1 nF 2002 und 2007 fehlt. Es kann aber davon ausgegangen werden, dass es sich insoweit lediglich um ein **Redaktionsversehen** bei der Formulierung der letzteren Vorschrift handelt (ebenso *Haas* S. 101 Rdnr. 377). Die Angleichung des § 88 Abs. 1 nF 2002 und 2007 an die zunächst, 2002, bereits seit Jahrzehnten geltende und gehandhabte Fassung des § 89 Abs. 1 aF und dann, 2007, parallel um unbekannte Nutzungsarten erweiterte Fassung des § 89 Abs. 1 nF legt es nahe, im Folgenden für § 88 Abs. 1 nF 2002 und 2007 auf die **Kommentierung des § 89 Abs. 1 aF und nF** zu verweisen. Die wichtigsten dort wiedergegebenen Ergebnisse seien daher hier nur **stichwortartig zusammengefasst**; sie betreffen teils Rechtseinräumungen nur nach § 88 Abs. 1 nF 2002, teils auch solche nach § 88 Abs. 1 nF 2007:

– Entgegen dem formal umfassenden Wortlaut des **§ 88 Abs. 1 nF 2002, 2007** („alle bekannten Nutzungsarten" bzw. „alle Nutzungsarten") gebietet der Schutz der Urheber gegen eine unnötige und damit zu weitreichende Entäußerung ihrer Rechte eine Beschränkung der vermuteten Rechtseinräumung auf die je nach Filmart **übliche Nutzung** (s. § 89 Rdnr. 10). Dabei kann weiterhin zwischen **Vorführfilmen, Fernsehfilmen** und **Videoproduktionen** unterschieden werden (s. Rdnr. 41 sowie § 89 Rdnr. 13–18).
– Wie § 89 Abs. 1 aF (s. dort Rdnr. 11–12) hat auch **§ 88 Abs. 1 nF 2002** keine Rechtseinräumung für im Zeitpunkt des Vertragsschlusses noch **unbekannte Nutzungsarten** zur Folge. Dasselbe kann sich im Hinblick auf Verträge aus der Zeit ab dem 1. 1. 1966 bis zum 31. 12. 2007 auch bereits aus dem Vorrang des § 31 Abs. 4 ergeben (s. Rdnr. 7). Nähere Erläuterungen dazu, was bis zu welchem Zeitpunkt als unbekannte Nutzungsart speziell im Filmbereich zu beurteilen ist, finden sich unter Rdnr. 7, 48 sowie zusammenfassend unter § 89 Rdnr. 11. Speziell zu § 88 Abs. 1 nF 2002 ist zu beachten, dass diese Bestimmung erst auf **Rechtseinräumungen ab 1. 7. 2002** anwendbar ist (s. Rdnr. 2). Die meisten Nutzungsarten, die bisher zur Diskussion standen, dürften zu diesem Zeitpunkt jedenfalls bereits bekannt gewesen sein (so auch *Dreier/Schulze*[3] Rdnr. 49).
– Wie nach § 89 Abs. 1 aF und nF (dort Rdnr. 19) erstreckt sich auch nach **§ 88 Abs. 1 nF 2002 und 2007** die Vermutung der Rechtseinräumung für alle bekannten bzw. für alle Nutzungsarten sinngemäß **nicht auf gesetzliche Vergütungsansprüche** und das sog. **Zweitwiedergaberecht**. Dasselbe gilt auch für die Auslegungsregeln des § 88 Abs. 1 aF (s. Rdnr. 49).
– Und schließlich gilt auch für **§ 88 Abs. 1 nF 2002 und 2007**, dass die vermutete Rechtseinräumung nur die **filmische Verwertung** des Filmwerks und der darin enthaltenen benutzten Werke betrifft, nicht aber die außerfilmische Nutzung, wie diejenige als bloßer Soundtrack, als Buch, zur Illustration eines Zeitschriftenartikels (s. OLG Hamburg GRUR-RR 2003, 33/35 f. – Maschinenmensch – zu einem Film aus dem Jahr 1926 und damit zur Vertragsrechtslage vor 1966), als Merchandisingartikel (s. § 89 Rdnr. 20) oder die Einstellung von Einzelbildern eines Films in ein Online-Archiv im Internet (so OLG München GRUR-RR 2008, 228/229 – filmische Verwertung, zu dem inzwischen aufgehobenen (s. vor §§ 88 ff. Rdnr. 12) § 91 im Hinblick auf Vereinbarungen bis zum 30. 6. 2002). Dasselbe gilt in gleicher Weise auch für die Rechtslage nach § 88 Abs. 1 aF (s. Rdnr. 42).
– Ein wesentlicher **Unterschied** zur Rechtslage nach **§ 89** besteht darin, dass **§ 88 Abs. 1 nF 2002 und 2007** nur an § 89 Abs. 1 aF und nF angeglichen worden ist, dass in § 88 aber nach wie vor eine Regelung nach dem Vorbild des **§ 89 Abs. 2** fehlt. Nach dieser Bestimmung behalten Filmurheber iSd. § 89 ihre Verfügungsbefugnis gegenüber dem Filmhersteller auch für solche Nutzungsrechte, die sie vorher bereits anderweitig vergeben haben (s. § 89 Rdnr. 21/22). Für Urheber filmisch benutzter Werke iSd. § 88 aF und nF 2002, 2007 gilt diese Rechtslage nicht (s. ebenso *Dreier/Schulze*[3] Rdnr. 52). Auch nach neuem Recht kann Urhebern filmisch benutzter Werke, wie insbesondere der Filmmusik, aufgrund Vorwegeinräumung von Rechten insbesondere an urheberrechtliche Verwertungsgesellschaften, wie die GEMA, gegenüber Filmherstellern die Verfügungsbefugnis fehlen (zur Rechtslage nach § 88

aF s. Rdnr. 30/46; s. im Übrigen auch *Dreier/Schulze*³ Rdnr. 53; *Loewenheim/Schwarz/ U. Reber* § 74 Rdnr. 11; *Möhring/Nicolini*² Rdnr. 11).

3. Vervielfältigung und Verbreitung des Filmwerks (§ 88 Abs. 1 nF 2002, 2007 und § 88 Abs. 1 Nr. 2 aF)

37 **a)** Das Recht zu derjenigen Vervielfältigung des verfilmten Werkes, die bereits in der Herstellung des Filmwerks liegt (s. vor §§ 88 ff. Rdnr. 24, 25), erwirbt der Filmhersteller in Zweifelsfällen bereits qua Filmherstellungsrecht iSd. § 88 Abs. 1 nF 2002 und 2007 bzw. nach § 88 Abs. 1 Nr. 1 aF (ebenso *Dreier/Schulze*³ Rdnr. 57; *v. Gamm* Rdnr. 8). Der Filmhersteller benötigt darüber hinaus der Befugnis, **das Filmwerk** (und mit ihm die darin enthaltenen verfilmten Werke) durch Herstellung von **Filmkopien zu vervielfältigen** (§ 16 Abs. 2) und die Filmkopien **zu verbreiten** (§ 17 Abs. 1), um es so seiner eigentlichen Bestimmung und wirtschaftlichen Verwertung zuführen zu können; letztere liegen im Rahmen der Vorstellungen des Gesetzgebers zu **§ 88 aF** in der öffentlichen Vorführung und/oder in der Fernsehsendung des Filmwerks (s. Rdnr. 11). Die Nutzungsrechte zu dieser Vervielfältigung und Verbreitung erhält der Filmhersteller im Zweifel nach der Auslegungsregel des **§ 88 Abs. 1 Nr. 2 aF**. Mit Rücksicht auf die dergestalt dienende Funktion des Nutzungsrechtserwerbs nach § 88 Abs. 1 Nr. 2 aF sind **Anzahl und Art der Filmkopien,** zu deren Herstellung der Filmhersteller befugt ist, und die **Art ihrer Verbreitung** nach dem konkreten **Verwertungszweck eines Filmwerks** zu bestimmen (*Fromm/Nordemann/Hertin*¹⁰ Rdnr. 17–19; *v. Gamm* Rdnr. 9; *Movsessian* GRUR 1974, 371/376 und UFITA 79 (1977) 213/224; *Reimer* GRUR Int. 1973, 315/323). Für die Bestimmung dieses Verwertungszwecks enthält § 88 keine Regelung; es gelten die allgemeinen Regeln (s. Rdnr. 11). Dasselbe gilt für die **Vermietung** als Unterform der Verbreitung im Hinblick auf das ausschließliche **Vermietrecht** des Urhebers, das durch das 3. UrhGÄndG (s. Rdnr. 8) in Umsetzung der europäischen Vermiet- und Verleihrechtsrichtlinie eingeführt worden ist (s. § 17 Rdnr. 2, 30 ff.), und sich ua. auf die Vermietung von Videogrammen, wie Videokassetten und Bildplatten (CD-ROMs, DVDs etc.; Bild- und Tonträger iSd. Gesetzes, s. vor §§ 88 ff. Rdnr. 22) erstreckt (s. § 17 Rdnr. 31). Lediglich übergangsrechtlich ist zu beachten, dass nach § 137 e Abs. 4 S. 1 die Einräumung des ausschließlichen Verbreitungsrechts auch als Einräumung des Vermietrechts gilt, wenn der Urheber sie vor dem 30. 6. 1995, dem Zeitpunkt des Inkrafttretens der Neuregelung (s. Art. 3 Abs. 1 des 3. UrhGÄndG), vorgenommen hat. Was dabei die Einräumung des Verbreitungsrechts betrifft, so wird diese nach § 88 Abs. 1 Nr. 2 aF aber auch in diesem Zusammenhang nur im Rahmen des konkreten Verwertungszwecks eines Vorführ- oder eines Fernsehfilms vermutet. Soweit die Vermutung reicht oder der Urheber das Vermietrecht dem Filmhersteller ausdrücklich eingeräumt hat, ist sein unverzichtbarer und im Voraus nur an eine Verwertungsgesellschaft abtretbarer **Vergütungsanspruch** gegen den Vermieter nach § 27 Abs. 1 nF zu beachten, der nach § 27 Abs. 3 nF aber nur durch eine Verwertungsgesellschaft geltend gemacht werden kann (s. zum Vorstehenden *v. Lewinski* ZUM 1995, 442/445 ff./449 f.; sa. § 27 Rdnr. 5 ff.).

38 **b)** Praktische Bedeutung hatten und haben diese Grundsätze vor allem für die **herkömmliche Schmalfilmverwertung** von Filmwerken im 8- und 16-mm-Format sowie für die neue **audiovisuelle Filmverwertung** durch Herstellung und Verbreitung von für die private Filmvorführung bestimmten Super-8-Filmkassetten, Videokassetten, DVDs und Blue-ray Discs (s. vor §§ 88 ff. Rdnr. 21). Was die **Schmalfilmverwertung** betrifft, so folgte, wenn eine diesbezügliche eindeutige Vereinbarung fehlte, aus § 31 Abs. 5 und dem Zweckübertragungsprinzip, dass der Hersteller eines **Fernsehfilms** von dem Urheber eines verfilmten Werkes auch dann nicht das Recht zur Vorführung von Schmalfilmkopien im gewerblichen oder nichtgewerblichen Bereich und damit auch nicht die entsprechenden Vervielfältigungs- und Verbreitungsrechte erworben hat, wenn im Vertrag von der Rechtseinräumung „**für alle Rundfunk- und Filmzwecke**" die Rede war (so BGH GRUR 1974, 786/787 f. – Kassettenfilm; s. dazu auch § 31 Rdnr. 92 mwN; zur rechtlichen Bewertung der ausdrücklichen Einräumung der Rechte zur Kino- und Schmalfilmverwertung von Fernsehproduktionen an eine Rundfunkanstalt aufgrund deren Honorarbedingungen s. BGH GRUR 1984, 45/48 f. – Honorarbedingungen: Sendevertrag; KG GRUR 1984, 509/513 – Honorarbedingungen Urheber/Fernsehen; s. dazu vor §§ 28 ff. Rdnr. 40 ff., 44). Eine Vervielfältigungs- und Verbreitungsbefugnis des Filmherstellers für das Schmalfilmformat konnte hier auch nicht aus § 88 Abs. 1 Nr. 2 aF hergeleitet werden (s. Rdnr. 5, 11). Dagegen umfassten die einem Hersteller von **Vorführfilmen** im Rahmen

Recht zur Verfilmung § 88

eines üblichen Filmmusikvertrags eingeräumten Nutzungsrechte unter Berücksichtigung der Praxis der GEMA bei der Wahrnehmung der Rechte an der Filmmusik und der bei Kinofilmen seit Jahrzehnten üblichen sog. **Zweit- oder Restauswertung** durch öffentliche Vorführung der Filme im Schmalfilmformat außerhalb von Filmtheatern trotz Undeutlichkeit des Filmmusikvertrags auch die **dazu** erforderliche Herstellung und Verbreitung von Schmalfilmkopien (BGHZ 67, 56/58 ff. – Schmalfilmrechte; sa. § 31 Rdnr. 92). Eines Rückgriffs auf § 88 Abs. 1 Nr. 2 aF bedurfte es hier nicht (sa. Rdnr. 5, 6).

Hinsichtlich der **audiovisuellen Verwertung** von **Vorführfilmen** gehen dagegen Unklarheiten in den vertraglichen Vereinbarungen nach § 31 Abs. 5 zu Lasten des Filmherstellers (BGHZ 67, 56/66 f. – Schmalfilmrechte; OLG München GRUR 1983, 571/572 – Spielfilm-Videogramme; sa. OLG Hamburg ZUM 1986, 151/155 und OLG Köln GRUR 1983, 568/570 – Video-Kopieranstalt). Das gleiche gilt für die audiovisuelle Verwertung von **Fernsehfilmen** (BGH GRUR 1974, 786/788 – Kassettenfilm; sa. dazu auch § 31 Rdnr. 92; zur ausdrücklichen Einräumung dieser Rechte an die Rundfunkanstalten s. BGH GRUR 1984, 45/48 – Honorarbedingungen: Sendevertrag; KG GRUR 1984, 509/513 – Honorarbedingungen Urheber/Fernsehen). Eine pauschale Rechtseinräumung an einer filmischen Auftragsproduktion für einen privaten Fernsehsender umfasst nach § 31 Abs. 5 im Zweifel nur das Recht zur Sendung, nicht aber das Recht zur Videozweitauswertung des Filmes (s. OLG München ZUM-RD 1998, 101 – Auf und davon). In beiden Fällen kann die entsprechende Vervielfältigungs- und Verbreitungsbefugnis des Filmherstellers auch nicht mit § 88 Abs. 1 Nr. 2 aF begründet werden (s. Rdnr. 5, dort auch zum Fall „Happening", der die beschränkte Vervielfältigungs- und Verbreitungsbefugnis bei einer **Original-Videoproduktion** betrifft). Bei solchen Produktionen, zB im Bereich des Lehr- oder Pornofilms, richten sich Art und Umfang der audiovisuellen Vervielfältigungs- und Verbreitungsbefugnis des Produzenten nach den vertraglichen Vereinbarungen und § 31 Abs. 4 und 5, s. *Fromm/Nordemann*[10] Rdnr. 15). Zu der für die Entscheidung über die **Aktivlegitimation der GEMA** bedeutsamen Frage, ob diese aufgrund ihres Berechtigungsvertrags Vervielfältigungs- und Verbreitungsrechte betreffend die audiovisuelle Verwertung von Filmmusik erwirbt, s. einerseits Rdnr. 28 zu BGHZ 67, 56 – Schmalfilmrechte –, andererseits Rdnr. 30 zu BGHZ 95, 274/282 ff. – GEMA-Vermutung I – und BGH GRUR 1988, 296/297 ff. – GEMA-Vermutung IV. Zur sonstigen Beurteilung der **Videozweitauswertung von Filmen** unter dem Gesichtspunkt des **§ 31 Abs. 4** (unbekannte Nutzungsart) s. Rdnr. 7 sowie im Einzelnen § 31a Rdnr. 39, 47; unter dem Aspekt des **Verfilmungs- bzw. Filmherstellungsrechts** an der Filmmusik s. vor §§ 88 ff. Rdnr. 29.

39

c) Auch nach dem **vor Inkrafttreten des UrhG geltenden Recht** war bereits anerkannt, dass der Urheber eines verfilmten Werkes dem Filmhersteller mit der Einräumung des Verfilmungsrechts im Zweifel auch das Recht zur üblichen Filmverwertung einräumte (sa. Rdnr. 3), wobei das Recht zur öffentlichen Vorführung oder Sendung gegenüber dem zur Vervielfältigung und Verbreitung zT betont wurde, ohne dass es aber auf besondere Beschränkungen des Letzteren entscheidungserheblich ankam (vgl. BGHZ 5, 116/122 – Parkstraße 13: Recht „zur Vervielfältigung und Verbreitung, insb. zur öffentlichen Vorführung"; OLG Karlsruhe UFITA 45 (1965) 347/351 – Unfälle – sah dagegen in der Vervielfältigung und Verbreitung von Fernsehfilmen deren eigentliche wirtschaftliche Nutzung, unter Betonung eines Vorrangs BGH GRUR 1955, 596/597 – Lied der Wildbahn II; BGH UFITA 24 (1957) 399/402 f. – Lied der Wildbahn III. Entschieden wurde ferner ohne besondere Berücksichtigung des Vervielfältigungs- und Verbreitungsrechts, dass die Übertragung des Rechts zur Auswertung eines Filmwerks im Schmalfilmformat nicht auch diejenige zur Auswertung im Normalformat umfasste und umgekehrt (BGH UFITA 32 (1960) 183/185 – München 1945 – einerseits, LG Hamburg UFITA 25 (1958) 480/482 f. andererseits).

40

d) Was das Vervielfältigungs- und Verbreitungsrecht an vorbestehenden, filmisch benutzten Werken nach § 88 **Abs. 1 nF 2002 und 2007** betrifft, so gilt Folgendes: Betroffen sind nur Verträge bzw. Rechtseinräumungen an den Filmhersteller oder andere Werkverwerter (s. Rdnr. 28) **seit dem 1. 7. 2002** bzw. **dem 1. 1. 2008** (so. Rdnr. 2). In Bezug auf diesen Zeitraum sind viele **früher umstrittene Verwertungstechniken** als inzwischen **bekannt und üblich** zu beurteilen, so dass sich die gesetzliche Vermutung zugunsten der Rechtseinräumung für alle bekannten (§ 88 Abs. 1 nF 2002) bzw. für alle (§ 88 Abs. 1 nF 2007) Nutzungsarten in Zweifelsfällen und im Grundsatz auf sie erstreckt (s. dazu auch *Dreier/Schulze*[3] Rdnr. 49; *Fromm/Nordemann*[10] Rdnr. 66). Jedenfalls insofern trifft auch die Aussage zu, dass es nicht weiterführend sei, auch zu § 88 Abs. 1 nF 2002 und 2007 sich zugunsten eines Vorrangs des § 31 Abs. 5 von diesen Bestim-

41

§ 88

mungen auf Rechtsprechung zu § 88 Abs. 1 aF zu berufen (so *Fromm/Nordemann*[10] Rdnr. 99 gegen *Dreier/Schulze*[2] Rdnr. 3; *Meckel* in HK-UrhR Rdnr. 2; *Loewenheim/Schwarz/Reber*[2] § 74 Rdnr. 20; *Wandtke/Bullinger*[2] Rdnr. 15; *Vorauflage* Rdnr. 5 unter Nichtbeachtung von Rdnr. 11). Darüber hinaus kann in der Tat **§ 31 Abs. 5** in gleicher Weise **nicht** mehr **generell den Vorrang vor § 88 Abs. 1 nF 2002 und 2007** beanspruchen, wie dies auch für § 89 Abs. 1 aF und nF gilt (s. dort Rdnr. 3 und bereits oben Rdnr. 11; ebenso schon in der *Vorauflage*). Daraus folgt zB im Ergebnis, dass Rechtseinräumungen an den Hersteller von **Vorführfilmen** aus der Zeit seit dem 1. 7. 2002 im Zweifel nicht mehr nur auch die Herstellung und die Verbreitung der Verleihkopien, sondern auch diejenige des analogen oder digitalen Trägermaterials für die Fernsehausstrahlung, der Bild- und Tonträger (Magnetband-Videos, Film-DVDs etc.) für die private Wiedergabe sowie die Einspeicherung für die Onlinenutzung umfassen (so auch *Dreier/Schulze*[3] Rdnr. 49 im Hinblick auf die gesamten Nutzungsvorgänge). Darüber hinaus gestattet es § 88 Abs. 1 nF 2002 und 2007 jedoch **nicht**, die für die jeweilige **Filmkategorie** jeweils **übliche Nutzung** völlig zu **vernachlässigen** und nur einzelne Ausnahmen zuzulassen (gegen *Fromm/Nordemann*[10] Rdnr. 67) oder von einem **umfassenden Buy-Out** zugunsten des Filmherstellers auszugehen (gegen *Wandtke/Bullinger*[3] Rdnr. 51). Vielmehr ist beispielsweise anzunehmen, dass nach wie vor, also auch unter Anwendung des § 88 Abs. 1 nF 2002 und 2007, die Einräumung des Rechts zur filmischen Nutzung von Drehbüchern oder anderen geschützten Vorlagen für **Fernsehserien** nicht auch das Recht zur völlig unüblichen Vorführung der betreffenden Fortsetzungsfilme in Kinos und damit auch nicht das Recht zur Herstellung und zum Verleih von **Kopien für die Kinovorführung** beinhaltet (s. dazu auch § 89 Rdnr. 10/17). Gestattet es der Autor eines für eine **Videoproduktion** verfilmten wissenschaftlichen oder dokumentarischen Werkes dem Hersteller, den Film aus einem besonderen Anlass, wie während eines Kongresses, auch **einmalig im Fernsehen** ausstrahlen zu lassen, so wird er unter den heute gegebenen Verhältnissen und mangels anderweitiger Vereinbarung nach § 88 Abs. 1 nF 2002 bzw. 2007 damit rechnen müssen, dass der Film parallel zur Fernsehausstrahlung der Öffentlichkeit so durch **Live-Streaming im WEB-TV** oder ausschnittsweise zur **Absatzwerbung im Internet** (s. dazu KG GRUR 2003, 1038 – Klaus Kinski-Rezitationen, zu Hörproben im Internet) zugänglich gemacht wird, **nicht** aber damit, dass die vollständige Nutzung im Internet durch Speicherung und Zugänglichmachung in einem **Internet-Langzeitarchiv** des Senders geschieht.

Die Beispiele zeigen, dass mit einer **Einschränkung** der **Vermutung umfassender Rechtseinräumung** durch § 88 Abs. 1 nF 2002 und 2007 und daher mit Ausnahmen vom grundsätzlichen Vorrang dieser Bestimmung vom Zweckübertragungsprinzip des § 31 Abs. 5 kaum im Bereich des Vorführfilms, namentlich des klassischen Spielfilms, wohl aber im Hinblick auf Fernseh- und Videoproduktionen zu rechnen ist (s. in Bezug auf die Letzteren auch *Fromm/Nordemann*[10] Rdnr. 67/99, der hierzu zu Recht auch den Fall Happening, so. Rdnr. 5, rechnet). Dies aber rechtfertigt es, auch bei Anwendbarkeit des § 88 Abs. 1 nF 2002 und 2007 zwischen Vorführfilmen, Fernsehfilmen und Videofilmen zu unterscheiden (sa. § 89 Rdnr. 10). Bestehen im Einzelfall Zweifel, um welche Art Film es sich handelt, so ist diese Frage auch im Hinblick auf Verträge seit dem 1. 7. 2002 ebenso durch Vertragsauslegung unter Berücksichtigung des Zweckübertragungsprinzips iSd. § 31 Abs. 5 zu beantworten wie die Frage, ob überhaupt ein Verfilmungsrecht eingeräumt worden ist (so. Rdnr. 11).

42 e) Das Vervielfältigungs- und Verbreitungsrecht des Filmherstellers nach § 88 Abs. 1 Nr. 2 aF sowie § 88 Abs. 1 nF 2002 und 2007 erstreckt sich nur auf das **Filmwerk**. Der Filmhersteller ist daher aufgrund dieser Bestimmung nicht befugt, etwa ein dem Filmwerk zugrundeliegendes Drehbuch oder gar eine Romanvorlage literarisch durch Publikation als **Buch** oder die Filmmusik auf Schallplatten oder Tonband (**Soundtrack**) zu verwerten (KG GRUR 1984, 509/513 – Honorarbedingungen Urheber/Fernsehen; OLG München ZUM 1990, 192 – Nachtgedanken ebenso zum Buch, aber je nach Filmart und Üblichkeit der Zusatzauswertung in der Praxis aA zum Soundtrack *Wandtke/Bullinger*[3] Rdnr. 55 im Hinblick auf § 88 Abs. 1 nF 2002 und 2007; s. zu den urheber-, wettbewerbs- und medienrechtlichen Fragen des Themas **Buch zum Film** auch BGHZ 110, 278 – Werbung im Programm (Wer erschoss Boro?); *Heker* ZUM 1996, 1015; *Krüger*, Fs. für Schwarz, S. 153 sowie die Beiträge von *Becker, Bork, Eberle, Niewiarra, Schardt* und *Schöfer* in ZUM 1991, 47–74). Dasselbe gilt für **Merchandisingartikel** (s. *Dreier/Schulze*[2] Rdnr. 54; *Fromm/Nordemann*[10] Rdnr. 63/69; zu § 88 Abs. 1 nF 2002 und 2007; aA *Wandtke/Bullinger*[3] Rdnr. 55) und die **publizistische Nutzung** von **Filmfiguren** (s. OLG Hamburg GRUR-RR 2003, 33/35f. – Maschinenmensch – zu dem Film „Metropolis" aus dem Jahre 1926; s. weiter auch unten Rdnr. 53).

4. Öffentliche Vorführung des zur Vorführung und Funksendung des zur Funksendung bestimmten Filmwerks (§ 88 Abs. 1 Nr. 3 und 4 aF)

a) § 88 Abs. 1 Nr. 3 und 4 aF enthalten Auslegungsregeln für die nach den Vorstellungen **43** des Gesetzgebers des Jahres 1965 primären Verwertungsarten für Filmwerke, nämlich die öffentliche Vorführung und die Fernsehsendung. Sie gehen von der Unterscheidung zwischen **Vorführfilmen** und **Fernsehfilmen** aus und ordnen dem Erwerber des Verfilmungsrechts, idR also dem Filmhersteller, in Zweifelsfällen jeweils **nur die Verwertungsart** zu, die er entsprechend der Art des Filmwerks und dessen primärem Verwertungszweck **regelmäßig benötigt**, dh. bei Vorführfilmen nur das Recht zur öffentlichen Vorführung (§ 19 Abs. 4) und bei Fernsehfilmen nur das Senderecht (§ 20). Diese Einschränkung entspricht der Praxis bei der Verwertung von Fernsehfilmen, die kaum etwa auch in Filmtheatern vorgeführt werden, erscheint aber aus der Sicht der heute regelmäßigen Verwertung von Kinospielfilmen auch im Fernsehen und der Film-Fernseh-Koproduktion auf den ersten Blick wenig plausibel. Sie beruht aber auf einer bewussten legislativen Entscheidung (s. MinE, Entwürfe des BMJ zur Urheberrechtsreform, 1959, S. 76 deutlicher als die in der Sache unveränderte, aber verkürzte Aussage des RegE BTDrucks. IV/270 S. 98 zu § 98, jetzt § 88) und dient dem Schutz des Urhebers vor zu weitreichenden Auswirkungen der von ihm nicht mit eindeutigen Abreden getroffenen Verfügungen über sein Werk und gegen Werkverwertungen, die bei Vertragsschluss nicht vorgesehen waren und für die er kein angemessenes Entgelt erhalten hat. Die gesetzliche Regelung steht auch in Einklang mit dem Zweckübertragungsprinzip und § 31 Abs. 5 (so. Rdnr. 3, § 31 Rdnr. 64 ff.) sowie einer Tradition der Rechtsprechung schon vor Inkrafttreten des UrhG (s. Rdnr. 45).

b) § 88 aF enthält **keine Regelung** darüber, **unter welchen Voraussetzungen ein Film- 44 werk als zur öffentlichen Vorführung oder/und zur Funksendung bestimmt** anzusehen ist (s. Rdnr. 11). Bei Beurteilung der Frage, welche Nutzungsbefugnisse der in § 88 Abs. 1 Nr. 3, 4 aF genannten Art einem Filmhersteller oder sonstigen Erwerber des Verfilmungsrechts zustehen, sind somit in erster Linie die vertraglichen Vereinbarungen heranzuziehen. Sind in ihnen die Nutzungsbefugnisse zur öffentlichen Vorführung und zur Funksendung iSd. § 31 Abs. 5 „einzeln bezeichnet" (s. dazu § 31 Rdnr. 69 f.), so bleibt es bei dieser beide Verwertungsformen umfassenden Nutzungsrechtseinräumung. Fehlt dagegen für eine der beiden Verwertungsformen eine solche Bezeichnung oder ist die Rechtseinräumung generell nur pauschal formuliert, so entscheidet der **Zweck der Nutzungsrechtseinräumung** über deren Umfang (s. § 31 Rdnr. 69). Dieser Vertragszweck ist aus den gesamten Umständen des konkreten Einzelfalls zu erschließen; verbleibende Unsicherheiten gehen zu Lasten des Erwerbers des Verfilmungsrechts (s. allg. § 31 Rdnr. 64, 69 ff., dort auch zur Frage umfassender vertraglicher Vertragszweckdefinitionen). **Umstände**, die für die eine oder andere Art der Filmverwertung sprechen, sind insb. der auch dem Urheber bekannte Aufgaben- und Tätigkeitsbereich des Erwerbers des Verfilmungsrechts, also zB als Kinofilmproduzent, Rundfunkanstalt oder Auftragsproduzent für das Fernsehen, die Bezeichnung der Produktion als Spielfilm oder Fernsehfilm, das gewählte Filmaufzeichnungsverfahren, die Länge des Films bei Werbefilmen, der aus besonderen Umständen zB für das Fernsehen nicht in Betracht kommende Filminhalt (spezielle Instruktionsfilme, Pornofilme etc.) uÄ (s. dazu *Fromm/Nordemann*[10] Rdnr. 12). Die gleichen Grundsätze gelten aufgrund der Anerkennung des Zweckübertragungsprinzips auch schon unter dem früheren Recht auch für Verträge aus der Zeit vor Inkrafttreten des UrhG, auf die §§ 31 Abs. 5, 88 nicht anwendbar sind (so. Rdnr. 2/3, vor §§ 88 ff. Rdnr. 49).

Aus diesen Grundsätzen ergibt sich hinsichtlich des **Rechts zur öffentlichen Vorführung 45** eines Filmwerks, dass der Auftragsproduzent eines Fernsehfilms trotz Einräumung der Rechte „für alle Rundfunk- und Filmzwecke" mangels „einzelner Bezeichnung" des Vorführungsrechts iSd. **§ 31 Abs. 5** im Vertrag vom Verfasser eines zur Filmherstellung benutzten Werkes, wie eines Drehbuchs, nicht das Recht zur öffentlichen Vorführung des Filmwerks in Filmtheatern oder auch nur im Schmalfilmformat in anderen Einrichtungen erwarb (BGH GRUR 1974, 786/787 – Kassettenfilm; sa. Rdnr. 39). Die Einräumung des Rechts zur audiovisuellen Verwertung eines Filmwerks, dh. zur Herstellung und Verbreitung von zu privaten Vorführungen bestimmten Videogrammen, erstreckt sich mangels Berücksichtigung dieser neuen Form der Filmverwertung durch § 88 aF (s. Rdnr. 11) im Zweifel nicht auf das Recht zur öffentlichen Vorführung des Filmwerks mittels solcher Videogramme (*Ulmer*[3] § 115 II 2; sa. Rdnr. 39; zur Nichteinräumung des Vorführungsrechts an Pornofilmen seitens der Hersteller an Groß- und Einzelhändler solcher Filme OLG Düsseldorf GRUR 1979, 53 f. – Laufbilder). Wird dagegen einem „Institut für Film und Bild in Wissenschaft und Unterricht" das Verfilmungsrecht an

§ 88

einem Drehbuch eingeräumt, so liegt darin stillschweigend auch die Einräumung des Vorführungsrechts (BGH GRUR 1955, 596/597 – Lied der Wildbahn II; BGH UFITA 24 (1957) 399/401 ff. – Lied der Wildbahn III). Das gleiche gilt für die Einräumung des Verfilmungsrechts an einem Bühnenstück für eine Spielfilmproduktion (BGHZ 5, 116/122 – Parkstraße 13).

Was das **Recht zur Fernsehsendung** eines Filmwerks betrifft, so hat der BGH in GRUR 1960, 197/198 f. – Keine Ferien für den lieben Gott – bereits im Jahr 1959 in Bezug auf einen Filmverwertungsvertrag entschieden, dass die Übertragung der „alleinigen Schmalfilmauswertungsrechte in ihrer Gesamtheit" an einem Filmwerk zu einer Zeit, als die Verwendung von Spielfilmen im Schmalfilmformat zur Fernsehausstrahlung noch nicht allgemein üblich war, nicht das Senderecht mit umfasste. Später wurde zu einem Vertrag aus dem Jahr 1949 entschieden, dass die vom Urheber einem Filmproduzenten für eine Kinofilmproduktion übertragenen „zeitlich und örtlich uneingeschränkten deutschen Verfilmungsrechte" an einem Bühnenstück mangels eindeutiger Bezeichnung im Vertrag nicht das Recht zur Fernsehsendung des Filmwerks umfassten (BGH GRUR 1969, 143/145 – Curt-Goetz-Filme II; vgl. im gleichen Sinn BGH GRUR 1969, 364/366 – Fernsehauswertung; dort S. 366 f. auch zur Frage der Beeinträchtigung des Vorführungsrechts an dem nach einem Bühnenstück produzierten Spielfilm durch Fernsehübertragung des Bühnenstücks selbst). Für eine solche einschränkende Auslegung ist kein Raum, wenn in einem Verfilmungsvertrag für eine Spielfilmproduktion das **Senderecht eindeutig bezeichnet** ist. Dazu genügte in Formularverträgen aus den Jahren 1939–1944 die Erstreckung der Rechtsübertragung auf den **„gefunkten Film"** (BGH GRUR 1982, 727/729 ff. – Altverträge; s. dazu auch die Instanzentscheidungen LG München I FuR 1979, 610; OLG München FuR 1980, 213; nach OLG München ZUM 1995, 484/485 – Ufa-Film – gilt dies auch bereits für Verträge und Filmproduktionen aus dem Jahre 1938; sa. mwN § 31a Rdnr. 38). Jedoch war in den dreißiger Jahren die Unterzeichnung solcher Klauseln nicht so allgemein üblich, dass ein Produzent eines im Jahr 1934 gedrehten Films allein durch Hinweis auf eine solche Vertragspraxis beweisen könnte, das Senderecht erworben zu haben (OLG München UFITA 65 (1972) 268/269 f. – Karl Valentin). Dasselbe gilt für Rechtseinräumungen im Filmbereich für Produktionen in den Jahren 1957 bis 1969 im Hinblick auf die spätere (2004) DVD-Auswertung als seinerzeit noch völlig unbekannte Nutzungsart (s. OLG Köln GRUR-RR 2009, 208/209 – Der Frosch mit der Maske, Dr. Mabuse u. Winnetou; dort auch zur Untauglichkeit der Verweisung auf Verträge anderer Urheber und pauschaler Bezugnahmen auf Tarifverträge oder Tarifordnungen zum Nachweis der Rechtseinräumung für unbekannte Nutzungsarten). Speziell im Hinblick auf das Recht zur Fernsehsendung älterer Spielfilme aus der Nachkriegszeit vor 1966 erscheint es demgegenüber fragwürdig, einem Filmhändler den Nachweis seiner Aktivlegitimation durch eine bloße Vorlage der Tarifordnung für Filmschaffende vom 19. 8. 1943 (auszugsweise abgedruckt bei *Schulze*, Urhebervertragsrecht, 1960, S. 391 ff.). zu ermöglichen, auch wenn diese in § 2 Abs. 2 eine Rechtsübertragung ua. für „Television" vorsieht (gegen LG München I ZUM-RD 2007, 302/306 – Ännchen von Tharau). Die Großzügigkeit gegenüber dem Filmhändler beraubt die Filmurheber und die Urheber der vorbestehenden Werke potentieller Rechte, die sie dem jeweiligen Filmproduzenten möglicherweise gar nicht übertragen haben, zB weil die Tarifordnung auf ihre Verträge, vor allem diejenigen der Urheber der verfilmten Werke, nicht anwendbar war oder weil sie anderweitige Individualvereinbarungen getroffen haben. Auch die Begründung des Gerichts, dass die betreffenden Filme „ansonsten nicht mehr verkehrsfähig wären", ist nicht überzeugend. Der betreffende Händler machte wegen Verletzungen seines angeblichen Senderechts an zehn solcher Filme im Zeitraum von nur sieben Jahren (1995–2001) Ansprüche in Höhe von mehr als 1,6 Mio. Euro geltend. Angesichts eines solchen Betrages und der Perspektive weiterer Sendungen uU noch über Jahrzehnte hinweg wäre es ihm ohne weiteres zumutbar gewesen, sich notfalls um eine Nachlizenzierung zumindest von Seiten der betroffenen regelmäßigen Urheber oder ihrer Erben zu bemühen und sie an seinen Einnahmen zu beteiligen. Überträgt ein Filmhersteller einem Verleihunternehmen für einen bestimmten Zeitraum gegen einen Festpreis „die uneingeschränkten Auswertungsrechte incl. ... Fernsehen", so erhält das Verleihunternehmen nicht nur ein entsprechendes Verbotsrecht zum Schutz des ungestörten Verleihgeschäfts, sondern auch das Recht zur eigenen Auswertung des Films durch Fernsehausstrahlung (BGH GRUR 1966, 629/630 ff. – Curt-Goetz-Filme).

Von der Fernsehauswertung eines Filmwerks zu unterscheiden sind im Übrigen die **spezielle Fernsehverfilmung** eines Werkes und die entsprechende Verwertung des so geschaffenen Fernsehfilmwerks (s. dazu Rdnr. 27 mwN sowie BGH UFITA 70 (1974) 273/277 f. – Der Transport – zum Verhältnis des vertraglichen Vorbehalts der Rechte zur Fernsehauswertung

Recht zur Verfilmung **§ 88**

eines Romans zur Einräumung des Verfilmungsrechts an diesem Roman einschließlich des Rechts zur Filmverwertung ua. durch Television; s. ferner zur **Erlösbeteiligung** des Buchautors **bei Veräußerung der Fernsehsenderechte** an einem Film an die Filmförderungsanstalt OLG München FuR 1979, 614f. und zur Frage der Aufklärungspflicht über das Vorliegen konkreter Verwertungsangebote bei der Ablösung einer Erlösbeteiligung an Fernsehfilmverwertungsrechten durch eine Pauschalabfindung BGH GRUR 1979, 429 f. – Daktari).

c) Die Auslegungsregeln des **§ 88 Abs. 1 Nr. 3, 4 aF** greifen nur Platz, soweit der Urheber **46** nicht vorab über das Vorführungs- und das Senderecht verfügt, sie insbesondere nicht einer Verwertungsgesellschaft zur Wahrnehmung eingeräumt hat. Solche **Vorausübertragungen** sind bei musikalischen Werken und Textdichtungen zu solchen Werken gegenüber der GEMA seit Jahrzehnten üblich (s. vor §§ 88ff. Rdnr. 6; RGZ 140, 231 – Tonfilm; KG UFITA 11 (1938) 55; KG Schulze KGZ 32 – Serenade einer großen Liebe; LG Berlin Schulze LGZ 67 – Martin Luther; *Ulmer*[3] § 115 II 2; zur Praxis der VG Wort hinsichtlich der Vorführungsrechte insb. der Drehbuchautoren *Melichar* S. 111). Der im Rahmen des Gesetzgebungsverfahrens im Hinblick auf die GEMA-Praxis erörterte Ausschluss der Auslegungsregeln des § 88 Abs. 1 Nr. 3, 4 aF für musikalische Werke ist nicht Gesetz geworden (zur Begründung RegE BTDrucks. IV/270 S. 99 zu § 98, jetzt § 88).

d) Sind dem Filmhersteller **Vorführungs- und/oder Sendebefugnisse** eingeräumt worden, so ist der **Umfang dieser Befugnisse** nach **§ 31 Abs. 4** (Unwirksamkeit der Einräumung eines Nutzungsrechts für noch nicht bekannte Nutzungsarten) sowie bei Fehlen eindeutiger vertraglicher Vereinbarungen nach **§ 31 Abs. 5** (Zweckübertragungsprinzip) und danach zu beurteilen, was zum Zeitpunkt des Vertragsschlusses in dem betreffenden Bereich üblich war (s. § 31 Rdnr. 87ff.). Das bedeutet, dass der Hersteller von **Vorführfilmen** grundsätzlich zu beliebig häufigen öffentlichen Vorführungen befugt ist (*Ulmer*[3] § 115 II 2), wobei aber eventuelle vertragliche Vereinbarungen über eine begrenzte Auswertungszeit zu beachten sind (s. Rdnr. 34). Bei Vorführfilmen umfasst der üblicherweise verwendete Filmmusikvertrag im Zusammenhang mit der Wahrnehmungspraxis der GEMA auch die Rechtseinräumung zur öffentlichen Filmvorführung im Schmalfilmformat in anderen Einrichtungen als Filmtheatern (BGHZ 67, 56/58 ff. – Schmalfilmrechte). Bei **Fernsehfilmen** sind, was den Rechteerwerb von nichtangestellten Urhebern betrifft, beliebige Wiederholungssendungen und Weitersendungen durch andere Sendeunternehmen nicht in gleicher Weise selbstverständlich wie wiederholte Vorführungen von Vorführfilmen, so dass sich aus den Umständen eine Befugnis nur zur einmaligen Ausstrahlung ergeben kann (*Ulmer*[3] § 115 II 2; zur Bedeutung der vertraglichen Begrenzung der Befugnis einer Rundfunkanstalt zur Ausstrahlung der Aufzeichnung einer Opernaufführung KG GRUR 1986, 536 – Kinderoper). Die Rechtseinräumung von Seiten der GEMA zur Nutzung musikalischer Werke in Hörfunk- und Fernsehsendungen an eine Sendeanstalt umfasst nach § 31 Abs. 5 nicht die Nutzung zur **Eigen- oder Fremdwerbung** als selbstständiger Nutzungsart (s. OLG Hamburg GRUR 1991, 599/600 f. – Rundfunkwerbung). **47**

Für **beide Filmarten** sind im Blick auf die sog. **neuen Medien** die Schranken zu beachten, **48** die für den Erwerb eines Nutzungsrechts und damit auch für den Inhalt und Umfang einer vertraglich erworbenen Sendebefugnis aus **§ 31 Abs. 4, 5** folgen (s. § 31 Rdnr. 64ff., § 31a Rdnr. 40f., 48ff.). So ist anzunehmen, dass aufgrund des jahrzehntelang gültigen Monopols der öffentlich-rechtlichen Rundfunkanstalten in der Bundesrepublik Deutschland mit ihrem spezifischen Programmauftrag das eigene, anders gewichtete Programme ausstrahlende und anders finanzierte **primäre Kabelfernsehen in privater Trägerschaft** ebenso wie **private drahtlose Fernsehsendungen** insb. aus wirtschaftlicher Sicht und wegen der andersgearteten Nutzungsintensität bestimmter Produktionen, wie von Spielfilmen und sog. Musikvideos, eine bis vor einiger Zeit noch nicht bekannte (§ 31 Abs. 4), jedenfalls selbstständige Nutzungsart iSd. § 31 Abs. 5 darstellen (zum privaten Kabelfernsehen ebenso *Fromm/Nordemann*[3] §§ 31/32 Rdnr. 16; aA LG München I ZUM 1986, 484/486 (rechtskr.) mit zust. Anm. von *Prymusala* AfP 1986, 254; *Möhring/Nicolini*[2] Rdnr. 50; *Platho* ZUM 1986, 572/577; *Reber* S. 31; *Schwarz* in *Becker/Dreier* (Hrsg.) S. 105/117; Miteinräumung des Kabelfernsehsenderechts bei Einräumung des Senderechts allgemein nehmen *v. Hartlieb/Schwarz*[4] 93. Kap. Rdnr. 22 an; *Wandtke/Bullinger*[3] Rdnr. 80; vgl. dagegen zur Parallele der **elektronischen Textkommunikation** *Katzenberger* GRUR Int. 1983, 895/918 f. und in *Bullinger* (Hrsg.) S. 99/122 f.). Daraus folgt insb., dass die öffentlich-rechtlichen Rundfunkanstalten, ihre Auftragsproduzenten und die Hersteller von Vorführfilmen im Zweifel, dh. mangels ausdrücklicher Vereinbarung des Erwerbs des Rechts zur Sendung über private Sender, weder über § 88 Abs. 1 Nr. 4 aF noch durch den ausdrücklichen

§ 88

vertraglichen Erwerb des Senderechts allgemein oder auch des Senderechts „zu allen Rundfunkzwecken" das (nach §§ 90, 34, 35 weiterübertragbare und lizenzierbare) positive Nutzungsrecht erworben haben, die für das geschaffene Filmwerke auch über private Sendeunternehmen auszustrahlen; durch seit 1966 bis zu deren Zulassung geschlossene Verträge konnten sie dieses Recht nach § 31 Abs. 4 nicht erwerben. Bezüglich des privaten primären Kabelfernsehens ändert sich an diesem Ergebnis auch nichts, wenn allgemein das Recht zur Sendung durch Drahtfunk (s. § 20) oder Kabelfunk von Rundfunkanstalten oder Vorführfilmproduzenten vertraglich erworben wurde. Wurde das allgemeine Senderecht für beliebig häufige Wiederholungssendungen erworben, so kann allerdings das Verbietungsrecht einer Rundfunkanstalt zum Schutz ihrer eigenen Sendebefugnisse weiter reichen als ihr positives Nutzungsrecht (s. § 31 Rdnr. 79).

Eine weitere selbstständige und in der Bundesrepublik Deutschland noch nicht sehr lange bekannte Nutzungsart ist die (urheberrechtlich relevante, s. dazu § 20 Rdnr. 27 ff.) zeitgleiche, vollständige und unveränderte Weiterübertragung von Rundfunksendungen über Gemeinschaftsantennenanlagen und das sog. **sekundäre Kabelfernsehen**; auch für diese Nutzungsart gilt § 31 Abs. 4 und ist nach § 31 Abs. 5 ein Rechtserwerb des Filmherstellers nur bei ausdrücklicher Bezeichnung dieser Nutzungsart im Vertrag anzunehmen (für Selbstständigkeit dieser Nutzungsart schon *Reimer* GRUR 1962, 619/633; wie hier *Fromm/Nordemann*[10] § 31 Rdnr. 80; *Mielke* UFITA 101 (1985) 11/13; *Reber* S. 28 ff.; *ders.* GRUR 1998, 792/794 f. *Wandtke/Bullinger*[3] § 31 a Rdnr. 25; wohl auch *Dreier/Schulze*[3] § 31 Rdnr. 45; aA BGHZ 133, 281/289 – Klimbim – mit krit. Anm. von *Loewenheim* GRUR 1997, 220 und *Schricker* EWiR 1996, 1139 f.; BGHZ 147, 244/254 – Barfuß ins Bett; dem BGH zustimmend *Schwarz* ZUM 1997, 94 f.; wie der BGH früher schon OLG Hamburg GRUR 1989, 590 – Kabelfernsehen; LG München I ZUM 1986, 484/486 (rechtskr.) mit zust. Anm. von *Prymusala* AfP 1986, 254; *Flechsig* ZUM 1991, 1/12 f.; *Platho* S. 78 ff.; *ders.* ZUM 1986, 572/577; *Schwarz* GRUR 1996, 836/837; *ders.* in *Becker/Dreier* (Hrsg.) S. 105/114; *Wittig-Terhardt*, Fs. für Reichardt, S. 245/255 f.). Aus dem Wirkungsbereich des § 88 Abs. 1 Nr. 4 aF fällt diese Nutzungsart als eine Form der Zweitverwertung ohnehin heraus (s. Rdnr. 49). Eine weitere, bisher in der Bundesrepublik Deutschland erst in Ansätzen verwirklichte selbstständige Nutzungsart iSd. § 31 Abs. 4, 5 ist das sog. **Pay-Television (Pay-TV)** (wie hier *Dreier/Schulze*[3] Rdnr. 62; *Ernst* GRUR 1997, 592/596; aA *Fromm/Nordemann*[10] § 31 a Rdnr. 37; *Platho* ZUM 1986, 572/578; *Reber*, S. 31; *Schwarz* in *Becker/Dreier* (Hrsg.) S. 105/116; *Wandtke/Bullinger*[3] § 89 Rdnr. 79; zweifelnd *v. Gamm* ZUM 1994, 591/594; Miteinräumung des Pay-TV-Nutzungsrechts bei Einräumung des Senderechts nehmen *v. Hartlieb/Schwarz*[4] 92. Kap. Rdnr. 22 an; zu den verschiedenen Formen des Pay-TV *Fuhr/Krone* FuR 1983, 513 ff.). Dasselbe Ergebnis gilt für das **Satellitenfernsehen**, das allerdings nach hM nur als sog. **direktes** (dh. direkt empfangbares) Satellitenfernsehen den urheberrechtlichen Verwertungsvorgang der Sendung iSd. § 20 unmittelbar selbst realisiert (s. vor § 20 ff. Rdnr. 35, aber auch Rdnr. 4; § 20 Rdnr. 14; § 20 a Rdnr. 14) (wie hier *Fromm/Nordemann*[10] § 31 Rdnr. 77; *Reber* S. 28 ff.; *ders.* GRUR 1998, 792/794 f.; wohl auch *Dreier/Schulze*[3] Rdnr. 62; aA BGHZ 133, 281/287 ff. – Klimbim – mit krit. Anm. von *Loewenheim* GRUR 1997, 220 und *Schricker* EWiR 1996, 1139 f.; BGHZ 147, 244/254 – Barfuß ins Bett; zur Kritik sa. § 31 Rdnr. 93; dem BGH zustimmend *Möhring/Nicolini*[2] Rdnr. 50; *Schwarz* ZUM 1997, 94 f.; *Wandtke/Bullinger*[3] § 89 Rdnr. 80; wie der BGH früher schon LG München I, ZUM 1986, 484/486 (rechtskr.) mit zust. Anm. von *Prymusala* AfP 1986, 254; *Breidenstein* S. 121 ff.; *Flechsig* ZUM 1991, 1/13; *Platho* ZUM 1986, 572/577 f.; *Scharf* FuR 1973, 205/210; Miteinräumung des Satellitensenderechts bei Einräumung des Senderechts allgemein nehmen *v. Hartlieb/Schwarz*[4] 92. Kap. Rdnr. 22 an). Der Grund für diese Beurteilung liegt vor allem in der räumlichen Intensivierung der Sendung mittels direkt empfangbarer Satelliten.

Die **Digitalisierung** von Werken als solche stellt allein noch keine selbstständige Nutzungsart dar (s. § 31 Rdnr. 96; BGHZ 148, 221/231 – SPIEGEL-CD-ROM; *Fromm/Nordemann*[10] § 31 a Rdnr. 35; *Dreier* in *Becker/Dreier* (Hrsg.) S. 123/145; *Katzenberger* in *Schricker* (Hrsg.), Informationsgesellschaft, S. 181/210; aA *Lehmann* in *Lehmann* (Hrsg.), Multimediarecht, S. 57/61); wohl auch *Dreier/Schulze*[3] § 31 Rdnr. 46, sa. § 31 a Rdnr. 48/49: bejahend für das Sound-Sampling in der Musik und das Picture-Sampling (digitale Bildverarbeitung). Dem entspricht es, dass auch das **Digitalfernsehen** (Digital Video Broadcasting, **DVB**) im Vergleich mit dem herkömmlichen analogen Fernsehen nicht ohne weiteres als eigenständige Nutzungsart zu beurteilen ist. (s. idS auch *Dreier* in *Becker/Dreier* (Hrsg.) S. 123/145; *Fromm/Nordemann*[10] § 31 a Rdnr. 36; *v. Gamm* ZUM 1994, 591/593; *Reber* S. 31; *ders.* GRUR 1998, 792/795; *Schwarz* in *Becker/Dreier* (Hrsg.) S. 105/113; *ders.* ZUM 1997, 94/95; *Wandtke/Bullinger*[3] vor §§ 88 ff. Rdnr. 46), auch wenn es sich technisch vom herkömmlichen Fernsehen eindeutig unterscheidet. Jedoch können zusätzliche Umstände dem digitalen Fernsehen auch die wirtschaftliche Selbstständigkeit verleihen, die für eine eigenständige Nutzungsart erforderlich ist (s. zum Letzteren § 31 Rdnr. 85, § 31a Rdnr. 28). Als ein solcher Umstand ist es bereits anzusehen, wenn mittels der digitalen Technik **zusätzliche Sendekapazitäten** zB für **Spartenprogramme** für jeweils spezielle Zuschauerkreise genutzt werden (wie hier wohl *Reber* S. 31; *ders*. GRUR 1998, 792/796f.; aA wohl *Möhring/Nicolini*[2] Rdnr. 53; *Schwarz* in *Becker/Dreier* (Hrsg.) S. 105/115). Dasselbe muss auch für das sog. **Near-Video-on-Demand** gelten (ebenso *Reber* S. 31; *ders*. GRUR 1998, 792/796f., *Schack*[4] Rdnr. 551), bei dem Filme zeitversetzt in festen Intervallen (zB viertelstündlich) sendemäßig ausgestrahlt und von den Zuschauern nicht zu beliebigen Zeitpunkten, aber doch in kurzen zeitlichen Abständen, auch wiederholt, angewählt werden können und bei dem es sich demgemäß nicht um einen Abruf-, sondern um einen **Zugriffdienst** wie beim herkömmlichen Fernsehen handelt. Für das Ergebnis spricht auch die Verwandtschaft mit dem Pay-per-View (s. zu dieser sogleich) als qualifizierter Variante des Pay-TV (zu dieser Verwandtschaft s. *Loewenheim/Castendyk* § 75 Rdnr. 37; *Reber* GRUR 1998, 792/796f.). Erst recht begründen Sende- und Übertragungsformen zum Zugriff und auf Abruf des Benutzers mit neuartigen Möglichkeiten der individuellen Programmgestaltung und Bezahlung je selbstständige, neue Nutzungsarten: so etwa die Fernsehvariante **Pay-per-View** und das internetbasierte **Video-on-Demand** (ebenso *Dreier/Schulze*[3] Rdnr. 62; grundsätzlich auch *Möhring/Nicolini*[2] Rdnr. 54; *Reber* S. 31f.; *ders*. GRUR 1998, 792/796f.; *Schack*[4] Rdnr. 551; *Wandtke/Bullinger*[3] vor §§ 88ff. Rdnr. 46; nur zu Video-on-Demand *v. Gamm* ZUM 1994, 591/593f.; *Schwarz* ZUM 1997, 94/95; *ders.* in *Becker/Dreier* (Hrsg.) S. 111/119, auf S. 117: Pay-per-View zweifelhaft; nach Ansicht des OLG München ZUM 1998, 413/414ff. – Video-on-Demand – soll die Übertragung des Filmauswertungsrechts in allen audiovisuellen Verfahren in einem Filmlizenzvertrag aus dem Jahre 1995 auch die Video-on-Demand-Rechte umfassen, aA zu beiden *Fromm/Nordemann*[10] § 31a Rdnr. 37/41). Dasselbe gilt für das **Internet-TV (Web-TV, Webcast,** Internet Protocol Television **– IPTV)** (s. *Möhring/Nicolini*[2] Rdnr. 55 mwN; *Dreier/Schulze*[3] § 31a Rdnr. 46; *Schack*[4] Rdnr. 551; aA *Fromm/Nordemann*[10] § 31a Rdnr. 36/41; *Wandtke/Bullinger*[3] vor §§ 88ff. Rdnr. 46 zum Live-Streaming). Dabei können im Hinblick auf die Rechtfertigung des Ergebnisses insbes. die folgenden Varianten unterschieden werden: Beim **Live-Streaming**, dem Zugänglichmachen von Fernsehsendungen in Echtzeit durch die Sendeunternehmen über das Internet und den PC oder Laptop, werden vor allem im beruflichen und mobilen Bereich zusätzliche Zuschauer für das Programm und Werbung erreicht. Beim zeitversetzten **On-Demand-Streaming** gilt dasselbe für eine weitere, während der Sendezeiten nicht erreichbare oder an einer wiederholten Betrachtung interessierte Zuschauer, wobei **Internet-Langzeitarchive** der Sender, wie die Mediathek des Zweiten Deutschen Fernsehen (ZDF), diesen Effekt noch einmal zu steigern vermögen (für deren Qualifikation als selbstständige Nutzungsart auch *Fromm/Nordemann*[10] § 31a Rdnr. 41; sa. generell zum „streaming webcast" LG München I ZUM 2000, 206/264 –F4). Das vorstehend Gesagte gilt auch für das sog. **Handy-TV** (auch **Mobile TV** genannt) als Sonderform des IPTV (ao auch *Dreier/Schulze*[3] § 31a Rdnr. 46; aA *Fromm/Nordemann*[10] § 31a Rdnr. 36; *Ory* ZUM 2007, 7/8; *Wandtke/Bullinger*[3] vor §§ 88ff. Rdnr. 46 zur Echtzeitübertragung). Zugunsten des Ergebnisses fällt dabei auch ins Gewicht, dass **Telefonnetzbetreiber** wie die Deutsche Telekom damit begonnen haben, Handy-TV zu veranstalten und dabei auf der Grundlage entsprechender Lizenzverträge auch Fernsehprogramme von Sendeunternehmen zu übertragen (s. dazu *Flatau* ZUM 2007, 1f./3f.; *Pfennig* ZUM 2008, 363/370), was auch die Realisierung neuer Geschäftsmodelle ermöglicht (s. *Ory* ZUM 2007, 7/12). Die vorstehend dargestellten Grundsätze gelten auch für das **Interaktivfernsehen** mit Möglichkeiten der Zuschauer zum Eingriff in den Programmverlauf (so im Prinzip auch *Schwarz* in *Becker/Dreier* (Hrsg.) S. 105/119), für das **fernsehunabhängige Video-on-Demand**, also für das allgemeine Zugänglichmachen von Filmen zum Abruf aus dem Internet (so auch *Dreier/Schulze*[3] § 31a Rdnr. 46, § 88 Rdnr. 62; *Wandtke/Bullinger*[3] § 88 Rdnr. 47; aA *Fromm/Nordemann*[10] § 31a Rdnr. 41) und für die Filmverwertung in **Multimediawerken** (s. dazu *Hoeren* CR 1995, 710/712f.; *Katzenberger* in *Schricker* (Hrsg.), Informationsgesellschaft, S. 181/210; *Reber* S. 32; *ders*. GRUR 1998, 792/796).

Auch wenn es bei den genannten neuen Sendeformen nicht zu einer Intensivierung des Fernsehkonsums (Zahl der Zuschauer, Zeitdauer des Fernsehens je Zuschauer) kommen sollte, so ist doch auf Seiten der Veranstalter mit einer **Intensivierung der Werknutzung** und **zusätzlichen Gewinnen** aus Nutzungsentgelten und Werbeeinnahmen zu rechnen, ohne die diese Sendeformen nicht entwickelt und genutzt würden. An diesen Gewinnen sind die Urheber auch über den Mechanismus der §§ 31 Abs. 4 und Abs. 5, 88 und 89 zu beteiligen (s. dazu § 31 Rdnr. 65, § 31a Rdnr. 10). Die wirtschaftlichen Zusammenhänge werden auch dadurch

§ 88

anschaulich illustriert, dass im **Fernsehbereich** bereits heute bestimmte **Auswertungsabfolgen** gelten, wie vom Pay-per-View über Pay-TV zum Free-TV (s. *Schwarz* GRUR 1996, 836/837), in neuester Zeit dazwischen noch die DVD-Auswertung, im **Kinofilmbereich** von der Kinovorführung über Verkauf und dann Verleih von Videos/DVDs, Pay-TV, dann Pay-per-View bis zuletzt hin zum Free-TV (verkürzt nach *Wandtke/Bullinger*[3] vor §§ 88 ff. Rdnr. 35).

Die **Praxis** wird sich für den Zeitraum der Verbindlichkeit des § 88 Abs. 1 aF (so. Rdnr. 2) an der sehr restriktiven Rechtsprechung des BGH zum Begriff der (technisch und wirtschaftlich eigenständigen, s. § 31 a Rdnr. 28) Nutzungsart in § 31 Abs. 4 (s. vor allem BGHZ 133, 281/287 ff./289 – Kimbim; BGHZ 163, 109/115 ff. – Der Zauberberg) und an der Aushebelung des Zweckübertragungsprinzips iSd. § 31 Abs. 5 durch eine pauschal-umfassende Vertragszweckfiktion im Bereich neuer Verwertungstechniken (s. BGH GRUR 2003, 234/236 – EROC III) orientieren müssen. Diese Rechtsprechung gibt dem nicht näher hinterfragten, auch **Windfallprofite** einschließenden Interesse der Werkverwerter am **Schutz ihrer Investitionen** den **Vorzug vor** den Interessen der Urheber an einer **fairen Beteiligung** am wirtschaftlichen Erfolg ihrer Werke (so. § 31 Rdnr. 65, § 31 a Rdnr. 10), ganz so als hätten diese nicht auch investiert, wenn auch „nur" Talent, Lebenszeit und Lebenskraft und als wären sie gerade auf dem Gebiet des Films mit seiner verbreiteten Buy-out-Praxis wirklich in der Lage, für eine zukünftige Intensivierung der Nutzung ihrer Werke „bereits im Rahmen der ursprünglichen Rechtseinräumung eine angemessene Regelung zu treffen", wie BGHZ 163, 109/116 – Der Zauberberg meint. Das dabei bemühte **Substitutionsargument** (s. dazu kritisch § 31 a Rdnr. 34) wird im Schrifttum derart auf die Spitze ge- und übertrieben, dass sogar Viedo-on-Demand, Web-TV und Handy-TV die wirtschaftliche Eigenständigkeit tendenziell abgesprochen wird, weil sie die DVD oder herkömmliche Fernsehsendungen substituierten (so *Fromm/Nordemann*[10] § 31 a Rdnr. 36/41). Von einer vergleichbaren Substitution von gedruckten Jahrgangsbänden und Mikrofiche-Ausgaben einer Zeitschrift durch eine CD-ROM-Ausgabe ist noch nicht einmal der BGH ausgegangen (s. BGHZ 148, 221/230 f. – SPIEGEL-CD-ROM). Dennoch hat das verfehlte Substitutionsargument des BGH dazu geführt, dass der vertragsrechtliche Schutz der Urheber im Bereich der **Film-DVD** in Deutschland **hinter den Standard des Rechts der USA zurückgefallen** ist (s. dazu *Reber* GRUR Int. 2008, 798 ff.), ohne dass dieser Standard und weitere Folgevergütungen der Filmurheber in den USA (s. *Reber* GRUR Int. 2006, 9/11 ff.) die dortige Filmindustrie ruiniert hätten. Damit kann es jedenfalls **nach Aufhebung** des § 31 Abs. 4 und Erstreckung der Vermutung des § 88 Abs. 1 nF 2007 (und des § 89 Abs. 1 nF 2007) auch auf unbekannte Nutzungsarten im Hinblick auf **Rechtseinräumungen seit dem 1. 1. 2008** durch das Gesetz vom 26. 10. 2007 (so. Rdnr. 2) nicht mehr sein Bewenden haben. Eine **großzügige Anerkennung der Eigenständigkeit von Nutzungsarten** steht nunmehr dem Investitionsschutz der Filmverwerter nicht mehr im Wege und ist daher **unausweichlich** durch den gesetzlich (§ 11 S. 2, § 32 c) und verfassungsrechtlich (so. vor §§ 88 ff. Rdnr. 41) verankerten Grundsatz geboten, den Urheber tunlichst an jeder Nutzung seines Werkes wirtschaftlich zu beteiligen. Die daraus folgenden **umfassenden Vergütungsansprüche** der Urheber auch im Filmbereich ergeben sich im Hinblick auf bekannte Nutzungsarten jeder Art aus der entsprechend weitreichenden Vermutung des § 88 Abs. 1 nF 2002 iVm. § 11 S. 2 sowie §§ 32 nF und 32 a auch im Hinblick auf **Rechtseinräumungen seit 1. 7. 2002** (so. Rdnr. 2) und im Hinblick auf Rechtseinräumungen im Zeitraum ab dem **1. 1. 1966** bis zum **31. 12. 2007** jedenfalls auch in Fällen, in denen in diesem Zeitraum zunächst unbekannte Nutzungsarten, wie die Video- und die DVD-Nutzung bis ca. 1978, auch aus der Sicht der BGH-Rechtsprechung zunächst unbekannt waren und dann bekannt wurden und in denen eine nach § 31 Abs. 4 entsprechend unwirksame Rechtseinräumung nach **§ 137 l Abs. 1, 4** nachträglich korrigiert wurde. Das Ergebnis folgt hier aus **§ 137 l Abs. 5**.

49   e) Die Auslegungsregel des § 88 Abs. 1 Nr. 3 aF bezieht sich **nicht** auf die **öffentliche Wiedergabe von Filmwerken mittels Fernsehempfangsgeräten** in Gaststätten und ähnlichen Einrichtungen. Das hierdurch berührte, auch als sog. **Zweitwiedergaberecht** bezeichnete ausschließliche Recht der Wiedergabe von Funksendungen iSd. §§ 15 Abs. 2 Nr. 4, 22 wird im Zweifel nicht dem Erwerber des Verfilmungsrechts eingeräumt, sondern von den Verwertungsgesellschaften wahrgenommen; der Filmhersteller benötigt dieses Recht nicht zur bestimmungsgemäßen Auswertung des Filmwerks (AmtlBegr. BTDrucks. IV/270 S. 98 f. zu § 98, jetzt § 88; *Melichar* S. 105; zum Verbleib dieses Rechts im Zweifel beim Urheber unter Auslegung der Honorarbedingungen einer Rundfunkanstalt LG München I UFITA 46 (1966) 369 – Deutschlandfahrt mit Ypsilon). Ebenso verhält es sich in Bezug auf die **öffentliche Wiederga-**

be einer **Fernsehsendung** mittels einer **Videoaufzeichnung** (§ 22; s. dort Rdnr. 4; aA in beiderlei Hinsicht zu § 88 Abs. 1 nF 2002 und 2007 *Wandtke/Bullinger*[3] Rdnr. 53/54) zu anderen Zwecken als dem der werbemäßigen Präsentation der sendenden Rundfunkanstalt, wenn dieser Anstalt an dem betreffenden, in ihrem Auftrag produzierten Fernsehfilm Nutzungsrechte nur für Sendezwecke eingeräumt worden sind (s. OLG Frankfurt/M GRUR 1989, 203/204f. – Wüstenflug). Dasselbe gilt für die **gesetzlichen Vergütungsansprüche** des § 27 Abs. 2 nF betreffend das Verleihen von Videogrammen (zum Ausschluss solcher Ansprüche der Musikurheber bei der Verbreitung von Schmalfilmen zum Zweck der öffentlichen Wiedergabe der Tonfilmmusik sowie bei der das Vervielfältigungs- und Verbreitungsrecht solcher Urheber verletzenden Herstellung und Verbreitung von Schmalfilmkopien zum Zweck der privaten Wiedergabe BGHZ 67, 56/64f./67 – Schmalfilmrechte) und des **§ 54** (§§ 53 Abs. 5, 54 Abs. 1 aF). Aus § 88 Abs. 1 Nr. 2 aF folgt nichts anderes. Zum unverzichtbaren und im Voraus nur an eine Verwertungsgesellschaft abtretbaren Vergütungsanspruch des Urhebers gegen den Vermieter nach Einräumung seines ausschließlichen Vermietrechts an den Filmhersteller nach **§ 27 Abs. 1 nF** s. bereits Rdnr. 38. S. im Übrigen auch § 89 Rdnr. 19 und neuerdings § 63a.

5. Verwertung von Übersetzungen und anderen filmischen Bearbeitungen und Umgestaltungen des Filmwerks (§ 88 Abs. 1 nF 2002 und 2007 und § 88 Abs. 1 Nr. 5 aF)

a) Die Auslegungsregel des **§ 88 Abs. 1 Nr. 5 aF** und die entsprechende Formulierung in **§ 88 Abs. 1 nF 2002 und 2007** verfolgen das Ziel, es dem Filmhersteller bzw. dem Erwerber des Verfilmungsrechts zu ermöglichen, **das Filmwerk auch im Ausland sinnvoll auszuwerten** (vgl. AmtlBegr. BTDrucks. IV/270 S. 98 zu § 98, jetzt § 88). Vorbild war und ist die allgemeine Praxis, dem Hersteller jedenfalls von Vorführfilmen in Verfilmungsverträgen das sog. „**Weltverfilmungsrecht**" einzuräumen (zur aus dem Zweck eines Drehbuchvertrags folgenden Übertragung der weltweiten Auswertungsrechte an den Hersteller eines Vorführfilms bereits KG GRUR 1933, 510/511 – Der Schrecken der Garnison; zur Einräumung des Rechts zum internationalen Programmaustausch und Programmverkauf an Rundfunkanstalten durch deren angestellte Autoren OLG Hamburg GRUR 1977, 556/558f. – Zwischen Marx und Rothschild; LG Saarbrücken UFITA 38 (1962) 224/228ff.; aA LG Hamburg FuR 1975, 358/360f.; jeweils zu einer Tarifvertragsklausel, welche die Rechtseinräumung ohne nähere Spezifizierung für die „Auswertung auf dem Gebiete des Rundfunks" vorsah; zur Vereinbarkeit von Klauseln über den internationalen Programmaustausch in den Honorarbedingungen der Rundfunkanstalten mit dem AGBG BGH GRUR 1984, 45/50 – Honorarbedingungen: Sendevertrag; KG GRUR 1984, 509/513ff. – Honorarbedingungen Urheber/Fernsehen).

b) Nach § 88 Abs. 1 nF 2002 und 2007 und § 88 Abs. 1 Nr. 5 aF sind die **Auswertungsbefugnisse des Filmherstellers** bzw. des Erwerbers des Verfilmungsrechts **im Ausland** grundsätzlich die gleichen, wie sie sich als umfassende Nutzungsbefugnisse aus § 88 Abs. 1 nF 2002 und 2007 ergeben und wie sie in § 88 Abs. 1 Nr. 2–4 aF differenziert umschrieben sind (s. Rdnr. 37–49; zur rechtlichen Qualifizierung der international unbeschränkten Rechtseinräumung s. Rdnr. 34). Zusätzlich ist der Filmhersteller nach Nr. 5 aF bzw. § 88 Abs. 1 nF 2002 und 2007 berechtigt, der ausländischen Filmverwertung eine übersetzte und auch sonst an die ausländischen Verhältnisse angepasste Fassung des Filmwerks zugrunde zu legen. Ein Vertrag, wie ein Videolizenzvertrag, über einen fremdsprachigen Film kann aber auch dahingehend auszulegen sein, dass er nur zu einer **Untertitelung**, nicht aber zur **Synchronisation** (englisch: dubbing) und zur Nutzung der **Voice-over-Fassung** berechtigt (s. OLG Köln ZUM 2007, 401/402f. – Videozweitauswertung; s. dazu näher auch bereits Rdnr. 8). Nicht genannt ist in den vorgenannten Bestimmungen das **Recht zur Herstellung** einer solchen Filmfassung. Darin liegt aber keine Lücke in der Reihe der Nutzungsbefugnisse des Erwerbers des Verfilmungsrechts. Der Gesetzgeber ging vielmehr davon aus, dass es eines entsprechenden Nutzungsrechtserwerbs nach § 23 gar nicht bedürfe (s. AmtlBegr. BTDrucks. IV/270 S. 98 zu § 98, jetzt § 88; sa. § 23 Rdnr. 23). Es erscheint naheliegend, dass der vom Gesetzgeber zu § 23 grundsätzlich vorausgesetzte private Zweck der Herstellung einer Bearbeitung oder Umgestaltung eines Werkes bei der Herstellung von fremdsprachigen Filmversionen generell zu verneinen ist (s. dazu § 23 Rdnr. 23 und insb. *Ulmer*[3] § 56 IV 2), jedenfalls umfassen dann aber § 88 Abs. 1 nF 2002 und 2007 und § 88 Abs. 1 Nr. 5 aF sinngemäß auch das Recht zur Herstellung solcher Versionen von Filmwerken.

§ 88 Recht zur Verfilmung

52 c) Zu den Begriffen der **Übersetzung, Bearbeitung** und **Umgestaltung** s. § 3 Rdnr. 1, 5 ff. und § 23 Rdnr. 3 ff., § 88 Abs. 1 nF 2002 und 2007 bzw. § 88 Abs. 1 Nr. 5 aF erlaubt die Verwertung von Übersetzungen, dh. von Synchronisationen der sprachlichen Filmelemente (zum Begriff der Synchronisation und zur Praxis *v. Hartlieb/Schwarz*[4] 36. Kap. Rdnr. 5, 100. Kap. Rdnr. 1 ff., dort 36. Kap. Rdnr. 5, 100. Kap. Rdnr. 6 sowie LG München I FuR 1984, 534 – All about Eve – zum Urheberrecht des Synchronautors; sa. Rdnr. 18 sowie zur **Untertitelung** und gegebenenfalls **Voice-over-Technik** oben Rdnr. 8, 51), dies allerdings nur als Teil des Filmwerks, nicht etwa in Buchform (s. Rdnr. 42). Entsprechend heißt es in § 88 Abs. 1 Nr. 5 aF auch, dass dem Erwerber des Verfilmungsrechts (nur) die Verwertung **filmischer** Bearbeitungen oder Umgestaltungen des Filmwerks zusteht. Er ist daher aufgrund dieser Bestimmung nicht befugt, das Filmwerk zB in einer Bühnenfassung zu verwerten (AmtlBegr. BT-Drucks. IV/270 S. 98 zu § 98, jetzt § 88; sa. Rdnr. 42). Auf das **Redaktionsversehen** bei § 88 Abs. 1 nF 2002 und 2007, der die Umgestaltungen des Filmwerkes nicht erwähnt, ist bereits an anderer Stelle (Rdnr. 36) hingewiesen worden.

53 d) Die **Grenzen der Bearbeitungs- und Umgestaltungsbefugnisse** des Erwerbers des Verfilmungsrechts ergeben sich zum einen aus eventuellen vertraglichen Abreden sowie aus §§ 14, 39, 93 (s. insb. § 93 Rdnr. 1, 14 ff.), zum anderen daraus, dass nur Anpassungen des Filmwerks an die ausländischen Verhältnisse zulässig sind, die Identität des Filmwerks damit nicht grundsätzlich verändert werden darf; zulässig sind zB Entfernungen oder Änderungen einzelner Szenen etwa aus Zensur- oder Verständnisgründen des ausländischen Publikums, Veränderungen der Filmlänge in Anpassung an die im Ausland übliche Vorführdauer, nicht aber wesentliche inhaltliche Änderungen (vgl. KG GRUR 1933, 510/511 – Der Schrecken der Garnison; zur besonderen Bindung der Filmmusik an einen bestimmten Filminhalt BGH GRUR 1957, 611/612 f. – Bel ami; *v. Gamm* Rdnr. 11). Durch § 88 Abs. 1 Nr. 5 aF bzw. § 88 Abs. 1 nF 2002 und 2007 keinesfalls gedeckt ist die **Verwertung von Ausschnitten des Filmwerks**, das sog. **Abklammern** bzw. die Auswertung von **Klammerteilen** in anderen Filmwerken (s. dazu BGHZ 9, 262 – Lied der Wildbahn I; BGH UFITA 55 (1970) 313 – Triumph des Willens; LG Berlin GRUR 1962, 207 – Maifeiern; *Dreier/Schulze*[3] Rdnr. 33; *Möhring/Nicolini*[2] Rdnr. 24/61; aA *Fromm/Nordemann*[10] Rdnr. 62), die Auswertung des Tonteils von Filmen auf **Tonträgern** (BGH GRUR 1984, 119 – Synchronisationssprecher; aA je nach Filmart und Üblichkeit in der Praxis zu § 88 Abs. 1 nF 2002 und 2007 *Wandtke/Bullinger*[3] Rdnr. 55) und die **Merchandising- und Themenpark**-Nutzung (s. *Dreier/Schulze*[3] vor § 31 Rdnr. 189; *Fromm/Nordemann*[10] Rdnr. 63/69; *Möhring/Nicolini*[2] Rdnr. 61; aA je nach Filmart und Üblichkeit in der Praxis zu § 88 Abs. 1 nF 2002 und 2007 *Wandtke/Bullinger*[3] Rdnr. 55; sa. oben Rdnr. 42, jeweils zur Ersteren; *v. Hartlieb/Schwarz*[4] 267. Kap. Rdnr. 3 zur Letzteren); zum Schutz der Einzelnen Lichtbilder des Filmwerks s. §§ 89 Abs. 4 nF 2002 und 2007, § 91; zum Filmzitat s. § 51 Rdnr. 41). Jedenfalls im Hinblick auf § 88 Abs. 1 nF 2002 und 2007, wohl aber auch bereits zu § 88 Abs. 1 aF wird man jedoch annehmen können, dass die Verwertung von Filmausschnitten für die **Werbung** für den jeweiligen Film selbst, sog. **Trailern**, in allen bekannten (§ 88 Abs. 1 nF 2002) bzw. in allen (§ 88 Abs. 1 nF 2007) Medien, also zB einschließlich der Werbung im Internet für Produktionen seit dessen Bekanntheit, von der gesetzlichen Vermutung der Rechtseinräumung ebenso umfasst wird wie die **dokumentarischen** sog. **Making-ofs** des jeweiligen Films, wie sie vor allem als filmbegleitendes Material auf DVDs und im Internet zu finden sind (so auch *Fromm/Nordemann*[10] Rdnr. 61; wohl auch *Wandtke/Bullinger*[3] Rdnr. 54). Dies gilt aber nur für eine derartige Verwertung von Filmausschnitten (einschließlich des beim Filmschnitt ausgesonderten Filmmaterials), **nicht** aber für **außerhalb der Dreharbeiten fotografierte Ausstattungsstücke** (zu Letzterem s. BGH BGHZ 163, 109/118 f. – Der Zauberberg) und im Fall der Werbung oder Dokumentation mit einzelnen Bildern zwar für die Verwendung von **Filmeinzelbildern** aus dem gedrehten Filmmaterial, **nicht** aber für die Nutzung von speziell aufgenommenen **Standbildern** (zu dieser Unterscheidung s. § 91 Rdnr. 10). Im Fall der mit dem Vorstehenden übereinstimmenden Entscheidung des OLG Köln ZUM 2005, 235/236 – Standbilder im Internet, handelte es sich entgegen dem irreführenden Entscheidungsstichwort um Filmeinzelbilder, nicht um Standbilder. Von der gesetzlichen Vermutung des § 88 Abs. 1 nF 2002 und 2007 und des § 88 Abs. 1 Nr. 5 aF erfasst sind auch **neue Schnittfassungen** eines Filmes im vereinbarten oder im Zweifel als unbefristet zu vermutenden Auswertungszeitraum (s. dazu Rdnr. 34/57), die wie zB der Director's Cut des bekannten deutschen Filmes „Das Boot" noch Jahre (im konkreten Fall über 15 Jahre) nach der ursprünglichen Filmherstellung zu einem erheblichen wirtschaftlichen Erfolg führen können. An diesem Erfolg sind die Urheber vorbe-

Recht zur Verfilmung **§ 88**

stehender Werke unter der Geltung des § 88 aF (so. Rdnr. 2) nach § 36 aF (unter Ausschluss der Filmurheber iSd. § 89 durch § 90 S. 2 aF) und im Anwendungszeitraum des § 88 nF 2002 und 2007 (s. ebenfalls Rdnr. 2) nach § 32a (ebenso wie Filmurheber iSd. § 89 gemäß § 90 nF) zu beteiligen (so zum vorbereitenden Auskunftsanspruch des Chef-Kameramanns/Director of Photography des Filmes „Das Boot" zu § 32a LG München I ZUM 2009, 794/800ff. – Das Boot). **Neuverfilmungen** sind nicht nach § 88 Abs. 1 Nr. 5 aF, § 88 Abs. 1 nF 2002 und 2007, sondern nach § 88 Abs. 2 zu beurteilen (s. Rdnr. 54ff.).

Besondere Bedeutung haben diese Grundsätze für die **Filmmusik**. Wesentliche **Kürzungen der Original-Filmmusik** zu einer ausländischen Fernsehserie, die als musikalisches Gesamtwerk zu qualifizieren ist, und der **Teilersatz** dieser Musik durch die Musik eines Dritten in der deutschen Fassung dieser Serie stellen eine unzulässige Beeinträchtigung der Original-Filmmusik iSd. § 14 dar (s. OLG München ZUM 1992, 307/309ff. – Christoph Columbus I; s. zu diesem Fall auch § 93 Rdnr. 11; *Moser* in *Becker* (Hrsg.) S. 29/38) und verpflichten zu immateriellem Schadensersatz nach § 97 Abs. 2 (s. OLG München ZUM-RD 1997, 350/352f. – Christoph Columbus II; im konkreten Fall wurden DM 40000 zugesprochen, während der Kläger mindestens DM 200000 verlangt hatte). Dagegen soll bei der Übernahme von Spielfilmausschnitten in eine Comedy-Fernsehserie unter gänzlicher **Weglassung der Original-Filmmusik** eine Verletzung des Urheberrechts des Komponisten dieser Musik nicht vorliegen (so OLG Hamburg GRUR 1997, 822/824ff. – Edgar-Wallace-Filme; das Gericht neigt dabei im Hinblick auf § 89 der Auffassung der hM (s. vor §§ 88ff. Rdnr. 60) zu, dass der Komponist der Filmmusik nicht Miturheber des Filmwerks ist). Zur Beurteilung von **Werbeunterbrechungen** bei der Fernsehausstrahlung von Spielfilmen s. § 93 Rdnr. 21, zur nachträglichen **Kolorierung** von Schwarz-Weiß-Filmen s. § 93 Rdnr. 22f. und zu **Laufzeitänderungen** und **Formatanpassungen** § 93 Rdnr. 24.

IV. Umfang der Rechtseinräumung nach § 88 Abs. 2: Wiederverfilmung und anderweitige filmische Verwertung des verfilmten Werkes

1. § 88 Abs. 2 unterscheidet zwischen der **Wiederverfilmung** des verfilmten Werkes durch den Erwerber des Verfilmungsrechts (S. 1) und der **anderweitigen filmischen Verwertung** des verfilmten Werkes durch dessen Urheber (S. 2). In beiden Fällen enthält die Bestimmung wie Abs. 1 lediglich Auslegungsregeln für Zweifelsfälle, lässt also anderslautende eindeutige vertragliche Vereinbarungen unberührt (s. Rdnr. 4). Von der Wiederverfilmung zu unterscheiden ist die **Herstellung und Verwertung einer fremdsprachigen Version** eines (ersten) Filmwerks, die nicht nach § 88 Abs. 2, sondern nach § 88 Abs. 1 nF 2002 und 2007 bzw. § 88 Abs. 1 Nr. 5 aF zu beurteilen ist (s. Rdnr. 50ff.). Die Reformen des § 88 in den Jahren 2002 und 2007 haben dessen Abs. 2 unberührt gelassen (so. Rdnr. 2). **54**

2. 88 Abs. 2 S. 1 geht vom **Grundsatz der einmaligen Verfilmung** eines Werkes aus, weil der Urheber eines verfilmten Werkes das Verfilmungsrecht idR für ein bestimmtes Filmvorhaben vergibt (so AmtlBegr. BTDrucks. IV/270 S. 99 zu § 98, jetzt § 88). Im Zweifel, dh. wenn nichts anderes vereinbart ist, ist der Erwerber des Verfilmungsrechts daher nicht zu einer Wiederverfilmung befugt. Dies war auch bereits vor Inkrafttreten des UrhG in der Rechtsprechung anerkannt (BGH UFITA 24 (1957) 399/405f. – Lied der Wildbahn III; BGH GRUR 1957, 614/615 – Ferien vom Ich). **55**

Bei **vertraglicher Einräumung des Wiederverfilmungsrechts** können Bindungen des Erwerbers hinsichtlich der **Art der Verfilmung**, zB Herstellung eines (weiteren) Vorführfilms oder spezielle Fernsehverfilmung (s. Rdnr. 27), oder hinsichtlich des Inhalts des weiteren Filmwerks bestehen (s. BGH GRUR 1957, 611/612f. – Bel ami – betreffend Wiederverfilmung von Filmmusik, s. dazu Rdnr. 34). Ist dem Erwerber des Verfilmungsrechts das Wiederverfilmungsrecht vertraglich eingeräumt worden, so bedarf es zu dessen **Weiterübertragung oder Lizenzierung** der Zustimmung des Urhebers nach §§ 34, 35, deren Anwendung insoweit wie bezüglich des (Erst-Verfilmungsrechts nach § 88 Abs. 1 Nr. 1 aF (s. Rdnr. 34) nicht durch § 90 aF ausgeschlossen ist (ebenso *Dreier/Schulze*[3] Rdnr. 67; *Wandtke/Bullinger*[3] Rdnr. 61), bzw. nach § 90 S. 2 nF erst ab Beginn der Dreharbeiten greift (s. Rdnr. 34). Ist das Wiederverfilmungsrecht rechtswirksam weiterübertragen worden, so wird dieses Recht des Erwerbers in seinem Bestand nicht dadurch berührt, dass der Inhaber des Urheberrechts von dem schuldrechtlichen Vertrag mit dem Ersterwerber des Wiederverfilmungsrechts wegen Nichterfüllung seines Vergütungsanspruchs zurücktritt; das gilt wegen der andersartigen Interessenlage der Beteiligten **56**

§ 88

beim Wiederverfilmungsvertrag im Vergleich mit derjenigen der Parteien eines Verlagsvertrags selbst dann, wenn sämtliche Erwerber der Wiederverfilmungsrechte wie ein Verlag eine Auswertungspflicht übernommen haben; eine entsprechende Anwendung von §§ 9, 28 Abs. 2 VerlG auf Wiederverfilmungsverträge kommt nicht in Betracht (BGHZ 27, 90/93 f. – Privatsekretärin; aA *Dreier/Schulze*[3] Rdnr. 67; *Fromm/Nordemann*[10] Rdnr. 87; sa. vor §§ 28 ff. Rdnr. 98 ff.).

57 3. Erwirbt der Erwerber des (Erst-)Verfilmungsrechts und Filmhersteller das Wiederverfilmungsrecht nicht, so stehen ihm doch – in Zweifelsfällen entsprechend §§ 88, 89 – die **ausschließlichen Nutzungsrechte an dem ersten Filmwerk** zu, und zwar, wenn nichts anderes vereinbart wurde, grundsätzlich **unbefristet** (so auch *Fromm/Nordemann*[10] Rdnr. 48; wohl auch *Wandtke/Bullinger*[3] Rdnr. 64; aA *Dreier/Schulze*[3] Rdnr. 39; sa. oben Rdnr. 34). Nach dem Grundsatz, dass die (negativen) Verbietungsrechte des Inhabers ausschließlicher Nutzungsrechte weiter reichen können als seine (positiven) Rechte zur Benutzung des geschützten Werkes (s. vor §§ 28 ff. Rdnr. 82), und zwar auch gegenüber Dritten (s. *Dreier/Schulze*[3] Rdnr. 68; *Fromm/Nordemann*[10] Rdnr. 84), oder unter dem Gesichtspunkt eines Anspruchs aus dem Verfilmungsvertrag kann der Hersteller des ersten Filmwerks, soweit seine eigenen Verwertungsbefugnisse daran beeinträchtigt werden, einer erneuten, vom Urheber des verfilmten Werkes gestatteten Verfilmung bzw. der Verwertung des zweiten Filmwerks entgegentreten (s. dazu im Film/Fernsehbereich BGH GRUR 1969, 364/366 f. – Fernsehauswertung – zum Schutz des Herstellers eines nach einem Bühnenstück gedrehten Vorführfilms gegen Fernseh-Live-Sendungen von Aufführungen des Bühnenstücks, Fernsehsendungen nach Aufzeichnung solcher Aufführungen und spezielle Fernsehverfilmung des Bühnenstücks). Der Schutz dient der ungestörten Auswertung des Rechts des Filmherstellers zur öffentlichen Vorführung seines Filmwerks in Filmtheatern, dem Filmhersteller steht aber selbst dann kein Anspruch gegen den Urheber des Bühnenstücks zu, dessen Fernsehauswertung **für alle Zukunft** zu unterlassen, wenn er selbst ein zeitlich unbeschränktes Filmauswertungsrecht erworben hat (BGH GRUR 1957, 614/615 f. – Ferien vom Ich – zur Frage des Schutzes des Erwerbers des ausschließlichen Vorführungs- und Verleihrechts an einem Filmwerk gegenüber der vom Inhaber des Filmurheberrechts gestatteten unfreien Benutzung des Filmwerks bei der Wiederverfilmung des gleichen Romans; BGHZ 9, 262/265 – Lied der Wildbahn I – verneinend zum Schutz des Inhabers des Vorführungs- und Verleihrechts an einem Filmwerk gegen die öffentliche Vorführung von Ausschnitten aus dem Filmwerk; LG Köln UFITA 42 (1964) 209 – Peterchens Mondfahrt).

58 **§ 88 Abs. 2 S. 2** geht von dieser Rechtslage aus und bestimmt, dass der **Urheber** des verfilmten Werkes im Zweifel **nach Ablauf von zehn Jahren** nach Abschluss des Verfilmungsvertrags berechtigt ist, sein Werk auch **anderweit filmisch zu verwerten**. Die AmtlBegr. (BT-Drucks. IV/270 S. 99 zu § 98, jetzt § 88) weist darauf hin, dass die Auswertung eines Filmes idR innerhalb verhältnismäßig kurzer Zeit abgeschlossen sei, es in der Praxis mehr und mehr üblich werde, die ausschließlichen Rechte des Filmherstellers zeitlich zu begrenzen (s. BGHZ 5, 116/121 ff. – Parkstraße 13 – und dazu Rdnr. 34) und daher ein zeitlich unbegrenzter Schutz des Filmherstellers gegen eine Zweitverfilmung nicht erforderlich sei. Die eigenen Nutzungsbefugnisse des Herstellers des ersten Filmwerks werden durch § 88 Abs. 2 S. 2 nicht beeinträchtigt (s. AmtlBegr. BTDrucks. IV/270 S. 99 zu § 98, jetzt § 88; *Fromm/Nordemann*[10] Rdnr. 83; *v. Gamm* Rdnr. 12). Auch seine ausschließlichen Rechte werden nur relativ, dh. gegenüber der Neuverfilmung des verfilmten Werkes und Verwertung des zweiten Filmwerks, nicht aber darüber hinaus beseitigt; insb. kann der Hersteller des ersten Filmwerks einer unberechtigten Verwertung dieses Filmwerks selbst begegnen (*v. Gamm* Rdnr. 12). Kommt es nach Ablauf der in § 88 Abs. 2 S. 2 genannten Zehnjahresfrist zu gegenseitigen Behinderungen bei der Auswertung des ersten und des zweiten Filmwerks, so müssen diese letztlich durch **Abstimmung der Werkverwertung** unter den beiden Betroffenen vermieden werden (s. BGH GRUR 1969, 364/367 – Fernsehauswertung – und Näheres dazu Rdnr. 57; BGH GRUR 1976, 382/384 – Kaviar; zur Auslegung von Vereinbarungen über eine Sendesperre zu Lasten einer Rundfunkanstalt und zum Schutz einer Neuverfilmung KG UFITA 64 (1972) 298 – Die Feuerzangenbowle). Die Bestimmung des § 88 Abs. 2 S. 2 ist im Übrigen vertraglich, auch im Rahmen von Allgemeinen Geschäftsbedingungen **abdingbar** (so BGH GRUR 1984, 45/48 – Honorarbedingungen: Sendevertrag). Im Rahmen der im Jahre 2002 verabschiedeten **Reform** des Urhebervertragsrechts (s. Rdnr. 2) war vorgeschlagen worden, die Zehnjahresfrist des § 88 Abs. 2 S. 2 nur für Vorführfilme beizubehalten, sie aber im Übrigen auf **fünf Jahre** zu verkürzen; auch sollte diese Bestimmung zugunsten der Urheber **zwingend** ausgestaltet werden (s. die AmtlBegr. BT-Drucks. 14/7564 S. 5 iVm. BT-Drucks. 14/6433 S. 5/19). Der Gesetzgeber ist dem aber nicht

gefolgt, die Interessen der Urheber würden dadurch berücksichtigt, dass in gemeinsamen Vergütungsregeln (nach § 36 nF) zu ihren Gunsten angemessene Beteiligungen für Wiederverfilmungen vorgesehen werden könnten (s. BT-Drucks. 14/8085 S. 21). Ein Anspruch der Urheber auf angemessene Vergütung folgt allerdings auch schon aus § 32 nF (ebenso *Dreier/Schulze*[3] Rdnr. 66).

V. Beweisfragen

Fehlen eindeutige ausdrückliche vertragliche Vereinbarungen über den Umfang einer Rechtseinräumung, so hat zunächst derjenige, der behauptet, ein Verfilmungsrecht erworben zu haben, dieses entsprechend der Beweislastverteilung bei § 31 Abs. 5 (s. § 31 Rdnr. 70) zu beweisen, da § 88 insoweit keine Regelung enthält (vgl. Rdnr. 11, 25 f.; ebenso *Fromm/Nordemann*[10] Rdnr. 96). Steht die Einräumung des Verfilmungsrechts fest, so hat der Urheber erforderlichenfalls eine weniger weit reichende Rechtseinräumung zu beweisen, als die Auslegungsregeln des § 88 sie vorsehen (ebenso *Fromm/Nordemann*[10] Rdnr. 96; *Möhring/Nicolini*[2] Rdnr. 68). Für einen darüber hinausgehenden Rechteerwerb, also zB unter der Geltung des § 88 Abs. 1 aF hinsichtlich der audiovisuellen Verwertung eines Filmwerks (s. Rdnr. 39, 40) und der Verwertung eines Filmwerks in den sog. neuen Medien (s. Rdnr. 48), der nach § 31 Abs. 5 zu bestimmen ist, trägt wiederum der Erwerber des Verfilmungsrechts die Beweislast (ebenso generell zur außerfilmischen Verwertung *Fromm/Nordemann*[10] Rdnr. 96; dort auch im selben Sinne zum Erwerb des Wiederverfilmungsrechts entgegen der Regel des § 88 Abs. 2). Das gleiche gilt, wiederum im Hinblick auf § 88 Abs. 1 aF, wenn der Erwerber des Verfilmungsrechts geltend macht, nicht nur das Recht zur Herstellung eines Vorführfilms, sondern auch dasjenige zur speziellen Fernsehverfilmung eines Werkes (s. Rdnr. 27) oder die in § 88 Abs. 1 Nr. 3 und 4 aF genannten Nutzungsrechte zur öffentlichen Vorführung und zur Sendung eines Filmwerks kumulativ erworben zu haben (s. Rdnr. 44; ebenso *Möhring/Nicolini*[2] Rdnr. 68; OLG München UFITA 65 (1972) 268/269 ff. – Karl Valentin – zur Frage des Erwerbs des Senderechts an einem Vorführfilm).

59

§ 89 Rechte am Filmwerk

(1) **Wer sich zur Mitwirkung bei der Herstellung eines Filmes verpflichtet, räumt damit für den Fall, daß er ein Urheberrecht am Filmwerk erwirbt, dem Filmhersteller im Zweifel das ausschließliche Recht ein, das Filmwerk sowie Übersetzungen und andere filmische Bearbeitungen oder Umgestaltungen des Filmwerkes auf alle Nutzungsarten zu nutzen. § 31 a Abs. 1 Satz 3 und 4 und Abs. 2 bis 4 findet keine Anwendung**

(2) **Hat der Urheber des Filmwerkes das in Absatz 1 bezeichnete Nutzungsrecht im voraus einem Dritten eingeräumt, so behält er gleichwohl stets die Befugnis, dieses Recht beschränkt oder unbeschränkt dem Filmhersteller einzuräumen.**

(3) **Die Urheberrechte an den zur Herstellung des Filmwerkes benutzten Werken, wie Roman, Drehbuch und Filmmusik, bleiben unberührt.**

(4) **Für die Rechte zur filmischen Verwertung der bei der Herstellung eines Filmwerkes entstehenden Lichtbilder und Lichtbildwerke gelten die Absätze 1 und 2 entsprechend.**

Schrifttum: S. die Schrifttumsnachweise vor §§ 88 ff.

Übersicht

	Rdnr.
I. Zweck, Entstehungsgeschichte und Bedeutung des § 89. Verhältnis zu § 88	1–4
II. Voraussetzungen der Anwendung des § 89	5–9
1. Entstehung eines urheberrechtlich geschützten Filmwerks	5
2. Erwerb eines Urheberrechts am Filmwerk	6–8
3. Verpflichtung zur Mitwirkung bei der Herstellung eines Filmes	9
III. Umfang der Rechtseinräumung an den Filmhersteller (§ 89 Abs. 1)	10–20
1. Notwendigkeit und Möglichkeiten der einschränkenden Anwendung des § 89 Abs. 1	10
2. Rechtseinräumung für alle (§ 89 Abs. 1 nF 2007) bzw. alle bekannten (§ 89 Abs. 1 aF und nF 2002) Nutzungsarten	11, 12
3. Umfang der Rechtseinräumung an Vorführfilmen	13–15

	Rdnr.
4. Umfang der Rechtseinräumung an Fernsehfilmen	16, 17
5. Umfang der Rechtseinräumung an Videoproduktionen	18
6. Zweitwiedergaberechte und gesetzliche Vergütungsansprüche	19
7. Verwertung des konkreten Filmwerks, Bearbeitung und nicht-filmische Verwertung	20
IV. Verfügungsmacht des Urhebers bei Vorauseinräumung von Rechten an Dritte (§ 89 Abs. 2)	21, 22
V. Bedeutung des § 89 Abs. 3	23
VI. Rechte an Filmeinzelbildern (§ 89 nF 2002)	24–27

I. Zweck, Entstehungsgeschichte und Bedeutung des § 89. Verhältnis zu § 88

1 1. Wie § 88 verfolgt **auch** § 89 den **Zweck,** dem Filmhersteller durch gesetzliche Regeln über die Auslegung der mit den Urhebern geschlossenen Verträge die **ungestörte Auswertung** der von ihm hergestellten Filme zu ermöglichen (s. vor §§ 88 ff. Rdnr. 9, 10; § 88 Rdnr. 2). Während § 88 die vertraglichen Beziehungen zu Urhebern zum Gegenstand hat, welche vom Filmwerk als solchem unterscheidbare, (auch) selbstständig verwertbare, zur Filmherstellung benutzte Werke – seien sie vorbestehende oder filmbestimmt geschaffene Werke – schaffen (s. § 88 Rdnr. 13 ff.), betrifft § 89 die vertraglichen Beziehungen zu allen übrigen an der Filmproduktion schöpferisch Beteiligten, deren Beiträge idR ausschließlich im Filmwerk selbst aufgehen. Nach der AmtlBegr. (BTDrucks. IV/270 S. 99 f. zu § 99, jetzt § 89) sind dies die **bei und nach den Dreharbeiten** an der Filmherstellung **schöpferisch Mitwirkenden**, je nach Lage des Einzelfalls der **Regisseur,** der **Kameramann,** der **Cutter** und andere Mitwirkende, uU auch der Filmhersteller selbst, wenn er über seine eigentliche kaufmännische und organisatorische Funktion hinaus die Gestaltung des Filmwerks schöpferisch mitbestimmt (sa. vor §§ 88 ff. Rdnr. 52 ff.). Bei diesem Personenkreis besteht nach Auffassung der AmtlBegr. (BTDrucks. IV/270 S. 100 zu § 99, jetzt § 89) im Vergleich zu demjenigen des § 88 ein **besonderes Bedürfnis,** dem Filmhersteller durch gesetzliche Auslegungsregeln einen **lückenlosen Erwerb** der für die Auswertung erforderlichen Nutzungsrechte zu gewährleisten, weil es häufig schwierig, uU sogar unmöglich sei, festzustellen, welche von ihnen im Einzelfall einen schöpferischen Beitrag geleistet haben. Der Gesetzgeber des **Urhebervertragsgesetzes von 2002** (s. vor §§ 88 ff. Rdnr. 8) hat § 88 Abs. 1 an § 89 Abs. 1 angeglichen, weil er auch in Bezug auf filmisch benutzte Werke ein Bedürfnis des Filmherstellers an einem umfassenden Rechteerwerb anerkannte (s. § 88 Rdnr. 1). § 89 Abs. 2 wurde allerdings nicht mit übernommen (s. § 89 Rdnr. 36). § 89 wurde durch das Urhebervertragsgesetz nur dahingehend geändert, dass ihm ein **neuer Abs. 4** hinzugefügt wurde. Er bezieht sich auf die Rechte an den Filmeinzelbildern und ersetzt die mit demselben Gesetz aufgehobene diesbezügliche Bestimmung des § 91 (su. Rdnr. 24 ff.).

2 2. Ein zweiter, ursprünglicher Unterschied der Regelung des § 89 gegenüber § 88 aF betrifft den **Umfang der Nutzungsrechtseinräumung** an den Filmhersteller, von der im Zweifel auszugehen ist. Während der Filmhersteller von den unter § 88 aF fallenden Urhebern einen zwar weitreichenden, aber letztlich doch je nach **primärem Nutzungszweck** eines Filmwerks **beschränkten Katalog** von ausschließlichen Nutzungsrechten erwarb (s. § 88 Rdnr. 32 ff., insb. 43 ff.), ordnete ihm bereits § 89 Abs. 1 aF und nF 2002 bezüglich der von dieser Bestimmung betroffenen Urheber im Zweifel das umfassende ausschließliche Recht zu, das Filmwerk sowie (entsprechend § 88 Abs. 1 Nr. 5 aF) Übersetzungen und andere filmische Bearbeitungen oder Umgestaltungen des Filmwerks auf **alle bekannten Nutzungsarten** zu nutzen. Zur Begründung wurde lediglich darauf hingewiesen, dass „eine solche umfassende Rechtseinräumung die Regel bilden dürfte" (AmtlBegr. BTDrucks. IV/270 S. 100 zu § 99, jetzt § 89). Durch das **Zweite Gesetz zur Regelung des Urheberrechts in der Informationsgesellschaft** vom **26. 10. 2007** (BGBl. I S. 2513, Art. 1 Nr. 20) wurde die gesetzliche Vermutung zugunsten des Filmherstellers in § 89 Abs. 1 nF 2007 parallel zu der gleichen Änderung in § 88 Abs. 1 nF 2007 (s. dazu § 88 Rdnr. 2) durch Streichung des Wortes „bekannten" auf **alle** und damit auch auf bei Vertragsabschluss **unbekannte Nutzungsarten erweitert.** Die Maßnahme steht in Zusammenhang damit, dass durch dasselbe Gesetz (Art. 1 Nr. 3, 4 und 6) § 31 Abs. 4 betr. die Unwirksamkeit der Einräumung von Nutzungsrechten für unbekannte Nutzungsarten **aufgehoben** und durch eine Neuregelung solcher Rechtsgeschäfte in **§§ 31 a und 32 c** ersetzt wurde. Unter den darin enthaltenen **Schutzvorkehrungen zugunsten der Urheber,** nämlich Schriftform des Vertrages, besonderer gesetzlicher Vergütungsanspruch und

Widerrufsrecht, wird das Letztere den Filmurhebern im Interesse einer ungehinderten Filmverwertung in neuen Nutzungsarten durch § 89 Abs. 1 S. 2 nF 2007 vorenthalten (s. Näheres bei § 88 Rdnr. 2 zu der gleichen Rechtslage zu Lasten der Urheber vorbestehender, verfilmter Werke). Aus der **Übergangsregelung** des **§ 1371** ergibt sich, dass die Neuregelung des § 89 Abs. 1 nF 2007 nur für **seit dem 1. 1. 2008 abgeschlossene Verträge** gilt und dass mangels Bekanntheit einer Nutzungsart **unwirksame Rechtseinräumungen** aus dem Zeitraum **1. 1. 1966 bis 31. 12. 2007 korrigiert** sein können (s. Näheres unter vor §§ 88 ff. Rdnr. 8, § 88 Rdnr. 2 sowie in der Kommentierung des § 1371).

Ein dritter Unterschied liegt darin, dass **§ 88 nF und aF vertragliche Vorauseinräumungen von Rechten an Dritte,** insb. an Verwertungsgesellschaften, unberührt lässt (s. § 88 Rdnr. 36/46), während **§ 89 Abs. 2** die § 78 Halbs. 2 aF (1965) nachgebildete Regelung enthält, dass der Urheber auch bei Vorauseinräumung eines Nutzungsrechts an einen Dritten gleichwohl stets die Befugnis behält, dieses Recht dem Filmhersteller einzuräumen. Diese Bestimmung soll dem Filmhersteller Rechtssicherheit geben und dem Filmschaffenden die persönliche Handlungsfreiheit bewahren (AmtlBegr. BTDrucks. IV/270 S. 100). **§ 89 Abs. 3** verdeutlicht durch die beispielhafte ausdrückliche Benennung von Drehbuch und Filmmusik die wichtige Regel, dass Rechtseinräumungen an den Filmhersteller auch von Seiten solcher Urheber, die selbständig verwertbare Werke mit der Bestimmung für ein bestimmtes Filmvorhaben schaffen, nach § 88 und nicht nach § 89 Abs. 1, 2 zu beurteilen sind (s. Rdnr. 1), und dient im Übrigen der Klarstellung, dass dies auch dann gilt, wenn ein solcher Urheber, zB wie ein Regisseur, zugleich auch an den Dreharbeiten mitwirkt (AmtlBegr. BTDrucks. IV/270 S. 100). Zu **§ 88 Abs. 4 nF 2002** s. bereits unter Rdnr. 1.

3. Wie § 88 (s. dort Rdnr. 4) lässt **auch § 89** als gesetzliche Auslegungsregel für Zweifelsfälle jedenfalls **ausdrückliche vertragliche Vereinbarungen** über einen eingeschränkten Rechtserwerb des Filmherstellers **unberührt** *(Fromm/Nordemann*[10] *Rdnr. 9; v. Gamm Rdnr. 4; Möhring/Nicolini*[2] *Rdnr. 15/16; Wandtke/Bullinger*[3] *Rdnr. 2;* zur Wirksamkeit und dinglichen Wirkung einer vertraglichen Änderungsverbotsklausel zugunsten eines Filmregisseurs OLG München UFITA 48 (1966) 287/290 ff. – Das Wunder des Malachias). Mit dem inzwischen aufgehobenen (so. Rdnr. 2) **§ 31 Abs. 4,** der die Einräumung von Nutzungsrechten für noch nicht bekannte Nutzungsarten für unwirksam erklärte, stimmt überein, dass auch nach **§ 89 Abs. 1 aF und nF 2002** gesetzlich vermutete Rechtseinräumungen nur **bekannte** Nutzungsarten umfassen (s. zu § 88 dort Rdnr. 7). **Anders** als bei **§ 88 aF** (s. dort Rdnr. 4 ff.) ist für **§ 89 aF und nF 2002 sowie nF 2007** das **Verhältnis zu § 31 Abs. 5** zu bestimmen. Käme dieser Vorschrift auch gegenüber § 89 der Vorrang zu oder könnte unter Anwendung der Regel des § 31 Abs. 5 der Zweck und damit der Umfang der Rechtseinräumung im Zweifel zugunsten des Urhebers eng bestimmt und damit zugleich der für die Anwendung des § 89 Abs. 1 erforderliche Zweifel ausgeräumt werden, so käme die hier zugunsten des Filmherstellers angeordnete umfassende Rechtseinräumung praktisch kaum zum Zuge (so ausdrücklich BGH BGHZ 163, 109/114 – Der Zauberberg; sa. *Schweyer* S. 97; *Fromm/Nordemann*[10] §§ 31/32 Rdnr. 67; *Dreier/Schulze*[3] Rdnr. 2; *Möhring/Nicolini*[2] Rdnr. 21; *Wandtke/Bullinger*[3] Rdnr. 19; sa. den Diskussionsbericht von *Roeber* FuR 1975, 102/104 f.; im Ergebnis aA *Movsessian* UFITA 79 (1977) 213/227). Dies schließt es aber nicht aus, die Anwendung dieser Rechtsfolge auf das vom Gesetzgeber vorgestellte **Maß des Üblichen** zu beschränken (s. Näheres unter Rdnr. 10). Wie bei § 88 (s. dort Rdnr. 36, 42, 52) bezieht sich die Rechtseinräumung nach § 89 Abs. 1 aF und nF 2002 sowie nF 2007 des Weiteren nur auf die **filmische** Verwertung des Filmwerks (s. Näheres unter Rdnr. 20) und nur auf die für die Filmauswertung erforderlichen **ausschließlichen Rechte**, nicht auf die (ebenfalls ausschließlichen) sog. Zweitwiedergaberechte und auf die gesetzlichen Vergütungsansprüche (s. Näheres unter Rdnr. 19 sowie zu § 88 dort Rdnr. 36, 48, 49). Stets zu beachten sind im Übrigen auch zu § 89 in allen Fassungen die Einschränkungen bestimmter urhebervertragsrechtlicher und urheberpersönlichkeitsrechtlicher Befugnisse durch **§§ 90** und **93** hinsichtlich der bei der Filmherstellung entstehenden einzelnen Lichtbilder durch **§ 89 Abs. 4 nF 2002 und 2007** bzw. durch den inzwischen aufgehobenen **§ 91**.

Auf **vor 1966 eingegangene Vertragsverhältnisse** ist § 89 nicht anwendbar (s. vor §§ 88 ff. Rdnr. 49). Dasselbe gilt für den inzwischen aufgehobenen **§ 31 Abs. 4** (s. § 132 Abs. 1 und vor §§ 88 ff. Rdnr. 49). Daher konnte angenommen werden, dass die **Rechte zur audiovisuellen Nutzung** von **anonymen NS-Propagandafilmen** und von ebenfalls **anonymen Kriegswochenschauen** als **Filmwerken aus der Zeit zwischen 1940 und 1942** von den Urhebern auf den jeweiligen Filmhersteller übertragen wurden, obwohl diese Nutzung

§ 89

seinerzeit noch eine gänzlich unbekannte Nutzungsart war (so LG München I ZUM 1993, 370/374 f. – NS-Propagandafilme; LG München I ZUM-RD 1998, 89/92 – Deutsche Wochenschauen). In bezug auf **nicht-anonyme** Filmwerke aus etwa dieser Zeit ist eine so weitreichende Rechtseinräumung den tatsächlichen Umständen nach allerdings nicht ohne weiteres anzunehmen (s. OLG München ZUM 1985, 514/515 – Olympiafilm; LG München I GRUR 1991, 377/379 f. – Veit Harlan-Videorechte; LG München I ZUM 1993, 370/374 – NS-Propagandafilme – zum Film „Triumph des Willens" von Leni Riefenstahl). **Nicht überzeugend** ist die Annahme, dass durch einen **Regie- und Drehbuchvertrag** aus dem Jahr **1949** dem Filmhersteller auch die **Videorechte** eingeräumt wurden, weil der Vertrag ausdrücklich die Rechteübertragung auch für seinerzeit noch unbekannte Nutzungsarten vorsah (gegen OLG München ZUM 2000, 61/65 f. – Das kalte Herz): Nach der seinerzeitigen, vom Reichsgericht begründeten Rechtsprechung zum Zweckübertragungsprinzip hätte es für ein solches Ergebnis der Vereinbarung eines **Beteiligungshonorars** bedurft (s. § 88 Rdnr. 27 zu RGZ 140, 255/257 f. – Der Hampelmann; sa. Rdnr. 11 sowie § 88 Rdnr. 26; dort auch zu der gleichermaßen nicht haltbaren Annahme der Übertragung der Videorechte an den Filmhersteller durch einen **Drehbuchvertrag** aus dem Jahre **1956** durch LG Hamburg ZUM-RD 1999, 134/135 f. – Heinz Erhard). Daher ist auch zu Recht entschieden worden, dass es zum **Nachweis des Erwerbs der DVD-Rechte** durch den **Filmhersteller** vom **Regisseur** einer Reihe von Filmen aus den Jahren **1957 bis 1969** nicht ausreiche, auf Verträge anderer Urheber sowie auf Tarifverträge und Tarifordnungen zu verweisen (so OLG Köln GRUR-RR 2009, 208/209 – Der Frosch mit der Maske, Dr. Mabuse und Winnetou). Trotz Bekanntheit des **Fernsehens** in den **Nachkriegsjahren bis 1966** und Berücksichtigung der „Television" im Katalog der Rechte, die dem Filmhersteller durch die Tarifordnung für Filmschaffende vom 19. 8. 1943 übertragen wurden, war es demgemäß nicht vertretbar, für den **Nachweis der Aktivlegitimation** eines **Filmhändlers** im Hinblick auf die Geltendmachung des **Fernsehsenderechts** an älteren Filmen aus jener Zeit gegenüber Dritten die **Vorlage dieser Tarifordnung** genügen zu lassen, weil die Filme „ansonsten nicht mehr verkehrsfähig wären" (gegen LG München I ZUM-RD 2007, 302/306 – Ännchen von Tharau). Diese Großzügigkeit gegenüber dem Händler beeinträchtigte zu Unrecht potentielle Rechte sowohl der betroffenen Filmurheber als auch der Urheber der verfilmten Werke (s. dazu weiter § 88 Rdnr. 45).

Vergleichbar, aber in den Einzelheiten nicht ganz übereinstimmend mit der Rechtslage bei § 88 (s. dort Rdnr. 2 und vor §§ 88 ff. Rdnr. 49/50) sind auch im Hinblick auf die Anwendung oder Nichtanwendung des § 89 in seinen verschiedenen Fassungen gemäß den jeweiligen zeitlichen Übergangsregelungen **vier Vertragsepochen** zu unterscheiden:
– Verträge vor 1966: Recht vor 1966,
– Verträge vom 1. 1. 1966 bis 31. 12. 2007 im Allgemeinen: § 89 aF, § 89 nF 2002,
– Verträge vom 1. 7. 2002 bis 31. 12. 2007 speziell der Kameraleute: § 89 Abs. 4 nF 2002 und
– Verträge ab 1. 1. 2008: § 89 nF 2007.

4   **4.** Den §§ 88, 89 entnimmt die hM eine gesetzliche Entscheidung der Frage nach der **Urheberschaft an Filmwerken**; als Filmurheber kommen danach nur diejenigen Filmschaffenden in Betracht, deren Rechtsbeziehungen zum Filmhersteller nach § 89 zu beurteilen sind (s. vor §§ 88 ff. Rdnr. 52 ff., 61; s. dort Rdnr. 65 ff. auch zur abweichenden eigenen Beurteilung). Für die Anwendung der urhebervertragsrechtlichen Bestimmungen der §§ 88, 89 ist die Beurteilung der Filmurheberschaft ohne Bedeutung (s. vor §§ 88 ff. Rdnr. 71). Zum **Begriff des Filmherstellers** s. vor §§ 88 ff. Rdnr. 31 ff.

II. Voraussetzungen der Anwendung des § 89

1. Entstehung eines urheberrechtlich geschützten Filmwerks

5   § 88, der den Umfang der Rechtseinräumung an zur Filmherstellung benutzten Werken regelt, ist auch anwendbar, wenn nur ein urheberrechtlich nicht geschützter Film, ein sog. **Laufbild** (s. zum Begriff vor §§ 88 ff. Rdnr. 20) entsteht (§ 95). Dies ist dadurch gerechtfertigt, dass die Verfilmung urheberrechtlich geschützter Werke nicht notwendig bedingt, dass auch in der Verfilmung selbst ein schöpferischer Akt liegt (s. vor §§ 88 ff. Rdnr. 23, 24). Dagegen setzt § 89 voraus, dass bei der Herstellung eines Filmes **schöpferische Leistungen** erbracht werden, die zum Entstehen eines urheberrechtlich geschützten **Filmwerks** führen, da es anderenfalls an den schutzbegründenden Beiträgen fehlt, zu deren Verwertung der Filmhersteller über § 88 hinaus

Nutzungsrechte erwerben muss (zum Ergebnis ebenso *Dreier/Schulze*[3] Rdnr. 5; *Fromm/Nordemann*[10] Rdnr. 10/13; *v. Gamm* Rdnr. 2; *Möhring/Nicolini*[2] Rdnr. 5; *Wandtke/Bullinger*[3] Rdnr. 6). Daher ist § 89 auf Laufbilder auch nicht entsprechend anwendbar (s. die Nichterwähnung des § 89 in § 95). Zu den an ein Filmwerk zu stellenden **Schutzanforderungen** s. § 2 Rdnr. 191 ff.

2. Erwerb eines Urheberrechts am Filmwerk

Die Anwendung der Auslegungsregel des § 89 Abs. 1 und des Rechtssatzes des § 89 Abs. 2 **6** hat zur **Voraussetzung**, dass der betreffende Filmschaffende und Vertragspartner des Filmherstellers ein **Urheberrecht am Filmwerk** erwirbt, da er nur dann dem Filmhersteller ein urheberrechtliches Nutzungsrecht einräumen und Rechte am Filmwerk geltend machen kann. Gefordert ist damit ein schöpferischer, das Filmwerk zumindest mitgestaltender Beitrag (s. § 7 Rdnr. 1, 6 ff.). Charakteristischerweise werden solche **Beiträge während der Dreharbeiten und im Anschluss** daran beim Filmschnitt erbracht (sa. Rdnr. 1). Für die Anwendung des § 89 ist dies aber **weder unabdingbar noch ausreichend**. Nach der Gesamtkonzeption der §§ 88, 89 (s. Rdnr. 1 sowie vor §§ 88 ff. Rdnr. 10, 57) ist vielmehr entscheidend, ob ein **schöpferischer Beitrag** zu einem vom Filmwerk selbst unterscheidbaren, (auch) selbstständig verwertbaren Werk führt (dann Anwendung des § 88) oder **im Filmwerk selbst aufgeht** (dann Anwendung des § 89). Ein Beitrag der letzteren Art kann auch vor Beginn der eigentlichen Dreharbeiten erbracht werden, so zB eine Filmszenengestaltung, die sich nicht in einem selbstständig verwertbaren Gegenstand niederschlägt. Würde man § 89 auf solche Beiträge nicht anwenden, so könnte dies eine vom Gesetzgeber nicht gewollte Lücke im Kreis der vom Filmhersteller erworbenen Nutzungsrechte zur Folge haben. Anderseits ist nicht § 89, sondern § 88 anwendbar, wenn während oder nach Abschluss der Dreharbeiten schöpferische Filmbeiträge wie die Filmmusik geschaffen werden, die auch selbstständig verwertet werden können (s. § 88 Rdnr. 13, 20). Desgleichen wird die Anwendung der urhebervertragsrechtlichen Norm des § 89 anstelle derjenigen des § 88 nicht dadurch begründet, dass nach der hier vertretenen, von der hM abweichenden Auffassung auch die Urheber filmbestimmt geschaffener, aber auch selbstständig verwertbarer Werke zugleich Miturheber des Filmwerks sind (s. vor §§ 88 ff. Rdnr. 58 ff., 65 ff., 71). Von Ausnahmefällen abgesehen, in denen sie schöpferische Beiträge zu einem Filmwerk liefern (s. vor §§ 88 ff. Rdnr. 54, 56), ist die Rechtsstellung der **Filmschauspieler** und sonstigen **ausübenden Künstler** nach § 92, nicht nach § 89 zu beurteilen.

Zum Kreis der danach regelmäßig oder in Ausnahmefällen als Urheber iSd. § 89 in Betracht **7** kommenden Filmschaffenden s. Rdnr. 1 sowie vor §§ 88 ff. Rdnr. 56, 61. In der Rechtsprechung war bisher zumeist über Rechtseinräumungen an den Filmhersteller durch **Filmregisseure** und den **Kameramann** zu entscheiden (zu ersteren BGHZ 147, 244/249 – Barfuß ins Bett; BGH GRUR 1991, 133/135 – Videozweitauswertung; BGH UFITA 55 (1970) 313/316 ff. – Triumph des Willens – betreffend den künstlerischen Leiter und Gestalter eines NS-Propagandafilms; BGH GRUR 1960, 199/200 – Tofifa: Regisseur und zugleich Kameramann und Gesellschafter des Filmproduktionsunternehmens; LAG Berlin UFITA 67 (1973) 286; LAG Köln, NZA-RR 2001, 266 – Lindenstraße; OLG München ZUM 1985, 514 – Olympiafilm; LG München I FuR 1984, 664 – NEGRESCO – und Schulze LGZ 180 – Landung in Salerno; OLG Köln GRUR-RR 2009, 208 – Der Frosch mit der Maske, Dr. Mabuse und Winnetou; zum Kameramann BGHZ 37, 1 – AKI; LG Berlin GRUR 1962, 207 – Maifeiern; OLG Köln GRUR-RR 2005, 337/338 – Dokumentarfilm Massaker; LG München I ZUM 2009, 794/799 f. – Das Boot). Die Rechtseinräumung an den Hersteller der deutschen Synchronfassung eines ausländischen Filmes durch den **Synchronautor** ist entgegen LG München I FuR 1984, 534 – All about Eve – nach § 88, nicht nach § 89 zu beurteilen (wie hier *Fromm/Nordemann*[10] Rdnr. 20).

Häufig sind bei Filmproduktionen **Drehbuchautor und Regisseur identisch** (s. OLG **8** München UFITA 48 (1966) 287; OLG München ZUM 2000, 61 – Das kalte Herz; OLG Karlsruhe UFITA 45 (1965) 347 – Unfälle; LG München I UFITA 46 (1966) 369 – Deutschlandfahrt mit Ypsilon). Auch **Drehbuchautor und Kameramann** können zB bei Dokumentarfilmen ein und dieselbe Person sein (s. OLG Köln ZUM 2005, 235 – Standbilder im Internet). In solchen und anderen Fällen der **Doppel- und Mehrfachfunktion** ein und desselben Filmschaffenden bleibt nach § 89 Abs. 3 die Anwendung des für den Urheber günstigeren § 88 aF auf die Rechtseinräumung am Drehbuch und an anderen selbstständig verwertbaren Werken unberührt (s. Rdnr. 2). Entsprechend bleibt das Urheberrecht des Regisseurs am Filmwerk und die Anwendung des gegenüber § 92 aF bzw. § 92 nF iVm. § 137e Abs. 4 S. 2 günstigeren § 89 unberührt, wenn dieser zugleich als Schauspieler und damit als ausübender Künstler an einem Filmwerk mitwirkt; lediglich eine Doppelqualifikation als Urheber und künstlerisch Mitwirkender für ein und dieselbe Art der Mitwirkung scheidet aus (s. dazu BGHZ 90, 219/224 f. – Filmregisseur – mit krit. Anm. im letzten Punkt von *Schricker* in GRUR 1984, 733 f.; zum Ergebnis übereinstimmend *Dreier/Schulze*[3] vor §§ 88 ff. 13, § 89 Rdnr. 6; *Fromm/Nordemann*[10] Rdnr. 18).

3. Verpflichtung zur Mitwirkung bei der Herstellung eines Filmes

9   Der Rechtsgrund für die Nutzungsrechtseinräumung an den Filmhersteller durch einen Filmschaffenden nach § 89 liegt in seiner **Verpflichtung zur Mitwirkung bei der Herstellung eines Filmes** (§ 89 Abs. 1). Sie kann in Form von Werk-, Dienst-, Arbeits- und Gesellschaftsverträgen eingegangen werden (vgl. *Dreier/Schulze*[3] Rdnr. 23; *Fromm/Nordemann*[10] Rdnr. 11; *v. Gamm* Rdnr. 2; *MöhringNicolini*[2] Rdnr. 8; zur Vertragspraxis der Rundfunkanstalten *Hillig* UFITA 73 (1975) 107 ff.; zu den Tarifverträgen in den Bereichen Fernsehen und Film § 43 Rdnr. 115 ff., 122 ff.; zur Rechtseinräumung im Rahmen eines Gesellschaftsverhältnisses BGH GRUR 1960, 199/200 – Tofifa). Wird in einem Filmwerk ein anderes zB durch Übernahme von Ausschnitten, die sog. **Klammerteilauswertung** (s. § 88 Rdnr. 53), verwertet, so richten sich die Rechtsbeziehungen des Herstellers des neuen Filmwerks zu den Urhebern des älteren mangels Verpflichtung dieser Urheber zur Mitwirkung an der Herstellung des neuen Filmwerks nicht unmittelbar nach § 89, sondern nach den Vereinbarungen zwischen den Herstellern der beiden Filmwerke. Der Umfang der Verfügungsbefugnis des Herstellers des ersten Filmwerks gegenüber dessen Urhebern ist aber nach §§ 88, 89 zu beurteilen (s. zu Letzterem und zu Urhebern iSd. § 89 BGH UFITA 55 (1970) 313/316 ff. – Triumph des Willens; LG Berlin GRUR 1962, 207/208 – Maifeiern; zu § 88 s. dort Rdnr. 53; vgl. ferner § 89 Abs. 4 und den inzwischen aufgehobenen § 91 zum Schutz der einzelnen Lichtbilder eines Filmwerks oder Laufbildes).

III. Umfang der Rechtseinräumung an den Filmhersteller (§ 89 Abs. 1)

1. Notwendigkeit und Möglichkeiten der einschränkenden Anwendung des § 89 Abs. 1

10   Die in **§ 89 Abs. 1 aF** (und später § 89 Abs. 1 nF 2002) vorgesehene, nur unbekannte Nutzungsarten ausnehmende umfassende Rechtseinräumung an den Filmhersteller ist insb. im Hinblick auf den Filmregisseur als Hauptbetroffenen auf **Kritik** gestoßen (vgl. *Ulmer*[3] § 115 III und Urhebervertragsrecht Rdnr. 45, 48 f. mit Reformvorschlägen; zust. Stellungnahme der GRUR GRUR 1980, 1060/1061 f.; aA *Hubmann* GRUR 1978, 468/470; *Möhring/Nicolini*[2] Rdnr. 21). Die Kritik bezog sich insb. auch darauf, dass sich bereits aus § 89 Abs. 1 aF bei **Fernsehfilmwerken** im Zweifel die Rechtseinräumung auch auf deren Verwertung durch öffentliche Vorführung und durch den Vertrieb von Videogrammen zum Zwecke der Vorführung im privaten Bereich erstrecke. Es ist daher auch vor Einführung des privaten Fernsehens gefragt worden, ob § 89 auf Fernsehfilmwerke überhaupt anzuwenden sei (s. die Hinweise bei *Kreile* FuR 1975, 293/296; *Roeber* FuR 1974, 784/797 und FuR 1975, 102/105). In der Tat hatte der Gesetzgeber bei der Formulierung der §§ 88 ff. vor allem den Schutz des (seinerzeit) mit vollem eigenen Risiko arbeitenden Produzenten von **Kino-Spielfilmen** im Auge, insb. aber nicht die öffentlich-rechtlichen Rundfunkanstalten als Fernsehveranstalter und deren Auftragsproduzenten (s. vor §§ 88 ff. Rdnr. 39). Unter anderem das jetzt in der Bundesrepublik Deutschland voll etablierte private Fernsehen spricht gegen eine solche rigorose Lösung. Diese ist aber auch aus verfassungsrechtlichen Gründen notwendig (s. vor §§ 88 ff. Rdnr. 41) ist aber eine **einschränkende Auslegung und Anwendung des § 89 Abs. 1** in allen Fassungen iS eines auf das je **übliche Maß der tatsächlichen Filmverwertung** in den Bereichen Vorführfilm, Fernsehfilm und Videoproduktion beschränkten Rechteübergangs; nicht entscheidend sind die auf dem Papier stehenden umfassenden Kataloge übertragener Rechte in den Honorarbedingungen der Rundfunkanstalten (s. das Beispiel im Münchener Vertragshdb. Bd. 3 Wirtschaftsrecht[5] S. 963 ff. (bearbeitet von *Hertin*)), soweit sie nicht im Einzelfall Vertragsbestandteil werden. Gesetzlicher Anhaltspunkt für dieses Ergebnis ist nicht § 31 Abs. 5 (s. Rdnr. 3), wohl aber die Geltung der Auslegungsregel des § 89 Abs. 1 nur „im Zweifel" und eine an der **Verkehrssitte** der tatsächlichen Filmverwertung orientierte Vertragsauslegung, die solche Zweifel ausschließt (§ 157 BGB; s. zu einer solchen Auslegung von Urheberrechtsverträgen allg. vor §§ 28 ff. Rdnr. 103 ff., § 31 Rdnr. 20 ff.).

Diese Einschränkung der gesetzlichen Vermutung zugunsten des Filmherstellers ist insbes. im Hinblick auf **§ 89 Abs. 1 aF**, also in Bezug auf Verträge und Rechtseinräumungen in der Zeit zwischen dem 1. 1. 1966 und dem 30. 6. 2002, **unverzichtbar**, weil es insoweit besonders offenkundig an einer ausreichenden **Kompensation** zugunsten der Urheber iS eines gesetzlich gesicherten **Vergütungsanspruchs** fehlt: Urhebern iSd. § 89 war und ist bezüglich dieses Zeitraums eine Berufung auf § 36 aF, den sog. Bestsellerparagraphen, durch **§ 90 S. 2 aF** verwehrt worden (s. dort Rdnr. 2). Der an die Stelle des § 36 aF getretene, durch das Urhebervertragsgesetz von 2002 neu geschaffene, verbesserte **§ 32 a** gilt nach hM zwar auch für „**Altverträge**", auch solche aus der Zeit vor 1966 (s. § 132 Rdnr. 14), findet nach **§ 132 Abs. 3 S. 2** aber nur auf **Sachverhalte** Anwendung, die **nach dem 28. 3. 2002** entstanden sind. Im Hinblick auf bis zu diesem Datum eingetretene Missverhältnisse zwischen den Erträgen aus der Werkverwertung und der Vergütung der Urheber vermögen auch die Grundsätze über den **Wegfall** bzw. die **Störung der Geschäftsgrundlage** (§ 242 BGBaF, § 313 BGBnF) keinen angemessenen Ausgleich zu schaffen: Zwar sind sie trotz § 90 S. 2 aF anwendbar (s. § 90 Rdnr. 15), aber die Anforderungen der Rechtsprechung an ihre Anwendung sind äußerst streng. Sie gehen noch über diejenigen des § 36 aF hinaus, indem sie untragbare, mit Recht und Gerechtigkeit schlechthin nicht vereinbare Folgen für die benachteiligte Vertragspartei voraussetzen (so BGH GRUR 1990, 1005/1007 – Salome I). Aber auch generell, dh. auch im Hinblick auf **§ 89 Abs. 1 nF 2002 und 2007**, können die gesetzlichen Vergütungsansprüche der §§ 32 nF, 32 a und 32 c den **Verlust ausschließlicher Rechte** und der mit diesen verbundenen Verhandlungsposition **nicht ausgleichen**, der sich zu Lasten der Urheber aus einer übermäßigen Reichweite der gesetzlichen Vermutung zugunsten der Filmhersteller ergibt (vgl. in diesem Sinne in einem anderen Zusammenhang BGH BGHZ 148, 221/231 f. – SPIEGEL-CD-ROM).

2. Rechtseinräumung für alle (§ 89 Abs. 1 nF 2007) bzw. für alle bekannten (§ 89 Abs. 1 aF und nF 2002) Nutzungsarten

Räumt ein Filmurheber iSd. § 89 dem Filmhersteller **ausdrücklich** das Recht zur Nutzung 11 des Filmwerks auf **alle bekannten und unbekannten Nutzungsarten** ein, so scheitert die umfassende Wirksamkeit einer solchen Rechtseinräumung seit Inkrafttreten des Zweiten Gesetzes zur Regelung des Urheberrechts in der Informationsgesellschaft vom 26. 10. 2007 (BGBl. I S. 2513) am 1. 1. 2008 nicht mehr an **§ 31 Abs. 4**, der durch dieses Gesetz **aufgehoben** wurde (so. Rdnr. 2). Sie scheitert auch nicht daran, dass eine unbekannte Nutzungsart bei Vertragsabschluss noch nicht im Einzelnen bezeichnet, sondern nur durch eine pauschale Formulierung umschrieben werden kann (s. die AmtlBegr. BT-Drucks. 16/1828 S. 24; sa. § 88 Rdnr. 33). Bestehen insoweit aber Zweifel, zB weil die Rechtseinräumung sich unspezifisch auf **alle Nutzungsarten** bezieht, so greift **§ 89 Abs. 1 S. 1 nF 2007** Platz: Die Rechtseinräumung umfasst iS einer Auslegungsregel bzw. Vermutung zugunsten des Filmherstellers **alle** bei Vertragsschluss **bekannten und unbekannten Nutzungsarten** (zum Sinn und Zweck dieser Regelung s. § 88 Rdnr. 2). Wie sich aus § 89 Abs. 1 S. 2 nF 2007 iVm. § 31 Abs. 1 S. 1 ergibt, ist allerdings grundsätzlich Voraussetzung für dieses Ergebnis im Hinblick auf unbekannte Nutzungsarten, dass der betreffende Vertrag **schriftlich** abgefasst ist (s. dazu näher § 88 Rdnr. 36; dort auch zur Entbehrlichkeit der Schriftform bei **Open-Access-** und **Open-Source-Verwertungsmodellen**).

Demgegenüber hat die Auslegungsregel des **§ 89 Abs. 1 aF und nF 2002 keine** Rechtseinräumung an den Filmhersteller für im Zeitpunkt des Vertragsschlusses noch **unbekannte Nutzungsarten** zur Folge. Die Wirksamkeit darauf gerichteter ausdrücklicher Vertragsvereinbarungen scheitert im Hinblick auf Verträge bzw. Rechtseinräumungen aus dem maßgeblichen Zeitraum 1. 1. 1966 bis 31. 12. 2007 (so. Rdnr. 3) an **§ 31 Abs. 4** (s. Rdnr. 3). Auf **vor 1966** eingegangene Vertragsverhältnisse zwischen Filmurhebern und -herstellern sind beide Bestimmungen nicht anwendbar (s. Rdnr. 3, vor §§ 88 ff. Rdnr. 49, § 31 Rdnr. 64, § 31 a Rdnr. 1), jedoch war schon vor Inkrafttreten des UrhG am 1. 1. 1966 (§ 143 Abs. 2) das sog. **allgemeine Zweckübertragungsprinzip** anerkannt, wonach pauschal umfassend oder allgemein formulierte Rechtsübertragungen **ohne** Vereinbarung eines **Beteiligungshonorars** sich nicht auf im Zeitpunkt des Vertragsschlusses noch unbekannte Nutzungsarten erstreckten (s. *Schweyer* S. 1 f., 71; aus der Rspr. zur Werkverwertung durch den Film RGZ 118, 282/285 ff. – Musikantenmädel – und RGZ 140, 255/257 f. – Der Hampelmann; sa. die Hinweise unter Rdnr. 3).

Zum **Begriff der unbekannten Nutzungsart** vgl. § 31 a Rdnr. 28 ff. Praktische Bedeutung 12 haben die unter Rdnr. 11 genannten Grundsätze im Hinblick auf **die Rechtslage vor 1966**

§ 89

und die **Unbekanntheit** dieser Nutzungsart **bis etwa 1978** (s. § 88 Rdnr. 7) sowie unter Geltung des § 89 aF vor allem für die **audiovisuelle Verwertung älterer Kino- und Fernsehfilmwerke**. Die Hersteller solcher Filmwerke haben im Zweifel die Rechte für eine solche Verwertung weder von den Urhebern verfilmter Werke iSd. § 88 aF (s. dort Rdnr. 7/45) noch von den Filmurhebern iSd. § 89 aF erworben (s. zu Letzterem Rdnr. 3 und dort insb. zu OLG München ZUM 1985, 514/515 – Olympiafilm – zu einem Film aus dem Jahre 1936; LG München I FuR 1984, 664/665 – NEGRESCO – zu einem Spielfilm aus dem Jahre 1967; s. dazu zust. *Moser* MR 5/1984, 15 ff.; krit. *Poll* ZUM 1985, 248 f; OLG Köln GRUR-RR 2009, 208/209 – Der Frosch mit der Maske, Dr. Mabuse und Winnetou, zu Filmen aus den Jahren 1957 bis 1969; aA OLG München ZUM 2000, 61/65 f. – Das kalte Herz; dazu kritisch Rdnr. 3). Das gleiche gilt jedenfalls für Filmwerke generell aus der Zeit bis vor einer Reihe von Jahren hinsichtlich ihrer Verwertung durch das **private Fernsehen**, das sog. **Pay-TV** und das **direkte Satellitenfernsehen, Kabelfernsehen** (s. Näheres unter § 88 Rdnr. 48), neuerdings für das **Internet-TV** und digitale **Fernseh-Spartenprogramme**, die Fernsehvarianten **Pay-per-View, Near-Video-on-Demand** und **Video-on-Demand** sowie **Internet-Langzeitarchive** der Fernsehsender, **Handy-TV**, das **fernsehunabhängige Video-on-Demond** sowie für das **interaktive Fernsehen** und die Filmverwertung in digitalen **Multimediawerken** (s. § 88 Rdnr. 48) sowie für die Filmverwertung auf **DVD** (s. § 88 Rdnr. 7; s. unter § 88 Rdnr. 48 auch eine sowohl kritische als auch pragmatische Auseinandersetzung mit der abweichenden Rechtsprechung des BGH und einer Zukuftsperspektive).

3. Umfang der Rechtseinräumung an Vorführfilmen

13 Zweifellos umfasst die Rechtseinräumung an den Filmhersteller nach § 89 Abs. 1 in allen Fassungen bei Vorführfilmen die **öffentliche Vorführung in Filmtheatern** und die ihr dienende Vervielfältigung und Verbreitung von Filmkopien (vgl. auch § 88 Rdnr. 37 f., 43 ff.). Da über den Umfang der Rechtseinräumung in Zweifelsfällen nach § 89 Abs. 1 anders als nach § 88 (s. dort Rdnr. 5 f.) nicht § 31 Abs. 5, sondern die Üblichkeit einer Filmverwertungsart in der Praxis entscheidet (s. Rdnr. 3/10) und **§ 89 Abs. 1 aF und nF 2002 sowie nF 2007** die alternative Rechtezuweisung nach § 88 Abs. 1 Nr. 3 und 4 aF (s. dort Rdnr. 44) nicht übernommen hat, umfasst die Rechtseinräumung an den Hersteller von Vorführfilmen nach § 89 Abs. 1 in allen Fassungen auch die seit Jahrzehnten übliche **Fernsehausstrahlung** solcher Filme (s. zum Ergebnis wie hier LG München I FuR 1984, 534/535 – All about Eve – zur Fernsehauswertung der aus dem Jahre 1951 stammenden deutschen Synchronfassung eines amerikanischen Spielfilms; zur irrtümlichen Anwendung des § 89 in dieser Entscheidung im Hinblick auf § 88 s. Rdnr. 7; LG München I Schulze LGZ 180, 4 f. – Landung in Salerno – zur Fernsehauswertung eines 1946 hergestellten Spielfilms; im erstgenannten Fall war allerdings die Anwendung des § 89 Abs. 1 aF auch unabhängig von dem gerügten Mangel betr. § 88 unrichtig, weil es sich zum einen um einen Vertrag aus der Zeit vor 1966 handelte (s. Rdnr. 3 und vor §§ 88 ff. Rdnr. 49) und zum anderen, weil inhaltlich unbestimmte Rechtseinräumungen aus dieser Zeit auch sonst nicht nach den Prinzipien des herstellerfreundlichen § 89 Abs. 1 in allen Fassungen, sondern nach dem urheberfreundlichen Zweckübertragungsprinzip zu beurteilen sind (so. Rdnr. 3 und § 88 Rdnr. 26/27); im zweitgenannten Fall einer US-amerikanischen Filmproduktion wäre der Rechteerwerb des Produzenten grundsätzlich nach US-amerikanischem Recht, aber im Hinblick auf die streitige Fernsehauswertung in Deutschland ebenfalls nach dem hier anerkannten Zweckübertragungsprinzip (s. vor §§ 120 ff. Rdnr. 152 ff./158/166), jedoch nicht nach der für den Urheber nachteiligen Vermutungsregel des § 89 Abs. 1 aF zu beurteilen gewesen). Das gleiche wie für die Fernsehausstrahlung gilt für die seit Jahrzehnten übliche (s. BGHZ 67, 56/61 – Schmalfilmrechte; BGH GRUR 1960, 197/198 f. – Keine Ferien für den lieben Gott) **herkömmliche Schmalfilmauswertung** von Spielfilmen durch öffentliche Vorführung in anderen Einrichtungen als Filmtheatern und die dementsprechende Vervielfältigung und Verbreitung von Schmalfilmkopien (zur Beurteilung nach § 88 s. dort Rdnr. 38). Dasselbe ist seit Bekanntheit der **Videoauswertung von Spielfilmen** (s. dazu § 31 a Rdnr. 38) für diese Nutzungsform anzunehmen; dies ist auch der Ausgangspunkt der Rechtsprechung zu dieser Frage (s. BGHZ 128, 336/345 – Videozweitauswertung III; OLG München GRUR 1987, 908/909 – Videozweitverwertung; OLG München GRUR 1994, 115 f. – Audiovisuelle Verfahren; OLG München ZUM-RD 1997, 354/355 – Lass jucken Kumpel). Danach ist zu Lasten der Filmurheber iSd. § 89 insoweit auch die Einräumung des entsprechenden ausschließlichen Vervielfältigungs- und Verbreitungsrechts zu vermuten. Letzteres umfasst auch das durch das 3. UrhG-

ÄndG (s. vor §§ 88 ff. Rdnr. 8) eingeführte ausschließliche **Vermietrecht** (s. zur Parallele bei § 88 dort Rdnr. 37). Auch den Filmurhebern iSd. § 89 verbleibt dabei aber der unverzichtbare und im Voraus nur an eine Verwertungsgesellschaft abtretbare Vergütungsanspruch gegen den Vermieter nach § 27 Abs. 1 nF (s. dazu auch Rdnr. 19). **Übergangsrechtlich** ist dabei zu beachten, dass eine vor dem 30. 6. 1995 ausdrücklich vereinbarte oder nach § 89 Abs. 1 zu vermutende Einräumung des ausschließlichen Verbreitungsrechts an den Filmhersteller auch als Einräumung des Vermietrechts gilt (s. § 137e Abs. 4 S. 1). Wie im Hinblick auf die Rechtseinräumung an den Hersteller von Vorführfilmen von Seiten der Urheber vorbestehender, verfilmter Werke iSd. § 88 Abs. 1 S. 1 nF 2002 und 2007 seit dem 1. 7. 2002 (s. § 88 Rdnr. 41) ist zu Lasten der Filmurheber iSd. § 89 ferner anzunehmen, dass der Filmhersteller auch von solchen Urhebern im Zweifel auch die Rechte zur **digitalen Onlinenutzung** erwirbt und erworben hat, und zwar nicht erst aufgrund von Verträgen seit dem 1. 7. 2002, sondern aufgrund der weiten Vermutungsregelung in § 89 Abs. 1 aF schon **seit Bekanntheit** dieser Nutzungstechnik im Filmbereich seit frühestens ca. 1995 (s. § 31a Rdnr. 49). Zur Videoauswertung **alter NS-Propagandafilme** und **Kriegswochenschauen** und anderer Filme aus der **NS-Zeit** s. bereits Rdnr. 3.

Die genannten Rechte stehen dem Filmhersteller in Bezug auf die Filmurheber iSd. § 89 **14** Abs. 1 entsprechend dem zu § 88 (Rdnr. 50 ff.) Gesagten und vorbehaltlich der auslandsrechtlichen Beurteilung (s. § 88 Rdnr. 34 sowie vor §§ 120 ff. Rdnr. 120 ff., 150) **weltweit** zu; dies ergibt sich ua. auch aus der § 88 Abs. 1 Nr. 5 aF entsprechenden Erwähnung der Übersetzungen von Filmwerken in § 89 Abs. 1 (zum Ergebnis LG München I Schulze LGZ 180, 4 f. – Landung in Salerno; sa. Rdnr. 16 zur Einräumung der Weltrechte an Fernsehproduktionen; s. ferner *Fromm/Nordemann*[9] Rdnr. 10; *Möhring/Nicolini*[2] Rdnr. 21; *Wandtke/Bullinger* Rdnr. 25/28).

Unter **besonderen Umständen,** wie bei Filmurhebern im Arbeitsverhältnis oder Propaganda- und Werbefilmen kann die Rechtseinräumung im Zweifel auch die Verwertung von **Filmausschnitten** (sog. **Klammerteilauswertung**) umfassen (s. LG Berlin GRUR 1962, 207/208 – Maifeiern – zur Fernsehauswertung von Ausschnitten aus einer 1957 von angestellten Kameramännern geschaffenen Wochenschau; BGH UFITA 55 (1970) 313/316 ff. – Triumph des Willens – zur Verwertung von Ausschnitten aus einem NS-Propagandafilm in einem Dokumentarfilm; zur entsprechenden Rechteerwerb von den Filmurhebern voraussetzenden und ua. die Verwertung von Filmausschnitten, Einzelbildern und Änderungen umfassenden Rechtseinräumung durch den Hersteller eines Werbefilms an den Auftraggeber BGH GRUR 1960, 609/611 ff. – Wägen und Wagen). **15**

4. Umfang der Rechtseinräumung an Fernsehfilmen

Es versteht sich wiederum von selbst, dass eine Rechtseinräumung nach § 89 Abs. 1 in allen **16** Fassungen an den Hersteller eines Fernsehfilms das **Senderecht** umfasst (OLG Karlsruhe UFITA 45 (1965) 347/351 f. – Unfälle; sa. § 88 Abs. 1 Nr. 4 aF und dort Rdnr. 43 ff.). Weil auch faktisch seit langem üblich, umfasst diese Rechtseinräumung jedenfalls bei **angestellten Filmurhebern** der Rundfunkanstalten im Zweifel auch die **weltweite Verwertung** durch **internationalen Programmaustausch und Programmverkauf** (zum Ergebnis OLG Hamburg GRUR 1977, 556/558 f. – Zwischen Marx und Rothschild; LG Saarbrücken UFITA 38 (1962) 224/228 ff.; aA LG Hamburg FuR 1975, 358/360 f. jeweils zu einer Tarifvertragsklausel, welche die Rechtseinräumung ohne nähere Spezifizierung für die „Auswertung auf dem Gebiete des Rundfunks" vorsah; zur Vereinbarkeit von Klauseln über den internationalen Programmaustausch in den Honorarbedingungen der Rundfunkanstalten mit dem AGBG BGH GRUR 1984, 45/50 – Honorarbedingungen: Sendevertrag; KG GRUR 1984, 509/513 ff. – Honorarbedingungen Urheber/Fernsehen; vgl. dagegen § 88 Rdnr. 47, 50).

Nicht üblich ist dagegen jedenfalls bei den Produktionen der **öffentlich-rechtlichen** **17** **Rundfunkanstalten,** von bestimmten Ausnahmen wie Prüf-, Lehr- und Forschungszwecken und der eigenen werbemäßigen Präsentation abgesehen (s. BGH GRUR 1974, 786/787 – Kassettenfilm; sa. § 88 Rdnr. 49), die **öffentliche Vorführung** solcher Produktionen in Filmtheatern und ähnlichen Einrichtungen. Jedoch ist im Hinblick auf die ebenfalls kritische (s. die *Vorauflage; Dreier/Schulze*[3] Rdnr. 30) **audiovisuelle Auswertung** von Produktionen speziell der deutschen **öffentlich-rechtlichen, gebührenfinanzierten Rundfunkasntalten** und damit ua. auch der durch und für sie hergestellten Fernsehfilme von einem **Wandel der Rechtslage** im Lauf der Jahre anzugehen. Mindestens **bis Mitte der 1970er-Jahre** bestanden gegen sie als

§ 89

Rechte am Filmwerk

erwerbswirtschaftliche Betätigung so gewichtige **verfassungsrechtliche Bedenken**, dass zB der Verfasser des Drehbuchs für einen solchen Film unter dem Gesichtspunkt des § 31 Abs. 5 und mangels anderweitiger ausdrücklicher vertraglicher Vereinbarung mit einer solchen Auswertung in Form des seinerzeit üblichen Super-8-Schmalfilms nicht rechnen musste und die betreffenden Nutzungsrechte dem Hersteller nicht einräumte (so BGH GRUR 1974, 786/787 – Kassettenfilm). Dies spricht zumindest indiziell auch **gegen die Üblichkeit** der audiovisuellen Verwertung der Fernsehfilme der Rundfunkanstalten und damit auch **gegen eine Erstreckung der Vermutung des § 89 Abs. 1 aF** auf sie zu jener Zeit, auch wenn dieser Bestimmung gegenüber § 31 Abs. 5 Vorrang zukommt (s. zu letzterem oben Rdnr. 3). Spätestens seit dem sog. **NRW-Urteil** des **BVerfG** vom **5. 2. 1991** BVerfGE 83, 238/303 (sa. BVerfG ZUM 1999, 71/74 – Guldenburg) steht jedoch fest, dass jene verfassungsrechtlichen Bedenken nicht greifen: Die Rundfunkfreiheit des Art. 5 Abs. 1 S. 2 GG schließt die audiovisuelle Verwertung der Produktionen der Rundfunkanstalten als Teil ihrer legitimen Finanzierung ein (s. dazu auch *Hahn/Vesting* Beck'scher Kommentar zum Rundfunkrecht 2008, § 13 RStV Rdnr. 89/90 mwN). Heute sind **Video- und DVD-Angebote** von Fernsehserien und Einzelproduktionen der Rundfunkanstalten gang und gäbe und damit **üblich**. Die Vermutung des § 89 Abs. 1 aF und nF 2002 sowie nF 2007 erstreckt sich im Hinblick auf Rechtseinräumungen an sie aus den vergangenen etwa zwei Jahrzehnten und in der Zukunft in Zweifelsfällen auch auf sie (sa. *Dreier/Schulze*[3] Rdnr. 30; generell weiter *Fromm/Nordemann*[10] Rdnr. 40). Das für die neuere Zeit dargestellte Ergebnis gilt erst recht und ohne die zeitliche Begrenzung für **Film-Fernseh-Koproduktionen** und für Produktionen **privater Sendeunternehmen**. Es trägt aber für den Bereich der öffentlich-rechtlichen Rundfunkanstalten im Hinblick auf ältere Produktionen den gewichtigsten Bedenken gegen § 89 Abs. 1 aF (s. Rdnr. 10) Rechnung.

Im Hinblick auf die in jüngster Zeit gebräuchlich gewordene **digitale Online-Nutzung** von Fernsehfilmwerken wird man nach der vorstehend dargestellten Verfassungsrechtslage selbst in Bezug auf die **öffentlich-rechtlichen Rundfunkanstalten** von ihrer **Üblichkeit** und damit jedenfalls unter der Geltung des **§ 89 Abs. 1 nF 2007**, also **seit dem 1. 1. 2008** (so Rdnr. 2), auch von dessen Anwendbarkeit auszugehen haben (ebenso *Fromm/Nordemann*[10] Rdnr. 39/40). Im Hinblick auf **Fernsehfilme älteren Datums**, aber mit Datum der Rechtseinräumung von Seiten der Urheber seit dem 1. 1. 1966 (so. Rdnr. 3) bildet nach **§ 89 Abs. 1 aF und nF 2002** der **Zeitpunkt der Bekanntheit** dieser Nutzungsform **seit frühestens 1995** (so. Rdnr. 13) die äußerste Grenze für die Anwendung der gesetzlichen Vermutung auf Fernsehproduktionen aus der ferneren Vergangenheit. Noch weiter zurückreichend kann sich eine Online-Nutzungsbefugnis der Filmhersteller bzw. Sendeunternehmen nur aus **§ 137l** ergeben (s. Rdnr. 2 und die Kommentierung dieser Bestimmung), im Hinblick auf Produktionen aus der **Zeit vor 1966** aber nur daraus, dass die seinerzeitige Rechteübertragung auch noch unbekannte Nutzung zum Gegenstand hatte und zugleich eine **Beteiligungsvergütung** zugunsten der Urheber vorsah (so. Rdnr. 3).

5. Umfang der Rechtseinräumung an Videoproduktionen

18   Im Hinblick auf den Umfang der Rechtseinräumung an den Hersteller nach § 89 Abs. 1 in allen Fassungen bei **originären Videoproduktionen** ist nach der **üblichen Form der Verwertung** im **jeweiligen Bereich** zu entscheiden. So wird bezüglich **Werbefilmen** von einer umfassenden Verwertung durch Vorführung und durch Fernsehsendung, seit frühestens 1995 (so. Rdnr. 13) auch im Internet, auch von Ausschnitten, auszugehen sein (s. Rdnr. 15). Bei (deutschen) sog. **Hardcore-Pornofilmproduktionen** wird unter den gegebenen Verhältnissen in der Bundesrepublik Deutschland eine Einräumung des Senderechts bis in die jüngere Zeit („Premiere"-„Blue Movie"-Vollerotikkanal seit 2004) ausscheiden, jedoch die öffentliche Vorführung und die audiovisuelle Verwertung von der Rechtseinräumung umfasst sein. Keine mediale Beschränkung dürfte für **Unterrichts-, Lehr- und Instruktionsproduktionen** gelten (umfassende Rechtseinräumung nehmen auch *v. Hartlieb/Schwarz*[4] 94. Kap. Rdnr. 13; *Loewenheim/Schwarz/U. Reber* § 74 Rdnr. 137 an). Zur Einräumung auch des ausschließlichen **Vermietrechts** in diesen Fällen und zu den damit zusammenhängenden Fragen s. Rdnr. 13.

6. Zweitwiedergaberechte und gesetzliche Vergütungsansprüche

19   **Sinn und Zweck auch des § 89** in allen Fassungen ist es, dem Filmhersteller nur die für die Filmauswertung **erforderlichen** Nutzungsrechte einzuräumen (s. AmtlBegr. BTDrucks. IV/270 S. 100 rSp. oben; zu § 88 s. dort Rdnr. 49). Sinngemäß und entsprechend den auch für

§ 89 geltenden Auslegungsgrundsätzen (s. vor §§ 88 ff. Rdnr. 41) ist daher davon auszugehen, dass die Rechtseinräumung an den Filmhersteller nach § 89 Abs. 1 **nicht** die sog. **Zweitwiedergaberechte** (öffentliche Wiedergabe von Fernsehsendungen beim Empfang, § 22, und sekundäres Kabelfernsehen, s. dazu § 88 Rdnr. 48, 49) und auch **nicht die gesetzlichen Vergütungsansprüche** nach §§ 27, 46 Abs. 4, 47 Abs. 2 S. 2 und 54 (§§ 53 Abs. 5 aF, 54 Abs. 1 aF) umfasst (im Ergebnis ebenso *Dreier/Schulze*[3] Rdnr. 34; *Fromm/Nordemann*[10] Rdnr. 51 nur zu den Vergütungsansprüchen, anders zu den Zweitwiedergaberechten; *Claussen* S. 71 ff.; *Fromm* UFITA 48 (1966) 121/126 zu § 22; *Hertin* UFITA 118 (1992) 57/79 ff.; *Merker* S. 153 ff.; *Rossbach* S. 185 ff.; *Ulmer-Eilfort* S. 102 f.; zu den gesetzlichen Vergütungsansprüchen OLG Köln ZUM 2000, 320/325 – Mischtonmeister; *v. Hartlieb/Schwarz*[4] 94. Kap. Rdnr. 12; aA *Schack*[4] Rdnr. 434; *ders.* ZUM 1989, 267/271; s. im Übrigen auch § 88 Rdnr. 49). Will der Filmhersteller von den Filmurhebern über seine eigenen Rechte aus § 94 hinaus auch diese Rechte erwerben, so muss er sie sich ausdrücklich übertragen lassen. In neuerer Zeit kann dies an **§ 63 a** scheitern (su.).

Diese Grundsätze gelten um so mehr, als nunmehr **§ 92 Abs. 1 nF**, eingeführt durch das 3. UrhGÄndG (s. zu diesem vor §§ 88 ff. Rdnr. 8), die Rechtstellung der **an einem Filmwerk mitwirkenden ausübenden Künstler** derjenigen der Filmurheber iSd. § 89 angleicht (s. die AmtlBegr. BTDrucks. 13/115 S. 16 zu Art. 1 Nr. 7) und dabei sogar ausdrücklich bestimmt, dass **nur die Abtretung von Einwilligungsrechten bzw. ausschließlichen Rechten** der ausübenden Künstler an den Filmhersteller **vermutet** wird. Es sind dies die Rechte nach § 77 Abs. 1 und 2 S. 1 nF, dh. die Rechte zur Aufnahme der Darbietung auf Bild- oder Tonträger sowie zu deren Vervielfältigung und Verbreitung, und nach § 78 Abs. 1 Nr. 1 und 2 nF, dh. das Recht zur öffentlichen Zugänglichmachung und zur Sendung der Darbietung. Nicht vermutet wird dagegen die Abtretung der Vergütungsansprüche der ausübenden Künstler für das Vermieten und Verleihen der Bild- oder Tonträger (§ 77 Abs. 2 S. 2 nF iVm. § 27 nF), für die Funksendung ihrer erlaubterweise auf Bild- oder Tonträger aufgenommenen Darbietungen (§ 78 Abs. 2 Nr. 1 iVm. Abs. 1 Nr. 2 nF), für die öffentliche Wiedergabe ihrer Darbietungen mittels Bild- oder Tonträgern oder Funksendungen (§ 78 Abs. 2 Nr. 2 nF) und für die Vervielfältigung zum privaten oder sonstigen eigenen Gebrauch im Wege der Bild- und Tonaufzeichnung (§ 83 nF iVm. § 54). Die Rechtsstellung der **Filmurheber** iSd. § 89 kann **nicht** hinter derjenigen der ausübenden Künstler **zurückbleiben**. Zum **Vergütungsaufkommen** aus § 54 in beträchtlicher Höhe und zu dessen **Verteilung** s. § 94 Rdnr. 29.

In jedem Fall verbleibt den Filmurhebern iSd. § 89 im Übrigen bei der nach § 89 Abs. 1 zu vermutenden Einräumung des ausschließlichen **Vermietrechts** iSd. § 17 nF (s. dazu Rdnr. 13) der unverzichtbare und im Voraus nur an eine Verwertungsgesellschaft abtretbare **Vergütungsanspruch** gegen den Vermieter nach § 27 Abs. 1, 3. Nach dem durch das Urhebervertragsgesetz aus dem Jahre 2002 (s. vor §§ 88 ff. Rdnr. 8) neu eingeführten **§ 63 a** können mit Wirkung vom 1. 7. 2002 (§ 132 Abs. 3 S. 1) gesetzliche Vergütungsansprüche im Zusammenhang mit gesetzlichen Schranken des Urheberrechts, insbes. auch diejenigen nach § 54, im Voraus nur an eine Verwertungsgesellschaft abgetreten werden. Lediglich für Verlage sieht § 63 a S. 2 etwas anderes vor.

7. Verwertung des konkreten Filmwerks, Bearbeitung und nicht-filmische Verwertung

Aus der Formulierung des **§ 89 Abs. 1** in allen Fassungen, dass der Filmschaffende dem Filmhersteller im Zweifel das ausschließliche Recht einräumt, **das Filmwerk** zu nutzen, folgt, dass der Urheber im Zweifel das Recht behält, seinen Beitrag außerhalb dieses Filmwerks zu verwerten. Die AmtlBegr. (BTDrucks. IV/270 S. 100 zu § 99, jetzt § 89) nennt hierzu als Beispiel, dass der Filmhersteller einen schöpferischen Einfall des Regisseurs ohne dessen Zustimmung nicht für einen anderen Film verwerten darf. Auch muss der Filmhersteller wie bei § 88 (s. dort Rdnr. 53) bestimmte **Grenzen seiner Bearbeitungs- und Umgestaltungsbefugnisse** beachten, berechtigen diese insb. grundsätzlich **nicht** zu einer **Neuverfilmung** unter Verwendung geschützter Beiträge des ersten Filmwerks (s. dazu *Dreier/Schulze*[3] Rdnr. 29; *Fromm/Nordemann*[10] Rdnr. 35/37; *v. Gamm* Rdnr. 4; *Möhring/Nicolini*[2] Rdnr. 19; sowie § 88 Rdnr. 53, 55 ff.). Es müssen daher auch besondere Umstände vorliegen, die es dem Filmhersteller ohne ausdrückliche Zustimmung des Filmurhebers iSd. § 89 Abs. 1 gestatten, **Ausschnitte** des ersten Filmwerks, die schöpferische Beiträge des Urhebers enthalten, für ein anderes Filmvorhaben zu verwerten (s. dazu Rdnr. 15; zu den Rechten an den einzelnen **Lichtbildern** des Filmwerks s. Rdnr. 24–27 sowie die Kommentierung des inzwischen aufgehobenen § 91). Aus der gleichen

§ 89

Einschränkung auf die Nutzung des konkreten Filmwerks sowie aus der Beschränkung des Filmherstellers auf **filmische** Bearbeitungen und Umgestaltungen des Filmwerks ergibt sich wie zu § 88 (s. dort Rdnr. 36, 42, 52), dass ein Filmurheber iSd. § 89 Abs. 1 trotz umfassender Rechtseinräumung an den Filmhersteller im Zweifel stets das Recht behält, seinen Beitrag, wie den genannten Einfall des Regisseurs, zB in einem **Buch** oder einem **Bühnenstück** zu verwerten (sa. *Dreier/Schulze*[3] Rdnr. 28; *Fromm/Nordemann*[10] Rdnr. 41; *Möhring/Nicolini*[2] Rdnr. 21; *Wandtke/Bullinger*[3] Rdnr. 22).

IV. Verfügungsmacht des Urhebers bei Vorauseinräumung von Rechten an Dritte (§ 89 Abs. 2)

21 § 89 Abs. 2 ist § 78 Halbs. 2 aF (1965) nachgebildet und dient der Rechtssicherheit des Filmherstellers sowie der Bewahrung der persönlichen Handlungsfreiheit der unter § 89 fallenden Filmurheber; in § 88 findet er keine Entsprechung (s. Rdnr. 2 sowie § 88 Rdnr. 36). Da § 89 Abs. 2 seine Funktion, dem Filmhersteller den Erwerb der von diesem für die Filmauswertung benötigten Nutzungsrechte zu gewährleisten, nur insoweit erfüllen kann und muss, wie dieser auch nach § 89 Abs. 1 im Zweifel Rechte erwirbt (s. dazu auch *Dreier/Schulze*[3] Rdnr. 37; *Fromm/Nordemann*[10] Rdnr. 51; *Wandtke/Bullinger*[3] Rdnr. 28), und weil zu diesen Rechten **Zweitwiedergaberechte** und **gesetzliche Vergütungsansprüche** des Filmurhebers nicht gehören (s. Rdnr. 19), ist auch die Regel des § 89 Abs. 2 sinngemäß auf diese Rechte **nicht** anzuwenden.

22 Räumt ein Filmurheber iSd. § 89 einem Dritten nach Maßgabe des § 40 wirksam im Voraus ausschließliche Nutzungsrechte ein, so entsteht nach § 89 Abs. 2 eine **doppelte Verfügungsbefugnis** (s. *Dreier/Schulze*[3] Rdnr. 36; *Möhring/Nicolini*[2] Rdnr. 30). Übt der Filmurheber seine Verfügungsbefugnis aus, was angesichts der von § 89 Abs. 1 angeordneten Rechtsfolge bereits mit Abschluss des Vertrages geschieht, durch den er sich zur Mitwirkung bei der Herstellung eines Filmes verpflichtet, so liegt darin eine wirksame Einräumung der betreffenden ausschließlichen Nutzungsrechte an den Filmhersteller, der Dritte ist auf eventuelle Schadensersatzansprüche gegen den Filmurheber und unter den Voraussetzungen der §§ 826 BGB, 1 UWG aF/3 UWG nF uU auch gegen den Filmhersteller verwiesen s. Letzterem s. *Dreier/Schulze*[3] Rdnr. 36; *Möhring/Nicolini*[2] Rdnr. 30; gegen jede Schadensersatzpflicht des Filmherstellers *Fromm/Nordemann*[10] Rdnr. 52). Nach Auffassung von *Dreier/Schulze*[3] Rdnr. 36; *Fromm/Nordemann*[10] Rdnr. 52 erlischt insoweit die Rechtseinräumung an den Dritten nach § 158 Abs. 2 BGB.

V. Bedeutung des § 89 Abs. 3

23 Zur Bedeutung des **§ 89 Abs. 3**, der für die dort genannten und vergleichbare, zur Filmherstellung benutzte Werke die Anwendung des § 89 Abs. 1, 2 ausschließt, s. im Einzelnen Rdnr. 2, 8 sowie vor §§ 88 ff. Rdnr. 10, 57 ff., 71 f.; § 88 Rdnr. 13 ff.

VI. Rechte an Filmeinzelbildern

24 Im Rahmen der **Reform des Urhebervertragsrechts** durch das Gesetz vom 22. 3. 2002 (BGBl. I S. 1155) (s. vor §§ 88 ff. Rdnr. 8) ist auch die Rechtslage bezüglich der einzelnen Bilder neu gestaltet worden, aus denen ein Film besteht. Gesetzliche Grundlage ist nunmehr **§ 89 Abs. 4** nF 2002 und 2007. **§ 91** als die früher einschlägige Bestimmung wurde **aufgehoben**. Allerdings gilt diese Bestimmung gemäß § 132 Abs. 3 S. 1 für alle Verträge über die Mitwirkung an der Herstellung eines Filmes, die bis zum 30. 6. 2002 geschlossen wurden, weiter. Erst auf seit Inkrafttreten des Urhebervertragsgesetzes am 1. 7. 2002 geschlossene Verträge ist § 89 Abs. 4 anzuwenden.

25 Nach der Rechtslage unter Geltung des **§ 91** erwarb der Filmhersteller von Gesetzes wegen bzw. nach der vorzugswürdigen Deutung im Wege einer cessio legis (s. § 91 Rdnr. 6) die Rechte zur filmischen Verwertung der Lichtbilder, die bei der Herstellung eines Filmwerkes (§ 91 S. 1) bzw. Laufbildes (§ 95 iVm. § 91) entstehen. Dem Lichtbildner, dh. in der Praxis dem **Kameramann** (s. § 91 Rdnr. 1), sollten insoweit keine Rechte zustehen (§ 91 S. 2). Nach der Neuregelung in **§ 89 Abs. 4** gelten für die notwendige Rechtseinräumung an den Filmhersteller dieselben Regelungen, nämlich § 89 Abs. 1 und 2, wie für die Rechtseinräumung durch die

Filmurheber. Da es sich dabei nur um Auslegungsregeln, wenn auch zugunsten der Filmhersteller, handelt (s. Rdnr. 2), wurde mit § 89 Abs. 4 und der Aufhebung des § 91 zumindest formal eine **Diskriminierung der Kameraleute beseitigt** (so auch die AmtlBegr. BT-Drucks. 14/7564 S. 5 iVm. BT-Drucks. 14/6433 S. 5/19). In der Sache ist jedenfalls insoweit mit einer Verbesserung der Rechtsstellung der Kameraleute zu rechnen, als die nunmehr implizierte vertragliche Rechtseinräumung an den Filmhersteller geeignet sein sollte, sich positiv auf ihre vertraglichen Vergütungsansprüche nach den **§§ 32/32a** auszuwirken. In diesem Sinne hat auch das LG München I ZUM 2009, 794/799 ff. – Das Boot, dem Chefkameramann/Director of Photography des bekannten und äußerst erfolgreichen Spielfilms „Das Boot" im Hinblick auf § 32a einen vorbereitenden Auskunftsanspruch zuerkannt. Einer Bindung an die anderen Miturheber gemäß § 8 unterlag er dabei nicht (aaO S. 27 f.).

Die vom Kameramann bei den Dreharbeiten aufgenommenen Filmeinzelbilder können einfache, nicht-schöpferische **Lichtbilder** isd. mit dem Urheberrecht verwandten Schutzrechts nach § 72 oder auch schöpferische **Lichtbildwerke** iSd. § 2 Abs. 1 Nr. 5, Abs. 2 sein. Zu § 91, der sich nach seinem Wortlaut nur auf Lichtbilder bezieht, ist str., wie Filmeinzelbilder als Lichtbildwerke zu beurteilen sind, nämlich ebenfalls nach § 91 oder bereits unter dessen Geltung nach § 89 Abs. 1 aF (s. § 91 Rdnr. 12). § 89 Abs. 4 stellt nun klar, dass die entsprechende Anwendung des § 89 Abs. 1 und 2 für Lichtbilder und Lichtbildwerke gleichermaßen gilt (s. BT-Drucks. 14/8058 S. 22). 26

Erwirbt der Kameramann, wie in der Regel, ein **Miturheberrecht** am **Filmwerk** (s. Rdnr. 7 sowie vor §§ 88 ff. Rdnr. 61/70), so ist dieses von den Rechten an den Filmeinzelbildern zu unterscheiden (s. § 91 Rdnr. 2). Hinsichtlich beider Arten von Rechten gilt nun die Auslegungsregel des § 89 Abs. 1 von der Einräumung der Nutzungsrechte für alle (nF 2007) bzw. alle bekannten (nF 2002) Nutzungsrechte an den Filmhersteller; darüber hinaus auch § 89 Abs. 2 betreffend die fortdauernde Verfügungsmacht des Urhebers bzw. Kameramanns bei Vorauseinräumung von Rechten an Dritte. Bezüglich der Einzelheiten kann auf die **Kommentierung** des **§ 89 Abs. 1 und 2** (Rdnr. 1 ff., 21 f.) und des **§ 91 verwiesen** werden. Zu diesen Einzelheiten zählt insbes. die **Beschränkung** der nach § 89 Abs. 1 vermuteten Rechtseinräumung an den Filmhersteller auf die filmische Nutzung der Filmeinzelbilder, so dass mangels anderweitiger vertraglicher Vereinbarung dem Kameramann zB das Recht verbleibt, seine Filmeinzelbilder in einem Buch zu verwenden (s. Rdnr. 20, § 91 Rdnr. 7/8; *Dreier/Schulze*[3] Rdnr. 41; *Fromm/Nordemann*[10] Rdnr. 60). Das Gleiche gilt für die Verwertung in einem anderen Film (s. Rdnr. 20, § 91 Rdnr. 7) sowie für gesetzliche Vergütungsansprüche und Zweitwiedergaberechte (s. Rdnr. 19, § 91 Rdnr. 9). Räumt der Kameramann einem Dritten im Hinblick auf die nichtfilmische Nutzung von Filmeinzelbildern ein ausschließliches Nutzungsrecht ein, so kann sich daraus für ihn ein Verlust seiner Aktivlegitimation zum Vorgehen gegen mögliche Rechtsverletzungen durch Außenstehende ergeben (so OLG Köln GRUR-RR 2005, 179 f. – Standbilder im Internet). 27

§ 90 Einschränkung der Rechte

[1] **Die Bestimmungen über die Übertragung von Nutzungsrechten (§ 34) und über die Einräumung weiterer Nutzungsrechte (§ 35) sowie über das Rückrufsrecht wegen Nichtausübung (§ 41) und wegen gewandelter Überzeugung (§ 42) gelten nicht für die in § 88 Abs. 1 und § 89 Abs. 1 bezeichneten Rechte.** [2] **Satz 1 findet bis zum Beginn der Dreharbeiten für das Recht zur Verfilmung keine Anwendung.**

§ 90 aF Einschränkung der Rechte

[1] *Die Bestimmungen über das Erfordernis der Zustimmung des Urhebers zur Übertragung von Nutzungsrechten (§ 34) und zur Einräumung einfacher Nutzungsrechte (§ 35) sowie über das Rückrufsrecht wegen Nichtausübung (§ 41) und wegen gewandelter Überzeugung (§ 42) gelten nicht für die in § 88 Abs. 1 Nr. 2 bis 5 und § 89 Abs. 1 bezeichneten Rechte.* [2] *Dem Urheber des Filmwerkes (§ 89) stehen Ansprüche aus § 36 nicht zu.*

Schrifttum: S. die Schrifttumsnachweise vor §§ 88 ff.

§ 90 Einschränkung der Rechte

Übersicht

	Rdnr.
I. Zweck, Regelungsgegenstand und Kritik des § 90	1–3
II. Die den Urhebern durch § 90 entzogenen Rechte	4–7
1. Zustimmung des Urhebers zur Weiterübertragung eines Nutzungsrechts (§§ 34, 35)	4, 5
2. Rückrufsrechte wegen Nichtausübung und gewandelter Überzeugung (§§ 41, 42)	6
3. Beteiligungsanspruch nach § 36 aF	7
III. Rechteausschluss für Urheber iSd. § 88	8–13
1. Unterscheidung zwischen Nutzungsrechten zur Filmherstellung und zur Filmverwertung	8–10
2. Kein Ausschluss des Beteiligungsanspruchs nach § 36 aF	11
3. Nutzungsrecht zur Wiederverfilmung	12
4. Nutzungsrechte zur nichtfilmischen Verwertung	13
IV. Rechteausschluss für Urheber iSd. § 89	14–16
1. Ausschluss der Zustimmungsrechte (§§ 34, 35) und Rückrufsrechte (§§ 41, 42) für alle filmischen Nutzungsrechte	14
2. Ausschluss des Beteiligungsanspruchs nach § 36 aF	15, 16
3. Kein Ausschluss des Beteiligungsanspruchs nach § 32 a	17

I. Zweck, Regelungsgegenstand und Kritik des § 90

1   Die **Zweckbestimmung** des § 90 aF und nF ist die gleiche wie die der §§ 88 ff. insgesamt: Die Vorschrift soll mit Rücksicht auf die hohen Herstellungskosten von Filmen dem Filmhersteller im Verhältnis zu den Urhebern, deren Werke er nutzt, die wirtschaftliche Auswertung seiner Filme erleichtern (AmtlBegr. BTDrucks. IV/270 S. 100 zu § 100, jetzt § 90; sa. vor §§ 88 ff. Rdnr. 9). Während §§ 88, 89 und 92 Abs. 1 nF dieses Ziel dadurch anstreben, dass sie gesetzliche Auslegungsregeln zugunsten der Einräumung ausreichender ausschließlicher Nutzungsrechte an den Filmhersteller aufstellen und ihm dadurch den Rechteerwerb sichern, setzt § 90 bei den **Rechten der Urheber** an, welche ihnen die Bestimmungen des **allgemeinen gesetzlichen Urhebervertragsrechts** für den Fall gewähren, dass sie einem anderen an ihren Werken ein Nutzungsrecht eingeräumt haben. Es sind dies zum einen die Rechte, der Weiterübertragung oder Unterlizenzierung der eingeräumten Nutzungsrechte zuzustimmen (§§ 34, 35). Zum anderen sollen bezüglich der dem Filmhersteller eingeräumten Nutzungsrechte grundsätzlich auch die Rückrufsrechte der Urheber wegen Nichtausübung oder gewandelter Überzeugung (§§ 41, 42) nicht gelten. Solche Rechte könnten die freie Verfügung des Filmherstellers über die ihm eingeräumten Nutzungsrechte stören; § 90 will demgemäß diese freie Verfügung zu Lasten der Urheber gewährleisten (AmtlBegr. BTDrucks. IV/270 S. 100). Wenn das Gesetz dabei in der amtlichen Überschrift des § 90 von einer **Einschränkung** der betreffenden Rechte der Urheber spricht, so ist dies nichts anderes als eine beschönigende Umschreibung für einen gänzlichen **Ausschluss** dieser Rechte, den § 90 nF und aF dadurch bewirkt, dass er die Nichtanwendung der sie begründenden Gesetzesbestimmungen vorschreibt (sa. *v. Gamm* Rdnr. 3).

2   Die generelle **Kritik** an den §§ 88 ff. (s. vor §§ 88 ff. Rdnr. 38 ff.) richtete sich ursprünglich speziell auch gegen § 90. Als unbefriedigend wurde neben der Ausrichtung dieser Bestimmung ausschließlich an den den heutigen Verhältnissen nicht mehr entsprechenden Bedürfnissen der Kinofilmproduzenten insb. die Benachteiligung der Filmurheber iSd. § 89, allen voran des Filmregisseurs, empfunden, die darin liegt, dass § 90 S. 2 aF ihnen im Gegensatz zu den Urhebern iSd. § 88 die Ansprüche aus § 36 aF auf eine angemessene Beteiligung an den Erträgnissen bei einem unerwarteten Erfolg des Filmwerks versagte, obwohl dieser Erfolg gerade auch auf der Leistung vor allem des Regisseurs beruhen kann (s. *Ulmer*[3] §§ 36 III 2, 87 IV und Urhebervertragsrecht Rdnr. 52; *Movsessian* UFITA 79 (1977) 213/231).

§ 90 aF ist durch das **Urhebervertragsgesetz** aus dem Jahr 2002 (s. vor §§ 88 ff. Rdnr. 8) nicht unwesentlich **geändert** worden. Ein Teil dieser Änderungen ist nur **formaler Natur**. Er beruht darauf, dass auch der in § 90 in Bezug genommene § 88 Abs. 1 geändert wurde (s. dort Rdnr. 2): An die Stelle der differenzierenden Auslegungsregeln in § 88 Abs. 1 Nr. 1–5 aF trat die Vermutung umfassender Rechtseinräumung durch die Urheber filmisch benutzter Werke an den Filmhersteller in Anlehnung an § 89 Abs. 1 aF (s. § 88 Rdnr. 2). Der Ausschluss der Zustimmungs- und Rückrufsrechte der Urheber durch § 90 S. 1 aF galt nur für die Nutzungsrechte des Filmherstellers zur Verwertung eines hergestellten Filmwerks (§ 88 Abs. 1 Nr. 2–5 aF) aufgrund der vom Gesetzgeber angenommenen besonderen Schutzbedürftigkeit des Filmherstellers insoweit (s. Rdnr. 9), nicht aber für das ihm eingeräumte, noch nicht realisierte Filmherstellungsrecht (Verfilmungsrecht) (§ 88 Abs. 1 Nr. 1 aF). An dieser Rechtslage sollte durch das Urhebervertragsgesetz nichts verändert werden, jedoch musste § 90 nF dem Umstand Rechnung tragen, dass § 88 Abs. 1 nF auf jene frühere Differenzierung verzichtet (s. BT-Drucks. 14/8058 S. 12/22). Er tut dies, indem er in § 90 S. 2 nF bestimmt, dass der Rechteausschluss nach S. 1 bis zum Beginn der Dreharbeiten für das Recht zur Verfilmung keine Anwendung findet. Der Beginn der Dreharbeiten und nicht der Zeitpunkt der Fertigstellung eines Filmwerks war auch unter der Geltung des § 90 aF richtiger Ansicht nach der entscheidende Zeitpunkt für den Verlust der Zustimmungs- und Rückrufsrechte der Urheber (s. Rdnr. 10).

Eine **wesentliche Änderung** des § 90 aF durch das **Urhebervertragsgesetz** des Jahres **2002** betrifft den früher besonders kritisierten Ausschluss der Filmurheber iSd. § 89 Abs. 1, darunter auch des Regisseurs, von Ansprüchen nach **§ 36 aF**, dem sog. Bestsellerparagraphen, durch § 90 S. 2 aF (s. Rdnr. 2). An die Stelle des § 36 aF ist nach dem Urhebervertragsgesetz von 2002 der Anspruch der Urheber auf weitere Beteiligung gemäß **§ 32 a** unter erleichterten Voraussetzungen getreten (s. BT-Drucks. 14/8058 S. 6/19 f.). Diese Bestimmung war ebenso wie § 36 aF in der ursprünglichen AmtlBegr. (BT-Drucks. 14/7564 S. 5 iVm. BT-Drucks. 14/6433 S. 3) noch nicht bzw. nicht mehr vorgesehen, so dass diese den Verweis auf § 36 aF in § 90 S. 2 aF als gegenstandslos streichen konnte (s. BT-Drucks. 14/6433 S. 19). Die spätere Aufnahme des § 32 a in das Reformgesetz führte dann aber erfreulicherweise nicht dazu, dass der frühere Rechteausschluss in § 90 nF wieder aufgenommen worden wäre (s. BT-Drucks. 14/8058 S. 12/22). Regisseuren und anderen Filmurhebern iSd. § 89 Abs. 1 stehen damit ebenso wie Filmurhebern und Urhebern filmisch benutzter Werke iSd. § 88 Abs. 1 die Vergütungsansprüche aus § 32 nF und § 32 a nF uneingeschränkt zu (ebenso *Dreier/Schulze*³ Rdnr. 3; *Fromm/Nordemann*¹⁰ Rdnr. 3 zu § 32 a). § 90 nF findet freilich gemäß § 132 Abs. 3 S. 1 nur auf solche Verträge bzw. Rechteinräumungen von Urhebern an Filmhersteller Anwendung, die **seit dem 1. 7. 2002**, dem Zeitpunkt des Inkrafttretens des Urhebervertragsgesetzes geschlossen bzw. vorgenommen worden sind. § 90 nF und § 90 aF sind daher bis auf weiteres nebeneinander anwendbar, § 90 nF auf neue und § 90 aF auf ältere Filme (ebenso *Dreier/Schulze*³ Rdnr. 4; *Fromm/Nordemann*¹⁰ Rdnr. 4).

Ausgangspunkt für die Anwendung des § 90 sind **vertragliche Rechtseinräumungen** von Seiten derjenigen Urheber, von denen letztlich der Filmhersteller seine Rechte zur Herstellung und Auswertung seines Filmes herleitet und auf die sich auch die §§ 88, 89 beziehen (so. Rdnr. 1). Daran hat grundsätzlich auch das **Zweite Gesetz zur Regelung des Urheberrechts in der Informationsgesellschaft** vom 26. 10. 2007 (BGBl. I S. 2513) nichts geändert, indem es die gesetzlichen Auslegungsregeln der §§ 88 Abs. 1 und 89 Abs. 1 auf bei Vertragsschluss unbekannte Nutzungsarten erstreckt (s. vor §§ 88 ff. Rdnr. 8), § 90 aber unberührt gelassen hat. Über den neuen **§ 137 l** hat dieses Gesetz jedoch daneben die Möglichkeit einer **Rechteübertragung von Gesetzes wegen** geschaffen, die zwar nicht speziell auf den Filmbereich abzielt, sich aber doch auch hier auswirkt. Sie bezieht sich als Übergangsregelung im Zusammenhang mit der Aufhebung des **§ 31 Abs. 4** durch dasselbe Gesetz auf diejenigen Fälle, in denen während der Geltung dieser Bestimmung vom 1. 1. 1966 bis zum 31. 12. 2007 eine vertragliche Rechtseinräumung wegen Unbekanntheit einer Nutzungsart unwirksam war. Nach § 137 l sollen nunmehr Rechtseinräumungen aus diesem Zeitraum in Form einer gesetzlichen Übertragungsfiktion auch unbekannte Nutzungsarten umfassen (s. vor §§ 88 ff. Rdnr. 8 und die Kommentierung des § 137 l). Speziell im Filmbereich betroffen sind davon insbes. die audiovisuelle Filmverwertung, der Film auf DVD und die digitale Onlinenutzung (s. § 88 Rdnr. 7/48 mit weiteren Beispielen; *Schmid* in *Haupt* (2008), S. 269/270 f.). Der Gesetzgeber verfolgte mit dieser Regelung das Ziel, „die in zahllosen Archiven ruhenden Schätze … neuen Nutzungsarten problemlos zugänglich" zu machen (so die AmtlBegr. BT-Drucks. 16/1828 S. 22). Dies legt trotz allen Bedenken gegen § 137 l (s. dort Rdnr. 8 ff.) eine Anwendung des **§ 90** auf die Ergebnisse der gesetzlichen Übertragungsfiktion im Filmbereich nahe (so im Ergebnis auch *Fromm/Nordemann*¹⁰ Rdnr. 10, § 137 l Rdnr. 42). Andernfalls könnte zB die Ausübung der Rückrufsrechte durch die Urheber nach §§ 41, 42 die zeitliche Begrenzung ihrer Widerspruchsrechte nach § 137 l Abs. 1 S. 1–3 und die generelle Zielsetzung des § 90 (so. Rdnr. 1) konterkarrieren. Im Hinblick auf das Verfilmungsrecht nach § 88 Abs. 1 Nr. 1 aF, § 88 Abs. 1 nF 2002, für welches bis zum Beginn der Dreharbeiten der Rechteausschluss durch § 90 nicht Platz greift (su. Rdnr. 8–10), scheidet eine problematische Situation unter dem Aspekt des § 137 l schon deshalb aus, weil die Verfilmung von Werken als Nutzungsart bereits vor 1966 bekannt war. Dem Ergebnis zu § 137 l folgend muss § 90 erst recht dann Anwendung finden, wenn im fraglichen Zeitraum nach Bekanntwerden einer Nutzungsart die betreffenden Nutzungsrechte **nachträg-**

§ 90   Einschränkung der Rechte

lich vertraglich eingeräumt wurden (ebenso im Ergebnis *Dreier/Schulze*[3] Rdnr. 6; *Fromm/ Nordemann*[10] Rdnr. 10).

3   § 90 ist **vertraglich abdingbar** (*Dreier/Schulze*[3] Rdnr. 8; *Fromm/Nordemann*[10] Rdnr. 7; *Möhring/Nicolini*[2] Rdnr. 1). § 90 S. 1 nF und aF ordnet im Übrigen den Ausschluss bestimmter Rechte des Urhebers für die in § 88 Abs. 1 nF bzw § 88 Abs. 1 Nr. 2–5 aF und § 89 Abs. 1 „**bezeichneten** Rechte" an, nicht nur für Rechtseinräumungen aufgrund der Auslegungsregeln der genannten Bestimmungen. Der Rechteausschluss greift daher auch dann Platz, wenn die fraglichen Nutzungsrechte dem Filmhersteller ausdrücklich vertraglich eingeräumt worden sind, es einer Anwendung der Auslegungsregeln in §§ 88, 89 daher nicht bedarf (ebenso *Fromm/ Nordemann*[10] Rdnr. 10, *Wandtke/Bullinger*[3] Rdnr. 4; aA *Dreier/Schulze*[3] Rdnr. 6 im Hinblick auf Rechtseinräumungen bzw. Verträge bis 30. 6. 2002, dh. für die Zeit vor Anpassung des § 88 Abs. 1 an § 89 Abs. 1, so. Rdnr. 2).

II. Die den Urhebern durch § 90 entzogenen Rechte

1. Zustimmung des Urhebers zur Weiterübertragung eines Nutzungsrechts (§§ 34, 35)

4   a) Die in § 90 S. 1 nF und aF an erster Stelle genannten und von der Anwendung ausgeschlossenen §§ 34, 35 enthalten den Grundsatz, dass der Erwerber eines Nutzungsrechts zu dessen **Weiterübertragung** im vollen Umfang (§ 34) und zur Einräumung von weiteren Nutzungsrechten (§ 35, s. dazu vor §§ 28ff. Rdnr. 51, § 35 Rdnr. 1) an einen anderen der **Zustimmung des Urhebers** bedarf. Die Bestimmungen tragen dem ideellen und wirtschaftlichen Interesse des Urhebers Rechnung, zu wissen und erforderlichenfalls bestimmen zu können, wer befugt ist, über sein Werk zu verfügen (s. § 34 Rdnr. 1f., § 35 Rdnr. 1). Beide Bestimmungen (§ 35 Abs. 2 verweist insoweit auf § 34) sehen gewisse Ausnahmen vom Erfordernis der Zustimmung des Urhebers vor, jedoch sind diese bedeutungslos, soweit § 90 S. 1 das Zustimmungserfordernis generell beseitigt.

5   b) § 34 Abs. 4 nF, § 34 Abs. 5 aF sehen für die Fälle zustimmungsfreier Weiterübertragung eines Nutzungsrechts als Ausgleich dafür, dass der Urheber in diesen Fällen seine Zustimmung nicht davon abhängig machen kann, dass der Erwerber die Verpflichtungen des Veräußerers gegenüber dem Urheber übernimmt, zwingend vor, dass der **Erwerber gesamtschuldnerisch** für die Erfüllung dieser Verpflichtungen **haftet** (s. dazu § 34 Rdnr. 55 ff.). Nach dem Wortlaut des § 90 S. 1 nF und aF ist die Anwendung des § 34 generell, mithin einschließlich seines Abs. 4 bzw. Abs. 5, ausgeschlossen. Da der Gesetzeszweck aber lediglich darauf gerichtet ist, das Erfordernis der Zustimmung des Urhebers zur Weiterübertragung zu beseitigen (s. Rdnr. 1), ist sinngemäß anzunehmen, dass bei den nach § 90 S. 1 zustimmungsfreien Weiterübertragungen die gesamtschuldnerische Haftung des Erwerbers des Nutzungsrechts nach § 34 Abs. 4 bzw. Abs. 5 unberührt bleibt; die Verfügungsfreiheit des Inhabers des Nutzungsrechts wird dadurch nicht beeinträchtigt (ebenso *Dreier/Schulze*[3] Rdnr. 14; *Fromm/Nordemann*[10] Rdnr. 8; *Wandtke/Bullinger*[3] Rdnr. 10; zu § 34 Abs. 5 aF BGH BGHZ 147, 244/260 – Barfuß ins Bett). Es ist kein Grund ersichtlich, warum für § 34 Abs. 4 nF etwas anderes als für § 34 Abs. 5 aF gelten sollte (gegen die bei v. *Hartlieb/Schwarz*[4] 42. Kap. Rdnr. 21 anklingenden Zweifel).

2. Rückrufsrechte wegen Nichtausübung und gewandelter Überzeugung (§§ 41, 42)

6   §§ 41, 42 geben dem Urheber, der einem anderen ein Nutzungsrecht an seinem Werk eingeräumt hat, unter bestimmten, insgesamt strengen Voraussetzungen das Recht, dieses Nutzungsrecht wegen Nichtausübung durch den Inhaber oder wegen gewandelter Überzeugung des Urhebers zurückzurufen und damit das Vertragsverhältnis zu beenden (s. § 41 Rdnr. 4). Das Rückrufsrecht wegen Nichtausübung (§ 41) schützt persönlichkeits- und vermögensrechtliche Interessen des Urhebers (§ 41 Rdnr. 4). Beim Rückrufsrecht wegen gewandelter Überzeugung (§ 42) stehen die persönlichen und geistigen Interessen des Urhebers im Vordergrund (§ 42 Rdnr. 1). § 90 schließt für die meisten der in § 88 Abs. 1 aF, für das Verfilmungsrecht nach § 88 Abs. 1 nF ab Beginn der Dreharbeiten und für alle der in § 89 Abs. 1 bezeichneten Nutzungsrechte die Anwendung der §§ 41, 42 und damit die Möglichkeit des Rückrufs dieser Rechte durch den Urheber aus, weil ein solcher Rückruf die weitere Auswertung des Filmes beenden würde.

3. Beteiligungsanspruch nach § 36 aF

Eine weitere Befugnis, die § 90 S. 2 aF speziell den Filmurhebern iSd. § 89 entzieht, ist der in 7
§ 36 aF als Sonderfall der Lehre vom Fortfall der Geschäftsgrundlage konzipierte Anspruch des
Urhebers auf eine Vertragsänderung und angemessene Beteiligung an den Erträgnissen in den
Fällen einer unerwartet erfolgreichen Werkverwertung und eines daraus resultierenden groben
Mißverhältnisses zwischen diesen Erträgnissen und der vereinbarten Gegenleistung zugunsten
des Urhebers. Zum Erhalt der allg. Rechte wegen Wegfalls der Geschäftsgrundlage s. Rdnr. 15.
§ 90 nF sieht im Hinblick auf § 32 a nF, der an die Stelle des § 36 aF getreten ist, eine § 90 S. 2
aF entsprechende Regelung nicht mehr vor (s. Rdnr. 2).

III. Rechteausschluss für Urheber iSd. § 88

1. Unterscheidung zwischen Nutzungsrechten zur Filmherstellung und zur Filmverwertung

a) § 88 hat die Rechtseinräumung an Werken zum Gegenstand, die als vorbestehende oder 8
filmbestimmt geschaffene Werke zur Filmherstellung benutzt werden (s. § 88 Rdnr. 13ff.). Deren Urheber räumt, wenn er einem anderen die Verfilmung gestattet, diesem nach der Auslegungsregel des § 88 Abs. 1 nF 2002 und 2007 im Zweifel das ausschließliche Recht zur **Herstellung des Filmwerks** (das Verfilmungsrecht) und das ausschließliche Recht zur umfassenden **Verwertung des Filmwerks** ein (s. § 88 Rdnr. 2/33/36), nach § 88 Abs. 1 aF im Zweifel einen Katalog von ausschließlichen Nutzungsrechten, der in den Nr. 1–5 aufgeführt ist. Nr. 1 betrifft wiederum die **Herstellung des Filmwerks** unter Vervielfältigung, Bearbeitung oder Umgestaltung des verfilmten Werkes, Nr. 2–5 betreffen die **weitere Verwertung des hergestellten Filmwerks** (s. dazu § 88 Rdnr. 32ff.). An diese Unterscheidung knüpft § 90 S. 1 aF an: Der Ausschluss der unter Rdnr. 4, 6 genannten Rechte des Urhebers betrifft nur die Nutzungsrechte des Filmherstellers zur Verwertung des hergestellten Filmwerks (Nr. 2–5), nicht das Recht zur Herstellung des Filmwerks, das eigentliche Verfilmungsrecht (Nr. 1). § 90 nF hält der Sache nach an dieser Unterscheidung fest, indem er den Rechtsverlust der Urheber auf die §§ 34, 35, 41 und 42 für das Recht zur Verfilmung erst mit Beginn der Dreharbeiten einsetzen lässt.

b) Der Grund für die unterschiedliche Behandlung liegt im **unterschiedlichen Schutzbe-** 9
dürfnis des Filmherstellers. Ist der Film hergestellt und damit das Verfilmungsrecht iSd. § 88
Abs. 1 nF 2002 und 2007 bzw. § 88 Abs. 1 Nr. 1 aF ausgeübt, so hat der Filmhersteller dafür
Kosten aufgewendet. Er soll nun nicht mehr durch den Urheber an der Verwertung des Filmwerks gehindert werden können: durch das Zustimmungserfordernis bei Weiterübertragung
oder Einräumung von Nutzungsrechten weiterer Stufe nach §§ 34, 35 (s. Rdnr. 4) oder durch
Ausübung der Rückrufsrechte des Urhebers nach §§ 41, 42 (Rdnr. 6). Das ausgeübte Verfilmungsrecht kann nicht mehr gegen Weiterübertragung gesperrt und zurückgerufen werden.
Hat der Filmhersteller dagegen das Verfilmungsrecht noch nicht ausgeübt und daher noch keine
wesentlichen Kosten aufgewendet, so besteht nach Ansicht des Gesetzgebers kein Grund, dem
Urheber die genannten Rechte vorzuenthalten (AmtlBegr. BTDrucks. IV/270 S. 101 zu § 100,
jetzt § 90). Der Urheber eines zu verfilmenden Werkes kann demnach bis zur Ausübung des
Verfilmungsrechts durch den Filmhersteller eine Weiterübertragung dieses Rechts grundsätzlich
von seiner Zustimmung abhängig machen (§§ 34, 35) und es unter den Voraussetzungen der
§§ 41, 42 zurückrufen.

c) Die AmtlBegr. (BTDrucks. IV/270 S. 101 zu § 100, jetzt § 90) lässt das Schutzbedürfnis 10
des Filmherstellers mit der **abgeschlossenen Herstellung des Filmwerks** beginnen und sieht
erst darin die Ausübung des Verfilmungsrechts iSd. **§ 88 Abs. 1 Nr. 1 aF** („Solange der Film
nicht hergestellt, das Verfilmungsrecht also nicht ausgeübt ist, bedarf der Filmhersteller keines
besonderen Schutzes, da er noch keine wesentlichen Aufwendungen gemacht hat"). Darin liegt
offensichtlich eine Fehlbeurteilung, da idR auch schon vor der Fertigstellung des Filmwerks
wesentliche Kosten angefallen sind. Gemeint sein kann schon unter der Geltung des **§ 90 aF**
richtigerweise **spätestens der Beginn der Dreharbeiten** (sa. die AmtlBegr. BTDrucks. IV/
270 S. 99 zu § 99 (jetzt § 89) zur Gleichsetzung der Herstellung des Filmwerks mit den Dreharbeiten), da sogar zu diesem Zeitpunkt gewöhnlich schon erhebliche Kosten aufgewendet worden sind (ebenso *Möhring/Nicolini*[2] Rdnr. 7). Dies hat zur Folge, dass es bereits ab diesem Zeitpunkt dem Urheber sinngemäß untersagt sein muss, durch Geltendmachung seiner Rechte aus

§ 90 Einschränkung der Rechte

§§ 34, 35 oder 41, 42 die weiteren Verfilmungsarbeiten zu behindern; er kann sich insoweit auch nicht darauf berufen, dass es sich noch um die Ausübung, die Zustimmung zur Weiterübertragung und den Rückruf des Verfilmungsrechts iSd. § 88 Abs. 1 Nr. 1 aF und noch nicht um die Nutzungsrechte iSd. § 88 Abs. 1 Nr. 2–5 aF handle (im Ergebnis ebenso *Fromm/Nordemann*[10] Rdnr. 12; *v. Gamm* Rdnr. 2; *Möhring/Nicolini*[2] Rdnr. 7; aA *Dreier/Schulze*[3] Rdnr. 10; *Fromm/Nordemann*[10] Rdnr. 12 und *Möhring/Nicolini*[2] Rdnr. 8 bejahen zu Recht ein Wiederaufleben der Rechte des Urhebers bei endgültiger Aufgabe oder längerer Unterbrechung des Filmvorhabens während der Dreharbeiten). **§ 90 S. 2 nF** bestimmt nunmehr von Gesetzes wegen den Beginn der Dreharbeiten als den entscheidenden Zeitpunkt für den Rechteverlust der Urheber hinsichtlich des Verfilmungsrechts (s. Rdnr. 2).

Im Hinblick auf einen nach § 90 zulässigen **Rückruf des Verfilmungsrechts** zB an einem Roman wegen Nichtausübung sind bestimmte **Fristen** zu beachten: im Regelfall der Ablauf von mindestens zwei Jahren seit Einräumung des Verfilmungsrechts (§ 41 Abs. 2 S. 1); diese Frist kann vertraglich im Voraus auf maximal fünf Jahre verlängert werden (§ 41 Abs. 4 S. 2). Wiederum im Regelfall muss der Urheber nach § 41 Abs. 3 S. 1 vor Erklärung des Rückrufs dem Inhaber des Verfilmungsrechts unter Ankündigung des Rückrufs eine angemessene Nachfrist setzen. Hierfür können zB im Fall einer nicht erfolgten Romanverfilmung unter Berücksichtigung aller Umstände etwas mehr als sechs Monate ausreichen (so OLG München ZUM 2008, 758/761 – Rückruf von Verfilmungsrechten II, gegen LG München I ZUM 2007, 758/761 – Rückruf von Verfilmungsrechten I). In beiden Urteilen wird auch angenommen, dass es für eine **Verlängerung** der Rückrufsfrist auf fünf Jahre durch Vereinbarung zwischen dem Verlag des Romans als Zwischenerwerber des Verfilmungsrechts und dem Filmhersteller nicht ausreiche, wenn der Verlag vom Urheber ohne eine weitergehende Vollmacht lediglich das Verfilmungsrecht „zur Verwertung und Vermittlung" erworben hatte (jeweils aaO).

2. Kein Ausschluss des Beteiligungsanspruchs nach § 36 aF und § 32a

11 § 90 S. 2 aF versagt den Beteiligungsanspruch nach **§ 36 aF** nur den Filmurhebern iSd. § 89 Abs. 1, 2, nicht den Urhebern von zur Filmherstellung benutzten Werken iSd. § 88, wie dem Autor eines verfilmten Romans, dem Drehbuchautor oder Filmkomponisten (s. § 88 Rdnr. 13ff.). Forderungen der Filmwirtschaft, § 36 auch für solche Urheber auszuschließen, wurde vom Gesetzgeber nicht entsprochen, weil die Ungewissheit über die Person des Filmurhebers iSd. § 89 Abs. 1, 2, die insoweit den Ausschluss des § 36 erforderlich mache, hier nicht gegeben sei und es dem Rechtsempfinden widerspräche, zB den noch unbekannten, gering entgoltenen Autor eines verfilmten Romans nicht an den Millionengewinnen aus einem unerwarteten Welterfolg des Filmes zu beteiligen (AmtlBegr. BTDrucks. IV/270 S. 101 zu § 100, jetzt § 90). **§ 90 nF** hat darauf verzichtet, den Filmurhebern iSd. § 89 den nunmehr in **§ 32a nF** geregelten Beteiligungsanspruch weiterhin vorzuenthalten (s. Rdnr. 2), so dass die Rechtslage bezüglich der Urheber iSd. § 88 von vornherein unverändert bleiben konnte.

3. Nutzungsrecht zur Wiederverfilmung (§ 88 Abs. 2 S. 1)

12 § 90 nF und aF schließt die Anwendung der §§ 34, 35 und 41, 42 nicht für das in § 88 aF und nF 2002 und 2007 Abs. 2 S. 1 bezeichnete Wiederverfilmungsrecht aus. Anders als die in § 88 Abs. 1 nF 2002 und 2007, § 88 Abs. 1 Nr. 1–5 aF bezeichneten Rechte steht dieses Recht dem Filmhersteller bzw. Erwerber des Verfilmungsrechts im Zweifel auch nicht zu (s. § 88 Rdnr. 55). Gleichwohl ist angesichts der identischen Interessenlage anzunehmen, dass bei einer vertraglichen Einräumung auch des Wiederverfilmungsrechts der Rechtsausschluss nach § 90 S. 1 sich im gleichen Umfang wie beim Nutzungsrecht zur Erstverfilmung und Erstfilmverwertung auch auf die Wiederverfilmung erstreckt (aA *Fromm/Nordemann*[10] Rdnr. 10, die der Wiederverfilmung noch zur filmischen Nutzung des Erstfilms rechnen; dagegen wie hier *Dreier/Schulze*[3] Rdnr. 11 mit der zutreffenden Bemerkung, dass mit Bezug auf die Wiederverfilmung der Rechteausschluss für das Verfilmungsrecht gemäß § 90 S. 2 nF wieder erst mit Beginn der Dreharbeiten an der Wiederverfilmung eintritt; im Ergebnis ebenso *Wandtke/Bullinger*[3] Rdnr. 3).

4. Nutzungsrechte zur nichtfilmischen Verwertung

13 Die in § 88 Abs. 1 nF 2002 und 2007, § 88 Abs. 1 Nr. 2–5 aF bezeichneten Nutzungsrechte betreffen nur die filmische Verwertung des Filmwerks und mit diesem der darin enthaltenen verfilmten Werke (s. § 88 Rdnr. 36, 42, 52). Hat der Urheber dem Filmhersteller darüber hin-

aus Nutzungsrechte zur nichtfilmischen Verwertung seines Werkes, zB zur Veröffentlichung des Drehbuchs in Buchform oder der Filmmusik auf Tonträgern, eingeräumt, so bleiben insoweit seine Rechte aus §§ 34, 35 und 41, 42 von § 90 S. 1 nF und aF unberührt (ebenso *Dreier/ Schulze*[3] Rdnr. 7; *v. Gamm* Rdnr. 2; *Fromm/Nordemann*[10] Rdnr. 10; *Wandtke/Bullinger*[3] Rdnr. 8).

IV. Rechteausschluss für Urheber iSd. § 89

1. Ausschluss der Zustimmungsrechte (§§ 34, 35) und Rückrufsrechte (§§ 41, 42) für alle filmischen Nutzungsrechte

Den Filmurhebern iSd. § 89, also insb. dem Filmregisseur, Kameramann und Cutter (s. § 89 Rdnr. 1, 7), versagt § 90 nF und aF die Rechte aus §§ 34, 35 (s. Rdnr. 4) und 41, 42 (s. Rdnr. 6) in Bezug auf alle Nutzungsrechte, von denen es in § 89 Abs. 1 heißt, dass sie im Zweifel auf den Filmhersteller übergehen. Räumt ein Filmurheber einem Filmhersteller vertraglich ausdrücklich Nutzungsrechte ein, die nach der betreffenden Filmart an sich ausnahmsweise von der Auslegungsregel des § 89 Abs. 1 nicht umfasst werden (s. § 89 Rdnr. 10 ff.), so erstreckt sich der Rechteausschluss durch § 90 S. 1 gleichwohl auch auf diese Nutzungsrechte (entsprechend dem zu Rdnr. 3 Gesagten). Ausgenommen sind aber auch hier Nutzungsrechte zur nichtfilmischen Verwertung (s. Rdnr. 13 sowie § 89 Rdnr. 20).

14

2. Ausschluss des Beteiligungsanspruchs nach § 36 aF

Zur Kritik am Ausschluss dieses Anspruchs durch **§ 90 S. 2 aF** s. Rdnr. 2. Die AmtlBegr. (BTDrucks. IV/270 S. 101 zu § 100, jetzt § 90) verweist zur Rechtfertigung auf die zumeist bestehende Unklarheit über die Person des Filmurhebers iSd. § 89 (s. dazu auch § 89 Rdnr. 1) und die daraus resultierende Rechtsunsicherheit, wenn § 36 aF anwendbar wäre. Gegen § 90 S. 2 aF bestehen verfassungsrechtliche Bedenken (s. vor §§ 88 ff. Rdnr. 41), da er uU sogar einem Regisseur als Haupturheber eines Filmwerks selbst in den Ausnahmefällen, die § 36 aF im Auge hat (s. Rdnr. 7), ein angemessenes Entgelt versagt. Um diesen Bedenken zu begegnen, ist anzunehmen, dass jedenfalls die allgemeinen Regeln über den Wegfall oder die Änderung der Geschäftsgrundlage anwendbar bleiben (ebenso BGHZ 128, 336/342 – Videozweitauswertung III; LG München I ZUM 2009, 794/801 – Das Boot; *Dreier/Schulze*[3] Rdnr. 17; *Fromm/Nordemann*[9] Rdnr. 7; *Möhring/Nicolini*[2] Rdnr. 14; nunmehr wohl auch *Wandtke/Bullinger*[3] Rdnr. 12); sie sind wie vor 1966 eingegangene Vertragsverhältnisse ohnehin anzuwenden, weil § 90 diese nicht berührt (s. vor §§ 88 ff. Rdnr. 50).

15

Vertragliche Vereinbarungen zB über ein Beteiligungshonorar des Filmregisseurs oder anderer Filmurheber iSd. § 89 sind ebenso wirksam wie eine vertragliche Abbedingung des § 90 (s. Rdnr. 3 sowie *Dreier/Schulze*[3] Rdnr. 8; *Fromm/Nordemann*[10] Rdnr. 7; *Möhring/Nicolini*[2] Rdnr. 14).

16

3. Kein Ausschluss des Beteiligungsanspruchs nach § 32a

An die Stelle des Beteiligungsanspruchs nach § 36 aF ist mit Inkrafttreten des Urhebervertragsgesetzes von 2002 am 1. 7. 2002 (s. Rdnr. 2) derjenige nach **§ 32a** getreten. Der zum selben Zeitpunkt in Kraft getretene § 90 nF sieht den Ausschluss dieses Beteiligungsanspruchs nicht mehr vor (s. Rdnr. 2). Auch Urhebern von Filmwerken iSd. § 89 steht der Anspruch nach § 32a (und nach § 32 nF) daher jetzt ebenso zu wie früher schon derjenige nach § 36 aF den Urhebern iSd. § 88 (s. Rdnr. 7). Da § 90 nF gemäß § 132 Abs. 3 S. 1 auf **vor dem 1. 7. 2002 geschlossene Verträge** zugunsten des § 90 aF nicht anzuwenden ist (s. Rdnr. 2), könnte man meinen, dass es bezüglich solcher Verträge und damit älterer Filme mit dem Ausschluss des Beteiligungsanspruchs nach § 36 aF sein Bewenden hat. Dem ist aber nicht so, weil **§ 132 Abs. 3 S. 2** bestimmt, dass § 32a nF auf Sachverhalte Anwendung findet, die nach dem 28. 3. 2002 entstanden sind. Dies gilt zeitlich unbegrenzt auch für alle Altverträge (s. die AmtlBegr. BT-Drucks. 14/8058 S. 22; *Dreier/Schulze*[3] Rdnr. 18).

---

§ 91 Rechte an Lichtbildern

[1] *Die Rechte zur filmischen Verwertung der bei der Herstellung eines Filmwerkes entstehenden Lichtbilder erwirbt der Filmhersteller.* [2] *Dem Lichtbildner stehen insoweit keine Rechte zu.*

§ 91 Rechte an Lichtbildern

Schrifttum: *Ekrutt,* Urheberrechtliche Probleme beim Zitat von Filmen und Fernsehsendungen, Diss. Hamburg 1973, S. 87 ff.; *ders.,* Rechtsschutz der Filmeinzelbilder, GRUR 1973, 512; *Hertin,* Die urheberrechtliche Stellung des Kameramannes, UFITA 118 (1992) 57; *Merker,* Das Urheberrecht des Chefkameramannes am Spielfilmwerk, 1996; *Nordemann, A.,* Die künstlerische Fotografie als urheberrechtlich geschütztes Werk, 1992; *Prümm,* Die schöpferische Rolle des Kameramanns, UFITA 118 (1992) 23; *Reber, N./Vacano, J.,* Kameramann/Director of Photography, in *Haupt* (Hrsg.), Urheberrecht für Filmschaffende, 2008, S. 85 ff.; *Schulze, G.,* Urheber- und Leistungsschutzrechte des Kameramanns, GRUR 1994, 855; *Staehle,* Stellungnahme zu Ekrutt, Der Rechtsschutz der Filmeinzelbilder (GRUR 1973, 512), GRUR 1974, 205.
S. im übrigen die Schrifttumsnachweise vor §§ 88 ff.

Übersicht

	Rdnr.
I. Zweck und Bedeutung des § 91. Einordnung in die Systematik der §§ 88 ff.	1–5
II. Rechteerwerb durch den Filmhersteller	6–9
1. Qualifikation des Rechteerwerbs	6
2. Umfang des Rechteerwerbs	7–9
III. Gegenstände des Rechteerwerbs durch den Filmhersteller	10–12
1. Lichtbilder als Filmbestandteile	10, 11
2. Lichtbildwerke?	12
IV. Abweichende vertragliche Vereinbarungen	13

I. Zweck und Bedeutung des § 91. Einordnung in die Systematik der §§ 88 ff.

1 1. **§ 91** ist durch Art. 1 Nr. 19 des **Urhebervertragsgesetzes** aus dem Jahre 2002 (s. vor §§ 88 ff. Rdnr. 8) **aufgehoben** worden. An seine Stelle ist mit Wirkung vom 1. 7. 2002 **§ 89 Abs. 4 nF** 2002 (und 2007) getreten (s. § 89 Rdnr. 24). Gemäß § 132 Abs. 3 S. 1 gilt § 91 allerdings weiterhin für alle Verträge, die bis zum 30. 6. 2002 geschlossen wurden (s. in diesem Sinne auch OLG München GRUR-RR 2008, 228 – filmische Verwertung). Demgemäß ist nunmehr ja nach Datum des Vertragsschlusses des Kameramanns als des Herstellers oder Schöpfers der Filmeinzelbilder (s. § 89 Rdnr. 25) mit dem Filmhersteller § 89 Abs. 4 nF 2002 und 2007 oder nach wie vor § 91 zu beachten. Zu den Unterschieden der beiden Regelungen s. § 89 Rdnr. 25.

Filme bestehen als Bildfolgen (s. vor §§ 88 ff. Rdnr. 20) aus **zahlreichen einzelnen Bildern,** deren Wiedergabe im Rahmen der Filmvorführung, des Filmabrufs oder der Fernsehsendung den Eindruck eines bewegten Geschehens vermittelt. Urheberrechtlich betrachtet sind die Filmeinzelbilder nicht nur Bestandteile von Filmen, sondern zugleich – von Ausnahmefällen bestimmter Zeichentrickfilme, in denen sie sogar Kunstwerke iSd. § 2 Abs. 1 Nr. 4 sein können, abgesehen – entweder **Lichtbildwerke** iSd. § 2 Abs. 1 Nr. 5 oder bloße **Lichtbilder** iSd. § 72. Als Lichtbildwerke sind sie urheberrechtlich geschützt (zu den Schutzvoraussetzungen s. § 2 Rdnr. 182 ff.), als Lichtbilder durch ein verwandtes Schutzrecht (§ 72), wobei es in beiden Fällen auf das Aufnahmeverfahren nicht ankommt und auch Einzelbilder einer Fernseh-Live-Sendung am Schutz teilnehmen (s. §§ 2 Rdnr. 180, 72 Rdnr. 17). Inhaber von beiden Rechten ist grundsätzlich derjenige, der die Lichtbildwerke bzw. Lichtbilder geschaffen hat (§§ 7, 72 Abs. 2). Bei den Einzelbildern eines Filmes ist dies der **Kameramann.** Da in jeder Verwertung eines Filmes stets zugleich eine Verwertung der Filmeinzelbilder liegt, muss der Filmhersteller, um die Verwertung vornehmen zu können, auch an den Filmeinzelbildern wie am Filmwerk selbst (§ 89 Abs. 1, 2) und an den zur Filmherstellung benutzten Werken (§§ 88, 89 Abs. 3) die erforderlichen Rechte erwerben. Diesen **Rechteerwerb des Filmherstellers** in gegenüber §§ 88, 89 qualifizierter Form (s. Rdnr. 6) stellte bis zu seiner Ablösung durch § 89 Abs. 4 nF (so.) **§ 91** sicher, soweit es sich bei den Filmeinzelbildern um bloße Lichtbilder iSd. § 72 handelte. Der Gesetzgeber ging dabei davon aus, dass Letzteres in aller Regel der Fall sei, weil Filmeinzelbilder „gewissermaßen als Zufallsprodukte" der auf die Filmherstellung gerichteten Tätigkeit des Kameramannes entstünden (AmtlBegr. BTDrucks. IV/270 S. 101 zu § 101, dann § 91; zur Kritik dieses Ausgangspunkts *Dreier/Schulze*[3] Rdnr. 4 mwN; *Riedel* Anm. A).

2 2. Der **Kameramann** kann neben den Rechten an den Filmeinzelbildern zugleich ein **Miturheberrecht am Filmwerk** erwerben (s. vor §§ 88 ff. Rdnr. 61, 70). Die Einräumung von Nutzungsrechten an den Filmhersteller folgt insoweit der Regelung in § 89 Abs. 1, 2 (s. dort Rdnr. 1). An sich hätte es von vorneherein und nicht erst im Rahmen des Urhebervertragsgesetzes von 2002 (s. Rdnr. 1) nahegelegen, die Rechtseinräumung an den Filmeinzelbildern in diese Bestimmung miteinzubeziehen. Da § 89 Abs. 1, 2 aber die Einräumung von Nutzungsrechten an Filmwerken als urheberrechtlich geschützten Werken zum Gegenstand hat, es sich bei den Filmeinzelbildern aber nach Auffassung des Gesetzgebers (s. Rdnr. 1) idR nicht um urheberrechtlich geschützte Werke, sondern nur um leistungsschutzrechtlich geschützte Lichtbilder handelt, wurde einer Sonderregelung (§ 91) mit einer gegenüber §§ 88, 89 verstärkten Rechtsposition des Filmherstellers der Vorzug gegeben (sa. AmtlBegr. BTDrucks. IV/270 S. 98 vor § 98).

Der mögliche zweifache Schutz der Leistungen des Kameramannes weist Ähnlichkeiten mit dem durch ein und denselben Beitrag begründeten **doppelten Schutz** bestimmter Filmschaffender sowohl als Miturheber des Filmwerks als auch als (Allein-)Urheber filmbestimmt geschaffener, auch selbstständig verwertbarer Werke auf, wie er hier entgegen der hM vertreten wird (s. vor §§ 88 ff. Rdnr. 65 ff., 69). 3

3. § 91 ist nicht nur auf Filmwerke, sondern auch auf **Laufbilder** iSd. § 95 anwendbar (vgl. die Verweisung in dieser Bestimmung), da auch solche Laufbilder Filme sind (s. vor §§ 88 ff. Rdnr. 20) und aus Einzelbildern bestehen, zu deren Verwertung der Filmhersteller entsprechende Rechte erwerben muss. 4

4. Der Rechteerwerb des Filmherstellers auch an den Filmeinzelbildern besitzt nach geltendem Recht in Bezug auf den Schutz gegen unberechtigte Filmverwertungen durch Dritte nicht mehr die gleiche **Bedeutung**, wie er ihm nach früherem Recht zukam. Gegen die Verwertung seines Filmes im Ganzen oder von Ausschnitten aus seinem Film durch Dritte kann der Filmhersteller sich nach geltendem Recht auch auf sein eigenes, originäres Schutzrecht des Filmherstellers nach § 94 bzw. bei Fernsehsendungen auf das Schutzrecht des Sendeunternehmens nach § 87 berufen. Beide Schutzrechte bestehen auch dann, wenn der aufgezeichnete Film oder die ausgestrahlte Fernsehsendung nicht als urheberrechtlich geschütztes Filmwerk, sondern nur als Laufbild qualifiziert werden kann (s. § 87 Rdnr. 28, § 94 Rdnr. 4, § 95 Rdnr. 3, 19). Sie waren dem früheren Recht als gesetzlich anerkannte ausschließliche Rechte unbekannt, in Betracht kam nur ein wettbewerbsrechtlicher Schutz (s. BGHZ 37, 1/15 ff. – AKI). Unter Berufung auf das Urheberrecht am Filmwerk konnte (und kann) solchen Verwertungen nur begegnet werden, wenn der verwertete Film überhaupt urheberrechtlich geschützt war, was zB bei Fernseh-Sportreportagen sehr zweifelhaft war (BGHZ 37, 1/4 ff. – AKI – prüfte hier sogar nur den Einzelbildschutz), und wenn bei der Verwertung von Filmausschnitten die Bilderfolge des Ausschnitts als solche den Schutzanforderungen genügte, was zB bei einem Ausschnitt aus einem Naturfilm verneint wurde (BGHZ 9, 262/266 ff. – Lied der Wildbahn I). Um so größere Bedeutung kam dem Erwerb urheberrechtlicher Befugnisse an den einzelnen Filmbildern als Werken der Fotografie zu, deren urheberrechtlicher Schutz unter dem KUG eine schöpferische Leistung nicht voraussetzte (s. § 2 Rdnr. 178; zur Anwendung dieser Grundsätze BGHZ 9, 262/264 ff. – Lied der Wildbahn I; BGHZ 37, 1/4 ff. – AKI; BGH GRUR 1960, 609/612 – Wägen und Wagen; BGH GRUR 1963, 40/41 – Straßen – gestern und morgen; LG Berlin GRUR 1962, 207/208 – Maifeiern). Zu **Fernseheinzelbildern** sa. vor §§ 120 ff. Rdnr. 102. 5

II. Rechteerwerb durch den Filmhersteller

1. Qualifikation des Rechteerwerbs

Umstritten ist, wie der in § 91 S. 1 bestimmte Rechteerwerb durch den Filmhersteller mit der Folge, dass dem Kameramann als Lichtbildner nach S. 2 insoweit keine Rechte zustehen, rechtlich zu qualifizieren ist. In dem Bestreben, einen Konflikt mit dem in § 72 Abs. 2 anerkannten Grundsatz zu vermeiden, dass der Lichtbildner Inhaber des verwandten Schutzrechts am Lichtbild ist, sieht eine verbreitet vertretene Auffassung in § 91 wie in §§ 88, 89 der Sache nach nur eine **gesetzliche Auslegungsregel,** nach der der Kameramann dem Filmhersteller im Zweifel das ausschließliche Nutzungsrecht zur filmischen Verwertung der Filmeinzelbilder einräumt (so *Dreier/Schulze*[3] Rdnr. 7; *v. Gamm* Rdnr. 1, 4; *Merker* S. 186 f.; *Movsessian* UFITA 79 (1977) 213/237 ff.). Andere sprechen von einem **originären Rechteerwerb des Filmherstellers** (so *Ulmer*[3] § 36 IV; *Samson* S. 216), von einem **Erwerb kraft Gesetzes** (*Möhring/Nicolini* Anm. 1 b) oder von einer **cessio legis** (*Möhring/Nicolini*[2] Rdnr. 1; *Schack*[4] Rdnr. 642; so jetzt auch *Fromm/Nordemann*[10] Rdnr. 9; in diesem Sinne wohl auch *Riedel* Anm. B 2). Der zuletzt genannten Meinung ist beizutreten. Sie lässt einerseits das Prinzip des § 72 Abs. 2 und die Einheit des Leistungsschutzrechts am Filmeinzelbild unangetastet und wird andererseits dem ursprünglichen Bestreben des Gesetzgebers gerecht, die Rechtsstellung des Filmherstellers in Bezug auf die als bloße Bestandteile des Filmes erscheinenden Filmeinzelbilder im Vergleich mit 6

§§ 88, 89 zu verstärken. Ganz iSd. hier vertretenen Auffassung spricht die AmtlBegr. (BT-Drucks. IV/270 S. 101 zu § 101, dann § 91) von einem Entstehen der Rechte nach § 82 (jetzt § 72) in der Person des Kameramannes und dem „unmittelbaren Übergang dieser Rechte auf den Filmhersteller". Aus diesem Grunde ist auch anzunehmen, dass der Filmhersteller auch aufgrund § 91 keine Rechte in Bezug auf **Nutzungsarten** erwerben konnte, die im Zeitpunkt des Vertragsschlusses mit dem Kameramann noch **unbekannt** waren (§ 31 Abs. 4; ebenso *Dreier/Schulze*[3] Rdnr. 12; *Fromm/Nordemann*[10] Rdnr. 15). Im Hinblick auf den Ersatz des § 91 durch § 89 Abs. 4 aufgrund des Urhebervertragsgesetzes von 2002 (so. Rdnr. 1) ergibt sich dasselbe aus der Verweisung des § 89 Abs. 4 nF 2002 auf § 89 Abs. 1 in der bis zum 31. 12. 2007 geltenden Fassung, weil diese, durch das Urhebervertragsgesetz noch unverändert (s. § 89 Rdnr. 1), eine gesetzliche Vermutung der Rechtseinräumung an den Filmhersteller nur für **bekannte Nutzungsarten** vorsieht. Erst durch das Zweite Gesetz zur Regelung des Urheberrechts in der Informationsgesellschaft vom 26. 10. 2007 (BGBl. I S. 2513) wurde die Vermutung des § 89 Abs. 1 nF 2007 auch auf im Zeitpunkt des Vertragsabschlusses noch **unbekannte Nutzungsarten** erstreckt (s. § 89 Rdnr. 2). Über § 89 Abs. 4 gilt diese Neuregelung auch für Filmeinzelbilder, wie § 89 Abs. 1 nF 2007 jedoch erst für **seit dem 1. 1. 2008 abgeschlossene Verträge** (s. ebenfalls § 89 Rdnr. 2). Gleichwohl kann sich ein **nachträglicher Erwerb** der Rechte an Filmeinzelbildern durch den Filmhersteller in Bezug auf **unbekannte Nutzungsarten** und Verträge mit Kameraleuten aus dem Zeitraum **1. 1. 1966 bis 31. 12. 2007** aus **§ 1371** ergeben (s. die Kommentierung dieser Bestimmung). Es gibt insoweit nichts anderes als in Bezug auf den Rechteerwerb von Filmurhebern iSd. § 89 Abs. 1 aF und nF 2002 (s. dazu § 89 Rdnr. 2). Obwohl § 1371 nur den Rechteerwerb von Urhebern und damit an urheberrechtlich geschützten **Werken** zum Gegenstand hat (s. § 1371 Rdnr. 15 f.), kann es dabei keinen Unterschied machen, ob es sich bei einem Filmeinzelbild um ein Lichtbildwerk oder um ein einfaches Lichtbild handelt, um für die Rechte an Filmeinzelbildern einen nachträglichen **gesetzlichen Rechteerwerb für unbekannte Nutzungsarten** und den fraglichen Zeitraum zugunsten des Filmherstellers über § 1371 (s. vor §§ 88 ff. Rdnr. 8) zu begründen. Nach dem Zweck dieser Bestimmung, die Archive aller Medien (s. die AmtlBegr. BT-Drucks. 16/1828 S. 22) und namentlich auch der Rundfunkanstalten (s. *Schmid* in *Haupt* (2008) S. 269/272) und damit auch der betr. Fernsehsender für neue Nutzungsarten zu öffnen (sa. § 90 Rdnr. 2), kann man aber kaum umhin, ihn anzunehmen (s. zum Ergebnis auch *Dreier/Schulze*[3] Rdnr. 12; *Fromm/Nordemann*[10] Rdnr. 15, § 1371 Rdnr. 6; sa. § 1371 Rdnr. 16). Es geht dabei nicht nur um die Frage einer analogen Anwendung des § 1371 auf Filmeinzelbilder als einfache Fotografien und damit auf Gegenstände des verwandten Schutzrechts nach § 72, sondern auch auf die cessio legis (so., diese Rdnr.) des § 91. Unmittelbar nämlich hat § 1371 nur vertragliche Rechtseinräumungen an den Filmhersteller durch Urheber urheberrechtlich geschützter Werke zum Gegenstand (s. § 1371 Rdnr. 15 f.). Die Analogie liegt jedoch in beiderlei Hinsicht nahe (so in ersterer Hinsicht zutreffend auch *Fromm/Nordemann*[10] aaO), wenn man neben der Zielsetzung des § 1371 in Rechnung stellt, dass es sich bei Filmeinzelbildern auch um Lichtbild- oder Kunstwerke handeln kann (so. Rdnr. 1), bei denen sich der Rechteerwerb durch den Filmhersteller nicht über § 91, sondern über vertragliche Rechtseinräumungen vollzieht (su. Rdnr. 12). Unterschiedliche Ergebnisse im Hinblick auf § 1371 wären nicht plausibel.

2. Umfang des Rechteerwerbs

7 § 91 weist dem Filmhersteller (s. zu diesem vor §§ 88 ff. Rdnr. 31 ff.) an den Filmeinzelbildern die **Rechte zur filmischen Verwertung** zu (S. 1) und bestimmt, dass dem Lichtbildner insoweit keine Rechte zustehen (S. 2). Diese Rechte umfassen jede Form der Verwertung im Rahmen des **konkreten Filmwerks,** für das sie hergestellt worden sind, durch Vervielfältigung und Verbreitung von Filmkopien, öffentliche Vorführung jeder Art und in jedem Format, öffentliche Zugänglichmachung und Funksendung, nicht aber zB die entsprechende Verwertung für einen anderen Film (so auch *Dreier/Schulze*[3] Rdnr. 9/10; *v. Gamm* Rdnr. 4; *Möhring/Nicolini*[2] Rdnr. 9; *Movsessian* UFITA 79 (1977) 213/229; *Wandtke/Bullinger*[3] Rdnr. 7, aA *Fromm/Nordemann*[10] Rdnr. 11). Mit umfasst wird auch die Verwertung in einer filmischen Programmankündigung des Filmwerks, **nicht** aber in Form von Einzelbildern, wie sog. **Thumbnails**, in einem Online-Archiv im Internet (so OLG Köln GRUR-RR 2008, 228/229 – filmische Verwertung) oder in der nicht-filmischen Werbung für das Filmwerk in anderen Medien, wie auf **Plakaten** oder in **Presseerzeugnissen**, (so auch *Möhring/Nicolini*[2] Rdnr. 9; zust. *Riedel* Anm. B 4; ebenso zur **Klammerteilauswertung** und zum **Picturesampling** *Dreier/Schulze*[3] Rdnr. 10, jeweils aA

Fromm/Nordemann[10] Rdnr. 11/12). Ein auf das Notwendige beschränkter Rechteerwerb des Filmherstellers im zuletzt genannten Punkt kann sich aber aus § 31 Abs. 5 (Zweckübertragungsprinzip) und aus dem Vertragsverhältnis ergeben, auf dessen Grundlage der Kameramann für den Filmhersteller tätig wird (*v. Gamm* Rdnr. 4; *Möhring/Nicolini*[2] Rdnr. 9 zu § 242 BGB). Räumt der Filmhersteller in einem solchen Fall einem Dritten, wie einem Sendeunternehmen, ein ausschließliches Nutzungsrecht ein, so kann sich daraus ein Verlust seiner Aktivlegitimation zur Verfolgung möglicher Rechtsverletzungen durch Außenstehende ergeben (so OLG Köln GRUR-RR 2005, 179f. – Standbilder im Internet). Auch kann die Übernahme einzelner Bilder aus einer Fernsehsendung zB aufgrund § 50 (Berichterstattung über Tagesereignisse, s. OLG Köln GRUR-RR 2005, 105f. – Elektronischer Fernsehprogrammführer) oder § 51 (Zitatrecht) gesetzlich zulässig sein (sa. § 95 Rdnr. 9 zur Übernahme von Bildsequenzen aus Fernsehsendungen).

Dem **Kameramann** verbleibt mangels einer anders lautenden vertraglichen Vereinbarung **8** insb. das Recht, jedes der von ihm hergestellten Filmeinzelbilder zB zur **Illustration eines Romans** zu verwerten, nach dem der Film gedreht worden ist (AmtlBegr. BTDrucks. IV/270 S. 101 zu § 101, dann § 91; *Dreier/Schulze*[3] Rdnr. 11; *Fromm/Nordemann*[10] Rdnr., 13; *v. Gamm* Rdnr. 4; *Möhring/Nicolini*[2] Rdnr. 10); dasselbe gilt für **Merchandisingartikel** (so auch *Dreier/Schulze*[3] Rdnr. 11; *Fromm/Nordemann*[10] Rdnr. 13; *Wandtke/Bullinger*[3] Rdnr. 8).

Auch § 91 verfolgt nur das Ziel, dem Filmhersteller die zur Filmauswertung **benötigten** **9** Rechte zu garantieren. Daraus folgt wie zu §§ 88 und 89, dass die Rechte zur filmischen Verwertung iS von § 91 S. 1 sich **weder auf Zweitwiedergaberechte, noch auf gesetzliche Vergütungsansprüche** erstrecken (s. §§ 88 Rdnr. 48f., 89 Rdnr. 19; ebenso *Dreier/Schulze*[3] Rdnr. 11; *Fromm/Nordemann*[10] Rdnr. 14, nur zu den Vergütungsansprüchen; *Hertin* UFITA 118 (1992) 57/85; *Merker* S. 188f.; *Möhring/Nicolini*[2] Rdnr. 10; *Rossbach* S. 77ff.; *Schulze* GRUR 1994, 855/867; *Wandtke/Bullinger*[3] Rdnr. 9; aA *Schack* ZUM 1989, 267/283f.). Mangels ausdrücklicher Übertragung auf den Filmhersteller stehen diese Rechte daher im Hinblick auf die Filmeinzelbilder dem Kameramann zu. S. zu den gesetzlichen, aus den Schranken des Urheberrechts resultierenden Vergütungsansprüchen neuerdings auch § 63a UrhG.

III. Gegenstände des Rechteerwerbs durch den Filmhersteller

1. Lichtbilder als Filmbestandteile

Nach § 91 S. 1 erwirbt der Filmhersteller die Rechte zur filmischen Verwertung der **bei der** **10** **Herstellung eines Filmwerks entstehenden Lichtbilder.** Dazu zählen alle vom Kameramann während der Dreharbeiten mit der Film- oder Fernsehkamera aufgenommenen Lichtbilder, soweit sie für das entstehende Filmwerk bestimmt sind; darauf, ob die Lichtbilder später auch in die endgültige, zur öffentlichen Vorführung, Verbreitung, Zugänglichmachung oder Funksendung bestimmte Filmfassung eingehen oder beim Filmschnitt ausgesondert werden, kommt es nicht an (ebenso *Fromm/Nordemann*[10] Rdnr. 8; *Wandtke/Bullinger*[3] Rdnr. 6; *Möhring/Nicolini*[2] Rdnr. 5). Von § 91 **nicht erfasst** werden dagegen fotografische Aufnahmen **anlässlich** einer Filmproduktion zu anderen Zwecken, wie zu Dokumentations- oder Werbezwecken, insb. auch nicht die bei solchen Gelegenheiten üblicherweise hergestellten sog. **Standfotos** (ebenso *Fromm/Nordemann*[10] Rdnr. 8; *Möhring/Nicolini*[2] Rdnr. 6; *Riedel* Anm. A; *Wandtke/Bullinger*[3] Rdnr. 6; sa. Rdnr. 7).

Waren Filmeinzelbilder **Dokumente der Zeitgeschichte** iSd. § 72 Abs. 3 S. 1 aF, so waren **11** sie zwar zeitlich länger geschützt als Lichtbilder ohne diese Qualifikation, aber das an ihnen bestehende Schutzrecht blieb ein mit dem Urheberrecht nur verwandtes Schutzrecht, auf das § 91 sich bezog. Das zeitlich entsprechend verlängerte Recht kam für die filmische Verwertung dem Filmhersteller, sonst dem Kameramann zugute. Anlässlich der Umsetzung der europäischen Schutzdauerrichtlinie (s. § 64 Rdnr. 13ff.) durch das 3. UrhGÄndG (s. vor §§ 88ff. Rdnr. 8) ist die Privilegierung von einfachen Lichtbildern als Dokumenten der Zeitgeschichte beseitigt und die Schutzdauer aller einfachen Lichtbilder auf 50 Jahre festgesetzt worden (s. im Einzelnen § 72 Rdnr. 7, 37ff.).

2. Lichtbildwerke?

Auf Filmeinzelbilder, die wegen ihrer künstlerischen Prägung als urheberrechtlich geschützte **12** **Lichtbildwerke** iSd. § 2 Abs. 1 Nr. 5, Abs. 2 zu qualifizieren sind (vgl. zu den Schutzvoraussetzungen § 2 Rdnr. 182 ff.) ist **§ 91 nicht anwendbar** (ebenso *Dreier/Schulze*[3] Rdnr. 10; *Fromm/Nordemann*[10] Rdnr. 7; *Möhring/Nicolini*[2] Rdnr. 8; *Ulmer*[3] § 36 IV 1; aA *v. Gamm* Rdnr. 2 und *Movsessian* UFITA 79 (1977) 213/228, allerdings jeweils unter Betonung ihres Ausgangspunkts, dass § 91 nur eine Auslegungsregel statuiere, s. Rdnr. 6). Die Qualität einzelner vom Kameramann geschaffener Filmeinzelbilder als Lichtbildwerke macht ihn auch noch nicht notwendig zum Miturheber des Filmwerks (s. *v. Gamm* Rdnr. 2; *Ulmer*[3] § 36 IV 1; aA *Möhring/Nicolini*[2] Rdnr. 8). Wegen der Nähe zu den Filmurhebern iSd. § 89 ist gleichwohl anzunehmen, dass der Kameramann in solchen Fällen dem Filmhersteller ausschließliche Nutzungsrechte nach Maßgabe des § 89 Abs. 1 einräumt (ebenso im Ergebnis *Dreier/Schulze*[3] Rdnr. 8; *Fromm/Nordemann*[10] Rdnr. 7; aA *v. Gamm* Rdnr. 2; weitergehend nimmt *Ulmer*[3] § 36 IV 1 eine Rechtseinräumung im Umfang des § 91 an).

IV. Abweichende vertragliche Vereinbarungen

13 Von § 91 abweichende vertragliche Vereinbarungen sind sowohl zu Lasten (s. Rdnr. 8) als auch zugunsten des Kameramannes ebenso möglich wie eine vertragliche Abbedingung des § 91 (ebenso *Fromm/Nordemann*[10] Rdnr. 17; *Möhring/Nicolini*[2] Rdnr. 11; *Wandtke/Bullinger*[3] Rdnr. 3).

§ 92 Ausübende Künstler

(1) **Schließt ein ausübender Künstler mit dem Filmhersteller einen Vertrag über seine Mitwirkung bei der Herstellung eines Filmwerks, so liegt darin im Zweifel hinsichtlich der Verwertung des Filmwerks die Einräumung des Rechts, die Darbietung auf eine der dem ausübenden Künstler nach § 77 Abs. 1 und 2 Satz 1 und § 78 Abs. 1 Nr. 1 und 2 vorbehaltenen Nutzungsarten zu nutzen.**

(2) **Hat der ausübende Künstler im Voraus ein in Absatz 1 genanntes Recht übertragen oder einem Dritten hieran ein Nutzungsrecht eingeräumt, so behält er gleichwohl die Befugnis, dem Filmhersteller dieses Recht hinsichtlich der Verwertung des Filmwerkes zu übertragen oder einzuräumen.**

(3) § 90 gilt entsprechend.

§ 92 aF (1995) Ausübende Künstler

(1) Schließt ein ausübender Künstler mit dem Filmhersteller einen Vertrag über seine Mitwirkung bei der Herstellung eines Filmwerks, so liegt darin im Zweifel hinsichtlich der Verwertung des Filmwerks die Abtretung der Rechte nach § 75 Abs. 1 und 2 und § 76 Abs. 1.

(2) Hat der ausübende Künstler ein in Absatz 1 erwähntes Recht an einen Dritten abgetreten, so behält er gleichwohl die Befugnis, dieses Recht hinsichtlich der Verwertung des Filmwerks an den Filmhersteller abzutreten.

§ 92 aF (1965) Ausübende Künstler

Ausübenden Künstlern, die bei der Herstellung eines Filmwerkes mitwirken oder deren Darbietungen erlaubterweise zur Herstellung eines Filmwerkes benutzt werden, stehen hinsichtlich der Verwertung des Filmwerkes Rechte nach § 75 Satz 2, §§ 76 und 77 nicht zu.

Schrifttum: *Dreier/Kalscheuer*, Übertragung von Nutzungsrechten, in *Klages* (Hrsg.), Grundzüge des Filmrechts, 2004, S. 212; *Dünnwald*, Die Neufassung des künstlerischen Leistungsschutzes, ZUM 2004, 161; *Dünnwald/Gerlach*, Die Berechtigten am Filmwerk. Ausübende Künstler aus der Sicht der GVL, ZUM 1999, 52; *Fette*, Schauspieler, in *Haupt* (Hrsg.), Urheberrecht für Filmschaffende, 2008, S. 127; *Flechsig*, Darbietungsschutz in der Informationsgesellschaft, NJW 2004, 575; *Flechsig/Kuhn*, Das Leistungsschutzrecht des ausübenden Künstlers in der Informationsgesellschaft, ZUM 2004, 14; *Krüger*, Kritische Bemerkungen zum Regierungsentwurf für ein Gesetz zur Regelung des Urheberrechts in der Informationsgesellschaft aus der Sicht eines Praktikers, ZUM 2003, 122; *Lewenton*, Der Schutz der ausübenden Künstler in Film und Fernsehen, Diss. München 1966; *v. Lewinski*, Die Umsetzung der Richtlinie zum Vermiet- und Verleihrecht, ZUM 1995, 442; *Lütje*, Die Rechte der Mitwirkenden am Filmwerk, 1987; *Reber, N.*, Leistungsschutzrechte der ausübenden Künstler beim Filmwerk, in *v. Hartlieb/Schwarz*[4] (Hrsg.), Handbuch des Film-, Fernseh- und Videorechts, 2004, S. 200; *Reinbothe/v. Lewinski*, The EC Directive on Rental and Lending Rights and on Piracy, 1993; *v. Rom*, Die Leistungsschutzrechte im Regierungsentwurf für ein Gesetz zur Regelung des Urheberrechts in der Informationsgesellschaft, ZUM 2003, 128; *Schippan*, Urheberrecht goes digital – Das Gesetz zur Regelung des Urheberrechts in der Informationsgesellschaft, ZUM 2003, 378; *Schwarz*, Die ausübenden Künstler, ZUM 1999, 40; *Vogel*, Zur Neuregelung des Rechts des ausübenden Künstlers, Fs. für Nordemann, 2004, S. 349; s. im übrigen die Schrifttumsnachweise vor §§ 73 ff. und vor §§ 88 ff.

Ausübende Künstler **§ 92**

Übersicht

	Rdnr.
I. Zweck, Bedeutung und Kritik des § 92 aF (1965)	1, 2
II. Anlass, Zweck und Inhalt des § 92 aF (1995) und des § 92 nF. Einordnung in die Systematik der §§ 88 ff.	3, 4
III. Voraussetzungen der Anwendung des § 92	5–10
1. Ausübende Künstler und Filmhersteller	5
2. Abschluss eines Vertrages über die Mitwirkung bei der Herstellung eines Filmwerks	6–8
3. Herstellung eines Filmwerks	9, 10
IV. Reichweite der Vermutung der Einräumung von Nutzungsrechten	11–14
1. Ausschließliche Rechte	11, 12
2. Keine Übertragungsvermutung für gesetzliche Vergütungsansprüche	13
3. Abweichende vertragliche Vereinbarungen	14
V. Vermutung der Rechtseinräumung nur für das konkrete Filmwerk	15
VI. Vermutung der Rechtseinräumung für die audiovisuelle Verwertung von Filmwerken und andere neue Nutzungsarten	16
VII. Verfügungsmacht des ausübenden Künstlers bei Vorausverfügung gegenüber einem Dritten	17

I. Zweck, Bedeutung und Kritik des § 92 aF (1965)

1. Wie die §§ 88 ff. insgesamt dient auch **§ 92 aF und nF** dem **Zweck,** dem Filmhersteller 1 die Verwertung des von ihm hergestellten Filmwerks zu erleichtern (s. vor §§ 88 ff. Rdnr. 9; AmtlBegr. BTDrucks. IV/270 S. 101 zu § 102, jetzt § 92). Während §§ 88–90 die Urheberrechte an den zur Filmherstellung benutzten Werken und am Filmwerk selbst betreffen und § 91 das verwandte Schutzrecht des Kameramannes an den Filmeinzelbildern zum Gegenstand hatte, waren es bei § 92 aF (1965) und (1995) (und sind es bei § 92 nF) die **Rechte der ausübenden Künstler** iSd. §§ 73 ff., die eine Einschränkung erfahren. Diese bestand bei § 92 aF (1965) nicht wie bei §§ 88, 89 und 91 in gesetzlichen Regeln über den Übergang von Rechten auf den Filmhersteller, sondern ähnlich wie bei § 90 (s. dort Rdnr. 1) darin, dass bestimmte Rechte der ausübenden Künstler im Bereich der Filmwerke **ausgeschlossen** wurden. Anders als bei § 90 handelte es sich dabei aber nicht um vertragsrechtliche Befugnisse, sondern um Verwertungsbefugnisse, deren Übertragung auf den Filmhersteller durchaus in Betracht gekommen wäre. Sie war aber mit der Begründung abgelehnt worden, dass der Filmhersteller ihrer neben seinem eigenen, originären Leistungsschutzrecht nach § 94 und den von den Urhebern erworbenen Rechten nicht bedürfe (AmtlBegr. BTDrucks. IV/270 S. 101 zu § 102, jetzt § 92).

§ 92 aF (1965) berührte nicht das Recht des ausübenden Künstlers, die **Aufnahme seiner Darbietung in ein Filmwerk** von seiner Einwilligung abhängig zu machen (§ 75 S. 1 aF (1965)), beseitigte aber hinsichtlich der **Verwertung des Filmwerks,** das seinen Beitrag enthielt, mit der Ausnahme der über den inzwischen aufgehobenen § 84 (jetzt § 83) auch den ausübenden Künstlern zukommenden gesetzlichen Vergütungsansprüche sämtliche in Betracht kommenden Rechte, die nach §§ 73 ff. aF (1965) dem ausübenden Künstler überhaupt zustanden, nämlich die Rechte aus §§ 75 S. 2, 76, 77 aF (1965) (jetzt § 77 Abs. 2 S. 1, 78 Abs. 1 Nr. 2 und Abs. 2 Nr. 1 bis 3). Schon von Hause aus besaßen – und besitzen – die ausübenden Künstler kein von dem Zweitwiedergaberecht des § 77 aF (1965) zu unterscheidendes, § 19 Abs. 4 entsprechendes Vorführrecht (s. AmtlBegr. BTDrucks. IV/270 S. 101 zu § 102, jetzt § 92). Unter den durch § 92 aF (1965) ausgeschlossenen Rechten waren die aus §§ 76 Abs. 2 Halbs. 2, 77 aF (1965) bloße gesetzliche Vergütungsansprüche, keine Einwilligungsrechte wie die aus § 75 S. 2 aF (1965) zur Vervielfältigung und § 76 Abs. 1 aF (1965) zur Funksendung, welche die Verwertung des Filmwerks hätten behindern können. Die AmtlBegr. rechtfertigte daher den Eingriff in jene Rechte der ausübenden Künstler zusätzlich damit, dass diese idR bereits für ihre Mitwirkung an der Herstellung des Filmwerks eine angemessene Vergütung erhielten, durch die alle etwaigen Rechte am Filmwerk abgegolten würden, und dass die Verwertung des Filmwerks für die persönlichen Darbietungen des ausübenden Künstlers keine Konkurrenz darstelle und ihn in seinem weiteren Schaffen nicht behindere (AmtlBegr. BTDrucks. IV/270 S. 101 zu § 102, jetzt § 92). Auf die Rechte des **Veranstalters** (§ 81) und des **Tonträgerherstellers** (§§ 85, 86) war § 92 aF (1965) und (1995) und ist § 92 nF nicht anwendbar. Dasselbe gilt für die Rechte des Sendeunternehmens (§ 87) und des Filmherstellers (§ 94).

2. Die **Kritik** der wiederum (s. vor §§ 88 ff. Rdnr. 39) einseitig am herkömmlichen Kino- 2 Vorführfilm orientierten Bestimmung des § 92 aF (1965) war praktisch umfassend (s. *Ulmer*[3]

§ 92

§ 123 III 2 und Urhebervertragsrecht Rdnr. 46, 53 mit Vorschlägen de lege ferenda; aA *Hubmann* GRUR 1978, 468/470; sa. die auf ein abschließendes Urteil verzichtende Stellungnahme der *GRUR* GRUR 1980, 1060/1062). Mit dem **Rom-Abkommen** (s. vor §§ 120 ff. Rdnr. 75 ff.) war § 92 aF (1965) allerdings vereinbar, da Art. 19 dieses Abkommens Art. 7 über den Schutz der ausübenden Künstler für nicht mehr anwendbar erklärt, sobald ein solcher Künstler seine Zustimmung dazu erteilt hat, seine Darbietung einem Bildträger oder Bild- und Tonträger einzufügen (sa. *Fromm/Nordemann*[10] vor §§ 88 ff. Rdnr. 26). Zur **Schutzbedürftigkeit** der ausübenden Künstler s. vor §§ 73 ff. Rdnr. 8.

II. Anlass, Zweck und Inhalt des § 92 aF (1995) und des § 92 nF Einordnung in die Systematik der §§ 88 ff.

3   1. § 92 ist aus Anlass der Umsetzung der europäischen **Vermiet- und Verleihrechtsrichtlinie** (s. zu dieser Einl. Rdnr. 78) durch das **3. UrhGÄndG** vom 23. 6. 1995 (s. zu diesem Gesetz vor §§ 88 ff. Rdnr. 8) neu gefasst worden. Der deutsche Gesetzgeber war zu dieser Maßnahme insoweit gezwungen, als die Richtlinie in ihrem Art. 3 Abs. 1 (hier und im Folgenden in der kodifizierten Fassung) auch zugunsten der **ausübenden Künstler** die Einführung eines **ausschließlichen Vermietrechts** in Bezug auf Aufzeichnungen ihrer Darbietungen vorsieht und in ihrem Art. 3 Abs. 4 für dieses Recht eine widerlegbare **Übertragungsvermutung zugunsten des Filmherstellers** statuiert. Das unverzichtbare Recht des ausübenden Künstlers auf **angemessene Vergütung** bei Übertragung seines Vermietrechts auf den Filmhersteller nach Art. 5 der Richtlinie bleibt ihm dabei erhalten (s. den Vorbehalt des Art. 5 in Art. 3 Abs. 4 der Richtlinie). Mit Rücksicht auf diese Regelungen in der Richtlinie war es dem deutschen Gesetzgeber jedenfalls im Hinblick auf das ausschließliche Vermietrecht nicht mehr möglich, das Regelungsmodell des § 92 aF (1965) (s. Rdnr. 1) aufrecht zu erhalten und demgemäß für den Fall der Mitwirkung ausübender Künstler an der Herstellung eines Filmwerks ihr Vermietrecht auszuschließen (s. zum Ergebnis die AmtlBegr. BTDrucks. 13/115 S. 16 zu Nr. 7; *v. Lewinski* ZUM 1995, 442/445, die § 92 aF (1965) allerdings zu Unrecht nur iS einer unwiderlegbaren Übertragungsvermutung deutet). Ganz zu Recht hat der deutsche Gesetzgeber im Übrigen davon abgesehen, die in Art. 3 Abs. 4 der Richtlinie vorbehaltene Alternativlösung des Art. 3 Abs. 6 zu übernehmen (s. die AmtlBegr. BTDrucks. 13/115 S. 16 zu Nr. 7): Diese sieht vor, bei Vereinbarung einer angemessenen Vergütung iSv. Art. 5 den Filmhersteller als von den ausübenden Künstlern zur Vermietung ermächtigt zu erklären, trägt damit speziell dem französischen Recht Rechnung und wurde den anderen EU-Mitgliedstaaten nicht zur Übernahme empfohlen (s. *v. Lewinski* ZUM 1995, 442/445 Fn. 19; *Reinbothe/v. Levinski*, S. 60 f.).

2. Im Hinblick auf die **sonstigen Rechte der ausübenden Künstler**, welche die Vermiet- und Verleihrechtsrichtlinie vorsieht, sind die Mitgliedstaaten zwar berechtigt, aber nicht verpflichtet, eine **Übertragungsvermutung zugunsten des Filmherstellers** vorzusehen; machen sie von dieser Befugnis aber Gebrauch, so müssen sie sich an die Vorgaben des Art. 3 Abs. 4 der Richtlinie halten, dh. sie dürfen sie insb. **nur** auf die **ausschließlichen Rechte** der ausübenden Künstler beziehen, und die Vermutung muss **widerlegbar** sein (s. Erwgr. 15 und Art. 3 Abs. 4 der Richtlinie; zum Ergebnis s. die AmtlBegr. BT-Drucks. 13/115 S. 16 zu Nr. 7; *v. Lewinski* ZUM 1995, 442/449; *Reinbothe/v. Lewinski* S. 109 f.). Bei diesen sonstigen ausschließlichen Rechten der ausübenden Künstler handelt es sich um das Aufzeichnungs- bzw. Aufnahmerecht (Art. 7 Abs. 1 der Richtlinie, § 75 Abs. 1 aF (1995), § 75 S. 1 aF (1965)), das Vervielfältigungsrecht § 75 Abs. 2 aF (1995), § 75 S. 2 aF (1965), die Rechte zur Sendung und öffentlichen Wiedergabe, soweit diesen Vorgängen nicht eine bereits gesendete Darbietung oder eine Aufzeichnung zugrunde liegt (Art. 8 Abs. 1 der Richtlinie, §§ 74 und 76 Abs. 1 aF (1965) und (1995)) und das Verbreitungsrecht (Art. 9 der Richtlinie, § 75 Abs. 2 aF (1995) des deutschen Gesetzes); die aF (1965) dieses Gesetzes hatte dieses letztgenannte Recht als Recht der ausübenden Künstler noch nicht vorgesehen).

Der deutsche Gesetzgeber entschied sich dafür, von dieser ihm durch die Richtlinie verliehenen Befugnis Gebrauch zu machen, um dadurch zugleich der verbreiteten Kritik an § 92 aF (1965) (s. Rdnr. 2) Rechnung zu tragen (s. die AmtlBegr. BTDrucks. 13/115 S. 16 zu Nr. 7): An die Stelle des Rechteausschlusses nach § 92 aF (1965) (s. Rdnr. 1) ist daher in **§ 92 aF (1995)** eine **widerlegbare Übertragungsvermutung** zugunsten des Filmherstellers getreten. Nach den Vorgaben der Vermiet- und Verleihrechtsrichtlinie erstreckte (und erstreckt) sich diese Vermutung auch **nur** auf die **ausschließlichen Rechte** der ausübenden Künstler nach § 75

Abs. 1 und 2 aF (1995) (Aufzeichnungs- bzw. Aufnahmerecht, Vervielfältigungsrecht und Verbreitungsrecht einschließlich des Vermietrechts) und nach § 76 Abs. 1 (Senderecht), **nicht** aber auf die gesetzlichen **Vergütungsansprüche** der ausübenden Künstler gemäß den unverändert gebliebenen §§ 76 Abs. 2 und 77 aF (1965) und (1995), die den ausübenden Künstlern durch § 92 aF (1965) entzogen waren (s. Rdnr. 1). Erst recht bezog (und bezieht) sich die Übertragungsvermutung des § 92 Abs. 1 aF (1995) (und des § 92 nF) nicht auf die schon von § 92 aF (1965) verschont gebliebenen Vergütungsansprüche der ausübenden Künstler nach § 84 (jetzt § 83) (s. Rdnr. 1). Auch die durch das 3. UrhGÄndG im Anschluss an Art. 4 und 5 der Vermiet- und Verleihrechtsrichtlinie zugunsten der ausübenden Künstler neu eingeführten Vergütungsansprüche für das Vermieten und Verleihen von Bild- oder Tonträgern nach § 75 Abs. 3 aF (1995) iVm. § 27 nF wurden und werden von der Übertragungsvermutung nicht erfasst. Dies ergibt sich unmittelbar daraus, dass § 75 Abs. 3 aF (1995) in § 92 Abs. 1 aF (1995) nicht angesprochen ist. Auch war (und ist) jedenfalls der Vergütungsanspruch für das Vermieten bei Übertragung des Vermietrechts an den Filmhersteller nach § 27 Abs. 1 nF unverzichtbar und im Voraus nur an eine Verwertungsgesellschaft abtretbar.

Im Hinblick auf die **ausschließlichen Rechte** der ausübenden Künstler reichte (und reicht) die Übertragungsvermutung nach § 92 Abs. 1 aF (1995) (und des § 92 nF) insofern weiter als der Rechtausschluss durch § 92 aF (1965), als sie sich auch auf das Aufzeichnungs- bzw. Aufnahmerecht iSd. § 75 Abs. 1 aF (1995) erstreckte (und noch erstreckt), während § 92 aF (1965) dieses in § 75 S. 1 aF (1965) geregelte Recht nicht entfallen ließ. Generell aber beinhaltete die Neuregelung im Vergleich mit § 92 aF (1965) eine wesentliche **Verbesserung der Rechtsstellung der ausübenden Künstler bei Filmwerken**, indem sie ihre Verhandlungsposition erheblich stärkte und, da die Übertragungsvermutung nach § 92 Abs. 1 aF (1995) widerlegbar war (und ist), auch abweichende Vereinbarungen mit dem Filmhersteller zweifellos ermöglichte (s. dagegen Rdnr. 14 zu § 92 aF (1965)); die ausübenden Künstler wurden (und werden) nunmehr im Wesentlichen **wie die Filmurheber iSd. § 89** behandelt (s. zum Vorstehenden die AmtlBegr. BT-Drucks. 13/115 S. 16 zu Nr. 7; *v. Lewinski* ZUM 1995, 442/445/448). Letzteres gilt im Übrigen auch im Hinblick auf **§ 92 Abs. 2 aF (1995) und nF**, der § 89 Abs. 2 nachgebildet ist und die Verfügungsbefugnis des ausübenden Künstlers gegenüber dem Filmhersteller aufrecht erhält, auch wenn er eines seiner ausschließlichen Rechte im Voraus an einen Dritten abgetreten hat (zu § 89 Abs. 2 s. dort Rdnr. 21). Der deutsche Gesetzgeber war zu dieser Maßnahme nicht durch die Vermiet- und Verleihrechtsrichtlinie verpflichtet (s. *v. Lewinski* ZUM 1995, 442/445). Jedoch sollte verhindert werden, dass ausübende Künstler die Übertragungsvermutung des § 92 Abs. 1 aF (1995) (und jetzt § 92 Abs. 1 nF) zugunsten des Filmherstellers durch Vorausabtretungen an Dritte unterlaufen, und sollte die Verhandlungsposition des Filmherstellers im Verhältnis zu mitwirkenden ausübenden Künstlern nicht ungünstiger gestaltet werden als im Verhältnis zu Urhebern iSd. § 89 (s. die AmtlBegr. BT-Drucks. 13/115 S. 16 zu Nr. 7) bzw. sollte den ausübenden Künstlern keine bessere Position als den Urhebern eingeräumt werden (so *v. Lewinski* ZUM 1995, 442/445).

3. Aus dem vorstehend dargestellten wesentlichen Inhalt des § 92 aF (1995) ergibt sich, dass **4** dessen Stellung in der **Systematik der §§ 88 ff.** seitdem derjenigen des § 89 entspricht (s. zu dessen Stellung § 89 Rdnr. 1–3). Auf **Laufbilder**, die nicht durch ein Urheberrecht, sondern nur durch das verwandte Schutzrecht des Filmherstellers gemäß § 94 iVm. § 95 geschützt sind, ist § 92 aF (1995) und nF ebensowenig anwendbar, wie § 92 aF (1965) es war (s. Näheres unter Rdnr. 9). Das **Übergangsrecht** zu § 92 aF (1995) ist in **§ 137 e** geregelt. Dabei bestimmt ua. § 137 e Abs. 1 die Anwendung der neuen Vorschriften auch auf ältere Darbietungen. § 137 e Abs. 4 S. 2 fingiert die Übertragung der ausschließlichen Rechte an solchen Darbietungen auf den Filmhersteller (s. im Übrigen im Einzelnen die Kommentierung dort).

4. § 92 wurde durch das **Gesetz zur Regelung des Urheberrechts in der Informationsgesellschaft** aus dem Jahr **2003** (s. vor §§ 88 ff. Rdnr. 8) **erneut geändert**. Er erhielt dadurch seine jetzt geltende Fassung. Die Änderungen tragen der wesentlichen Umgestaltung der Rechte der ausübenden Künstler und ihrer weitgehenden Annäherung an diejenigen der Urheber durch dasselbe Gesetz (zu den Motiven s. die AmtlBegr. BT-Drucks. 15/38 S. 22 f.) Rechnung. Im Wesentlichen formaler Natur ist zunächst der Ersatz der in § 92 Abs. 1 aF (1995) in Bezug genommenen Bestimmungen (§§ 75 Abs. 1 und 2, 76 Abs. 1) durch die §§ 77 Abs. 1 und 2 S. 1 sowie 78 Abs. 1 Nr. 1 und 2 nF in **§ 92 Abs. 1 nF**. Beide Normenkomplexe haben die Rechte der ausübenden Künstler zur Aufnahme, Vervielfältigung und Verbreitung sowie zur Sendung ihrer Darbietungen zum Gegenstand; hinzugekommen ist durch das eingangs dieses

Absatzes genannte Gesetz das Recht der öffentlichen Zugänglichmachung (§ 78 Abs. 1 Nr. 1 nF iVm. § 19a). Hinsichtlich dieser Rechte, die nach der Neuregelung wie die Verwertungsrechte der Urheber als ausschließliche Verwertungsrechte und nicht mehr wie früher als Einwilligungsrechte ausgestattet sind (s. BT-Drucks. 15/38 S. 22) beinhaltet § 92 Abs. 1 nF ähnlich wie §§ 88 Abs. 1 nF und 89 Abs. 1 die Auslegungsregel, dass der ausübende Künstler dem Filmhersteller entsprechende Nutzungsrechte einräumt. Dagegen wurde nach § 92 Abs. 1 aF (1995) die Abtretung dieser Rechte an den Filmhersteller vermutet. Die Änderung steht im Zusammenhang damit, dass § 79 nF hinsichtlich der Rechte der ausübenden Künstler nicht mehr nur die (translative) Übertragung (§ 79 Abs. 1 S. 1 nF) bzw. Abtretung (§ 78 aF (1965) und (1995)) zulässt, sondern auch die (konstitutive) Einräumung von Nutzungsrechten (§ 79 Abs. 2 nF) (s. die AmtlBegr. 15/38 S. 22f.). Dem trägt auch die Neuformulierung des § 92 Abs. 2 nF Rechnung. Neu ist, dass § 92 Abs. 3 nF § 90 für **entsprechend anwendbar** erklärt. Den Hintergrund bildet der Umstand, dass die zu Lasten der Urheber beim Film weitgehend ausgeschlossene Zustimmungs- und Rückrufsrechte (§§ 34, 35, 41 und 42) nunmehr auch den ausübenden Künstlern zustehen (§ 79 Abs. 2 S. 2 nF) und im Filmbereich der Rechtslage bei den Urhebern entsprechend ausgeschlossen werden sollen (s. die AmtlBegr. BT-Drucks. 15/38 S. 24/25).

Was das **zeitliche Übergangsrecht** des § 92 nF betrifft, so enthält das Gesetz in §§ **137j** und **137k** Bestimmungen, die sich auf einzelne Regelungen des eingangs der Rdnr. 4 genannten Gesetzes beziehen, welches auch § 92 nF normiert. Zu diesen Regelungen gehören aber weder § 92 nF noch die §§ 73 ff. nF mit ihrer Neugestaltung des Rechts der ausübenden Künstler als einem weiteren Bestandteil desselben Gesetzes. Auch eine Beurteilung der Frage ausschließlich nach § **137e Abs. 1** (so aber *Dreier/Schulze*[3] Rdnr. 5) ist nicht ausreichend, weil diese Bestimmung § 92 aF (1995) (s. Rdnr. 4), nicht aber § 92 nF aus dem Jahre 2003 zum Gegenstand hat. Es muss daher auf die allgemeinen Grundsätze des zeitlichen Übergangsrechts im UrhG sowie auf spezielle Übergangsvorschriften zurückgegriffen werden, die mit § 92 nF in Zusammenhang stehen. Im Einzelnen handelt es sich dabei um §§ 129 Abs. 1, 132, 137 Abs. 1 und 5 sowie § 137e.

§ **129 Abs. 1** bestimmt mit direktem Bezug zum Inkrafttreten des UrhG (am 1. 1. 1966, § 143 Abs. 2), dass die Vorschriften des neuen Gesetzes auch auf die vor seinem Inkrafttreten geschaffenen Werke anzuwenden sind, die zu diesem Zeitpunkt noch geschützt sind (§ 129 Abs. 1 S. 1); dabei ist dieser Schutz aber nach dem früheren Recht zu beurteilen (s. § 129 Rdnr. 17). Eine analoge Anwendung des § 129 Abs. 1 könnte zur undifferenzierten Anwendbarkeit des § 92 nF auch auf Darbietungen ausübender Künstler und Verträge darüber mit Filmherstellern aus der Zeit vor Inkrafttreten dieser Bestimmung am 13. 9. 2003 (s. Art. 6 Abs. 1 des eingangs der Rdnr. 4 genannten Gesetzes) führen (so offensichtlich in der Tat *Wandtke/Bullinger*[3] § 137j Rdnr. 2). Eine solche Beurteilung griffe aber zu kurz, weil § 129 Abs. 1 ausdrücklich einen Vorbehalt zugunsten abweichender Vorschriften des UrhG erklärt (s. § 129 Abs. 1 S. 1).

Zu solchen Vorschriften zählen ua. die §§ **132** und **137** über Verträge und die Übertragung von Rechten, wie sie gerade auch Gegenstände des § 92 nF (und § 92 aF (1995)) sind (zutreffend daher die Erwähnung dieser Vorschriften bei *Dreier/Schulze*[3] Rdnr. 5, dort freilich nur im Zusammenhang mit einer im Ergebnis abzulehnenden entsprechenden Anwendung des § 92 aF (1995) auf Altverträge aus der Zeit vor 1966; su. nächster Abs. aE). § 132 besagt, dass die vertragsrechtlichen Vorschriften des UrhG von einzelnen Ausnahmen (§§ 40–43) abgesehen auf Verträge aus der Zeit vor dem 1. 1. 1966 nicht anzuwenden sind (§ **132 Abs. 1**), dass Verfügungen aus dieser Zeit aber wirksam bleiben (§ **132 Abs. 2**). § **132 Abs. 3 und 4** enthalten Übergangsbestimmungen aus Anlass des neuen Urhebervertragsgesetzes aus dem Jahr 2002 (s. vor §§ 88 ff. Rdnr. 8), die das Prinzip des § 132 Abs. 1 bestätigen. Darüber hinaus gilt nach § **137 Abs. 1 S. 1**, dass bei einer Übertragung des Urheberrechts vor dem 1. 1. 1966 dem Erwerber nunmehr die entsprechenden Nutzungsrechte iSd. § 31 zustehen, und nach § **137 Abs. 1 S. 2**, dass sich eine solche Übertragung im Zweifel nicht auf Befugnisse erstreckt, die erst durch das neue Gesetz begründet werden. Diese Regeln gelten nach § **137 Abs. 5** für verwandte Schutzrechte entsprechend. Eine Beachtung auch des § **137e** bietet sich deshalb an, weil er durch dasselbe Gesetz, das 3. UrhGÄndG vom 23. 6. 1995 (s. Rdnr. 3), eingeführt wurde wie die Vorgängerbestimmung § 92 aF (1995) des § 92 nF und dieser die Grundstruktur seines Vorgängers übernommen hat (so.). Wie bereits angesprochen (s. Rdnr. 3 unter 3. aE), bestimmt § **137e Abs. 1** die Anwendbarkeit der Vorschriften dieses Gesetzes und damit auch des § 92 aF (1995) ua. auch auf die vor seinem Inkrafttreten am 30. 6. 1995 geschaffenen Darbietungen, soweit sie zu diesem Zeitpunkt noch geschützt sind. Ferner fingiert § **137e Abs. 4 S. 2** die Übertragung der ausschließlichen Rechte des ausübenden Künstlers auf den Filmhersteller, wenn er vor diesem Zeitpunkt bei der Herstellung eines Filmwerkes mitgewirkt oder in die Benutzung seiner Darbietung zur Herstellung eines Filmwerkes eingewilligt hat (zur Anwendung dieser Bestimmung auf die DVD-Auswertung von Musikvideos als Filmwerken aus den Jahren 1967 bis 1970 s. KG ZUM 2003, 863/864ff. – Beat Club). Letzteres greift als Grundlage für die Fiktion die Kriterien des bis dahin geltenden § 92 aF (1965) auf (s. Rdnr. 6/7). Aus einer Zusammenschau der vorstehend dargestellten Vorschriften lassen sich für das **zeitliche Übergangsrecht** des § 92 nF die folgenden **Ergebnisse** abteilen:

§ 92 Abs. 1 nF mit seiner Auslegungsregel über die dem Filmhersteller eingeräumten Nutzungsrechte ist auch auf **ältere Darbietungen** und **Verträge** aus der Zeit **vor dem 13. 9. 2003**, dem Tag seines Inkrafttretens, **anwendbar**. Dies entspricht mit Vorrang vor der Regel des § 132 Abs. 1 dem unmittelbaren Vorbild des § 137e Abs. 1 mit dessen Bezug ua. auf § 92 Abs. 1 aF (1995) sowie der allgemeinen Grundregel des § 129 Abs. 1. **Notwendige Grundlage** für das Ergebnis ist, dass die Darbietungen zu diesem Zeitpunkt noch geschützt sind, sowie ein Vertrag iSd. § 92 aF (1995) bzw. in Bezug auf Darbietungen aus der Zeit vor dem 30. 6. 1995 die Mitwirkung oder Einwilligung des Künstlers iSd. § 92 aF (1965). Dies entspricht der Beurteilung der Existenz des Schutzes nach früherem Recht bei § 129 Abs. 1 sowie § 132 Abs. 2 über die fortdauernde Wirksamkeit früherer Verfügungen. Geltung des § 92 Abs. 1 nF für ältere Darbietungen etc. bedeutet, dass aus den übertragenen Rechten iSd. § 92 Abs. 1 aF (1995) **Nutzungsrechte** des Filmherstellers geworden sind (entsprechend § 137 Abs. 1 S. 1) und zwar **ausschließliche** Nutzungsrechte, weil auch die Vermutung der Rechtsübertragung nach § 92 aF (1995) nur ausschließliche Rechte betrifft (s. Rdnr. 3 sowie § 137 Rdnr. 6; dort auch zur inhaltlichen Übereinstimmung der Rechte). Im Hinblick auf Darbietungen etc. aus der Zeit **vor dem 30. 6. 1995**, als die Rechte der Künstler beim Film ausgeschlossen waren (s. Rdnr. 1), ist davon auszugehen, dass einer entsprechenden Anwendung der speziellen **Fiktion der Übertragung** der ausschließlichen Rechte des Künstlers auf den Filmhersteller entsprechend § 137e Abs. 4 S. 2 der Vorrang vor der allgemeinen Regel des § 137 Abs. 1 S. 2 gebührt. Aufgrund derselben Fiktion und ihres Vorrangs vor § 137 Abs. 1 S. 2 ist auch anzunehmen, dass die nach § 92 Abs. 1 nF zu vermutende Nutzungsrechtseinräumung sich auch bezüglich älterer Darbietungen und Verträge etc. auch auf das 2003 neu eingeführte **Recht der öffentlichen Zugänglichmachung** (§ 78 Abs. 1 Nr. 1 nF) erstreckt. Da diese Fiktion nach der AmtlBegr. (BT-Drucks 13/115 S. 18) gewissermaßen als Fortwirkung des § 92 aF (1965) zu verstehen ist, besteht kein Anlass und gibt es auch **keine Rechtfertigung**, sie und damit auch § 92 Abs. 1 nF auch noch auf **Darbietungen** etc. aus der Zeit **vor 1966** anzuwenden (aA mit und. Begründung *Dreier/Schulze*[3] Rdnr. 5; wie hier Fromm/Nordemann[10] Rdnr. 4). Insoweit greifen vielmehr die allgemeinen Grundsätze des § 132 Abs. 1 und bei Rechtsübertragungen aus dieser Zeit des § 137 Abs. 1 S. 2, Abs. 5 Platz. Dabei ist die Annahme abzulehnen, dass ein ausübender Künstler allein durch die pauschale Übertragung aller Rechte auch bezüglich zukünftiger Nutzungsarten in einem Vertrag aus dem Jahr 1956 mit einem Filmproduzenten auch bereits die Videorechte übertragen hat (gegen LG Hamburg ZUM-RD 1999, 134/135f. – Heinz Erhard; sa. § 88 Rdnr. 27 bezüglich der Übertragung von Rechten am Drehbuch).

Auf **gesetzliche Vergütungsansprüche** der ausübenden Künstler nach § 77 Abs. 2 S. 2 iVm. § 27, nach § 78 Abs. 2, § 78 Abs. 4 iVm. § 20b Abs. 2 oder nach § 83 iVm. zB § 54 ist § 92 Abs. 1 nF nicht anwendbar (s. Rdnr. 13). Dasselbe galt bereits unter § 92 aF (1995) (s. Rdnr. 3). Dagegen hatte § 92 aF (1965) den Künstlern auch die gesetzlichen Vergütungsansprüche nach § 76 Abs. 2 Halbs. 2, 77 aF (1965) entzogen (s. Rdnr. 1), so dass sie allenfalls als zukünftige Rechte ausdrücklich vertraglich, nicht aber aufgrund einer gesetzlichen Auslegungsregel zB auf den Filmhersteller übertragen werden konnten. Es gibt deshalb keinen Raum für die Annahme, dass § 92 Abs. 1 aF (1965) diese Ansprüche dem Filmhersteller zugeordnet habe und diese Rechtslage für vor 1995 hergestellte Filmwerke fortgelte (gegen *Loewenheim/Schwarz/U. Reber* § 74 Rdnr. 186). Diese Vergütungsansprüche sind vielmehr durch die Neuregelung des § 92 im Jahre 1995 (s. Rdnr. 3) den ausübenden Künstlern zugewachsen. Frühere vertragliche Verfügungen beziehen sich auf sie im Zweifel nicht (§ 137 Abs. 1 S. 2); § 137e bestimmt nichts Abweichendes.

Nicht anwendbar ist § 92 Abs. 1 nF auch auf die durch das Urhebervertragsgesetz von 2002 (s. vor §§ 88ff. Rdnr. 8) eingeführten **vertragsrechtlichen Vergütungen** nach den §§ 32, 32a 32b, 36 und 36a (ebenso *Fromm/Nordemann*[10] Rdnr. 33). Für diese enthält § 132 Abs. 3 und 4 eigenständige Übergangsregelungen (s. die Kommentierung dort sowie § 79 Rdnr. 14). Sie bleiben auch von dem in **§ 92 Abs. 3 nF** iVm. § 90 nF vorgesehenen Rechteausschluss beim Film unberührt (s. § 90 Rdnr. 2).

§ 92

Dagegen ist **§ 92 Abs. 2 nF** analog § 137 e Abs. 1 ohne weiteres auch auf Altverträge seit 1966 anwendbar, zumal auch § 92 aF (1995) die gleiche Bestimmung in geringfügiger Abwandlung enthält und diese wiederum an die Stelle des § 78 S. 2 aF (1965) getreten ist.

III. Voraussetzungen der Anwendung des § 92

1. Ausübende Künstler und Filmhersteller

5 § 92 ist nur auf **ausübende Künstler** anzuwenden. Wer zu diesem Personenkreis im allgemeinen und beim Film im besonderen gehört, ist nach § 73 zu entscheiden, der eine Legaldefinition enthält (§ 73 Rdnr. 1). Es ist daher auf die Kommentierung dieser Bestimmung zu verweisen. Nicht zu den ausübenden Künstlern zählen die Urheber eines Filmwerks sowie die Urheber von zur Filmherstellung benutzten Werken (s. vor §§ 88 ff. Rdnr. 52 ff., 57 ff.), deren Rechtsstellung im Bereich des Filmes nach §§ 88–90 zu beurteilen ist. Wirkt ein Filmurheber an einem Filmwerk auch noch als ausübender Künstler mit, zB ein Filmregisseur als Schauspieler, so bleibt hinsichtlich des Urheberrechts, das der Filmurheber erwirbt, die Bestimmung des § 89 anwendbar (s. § 89 Rdnr. 8). Zur Frage der Doppelqualifizierung ein und derselben Art der Mitwirkung als ein Urheberrecht und zugleich das verwandte Schutzrecht des ausübenden Künstlers begründend s. § 73 Rdnr. 38 und § 89 Rdnr. 8. Zum Begriff des **Filmherstellers** als Vertragsbeteiligten iSd. § 92 Abs. 1 s. vor §§ 88 ff. Rdnr. 31 ff.

2. Abschluss eines Vertrages durch einen ausübenden Künstler mit einem Filmhersteller über seine Mitwirkung bei der Herstellung eines Filmwerks

6 Die Rechtsfolgen des § 92 aF (1965) traten ein, wenn der ausübende Künstler **bei der Herstellung des Filmwerks mitwirkte** oder die **Benutzung seiner Darbietung erlaubt** war. Diese Voraussetzungen entsprachen den beiden Möglichkeiten, wie die Leistungen des ausübenden Künstlers in ein Filmwerk aufgenommen werden können: durch persönliche Mitwirkung bei der Herstellung des Filmwerks oder dadurch, dass eine Darbietung, die der Künstler bei einer anderen Gelegenheit erbracht hat und die auf einem Tonträger bzw. Bild- oder Bild- und Tonträger (Filmträger, vgl. zu den Begriffen vor §§ 88 ff. Rdnr. 22) festgehalten worden ist, in ein Filmwerk eingeblendet wird (zur Beurteilung der Einblendung von Schallplattenmusik in ein Filmwerk nach früherem Recht BGH GRUR 1962, 370/373 – Schallplatteneinblendung). Denkbar ist auch eine Einblendung aufgrund einer Funksendung der Darbietung. In allen diesen Fällen bedurfte es grundsätzlich einer zumindest stillschweigenden **Einwilligung** des ausübenden Künstlers in die Nutzung seiner Darbietung für die Herstellung eines Filmwerks, und zwar bei persönlicher Mitwirkung oder Einblendung von Live-Sendungen aufgrund des durch § 92 aF (1965) nicht ausgeschlossenen Aufnahmerechts nach § 75 S. 1 aF (1965), bei Einblendungen von Aufzeichnungen aufgrund des Vervielfältigungsrechts nach § 75 S. 2 aF (1965) oder bei solchen Einblendungen in eine als Filmwerk zu qualifizierende Live-Sendung (zu dieser Möglichkeit s. vor §§ 88 ff. Rdnr. 21) aufgrund des Senderechts nach dem unveränderten § 76 Abs. 1 aF (1965) und (1995); in diesen Zusammenhängen galten die Rechte der ausübenden Künstler nach § 75 S. 2 aF und § 76 Abs. 1 aF (1965) sinngemäß als durch § 92 aF nicht ausgeschlossen (s. zum Vorstehenden im Einzelnen die 1. Auflage Rdnr. 7). Lediglich im Falle einer Vorausabtretung der Einwilligungsrechte des ausübenden Künstlers an einen Dritten, wie einen Tonträgerhersteller oder einen anderen Filmhersteller gemäß § 78 aF (1965), genügte es, wenn diese die Einwilligung erklärten.

7 An die Stelle der Einwilligung des ausübenden Künstlers in die Nutzung seiner Darbietung für ein Filmwerk nach § 92 aF (1965) (s. Rdnr. 6) ist in § 92 Abs. 1 aF (1995) und nF das Erfordernis eines entsprechenden **Vertragsschlusses** zwischen einem **ausübenden Künstler** und einem **Filmhersteller** über die Mitwirkung des Künstlers bei der Herstellung eines Filmwerks getreten. Dies trug und trägt dem Wortlaut des Art. 2 Abs. 5 der Vermiet- und der Verleihrechtsrichtlinie (s. Rdnr. 3) Rechnung. Wie nach früherem Recht (s. § 92 aF (1965)) musste und muss der Vertrag sich auf ein **Filmwerk** beziehen, ein Vertrag eines ausübenden Künstlers etwa mit einem Tonträgerhersteller oder einem Sendeunternehmen über die Mitwirkung an der Produktion eines Tonträgers würde zB für die Anwendung der Übertragungsvermutung nicht ausreichen (s. *Reinbothe/v. Lewinski* S. 58; im Ergebnis ebenso *Dreier/Schulze*[3] Rdnr. 9; *Fromm/Nordemann*[10] Rdnr. 19; aA *Möhring/Nicolini*[2] Rdnr. 9). Im Übrigen enthielten und enthalten aber § 92 Abs. 1 aF (1995) sowie § 92 Abs. 1 nF und Art. 2 Abs. 5 der Richtlinie keine qualifizierten

Anforderungen an die **Form des Vertragsschlusses**: Der Vertrag kann schriftlich oder mündlich geschlossen werden (s. *Reinbothe/v. Lewinski* S. 57), auch ein stillschweigender Vertragsschluss ist möglich (s. *Reinbothe/v. Lewinski* S. 58 im Zusammenhang mit einer die Vermutung des Art. 2 Abs. 5 der Richtlinie widerlegenden Vereinbarung). Der Vertrag kann im Übrigen **individuell** zwischen einem Künstler und einem Filmhersteller, aber auch **kollektiv** von entsprechenden Tarifvertragsparteien geschlossen werden (s. *Reinbothe/v. Lewinski* S. 58). Auch dies entspricht der Rechtslage unter § 92 aF (1965) iVm. § 79 aF (1965), in dessen Rahmen auch Tarifverträge Klauseln über die Rechte der Arbeitgeber an den Darbietungen ihrer angestellten ausübenden Künstler enthalten können (s. dazu § 79 Rdnr. 6, speziell zu Tarifverträgen in den Bereichen Film, Funk und Fernsehen § 79 Rdnr. 46 ff., jeweils in der Vorauflage).

Im Hinblick auf die **Voraussetzungen für die Anwendung der Rechtsfolgen des § 92 Abs. 1 aF (1995)** und **nF** ist somit im Vergleich mit § 92 aF (1965) in der Sache im Allg. **mit keinen wesentlichen Änderungen der Rechtslage** zu rechnen. Von diesem Ergebnis gibt es allerdings eine nicht unwesentliche **Ausnahme**: Unter der Geltung des § 92 aF (1965) genügte für dessen Anwendung ua. eine erlaubte Benutzung von Darbietungen ausübender Künstler zur Herstellung eines Filmwerks (s. Rdnr. 6). Dabei konnte sich diese Benutzungserlaubnis im Fall der nach § 78 S. 1 aF (1965) zulässigen Vorausabtretung der Einwilligungsrechte der ausübenden Künstler an einen Dritten, wie zB an einen Tonträgerhersteller oder an einen anderen Filmhersteller, auch aus einer Einwilligung von Seiten dieses Dritten ergeben (s. die 1. Auflage Rdnr. 7); allerdings behielt der Künstler nach § 78 S. 2 aF (1965) stets die Befugnis, seine Einwilligungsrechte auch selbst wahrzunehmen. Letzteres sehen § 78 aF (1995) und § 79 nF nicht mehr vor. Abgesehen davon reicht nach dem klaren Wortlaut des § 92 Abs. 1 aF (1995) und nF, der einen Vertrag zwischen einem ausübenden Künstler und einem Filmhersteller voraussetzt, eine Einwilligung von Seiten eines Dritten oder ein Vertrag in dessen eigenem Namen nicht mehr aus, um die Rechtsfolgen dieser Bestimmung herbeizuführen.

In Bezug auf Einblendungen in Filmwerke von anderen als Live-Darbietungen ausübender Künstler sind im Übrigen je nach Fallgestaltung stets auch die **eigenen verwandten Schutzrechte** des **Tonträgerherstellers** (§ 85), des **Sendeunternehmens** (§ 87) und des **Filmherstellers** (§ 94) zu beachten. Dasselbe gilt bei Einblendungen von Live-Darbietungen gegebenenfalls für das verwandte Schutzrecht des **Veranstalters** (§ 81). Diese verwandten Schutzrechte sind nicht Regelungsgegenstand des § 92 nF und des § 92 aF (s. bereits Rdnr. 1 sowie *Fromm/Nordemann*[10] Rdnr. 46).

Fernsehsendungen von Darbietungen ausübender Künstler, die **auf erschienenen Bild- und Tonträgern** aufgenommen worden sind, mittels solcher Träger waren allerdings nach § 76 Abs. 2 Halbs. 1 aF (1965) auch ohne Einwilligung der Künstler zulässig und waren daher auch iSd. § 92 aF (1965) erlaubt. Waren solche Darbietungen Bestandteil eines Filmwerks und nicht nur eines sog. Laufbildes (s. Rdnr. 9), so entfiel nach § 92 aF (1965) auch der Vergütungsanspruch der ausübenden Künstler nach § 76 Abs. 2 Halbs. 2. Dies ist nunmehr nach § 92 Abs. 1 aF (1995) und nF nicht mehr der Fall; insoweit greift noch nicht einmal die Vermutung der Rechtsübertragung bzw. -einräumung zugunsten des Filmherstellers Platz (s. Rdnr. 3, 13). **Unberührt** blieb (und bleibt) aber wie stets der Schutz des ausübenden Künstlers nach **§§ 83 aF** bzw. **75 nF, 93** gegen gröbliche Entstellungen oder andere gröbliche Beeinträchtigungen seiner Leistung bei solchen Sendungen (*Möhring/Nicolini* Anm. 4a nannten als Beispiel den Fall, dass bei der Sendung die auf einer Schallplatte festgelegte Darbietung eines Künstlers mit dem Bild eines anderen unterlegt wird; zum Ergebnis s. *Dreier/Schulze*[3] Rdnr. 13; *Fromm/Nordemann*[10] Rdnr. 45) sowie aufgrund des allgemeinen PersönlichkeitsrechtszB gegen die nicht genehmigte Benutzung seiner Darbietung in der Fernsehwerbung oder in politischen Propagandasendungen des Fernsehens (s. vor §§ 73 ff. Rdnr. 21).

3. Herstellung eines Filmwerks

Die Vermutung der Rechtseinräumung bzw. -übertragung zugunsten des Filmherstellers in Bezug auf die Rechte der ausübenden Künstler nach §§ 77 Abs. 1 und 2 S. 1 und 78 Abs. 1 Nr. 1 und 2 nF sowie §§ 75 Abs. 1 und 2 und 76 Abs. 1 aF (1995) als Rechtsfolge der Anwendung des § 92 Abs. 1 nF und aF (1995) tritt nur ein, wenn ein **urheberrechtlich geschütztes Filmwerk** entstanden ist. Dies folgt daraus, dass § 95, der die Vermutung des § 92 nicht für die sog. **Laufbilder** (vgl. vor §§ 88 ff. Rdnr. 20), zum Gegenstand hat, § 92 nicht für anwendbar erklärt. Darin liegt eine bewusste Entscheidung des Gesetzgebers (vgl. AmtlBegr. BTDrucks. IV/270 S. 102 f. zu § 105, jetzt § 95; zum Ergebnis wie hier *Dreier/Schulze*[3]

§ 92 Ausübende Künstler

Rdnr. 10, *Fromm/Nordemann*[10] Rdnr. 16; *Wandtke/Bullinger*[3] Rdnr. 14): Typische Formen von Laufbildern sind filmische Aufzeichnungen oder Live-Sendungen von Darbietungen ausübender Künstler, wie von Opernaufführungen, Aufführungen von Bühnenstücken oder Solodarbietungen einzelner Sänger, Tänzer oder Musiker, bei denen die Leistungen der ausübenden Künstler im Vordergrund stehen und nicht wie bei einem Filmwerk mit anderen, schöpferischen Beiträgen verschmelzen. Solche Aufzeichnungen und Sendungen erweitern letztlich nur den Kreis der unmittelbaren Teilnehmer der Darbietung und sind im Gegensatz zu Filmwerken geeignet, die persönliche Darbietung zu ersetzen und entbehrlich zu machen (s. zu diesem Aspekt als Motiv für § 92 Rdnr. 1 aE). Es erschien dem Gesetzgeber daher zu Recht nicht zulässig, die ausübenden Künstler in solchen Fällen anders zu behandeln als bei Aufzeichnungen ihrer Darbietungen auf Tonträgern oder ihrer Übertragung im Hörrundfunk, auf die § 92 nicht anzuwenden ist.

10 Sinngemäß ist anzunehmen, dass § 92 auch auf solche neuartigen Filmproduktionen wie sog. **Videoclips** (Musikvideos, Musik-Bildtonträger) im Fernsehen nicht anzuwenden ist, bei denen die Darbietung eines oder mehrerer ausübender Künstler ähnlich im Vordergrund steht wie bei den genannten Übertragungen von Aufführungen. Der Bildbestandteil ist hier bloße Zutat ohne Verschmelzung mit der Darbietung wie in herkömmlichen Spielfilmen, an die der Gesetzgeber bei § 92 gedacht hat. Darauf, ob der Bildteil als Filmwerk oder bloßes Laufbild zu beurteilen ist, kommt es daher nicht an (ebenso *Dreier/Schulze*[3] Rdnr. 10; aA *Fromm/Nordemann*[10] Rdnr. 17; *Wandtke/Bullinger*[3] Rdnr. 14; nur referierend *Möhring/Nicolini*[2] Rdnr. 14). Entsprechend nahm auch die Verwertungsgesellschaft GVL unter der Geltung des § 92 aF (1965), der Ansprüche der ausübenden Künstler nach §§ 76 Abs. 2 und 77 in Bezug auf die Verwertung von Filmwerken ausschloß (s. Rdnr. 1), diese Rechte an Videoclips ohne solche Unterscheidung wahr (s. vor §§ 73 ff. Rdnr. 29 in der 1. Auflage). Anders wird man entscheiden müssen, wenn in solchen Produktionen Bild und Ton wie bei herkömmlichen Filmwerken zu einer Einheit verschmelzen (ebenso *Fromm/Nordemann*[10] Rdnr. 17 mit Hinweisen auf die Art solcher Produktionen; danach sowie nach *N. Reber* in *v. Hartlieb/Schwarz*[4] S. 200/201 soll dies sogar idR der Fall sein; ähnlich *Wandtke/Bullinger*[3] Rdnr. 14; zu drei Beispielen solcher Videoclips s. KG ZUM 2003, 863/864 ff. – Beat Club).

IV. Reichweite der Einräumung von Nutzungsrechten

1. Ausschließliche Rechte

11 a) Unter den in den Rdnr. 5 ff. genannten Voraussetzungen gilt nach **§ 92 Abs. 1 nF** die dort vorgesehene Vermutung der Einräumung von Nutzungsrechten zugunsten des Filmherstellers nur für das **ausschließliche Recht** des ausübenden Künstlers in Bezug auf die Aufnahme seiner Darbietung auf Bild- und Tonträger (§ 77 Abs. 1 nF), für sein ausschließliches Vervielfältigungs- und Verbreitungsrecht (§ 77 Abs. 2 S. 1), wobei das Verbreitungsrecht auch das Vermietrecht umfasst (s. Rdnr. 22), und für seine ausschließlichen Rechte in Bezug auf die öffentliche Zugänglichmachung und die Funksendung seiner Darbietung (§ 78 Abs. 1 Nr. 1 und 2). Im Hinblick auf das erstgenannte Aufnahmerecht geht § 92 Abs. 1 nF weiter als § 92 aF (1965), der dieses, seinerzeit in § 75 S. 1 aF (1965) geregelte Recht nicht entfallen ließ (s. bereits Rdnr. 3). Zu den Einzelheiten der betreffenden Rechte s. die Kommentierung der §§ 77 und 78. § 92 Abs. 1 nF sagt nicht, ob die Einräumung eines einfachen oder ausschließlichen Nutzungsrechts (s. §§ 79 Abs. 2 S. 2 iVm. 31 Abs. 1 S. 2) an den Filmhersteller vermutet wird. Da § 91 Abs. 1 nF lediglich als Folgeanpassung an die Neuregelung des Rechts der ausübenden Künstler durch die §§ 73 ff. nF konzipiert ist (s. Rdnr. 1 sowie die AmtlBegr. BT-Drucks. 15/38 S. 25) und § 92 Abs. aF (1995) die Übertragung bzw. Abtretung der Rechte der Künstler bestimmte (s. Rdnr. 4), ist von der Einräumung **ausschließlicher Nutzungsrechte** auszugehen. Dem entspricht auch das Vorbild der §§ 88 Abs. 1 nF und 89 Abs. 1. Es ist nicht anzunehmen, dass die ausübenden Künstler besser als die Urheber gestellt werden sollten (im Ergebnis ebenso *Fromm/Nordemann*[10] Rdnr. 27; *Dreier/Schulze*[3] Rdnr. 11, jedenfalls bei persönlicher Mitwirkung des Künstlers, uU anders bei filmischer Nutzung einer aufgezeichneten Darbietung). Bei der Unterlassung der näheren Qualifikation der vermutlich eingeräumten Nutzungsrechte als ausschließlicher Rechte dürfte es sich um ein **Redaktionsversehen** handeln, ebenso bei der Formulierung in § 92 Abs. 1 nF, die Darbietung „auf eine der" statt „auf die" dem ausübenden Künstler vorbehaltenen Nutzungsarten zu nutzen.

Ausübende Künstler **§ 92**

b) § 92 aF (1965) ließ die entsprechenden Rechte der ausübenden Künstler, soweit sie seinerzeit 12
überhaupt schon gesetzlich anerkannt waren, mit Ausnahme des Aufnahmerechts (s. Rdnr. 11), im
Hinblick auf die Verwertung des Filmwerks gänzlich entfallen (s. Rdnr. 1). Nach der **Rechtslage
vor Inkrafttreten des UrhG am 1. 1. 1966 (§ 143 Abs. 2)** wurde auf der Grundlage der üblicherweise abgeschlossenen Anstellungsverträge und der einschlägigen Tarifverträge entschieden, dass der Filmschaffende alle ihm etwa zustehenden Ausschließlichkeitsrechte (s. vor §§ 73 ff.
Rdnr. 3 ff.) auf den Filmhersteller überträgt, so dass dieser zB grundsätzlich auch befugt war, ein
unter Mitwirkung des Filmschaffenden hergestelltes Filmwerk zu schneiden, zu ändern oder in
zwei Teilen auszuwerten (BAG UFITA 38 (1962) 95/99 f.). Auch durfte er, wenn die Dreharbeiten aufgrund eines von ihm nicht zu vertretenden Umstands eingestellt werden mussten
und das Vertragsverhältnis deshalb erlosch, die unter Mitwirkung eines Darstellers schon hergestellten Bild- und Tonaufnahmen weiter auswerten (LAG Bayern UFITA 50 (1967) 298/301 ff.
– Die schwedische Jungfrau).

2. Keine Übertragungsvermutung für gesetzliche Vergütungsansprüche

In Bezug auf die gesetzlichen Vergütungsansprüche der ausübenden Künstler statuierten § 92 13
Abs. 1 nF und § 92 aF (1995) keine Übertragungsvermutung (s. dazu auch bereits Rdnr. 3; wie hier
auch *Dreier/Schulze*³ Rdnr. 19; *Fromm/Nordemann*¹⁰ Rdnr. 33, *Wandtke/Bullinger*³ Rdnr. 15). Im
Filmbereich handelt es sich dabei um die Vergütungsansprüche nach § 27, nach §§ 83 nF bzw.
84 (1995) iVm. zB § 54 sowie um die Ansprüche § 78 Abs. 3 und 4 iVm. § 20 b Abs. 2 (§ 76
Abs. 2, 3 iVm. § 20 b Abs. 2, § 77 aF (1995)). Demgegenüber hatte § 92 aF (1965) die Vergütungsansprüche der ausübenden Künstler nach §§ 76 Abs. 2, 77 aF (1965) im Hinblick auf die
Verwertung eines Filmwerks ausgeschlossen (s. Rdnr. 1). Zur Praxis und zu den Einnahmen der
diese Ansprüche der ausübenden Künstler wahrnehmenden Verwertungsgesellschaft GVL s. vor
§§ 73 ff. Rdnr. 23 ff., insb. 25.

3. Abweichende vertragliche Vereinbarungen

Unter der Geltung des **§ 92 aF (1965)** war str., ob diese Bestimmung vertraglich abbedun- 14
gen werden konnte (so *Fromm/Nordemann/Hertin*⁸ Rdnr. 1; *Möhring/Nicolini* Anm. 5; *Schricker*
GRUR 1984, 733/734 Fn. 18) oder nicht (so *v. Hartlieb*³ Kap. 77 Rdnr. 7, 16). Dagegen besteht
die Vermutung des **§ 92 Abs. 1 nF** und des **§ 92 aF (1995)** nur im Zweifel, so dass abweichende vertragliche Vereinbarungen ohne weiteres getroffen werden können bzw. die Vermutung
widerlegt werden kann (s. *Dreier/Schulze*³ Rdnr. 3; *Fromm/Nordemann*¹⁰ Rdnr. 35/36; *v. Lewinski*
ZUM 1995, 442/449). In der AmtlBegr. (BTDrucks. 13/115 S. 16 zu Nr. 7) zu § 92 aF (1995)
heißt es in diesem Sinne, dass „die Rechtsübertragung nunmehr der vertraglichen Regelung der
Parteien anvertraut und nicht mehr von vornherein zu Lasten des Künstlers entschieden wird".
Und weiter: „Die den Filmhersteller begünstigende Auslegungsregel hat für Vertragspartner, die
ihre Rechte kennen und daher die Frage des Rechtsübergangs explizit ansprechen und regeln,
keine Bedeutung." Auch nach Art. 3 Abs. 4 der Vermiet- und Verleihrechtsrichtlinie (kodifizierte Fassung) greift die Übertragungsvermutung nur Platz, „sofern in den Vertragsbestimmungen nicht anderes vorgesehen ist". Darüber hinaus kann die Übertragungsvermutung des § 92
Abs. 1 aF (1995) und nF auch stillschweigend abgedungen bzw. durch einen Rechtevorbehalt
zugunsten des Künstlers ersetzt werden (s. *Reinbothe/v. Lewinski* S. 58 f.; zur dinglichen Wirkung
eines vertraglich vereinbarten Bestimmungsvorbehalts zugunsten eines ausübenden Künstlers in
einem Vertrag mit einem Sendeunternehmen bezüglich Wiederholungssendungen einer Fernsehserie s. LG Frankfurt/M. ZUM 2003, 791/792 f. – Bodo Bach).

V. Vermutung der Rechteinräumung nur für das konkrete Filmwerk

Unter der Geltung des § 92 aF (1965) entsprach es der allgM, dass der dort angeordnete 15
Rechteausschluss sich nur auf die **Verwertung des konkreten Filmwerks** als solchen bezog,
an dessen Herstellung der ausübende Künstler mitgewirkt oder für das er die Benutzung seiner
Darbietung erlaubt hatte (AmtlBegr. BTDrucks. IV/270 S. 101 zu § 102, jetzt § 92; *Fromm/
Nordemann*⁸ Rdnr. 3; *v. Hartlieb*³ Kap. 77 Rdnr. 8; *v. Gamm* Rdnr. 3; *Möhring/Nicolini* Anm. 5 a;
Lewenton S. 88). Der RegE (§ 102) enthielt insoweit noch die klarere Formulierung, dass den
ausübenden Künstlern Rechte „in Ansehung des Filmwerks" nicht zustehen sollten. Daher galt
der Rechteausschluss durch § 92 aF nicht für den Fall, dass die in einem Filmwerk enthaltene

Darbietung eines ausübenden Künstlers aus dem Filmwerk herausgelöst und zB auf **Schallplatten** oder im **Hörrundfunk** verwertet wurde (AmtlBegr. BTDrucks. IV/270 S. 101 zu § 102, jetzt § 92; zur Vereinbarkeit der formularmäßigen vertraglichen Übertragung des Rechts, die Leistungen eines Film-Synchronisationssprechers auf Tonträgern auszuwerten, durch den Sprecher auf das Synchronisationsunternehmen mit dem AGBG und § 138 BGB s. BGH GRUR 1984, 119/120ff. – Synchronisationssprecher). Von § 92 aF nicht erfasst war auch die Verwertung von **Ausschnitten** eines Filmwerks, welche die Darbietung eines ausübenden Künstlers enthielten, **in einem anderen Film**, die sog. **Klammerteilauswertung**, (*Fromm/Nordemann*[8] Rdnr. 3; *v. Gamm* Rdnr. 3) oder in einer Form, die **nicht mehr das Filmwerk als solches** zur Geltung brachte, sondern nach der Art der Aufzeichnung einer Darbietung diese ganz in den Vordergrund treten ließ (s. Rdnr. 9; in diesem Sinne wohl auch *Möhring/Nicolini* Anm. 5a). An dieser Rechtslage hat sich auch unter der Geltung des **§ 92 Abs. 1 nF** und aF (1995) nichts geändert (ebenso *Dreier/Schulze*[3] Rdnr. 18; *Möhring/Nicolini*[2] Rdnr. 13; *Wandtke/Bullinger*[3] Rdnr. 16; aA im Hinblick auf die Klammerteilauswertung *Fromm/Nordemann*[10] Rdnr. 31); auch deren Übertragungsvermutung gilt nur „hinsichtlich der Verwertung des Filmwerks".

VI. Vermutung der Rechtseinräumung für die audiovisuelle Verwertung von Filmwerken und andere neue Nutzungsarten

16 In der 1. Auflage wurde unter derselben Rdnr. wie hier im Anschluss an *Reimer* GRUR Int. 1973, 315/319 und entgegen der hM im Schrifttum (s. zB in neuerer Zeit *Fromm/Nordemann*[8] Rdnr. 3; weitere Nachw. in der 1. Auflage) die Auffassung vertreten, dass § 92 aF nicht für die **audiovisuelle Verwertung von Filmwerken** gelte, die dem Gesetzgeber des Jahres 1965 noch unbekannt war (s. § 88 Rdnr. 7, 11). In Bezug auf § 92 Abs. 1 aF (1995) und § 92 Abs. 1 nF kann diese Auffassung keinesfalls aufrecht erhalten werden. Nicht nur ist dem Gesetzgeber des Jahres 1995 bei der Neufassung der Bestimmung diese Filmverwertungsform bekannt gewesen. Vielmehr steht diese Neuregelung in unmittelbarem Zusammenhang mit der europäischen Vermiet- und Verleihrechtsrichtlinie, zu deren wichtigsten Regelungsgegenständen gerade die audiovisuelle Verwertung von Filmwerken durch Vermietung und Verleih ua. von Videofilmen gehört (s. dazu *v. Lewinski* GRUR Int. 1991, 104/105f./108; *dies*. ZUM 1995, 442f.; *Reinbothe/v. Lewinski* S. 4f.). Die den Mitgliedstaaten zwingend auferlegte Übertragungsvermutung des Art. 3 Abs. 4 (kodifizierte Fassung) beinhaltet speziell das Vermietrecht in Bezug auf Filmproduktionen (s. Rdnr. 3), und auch die AmtlBegr. zur Umsetzung dieser Bestimmung in das deutsche Recht (BTDrucks. 13/115 S. 16 zu Nr. 7) erwähnt an erster Stelle die Lösung des Interessenkonflikts zwischen ausübendem Künstler und Filmhersteller durch eine Übertragungsvermutung in Bezug auf das Vermietrecht.

Inzwischen sprechen verschiedene Umstände dafür, die in § 92 Abs. 1 nF vermutete Einräumung von Nutzungsrechten an den Filmhersteller generell auch auf **unbekannte Nutzungsarten** zu erstrecken: die in § 92 Abs. 1 nF im Gegensatz zu § 88 Abs. 1 nF 2002, § 89 Abs. 1 aF und nF 2002 fehlende ausdrückliche Beschränkung der Vermutung auf bekannte Nutzungsarten, die Herausnahme des § 31 Abs. 4 aus der Verweisung in § 79 Abs. 2 S. 2 nF (s. die AmtlBegr. BT-Drucks. 15/38 S. 9/24) und vorher schon in § 75 Abs. 4 aF (2002) (mit ausführlicher AmtlBegr. BT-Drucks. 14/8058 S. 11/21) sowie die Ablehnung einer entsprechenden Anwendung des § 31 Abs. 4 auf Vertragsverhältnisse der ausübenden Künstler durch BGH GRUR 2003, 234/235f. – EROC III (im Ergebnis ebenso *Dreier/Schulze*[3] Rdnr. 16 mit Hinweis auf den diesbezüglichen gesonderten Vergütungsanspruch der Künstler nach § 32 nF; *Fromm/Nordemann*[10] Rdnr. 30; *N. Reber* in *v. Hartlieb/Schwarz*[4] 63. Kap. Rdnr. 4). Das Ergebnis erscheint um so mehr naheliegend, seit der Gesetzgeber des Zweiten Gesetzes zur Regelung des Urheberrechts in der Informationsgesellschaft vom 26. 10. 2007 (BGBl. I S. 2513) § 31 Abs. 4 aufgehoben und durch spezielle Regelungen über die Einräumung von Nutzungsrechten für unbekannte Nutzungsarten (§§ 31a, 31c) ersetzt und die gesetzlichen Vermutungen zugunsten der Filmhersteller und zu Lasten der an Filmen beteiligten Urheber in § 88 Abs. 1 nF 2007 und § 89 Abs. 1 nF (2007) ebenfalls auf unbekannte Nutzungsarten erstreckt (s. vor §§ 88ff. Rdnr. 8), zugleich aber den ausübenden Künstlern in § 79 Abs. 2 S. 2 nF 2007 die Anwendung der §§ 31a und 31c verweigert hat. Des Weiteren ist auch § 137l auf ausübende Künstler nicht anwendbar (s. dort Rdnr. 17), so dass die dort vorgesehene Möglichkeit eines nachträglichen Erwerbs der Nutzungsrechte an früher unbekannten Nutzungsarten durch den Filmhersteller insoweit ausscheidet. Ausgehend von den in § 92 Abs. 1 nF bezeichneten, für eine Rechtseinräumung an den

Filmhersteller in Betracht kommenden Rechten der ausübenden Künstler und dem maßgeblichen zeitlichen Übergangsrecht (so. Rdnr. 4) führt diese Bestimmung somit im Zweifel dazu, dass im Hinblick auf Filmproduktionen seit 1966 die Filmhersteller von den mitwirkenden ausübenden Künstlern insbes. die Rechte zur filmischen audiovisuellen und DVD-Auswertung ihrer Darbietungen (§ 77 Abs. 2 nF) sowie zu ihrer Online-Zugänglichmachung (§ 78 Abs. 1 Nr. 1 nF) erworben haben. Dafür stehen den Künstlern vertragliche Vergütungsansprüche nach Maßgabe der §§ 32, 32a und 32b iVm. § 79 Abs. 2 S. 2 nF zu.

VII. Verfügungsmacht des ausübenden Künstlers bei Vorausverfügung gegenüber einem Dritten

Die durch das 3. UrhGÄndG vom 23. 6. 1995 (s. Rdnr. 3) neu eingeführte und durch das Gesetz vom 10. 9. 2003 (s. Rdnr. 4) beibehaltene Vorschrift des § 92 Abs. 2 ist § 89 Abs. 2 nachgebildet und bezweckt auch in dieser Hinsicht eine Angleichung der Rechtsstellung der an der Herstellung eines Filmwerks mitwirkenden ausübenden Künstler an diejenige der Urheber eines solchen Werkes iSd. § 89 (s. bereits Rdnr. 3). Nach der AmtlBegr. (BTDrucks. 13/115 S. 16 zu Nr. 7) soll durch § 92 Abs. 2 aF (1995) und § 92 Abs. 2 nF gewährleistet werden, dass die Verhandlungspostion des Filmherstellers im Verhältnis zum mitwirkenden ausübenden Künstler nicht ungünstiger ist als im Verhältnis zum mitwirkenden Urheber. § 92 Abs. 2 aF (1995) und nF dient daher wie § 89 Abs. 2 dazu, sicherzustellen, dass der Filmhersteller Rechte von Seiten der originären Rechtsinhaber auch dann erwerben kann, wenn diese ihre Rechte im Voraus an einen Dritten, wie zB an eine Verwertungsgesellschaft oder an einen Tonträgerhersteller oder an einen anderen Filmhersteller, abgetreten haben; zugleich wird dadurch die persönliche Handlungsfreiheit der originären Rechtsinhaber gewahrt (s. auch § 89 Rdnr. 2, 21 f.). Wie § 89 Abs. 2 (s. dort Rdnr. 21) bezieht sich dabei § 92 Abs. 2 aF (1995) und nF sogar ausdrücklich nur auf diejenigen Rechte, für die § 92 Abs. 1 aF (1995) und nF eine Übertragungs- bzw. Rechtseinräumungsvermutung zugunsten des Filmherstellers statuiert, dh. auf die ausschließlichen Rechte der ausübenden Künstler (s. Rdnr. 11), nicht aber auf deren gesetzliche Vergütungsansprüche (s. Rdnr. 13). Hat ein ausübender Künstler über solche Ansprüche zB durch Abtretung an die Verwertungsgesellschaft GVL verfügt, so kann er sie trotz § 92 Abs. 2 nF nicht noch einmal auf den Filmhersteller übertragen. Im Hinblick auf weitere Fragen im Zusammenhang mit § 92 Abs. 2 nF kann auf § 89 Rdnr. 22 verwiesen werden.

17

§ 93 Schutz gegen Entstellung; Namensnennung

(1) ¹**Die Urheber des Filmwerkes und der zu seiner Herstellung benutzten Werke sowie die Inhaber verwandter Schutzrechte, die bei der Herstellung des Filmwerkes mitwirken oder deren Leistungen zur Herstellung des Filmwerkes benutzt werden, können nach den §§ 14 und 75 hinsichtlich der Herstellung und Verwertung des Filmwerkes nur gröbliche Entstellungen oder andere gröbliche Beeinträchtigungen ihrer Werke oder Leistungen verbieten.** ²**Sie haben hierbei aufeinander und auf den Filmhersteller angemessene Rücksicht zu nehmen.**

(2) **Die Nennung jedes einzelnen an einem Film mitwirkenden ausübenden Künstlers ist nicht erforderlich, wenn sie einen unverhältnismäßigen Aufwand bedeutet.**

Schrifttum: (s. auch die Schrifttumsnachweise Vor §§ 12 ff. sowie zu § 14 und § 75) *Hüppe*, Urheberrechtliche Probleme der Synchronisation, FuR 1967, 288; *Kreile/Wallner*, Schutz der Urheberpersönlichkeitsrechte im Multimediazeitalter, ZUM 1997, 625; *Kühn*, Urheberrechtlicher Schutz für nachcolorierte Schwarzweißfilme?, ZUM 1988, 82; *Lütje*, Die Rechte der Mitwirkenden am Filmwerk, 1987; *Merker*, Das Urheberrecht des Chefkameramannes am Spielfilmwerk, 1996; *Neumann*, Anmerkung zu KG Schulze KGZ 60; *Neumann*, Anmerkung zu OLG Saarbrücken Schulze OLGZ 176; *Pollert*, Entstellung von Filmwerken und ihren vorbestehenden Werken, Diss. München 2001; *Reupert*, Der Film im Urheberrecht, 1995; *Rosén*, Werbeunterbrechungen von Spielfilmen nach schwedischem Recht – (immer noch) ein Testfall für das droit moral?, GRUR Int. 2004, 1002; *G. Schulze*, Urheber- und Leistungsschutzrecht des Kameramanns, GRUR 1994, 855; *Wandtke*, Die Rechtsfigur „gröbliche Entstellung" und die Macht der Gerichte, Fs. für Schricker 2005, S. 609; *Zlanabitnig*, Zum Entstellungsschutz von Filmwerken, AfP 2005, 35.

§ 93 Schutz gegen Entstellung; Namensnennung

Übersicht

	Rdnr.
I. Allgemeines	1–7
1. Bedeutung des § 93 Abs. 1 als filmrechtliche Sondervorschrift im Rahmen der änderungsrechtlichen Gesamtregelung	1–4
2. Bedeutung der Einschränkung des Nennungsrechts des ausübenden Künstlers nach Abs. 2	4a–4c
3. Entstehungsgeschichte	5–7
II. Anwendungsbereich des § 93 Abs. 1 und Abgrenzung zu anderen Vorschriften, insb. zu § 39	8–18
1. Subjektiver Anwendungsbereich	8–10
2. Gegenständlicher Anwendungsbereich	11
3. Verhältnis zum Veröffentlichungsrecht nach § 12 und zum Recht auf Anerkennung der Urheberschaft nach § 13	12, 13
4. Verhältnis zu § 39	14–18
III. Einzelfälle und Rechtsprechung zum Begriff der gröblichen Entstellung	19–24
IV. Rechtsfolgen beim Vorliegen gröblicher Entstellung	25

I. Allgemeines

1. Bedeutung des § 93 Abs. 1 als filmrechtliche Sondervorschrift im Rahmen der änderungsrechtlichen Gesamtregelung

1 Die im Gesamtkomplex der änderungsrechtlichen Vorschriften (§§ 14, 39, 62 und 93 Abs. 1) mit Schwerpunkt in § 14 enthaltene Regelung über den persönlichkeitsrechtlichen Schutz des Urhebers vor Entstellungen und Beeinträchtigungen sowie Änderungen seines Werkes sieht für den Bereich der Filmwerke in § 93 Abs. 1 eine **Einschränkung dieses Schutzes zu Lasten des Urhebers** vor. Gleiches gilt für den seit dem ÄndG vom 10. 9. 2003 in § 75 verankerten Entstellungsschutz des ausübenden Künstlers. Dem liegt als allgemeiner Gedanke die Erleichterung des Rechteerwerbs durch den Filmhersteller und die Schaffung der Voraussetzungen für eine möglichst ungehinderte Verwertbarkeit des Filmwerkes zugrunde (kritisch *Wandtke*, Fs. für Schricker 2005, S. 609 ff.). Wie die besonderen Bestimmungen des Urheberrechtsgesetzes für Filme im Dritten Teil (§§ 88 ff.) ganz allgemein auf dieses Ziel gerichtet sind (vgl. AmtlBegr. des RegE BTDrucks. IV/270 S. 98), soll auch der persönlichkeitsrechtliche Schutz gegen Entstellung entsprechenden Beschränkungen unterworfen werden (so auch *Reupert* S. 135; *Dreier/Schulze/Schulze*[3] Rdnr. 1; *Kreile/Wallner* ZUM 1997, 625/631 f.: auch im Verwertungsinteresse der Urheber liegend; gleichzeitig Warnfunktion für Urheber). Die Begründung des RegE zu § 103 (jetzt § 93) nennt als Beispiel die Notwendigkeit nachträglicher Änderungen etwa auf Grund der freiwilligen Selbstkontrolle der deutschen Filmwirtschaft oder zur Anpassung des Filmwerkes an ausländische Verhältnisse sowie die damit verbundene Notwendigkeit eines gewissen Spielraums für den Filmhersteller zur Sicherung einer möglichst weiten Verbreitung des Filmwerks im Interesse der Einspielung der Herstellungskosten (eher zustimmend *Möhring/Nicolini/Lütje*[2] Rdnr. 1; *Wandtke/Bullinger/Manegold*[3] Rdnr. 5; vgl. auch *Ulmer*[3] § 36 III 2).

2 **Bedenken gegen diese Regelung** ergeben sich insbesondere aus dem Vergleich zu anderen Bereichen moderner Medien oder des modernen Kulturbetriebs, wo trotz eines oft ebenfalls erheblichen Kosteneinsatzes bei der „Produktion" von Werken und Darbietungen die Urheber keine vergleichbaren Nachteile hinnehmen müssen (vgl. die kritischen Einwände auch im Hinblick auf die verfassungsrechtliche Gewährleistung der Persönlichkeitsrechte sowie auf die fehlende konventionsrechtliche Differenzierung der entsprechenden Sachverhalte in Art. 6bis RBÜ bei *Schack*[4] Rdnr. 1093; *Ulmer*[3] § 36 III 2 sowie insb. bzgl. Laufbildern § 126 III c; *Wandtke*, Fs. für Schricker 2005, S. 609, 610, 614 f. wegen Widerspruchs zum Entstellungsschutz des Filmherstellers nach § 94 Abs. 1 S. 2; aA *Fromm/Nordemann/J. B. Nordemann*[10] Rdnr. 2). Der entscheidende Gesichtspunkt – so auch *Ulmer* – ist jedoch auch hier eine der Sachlage gerecht werdende **Interessenabwägung** (ebenso *v. Gamm* Rdnr. 3), die bei der Filmproduktion dem bedeutenden Einsatz technischer, organisatorischer und finanzieller Mittel von vornherein ein erhebliches Gewicht beizumessen hat. § 93 ist demgemäß ähnlich wie die Regelung in § 62 Abs. 2–4 (so. § 62 Rdnr. 2) eher als Ausdruck eines **vom Gesetzgeber ausdrücklich vorgegebenen Beurteilungskriteriums** bei der stets und so auch hier vorzunehmenden, am Einzelfall orientierten Interessenabwägung zu deuten (ebenso *Heidmeier* S. 111; *Huber* S. 39 f.; *Reupert* S. 135 f.; *Wallner* S. 106 ff. unter Betonung der Warnfunktion des § 93). Inhaltlich bringt dies die Betonung und den sachlichen **Vorrang der Verwertungsinteressen am Filmwerk** gegen-

Schutz gegen Entstellung; Namensnennung **§ 93**

über solchen Entstellungen bzw. Beeinträchtigungen mit sich, die keine schwerwiegende Interessengefährdung des Betroffenen zur Folge haben (so LG München I MR 4/1985 Archiv 4/5 – Die unendliche Geschichte – in Anlehnung an *v. Gamm* Rdnr. 4 sowie trotz Annahme einer gröblichen Entstellung im Ergebnis einer Interessenabwägung auch die bestätigende Entscheidung OLG München GRUR 1986, 460/463 – Die unendliche Geschichte; ebenso KG GRUR 2004, 497/498 – Schlacht um Berlin; kritisch dazu *Wandtke*, Fs. für Schricker 2005, S. 611 ff.; vgl. auch *Wandtke/Bullinger/Manegold*[3] Rdnr. 2 und 11: gesetzlich typisierte Vorwegnahme der Interessenabwägung mit Vorrang der Verwertungsinteressen des Filmherstellers; ebenso *Möhring/Nicolini/Lütje*[2] Rdnr. 5). Typisch auch die Ablehnung einer Verletzung des UPR wegen zu geringer Intensität des Eingriffs im Falle der Übernahme von Filmausschnitten aus mehreren Filmen unter Ausschluss der Originalfilmmusik und Unterlegung eines neuen Tons durch OLG Hamburg GRUR 1997, 822 = Schulze OLGZ 330 m. Anm. v. *Nordemann* – Edgar-Wallace-Filme; s. bereits oben § 14 Rdnr. 30.

Da auch im **internationalen Urheberrecht**, soweit Fragen des UPR überhaupt geregelt **3** sind (Art. 6bis RBÜ), einerseits nach dem Maßstab von Ehre und Ruf des Urhebers letztlich eine Interessenabwägung durchzuführen ist, andererseits in Art. 14bis RBÜ auch eine gewisse allgemeine Tendenz zur Bevorzugung der Verwertungsinteressen des Filmherstellers zum Ausdruck kommt, ist ein Verstoß gegen das Konventionsrecht durch die Regelung in § 93 nicht anzunehmen (ebenso die zitierte Entscheidung LG München I S. 5 unter Hinweis auf den dispositiven Charakter des § 93 sowie *Möhring/Nicolini/Lütje*[2] Rdnr. 5; *Wandtke/Bullinger/Manegold*[3] Rdnr. 2; zurückhaltender *Dreier/Schulze/Schulze*[3] Rdnr. 2; kritisch *Fromm/Nordemann/Hertin*[9] Rdnr. 3 ff.).

Bei der Interessenabwägung (vgl. allgemein *Huber* S. 41 ff. sowie die zahlreichen konkreten **4** **Beispiele angewandter Interessenabwägung** bei *Wallner*, und zwar bzgl. Drehbuchautoren S. 150 ff., der Kolorierung von Filmen S. 160 ff., des Product Placement S. 165 ff., Werbeunterbrechungen S. 170 ff., Untertitelung S. 181 ff., Verwendung von Filmausschnitten für Werbezwecke S. 187 ff., Laufzeitveränderung S. 180 ff., Schnitten auf Grund von FSK-Auflagen S. 193 f. und Digitalisierung S. 189 ff.; wegen der möglichen Arten von Entstellungen vorbestehender Werke vgl. auch die Beispiele bei *Pollner* S. 152 ff.) sind neben den Interessen des Filmherstellers auch die **Interessen der jeweils anderen beteiligten Urheber bzw. Inhaber verwandter Schutzrechte** in Betracht zu ziehen. Dies ergibt sich aus dem Gebot zu entsprechender angemessener Rücksichtnahme in S. 2, der ebenfalls als gesetzgeberische Hilfestellung bei der Durchführung der Interessenwertung anzusehen ist (speziell unter dem Gesichtspunkt der Miturheberschaft am Filmwerk *Reupert* S. 112 ff., 120; vgl. auch ihren Regelungsvorschlag S. 305 sowie unten Rdnr. 10). Als Beteiligte kommen neben Urhebern vorbestehender Werke iSd. § 88 Abs. 1 bzw. des § 89 Abs. 3 und eigentlichen Filmurhebern iSd. § 89 Abs. 1 zunächst ausübende Künstler in Betracht, wie sich aus der unmittelbaren Bezugnahme auf § 75 (neben derjenigen auf § 14) ergibt. Da § 93 aber generell von Urhebern und Inhabern verwandter Schutzrechte spricht, andererseits die Bezugnahme nur entweder auf § 14 oder auf § 75 erfolgt, kann es sich dabei nur um solche Beteiligte handeln, auf die eine dieser Vorschriften direkt oder kraft Verweisung anzuwenden ist (ebenso *Heidmeier* S. 102). Dies ist außer den bereits Genannten nur noch für Verfasser wissenschaftlicher Ausgaben (§ 70 Abs. 1) und für Lichtbildner (§ 72 Abs. 1) der Fall (siehe *Fromm/Nordemann/J. B. Nordemann*[10] Rdnr. 7; *Möhring/Nicolini/Lütje*[2] Rdnr. 2; *Wandtke/Bullinger/Manegold*[3] Rdnr. 1). Andere Inhaber verwandter Schutzrechte kommen demgemäß nicht in Betracht, wiewohl dem Filmhersteller gem. § 94 S. 2 ein eigener Entstellungsschutz gewährt ist.

2. Bedeutung der Einschränkung des Nennungsrechts des ausübenden Künstlers nach Abs. 2

§ 93 Abs. 2 wurde im Zuge der Neuregelung des Gesamtkomplexes der Vorschriften über **4a** die Leistungsschutzrechte des ausübenden Künstlers (§§ 73 ff.) durch das ÄndG vom 10. 9. 2003 eingefügt, das neben der Umsetzung der Richtlinie über Urheberrecht in der Informationsgesellschaft ua. auch der Umsetzung der beiden WIPO-Verträge (WCT und WPPT) von 1996 diente. Der in Art. 5 WPPT in Anlehnung an Art. 6bis RBÜ vorgesehene Persönlichkeitsschutz des ausübenden Künstlers (Namensnennung sowie Änderungs- und Entstellungsschutz) ist grundsätzlich in § 74 (Anerkennungs- und Nennungsrecht) und § 75 (Schutz vor Entstellung und Beeinträchtigung) geregelt. Wegen der spezifischen Schwierigkeiten im Bereich der Filmherstellung, die gemäß Abs. 1 schon seit Erlass des UrhG zu einer Einschränkung des Persönlichkeitsschutzes sowohl bei Urhebern wie bei ausübenden Künstlern bzgl. des Schutzes vor Entstellungen und Beeinträchtigungen geführt haben (so. Rdnr. 4), wurde bei **ausübenden Künstlern** auch bzgl. des in § 74 neu eingeführten **Nennungsrechts** – in Entsprechung zu dessen allgemeiner Beschränkung bei gemeinsamen Darbietungen nach § 74 Abs. 2– eine weitere **Einschränkung im Bereich der Filme** für notwendig erachtet (vgl. Bericht des Rechtsausschusses v. 9. 4. 2003, BTDrs. 15/837, UFITA Bd. 2004/I S. 266/270; vgl. schon die Kritik bei *Rehbinder*[15] Rdnr. 288; *ders.* ZUM 1991, 220, 224f.). Demgemäß ist die Nennung jedes einzelnen an einem Film mitwirkenden ausübenden Künstlers nicht erforderlich, wenn sie einen unverhältnismäßigen Aufwand erfordert (ähnlich die Regelung für gemeinsame Darbietungen gemäß § 74 Abs. 2). Die Regelung in Abs. 2 bedeutet also eine spezifische Reduktion des dem ausübenden Künstler in § 74 Abs. 1 grundsätzlich umfassend gewährten Anerkennungs- und Nennungsrechts im Filmbereich (zur geringen praktischen Relevanz s. *Homann*[2], Praxishandbuch Filmrecht, S. 157 und 263). Aus dem Umstand, dass § 93 Abs. 2 nur das Namensnennungsrecht der ausübenden Künstler betrifft, folgt im Umkehrschluss, dass es für die mitwirkenden **Urheber** beim **grundsätzlichen Namensnennungsrecht** gem. § 13 verbleibt, das nur durch ggf. konkludente Vereinbarungen eingeschränkt werden kann (so. § 13 Rdnr. 5, 24).

4b Da das Nennungsrecht gemäß § 74 Abs. 2 bei **mehreren an einer Darbietung gemeinsam beteiligten Künstlern** dann, wenn die Nennung jedes einzelnen von ihnen einen unverhältnismäßigen Aufwand erfordert (so. § 74 Rdnr. 34), bereits allgemein eine Abschwächung iSd. bloßen Nennung als Künstlergruppe erfahren hat (s. bereits oben Rdnr. 4a), stellt sich die Frage des Verhältnisses von § 74 Abs. 2 zu § 93 Abs. 2. § 93 Abs. 2 stellt jedoch ausschließlich auf den *einzelnen* ausübenden Künstler ab, also nicht auf gemeinsame Darbietungen (etwa durch Chöre oder Orchester). Eine Kombination der beiden Reduktionsvorschriften § 74 Abs. 2 und § 93 Abs. 2 in dem Sinne, dass die Nennung einer an einem Film mitwirkenden Künstlergruppe unter dem Gesichtspunkt des § 93 Abs. 2 wegen unverhältnismäßigen Aufwands gänzlich unterbleiben könnte, ist deshalb nicht möglich. An der **Filmherstellung mitwirkende Künstlergruppen** (etwa Musikbands bei einem Musikfilm oder auch Orchester bei eingespielten Musikaufnahmen) müssen also als Künstlergruppe auf jeden Fall genannt werden. Das bereits gemäß § 74 Abs. 2 auf die Nennung der Künstlergruppe reduzierte Nennungsrecht bleibt in dieser Form deshalb auch im Filmbereich erhalten.

4c Als **Künstlergruppen** kommen insoweit – wie auch die Vorgängerregelung in § 80 aF zeigt – allerdings nur Ensembles wie Chöre, Orchester, Ballette und Bühnenensembles in Betracht. Die bei einer Filmproduktion in aller Regel zahlreich **beteiligten Filmschauspieler** demgegenüber bilden kein die Darbietung gemeinsam erbringendes Ensemble in diesem Sinn, da jeder Filmschauspieler seine Rolle letztlich solistisch spielt (ähnlich *Meckel* in HK-UrhR[2] § 93 UrhG Rdnr. 5). Andernfalls würde bei Annahme eines „Filmensembles" und der daraus folgenden Reduktion auf eine bloße Gruppennennung gemäß § 74 Abs. 2 (gemäß § 74 Abs. 2 S. 4 allenfalls mit Ausnahme von Fällen besonderen Interesses, etwa bei Hauptdarstellern) eine Einzelnennung im Filmbereich (vielleicht mit Ausnahme der Hauptdarsteller) schon aus diesem Grund ausscheiden; § 93 Abs. 2 wäre somit insoweit überflüssig. Letztere Vorschrift muss daher gegenüber § 74 Abs. 2 als lex specialis angesehen werden; sie greift freilich wie § 74 Abs. 2 nur dann ein, wenn die Nennung jedes einzelnen Künstlers einen unverhältnismäßigen Aufwand bedeutet, was bei Hauptdarstellern regelmäßig nicht der Fall sein wird. Hier kann auch der Rechtsgedanke des § 74 Abs. 2 S. 4 (Recht auf Nennung bei besonderem Interesse, etwa bei Hauptdarstellern) wegen der parallelen Struktur der beiden Vorschriften für die Auslegung des § 93 Abs. 2 herangezogen werden (ähnlich *Dreier/Schulze/Schulze*[3] Rdnr. 19). Die Nennung der Hauptdarsteller liegt in aller Regel ohnehin im Interesse des Filmherstellers und der Filmverwerter und wird in aller Regel keinen unverhältnismäßigen Aufwand bedeuten. Ähnliches gilt bei Filmaufzeichnungen von Konzerten oder Theateraufführungen, bei denen den Darbietungen ein besonderes Gewicht zukommt (so *Dreier/Schulze/Schulze*[3] Rdnr. 19).

3. Entstehungsgeschichte

5 Wie eben dargestellt (so. Rdnr. 4a), ist der bisherige § 93 durch das ÄndG vom 10. 9. 2003 durch einen zweiten Absatz ergänzt worden, durch den das neu eingeführte Nennungsrecht des ausübenden Künstlers im Filmbereich eingeschränkt wurde. Der bisherige § 93 wurde im Wesentlichen unverändert zu § 93 Abs. 1; nur die bisherige Verweisung auf § 83 aF wurde durch diejenige auf § 75 ersetzt. Der Regelungsinhalt in § 93 Abs. 1 (bisher § 93) hatte im **früheren Recht** kein Vorbild (vgl. *Möhring/Nicolini*[1] Anm. 1a; *Huber* S. 34ff.) und zwar ebenso wenig wie die beiden in Bezug genommenen §§ 14 und 75 (vgl. § 14 Rdnr. 6, § 75 Rdnr. 3/4). In der Rspr. (so BGH Schulze BGHZ 160, 15 f. – Triumph des Willens; vgl. auch *v. Gamm* Rdnr. 1) war aber bereits nach früherem Recht anerkannt, dass nach Übergang der Urheberrechte bei Filmwerken das Persönlichkeitsrecht des Urhebers nur Schutz gegen Verunstaltung und Verstümmelung des Werkes gewährt.

Obwohl nach der **ursprünglichen Konzeption** des RefE 1954 (§ 93) als Urheber eines Filmwerkes der Filmhersteller gelten sollte, war wenigstens für den Filmregisseur persönlich zu seinen Lebzeiten ein – gewissermaßen isolierter und noch nicht auf gröbliche Entstellungen oder Beeinträchtigungen verkürzter – Persönlichkeitsschutz vorgesehen (§ 96 RefE), eingeschränkt nur durch das für alle Betroffenen geltende Gebot zur Rücksichtnahme nach § 97 RefE. Nach der **Umstellung des Systems** auf das Schöpfer- bzw. Filmurheberprinzip durch § 94 MinE 1959 erfolgte die nunmehr parallele persönlichkeitsrechtliche Regelung in § 97 MinE, und zwar für die Urheber des Filmwerks und die Urheber der zu seiner Herstellung benutzten Werke sowie für die ausübenden Künstler gleichermaßen. Der Persönlichkeitsschutz wurde dabei jedoch für alle Betroffenen auf Schutz gegen erhebliche Gefährdungen reduziert. Paradoxerweise bedeutete dies im Vergleich zum RefE für den Filmregisseur trotz Aufwertung seiner allgemeinen urheberrechtlichen Stellung im MinE gleichzeitig eine Verschlechterung seiner persönlichkeitsrechtlichen Position, jedenfalls soweit man auf den Wortlaut abstellt. **6**

Der **RegE 1962** übernahm ebenso wie die spätere gesetzliche Regelung die grundsätzliche Konzeption des MinE bzgl. der Filmurheberschaft (§ 89 RegE) wie die Einschränkung des Entstellungsschutzes (§ 103 RegE). Unterschiede gegenüber dem MinE ergaben sich einerseits durch die ausdrückliche Bezugnahme auf die §§ 14 und 93 RegE (jetzt §§ 14 und 75) und durch die Anwendung der Regelung auf alle betroffenen Inhaber verwandter Schutzrechte (so. Rdnr. 4). Außerdem wurde im RegE ähnlich wie in der späteren gesetzlichen Regelung die erhebliche Gefährdung durch den Maßstab der gröblichen Entstellung oder anderen gröblichen Beeinträchtigung ersetzt. Die Unterschiede zwischen dem RegE und dem endgültigen Gesetzeswortlaut waren eher redaktioneller Natur. **7**

II. Anwendungsbereich des § 93 Abs. 1 und Abgrenzung zu anderen Vorschriften, insb. zu § 39

1. Subjektiver Anwendungsbereich

§ 93 Abs. 1 gilt sowohl für die Urheber des Filmwerkes iSd. § 89 Abs. 1 (speziell wegen der Rechte des Kameramanns s. *G. Schulze* GRUR 1994, 860 ff. sowie *Merker* S. 126 ff.; sehr eingehend bzgl. der in Frage kommenden Personen auch *Heidmeier* S. 122 ff.) als auch für die Urheber der zur Herstellung des Filmwerkes benutzten Werke iSd. § 88 Abs. 1 und des § 89 Abs. 3; für beide Gruppen wäre ohne die Sonderregelung des § 93 Abs. 1 der Entstellungsschutz nach § 14 maßgeblich (*Dreier/Schulze/Schulze*[3] Rdnr. 5; *Heidmeier* S. 147 ff.; zur letzteren Gruppe von Urhebern vgl. *Wallner* S. 147 ff.; ausführlich zur Entstellung literarischer Werke durch Verfilmung, auch aus filmhistorischer Sicht *Pollert* S. 51 ff.). Dies gilt auch für solche **Inhaber verwandter Schutzrechte,** für die die grundsätzliche Geltung des § 14 durch Verweisung hergestellt ist, nämlich für die Verfasser wissenschaftlicher Ausgaben nach § 70 Abs. 1 wie für die Lichtbildner nach § 72 Abs. 1 (so. Rdnr. 4). Die Anwendung auf die ausübenden Künstler ergibt sich durch die unmittelbare Bezugnahme des § 75. Der Filmhersteller selbst fällt demgegenüber angesichts des ihm gemäß § 94 Abs. 1 S. 2 für 50 Jahre nach Erscheinen des Films speziell gewährten Entstellungsschutzes nicht unter diese Einschränkung (so *Dreier/Schulze/Schulze*[3] Rdnr. 5 und 17; dort auch zur Frage der *gemeinsamen* Geltendmachung des Schutzes gegen Entstellungen durch Urheber und Filmhersteller gegenüber einem Lizenznehmer nach Ablauf der 50 Jahre). **8**

Begünstigter von der Regelung des § 93 Abs. 1 ist umgekehrt nicht nur der Hersteller eines Filmwerkes, sondern auch der **Hersteller eines Laufbildes** (§ 95), da § 95 ua. auch auf § 93 verweist. Da bei Laufbildern jedoch definitionsgemäß keine Filmurheber iSd. § 89 Abs. 1 vorhanden sind, verbleiben als mögliche Betroffene insoweit nur Urheber vorbestehender Werke oder Inhaber verwandter Schutzrechte, insbesondere ausübende Künstler, deren Werke, Darbietungen oder Leistungen in das Laufbild durch einfaches Abfilmen übernommen werden (vgl. *Ulmer*[3] § 115 I und § 126 III c sowie unten § 95 Rdnr. 2 und 14 ff.; kritisch zur Anwendung auf Letztere wegen des oft höheren Stellenwerts der filmisch aufgezeichneten Werke oder Darbietungen *Dreier/Schulze/Schulze*[3] Rdnr. 7). **9**

§ 93 Schutz gegen Entstellung; Namensnennung

10 Das in § 93 Abs. 1 S. 2 verankerte **Gebot zur gegenseitigen Rücksichtnahme** betrifft neben dem Filmhersteller die anderen betroffenen Urheber und Inhaber verwandter Schutzrechte. Speziell für die ausübenden Künstler bedeutet das Gebot zur angemessenen Rücksichtnahme eine Erweiterung des entsprechenden allgemeinen Gebots in § 75 S. 2 auf die übrigen Beteiligten. Die gegenseitige Rücksichtnahme aller Beteiligten ist freilich der nach § 93 Abs. 1 S. 1 iVm. §§ 14 und 75 gebotenen **Interessenabwägung bereits immanent,** auch wenn das Verhältnis zwischen dem einzelnen betroffenen Urheber oder Inhaber eines verwandten Schutzrechtes und dem nutzungsberechtigten Filmhersteller dabei im Vordergrund steht. In der durch S. 2 bekräftigten Einbeziehung der *Interessen aller übrigen Beteiligten neben* dem Filmhersteller in die Interessenabwägung liegt die eher klarstellende Bedeutung dieser Vorschrift (aA *Möhring/Nicolini/Lütje*[2] Anm. 31; wie hier *Heidmeier* S. 112; *Wandtke/Bullinger/Manegold*[3] Rdnr. 15; vgl. auch *v. Gamm* Rdnr. 4). Im Übrigen kann jeder Beteiligte nur gegen die Beeinträchtigung seines eigenen Beitrags vorgehen, gegen diejenige eines Dritten oder des Gesamtwerks nur, wenn gleichzeitig sein eigener Beitrag beeinträchtigt wird (OLG Hamburg GRUR 1997, 822 = Schulze OLGZ 330 m. Anm. v. *Nordemann* – Edgar-Wallace-Filme). Mit *Grün* (ZUM 2004, 733, 737) ist im Übrigen davon auszugehen, dass trotz der beim UPR grundsätzlich gegebenen Unwirksamkeit des klauselartigen Ausschlusses der Unterlassungsklage und des vorläufigen Rechtsschutzes in Standardverträgen mit Filmproduzenten unter den erschwerten Bedingungen des § 93 die Geltendmachung des Entstellungsschutzes selten zum Erfolg führen wird.

2. Gegenständlicher Anwendungsbereich

11 § 93 Abs. 1 ist wie alle Sonderbestimmungen für Filme (§§ 88 ff.) auch auf **Fernsehwerke und Fernsehfilme** anzuwenden (vgl. *Ulmer*[3] § 27 II 2 und III; *ders.* Urhebervertragsrecht S. 2 und Rdnr. 44; *Dreier/Schulze/Schulze*[3] Rdnr. 6; *v. Gamm* § 88 Rdnr. 2). Dabei handelt es sich entweder um Filmwerke oder um Laufbilder iSd. § 95 (zu Letzteren s. bereits oben Rdnr. 9; vgl. auch *Wandtke/Bullinger/Manegold*[3] Rdnr. 1). Demgemäß wäre in den beiden Entscheidungen LG Saarbrücken und OLG Saarbrücken (UFITA 79 [1977] 358 und 364) im Falle eines für das Fernsehen arbeitenden Dokumentarfilmautors, wo ausschließlich auf die §§ 13 und 14 abgestellt und letztlich nach § 13 entschieden wurde, § 93 zumindest mit zu erörtern gewesen (kritisch ebenso *Pollert* S. 136 im Rahmen seiner ausführlichen Schilderung und Kommentierung dieses Falles aaO S. 131 ff.). Ähnlich OLG München GRUR 1993, 332 – Christoph Columbus (sa. *Homann*[2], Praxishandbuch Filmrecht, S. 304), wo bei Kürzung und Ersetzung von Filmmusik für eine einheitlich konzipierte Fernsehserie Entstellung iSd. § 14 angenommen wurde, ohne dass „Gröblichkeit" iSd. § 93 näher geprüft wurde, sowie in gleicher Weise OLG Frankfurt/M GRUR 1989, 203, 205 – Wüstenflug bzgl. der unvollständigen Darbietung eines um etwa ein Drittel verkürzten Filmes im Falle einer schon als solcher widerrechtlichen Wiedergabe (anders dagegen OLG Hamburg GRUR 1997, 822 = Schulze OLGZ 330 m. Anm. v. *Nordemann* – Edgar-Wallace-Filme, wo gröbliche Entstellung bei Verwendung von Filmausschnitten ohne die ursprüngliche Musik bezüglich ihres Komponisten verneint wurde; kritisch *Dreyer* in HK-UrhR[2] § 14 UrhG Rdnr. 69). Soweit bestimmte Teile von **Computerspielen und Multimediaprodukten** als Filme oder Laufbilder einzuordnen sind, ist auch insoweit § 93 anzuwenden (zum rechtstatsächlichen Hintergrund und zur rechtlichen Einordnung von Multimediaprodukten vgl. allgemein *Heeschen* S. 95 ff. und 105 ff.; vgl. auch *Möhring/Nicolini/Lütje*[2] Rdnr. 13: Charakter als Bildfolge darf nicht eingebüßt sein; aA *Heeschen* S. 187 unter Favorisierung einer neuen Werkart „Multimediawerke"; bezügl. der Multimedianutzung von Musikwerken vgl. *Riekert* S. 233 ff. mwN). Eine Beschränkung bzw. eine „teleologische Reduktion" der Anwendung von § 93 Abs. 1 auf die Erstverwertung von Filmen (so *Wallner* S. 112 ff.; *Wandtke*, Fs. für Schricker 2005, S. 609, 613 f. und *Zlanabitnik* AfP 2005, 35, 36 f.) erscheint nicht gerechtfertigt; es soll nach der Absicht des Gesetzgebers eine **umfassende filmische Verwertung** gesichert werden (so *Möhring/Nicolini/Lütje*[2] Rdnr. 14; *Wandtke/Bullinger/Manegold*[3] Rdnr. 5). Nicht von § 93 Abs. 1 betroffen ist aber die *außerfilmische Verwertung*, insbes. in Form des sog. Merchandising; für letzteren Bereich verbleibt es daher bei der uneingeschränkten Anwendung der §§ 14 und 75 (*Möhring/Nicolini/Lütje*[2] Rdnr. 12 f.; *Wandtke/Bullinger/Manegold*[3] Rdnr. 5; *Meckel* in HK-UrhR[2] § 93 UrhG Rdnr. 3; *Homann*[2], Praxishandbuch Filmrecht, S. 28 und 103).

3. Verhältnis zum Veröffentlichungsrecht nach § 12 und zum Recht auf Anerkennung der Urheberschaft nach § 13

In Übereinstimmung mit der Rechtsprechung (vgl. OLG München ZUM 2000, 767/771 – Regievertrag; insoweit in Übereinstimmung mit der Vorinstanz LG München I ZUM 2000, 414/415 ff.) kann § 93 Abs. 1 als Ausnahmevorschrift gegenüber dem allgemeinen Entstellungsschutz nach §§ 14 und 75 nicht dahin ausgelegt werden, dass er im Bereich der Filmwerke auch eine Einschränkung des **Veröffentlichungsrechts nach § 12** mit sich bringt (sa. oben § 12 Rdnr. 20 sowie *Dreier/Schulze/Schulze*[3] Rdnr. 3; wegen eines Falles der treuwidrigen Verweigerung der Einwilligung zur Veröffentlichung durch die Miturheberin (hier: Kamerafrau) eines Films s. OLG Köln GRUR-RR 2005, 337/338 – Dokumentarfilm Massaker). Gleiches ist für das **Recht auf Anerkennung der Urheberschaft** nach § 13 anzunehmen, wie auch ein Umkehrschluss aus § 93 Abs. 2 ergibt, der lediglich das Namensnennungsrecht der ausübenden Künstler beschränkt (aA andeutungsweise *v. Hartlieb/Schwarz/U. Reber* Kap. 54 Rdnr. 12; ebenso *Wallner* S. 111; wegen entsprechender Anwendung des S. 2 su. Rdnr. 13; wie hier *Dreier/Schulze/Schulze*[3] Rdnr. 3; *Möhring/Nicolini/Lütje*[2] Rdnr. 20; *Pollert* S. 46; *Wandtke/Bullinger/Manegold*[3] Rdnr. 6). Im Rahmen der auch bei § 13 zulässigen vertraglichen Vereinbarungen über die Namensnennung sowie im Hinblick auf die insoweit relevanten Branchenübungen (verneint von *Heidmeier* S. 197) wird aber bei der Frage der Namensnennung letztlich eine Interessenabwägung entscheiden müssen (so. § 13 Rdnr. 24; ähnlich *Heidmeier* S. 190 ff.; *v. Hartlieb/Schwarz/U. Reber* Kapitel 54 Rdnr. 17). Dies betrifft auch die umgekehrte Frage, inwieweit der Urheber oder ausübende Künstler etwa entgegen dem Verwertungsinteresse des Filmherstellers die **Nennung seines Namens untersagen** kann. Anders als das LG und OLG Saarbrücken (UFITA 79 [1977] 358 und 364) hat das KG (Schulze KGZ 60) einen solchen Anspruch versagt, und zwar wegen fehlender Glaubhaftmachung des Verfügungsgrundes im Falle einer angeblichen, durch Regiewechsel und Schnitte verursachten Rufschädigung eines Filmschauspielers und Mitverfassers des Drehbuchs, zuletzt bezogen auf dessen Antrag auf Aufnahme einer Distanzierungserklärung in den Vor- und Nachspann des Films (vgl. auch die Anmerkung von *Neumann/Schulze* OLGZ 176, 17 ff.; *Möhring/Nicolini/Lütje*[2] Rdnr. 20; *Wandtke/Bullinger/Manegold*[3] Rdnr. 8).

§ 13 und § 93 Abs. 1 (iVm. § 14) sind freilich dadurch miteinander verbunden, dass das vom Urheber ausgesprochene Verbot der Namensnennung auch als **Alternative zur Geltendmachung des Entstellungsverbots** in Frage kommt (so insbesondere LG und OLG Saarbrücken UFITA 79 [1977] 358 und 364 im Falle eines vom Rundfunkintendanten entstellten Fernsehbeitrags über die Geschichte des Saarlandes; sa. § 13 Rdnr. 15). Ein Durchschlagen der strengeren Beurteilung iSd. Gröblichkeitsmaßstabs nach § 93 auf Fälle des alternativ geltend gemachten Namensnennungsverbots aus § 13 ist dennoch nicht anzunehmen, da das Nennungsverbot in § 13 eine selbstständige Grundlage hat und § 93 Abs. 2 eine Einschränkung des Namensnennungsrechts nur für den ausübenden Künstler vorsieht (ebenso *Schack*[4] Rdnr. 365 sowie *Flechsig* FuR 1976, 589/598 f.; *ders.* FuR 1976 751/753; aA – bezogen auf § 14 – *Neumann* Anm. zu OLG Saarbrücken Schulze OLGZ 176, 6 f.; einschränkender *v. Hartlieb/Schwarz/U. Reber* Kap. 54 Rdnr. 12). Mit *Möhring/Nicolini/Lütje*[2] (Rdnr. 21) ist aber gegebenenfalls S. 2 (Gebot zur gegenseitigen Rücksichtnahme aller Beteiligten) auch für die notwendige Abwägung im Bereich des Rechts auf Anerkennung der Urheberschaft und des Verbots der Urheberbenennung nach § 13 entsprechend anzuwenden (s. auch oben Rdnr. 10). Bei **ausübenden Künstlern,** denen gemäß § 75 Abs. 1 ein allgemeines Recht auf Anerkennung und Namensnennung zuerkannt ist (s. im Einzelnen oben § 75 Rdnr. 5 ff.), ist in § 93 Abs. 2 eine eigenständige Regelung über die Einschränkung des Nennungsrechts für den Fall eingeführt worden, dass die Nennung jedes einzelnen an einem Film mitwirkenden ausübenden Künstlers einen unverhältnismäßigen Aufwand bedeutet (so. Rdnr. 4 a ff.).

4. Verhältnis zu § 39

§ 93 Abs. 1 S. 1 ersetzt iS einer besonderen Akzentuierung der Interessenabwägung zugunsten des Filmherstellers (so. Rdnr. 2) das Merkmal der Entstellung oder anderen Beeinträchtigung in § 14 (sowie § 75) durch das **qualifizierte Merkmal der gröblichen Entstellung** oder anderen gröblichen Beeinträchtigung, ergänzt durch das Rücksichtnahmegebot nach S. 2. Dies führt in den betroffenen Fällen zu einer kombinierten Auslegung der §§ 14 und 93 Abs. 1 (bzw. 75 und 93 Abs. 1) und kann entgegen *v. Gamm* (Rdnr. 2) nicht iS eines grundsätzlichen Unberührtbleibens der §§ 14 und 75 gedeutet werden.

§ 93

15 Diese Verklammerung von § 93 Abs. 1 und § 14 im Filmbereich führt auch zu einer **parallelen Deutung des Verhältnisses zu § 39**. Im Hinblick auf den Gesamtzusammenhang der Vorschriften der §§ 14, 39 und 93 Abs. 1 (so. § 14 Rdnr. 1 ff. sowie § 39 Rdnr. 1) kann es deshalb auch bei der Auslegung von Verfilmungsverträgen nach § 88 Abs. 1 sowie Filmherstellungsverträgen nach § 89 Abs. 1, selbst unter Berücksichtigung von § 39 Abs. 2 (Treu und Glauben), nur zu einer **einzigen einheitlichen Interessenabwägung** kommen, die durch die Merkmale der Gröblichkeit und des Gebots zur gegenseitigen Rücksichtnahme akzentuiert ist (zur grundsätzlichen Zulässigkeit und Notwendigkeit des Ausgleichs unter den Mitwirkenden BVerfG NJW 2001, 600 – Nichtannahmebeschluss in einer Verf.-Beschwerde gegen OLG München ZUM 2000, 767 – Regievertrag; sa. unten Rdnr. 16; vgl. auch *Dreier/Schulze/Schulze*[3] Rdnr. 10: Interessenabwägung unter höher gelegter Messlatte; *Huber* S. 41; *Reupert* S. 138 f.; *Wallner* S. 140 ff.; zur Frage der einheitlichen Interessenabwägung s. insb. § 14 Rdnr. 18 ff.; anders wohl OLG Hamburg GRUR 1997, 822 = Schulze OLGZ 330 m. Anm. v. *Nordemann* – Edgar-Wallace-Filme, wo § 39 und § 93 separat geprüft werden). Es wäre gekünstelt, dem Urheber, der nach § 93 Abs. 1 auf die Geltendmachung des Schutzes gegen gröbliche Entstellungen beschränkt ist, ein weitergehendes Änderungsverbot nach dem dann gewissermaßen isolierten Maßstab von Treu und Glauben zuzusprechen. Die Regelung des § 93 Abs. 1 ist vielmehr umgekehrt ein Beleg für die Notwendigkeit der Betonung des Gesamtzusammenhangs der änderungsrechtlichen Vorschriften in den §§ 14, 39 und 93 Abs. 1.

16 Im Übrigen ist § 39, insbesondere dessen Abs. 1, auch **im Lichte der Vorschriften von § 88 Abs. 1 sowie § 89 Abs. 1** auszulegen (s. schon § 39 Rdnr. 22). In der Einräumung des Rechts zur Verfilmung eines vorbestehenden Werkes (einschließlich solcher Werke, die zur Herstellung des Filmwerks unmittelbar geschaffen werden, wie Drehbuch und Filmmusik; vgl. § 89 Abs. 3) liegt nach § 88 Abs. 1 im Zweifel auch die Einräumung des ausschließlichen Rechts, das Werk unverändert oder *unter Bearbeitung oder Umgestaltung* zur Herstellung eines Filmwerks zu benutzen und das Filmwerk sowie *Übersetzungen und andere filmische Bearbeitungen* [scil. davon] auf alle bekannten Nutzungsarten zu nutzen (vgl. dazu *Hüppe* FuR 1967, 288 f.; *Dreier/Schulze/Schulze*[3] Rdnr. 8; einschränkender im Verhältnis zum Drehbuchautor *Homann*[2], Praxishandbuch Filmrecht, S. 28 und 100). Auch die eigentlichen Urheber des Filmwerkes iS von § 89 Abs. 1 räumen im Rahmen einer umfassenden Vermutung Rechte zur *filmischen Bearbeitung oder Umgestaltung* des Filmwerkes ein, was insbesondere für den Filmregisseur von Bedeutung ist (vgl. auch die stark an Machbarkeitskriterien orientierten Überlegungen und den darauf aufbauenden Vorschlag für einen Filmdrehbuchvertrag bei *Pollert* S. 153 ff. bzw. S. 170 ff.). Im Falle der Einräumung eines Bearbeitungsrechts an Teilen oder Zwischenstufen eines Films (etwa Landschaftsaufnahmen) kann allein daraus, dass die Fertigstellung des Films ohne Mitwirkung des ursprünglich beteiligten Regisseurs erfolgen soll, noch nicht die Gefahr einer gröblichen Entstellung abgeleitet werden (so OLG München ZUM 2000, 767/772 – Regievertrag). Fehlt es dagegen an einer (rechtsgültigen) vertraglichen Beziehung, so kann dem Produzenten das Privileg des § 93 Abs. 1 nicht zugute kommen (so *Wallner* S. 112; aA *Möhring/Nicolini/Lütje*[2] Rdnr. 3, da der Wortlaut des § 93 Abs. 1 lediglich auf die tatsächliche [willentliche] Mitwirkung bei der Herstellung des Filmwerks abstelle).

17 In der Praxis werden freilich die §§ 88 und 89 oftmals ergänzt oder ersetzt durch **Tarifvereinbarungen** (zB den Tarifvertrag für Film- und Fernsehschaffende idF vom 24. 5. 1996, abgedruckt bei *Hillig*[12] S. 151 ff.) oder Tarifverträge bzw. Honorarbedingungen im Fernsehbereich (so. § 88 Rdnr. 28 f. und § 89 Rdnr. 9 f., 16). Nach dem Maßstab der §§ 305 ff. BGB (vgl. dazu allgemein Vor §§ 28 ff. Rdnr. 20 ff.) soll nach BGH ein Änderungsvorbehalt „unter Wahrung der geistigen Eigenart des Werkes" in den üblichen Honorarbedingungen beim Sendevertrag zulässig sein, so BGH GRUR 1984, 45/51 – Honorarbedingungen Sendevertrag; der BGH misst hier jedoch ausschließlich am Maßstab des § 39 Abs. 2 UrhG (vgl. auch LAG Berlin UFITA 67 [1973] 286/289; wegen der Notwendigkeit und der Unzulänglichkeit der Regelung des Entstellungsschutzes in Tarifverträgen vgl. bereits *Samson* UFITA 64 [1972] 181/188; Bewertungsmaßstäbe für eine gesetzliche Regelung des Problems bei *Ulmer*, Urhebervertragsrecht, Rdnr. 145 ff.). Im Rahmen der Vermutungsregelung nach § 88 und § 89 ist jedenfalls auch ein unter dem Gesichtspunkt der Filmherstellung notwendiges und umfassendes Maß an Änderungsbefugnissen eingeräumt. Im Hinblick auf § 39 Abs. 1 ist also immer schon von den Vorliegen mindestens stillschweigend und vermutungsweise eingeräumter Änderungsbefugnisse auszugehen. Daneben bleibt im Hinblick auf den reduzierten Beeinträchtigungsschutz nach § 93 Abs. 1 und den Grundsatz der einheitlichen Interessenabwägung (so. Rdnr. 15) für die – isolierte – Anwendung des § 39 Abs. 2 kein Raum (ähnlich für den Bereich

der ausübenden Künstler *Flechsig,* Der Leistungsintegritätsanspruch des ausübenden Künstlers, S. 118).

Eine selbstständige Rolle kommt dem § 39 Abs. 1 aber insofern zu, als auch **§ 93 Abs. 1** **18** **dispositiver Natur** ist (vgl. auch KG Schulze KGZ 60, 10 ff. sowie LG München I MR 4/1985 Archiv 4/5 – Die unendliche Geschichte), und zwar nicht nur zugunsten des Urhebers oder ausübenden Künstlers (so aber *Fromm/Nordemann/Hertin*[9] Rdnr. 7; *Reupert* S. 133; auch nach *v. Gamm* Rdnr. 2 ist diese Vorschrift als Mindestregelung zu Gunsten der betroffenen Urheber und Leistungsberechtigten zwingend). Auch zu Ungunsten des Urhebers oder ausübenden Künstlers sind über § 93 Abs. 1 hinausgehende Vereinbarungen zulässig, wenn die vertraglich zugestandenen – aus objektiver Sicht mehr als gröblichen – Entstellungen oder Änderungen konkret genug waren, um von dem Betroffenen überblickt und damit im Detail gebilligt werden zu können (s. allgemein § 39 Rdnr. 8 ff.; ebenso *Dreier/Schulze/Schulze*[3] Rdnr. 11; *Möhring/Nicolini/Lütje*[2] Rdnr. 33; *v. Hartlieb/Schwarz/U. Reber* Kap. 54 Rdnr. 19; *Heidmeier* S. 114 sowie S. 161 für den Fall der Kolorierung; *Homann*[2], Praxishandbuch Filmrecht, S. 132; aA noch *Lütje* S. 269; einschränkender auch *Zlanabitnig* AfP 2005, 35, 39: Nichtigkeit gem. § 134 BGB bei Verstoß gegen die als Verbotsnorm anzusehende Regelung im Rundfunkstaatsvertrag; su. Rdnr. 21).

III. Einzelfälle und Rechtsprechung zum Begriff der gröblichen Entstellung

Nach LG München I (MR 4/1985 Archiv 4/5 – Die unendliche Geschichte, insoweit bestätigt von OLG München GRUR 1986, 460/461 – Die unendliche Geschichte, vgl. auch die ausführliche Schilderung und Kommentierung des Falles bei *Pollert* S. 119 ff.; kritisch *Homann*[2], Praxishandbuch Filmrecht, S. 27) ist **gröblich** eine Entstellung oder Beeinträchtigung dann, wenn sie in besonders starker Weise die in §§ 14 und 75 genannten Interessen des Urhebers oder Leistungsschutzberechtigten verletzt oder wenn eine völlige Verkehrung des ursprünglichen Sinngehalts des Filmwerks bzw. des ihm zugrundeliegenden Werkes oder eine völlige Verunstaltung von urheberrechtlich wesentlichen Teilen des Films oder Werkes entgegen den Intentionen der Berechtigten stattfindet (ebenso *Haberstumpf*[2] Rdnr. 227; wegen Einzelfällen so. Rdnr. 4). Entgegen der Auffassung des LG München (aaO) hat in dem gegebenen Fall der Verfilmung des Romans „Die unendliche Geschichte" von Michael Ende nach der eingehend erläuterten Auffassung des OLG München (aaO) wegen einer Schlussszene, die dem Wesen, dem Geist, dem Charakter und der Tendenz des verfilmten Romans zuwiderlief und eine Sinnentstellung enthielt, in der Tat eine gröbliche Entstellung vorgelegen. Der Schutzanspruch des Urhebers scheiterte aber angesichts der von ihm geschaffenen Vertrags- und Vertrauenslage im Zuge der vom OLG München vorgenommenen Interessenabwägung (kritisch dazu *Fromm/Nordemann/Hertin*[9] Rdnr. 5, *Homann*[2] aaO sowie *Schack*[4] Rdnr. 365). Die **Grenze zur gröblichen Entstellung** ist demgegenüber nicht überschritten, wenn ein Dokumentarfilm über das Alltagsleben der Berliner Bevölkerung *vor und nach* Beendigung des Zweiten Weltkriegs und über die damit verbundenen widersprüchlichen Lebenszusammenhänge (wegen des konkreten Sachverhalts sa. *Zlanabitnig* AfP 2005, 35 f.) bei der Sendung des Films im Fernsehen auf die nahezu unveränderte erste Hälfte des Films (der Teil bis zur Kapitulation) gekürzt wird, wiewohl an sich eine Entstellung anzunehmen war (KG GRUR 2004, 497/498 f. – Schlacht um Berlin; kritisch wegen der Zerstörung der Gesamtdramaturgie des Dokumentarfilms *Zlanabitnik* AfP 2005, 35, 36 ff.; ebenso *Wandtke*, Fs. für Schricker 2005, S. 609, 612). **Verneint wurde das Vorliegen einer gröblichen Entstellung** auch bzgl. der Einfügung von Musik in einen Spielfilm als sog. Originalton, der im Sinne der Spielhandlung unmittelbar während der Filmaufnahme mitgeschnitten wurde, und zwar anstelle des vom Komponisten gewünschten sog. Playback (LG München I UFITA 56 (1970) 354/358, entschieden allerdings ohne konkrete Bezugnahme auf § 93). Als allenfalls ganz am Rande betroffen bezeichnete das OLG Hamburg (GRUR 1997, 822 = Schulze OLGZ 330 m. Anm. v. *Nordemann* – Edgar-Wallace-Filme; sa. *Homann*[2], Praxishandbuch Filmrecht, S. 273) einen Filmkomponisten, wenn Teile der betroffenen Filme ohne gleichzeitige Übernahme der ursprünglichen Musik in eine Comedy-Serie von gänzlich neuem und andersartigem Charakter übernommen werden, so dass Ansprüche aus § 39 und § 93 (Abs. 1) verneint wurden (kritisch für den Fall der Miturheberschaft des Filmkomponisten *Dreyer* in HK-UrhR[2] § 14 UrhG Rdnr. 69). Überhaupt keinen Eingriff in das Urheberpersönlichkeitsrecht bedeutet im Übrigen nach BGH (GRUR 1971, 269/271 – Das zweite Mal) die bloße Ablehnung eines Manuskripts als nicht „sendefertig", auch wenn die Ablehnung mit der Nichtberücksichtigung der vom Urheber des Sendemanuskripts als Entstellung betrachteten Änderungswünsche der Rundfunkanstalt begründet wird (vgl. allgemein *Reupert* S. 134 ff.).

19

§ 93   Schutz gegen Entstellung; Namensnennung

20   **Bejaht wurde das Vorliegen einer gröblichen Entstellung** vom KG im Fall „Kriminalspiel" (UFITA 59 [1971] 279/282f.). Die vertragliche Einräumung des Senderechts an einem Werk sowie des Rechts, dieses „unter Wahrung seiner geistigen Eigenart für Sendezwecke" zu bearbeiten und umzugestalten, deckte im Hinblick auf § 93 (Abs. 1) nicht die in das Drehbuch vom Dramaturgen der betroffenen Rundfunkanstalt eingefügten zahlreichen Zitate sowie die vorgenommene Änderung einer Hauptrolle, weil sie den Charakter und die Atmosphäre des Stückes ohne wirklich zwingende Notwendigkeit gröblich veränderten (vgl. auch die ausführliche Schilderung und Kommentierung des Falles bei *Pollert* S. 127 ff.).

21   Die Dynamik der Medienentwicklung und die Bedeutung des werbefinanzierten Fernsehens führten zur Frage der **Zulässigkeit von Werbeunterbrechungen** bei Spielfilmen (grundlegend *Peifer* S. 218 ff.; *ders.* GRUR Int. 1995, 25 ff.; vgl. auch *Heidmeier* S. 163 ff.; *Huber* S. 88 ff.; *Rehbinder*[15] Rdnr. 287; *Reupert* S. 149 ff.; *Zlanabitnig* AfP 2005, 38 f.; vgl. auch *Wallner* S. 168 ff.; rechtsvergleichend *Rosén* GRUR Int. 2004, 1002 ff.). Jedenfalls bei **ambitionierten künstlerischen Filmen** kann – im Falle des Fehlens vertraglicher Vereinbarungen über mögliche „Sollbruchstellen" (dazu *Heidmeier* S. 171 f.; ablehnend *Reupert* S. 152) – eine derartige Unterbrechung auch nach dem Maßstab des § 93 Abs. 1 unzulässig sein (zustimmend *Fromm / Nordemann / Hertin*[9] Rdnr. 6; *Heidmeier* S. 175; *Reupert* S. 153; *Schilcher* S. 108; *G. Schulze* GRUR 1994, 861; *Zlanabitnig* AfP 2005, 38 f. unter besonderer Gewichtung der Häufigkeit der Werbeunterbrechungen; vgl. auch die Beispiele bei *Pollert* S. 73 f.; Oberster Gerichtshof Schweden GRuR Int. 2008, 772 – TV4; skeptisch wegen der inzwischen eingetretenen Üblichkeit *Rehbinder*[15] Rdnr. 287; zurückhaltender auch *Möhring / Nicolini / Lütje*[2] Rdnr. 27; *Formm / Nordemann / J. B. Nordemann*[10] Rdnr. 22; *v. Hartlieb / Schwarz / U. Reber* Kap. 54 Rdnr. 14; vgl. auch *Huber* S. 93; *Schack*[4] Rdnr. 363 f.). Eine detaillierte medienrechtliche Regelung der Fernsehwerbung findet sich in Art. 11 der Richtlinie 2007/65/EG über audiovisuelle Mediendienste (ABl. L 332/27 v. 18. 12. 2007) sowie in §§ 15 (öffentlich-rechtlicher Rundfunk) und 44 (privater Rundfunk) des Rundfunkstaatsvertrags vom 31. August 1991 idF des Neunten Rundfunkänderungsstaatsvertrags vom 31. 7.–10. 10. 2006 (zum früheren Recht vgl. *Hermann,* Rundfunkrecht, 1994, § 20 Rdnr. 27; *Heidmeier* S. 167 ff., 175 ff.; *Huber* S. 89 f.; *Peifer* S. 265 ff.; *ders.* GRUR Int. 1995, 43 f. sowie Niedersächsisches OVG ZUM 1994, 661 unter Zitierung des gesetzgeberischen Motivs der Wahrung des künstlerischen Wertes von Kino- und Fernsehfilmen). Diese freilich nur auf der Ebene des Rundfunk- bzw. des Medienrechts liegenden Vorschriften lassen das Urheberpersönlichkeitsrecht zwar unberührt (vgl. *Schricker,* Informationsgesellschaft, S. 85; ebenso *Möhring / Nicolini / Lütje*[2] Rdnr. 27; *Meckel* in HK-UrhR[2] § 93 UrhG Rdnr. 2), doch sind durchaus gewisse Rückwirkungen auf letzteres intendiert (vgl. Art. 11 Abs. 1 Richtlinie 2007/65: die Mitgliedstaaten sorgen dafür, dass durch Fernsehwerbung die Rechte von Rechteinhabern nicht verletzt werden; Niedersächsisches OVG aaO; *Peifer* S. 269 ff.; zust. *Wandtke / Bullinger / Manegold*[3] Rdnr. 13; kritisch und stärker differenzierend *Möhring / Nicolini / Lütje*[2] Rdnr. 27; vgl. auch EuGH vom 23. 10. 2003, GRUR Int. 2004, 242/245 zum Begriff der „Reihe" bzw. „Serie" von im Fernsehen gesendeten Filmen und der damit verbundenen Erhöhung der Zahl zulässiger Werbeunterbrechungen iSv Gemeinsamkeiten oder Verbindungen, die sich aus dem *Inhalt* der betreffenden Filme ergeben müssen; aA Oberster Gerichtshof Schweden GRuR Int. 2008 772/773 – TV4; zur Diskussion über die zulässige Häufigkeit von Werbeunterbrechungen bei Reihen aus Kinofilmen vgl. *Engel,* Reihen aus Kinofilmen, ZUM 2003, 85 mwN). Die **Einblendung des Logos** eines Fernsehunternehmens stellt in der Regel keine gröbliche Entstellung dar, da das Logo für jeden Zuschauer erkennbar keinerlei gestalterische Beziehung zum Film aufweist (ebenso *Heidmeier* S. 190; *Wallner* S. 176; *Möhring / Nicolini / Lütje*[2] Rdnr. 27; *Wandtke / Bullinger / Manegold*[3] Rdnr. 14; anders nach dem insoweit wesentlich strengeren französischen Recht Tribunal de grande instance Paris GRUR Int. 1989, 936 m. Anm. *v. Lewinski* – „Logo La Cinq"; aA auch *Huber* S. 97; *Reupert* S. 159; *Schack*[4] Rdnr. 364; *G. Schulze* GRUR Int. 1994, 861; zweifelnd *Rehbinder*[15] Rdnr. 287).

22   Zu differenzieren ist – wie stets im Rahmen der Interessenabwägung – bei der Frage der nachträglichen **Kolorierung** von Schwarz-Weiß-Filmen (zur Technik vgl. *v. Hartlieb / Schwarz / U. Reber* Kap. 54 Rdnr. 15; *Heidmeier* S. 136 ff.; *Huber* S. 77 f.; *v. Lewinski / Dreier* GRUR Int. 1989, 635; *Reupert* S. 139 f.; zu einer Stellungnahme des US Copyright Office vgl. *Kühn* ZUM 1988, 82). Eine Verletzung ist bei **künstlerisch ambitionierten Filmen** (so *Heidmeier* S. 157), insb. bei solchen zu bejahen, die trotz bereits bestehender Möglichkeit des Einsatzes von Farbfilmen bewusst in Schwarz-Weiß gedreht wurden (so in dem amerikanisch-französischen Fall „Asphalt Jungle" von John Huston [su. Rdnr. 23] oder – nach *Kreile / Wallner* ZUM 1997, 625/631 – die Anfangssequenz des Filmes „Schindlers Liste" von St. Spielberg; insoweit zustimmend

Schutz gegen Entstellung; Namensnennung § 93

auch *Wallner* S. 160 ff.). Dies gilt aber auch bei den auf einer entsprechenden Dramaturgie beruhenden Filmen aus der Frühzeit des Films (zur Dramaturgie von Schwarz-Weiß-Filmen vgl. *Platho* GRUR 1987, 424/425; *Reupert* S. 142 f.; aA, aber nur bzgl. der Urheber vorbestehender Werke *Wallner* S. 159; wegen der Frage des intertemporalen Rechts vgl. *Heidmeier* S. 139 ff.). Ein Gegenbeispiel zulässiger, da jedenfalls nicht gröblicher Entstellung bzw. Änderung wäre etwa die nachträgliche Kolorierung eines rein wissenschaftlichen Films zur Erzielung einer höheren Kontrastwirkung (zustimmend zu einer Differenzierung nach dem Grad der schöpferischen Eigenart des Films *v. Lewinski/Dreier* aaO. 645; ähnlich *Huber* S. 86; *Lütje* S. 270; eingehend zur Interessenabwägung *Heidmeier* S. 148 ff.; einschränkender *Dreier/Schulze/Schulze*[3] Rdnr. 9; *Rehbinder*[15] Rdnr. 287; *Schack*[4] Rdnr. 363; *Schilcher* S. 116, 122 sowie *Platho* aaO S. 426; dieser jedoch mit Recht für Relevanz des urheberpersönlichkeitsrechtlichen Schutzes auch für vor Inkrafttreten des UrhG geschaffene „Altfilme"; § 132 Abs. 1 S. 1 steht dem nicht entgegen; ebenso *Heidmeier* S. 139 ff.; aA *v. Hartlieb/Schwarz/U. Reber* Kap. 54 Rdnr. 15).

International großes Aufsehen wegen der zusätzlich involvierten fremden-, internationalprivat- und konventionsrechtlichen Fragestellungen hat der **Fall des Films „Asphalt Jungle" von John Huston** erregt, der wegen des anfänglichen Schwankens der französischen Rechtsprechung in einer kolorierten Fassung im Programm „La Cinq" ausgestrahlt worden war (vgl. einerseits Cour d'appel Paris GRUR Int. 1989, 937, andererseits Cour de cassation GRUR Int. 1992, 937). In der letzten Entscheidung (Cour d'appel Versailles RIDA 164 [1995] 389) wurde den Erben des verstorbenen Regisseurs, der sich bei einem anderen seiner Filme („Maltese Falcon") noch zu Lebzeiten klar gegen die Kolorierung ausgesprochen hatte, erheblicher Schadenersatz zugesprochen, nämlich in Höhe von FF 400 000 wegen der Kolorierung selbst sowie von FF 200 000 wegen der Ausstrahlung im Fernsehen (vgl. allgemein *Huber* S. 110 ff.; *v. Lewinski/Dreier* aaO S. 641 ff.; *Edelmann*, Das anwendbare Recht bei der Verwertung nachkolorierter amerikanischer Filme in Frankreich, GRUR Int. 1992, 260 = IIC 1992, 629; zum kollisionsrechtlichen Aspekt vgl. auch *Schack* IPRax 1993, 46 ff. mit ausführlicher Schilderung der Prozessgeschichte; ebenso *Skrzipek* S. 57 f; vgl. daneben *Vischer*, Fs. für Müller-Freienfels, S. 97 ff.). Wie in Frankreich wäre die Aktivlegitimation der amerikanischen Filmurheber auch in Deutschland gemäß § 121 Abs. 6 unmittelbar gegeben, wobei jedenfalls insoweit die Frage der Urheberschaft nach deutschem Recht zu bestimmen wäre (so im Ergebnis auch *Huber* S. 117; generell BGH GRUR Int. 1998, 427; aA mit Nachdruck *Schack* aaO S. 48 sowie *Skrzipek* S. 63 f. jedoch unter Vorbehalt der Auffang- und Reservefunktion des aPR). Auch im sachlichen Ergebnis – gröbliche Entstellung – wäre in Deutschland im konkreten Fall wie in Frankreich zu entscheiden (ebenso *Pollert* S. 78 f. sowie *Reupert* S. 145 f.; vgl. auch ihren Regelungsvorschlag S. 149; vgl. auch *Möhring/Nicolini/Lütje*[2] Rdnr. 26 und aus der Sicht des Kollisionsrechts *Asmus* S. 116 Fn. 504; im Ergebnis ebenso *Schack* aaO S. 51, aber auf Grund der Reservefunktion des aPR), soweit nicht ein erheblicher Abstand vom Tode des Urhebers ein anderes Ergebnis der Interessenabwägung rechtfertigt (so. Vor §§ 12 ff. Rdnr. 31). 23

Ähnlich – insbesondere in Abhängigkeit vom künstlerischen Rang bzw. der künstlerischen Ambition eines Filmes – ist bezüglich anderer Eingriffe in Filmwerke, etwa **Laufzeitänderungen** und **Formatanpassungen** sowie bei Auflagen durch Entscheidungen von Gerichten oder der freiwilligen Selbstkontrolle der Filmwirtschaft (vgl. *Wallner* S. 143, 192 ff.) zu entscheiden (vgl. auch *v. Lewinski/Dreier* GRUR Int. 1989, 635 ff.; *Pollert* S. 76 f.; *Reupert* S. 153; *Wallner* S. 184 ff., 188 ff.; *de Werra* S. 69 ff. sowie für Formatanpassungen *Huber* S. 51 ff.; speziell zum sog. „cutting" vgl. *Heidmeier* S. 178 ff.; *Zlanabitnig* AfP 2005, 35/37 f.). Es kommt hier sehr auf den Einzelfall an, insbesondere auch auf den Grad der Geschwindigkeitsveränderung (so *v. Lewinski/Dreier* aaO S. 646; *Wallner* S. 188 ff.; sa. LG Berlin ZUM 1997, 758, das bei Kürzung der einzelnen Folgen einer Fernsehserie um jeweils etwa 10 Minuten eine gröbliche Entstellung für möglich hält und den entsprechenden Auskunftsanspruch gewährt). Formatanpassungen („panning and scanning") sind wohl im Vergleich zu geringfügigen Laufzeitänderungen als schwerwiegender zu bewerten (so *v. Lewinski/Dreier* aaO; *Reupert* S. 155 f.; Beispiele missglückter Anpassung bei *Pollert* S. 77 f.; vgl. auch *Möhring/Nicolini/Lütje*[2] Rdnr. 28: Prüfung, ob überhaupt objektiv nachweisbare Änderung vorliegt; vgl. allgemein auch *v. Hartlieb/Schwarz/U. Reber* Kap. 54 Rdnr. 14; *Huber* S. 75 f.; *Schack*[3] Rdnr. 363; vgl. auch LG Kopenhagen GRUR Int. 1998, 336 – Panscanning). Mit *Dreier/Schulze/Schulze*[3] Rdnr. 9 ist Entscheidungskriterium auch die Notwendigkeit des Eingriffs, beispielsweise wenn das Abschneiden der Ränder eines Films im Breitwandformat bei seiner Sendung im Fernsehen durch die weniger gravierende Lösung mit schwarzen Balken oben und unten am Gerät vermieden werden kann. Gröbliche Entstellungen können auch das Abschneiden des Nachspanns und ähnliche Eingriffe (vgl. *Reupert* S. 156 ff.) 24

sowie Manipulationen an der digitalisierten Fassung von Filmen darstellen (grundlegend *Wallner* S. 195 ff.; aA *Wandtke/Bullinger/Manegold*³ Rdnr. 14: kein Fall von § 93 Abs. 1, sondern von § 13; anders beim dramaturgisch wichtigen Vorspann). Gefährdungen der Persönlichkeitsinteressen der Filmurheber entstehen auch durch die digitalen Verwertungsmöglichkeiten von Filmen etwa auf DVDs. Zu denken ist hier an auf solchen DVDs enthaltene Zusatz- und Begleitmaterialien wie Filmversionen mit Kommentaren oder an einzelne zusätzliche Filmszenen außerhalb der vom Filmregisseur genehmigten endgültigen Schnittfassung (so *Katzenberger*, GRUR Int. 2003, 889/900 unter Hinweis auf eine kritische Äußerung des Filmregisseurs Tom Tykwer: Überlagerung des Filmbildes mit einem Studiokommentar als Degenerierung des Filmes zum Hintergrund).

IV. Rechtsfolgen beim Vorliegen gröblicher Entstellung

25   Im Falle des Vorliegens einer gröblichen Entstellung oder sonstigen gröblichen Beeinträchtigung nach § 93 Abs. 1 (iVm. §§ 14 und 75) regeln sich die Rechtsfolgen nach den §§ 97 ff. (so. § 14 Rdnr. 41; s. auch die Hinweise bei *Dreier/Schulze/Schulze*³ Rdnr. 15). Gröbliche Entstellung bedeutet jedoch nicht notwendigerweise eine höhere Geldentschädigung iSd. § 97 Abs. 2 S. 4 (vgl. KG UFITA 59 [1971] 279/284 – Kriminalspiel), insbesondere dann, wenn – wie in dem vom KG entschiedenen Fall – der betreffende Hersteller (hier: die Rundfunkanstalt) von sich aus im Vorspruch („Kriminalspiel in freier Bearbeitung eines Buches von ...") eine erhebliche Distanzierung vorgenommen und damit der Gefahr der Rufschädigung weitgehend vorgebeugt hat (zust. *Wandtke/Bullinger/Manegold*³ Rdnr. 16; *Dreier/Schulze/Schulze*³ Rdnr. 15; vgl. auch *v. Hartlieb/Schwarz/U. Reber* Kap. 56 Rdnr. 18). Die Beachtung der Grundsätze der Verhältnismäßigkeit und des Übermaßverbots kann ggf. dazu führen, dass der Unterlassungsanspruch aus § 97 Abs. 1 durch den Anspruch auf Zurückziehung des Namens ersetzt wird (vgl. *v. Hartlieb/Schwarz/U. Reber* Kap. 54 Rdnr. 12 und Kap. 93 Rdnr. 30 und 33; *Dreier/Schulze/Schulze*³ Rdnr. 16 sowie bereits oben Rdnr. 13).

§ 94 Schutz des Filmherstellers

(1) ¹Der Filmhersteller hat das ausschließliche Recht, den Bildträger oder Bild- und Tonträger, auf den das Filmwerk aufgenommen ist, zu vervielfältigen, zu verbreiten und zur öffentlichen Vorführung, Funksendung oder öffentlichen Zugänglichmachung zu benutzen. ²Der Filmhersteller hat ferner das Recht, jede Entstellung oder Kürzung des Bildträgers oder Bild- und Tonträgers zu verbieten, die geeignet ist, seine berechtigten Interessen an diesem zu gefährden.

(2) ¹Das Recht ist übertragbar. ²Der Filmhersteller kann einem anderen das Recht einräumen, den Bildträger oder Bild- und Tonträger auf einzelne oder alle der ihm vorbehaltenen Nutzungsarten zu nutzen. ³§ 31 und die §§ 33 und 38 gelten entsprechend.

(3) Das Recht erlischt fünfzig Jahre nach dem Erscheinen des Bildträgers oder Bild- und Tonträgers oder, wenn seine erste erlaubte Benutzung zur öffentlichen Wiedergabe früher erfolgt ist, nach dieser, jedoch bereits fünfzig Jahre nach der Herstellung, wenn der Bildträger oder Bild- und Tonträger innerhalb dieser Frist nicht erschienen oder erlaubterweise zur öffentlichen Wiedergabe benutzt worden ist.

(4) §§ 20b, 27 Abs. 2 und 3 sowie die Vorschriften des Abschnitts 6 des Teils 1 sind entsprechend anzuwenden.

Schrifttum: *Ahlberg,* Die Vermietung von Schallplatten und Videokassetten, GRUR 1983, 406; *v. Becker,* Neues zur Parodie, Fs. für Loewenheim, S. 3; *Breinersdorfer,* Die rechtliche Stellung des Filmproduzenten aus Sicht der Autoren, ZUM 2003, 743; *Brugger,* Rechtsfragen bei neuen Verfahren der elektronischen Bildaufzeichnung und Bildwiedergabe, UFITA 56 (1970) 1; *Dünnwald,* Zum Leistungsschutz an Tonträgern und Bildton-trägern, UFITA 76 (1976) 165; *Fuhr,* Der Anspruch des Sendeunternehmens nach §§ 94, 54 bei Auftragsproduktionen, Fs. für Reichardt, 1990, S. 29; *Gerhardt,* Urheberrechtsform zur Stärkung der Stellung des Filmproduzenten – Anregungen für Korb 2 –, ZUM 2003, 746; *v. Have/Pense,* Filmfonds in Recht und Praxis, ZUM 1998, 890; *Hertin,* Wo bleibt der internationale Leistungsschutz für Filme?, ZUM 1990, 442; *Hruschka,* Die bilanzielle Behandlung von Filmverwertungsrechten – Replik zu Radau, Die Abschreibung von Filmrechten nach dem Medienerlaß, DStR 2003, 1278, DStR 2003, 1559; *Janßen,* Lizenzvereinbarungen in der Filmwirtschaft, Die steuerliche Betriebsprüfung 2004, 185; *Katzenberger,* Vom Kinofilm zum Videogramm, GRUR-Fs., 1991, S. 1401; *ders.,* Kein Laufbildschutz für ausländische Videospiele in Deutschland, GRUR Int. 1992, 513; *ders.,* Die rechtliche Stellung des Filmproduzenten im internationalen Vergleich, ZUM 2003, 712; *Klatt,* Zur Reichweite des Laufbildschutzes bei der Frage der freien

Schutz des Filmherstellers § 94

Benutzung iS des § 24 UrhG, AfP 2008, 350; *Kreile, J.,* Das Leistungsschutzrecht des § 94 UrhG als Besonderheit im Europäischen Binnenmarkt (?) – Zur Stellung des Produzenten, Fs. für Kreile, 1990, S. 119; *ders.,* Die Berechtigten am Film: Produzent/Producer, ZUM 1999, 59; *Kreile J./Höfinger,* Der Produzent als Urheber, ZUM 2003, 719; *Kreile, J./Westphal,* Multimedia und das Filmbearbeitungsrecht, GRUR 1996, 254; *Krüger-Nieland,* Beteiligung der Sendeanstalten an den Erlösen aus den Geräte- bzw. Leerkassettenvergütungen, GRUR 1983, 345; *Loef/Verweyen,* „One more Night" – Überlegungen zum abgeleiteten fremdenrechtlichen Filmherstellerschutz, ZUM 2007, 706; *Loewenheim,* Die Beteiligung der Sendeunternehmen an den gesetzlichen Vergütungsansprüchen im Urheberrecht, GRUR 1998, 513; *Lüdicke/Arndt,* Der neue Medienerlaß. Anmerkungen aus der Beratungspraxis, MMR Beilage 6/2001; *Lütje,* Die Rechte der Mitwirkenden am Filmwerk, 1987; *Mangold,* Film als Umlaufvermögen? Zur Bedeutung des Leistungsschutzrechts des Filmherstellers gemäß § 94 UrhG für die Steuerbilanz, ZUM 2008, 188; *Mielke,* Urheberrechtsfragen der Videogramme, 1987; *Movsessian,* Urheberrechte und Leistungsschutzrechte an Filmwerken, UFITA 79 (1977) 213; *Pense,* Der urheberrechtliche Filmherstellerbegriff des § 94, ZUM 1999, 121; *Radau,* Die Abschreibung von Filmrechten nach dem Medienerlaß, DStR 2003, 1278; *Reber, N.,* Der Inhalt des Leistungsschutzrechtes des Filmherstellers in *v. Hartlieb/Schwarz* (Hrsg.), Handbuch des Film-, Fernseh- und Videorechts, 4. Auflage, 2004, S. 195; *Reemann,* Rechtsprobleme beim Schallplatten- und Videovertrieb, GRUR 1987, 339; *Rehbinder,* Steht dem Produzenten von Videogrammen ein originäres oder nur ein abgeleitetes Leistungsschutzrecht zu?, in Poll (Hrsg.), Videorecht, Videowirtschaft, 1986, S. 99; *Reupert,* Der Film im Urheberrecht, 1995; *Rossbach,* Die Vergütungsansprüche im deutschen Urheberrecht, 1990; *Schack,* Ansprüche der Sendeanstalten bei Videonutzung ihrer Sendungen, GRUR 1985, 197; *ders.,* Der Vergütungsanspruch der in- und ausländischen Filmhersteller aus § 54 I UrhG, ZUM 1989, 267; *Schorn,* Zur Frage der Änderung von § 87 Absatz 3 und anderer Vorschriften des Urheberrechtsgesetzes im Rahmen der Urheberrechtsreform, GRUR 1982, 644; *Schricker,* Kurzkommentar zu BGH, Urt. v. 22. 10. 1992 – „Filmhersteller", EWiR 1993, 399; *Schwarz,* Das „Damoklesschwert" des § 31 Abs. 4 UrhG – Regelungsbedarf für neue Nutzungsraten, ZUM 2003, 723; *Schwarz/v. Zitzewitz,* Die internationale Koproduktion. Steuerrechtliche Behandlung nach Inkrafttreten des Medienerlasses, ZUM 2001, 958; *Stolz,* Der Begriff der Herstellung von Ton- und Bildtonträgern und seine Abgrenzung zum Senderecht, UFITA 96 (1983) 55; *ders.,* Die Rechte der Sendeunternehmen nach dem Urheberrechtsgesetz und ihre Wahrnehmung, 1987; *ders.,* Die Auswirkungen der medienpolitischen und urheberrechtlichen Entwicklung in der Bundesrepublik Deutschland auf die Stellung der öffentlich-rechtlichen Sendeunternehmen im System der Verwertungsgesellschaften, Fs. für Uchtenhagen, 1987, S. 113; *Ulmer,* Zur Neuregelung des Filmrechts, GRUR 1952, 5; *ders.,* Kinematographie und Urheberrecht, GRUR Int. 1953, 182; *ders.,* Der Rechtsschutz der ausübenden Künstler, der Hersteller von Tonträgern und der Sendegesellschaften, 1957 (zit. Rechtsschutz); *ders.,* Das Rom-Abkommen über den Schutz der ausübenden Künstler, der Hersteller von Tonträgern und der Sendeunternehmen, GRUR Int. 1961, 569; *ders.,* Das Übereinkommen zum Schutz der Hersteller von Tonträgern gegen die unerlaubte Vervielfältigung ihrer Tonträger, GRUR Int. 1972, 68; *ders.,* Urhebervertragsrecht, 1977; *Vogel,* Überlegungen zum Schutzumfang der Leistungsschutzrechte des Filmherstellers, Fs. für Loewenheim, S. 367; *Weber,* Die urheberrechtliche Stellung des unabhängigen Film- und Fernsehproduzenten, 2007.

Übersicht

	Rdnr.
I. Zweck, Entstehung und Bedeutung des § 94. Einordnung in die Systematik der §§ 88 ff.	1–4
II. Rechtsnatur, Inhalt und Umfang des verwandten Schutzrechts des Filmherstellers	5–8
III. Einzelfragen des verwandten Schutzrechts des Filmherstellers	9–42
1. Schutzgegenstand	9–18
2. Der Filmhersteller als Berechtigter	19, 20
3. Die Rechte des Filmherstellers	21–33
a) Ausschließliche Rechte zur Vervielfältigung, Verbreitung, öffentlichen Vorführung, Funksendung und öffentlichen Zugänglichmachung (§ 94 Abs. 1 S. 1)	21–25
b) Schutz gegen Entstellungen und Kürzungen (§ 94 Abs. 1 S. 2)	26–28
c) Gesetzliche Vergütungsansprüche nach §§ 47 Abs. 2 S. 2, 54	29–31
d) Gesetzlicher Vergütungsanspruch nach § 27 Abs. 2 und 3	32
e) Kein Recht des Filmherstellers entsprechend § 22	33
4. Gesetzliche Schranken der Rechte des Filmherstellers (§ 94 Abs. 4)	34
5. Schutzdauer (§ 94 Abs. 3)	35–39
6. Übertragbarkeit und Vererblichkeit, Einräumung von Nutzungsrechten (§ 94 Abs. 2)	40
7. Rechtsfolgen der Verletzung	41
8. Persönlicher Anwendungsbereich und Konkurrenzen	42

I. Zweck, Entstehung und Bedeutung des § 94. Einordnung in die Systematik der §§ 88 ff.

1. Zweck des § 94 ist wie derjenige der §§ 88 ff. insgesamt die Stärkung der Rechtsstellung des Filmherstellers (s. vor §§ 88 ff. Rdnr. 9). Die vom Gesetzgeber hierzu eingesetzten Mittel sind bei den §§ 88–93 Bestimmungen über den Übergang von Rechten der Urheber und ausübenden Künstler (§§ 88, 89, 92 nF) und von Rechten an den Filmeinzelbildern (§ 89 Abs. 4 nF, früher § 91) auf den Filmhersteller, der Ausschluss bestimmter vertragsrechtlicher Befugnisse der Urheber (§ 90) und ausübenden Künstler (§ 92 Abs. 3 nF) sowie die Einschränkung persönlichkeitsrechtlicher Befugnisse aller Beteiligten (§ 93). Gemeinsames Merkmal der §§ 88–93 ist somit eine Schwächung der Rechtspositionen der Urheber und Inhaber verwandter Schutzrechte als Partnern des Filmherstellers. Demgegenüber normiert § 94 ein **eigenes, mit dem Ur-**

1

heberrecht verwandtes **Schutzrecht des Filmherstellers,** das diesem originär, also nicht wie in den Fällen der §§ 88, 89 und 92 nF als vertraglich abgeleitetes Recht, zusteht und die organisatorische und wirtschaftliche Leistung des Filmherstellers honorieren soll (s. AmtlBegr. BTDrucks. IV/270 S. 36 vor 9., S. 102 zu § 104, jetzt § 94). Es tritt neben das Urheberrecht der Filmurheber am Filmwerk.

2   2. Das Schutzrecht des Filmherstellers nach § 94 ist im Zusammenhang mit den ähnlich motivierten verwandten Schutzrechten der **Hersteller von Tonträgern** (§§ 85, 86), der **Sendeunternehmen** (§ 87) und der **Datenbankhersteller** (§§ 87 a ff.) zu sehen; insb. ist § 94 dem Schutzrecht des Tonträgerherstellers nachgebildet. Die **historische Entwicklung** beider Rechte aber verlief verschieden. Während der Gesetzgeber zugunsten der Hersteller von Schallplatten bereits im Jahre 1910 aktiv wurde und ein fiktives Bearbeiterurheberrecht der ausübenden Künstler schuf, das diese dem Hersteller übertrugen (s. § 85 Rdnr. 2), wurde im Bereich des Filmes lange Zeit darum gerungen, ob dem Filmhersteller nicht sogar das Urheberrecht am Filmwerk zustehen sollte. Im RefE von 1954 war ein solches Urheberrecht des Filmherstellers in Form einer gesetzlichen Fiktion vorgesehen. Als sich dieses aber nicht durchsetzen ließ, beließen es die folgenden amtlichen Gesetzentwürfe hinsichtlich der Frage der Urheberschaft am Filmwerk bei den allgemeinen Regeln und räumten dem Filmhersteller, der danach nur in Einzelfällen, nämlich bei schöpferischer Mitarbeit am Filmwerk, ein (Mit-)Urheberrecht erwerben konnte, ein eigenes verwandtes Schutzrecht ein (s. vor §§ 88 ff. Rdnr. 7, 52 ff.). Sie folgten damit Anregungen aus der Wissenschaft (insb. von *Ulmer* GRUR 1952, 5/7 ff. und GRUR Int. 1953, 182/189). Auch der Schutz der Sendeunternehmen durch ein verwandtes Schutzrecht ging dem des Filmherstellers voraus; es war bereits in § 84 des RefE von 1954 vorgesehen.

3   Die historische Entwicklung in Deutschland und die Diskussion um die Filmurheberschaft hier spiegeln sich auch im größeren **internationalen Rahmen** wider. Während der internationale Schutz der Hersteller von Tonträgern und der Sendeunternehmen in speziellen, nichturheberrechtlichen internationalen Abkommen geregelt ist (s. §§ 85 Rdnr. 1, 87 Rdnr. 4, vor §§ 120 ff. Rdnr. 23, 75 ff.), fehlt für das verwandte Schutzrecht des Filmherstellers bislang ein solches besonderes Schutzinstrument; (s. dazu *Dreier/Schulze*[3] Rdnr. 2; *Fromm/Nordemann*[10] Rdnr. 7; *Hertin* ZUM 1990, 442/444 f.; *Katzenberger,* GRUR-Fs., S. 1401/1414/1440 f.; *ders.* GRUR Int. 1992, 513/515 ff.; *Reimer* GRUR Int. 1973, 315/319; *Ulmer* Rechtsschutz S. 70 ff., GRUR Int. 1961, 569/592 und GRUR Int. 1972, 68/70). Dagegen überlässt Art. 14bis RBÜ (Stockholmer und Pariser Fassung), ausgehend von unterschiedlichen nationalen Vorstellungen über die Filmurheberschaft, die Regelung der Frage, wer Urheber des Filmwerks ist, den Verbandsländern, sieht aber für diejenigen Länder, welche als Inhaber des Urheberrechts am Filmwerk Personen anerkennen, die Beiträge bei der Herstellung des Filmwerks geleistet haben, ähnlich wie §§ 88, 89 Vermutungen über einen Übergang von Rechten auf den Filmhersteller vor (s. dazu *Ulmer*[3] § 36 I; sa. vor §§ 88 ff. Rdnr. 72).

4   3. Nach **früherem Recht** war der Filmhersteller auf den vertraglichen Erwerb abgeleiteter Rechte von den Filmurhebern und Urhebern von zur Filmherstellung benutzten Werken sowie von den Urhebern der Filmeinzelbilder und auf den wettbewerbsrechtlichen Schutz nach § 1 UWG aF angewiesen (s. *Ulmer*[2] § 35 IV; sa. § 91 Rdnr. 5); beim Tonfilm konnte er das bezüglich der Tonspur des Filmes nicht zum Zuge kommende fiktive Bearbeiterurheberrecht des ausübenden Künstlers nicht erwerben (s. *Ulmer*[2] §§ 35 IV 2, 97 I 2). Demgegenüber garantiert § 94 dem Filmhersteller einen von abgeleiteten Rechten unabhängigen, eigenständigen Schutz durch ein ausschließliches und einheitliches Schutzrecht, das sowohl den Bild- als auch den Tonteil eines Filmes umfasst. Die besondere Bedeutung dieses Schutzrechts liegt darin, dass es unabhängig davon ist, ob auf dem vom Filmhersteller hergestellten Filmträger ein urheberrechtlich geschütztes Filmwerk oder nur Laufbilder iSd. § 95 aufgezeichnet sind (s. Rdnr. 10) und dass es den Filmhersteller auch dann schützt, wenn er von den Urhebern nur beschränkte ausschließliche Nutzungsrechte erworben hat (s. Rdnr. 23). Daneben gewährleistet § 94 dem Filmhersteller die Teilnahme an gesetzlichen Vergütungsansprüchen im Rahmen der gesetzlichen Schranken des Urheberrechts, auf die § 94 Abs. 4 verweist, kraft eigenen Rechts, mit deren vertraglichem Erwerb von den Filmurhebern und am Film mitwirkenden ausübenden Künstlern er jedenfalls nach §§ 88, 89 und 92 nF nicht rechnen kann (s. Rdnr. 29 sowie § 88 Rdnr. 49, § 89 Rdnr. 19, § 92 Rdnr. 3, 13). In anderer Hinsicht, insb. im Hinblick auf die Schutzdauer (s. Rdnr. 38), kann dagegen der Schutz des Filmherstellers kraft vertraglich (§§ 88, 89, 92 nF) oder, bis zur Aufhebung der Vorschrift im Jahre 2003, gesetzlich (§ 91) erworbener ausschließlicher Rechte uU weiter

reichen als derjenige aufgrund des Schutzrechts nach § 94. Besondere Bedeutung in der Praxis kommt § 94 auf dem Gebiet der Bekämpfung der Videopiraterie zu.

II. Rechtsnatur, Inhalt und Umfang des verwandten Schutzrechts des Filmherstellers

1. Seiner **Rechtsnatur** nach gehört das Schutzrecht des Filmherstellers in gleicher Weise wie die Schutzrechte des Veranstalters (§ 81), des Herstellers von Tonträgern (§§ 85, 86), des Sendeunternehmens (§ 87) und des Datenbankherstellers (§§ 87 a ff.) zu den mit dem Urheberrecht verwandten Schutzrechten, die einen **besonderen unternehmerischen Aufwand** sichern (s. Einl. Rdnr. 37 ff.). Ihr gemeinsames Kennzeichen liegt im Schutz von organisatorischen, technischen und wirtschaftlichen Leistungen, die im Zusammenhang mit der Vermittlung der Werke der Urheber und der Leistungen der ausübenden Künstler gegenüber der Allgemeinheit erbracht werden. In der Nähe dieser Leistungen zu denen der ausübenden Künstler, die eine Abstimmung der Schutzrechte erforderlich machen, liegt die besondere Rechtfertigung für die gemeinsame Regelung in ein und demselben Gesetz (s. *Ulmer*[3] §§ 3 II, 120 II 2). Wie die genannten anderen Unternehmensschutzrechte weist auch das Schutzrecht des Filmherstellers einen starken **wettbewerbsrechtlichen Bezug** auf, es erscheint als Konkretisierung und Sondertatbestand des wettbewerbsrechtlichen Verbots der unmittelbaren Leistungsübernahme (s. *v. Gamm* Einf. Rdnr. 37), **erschöpft sich aber darin nicht**, wie sich insb. daraus ergibt, dass § 94 Abs. 4 dem Filmhersteller auch die gesetzlichen Vergütungsansprüche nach § 27 Abs. 2 und 3 und im Rahmen der gesetzlichen Schranken des Urheberrechts gewährt (s. zur Parallele des Schutzrechts des Tonträgerherstellers § 85 Rdnr. 11 mwN).

Das Schutzrecht des Filmherstellers umfasst nach **§ 94 Abs. 1 S. 2** das Recht, „jede Entstellung oder Kürzung des Bildträgers oder Bild- und Tonträgers zu verbieten, die geeignet ist, seine berechtigten Interessen an diesem zu gefährden". Es handelt sich dabei aber nur um einen dem **Urheberpersönlichkeitsrecht** und dem persönlichkeitsrechtlichen Schutz der ausübenden Künstler **nachgebildeten Schutz** des Filmherstellers ausschließlich zum Schutz seiner **wirtschaftlichen Interessen** (s. *Ulmer*[3] § 126 I 2; *v. Gamm* Rdnr. 1, 6 sowie Einf. Rdnr. 37; *Möhring/Nicolini*[2] Rdnr. 25 ff./28; *Fromm/Nordemann*[10] Rdnr. 45; *Rehbinder*[15] § 60 V. 1.); vom Schutz auch ideeller Interessen des Filmherstellers sprechen *Dreier/Schulze*[3] Rdnr. 43). Das Schutzrecht des § 94 kann daher auch einer juristischen Person zustehen (*Möhring/Nicolini*[2] Rdnr. 4/29) und ist insgesamt, dh. einschließlich des Rechts nach § 94 Abs. 1 S. 2, übertragbar (§ 94 Abs. 2 S. 1; AmtlBegr. BTDrucks. IV/270 S. 102 zu § 104 (jetzt § 94) u. allgM).

2. Das Schutzrecht des Filmherstellers bezieht sich auf den vom Filmhersteller geschaffenen **Bildträger** oder **Bild- und Tonträger (Filmträger,** vgl. vor §§ 88 ff. Rdnr. 22) und dessen Verwertung, nicht auf das auf ihm aufgezeichnete Filmwerk oder Laufbild. Wie bei den verwandten Schutzrechten der ausübenden Künstler, der Hersteller von Tonträgern und der Sendeunternehmen ist auch der Schutz, den § 94 gewährt, inhaltlich auf die **technische Übernahme** der Leistung des Filmherstellers **beschränkt,** er erstreckt sich insb. nicht auf nachschaffende Leistungen bzw. nachahmende Verwertungen (s. allg. *Ulmer*[3] § 120 II 3; sa. OLG München ZUM 1992, 307/312 – Christoph Columbus I; vor §§ 73 ff. Rdnr. 2, § 85 Rdnr. 11), zB in der Form einer Neuverfilmung desselben Stoffes oder der Produktion eines Fortsetzungsfilms. Insoweit kann Schutzgrundlage nur das Urheberrecht am Filmwerk und an den zur Filmherstellung benutzten Werken oder das Wettbewerbsrecht sein. Aus der Anknüpfung des Schutzrechts des § 94 an einen Filmträger folgt, dass dieses Schutzrecht an **Live-Sendungen des Fernsehens nicht** entstehen kann (s. AmtlBegr. BTDrucks. IV/270 S. 102 zu § 104, jetzt § 94, u. fast allgM; s. zB *Dreier/Schulze*[3] Rdnr. 21; *Fromm/Nordemann*[10] Rdnr. 35), obwohl auch solche Sendungen im Rechtssinne Filme sind (s. vor §§ 88 ff. Rdnr. 21, 22).

Wie alle verwandten Schutzrechte unterscheidet sich auch dasjenige des Filmherstellers vom Urheberrecht dadurch, dass es keinen umfassenden Schutz gewährt, sondern nur die in **abschließender Regelung gesetzlich ausdrücklich vorgesehenen Befugnisse** (s. *v. Gamm* Rdnr. 1, 6 sowie Einf. Rdnr. 37; sa. § 85 Rdnr. 12). In diesen Grenzen aber gewährt das Schutzrecht des Filmherstellers mehr Rechte als dasjenige des Tonträgerherstellers, nämlich nicht nur das ausschließliche Recht zur Vervielfältigung, Verbreitung und öffentlichen Zugänglichmachung des Filmträgers, sondern auch das, den Filmträger zur öffentlichen Vorführung und zur Funksendung zu benutzen (§ 94 Abs. 1 S. 1; s. demgegenüber § 85 Rdnr. 12). Dagegen entfallen für den Filmhersteller im Vergleich mit dem Tonträgerhersteller (s. § 86) Rechte auf eine Beteiligung an den Ansprüchen der ausübenden Künstler auf eine Vergütung für die Zweitverwertung eines erschienenen Filmträgers: Zum einen schloss jedenfalls § 92 aF (1965) bei Filmwerken solche Ansprüche der ausübenden Künstler aus, so dass diese unter Geltung dieser Bestimmung überhaupt nur bei der Funksendung oder öffentlichen Wiedergabe von Laufbildern bestehen konnten (s. § 92 Rdnr. 1, 9, 13), zum anderen sind die Hersteller von Filmen anders als die Hersteller von Tonträgern insoweit bereits durch ihr ausschließliches Recht zur öffentlichen Vorführung und zur Funksendung ausreichend geschützt (s. *Ulmer*[3] § 126 I 1).

III. Einzelfragen des verwandten Schutzrechts des Filmherstellers

1. Schutzgegenstand

9 **a) Voraussetzung der Entstehung des Schutzrechts** des § 94 ist die Herstellung eines Bildträgers oder Bild- und Tonträgers, auf den ein Film, dh. eine den Eindruck des bewegten Bildes vermittelnde Bildfolge (beim Stummfilm) oder Bild- und Tonfolge (beim Tonfilm), aufgenommen ist und der iSd. § 16 Abs. 2 zur wiederholten Wiedergabe des Filmes geeignet ist; zusammenfassend kann man vom Filmträger sprechen (s. zu diesen Begriffen vor §§ 88 ff. Rdnr. 20–22; *Ulmer*[3] § 126 I). Im Filmträger als materiellem Gut ist die organisatorische und wirtschaftliche **Leistung des Filmherstellers als Schutzgegenstand** des Schutzrechts des § 94 verkörpert (so auch BGHZ 120, 67/70 – Filmhersteller; BGH GRUR 2008, 693/694 – TV-Total; ebenso die Vorinstanz OLG Frankfurt a. M. ZUM 2005, 477/478 – TV-total; *Dreier/Schulze*[3] Rdnr. 20; *v. Gamm* Rdnr. 5; ähnlich *Schorn* GRUR 1982, 644). Schutzgegenstand ist damit nicht der Filmträger (so aber *Fromm/Nordemann*[10] Rdnr. 32), sondern ein **immaterielles Gut** (so auch OLG Frankfurt a. M. ZUM 2005, 477/479 – TV-total); das Schutzrecht des § 94 ist ein Immaterialgüterrecht (im letzteren Punkt aA *v. Gamm* Rdnr. 1 sowie Einf. Rdnr. 33 aufgrund der Prämisse, dass ein Immaterialgüterrecht umfassenden Schutz seines Gegenstands vorraussetze; ihm folgend *Movessian* UFITA 79 (1977) 213/235; wie hier *Schack*[4] Rdnr. 637). Es ist deshalb missverständlich, wenn vom Schutzrecht des Filmherstellers am Filmträger als materiellem Gut gesprochen wird (vgl. zB *Dünnwald* UFITA 76 (1976) 165/167; auch *Stolz* UFITA 96 (1983) 55/72; wie hier BGH GRUR 2008, 693/694 – TV-Total; OLG Frankfurt aM ZUM 2005, 477/479 – TV-total). Nur ein immaterieller Schutzgegenstand erklärt, warum das Schutzrecht des § 94 sich zB auch auf Vervielfältigungshandlungen erstreckt, die zwar den Film betreffen, aber als Aufzeichnungen von Fernsehsendungen von einem Filmträger nicht unmittelbar Gebrauch machen (s. Rdnr. 21).

10 **b)** Vom spezifischen Schutzgegenstand des § 94 zu unterscheiden ist das **Filmwerk** als Gegenstand des Urheberrechtsschutzes (§ 2 Abs. 1 Nr. 6), und zwar auch dann, wenn der Filmhersteller aufgrund schöpferischer Mitwirkung an der Gestaltung des Filmwerks zusätzlich ein (Mit-)Urheberrecht neben dem Recht aus § 94 erwirbt (s. vor §§ 88 ff. Rdnr. 52 ff.). Vom Schutzgegenstand des § 94 zu unterscheiden sind auch die Leistungen des Kameramannes als Hersteller der **Filmeinzelbilder** sowie der **ausübenden Künstler,** die selbstständige verwandte Schutzrechte nach §§ 72, 73 ff. begründen. Entsprechend der Selbstständigkeit des verwandten Schutzrechts des Filmherstellers gegenüber dem Urheberrecht am Filmwerk setzt es auch nicht die Aufnahme eines urheberrechtlich geschützten Filmwerks voraus, sondern entsteht auch dann, wenn auf einem Filmträger urheberrechtlich nicht geschützte **Laufbilder** iSd. § 95 aufgezeichnet werden (s. die Verweisung auf § 94 in § 95; zum Ergebnis BGH GRUR 2008, 693/694 – TV-Total; OLG Frankfurt a.M. ZUM 2005, 477/479 – TV-total; LG Hamburg ZUM-RD 2007, 96/97 – DVD-Konzertaufnahme; *Ulmer*[3] § 126 III 1; *Dreier/Schulze*[3] Rdnr. 23; *Fromm/Nordemann*[10] Rdnr. 33; *v. Gamm* Rdnr. 5; *Schack*[4] Rdnr. 638).

11 **c)** § 94 wertet bei Tonfilmen **Bild- und Tonaufnahme** als **Einheit**, so dass der Filmhersteller das verwandte Schutzrecht iS dieser Bestimmung nicht nur für den Bild-, sondern auch für den Tonteil eines solchen Filmes erwirbt (vgl. AmtlBegr. BTDrucks. IV/270 S. 102 zu § 104, jetzt § 94; *Dreier/Schulze*[3] Rdnr. 30; *Fromm/Nordemann*[10] Rdnr. 39; *Möhring/Nicolini*[2] Rdnr. 19); er ist daher für den Tonteil eines Filmes nicht auf das schwächer ausgestaltete Schutzrecht des Tonträgerherstellers (§§ 85, 86) verwiesen und kann aufgrund § 94 Abs. 1 S. 1 zB die Funksendung nur dieses Tonteils im Hörrundfunk untersagen, ein Recht, das ihm nach §§ 85, 86 nicht zustünde (sa. Rdnr. 25). Das Schutzrecht des § 94 greift dabei auch dann Platz, wenn, wie in der Praxis häufig, Bildfolgen und Tonfolgen eines Filmes aus technischen Gründen auf verschiedenen, getrennten Trägern festgehalten werden (*Dreier/Schulze*[3] Rdnr. 30; *Möhring/Nicolini*[2] Rdnr. 19; *Stolz* UFITA 96 (1983) 55/81). Zur Frage des Verhältnisses zu dem Schutzrecht aus

Schutz des Filmherstellers §94

§§ 85, 86 in solchen Fällen sowie bei getrennter Auswertung der Tonspur eines Filmes vgl. § 85 Rdnr. 27, 28.

d) **Filmträger,** dh. (s. Rdnr. 9) Bildträger oder Bild- und Tonträger iSd. § 94, ist entsprechend dem in Rdnr. 18 ff. zu § 85 Gesagten das **erste Festlegungsexemplar** eines Filmes, auch wenn es sich dabei um ein Filmnegativ handelt (*Dreier/Schulze*[3] Rdnr. 26; *Fromm/Nordemann*[10] Rdnr. 34; *Möhring/Nicolini*[2] Rdnr. 20; OLG Düsseldorf GRUR 1979, 53/54 – Laufbilder). Der Schutz gegen Vervielfältigung und sonstige Verwertung durch Dritte aufgrund von Kopien und Aufzeichnungen nach Fernsehsendungen folgt aus dem immateriellen Schutzgegenstand des § 94 (s. Rdnr. 9; im Ergebnis ebenso unter Hinweis auf den Sinn und Zweck des § 94 OLG Düsseldorf GRUR 1979, 53/54 – Laufbilder). Daraus und aus einer entsprechenden Anwendung des § 85 Abs. 1 S. 3 folgt auch, dass das Schutzrecht des § 94 durch bloße **Kopien** und **Aufzeichnungen** nach einem schon aufgenommenen Film nicht erneut begründet wird (ebenso OLG Stuttgart ZUM-RD 2003, 586/589 – Sex-Aufnahmen; *Dreier/Schulze*[3] Rdnr. 21/26; *Dünnwald* UFITA 76 (1976) 165/171/176; *Fromm/Nordemann*[10] Rdnr. 28/34). Daher erwirbt auch der Hersteller von **Schmalfilmen, Videokassetten,** einschließlich der **Video-Masterbänder,** oder **DVDs** durch die bloße Übertragung von Spielfilmen auf eines dieser Medien kein eigenes Schutzrecht aus § 94 (ebenso *Dreier/Schulze*[3] Rdnr. 26; *Dünnwald* UFITA 76 (1976) 165/176; *Fromm/Nordemann*[10] Rdnr. 28; *Schack*[4] Rdnr. 638; *Rehbinder* in Poll (Hrsg.), S. 99 ff., der aber meint, dass bei Herstellung einer „neuen Fassung" ein Schutzrecht entstehen könne). Die Beschränkung des Schutzrechts des § 94 auf die **Erstfixierung** eines Filmes ergibt sich nunmehr auch aus Art. 1 Abs. 1 lit. d) und 9 Abs. 1 lit. d) der europäischen **Vermiet- und Verleihrechtsrichtlinie** (s. zu dieser Einl. Rdnr. 78, hier zitiert in der kodifizierten Fassung), welche die dort vorgesehenen Rechte ausdrücklich nur dem Hersteller „der erstmaligen Aufzeichnung eines Films" gewähren. Der deutsche Gesetzgeber hat anlässlich der Umsetzung dieser Richtlinie dieses Kriterium gleichwohl nicht in den Wortlaut des § 94 übernommen. In der AmtlBegr. (BTDrucks. 13/115 S. 16 zu Nr. 7) heißt es zur Begründung dieses Verzichts, dass die hM diese Vorschrift auch bisher schon in diesem Sinne verstehe. Nur bei dieser Auslegung sei sie richtlinienkonform. Von dieser Auslegung ist demzufolge nunmehr zwingend auszugehen.

e) Da Schutzgrund des § 94 der besondere unternehmerische Aufwand des Filmproduzenten ist (s. Rdnr. 5 sowie vor §§ 88 ff. Rdnr. 1, 39) kann für bloße **Einblendungen** von Ton- oder Bildfolgen eines schon bestehenden Tonträgers oder Filmes in einen weiteren Film nichts anderes gelten: Im Hinblick auf die eingeblendeten Teile entsteht das Schutzrecht des § 94 nicht erneut (aA *Dünnwald* UFITA 76 (1976) 165/169/176 mit dem Argument, dass für die Entstehung des Schutzrechts eine neue Programmentscheidung genüge; wie hier wohl *Schorn* GRUR 1982, 644/647). Entsprechend kann das Schutzrecht des § 94 auch nicht dadurch begründet werden, dass **Ausschnitte** (sog. **Klammerteile**) aus schon existierenden Filmen ohne relevanten unternehmerischen Aufwand **zu einem neuen Film zusammengefügt** werden (so auch *Fromm/Nordemann*[10] Rdnr. 29; sa. OLG Stuttgart ZUM-RD 2003, 586/589 – Sex-Aufnahmen; § 85 Rdnr. 24 zur Parallele beim Tonträger).

f) Das Schutzrecht des § 94 entsteht auch nicht, wenn **Live-Sendungen des Fernsehens beim Empfang erstmals aufgezeichnet** werden, da es auch hier an der von § 94 vorausgesetzten besonderen Herstellerleistung fehlt: andernfalls müßten sich uU Millionen von Videorecorder- und DVD-Brennerbesitzern um das Schutzrecht streiten (ebenso grundsätzlich für das Recht des Tonträgerherstellers § 85 Rdnr. 23; aA *Dünnwald* UFITA 76 (1976) 165/171/179 f.; wie hier *Dreier/Schulze*[3] Rdnr. 26; *Schack*[4] Rdnr. 638). Geht man wie hier (s. Rdnr. 16, 20) davon aus, dass auch Sendeunternehmen an den von ihnen nur zu Sendezwecken hergestellten Filmen das Schutzrecht des § 94 erwerben, so ist ebenfalls kein Raum für das Entstehen eines neuen gleichen Schutzrechts, wenn das Sendeunternehmen einem Filmhersteller eine **Lizenz für eine Videoproduktion** auf der Grundlage des **Fernsehfilms** erteilt (aA ausgehend davon, dass das Sendeunternehmen in solchen Fällen das Schutzrecht des § 94 nicht erwirbt, *Dünnwald* UFITA 76 (1976) 165/171 f.; *Schorn* GRUR 1982, 644/645 f.).

g) Das Schutzrecht des § 94 wird nicht begründet durch bloße **technische Verbesserung** und **Restaurierung** alter Filme (ebenso *Dreier/Schulze*[3] Rdnr. 16; *Fromm/Nordemann*[10] Rdnr. 31; *Schack*[4] Rdnr. 638; sa. zur Parallele des Schutzrechts des Tonträgerherstellers § 85 Rdnr. 25 mwN). Anderes gilt aber für die **Nachkolorierung** alter Schwarzweißfilme. Das hierbei angewendete aufwendige computergestützte Verfahren ist der Neuproduktion von Filmen mittels entsprechender Computerprogramme und von Zeichentrickfilmen gleichzuachten; der weite Filmbegriff

12

13

14

15

Katzenberger

des UrhG (s. vor §§ 88 ff. Rdnr. 20 f., 44) lässt an der Entstehung des Schutzrechts des § 94 bei solchen Filmen keinen Zweifel zu (im Ergebnis wie hier *Dreier/Schulze*³ Rdnr. 17; *Fromm/Nordemann*¹⁰ Rdnr. 31; *Schack*⁴ Rdnr. 638). Wird der Tonteil eines Filmes durch **Synchronisation** ganz oder teilweise neu geschaffen, so hat dies die Entstehung des Schutzrechts des § 94 daran zur Folge (ebenso *Dreier/Schulze*³ Rdnr. 15; *Fromm/Nordemann*¹⁰ Rdnr. 30 und wohl auch *Schorn* GRUR 1982, 644/647; sa. Rdnr. 11).

16 h) Auf die **Zweckbestimmung einer Filmproduktion** kommt es für die Entstehung des Schutzrechts des § 94 nicht an (ebenso grundsätzlich *Dünnwald* UFITA 76 (1976) 165/169; sa. § 85 Rdnr. 37). Demzufolge entsteht das Schutzrecht des Filmherstellers nicht nur an **Kinofilmen**, sondern auch an **Fernsehfilmen,** die von den Sendeunternehmen lediglich zu Zwecken der Sendung aufgezeichnet werden (ebenso *Dreier/Schulze*³ Rdnr. 12 *Fromm/Nordemann*¹⁰ Rdnr. 63; *Krüger-Nieland* GRUR 1983, 345 f./348; *Stolz* UFITA 96 (1983) 55/72 f.; aA *Dünnwald* UFITA 76 (1976) 165/170; *Schorn* GRUR 1982, 644/646 f.). Eine andere Frage ist, inwieweit sich der besondere Rechteausschluss des Sendeunternehmens nach § 87 Abs. 3 auch auf die Rechte dieses Unternehmens aus § 94 (und § 85) auswirkt (s. dazu Rdnr. 30, 31). Das Schutzrecht des § 94 kommt im Übrigen auch originären, dh. primär für die Videoauswertung bestimmten **Videofilmen** zugute (s. BGH GRUR 1986, 742/743 – Videofilmvorführung; *Dreier/Schulze*³ Rdnr. 14; s. dagegen zur Abgrenzung Rdnr. 12). Da es auf die Zweckbestimmung eines Filmes nicht ankommt, sind auch **Amateurfilme,** die nicht zur Vervielfältigung und Verbreitung bestimmt sind, dem Schutzrecht des § 94 zugänglich (ebenso *Dreier/Schulze*³ Rdnr. 24; *Dünnwald* UFITA 76 (1976) 165/173 f.; *Schack*⁴ Rdnr. 638; kritisch *Fromm/Nordemann*¹⁰ Rdnr. 18; aA wohl *Schorn* GRUR 1983, 718/721). An diesem Ergebnis ändert auch der grundsätzliche Charakter des Schutzrechts des Filmherstellers als Unternehmensschutzrecht (s. Rdnr. 5) nichts. Das Schutzrecht des § 94 ist dem des Tonträgerherstellers nach §§ 85, 86 nachgebildet (s. Rdnr. 2), und zu diesem sagt schon die AmtlBegr. (BTDrucks. IV/270 S. 96, vor § 95), dass eine unterschiedliche Behandlung gewerblicher und nichtgewerblicher Leistungen auf diesem Gebiet nicht gerechtfertigt sei (s. § 85 Rdnr. 16, 29). Darauf, ob der Filmamateur zugleich ein urheberrechtlich geschütztes Filmwerk hervorbringt, kommt es für das Recht aus § 94 nicht an; tut er es, so erwirbt er neben dem Schutzrecht nach § 94 auch ein Urheberrecht (s. Rdnr. 10). Für § 94 reicht im Übrigen eine **Leistung** aus, die über derjenigen einer bloßen Übertragung oder Aufzeichnung liegt (s. Rdnr. 12) und einen zum Vertrieb geeigneten Filmträger hervorbringt (s. § 85 Rdnr. 29).

17 i) Die **Erstaufnahme** eines Filmes auf einen Filmträger als Voraussetzung für das Entstehen des Schutzrechts des Filmherstellers darf nicht mit der **Erstmaligkeit** oder **Exklusivität** der filmischen Aufnahme eines bestimmten Gegenstandes oder Geschehens verwechselt werden. Beide sind nicht Voraussetzung des Schutzes nach § 94. Filmen mehrere Filmhersteller zB für Dokumentar-, Natur-, Kultur- oder Instruktionsfilme gleichzeitig oder nacheinander ein und denselben Gegenstand, wie eine Straßenszene, eine Landschaft, eine Theateraufführung oder eine Industrieanlage, so erwerben sie alle je ein selbstständiges Schutzrecht als Filmhersteller (ebenso *Dreier/Schulze*³ Rdnr. 17/27).

18 k) Die Entstehung des Schutzrechts des Filmherstellers nach § 94 wird nicht dadurch gehindert, dass bei der Filmherstellung **Urheberrechte oder verwandte Schutzrechte verletzt** werden (sa. *Dreier/Schulze*³ Rdnr. 25; *Fromm/Nordemann*¹⁰ Rdnr. 33).

2. Der Filmhersteller als Berechtigter

19 a) Inhaber des Schutzrechts nach § 94 ist der **Filmhersteller.** S. zu diesem auch noch in anderen Bestimmungen der §§ 88 ff. verwendeten Begriff vor §§ 88 ff. Rdnr. 31–37. Dort auch zur Bestimmung des Filmherstellers bei der **Auftragsproduktion** (Rdnr. 33–35), der **Koproduktion** (Rdnr. 36) und der **Rechtsinhaberschaft** bei der Filmherstellung in **Unternehmen** (Rdnr. 37).

20 b) Stellt ein **Sendeunternehmen** einen Fernsehfilm mit der ausschließlichen Bestimmung zur Sendung her, den es aufzeichnet und später auch sendet, so erwirbt es für seine Herstellerleistung das **Schutzrecht nach § 94 sowie** für seine Leistung bei der Sendung das **Schutzrecht nach § 87.** Beide Schutzrechte stehen ihm nebeneinander zu (ebenso *Dreier/Schulze*³ Rdnr. 12; *Fromm/Nordemann*¹⁰ Rdnr. 63; *v. Gamm* Rdnr. 2; *Krüger-Nieland* GRUR 1983, 345 f./348; *Stolz* UFITA 96 (1983) 55/73 f./83 f.; aA *Dünnwald* UFITA 76 (1976) 165/170 und *Schorn* GRUR 1982, 644/646 f., die bei solchen Filmen bereits die Entstehung des Schutz-

rechts nach § 94 verneinen, s. Rdnr. 16). Zur Bedeutung des § 87 **Abs. 4** in diesem Fall s. Rdnr. 30 f.

3. Die Rechte des Filmherstellers

a) **Ausschließliche Rechte zur Vervielfältigung, Verbreitung, öffentlichen Vorführung, Funksendung und öffentlichen Zugänglichmachung (§ 94 Abs. 1 S. 1).** aa) Die dem Filmhersteller nach § 94 Abs. 1 S. 1 gewährten ausschließlichen Rechte entsprechen den Verwertungsrechten der Urheber nach **§§ 16, 17, 19 Abs. 4, 19 a, 20, 20 a** und **20 b Abs. 1** (s. speziell zu § 20 a über die europäische Satellitensendung BGH GRUR 2005, 48/49 – man spricht deutsh). Diese Vorschriften sind zur näheren inhaltlichen Bestimmung der Rechte der Filmhersteller heranzuziehen (vgl. *v. Gamm* Rdnr. 6; *Dreier/Schulze*[3] Rdnr. 32; sa. § 85 Rdnr. 41 ff.). Daraus ergibt sich hinsichtlich des **Vervielfältigungsrechts** des Filmherstellers, dass dieses entsprechend § 16 Abs. 2 auch die Aufzeichnung von im Fernsehen gesendeten Filmen erfasst (so auch BGH GRUR 2008, 693/694 – TV-Total; OLG Frankfurt a. M. ZUM 2005, 477/479 – TV-total; *Dreier/Schulze*[3] Rdnr. 33; *Fromm/Nordemann*[10] Rdnr. 38; *Ulmer*[3] § 126 I 1 und deutlicher zur Parallelfrage der Aufzeichnung von Schallplattensendungen § 125 II; sa. § 85 Rdnr. 42).

21

bb) Auf das **Verbreitungsrecht** des Filmherstellers ist im Einzelnen § 17 (Verbreitungsrecht des Urhebers) anzuwenden, wobei speziell im Hinblick auf § 94 Abs. 1 zB auch ein Angebot von DVDs mit Filmaufnahmen eines Rock-Sängers im Internet zum Kauf das Verbreitungsrecht des Filmherstellers verletzen kann (s. zB LG Hamburg ZUM 2007, 757/758 – Rock-Sänger). Die urheberrechtlichen Grundsätze gelten auch für die **Erschöpfung** des Verbreitungsrechts des Filmherstellers, auch wenn § 94 Abs. 4 insoweit keine ausdrückliche Verweisung enthält (s. zur Parallele des Verbreitungsrechts des Tonträgerherstellers BGH GRUR 1986, 736/737 – Schallplattenvermietung – mit Anm. von *Hubmann* und OLG Hamburg GRUR 1990, 127/128 – Super Mario III – zu § 17 Abs. 2 aF; zum Verbreitungsrecht aller Leistungsschutzberechtigten, soweit nicht im Einzelfall etwas anderes bestimmt ist, ausdrücklich die AmtlBegr. zum 3. UrhGÄndG vom 23. 6. 1995, BTDrucks. 13/115 S. 15 zu Nr. 3 im Zusammenhang mit dem Verbreitungsrecht des ausübenden Künstlers nach § 75 Abs. 2 aF (1995), jetzt § 77 Abs. 1 S. 1 nF). Aus der Anwendbarkeit des § 17 folgt auch die **Erschöpfung des Verbreitungsrechts** des Filmherstellers entsprechend § 17 Abs. 2 nF in Bezug auf Filmträger (Videokassetten, DVDs etc.), die mit Zustimmung des Filmherstellers in der **Europäischen Union** oder im Europäischen Wirtschaftsraum im Wege der Veräußerung in Verkehr gebracht worden sind (s. dazu im Einzelnen § 17 Rdnr. 42 ff. sowie zur Parallele bei den übrigen Leistungsschutzrechten insb. vor §§ 73 ff. Rdnr. 19, § 77 Rdnr. 13, § 85 Rdnr. 44 und § 87 Rdnr. 38). § 17 Abs. 2 nF nimmt die **Vermietung** vom Erschöpfungsgrundsatz aus und begründet damit das von Art. 3 Abs. 1 der europäischen Vermiet- und Verleihrechtsrichtlinie (s. Einl. Rdnr. 47, hier zitiert in der kodifizierten Fassung) ua. auch zugunsten des Filmherstellers geforderte allgemeine **ausschließliche Vermietrecht** (s. dazu im Einzelnen § 17 Rdnr. 30 f.; sa. § 77 Rdnr. 13, § 85 Rdnr. 45; den Sendeunternehmen ist dieses Recht durch § 87 Abs. 1 Nr. 2 vorenthalten; s. dazu § 87 Rdnr. 38; s. zur Regelungstechnik des § 17 Abs. 2 nF in Bezug auf das Vermietrecht die AmtlBegr. BTDrucks. 13/115 S. 7).

22

cc) Die ausschließlichen **Rechte zur öffentlichen Vorführung, Funksendung und öffentlichen Zugänglichmachung** (letzteres Recht eingeführt durch das Gesetz vom 10. 9. 2003, s. vor § 88 ff. Rdnr. 8) stehen dem Filmhersteller in jedem Fall **kumulativ** zu, gleichgültig, ob es sich im Einzelfall um einen zur Vorführung in Filmtheatern bestimmten Film, um einen Fernsehfilm oder um eine originäre Videoproduktion handelt (ebenso *Dreier/Schulze*[3] Rdnr. 37; *Dünnwald* UFITA 76 (1976) 165/184 f.; *Fromm/Nordemann*[10] Rdnr. 43; *Möhring/Nicolini*[2] Rdnr. 24; *Ulmer*[3] § 126 II und Urhebervertragsrecht Rdnr. 54; zum Schutz des Filmherstellers gegen die **Online-Verwertung** seines Filmes auch schon vor Inkrafttreten des Gesetzes vom 10. 9. 2003 s. KG Berlin MMR 2003, 110/111 – Paul und Paula). Daraus folgt auch die **praktische Bedeutung des Schutzrechts des § 94** in Fällen, in denen der Filmhersteller zwar von den Filmurhebern und den Urhebern von zur Filmherstellung benutzten Werken ausschließliche Nutzungsrechte erworben hat, diese sich aber nur auf die eine **oder** die andere Art der Nutzung erstrecken (vgl. dazu § 89 Rdnr. 17 und § 88 Rdnr. 43). Er ist in diesen Fällen zwar selbst nicht befugt, den Film auf die Art zu verwerten, für die er das Nutzungsrecht nicht erworben hat, kann aber aufgrund seines insoweit umfassenderen Schutzrechts nach § 94 seinerseits den Urhebern und Dritten untersagen, den Film auf diese Art auszuwerten (s. dazu *Ulmer*[3]

23

§ 94   Schutz des Filmherstellers

§ 126 II; *Dreier/Schulze*[3] Rdnr. 37; *Fromm/Nordemann*[10] Rdnr. 43; *Möhring/Nicolini*[2] Rdnr. 24.; sa. BGH GRUR 1986, 742/743 – Videofilmvorführung – zur Verletzung des Vorführungsrechts des Filmherstellers an einem Videofilm).

24   Das Schutzrecht des Filmherstellers nach § 94 geht hinsichtlich des Vorführungs- und Senderechts über dasjenige des **Tonträgerherstellers** hinaus (s. Rdnr. 8; zur Erklärung *Dünnwald* UFITA 76 (1976) 165/185 f.). Für **originäre Videoproduktionen,** an denen das Schutzrecht des § 94 entstehen kann (s. Rdnr. 12) und bei denen die Videogramme als Filmträger (s. vor §§ 88 ff. Rdnr. 21) in ihrer Funktion den Tonträgern gleichen, empfiehlt *Ulmer* Urhebervertragsrecht Rdnr. 54 **de lege ferenda** eine Änderung des § 94, nach der das ausschließliche Recht des Herstellers zur öffentlichen Wiedergabe nur durch eine Verwertungsgesellschaft geltend gemacht werden kann, was praktisch auf einen Vergütungsanspruch hinausläuft und das Recht des Filmherstellers insoweit dem des Tonträgerherstellers annähert. In Bezug auf das **Senderecht** des Filmherstellers ist im Übrigen die Verweisung auf **§ 20 b Abs. 1** in § 94 Abs. 4 nF zu beachten. Sie wurde durch das 4. UrhGÄndG vom 8. 5. 1998 (BGBl. I S. 902) in die Bestimmung aufgenommen. Aus dieser Verweisung ergibt sich, dass auch das Senderecht des Filmherstellers wie dasjenige des Urhebers und des ausübenden Künstlers (s. zu Letzterem § 78 Abs. 4 nF) in Bezug auf eine zeitgleiche, unveränderte und vollständige **Kabelweitersendung** nur durch eine Verwertungsgesellschaft geltend gemacht werden kann (s. die AmtlBegr. BTDrucks. 13/4796 S. 15 zu Nr. 5). Dies entspricht Art. 9 Abs. 1 der Satelliten- und Kabelrichtlinie (s. zu dieser Einl. Rdnr. 78). In Bezug auf **europäische Satellitensendungen** iSd. **§ 20 a** bedurfte es keiner Verweisung in § 94 Abs. 4 nF, da § 20 a auch für das Senderecht des Filmherstellers unmittelbar gilt (s. die AmtlBegr. BTDrucks. 13/4796 S. 15 zu Nr. 5).

25   **dd)** Sämtliche Verwertungsrechte des Filmherstellers erstrecken sich auch auf dem Filmträger aufgenommenen **Film im Ganzen** und **in Ausschnitten;** sie erfassen auch die gesonderte Verwertung nur des **Bildteils** oder der **Tonspur** (*Dreier/Schulze*[3] Rdnr. 42; *Fromm/Nordemann*[10] Rdnr. 39; *Möhring/Nicolini*[2] Rdnr. 21). Daher kann der Filmhersteller, der vom Komponisten der Filmmusik das Recht zu deren außerfilmischen Verwertung nicht erworben hat (s. § 88 Rdnr. 42), es diesem untersagen, für eine solche Verwertung die Tonspur des Filmes zu benutzen (*Ulmer*[3] § 126 II). Vom Schutzrecht des Filmherstellers umfasst sind auch **kleinste Filmausschnitte**; es gibt keinen Teil des Filmes, auf den nicht ein Teil des geschützten unternehmerischen Aufwandes entfiele (so BGH GRUR 2008, 693/694 – TV-Total; OLG Frankfurt aM ZUM 2005, 477/479 f. – TV-total; *Dreier/Schulze*[3] Rdnr. 29; *Fromm/Nordemann*[10] Rdnr. 39; *Wandtke/Bullinger*[3] Rdnr. 4). Dies entspricht auch der Rechtslage beim Schutzrecht des Tonträgerherstellers (s. BGH GRUR 2009, 403 ff. – Metall auf Metall m. Anm. v. *Lindhorst* und zahlreichen Nachw.). Zu den geschützten kleinsten Filmausschnitten zählen auch „**stehende Filmeinzelbilder**" als Filmteile, die mangels Bewegtbildcharakter (s. vor §§ 88 ff. Rdnr. 20) selbst keine Filme mehr sind. Die anderwärts (s. *Dreier/Schulze*[3] Rdnr. 29; *Fromm/Nordemann*[10] Rdnr. 39) als Beleg für dieses Ergebnis zitierte Entscheidung des OLG Köln ZUM 2005, 235/236 – Standbilder im Internet, lässt offen, ob der im Urteil als Urheber und Produzent bezeichnete und offensichtlich auch als Kameramann beteiligte Dokumentarfilmer seine mangels Aktivlegitimation erfolglose Klage gegen die Onlinenutzung von Einzelbildern aus seinen Filmen auf seine Rechte als Urheber von Lichtbildwerken (§ 2 Abs. 1 Nr. 5, Abs. 2) bzw. als Lichtbildner (§ 72) oder auf § 94 gestützt hatte. Nicht zu folgen ist aber OLG München GRUR-RR 2008, 228/230 – filmische Verwertung, wonach der Schutz des Filmhersteller nach § 94 den Fall nicht erfassen soll, dass ein Filmhersteller Einzelbilder aus seinen Filmen in ein digitales Archiv einstellt, die daraus dann von einem Dritten per Download kopiert werden. Diese Auffassung berücksichtigt nicht, dass es aufgrund des immateriellen Schutzgegenstandes des § 94 für eine Rechtsverletzung nicht darauf ankommt, ob von dem betreffenden Filmträger unmittelbar oder nur mittelbar Gebrauch gemacht wird (so. Rdnr. 9). Unzutreffend ist andererseits die in dem vorstehend zitierten Schrifttum vertretene Meinung, dass das Schutzrecht der Filmhersteller nach § 94 sich auf Film-**Standbilder** erstrecke. Unter solchen Bildern werden allg. außerhalb der Film-Dreharbeiten einzeln geschaffene Fotografien verstanden, die nicht Teil eines Filmes und daher auch nicht Gegenstand des Schutzrechts des Filmherstellers iSd. § 94 sind. Die abweichende, im Zusammenhang mit dem Urteil des OLG Köln ZUM 2005, 235/236 – Standbilder im Internet, geäußerte Ansicht dürfte darauf zurückzuführen sein, dass dieses Urteilsstichwort unzutreffend und irreführend gewählt wurde, weil das Urteil in Wahrheit keine Standbilder, sondern Filmeinzelbilder zum Gegenstand hatte (zur rechtlichen Beurteilung von Standbildern beim Film sa. § 91 Rdnr. 10). Eine Verwertung von **Filmausschnitten** kann zu Lasten des Schutzrechts des Filmherstellers unter dem entsprechend anwendbaren Aspekt der **freien Benutzung** (§ 24) zB in Form von Parodie oder

Satire (so BGH GRUR 2008, 693/694 ff. – TV-Total, mit negativem Ergebnis im konkreten Fall, ebenfalls zu §§ 50 und 51 Nr. 2; BGH GRUR 2000, 703/704 ff. – Mattscheibe; aA die Vorinstanz OLG München ZUM-RD 1998, 124/125 f. – Kalkoves Mattscheibe) oder nach §§ 94 Abs. 4, 51 Nr. 2 (**Zitatrecht**) (so AG Köln ZUM 2003, 77/78 – TV-total) zulässig sein (s. aber auch OLG Frankfurt/M ZUM 2004, 394/396 f. – TV Total, m. Anm. v. *Hillig*; LG Frankfurt/M ZUM 2005, 477/479 ff. – TV-total, auch zu § 50, m. Anm. v. *Hillig*; KG MMR 2003, 110/111 – Paul und Paula; LG Stuttgart AfP 2003, 462/463 – NPD-Spitzel; s. aus dem Schrifttum zu § 24 *Klatt* AfP 2008, 350).

b) Schutz gegen Entstellungen und Kürzungen (§ 94 Abs. 1 S. 2). Dem Urheberpersönlichkeitsrecht (§§ 14, 39) und dem persönlichkeitsrechtlichen Schutz der ausübenden Künstler (§ 75 nF) **nachgebildet** ist das Recht des Filmherstellers nach § 94 Abs. 1 S. 2. Es schützt jedoch nicht ideelle, sondern wirtschaftliche Interessen des Filmherstellers (s. Rdnr. 6 mwN). Entstellung und Kürzungen können die wirtschaftliche Auswertung des konkreten Filmes beeinträchtigen oder die Leistungen des Filmherstellers generell in Misskredit bringen (s. *Möhring/Nicolini*[2] Rdnr. 28). Wenn das Gesetz von einer Entstellung oder Kürzung „des Bildträgers oder Bild- und Tonträgers" spricht, so ist damit keine Sachbeschädigung, sondern eine **Entstellung oder Kürzung des Filmes** als solchen und der in ihm enthaltenen Herstellerleistung gemeint (*Möhring/Nicolini*[2] Rdnr. 26; *Dünnwald* UFITA 76 (1976) 165/188); auch dies bestätigt die Auffassung, dass Schutzgegenstand des § 94 ein im Filmträger verkörpertes immaterielles Gut, nicht der Filmträger als Sache ist (s. Rdnr. 9). 26

Der Filmhersteller kann Entstellungen und Kürzungen bei unberechtigten Verwertungen seines Filmes auch bereits aufgrund seiner ausschließlichen Verwertungsrechte nach § 94 Abs. 1 S. 1 begegnen. Wo diese Rechte Lücken aufweisen, wie bei der öffentlichen Wiedergabe von Film-Fernsehsendungen (§ 22, s. Rdnr. 32), sind solche Beeinträchtigungen praktisch nicht zu befürchten. Daneben stehen dem Filmhersteller die von den Urhebern und ausübenden Künstlern erworbenen ausschließlichen Nutzungsrechte iSd. §§ 88, 89 und 92 nF zur Verfügung. Auch eine Ermächtigung des Filmherstellers zur Geltendmachung der persönlichkeitsrechtlichen Befugnisse der Urheber und ausübenden Künstler nach §§ 14, 75 nF im eigenen Namen kommt in Betracht (s. vor §§ 28 ff. Rdnr. 58; *Schricker* VerlagsR[3], 2001, § 8 Rdnr. 3). Gleichwohl ist der Schutz des Filmherstellers durch das Verbotsrecht des § 94 Abs. 1 S. 2 **nicht überflüssig** (so jetzt auch *Fromm/Nordemann*[10] Rdnr. 44; sa. *Dreier/Schulze*[3] Rdnr. 44; *Dünnwald* UFITA 76 (1976) 165/188). Der Filmhersteller kann nach § 94 Abs. 1 S. 2 gegen Entstellungen und Kürzungen immer aus eigenem Recht vorgehen, selbst dann, wenn Urheber und ausübende Künstler sie eingewilligt haben (*Möhring/Nicolini*[2] Rdnr. 27). 27

Darüber hinaus greift sein Schutz nach § 94 Abs. 1 S. 2 auch dort Platz, wo er einem Filmverwerter, wie einem Filmtheater oder einem Fernsehsendeunternehmen, Nutzungsrechte zur öffentlichen Vorführung oder Sendung eingeräumt hat. § 94 Abs. 1 S. 2 kommt insoweit die gleiche Funktion zu wie § 39 bei der Einräumung von Nutzungsrechten an urheberrechtlich geschützten Werken.

Maßstab für das Eingreifen des Rechts des Herstellers aus § 94 Abs. 1 S. 2 ist die **Eignung** der Entstellungen oder Kürzungen zu einer **Gefährdung seiner berechtigten Interessen.** Dabei reicht eine abstrakte Gefährdung aus, es bedarf nicht des Nachweises einer konkreten Gefährdung oder gar eines schon eingetretenen Schadens (*Dreier/Schulze*[3] Rdnr. 44; *Fromm/Nordemann*[10] Rdnr. 47; *Möhring/Nicolini*[2] Rdnr. 28). Das Merkmal der berechtigten Interessen impliziert eine Abwägung der Interessen des Filmherstellers mit denen des Verwerters (*Dreier/Schulze*[3] Rdnr. 44; *Fromm/Nordemann*[10] Rdnr. 47; *v. Gamm* Rdnr. 6), wobei die wirtschaftlichen Interessen des Filmherstellers im Vordergrund stehen, künstlerische Interessen aber in ihren möglichen Auswirkungen auf die wirtschaftlichen Interessen mit berücksichtigt werden können (sa. *v. Gamm* Rdnr. 6 zur Mitberücksichtigung der Interessen der Urheber und ausübenden Künstler; *Möhring/Nicolini*[2] Rdnr. 28). Maßstab für das Verbotsrecht des Filmherstellers nach § 94 Abs. 1 S. 2 ist **nicht § 93** mit seinem Verbot nur gröblicher Entstellungen und anderer gröblicher Beeinträchtigungen (wie hier *Dreier/Schulze*[3] Rdnr. 44; *Fromm/Nordemann*[10] Rdnr. 48; aA *Dünnwald* UFITA 76 (1976) 165/189). § 93 enthält eine Schwächung der Rechte der an einem Filmwerk beteiligten Urheber und ausübenden Künstler gegenüber deren allgemeinen Rechten nach §§ 14, 75 nF zugunsten des Filmherstellers mit dem Ziel, diesem eine möglichst umfassende Auswertung des Filmes zu ermöglichen (s. § 93 Rdnr. 1). Es besteht kein Anlass, die Rechte des Filmherstellers selbst gegenüber Dritten ähnlich einzuschränken, vielmehr spricht das generelle Schutzziel der §§ 88 ff. (s. vor §§ 88 ff. Rdnr. 9) eher für eine Stärkung seiner Befugnisse. 28

§ 94

29 c) **Gesetzliche Vergütungsansprüche nach §§ 47 Abs. 2 S. 2, 54.** Nach § 94 Abs. 4 sind auf das Schutzrecht des Filmherstellers die Vorschriften über die gesetzlichen Schranken des Urheberrechts (Abschnitt 6 des Teils 1 des UrhG, §§ 44a–63a) sinngemäß anzuwenden. Daraus folgt, dass ua. das ausschließliche Vervielfältigungsrecht des Filmherstellers iSd. § 94 Abs. 1 S. 1 durch die gesetzlichen Vervielfältigungsbefugnisse bezüglich Schulfunksendungen (§ 47) und zum eigenen Gebrauch (§ 53) eingeschränkt ist. Dem Filmhersteller stehen damit aber auch die entsprechenden **gesetzlichen Vergütungsansprüche nach §§ 47 Abs. 2 S. 2** und **54** (§ 53 Abs. 5 aF, § 54 aF) zu. Von erheblicher praktischer Bedeutung ist dabei insb. der Anspruch aus § 54 Abs. 1 (vgl. die Zahlenangaben bei *Schorn* GRUR 1983, 718/719). Das **Vergütungsaufkommen** aus § 54 (§ 53 Abs. 5 aF, § 54 Abs. 1 aF) erreicht insb. seit Einführung der sog. Leerkassettenvergütung mit Wirkung zum 1. 7. 1985 zusätzlich zu der schon seit 1966 in § 53 Abs. 5 aF anerkannten Gerätevergütung eine beträchtliche Höhe. Nach dem Bericht der Bundesregierung über die Auswirkungen der Urheberrechtsnovelle 1985 und Fragen des Urheber- und Leistungsschutzrechts vom 7. 7. 1989 (BTDrucks. 11/4929 S. 9) erzielten die Verwertungsgesellschaften aus § 54 Abs. 1 aF in den zweieinhalb Jahren zwischen dem 1. 7. 1985 und Jahresende 1987 insgesamt 202, 1 Mio. DM (1976 bis 30. 6. 1985: DM 264,6 Mio. DM), davon 68% im Videobereich. 1990 wurden allein im Videobereich 95,6 Mio. DM erzielt (s. *Kreile* GRUR Int. 1992, 24/30). Nach dem sog. 2. Vergütungsbericht der Bundesregierung aus dem Jahr 2000 (BT-Drucks. 14/3972 S. 8) waren es 1998 über 96 Mio. DM).

Weniger eindrucksvoll sind die positiven Mitteilungen über die **Verteilung der Einnahmen.** Der Bericht der Bundesregierung (BTDrucks. 11/4929 S. 19f.) geht auf diesen Aspekt erstaunlicherweise nur dadurch ein, dass er die diesbezüglich zurückhaltende gesetzliche Regelung (§ 54 Abs. 6 S. 2 aF, jetzt § 54h Abs. 2 S. 1) rechtfertigt. Im Schrifttum wird zwar vereinzelt angenommen, dass sich gesetzliche Regelung und Praxis auch in der Frage der Verteilung der Einnahmen an die verschiedenen Berechtigten bzw. Berechtigtengruppen bewährt hätten (so *J. Kreile,* Fs. für R. Kreile, S. 119/127 ff.; *R. Kreile* GRUR Int. 1992, 24/34 ff./36; *Loewenheim* ZUM 1992, 109/111 f.; wohl auch *Nordemann,* Fs. für Voyame, S. 173/179 ff.; zum Verhältnis von öffentlich-rechtlichen Rundfunkanstalten und Auftragsproduzenten von Fernsehfilmen *Fuhr,* Fs. für Reichardt, S. 29/37 f.). Jedoch reicht es für ein solches Gesamturteil nicht aus, auf die Aussage im Bericht der Bundesregierung (dort S. 12) zu verweisen, dass die Verteilung der Zahlungen auf Geräte und Leerkassetten breite Zustimmung gefunden habe (gegen *Loewenheim* ZUM 1992, 109/111 f.); diese Aussage bezieht sich auf die Einnahmen auf der Grundlage des § 54, über die Verteilung dieser Einnahmen besagt sie nichts. Ebensowenig kann es für ein positives Gesamturteil genügen, die Beteiligungsquoten der involvierten Verwertungsgesellschaften anzuführen und in Bezug auf die Verteilung innerhalb dieser Gesellschaften nur auf das Beispiel der GEMA zu verweisen (gegen *R. Kreile* GRUR Int. 1992, 24/34ff./36; sa. *J. Kreile,* Fs. für R. Kreile, S. 119/127 ff.).

Es verwundert daher nicht, dass die **Kritik an der Verteilungspraxis** überwiegt. Eine Benachteiligung der Filmproduzenten wird dabei nur vereinzelt beklagt (so von *Schack* ZUM 1989, 267/284 f.; sa. *ders.*[4] Rdnr. 1220). Zumeist geht die Einschätzung dahin, dass vor allem die Filmverwertungsgesellschaften mit Beteiligungsquoten der Filmurheber von nur zwischen 20 und 35% (s. *Reber* S. 131 ff.) zu deren Lasten den Filmproduzenten einen unangemessen hohen Anteil einräumen (s. dazu *Claussen* S. 173 ff./185, 185 ff./197 f.; *Katzenberger,* GRUR-Fs., S. 1401/1440 f.; *Reber* S. 131 ff.; *Rossbach* S. 250 ff.; *Schulze* GRUR 1994, 855/866 f.; *Ulmer-Eilfort* S. 64 ff., 93 ff., 145 f.; *Vogel* GRUR 1993, 513/522 f.), und dies mit Billigung durch das Deutsche Patentamt (jetzt Deutsches Patent- und Markenamt, DPMA) als Aufsichtsbehörde (s. *Vogel* GRUR 1993, 513/523; zur Vorgeschichte s. die Korrespondenz des Deutschen Patentamts mit der Filmverwertungsgesellschaft VFF in ZUM 1989, 506 und 1990, 233; s. dazu auch *Häußer,* Fs. für Kreile, S. 281 ff.; *Nordemann,* Fs. für Voyame, S. 173 ff.). Die derzeitige Verteilungspraxis missachtet insb., dass die gesetzlichen **Übertragungsvermutungen** zugunsten der Filmhersteller nach §§ 88, 89 und 92 sich nicht auf gesetzliche Vergütungsansprüche beziehen (s. § 88 Rdnr. 49; § 89 Rdnr. 19; § 92 Rdnr. 3, 13), dass an **Filmen aus der Zeit vor 1966** kein Produzentenschutzrecht iSd. § 94 besteht (s. § 129 Rdnr. 17), dass die Hersteller der auf dem deutschen Markt dominierenden **amerikanischen Filme** sich in Bezug auf die Nutzung ihrer Filme in Deutschland nicht darauf berufen können, nach dem sog. „work made for hire"-Prinzip des amerikanischen Rechts Urheber dieser Filme zu sein (s. vor §§ 120 ff. Rdnr. 120 f., 124, 127; aA *Schack*[4] Rdnr. 909 ff., 1220; *ders.* ZUM 1989, 267/285) und dass amerikanische Filmhersteller auch das Schutzrecht des § 94 nicht beanspruchen können (s. § 128 Rdnr. 5). Im **2. Vergütungsbericht** der **Bundesregierung** aus dem Jahre 2000 (BT-Drucks. 14/3972 S. 23/

27 f.) werden der Verteilungsproblematik zwei kurze Absätze gewidmet. Im ersten (S. 23) wird über Kritik an der undurchsichtigen internen Verteilung und über die Probleme des DPMA als Aufsichtsbehörde über die Verwertungsgesellschaften mit der Verteilung („das größte Problem") berichtet. Im zweiten Absatz (s. 27 f.) heißt es, dass sich vier Filmverwertungsgesellschaften unter Beteiligung des DPMA im Jahr 1999 auf einen Verteilungsschlüssel geeinigt hätten, so dass gesetzgeberische Maßnahmen nicht angezeigt erschienen: aber kein Wort zur Angemessenheit der Verteilung innerhalb der einzelnen Verwertungsgesellschaften und der Beteiligungsquoten der Urheber und Künstler!

Strittig ist, ob diese Vergütungsansprüche auch **Sendeunternehmen** als eigene, dh. nicht **30** vertraglich abgeleitete Rechte zustehen. Bezüglich des verwandten Schutzrechts der Sendeunternehmen nach § 87 schließt dessen Abs. 4 diese Ansprüche ausdrücklich aus (s. § 87 Rdnr. 45, dort auch zum Stand der Meinungen bezüglich einer Änderung dieser Bestimmung de lege ferenda). Im Rahmen des Zweiten Gesetzes zur Regelung des Urheberrechts in der Informationsgesellschaft vom 26. 10. 2007 (BGBl. I S. 2513) ist daran nichts geändert worden (zur AmtlBegr. s. BT-Drucks. 16/1828 S. 16 ff.). Diese Bestimmung ist jedenfalls insoweit **verfassungsgemäß**, als sie öffentlich-rechtliche Rundfunkanstalten betrifft, da diese sich nicht auf die Eigentumsgarantie durch Art. 14 GG berufen können und Art. 5 GG sie zwar generell, nicht aber in Bezug auf die von § 87 Abs. 4 betroffenen Zweitverwertungsrechte schützt (BVerfGE 71, 101/102 f.). In Frage stehen damit im Filmbereich nur Ansprüche der Sendeunternehmen als Filmhersteller der von ihnen für Sendezwecke produzierten und aufgezeichneten Filmwerke und Laufbilder nach §§ 94 Abs. 4, 95. Im Schrifttum werden diese Ansprüche der Sendeunternehmen bejaht von *Brugger* UFITA 56 (1970) 1/13, *Krüger-Nieland* GRUR 1983, 345 f./348; *Möhring/Nicolini*[2] § 87 Rdnr. 48 und *Stolz* S. 124 ff.; *ders.* UFITA 96 (1983) 55/84 ff. (s. dazu und zur Gegenauffassung mwN auch § 85 Rdnr. 61 ff. zur parallelen Frage in Bezug auf das verwandte Schutzrecht der Tonträgerhersteller). Mit dem Argument, dass die Sendeunternehmen hinsichtlich ihrer nur zu Sendezwecken bestimmten Filmproduktionen das Schutzrecht des § 94 generell nicht erwerben könnten, werden die Ansprüche verneint von *Dünnwald* UFITA 76 (1976) 165/170/190 und *Schorn* GRUR 1982, 644/645 f. (sa. Rdnr. 16, 20). Zu demselben Ergebnis gelangt *Schack* GRUR 1985, 197/200 (jedenfalls bezüglich der öffentlich-rechtlichen Rundfunkanstalten) mit der Begründung, dass § 87 Abs. 4 oder dieser Bestimmung insgesamt der Vorrang vor § 94 zukomme. *Loewenheim* GRUR 1998, 513/520 f. zur Parallele des § 85).

Der zweitgenannten Auffassung ist zuzustimmen, soweit es sich um **nur zu Sendezwecken** **31** **produzierte Filme** handelt, und zwar auch dann, wenn die Filme zu **wiederholten Sendungen** bestimmt und geeignet sind (wie hier *Dreier/Schulze*[3] Rdnr. 59; *Fromm/Nordemann*[10] Rdnr. 58; *Wandtke/Bullinger*[3] Rdnr. 76/77). Den Sendeunternehmen für alle ihre aufgezeichneten Fernsehfilme oder sogar Fernsehsendungen als Filme (s. Rdnr. 10, 16 und vor §§ 88 ff. Rdnr. 21) den Schutz nach § 94 Abs. 4 iVm. §§ 47 Abs. 2 S. 2 und 54 zuzugestehen, hieße § 87 Abs. 4 weitgehend zu unterlaufen. Soweit jedoch von den Sendeunternehmen Filme produziert werden, die nicht nur zur Sendung, sondern **auch als Vorführ- und/oder Videofilme genutzt** werden, ist ihnen dieser Schutz nicht abzusprechen (so auch OLG Hamburg ZUM 1997, 43/44 ff. – Wahrnehmungsvertrag GVL II – bestätigt durch BGHZ 140, 94/98 ff. – Sendeunternehmen als Tonträgerhersteller, in Bezug auf das Schutzrecht des Tonträgerherstellers nach § 85 Abs. 3 aF; aA LG Hamburg ZUM 1996, 818/819 – Wahrnehmungsvertrag GVL I; *Loewenheim* GRUR 1998, 513/520 f./522 zu § 85; wie hier auch *Dreier/Schulze*[3] Rdnr. 59; *Fromm/Nordemann*[10] Rdnr. 58; *Schack*[4] Rdnr. 632; ebenso *Wandtke/Bullinger*[3] Rdnr. 76).

Jedenfalls aus der Sicht des Schutzrechts des Filmherstellers, wohl aber auch aus derjenigen des Tonträgerschutzrechts besteht **kein hinreichender Anlass**, der seit der 2. Auflage unter **§ 85 Rdnr. 61 ff.** vertretenen **geänderten Auffassung zu folgen**, die den Sendeunternehmen Vergütungsansprüche nach § 54 generell verweigern will, dies allerdings unter dem Vorbehalt, dass sich aus der europäischen **Informations-Richtlinie 2001/29/EG** etwas anderes ergeben könne (s. § 85 Rdnr. 67 seit der 2. Auflage; dagegen allerdings die AmtlBegr. zum Zweiten Gesetz zur Regelung des Urheberrechts in der Informationsgesellschaft vom 26. 10. 2007 BT-Drucks. 16/1828 S. 17). Zwar mögen die Sendeunternehmen durch Aufzeichnungen von Schulfunksendungen (§ 47) und durch private Aufzeichnungen von Sendungen (§ 54) nicht oder kaum im Hinblick auf ihre Sendetätigkeit beeinträchtigt werden (s. § 85 Rdnr. 62, 64), wohl aber ist bei der Vermarktung ihrer Filme im **Vorführ- und Videobereich** (bzw. ihrer Tonaufzeichnungen auf dem Tonträgermarkt) und auch in Bezug auf die Vermarktung über **Online-Datenbanken** und **Video- bzw. Music-on-Demand** mit einer solchen Beeinträchtigung zu rechnen (gegen § 85 Rdnr. 65). Für diese Beeinträchtigung bedürfen auch Sendeun-

§ 94

ternehmen, namentlich private Fernsehsender, der Kompensation durch die in Frage stehenden Vergütungsansprüche. Allein schon mit Rücksicht auf ihre Leistungen für die Filmwirtschaft (s. vor §§ 88 ff. Rdnr. 40) sollte dasselbe auch für gebührenfinanzierte öffentlich-rechtliche Sendeanstalten gelten. In bezug auf Auftragsproduktionen sind sie über die Filmverwertungsgesellschaft VFF am Vergütungsaufkommen aus §§ 54, 94 Abs. 4 auch heute faktisch schon beteiligt (s. *Fuhr*, Fs. für Reichardt, S. 29/37 f.). Wirtschaftlich betrachtet, kommt eine Beteiligung auch der Sendeunternehmen an diesem Aufkommen von beträchtlicher Höhe (s. Rdnr. 29) auch Neuproduktionen und damit mittelbar auch den aktiven Urhebern und ausübenden Künstlern zugute. Dies mag sie dafür entschädigen, dass das Gesamtaufkommen unter mehr Berechtigten aufgeteilt werden muss. Speziell im Filmbereich enthalten darüber hinaus die unangemessen niedrigen Beteiligungsquoten vor allem der Filmurheber (s. Rdnr. 29) ein beträchtliches Kompensationspotential.

32 **d) Gesetzlicher Vergütungsanspruch nach § 27 Abs. 2 und 3.** Durch das 3. UrhGÄndG vom 23. 6. 1995 (s. vor §§ 88 ff. Rdnr. 8) ist § 94 Abs. 4 um die Verweisung auf § 27 Abs. 2 und 3 ergänzt worden. Den Filmherstellern steht daher neben den Urhebern (§ 27 unmittelbar), den Verfassern wissenschaftlicher Ausgaben (§ 70 Abs. 1), den Herausgebern nachgelassener Werke (§ 71 Abs. 1 S. 3), den ausübenden Künstlern (§ 77 Abs. 2 S. 2 nF) und den Tonträgerherstellern (§ 85 Abs. 4) nunmehr ein gesetzlicher Vergütungsanspruch für das **Verleihen** von Vervielfältigungsstücken, dh. im Filmbereich von Videokassetten, DVDs etc., durch Einrichtungen zu, die der Öffentlichkeit zugänglich sind (§ 27 Abs. 2). Der Vergütungsanspruch kann nach § 27 Abs. 3 nur durch eine Verwertungsgesellschaft geltend gemacht werden. Das 3. UrhGÄndG diente ua. der Umsetzung der europäischen Vermiet- und Verleihrechtsrichtlinie (s. Einl. Rdnr. 78), die den Vergütungsanspruch für das Verleihen allerdings nur für Urheber zwingend vorsieht (Art. 6 Abs. 1 S. 1 in der kodifizierten Fassung, auch im Folgenden). Dem Wunsch der Urheberverbände, auf die Einführung des Vergütungsanspruchs zugunsten der Tonträgerhersteller zu verzichten, um eine Schmälerung der Urhebervergütung zu verhindern, ist der Gesetzgeber nicht gefolgt (s. die AmtlBegr. BTDrucks. 13/115 S. 8 zu 3. UrhGÄndG unter Hinweis auf den Bericht der Bundesregierung vom 7. 7. 1989 BTDrucks. 11/4929 S. 30 f.; zu diesem Bericht auch Rdnr. 29). Den Sendeunternehmen steht der Vergütungsanspruch für das Verleihen ebensowenig zu, wie das ausschließliche Vermietrecht (s. Rdnr. 22). Beide sind für sie auch in der Richtlinie nicht vorgesehen (s. den Katalog der Rechtsinhaber in Art. 3 Abs. 1 der Richtlinie sowie § 87 Rdnr. 38 und die AmtlBegr. BTDrucks. 13/115 S. 15 zu Nr. 6). Im Übrigen gilt für **Sendeunternehmen als Filmhersteller** auch in Bezug auf den Anspruch nach § 27 Abs. 2 und 3 das unter Rdnr. 30 f. Gesagte. Zur früheren Rechtslage s. Rdnr. 33 der 1. Auflage. Ein Vergütungsanspruch für das **Vermieten (§ 27 Abs. 1)** steht dem Filmhersteller mangels Verweisung in § 94 Abs. 4 nicht zu.

33 **e) Kein Recht des Filmherstellers entsprechend § 22.** Das Recht des Filmherstellers zur öffentlichen Vorführung gemäß § 94 Abs. 1 S. 1 bezieht sich nicht nur auf Vorführungen in Filmtheatern, sondern zB auch auf Vorführungen des von ihm hergestellten Filmes mittels Videokassetten in Gaststätten und ähnlichen Einrichtungen (ebenso *Dünnwald* UFITA 76 (1976) 165/186); es umfasst insoweit den Schutzgehalt des besonderen Wiedergaberechts des § 21. Anders liegt es dagegen bei **öffentlichen Wiedergaben beim Empfang von Fernsehsendungen**, in denen ein Film ausgestrahlt wird. Das hier berührte besondere Wiedergaberecht des § 22 wird vom Vorführungsrecht nicht umfasst, es steht dem Filmhersteller auch nicht in entsprechender Anwendung des § 22 zu (s. Rdnr. 8 sowie *Dünnwald* UFITA 76 (1976) 165/186 mit verfassungsrechtlichen Bedenken aus Art. 3 GG in Fn. 67 und unter Hinweis auf den insoweit bestehenden Vergütungsanspruch des Tonträgerherstellers gemäß §§ 86, 77 aF; *Dreier/Schulze*[3] Rdnr. 39; *v. Gamm* Rdnr. 6). Von der europäischen Vermiet- und Verleihrechtsrichtlinie (s. Einl. Rdnr. 78), die in ihrem Kapitel II (Art. 7–10 in der kodifizierten Fassung) auch die verwandten Schutzrechte harmonisiert, wird dieser Schutz nicht gefordert (s. den beschränkten Rechtekatalog in Art. 8 der Richtlinie).

4. Gesetzliche Schranken der Rechte des Filmherstellers (§ 94 Abs. 4)

34 Zur Verweisung des § 94 Abs. 4 auf die gesetzlichen Schranken des Urheberrechts und deren sinngemäße Anwendung auf das Schutzrecht des Filmherstellers im Grundsatz und zu den daraus folgenden gesetzlichen Vergütungsansprüchen des Filmherstellers gemäß §§ 47 Abs. 2 S. 2, 54 s. bereits Rdnr. 29–31. Von der sinngemäßen Anwendung **ausgeschlossen** war der inzwischen aufgehobene **§ 61** über die **Zwangslizenz an musikalischen Werken** und dazugehörigen

Texten zugunsten der Hersteller von Tonträgern. Der Ausschluss fand sich auch in den Bestimmungen über die verwandten Schutzrechte der ausübenden Künstler (§ 84 aF), der Hersteller von Tonträgern (§ 83 Abs. 3 aF) und der Sendeunternehmen (§ 87 Abs. 3 aF). Der Ausschluss ergibt sich nunmehr daraus, dass die Zwangslizenz jetzt in **§ 42a** und damit außerhalb der verwiesenen gesetzlichen Schranken des Urheberrechts geregelt ist (Änderung aufgrund des Gesetzes vom 10. 9. 2003, s. vor §§ 88 ff. Rdnr. 8). Er bedeutet, dass ein Filmhersteller unter dem Aspekt seines Schutzrechts aus § 94 auch bei Vorliegen der Voraussetzungen des § 42a nicht gezwungen werden kann, einem Tonträgerhersteller an der filmischen Aufzeichnung der Tonfilmmusik ein Nutzungsrecht einzuräumen. Die Möglichkeit einer solchen Zwangslizenz würde deren Ziel, der Allgemeinheit musikalische Werke in möglichst vielfältiger Form zugänglich zu machen, geradezu entgegenwirken (s. AmtlBegr. BTDrucks. IV/270 S. 95 zu § 94, jetzt § 84). Eine Zwangslizenz zugunsten des Filmherstellers scheitert bereits an § 42a Abs. 1 letzter Satz unmittelbar.

5. Schutzdauer (§ 94 Abs. 3)

Die Schutzdauerregelung des § 94 Abs. 3 für das verwandte Schutzrecht des Filmherstellers 35 entspricht den Regelungen für die verwandten Schutzrechte der ausübenden Künstler (§ 82) und der Tonträgerhersteller (§ 85 Abs. 3 nF). Alle diese Bestimmungen sind durch das **3. UrhGÄndG** vom 23. 6. 1995 (s. vor §§ 88 ff. Rdnr. 8) mit Wirkung zum 1. 7. 1995 (Art. 3 Abs. 2 des Gesetzes) neu gefasst worden. Das Gesetz hat insoweit Art. 3 der europäischen **Schutzdauerrichtlinie** in der ursprünglichen und in der kodifizierten Fassung (s. zu dieser Einl. Rdnr. 78) umgesetzt (zu Einzelheiten dieser Richtlinie in Bezug auf die Schutzdauer des Urheberrechts s. § 64 Rdnr. 13 ff.). Die Dauer des Schutzrechts des Filmherstellers an einem bestimmten Film ergibt sich aus der in § 94 Abs. 3 festgelegten **Schutzfrist von 50 Jahren** und den dort genannten **Anknüpfungspunkten für die Berechnung** dieser Frist, nämlich primär das erste Erscheinen (iSd. § 6 Abs. 2; s. dort Rdnr. 29 ff.) des Filmträgers (s. zu diesem Begriff vor §§ 88 ff. Rdnr. 22) oder seine erste erlaubte Benutzung zu einer öffentlichen Wiedergabe, und zwar je nachdem, was sich früher ereignet. Sekundär entscheidet der Zeitpunkt der Herstellung iSd. Erstfixierung (s. Rdnr. 12) des Filmträgers, wenn er nicht innerhalb von 50 Jahren, gerechnet ab diesem Zeitpunkt, erscheint oder erlaubterweise zu einer öffentlichen Wiedergabe benutzt wird. Daraus ergibt sich eine **Mindestschutzdauer** von 50 Jahren ab Erstfixierung, wenn der Filmträger innerhalb dieser Frist nicht erscheint oder erlaubterweise zu einer öffentlichen Wiedergabe benutzt wird. Dasselbe gilt, wenn sich einer dieser beiden Vorgänge im Jahr der Erstfixierung ereignet. Ereignen sich diese Vorgänge später, aber während dieser Frist, so beträgt die Schutzdauer 50 Jahre, gerechnet ab dem frühesten dieser Ereignisse. Die **maximale Schutzdauer** beträgt somit 100 Jahre, wenn der Filmträger im 50. Jahr nach der Herstellung erstmals erscheint oder erlaubterweise zu einer öffentlichen Wiedergabe benutzt wird.

Anders als in § 85 Abs. 3 nF (und auch in §§ 82, 87 Abs. 3 nF) ist in § 94 Abs. 3 nichts über 36 die Anwendung des **§ 69** über die **Berechnung der Schutzfristen** des UrhG gesagt. Dies kann nur als Redaktionsversehen gewertet werden, so dass § 69 gleichwohl anzuwenden ist (so auch *Dreier/Schulze*[3] Rdnr. 52; *Fromm/Nordemann*[10] Rdnr. 54; *v. Gamm* Rdnr. 6; *Möhring/Nicolini*[2] Rdnr. 33). Zu den Einzelheiten s. die Kommentierung des § 69.

Als durch das UrhG neu eingeführtes Recht (s. Rdnr. 2) konnte das Schutzrecht des Filmher- 37 stellers an **vor dem 1. 1. 1966 geschaffenen Filmen** nicht entstehen (s. vor §§ 88 ff. Rdnr. 47). Auch ein Erwerb von Rechten der ausübenden Künstler nach § 2 Abs. 2 LUG (s. vor §§ 73 ff. Rdnr. 3 u. § 85 Abs. 2) hinsichtlich der Tonspur des Tonfilms kam für den Filmhersteller nicht in Betracht (s. Rdnr. 4). Auch eine Anwendung der §§ 135, 135a scheidet daher aus. Die Dauer des Schutzrechts des Filmherstellers betrug nach § 94 Abs. 3 aF bis zum 30. 6. 1995 nur 25 Jahre, gerechnet nach dem Erscheinen des Filmträgers, jedoch bereits 25 Jahre nach der (ersten; s. Rdnr. 12) Herstellung, wenn der Filmträger innerhalb dieser Frist nicht erschienen ist (zu den Einzelheiten s. die 1. Auflage Rdnr. 35). Die **Übergangsregelung** bezüglich der Verlängerung der Schutzdauer durch das 3. UrhGÄndG (s. Rdnr. 35) findet sich in § 137f.

Nach Ablauf der Schutzfrist gemäß § 94 Abs. 3 steht die Verwertung des Filmträgers 38 grundsätzlich jedermann frei. Dies bezieht sich aber nur auf die Verwertung des Filmträgers und das Schutzrecht aus § 94. Unberührt bleiben die **ausschließlichen Nutzungsrechte** des Filmherstellers, die dieser vertraglich ausdrücklich oder entsprechend §§ 88, 89 von den Urhebern von zur Filmherstellung benutzten Werken und von den Filmurhebern erworben hat (s. dazu auch *Dreier/Schulze*[3] Rdnr. 53; *Möhring/Nicolini*[2] Rdnr. 34). Zur Dauer der Nutzungsrechtsein-

§ 94   Schutz des Filmherstellers

räumung nach § 88 s. dort Rdnr. 34, 57 f. Hinsichtlich des Erwerbs ausschließlicher Nutzungsrechte von den Filmurhebern kann sich eine zeitliche Beschränkung nur aus ausdrücklichen vertraglichen Vereinbarungen ergeben (s. § 89 Rdnr. 3); grundsätzlich stehen dem Filmhersteller diese Nutzungsrechte zeitlich unbeschränkt, dh. bis zum Ablauf der urheberrechtlichen Schutzfrist am Filmwerk zu. Die Dauer des ausschließlichen Rechts des Filmherstellers zur filmischen Verwertung der Filmeinzelbilder nach § 89 Abs. 4 bestimmt sich nach § 72 Abs. 3 (s. § 91 Rdnr. 11 f.), soweit es sich um einfache Lichtbilder iSd. § 72 und nicht um länger geschützte Lichtbildwerke iSd. § 2 Abs. 1 Nr. 5, Abs. 2 handelt. Die Dauer des Schutzes der vom Filmhersteller nach § 92 erworbenen Rechte der ausübenden Künstler (§ 82) entspricht derjenigen des § 94 Abs. 3.

39   Ein **ergänzender wettbewerbsrechtlicher Schutz** des Filmherstellers nach Ablauf der Schutzfrist gem. § 94 Abs. 3 scheidet wegen des Vorrangs dieser Bestimmung als lex specialis aus (so auch *Dreier/Schulze*[3] Rdnr. 54; *Fromm/Nordemann*[10] Rdnr. 65 unter Hinweis auf mögliche besondere Umstände bzgl. der Art und Weise der Leistungsübernahme). Zu einer möglichen Neubewertung des wettbewerbsrechtlichen Schutzes aufgrund der europäischen Richtlinie 2005/29/EG über unlautere Geschäftspraktiken s. die Parallele bei § 5 (dort Rdnr. 93).

6. Übertragbarkeit und Vererblichkeit, Einräumung von Nutzungsrechten (§ 94 Abs. 2)

40   Das verwandte Schutzrecht des Filmherstellers nach § 94 ist als rein vermögensrechtliche Befugnis (s. Rdnr. 5, 6) als Ganzes übertragbar (§ 94 Abs. 2 S. 1). Anzuwenden sind insoweit §§ 398 ff., 413 BGB. Durch das Gesetz vom 10. 9. 2003 (s. vor §§ 88 ff. Rdnr. 8) ist es in § 94 Abs. 2 S. 2 ausdrücklich ermöglicht worden, über das verwandte Schutzrecht des Filmherstellers durch die Einräumung von Nutzungsrechten iSd. § 31 zu verfügen. Mangels Verweisung auch auf § 31 Abs. 4 in § 94 Abs. 2 S. 3 aF galt das auch für unbekannte Nutzungsarten. Nachdem durch das Zweite Gesetz zur Regelung des Urheberrechts in der Informationsgesellschaft vom 26. 10. 2007 (BGBl. I S. 2513) § 31 Abs. 4 aufgehoben worden ist, konnte in § 94 Abs. 2 S. 3 auf die differenzierende Verweisung auf die einzelnen Absätze des § 31 verzichtet werden. Unter analoger Anwendung der §§ 31 ff. aF war die Einräumung von Nutzungsrechten am Recht des Filmherstellers auch früher schon möglich (s. vor § 28 ff. Rdnr. 36 in der 2. Auflage; *v. Gamm* Rdnr. 4). Das Schutzrecht des § 94 ist auch vererblich (ebenso *v. Gamm* Rdnr. 4). Bei einer Lizenzierung des verwandten Schutzrechts des Filmherstellers zB für die Videoauswertung eines fremdsprachigen Filmes kann zwischen einer Fassung mit **Untertitelung** einerseits und einer **Synchron-** oder sog. **Voice-over-Fassung** (Überlagerung des Originaltons durch eine „außerhalb der Szene" gesprochene Übersetzung) mit dinglicher Wirkung unterschieden werden. Durch die bloße Vorausübertragung der Rechte für eine untertitelte Fassung war eine Filmproduzentin daher nicht gehindert, gegen die Vervielfältigung und den Vertrieb von Videokassetten und DVDs in den anderen vorgenannten Fassungen vorzugehen (so OLG Köln ZUM 2007, 401/402 f. – Video-Zweitverwertung).

7. Rechtsfolgen der Verletzung

41   Bei Verletzung des Schutzrechts des Filmherstellers stehen dem Verletzten die Ansprüche aus § 97 auf Beseitigung, Unterlassung und Schadensersatz, aus § 98 auf Vernichtung, Rückruf oder Überlassung der rechtswidrig hergestellten Vervielfältigungsstücke sowie auf Vernichtung der Vervielfältigungsvorrichtungen und nach §§ 101 und 101 a auf Auskunft, Vorlage und Besichtigung. Rechtswidrig hergestellte Vervielfältigungsstücke dürfen nach § 96 weder verbreitet noch zu öffentlichen Wiedergaben benutzt werden. Vorsätzliche Verletzungen des Schutzrechts aus § 94 sind strafbar nach § 108 Nr. 7; die vorsätzliche Verletzung durch gewerbsmäßige Vervielfältigung und Verbreitung ist mit höherer Strafe bedroht (§ 108 a). Zu den Einzelheiten vgl. die Kommentierung dieser Bestimmungen.

8. Persönlicher Anwendungsbereich und Konkurrenzen

42   a) Zum persönlichen Anwendungsbereich des § 94 s. § 128.

b) Zu den Konkurrenzen mit anderen Schutzrechten und urheberrechtlichen Nutzungsrechten s. Rdnr. 11 (Schutzrecht des Tonträgerherstellers nach §§ 85, 86), Rdnr. 20, 30 f. (Schutzrecht des Sendeunternehmens nach § 87), Rdnr. 4, 38 (urheberrechtliche Nutzungsrechte) und Rdnr. 39 (ergänzender wettbewerbsrechtlicher Schutz).

Abschnitt 2. Laufbilder

§ 95 Laufbilder

Die §§ 88, 89 Abs. 4, 90, 93 und 94 sind auf Bildfolgen und Bild- und Tonfolgen, die nicht als Filmwerke geschützt sind, entsprechend anzuwenden.

Schrifttum: *v. Becker,* Neues zur Parodie, Fs. für Loewenheim, S. 3; *Etter,* Softwareschutz durch Strafanzeige?, CR 1989, 115; *Feyock/Straßer,* Die Abgrenzung der Filmwerke von Laufbildern am Beispiel der Kriegswochenschauen, ZUM 1992, 11; *v. Have/Eickmeier,* Der Gesetzliche Rechtsschutz von Fernseh-Show-Formaten, ZUM 1994, 269; *Hertin,* Wo bleibt der internationale Leistungsschutz für Filme?, ZUM 1990, 442; *Hillig,* Anmerkung zu OLG Frankfurt am Main, Urteil vom 25. 1. 2005 – 11 U 25/04 – TV-total, ZUM 2005, 482; *ders.,* Anmerkung zu OLG Frankfurt am Main, Urteil vom 26. 11. 2003 – TV Total, ZUM 2004, 397; *Hoeren,* Urheberrechtliche Probleme des Dokumentarfilms, GRUR 1992, 145; *Hofstetter,* Anmerkung zu dem Beschluß des OLG Hamm vom 14. 5. 1991, Az.: 4 U 281/90, ZUM 1992, 88; *ders.,* Anmerkung zum Urteil des Bayerischen Obersten Landesgerichts vom 12. 5. 1992, Az.: 4 St RR 64/92, ZUM 1992, 541; *Katzenberger,* Vom Kinofilm zum Videogramm, GRUR-Fs., S. 1401; *ders.,* Kein Laufbildschutz für ausländische Videospiele in Deutschland, GRUR Int. 1992, 513; *Klatt,* Zur Reichweite des Laufbildschutzes bei der Frage der freien Benutzung iS des § 24 UrhG, AfP 2008, 350; *Koch,* Rechtsschutz für Benutzeroberflächen von Software, GRUR 1991, 180; *Kuhlmann,* Kein Rechtsschutz für den Kopierschutz?, CR 1989, 177; *Schlatter,* Der Rechtsschutz von Computerspielen, Benutzeroberflächen und Computerkunst, in *Lehmann* (Hrsg.), Rechtsschutz und Verwertung von Computerprogrammen, 2. Aufl. 1993, S. 169; *Schulze,* Urheber- und leistungsschutzrechtliche Fragen virtueller Figuren, ZUM 1997, 77; *Straßer,* Die Abgrenzung der Laufbilder vom Filmwerk, 1995; *Syndikus,* Computerspiele. Eine Rechtsprechungsübersicht, CR 1991, 529; *Vogel,* Überlegungen zum Schutzumfang der Leistungsschutzrechte des Filmherstellers, Fs. für Loewenheim, S. 367; *Wandtke,* Deutsche Kriegswochenschauen als Filmwerke, UFITA 132 (1996) 31; *Wiebe,* „User Interfaces" und Immaterialgüterrecht. Der Schutz von Benutzeroberflächen in den U.S.A. und in der Bundesrepublik Deutschland, GRUR Int. 1990, 21; s. ferner die Schrifttumsnachweise vor §§ 88 ff. und zu § 94.

Übersicht

	Rdnr.
I. Zweck, Bedeutung und Entstehung des § 95. Einordnung in die Systematik der §§ 88 ff.	1–5
II. Begriff der Laufbilder. Abgrenzung zu Filmwerken. Beispiele von Laufbildern	6–12
1. Begriff der Laufbilder	6, 7
2. Abgrenzung zu Filmwerken. Beispiele von Laufbildern	8–12
III. Entsprechende Anwendung der §§ 88, 89 Abs. 4, 90, 93	13–18
IV. Entsprechende Anwendung des § 94. Schutz des Herstellers von Laufbildern	19, 20

I. Zweck, Bedeutung und Entstehung des § 95. Einordnung in die Systematik der §§ 88 ff.

1. § 95 fügt sich in die generelle **Zweckbestimmung** der §§ 88 ff. ein, die Rechtsstellung des Filmherstellers mit Rücksicht auf die vom Gesetzgeber angenommenen Besonderheiten des Filmes zu stärken (s. vor §§ 88 ff. Rdnr. 1, 9). Die vom Gesetzgeber vorgesehenen Mittel zur Erreichung dieses Zieles bestehen zum einen in einer Schwächung der Rechtspositionen der Urheber, der ausübenden Künstler und Inhaber sonstiger Leistungsschutzrechte als Partnern des Filmherstellers (§§ 88–93), zum anderen in der Anerkennung eines eigenen, originären, mit dem Urheberrecht verwandten Schutzrechts des Filmherstellers (§ 94; vgl. zum Ganzen den Überblick vor §§ 88 ff. Rdnr. 10–14 sowie § 94 Rdnr. 1). Nicht im Rahmen des §§ 88 ff. geregelt, weil unabhängig von deren Zielsetzung, sind ua. die Voraussetzungen des urheberrechtlichen Schutzes von Filmwerken; sie sind Gegenstand des § 2 Abs. 1 Nr. 6, Abs. 2 (s. § 2 Rdnr. 191 ff.). 1

§ 95 geht von dem Umstand aus, dass es Filme gibt, die den urheberrechtlichen Schutzvor- 2
aussetzungen nicht genügen, bei denen aber die sonstigen Bedingungen ihrer Herstellung und Verwertung im Grunde die gleichen sind wie bei urheberrechtlich geschützten Filmwerken und bei denen daher auch das **Schutzbedürfnis des Filmherstellers** das gleiche ist, wie es den Bestimmungen der §§ 88–94 als Motiv zugrundeliegt. § 95 erklärt daher die meisten Bestimmungen der §§ 88 ff. für auf solche Filme entsprechend anwendbar. Da bei der Herstellung eines Filmes nicht immer klar vorauszusehen ist, ob ein urheberrechtlich geschütztes Filmwerk entstehen wird, soll dadurch auch der Rechtssicherheit gedient werden (vgl. zum Vorstehenden AmtlBegr. 91TDrucks. IV/270 S. 102 zu § 105, jetzt § 95). Da § 95 voraussetzt, dass ein Film die urheberrechtliche Werkqualität nicht erreicht, scheidet allerdings eine auch nur entsprechende Anwendung des § 89 aus, da diese Bestimmung nur für Filmurheber gilt und die Film-

urheberschaft ihrerseits ein urheberrechtlich geschütztes Filmwerk zur Voraussetzung hat. Die Nichtanwendung des § 92 dient einem spezifischen rechtspolitischen Ziel (s. Rdnr. 17).

3   Aus der genannten spezifischen Zweckbestimmung des § 95 folgt auch, dass es **nicht** dessen Ziel ist, an Filmen, die den Voraussetzungen eines Filmwerks nicht genügen, ein abgeschwächtes, das **filmisch-gestalterische Schaffen** der an der Filmherstellung mitwirkenden Personen betreffendes Leistungsschutzrecht zu begründen. Vielmehr soll der Filmhersteller auch bei solchen Filmen für seine **organisatorische und wirtschaftliche Leistung** durch das verwandte Schutzrecht des § 94 geschützt sein (s. die Verweisung auf § 94 in § 95; s. ferner Rdnr. 19). Der Rechtsschutz der Laufbilder nach §§ 94, 95 verhält sich zum Urheberrechtsschutz von Filmwerken daher nicht ebenso wie das Schutzrecht aus § 72 an urheberrechtlich nicht schutzfähigen Lichtbildern zum Urheberrecht an Lichtbildwerken iSd. § 2 Abs. 1 Nr. 5. Das Verhältnis gleicht vielmehr dem des Schutzrechts des Tonträgerherstellers an Tonträgern mit urheberrechtlich geschützter Musik einerseits und mit nicht geschütztem Inhalt andererseits.

4   **2.** Die **Bedeutung** des § 95 liegt zum einen darin, dass der Filmhersteller in den Genuss der Vorteile der §§ 88–93 unabhängig davon kommt, ob ein urheberrechtlich geschütztes Filmwerk entstanden ist oder nicht, und zum anderen darin, dass er bei einer Rechtsverletzung durch technische Ausbeutung seiner Leistung, wie im Falle der Videopiraterie, nicht das Bestehen und die Verletzung eines Urheberrechts und eines entsprechenden, ihm zustehenden ausschließlichen Nutzungsrechts beweisen muss, sondern sich stets auf sein an nur geringe Voraussetzungen geknüpftes Leistungsschutzrecht nach § 94 berufen kann.

5   **3.** Wie die §§ 88 ff. insgesamt enthält auch § 95 eine im Vergleich zur früheren Rechtslage **neue gesetzliche Bestimmung** (s. vor §§ 88 ff. Rdnr. 4 ff.). Dies gilt insb. auch für ihr Zusammenwirken mit § 94 über das verwandte Schutzrecht des Filmherstellers. Auch hinsichtlich des Schutzes des Filmherstellers bezüglich urheberrechtlich nicht geschützter Filme war dieser nach früherem Recht auf den vertraglichen Erwerb abgeleiteter Rechte von zur Filmherstellung benutzten Werken (s. dazu Rdnr. 13) sowie an den Filmeinzelbildern und auf den ergänzenden wettbewerbsrechtlichen Schutz angewiesen (s. § 94 Rdnr. 4).

II. Begriff der Laufbilder. Abgrenzung zu Filmwerken. Beispiele von Laufbildern

1. Begriff der Laufbilder

6   Unter Laufbildern versteht das Gesetz urheberrechtlich nicht geschützte Bildfolgen bzw. Bild- und Tonfolgen, die bei der Vorführung, der Sendung oder dem Abruf den Eindruck des bewegten Bildes entstehen lassen und damit Filme sind, wobei es weder auf das verwendete Aufnahmeverfahren, noch auf den Inhalt, noch auf den Verwendungszweck, noch darauf ankommt, ob eine körperliche Aufzeichnung stattfindet oder nicht, so dass ua. auch Live-Sendungen des Fernsehens Laufbilder sein können (s. dazu Näheres vor §§ 88 ff. Rdnr. 20, 21).

7   Auch **Videospiele** (Bildschirmspiele, Computerspiele), nicht aber sog. **Tonbildschauen** können Filme und damit Laufbilder sein (vgl. Näheres vor §§ 88 ff. Rdnr. 44, 45). **Multimediawerke** (s. vor §§ 88 ff. Rdnr. 46) und als solche qualifizierte **Internet-Homepages** (s. LG München I ZUM-RD 2005, 81/83 – Homepage) sind als urheberrechtlich schutzfähige Werke schon definitionsgemäß keine bloßen Laufbilder, sie können aber Laufbilder als Elemente enthalten. Multimediaerzeugnisse ohne Werkeigenschaft können aber ihrerseits Laufbilder sein, wenn und soweit sie den Eindruck des bewegten Bildes vermitteln und daher Filme sind (s. vor §§ 88 ff. Rdnr. 20, auch Rdnr. 46).

2. Abgrenzung zu Filmwerken. Beispiele von Laufbildern

8   **a)** Das Gesetz erklärt die §§ 88–95 für auf **Filme** anwendbar und verwendet diesen Begriff als Oberbegriff für Filmwerke und Laufbilder (s. vor §§ 88 ff. Rdnr. 20). Daraus folgt, dass **Laufbilder sich von Filmwerken nur dadurch unterscheiden,** dass sie nicht auf einer schöpferischen Gestaltung iSd. § 2 Abs. 2 beruhen und ihnen daher die **Qualität als urheberrechtlich geschütztes Werk mangelt** (*Ulmer*[3] §§ 27 III, 126 III; *Dreier/Schulze*[3] Rdnr. 6; *Möhring/Nicolini*[2] Rdnr. 3; sa. KG ZUM 2003, 863/864 – Beat Club). Laufbilder sind daher alle Filme, auf welche die in § 2 Rdnr. 191 ff. genannten urheberrechtlichen Schutzvoraussetzungen nicht zutreffen. Dies ist gleichermaßen für **ganze Filme** und für **Ausschnitte** aus Filmen von Bedeutung, da bei der Verwertung nur eines Filmausschnitts eine Verletzung des Urheberrechts am Filmwerk nur dann vorliegt, wenn der verwertete Ausschnitt seinerseits den urheberrecht-

lichen Schutzanforderungen genügt (BGHZ 9, 262/268 – Lied der Wildbahn I). Ist die Frage der urheberrechtlichen Schutzfähigkeit als Filmwerk im Einzelfall zu verneinen, wie im Fall dieser Entscheidung des BGH (BGHZ 9, 262/269) bezüglich eines das typische Flugbild von Schwänen zeigenden Ausschnitts aus einem Naturfilm, so ist nach geltendem Recht der Filmausschnitt, wenn er nicht nur aus einem Filmeinzelbild besteht, doch ein Laufbild, das zugunsten des Herstellers das Schutzrecht des § 94 begründet. Dabei hat aber selbst ein bloßes „stehendes" Filmeinzelbild als Bestandteil des Filmes teil am Schutzrecht des Filmherstellers (su. Rdnr. 9). Daneben erwirbt der Filmhersteller bei aufgezeichneten vorbestehenden Werken ausschließliche Nutzungsrechte nach Maßgabe des § 88 (s. Rdnr. 13) sowie die Rechte zur filmischen Verwertung der Filmeinzelbilder nach § 89 Abs. 4 nF (s. Rdnr. 16).

b) Bei Beurteilung der Frage, ob im Einzelfall ein Laufbild oder ein Filmwerk vorliegt, ist 9 daher von den Schutzvoraussetzungen des Letzteren auszugehen. Hierzu wird auf § 2 Rdnr. 191 ff. verwiesen. Typische, aber unter dem Vorbehalt abweichender Beurteilung im Einzelfall stehende **Beispiele für Laufbilder** sind einfache **Aufzeichnungen und Fernseh-Live-Übertragungen von Darbietungen ausübender Künstler,** wie von Opernaufführungen, Aufführungen von Bühnenstücken und Solodarbietungen einzelner Sänger, Tänzer und Musiker (AmtlBegr. BTDrucks. IV/270 S. 103 zu § 105, jetzt § 95; s. zB LG Hamburg ZUM-RD 2007, 96/97 f. – DVD-Konzertaufnahme; zur Abgrenzung zum Schutz als Filmwerk, der konkret in drei Fällen bejaht wurde, s. KG ZUM 2003, 863/864 – Beat Club, mit Anm. von *Poll*), und zwar auch dann, wenn es sich um im Wesentlichen unverändert gespielte Studioinszenierungen für das Fernsehen handelt (OLG Koblenz UFITA 70 (1974) 331/335 – Liebeshändel in Chioggia; kritisch *Fromm/Nordemann*[10] Rdnr. 7; *Dreier/Schulze*[3] Rdnr. 10; *Möhring/Nicolini*[2] Rdnr. 5); davon zu unterscheiden ist aber die mit spezifischen filmischen Mitteln gestaltete **Verfilmung von Bühnenstücken** sowie der mit Mitteln der Tricktechnik künstlerisch gestaltete sog. **Videoclip** zu populären musikalischen Darbietungen im Fernsehen (sa. § 92 Rdnr. 10). Vom Schutz filmischer Aufzeichnungen und Live-Übertragungen von Veranstaltungen zu unterscheiden ist der urheberrechtliche Schutz der aufgeführten Werke (s. Rdnr. 13), der Schutz der ausübenden Künstler (s. Rdnr. 17) und der Schutz des Veranstalters (s. dazu § 81). Urheberrechtsschutz von **Fernsehspielshows** (Game-Shows) wird bejaht von *Straßer* S. 120 f.; s. dazu auch *v. Have/Eickmeier* ZUM 1994, 269/271 ff; *Möhring/Nicolini*[2] Rdnr. 4; *Castendyk/Schwarzbart* UFITA 2007, 33/35; sa. vor §§ 88 ff. Rdnr. 21. Aktuelle Beispiele für Laufbilder sind **Ausschnitte** aus **Fernsehsendungen**, die andere Sender zu Zwecken der Parodie oder Satire (s. BGH GRUR 2008, 693/694 – TV-Total: selbst „kleinste Teile"; OLG Frankfurt a. M. ZUM 2005, 477/479 f. – TV-total; uU auch OLG Köln ZUM 2005, 253/236, s. § 94 Rdnr. 25; BGH GRUR 2000, 703/704 – Mattscheibe; OLG München ZUM-RD 1998, 124/125 f. – Kalkoves Mattscheibe; LG Frankfurt/M ZUM 2004, 394/396 – TV Total, m. Anm. v. *Hillig*; OLG Frankfurt/M ZUM 2005, 477/479 f. – TV-total, m. Anm. v. *Hillig*; weitere Nachw. bei § 94 Rdnr. 25) oder aus publizistischen Gründen (s. LG Stuttgart AfP 2003, 462/463 – NPD-Spitzel) nutzen (zur Übernahme einzelner Bilder aus Fernsehsendungen und Filmen s. § 91 Rdnr. 7 und § 94 Rdnr. 25 gegen OLG München GRUR-RR 2008, 228/230 – filmische Verwertung; zur Nutzung von **Filmausschnitten** im **Internet** s. KG MMR 2003, 110 f. – Paul und Paula). Vom Laufbildschutz des Filmherstellers **nicht** erfasst sind allerdings außerhalb der Dreharbeiten gefertigte sog. **Standbilder** (s. § 94 Rdnr. 25).

Weitere Beispiele für bloße Laufbilder sind **Film- und Fernsehberichte über aktuelle Er-** 10 **eignisse,** wie Wochen- und Tagesschauen, aktuelle Reportagen über Sportveranstaltungen, politische Veranstaltungen, Demonstrationen udgl. (s. LG Berlin GRUR 1962, 207/208 – Maifeiern – zu einem dokumentarischen Ausschnitt aus einer Nachkriegswochenschau der ehemaligen DDR; KG UFITA 86 (1980) 249/252 – Boxweltmeisterschaft – zu einem Amateurfilm über eine solche Veranstaltung; ebenso OLG München ZUM-RD 1997, 290/293 – Box-Classics – zu Videoaufzeichnungen von Boxveranstaltungen; sa. BGHZ 37, 1/6 ff. – AKI –, wo zum Schutz von Fernsehreportagen über eine Fußballweltmeisterschaft gegen Vorführung in Filmtheatern nur der Schutz der einzelnen Fernsehbilder geprüft wurde; s. dazu auch Rdnr. 5). Etwas anderes gilt aber wiederum für **besonders gestaltete Reportagen** (LG Berlin GRUR 1962, 207/208 – Maifeiern; *Möhring/Nicolini*[2] Rdnr. 4) und **Wochenschauen** (so sogar zu nur kurzen Ausschnitten aus propagandistisch gestalteten Kriegswochenschauen aus den Jahren 1940 bis 1942 LG München I ZUM-RD 1998, 89/92 – Deutsche Wochenschauen – unter Abgrenzung zu LG Berlin GRUR 1962, 207 – Maifeiern; s. speziell zu Kriegswochenschauen auch *Feyock/Straßer* ZUM 1992, 11/13 ff.; *Möhring/Nicolini*[2] Rdnr. 4; *Straßer* S. 109 ff.; *Wandtke* UFI-

§ 95   Laufbilder

TA 132 (1996) 31/35 ff.). Urheberrechtsschutz von **NS-Propagandafilmen** („Triumph des Willens", „Sieg im Westen" und „Der Marsch zum Führer") wurde bejaht von LG München I ZUM 1993, 370/373 – NS-Propagandafilme (zum Film „Triumph des Willens" sa. BGH UFITA 55 (1970) 313/316). Zu **Fernsehinterviews** und zur **Live-Berichterstattung** im Fernsehen s. v. *Have/Eickmeier* ZUM 1994, 269/272; Möhring/Nicolini[2] Rdnr. 4; *Straßer* S. 117 ff.

11 Ein anderes Beispiel bloßer Laufbilder sind **filmische Darstellungen von Naturereignissen,** soweit sie sich ohne gestalterische Zutat auf die Wiedergabe von in der Wirklichkeit vorgegebenen Gegenständen und Naturereignissen beschränken (BGHZ 9, 262/268 f. – Lied der Wildbahn I – zu einer Szene mit fliegenden Schwänen aus einem Naturfilm). Das Gleiche gilt für **wissenschaftliche Dokumentations- und Forschungsfilme,** soweit sie durch schematisch ablaufendes Abfilmen eines vorgegebenen Geschehens zustandekommen (BGHZ 90, 219/222 ff. – Filmregisseur – mit Anm. von *Schricker* GRUR 1984, 733); technische Schwierigkeiten und deren Überwindung allein vermögen den Urheberrechtsschutz nicht zu begründen. Sobald aber individuelle gestalterische Elemente zB bei der Auswahl, Anordnung und Sammlung des Stoffes und der Zusammenstellung der einzelnen Bildfolgen hinzukommen, handelt es sich um ein urheberrechtlich geschütztes Filmwerk (BGHZ 9, 262/268 – Lied der Wildbahn I; BGHZ 90, 219/222 ff. – Filmregisseur – zu einem **Fernsehfeature** über eine Herzoperation). Erst recht gilt dies für mit einer Spielhandlung dramaturgisch verbundene **Dokumentarfilme** (BGHZ 90, 219/226 – Filmregisseur; s. dazu auch § 2 Rdnr. 191). Zu Dokumentarfilmen und Fernsehfeatures *Hoeren* GRUR 1992, 145 ff.; *Straßer* S. 102 ff., 107 ff.

12 Weitere Beispiele für bloße Laufbilder sind einfache **Videospiele** (Computerspiele, Bildschirmspiele) (s. vor §§ 88 ff. Rdnr. 44) sowie **Sex- und Pornofilme** (OLG Düsseldorf GRUR 1979, 53 – Laufbilder; OLG Hamburg UFITA 87 (1980) 322/324 – Tiffany – und GRUR 1984, 663 – Video Intim), wobei der möglicherweise sittenwidrige Inhalt solcher Filme dem Schutz nach §§ 94, 95 nicht entgegensteht (OLG Hamburg wie vor; s. hierzu zur Qualifizierung solcher Filme als Filmwerke oder Laufbilder auch *Straßer* S. 129 ff.). Auch die üblichen **Amateurfilme** über Urlaubsreisen und familiäre Ereignisse sind idR nur Laufbilder.

Was dabei speziell **Videospiele** betrifft, so haben die Gerichte in der Vergangenheit besonders bereitwillig auf deren (vermeintlichen) Laufbildschutz nach §§ 94, 95 zurückgegriffen, um sich eine Auseinandersetzung mit der Frage des Urheberrechtsschutzes der zugrundeliegenden Computerprogramme oder des Filmwerkschutzes zu ersparen (s. in diesem Sinne zB BayObLG GRUR 1992, 508 – Verwertung von Computerspielen; OLG Hamburg GRUR 1990, 127/128 – Super Mario III – und ZUM 1996, 687/688 – Mitstörer; OLG Hamm ZUM 1992, 99/100 – Computerspiele; OLG Karlsruhe CR 1986, 723/725–1942; OLG Köln GRUR 1992, 312/313; sa. den Rechtsprechungsbericht von *Syndikus* CR 1991, 529/530 f.; auch § 2 Rdnr. 188 mwN; aus jüngerer Zeit zB *Etter* CR 1989, 115/117; *Hofstetter* ZUM 1992, 88 f.; *ders.* ZUM 1992, 541; *Koch* GRUR 1991, 180/190; *Kuhlmann* CR 1989, 177/181; sa. *Wiebe* GRUR Int. 1990, 21/30). Im Hinblick auf die Abgrenzung zwischen Filmwerk und Laufbild bestehen gegen ein solches rationelles Vorgehen zumindest im Rahmen von zivilrechtlichen, vom Hersteller eingeleiteten Rechtsstreitigkeiten an sich auch keine Bedenken (aA aus strafrechtlicher Sicht *Weber* in Anm. zu BayObLG JZ 1993, 106/107). Angesichts des Umstands, dass Videospiele ganz überwiegend amerikanischen oder japanischen Ursprungs sind, liegt ein gravierender Mangel dieser Rechtsprechung aber darin, dass sie die **fremdenrechtliche Rechtslage** (§ 128) völlig übergeht oder unter Anwendung der auf den Schutz von Urheberrechten beschränkten Revidierten Berner Übereinkunft auf das verwandte Schutzrecht des Filmherstellers nach § 94 iVm. § 95 falsch entscheidet (so geschehen im Fall OLG Hamburg GRUR 1990, 127/128 – Super Mario III). Demgegenüber haben unter diesem Aspekt richtig entschieden OLG Frankfurt/M GRUR Int. 1993, 171/172 – Parodius – und die österreichische OGH MR 1992, 67/69 f. – Game Boy (s. zum Ergebnis und zur Begründung wie hier *Fromm/Nordemann*[10] Rdnr. 14; *Günther* in Anm. zu EuGH CR 1994, 339 f. – *Collins/Imtrat*; *Katzenberger*, GRUR-Fs., S. 1401/1436 f.; *ders.* GRUR Int. 1992, 513 ff.; *Schlatter* in Lehmann (Hrsg.) S. 169/190 f.; sa. § 128 Rdnr. 5). Bedauerlicherweise sind offensichtlich auch zahlreiche **strafrechtliche Verfolgungsmaßnahmen,** auch solche gegen Jugendliche, auf jene nicht existente gesetzliche Grundlage gestützt worden (s. dazu *Katzenberger*, GRUR-Fs., S. 1401/1436 f.; *ders.* GRUR Int. 1992, 513 mwN).

III. Entsprechende Anwendung der §§ 88, 89 Abs. 4, 90, 93

13 **1.** Die von § 94 angeordnete entsprechende Anwendung des **§ 88** trägt dem Umstand Rechnung, dass auch in einen Film, der selbst kein schöpferisch gestaltetes Filmwerk ist, geschützte

Werke aufgenommen werden können (s. dazu vor §§ 88 ff. Rdnr. 23, 24). Beispiele sind die Übernahme von Tonträgermusik auf die Tonspur eines Filmes, die filmische Aufnahme von Werken der bildenden Künste und insb. in den unter Rdnr. 9 bezeichneten Fällen die Aufzeichnung oder Live-Sendung von Aufführungen urheberrechtlich geschützter Bühnen- und Musikwerke. Zur filmischen Aufnahme und deren Verwertung bzw. zur Übertragung durch Live-Sendung bedarf der Filmhersteller bzw. das Sendeunternehmen der Einräumung entsprechender Nutzungsrechte durch die Inhaber des Urheberrechts an den verfilmten Werken. Werden dem Filmhersteller solche Rechte eingeräumt, so bestimmt sich deren Umfang im Zweifel nach § 88. Allerdings ist der **in § 88 vorgesehene Umfang der Rechtseinräumung** in Form eines ausschließlichen (§ 88 Abs. 1), den Urheber nach § 88 Abs. 2 S. 2 an einer anderweitigen Verwertung gleicher Art zehn Jahre lang hindernden Nutzungsrechts **bei einfachen Aufzeichnungen und Übertragungen von Aufführungen in aller Regel unangemessen** (s. *Ulmer*[3] § 126 III 2 a). Hier erlaubt der Vorrang auch stillschweigender, aus den Umständen zu entnehmender vertraglicher Vereinbarungen sowie des § 31 Abs. 5 (s. § 88 Rdnr. 4, 5) eine sachgerechte, auf ein einfaches oder zeitlich eng begrenztes ausschließliches Nutzungsrecht lautende Entscheidung. Eine entsprechende ausdrückliche vertragliche Regelung ist aber zu empfehlen (s. *Ulmer*[3] § 126 III 2 a; zur Auslegung eines Vertrages über die einmalige Ausstrahlung der Aufzeichnung einer Oper im Fernsehen KG GRUR 1986, 536 – Kinderoper).

2. Eine entsprechende Anwendung des § 89 scheidet bei Laufbildern aus den unter Rdnr. 2 **14** genannten Gründen aus. Der Umfang der Einräumung von Nutzungsrechten an den Filmhersteller an Werken iSd. § 89 Abs. 3 ist bereits nach den allgemeinen Regeln nach § 88 zu bestimmen (s. § 88 Rdnr. 13). Der Ausschluss auch des § 89 Abs. 3 durch § 95 für Laufbilder ändert daran nichts. Allerdings führen Romanverfilmungen in aller Regel zu urheberrechtlich geschützten Filmwerken, nicht zu bloßen Laufbildern. Nach der hier vertretenen Auffassung vom Miturheberrecht der Urheber filmbestimmt geschaffener Werke, wie Drehbuch, Filmmusik und Filmarchitektur und -szenengestaltung am Filmwerk selbst (s. vor §§ 88 ff. Rdnr. 65 ff.) wird idR auch durch solche Werke der urheberrechtliche Schutz des Filmwerks begründet, so dass es sich um keinen Fall der Laufbilder iSd. § 95 handelt.

3. Die Anwendung des **§ 90,** der bestimmte vertragsrechtliche Befugnisse der Urheber gegenüber dem Filmhersteller bzw. Erwerber des Verfilmungsrechts ausschließt, betrifft bei Laufbildern die Nutzungsrechte, die dem Filmhersteller nach § 88 (s. Rdnr. 13) eingeräumt worden sind. Die Verweisung des § 90 auf § 89 ist für Laufbilder aus den unter Rdnr. 2 genannten Gründen ohne Bedeutung. **15**

4. Aufgrund der Verweisung des § 95 auf **§ 89 Abs. 4 nF (früher § 91)** erwirbt auch der **16** Hersteller von bloßen Laufbildern die Rechte zur filmischen Verwertung der Filmeinzelbilder aufgrund entsprechender Anwendung der Vermutung des § 89 Abs. 1 (s. § 89 Rdnr. 24 ff.) bzw. früher im Wege einer cessio legis (s. § 91 Rdnr. 6).

5. Die Nichtanwendung des **§ 92** auf bloße Laufbilder diente vor allem nach der **ursprüng- 17 lichen Fassung** des § 92, die Rechte der ausübenden Künstler beim Film ausschloss (s. § 92 Rdnr. 1), dem berechtigten Interesse der ausübenden Künstler an ihrem uneingeschränkten Schutz nach den allgemeinen Regeln der §§ 73 ff. in Fällen, in denen ihre Darbietungen nicht in Filmwerken mit anderen filmischen Beiträgen verschmelzen, sondern im Vordergrund der filmischen Aufzeichnung und Wiedergabe stehen. Charakteristische Fälle der letzteren Art sind einfache filmische Aufzeichnungen und Live-Sendungen von Darbietungen ausübenden Künstler, die idR als bloße Laufbilder zu qualifizieren sind (s. Rdnr. 9). Der Ausschluss des § 92 musste aber auch bei Filmwerken wie sog. Videoclips gelten, bei denen die Darbietungen der ausübenden Künstler ebenfalls im Vordergrund stehen und die filmisch-bildliche Gestaltung als bloße Zutat erscheint (s. zum Ganzen § 92 Rdnr. 9, 10). Die **Neufassung** des § 92 durch das 3. UrhGÄndG vom 23. 6. 1995 und dann durch das Gesetz vom 10. 9. 2003 (s. vor §§ 88 ff. Rdnr. 8) ersetzt den in § 92 aF (1965) vorgesehenen Rechteausschluss durch eine widerlegbare gesetzliche Vermutung der Rechtsübertragung bzw. Nutzungsrechtseinräumung der ausübenden Künstler auf den Filmhersteller (s. § 92 Rdnr. 3, 4, 11). Die Rechtsstellung der ausübenden Künstler ist dadurch derjenigen der Filmurheber iSd. § 89 angeglichen und somit wesentlich verbessert worden. Es wäre deshalb uU vertretbar gewesen, in § 95 nunmehr auch auf § 92 als entsprechend anwendbar zu verweisen. Der Gesetzgeber hat davon aber abgesehen, so dass § 92 auch in der Neufassung in Bezug auf die an der Herstellung von Laufbildern beteiligten ausübenden Künstler ausgeschlossen bleibt. Welche Rechte die ausübenden Künstler in solchen Fällen auf den Film- bzw. Laufbildhersteller übertragen, ergibt sich damit aus den vertraglichen

§ 95

Vereinbarungen, gegebenenfalls unter Anwendung des Zweckübertragungsprinzips (zu dessen allgemeiner Gültigkeit auch in Bezug auf vertragliche Verfügungen über verwandte Schutzrechte s. § 31 Rdnr. 74). Eine unerwünschte Besserstellung der ausübenden Künstler gegenüber Urhebern iSd. § 89 ist damit schon deshalb nicht verbunden, weil solche Urheber an bloßen Laufbildern nicht beteiligt sein können und § 95 daher auch § 89 nicht für entsprechend anwendbar erklärt (s. Rdnr. 14). Es bleibt immerhin eine gewisse Vorzugsstellung der ausübenden Künstler im Vergleich mit Urhebern iSd. § 88.

18   **6. Erhebliche Bedenken** bestehen gegen die durch § 95 angeordnete entsprechende Anwendung auch des **§ 93** über die Einschränkung der persönlichkeitsrechtlichen Befugnisse der Urheber und ausübenden Künstler auf bloße Laufbilder, insb. auf Aufzeichnungen und Live-Sendungen von Darbietungen solcher Künstler im Rahmen der Aufführung von Bühnenwerken und musikalischen Werken (so auch *Fromm/Nordemann*[10] Rdnr. 23; *Ulmer*[3] § 126 III 2 c; sa. § 93 Rdnr. 2). Diesen Bedenken ist auch aus verfassungsrechtlichen Gründen (s. vor §§ 88 ff. Rdnr. 41) im Rahmen der bei der Anwendung des § 93 gebotenen Interessenabwägung (s. § 93 Rdnr. 2, 4) Rechnung zu tragen.

IV. Entsprechende Anwendung des § 94. Schutz des Herstellers von Laufbildern

19   Ergebnis der Verweisung des § 95 auf § 94 ist, dass der Filmhersteller das mit dem Urheberrecht verwandte Schutzrecht aus § 94 unabhängig davon erwirbt, ob der von ihm hergestellte Filmträger ein urheberrechtlich geschütztes Filmwerk oder nur Laufbilder enthält (s. § 94 Rdnr. 4). Schutzvoraussetzungen, Rechtsinhaberschaft, Inhalt und Umfang des Schutzes, die Schutzdauer sowie die Regeln für die Übertragung, Vererbung und Einräumung von Nutzungsrechten sind in beiden Fällen die gleichen, so dass insoweit vollinhaltlich auf die Kommentierung des § 94 verwiesen werden kann.

20   Neben dem Schutzrecht des Filmherstellers aus §§ 94, 95 und dem Lichtbildschutz der Filmeinzelbilder nach §§ 72, 89 Abs. 4 (früher § 91), 95 (s. Rdnr. 16) **scheidet ein weiterer mit dem Urheberrecht verwandter Schutz** der auch bei Laufbildern möglichen gestalterischen, aber die Schwelle der urheberrechtlichen Schöpfung iSd. § 2 Abs. 2 nicht erreichenden Leistung **aus**; insb. gibt es beim Film kein Schutzrecht unterhalb des urheberrechtlichen Schutzes des Filmwerks nach § 2 Abs. 1 Nr. 6, der dem Schutz einfacher Lichtbilder nach § 72 im Verhältnis zum urheberrechtlichen Schutz von Lichtbildwerken nach § 2 Abs. 1 Nr. 5 entspräche (sa. Rdnr. 3 sowie *Dreier/Schulze*[3] Rdnr. 2 *v. Gamm* Rdnr. 3; *Ulmer*[3] § 126 I, III 1). **Nachahmungen von Laufbildern** durch filmische Neuaufnahme des gleichen Gegenstandes oder Geschehens verletzen daher schon deshalb (sa. § 72 Rdnr. 27) kein durch das UrhG geschütztes ausschließliches Recht, da auch das Schutzrecht des § 94 nur gegen die unmittelbare Übernahme der im Filmträger verkörperten Leistung des Filmherstellers schützt (s. § 94 Rdnr. 7). In Betracht kommt insoweit allenfalls ein ergänzender Schutz insb. auf wettbewerbsrechtlicher Grundlage (s. § 94 Rdnr. 42). Für **Live-Sendungen des Fernsehens** gilt bei Laufbildern wie bei Filmwerken, dass mangels Aufzeichnung auf einem Filmträger ein Schutz aus § 94 ausscheidet (s. § 94 Rdnr. 7). Der Schutz des Sendeunternehmens ist hier auf das Schutzrecht des § 87 beschränkt.

Teil 4. Gemeinsame Bestimmungen für Urheberrecht und verwandte Schutzrechte

Abschnitt 1. Ergänzende Schutzbestimmungen

Vorbemerkung

Schrifttum: *Arnold,* Die Gefahr von Urheberrechtsverletzungen durch Umgehungsmittel nach Wettbewerbsrecht und Urheberrecht, 2006; *ders.,* Rechtsmäßige Anwendungsmöglichkeiten zur Umgehung von technischen Kopierschutzmaßnahmen?, MMR 2008, 144; *ders.,* Das Verbot von Umgehungsmitteln – § 95a UrhG erstmals auf dem Prüfstand beim BGH, NJW 2008, 3545; *ders./Timmann,* Ist die Verletzung des § 95a Abs. 3 UrhG durch den Vertrieb von Umgehungsmitteln keine Urheberrechtsverletzung?, MMR 2008, 286; *Arlt,* Digital Rights Management-Systeme, GRUR 2004, 548; *ders.,* Die Undurchsetzbarkeit digitaler Privatkopien gegenüber technischen Schutzmaßnahmen im Lichte der Verfassung. Eine Untersuchung der Verfassungsmäßigkeit der Nichtberücksichtigung digitaler privater Vervielfältigungen in § 95b UrhG, CR 2005, 646; *Auer,* Rechtsschutz für technischen Schutz im Gemeinschaftsrecht, in Tades/Danzl/Graninger (Hrsg.), Ein Leben für Rechtskultur (= Fs. für Robert Dittrich), 2000, S. 3; *Bayreuther,* Beschränkungen des Urheberrechts nach der neuen EU-Urheberrechtsrichtlinie, ZUM 2001, 828; *Bechtold,* Vom Urheber- zum Informationsrecht, 2001; *ders.* in Hoeren/Sieber (Hrsg.), Handbuch Multimedia-Recht; *Becker/Buhse, ua.,* Digital Rights Management – technological, economic, legal and political aspects, 2003; *Berger,* Die Neuregelung der Privatkopie in § 53 Abs. 1 UrhG im Spannungsverhältnis von geistigem Eigentum, technischen Schutzmaßnahmen und Informationsfreiheit, ZUM 2004, 257; *Bornkamm,* Erwartungen von Urhebern und Nutzern an den Zweiten Korb, ZUM 2003 (Sonderheft), 1010; *ders.,* Die Reprographievergütung im digitalen Zeitalter, in Loewenheim (Hrsg.), Urheberrecht im Informationszeitalter (= Fs. für Nordemann), 2004, S. 299; *Braun,* The Interface between the Protection of Technological Measures and the Exercise of Exceptions to Copyright and Related Rights: Comparing the Situation in the United States and in the European Community, E.I.P.R. 2003, 496; *Davies,* Urheberrecht in der Informationsgesellschaft: Technische Mechanismen zur Kontrolle privater Vervielfältigung, GRUR Int. 2001, 915; *Diesbach,* Kennzeichnungspflichten bei Verwendung technischer Schutzmaßnahmen nach § 95d UrhG – Darstellung praktischer Auswirkungen am Beispiel Kopierschutz, K&R 2004, 8; *Dietz,* Die EU-Richtlinie zum Urheberrecht und zu den Leistungsschutzrechten in der Informationsgesellschaft Vorstoß in den Kernbereich des Urheberrechts- und Leistungsschutzes und seine Folgen, ZUM 1998, 438; *Dreyer,* Urheberrechtliche Problembereiche des Digital Rights Managements, in Pahlow/Eisfeld, Grundlagen und Grundfragen des Geistigen Eigentums, 2008, S. 221; *dies.* in HK-UrhR, 2. Aufl. 2009; *Dusollier,* Electrifying the Fence: The Legal Protection of Technological Measures for Protecting Copyright, E.I.P.R. 1999, 285; *Enders,* Digital Rights Management Systeme (DRMS) als besondere Herausforderung an das Urheberrecht, ZUM 2004, 593; *Ernst,* Kopierschutz nach neuem UrhG – Bedeutung und Tragweite des Verbots von Umgehungsmaßnahmen und Hacking-Werkzeugen für die Praxis, CR 2004, 39; *Fallenböck/Weitzer,* Digital Rights Management: A New Approach to Information and Content Management?, CRi 2003, 40; *Flechsig,* Digitales Rechtemanagement im Lichte ergänzender Schutzbestimmungen – Inhalt und Bedeutung des Digital Rights Management aus urheberrechtlicher Sicht – oder Technik vor Recht?, in Loewenheim (Hrsg.), Urheberrecht im Informationszeitalter (= Fs. für Nordemann), 2004, S. 312; *Goldmann/Liepe,* Vertrieb von kopiergeschützten Audio-CDs in Deutschland – Urheberrechtliche, kaufrechtliche und wettbewerbsrechtliche Aspekte, ZUM 2002, 362; *Guggemos,* Digital Rights Management im praktischen Einsatz, ZUM 2004, 183; *Gutmann,* Rechtliche Flankierung technischer Schutzmöglichkeiten, K&R 2003, 491; *Haedicke,* Die Umgehung technischer Schutzmaßnahmen durch Dritte als Urheberrechtsverletzung, in Aus (Hrsg.), Urheberrecht gestern – heute – morgen (= Fs. für Dietz), 2001, S. 349; *Hänel,* Die Umsetzung des Art. 6 Info-RL (Technische Schutzmaßnahmen) ins deutsche Recht, 2005; *Hoeren/Köcher,* Urheberrecht und Verbraucherschutz, 2003; *Holznagel/Brüggemann,* Das Digital Rights Management nach dem ersten Korb der Urheberrechtsnovelle – Urheberrechtliche Beurteilung der neuen Kopierschutzregelungen, MMR 2003, 767; *Knies,* Kopierschutz für Audio-CDs – Gibt es den Anspruch auf die Privatkopie?, ZUM 2002, 793; *ders.,* DeCSS – oder: Spiel mir das Lied vom Code, ZUM 2003, 286; *Kreile/Becker,* Digital Rights Management und private Vervielfältigung aus Sicht der GEMA, in Ohly/Bodewig/Dreier/Götting/Haedicke/Lehmann (Hrsg.), Perspektiven des Geistigen Eigentums und Wettbewerbsrechts (= Fs. für Gerhard Schricker), 2005, S. 387; *Kreutzer,* Herausforderungen an das System der Pauschalvergütungen nach den §§ 54, 54a UrhG durch die Umsetzung der Richtlinie 2001/29/EG, ZUM 2003 (Sonderheft), 1041; *Kröger,* Informationsfreiheit und Urheberrecht, 2002; *Krüger,* Die digitale Privatkopie im zweiten Korb, GRUR 2004, 204; *Lauber/Schwipps,* Das Gesetz zur Regelung des Urheberrechts in der Informationsgesellschaft, GRUR 2004, 293; *Lehmann,* Die IT-relevante Umsetzung der Richtlinie zum Urheberrecht in der Informationsgesellschaft – Ein Überblick zu den wesentlichen Änderungen des deutschen Urheberrechts durch das Gesetz zur Regelung des Urheberrechts in der Informationsgesellschaft, CR 2003, 553; *v. Lewinski,* Rights Management Information and Technical Protection Measures as Implemented in EC Member States, IIC 2004, 844; *Lindhorst,* Schutz von und vor technischen Maßnahmen, 2002; *Marly,* Rechtsschutz für technische Schutzmechanismen geistiger Leistungen, K&R 1999, 106; *Meschede,* Der Schutz digitaler Musik- und Filmwerke vor privater Vervielfältigung als neues Gesetzen zur Regelung des Urheberrechts in der Informationsgesellschaft, 2007; *Metzger/Kreutzer,* Richtlinie zum Urheberrecht in der „Informationsgesellschaft", Privatkopie trotz technischer Schutzmaßnahmen?, MMR 2002, 139; *Peukert,* Digital Rights Management und Urheberrecht, UFITA 2002, 689; *ders.,* Technische Schutzmaßnahmen, in Loewenheim (Hrsg.), Handbuch des Urheberrechts, 2003, S. 481; *Pfennig,* Digital Rights Management Systeme aus Sicht von Verwertungsgesellschaften, ZUM 2004, 198; *Pfitzmann/Sieber,* Gutachten – Anforderungen an die gesetzliche Regulierung zum Schutz digitaler Inhalte unter Berücksichtigung der Effektivität von technischen Schutzmechanismen, 2002; *Pichlmaier,* Abschied von der Privatkopie? Von der Zukunft einer Institution, CR 2003, 910;

Vor §§ 95a ff. Vorbemerkung

Picot, Digital Rights Management, 2004; *Pleister/Ruttig,* Neues Urheberrecht – neuer Kopierschutz Anwendungsbereich und Durchsetzbarkeit des § 95a UrhG, MMR 2003, 763; *Reinbothe,* Die EG-Richtlinie zum Urheberrecht in der Informationsgesellschaft, GRUR Int. 2001, 733; *Rohleder,* DRM – Herausforderung und Chance in der digitalen Welt, ZUM 2004, 203; *Schack,* Neue Techniken und Geistiges Eigentum, JZ 1998, 753; *ders.,* Schutz digitaler Werke vor privater Vervielfältigung – zu den Auswirkungen der Digitalisierung auf § 53 UrhG, ZUM 2002, 497; *Roßnagel,* Digitale Rechteverwaltung: Eine gelungene Allianz von Recht und Technik?, 2008; *Schippan,* Rechtsfragen bei der Implementierung von Digital Rights Management-Systemen, ZUM 2004, 188; *Spieker,* Bestehen zivilrechtliche Ansprüche bei Umgehung von Kopierschutz und beim Anbieten von Erzeugnissen zu dessen Umgehung?, GRUR 2004, 475; *Spindler,* Europäisches Urheberrecht in der Informationsgesellschaft, GRUR 2002, 105; *ders.,* Pressefreiheit im Internet und (Störer)Haftung für Hyperlinks – Anmerkung zu OLG München, GRUR-RR 2005, 369; *Strömer/Gaspers,* „Umgehen" des Kopierschutzes nach neuem Recht, K&R 2004, 14; *Trayer,* Technische Schutzmaßnahmen und elektronische Rechtswahrnehmungssysteme, 2003; *Ulbricht,* Tücken im Kopierschutz – Gibt es einen Wertungswiderspruch zwischen § 95a UrhG und dem materiellen Urheberrecht?, CR 2004, 674; *Vinje,* A Brave New World of Technical Protection Systems: Will There Still Be Room For Copyright?, E.I.P.R. 1996, 431; *Wand,* Technische Schutzmaßnahmen und Urheberrecht – Vergleich des internationalen, europäischen, deutschen und US-amerikanischen Rechts; *ders.,* So the Knot Be Unknotted – Germany and the Legal Protection of Technological Measures, IIC 2002, 305; *Westkamp,* Towards Access Control in UK Copyright Law?,CRi 2003, 11; *Wiesemann,* Die urheberrechtliche Pauschal- und Individualvergütung für Privatkopien im Lichte technischer Schutzmaßnahmen unter besonderer Berücksichtigung der Verwertungsgesellschaften.

Übersicht

	Rdnr.
I. Allgemeines	1–10
1. Tatsächlicher Hintergrund	1–3
2. Entstehungsgeschichte	4–8
3. Inkrafttreten	9, 10
II. Zweck und Konzeption der Regelung	11–19
1. Zweck	11
2. Konzeption	12–15
3. Kritik	16
4. Die Diskussion über die Privatkopie	17–19
III. Keine Anwendung auf Computerprogramme	20, 21
IV. Verhältnis zum ZKDSG	22–24

I. Allgemeines

1. Tatsächlicher Hintergrund

1   Aufgrund ihrer Immaterialität sind die vom Urheberrecht geschützten persönlichen geistigen Schöpfungen seit jeher einem hohen **Risiko der unbefugten Nutzung** ausgesetzt. Die das Urheberrecht prägende technische Entwicklung ist durch eine stetige Ausdehnung und Ausdifferenzierung der Vervielfältigungs- und Verbreitungsmöglichkeiten urheberrechtlich geschützter Werke gekennzeichnet. Damit ist ein zunehmender Kontrollverlust des Urhebers einhergegangen. Tendenziell vermindert sich die Verfügungsmacht des Urhebers über die Verwertung seines Werkes umso stärker, je mehr sich die Verwertungsform von einer gegenständlichen Verkörperung in der Gestalt von „Werkstücken" löst und zu einer unkörperlichen Nutzungsmöglichkeit „dematerialisiert". Bereits die Unterscheidung zwischen den Verwertungsrechten in körperlicher Form (§ 15 Abs. 1) und in unkörperlicher Form (Recht der öffentlichen Wiedergabe) in § 15 Abs. 2 spiegelt diese durch die technische Entwicklung bedingte **Einbuße der „Werkherrschaft"** wider.

2   Schon seit einiger Zeit bedient man sich technischer Maßnahmen, die dazu dienen, die Nutzung urheberrechtlich geschützter Inhalte zu regulieren. Ursprünglich betraf dies insb. den Kopierschutz von Videokassetten und die Verschlüsselung von Pay-TV-Programmen (*Loewenheim/Peukert* Handbuch des Urheberrechts[2], § 33 Rdnr. 1; sa. *Bechtold* Vom Urheber- zum Informationsrecht, S. 100; BGH NJW 1981, 2684f. zu Programmsperren). Mit dem Einsatz technischer Schutzmaßnahmen reagierten die Rechtsinhaber darauf, dass sich die rechtlichen Schutzmaßnahmen wegen der Schwierigkeiten der Verfolgung von Rechtsverstößen zunehmend als ineffizient erwiesen. Im analogen Umfeld spielte der **„Schutz vor Technik durch Technik"** zunächst nur eine geringe Rolle, weil die Kopie kein gleichwertiges Substitut des Originals darstellte (*Loewenheim/Peukert* Handbuch des Urheberrechts[2], § 33 Rdnr. 1). Dies änderte sich grundlegend mit der Digitalisierung, die zu einer Aufhebung der für das Urheberrecht klassischen Unterscheidung zwischen Original und Kopie führte. Die **digitale Technik** eröffnete die Möglichkeit, **mit dem Original identische Kopien** herzustellen, die auf Grund der globalen Vernetzung durch das Internet an jedem Ort und zu jeder Zeit in einer unkontrollierbaren Viel-

Vorbemerkung   Vor §§ 95a ff.

zahl verfügbar gemacht werden können (*Loewenheim/Peukert* Handbuch des Urheberrechts[2], § 33 Rdnr. 1). Da die Rechtsverfolgung schon mangels der Identifizierbarkeit der Rechtsverletzer und nicht zuletzt auch wegen der grenzüberschreitenden Natur des Internet keine wirksame Abhilfe gegen Rechtsverletzungen bietet, sind die Rechteinhaber zunehmend dazu übergegangen, den Zugang oder die Art und Weise der Nutzung ihrer Werke und Leistungen durch technische Schutzmaßnahmen zu kontrollieren (*Dreier/Schulze*[3] § 95a Rdnr. 1 unter Hinweis auf *Clark* in Hugenholtz, The Future of Copyright in a Digital Environment, 1996, S. 139: „The answer to the machine is in the machine").

Die **Funktionsweise der technischen Schutzmaßnahmen** ist vielfältig und befindet sich 3 in Abstimmung auf die jeweiligen Medien und Schutzgegenstände in einem ständigen Entwicklungsprozess (*Loewenheim/Peukert* Handbuch des Urheberrechts[2], § 33 Rdnr. 2; s. dazu eingehend *Bechtold* Vom Urheber- zum Informationsrecht, S. 19–145; *ders.* GRUR 1988, 18 ff.; *ders.* in Hoeren/Sieber Handbuch Kap. 7.11 Rdnr. 3 ff.; *Wand* Technische Schutzmaßnahmen und Urheberrecht, S. 10 ff.; *ders.* GRUR Int. 1996, 897 ff.; *Lindhorst* Schutz von und vor technischen Maßnahmen, S. 33 ff.). Die Funktionsweise technischer Schutzmaßnahmen beruht im Wesentlichen auf dem Einsatz von Zugangskontrollen, Verschlüsselungsverfahren, digitalen Wasserzeichen und digitalen Signaturen (s. den Überblick bei *Wandtke/Bullinger/Wandtke/Ohst*[3] § 95a Rdnr. 18 ff.). Technische Schutzmaßnahmen sind nicht nur ein Mittel im Kampf gegen Piraterie, sondern sie eröffnen gleichzeitig die **Möglichkeit einer Produktdiversifikation** und schaffen damit die Grundlage für das sog. „Digital Rights Management". Die Regelungen der §§ 95a ff. setzen hierfür die rechtlichen Rahmenbedingungen, indem sie einerseits den Schutz technischer Maßnahmen vor Umgehung und andererseits die Begrenzung dieses Schutzes festlegen.

2. Entstehungsgeschichte

Die wesentlichen Impulse für die Entwicklung des Rechtsschutzes technischer Schutzmaß- 4 nahmen gingen von **internationalen und europäischen Initiativen** aus, die schließlich ihren Niederschlag in den Bestimmungen der §§ 95a ff. fanden (s. zur historischen Entwicklung *Loewenheim/Peukert* Handbuch des Urheberrechts[2], § 33 Rdnr. 12 ff.; *Wandtke/Bullinger/Wandtke/Ohst*[3] § 95a Rdnr. 1). Nachdem bereits im Grünbuch von 1988 technische Schutzmaßnahmen mit Blick auf audiovisuelle Werke, zB Fernsehprogramme, problematisiert wurden (KOM [88] 372 endg., 118 f. und 139 ff.), wurde mit der **Richtlinie über Computerprogramme** (91/250/EWG, ABl. Nr. L 122 v. 17. 5. 1991 S. 42) in Art. 7 Abs. 1 lit. c eine Regelung bezüglich technischer Programmschutzmechanismen geschaffen. Diese wurde durch § 69f Abs. 2 in deutsches Recht umgesetzt; sie beschränkt sich darauf, dem Rechtsinhaber lediglich einen Vernichtungs- und Überlassungsanspruch zu gewähren (s. dazu § 69f Rdnr. 8 ff.). Ein darüber hinausgehender gesetzlicher Schutz technischer Schutzmaßnahmen wurde bereits im sog. Bangemann-Bericht aus dem Jahre 1993/94 gefordert (Bulletin der Europäischen Union, Beil. 2/1994 S. 23 f.; Mitteilung der Kommission vom 20. 11. 1996, KOM [96] 568 endg., 15 ff.). Im Anschluss an das Grünbuch von 1995, in dem die Frage der technischen Schutzmaßnahmen allgemein und übergreifend thematisiert wurde (KOM [95] 382 endg., 79 ff.), wurden die technischen Identifikations- und Schutzsysteme als ein vorrangiges Thema gesetzgeberischer Maßnahmen auf Gemeinschaftsebene bezeichnet (KOM [96] 568 endg., 15 f.; s. zur europäischen Entwicklung *Wittgenstein* WIPO-Verträge S. 47 ff.; *Wand* GRUR Int. 1996, 897/900 f.; *Gaster* ZUM 1995, 740/751 f.; *Marly* K&R 1999, 106 ff.).

Die nicht nur in Europa, sondern weltweit geführte Diskussion über den Rechtsschutz tech- 5 nischer Schutzmaßnahmen (s. dazu die Nachweise *Loewenheim/Peukert* Handbuch des Urheberrechts[2], § 33 Rdnr. 13 f. Fn. 38) führte schließlich zum **Abschluss der WIPO-Verträge vom 20. 12. 1996**. Diese sehen in den Art. 11, 12 WCT für das Urheberrecht und in Art. 18, 19 WPPT für die Leistungsschutzrechte der ausübenden Künstler und Tonträgerhersteller einen Umgehungsschutz vor (s. zur Entstehungsgeschichte *v. Lewinski* GRUR Int. 1997, 667 ff.; *dies.* IIC 1997, 203 ff.; *v. Lewinski/Gaster* ZUM 1997, 607 ff.; *Wittgenstein* WIPO-Verträge S. 106 ff.).

In Anknüpfung an die Vorgabe der WIPO-Verträge wurde in Art. 6 und 7 der **Richtlinie** 6 **zur Harmonisierung bestimmter Aspekte des Urheberrechts und der verwandten Schutzrechte in der Informationsgesellschaft** (Info-RL [2000/29/EG] v. 22. 5. 2001, ABl. Nr. L 167 S. 10, ber. ABl. Nr. L 6, 2002 S. 71) ein gemeinschaftsrechtlicher Rahmen für die Regelung der technischen Schutzrechte geschaffen (s. zur Entstehungsgeschichte *Reinbothe* GRUR Int. 2001, 733/734 f.; *Linnenborn* K&R 2001, 394; *Kröger* CR 2001, 316 f.). Gegenüber

Vor §§ 95a ff. Vorbemerkung

den WIPO-Verträgen sind die Bestimmungen der Richtlinie wesentlich umfassender und gehen inhaltlich über sie hinaus. Im Unterschied zu den Vorgaben der WIPO-Verträge erstreckt sich der Rechtsschutz auch auf solche technischen Schutzmaßnahmen, die nach Schrankenbestimmungen eigentlich erlaubte Handlungen betreffen. Außerdem werden auch Vorbereitungshandlungen erfasst und das sui-generis-Recht an Datenbanken (Art. 7 ff. der Richtlinie 96/9/EG über den rechtlichen Schutz von Datenbanken v. 11. 3. 1996, ABl. EG Nr. L 77 S. 20; §§ 87a ff.) einbezogen.

7 In **Deutschland** stand am Anfang der legislatorischen Initiativen ein Diskussionsentwurf v. 7. 7. 1998 (1. Diskussionsentwurf eines 5. Gesetzes zur Änderung des UrhG v. 7. 7. 1998, K&R 1999, 157 ff.; s. dazu *Wand* Technische Schutzmaßnahmen und Urheberrecht, S. 163 ff.; *Bechtold* in Hoeren/Sieber Handbuch Kap. 7.11. Rdnr. 59 ff.), der einen von den Schrankenbestimmungen vollständig gelösten, umfassenden Schutz technischer Maßnahmen vorsah (*Loewenheim/Peukert* Handbuch des Urheberrechts[2], § 33 Rdnr. 16). Dieser Vorschlag wurde nicht weiter verfolgt, nachdem sich eine gemeinschaftsrechtliche Regelung abzuzeichnen begann. Dementsprechend vollzog sich die weitere Diskussion parallel zu den Vorarbeiten an der Info-RL. **Mit den §§ 95a und 95b wurde Art. 6 der Richtlinie umgesetzt,** der den Schutz wirksamer technischer Maßnahmen regelt; **mit § 95c wurde Art. 7 der Richtlinie umgesetzt,** der Pflichten in Bezug auf Informationen für die Rechtewahrnehmung bestimmt. Zugleich wurde damit den weniger weitgehenden Vorgaben aus Art. 11 und 12 WCT sowie Art. 18 und 19 WPPT entsprochen (BTDrucks. 15/38 S. 26). Die Anwendung der §§ 95a ff. unterliegt, soweit sie auf europäischem Recht beruhen, dem **Gebot der richtlinienkonformen Auslegung.**

8 Rechtsvergleichend betrachtet gehören die USA zu den Wegbereitern einer rechtlichen Regelung des Umgehungsschutzes. Sie zählten zu den ersten Ländern, die den WCT und WPPT ins nationale Recht umgesetzt haben, indem sie 1998 den Digital Millennium Copyright Act (DMCA) verabschiedeten (siehe dazu und zum Folgenden den Überblick bei *Hänel* Die Umsetzung des Art. 6 Info-RL [Technische Schutzmaßnahmen] ins deutsche Recht, S. 333 ff.). Kennzeichnend für das US-amerikanische Recht ist zunächst, dass die Vorschriften zum Umgehungsschutz (17 US C §§ 1201 ff.) einen von den allgemeinen Copyright-Vorschriften getrennten Regelungskomplex bilden. Entscheidende Voraussetzung für den Schutz technischer Maßnahmen („technological measures"), die anders als im Gemeinschaftsrecht und dementsprechend im deutschen Recht nicht legal definiert werden, ist, dass sie wirksam sind. Die Kontrolle des Zugangs zu einem Werk ist dann wirksam, wenn die Maßnahme im normalen Betrieb die Anwendung einer Information, in Verfahren oder eine Behandlung verlangt, um mit der Erlaubnis des Rechtsinhabers den Zugang zu erlangen (17 US C § 1201 [a] [3] [B]). Eine Nutzungskontrolle ist wirksam, wenn die Maßnahme im normalen Betrieb die Rechtsausübung verhindert, beschränkt oder anderweitig begrenzt (17 US C § 2101 [b] [2] [B]). Im Unterschied zur Info-RL wird im US-amerikanischen Recht streng zwischen Zugangskontrollen („access control") und Nutzungskontrollen („rights control") unterschieden (*Hänel* aaO S. 335). Beide Kategorien werden zwar gegen Vorbereitungshandlungen geschützt, nur die Zugangskontrollen jedoch auch gegen den Umgehungsakt selbst (17 US C § 2101 [a] [1]). Demgegenüber ist die Umgehung von Nutzungskontrollen in den USA nicht ausdrücklich verboten, sondern es soll den Nutzern ermöglicht werden, das Werk oder den Schutzgegenstand in urheberrechtlich erlaubter Weise, insbesondere im Sinne des fair use zu nutzen. Entsprechend einer strikten Trennung des Umgehungsschutzes von den Vorschriften über die Urheberrechtsverletzung gilt der Grundsatz, dass Rechte, Rechtsbehelfe und Einwendungen gegenüber Urheberrechtsverletzungen, insbesondere der fair-use-defence, unberührt bleiben (17 US C § 2101 [c] [1]) und die Haftung für Urheberrechtsverletzungen (vicarious and contributory copyright infringement) weder eingeschränkt noch erweitert wird (17 US C § 2101 [c] [2]) (*Hänel* aaO S. 335).

3. Inkrafttreten

9 Die Bestimmungen der §§ 95a ff. über den Rechtsschutz technischer Schutzmaßnahmen sind als **Teil des Gesetzes zur Regelung des Urheberrechts in der Informationsgesellschaft** am 13. September 2003 in Kraft getreten (BGBl. I S. 1774). §§ 95b Abs. 2, 95d Abs. 2, 111a Abs. 1 Nr. 2 und 3 und die Änderungen des UKlaG gelten seit dem 1. 9. 2004 (Art. 6 des Gesetzes zur Regelung des Urheberrechts in der Informationsgesellschaft); § 95d Abs. 1 findet auf alle seit dem 1. 12. 2003 neu in den Verkehr gebrachten Werke und anderen Schutzgegenstände Anwendung (§ 137j Abs. 1). Während **Übergangsfristen** oder ein gestaffeltes Inkrafttreten für die Bereitstellung der für bestimmte Schrankennutzungen erforderlichen technischen Mittel

Vorbemerkung   Vor §§ 95a ff.

(§ 95b Abs. 2), für die Kennzeichnungspflicht (§ 95d) und für die diesbezüglichen Bußgeldbestimmungen vorgesehen sind, fehlt es für den Schutz wirksamer technischer Maßnahmen (§§ 95a, 111a Abs. 1 Nr. 1) an derartigen Differenzierungen. Für Altfälle gelten die §§ 95a ff. nicht (*Dreyer* in HK-UrhR Rdnr. 2).

Technischen Schutzmaßnahmen wurde durch die **Rechtsprechung ein begrenzter Schutz** 10 **gegen Umgehungen** gewährt, der sich auf verschiedene Rechtsgrundlagen stützte. So wurde der Vertrieb eines Computerprogramms zur Umgehung der Sicherung eines anderen Computerprogramms unter dem Gesichtspunkt des **ergänzenden wettbewerbsrechtlichen Leistungsschutzes wegen Behinderung** als Wettbewerbsverstoß (§ 1 UWG aF) angesehen (s. BGH GRUR 1996, 78 – Umgehungsprogramm; vgl. auch LG Frankfurt/Main ZUM 2006, 881 zu dem Vertrieb von Software, die die sog. analoge Schutzlücke ausnutzt). Mit demselben Unlauterkeitstatbestand wurde auch die Wettbewerbswidrigkeit eines Zusatzprogramms begründet, das es ermöglicht, den als Kopierschutz eingesetzten Hardware-Zusatz („dongle") des von einem Mitbewerber vertriebenen Computerprogramms zu überwinden (OLG Düsseldorf GRUR 1990, 535 – Hardware-Zusatz; sa. OLG Stuttgart CR 1989, 685 – Hardlock-Entferner). Aus urheberrechtlicher Perspektive wurde die „Dongle-Umgehung" („Entdonglierung") als ein von § 69d Abs. 1 und 2 nicht gedeckter Eingriff in das Vervielfältigungs- und Umgestaltungsrecht des Urhebers beurteilt (s. OLG Düsseldorf CR 1997, 337 – Dongle-Umgehung; sa. OLG Karlsruhe CR 1996, 341 – Dongle; LG Düsseldorf CR 1996, 737 – Dongle-Umgehung; für eine Zulässigkeit der Beseitigung oder Umgehung einer Dongle-Abfrage, wenn das Programm infolge der Abfrage nicht störungsfrei läuft LG Mannheim CR 1995, 542 – Dongle). Nach der ausdrücklichen Regelung in § 69a Abs. 5 finden die Vorschriften der §§ 95a–95c keine Anwendung auf Computerprogramme, da der europäische Gesetzgeber bei der Schaffung der Info-RL davon ausging, dass die Richtlinie 93/250/EWG über Computerprogramme abschließenden Charakter hat. Da diese keine den §§ 95a–95c entsprechenden Regelungen enthält, bleiben für Praktiken, die sich gegen den Kopierschutz eines Computerprogramms richten, die genannten wettbewerbsrechtlichen Rechtsbehelfe relevant. Auch im Zusammenhang mit Verstößen gegen §§ 95a ff. sind die früher herangezogenen wettbewerbsrechtlichen Tatbestände (s. dazu auch *Wand* GRUR Int. 1996, 897/902) auch zukünftig neben den Bestimmungen des § 95a anwendbar, da die Info-RL gemäß Art. 9 und Erwägungsgrund 49 andere Vorschriften, wie insb. auch das Wettbewerbsrecht, unberührt lässt (*Wandtke/Bullinger/Wandtke/Ohst*[3] § 95a Rdnr. 6).

II. Zweck und Konzeption der Regelung

1. Zweck

Der Umgehungsschutz nach §§ 95a ff. stellt **kein neues Leistungsschutzrecht** dar (*Dreier* 11 ZUM 2002, 28/38; *Reinbothe* GRUR Int. 2001, 733/742), sondern es handelt sich um einen das Urheberrecht **flankierenden Rechtsschutz** (*Wandtke/Bullinger/Wandtke/Ohst*[3] § 95a Rdnr. 4; ebenso OLG München, ZUM 2005, 896/898; LG München ZUM-RD 2008, 97, 100 – Heise online; LG München MMR 2007, 128). Die Regelungen begründen nicht unmittelbar einen urheberrechtlichen Schutz von Werken oder Leistungen, sondern schützen mittelbar die zu deren Schutz eingesetzten technischen Maßnahmen. Es wird somit eine **„Metaschutzebene"** etabliert (*Loewenheim/Peukert* Handbuch des Urheberrechts[2], § 33 Rdnr. 1; sa. *Dusollier* EIPR 1999, 285 ff.). Mit anderen Worten: Die technischen Schutzmaßnahmen, die das tatsächliche Schutzdefizit kompensieren sollen, werden ihrerseits durch rechtliche Schutzmaßnahmen vor Umgehungen geschützt. Damit wird der Erkenntnis Rechnung getragen, dass keine von Menschen geschaffene Technik existiert, die nicht auch von Menschen überwunden werden könnte (*Loewenheim/Peukert* Handbuch des Urheberrechts[2], § 33 Rdnr. 1; *Bechtold* Vom Urheber- zum Informationsrecht, S. 144 f.; *Federrath* ZUM 2000, 804/807).

2. Konzeption

Die Regelungen der §§ 95a ff. sind der Versuch, einen **Ausweg aus dem sog. „digitalen** 12 **Dilemma"** (*Loewenheim/Peukert* Handbuch des Urheberrechts[2], § 33 Rdnr. 4 in Anlehnung an die Untersuchung des Committee on Intellectual Property Rights and the Emerging Information Infrastructure der National Academy of Sciences der USA mit dem Titel „The digital dilemma", 2000; sa. *Dreier* in Rossnagel Medienrecht S. 113/123; *ders.* ZUM 2002, 28/38;

Vor §§ 95a ff. Vorbemerkung

Spindler GRUR 2002, 105/115) zu finden. Dieses resultiert daraus, dass die Digitalisierung und Vernetzung einerseits einen bisher nicht gekannten Austausch von Informationen und Wissen ermöglicht, andererseits aber der Zugang hierzu durch technische Schutzmaßnahmen blockiert oder zumindest reguliert wird. Diese im Verhältnis zu den Chancen einer Intensivierung der Kommunikation kontraproduktiven Wirkungen durch die Errichtung technischer Barrieren werden zum Teil als eine Gefahr für den Fortschritt von Kunst und Wissenschaft betrachtet (s. *Wittgenstein* WIPO-Verträge S. 160 ff.; *Hoeren* GRUR 1997, 866/867 ff.).

13 Theoretisch lassen sich **folgende Optionen des rechtlichen Umgangs mit technischen Schutzmaßnahmen** unterscheiden: Denkbar wären zunächst die beiden Extreme, nämlich technische Schutzmaßnahmen entweder generell gegen Umgehung zu schützen (so der erste Diskussionsentwurf eines 5. Gesetzes zur Änderung des UrhG vom 7. 7. 1998, K&R 1999, 157 ff.) oder ihnen generell einen solchen Schutz zu verweigern. Eine vermittelnde Lösung bestünde darin, den Schutz in Abhängigkeit von den urheberrechtlichen Schrankenbestimmungen (§§ 44a ff.) zu gewähren, dh. die Umgehung dann für zulässig zu erklären, wenn sich der Handelnde auf eine urheberrechtliche Schrankenregelung berufen kann. Der deutsche Gesetzgeber orientiert sich zwar grob an diesem Mittelweg, variiert ihn aber ganz erheblich. Dies zeigt sich vor allem mit Blick auf die Privatkopierfreiheit (§ 53 Abs. 1), die nur in sehr beschränktem Umfang vom Umgehungsschutz freigestellt wird (§ 95b Abs. 1), da Personen, die das Werk zum privaten (insb. nicht wissenschaftlichen, § 95b Abs. 1 Nr. 6b) Gebrauch digital vervielfältigen wollen, nicht in den Genuss der Schrankenregelung des § 95b Abs. 1 Nr. 6a kommen.

14 Außerdem besteht **kein Recht auf Selbsthilfe** bei der Durchsetzung von Schrankenbestimmungen (kein „right to hack"), sondern dem Rechtsinhaber technischer Maßnahmen wird (lediglich) die Verpflichtung auferlegt, dem Begünstigten die notwendigen Mittel zur Verfügung zu stellen, damit sie von dem ihn eingeräumten Nutzungsrechten in dem erforderlichen Maße Gebrauch machen können (§ 95b Abs. 1 S. 1). Entsprechend der internationalen und europäischen Vorgaben (s. Präambel des WCT und des WPPT sowie die Erwägungsgründe 3, 14, 31, 51 der Info-RL) versucht der deutsche Gesetzgeber auf diese Weise, die kollidierenden Interessen, nämlich die als geistiges Eigentum von Art. 14 GG geschützten Verwertungsrechte der Rechteinhaber und das von Art. 5 Abs. 1 geschützte Recht auf Information der Nutzer, zu einem gerechten Ausgleich zu bringen.

15 Diese Bemühungen um einen angemessenen Interessenausgleich spiegeln sich in der **Systematik der Regelungen** darin wider, dass § 95a grundsätzlich einen Schutz wirksamer technischer Maßnahmen vor Umgehung statuiert; dieser wird durch § 95b begrenzt, indem dem Rechtsinhaber die Verpflichtung auferlegt wird, dem Begünstigten die zur Durchsetzung von Schrankenbestimmungen notwendigen Mittel zur Verfügung zu stellen. Den in § 95a Abs. 2 definierten technischen Maßnahmen sind gemäß § 95b Abs. 4 diejenigen technischen Maßnahmen gleichgestellt, die der Rechteinhaber, ob freiwillig oder in Erfüllung einer Verpflichtung aus § 95b Abs. 1 durch eine Schrankenregelung Begünstigten zur Verfügung stellt, um ihnen die Nutzung eines durch wirksame technische Maßnahmen geschützten Werkes oder sonstigen Schutzgegenstandes zu ermöglichen (s. *Dreyer* in HK-UrhR Rdnr. 5). § 95a Abs. 3 dehnt den Schutz auf bestimmte Vorbereitungshandlungen aus und gewährt einen Vorfeldschutz (insb. gegen die Herstellung sowie den Vertrieb von Vorrichtungen oder Erzeugnissen oder Dienstleistungen, die der Umgehung technischer Schutzmaßnahmen dienen). § 95c untersagt die unberechtigte Entfernung oder Veränderung von Informationen, die der Rechtewahrnehmung dienen. § 95d statuiert zum Schutz der Verbraucher und des lauteren Wettbewerbs Kennzeichnungspflichten in Bezug auf Werke und andere Schutzgegenstände, die mit technischen Maßnahmen geschützt werden.

3. Kritik

16 Die Richtlinie und in deren Gefolge auch die deutsche Gesetzgebung zu den technischen Schutzmaßnahmen ist zum Teil scharfer Kritik ausgesetzt (s. *Wandtke/Bullinger/Wandtke/Ohst*[3] § 95a Rdnr. 3; *Hugenholtz* EIPR 2000, 499). Sie entzündet sich vor allem an der **„verwirrenden und umständlichen Regelungstechnik"** und der **mangelnden Praktikabilität der Durchsetzung der Ausnahmen vom Umgehungsschutz**. In der Tat ist die Regelung kryptisch. Sie ist für Juristen schwer und für die Nutzer, an die sie sich richtet, kaum durchschaubar. Schon allein die Rechtsunsicherheit dürfte dazu führen, dass die Bestimmungen faktisch wirkungslos bleiben. Abgesehen davon wird zu Recht moniert, dass sich § 95b Abs. 1 als „stumpfes Schwert" erweist (*Dreyer* in HK-UrhR Rdnr. 8), da die dort verankerte Verpflichtung

Vorbemerkung   Vor §§ 95a ff.

lediglich durch eine Bußgeldvorschrift (§ 111a Abs. 1 Nr. 2, Abs. 2) sanktioniert wird. Der Aufwand einer individuellen Unterlassungsklage des Begünstigten dürfte regelmäßig unverhältnismäßig und ein Schaden kaum nachweisbar sein, so dass eine Rechtsverfolgung allenfalls durch eine Verbandsklage (gemäß §§ 2a, 3a UKlaG) bei der Verfolgung massenhafter oder besonders hartnäckiger Verstöße in Betracht kommt (*Dreyer* in HK-UrhR Rdnr. 8). Insgesamt gesehen gewinnt man den Eindruck, dass die §§ 95a ff. zu der wachsenden Zahl von Normen gehört, die, ähnlich der aus dem Umweltrecht bekannten symbolischen Gesetzgebung, zwar auf dem Papier steht, aber den Normadressaten nicht erreichen und praktisch keine Wirksamkeit entfalten.

4. Die Diskussion über die Privatkopie

Nicht nur in Fachkreisen, sondern auch in der Öffentlichkeit hat die Diskussion über die **17** Durchsetzung der Privatkopie gegen technische Schutzmaßnahmen erhebliche Aufmerksamkeit erregt. Es geht um die Frage, ob de lege ferenda entsprechend der urheberrechtlichen Schranke des § 53 Abs. 1 die **digitale Privatkopie in den Kreis der Privilegierungen des § 95b Abs. 1 aufgenommen werden soll.** Die Thematik besitzt auch erhebliche wirtschaftliche Brisanz. Unternehmen, die Programme zur Umgehung technischer Schutzmaßnahmen herstellen und anbieten, berufen sich darauf, dass dies aus verfassungsrechtlichen Gründen, insb. mit Blick auf Art. 5 Abs. 1 GG, jedenfalls insoweit zulässig sei, als damit dem Nutzer die Anfertigung einer Privatkopie nach Maßgabe des § 53 Abs. 1 ermöglicht werde (vgl. dazu *Holznagel/Brüggemann* MMR 2003, 767/772).

Die im Rahmen der **Beratungen des „Zweiten Korbes" unterbreiteten Vorschläge** zur **18** Behandlung der Privatkopie reichten von der Maximalposition „gar keine Durchsetzung", die vor allem von den Rechteinhabern vertreten wurde, bis hin zur „vollständigen Durchsetzung", wofür insb. die Verbraucherschützer eintraten. Auch Ansätze für vermittelnde Lösungen wurden vorgeschlagen, wie etwa die Privatkopie zwar einerseits für einen bestimmten Zeitraum – möglicherweise auf bestimmte Werkbereiche, zB Film, beschränkt – ganz zu verbieten, dafür aber andererseits nach diesem Zeitraum die Durchsetzbarkeit zu gewährleisten oder technische Schutzmaßnahmen sogar zu untersagen oder nur Privatkopien vom eigenen Werkstück zu erlauben, diese dann aber gegen technische Maßnahmen durchsetzbar zu gestalten oder Privatkopien nur für bestimmte Zwecke – etwa künstlerische, schöpferische oder publizistische Nutzungen – durchsetzungsstark zu gestalten (Urheberrechtsreform [2. Korb] – Zusammenfassung der Ergebnisse der Arbeitsgruppensitzungen S. 5; Regierungsentwurf für ein Zweiten Gesetzes zur Regelung des Urheberrechts in der Informationsgesellschaft v. 15. 6. 2006, BTDrucks. 16/1828, S. 18f.). Erörtert wurde ferner, ob dem Problem nicht durch die Beteiligten selbst abgeholfen werden könnte, indem sich die Rechteinhaber beispielsweise freiwillig Selbstbeschränkungen bei der Anwendung technischer Maßnahmen auferlegten. Unter der Prämisse einer unbeschränkten und durchsetzbaren Privatkopie im Online-Bereich wurde schließlich die Idee einer pauschal zu vergütenden Online-Lizenz („Internet-Maut", „Monatskarte") diskutiert (Urheberrechtsreform [2. Korb] – Zusammenfassung der Ergebnisse der Arbeitsgruppensitzungen S. 5). Der Zweite Korb (Zweites Gesetz zur Regelung des Urheberrechts in der Informationsgesellschaft vom 26. 10. 2007) hat keinen dieser Vorschläge aufgegriffen, sondern sich dazu entschieden, es bei der bisherigen Regelung zu belassen.

Bei der Frage, ob die Privatkopie gegen technische Schutzmaßnahmen durchsetzbar gestaltet **19** werden soll, handelt es sich um eine bedeutsame rechtspolitische Problematik, über die man trefflich streiten kann. Verfehlt ist es allerdings, aus der Existenz der Schrankenregelung in § 53 Abs. 1 kurzerhand die Konsequenz zu ziehen, dass es ein „Recht auf Privatkopie" gibt, das der Gesetzgeber gegenwärtig den Nutzern vorenthält. Eine solche Argumentation greift logisch und inhaltlich zu kurz. Die traditionelle Regelung der Privatkopie ist nach Maßgabe des § 53 Abs. 1 kein „urheberrechtliches Naturgesetz" und entspringt auch nicht einem „Menschenrecht", sondern ist das Ergebnis einer Interessenabwägung, in die in nicht unerheblichem Maße auch Praktibilitätserwägungen eingeflossen sind. Gerade diese haben in der „analogen Welt", auf die die Regelung des § 53 Abs. 1 zugeschnitten war, einen anderen Stellenwert gehabt, als in der heutigen „digitalen Welt". Die großzügige Gestattung der Privatkopie hatte ihren wesentlichen Grund darin, dass es dem Gesetzgeber nicht sinnvoll erschien, ein ohnehin nicht zu kontrollierendes privates Verhalten zu verbieten (so *Bornkamm* ZUM 2003, 1010/1012). Verfassungsrechtliche Bedenken erscheinen nicht gerechtfertigt und die Berufung darauf, dass die Anerkennung der Privatkopie nach Maßgabe der Regelung des § 53 Abs. 1 gegenüber technischen Schutz-

Vor §§ 95a ff. Vorbemerkung

maßnahmen einem Verfassungsgebot entspreche, hat kaum Aussicht auf Erfolg. Erstens wird dem Gesetzgeber ein weiter Ermessensspielraum zugebilligt, wenn es darum geht, die kollidierenden Grundrechtspositionen der Rechteinhaber (insb. nach Art. 14 GG) und der Nutzer (insb. Art. 5 Abs. 1 GG) auszubalancieren, und zweitens gibt es triftige Differenzierungsgründe, die es rechtfertigen, die Durchsetzbarkeit der **Privatkopie im digitalen Umfeld gegenüber technischen Schutzmaßnahmen nicht zuzulassen.** Es ist in der Tat nicht zu erkennen, was dagegen spricht, dass der Verbraucher so viele Werkstücke erwerben muss, wie er benötigt, wenn er zwei Exemplare einer Musik-CD benötigt, um sie im Wohnzimmer und im Auto zur Verfügung zu haben (*Bornkamm* ZUM 2003, 1010/1012). Aus Art. 5 Abs. 1 GG lässt sich nicht das Recht herleiten, dass er die CD nur einmal kaufen muss und das zweite Exemplar kostengünstig selbst herstellen darf (so *Bornkamm* aaO). Das BVerfG hat die Frage, ob es ein Recht auf eine digitale Privatkopie gibt, zwar offen gelassen, sich jedoch tendenziell dafür ausgesprochen, dass die Nichteinbeziehung der digitalen Privatkopie in den Durchsetzungsmechanismus des § 95b lediglich eine wirksame Inhalts- und Schrankenbestimmung iSd. Art. 14 Abs. 1 S. 2 GG darstellt (BVerfG GRUR 2005, 1032/1033 – Digitale Privatkopie).

III. Keine Anwendung auf Computerprogramme

20   Gemäß § 69a Abs. 5 finden die Vorschriften der §§ 95a–95d keine Anwendung auf Computerprogramme. Nach Auffassung des Europäischen Gesetzgebers haben die speziellen Schutzbestimmungen der Richtlinie über den Schutz von Computerprogrammen (91/250/EWG, ABl. Nr. L 122 v. 17. 5. 1991 S. 42) **abschließenden Charakter** und bleiben von der Info-RL unberührt. Dies ergibt sich ausdrücklich aus Erwägungsgrund 50 der Info-RL. Unter Hinweis hierauf hat die Bundesregierung in ihrer Gegenäußerung einen Vorschlag des Bundesrates zurückgewiesen, eine Ausweitung des Schutzes auf Computerprogramme unter Berücksichtigung der Regelungen des § 69d Abs. 2 und § 69e Abs. 1 vorzunehmen (BRDrucks. 684/1/02, 8f.). Inhaltlich bleiben die Vorschriften über den Schutz vor Umgehung von Programmschutzmechanismen (s. § 69f. Rdnr. 8ff.) deutlich hinter den §§ 95–95c zurück.

21   Maßgeblich hierfür dürfte insb. auch die Erwägung gewesen sein, dass die Abgrenzung zur zulässigen Dekompilierung (§ 69e) bzw. Erstellung einer Sicherungskopie (§ 69d Abs. 2) auf erhebliche Schwierigkeiten gestoßen wäre (*Dreyer* in HK-UrhR Rdnr. 18). Es ist damit zu rechnen, dass sich die **Abgrenzungsprobleme zwischen Computerprogrammen und anderen Werken, insb. Datenbanken,** zukünftig weiter verschärfen werden (*Wandtke/Bullinger/Wandtke/Ohst*[3] § 95a Rdnr. 8; s. *Ohst* Computerprogramm- und Datenbank – Definition und Abgrenzung im Urheberrecht, S. 254). In der Vergangenheit ist die Umgehung von Programmschutzmechanismen von Computerprogrammen als Eingriff in das Vervielfältigungs- und Umgestaltungsrecht sowie als Wettbewerbsverstoß beurteilt worden (s. dazu oben Rdnr. 10).

IV. Verhältnis zum ZKDSG

22   Das Gesetz über den Schutz von zugangskontrollierten Diensten und von Zugangskontrolldiensten (ZKDSG), das am 23. 3. 2003 in Kraft getreten ist (BGBl. I 2002, 1090f.), beruht auf der Richtlinie 98/84/EG (vom 20. 11. 1998 über den rechtlichen Schutz von zugangskontrollierten Diensten und von Zugangskontrolldiensten, ABl. L 320 v. 28. 11. 1998, 54ff. Zugangskontroll-RL). Das **ZKDSG schützt technische Verfahren oder Vorrichtungen, die die erlaubte Nutzung eines zugangskontrollierten Dienstes ermöglichen,** gegen unerlaubte Eingriffe (§§ 1, 2 Nr. 2 ZKDSG). Zugangskontrollierte Dienste sind Rundfunkdarbietungen (§ 2 Rundfunkstaatsvertrag) sowie Telemedien (§ 1 TMG), die unter der Voraussetzung eines Entgelts erbracht werden und nur unter Verwendung eines Zugangskontrolldienstes genutzt werden können (§ 2 Nr. 1 ZKDSG) (s. dazu *Linnenborn* K&R 2002, 571ff.; *Bär/Hoffmann* MMR 2002, 654ff.). Die Regelung verfolgt das Ziel, die gewerbsmäßige Verbreitung von Vorrichtungen zu verhindern, mit denen sich der Zugangsschutz von Fernseh- und Radiosendungen sowie von Diensten der Informationsgesellschaft unbefugt überwinden lässt (AmtlBegr. BTDrucks. 14/7229 S. 6; *Wandtke/Bullinger/Wandtke/Ohst*[3] § 95a Rdnr. 7).

23   Das ZKDSG und die Regelungen der §§ 95a ff. **unterscheiden sich in ihrem Schutzzweck und ihrem sachlichen Anwendungsbereich.** Während §§ 95a ff. dem Schutz des jeweiligen Inhalts dient, geht es beim ZKDSG um den Schutz der kommerziellen Interessen an den Diensten als solchen (AmtlBegr. BTDrucks. 14/7229 S. 7; *Loewenheim/Peukert* Handbuch

des Urheberrechts², § 33 Rdnr. 27; *Dreyer* in HK-UrhR Rdnr. 13 f.; *Linnenborn* K&R 2002, 571/572). Dementsprechend kommt es für die Anwendbarkeit des ZKDSG nicht auf den Werkcharakter oder das Vorliegen eines Schutzgegenstandes iSv. § 95 a Abs. 1 an; der Schutz nach dem ZKDSG gilt vielmehr unabhängig hiervon, auch wenn häufig die Darbietungen, die den Gegenstand der Rundfunkdarbietung oder des Telemediendienstes bilden, urheberrechtlich geschützt sind. Hieraus ergeben sich auch **Unterschiede hinsichtlich des geschützten Personenkreises:** Während dies beim ZKDSG die Unternehmen sind, die Rundfunkdarbietungen oder Telemediendienste erbringen, sind es nach dem UrhG die Urheber, Inhaber von Leistungsschutzrechten bzw. Lizenznehmer (*Dreyer* in HK-UrhR Rdnr. 14). Anders als die §§ 95 a ff. richtet sich das ZKDSG nur gegen gewerbsmäßige Eingriffe (*Dreyer* in HK-UrhR Rdnr. 15; *Loewenheim/Peukert* Handbuch des Urheberrechts², § 33 Rdnr. 27, insb. Fn. 84 mwN).

Beide Regelungen **können unabhängig voneinander zur Anwendung gelangen,** da keiner von beiden Vorrang eingeräumt wird (s. Art. 9 Info-RL, Erwägungsgrund 59; Zugangskontroll-RL, Erwägungsgrund 21; AmtlBegr. (ZKDSG) BTDrucks. 14/7229 S. 7; *Loewenheim/Peukert* Handbuch des Urheberrechts², § 33 Rdnr. 28; *Dreyer* in HK-UrhR Rdnr. 14; *Wandtke/Bullinger/Wandtke/Ohst*³ § 95 a Rdnr. 7; *Linnenborn* K&R 2001, 394/398; *Marly* K&R 1999, 106/108). Im Einzelfall kann es deshalb dazu kommen, dass Zugangskontrollen Rechtsschutz sowohl als wirksame technische Maßnahmen gemäß § 95 a UrhG als auch nach § 3 ZKDSG als Zugangskontrolldienst genießen (Art. 9 Info-RL, Erwägungsgrund 60; AmtlBegr. BTDrucks. 15/38 S. 28; *Loewenheim/Peukert* Handbuch des Urheberrechts², § 33 Rdnr. 27). Der Rechteinhaber bzw. Diensteinhaber ist dann in zweierlei Hinsicht aktivlegitimiert und hat die **Option,** ob er auf der Grundlage der §§ 95 a ff. oder aber der des ZKDSG gegen die Rechtsverletzungen vorgeht (*Loewenheim/Peukert* Handbuch des Urheberrechts², § 33 Rdnr. 28). In Betracht zu ziehen ist beim Vertrieb von „Piratenkarten" auch nach dem Inkrafttreten des ZKDSG ein Verstoß gegen das UWG (s. dazu OLG Frankfurt/M NJW 1996, 264; OLG Frankfurt/M GRUR-RR 2003, 287; *Dreyer* in HK-UrhR Rdnr. 14).

§ 95 a Schutz technischer Maßnahmen

(1) **Wirksame technische Maßnahmen zum Schutz eines nach diesem Gesetz geschützten Werkes oder eines anderen nach diesem Gesetz geschützten Schutzgegenstandes dürfen ohne Zustimmung des Rechtsinhabers nicht umgangen werden, soweit dem Handelnden bekannt ist oder den Umständen nach bekannt sein muss, dass die Umgehung erfolgt, um den Zugang zu einem solchen Werk oder Schutzgegenstand oder deren Nutzung zu ermöglichen.**

(2) ¹**Technische Maßnahmen im Sinne dieses Gesetzes sind Technologien, Vorrichtungen und Bestandteile, die im normalen Betrieb dazu bestimmt sind, geschützte Werke oder andere nach diesem Gesetz geschützte Schutzgegenstände betreffende Handlungen, die vom Rechtsinhaber nicht genehmigt sind, zu verhindern oder einzuschränken.** ²**Technische Maßnahmen sind wirksam, soweit durch sie die Nutzung eines geschützten Werkes oder eines anderen nach diesem Gesetz geschützten Schutzgegenstandes von dem Rechtsinhaber durch eine Zugangskontrolle, einen Schutzmechanismus wie Verschlüsselung, Verzerrung oder sonstige Umwandlung oder einen Mechanismus zur Kontrolle der Vervielfältigung, die die Erreichung des Schutzziels sicherstellen, unter Kontrolle gehalten wird.**

(3) **Verboten sind die Herstellung, die Einfuhr, die Verbreitung, der Verkauf, die Vermietung, die Werbung im Hinblick auf Verkauf oder Vermietung und der gewerblichen Zwecken dienende Besitz von Vorrichtungen, Erzeugnissen oder Bestandteilen sowie die Erbringung von Dienstleistungen, die**

1. **Gegenstand einer Verkaufsförderung, Werbung oder Vermarktung mit dem Ziel der Umgehung wirksamer technischer Maßnahmen sind oder**
2. **abgesehen von der Umgehung wirksamer technischer Maßnahmen nur einen begrenzten wirtschaftlichen Zweck oder Nutzen haben oder**
3. **hauptsächlich entworfen, hergestellt, angepasst oder erbracht werden, um die Umgehung wirksamer technischer Maßnahmen zu ermöglichen oder zu erleichtern.**

(4) **Von den Verboten der Absätze 1 und 3 unberührt bleiben Aufgaben und Befugnisse öffentlicher Stellen zum Zwecke des Schutzes der öffentlichen Sicherheit oder der Strafrechtspflege.**

§ 95a

Übersicht

	Rdnr.
I. Allgemeines	1, 2
II. Das Umgehungsverbot (Abs. 1)	3–13
1. Geschützte Werke oder andere Schutzgegenstände	3–5
2. Zustimmung des Rechtsinhabers	6–9
3. Umgehung	10–13
III. Wirksame technische Maßnahmen (Abs. 2)	14–22
1. Regelungsgehalt und Systematik	14, 15
2. Technische Maßnahmen (Abs. 2 S. 1)	16–19
3. Wirksamkeit	20–22
IV. Verbot von Vorbereitungshandlungen (Abs. 3)	23–37
1. Allgemeines	23, 24
2. Umgehungsmittel	25
3. Verbotene Handlungen	26–32
4. Zwecke	33–37
a) Verkaufsförderung, Werbung oder Vermarktung mit dem Ziel der Umgehung (Nr. 1)	34
b) Begrenzter wirtschaftlicher Zweck oder Nutzen (Nr. 2)	35
c) Hauptsächlich zur Umgehung entworfen, hergestellt, angepasst oder erbracht (Nr. 3)	36, 37
V. Ausnahme (Abs. 4)	38
VI. Rechtsfolgen	39–41
1. Strafbarkeit und Ordnungswidrigkeit	39
2. Zivilrechtliche Ansprüche	40–41

I. Allgemeines

1 § 95a statuiert ein Umgehungsverbot zum Schutz technischer Maßnahmen, das durch das am 13. 9. 2003 in Kraft getretene Gesetz zur Regelung des Urheberrechts in der Informationsgesellschaft eingeführt wurde. Damit wird die **Vorgabe des Art. 6 der Info-RL umgesetzt.** Bei der Formulierung der Vorschrift wurde bewusst darauf verzichtet, sie „sprachlich zu verdichten" oder zusätzliche Elemente aufzunehmen. Die möglichst präzise Übernahme der Richtlinie wurde als „optimaler Ausgangspunkt für eine in diesem Bereich besonders wichtige einheitliche Anwendung und Auslegung in allen Mitgliedstaaten" angesehen (BTDrucks. 15/38 S. 26). Nach § 95a Abs. 1 dürfen wirksame technische Maßnahmen, die dem Schutz eines geschützten Werkes oder eines anderen Schutzgegenstandes dienen, ohne Zustimmung des Rechtsinhabers nicht umgangen werden, soweit dem Handelnden bekannt ist oder den Umständen nach bekannt sein muss, dass die Umgehung erfolgt, um den Zugang zu einem solchen Werk oder Schutzgegenstand oder deren Nutzung zu ermöglichen. Dieses Verbot wird nach § 95 Abs. 3 auf Handlungen ausgedehnt, die wie die Herstellung, Verbreitung und Bewerbung von Umgehungsmitteln der Vorbereitung der eigentlichen Umgehung eingesetzt werden.

2 § 95a Abs. 2 S. 1 enthält eine Legaldefinition der technischen Maßnahmen. § 95a Abs. 2 S. 2 bestimmt, unter welchen Voraussetzungen technische Maßnahmen als wirksam anzusehen sind. Nach der Ausnahmeregelung des § 95a Abs. 4 bleiben von dem Verbot der Abs. 1 und 3 Aufgaben und Befugnisse öffentlicher Stellen zum Zwecke des Schutzes der öffentlichen Sicherheit oder der Strafrechtspflege unberührt.

II. Das Umgehungsverbot (Abs. 1)

1. Geschützte Werke oder andere Schutzgegenstände

3 Das Umgehungsverbot richtet sich gegen wirksame technische Maßnahmen **„zum Schutz eines nach diesem Gesetz geschützten Werkes oder eines anderen nach diesem Gesetz geschützten Schutzgegenstandes".** Konstitutiv für das Eingreifen des Umgehungsverbots ist also, dass es sich um Werke oder Leistungen handelt, die urheberrechtlichen Schutz genießen. Ausgenommen ist daher zB die Anwendung von Schutzmechanismen auf nicht durch das UrhG geschützte Schutzgegenstände wie etwa gemeinfreie Werke (sa. *Fromm/Nordemann/Czychowski*[10] Rdnr. 33). Ebenso wenig wird die Einrichtung von Schutzmechanismen allein zum Zwecke der Marktzugangsbeschränkung geschützt (AmtlBegr. BTDrucks. 15/38 S. 26; *Loewenheim/Peukert* Handbuch des Urheberrechts[2], § 34 Rdnr. 2; *Dreier* ZUM 2002, 28/38; *Spindler* GRUR 2002, 105/115; *Lindhorst* Schutz von und vor technischen Maßnahmen, S. 118). Außerdem werden nur solche Maßnahmen erfasst, die auf der **„Metaebene"** des technischen

Schutzes urheberrechtliche Befugnisse betreffen, da nur darauf ausgerichtete Handlungen überhaupt einer Zustimmung des Rechtsinhabers bedürfen. Fehlt es an einem Bezug zu einer tatbestandsmäßigen urheberrechtlichen Nutzung, so greift das Umgehungsverbot des § 95a nicht ein (*Loewenheim/Peukert* Handbuch des Urheberrechts[2], § 34 Rdnr. 3). Insoweit besteht eine Kongruenz zwischen dem Urheberrecht und dem Rechtsschutz der technischen Maßnahmen. Dies gilt aber nur für die Ebene der Schutzfähigkeit, nicht für Nutzungen, die ausnahmsweise für zulässig erklärt werden. Aus § 95 Abs. 2 folgt nämlich, dass auch solche technischen Schutzmaßnahmen nicht umgangen werden dürfen, die gemäß §§ 44a ff. UrhG gesetzlich zulässiges Verhalten verhindern. Technischen Maßnahmen wird somit ein **relativer Vorrang vor den Schranken des Urheberrechts** eingeräumt (*Loewenheim/Peukert* Handbuch des Urheberrechts[2], § 34 Rdnr. 4).

Entsprechend einer Vorgabe der Info-RL (s. Art. 1 Abs. 2 Info-RL sowie Erwägungsgrund 20 und Erwägungsgrund 50; dazu AmtlBegr. BTDrucks. 15/38 S. 22/42; *Dreier* ZUM 2002, 28/29/36; *Spindler* GRUR 2002, 105/115; *Reinbothe* GRUR Int. 2002, 733/735/741; sa. *Flechsig* ZUM 2002, 1/14; sa. oben Vor §§ 95a Rdnr. 20f.) ist gemäß § 69a Abs. 5 UrhG der **Rechtsschutz technischer Maßnahmen zum Schutz von Computerprogrammen von der Regelung des § 95a UrhG ausgenommen** (*Loewenheim/Peukert* Handbuch des Urheberrechts[2], § 34 Rdnr. 7). § 69f Abs. 2 bildet eine abschließende Regelung, die allerdings nur einen beschränkten Rechtsschutz gegen Mittel zur unerlaubten Beseitigung und Umgehung technischer Programmschutzmechanismen vorsieht (*Loewenheim/Peukert* Handbuch des Urheberrechts[2], § 34 Rdnr. 7; s. die Kommentierung zu § 69f Rdnr. 8ff.). Dies gilt auch dann, wenn es zu Überschneidungen kommt, etwa weil Computerspiele gemäß § 69a ff. und die dadurch erzeugte, bewegte Bild-/Tonfolge als Filmwerk iSv. § 2 Abs. 1 Nr. 6 UrhG Schutz genießen. Angesichts der Tatsache, dass sich die Info-RL klar zu einer Spezialität der Sonderbestimmung für Computerprogramme bekennt, wird man auch unter diesen Umständen von einem Vorrang von § 69f Abs. 2 UrhG auszugehen haben. Dies liegt auch im Interesse der Rechtssicherheit (differenzierend *Loewenheim/Peukert* Handbuch des Urheberrechts[2], § 34 Rdnr. 8).

Für den Fall, dass sich die **technische Maßnahme nur teilweise auf urheberrechtsrelevante Nutzungen bezieht** und gleichzeitig urheberrechtlich nicht geschützte Gegenstände, wie insb. gemeinfreie Werke, kontrolliert werden, ist im Hinblick auf das gesetzgeberische Ziel, einen möglichst umfassenden Schutz zu gewährleisten, das **Umgehungsverbot gleichwohl anwendbar,** sofern nicht ganz ausnahmsweise ein rechtsmissbräuchliches Verhalten des Rechtsinhabers anzunehmen ist (*Loewenheim/Peukert* Handbuch des Urheberrechts[2], § 34 Rdnr. 6; *Peukert* UFITA 2002/III, 689/709, Fn. 45; vgl. auch *Dreyer* in Pahlow/Eisfeld, Grundlagen und Grundfragen des Geistigen Eigentums, 221/225f.). Ein Missbrauch kann nach der Amtlichen Begründung insb. dann vorliegen, wenn die Einrichtung von Schutzmechanismen allein zum Zwecke der Marktzugangsbeschränkung erfolgt (BTDrucks. 15/38 S. 26). Denkbar ist in diesem Zusammenhang, dass ein geschütztes Werk oder eine Leistung nur pro forma oder zum Schein zu einem nicht geschützten Gegenstand hinzugefügt wird, um den Rechtsschutz nach § 95a zu erlangen.

2. Zustimmung des Rechtsinhabers

Seine deutlichste Ausprägung erfährt der Umgehungsschutz darin, dass technische Schutzmaßnahmen nicht ohne Zustimmung des Rechtsinhabers umgangen werden dürfen. Hierin liegt der Kern des Umgehungsverbots. Dies gilt auch für Nutzer, die durch § 95b begünstigt werden, da **kein Recht zur Selbsthilfe** (kein „right to hack") besteht, dh. auch der rechtmäßige Nutzer darf für die technischen Schutzmaßnahmen nicht zum Zwecke der rechtmäßigen Nutzung in Eigenregie überwinden (*Wandtke/Bullinger/Wandtke/Ohst*[3] Rdnr. 56; § 95b Rdnr. 12). Der zentrale Anknüpfungspunkt für den Verstoß gegen das Umgehungsverbot nach § 95a Abs. 1 ist die **Überwindung der technischen Schutzmaßnahme gegen den Willen des Rechtsinhabers.** Dies bedeutet umgekehrt, dass sowohl für den nicht begünstigten als auch für den begünstigten Nutzer der Zugang oder die Nutzung des Schutzgegenstandes nur im Falle einer Einwilligung des Rechtsinhabers iSd. § 183 S. 1 BGB zulässig ist. Mit Blick auf die Diversifikation, die durch Digitalisierung und Vernetzung eröffnet wird, hängen Inhalt und Umfang der Zustimmung ggf. von den vertraglichen Vereinbarungen ab. Möglich ist auch eine nachträgliche Zustimmung, also eine Genehmigung iSd. § 184 Abs. 1 BGB, nach erfolgter Umgehung (*Wandtke/Bullinger/Wandtke/Ohst*[3] Rdnr. 57).

§ 95a

7 Bezugspunkt der erforderlichen Zustimmung ist der **Rechtsinhaber,** der die „zentrale Figur im System des § 95 a" bildet (*Loewenheim/Peukert* Handbuch des Urheberrechts[2], § 34 Rdnr. 13). In Art. 6 Abs. 3 S. 1 der Info-RL ist im Zusammenhang mit der Definition der „technischen Maßnahmen" vom „Inhaber der Urheberrechte oder der dem Urheberrecht verwandten gesetzlich geschützten Schutzrechte oder des in Kap. III der Richtlinie 96/9/EG verankerten Suigeneris-Rechts" die Rede. Dementsprechend zählen zu den Rechtsinhabern zunächst diejenigen **Personen, denen unmittelbar Rechte an den Schutzgegenständen zustehen,** die durch die technischen Maßnahmen geschützt werden. Darüber hinaus können dazu auch solche Personen gehören, denen auf Grund von Verträgen oder kraft Gesetzes **derivative Rechte** eingeräumt wurden (*Wandtke/Bullinger/Wandtke/Ohst*[3] Rdnr. 59; *Loewenheim/Peukert* Handbuch des Urheberrechts[2], § 34 Rdnr. 14).

8 Handelt es sich auf Grund der Komplexität oder Kompilation um eine Kombination verschiedener Beiträge, so können **mehrere Rechtsinhaber** nebeneinander vorhanden sein, wie bei einer kopiergeschützten Musik-CD der Urheber, der ausübende Künstler und der Tonträgerhersteller. Unter diesen Umständen bedarf es der Zustimmung aller Rechtsinhaber (*Wand*, Technische Schutzmaßnahmen und Urheberrecht, S. 105), sofern die Verwertung und Koordination des Einsatzes von technischen Schutzmaßnahmen nicht in der Hand eines Berechtigten gebündelt werden (*Loewenheim/Peukert* Handbuch des Urheberrechts[2], § 34 Rdnr. 14). Bei Miturhebern ist § 8 Abs. 2 S. 1 analog anzuwenden (*Wand* Technische Schutzmaßnahmen und Urheberrecht, S. 169).

9 Da durch die Zustimmung des Rechtsinhabers kein neues Verwertungsrecht begründet wird, sondern die technischen Schutzmaßnahmen nur flankierend der Durchsetzung der urheberrechtlichen Ansprüche dienen bzw. die Verletzung des Urheberrechts verhindern sollen, kann Rechtsinhaber nicht derjenige sein, der die Zustimmung gemäß § 95a erhalten hat und die Zustimmung einer weiteren Person erteilen möchte (*Wandtke/Bullinger/Wandtke/Ohst*[3] Rdnr. 61).

3. Umgehung

10 Der Tatbestand der Umgehung setzt in **objektiver Hinsicht** eine Umgehungshandlung und in subjektiver Hinsicht eine Umgehungsabsicht bzw. eine Bösgläubigkeit im Zeitpunkt der Umgehung voraus. Unter einer **Umgehungshandlung** ist jedes Verhalten zu verstehen, das objektiv darauf gerichtet ist, eine wirksame technische Maßnahme außer Kraft zu setzen oder abzuschwächen (*Dreyer* in HK-UrhR Rdnr. 28; *Loewenheim/Peukert* Handbuch des Urheberrechts[2], § 34 Rdnr. 15). Kurz gesagt bedeutet Umgehung im weitesten Sinne **jede Ausschaltung bzw. Manipulation von technischen Schutzmaßnahmen** (*Wand* Technische Schutzmaßnahmen und Urheberrecht, S. 105). Auf welche Weise dies geschieht, wie zB durch den Einsatz von Software, um ein Passwort zu identifizieren oder einen verschlüsselten Inhalt zu dekodieren, ist dabei unerheblich (*Loewenheim/Peukert* Handbuch des Urheberrechts[2], § 34 Rdnr. 15). Als Umgehungshandlung ist beispielsweise ein deep-link auf interaktive Onlineangebote, die durch eine Zugangskontrolle gesichert sind, anzusehen (*de Werra* ALAI 2001, 198/214f.; *Loewenheim/Peukert* Handbuch des Urheberrechts[2], § 34 Rdnr. 15). Eine Software, die die Vervielfältigung kopiergeschützten Materials mittels eines gängigen Kopierprogramms ermöglicht, stellt ebenfalls eine den Kopierschutz umgehende Maßnahme iSv. § 95a Abs. 1 dar (LG München MMR 2007, 128, 129).

11 Ein Außerkraftsetzen der technischen Schutzmaßnahmen und damit eine Umgehung liegt auch bei der **sog. Fehlerkorrektur** von Audio-CDs vor (s. *Wandtke/Bullinger/Wandtke/Ohst*[3] Rdnr. 54; *Fromm/Nordemann/Czychowski*[10] Rdnr. 38). Das Argument von Copy-Programmherstellern, dass durch ihre Programme die Daten nicht verändert, sondern nur wiederhergestellt und der Sachmangel der CD beseitigt würden (*Mayer* CR 2003, 274/279), ändert nichts daran, dass der objektive Tatbestand einer Umgehungshandlung erfüllt ist (so im Ergebnis auch *Spindler* GRUR 2002, 105/116). Eine andere Frage ist, ob die Umgehung von der Zustimmung des Rechtsinhabers für den Käufer der CD gedeckt ist. Ob dies der Fall ist, hängt von den Umständen des Einzelfalls ab (*Wandtke/Bullinger/Wandtke/Ohst*[3] Rdnr. 54).

12 Der **subjektive Umgehungstatbestand** setzt nach § 95a Abs. 1 2. Hs. voraus, dass dem Handelnden bekannt ist oder den Umständen nach bekannt sein muss, dass die Umgehung erfolgt, um den Zugang zu einem durch technische Maßnahmen geschützten Werk oder Schutzgegenstand oder deren Nutzung zu ermöglichen. Nach der AmtlBegr. wird damit das Erfordernis einer auf „Werkzugang oder Werkverwertung (Nutzung im urheberrechtlichen Sinne) gerichteten Umgehungsabsicht" umschrieben (BTDrucks. 15/38 S. 26). Die Kenntnis bezieht sich nicht auf das Unerlaubtsein, sondern allein auf die Umgehungshandlung als solche (*Wandtke/ Bullinger/Wandtke/Ohst*[3] Rdnr. 62; *Marly* K&R 1999, 106/111). Mit der von der AmtlBegr. für maßgeblich gehaltenen Umgehungsabsicht ist aber kaum vereinbar, dass nach dem klaren Wortlaut der Regelung in Übereinstimmung mit der bindenden Vorgabe der Info-RL auch eine Bösgläubigkeit im Sinne eines Kennenmüssens genügt. Demnach wird darauf abgestellt, ob die Umgehungshandlung fahrlässig vorgenommen wurde. **Ausreichend ist einfache Fahrlässigkeit** (*Loewenheim/Peukert* Handbuch des Urheberrechts[2], § 34 Rdnr. 16 Fn. 51; *Wand* Technische Schutzmaßnahmen und Urheberrecht, S. 116; *Flechsig* ZUM 2002, 1/16). Für eine Beschränkung auf grobe Fahrlässigkeit (so *Spindler* GRUR 2002, 105/116; *ders.* MMR 2000 Beil. Nr. 7, 4/17 f.; *Wandtke/Bullinger/Wandtke/Ohst*[3] Rdnr. 63) bietet die Regelung keinerlei Anhaltspunkte. In der Gesetzesbegründung wird ausdrücklich hervorgehoben, dass die im Zusammenhang mit der Umgehungsabsicht von der Richtlinie vorgegebene Tatbestandsvoraussetzung der Bösgläubigkeit (also des „Kennenmüssens") auch für jene zivilrechtlichen Ansprüche gilt, bei denen – wie beim Unterlassungsanspruch – regelmäßig die objektive Störereigenschaft ausreicht.

Eine **Ausnahme** soll nach dem ausdrücklichen Willen des europäischen und dementsprechend auch des deutschen Gesetzgebers für Umgehungshandlungen gelten, die **ausschließlich wissenschaftlichen Zwecken** dienen. In Erwägungsgrund 48 der Info-RL wird hervorgehoben, dass der Rechtsschutz für technische Maßnahmen auch das Verhältnismäßigkeitsprinzip berücksichtigen müsse. Es sollten nicht jene Vorrichtungen und Handlungen untersagt werden, deren wirtschaftlicher Zweck und Nutzen nicht in der Umgehung technischer Schutzvorkehrungen besteht. Insb. dürften die **Forschungsarbeiten im Bereich der Verschlüsselungstechniken nicht behindert werden.** In Anknüpfung hieran wird in der AmtlBegr. zu § 95a Abs. 1 ausdrücklich darauf hingewiesen, dass zB die Kryptografie nicht zu den Umgehungshandlungen zählt, die vom Verbot erfasst werden (BTDrucks. 15/38 S. 26). Vor diesem Hintergrund erscheint es nicht ausgeschlossen, dass unter Berücksichtigung verfassungsrechtlicher Wertungen im Einzelfall auch andere Sachverhalte vom Umgehungsverbot ausgenommen werden, wenn es um die Verfolgung rein wissenschaftlicher oder künstlerischer Zwecke geht (so *Loewenheim/Peukert* Handbuch des Urheberrechts[2], § 34 Rdnr. 17). 13

III. Wirksame technische Maßnahmen (Abs. 2)

1. Regelungsgehalt und Systematik

§ 95a Abs. 2 enthält eine **Legaldefinition** der wirksamen technischen Maßnahmen, auf die sich das Umgehungsverbot des § 95a Abs. 1 bezieht und die damit das zentrale Aufgreifkriterium für dessen Anwendbarkeit bilden. Liegen keine wirksamen technischen Schutzmaßnahmen vor, so greift das Umgehungsverbot nicht ein. Die Frage, ob es sich um wirksame technische Schutzmaßnahmen handelt, ist deshalb die Ausgangsfrage, die allen anderen Tatbestandsmerkmalen vorgelagert ist. 14

In **systematischer Hinsicht** folgt § 95a Abs. 2 einer **Zweiteilung**: In Abs. 2 S. 1 werden zunächst die technischen Maßnahmen definiert; hieran schließt sich in Abs. 2 S. 2 eine Definition der Wirksamkeit technischer Maßnahmen an. Mit Blick auf das Harmonisierungsziel der Richtlinie hat der deutsche Gesetzgeber eine enge Anlehnung an den Wortlaut des Art. 6 Abs. 3 der Info-RL für notwendig gehalten (BTDrucks. 15/38 S. 26). 15

2. Technische Maßnahmen (Abs. 2 S. 1)

Als technische Maßnahmen definiert Abs. 2 S. 1 Technologien, Vorrichtungen und Bestandteile, die im normalen Betrieb dazu bestimmt sind, geschützte Werke oder andere nach diesem Gesetz geschützte Schutzgegenstände betreffende Handlungen, die vom Rechtsinhaber nicht genehmigt sind, zu verhindern oder einzuschränken. Damit sollen auch im Hinblick auf künftige technische Entwicklungen **im weitesten Sinne** alle Maßnahmen erfasst werden, die bei der Umsetzung des von der Info-RL und dementsprechend des Umgehungsverbots nach § 95a angestrebten Schutzzwecks zur Anwendung kommen (s. Erwägungsgrund 51 der Info-RL; sa. AmtlBegr. BTDrucks. 15/38 S. 26; *Loewenheim/Peukert* Handbuch des Urheberrechts[2], § 34 Rdnr. 9; *Wand* Technische Schutzmaßnahmen und Urheberrecht, S. 107). Unter den Begriff der technischen Maßnahmen fallen nicht nur Mittel zur Verhinderung der Piraterie, sondern auch **sämtliche technische Maßnahmen, die im normalen Betrieb dazu bestimmt sind, Nutzungsmöglichkeiten einzuschränken.** 16

§ 95a

17   Hierzu gehören Zugangskontrollen ebenso wie Mechanismen zur Beschränkung der Nutzungsmöglichkeit, wobei die Art und Weise der technischen Lösung nicht entscheidend ist (*Dreier/Schulze*³ Rdnr. 14). Dies kann sich ebenso um eine Hard- wie auch um eine Software-Lösung handeln (AmtlBegr. BTDrucks. 15/38 S. 26; *Dreier/Schulze*³ aaO). Zu den Verfahren, die als technische Schutzmaßnahmen eingesetzt werden können, zählen insb. **Zugangskontrollen,** durch die eine effektive Kontrolle des Zugangs zur Nutzung erreicht werden kann (s. *Dreier* ZUM 2002, 28/36; *Kröger* CR 2001, 316/321; *Lindhorst* Schutz von und vor technischen Maßnahmen, S. 146f.; *Linnenborn* K&R 2001, 394/398; *Mayer* EuZW 2002, 325/328; *Reinbothe* GRUR Int. 2001, 733/741; *Wächtkamp* CRi 2003, 11/16; aA *Spindler* GRUR 2002, 105/116; s. zur Abgrenzung gegenüber der Zugangskontroll-RL und dem ZKDSG oben Vor §§ 95a ff. Rdnr. 22 ff.), **Nutzungskontrollen** und **Integritätskontrollen** (s. dazu eingehend *Wandtke/Bullinger/Wandtke/Ohst*³ Rdnr. 12 ff., mwN).

18   Unter Berücksichtigung des Zwecks des Umgehungsverbots, den Schutz von urheberrechtlich geschützten Werken oder anderen Schutzgegenständen zu gewährleisten, werden von der Definition des § 95a Abs. 2 S. 1 **solche Mechanismen nicht erfasst,** die sich auf **nicht durch das UrhG geschützte Schutzgegenstände,** wie etwa gemeinfreie Werke, beziehen, oder allein zum Zwecke der Marktzugangsbeschränkung eingerichtet werden (s. AmtlBegr. BTDrucks. 15/38 S. 26; sa. oben Rdnr. 3).

19   In der Gesetzesformulierung kommt diese aus dem Regelungszweck abzuleitende **funktionale Interpretation des Begriffs der technischen Maßnahme** darin zum Ausdruck, dass sie im normalen Betrieb so bestimmt sein müssen, nicht genehmigte Handlungen zu unterbinden, die geschützte Werke oder andere Schutzgegenstände betreffen. Maßgebend ist die **objektive Zweckbestimmung,** die sich nach dem aktuellen, konkreten Gebrauch der Schutzmaßnahme richtet (*Wandtke/Bullinger/Wandtke/Ohst*³ Rdnr. 43; *Fromm/Nordemann/Czychowski*¹⁰ Rdnr. 13; *Koelman* EIPR 2000, 272/273). Da die erforderliche Ausrichtung der technischen Maßnahme auf den Schutzzweck des Umgehungsverbots bereits in dem Merkmal der „Bestimmung" seinen Niederschlag findet, kommt dem **Kriterium des „normalen Betriebes"** keine besondere normative Bedeutung zu (*Wandtke/Bullinger/Wandtke/Ohst*³ Rdnr. 44). Nach *Spindler* (GRUR 2002, 105/116) wurde das aus dem US-amerikanischen DMCA (17 U.S.C. § 1201) stammende (s. *Wand* Technische Schutzmaßnahmen und Urheberrecht, S. 109) Kriterium in die Regelung aufgenommen, um sicherzustellen, dass keine künstlichen Marktzutrittsschranken, zB für Produzenten von elektronischen Geräten, errichtet werden (*Wandtke/Bullinger/Wandtke/Ohst*³ Rdnr. 45).

3. Wirksamkeit

20   Das Umgehungsverbot nach § 95a Abs. 1 setzt voraus, dass es sich um wirksame technische Maßnahmen handelt. Hieraus folgt im Umkehrschluss, dass **unwirksame technische Maßnahmen keinen Schutz genießen.** In Umsetzung von Art. 6 Abs. 3 S. 2 Info-RL enthält § 95 Abs. 2 S. 2 eine Definition der Wirksamkeit technischer Schutzmaßnahmen. Danach sind diese wirksam, soweit durch sie die Nutzung eines urheberrechtlich geschützten Werkes oder einer geschützten Leistung von dem Rechtsinhaber durch eine Zugangskontrolle, einen Schutzmechanismus wie Verschlüsselung, Verzerrung oder sonstige Umwandlung oder einen Mechanismus zur Kontrolle der Vervielfältigung, **die die Erreichung des Schutzziels sicherstellen,** unter Kontrolle gehalten wird. Völlig berechtigt ist die (kritische) Feststellung, dass die Definition letztlich tautologisch ist, weil sie den Begriff „Wirksamkeit" durch denjenigen der „Kontrolle" und der „Sicherstellung der Erreichung des Schutzziels" ersetzt (so *Dreier/Schulze*³ Rdnr. 15).

21   Wie in der AmtlBegr. (BTDrucks. 15/38 S. 26) hervorgehoben wird, ist der Regelung „immanent, dass technische Maßnahmen grundsätzlich **auch dann wirksam sein können, wenn ihre Umgehung möglich ist.** Andernfalls würde das Umgehungsverbot jeweils mit der Umgehung technischer Maßnahmen in Folge der dadurch erwiesenen Unwirksamkeit obsolet" (sa. *Dreier/Schulze*³ Rdnr. 15; *Loewenheim/Peukert* Handbuch des Urheberrechts², § 34 Rdnr. 12; *Hoeren* MMR 2000, 515/520; *Sirinelli* ALAI 2001, 384/394f.). Diese **Relativierung der Wirksamkeit** gründet sich auf die Erfahrung, dass es letztlich nur eine Frage der Zeit ist, bis es einem Menschen gelingt, die von einem anderen geschaffenen technischen Sicherheitsvorkehrungen zu überwinden. Jede Technologie ist zeitgebunden und wird im Laufe der weiteren Entwicklung durch andere Technologien überholt und aufgehoben.

Bei der Frage, wie vor diesem Hintergrund der rechtlich relevante Begriff der „Wirksamkeit" 22
zu definieren ist, sind zwei Aspekte auseinander zu halten: Zum einen geht es um den **relevanten Personenkreis der Nutzer** und zum anderen um den **relevanten Zeitpunkt der Nutzung.** Im Hinblick auf den relevanten Personenkreis, gegenüber dem der technische Schutz wirken soll, ist auf den **durchschnittlichen Benutzer** abzustellen und nicht auf den Hacker (so OLG München, Urt. v. 23. 10. 2008, Az. 29 U 5696/07 – Heise online; insoweit nicht abgedruckt in MMR 2009, 118; LG München ZUM-RD 2008, 97, 101 – Heise online, *Hoeren* MMR 2000, 515/520; *Kröger* CR 2001, 316/322; *Linnenborn* K&R 2001, 394/397; *Spindler* GRUR 2002, 105/115 f.; *Wandtke/Bullinger/Wandtke/Ohst*[3] Rdnr. 50). **Hinsichtlich des maßgeblichen Zeitpunkts ist eine ex-ante-Betrachtung vorzunehmen,** da ex-post alle technischen Maßnahmen unwirksam sind (*Hoeren* MMR 2000, 515/520; *Wandtke/Bullinger/Wandtke/Ohst*[3] Rdnr. 51; aA *Loewenheim/Peukert* Handbuch des Urheberrechts[2], § 34 Rdnr. 12). Welche konkreten Anforderungen hieraus abzuleiten sind, muss mit Blick auf das Schutzziel und im Lichte der technischen Entwicklungen nach den Umständen des Einzelfalls entschieden werden.

Streitig ist, ob Maßnahmen, die durch Ausnutzung der **„analogen Lücke"** umgangen werden können, als wirksam anzusehen sind. Eine Software, die nur vor digitalen Vervielfältigungen schützt, aber nicht darauf abzielt, analoge Vervielfältigungen zu verhindern, ist in Bezug auf letztere nicht als wirksame Maßnahme einzuordnen. Dies gilt selbst dann, wenn die mithilfe des Programms erstellte analoge Kopie nur einen Zwischenschritt zur Anfertigung einer digitalen Vervielfältigung darstellt (LG Frankfurt MMR 2006, 766/767; *Wandtke/Bullinger/Wandtke/Ohst*[3] Rdnr. 51; aA *Dreyer* ihn HK-UrhR Rdnr. 24; *Fromm/Nordemann/Czychowski*[10] Rdnr. 38). Der Vertrieb des Programms kann allerdings gegen §§ 3, 4 Nr. 10, 8 UWG verstoßen (dazu so. Vor §§ 95a ff. Rdnr. 10)

IV. Verbot von Vorbereitungshandlungen (§ 95a Abs. 3)

1. Allgemeines

§ 95a Abs. 3 erstreckt sich in enger Anlehnung an Art. 6 Abs. 2 Info-RL als Umgehungsverbot 23
des § 95a Abs. 1 auf Vorbereitungshandlungen, die im Vorfeld von Umgehungsmaßnahmen stattfinden. Die Regelung geht damit über die WIPO-Verträge hinaus, die eine ausdrückliche Einbeziehung von Vorbereitungshandlungen nicht verlangen (s. dazu oben Vor §§ 95a ff. Rdnr. 6). Der **„Vorfeldschutz"** beruht auf der Erkenntnis, dass die hauptsächliche Gefahr der Verletzung des Umgehungsverbots von den vorbereitenden Handlungen ausgeht, die von kommerziellen Unternehmen vorgenommen werden, und nicht von den Umgehungshandlungen Privater. Diese verfügen nämlich meist nicht über die Möglichkeiten und Fähigkeiten, technische Schutzmaßnahmen selbst zu überwinden, und bedienen sich deshalb der „Umgehungsmittel", die kommerziell hergestellt und vertrieben werden (*Wandtke/Bullinger/Wandtke/Ohst*[3] Rdnr. 67; *Loewenheim/Peukert* Handbuch des Urheberrechts[2], § 34 Rdnr. 18). Allerdings ist der Anwendungsbereich abgesehen von dem gewerblichen Zwecken dienenden Besitz ausdrücklich **nicht auf kommerzielle Handlungen beschränkt,** so dass im Grundsatz auch nicht entgeltliche, einmalige Handlungen im Privatbereich erfasst werden (vgl. AmtlBegr. BTDrucks. 15/38 S. 28 f.; Mitteilung der Kommission v. 20. 11. 1996, KOM [1996] 568 endg.; sa. *Loewenheim/Peukert* Handbuch des Urheberrechts[2], § 34 Rdnr. 18; *Spindler* GRUR 2002, 105/116; LG Köln ZUM-RD 2006, 187/193).

Eine gewisse Unklarheit herrscht über die Frage, ob § 95a Abs. 3 auch solche Vorbereitungs- 24
handlungen erfasst, die der Umgehung von technischen Schutzmaßnahmen dienen, die sich auf nicht geschützte Werke und Leistungen beziehen (so *Wandtke/Bullinger/Wandtke/Ohst*[3] Rdnr. 68; *Auer* Fs. Dittrich S. 3/18; zweifelnd *Loewenheim/Peukert* Handbuch des Urheberrechts[2], § 34 Rdnr. 28). Da sich das Umgehungsverbot nach § 95a Abs. 1 auf technische Maßnahmen zur Sicherung geschützter Inhalte beschränkt, wäre es eigentlich konsequent, wenn dies auch für Vorbereitungshandlungen gelten würde. **Für eine Ausdehnung auf ungeschützte Inhalte** spricht allerdings, dass durch die Regelung eine weitreichende und effektive Kontrolle des Rechtsinhabers angestrebt wird (*Dreier* ZUM 2002, 28/38; *Reinbothe* GRUR Int. 2001, 733/741). Eine Differenzierung zwischen geschützten und ungeschützten Inhalten lässt sich praktisch kaum durchführen, da die Mittel zur Umgehung in beiderlei Richtung eingesetzt werden können. Dem Ziel eines wirksamen Schutzes wird man deshalb nur dann gerecht, wenn man auch solche Vorbereitungshandlungen in den Tatbestand des § 95a Abs. 3 einbezieht, die zur Über-

windung technischer Schutzmaßnahmen bestimmt und geeignet sind, auch wenn der Nutzer sich darauf beruft, dass er sich nur Zugang zu ungeschützten Inhalten verschafft, was praktisch nicht kontrollierbar ist.

2. Umgehungsmittel

25 Nach der weit gefassten Aufzählung der zur Vorbereitung der Umgehung eingesetzten Mittel, nämlich Vorrichtungen, Erzeugnisse oder Bestandteile, dürften **alle in Betracht kommenden Hard- oder Softwareprodukte** erfasst werden, die zur Vorbereitung einer Umgehung technischer Schutzmaßnahmen eingesetzt werden können (*Wandtke/Bullinger/Wandtke/Ohst*[3] Rdnr. 71; *Loewenheim/Peukert* Handbuch des Urheberrechts[2], § 34 Rdnr. 20).

3. Verbotene Handlungen

26 Verbotene Handlungen sind die **Herstellung, Einfuhr, Verbreitung, Verkauf und Vermietung, die Werbung** im Hinblick auf Verkauf oder Vermietung und der **gewerblichen Zwecken dienende Besitz** von Vorrichtungen, Erzeugnissen oder Bestandteilen sowie die **Erbringung von Dienstleistungen.**

27 Der **Begriff der Herstellung** umfasst im weitesten Sinne jede Bearbeitung oder Erzeugung von Waren.

28 Unter **Einfuhr** ist das Verbringen in den Geltungsbereich des UrhG zu verstehen (AmtlBegr. BTDrucks. 15/38 S. 26).

Der **Begriff der Verbreitung** ist von dem auf körperliche Werkstücke beschränkten Verbreitungsrecht des § 17 zu unterscheiden (AmtlBegr. BTDrucks. 15/38 S. 26). Hierunter ist nach Sinn und Zweck der Info-RL und des § 95a Abs. 3 „jede vorübergehende oder dauernde Weitergabe von Umgehungsmitteln" (LG Köln ZUM-RD 2006, 187/193 zu verstehen, also auch die Vertreibung unkörperlicher Vervielfältigungsstücke sowie eine Leihe oder Schenkung).

29 Die **Begriffe Verkauf und Vermietung sind im zivilrechtlichen Sinne** nach Maßgabe der §§ 433 ff. BGB bzw. §§ 535 ff. BGB aufzufassen. Insbesondere stellt ein reines Anbieten ohne den Abschluss eines schuldrechtlichen Vertrags zwar keinen Verkauf iS des § 95a Abs. 3 UrhG dar, ist uU jedoch eine ebenfalls untersagte Werbung. Verboten ist die **Werbung** in Bezug auf den Verkauf und die Vermietung, worunter jede diesbezügliche Ankündigung und Anpreisung fällt, auch das einmalige Angebot durch Private zum Verkauf (LG Köln ZUM-RD 2006, 187/193 f.; BGH GRUR 2008, 996/997 f. – Clone-CD). Keine Werbung stellt dagegen die redaktionelle Berichterstattung dar, es sei denn, das Ziel der Absatzförderung steht im Vordergrund (OLG München ZUM 2005, 896 – Heise online).

30 Der **Besitz**, der iSv. §§ 854 ff. BGB zu verstehen ist (*Wandtke/Bullinger/Wandtke/Ohst*[3] Rdnr. 78), von Vorrichtungen, Erzeugnissen oder Bestandteilen wird vom Verbot nur insoweit erfasst, als er **gewerblichen Zwecken** dient. Gewerblich ist jede nachhaltige Tätigkeit zur Erzielung von Einnahmen, auch wenn die Absicht, Gewinn zu erzielen, fehlt (vgl. zum ZKDSG BTDrucks. 14/7229 S. 8). Mit dieser Einschränkung hat der Gesetzgeber nicht von der durch die Info-RL eingeräumten Möglichkeit Gebrauch gemacht, das Verbot auf den Besitz zu privaten Zwecken auszudehnen (Erwägungsgrund 49 der Info-RL).

31 Der **Begriff der Dienstleistung,** deren Erbringung der Gesetzgeber in den Kreis der verbotenen Vorbereitungshandlungen aufgenommen hat, soweit sie der Umgehung technischer Schutzmaßnahmen dienen, kann nach dem maßgeblichen Schutzzweck **auch Anleitungen zur Umgehung** mit einschließen (AmtlBegr. BTDrucks. 15/38 S. 26). Erfasst wird damit insb. auch die Veröffentlichung von Passwörtern oder Entschlüsselungscodes in Computerzeitschriften, ganz gleich ob es sich um Print-, Online- oder Fernsehausgaben handelt (*Wandtke/Bullinger/ Wandtke/Ohst*[3] Rdnr. 79; *Loewenheim/Peukert* Handbuch des Urheberrechts[2], § 34 Rdnr. 22). Da dem Begriff der Dienstleistung ein kommerzielles Element immanent ist, erfüllt die Weitergabe von Informationen zwischen Privaten den Verbotstatbestand nicht (so auch *Wandtke/ Bullinger/Wandtke/Ohst*[3] Rdnr. 80).

32 Nach der unterinstanzlichen Rechtsprechung stellt der redaktionelle Bericht eines Informationsdienstes über „ein neu veröffentlichtes Update des Softwareherstellers SlySoft für dessen Kopierschutzknacker AnyDVD" mit Blick auf Art. 5 GG weder eine Werbung noch die Erbringung einer Dienstleistung iSd. § 95a Abs. 3 dar. Dagegen erfüllt das Setzen eines Hyperlinks auf die Werbung für das Produkt „AnyDVD" die Voraussetzungen für eine Störerhaftung nach allgemeinen Grundsätzen, da der Informationsdienst positive Kenntnis davon hatte, dass die verlinkte Webpage rechtswidrigem Handeln dient und damit adäquat kausal die Werbung für den

"Kopierschutzknacker" unterstützte. Den Lesern des Onlineartikels sei das Erreichen der verlinkten Webseite mit der verbotenen Werbung für das Produkt „AnyDVD" durch den zusätzlichen Service, eine unmittelbare Verbindung mit der verlinkten Webseite herzustellen, zumindest erleichtert worden. Dem stehe nicht entgegen, dass es den durch den Artikel angesprochenen Verkehrskreisen bei durchschnittlicher Vertrautheit mit den Möglichkeiten des World Wide Web keine nennenswerten Schwierigkeiten bereiten würde, die betreffende Webseite nach Lektüre des genannten Artikels gegebenenfalls auch ohne den Hyperlink zu erreichen (s. in der Hauptsache OLG München MMR 2009, 118 – Heise online; LG München I ZUM-RD 2008, 97 – Heise online sowie zum vorläufigen Rechtsschutz LG München I ZUM 2005, 494; OLG München ZUM 2005, 896 – Heise online; BVerfG ZUM 2007, 378 – Heise online (unzulässig mangels Rechtswegerschöpfung); vgl. auch LG München, MMR 2007, 128).

4. Zwecke

In § 95a Abs. 3 Nr. 1–3 werden **alternativ drei Zwecke** genannt, auf die sich die Vorbereitungshandlungen und die zu ihrer Begehung eingesetzten Umgehungsmittel beziehen müssen. Dies dient einer Konkretisierung des Normzwecks und der Einschränkung des Tatbestandes, um eine Behinderung des normalen Betriebs elektronischer Geräte und der technischen Entwicklung zu vermeiden (*Loewenheim/Peukert* Handbuch des Urheberrechts[2], § 34 Rdnr. 23; *Wand* Technische Schutzmaßnahmen und Urheberrecht, S. 111). 33

a) Verkaufsförderung, Werbung oder Vermarktung mit dem Ziel der Umgehung (Nr. 1). Die verbotenen Handlungen müssen Gegenstand einer Verkaufsförderung, Werbung oder Vermarktung mit dem Ziel der Umgehung wirksamer technischer Maßnahmen sein. Hieraus folgt, dass die Umgehung finaler Zweck, also beabsichtigt sein muss, wobei es nicht erforderlich ist, dass die Umgehung das alleinige Absatzziel darstellt (*Hänel* Die Umsetzung des Art. 6 Info-RL [Technische Schutzmaßnahmen] ins deutsche Recht, S. 163). Ausreichend ist vielmehr, dass die **Werbung auch auf die Umgehung wirksamer technischer Maßnahmen abzielt.** Hierfür spricht insb. der Vergleich mit Nr. 3, wo verlangt wird, dass das Mittel „hauptsächlich" hergestellt, etc., worden ist, um die Umgehung zu ermöglichen oder zu erleichtern (*Hänel* aaO). Entscheidend ist, ob die Absatzförderung nach ihrem objektiven Erscheinungsbild auf die Vermarktung mit dem Ziel der Umgehung technischer Schutzmaßnahmen ausgerichtet ist. Dementsprechend wird allein die Verkaufsförderung von neutralen Gegenständen, wie zB Computern, nicht erfasst (*Wandtke/Bullinger/Wandtke/Ohst*[3] Rdnr. 83; *Wand* Technische Schutzmaßnahmen und Urheberrecht, S. 111). Allerdings soll irrelevant sein, ob das Erzeugnis tatsächlich geeignet ist, technische Schutzmaßnahmen zu umgehen (LG München ZUM-RD 2008, 97/102 – Heise online; aA *Wandtke/Bullinger/Wandtke/Ohst*[3] Rdnr. 83). 34

b) Begrenzter wirtschaftlicher Zweck oder Nutzen (Nr. 2). Nach Nr. 2 greift das Verbot dann ein, wenn es sich um Umgehungsmittel oder Dienstleistungen handelt, die abgesehen von der Umgehung wirksamer technischer Maßnahmen nur einen begrenzten wirtschaftlichen Zweck oder Nutzen haben. Das **Ziel der Regelung** besteht darin, zu verhindern, dass durch den Rechtsschutz technischer Maßnahmen auch Allzweckgeräte deshalb verboten werden können, weil mit ihrer Hilfe auch technische Schutzmaßnahmen umgangen werden können (Vorschlag Info-RL, KOM [1997] 628 endg. 44; Erwägungsgrund 48 Info-RL; *v. Lewinski* MMR 1998, 115/118; *dies.* GRUR Int. 1998, 637/641; kritisch *Wand* Technische Schutzmaßnahmen und Urheberrecht, S. 111f.; *Dietz* ZUM 1998, 438/449; *Marly* K&R 1999, 106/110f.; *Spindler* GRUR 2002, 105/116; *Loewenheim/Peukert* Handbuch des Urheberrechts[2], § 34 Rdnr. 25, mwN; *Wandtke/Bullinger/Wandtke/Ohst*[3] Rdnr. 84). Maßgeblich ist demnach, dass der Umgehungszweck bei objektiver Betrachtung im Vordergrund steht. 35

c) Hauptsächlich zur Umgehung entworfen, hergestellt, angepasst oder erbracht (Nr. 3). Nach Nr. 3 sind Mittel verboten, die hauptsächlich entworfen, hergestellt, angepasst oder erbracht werden, um die Umgehung wirksamer technischer Maßnahmen zu ermöglichen oder zu erleichtern. Im Hinblick darauf, dass auch hier darauf abgestellt wird, ob **„hauptsächlich" ein Umgehungszweck** verfolgt wird, lassen sich kaum wesentliche Unterschiede zu Nr. 2 erkennen. 36

Für die Auffassung, dass die Nr. 3 gegenüber Nr. 2 insoweit eine selbstständige Bedeutung hat, als der Hauptzweck in Nr. 2 objektiv anhand der Wirkungsweise und des verbleibenden Nutzens und Zwecks zu ermitteln ist, während Nr. 3 ein subjektives Element enthält, nämlich die Absicht, die Umgehung zu fördern (so *Hänel* Die Umsetzung des Art. 6 Info-RL [Technische Schutzmaßnahmen] ins deutsche Recht, S. 165, unter Hinweis auf *Bayreuther* EWS 2001, 37

§ 95a

422/429), findet sich keine Stütze im Wortlaut der Regelung. An dieser Beurteilung vermag auch der Hinweis auf die englische und französische Fassung der Info-RL („for the purpose", „dans le but") nichts zu ändern (so aber *Hänel* aaO). Hieraus lässt sich nicht mehr als das **Erfordernis einer objektiven Zwecksetzung** entnehmen, die auch den Tatbeständen der Nr. 1 und 2 immanent ist. Im Umkehrschluss zu dem in § 95a Abs. 1 enthaltenen subjektiven Merkmal ist vielmehr davon auszugehen, dass es sich bei § 95a Abs. 3 um einen Tatbestand der Gefährdungshaftung handelt, der keinen Nachweis von Vorsatz und Fahrlässigkeit verlangt (BGH GRUR 2008, 996/998 – Clone-CD; *Loewenheim/Peukert* Handbuch des Urheberrechts[2], § 34 Rdnr. 29).

V. Ausnahme (Abs. 4)

38   Nach § 95a Abs. 4 gelten das Umgehungsverbot nach Abs. 1 sowie auch die Verbote nach Abs. 3 nicht, soweit Aufgaben und Befugnisse öffentlicher Stellen zum Zwecke des Schutzes der öffentlichen Sicherheit und der Strafrechtspflege betroffen sind. Damit wird klargestellt, dass es trotz der getroffenen urheberrechtlichen Regelung im **Interesse der öffentlichen Sicherheit oder der Strafrechtspflege** erforderlich sein kann, dass die Abs. 1 und 3 für bestimmte öffentliche Stellen keine Anwendung finden. Die bestehenden Aufgaben und Befugnisse der Strafverfolgungs- und Sicherheitsbehörden werden in den Fällen, in denen sie zum Zwecke und zum Schutz der öffentlichen Sicherheit tätig werden, durch die urheberrechtlichen Bestimmungen weder eingeschränkt noch anderweitig tangiert (AmtlBegr. BTDrucks. 15/38 S. 26). Das gilt insb. im Hinblick auf die Befugnisse, die sich aus den ordnungsbehördlichen und strafprozessualen Eingriffsnormen ergeben (*Dreier/Schulze*[3] Rdnr. 19).

VI. Rechtsfolgen

1. Strafbarkeit und Ordnungswidrigkeit

39   Eine **strafrechtliche Sanktionierung** von Verstößen gegen § 95a Abs. 1 bzw. § 95a Abs. 3 ergibt sich aus § 108b Abs. 1 Nr. 1, Abs. 2 und 3, die Ahndung als Ordnungswidrigkeit aus § 111a Abs. 1 Nr. 1. Schwerwiegende Verstöße gegen Abs. 3 können nach § 108b Abs. 2 iVm. Abs. 1 und 3 mit Freiheitsstrafe bis zu einem Jahr bzw. bei **gewerbsmäßigem Handeln des Täters** mit bis zu 3 Jahren oder mit Geldstrafe bestraft werden. Wer entgegen § 95a Abs. 3 eine Vorrichtung, ein Erzeugnis oder ein Bestandteil verkauft, vermietet oder über den Kreis der mit dem Täter persönlich verbundenen Personen hinaus verbreitet oder zu gewerblichen Zwecken eine Vorrichtung, ein Erzeugnis oder einen Bestandteil besitzt, für deren Verkauf oder Vermietung wirbt oder eine Dienstleistung erbringt, begeht gemäß § 111a Abs. 1 Nr. 1 eine **Ordnungswidrigkeit,** die mit einer Geldbuße bis zu 50 000,00 EUR geahndet werden kann (§ 111a Abs. 2).

2. Zivilrechtliche Ansprüche

40   § 95a ist ein **Schutzgesetz iSd. § 823 Abs. 2 BGB,** da der geschützte Personenkreis, nämlich die Rechtsinhaber, und der Schutzgegenstand, nämlich die technischen Schutzmaßnahmen, hinreichend klar abgegrenzt sind. Unterlassungs- und Beseitigungsansprüche können auf der Grundlage von § 1004 BGB geltend gemacht werden (BGH GRUR 2008, 996/997 – Clone-CD; OLG München ZUM 2005, 896/900; LG München ZUM-RD 2008, 97/100 – Heise online und ZUM-RD 2008, 267/268; LG Köln ZUM-RD 2006, 187/195; LG München MMR 2007, 128; LG München ZUM-RD 2008, 262/265). Schadensersatzansprüche sind zwar grundsätzlich denkbar, dürften in der Praxis aber mit Ausnahme des Ersatzes der Rechtsverfolgungskosten, der nunmehr zT in § 97a geregelt ist, keine wesentliche Rolle spielen, da der Nachweis eines Schadens auf erhebliche Schwierigkeiten stoßen dürfte (s. dazu *Dreyer* in HK-UrhR Rdnr. 45). Dies gilt wegen der **Probleme bei der Schadensberechnung** selbst dann, wenn man die im Immaterialgüterrecht allgemein anerkannte Methode der Lizenzanalogie (neben dem Ersatz des konkreten Schadens bzw. der Gewinnherausgabe) für möglich hält. Auch § 97 UrhG mit den dort geregelten Ansprüchen auf Unterlassung und Schadensersatz wird von der Rechtsprechung angewendet (LG Köln ZUM-RD 2006, 187/191f.; ausdrücklich offen gelassen von BGH GRUR 2008, 996 – Clone-CD; s. auch *Wandtke/Bullinger/Wandtke/Ohst*[3] Rdnr. 89; aA LG München ZUM-RD 2008, 262/265; *Fromm/Nordemann/Czychowski*[10]

Rdnr. 51). Einschlägig sind auch die Ansprüche auf Vernichtung und Überlassung gemäß §§ 98, 99 sowie die Auskunfts-, Besichtigungs- und Vorlageansprüche aus §§ 101 ff. (*Dreier* ZUM 2002, 28/38; *Wandtke/Bullinger/Wandtke/Ohst*³ Rdnr. 90; aA *Dreyer* in HK-UrhR Rdnr. 43).

Aktivlegitimiert sind die Urheber und die Inhaber von Leistungsschutzrechten, die 41 sich zum Schutz ihrer urheberrechtlich geschützten Werke oder anderer Schutzgegenstände technischer Schutzmaßnahmen bedienen. Nicht geklärt ist bisher die Frage, ob daneben auch eine **Aktivlegitimation der Hersteller oder Betreiber der Schutzmaßnahmen** anzuerkennen ist, wofür zwar die Effektivität der Rechtsdurchsetzung spricht, was sich aber schwerlich damit vereinbaren lässt, dass die technischen Schutzmaßnahmen dem Schutz der Urheber- und Leistungsschutzberechtigten dienen (s. *Wandtke/Bullinger/Wandtke/Ohst*³ Rdnr. 92; gegen eine Aktivlegitimation für Hersteller und Betreiber wegen einer Ausdehnung des Umgehungsschutzes zu einem „para copyright" *Lindhorst* Schutz von und vor technischen Maßnahmen, S. 120; *Wandtke/Bullinger/Wandtke/Ohst*³ aaO).

§ 95 b Durchsetzung von Schrankenbestimmungen

(1) ¹Soweit ein Rechtsinhaber technische Maßnahmen nach Maßgabe dieses Gesetzes anwendet, ist er verpflichtet, den durch eine der nachfolgend genannten Bestimmungen Begünstigten, soweit sie rechtmäßig Zugang zu dem Werk oder Schutzgegenstand haben, die notwendigen Mittel zur Verfügung zu stellen, um von diesen Bestimmungen in dem erforderlichen Maße Gebrauch machen zu können:
1. § 45 (Rechtspflege und öffentliche Sicherheit),
2. § 45 a (Behinderte Menschen),
3. § 46 (Sammlungen für Kirchen-, Schul- oder Unterrichtsgebrauch), mit Ausnahme des Kirchengebrauchs,
4. § 47 (Schulfunksendungen),
5. § 52 a (Öffentliche Zugänglichmachung für Unterricht und Forschung),
6. § 53 (Vervielfältigungen zum privaten und sonstigen eigenen Gebrauch)
   a) Absatz 1, soweit es sich um Vervielfältigungen auf Papier oder einen ähnlichen Träger mittels beliebiger photomechanischer Verfahren oder anderer Verfahren mit ähnlicher Wirkung handelt,
   b) Absatz 2 Satz 1 Nr. 1,
   c) Absatz 2 Satz 1 Nr. 2 in Verbindung mit Satz 2 Nr. 1 oder 3,
   d) Absatz 2 Satz 1 Nr. 3 und 4 jeweils in Verbindung mit Satz 2 Nr. 1 und Satz 3,
   e) Absatz 3,
7. § 55 (Vervielfältigung durch Sendeunternehmen).
²Vereinbarungen zum Ausschluss der Verpflichtungen nach Satz 1 sind unwirksam.

(2) ¹Wer gegen das Gebot nach Absatz 1 verstößt, kann von dem Begünstigten einer der genannten Bestimmungen darauf in Anspruch genommen werden, die zur Verwirklichung der jeweiligen Befugnis benötigten Mittel zur Verfügung zu stellen. ²Entspricht das angebotene Mittel einer Vereinbarung zwischen Vereinigungen der Rechtsinhaber und der durch die Schrankenregelung Begünstigten, so wird vermutet, dass das Mittel ausreicht.

(3) Die Absätze 1 und 2 gelten nicht, soweit Werke und sonstige Schutzgegenstände der Öffentlichkeit auf Grund einer vertraglichen Vereinbarung in einer Weise zugänglich gemacht werden, dass sie Mitgliedern der Öffentlichkeit von Orten und zu Zeiten ihrer Wahl zugänglich sind.

(4) Zur Erfüllung der Verpflichtungen aus Absatz 1 angewandte technische Maßnahmen, einschließlich der zur Umsetzung freiwilliger Vereinbarungen angewandten Maßnahmen, genießen Rechtsschutz nach § 95 a.

Übersicht

	Rdnr.
I. Allgemeines	1–6
1. Inhalt und Zweck der Regelung	1–4
2. Systematik der Regelung	5
3. Inkrafttreten	6
II. Verpflichtung des Rechtsinhabers (Abs. 1)	7–20

§ 95b Durchsetzung von Schrankenbestimmungen

	Rdnr.
1. Inhalt der Pflicht	7, 8
2. Art der Mittel	9
3. Begünstigter	10
4. Rechtmäßiger Zugang zum Werk oder Schutzgegenstand	11, 12
5. Privilegierte Schranken	13–19
6. Unwirksamkeit entgegenstehender Vereinbarungen (§ 95 b Abs. 1 S. 2)	20
III. Anspruch auf Mittel zur Umgehung (Abs. 2)	21–24
IV. Ausnahme für online zugänglich gemachte Werke und sonstige Schutzgegenstände	25–28
V. Schutz für Mittel der Umgehung (Abs. 4)	29
VI. Rechtsfolgen beim Verstoß gegen die Verpflichtung	30–34
1. Zivilrechtliche Ansprüche	30
a) Ansprüche des Begünstigten	30, 31
b) Verbandsklage	32
c) Verstoß gegen § 4 Nr. 11 UWG	33
2. Ordnungswidrigkeit	34

I. Allgemeines

1. Inhalt und Zweck der Regelung

1   Mit § 95 b wird der **Verpflichtung aus Art. 6 Abs. 4 Unterabs. 1 der Info-RL** Rechnung getragen, die Nutzung bestimmter Schranken für die Begünstigten sicherzustellen (AmtlBegr. BTDrucks. 15/38 S. 26). Nach Auffassung des Gesetzgebers stellt das bestehende System urheberrechtlicher Schranken für den analogen Bereich ein ausgewogenes Verhältnis zwischen den berechtigten Ansprüchen der Urheber und denjenigen der Allgemeinheit sicher. Diese Ausgewogenheit geriete nach Auffassung des Gesetzgebers für das digitale Umfeld aber in Gefahr, wenn im Anwendungsbereich technischer Maßnahmen gemäß § 95 a ein umfassender und weit in das Vorfeld verlagerter Schutz gewährt würde, ohne zugleich als Äquivalent ein hinreichendes Instrumentarium zur wirksamen Durchsetzung der Nutzungsmöglichkeiten für die Begünstigten von Schranken zu garantieren (AmtlBegr. BTDrucks. 15/38 S. 26f.). Durch § 95 b soll somit eine **Balance zwischen dem Rechtsschutz technischer Maßnahmen durch das Umgehungsverbot nach § 95 a Abs. 1 und den urheberrechtlichen Schrankenregelungen,** wonach bestimmte Nutzungen für einen begünstigten Personenkreis zulässig sind, hergestellt werden.

2   Für den Gesetzgeber stehen im Ausgangspunkt zwei extreme Lösungsmöglichkeiten zur Wahl: Entweder er verzichtet gänzlich auf den Schutz technischer Maßnahmen und überlässt es damit technisch versierten Personen, sich Zugang zu den durch die Schrankenregelungen erlaubten Nutzungen zu verschaffen, oder aber er stellt technische Maßnahmen generell unter Schutz und versperrt damit den Zugang zu den nach den Schrankenregelungen zulässigen Nutzungen. § 95 b sieht in Umsetzung der Vorgaben der Info-RL (Art. 6 Abs. 4) eine **differenzierte Lösung** vor, dessen Konzeption sich als „**relativer Vorrang technischer Maßnahmen**" (so *Loewenheim/Peukert* Handbuch des Urheberrechts[2], § 36 Rdnr. 2) charakterisieren lässt. Das von § 95 a Abs. 1 für technische Maßnahmen generell statuierte Umgehungsverbot wird durch § 95 b relativiert, indem dem Verwender technischer Maßnahmen die Verpflichtung auferlegt wird, den durch die Schranken Begünstigten die Mittel zur Nutzung der entsprechenden Schranke in dem erforderlichen Maße zur Verfügung zu stellen. Allerdings bezieht sich diese Verpflichtung auf Grund der Vorgaben in Art. 6 Abs. 4 Unterabs. 1 und 2 der Richtlinie nicht auf alle, sondern nur auf solche Schrankenbestimmungen, bei denen nach Auffassung des europäischen Gesetzgebers das Zugangsinteresse der privilegierten Nutzer ein besonderes Gewicht besitzt (s. *Reinbothe* ZUM 2002, 43/47; kritisch dazu *Dreier* ZUM 2002, 28/37; *Dreier/Schulze*[3] Rdnr. 11). Dementsprechend sind in Abs. 1 S. 1 Nr. 1–7 die privilegierten Schranken aufgeführt. Damit werden aber nicht alle vom UrhG generell getroffenen Schrankenregelungen erfasst, sondern wesentliche Zugangsinteressen, etwa hinsichtlich der Berichterstattung oder der Zitierfreiheit, werden gerade nicht berücksichtigt (*Dreier/Schulze*[3] Rdnr. 11). Insofern weicht die Regelung konzeptionell von den Bestimmungen der WIPO-Verträge ab, die einen Rechtsschutz technischer Maßnahmen nur insoweit vorsehen, als es sich um Nutzungen handelt, die von den betroffenen Rechtsinhabern gestattet oder gesetzlich erlaubt sind (*Loewenheim/Peukert* Handbuch des Urheberrechts[2], § 36 Rdnr. 2, mwN). Zu beachten ist, dass **kein Recht zur Selbsthilfe** („right to hack") besteht, dh. der Begünstigte ist nicht berechtigt, selbst Mittel einzusetzen, um den technischen Schutzmechanismus zu überwinden, auch wenn der Rechtsin-

haber die erforderlichen Mittel nicht zur Verfügung stellt (BVerfG GRUR 2005, 1032/1033 – Digitale Privatkopie; *Wandtke/Bullinger/Wandtke/Ohst*³ Rdnr. 16; *Reinbothe* GRUR 2001, 742; *Spindler* GRUR 2002, 105/117).

Nach Art. 6 Abs. 4 bleibt es dem Ermessen der Mitgliedsstaaten überlassen, die Privatkopierschranke (§ 53 Abs. 1) sicherzustellen, soweit es sich um andere als Vervielfältigungen auf Papier mittels reprographischer Verfahren handelt. Im Rahmen der Umsetzung des 2. Korbes wurde eine heftige Diskussion darüber geführt, ob die **Privatkopie gegenüber technischen Schutzmaßnahmen durchsetzungsstark** gestaltet werden sollte; dies ist letztlich nicht geschehen (s. zum Meinungsstand Urheberrechtsreform [2. Korb], Zusammenfassung der Ergebnisse der Arbeitsgruppensitzungen S. 5; *Hänel*, Die Umsetzung des Art. 6 Info-RL [Technische Schutzmaßnahmen] ins deutsche Recht, S. 301 ff.). Begründet wurde dies mit Hinweis auf die Rechtsprechung des Bundesverfassungsgerichts (BVerfGE 31, 229/240 f.), wonach die Nutzung urheberrechtlicher Werke nur ausnahmsweise ohne die Zustimmung des Urhebers oder Rechtsinhabers gestattet werden darf, wenn diese Nutzungsfreiheit durch überragende Allgemeininteressen gerechtfertigt ist. Der Gesetzgeber des Jahres 1965 habe die Privatkopie gestattet, weil ein Verbot mangels Durchsetzbarkeit für den Urheber ohne Nutzen gewesen wäre und der Gesetzgeber dem Urheber über die Gerätevergütung wenigstens einen finanziellen Ausgleich für die unkontrollierbare Nutzung seiner Werke sichern wollte. Den Verbrauchern sei aus der Befugnis zur Privatkopie, die 1965 aus der Not der geistigen Eigentümer geboren wurde, kein Recht erwachsen, das sich heute gegen das geistige Eigentum ins Feld führen ließe. Auch aus dem Grundrecht der Informationsfreiheit (Art. 5 GG) ließe sich nichts anderes herleiten, da die Informationsfreiheit keinen kostenlosen Zugang zu allen gewünschten Informationen garantiere.

Es ist zu **bezweifeln, dass die Regelung in der Praxis eine größere Rolle spielen wird**, soweit es darum geht, dem Einzelnen eine Durchsetzung der aus den privilegierten Schranken folgenden Nutzungsrechte zu ermöglichen. Die Bestimmungen sind für Juristen schwer und für den juristischen Laien kaum durchschaubar; sie entfernen sich weit von dem in der Aufklärung verwurzelten und aus dem Rechtsstaatsprinzip erwachsenden Anspruch, dass der Bürger, oder hier der Begünstigte, in die Lage versetzt werden muss, die ihm zustehenden Rechte zu verstehen und praktisch durchzusetzen. Wegen der **Unverhältnismäßigkeit des für die Rechtsdurchsetzung erforderlichen Aufwands** erscheint es gerechtfertigt, von einem „zahnlosen Tiger" zu sprechen (*Bechtold*, Vom Urheber- zum Informationsrecht, S. 428; zu Alternativlösungen *Peukert* UFITA 2002/III, 689/708 f.; skeptisch auch *Dreyer* in HK-UrhR Rdnr. 3; *Loewenheim/Peukert* Handbuch des Urheberrechts², § 36 Rdnr. 3). Das Bestreben des europäischen Gesetzgebers, die Beteiligten vorrangig zu vertraglichen Vereinbarungen zu veranlassen, um einen gerechten Ausgleich zwischen den Rechtsinhabern und den berechtigten Nutzern beizuführen (Art. 6 Abs. 4 Unterabs. 1 Info-RL, Erwägungsgrund 51 Info-RL; *Loewenheim/Peukert* Handbuch des Urheberrechts², § 36 Rdnr. 3; *Wandtke/Bullinger/Wandtke/Ohst*³ Rdnr. 8; *Reinbothe* GRUR Int. 2001, 733/741), vermag an der Berechtigung dieser Kritik nichts zu ändern. Die Regelung ist ein weiterer Beweis dafür, dass die Gesetzgebung auf dem Gebiet des Urheberrechts zunehmend durch „symbolische" Kompromisse mächtiger Interessengruppen geprägt wird, die auf praktische Bedürfnisse des Einzelnen bisweilen wenig Rücksicht nehmen.

2. Systematik der Regelung

Abs. 1 S. 1 formuliert die in Art. 6 Abs. 4 Unterabs. 1 der Info-RL enthaltene **Verpflichtung der Verwender technischer Maßnahmen,** den Begünstigten die Mittel zur Nutzung der nach Nr. 1–7 privilegierten Schranken in dem erforderlichen Maße zur Verfügung zu stellen. S. 2 sichert die Verpflichtung vor Versuchen, sie durch vertragliche Vereinbarungen auszuschließen, indem sie diese für unwirksam erklärt (AmtlBegr. BTDrucks. 15/38 S. 27). **Abs. 2 begründet einen individuellen zivilrechtlichen Anspruch** des einzelnen Begünstigten gegen den Rechtsinhaber, die Mittel zur Inanspruchnahme der jeweiligen Schrankenvorschrift in dem zu ihrer Nutzung erforderlichen Maße zu erhalten (AmtlBegr. BTDrucks. 15/38 S. 27). **Abs. 3** setzt Art. 6 Abs. 4 Unterabs. 4 der Richtlinie um und nimmt wirksame technische Maßnahmen, die im Rahmen des interaktiven Zur-Verfügung-Stellens auf der Grundlage **vertraglicher Vereinbarungen** angewandt werden, **von der Durchsetzung der Schrankenregelungen aus** (AmtlBegr. BT-Drucks. 15/38 S. 27). Unabhängig von der Einschränkung des Abs. 3 gewährt **Abs. 4** in Umsetzung von Art. 6 Abs. 4 Unterabs. 3 der Richtlinie ausdrücklich den Rechtsschutz nach § 95a **auch für zur Umsetzung freiwilliger Vereinbarungen oder**

§ 95b

auf Grund einer Inanspruchnahme nach Abs. 1 angewandte technische Maßnahmen (AmtlBegr. BTDrucks. 15/38 S. 27).

3. Inkrafttreten

6   § 95b Abs. 2 trat nach Art. 6 Abs. 2 des Gesetzes zur Regelung des Urheberrechts in der Informationsgesellschaft vom 10. 9. 2003 zusammen mit der Bußgeldvorschrift des § 111a Abs. 1 Nr. 2 einschließlich der Änderung des UKlaG **erst ein Jahr nach den übrigen Regelungen** des Gesetzes, also zum 1. 9. 2004 in Kraft. Damit sollte den Rechtsinhabern Zeit für die Vereinbarung freiwilliger Maßnahmen gegeben werden, die auch nach Vorstellung der Richtlinie Vorrang haben sollen, wie beispielsweise in Form von vertraglichen Vereinbarungen mit Vereinigungen der jeweiligen Schrankenbegünstigten (Behindertenverbände, Bibliothekenzusammenschlüsse uÄ) (AmtlBegr. BTDrucks. 15/38 S. 27f.).

II. Verpflichtung des Rechtsinhabers (Abs. 1)

1. Inhalt der Pflicht

7   In Umsetzung von Art. 6 Abs. 4 Unterabs. 1 der Info-RL verpflichtet Abs. 1 S. 1 den Rechtsinhaber, der technische Maßnahmen iSv. § 95 Abs. 2 zum Schutz seiner urheberrechtlich geschützten Werke anwendet, denjenigen, die durch eine der in Nr. 1–7 genannten Schranken begünstigt werden, die notwendigen Mittel zur Verfügung zu stellen, um von den betreffenden Schrankenbestimmungen im erforderlichen Maße Gebrauch machen zu können. Was im Einzelfall notwendig ist, richtet sich nach dem von der jeweiligen Schrankenbestimmung zugelassenen **Umfang der Nutzung.** Diese bestimmt auch das erforderliche Maß, in dem der von einer Schrankenbestimmung Begünstigte von dieser Gebrauch machen können muss (*Dreier/Schulze*[3] Rdnr. 9). Nach der Amtlichen Begründung hält die eng am Richtlinientext orientierte abstrakte Beschreibung des Umfanges der zu gewährenden Mittel deren Bestimmung vor dem Hintergrund eines sich wandelnden (technischen) Umfelds **bewusst flexibel.** Damit soll zugleich ausgeschlossen werden, dass die Nutzungsmöglichkeit im Rahmen einer Schrankenbegünstigung auf ein Verfahren beschränkt wird, das nicht mehr oder noch nicht allgemein üblich ist; außerdem schließe die gewählte Formulierung aus, dass die Nutzungsmöglichkeit von Voraussetzungen abhängig gemacht wird, die nur mit mehr als unerheblichem zusätzlichen Aufwand verfügbar sind – wie etwa der Einsatz eines speziellen Betriebssystems (AmtlBegr. BTDrucks. 15/38 S. 27).

8   § 95b Abs. 1, der das Umgehungsverbot nach § 95a Abs. 1 relativiert, ist in Übereinstimmung mit Art. 6 der Info-RL (s. *Reinbothe* GRUR 2002, 733/741; *ders.* ZUM 2002, 43/50; *Spindler* GRUR 2002, 105/117) **nicht auf Vorbereitungshandlungen nach § 95a Abs. 3 anwendbar** (*Wandtke/Bullinger/Wandtke/Ohst*[3] Rdnr. 10; kritisch *Hugenholtz* EIPR 2000, 499/500).

2. Art der Mittel

9   Die Regelung enthält keine Vorgaben zu Art und Weise oder Form, in der der Verwender technischer Schutzmaßnahmen die Nutzung der jeweiligen Schranken zu gewähren hat. Nach der Amtlichen Begründung soll auf diese Weise ein **weiter Gestaltungsspielraum** eröffnet werden, der unterschiedlichste Lösungen zulässt. Als denkbare Möglichkeit nennt die Amtliche Begründung, den Schrankenbegünstigten Schlüsselinformationen zum ein- oder mehrmaligen Überwinden der technischen Maßnahmen zu überlassen. Ferner könnten Verbänden von Schrankenbegünstigten Vervielfältigungsstücke zur eigenständigen Verteilung an einzelne Berechtigte überlassen werden. Berechtigten könnte aber auch die Möglichkeit geboten werden, auf völlig unabhängigem Wege – etwa über einen Internetabruf – weitere Vervielfältigungsstücke in der jeweils benötigten Form zu erhalten (AmtlBegr. BTDrucks. 15/38 S. 27).

3. Begünstigter

10   Wer der **Begünstigte ist, gegenüber dem die Pflicht des Rechtsinhabers besteht,** richtet sich nach den jeweiligen Schrankenregelungen, um deren Geltendmachung es geht. Begünstigter ist somit derjenige, der gemäß der Aufzählung in Nr. 1–7 das Recht hat, das Werk oder einen anderen Schutzgegenstand nach Maßgabe der Schrankenbestimmungen, auf die ver-

wiesen wird, zu benutzen. Hieraus resultiert bei einem Verstoß gegen die Verpflichtung nach Abs. 1 lediglich ein **individueller Anspruch** nach Abs. 2, aber kein Recht zur Selbsthilfe (kein „right to hack") (so. Rdnr. 2).

4. Rechtmäßiger Zugang zum Werk oder Schutzgegenstand

§ 95b Abs. 1 macht das Eingreifen der Verpflichtung vom Vorliegen der einschränkenden Voraussetzung abhängig, dass die Begünstigten rechtmäßig Zugang zu dem Werk oder Schutzgegenstand haben. Dies bedeutet insb., dass nur einem Nutzer, der rechtmäßig im Besitz eines Werkexemplars ist, zur Überwindung etwaiger technischer Schutzmechanismen der Anspruch nach § 95b Abs. 2 zusteht (*Dreier/Schulze*³ Rdnr. 9). Dagegen kann der Begünstigte aus § 95b Abs. 1 und 2 **kein Recht ableiten, dass ihm ein Vervielfältigungsstück zur Verfügung gestellt wird,** damit er die durch die Schrankenregelung privilegierte Nutzung vornehmen kann (*Loewenheim/Peukert* Handbuch des Urheberrechts², § 36 Rdnr. 9). 11

Während im Offline-Bereich der Erwerb des Gegenstandes regelmäßig mit dem Erwerb des Zugangsrechts zusammenfallen dürfte, wird im Online-Bereich die Zugangskontrolle dem Erwerb oft zeitlich vorausgehen. Deshalb wird die Auffassung vertreten, dass auch der Zugang als solcher und nicht nur der Zugang zwecks Nutzung gefordert werden kann, obwohl dieser dem Berechtigten nach § 95b Abs. 1 eigentlich nicht zusteht (*Wandtke/Bullinger/Wandtke/Ohst*³ Rdnr. 14; sa. *Linnenborn* K&R 1999, 394/400; *Knies* ZUM 2002, 793/796; *Dreier* ZUM 2002, 28/38; *Hilty* MMR 2002, 577f.; *Peukert* UFITA 2002/III, 698/707f.; *Spindler* GRUR 2002, 105/117; sa. *Loewenheim/Peukert* Handbuch des Urheberrechts², § 36 Rdnr. 9, mwN). Unklar bleiben die praktischen Konsequenzen. Bei Internetangeboten dürfte in der Regel die Ausnahme des § 95b Abs. 3 eingreifen, sodass die praktische Relevanz des Problems äußerst gering sein dürfte. 12

5. Privilegierte Schranken

Entsprechend Art. 6 Abs. 4 Info-RL enthält § 95b Abs. 1 S. 1 **sieben Schranken,** die nach Art. 5 Info-RL von den Mitgliedsstaaten zwingend durchgesetzt werden müssen, soweit diese im nationalen Recht vorgesehen sind. Damit wird nur eine **Auswahl von Schrankenregelungen** erfasst, bei denen das Zugangsinteresse nach Auffassung des europäischen Gesetzgebers besonderes Gewicht besitzt (s. *Reinbothe* ZUM 2002, 43/47). Wichtige andere Schranken, wie diejenigen, die die Berichterstattung oder die Zitierfreiheit betreffen, werden aber nicht berücksichtigt (kritisch dazu *Dreier* ZUM 2002, 28/37 *Dreyer* in Pahlow/Eisfeld, Grundlagen und Grundfragen des Geistigen Eigentums, 221/243f.). 13

Uneingeschränkt durchsetzbar sind die Schranke für **Rechtspflege und öffentliche Sicherheit** (§ 45 UrhG), **behinderte Menschen** (§ 45a UrhG), **Schulfunksendungen** (§ 47 UrhG), die **öffentliche Zugänglichmachung für Unterricht und Forschung** (§ 52a) sowie für **Sendeunternehmen** (§ 55). Im Hinblick auf § 46 gilt die Privilegierung nur für Sammlungen für den Schul- oder Unterrichtsgebrauch, nicht aber für den Kirchengebrauch. 14

Auch die **Schranke des § 53 findet nur zum Teil Berücksichtigung** (s. die Aufzählung bei *Loewenheim/Peukert* Handbuch des Urheberrechts², § 36 Rdnr. 11). Von der Privilegierung erfasst werden insb. folgende Tatbestände: 15

Die Durchsetzbarkeit der **Privatkopie** beschränkt sich auf den Bereich der Reprografie (§ 95b Abs. 1 S. 1 Nr. 6a; Art. 5 Abs. 2a Info-RL); dagegen kommt der technischen Maßnahme Vorrang vor der digitalen Privatkopie und der privaten Vervielfältigung von (analogen) Tonträgern zu (dies ist zulässig gemäß Art. 6 Abs. 4 Unterabs. 2 Info-RL); **Vervielfältigungen zum eigenen wissenschaftlichen Gebrauch auch bei digitalen Werkstücken** (§§ 95b Abs. 1 S. 1 Nr. 6b, 53 Abs. 2 S. 1 Nr. 1; Art. 5 Abs. 3a Info-RL; AmtlBegr. BT-Drucks. 15/38 S. 21); **Vervielfältigungen zur Aufnahme in ein eigenes Archiv vom eigenen Werkstück,** wobei die Vervielfältigung entweder im Wege der Reprografie erfolgen muss oder bei sonstigen Vervielfältigungstechniken weder mittelbar noch unmittelbar Erwerbszwecken dienen darf (§§ 95b Abs. 1 S. 1 Nr. 6c; 53 Abs. 2 S. 1 Nr. 3 iVm. S. 2 Nr. 1 oder 3; Art. 5 Abs. 2a Info-RL für Reprografie, ansonsten unter Rückgriff auf Art. 5 Abs. 2c Info-RL und Art. 5 Abs. 2b Info-RL [für Privatgebrauch]; s. AmtlBegr. BT-Drucks. 15/38 S. 21); **Vervielfältigung zur eigenen Unterrichtung über Tagesfragen aus Funksendungen und zum sonstigen eigenen Gebrauch,** allerdings nur im Wege der Reprografie oder im Wege analoger Nutzung (§§ 95b Abs. 1 S. 1 Nr. 6d, 53 Abs. 2 S. 1 Nr. 3, 4 iVm. S. 2 Nr. 1 S. 3; sa. AmtlBegr. BT-Drucks. 15/38 S. 21; zu den Ungereimtheiten, insb. in Bezug auf Funksendungen *Loewenheim/* 16

Peukert Handbuch des Urheberrechts², § 36 Rdnr. 11 Fn. 48); **Vervielfältigungen zum Unterrichts- und Prüfungsgebrauch** (§§ 95 b Abs. 1 S. 1 Nr. 6 e, 53 Abs. 3; Art. 5 Abs. 3 a Info-RL); zur Einschränkung für Datenbankwerke (s. § 53 Abs. 5).

17   Die Durchsetzbarkeit dieser Schranken gilt nicht nur für technische Schutzmaßnahmen für Urheberrechte, sondern **auch für die von verwandten Schutzrechten.** Dies ergibt sich aus den Verweisungen für ausübende Künstler und Veranstalter in § 83, für die Hersteller von Tonträgern in § 85 Abs. 4, für Sendeunternehmen in § 87 Abs. 4 auf die Schrankenregelungen nach § 44a ff. Darüber hinaus folgt aus Art. 6 Abs. 4 Unterabs. 5, dass Art. 6 und insb. Abs. 4 auch auf die Vermiet- und Verleihrichtlinie (92/100/EWG) sowie die Datenbank-Richtlinie (96/9/EG) anwendbar ist. Dies bedeutet, dass die in Art. 6 Abs. 4 Unterabs. 1 Info-RL genannten Schranken **auch gegen den technischen Schutz von Datenbanken durchsetzbar sein** müssen, obwohl dies im UrhG keine ausdrückliche Regelung gefunden hat. Die in § 87 c enthaltenen Schranken, die den §§ 53 Abs. 1 S. 1, Abs. 2 Nr. 1, Abs. 3, 45 entsprechen, werden nämlich in § 95 b Abs. 1 nicht genannt. Im Sinne einer europarechtskonformen Auslegung ist aber davon auszugehen, dass der Datenbankhersteller wegen Art. 6 Abs. 4 Unterabs. 5 Info-RL analog § 95 b Abs. 1 S. 1 Nr. 1, 6 a, b, e dazu verpflichtet ist, die in § 87 c UrhG niedergelegten Schranken gegenüber technischen Schutzmaßnahmen zur Geltung zu bringen (*Loewenheim/ Peukert* Handbuch des Urheberrechts², § 36 Rdnr. 11).

18   **Nicht zum Kreis der privilegierten Schrankenbestimmungen** gehören die folgenden, bei denen keine Verpflichtung besteht, Mittel zur Umgehung technischer Schutzmaßnahmen zur Verfügung zu stellen (s. zum Folgenden den Überblick bei *Dreier/Schulze*³ Rdnr. 12):
§ 44 a Vorübergehende Vervielfältigungshandlungen; § 46, soweit Sammlungen für den Kirchengebrauch betroffen sind; § 48 Öffentliche Reden; § 49 Zeitungsartikel und Rundfunkkommentare; § 50 Bild- und Tonberichterstattung; § 51 Zitate; § 52 Öffentliche Wiedergabe; § 53 Abs. 1 in Bezug auf Vervielfältigungen auf Papier oder einem ähnlichen Träger mittels beliebiger fotomechanischer Verfahren oder anderer Verfahren mit ähnlicher Wirkung, Abs. 2 S. 1 Nr. 1 iVm. S. 2 Nr. 2 bezüglich rein analoger Archive; Abs. 2 S. 1 Nr. 3 und 4 jeweils iVm. S. 2 Nr. 2 bezüglich rein analoger Nutzung; Abs. 4 bezüglich Vervielfältigung grafischer Aufzeichnungen von Werken der Musik sowie im Wesentlichen vollständiger Vervielfältigung eines Buches oder einer Zeitschrift; § 55 a Benutzung eines Datenbankwerks; § 56 Vervielfältigung und öffentliche Wiedergabe in Geschäftsbetrieben; § 57 Unwesentliches Beiwerk; § 58 Werke in Ausstellungen, öffentlichem Verkauf und öffentlich zugänglichen Einrichtungen; § 59 Werke an öffentlichen Plätzen sowie § 60 Bildnisse.

19   Insoweit besteht ein **absoluter, uneingeschränkter Vorrang technischer Schutzmaßnahmen** gegenüber den gesetzlichen Schrankenbestimmungen, der sich zum Teil zwingend aus der Richtlinie 2001/29/EG aus einem Umkehrschluss aus Art. 6 Abs. 4 Unterabs. 1 ergibt; außerdem hat der deutsche Gesetzgeber von einer Umsetzung auch des Art. 6 Abs. 4 Unterabs. 2 der Richtlinie, wonach er die Möglichkeit gehabt hätte, die Durchsetzbarkeit digitaler Privatkopien anzuordnen, bewusst abgesehen (AmtlBegr. BTDrucks. 15/38 S. 27; AmtlBegr BTDrucks. 16/1828 S. 18).

6. Unwirksamkeit entgegenstehender Vereinbarungen (§ 95 b Abs. 1 S. 2)

20   § 95 b Abs. 1 S. 2 stellt klar, dass die Verpflichtung der Rechtsinhaber nach § 95 b Abs. 1 S. 1 **nicht durch vertragliche Vereinbarungen,** die nicht dem Abs. 3 unterfallen, **abbedungen werden** können (*Dreier/Schulze*³ Rdnr. 13; *Spindler* GRUR 2002, 105/118). Nach *Wandtke/ Ohst* können derartige Verträge keine Wirkung entfalten, sondern sind nichtig, da „die Schrankenregelungen gesetzliche Erlaubnistatbestände für den Nutzer darstellen" (*Wandtke/Bullinger/ Wandtke/Ohst*³ Rdnr. 36). Diese Begründung vermag nicht vollends zu überzeugen, denn sie unterstellt, dass die gesetzlichen Schrankenbestimmungen im Allgemeinen nicht abbedungen werden können. Im Widerspruch hierzu steht der Umstand, dass bestimmte Schrankenbestimmungen auf Grund des „absoluten Vorrangs" technischer Maßnahmen (siehe oben Rdnr. 19) faktisch außer Kraft gesetzt werden können. Die Abdingbarkeit dürfte letztlich von der (hier nicht zu klärenden) Frage abhängen, welche Grundrechtsrelevanz den jeweiligen Schrankenbestimmungen zukommt und ggf. der gerichtlichen Kontrolle gemäß §§ 138, 307 BGB unterliegen. Demzufolge dürfte sich die Regelung des § 95 b Abs. 1 S. 2 nicht zwingend aus den Schrankenbestimmungen der §§ 44 a ff. ergeben, sondern auf einer bewussten Entscheidung des (europäischen) Gesetzgebers beruhen. Zu bedenken ist in diesem Zusammenhang auch, dass

§ 95b Abs. 1 S. 2 gemäß Abs. 3 nicht für interaktive Online-Dienste gilt, so dass sich seine Bedeutung praktisch auf den Offline-Bereich beschränken dürfte.

III. Anspruch auf Mittel zur Umgehung (Abs. 2)

Für den Fall, dass der Rechtsinhaber seiner Verpflichtung nach § 95b Abs. 1 nicht nachkommt, begründet § 95b Abs. 2 einen individuellen zivilrechtlichen Anspruch des einzelnen Begünstigten gegen den Rechtsinhaber, die **Mittel zur Inanspruchnahme der jeweiligen Schrankenvorschrift** in dem zu ihrer Nutzung erforderlichen Maße zu erhalten (AmtlBegr. BTDrucks 15/38 S. 27). In der Amtlichen Begründung wird in diesem Zusammenhang nochmals ausdrücklich darauf hingewiesen, dass dem Schrankenbegünstigten aus Gründen der Sicherung der Schutzsysteme **kein Selbsthilferecht zur Umgehung der technischen Maßnahmen** gewährt werden kann. Gleichzeitig wird aber (völlig zu Recht) festgestellt, dass die Gewährung eines Individualanspruchs zugunsten des einzelnen Schrankenbegünstigten nicht genügt, um eine effektive Durchsetzung der Schranken zu gewährleisten. Es wird zutreffend erkannt, dass die individuelle Durchsetzung für den einzelnen Begünstigten, abgesehen vom allgemeinen Prozessrisiko, stets mit erheblichem Aufwand verbunden ist und vielfach erst mit deutlicher Verzögerung zu einer Entscheidung führt, die überdies den Nachteil hat, dass sie nur für den jeweiligen Einzelfall eine Bindungswirkung entfaltet (AmtlBegr. BTDrucks. 15/38 S. 27). In Anbetracht dessen hält es der Gesetzgeber für geboten, die Anwendung der im UKlaG enthaltenen Regelungen in einer **Verbandsklage** auch für die Durchsetzung der Verpflichtungen aus § 95b zu ermöglichen. Nach seiner Einschätzung entfallen bei einer Verbandsklage die genannten Belastungen einzelner Begünstigter und es wird eine einheitliche Rechtspraxis gefördert und eine **über den Einzelfall hinaus gehende Verbindlichkeit von Entscheidungen** erreicht. Die teilweise geforderte Vorschaltung eines Schlichtungsverfahrens wird mit der Begründung abgelehnt, dass sie der Effizienz der Schrankendurchsetzung abträglich wäre (AmtlBegr. BTDrucks 15/38 S. 27). Es erscheint äußerst zweifelhaft, ob sich die Hoffnungen, dass die Verbandsklage geeignet ist, eine effektive Durchsetzung der aus § 95 Abs. 2 resultierenden Ansprüche zu gewährleisten, erfüllen. Vor allem dann, wenn dem Begünstigten an einer sofortigen oder zumindest sehr schnellen Inanspruchnahme der privilegierten Nutzungen gelegen ist, erweisen sich die Erwägungen des Gesetzgebers als geradezu lebensfremd.

Einen größeren, psychologischen Druck vermag allenfalls die als Ordnungswidrigkeit ausgestaltete **Pönalisierung** in § 111a Abs. 1 Nr. 2, Abs. 2 zu erzeugen, in der der Gesetzgeber eine Vervollständigung des Instrumentariums zur wirksamen Durchsetzung des Anspruchs aus § 95b Abs. 2 sieht (AmtlBegr. BTDrucks 15/38 S. 27). Nach der Amtlichen Begründung wirkt die Verfolgung als Ordnungswidrigkeit als hoheitliche Maßnahme deutlich intensiver als zivilrechtliche Verfahren auf die öffentliche Meinungsbildung ein. Der Bußgeldrahmen lasse die Verhängung empfindlicher Bußgelder zu. Nach § 111a Abs. 2 kann die Ordnungswidrigkeit mit einer Geldbuße bis zu 50000 Euro geahndet werden. In der AmtlBegr. wird hierzu ausgeführt, dass für die Festlegung des Bußgeldrahmens in erster Linie die Bedeutung der durch einen Verstoß verletzten Rechtsgüter maßgeblich gewesen sei. Berücksichtigt wurde darüber hinaus auch die wirtschaftliche Leistungsfähigkeit potentieller Täter, zu deren Kreis insb. auch juristische Personen zählen. Ziel sei es, eine Abschreckungswirkung zu erzeugen, die geeignet ist, nachdrücklich zur Befolgung der Rechtsordnung anzuhalten (AmtlBegr. BTDrucks. 15/38 S. 27).

Entspricht das angebotene Mittel einer **Vereinbarung zwischen Vereinigungen der Rechtsinhaber und der durch die Schrankenregelung Begünstigten,** so wird gemäß § 95b Abs. 2 S. 2 vermutet, dass das vom Rechtsinhaber dem Begünstigten zur Nutzung einer Schranke angebotene Mittel ausreicht. Es ist nicht erforderlich, dass der Rechtsinhaber bzw. der klagende Nutzer als Verbandsmitglieder an der Verbandsregelung beteiligt sein müssen. Das **Eingreifen der gesetzlichen Vermutung** setzt aber voraus, dass der sachliche Anwendungsbereich der Verbandsregelung gerade die vom Begünstigten beanspruchte Schrankenbestimmung abdeckt (*Loewenheim/Peukert* Handbuch des Urheberrechts[2], § 36 Rdnr. 17a). Die Bestimmung des § 95b Abs. 2 S. 2 läuft auf eine **Beweislastumkehr** hinaus, dh. der Schrankenbegünstigte muss im Streitfall darlegen und beweisen, warum die ihm angebotenen Mittel zur Durchsetzung seines Anspruchs nicht ausreichend sind (*Wandtke/Bullinger/Wandtke/Ohst*[3] Rdnr. 42; *Loewenheim/Peukert* aaO).

Hinzuweisen ist im vorliegenden Zusammenhang auf die Vereinbarung der Deutschen Bibliothek mit dem Bundesverband der Phonografischen Wirtschaft und dem Börsenverein des

Deutschen Buchhandels. Danach darf die Deutsche Bibliothek technische Schutzmaßnahmen entgegen § 95a umgehen und zB für den wissenschaftlichen Gebrauch ihrer Nutzer Vervielfältigungsstücke herstellen. Eine solche Vereinbarung stellt eine bemerkenswerte Alternative zu einer eventuell notwendigen gerichtlichen Durchsetzung des Anspruchs aus § 95b Abs. 2 dar und entspricht der Absicht des europäischen Gesetzgebers, auf den Abschluss freiwilliger Vereinbarungen hinzuwirken.

IV. Ausnahme für online zugänglich gemachte Werke und sonstige Schutzgegenstände

25 § 95b Abs. 3 setzt Art. 6 Abs. 4 Unterabs. 4 der Info-RL um und nimmt wirksame technische Maßnahmen, die im Rahmen des **interaktiven Zur-Verfügung-Stellens auf der Grundlage vertraglicher Vereinbarungen** angewandt werden, von der Durchsetzung der Schrankenregelungen aus (AmtlBegr. BTDrucks. 15/38 S. 27). Die Verpflichtung nach § 95b Abs. 1 gilt somit nur für offline, nicht hingegen für online zugänglich gemachte Werke und Leistungen. Hierzu wird kritisch vermerkt, dass im Ergebnis die von Privaten eingesetzten technischen Schutzmaßnahmen den vom Gesetzgeber immerhin in Abwägung von Eigentumsinteressen mit Interessen der Allgemeinheit festgelegten Schrankenbestimmungen selbst dort vorgehen, wo die Schranken nicht lediglich ein Marktversagen korrigieren, sondern öffentliche Zugangsinteressen schützen, die ihrerseits unter dem Schutz verfassungsrechtlich geschützter Grundrechte stehen (so *Dreier/Schulze*[3] Rdnr. 17). Allerdings hatte der deutsche Gesetzgeber insoweit nach Art. 6 Abs. 4 Unterabs. 4 wegen der darin enthaltenen zwingenden Vorgaben keinerlei Spielraum bei der Umsetzung (AmtlBegr. BTDrucks. 15/38 S. 27).

26 Durch die Formulierung „soweit" wird allerdings klargestellt, dass sich diese Sonderregelung allein auf die technischen Maßnahmen erstreckt, die **konkret im Rahmen des interaktiven Zur-Verfügung-Stellens auf der Grundlage vertraglicher Vereinbarungen** angewandt werden. Die Tatsache, dass ein Werk neben anderen Vertriebsformen zusätzlich auch in Form eines interaktiven Angebots auf vertraglicher Basis angeboten wird, bedeutet hingegen nicht, dass die Durchsetzungsmöglichkeiten nach Abs. 2 und dem UKlaG auch im Bereich der anderen Vertriebsformen eingeschränkt werden (AmtlBegr. aaO). Außerhalb des Anwendungsbereichs technischer Schutzmaßnahmen bleibt es hinsichtlich der Werke und Schutzgegenstände, die auf vertraglicher Grundlage öffentlich zugänglich gemacht werden, grundsätzlich bei der allgemeinen Schrankenregelung. Vervielfältigungen im Rahmen der jeweiligen Schranken sowie in dem Rahmen, der durch die Schutzmaßnahmen eröffnet wird, sind zulässig. Die Begünstigten erhalten aber hinsichtlich der Werke und Schutzgegenstände, die auf vertraglicher Grundlage öffentlich zugänglich gemacht werden (nach den insoweit zwingenden Vorgaben der Richtlinie) gegenüber technischen Maßnahmen keine Durchsetzungsmöglichkeit für ihre Nutzung, so dass die Zulassung der Schrankennutzung in diesem Bereich im Belieben der jeweiligen Rechtsinhaber steht (AmtlBegr. BTDrucks. 15/38 S. 27). Unklar ist allerdings, ob § 95b Abs. 3 nur für den Vorgang der öffentlichen Zugänglichmachung oder auch für Nutzungen im Anschluss an die Online-Übermittlung gilt (so *Loewenheim/Peukert* Handbuch des Urheberrechts[2], § 36 Rdnr. 7; *Spindler*, GRUR 2002, 105/118; *Hänel*, Die Umsetzung des Art. 6 Info-RL [Technische Schutzmaßnahmen] ins deutsche Recht, S. 283 ff.; aA *Wandtke/Bullinger/Wandtke/Ohst*[3] Rdnr. 43; *Dreier/Schulze*[3] Rdnr. 18; *Fromm/Nordemann/Czychowski*[10] Rdnr. 27; *Dreyer* in Pahlow/Eisfeld, Grundlagen und Grundfragen des Geistigen Eigentums, 221/242).

27 § 95b Abs. 3 findet angesichts der eindeutigen Position der Richtlinie und des deutschen Gesetzgebers **keine Anwendung auf Computerprogramme** (*Wandtke/Bullinger/Wandtke/Ohst*[3] Rdnr. 46; s. dazu schon oben § 95a Rdnr. 4).

28 Nach einer in der Literatur vertretenen Ansicht (*Wandtke/Bullinger/Wandtke/Ohst*[3] Rdnr. 47) können Schrankenregelungen wegen ihrer zwingenden Natur durch vertragliche Vereinbarungen, die im Rahmen entsprechender Lizenzbedingungen regelmäßig geschlossen werden, nicht abbedungen werden. Gegen die Annahme, dass Schranken generell zwingend sind, spricht jedoch der Umstand, dass jedenfalls bestimmte Schranken auf Grund eines absoluten Vorrangs technischer Schutzmaßnahmen faktisch außer Kraft gesetzt werden, vgl. Rdnr. 19. Es muss jedoch zumindest eine Inhaltskontrolle nach § 307 Abs. 2 BGB stattfinden, wobei die **Schranken als gesetzliches Leitbild** fungieren (vgl. aber BGH GRUR 1984, 45 – Honorarbedingungen; dazu *Spindler* GRUR 2002, 105/118). Bei Regelungen, die den Verbraucher zu sehr einschränken, ist auch eine Sittenwidrigkeit in Erwägung zu ziehen (s. *Dreier* ZUM 2002, 28/38, Fn. 75).

Ob Schrankenregelungen zwingend sind, dürfte nach der grundrechtlichen Relevanz der einzelnen Schranke zu beantworten sein.

V. Schutz für Mittel der Umgehung (Abs. 4)

Unabhängig von der Einschränkung des Abs. 3 gewährt Abs. 4 in Umsetzung von Art. 6 Abs. 4 Unterabs. 3 der Richtlinie ausdrücklich einen Rechtsschutz nach § 95a auch für zur Umsetzung freiwilliger Vereinbarungen oder auf Grund einer Inanspruchnahme nach § 95b Abs. 1 und 2 angewandte technische Maßnahmen. **29**

VI. Rechtsfolgen beim Verstoß gegen die Verpflichtung

1. Zivilrechtliche Ansprüche

a) Ansprüche des Begünstigten. Bei der gerichtlichen Geltendmachung eines dem Be- **30** günstigten nach § 95b Abs. 2 UrhG individuell zustehenden Anspruchs handelt es sich um eine Urheberstreitsache iSd. §§ 104f.; dieser Anspruch kann nach allgemeinen Voraussetzungen auch als **eine auf Erfüllung gerichtete einstweilige Verfügung (sog. Leistungsverfügung)** gem. §§ 935, 940 ZPO durchgesetzt werden (*Loewenheim/Peukert* Handbuch des Urheberrechts², § 36 Rdnr. 20). Nach allgemeinen Grundsätzen ist dies zulässig, wenn der Gläubiger auf die sofortige Erfüllung so dringend angewiesen ist, dass die Erwirkung eines Titels im ordentlichen Verfahren nicht ausreicht (*Thomas/Putzo/Reichholz* ZPO, § 940 Rdnr. 15).

Ebenso wie § 95a Abs. 1 ist auch **§ 95b Abs. 1 ein Schutzgesetz iSv. § 823 Abs. 2** **31** **BGB,** da die Norm dem Individualschutz des jeweils Begünstigten dient und an die Verletzung der den Rechtsinhaber treffenden Pflicht eine **deliktische Einstandspflicht** geknüpft werden kann (*Loewenheim/Peukert* Handbuch des Urheberrechts², § 36 Rdnr. 21; *Dreyer* in HK-UrhR Rdnr. 74). Bei Vorliegen eines ersatzfähigen Schadens kann dem Begünstigten somit ein Schadensersatzanspruch zustehen. Außerdem kommt ein quasi-negatorischer Unterlassungsanspruch gem. § 1004 BGB analog iVm. § 823 Abs. 2 BGB in Betracht (*Loewenheim/Peukert* Handbuch des Urheberrechts², § 36 Rdnr. 21).

b) Verbandsklage. Eine Verbandsklage kann nach § 2 UKlaG im Falle eines Verstoßes ge- **32** gen § 95b Abs. 1 von rechtsfähigen Verbänden zur nicht gewerbsmäßigen und nicht nur vorübergehenden Förderung der Interessen der durch die jeweilige Schrankenvorschrift Begünstigten (§ 3a UKlaG) erhoben werden. Die örtliche Zuständigkeit richtet sich nach § 6 UKlaG. Zweifel werden bezüglich des **Inhalts des Unterlassungsanspruchs** geäußert. Nach *Peukert* liefe eine Übertragung der allgemein für das UKlaG geltenden Grundsätze auf § 2a UKlaG auf einen Anspruch auf Unterlassung des Einsatzes solcher technischer Maßnahmen hinaus, welche die Wahrnehmung der in § 95b Abs. 1 UrhG genannten Schranken unterbinden (idS *Metzger/ Kreutzer* MMR 2002, 139/140). Nach *Peukert* wäre ein solches Verbot aber europarechtswidrig, da es gegen den von Art. 6 Abs. 1, 4 Info-RL eindeutig angeordneten Vorrang technischer Maßnahmen auch gegen solche Schranken verstößt, die umfassend Rechtsschutz genießen und die nur ex post begrenzt werden (*Loewenheim/Peukert* Handbuch des Urheberrechts², § 36 Rdnr. 23). Um zu gewährleisten, dass der Schutzzweck des § 95b Abs. 2 erfüllt wird, ist **ausnahmsweise ein Anspruch auf ein positives Tun** anzuerkennen, auch wenn dies mit dem Wortlaut von § 2 Abs. 1 UKlaG schwerlich vereinbar ist (aA *Loewenheim/Peukert* aaO).

c) Verstoß gegen § 4 Nr. 11 UWG. In Anwendung der Grundsätze der neueren Recht- **33** sprechung des BGH zum Rechtsbruchtatbestand (BGH GRUR 2000, 1076/1078f. – Abgasemissionen; GRUR 2002, 825/826 – Elektroarbeiten; sa. die AmtlBegr. zur UWG-Reform BTDrucks. 15/1487 S. 19, zu Nr. 11) ist davon auszugehen, dass das Gebot des § 95b Abs. 1 **eine auf die Lauterkeit des Wettbewerbs bezogene Schutzfunktion** hat, weil es um den Schutz besonders wichtiger Gemeinschaftsgüter, wie insb. die Informationsfreiheit geht. Dementsprechend können die Verstöße gegen die Verpflichtung des § 95b Abs. 1 unter dem Gesichtspunkt des Rechtsbruchtatbestandes nach §§ 4 Nr. 11, 3 Abs. 1 UWG sowohl von klagebefugten Verbänden als auch von Mitbewerbern (§ 8 Abs. 3 UWG), gegenüber denen sich die Rechtsverletzer einen Vorsprung verschaffen, verfolgt werden. Der auf Unterlassung der Pflichtverletzung gerichtete Anspruch begründet einen Anspruch auf positives Tun, also auf Erfüllung der Verpflichtung aus § 95b Abs. 1 S. 1.

§ 95c Schutz der zur Rechtewahrnehmung erforderlichen Informationen

2. Ordnungswidrigkeit

34 Abgesehen von den zivilrechtlichen Ansprüchen kann gemäß dem Ordnungswidrigkeitstatbestand des § 111a Abs. 1 Nr. 2, Abs. 2 eine **Geldbuße bis zu 50 000 Euro** verhängt werden, wenn gegen § 95b Abs. 1 S. 1 verstoßen wird.

---

§ 95c Schutz der zur Rechtewahrnehmung erforderlichen Informationen

(1) Von Rechtsinhabern stammende Informationen für die Rechtewahrnehmung dürfen nicht entfernt oder verändert werden, wenn irgendeine der betreffenden Informationen an einem Vervielfältigungsstück eines Werkes oder eines sonstigen Schutzgegenstandes angebracht ist oder im Zusammenhang mit der öffentlichen Wiedergabe eines solchen Werkes oder Schutzgegenstandes erscheint und wenn die Entfernung oder Veränderung wissentlich unbefugt erfolgt und dem Handelnden bekannt ist oder den Umständen nach bekannt sein muss, dass er dadurch die Verletzung von Urheberrechten oder verwandter Schutzrechte veranlasst, ermöglicht, erleichtert oder verschleiert.

(2) Informationen für die Rechtewahrnehmung im Sinne dieses Gesetzes sind elektronische Informationen, die Werke oder andere Schutzgegenstände, den Urheber oder jeden anderen Rechtsinhaber identifizieren, Informationen über die Modalitäten und Bedingungen für die Nutzung der Werke oder Schutzgegenstände sowie die Zahlen und Codes, durch die derartige Informationen ausgedrückt werden.

(3) Werke oder sonstige Schutzgegenstände, bei denen Informationen für die Rechtewahrnehmung unbefugt entfernt oder geändert wurden, dürfen nicht wissentlich unbefugt verbreitet, zur Verbreitung eingeführt, gesendet, öffentlich wiedergegeben oder öffentlich zugänglich gemacht werden, wenn dem Handelnden bekannt ist oder den Umständen nach bekannt sein muss, dass er dadurch die Verletzung von Urheberrechten oder verwandter Schutzrechte veranlasst, ermöglicht, erleichtert oder verschleiert.

Übersicht

	Rdnr.
I. Allgemeines	1–4
1. Inhalt und Zweck der Regelung	1–3
2. Systematik der Regelung	4
II. Entfernungs- und Veränderungsverbot (Abs. 1)	5–10
1. Objektiver Tatbestand	5–8
2. Subjektiver Tatbestand	9, 10
III. Informationen für die Rechtewahrnehmung (Abs. 2)	11–13
IV. Nutzungsverbot (Abs. 3)	14, 15
V. Rechtsfolgen	16, 17
1. Zivilrechtliche Ansprüche	16
2. Strafbarkeit	17

I. Allgemeines

1. Inhalt und Zweck der Regelung

1 § 95c regelt in enger Anlehnung an den Wortlaut des Art. 7 der Info-RL, der seinerseits den WIPO-Verträgen (Art. 12 WCT, 19 WPPT) Rechnung trägt, den **Rechtsschutz der zur Rechtewahrnehmung erforderlichen Informationen.** Diese werden gegen ihre Veränderung und Entfernung geschützt. Informationen für die Rechtewahrnehmung sind elektronische Informationen, die Werke oder andere Schutzgegenstände, den Urheber oder jeden anderen Rechtsinhaber identifizieren, Informationen über die Modalitäten und Bedingungen für die Nutzung der Werke oder Schutzgegenstände sowie die Zahlen und Codes, durch die derartige Informationen ausgedrückt werden (§ 95c Abs. 2). Diese Informationen werden prägnant mit dem Begriff „**Metadaten**" bezeichnet, „denn sie sind Daten über die transportierten Inhalte, die ihrerseits Daten sind" (*Loewenheim/Peukert* Handbuch des Urheberrechts[2], § 35 Rdnr. 1 im Anschluss an *Bechtold* Vom Urheber- zum Informationsrecht, S. 34f.; *ders.* in Hoeren/Sieber, Handbuch Multimediarecht, Kap. 7.11 Rdnr. 13 ff.).

Eines Schutzes bedarf es deshalb, weil die Informationen zur Rechtewahrnehmung **(Rights** 2 **Management Information)** die Basis für die Vermarktung von geschützten Werken oder anderen Schutzgegenständen darstellen (*Dreier/Schulze*[3] Rdnr. 1) und ihnen sowohl in der Pirateriebekämpfung als auch im elektronischen Geschäftsverkehr große Bedeutung zukommt (*Wandtke/Bullinger/Wandtke/Ohst*[3] Rdnr. 3). Durch die technische Entwicklung wird die Verbreitung von Werken, insb. die Verbreitung über Netze, erleichtert. Deshalb ist es erforderlich, dass Rechtsinhaber das Werk oder den sonstigen Schutzgegenstand, den Urheber und jeden sonstigen Leistungsschutz Berechtigten genauer identifizieren und Informationen über die entsprechenden Nutzungsbedingungen mitteilen, um die Wahrnehmung der mit dem Werk bzw. dem Schutzgegenstand verbundenen Rechte zu erleichtern. Rechtsinhaber sollen deshalb darin bestärkt werden, Kennzeichnungen zu verwenden, aus denen bei der Eingabe von Werken oder sonstigen Schutzgegenständen in Netze zusätzlich zu den genannten Informationen ua. hervorgeht, dass sie ihre Erlaubnis erteilt haben (Erwägungsgrund 55 Info-RL).

Entsprechend dem Zweck der Vorgaben der Info-RL soll die Regelung der **Gefahr begeg-** 3 **nen, dass rechtswidrige Handlungen vorgenommen werden,** um die Informationen für die elektronische Wahrnehmung der Urheberrechte zu entfernen oder zu verändern oder Werke oder sonstige Schutzgegenstände, aus denen diese Informationen ohne Erlaubnis entfernt wurden, in sonstiger Weise zu verbreiten, zu Verbreitungszwecken einzuführen, zu senden, öffentlich wiederzugeben oder der Öffentlichkeit zugänglich zu machen (Erwägungsgrund 56 Info-RL).

2. Systematik der Regelung

Abs. 1 enthält das Verbot der Entfernung oder Veränderung elektronischer Informationen zur 4 Rechtewahrnehmung gemäß Art. 7 Abs. 1 a) der Info-RL. Abs. 2 gibt die Definition aus Art. 7 Abs. 2 der Richtlinie wieder. Das in Art. 7 Abs. 1 b) der Richtlinie enthaltene Verbot von Nutzungen von Werken oder Schutzgegenständen, bei denen elektronische Informationen zur Rechtewahrnehmung unbefugt entfernt oder geändert worden sind, ist in Abs. 3 geregelt (AmtlBegr. BTDrucks. 15/38 S. 28).

II. Entfernungs- und Veränderungsverbot (Abs. 1)
1. Objektiver Tatbestand

In Umsetzung von Art. 7 Abs. 1 a) der Info-RL ist nach § 95c Abs. 1 die Entfernung oder 5 Veränderung der von Rechtsinhabern stammenden Informationen für die Rechtewahrnehmung (iSv. § 95c Abs. 2) unzulässig. Das Verbot gilt für solche Metadaten, die entweder in einem Vervielfältigungsstück eines Werkes oder sonstigen Schutzgegenstandes angebracht sind oder im Zusammenhang mit der öffentlichen Wiedergabe eines solchen Werkes oder Schutzgegenstandes erscheinen. Da auch die öffentliche Zugänglichmachung (§ 19a) unter die öffentliche Wiedergabe (§ 15 Abs. 2 Nr. 2) fällt, ist die Veränderung und **Entfernung von Informationen zur Rechtewahrnehmung sowohl im digitalen Offline- wie im Online-Bereich unzulässig** (*Dreier/Schulze*[3] Rdnr. 4).

Aus dem Erfordernis, dass die Informationen zur Rechtewahrnehmung an einem Vervielfäl- 6 tigungsstück eines Werkes oder eines sonstigen Schutzgegenstandes **angebracht** oder im Zusammenhang mit der öffentlichen Wiedergabe eines solchen Werkes oder Schutzgegenstandes **erscheinen** müssen, folgt, dass die Veränderung von Informationen, die etwa in der zum System gehörigen Datenbank gespeichert werden, vom Verbot des Abs. 1 nicht erfasst werden. In Betracht kommt diesbezüglich nur eine Eigentumsverletzung nach § 823 Abs. 1 BGB sowie eine Strafbarkeit nach § 303a StGB (Datenveränderung) (*Dreier/Schulze*[3] Rdnr. 4). Aus der Formulierung „erscheinen" ist nicht abzuleiten, dass die eingesetzten Metadaten für den Nutzer wahrnehmbar sein müssen, und zwar weder bei Vervielfältigungsstücken noch bei der öffentlichen Wiedergabe, da der Zweck der Norm nicht darin besteht, dem Nutzer bestimmte Informationen zukommen zu lassen, sondern ein sicheres Umfeld für den Geschäftsverkehr mit digitalen Inhalten zu gewährleisten (so zutreffend *Loewenheim/Peukert* Handbuch des Urheberrechts[2], § 35 Rdnr. 11).

Ebenso ist für die Auslegung der Verbotshandlungen des **Entfernens oder Veränderns** in 7 diesem funktionalen Sinne darauf abzustellen, ob die **mit den Metadaten verfolgte Zweckrichtung,** insb. eine Identifikation des geschützten Inhalts, beeinträchtigt wird (*Loewenheim/Peukert* aaO).

§ 95c Schutz der zur Rechtewahrnehmung erforderlichen Informationen

8   Die Entfernung oder Veränderung muss **objektiv unbefugt** sein. Ist dies nicht der Fall, weil eine Rechtsnorm das Verhalten rechtfertigt oder eine Zustimmung des Rechtsinhabers vorliegt, so ist bereits der objektive Tatbestand nicht erfüllt.

Entsprechendes gilt auch mit Blick auf das Erfordernis, dass die verbotenen Handlungen darauf ausgerichtet sein müssen, die Verletzung von Urheberrechten oder verwandten Schutzrechten **zu veranlassen, ermöglichen, erleichtern oder zu verschleiern** (ebenso *Loewenheim/Peukert* Handbuch des Urheberrechts[2], § 35 Rdnr. 13; aA *Bechtold* Vom Urheber- zum Informationsrecht, S. 234, der hierin ein Merkmal des subjektiven Tatbestands sieht). Dies deckt sich im Wesentlichen mit den Anforderungen, die an die allgemeine Störerhaftung für Urheberrechtsverletzungen gestellt werden (*Dreier* ZUM 2002, 38/39).

2. Subjektiver Tatbestand

9   Bezüglich des subjektiven Tatbestands des § 95 c Abs. 1 sind **zwei verschiedene Merkmale auseinander zu halten** (*Loewenheim/Peukert* Handbuch des Urheberrechts[2], § 35 Rdnr. 14; *v. Lewinski* GRUR Int. 1997, 667/677). Erstens muss die Entfernung oder Veränderung wissentlich unbefugt erfolgen, dh. es muss hinsichtlich der fehlenden Berechtigung **Vorsatz** vorliegen, der Handelnde muss also wissen oder als sicher voraussehen, dass er Informationen entfernt oder verändert und dass er hierzu nicht berechtigt ist (*Dreier/Schulze*[3] Rdnr. 4; *Loewenheim/Peukert* Handbuch des Urheberrechts[2], § 35 Rdnr. 14). Bloß bedingter Vorsatz genügt nicht (*Dreier/Schulze*[3] Rdnr. 5). Zweitens muss der Handelnde **vorsätzlich oder fahrlässig die Verletzung von Urheberrechten oder verwandten Schutzrechten** veranlassen, ermöglichen, erleichtern oder verschleiern.

10   Obwohl der Wortlaut der Regelung in Anknüpfung an die Legaldefinition des § 122 BGB nahe legt, hinsichtlich des Grades der Fahrlässigkeit jede auch einfache Fahrlässigkeit für ausreichend zu halten, wird unter Hinweis auf die Formulierung von Art. 45 TRIPS, an der sich die englische und französische Fassung der Info-RL orientieren („with reasonable grounds to know"/„en ayant des raisons valables de penser"), überzeugend für eine **Beschränkung auf grobe Fahrlässigkeit** eingetreten (*Wandtke/Bullinger/Wandtke/Ohst*[3] Rdnr. 17). Insoweit dürfte in der Tat ein Übersetzungsfehler vorliegen. Das ändert freilich nichts daran, dass angesichts des allgemein vorauszusetzenden Kenntnisstandes eine Berufung auf fehlende Kenntnis, die geeignet ist, den Vorwurf der groben Fahrlässigkeit zu entkräften, nur ausnahmsweise in Betracht kommen dürfte. Regelmäßig wird sich dem Handelnden die Einsicht, dass er durch die Manipulation von Metadaten zu der Verletzung von Urheberrechten oder anderen Schutzgegenständen beiträgt, geradezu aufdrängen.

III. Informationen für die Rechtewahrnehmung (Abs. 2)

11   Der **Informationsbegriff**, der in § 95 c Abs. 2 definiert wird, entspricht dem in Art. 7 Abs. 2 der Info-RL, der seinerseits an die Vorgaben der WIPO-Verträge anknüpft (*Wandtke/Bullinger/Wandtke/Ohst*[3] Rdnr. 7; *Flechsig* ZUM 2002, 1/17). Danach sind Informationen für die Rechtewahrnehmung iSv. § 95 c alle elektronischen Informationen, die Werke oder andere Schutzgegenstände identifizieren, den Urheber oder jeden anderen Rechtsinhaber benennen, sowie Informationen über die Modalitäten und Bedingungen für die Nutzung der Werke oder Schutzgegenstände einschließlich der Zahlen und Codes, durch die derartige Informationen ausgedrückt werden. Es ist nicht erforderlich, dass die digitalen Angaben die Informationen über Werke, Schutzgegenstände und Rechtsinhaber selbst enthalten, sondern es genügt, wenn sie beispielsweise im Wege eines bloßen Verweises auf eine Datenbank eine eindeutige Identifizierung ermöglichen; auch eine Vollautomatisierung der Identifizierung ist nicht notwendig (*Dreier/Schulze*[3] Rdnr. 6).

12   Unter die Definition fallen Metadaten, die beim Offline- und Online-Vertrieb verwendet werden **nur, wenn die Informationen in elektronischer Form ausgedrückt werden,** so dass herkömmliche ISBN-Aufdrucke auf Büchern oder sonstige körperliche Authentifizierungszeichen auf Vervielfältigungsstücken oder Verpackungen nicht erfasst werden (*Loewenheim/Peukert* Handbuch des Urheberrechts[2], § 35 Rdnr. 6; *Wand* Technische Schutzmaßnahmen und Urheberrecht, S. 46 ff.).

13   Zu den von Abs. 2 erfassten Informationen gehören neben einfachen Angaben über den Urheber, wie sie in Datensätzen enthalten sind, **auch digitale Wasserzeichen,** sofern sie nicht nur eine unbefugte Nutzung verhindern sollen, sondern zugleich die Identifizierung des Urhe-

bers oder Rechtsinhabers ermöglichen (*Dreier/Schulze*³ Rdnr. 7). Beispiele für die von der Industrie entwickelten Standards für Informationen zur Rechtewahrnehmung sind der International Standard Recording Code (ISRC) und der International Standard Work Code (ISWC) der Musikindustrie oder der Digital Object Identifier (DOI), der im Verlagsbereich umfassende Möglichkeiten der Informationsbeigabe eröffnet (*Dreier/Schulze*³ aaO; weitere Hinweise bei *Wandtke/Bullinger/Wandtke/Ohst*³ Rdnr. 9).

IV. Nutzungsverbot (Abs. 3)

Das Entfernungs- und Veränderungsverbot des § 95 c Abs. 1 erfährt durch § 95 c Abs. 3 eine Ausdehnung. In Umsetzung von Art. 7 Abs. 1 b) der Info-RL erstreckt sich das Verbot auch auf die Nutzung von Werken oder Schutzgegenständen, bei denen elektronische Informationen zur Rechtewahrnehmung unbefugt entfernt oder geändert worden sind (*Dreier/Schulze*³ Rdnr. 8). Werke oder sonstige Schutzgegenstände, bei denen Informationen für die Rechtewahrnehmung **unbefugt entfernt oder geändert wurden, dürfen nicht wissentlich unbefugt verbreitet (§ 17), gesendet (§ 20), öffentlich wiedergegeben (§ 15 Abs. 2) oder öffentlich zugänglich gemacht werden (§ 19 a),** wenn dem Handelnden bekannt ist oder den Umständen nach bekannt sein muss, dadurch die Verletzung von Urheberrechten oder verwandter Schutzrechte veranlasst, ermöglicht, erleichtert oder verschleiert wird. Zweck dieses Verbotes ist es, die mangels autorisierter Metadaten unkontrollierbare Verwertung digitaler Inhalte zu unterbinden (*Loewenheim/Peukert* Handbuch des Urheberrechts², § 35 Rdnr. 15).

14

Mit Blick auf das **zweite „unbefugt"** ist zu beachten, dass sich dies nicht auf die Verwertungshandlungen an sich, sondern auf die Nutzung trotz fehlender Zustimmung zur Manipulation der Metadaten bezieht; hieraus folgt für das **Merkmal „wissentlich"**, „dass der Handelnde von der zuvor erfolgten, ebenfalls unbefugten Manipulation der Metadaten und der mangelnden Zustimmung des Rechtsinhabers zu dieser Entfernung oder Veränderung **positive Kenntnis** haben muss" (*Loewenheim/Peukert* Handbuch des Urheberrechts², § 35 Rdnr. 16). Bezüglich der Voraussetzung, dass „dem Handelnden bekannt ist oder den Umständen nach bekannt sein muss", dass er die Verletzung von Urheberrechten oder verwandter Schutzrechte veranlasst, ermöglicht, erleichtert oder verschleiert, kann auf die Kommentierung zu § 95 c Abs. 1 verwiesen werden. Dies gilt insb. auch für die Beschränkung auf grobe Fahrlässigkeit (sa. *Wandtke/Bullinger/Wandtke/Ohst*³ Rdnr. 32).

15

V. Rechtsfolgen

1. Zivilrechtliche Ansprüche

§ 95 c ist ein **Schutzgesetz iSd. § 823 Abs. 2 BGB,** da es sowohl beim Entfernungs- und Veränderungsverbot nach § 95 c Abs. 1 als auch beim Nutzungsverbot nach § 95 c Abs. 3 nach der ratio legis um den Schutz des einzelnen Rechtsinhabers und nicht nur der Allgemeinheit geht (*Dreyer* in HK-UrhR Rdnr. 25; sa. *Wandtke/Bullinger/Wandtke/Ohst*³ Rdnr. 33). Dementsprechend kann neben einem eventuellen Schadensersatzanspruch gemäß § 1004 BGB analog iVm. § 823 Abs. 2 BGB ein **Unterlassungs- bzw. Beseitigungsanspruch** geltend gemacht werden. Unter Umständen kann auch ein Unterlassungs- und Schadensersatzanspruch nach § 97 in Betracht kommen (*Dreier* ZUM 2002, 28/38).

16

2. Strafbarkeit

Die Verbote des § 95 c sind nach § 108 b Abs. 1 Nr. 2 a) und b) strafbewehrt. Demnach macht sich strafbar, wer entgegen § 95 c Abs. 1 eine Information für die Rechtewahrnehmung entfernt oder verändert sowie wer entgegen § 95 c Abs. 3 ein Werk oder ein Schutzgegenstand zur Verbreitung einführt, sendet, öffentlich wiedergibt oder öffentlich zugänglich macht und dadurch wenigstens leichtfertig die Verletzung von Urheberrechten oder verwandten Schutzrechten veranlasst, ermöglicht, erleichtert oder verschleiert, wenn die Tat **nicht ausschließlich zum eigenen privaten Gebrauch** des Täters oder mit dem Täter persönlich verbundener Personen erfolgt oder sich auf einen derartigen Gebrauch bezieht. Die Strafandrohung lautet auf **Freiheitsstrafe bis zu einem Jahr oder Geldstrafe** und erhöht sich bei gewerbsmäßigem Handeln des Täters auf bis zu drei Jahre Gefängnis (§ 108 b Abs. 3). Im Unterschied zu Verstößen gegen die §§ 95 a Abs. 3, 95 b Abs. 1 S. 1 und 95 d Abs. 2 S. 1 fallen **Verstöße gegen § 95 c**

17

§ 95d

nicht unter die Bußgeldvorschriften des § 111a und stellen demzufolge keine Ordnungswidrigkeiten dar, die mit einem Bußgeld belegt werden können (*Dreier/Schulze*[3] Rdnr. 3).

§ 95 d Kennzeichnungspflichten

(1) **Werke und andere Schutzgegenstände, die mit technischen Maßnahmen geschützt werden, sind deutlich sichtbar mit Angaben über die Eigenschaften der technischen Maßnahmen zu kennzeichnen.**

(2) [1]**Wer Werke und andere Schutzgegenstände mit technischen Maßnahmen schützt, hat diese zur Ermöglichung der Geltendmachung von Ansprüchen nach § 95 b Abs. 2 mit seinem Namen oder seiner Firma und der zustellungsfähigen Anschrift zu kennzeichnen.** [2]**Satz 1 findet in den Fällen des § 95 b Abs. 3 keine Anwendung.**

Übersicht

	Rdnr.
I. Allgemeines	1–5
1. Inhalt und Zweck der Regelung	1–4
2. Inkrafttreten	5
II. Angaben über die Eigenschaften technischer Maßnahmen (Abs. 1)	6–9
III. Angaben über den Verwender technischer Maßnahmen (Abs. 2)	10, 11
IV. Rechtsfolgen	12–14
1. Zivilrechtliche Ansprüche	13
2. Ordnungswidrigkeit	14

I. Allgemeines

1. Inhalt und Zweck der Regelung

1   Gemessen an der derzeit **herrschenden Erwartung der Verbraucher** sind Schutzgegenstände, die mit technischen Maßnahmen versehen werden, im Vergleich zu den bislang üblichen digitalen Off- und Online-Angeboten in ihrer **Brauchbarkeit eingeschränkt,** weil der Verbraucher nicht damit rechnet, dass die Abspielbarkeit auf bestimmten Gerätetypen nicht gewährleistet ist oder der Werkzugang bzw. Werkgenuss deutlich begrenzt ist. Dem hieraus resultierenden **Aufklärungsbedürfnis** trägt die Regelung des § 95 d Abs. 1 dadurch Rechnung, dass sie eine Kennzeichnungspflicht statuiert, wonach Werke und andere Schutzgegenstände, die mit technischen Maßnahmen geschützt werden, deutlich sichtbar mit Angaben über die Eigenschaften der technischen Maßnahmen zu kennzeichnen sind. Nach der AmtlBegr. dient das Kennzeichnungsgebot dem **Verbraucherschutz und der Lauterkeit des Wettbewerbs.** Die Kennzeichnung mit **Angaben über die Eigenschaften der technischen Schutzmaßnahmen** soll den Verbraucher über Umfang und Wirkungen der Schutzmaßnahmen in Kenntnis setzen, damit dieser seine Erwerbsentscheidung hiernach ausrichten kann. Eine solche Kennzeichnungspflicht ist nach Auffassung des Gesetzgebers notwendig, weil das Publikum hinsichtlich dieser für den Erwerb maßgeblichen Umstände Aufklärung erwarten darf. Nach seiner Einschätzung wird dies besonders deutlich, wenn man sich die derzeit herrschende Konsumentenerwartung vor Augen hält, nach der der Verkehr regelmäßig davon ausgeht, dass Bild- und Tonträger kopierfähig und auf allen marktüblichen Gerätetypen zeitlich unbegrenzt abspielbar sind (AmtlBegr. BTDrucks. 15/38 S. 28).

2   Mit Blick auf den **Zweck der Kennzeichnungspflicht** heißt es in der AmtlBegr. weiter: „Der Verbraucher sieht in diesen beispielhaften Eigenschaften des Trägermediums einerseits preisbildende Faktoren mit der Folge, dass er bei hiervon negativ abweichenden Eigenschaften einen günstigen Preis erwarten wird. Andererseits wird er vom Erwerb ganz absehen, wenn die Abspielbarkeit auf bestimmten Gerätetypen nicht gewährleistet oder der Werkzugang bzw. Werkgenuss zeitlich begrenzt ist. Damit ist auch die wettbewerbliche Relevanz der Kennzeichnung offenbar. Die Kennzeichnungspflicht aus Abs. 1 ist dem Verwender technischer Maßnahmen – auch unter Berücksichtigung seiner Absatzinteressen – zumutbar und wird teilweise bereits praktiziert" (AmtlBegr. aaO). Eine entsprechende Aufklärungspflicht dürfte sich im Übrigen bereits aus dem Verbot irreführender Werbung nach dem UWG ergeben (s. OLG München ZUM-RD 2001, 244/246f. zu § 3 UWG aF [jetzt § 5 UWG nF]; sa. *Wandtke/Bullinger/Wandtke/Ohst*[3] Rdnr. 3; *Dreyer* in HK-UrhR Rdnr. 11).

Die nach § 95 d Abs. 2 gebotene Kennzeichnung gewährleistet die **prozessuale Durchset-** 3
zung der Pflichten und Ansprüche aus § 95 b. Nach Art. 6 Abs. 4 der Info-RL sind die
Mitgliedsstaaten verpflichtet, durch geeignete Maßnahmen sicherzustellen, dass die Rechtsinhaber den Begünstigten einer der in § 95 b Abs. 1 genannten Schranken die Mittel zur Nutzung der betreffenden Schranke zur Verfügung stellen. Abs. 2 ist somit eine flankierende Maßnahme zu § 95 b Abs. 2 iSv. Art. 6 Abs. 4 der Info-RL. § 95 b würde nämlich ohne eine entsprechende Kennzeichnung wirkungslos bleiben, da einem Begünstigten die Durchsetzung der genannten Pflichten durch das Verschleiern oder Unterdrücken der Passivlegitimation faktisch verwehrt werden könnte (AmtlBegr. BTDrucks. 15/38 S. 28).

Zusammenfassend ist demnach festzuhalten, dass **§ 95 d Abs. 1 dem Verbraucherschutz** 4
und der Lauterkeit des Wettbewerbs dient und § 95 d Abs. 2 der prozessualen Durchsetzung der Pflichten und Ansprüche der Personen, die durch die privilegierten Schranken nach § 95 b Abs. 2 begünstigt werden.

2. Inkrafttreten

Entsprechend einer Anregung des Rechtsausschusses des Bundestages gilt die Kennzeich- 5
nungspflicht des § 95 d Abs. 1 gem. § 137 j Abs. 1 nur für alle erst drei Monate nach dem Inkrafttreten des Gesetzes zur Regelung des Urheberrechts in der Informationsgesellschaft, also ab dem 1. 12. 2003, neu in Verkehr gebrachten Werke und Schutzgegenstände. § 95 d Abs. 2 trat gem. Art. 6 Abs. 2 des Gesetzes zur Regelung des Urheberrechts in der Informationsgesellschaft erst **zum 1. 9. 2004 in Kraft**. Damit sollte den Beteiligten ausreichend Zeit gegeben werden, um sich im Rahmen freiwilliger Vereinbarungen mit den von Schrankenregelungen Begünstigten über die Schrankendurchsetzung zu einigen (vgl. auch für § 95 b BTDrucks. 15/837 S. 24 und 36 f.; s. dazu auch *Dreier/Schulze*[3] Rdnr. 3).

II. Angaben über die Eigenschaften technischer Maßnahmen (Abs. 1)

Da § 95 d Abs. 1 eine Kennzeichnung von Werken und anderen Schutzgegenständen gebie- 6
tet, die mit technischen Maßnahmen (iSd. § 95 a Abs. 2) geschützt werden, ergibt sich der **Anwendungsbereich** der Kennzeichnungspflicht aus dem Schutzbereich von § 95 a (*Loewenheim/ Peukert* Handbuch des Urheberrechts[2], § 36 Rdnr. 27). Hieraus folgt umgekehrt, dass die Kennzeichnungspflicht sich **nicht auf freie Inhalte oder Computerprogramme (§ 69 a Abs. 5)** erstreckt, was aber diesbezüglich Ansprüche aus dem Wettbewerbsrecht oder dem Mängelgewährleistungsrecht nicht ausschließt.

In Anknüpfung an die gewährleistungsrechtliche Definition sind **Eigenschaften von tech-** 7
nischen Schutzmaßnahmen „neben den auf ihrer Beschaffenheit beruhenden Merkmalen auch tatsächliche oder rechtliche Verhältnisse und Beziehungen zur Umwelt, soweit sie nach der Verkehrsanschauung für die Wertschätzung und Verwendbarkeit von Bedeutung sind" (*Wandtke/ Bullinger/Wandtke/Ohst*[3] Rdnr. 4). Als Eigenschaften anzugeben sind zwar nicht alle technischen Details, da diese für die Verwendbarkeit durch den Verbraucher nicht von entscheidender Bedeutung sind; der Kennzeichnungspflicht unterliegen aber grundsätzlich alle Auswirkungen technischer Maßnahmen, die den Werkgenuss geschützter Inhalte im Vergleich zur üblichen analogen Nutzung wesentlich verändern (*Loewenheim/Peukert* Handbuch des Urheberrechts[2], § 36 Rdnr. 28).

Nach der AmtlBegr. gilt dies insb. im Hinblick auf die **herrschende Konsumentenerwar-** 8
tung, nach der der Verkehr regelmäßig davon ausgeht, dass Bild- und Tonträger kopierfähig sind und auf allen marktüblichen Gerätetypen zeitlich unbegrenzt abspielbar sind. Als aufklärungsbedürftiger Umstand wird ferner die Beschränkung der Abspielbarkeit auf bestimmte Gerätetypen oder die zeitliche Begrenzung des Werkzugangs bzw. Werkgenusses gesehen (AmtlBegr. BTDrucks. 15/38 S. 28).

In formaler Hinsicht ist mit Blick auf den Zweck des Verbraucherschutzes eine **deutlich** 9
sichtbare Kennzeichnung zu verlangen, wie ein Aufdruck auf der Verpackung oder beim Online-Vertrieb ein Hinweis im unmittelbaren Zusammenhang mit der für den Vertragsschluss erforderlichen Willenserklärung (*Wandtke/Bullinger/Wandtke/Ohst*[3] Rdnr. 10; *Loewenheim/Peukert* Handbuch des Urheberrechts[2], § 36 Rdnr. 28).

III. Angaben über den Verwender technischer Maßnahmen (Abs. 2)

10 Durch die Kennzeichnungspflichten des § 95d Abs. 2 soll flankierend zu § 95b Abs. 1 gewährleistet werden, dass der durch die privilegierten Schrankenbestimmungen Begünstigte auch tatsächlich in der Lage ist, seine Ansprüche, die ihm gem. § 95b Abs. 2 zustehen, **effektiv durchzusetzen**. Durch das Gebot, Werke und andere Schutzgegenstände, die mit technischen Maßnahmen geschützt werden, mit seinem Namen oder seiner Firma und der zustellungsfähigen Anschrift zu kennzeichnen, soll eine **zuverlässige Identifizierbarkeit** des nach § 95b Abs. 2 verpflichteten Rechtsinhabers gewährleistet werden.

11 Gemäß § 95d Abs. 2 S. 2 findet die Kennzeichnungspflicht nach § 95d Abs. 2 S. 1 in Fällen des § 95 Abs. 3 keine Anwendung. Dies bedeutet, dass eine Kennzeichnungspflicht seitens der Rechtsinhaber **nicht besteht**, soweit Werke oder sonstige Schutzgegenstände der Öffentlichkeit auf Grund einer **vertraglichen Vereinbarung** in einer Weise zugänglich gemacht werden, dass sie Mitgliedern der Öffentlichkeit von Orten und zu Zeiten ihrer Wahl zugänglich sind (§ 95b Abs. 3). Der **Grund für diese Ausnahme von der Kennzeichnungspflicht** wird darin gesehen, dass unter diesen Umständen regelmäßig kein Schutzbedürfnis besteht, da auf Grund des Vertragsschlusses die Vertragspartner bekannt sind, zumal es sich um ausschließlich interaktive Online-Dienste handelt, die ohnehin zur Angabe eines Impressums verpflichtet sind bzw. über allgemeine Whois-Abfragen identifiziert werden können (*Wandtke/Bullinger/Wandtke/Ohst*[3] Rdnr. 16). Im Übrigen ergibt sich die Regelung des § 95d Abs. 2 daraus, dass in den Fällen des § 95b Abs. 3 ein Anspruch nach § 95b Abs. 2 ausgeschlossen ist. Damit wird auch die Kennzeichnungspflicht nach § 95d Abs. 2 S. 1, die § 95b Abs. 2 flankiert, obsolet.

IV. Rechtsfolgen

1. Zivilrechtliche Ansprüche

12 Sowohl § 95d Abs. 1 als auch § 95d Abs. 2 sind **Schutzgesetze iSd. § 823 Abs. 2 BGB**, deren Verletzung Schadensersatzansprüche auslösen kann. Beide Normen grenzen den begünstigten Personenkreis, den Verpflichteten sowie den Inhalt der Pflichten hinreichend deutlich ab, sodass sie nicht nur dem Schutz der Allgemeinheit, sondern dem Schutz eines konkreten Interesses dienen (ebenso *Loewenheim/Peukert* Handbuch des Urheberrechts[2], § 36 Rdnr. 30/31; ablehnend hinsichtlich eines Deliktschutzes aus §§ 823 Abs. 2 iVm. § 95d Abs. 1 *Dreyer* in HK-UrhR Rdnr. 11).

13 In Betracht kommt bei beiden Kennzeichnungspflichten auch ein **Verstoß gegen das UWG** unter dem Gesichtspunkt des Rechtsbruchtatbestands nach § 4 Nr. 11, da beide Normen eine wettbewerbsbezogene, dh. auf die Lauterkeit des Wettbewerbs bezogene Schutzfunktion und einen Marktverhaltensbezug aufweisen (s. BGH GRUR 2000, 1076/1078f. – Abgasemission; GRUR 2002, 825/826 – Elektroarbeiten; dazu *Fezer/Götting* UWG, § 4–11 Rdnr. 8ff.; ablehnend hinsichtlich des § 95d Abs. 2 unter Hinweis auf die Rechtsprechung zur presserechtlichen Impressumspflicht (BGH GRUR 1989, 830/831f. – Impressumspflicht); *Loewenheim/Peukert* Handbuch des Urheberrechts[2], § 36 Rdnr. 31). Bei einem Verstoß gegen die Kennzeichnungspflicht nach § 95d Abs. 1 kann ferner eine irreführende Werbung iSv. § 5 UWG gegeben sein. Außerdem können zugunsten des einzelnen Verbrauchers Gewährleistungsansprüche (§§ 433ff. BGB) wegen Vorliegens eines Sachmangels (§ 434 BGB) bestehen.

2. Ordnungswidrigkeit

14 Während eine Verletzung der Kennzeichnungspflicht nach § 95d Abs. 2 S. 1 gemäß § 111a Abs. 1 Nr. 3 eine Ordnungswidrigkeit darstellt, ist die Verletzung der Kennzeichnungspflicht nach § 95d Abs. 1 weder nach § 108a strafbar, noch wird sie nach § 111a als Ordnungswidrigkeit geahndet (*Dreier/Schulze*[3] Rdnr. 4, 8).

§ 96 Verwertungsverbot

(1) **Rechtswidrig hergestellte Vervielfältigungsstücke dürfen weder verbreitet noch zu öffentlichen Wiedergaben benutzt werden.**

(2) **Rechtswidrig veranstaltete Funksendungen dürfen nicht auf Bild- oder Tonträger aufgenommen oder öffentlich wiedergegeben werden.**

Verwertungsverbot **§ 96**

Schrifttum: *Braun,* Die Schutzlücken-Piraterie nach dem UrheberrechtsänderungsG vom 23. Juni 1995, GRUR Int. 1996, 790; *ders.,* Der Schutz ausübender Künstler durch TRIPS, GRUR Int. 1997, 427; *Bungeroth,* Der Schutz ausübender Künstler gegen die Verbreitung im Ausland hergestellter Vervielfältigungsstücke ihrer Darbietungen, GRUR 1976, 454; *Flechsig,* Schutz der Rundfunkanstalt gegen Einfuhr und Verbreitung unautorisierter Sendekopien, UFITA 81 (1978) 97; *Flechsig/Klett,* Europäische Union und europäischer Urheberschutz, ZUM 1994, 685; *Hertin,* Die Vermarktung nicht lizenzierter Mitschnitte von Darbietungen ausländischer Künstler nach den höchstrichterlichen Entscheidungen „Bob Dylan" und „Die Zauberflöte", GRUR 1991, 722; *Hesse,* Flankenschutz für das Leistungsschutzrecht, ZUM 1985, 365; *Katzenberger,* Inlandsschutz ausübender Künstler gegen die Verbreitung ausländischer Mitschnitte ihrer Darbietungen, GRUR Int. 1993, 640; *Krüger,* Zum Leistungsschutzrecht ausländischer ausübender Künstler in der Bundesrepublik Deutschland im Falle des sog. bootlegging, GRUR Int. 1986, 381; *Kreutzer,* Napster, Gnutella & Co. – Rechtsfragen zu Filesharing-Netzen aus der Sicht des deutschen Urheberrechts „de lege lata" und „de lege ferenda", GRUR 2001, 193 und 307; *Schack,* Schutz digitaler Werke vor privater Vervielfältigung – zu den Auswirkungen der Digitalisierung auf § 53 UrhG, ZUM 2002, 497; *ders.,* Private Vervielfältigung von einer rechtswidrigen Vorlage? Fs. Erdmann, 2002, S. 165; *Schack,* Leistungsschutz für Tonträgeraufnahmen mit ausübenden Künstlern aus den USA, ZUM 1986, 69; *ders.,* Anm. zu BGH GRUR 1986, 734 – Bob Dylan; *Schlatter,* Die BGH-Entscheidung „The Doors": Zur Prozeßführungsbefugnis bei Gruppenleistungen nach § 80 UrhG – Zum Leistungsschutz ausübender Künstler bei Sachverhalten mit Auslandsberührung, ZUM 1993, 522; *Schorn,* Zum Schutz ausländischer Künstler in der Bundesrepublik Deutschland, GRUR 1983, 492; *Straus,* Der Schutz der ausübenden Künstler und das Rom-Abkommen von 1961 – Eine retrospektive Betrachtung, GRUR Int. 1985, 19; *Ubertazzi,* Bootleggers und Tonträgerhersteller, Fs. Hertin, 2000, 269; *Ulmer,* Die Verbreitung körperlich festgelegter Darbietungen ausländischer ausübender Künstler, IPRax 1987, 13; *Unger/v. Olenhusen,* Historische Live-Aufnahmen ausübender Künstler im Bereich klassischer Musik, ZUM 1987, 154; *Waldhausen,* Schutzmöglichkeiten gegen Bootlegs in der Bundesrepublik Deutschland und den USA unter besonderer Berücksichtigung des Trips-Abkommens, 2002.

Übersicht

	Rdnr.
I. Grundlagen und Bedeutung	1–5
II. Voraussetzungen für die Anwendung des § 96	6, 7
III. Funktion im internationalen Warenverkehr	8–13

I. Grundlagen und Bedeutung

Eine Bestimmung dieses Inhalts gab es im LUG und KUG nicht (AmtlBegr. BT-Drucks. IV/270 S. 103 lSp.). Sie erklärt sich daraus, dass das geltende Urheberrecht einzelne Nutzungsarten entsprechend den Verwertungsrechten nach §§ 15 ff. vorsieht. Die Nutzungsarten existieren selbstständig und im Prinzip unabhängig voneinander; unabhängig voneinander erfolgt auch der Verbrauch (s. bei § 17). Das Recht der Vervielfältigung schließt nicht das Recht zur Verbreitung oder öffentlichen Wiedergabe ein, das Recht zur Verbreitung nicht das Recht zur Vervielfältigung, auch wenn sie oft gekoppelt sind. Wie genutzt werden darf, ergibt sich aus der Art und dem Umfang der Einräumung von Nutzungsrechten, vertraglich nach § 31, wobei jede Nutzungsart räumlich, zeitlich und inhaltlich beschränkt werden kann. Das Verbreitungsrecht als gesetzliches Verwertungsrecht und als vertraglich eingeräumtes Nutzungsrecht umfasst immer nur das Recht der Verbreitung rechtmäßig hergestellter Werkstücke. **1**

Wenn es der Gesetzgeber gleichwohl für notwendig erachtete, durch § 96 auszusprechen, dass rechtswidrig hergestellte Vervielfältigungsstücke weder verbreitet noch zur öffentlichen Wiedergabe benutzt werden dürfen und entsprechend rechtswidrig veranstaltete Funksendungen nicht auf Bild- oder Tonträger aufgenommen oder öffentlich wiedergegeben werden dürfen, so meint das nicht nur eine verbale Erläuterung, sondern eine **fundamentale Ergänzung der in den §§ 97 ff. für Verletzungen des Urheberrechts und der verwandten Schutzrechte vorgesehenen Sanktionen** (*Bungeroth* GRUR 1976, 454/456). **2**

Ebenso soll der ausübende Künstler die Verwertung eines Tonträgers untersagen können, der unter Verstoß gegen § 77, vorm. § 75, ohne seine Einwilligung hergestellt worden ist (AmtlBegr. BTDrucks. IV/270 S. 103 lSp.). Auch derjenige, der an der rechtswidrigen Herstellung oder Veranstaltung nicht als Täter oder Teilnehmer mitgewirkt hat, wird zum Urheberrechts- bzw. Leistungsschutzrechtsverletzer dadurch, dass er das Ergebnis der rechtswidrigen Handlung für sich ausnutzt (*v. Gamm* Rdnr. 1; *Möhring/Nicolini/Lütje* Rdnr. 3).

Der Bestimmung nur subsidiären Charakter beizumessen, soweit nicht Ansprüche nach §§ 97 ff. wegen Verletzung des Vervielfältigungs- oder Verbreitungsrechts geltend gemacht werden können (*v. Gamm* Rdnr. 2; *Möhring/Nicolini/Lütje* Rdnr. 7; *Wandtke/Bullinger*[3] Rdnr. 15), wird dem Wert der Vorschrift, wie sie der Gesetzgeber gesehen hat, nicht gerecht. Nach *Fromm/Nordemann*[10] Rdnr. 5 dient § 96 im Inlandsbereich dazu, Fehldeutungen durch die Gerichte zu verhindern (unter Hinweis auf OLG München (Schulze OLGZ 145 – Mord ohne **3**

Wild 1815

§ 96

Mörder – Ls. 3). **§ 96 enthält aus gutem Grund ein absolutes Verwertungsverbot, das zu dem nach § 97 geschützten absoluten Rechten zählt** (§ 97 Rdnr. 12). Eine Verletzung dieses Verbots bedeutet eine Verletzung des Verbreitungs- bzw. Wiedergaberechts (*Möhring/ Nicolini/Lütje* Rdnr. 1; *Wandtke/Bullinger*[3] Rdnr. 10; aA *Dreyer/Kotthoff/Meckel*[2] Rdnr. 3, die allein den Inhaber des Vervielfältigungsrechts als aktivlegitimiert ansehen, weil die Rechte der Verbreitung und der Wiedergabe durch § 96 gerade beschränkt werden; sa. *Braun* GRUR Int 1997, 427; *Bungeroth* GRUR 1976, 454/457; *Schack*[4] Rdnr. 677 sieht in § 96 eine Ergänzung zum Vervielfältigungsrecht). In der Tat trifft § 96 konkludent auch das Vervielfältigungsrecht. **§ 96 beschränkt das Verbreitungs-/Wiedergaberecht durch ein eigenständiges Verwertungsverbot; tatbestandlich ist die Rechtswidrigkeit der Herstellung/Veranstaltung darin einbezogen** (*Wandtke/Bullinger*[3] Rdnr. 3 sprechen von einem „zusätzlichen" Verbot). Dass auch ein zur Vervielfältigung Berechtigter keine rechtswidrig hergestellten Vorlagen benutzen darf, ist erst durch die Schrankenbestimmung des § 53 voll ins Bewusstsein getreten.

4   Die Ausstellung rechtswidrig hergestellter Kopien von Werken der bildenden Kunst sowie Lichtbildern (§ 18) ist offenbar versehentlich vergessen worden § 96 ist analog anzuwenden (*Fromm/Nordemann*[10] Rdnr. 7; *Wandtke/Bullinger*[3] Rdnr. 22 f.; *Dreier* in: *Dreier/Schulze*[3] Rdnr. 9; *Dreyer/Kotthoff/Meckel*[2] Rdnr. 8; Schiedsstelle DPMA ZUM 2005, 85: keine Ausstellung ungenehmigter Repliken Öl auf Leinwand in öffentlichem Café).

Dagegen ist § 96 Abs. 1 nach der Neufassung des § 53 Abs. 1 durch das Gesetz zur Regelung des Urheberrechts in der Informationsgesellschaft v. 10. 9. 2003 (BGBl. I S. 1774) und durch das Zweite Gesetz zur Regelung des Urheberrechts in der Informationsgesellschaft v. 26. 10. 2007 (BGBl. I S. 2513) **nicht mehr analog auf Vervielfältigungsstücke anzuwenden, die im Rahmen des § 53 rechtswidrig hergestellt werden**. Die frühere Fassung des § 53 Abs. 1 ließ offen, ob und inwieweit eine Kopie zum privaten oder sonstigen eigenen Gebrauch die Rechtmäßigkeit der Vorlage voraussetzte. Diese Gesetzeslücke, die im Widerspruch zum Verbot der Verbreitung in § 53 Abs. 6 und dem Verwertungsverbot des § 96 Abs. 1 stand, konnte durch analoge Anwendung des § 96 Abs. 1 geschlossen werden. Das änderte sich mit dem Gesetz zur Regelung des Urheberrechts in der Informationsgesellschaft v. 10. 9. 2003, das im sogenannten „Korb 1" die Richtlinie 2001/29/EG des Europäischen Parlaments und des Rates v. 22. 5. 2001 zur Harmonisierung bestimmter Aspekte des Urheberrechts und der verwandten Schutzrechte in der Informationsgesellschaft (ABl. EG Nr. L 167/10) umsetzte und Privatkopien ausdrücklich nur gestattete, **„soweit nicht zur Vervielfältigung eine offensichtlich rechtswidrig hergestellte Vorlage verwendet wird"** (§ 53 Abs. 1 S. 2). Die File-Sharing-Problematik wurde durch das Zweite Gesetz zur Regelung des Urheberrechts in der Informationsgesellschaft vom 26. 10. 2007 geregelt; es trat am 1. 1. 2008 in Kraft („Korb 2"). Damit stellte der Gesetzgeber klar, dass Privatkopien nicht nur von offensichtlich rechtswidrig hergestellten Vorlagen unzulässig sind, sondern auch bei Verwendung offensichtlich rechtswidriger öffentlich zugänglich gemachter Vorlagen, also bei Benutzung von offensichtlich rechtswidrig ins Internet gestellten Angeboten zum Download (AmtlBegr. BTDrucks. S. 34). Nach der Neufassung des § 53 Abs. 1 besteht somit keine Gesetzeslücke mehr, die durch analoge Anwendung ausgefüllt werden müsste. Zur File-Sharing-Piraterie: *Jan Bernd Nordemann/Dustmann* CR 2004, 380.

5   **§ 96 Abs. 1 schützt den Inhaber des Vervielfältigungsrechts, indem er ihm ein Verbotsrecht hinsichtlich andersartiger Werknutzungen (öffentliche Wiedergabe und Verbreitung) gibt**, die mit Hilfe des rechtswidrig hergestellten Vervielfältigungsstücks vorgenommen werden. Insoweit bestätigt der BGH in seiner Entscheidung Alpensinfonie (GRUR 2006, 319/322) die von *Dreier* in: *Dreier/Schulze*[3] Rdnr. 9 und anderen im Schrifttum vertretene Auffassung und weist ergänzend darauf hin, dass bei einer Verletzung des Urheberpersönlichkeitsrechts oder des allgemeinen Persönlichkeitsrechts des Urhebers durch die rechtswidrige Vervielfältigung (etwa bei Vervielfältigung einer unbefugten Aufzeichnung musikalischer Improvisationen) Ansprüche aus diesen Rechten folgen können. **Auch wenn die Vorschrift des § 96 Abs. 1 verbal nicht ausspricht, dass Vervielfältigungsstücke auch vom Vervielfältigungsberechtigten nicht mit Hilfe eines rechtswidrig hergestellten Vervielfältigungsstücks gefertigt und dementsprechend nicht verbreitet werden dürfen, greift das absolute Verwertungsverbot dieser Bestimmung**. Ohne diese Leitvorschrift wären dem File-Sharing möglicherweise keine Schranken gesetzt worden. Es hat lange gedauert, bis Privatkopien ihre Grenze an rechtswidrigen analogen oder digitalen Vorlagen fanden. Noch besteht die Einschränkung der Offensichtlichkeit der Rechtswidrigkeit der Vorlage und die Umkehr der Beweislast. Das trägt praktischen Gesichtspunkten Rechnung, nicht dem Urheberrecht. Mögen die

Fälle, in denen § 96 heute noch unmittelbar zum Zuge kommt, infolge der vorgenommenen Urheberrechtsnovellen, nicht zuletzt der Anerkennung des uneingeschränkten Rechts der öffentlichen Zugänglichmachung gemäß § 19a, selten geworden sein, behält die Vorschrift **ihre Bedeutung als Grundsatzwertung des Gesetzgebers zum Schutz des geistigen Eigentums.**

II. Voraussetzungen für die Anwendung des § 96

Das Verbot des § 96 erfordert:

1. **die rechtswidrige Herstellung von Vervielfältigungsstücken bzw. die rechtswidrige Veranstaltung einer Funksendung.** Die Rechtswidrigkeit beurteilt sich nach nationalem Recht (siehe Rdnr. 9). Rechtswidrig hergestellt ist ein Vervielfältigungsstück, wenn der Hersteller hierzu weder eine vertragliche Berechtigung besitzt noch eine gesetzliche Schranke der §§ 44a–63 in Anspruch nehmen kann. Entsprechendes gilt für die Veranstaltung. Die Vervielfältigung ist auch rechtswidrig, wenn das Werk dabei entstellt wird (*Fromm/Nordemann*[10] Rdnr. 4; *Dreier* in: *Dreier/Schulze*³ Rdnr. 7; *Schack* GRUR 1986, 734, 735; aA *Möhring/Nicolini/Lütje* Rdnr. 10). **Eine in den gesetzlichen Schranken der §§ 44a–60 zulässige Vervielfältigung berechtigt nur den gesetzlich privilegierten Kreis zu den dort aufgeführten Benutzungshandlungen. Jede darüber hinaus gehende Vervielfältigung ist rechtswidrig** (*Möhring/Nicolini/Lütje* Rdnr. 10). Das ist auch der Fall, wenn eine aufschiebende Bedingung der Erlaubnis nicht eingetreten ist oder die Genehmigung zeitlich vor der Benutzungshandlung wegfällt bzw. die auflösende Bedingung zuvor eintritt (*Möhring/Nicolini/Lütje* Rdnr. 12; *Dreier* in *Dreier/Schulze*³ Rdnr. 7; OLG München GRUR Int. 1993, 88 – Betty and her Trio; OLG München GRUR Int. 1993, 90 – Yosuke Yamashita Quartet). Ist nur ein Teilstück rechtswidrig vervielfältigt, trifft das Verbreitungs- und Wiedergabeverbot die Vervielfältigungsstücke als Ganzes, wenn der rechtswidrig vervielfältigte Teil nicht zu trennen ist (sa. *Dreier* in: *Dreier/Schulze*² Rdnr. 7; *Möhring/Nicolini/Lütje* Rdnr. 11);

2. **die Nutzung** (Verbreitung, öffentliche Wiedergabe bzw. Aufnahme auf Bild- oder Tonträger) **des rechtswidrig hergestellten Vervielfältigungsstücks bzw. der rechtswidrigen Sendung mittels einer an sich gestatteten Verwertungsform.** Zum Begriff des Verbreitens bei § 17; zur öffentlichen Wiedergabe bei § 15 Abs. 2; zum Veranstalten einer Funksendung bei § 20; zur Aufnahme auf Bild- oder Tonträger bei § 16 Abs. 2; zur öffentlichen Wiedergabe von Funksendungen bei § 22. Der Begriff „Verbreitung" (§ 15 Abs. 1 Nr. 2, § 17 UrhG) hat durch die Entscheidung des BGH Le-Corbusier-Möbel II (GRUR 2009, 840) im Anschluss an EUGH (GRUR 2008, 604) eine gewisse Irritation erfahren, weil der EUGH unter „Verbreitung" iSd. Art. 4 Abs. 1 der Richtlinie 2001/29/EG des Europäischen Parlaments und des Rates vom 22. 5. 2001 zur Harmonisierung bestimmter Aspekte des Urheberrechts und der verwandten Schutzrechte in der Informationsgesellschaft (ABl. EG Nr. L 167 v. 22. 6. 2001, S. 10 – Info-RL) nur Handlungen versteht, „die mit einer Übertragung des Eigentums an diesem Gegenstand verbunden sind", und der BGH mit Art. 4 Abs. 1 nicht nur Mindest- sondern Maximalschutz verbindet. Dem widersprechen *Schulze* in: Dreier/Schulze³, § 17 Rdnr. 4a; *Heerma* in: Wandtke/Bullinger³, § 17 Rdnr. 11; *v. Welser*, GRUR Int. 2008, 596; *Goldmann Möller*, GRUR 2009, 551; *Schulze* GRUR 2009, 812 mit überzeugender Begründung, wonach der EUGH mit der Vorlage verkürzt befragt wurde und Art. 4 Abs. 1 Info-RL keinen Maximalschutz festschreibt. Die Info-RL diene der Umsetzung der Verpflichtungen aus dem WCT und dem WPPT, bedeute aber keine Vollharmonisierung. *Schulze* spricht in seinem Aufsatz speziell auch § 96 an (aaO S. 815).

Die Beweislast für die angeführten Voraussetzungen **hat derjenige, der aus § 96 Rechte ableiten will,** dh. der Urheber, der Leistungsschutzinhaber bzw. der derivative Erwerber (Nutzungsberechtigte, Abtretungsempfänger).

III. Funktion im internationalen Warenverkehr

1. **§ 96 kam lange Zeit keine besondere Aufmerksamkeit zu. Die Bedeutung erschien gering.** Soweit es sich um Werkstücke handelt, die im Inland hergestellt worden sind, decken die §§ 97ff. den Schutz praktisch ab.

§ 96

Aufmerksamkeit erlangte § 96 Abs. 1 erst, als anlässlich von **Importen aus dem Ausland** bewusst wurde, dass der Gesetzgeber möglicherweise eine Lücke im Schutz der ausübenden Künstler, der Veranstalter von Darbietungen ausübender Künstler sowie der Sendeunternehmen gelassen hatte, als er ihnen kein Verbreitungsrecht gewährte (§ 75 aF). Das ausschließliche Verbreitungsrecht der Tonträger- und Filmproduzenten (§§ 85 und 94) beschränkt sich auf die eigene Produktion, hilft also beim Import im Ausland hergestellter Bild- und Tonträger nicht. Angesichts des ausschließlichen Vervielfältigungsrechts hielt der Gesetzgeber für die genannte Gruppe ein zusätzliches Verbreitungsrecht, wie der Urheber es mit § 17 besitzt, für überflüssig (AmtlBegr. BTDrucks. IV/270 S. 91; vgl. auch BGH GRUR 1987, 814 – Die Zauberflöte). Der Urheber kann über § 17 jede Verbreitung verhindern, die von ihm nicht autorisiert worden und für die das Verbreitungsrecht noch nicht erschöpft ist. **Mit dem 3. UrhGÄndG v. 23. 6. 1995 (BGBl. I S. 842) ist auch den ausübenden Künstlern das ausschließliche Verbreitungsrecht zugesprochen worden, heute § 77 mit dem ausschließlichen Recht des ausübenden Künstlers, seine Darbietung auf Bild- oder Tonträger – analogen wie digitalen Trägern – aufzunehmen/zu speichern – Abs. 1 – sowie dem ausschließlichen Recht, den analogen wie digitalen Bild- oder Tonträger, auf den seine Darbietung aufgenommen worden ist, zu vervielfältigen und zu verbreiten.** Dass der ausübende Künstler auch das ausschließliche Recht hat, seine Darbietung öffentlich zugänglich zu machen (§ 19 a) und öffentlich wiederzugeben, ergibt sich aus § 78, es sei denn, dass die Darbietung erlaubterweise auf Bild- oder Tonträger aufgenommen worden ist, die erschienen oder erlaubterweise öffentlich zugänglich gemacht worden sind.

9   2. **Eine empfindliche Regelungslücke,** eine „offene Flanke" der Leistungsschutzrechte (*Hesse* ZUM 1985, 365/366), die insbesondere bei den ausübenden Künstlern empfunden wird, besteht, wenn der **Begriff „rechtswidrig hergestellt" in § 96 nach dem Recht des Herkunftslandes** beurteilt wird und nicht nach dem geltenden inländischen Urheberrecht.

Der BGH hat in der Entscheidung **Konzertveranstalter** (GRUR 1972, 141/142) diesen Standpunkt vertreten. Der Entscheidung lag der Fall zugrunde, dass bei einer konzertmäßigen Aufführung im Inland geschützter Musikwerke durch ein ausländisches Orchester aus dem Ausland von den Orchestermitgliedern mitgebrachtes Notenmaterial verwandt worden war. Der BGH sah darin keinen Verstoß gegen § 96 Abs. 1. Der Fall ist inzwischen zu Recht als Sonderfall ausgegrenzt, vgl. BGHZ 121, 319/327.

Die Entscheidung überzeugt nicht. **Spricht der nationale Gesetzgeber von „rechtswidrig" in einem Gesetz, meint er damit grundsätzlich für Vorgänge, die im Inland zu beurteilen sind, das inländische Rechtsverständnis** (aA *Unger/v. Olenhusen* ZUM 1987, 154/161 f.). Die Geltung des Territorialitätsprinzips wird dadurch nicht berührt. Dieses Prinzip besagt nur, dass inländische Schutzrechte nur im Inland und ausländische Schutzrechte nur im Ausland verletzt werden können und dass die Beurteilung der sich aus inländischem Schutzrecht ergebenden Rechte und Ansprüche ausschließlich inländischem und aus ausländischen Schutzrechten herzuleitende Rechte und Ansprüche ausschließlich ausländischem Recht unterliegen (siehe Vor §§ 120 ff. Rdnr. 128, 129 ff.). Dagegen ist es etwas anderes, ausländische Fakten in die inländische Rechtsbeurteilung nach inländischem Recht einzubeziehen. Wenn der Gesetzgeber im Sinn hatte, die Leistungsschutzberechtigten über das ausschließliche Vervielfältigungsrecht und § 96 ergänzend wirksam zu schützen, **kann das nur bedeuten, dass rechtswidrig hergestellt bzw. rechtswidrig veranstaltet im Sinne des geltenden Gesetzes** gemeint war und nicht ausländisches Recht in Bezug genommen werden sollte, das womöglich weniger oder keinen Rechtsschutz gibt. Die Beurteilung nach dem ausländischen Recht gilt für den dortigen Rechtsraum, nicht jedoch für die inländische Rechtsbetrachtung. Deshalb bedarf es keiner analogen Anwendung des § 96 im Falle einer Verbreitung rechtswidrig im Ausland hergestellter Mitschnitte (heute § 77 Abs. 1 vorm. § 75; *Fromm/Nordemann*[10] Rdnr. 6; *Dreier* in: *Dreier/Schulze*[3] Rdnr. 7; *Wandtke/Bullinger*[3] Rdnr. 6; *Dreyer/Kotthoff/Meckel*[2] Rdnr. 5; *Bungeroth* GRUR 1976, 454/459 f.; *Flechsig* UFITA 81 [1978] 97; *Hesse* ZUM 1985, 365/367; *Ulmer* IPRax 1987, 13 f.; offengelassen in KG UFITA 91 [1981] 224/229 und in BGH GRUR 1986, 454/455 – Bob Dylan – mit abl. Anm. *Krüger*), sondern **das Verbot ergibt sich unmittelbar aus § 96** (OLG Hamburg ZUM 1985, 371/374 – Karajan; *Schorn* GRUR 1983, 492/493). Dabei ist § 96 für Urheber- und Leistungsschutzberechtigte nicht unterschiedlich auszulegen (so *Bungeroth* GRUR 1976, 454/458), mag auch für die Urheber keine praktische Notwendigkeit für die Heranziehung dieser Bestimmung bestehen. **Inzwischen hat sich auch der BGH in der Entscheidung „The Doors" v. 18. 2. 1993 der herrschenden Meinung in Rechtsprechung** und Schrifttum angeschlossen und klar bekannt, dass „rechtswidrig hergestellt" und „rechtswidrig veranstaltet" Rechtswidrigkeit im Sinne des geltenden nationalen Rechts meint (BGHZ 121, 319/324f. mwN – noch offen in BGH GRUR 1986, 454/455 – Bob Dylan; aA *Schack*[4] Rdnr. 824). Geltendes nationales Recht schließt heute Europarecht ein.

3. Ob ausländische Rechtsträger nach dem Urheberrechtsgesetz geschützt sind, 10
hängt freilich davon ab, ob und inwieweit sie Inländerbehandlung genießen. Das bestimmt sich über **Staatsverträge** (§ 125 Abs. 5 – siehe dort), nach **deutschem Fremdenrecht** (§ 125 Abs. 2–4, 6 – siehe dort) und nach **EU-Recht.** Das OLG Hamburg hat ausländischen ausübenden Künstlern wiederholt über § 125 Abs. 5 iVm. Art. 4 des Internationalen Abkommens über den Schutz der ausländischen Künstler, der Hersteller von Tonträgern und der Sendeunternehmen v. 26. 10. 1961 – Rom-Abkommen sowie über § 125 Abs. 6 iVm. §§ 75 (heute § 77), 96 Abs. 1, 97 Abs. 1 Schutz gewährt (ZUM 1985, 371/374 – Karajan; ZUM 1991, 496/497 – The Doors; GRUR 1992, 437/438 – Rolling Stones). Der BGH hat diesen Weg kategorisch abgelehnt. Ein Bearbeiterurheberrecht bestehe über § 2 Abs. 2 LUG, das in das Urhebergesetz eingegangen sei, nicht. Das **Rom-Abkommen gelte nur für Urheber-, nicht aber für Leistungsschutzrechte** (BGH GRUR 1987, 814/816 – Die Zauberflöte; BGH GRUR 1986, 454 – Bob Dylan; BGH GRUR 1992, 845/846 – Cliff Richard I; und vehement in BGHZ 125, 382/385 – Rolling Stones). Der BGH hat sich auch im Rahmen des § 125 Abs. 6 völlig auf den Wortlaut verengt. Da § 125 Abs. 6 nur die §§ 74 aF (die Darbietung außerhalb des Vortragsraums), 75 Satz 1 (heute § 77 Abs. 1 – die Aufnahme auf Bild- und Tonträger ohne Einwilligung des Künstlers) und 83 aF (die Entstellung) nennt und § 75 Satz 2 (heute § 77 Abs. 2) nicht einbezieht, **wird der Schutz vor widerrechtlicher Vervielfältigung** ausgegrenzt. Der BGH übergeht dabei, dass bei Vervielfältigungen zu unterscheiden ist, ob die Aufnahme mit oder ohne Zustimmung des Künstlers erfolgte. Erfolgte sie mit seiner Zustimmung, ist die Frage der Vervielfältigung eine reine Verwertungsfrage; erfolgte die der **Vervielfältigung** zugrunde liegende Aufnahme **ohne Zustimmung des Künstlers,** wird bei der Freigabe der Vervielfältigung das durch § 75 Satz 1 (heute § 77 Abs. 1) geschützte **Selbstbestimmungsrecht des Künstlers verletzt.** Solche Vervielfältigungen zuzulassen, bedeutete **die Perpetuierung des Rechtsbruchs,** nämlich eine gerade durch § 75 Satz 1 (heute § 77 Abs. 1) **verbotene Persönlichkeitsrechtsverletzung,** die ihre verfassungsrechtliche Grundlage in **Art. 1 und 2 Abs. 1 GG** hat. Es ist schwer nachvollziehbar, dass das Bundesverfassungsgericht dies in seiner Entscheidung zu Bob Dylan nicht gesehen hat (BVerfG GRUR 1990, 437/440). **Über den Schutz des Persönlichkeitsrechts** hat Bob Dylan **späte Genugtuung** erlangt; der BGH verbot den Einsatz seines Abbildes – trotz Person der Zeitgeschichte – im Cover der CD des nicht autorisierten Mitschnitts eines Konzerts in Amerika (GRUR 1997, 125 – Künstlerabbildung in CD-Einlageblatt – dazu *Hahn,* Das Recht am eigenen Bild – anders betrachtet, NJW 1997, 1348). Gegen die Gesetzesauslegung des BGH auch: *Schack*[4] Rdnr. 822; *Krüger* GRUR 1986, 456, 457; *Braun* GRUR Int. 1996, 790/796; *Möhring/Nicolini/Lütje* Rdnr. 17; *Wandtke/Bullinger*[3] Rdnr. 21; aA *Dreyer/Kotthof/Meckel*[2] Rdnr. 6.

Im Rahmen der Europäischen Union ist das Streitthema durch die Phil-Collins-Entscheidung 11
des EuGH vom 20. 10. 1993 entschärft worden (GRUR 1994, 280). **Danach unterliegen das Urheberrecht und die verwandten Schutzrechte dem Art. 36 Abs. 1 EGV,** bis 30. 11. 2009 **Art. 30 EG,** seit Inkrafttreten des Lissabon-Vertrags am 1. 12. 2009 Art. 36 „Vertrag über die Arbeitsweise der Europäischen Union" – AEUV (ABl. EU vom 8. 5. 2008 Nr. C 115, S. 47), **nationale Rechtsvorschriften eines Mitgliedstaats verstoßen gegen das Diskriminierungsverbot** (Art. 18 AEUV, bis 30. 11. 2009 Art. 12 EG, vormals Art. 6 EGV, ursprünglich Art. 7 Abs. 1 EWGV), sofern sie Angehörige eines anderen Mitgliedstaates in irgendeiner Weise gegenüber Inländern benachteiligen (*Schack* zu EuGH – Phil Collins – in JZ 1994, 142/144ff.). Der BGH hat sich dieser Rechtsprechung angeschlossen (BGHZ 125, 382/388 – Rolling Stones; BGH ZUM 1996, 414 – Cliff Richard II; BGH GRUR 1998, 568 – Beatles-Doppel-CD). **Durch das 3. UrhGÄndG v. 23. 6. 1995 (BGBl. I S. 842) sind die Staatsangehörigen anderer EU-Staaten und EWR-Staaten den deutschen Staatsangehörigen gleichgestellt worden** (§ 120 Abs. 2 Nr. 2). Das Diskriminierungsverbot gilt auch für Urheber, die zu Lebzeiten noch nicht Staatsbürger eines EU-Landes gewesen sind (OLG Frankfurt/M ZUM 1997, 748). **Das Problem für ausübende Künstler außerhalb der EU und des EWR bleibt bestehen.** § 125 Abs. 6 hat nur eine redaktionelle Änderung erfahren, indem aus den bisherigen Sätzen 1 und 2 Absätze 1 und 2 wurden. Das Vervielfältigungs- und das Verbreitungsrecht gem. § 77 Abs. 2 wurden in § 125 Abs. 6 nicht einbezogen (*Schmidt* in: *Büscher/*

Vor § 97 Vorbemerkung

Dittmer/Schiwy, Gewerblicher Rechtsschutz Urheberrecht Medienrecht, Teil 1 Kap. 8 § 96 Rdnr. 5). Möglicher Schutz besteht über Art 14 Nr. 1 des Abkommens über handelsbezogene Aspekte der Rechte an geistigem Eigentum v. 15. 12. 1993/15. 4. 1994 („TRIPS"-Abkommen). Siehe *Möhring/Nicolini/Lütje* § 96 Rdnr. 17; *Braun* GRUR Int. 1996, 790; *ders.* GRUR Int. 1997, 427.

12   4. Nach allgemeiner Meinung erfüllt bereits die erste Werkverkörperung (Erstfixierung) – analog wie digital – den Tatbestand der Vervielfältigung (BGHZ 17, 266/269 – Grundig-Reporter; BGHZ 33, 20/25 – Figaros Hochzeit; BGHZ 38, 356/359 – Fernsehwiedergabe von Sprachwerken; BGHZ 39, 352/354 – Vortragsveranstaltung; *v. Gamm* § 16 Rdnr. 5; *Möhring/Nicolini/Kroitzsch* Rdnr. 3; *Fromm/Nordemann*[10] § 16 Rdnr. 1). § 75 S. 2 (heute § 77 Abs. 2) meint etwas anderes. Diese Bestimmung besagt, dass auch Bild- oder Tonträger, zu deren Herstellung der ausübende Künstler seine Zustimmung erteilt hat, nur mit seiner Zustimmung vervielfältigt werden dürfen. Diese Bestimmung gewährt dem Künstler entsprechend dem Sinn des § 83 aF, heute § 75 S. 1 das Endabnahmerecht.

13   5. Im Rahmen des § 96 ist das **Europäische Gemeinschaftsrecht** auch weiter zu beachten. Nach Art. 34 und 36 AEUV, zuvor bis 30. 11. 2009 Art. 28 und 30 EG, vorm. Art. 30 und 36 EWG, sowie Art. 101 und 102 AEUV, zuvor bis 30. 11. 2009 Art. 81 und 82 EG, vorm. Art. 85 und 86 EWG sind mengenmäßige Einfuhrbeschränkungen sowie Maßnahmen gleicher Wirkungen zwischen den Mitgliedsstaaten verboten. Nach Art. 36 AEUV, zuvor bis 30. 11. 2009 Art. 30 EG steht jedoch die Bestimmung des Art. 34 AEUV, zuvor bis 30. 11. 2009 Art. 28 EG allen Beschränkungen nicht entgegen, die zum Schutz gewerblichen und kommerziellen Eigentums gerechtfertigt sind. Das Gemeinschaftsrecht steht der Ausübung eines nationalen Schutzrechts jedenfalls dort nicht entgegen, wo es darum geht, den rechtmäßigen Inhaber vor missbräuchlicher Benutzung des geschützten Gegenstandes durch Personen zu bewahren, denen keinerlei Rechtstitel zusteht (s. *Gotzen* GRUR Int. 1980, 471/474; *Schricker* Verlagsrecht[3] Einl. Rdnr. 65, 67; *Straus* GRUR Int. 1985, 19/27; *Deringer* NJW 1985, 513; *Bungeroth* GRUR 1976, 454/463; OLG Hamburg ZUM 1985, 371/375 – Karajan; BGHZ 121, 319/327 – The Doors).

Abschnitt 2. Rechtsverletzungen

Unterabschnitt 1. Bürgerlich-rechtliche Vorschriften; Rechtsweg

Vorbemerkung

Schrifttum zur Verbesserung der Durchsetzung von Rechten des geistigen Eigentums und zur Richtlinie 2004/48/EG (Enforcement-Richtlinie): *Ahrens*, Gesetzgebungsvorschlag zur Beweisermittlung bei Verletzung von Rechten des geistigen Eigentums, GRUR 2005, 837; *Anschewitz*, Die Durchsetzungs-Richtlinie und ihre Umsetzung in deutsches Recht, 2008; *Berlit*, Auswirkungen des Gesetzes zur Verbesserung der Durchsetzung der Rechte des geistigen Eigentums im Patentrecht, WRP 2007, 732; *Bornkamm*, Der Schutz vertraulicher Informationen im Gesetz zur Durchsetzung von Rechten des geistigen Eigentums – In- camera-Verfahren im Zivilprozessrecht? FS Ullmann, 2006, S. 893; *ders.*, E-Commerce Directive vs. IP Rights Enforcement – Legal Balance Achieved? GRUR Int. 2007, 642; *Dreier*, Ausgleich, Abschreckung und andere Rechtsfolgen von Urheberrechtsverletzungen – Erste Gedanken zur EU-Richtlinie über die Maßnahmen und Verfahren zum Schutz der Rechte am geistigen Eigentum, GRUR Int. 2004, 706; *ders.*, TRIPS und die Durchsetzung von Rechten des geistigen Eigentums, GRUR Int. 1996, 205; *Drexl/Hilty/Kur*, Vorschlag für eine Richtlinie über die Maßnahmen und Verfahren zum Schutz der Rechte am geistigen Eigentum – eine erste Würdigung, GRUR Int. 2003, 605; *Eisenkolb*, Die Enforcement-Richtlinie und ihre Wirkung – Ist die Enforcement-Richtlinie nach Ablauf der Umsetzungsfrist unmittelbar wirksam? GRUR 2007, 387; *Frank/Wiegand*, Der Besichtigungsanspruch im Urheberrecht de lege ferenda, CR 2007, 481; *Franz*, TRIPs, „TRIPS plus" und der von den Zwangsmaßnahmen Betroffene – Vorschläge für ein faires Verfahren, ZUM 2005, 802; *Frey/Rudolph*, EU-Richtlinie zur Durchsetzung der Rechte des geistigen Eigentums, ZUM 2004, 522; *GRUR* Stellungnahme zur Umsetzung der Richtlinie 2004/48/EG des Europäischen Parlaments und des Rates zur Durchsetzung der Rechte des geistigen Eigentums, GRUR 2005, 747; *dies.*, Gemeinsame Stellungnahme zum Referentenentwurf für ein „Gesetz zur Verbesserung der Durchsetzung von Rechten des geistigen Eigentums", GRUR 2006, 393; *dies.*, Stellungnahme zum anstehenden Gesetzgebungsverfahren im Bereich des Urheberrechts sowie zur Studie der EU-Kommission zur Evaluierung der Datenbankrichtlinie 96/9/EG, GRUR, 2006, 483; *dies.*, Stellungnahme zur Umsetzung der Richtlinie zur Durchsetzung des Geistigen Eigentums, GRUR, 2007, 765; *dies.*, Informationsbefugnisse des Schutzrechtsinhabers im Spiegel der EG-Richtlinie zur Durchsetzung der Rechte des geistigen Eigentums, FS Schricker, 2005, S. 19; *Harte-Bavendamm*, Der Richtlinienvorschlag zur Durchsetzung der Rechte des geistigen Eigentums, FS Tilmann, 2003, S. 793; *v. Hartz*, Beweissicherungsmöglichkeiten im Urheberrecht nach der Enforcement-Richtlinie im deutschen Recht, ZUM 2005, 376; *Hilty/Kur/Peukert*, Stellungnahme des Max-Planck-Instituts für Geistiges Eigentum, Wettbe-

Vorbemerkung   **Vor § 97**

werbs- und Steuerrecht zum Vorschlag für eine Richtlinie über strafrechtliche Maßnahmen zur Durchsetzung der Rechte des geistigen Eigentums, KOM (2006) 168 endgültig, GRUR Int. 2006, 722; *Hoeren,* High-Noon im Europäischen Immaterialgüterrecht – Überlegungen zum Vorschlag für eine Richtlinie über die Maßnahmen und Verfahren zum Schutz der Rechte am geistigen Eigentum, MMR 2003, 299; *Ibbeken,* Das TRIPS-Übereinkommen und die vorgerichtliche Beweishilfe im gewerblichen Rechtsschutz, 2004; *Keplinger,* Enforcement of IP Rights in the Digital Environment – the Role of the WIPO, GRUR Int. 2007, 648; *Knaak,* Die EG-Richtlinie zur Durchsetzung der Rechte des geistigen Eigentums und ihr Umsetzungsbedarf im deutschen Recht, GRUR Int. 2004, 745; *Kur/Peukert,* Stellungnahme des Max-Planck-Instituts für Geistiges Eigentum, Wettbewerbs- und Steuerrechts zur Umsetzung der Richtlinie 2004/48/EG zur Durchsetzung der Rechte des geistigen Eigentums ins deutsche Recht, GRUR Int. 2006, 292; *Loschelder,* Die Enforcement-Richtlinie und das Urheberrecht, FS Raue, 2006, S. 529; *Mahlmann,* Schaden und Bereicherung durch die Verletzung „geistigen Eigentums" – die Anspruchshöhe bei Verletzungen gewerblicher Schutzrechte, bei Urheber-, Persönlichkeits- und Wettbewerbsrechtsverletzungen. Eine vergleichende Untersuchung des deutschen, französischen und englischen Rechts unter Berücksichtigung der Richtlinie 2004/48/EG, 2005; *McGuire,* Beweismittelvorlage und Auskunftsanspruch nach der Richtlinie 2004/48/EG zur Durchsetzung der Rechte des Geistigen Eigentums, GRUR Int. 2005, 15; *Metzger/Wurmnest,* Auf dem Weg zu einem Europäischen Sanktionsrecht des geistigen Eigentums? – Anmerkungen zum Vorschlag der Europäischen Kommission für eine Richtlinie „über Maßnahmen und Verfahren zum Schutz der Rechte an geistigem Eigentum", ZUM 2003, 922; *Nägele/Nitsche,* Gesetzentwurf der Bundesregierung zur Verbesserung der Durchsetzung von Rechten des geistigen Eigentums, WRP 2007, 1047; *Pahlow,* Anspruchskonkurrenzen bei Verletzung lizenzierter Schutzrechte unter Berücksichtigung der Richtlinie 2004/48/EG, GRUR 2007, 1001; *Patnaik,* Enthält das deutsche Recht effektive Mittel zur Bekämpfung von Nachahmungen und Produktpiraterie? GRUR 2004, 191; *Schwarz/Brauneck,* Verbesserung des Rechtsschutzes gegen Raubkopierer auf der Grundlage der EU-Enforcement-Richtlinie und deren Umsetzung in deutsches Recht, ZUM 2006, 701; *Seichter,* Die Umsetzung der Richtlinie zur Durchsetzung der Rechte des geistigen Eigentums, WRP 2006, 391; *ders.,* Der Auskunftsanspruch nach Art. 8 der Richtlinie zur Durchsetzung der Rechte des geistigen Eigentums, FS Ullmann, 2006, S. 983; *Spindler/Weber,* Die Umsetzung der Enforcement-Richtlinie nach dem Regierungsentwurf für ein Gesetz zur Verbesserung der Durchsetzung von Rechten des geistigen Eigentums, ZUM 2007, 257; *Spinler/Dorschel,* Vereinbarkeit der geplanten Auskunftsansprüche gegen Internet-Provider mit EU-Recht, CR 2006, 341; *Spindler/Weber,* Der Geheimnisschutz nach Art. 7 der Enforcement-Richtlinie, MMR 2006, 711; *Tilmann,* Beweissicherung nach Art. 7 der Richtlinie zur Durchsetzung der Rechte des geistigen Eigentums, GRUR 2005, 737; *Walter,* Die Rechtsdurchsetzung in: Riesenhuber (Hrsg.), Systembildung im internationalen Urheberrecht, Schriften zum Europäischen Urheberrecht Bd. 5, Berlin 2007, S. 243; *Wiebe,* Enforcement-RL, in: Dittrich (Hrsg.), Beiträge zum Urheberrecht VIII, 2005, S. 167; *Wrede,* Strafrechtliche Sanktionen bei Verstößen gegen Geistiges Eigentum in Europa, MarkenR 2006, 469.

Übersicht

	Rdnr.
I. Allgemeines	1, 2
II. Interessenwiderstreit zwischen dem Schutz des geistigen Eigentums und dem Interesse der Allgemeinheit an freier Nutzung	3, 4
III. Die Richtlinie 2004/48/EG zur europäischen Rechtsvereinheitlichung	5
IV. Die Umsetzung in deutsches Recht	6–9
V. Übersicht zu §§ 97 ff. nach der Umsetzung der Richtlinie 2004/48/EG	10

I. Allgemeines

Die Entwicklung der elektronischen Medien hat **das Urheberrecht in Bewegung** versetzt. **1** Technik und Zeitgeist drohen den Schutz des geistigen Eigentums zu überrollen. Mit der Digitalisierung schien die Verfügbarkeit grenzenlos zu werden. Gestattet das Urhebergesetz nicht Kopien zum privaten und sonstigen eigenen Gebrauch? Wenn analog, warum dann nicht auch digital? Schließlich gibt es das **Grund- und Menschenrecht auf Informationsfreiheit** (Artikel 5 Abs. 1 S. 1 GG, Art. 10 Abs. 1 S. 2 EMRK). Das Bewusstsein, dass Urheberrechte und verwandte Schutzrechte Eigentum darstellen und ihre Verletzung sogar strafbar ist, entwickelt sich in Deutschland nur langsam. Zögerlich gewinnt diese Erkenntnis an Boden. 2004 konnte *Herrnleben* noch fragen „Raubkopien – ein Kavaliersdelikt?" (MMR 2004, 505/506) und bedauernd feststellen, dass 2003 allein in Deutschland Software im Wert von 1,7 Mrd. im Einsatz war, 2006 war es noch illegale Software im Wert von 1,5 Mrd. Im Jahr 2006 sind nach Stefan Michalk, Geschäftsführer des Bundesverbandes Musikindustrie, 374 Millionen Dateien illegal herunter geladen worden. Nach dem ITK-Branchenverband Bitkom kommen auf einen legalen Musik-Download zehn illegale. Für 2007 wird durch illegales Download und illegales Kopieren von Musik-CDs ein Schaden von 530 Millionen Euro geschätzt, weitere 200 Millionen Euro kommen für unerlaubte Filmkopien hinzu: gestohlenes Volksvermögen. Der OECD zufolge entsteht durch Produkt- und Markenpiraterie jährlich ein weltweiter Schaden von 150 Milliarden Euro; für Deutschland werden 15 bis 30 Milliarden Euro geschätzt (Plöger, Der Betrieb 2009, Beilage 1/2 „Status Recht" S. 28 f.). Selbst zu hoch geschätzt, ist der Schaden beträchtlich.

2 Es besteht noch immer eine sonderbare Wertung. Beim Zitatrecht (§ 51) werden trotz einiger Lockerungen, zuletzt mittels Neufassung des § 51 durch das Zweite Gesetz zur Regelung des Urheberrechts in der Informationsgesellschaft vom 26. 10. 2007 (BGBl. I S. 2513), enge Grenzen gezogen, obwohl gerade auf diesem Gebiet der Informations- und Meinungsfreiheit größerer Raum gegeben werden müsste. Hier findet die geistige Auseinandersetzung statt. Die Privatkopie dagegen wird selbst im digitalen Zeitalter noch als Recht auf Selbstverwirklichung verteidigt, als hätte jeder einen Anspruch auf jede neue Musik-CD, auf jeden neuen Film, auf jede neue Software, auf jede Nutzung wissenschaftlicher Werke, ohne einen angemessenen Preis dafür zu bezahlen. Zu Recht formieren sich Einsicht und Widerstand. Das Urheberrecht steht wie das Eigentum unter dem Sozialstaatsprinzip. Das erfordert gerechte Schranken und Durchsetzungsschutz.

Das UrhG gewährt Schutz vor Rechtsverletzungen im Zweiten Abschnitt des Gesetzes. Im Unterabschnitt 1 sind die zivilrechtlichen Folgen einschließlich des Rechtswegs normiert, §§ 97–105. Der Unterabschnitt 2 enthält Straf- und Bußgeldvorschriften §§ 106–111a, der Unterabschnitt 3 Vorschriften über Maßnahmen der Zollbehörden, § 111b.

II. Interessenwiderstreit zwischen dem Schutz geistigen Eigentums und dem Interesse der Allgemeinheit an freier Nutzung

3 Der **Interessenwiderstreit zwischen dem Schutz des geistigen Eigentums und dem Interesse der Allgemeinheit an freier Nutzung** beschäftigt die Urheberrechtler schon lange, national wie international, wenn das Thema auch erst in der sich entwickelnden Informationsgesellschaft Brisanz bekommen hat. 1971 postulierte das Berner Übereinkommen zum Schutz von Werken der Literatur und Kunst – RBÜ – (Pariser Fassung vom 24. 7. 1971, BGBl. II S. 1973, S. 1071, 1985 S. 81) zu den Schranken des Urheberrechts den **„Drei-Stufen-Test"**: Danach bleibt es dem Gesetzgeber der Verbandsländer vorbehalten, das dem Urheber ausschließlich zustehende Vervielfältigungsrecht zu beschränken und Dritten Vervielfältigungen zu gestatten: **in gewissen Sonderfällen (1. Stufe),** wenn eine solche Vervielfältigung **weder die normale Auswertung des Werks beeinträchtigt (2. Stufe)** noch **die berechtigten Interessen des Urhebers unzumutbar verletzt werden (3. Stufe).** Dieser „Drei-Stufen-Test" fand Eingang in Art. 10 Abs. 1 und 2 WIPO-Urheberrechtsvertrag – WCT vom 20. 12. 1996 (ABl. EG L 89/8 vom 11. 4. 2000), Art. 16 Abs. 2 WIPO-Vertrag über Darbietungen und Tonträger – WPPT vom 20. 2. 1996 (ABl. EG L 89/15 vom 11. 4. 2000) und in **Art. 13** Übereinkommen über handelsbezogene Aspekte der Rechte des geistigen Eigentums – **TRIPS** (als Bestandteil des Übereinkommens zur Einrichtung der WTO BGBl. 1994 II S. 1443). Deutschland hat TRIPS in nationales Recht übernommen (BGBl. II 1994, S. 1730). Mit dem Beitritt der Europäischen Gemeinschaft zu TRIPS ist das Übereinkommen mit Wirkung vom 1. 1. 1995 auch **unmittelbar geltendes Gemeinschaftsrecht** geworden. Seither übernimmt der EG/EU-Gesetzgeber den „Drei-Stufen-Test" in die einschlägigen Rechtsakte: Art. 6 Abs. 3 Datenbank-RL 96/9/EG vom 11. 3. 1996 (ABl. EG L 77/20 v. 27. 3. 1996) und Art. 5 Abs. 5 Harmonisierungs-RL 2001/29/EG vom 22. 5. 2001 (ABl. EG L 167/10 v. 22. 6. 2001).

4 Die **Harmonisierungs-RL** wurde durch **Gesetz zur Regulierung des Urheberrechts in der Informationsgesellschaft vom 10. 9. 2003 in das deutsche Recht umgesetzt, genannt: „Erster Korb"** (BGBl. 2003 I S. 1774). Ein **„Zweiter Korb"** folgte. Er ist nach langen kontroversen Debatten innerhalb der beteiligten Verkehrskreise durch das **Zweite Gesetz zur Regelung des Urheberrechts in der Informationsgesellschaft v. 26. 10. 2007** (BGBl. I S. 2513) realisiert worden und seit dem 1. 1. 2008 in Kraft. Er passt das Vergütungssystem den technischen Entwicklungen an, führt neue Schrankenbestimmungen zugunsten von Forschung und Wissenschaft ein und lockert das bisher für den Urheber geltende Verbot, über noch unbekannte Nutzungsarten zu bestimmen. Ein weiterer Schwerpunkt des Gesetzes, der den hier zu behandelnden Abschnitt „Rechtsverletzungen" betrifft, bildet die Regelung zur Privatkopie: Das Verbot einer Kopie einer offensichtlich rechtswidrig hergestellten Vorlage (normiert im „Ersten Korb") wird auf unrechtmäßig online zum Download angebotene Vorlagen ausgedehnt (§ 53 Abs. 1 S. 1), und es bleibt bei dem Verbot aus dem „Ersten Korb", einen Kopierschutz zu knacken. Die zulässige Privatkopie findet ihre Grenze, wo Kopierschutzmaßnahmen eingesetzt sind. Es besteht kein Recht auf Privatkopie zu Lasten des Rechtsinhabers. Forderungen nach einem „Dritten Korb" werden laut; er soll sich mit den Belangen von Bil-

Vorbemerkung   Vor § 97

dung, Wissenschaft und Forschung in der Wissens- und Informationsgesellschaft auseinandersetzen (siehe die Stellungnahme der GRUR durch den Fachausschuss für Urheber- und Verlagsrecht zum Fragenkatalog des Bundesministeriums der Justiz vom 13. 2. 2009, GRUR 2009, 1035).

III. Die Richtlinie 2004/48/EG zur europäischen Rechtsvereinheitlichung

Die **Richtlinie 2004/48/EG** des Europäischen Parlaments und des EU-Ministerrats vom 29. 4. 2004 **zur Durchsetzung der Rechte des geistigen Eigentums** (in revidierter Fassung ABl. L 195 v. 2. 6. 2004, S. 16) – wenige Tage vor dem Beitritt der neuen Mitgliedstaaten erlassen – verpflichtete die Mitgliedstaaten erstmals zur **Regelung bestimmter materiellrechtlicher Sanktionen und verfahrensrechtlicher Instrumente,** um die Rechte des geistigen Eigentums durchzusetzen: Urheber-/Inhabervermutung für Urheber und Inhaber verwandter Schutzrechte (Art. 5), Beweisvorlagepflichten bei Gericht (Art. 6), Beweissicherungsverfahren (Art. 7), Auskunftsrechte (Art. 8), einstweilige Maßnahmen und Sicherungsmaßnahmen (Art. 9), Abhilfemaßnamen (Art. 10), Unterlassungsanordnungen (Art. 11), Ersatzmaßnahmen (Art. 12), Regeln zum Schadensersatz (Art. 13), Prozesskosten (Art. 14), Veröffentlichung von Gerichtsentscheidungen (Art. 15). Art. 16–19 enthalten Regeln zu Sanktionen, Verhaltenskodizes und zur Verwaltungsarbeit. Nach Art. 3 Abs. 2 der Richtlinie müssen die Maßnahmen, Verfahren und Rechtsbehelfe „**wirksam, verhältnismäßig und abschreckend sein und so angewendet werden, dass die Einrichtung von Schranken für den rechtmäßigen Handel vermieden wird und die Gewähr gegen Missbrauch gegeben ist**". 5

Die Richtlinie 2004/48/EG berührt nach Art. 2 Abs. 2 und 3a nicht die in den zuvor erlassenen Richtlinien enthaltenen Bestimmungen: Richtlinie 91/250/EWG zum Schutz von Computerprogrammen, insbesondere Art. 7, Richtlinie 2001/29/EG zum Urheberrecht in der Informationsgesellschaft, insbesondere Art 2–6 und 8, Richtlinie 2000/31/EG zum elektronischen Geschäftsverkehr, insbesondere die dortigen Haftungsbestimmungen der Art. 12–15, national normiert im TMG. Die strafrechtlichen Rechtsfolgen richten sich nach Art. 2 Abs. 3b und c der Richtlinie 2004/48/EG nach internationalen Übereinkommen, insbesondere dem TRIPS-Übereinkommen und den innerstaatlichen Vorschriften der Mitgliedstaaten. Ob und inwieweit auch zum Strafrecht eine Harmonisierung stattfindet, wird kritisch hinterfragt (*Hilty/Kur/Peukert* GRUR Int. 2006, 722).

IV. Die Umsetzung in deutsches Recht

Die Umsetzung der Richtlinie 2004/48/EG in nationales Recht, festgesetzt zum 29. 4. 2006, hat die Bundesrepublik mit gut zweijähriger Verspätung 2008 erreicht (BGBl. I S. 1191). **Umsetzungsbedarf bestand in Deutschland prozessual wie materiellrechtlich,** auch wenn das bisherige deutsche Recht den europäischen Vorschriften schon weitgehend entsprach und die Richtlinie in einigen Vorgaben über Mindestanforderungen Gestaltungsspielraum lässt (Art. 2 Abs. 1, Art 8 Abs. 3 – Auskunft, Art 16 – Sanktionen). Bei der Harmonisierung stoßen Rechtskulturen aufeinander, die dogmatisch zusammengeführt werden mussten. Zum Schrifttum siehe das Verzeichnis zu Beginn des Kapitels. 6

In der umsetzungsfreien Zeit bestand gemäß Art. 10 Abs. 1, Art. 249 Abs. 3 EGV für die nationalen Gerichte die **Verpflichtung, das nationale Recht richtlinienkonform auszulegen**. Das kann auch eine Interpretation erfordern, die von der bisher in Deutschland geltenden Dogmatik abweicht. Die Grenze ist nur ein eindeutig entgegenstehender Wortlaut des geltenden nationalen Rechts. Die Gerichte können vor der Umsetzung auch keine Rechtsbehelfe schaffen, die das Gesetz bisher nicht kennt (*Dreier* in: *Dreier/Schulze* [3] Rdnr. 7 vor §§ 97 ff.). 7

Der deutsche Gesetzgeber sah Umsetzungsbedarf zur Erstreckung der Urhebervermutung des § 10 auch auf Inhaber verwandter Schutzrechte (Art. 5 Buchstabe b der Richtlinie; AmtlBegr. BTDrucks. 16/5048 S. 26). Die Umsetzung erfolgte im Gesetz zur Verbesserung der Durchsetzung von Rechten des geistigen Eigentums BGBl. 2008 I in Art. 6 Nr. 4 bis 9 (§§ 71, 74, 85, 87, 87b, 94 UrhG). Umsetzungsbedarf wurde weiter erkannt: beim Umfang der Vorlage von Beweisen durch die gegnerische Partei (Art. 6 Abs. 1 S. 1 Absatz 2 der Richtlinie – hinsichtlich Urkundenvorlage, Vorlage von Geschäftsunterlagen, Besichtigung), bei den Maßnahmen zur Beweissicherung (Art. 7 Abs. 4 der Richtlinie hinsichtlich Schadensersatz bei einer unge- 8

Vor § 97 Vorbemerkung

rechtfertigten einstweiligen Verfügung in Erweiterung des § 945 ZPO), zum Auskunftsanspruch (Art. 8 Abs. 1 Buchstaben a–d, Abs. 2 Buchstabe b hinsichtlich des Umfangs der Auskunftserteilung und der Passivlegitimation), zu den einstweiligen Maßnahmen und Sicherungsmaßnahmen (Art. 9 Abs. 2 S. 2 der Richtlinie hinsichtlich behördlicher dh. gerichtlicher Anordnung der Übermittlung/Zugänglichmachung von Bank-, Finanz- oder Handelsunterlagen), zu den Abhilfemaßnahmen (Art. 10 Abs. 1 Buchstabe a und b hinsichtlich des Rückrufs und des endgültigen Entfernens aus den Vertriebswegen). Dass und warum zu diesen Artikeln eine Umsetzung erforderlich ist und zu anderen nicht, wird in der AmtlBegr. BTDrucks. 16/15048 auf den Seiten 25 ff. unter Einbeziehung der TRIPS-Vorschriften ausführlich erläutert.

9 Die Umsetzung der Richtlinie 2004/48/EG des Europäischen Parlaments und des Rates vom 29. April 2004 zur Durchsetzung der Rechte des geistigen Eigentums (ABl. EU Nr. L 195 S. 16) erfolgte durch das **Gesetz zur Verbesserung der Durchsetzung von Rechten des geistigen Eigentums v. 7. 7. 2008** (BGBl. I S. 1191); in Kraft seit 1. 9. 2008. Der Gesetzgeber nahm davon Abstand, entsprechend dem Ansatz der Richtlinie auch im deutschen Recht einen für alle geistigen Eigentumsrechte geltenden allgemeinen Teil zu schaffen. Zur unmissverständlichen Regelung wählte er vielmehr die **Wiederholung von zum Teil inhaltsgleichen Vorschriften in den einzelnen Spezialgesetzen**; dies sind das Patentgesetz, das Gebrauchsmustergesetz, das Markengesetz, das Halbleiterschutzgesetz, das Urhebergesetz, das Geschmacksmustergesetz und das Sortenschutzgesetz. Artikel 6 enthält die Änderungen des Urheberrechtsgesetzes (BGBl. 2008 I S. 1201 ff.). Darüber hinaus dient das Gesetz der Anpassung des innerstaatlichen deutschen Rechts sowohl an die Verordnung (EG) Nr. 1383/2003 des Rates vom 22. 7. 2003 über das Vorgehen der Zollbehörden gegen Waren, die in Verdacht stehen, bestimmte Rechte geistigen Eigentums zu verletzen, und über die Maßnahmen gegenüber Waren, die erkanntermaßen derartige Rechte verletzen (**Grenzbeschlagnahmeverordnung** – ABl. EU L Nr. 196 S. 7) als auch an die Verordnung (EG) Nr. 510/2006 des Rates vom 20. 3. 2006 zum Schutz von geographischen Angaben und Ursprungsbezeichnungen für Agrarerzeugnisse und Lebensmittel (ABl. EU Nr. L 93 S. 12). Insgesamt soll durch die Verbesserung der Stellung der Rechtsinhaber beim Kampf gegen Produktpiraterie ein Beitrag zur Stärkung des geistigen Eigentums geleistet werden (AmtlBegr. BTDrucks. 16/5048 S. 25).

V. Übersicht zu §§ 97 ff. nach der Umsetzung der Richtlinie 2004/48/EG

10 Die zivilrechtlichen Vorschriften §§ 97 ff. sind durch das Gesetz zur Verbesserung der Durchsetzung von Rechten des geistigen Eigentums (BGBl. I 2008 S. 1191) neu geordnet worden. Teils wurden die Vorschriften neu gefasst, teils durch neue Vorschriften ergänzt und insgesamt neu gegliedert:

- § 97 Abs. 1 Anspruch auf Unterlassung und Beseitigung, wie bisher, Aufnahme des vorbeugenden Unterlassungsanspruchs;
- § 97 Abs. 2 bei Verschulden Ersatz materiellen/immateriellen Schadens, bisher § 97 Abs. 1 und 2;
- § 97a Abmahnung, neu;
- § 98 Vernichtung, Rückruf/Entfernen aus den Vertriebswegen; Überlassung von Vervielfältigungsstücken und Vorrichtungen; teilweise neu, bisher §§ 98 und 99;
- § 99 Haftung des Inhabers eines Unternehmens, bisher § 100;
- § 100 Abwendung der Ansprüche aus §§ 98 und 98 ohne Verschulden durch Entschädigung, bisher § 101 (Ablösebefugnis);
- § 101 Anspruch auf Auskunft/Drittauskunft, teilweise neu, bisher § 101a;
- § 101a Vorlage und Besichtigung, neu;
- § 101b Sicherung von Schadensersatzansprüchen, neu;
- § 102 Verjährungsregelung, wie bisher;
- § 102a Ansprüche aus anderen gesetzlichen Vorschriften, bisher § 97 Abs. 3 und § 100 S. 2;
- § 103 Urteilsbekanntmachung, wie bisher;
- § 104 Rechtsweg, wie bisher;
- § 105 Gerichte für Urheberstreitigkeiten, wie bisher;
- § 111b Maßnahmen der Zollbehörden, wie bisher;
- § 111c Verfahren nach der Verordnung (EG) Nr. 1383/2003, neu.

(Konkordanzliste frühere Bestimmungen/gegenwärtige Bestimmungen bei *Dreier* in: *Dreier/Schulze*[3] Rdnr. 12 vor §§ 97 ff.).

Die Straf- und Bußgeldvorschriften der §§ 106 ff. gelten unverändert fort:
§ 106 unerlaubte Verwertung urheberrechtlich geschützter Werke;
§ 107 unzulässiges Anbringen der Urheberbezeichnung;
§ 108 unerlaubte Eingriffe in verwandte Schutzrechte;
§ 108a gewerbsmäßige unerlaubte Verwertung;
§ 108b unerlaubte Eingriffe in technische Schutzmaßnahmen und zur Rechtewahrnehmung erforderliche Informationen;
§ 109 Strafantrag;
§ 110 Einziehung;
§ 111 Bekanntgabe der Verurteilung;
§ 111a Bußgeldvorschriften.

§ 97 Anspruch auf Unterlassung und Schadenersatz

(1) ¹Wer das Urheberrecht oder ein anderes nach diesem Gesetz geschütztes Recht widerrechtlich verletzt, kann von dem Verletzten auf Beseitigung der Beeinträchtigung, bei Wiederholungsgefahr auf Unterlassung in Anspruch genommen werden. ²Der Anspruch auf Unterlassung besteht auch dann, wenn eine Zuwiderhandlung erstmals droht.

(2) ¹Wer die Handlung vorsätzlich oder fahrlässig vornimmt, ist dem Verletzten zum Ersatz des daraus entstehenden Schadens verpflichtet. ²Bei der Bemessung des Schadensersatzes kann auch der Gewinn, den der Verletzer durch die Verletzung des Rechts erzielt hat, berücksichtigt werden. ³Der Schadensersatzanspruch kann auch auf der Grundlage des Betrages berechnet werden, den der Verletzer als angemessene Vergütung hätte entrichten müssen, wenn er die Erlaubnis zur Nutzung des verletzten Rechts eingeholt hätte. ⁴Urheber, Verfasser wissenschaftlicher Ausgaben (§ 70), Lichtbildner (§ 72) und ausübende Künstler (§ 73) können auch wegen des Schadens, der nicht Vermögensschaden ist, eine Entschädigung in Geld verlangen, wenn und soweit dies der Billigkeit entspricht.

Schrifttum: *Ahrens*, Die Ausschließlichkeitsbefugnisse des Lizenznehmers im Spannungsfeld mit den Urheberinteressen, UFITA 2001/III, 649; *ders.*, 21 Thesen zur Störerhaftung im UWG und im Recht des Geistigen Eigentums, WRP 2007, 1281; *Arnold*, Die Gefahr von Urheberrechtsverletzungen durch Umgehungsmittel nach Wettbewerbsrecht und Urheberrecht, Diss. Köln, 2006; *ders.*, Rechtmäßige Abwendungsmöglichkeiten für Umgehung von technischen Kopierschutzmaßnahmen? MMR 2008, 144; *Arnold/Timmann*, Ist die Verletzung des § 95a Abs. 3 UrhG durch den Vertrieb von Umgehungsmitteln keine Urheberrechtsverletzung? MMR 2008, 286; *Asendorf*, Zum Produktpiratriebekämpfungsgesetz, NJW 1990, 1283; *Assmann*, Schadensersatz in mehrfacher Höhe des Schadens, BB 1985, 15; *Banzhaff*, Der Auskunftsanspruch im gewerblichen Rechtsschutz und Urheberrecht, Diss. 1989; *v. Bar*, Schadensberechnung im gewerblichen Rechtsschutz und Urheberrecht und allgemeine Schadenstheorie, UFITA 81 (1978) 57; *Bartels*, Haftungsgrenzen bei unerlaubtem Eingriff in fremde Immaterialgüterrechte, UFITA 2004/II, 357; *Becker/Dreier* (Hrsg.), Urheberrecht und digitale Technologie, 1994; *Becker*, Neue Übertragungstechniken und Urheberrechtsschutz, ZUM 1995, 231; *Becker* (Hrsg.), Rechtsprobleme internationaler Datennetze, 1996; *Benkard*, Zu „Rechtsfragen betreffend die GEMA", GRUR 1954, 181; *Berlit*, Aufbrauchsfrist im Gewerblichen Rechtsschutz und Urheberrecht, 1995, *ders.*, Zur Frage der Einräumung einer Aufbrauchsfrist im Wettbewerbsrecht, Markenrecht und Urheberrecht, WRP 1998, 250; *Berneke*, Der enge Streitgegenstand von Unterlassungsklagen des gewerblichen Rechtsschutzes und des Urheberrechts in der Praxis, WRP 2007, 579; *Beuthin/Wasmann*, Zur Herausgabe des Verletzergewinns bei Verstößen gegen das Markengesetz, GRUR 1997, 255; *Bodewig*, Praktische Probleme bei der Abwicklung der Rechtsfolgen einer Patentverletzung – Unterlassung, Beseitigung, Auskunft, GRUR 2005, 632; *Bork R.*, Effiziente Beweissicherung für den Urheberrechtsverletzungsprozeß – dargestellt am Beispiel raubkopierter Computerprogramme, NJW 1997, 1665; *Brandi-Dohrn*, Wer hat die eidesstattliche Versicherung auf die Richtigkeit einer Auskunft zu leisten? GRUR 1999, 131; *ders.*, Zur Reichweite und Durchsetzung des urheberrechtlichen Softwareschutzes, GRUR 1985, 179; *Brandner*, Die Herausgabe von Verletzervorteilen im Patentrecht und im Recht gegen den lauteren Wettbewerb, GRUR 1980, 359; *Braun*, Produktpiraterie, 1993; *Brändel*, Die Problematik eines Anspruchs auf ergänzende Rechnungslegung bei Schutzrechtsverletzungen, GRUR 1985, 616; *Däubler*, Anspruch auf Lizenzgebühr und Herausgabe des Verletzergewinns – atypische Formen des Schadensersatzes, JuS 1969, 49; *Delahaye*, Die Bereicherungshaftung bei Schutzrechtsverletzungen, GRUR 1985, 856; *ders.*, Kernprobleme der Schadensberechnungsarten bei Schutzrechtsverletzungen, GRUR 1986, 217; *Deutsch*, Der Anspruch auf Materialschädigung und die Dokumentationsfreiheit im Urheberrecht, NJW 1967, 233; *ders.*, Die Dokumentationsfreiheit im Urheberrecht, NJW 1967, 1393; *Dreier*, Kompensation und Prävention, 2002; *ders.*, TRIPS und die Durchsetzung von Rechten des geistigen Eigentums, GRUR Int. 1996, 205; *Dierck/Lehmann*, Die Bekämpfung der Produktpiraterie nach der Urheberrechtsnovelle, CR 1993, 537; *Döring*, Die Haftung für die mittelbare Mitwirkung an fremden Wettbewerbsverstößen, Urheberrechts-, Marken-, Patent-, Gebrauchsmuster- und Geschmacksmusterverletzungen – Eine kritische Untersuchung zu der Notwendigkeit einer Störerhaftung, 2007; *Ebert*, Pönale Elemente im deutschen Privatrecht – eine Renaissance der Privatstrafe im deutschen Recht, 2004; *ders.*, Bereicherungsausgleich im Wettbewerbs- und Immaterialgüterrecht, 2001; *Ehlers*, Die Aufbrauchsfrist und ihre Rechtsgrundlage, GRUR 1967, 77; *Elster*, Ungerechtfertigte Bereicherung im Urheberrecht, UFITA 14 (1941) 217; *Engelbertz*, Raubkopien bei DVDs und CDs – Ein Nutzen-Kosten-Vergleich institutioneller Durchsetzungsmechanismen, 2007; *Erlanger*, Schadensersatzpflicht und Bereicherungshaftung des Unternehmens bei Aufführung urheberrechtlich geschützter Musik, UFITA 3 (1930) 509; *v. Falk*, Zu Art und Umfang des Bereicherungsanspruchs bei Verletzung eines fremden Patents, GRUR 1983, 488; *ders.,* Bereicherung und Allgemeines Persönlichkeitsrecht, FuR 1983, 4; *Fischer,* Schadensberechnung im gewerblichen Rechtsschutz, Urheberrecht und unlauterem Wettbewerb, 1961; *Flechsig,* Die Verletzung des immateriellen Schadensersatzanspruchs des ausübenden Künstlers, FuR 1976, 74; *Fornasier/Frey,* Geldersatz für Persönlichkeitseingriffe durch Werke der Kunst, AfP 2009, 110; *Gamerith,* Die Verwirkung im Urheberrecht, WRP 2004, 75; *v. Gamm,* Verwirkung im Urheberrecht, NJW 1956, 1780; *ders.,* Sequestration im gewerblichen Rechtsschutz und Urheberrecht, GRUR 1958, 172; *Gampp,* Die Haftung der Technologie-Hersteller für mittels ihrer Produkte begangene Urheberrechtsverletzungen in den USA. Zugleich Anmerkung zum US Supreme Court, Urteil vom 27. 6. 2005, No. 04–480 (MGM v. Grokster), ZUM 2005, 794; *Gieseke,* Zur Bereicherungshaftung bei Urheberrechtsverletzungen, GRUR 1958, 17; *Götting,* Die persönliche Haftung des GmbH-Geschäftsführers für Schutzrechtsverletzungen und Wettbewerbsverstöße, GRUR 1994, 6; *ders.,* Die bereicherungsrechtliche Lizenzanalogie bei Persönlichkeitsverletzungen, Fs für Ullmann, 2006, 65; *Götz,* Schaden und Bereicherung in der Verletzerkette, GRUR 2001, 295; *Groß,* Aktuelle Lizenzgebühren in Patentlizenz-, Know-How- und Computerlizenz-Verträgen, K&R 2008, 228; *Groß/Rohrer,* Lizenzgebühren, 2. Aufl. 2008; *Habel/Meindl,* Das Urheberrecht an Fotografien bei Störungen ihrer professionellen Verwertung, ZUM 1993, 270; *Haedicke,* Die Haftung für unmittelbare Urheber- und Wettbewerbsrechtsverletzungen, GRUR 1999, 347; *Haft/Donle/Ehlers/Nack,* Strafschadensersatz als strittige Frage des geistigen Eigentums, GRUR Int. 2005; 403. *Haft/Reimann,* Zur Berechnung des Verletzergewinns bei der „Gemeinkostenanteil"-Entscheidung des BGH vom 2. 11 2000, Mitt. 2003, 437; *Heil/Roos,* Zur dreifachen Schadensberechnung bei Übernahme sonderrechtlich nicht geschützter Leistungen, GRUR 1994, 26; *Helle,* Auf dem Weg zum kommerziellen Persönlichkeitsrecht, AfP 2009, 14; *Herrnleben,* Raubkopien – ein Kavaliersdelikt?, MMR 2004, 505; *Heydt,* Grenzen der Verwirkung im gewerblichen Rechtsschutz und Urheberrecht, GRUR 1951, 182; *Honscheck,* Der Schutz des Urhebers vor Änderungen und Entstellungen durch den Eigentümer, GRUR 2007, 944; *Hubmann,* Der Bereicherungsanspruch im Persönlichkeitsrecht, UFITA 39 (1963) 223; *Klaka,* Zur Verwirkung im gewerblichen Rechtsschutz, GRUR 1970, 265; *ders.,* Persönliche Haftung des gesetzlichen Vertreters für die im Geschäftsbetrieb der Gesellschaft begangenen Wettbewerbsverstöße und Verletzungen von Immaterialgüterrechten, GRUR 1988, 729; *Kleine,* Zum Einwand der Verwirkung insbesondere im Wettbewerbs- und Urheberrecht, JZ 1951, 9; *Klinkenberg,* Urheber- und verlagsrechtliche Aspekte des Schutzes wissenschaftlicher Ausgaben nachgelassener Werke, GRUR 1985, 419; *Knoth,* Schadensersatzansprüche nach Vorschriften des Urheberrechts bei widerrechtlicher Nutzung eines Lichtbildes, ZUM 1990, 114; *Köhler,* Die Begrenzung wettbewerbsrechtlicher Ansprüche durch den Grundsatz der Verhältnismäßigkeit, GRUR 1996, 82; *ders.,* Zur Verjährung des vertraglichen Unterlassungs- und Schadensersatzanspruchs, GRUR 1996, 231; *König,* Zur Zulässigkeit der Umgehung von Software-Schutzmechanismen, NJW 1995, 3293; *Körner,* Die Aufwertung der Schadensberechnung nach der Lizenzanalogie bei Verletzung gewerblicher Schutzrechte durch die Rechtsprechung zum „Verletzervorteil" und zu den aufgelaufenen Zinsen, GRUR 1983, 611; *Körner,* Schadensausgleich bei Verletzung gewerblicher Schutzrechte und bei ergänzendem Leistungsschutz, Fs für Steindorff, 1990, 877; *ders.,* Der Verbrauch gewerblicher Schutzrechte durch Schadensersatzzahlungen nach begangener Verletzung, insbesondere im Hinblick auf parallele ausländische Schutzrechte, GRUR 1980, 204; *Kochendörfer,* Verletzerzuschlag auf Grundlage der Enforcement-Richtlinie, ZUM 2009, 389; *Kraßer,* Schadensersatz für Verletzungen von gewerblichen Schutzrechten und Urheberrechten durch Benutzung nach der Verletzung, GRUR Int. 1980, 259; *Kreile/Becker,* Multimedia und die Praxis der Lizenzierung von Urheberrechten, GRUR Int. 1996, 677; *Kühn,* Urheberrechtlicher Schutz für nachkolorierte Schwarzweißfilme? ZUM 1988, 82; *Lehmann,* Juristisch-ökonomische Kriterien zur Berechung des Verletzergewinns bzw. des entgangenen Gewinns, BB 1988, 1680; *ders.,* Präventive Schadensersatzansprüche bei Verletzungen des geistigen und gewerblichen Eigentums, GRUR Int. 2004, 762; *Leisse,* Die Fiktion im Schadensrecht, GRUR 1988, 88; *Leisse/Traub,* Schadensschätzung im unlauteren Wettbewerb – Beitrag zur Bezifferung des entgangenen Gewinns, GRUR 1980, 1; *Leisner,* Urheberrechtsverwertung und Verfassungsrecht, UFITA 48 (1966) 46; *v. Lewinski/Dreier,* Kolorierung von Filmen, Laufzeitänderung und Formatanpassung – Urheberrecht als Bollwerk? GRUR Int. 1989, 635; *Lindenmaier,* Zur Höhe der Lizenzgebühr als Entschädigung für Patentverletzung, GRUR 1955, 359; *Loewe,* Der Gedanke der Prävention im deutschen Schadensersatzrecht, 2000; *Loewenheim,* Schadensersatz in Höhe der doppelten Lizenzgebühr bei Urheberrechtsverletzungen? JZ 1972, 12; *ders.,* Möglichkeiten der dreifachen Berechnung des Schadens im Recht gegen den unlauteren Wettbewerb, ZHR 135 (1971) 97; *Lührs,* Verfolgungsmöglichkeiten im Fall der „Produktpiraterie" unter besonderer Betrachtung der Einziehungs- und Gewinnabschöpfungsmöglichkeiten (bei Ton-, Bild- und Computerprogrammträgern) GRUR 1994, 264; *Lutz,* Die erweiterte Schadensberechnung, Diss. Tübingen 1974; *Maaß,* Der Kontrollzuschlag der GEMA bei unberechtigter Musikwiedergabe und seine Erweiterungsfähigkeit, 1989; *Meier-Beck,* Herausgabe des Verletzergewinns – Strafschadensersatz nach deutschem Recht, GRUR 2005, 617; *Meister,* Aspekte der Produktpiraterie, WRP 1991, 137; *Melullis,* Zur Schadensberechnung nach der Methode der Lizenzanalogie bei zusammengesetzten Vorrichtungen, Fs für Traub, 1994, 287; *Mestmäcker,* Eingriffserwerb und Rechtsverletzung in der ungerechtfertigten Bereicherung, JZ 1958, 521; *Neu,* Die neuere Rechtsprechung zur Verwirkung im Wettbewerbs- und Warenzeichenrecht, 1984; *ders.,* Die Verjährung der gesetzlichen Unterlassungs-, Beseitigungs- und Schadensersatzansprüche des Wettbewerbs- und Warenzeichenrechts, GRUR 1985, 335; *Neumann,* Inwieweit gilt die Rechtsprechung zum allgemeinen Persönlichkeitsrecht für die Auslegung des § 97 Abs. 2 UrhG?, GRUR 1970, 544; *Neumann-Duesberg,* Ansprüche aus Urheberrechtsverletzungen, JZ 1955, 480; *ders.,* Wissenschaftliches Großzitat, UFITA 46 (1966) 68; *Niederländer,* Schadensersatz bei Aufwendungen des Geschädigten vor dem Schadensereignis, JZ 1960, 617; *Nirk,* Zum Spannungsverhältnis zwischen Urheberrecht und Sacheigentum, Fs für Erich Brandner, 1996, 417; *Nolte,* Informationsmehrwertdienste und Urheberrecht, 2009; *Nordemann, J. B.,* Verkehrspflichten von Internetprovider – oder: jugendgefährdende Medien für alle Urheberrechte! Fs Loewenheim, 2009, 215; *Nordemann, W.,* Zum Schmerzensgeldanspruch nach § 97 Abs. 2 UrhG, ZUM 1994, 438; *ders.,* Ersatz des immateriellen Schadens bei Urheberrechtsverletzungen, GRUR 1980, 434; *ders.,* Nutzungsrechte oder Vergütungsansprüche?, GRUR 1979, 280; *v. Olenhusen,* Briefwechsel und Persönlichkeitsschutz bei Briefen und Dokumentationsfreiheit, Fs für Roeber, 1973, 431; *v. Olenhusen/Unger,* Historische Life-Aufnahmen, Rundfunkarchive und Informationsfreiheit, UFITA 97 (1984) 59; *Oppermann,* Der Auskunftsanspruch im gewerblichen Rechtsschutz und Urheberrecht, 1997; *Pagenberg,* Die Aushöhlung des vorbeugenden Rechtsschutzes im Patent- Urheber- und Wettbewerbsrecht, GRUR 1976, 78; *Pastor,* Wettbewerbliche Unterlassungsvollstreckung und die Strafe aus § 890 ZPO, Fs 150 Jahre Heymanns Verlag, Recht im Wandel, 1965, 427; *ders.,* Die Aufbrauchfrist bei Unterlassungsverurteilungen, GRUR 1965, 245; *Patnaik,* Enthält das deutsche Recht effektive Mittel zur Bekämpfung von Nachahmungen und Produktpiraterie, GRUR 2004, 191; *Pietzcker,* Schadensersatz durch Lizenzberechnung, GRUR 1975, 55; *ders.,* Richtlinien für die Bemessung von Schadensersatz bei der Verletzung von Patenten,

Anspruch auf Unterlassung und Schadenersatz § 97

GRUR Int. 1979, 343; *Preu,* Richtlinien für die Bemessung von Schadensersatz bei Verletzung von Patenten, GRUR 1979, 753; *Raubenheimer,* Die jüngste Rechtsprechung zur Umgehung/Beseitigung eines Dongles, NJW-CoR 1996, 174; *ders.,* Zulässigkeit der Ausschaltung von Dongle-Abfragen, CR 1996, 740; *Rehbinder,* Die rechtlichen Sanktionen bei Urheberrechtsverletzungen nach ihrer Neuordnung durch das Produktpirateriegesetz, ZUM 1990, 462; *Rogge,* Schadensersatz nach Lizenzanalogie bei Verletzung von Patenten, Urheberrechten und anderen Schutzrechten, Fs für Nirk, 1992, 929; *Rojahn,* Praktische Probleme bei der Abwicklung der Rechtsfolgen einer Patentverletzung, GRUR 2005, 623; *Rudolph/Schulze,* Umfang und Berechnung des Schadens bei Nachdruck von Musikalien, UFITA 8 (1939) 140; *Ruge,* Das Urheber- und allgemeine Persönlichkeitsrecht, UFITA 54 (1968) 1; *Runkel,* Der Abzug von Kosten vom Verletzergewinn nach der „Gemeinkostenanteil"-Entscheidung des BGH, GRUR 2005, 737; *Sack,* Die Lizenzanalogie im System des Immaterialgüterrechts, Fs für Hubmann, 1985, 373; *Schack,* Zur Qualifikation des Anspruchs auf Rechnungslegung im internationalen Urheberrecht, IPRax 1991, 347; *ders.,* System des Immaterialgüterrechts, Fs für Hubmann, 1985, 373; *ders.,* Geistiges Eigentum contra Sacheigentum, GRUR 1983, 56; *ders.,* Ansprüche der Fernsehanstalten bei Videonutzung ihrer Sendungen, GRUR 1985, 197; *Schaefer,* Strafe und Prävantation im Bürgerlichen Recht, AcP 2002, 397; *Schmelz,* Zum Schutz des Urhebers vor Werkzerstörungen, GRUR 2007, 565; *Schmidt J.,* Vorsorgekosten und Schadensbegriff, JZ 1974, 73; *Schmidt-Salzer,* Zur Technik der topischen Rechtsbildung: Angemessene Lizenzgebühr und Verletzergewinn als Grundlagen für die Schadensberechnung, JR 1969, 81; *Schneider,* GEMA-Vermutung, Werkbegriff und das Problem sog. ‚GEMA-freier Musik', GRUR 1986, 657; *Schnur,* Das Verhältnis von Widerruf einer Behauptung und Bekanntmachung der Gerichtsentscheidung als Mittel der Rufwiederherstellung, GRUR 1978, 225; *Schork,* Die Entschädigung immaterieller Schäden im Urheberrecht unter besonderer Berücksichtigung aktueller Entwicklungen des Rechtsschutzes der Persönlichkeit, 2004; *Schramm,* Verlegerhaftung für Autorenplagiat, UFITA 34 (1961) 26; *ders.,* Marktverwirrungsschaden, GRUR 1974, 617; *Schreiber,* Das Nutzungsentgelt, NJW 1968, 623; *Schricker* (Hrsg.), Urheberrecht auf dem Weg zur Informationsgesellschaft, 1997; *ders.,* Anbieten als Verletzungstatbestand im Patent- und Urheberrecht, GRUR Int. 2004, 786; *Schulz,* Von Umsätzen, Angebotsempfängern, Abnehmeradressen, Gestehungskosten & Lieferantennamen – Zum Auskunftsanspruch im gewerblichen Rechtsschutz, Fs für Klaka, 1987, S. 27; *Schulze G.,* Zum Verschulden im Urheberrecht beim Abdruck von Werbeanzeigen, GRUR 1994, 702; *ders.,* Spielraum und Grenzen der Rechtsfortbildung im Urheberrecht, Fs für Erdmann, 2002, S. 173; *Spätgens,* Drittwirkung bei Bewilligung einer Aufbrauchsfrist, WRP 1994, 693; *Spengler,* Erzwingung der Auslieferung oder der Vorführung eines Films durch einstweilige Verfügung, UFITA 18 (1954) 163; *ders.,* Ist das Verschuldensprinzip nicht mehr zeitgemäß?, GRUR 1958, 212; *Spindler,* Europäisches Urheberrecht in der Informationsgesellschaft, GRUR 2002, 105; *Stauder,* Umfang und Grenzen der Auskunftspflicht im gewerblichen Rechtsschutz und Urheberrecht, GRUR Int. 1982, 226; *Steindorff,* Abstrakte und konkrete Schadensberechnung, AfP 158 (1959/60) 431; *Teplitzky,* Die Rechtsfolgen der unbegründeten Ablehnung einer strafbewehrten Unterlassungserklärung, GRUR 1983, 609; *ders.,* Grenzen des Verbots der Verquickung unterschiedlicher Schadensberechnungsmethoden, Fs für. Traub 1994, 401; *Tetzner,* Aufbrauchsfristen in Unterlassungsurteilen, NJW 1966, 1545; *Tilmann,* Konstruktionsfragen zum Schadensersatz nach der Durchsetzungs-Richtlinie, Fs für. für Schilling, 2007, S. 367; *ders.,* Gewinnherausgabe im gewerblichen Rechtsschutz und Urheberrecht – Folgerungen aus der Entscheidung „Gemeinkostenanteil", GRUR 2003, 647; *ders.,* Rechtsfortbildung bei gewerblichen Schutzrechten, in: Fs für juristische Fakultät Heidelberg, 1986, 379; *ders.,* Der Auskunftsanspruch, GRUR 1987, 251; *Traub,* Abstaffelung der Schadensersatzlizenz bei wiederholter Urheberrechtsverletzung? Fs für Roeber, 1982, 401; *Ullmann,* Die Verschuldenshaftung und die Bereicherungshaftung des Verletzers im gewerblichen Rechtsschutz und Urheberrecht, GRUR 1978, 615; *Ulrich,* Zum Auskunftsanspruch des Herstellers gegenüber dem Nachahmer in Fällen, in denen ergänzender wettbewerbsrechtlicher Leistungsschutz nach § 1 UWG gewährt wird, ZIP 1994, 979; *v. Ungern-Sternberg,* Auskunftsanspruch bei Verwendbarkeit der Auskunft zur Begründung von Vertragsstrafenansprüchen oder Anträgen zur Verhängung von Ordnungsmitteln, WRP 1984, 55; *ders.,* Einwirkung der Durchsetzungsrichtlinie auf das deutsche Schadensrecht, GRUR 2009, 460; *ders.,* Schadensersatz in Höhe des sog. Verletzergewinns nach Umsetzung der Durchsetzungsrichtlinie, Fs für Loewenheim, 2009, 351; *Vinck,* Das seelische Schmerzensgeld des Werkschöpfers – ein Stiefkind im urheberrechtlichen Schadensrecht? Fs für Hertin, 2000, 279; *ders.,* Gewährung von Aufbrauchsfristen beim urheberrechtlichen Unterlassungsanspruch?, GRUR 1975, 409; *Vollrath,* Zur Berücksichtigung der Entwicklungs- und Schutzrechtskosten bei der Bemessung der Schadensersatzlizenzgebühr für Patentverletzung, GRUR 1983, 52; *Walchner,* Der Beseitigungsanspruch im Urheberrecht. Widerruf, Vernichtung, Urteilsveröffentlichung, 1998; *Walchshöfer,* Der persönlichkeitsrechtliche Schutz der Architektenleistung, Fs für Hubmann, 1985, 469; *Wand,* Dreifach genäht hält besser! Technische Identifizierungs- und Schutzsysteme, GRUR Int. 1996, 897; *Wandtke,* Doppelte Lizenzgebühr als Bemessungsgrundlage im Urheberrecht, Fs für Dittrich, 2000, 389; *ders.,* Doppelte Lizenzgebühr im Urheberrecht als Modell für den Vermögensschaden von Persönlichkeitsrechtsverletzungen im Internet? GRUR 2000, 942; *Wedemeyer,* Änderungen von Werten der Baukunst – zu Ansprüchen des Urhebers, Fs für Piper, 1996, 787; *Wente,* Lizenzanalogie zu typischen Exklusivverträgen, ZUM 1997, 643; *Wiese,* Der Ersatz immateriellen Schadens, 1964.

Schrifttum zur Haftung im Online-Bereich vor Rdnr. 78.

Übersicht

	Rdnr.
A. Grundlagen	1, 2
B. Schutzgegenstand	3–12
I. Urheberrechte	4
1. Berechtigungen aus dem Urheberpersönlichkeitsrecht	5
2. Berechtigungen aus dem Verwertungsrecht	6–8
3. Berechtigungen, die nicht unter §§ 97 ff. fallen	9, 10
II. Verwandte Schutzrechte	11
III. Das Verwertungsverbot des § 96 und andere Verbote	12

§ 97 Anspruch auf Unterlassung und Schadenersatz

	Rdnr.
C. Schutzumfang	13–27
I. Gegenständlich	13–24
1. Urheberrecht	13–18
2. Verwandte Schutzrechte	19–24
II. Zeitlich	25, 26
III. Territorial	27
D. Widerrechtliche Verletzungen	28–46
I. Eingriff	28–31
II. Rechtfertigungsgründe	32–46
1. Einwilligung, Zustimmung, Genehmigung	32, 33
2. weitere Rechtfertigungsgründe; Güter- u. Interessenabwägung	34–46
E. Aktiv- und Passivlegitimation	47–77
I. Aktivlegitimation	47–60
1. Urheberpersönlichkeitsrechte	47
2. Nutzungsrechte	48–52
3. Miturheber	53
4. Testamentsvollstrecker	54
5. Wahrnehmung fremder Rechte in eigenem Namen	55–58
6. Verwertungsgesellschaften	59
7. Verbände zur Durchsetzung von Schrankenbestimmungen	60
II. Passivlegitimation	61–77
1. Täter und Teilnehmer	61–66
2. Mehrheit von Verletzern	67, 68
3. Störer	69–75
4. Hilfsdienste/Technische Dienste	76
5. Haftung für Dritte	77
III. Haftung im Online-Bereich	78–119
1. Entwicklung bis 2001	78, 79
2. Haftungserleichterungen nach TDG, MDStV und TMG	80–88
3. Die Grundsatzentscheidungen des BGH	89–96
4. Zu automatischen Verbindungen und einzelnen Diensten	97–119
5. Entwicklungsperspektiven	120, 121
F. Zivilrechtliche Ansprüche	122–194
I. Der Unterlassungsanspruch	122–129
II. Der Beseitigungsanspruch	130–135
III. Schadensersatz-, Auskunfts- und Rechnungslegungsanspruch	136–162
1. Verschulden	137–143
2. Materieller Schaden	144–175
a) Konkreter Schaden – entgangener Gewinn	144–151
b) Angemessene Lizenzgebühr – Tarifvergütung, Verletzeraufschlag, Materialmietgebühr	152–165
c) Berücksichtigung des Verletzergewinns	166–169
d) Perspektiven	170–175
3. Immaterieller Schaden	176–186
4. Auskunft und Rechnungslegung	187–193
IV. Sonstige Ansprüche	194
V. Übertragbarkeit der Ansprüche	195
VI. Einwendungen/Verteidigung	196–201
1. Übersicht	196
2. Verwirkung	197–200
3. Aufbrauchsfrist	201
G. Durchsetzung der Ansprüche	202–211
I. Zu den einzelnen Ansprüchen	202–208
II. Beweislast	209
III. Gerichtsstand	210
IV. Zwangsvollstreckung	211

A. Grundlagen

1   **Zur Entwicklung und Bedeutung. §§ 97–105 regeln den zivilrechtlichen Schutz,** den das Gesetz bei rechtswidrigen Eingriffen in Urheber- und verwandte Schutzrechte gibt, **sowie seine Durchsetzung.** Der heute umfassende Schutz geht auf die Entwicklung der Rechtsprechung zurück. Während die Urheberrechtsgesetze von 1901 (LUG) und 1907 (KUG)

Anspruch auf Unterlassung und Schadenersatz   § 97

nur Schadensersatzansprüche vorsahen (§§ 36, 37 LUG; § 31 KUG), schloss die Rechtsprechung die Gesetzeslücke und erkannte außerdem an:
– den negatorischen Unterlassungs- und Beseitigungsanspruch analog dem für das Eigentum geltenden § 1004 BGB und den daraus abgeleiteten vorbeugenden Unterlassungsanspruch bei drohender Erstverletzungsgefahr;
– den Anspruch auf Ersatz eines Nichtvermögensschadens wegen Verletzung des Urheberpersönlichkeitsrechts gemäß § 823 Abs. 1 BGB iVm. Art. 1, 2 GG und entsprechend vormals § 847 BGB – Schmerzensgeld, jetzt § 253 Abs. 2 BGB.
Die Berechnung des Schadensersatzes (§§ 249 ff. BGB) wurde ergänzt:
– um die Berechnung von Schadensersatz im Wege angemessener Lizenz;
– um den Anspruch auf Herausgabe des Verletzergewinns bei Vorsatz direkt nach §§ 687 Abs. 2, 681, 667 BGB und
– um den Auskunfts- und Rechnungslegungsanspruch unter dem Gesichtspunkt des § 242 BGB, beim Rechnungslegungsanspruch iVm. den vorgenannten Bestimmungen.
Das Urheberrechtsgesetz von 1965 übernahm die Ergebnisse dieser Rechtsprechung und kodifizierte:
– den negatorischen Unterlassungs- und Beseitigungsanspruch in § 97 Abs. 1 S. 1;
– den Anspruch auf Schadensersatz wegen Vermögensschäden bei Verschulden in § 97 Abs. 1 S. 1;
– den Anspruch auf Herausgabe des Verletzergewinns und Rechnungslegung in § 97 Abs. 1 S. 2;
– den Anspruch auf Geldersatz immateriellen Schadens in § 97 Abs. 2.
Im Rahmen der Umsetzung der Enforcement-Richtlinie der EU vom 29. 4. 2004 (ABl. Nr. L 195 S. 16) sah der deutsche Gesetzgeber die in Artikel 13 der Richtlinie genannten Komponenten des Schadensersatzes zwar vom geltenden deutschen Recht erfasst (BTDrucks. 16/5048 S. 32 f.), stellte jedoch durch das Gesetz zur Verbesserung der Durchsetzung geistigen Eigentums vom 7. 7. 2008 (BGBl. I S. 1191) den Text des § 97 um:
– **§ 97 Abs. 1 kodifiziert nunmehr den Unterlassungs- und Beseitigungsanspruch und nimmt den vorbeugenden Unterlassungsanspruch in den Text auf;**
– § 97 Abs. 2 S. 1 normiert **bei Vorsatz und Fahrlässigkeit den Schadensersatzanspruch.** Zur Bemessung kann auch der Verletzergewinn berücksichtigt werden (S. 2), ebenso eine angemessene Lizenzvergütung (S. 3);
– § 97 Abs. 2 S. 4 gewährt Urhebern, Verfassern wissenschaftlicher Ausgaben, Lichtbildnern und ausübenden Künstlern eine **Entschädigung in Geld wegen Schadens, der nicht Vermögensschaden ist, wenn und soweit dies der Billigkeit entspricht.**
Ob mit diesen Textänderungen nur das bisher geltende Recht fortgeschrieben wurde oder inhaltliche Änderungen eingetreten sind, wird sich erweisen.

§ 97 Abs. 3 aF, der **Ansprüche aus anderen gesetzlichen Vorschriften** vorbehält, ist **2** wörtlich übereinstimmend in § 102a umgesetzt worden. **Damit bleiben der wichtige, weil ohne Verschulden greifende Anspruch aus ungerechtfertigter Bereicherung (§§ 812 ff. BGB), der Anspruch aus unechter Geschäftsführung gem. § 687 Abs. 2 BGB und wettbewerbsrechtliche Ansprüche nach wie vor erhalten.** Der Anspruch auf Urkundenvorlage und Besichtigung (§ 809 BGB) ist im Rahmen der Umsetzung der Enforcement-Richtlinie durch das Gesetz zur Verbesserung der Durchsetzung von Rechten des geistigen Eigentums erweitert und materiell-rechtlich ausgestaltet als § 101a in das UrhG eingefügt worden. Die Aufzählung der Ansprüche aus anderen gesetzlichen Vorschriften ist bewusst nicht erschöpfend. **Urheberrechtsverletzungen sind unerlaubte Handlungen.** Deshalb ist auf die für diese geltenden Vorschriften des allgemeinen bürgerlichen Rechts zurückzugreifen, wenn das UrhG keine besonderen Vorschriften enthält: §§ 830, 840, 421 ff. BGB; §§ 831, 31, 89 BGB. Zu Art und Umfang des Schadensersatzes: §§ 249 ff. BGB.

Nicht ausdrücklich kodifiziert ist nach wie vor **der klassische Auskunftsanspruch.** Dieser Anspruch ist selbstverständlich (AmtlBegr. BTDrucks. IV/270 S. 103 rSp.). In diesem Sinn ist auch der Wegfall des § 97 Abs. 1 S. 2 letzter Halbs. aF zu verstehen, wonach bei der Herausgabe des Verletzergewinns Anspruch auf Rechnungslegung bestand. Für die Bemessung des Schadensersatzanspruchs auf der Grundlage des Verletzergewinns, wie es jetzt heißt, ist die Rechnungslegung sine qua non. Die Ansprüche auf **Vernichtung** und **Übernahme** (§§ 98 aF und 99 aF), die durch das ProduktpiraterieG vom 7. 3. 1990 (BGBl. I S. 422) eingeführt worden waren, sind im Zug der Umsetzung der Enforcement-Richtlinie – erweitert um einen möglichen Rückruf – in § 98 nF zusammengefasst worden. Der bisherige Ablöseanspruch bei schuldloser Verletzung (§ 101 aF – Ausnahmen), ist in § 100 nF unter dem Titel „Entschädigung" umgesetzt. Essentiell erweitert wurde durch die Umsetzung der Enforcement-Richtlinie der Anspruch auf Drittauskunft (§ 101 nF, bisher § 101 a). Völlig neu, weil bisher über §§ 809 und 810 BGB nicht richtlinienkonform, sind die Ansprüche auf Vorlage und Besichtigung – materiellrechtlich ausgestaltet – in § 101 a aufgenommen worden. Neu ist auch die erweiterte Sicherung von Schadensersatzansprüchen nach § 101 b, der die Vorlage von Bank-, Finanz- oder Handelsunterlagen oder den Zugang dazu ermöglicht, wenn ohne diese die Erfüllung des Schadensersatzanspruchs fraglich wäre. Inhaltlich unverändert blieb die **Betriebsinhaberhaftung,** bisher § 100 S. 1, jetzt § 99. Der Vorbehalt von Ansprüchen nach anderen Vorschriften in § 100 S. 2 aF ging wie § 97 Abs. 3 aF im neuen § 102 a auf. Die Betriebsinhaberhaftung des jetzigen § 99 (vormals § 100) entspricht §§ 13 Abs. 4 UWG aF/ § 8 Abs. 2 UWG nF, und §§ 14 Abs. 7, 15 Abs. 6 MarkenG, die Urteilsbekanntmachung des neu gefassten § 103 entspricht § 23 Abs. 2 und 3 UWG aF/ § 12 Abs. 3 UWG nF. Ins UrhG neu aufgenommen wurde entsprechend § 12 UWG das Gebot der Abmahnung: § 97 a.

Flankiert werden die zivilrechtlichen Ansprüche durch die neuen §§ 111 b, 111 c – Maßnahmen der Zollbehörden bei rechtsschutzverletzenden Waren und durch die Straf- und Bußgeldvorschriften der §§ 106–111 a. § 110 S. 3 verweist auf die Möglichkeit einer Entschädigung des Verletzten im strafverfahrensrechtlichen Adhäsionsverfahren nach §§ 403 bis 406 c StPO. Seit 1. 1. 2007 besteht bei Produktpiraterie eine verbesserte Möglichkeit der Durchsetzung von Schadenswiedergutmachung durch das Gesetz zur Verstärkung der Rückgewinnungshilfe und Vermögensabschöpfung vom 24. 10. 2006 (BGBl. I S. 2350) mit den Änderungen der §§ 111 b ff., insbesondere § 111 i StPO (dazu Rdnr. 208).

Auf die Verjährung der Ansprüche wegen Verletzung des Urheberrechts oder eines anderen nach diesem Gesetz geschützten Rechts finden die Vorschriften des Fünften Abschnitts des Buches I des BGB Anwendung (wie bisher § 102). Hat der Verpflichtete durch die Verletzung auf Kosten des Berechtigten etwas erlangt, gilt die Verjährungsregelung des § 852 BGB.

Das Urheberrechtsgesetz enthält einige **verfahrensrechtliche Spezialregelungen:** §§ 101 Abs. 7 nF, 101 a Abs. 3 nF, 101 b Abs. 3 nF – einstweilige Verfügung auf Auskunft sowie auf Urkundenvorlage und Besichtigung und wie bisher § 104 – Rechtsweg für Urheberrechtsstreitigkeiten; § 105 – Gerichte für Urheberrechtsstreitigkeiten sowie einige **besondere Regeln zur Zwangsvollstreckung:** §§ 112–119.

Das Gesetz zur Verbesserung der Durchsetzung von Rechten des geistigen Eigentums vom 7. 7. 2008 (BGBl. I S. 191) ist am 1. 9. 2008 ohne Übergangsvorschriften in Kraft getreten.

Das **Verwertungsverbot des § 96** ergänzt den Abschnitt: Rechtswidrig hergestellte Vervielfältigungsstücke dürfen weder verbreitet noch zu öffentlicher Wiedergabe benutzt werden (Abs. 1). Entsprechendes gilt für rechtswidrig veranstaltete Funksendungen (Abs. 2). Auch der Umgehungsschutz der §§ 95 a, 95 c, 95 d gehört in den Bereich der urheberrechtlichen Schutzrechte (s. Rdnr. 9).

B. Schutzgegenstand

3   Nach §§ 97 ff. sind geschützt „**das Urheberrecht oder ein anderes nach diesem Gesetz geschütztes Recht**" (§ 97 Abs. 1 S. 1). Das Gesetz meint damit **nur absolute** (ausschließliche) **Rechte,** dh. Rechte, die gegen jeden nicht berechtigten Dritten wirken. Es sind „sonstige Rechte" iSd. § 823 Abs. 1 BGB. Das Urheberrecht genießt den Eigentumsschutz des Art. 14 GG (BVerfG NJW 2003, 1655 – Zündholzbriefchen). **Vom Urheberrecht zu unterscheiden ist das körperliche Eigentum an Werken und Vervielfältigungsstücken,** das in § 823 Abs. 1 BGB als Schutzgegenstand namentlich genannt ist. Schuldrechtliche Ansprüche gehören nicht in diesen Bereich (AmtlBegr. BTDrucks. IV/270 S. 103 rSp.).

I. Urheberrecht

4   **Grundlage der Ansprüche ist das absolute Urheberrecht** als einheitliches, umfassendes, territorial beschränktes Recht eigener Art, in dem sich immaterialgüterrechtliche und persönlichkeitsrechtliche Elemente untrennbar verbinden (monistische Theorie, s. Einl. Rdnr. 21).

5   **1. Dazu gehören: die einzelnen Berechtigungen aus dem Urheberpersönlichkeitsrecht** §§ 12–14 (Veröffentlichungsrecht, Anerkennung der Urheberschaft, Entstellungsverbot),

§§ 39, 46 Abs. 5 und § 62 (Änderungsverbote) sowie § 63 (Recht auf Quellenangabe – *Möhring/Nicolini/Lütje* Rdnr. 51 sehen hier keine absoluten Rechte; Zuwiderhandlungen sollen zur Verletzung von absoluten Rechten der §§ 15–22 führen), außerdem die Ansprüche, die über die Einzelberechtigungen hinaus aus § 11 abzuleiten sind (vor §§ 12 ff. Rdnr. 6 ff.). Zum Urheberpersönlichkeitsrecht im weiteren Sinne können auch § 25 (Zugang zu Werkstücken), § 34 Abs. 1 und § 35 Abs. 1 (Übertragung von Nutzungsrechten und Zustimmung hierzu) und die Berechtigung nach § 41 sowie § 42 (Rückrufsrecht wegen Nichtausübung bzw. wegen gewandelter Überzeugung) gerechnet werden. Es handelt sich bei diesen Bestimmungen jedoch um Sonderregelungen, die ihrem Wesen nach unmittelbare Ansprüche aus §§ 97 ff. ausschließen (so auch *v. Gamm* Rdnr. 4; *Dreier* in: *Dreier/Schulze*[3] Rdnr. 4).

2. Dazu gehören außerdem: die einzelnen Berechtigungen aus dem umfassenden Verwertungsrecht des Urhebers (§§ 16–22: Vervielfältigungsrecht, Verbreitungsrecht, Vermietrecht, Ausstellungsrecht, Vortrags-, Aufführungs- und Vorführungsrecht, Recht der öffentlichen Zugänglichmachung, Senderecht, Recht der Wiedergabe durch Bild- und Tonträger, Recht der Wiedergabe von Rundfunksendungen), wobei dem Urheber auch die Verwertung des Werkes in bearbeiteter oder sonst umgestalteter Form nach Maßgabe des § 23 vorbehalten ist. Diese Verwertungsformen stehen selbstständig nebeneinander und enthalten, auch wenn sie unter dem Begriff des umfassenden Verwertungsrechts stehen, voneinander selbstständige Tatbestände mit getrennter Verwertungsmöglichkeit (RGZ 63, 394/397 – Koenigs Kursbuch; RGZ 69, 242/243 – Journal-Lesezirkel; RGZ 136, 377/389 – Lautsprecherwiedergabe; BGHZ 5, 116/120 – Parkstraße 13; BGHZ 33, 1/15 – Künstlerlizenz Schallplatten; BGHZ 38, 356/362 – Fernsehwiedergabe von Sprachwerken; BGH GRUR 1959, 200/202 – Der Heiligenhof); das ehemals umstrittene Vermietungsrecht ist seit dem 3. UrhÄndG vom 23. 6. 1995 (BGBl. I S. 842) ausdrücklich aufgenommen worden (§ 17 Abs. 3), das Recht auf öffentliche Zugänglichmachung (§ 19a), durch Gesetz v. 10. 9. 2003 (BGBl. I S. 1774). 6

Bei Überschreiten eines eingeräumten Verlagsrechts handelt es sich regelmäßig nicht nur um eine Verletzung des zugrundeliegenden Verlagsvertrags, sondern gleichzeitig um eine Urheberrechtsverletzung, soweit im Übrigen das Recht beim Kläger geblieben ist (BGH GRUR 1959, 200/202 – Der Heiligenhof; BGH GRUR 1980, 227/230 – Monumenta Germaniae Historica); zur verlagsrechtlichen Problematik s. insbesondere *Bappert/Maunz/Schricker*[2] § 1 Rdnr. 66 ff. 7

Es können auch mehrere Rechte gleichzeitig verletzt sein. Die sich daraus ergebenden, möglicherweise unterschiedlichen Ansprüche, stehen selbstständig nebeneinander und sind ggf. von verschiedenen Berechtigten mit unterschiedlichen Rechtsfolgen geltend zu machen (so *Fromm/Nordemann*[10] Rdnr. 10; *Möhring/Nicolini/Lütje* Rdnr. 43; *Dreier* in: *Dreier/Schulze*[3] Rdnr. 5; *Wandtke/Bullinger/v. Wolff*[3] Rdnr. 5; *Riedel* Anm. 8 mit dem Beispiel: Vervielfältigung und Verbreitung einer unerlaubt hergestellten Schallplatte, auf der ein geschütztes Werk aufgenommen und die Interpretenleistung entstellt ist – drei Verletzungen; oder beim Plagiat möglich: die Verletzung des Verwertungsrechts sowie die des (Urheber-)Persönlichkeitsrechts. 8

3. Dazu gehören nicht, weil keine absoluten, durch §§ 97 ff. geschützten Rechte: die **gesetzlichen Vergütungsansprüche** (§ 26 Abs. 1 – Folgerechte, § 27 – Vergütung für Vermieten und Verleihen, § 46 Abs. 4 – Sammlungen für Kirchen-, Schul- oder Unterrichtsgebrauch, § 47 Abs. 2 – Schulfunksendungen für den Unterricht, § 49 Abs. 1 S. 2 – Vervielfältigung von Zeitungsartikeln und Rundfunkkommentaren, § 52 Abs. 1 S. 2 und Abs. 2 S. 2 – Vergütungen bei öffentlichen Veranstaltungen und religiösen Feiern, § 52a Abs. 4 – Öffentliche Zugänglichmachung für Unterricht und Forschung, § 54 Abs. 1 und – Vergütungspflicht für Vervielfältigungen im Wege der Bild- und Tonaufzeichnung, § 54a Abs. 1 – Vergütungspflicht für Vervielfältigungen im Wege der Ablichtung) oder **sonstige Ansprüche, die sich jeweils nur gegen einen einzelnen Werknutzer richten.** In den Fällen eines gesetzlichen Vergütungsanspruchs hat der Urheber den jeweiligen Erfüllungsanspruch und bei Nichterfüllung einen Schadensersatzanspruch nach allgemeinen Grundsätzen (§§ 280, 283, 286 BGB), im Falle des Verzuges Anspruch auf Verzugszinsen (§ 288 BGB). 9

Bei den urheberrechtlichen Sonderregelungen kommt es für die Folgen jeweils auf die konkrete Bestimmung an. Zu den Sonderregelungen gehören: §§ 5 Abs. 3, 42a – Einräumung von Rechten, § 8 Abs. 2 S. 2 und § 9 – Anspruch auf Zustimmung der anderen Miturheber bzw. Urheber verbundener Werke zu bestimmten Maßnahmen, § 25 – Zugang zu Werkstücken, § 26 Abs. 3 und 4 – Auskunftsrecht im Rahmen des Folgerechts, § 34 Abs. 1 – Zustimmung zur Übertragung von Nutzungsrechten, § 35 – Einräumung einfacher Nutzungsrechte, § 32 – angemessene Vergütung, § 32a – weitere Beteiligung des Urhebers, § 32c – Ver- 10 gütung für später bekannte Nutzungsarten § 41 – Rückrufrecht wegen Nichtausübung, § 42 – Rückrufrecht wegen gewandelter Überzeugung. Bei **§ 34 Abs. 1 S. 1, § 35 Abs. 1 S. 1** ist die Weiterübertragung des Nutzungsrechts ohne Zustimmung des Urhebers schwebend unwirksam. Wird nicht zugestimmt, ist die Übertragung unwirksam; die Nutzung durch den Zedenten bildet eine Urheberrechtsverletzung iSd. § 97; der Zessionar kann wegen Beteiligung haften sowie wegen positiver Vertragsverletzung (§ 34 Rdnr. 29). Bei Wirksamwerden des Rückrufs erlischt das Nutzungsrecht mit entsprechender Konsequenz eines unmittelbaren Eingriffs in die Urheberrechte, wenn der Rückruf nicht beachtet wird. *Schack*[4] (Rdnr. 679) rechnet § 34 nicht zu den nach § 97 geschützten Rechten; er hält BGH GRUR 1987, 37/39 – Videolizenzgebühr insoweit für verfehlt. Im Falle des § 47 Abs. 2 S. 2 besteht bei Nichtzahlung der Vergütung der Löschungsanspruch (§ 47 Rdnr. 20 ff.). Er ist nach allgemeinen Grundsätzen durchzusetzen. Es ist mithin in jedem Einzelfall zu prüfen, was die Sonderregelung meint. Die Einwilligungs- und Zustimmungsrechte des Urhebers sind nicht selbstständige absolute Rechte, sondern haben ihre Grundlage in den absoluten Nutzungsrechten des Urhebers, deren Verletzung Ansprüche nach §§ 97 ff. auslöst (aA *Fromm/Nordemann*[10] Rdnr. 9; wie hier *Dreier* in: *Dreier/Schulze*[3] Rdnr. 4; *Riedel* Anm. 6, der die Einwilligung des Urhebers als einen Reflex aus seinen Rechten nach §§ 12 und 15–22 erklärt); zu den Zustimmungsrechten und ihrer Bedeutung *Möhring/Nicolini/Lütje* Rdnr. 49 und *Dreyer/Kotthoff/Meckel* Rdnr. 3. **Die Verfügung eines Nichtberechtigten verschafft keine dingliche Rechtsposition und stellt keine Verletzung fremden Urheberrechts dar** (BGH GRUR 2002, 963/964 – Elektronischer Pressespiegel; BGH GRUR 2002, 699/672 – Kabelweitersendung; BGH GRUR 1999, 579/580 – Hunger und Durst; BGH GRUR 1999, 152/154 – Spielbankaffäre), aber ggFs für. Teilnahme eines nicht berechtigt Verfügenden an einer dadurch veranlassten unberechtigten Nutzungshandlung (*Dreier* in: *Dreier/Schulze*[3] Rdnr. 7), oder mögliche Störerhaftung (*Fromm/Nordemann*[10] Rdnr. 16).

II. Verwandte Schutzrechte

11 Für die verwandten Schutzrechte sind die gleichen Grundsätze maßgebend. Anspruchsgrundlage ist das jeweilige einheitliche, sachlich aber nicht umfassende, territorial beschränkte Schutzrecht mit seinen absolut ausgestalteten Berechtigungen („Leistungsschutzrechte"). Die unter dem Oberbegriff „die verwandten Schutzrechte" zusammengefassten Rechte sind **allerdings nach Voraussetzungen, Gegenstand, Schutzumfang und Rechtsnatur sehr verschieden** (Einl. Rdnr. 37 ff.). Urheberpersönlichkeitsrechtliche Berechtigungen bestehen nur bei den Rechten aus § 70 Abs. 1 (Leistungsschutz an wissenschaftlichen Ausgaben) und § 72 Abs. 1 (Leistungsschutz an Lichtbildern und ähnlich hergestellten Erzeugnissen), außerdem bei ausübenden Künstlern (§§ 73, 74, 75, 76, 77, 78). Schutz für nachgelassene Werke besteht nach § 71, für Veranstalter nach § 81, für Hersteller von Tonträgern nach 85 Abs. 1, für Sendeunternehmen nach § 87 Abs. 1, für Datenbankhersteller nach § 87b, für Filmhersteller nach §§ 93, 94 Abs. 1, für Hersteller von Laufbildern nach § 95. Mit Ausnahme der Leistungsschutzrechte der Herausgeber wissenschaftlicher Werke, der Lichtbildner und der ausübenden Künstler sind alle Leistungsschutzrechte frei übertragbar, somit auch Nutzungsrechte mit dinglicher Wirkung abzutreten.

III. Das Verwertungsverbot des § 96 und andere Verbote

12 Außerdem gehört zu den nach §§ 97 ff. geschützten Rechten **das Verwertungsverbot des § 96** (so auch *v. Gamm* Rdnr. 2 und § 96 Rdnr. 1; *Ulmer*[3] § 128 I 2a; *Schack*[4] Rdnr. 677; *Dreier* in: *Dreier/Schulze*[3] Rdnr. 6; BGH ZUM 1986, 199/202 – GEMA-Vermutung III. S. dazu auch § 96 Rdnr. 3). Das Umgehungsverbot von Schutzmaßnahmen nach § 95a beziehen *Arnold/Timmann* MMR 2008, 286 und *Dreier* in: *Dreier/Schulze*[3] Rdnr. 3 und 8 in den Urheberrechtsschutz des § 97 ein, *Dreier* auch die Ver- und Gebote der §§ 95a, c und d. AA *Schack*[4] Rdnr. 7321 u. 732n LG München I (ZUM-RD 2008, 97, 100), das Schutz über § 823 Abs. 2 BGB iVm. §§ 95a, 95c und 95d UrhG gewährt, ebenso BGH GRUR 2008, 996.

C. Schutzumfang

I. Gegenständlich

13 **1. Sachliche Grundlage des Urheberpersönlichkeitsrechts sowie der positiven Benutzungs- und negativen Verbietungsrechte** ist das immaterielle geistige Werk in seiner

konkreten Ausgestaltung. Die Unterscheidung von positivem Nutzungsrecht und negativem Verbotsrecht hat Bedeutung vor allem für die abgeleiteten Rechte: Das aus den ausschließlichen Nutzungsrechten fließende Verbietungsrecht kann über das Benutzungsrecht hinausgehen (BGHZ 9, 262/265 – Lied der Wildbahn I; BGH GRUR 1957, 614/616 – Ferien vom Ich; BGH GRUR 1960, 636/638 f. – Kommentar – mit Anm. *Bappert;* KG Schulze KGZ 42 – Dick und Doof; OLG München Schulze OLGZ 100 – Helga und Michael: Erwerber ausschließlicher kommerzieller Filmauswertungsrechte kann auch Verletzung des Filmtitels geltend machen).

Inhalt und Umfang des Urheberrechts bestimmen sich, wie der BGH im Anschluss an das RG wiederholt ausgesprochen hat, **nach dem in der konkreten Formgestaltung zum Ausdruck gelangten Gesamteindruck in seiner schöpferischen Eigenart** (RGZ 155, 199/202 f. – Möbelstoffmuster; BGHZ 5, 1/4 – Hummel I; BGHZ 24, 55/68 – Ledigenheim; BGHZ 27, 351/357 – Candida-Schrift; BGHZ 29, 62/63 f. – Rosenthal-Vase; BGH GRUR 1958, 500/502 – Mecki-Igel I; BGH GRUR 1959, 251 – Einheitsfahrschein; BGH GRUR 1961, 85/87 – Pfiffikus-Dose; BGH GRUR 1961, 635/637 f. – Stahlrohrstuhl; BGH GRUR 1974, 740/741 – Sessel; BGH GRUR 1981, 517/519 – Rollhocker; BGH GRUR 1981, 352/353 – Staatsexamensarbeit; BGH GRUR 1985, 1041/1047 – Inkasso-Programm; BGH GRUR 1994, 39/39 f. – Buchhaltungsprogramm; siehe dazu § 2 Rdnr. 11 ff.). 14

Außer Betracht bleiben nichtkonkretisierte Elemente wie abstrakte Idee, Stil, allgemeine Motive, technische Elemente, Elemente, die zum freien Formenschatz gehören, insbesondere Elemente ohne Eigentümlichkeit (BGHZ 5, 1/3 ff. – Hummel I; BGHZ 73, 288/292 – Flughafenpläne; BGH GRUR 1995, 581/582 – Silberdistel). Andererseits kann ein Werk, das unter Verwendung bekannter Stilmittel geschaffen worden ist, gleichwohl schutzfähig sein (BGH GRUR 1988, 69 – Kristallfiguren – mit Anm. von *G. Schulze*). Solche Elemente können zwar im **Gesamteindruck** eine gewisse Rolle spielen, aber nur die Übernahme der charakteristischen Eigenheiten der eigenschöpferischen Formgestaltung verletzen das Urheberrecht und führen zum gleichen Gesamteindruck wie die geschützte Vorlage. Das heißt: 15

Einem Werk kommt ein umso weiterer Schutzumfang zu, je stärker seine Ausstrahlung ist, **je individueller, schöpferischer sein Gehalt.** Bei der Zusammenstellung von Materialien ist auf die Schutzfähigkeit einzelner Elemente abzustellen (BGHZ 112, 243/248 – Archäologische Grabungsmaterialien). Es gibt auch **Abstufungen der Benutzungshandlungen.** Sie reichen von der vollständigen Übernahme des Originals bis zur freien Benutzung. Zu den Einzelheiten der Benutzungs- und Nachbildungshandlungen § 24 Rdnr. 10 ff. Je schöpferischer das Werk ist, desto stärker sind die geistigen und persönlichen Beziehungen des Urhebers zu seinem Werk und desto verletzlicher ist der Urheber auch in seinem Persönlichkeitsrecht. Der Urheber einer **„kleinen Münze"** kann auch nur „kleine Münze" beanspruchen. **Das negative urheberrechtliche Verbietungsrecht** erstreckt sich nicht nur auf das Werk als Ganzes, sondern **auch auf die schutzfähige Formgestaltung von Teilen,** wobei sich die besondere Eigenart des Werkes als Ganzes in diesem Teil nicht zu offenbaren braucht (BGHZ 9, 262/267 f. – Lied der Wildbahn I; BGHZ 28, 234/237 – Verkehrskinderlied; BGH GRUR 1959, 379/381 – Gasparone I; BGH GRUR 1960, 636/638 – Kommentar; BGH GRUR 1961, 631/633 – Fernsprechbuch; BGHZ 112, 264/270 – Betriebssystem). Nach der Rechtsprechung kommt es nicht auf die Unterschiede zwischen dem geschützten und dem nachgeahmten Werk an, sondern auf die Gemeinsamkeiten (BGH GRUR 1981, 261/269 – Dirlada). Deshalb kann auch ein Werk, das sich zwar in seiner gesamten Aufmachung unterscheidet, jedoch die schöpferischen Züge des ursprünglichen Werks übernommen hat, dieses verletzen (*Dreier* in: *Dreier/Schulze*[3] Rdnr. 11). 16

Unabhängige Doppelschöpfungen sind im Urheberrecht im Gegensatz zum Patentrecht möglich und stellen keine Verletzung des vorbestehenden Werkes dar. Sie sind jedoch äußerst selten. Bei weitgehender Übereinstimmung liegt es nahe, dass der nachfolgende Schöpfer das vorbestehende Werk bewusst oder unbewusst zugrunde gelegt hat. Der zweite Schöpfer muss deshalb dartun und beweisen, dass die Übereinstimmungen auf andere Weise zu erklären sind (BGH GRUR 1988, 812 – Ein bisschen Frieden, m. Anm. *Schricker;* BGH GRUR 1988, 811 – Fantasy; OLG Köln GRUR 2000, 43 – Klammerpose; *Dreier* in: *Dreier/Schulze*[3] Rdnr. 11). **Elementenschutz** (Schutz von Werkteilen) kommt in Betracht, sofern eine Übereinstimmung der Nachbildung nur mit den getroffenen Elementen vorliegt. Voraussetzung ist jedoch die selbstständige Schutzfähigkeit dieser Elemente (BGHZ 9, 262/267 f. – Lied der Wildbahn I; zur Problematik der Fortsetzung eines urheberrechtlich geschützten Werkes: BGH GRUR 1960, 636 – Kommentar; sa. *Strömholm* GRUR 1968, 187 ff.). Anschaulich zur digitalen Bild- und Filmbearbeitung *Reuter* GRUR 1997, 23. 17

18 Bei einem Bauwerk sind auch einzelne Teile, welche die urheberrechtlichen Voraussetzungen erfüllen, geschützt (BGHZ 24, 55/63 – Ledigenheim; BGH GRUR 1973, 663/664 – Wählamt). Der Vorentwurf des Architekten kann urheberrechtlich geschützt sein (BGH GRUR 1988, 533 – Vorentwurf II). S. zum Schutz von Werkteilen im Einzelnen § 2 Rdnr. 67.

19 2. Bei den **verwandten Schutzrechten** ist der Schutzumfang sehr unterschiedlich. Er entspricht in keinem Fall vollständig dem des Urheberrechts und ist dem jeweiligen Schutzzweck anzupassen.

20 a) Am nächsten kommt dem Urheberrecht das Leistungsschutzrecht an **wissenschaftlichen Ausgaben** (§ 70) und der Leistungsschutz an **Lichtbildern** (§ 72). Das kommt auch durch die Bezugnahme auf den Ersten Teil des Gesetzes und durch § 118 zum Ausdruck. (s. zu Inhalt und Umfang des Schutzes § 70 Rdnr. 10; § 72 Rdnr. 11 ff.).

21 b) Der Leistungsschutz für **Ausgaben nachgelassener Werke** (§ 71) setzt sich deutlich gegen das Urheberrecht ab und beschränkt sich im Wesentlichen auf die Übernahme der Verwertungsrechte. Ein Urheberpersönlichkeitsrecht fehlt. Im Einzelnen § 71 Rdnr. 12 ff.

22 c) Das Leistungsschutzrecht des **ausübenden Künstlers** (§§ 73–82) basiert auf persönlichkeitsrechtlicher Grundlage. Die Berechtigungen aus §§ 74, 75, 76 (persönlichkeitsrechtlich) sowie aus §§ 77, 78, 79, 80, 82 (verwertungsrechtlich) sind absolut ausgestaltet. Die ursprüngliche Regelungslücke beim Verwertungsrecht des ausübenden Künstlers hinsichtlich der Verbreitung rechtswidriger Mitschnitte ist seit dem Dritten Urheberrechts-ÄnderungsG vom 23. 6. 1995 (BGBl. I S. 842) für Inländer sowie EU- und EWR-Bürger beseitigt (§§ 77 Abs. 2, 120 Abs. 2). Dazu § 77 Rdnr. 18 und § 96 Rdnr. 8 f.

23 d) Die Leistungsschutzrechte des **Veranstalters** (§ 81) und des **Tonträgerherstellers** (§§ 85, 86), **Sendeunternehmers** (§ 87), **Herstellers von Filmwerken** (§ 94) **und von Laufbildern** (§§ 95, 94) haben nur noch schwachen Bezug zum Urheberrecht (siehe dort). Einen urheberpersönlichkeitsrechtlichen Schutz gibt es hier nicht, abgesehen vom Filmhersteller (§§ 94, 95), der ein Recht gegen Entstellungen und Kürzungen hat. Es ist in Anlehnung an das Urheberpersönlichkeitsrecht als absolute Berechtigung ausgestaltet. Ebenso haben die Urheber (Leistungsschutzinhaber) des Filmwerks und der bei der Herstellung benutzten Werke Schutz vor Entstellung (§ 93). Die verwertungsrechtlichen Berechtigungen aller Leistungsschutzrechte besitzen absolute Rechtsnatur, ausgenommen die obligatorische Vergütungsregelung des § 86. Auch bei den eben aufgeführten Leistungsschutzrechten beschränkt sich der Schutz auf eine unmittelbare Übernahme der konkreten Leistung.

24 e) Hinzugekommen ist der Schutz von Computerprogrammen in §§ 69 a–69 g. Diese werden als Sprachwerke mit Sonderfunktionen und Sondernormen verstanden (§ 69 a Abs. 4). Der Schutz von Datenbanken, um den der Schutz der Leistungsschutzrechte außerdem erweitert worden ist (§§ 87 a–87 d), meint reinen Investitionsschutz und ist vom eigentlichen Urheberrecht noch weiter entfernt. Diese Leistungsschutzrechte schützen nicht mehr die schöpferische, sondern die kaufmännisch-organisatorische Leistung und den damit verbundenen sachlichen und finanziellen Aufwand (exemplarisch bei § 87 a sui-generis-Datenbankschutz).

II. Zeitlich

25 Der **zeitliche Schutzumfang** beginnt mit der Entstehung des Urheberrechts, dh. mit der **Entstehung des** schutzfähigen **Werkes,** und endet mit dem **Ablauf der Schutzfrist;** Laufzeit des Schutzrechts und Dauer der Schutzwirkungen decken sich mithin. Der Urheberrechtsschutz endet 70 Jahre nach dem Tod des Urhebers – bei Miturhebern des längst überlebenden Urhebers. Die Berechnung der Fristen erfolgt nach §§ 64 ff. Die Schutzlaufzeiten sind bei den verwandten Schutzrechten unterschiedlich lang, teils 50 Jahre, teils 25 Jahre, teils geringer, bei Datenbanken 15 Jahre nach Veröffentlichung, bzw. 15 Jahre nach Herstellung, wenn das Werk nicht veröffentlicht worden ist (siehe § 70 Abs. 3 – wissenschaftliche Ausgaben; § 71 Abs. 3 – nachgelassene Werke; § 72 Abs. 3 – Lichtbilder; § 76 – Persönlichkeitsrechte von ausübenden Künstlern; § 82 – Verwertungsrechte ausübender Künstler; § 85 Abs. 3 – Verwertungsrechte Tonträger; § 87 Abs. 3 – Senderechte; § 94 Abs. 3 – Filmhersteller; § 95 iVm. § 94 Abs. 3 – Laufbilder; § 87 d – Datenbanken (theoretisch unbegrenzt variabel: *Dreier* in: *Dreier/Schulze*[3] Rdnr. 9). Die Vorschriften sind im konkreten Fall genau zu prüfen. Beginn eine ungenehmigte Verwertung vor Ablauf der Schutzfrist, ist sie bis zum Ablauf rechtswidrig. Wird die Schutzfrist verlängert, sind zumeist Übergangsregelungen vorgesehen (§§ 129 ff.), zum Teil Fortsetzung und

Aufbrauch gegen angemessene Vergütung (§§ 137e und 137f). Für ausübende Künstler und Tonträgerhersteller liegt ein Richtlinienvorschlag der EU-Kommission zur Schutzfristenverlängerung vor: ZUM 2009, 89 mit mehreren Stellungnahmen.

Die Priorität ist im Urheberrecht nur insofern von Bedeutung, als sich damit eine Nachbildung begründen oder widerlegen lässt. Das Urheberrecht hat **keine Ausschlusswirkung** anders als bei den technischen Schutzrechten und den Kennzeichnungsrechten, bei denen ohne Rücksicht auf Kenntnis und Nachbildung eine Benutzungshandlung in den Schutzbereich des fremden Rechts eingreift (vgl. Einl. Rdnr. 46). Zur Beschränkung der Ausschließlichkeitswirkung auf eine subjektiv und objektiv vorliegende Benutzung des Werkes als Vorlage siehe § 2 Rdnr. 42 (subjektive Neuheit) und § 23 Rdnr. 3ff., § 24 Rdnr. 10ff. (Nachbildung/Plagiat). 26

III. Territorial

Beachtlich ist der im gesamten Immaterialgüterrecht und somit **auch im Urheberrecht** herrschende **Territorialitätsgrundsatz.** Siehe dazu die Ausführungen Vor §§ 120ff. Rdnr. 120ff. Ein deutsches Urheberrecht oder verwandtes Schutzrecht wird nach deutschem Recht nur in Deutschland verletzt, da die Hoheitsbefugnisse nicht über die Staatsgrenzen reichen. Dem entspricht die Bedeutung des § 96. Es reicht jedoch, wenn Teil-Akte im Ausland erfolgen, die für das Inland bestimmt sind oder hier wirken zB eine Sendung, die im Ausland ausgestrahlt und im Inland empfangen wird (*Dreier* in: *Dreier/Schulze*[3] Rdnr. 10). Zur internationalen Zuständigkeit und grenzüberschreitenden Urheberrechtsverletzung in einem Fall, in dem urheberrechtsgeschützte Vervielfältigungsstücke im Inland zur Abholung im Ausland (Italien) angeboten wurden, wo kein Schutz besteht: BGH GRUR 2007, 871/872 – Wagenfeld-Leuchte; zur Reichweite des urheberrechtlichen Verbreitungsrechts: BGH EuGH-Vorlage GRUR 2007, 50/51 – Le Corbusier-Möbel. Der EUGH legt Art. 4 Abs. 1 der Richtlinie 2001/29/EG des Europäischen Parlaments und des Rates vom 22. 5. 2001 zur Harmonisierung bestimmter Aspekte des Urheberrechts und der verwandten Schutzrechte in der Informationsgesellschaft (ABl. EG Nr. L 167 v. 22. 6. 2001, S. 10 – Info-RL) eng aus und versteht darunter nur „Handlungen, die mit einer Übertragung des Eigentums an diesem Gegenstand verbunden sind" (GRUR 2008, 601). Der BGH wertete daraufhin das bloße Aufstellen von Le-Corbusier-Möbeln in Verkaufsräumen eines Bekleidungsgeschäfts zur Dekoration nicht als Verletzung des Verbreitungsrechts nach §§ 15 Abs. 1 Nr. 2, 17 (GRUR 2009, 840 – Le Corbusier-Möbel II). Begründeter Widerspruch dagegen kommt von *Schulze* in: Dreier/Schulze[3] Rdnr. 4a; *Heerma* in: Wandtke/Bullinger[3] Rdnr. 11; *v. Welser,* GRUR Int. 2008, 596/597; *Goldmann/Möller* GRUR 2009, 551; *Schulze,* GRUR 2009, 812, die die Entscheidung des EuGH auf eine unklare Vorlagefrage des BGH zurückführen und den Begriff „Verbreitung" in §§ 15 Abs. 1 Nr. 2, 17 im bisherigen Sinn verteidigen. 27

Zu beachten sind auch die **Auswirkungen des Erschöpfungsgrundsatzes** (§ 17 Rdnr. 42ff.) und die nicht unerheblichen Einschränkungen auf Grund der Normen des EG-Vertrages über den freien Warenverkehr innerhalb des Gemeinsamen Marktes und die dazu vorliegende Rechtsprechung, insbesondere auch des EuGH (§ 17 Rdnr. 43). Der Erschöpfungsgrundsatz ist im gewerblichen Rechtsschutz heute auf den Wirtschaftsraum der EU/EWR beschränkt. Das gilt auch für das Urheberrecht.

D. Widerrechtliche Verletzungen

I. Eingriff

Voraussetzung für den Anwendungsbereich der §§ 97ff. ist ein **Eingriff in** die obengenannten **absoluten Berechtigungen des Urhebers.** Ob ein Eingriff vorliegt, bestimmt sich nach den jeweiligen Einzelbestimmungen und ist zu manchen Bestimmungen besonders umstritten, zB zur Frage der Öffentlichkeit in § 15 Abs. 3 (§ 15 Rdnr. 57ff.), zur Frage der Privilegierung von Vervielfältigungen zu Archivzwecken in § 53 Abs. 2 – BGH NJW 1997, 1363 und 1368 – CB-infobank I und II; str. für elektronische Archive: *Schack:* „Dürfen öffentliche Einrichtungen elektronische Archive anlegen?" AfP 2003, 1; zur Frage „bleibend an öffentlichen Wegen und Plätzen" in § 59 Abs. 1 (§ 59 Rdnr. 11f. – Verhüllter Reichstag, Karnevalsumzüge). **Das Wort** 28

§ 97

"Eingriff" bringt schon sprachlich zum Ausdruck, dass ein Bewusstsein der Rechtswidrigkeit nicht zum „Eingriff" gehört (BGH GRUR 1991, 769/779 – Honorarfrage). Der Eingriff ist ein Faktum. Nicht immer liegt tatbestandsmäßig ein Eingriff vor. Er setzt ein bestehendes Recht voraus. **Ein Eingriff fehlt zB, wenn der Urheber ein entsprechendes Nutzungsrecht mit gegenständlicher Wirkung eingeräumt hat.** Der rechtmäßige Inhaber dieser quasidinglichen Nutzungsrechte begeht, wenn er die Rechte nutzt, keinen Eingriff. Ein Eingriff fehlt ebenfalls in den Fällen, in denen das Gesetz das Urheberrecht beschränkt hat (siehe die Schranken der §§ 44a ff.). Das Urheberrecht reicht nur so weit, wie es das Gesetz gewährt, sa. *Möhring/Nicolini/Lütje* Rdnr. 66.

29 Begrifflich liegt auch dann **kein Eingriff** vor, **wenn** das Urheberrecht bzw. verwandte Leistungsschutzrecht **verbraucht** ist. Erschöpft werden kann allerdings nach § 17 Abs. 2 und der ganz herrschenden Meinung in der Literatur nur das Verbreitungsrecht mit Ausnahme der Vermietung (§ 17 Abs. 2 ist neu gefasst durch das 3. UrhGÄndG v. 23. 6. 1995, BGBl. I S. 842 – *Ulmer* GRUR Int. 1981, 372/375; *D. Reimer* GRUR Int. 1972, 221; *Seifert* FuR 1981, 513; *Hubmann*[6] § 25 II 1 e; *Blachian,* Die Lehre von der Erschöpfung des Verbreitungsrechts im Urheberrecht, 1964, S. 62 ff.); anders der BGH, der eine „allgemeine Erschöpfungslehre" postuliert, wonach auch Befugnisse der öffentlichen Wiedergabe (Senderecht) der Erschöpfung unterliegen können (BGHZ 79, 350/359 und Anm. Wilhelm *Nordemann* zu BGH GRUR 1981, 413/417 f. – Kabelfernsehen in Abschattungsgebieten), allerdings inzwischen als Sonderfall abgegrenzt durch BGH GRUR 1988, 206/210 – Kabelfernsehen II; hierzu ausführlich *Sack,* Kabelfunk und Urheberrecht, GRUR 1988, 163. Zum Erschöpfungsgrundsatz siehe § 17 Rdnr. 42 ff. Beim Verbrauch fehlt es insoweit an einer Rechtsinhaberschaft des Urhebers, die verletzt werden könnte. Die **Tatbestandsmäßigkeit** indiziert die Rechtswidrigkeit.

30 **Der Verletzte hat die Verletzungshandlung darzulegen und zu beweisen.** Umstände, die nach der Lebenserfahrung auf eine Rechtsverletzung schließen lassen, begründen einen Beweis des ersten Anscheins, den der Verletzer durch die Wahrscheinlichkeit eines abweichenden Geschehensablaufs im konkreten Fall entkräften muss, zB die Nachahmung bei weitgehender Übereinstimmung zweier Werke (BGH GRUR 1988, 812/814 – Ein bisschen Frieden; BGH GRUR 1981, 267/269 – Dirlada), die Zahl der Plattenhüllen für die Anzahl der widerrechtlich hergestellten Platten (BGH GRUR 1987, 630/631 – Raubpressungen). **Besteht die Rechtsverletzung in einem Unterlassen, ist sie nur widerrechtlich, wenn eine Pflicht zum Handeln besteht.** Es gelten die allgemeinen Regeln. Wer sich auf Nutzungsrechte, eine Schrankenbestimmung nach §§ 44a ff., 87 c, auf freie Benutzung des § 24 oder einen Rechtfertigungsgrund beruft, muss die tatsächlichen Voraussetzungen dafür darlegen und beweisen. Den Wegfall des Rechtfertigungsgrundes hat der Verletzte zu beweisen (BGH GRUR 1960, 500/502 – Plagiatsvorwurf).

31 Für den Anspruch auf Unterlassung und Beseitigung genügt Widerrechtlichkeit. **Gutgläubigkeit schützt nicht.** Nur **beim Schadensersatzanspruch** muss **zur Widerrechtlichkeit Verschulden** hinzukommen.

Ohne Einfluss auf die Widerrechtlichkeit ist der nachträgliche Ablauf der Schutzfrist. Noch innerhalb der Schutzfrist widerrechtlich hergestellte Vervielfältigungsstücke dürfen weder verbreitet noch zur öffentlichen Wiedergabe benutzt werden (§ 96).

II. Rechtfertigungsgründe

32 1. Eine **Rechtsverletzung** muss, um Ansprüche der §§ 97 ff. auszulösen, **widerrechtlich** sein. Was widerrechtlich ist, bestimmt sich nach deutschem Recht. Keine Widerrechtlichkeit besteht, **wenn die Einwilligung/Zustimmung/Genehmigung des Rechtsinhabers** vorliegt (*v. Gamm* Rdnr. 15; *Möhring/Nicolini/Lütje* Rdnr. 68; *Riedel* Anm. 9 und 10). **Rechtswidrigkeit** kann durch nachträglichen Fortfall eines Rechtfertigungsgrundes eintreten (BGH GRUR 1958, 448/449 – Blanko-Verordnungen; BGH GRUR 1960, 500/502 – Plagiatsvorwurf), so beispielsweise bei nachträglichem Fortfall einer gesetzlich zugelassenen Werknutzung oder beim Einwand freier Benutzung (OLG Düsseldorf Schulze OLGZ 210). Ob eine Einwilligung/Zustimmung/Genehmigung zur Vervielfältigung, Verbreitung, Vorführung, Bearbeitung etc. gegeben wurde, ist sorgfältig zu prüfen, weil anderenfalls das Zustimmungsrecht des Urhebers gefährdet wäre (*Möhring/Nicolini/Lütje* Rdnr. 68, 72; *Wandtke/Bullinger/v. Wolff*[3] Rdnr. 32; BGH GRUR 1959, 147/149 – Bad auf der Tenne). Das geschieht jeweils zum konkreten Fall: zB keine Genehmigung beim verhüllten Reichstag von Christo – KG GRUR 1997, 128 – Ver-

hüllter Reichstag I; KG GRUR 1997, 129 – Verhüllter Reichstag II; dazu *Müller/Katzenburg* NJW 1996, 2347; keine Genehmigung bei dekoriertem Freiburger „Holbein-Pferd", LG Mannheim GRUR 1997, 364 – fraglich und für jeden Beteiligten zu differenzieren bei der Aufnahme und Sendung von Karnevalsumzügen, dazu *Hoeren* NJW 1997, 376 ff. und Stellungnahme *Monhemius* und *Pietsch* NJW 1997, Heft 20, XXIV. Widerrechtlichkeit kann ausnahmsweise entfallen, wenn der Urheber zur unentgeltlichen Einräumung von Nutzungsrechten verpflichtet ist – *Möhring/Nicolini/Lütje* Rdnr. 72, aber Vorsicht mit § 242 BGB, da das Zustimmungsrecht nicht untergraben werden darf, OLG Hamburg ZUM 1999, 78/82 mit Anm. *Feldmann*.

Nicht jede Freigabe meint eine totale Fremdnutzung. Aber wer ein Online-Angebot ohne technische Schutzmaßnahme ins Internet stellt, gibt konkludent einer Suchmaschine die Zustimmung zum Setzen eines Links – auch beim Einrichten von Deep-Links, so BGH GRUR 2003, 958 – Paperboy. Das vorbehaltlose Einstellen eines Werks ins Internet macht das Werk konkludent nutzbar (BGH GRUR 2008, 245 – Drucker und Plotter). *Dreier* hält das für zu weitgehend hinsichtlich des Verzichts auf Vergütung (*Dreier/Schulze*[3] Rdnr. 15), ebenso *v. Ungern-Sternberg* (GRUR 2008, 247). Doch das ganze Internet lebt von der kostenlosen Nutzung. Wer im Internet eine Vergütung begehrt, muss sie geltend machen. Zweifelhaft ist ein Link, wenn das fremde Werk ohne Verlassen der Webseite „inkorporiert" (Framing) aufgerufen wird. Das ist mehr als ein Hinweis auf eine fremde Information. Wenn die Information nicht die eines Dritten erkennbar ist, bedeutet der Link Aneignung, die nicht ohne weiteres erwartet werden kann (OLG Hamburg GRUR 2001, 831 – Roche Lexikon Medizin). Die konkludente Einwilligung im Internet ist trotz der BGH-Entscheidung Paperboy umstritten. Insbesondere bei verkleinerten und in der Pixelzahl reduzierten Miniaturansichten, „Thumbnails", gehen die Meinungen auseinander (LG Hamburg GRUR-RR 2003, 313, OLG Jena MMR 2008, 408 m. Anm. *Schack*; aA LG Erfurt MMR 2007, 394 sorgfältig differenziert *v. Ungern-Sternberg*, GRUR 2009, 369; vehement ablehnend *Schack*[4] Rdnr. 481 b und in Fs. für Schricker, 2005, 511; *Schricker* selbst sieht die Wechselwirkung (9. Auflage § 51 Rdnr. 8; *Melichar/Schricker*[3] Rdnr. 14 a vor §§ 44 a ff.) lehnt sie ab; siehe unten Rdnr. 118).

2. Als Rechtfertigungsgründe kommen weiter in Betracht: das **Schikaneverbot** (§ 226 BGB), **Notwehr** (§ 227 BGB), **Notstand** (§ 228, BGB), **erlaubte Selbsthilfe** (§§ 229 ff. BGB) und **übergesetzlicher** Notstand. Diese Rechtfertigungsgründe sind allerdings eher theoretischer Natur.

Der **übergesetzliche Notstand** war lange Zeit eine Hilfskonstruktion beim Zusammenstoß von Urheberrechten mit dem Grundrecht der Meinungs- und Informationsfreiheit. Diese Konstruktion ist inzwischen überholt und von den früheren Vertretern weitgehend aufgegeben worden (hier schon in der Vorauflage). Zu lösen ist der Konflikt im konkreten Fall über eine grundrechtsadäquate Güter- und Interessenabwägung (wie hier *Wandtke/Bullinger/v. Wolff*[3] Rdnr. 34).

a) Zunächst im Strafrecht entwickelt (RGSt. 61, 242/254 ff.; BGHSt. 2, 110/114), gilt der einstige „übergesetzliche Notstand" heute als **allgemeiner Rechtsgrundsatz.** Danach ist eine **Rechtsverletzung** dann gerechtfertigt, wenn sie **zum Schutze eines höherwertigen anderen Rechtsgutes** erforderlich ist. Der Begriff „Notstand" hat zu einer verengten Sicht geführt und wird richtiger, weil unmissverständlicher und verfassungsrechtsdogmatisch adäquater, durch „verfassungskonformen Interessenausgleich" ersetzt. Kollidieren zwei durch das Grundgesetz für die Bundesrepublik Deutschland geschützte Werte – hier der durch die Verfassung gewährleistete Schutz des geistigen Eigentums des Urhebers (Art. 14 GG) und seines Persönlichkeitsrechts (Art. 1, 2 GG) einerseits mit dem Recht auf freie Meinungsäußerung, auf freie Information und Pressefreiheit, auf freie Forschung und Lehre, auf Kunstfreiheit (Art. 5 GG) andererseits –, dann ist die Lösung im Einzelfall über eine **Güter- und Interessenabwägung** zu suchen. Dabei kommt der **Meinungs- und Informationsfreiheit** für die freiheitlich demokratische Ordnung anerkanntermaßen **besondere Bedeutung** zu. Die Rechtsprechung des Bundesverfassungsgerichts zu Art. 5 GG ist richtungsweisend (BVerfGE 7, 198/208 – Lüth; BVerfGE 50, 234/240 f. unter Hinweis auf die ständige Rechtsprechung; auch BVerfGE 60, 234/240 – Kredithaie; BVerfGE 71, 206/219 f. – Abdruck von amtlichen Schriftstücken eines Strafverfahrens; Übersicht bei *Grimm,* Die Meinungsfreiheit in der Rechtsprechung des Bundesverfassungsgerichts, NJW 1995, 1697).

b) Das Urheberrecht und die verwandten Leistungsschutzrechte sind „allgemeine Gesetze" wie die Gesetze zum Schutz des Eigentums und des Persönlichkeitsrechts, des Rechts am eingerichteten und ausgeübten Gewerbebetrieb. Sie müssen in ihrer das Grundrecht beschränkenden

Wirkung ihrerseits im Licht der Bedeutung dieses Grundrechts gesehen und so interpretiert werden, dass der besondere Wertgehalt dieses Rechts auf jeden Fall gewahrt wird. Die **gegenseitige Beziehung zwischen Grundrecht und „allgemeinem Recht"** ist nicht als einseitige Beschränkung der Geltungskraft des Grundrechts durch die allgemeinen Gesetze aufzufassen. Es findet vielmehr eine **Wechselwirkung** in dem Sinn statt, dass die allgemeinen Gesetze zwar dem Wortlaut nach dem Grundrecht Schranken setzen, ihrerseits aber aus der Erkenntnis der wertsetzenden Bedeutung dieses Grundrechts im freiheitlichen und demokratischen Staat ausgelegt und so in ihrer das Grundrecht begrenzenden Wirkung selbst wieder beschränkt werden müssen (BVerfGE 50, 234/241 unter Hinweis auf die stRspr.). Das Urheberrecht ist wie das Eigentum sozial gebunden.

37 c) Rechtsprechung und Schrifttum haben sich im Urheberrecht lange schwer getan, das Grundrechtsverhältnis zu integrieren und das Spannungsverhältnis zwischen dem Schutz des geistigen Eigentums einerseits, der den Schöpfer angemessen an den Früchten seines Werkes teilhaben lässt (Art. 14 GG; vgl. Einl. Rdnr. 11 ff.), und dem Grundrecht auf freie Meinungsäußerung und Informationsfreiheit andererseits (Art. 5 GG) auszugleichen. Das Bundesverfassungsgericht hat durch die Entscheidungen „Kirchen- und Schulgebrauch" (BVerfGE 31, 229) und „Kirchenmusik" (BVerfGE 49, 382) die früheren §§ 46 und 52 Abs. 1 Nr. 2 insoweit für nichtig erklärt, als keine Vergütung gewährt wurde. **Es besteht Grund, die Schranken des geltenden Urheberrechts auch dort kritisch zu definieren, wo sie anerkanntermaßen den Erfordernissen, die sich aus dem Grundrecht auf Meinungs- und Informationsfreiheit ergeben, nicht hinreichend gerecht werden** (aA *Schack*[4] Rdnr. 481 b; *Melichar* vor §§ 45 ff. Rdnr. 18 ff.; eng auch *Schricker*[3] § 51 Rdnr. 8). Gemeint ist das grundsätzliche Verständnis der §§ 44 a ff. in der sozialen Gebundenheit, vor allem aber die Beschränkung des publizistischen Entnahmerechts auf aktuelle Tagesfragen und Nachrichten (§§ 48, 49 und 50) und die Beschränkung des Zitierrechts (§ 51), das auch die politisch-historische Dokumentationsfreiheit umfasst (*Deutsch* NJW 1967, 1393; *v. Olenhusen*, Fs. für Roeber, 1973, S. 431). Urheberrecht ist auch Kommunikationsrecht (*Schricker*, Urheberrecht zwischen Industrie- und Kulturpolitik, GRUR 1992, 242; *ders.* GRUR 1992, 679). Bei Kollisionen darf nicht in vorschneller Güter- oder Wertabwägung das eine Rechtsgut auf Kosten des anderen realisiert werden. Der Grundsatz der Einheit der Verfassung verlangt, dass möglichst alle beteiligten Rechte größtmögliche Wirkung entfalten können. Die Entnahme muss nicht unentgeltlich sein. Bei umfangreicheren Entnahmen zu Informations- und Kommunikationszwecken wird ggf. ein angemessenes Entgelt zu zahlen sein, wie in den richtungweisenden Entscheidungen des BVerfG „Kirchen- und Schulgebrauch" (BVerfGE 31, 229) und „Kirchenmusik" (BVerfGE 49, 382) aufgezeigt. Zum Spannungsverhältnis Gemeinwohl und Urheberinteressen sa. die Entscheidungen BGHZ 87, 126 – Zoll- und Finanzschulen – und BGH GRUR 1984, 734 – Vollzugsanstalten – fortgeführt in BVerfG GRUR 1989, 139 und BGHZ 123, 49 – Verteileranlagen (vgl. auch BGHZ 116, 305 – Altenwohnheim).

38 *Löffler* (NJW 1980, 201/204) hat zu Recht darauf hingewiesen, dass die in der urheberrechtlichen **Literatur vertretene Auffassung, die in den §§ 44 a – 63 aufgeführten, den Interessen der Allgemeinheit dienenden Schranken des Urheberrechts seien als Ausnahmen vom Prinzip des Alleinverfügungsrechts des Urhebers eng auszulegen** (*Melichar* vor §§ 44 a ff. Rdnr. 18; *Schricker*[3] § 51 Rdnr. 8, 9; *v. Gamm* § 51 Rdnr. 2; *Möhring/Nicolini/ Lütje* Rdnr. 69), schon **vom Ansatz her verfehlt** ist (in der Tendenz *v. Olenhusen* in seinen Beiträgen: Schriftsteller, Recht und Gesellschaft, 1972), so auch *Raue*, Fs für Wilhelm Nordemann, 2004, 327 gegen das Dogma von der restriktiven Auslegung der Schrankenbestimmungen des UrhG und Beispiele aus der höchstrichterlichen Rechtsprechung in Abweichung vom Dogma (sa. *Dreier* in: Dreier/Schulze[3] vor §§ 44 a ff. Rdnr. 7 mwN). *Löffler* plädierte für eine Konfliktlösung mittels verfassungskonformer Auslegung. Das ist richtig, machte aber Schwierigkeiten, wie der Lösungsversuch *Löfflers* beim sog. Großzitat zeigt. Da beim Großzitat (§ 51 Nr. 1 aF) eine verfassungskonforme Auslegung an dem starren Erfordernis des Vorliegens eines wissenschaftlichen Werkes scheiterte, wurde das sog. Kleinzitat (§ 51 Nr. 2 aF) weit ausgelegt. Im Wege der Interessenabwägung sollte darüber auch die Übernahme ganzer Werke (Bilder, Gedichte usw.) möglich sein (*Löffler* NJW 1980, 201/205). *Deutsch* plädierte zutreffend für die politisch-historische Dokumentationsfreiheit im Urheberrecht (NJW 1967, 1393), auch *v. Olenhusen*, Fs. für Roeber, 1973, S. 431/440 und Mitautor *Unger* UFITA 97 (1984) 59/76 ff. traten für eine erweiternde Auslegung ein (OLG Hamburg ZUM 1993, 35/36 f. übersah dagegen teilweise den Dokumentationszweck von Musikmaterial bei der Einspielung auf Videobänder zu den Jahren 1942 bis 1952). Zum Spannungsverhältnis: Kleinzitat – Großzitat – Bildzitat s. *J. Löffler* in *Löffler* (Hrsg.), Presserecht⁴, BT-UrhG Rdnr. 63–70.

Zum Teil hat die Rechtsprechung die erweiternde Auslegung oder analoge An- 39
wendung aufgenommen. Bemühte sich das LG Berlin im Fall „Maifeiern" (GRUR 1962, 207/210 – Übernahme eines Ausschnitts aus der DDR-Wochenschau über eine Maifeier in eine in West-Berlin ausgestrahlte Sendung) noch, die Lösung über den übergesetzlichen Notstand zu finden (*Ulmer*³ § 128 I 3 hielt die Begründung für „nicht unbedenklich"; zust. dagegen *Fromm/Wilhelm Nordemann*⁹ § 97 Rdnr. 19), ging das KG 1968 richtigerweise über Art. 5 Abs. 1 GG (UFITA 54 [1969] 296: Kritik an der Art der Darstellung linker Studenten durch einen Springer-Karikaturisten unter Abdruck von Beispielen. 1977 sanktionierte das LG Berlin die vollständige Wiedergabe ganzer Seiten der Zeitschrift DER SPIEGEL mit Fotos von Ulrike Meinhof und anderen Terroristen durch das ZDF-Magazin mit der Begründung, zur Auseinandersetzung im öffentlichen Meinungskampf gehöre das Zitieren der Gegenseite; das habe sinnvollerweise nur durch die Wiedergabe der ganzen SPIEGEL-Seiten mit den Fotos geschehen können (GRUR 1978, 108 – Terroristenbild). In einer Entscheidung von 1972 hat der BGH den Zweck des § 51 richtigerweise dahin beschrieben, dass er „der Freiheit der geistigen Auseinandersetzung mit fremden Gedanken dienen soll" (BGH GRUR 1973, 216 – Handbuch moderner Zitate; dazu *Krüger-Nieland* GRUR Int. 1973, 289). **Die Rechtsprechung der Zivilgerichte folgte zögernd der Rechtsprechung des Bundesverfassungsgerichts** (noch immer sehr vorsichtig BGH GRUR 1983, 25 und 28 – Presseberichterstattung und Kunstwerkwiedergabe I und II; BGH GRUR 1987, 34 – Liedtextwiedergabe I; BGH GRUR 1986, 59 – Geistchristentum; ebenfalls vorsichtig OLG Frankfurt/M GRUR 1985, 380 – Operneröffnung; bestätigt von BGH GRUR 1987, 362/364 – Filmzitat; verfehlt: OLG Düsseldorf GRUR 1983, 758/759 f. und OLG Düsseldorf GRUR 1986, 739 – Anwaltsschriftsatz; hierzu auch OLG Düsseldorf NJW 1989, 1162/1164 f.; dagegen: LG Frankfurt/M zur Wiedergabe der lachenden Sonne „Atomkraft? Nein danke" UFITA 94 [1982] 338/340; LG München I, das ein volles Bildzitat in einer Fernseh-Magazinsendung zur Information durch den Zitatzweck gedeckt sah, AfP 1984, 118/119 – Mädchen in Uniform; interessant abwägend österr. OGH GRUR Int. 1983, 311/ 312 f. – Max Merkel). Nach OLG Stuttgart (NJW-RR 2004, 619) gebietet es die Ausstrahlungswirkung der Grundrechte, bei einem Unterlassungsanspruch wegen eines Eingriffs in das durch Art. 14 I 1 geschützte Urheberrecht im Rahmen der Rechtswidrigkeit den Schutz der Grundrechte des Schädigers, insbesondere aus Art. 5 GG, zu berücksichtigen und die Grundrechte der Beteiligten gegeneinander abzuwägen. Bei einem Beitrag zum geistigen Meinungskampf in einer die Öffentlichkeit wesentlich berührenden Frage muss – so OLG Stuttgart – ein Urheberrecht regelmäßig gegenüber der Meinungsfreiheit zurücktreten, solange die Intim-, Privat- oder Vertraulichkeitssphäre nicht betroffen ist.

Mit der Einführung einer „Generalklausel" in § 51 S. 1 durch die Urheberrechtsnovelle 40
2007 (2. Korb), in Kraft seit 1. 1. 2008, hat die Rechtsprechung durch das Gesetz selbst den nötigen Freiraum erhalten, die Entwicklung der neuen Medien **verfassungskonform zu begleiten.** Nach § 51 S. 1 nF darf ein Werk zum Zweck des Zitats lizenzfrei wiedergegeben werden, „sofern die Nutzung in ihrem Umfang durch den besonderen Zweck gerechtfertigt ist". Die Rechtsprechung – nicht zuletzt auch die BGH-Entscheidung zur analogen Anwendung des § 51 aF auf Filmzitate (BGH GRUR 1987, 362/364 – Filmzitat – lehrte den Gesetzgeber, dass die Unterscheidung zwischen „Kleinzitat" und „Großzitat" und die Beschränkung von Zitaten die Beschränkung auf selbständige wissenschaftliche Werke sowie selbständige Sprachwerke und selbständige Werke der Musik unhaltbar war. Zwar wurde in § 51 mit dem nachfolgenden „Insbesondere"-Satz an der bisherigen Typisierung beispielhaft festgehalten, und im Schrifttum überwiegt bislang weiterhin ein verengter Blick. Aber der neue § 51 S. 1 öffnet dem Zitat weitere Zwecke in der Informations- und Wissensgesellschaft, ohne durch Kasuistik beschnitten zu sein. **Wieder ist es die Aufgabe der Rechtsprechung, in der technisch geänderter Welt, die alle Gesellschaftskreise erfasst, einen angemessenen Ausgleich zwischen Urheberrecht einerseits und dem Recht der Allgemeinheit an der Teilhabe am geistigen Gut andererseits zu finden.** Art. 5 GG ist kein Rechtfertigungsgrund, sondern selbst Rechtsgrund (BGH Schulze BGHZ 141 – Birgit Malmström).

Dem Zitat kommt die besondere Überzeugungs- und Beweiskraft zu (BVerfGE 54, 41
208/217 – Böll; BVerfGE 71, 206/220 – Abdruck von amtlichen Schriftstücken eines Strafverfahrens). **Im Internet erhält nun die Hinweisfunktion des Zitats eine gesellschaftspolitisch und kulturell eminente Entwicklungskraft.** Über Millionen Suchender geht ein kollektiver Wissens- und Forschungsschub durch die Welt. Einzelne Staaten wie China und Nord-

korea grenzen sich aus. Ihre Bürger werden unmündig gehalten, indem die Machthaber die Technik sperren. In der deutschen, bundesrepublikanischen freiheitlich demokratischen Rechtsordnung darf die Suche nach Informationen nicht über das Urheberecht ausgeschlossen oder behindert werden. Vielmehr sind die Zitatzwecke neu zu definieren (zu Suchmaschinen und Thumbnails siehe Rdnr. 113 ff. und 118).

42 Richtig verstanden, kann auch ein Zeitungsartikel per Internet gesucht und vollständig wiedergegeben werden, zum Lob oder zur Kritik oder auch nur, um Stellungnahmen herauszufordern (zum Verbot des ungenehmigten Abdrucks eines Zeitungsartikels für Zwecke der Kritik dagegen LG Hamburg UFITA 54 [1969] 324). Zutreffend OLG Hamburg (GRUR 2000, 146): Wiedergabe des Wortlauts eines Anwaltsschriftsatzes in einem politisch und historisch bedeutsamen Verfahren (Fall Havemann) durch einen Buchautor bei Kollision von Urheberrecht und Meinungsfreiheit – hier zugunsten von Art. 5 GG, nicht beanstandet BVerfG GRUR 2000, 316. Zutreffend aber auch – in diesem Fall zugunsten des Urheberrechts/Eigentums – LG München I, das mit dem Abdruck von 19 Lichtbildern des berühmten Fotografen Helmut Newton zur Erläuterung eines Artikels in der Zeitschrift EMMA den Zitatzweck als überschritten ansah, auch wenn der Abdruck zur Bekräftigung der These erfolgte, die Fotos von Newton seien sexistisch, rassistisch und faschistisch (AfP 1994, 326 – Newton-Fotos). Auch Bildzitate in Bildern sind denkbar, die nicht allein unter dem Stichwort „freie Bearbeitung" zu sehen sind, sondern unter das Thema „Zitat" als gesellschaftspolitisch wünschenswerte geistige Auseinandersetzung gehören.

43 **Selbstverständlich dürfen Zitate nicht Vorwand sein, einen Werkteil als solchen zu verwerten.** *Bornkamm,* Ungeschriebene Schranken des Urheberrechts? Anmerkungen zum Rechtsstreit Botho Strauß/Theater Heute, Fs. für Piper 1996, 641 ff., hat die Äußerungen der Autorin missverstanden. Im Konfliktfall ist die verfassungskonforme Güter- und Interessenabwägung der adäquate Weg. Die von *Bornkamm* vorgeschlagene Lösung über die Frage, ob das Informationsinteresse so groß ist, dass es auch einen Eingriff in das Sacheigentum rechtfertigt, verkennt die Unterschiede, die zwischen Sacheigentum und geistigem Eigentum bestehen. Die soziale Bindung beider hat unterschiedliche Qualitäten. **Urheberrechtlich geschützte Werke provozieren durch ihr Dasein geistige Auseinandersetzung und sollen provozieren**, wie der Fall Botho Strauß/Theater Heute zeigt (LG Berlin NJW 1995, 881; KG NJW 1995, 3392). Anders als beim Eingriff in das Sacheigentum wird dem Urheber das Werk nicht entzogen (sa. *Dreier* in: *Dreier/Schulze*[3] Rdnr. 15). In der Entscheidung Gies-Adler (GRUR 2003, 956) hat der BGH übersehen, dass der Gesetzgeber Rechte grundsätzlich abschließend regelt. Deshalb geht das Argument fehl, der Gesetzgeber habe grundsätzlich schon eine Güterabwägung vorgenommen. Mit diesem Argument wäre in keinem Fall der Einwand einer Verfassungswidrigkeit möglich. Durch das Urhebergesetz ist das Urheberrecht festgeschrieben, so wie das BGB das Sacheigentum normiert. Auch im Grundgesetz stehen die geschützten Grundrechte Seite an Seite nebeneinander. Erst im Konfliktfall zwischen zwei Grundrechten kommt eine Güter- und Interessenabwägung zum Tragen. Im Fall Gies-Adler war die verfassungskonforme Lösung über die freie Benutzung nach § 24 Abs. 1 UrhG zu erreichen. Das wird künftig auch über § 51 S. 1 nF UrhG möglich sein. **Im Konfliktfall die Güter- und Interessenabwägung für das Urheberrecht auszuschließen, würde Verfassungsrecht verletzen, konkret das Grundrecht des Art. 5 GG** (sa. *Dreier* in: *Dreier/Schulze*[3] Rdnr. 15; *Wandtke/Bullinger/v. Wolff*[3] Rdnr. 34). AA. *Fromm/Jan Bernd Nordemann*[10] Rdnr. 23 auf der Linie des BGH in der Entscheidung Gies-Adler. Seine Ausführungen erklären das Missverständnis: Die Bestimmung des § 51 aF war nicht verfassungswidrig, sie kollidierte nur in einigen Fällen mit dem Grundrecht des Art. 5 GG und verlangte deshalb nach einer Güter- und Interessenabwägung im konkreten Fall. **Mit der Neufassung des Zitatrechts ist die gebotene Güter- und Interessenabwägung vom Gesetzgeber ganz im Sinn des BGH über die verfassungskonforme Auslegung unmittelbar in den § 51 verlegt worden.** Die genannten Fälle sind damit nicht überholt. Sie können beispielhaft dazu dienen, das Zitatrecht in freiheitlichem Sinn weiter zu entwickeln, eingedenk des Grundsatzes, dass Eigentum/Urheberrecht verpflichtet. *Dreier* liefert dazu einen starken Beitrag in Fs. für Krämer, 2009, 225 ff. „Thumbnails als Zitate? Zur Reichweite von § 51 UrhG in der Informationsgesellschaft?

44 d) Im Ausnahmefall ist auch die **Vervielfältigung eines Werkes oder von ganzen Werkteilen** ohne oder sogar gegen den Willen des Rechtsinhabers zu rechtfertigen, wenn auch nur unter ideellen, nicht kommerziellen Gesichtspunkten, ggf. auch nur bei Zahlung einer angemessenen Vergütung wie in den Fällen der §§ 46 Abs. 4, 47 Abs. 2, 49, 52 Abs. 1 und Abs. 2.

Richtungweisend ist die Entscheidung des **BVerfG zur Zulässigkeit von Brechtzitaten in Heiner Müllers Theaterstück „Germania 3 Gespenster am toten Mann"** (GRUR 2001, 149/151). Hier wird das Spannungsfeld zwischen der durch Art. 5 Abs. 3 S. 1 GG garantierten Kunstfreiheit des zitierenden Verwenders und den „Urheberrechtsbelangen des Zitierten" an einer konkreten Vorlage abgewogen. Anders als das angegriffene Urteil des OLG München (NJW 1999, 1975) **beschränkt das BVerfG den Zweck des § 51 Nr. 2 aF nicht auf eine Belegfunktion.** Das Urheberrecht als Motor der Freiheit der Meinungsäußerung, die das Urheberrecht respektiert, spannt laut *Cohen Jehoram* den Bogen (GRUR Int. 2004, 96). Rechtfertigungsgrund kann die politisch – historische Dokumentationsfreiheit sein (zB Veröffentlichung der Goebbels-Tagebücher, wenn dafür letztlich geschehen – keine Genehmigung gegeben worden wäre, oder Wiedergabe eines vollständigen Gedichtes einer Person der Zeitgeschichte zum Beleg ihrer früheren Gesinnung). In diesem Sinn auch *Deutsch* NJW 1967, 1393/1396ff. und *v. Olenhusen*, Fs. für Roeber, 1973, S. 431/441. In diesen Fällen wird stets eine sorgfältige Abwägung vorzunehmen sein, wie sie das BVerfG wiederholt aufgezeigt hat (siehe Rdnr. 26). **„Fair use", „zulässige Benutzung"** der Memoiren eines US-Präsidenten wurde vom Supreme Court in der Entscheidung vom 20. 5. 1985 in Sachen Harper & Row v. Nation Enterprises abgelehnt (ZUM 1985, 500 und GRUR Int. 1986, 275 – Ford-Memoiren). Zwischen Ford und Goebbels liegen Welten: Ford hat sein Land nicht in den Abgrund geführt. Die deutsche Bevölkerung hatte keine Zeit, bis 70 Jahre nach dem Tod von Goebbels zu warten, um aus seinen Tagebüchern zu erfahren, was ihr Schicksal und ihr Unglück war.

e) Im Zeitalter der Informations- und Wissensgesellschaft übernimmt das Zitat eine neue Funktion: Bei der Suche im Internet verweist es auf eine im Netz befindliche Quelle oder mehrere Quellen. Schon stellen sich die Hüter der Tradition dagegen. Die Zitierfreiheit gestatte es nicht, ein Werk „nur um seiner selbst willen" zur Kenntnis der Allgemeinheit zu bringen, es müsse eine Verbindung mit den eigenen Gedanken hergestellt sein, zur Erläuterung oder Kritik (so die Anforderungen seit 1959 in der Rechtsprechung und dementsprechend im Schrifttum nach altem Zitatrecht: BGH GRUR 2008, 693/696 – TV-Total im Anschluss an BGH BGHZ 28, 234/239 = GRUR 1959, 197 – Verkehrskinderlied und BGH GRUR 1987, 34/35 – Liedtextwiedergabe). Trotz der Novellierung des § 51 durch die Urheberrechtsnovelle 2007 (2. Korb) mit Wirkung zum 1. 1. 2008 wird unter Hinweis auf die amtliche Begründung auf das bisherige Zitatrecht verwiesen und betont, es sei keine grundlegende Erweiterung erfolgt (*Dreyer* in Dreyer/Kotthoff/Meckel[2] Rdnr. 2). Dem steht das Gesetz mit seinem objektivierten Wortlaut entgegen und eine Rechtsprechung, die das Urheberrecht in der verfassungsrechtlich gebotene Sozialbindung sieht, und das Bekenntnis des Gesetzgebers, dass der technischen Weiterentwicklung Rechnung getragen werden müsse (Amtl. Begr. BT-Drucks. 16/1828, S. 25), nach dem nun geltenden Wortlaut ist die Übernahme in ein als solches geschütztes Werk nicht mehr Voraussetzung eines erlaubten Zitats. Das ist nunmehr ausschließlich der Zitatzweck und der gebotene Umfang.

Dem Wort „Zitat" liegt das lateinische Wort „citare" = „herbeirufen" zugrunde. Mit dem „Herbeirufen" wird ein Hinweis auf eine bestimmte Stelle gegeben. **Ohne das Zitat im Internet bliebe das weltweite, unermesslich reiche menschliche Wissen, obwohl veröffentlicht, weitgehend verborgen.** Erst die Zitate der Suchmaschinen erschließen es der Öffentlichkeit. Erst dadurch wird es breiten Kreisen möglich, ihr Wissen zu bereichern, sich mit Fakten und Meinungen auseinander zu setzen, eigenes Wissen, eigene Meinungen beizutragen. Das ist weit mehr als eine Verbindung mit eigenen Gedanken, es ist die Verbindung mit allen Gedanken der Welt. Seit der Entscheidung des Bundesverfassungsgerichts in „Germania 3" zu § 51 Abs. 2 aF, besitzt das Zitat einen höheren Wert als nur Belegfunktion. Das Zitat, der Hinweis auf eine Veröffentlichung (Sprache, Bilder, Musik) muss nicht in jedem Fall behandelt, erläutert, kritisiert, gelobt oder verdammt werden, um erlaubt zu sein. Das Zitat allein, das Wort, das Bild, können die geistige Auseinandersetzung bewirken. Zu Recht hat der Gesetzgeber bei der Novellierung des § 51 Abs. 2 den „besonderen" Zweck nicht konkretisiert und auf eine Aufnahme in ein fremdes Werk verzichtet. Daran weiter festzuhalten, widerspricht dem novellierten Gesetz. **Nachdem Bildung, Information, Wissen in Deutschland wie in der Europäischen Union höchsten Stellenwert besitzen, ist das Zitat im Rahmen der Suchmaschinen als legitimer „besonderer Zweck" anzuerkennen, ja unverzichtbar.** Wenn im Bereich der Kunst in Ansehung des Art. 5 Abs. 3 S. 1 GG die Belegfunktion zugunsten einer künstlerischen Gestaltung aufgegeben wird, ist im Internet das Recht auf freie Information und Meinungsäußerung im Rahmen des Art. 5 Abs. 1 GG die Rechtfertigung. In der

Regel beeinträchtigen Suchmaschinen keine wirtschaftlichen Verwertungsinteressen der Inhaber der gesuchten und wiedergegebenen Daten. Und selbst wenn sie bestünden, gälte auch hier, was das BVerfG in „Germania 3" zum Spannungsverhältnis des § 51 zur Kunstfreiheit ausgeführt hat, dass die Verwertungsinteressen hinter den Nutzungsinteressen zurückzutreten haben, wenn keine merklichen wirtschaftlichen Nachteile zu erwarten sind (ausführlich *Dreier* Fs. für Krämer, 2009, 225 ff.). Schon in der Entscheidung Kandinsky erkannte der BGH, dass das Zitatrecht „zum Nutzen der Allgemeinheit der Förderung des kulturellen Lebens" dient (GRUR 1969, 607). Der Strukturwandel hat diesem Recht eine zuvor unbekannte Dimension gegeben. Die Rechtsprechung ist – wie schon immer im Urheberrecht – aufgrund neuer Entwicklungen gefordert, das Recht fortzubilden. (Zu Thumnails siehe auch Rdnr. 118.)

E. Aktiv- und Passivlegitimation

I. Aktivlegitimation

1. Urheberpersönlichkeitsrechte

47 Ansprüche nach § 97 kann geltend machen, wer verletzt ist. **Bei Urheberpersönlichkeitsrechtsverletzungen ist der Urheber bzw. Inhaber des verwandten Schutzrechts aktivlegitimiert,** solange er lebt. Nach dem Tod des Urhebers bzw. des Inhabers des verwandten Schutzrechts sind die Erben ggf. einer der Miterben oder ein eingesetzter Vermächtnisnehmer aktivlegitimiert – § 28 –, anders als beim allgemeinen Persönlichkeitsrecht, das die Angehörigen wahrnehmen (BGH GRUR 1984, 907/908 – Frischzellenkosmetik; BGHZ 50, 133/137 – Mephisto entsprechend § 22 S. 3 und 4 KUG). Nach dem Tod ausübender Künstler stehen das Nennungsrecht und der Entstellungsschutz nach § 76 S. 4 nF (§ 83 Abs. 3 S. 3 aF), wie beim allgemeinen Persönlichkeitsrecht den Angehörigen zu (*Rehbinder*, Die Familie im Urheberrecht, ZUM 1986, 365, 368). Haben mehrere Künstler zusammen gewirkt, sind § 74 Abs. 2 S. 2 und 3 zu beachten. Der Entstellungsschutz des Filmherstellers nach § 94 Abs. 1 S. 2 ist frei übertragbar und gehört richtiger zu den Verwertungsrechten. Ist nach § 28 Abs. 2 ein Testamentsvollstrecker eingesetzt, verdrängt dieser den Erben in der Aktivlegitimation (§ 2212 BGB), auch wenn der Erbe Inhaber des Rechts geworden ist (sa. *K. Müller*, Postmortaler Rechtsschutz, Diss. 1996). Das kann jedoch nur für Ansprüche gelten, die den kommerzialisierten Bereich des Urheberpersönlichkeitsrechts auf der Basis der Rechtsprechung des BGH zu Marlene Dietrich (GRUR 2000, 709) betreffen. Eigene ideelle Rechte kann auch der Erbe wahrnehmen, wenn er mittelbar betroffen ist.

2. Nutzungsrechte

48 **a) Bei den ausschließlichen Nutzungsrechten ist aktivlegitimiert, wer Inhaber der Urheber- bzw. Leistungsschutzrechte** ist, also auch der ausschließliche Lizenznehmer als Inhaber der Verwertungsrechte (BGH GRUR 1995, 338/341 – Kleiderbügel). § 10 gibt eine Vermutung der Urheberschaft. Sind mehrere Urheber beteiligt, können sie nur gemeinsam vorgehen, ihre Rechte abtreten oder einen Miturheber entsprechend ermächtigen.

Mit der Übertragung erlischt die Aktivlegitimation des ursprünglichen Rechtsinhabers weitgehend. Dann kann der ausschließliche Lizenznehmer auch gegen den Urheber vorgehen, wenn dieser trotzdem weiter nutzt (§ 31 Abs. 3). **Beim Urheberrecht** und entsprechend bei **Verfasser wissenschaftlicher Ausgaben** und **Lichtbildner kommt es auf den Inhalt der Rechtseinräumung** an. Zu den Anforderungen an den Nachweis der Aktivlegitimation aus der Einräumung ausschließlicher Nutzungsrechte vgl. OLG Frankfurt/M GRUR 1994, 49/50 f. – Mackintosh-Möbel. Soweit die ausschließlichen Nutzungsrechte beim Urheber (Verfasser, Lichtbildner) verblieben sind, ist die Aktivlegitimation gewahrt (nach LG Berlin GRUR 1990, 270 – Satellitenfoto – kann eine juristische Person – European Space Agency, ESA – nicht Urheber oder Lichtbildner sein). Ist eine ausschließliche Lizenz nur bezüglich einzelner gegenständlich beschränkter Befugnisse oder räumlich und/oder zeitlich begrenzt erteilt, hat der Lizenznehmer insoweit eigene Rechtsansprüche. Daneben bleibt aber auch der Urheber (Schutzrechtsinhaber) anspruchsberechtigt (BGHZ 22, 209/211 – Europapost; BGH GRUR 1960, 251/252 – Mecki-Igel II). *Fromm/Wilhelm Nordemann*[9] geben als Beispiel (Rdnr. 3 b): Das ausschließliche Nutzungsrecht an einem Bild ist nur für einen bestimmten Kunstband übertragen worden; der Abdruck in einem anderen Kunstband verletzt dann sowohl das ausschließliche

Nutzungsrecht des Verlegers aus §§ 16, 17 als auch das beim Urheber verbliebene Verwertungsrecht aus den gleichen Bestimmungen. Bei Rechteketten, muss für die Aktivlegitimation die ungebrochene Kette nachgewiesen werden (LG München I ZUM-RD 2007, 302; KG GRUR 2003, 1039 – Sojusmultfilm, bestätigt durch OLG München, ZUM 2009, 245). **Hat der Urheber (Schutzrechtsinhaber) eine ausschließliche Lizenz an allen Verwertungsrechten übertragen, bleibt nur die Geltendmachung persönlichkeitsrechtlicher Ansprüche** (BGH GRUR 1957, 614/615 – Ferien vom Ich), es sei denn, er hat ein schutzwürdiges eigenes Interesse an der Geltendmachung der Ansprüche. Die ältere Rechtsprechung (BGHZ 22, 209 – Europapost; BGH GRUR 1957, 615/616 – Ferien vom Ich; GRUR 1970, 40/42 – Musikverleger) hatte die Auffassung vertreten, dass bei Vergabe einer ausschließlichen Lizenz an allen Verwertungsbefugnissen in der Regel nur die Verfolgung der persönlichkeitsrechtlichen Ansprüche (§§ 12–14) verbleibe. Es sei kein sonstiges schutzwürdiges materielles oder ideelles Interesse zu erkennen, kaum bei Verbotsansprüchen (Unterlassungs-, Beseitigungs- und Vernichtungsansprüchen), erst recht nicht bei Schadensersatzansprüchen. So auch OLG München (ZUM 2005, 755) im Fall der Wiedergabe des Hauses von Friedensreich Hundertwasser: Wer eine ausschließliche Lizenz an seinen Werken vergeben hat, hat Schadensersatzansprüche nur, wenn er dafür Lizenzgebühren erhält. Er ist nicht berechtigt, Schadensersatzansprüche geltend zu machen, wenn er lediglich kapitalmäßig zB als Alleinaktionär am Lizenznehmer beteiligt ist. Es fehlt dann auch das eigene rechtsschutzwürdige Interesse, Schadensersatzansprüche im Weg der Prozessstandschaft geltend zu machen.

Nach *Ulmer*[3] § 128 I 1 kann neben dem Inhaber eines ausschließlichen Nutzungsrechts **49 grundsätzlich immer der Urheber auf Grund des ihm verbliebenen Mutterrechts** gegen Verletzungen einschreiten. Dem folgen Fromm/Jan Bernd Nordemann[10] Rdnr. 128 für Unterlassungs- und Beseitigungsansprüche unter Berufung auf OLG München GRUR 2005, 1038/1040 – Hundertwasser-Haus II; OLG Hamburg AfP 2002, 322/323; OLG Düsseldorf GRUR 1993, 903/907 – Bauhaus-Leuchte: Das Urheberrecht vermittele ein immerwährendes Band zum Werk unabhängig von der Vergabe von Nutzungsrechten (§ 11). Siehe auch *Möhring/Nicolini/Lütje* Rdnr. 83, 85; *Dreier* in: *Dreier/Schulze*[3] Rdnr. 19; *Wandtke/Bullinger/v. Wolff*[5] Rdnr. 10; *Dreyer/Kotthoff/Meckel*[2] Rdnr. 9; *Pahlow*: Anspruchskonkurrenzen bei Verletzung lizenzierter Schutzrechte unter Berücksichtigung der Richtlinie 2004/48/EG. Der ausübende Künstler behält sein Einwilligungsrecht nach §§ 75, 77 und § 78 auch bei Abtretung seiner Rechte (§ 79). Zu dem Komplex sa. *Schricker,* Verlagsrecht[3] § 9 Rdnr. 19 mwN; die Frage der Aktivlegitimation des Verfassers spielt besonders im Verlagsrecht eine Rolle. Der Inhaber umfassender ausschließlicher Nutzungsrechte an einem Werk ist aufgrund seiner dinglichen Rechtsstellung befugt, die Vervielfältigung und Verbreitung einer unfreien Bearbeitung des Werks zu untersagen, auch wenn ihm selbst eine Werknutzung in dieser Form nicht gestattet ist (BGH GRUR 1999, 984 – Laras Tochter, Fortsetzung des Romans Dr. Schiwago unter Übernahme wesentlicher charakteristischer Romangestaltungselemente).

Werden ideelle Interessen leichter als schutzwürdig anerkannt, ist für Schadensersatzansprüche **50** ein **eigenes schutzwürdiges Interesse des Urhebers darzustellen** (OLG Hamburg GRUR 2002, 335 – Kinderfernseh-Sendereihe; OLG Düsseldorf GRUR 1993, 903/907 – Bauhaus-Leuchte; KG GRUR 2006, 53 – Bauhaus-Glasleuchte II; OLG München GRUR 1984, 524/525 – Nachtblende – trotz Ausschlusses des Urhebers von der Werknutzung nach § 31 Abs. 3). In den Entscheidungsgründen zum Fall „Ferien vom Ich" (GRUR 1957, 614/615) hat der BGH noch nicht gesehen, dass auch der Werkschöpfer dann noch ein materielles Interesse haben kann, wenn er sich sämtlicher urheberrechtlicher Verwertungsbefugnisse uneingeschränkt entäußert hat. Dieses Interesse kann in der Beeinträchtigung des Anspruchs auf Lizenzgebühren/Gewinnbeteiligung liegen (zum materiellen Interesse des Urhebers wegen fortlaufender umsatzabhängiger Lizenz BGH GRUR 1992, 697/698 f. – ALF mwN– zuvor OLG Hamburg GRUR 1991, 207). Das Verbietungsrecht kann also durchaus im eigenen Interesse erforderlich sein, um die positive Nutzungsbefugnis des Berechtigten zu dem nach dem Vertrag vorausgesetzten Gebrauch sicherzustellen. Die später vom BGH entschiedenen Fälle (BGHZ 22, 209/212 – Europapost; BGH GRUR 1960, 251/252 – Mecki-Igel II) machen deutlich, dass auch bei Einräumung ausschließlicher Nutzungsrechte der Urheber neben seinem Vertragspartner zur Verfolgung von Nachahmungen befugt bleiben muss: zB Klage des Urhebers, der Berechtigter einer Verwertungsgesellschaft ist, auf Unvereinbarkeit des früheren § 52 Abs. 1 Nr. 1 mit Art. 14 GG (Vorlagebeschluss LG Hamburg GRUR 1980, 920/921 – Kammermusik). Der Schadensersatzanspruch bleibt allerdings in der Höhe auf den Schaden beschränkt, der gerade ihm persönlich entstanden ist (BGH GRUR 1999, 984/988 – Laras Tochter).

51 **Bei Verletzung urheberpersönlichkeitsrechtlicher Befugnisse** wird ebenfalls ein schutzwürdiges Interesse verlangt. Es ist nicht gegeben, wenn der Urheber diese Befugnisse zB die Veröffentlichungsbefugnis des § 12, die Namensnennung des § 13, das Änderungsrecht der §§ 14, 39 ausschließlich übertragen hat. Dann kann dem Urheber möglicherweise ein Beteiligungshonorar zustehen, ein Schmerzensgeld freilich nur, wenn sein Urheberpersönlichkeitsrecht durch die Verletzung unmittelbar betroffen ist, wie beispielsweise bei einer Entstellung seines Werks.

Bei den Leistungsschutzrechten aus §§ 85, 87 und 94 besteht kein Problem; sie sind frei übertragbar (jeweils Abs. 2 S. 1). Sind Leistungsschutzrechte ausschließlich übertragen, muss der frühere Inhaber grundsätzlich sein schutzwürdiges Interesse darstellen. Denn hier fehlt es – anders als beim Urheberrecht – an dem ideellen Band zwischen Urheber und Werk. Am materiellen Interesse fehlt es, wenn die unbeschränkte ausschließliche Verwertung pauschal, ohne Beteiligungshonorar übertragen worden ist (*Fromm/Nordemann*[10] Rdnr. 130).

52 **b) Der nicht ausschließlich Nutzungsberechtigte (einfacher Lizenznehmer)** kann grundsätzlich nicht aus eigenem Recht klagen. Der Urheber bzw. ausschließlich Nutzungsberechtigte ist zur Rechtsverfolgung berechtigt und meist auch verpflichtet (BGH GRUR 1965, 591 – Wellplatten). IdR wird für den Lizenznehmer gewillkürte Prozessstandschaft möglich sein (BGH GRUR 1999, 984/95 – Laras Tochter; OLG Hamburg ZUM-RD 2002, 181/187 – Tripp-Trapp-Stuhl). Der inländische Alleinvertriebshändler kann aktivlegitimiert sein, allerdings nicht ohne weiteres für einen Anspruch auf Drittauskunft (BGH GRUR 1994, 633/635 – Cartier-Armreif). Ein einfacher Lizenznehmer, der der Verletzungsklage des Lizenzgebers beitritt, erlangt die Stellung eines einfachen Streitgenossen; er hat keinen eigenen Anspruch auf Schadensersatz (für das Markenrecht BGH GRUR 2007, 877 – Windsor Estate). *Dreier* stellt die Frage, ob die Formulierung „Rechtsinhaber" statt „Verletztem" in § 69f die allgemeinen prozessrechtlichen Grundsätze durchbricht und dem Inhaber einer einfachen Lizenz an einem Computerprogramm einen eigenständigen Vernichtungsanspruch gibt, bezweifelt das jedoch (*Dreier* in: *Dreier/Schulze*[3] Rdnr. 20).

3. Miturheber

53 Bei **Miturhebern** gilt die Sonderregelung des § 8 Abs. 2 S. 3. In diesen Fällen entsteht ein einheitliches Urheberrecht bzw. verwandtes Schutzrecht. Es ist gemeinschaftlich geltend zu machen oder durch einen Miturheber auf Leistung an alle Miturheber. Das gesetzliche Schuldverhältnis ist in bestimmten vermögensrechtlichen Beziehungen nach § 8 Abs. 2 zwingend den Regeln der Gesamthandsgemeinschaft unterstellt (BGH GRUR 2006, 578 – Erstverwertungsrechte; im Einzelnen § 8 Rdnr. 18–20). Untereinander kommen auch vertragliche Ansprüche in Betracht. Für **Künstlergruppen** ist eine weitere Sonderregelung in § 80 Abs. 2 vorgesehen (vgl. BGHZ 121, 319/320f. – The Doors – zur Prozessführungsbefugnis eines einzelnen Mitglieds einer Künstlergruppe; dazu auch BGH GRUR 2005, 502 – Götterdämmerung: Wahrnehmung der Rechte durch gewählten Vertreter einer Gruppe ausübender Künstler für vor seiner Amtszeit entstandene Leistungsschutzrechte früherer Mitglieder, hier Bayreuther Festspielorchester).

4. Testamentsvollstrecker

54 Ist zur Ausübung des Urheberrechts ein **Testamentsvollstrecker** eingesetzt (§ 28 Abs. 2), ist nur er zur Geltendmachung der Ansprüche legitimiert (§ 2212 BGB), auch wenn der Erbe Inhaber des Rechts und damit Verletzter ist. Für ideelle Ansprüche müssen auch die Erben aktivlegitimiert sein, siehe Rdnr. 47. Das gilt auch für persönlichkeitsrechtliche Ansprüche (s. § 28 Rdnr. 16).

5. Wahrnehmung fremder Recht in eigenem Namen

55 Während Schadensersatzansprüche gemäß § 398 BGB selbstständig abgetreten werden können, ist das bei Unterlassungs- und Beseitigungsansprüchen nicht möglich, da es sich um höchstpersönliche Ansprüche handelt, deren Inhalt sich mit der Abtretung verändern würde. Sie sind nur im Weg gewillkürter Prozeßstandschaft geltend zu machen. Die **Wahrnehmung fremder Rechte im eigenen Namen** wird von der Rechtsprechung zugelassen, wenn der Rechtsinhaber zustimmt und der Dritte ein eigenes berechtigtes Interesse an der Geltendmachung hat (BGHZ 30, 162/166; BGHZ 48, 12/15 mwN; BGH GRUR 1961, 635/636 – Stahlrohrstuhl; BGH GRUR 1962, 370/373 – Schallplatteneinblendung; BGH GRUR 1983,

370/372 – Mausfigur – mwN; BGH GRUR 1998, 376 – Converversion; BGH GRUR 1993, 34/35 – Bedienungsanleitung). Zur Offenlegung der Prozessführungsermächtigung in der Tatsacheninstanz BGH GRUR 1994, 800/801 – Museumskatalog. Zur sog. gewillkürten Prozessstandschaft grundsätzlich: *Stein/Jonas* ZPO²² vor § 50 Rdnr. 51 ff. Im Urheberrecht ist gewillkürte Prozessstandschaft anzuerkennen

a) **für den einfachen Lizenznehmer**, soweit die Rechtsverletzung die ihm eingeräumten Nutzungsbefugnisse berührt (BGH GRUR 1961, 635/636 – Stahlrohrstuhl I – im Anschluss an BGHZ 19, 69/71; BGH GRUR 1959, 200/201 – Der Heiligenhof; BGH GRUR 1981, 652 – Stühle und Tische; KG Schulze KGZ 42 – Dick und Doof; OLG München ZUM 1989, 89/90 f. – Architekturpläne; aber nicht, wenn die Erteilung urheberrechtlicher Nutzungsbefugnisse zweifelhaft ist: OLG Hamburg UFITA 67 (1973) 245/263 – Theateraufführungsvertrag; zu der schwierigen Frage, Schadensersatzanspruch geltend zu machen: für das Patentrecht *Fischer* GRUR 1980, 374 ff.). Nach BGH ist die Umdeutung einer unwirksamen Abtretung urheberrechtlicher Unterlassungsansprüche in gewillkürte Prozessstandschaft möglich (GRUR 2002, 248/250 – SPIEGEL-CD-ROM); 56

b) **für den Einzugsermächtigten** (BGHZ 19, 69/71; BGH GRUR 1960, 630/631 – Orchester Graunke –, in BGHZ 33, 48 insoweit nicht mitabgedruckt); 57

c) **zur Wahrnehmung von Ansprüchen aus Urheberpersönlichkeitsrecht** nur, wenn diese Ansprüche übertragbar sind; sa. BGH Schulze BGHZ 162 – Detektei), seit dem 3. UrhGÄndG v. 23. 6. 1995 (BGBl. I S. 842) jetzt auch beim immateriellen Schadensersatz (§ 97 Abs. 2 S. 4). Der Anspruch muss jedoch bereits zu Lebzeiten des verstorbenen Trägers des Urheberpersönlichkeitsrechts entstanden sein. Die Zustimmung des Urhebers (Schutzrechtsinhabers) zur Wahrnehmung von Ansprüchen, die sich aus konkreter Urheberpersönlichkeitsrechtsverletzung ergeben, ist in der Regel konkludent mit dem Verwertungsvertrag erteilt, wenn dieser die umfassende Wahrnehmung der Rechte des Urhebers (Schutzrechtsinhabers) vorsieht (BGHZ 15, 249 – Cosima Wagner; BGHZ 107, 384/389 – Emil Nolde). Ein eigenes berechtigtes Interesse des Nutzungsberechtigten liegt vor, wenn es sich um Verletzungen des Urheberpersönlichkeitsrechts handelt, das sich auf das eingeräumte Recht bezieht. Materieller Schadensersatz und Zahlung einer Lizenz nach § 812 BGB wegen Urheberpersönlichkeitsrechtsverletzung ist nur an den Urheber (Schutzrechtsinhaber) zu verlangen, da dessen Urheberpersönlichkeitsrecht verletzt und die Vorausabtretung im Vertrag unwirksam ist. Zur kommerziellen Verwertung eines Personenbildes durch die Agentur in Generalvollmacht s. *Schricker* Anm. zu BGH EWiR § 22 KUG 1/87, 79. Die gewillkürte Prozessstandschaft ist unzulässig, wenn das einzuklagende Recht höchstpersönlichen Charakter hat und mit dem Rechtsinhaber so eng verknüpft ist, dass die Möglichkeit, seine Geltendmachung einem Dritten im eigenen Namen zu überlassen, dazu in Widerspruch stünde (BGH GRUR 1083, 379/382 – Geldmafiosi mwN). 58

Wer sich auf Prozessstandschaft beruft, hat die Voraussetzungen dafür darzutun und zu beweisen. § 10 gibt gesetzliche Vermutungsregeln. Hat ein Recht einmal bestanden, ist zu vermuten, dass es fortbesteht.

6. Verwertungsgesellschaften

Zur Aktivlegitimation von Verwertungsgesellschaften wird die Sachbefugnis hinsichtlich Auskunfts- und Vergütungsansprüchen vermutet, soweit sie nur durch Verwertungsgesellschaften wahrzunehmen sind (§ 13 c WahrnG); siehe die Kommentierung dort, auch *Möhring/Nicolini/Lütje* § 97 Rdnr. 107 ff. Die Wahrnehmung gesetzlicher Vergütungsrechte wächst mit jedem neuen gesetzlichen Vergütungsanspruch, der durch die Schrankenregeln eingeführt wird. Der Urheber behält die Aktivlegitimation zur Geltendmachung von Ansprüchen neben der Wahrnehmungsgesellschaft, wenn er diese ermächtigt hat und die Wahrnehmungsgesellschaft die Ansprüche treuhänderisch wahrnimmt (*Möhring/Nicolini/Lütje* Rdnr. 87 mwN). Die Aktivlegitimation einer Verwertungsgesellschaft, Ansprüche ihrer Mitglieder, die ihr lediglich zum Inkasso übertragen waren, im eigenen Namen geltend zu machen, wurde verneint (BGH GRUR 1994, 800/801 – Museumskatalog). Für die GEMA hat die Rechtsprechung aufgrund des unfassenden In- und Auslandsrepertoires dieser Verwertungsgesellschaft eine tatsächliche Vermutung der Wahrnehmungsbefugnis für die Aufführungsrechte an in- und ausländischer Tanz- und Unterhaltungsmusik sowie für die mechanischen Rechte anerkannt (BGH GRUR 1986, 62 – GEMA-Vermutung I; BGH GRUR 1986, 66 – GEMA-Vermutung II; BGH GRUR 1988, 296 GEMA-Vermutung IV). Keine andere Verwertungsgesell- 59

§ 97 Anspruch auf Unterlassung und Schadenersatz

schaft hat bisher eine so weitreichende Vermutung zur Rechtewahrnehmung/Aktivlegitimation erreicht (siehe bei § 13 c WahrnG).

Ausländische Wahrnehmungsgesellschaften sind in Deutschland nicht aktivlegitimiert, weil sie nicht über die erforderliche Erlaubnis verfügen (OLG Köln, GRUR 2008, 69). Für Wahrnehmungsgesellschaften innerhalb der EU dürfte das keine Hürde sein.

7. Verbände zur Durchsetzung von Schrankenbestimmungen

60   **Zur Aktivlegitimation von Verbänden zur Durchsetzung von Schrankenbestimmungen nach § 95 a ff.** Mit in Kraft treten des **Schutzes gegen technische Maßnahmen zur Durchsetzung von Schrankenrechten nach §§ 45 ff.** zum 1. 9. 2004 ins UrhG, eingefügt durch Artikel I, Ziffer 33 des **Gesetzes zur Regelung des Urheberrechts in der Informationsgesellschaft vom 10. 9. 2003** (BGBl. I, S. 1774), können Begünstigte der Schrankenbestimmungen der §§ 45 ff. die ihnen nach § 95 b gegebenen Rechte zur Durchsetzung entweder individuell wahrnehmen oder durch einen rechtsfähigen Verband wahrnehmen lassen. Die **Verbandsklage** wurde durch § 2 a des Gesetzes über Unterlassungsklagen bei Verbraucherrechts- und anderen Verstößen (Unterlassungsklagengesetz – UKlaG) in der Neufassung vom 27. 8. 2002 (BGBl. I S. 3423) eröffnet. § 2 a Abs. 1 UKlaG lautet: „**Wer gegen § 95 b Abs. 1 des Urheberrechtsgesetzes verstößt, kann auf Unterlassung in Anspruch genommen werden**". Ausgeschlossen ist der Anspruch (§ 2 a Abs. 2), soweit Werke und sonstige Schutzgegenstände der Öffentlichkeit auf Grund einer vertraglichen Vereinbarung in einer Weise zugänglich gemacht werden, dass sie Mitgliedern der Öffentlichkeit von Orten und zu Zeiten ihrer Wahl zugänglich sind. Ausgeschlossen ist der Anspruch auch, **wenn die Geltendmachung unter Berücksichtigung der gesamten Umstände missbräuchlich** ist und vorwiegend dazu dient, gegen den Zuwiderhandelnden einen Anspruch auf Ersatz von Aufwendungen oder Kosten der Rechtsverfolgung entstehen zu lassen (§ 2 a Abs. 3 iVm. § 2 Abs. 3). Insoweit wurden die negativen Erfahrungen, die in der Vergangenheit im Wettbewerbsrecht mit sog. Gebührenvereinen im Rahmen des § 13 Abs. 2 Nr. 2 und 3 UWG gemacht wurden, berücksichtigt. Den Anspruch geltend machen können nur **rechtsfähige Verbände zur nicht gewerbsmäßigen und nicht nur vorübergehenden Förderung der Interessen der durch die jeweilige Schrankenvorschrift Begünstigten**. Der Anspruch ist auch nur an solche Verbände abzutreten (§ 3 a S. 2 UKlaG). Abtretungen an andere sind nichtig (§ 134 BGB).

Formell knüpft das Gesetz an die Zivilprozessordnung an. Zuständig ist nach § 6 erstinstanzlich das Landgericht in dessen Bezirk der/die Beklagte seine/ihre gewerbliche Niederlassung hat. Das Bundesverwaltungsamt führt eine Liste über qualifizierte Einrichtungen, in die auf Antrag rechtsfähige Verbände eingetragen werden, zu deren satzungsmäßigen Aufgaben die Wahrnehmung der Interessen der Verbraucher durch Aufklärung und Beratung gehört (§ 4 UKlaG).

Die Verbandsklage nach dem UKlaG folgt den allgemeinen Regeln der Zivilprozessordnung. Vorbild für die Spezialbestimmungen sind die Regeln im UWG §§ 12 Abs. 2 nF (einstweilige Verfügung) und Abs. 4 nF (Streitwertherabsetzung). § 7 UKlaG gibt die Befugnis zur Urteilsveröffentlichung wie auch sonst im gewerblichen Rechtsschutz und Urheberrecht.

II. Passivlegitimation

61   **Urheberrechtsverletzungen und Verletzungen verwandter Schutzrechte** sind wie alle Verletzungen von Rechten an immateriellen Gütern **unerlaubte Handlungen** im Sinne der §§ 823 ff. BGB (allgM; vgl. Einl. Rdnr. 42). Auch Verstöße gegen das Verwertungsverbot des § 96 (BGH ZUM 1986, 199/202 – GEMA-Vermutung III; werden nach §§ 97 ff. sanktioniert (*Dreier/Schulze*[3] Rdnr. 6), nach *Dreier* (in: *Dreier/Schulze*[3] Rdnr. 8) und *Arnold/Timmann* (MMR 2008, 286) auch Verstöße gegen §§ 95 a, c und d. In Anspruch zu nehmen ist jeder, der die Rechtsverletzung begeht oder daran teilnimmt, sofern zwischen dem Verhalten und der Rechtsverletzung ein adäquater Kausalzusammenhang besteht, wobei eine von mehreren Ursachen genügt, falls es nicht nach der Lebenserfahrung unwahrscheinlich ist, dass gerade diese Ursache zu einem solchen Erfolg geführt hat (stRspr.; zB BGHZ 42, 118/124 – Personalausweise – mwN). Bei juristischen Personen haftet der gesetzliche Vertreter (OLG Hamburg, GRUR-RR 2006, 182/184 – Miss 17; Klaka GRUR 1988, 729). Reflexartige Auswirkungen lösen §§ 97 ff. nicht aus.

§ 97

Die Passivlegitimation erfasst alle vorsätzlich und fahrlässig Handelnden, aber auch alle, die willentlich und adäquat kausal an der Herbeiführung oder Aufrechterhaltung einer rechtswidrigen Beeinträchtigung mitgewirkt haben. Möglich sind alle bekannten Formen der Täterschaft und Teilnahme: Alleintäterschaft, mittelbare Täterschaft (durch schuldloses oder schuldhaftes Werkzeug), Mittäterschaft, Nebentäterschaft, Anstiftung, Beihilfe. Anstiftung und Beihilfe setzen tatbestandlich Vorsatz zur Haupttat voraus, mindestens mittelbaren Vorsatz (BGHZ 42, 118/123 – Personalausweise; BGH GRUR 2007, 708/711 – Internetversteigerung II; OLG Frankfurt/M AfP 1997, 547/548: Veröffentlichung von Anzeigen von Plagiaten von Le Corbusier-Möbeln trotz Kenntnis der Arbeitsweise des Inserenten). Eine unbewusste, fahrlässige oder gar schuldlose Anstiftung oder Beihilfe gibt es begrifflich nicht (allgM; s. BGH GRUR 1984, 54 – Kopierläden). Täter ist nicht nur der persönlich Handelnde, der die Tat als eigene will, auch wenn er sich nicht bewusst ist, Unrecht zu tun; (OLG Hamburg Mitt.2008, 232)). Täter ist auch, wer eine Rechtspflicht zum Handeln – zur Prüfung, Aufsicht, Recherche, Vorsorge – hat, und diese nicht wahrnimmt (zB der Verlag für alle in der von ihm verlegten Zeitungen/Zeitschriften publizierten Veröffentlichungen, grundsätzlich: BGHZ 3, 270/275 und BGHZ 14, 163/175 – Constanze I und II). Solche Prüfungs-/Verkehrspflichten sind gesetzlich oder durch den anerkannten Rechtsgrundsatz gegeben, dass derjenige, der eine Gefahrenquelle eröffnet, gehalten ist dafür zu sorgen, dass dadurch keine Rechtsverletzung eintritt. Art und Umfang der Sorgfalt richten sich nach Art und Umfang der Gefahr und der Zumutbarkeit (zum Beispiel besteht für Kopierläden die Verpflichtung, Maßnahmen zu treffen, die Gefahr widerrechtlicher Vervielfältigung urheberrechtlich geschützter Vorlagen zu verhindern. Es kann aber genügen, einen deutlich sichtbarer Hinweis auf die Verpflichtung der Kunden zur Beachtung fremder Urheberrecht im Laden anzubringen. Eine generelle Kontrollpflicht – mit Einsicht in die ggfls. vertraulichen Unterlagen – besteht nicht BGH GRUR 1984, 54 – Kopierläden). Zu unterscheiden ist zwischen den deliktischen Verkehrspflichten, die bereits vor einer Verletzung Vorsorgemaßnahmen fordern, und den Verkehrspflichten, die im Rahmen der Störerhaftung nach Bekanntwerden der Verletzung einsetzen (s. Rdnr. 69 ff.). 62

Täter ist auch, wer eine Handlung als eigene veranlasst (BGH GRUR 1994, 363 – Holzhandelsprogramm; BGH GRUR 1987, 37/39 –Videolizenzvertrag) **oder einen sonstigen Grund für eine adäquate Verursachung setzt** (zB Überschreiten vertraglich eingeräumter Nutzungsrechte). Anders als im Strafrecht ist eine Differenzierung bezüglich der Rollen der Beteiligung im Urheberrecht nicht notwendig, da jede Art der Beteiligung Inanspruchnahme begründet. Zur Tatbestandsmäßigkeit einer Urheberrechtsverletzung gehört die Kenntnis vom Vorhandensein des fremden Geistesgutes und Kenntnis der Rechtswidrigkeit (BGH GRUR 2004, 860/864 – Internetversteigerung I; BGH GRUR 2007. 708/711 – Internetversteigerung II mwN). Ein Eingriff in fremde Urheberrechte kommt nur in Betracht, soweit das Gesetz Nutzungsrechte gewährt (§§ 15 ff.). Greifen Schranken iSd. § 44a, liegt kein Eingriff vor. Wer zur Nutzung befugt ist, kann auch Dritte zur Wahrnehmung einsetzen (BGH GRUR 1999, 707/711 – Kopienversanddienst; BGH GRUR 1997, 459 – CB-Infobank I). **Parallelschöpfungen sind keine Urheberrechtsverletzungen**; ebenso wenig Verletzungen schuldrechtlicher Ansprüche, auch nicht Verfügungen eines Nichtberechtigten, da kein gutgläubiger Erwerb möglich ist und damit keine dingliche Verfügung vorliegt (BGH GRUR 1999, 152 – Spielbankaffäre; BGH GRUR 1999, 579/580 – Hunger und Durst; BGH GRUR 2000, 699/702 – Kabelweiterleitung; *Dreier* in: *Dreier/Schulze*³ Rdnr. 27), auch nicht das unberechtigte Inkasso einer Vergütung für eine Werknutzung (BGH GRUR 2002, 9 637 964 – Elektronischer Pressespiegel). Wer eigene Inhalte ins Internet stellt, ist Täter, wer Links in Kenntnis des verlinkten rechtswidrigen Inhalts setzt, Teilnehmer. 63

Beispiele: Es haften nicht nur der **Verfasser eines Plagiats,** sondern auch der **Verleger** (RGSt. 12, 34/36; siehe dazu *Schramm* UFITA 34 (1961) 26), der **Drucker und die das Werk vertreibenden Buchhändler**, wobei zu fragen ist, ob Letztere angesichts der Fülle des Schrifttums heute wirklich für jeden Inhalt verantwortlich zu machen und nicht entsprechend der Presse von der unmittelbaren Verantwortung auszunehmen sind und allenfalls Störerhaftung anzunehmen ist so LG Berlin GRUR-RR 2009, 215. Es haftet, **wer ungenehmigt ein geschütztes Werk aufführt**, und der **Veranstalter** (RGZ 78, 84/86 – Gastwirt; BGHZ 38, 356/367 – Fernsehwiedergabe von Sprachwerken; BGH GRUR 1956, 515/516 – Tanzkurse; BGH GRUR 1960, 253/255 – Auto-Skooter; BGH GRUR 1960, 606/607 – Eisrevue II; KG GRUR 1959, 150 – Musikbox-Aufsteller; OLG München GRUR 1979, 152 – Transvestiten-Show). Der Lizenzgeber ist Teilnehmer an illegalen Vervielfältigungen von Videos und deren Vermietung (BGH GRUR 1987, 37/39 – Videolizenzvertrag). **Verantwortlicher Veranstalter** 64

§ 97

ist, wer die Aufführung anordnet oder durch wessen ausschlaggebende Tätigkeit sie ins Werk gesetzt wird (BGH GRUR 1960, 606/607 – Eisrevue II). Der Veranstalter einer Tournee ausländischer Künstler in Deutschland haftet auch dann für die GEMA-Gebühren, wenn er auf die Tournee weder technischen noch organisatorischen noch inhaltlichen Einfluss hat, auch das eigentliche finanzielle Risiko nicht trägt, aber auf Grund einer erfolgsabhängigen Umsatzbeteiligung ein eigenes wirtschaftliches Interesse am Gelingen der Tournee hat (OLG Hamburg, GRUR 2001, 832 – Tourneeveranstalter). **Sendungen nach § 20 verantwortet**, wer sie vornimmt und unter wessen intellektueller, nicht technischer Kontrolle (Hilfsdienste) sie stehen. **Für europäische Satellitensendungen nach § 20 a** ist verantwortlich, wer die für den öffentlichen Empfang bestimmten programmtragenden Signale von der Erdstation zum Satelliten leitet bzw. leiten lässt. Bei redaktionellen **Presseveröffentlichungen** haftet der **Autor**, der **Verleger**, uU auch der **Herausgeber** und der **Chefredakteur**, wenn er seine Aufsichtspflicht verletzt hat (nicht zu verwechseln mit der presserechtlichen Verantwortlichkeit, BGHZ 3; 270/275 und 14, 163/175 – Constanze I und II). Im **Presserecht** wird als Täter angesehen, wer einen „fremden Inhalt" nicht nur zur Kenntnis gibt, sondern sich den Inhalt „zu Eigen macht". Die Pressefreiheit berechtigt nicht schlechthin zu Eingriffen in fremde Schutzrechte. **Bei widerstreitenden Schutzgegenständen ist eine Güterabwägung vorzunehmen** (siehe die umstrittene Entscheidung des OLG München vom 28. 7. 2005 (ZUM 2005, 896 = CR 2005, 821 mit Anmerkung *Scheja;* LG München I MMR 2005, 385 – Heise-Online mit Anm. *Hoeren*).

65 Der BGH hat **adäquate Verursachung** nach früherem Recht auch in allen Fällen angenommen, in denen Tonbandgeräte oder Tonbänder oder Kopiergeräte zur Verfügung gestellt wurden, weil der „**bestimmungsgemäße Gebrauch**" der genannten Gegenstände „in der Regel einen Eingriff in die Rechte Dritter mit sich bringt" (BGHZ 42, 118 – Personalausweise; BGH GRUR 1960, 340 – Werbung für Tonbandgeräte; BGH GRUR 1964, 91 – Tonbänder-Werbung; BGH GRUR 1964, 94 – Tonbandgeräte-Händler; BGH GRUR 1965, 686 – Magnettonband II; BGH GRUR 1984, 54 – Kopierläden). Als **Veranlasser** haftet, wer die Möglichkeit für die eigentliche Rechtsverletzung durch Dritte setzt (BGH GRUR 2007, 890 – Jugendgefährdende Medien bei eBay). Mittelbarer Verletzer ist, wer Vorrichtungen zur Umgehung von Software-Schutzmechanismen Kopiersperre, Dongles, herstellt und vertreibt. Dabei ist zu differenzieren, ob die fragliche Software oder Hardware auch für zulässige Handlungen geeignet ist oder nicht (OLG Düsseldorf CR 1990, 394/395; kritisch *Möhring/Nicolini/Lütje* Rdnr. 31 aE). Beihilfe zu einer Umgehungshandlung nach § 95a wurde angenommen durch vorsätzliches Setzen eines Hyperlinks auf die Internetseite eines Unternehmens, das illegale Umgehungssoftware anbietet (LG München I GRUR-RR 2005, 214 – DVD-Kopierschutz, OLG München GRUR-RR 2005, 372 – AnyDVD; OLG München CR 2009, 55 – AnyDVD II). Es haftet, wer **Filmkopien für Dritte** herstellt (OLG Köln GRUR 1983, 568 – Video-Kopieranstalt – überholt, aber noch anschaulich zum Begriff des Störers). Schuldner des Unterlassungs- und Vernichtungsanspruchs ist grundsätzlich auch, wer die Verwirklichung des Benutzungstatbestands (§ 9 PatG) ermöglicht oder fördert, obwohl er sich mit zumutbarem Aufwand Kenntnis verschaffen kann, dass die von ihm unterstützte Handlung das absolute Recht des Patentinhabers verletzt; doch keine generelle Prüfungspflicht des Spediteurs zu transportierter Ware (Bestätigung von BGH GRUR 1957, 352 – Taeschner/Pertussin II); dagegen setzen Erkundigungs- und evtl. Prüfungspflichten bei konkreten Anhaltspunkten für Rechtsverletzung ein (BGH Urteil v. 17. 9. 2009 MP3-Player-Import (Beck RS 2009, 26074). Werden **Bauwerke** nachgezeichnet oder nachgebaut, ist der **Bauherr** Verletzer, sobald er die Pläne kennt, genehmigt und danach bauen lässt, auch wenn er gutgläubig ist. Der gesetzliche Vertreter einer GmbH oder AG haftet persönlich, wenn er als Störer für die Rechtsverletzung verantwortlich ist; vom BGH verneint, wenn er an den Rechtsverletzungen nicht teilgenommen und von diesen nichts gewusst hat (BGH GRUR 1986, 248/250f. – Sporthosen – mwN und eingehender Begründung).

66 Beihilfe zu einer widerrechtlichen Vervielfältigung leistet, wer ein eigenes Foto ohne Zustimmung des Fotografen zur Veröffentlichung zur Verfügung stellt (OLG Jena ZUM 2004, 841). Bei Verletzung wettbewerbsrechtlichen Leistungsschutzes durch Nachahmung einer Modeschöpfung hat der BGH den Unterlassungsanspruch auch gegen den Einzelhändler durchgreifen lassen, der erst nach dem Erwerb Kenntnis von der Verletzung erlangte (BGHZ 117, 115/117 ff. – Pullovermuster). Das **Setzen eines Hyperlinks ist keine Vervielfältigung eines fremden Werks und auch keine Verletzung des Rechts auf öffentliche Zugänglichmachung nach § 19 a** (BGH GRUR 2003, 958 – Paperboy). Ist die Verlinkung auf eine technisch geschützte Seite bezogen, funktioniert sie nicht und verletzt nicht. Im Online-Bereich ist das

Argument des „zu Eigen machens" besonders zu hinterfragen. Der Online-Bereich erfordert grundsätzlich eine gesonderte Betrachtung (siehe Abschnitt III).

2. Mehrheit von Verletzern

Mehrere Verletzer (unabhängig ob Mittäter oder Anstifter oder Gehilfen) haften nach §§ 830, 840 Abs. 1 iVm. §§ 421 ff. BGB als **Gesamtschuldner**. Der **Berechtigte kann sich aussuchen**, wen er in Anspruch nehmen will, alle Verletzer oder nur den kapitalkräftigsten oder nur einen oder mehrere von ihnen. Die Inanspruchnahme des Herstellers oder Vorlieferanten führt nicht zur Entlastung des Händlers. Erst eine entsprechende Schadensersatzleistung oder Vereinbarung zwischen Rechtsinhaber und Vorlieferant führt zum **urheberrechtlichen Verbrauch** (*Wandtke/Bullinger/v. Wolff*³ Rdnr. 21). **Voraussetzung für die Gesamthaftung ist jedoch die Verletzung ein und desselben Rechts.** Steht für jeden Verletzer eine **andere Kausalitätskette** zwischen schädigendem Ereignis und Schadensfolge, ist **keine gesamtschuldnerische Haftung** gegeben, dann fehlt die Identität des Leistungsgegenstandes und damit Mittäterschaft (BGH GRUR 1959, 379/382 – Gasparone I). Jeder Verletzer ist dann gesondert für seine Verletzung haftbar zu machen; vgl. jedoch zur gemeinsamen Verantwortlichkeit von Hotelier und Innenarchitekt für den Einsatz von Möbelnachbildungen (KG GRUR 1996, 986/971). Ausführlich zur Verletzerkette OLG Hamburg, ZUM-RR 2007, 13 – Kinderhochstuhl: Herausgabe des Verletzergewinns nur einmal, wenn die Verletzungshandlungen auf sämtlichen Vertriebsstufen nach Art und Umfang inhaltsgleich sind. Dagegen BGH GRUR 2009, 856. Zu den Voraussetzungen einer gesamtschuldnerischen Haftung bei einer Mehrheit von ohne Auftrag handelnden Geschäftsführern, deren Pflicht zur Herausgabe des Erlangten aus der entsprechenden Anwendung des § 667 BGB folgt: siehe BGH GRUR 1959, 379/383 – Gasparone I. 67

Beim Anspruch auf Herausgabe des erzielten Reingewinns fordert *Ulmer* eine **Modifikation des § 830 BGB**: Sinngemäß könne die Herausgabe des Reingewinns nur von demjenigen gefordert werden, der den Gewinn gemacht hat (*Ulmer*³ § 131 II 3); bei Bereicherung Anspruch nur gegen den Bereicherten. Zu Schaden und Bereicherung in der Verletzerkette siehe *Götz* GRUR 2001, 295. Es ist zu differenzieren: Der Erste in der Kette haftet gesamtschuldnerisch mit den weiteren Verletzern, jedes weitere Glied nach ihm haftet nur für seinen Teil: Der Buchhändler, der ein urheberrechtsverletzendes Werk vertreibt, ist für diesen Vertrieb verantwortlich, nicht für den Verlag, den Großhandel und alle sonstigen selbstständigen Buchhändler. Er ist nicht Mittäter oder Gehilfe des Verlegers, des Grossisten, der konkurrierenden Buchhändler. Die Kausalkette ist dann durchbrochen. Es tritt kein einheitlicher Schaden, nicht ein Schaden in innerer Verbundenheit ein, vielmehr haftet jeder für den von ihm verursachten Schaden BGH GRUR 2009, 856/863 – Tripp-Trapp-Stuhl. Verletzergewinn oder Bereicherung hat richtigerweise nur derjenige herauszugeben, der solchen Gewinn gemacht hat oder bereichert ist. Für die Bereicherung hat das BGH in seiner Entscheidung Fußballtor anerkannt (GRUR 1979, 732/734). Anders dagegen, wenn der Schadensersatz nach § 97 Abs. 1 S. 2 unter Berücksichtigung des Gewinns berechnet wird. Haben innerhalb einer Lieferkette mehrere Lieferanten nacheinander urheberrechtliche Nutzungsrechte verletzt, ist der Verletzte zwar grundsätzlich berechtigt, von jedem Verletzer innerhalb der Verletzerkette die Herausgabe des von diesem erzielten Gewinns als Schadensersatz zu fordern. Der vom Lieferanten an den Verletzten herauszugebende Gewinn wird aber durch Ersatzzahlungen gemindert, die der Lieferant seinen Abnehmern wegen der Inanspruchnahme durch den Verletzten erbringt (BGH GRUR 2009, 856 – Tripp-Trapp-Stuhl). 68

3. Störer

Störer ist jeder, der in irgendeiner Weise willentlich und adäquat kausal an der Herbeiführung oder Aufrechterhaltung einer rechtswidrigen Beeinträchtigung (Störung) mitwirkt, sofern es ihm tatsächlich und rechtlich möglich und zumutbar ist, die konkrete Rechtsverletzung zu verhindern (BGH GRUR 1999, 418/419 – Möbelklassiker; BGH GRUR 2001, 1038 – ambiente.de; BGH GRUR 2004, 860 – Internetversteigerung I; BGH GRUR 2007, 708 – Internetversteigerung II; BGH GRUR 2008, 702 – Internetversteigerung III; BGH GRUR 2006, 957 – Stadt Geldern). Beim Störer fehlt das Verschulden. Die klassische Störerhaftung zum Anzeigengeschäft ist bekannt. Der BGH verneint in diesem Geschäft eine umfassende Prüfungspflicht des Presseunternehmens und verlangt im Fall grober, unschwer zu erkennender Verstöße eine Ablehnung des Anzeigenauftrags (BGH GRUR 1999, 69

§ 97 Anspruch auf Unterlassung und Schadenersatz

418 – Möbelklassiker). Über die Haftung im Online-Bereich ist die Störerhaftung virulent geworden. Sie hat in der Literatur einen Boom an Stellungnahmen ausgelöst, wie das Literaturverzeichnis vor Abschnitt III zeigt.

Die Störerhaftung wurde lange Zeit rigoros vertreten. Tendenziell nimmt der BGH sie beim Verhaltensunrecht zurück und begründet die Passivlegitimation über die deliktrechtlichen Kategorien der Täterschaft und Teilnahme. Im Fall der Verletzung von Immaterialgüterrechten, dh. von absoluten Rechten nach § 823 Abs. 1 BGB, wird sie dagegen weiterhin vertreten (klar in: BGH GRUR 2004, 860/864 – Internetversteigerung I, bestätigt in BGH GRUR 2007, 708 – Internetversteigerung II und BGH GRUR 2008, 702 – Internetversteigerung III). Der Unterlassungsanspruch gegen den Störer besteht auch dann, wenn dem Verletzten die Identität des unmittelbaren Verletzers bekannt ist (BGH GRUR 2007, 724 – Meinungsforum – gegen OLG Düsseldorf ZUM-RD 2007, 234).

70 In jüngerer Zeit begrenzt der BGH die urheberrechtliche wie die wettbewerbsrechtliche Störerhaftung durch **zumutbare Verhaltens-, insbesondere Prüf- und Verkehrspflichten,** wobei sich diese nach den jeweiligen Umständen des Einzelfalls unter Berücksichtigung der Funktion und Aufgabenstellung des als Störer in Anspruch Genommenen sowie mit Blick auf die Eigenverantwortlichkeit desjenigen richten, der die rechtswidrige Beeinträchtigung unmittelbar vorgenommen hat (BGH GRUR 2003, 969/970f. – Vermessungsunterlagen; BGH GRUR 2003, 272 – Meißner Dekor mwN; GRUR 2004, 860ff. – Internetversteigerung I; BGH GRUR 2007, 708 – Internetversteigerung II). Zum Namensrecht: BGH CR 2008, 727 Namensklau im Internet m. Anm. *Rössel;* zum Kennzeichenrecht: BGH GRUR 1999, 144 – Möbelklassiker mwN; zum Wettbewerbsrecht: BGH GRUR 1994, 841/842f. – Suchwort; BGH GRUR 2007, 890/894 – Jugendgefährdende Medien bei eBay); zu Vertragspflichten und Störerhaftung bei Werbeagenturen: *Nennen* GRUR 2005, 214; sa. *v. Gierke,* Grenzen der wettbewerblichen Störerhaftung, WRP 1997, 892; *Schünemann,* Die wettbewerbliche „Störer"-Haftung – Ein Konstrukt zwischen „praktischer Notwendigkeit" und dogmatischer Begründbarkeit, WRP 1998, 120; *Köhler,* Die Begrenzung wettbewerbsrechtlicher Ansprüche durch den Grundsatz der Verhältnismäßigkeit, GRUR 1996, 82. Köhler zur BGH-Entscheidung Jugendgefährdende Schriften bei eBay, GRUR 2008, 1; *Ahrens,* WRP 2007, 1281.

71 **Täterschaft und Teilnahme setzen Verschulden voraus, Vorsatz, auch bedingten Vorsatz, oder Fahrlässigkeit.** Fahrlässigkeit **handelt, wer gegen die im Verkehr erforderliche Sorgfalt verstößt,** wer also hätte wissen müssen und können. Welche Prüfungs- und Sorgfaltspflichten vor der Verletzungshandlung bestehen, ist eine auf Gesetz und auf den Anschauungen der Gesellschaft beruhende Wertung. Grundsätzlich hat derjenige, der eine besondere Gefahr begründet, dafür zu sorgen, dass keine Rechtsverletzung eintritt. Täterschaft und Teilnahme erfordern eine Pflicht zu Prüfung, Aufklärung, Recherche vor dem Handeln. **Störer wird, wer unverschuldet beteiligt ist und Kenntnis von der erfolgten Rechtsverletzung erhält.** Für ihn setzen erst ab diesem Zeitpunkt Prüfungs-, Kontroll- und Handlungspflichten ein; der BGH spricht in der Entscheidung Jugendgefährdende Schriften bei eBay (GRUR 2007, 890) von **Verkehrspflichten.** Erst ab Kenntnis der Rechtsverletzung ist zu beurteilen, welche Verkehrspflichten zu erfüllen und welche Maßnahmen erforderlich sind, um nicht schadensersatzpflichtig oder strafbar zu werden. Dementsprechend ist die haftungsbegründende Erstabmahnung für den Störer kostenfrei (OLG Hamburg ZUM-RD 2000, 173; *Dreier* in: *Dreier/Schulze*[3] Rdnr. 33). Werden die mit der positiven Kenntnis der Rechtsverletzung einsetzenden Verkehrspflichten nicht wahrgenommen, geht die Störung in Täterschaft über (BGH GRUR 2007, 890 – Jugendgefährdende Medien bei eBay) mit den sich daran anknüpfenden gesetzlichen Folgen. Es besteht dann die Verpflichtung zu zumutbaren Vorsorgemaßnahmen, weitere gleichartige Rechtsverletzungen zu verhindern sowohl durch denselben Verletzer hinsichtlich weiterer als jugendgefährdend indizierter oder beschlagnahmter Medien als auch durch mögliche andere Verletzer hinsichtlich der bekannt gewordenen Versteigerungsangebote (BGH GRUR 2007, 890). Mit der Entscheidung Jugendgefährdende Schriften bei eBay hat der BGH die dogmatischen Voraussetzungen und Grenzen der Störerhaftung explizit aufgezeigt (siehe dazu auch *Leistner/Stang* WRP 2008, 533; *Köhler* GRUR 2008, 1).

72 Die Begrenzung der Prüfungspflicht durch den BGH wird anschaulich am Fall **ambiente.de** (BGH GRUR 2001, 1038). Für die Registrierung von Domain-Namen unter der Top-Level Domain „de" verneint der BGH eine Haftung der zuständigen **DENIC** bei der Anmeldung der Domain. Sie ist grundsätzlich weder unter dem Gesichtspunkt der Störerhaftung noch als Normadressatin des kartellrechtlichen Behinderungsverbots zur Prüfung verpflichtet, ob die angemeldete Domain Rechte Dritter verletzt. Selbst auf den Hinweis eines Dritten, dass ein registrierter

Domain-Name seiner Ansicht nach ein fremdes Kennzeichenrecht verletzt, kommt eine Haftung für die Zukunft nur in Betracht, wenn die **Rechtsverletzung offenkundig und für die DENIC ohne Weiteres feststellbar ist**. Im Regelfall kann die DENIC den Dritten darauf verweisen, eine Klärung im Verhältnis zum Inhaber des umstrittenen Domain-Namens herbeizuführen. Erst wenn ein rechtskräftiger gerichtlicher Titel vorliegt oder die Rechtsverletzung derart eindeutig ist, dass sie sich aufdrängt, besteht eine Handlungspflicht. Hier war und ist von Gewicht, dass das Unternehmen eine Aufgabe für die Allgemeinheit leistete und leistet. Allerdings wird eine Prüfungspflicht auch nur angenommen, wenn der Störungszustand für den als Störer in Anspruch Genommenen ohne Weiteres oder ohne unverhältnismäßigem Aufwand erkennbar ist. Keine Haftung des Domaininhabers für rechtswidrige Inhalte, die über seine Domain abrufbar sind. Die generell bestehende Gefahr von Persönlichkeitsrechtsverletzungen durch ein Massenmedium führt für sich nicht bereits zu einer Überwachungspflicht des Domaininhabers; erst ab Kenntnis der Rechtswidrigkeit Haftung auf Unterlassung (Urteil v. 5. 8. 2008 AZ: 7 U 29/08). Den Verpächter einer Domain treffen Prüfungspflichten erst ab Kenntnis konkreter Anhaltspunkte für (drohende) Rechtsverletzungen: (BGH GRUR 2009, 1093 – Focus Online).

Der BGH knüpft dabei an die **Rechtsprechung zur Pressehaftung für Anzeigen** mit urheber- und wettbewerbsverletzenden Inhalten an (BGH GRUR 1990, 1012/1014; GRUR 1992, 618/619 – Pressehaftung I und II, fortgeführt durch BGH GRUR 1994, 841/842f. – Suchwort, und GRUR 1997, 909 – Branchenbuch Nomenklatur). **Die Maßstäbe, die der BGH zur Störer- bzw. Mitstörerhaftung entwickelt hat, greifen**, wie zu zeigen sein wird, **im Online-Bereich auch für Suchdienste.** Nach wohl mehrheitlicher Meinung sind Suchdienste de lege lata vom geltenden Telemediengesetz (TMG), vormals TDG, MDStV, nicht erfasst, somit über dieses Gesetz nicht privilegiert. Das bedeutet freilich nicht automatisch Täterschaft/Teilnahme. Von ihrer Funktion her, sind Suchdienste im Fall von Rechtsverletzungen Störer, bei denen erst ab Kenntnis der Rechtsverletzung Handlungspflichten einsetzen (siehe Rdnr. 76, 113). **73**

Beim **Internet erlebt die Störerhaftung ihren Härtetest.** Die Technik der Digitalisierung hat neue, vorher ungeahnte Dimensionen geöffnet. Sie verändert, ob vom Einzelnen gewollt oder nicht gewollt, in atemberaubender Geschwindigkeit das Zusammenleben. Die veränderte Welt erfordert neue Blickrichtungen, Beschäftigung mit der digitalen Technik und deren Auswirkungen, erweitertes Denken. Das Internet ist so wenig abzuschaffen wie einstmals die Dampfmaschine. Also muss die neue Technik gelernt und der Umgang mit ihr entsprechend den neuen Vorgaben neu gewertet werden, ohne ihrem Reiz zu verfallen oder vor ihrer Macht zu resignieren. Das bedingt eine Überprüfung der Anforderungen an die Recherche-, Kontroll- und Maßnahmepflichten. Siehe *Breyer*, Verkehrssicherungspflichten von Internetdiensten im Lichte der Grundrechte, MMR 2009, 14. **74**

Der BGH hat die Zeichen der Zeit in den Fällen DENIC und Paperboy (GRUR 2001, 1038 und GRUR 2003, 958) erkannt. Er hat nach heftig diskutierten Entscheidungen des OLG Köln (CR 2002, 50), OLG Düsseldorf (MMR 2004, 315), LG Berlin (MMR 2004, 195, siehe *Schreibauer/Mulch* WRP 2005, 442/457 und Fußnote 152) **zur Verantwortlichkeit von Internet-Auktionen für illegal gehandelte Waren (Rolex)** die Voraussetzungen der Störerhaftung präzisiert und die Grenzen der Haftungsprivilegierung durch das TMG aufgezeigt (siehe Rdnr. 92ff.). Über die Störerhaftung lassen sich nur Unterlassungs- und Beseitigungsansprüche (§§ 97 Abs. 1, 98), sowie Ansprüche auf Auskunft sowie, Vorlage/Besichtigung nach §§ 101, 101a und 101b durchsetzen; mangels Verschuldens besteht bis zum Zeitpunkt der Kenntnis der Rechtsverletzung kein Anspruch auf Schadensersatz.

Haedicke, Die Haftung für mittelbare Urheber- und Wettbewerbsverletzungen (GRUR 1999, 397), begrüßt die **Öffnung zu einer einheitlichen, systematischen Erfassung der Zurechnungskriterien bei der Mitstörerhaftung. Hierzu gehört die Abgrenzung zu Täterschaft und Teilnahme.** Zu Recht fordert *Leistner* (GRUR 2006, 801/808f.) vor Prüfung der Störerhaftung eine saubere, vorgelagerte Prüfung nach Täterschaft und Teilnahme iSd. § 830 BGB, dann eine Prüfung der Rolle und Funktion des Störers und die Kontrollierbarkeit des Risikopotenzials. *Leistner* differenziert zwischen „neutralen" Störern, die lediglich technische und organisatorische Mittel gestellt haben, ohne in diesem Zusammenhang einen eigenen gefahrgeneigten Einfluss auf die Nutzer zu entfalten, und „aktiven" Störern, die durch Werbung, sonstige Hinweise in Marketing und Vertrieb oder durch Ausgestaltung des Produkts den Nutzer sozusagen zur Urheberrechtsverletzung herausfordern. Dem „aktiven" Störer seien intensivere Prüfungs-, Kontroll- und ggf. Vorkehrungspflichten zumutbar als dem „neutralen" Störer. Beim „aktiven Störer" wird die Grenze zum Teilnehmer leicht erreicht oder sogar überschritten. **75**

§ 97

75 a In einer neueren Arbeit entwickelt *Leistner* dogmatisch das **System einer einheitlichen täterschaftlichen Haftung für die mittelbare Schutzrechtsverletzung aufgrund der Nichtbeachtung von Verkehrspflichten entsprechend den deliktischen Verkehrspflichten im Rahmen des § 823 Abs. 1 BGB.** Gesetzlich bewusst gesetzte Begrenzungen gehen der täterschaftlichen Haftung vor. An die Voraussetzungen und den Inhalt der Verkehrspflichten werden Anforderungen gestellt wie mindestens im Rahmen der Störerhaftung. Produkte und Dienstleistungen, die ohne jegliche zusätzliche Gefahrerhöhung lediglich in abstraktem Sinn eine Gefahr der Schutzrechtsverletzung setzen, sind dem Bereich des allgemeinen Lebensrisikos zuzurechnen und haben auszuscheiden. Ansonsten ist nach Rolle und Funktion des mittelbaren Verursachers zu differenzieren. Ist ein Geschäftsmodell spezifisch gefahrgeneigt aufgestellt und sind danach Rechtsverletzungen der Nutzer einkalkuliert oder wird darauf hingewiesen oder dafür geworben, ist das bei der Justierung des Sorgfaltsmaßstabes zu berücksichtigen (vorgestellt auf der Jahrestagung der GRUR im Oktober 2009, zur Veröffentlichung vorgesehen in GRUR 2010, Heft 1). *Ahrens* hatte zuvor in der Festschrift für Canaris, 2007, dargelegt, wie eine Verantwortung der Rechtswidrigkeitsstruktur des allgemeinen Deliktsrechts aussehen sollte, und in WRP 2007, S. 1281 ff., „21 Thesen zur Störerhaftung im UWG und im Recht des geistigen Eigentums" begründet, um die Störerhaftung schärfer zu konturieren. *Fürst* setzt sich in WRP 2009, 378 ff., mit der Täter-/Gehilfenhaftung im Verhältnis zur Störerhaftung auseinander und begrüßt die neue Dimension der Haftung, die er vom OLG Hamburg (WRP 2008, 1569 – Haftung des Betreibers einer Plattform) vertreten sieht. Ob, wie *Leistner* in der jüngsten Arbeit meint, **mit der neuen Dogmatik die Störerhaftung „ausgetrocknet" wird,** oder wie *Köhler* (GRUR 2008, 1), *Volkmann* (CB 2008, 232) und *J. B. Nordemann* (Fs für Loewenheim, 2009, 215) meinen, **dass die Störerhaftung nach der Entscheidung „Jugendgefährdende Medien bei eBay" (GRUR 2007, 890) entbehrlich ist, wird bezweifelt.** Es besteht immer noch ein wesentlicher Unterschied zwischen demjenigen, der eine mittelbare Rechtsverletzung zum Zeitpunkt des Eintritts der Verletzung zu verantworten hat, weil er sie bei Beachtung seiner Prüf- und Sorgfaltspflichten iSd. § 823 Abs. 1 BGB hätte verhindern können und müssen, und demjenigen, dem solche „Voraus"pflichten nicht obliegen, sei es gesetzlich wie zB durch §§ 7– 10 TMD oder entsprechend aufgrund allgemeiner Anschauung, und für den Prüf- und Verkehrspflichten erst ab Kenntnis der Rechtsverletzung entstehen, dann allerdings für die Zukunft nach deliktischen Grundsätzen. Bis zur Kenntnis der Rechtsverletzung ist der mittelbare Verletzer Störer, der, wenn ihm die Störung zuzurechnen ist, lediglich auf Unterlassung und Beseitigung haftet. **Wird der Begriff richtig verwandt, dh. bis zum Einsetzen von Prüf- und Verkehrspflichten, dient er zuverlässig der notwendigen Differenzierung.** Entscheidungen, die später im Rahmen des Online-Bereichs behandelt werden, lassen sich auf dieses Grundmuster zurückführen. Es kommt immer darauf an, ob und wann welche Verkehrspflichten einsetzen (siehe die Entscheidungen in Rdnr. 75 b).

75 b Die nachfolgenden neueren Entscheidungen auf dem Gebiet des Internet lassen sich alle auf dieses Grundmuster zurückführen:
BGH GRUR 2009, 864 – CAD-Software: Herunterladen eines urheberrechtlich geschützten Computerprogramms erfordert Pflicht, vorher zu prüfen, ob das Programm freigegeben wurde;
BGH GRUR 2009, 841 – Cybersky: Wer Werbung für eine Ware macht, dass diese für rechtswidrige Zwecke verwendet werden kann, darf diese nicht in den Verkehr bringen, solange die geschaffene Gefahr einer urheberrechtswidrigen Verwendung fortbesteht (bestätigt OLG Hamburg GRUR 2006, 148 – Peer-to-Peer-Systeme zur kostenlosen Nutzung von Bezahlfernsehen);
BGH GRUR-RR 2009, 27 – Admin-C: Für die .de-Domains Denic besteht bei Vornahme der automatisierten Registrierung keine Prüfungspflicht, erst, wenn auf eine Rechtsverletzung hingewiesen wird und auch dann nur hinsichtlich offenkundiger, aus Sicht der Denic eindeutiger Rechtsverstöße; Unzumutbarkeit von Prüfungspflichten auf potenzielle Kennzeichenverletzungen für einen erstmals im Zuge einer Domain-Registrierung befassten „Admin-C";
BGH GRUR 2009, 1093 – Focus Online: Keine primäre Haftung, Prüfungspflicht erst bei konkreten Anhaltspunkten für drohende Verletzung;
BGH GRUR 2008, 1097 – Namensklau im Internet: Wer eine Internetplattform (hier eBay) als Störer in Anspruch nimmt, hat grundsätzlich die Darlegungs- und Beweislast, dass es dem Betreiber technisch möglich und zumutbar war, nach dem ersten Hinweis auf eine Rechtsverletzung von Nutzern der Plattform begangene Verletzungen zu verhindern; dem Betreiber obliegt die sekundäre Darlegungslast, im Einzelnen vorzutragen, welche Schutzmaßnahmen er ergreifen kann und weshalb ihm weitere Maßnahmen nicht zuzumuten sind;

BGH GRUR 2007, 890 – Jugendgefährdende Medien bei eBay: Wettbewerbsrechtliche Verkehrspflicht des Betreibers einer Internet-Auktionsplattform, bei konkretem Hinweis auf ein bestimmtes jugendgefährdendes Angebot eines bestimmten Anbieters Angebot zu sperren und Vorsorgemaßnahmen zu treffen, um dieses und gleichartige Angebote desselben Anbieters auszuschließen;

OLG Hamburg MMR 2009, 631 Spring nicht – Usenet I: Für Usenet-Dienste im Interesse der Allgemeinheit angemessene Begrenzung der Prüf- und Sicherungspflichten bei reiner Zugangsvermittlung, dagegen Überprüfung von Inhalten, die Kunden ins Netz stellen, wenn der Betreiber von einem Rechtsinhaber in Bezug auf ein konkretes Werk und einen konkreten Nutzer auf eine Rechtsverletzung hingewiesen worden ist;

OLG Hamburg MMR 2009, 405 – Alphaload: Zur Störerhaftung des UsenetProviders: grundsätzlich keine Verpflichtung, die Zugangsvermittlung zu dem Medium wegen Gefahr von Rechtsverletzungen insgesamt einzustellen, aber schärfere Prüfungspflichten, wenn er mit der Möglichkeit von Rechtsverletzungen wirbt;

OLG Hamburg ZUM 2009, 417 – Long Island Ice Tea: Keine Haftung eines Forenbetreibers für urheberrechtswidrige Veröffentlichung einer Fotografie bei Erstverletzung und sofortiger Entfernung des Fotos, keine Verpflichtung zu technischen Vorkehrungen;

OLG Hamburg ZUM-RD 2009, 317 – Mettenden: Keine Prüfpflicht bei Forenbeiträgen (hier urheberrechtswidrige Verwendung eines Fotos) vor einem Hinweis auf eine konkrete Rechtsverletzung (Abgrenzung zu Entscheidung „Chefkoch": ZUM-RD 2008, 343);

OLG Hamburg MMR 2009, 129: Haftung eines Online-Auktionshauses für Markenverletzungen als Täter/Teilnehmer wegen mangelnder, technisch möglicher proaktiver Kontrolle; Darlegungs- und Beweislast für die Frage der Zumutbarkeit des Einsatzes einer Filtertechnik bei dem in Anspruch genommenen Online-Auktionshaus;

OLG Hamburg ZUM 2009, 642 – Pixum: Eigene Inhalte im Sinne des TMD nicht allein durch Hinweis auf Dritten auszuschließen vielmehr objektive Betrachtung;

OLG Hamburg MMR 2008, 823 – Rapidshare: Missbilligung eines Geschäftsmodells, das durch die Möglichkeit des anonymen Hochladens in Pakete zerlegter, gepackter und mit Kennwort gegen den Zugriff geschützter Datei der massenhaften Begehung von Urheberrechtsverletzungen wissentlich und willentlich systematisch Vorschub leistet; keine Berufung auf Unzumutbarkeit von Prüfungs- und Sicherungspflichten;

OLG Hamburg ZUM-RD 2008, 343 – Chefkoch: Haftung eines Forenbetreibers bei Einstellen urheberrechtswidriger Lichtbilder in eigenem Interesse (bestätigt durch BGH lt. Pressemeldung);

OLG München GRUR-RR 2009, 85 – AnyDVD II: Verbot des Setzens eines Hyperlinks durch eine IT-Nachrichtendienst, wenn vom verlinkten Internetauftritt die Gefahr gewerbsmäßiger Verletzungen urheberrechtlicher Schutzrechte in erheblichen Umfang ausgeht (Haftung als Teilnehmer).

OLG München MMR 2009, 126 – Affiliate-Werbung auf jugendgefährdende Internetseiten: Bei klarer Erkennbarkeit einer Jugendgefährdung wettbewerbsrechtliche Verkehrspflicht, Werbung auf diesen Seiten zu verhindern, ggf. mittels Kündigung des Werbevertrags;

OLG Düsseldorf ZUM 2008, 332 – Cacheprovider bei Zugangsvermittlung; keine Haftung als Störer, da angesichts des enormen Datenvolumens und der Tatsache, dass kein Einfluss auf das Einstellen und Verbreiten der Inhalte besteht;

OLG Düsseldorf MMR 2009, 402: Folgeentscheidung zu BGH Internetversteigerung II;

OLG Düsseldorf ZUM 2008, 866 – Störerhaftung eines eDonkey-Servers: nicht jeder denkbare Aufwand erforderlich, vielmehr Berücksichtigung des erforderlichen technischen und wirtschaftlichen Aufwands in Relation zu den Auswirkungen auf andere Teile des Dienstes;

LG Düsseldorf CR 2009, 404: Zum Einsatz von Wortfilter zur Vermeidung von Mitstörerhaftung; Zumutbarkeitsgrenzen;

OLG Köln GRUR-RR 2008, 35 – Sharehoster-Haftung: Keine Täter-/Teilnehmerhaftung; Vermeidung der Störerhaftung nach Kenntniserlangung.

Nach BGH ist die Frage der Zumutbarkeit auf der Tatbestands- und nicht erst auf der Rechtsfolgenseite zu berücksichtigen (so auch *Dreier* in: *Dreier/Schulze*[3] Rdnr. 23 und *Leistner* GRUR 2006, 801/808). Die Konkretisierung der Prüfungspflichten und ihre Grenzen ist in jedem Einzelfall vorzunehmen.

4. Hilfsdienste/Technische Dienste

76 **Keine urheberrechtliche Verantwortung** trifft denjenigen, der lediglich **Hilfsdienste** leistet: den Kartenverkäufer, die Platzanweiserin, den Kabelleger, den Setzer, den Zeitungsausträger. Kabelnetzbetreiber, denen das UrhG Verwertungsrechte einräumt, handeln eigenverantwortlich (noch vor Einführung des § 20 b: BGH GRUR 1988, 206 – Kabelfernsehen II). Drucker und Kopierwerke, die im reinen Lohnauftrag arbeiten, sind eher unselbstständige Helfer der Auftraggeber (BGH GRUR 1982, 102 – Masterbänder). **Kritisch bei gehobenen Angestellten:** je größer die Entscheidungsbefugnis ist, desto eher kann Verantwortlichkeit unter dem Gesichtspunkt des Organisationsverschuldens bestehen; lag es in der Kompetenz, die Rechtsverletzung zu verhindern?

Beispiele: Keine adäquate Verursachung bei **Lieferung von Strom durch ein Kraftwerk zur Durchführung einer Aufführung** (KG GRUR 1959, 150 – Musikbox-Aufsteller). **Keine Verantwortung des Konzertveranstalters, wenn Musiker rechtswidrig hergestelltes Notenmaterial benutzen**, das ihnen nicht der Veranstalter überlässt, sondern das sie mitgebracht haben (BGH GRUR 1972, 141 – Konzertveranstalter), **keine Haftung des rein technischen Netzbetreibers und des reinen Access-Providers** bis zur Kenntnis von Verletzungen (zur Haftung im Online-Bereich Abschnitt III.); keine Haftung des Endverbrauchers für Raubkopien bei bloßer Verwendung (BGH GRUR 1990, 353/354 – Raubkopien). Wimmers/Schulz sehen auch die Betreiber einer Suchmaschine für Informationen einschließlich verkleinerter Bilder, die sie den Nutzern bei einer Suchanfrage anzeigen (Thumnails), im Gesamtbild des automatisierten Netzes als „Hilfspersonen"/technische Zubringer (CR 2008/1007). Dagegen LG Hamburg GRUR-RR 2004, 313, wiederholt K&K 2009, 759. *Dreier* stellt darauf ab, ob der „Hilfsperson" die verletzende Handlung in sozialtypischer Hinsicht nicht als eigene zugerechnet werden kann und insoweit keine eigene Entscheidungsbefugnis vorliegt (in: *Dreier/Schulze*[3] Rdnr. 32). So ist es: Der Suchdienstleister stellt keine eigenen oder fremden Texte oder Bilder ins Netz. Das machen von ihm unabhängige Dritte. Auch bei der automatischen Suche übt der technische Suchdienstleister keine freie Entscheidung aus. Er sucht nicht selbst; die Nutzer suchen mittels der Maschine. Der Suchdienstbetreiber stellt nur die Rechner und die Software zur Suche zur Verfügung. Die Nutzer bedienen sich dieser Automatik. Insoweit ist Suchdienst ein technisches Gerät. Er entspricht den reinen Netzbetreibern. Die Frage kann mithin nur sein, ob und inwieweit der Suchdienst nach Kenntnis der Störung Abhilfe treffen kann (su. Rdnr. 113 ff.).

5. Haftung für Dritte

77 Neben den persönlich agierenden natürlichen Personen haften die gesetzlichen Vertreter, wenn ihnen ein Organisationsverschulden vorzuwerfen ist; sehr streng OLG Hamburg GRUR 2006, 182/184 – Miss 17; moderater BGH GRUR 1986, 248/251 – Sporthosen mwN; BGH GRUR 1980, 242/245 – Denkzettel-Aktion). Für juristische Personen und parteifähige Handelsgesellschaft kommt die **Organhaftung** zur Anwendung (§§ 30, 31, 89 BGB). Das Gleiche gilt für GbR (BGH GRUR 2006, 493/494 – Michel-Katalog) und nicht rechtsfähige Vereine (§ 54 BGB). Die Haftung des Unternehmens tritt neben die des Angestellten: bei einer juristischen Person für ihre Organe nach § 31 BGB (BGHZ 17, 376/383 – Betriebsfeiern) bzw. für das Fehlen eines verfassungsmäßig bestellten Vertreters (BGHZ 24, 200/212 f. – Spätheimkehrer; BGHZ 39, 124/130 – Fernsehansagerin; BGHZ 49, 19 – Teilzahlungsverkäufer; BGH NJW 1980, 2810/2811) Hinzu kommt die **Haftung für Verrichtungsgehilfen** nach § 831 BGB mit der Möglichkeit des Entlastungsbeweises (BGHZ 24, 200/212/214 – Spätheimkehrer), vergl. *Klaka*, Persönliche Haftung des gesetzlichen Vertreters für die im Geschäftsbetrieb der Gesellschaft begangenen Wettbewerbsverstöße und Verletzungen von Immaterialgüterrechten, GRUR 1988, 729. Bei Verwaltungshandeln haftet anstelle des Amtswalters der Staat (Bund, Land, Körperschaft), wobei der Amtshaftungsanspruch einen Unterlassungsanspruch nach § 97 gegenüber dem Handelnden nicht ausschließt (BGH GRUR 1993, 37/38 f. – Seminarkopien eines Professors im Landesdienst; OLG Düsseldorf GRUR 1987, 909/910 – Stadtarchiv). Ein ausländischer Subverleger ist nicht ohne weiteres Verrichtungsgehilfe iSd. § 831 BGB des inländischen Verlegers (BGH GRUR 1962, 256/258 – Im weißen Rößl). Bei Verletzung musikalischer Verwertungsrechte durch Militärsender der Stationierungstruppen bestehen keine Ansprüche gegen einzelne Angehörige dieser Truppen; sie sind über ein Vorverfahren gegen die Bundesrepublik Deutschland zu richten (OLG Frankfurt/M GRUR 1962, 205 – AFN).

Anspruch auf Unterlassung und Schadenersatz   § 97

Unbedingte Haftung des Betriebsinhabers für Arbeitnehmer und **Beauftragte** besteht kraft gesetzlicher Sonderbestimmung (§ 99) bei Unterlassungs- und Beseitigungsansprüchen und den Ansprüchen nach § 98 (siehe bei § 99). § 278 BGB findet keine Anwendung bei Begründung des Schuldverhältnisses durch Rechtsverletzung, vielmehr erst im Rahmen eines bestehenden Schuldverhältnisses.

III. Haftung im Online-Bereich

Schrifttum: *Ahrens,* 21 Thesen zur Störerhaftung im UWG und im Recht des Geistigen Eigentums, WRP 2007, 1281; *Auer-Reinsdorff/Brandenburg,* Urheberrecht und Multimedia, Berlin 2003: *Bartsch/Lutterbeck* (Hrsg.), Neues Recht für neue Medien; Köln 1998; *Bechtold,* Schutz des Anbieters von Informationen ZUM 1997, 427; *Berberich,* Die urheberrechtliche Zulässigkeit von Thumbnails bei der Suche nach Bildern im Internet, MMR 2005, 145; *Bleisteiner,* Rechtliche Verantwortlichkeit im Internet: Unter besonderer Berücksichtigung des Teledienstgesetzes und des Medienstaatsvertrags, 1999; *Börsch,* Sind Hyperlinks rechtmäßig?, 2003; *Bortloff,* Die Verantwortlichkeit von Online-Diensten, GRUR Int. 1997, 387; *ders.,* Neue Urteile in Europa betreffend die Frage der Verantwortlichkeit von Online-Diensten, ZUM 1997, 167; *Brinkel,* Filesharing – Verantwortlichkeit von Peer-to-Peer-Tauschplattformen, 2006; *Bröcker/Czychowski/Schäfer,* Praxishandbuch Geistiges Eigentum im Internet, München 2003; *Bröhl,* Rechtliche Rahmenbedingungen für neue Informations- und Kommunikationsdienste, CR 1997, 73; *Buchner,* Suchdienste im Internet – grenzenlose Freiheit oder urheberrechtliche Grenzen? zugleich Anmerkung zu BGH Urteil „Paperboy", AfP 2003, 510; *Cepl,* Die mittelbare Urheberrechtsverletzung, 2005; *Claus,* Hyperlinks und die Nutzung und Verwertung von geschützten Inhalten, 2004; *Decker,* Haftung für Urheberrechtsverletzungen im Internet – Anforderungen an die Kenntnis des Host-Providers, MMR 1999, 7; *Degen,* Freiwillige Selbstkontrolle der Access-Provider, 2007; *Dieselhorst,* Anwendbares Recht bei Internationalen Online-Diensten, GRUR 1967, 77; *Dreier,* Urheberrechtsverletzungen im Internet – Ausschließlichkeitsrecht versus Anwendungsrecht, in: *Hohl/Heermann/Ohly* (Hrsg.), Verantwortlichkeit im Netz – Wer haftet wofür?, 2003, S. 57; *Dreier,* „Define": vom Ende der Definierens? – Zur Abgrenzung von Münzkopieren, Personal Video Recordern und Serverdiensten, Fs. für Ullmann, 2006, 37; *ders.,* Thumbnails als Zitate? Zur Reichweite von § 51 UrhG in der Informationsgesellschaft, Fs. für Krämer, 2009, 225; *Dustmann,* Die rechtliche Stellung des Internetanbieters: Haftung in: *Bröcker* u. a. (Hrsg.) Praxishandbuch Geistiges Eigentum im Internet, 2003, S. 166; *Eck/Ruess,* Haftungsprivilegierung nach der E-Commerce-Richtlinie – Umsetzungsprobleme dargestellt am Beispiel der Kenntnis nach § 11 Satz 1 Ziff. 1 TDG, MMR 2003, 363; *Ehret,* Internet-Auktionshäuser auf dem haftungsrechtlichen Prüfstand, CR 2003, 754; *Engel/Flechsig,* Informations- und Kommunikationsdienstegesetz des Bundes und der Mediendienstestaatvertrag der Bundesländer, ZUM 1997, 231; *Engel/Flechsig/Maennel/Tettenborn,* Das neue Informations- und Kommunikationsdienste-Gesetz, 2001; *dies.,* Neue gesetzliche Rahmenbedingungen für Multimedia – Die Regelungen des IuKDG und MDStV, 1998; *Engelhardt,* Die rechtliche Behandlung von Urheberrechtsverletzungen in P2P-Netzwerken nach US-amerikanischem und deutschem Recht, 2007; *Engels,* Zivilrechtliche Haftung für Inhalte im World Wide Web, AfP 2000, 524; *Ensthaler/Bosch/Völker* (Hrsg.), Handbuch Urheberrecht und Internet, 2002; *Ernst/Vassilaki/Wiebe,* Hyperlinks, Rechtsschutz, Haftung, Gestaltung, 2002; *Ernst,* Rechtsprobleme im Internet: urheber-, wettbewerbs- und markenrechtliche Sicht, K&R 1998, 536; *ders.,* Rechtliche Fragen bei der Verwendung von Hyperlinks im Internet, NJW-CoR 1997, 224; *ders.,* Die Störerhaftung des Inhabers eines Internetzugangs, ZUM 2007, 513; Ernst/Vassilaki/Wiebe, Die Haftung für Hyperlinks – Rechtsschutz, Haftung, Gestaltung, 2002; *Flechsig,* Haftung von Online-Diensteanbietern im Internet, AfP 1996, 333; *ders.,* Subdomain versteckt und unerreichbar? Die Verkehrssicherungspflichten des Host-Providers, MMR 2002, 347; *Freytag,* Urheberrechtliche Haftung im Netz – Zur dogmatischen Einordnung und praktischen Umsetzung von § 5 TDG und § 5 MDStV bei Urheberrechtsverletzungen im Internet, ZUM 1999, 185; *ders.,* Providerhaftung im Binnenmarkt – Verantwortlichkeit für rechtswidrige Inhalte nach der E-Commerce-Richtlinie, CR 2000, 600; *ders.,* Anmerkung zum Urteil des BGH „ambiente.de", CR 2001, 853; *Fülbier,* Web 2.0 – Haftungsprivilegierungen bei MySpace und YouTube, CR 2007, 515; *Gabel,* Die Haftung für Hyperlinks im Lichte des neuen UWG. WRP 2005, 1102; *Gercke* Die Bedeutung der Störerhaftung im Kampf gegen Urheberrechtsverletzungen – Möglichkeiten und Grenzen des auf die Störerhaftung gestützten Vorgehens gegen Urheberrechtsverletzungen im Internet, ZUM 2006, 593; *ders.,* Zugangsprovider im Fadenkreuz der Urheberrechtsinhaber- Eine Untersuchung der urheberrechtlichen Verantwortlichkeit von Downloadportalen und Zugangsprovidern für Musikdownloads, CR 2006, 210; *ders.,* „Virtuelles" Bereitstellen iSd. § 5 TDG – Die straf- und zivilrechtliche Verantwortlichkeit bei der Einrichtung von Hyperlinks, ZUM 2001, 34; *Gounalakis,* Rechtshandbuch Eletronic Business, 2003; *ders.,* Der Mediendienste-Staatsvertrag der Länder, NJW 1997, 2993; *Gounalakis/Rohde,* Das Informations- und Kommunikationsdienste-Gesetz, K&R 1998, 321; *dies.,* Elektronische Kommunikationsangebote zwischen Telediensten, Mediendiensten und Rundfunk, CR 1998, 487; *Gurmann,* Internet-Auktionen, 2005; *Haedicke,* Die Haftung für mittelbare Urheber- und Wettbewerbsrechtsverletzungen, GRUR 1999, 397; *ders.,* „Lex informatica" oder allgemeines Deliktsrecht? § 5 TDG und § 5 MDStV als gesetzlich normierte Verkehrssicherungspflichten und ihre Einordnung in das System des allgemeinen Deliktsrechts, CR 1999, 309; *Härting,* Internetrecht, 2005; *Haller,* Die Haftung von Internet-Providern, in Dittrich (Hrsg.), Beiträge zum Urheberrecht V, 1997, 98; *Harte-Bavendamm/Jürgens,* Suchmaschinen – Neue Angebote und alte Haftungsfragen?, FS Schricker, 2005, S. 33; *Hartmann/Koch,* Datenbankschutz gegen Deep-Linking – Zugleich Anmerkung zu LG München I v. 1. 3. 2002 – 21 O 9997/01 – Deep-Links in Online-Pressespiegel, CR 2002, 441; *Heidrich,* Zwischen Free speach und Mitstörerhaftung, K&R 2007, 144; *Heim,* Zur Markenbenutzung von Meta-Tags. Bisherige Trends und ein neuer differenzierender Ansatz zur Beurteilung markenrechtlicher Zulässigkeit von Mega-Tags, CR 2005, 200; *Heydn,* Deep Link – Feuerprobe bestanden – Das Aus für den Schutz von Web Content oder die Rettung des World Wide Web? NJW 2004, 1361; *v. Heyl,* Teledienste und Mediendienste nach dem Teledienstegesetz und dem Mediendienste-Staatsvertrag, ZUM 1998, 115; *Hochstein,* Teledienste, Mediendienste und Rundfunkbegriff – Anmerkungen zur praktischen Abgrenzung unterschiedlicher Erscheinungsformen, NJW 1997, 2977; *Hoeren,* Das Telemediengesetz, NJW 2007, 801; *ders.,* Unterlassungsansprüche gegen Host-Provider – Die Rechtslage nach dem Ricardo-/Rolex-Urteil des BGH, FS Eisenhardt, 2007, S. 243; *ders.,* Internet und Recht. Neue Paradigmen des Informationsrechts, NJW 1998, 2849; *ders.,* Rechtliche Zulässigkeit von Meta-Suchdiensten, MMR Beilage 6/2001, S. 2; *ders.,* Keine wettbewerbsrechtlichen Bedenken mehr gegen Hyperlinks?

– Anmerkung zum BGH-Urteil „Paperboy", GRUR 2004, 1; *Hoeren/Sieber* (Hrsg.), Handbuch Multimedia-Recht, 2005; *Hoeren/Pichler,* Zivilrechtliche Haftung im Online-Bereich, in: Loewenheim/Koch (Hrsg.), Praxis des Online-Rechts, 1998; *Hoffmann,* Zivilrechtliche Haftung im Internet, MMR 2002, 284; *Holznagel,* Zukunft der Haftungsregeln für Internet-Provider, K&R 1999, 103; *Hornung,* Die Haftung von W-LAN-Betreibern, CR 2007, 88; *Hütten,* Verantwortlichkeit im Usernet, K&R 2007, 561; *Joppich,* Das Internet als Informationsnetz? – Zur urheber- und wettbewerbsrechtlichen Zulässigkeit von „deep links", CR 2003, 504; Jürgens, Anmerkung zum Urteil desa BGH v. 19. 4. 2007 – Internet-Versteigerung II, K&R 2007, 392; *ders.,* Von der Provider- zur Provider- und Medienhaftung, CR 2006,188; *ders./Köster,* Die Haftung von Webforen für rechtsverletzende Einträge, AfP 2006, 219; *Kazemi,* Online-Nachrichten in Suchmaschinen, CR 2007, 94, *Klett,* Anmerkung zur Entscheidung „Paperboy" des BGH, K&R 2003, 561; *Koch,* Zivilrechtliche Anbieterhaftung für Inhalte in Kommunikationsdiensten, CR 1997, 193; *ders.,* Grundlagen des Urheberrechtsschutz im Internet und in Online-Diensten, GRUR 1997, 417; *ders.,* Zur Einordnung von Internet-Suchmaschinen nach dem EGG – Zugleich ein Beitrag zum Haftungsrecht nach der Umsetzung der E-Commerce-Richtlinie, K&R 2002, 120; *ders.,* Perspektiven für die Link- und Suchmaschinen-Haftung. Kommissionsbericht zur Umsetzung der E-Commerce-Richtlinie und seine Konsequenzen für das TDG, CR 2004, 213; *Kochinke/Tröndle,* Links, Frames und Meta-Tags. Urheber- und markenrechtliche Implikationen im Internet, CR 1999, 190; *Köhler,* „Täter" und „Störer" im Wettbewerbs- und Markenrecht, GRUR 2008, 1; *Köhler/Arndt,* Recht im Internet, 2003; *Küster/Jürgens,* Haftung professioneller Informationsvermittler im Internet – Eine Bestandsaufnahme nach der Novellierung der Haftungsregelungen, MMR 2002, 420; *Kröger/Gimmy* (Hrsg.), Handbuch zum Internetrecht, 2002; *Kuch,* Der Staatsvertrag über Mediendienste, ZUM 1997, 225; *von Lackum,* Verantwortlichkeit der Betreiber von Suchmaschinen, MMR 1999, 697; *Landfermann,* Der Richtlinienvorschlag „Elektronischer Geschäftsverkehr" – Ziele und Probleme, ZUM 1999, 795; *Lediger,* Der Onlineauftritt in der rechtlichen Praxis, 2003; *Lehmann* (Hrsg.), Internet und Multimediarecht (Cyberlaw), 1997; *ders.,* Unvereinbarkeit des § 5 Teledienstgesetz mit Völkerrecht und Europarecht, CR 1998, 232; *Lehmann/Rein,* eBay – Haftung des globalen Bazars zwischen Gemeinschaftsrecht und BGH, CR 2008, 97; *Lehmann/Tucher,* Urheberrechtlicher Schutz von multimedialen Webseiten, CR 1999, 700; *Lehment,* Zur Störerhaftung von Online-Auktionshäusern, WRP 2003, 1058; *Leible/Sosnitza* (Hrsg.), Versteigerungen im Internet, 2004; *dies.,* „3 . . . 2 . . . 1 . . . meins! und das TdG. Zur Haftung von Internetauktionshäusern für rechtswidrige Inhalte, WRP 2004, 592; *Leistner,* Von „Grundig-Reporter(n) und Paperboy(s)" – Entwicklungsperspektiven der Verantwortlichkeit im Urheberrecht, GRUR 2006, 801; *ders., Leistner/Stang,* Die Bildersuche im Internet aus urheberrechtlicher Sicht, CR 2008, 499; *Lement,* Zur Haftung von Internet-Auktionshäusern, GRUR 2005, 210; *Lensig-Kramer/Ruess,* Verantwortlichkeit von Online-Auktionshäusern in Deutschland und der USA, WRP 2006, 815; *Leupold/Demisch,* Bereithalten von Musikwerken zum Abruf in digitalen Netzen ZUM 2000, 379; *Libertus,* Umfang und Reichweite von Löschungspflichten bei Rechtsverstößen im Internet, ZUM 2005, 627; *ders.,* Determinanten der Störerhaftung für Inhalte in Onlinearchiven, MMR 2007, 143; *Lippert,* Filtersysteme zur Verhinderung von Urheberrechtsverletzungen, CR 2001, 478; *Lober/Karg,* Unterlassungsansprüche wegen User-Generated Content gegen Betreiber virtueller Welten und Online-Spiele, CR 2007, 647; *Loewenheim/Koch,* Praxis des Online-Rechts, 1998; Lubitz, Die Haftung der Internet Service Provider für Urheberrechtsverletzungen – Ein Vergleich von US-amerikanischem und europäischem Recht, GRUR Int. 2001, 283; *Luo,* Verwertungsrechte und Verwertungsschutz im Internet nach neuem Urheberrecht, 2004; *Mann,* Zur äußerungsrechtlichen Verantwortlichkeit für Hyperlinks in Online-Angeboten, AfP 1998, 129; *Manvitz,* Haftung für Hyperlinks, K&R 1998, 369; *Martenczuk,* Die Haftung für Mediendienste zwischen Bundes- und Landesrecht, ZUM 1999, 104; *Manssen* (Hrsg.) Telekommunikations- und Multimediarecht, Berlin 1999/2003; *Matthies,* Providerhaftung für Online-Inhalte, 2003; *Mayer,* Urheber und haftungsrechtliche Fragestellungen bei peer-to-peer Tauschbörsen, 2003; *Meyer,* Google & Co. – Aktuelle Rechtsentwicklungen bei Suchmaschinen, K&R 2007, 177; *Müglich,* Auswirkungen des EGG auf die haftungsrechtliche Behandlung von Hyperlinks, CR 2002, 583; *Müller-Hengstenberg,* Überfordert die IT Technologie die Rechtssysteme?, ZUM 1999, 214; *Müller-Terpitz,* Regelungsweite des § 5 MDStV, MMR 1998, 478; *Naumann/Illmer,* Von Napster zu Grokster – Urheberrechtliche Haftung der Anbieter von Peer-to-Peer-Software, K&R 2005, 550; *Nolte,* Informationsmehrwertdienste und Urheberrecht, 2009; *ders.,* Paperboy oder die Kunst, den Informationsfluss zu regulieren, ZUM 2003, 540; *ders.,* Anmerkung zum Urteil des BGH v. 17. 7. 2003 – Paperboy, CR 2003, 924; *J. B. Nordemann/Wüstmann,* To Peer Or Not To Peer, Urheberrechtliche und datenschutzrechtliche Fragen der Bekämpfung der Internet-Piraterie, CR 2004, 380; *Ott,* To link or not to link – This was (or still is?) the question – Anmerkung zum Urteil des BGH vom 17. 7. 2003 (Paperboy), WRP 2004, 52; *ders.,* Urheber- und wettbewerbsrechtliche Probleme von Framing und Linking, Recht und Neue Medien Bd. 6, 2004; *ders.,* Die urheberrechtliche Zulässigkeit des Framing nach der BGH-Entscheidung im Fall „Paperboy", ZUM 2004, 357; *ders.,* Haftung für Hyperlinks – eine Bestandsaufnahme nach 10 Jahren, MMR 2006, 691; *ders.,* Erfüllung von Löschungspflichten im Internet, WRP 2007, 605; *ders.,* Zulässigkeit von Thumbnails durch Bilder- und Nachrichtensuchmaschinen? ZUM, 2007, 119; *ders.,* Anmerkung zum Urteil des Thüringer OLG vom 27. 3. 2008, K&R 2008, 306; *ders.,* Die Entwicklung des Suchmaschinen- und Hyperlink-Rechts im Jahr 2007, WRP 2008, 393; *ders.,* Suchmaschinen und Jugendschutz, K&K 2008, 578; *ders.,* Das Internet vergisst nicht – Rechtsschutz für Suchobjekte? MMR 2009, 158; *Pankoke,* Beweis- und Substantisierungslast im Haftungsrecht der Internetprovider, MMR 2004, 211; *Pappi,* Teledienste, Mediendienste und Rundfunk, 2000; *Pichler,* Haftung des Host-Providers für Persönlichkeitsverletzungen vor und nach TDG, MMR 1998, 79; *Peter,* Störer im Internet – Haften Eltern für ihre Kinder? K&R 2007, 371; *Plaß,* Hyperlinks im Spannungsfeld von Urheber-, Wettbewerbs- und Haftungsrecht, WRP 2000, 599; *Rademacher,* Urheberrecht und gewerblicher Rechtsschutz im Internet, 2003; *Rath,* Das Recht der Internet-Suchmaschinen – Eine Untersuchung des auf Internet-Suchdienste anwendbaren Rechts unter besonderer Berücksichtigung der Haftung von Suchmaschinenbetreibern, 2005; *ders.,* Zur Haftung von Internet-Suchmaschinen. AfP 2005, 324; *Rössel/Kruse,* Schadensersatzhaftung bei Verletzung von Filterpflichten, CR 2008, 35; *Rössel/Rössel,* Filterpflichten des Providers – Drittschutz durch Technik, CR 2005, 809; *Rosenkranz,* Grenzen der urheberrechtlichen Störerhaftung des ausländischen Betreibers einer Online-Handelsplattform, IPrax 2007, 524; *Rossnagel* (Hrsg.), Recht der Multimedia-Dienste, Kommentar zum IuKDG und zum MDStV, 2005; *Rücker,* Notice and take-down-Verfahren für die deutsche Providerhaftung? Zur Begrenzung der Unterlassungshaftung von Online-Diensten durch das „Verbot allgemeiner Überwachungpflichten", CR 2005, 347; *Ruess,* „Just google it?" – Neuigkeiten und Gedanken zur haftung der Suchmaschinenanbieter für Markenverletzungen in Deutschland und den USA, GRUR 2007, 198; *Säcker,* Die Haftung von Dienstanbietern nach dem Entwurf des EGG, MMR Beilage 9/2001, 2; *Sankol,* Unterlassungsanspruch gegen Internet-Access-Provider bei Urheberrechtsverletzungen durch Dritte ? UFITA 2005/III, 653; *Schack,* Urheberrechtliche Gestaltung von Webseiten unter Einsatz von Links und

Frames, MMR 2001, 9; *Schaefer/Rasch/Braun,* Zur Verantwortlichkeit von Online-Diensten und Zugangsvermittlern für fremde urheberrechtsverletzende Inhalte, ZUM 1998, 451; *Schardt/Lehment/Penkert,* Haftung für Hyperlinks im Internet, UFITA 2002/III 841; *Schmitz,* Übersicht über die Neuregelung des TMD und des RStV, K&R 2007, 135; *Schmitz/Dierking,* Inhalte und Störerverantwortlichkeit im Internet – Machbar und verhältnismäßig? K&R 2007, 366; *Schneider,* Die Wirksamkeit der Sperrung von Internet-Zugriffen, MMR 1999, 571; *ders.,* Urheberrechtsverletzungen im Internet bei Anwendung des § 5 TDG, GRUR 2000, 969; *Schöttle,* Sperrverfügungen im Internet – Machbar und verhältnismäßig? K&R 2007, 366; *Schuster,* Die Störerhaftung von Suchmaschinenbetreiber bei Textausschnitten („Snippets"), CR 2007, 443; *Schuster/Müller/Drewes,* Entwicklung des Internet- und Multimediarechts, MMR Beilage 3/2002, VI., S. 17; *Schwarz/Peschel-Mehner* (Hrsg.), Recht im Internet, 2005; *Sessinghaus,* BGH-"Internet-Versteigerung" – Ein gemeinschaftsrechtswidriges Ablenkungsmanöver? WRP 2005, 697; *Sieber,* Verantwortlichkeit im Internet. Technische Kontrollmöglichkeiten und multimediarechtliche Regelungen, München 1999; *ders.,* Kontrollmöglichkeit zur Verhinderung rechtswidriger Inhalte in Computernetzen, CR 1997, Teil 1: 581, Teil 2: 653; *ders.,* Anmerkung zum Urteil AG München CompuServe, MMR 1998, 429; *ders.,* Die Verantwortlichkeit von Internet-Providern im Rechtsvergleich, ZUM 1999, 196; *Sieber/Liesching,* Die Verantwortlichkeit der Suchmaschinenbetreiber nach dem Telemediengesetz, MMR Beilage 8/2007; *Sobola/Kohl,* Haftung von Providern für fremde Inhalte, CR 2005, 443; *Spindler,* Deliktsrechtliche Grundprobleme der neuen Medien, NJW 1997, 3193; *ders.,* Die Haftung von Online-Diensteanbietern im Konzern, CR 1998, 745; *ders.,* Dogmatische Strukturen der Verantwortlichkeit der Diensteanbieter nach TDG und MDStV, MMR 1998, 639; *ders.,* Verantwortlichkeit von Diensteanbietern nach dem Vorschlag einer E-Commerce-Richtlinie, MMR 1999, 199; *ders.,* Störerhaftung im Internet, K&R, 1998, 177; *ders.,* Urheberrecht und Haftung des Provider – ein Drama ohne Ende? Zugleich Anmerkung zu OLG München vom 8. 3. 2001 – 29 U 3282/00 – MIDI-Files (Provider-Haftung für Musiktauschbörse), CR 2001, 324; *ders.,* Die zivilrechtliche Verantwortlichkeit von Internetauktionshäusern – Haftung für automatisiert registrierte und publizierte Inhalte?, MMR 2003, 737; *ders.,* Die Verantwortlichkeit der Provider für „Sich-zu-Eigen-gemachte Inhalte und für beaufsichtigte Nutzer, MMR 2004, 440; *ders.* Pressefreiheit im Internet und (Störer-)Haftung für Hysperlinks. Anmerkung zu OLG München v. 28. 7. 2005, GRUR-RR 2005, 369; *ders.,* Das neue Telemediengesetz – Konvergenz in sachten Schritten, CR 2007, 239; *Spindler/Leistner,* Die Verantwortlichkeit für Urheberrechtsverletzungen im Internet – Neue Entwicklungen in Deutschland und in den USA, GRUR Int. 2005, 773; *Spindler/Volkmann,* Die zivilrechtliche Störerhaftung der Internet-Provider, WRP 2003, 1; *Spindler/Wiebe* (Hrsg.), Internet-Auktionen und Elektronische Marktplätze, 2005; *Stadler H.,* Haftung für Informationen im Internet, 2. Aufl. 2005; *ders.,* Sperrungsverfügung gegen Access-Provider, MMR 2002, 343; *Stenzel,* Haftung für Hyperlinks, 2006; *Strafner,* Urheber- und wettbewerbsrechtliche Abwehransprüche des Anbieters von Informationen im World Wide Web gegen Hyperlinks, 2005; *Strömer/Grootz,* Internet-Foren: „Betreiber- und Kenntnisverschaffungspflichten", K&R 2006, 553; *Ufer,* Die Haftung der Internetprovider nach dem Telemediengesetz, 2007; *Völker/Lührig,* Abwehr unerwünschter Inline-Links, K&R 2000, 20; *Volkmann,* Die Unterlassungsvollstreckung gegen Störer aus dem Online-Bereich. Zur Durchsetzung von Unterlassungstiteln nach § 890 ZPO und dem Verbot von Überwachungspflichten nach § 8 Abs. 2 S. 1 TDG/§ 6 Abs. 2 S. 1 MDStV, CR 2003, 440; *ders.,* Haftung für fremde Inhalte: Unterlassungs- und Beseitigungsansprüche gegen Hyperlinksetzer im Urheberrecht, GRUR 2005, 200; *ders.,* Der Störer im Internet, 2005; *ders.,* Aktuelle Entwicklungen in der Providerhaftung im Jahr 2005, K&R 2006, 245; *ders.,* Aktuelle Entwicklungen in der Providerhaftung im Jahr 2006, K&R 2007, 289; *ders.,* Verkehrspflichten für Internet-Provider, CR 2008, 232; *Waldenberger,* Zur zivilrechtlichen Verantwortlichkeit für Urheberrechtsverletzungen im Internet, ZUM 1997, 176; *ders.,* Teledienst, Mediendienste und die „Verantwortlichkeit" ihrer Anbieter, MMR 1998, 124; *Wegner/Odefey,* Grundsätze der zivilrechtlichen Unterlassungshaftung bei Veröffentlichung von Online-Angeboten mit fremden Inhalten, K&R 2008, 641; *Wenzl,* Musiktauschbörsen im Internet, Baden-Baden 2005; *Wiebe,* Anmerkung zur Entscheidung „Paperboy" des BGH, MMR 2003, 724; *Wimmer,* Die Verantwortlichkeit des Online-Providers nach dem neuen Multimediarecht – zugleich ein Überblick über die Entwicklung der Rechtsprechung seit dem 1. 8. 1997, ZUM 1999, 436; *Wimmers/Schulz,* Wer nutzt? – Zur Abgrenzung zwischen Werknutzer und technischen Vermittler im Urheberrecht, CR 2008, 170; *dies.,* Stört der Admin-C? CR 2006, 754; *Zapf,* Zur Haftung bei der Veredelung von Online-Anzeigen durch den Verlag, AfP 2003, 489; *Zombik,* Der Kampf gegen Musikdiebstahl im Internet – Rechtsdurchsetzung zwischen Bagatellschwelle und Datenschutz, ZUM 2006, 450.

Die zivilrechtliche Haftung im Online-Bereich folgt den allgemeinen Grundsätzen des zivilen Haftungsrechts. Beim globalen Internet spielt die Frage der Anwendung deutschen oder ausländischen materiellen Rechts eine wesentliche Rolle (BGH ZUM-RD 1997, 546 – Spielbankaffäre – zum Umfang des Schutzlandprinzips). In welchen Fällen deutsches oder ausländisches Recht anzuwenden ist, regelt sich nach den Bestimmungen des internationalen Privatrechts. Siehe dazu vor § 120 Rdnr. 129 ff. **78**

1. Entwicklung bis 2001

Mit dem Aufkommen der Online-Dienste und der wachsenden **Bedeutung des Internets** **79** stellte sich eine Vielzahl ungeklärter Fragen zur Einordnung dieses neuen Mediums in das bestehende Rechtssystem und zu Haftungserleichterungen. **Die geltenden Regeln** zur Garantenstellung, zu Verkehrssicherheitspflichten bei Öffnung einer Gefahrenquelle, zu Prüfungs- und Kontrollpflichten sowie zur Störer- bzw. Mitstörerhaftung **kollidierten mit einzelnen Funktionen des neuen Mediums,** das sich rasant entwickelte. **Drei Gruppen möglicher Verletzer** wurden erkannt: **Ersteller,** die Inhalte schaffen oder schaffen lassen und sich zur Verbreitung ihrer Materialien eigener oder fremder Information- und Kommunikationsdienste bedie-

§ 97 Anspruch auf Unterlassung und Schadenersatz

nen, **Nutzer,** die Inhalte abrufen, ansehen oder weiterleiten, sie also in irgendeiner Weise nachfragen (Definition in § 2 S. 1 Nr. 3 TMG) und **Dienste- bzw. Netzbetreiber (Provider),** die sich danach unterscheiden, ob sie eigene und/oder fremde Inhalte/Informationen speichern und zur Verfügung stellen **(Content-Provider),** fremde Inhalte/Informationen auf eigenen Rechnern zugänglich machen **(Host-Provider),** lediglich den Zugang vermitteln **(Access-Provider)** oder lediglich die technische Infrastruktur zur Verfügung stellen **(Netzbetreiber).** War der Rechtsschutz für Computerprogramme schon durch die Umsetzung der Computer-Richtlinie 91/250 EWG des Rates vom 14. 5. 1991 (ABl. EG L 122/42) über die Aufnahme von §§ 69a bis 69g in das deutsche Recht erfolgt (2. UrhÄndG vom 9. 6. 1993 – BGBl. I S. 910) und damit der technischen Entwicklung Rechnung getragen, kamen 1997 nationale Sonderregeln zu Telediensten und Mediendiensten hinzu. Die Diskussion zu den Haftungsfragen und zur Dogmatik dauert an. Das vor diesem Abschnitt genannte Schrifttum ist ein Auszug aus der Literatur.

Maßgebend im Rahmen der Sonderregelung zur Verantwortlichkeit im Online-Bereich waren zunächst die Regeln des am 1. 8. 1997 in Kraft getretenen **Teledienste-Gesetzes – TDG** – in Art. 1 des Informations- und Kommunikationsdienste-Gesetzes – **IuKDG** – vom 22. 7. 1997 (BGBl. I S. 1870) und des am selben Tag in Kraft getretenen **Mediendienste-Staatsvertrags der Länder – MDStV** – (abgedr. in den GVBl. der Länder; Fundstellennachweis bei *Gounalakis* NJW 1997, 2993). Die dabei entstandenen Kontroversen zu den Abgrenzungskriterien zwischen Telediensten und Mediendiensten sowie zur Gesetzgebungskompetenz (3. Auflage Rdnr. 40 c) sind durch das TMG vom 26. 2. 2007 (BGBl. I S. 179), überholt.

2. Haftungserleichterungen nach TDG, MDStV und TMG

80 **a)** 2001 novellierte der Bund die Haftungserleichterungen des TDG und setzte damit die Vorgaben der europäischen Richtlinie zum elektronischen Geschäftsverkehr (2000/31/EG) vom 8. 6. 2000 (ABl. EG L 178/1 vom 17. 7. 2000 – Art. 12–15 ECRL) nahezu wörtlich um: zur Verantwortlichkeit in §§ 8–11 TDG in der Fassung des Art. 1 des Gesetzes über rechtliche Rahmenbedingungen für den elektronischen Geschäftsverkehr – EGG – vom 14. 12. 2001 (BGBl. I S. 3721). Die Länder folgten mit nahezu identischer Formulierung in den §§ 6–9 MDStD, gefasst in Art. 3 Sechster Rundfunkänderungsstaatsvertrag vom 15. 6. 2002. **Mit Wirkung vom 1. 3. 2007 löste das Telemediengesetz** (TMG) (verkündet als Art. 1 Elektronischer Geschäftsverkehr-Vereinheitlichungsgesetz vom 26. 2. 2007 (BGBl. I S. 179 – ElGVG) das Teledienstegesetz und weitestgehend auch den Mediendienste-Staatsvertrag ab. Die bis dahin geltenden Vorschriften sind inhaltlich unverändert geblieben:

§§ 7–10 TMG = §§ 8–11 TDG/§§ 6–9 MDStV
vormals § 5 TDG 1997/§ 5 MDStV 1997.

81 **b)** Die Sonderregeln zur Verantwortlichkeit im Online-Bereich bedingen: Bevor eine Prüfung anhand der Maßstäbe des jeweils betroffenen Rechtsgebiets erfolgt, müssen erst die Voraussetzungen der Haftungsbestimmungen des TMG vorm. TDG bzw. MDStV gegeben sein („**Filterfunktion**" oder „**Zwei-Stufen-Prüfung**"). Ist die Verantwortlichkeit des Diensteanbieters durch die Bestimmungen des TMG beschränkt, scheidet eine Verantwortung für den Inhalt nach den in Bezug genommenen ordnungs-, straf- oder zivilrechtlichen Normen aus, und zwar richtigerweise objektiv und generell (*Müller-Terpitz* in: Kröger/Gimmy (Hrsg.), Handbuch zum Internet, 2. Aufl. 2002, S. 542ff.; zur „Filterfunktion" *Hoeren*, Anm. zum Urteil BGH MMR 2004, 166 – Haftung des Internetproviders für fremde Inhalte, MMR 2004, 168f.; kritisch *Hoffmann* MMR 2002, 284, 285; *Spindler* MMR 2004, 50/51; *ders.* NJW 2002, 921, 922 l. Sp.; *ders.* NJW 1997, 3193/3198). Sind die privilegierenden Voraussetzungen nicht gegeben, haftet der Diensteanbieter nach den allgemeinen Regeln, wie sie sich aufgrund der Gesetze im Licht der Rechtsprechung der Gerichte insbesondere zur Störerhaftung darstellen. Die Vorschriften im TMG besitzen wie vormals TDG und MDStV **Querschnittscharakter** (*Freytag* CR 2000, 600, 606; *Spindler* MMR-Beilage 7/2000, 4, 16; *Müller-Terpitz* in: Kröger/Gimmy, 2. Aufl. S. 541f.).

82 **c)** Die **Regelung der Haftung ist mit der Umsetzung der europäischen Richtlinie detaillierter** geworden. Im Gegensatz zum Herkunftslandprinzip der ECRL beschränkt der Gesetzgeber des TDG/MDStV, jetzt TMG, den **Anwendungsbereich** nicht auf das von der Richtlinie vorgegebene Maß. Vielmehr finden die Vorschriften der §§ 7–10 TMG, vorm. §§ 8–11 TDG nF und §§ 6–9 MDStV nF, **auch auf nicht geschäftsmäßige Anbieter und auf Verteildienste** Anwendung (§ 2 S. 1 TMG, vorm. § 3 S. 1 TDG). Zu den eigenen Inhalten nach § 5 Abs. 1 TDG/MDStG aF wurden auch Inhalte Dritter gerechnet, die sich die Dienste-

Anspruch auf Unterlassung und Schadenersatz **§ 97**

anbieter „**zu Eigen gemacht**" haben und die sich aus der Sicht eines verständigen Nutzers als eigene Inhalte darstellen (BT-Drs. 13/7385 vom 9. 4. 1997, S. 19). Diese aus dem Presserecht übernommene Definition (siehe *Sieber*, Verantwortlichkeit im Internet, Rdnr. 293 ff.) ist in der neuen Fassung des TDG/MDStG nicht enthalten, ebenso nicht in § 7 Abs. 1 TMG. *Spindler* kämpft entschieden **gegen eine Weiterverwendung der Definition.** Sie berge die Gefahr, die Haftung des Providers auf fremde Inhalte zu erstrecken, selbst wenn der Provider nur den Zugang zum Auffinden des Inhalts schafft (*Spindler* in: Spindler/Schmitz/Gleis TDG 1. Aufl. 2004 § 8 Rdnr. 6, 8; ihm folgend Wimmers/Schulz in: Heidrich/Forgó/Feldmann, Heise Online Recht Bd. I 2008 Kap. B III, Ziff. II 2). Maßgeblich für die Abgrenzung von eigenen und fremden Inhalten ist, in welchem Maß der Anbieter aktiv die Informationsübermittlungs- und -speichervorgänge steuern, veranlassen und beeinflussen kann einschließlich der Inhalte und Adressaten der Information (*Spindler* MMR 2004, 442; *Schmitz/Dierking* CR 2005, 420/425; ähnlich *Dustmann* in: Bröcker/Czychowski/Schäfer, Praxisbuch Geistiges Eigentum im Internet, § 4 Rdnr. 125 ff.).

Es kommt danach nicht mehr allein auf die Sichtweise eines verständigen Dritten an, sondern auf die tatsächlichen Verhältnisse, so dass der Anbieter darlegen und beweisen kann, dass er keinen Einfluss auf den in Rede stehenden Inhalt hatte. Die bei der Auslegung zu berücksichtigende E-Commerce-Richtlinie knüpft die Haftungsprivilegierungen allein daran, dass es sich um „durch einen Nutzer eingegebene Informationen" handelt. Umgekehrt kommt der Geschädigte trotz grundsätzlich bei ihm liegender Beweislast für die Kenntnis in den Genuss von Erleichterungen bei der Darlegungslast, wenn sich der streitige Inhalt als eng verwoben mit eigenen Inhalten des Anbieters darstellt (*Spindler* MMR 2004, 442). Ein eigenes Interesse allein genügt mithin nicht, dem Diensteanbieter den Inhalt zuzurechnen. *Spindler* konzediert, **dass die Frage des „Sich-zu-Eigen-machens" von Inhalten nicht völlig an Bedeutung verliert.** In zahlreichen Fällen der Rechtsprechung war Kenntnis vom Inhalt gegeben oder lag zumindest nahe. Die bewusste Übernahme eines fremden Inhalts in einer Weise, die für einen Außenstehenden nicht mehr erkennbar macht, dass es sich um fremde Inhalte handelt, überschreitet auch für *Spindler* die Grenzen des § 11 S. 1 TDG (MMR 2004, 442), jetzt § 10 S. 1 TMG. Wesentlich ist, dass der Begriff des fremden Inhalts nicht restriktiv interpretiert wird, wie das im Fall des Anbieters eines Gästebuches, der Einträge von Dritten längere Zeit ungeprüft stehen ließ, geschah (LG Trier MMR 2002, 694, 695). **Die rein passive Kontrollmöglichkeit eines Anbieters genügt nicht, ihm fremde Inhalte als „Sich-zu-Eigen-gemachte" = eigene zuzurechnen.** Die Rechtsprechung hält weiterhin am „Sich-zu-Eigen-machen" nach presserechtlichen Grundsätzen fest (zB OLG Brandenburg MMR 2004, 330/331; OLG München MMR 2000, 617/619; LG München I MMR 2007, 260/261; OLG Hamburg ZUM 2009, 642).

d) Der Anbieter von eigenen Informationen haftet nach den allgemeinen Gesetzen ohne Haftungsprivilegierung (§ 7 Abs. 1 TMG vorm. § 8 Abs. 1 TDG/§ 6 Abs. 1 MDStV). Ebenso haftet der Nutzer von Online-Diensten für die Inhalte, die er selbst einstellt, oder fremde Inhalte, die er durch Verlinkung in seine Daten einbezieht.

Für „**fremde Informationen**", die Diensteanbieter „in einem Kommunikationsnetz übermitteln oder zu denen sie den Zugang zur Nutzung vermitteln", sind die Diensteleister **nicht verantwortlich, wenn sie die Übermittlung nicht veranlasst, den Adressaten der übermittelten Information nicht ausgewählt und die übermittelten Informationen nicht ausgewählt oder verändert haben** (§ 8 Abs. 1 S. 1 TMG, vorm. § 9 Abs. 1 S. 1 TDG/ § 7 Abs. 1 S. 1 MDStV). Unter diesen Vorbehalten sind **Access Provider** mithin **von der Verantwortung für die Inhalte befreit.** Die Einschränkung, dass sie nicht absichtlich mit einem der Nutzer ihres Dienstes zusammenarbeiten, um rechtswidrige Handlungen zu begehen (§ 8 Abs. 1 S. 2 TMG, vorm. § 9 Abs. 1 S. 2 TDG/§ 7 Abs. 1 S. 2 MDStV), ist eigentlich eine Selbstverständlichkeit. Auch die **kurzfristige Zwischenspeicherung wird von der Freistellung erfasst,** soweit dies nur zur Durchführung der Übermittlung im Kommunikationsnetz geschieht und die Informationen nicht länger gespeichert werden, als für die Übermittlung üblicherweise erforderlich ist (§ 8 Abs. 2 TMG, vorm. § 9 Abs. 2 TDG/§ 7 MDStV – entsprechend Art. 13 ECRL). **Host-Provider kommen ebenfalls in den Genuss der Haftungsprivilegien** des Elektronikbereichs: **Diensteanbieter sind für Informationen, die sie für einen Nutzer speichern, nicht verantwortlich, sofern sie keine Kenntnis von der rechtswidrigen Handlung oder der Rechtswidrigkeit der Information haben.** Im Gegensatz zu § 5 TDG aF und MDStV aF knüpft die Privilegierung (neu) nicht an die Tatbe-

83

84

standsmerkmale „eigene" und „fremde" Inhalte an, sondern orientiert sich daran, für wen gespeichert wird. **Disclaimer zur Distanzierung** nützen nicht. Die Distanz muss objektiv gegeben sein (OLG München MMR 2002, 611).

85   e) § 7 Abs. 2 S. 1 TMG, vorm. § 8 Abs. 2 S. 1 TDG/§ 6 Abs. 2 S. 1 MDStV, stellen klar, dass Diensteanbieter im Sinn der §§ 8–10 TMG, vorm. §§ 9 bis 11 TDG/§ 6 Abs. 2 MDStV, nicht verpflichtet sind, die von ihnen übermittelten oder gespeicherten Informationen zu überwachen oder nach Umständen zu forschen, die auf eine rechtswidrige Tätigkeit hinweisen (Art. 15 ECRL). Sie müssen die Informationen allerdings nach Vorgabe der allgemeinen Gesetze löschen oder sperren (§ 7 Abs. 2 S. 2 TMG, vorm § 8 Abs. 2 S. 2 TDG). **Die Schnittstelle liegt somit bei der Kenntnis der Informationen und ihrer Rechtswidrigkeit bzw. der Kenntnis der (freiwillig oder auf Grund gerichtlicher oder behördlicher Anordnung) erfolgten Entfernung oder Sperre der Informationen am ursprünglichen Ausgangsort der Übertragung** (§ 9 S. 1 Nr. 5 TMG, vorm. § 10 S. 1 Nr. 5 TDG). Weder die Richtlinie noch das TDG nF noch der MDStV nF enthalten, wie vormals § 5 Abs. 2 TDG 1997/§ 5 Abs. 2 MDStV 1997, verbal die Einschränkung, dass die Entfernung/Sperrung technisch möglich und zumutbar sein muss. Diese Anforderungen sollen sich jedoch aus den allgemeinen, übergeordneten Rechtsgrundsätzen ergeben und deshalb weiter gültig sein (BR-Drucks. 136/01 S. 51). Problematisiert wird die Frage, ob der Diensteanbieter bei Vorliegen eines Unterlassungstitels gegen ihn – entgegen § 7 Abs. 2 S. 1 TMG, vorm. § 8 Abs. 2 S. 1 TDG/§ 6 Abs. 2 S. 1 MDStG, durch Überwachungsmaßnahmen sicherstellen muss, dass gegen den Titel nicht verstoßen wird. Zur Abgrenzung Störerhaftung/Verbot allgemeiner Überwachungspflichten siehe Spindler in: Spindler/Schmitz/Geis, Teledienstegesetz § 8 TDG Rdnr. 18 ff. Den **Widerstreit Unterlassungshaftung versus Verbot von Überwachungspflichten** entscheidet Volkmann (CR 2003, 440) zu Lasten des Titels. Nach der BGH-Entscheidung zur Internetversteigerung (GRUR 2004, 860) wird das differenziert zu beurteilen sein. Vertretbar bleibt weiterhin, den Schuldner eines Unterlassungstitels davon zu entlasten, einen ihm verbotenen Suchbegriff bei sämtlichen Suchmaschinen einzugeben, um nach verbotenen Verwendungen zu suchen und/oder die Betreiber von Suchmaschinen ohne konkrete Anhaltspunkte anzuschreiben, um sie zu veranlassen, dass bei Eingabe der umstrittenen Suchbegriffs seine Seite dort nicht mehr aufgerufen werden kann. Der Schuldner darf sich nach vollständiger Löschung seiner Seite grundsätzlich auf eine regelmäßige Aktualisierung der Datenbanken der Suchmaschinen verlassen (OLG Hamburg MMR 2003, 279). Zu Umfang und Reichweiten von Löschungspflichten bei Rechtsverstößen im Internet: *Libertus*, ZUM 2005, 627.

86   f) Im Falle von Schadensersatzansprüchen wird zum Haftungsausschluss verschärfend verlangt, dass **dem Anbieter keine Tatsachen oder Umstände bekannt sind, aus denen die rechtswidrige Handlung oder rechtswidrige Informationen offensichtlich werden, oder sie unverzüglich tätig geworden sind, um diese Information zu entfernen oder den Zugang zu ihr zu sperren, sobald sie diese Kenntnis erlangt haben** (§ 10 TMG, vorm § 11 TDG/§ 9 MDStV). Damit sei die Haftung für bewusste grobe Fahrlässigkeit (wieder) eingeführt (*Spindler* NJW 2002, 921/924; *Eck/Ruess* MMR 2003, 363/365; dagegen *Hoeren* MMR 2004, 169: „Der europäische Richtliniengeber wollte es für Host-Provider bei der Beschränkung auf Vorsatz belassen, aber diese Haftung noch zusätzlich dadurch beschränken, dass hinsichtlich des Bewusstseins der Rechtswidrigkeit auf evidente Rechtsverstöße abgestellt wird", so entspreche es der presserechtlichen Haftung für rechtswidrige Anzeigen. Keine reine Durchleitung und damit keine Privilegierung ist gegeben, wenn der Nutzer dem Diensteanbieter untersteht oder von ihm beaufsichtigt wird (§ 10 S. 2 TMD, vorm. § 11 S. 2 TDG nF/§ 9 S. 2 MDStV nF). **Selbstständig privilegiert ist das Caching**, ein Dienst, der darin besteht, von einem Nutzer eingegebene Informationen in einem Kommunikationsnetz zu übermitteln (§ 9 TMG, vorm. § 10 TDG/§ 8 MDStV). Der Diensteanbieter ist in diesem Fall nicht für die automatische, zeitlich – wenn auch nicht kurzfristig – begrenzte Zwischenspeicherung verantwortlich, die dem alleinigen Zweck dient, die Übermittlung der Information an andere Nutzer auf deren Anfrage effizienter zu gestalten. Voraussetzung ist, dass der Diensteanbieter die Informationen nicht verändert, die Bedingungen für den Zugang beachtet, die Regeln für die Aktualisierung der Information respektiert und die erlaubte Anwendung von Technologien zur Sammlung von Daten über die Nutzung der Information nicht beeinträchtigt. Auch in diesem Fall sind die gespeicherten „Informationen unverzüglich zu entfernen oder ist der Zugang zu sperren", wenn die Informationen am ursprünglichen Ausgangsort entfernt oder gesperrt wurden oder ein Gericht oder eine Verwaltungsbehörde die Entfernung oder Sperrung

Anspruch auf Unterlassung und Schadenersatz   § 97

angeordnet hat (§ 9 S. 1 Nr. 5 TMG, vorm. § 10 S. 1 Nr. 5 TDG/§ 8 S. 1 Nr. 5 MDStV). Ergänzend sind die Schrankenregelungen des § 44a UrhG und der §§ 69d und 69e UrhG zu beachten und zur Privilegierung durch das TMG abzugrenzen. § 44a wurde durch das Gesetz zur Regelung des Urheberrechts in der Informationsgesellschaft vom 10. 9. 2003 (BGBl. I, 1774) in Umsetzung der Schrankenbestimmung des Art. 5 Abs. 2 der Informationsgesellschaft-Richtlinie 2001/29/EG vom 22. 5. 2001 eingefügt.

g) Durch die Neufassung der Bestimmungen in TDG und MDStV 2001 sind zwei wesentlichen Streitfragen für die Zukunft geklärt worden. Zum einen: **Es gibt keinen Zweifel mehr, dass die Haftungsprivilegierung im Online-Dienst für alle Rechtsbereiche gilt, somit auch für den gewerblichen Rechtsschutz und das Urheberrecht.** Das Urteil des OLG München, das die Anwendbarkeit des § 5 Abs. 2 TDG aF für das Urheberrecht verneinte (GRUR 2001, 499 MIDI-Files) und damit zum Teil heftige Kritik auslöste (*Hoeren* MMR 2001, 379; *Spindler* CR 2001, 324; *Stadler,* Haftung für Informationen im Internet, 2002, S. 212 ff.) ist durch die E-Commerce-Richtlinie und die Neufassung des TDG und des MDStG, jetzt TMG, auch ohne revidierende Entscheidung des BGH hinfällig (*Waldenberger* MMR 2001, 378/379; *Freytag* CR 2000, 600/603; *Spindler* CR 2001, 324/332). Auch die Entscheidung des OLG Köln, die die Geltung des § 5 TDG aF für das Markenrecht ablehnte, erweist sich danach als verfehlt (MMR 2002, 110). Zum anderen ist jetzt expressis verbis ausgesprochen, dass der Diensteanbieter keine Überwachungs-, Prüfungs- oder Kontrollpflichten hat. Hierüber gibt es keine weitere Diskussion mehr. **Wenn das Internet als technische Errungenschaft funktionieren soll, sind die Diensteanbieter für Fremde grundsätzlich von Vorabprüfungen freizustellen. Den Fremddiensteanbietern ist es unmöglich, alle Informationen zu kennen und bei Kenntnis auf Rechtmäßigkeit zu überprüfen.** Die Rechtswidrigkeit muss offensichtlich sein, besagen § 10 S. 1 Nr. 1 2. Halbsatz TMG, vorm. § 11 S. 1 TDG und § 9 S. 1 MDStV jeweils in Nr. 1, 2. Halbsatz. Erst dann greifen die Verpflichtungen zur Entfernung oder Sperrung der Informationen ein. Eine Abmahnung begründet noch keine automatische Haftung. Die Feststellung der Verletzung von Urheberrechten liegt nicht immer klar auf der Hand. Dass die Kenntnis sich nicht nur auf die Handlung oder Information, sondern auch auf deren Rechtswidrigkeit erstreckt, wie es dem Sinn der Haftungsbegrenzung entspricht, ergibt sich aus der französischen Fassung des Art. 14 Abs. 1 Nr. 1 ECRL. Dort heißt es: „connaissance de l'activité ou de l'information illicites" (*Spindler* NJW 2002, 921, 922). *Spindler* rügt, dass der Diensteanbieter auch bei Kenntnis der Information jeglicher Kontrollpflichten zur Rechtmäßigkeit des Inhalts befreit ist, mithin der rechtsunkundige Provider begünstigt wird (aaO). Doch die Überwachung und Prüfung wird durch § 7 Abs. 2 S. 1 TMG, vorm. § 8 Abs. 2 S. 1 TDG/§ 6 Abs. 2 S. 1 MDStV, ausdrücklich ausgeschlossen. Der BGH spricht sich in der Entscheidung „rassistische Hetze" (GRUR 2004, 74) zu § 5 Abs. 2 TDG aF eindeutig für die Notwendigkeit von Kenntnis aus. Kennen müssen genügt nicht (aaO S. 75). Zustimmend: *Hoeren* MMR 2004, 168 und *Spindler* CR 2004, 50 f.). Es gibt insoweit nur die bekannte Einschränkung, dass der Kenntnis gleichsteht, wer sich ihr bewusst verschließt (BGH NJW 1994, 2289 mwN).

h) **Zur Darlegungs- und Beweislast** hat sich durch die Novellierungen nichts geändert. Bei einer deliktischen Haftungsgrundlage nach § 823 Abs. 1 BGB iVm. § 7 Abs. 2 TMG hat der Kläger grundsätzlich alle Umstände darzulegen und beweisen, aus denen sich die Verwirklichung der einzelnen Tatbestandsmerkmale ergibt, also auch die Kenntnis vom Verletzer/Störer, von Sachverhalt und Rechtswidrigkeit (BGH GRUR 2004, 74 zu § 5 Abs. 2 TDG aF, entsprechend nunmehr § 10 S. 1 Nr. 1 iVm. § 7 Abs. 2 TMG. Zur Beweis- und Substantiierungslast im Haftungsrecht der Internetprovider: *Panoke* MMR 2004, 211; *Spindler* MMR 2004, 444).

3. Die drei Grundsatzentscheidungen des BGH „Paperboy", „Internetversteigerung" und „Schöner Wetten"

2003 und 2004 hat der BGH im Online-Bereich **drei richtungsweisende Entscheidungen** getroffen: das **Urteil „Paperboy"** vom 17. 7. 2003 (GRUR 2003, 958), das **Urteil „Internetversteigerung"** vom 11. 3. 2004 (GRUR 2004, 860) und das **Urteil „Schöner Wetten"** vom 1. 4. 2004 (GRUR 2004, 693).

a) Im Fall „Paperboy" ging es um das **Setzen von Hyperlinks,** einfachen Links und Deep Links. Die Anwendung von TDG und MDStV, jetzt TMG, auf Hyperlinks und Suchmaschinen ist nach Mehrheitsmeinung ausgeschlossen, da nach Art. 21 Abs. 2 S. 1 ECRL **Hyperlinks und Suchmaschinen in die Regelungen der ECRL ausdrücklich nicht einbezogen seien.**

87

88

89

§ 97   Anspruch auf Unterlassung und Schadenersatz

Es habe zunächst eine Evaluierung erfolgen sollen. Deshalb bleibe es für Hyperlinks und Suchmaschinen bei der **Verantwortlichkeit nach allgemeinen Vorschriften.** Da nach dieser Meinung eine Regelungslücke fehlt, kommt eine analoge Übernahme der haftungsbeschränkenden Vorschriften von TDG und MDStV nicht in Betracht. **Die aus Art. 21 gezogene Schlussfolgerung ist jedoch anfechtbar.** Siehe dazu Rdnr. 82 und Wimmers/Schulz in: Heise Online Recht, Bd. I 2008 Kap. III S. 87 f. mit dem Argument, Art. 21 ECRL sei unabhängig von der Frage, ob bestimmte Tätigkeiten bereits unter besondere Privilegierungen fallen. Art. 21 ECRL schließt jedenfalls nicht aus, die zugrunde liegenden Rechtsgedanken entsprechend anzuwenden (dazu *Müglich* CR 2002, 583/591, für eine analoge Anwendung von § 10 TDG (jetzt § 9 TMG) auf Suchmaschinen *Koch* K&R 2002, 120/125 f.; *Koch* befasst sich auch mit dem ersten Kommissionsbericht zur Umsetzung der E-Commerce-Richtlinie und seine Konsequenzen für das TDG: CR 2004, 213 ff.).

90 Mit dem **Urteil „Paperboy"** (GRUR 2003, 958) hat der BGH die erste Grundsatzentscheidung auf diesem Gebiet getroffen. Sachverhalt: Die Verlagsgruppe Handelsblatt klagte gegen den Nachrichtensuchdienst Paperboy mit dem Ziel, das Setzen von Deep-Links auf die Webseiten von Handelsblatt und die Zeitschrift DM zu unterbinden. Paperboy bot seinen Nutzern kostenlos eine sog. „persönliche Tageszeitung" an. Er wertete täglich die Website von Hunderten von Nachrichtendiensten aus. Auf Anfrage wies Paperboy diejenigen Veröffentlichungen in Form einer Zusammenstellung nach, die den vom Nutzer vorgegebenen Suchworten entsprachen. Jede Zusammenstellung enthielt Stichworte, Sätze und Satzfragmente aus der jeweiligen Veröffentlichung, zudem eine Verknüpfung zur Quelle mittels eines Deep-Link, der den Nutzer bei Anklicken unmittelbar unter Umgehung der Startseite (Homepage) des jeweiligen Presseunternehmens zum jeweiligen Artikel führte. Der **BGH sah darin weder einen Verstoß gegen das Urheberrecht noch gegen das Recht des Datenbankherstellers noch gegen das Wettbewerbsrecht.** Wer – so der BGH – ein urheberrechtlich geschütztes Werk **ohne technische Schutzmaßnahmen im Internet öffentlich zugänglich macht,** ermöglicht dadurch bereits selbst die Nutzungen, die ein Abrufender vornehmen kann. Es wird deshalb grundsätzlich kein urheberrechtlicher Störungszustand geschaffen, wenn der Zugang zu dem Werk durch das Setzen von Hyperlinks, auch in Form von Deep-Links erleichtert wird. Dadurch wird keine Vervielfältigung vollzogen und auch nicht das dem Urheber zustehende ausschließliche Recht auf öffentliche Zugänglichmachung seines Werks verletzt, vormals in § 15, jetzt ausdrücklich § 19 a. Mit dem Setzen eines Hyperlinks auf eine vom Berechtigten zugänglich gemachte Webseite, wird keine urheberrechtliche Nutzungshandlung begangen, sondern lediglich auf das Werk in einer Weise verwiesen, die den Nutzern des bereits veröffentlichten Werks den Zugang erleichtert. Er hält weder das geschützte Werk zum Abruf bereit, noch übermittelt er dieses auf Abruf an Dritte. Derjenige, der das Werk ins Internet gestellt hat, entscheidet, ob es der Öffentlichkeit zugänglich bleibt. Zum Wettbewerbsrecht argumentiert der BGH: Ohne die Inanspruchnahme von Suchdiensten und deren Einsetzen von Hyperlinks, insbesondere von Deep-Links, wäre die **sinnvolle Nutzung der unübersehbaren Informationsfülle im World Wide Web** praktisch ausgeschlossen. Derjenige, der die Vorteile des World Wide Web für sich in Anspruch nimmt und nutzt, habe auch die Beschränkungen hinzunehmen, die sich aus dem Interesse der Allgemeinheit an der Funktionsfähigkeit des Internets ergeben. Die Entscheidung hat im Ergebnis **weitgehend Zustimmung** gefunden („Deep Link: Feuerprobe bestanden": *Heydn* NJW 2004, 1361/1363; „Mehr Sicherheit": *Volkmann* GRUR 2005, 200/206; „Das Internet wird sicherer": *Ernst* ZUM 2003, 860/861). Aber es werden auch Einwände zur Begründung erhoben: *Buchner* AfP 2003, 510 f. vornehmlich zum Urheberrecht und zum Schutz des Datenbankherstellers; *Hoeren* GRUR 2004, 1, vornehmlich zum Wettbewerbsrecht; *Nolte* CR 2003, 924/925 kritisch zu Datenbankenschutz und Wettbewerbsrecht; *Ott* WRP 2004, 52 ff., vornehmlich zum Urheberrecht und in ZUM 2004, 357 ff. zur fragwürdigen Zulässigkeit des Framing, bei dem konkludente Einwilligungen nicht so leicht zu unterstellen seien.

91 **Die Paperboy-Entscheidung bedeutete einen ersten Schritt.** Erst durch die beiden weiteren Entscheidungen des BGH wird für Provider, Linksetzer und Suchdienste der Weg, auf den sie sich einrichten müssen, deutlich: Störerhaftung und Prüfungspflichten. Die Paperboy-Entscheidung ist **kein Freibrief für Suchdienste und Hyperlinks,** wie manche befürchten. Richtig ist der Einwand, Suchmaschinen griffen von ihrer Funktion her schon vor der Setzung von Links den Inhalt aller Webseiten des Internet ab und speichertem ihn auf eigenen Rechnern, was eine Vervielfältigung bedeute. **Voraussetzung für die freie Nutzung ist das Fehlen technischer Schutzmaßnahmen.** Will der Inhaber einer Webseite nur den individuellen

Zugriff einzelner Nutzer gestatten, nicht aber den planmäßigen Zugriff von Suchmaschinen, muss er dies auf seiner Webseite kenntlich machen. Der Robots Exclusion Standard (bereits seit 1994 im Einsatz) gestattet den Webbetreibern zu bestimmen" welche Bereiche durchsucht werden dürfen und welche nicht. Die Beschränkung durch den Nutzer ist sicherer als nachträgliche Maßnahmen des Suchdiensteleisters, der nicht an der Quelle der Eingabe sitzt, sondern das ganze Netz erfassen muss. Grundsätzlich wird der entgegenstehende Wille eines Website-Betreibers von den Suchdiensten respektiert. Der Konflikt zwischen dem Interesse der Allgemeinheit an einem Einsatz von Links und Suchdiensten einerseits und dem Ausschließlichkeitsrecht der Urheber und Datenbankhersteller andererseits ist nur mit einer **Güter- und Interessenabwägung am konkreten Fall** zu lösen, die das technisch Mögliche und Zumutbare berücksichtigt. Zu beachten ist im Einzelfall: **Grundsätzlich bestimmt der Wille des Website-Inhabers, ob der Inhalt der Website ganz oder teilweise über Links oder Frames von Dritten übernommen werden darf.** So lange dieser Wille nicht deutlich erkennbar ist, kann der Nutzer sich auf unterstellte Einwilligung berufen (siehe dazu *v. Ungern-Sternberg* „Schlichte einseitige Einwilligung und treuwidrig widersprüchliches Verhalten des Urheberberechtigten bei Internetnutzungen" GRUR 2009, 369). Wenn der Berechtigte seine Zustimmung unmissverständlich versagt und sich hierzu der im Internet bestehenden technischen Mechanismen bedient, die die Verarbeitung beeinflussen, greift dieser Einwand nicht mehr. Deshalb ist die Entscheidung des OLG Hamburg (GRUR 2001, 831 – Roche Lexikon Medizin) mit dem Verbot von Links und Frames ohne Erlaubnis des Inhabers der Website nach wie vor richtig.

b) Der zweite Fall „Internetversteigerung" (BGH GRUR 2004, 860), befasste sich mit 92 der Internet-Plattform von ricardo. Darauf wurden gefälschte Rolex-Uhren zur Versteigerung gestellt. Das OLG Köln hatte die Klage auf Unterlassung, Auskunft und Schadensersatzfeststellung zurückgewiesen (ZUM-RD 2002, 203). **Der BGH stellte sich gegen den Trend in der Rechtsprechung, die die Anwendbarkeit von § 11 TDG (jetzt § 10 TMG) auch auf den Unterlassungsanspruch nahezu übereinstimmend bejahte** (OLG Düsseldorf MMR 2004, 315; Brandenburgisches OLG MMR 2004, 330; LG Düsseldorf MMR, 2003, 120; LG Potsdam MMR 2002, 829; LG Berlin MMR 2004, 195) und erkannte auf Haftung als Störer und Anspruch auf Unterlassung, unter Zurückweisung der Ansprüche auf Auskunft und Schadensersatz mangels Verschuldens. Begründet ist dieser Spruch den in der Literatur entwickelten Gedanken folgend (*Spindler* MMR 2004, 333/334; *Freytag* in Heermann/Ohly [Hrsg.], Verantwortlichkeit im Netz, 2003, 152; *Lehment* WRP 2003, 1058/1063 ff.; *Hoeren* MMR 2002, 113; *Mathies,* Providerhaftung für Online-Inhalte, S. 194; *Jacobs* in: Fs. Erdmann [2002] 327/341) mit dem Gesamtzusammenhang der gesetzlichen Regelung. § 11 S. 1 TDG nF (jetzt § 10 S. 1 TMG) spreche von Verantwortlichkeit. Damit sei lediglich die strafrechtliche Verantwortlichkeit und die Schadensersatzhaftung angesprochen und nichts darüber gesagt, ob ein Diensteanbieter nach den allgemeinen deliktsrechtlichen Maßstäben oder als Störer auf Unterlassung in Anspruch genommen werden könne, wenn eine Veröffentlichung in dem von ihm betriebenen Dienst die Rechte eines Dritten verletzt. Auch § 8 Abs. 2 S. 2 TDG nF (jetzt § 7 Abs. 2 S. 2 TMD) lege nahe, dass das Haftungsprivileg des § 11 S. 1 TDG (jetzt § 10 S. 1 TMG) nicht greife.

Unberührt blieben die Verpflichtungen zur Entfernung oder Sperrung der Nutzung 93 **von Informationen nach den allgemeinen Gesetzen.** Die Regelung des deutschen Gesetzgebers decke sich mit Art. 14 ECRL und den Erwägungsgründen der Richtlinie (ABl. EG L 178). Sie wahre die Möglichkeit, dass die Mitgliedstaaten von Diensteanbietern, verlangen, „die nach vernünftigem Ermessen von ihnen zu erwartende und in innerstaatlichen Rechtsvorschriften niedergelegte Sorgfaltspflicht anzuwenden, um bestimmte Arten rechtswidriger Tätigkeiten aufzudecken und zu verhindern". Der BGH geht so weit, dass der Diensteanbieter nicht nur das konkrete Angebot unverzüglich zu sperren hat, sondern dass er auch technisch mögliche und zumutbare Maßnahmen ergreift, um weitere Verletzungen gleicher Art auszuschließen. Das ruft Widerspruch hervor, sagt doch § 8 Abs. 2 S. 1 TDG nF (jetzt § 7 Abs. 2 S. 1 TMG) wörtlich: „Dienstleister sind nicht verpflichtet, die von ihnen übermittelten oder gespeicherten Informationen zu überwachen oder nach Umständen zu forschen, die auf eine rechtswidrige Tätigkeit hinweisen". Dementsprechend vertritt eine (noch?) **Mindermeinung,** die sich am Wortlaut des Absatzes festhält: keine vorbeugende Unterlassungsklage, keine Unterlassung über den konkreten Fall hinaus, kein Schutz des Kernbereichs (*Sobola/Kohl* CR 2005, 443/449; *Rücker* CR 2005, 347/348; *Berger/Janal* CR 2004, 917/922). Dem BGH zustimmend: *Lement* GRUR 2005, 210/213; *Neubauer* K&R 2004, 482/485; *Leibl/Sosnitza* NJW 2004, 3225/3226, die allerdings eine Vorlage an

§ 97 Anspruch auf Unterlassung und Schadenersatz

den EUGH vermissen. Mit den Entscheidungen Internetversteigerung II (GRUR 2007, 208) und Internetversteigerung III (GRUR 2008, 702) hat der BGH seine Rechtsprechung zur Störerhaftung von Auktionsplattformen gefestigt. Dem BGH ist grundsätzlich zu folgen:. Erkanntes Unrecht darf nicht perpetuiert werden. Das Gesetz verlangt in diesem Fall Entfernen und Sperren (§ 7 Abs. 2 S. 2 TMG, vorm. § 8 Abs. 2 S. 2 TDG). Das sind Mittel der Beseitigung und meint Unterlassen als Inbegriff der Beseitigung. Zuzustimmen ist dem BGH auch zum vorbeugenden Unterlassungsanspruch, wenn dem Diensteanbieter bekannt wird, dass eine konkrete Verletzung durch einen konkreten Verletzer droht.

94   **Fragwürdig erscheint jedoch, wie weit der vorbeugende Unterlassungsanspruch im Online-Bereich reichen kann und darf.** Überzogen bei OLG Hamburg GRUR 2008, 427 zum Tripp-Trapp-Stuhl, inzwischen korrigiert durch BGH GRUR 2009, 856. Eine Sperre ist für eine konkrete Verletzung (Identverletzung) ohne Überwachung und Nachforschungen möglich: Es wird der Name des Anbieters und das Angebot eingegeben. Machbar ist auch eine erweiterte Filterung wie im Fall Jugendgefährdende Schriften bei eBay (BGH GRUR 2007, 890). Danach erstreckt sich die Kontrolle auf mögliche weitere Angebote indizierter oder beschlagnahmter Medien durch den konkreten Versteigerer sowie auf andere Anbieter der bekannten ursprünglichen Medienangebote. In diesem Fall sind die Suchparameter klar bestimmt, und es werden, wie der BGH dazu dezidiert ausführt, keine Maßnahmen nötig, die das TMG ausschließt. Wird die vorbeugende Unterlassung jedoch generell auf den in der Praxis ohnehin schwierigen Kernbereich erstreckt, erfordert das **Recherche- und Überwachungsmaßnahmen, die der Gesetzgeber durch die Bestimmung des § 7 Abs. 2 S. 1 TMG, vorm. § 8 Abs. 2 S. 1 TDG gerade ausgeschlossen hat.** Wie lassen sich Verletzungen „gleicher Art" feststellen? Zur „Kerngleichheit als Grenze der Prüfungspflichten und der Haftung des Hostproviders", ZUM 2009, 265. Welche Suchbegriffe sind zum Filtern einzusetzen? Die BGH-Entscheidung Markenparfümverkäufe (BGH GRUR 2006, 421) zeigt, wie weit die Gleichartigkeit im „Kern" erstreckt wird. Ist die Vorabkontrolle schon problematisch, um gewerbliche Verkäufe von privaten zu unterscheiden (siehe: BGH Internetversteigerung II), wie dann erst die Ermittlung von Originalware, die über Drittländer ins Inland gelangt (Markenparfümverkäufe). Die Beurteilung soll letztlich über möglicherweise fehlendes Verschulden ins Ordnungsmittelverfahren verlegt werden, sagt Internetversteigerung II. Damit kehrt sich jedoch die Beweislast um. Immerhin sagte der BGH auch: Die Grenze der Zumutbarkeit wird erreicht, wenn keine Merkmale vorhanden sind, die sich zur Eingabe in ein Suchsystem eignen, und: **Es dürfen keine unzumutbaren Prüfungspflichten auferlegt werden, „die das gesamte Geschäftsmodell in Frage stellen würden"** (GRUR 2007, 708/712 m. Anm. Lehment). Dieser Grundsatz wird regelmäßig wiederholt, doch unterschiedlich umgesetzt. So auch in der Entscheidung Jugendgefährdende Schriften bei eBay (aaO S. 894 Tz. 39). Im Online-Bereich hat der Gesetzgeber die Dienste bewusst entlastet. Das bedeutet reziprok, dass die Rechteinhaber aufpassen müssen.

95   **c) Der dritte Fall „Schöner Wetten"** (BGH GRUR 2004, 693) **betraf einen Hyperlink,** insoweit ergänzt dieses Urteil die Entscheidung Paperboy. Ein Presseunternehmen berichtete in der Online-Ausgabe einer Zeitschrift unter dem Titel „Schöner Wetten" über ein Glückspielunternehmen in Salzburg und führte durch Anklicken der Internetadresse unmittelbar zum Internetauftritt des Glückspielunternehmens und der angebotenen Spiele, für die in Deutschland keine Erlaubnis vorlag. Der BGH kam über die Regeln der Störerhaftung zu dem Schluss, dass trotz Abmahnung keine Prüfungspflichten verletzt wurden. Es sei angesichts der Rechtsprechung des EUGH zum Fall Gambelli (NJW 2004, 139) zweifelhaft, ob die inländischen Vorschriften über die Erteilung von Erlaubnissen zur Veranstaltung von Glücksspielen und die Strafvorschrift des § 284 StGB mit den gemeinschaftsrechtlichen Grundrechten der Niederlassungs- und Dienstleistungsfreiheit vereinbar seien. Der BGH fordert mithin **positive Kenntnis des Sachverhalts und volle Kenntnis der Rechtswidrigkeit.** Bei Zweifeln an der Widerrechtlichkeit des fremden Inhalts ist der Störer, der Entscheidung folgend, von weiteren Prüfungen frei.

96   Mit den drei genannten Entscheidungen des BGH ist die künftige Richtung aufgezeigt. Die schwierige **Aufgabe liegt in der Konkretisierung der Prüfungspflichten.** Dazu werden im jeweiligen Einzelfall alle Umstände zu betrachten sein: Funktion und Aufgabenstellung des als Störer in Anspruch Genommenen (Leistungen für die Allgemeinheit wie bei DENIC oder auch Suchmaschinen – Erwerbswirtschaft und Allgemeininteresse schließen sich nicht aus – oder umsatzabhängige Provision für den Absatz von Pirateriewäre wie im Fall Rolex), Eigenverantwort-

lichkeit desjenigen, der die rechtwidrige Beeinträchtigung unmittelbar vorgenommen hat, Wahrung der Impressumspflichten, Zugriff im Inland auf den unmittelbaren Rechtsverletzer, auch wenn grundsätzlich nicht vorrangig, technisch/organisatorische Schwierigkeiten, Meinungs- und Pressefreiheit, Kosten. Sind die Impressumspflichten verletzt und kann der Provider keine Auskunft über den Nutzer geben, hat er die im Verkehr erforderliche Sorgfalt verletzt (LG Leipzig ZUM-RD 2004, 367). Die **Garantenhaftung wegen Eröffnung eines Gefahrenbereichs** (dazu *Spindler/Volkmann* WRP 2003, 1/3; auch *Lement* WRP 2003, 1058/1060), kommt nur in besonderen, konkreten Konstellationen in Frage. Das Internet ist in der Allgemeinheit angekommen und aus dem heutigen Leben nicht mehr wegzudenken. Es stellt eine Gesamtheit von notwendigen Funktionen zur Verfügung, aus denen sich der Einzelne nicht nur heraussuchen kann, was ihm gefällt. Die damit verbundenen Gefahren sind bekannt und von allen zu tragen, die sich des World Wide Web bedienen.

Zur weiteren Entwicklung in der Rechtsprechung siehe oben bei der Störerhaftung Rdnr. 75 b.

4. Zu automatischen Verbindungen und einzelnen Diensten

Hyperlinks: 97
Automatische Verbindungen zu anderen Informationen: Ein einfacher Link verweist auf die Eingangsseite eines Webangebots, ein Deep-Link direkt auf den konkreten Inhalt, der in Bezug genommen wird. Inline-Links binden fremdes Material unmittelbar und ohne weiteres Zutun des Nutzers in das Angebot des Verlinkenden ein. Beim Framing wird der verlinkte Inhalt unmittelbar in ein Frame-Set der verlinkenden Seite eingefügt. Siehe dazu *Spindler* in: *Spindler/ Schmitz/Geis*, TDG vor § 8 Rdnr. 30 ff.; *Stadler*, Haftung für Informationen im Internet, 2. Aufl. Rdnr. 210 ff.; *Plaß*, WRP 2000, 599; *Spieker* MMR 2005, 727; *Volkmann* GRUR 2005, 200; *Ott* WRP 2006, 691 ff.; *Nolte* aaO S. 218 ff.). Für Hyperlinks besteht nach genereller Auffassung kein Haftungsprivileg der §§ 7–10 TMG. Die Haftung folgt den allgemeinen gesetzlichen Regeln (BGH GRUR 2004, 693 – „Schöner Wetten": OLG München GRUR-RR 2005, 372 – „AnyDVD"). Die Unterschiedlichkeit der Links erfordert differenzierte Beurteilung. Einfache Links und Deep Links verweisen klar auf fremde Webseiten. Bei Inline-Links, die automatisch Informationen aus einem fremden Angebot in das eigene Angebot einbinden, ohne dass das kenntlich wird, erscheint es sachgerecht, sie dem Verlinkenden zuzurechnen. Denn der Link erfolgt automatisch, ohne Entscheidung des Nutzers Frame-Links treten in verschiedenen Varianten auf. Erfolgt die Verlinkung automatisch ohne dass der Nutzer den Link aktivieren muss, kommt der Frame rechtlich dem Inline-Link gleich. Ist der Frame-Inhalt dagegen als fremder Inhalt gekennzeichnet oder als solcher erkennbar, spricht das für eine Verweisung. Damit kann aber möglicherweise die unerlaubte Übernahme aus einem geschützten Datenbankwerk verbunden sein (OLG Hamburg ZUM 2001, 512; Vorinstanz LG Hamburg CR 2000, 776 m. Anm. *Metzger*; sa. OLG Düsseldorf CR 2000, 184 m. Anm. *Leistner*). Es kommt darauf an, ob das fremde Material als fremd gekennzeichnet ist oder als Angebot des Verlinkenden erscheint. Ist letzteres der Fall, stellt der Webbetreiber den Inhalt als eigenen dar und ist dafür unmittelbar verantwortlich. Der BGH bejaht täterschaftliche Verantwortlichkeit des Betreibers eines Alterskontrollsystems (MMR 2008, 400 „ueber18.de" m. Anm. *Liesching* S. 405 und Anm. *Waldenberger* S. 406). Urheberrechtswidriges Framing: LG München I MMR 2007, 260.

Im Fall Paperboy (GRUR 2003, 958) hat der BGH in Links und Deep-Links weder 98
eine Vervielfältigung noch ein öffentliches Zugänglichmachen im Sinne des § 19a gesehen und auch nach wettbewerbsrechtlicher Prüfung die grundsätzliche Zulässigkeit und Bedeutung der Verwendung von Hyperlinks, insbesondere von Deep-Links anerkannt. Danach ist ein Hyperlink nur ein Hinweis auf eine ohnehin öffentlich wiedergegebene Information. Zugänglich gemacht wurde die Information durch den Akt der tatsächlichen Bereitstellung zum Abruf im Internet, mithin von einem Dritten. In Widerspruch zu dieser Grundsatzentscheidung des BGH hat das OLG München den Link auf ein im Netz stehendes, jedem zugängliches Foto als Persönlichkeitsrechtsverletzung gewertet, begangen durch ungenehmigtes „öffentliches zur Schau stellen" (K&R 2008, 531). Zu Recht begehrten *Wimmers/Schulz* dagegen auf, vom presserechtlichen Teil der Entscheidung abgesehen (K&R 2008, 533 ff.). Problematisch ist die Verlinkung auf fremde Inhalte, die fremde Rechte verletzen oder strafbar sind, insbesondere bei strafbarer Pornografie und jugendgefährdenden Inhalten (OLG Düsseldorf MMR 2008, 400) oder Verlinkung auf verbotene Umgehungsmittel nach § 95a UrhG (LG München I GRUR-RR 2005, 214 – DVD-Kopierschutz und OLG München GRUR-RR

§ 97 Anspruch auf Unterlassung und Schadenersatz

2005, 372 – AnyDVD), die den in einem Presseartikel veröffentlichten Link auf ein nach § 95 a illegales Umgehungsmittel als Beihilfe gewertet haben, bestätigt im Hauptsacheverfahren (LG München I ZUM-RD 2008, 97; OLG München CR 2009, 55 – AnyDVD II)). Kritisch *Hoeren* zu OLG München (MMR 2005, 387/388), verhalten *Lejeune* zu LG München (CR 2005, 463). **Der konkrete Fall berührt die Pressefreiheit**: Der Artikel hatte sich fachlich mit illegalen Umgehungsmitteln nach § 95 a beschäftigt und in diesem Zusammenhang den verlinkten Hinweis auf die Quelle gegeben. Es wird dazu letztlich eine Entscheidung des Bundesverfassungsgerichts erwartet. Im Eilverfahren nahm das Bundesverfassungsgericht die Verfassungsbeschwerde nicht an und verwies zunächst auf den ordentlichen Rechtsweg (GRUR 2007, 1064 – Eilverfahren Heise). **Ist die Rechtswidrigkeit der verlinkten Inhalte offenkundig oder nachgewiesen, muss der Link beseitigt werden; anderenfalls beteiligt sich der Verlinkende an der unerlaubten Handlung des Urhebers der Information**: BGH MMR 2008, 400 – „über18.de"; „Disclaimer" nützen bei eindeutig rechtswidrigen Inhalten nicht (LG Berlin MMR 2005, 718/719); LG Hamburg MMR 2006, 50: Setzen eines eDonkey-Links durch Serverbetreiber, der auf rechtswidrige Filmangebote in Peer-to-Peer-Netzwerken verlinkt; LG Berlin ZUM-RD 2005, 398: Portalbetreiber, der auf MP3-Dateien verlinkt. In den Fällen strafbarer oder jugendgefährdender Inhalte setzt die primäre Pflicht zur Prüfung und Sperre ein, was Täterschaft begründet, wenn eine Prüfung und Sperre technisch möglich und zumutbar ist. Im Fall Andy DVD II ging das OLG München dementsprechend nicht mehr wie im eV-Verfahren von Störerhaftung aus, sondern nahm Täterhaftung an (CR 2009, 55). Primäre Prüfungspflichten sah das OLG München auch in einem weiteren Fall des Setzens von Hyperlinks (CR 2009, 191).

99 Caching:
Automatische, zeitlich begrenzte Zwischenspeicherung zur beschleunigten Übermittlung von Informationen. Das Caching ist nach § 9 Abs. 1 TMG haftungsprivilegiert unter den dort genannten Voraussetzungen. Usenet-Betreiber ist Cache-Provider iSd. § 9 Abs. 1 TMG, wenn er Nachrichten fremder Nutzer, die nicht seine Kunden sind, vorübergehend speichert und im Internet verbreitet; keine Haftung als Mitstörer; Überprüfung wegen des enormen Datenvolumens unzumutbar; Rechtsinhaber kann selbst durch die Methode der sog. „Cancel-Messages", insbesondere mittels „Fremdcancels" einzelne Nachrichten aus dem Usenet entfernen (OLG Düsseldorf MMR 2008, 254).

100 Accessprovider:
Vermittelt automatisch den Zugang Einzelner zum Netz (Internet-Zugangsprovider), ohne Inhalte anzubieten. Er ist haftungsprivilegiert nach §§ 7 Abs. 2 S. 1, 8 S. 1 TMG; EUGH, Beschluss v. 19. 2. 2009 2. Leitsatz, MMR 2009, 242/244. Keine Haftung für Zugangsvermittlung zu wettbewerbswidriger Website: OLG Frankfurt/M MMR 2008, 166 m. Anm *Spindler*. Der Internet-Access-Provider eröffnet nicht im eigenen Verantwortungsbereich eine Gefahrenquelle, sondern ermöglicht nur den Zugang zu etwaigen Verstößen, die aus einer von einem Dritten eröffneten Gefahrenquelle herrühren; der Access-Provider hat keinen Zugriff auf den Inhalt. Aber Sperre nach LG Kiel ZUM 2008, 246/249 m. Anm. *Gietl*. Eine Sperre ist problematisch, denn wo ist zu sperren, wenn kein Zugriff auf den Inhalt möglich ist? Eingriffe an der Schnittstelle blockieren zugleich andere, fremde Informationen. Sperre abgelehnt von LG Düsseldorf: Access-Provider haben keine wettbewerbsrechtliche Verkehrssicherungspflicht MMR 2008, 189; LG Köln MMR 2008, 197: aber Speicherpflicht der Adresse des Nutzers; OLG Frankfurt/M MMR, 2008, 166: Aufhebung einer Sperrverfügung, grundsätzlich keine Verantwortlichkeit des Access-Providers m. Anm. *Spindler*; Vorinstanz LG Frankfurt/M MMR 2008, 121 m. Anm. Schnabel. Zu Providerpflichten: *Rössel/Rössel* CR 2005, 809; *Gercke*, CR 2006, 210; *Jürgens*, CR 2006, 188; *Schnabel* MMR 2008, 281. LG Hamburg ZUM 2009, 587: Störerhaftung bei Access-Provider sei abhängig von technischen Möglichkeiten und Zumutbarkeit einer Sperrung des Zugangs. DNS-Sperre sei möglich, aber nicht zumutbar. Siehe dazu die Anmerkung von *Schnabel* ZUM 2009, 590.

101 Contentprovider:
bieten eigene Inhalte und haften nach den allgemeinen Gesetzen (§ 7 Abs. 1 TMG). OLG Hamburg ZUM 2009, 642 – Pixum; OLG Hamburg ZUM-RD 2008, 343 – Chefkoch (bestätigt durch BGH lt. Pressemeldung). Umstritten ist die Notwendigkeit der Überprüfung der eigenen Inhalte und das Entfernen von Material aus eigenen Online-Archiven: bejahend OLG Hamburg MMR 2007, 377 zu ursprünglich rechtmäßigen Artikeln über einen Straftäter mit Namensnennung, verneinend unter Hinweis auf Art. 5 Abs. 1 S. 3 GG OLG Frankfurt/M MMR 2008, 182. Siehe dazu die Darstellung von *Wegner/Odefey*, Grundsätze der zivilrechtlichen Unterlassungshaftung bei Veröffentlichung und Online-Angeboten von fremden Inhalten

(K&K 2008, 641 mwN). Sind verlinkte Informationen Teile des Geschäftsmodells, sind sie dem Verlinkenden als eigene zuzurechnen (BGH GRUR 2008, 534/536 Tz. 21 – ueber18.de)

Hostprovider: 102
Er ist Gastgeber für Web-Auftritte Dritter (Website). Haftungsprivilegierung nach §§ 7 Abs. 2 S. 1, 8 S. 1, 10 TMG, aber keine Freistellung von Beseitigungsansprüchen (§ 7 Abs. 2 S. 2 TMG); nach BGH Störerhaftung ab Kenntnis von Sachverhalt und unzweifelhafter Rechtswidrigkeit (GRUR 2004, 860 – Internetversteigerung I; BGH GRUR 2007, 708 – Internetversteigerung II; BGH GRUR 2008, 702 – Internetversteigerung III; BGH MMR 2008, 400 – „über18.de"). Sehr unterschiedliche Urteile der Instanzgerichte. Täterhaftung: LG Berlin ZUM-RD 2005, 898 Einsatz von Filtersoftware zur Vermeidung künftiger Verletzungen des allgemeinen Persönlichkeitsrechts bei Einstellen von Nacktbildern durch Dritte; dagegen LG Karlsruhe MMR 2008, 190: Maßnahmen zur Verhinderung künftiger beleidigender Äußerungen unzumutbar; zum Urheberrecht: OLG München GRUR 2007, 419 – Lateinlehrbuch; LG München I CR 2006, 564; LG Frankenthal CR 2006, 698; zum allgemeinen Persönlichkeitsrecht LG Köln CR 2004, 304; OLG Düsseldorf ZUM-RD 2007, 234 und ZUM 2007, 553 und CR 2006, 682; OLG Hamburg MMR 2009, 631 – Spring nicht; OLG Hamburg MMR 2009, 405 – Alphaload; OLG Hamburg MMR 2008, 823 – Rapidshare; OLG Hamburg CR 2007, 44; LG Hamburg CR 2006, 638; LG Berlin ZUM-RD 2005, 398; OLG Köln CR 2005, 62 zum eingerichteten und ausgeübten Gewerbebetrieb; LG Köln MMR 2002, 677/678; OLG München MMR 2002, 611; Extremforderungen stellt LG Hamburg: Danach haftet ein Webhoster ab Kenntnis für rechtswidrige Inhalte, auch wenn die Rechtswidrigkeit nicht offensichtlich ist; Wiederholungsgefahr besteht weiter, selbst wenn der Beitrag inzwischen vom Kunden gelöscht worden ist. Bei einem „virutellen Server", auf den lediglich der Kunde zugreifen kann, hat der Webhoster ggf. technische Filtermaßnahmen auf Netzwerkebene, wie etwa „Proxyserver" oder Firewalls, zu installieren, die den Zugriff auf die rechtswidrigen Inhalte verhindern (Urteil vom 31. 7. 2009 AZ: 325 O 85/09); zum Namensrecht OLG Brandenburg GRUR-RR 2006, 297; AG Potsdam CR 2005, 232.

Web 2.0, You-Tube, MySpace, Facebook, Clipfish etc: 103
Plattformen zum Einstellen beliebiger, unterschiedlicher Inhalte (Bilder, Musik, Texte, Fotos, Film- und Fernsehmaterial etc) durch Dritte zum Abruf von jedermann. Haftungsprivilegierung nach §§ 7 Abs. 2 S. 1, 8 S. 1 TMG. Grundsätzlich Störerhaftung als Hostprovider (LG Hamburg, CR 2006, 68; LG Hamburg, ZUM 2007, 492; LG Düsseldorf ZUM 2007, 553; LG München I, ZUM 2007, 496; LG Köln ZUM 2007, 568; OLG Köln, MMR 2007, 786; zur Haftung von Web-2.0-Diensten Fülbier, CR 2007, 515). Keine Verpflichtung zur Beseitigung einer Störung nach Abmahnung: OLG Düsseldorf ZUM 2008, 332, aA LG Düsseldorf ZUM 2007, 553; keine proaktive Überwachungspflicht LG München I ZUM 2007, 496; anders, wenn die rechtswidrige Nutzung durch Werbung zum Zweck erhoben wird (LG Hamburg ZUM 2007, 492 und OLG Hamburg GRUR-RR 2006, 148 – Cybersky, bestätigt durch BGH GRUR 2009, 841. Siehe auch *Hütten* K&R 2007, 554/557 ff.). *Wimmers/Schulz* fragen unter Hinweis auf die Wertung des BGH in der Entscheidung Kopienversanddienst (GRUR 1999, 707), wer die Plattform eigentlich nutzt: der die technische Leistung in Anspruchnehmende oder die Plattform selbst. In einigen Dienstleistern sehen sie keine Werknutzer sondern technische Vermittler im Urheberrecht (CR 2008, 170).

Websitebetreiber: 104
Nutzt den Dienst von Hostern für eigene Auftritte. Haftung für eigene Inhalte und für verlinkte Inhalte, die einbezogen sind (§ 7 Abs. 1 TMG). Haftung zB für urheberrechtswidrig eingestelltes Foto nach Abmahnung, auch für die Übernahme der Bilder in die Bildersuche von Google (LG Hamburg MMR 2006, 697; auch OLG Hamburg GRUR 2001, 831/832 – Roche Lexikon Medizin: „Inkorporieren" von Teilen eines geschützten Datenwerks in eine Website. Zu Frame-Links siehe oben Hyperlinks.

Internet-Handelsplattformen und Internetauktionen: 105
Marktplatz für Verkäufe oder Versteigerungen auf eigenen oder fremden Servern. Haftungsprivilegierung nach §§ 7 Abs. 2 S. 1, 8 Abs. 2 S. 2, 10 TMG für rechtsverletzende Angebote, keine Vorabprüfung von Downloads, aber nach § 7 Abs. 2 S. 2 TMG Entfernen, Sperren, Unterlassen/vorbeugendes Unterlassen ab Kenntnis der Rechtsverletzung. Dazu richtungsweisend die Entscheidung des BGH zur Versteigerung gefälschter Rolex-Uhren durch ricardo: Internetversteigerung I (BGH GRUR 2004, 860), verfestigt durch die nachfolgenden BGH-Entscheidungen Internetversteigerung II und III (BGH GRUR 2007, 708; BGH GRUR 2008, 702 – beide zu Rolex-Uhren bei eBay; OLG Düsseldorf MMR 2009, 402 – Folgeentscheidung zu BGH Inter-

§ 97 Anspruch auf Unterlassung und Schadenersatz

netversteigerung II). Problematisch zur vorbeugenden Unterlassung im Kernbereich so. Rdnr. 94. Weitere Entscheidungen: BGH GRUR 2007, 890 – Jugendgefährdende Medien bei eBay; OLG München GRUR 2007, 419 – Lateinlehrbuch: Unterlassen und Auskunft ab Kenntnis von klaren Urheberrechtsverletzungen seitens der genannten Anbieter; OLG Hamburg GRUR-RR 2007, 73 – Parfümtester (klar erkennbare Rechtsverletzungen); OLG München GRUR-RR 2007, 393 – Parfümfälschung: Filtersoftware ungeeignet, händische Kontrolle unzumutbar; OLG Hamburg MMR 2009, 417 – Long Island Tea; OLG Hamburg ZUM-RD 2009, 317 – Mettenden; OLG Hamburg MMR 2009, 129 – Haftung eines Oneline-Auktionshauses; OLG Brandenburg GRUR-RR 2006, 297 – Identitätsdiebstahl; OLG Brandenburg GRUR-RR 2007, 18 – Indiziertes Bildmaterial; LG Hamburg CR 2005, 66: Auskunft über Verkaufserlöse. Die Entscheidung des OLG Hamburg GRUR-RR 2008, 427 zum Markenrecht (Tripp-Trapp-Stuhl) überzieht die Anforderungen an die Verkehrpflichten vor Veröffentlichung der Verkaufsangebote einschließlich proaktivem Einsatz von Mitarbeitern und geht über die vom BGH gestellten Anforderungen (GRUR 2007, 890 – Jugendgefährdende Schriften bei eBay) hinaus.

106 **Webforen/Weblogs:**
Virtueller Platz zum Austausch von Gedanken, Meinungen und Erfahrungen – Blogger-Forum; Weblogs als öffentlich einsehbare Tagebücher Dritter. Haftungsprivilegierung nach §§ 7 Abs. 2 S. 1, 8 S. 1, 10 TMG. Zur Haftung von Webforen für Beiträge Dritter: BGH ZUM 2007, 533/534 – Webforen. Keine grundsätzliche „Eingangskontrolle" für Betreiber von Webforen: OLG Hamburg MMR 2006, 744 – heise.de; ebenso keine Pflicht zur Überwachung oder Kontrolle nach Einstellen des Beitrags. Nach Meinung des OLG Hamburg kann durch den Hinweis auf eine bereits erfolgte Rechtsverletzung eine auf das konkrete Forum bezogene Prüfungspflicht „aktiviert" sein, für gewerbliche Forenanbieter eher als für private (OLG Hamburg GRUR-RR 2006, 148 – Cybersky, bestätigt durch BGH GRUR 2009, 841). Das LG Hamburg vertritt Täterhaftung: Wer Betriebsmittel bereithalte, die es erlaubten, über ein redaktionell gestaltetes Angebot Äußerungen zu verbreiten, unterhalte eine Gefahrenquelle, in dem er einer unbestimmten Vielzahl von Nutzern die Möglichkeit eröffne, in großer Zahl Äußerungen zu verbreiten, die geeignet sind, Rechte Dritter zu verletzen (CR 2006, 638/639 m. Anm. *Wimmers* und AfP 2007, 278 m. Anm. von *Jürgens/Veigel* = MMR 2007, 450 m. Anm. *Meckbach/Weber*); erneut: LG Hamburg MMR 2007, 726; LG Hamburg (AfP 2008, 219) zu Vor-Prüfungspflichten eines Blog-Betreibers. Die Rechtsprechung des LG Hamburg steht in Widerspruch zu § 7 Abs. 2 S. 1 TMG, vorm. § 8 Abs. 2 S. 1. Erst wenn dem Forenbetreiber die Rechtsverletzung bekannt ist, muss er sie beseitigen entsprechend Presse, Rundfunk und Fernsehen. Eine bloße Distanzierung, wie das OLG Düsseldorf meinte (MMR 2006, 553), genügt nicht (BGH ZUM 2007, 533/534 f. – Webforen). Siehe auch die Entscheidungen in Rdnr. 75b. Überwachungspflicht in Bezug auf urheberrechtswidrig eingestellte Fotos (LG Hamburg MMR 2007, 726 m. Anm. *Mantz*); keine Haftung für urheberrechtswidrige Übernahme von Stadtplanausschnitten trotz Abmahnung vor Jahren (OLG München K&R 2007, 104); keine Haftung eines Meinungsforums für Persönlichkeitsrechtsverletzung (BGH GRUR 2007, 724 – Meinungsforum; OLG Düsseldorf. ZUM-RD 2007, 234; OLG Düsseldorf CR 2006, 682; OLG Koblenz ZUM-RD 2007 522; LG Düsseldorf ZUM-RD 2007, 529; LG Berlin ZUM-RD 2007, 527); keine „Eingangskontrolle" aber Haftung als Störer bei Provokation rechtswidriger Beiträge oder konkret benannter Rechtsverletzung (OLG Hamburg MMR 2006, 744 – heise.de und LG Hamburg MMR 2006, 491 Störerhaftung für Online-Beiträge in Foren).

106a **Usenet:**
Weltweites elektronisches Netzwerk, das Diskussionsforen (Newgroups) aller Art bereitstellt, an dem grundsätzlich jeder teilnehmen kann; ursprünglich Nachrichten- und Meinungsaustausch ähnlich Webforen. Im Gegensatz zu den Webforen mit Autor oder Administrator bestimmt im Usenet der Newsreader Anordnung und Aussehen der einzelnen Nachrichten (Postings). Durch „Cancel-Messages" und „Fremdcancel" ist im Usenet die technische Möglichkeit zu dezentraler Zensur gegeben. Seit einiger Zeit werden auch im Usenet Anhänge mit urheberrechtlich geschützten Inhalten wie Filme, Musik, Video, Software versandt, wodurch sie den Tauschbörsen ähnlich werden. Wegen des gewaltigen Datenvolumens wird eine primäre Prüfpflicht beim Einstellen der fremden Inhalte für unzumutbar gehalten (OLG Düsseldorf ZUM 2008, 329); ebenso OLG Hamburg mit eingehender Begründung zur prinzipiellen Freistellung von Prüfungspflichten. Wirbt der Usenet-Betreiber jedoch mit der Behauptung, dass sein Dienst besonders gut für die Begehung von Rechtsverletzungen geeignet sei, treffen den Betreiber gesteigerte Prüfpflichten, die bis zur Überwachungspflicht führen können. Der Um-

stand allein, dass der Anbieter mit einem anonymen und unzensierten Zugang zu „vielen Terabyte an Daten" und zur Gruppe „alt. binares" wirbt, reicht allerdings nicht, eine verschärfte Haftung anzunehmen. Zumutbar ist dem Betreiber in diesem Fall jedoch, die Datei-Uploads auf Rechtsverletzungen hin zu überprüfen, die ihm zuvor bekannt geworden sind. Dabei sind alle technischen Möglichkeiten auszuschöpfen, die aktuell zur Verfügung stehen (OLG Hamburg MMR 2009, 631 – Spring nicht – Usenet I). In diesem Sinn auch OLG Hamburg MMR 2009, 405 – Alphaload: Die dem jeweiligen Telediensteanbietern abzuverlangenden Prüfungspflichten sind der jeweiligen Art des Geschäftsbetriebs (und der jeweiligen Art der eigenen Darstellung) anzupassen.

Sharehoster, Filehoster: 107
Webspeicheranbieter, bei denen Nutzer unmittelbar und ohne Anmeldeprozedur Dateien (einfache Textdateien bis komplexe Programme, lizenziert oder unlizenziert) herauf- und herunterladen können. Es besteht die Gefahr illegaler Anbieter ähnlich den Tauschbörsen. Das OLG Köln fordert Prüfungen (auch manuell MMR 2007, 786 und GRUR-RR 2008, 35 – Sharehoster-Haftung); OLG Hamburg erweitert die Prüfungspflichten zum Upload, wenn der Dienstbetreiber ihm zumutbare und naheliegende Möglichkeiten, die Identität des Nutzers zum Nachweis etwaiger Wiederholungshandlungen festzustellen, willentlich und systematisch ungenutzt lässt und die weitere anonyme Nutzung seines Dienstes zulässt (MMR 2008, 823 – Rapidshare). LG Düsseldorf ZUM 2008, 338. *Breyer* untersucht die Verkehrssicherungspflichten von Internetdiensten im Lichte der Grundrechte; er erkennt auf die Erfüllung der Vorbeugepflicht, also auf ein Handeln, nicht auf Unterlassen der Rechtsverletzung (MMR 2009, 14), die der Rechtsprechung des BGH in der Entscheidung Internet I (GRUR 2004, 860) zu Grunde liegt. OLG Köln GRUR-RR 2008, 35 – Sharhoster-Haftung: keine Täter-/Teilnehmerhaftung; aber Störerhaftung nach Kenntnis.

Filesharing: 108
Software zum Aufbau eines virtuellen Netzwerks, das jeden Software-Anwender in die Lage versetzt, Daten zu senden und anderen Teilnehmern zu empfangen (Peer-to-Peer-Netzwerk) einschließlich der Übertragung von Fernsehbildern nahezu in Echtzeit. Haftung des Betreibers für Urheberrechtsverletzungen, die unbekannte Nutzer eigenverantwortlich vornehmen, wenn der Betreiber die Eignung zum Missbrauch kennt (unterschiedliche Tauschbörsensysteme), insbesondere, wenn er hiermit wirbt und die rechtswidrige Nutzung zur Zweckbestimmung macht (OLG Hamburg GRUR-RR 2006, 148 – Cybersky unter Verweis auf BGH GRUR 1965, 104 – Personalausweise, vom BGH bestätigt GRUR 2009, 841). Zur Störerhaftung eines eDonkey-Servers OLG Düsseldorf ZUM 2008, 866: Aufwand zur Vermeidung von Rechtsverletzungen muss Bedeutung des Einzelfalles, erforderlichen technischen und wirtschaftlichen Mittel sowie die Auswirkungen auf andere Teile des Dienstes berücksichtigen. Siehe dazu grundlegend *Spindler/Leistner* GRUR Int. 2005, 773/791 ff. und *Gercke* zur urheberrechtlichen Verantwortlichkeit von Downloadportalen und Zugangsprovidern für Musikdownloads CR 2006, 210.

Personal Videorecorder: 109
Angebot eines Internetdienstleisters, der Programme von Fernsehstationen abgreift, sie in einer Programmübersicht zusammenfasst und sie Nutzern zur Auswahl stellt oder Programme auf Bestellung von Nutzern für diese aufnimmt. Die ausgewählten Sendungen werden für den registrierten Nutzer auf einem Speicherplatz des Anbieters zur Verfügung gehalten und vom Kunden genutzt (LG Leipzig ZUM 2006, 763). Der Nutzer beruft sich auf Privatkopie. In den Fällen Kopienversanddienst (GRUR 1999, 707) und CD-Münzkopierautomaten (GRUR-RR 2003, 365) sahen der BGH und das OLG München den technischen Dienstleister nur als Werkzeug des Nutzers, nicht als Nutzer selbst. Beim Personal Videorecorder unterliegt jedoch der gesamte Prozess, mittels dessen das Programmsignal empfangen, durch den Server geleitet und dort digitalisiert (dh. urheberrechtlich vervielfältigt wird), ausschließlich der Steuerung beim anbietenden Dienstleister. **Der Kunde kann die Sendungen auswählen. Die Kopiervorlagen beschafft – anders als in den oben genannten Fällen Kopienversanddienst und CD-Münzkopierautomaten – der Anbieter.** Er besitzt auch sowohl vom technischen Vorgang als auch vom Einfluss her die Sachherrschaft (OLG Köln, MMR 2006, 35; dazu OLG Dresden NJOZ 2007, 1564/1565; ZUM 2007, 385). **Das Geschäftsmodell greift somit in die Rechte der Sendeunternehmen ein. Sie sehen ihr Vervielfältigungsrecht nach §§ 87 Abs. 1 Nr. 2 Fall 1, 15 Abs. 1, 16 UrhG, das Recht auf öffentliche Zugänglichmachung §§ 87 Abs. 1 Nr. 1 Fall 2, 15 Abs. 2 Nr. 2, 19a UrhG und ihr Senderecht §§ 87 Abs. 1 Nr. 1 Fall 1, 20 UrhG verletzt.** Eine Vervielfältigung für den Kunden ist nur erlaubt, wenn sie unentgeltlich erfolgt (§ 53 Abs. 1 S. 2). Gedacht

war an einen Freundschaftsdienst, nicht an ein Geschäftsmodell, das die Leistung von Fernsehsendern zu eigener Gewinnerzielung ausnutzt (eingehend *Dreier* in Fs. für Ullmann, 2006, S. 37 ff.: „De fine": vom Ende des Definierens? – Zur Abgrenzung von „Münzkopierern, Personal Videorecordern und Servicediensten"; siehe auch *Wiebe* „Der virtuelle Videorecorder" CR 2997, 28).

2009 hat der BGH in drei vor dem LG und OLG Dresden anhängigen Verfahren entschieden. Zwei Fälle betrafen RTL (GRUR 2009, 845 – Internet-Videorecorder und ZUM 2009, 765 – Save..TV), ein Fall SAT 1 (ZUM 2009, 508 – Shift.TV). Alle drei Fälle betreffen ein auf einer Internet-Seite beworbenes Angebot „eines internetbasierten/Online Videorecorder" zur Aufzeichnung von Fernsehsendungen. Die Beklagte empfängt über Satteliten-Antennen die in Deutschland frei empfangbaren Sendesignale mehrerer Sendeanstalten, darunter das Programm von RTL und SAT 1. Der registrierte Kunde kann aus diesen Programmen über eine elektronische Programmzeitschrift des Anbieters Sendungen auswählen. Die Sendungen werden vom Anbieter auf dem „Persönlichen Videorecorder" des Kunden abgespeichert. Dieser Speicherplatz befindet sich auf dem Festplattenverbund der Beklagten und ist ausschließlich diesem Kunden zugewiesen. Der Kunde kann die auf seinem Platz aufgezeichneten Sendungen über das Internet von jedem Ort der Welt und zu jeder Zeit beliebig oft ansehen oder auf seinen Rechner herunterladen.

Der BGH wies alle drei Fälle an das Berufungsgericht zurück mit der Maßgabe: Entsprechend § 53 Abs. 1 S. 2 ist die Herstellung der Privatkopie dem auftraggebenden Kunden zuzurechnen, wenn sich der Hersteller darauf beschränkt, gleichsam „an die Stelle des Vervielfältigungsgeräts" zu treten und als „notwendiges Werkzeug" des anderen tätig zu werden. Ein solches Werkzeug kann sein, wer Kunden in einem vollständig automatisierten Vorgang anbietet, auf dessen Wunsch und für dessen individuellen Zugriff Fernsehsendungen aufzuzeichnen. **Die Zurechnung erfordert eine am Schutzzweck der Freistellung des Privatgebrauchs des § 53 Abs. 1 S. 2 ausgerichtete normative Wertung.** Stellt der Anbieter nicht nur das „notwendige Werkzeug", den automatisierten Speicherplatz, für den Kunden zur Verfügung sondern erschließt er eine urheberrechtlich relevante Nutzung in einem Ausmaß und in einer Intensität, die eine Privilegierung des Privatgebrauchs nach dem Normzweck nicht mehr rechtfertigt (BGH GRUR 1997, 459 – CB-Infobank I; BGH GRUR 1999, 707 – Kopienversanddienst), ist die Vervielfältigung dem Hersteller zuzurechnen. Das Berufungsgericht fasste seine Begründung im Angebot eines „Gesamtpakets" von Leistungen zusammen. Nach Meinung des BGH ist das differenzierter zu begründen.

Keine Zweifel bestehen an der Entgeltlichkeit der Vervielfältigung, auch wenn der Kunde kein oder nur ein geringes Entgelt bezahlt. Das Geschäftsmodell wird vom BGH, wie vom OLG Dresden, als Einheit gesehen; es ist auf Gwewinnerzielung, also auf Entglt ausgerichtet. Das Recht der öffentlichen Zugangmachung nach § 19a UrhG sieht der BGH nicht verletzt, soweit nur eine einzene Aufnahme einer Sendung auf Bild- oder Tonträger jeweils einer einzelnen Person zugänglich gemacht wird. Eine Weitersendung nach § 87 Abs. 1 Nr. 1 Fall 1, 20 UrhG erfolgt, wenn der Sendende die Sendesignale sogleich an Empfänger weiterleitet, denen er eine Empfangsvorrichtung zur Verfügung gestellt hat und die in ihrer Gesamtheit eine Öffentlichkeit bilden. Nach diesen Urteilen ist die Beurteilung kommerziel angebotener „Personel Videorecorder" klar.

110 Admin C:

Administrative Ansprechpartner für den Domainverwalter DENIC. Eine Domain bezeichnet die Adresse eines Rechners oder einer Gruppe zusammengehörender Rechner im Internet. Nach den Domainrichtlinien der DENIC ist vom Domaininhaber eine natürliche Person zu benennen, die als dessen Bevollmächtigter berechtigt und verpflichtet ist, sämtliche die Domain betreffenden Angelegenheiten verbindlich zu entscheiden. Die Auffassungen der Gerichte reichen von der Annahme einer umfassenden Verantwortlichkeit des Admin-C auch für die Inhalte der Webseiten (LG Hamburg K&R 2007, 333; LG Bonn CR 2005, 527; OLG Stuttgart MMR 2004, 389) bis zur grundsätzlichen Ablehnung einer Haftung (OLG Hamburg K&R 2007, 407 und LG Dresden CR 2007, 462; KG CR 2006, 778). Nur als letztes Mittel, wenn der Domaininhaber erfolglos aufgefordert worden ist, den rechtwidrigen Eintrag zu entfernen, ist nach LG Berlin die Störung durch Aufhebung der Registrierung zu beseitigen (MMR 2006, 392). Nach OLG Düsseldorf bezieht sich der Pflichtenkries des „Admin-C" allein auf das Innenverhältnis zum Domaininhaber und der DENIC; keine Prüfungspflichten im Außenverhältnis zu Dritten, auch bei Kenntnis einer vorausgegangenen Rechtsverletzung (MMR 2009, 336). OLG Köln (GRUR-RR 2009, 27) hält für unzumutbar, einem erstmals im Zuge einer Domain-Registrierung befassten „Admin C" die Prüfung auf potenzielle Kennzeichenverletzungen aufzuerlegen. Stellt er sich gegen Zahlung eines – Entgelts für beliebige noch anzumeldende Domains als „Admin C" zur Verfügung, setzt er eine Mitursache und übernimmt eine Prüfungspflicht auf Namensverletzungen (OLG Koblenz MMR 2009, 549). Rechtsprechungsübersicht bei *Hoeren/ Eustergerling,* MMR 2006, 132 ff.; ausführlich *Wimmers/Schulz* CR 2006, 754 ff.; *Härting,* Internet, Rdnr. 1024; *Stadler,* Haftung für Informationen im Internet, 2. Aufl. Rdnr. 255 a ff. Der Admin-C ist Ansprechpartner für Domainangelegenheiten, nicht für den Inhalt der Domain, auf die er in der Regel keinen Einfluss hat.

Wikis: 111
Webseite oder Sammlung von Webseiten, bei denen die Inhalte von den Nutzern nicht nur angesehen, sondern auch bearbeitet werden können. Anders als bei den Internetforen und Webblogs wird nicht nur kommentiert und ergänzt, sondern unmittelbar in die Gestaltung der Seite und Inhalte eingegriffen. Bekanntestes Wiki: die Online-Enzyklopädie Wikipedia. Hierzu ist bisher nur die Einstweilige Verfügung des AG Charlottenburg vom 19. 12. 2005 bekannt, nach der die Löschung der konkret gerügten Behauptung angeordnet und die Kontrolle jedweder Einstellung, ob irgend etwas Negatives zur Person des Antragstellers gesagt wird, abgelehnt war. Die Entscheidung wurde im weiteren Verfahren aufgehoben, die Berufung zurückgewiesen (MMR 2006, 254). Ein Beitrag kann, auch wenn er von einer Webseite genommen wird, weltweit noch unzählbar häufig im Netz stehen, so zB das von der Internet Watch Foundation im Dezember 2008 gerügte Plattencover „Virgin Killer" der deutschen Rockband „Scorpions", das ein etwa zwölfjähriges nacktes Mädchen zeigt. Wikipedia folgte dem Hinweis der Internet Watch Foundation und verdeckte das Bild ab halber Höhe. Zu selben Zeit war das Cover des Albums unter zig unterschiedlichen Dateinamen weltweit weiter abrufbar.

Plattform für virtuelle Welten, Second Life: 112
Online 3D Infrastruktur für von Nutzern gestaltete virtuelle Welten, in denen „Avatare" interagieren, Handel treiben, bauen, Politik betreiben und in jeder Hinsicht kommunizieren, wie im realen Leben. Bisher nur eine Gerichtsentscheidung zu virtuelle Welten: LG Köln MMR 2008, 556 – „Virtueller Dom in Second Life?". Untersuchung anhand bekannter Rechtsprechung zur Internethaftung, TDG, MDStV und TMG von Lober/Karg CR 2007, 647. Dazu: *Rippert,* Rechtsbeziehungen in der virtuellen Welt, ZUM 2007, 272; *Klickermann,* Virtuelle Welten ohne Rechtsansprüche? MMR 2007, 766; *Habel,* Eine Welt ist nicht genug – Virtuelle Welten im Rechtsleben, MMR 2008, 71.

Suchmaschinen: 113
Inzwischen unverzichtbares Medium zur Nutzung der Daten im Internet. Nach überwiegender Meinung findet die Haftungsprivilegierung der §§ 7–10 TMG, vormals §§ 8–11 TDG (2001) keine Anwendung, da die haftungsrechtliche Beurteilung von Suchmaschinen bei der Novellierung des TDG bewusst zurückgestellt worden sei. Die E-Commerce-Richtlinie 2000/ 31/EG sieht in Art. 21 Abs. 2 S. 2 eine Untersuchung vor, die unter anderem Vorschläge zur Anpassung in Bezug auf die Haftung der Anbieter von Hyperlinks und von Instrumenten zur „Lokalisierung bestimmter Informationen" („location tool services") erforderlich sind. Das wird dahingehend ausgelegt, Suchmaschinen seien von der Haftungsprivilegierung der E-Commerce-Richtlinie und des darauf basierenden TDG/TMD ausgeschlossen (*Ruess,* GRUR 2007, 198/ 200; *Spindler* in: *Spindler/Schmitz/Geis* vor § 8 Rdnr. 59; *Stadler,* Haftung für Informationen im Internet, Rdnr. 239 f.). Im Rahmen einer Gesamtbetrachtung der E-Commerce-Richtlinie kann das aber auch heißen zu evaluieren, ob für die in Art. 21 Abs, 2 genannten Fälle zusätzliche oder andere Regeln zu den bisherigen geschaffen werden sollten. **Soweit Online-Tätigkeiten die Tatbestandsmerkmale der Haftungsprivilegierung der E-Commerce-Richtlinie erfüllen, werden sie von den Regeln erfasst und sind nicht durch eine Bestimmung „Überprüfung" unter dem Kapitel „Schlussbestimmungen" nachträglich wieder auszuschließen.** Zutreffend *Wimmers/Schulz,* Heise-Online-Recht Bd. I 2008 Kap. III, S. 87 f. Die Funktion der automatisierten Suchmaschinen entspricht, subsumiert, den Voraussetzungen der Haftungsprivilegierung der E-Commerce-Richtlinie, die in §§ 7–9 TMG umgesetzt sind (RegE TDG – BTDrucks. 14/6098, S. 22 f): **fremde Informationen, Übermittlung in einem Kommunikationsnetz bzw. Zugangsvermittlung zur Nutzung, keine Veranlassung der Übermittlung, keine Auswahl der Adressaten der übermittelten Informationen, keine Auswahl oder Veränderung der übermittelten Informationen, automatische, zeitlich begrenzte Zwischenspeicherung zum alleinigen Zweck, die Übermittlung fremder Informationen an andere Nutzer auf deren Anfrage effizienter zu gestalten.** Auch bei der Bildersuche werden die Informationen nicht verändert; der Inhalt bleibt gleich. Problematisch

§ 97   Anspruch auf Unterlassung und Schadenersatz

ist die zeitliche Begrenzung der Zwischenspeicherung. Aber das Internet ist in ständiger Bewegung. Deshalb lässt sich vertreten, dass Suchmaschinen, die die Voraussetzungen der Haftungsprivilegierung des TMG erfüllen, an der Privilegierung des TMG teilhaben. In diesem Sinn EuGH zur Adword-Werbung bei Google Urt. v. 23. 3. 2010 (MMR 2010, 315). Jedenfalls sind die der Haftungsprivilegierung des TDG und TMG zu Grunde liegenden Gedanken auf Suchmaschinen entsprechend anzuwenden, nicht über Analogie sondern in Anwendung der Störerhaftung nach dem allgemeinen Recht.

114   Die Haftungsprivilegien von TMG und TDG stellen nur eine Variante der Störerhaftung dar. Der Gesetzgeber hat diese Variante festgeschrieben. Das schließt die Anwendung der Störerhaftung nach allgemeinem Recht nicht aus. Wie die Diensteleister, die fremde Informationen im Internet speichern und Nutzern nur den Zugang vermitteln, sind **Suchdienste im Internet nicht Täter oder Teilnehmer.** Für Suchdienste bestehen keine Prüf-, Recherche- oder Kontrollpflichten vor Tätigwerden. Das Landgericht Hamburg mit seiner wiederholten Forderung, Suchdienste müssten vor Aufnahme einer Information in die Suchautomatik die Betroffenen befragen (trotzig festgehalten im Urteil vom 26. 9. 2008 MMR 2009, 55), steht mit dem Internet auf Kriegsfuß. Abgesehen von der damit offenkundigen Verdrängung der Realität, überhöht die Kammer einen Urheber, der bedingungslos zu schützen ist. Dass dieser Urheber, wie jede Person, als Teil der Gemeinschaft sozial gebunden ist und sein Urheberrecht wie das Eigentum unter dem Vorbehalt der Sozialbindung steht (keine engen Schranken), bleibt ausgeblendet. In seiner Anmerkung nimmt *Hoeren* das Urteil zu Recht auseinander (MMR 2009, 62).

115   Betreiber von Suchmaschinen stellen keine Informationen ins Netz (OLG München CR 2009, 55 – AnyDVD II). Das tun Dritte. Betreiber bieten lediglich eine „Maschine" an, die es allen Nutzern des Internets erlaubt, aus der Fülle der Informationen automatisch zu suchen, was sie wissen möchten. Das ist Zugangsvermittlung. *Wimmers/Schulz* erklären sie **in Abgrenzung zu den Werknutzern als technische Vermittler im Urheberrecht** (CR 2008, 170 ff.). LG Bielefeld geht von fremden Informationen aus, für die eine Privilegierung nach § 10 TMG einschlägig sei als eine automatische, zeitlich begrenzte Zwischenspeicherung zur Effizienzsteigerung der Informationsübermittlung (CR 2006, 350). **Ohne Suchmaschinen wäre allerdings eine sinnvolle Nutzung der unübersehbaren Fülle an Informationen im Internet ausgeschlossen**, wie der BGH in der Entscheidung Paperboy anerkannt hat. Weniger noch als die privilegierten Dienstleister können die Betreiber von Suchmaschinen die eingestellten Informationen auf alle möglichen Rechtsverletzungen prüfen. Es sind mehrere Milliarden Daten. Die Suche im Netz erfolgt automatisiert. Wer nicht möchte, dass seine Daten (Texte oder Bilder) im Netz kommuniziert werden, darf sie nicht ungeschützt eingeben. Wer nicht sperrt, gibt die Daten im Netz zur Kommunikation frei. *Schack* (MMR 2008, 414) vertritt mit dem OLG Jena (MMR 2008, 408 zu Thumbnails) die Auffassung, Suchmaschinen dürften nur ausdrücklich vom Rechteinhaber freigegebene Inhalte erfassen (so wohl auch Roggenkamp K&R 2007, 328); eine konkludente Einwilligung komme dogmatisch nicht in Betracht. Diese Auffassung geht am Leben vorbei und steht im Widerspruch zur Entscheidung Paperboy des BGH (GRUR 2003, 958), die besagt, dass derjenige, der Informationen ins Netz stellt, sie öffentlich zugänglich macht und entscheidet, ob sie öffentlich zugänglich bleiben. **Wer sich in die neuen Medien begibt und Internet sowie Suchmaschinen nutzt, akzeptiert das System und die bekannten Funktionen, damit auch Thumbnails bei der Bildersuche.** Dazu lässt sich das Rechtsinstitut der konkludenten Einwilligung nutzen. Liegt keine Einwilligung vor, hat der Betreffende jedenfalls in der Öffentlichkeit den Anschein gesetzt, er sei mit der Kommunikation einverstanden; daran muss er sich festhalten lassen, so lange er den Anschein nicht beseitigt. So auch *v. Ungern-Sternberg* GRUR 2009, 369.

116   Der Betreiber von Suchmaschinen hat bei konkreten Suchanfragen weder wissentlichen noch willentlichen Einfluss auf das Ergebnis. In der Regel kommen mehrere, manchmal viele Ergebnisse heraus. Der Suchende kann sie einzeln prüfen. Es ist deshalb nur konsequent, dem Betreiber der Suchmaschine das Suchergebnis nicht persönlich zuzurechnen und ihn von Schadensersatz freizustellen. **Liegt eine Abmahnung vor, muss der Betreiber den Vorgang prüfen und abstellen, wenn die Rechtsverletzung ersichtlich und das Entfernen technisch möglich ist.** Das LG Berlin sprach einer Fernsehjournalistin einen Unterlassungsanspruch zu, weil deren Name gemeinsam mit dem Wort „nackt" erschien. Es entstehe damit der Eindruck, die Klägerin habe sich für im Internet abrufbare Nacktausnahmen zur Verfügung gestellt (LG Berlin MMR 2005, 786; KG MMR 2006, 817). Obwohl keine Nacktaufnahmen vorhanden, geschweige denn zu sehen waren, legte das Gericht die Suchergebnisse ohne Gutachter nach eigenem Verständnis aus. Dabei wurden die wesentlichen Parameter übergangen: die Funktion der Suchmaschinen, ihr Automatismus und das Verständnis derer, die die Dienste nutzen. Anders das OLG Hamburg (MMR 2007, 315) in einem Fall, in dem neben dem Namen des Klägers das Wort „Betrug" erschien: Eine Persönlichkeitsverletzung in Suchergebnissen liege schon deshalb nicht vor, weil der Nutzer mit dem jeweiligen Suchergebnis keine bestimmte inhaltliche Aussage verbindet, die darüber hinausgeht, dass sämtliche im Suchergebnis genannten Begriffe auch auf der Zielseite vorhanden sind. Das gilt insbesondere für Ergebnisse, die nicht ganze Sätze der gefundenen Seite wiedergeben, sondern **lediglich einzelne Worte als „Schnipsel", „Snippets"** (OLG Stuttgart CR 2009, 187). Die Fundstelle hat in diesem Fall einen wertneutralen Sinn. Der Anfragende muss die konkrete Aussage erst selbst suchen.

Das OLG Nürnberg verneinte zutreffend die Störerhaftung einer Suchmaschine vor Abmahnung. Für einen Internet-Suchmaschinenbetreiber bestehe grundsätzlich keine Rechtspflicht, die von ihm verlinkten Seiten auf eine etwaige Verletzung des Persönlichkeitsrechts eines Dritten zu überprüfen. Erfolgt allerdings durch den Betroffenen eine inhaltlich sachlich gehaltene Abmahnung, ist in eine Überprüfung einzutreten. Bei klaren und eindeutigen Rechtsverstößen ist der Beurteilungsspielraum bei der Überprüfung eingeschränkt mit der Folge, dass der Suchmaschinenbetreiber haftet, wenn er die konkret beanstandete Verlinkung aufrechterhält. Im konkreten Fall fehlte es an einer klaren Rechtsverletzung (CR 2008, 654). LG Berlin verneint originäre Prüfungspflichten; sie setzen erst mit Kenntnis der Rechtsverletzung ein. Vom Suchmaschinenbetreiber geforderte Maßnahmen werden verworfen, wenn der Betroffene den Eingriff effektiver beim Täter durchsetzen kann. Die Funktionstüchtigkeit der Suchmaschine sei im Interesse der Allgemeinheit nicht über Gebühr zu beeinträchtigen, Urt. v. 1. 9. 2009 AZ: 16 O 293/08 (Fundstelle noch unbekannt).

Bildersuche erfolgt – insoweit identisch der Websuche – nach textbasierten Hinweisen auf Bilder oder grafische Inhalte in Webseiten. Von diesen Bildern/grafischen Inhalten werden Miniaturansichten (Thumbnails) indexiert und in den Suchergebnislisten dem Internetsucher angezeigt. Das LG Hamburg sieht darin die unzulässige öffentliche Zugänglichmachung einer unfreien Bearbeitung der Originalvorlage nach § 19a, 23, S. 1 (GRUR-RR 2004, 313), ebenso das OLG Jena (MMR 2008, 408); wiederholt LG Hamburg K&R 2008, 759. Das LG Bielefeld ließ die Frage der Urheberrechtsverletzung offen; es sah keinen Schaden, (CR 2006, 350 m. Anm. *Wimmers/Schulz*). Oft wird die Zulässigkeit über eine konkludente Einwilligung gelöst (LG Erfurt ZUM 2007, 566; zustimmend *v. Ungern-Sternberg*, GRUR 2009, 369). Das wird vom OLG Jena (MMR 2008, 408 m. Anm. von *Schack*) abgelehnt, weil noch die Vorstellung besteht, der einzelne müsse vor Verwendung seiner Daten um sein Einverständnis gebeten werden. Angesichts der Milliarden von Informationen, die sich ungeschützt im Internet befinden, ist das eine Illusion. Realität ist: Wer seine Daten im Internet nicht sichert, gibt sie frei. **117**

Die konkludente Einwilligung greift allerdings nicht, wenn ein Nichtberechtigter den Inhalt ins Netz gestellt hat. **Also bleibt die Grundsatzfrage: Ist der Betreiber eines Suchdienstes für einen Befund täterschaftlich verantwortlich oder Störer?** Da eine Prüfung und Überwachung vor Bekanntwerden einer Rechtsverletzung dem Betreiber eines Suchdienstes bei den Milliarden von Daten und Suchanfragen unmöglich ist, kann er mithin nur als Störer in Anspruch genommen werden (siehe oben). Das heißt, mangels Verschuldens kein Schadensersatz, nur Unterlassung/Sperre. Wie weit der Unterlassungsanspruch im einzelnen reicht, hängt von der technischen Machbarkeit und der Zumutbarkeit ab. Deshalb ist zum Unterlassungsanspruch im konkreten Fall abzuwägen zwischen dem Anspruch des Einzelnen und dem Nutzen der innovativen Technologie für die Allgemeinheit. Der BGH hat das schon bei der Einführung von Tonbandgeräten erkannt und berücksichtigt (GRUR 1965, 104/107 – Personalausweise). In der Entscheidung Paperboy ist die Bedeutung von Suchmaschinen im World Wide Web anerkannt worden. Die Entscheidung des OLG Jena (MMR 2008, 408) kommt im Ergebnis zum richtigen Schluss, dass einer Suchmaschine nicht Thumbnails zu verbieten sind, wenn zugleich Metatags gesetzt werden, um eine breite Bekanntmachung des Werks zu erreichen. Die Lösung ist im konkreten Fall über den Grundsatz von Treu und Glauben iSv. § 242 BGB gefunden worden. Das ist jedoch nicht die Lösung des Problems. *Leistner/Stang* setzen sich mit der Bildersuche im Internet eingehend auseinander; sie akzeptieren schließlich die konkludente Einwilligung (CR 2008, 499). *Niemann* sucht eine Lösung über eine entsprechende Anwendung von § 49 UrhG, CR 2009, 97. Eine Entscheidung des BGH zur Text- und Bildersuche im Internet ergeht am 29. 4. 2010 (I ZR 69/08).

Thumbnails: **118**
Miniaturen von Fotos und Bildern, die ungeschützt ins Netz gestellt worden sind und die in der Verkleinerung der Bildersuche zum Auffinden der Quelle dienen. Die Fundstelle kann vom

Suchenden über einen Deep-Link erreicht und – soweit nicht gesperrt – heruntergeladen werden. Deep-Links sind nach der BGH-Entscheidung Paperboy (GRUR 2003, 958) grundsätzlich zulässig. Die Thumbnails werden von manchen als unfreie Bearbeitungen der Vorlage iSd. § 23 S. 1 und ihre Veröffentlichung als Verletzung der §§ 97 und 19a gesehen (LG Hamburg K&R 2004, 404 und K&R 2008, 759; OLG Jena MMR 2008, 408 gegen LG Erfurt K&R 2007, 325, das eine konkludente Einwilligung annahm).

Thumnails der Suchdienste lassen sich auf verschiedene Weise legitimieren. Am naheliegendsten ist die konkludente Einwilligung, insbesondere dann, wenn die Bilder auf einer frei zugänglichen Website ins Internet eingestellt wurden; also sollen sie auch gefunden werden. Scheidet eine konkludente Einwilligung aus tatsächlichen Gründen aus, ist die Nutzereigenschaft zu hinterfragen. Der BGH hat in der Entscheidung Kopienversand (GRUR 1999, 707/711) die Nutzung nicht rein technisch beurteilt, sondern wertend danach, wem die Nutzung zugute kommt nach dem Schutzzweck wertend auch BGH GRUR 2009, 845 – Internet-Videorecorder. Das sind bei den Thumbnails die Suchenden und diejenigen, die die Information zur Suche freigegeben haben. Deshalb ist die Suche mittels eines offenkundigen, nach BGH (GRUR 2003, 958 – Paperboy) erlaubten Links nicht dem Suchdienst, sondern dem Nutzer zuzurechnen (*Wimmers/Schulz* in: Heise Online-Recht Bd. 1 Kap. III Haftung für fremde Inhalte). Dem Suchenden kommen die Schrankenbestimmungen der §§ 44a ff. zugute, insbesondere § 53 (die erlaubte Vervielfältigung zum privaten oder sonstigen Gebrauch), damit mittelbar dem Suchdienst.

Zugunsten des Suchdienstes kommt auch eine Wertung der Thumbnails als „Abstracts" in Betracht. Nach § 12 Abs. 2 UrhG ist eine Mitteilung oder Beschreibung des Werks zulässig, sobald es veröffentlicht ist. Thumbnails lassen sich als solche erlaubte Inhaltswiedergaben analog den Abstracts begreifen (Nolte, Informationsmehrwertdienste und Urheberrecht, S. 252).

Entgegen LG Hamburg und OLG Jena stellen Thumbnails keine urheberrechtsrelevanten Bearbeitungen iSd. § 23 dar. Es handelt sich vielmehr um die rein technische Erfassung von Bildern zur Suchvermittlung im Internet (so auch *Jani* in: *Wandtke* (Hrsg.). Medienrecht Praxishandbuch, 2009, Kap. 1 Rdnr. 109). **Urheberrechtlich sind Thumbnails Zitate gemäß § 51 S. 1.** Nach der Novellierung der Bestimmung ist die Vervielfältigung, Verbreitung und öffentliche Wiedergabe eines veröffentlichten Werks zum Zweck des Zitats gestattet, sofern die Nutzung in ihrem Umfang durch den besonderen Zweck gerechtfertigt ist. Zweck der Suchmaschinen und ihrer Zitate ist die Vermittlung des Wissens der Welt. In der gegenwärtigen Informations- und Wissensgesellschaft dürfte dieser „besondere" Zweck zur Legitimation nicht zu leugnen sein (siehe oben ausführlich bei Rdnr. 45f.). Bildzitate waren schon nach altem Recht zugelassen, auch in Verkleinerung zu Zitatzwecken. Sie schließen § 23 aus. Ebenso bleibt § 19a unberührt, da § 51 S. 1 zur Zulässigkeit des Zitats nur die Veröffentlichung des zitierten Werks voraussetzt. In diesem Sinn *Dreier* in *Dreier/Schulze*[3] § 51 Rdnr. 147 noch nicht verhalten, dann differenziert begründet in Fs. für Krämer, 2009, 225ff.; dagegen (noch) *Schack* MMR 2008, 145; *Ott* K&R 2008, 306/308; *Ott*, ZUM 2009, 345; *Melichar*, so. Vor § 44a Rdnr. 19f.; *Schricker/Spindler* so. § 51 Rdnr. 8f. *Jani* in: *Wandtke* (Hrsg.) Medienrecht Praxishandbuch Kap. 1, Rdnr. 109; *Dreyer* in Kotthoff/Dreyer/Meckel[2] § 51 Rdnr. 14 und § 19a Rdnr. 8; *Kubis* ZUM 2006, 370/376 unter dem Eindruck des alten Rechts.

Eine Übersicht der US-amerikanischen und der deutschen Rechtsprechung gibt Ott, ZUM 2007, 119.

119 Inhaber eines Internetanschlusses:

Der Inhaber eines Internetanschlusses öffnet sich und Dritten Zugang zum Internet. Inwieweit er nicht nur für sich selbst sondern auch für die Dritten verantwortlich ist, hängt von den Prüf- und Kontrollpflichten ab, die von ihm im Rahmen der Zumutbarkeit verlangt werden. In Rechtsprechung und Literatur wird das uneinheitlich beurteilt. Siehe die Zusammenstellung bei *Ernst/Seichter* ZUM 2007, 513; auch *Grosskopf* CR 2007, 122; *Gercke* CR 2006, 210; *Hornung* CR 2007, 88/89, *Mautz* MMR 2006, 764; *Fromm/Nordemann*[10] Rdnr. 172.

Zur Rechtsprechung: Der Inhaber eines Anschlusses haftet für Urheberrechtsverletzungen, die über seinen Anschluss begangen worden sind: für Minderjährige LG Köln ZUM RD 2008, 93 und LG Hamburg ZUM 2006, 661; für Freunde der Kinder LG Hamburg MMR 2006, 700; keine Haftung für volljährige Kinder und Ehegatten: LG Mannhein ZUM-RD 2007, 252 und LG Mannheim ZUM-RD 2007, 255; Haftung wegen mangelnder Belehrung, Kontrolle und Sicherung LG Hamburg CR 2006, 780; Filesharing durch Familienangehörige, wenn die Belehrungspflicht verletzt wurde: OLG Frankfurt/M GRUR-RR 2008, 73; Haftung des WLAN-Betreibers bei Filesharing-Konstellationen: OLG Düsseldorf, Beck RS 2008, 02287 und *Mühl-*

Anspruch auf Unterlassung und Schadenersatz   § 97

berger GRUR 2009, 1022; Haftung für Dritte, die Rechtsverletzungen über die ungeschützte kabellose WLAN-Verbindung des Anschlussinhabers begehen: OLG Düsseldorf ZUM-RD 2008, 170; LG Hamburg ZUM-RD 2006, 533; LG Frankfurt/M ZUM 2007, 406 m. Anm. *Gietl*; LG Mannheim MMR 2007, 537 m. krit. Anm. *Ernst*. Arbeitgeber haften nicht für illegales Filesharing ihrer Mitarbeiter, wenn es keine Anhaltspunkte gab: LG München I ZUM 2008, 157: aA *Fromm/Nordemann*[10] Rdnr. 172; vgl. auch *Peter* K&R 2007, 371. Eine Entscheidung des BGH soll am 12. 05. 2010 ergehen (I ZR 121/08).

Eine entsprechende Haftung besteht für den Inhaber eines e-Bay-Accounts, wenn er die Zugangsdaten nicht gesichert hat, auch nicht vor der Ehefrau (BGH GRUR 2009, 597 – *Halzband* = CR 2009, 450 m. Anm. *Rössel* S. 453).

5. Entwicklungsperspektiven

Die Rechtsprechung zur Haftung im Online-Bereich ist in den letzten Jahren sprunghaft gestiegen. Richtschnur geben die drei oben genannten Grundsatzentscheidungen des BGH „Paperboy" (GRUR 2003, 958), „Internetversteigerung I" (GRUR 2004, 860) und „Schöner Wetten" (GRUR 2004, 693) und die nachfolgenden Entscheidungen Internetversteigerung II (GRUR 2007, 708) und Internetversteigerung III (GRUR 2008, 702). Die Instanzgerichte passen ihre Rechtsprechung zögerlich an. Die Rechtsmeinungen liegen zum Teil noch erheblich auseinander, pendeln sich jedoch ab Kenntnis und Zumutbarkeit von Maßnahmen ein. Vgl. die **Rechtsprechungsübersichten:** zur Providerhaftung: Volkmann für die Jahre 2005, 2006 und 2007 in K&R 2006, 245 ff., K&R 2007, 289 ff. und K&R 2008, 329 ff.; zur Unterlassungs- und Beseitigungshaftung der Telemedienanbieter für das Verhalten Dritter: *Rössler* K&R 2008, 13 ff.; zur Entwicklung des Telemedienrechts: *Engels/Jürgens/Kleinschmidt* für die Jahre 2006 und 2007 K&R 2007, 57 ff. und K&R 2008, 65 ff.; zur Rechtsentwicklung bei Suchdiensten: *Sebastian Meyer* für die Jahre 2006 und 2007 K&R 2007, 177 und K&R 2008, 201 ff.; *Ott* zur Entwicklung des Suchmaschinen- und Hyperlink-Rechts im Jahr 2008 WRP 2009, 351; *Klett* zur Entwicklung des Urheberrechts in den Jahren 2007 und 2008 K&R 2008, 393 und K&R 2009, 438; *Reinholz/Schätzle* zum Domainrecht, Bilanz der Rechtsprechung aus den Jahren 2008/2009 K&R 2009, 606.

Die Anforderungen an die Maßnahmen zur künftigen Unterlassung und Beseitigung richten sich nach der Schwere der Rechtsverletzung, nach den technischen Möglichkeiten (ggf. mittels Sachverständigengutachten), dem wirtschaftlichen Aufwand und den Konsequenzen, die der Eingriff auf für das involvierte Geschäftsmodell selbst oder für unbeteiligte Dritte hat. Insoweit wird es trotz Leitlinien immer auf den konkreten Fall ankommen, zumal sich die Technik rasant entwickelt und die Erfindungsgabe der Beteiligten unerschöpflich scheint. Schließlich ist auch – zumal im Verhältnis zum „neutralen" Störer – ein Mitwirken des Verletzten in die Beurteilung einzubeziehen. Dem Verletzten kann im konkreten Fall aufgegeben werden, zunächst den Hauptverursacher in Anspruch zu nehmen, insbesondere dann, wenn auf diese Weise die Rechtsverletzung aus dem gesamten Netz getilgt werden kann. So das LG Berlin im Urteil v. 1. 9. 2009 16 O 293/08 (z. Zt. noch nicht veröffentlicht), das den Verletzten aufgibt, zunächst den Domaininhaber auf Löschung in Anspruch zu nehmen, bevor „Eingriffe" in den automatisierten Ablauf der Indizierung und Verlinkung und damit in die Funktionstüchtigkeit der im Interesse der Allgemeinheit arbeitenden Suchmaschine gefordert werden. Das ist kein Widerspruch zu BGH GRUR 2007, 724 – Meinungsforum, sondern andere Sachlage. Last not least kann der Betroffene gehalten sein, seine Daten selbst zu schützen. Das gebietet die Sozialbindung, wenn das neue Medium für die Allgemeinheit unverzichtbar ist. Im Straßenverkehr wird auch verlangt, dass sich die Autofahrer anschallen. Der Selbstschutz ist technisch wirksamer als ein vorbeugender Unterlassungsanspruch im Kernbereich, der technisch nicht zu machen ist ohne die Gefahr, zum Nachteil der Allgemeinheit Informationen zu sperren. Der Nutzer hat die Möglichkeit dort, wo er Informationen im Internet bereithält, zu bestimmen, ob und in welchem Umfang diese Informationen gecrawlt, indexiert und angezeigt werden dürfen. Mit diesem Verfahren kann der Einzelne sicherstellen, dass die Inhalte, die er nicht auffindbar halten will, in Suchmaschinen nicht erscheinen. Haben Dritte die Informationen ohne Wissen oder gegen den Willen des Betroffenen ins Netz gestellt, sind sie auf Verlangen des Betroffenen nach den Regeln zu beseitigen, die zum Schutz des allgemeinen Persönlichkeitsrechts (§ 823 BGB und §§ 21–24 KUG) entwickelt worden sind. Letztlich führt auch im Online-Bereich eine Güter-, Interessen- und Pflichtenabwägung zu einem sozial adäquaten Ergebnis.

F. Zivilrechtliche Ansprüche

I. Der Unterlassungsanspruch

122 1. Die Rechtsprechung hat den **Unterlassungsanspruch in entsprechender Anwendung des § 1004 BGB** entwickelt (RGZ 84, 146; RGZ 153, 1/27; BGHZ 17, 266/291 – Grundig-Reporter). Er ist in § 97 Abs. 1 normiert und gilt sowohl für vermögens- wie persönlichkeitsrechtliche Beeinträchtigungen. Voraussetzung ist eine tatsächlich begangene **widerrechtliche Rechtsverletzung und Wiederholungsgefahr**. Verschulden ist irrelevant. Der Unterlassungsanspruch ist das Fundament der Schadensbeseitigung und Verhinderung künftiger Rechtsverletzungen im Kernbereich. § 97 Abs. 1 entspricht Art. 13 der Richtlinie 2004/48/EG zur Durchsetzung der Rechte des geistigen Eigentums (ABl. Nr. L 195 S. 16). Durch die geltende Störerhaftung wird auch der Forderung nach der Durchsetzung gegen Mittelspersonen genügt (Art. 11 S. 3 der Richtlinie und Art. 9 der Richtlinie 2001/29/EG: BTDrucks. 16/5048/EG). Im Bereich der Online-Haftung war aufgrund der Privilegierung der automatischen Dienstleister der Unterlassungsanspruch umstritten. Der BGH entschied: **Keine Haftungsfreistellung von Unterlassungsansprüchen durch das TMG, vorm. TDG** (BGH GRUR 2004, 860 – Internetversteigerung I, verfestigt durch BGH GRUR 2007, 708 – Internetversteigerung II und BGH GRUR 2008, 702 – Internetversteigerung III; BGH GRUR 2007, 890 – Jugendgefährdende Schriften bei eBay; auch OLG Hamburg GRUR-RR 2005, 209/212 – Rammstein.

123 **Wiederholungsgefahr ist idR gegeben, wenn eine Rechtsverletzung schon einmal begangen wurde.** Die bloße theoretische Möglichkeit einer Rechtsverletzung reicht nicht (BGH GRUR 1957, 348/349 – Klasen-Möbel – zu § 3 UWG alt; KG GRUR 1957, 45/46 – Karpfhamer Fest). Das sind jedoch seltene Fälle bei Vorliegen besonderer Umstände. **Grundsätzlich indiziert eine Rechtsverletzung die Wiederholungsgefahr** (stRspr.: BGHZ 14, 163/167 – Constanze II mwN; BGH GRUR 1961, 138/140 – Familie Schölermann; BGH GRUR 1997, 379/380 – Wegfall der Wiederholungsgefahr II; BGH GRUR 1997, 929/930 – Herstellergarantie; BGH GRUR 2002, 717/719 – Vertretung der Anwalts GmbH). **Die Wiederholungsgefahr beschränkt sich nicht auf identische Verletzungsformen, sondern umfasst alle im Kern gleichartigen Verletzungen** (BGH GRUR 1996, 290/291 – Wiederholungsgefahr I; BGH GRUR 1999, 1017/1018 – Kontrollnummernbeseitigung I). Wiederholungsgefahr ist insbesondere gegeben, wenn der Verletzer sein Verhalten als rechtmäßig verteidigt (BGHZ 14, 163/167 – Constanze II; BGH GRUR 1961, 138/140 – Familie Schölermann; BGH GRUR 1965, 198/202 – Küchenmaschine; BGH GRUR 1972, 550 – Spezialsalz II), aber nicht, wenn es nur im Prozess zur Rechtsverteidigung geschieht (BGH WRP 2001, 1076/1079 – Berühmungsaufgabe). Das ist im Prozess eindeutig klarzustellen. **Die Wiederholungsgefahr wird durch eine Unterlassungserklärung beseitigt. Diese muss ernsthaft, unbefristet und vorbehaltlos abgegeben werden, bewehrt durch das Versprechen einer Vertragsstrafe für den Fall, dass es nicht eingehalten wird.** Die Rechtsprechung setzt strenge Maßstäbe. Selbst die Betriebseinstellung, -liquidation oder Umstellung auf eine andere Ware genügen nicht (BGH GRUR 1957, 342/347 – Underberg; BGH GRUR 1965, 198/202 – Küchenmaschine; BGH GRUR 1995, 1045/1046 – Brennwertkessel). Die Wiederholungsgefahr wird grundsätzlich auch nicht ausgeräumt, wenn sich der Verletzer zwar verpflichtet, künftige Zuwiderhandlungen zu unterlassen, **diese Verpflichtung aber nicht durch das Versprechen absichert, für jeden Fall der Zuwiderhandlung eine angemessen hohe Vertragsstrafe zu bezahlen** (BGH GRUR 1961, 138/140 – Familie Schölermann – mwN; zur Angemessenheit einer verwirkten Vertragsstrafe BGH GRUR 1994, 146/147 f. – Vertragsstrafebemessung; BGH GRUR 1992, 61/63 f. – Preisvergleichsliste). Die Unterlassungserklärung kann ohne Präjudiz für die Sach- und Rechtslage abgegeben werden und ohne Anerkennung einer Rechtspflicht; sie muss aber rechtsverbindlich sein. Die Unterlassungserklärung verpflichtet nicht zum Rückruf der ausgelieferten Ware, wenn diese bereits in die Verfügungsgewalt des Empfängers übergegangen ist (BGH GRUR 2003, 545/546 – Hotelfoto). Anspruch auf Rückruf gibt § 98 (siehe dort).

124 **Die Vertragsstrafe (§ 339 BGB) ist – neben der Schadenspauschalierung so zu bemessen, dass weitere Verletzungen ausgeschlossen werden.** Dabei sind die Schwere der Verletzung, das Verschulden und die weitere Gefährlichkeit zu berücksichtigen (BGH GRUR 1994, 146/147 f. – Vertragsstrafebemessung). Das Fehlen einer Obergrenze schadet nicht (BGH

GRUR 1990, 1051 – Vertragsstrafe ohne Obergrenze). Möglich ist es, die Bestimmung der Höhe nach § 315 Abs. 1 BGB bis zu einer Höchstgrenze dem Gläubiger zu überlassen (BGH GRUR 1985, 155 – Vertragsstrafe bis zu ...) oder ohne Höchstgrenze vorbehaltlich der Überprüfung der Angemessenheit gem. § 315 Abs. 3 BGB durch das Gericht (sog. **„neuer" Hamburger Brauch** – BGH GRUR 1994, 146/147 – Vertragsstrafebemessung). Durch einen solchen Bestimmungsrahmen wird das Risiko für beide Parteien überschaubar und ein sachgerechter Interessenausgleich im Verletzungsfall erreicht. Die Bestimmung der Höhe unmittelbar in das Ermessen des Gerichts zu stellen, hat der BGH angesichts des Wortlauts des § 315 Abs. 3 BGB abgelehnt, die Erklärung aber umgedeutet (BGH GRUR 1978, 192 – („alter") Hamburger Brauch). **Für Kaufleute gilt § 348 HGB**, wonach eine Vertragsstrafe, die ein Kaufmann im Betrieb seines Handelsgeschäfts versprochen hat, nicht nach § 343 BGB herabgesetzt werden kann. Diese Bestimmung kann jedoch abbedungen werden. Ausnahmsweise ist eine exorbitant hohe Vertragsstrafe nach Treu und Glauben vom Gericht herabzusetzen (BGH NJW 1971, 1126; BGH GRUR 1984, 72/74 – Vertragsstrafe für versuchte Vertreterabwerbung).

125 **Zur Wirksamkeit des Vertragsstrafeversprechens muss es vom Gläubiger angenommen worden sein.** Das wird unterstellt, wenn es nicht objektiv begründet als unzureichend zurückgewiesen wurde (BGH GRUR 1993, 34/37 – Bedienungsanweisung). Wird eine ordentliche Unterlassungserklärung zurückgewiesen, fehlt für ein Gerichtsverfahren das Rechtsschutzbedürfnis. **Die Geltendmachung der Vertragsstrafe setzt Verschulden voraus**. Zum Wegfall der Wiederholungsgefahr reicht es nicht, wenn der Verletzer nur eine auf die konkrete Verletzungsform bezogene Erklärung abgibt, eine Verallgemeinerung wegen im Kern gleichartiger Verletzungen jedoch ablehnt (BGH WRP 1996, 199/201 – Wegfall der Wiederholungsgefahr). Es reicht ebenfalls nicht, den handelnden Mitarbeiter zu entlassen (BGH GRUR 1964, 263/266 – Unterkunde; BGH GRUR 1965, 155 – Werbefahrer; BGH GRUR 1973, 208/209 – Neues aus der Medizin). Eine Änderung der tatsächlichen Verhältnisse berührt die Wiederholungsgefahr nicht, so lange nicht jede Wahrscheinlichkeit für eine Aufnahme des unzulässigen Verhaltens beseitigt ist. Anders bei Änderung eines Verbotsgesetzes oder Änderung der höchstrichterlichen Rechtsprechung. Dieser Grundsatz gilt im gesamten Bereich des gewerblichen Rechtsschutzes. **Zur Rechtsnatur der Wiederholungsgefahr (materiellrechtlich) und des Rechtsschutzbedürfnisses (prozessual)**: BGH GRUR 1973, 208/209 – Neues aus der Medizin; BGH GRUR 1980, 241/242 – Rechtsschutzbedürfnis; zur Wiederholungsgefahr im deliktischen Bereich: BGH WM 1994, 641/644.

126 **Bereits die Abgabe, nicht erst die Annahme einer ernsthaften, unbefristeten und vorbehaltlos gegebenen, hinreichend strafbewehrten Unterlassungserklärung, lässt die Wiederholungsgefahr und damit den Anspruch entfallen** (*Teplitzky*, Wettbewerbsrechtliche Ansprüche und Verfahren[9] Kap. 38, 35 ff.; *Ahrens/Schulte*, Der Wettbewerbsprozeß[5], Kap. 7, 77 ff.); aA Wegfall des Rechtsschutzbedürfnisses: OLG Frankfurt/M GRUR 1985, 82 – Einseitige Unterlassungserklärung – mwN. Zur Ausräumung der Wiederholungsgefahr genügt grundsätzlich auch die Abgabe per Telefax; sie muss auf Verlangen allerdings schriftlich nachgeholt werden (BGH GRUR 1990, 530/532 – Unterwerfung durch Fernschreiben; zur Beweislast für den Zugang vgl. BGH WM 1995, 341/342 f.). Eine auflösend befristete Unterlassungsverpflichtungserklärung beseitigt nicht die Wiederholungsgefahr, eine aufschiebend befristete nur, wenn die Bedingung noch nicht eingetreten ist (BGH GRUR 2002, 180/181 – Weit-vor-Winter-Schluss-Verkauf). Die auflösende Bedingung unter Änderung der Gesetzeslage oder der Änderung der höchstrichterlichen Rechtsprechung ist möglich, nicht jedoch der günstige Ausgang des konkreten Prozesses (BGH GRUR 1993, 677/678 – Bedingte Unterwerfung). Unter besonderen Umständen kann auch eine vom Empfänger nicht angenommene bedingte Unterlassungserklärung ausreichend sein: OLG München ZUM 2003, 870 – Esra. Der Verzicht auf die Einrede des Fortsetzungszusammenhangs nicht verlangt werden; entsprechende Vereinbarungen sind nach § 307 Abs. 2 BGB unwirksam (BGH NJW 1993, 721 – Fortsetzungszusammenhang). Bei Vertragsstrafeversprechen wird jetzt auf die „rechtliche Einheit" abgestellt, die Handlungen zu einem Verstoß zusammenzieht (BGH GRUR 2001, 758/759 – Trainingsvertrag).

127 Im Bereich des UWG wurde von der Rechtsprechung die Auffassung vertreten, die Wiederholungsgefahr sei ausgeschlossen, wenn eine ernsthafte, ordnungsgemäß mit Strafe bewehrte Unterlassungserklärung gegenüber einem Dritten abgegeben worden ist (BGH GRUR 1983, 186/187 – Wiederholte Unterwerfung; BGH GRUR 1989, 758 – Gruppenprofil). Die Rechtsprechung zur Drittunterwerfung ist prozessökonomisch zu verstehen. Die Drittunterwerfung eignet sich für das Wettbewerbsrecht mit mehreren möglichen Gläubigern. Siehe dazu *Fromm/*

§ 97 Anspruch auf Unterlassung und Schadenersatz

Nordemann[10] Rdnr. 38. Für das Urheberrecht kommt sie allenfalls im Rahmen einer Nutzerkette in Betracht, keinesfalls aber für den Urheber, der sein „Mutterrecht" ausübt (sa. *Vinck* in: Loewenheim[2], § 81 Rdnr. 25; *Dreier* in: *Dreier/Schulze*[3] Rdnr. 42; *Möhring/Nicolini/Lütje* Rdnr. 126). Ist trotz strafbewehrter Unterlassungserklärung eine erneute Verletzung erfolgt, wird neben der Geltendmachung der Vertragsstrafe das Rechtsschutzbedürfnis für eine Unterlassungsklage begründet (BGH GRUR 1980, 241 – Rechtsschutzbedürfnis). Zum Verhältnis zwischen Vertragsstrafe und gerichtlichem Ordnungsmittel bei Durchsetzung einer in einem gerichtlichen Vergleich vereinbarten Unterlassungsverpflichtung BGH GRUR 1998, 1053 – Vertragsstrafe/Ordnungsgeld. Sa. *Kaiser,* Die Vertragsstrafe im Wettbewerbsrecht, 1999.

128 2. Mindestens ebenso wichtig wie der Unterlassungsanspruch bei begangener Rechtsverletzung ist der **vorbeugende Unterlassungsanspruch.** Er war ursprünglich nicht gesetzlich geregelt, aber **gefestigte Rechtsprechung. Bei der Umsetzung der Richtlinie 2004/48/EG durch das Gesetz zur Verbesserung der Durchsetzung von Rechten des geistigen Eigentums vom 7. 7. 2008 (BGBl. I S. 1191) ist er in § 97 Abs. 1 S. 2 ausdrücklich aufgenommen worden.** Damit hat sich materiellrechtlich nichts geändert. Die Wiederholungsgefahr wird ersetzt durch die **konkret drohende Erstbegehungsgefahr** (BGHZ 14, 163/170 – Constanze II; BGH GRUR 2004, 860 – Internetversteigerung I; BGH GRUR 2007, 708 – Internetversteigerung II; BGH GRUR 2008, 702 – Internetversteigerung III; BGH GRUR 2007, 890 – Jugendgefährdende Schriften bei eBay). Sie besteht bei allen vorbereitenden Maßnahmen, die einen künftigen Eingriff nahe legen, sei es auch nur in Form von mittelbarer Täterschaft oder Beihilfe (BGHZ 42, 118/122 – Personalausweise; BGH GRUR 1960, 340/343 – Werbung für Tonbandgeräte; BGH GRUR 1964, 91/92 – Tonbänder-Werbung; BGH GRUR 1964, 94/95 – Tondbandgeräte-Händler). Eine Erstbegehungsgefahr droht beispielsweise, wenn in einem Unternehmen Maßnahmen erfolgen, die noch als intern gelten, weil sie noch nicht über die Absatzhelfer herausgekommen sind, aber auf Weitergabe zielen (BGH GRUR 1971, 119 – Branchenverzeichnis), ebenso, wenn bereits hinsichtlich eines Werks eine Verletzungshandlung begangen war und die Plagiierung einer Serie droht (OLG Zweibrücken GRUR 1997, 827 – Pharaon-Schmucklinie; OLG Hamburg ZUM 1997, 97 – Magritte; BGH GRUR 2004, 860 – Internetversteigerung I, keine Haftungsprivilegierung). Jedoch nicht, wenn die Gefahr lediglich aus vorangegangenen, verjährten Verletzungshandlungen hergeleitet werden kann (BGH GRUR 1994, 57/58 f. – Geld-zurück-Garantie). Sie entfällt nach Berührung des potentiellen Verletzers erst dann, wenn dieser davon eindeutig Abstand nimmt (BGH GRUR 1987, 125/126). Im Online-Bereich macht der vorbeugende Unterlassungsanspruch Schwierigkeiten angesichts der Privilegierung der automatischen Dienstleister durch § 7 Abs. 2 S. 1 TMG (siehe Rdnr. 94).

An die Beseitigung der Erstbegehungsgefahr stellt der BGH weniger strenge Anforderungen als an den Fortfall der Wiederholungsgefahr (ZUM-RD 2002, 59 – Berührungsaufgabe; BGH GRUR 1993, 33/55 – Ausländischer Inserent).

Zu den Anforderungen an Unterlassungserklärungen: *Teplitzky*[9] Kap. 38, 35 ff.; *Ahrens/Schulte*[5] Kap. 7, Rdnr. 77 ff. Zur Handhabung von Unterlassungserklärungen in der Praxis siehe: *Wandtke/Bullinger/v. Wolff*[3] Rdnr. 38 ff.; *Dreier* in: *Dreier/Schulze*[3] Rdnr. 40 ff.; *Dreyer/Kotthoff/Meckel* Rdnr. 19 ff. Zur Angemessenheit der Vertragsstrafe *Fromm/Nordemann*[10] Rdnr. 33; die Unterlassungsklage behandelt *Kefferpütz* im Prozessrecht vor §§ 97 ff. Rdnr. 9–44.

129 3. **Der Unterlassungsanspruch richtet sich gegen die konkrete Verletzung, erstreckt sich nach allgM aber auf „kerngleiche" Handlungen – „Kerntheorie" –** (BGH GRUR 2002, 248/250 SPIEGE – CD-ROM). Das sind Änderungen, die den „Kern", das Charakteristische der Verletzung erfassen. Damit soll verhindert werden, dass der Verletzer durch kleine Abweichungen aus dem Verbot herauskommt. In der Praxis macht die Kerntheorie Schwierigkeiten, weil konkret nicht immer sicher zu bestimmen ist, was zum „Kern" gehört. Fällt die Änderung noch unter das Verbot/die Unterlassung oder liegt eine neue Verletzung vor? Zu trennen sind auch die verschiedenen Nutzungsarten der §§ 15–22. Eine Verletzung des Vervielfältigungsrechts verletzt nicht das Recht der Verbreitung, begründet aber eine Begehungsgefahr für die Verbreitung, nicht für die Ausstellung oder Vorführung. Gravierend wird das Thema des Kernbereichs im Rahmen der Haftung im Online-Bereich (siehe Rdnr. 94).

II. Der Beseitigungsanspruch

130 **Der Beseitigungsanspruch** ist in § 97 Abs. 1 S. 1 kodifiziert. Wer durch einen rechtswidrigen Eingriff einen **fortdauernden störenden Zustand** geschaffen hat, muss diesen besei-

tigen (BGHZ 14, 163/173 – Constanze II; BGHZ 34, 99/102 – Sportanlagenbau; BGHZ 37, 187/189/191 – Auslandsschule; BGH GRUR 1954, 333/337 – Molkereizeitung; BGH GRUR 1954, 337/342 – Radschutz; BGH GRUR 1958, 448/449 – Blanko-Verordnungen; BGH GRUR 1960, 500/502 – Plagiatsvorwurf; BGH GRUR 1962, 315/318 – Deutsche Miederwoche; BGH GRUR 1966, 272 – Arztschreiber). Grundsätzlich besteht bei einer Rechtsverletzung die Vermutung weiterer Störungen; zur Rufschädigung durch Druckschriften siehe BGH NJW 1968, 644/645 – Mein Mann John. Der Anspruch kann sich überschneiden mit dem Vernichtungs-, Rückruf-, Überlassungsanspruch aus § 98, der ebenfalls auf die Beseitigung eines fortdauernden Störungszustands gerichtet ist (BGH GRUR 1993, 899/900 – Dia-Duplikate).

Unterlassungs- und Beseitigungsansprüche gehören als sog. negatorischer Rechtsschutz eng zusammen. Man kann den Unterlassungsanspruch mit *Fromm/Wilhelm Nordemann*[9] (Rdnr. 30, zust. *Riedel* Anm. 23) als eine Art Beseitigungsanspruch verstehen (in der Gefährdung eines Rechtsguts liege eine Beeinträchtigung, die durch das Unterlassen der gefährdenden Handlung beseitigt werde), oder den Beseitigungsanspruch als Fortführung und Ergänzung des Unterlassungsanspruchs (*v. Gamm* Rdnr. 28; *Möhring/Nicolini/Lütje* Rdnr. 112; auch BGH GRUR 1955, 487/488 – Alpha). Wird im Rahmen des § 97 vom Beseitigungsanspruch gesprochen, meint das jedenfalls einen **Beseitigungsanspruch im engeren Sinn für alle die Fälle, in denen eine fortdauernde Gefährdung nicht durch bloßes Unterlassen beseitigt werden kann.** Die Beseitigung erfordert in der Regel ein positives Handeln, während Unterlassungsgebote, von Ausnahmen abgesehen, Tätigkeiten in der Regel ausschließen. Der verschuldensabhängige Anspruch auf Schadensersatz nach § 249 BGB geht auf Wiederherstellung des früheren Zustandes, der Beseitigungsanspruch auf die Vermeidung künftiger Schäden (*Wandtke/Bullinger/v. Wolff*[3] Rdnr. 43; *Fromm/Nordemann*[10] Rdnr. 60). Ausnahmsweise kann ein drohender Störungszustand durch eine vorbeugende Beseitigungsklage anstelle der regelmäßigen vorbeugenden Unterlassungsklage abgewendet werden, wenn die Durchsetzung des Anspruchs mit Handlungsvollstreckung aus einem Beseitigungstitel sinnvoller ist (BGH WRP 1993, 399/401 f. – TRIANGLE – für Markenverletzung). Im Rahmen der Beseitigung kommt auch ein Rückruf in Betracht. Insoweit können sich Ansprüche aus § 97 Abs. 1 und § 98 Abs. 2 decken (aA *Wandtke/Bullinger/v. Wolff*[3] Rdnr. 45). Ein Rückruf ist jedoch nur durchzusetzen, solange der Verletzer/Störer die Verfügungsbefugnis besitzt. Er ist dennoch nützlich, um den Abnehmer bösgläubig zu machen. Danach kann der Verletzte sich an den Abnehmer halten, wenn er über die Auskunft nach § 101, vorm. § 101a dessen Namen und Adresse erfahren hat; dazu siehe die dortige Kommentierung.

Der **reine Störungsbeseitigungsanspruch** besteht **unabhängig von Verschulden** und ist nicht zu verwechseln mit dem deliktischen Schadensersatzanspruch (§ 249 BGB), der Verschulden voraussetzt (siehe Rdnr. 69). Im konkreten Einzelfall kann die Beseitigung der Störung auch die Beseitigung der Schadensfolgen bewirken und umgekehrt (BGHZ 10, 104/105 f.; BGHZ 14, 163/173 – Constanze II; BGHZ 34, 99/102 – Sportanlagenbau; BGH GRUR 1954, 337/342 – Radschutz; BGH GRUR 1960, 500/502 – Plagiatsvorwurf; BGH NJW 1968, 644/645 – Mein Mann John). Der Wegfall eines gegenwärtigen Störungszustandes lässt den Beseitigungsanspruch entfallen (BGH WRP 1993, 396/398 – Maschinenbeseitigung).

Der Anspruch richtet sich auf **Beseitigung der konkreten Störung.** Eine bestimmte Maßnahme kann nur verlangt werden, wenn keine andere in Frage kommt (BGHZ 29, 314/317 – Autobahnschäden; BGH GRUR 1954, 337/342 – Radschutz; BGH GRUR 1964, 82/87 – Lesering). **Bei Persönlichkeitsrechtsverletzung** richtet sich der Beseitigungsanspruch in der Regel auf **Widerruf** der verletzenden Äußerungen **oder Veröffentlichung einer Richtigstellung** (analog §§ 12, 1004 BGB; s. *Schnur* GRUR 1978, 225; zu den möglichen Berichtigungsansprüchen im Presserecht: *Soehring*, Presserecht[3] § 31; *Prinz/Peters*, Medienrecht, Rdnr. 673 ff.; *Löffler/Ricker*, Handbuch des Presserechts[5] Kap. 44 Rdnr. 16). Wird in einer periodischen Fachzeitschrift in einem mit Namen gekennzeichneten Artikel aus einem fremden Beitrag nicht nur zitiert, sondern sind daraus weite Passagen ohne Namensnennung des wahren Autors abgeschrieben, ist in der nächsten Ausgabe der Zeitschrift eine Berichtigung zu veröffentlichen, durch die der wahre Autor genannt und zugeordnet wird.

Die Beseitigungsmaßnahme wirkt vor allem bei Entstellungen. Sie **muss notwendig, zur Störungsbeseitigung geeignet und dem Verletzer auch zumutbar sein.** Das ist im Wege einer Interessenabwägung zu entscheiden (BGH GRUR 1960, 500/503 – Plagiatsvorwurf; BGH GRUR 1962, 315/318 – Deutsche Miederwoche; BGH GRUR 1960, 340/344 – Werbung für Tonbandgeräte; BGH GRUR 1964, 91/93 – Tonbänder-Werbung; BGH GRUR 1964, 94/97 – Tonbandgeräte-Händler; BGH GRUR 1965, 104/107 f. – Personalausweise –, in

§ 97   Anspruch auf Unterlassung und Schadenersatz

BGHZ 42, 118 insoweit verkürzt abgedruckt; BGH NJW 1968, 644/645 f. – Mein Mann John; BGH GRUR 1984, 54 – Kopierläden; OLG München ZUM 1996, 165 zur Interessenabwägung beim Verbietungsrecht aus § 14; keine nachträgliche Veränderung von Dachgauben trotz Entstellung (siehe auch bei § 98). Im Rahmen der Interessenabwägung befürwortet *Köhler* bei Unverhältnismäßigkeit der Beseitigung nach Wettbewerbsverstößen die analoge Anwendung von § 251 Abs. 2 S. 1 BGB (GRUR 1996, 82/86 f.). Zur Beseitigung bei Änderungen von Bauwerken ausführlich *Wedemeyer*, Fs. für Piper, 1996, S. 787. Der BGH fordert bei Bauwerken sorgsame Abwägung der Urheber- und der Eigentümerbelange, wobei das Interesse des Eigentümers des Bauwerks an der Erhaltung des neuen Werkes mit zu berücksichtigen ist (BGH GRUR 1999, 230 – Treppenhausgestaltung). Dazu auch *Goldmann*, Das Urheberrecht an Bauwerken – Urheberpersönlichkeitsrechte des Architekten im Konflikt mit Umbauvorhaben, GRUR 2005, 639.

134   **Beispiele negatorischer Beseitigungsansprüche:** Nachholen der Anerkennung der Urheberschaft (§ 13) – LG München I UFITA 87 (1980) 338/342; Beseitigung der Entstellung eines Werkes (§ 14), berühmter Fall RGZ 79, 397 – Felseneiland mit Sirenen: Der Eigentümer eines Freskengemäldes wurde zur Entfernung einer eigenmächtigen Übermalung verurteilt. Aus jüngerer Zeit: Das LG Berlin hat im Fall des Hauptbahnhofs Berlin nach Abwägung der konträren Interessen dem Architekten wegen Verletzung seines Urheberpersönlichkeitsrechts eine Beseitigung der Entstellung zugesprochen (GRUR 2007, 964; unbekannt verglichen); LG München I FuR 1982, 510/512 – ADAC-Hauptverwaltung I: Beseitigung der Entstellung eines Kunstwerks nach Zerstörung von Teilen durch den Eigentümer mittels Herstellung des früheren Zustandes oder Entfernung aller Fragmente, aber keine Vernichtung eines Bauwerks in seiner Substanz (§ 98 Abs. 5, vorm. § 101 Abs. 2 Nr. 1); BGH GRUR 1982, 107 – Kirchen-Innenraumgestaltung: Entfernung einer Orgelanlage im Kirchen-Innenraum vom BGH abgelehnt; Rückruf rechtswidrig hergestellter, entstellender oder das Persönlichkeitsrecht sonst wie verletzender Werke aus dem Verkehr, soweit das noch möglich ist, ebenso *Möhring/Nicolini/Lütje* Rdnr. 115; aA *Wandtke/Bullinger/v. Wolff*[3] Rdnr. 45; Beseitigung gefälschter Signatur, keine Zerstörung eines in Stil und Motiv unterschobenen Bildes, keine Kennzeichnung als Fälschung: BGH GRUR 1995, 668 – Emil Nolde; Veröffentlichung einer vertraglichen Unterlassungsverpflichtung (BGH GRUR 1967, 362/366 – Spezialsalz I – insoweit in BGHZ 46, 305 nicht abgedruckt); Hinweis im Ladenlokal bzw. in der Werbung auf die Verpflichtung des Kunden zur Beachtung fremder Urheberrechte (ua. GEMA-Hinweis), aber keine Verpflichtung zum Verkauf unter Vorlage von Personalausweisen (BGHZ 42, 118 – Personalausweise – keine generelle Kontrollpflicht mit Einsichtnahme in ggf. vertrauliche Unterlagen; BGH GRUR 1984, 54/55 – Kopierläden). Bei den letztgenannten Fällen wird deutlich, wie Unterlassungs- und Beseitigungsansprüche ineinander übergehen können.

135   Die **Kosten der Beseitigung** hat der **Verletzer zu tragen,** ohne dass es eines besonderen Ausspruchs bedarf (BGHZ 29, 314/319 – Autobahnschäden; BGH GRUR 1962, 261 – Öl regiert die Welt).

Bei eigener Störungsbeseitigung sind bei Verschulden die **Kosten als Schadensersatz** nach §§ 249 ff. BGB geltend zu machen. Abgerechnet werden kann auch über einen Bereicherungsanspruch (BGHZ 29, 314/319 – Autobahnschäden; BGH GRUR 1962, 261 – Öl regiert die Welt) oder generell über Geschäftsführung ohne Auftrag (GoA) nach § 677 BGB (*Dreier* in: *Dreier/Schulze*[3] Rdnr. 53; *Möhring/Nicolini/Lütje* Rdnr. 114).

Der **Vernichtungs-, Rückruf-, Überlassungsanspruch nach § 98 ist ein besonderer Beseitigungsanspruch, der eine** andere Wurzel hat (s. dort Rdnr. 1). Er schränkt den Beseitigungsanspruch nach § 97 Abs. 1 nicht ein, präzisiert ihn aber im konkreten Fall. Ergänzt werden die Vorschriften bei Computerprogrammen durch § 69 f betr. rechtswidrige Vervielfältigungsstücke und Mittel zur bestimmungsgemäßen unlauteren Umgehung von Programmschutzmechanismen und durch § 95 a bei Mitteln zur Umgehung wirksamer technischer Schutzmechanismen. Zum Ablösungsanspruch des schuldlosen Verletzers siehe § 100, vorm. § 101. Wenn erforderlich, kann zum Beseitigungsanspruch Auskunft verlangt werden (BGH GRUR 1995, 427/428 – Schwarze Liste).

Keine Haftungsfreistellung des Beseitigungsanspruchs durch das TMG vorm. TDG (BGH GRUR 2004, 860 – Internetversteigerung I, verfestigt durch BGH GRUR 2007, 708 – Internetversteigerung II und BGH GRUR 2008, 702 – Internetversteigerung III; auch OLG Hamburg GRUR-RR 2005, 209/212 – Rammstein).

III. Schadensersatz-, Auskunfts- und Rechnungslegungsanspruch

Auch im Urheberrecht gilt der Grundsatz, dass der **schuldhafte Eingriff** in ausschließliche (absolute) Rechte zum **Schadensersatz** verpflichtet. § 97 Abs. 2 S. 1 und 4 stimmen mit der Regelung des § 823 Abs. 1 BGB im Wesentlichen überein. Der Frage, ob § 97 Abs. 2 S. 1 und 4 als Spezialvorschrift § 823 Abs. 1 BGB vorgeht; was zu bejahen ist, kommt keine praktische Bedeutung zu; anders, wenn es nicht um die Verletzung von Urheber- und verwandten Schutzrechten geht, sondern um die Verletzung anderer ausschließlicher oder deliktisch geschützter Rechtsgüter wie bei Eingriffen in das allgemeine Persönlichkeitsrecht, das Recht am eigenen Bild ua. Diese Ansprüche können unabhängig von Ansprüchen wegen Verletzung von Urheber- oder verwandten Schutzrechten geltend gemacht werden (so auch *Ulmer*³ § 131 I). Den Anforderungen des Art. 13 der Richtlinie 2004/48/EG zur Durchsetzung der Rechte des geistigen Eigentums vom 29. 4. 2004 (ABl. Nr. L 195 S. 16) hat § 97 in der bisherigen Fassung und dem dazu entwickelten Gewohnheitsrecht voll entsprochen. Die Änderungen im Gesetzestext haben keine materiellrechtliche Bedeutung (AmtlBegr. BTDrucks. 16/5048 S. 33, 48). **136**

1. Verschulden. Schadensersatzansprüche setzen Verschulden voraus, dh. Vorsatz oder Fahrlässigkeit. **137**

Vorsätzlich handelt, wer eine Rechtsverletzung entweder bewusst und gewollt begeht (direkter Vorsatz) oder mit dolus eventualis, wenn die mögliche Rechtsverletzung erkannt und bewusst in Kauf genommen wird. Tatsachen- und Rechtsirrtum schließen den Vorsatz, nicht aber die Fahrlässigkeit aus (BGH GRUR 1982, 102/104 – Masterbänder; BGH ZUM 1988, 247 – Vorentwurf II; sa. *Schulze* GRUR 1994, 702 ff.). Soweit Recherche-, Kontroll- und Prüfungspflichten bestehen, beispielsweise beim Verleger, sind diese in die Prüfung des Verschuldens einzubeziehen. Die Rechtsfolgen sind bei Vorsatz und Fahrlässigkeit gleich. Das ist vielfach und teilweise heftig in Frage gestellt worden. In jüngster Zeit schafft die höchstrichterliche Rechtsprechung über die Schadensbemessung des herauszugebenden Verletzergewinns Flexibilität bei der Berücksichtigung des Verschuldens (*v. Ungern-Sternberg*, GRUR 2008, 291/298; vgl. Rdnr. 129). Bisher war der Grundsatz der Verhältnismäßigkeit nur in § 98 Abs. 3 eingesetzt (jetzt Absatz 4).

Fahrlässig handelt, wer die **im Verkehr erforderliche Sorgfalt** außer Acht lässt (§ 276 Abs. 1 S. 2 BGB), dh. wer hätte wissen können und müssen, dass er eine Rechtsverletzung begeht. Die Rechtsprechung stellt strenge Anforderungen. Anregungen, bei leichter Fahrlässigkeit die Haftung in Anlehnung an den Rechtsgedanken des § 47 Abs. 2 S. 2 PatG, § 15 Abs. 2 S. GebrMG, § 42 Abs. 2 S. 3 GeschmG und über § 287 ZPO zu beschränken (*Leisse/Traub* GRUR 1980, 1/5), sind vom Gesetzgeber nicht aufgenommen worden (sa. *Möhring/Nicolini/Lütje* Rdnr. 138). Die Rechtsprechung differenziert im Einzelfall mittels den Anforderungen an die verkehrsübliche Sorgfalt und den Grad der Zumutbarkeit (BGH GRUR 1999, 418 – Möbelklassiker). Ob und inwieweit Vertragpartner intern haften, zB wegen Zusicherung der Rechtsinhaberschaft, ist eine Frage außerhalb des Urheberrechts (BGH GRUR 1992, 605/606 f. – Schadensbegrenzungsvergleich); sa. *Möhring/Nicolini/Lütje* Rdnr. 140. **138**

Unsitten zählen nicht (BGHZ 8, 138/140). Grundsätzlich muss sich, wer ein fremdes Geistesgut nutzt oder von einer ihm erteilten Einwilligung Gebrauch machen will, über deren Bestand und die Verfügungsbefugnis des Übertragenden Gewissheit verschaffen (BGH GRUR 1960, 606/608 – Eisrevue II; KG GRUR 1959, 150/151 – Musikbox-Aufsteller; BGH GRUR 1959, 331/334 – Dreigroschenroman II zur Legitimation; OLG Stuttgart UFITA 41 [1964] 218/222 – Druckerei; KG Schulze KGZ 50 – Aktfotos; OLG München GRUR 1974, 484/485 f. – Betonstrukturplatten; OLG Frankfurt/M Schulze OLGZ 183 – Das Millionenspiel: Erkundigungspflicht der Fernsehanstalt über Rechtslage vor Ausstrahlung eines Films). Der BGH hat sogar – allerdings im Rahmen des § 1 UWG aF – eine **Erkundigungspflicht** nach nur obligatorischen Rechten für nicht ausreichend gehalten, sondern „Vergewisserung" verlangt (BGH GRUR 1974, 97 – Spielautomaten II). Es gibt im Urheberrecht keinen gutgläubigen Erwerb vom Nichtberechtigten (Vor §§ 28 ff. Rdnr. 102). Die originären deliktischen Prüfungspflichten sind sauber zu trennen von den Verkehrspflichten im Rahmen der Störerhaftung (siehe Rdnr. 75 a). **139**

Den Verleger nicht periodischer Druckschriften trifft grundsätzlich die Pflicht, den Inhalt der verlegten Werke zu prüfen, bei periodischen Druckschriften (Zeitungen, Zeitschriften) trifft diese **Prüfungspflicht** in erster Linie den Herausgeber, den Verleger aber auch dann, wenn er den Umständen nach mit der Möglichkeit rechnen muss, dass durch seinen Betrieb Rechtsverletzungen erfolgen – **Organisationsverschulden** – (BGHZ 14, 163/178 – Constanze II – mwN;

Neumann-Duesberg NJW 1966, 624). **Keine Entlastung** des Verlegers eines Sachbuches bzgl. des Inhalts **durch Einschaltung eines Rechtsanwalts** (BGH GRUR 1980, 1099 – Das Medizinsyndikat II). Für **Presseartikel** kann der **verantwortliche Redakteur** auch dann haften, wenn er keine Kenntnis von dem Artikel hatte, aber die ihm vom Verleger übertragene Inhaltskontrolle pflichtwidrig unterlassen hat (BGH Schulze BGHZ 239 m. Anm. *Neumann-Duesberg* zur Haftung des verantwortlichen Redakteurs; zum Verschulden beim Abdruck urheberrechtsverletzender Werbeanzeigen *Schulze* GRUR 1994, 702). Diese Haftung ist sehr streng, zu streng angesichts der begründeten Großzügigkeit bei Werbeanzeigen und den Anforderungen des Wettbewerbsrechts (vgl. *Steffen* in *Löffler* [Hrsg.], Presserecht⁴, § 6 LPG Rdnr. 167 mwN. Es bleibt immer die Störerhaftung). Zur publizistischen Sorgfalt: *Peters* NJW 1997, 1334. Prüfungspflichten hat auch der **Drucker** (je kleiner und handwerklicher, desto geringere Anforderungen sind zu stellen), aber er ist grundsätzlich nicht von der Prüfung freigestellt (LG Berlin GRUR 1950, 339; OLG Stuttgart UFITA 41 [1964] 218/222), **das Kopierwerk** (LG Berlin UFITA 90 [1981] 222/224; OLG Köln GRUR 1983, 568 – Video-Kopieranstalt; BGH GRUR 1988, 604 – Kopierwerk). Auch die **öffentlich-rechtlichen Rundfunkanstalten** dürfen sich im Programmaustausch nicht aufeinander verlassen (KG UFITA 86 [1980] 249/252 ff. – Boxweltmeisterschaft). **Fachkreise** unterliegen **erhöhten Anforderungen.** Man verlangt, dass sie besondere Kenntnisse haben, sich zumindest beschaffen können (BGH GRUR 1960, 253 – Auto-Skooter; BGH GRUR 1960, 256/260 – Chérie; BGH GRUR 1960, 606/609 – Eisrevue II; BGH GRUR 1963, 640/642 – Plastikkorb; BGH GRUR 1965, 198/202 – Küchenmaschine; BGH GRUR 1991, 332/333 – Lizenzmangel: zur Haftung wegen besonderer Erfahrungen im Filmgeschäft). Im **Online-Bereich** gelten die allgemeinen Regeln: Wer eigene Inhalte ins Netz stellt, haftet für den Inhalt. Ebenso haftet, wer fremde Inhalte in die eigenen Daten übernimmt, ohne sie als fremde zu kennzeichnen. Mit einem bloßen Link macht sich der Verlinkende den fremden Inhalt nicht schon zu eigen. Es bedarf dazu weiterer Merkmale, um den Inhalt der verlinkten Informationen dem Verlinkenden zuzurechnen (vgl. Rdnr. 97 f.). Ob das Setzen von Links und damit die Übernahme fremder Inhalte zulässig ist, bestimmt der Inhaber der fremden Website. Hat er kundgetan, dass er eine Fremdnutzung nicht zulässt, ist diese Bestimmung zu respektieren. Hat er nichts verlautbart, ist seine Einwilligung zu unterstellen (BGH GRUR 2003, 958 – Paperboy; *v. Ungern-Sternberg* GRUR 2009, 369).

140 Im **Tele- und Mediendienstebereich** ist zu differenzieren: Nutzer, Ersteller und Content-Provider haften nach den allgemeinen Regeln, mithin gelten auch die bekannten Regeln zum Verschulden, Organisationsverschulden eingeschlossen. Bei den **Netzbetreibern** und den **reinen Access-Providern scheidet Verschulden** nach TMG vorm. TDG und MDStV aus, solange keine positive Kenntnis vom rechtswidrigen Inhalt besteht. Erst ab positiver Kenntnis der Rechtsverletzung setzen Prüfungs- und Kontrollpflichten ein und die Verpflichtung zum Entfernen, Sperren, Unterlassen, soweit das technisch möglich und zumutbar ist. **Teledienste und Mediendienste genießen das Privileg** der §§ 7 Abs. 2 S. 1, 8 Abs. 1, 10 S. 1 TMG, vorm. §§ 8 Abs. 2 S. 1, 9 Abs. 1, 11 TDG/§§ 6–9 MDStV. Diese **Diensteanbieter haften nicht für Kennenmüssen des Inhalts.** Besteht jedoch Kenntnis und wird der rechtswidrige Inhalt nicht nach erlangter Kenntnis sofort gesperrt bzw. gelöscht (§ 10 S. 1 Nr. 2 TMG) **gelten** auch für die Access- und Host-Provider **die allgemeinen Regeln.** Siehe dazu Haftung im Online-Bereich Rdnr. 84 ff. Dieser Bereich erfordert ein besonderes Kapitel und ein Umdenken von analoger zu digital-technischer Welt. Siehe dazu Ziffer III. Haftung im Online-Bereich Rdnr. 78 ff.

141 An den **Hersteller** werden strengere Anforderungen gestellt als an den **Einzelhändler,** der sich eher auf die rechtmäßige Herstellung durch den Lieferanten verlassen kann (BGH GRUR 1957, 342/346 f. – Underberg). Auf der letzten Handelsstufe ist in der Regel ein geringerer Prüfmaßstab zu fordern. Der **Sortimenter,** der **Buchhändler** darf sich in der Regel mit der Durchsicht des Börsenblatts für den Deutschen Buchhandel begnügen, es sei denn, es weiß, dass das Buch von einem bekannten Nachdrucker angeboten wird. Der **Zeitungskioskhändler** wäre überfordert, wenn er alle Zeitungen und Zeitschriften auf den Inhalt prüfen müsste, ebenso der **Importeur einer ausländischen Zeitschrift,** der Buchhändler und der **Bibliothekar** (*Wenzel* NJW 1973, 603), sie können aber Störer sein. Grundsätzlich hat der Importeur von im Ausland hergestellten Produkten die Prüfungspflicht zur Rechtmäßigkeit des Vertriebs der Produkte im Inland, auch wenn die Produkte im Ausland rechtmäßig hergestellt worden sind (BGH GRUR 1977, 114 – VUS). Ebenso hat der ausländische Hersteller, der zum Import in Deutschland liefert, eine eigene Erkundigungspflicht (OLG Köln OLG-Rspr. 1993, 214 ff.; *Möhring/Nicolini/Lütje* Rdnr. 147). Der **Besteller** von **Nachdrucken oder Sonderdrucken** einer Veröffentlichung bei einem Verlag kann sich in der Regel darauf verlassen, dass der Verlag die

Anspruch auf Unterlassung und Schadenersatz **§ 97**

Rechte hat, wenn er den Auftrag bestätigt (*Möhring/Nicolini/Lütje* Rdnr. 145). Der Betreiber einer Homepage muss sich vergewissern, dass dort hochgeladene Inhalte genutzt werden dürfen und sein Internetanschluss nicht von Dritten zu Rechtsverletzungen benutzt wird (für Ehegatten und volljährige Kinder soll nach Auffassung einiger Gerichte keine Haftung bestehen: siehe dazu Rdnr. 119).

Bei bestehenden Streitfragen darf der Werknutzer **nicht ohne weiteres die ihm güns-** **142** **tigere Meinung** unterstellen, auch wenn namhafte Fachjuristen sie vertreten. **Der Nutzer trägt das Risiko des Rechtsirrtums** (BGHZ 64, 183 – August Vierzehn; BGH GRUR 1975, 667/669 – Reichswehrprozeß; BGH GRUR 2000, 699/702 – Kabelfernsehen; BGH GRUR 1999, 984 – Laras Tochter; BGH GRUR 1999, 923/928 – Tele-Info-CD). Dies gilt insbesondere, wenn das Bestehen einer Schutzrechtslücke in Fachkreisen streitig ist und zur Klärung ein Vorabentscheidungsersuchen an den EuGH gerichtet wurde (BGH GRUR 1999, 49/52 – „Bruce Springsteen and his Band" in Ergänzung zu BGH GRUR 1998, 568/569 – Beatles-Doppel-CD).

Erst Recht darf sich der Werknutzer nicht über den Inhalt höchstrichterlicher Rechtsprechung hinwegsetzen in der Erwartung, sie zu ändern (BGH GRUR 1960, 340/344 – Werbung für Tonbandgeräte; BGH GRUR 1961, 138/140 – Familie Schölermann). **Anders, wenn rechtliches Neuland betreten wird und noch keine höchstrichterliche Entscheidung vorliegt** (BGHZ 17, 266/295 – Grundig-Reporter; BGHZ 18, 44/57f. – Fotokopie; BGH GRUR 1964, 94 – Tonbandgeräte-Händler; BGHZ 58, 262 – Landesversicherungsanstalt) oder wenn **bisher nur eine dem Verletzer günstige Rechtspraxis,** insbesondere des RG vorliegt, die noch nicht durch eine andere BGH-Entscheidung ersetzt ist (BGH GRUR 1961, 97/99 – Sportheim; BGHZ 38, 356/368 – Fernsehwiedergabe von Sprachwerken; BGH GRUR 1974, 669/672 – Tierfiguren). Aber **kein Schutz des Vertrauens** darauf, dass **bei widersprechender Instanzrechtsprechung** der BGH die eigene Auffassung teilen werde (BGHZ 8, 88/97 – Magnettonbänder I; BGH GRUR 1955, 549 – Betriebsfeiern – in BGHZ 17, 376 insoweit nicht mitabgedruckt).

Dem Verletzer ist nicht unbedingt zuzumuten, seinen eigenen Standpunkt von vornherein aufzugeben (BGH GRUR 1964, 91/94 – Tonbänderwerbung; BGH GRUR 1972, 614/616 – Landesversicherungsanstalt – insoweit in BGHZ 58, 262 nicht mitabgedruckt; BGH GRUR 1975, 33/35 – Alters-Wohnheim I). Der Verletzer braucht auch nicht während des Prozesses aufzugeben, selbst wenn die Entscheidungen 1. und 2. Instanz gegen ihn ergangen sind, wenn die Unterwerfung einschneidende Maßnahmen bedeuten würde, die bei günstigem Ausgang des Verfahrens nachwirken können (BGH GRUR 1972, 614/616 – Landesversicherungsanstalt). Bewegt sich der Nutzer im rechtlichen Grenzbereich, trägt er das Risiko; bei zweifelhafter Rechtslage darf er das Risiko nicht auf den Rechtsinhaber abschieben (BGH GRUR 2007, 871/875 – Wagenfeld-Leuchte; BGH GRUR 2002, 248/252 – SPIEGEL-CD-ROM; BGH GRUR 1990, 474/476 – Neugeborenentransport; *Fromm/Nordemann*[10] Rdnr. 65; *Wandtke/Bullinger/v. Wolff*[3] Rdnr. 56).

Der **ursprünglich schuldlose Verletzer** verliert durch die erste **Abmahnung** den **guten** **143** **Glauben** an die Rechtmäßigkeit seines Handelns, unabhängig davon, ob der Abmahnende Beweise vorlegt. Es bestehen dann Erkundigungspflichten, bei den vom TMG privilegierten Diensteleistern nur bei „Offensichtlichkeit" der Rechtsverletzung (§ 10 S. 1 Nr. 1 TMG). Siehe zur Störerhaftung Rdnr. 69 ff.

Mitverschulden: Mitverschulden des Verletzten kann den Schaden mindern oder ausschließen. Beispiel: Der Verletzer fordert den Rechtsinhaber auf Abmahnung hin auf, eine Liste mit Werken zu übersenden, um Rechtsverletzungen auszuschließen, und der Rechtsinhaber kommt dem nicht nach (OLG Düsseldorf GRUR-RR 2002, 121 – Das weite Land).

2. Materieller Schaden. Prinzipiell ist der Zustand wieder herzustellen, der ohne die **144** Rechtsverletzung bestehen würde **(Naturalrestitution).** Da die Verletzung eines Rechts nicht ungeschehen gemacht werden kann, ist neben der Schadensbeseitigung, die bei Verschulden nach § 249 BGB gefordert werden kann, eine **Entschädigung in Geld** zu leisten (§ 251 BGB). Freie Schadensschätzung des Gerichts nach § 287 ZPO und großer Ermessensspielraum (BGHZ 119, 20/30f.) geben dem Verletzten Beweiserleichterung. Die Basis dafür muss freilich der Verletzte geben und darlegen, dass ohne die Rechtsverletzung eine entsprechende Nutzung durch ihn oder einen Dritten erfolgt wäre (BGH GRUR 1995, 349/351 – Objektive Schadensberechnung). Das Revisionsgericht darf nur prüfen, ob die Schadensermittlung auf falschen oder offenbar unsachlichen Erwägungen beruht, ob wesentliche Umstände außer Acht gelassen wurden oder die zugrunde gelegten Tarife zutreffend sind (BGHZ 77, 16/26f.; BGHZ 97, 37/41 – Filmmusik; zur Schätzung einer Schadenshöhe für eine unzulässige Bildveröffentlichung ohne

Berücksichtigung von Beweisantritten BVerfG ZUM 2009, 479 nur wenn keine Anhaltspunkte vorliegen, ist die Zurückweisung eines Beweisangebots unzulässig BGHZ 91, 243/256).

145 Es **stehen drei Berechnungsarten** zur Verfügung: **Ersatz der erlittenen Vermögenseinbuße einschließlich des entgangenen Gewinnes** (§§ 249 ff. BGB), **Zahlung einer angemessenen Lizenz, Herausgabe des Verletzergewinns**. Die Entwicklung dieser Berechnungsarten geht auf das Reichsoberhandelsgericht zurück und nahm den Ausgang von Urheberrechtsverletzungen durch Nachdrucke, bei denen entweder bei Verschulden voller Schadensersatz zu leisten oder mangels Verschuldens die Bereicherung herauszugeben war. Das **Reichsgericht** stellte die drei Berechnungsarten im Urteil vom 31. 12. 1895 dar (RGZ 35, 63 ff. – Ariston; darauf RGZ 43, 56 ff.) und führte sie auch nach Inkrafttreten des BGB konsequent fort (siehe dazu RGZ 70, 249/250 mwN). Der **BGH übernahm die ständige Rechtsprechung des RG** und erkannte ihr schließlich **gewohnheitsrechtlichen Rang** zu (BGHZ 20, 345/353 – Paul Dahlke – mwN; BGH GRUR 1962, 509/511 f. – Dia-Rähmchen II – unter Darstellung der Rechtsprechung des RG). Rechtspolitisch werden die Ansprüche mit der leichten Verletzbarkeit von Immaterialgüterrechten begründet, die einen besonders wirksamen Schutz verlangen. § 97 Abs. 1 S. 2 aF hat dem mit der Normierung der Herausgabe des Verletzergewinns Rechnung getragen, jetzt § 97 Abs. 2 S. 2. Bei Verletzungen schuldrechtlicher Vertragspflichten gilt die dreifache Schadensberechnung nicht (BGH GRUR 2002, 795/797 – Titelexklusivität). Die dreifache Schadensberechnung hat **für alle Verletzungen von Immaterialgütern und selbst geschützten Wettbewerbspositionen Geltung erlangt**. **Im Urheberrecht:** BGH GRUR 1959, 379/382 – Gasparone I; BGH GRUR 1960, 606 – Eisrevue II; BGHZ 59, 286/291 – Doppelte Tarifgebühr; BGH GRUR 1973, 663/665 – Wählamt; BGH GRUR 1974, 53 – Nebelscheinwerfer; BGH GRUR 1980, 227/232 – Monumenta Germaniae Historica; BGH GRUR 1990, 353 – Raubkopien; BGH GRUR 1990, 1008/1009 – Lizenzanalogie; BGH GRUR 2000, 226/227 – Planungsmappe; **im Patentrecht:** BGH GRUR 1962, 401/402 – Kreuzbodenventilsäcke BGH GRUR 1962, 509/511 – Dia-Rähmchen II; BGH GRUR 1963, 255/257 – Kindernähmaschinen; BGHZ 77, 16 – Tolbutamid; BGHZ 82, 310 – Fersenabstützvorrichtung; BGH GRUR 1992, 599/600 – Teleskopzylinder; BGH GRUR 1993, 897/898 – Mogul-Anlage; vgl. auch *Karnell*, Gedanken zur Bemessung von Schadensersatzansprüchen bei Patentverletzungen, GRUR Int. 1996, 335; **im Geschmacksmusterrecht:** BGH GRUR 2001, 329 – Gemeinkostenanteil; BGH GRUR 1963, 640/641 – Plastikkorb; BGH GRUR 1975, 85 – Clarissa; **im Warenzeichen-/Markenrecht:** BGHZ 44, 372/376 – Messmer Tee II – zur Lizenzberechnung, zuvor BGHZ 34, 320 – Vitasulfal – zum Verletzergewinn; weitere Hinweise in BGHZ 60, 168/173 – Modeneuheit; BGH GRUR 1991, 914/915 f. – Kastanienmuster; BGHZ 60, 206/208 f. – Miss Petite; **bei wettbewerbswidriger Nachahmung:** BGH GRUR 2007, 431 – Steckverbindergehäuse; BGHZ 57, 116/119 – Wandsteckdose II; BGHZ 60, 168/172 f. – Modeneuheit; **bei Verletzung von Betriebsgeheimnissen:** BGH GRUR 1977, 539/541 f. – Prozessrechner; **bei der Verletzung von Namens- und Firmenrechten:** BGHZ 30, 7/9 f. – Caterina Valente; BGHZ 60, 206/208 f. – Miss Petite; BGHZ 81, 75/78 ff. – Carrera; **bei Verletzung des Rechts am eigenen Bild:** BGHZ 20, 345/353 – Paul Dahlke; BGH GRUR 1979, 425/427 – Fußballspieler; BGH GRUR 1979, 732/734 – Fußballtor. Weitere Hinweise bei *Sack*, Fs. für Hubmann 1985, S. 373 ff. und bei *Rogge*, Fs. für Nirk, 1992, S. 929; *Bodewig/Wandtke* GRUR 2008, 220/223.

146 **An dieser Rechtslage hat Art. 13 der Richtlinie 2004/48/EG vom 29. 4. 2004 zur Durchsetzung der Rechte des geistigen Eigentums (ABl. L Nr. 195 S. 16) nichts geändert** (AmtlBegr. BTDrucks. 16/5048 S. 33 und 48). *V. Ungern-Sternberg* zeigt dagegen auf, dass die Begrenzung des Schadensersatzes auf den objektiven Wert der Benutzungsberechtigung nach der Durchsetzungsrichtlinie nicht mehr haltbar ist, GRUR 2009, 460/463. Zur Enforcement-Richtlinie und deren Umsetzung zum Schadensersatz, zur Trias der Berechnungsweisen und zum Verquickungsverbot auch: *Wandtke/Bullinger/v. Wolff* [3] Rdnr. 60 f. Bei der Umsetzung durch das Gesetz zur Verbesserung der Durchsetzung der Rechte geistigen Eigentums vom 7. 7. 2008 (BGBl. I S. 1191) verschob der Gesetzgeber den Anspruch auf Schadensersatz bei Verschulden in Absatz 2 und nahm zugleich alle drei Arten der Schadensberechnung ausdrücklich in die Fassung des § 97 Abs. 2 S. 1–3 auf. Da die Gewinnherausgabe dogmatisch kein Schadensersatz sondern eine Möglichkeit der Schadensberechnung ist, lautet die Formulierung in Satz 2 nun korrekt: „Bei der Bemessung des Schadensersatzes kann auch der Gewinn, den der Verletzer erzielt hat, berücksichtigt werden". Ebenso ist die Lizenz in Satz 3 als Bemessungsgrundlage definiert: „... kann auch auf der Grundlage des Betrages berechnet werden, den der Verletzer als angemessene Vergütung hätte entrichten müssen". Eine Änderung der Rechtsprechung war

damit ausdrücklich nicht gewollt, auch nicht die zum 100%igen Tarif-Zuschlag, der der GEMA seit Jahrzehnten zugesprochen wird (BTDrucks. 16/5048 S. 48). Im Einzelfall könne es zum sachgerechten Schadensausgleich notwendig sein, den Schadensersatz höher als die Lizenzgebühr zu berechnen. Es heißt in der amtlichen Begründung (BTDrucks. 16/5048 S. 48): „Die Möglichkeit, einen solchen pauschalen Kontrollaufschlag zu gewähren, wird durch die Neufassung nicht berührt". Art. 13 Abs. 1 Buchstabe b der Richtlinie 2004/48/EG lässt Schadensersatz als Pauschalbetrag zu „auf der Grundlage von Faktoren wie mindestens dem Betrag der Vergütung, die der Verletzer hätte entrichten müssen, wenn er die Erlaubnis zur Nutzung des betreffenden Rechts des geistigen Eigentums eingeholt hätte". Entfallen ist im Wortlaut der neuen Fassung der Anspruch auf Rechnungslegung zum Gewinn. Dazu sagt die AmtlBegr. BTDrucks. 16/5048 S. 48: „Die Streichung des Rechnungslegungsanspruchs ... **bezweckt keine inhaltliche Änderung, da ein solcher Anspruch ganz allgemein für die Berechnung des Schadensersatzanspruchs im Urheberrecht und im gewerblichen Rechtsschutz gewohnheitsrechtlich anerkannt ist.**" Bemerkenswert: Zum einen wird ein Anspruch aus dem Gesetz genommen, weil Gewohnheitsrecht, zum anderen wird ein Recht festgeschrieben (§ 97 Abs. 2 S. 3), obwohl gewohnheitsrechtlich anerkannt.

Der **Verletzte** hat nach wie vor die **freie Wahl, welche Berechnungsart** er anwenden **147** will, kann sie allerdings nicht ins Ermessen des Gerichts stellen (OLG Düsseldorf GRUR-RR 2006, 393/394 – Informationsbroschüre; *v. Ungern-Sternberg* GRUR 2008, 300; dagegen *Fromm/ Nordemann*[10] Rdnr. 69). Er kann von dem **Wahlrecht beliebig Gebrauch** machen und **auch noch während des Prozesses** (keine Klageänderung), ja selbst nach Rechtskraft des Verletzungsprozesses wechseln; er muss nicht zuvor die Rechnungslegung durch Vollstreckung erzwingen, sondern kann den Zahlungsanspruch im Weg der Lizenzanalogie weiterverfolgen (BGH GRUR 1966, 570/571 – Eisrevue III) und dazu ergänzende Auskünfte verlangen (BGH GRUR 1974, 53/54 – Nebelscheinwerfer). Möglich ist auch der Übergang zum Bereicherungsanspruch (BGHZ 82, 299/305 – Kunststoffhohlprofil II). Das **Wahlrecht** wird allerdings **ausgeschlossen,** wenn die Verletzungshandlung auch zu Vermögenszuwachs des Verletzten geführt hat (BGH GRUR 1987, 364/365 – Vierstreifenschuh; GRUR 1995, 349/352 – Objektive Schadensberechnung) oder wenn schon **beim Antrag** auf Feststellung der Schadensersatzpflicht **auf die Zahlung einer angemessenen Lizenzgebühr** abgestellt wird (BGH GRUR 1977, 539/543 – Prozessrechner), ansonsten erlischt das Wahlrecht erst, wenn der Verletzer den Anspruch nach einer der drei Berechnungsarten erfüllt (BGH GRUR 1974, 53/54 – Nebelscheinwerfer) oder der Anspruch rechtskräftig zuerkannt worden ist. Bereits eindeutig BGHZ 119, 20 – Tchibo/Rolex II – und BGH GRUR 1993, 757/758 – Kollektion Holiday; BGH GRUR 2000, 226/227 – Planungsmappe. Nach der Entscheidung BGH GRUR 2008, 93/95 – Zerkleinerungsvorrichtung – erlischt das Wahlrecht auch, wenn über den Schadensersatzanspruch für den Verletzten selbst unangreifbar nach einer ihm gewählten Berechnungsart entschieden worden ist; das Urteil des Verfahrens war durch Rücknahme der Klage rechtskräftig geworden, die Anschlussberufung des Klägers verfallen (BGH GRUR 2008, 93/94 – Zerkleinerungsvorrichtung, zustimmende Anm. von *Loschelder* in NJW 2008, 375).

Die **drei Berechnungsarten** sind **nur Methoden zur Berechnung eines einzigen** **148** **Schadensersatzanspruchs** und begründen **keine Wahlschuld** nach § 262 BGB (BGHZ 57, 116/118 – Wandsteckdose II; BGHZ 119, 20/23 – Tchibo/Rolex II; BGH GRUR 2008, 93/ 94 – Zerkleinerungsvorrichtung). Das ist die herrschende Rechtsprechung, auch wenn Wortlaut und Stellung des § 97 Abs. 1 S. 2 aF eine andere Beurteilung zuließen (*Kraßer* GRUR Int. 1980, 259/266 mwN; *Heil/Roos* GRUR 1994, 26/28 mwN; sa. *Möhring/Nicolini/Lütje* Rdnr. 149). Mit der Neufassung des § 97 Abs. 2 S. 2 („bei Bemessung des Schadensersatzes ...") und § 97 Abs. 2 S. 3 („Der Schadensersatz kann auch auf der Grundlage des Betrages berechnet werden ...") ist das jetzt unmissverständlich ausgesprochen: Prozessual ist der Gegenstand des Begehrens immer derselbe Anspruch, der lediglich unterschiedlich berechnet wird (BGH GRUR 2008, 93 – Zerkleinerungsvorrichtungen). Verbindet der Verletzte mit dem Wechsel der Berechnungsart eine Erhöhung der Schadensersatzforderung ist das keine Klagänderung, Der Übergang zu einer anderen Schadensberechnungsart ändert dementsprechend den Klaggrund nicht.

Die Berechnungsarten sind nach der Rechtsprechung klar auseinander zu halten (stRspr.: **149** BGH GRUR 1962, 509/512 – Dia-Rähmchen II; BGH GRUR 1962, 580/582 – Laux-Kupplung II; BGHZ 77, 16/25 – Tolbutamid; BGHZ 82, 310/321 – Fersenabstützvorrichtung), was aber nicht ausschließt, den Schaden nach jeder der drei Methoden zu begründen und im **Eventualverhältnis** zu fordern (*Preu* GRUR 1979, 753). Eine Verquickung/Vermengung in dem Sinn, dass Schadenspositionen doppelt abgerechnet werden, ist nicht gestattet. Eine Aus-

§ 97 Anspruch auf Unterlassung und Schadenersatz

nahme vom Alternativverhältnis der drei Rechnungsarten (Verquickungsverbot) gilt insoweit, als ein sog. **Marktverwirrungs- oder Diskreditierungsschaden zusätzlich zur Lizenzgebühr** liquidiert werden kann (stRspr.: BGH GRUR 1959, 331/334 – Dreigroschenroman II; BGHZ 44, 372/373/382 – Messmer Tee II; BGH GRUR 1975, 85/87 – Clarissa; BGHZ 60, 206 – Miss Petite; BGHZ 77, 16 – Tolbutamid; BGHZ 119, 20/30 f. – Tchibo/Rolex II; siehe dazu *Teplitzky*, Grenzen des Verbots der Verquickung unterschiedlicher Schadensberechnungsmethoden Fs. Traub, 1994, S. 401 ff.). Marktverwirrung kann eintreten, wenn durch die Rechtsverletzung fremde Ware in den Handel gelangt, die mit der eigenen Ware verwechslungsfähig ist, bei minderwertiger Produktfälschung kann auch die Qualität der Originalware und der guten Rufs in Misskredit kommen (BGH GRUR 1995, 608 – Beschädigte Verpackung II; BGH GRUR 1987, 364 – Vier-Streifen-Schuh). **Geltend gemacht werden können nur Aufwendungen zur unmittelbaren Beseitigung der konkreten Verletzung, nicht – auch nicht anteilig – allgemeiner Werbeaufwand** (BGH GRUR 1978, 187 – Alkoholtest; BGH GRUR 1979, 804/806 – Korrekturflüssigkeit). In der Praxis hat die unmittelbare Störungsbeseitigung den Vorrang (BGH GRUR 1991, 921/923 – Sahnesiphon). **Nach dem geltenden zivilrechtlichen System ist Schadensersatz Kompensation/Ausgleich einer erlittenen Rechtsverletzung und grundsätzlich nicht Bestrafung.** Sanktion und Prävention sind lange Zeit nur sehr vorsichtig im Rahmen der konkreten Schadensersatzbemessung anerkannt worden. Die „objektive Schadensberechnung" schließt eine Bestrafung durch Zuerkennung von „punitive damages", wie in den USA, oder Verletzerstrafzuschlag aus. Dem Verletzten alles abzunehmen, was er durch die Rechtsverletzung erlangt hat, ist **jedoch keine Strafe sondern gerechter Ausgleich**. Im Bereich des Persönlichkeitsrechtsschutzes hat der Schadensersatz inzwischen Genugtuungs-, Sanktions- und Präventionscharakter angenommen (BGHZ 128, 1 – Caroline von Monaco). Der Präventionsgedanke setzt sich zunehmend auch im Bereich der materiellen Verletzungen durch (BGH GRUR 2001, 329 – Gemeinkostenanteil; *Dreier*, Kompensation und Prävention, S. 55 ff. und GRUR 2004, 706/707. Zum Präventionsgedanken im Rahmen von Art. 13 der EG-Richtlinie 2004/48/EG zur Durchsetzung von Rechten des geistigen Eigentums: *Bodewig/Wandtke* zur doppelten Lizenzgebühr als Berechnungsmethode: GRUR 2008, 220; *v. Ungern-Sternberg*, Fs. für Loewenheim, 2009, 351; *ders.* GRUR 2009, 460; siehe auch Rdnr. 161).

150 **a) Konkreter Schaden – entgangener Gewinn.** Die Berechnung des entgangenen Gewinns ist deutlich vom Verletzergewinn zu unterscheiden (BGH GRUR 1993, 757/759 – Holiday Kollektion), aber auch von den fingierten Lizenzen. Die Erstattung der erlittenen Vermögenseinbuße (§§ 251 ff. BGB) einschließlich des entgangenen Gewinns (§ 252 BGB) ist am leichtesten dort durchzuführen, wo nach festen Tarifen gearbeitet wird. **Als entgangen gilt der Gewinn, welcher nach dem gewöhnlichen Lauf der Dinge oder nach den besonderen Umständen,** insbesondere nach den getroffenen Anstalten und Vorkehrungen **mit Wahrscheinlichkeit erwartet werden konnte** (§ 252 S. 2 BGB). Diese **vom Gesetz geschaffene Beweiserleichterung** mindert, behebt aber nicht die bestehenden Schwierigkeiten im Nachweis der Kausalität zwischen Verletzungshandlung und entgangenen Aufträgen sowie in der Definition des Gewinns und dem Nachteil, dass er dem Verletzten gerade durch die Verletzung und nicht durch andere Umstände entgangen ist (BGHZ 57, 116/119 – Wandsteckdose II; BGHZ 60, 206/209 – Miss Petite; zu den Schwierigkeiten siehe *Dreier*, Kompensation und Prävention, S. 327 ff.; *Preu* GRUR 1979, 753/756 f.; *Kraßer* GRUR Int. 1980, 259/261 f.; beispielhaft BGHZ 77, 16/19 ff. – Tolbutamid; mangelnde Substituierbarkeit: OLG Hamburg GRUR-RR 2001, 260/263 – Loriot-Motive; *Leisse/Traub* GRUR 1980, 1 bemühen sich um eine Schätzungsformel; bemerkenswert ist der Versuch, über die Rechtsprechung zu nutzlos aufgewandter Urlaubszeit zu einer weiteren Revision der Rechtsprechung hinsichtlich des Ersatzes von Verwaltungs- und Vorsorgekosten zu kommen, siehe Rdnr. 161). Entgangener Gewinn ist bei pauschalierter Tarifvergütung mindestens dieser Tarifbetrag. Sind die Vorlaufkosten einer Produktion bereits amortisiert, lässt sich ein konkreter entgangener Gewinn leichter begründen. Zuzuerkennen ist der sog. Deckungsbeitrag. Das sind anteilige Fixkosten, wenn aufgrund der entgangenen Marktchancen nicht nur konkrete Einbußen auf der Leistungs- sondern auch auf der Bereitschaftsebene erlitten wurden (*Lehmann* BB 1988, 1680/1687 mit betriebswirtschaftlicher Begründung; sa. *Möhring/Nicolini/Lütje* Rdnr. 166; *Wandtke/Bullinger/v. Wolff*[3] Rdnr. 65).

151 **Beispiele für die Berechnung eines konkret entstandenen Schadens:** BGH GRUR 1993, 757/758 – Kollektion Holiday: Auftragsstornierungen und verringerte bis keine Nachbestellungen; BGH WRP 1982, 85/86 – Architektenwerbung: Ausgleich nachteiliger Folgen für

Anschlussaufträge bei unterlassener Namensnennung; OLG Hamburg UFITA 65 (1972) 284: Auswechslung einer betexteten und eingespiegelten Illustriertenseite; OLG Hamburg Schulze OLGZ 148: Marktverwirrungsschaden; OLG Hamburg GRUR Int. 1978, 140 – membran: Berechnung von Differenz-Lizenzen beim Reimport von Tonträgern; OLG Köln BauR 1991, 647: Zur Vergütung des Architekten nach HOAI; vgl. auch LG Düsseldorf GRUR 1993, 664: Zur Berechnung eines entgangenen Bildhonorars entsprechend den Empfehlungen der „Mittelstandsgemeinschaft Foto-Marketing" – MFM – im Wege der Schadensschätzung; zur sog. Materialmietgebühr bei musikalischen und dramatischen Werken siehe Rdnr. 164. Eine konkrete Vermögenseinbuße ist auch der Aufwand des Verletzten zur Ermittlung der Rechtsverletzung und zur Rechtsverfolgung (BGH GRUR 2007, 431/435 Tz. 43 – Steckverbindergehäuse (zu den Abmahnkosten seit 1. 9. 2008 § 97a).

b) Angemessene Lizenzgebühr. Die Schadensberechnung im Wege einer angemessenen **152** Lizenz, **sog. Entschädigungslizenz,** ist die einfachste und gebräuchlichste Berechnungsart (kritisch *Sack,* Fs. für Hubmann, 1985, S. 388 ff.; ebenfalls kritisch *Körner,* Fs. für Steindorff, 1980, S. 877 und *Beuthien/Wasmann* GRUR 1997, 255; *Rogge,* Fs. für Nirk 1992, S. 929 ff.). Sie **deckt sich wertmäßig mit der Lizenz im Bereicherungsrecht.** Diese **von der Rechtsprechung entwickelte** und **zum Gewohnheitsrecht gewordene Berechnungsart** beruht auf dem Gedanken, dass der schuldhaft handelnde Verletzer nicht bessergestellt sein soll als derjenige, der das Schutzrecht als vertraglicher Lizenznehmer rechtmäßig nutzt (BGH GRUR 2006, 143/145). So jetzt auch § 97 Abs. 2 S. 3 nF. Kausalitätsprobleme gibt es bei dieser **Lizenzanalogie** nicht. Der Lizenzbetrag ist pauschalierter Mindestschaden. Es ist unerheblich, ob der Verletzte oder der Verletzer bereit gewesen wäre, einen Lizenzvertrag abzuschließen, ob der Verletzte in der Lage gewesen wäre, eine angemessene Lizenzgebühr zu erzielen, ob und ggf. welchen Gewinn oder gar Verlust der Verletzer bei der rechtswidrigen Benutzung gemacht hat (BGH GRUR 1966, 823 – Meßmer-Tee II; BGH GRUR 1993, 55 – Tchibo/Rolex II mwN; BGH GRUR 2006, 143/145 – Catwalk). Entscheidend ist allein, dass der Verletzte die Nutzung nicht ohne Genehmigung gestattet hätte (BGH GRUR 1993, 899 – Dia-Duplikate; BGH GRUR 1995, 349/351 – Objektive Schadensberechnung).

Der **Abschluss eines Lizenzvertrages zu angemessenen Bedingungen** wird **fingiert** **153** (BGH GRUR 1996, 1008/1009 – Lizenzanalogie; BGH GRUR 1993, 55/58 – Tchibo/Rolex II). Die Verletzung ist nicht rückgängig zu machen, der Gebrauch des immateriellen Schutzgegenstands ist erlangt (BGHZ 82, 299/307 – Kunststoffhohlprofil II). Nach dem Grundsatz der Güterzuweisung soll der Verletzer herausgeben, was er durch rechtswidrigen Einbruch in eine geschützte Rechtssphäre erzielt hat. Das ist der **objektive Verkehrswert der Rechtsbenutzung.** Mit der Entscheidung „Kunststoffhohlprofil II" (BGHZ 82, 299) hat der BGH Abschied von der sog. Ersparnislizenz genommen. Das Stichwort lautet jetzt „Berechnungslizenz". Die Zahlung der üblichen und angemessenen Lizenzgebühr ist fingiert in Kauf genommen und übernommen (BGHZ 17, 376/383 – Betriebsfeiern; BGH GRUR 1966, 570 – Eisrevue III; BGH GRUR 1962, 401/402 – Kreuzbodenventilsäcke III; BGHZ 44, 372/379 – Messmer Tee II; BGH GRUR 1975, 323/325 – Geflügelte Melodien; BGHZ 81, 75/82 – Carrera), Gedanken **analog dem Verbot des venire contra factum proprium** (*Ulmer*[3] § 131 II 2). Die Lizenzanalogie wirkt in die Vergangenheit, deshalb kein Ausschluss des Unterlassungsanspruchs, der in die Zukunft reicht; sa. *Möhring/Nicolini/Lütje* Rdnr. 179 gegen OLG Hamburg ZUM 1999, 78/83. Die Lizenzanalogie fingiert die Lizenz allein zum Zwecke der Schadensberechnung und begründet keine Zwangslizenz mit Berechtigungscharakter. Die Lizenzzahlung begründet keine Erschöpfung für die Zukunft; sa. BGH GRUR 2002, 248 – SPIEGEL-CD-ROM.

Die **Fiktion eines Lizenzvertrages** kommt auch dann in Betracht, wenn Lizenzverträge in **154** der Branche nicht üblich sind, das verletzte Recht seiner Art nach aber vermögensmäßig genutzt werden kann und genutzt wird (BGHZ 60, 206 – Miss Petite; BGHZ 81, 75/82 – Carrera; BGH GRUR 2006, 143 – Catwalk: Lizenzanalogie selbst für das Anbieten eines rechtsverletzenden Gegenstands; BGH GRUR 2007, 139/140 f. Tz. 12 – Rücktritt des Finanzministers. Abweichend der Fall ungenehmigter Wiedergabe faksimilierter Autogrammpostkarten der Mitglieder einer Rockgruppe in einer Jugendzeitschrift: OLG Hamburg Schulze OLGZ 268 m. krit. Anm. *Ladeur*). Als Grundlage ist neben einem positiven Benutzungsrecht bereits ein Zustimmungsrecht ausreichend (BGH GRUR 1987, 37/38f. – Videolizenzvertrag). Die Rechtsprechung, wonach ursprünglich der Gedanke an eine Lizenzerteilung aus besonderen Gründen (Rufschädigung, Kränkung, unwürdige Lage bei Annahme einer Lizenzgebühr) ausschied (BGHZ 26, 349/352 –

Herrenreiter; BGHZ 30, 7/16 f. – *Caterina Valente*; OLG Hamburg Schulze OLGZ 268 – Ungenehmigte Veröffentlichung von faksimilierten Autogrammpostkarten) ist vom BGH in der Entscheidung Rücktritt des Finanzministers (GRUR 2007, 139/141) mit eingehender Begründung aufgegeben worden. Es ist danach unerheblich, ob dem Verletzten eine Auswertung möglich gewesen wäre. Wer das Werk/die Person eines Dritten unberechtigt für kommerzielle Zwecke ausnutzt, zeigt, dass der Nutzung ein wirtschaftlicher Wert zukommt. An der damit geschaffenen vermögensrechtlichen Zuordnung muss sich der Verletzer festhalten lassen (BGH GRUR 2007, 139/140 – Rücktritt des Finanzministers). *Schack* versagt den Fernsehanstalten bei Videonutzungen ihrer Sendungen Ansprüche auf Schadensersatz, weil Betätigung auf dem Videomarkt nicht vom gesetzlichen Auftrag der Anstalten gedeckt sei (GRUR 1985, 197/198 f. mwN; kritisch *Krüger-Nieland* GRUR 1982, 253 ff.).

155   Als **angemessen gilt die Lizenzgebühr, die verständige Vertragspartner verständigerweise vereinbart hätten.** Für die Entschädigungslizenz ebenso wie für die Bereicherungslizenz ist das der objektive, sachlich angemessene Wert der Rechtsbenutzung. Diese Formel vom objektivierten Wert hat insbesondere dann zu gelten, wenn es – wie in Fällen von Raubkopien – keine Parteien gibt, die „verständigerweise" einen Lizenzvertrag abgeschlossen hätten. In diesen Fällen ist im Rahmen der Lizenz nicht nur der materielle Wert des verletzten Gutes zu berücksichtigen, sondern auch der Grad der Rufausbeutung, der Imageschaden und die Marktverwirrung. Der BGH hat dies in seiner Entscheidung „Tchibo/Rolex II" (BGHZ 119, 20) aufgezeigt. Zugrundezulegen ist der **Zeitpunkt des Eingriffs**. Er ist **nach BGH auf den Schluss des Verletzungszeitraums zu beziehen** (BGH GRUR 1962, 401/404 – Kreuzbodenventilsäcke III; BGH GRUR 1962, 509/513 – Dia-Rähmchen II; BGHZ 60, 206/210 – Miss Petite). Das Lizenzverhältnis wird mit der Maßgabe unterstellt, beide Partner hätten es in Kenntnis aller am Tag der Entscheidung bekannten Umstände geschlossen. Der Verletzte soll nicht das wirtschaftliche Risiko der Verletzung tragen müssen (BGH GRUR 1990, 1008/1009 – Lizenzanalogie; BGH GRUR 1993, 55/58 – Tchibo/Rolex II). Dazu kritisch *Rogge* Fs. 1992, für Nirk, S. 944 ff.; *Preu* GRUR 1979, 753/759 f.; zuvor schon *Pietzcker* GRUR 1975, 55/57 mit dem Vorschlag, dem Verletzten das Wahlrecht hinsichtlich des Stichtages für den fiktiven Lizenzvertrag zu geben (Zeitpunkt der Entscheidung oder Zeitpunkt der Verletzung – Beginn bis Ende). *Möhring/Nicolini/Lütje* geben einen Überblick über die Arten der möglichen Vergütungen – Stücklizenzen/Pauschallizenzen, Beteiligungshonorare im Verlagsbereich, Gebührenordnungen, Honorarrichtlinien, Tarifwerke der Verwertungsgesellschaften einschließlich Hinweisen auf statistische Erhebungen (Rdnr. 188–203). *Schricker* verwirft eine 10%ige Beteiligung am Umsatz als Maßstab angemessener Vergütung im Urheberrecht und stellt die Besonderheiten des Verlagsgewerbes dar (GRUR 2002, 737 ff.).

Gibt es übliche Lizenzen, sind sie auch dann zu Grunde zu legen, wenn sich bei späterer Betrachtung ergibt, dass die Nutzung nur kurze Zeit erfolgte, weil zB die rechtswidrig hergestellten Video-Raubkopien vor ihrem Vertrieb beschlagnahmt wurden (BGH GRUR 1990, 353 – Raubkopien). Bei der Vergabe von Lizenzen werden üblicherweise längere Zeiträume vorgesehen, beispielsweise zehn Jahre. Wird der Verletzer frühzeitig entdeckt, bleibt es nach der Grundformel des BGH bei der Lizenz, die vor Beginn der Verletzung vereinbart worden wäre (BGH GRUR 1990, 1008/1009 – Lizenzanalogie; BGH GRUR 1993, 55/58 – Tchibo/Rolex II; BGH GRUR 2006, 143 – Catwalk; LG München I GRUR-RR 2007 145 f. – Kartografien: voller Lizenzsatz für dauerhafte Internetbenutzung von Stadtplänen, obwohl nur kurzfristig gering benutzt; *Möhring/Nicolini/Lütje* Rdnr. 192; *Grüger* zur BGH-Entscheidung Catwalk GRUR 2006, 536: Bemessungserweiterung nach Lizenzanalogie).

156   **Angemessen** ist **die übliche Vergütung.**

aa) Hat der Verletzte eigene Preislisten, sind diese Grundlage der Bemessung. Bei der Bemessung des Schadens kann im Rahmen der Lizenzanalogie auf eine frühere Vereinbarung der Parteien zurückgegriffen werden unter der Voraussetzung, dass die damals vereinbarte Lizenzgebühr dem objektiven Wert der Nutzungsberechtigung entsprach (BGH GRUR 2009, 407 – Whistling for a train).

bb) Fehlen eigene Preislisten, sind die entsprechenden Tarifvergütungen zu Grunde zu legen. Zu Lizenzgebühren in Patentlizenz-, Know-how- und Computerprogrammlizenzverträgen siehe *Groß* K&R 2008, 228; Tarife/Vergütungsregeln sind heute in vielen Branchen üblich, umso mehr, seit die Urheberrechtsreform 2002 mit der Festschreibung des Prinzips der angemessenen Vergütung (§ 11) – zur Bestimmung der angemessenen Vergütung (§ 32) – die Schaffung gemeinsamer Vergütungsregeln durch Vereinigungen von Urhebern und Vereinigungen von Werknutzern vorsieht (§§ 36, 36 a). Die aktuellen Tarife/Vergütungsregeln sind bei den Verwertungsgesellschaften und Verbänden zu erfahren. In manchen Branchen (zB Bild und Kunst, Fotografie) besteht ein breit gefächertes System je nach Art und Ort der Verwendung, Auflagenhöhe etc. Die Mittelstandsgemeinschaft Foto-Marketing (MFM) hat die Vergütungen im Fotobereich für Deutschland und das deutschsprachige Ausland (Österreich, Schweiz) in einer Broschüre zusammengestellt und veröffentlicht (2008). Sie vermittelt einen differenzierten Überblick über die marktüblichen Vergütungen für Bildnutzungsrechte einschließlich Bild-Honoraren nach Tarifverträgen LG Stuttgart (ZUM 2009, 77) hält die Vergütungssätze der MFM für Durchschnittswerte, die keine angemessene Vergütung gem. § 32 Abs. 2 widerspiegeln, insoweit seien die Vergütungssätze des Tarifvertrags für arbeitnehmerähnliche freie Journalisten an Tageszeitungen heranzuziehen. Auch wenn es Tarife gibt, sind jedoch die Umstände des konkreten Falles zu berücksichtigen: BGH GRUR 2006, 136 – Pressefotos. Rechtlich bindend sind die Tarifwerke nicht. Sie sind jedoch eine Richtlinie zur Ermittlung der angemessenen Lizenzgebühr. Den Tarifwerken der großen Verwertungsgesellschaften wie GEMA, VG Wort, VG Bildkunst, GVL dürfte heute Verkehrsgeltung zukommen (*Müller-Katzenburg* NJW 1996, 2341/2343 – sa. *Möhring/ Nicolini/Lütje* Rdnr. 193 ff.). Gilt kein Tarif, so greift diejenige Vergütung, die nach Merkmalen und Vergütungssätzen am nächsten liegt (BGH GRUR 1976, 35/36 – Bar-Filmmusik; BGH GRUR 1983, 565/567 – Tarifüberprüfung II; OLG München GRUR 1983, 578/581 – Musiknutzung bei Video-Kassetten: Tarif für Musikminute einer Single-Schallplatte und Berücksichtigung der Unterschiede rein akustischer Werknutzung und solche in Verbindung mit Bildern; anders BGHZ 97, 37/45 ff. – Filmmusik, der die Entscheidung unter verschiedenen Aspekten revidiert hat, die Berechnungsgrundlage nach durchschnittlichem Preis für Musikminute – Langspielplatte, nicht Single – zwar nicht ablehnt, aber grundsätzlich dem Beteiligungsprinzip (x Prozent vom Detailverkaufspreis) zuneigt; vgl. auch *Schricker* in Poll (Hrsg.), Videorecht – Videowirtschaft, 1986, S. 76 ff.). Ob der festgesetzte Tarif angemessen ist, ist in vollem Umfang durch die Gerichte zu überprüfen (BGH GRUR 1974, 35/37 ff. – Musikautomat; BGH GRUR 1983, 565/566 – Tarifüberprüfung II; BGHZ 97, 37/41 – Filmmusik), jedoch nicht, wenn sich die Verwertungsgesellschaft und der Verwerter vertraglich über die Tarifgebühr geeinigt hatten (BGH GRUR 1984, 52 – Tarifüberprüfung I). Falls sich der Tarif im Einzelfall als unpassend erweist, kann das Gericht eine gesonderte Vergütung festsetzen (für eine „Mindestvergütung" bei Verramschung BGH GRUR 1988, 373/376 – Schallplattenimport III).

Der **Tarif** kann nur dann als übliche Vergütung angesehen werden, wenn ihm die **erforderliche Verkehrsgeltung** zukommt. Die Zustimmung von Verwertern mit einem Marktanteil von 50% genügt nicht (OLG München GRUR 1983, 578/579 – Musiknutzung bei Video-Kassetten –, bestätigt durch BGHZ 97, 37/42 – Filmmusik). Zu den Tarifwerken: *Möhring/Nicolini/ Lütje* Rdnr. 193–203. Sie sollten im aktuellen Fall beim jeweiligen Verband, bei der jeweiligen Wahrnehmungsgesellschaft abgefragt werden, heute über Internet einfach und schnell. Stellt sich bei der gerichtlichen Überprüfung heraus, dass die Höhe der vorgesehenen Vergütung unangemessen ist, ist sie auf das angemessene Maß zurückzuführen. Auf einen anderen, eine ähnliche Nutzung betreffenden Tarif ist nur zurückzugreifen, wenn eine solche Reduktion auf das angemessene Maß nicht in Betracht kommt (BGH ZUM 2004, 669 – Musikmehrkanaldienst). Zur Anwendung des Tarifs der VG Bild-Kunst für Reproduktionen von Werken bildender Kunst zu Werbe-/Dekorationszwecken siehe Schiedsstelle DPMA ZUM 2005, 85/88 bzw. zum Abdruck auf Textilien oder Kosmetikartikel ZUM 2005, 90/91. **157**

cc) Gibt es überhaupt kein Tarifsystem, ist die Vergütung vom Gericht unter Berücksichtigung aller Umstände des Einzelfalls nach § 287 ZPO **frei zu schätzen.** Dabei ist der **Umfang der Verletzungshandlungen** (Zeitdauer, Art, Ort, Intensität) zu berücksichtigen, außerdem der **Wert des verletzten Ausschlussrechts**, die **Nähe der Nachbildung**, die Frage, ob **ausschließliche Benutzung oder Mitbenutzung**, die **ganze oder teilweise Übernahme des Werks, der Ruf des Autors und/oder des Werks, Imageschäden des Verletzten oder des Werks, keine Lizenz- oder Zinszahlung des Verletzers** (BGH GRUR 1966, 570 – Eisrevue III; BGHZ 44, 372/381 – Messmer Tee II; BGHZ 56, 317 – Gasparone II; BGH GRUR 1972, 189/191 – Wandsteckdose II – insoweit in BGHZ 57, 116 nicht abgedruckt; BGH GRUR 1975, 85/87 – Clarissa; OLG Hamburg GRUR 1990, 36/37 – Foto-Entnahme – zur Schätzung einer Lizenzgebühr für Fotos eines berühmten Fotografen; BGH GRUR 2006, 143/146 – Catwalk OLG Hamburg NJW-RR 2000, 271: Fiktive Lizenz von 15000 DM bei Veröffentlichung eines Buches in Posterform bei Auflage von 800 000 Exemplaren; LG Hagen NJW-RR 1996, 812, das trotz Verwendung eines Plakats zur Werbung eine Bemessung nach den in der Werbebranche üblichen Beträgen nicht für angemessen hält; problematisch: LG München I GRUR 1988, 36 – Hubschrauber mit Damen –, das die vorangegangene – genehmigte – Veröffentlichung **158**

eines Fotos bei anschließender rechtswidriger Veröffentlichung schadensmindernd berücksichtigt). Abgelehnt wird vom BGH eine bereicherungsrechtliche Gewinnhaftung. Das ohne rechtlichen Grund Erlangte wird im Gebrauch des immateriellen Schutzgegenstandes gesehen, für das über § 818 Abs. 2 BGB Wertersatz in Form einer Lizenzgebühr zu zahlen ist (BGHZ 82, 299/308 – Kunststoffhohlprofil II; BGH GRUR 1987, 128 – Nena). Nach BVerfG bleibt der durch die widerrechtliche Verwertung erzielte wirtschaftliche Erfolg bei Ermittlung einer fiktiven Lizenzgebühr unberücksichtigt, anders die Bekanntheit und Beliebtheit eines Prominenten, ZUM 2009, 479. Im Rahmen der Lizenzanalogie werden vom BGH Verletzervorteile wie **Minderrisiko des Verletzers, Zinsersparnis** berücksichtigt (BGHZ 77, 16/17 – Tolbutamid; BGHZ 82, 299/309 – Kunststoffhohlprofil II; BGHZ 82, 310/319 – Fersenabstützvorrichtung). Zur Verletzung bei Teilabdruck: BGH GRUR 1975, 323/325 – Geflügelte Melodien; bei unerlaubter Kurzdarstellung einer Operette unter Berücksichtigung, dass die eislaufkünstlerische Darbietung im Vordergrund stand: BGH GRUR 1966, 570/573 ff. – Eisrevue III; zur Berechnung angemessener Lizenzgebühr für den Abdruck eines Liedtextes: BGH GRUR 1987, 36 – Liedtextwiedergabe II; zur Lizenzgebühr iHv 20% des Nettoverkaufspreises einer Skulptur OLG Hamburg ZUM 1995, 430/432 f. – Maillol; Schätzung in Bezugnahme auf übliche Tarife und Vergütungssätze: BGH GRUR 2006, 136 – Pressefotos; Foto-Entnahme: OLG Hamburg GRUR 1990, 36/37; LG München I ZUM 2006, 666 – Architekturfotografien; OLG Düsseldorf GRUR-RR 2005, 213 – OEM-Versionen: beim Vertrieb unautorisierter Kopien von OEM-Versionen einer Software maßgebend nicht Listenpreis sondern OEM-Preis; LG Bielefeld ZUM 2006, 652: bei Nutzung von Thumbnails keine Lizenz, da Verkehrsüblichkeit nicht dargelegt; problematisch zur Schätzung nach „Erfahrungen im Verlagswesen" OLG München ZUM 1996, 424/426. Siehe *Schricker* zum Verlagsgewerbe: „10% Umsatz als Maßstab?" (GRUR 2002, 737 ff.). Bei fehlender Sachkunde des Gerichts ist wegen der Höhe ein Sachverständigengutachten einzuholen (BVerfG NJW 2003, 1633; dagegen Schadensschätzung ohne Beweisaufnahme, wenn hinreichend Anhaltspunkte vorhanden sind, BVerfG ZUM 2009, 479). Einzelfälle angemessener Lizenzen nach Branchen bei: *Fromm/Nordemann*[10] Rdnr. 108 ff.

159 dd) Bei der Bemessung einer angemessenen Lizenz als Entschädigungslizenz soll der **Verletzer grundsätzlich nicht besser, aber auch nicht schlechter** gestellt werden **als ein vertraglicher Lizenznehmer** (BGH GRUR 1962, 509/513 – Dia-Rähmchen II; BGH GRUR 1977, 539/543 – Prozessrechner; BGH GRUR 1962, 580 – Laux-Kupplung II; BGH GRUR 2006, 143/145 – Catwalk; dieser Grundsatz ist überholt mit der Durchsetzungsrichtlinie 2004/48/EG v. 29. 4. 2004 (ABl. L Nr. 195, S. 16; s. dazu *v. Ungern-Sternberg* GRUR 2009, 460/463). Auch bei nur geminderter wirtschaftlicher Nutzung hat der Verletzer im Nachhinein die reguläre Lizenzgebühr zu zahlen (BGH GRUR 1990, 1008/1009 – Lizenzanalogie. Verletzervorteile und Verletzernachteile werden ausführlich dargestellt bei *Möhring/Nicolini/Lütje* Rdnr. 209–218). Die Gebühr ist bei Abhängigkeit des rechtswidrig benutzten Schutzrechts von einem anderen Schutzrecht nicht auf den „überschießenden Teil" beschränkt (BGH GRUR 1992, 432/432 f. – Steuereinrichtung für Patentverletzung). Falls eine rechtswidrige Verbreitung – im Anschluss an rechtswidrige Herstellung – wegen Beschlagnahme nicht mehr erfolgen kann, hat der Verletzer auch dann die übliche Lizenzgebühr zu zahlen, wenn diese das Verbreitungsrecht mitumfasst hätte (BGH GRUR 1990, 353/355 – Raubkopien). Bei der Berechnung ist nicht zu berücksichtigen, dass dem Verletzer bei durchgreifendem Vernichtungsanspruch keine Nutzungsmöglichkeit mehr verbleibt (BGH GRUR 1993, 899/901 – Dia-Duplikate); problematisch und nur im Ausnahmefall der betreffenden Patentverletzung angemessen: BGH GRUR 1995, 578 – Steuereinrichtung II – zur Minderung der Lizenzgebühr bei wertsteigernder Mitbenutzung von Rechten Dritter im Rahmen der Rechtsverletzung und Schadensersatzpflicht des Verletzers auch gegenüber diesen Dritten. Zur Frage der Schadensberechnung im Falle der unberechtigten Weiterübertragung des Vermietrechts durch den Inhaber des ausschließlichen Rechts, wenn sich der ursprüngliche Rechtsinhaber die Zustimmung vorbehalten hat, BGH GRUR 1987, 37 – Videolizenzvertrag. Zur Ermittlung des Lizenzentgelts bei der Verletzung von Nutzungsrechten an Filmen infolge vorzeitigen Rechterückfalls s. *Wente* ZUM 1997, 643.

160 Zuschläge auf die angemessene Lizenzgebühr kommen bei fehlender oder falscher Urheber(Künstler)- oder Quellenangabe zur Anwendung. Sie werden in der Regel wegen Verletzung des Urheberpersönlichkeitsrechts nach § 97 Abs. 2 S. 4 gewährt, sind aber auch vermögensrechtlich relevant. Dazu Rdnr. 183; *Fromm/Nordemann*[10] Rdnr. 101 mit Angaben zur Höhe von Zuschlägen.

161 Der **GEMA** wird auf dem Gebiet der Tanz- und Unterhaltungsmusik sowie der mechanischen Rechte bei Rechtsverletzungen ein **100%iger Tarifaufschlag** zuerkannt. Rechtsdogma-

tisch wurde dieser Zuschlag angefochten (*Troller* Bd. II² S. 1129; OLG Düsseldorf BB 1970, 981), aber vom BGH wiederholt bestätigt (BGHZ 17, 376/383 – Betriebsfeiern; BGHZ 59, 286 – Doppelte Tarifgebühr; BGH ZUM 1986, 199/201 – GEMA-Vermutung III; sa. *Ulmer*³ § 131 II 2; kein 100% Verletzeraufschlag bei Rechtsverletzungen betr. Musiknutzung bei Video-Kassetten BGHZ 97, 37/49 ff. – Filmmusik; BGH GRUR 1988, 296 – GEMA-Vermutung IV). Die **doppelte Tarifgebühr** wird dadurch gerechtfertigt, dass für die rechtzeitig und ordnungsgemäß angemeldeten Aufführungen kein umfangreicher und kostspieliger Verwaltungsaufwand nötig sei, also ein niedrigerer Tarif gefordert werden könne als für die Gruppe der nichtgetreuen Musikveranstalter, für die die GEMA den Kontroll- und Überwachungsapparat unterhalten müsse. Es widerspreche der Billigkeit, gesetzestreue Musiknutzer mit diesen Kosten zu belasten. Die geringere Tarifgebühr soll einen Anreiz für die Einholung der Erlaubnis bieten. Die Höhe der angemessenen Lizenzgebühr, die im Falle einer Rechtsverletzung zu zahlen ist, brauche nicht mit der Lizenzgebühr überein zustimmen, die im Falle eines Vertragsschlusses vereinbart worden wäre (BGHZ 59, 286/292 – Doppelte Tarifgebühr – unter Berufung auf *Th. Fischer,* Schadensberechnung im gewerblichen Rechtsschutz, Urheberrecht und unlauteren Wettbewerb, 1961, S. 88 ff.; dazu auch *Gotthardt* UFITA 71 [1974] 77; *Kraßer* GRUR Int. 1980, 259/270 ff.; *Maaß,* Der Kontrollzuschlag der GEMA bei unberechtigter Musikwiedergabe und seine Erweiterungsfähigkeit, Diss. Gießen 1986).

Der Rechtsgedanke ist entsprechend auf die Geltendmachung von Ansprüchen durch andere Verwertungsgesellschaften und in allen Fällen anzuwenden, in denen ein von dem übrigen Geschäftsbetrieb abgesonderter Verwaltungszweig eigens zu dem Zweck der Abwicklung von Fremdschäden eingerichtet ist und eindeutig abgrenzbare Kosten verursacht (BGHZ 59, 286/293 – Doppelte Tarifgebühr). In allen anderen Fällen wird ein pauschaler Aufschlag bei Rechtsverletzern abgelehnt (BGH GRUR 1966, 570/572 – Eisrevue III; *Ulmer*³ § 131 II 2) auch für die GEMA bei Rechtsverletzungen betreffend Musiknutzung bei Video-Kassetten BGHZ 97, 37/49 ff. – Filmmusik; BGH GRUR 1988, 296 ff. – GEMA-Vermutung IV = Ergänzung zu BGHZ 95, 274 und 95, 285 – GEMA-Vermutung I und II; *Möhring/Nicolini/Lütje* halten den Zuschlag allenfalls noch im Softwarebereich für tragbar (Rdnr. 224); dagegen *Fromm/Nordemann*¹⁰ Rdnr. 99, die eine schematische Differenzierung ablehnen und einen Verletzerzuschlag schon als Warnfunktion für erforderlich halten (auch *Loewenheim* Fs. für Erdmann, 2002, 131/139; *Assmann* BB 1985, 15/18 ff.: „Selbstbedienungsverfahren"; *Wandtke/Bullinger/v. Wolff*³ Rdnr. 79 ff.: Ablehnung einer Straffunktion, aber Berücksichtigung aller Faktoren). **162**

Die Ablehnung von Tarifzuschlägen sollte zu Fällen eklatanter vorsätzlicher Urheberrechtsverletzung überdacht werden. Nach der Umsetzung der Richtlinie 2004/48/EG durch das Gesetz zur Verbesserung der Durchsetzung von Rechten geistigen Eigentums (BGBl. 2008, I S. 1191) sind Verletzerzuschläge durch die Rechtsprechung möglich (AmtlBegr. BT/Drucks. 16/5048 S. 48). Der Gesetzgeber hat durch das ProduktpiraterieG vom 7. 3. 1990 (BGBl. I S. 433) zwar die Strafsanktionen verschärft, die Vernichtungs- und Einziehungsmöglichkeiten sowie die Grenzbeschlagnahme erweitert und einen besonderen Auskunftsanspruch geschaffen, jedoch den Verletzten bei der Durchsetzung seiner Schadensersatzansprüche nicht ausreichend geschützt. Ohne die Möglichkeit einer Pauschalierung bleibt der Verletzte bei eigenem Zeit- und Sachaufwand häufig auf nicht unbeträchtlichen Recherche- und Verfolgungskosten sitzen, weil ein dezidierter Nachweis weiteren Verwaltungsaufwand verursachen würde. Der österreichische Gesetzgeber hat schon 1936 die doppelte Vergütung bei unerlaubter Nutzung eingeführt (§ 87 Abs. 3 Österr. UrhG, Anhang II), der deutsche Gesetzgeber 1994 bei nicht oder nicht korrekt erteilter Auskunft bei Vervielfältigungen (§§ 54 f und g jeweils Absätze 3). *Wandtke* wirbt für die doppelte Lizenzgebühr als Modell der Vermögensschaden von Persönlichkeitsrechtsverletzungen im Internet (GRUR 2000, 942 ff.); *Bodewig/Wandtke* plädieren für die doppelte Lizenzgebühr im Lichte der Durchsetzungsrichtlinie (GRUR 2008, 220). Nach der Entscheidung des BGH „Gemeinkostenanteil" (GRUR 2001, 329) lässt sich die doppelte Lizenzgebühr bei vorsätzlichen und grob fahrlässigen Rechtsverletzungen zur Kompensation und Prävention durchaus als objektiver pauschalierter Schaden vertreten. § 97 Abs. 2 S. 3 schließt nach der AmtlBegr. (aaO S. 48) einen pauschalen Zuschlag zur Lizenzgebühr nicht aus. Siehe dazu bei Rdnr. 172 f.; auch *Dreier* in: *Dreier/Schulze*³ Rdnr. 71 mwN und *Dreier,* Kompensation und Prävention, S. 298 ff. **163**

ee) Umstritten ist die sog. **Materialmietgebühr** bei musikalischen und dramatischen Werken. In der Regel wird **bei vertraglicher Einräumung von Bühnenaufführungsrechten** eine Vereinbarung auch hinsichtlich der **Überlassung von Text- und/oder Notenmaterial** **164** geschlossen und dafür ein Entgelt gezahlt, das im Rechtsverkehr die Bedeutung eines Teils des normalen Entgelts für die Erlaubnis der Aufführung hat. Das geschieht in der Praxis unabhängig davon, ob das Material für die Aufführung benötigt wird oder nicht (vgl. *Schneider* UFITA 95 [1983] 191 ff.). **Der Anspruch ist mithin nicht urheberrechtlicher, sondern vertraglicher Natur.** Durch eine ungenehmigte Aufführung wird das Vervielfältigungs- und Verbreitungsrecht der Urheber bzw. Nutzungsrechtsinhaber nicht verletzt. *Deutsch* (GRUR 1967, 233/235) **verneint** deshalb die **Kausalität** zwischen der Verletzung des Aufführungsrechts und dem Nichtzustandekommen des Materialmietvertrags. *Möhring/Nicolini/Lütje* Rdnr. 165 rechnen die **Materialmietgebühr zum entgangenen Gewinn**, wenn es im Einzelfall auch zum Abschluss eines Materialmietvertrages gekommen wäre. Die Einbeziehung in den Schadensersatz macht keine Schwierigkeiten, wenn über die **Lizenzanalogie** abgerechnet wird, da die Materialmietgebühren üblicherweise zum Aufführungsentgelt gehören.

165 Eine **ähnliche Argumentation** läuft bei der Berechnung des Schadensersatzanspruchs, der dem **Architekten** zusteht, gegen denjenigen, welcher ohne seine Erlaubnis nach dem Entwurf des Architekten ein Werk der Baukunst im Sinne des § 2 Abs. 1 Nr. 4 fertig stellt. Der Anspruch des Architekten auf die Vergütung für seine Tätigkeit bei der Errichtung eines Bauwerks nach seinem Entwurf, insbesondere für die technische und geschäftliche Oberleitung, ist kein urheberrechtlicher Anspruch, sondern ein Anspruch, der den Abschluss eines Vertrages voraussetzt. Da ein Architekt aber mit der Errichtung eines Bauwerks nach seinem Entwurf regelmäßig nur einverstanden ist, wenn ihm auch die mit den Bauausführungen verbundenen Leistungen übertragen werden, ist Grundlage für die Berechnung des Schadensersatzes nach Lizenzanalogie die volle Architektengebühr, vermindert um einen Abschlag für ersparte Aufwendungen (BGH GRUR 1973, 663/665 – Wählamt; vgl. auch OLG München ZUM 1989, 89/92 zur Berechnung bei Verletzung urheberrechtlich geschützter Architektenpläne). Grundlegend zur Berechnung einer üblichen und angemessenen Vergütung des Arbeitnehmererfinders nach § 612 Abs. 2 BGB: BGH GRUR 1990, 193/194 f. – Autokindersitz.

166 **c) Berücksichtigung des Verletzergewinns.** Der Anspruch auf Berücksichtigung des Verletzergewinns, als Schadensberechnungsart **seit langem gewohnheitsrechtlich anerkannt**, war vom Gesetzgeber in § 97 Abs. 1 S. 2 aF ausdrücklich festgeschrieben und ist in die neue Fassung des § 97 Abs. 2 S. 2 übernommen worden. Bei der Umsetzung der Richtlinie 2004/48/EG wurde der Text durch das Gesetz zur Durchsetzung der Rechte des geistigen Eigentums (BGBl. 2008 I S. 1191) umformuliert. § 97 Abs. 1 S. 2 aF lautete: „An Stelle des Schadensersatzes kann der Verletzte die Herausgabe des Gewinns, den der Verletzer durch die Verletzung des Rechts erzielt hat (…) verlangen". Nunmehr lautet § 97 Abs. 2 S. 2: „Bei der Bemessung des Schadensersatzes kann auch der Gewinn, den der Verletzer durch die Verletzung erzielt hat, berücksichtigt werden". Damit hat der Gesetzgeber die jahrzehntelang praktizierte, literaturgestützte höchstrichterliche Rechtsprechung im Gesetz verbal nachvollzogen: Verletzergewinn iSd. § 97 Abs. 2 S. 2 ist jetzt unmissverständlich nicht Schadensersatz, sondern dient im Gegensatz zur Geschäftsanmaßung des § 687 Abs. 2 BGB allein der Schadensbemessung, dem Verletzungsausgleich (*v. Gamm* Rdnr. 35; *Fromm/Nordemann*[9] Rdnr. 41; *Ulmer*[3] § 131 II 3). **Es ist Schadensersatz „nach dem sog. Verletzergewinn"** (s. *Tilmann*, Konstruktionsfragen zum Schadensersatz nach der Durchsetzungsrichtlinie, Fs. für Schilling, 2007, 367 ff.). In der Entscheidung Steckverbindergehäuse (GRUR 2007, 431) stellt der BGH klar, es werde nicht fingiert, dass der Verletzte denselben Gewinn wie der Verletzer erzielt hätte, sondern dass er einen eigenen Betrieb hat, in dem er in gleicher Weise wie der Verletzer Gewinn gemacht hätte. Zur Bemessung des Schadensersatzes „nach dem Verletzergewinn": **zum Geschmacksmusterrecht** BGH GRUR 2001, 329 – Gemeinkostenanteil; **zum Kennzeichenrecht** differenziert BGH GRUR 2006, 419 – Noblesse; **zum wettbewerbsrechtlichen Leistungsschutz** BGH GRUR 2007, 431 – Steckverbindergehäuse unter Hinweis auf die Entscheidungen **zum Urheberrecht** OlG Düsseldorf GRUR 2004, 53 – Gewinnherausgabeanspruch – und OLG Köln GRUR-RR 2005, 247 – Loseblattwerk, **womit der BGH das Urheberrecht in seine Rechtsprechung einbezieht**. In der Entscheidung Steckverbindergehäuse grenzt der BGH die Schadensbemessung nach dem Verletzergewinn gem. § 97 Abs. 2 S. 2 nachhaltig vom Herausgabeanspruch nach § 687 Abs. 2 S. 1 iVm. §§ 681 S. 2, 667 BGB ab. § 687 Abs. 2 S. 1 wird nicht analog angewandt. Vielmehr übernimmt der BGH die Wertungen der Bestimmung, wonach niemand aus der vorsätzlichen Verletzung fremder Rechte Vorteile ziehen soll, und den damit verbundenen Präventionsgedanken ins Schadensersatzrecht. Anderenfalls würde sich die Rechtsverletzung lohnen, wenn der Vorteil des Verletzers den Schaden des Verletzten überstie-

ge. Das Schadensersatzrecht bleibt bei der Bemessung des Schadensersatzes „nach dem sog. Verletzergewinn" eigenständig gegenüber den Anspruchsvoraussetzungen und den Rechtsfolgen der angemaßten Geschäftsführung. Die Bemessung des Schadensersatzes „nach dem sog. Verletzergewinn" beruht entscheidend auf dem Gedanken der besondern Schutzwürdigkeit der Immaterialgüterrechte. Das rechtfertigt die Erweiterung der Schadensersatzansprüche über den Ersatz erlittener Vermögensschäden hinaus (v. Ungern-Sternberg, GRUR 2009, 460/463).

Zu berücksichtigen ist der Gewinn, den der Verletzer gezogen hat, unabhängig davon, ob ihn der Verletzte hätte erzielen können (BGH GRUR 2001, 329/331 – Gemeinkostenanteil; BGH GRUR 2007, 431/433 – Steckverbindergehäuse). Gemeint ist **der Reingewinn nach Abzug der Kosten.** Waren vormals zur Ermittlung des Gewinns den Erlösen alle auf das Werk entfallenden Selbstkosten des Verletzers einschließlich anteilige Gemeinkosten gegenüberzustellen, dürfen seit der Entscheidung des BGH (GRUR 2001, 329 – Gemeinkostenanteil) Gemeinkosten nur abgezogen werden, wenn und soweit sie ausnahmsweise den schutzrechtsverletzenden Gegenständen unmittelbar zugerechnet werden können (Teilkostenmethode). Der Verletzer kann zudem bei der Bestimmung der Höhe des Verletzergewinns nicht geltend machen, dieser beruhe teilweise auf besonderen eigenen Vertriebsleistungen. Die Entscheidung erging zu § 14a Abs. 1 S. 2 GeschmG aF, jetzt § 42 Abs. 2 S. 2 GschmG nF, ist inzwischen aber vom BGH auf **Kennzeichenverletzungen** (einschränkend: GRUR 2006, 419 – Noblesse) **und auf Verletzungen wettbewerbsrechtlichen Leistungsschutzes** (sorgsam begründet: GRUR 2007, 431 – Steckverbindergehäuse) erstreckt worden. Durch den ausdrücklichen Hinweis auf die Entscheidungen OLG Düsseldorf (GRUR 2004, 53 – Gewinnherausgabeanspruch) und OLG Köln (GRUR-RR 2005, 247 – Loseblattwerk) hat der BGH das **Urheberrecht in diese Rechtsprechung einbezogen.** Hinzuzufügen sind die Entscheidungen des OLG Hamburg Tripp-Trapp-Kinderstuhl I (ZUM-RD 2007, 13), Tripp-Trapp-Kinderstuhl II (ZUM 2007, 29 und BGH GRUR 2009, 856 – Tripp-Trapp-Stuhl). Nicht abzuziehen sind Zahlungen des Verletzers an seine Abnehmer (BGH GRUR 2002, 532 – Unikatrahmen; eindeutig BGH GRUR 2009, 660 – Resellervertrag).

In der Entscheidung Steckverbindergehäuse hat der BGH die anrechnungsfähigen und die nicht anrechnungsfähigen Positionen leitfadenartig dargelegt und typisierte Quotenschlüssel zur Schadensschätzung aufgezeigt (BGH GRUR 2007. 431/434). Damit wird dem Einwand begegnet, dass die Unterscheidung im Einzelfall schwer zu treffen sei. Eine gewisse Typisierung, die einerseits den Geboten der Praktikabilität genügt und andererseits den Wertungen des Schadensersatzrechts und dem Ziel, einen billigen Ausgleich der Vermögensnachteile des Verletzten zu bewirken, sei unerlässlich. Ohnehin müsse bei der Ermittlung des Verletzergewinns häufig auf das Mittel der Schadensschätzung (§ 287 ZPO) zurückgegriffen werden. **Berücksichtigt werden kann nur der Gewinn, der kausal auf die Verletzung der absoluten Berechtigung beruht** (BGH GRUR 2009, 856 – Tripp-Trapp-Stuhl: bei der urheberrechtsverletzenden Verwertung einer Bearbeitung kommt es darauf an, ob der Kaufentschluss gerade auf den Zügen beruht, auf denen der Urheberrechtsschutz des benutzten Werkes beruht. Dabei ist mehr als die Quantität der qualitative Wert des Entnommenen von Bedeutung; BGH GRUR 2006, 419 – Noblesse: bei Kennzeichenrechten nur der Anteil, der gerade auf der Benutzung des fremden Rechts beruht); BGH GRUR 2007, 431/434 – Steckverbindergehäuse; BGHZ 34, 320/323 – Vitasulfat; BGHZ 119, 20/30f. – Tchibo/Rolex II – zur Schätzung anteiligen Gewinns bei Wettbewerbsverletzung). Wird nur ein Teil des Werks genutzt, ist auch nur ein Teil des Reingewinns zu berücksichtigen (BGH GRUR 1959, 379/382 ff. – Gasparone I). Verletzt jemand im Rahmen eines urheberrechtlichen Nutzungsvertrages (zB Filmvorführungsvertrags) das Urheberrecht des Vertragspartners nur durch die Art und Weise (zB Art, Zeit und Zahl der Aufführungen), so besteht der Schadensersatzanspruch nur in Höhe des konkret oder abstrakt zu berechnenden Schadens; Herausgabe des gesamten vom Verletzer erzielten Reinerlöses kann nicht gefordert werden (OLG München GRUR 1959, 53). Es kommt mithin auch hier auf den sachlichen sowie quantitativen und qualitativen Umfang der Verletzungshandlung an (BGH GRUR 1959, 379/382 – Gasparone I). Es ist auch daran zu denken, ob Gewinne zumindest anteilig geltend gemacht werden können, die mit einem neutralen Artikel erzielt wurden, für den aber urheberrechtsverletzend geworben wurde. Beispielsweise: Der Absatz von Kaffee wird durch Nebenartikel, die Urheberrechte verletzen, gehoben. Das kann in verschiedener Form geschehen: durch urheberrechtsverletzende gekoppelte Angebote, durch unerlaubt nachgebildete Zugaben oder „Knüller"-Angebote, durch urheberrechtsverletzende Werbebroschüren, zB ungenehmigte Wiedergabe von Lichtbildern. Eine Gewinnberücksichtigung kommt in Betracht in Anwendung der Rechtsgedanken der BGH-Entscheidung „Dia-Rähmchen II" (GRUR

1962, 509; kritisch dazu *Moser v. Filseck* GRUR 1962, 514), sofern der Gewinn durch die Schutzrechtsverletzung erzielt worden ist (was auch mittelbar erfolgen kann) und nicht auf den Begleitumständen beruht (zB Werbung; BGH GRUR 2000, 226 – Planungsunterlagen). Im Wettbewerbsrecht kommt eine Gewinnberücksichtigung wegen Unvereinbarkeit mit dem Ausgleichsgedanken im Schadensersatzrecht dann nicht in Betracht, wenn die Verletzungshandlung beim Verletzten keinerlei Schaden, sondern einen Anstieg des Gewinns verursacht (BGH GRUR 1995, 349/351 – Objektive Schadensberechnung – mit Anm. *Paefgen* in EWiR 1995, 379 ff.). Da das Urheberrecht den Anspruch auf Berücksichtigung des Verletzergewinns jedoch unabhängig vom Schaden des Verletzten in § 97 Abs. 1 S. 2 aF, § 97 Abs. 2 S. 2 nF ausdrücklich kodifiziert, ist diese Betrachtungsweise für Ansprüche aus Urheberrechtsverletzungen nicht übertragbar (sa. *Dreier* in: *Dreier/Schulze*[3] Rdnr. 66). Kritisch zur sog. dreifachen Schadensberechnung bei Marken und Abgrenzung zum Urheberrecht: *Beuthien/Wasmann* GRUR 1997, 255/259 f. Zu den in den Jahren 2006 und 2007 ergangenen grundsätzlichen Entscheidungen des BGH zur Bemessung des Schadensersatzes und ihre Umsetzung siehe *v. Ungern-Sternberg* GRUR 2008, 291/295 ff. *Grabinski* stellt acht Jahre gerichtliche Praxis nach dem „Gemeinkostenanteil"-Urteil des BGH zum Patentrecht dar, womit Parallelen und Unterschiede zum Urheberrecht deutlich werden (GRUR 2009, 260 ff.).

169 Ist der **Verletzergewinn iSd. § 97 Abs. 2 S. 2 nur ein zur Berechnung des Schadensersatzes zu berücksichtigender Posten** und nicht, wie es bisher in § 97 Abs. 1 S. 2 hieß, ein Anspruch auf Herausgabe des Verletzergewinns „statt Schadensersatz" mit der Folge des § 251 BGB, löst sich auch die Streitfrage um die Gesamtschuldnerschaft nach § 830 BGB. Im Rahmen des Schadensersatzes § 97 Abs. 2 S 1 ist der Verletzergewinn keine Haftungsgrundlage sondern Rechnungsposten. Dementsprechend folgt die Bemessung des Schadensersatzes nicht betriebswirtschaftlichen sondern schadensersatzrechtlichen Kriterien als Ausgleich für die rechtswidrige Nutzung zur Gewinnerzielung (*v. Ungern-Sternberg* GRUR 2009, 460/463). Dann ist er auch im Rahmen der Zuordnung flexibel einzusetzen und es bedarf nicht mehr der Billigkeitserwägungen in Einzelfällen (BGH GRUR 1959, 379/383 – Gasparone I – m. Anm. *Ulmer*. Einzelheiten bei *Schmidt-Salzer* JR 1969, 81 und *Däubler* JuS 1969, 49). *Ulmer*[3] (§ 131 II 3) hat schon früh gesehen, dass § 830 BGB für die Gewinnherausgabe nicht passt und dass die Herausgabe des Gewinns nur von dem verlangt werden kann, der ihn erzielt hat. Das OLG Hamburg meint, dass dem Verletzten ein Anspruch auf Gewinnherausgabe nur einmal zustehe, wenn die Verletzerhandlungen auf allen Vertriebsstufen inhaltsgleich seien (ZUM-RD 2007, 13/14 – Tripp-Trapp-Stuhl I); dagegen *Fromm/Nordemann*[10] Rdnr. 76. Der BGH widerspricht dem OLG Hamburg mit einer eigenen Lösung (GRUR 2009, 856 – Tripp-Trapp-Stuhl): **Danach ist der Verletzte grundsätzlich berechtigt, von jedem Verletzer in der Verletzerkette den gesamten von ihm erzielten Gewinn als Schadensersatz zu verlangen.** Eine Erschöpfung des Verbreitungsrechts ist durch die Lizenzzahlung des Lieferanten/oder Herausgabe seines Verletzergewinns nicht eingetreten, da zur Verbreitung keine Genehmigung erteilt worden ist und auch nicht nachträglich gegeben wird. Es wird kein Lizenzvertrag geschlossen; der Anspruch auf Unterlassung bleibt bestehen. Durch die Zahlung ist auch keine Erfüllung einer Gesamtschuld erfolgt. Die Beteiligten der Absatzkette sind nicht Beteiligte iSd. § 830 Abs. 1 S. 2 BGB und keine Nebentäter iSd. § 840 Abs. 1 BGB, sondern getrennte Schädiger, die jeder für sich verantwortlich sind. Für die gesamtschuldnerische Haftung mehrerer Verletzer in einer Verletzerkette Hersteller/Großhändler/Einzelhändler kommt es nicht darauf an, ob die Verletzungshandlungen gleichartig oder gleichgerichtet sind, sondern allein darauf, ob sie denselben Schaden verursachten. Hier fehlt ein für eine Gesamtschuld einheitlicher Schaden, der die Täter zu einer Tilgungsgemeinschaft im Rahmen des Leistungsinteresses des Geschädigten zusammenfasst. **Jeder Verletzer innerhalb der Verletzerkette greift durch das unbefugte Inverkehrbringen des Schutzgegenstandes erneut in das ausschließlich dem Rechtsinhaber zugewiesene Verbreitungsrecht ein** (*Tilmann*, GRUR 2003, 647/462). Der vom Hersteller/Lieferaten herauszugebende Gewinn wird aber durch Ersatzzahlungen gemindert, die der Hersteller/Lieferant seinen Abnehmern wegen deren Inanspruchnahme durch den Verletzten erbringt. Das erscheint als Widerspruch zu dem Grundsatz, wonach Schadensersatzzahlungen an die Abnehmer wegen Verhinderung des Weitervertriebs beim Verletzergewinn des Herstellers nicht berücksichtigt werden, weil fingiert wird, der Rechtsinhaber hätte ohne die Rechtsverletzung den gleichen Gewinn wie der Verletzte erzielt (BGH GRUR 2002, 532 – Unikatrahmen), erklärt sich aber durch einen anderen Sachverhalt. Wenn der Verletzte nur den Hersteller in Anspruch nimmt, ist ein Abzug nicht gerechtfertigt. **Schöpft der Verletzte dagegen bei allen Abnehmern die Gewinn voll ab, hat er durch die Rechtsverletzung nicht nur den gleichen, sondern**

einen höheren Gewinn als der Hersteller. Der Gewinn des Herstellers ist durch den Regress der Abnehmer aufgezehrt. In einem solchen Fall ist der Abzug begründet (BGH GRUR 2009, 856/864). Die weitere Entscheidung des BGH Restsellervertrag (GRUR 2009, 660), nach der bei der Bemessung des Schadensersatzanspruchs nach den Grundsätzen der Lizenzanalogie Ersatzzahlungen des Verletzers, die er seinen Vertragspartnern wegen deren Inanspruchnahme durch den Verletzten geleistet hat, nicht abzuziehen sind, ist nur am konkreten komplizierten Sachverhalt einigermaßen nach zu vollziehen. Er gibt keine Richtschnur.

Die ebenfalls strittige Frage, ob über die Herausgabe des Verletzergewinns auch eine Verlustersparnis herausverlangt werden kann (verneint durch RGZ 130, 108/110 unter andauerndem Widerspruch in der Literatur), hat sich durch die Entscheidung des BGH zu den Gemeinkosten erledigt.

Verletzergewinn kann auch **über § 687 Abs. 2 BGB** liquidiert werden. So ist es ausdrücklich bestimmt durch § 102a, vorm. § 97 Abs. 3. Die Vorschrift der angemaßten Geschäftsführung setzt jedoch unbedingten Vorsatz voraus. „Wissentlich" muss der Geschäftsherr das fremde Geschäft geführt haben, um ihm den vollen Gewinn abzunehmen. Zu § 687 Abs. 2 BGB siehe bei § 102a.

d) Perspektiven. Jahrzehntelang haben sich Rechtsprechung und Schrifttum bemüht, im Immaterialgüterrecht einen gerechten Ausgleich zu finden. Siehe dazu die Darstellung in den Vorauflagen Rdnr. 69–74. Mit der Entscheidung vom 2. 11. 2000 zur **Berechnung des Verletzergewinns nach einem Schutzrechtsverstoß** (GRUR 2001, 329 – Gemeinkostenanteil) hat der BGH auf der Grundlage der Arbeit von *Lehmann* (BB 1988, 1680ff.) einen **Befreiungsschlag vollzogen:** Bei der Berechnung des Verletzergewinns dürfen Gemeinkosten nicht mehr allgemein abgezogen werden, **sondern nur noch, wenn und soweit sie ausnahmsweise dem schutzrechtsverletzenden Gegenstand unmittelbar zugerechnet werden können** (Teilkostenmethode). Der Deckungsbeitrag zu den Fixkosten ist Gewinn. Auch kann der Verletzer bei der Bestimmung der Höhe des Verletzergewinns nicht (mehr) geltend machen, dieser beruhe teilweise auf eigenen Vertriebsleistungen. **Der Verletzer hat alles herauszugeben, was er durch die Rechtsverletzung erlangt hat.** 170

Die Entscheidung ist zu § 14 Abs. 1 S. 2 GeschmG aF ergangen. Das OLG Düsseldorf hat die Gleichstellung zum Urheberrecht vollzogen und Einwände dagegen zurückgewiesen (GRUR 2004, 53 – Gewinnherausgabeanspruch), ebenso das OLG Köln (GRUR-RR 2005, 247 – Loseblattwerk). Urheberrecht und Geschmacksmusterrecht sind eng verwandte Schutzrechte. Beide schützen hochsensible, leicht zu verletzende Immaterialgüter. Der BGH hat die Rechtsanwendung auf Kennzeichenverletzungen angesprochen (GRUR 2006, 419 – Noblesse) und auf wettbewerbsrechtliche Leistungsschutzrechte eindeutig erstreckt (GRUR 2007, 431 – Steckverbindergehäuse). Mit dem Hinweis in der Entscheidung Steckverbindergehäuse auf die beiden Entscheidungen des OLG Düsseldorf und OLG Köln ist das Urheberrecht in die höchstrichterliche Rechtsprechung einbezogen.

Tilmann zeigt in seinem Beitrag (GRUR 2003, 647ff.), welche Perspektiven sich aus der BGH-Entscheidung Gemeinkostenanteil für den gewerblichen Rechtsschutz und das Urheberrecht ergeben. Mit dieser Entscheidung und der 2007 ergangenen Entscheidung Steckverbindergehäuse, die die Rechtsprechung verdeutlicht, hat der BGH endgültig den zählebigen, **fatalen Grundsatz überwunden, dass selbst der böswilligste Verletzer nicht schlechter gestellt werden dürfe als ein redlicher Lizenznehmer.** Das sorgsame Abwägen von Vor- und Nachteilen des Verletzers in der Rechtsprechung mit dem möglichen Ergebnis, er könnte sich sogar besser stellen als ein redlicher Lizenznehmer (der X. Senats zum Patentrecht in: BGH GRUR 1980, 841 – Tolbutamid – und BGH GRUR 1982, 286 – Fersenstützvorrichtung) haben im Schrifttum die bekannten Gegenreaktionen ausgelöst, jahrzehntelang mit mäßiger Wirkung (noch in der Entscheidung Catwalk vom 23. 6. 2005 steht der Satz, der Lizenzanalogie liege die Überlegung zu Grunde, dass der Verletzer grundsätzlich nicht anders stehen solle als ein vertraglicher Lizenznehmer, der eine Gebühr entrichtet hat BGH GRUR 2006, 143/145). **Die Vorstellung von Strafe und ihre dezidierte Ablehnung im Zivilrecht** trübte den Blick. Als sei die Abschöpfung aller Vorteile, die der Rechtsverletzer durch den Eingriff in das Immaterialgut gezogen hat, Strafe im pönalen Sinn. Nunmehr gilt **der Grundsatz: Niemand soll aus einem schuldhaften Eingriff in ein geschütztes Immaterialgüterrecht Vorteile ziehen und behalten.** Damit ist der 1980 von *Kraßer* (GRUR Int. 1980, 269) angeregte, vom Schrifttum (explizit *Dreier*, Kompensation und Prävention, 2002) aufgenommene Schritt vollzogen: **Schadensersatzansprüche sind Sanktion der Verletzung geistigen und gewerb-** 171

§ 97 Anspruch auf Unterlassung und Schadenersatz

lichen Eigentums, rechtsdogmatisch gleichermaßen und gleichwertig Kompensation (Ausgleich) und Prävention, nicht Strafe (BGH GRUR 2009, 856/864 – Tripp-Trapp-Stuhl). *Lehmann* würdigt die rechtsdogmatische Tat des BGH in GRUR Int. 2004, 762. Ohne Prävention, ohne eine rigorose Unterscheidung von vorsätzlichen Rechtsbrechern und redlichen Lizenznehmern, von „Räubern" und fahrlässigen Tätern ist der Schutz des geistigen Eigentums im Zivilrecht nicht in den Griff zu bekommen. Die Entscheidung „Gemeinkostenanteil" bedeutet richtig fortgesetzt den Durchbruch zu einer gerechteren Schadensersatzbemessung und zur Berücksichtigung der Freiheiten, die im Bereich des geistigen Eigentums und seiner Entfaltung erhalten bleiben müssen. Die kritischen Stimmen, die insbesondere zum Patentrecht und zur praktischen Durchsetzung erhoben worden sind (*Haedicke* GRUR 2005, 529; *Meier-Beck* GRUR 2005, 617; *Rojahn,* GRUR 2005, 623), schmälern nicht die bahnbrechende Bedeutung der Entscheidung. Der BGH hat in der Entscheidung Steckverbindergehäuse die Kritik aufgegriffen und geht moderierend weiter auf dem eingeschlagenen Weg (BGH GRUR 2007, 431/434). Zu dogmatischen Konstruktionsfragen im Zusammenhang mit der Durchsetzungsrichtlinie 2004/48/EG: *Tilmann* in Fs. Schilling, 2007, S. 367 ff.

172 Die Rechtsprechung zur Schadensbemessung nach dem sog. Verletzergewinn erweitert auch den Blick auf die dritte alternative Berechnungsart, die „angemessene Lizenz". Bei der Umsetzung der Richtlinie 2004/48/EG hat es der deutsche Gesetzgeber trotz zahlreicher Stimmen, ua. des Bundesrates, abgelehnt, den entgangenen Gewinn in Höhe einer doppelten Lizenzgebühr oder einer anderen ziffernmäßigen Pauschalierung gesetzlich festzulegen. Der Gesetzestext lautet nach der Neufassung des § 97 Abs. 2 S. 3: „Der Schadensersatzanspruch kann auch auf der Grundlage des Betrages berechnet werden, den der Verletzer als angemessene Vergütung hätte entrichten müssen, wenn er die Erlaubnis zur Nutzung des verletzten Rechts eingeholt hätte". Das klingt zunächst wie ein Rückschritt zu der Vorstellung, dass der Verletzer grundsätzlich nicht anders stehen solle als ein vertraglicher Lizenznehmer, ist es bei genauer Betrachtung aber nicht. In einem Gesetz zur Verbesserung der Durchsetzung von Rechten des geistigen Eigentums auf der Basis einer EU-Richtlinie zur Durchsetzung der Rechte des geistigen Eigentums kann das nicht gemeint sein. Die AmtlBegr. sagt dementsprechend: „Im Einzelfall kann es zum gerechten Schadensausgleich notwendig sein, den Schadensersatz höher als die Lizenzgebühr zu bemessen" (BTDrucks. 16/5048 S. 48): also keine Pauschale, sondern Einzelfallbetrachtung; nicht zwingend die Lizenzgebühr eines Redlichen, sondern Berechnung des Schadensersatzes im Einzelfall auf der Grundlage der Lizenz eines Redlichen. Das gibt bei der Berechnung „nach der Lizenzanalogie" Flexibilität wie bei der Schadensbemessung „nach dem sog. Verletzergewinn" (BGH GRUR 2001, 329 – Gemeinkostenanteil). Es lassen sich alle erdenklichen Gesichtspunkte in die Beurteilung einbeziehen, einschließlich des Grades des Verschuldens (*v. Ungern-Sternberg* zur Rechtsprechung des BGH: GRUR 2008, 291/298; in GRUR 2009, 463 weist der Autor eindringlich auf die Notwendigkeit der Anpassung des deutschen Rechts an die Enforcementrichtlinie hin). *Tetzner* stellt bei der Lizenzanalogie zur richtlinienkonformen Auslegung einen Verletzerzuschlag dar, der alle wesentlichen Nachteile des Schutzrechtsinhabers zu berücksichtigen habe und in der Regel über der vertraglichen Lizenzgebühr liege (GRUR 2009, 6).

173 Bei der Bemessung des Schadensersatzes auf Lizenzbasis ist die Berücksichtigung des Verschuldens von erheblichem Gewicht. Von einem redlichen Lizenznehmer ist nicht zu erwarten, dass er ohne Aussicht auf Gewinn aktiv wird. Der redliche Lizenznehmer muss also im eigenen Interesse des Lizenzgebers eine angemessene Gewinnspanne erhalten. Diese wird größer oder kleiner ausfallen, pauschaliert etwa ein Drittel oder die Hälfte (vielleicht sogar mehr) des zu erwartenden Gewinns. **Dem böswilligen Verletzer kommt** – so die reformierende Rechtsprechung des BGH – **kein Gewinnanteil** zu. Er hat herauszugeben, was er erlangt hat. Also besteht auch kein Anspruch auf die Lizenz eines redlichen Lizenznehmers. Vielmehr ist zu der Zahlung an den Lizenzgeber der Gewinnanteil hinzu zu rechnen, der dem redlichen Lizenznehmer zukommt. **Pauschaliert ergibt das einen Zuschlag zur einfachen Lizenzgebühr.** Über die neuen Entscheidungen des BGH lässt sich mithin begründen, was seit langem allgemeinem Rechtsempfinden entspricht. Der Aufsatz von *Assmann,* Schadensersatz in mehrfacher Höhe des Schadens, – BB 1985, 15 –, erweist sich als immer noch frisch. Tetzner kennt diese Vorstellungen dagegen nicht und verneint die Berücksichtigung des Verschuldens für die Höhe des Schadensersatzes und dementsprechend für die Höhe des Verletzerzuschlags bei der Lizenzannalogie (GRUR 2009, 6/13). Weiterer Schaden (Untersuchungskosten, Marktverwirrungsschaden etc.) ist zusätzlich auszugleichen.

174 Wer nur leicht fahrlässig handelt, kommt eher einem redlichen Lizenznehmer gleich. Ein redlicher Lizenznehmer zahlt nicht die Hälfte seines Gewinns oder mehr an den Lizenzgeber. Mit

dem Begriff „angemessen" besteht mithin **Freiraum für die Beurteilung nach dem Grad des Verschuldens**. Es steht noch offen, den Haftungsumfang bei Fahrlässigkeit näher zu bestimmen. *Haedicke* warnt vor einer Gewinnhaftung bei Fahrlässigkeit in Fällen von Patentverletzungen, aber auch generell (GRUR 2005, 529). Dem ist über die Schadensersatzbemessung Rechnung zu tragen.

Mit der Entscheidung des BGH „Gemeinkostenanteil" und der Neufassung des § 97 Abs. 2 S. 1–3 hat Deutschland an das Rechtsverständnis benachbarter Staaten angeschlossen. Das deutsche Recht entspricht nunmehr nicht nur im Prinzip **der Richtlinie Nr. 2004/48/EG des Europäischen Parlaments und des Rates vom 29. 4. 2004 zur Durchsetzung der Rechte des geistigen Eigentums** (ABl. L 195 S. 16), sondern geht bei schuldhafter Verletzung geistigen Eigentums und Bereicherungsansprüchen ohne Verschulden über die **Anforderungen** noch hinaus, indem auch die leichte Fahrlässigkeit einbezogen ist, während Art. 13 Abs. 1 und Abs. 2 nach dem Kriterium abgrenzt: „wer weiß oder hätte wissen müssen". Vorgesehen ist in Art. 13 Abs. 1 lit. b) die Möglichkeit eines Pauschalbetrags, der mindestens dem Betrag oder der Gebühr entspricht, die der Verletzer hätte entrichten müssen, wenn er die Erlaubnis zur Benutzung eingeholt hätte. Die im Entwurf der Richtlinie ursprünglich vorgesehene **doppelte Gebühr** (Art. 17) wurde fallengelassen, aber den Mitgliedsländern vorbehalten, den Pauschalbetrag zu erhöhen und damit einer Differenzierung nach Verschulden Rechnung zu tragen, wie das nach der Entscheidung „Gemeinkostenanteil" des BGH nunmehr auch in Deutschland dogmatisch zu vertreten ist. Zur Richtlinie und ihrer Umsetzung siehe auch *Dreier* GRUR Int. 2004, 706; *Knaak* GRUR Int. 2004, 745; *Frey/Rudolph* ZUM 2004, 522. Die deutsche Landesgruppe der Internationalen Vereinigung für den Schutz geistigen Eigentum (AIPPI) hat sich für **pauschale Schadensberechnung ausgesprochen mit dem Vorschlag, eine 1,5-fache Gebühr als Regelsatz anzunehmen, der in Fällen einfacher Fahrlässigkeit auf eine einfache Gebühr ermäßigt und in Fällen des Vorsatzes auf eine 2-fache Lizenzgebühr erhöht werden kann** (Bericht in: GRUR Int. 2005, 403). Auch wenn der Gesetzgeber diese Vorschläge nicht aufgenommen und keine Pauschalgebühren festgesetzt hat, lassen sich diese Vorschläge als Richtmaß in der Rechtsprechung verwenden. Pro Verletzerzuschlag stimmen unter Hinweis auf die Anforderungen der Enforcement-Richtlinie *v. Ungern-Sternberg* (GRUR 2009, 460/464), *Tetzner* (GRUR 2009, 6), *Kochendörfer* (ZUM 2009, 389). Es muss nicht unbedingt die doppelte Lizenzgebühr durchgesetzt werden, aber die Umstände des Einzelfalls können einen erheblichen, möglicherweise höheren als doppelten Verletzeraufschlag rechtfertigen, sollen die Anforderungen der Enforcement-Richtlinie an Sanktionen und Prävention erfüllt werden.

Eine Gewinnabschöpfung zugunsten der Allgemeinheit wie § 10 UWG nF passt bei Verletzung geistigen und gewerblichen Eigentums nicht. Der Verletzergewinn gehört bei schuldhafter Rechtsverletzung dem berechtigten Rechtsinhaber, nicht als Sanktion dem Staat.

3. Immaterieller Schaden

Die Rechtsprechung hat in Anlehnung an § 847 BGB aF (inzwischen aufgehoben und ersetzt durch § 253 Abs. 2 gemäß § 2 Abs. 2 und 7 Zweites Gesetz zur Änderung schadensersatzrechtlicher Vorschriften vom 19. 7. 2002 BGBl. I S. 2674), das **Schmerzensgeld für seelische Beschädigungen** entwickelt und über § 823 Abs. 1 BGB iVm. Art. 1 und Art. 2 Abs. 1 GG den **Schutz der Persönlichkeit in ihren immateriellen Werten** anerkannt (BGHZ 143, 214/218; BGHZ 128, 1/15). In der Tat ist das Persönlichkeitsrecht (Art. 1 und Art. 2 Abs. 1 GG) eines der stärksten Grundrechte der aktuellen Verfassung, das auf Ausgleich zwischen Individuum und Gemeinschaft gerichtet ist.

a) Konsequent hat die Rechtsprechung Eingriffe in das Persönlichkeitsrecht, die nicht durch höherwertige Interessen gedeckt sind, verboten und sanktioniert (grundlegend BGHZ 13, 334 – Schacht-Briefe; BGHZ 26, 349 – Herrenreiter; bestätigt und vertieft in BGHZ 30, 7 – Caterina Valente; BGHZ 35, 363 – Ginsengwurzel; BGHZ 39, 124 – Fernsehansagerin; BGH GRUR 1962, 211 – Hochzeitsbild; BGH GRUR 1962, 324 – Doppelmörder; BGH GRUR 1965, 254 – Exklusiv-Interview; BGH GRUR 1965, 256 – Gretna Green; BGH GRUR 1965, 495 – Wie uns die Anderen sehen; BGH GRUR 1966, 157 – Wo ist mein Kind?; BGH GRUR 1968, 552 – Mephisto; BGH GRUR 1969, 147 – Korruptionsvorwurf; BGH GRUR 1969, 301 – Spielgefährtin II; BGH GRUR 1971, 529 – Dreckschleuder; BGH GRUR 1972, 97 – Liebestropfen; BGH GRUR 1974, 797 – Fiete Schulze). Das Bundesverfassungsgericht hat diese Rechtsprechung bestätigt (BVerfGE 34, 269 – Soraya). Aus neuerer Zeit grundsätzlich BGHZ 128, 1 – Caroline von Monaco: Berücksichtigung der Gewinnerzielung als Bemessungsfaktor bei Geldentschädigung für immateriellen Schaden unter Präventionsgesichtspunkten; im Anschluss daran OLG Hamburg (ZUM 1997, 46) zur Höhe der Geldentschädigung bei „Zwangskommerzialisierung" der Persönlichkeit DM 180000,– statt geforderter DM 400000,– Mindestbetrag. Die Gedanken sind auch bei Verletzung anderer Immaterialgüterrechte weiter zu führen. Auch im Fall Bob Dylan hat der BGH – trotz Person der Zeitgeschichte – die durch den fehlenden Rechtsschutz für den widerrechtlichen Mitschnitt eines öffentlichen Konzerts in Amerika eingetretene „Zwangskommerzialisierung" über den Schutz des Persönlichkeitsrechts geheilt (NJW 1997, 1152; so. § 96 Rdnr. 8).

177 Für den Teilbereich des **Urheberpersönlichkeitsrechts** (über das Verhältnis zum allgemeinen Persönlichkeitsrecht s. vor §§ 12 ff. Rdnr. 14 ff.) erkannte der Gesetzgeber durch § 97 Abs. 2 aF den Persönlichkeitsrechtsschutz durch Geldersatz an (ggf. iVm. §§ 70, 72, 73, 75), jetzt § 97 Abs. 2 S. 4. Auch ein Schaden, der nur rein ideeller Natur ist, muss geheilt werden, wenn und soweit das nach den Umständen des Falles der Billigkeit entspricht. Lizenznehmern kommt dieser Anspruch nicht zu (OLG Hamburg UFITA 65 [1972] 284/287; *Wandtke/Bullinger/v. Wolff*[3] Rdnr. 85; *Möhring/Nicolini/Lütje* Rdnr. 242; *Dreier* in: *Dreier/Schulze*[3] Rdnr. 74). Juristische Personen und sonstige Personenverbindungen als solche können kein Urheberpersönlichkeitsrecht erwerben; es steht immer der natürlichen Person als dem Werkschöpfer (§ 7) zu; zur Miturheberschaft s. § 8 Rdnr. 8 f. Die Fälschung der Signatur ist Verletzung des allg. Persönlichkeitsrechts, das bei Bekanntheit des Urhebers 30 Jahre nach dem Tod noch nicht entfallen ist (BGH GRUR 1995, 668 – Emil Nolde).

178 **b)** Bei schuldhafter Verletzung des ideellen Urheberpersönlichkeitsrechts besteht neben den Ansprüchen auf Unterlassung und Beseitigung (§ 97 Abs. 1) ein **Anspruch auf Entschädigung für immateriellen Schaden** nach § 97 Abs. 2 S. 4. Diese Bestimmung erfasst nur emotionale, seelische Beeinträchtigungen. Verursacht die Verletzung des Urheberpersönlichkeitsrechts einen Vermögensschaden, ist dieser nach § 97 Abs. 2 S. 1 zu ersetzen (BGH GRUR 2002, 532 – Unikatrahmen: der Vertrieb von Kunstdrucken in Rahmen, die von Dritten bemalt wurden, verletzen das Urheberpersönlichkeitsrecht, wenn das Bild als Gesamtkunstwerk des Urhebers des Originalwerks erscheint – hier Hundertwasser). Oftmals löst eine Handlung beide Folgen aus. Oft wird im Urteilsspruch materieller und immaterieller Schadensausgleich in einem Betrag zusammengefasst. Wird keine Klage auf Feststellung der gesamten Schadensersatzpflicht erhoben, ist der immaterielle Schaden nur dann Gegenstand des Prozesses, wenn er selbstständig und ausdrücklich neben dem Anspruch auf Ersatz des Vermögensschadens geltend gemacht wird (BGHZ 20, 345 – Paul Dahlke). Für das Urheberpersönlichkeitsrecht und das „urheberrechtliche Schmerzensgeld" hat § 11 zentrale Bedeutung. § 11 schützt den Urheber in seinen geistigen und persönlichen Beziehungen und in der Nutzung des Werks (dazu *Krüger-Nieland*, Fs. für Hauß, 1978, S. 215/221). Die einzelnen persönlichkeitsrechtlichen Berechtigungen der §§ 6, 12–14, 23 S. 1, 34 Abs. 1 S. 1, 35 Abs. 1 S. 1, 39, 42, 46 Abs. 5, 62 und 63 (s. auch vor §§ 12 ff. Rdnr. 6 ff.) konkretisieren die geistig-persönlichen Beziehungen des Urhebers zu seinem Werk. Zum Schutz der Urheberpersönlichkeitsrechte bei Multimedia s. *J. Kreile/Wallner* ZUM 1997, 625. Ob das allgemeine Persönlichkeitsrecht des Künstlers oder sein besonderes Urheberpersönlichkeitsrecht betroffen ist (*Neumann-Duesberg* NJW 1971, 1640/1641; *Nordemann* GRUR 1980, 434/435), wird ua im Todesfall relevant. Der Anspruch aus § 97 Abs. 2 S. 4 aus dem Urheberpersönlichkeitsrecht wird vererbt. Wegen Eingriffen in das ideelle allgemeine Persönlichkeitsrecht eines Verstorbenen (Entstellung seines Lebensbildes) können die Angehörigen von Verletzten keine Geldentschädigung fordern, aber ggf. Widerruf (BGH GRUR 1974, 797/800 – Fiete Schulze – in Ergänzung zu BGHZ 50, 133 – Mephisto; BGH GRUR 2006, 252 – Postmortaler Persönlichkeitsschutz; durchbrochen von OLG München GRUR ZUM 2002, 744 (dazu siehe Rdnr. 179). Bei den Schutzrechtsinhabern, denen das Gesetz „entsprechende" urheberpersönlichkeitsrechtliche Berechtigungen zuordnet (Verfasser wissenschaftlicher Werke – § 70 –, Lichtbildner – § 72 –, ausübender Künstler – §§ 73, 74, 75), ist die unterschiedliche Intensität der urheberpersönlichkeitsrechtlichen Interessen und Bindungen an das Werk zu beachten. Es ergeben sich dabei gewisse Einschränkungen (siehe bei den jeweiligen Schutzrechten). Der BGH unterscheidet beim allgemeinen Persönlichkeitsrecht zwischen kommerziellen und ideellen Bestandteilen. Die vermögenswerten Bestandteile bestehen nach dem Tod des Trägers des Persönlichkeitsrechts fort, so lange die ideellen Interessen geschützt sind. Die entsprechenden Befugnisse gehen auf die Erben des Trägers des Persönlichkeitsrechts über und können von diesen entsprechend dem ausdrücklichen oder mutmaßlichen Willen des Verstorbenen ausgeübt werden (BGH GRUR 2000, 700 – Marlene Dietrich; BGH GRUR 2000,

715 – „Der blaue Engel" mit Anm. von G. *Wagner*; dazu T. *Müller*, Zur Vererblichkeit vermögenswerter Bestandteile des Persönlichkeitsrechts, Neueste Rechtsprechung des BGH GRUR 2003, 31 ff.; *Reber* ZUM 2004, 708; zu eng *Möhring/Nicolini/Lütje* Rdnr. 24). Das BVerfG hat die Rechtsfortbildung bestätigt (GRUR 2006, 1049). Die ideellen Interessen sind durch die Angehörigen wahrzunehmen. Siehe auch: *Helle*, Auf dem Wege zum kommerziellen Persönlichkeitsrecht, AfP 2009, 14; *Fornasier/Frey*, Geldersatz für Persönlichkeitseingriffe durch Werke der Kunst, AfP 2009, 110; *Luther*, Postmortaler Persönlichkeitsschutz als Grenze der Kommunikationsgrundrechte, AfP 2009, 215; *Ladeur*, Mediengerechte Spezifizierung des Schutzes von Persönlichkeitsrechten, AfP 2009, 446.

Zum postmortalen Persönlichkeitsschutz im Zeichen allgemeiner Kommerzialisierung: **179** *Claus* Diss. 2004 UFITA-Schriftenreihe Nr. 226; siehe auch *Schack*, Das Persönlichkeitsrecht der Urheber und ausübenden Künstler nach dem Tode, GRUR 1985, 352. Nach der **Fiete Schulze-Entscheidung des BGH** (GRUR 1974, 797) war ständige Rechtsprechung, dass den Wahrnehmungsberechtigten des postmortalen **Persönlichkeitsrechts keine Geldentschädigung wegen der Verletzung ideeller Interessen des Verstorbenen** zusteht. Das OLG München hat diesen Grundsatz durchbrochen. Zwei Presseunternehmen hatten ein Nacktfoto veröffentlicht, das Marlene Dietrich darstellen sollte. Das OLG München sprach der Tochter der verstorbenen weltberühmten Schauspielerin eine **Geldentschädigung** in Höhe von je 5000 Euro zuzüglich zum geltend gemachten Unterlassungsanspruch **wegen schwerwiegender Verletzung des postmortalen Würdeanspruchs** ihrer Mutter zu (ZUM 2002, 744). Das ist aus zwei Gründen richtig: Zum einen endet die Ausstrahlung eines Menschen nicht mit dessen Tod; deshalb kann sein Persönlichkeitsrecht von den Angehörigen über den Tod hinaus geltend gemacht, somit auch **Achtung für den Verstorbenen** gefordert werden. Zum anderen setzt sich damit die Präventivfunktion der Geldentschädigung, die der BGH in der Entscheidung Caroline von Monaco wegen Verletzung ihrer Persönlichkeitsrechte zuerkannt hat (BGHZ 128, 1), auch im postmortalen Persönlichkeitsrecht durch. Den **Schutz vor kommerziellem Missbrauch durch unerlaubte Vermarktung** hat der BGH bereits anerkannt (BGHZ 143, 214 – Marlene Dietrich), ebenso den **Schutz vor grober Entstellung des Lebensbildes** (BGHZ 30/133 – Mephisto) sowie die **Beeinträchtigung des künstlerischen Ansehens** (BGHZ 107/382 – Emil Nolde). Im postmortalen Bereich fehlt noch die höchstrichterliche Anerkennung der Sanktion ideeller Verletzungen durch Geldentschädigung an die nächsten Angehörigen. Lediglich mit einem Unterlassungsanspruch ist solchen Verletzungen nicht beizukommen; Beseitigung, Widerruf greifen oftmals nicht (*Claus* aaO S. 34/35). Notwendig ist auch hier **Prävention durch drohende Geldentschädigung**. *Götting* (Fs. für Ullmann, 2006, S. 65/67) wendet sich zu Recht gegen BGH GRUR 2006, 252/254 ff. – Postmortaler Persönlichkeitsschutz: „Bei der Rechtsprechung geht es nicht um ‚Systemgerechtigkeit' sondern um Gerechtigkeit." Es kann nur die Frage sein, wie lange der Schutz dauert, zehn Jahre wie der Bildnisschutz (§ 22 S. 3 KUG, 70 Jahre wie der Urheberrechtsschutz oder je nach der Stärke der Persönlichkeit und seinem Wirken (LG Frankfurt/M. hält für ausschlaggebend die Art und Weise, in der die Persönlichkeit im kollektiven Gedächtnis lebt, ZUM 2009, 308). **Gleiches ist für den postmortalen Namensschutz anzuerkennen** gegen OLG Hamm, das das Namensrecht mit dem Tod einer Person für erloschen betrachtet (NJW 2002, 609/610 – Fritz Winter). **Der Name ist Teil der Persönlichkeit.** Er hat nicht nur Ordnungsfunktion. Durch den Namen lebt die Persönlichkeit in Gegenwart, Vergangenheit und Zukunft über den Tod hinaus. An den Beispielen von Künstlern und Politikern lässt sich das in eigener Anschauung verfolgen. Zu recht hat das LG München Dritten untersagt, den Namen Marlene Dietrich und ihren Vornamen als Marke registrieren zu lassen und zu verwenden (LG München ZUM 2000, 526 – rechtskräftig - dazu *Reber*, „Marlene Dietrich – Eine Prozessgeschichte von den ideellen und kommerziellen Bestandteilen des (postmortalen) Persönlichkeitsrechts", ZUM 2004, 708).

Auch beim Urheberpersönlichkeitsrecht sind diese beiden Interessenbereiche zu unterscheiden. Es gibt **zwei Auswirkungen von Urheberpersönlichkeitsrechtsverletzungen,** die **180** eine, die die **kommerziellen Belange** betrifft; beispielsweise Unterlassen der Quellenangabe und damit Behinderung von Folgeaufträgen – häufig bei Architekten, Graphikern, Fotografen, OLG München GRUR 1969, 146/147 – Weglassen des Urheber-Signums auf den Werkexemplaren; BGH GRUR 1963, 40/42 – Straßen – gestern und morgen: Anspruch des Urhebers eines zur Verfilmung benutzten Werks auf Namensnennung; ArbG Heilbronn AfP 1989, 596/598: Weglassen des Fotografennamens; LG Leipzig NJW-RR 2002, 619 – Hirschgewand: zusätzlich Schadensersatz wegen unterlassener Namensnennung eines Modeschöpfers; OLG München NJW-RR 2000, 1574: Verdoppelung der Schadensersatzsumme wegen unterbliebener Benen-

§ 97 Anspruch auf Unterlassung und Schadenersatz

nung des Urhebers von Beiträgen eines Literaturhandbuchs; LG Hamburg ZUM 2004, 675 mit Anm. von *Feldmann* S. 681: Schadensersatz wegen unterbliebener Urheberbenennung bei digital gefertigten Aufnahmen gem. § 72 UrhG; OLG München NJW-RR 2003, 1627 – Pumuckl-Illustrationen: Urheberbenennungsrecht an Illustrationen einer Kinderbuchfigur. Die Anerkennung der Urheberschaft ist eines der intensivsten Urheberrechte, somit auch die Namensnennung (BGH GRUR 2002, 799 – Stadtbahnfahrzeug). Sie hat vermögensrechtliche Auswirkungen, aber auch immaterielle. Das ist **die zweite Auswirkung**, die in der persönlichen Berührtheit, **im emotionalen und seelischen Bereich** liegt. Der materielle Schaden ist analog § 97 Abs. 2 S. 1 auszugleichen, im emotional-seelischen Bereich über § 97 Abs. 2 S. 4 ggf. kumulativ.

181 c) Das **„Schmerzensgeld"** muss der **Billigkeit** entsprechen. Damit soll der Anspruch **nur bei schwerwiegenden Eingriffen in ideelle Rechte und Interessen** gegeben werden. Der Anspruch entsteht nicht, wenn diese Voraussetzungen nicht vorliegen. Insoweit besteht ein nicht unerheblicher Unterschied zur Verletzung des allgemeinen Persönlichkeitsrechts, bei der nach § 253 Abs. 2 BGB (§ 847 aF BGB) nur die Höhe der Entschädigung an der Billigkeit ausgerichtet wird. Nach OLG Hamburg (GRUR 1990, 36) reicht für die Zubilligung eines immateriellen Schadensersatzes allein die Missachtung der Ausschließlichkeitsrechte des Urhebers nicht aus; es bedarf vielmehr einer deutlich vom Normalfall zu unterscheidenden Verletzungshandlung. Unbefugte Bildwiedergabe rechtfertigt kein Schmerzensgeld, wenn die Genugtuungsfunktion auf andere Weise erlangt wird (OLG Hamm NJW-RR 2000, 1147). Für eine großzügigere Beurteilung im Rahmen des § 97 Abs. 2 S. 4 sprechen *Dreier* in: *Dreier/Schulze*[3] Rdnr. 75, *Nordemann* GRUR 1980, 434; *v. Bar* UFITA 81/1978, 57/64. Auf jeden Fall ist die Missachtung des Urheberrechts ein Eingriff, der im Zweifelsfall die Sanktionen des § 97 Abs. 2 S. 4 auslöst.

182 **Im Rahmen der Billigkeit** sind zu **berücksichtigen:** Anlass und Beweggrund des Handelns, künstlerischer Rang des Verletzten und seines Werkes, Bedeutung und Umfang des Eingriffs, Art und Weise der Verletzung; Umfeld der Verletzung, Intensität und Dauer der Verletzung, Ausmaß der Verbreitung (Auflagenhöhe, Zuschauer-, Hörerzahl; OLG München ZUM 1986, 424/425 zum Anspruch auf Schadensersatz auch bei nur geringer Auflage eines Druckwerks), Möglichkeit oder Unmöglichkeit der Beseitigung der Beeinträchtigung durch andere Mittel wie Widerruf, Richtigstellung, Gegendarstellung. Diese Mittel reichen oft nicht, den schweren immateriellen Schaden auszugleichen (OLG München NJW 1996, 135/136; *Möhring/Nicolini/Lütje* Rdnr. 245). Zu den im Rahmen der Billigkeitsprüfung zu berücksichtigenden Umständen siehe: BGH GRUR 1966, 570 – Eisrevue III; BGH GRUR 1970, 370/372 – Nachtigall; BGH GRUR 1971, 525 – Petite Jacqueline; BGH GRUR 1972, 97 – Liebestropfen; BGHZ 128, 1/13f. – Caroline v. Monaco; OLG München NJW-RR 1997, 493; OLG Koblenz GRUR 1995, 771/772 – Werbefotos; OLG München GRUR 1992, 512/513 –; (BGH GRUR 1996, 227/229 – Wiederholungsveröffentlichung; Prince. *FrommWilhelm Nordemann*[9] Rdnr. 54 weisen zutreffend darauf hin, dass die Missachtung der Entschließungsfreiheit des Urhebers durch den Verletzer im Rahmen der Billigkeitsprüfung zu Lasten des Verletzers berücksichtigt werden müsse von Bedeutung bei OLG Hamburg GRUR 1990, 36 – Schmerzensgeld. *Möhring/Nicolini/Lütje* Rdnr. 246 verneinen ein besonderes Gewicht der Entschließungsfreiheit; eine Verletzung der Entschließungsfreiheit sei über den materiellen Schadensersatzanspruch zu kompensieren. Immerhin ist § 19a, das Recht der öffentlichen Zugänglichmachung, die Anerkennung der Bedeutung der Entschließungsfreiheit. Gewicht hat der **Grad des Verschuldens des Verletzers:** Vorsatz, Leichtfertigkeit oder einfache Fahrlässigkeit sind in die Beurteilung einzubeziehen (*Fromm/Nordemann*[10] Rdnr. 122; *v. Gamm* Rdnr. 36; jetzt auch *Möhring/Nicolini/Lütje* Rdnr. 246; *Dreier* in: *Dreier/Schulze*[3] Rdnr. 75). Die Gegenmeinung bei *Neumann* GRUR 1970, 544 verkennt, dass der Gesetzgeber die Billigkeitsprüfung und damit die Einbeziehung dieses Themas angeordnet hat. Zu berücksichtigen ist außerdem – und nicht zuletzt – die **Genugtuungsfunktion des immateriellen Schadensersatzes** (BGHZ 18, 149/155 ff. – die Bestimmung des § 97 Abs. 2 aF, jetzt § 97 Abs. 2 S. 4, ist an die Stelle der früheren Zuerkennung einer Buße im Strafverfahren – §§ 40 LUG, 35 KUG – getreten). Das Schmerzensgeld muss fühlbar sein, um weitere Verletzungen auszuschließen und um der Allgemeinheit deutlich zu machen, dass sich Rechtsverletzungen dieser Art nicht lohnen, sondern teuer werden können (OLG Hamburg UFITA 60 (1971) 322/327 – Prinzessin Irene: DM 50000; BGHZ 128, 1/16 – Caroline v. Monaco; OLG Hamburg ZUM 1997, 46 – Caroline von Monaco: DM 180000; 100000 Euro für die Verwendung des Fotos eines bekannten Politikers zu Werbezwecken (LG Hamburg ZUM 2004, 399); Lizenzgebühr 70000 Euro für bundesweite Werbung für Kopiergeräte mit der Figur „Blauer Engel", Abschlussentscheidung zu BGH, GRUR 2000,

715 – Blauer Engel). Die Höhe der Entschädigung ist nach § 97 Abs. 2 S. 4 zu schätzen (§ 287 ZPO). Damit geht der Verletzte ohnehin ein Prozessrisiko ein. Spricht das Gericht dem Verletzten einen geringeren Betrag zu, als vom Verletzten geschätzt, trägt er einen Teil der Gerichtskosten. Setzt das Berufungsgericht den vom erstinstanzlichen Gericht zugesprochenen Betrag herab, entsteht für den Verletzten manchmal noch ein Verlust. *Wilhelm Nordemann* GRUR 1980, 434/436 regt zutreffend an, § 97 Abs. 2 aF, jetzt § 97 Abs. 2 S. 4, dadurch wirkungsvoller zu machen, dass das Berufungsgericht das von der Vorinstanz zugesprochene Schmerzensgeld nur in besonders gelagerten Fällen (Missbrauch, offenbare Unbilligkeit oder Fehlerhaftigkeit) abändert. Es ist aber grundsätzlich zu überdenken, ob der Streitwert, an dem sich die Kostenfolge ausrichtet, nicht erst mit dem Endurteil verbindlich wird. Schließlich wird mit dem Antrag auf ein nach billigem Ermessen vom Gericht festzusetzenden Betrag zum Ausdruck gebracht, dass dieser gelten soll, auch wenn sich der Verletzte einen höheren Betrag vorgestellt hatte, es sei denn, es läge eine eklatante Überschätzung vor. Zielt die Verletzung auf eine Schädigung des Rufs des Verletzten ab, rechtfertigt dies ein höheres Schmerzensgeld (OLG München NJW 1996, 135/136; OLG Celle ZUM 1994, 437/438).

d) Schmerzensgeld kommt **nur bei schwerwiegenden und nachhaltigen Verletzungen des Urheberpersönlichkeitsrechts** in Betracht in Ausnahmefällen, in denen ein Widerruf den Schaden nicht wiedergutmachen kann oder zu spät kommt (BGH GRUR 1971, 525 – Petite Jacqueline; BGH UFITA 76 [1976] 313/315; OLG Hamburg Schulze OLGZ 268). *Dreier* hält das im Hinblick auf einen wirksamen Rechtsschutz für bedenklich und spricht dafür, in jedem Fall der Verletzung Ersatz des immateriellen Schadens zu gewähren (in: *Dreier/Schulze*[3] Rdnr. 75 unter Berufung auf *Nordemann* GRUR 1980, 434/435 und *v. Bar* UFITA 81/1978, 57/64). Am häufigsten sind die Fälle, in denen die Namensangabe unterlassen wird, aus Nachlässigkeit oder bewusst. Dann wird oftmals ein pauschaler 100%iger Aufschlag zum üblichen Nutzungsentgelt gewährt (OLG Düsseldorf MMR 1998, 147; LG Düsseldorf, GRUR 1993, 664 – Urheberangabe bei Foto; LG München I ZUM 1995, 57; OLG Düsseldorf GRUR-RR 2006, 393 – Informationsbroschüre mwN). Damit wird zur Hälfte der materielle Schaden ausgeglichen, zur anderen Hälfte die Verletzung der Anerkennung der Urheberschaft nach § 13 UrhG (LG Köln AfP 2009, 166; LG München MMR 2009, 137). Gravierender noch ist die fehlerhafte Benennung (LG Berlin GRUR 2006, 141) und besonders schwerwiegend, eine deutliche Genugtuung fordernd, die bewusste Falschbenennung (dazu *Spieker* GRUR 2006, 118). Ob bei jeder Werknutzung nach § 13 S. 1 der Name des Urhebers genannt werden muss, ist nicht abschließend entschieden; grundsätzlich bejaht im Fall des Films „Im Rhythmus der Jahrhunderte" zugunsten des Drehbuchautors (BGH GRUR 1972, 713/714); zweifelhaft bei kleinen Veranstaltungen oder unbedeutenden Gelegenheitsveröffentlichungen. Im Fall des Festaktes zur Übergabe eines unsignierten Mauerbildes, das das Land Berlin dem Deutschen Bundestag und dieser an die UNO weitergeschenkt hatte, war der Name des Künstlers nicht genannt worden; der BGH sah darin keine Verletzung des Urheberrechts (GRUR 2007, 691 – Staatsgeschenk).

In Einzelfällen sind die Gerichte zu Recht zurückhaltend: **Kein Schmerzensgeld** für Balletttänzer, die in einem vom NDR-Fernsehen aufgezeichneten und ausgestrahlten Bühnenstück nackt auftraten (OLG Hamburg Schulze OLGZ 149); kein Schmerzensgeld für Architekten wegen Verwendung seiner Vorentwürfe (OLG Hamburg Schulze OLGZ 172); kein Schmerzensgeld eines Miterfinders, der in einem Buch seine Rolle bei der Erfindung nicht richtig dargestellt sieht (OLG Frankfurt/M GRUR 1964, 561/562 – Plexiglas); kein Schmerzensgeld bei rechtmäßiger Wiedergabe eines Werkes ohne Namensnennung (OLG Hamburg GRUR 1974, 165/167 – Gartentor). Keine Zahlung für Hochzeitsbild der eines Prominenten in abgegrenztem Bereich OLG HH ZUM 2009/65; dagegen OLG Köln ZUM 2009, 486 gewährt der Ehefrau Geldentschädigung. **Aber Schmerzensgeld:** bei verstümmelter Verwertung eines Lichtbildwerks zur Ausgestaltung eines Buchumschlages und dadurch bedingte schwere Beeinträchtigung des künstlerischen Rufes des Urhebers als anerkannter Vertreter der subjektiven Fotografie (BGH GRUR 1971, 525 – Petite Jacqueline); verkürzte und damit entstellende Vorführung eines Fernsehfilms (OLG Frankfurt/M GRUR 1989, 203/205 – Wüstenflug); aber keine gröbliche Entstellung bei Verkürzung eines Dokumentarfilms um die Hälfte der Laufzeit, wenn keine Änderung des Sinngehalts oder Verunstaltung vorliegt – Abgrenzung zu Wüstenflug (KG GRUR 2004, 497 – Schlacht um Berlin). Geldentschädigung in Höhe von 400 000 € angemessen bei vielfach wiederholter Persönlichkeitsrechtsverletzung OLG Hamburg AfP 2009, 509. Schmerzensgeld ist anerkannt worden wegen Verletzung des Erstveröffentlichungsrechts nach

§ 12 Abs. 1, der dem Urheber vorbehält, darüber zu entscheiden, ob sein Werk in einer bisher nicht erfolgten Art oder Form – worunter auch ein bestimmter Ort fallen kann (hier: im Fernsehen) – veröffentlicht wird (LG Berlin GRUR 1983, 761 – Portraitbild, das das Recht auf öffentliche Zugänglichmachung § 19a einbezieht); Schmerzensgeld bei Textveröffentlichung in veränderter Fassung: OLG München NJW 1996, 135 – Herrenmagazin). In der Tat ist die Missachtung der Entschließungsfreiheit des Künstlers ein besonders schwerer und nicht wiedergutzumachender Eingriff in sein Urheberpersönlichkeitsrecht, der in jedem Fall eine Ahndung nach § 97 Abs. 2 S. 4 rechtfertigt. *Ulmer*[3] (§ 13 I 2) weist zutreffend darauf hin, dass auch die Verwertungsrechte ideelle Interessen schützen. „Schmerzensgeld" und Schadensersatz wegen rechtwidrig übernommener juristischer Beiträge in Homepage gab OLG Frankfurt/M (ZUM 2004, 924). Ein Urheber kann auch die Verfilmung seines Werkes untersagen, weil er die Verfilmung nicht für eine angemessene Form der Wiedergabe seines Werkes hält. Obwohl sein Verbotsrecht aus dem ihm zustehenden Bearbeitungsrecht folgt, werden bei Missachtung seiner Entscheidung ideelle Interessen verletzt, für die Schadensersatz nach § 97 Abs. 2 S. 4 zu leisten sein kann. *Traub* sieht in einer schuldhaften, insbesondere wiederholten Verletzung fremder Urheberrechte einen Angriff auf die Dispositionsbefugnis des Schutzrechtsinhabers und zieht einen zusätzlichen Schadensersatzanspruch nach § 97 Abs. 2 aF in Betracht (Fs. für Roeber, 1982, S. 401/409); jetzt § 97 Abs. 2 S. 4. Siehe auch *Schulze/Stippler/Birk*, Schmerzensgeldhöhe in Presse und Medienprozessen. Eine systematische Darstellung nach Entscheidungen bundesdeutscher Gerichte, 1992. *Dreier* in: *Dreier/Schulze*[3] Rdnr. 75 spricht sich dafür aus, Ersatz des immateriellen Schadens in jedem Fall der Verletzung zu gewähren. Höhere Entschädigung wird von den Gerichten eher im Bereich des allgemeinen Persönlichkeitsrechts, weniger im Bereich des Urheberpersönlichkeitsrechts zugesprochen. Noch steht aus, worauf *Dreier* (in: *Dreier/Schulze*[3] Rdnr. 76) zutreffend hinweist, dass auch im Bereich des immateriellen Schadensausgleichs der vom Verletzer erlangte Gewinn aus Gründen der Prävention in die Schadensberechnung einbezogen werden kann. Zum allgemeinen Persönlichkeitsrecht siehe bei *Prinz/Peters*, Medienrecht, Rdnr. 738 ff., zur Höhe Rdnr. 763 ff.; *Wenzel/v. Strobl-Albeg*[5] Rdnr. 20 ff.; *Löffler/Ricker*, Handbuch des Presserechts[5], Kap. 44 Rdnr. 43 ff.

185 **Keine Verletzung des Urheberpersönlichkeitsrechts** liegt vor, wenn durch den Titel eines später erscheinenden Werks eines anderen der Eindruck erweckt wird, der Autor habe auch das spätere Werk verfasst, vielmehr **irreführende Titelverwendung**, angreifbar nach früher: § 16 Abs. 1 UWG (BGH GRUR 1960, 346/347 – Naher Osten) heute: § 5 Abs. 3 MarkenG; uU auch Verletzung des allgemeinen Persönlichkeitsrechts (vgl. *Ulmer*[3] § 6 III).

186 **e) Im Spannungsverhältnis von Urheberrecht/Urheberpersönlichkeitsrecht einerseits und Eigentum andererseits steht die Frage, ob der Eigentümer eines urheberrechtlich geschützten Werkes dieses zerstören darf.** Zerstörung ist kein urheberrechtliches Verwertungsrecht. Mit der Übertragung des Eigentums an einem Werk, überlässt der Urheber dem Erwerber die körperliche Nutzung. Für den Urheber ist das Werk körperlich nicht mehr vorhanden. Das Reichsgericht hat in der nahezu legendären Entscheidung Felseneiland mit Sirenen 1912 (RGZ 79/397) in einem obiter dictum ein generelles Recht des Eigentümers zur Zerstörung des ihm gehörenden Werkes angenommen. Dieser radikale Schnitt wird dem geistigen, wie emotionalen Band, das der Urheber zu einzelnen Werken hat, nicht gerecht (§ 11). Für den Werkschöpfer besteht psychisch ein Unterschied, ob das Werk nicht mehr existiert, in einem Keller verstaubt oder in einem Safe verwahrt wird. Das existente Werk hat die Chance, neu entdeckt zu werden. **In jüngerer Zeit mehren sich die Stimmen, die dem Urheber für den Fall einer geplanten Zerstörung einen Anspruch auf Rückerwerb geben und, um diesen wahrnehmen zu können, einen Anspruch auf Information.** Diese Rechte werden unterschiedlich begründet, teils über § 14, der eine Entstellung oder sonstige Beeinträchtigung des Werkes verbietet, teils über § 11, der das Urheberpersönlichkeitsrecht schützt, teils über § 823 Abs. 2 BGB iVm. §§ 11, 14 UrhG; der Anspruch auf Information entsprechend dem klassischen Auskunftsanspruch gemäß § 242 BGB (siehe: *Schmelz*, Die Werkzerstörung als ein Fall von § 11 UrhG, GRUR 2007, 565 mwN; *Honscheck*, Der Schutz des Urhebers vor Änderungen und Entstellungen durch den Eigentümer, GRUR 2007, 944 mwN; *Dreier* in: *Dreier/Schulze*[3] Rdnr. 5). Bei der Beurteilung wird es im Einzelfall auf das konkrete Werk ankommen. „Kleine Münze", Gebrauchskunst in größerer Zahl (zB Möbel, Lampen, Modeschmuck) begründen keine Bindung, die schützenswert wäre; anders bei Originalen, intensiver noch bei Unikaten. Bauwerke verursachen besondere Probleme. Sie haben einen hohen Gebrauchswert, unterliegen Nutzungsänderungen und ästhetischen Moden. **Die Lösung kann**

Anspruch auf Unterlassung und Schadenersatz **§ 97**

nur über eine **Güter- und Interessenabwägung im Einzelfall erreicht werden.** Wird ein Originalwerk durch einen Dritten zerstört, der nicht Eigentümer ist, ist das Eigentum des Erwerbers verletzt, das Urheberrecht, wenn dem Urheber durch die Zerstörung des Originals Verwertungsmöglichkeiten verloren gehen. „**Aufgedrängte Kunst**" (Graffiti) darf beseitigt, nicht verwertet werden (BGHZ 129, 66/71 – Mauerbilder; *Möhring/Nicolini/Lütje* Rdnr. 70; *Wandtke/Bullinger/v. Wolff*³ Rdnr. 34, einschränkend *Schack* GRUR 1983, 56/60), es sei denn zur Aufrechnung gegen Schadensersatz. Unter dem Gesichtspunkt einer aufgedrängten, aber angenommenen Schenkung ist auch eine freie Verwertung zu begründen.

4. Auskunft und Rechnungslegung

Der Verletzte kann **zur Vorbereitung eines bezifferten Schadensersatz- oder Bereicherungsanspruchs** vom Verletzer Auskunft und Rechnungslegung verlangen (BGH GRUR 1955, 492 – Grundig Reporter). Für den **Gewinnherausgabeanspruch** nach § 97 Abs. 1 S. 2 aF war der Rechnungslegungsanspruch im Gesetz kodifiziert. Bei der Neufassung des § 97 im Zug der Umsetzung der Richtlinie 2004/48/EG ist der Satz entfallen. Er gilt jedoch zu § 97 Abs. 2 S. 2 weiter als Gewohnheitsrecht (AmtlBegr. BTDrucks. 16/5048, S. 48). Das Produktpiraterie G vom 7. 3. 1990 (BGBl. I S. 422) hat mit § 101a einen weiteren Anspruch auf Auskunft zu Herkunft, Vertriebsweg und Drittauskunft geschaffen. Seit der Umsetzung der Richtlinie 2004/48/EG durch das Gesetz zur Verbesserung der Durchsetzung der Rechte des geistigen Eigentums (BGBl. 2008 I S. 1191) steht dieser Anspruch in § 101 UrhG. Er ist selbstständig und vom klassischen Auskunftsanspruch nach Sinn und Zweck klar zu unterscheiden. Ergänzend sind Ansprüche auf Vorlage und Besichtigung in Bezug auf die Urheberrechtsverletzung aufgenommen worden (§ 101a) sowie auf Vorlage von Bank-, Finanz- und Handelsunterlagen zur Sicherung von Schadensersatzansprüchen (§ 101b) sowie die Möglichkeit der Zollbeschlagnahme rechtsverletzender Waren §§ 111b und 111c; siehe die Kommentierungen dort. Zum klassischen Auskunfts- und Rechnungslegungsanspruch anschaulich *Tilmann* GRUR 1987, 251; sa. *Banzhaff*, Der Auskunftsanspruch im gewerblichen Rechtsschutz und Urheberrecht, Diss. 1989; *Oppermann*, Der Auskunftsanspruch im gewerblichen Rechtsschutz und Urheberrecht, 1997; *Weichs/Foerstl*, Der allgemeine Auskunftsanspruch im Urheberrechtsprozess, ZUM 2000, 897 ff.; *Schulz*, Von Umsätzen, Angebotsempfängern, Abnehmeradressen, Gestehungskosten & Lieferantennamen, Fs. für Klaka, 1987, S. 27; *v. Ungern-Sternberg*, Auskunftsanspruch bei Verwendbarkeit der Auskunft zur Begründung von Vertragsstrafenansprüchen oder Anträgen auf Verhängung von Ordnungsmitteln, WRP 1984, 55. Spezielle Auskunftsansprüche bestehen für Verwertungsgesellschaften zur erleichterten Geltendmachung der von ihnen wahrzunehmenden Vergütungsansprüche (§§ 26 Abs. 4, 5 und 7, 54f.).

187

Der Anspruch auf Auskunftserteilung und der Rechnungslegungsanspruch über alle zur Schadensberechnung erforderlichen Angaben sind als **Hilfsansprüche** zum Schadensersatzanspruch **gewohnheitsrechtlich anerkannt** (seit RGZ 60, 5; BGH GRUR 1962, 398/400 – Kreuzbodenventilsäcke II; BGH GRUR 1974, 53/54 – Nebelscheinwerfer; BGH GRUR 1980, 227/232 – Monumenta Germaniae Historica). Diese zunächst aus §§ 687 Abs. 2, 667 BGB hergeleiteten Ansprüche (RGZ 84, 146/150 – Plättmuster; RGZ 130, 196/209 – Codex aureus; RGZ 153, 1/28 – Rundfunksendung von Schallplatten) und vom BVerfG als verfassungsgemäß bestätigt worden (BVerfG GRUR 1997, 124 – Kopierladen II). Die Ansprüche finden ihre Grundlage in einer erweiterten Anwendung der §§ 259, 260 BGB und in der Bestimmung des § 242 BGB. **Sie werden in allen Fällen gewährt, in denen der Verletzte in entschuldbarer Weise über Bestehen und Umfang seines Ersatzanspruchs im unklaren ist, während der Verletzer unschwer Auskunft über seine eigenen Verhältnisse geben kann** (BGH GRUR 2007, 532 – Meistbegünstigungsvereinbarung; BGHZ 10, 385/387; BGH GRUR 1974, 53 – Nebelscheinwerfer; BGH GRUR 1980, 227/233 – Monumenta Germaniae Historica). Ein Anspruch nach § 242 BGB besteht nicht, wenn die Auskunft nur dazu dienen soll, Ansprüche des Berechtigten gegen Dritte zu klären (BGH GRUR 1987, 647/648 – Briefentwürfe). Der Auskunfts- und Rechnungslegungsanspruch besteht auch zum Schmerzensgeld und zu Bereicherungsansprüchen (BGH GRUR 1960, 256/259 – Chérie). Dieses Gewohnheitsrecht gilt für alle Bereiche des geistigen Eigentums (*Hefermehl/Köhler/Bornkamm*, UWG²⁶ § 10 Rdnr. 15). Der Anspruch setzt eine Rechtsverletzung voraus. Der Verletzte muss darlegen, dass eine solche wenigstens dem Grunde nach besteht. Steht eine Rechtsverletzung fest, reicht bezüglich weiterer gleichartiger Verletzungen die Darlegung ihrer Wahrscheinlichkeit (OLG Karlsruhe GRUR 1987, 818/821 – Referendarkurs). Anspruch auf Auskunft zum Vorgehen

188

gegen Dritte (Drittauskunft) besteht über den klassischen Auskunftsanspruch nicht (BGH GRUR 1987, 647 – Briefentwürfe; OLG München ZUM 2003, 969), ist aber seit Geltung des Produktpirateriegesetzes 1990 über § 101 (§ 101 a aF) durchzusetzen (BGH GRUR 1994, 630 – Cartier-Armreif; BGH GRUR 1994, 635 – Pulloverbeschriftung).

189 Die Auskunftserteilung und Rechnungslegung erstreckt sich auf **alle Angaben, die notwendig sind, um dem Verletzten zu ermöglichen, eine Berechnung seines Schadens nach jeder der drei Berechnungsarten vorzunehmen und darüber hinaus die Richtigkeit der Rechnungslegung nachzuprüfen** (BGH GRUR 1957, 336 – Rechnungslegung; BGH GRUR 1980, 227/232 – Monumenta Germaniae Historica; BGH GRUR 1987, 364/365 f. – Vier-Streifen-Schuh – zum Umfang der zur Schätzung eines Marktverwirrungsschadens wegen Warenzeichenverletzung erforderlichen Auskunft; BGH GRUR 1991, 153/155 – Pizza & Pasta: einschränkend; BGH GRUR 2007, 532 – Meistbegünstigungsvereinbarung). Die Auskunft soll sich auch auf Tatsachen erstrecken dürfen, die zur Überprüfung der Haupttatsachen dienen (BGH GRUR 1980, 227/244 – Monumenta Germaniae Historica; BGH GRUR 1978, 52/53 – Fernschreibverzeichnis), nicht zur Erläuterung einer Rechnungslegung (BGH GRUR 1985, 472 – Thermotransformator).

Umstritten ist, wie weit der Auskunftsanspruch reicht. Nach Auffassung des für das Urheberrecht zuständigen I. Zivilsenats bestand die Verpflichtung, über alle anderen vergangenen und künftigen Handlungen Auskunft zu erteilen, die in gleicher Weise durch den sich aus der konkreten Verletzungshandlung und die angegriffene Ausführungsform ergebenden Verletzungstatbestand gekennzeichnet sind (BGH GRUR 2005, 668 – Aufbereiter). Somit wird die Pflicht zur Auskunft auf weitere ähnliche Handlungen erstreckt (BGH GRUR 1965, 313/314 – Umsatzauskunft; BGH GRUR 1978, 52/53 – Fernschreibverzeichnisse), insbesondere wenn die Produktion mit großer Wahrscheinlichkeit in weiterem Umfang in die Rechte des Verletzten eingegriffen hat als bisher bekannt geworden ist (Grundauskunft bei Verwertungsgesellschaften). Dagegen beschränkt der X. Senat die Auskunft auf Handlungen, für welche die Verletzung nachgewiesen ist (BGH GRUR 1992, 612/616 – Nicola, ihm folgend OLG München GRUR-RR 2003, 361 – Carola-Saatgut und der VI. Zivilsenat BGH GRUR 1980, 1105/1111 – Medizinsyndikat III). Danach geht zu weit, die Auskunft über den ohnehin problematischen Kernbereich des Unterlassungsanspruchs auszudehnen. Auskunft und Rechnungslegung sind (nur) Hilfsansprüche zur Durchsetzung von Schadensersatzansprüchen einer bekannt gewordenen konkreten Verletzung.

Uneinheitlich behandelt war bisher auch **die Frage, ab welchem Zeitpunkt dem Verletzten ein Anspruch auf Auskunft zukommt.** Der I. Zivilsenat des BGH meinte, erst nach der ersten nachgewiesenen Verletzungshandlung (GRUR 1988, 307 – Gaby; BGH GRUR 1992, 523/525 – Betonsteinelemente), dagegen der X. Zivilsenat zum Patent- und Sortenrecht grundsätzlich ohne zeitliche Beschränkung (GRUR 1992, 612 – Nicola). Zur Rechtsvereinheitlichung hat sich der I Zivilsenat der Meinung des X. Senats angeschlossen (GRUR 2007, 877/879 – Windsor Estate). Die Entscheidung erging zum Markenrecht, gilt aber auch für die Durchsetzung von Schadensersatzansprüchen nach dem Urheber- und Geschmacksmusterrecht sowie für Ansprüche bei Verletzung von wettbewerbsrechtlichen Leistungsschutz. Dazu *Beyerlein* WRP 2007, 1310; *Dilly* WRP 2007, 1313. Zur uneinheitlichen Literatur siehe *Dreier* in: Dreier/Schulze[3] Rdnr. 81.

Gewahrt werden muss bei diesem auf § 242 BGB begründeten Hilfsanspruch die Zumutbarkeit (BGH GRUR 2007, 532 – Meistbegünstigungsvereinbarung) und die Verhältnismäßigkeit (BGH GRUR 2001, 841/843 – Entfernung der Herstellungsnummer II). Kein zusätzlicher Auskunftsanspruch besteht zwecks Erläuterung der erfolgten Rechnungslegung (BGH GRUR 1985, 472 – Thermotransformator). In Betracht kommt auch eine „Grundauskunft", ob und in welchem Umfang wahrgenommene Nutzungsrechte verletzt worden sind (BGHZ 95, 274 – GEMA-Vermutung I – und BGHZ 95, 285 – GEMA-Vermutung II; BGH GRUR 1988, 604 – Kopierwerk; zum Auskunftsanspruch auch *A. Schulz*, Fs. für Klaka, 1987, S. 27 ff.). Verfügt nicht die zur Auskunftserteilung verpflichtete Konzerngesellschaft sondern ein anderes Konzernunternehmen über die Kenntnisse zur Auskunft, hat das Konzernunternehmen alles ihr Zumutbares zu tun, um sich die Kenntnisse zu beschaffen, notfalls über den Rechtsweg, BGH GRUR 2009, 794.

190 **Der Umfang** ist stets **nach § 242 BGB unter billiger Abwägung der Interessen beider Parteien bei Berücksichtigung der besonderen Umstände des Einzelfalles** abzugrenzen. In der Regel ist bei schuldhaften und intensiven Rechtsverstößen ein Verzeichnis vorzulegen, aus welchem zeitlich gegliedert Lieferorte, Liefermengen, Lieferpreise zu ersehen sind, und, um

eine Prüfung zu ermöglichen, Namen und Adressen der Abnehmer (BGH GRUR 1958, 346/ 348 f. – Stickmuster; BGH GRUR 1963, 640/642 – Plastikkorb; BGH GRUR 1980, 227/233 – Monumenta Germaniae Historica), oder bei einem Tagespressedienst Vorlage von je einem Tagesexemplar seit bestimmtem Datum und Angabe der verbreiteten Auflage (OLG München GRUR 1980, 234 – Tagespressedienst; OLG Düsseldorf GRUR 1991, 908/909, lässt bei Urheberrechtsverletzungen durch die Verbreitung von Pressespiegeln nicht die Übersendung von Belegexemplaren zur Auskunft genügen, sondern verlangt konkrete Angaben); grundsätzlich keine Aufschlüsselung sog. Materialgemeinkosten (Beschaffungs-, Fracht-, Verpackungs-, Buchhaltungskosten – BGH GRUR 1974, 53/54 – Nebelscheinwerfer; BGH GRUR 1980, 227/233 – Monumenta Germaniae Historica). Das gilt in entsprechender Anwendung für alle Verletzungsarten. Im Einzelfall kann die Auskunftserteilung über Angebote, Angebotspreise und Angebotsempfänger sowie Angaben zu den Vertriebskosten unter Aufschlüsselung nach einzelnen Kostenfaktoren nicht notwendig sein, dann nämlich, wenn sich ergibt, dass durch die Abgabe von Angeboten kein Schaden entstanden sein kann (BGH GRUR 1980, 227/233 – Monumenta Germaniae Historica) oder Art und Umfang der Auskunft in keinem sinnvollen Verhältnis zu dem Wert steht, der ermittelt werden soll (BGH GRUR 1973, 375/378 – Miss Petite – in BGHZ 60, 206 insoweit nicht mitabgedruckt; *Möhring/Nicolini/Lütje* Rdnr. 233). **Jeder Fall hat seine Individualität und Besonderheit.** Ist die Nennung der Geschäftspartner im Einzelfall nicht zuzumuten, weil ein Wettbewerbsverhältnis besteht, kann der Auskunftspflichtige beantragen, ihn nur zu verurteilen, einem vom Verletzten zu beauftragenden und diesem gegenüber zur Verschwiegenheit verpflichteten beeideten Wirtschaftsprüfer gegenüber Angaben zur Überprüfung der Richtigkeit zu machen – **Wirtschaftsprüfervorbehalt** – (BGH GRUR 1962, 354/357 – Furniergitter; BGH GRUR 1963, 640/642 – Plastikkorb; zur Angabe von Gewinnspannen siehe BGH GRUR 1966, 97/100 – Zündaufsatz; zur Angabe von Ein- und Verkaufspreisen RG GRUR 1935, 488/498). Dieser gibt dann dem Verletzten auf Verlangen Auskunft, ob jeweils benannte Kunden in der Aufstellung enthalten sind.

Der **Anspruch auf Rechnungslegung** dient **allein** dazu, die **zur Bezifferung des Schadensersatzanspruchs** erforderlichen Grundlagen zu gewinnen und darf **nicht** zur **Ausforschung der Kundenbeziehungen** des Mitbewerbers führen **oder zur Abnahme der Beweislast für die haftungsbegründenden Voraussetzungen** in Betracht kommender weiterer unerlaubter Handlungen gleicher Art (BGH GRUR 1980, 1090/1098 – Das Medizin-Syndikat I); jedoch Verpflichtung zur Nennung der Bezugsquelle bei Verletzung wettbewerblicher Leistungsschutzrechte durch Vertrieb einer Ware BGH GRUR 1994, 633/635 – Cartier-Armreif. *Tilmann* (aaO Rdnr. 81) weist darauf hin, dass in Fällen der Schutzrechts-Piraterie eine Einbeziehung Dritter in den Auskunftsanspruch aus Gründen einer gesamtschuldnerischen Haftung im Rahmen der Absatzkette gerechtfertigt sein kann. In § 101 (§ 101 a aF) hat der Gesetzgeber diesem Gedanken Rechnung getragen und die Drittauskunft speziell normiert. Dieser Anspruch auf Drittauskunft in der Fassung des Gesetzes zur Verbesserung der Durchsetzung von Rechten des geistigen Eigentums vom 7. 7. 2008 (BGBl I S. 1191), durch das die Richtlinie 2004/48/EG zur Durchsetzung der Rechte des geistigen Eigentums vom 29. 4. 2004 (ABl. L 195 S. 16) umgesetzt wurde, reicht so weit, dass er im geschäftlichen Bereich in vielen Fällen den klassischen Auskunftsanspruch überlagern, wenn nicht sogar verdrängen wird (siehe dazu die Kommentierung zu § 101).

191

Ist mit Rücksicht auf die Wettbewerbslage nach Treu und Glauben der **Wirtschaftsprüfervorbehalt** einzuräumen – zu Recht werden daran hohe Anforderungen gestellt (so OLG Frankfurt/M ZUM 1989, 355 – Hängender Panther – und OLG Düsseldorf GRUR 1993, 903/ 907 – Bauhaus-Leuchte) – muss bereits die Möglichkeit in der Urteilsformel vorbehalten sein, auch wenn kein entsprechender Hilfsantrag gestellt wurde (BGH GRUR 1958, 346/348 – Stickmuster; BGH GRUR 1980, 227/233 – Monumenta Germaniae Historica). § 308 ZPO steht nicht entgegen. Keiner der Parteien wird mehr gegeben als beantragt. *Wilhelm Nordemann* meint, der Kläger müsse, wenn er den Wirtschaftsprüfervorbehalt nicht stellt, damit rechnen, dass sein Klagantrag teilweise abgewiesen wird und er einen Teil der Kosten zu tragen hat. Ein Antrag auf volle Offenlegung sämtlicher Angaben gegenüber dem Kläger müsse eingehend begründet werden (so *Nordemann* in Anm. zu BGH GRUR 1980, 227/233/234 – Monumenta Germaniae Historica). Aber: Der BGH hat keine Einstellung der Zwangsvollstreckung bei einer Verurteilung zu voller Rechnungslegung gewährt in einem Fall, in dem der Beklagte nicht hilfsweise den Wirtschaftsprüfervorbehalt gestellt hatte; begründet wurde dies damit, dass kein nicht zu ersetzender Nachteil im Sinne des § 719 Abs. 2 ZPO eintrete (BGH GRUR 1979, 807 – Schlumpfserie). Außerdem hat nach BGH (GRUR 1981, 535 – Wirtschaftsprüfervorbehalt) die

Partei, die eine solche Beschränkung erstrebt, die **Darlegungs- und Beweislast** für alle dafür sprechenden Umstände, auch wenn ohne besonderen Antrag entschieden wird. Der Wirtschaftsprüfervorbehalt greift nach OLG Frankfurt/M (UFITA 93 [1982] 197) auch, wenn das auskunftspflichtige Unternehmen (Verein, der Pornofilme vermietet) befürchten muss, dass seine Mitglieder die Preisgabe ihrer Namen als Verletzung ihrer Intimsphäre verstehen und darüber ihre Mitgliedschaft kündigen. Da der Vorbehalt von Amts wegen zu gewähren ist, ist die Einschränkung auch im Versäumnisurteil möglich.

192 Bei der Verletzung von Kennzeichnungsrechten, bei der der Schaden vom Gericht geschätzt wird, können idR nicht Angaben zu Lieferdaten und Kunden verlangt werden, sondern nur zeitlich aufgegliederte einschlägige Verletzerumsätze sowie Auskunft über Art und Umfang der Werbemaßnahmen (BGH GRUR 1980, 227/233 – Monumenta Germaniae Historica). Zum Umfang des Auskunftsanspruchs wegen irreführender Werbung: BGH GRUR 1978, 52/53 – Fernschreibverzeichnisse; zum Umfang des Auskunftsanspruchs gegen eine Video-Kopieranstalt, die im Auftrag gewerblicher Besteller Filmkopien in Videoformat herstellt: OLG Köln GRUR 1983, 568/570 – Video-Kopieranstalt. Zur „Grundauskunft" zwecks Prüfung, ob und in welchem Umfang wahrgenommene Nutzungsrechte verletzt worden sind BGHZ 95, 274 – GEMA-Vermutung I; BGHZ 95, 285 – GEMA-Vermutung II; BGH GRUR 1988, 604 – Kopierwerk.

Stauder GRUR Int. 1982, 226 ff. meint, die Auskunftspflicht sei durch den Grundsatz, dass niemand sich strafrechtlich selbst bezichtigen müsse, beschränkt. Dagegen die Entscheidung des BVerfG (NJW 1981, 1431), wonach auch der Gemeinschuldner Auskunft geben muss und durch Beugemittel dazu angehalten werden kann. Seine Aussage darf nur nicht gegen seinen Willen in einem Strafverfahren gegen ihn verwertet werden, wie bei der Drittauskunft nach § 100 (OLG Hamburg ZUM 2005, 660: keine straf-, ordnungs- oder datenschutzrechtliche Bedenken bei Auskunftsvollstreckung; *Dreier* in: *Dreier/Schulze*[3] Rdnr. 80). Kritisch dazu aber *v. Ungern-Sternberg* WRP 1984, 55. Zum verfassungsrechtlichen Spannungsverhältnis von effektiver Rechtsverfolgung und Recht auf Geheimhaltung sa. BVerfG MMR 2006, 375; BGH GRUR 2006, 962 – Restschadstoffentfernung. Das Thema ist von noch größerer Bedeutung bei den Auskunfts-, Vorlage- und Besichtigungsansprüchen der §§ 101, 101a und 101b: siehe dort.

Die **Kosten** einer solchen **Inanspruchnahme einer Vertrauensperson** gehen zu **Lasten des Verletzers** (BGH GRUR 1963, 640/642 – Plastikkorb; BGH GRUR 1980, 227/233 – Monumenta Germaniae Historica; BGH GRUR 1981, 535 – Wirtschaftsprüfervorbehalt; BGH GRUR 1992, 117/120 – ICE-Publikation).

193 **Besteht Grund für die Annahme,** dass **der Rechnungslegungspflichtige die Angaben nicht mit der erforderlichen Sorgfalt (unglaubhaft, unvollständig)** gemacht hat, ist auf Verlangen des Verletzten eine **eidesstattliche Versicherung** nach §§ 259 Abs. 2, 260 Abs. 2 BGB abzugeben (BGH GRUR 1962, 398/399 – Kreuzbodenventilsäcke II; BGHZ 125, 323/333 – Cartier-Armreif). Die Pflicht zur Abgabe einer eidesstattlichen Versicherung gemäß § 259 Abs. 2 BGB bezieht sich nur auf die Einnahmen, nicht jedoch auf die Ausgaben (OLG Köln GRUR 1983, 752/753 – Gewinnherausgabe). Ist eine Verurteilung zu Unterlassung und Auskunft ergangen, kann diese nach § 888 Abs. 1 ZPO vollstreckt werden, bevor über die Revision entschieden ist, auch wenn die Folgen der Zwangsvollstreckung bei Verurteilung zu Auskunft nicht wieder gut zu machen sind. Es entsteht kein unersetzlicher Nachteil im Sinn des § 719 Abs. 2 ZPO (BGH GRUR 1996, 78 – Umgehungsprogramm in Ergänzung BGH GRUR 1991, 159 – Zwangsvollstreckungseinstellung). Ist die Mitwirkung eines Dritten erforderlich, muss der Schuldner alles tun, um sie zu erreichen; unzumutbar bei unbekanntem Aufenthalt des Dritten (OLG Köln GRUR-RR 2006, 31).

IV. Ansprüche aus anderen gesetzlichen Vorschriften

194 Der bisherige § 97 Abs. 3: „Ansprüche aus anderen gesetzlichen Vorschriften bleiben unberührt" wurde im Zuge der Umsetzung der Richtlinie 2004/48/EG vom 29. 4. 2004 (ABl. L Nr. 195, S. 16) und der Neufassung der §§ 97–101b durch das Gesetz zur Verbesserung der Durchsetzung von Rechten des geistigen Eigentums vom 7. 7. 2008 (BGBl. I 1191) mit dem nahezu identischen § 100 S. 2 zusammengefasst und als neuer § 102a platziert. Das hat keine Auswirkungen auf die bestehende Rechtslage. Die Kommentierung zu den früheren Bestimmungen ist weiterhin gültig und nur durch neuere Entwicklungen zu ergänzen. Siehe bei § 102a.

V. Übertragbarkeit der Ansprüche

Das Urheberrecht, auch das Urheberpersönlichkeitsrecht ist als Ganzes nicht übertragbar, aber vererblich. Frei übertragbar sind dagegen die **durch § 97 gewährten Ansprüche** mit Ausnahme des Unterlassungsanspruchs, **mithin – auch für die Zukunft – verzichtbar** (§ 29 Rdnr. 17). § 97 Abs. 2 S. 2, der ursprünglich die Unübertragbarkeit des Anspruchs aus Urheberpersönlichkeitsverletzung bestimmte, ist durch das 3. UrhGÄndG vom 23. 6. 1995 (BGBl. I S. 842) in Angleichung an die Änderung von § 847 Abs. 1 BGB (BGBl. I, S. 478) gestrichen worden. Wegen der **Vererblichkeit des zugrundeliegenden Urheberpersönlichkeitsrechts** geht der Anspruch auf die Erben über (AmtlBegr. BTDrucks. IV/270 S. 104; *Möhring/Nicolini/Lütje* Rdnr. 273; zur Vererbung des immateriellen Schadensersatzanspruchs des ausübenden Künstlers: *Flechsig* FuR 1976, 74; aA *v. Gamm* § 78 Rdnr. 4 und 8, § 83 Rdnr. 2; *Gerstenberg* Anm. 8; s. § 83 Rdnr. 6). Die Vererblichkeit vermögenswerter Bestandteile des Persönlichkeitsrechts ist vom BVerfG anerkannt, GRUR 2006, 1045. Unterlassungsansprüche können grundsätzlich nicht abgetreten werden, weil sich dadurch regelmäßig ihr Inhalt ändert. Der Rechtsinhaber kann aber einen Dritten zur Geltendmachung ermächtigen, wenn dieser ein eigenes schutzwürdiges Interesse besitzt. Der BGH hat eine unwirksame Abtretung der Unterlassungsansprüche in eine zulässige Ermächtigung und gewillkürte Prozessstandschaft umgedeutet (BGH GRUR 2002, 248/250 – SPIEGEL CD-ROM). Der Inhaber einer ausschließlichen Lizenz erwirbt bei einer Rechtsverletzung Unterlassungsansprüche originär.

Gegenüber Ansprüchen aus § 97 ist die **Aufrechnung** zulässig (§ 387 BGB), ausgenommen die Aufrechnung gegen eine Forderung aus einer vorsätzlichen unerlaubten Handlung (§ 393 BGB). Ist der Gläubiger jedoch Treuhänder, kommt es bei einer Aufrechnung auf die Art und Gestaltung des **Treuhandverhältnisses** an (BGHZ 25, 360/367). Grundsätzlich kann **gegen Schadensersatzansprüche einer Verwertungsgesellschaft nicht** mit Ansprüchen aufgerechnet werden, die in Rechtsbeziehungen des Schuldners zum ursprünglichen Inhaber der verletzten Urheberrechte liegen (BGH GRUR 1968, 321/327 – Haselnuß). Anders in Fällen, in denen die Verwertungsgesellschaft nicht für die Verwertergemeinschaft zwecks Verteilung nach Punktsystem handelt, sondern individuell für ein bestimmtes Mitglied unter Inanspruchnahme einer Verwaltungsgebühr das Inkasso ausübt. In diesen Fällen sind Einwände gegen den Urheberanspruch zuzulassen, mithin auch die Aufrechnung.

Die freie Übertragbarkeit ermöglicht die Verpfändung und Pfändung (§ 851 ZPO). § 113 findet keine Anwendung, weil kein originärer Anspruch vorliegt, nur ein das Recht nicht beeinträchtigender Folgeanspruch (*Möhring/Nicolin/Lütje* § 97 Rdnr. 250; siehe auch bei § 113).

VI. Einwendungen/Verteidigung

1. Folgende **Einwendungen** kommen in Betracht:

a) Fehlen der materiellrechtlichen Voraussetzungen der Urheberrechtsschutzfähigkeit bzw. des Leistungsschutzes, dh. Fehlen der Schutzfähigkeit des Werkes/der Leistung (siehe dazu bei den einzelnen Rechten).

b) Bestreiten der Urheberschaft §§ 7, 8 (siehe dort) und Widerlegung der Vermutungen des § 10 (siehe dort); bzw. bei den Leistungsschutzrechten der Stellung als Berechtigtem.

c) Keine Rechtsinhaberschaft, Übertragung von Nutzungsrechten.

d) Bestreiten der Anspruchsgrundlagen und/oder des Verletzungstatbestandes.

e) Gesetzliche Nutzungsberechtigungen nach §§ 44a ff.

f) Rechtfertigungsgründe (Rdnr. 32 ff.).

g) Ablauf der Schutzfrist (§ 64, siehe dort).

h) Urheberrechtlicher Verbrauch (siehe § 17 Rdnr. 42 ff.).

i) Verjährung: § 102 (siehe dort).

j) Verwirkung (siehe Rdnr. 197 ff.).

k) Abwendungsbefugnis § 100 (siehe dort).

l) Aufbrauchsfrist (siehe unten Rdnr. 201).

2. Verwirkung. Die Ansprüche aus §§ 97 ff. – auch aus § 96 – können verwirkt werden.

a) Dogmatisch liegt der Gedanke zugrunde, dass die Rechtsausübung unzulässig ist, wenn sie infolge verspäteter Geltendmachung gegen Treu und Glauben verstößt (§ 242 BGB). Es handelt sich dabei um eine rechtsvernichtende Einwendung. Im Bereich des gewerblichen Rechtsschutzes, insbesondere des Kennzeichen- und Wettbewerbsrechts ist die Verwirkung als Rechtsinstitut durchgesetzt (BGHZ 1, 31/32 – Störche; BGHZ 5, 189/195 – Zwilling; BGHZ 16, 82/86 – Wickelsterne; BGHZ 21, 66/78 ff. – Hausbücherei; BGHZ 26, 52/54 ff. – Sherlock Holmes – mwN; BGH GRUR 1957, 285/287 – Erstes Kulmbacher; BGH GRUR 1960, 183/186 – Kosaken-Kaffee; BGH GRUR 1963, 478 – Bleiarbeiter; BGH GRUR 1966, 267/271 – White Horse; BGH GRUR 1966, 427/428 – Prince Albert; BGH GRUR 1967, 490/494 – Pudelzeichen; BGH GRUR 1973, 532/533 – Millionen trinken…; BGH GRUR 1977, 159/161 – Ostfriesische Tee-Gesellschaft; BGH GRUR 1981, 66/68 – MAN/G-man; dazu umfassend: *Neu*, Die neuere Rechtsprechung zur Verwirkung im Wettbewerbs- und Warenzeichenrecht, 1983; BGH GRUR 1988, 776/777 f. – PPC –, keine Verwirkung mangels Nachweises eines schutzwürdigen Besitzstandes; BGH GRUR 1992, 45/47 f. – Cranpool –, im Einzelfall kann bereits ein geringer Besitzstand des Verletzers zur Begründung der Verwirkung ausreichen; **diese Rspr. ist auf die Verwirkung im Urheberrecht nicht ohne Einschränkungen übertragbar.** Sie kommt ohnehin nur selten zum Zug und nicht, wenn Belange der Allgemeinheit betroffen sind wie bei irreführender Werbung (BGH GRUR 1960, 563/566 – Sektwerbung; auch hier allerdings Ausnahmen: BGH GRUR 1977, 159/161 – Ostfriesische Tee-Gesellschaft; BGH GRUR 1994, 844/846 – Rotes Kreuz; zum Thema Verwirkung und § 3 UWG auch *Schütz* GRUR 1982, 526). Die Verwirkung ist als Einwendung bei rechtswidriger Nutzung von Marken und geschäftlichen Bezeichnungen in § 21 des MarkenG vom 25. 10. 1995 (BGBl. I S. 3082) jetzt ausdrücklich kodifiziert: wer die Benutzung in Kenntnis 5 Jahre geduldet hat, kann keinen Anspruch mehr geltend machen. Dazu die Kommentierung bei *Fezer*, Markenrecht, 4 (2009) zu § 21; zur Rspr. insb. BGH GRUR 1989, 449/451 f. – Maritim; BGH GRUR 1993, 576/578 – Datatel; BGH GRUR 1993, 913/914 f. – KOWOG – mit Anm. von *Schricker* in EWiR 1993, 1021. Umfassend der Beitrag von *Gamerith*, Die Verwirkung im Urheberrecht (WRP 2004, 75 ff.) zu Deutschland, der Schweiz und Österreich; Fromm/Nordemann[10] § 102 Rdnr. 12. Zur Verwirkung im Wettbewerbsrecht: *Harte/Henning/Bergmann* UWG vor § 8 Rdnr. 47 ff.; *Hefermehl/Köhler/Bornkamm* UWG[26], § 11 Rdnr. 2.13 ff.; *Fezer/Büscher* UWG § 8 Rdnr. 291 ff.; ausführlich MünchKomm UWG/*Fritsche* § 11 Rdnr. 292 ff. mwN.

198   **b)** Die **Verwirkung** ist prinzipiell auch **im Urheberrecht anerkannt** (RGZ 129, 252/258 f. – Operettenführer; RGZ 144, 106/110 – Wilhelm-Busch-Album; RGZ 153, 1/26 – Rundfunksendung von Schallplatten; BGHZ 11, 135/141 – Lautsprecherübertragung; BGHZ 67, 56/58 – Schmalfilmrechte; BGH GRUR 1981, 652/653 – Stühle und Tische; LG Stuttgart ZUM 1996, 426/427; *Heydt* GRUR 1951, 182; *v. Gamm* NJW 1956, 1780; *Klaka* GRUR 1970, 273). Dabei gelten die allgemeinen Regeln: Der Verletzte muss **längere Zeit untätig** abgewartet haben, ohne dass dies durch besondere Gründe gerechtfertigt gewesen wäre. Die **spätere Rechtsverfolgung** muss sich als **widersprüchlich zu dem früheren eigenen Verhalten** darstellen (RGZ 129, 252/259 – Operettenführer). Es reicht nicht, dass der Verletzte Urheberrechtsverletzungen seitens Dritter nicht verfolgt hat (OLG Köln GRUR 1990, 356/357 – Freischwinger). Es reicht auch nicht reiner Zeitablauf (BGH ZUM 2002, 289/291; BGHZ 146, 217, 220 – Temperaturwächter. Hinsichtlich des Erfordernisses des Besitzstandes bestehen beim Urheberrecht allerdings Besonderheiten. *v. Gamm* (NJW 1956, 1780/1781) hält den **Besitzstand** im Bereich der urheberrechtlichen Verwirkung für keine wesentliche Voraussetzung. Er macht im Anschluss an *de Boor* (JW 1933, 2276/2279) und *Kleine* (JZ 1951, 9) die Unterschiede zum Kennzeichnungsrecht überzeugend deutlich. Während im Kennzeichenrecht der Wert, der den wertvollen Besitzstand ausmacht, vom Verletzten geschaffen worden ist, trägt das urheberrechtliche oder erfinderrechtliche Geistesgut seinen Wert in sich. Die weiteren Maßnahmen zielen allein auf eine Realisierung und Ausbeutung des von dem Urheber oder Erfinder geschaffenen Wertes (*v. Gamm* NJW 1956, 1780/1781). Die Rechtsprechung hält verbal am Erfordernis des Besitzstandes im Urheberrecht fest (BGH GRUR 1981, 652/653 – Stühle und Tische). Allerdings geschieht das nicht mehr wie in der Entscheidung „Lautsprecherübertragung" (BGHZ 11, 135/151) unter dem Gesichtspunkt des Aufwandes eigener Mühen und Kosten des Verletzers, sondern in dem Sinn, die besondere Wertigkeit des Urheberrechts herauszustellen. Ohne einen vom Verletzer aufgebauten Besitzstand kommt Verwirkung aber überhaupt nicht in Betracht. Zudem muss der Besitzstand so stark sein, dass der Rechtsinhaber die Rechtsverletzung bemerken musste mit der Folge, dass der Rechtsverletzer sein Schweigen als Billigung gedeutet hat bzw. deuten konnte oder jedenfalls als sicheren Hinweis, der Rechtsinhaber werde von der Verfolgung seiner Rechte absehen (BGH GRUR 1981, 652/653 – Stühle und Tische). Damit hat sich die Auffassung von *v. Gamm* durchgesetzt. Auch *v. Gamm* vertrat keinen völligen Ausschluss des Gesichtspunktes Besitzstand im Urheberrecht. Das Ausmaß der Aufwendungen und Investitionen des Verletzers soll nur nicht als Voraussetzung der Verwirkung erheblich sein, sondern allein im Rahmen der Prüfung, ob der Verletzte auf Grund des Umfanges und der Bedeutung der Verletzung sowie ihres Hervortretens in der Öffentlichkeit davon Kenntnis erlangen und der Verletzer durch dessen Schweigen mit seiner Billigung rechnen konnte (*v. Gamm* NJW 1956, 1780/1781). Bei den Marken werden in § 21 UWG nF fünf Jahre verlangt. Das kann im Urheberrecht je nach konkreten Umständen zu viel oder zu wenig sein.

c) Auch **anfängliche oder spätere Bösgläubigkeit schließt die Verwirkung nicht grundsätzlich aus,** sondern verschärft nur die Anforderungen an die Prüfung, ob der Verletzer schließen durfte, der Verletzte sei mit seinem Vorgehen einverstanden oder nehme es jedenfalls hin. Die **notwendige Interessenabwägung** hat alle Umstände des konkreten Falles zu berücksichtigen und **wirkt nur zwischen dem Rechtsinhaber und dem konkreten Verletzer.** Jahrelanges Geschehenlassen in Kenntnis der Verletzungshandlung führt nicht zur Verwirkung, wenn für den Verletzten die Möglichkeit eines Vorgehens fehlte. Das war früher Kriegs- oder Nachkriegsgeschehen, es kann aber auch eine zunächst entgegenstehende ständige Rechtsprechung sein (*v. Gamm* Rdnr. 43). 199

d) **Die Verwirkung ergreift nicht das Urheberrecht oder davon abgespaltene Nutzungsrechte selbst, sondern nur die Geltendmachung der daraus fließenden Ansprüche** (*v. Gamm* NJW 1956, 1780/1782; *Klaka* GRUR 1970, 265/273; *Ulmer*[3] § 128 V; BGHZ 67, 56/67f. – Schmalfilmrechte). Jeder Anspruch ist gesondert zu betrachten (*Kleine* JZ 1951, 9/12). Sind Schadensersatzansprüche für die Vergangenheit verwirkt, gilt das nicht auch für Unterlassungs-, Beseitigungs- und Schadensersatzansprüche für die Zukunft, wenn abgemahnt wird (*Fromm/Nordemann*[10] § 102 Rdnr. 11ff., vor § 31ff. Rdnr. 191 zu vertraglichen Ansprüchen; *Wandtke/Bullinger/Grunert*[3] vor §§ 31ff. Rdnr. 142; *Kleine* JZ 1951, 9/12; *de Boor* JW 1933, 2276). Für Gestaltungsrechte – Rücktritt bei einem Lizenzvertrag – gilt kein Grundsatz, dass eine Verwirkung schon nach kurzem Zeitablauf eintritt; jedoch ist nach Treu und Glauben mit Fristsetzung anzufragen, ob das Gestaltungsrecht ausgeübt wird (BGH ZUM 2002, 289). 200

Verwirkung im Urheberrecht kann **immer nur Ausnahme** sein und allenfalls in besonderen Einzelfällen durchgreifen, vor allem, wenn es um Vergütungen für die Vergangenheit geht (BGHZ 67, 56/68 – Schmalfilmrechte). Auch wer in 20 Jahren über 3000 mal ein Plagiat gespielt hat (OLG München Schulze OLGZ 5), kann daraus nicht das Recht ableiten, es 50 Jahre oder länger auf Kosten des Urhebers weiterzuspielen. Es kann nur die Frage sein, ob er es gegen angemessenes Entgelt weiterspielen darf. Auf die Untätigkeit des Verletzten Dritten gegenüber kann sich niemand verlassen (OLG Köln GRUR 1990, 356/357 – Freischwinger). Differenziert zu Unterlassungs- und Schadensersatzansprüchen mit eingehender Begründung OLG Hamburg ZUM-RD 2003, 181/194ff. – Kinderhochstuhl; sa. *Möhring/Nicolini/Lütje* § 102 Rdnr. 12ff.

3. Aufbrauchsfrist. Wie das Institut der Verwirkung ist auch die Zubilligung einer Aufbrauchsfrist **von der Rechtsprechung aus § 242 BGB entwickelt** worden, insbesondere im Wettbewerbsrecht (dazu: *Hefermehl/Köhler/Bornkamm* UWG[26] § 8 Rdnr. 1.58ff.; *Harte/Henning/Brüning* UWG, vor § 12 Rdnr. 234ff.; *Fezer/Büscher* UWG, § 8 Rdnr. 122ff.; *Ahrens/Bähr*, Der Wettbewerbsprozess[5], Kap. 38; *Teplitzky*, Wettbewerbliche Ansprüche und Verfahren, Kap. 57 Rdnr. 17ff.; Melullis, Handbuch des Wettbewerbsprozesses[2] Rdnr. 391ff. Im Wettbewerbsrecht hat die Aufbrauchs- und Umstellungsfrist ihre Berechtigung, denn in diesem Bereich wird bei Verstößen in der Regel nicht in absolute Rechte eingegriffen wie im Sonderschutz des geistigen und gewerblichen Eigentums. Im Urheberrecht wird zudem das Urheberpersönlichkeitsrecht tangiert, was die Lage verschärft. Ausnahmsweise kann sie dem Verletzer helfen, wenn ein sofortiges Verbot eine **unverhältnismäßige und unnötige Härte** bedeuten würde **und das Aufbrauchen dem Verletzten zumutbar** ist. Die Aufbrauchs- (Umstellungs-, Beseitigungs-)frist wird zumeist hilfsweise geltend gemacht, kann aber in der Revisionsinstanz auch ohne Antrag gewährt werden, wenn das tatsächliche Vorbringen das dringende Interesse des Beklagten an einer solchen Frist erkennen lässt (BGH GRUR 1960, 563/567 – Sektwerbung; BGH GRUR 1961, 283 – Mon Chéri II). Der Rechtsgrund der Aufbrauchs- (Umstellungs-, Beseitigungs-)frist wird unterschiedlich gesehen, teils materiellrechtlich als Einschränkung des Unterlassungsanspruchs aus Treu und Glauben gemäß § 242 BGB (*Borck* WRP 1967, 7/12; *Ehlers* GRUR 1967, 77; *Heydt* GRUR 1961, 284; *Ullrich* GRUR 1991, 26; BGH GRUR 1974, 474/476 – 201

Großhandelshaus), teils als prozessuale Maßnahme im Sinne der Berücksichtigung des Grundsatzes von Treu und Glauben auch im Prozessrecht und in der Zwangsvollstreckung (BGH GRUR 1960, 563/567 – Sektwerbung), teils vollstreckungsrechtlich gestützt auf § 765a ZPO (*Pastor,* Wettbewerbsprozess[4] Kapitel 49; *Tetzner* NJW 1966, 1545/1547 und WRP 1967, 109, mit unterschiedlicher Begründung). Zur Aufbrauchsfrist im Markenrecht: *Fezer,* Markenrecht[4] § 14 Rdnr. 512; *Ingerl/Rohnke,* Markengesetz, vor §§ 14–19 Rdnr. 188 ff.; zur Aufbrauchsfrist im Wettbewerbsrecht: *Hefermehl/Köhler/Bornkamm*[26] § 8 Rdnr. 158 ff.; *Harte/Henning/Bergmann,* UWG vor § 12 Rdnr. 234 ff.; *Ahrens/Bähr,* Der Wettbewerbsprozeß[5] Kap. 38; *Teplitzky,* Wettbewerbsrechtliche Ansprüche und Verfahren[9], Kap. 57 Rdnr. 17 ff. **Manche lehnen eine Aufbrauchsfrist grundsätzlich ab, weil für eine solche Billigkeitserwägung angesichts des Charakters der Verletzungshandlung als unerlaubte und strafbare Handlung kein Raum sei** (*v. Gamm* Rdnr. 44; LG München I GRUR 1966, 443 – Der grüne Film – und OLG München WRP 1967, 32; bestätigt in OLG München WRP 1985, 364/365; KG WRP 1971, 326 und OLG Düsseldorf WRP 1986, 92/93 schließen die Gewährung einer Aufbrauchsfrist nicht grundsätzlich aus, jedoch für die 1. Instanz, wenn die Unterlassungsverfügung nicht als endgültig angenommen wird, bei Warenzeichenverletzungen hat auch das OLG Frankfurt/M die Gewährung von Aufbrauchsfrist im eV-Verfahren grundsätzlich ausgeschlossen (GRUR 1989, 456/457), anders dagegen OLG Stuttgart (WRP 1989, 832). Im Urheberrecht soll die Gewährung einer Aufbrauchsfrist durch § 101 aF, jetzt § 100 ausgeschlossen sein (*Vinck* GRUR 1975, 409/411); *Fromm/Nordemann* (Rdnr. 53) schließen sich auch in der 10. Auflage der hier und von *Dreier* in: *Dreier/Schulze*[3] § 97 Rdnr. 86 vertretenen Auffassung an, dass der Unterlassungsanspruch in einem gerechten Verhältnis zu Tat und Verschulden stehen muss (Grundsatz der Verhältnismäßigkeit). Die Gewährung einer Aufbrauchsfrist von einer endgültigen Unterlassungserklärung abhängig zu machen, birgt die Gefahr von Nötigung, zumal in Fällen, in denen über die materielle Rechtsverletzung zu Recht Zweifel bestehen können. Gerade in solchen Fällen ist eine Aufbrauchsfrist angebracht. Einschlägige Entscheidungen sind nicht bekannt geworden. Das Thema kann jedoch ausnahmsweise zum Zuge kommen, wenn – geringes – Verschulden des Verletzers nicht auszuschließen ist und die Folgen eines sofortigen Verbots in keiner Relation zur Verletzung stehen. Die rigorose Auffassung übergeht, dass eine Maßnahme in einem gerechten Verhältnis zur Tat und dem Verschulden stehen muss. Die Ahndung eines Verstoßes gegen Urheberrechte aus leichter Fahrlässigkeit muss nicht so weit gehen, dass das Unternehmen oder die Existenz des Verletzers vernichtet wird. Abwägend *Fromm/Nordemann*[10] Rdnr. 54. Über die Aufbrauchsfrist wird von Amts wegen entschieden (zum Wettbewerbsrecht: BGH GRUR 1985, 930/932 – JUS-Steuerberatungsgesellschaft). Schadensersatzansprüche sind durch eine Aufbrauchsfrist nicht ausgeschlossen.

G. Durchsetzung der Ansprüche

Das Prozessrecht zur Durchsetzung der Ansprüche geistigen Eigentums füllt leicht ein eigenes Buch. *Kefferpütz* in: *Wandtke/Bullinger*[3] Vor §§ 97 ff. Rdnr. 1–162 gibt eine anschauliche Darstellung mit weiterführenden Hinweisen von der Abmahnung/Schutzschrift bis zur Vorlage an den EuGH. Hier folgt eine Übersicht in Stichworten.

I. Zu den einzelnen Ansprüchen:

202   1. **Unterlassungsanspruch:** Zum Rechtsschutzbedürfnis und zur Wiederholungsgefahr siehe oben Rdnr. 123 ff. Antrag und Verbot müssen dem Bestimmtheitsgrundsatz des § 253 ZPO genügen. Bei bereits erfolgter Verletzung muss sich der Antrag auf die **konkrete Verletzungshandlung** beziehen (stRspr.; BGH GRUR 1957, 606/608 – Heilmittelvertrieb; BGHZ 34, 1/13 – Mon Chéri I; BGH GRUR 1963, 539/541 – echt skai; BGH GRUR 1973, 201 – Trollinger; BGH GRUR 1996, 57/58 ff. – Spielzeug-Autos – für Geschmacksmusterverletzung). Der Antrag ist nicht auf eine mögliche andersartige Verletzungshandlung zu erstrecken (BGH GRUR 1955, 95/97 – Buchgemeinschaft I; BGH GRUR 1960, 384/385 – Mampe Halb und Halb I). Ist noch keine Verletzung erfolgt, besteht jedoch die Gefahr der Erstbegehung, richtet sich der konkrete Antrag nach der Berührung, die auf Inhalt und Tragweite auszulegen ist, um den Kern des Streits zu erfassen (BGH GRUR 1963, 218/220 – Mampe Halb und Halb II;

BGH GRUR 1963, 378/381 – Deutsche Zeitung). Bei erfolgter Verletzungshandlung und drohenden weiteren abweichenden Verletzungsformen muss beiden Gefahren im konkreten Fall Rechnung getragen werden, so dass der Antrag ggf. auch schlechthin auf Unterlassung gehen kann (BGHZ 4, 96/105 – Farina Urkölsch; BGHZ 21, 66/84 – Hausbücherei; BGH GRUR 1957, 281/285 – Karo-As; BGH GRUR 1954, 331/332 – Alpha; BGH GRUR 1968, 212/213 – Hellige). Das OLG Frankfurt/M hält bei rechtswidriger Nutzung eines Bildwerkes neben der Wiederholungsgefahr auch eine Erstbegehungsgefahr für die Nutzung anderer Werke für gegeben, wenn sich der Verletzer auf den Standpunkt stellt, es handele sich bei der Nutzung um eine zulässige Parodie (ZUM 1996, 97/99f.). Das ist, zumal bei Parodien, höchst zweifelhaft. Eine gewisse Verallgemeinerung wird zugelassen, wenn in der allgemeinen Fassung das Charakteristische der festgestellten konkreten Verletzungstatbestände zum Ausdruck kommt – Kernbereich (BGH GRUR 1957, 606/608 – Heilmittelvertrieb; BGH GRUR 1961, 288 – Zahnbürsten; BGH NJW 1963, 651/654 – Fernsehwiedergabe von Sprachwerken –, insoweit in BGHZ 38, 356 nicht abgedruckt; BGH GRUR 1979, 859/860 – Hausverbot II; OLG Köln WRP 1981, 415; *Borck* WRP 1965, 49; *v. Gamm* NJW 1969, 85; *Schubert* ZZP 85 (1972) 29ff.; *Pagenberg* GRUR 1976, 78; *Nirk/Kurtze* GRUR 1980, 645; *Schwanhäusser* WRP 1982, 132). Ein Anspruch auf Abgabe einer ein generelles Veröffentlichungsverbot enthaltenen Erklärung besteht im Hinblick auf die rechtswidrige konkrete Verbreitung eines Prominentenfotos nicht, weil die Unzulässigkeit einer solchen Bildveröffentlichung immer von einer Abwägung im Einzelfall abhängt, BGH AfP 2009, 406. Der BGH lässt eine vorbeugende Unterlassungsklage zu, wenn gefälschte Markenware zur Versteigerung ins Internet gestellt wurde und der Provider Kenntnis erhält (BGH GRUR 2004, 860 – Internetversteigerung I). Wie weit die vorbeugende Unterlassungsverpflichtung in diesem Fall gehen kann, ist angesichts der Haftungsprivilegierung nach dem TMD vorm. TDG kritisch zu hinterfragen (siehe Rdnr. 94).

Die notwendige konkrete Fassung des Tenors bedingt, dass er in der Zwangsvollstreckung entsprechend auszulegen ist. Anderenfalls könnte sich der Verletzer durch geringfügige, vom Inhalt her unbedeutende Änderungen dem Verbot entziehen. Änderungen, die den sachlichen Kern der Verletzungsform unberührt lassen, werden vom Verbot, der Rechtskraft und den Vollstreckungswirkungen mitumfasst (BGHZ 5, 189/193/194 – Zwilling; BGH GRUR 1954, 70/72 – Rohrbogen; BGH GRUR 1958, 346/350 – Stickmuster; BGH GRUR 1963, 378/381 – Deutsche Zeitung; OLG Frankfurt/M GRUR 1979, 75 – Lila Umkarton; OLG Frankfurt/M WRP 1972, 451; OLG München WRP 1971, 332/333; OLG Koblenz WRP 1981, 332). Zur Frage der Bestimmtheit eines Antrags auf Verurteilung zur Herausgabe rechtswidrig hergestellter Tonträger: BGH GRUR 2003, 228/229 – P-Vermerk. Der Antrag, mit dem der Berechtigte die Unterlassung einer Urheberrechtsverletzung begehrt, muss die Verletzungsform beschreiben. Eine Wiedergabe des kopierten Originals kommt in Fällen einer identischen Übernahme in Betracht (BGH GRUR 2003, 786 – Innungsprogramm), aber auch zur Wiedergabe der konkreten Verletzung, die verboten werden soll. Soweit eine Abtretung des Unterlassungsanspruch wegen Höchstpersönlichkeit unwirksam ist, lässt sie sich nach BGH in eine Ermächtigung zur Wahrnehmung und gewillkürte Prozessstandschaft umdeuten (GRUR 2002, 248/250 – SPIEGEL CD-ROM).

Zur effizienten Beweissicherung für den Urheberrechtsverletzungsprozess siehe *R. Bork* NJW 1997, 1665. *Bork* weist einen Weg über den Besichtigungsanspruch nach § 809 BGB und Beweissicherung über einstweilige Verfügung; der Gedanke hat durch die Entscheidung des BGH zum Besichtigungsanspruch nach § 809 BGB „Faxkarte" (GRUR 2002, 1046) Aufwind erhalten. Seit Inkrafttreten des Gesetzes zur Verbesserung der Durchsetzung von Rechten des geistigen Eigentums vom 7. 7. 2008 (BGBl. I S. 1191) in Umsetzung der Richtlinie 2004/48/EG (ABl. 2004 L Nr. 175, S. 16) geben §§ 101a und 101b in Umsetzung von Art. 6 und 7 der Richtlinie Beweissicherungsmittel in erweitertem Umfang (siehe dort).

Die **Vollstreckung des Unterlassungstitels** erfolgt nach § 890 ZPO. Eine Bestrafung setzt Verschulden voraus (BVerfG NJW 1967, 195). Bei Vertragsstrafeversprechen haftet der Verpflichtete auch für Verschulden der Erfüllungsgehilfen (§ 278 BGB), sofern dies nicht ausdrücklich ausgenommen ist (BGH GRUR 1985, 1065/1066 – Erfüllungsgehilfe). Siehe auch bei § 112 Rdnr. 18 ff.

2. Beseitigungsanspruch: Vollstreckung nach §§ 887, 888 ZPO. Ggf. Auslegung des Unterlassungstitels auf gleichzeitige Beseitigung, sofern Maßnahmen zur Beseitigung im Einflussbereich des Schuldners liegen, zB Rückruf von Kommissionsware. Kostenbeitreibung auf Grund des Titels oder gesonderte Festsetzung nach § 103 ZPO.

Beseitigt der Verletzte im Weg der Ersatzvornahme selbst, sind sie als Schadensersatz (Möhring/Niconili/Lütje § 97 Rdnr. 114; *Dreier* in: *Dreier/Schulze*³ Rdnr. 53) oder nach den Vorschriften über Geschäftsführung ohne Auftrag gem. §§ 677 ff. geltend zu machen.

3. Schadensersatz/Bereicherungsanspruch

204 a) **Leistungsklage,** evtl. Teilklage, muss beziffert sein.

b) Wird die Höhe der Leistung in das Ermessen des Gerichts gestellt, sind dazu die zum Umfang notwendigen Angaben zu machen (BGH GRUR 1959, 331/334 – Dreigroschenroman II). Das Gericht muss eine Grundlage haben, den Schaden nach § 287 ZPO schätzen zu können. Dabei ist die erwartete Größenordnung anzugeben mit der Folge, dass die Klage teilweise abgewiesen wird mit entsprechender Kostenfolge, wenn das Gericht hinter den Vorstellungen des Verletzten zurückbleibt (BGHZ 45, 91/94; vgl. auch *Nordemann* GRUR 1980, 434/436 mit Bezug auf KG UFITA 58 [1970] 285 – Jeder von uns). Hier besteht Reformbedarf. Die erwartete (subjektive) Größenangabe, die prozessual verlangt wird, ist gerade ins Ermessen des Gerichts gestellt, und deshalb nicht verbindlich für den zunächst angegebenen Wert des Streitgegenstandes. Der Streitwert wird verbindlich erst am Ende des Verfahrens für die Instanz festgestellt. Dann kann daran auch der Kostenausspruch ausgerichtet werden.

c) Die Leistungsklage kann in Form der Stufenklage nach § 254 ZPO durchgeführt werden. Der Zahlungsantrag kann aber auch schon verfolgt werden, wenn der Rechnungslegungsantrag noch nicht erfüllt ist (BGH GRUR 1966, 570 – Eisrevue III).

205 d) **Feststellungsklage** – in der Regel verbunden mit der Auskunftsklage oder Rechnungslegung – ist zulässig: Das Interesse an der Klärung der Rechtslage und die drohende Verjährung rechtfertigen das notwendige Feststellungsinteresse des § 256 ZPO (BGH GRUR 1958, 613/614 – Tonmöbel; BGH GRUR 1960, 256/260 – Chérie; BGH GRUR 1965, 198/202 – Küchenmaschine). Für die Feststellung der Schadensersatzpflicht war die Wahrscheinlichkeit eines Schadenseintritts (BGH GRUR 1960, 144/147 – Bambi; BGH GRUR 1965, 198/202 – Küchenmaschine; BGH GRUR 1980, 227/232 – Monumenta Germaniae Historica) darzutun. Nachdem erkannt ist, dass jeder Eingriff in geistige Schutzrechte Anspruch auf Schadensausgleich begründet, ist das Feststellungsinteresse per se gegeben. Im gewerblichen Rechtsschutz und Urheberrecht ist die Feststellungsklage schon im Hinblick auf die Verjährungsfrist die gebräuchlichste Art der ersten klagweisen Geltendmachung der Ansprüche. Das zum 1. 1. 2002 neu geregelte Verjährungsrecht beeinträchtigt nicht das Feststellungsinteresse (BGH GRUR 2003, 900 – Feststellungsinteresse III; *Dreier* in: *Dreier/Schulze*³ Rdnr. 88).

206 e) Anspruch auf **Auskunft und Rechnungslegung.** Zwangsvollstreckung bei nicht oder nicht vollständig erteilter Auskunft nach § 888 ZPO (BGH GRUR 1980, 227/232 – Monumenta Germaniae Historica; OLG Düsseldorf GRUR 1979, 275/286 – Zwangsgeld). Danach ggf. Abgabe einer eidesstattlichen Versicherung nach §§ 259 Abs. 2, 260 Abs. 2 BGB, wenn Grund zu der Annahme besteht, dass die Aufstellung nicht mit der erforderlichen Sorgfalt gemacht worden ist, s. Rdnr. 193. Verfügt nicht die zur Auskunfterteilung verurteile Konzerngesellschaft über die erforderlichen Kenntnisse sondern ein anderes Konzernunternehmen, muss die verurteilte Konzerngesellschaft alles ihr Zumutbare unternehmen um die Kenntnisse zu erlangen, notfalls über den Rechtsweg, BGH GRUR 2009, 794.

207 f) Der Klagantrag muss bestimmt sein (§ 253 ZPO). Zu den Anforderungen: BGH GRUR 2007, 871/872 – Wagenfeld-Leuchte. Die gebotene Individualisierung kann im konkreten Fall durch Beifügen von Bildern, Mustern erfolgen. Sie können später in den Tenor aufgenommen werden. Auch eine Bezugnahme auf Programmausdrucke oder Programmträger ist möglich (BGH GRUR 2008, 357 – Planfreigabesystem).

208 g) Zur Durchsetzung der Ansprüche ist ergänzend auf die strafprozessuale Zurückgewinnungshilfe hinzuweisen, die durch das am 1. 1. 2007 in Kraft getretene Gesetz zur Stärkung der Rückgewinnungshilfe und der Vermögensabschöpfung vom 24. 10. 2006 (BGBl. I S. 2350) verbesserte strafprozessuale Möglichkeit der Schadenswiedergutmachung für geschädigte Unternehmen der Marken- und Produktpiraterie vorsieht. Die Geltendmachung ist kompliziert, in besonderen Fällen aber in die Überlegungen einer effizienten Schadenswiedergutmachung einzubeziehen (siehe dazu Hansen/Wolff-Rojczyk NJW 2007, 468 ff. mwN und GRUR 2009, 644).

II. Beweislast

Für das Vorliegen der tatsächlichen Voraussetzung der Rechtsverletzung trägt der Verletzte die Beweislast (zu Einzelfragen: *Flechsig*, Rechtmäßige private Vervielfältigung und gesetzliche Nutzungsgrenzen, GRUR 1993, 532). Der Auskunftsanspruch dient nur der Schadensberechnung, nicht aber der Ausforschung der Verletzung selbst. Dem Verletzten obliegt auch der Nachweis, dass er Inhaber des verletzten Rechts ist (Aktivlegitimation, Rdnr. 48 ff.). Bei demjenigen, der das Recht einmal innehatte, wird zu seinen Gunsten vermutet, dass es fortbesteht (BGH GRUR 1988, 373/375 – Schallplattenimport III; OLG München GRUR 1953, 302/305 – Dreigroschenroman I; *Fromm/Nordeman*[10] Rdnr. 143). Nach § 10 wird die Urheberschaft dessen vermutet, der auf den Vervielfältigungsstücken eines erschienenen Werkes oder auf dem Original eines Werkes der bildenden Künste als Urheber bezeichnet ist. Wenn nicht der Urheber, sondern der Herausgeber bzw. Verleger angegeben ist, gilt dieser als ermächtigt (s. bei § 10). Mit Inkrafttreten des Gesetzes zur besseren Durchsetzung der Rechte des geistigen Eigentums (BGBl 2008 I S. 1191) in Umsetzung der Richtlinie 2004/48/EG gilt die Vermutung nun auch für die Inhaber ausschließlicher Nutzungsrechte (§ 10 Abs. 3). Ein P-Vermerk auf einem Tonträger oder seiner Umhüllung begründet keine Vermutung, dass die in dem Vermerk Genannte Hersteller des Tonträgers ist (BGH GRUR 2003, 228 – P-Vermerk). Ob einem Werk die Kunstwerkeigenschaft zukommt (§ 2 Abs. 2) oder ob es unter unfreier Benutzung eines anderen geschaffen wird (§ 24), ist Rechtsfrage, die vom BGH nachprüfbar ist (BGH GRUR 1961, 635/637 – Stahlrohrstuhl I – mwN; BGH GRUR 1960, 636/638 – Kommentar; RGZ 169, 109/111). Behauptet der Verletzer, der Urheber habe auf bekanntes Formengut zurückgegriffen, hat er die älteren gemeinfreien Werke konkret nachzuweisen (BGH GRUR 1981, 820/822 – Stahlrohrstuhl II – mwN; zum Anscheinsbeweis bei Urheberrechtsverletzung BGHZ 100, 31/32 f. – Raubpressungen – mit Anm. von *v. Gravenreuth* in GRUR 1987, 630/622). Die Beweislast für Verwirkungsvoraussetzungen oder Aufbrauch trifft den, der sich auf Verwirkung oder Aufbrauch beruft.

209

III. Gerichtsstand

Der Gerichtsstand für Klagen aus §§ 97–103 richtet sich sachlich nach § 104, örtlich nach § 105, im Übrigen nach den allgemeinen Vorschriften der ZPO. Da Urheberrechtsverletzungen und Verletzungen von Leistungsschutzrechten unerlaubte Handlungen sind, spielt § 32 ZPO eine wesentliche Rolle (s. bei § 105).

210

Für Rechtsstreitigkeiten über Ansprüche einer Verwertungsgesellschaft wegen Verletzung eines von ihr wahrgenommenen Nutzungsrechts oder Einwilligungsrechts gilt die Sonderregelung des § 17 WahrnG (s. dort). Die örtlichen Gerichte sind auch für Rechtsverletzungen durch öffentlich-rechtliche Rundfunkanstalten zuständig (BGHZ 68, 132/136 – Der 7. Sinn).

IV. Zwangsvollstreckung

S. dazu die Übersicht mit Verweisen bei § 112 Rdnr. 9 ff.

211

§ 97a Abmahnung

(1) **Der Verletzte soll den Verletzer vor Einleitung eines gerichtlichen Verfahrens auf Unterlassung abmahnen und ihm Gelegenheit geben, den Streit durch Abgabe einer mit einer angemessenen Vertragsstrafe bewehrten Unterlassungsverpflichtung beizulegen. Soweit die Abmahnung berechtigt ist, kann der Ersatz der erforderlichen Aufwendungen verlangt werden.**

(2) **Der Ersatz der erforderlichen Aufwendungen für die Inanspruchnahme anwaltlicher Dienstleistungen für die erstmalige Abmahnung beschränkt sich in einfach gelagerten Fällen mit einer nur unerheblichen Rechtsverletzung außerhalb des geschäftlichen Verkehrs auf 100 Euro.**

Schrifttum: *Ahrens*, Zum Ersatz der Verteidigungsaufwendungen bei unberechtigter Abmahnung, NJW 1982, 2477; *Aigner*, Die Beseitigung der Wiederholungsgefahr bei Abbedingung des § 348 HGB in der strafbewehrten

§ 97a Abmahnung

Unterlassungserklärung? GRUR 2007, 950; *Bernreuther*, Zusammentreffen von Unterlassungserklärung und Antrag auf Erlass einer einstweiligen Verfügung, GRUR 2001, 400; *Borck*, Gegenzüge oder: Wie man zweckmäßig auf Unterlassungsansprüche reagiert, WRP 1980, 375; *Burchart*, Der Zugang der Abmahnung, WRP 1985, 478; *Busch*, Zurückweisung einer Abmahnung bei Nichtvorlage der Originalvollmacht nach § 174 S. 1 BGB, GRUR 2006, 477; *Deutsch*, Der BGH-Beschluss zur unberechtigten Schutzrechtsverwarnung und seine Folgen für die Praxis, GRUR 2006, 374; *Eichmann*, Die Rechtsnatur der Abmahnung und der Verwarnung, FS Helm, 2002, 287; *Evert/v. Hartz*, Die Abmahnung im Urheberrecht auf dem Weg in die Bedeutungslosigkeit? ZUM 2007, 450; *Franzen*, Zugang und Zugangshindernisse bei eingeschriebenen Briefsendungen, JUS 1999, 429; *Gaede/Meister*, Geschäftsführung ohne Auftrag – Kostenerstattung ohne Grenzen? WRP 1984, 246; *v. Gravenreuth*, Mehrfachabmahnungen auch bei Sonderschutzrechten? WRP 1986, 181; *Günther/Beyerlein*, Abmahnen nach dem RVG – Ein Gebühren-Eldorado? WRP 2004, 1222; *Heidenreich*, Zum Kostenanspruch für eine wettbewerbsrechtliche Gegenabmahnung, WRP 2004, 660; *Heinz/Stillner*, Abmahnung ohne schriftliche Vollmacht, WRP 1993, 379; *Hirsch/Traub*, Rechtsanwaltsvergütung nach Inkrafttreten des RVG, WRP 2004, 1226; *Hopt*, Schadensersatz aus unberechtigter Verfahrenseinleitung, 1968; *Jennewein*, Zur Erstattung von Abmahnkosten bei Verbänden, WRP 2000; *Keller*, Negative Feststellungsklage, gegenläufige Leistungsklage und Verzicht auf deren Rücknahme, WRP 2000, 908; *Klein*, Keine Vertragsstrafe für die Schwebezeit, GRUR 2007, 664; *Köhler*, Die wettbewerbsrechtliche Abmahnung, WiB 1994, 130; ders. „Abmahnverhältnis" und „Unterwerfung", FS Piper, 1996, 309; ders., Zur Erstattungsfähigkeit von Abmahnkosten, FS Erdmann, 2002, 845; ders., Muster einer Abmahnung und strafbewehrten Unterlassungserklärung, WiB 1994, 1130; *Kues*, Mehrfachabmahnung und Aufklärungspflicht, WRP 1985, 196; *Kunath*, Kostenerstattung bei ungerechtfertigter Verwarnung – neuer Lösungsansatz, WRP 2000, 1074; ders., Zur Nachfragegepflicht des Abmahnenden – Kostenbegünstigung des Verletzers durch neuere Entscheidungen, WRP 2001, 238; *Lindacher*, Die Haftung wegen unberechtigter Schutzrechtsverwarnung oder Schutzrechtsklage, ZHR 144 (1980) 350; ders., Der „Gegenschlag" des Abgemahnten, FS v. Gamm, 1990, 83; *Meier-Beck*, Die Verwarnung aus Schutzrechten – mehr als eine Meinungsäußerung! GRUR 2005, 535; ders., Die unberechtigte Schutzrechtsverwarnung als Eingriff in das Recht am Gewerbebetrieb, WRP 2006, 790; *Mellulis*, Zum Unkostenerstattungsanspruch bei der Verwarnung durch Verbände, WRP 1982, 1; *J. B. Nordemann*, Die Erstattungsfähigkeit anwaltlicher Abmahnkosten bei Urheberrechtsverletzungen, WRP 2003, 184; *Ohrt*, „Procura necesse est" oder: Vollmachtsnachweis bei Abmahnschreiben und Kostenerstattung, WRP 2002, 1035; *Omsels*, Zur Unlauterkeit der gezielten Behinderung von Mitbewerbern (§ 4 Nr. 10 UWG), WRP 2004, 136; *Pabst*, Zur Frage der Erstattung von Abmahnkosten im Buchhandel, AfP 1998, 162; *Pfister*, Erfordernis des Vollmachtsnachweises bei Abmahnschreiben, WRP 2002, 799; *Quiring*, Zur Haftung wegen unbegründeter Verwarnungen, WRP 1983, 317; *van Raden*, Außergerichtliche Konfliktregelung im gewerblichen Rechtsschutz, BB 1999, Beilage 9, S. 17; *van Raden/Sack*, Unbegründete Schutzrechtsverwarnungen, 2006; *Rauh*, Unbegründete Schutzrechtsverwarnungen, GRUR Int. 2007, 269; *Rödding*, Die Rechtsprechung zur Drittunterwerfung, WRP 1988, 514; *Sack*, Die Haftung für unbegründete Schutzrechtsverwarnungen, WRP 2005, 253; ders., Unbegründete Schutzrechtsverwarnungen, 2006; *Schmittmann*, Zur Problematik der wettbewerbsrechtlichen Abmahnung mittels Telefax, WRP 1994, 225; *Schotthöfer*, Rechtliche Probleme im Verhältnis zwischen Feststellungsklage und Unterlassungsklage im Wettbewerbsrecht, WRP 1986, 14; *Schulte*, Anforderungen an die Beantwortung einer Verwarnung, GRUR 1980, 470; *A. Schulz*, Kostenerstattung bei erfolgloser Abmahnung, WRP 1990, 658; ders., Schubladenverfügung und die Kosten der nachgeschobenen Abmahnung, WRP 2007, 589; *Selke*, Erstattung von Rechtsanwaltskosten bei unberechtigter Abmahnung aus culpa in contrahendo, WRP 1999, 286; *Sessinghaus*, Abschied von der unberechtigten Schutzrechtsverwarnung – auf Wiedersehen im UWG? WRP 2005, 823; *Steiniger*, Abmahnung – auch bei notorischen Wettbewerbsverletzern? WRP 1999, 1197; *Teplitzky*, Unterwerfung oder Unterlassungsurteil? Zur Frage des aus der Verletzerperspektive „richtigen" Streiterledigungsmittels, WRP 1996, 171; ders., Zur Frage der Rechtmäßigkeit unbegründeter Schutzrechtsverwarnungen, – zugleich eine Besprechung von BGH GRUR 2004, 958 – Verwarnung aus Kennzeichenrecht, GRUR 2005, 9; ders., Aktuelle Probleme der Abmahnung und Unterwerfung sowie des Verfahrens der einstweiligen Verfügung im Wettbewerbs- und Markenrecht, WRP 2005, 654; ders., Die prozessualen Folgen der Entscheidung des Großen Senats für Zivilsachen zur unberechtigten Schutzrechtsverwarnung, WRP 2005, 1433; ders., Die Regelung der Abmahnung in § 12 Abs. 1 UWG, ihre Reichweite und einige ihrer Folgen, Fs. Ullmann, 2006, 555; *Ullmann*, Die Verwarnung aus Schutzrechten – mehr als eine Meinungsäußerung? GRUR 2001, 1027; *Ulrich*, Die vorprozessualen Informationspflichten des Anspruchsgegners in Wettbewerbssachen, ZIP 1990, 1377; ders., Zur Auskunftspflicht des Abgemahnten – Zur sinngemäßen Anwendung des § 93 ZPO zugunsten des Klägers/Antragstellers, WRP 1985, 117; ders., Die Vollstreckungsabwehrklage in Wettbewerbssachen, Fs. Traub 1994, 423; ders., Die Kosten der Abmahnung und die Aufklärungspflicht des Abgemahnten, WRP 1995, 282; ders., Die Abmahnung und der Vollmachtsnachweis, WRP 1998, 258; ders., Der Zugang der Abmahnung, WRP 1996, 124; ders., Aktuelle Probleme der Abmahnung und Unterwerfung sowie des Verfahrens der einstweiligen Verfügung im Wettbewerbs- und Markenrecht, WRP 2005, 654; *Ultsch*, Zugangsprobleme bei elektronischen Willenserklärungen, dargestellt am Beispiel der Electronic Mail, NJW 1997, 3007; *Vossler*, Das sofortige Anerkenntnis im Zivilprozess nach In-Kraft-Treten des ersten Justizmodernisierungsgesetzes, NJW 2006, 1034; *G. Wagner*, Abschied von der unberechtigten Schutzrechtsverwarnung? ZIP 2005, 49; *G. Wagner/Thole*, Kein Abschied von der unberechtigten Schutzrechtsverwarnung, NJW 2005, 3470; *Weisert*, Rechtsprobleme der Schubladenverfügung, WRP 2007, 504; *Wilke*, Abmahnung und Schutzschrift im gewerblichen Rechtsschutz, 1991; *Wilke/Jungebluth*, Abmahnung, Schutzschrift und Unterlassungserklärung, 2. Aufl. 1995.

Übersicht

	Rdnr.
I. Entwicklung und Bedeutung	1–5
II. Sollbestimmung mit Doppelnatur	6, 7
III. Form, Zugang, Vertretungsnachweis	8–10
IV. Erfordernisse der Abmahnung	11–15
V. Entbehrlichkeit der Abmahnung	16–18
VI. Berechtigte und unberechtigte Abmahnungen	19–26

	Rdnr.
VII. Abmahnkosten	27–29
VIII. Andere Anspruchsgrundlagen und Erstattungsmöglichkeiten	30, 31
IX. Höhe des Aufwendungsersatzes	32, 33
X. Ersatz für die erstmalige Abmahnung in Bagatellfällen (§ 97a Abs. 2)	34

I. Entwicklung und Bedeutung

1. Die Abmahnung, im Recht der gewerblichen Schutzrechte auch Verwarnung 1 genannt, ist von der Rechtsprechung im Wettbewerbsrecht entwickelt und – trotz der von einzelnen dogmatisch widersprochenen Anwendung der GoA-Grundsätze zur Kostenerstattung – als vorprozessuales Befriedigungsmittel für das gesamte Unterlassungsrecht zum richterlichen Gewohnheitsrecht geworden. *Baumbach/Hefermehl* bezeichneten die Abmahnung schon nach altem UWG als **ein „durch Richterrecht geformtes Rechtsinstitut"** (Einleitung UWG aF Rdnr. 529). Bei der Neufassung des UWG nahm der Gesetzgeber dieses richterrechtlich geschaffene und „im Kern gewohnheitsrechtlich verfestigte Rechtsinstitut" (*Köhler* in: Festschrift für W. Erdmann S. 850) ausdrücklich **in das neue UWG auf (§ 12 Abs. 1)**. Die Umsetzung der Enforcement-Richtlinie der EU durch Gesetz zur Verbesserung der Durchsetzung von Rechten des geistigen Eigentums vom 7. 7. 2008 (BGBl. I S. 1191) gab **Gelegenheit, mit § 97a eine identische Bestimmung in das UrhG einzufügen** mit der Begründung, die Anspruchsgrundlage des UWG für die Erstattung der Kosten einer berechtigten Abmahnung gelte „nur für Wettbewerbsverhältnisse und damit nicht für private Rechtsverstöße, wie sie bei Verletzungen des Urheberrechts möglich sind" (AmtlBegr. BTDrucks. 16/5048 S. 49).

2. Der ursprüngliche und hauptsächliche Grund für die Entwicklung des Rechtsinstituts 2 **der Abmahnung im Wettbewerbsrecht war die Vermeidung von unnötigen Gerichtsverfahren.** Die Gerichte wehrten sich gegen die zunehmende Überlastung durch Verfahren, die schon im Vorfeld durch Abgabe einer strafbewehrten Unterlassungserklärung und dem damit erreichten Wegfall der Wiederholungsgefahr erledigt werden konnten (erlebte Praxis). Wird die Abmahnung gefordert, muss auch geregelt sein, wer die Kosten trägt. So hat die Rechtsprechung zur Abmahnung die Erstattung des Aufwendungsersatzes über die Geschäftsführung ohne Auftrag (§§ 683 S. 1, 677, 670 BGB) geschaffen. Sie setzt voraus, dass die Abmahnung dem abgemahnten Verletzer nützlich ist und seinem wirklichen oder mutmaßlichen Willen entsprach. Letzteres ist anzunehmen, gibt die Abmahnung dem Verletzer doch Gelegenheit, den Streitfall durch Abgabe einer strafbewehrten Unterlassungserklärung beizulegen und ein teureres Gerichtsverfahren zu vermeiden. Hierfür kommt es auf die objektive Sicht an, nicht auf die des abmahnenden Verletzten.

Nachdem das Rechtsinstitut der Abmahnung mit Erstattung des Aufwendungsersatzes bei be- 3 rechtigter Abmahnung zur Rechtswahrung allgemeine Anerkennung und Eingang in das Gesetz gefunden hat, steht die **Streitvermeidung und Interessenwahrung inter pares** im Vordergrund (*Teplitzky*, Wettbewerbsrechtliche Ansprüche und Verfahren[9] Kap. 41 Rdnr. 3). Dazu passt allerdings nicht das Denken in Sieg und Niederlage. Worte wie **„Unterwerfung"** und **„Unterwerfungserklärung"** wirken in Fällen einfacher oder gar zweifelhafter **Rechtsverletzung für den Abgemahnten demütigend** und fordern Widerspruch heraus. Es ist dann Aufgabe des Anwalts, dem Abgemahnten Sinn und Zweck der Abmahnung zu erklären, um einen Prozess abzuwenden. Schätzungsweise 90 bis 95 Prozent aller gerügten Wettbewerbsverstöße sollen über Abmahnungen erledigt werden (*Teplitzky* Kap. 41 Rdnr. 3; *Fezer/Büscher* § 12 UWG Rdnr. 2). Das erscheint hoch gegriffen. Im Bereich des Urheberrechts sind solche Erfolgsquoten allenfalls bei Massenabmahnungen argloser oder urheberrechtlich unbedarfter Verletzer vorstellbar.

Laut der AmtlBegr. des neuen § 97a sollen die bestehenden Regelungen zu Abmahnungen 4 für urheberrechtliche Rechtsverletzungen „noch verbessert werden, um einen angemessenen Ausgleich der Interessen aller Beteiligten zu gewährleisten". Ausgangspunkt sei der Schutz des Urhebers, dem das geistige Eigentum an seinem Werk zusteht, und der Leistungsschutzberechtigten. Sie müssten sich gegen die Verletzung ihrer Rechte – auch im Internet – wehren und sich dabei anwaltlicher Hilfe bedienen können. Zudem müssten etwaige anfallende Kosten von demjenigen getragen werden, der das Recht verletzt hat (BTDrucks. 16/5048 S. 48). Das ist jedoch nicht der eigentliche Grund für die Aufnahme des § 97a in das UrhG. Die Urheber und Leistungsschutzberechtigten genossen schon bisher über den Anspruch auf Schadensersatz und

§ 97a Abmahnung

den von der Rechtsprechung zum Gewohnheitsrecht entwickelten Anspruch auf Aufwendungsersatz aus GoA hinreichenden Rechtsschutz. **Die Einführung des § 97a mit dem von § 12 Abs. 1 UWG übernommenen Wortlaut hat vielmehr – wie die Reform zu § 12 Abs. 1 UWG – vornehmlich den Sinn, Schuldner vor unberechtigten Abmahnungen und vor zu hohen anwaltlichen Kostenforderungen** zu schützen (BTDrucks. 16/5048 S. 48). Zur Missbräuchlichkeit von Abmahnungen: *Solmecke/Dierking*, MMR 2009, 727.

5   3. Im Wettbewerbsrecht haben sich – nach Jahren heftigen Meinungsstreitsstreits in Judikatur und Schrifttum – feste Regeln zur Abmahnung herausgebildet, die heute als herrschende Rechtsprechung und Meinung bezeichnet werden können. **Auf die ausführlichen Kommentierungen in den einschlägigen Werken zum Wettbewerbsrecht wird verwiesen;** dort ist auch die historische Entwicklung und die Auseinandersetzung zu den Streitfragen im Einzelnen dargestellt und mit Judikatur belegt: *Teplitzky*, Wettbewerbsrechtliche Ansprüche und Verfahren[9], Kap. 4; *Ahrens/Deutsch*, Der Wettbewerbsprozess[5] Kap 1; *Gloy/Loschelder*, Handbuch des Wettbewerbsrechts[3] § 75; *Hefermehl/Köhler/Bornkamm* UWG[26] § 12 Kap. 1; *Harte/Henning/Brüning* UWG § 12 Kap. B; *Fezer/Büscher*, Lauterkeitsrecht, § 12 Rdnr. 1 ff.; MünchKomm/*Ottofülling* UWG § 12 Kap. A; *Piper/Ohly*[4] § 12 Rdnr. 1 ff. Die im Wettbewerbsrecht verfestigten Regeln dienen für die viel selteneren Fälle im Urheberrecht als Maßstab. Während im Wettbewerbsrecht bei einer Rechtsverletzung häufig mehreren von einander unabhängigen Konkurrenten Ansprüche zukommen, sind bei Verletzungen geistiger Schutzrechte grundsätzlich nur der/die Inhaber der Schutzrechte bzw. dessen/deren Lizenznehmer betroffen. Gegenüber einem Verletzer schränkt das schon Mehrfachabmahnungen erheblich ein. Massenabmahnungen treten im Urheberrecht vornehmlich im Rahmen von Musiktauschbörsen auf. Zutreffend ist bei den gewerblichen Schutzrechten im PatG, GebrMG, MarkenG, GeschmMG, SortenschG auf eine entsprechende Bestimmung verzichtet worden. Die gewohnheitsrechtlich geübte Praxis bleibt insoweit erhalten.

II. Soll-Bestimmung mit Doppelnatur

6   1. **Keine Prozessvoraussetzungzung.** Die Abmahnung ist keine Prozessvoraussetzung; ohne Abmahnung fehlt es auch nicht am Rechtsschutzbedürfnis (einige Gerichte bestehen gleichwohl vor Tätigwerden auf dem Nachweis der Abmahnung). Der Gesetzgeber erklärt die **Abmahnung zur Soll-Bestimmung** und stellt damit klar, dass **keine echte Rechtspflicht zur Abmahnung** besteht. **Mit der Unterlassung der Abmahnung riskiert der Gläubiger nur die für ihn ungünstige Kostenfolge des § 93 ZPO,** wenn der Schuldner den Anspruch im Prozess sofort anerkennt. Die Literatur spricht von „Obliegenheit".

7   2. **Die Abmahnung ist lt. AmtlBegr.** (BTDrucks. 16/1548 S. 48) „die Mitteilung eines Verletzten an einen Verletzer, dass er durch eine im Einzelnen bezeichnete Handlung einen Urheberrechtsverstoß begangen habe, verbunden mit der Aufforderung, dieses Verhalten in Zukunft zu unterlassen und binnen einer bestimmten Frist eine strafbewehrte Unterwerfungserklärung abzugeben". Diese „Mitteilung" hat mit ihrer Doppelfunktion einen zweifachen Charakter: Sie ist **einerseits geschäftsähnliche Rechtshandlung mit eigenen Regeln** (so die hM, siehe dazu *Teplitzky* Kap. 41 Rdnr. 5 mwN; *Fezer/Büscher* § 12 Rdnr. 4), zugleich **aber mit dem Angebot zum Abschluss eines Unterlassungsvertrags auch Willenserklärung.** Daraus ergeben sich Fragen zur Wirksamkeit der Abmahnung ohne Vorlage einer Vollmachtsurkunde durch die abmahnenden Vertreter/Anwalt sowie zum Nachweis des Zugangs der Abmahnung.

III. Form, Zugang, Vertretungsnachweis

8   1. **Form der Abmahnung.** Die Form der Abmahnung ist nicht vorgeschrieben. In der Regel wird sie schon aus Beweisgründen schriftlich erfolgen. Zulässig und ausreichend sind aber auch Abmahnungen per Telefon, Telefax, E-Mail, Boten oder persönliche Ansprache zB am Stand auf einer Messe.

9   2. **Zugangserfordernis.** Unter dem Blickwinkel der Warnfunktion ist auch das Zugangserfordernis zu beurteilen. **Soweit die Abmahnung Willenserklärung ist** und ein Pflichtenverhältnis zum Abgemahnten begründen soll, muss die Erklärung dem Adressaten zugegangen sein, und der Gläubiger, der Rechte geltend macht, muss den Zugang beweisen. Wird die Abmah-

nung dagegen **in ihrer Warnfunktion** gesehen, entspricht es dem Grundsatz der Interessenabwägung und der Verhältnismäßigkeit sowie dem Zweck der Bestimmung, die Folge des § 93 ZPO zu vermeiden, die Abmahnlast des Verletzten auf eine ordnungsgemäß adressierte Abmahnung an den Verletzer zu beschränken (*Hefermehl/Köhler/Bornkamm*[26] § 12 Rdnr. 1.33 und *Teplitzky*[9] Kap. 41 Rdnr. 6a mwN). Der BGH hat die vormals strittige Rechtsprechung mit eingehender Begründung über die Darlegungs- und Beweislastregeln zu §§ 93, 91 Abs. 1 S. 1 ZPO zugunsten des ordnungsgemäß abmahnenden Klägers entschieden (BGH GRUR 2007, 629 – Zugang des Abmahnschreibens mit Übersicht zur früheren Rechtsprechung). Eine Wiederholung der Abmahnung ist dem Abmahnenden zuzumuten, wenn er erfährt, dass seine erste Abmahnung nicht zugegangen ist und die Zeitverzögerung vertretbar erscheint.

3. Vollmachtsvorlage. Umstritten ist die Frage, ob bei einer anwaltlichen Abmahnung die Abmahnung zurückgewiesen werden kann, wenn keine Vollmachtsurkunde vorgelegt wird. Das KG und die OLGe Brandenburg, Frankfurt/M, Hamburg, Hamm, Karlsruhe, Köln, München, Stuttgart verneinen das, OLG Dresden, Düsseldorf und Nürnberg verlangen den Vollmachtsnachweis (*Wandtke/Bullinger/Kefferpütz*[3] Rdnr. 10; *Hefermehl/Köhler/Bornkamm*[26] § 12 UWG Rdnr. 1.25ff.). **§ 174 S. 1 BGB** sieht die Unwirksamkeit eines Rechtsgeschäfts vor, wenn der Bevollmächtigte keine Vollmachtsurkunde vorlegt und der andere das Rechtsgeschäft aus diesem Grund unverzüglich zurückweist. Darüber wurde verschiedentlich versucht, Abmahnungen zu unterlaufen. Dem steht der Sondercharakter der Abmahnung mit ihrer Warnfunktion zur Prozessvermeidung entgegen. Während einseitige Willenserklärungen im materiellen Recht materielle Wirkungen auslösen, geht es bei § 97a ausschließlich um die prozessuale Wirkung des Kostenrisikos. Insoweit ist **keine Vollmachtsvorlage geboten** (hM *Teplitzky*[9] Kap. 41 Rdnr. 6 mwN; *Wandtke/Bullinger/Kefferpütz*[3] Rdnr. 11; *Fromm/Nordemann*[10] Rdnr. 15), bei hinreichender Zeit zur Vermeidung von Risiken aber zu empfehlen.

IV. Erfordernisse der Abmahnung

Die Warnfunktion bestimmt den Inhalt der Abmahnung. Sie muss enthalten:

1. die Angabe des Gläubigers und des Schuldners. Die Aktivlegitimation des Gläubigers muss nachvollziehbar sein;

2. den Vorwurf des rechtswidrigen Verhaltens. Die Verletzungshandlung muss so konkret vorgetragen sein, dass der Abgemahnte erkennen kann, was ihm in tatsächlicher und rechtlicher Hinsicht vorgeworfen wird (Darlegung des Rechts, ggfls. der Rechtekette, der Verletzungshandlung, Ort und Zeit). Eine Vorformulierung der Unterlassungserklärung ist nicht erforderlich, aber nützlich. Nach einer Entscheidung des KG gibt eine auf die Verletzung von Urheberrechten gestützte Abmahnung betreffend einen mehrseitigen Text „in voller Länge und/oder in Teilen" dem Verletzer regelmäßig nur Anlass zur Abgabe einer auf die konkrete gerügte Verletzungsform (den mehrseitigen Text in voller Länge) beschränkte Unterlassungserklärung, wenn sich die Abmahnung nicht zu den einzelnen „Teilen" (insbesondere ihrer Schutzfähigkeit) nicht näher darstellt. Es ist nach der Entscheidung grundsätzlich nicht Sache des Verletzten, eine pauschale und materiell-rechtlich zu weite Verallgemeinerung von sich aus auf den noch eben zulässigen und begründeten Umfang einzuschränken, jedenfalls dann nicht, wenn dieser nicht ohne Weiteres erkennbar ist (GRUR-RR 2008, 29). Eine erschöpfende rechtliche Begründung ist bei der Abmahnung nicht erforderlich, ebenso wenig die Angabe von Beweismitteln (KG GRUR 1983, 673/674 – Falscher Inserent). Zur Erforderlichkeit einer urheberrechtlichen Abmahnung auch OLG Hamburg GRUR 2006, 616 – Anerkenntnis nach Berechtigungsnachfrage und zur Reichweite einer Abmahnung sowie OLG Hamburg GRUR-RR 2007, 175 – Währungsangabe;

3. das Verlangen einer strafbewehrten Unterlassungserklärung zur Beseitigung der Erstbegehungs- oder Wiederholungsgefahr. Das Verlangen muss mit dem gesetzlichen Unterlassungsanspruch in Einklang stehen. Der Gläubiger kann den Wortlaut vorformulieren, muss es aber nicht. Es ist Sache des Schuldners, eine zu weit gefasste Formulierung, eine zu hoch bemessene Vertragsstrafe oder eine zu kurz bemessene Fristsetzung zu korrigieren (anders die Entscheidung des KG in Rdnr. 12). Welche Vertragsstrafe angemessen ist, richtet sich nach dem Zweck, den Schuldner von künftigen Verstößen abzuhalten, dementsprechend nach Art, Schwere und Ausmaß der Verletzung, Verschulden, finanzielle Leistungsfähigkeit, wirtschaftliche

Größe, Gefährlichkeit für den Verletzten. Die Vertragsstrafe soll so bemessen sein, dass sich ihre Missachtung für den Schuldner nicht auszahlt. Nach dem „Hamburger Brauch" wird die Unterlassungserklärung mit dem Versprechen einer Vertragsstrafe abgegeben, „die vom Gläubiger angemessen festzusetzen, im Streitfall vom zuständigen Gericht zu überprüfen ist" (zulässig nach BGH GRUR 1994, 146 f. – Vertragsstrafebemessung, „Hamburger Brauch" II). Damit wird im Fall eines Verstoßes ein größerer Spielraum zur konkreten Bemessung ermöglicht;

14   4. **eine Fristsetzung**. Die zu setzende Frist muss angemessen sein. Fehlt sie oder ist sie zu kurz bemessen, gilt die angemessene Frist (BGH GRUR 1990, 381/382; *Ahrens/Deutsch* Kap. 1 Rdnr. 72; *Hefermehl/Köhler/Bornkamm*[26] § 12 Rdnr. 1.20 mwN). Angemessen ist eine Frist, wenn sie nach den Umständen des Falles und der Gefahr weiterer Verletzungen bei Abwägung der Interessen des Gläubigers wie des Schuldners als zumutbar erscheint. In der Regel bemisst sich die Frist nach Tagen, kann aber in dringlichen Fällen auch nur Stunden betragen oder eine sofortige Antwort erfordern; bei kalendermäßig unbestimmten Fristen rechnen angesetzte Tage oder Wochen ab Zugang oder zu erwartendem Zugang der Abmahnung (Nachweise zu einzelnen Fällen bei *Ahrens/Deutsch* Kap. 1 Rdnr. 79 f.; sa *Teplitzky*[9] Kap. 41 Rdnr. 14 mwN);

15   5. **die Androhung gerichtlicher Maßnahmen für den Fall, dass die verlangte Unterlassungsverpflichtungserklärung nicht fristgerecht abgegeben wird**. Es reicht, dass der Adressat diese Konsequenz erkennt oder mit ihr rechnet. Nicht zur Abmahnung iSd. § 97 a gehört die Forderung nach Schadensersatz, Auskunft oder Beseitigung, auch nicht nach Ersatz der Aufwendungen für die Abmahnung (§§ 97 Abs. 2–101 b, 103). Wenn diese Forderungen nicht erhoben werden, ist es zweckmäßig, sie vorzubehalten; grundsätzlich gilt auch für diese Ansprüche § 93 ZPO. § 97 a auf diese Ansprüche zu erstrecken (so *Fromm/Nordemann*[10] Rdnr. 11), geht angesichts der Komplexität dieser Ansprüche zu weit. Hier gelten die erprobten Regeln der GoA und bei Verschulden die Geltendmachung der Kosten über Schadensersatz.

V. Entbehrlichkeit der Abmahnung

16   Eine Abmahnung kann ausnahmsweise entbehrlich sein, wenn aus der Sicht des Gläubigers die **Abmahnung voraussichtlich erfolglos oder dem Gläubiger nicht zumutbar** ist.
Voraussichtlich **erfolglos/nutzlos** ist eine Abmahnung, wenn es sich um einen unnachgiebigen Schuldner handelt, der durch sein Verhalten deutlich macht, dass er auf seiner Position besteht, zB bei erneutem Verstoß nach bereits erfolgter strafbewehrter Unterlassungserklärung, oder bei erneutem Verstoß gegen eine gerichtliche Verurteilung, die ein Dritter erwirkt hat, oder bei Verweigerung einer Unterlassungsverpflichtung gegenüber einem Konzernmitglied (*Hefermehl/Köhler/Bornkamm*[26] Rdnr. 1.51 ff.; *Fromm/Nordemann*[10] Rdnr. 17 f.). Dagegen ist sie nicht schon deshalb entbehrlich, weil ein schwerer Verstoß vorliegt oder eine Verletzung vorsätzlich erfolgte. Es müssen dann besondere Umstände hinzukommen, die für die Erfolglosigkeit der Abmahnung sprechen (BGH WRP 2003, 101 – entbehrliche Abmahnung; *Ahrens/Deutsch*, Kap. 2 Rdnr. 35 f.). Das ist der Fall, wenn sich der Verletzer berühmt, die beanstandete Handlung sei rechtmäßig, er werde im Fall einer Abmahnung sein Verhalten fortsetzen. Die Fälle voraussichtlicher Nutzlosigkeit sind selten. Im Zweifel geht das Risiko einer unterlassenen Abmahnung zulasten des Gläubigers, zumal er in Eilfällen auch kurze und kürzeste Fristen setzen kann.

17   **Eine Abmahnung ist auch dann entbehrlich, wenn sie dem Gläubiger nach dem vom Schuldner gezeigten Verhalten nicht zugemutet werden kann**. Das ist der Fall, wenn der Verletzer ein besonders böswilliges und hartnäckiges Verhalten zeigt und/oder die grundsätzliche Abmahnpflicht ins eigene Geschäftskalkül einsetzt und/oder wenn die Abmahnung den Unterlassungsanspruch des Gläubigers gefährden oder vereiteln würde, weil der Abgemahnte die gesetzte Frist dazu nutzt, die rechtsverletzenden Gegenstände beiseite zu schaffen oder dem Verletzten den Zugriff auf den Gegenstand der Verletzung zu entziehen (zB vor einer Sequestration), **also immer dann, wenn durch die Abmahnung die Gefahr besteht, dass durch die damit verbundene Warnung der Rechtsschutz vereitelt würde** (*Teplitzy*[9] Kap. 41 Rdnr. 35 ff.; *Hefermehl/Köhler/Bornkamm*[26] Rdnr. 1.53).

18   Nur in den seltensten Fällen wird **Eilbedürftigkeit** einen Verzicht auf die Abmahnung begründen. Mit den modernen Kommunikationsmitteln sind wenige Stunden oder gar Minuten zu überbrücken. Ausnahmsweise kann die Dringlichkeit eine vorherige Abmahnung entbehrlich machen, wenn ohne sofortiges Einwirkung einer einstweiligen Verfügung ohne Vorwarnung der Rechtsverstoß nicht verhindert werden kann. Im Einzelfall richtet sich das nach der konkreten Zumutbarkeit.

VI. Berechtigte und unberechtigte Abmahnungen

1. Gelegenheit zur Streitbeilegung. Nach dem Gesetz ist dem Schuldner Gelegenheit zu geben, den Streit durch Abgabe einer strafbewehrten Unterlassungsverpflichtung beizulegen. Begrifflich steckt diese Maßgabe schon in der Abmahnung. Hat der Gläubiger schon vor Ablauf der Frist ein Verfahren eingeleitet, ist das unschädlich, wenn der Schuldner eine angemessene Frist verstreichen lässt, ohne die Verpflichtungserklärung abzugeben. Geht die Erklärung fristgerecht ein, muss der Gläubiger die einstweilige Verfügung verfallen lassen bzw. den Antrag zurücknehmen; in diesem Fall trägt er die Kosten. 19

2. Berechtigte Abmahnung. Voraussetzung für den Anspruch auf Ersatz der erforderlichen Aufwendungen ist eine Abmahnung, die materiellrechtlich begründet und die notwendig ist, um den Streit ohne ein gerichtliches Verfahren zu beenden (BTDrucks. 16/5048 S. 48). 20

Der Unterlassungsanspruch muss im Zeitpunkt der Absendung der Abmahnung bestehen. Ist er verjährt, bleibt er bis zur Einrede der Verjährung erhalten. Hat der Schuldner wegen derselben Verletzungshandlung schon gegenüber einem Dritten eine hinreichend strafbewehrte und ernsthafte Unterlassungsverpflichtung übernommen, ist nach ständiger Rechtsprechung und herrschender Meinung die Erstbegehungs- bzw. Wiederholungsgefahr entfallen. In einem solchen Fall sind die nachfolgenden Abmahnungen unberechtigt. Erfolgt gleichwohl eine weitere Abmahnung, weil der weitere Verletzte von der Drittabmahnung und der darauf erteilten Verpflichtungserklärung keine Kenntnis hat, besteht für den Schuldner auf Grund des durch die Abmahnung begründeten Abmahnverhältnisses die Verpflichtung, dem Gläubiger die **Drittabmahnung** und die abgegebene Unterlassungserklärung im Wortlaut mitzuteilen und die Person des Dritten genau zu beschreiben, damit der Gläubiger, die Wirksamkeit, den Umfang, die Höhe der Vertragsstrafe und die Ernsthaftigkeit der Unterlassungserklärung prüfen und feststellen kann, ob bzw. in welchem Umfang die Wiederholungsgefahr entfallen ist. Unterlässt der Abgemahnte die Aufklärung, hat er im Fall eines gerichtlichen Verfahrens, das der Gläubiger in Unkenntnis gegen ihn führt, die Rechtsverfolgungskosten zu tragen (BGH GRUR 1987, 54/55 – Aufklärungspflicht des Abgemahnten).

Im Urheberrecht spielt die Drittabmahnung, wenn überhaupt, nur eine geringe Rolle. Während Wettbewerbshandlungen geeignet sind, mehrere Wettbewerber zu treffen, zielen Verletzungen im Urheberrecht in der Regel auf einen Einzelnen oder auf einen mit dem Urheber oder eventuellen Miturhebern durch Lizenzen verbundenen Kreis. Hier ist auch zweifelhaft, ob und inwieweit individuelle Unterlassungserklärungen die Wiederholungsgefahr gegenüber einem weiteren Rechteinhaber überhaupt entfallen lassen. Zum Wettbewerbsrecht sind insoweit gravierende Unterschiede in der Qualität der Unterlassungsansprüche zu beachten. Vergleiche können allenfalls mit dem Recht anderer Immaterialgüter gezogen werden. 21

Übernommen werden kann aus dem Wettbewerbsrecht der Grundsatz, dass mit der Verletzung und der folgenden Abmahnung eine Sonderbindung zwischen Gläubiger und Schuldner entsteht (BGH GRUR 1987, 54 – Aufklärungspflicht des Abgemahnten; BGH GRUR 1990, 542/543 – Antwort des Abgemahnten; BGH GRUR 1998, 471/474 – Modenschau im Salvatorkeller) mit der Folge, dass der Abgemahnte nach Treu und Glauben zu reagieren hat, sei es durch Abgabe einer Unterlassungserklärung oder durch deren Ablehnung (kritisch *Teplitzky*[9] Kap. 41 Rdnr. 55 ff.; *Ahrens/Spätgens* Kap. 4 Rdnr. 13 f.; nach *Wandtke/Bullinger/Kefferpütz*[3] Rdnr. 17 nur bei begründeter Abmahnung, wenn eine Rechtsverletzung gegeben ist; sa. *Hefermehl/Köhler/Bornkamm*[26] Rdnr. 1.63 und unten Rdnr. 23) Auch der Abmahnende hat gewisse Nachpflichten, zB die Pflicht, auf Mängel in der Verpflichtungserklärung hinzuweisen, wenn der Schuldner rechtlich unbedarft und nicht anwaltlich vertreten ist. 22

3. Unberechtigte Abmahnung. Liegt keine Rechtsverletzung vor, wird durch die Abmahnung kein Verhältnis begründet, das zu Erklärungen des Abgemahnten verpflichtet (BGH GRUR 1995, 167/168 – Kosten bei unbegründeter Abmahnung). Der Abgemahnte hat die Wahl, ob er die Abmahnung zurückweisen oder warten will, ob der Gläubiger zu Gericht geht. Vorsichtshalber wird er mit einer begründeten Absage reagieren und bei dem oder den zuständigen Gericht/en eine Schutzschrift hinterlegen. **Im Unterschied zur unbegründeten Schutzrechtsverwarnung reicht eine objektiv unbegründete wettbewerbsrechtliche Abmahnung allein nicht aus, um Ansprüche des Abgemahnten zu begründen.** Es liegt damit kein Eingriff in den eingerichteten und ausgeübten Gewerbebetrieb vor. Ob das abgemahnte Verhalten wettbewerbswidrig ist oder nicht, muss grundsätzlich in dem Verfahren ge- 23

§ 97a

klärt werden, in dem der Unterlassungsanspruch geltend gemacht wird (BGH GRUR WRP 1965, 97/98f. – Kaugummikugeln; *Hefermehl/Köhler/Bornkamm*[26] § 12 Rdnr. 1.69/1.70).

24 Unberechtigten Abmahnungen, die gewerbliche oder geistige Schutzrechte, auch Fälle des ergänzenden Leistungsschutzes, betreffen und damit nach gefestigter Rechtsprechung in den eingerichteten und ausgeübten Gewerbetrieb eingreifen, kann der Abgemahnte auch mit eigenem Angriff begegnen. Er kann eine **Gegenabmahnung** aussprechen mit der Aufforderung, die unberechtigte Berühmung zu unterlassen, oder auch **ohne Gegenabmahnung** (BGH GRUR 2004, 790/792 – Gegenabmahnung) Unterlassungs- oder **negative Feststellungsklage** erheben (BGH GRUR 1985, 571/573 – Feststellungsinteresse; BGH GRUR 1994, 846/848 – Parallelverfahren II; BGH GRUR 1995, 697/698 – Funny Paper). Der I. Zivilsenat des BGH hatte anlässlich einer unberechtigten Verwarnung aus einem Kennzeichenrecht Zweifel an dieser, insbesondere vom X. Zivilsenat zum Patent- und Gebrauchsmusterrecht vertretenen Rechtsprechung erhoben und meinte, unbegründete Abmahnungen aus Schutzrechten seien unbegründeten Abmahnungen aus Wettbewerbsverstößen gleichzusetzen. **Der Große Senat des Bundesgerichtshofs hat auf Vorlage des I. Zivilsenats entschieden, dass dem betroffenen Hersteller im Fall einer unbegründeten Abnehmerverwarnung aus Immaterialgüterrechten ein notfalls im Verfügungsverfahren durchsetzbarer Unterlassungsanspruch zusteht, bei Verschulden auch Anspruch auf Schadensersatz** (BGH GRUR 2005, 882/885 – Unberechtigte Schutzrechtsverwarnung). Zu Recht wurde damit ein Unterschied zwischen geistigem Eigentum und Wettbewerbsrecht anerkannt. *Wandtke/Bullinger/Kefferpütz*[3] Rdnr. 26 sehen darin einen Konflikt zu § 97a. Wer seine geistigen/gewerblichen Schutzrechte verteidigt, geht jedoch immer das Risiko ein, dass das Schutzrecht im Rechtsstreit standhält. Einen Anspruch gerichtlich geltend zu machen, kann, auch wenn der Anspruch unbegründet ist, nicht im Weg einer Unterlassungsklage verboten werden (BGH GrSZ GRUR 2005, 882/884). Siehe *Sack*, Unbegründete Schutzrechtsverwarnungen, 2006.

25 Für die negative Feststellungsklage ist das **nach § 256 ZPO erforderliche Feststellungsinteresse durch die Berühmung** gegeben. Erhebt der Abmahnende Leistungsklage – er hat auch bei Anhängigkeit der Feststellungsklage die Wahl des örtlichen Gerichtsstandes (BGH GRUR 1994, 846/847 – Parallelverfahren II) – entfällt das Feststellungs-/Rechtsschutzinteresse, wenn sich die Klagegegenstände entsprechen und die Leistungsklage nicht mehr einseitig zurückgenommen werden kann (§ 269 Abs. 1 ZPO). Ist die Unterlassungs-/Feststellungsklage zu diesem Zeitpunkt noch nicht entscheidungsreif, muss deren Hauptsache für erledigt erklärt werden mit der Kostenfolge des § 91a ZPO. Ist die Unterlassungs-/Feststellungsklage in dem Zeitpunkt entscheidungsreif, bleibt das Rechtsschutz-/Feststellungsinteresse ausnahmsweise erhalten. Entsprechendes gilt für die Unterlassungsklage des Abgemahnten, wenn der Verletzte seinerseits Unterlassungsklage erhebt (BGH GRUR 1985, 41/44 – REHAB; BGH GRUR 1987, 402/403 – Parallelverfahren I; BGH GRUR 1994, 846/847 – Parallelverfahren II; *Teplitzky*[9] Kap. 41 Rdnr. 70 mwN). Zu den Gegenansprüchen bei unberechtigter Abmahnung auch *Fromm/Nordemann*[10] Rdnr. 42ff.; *Wandtke/Bullinger/Kefferpütz*[3] Rdnr. 24ff.,

26 Der zu Unrecht Abgemahnte kann auch Schadensersatz geltend machen, zB Aufwendungsersatz für Anwaltskosten, Ausgleich für abgesprungene Kunden, Kosten für Aufklärung und Wiederherstellung des Rufs. Weitere Anspruchsgrundlagen können sein: §§ 824, 826 BGB und § 678 BGB (Geschäftsanmaßung), im Fall eines Wettbewerbsverhältnisses auch Anschwärzung nach § 4 Nr. 8 UWG, gezielte Behinderung nach § 4 Nr. 10 UWG.

VII. Abmahnkosten

27 1. **§ 97a Abs. 1 S. 2 gibt dem Verletzten, der berechtigterweise abmahnt, einen Anspruch auf Ersatz der erforderlichen Kosten.** Die Bestimmung ist **lex specialis für die Kostenerstattung von Abmahnungen bei urheberrechtlichen Verletzungstatbeständen und unabhängig von Verschulden.** Sie entspricht § 12 Abs. 1 UWG (AmtlBegr. BT-Drucksache 16/5048 S. 48). Damit ist die von der Rechtsprechung für Abmahnungen entwickelte und in der Judikatur durchgesetzte Kostenerstattung über Geschäftsführung ohne Auftrag auch in das UrhG eingegangen. Soweit die Anspruchgrundlage der GoA von den abgemahnten Schuldnern nicht verstanden wurde, weil aus der Sicht der Schuldner der Gläubiger mit der Abmahnung sein eigenes Geschäft führt und den Schuldnern über die GoA ein Geschäft aufgezwungen wird, gibt es jetzt keine Diskussion mehr: **Der Kostenerstattungsanspruch steht wörtlich im Gesetz.**

Abmahnung § 97a

2. Voraussetzung des Anspruchs auf Erstattung von Aufwendungsersatz ist eine berechtigte Abmahnung. Ist die Abmahnung nur teilweise berechtigt, kommt es darauf an, ob durch das zuviel Verlangte höhere Kosten entstanden sind. Liegt eine Rechtsverletzung vor, ist die Abmahnung berechtigt, auch wenn sie ausnahmsweise hätte entbehrt werden können (*Wandtke/Bullinger/Kefferpütz*[3] Rdnr. 22). „Berechtigt" ist nicht gleichbedeutend mit „begründet". **Im Zeitpunkt der Absendung der Abmahnung muss objektiv ein materieller Unterlassungsanspruch bestehen. Darüber hinaus muss die Abmahnung geboten und nach Form und Inhalt geeignet sein,** den begründeten Unterlassungsanspruch ohne Inanspruchnahme des Gerichts durchzusetzen. Damit schließt der Gesetzgeber erloschene Ansprüche aus. Nach den Grundsätzen der GoA geschieht dieser Ausschluss unabhängig davon, ob der Abmahnende Kenntnis von dem Wegfall hat oder nicht (Fall der Drittabmahnung und -unterwerfung). Im Fall des erloschenen Anspruchs entspricht die Abmahnung aus objektiver Sicht nicht mehr dem mutmaßlichen Willen des Abgemahnten. *Teplitzky*[9] (Kap. 41 Rdnr. 84) und *Hefermehl/Köhler/Bornkamm*[26] (Rdnr. 1.43 ff./1.80) halten eine solche Gleichstellung des § 12 Abs. 1 UWG mit den Regeln der GoA weder für geboten noch für interessengerecht. Die Berechtigung einer Abmahnung sei mit ihrer Notwendigkeit (bzw. Entbehrlichkeit) verknüpft, und die Prüfung der Entbehrlichkeit habe den (ex-ante) Kenntnisstand des Abmahnenden mit zu berücksichtigen. *Hefermehl/Köhler/Bornkamm* erklären, die gesetzliche Regelung gestatte die Verknüpfung von Entbehrlichkeit und Berechtigung der Abmahnung. Berechtigt sei danach jede Abmahnung, die nicht entbehrlich ist, will der Kläger Kostennachteile im Falle eines sofortigen Anerkenntnisses vermeiden (UWG[26] Rdnr. 182). Wird diese Meinung für § 12 Abs. 1 UWG anerkannt, dann kann sie auch für § 97a gelten. Der Kostenerstattungsanspruch kann auch verfolgt werden, wenn auf die Verfolgung des Unterlassungsanspruchs, aus welchen Gründen auch immer, verzichtet wird (*Wandtke/Bullinger/Kefferpütz*[3] Rdnr. 33). Nach dem Wortlaut des Gesetzes kommt es nicht mehr darauf an, ob die Abmahnung im Interesse des Verletzers erfolgte. 28

„Berechtigte Abmahnung" meint im Rahmen der § 12 Abs. 1 UWG und § 97a UrhG aber weit mehr, als nur eine Verknüpfung zur Entbehrlichkeit. Sie beinhaltet insbesondere den Ausschluss missbräuchlicher Abmahnungen. Die AmtlBegr. zu § 97a nimmt auf die „Reform von 2004" Bezug. Danach wurde durch verschiedene Regelungen ein **weitgehender Schutz gegen missbräuchliche Abmahnungen** vorgesehen (*Solmecke/Dierking* MMR 2009/727). Nach Inkrafttreten der Neufassung des UWG kann nur unter den Voraussetzungen des § 12 UWG abgemahnt werden (BTDrucks. 16/5048 S. 48). **Unzulässig ist nach der UWG-Reform die Geltendmachung von Ansprüchen, wenn sie unter Berücksichtigung der gesamten Umstände vorwiegend dazu dienen, gegen den Zuwiderhandelnden einen Anspruch auf Ersatz von Aufwendungen oder Kosten der Rechtsverfolgung entstehen zu lassen** (§ 8 Abs. 4 UWG). Dieser Grundsatz ist in den Worten „berechtigte Abmahnung" in § 12 Abs. 1 UWG und in § 97a UrhG konkludent enthalten. Doch ist im Urheberrecht zum Einwand des Missbrauchs Zurückhaltung geboten. Der im Urheberrecht Verletzte nimmt im Zweifel sein durch das GG geschütztes Eigentum wahr. Ihm ist zuzugestehen, gegen den Verletzer selbst vorzugehen, auch in getrennten Verfahren (*Wandtke/Bullinger/Kefferpütz*[3] Rdnr. 19). 29

VIII. Andere Anspruchgrundlagen und Erstattungsmöglichkeiten

1. Schadensersatz. Hat der Verletzer vorsätzlich oder fahrlässig gehandelt, waren die Aufwendungen der Abmahnung bislang als Schadensersatz (§ 97 Abs. 1 S. 1) geltend zu machen (BGH GRUR 1982, 489 – Korrekturflüssigkeit; BGH GRUR 1990, 1012/1014 – Pressehaftung I; BGH NJW 1992, 429 – Abmahnkostenverjährung; BGH GRUR 1992, 176 – Missbräuchliche Mehrfachabmahnung). Es besteht keine Veranlassung, von dieser gefestigten höchstrichterlichen Rechtsprechung abzugehen. Die im Schrifttum vertretene Meinung, Abmahnkosten seien kein Schaden, sondern dienten der Verhinderung zukünftiger Verstöße (*Hefermehl/Köhler/Bornkamm*[26] § 12 Rdnr. 1.88; *Scharen* in: *Ahrens/Scharen* Kap. 11 Rdnr. 12) sieht die Abmahnung zu eng. 30

Die Abmahnung beschränkt sich, abgesehen vom vorbeugenden Unterlassungsanspruch, nicht auf künftige Unterlassungen, sondern hat den Zweck, die erfolgte Verletzung zu beenden und den dadurch eingetretenen Schaden zu beseitigen, somit auch die durch die Verletzung begründete Wiederholungsgefahr. **Die Kosten der Abmahnung sind adäquat kausal durch die Verletzung hervorgerufen: ohne Verletzung keine Abmahnung, keine Kosten, keine Vermögenseinbuße.** Schadensersatz ist Ausgleich der durch eine Rechtsverletzung erlittenen

§ 97a Abmahnung

Vermögenseinbuße. Der Aufwendungsersatz folgt aus der Erstverletzung. Das ist unabhängig von einer Dauerhandlung oder einem Einzelverstoß. So auch *Wandtke/Bullinger/Kefferpütz*[3] Rdnr. 42. Der Tendenz des BGH, nach Art der Verletzung zu unterscheiden, wie in GRUR 2007, 631/632 – Abmahnaktion angedeutet, ist entgegen zu treten. Der Umfang des Schadensersatzanspruchs aus § 97 Abs. 2 S. 1 (bei Verschulden) kann über den Erstattungsanspruch des § 97a Abs. 1 S. 2 (ohne Verschulden) hinausgehen, beispielsweise wenn die Wiederholungsgefahr aufgrund einer strafbewehrten Unterlassungserklärung gegenüber einem Dritten zur Zeit der Abmahnung nicht mehr bestand (LG Hamburg GRUR 1990, 216/217; LG Köln GRUR 1087, 741/742).

2. Geschäftsführung ohne Auftrag

Auf diesen Anspruch wird nach Inkrafttreten des § 97a nur noch in Ausnahmefällen zurückzugreifen sein.

31 **3. Kosten einer fehlgeschlagenen Abmahnung** sind nicht Kosten zur Vorbereitung eines Rechtsstreits und nicht Kosten eines folgenden Rechtsstreits. Sie sollen den Rechtsstreit gerade verhindern. Sie sind nicht im späteren Verfahren festzusetzen sondern als gesonderter Antrag im Hauptsacheverfahren aufzunehmen. (BGH NJW-RR 2006, 501/502). Durch das nachfolgende gerichtliche Verfahren mindert sich nicht die bereits entstandene Geschäftsgebühr (Ziff. 3 IV zu Nr. 3100 VV RVG) sondern die im anschließenden Verfahren entstehende Verfahrensgebühr zur Hälfte höchstens jedoch in Höhe einer Gebühr von 0,75 (BGH NJW 2007, 2049; *Wandtke/Bullinger/Kefferpütz*[3] Rdnr. 29). Wird eine Unterlassungserklärung abgegeben, der Aufwendungsersatz jedoch nicht bezahlt, bleibt nichts anderes übrig, als Zahlungsklage zu erheben.

IX. Höhe des Aufwendungsersatzes

32 Der Verletzte darf **zur Rechtsverfolgung grundsätzlich einen Anwalt einschalten**. In Wettbewerbsfällen wird Firmen mit eigener Rechtsabteilung und Anwälten eine eigene Abmahnung zugemutet, wenn es sich um einen Routinefall mit höchstens durchschnittlicher Schwierigkeit handelt. Für Urheberrechtsfälle kann das nicht gelten. Urheberrechtssachen erfordern ebenso wie Patent- und Markenrechtssachen, bei denen die notwendige Einschaltung eines spezialisierten Anwalts anerkannt ist, Spezialisten. Bei Verbänden, die Urheberrechte wahrnehmen, wird der Ersatz der Bearbeitungskosten grundsätzlich anerkannt; er wird von den Wahrnehmungsgesellschaften in der Regel über Pauschalen bemessen (*Fromm/Nordemann*[10] Rdnr. 26f. mwN).

33 **Der Verletzte kann für die berechtigte Abmahnung Aufwendungsersatz verlangen, jedoch nur, soweit sie erforderlich waren und tatsächlich angefallen sind**. Fiktive Kosten werden nicht erstattet (*Teplitzky*[9] Kap. 41 Rdnr. 91). Die zu erstattenden Anwaltskosten haben sich im gesetzlichen Rahmen zu halten, früher entsprechend der Bundesrechtsanwaltsgebührenordnung (BRAGO), heute nach dem Rechtsanwaltsvergütungsgesetz (RVG). Der Gebührenrahmen der Geschäftsgebühr nach § 2 Abs. 2, 13 RVG iVm. Nr. 2300 RVG umfasst eine Gebühr von 0,5 bis 2,5. Die Mittelgebühr beträgt 1,5, für Tätigkeiten, die weniger umfangreich oder weniger schwierig sind, 1,3. Für das Urheberrecht ist zu berücksichtigen, dass es sich um eine Materie handelt, die speziell erarbeitet sein muss. Zur Praxis: *Günther*, WRP 2009, 118.

Der Geschäftswert der Abmahnung richtet sich nach der Höhe des für die Gerichtskosten geltenden Werts (§ 23 Abs. 1 S. 3 RVG, § 12 Abs. 1 GKG, § 3 ZPO). Da die Abmahnung auf die endgültige Beilegung gerichtet ist, entspricht der Wert dem Wert des möglichen Hauptsacheverfahrens.

Nimmt der Verletzte durch einen Anwalt mehrere Verletzte in Anspruch entsteht nur ein Kostenerstattungsanspruch, soweit dieselbe Angelegenheit und gesamtschuldnerische Haftung gegeben ist (BGH GRUR 2008, 367/368 – Rosenkrieg bei Otto). Bei Unterlassung haftet jeder für sich (*Schneider/Herget*, Streitwertkommentar, 12. Aufl. 2007, 2390/3441). Das kann – verbunden mit der Geltendmachung von Kosten – missbräuchlich genutzt werden.

X. Ersatz für die erstmalige Abmahnung in Bagatellfällen (§ 97a Abs. 2)

34 § 97a Abs. 2 soll Missbräuche ausschließen. **In einfach gelagerten Fällen mit nur einer unerheblichen Rechtsverletzung wird für die erstmalige Abmahnung der Ersatz der erforderlichen Aufwendungen für die Inspruchnahme anwaltlicher Dienstleis-

tungen auf 100 Euro beschränkt. Dieser Betrag schließt nach der AmtlBegr. Steuern und Auslagen wie Porto für den Abmahnvorgang ein. Nur soweit für die Ermittlung der Rechtsverletzung notwendige sonstige Kosten anfallen, wie dies bei der Ermittlung des hinter einer IP-Adresse stehenden Verletzers der Fall ist, sind diese nicht Bestandteil des in Absatz 2 genannten Betrages (BTDrucks. 16/5048 S. 49), also ggfls. auch Reisekosten, Detektivkosten, Kosten für Testkauf. Was ein „einfacher Fall mit einer nur einfachen Rechtsverletzung" ist, hat die Rechtsprechung zu klären. Die AmtlBegr. sagt dazu, wenn der Fall „nach Art und Umfang ohne größeren Arbeitsaufwand zu bearbeiten ist, also zur Routine gehört" (BTDrucks. 16/5048, S. 49), und: „sofern die Rechtsverletzung nicht im geschäftlichen Verkehr begangen wurde" mit der Ergänzung: „Ein Handeln im geschäftlichen Verkehr ist jede wirtschaftliche Tätigkeit auf dem Markt, die der Förderung eines eigenen oder fremden Geschäftszwecks zu dienen bestimmt ist" (BTDrucks. S. 49). „Geschäftlicher Verkehr" kann also auch gegeben sein, wenn kein Erwerbszweck verfolgt wird und keine Gewinnerzielung beabsichtigt ist. *Hoeren* sieht bei Peer-to-Peer-Tauschbörsen keinen geschäftlichen Verkehr (CR 2009, 378/380). Nicht minder problematisch wie der „einfache Fall" ist die Beurteilung, ob eine Rechtsverletzung „unerheblich" ist, dh. nach der AmtlBegr. in qualitativer und quantitativer Hinsicht ein geringes Ausmaß hat (BTDrucks. 16/5048 S. 49). Ein Beispiel gibt OLG Brandenburg: Abmahnkosten bei unerlaubter Verwendung eines Produktfotos bei privater e-Bay-Auktion; Wert 40 Euro (MMR 2009, 258). Die Teilnahme am urheberrechtsverletzenden Filesharing wird in den meisten Fällen nicht unerheblich sein (LG Köln MMR 2008, 126/127; *Solmecke* MMR 2008, 129/130). Schon der Anreiz der Nachahmung wirkt erheblich (anders *Hoeren* aaO 380).

Der Haupteinwand gegen § 97a Abs. 2 richtet sich gegen den festgesetzten Betrag, der völlig systemwidrig in das Gesetz eingefügt wurde (ursprünglich war der Betrag einschließlich Steuern und Auslagen sogar auf maximal 50 Euro beschränkt). Die Deutsche Vereinigung für gewerblichen Rechtsschutz und Urheberrecht und der Deutsche Anwaltsverein haben sich zu Recht gegen die gesetzliche Festlegung eines Betrages gewandt, der künftig wie Tarife anzupassen ist und nicht angemessen angepasst werden wird, weil es dazu einer Gesetzesänderung bedarf (sa. die Kritik von *Ewert/Hartz* ZUM 2007, 450). Die Bundesjustizministerin hat es abgelehnt, auf eine ziffernmäßige Festlegung zu verzichten mit der Begründung, sie habe viele Beschwerden wegen zu hoher Anwaltskosten erhalten. **Abmahnmissbrauch zu bekämpfen, ist ein wichtiges Anliegen.** Aber allein im UrhG einen ziffernmäßig bestimmten Betrag einschließlich Steuern und Auslagen für eine Erstabmahnung zu verankern, zeigt, dass das Urheberrecht in Deutschland noch immer nicht den Stellenwert genießt, der ihm gebührt. Geschützt werden damit entgegen den verbalen Bekundungen nicht die Urheber und Leistungsschutzberechtigten, die Werke schaffen, sondern die Rechtsverletzer, die meinen, sich kostenlos bedienen zu können. Ausgerechnet mit dem Gesetz zur Durchsetzung von Rechten des geistigen Eigentums wird eine Regelung getroffen, die geradezu als Freibrief für Rechtsverletzungen verstanden werden kann, statt das Verständnis für Urheberrechte als Eigentumsrechte zu stärken.

§ 98 Anspruch auf Vernichtung, Rückruf und Überlassung

(1) ¹Wer das Urheberrecht oder ein anderes nach diesem Gesetz geschütztes Recht widerrechtlich verletzt, kann von dem Verletzten auf Vernichtung der im Besitz oder Eigentum des Verletzers befindlichen rechtswidrig hergestellten, verbreiteten, oder zur rechtswidrigen Verbreitung bestimmten Vervielfältigungsstücke in Anspruch genommen werden. ²Satz 1 ist entsprechend auf die im Eigentum des Verletzers stehenden Vorrichtungen anzuwenden, die vorwiegend zur Herstellung dieser Vervielfältigungsstücke gedient haben.

(2) Wer das Urheberrecht oder ein anderes nach diesem Gesetz geschütztes Recht widerrechtlich verletzt, kann von dem Verletzten auf Rückruf von rechtswidrig hergestellten, verbreiteten oder zur rechtswidrigen Verbreitung bestimmten Vervielfältigungsstücken oder auf deren endgültiges Entfernen aus den Vertriebswegen in Anspruch genommen werden.

(3) Statt der in Abs. 1 vorgesehenen Maßnahmen kann der Verletzte verlangen, dass ihm die Vervielfältigungsstücke, die im Eigentum des Verletzers stehen, gegen eine angemessene Vergütung, welche die Herstellungskosten nicht übersteigen darf, überlassen werden.

(4) ¹Die Ansprüche nach den Absätzen 1 bis 3 sind ausgeschlossen, wenn die Maßnahme im Einzelfall unverhältnismäßig ist. ²Bei der Prüfung der Verhältnismäßigkeit sind auch die berechtigten Interessen Dritter zu berücksichtigen.

(5) Bauwerke sowie ausscheidbare Teile von Vervielfältigungstücken und Vorrichtungen, deren Herstellung und Verbreitung nicht rechtswidrig ist, unterliegen nicht den in den Absätzen 1 bis 3 vorgesehenen Maßnahmen.

Schrifttum: *Arlt,* Ansprüche des Rechteinhabers bei Umgehung seiner technischen Schutzmaßnahmen, MMR, 2005, 148; *Asendorf,* Gesetz zur Stärkung des Schutzes geistigen Eigentums und zur Bekämpfung der Produktpiraterie, NJW 1990, 1283; *Diekmann,* Der Vernichtungsanspruch, Diss. Tübingen, 1993; *Dreier,* Verletzung urheberrechtlich geschützter Software nach der Umsetzung der EG-Richtlinie, GRUR 1993, 781; *Igelmann,* Der Vernichtungsanspruch im gewerblichen Rechtsschutz und Urheberrecht, Diss. Osnabrück, 2002; *Jestaedt,* Die Ansprüche auf Rückruf und Entfernen schutzrechtsverletzender Gegenstände aus den Vertriebswegen, GRUR 2009, 102; *Lührs,* Verfolgungsmöglichkeiten im Fall der Produktpiraterie, GRUR 1994, 254; *Patnaik,* Enthält das deutsche Recht effektive Mittel zur Bekämpfung von Nachahmungen und Produktpiraterie? GRUR 2004, 191; *Peukert/Kur,* Stellungnahme des Max-Planck-Instituts für Geistiges Eigentum, Wettbewerbs- und Steuerrecht zur Umsetzung der Richtlinie 2004/48/EG zur Durchsetzung der Rechte des geistigen Eigentums in deutsches Recht, GRUR Int. 2006, 292; *Retzer,* Einige Überlegungen zum Vernichtungsanspruch bei der Nachahmung von Waren oder Leistungen, Fs. für Piper, 1996, S. 421; *Seichter,* Die Umsetzung der Richtlinie zur Durchsetzung der Rechte geistigen Eigentums, WRP 2006, 391; *Skauradszun/Majer,* Der neue Rückrufanspruch aus § 98 Abs. 2 UrhG, ZUM 2009, 199; *Spindler/Weber,* Die Umsetzung der Enforcement-Richtlinie nach dem Regierungsentwurf für ein Gesetz zur Verbesserung der Durchsetzung von Rechten des geistigen Eigentums, ZUM 2007, 257; *Thun,* Der immaterialgüterrechtliche Vernichtungsanspruch, 1998; *Walchner,* Der Beseitigungsanspruch im gewerblichen Rechtsschutz und Urheberrecht, 1998; *Waldenberger,* Zur zivilrechtlichen Verantwortlichkeit für Urheberrechtsverletzungen im Internet, ZUM 1997, 176; *Wand,* Technische Schutzmaßnahmen und Urheberrecht, 2001.
Siehe auch Schrifttum bei § 97.

Übersicht

	Rdnr.
I. Entwicklung und Bedeutung	1–6
II. Gegenstand und Maßnahmen der Vernichtung	7–14
III. Rückruf oder Entfernen aus den Vertriebswegen	15, 16
IV. Anspruch auf Überlassung	17, 18
V. Verhältnismäßigkeit	19, 20
VI. Verhältnis zum Schadensersatzanspruch	21, 22
VII. Verhältnis zu den Abnehmern in einer Vertriebskette	23
VIII. Ausnahmen: Bauwerke und ausscheidbare Teile	24–26
IX. Durchsetzung der Ansprüche nach § 98 Abs. 1 bis 3	28–32

I. Entwicklung und Bedeutung

1 1. **Unabhängig von den Ansprüchen nach § 97 auf Unterlassung, Beseitigung und Schadensersatz gewährt das Gesetz dem Verletzten außerdem Anspruch auf Vernichtung oder Überlassung der rechtswidrig hergestellten oder zur rechtswidrigen Verbreitung bestimmten Vervielfältigungsstücke sowie auf Vernichtung oder Überlassung der Vorrichtungen, die zur rechtswidrigen Herstellung gedient haben.** Im Rahmen der Umsetzung der Enforcement-Richtlinie 2004/48/EG (Abl. Nr. L 195 vom 2. 6. 2004 S. 16) durch das Gesetz zur Verbesserung von Rechten des geistigen Eigentums (BGBl. I 2008 S. 1191) wurde **§ 98** gemäß Artikel 10 der Richtlinie neu gefasst (aaO S. 1202/1203). Er vereinigt nunmehr die bisherigen §§ 98 und 99 sowie § 101 Abs. 2 aF (Ausnahmen), jetzt § 98 Abs. 5. – **Der Anspruch auf Vernichtung oder Überlassung der Vervielfältigungsstücke und Vorrichtungen** entspricht im Wesentlichen den ursprünglichen §§ 42, 43 LUG und 37, 38 KUG (Amtl. Begr. BTDrucks. IV/270 S. 104 1Sp.) Der Vernichtungsanspruch deckt sich mit Artikel 46 des TRIPS-Übereinkommens. Durch das ProduktpiraterieG v. 7. 3. 1990 (PrPG, in Kraft seit 1. 7. 1990, BGBl. I S. 422 – dazu *Ensthaler* GRUR 1992, 273; *Rehbinder* ZUM 1990, 462) waren die Vorschriften gestrafft worden. Sie sind jetzt der Enforcement-Richtlinie angepasst: Die Voraussetzung der Vernichtung beschränkt sich nicht mehr auf eine **ausschließlich oder nahezu ausschließlich** zur rechtswidrigen Herstellung von Vervielfältigungsstücken benutzte Vorrichtung, sondern greift schon bei **vorwiegender** Benutzung. **Neu aufgenommen wurde in § 98 Abs. 2 der Anspruch auf Rückruf** von rechtswidrig hergestellten, verbreiteten oder zur rechtswidrigen Verbreitung bestimmten Vervielfältigungsstücken, alternativ der **Anspruch auf deren endgültiges Entfernen aus den Vertriebswegen** (§ 98 Abs. 2 nF).

Anspruch auf Vernichtung, Rückruf und Überlassung **§ 98**

§ 37 KUG gilt weiter für den Bildnisschutz (§§ 22–24 KUG – Recht am eigenen Bild, s. die Kommentierung im Anhang zu § 60). Er wurde nicht ins Urheberrechtsgesetz übernommen (§ 141 Nr. 5). Verzichtet ist in § 98 nach wie vor auf die Vernichtung von Originalen und rechtmäßig hergestellten Werken, die nur widerrechtlich ausgestellt oder vorgeführt werden; erstreckt bleibt der Anspruch auf alle Vervielfältigungsstücke, die zur rechtswidrigen Verbreitung bestimmt sind, unabhängig davon, ob die Herstellung rechtmäßig erfolgte oder nicht. **Vorrichtungen zur Vorführung werden ebenfalls nicht erfasst.** Von der Vernichtung ausdrücklich **ausgenommen sind Bauwerke und ausscheidbare Teile von Vervielfältigungsstücken und Vorrichtungen, deren Herstellung und Verbreitung nicht rechtswidrig ist** (§ 98 Abs. 5, bisher § 101 Abs. 2). **Für Computerprogramme** besteht seit der Umsetzung der Richtlinie 91/250/EG zum rechtlichen Schutz von Computerprogrammen die **Spezialvorschrift des § 69f Abs. 1,** wonach der Rechtsinhaber vom Eigentümer oder Besitzer verlangen kann, dass alle rechtswidrig hergestellten, verbreiteten oder zur rechtswidrigen Verbreitung bestimmten Vervielfältigungsstücke vernichtet werden. Nach § 69f Abs. 2 gilt das auch für Mittel, die allein dazu bestimmt sind, die unerlaubte Beseitigung oder Umgehung technischer Programmschutzmechanismen zu erleichtern. Nach § 69f Abs. 1 S. 2 sind § 98 Abs. 2 und 3, jetzt Abs. 3 und 4 entsprechend anzuwenden (*Dreier*, GRUR 1993, 781/787). Ein Verstoß gegen **das in § 95a normierte Verbot,** technische Maßnahmen zum Schutz eines nach dem UrhG geschützten Werkes oder Schutzgegenstandes zu umgehen, begründet zivilrechtlich Ansprüche nach § 97, § 69f iVm. § 98 Abs. 3 und 4 und mögliche strafrechtliche Ahndung nach § 108b Abs. 1 Nr. 1, ordnungswidrigkeitrechtlich nach § 111a.

Das Gesetz geht **grundsätzlich** von der **Vernichtung rechtswidriger Vervielfältigungs- 2 stücke** bzw. der zur rechtswidrigen Herstellung benutzten Vorrichtungen aus. Deshalb gilt es auch grundsätzlich für Service-Provider, beschränkt auf den rechtswidrigen Inhalt (*Waldenberger* ZUM 1997, 176/182). Die Bestimmungen des § 98 haben hohen Stellenwert und mit ihrer Sanktionswirkung generalpräventiven Charakter (*Schack*[4] Rdnr. 707; *Dreier* in: *Dreier/Schulze*[3] Rdnr. 4). Der Rechtsinhaber kann vom Eigentümer oder Besitzer verlangen, dass alle rechtswidrig hergestellten, verbreiteten oder zur rechtswidrigen Verbreitung bestimmten Vervielfältigungsstücke vernichtet werden (aA *Wandtke/Bullinger/Bohn*[3] Rdnr. 1, die die präventive Wirkung nur als Reflex des primären Ziels der Schaffung rechtmäßiger Zustände verstehen und nicht berücksichtigen, dass das ProduktpiraterieG auch dieser Bestimmung eine erweiterte Schutzzweckbedeutung gegeben hat). Zum Anspruch auf Vernichtung oder Überlassung von Vorrichtungen (§ 99 aF, § 98 Abs. 1 und 3 nF) ist der präventive Charakter auch von *Wandtke/Bullinger/Bohne*[3] Rdnr. 1 anerkannt: § 98 soll weitere Verstöße gegen die Schutzrechte des Verletzten verhindern helfen. § 98 Abs. 1 bis 4 nF gilt für alle kleinen wie große Verletzungshandlungen (BGH GRUR 1995, 338/341 – Kleiderbügel). Soweit vom Gesetzgeber Abweichungen zugelassen wurden, sind die Voraussetzungen dafür vom Verletzer darzutun und zu beweisen (*Retzer*, Fs. Piper, 1996, S. 421, 422). Aber schon nach der Änderung durch das ProduktpiraterieG (§ 98 Abs. 3 aF), jetzt neu gefasst in § 98 Abs. 4, ist bereits im Erkenntnisverfahren im Einzelfall die **schonendste Maßnahme** anzuordnen, die zur Beseitigung der Rechtsverletzung führt. Der Verletzte hat die **Wahl, die Vervielfältigungsstücke und Vorrichtungen anstelle der Vernichtung ganz oder teilweise gegen eine angemessene Vergütung zu übernehmen** (§ 98 Abs. 3 nF). Bei Vorliegen der Voraussetzungen wird dem Verletzten Schadensersatz nach § 97 unabhängig vom Verbleib der Möglichkeit der Nutzung der Stücke durch den Verletzer gewährt. Der Vernichtungs- und der Schadensersatzanspruch sind selbstständige, voneinander unabhängige Rechte (BGH GRUR 1993, 899/900 – Dia-Duplikate; anders OLG Düsseldorf GRUR 1997, 49/51 – Beuys-Fotografien).

Die Ansprüche haben heute insbesondere Bedeutung bei Raubkopien, Raubpressungen, 3 Raubfilmen, sofern sie nicht im strafrechtlichen Adhäsionsverfahren nach § 110 geltend gemacht werden, und vor allem bei Computerprogrammen, die durch das 2. UrhGÄndG v. 9. 6. 1993 (BGBl. I S. 910) über §§ 69a ff. speziell geschützt worden sind. Vernichtung/Rückruf/Überlassung sind nach der Umsetzung der Enforcement-Richtlinie durch das Gesetz zur Verbesserung der Durchsetzung von Rechten geistigen Eigentums entsprechend § 98 UrhG vorgesehen: im PatentG 140a, im GebrMG § 24a, im MarkenG §§ 18, 128, 135, im HalbleiterSchG § 9, im GeschmMG § 43, im SortenSchG § 37a.

Die **Ansprüche** bestehen **unabhängig von Verschulden.** Das ist im Gegensatz zu §§ 42 **4** Abs. 3 LUG, 37 Abs. 3 KUG nicht mehr ausdrücklich gesagt, aber unstreitig (AmtlBegr. BTDrucks. IV/270 S. 104). Zum Ausgleich von Härtefällen, die infolge der strengen Haftung ohne Verschulden, insbesondere des Unternehmers nach § 99 nF (vormals § 100), eintreten

§ 98 Anspruch auf Vernichtung, Rückruf und Überlassung

können, hat der **schuldlose Verletzer eine Ablösungsbefugnis** gegen Entschädigung erhalten (jetzt § 100, vormals § 101 Abs. 1). **Die Ansprüche aus § 98 verjähren** wie die anderen Ansprüche aus dem UrhG seit der am 1. 1. 2002 in Kraft getretenen Schuldrechtsreform nach den Regeln des Abschnitts 5 des Buches 1 des BGB, §§ 194 ff. BGB, mit entsprechender Anwendung des § 852 nF BGB bei Bereicherung (§ 102).

5 2. Die Vernichtung und die sonstigen Beseitigungsmaßnahmen sind nach **hM keine Strafe**, auch wenn im Zusammenhang mit dem ProduktpiraterieG und der EU-Enforcement-Richtlinie zur Durchsetzung der Rechte des geistigen Eigentums gelegentlich von Sanktionen gesprochen wird. Die Vernichtung von Verletzungsgegenständen war ursprünglich – mit vorausgehender Einziehung als Sicherungsmaßnahme – strafrechtlich (polizeirechtlich) ausgestaltet. Heute wird der Anspruch übereinstimmend zivilrechtlich verstanden. Die Regelung ist für das Urheberrecht abschließend getroffen (BGH GRUR 1960, 443/446 – Orientteppich) und gilt auch für das strafrechtliche Adhäsionsverfahren (§ 110 UrhG, §§ 403 ff. StPO). Nach § 110 S. 3 ist die Anwendung der Vorschriften über die Einziehung (§ 74a StPO) auf die im § 98 genannten Gegenstände ausdrücklich ausgenommen. Der Verletzer, erst recht der Störer, kann die Vernichtung auf seine Kosten durchaus als Strafe empfinden.

6 Seinem Wesen nach wird der **Vernichtungsanspruch** im Schrifttum zT als **ein besonderer Störungsbeseitigungsanspruch** verstanden (*Möhring/Nicolini/Lütje* Rdnr. 4; *Dreier* in: *Dreier/Schulze*[3] Rdnr. 1; *Fromm/Nordemann*[10] Rdnr. 1 und 40; *Dreyer/Kotthoff/Meckel*[2] Rdnr. 1; *v. Gamm* Rdnr. 2 unter Hinweis auf die Rspr. zum wettbewerbsrechtlichen Vernichtungsanspruch: BGH GRUR 1956, 284 – Rheinmetall-Borsig II; BGH GRUR 1958, 402 – Lili Marleen; BGH GRUR 1966, 97/100 – Zündaufsatz; zu § 98: BGH GRUR 1993, 899/900 – Dia-Duplikate; zum Vernichtungsanspruch aus dem allgemeinen Persönlichkeitsrecht: BGHZ 27, 284/290 – Heimliche Tonbandaufnahme; zum früheren Recht: *Riezler*, Deutsches Urheber- und Erfinderrecht, 1909, S. 196, der die Lehre zum Vernichtungsanspruch als Beseitigungsanspruch begründet hat; *Möhring/Nicolini/Lütje* § 98 Rdnr. 4). *Ulmer*[3] § 130 II hingegen sieht eine Verwandtschaft mit den in Straf- und Steuergesetzen vorgesehenen Maßnahmen der Einziehung und Unbrauchbarmachung. Für den Charakter des Anspruchs als Störungsbeseitigung spricht, dass der Anspruch unabhängig vom Verschulden besteht. Andererseits ist die Interessenabwägung, auf die *v. Gamm* Rdnr. 7 seine Begründung des Vernichtungsanspruchs als Beseitigungsanspruch stützt, kein Erfordernis, das nur für den Beseitigungsanspruch typisch wäre. Das Erfordernis der Interessenabwägung gehört zum Grundsatz der Verhältnismäßigkeit, der Verfassungsrang genießt und allgemein gilt. Wird die Möglichkeit der Durchsetzung des Vernichtungsanspruchs entgegen der Auffassung von *v. Gamm* Rdnr. 7 auch auf die Zeit nach Ablauf der Schutzfrist erstreckt (*Ulmer*[3] § 130 II; *Möhring/Nicolini/Lütje* Rdnr. 14; *Dreier* in: *Dreier/Schulze*[3] Rdnr. 7; RGSt. 27, 21; BGH GRUR 1960, 443/446 – Orientteppich), liegt der Grund der Vernichtung im Makel der zu vernichtenden Stücke. *Ulmer* weist darauf hin, dass die abweichende Auffassung *v. Gamms* zu dem Ergebnis führt, dass bei längerer Dauer des Verfahrens die rechtswidrig hergestellten Exemplare nach Ablauf der Schutzfrist freigegeben werden müssten. Die Makeltheorie schließt den Präventionszweck der Bestimmungen nicht aus (siehe Rdnr. 2).

II. Gegenstand und Maßnahmen der Vernichtung

7 1. a) **Gegenstand der Vernichtung** sind in erster Linie **alle rechtswidrig hergestellten, rechtswidrig verbreiteten oder zur rechtswidrigen Verbreitung bestimmten Vervielfältigungsstücke, die im Eigentum oder im (unmittelbaren oder mittelbaren) Besitz des Verletzers stehen** (§ 98 Abs. 1) und sich im Inland befinden (OLG Düsseldorf GRUR 1993, 903/907 – Bauhausleuchte). Das sind insbesondere Schriften, Bücher, Noten, Bild- und Tonträger, Kopien von Werken der bildenden Kunst, von Lichtbildwerken, Filmwerken, auch auf Vervielfältigungsstücke unfreier Bearbeitungen (BGH GRUR 1999, 984/988 – Laras Tochter). Bei den Vorrichtungen (Abs. 1 S. 2) werden nur diejenigen erfasst, die im Eigentum des Verletzers stehen.

Art. 10 der Richtlinie 2004/48/EG vom 29. 4. 2004 zur Durchsetzung der Rechte des geistigen Eigentums (berichtigt in: ABl. Nr. L 195 S. 16) erfasst alle rechtsverletzenden Waren und Vorrichtungen unabhängig von Eigentum oder Besitz. Der deutsche Gesetzgeber hat an den Voraussetzungen Eigentum oder Besitz bei Waren und Eigentum bei Vorrichtungen festgehalten mit der Begründung, dem Vernichtungsanspruch sei die Voraussetzung des Eigentums oder des Besitzes des Anspruchsgegners „immanent", da diesem anderenfalls eine Vernichtung rechtlich

Anspruch auf Vernichtung, Rückruf und Überlassung   § 98

nicht möglich sei (BTDrucks. 16/5048 S. 31). *Fromm/Nordemann*[10] rügen diese Umsetzung als nicht richtlinienkonform und fordern eine richtlinienkonforme Auslegung, wonach die Tatbestandsvoraussetzung von Eigentum und Besitz entfallen oder jedenfalls eng zugunsten des Verletzten ausgelegt werden müsse (Rdnr. 10 f. mwN; aA *Wandtke/Bullinger/Bohne*[3] Rdnr. 26).

Der Gesetzgeber hat von einer Regelung, nach welcher der Vernichtungsanspruch nicht nur **8** gegen den Verletzer, sondern gegen jeden **Beteiligten in der Vertriebskette** besteht, bewusst abgesehen. Nach der AmtlBegr. entspricht das der Systematik der Richtlinie. Diese regele ausdrücklich, in welchem Fall die Inanspruchnahme von Dritten ermöglicht werden solle (wie in Artikel 8 – Recht auf Auskunft). Artikel 10 enthalte keine solche Regelung. Etwas anderes folge auch nicht aus Artikel 10 Abs. 3, wonach die Interessen Dritter zu berücksichtigen seien. Den Beteiligten in einer Vertriebskette würden im Übrigen Verletzungshandlungen nachzuweisen sein, so dass durch die Beschränkung des Anspruchs auf den Verletzer angemessene Ergebnisse erzielt werden könnten (AmtlBegr. BTDrucks. 16/5048 S. 31/32). Artikel 10 Abs. 1 der Enforcement-Richtlinie bezieht Dritte zwar nicht ausdrücklich ein, fordert die Maßnahmen aber „in Bezug auf Waren, die nach ihren Feststellungen ein Recht des geistigen Eigentums verletzen" und „in Bezug auf Materialien und Geräte, die vorwiegend zur Schaffung oder Herstellung dieser Waren gedient haben", also nicht in Bezug auf den Verletzer, sondern in Bezug auf die Gegenstände. Diese Makeltheorie ist in Einklang zum Verfassungsrecht zu bringen. Die Vernichtung von Gegenständen, an denen der Schuldner nur Besitz, kein Eigentum hat, verletzt die Eigentumsrechte des Dritten und ist nur gerechtfertigt, wenn der Dritte selbst auf eine Urheberrechtsverletzung in Anspruch genommen werden kann. Das ist zB nicht der Fall, wenn der gegenstand einem Endnutzer zu Eigentum gehört, da der Erwerb eines schutzrechtsverletzenden Gegenstandes nach deutschem Recht keine Urheberrechtsverletzung darstellt. Der Eigentümer muss sich dann mit der Drittwiderspruchsklage nach § 771 ZPO wehren.

Auf Verschulden des Verletzers kommt es nicht an. Diese Frage wird nur bei der Ab- **9** wendungs- (Ablösungs-) Befugnis des § 100 nF (§ 101 aF) relevant. Was „rechtswidrig" ist, bestimmt sich nach deutschem Recht unter Berücksichtigung des Rechts der EU (siehe dazu § 96 Rdnr. 7 u. 9). Zugrunde liegen mithin Verletzungshandlungen nach §§ 16 und 17 (s. dort), und zwar alternativ, weil auch rechtmäßig hergestellte, aber rechtswidrig verbreitete oder zur rechtswidrigen Verbreitung bestimmte Exemplare erfasst werden. **Rechtswidrig hergestellt sind Vervielfältigungsstücke, die weder durch die Zustimmung des Rechtsinhabers noch durch eine Schrankenbestimmung gedeckt sind.** Die Einbeziehung zur rechtswidrigen Verbreitung bestimmter Exemplare ergänzt den vorbeugenden Unterlassungsanspruch. Die **Zweckbestimmung ist subjektiv** und lässt sich häufig nur aus Indizien folgern. Sie können den Beweis des ersten Anscheins begründen, der von der Gegenseite zu entkräften ist (*Dreier* in: *Dreier/Schulze*[3] Rdnr. 7). Beispiele rechtmäßiger Herstellung und rechtswidriger Verbreitung: Verkauf von Lagerexemplaren nach Erlöschen des Verlagsrechts zB wegen Fristablaufs, wirksamen Rücktritts des Urhebers vom Verlagsvertrag oder Rückrufs; grenzüberschreitender Verkauf bei territorial geteiltem Verlagsrecht (allerdings nicht im EU-Bereich mit Ausnahme zwangslizenzierter Werke (EuGH GRUR Int. 1985, 822 – Pharmon); erlaubtes Herstellen von Exemplaren mit Zweckbestimmung (§§ 44 a ff.), aber anderer oder erweiterter Verwendung. Wer die spätere rechtswidrige Verbreitung bei der Herstellung einplant, hat bereits rechtswidrig hergestellt. In Italien rechtmäßig hergestellte, in Deutschland jedoch rechtswidrig verbreitete Produkte, werden von den Ansprüchen des § 98 erfasst (*Fromm/Nordemann*[10] Rdnr. 5 unter Hinweis auf BGH GRUR 2007, 871/873 – Wagenfeld-Leuchte und BGH GRUR 2007, 50/51 – Le Corbusier-Möbel: Vorlage an den EuGH zur Reichweite des Verbreitungsrechts bei öffentlicher Ausstellung im Inland). **Der Begriff der „Verbreitung" ist in Frage gestellt,** seit der EUGH auf Vorlage des BGH entschied, dass unter Verbreitung iSd. Art. 4 I Richtlinie 2001/29/EG des Europäischen Parlaments und des Rates vom 22. 5. 2001 zur Harmonisierung bestimmter Aspekte des Urheberrechts und der verwandten Schutzrechte in der Informationsgesellschaft (ABl. EG Nr. L 167 v. 22. 6. 2001, S. 10 – Info-RL) nur Handlungen fielen, „die mit einer Übertragung des Eigentums an diesem Gegenstand verbunden sind" (GRUR 2008, 604), und der BGH im Anschluss an diese Entscheidung das bloße Aufstellen von Le-Corbusier-Möbeln in Verkaufsräumen und Schaufenstern eines Bekleidungsgeschäfts zur Dekoration nicht als Verletzung des Verbreitungsrechts nach § 15 Abs. 1 Nr. 2, 17 UrhG wertete (GRUR 2009, 840 – Le Corbusier-Möbel II). Nach BGH begründet die Vorschrift des Art. 4 Abs. 1 der Info-RL nicht nur einen Mindestschutz sondern stellt eine verbindliche Regelung des Verbreitungsrechts auch im Sinne eines Maximalschutzes dar. Überzeugender Widerspruch kommt von *Schulze* in: Dreier/Schulze[3] Rdnr. 4a; *Heerma* in: Wandtke/Bulleringer[3] Rdnr. 11; *v. Welser,* GRUR Int. 2008,

596/597; *Goldmann/Möller,* GRUR 2009, 551; *Schulze,* GRUR 2009, 812, die die Entscheidung des EUGH auf eine unklare Vorlagefrage des BGH zurückführen und den Begriff der „Verbreitung" in §§ 15 Abs. 1 Nr. 2, 17 im bisherigen weiten Sinn einschließlich Vermieten, Verleihen, Überlassung des Gebrauchs verteidigen.

10   **Nicht betroffen von der Vernichtung (oder Überlassung) sind rechtsverletzende Originale.** Darunter sind nur Bearbeitungen im Sinne des § 3 zu verstehen, alles andere, was dichter am verletzten Werk steht, ist lediglich Vervielfältigung des verletzten Werks (*v. Gamm* Rdnr. 4 mit dem anschaulichen Beispiel: Verfilmung als Bearbeitung und Filmen als Vervielfältigung). Vervielfältigungen des rechtsverletzenden Bearbeitungsoriginals sind von der Vernichtung (sonstigen Beseitigung, Übernahme) nicht ausgenommen; aber Originalbildnisse und Vervielfältigungen, wenn sie nur unrechtmäßig öffentlich zur Schau gestellt wurden, s. Rdnr. 1. Ob eine Vervielfältigung vorliegt oder diese sich noch in Vorbereitung befindet, hängt von den Umständen des Einzelfalles ab. Der frühere ausdrückliche Hinweis auf die Vollendung (§§ 42 Abs. 3 LUG, 37 Abs. 3 KUG) ist als überflüssig entfallen. Übernahme von Stil und Motiv mit gefälschter Signatur ist Verletzung des allg. Persönlichkeitsrechts: Entfernung der Signatur, abgelehnt: Kennzeichnung als Fälschung (BGH GRUR 1995, 668 – Emil Nolde).

11   **b) Gegenstand von Beseitigungsmaßnahmen** sind **außerdem die im Eigentum des Verletzers stehenden Vorrichtungen, die vorwiegend zur rechtswidrigen Herstellung der Vervielfältigungsstücke gedient haben** (§ 98 Abs. 1 S. 2). Besitz reicht in diesem Fall nicht. Die Bundesregierung hat den Vorschlag des Bundesrats, auch den Besitz einzubeziehen, aus verfassungsrechtlichen Bedenken nicht akzeptiert, da dadurch das grundgesetzlich geschützte (Art. 14 GG) Eigentumsrecht Unbeteiligter verletzt werden könnte (zB das des gutgläubigen Lieferanten, der Materialien oder Geräte unter Eigentumsvorbehalt geliefert hat – so die Amtl. Begr. BTDrucks. 16/1648, S. 62). Damit wird „Strohmann"-Eigentum in Kauf genommen. Nur bei Mittäterschaft ist ein Zugriff möglich. Besitz begründet eine Eigentumsvermutung nach § 1006 BGB. Zu den Gegenständen von Beseitigungsmaßnahmen gehören Formen, Platten, Steine, Druckstöcke, Matrizen, Negativ- wie Positivvorlagen, Pausen von Zeichnungen, Klischees, Matern, Audiobänder (Masterbänder), CD-Brenner, Computer, Festplatten, Disketten, Server (*Dreier* in: *Dreier/Schulze*[3] Rdnr. 10), alles, was zur Vervielfältigung geeignet ist, sofern die Vorrichtung vorwiegend zur rechtswidrigen Vervielfältigung gedient hat (*Fromm/Nordemann*[10] Rdnr. 17). **Nicht dazu gehörten früher,** weil nicht zur ausschließlichen rechtswidrigen Herstellung bestimmt, **alle Mittel, die auch anderweitig eingesetzt werden konnten** wie Setzmaschinen, Kopiergeräte, Computer. Das ist durch die Fassung des § 99 im ProduktpiraterieG vom 7. 3. 1990 (BGBl. I S. 422) **geändert** worden. Erfasst wurden danach auch Vorrichtungen, die **nahezu ausschließlich** zur rechtswidrigen Herstellung von Vervielfältigungsstücken **bestimmt** waren, außerdem Vorrichtungen, die **ausschließlich oder fast ausschließlich zur rechtswidrigen Herstellung benutzt worden sind**. Das Gesetz zur Verbesserung der Durchsetzung von Rechten des geistigen Eigentums (BGBl. I 2008, S. 1191) lässt in Umsetzung der Enforcement-Richtlinie für die Vernichtung und Überlassung schon genügen, dass die Vorrichtung dem Eigentümer **vorwiegend zur Herstellung rechtswidriger Vervielfältigungsstücke gedient hat**. Nach dem Sprachverständnis ist das eine Nutzung von mehr als **50 Prozent** (so auch *Fromm/Nordemann*[10] Rdnr. 20).

Entfallen ist als Voraussetzung der Vernichtung zu Recht die Bestimmung der Vorrichtung zur rechtswidrigen Herstellung, also eine vorbeugende Vernichtung ohne vorhergehende Rechtsverletzung.

12   **Ob die Vorrichtungen vorwiegend der rechtswidrigen Herstellung gedient haben, ist Tatfrage.** „Dienen" meint tatsächliche Verwendung, nicht lediglich Bestimmung, wie vormals alternativ in § 99 aF. Indizien können den Beweis erleichtern. So ist zB das öffentliche Zugänglichmachen (Upload) von Werken in Internettauschbörsen ein Indiz für die Benutzung zur illegalen Vervielfältigung, weil der rechtswidrige Download aus den offensichtlich rechtswidrigen Internettauschbörsen der Regelfall ist; oder: das Angebot an Dritte, Vervielfältigungsstücke eines bestimmten Werkes zu liefern, ist Indiz für die Benutzung der existierenden Vorlage, wenn der Anbieter kein rechtmäßiger Händler rechtmäßiger Ware ist (*Fromm/Nordemann*[10] Rdnr. 19). Jedenfalls werden mit der Gesetzesfassung **auch handelsübliche Geräte erfasst,** denen man eine Bestimmung zur Verletzertätigkeit nicht ansieht. Die Entscheidung des BGH ZUM 1988, 532 – Videorecorder – ist damit überholt.

§ 69f Abs. 2 gibt – auch gegen den Besitzer – einen zusätzlichen Vernichtungs-/Überlassungsanspruch für Mittel, die **allein** dazu bestimmt sind, die unerlaubte Beseitigung oder

Umgehung technischer Programmschutzmechanismen zu erleichtern. **Erfasst werden dadurch Kopierschutz-Umgehungsprogramme**. Ihr Zweck ist es, Urheberrechtsverletzungen zu ermöglichen. Computer, Festplatten, Disketten fallen nicht unter § 69f, weil sie in der Regel nicht allein dazu bestimmt sind, die unerlaubte Beseitigung oder Umgehung von Programmschutzmechanismen zu erleichtern, nach § 98 Abs. 1 S. 2 aber dann, wenn sie bereits vorwiegend rechtswidrigen Zwecken gedient haben. Technische Maßnahmen zum Schutz von Urheber- und verwandter Rechte sind mit Inkrafttreten des § 95a unter den dort genannten Voraussetzungen anerkannt. Insoweit laufen die §§ 69f Abs. 2, 98 Abs. 1 nicht mehr leer. Der Vertrieb von Dongles (Kopierschutzstecker) verstößt auch gegen § 1 UWG aF (BGH GRUR 1996, 78 – Umgehungsprogramm), jetzt § 3 UWG. *Arlt* (MMR 2005, 148ff.): Ansprüche des Rechteinhabers bei Umgehung seiner technischen Schutzmaßnahmen; *Spieker* zum gleichen Thema in: GRUR 2004, 475. Das LG München I lässt verbotene Antikopierschutz-Software nicht zu und untersagt sogar Links auf den ausländischen Internetauftritt eines Unternehmens in Presseberichterstattung (MMR 2005, 385 mit besorgter Anmerkung *Hoeren*, dagegen *Scheja* in ihrer Anmerkung zum Urteil CR 2005, 826).

Nicht hierher gehören **Vorrichtungen zur unerlaubten Aufführung**; *Möhring/Nicolini/Lütje* § 99 Rdnr. 2: zB Bühnenbilder für unerlaubte Aufführung.

Die tatsächliche widerrechtliche Nutzung löst den Anspruch aus, unabhängig davon, ob die vorwiegende Zweckbestimmung bereits im Zeitpunkt der Herstellung der fraglichen Vorrichtung erfüllt war (problematisch bei Service-Providern, ggf. Entschädigung; *Waldenberger* ZUM 1997, 176/182ff.). Im Sinne des § 16 sind die unter § 98 Abs. 1 S. 2 fallenden Vorrichtungen/Vorlagen bereits ihrerseits rechtswidrige Vervielfältigungen (§ 16 Rdnr. 5). Insoweit ist der Begriff Vervielfältigungsstücke in § 98 Abs. 1 S. 2 enger als in § 16. *Ulmer*[3] § 130 I 2; *Möhring/Nicolini/Lütje* § 98 Rdnr. 12: Vervielfältigungsstücke iSd. § 98 sind keine Mittel, die nur der Herstellung gebrauchsfertiger Exemplare dienen.

2. Der Vernichtungsanspruch geht auf Unbrauchbarmachen (*Dreier* in: *Dreier/Schulze*[3] Rdnr. 14: „zum Werkgenuss nicht mehr tauglich"). Das ist zumeist **Veränderung der Substanz** (Einstampfen, Zerreißen, Verbrennen, Zertrümmern, Verschrotten, im digitalen Bereich totale Löschung, im Extremfall Zerstörung der Festplatte). **Grundsätzlich** soll **die mildeste Mittel** der Beseitigung verwandt werden (§ 98 Abs. 4). Also zB: Schwärzen von Zeilen, Entfernen einzelner Seiten, Beseitigung von Entstellungen eines Bildes durch Verbesserung der Kopie (BGHZ 107, 384/393 – Emil Nolde: Der Anspruch auf Beseitigung der Künstlersignatur bei Bildfälschungen schließt einen darüber hinausgehenden Anspruch auf Kennzeichnung als Fälschung aus). Das Gesetz nannte vormals als **mildere Maßnahme** „insbesondere" die **Kennzeichnung, dass Änderungen nicht vom Berechtigten herrühren**. Diese Bestimmung ist kritisiert worden als idR gerade nicht geeignet, den Interessen des Verletzten Genüge zu tun und den Anspruch des Urhebers bzw. Schutzrechtsinhabers an unveränderter Darbietung seines Werkes oder seiner Leistung zu sichern (*Möhring/Nicolini/Lütje* § 98 Rdnr. 34). Der Anspruch des Urhebers oder Schutzrechtsinhabers auf unveränderte Darbietung wäre dadurch zu einem bloßen Kennzeichnungsanspruch entwertet, der Verletzer könnte sogar – um das Beispiel ad absurdum zu führen – von sich aus die per Vornahme der unzulässigen Änderungen als „nicht vom Berechtigten herrührend" kennzeichnen, um sich gegen den Anspruch aus § 98 abzusichern. *Schack*[4] Rdnr. 707 hält eine dauerhafte Kennzeichnung als Fälschung für ausreichend, somit gegen OLG Hamburg ZUM 1998, 938/942 – Echte Fälschungen.

III. Rückruf oder Entfernen aus den Vertriebswegen

1. Der Gesetzgeber hat Artikel 10 der Enforcement-Richtlinie dahingehend verstanden, **dass die Mitgliedsländer alle drei im Artikel genannten Maßnahmen – Rückruf aus den Vertriebswegen, das endgültige Entfernen aus den Vertriebswegen und die Vernichtung – vorsehen müssen.** Anders als der Anspruch auf Vernichtung waren die Ansprüche auf Rückruf und auf Entfernen aus den Vertriebswegen im deutschen Recht bislang nicht ausdrücklich geregelt. Die Ansprüche wurden über den Beseitigungsanspruch des § 1004 BGB und über Schadensersatzansprüche per Naturalrestitution geltend gemacht. Der Gesetzgeber hielt eine Analogie zu § 1004 BGB für **keine europarechtlich zulässige Umsetzung**, da es hierzu keine gefestigte Rechtsprechung gebe. Dementsprechend wurden diese Ansprüche zusätzlich in § 98 Abs. 2 nF aufgenommen (AmtlBegr. BTDrucks. 16/5048 S. 32).

§ 98   Anspruch auf Vernichtung, Rückruf und Überlassung

16   2. Bislang wurden **Rückrufanprüche davon abhängig gemacht, dass der Verletzer über die rückzurufenden Gegenstände noch verfügen kann**. Der Verletzer kann seine Abnehmer nicht zur Rückgabe zwingen, wenn diese bereits Eigentum erworben haben und die Rückgabe verweigern. Gleichwohl hat der Anspruch auf Rückruf, auch wenn keine Verfügungsbefugnis mehr besteht, für den Verletzten rechtswahrenden Charakter. Der Dritte – er ist seinerseits Störer – erfährt durch den Rückruf, dass die Vervielfältigungsstücke rechtswidrig hergestellt oder rechtswidrig verbreitet worden sind. Durch den Rückruf wird er bösgläubig, damit selbst Verletzer und entgeht den Folgen nur, wenn er den Rückruf erfüllt. In Verbindung mit dem Auskunftsanspruch des § 101 nF wird der Anspruch auf Rückruf zur scharfen Waffe. Nach dem Rückruf ist der Anspruch auf Vernichtung zu realisieren. Prozessual lassen sich die Ansprüche in einer Stufenklage verbinden, wenn § 254 ZPO im Sinn der Prozessökonomie zum gesetzlich normierten Rückruf analog angewandt wird.

16a   Im Fall des Rückrufs geht der Anspruch auf ein Handeln, im Falle des Entfernen aus den Vertriebswegen auf einen Erfolg. Beide Ansprüche sind auf die Vertriebswege bezogen und ergänzen sich. Der Anspruch auf Entfernen kann auch durch Vernichten erfüllt werden. **Der Letztverbraucher/Endnutzer, gleichgültig ob privat oder gewerblich, wird von der Vorschrift nicht erfasst** (aA *Fromm/Nordemann*[10] Rdnr. 25). Der Endnutzer ist nicht Verletzer. Der Erwerb eines schutzrechtsverletzenden Gegenstands, sein Besitz oder Eigentum fallen nicht unter die urheberrechtlichen Verwertungsverbote. Der Schutzrechtsinhaber ist frei, jeden einzelnen Abnehmer innerhalb der Vertriebskette unmittelbar wegen Rechtsverletzung, sei es als Täter/Gehilfe oder Störer, in Anspruch zu nehmen. Er wird die für ihn erfolgversprechendsten Maßnahmen treffen. Wie der Verletzer seinen Pflichten zum Rückruf/Entfernen aus den Vertriebswegen nachkommt, ist seine Sache. *Skauradszun/Majer* verlangen vom Erstverletzer den Rückerwerb der Ware, auch zum höheren Preis als dem ursprünglichen Kaufpreis, begrenzt durch den Grundsatz der Verhältnismäßigkeit, nach § 98 Abs. 4 restriktiv angewandt. Dafür geben ihm die Autoren einen Anspruch auf Abtretung des Vernichtungsanspruchs aus § 98 Abs. 1, § 255 BGB analog (MMR 2009, 199/202).

IV. Anspruch auf Überlassung

17   1. **Statt der Ansprüche nach § 98 Abs. 1 kann der Verletzte nach § 98 Abs. 3 nF Überlassung der Vervielfältigungsstücke gegen Entgelt** verlangen. Es besteht ein Wahlrecht des Verletzten, das bis zur Erfüllung ausgeübt werden kann. Der Anspruch setzt Eigentum des Verletzers voraus. Er kann auch im strafrechtlichen Adhäsionsverfahren (§§ 403 ff. StPO geltend gemacht werden (§ 110). Wie die Vernichtung ist die Überlassung eine Art der Beseitigung. Sie wird als wirtschaftlich vernünftig angesehen, weil sie jedenfalls die Herstellungskosten ausgleicht (*Möhring/Nicolini/Lütje* Rdnr. 30). Die Anwendung des § 98 Abs. 3 erfordert eine **Interessenabwägung.** Warum der Gesetzgeber entgegen der früheren Fassung (§ 99 iVm. § 98 Abs. 2) Vorrichtungen nicht in § 98 Abs. 3 nF einbezogen hat, bleibt offen. In der AmtlBegr. BTDrucks. 16/5048 S. 49 gibt es keine Erklärung dazu. Es scheint ein Redaktionsversehen vorzuliegen. Die Überlassung gegen Entgelt stellt gegenüber der Vernichtung das mildere Mittel dar. Unter dem Gesichtspunkt des Grundsatzes der Verhältnismäßigkeit ist deshalb auch bei den Vorrichtungen das Recht auf Übernahme anzuerkennen (in diesem Sinn *Dreier* in: *Dreier/Schulze*[3] Rdnr. 18). Wie der Vernichtungsanspruch des § 98 Abs. 1 kann der Überlassungsanspruch durch die Abwendungsbefugnis des schuldlosen Verletzers ausgeschlossen sein (§ 100 nF, § 101 Abs. 1 aF).

18   2. Die **Überlassung** meint **Übertragung von Besitz und Eigentum** an den Vervielfältigungsstücken und Vorrichtungen. Der Übernehmer hat bei den übernommenen Gegenständen die **Rechte Dritter zu beachten,** zB Miturheberrechte, auch eigene Rechte des Verletzers (AmtlBegr. BTDrucks. IV/270 S. 104 rSp.), wenn die Vervielfältigungen gleichzeitig Bearbeitungen des Verletzers enthalten, die ihm ein Bearbeiterurheberrecht geben (§ 3). Fremde Rechte stehen einer Verwertung durch den Übernehmer entgegen. Anders der Besitzer bei § 69f Abs. 1; auch wenn Abs. 2 auf § 98 verweist, gilt der spezielle, erweiterte Anwendungsbereich des § 69f Abs. 1. **Der Verletzte hat bei der Geltendmachung des Überlassungsanspruchs auch seine eigenen Bindungen zu berücksichtigen**, die er hinsichtlich seiner Urheberrechte mit Dritten eingegangen ist. Der Urheber kann nicht ohne Zustimmung seines Verlegers Plagiate übernehmen und selbst verwerten. Der Verleger muss beim Absatz übernommener Exemplare den Urheber entsprechend beteiligen. Übernahme kommt idR nur dann in Betracht, wenn es sich um Vervielfältigungsstücke handelt, die rechtmäßig hergestellten Vervielfältigungsstücken qualitativ gleichkommen, also Nachdrucke, Kopien, bespielte Tonträger, Videofilme, Computerspiele. Die Übernahme dürfte selten sein. **Die angemessene Vergütung wird zweckmäßigerweise in das Ermessen des Gerichts gestellt** (§ 287 ZPO). Was angemessen ist, richtet sich nach objektiven Gesichtspunkten. Kosten, die das Erforderliche überschreiten, sind nicht zu berücksichtigen, ebenso wenig Gemeinkosten. Geringere Herstellungskosten kommen dem Verletzten zugute – *Möhring/Nicolini/Lütje* § 98 Rdnr. 30. **Höchstgrenze** sind nach dem Wortlaut des Gesetzes wie bisher **die tatsächlichen Herstellungskosten (§ 98 Abs. 3)**.

V. Verhältnismäßigkeit

Schon bisher galt im Rahmen des § 98 das Gebot, die **Verhältnismäßigkeit zwischen Rechtsverletzung** einerseits **und Beseitigungsmaßnahmen** andererseits zu wahren (§ 98 Abs. 3 aF). In Art 10 Abs. 3 der Enforcement-Richtlinie heißt es dazu, bei der Prüfung eines Antrags auf Abhilfemaßnahmen seien „die Notwendigkeit eines angemessenen Verhältnisses zwischen der Schwere der Verletzung und den angeordneten Abhilfemaßnahmen sowie die Interessen Dritter zu berücksichtigen". In deutsches Recht umgesetzt lautet die Vorschrift, **„die Ansprüche nach den Absätzen 1 bis 3 sind ausgeschlossen, wenn die Maßnahme im Einzelfall auch unter Berücksichtigung der berechtigten Interessen Dritter unverhältnismäßig ist"** (§ 98 Abs. 4 nF). Das geht weiter als die bisherige Fassung des § 98 Abs. 3, die eine Beseitigung auf andere Weise vorsah und den Anspruch des Verletzten auf die hierfür erforderlichen Maßnahmen beschränkte. **Richtig verstanden, ist der totale Ausschluss in der Neufassung erst dann gerechtfertigt, wenn keine andere, mildere Maßnahme möglich ist.** Wie die Interessen Dritter die Maßnahme wesentlich bestimmen können, wird anschaulich bei Rechtsverletzungen durch Presseerzeugnisse: Befindet sich in einer Zeitung oder einer Zeitschrift ein rechtsverletzender Beitrag, kommt es auf die Schwere der Verletzung an. In Abwägung der Rechte des Einzelnen einerseits und der Pressefreiheit andererseits werden in der Regel die ausgedruckten Exemplare von der Verbotsverfügung ausgenommen. Etwas anderes gilt ausnahmsweise, wenn eine so schwere Verletzung vorliegt, dass eine Verbreitung unerträglich wäre. Den Grundsatz der Verhältnismäßigkeit hat das OLG Frankfurt/M in einem Fall angewandt, der ein Buch betraf, in dem 13 Portraitfotos sowjetischer Persönlichkeiten ungenehmigt wiedergegeben waren. Üblicherweise werden diese Fotos gegen Entgelt zur Verfügung gestellt. Das OLG Frankfurt/M hat ein vollständiges Vertriebsverbot im Eilverfahren abgelehnt und erklärt, das Interesse des Berechtigten werde dadurch Genüge getan, dass der Verletzer an geeigneter Stelle des Buches deutlich und unübersehbar auf die Herkunft der Fotos hinweist und der Nutzungsberechtigte im Übrigen Zahlungsklage erhebt (WRP 1985, 83/85). Insofern kann die **Verpflichtung zu Aufklebern** (Einlagezettel entfallen leicht) im Rahmen des § 98 im Einzelfall berechtigt sein. Das OLG Düsseldorf erkannte beim ungenehmigten Abdruck von Fotografien auf die Vernichtung eines Dokumentationshefts und die Entfernung eines Fotos aus einem Katalogheft (GRUR 1997, 49/51 – Beuys-Fotografien). Es begründete zutreffend, dass sich die Frage der Verhältnismäßigkeit einer Maßnahme gar nicht stellt, wenn der durch die Verletzung verursachte Zustand nicht anders als durch Vernichtung beseitigt werden kann. Vgl. hierzu auch die Entscheidung Laras Tochter des OLG Hamburg (ZUM 1996, 810/818, bestätigt durch BGH GRUR Int. 1999, 885/888 f.). Zur Verhältnismäßigkeit der Vernichtung nach MarkenG BGH WRP 1997, 1189/1191 und Anspruch auf Herausgabe an den Verletzten zur Verhütung der vorherigen Sequestration, BGH WRP 1992, 1192.

Ist der Verletzer vorgewarnt, dass mit einer Handlung Schutzrechte verletzt werden und nimmt er die Handlung dennoch vor, hat er keine Schonung zu erwarten.

Nach dem System des Gesetzes, das den Vernichtungsanspruch als Grundsatz aufstellt und den Beseitigungsanspruch in zweiter Linie gibt, trifft den Verletzten keine Darlegungslast, eine andere Beseitigung sei nicht möglich. Vielmehr hat der **Verletzer darzutun,** dass es **anderweitige Möglichkeiten** zur Beseitigung gibt (*Fromm/Nordemann*[10] Rdnr. 39; *Möhring/Nicolini/Lütje* Rdnr. 40; *Dreier* in: *Dreier/Schulze*[3] Rdnr. 26). **Vernichtung ist** allerdings **anzuordnen, wenn die Kosten der Beseitigung auf andere Weise in keinem Verhältnis zum Wert des Gegenstandes stehen.** *Fromm/Wilhelm Nordemann*[9] Rdnr. 4 meinen, Übermalen genüge nicht, weil die Entfernung der Deckschicht nach dem heutigen Stand der Technik ohne Schwierigkeiten möglich ist. Auch das ist relativ zu sehen. Zu berücksichtigen ist, ob eine Rückbehandlung wahrscheinlich ist. Es wird kaum jemand eine übermalte Werbewand aufwändig behandeln, um ein darunter liegendes Werbeplakat freizulegen. Im Rahmen der Vertragsfreiheit ist es den Parteien unbenommen, statt Vernichtung oder Überlassung, sich auf eine caritative Verwendung zu einigen, *Rehbinder* ZUM 1990, 462/466; *Möhring/Nicolini/Lütje* § 98 Rdnr. 38.

VI. Verhältnis zum Schadensersatzanspruch

21 **Die Ansprüche aus § 98 Abs. 1 und 2 und auf Schadensersatz stehen selbständig nebeneinander.** Gleichwohl besteht eine Wechselbeziehung. Werden die schutzrechtsverletztenden Gegenstände durch erfolgreichen Rückruf aus den Vertriebswegen entfernt, ist der wirtschaftliche Schaden beseitigt. Im Idealfall ist durch die Maßnahmen der frühere Zustand ohne Rechtsverletzung wieder hergestellt: Der Schutzrechtsinhaber ist frei, sein Produkt ohne Konkurrenz im Markt abzusetzen; der Verletzer hat mangels eigenen Absatzes keinen Gewinn gemacht. **Es ist damit Naturalrestitution entsprechend § 249 BGB eingetreten und kein Schaden vorhanden, der ausgeglichen werden müsste** (sa. *Jestadt,* GRUR 2009, 102/106). Diese Ansicht steht nicht im Widerspruch zu den Schadensberechnungsarten im Immaterialgüterrecht – Ersatz erlittenen Vermögensschadens einschließlich des entgangenen Gewinns, Zahlung einer angemessenen Lizenzgebühr, Herausgabe des Verletzergewinns. Entwickelt wurden die Berechnungsarten mit der Begründung, die Verletzung eines Rechtes sei nicht ungeschehen zu machen und insoweit eine Naturalrestitution ausgeschlossen. Gleichwohl müsse der Verletzte einen angemessenen wirtschaftlichen Ausgleich für die eingetretene Rechtsverletzung erhalten. So bestimmt es auch Art. 13 Abs. 1 S. 1 der Enforcement-Richtlinie, wobei die Betonung auf „angemessen" liegt. Ein solcher **angemessener** Ausgleich **erübrigt sich, wenn es beim Verletzten an einer wirtschaftlichen Einbuße fehlt und der Verletzer keinen Nutzen gezogen hat.** Zudem hat der Schutzrechtsinhaber die Wahl zwischen Rückruf/Entfernen aus den Vertriebswegen/Vernichtung einerseits oder Schadensersatz andererseits. Auch das ist zu berücksichtigen.

22 In der Praxis wird ein solcher Idealfall kaum vorkommen. Bis die Gegenstände aus den Vertriebswegen entfernt sind, kann schon ein Teil der Ware abgesetzt worden sein. **Dann ist über den Umfang des Teilschadens abzurechnen einschließlich der mit solchen Aktionen verbundenen Nebenkosten, die bei Verschulden auch dann vom Verletzer zu erstatten sind,** wenn alle Gegenstände aus dem Verkehr entfernt wurden. Die Einschränkung des Schadensersatzanspruchs auf Grund eines (teilweise) erfolgten Rückrufs hat der Schutzrechtsverletzer darzulegen und zu beweisen.

VII. Verhältnis zu den Abnehmern in einer Vertriebskette

23 Der verletzte Schutzrechtsinhaber kann jeden in der Vertriebskette unmittelbar in Anspruch nehmen. Der Schutzrechtsinhaber wird sie häufig erst mittels Durchsetzung seines Auskunftsanspruchs nach § 101 kennen lernen. *Jestadt* (GRUR 2009, 102/106) sieht kein Erfordernis und kein berechtigtes Interesse, parallel gegen Abnehmer vorzugehen, die den schutzrechtsverletzenden Gegenstand vertreiben, wenn der Schutzrechtsinhaber dem Erstverletzer gegenüber Ansprüche auf Rückruf und Entfernen aus den Vertriebswegen geltend macht. Zumindest soll das bis zur Weigerung des Verletzers gelten, diesen Ansprüchen nachzukommen. Durch ein paralleles Vorgehen verursachte Kosten dürften nicht erstattungsfähig sein. Diese These lässt sich nur vertreten, wenn mit der Abmahnung der Abnehmer missbräuchlich Kosten erwirtschaftet werden. **Grundsätzlich ist der Schutzrechtsinhaber berechtigt, seine Rechte gegen alle Verletzer geltend zu machen** (BGH GRUR 2009, 856 – Tripp-Trapp-Stuhl). Eine unmittelbare Abmahnung kann dazu beitragen, dass der Abnehmer den Vertrieb der schutzrechtsverletzenden Ware einstellt und sie an seinen Lieferanten zurückgibt. Es ist eine Geste des Schutzrechtsinhabers, wenn er dem Erstverletzer überlässt, die notwendige Marktbereinigung selbst vorzunehmen.

VIII. Ausnahmen: Bauwerke und ausscheidbare Teile

24 **Bauwerke und ausscheidbare Teile** des Verletzungsgegenstands sind wie bisher von den Maßnahmen des § 98 Abs. 1 bis 3 vollständig **ausgenommen (§ 98 Abs. 5, bisher § 101**

Anspruch auf Vernichtung, Rückruf und Überlassung **§ 98**

Abs. 2), somit auch von einer finanziellen Ablösung (sa. *Wandtke/Bullinger/Bohne*[3] Rdnr. 26, anders *Möhring/Nicolini/Lütje* § 101 aF Rdnr. 21 mit Einschränkung zur Zumutbarkeit). Es bleibt ein möglicher Beseitigungsanspruch nach § 97 Abs. 1, der mit dem Beseitigungsanspruch nach § 98 Abs. 1 und 2 nicht identisch ist (Dreier in: *Dreier/Schulze*[3] Rdnr. 27; *Fromm/Nordemann*[10] Rdnr. 34 halten § 98 Abs. 5 auch auf Beseitigungsansprüche für anwendbar, wenn es um die Vernichtung von Teilen von Gebäuden oder ganzen Gebäuden geht; auch im Rahmen des § 97 Abs. 1 gilt der Grundsatz der Verhältnismäßigkeit und damit der Zumutbarkeit, schließt aber im Extremfall Vernichtung nicht aus).

1. Bauwerke sind Werke der Baukunst iSv. § 2 Abs. 1 Nr. 4 (siehe dort). Gebäude, die keine Werke der Baukunst sind, genießen keinen Urheberrechtsschutz und sind somit auch nicht geeignet, urheberrechtliche Ansprüche auszulösen. **Nur Bauwerke (Gebäude) als solche sind privilegiert, also die Bausubstanz.** Der Architekt, nach dessen Vorlagen ein Gebäude ohne seine Zustimmung errichtet worden ist, kann weder dessen Abriss noch Überlassung verlangen. Hier greift der Grundsatz der Verhältnismäßigkeit per Gesetz. Es gibt nur Entschädigung in Geld. Zu den privilegierten Bauwerken gehören nicht Pläne, Zeichnungen, Skizzen solcher Werke oder Zubehör oder Schmuck wie Reliefs, Kopien von Kunstwerken, die an der Fassade angebracht sind (*Fromm/Nordemann*[10] Rdnr. 33; *Dreier* in: *Dreier/Schulze*[3] Rdnr. 28; *Möhring/Nicolini/Lütje* Rdnr. 22; *Ulmer*[3] § 130 I 3). **Auch ein Teil eines Bauwerks kann ein eigenständiges Bauwerk darstellen,** wenn es die Voraussetzungen des § 2 Abs. 1 Nr. 4 erfüllt und Selbstständigkeit besitzt, zB eine Kirche im Rahmen eines als Gesamtkomplex angelegten Gemeindezentrums. Aber: Ist ein Werk der Baukunst durch Umbau entstellt, besteht ein Anspruch auf Beseitigung der Entstellung, dh. des Umbaus, nach § 97 Abs. 1 S. 1. Im Ausnahmefall kann auch die Ausführung eines Bauwerks nach den Vorgaben des Architekten verlangt werden, wenn dem Bauherrn weder ausdrücklich noch konkludent ein Änderungsrecht vorbehalten war, das Werk des Architekten und sein Name schwerwiegend beeinträchtigt sind und die Herstellung nach Vorgabe dem Bauherrn finanziell zuzumuten ist, was zB in Frage kommt, wenn die zu verwendenden Bauteile bereits fertig vorliegen. In der Regel wird unter dem Gesichtspunkt der Verhältnismäßigkeit nur eine finanzielle Entschädigung in Betracht kommen, wobei das verletzte Urheberpersönlichkeitsrecht des Architekten angemessen zu berücksichtigen ist. Im Zweifel steht der Name und der Ruf des Architekten mit der eigenmächtigen Entstellung des Bauwerks auf dem Spiel (siehe dazu LG Berlin UFITA 4 [1931] 258 – Eden-Hotel; anders OLG Nürnberg UFITA 25 [1958] 361 – Reformations-Gedächtniskirche). Steht ein urheberrechtsverletzender Bau unmittelbar bevor, gibt § 98 Abs. 5 Grund für eine einstweilige Verfügung zum Einhalt des umstrittenen Baus (LG München I ZUM RD 2008, 158 zu § 101 Abs. 2 Nr. 1 aF).

2. Ausscheidbare Teile sind nach § 98 Abs. 5 ebenfalls von den Maßnahmen nach § 98 Abs. 1 bis 3 ausgenommen. Das ist eigentlich selbstverständlich. Was nicht verletzt, ist auch nicht zu vernichten oder unbrauchbar zu machen. Insoweit entfällt auch ein Unterlassungsanspruch und ein Übernahmeanspruch. Das frühere Recht enthielt eine spezielle Regelung für die Fälle, in denen Sammelwerke nur teilweise rechtswidrig vervielfältigt wurden oder von selbständig miteinander verbundenen Werken nur eines rechtswidrig vervielfältigt worden ist (§§ 39, 45 KUG). § 98 Abs. 5 deckt diese Fälle ab. Unerheblich ist, ob der auszuscheidende Teil für sich allein verwertbar ist. Auch wenn das nicht der Fall ist, muss er ausgeschieden werden (*Möhring/Nicolini/Lütje* Rdnr. 24; *Dreier* in: *Dreier/Schulze*[3] Rdnr. 29 mit dem Vorbehalt der Verhältnismäßigkeit; einschränkend *Fromm/Nordemann*[10] Rdnr. 35; *Wandtke/Bullinger/Bohne*[3] Rdnr. 47). Bei fertig hergestellten Vervielfältigungsstücken wird ein Ausscheiden vielfach nicht mehr möglich sein, zB nicht bei Schallplatten, wohl aber bei Filmstreifen, Tonbändern, ggf. auch bei fertiggebundenen Büchern, die gerissen werden können, um die ausscheidbaren Teile neu zu binden. Es kommt auf den Einzelfall und die Wirtschaftlichkeit der Maßnahmen an (aA *Wandtke/Bullinger/Bohne*[3] Rdnr. 47: Unerheblichkeit der Wirtschaftlichkeit).

3. Wird ein Bauwerk oder ein ausscheidbarer Teil vernichtet oder unbrauchbar gemacht, begründet das für den Eigentümer Ansprüche aus § 823 Abs. 1 BGB (*Möhring/Nicolini/Lütje* Rdnr. 24; *Dreier* in: *Dreier/Schulze*[3] Rdnr. 13).

IX. Durchsetzung der Ansprüche nach § 98 Abs. 1 bis 3

1. Anspruchsberechtigt ist der Verletzte. Zur Aktivlegitimation siehe § 97 Rdnr. 47 ff. Die **Ansprüche richten sich gegen den Eigentümer der Vervielfältigungsstücke und**

Vorrichtungen und bei **Vervielfältigungsstücken auch gegen den unmittelbaren oder mittelbaren Besitzer.** Exemplare, die sich bereits im Eigentum eines unbeteiligten Dritten befinden, werden nicht erfasst. Dass der Letztverbraucher nicht Beteiligter ist, obwohl er beim rechtswidrigen Absatz als Erwerber mitwirkt, liegt an der Fassung des § 17, der als Verbreitungshandlung definiert: „der Öffentlichkeit anzubieten oder in den Verkehr zu bringen" (s. § 17 Rdnr. 8). Der Erbe rückt in die volle Stellung des Eigentümers ein und haftet bei dessen Beteiligung wie dieser, auch wenn das in der Neufassung nicht mehr ausgesprochen ist. Zum Kreis derjenigen, gegen die Ansprüche aus § 98 Abs. 1 bis 3 geltend gemacht werden können, gehören Drucker, Verleger, Buchhändler, Kunsthändler, Fotokopieranstalten, Schallplattenhersteller, Filmproduzenten, Filmverleiher, Bühnenvertriebe, Schallplattengeschäfte, Softwarehersteller und -vertreiber. Ein späterer Rechtsnachfolger muss die Entscheidung des Prozesses gegen sich gelten lassen (§§ 325, 727 ZPO). **Miturheberrechte hindern den Vernichtungsanspruch nicht,** sofern der Miturheber nicht auch Miteigentümer ist. Der Eigentümer kann ein Werk grundsätzlich vernichten, insbesondere, wenn Störungen von ihm ausgehen (s. auch OLG Karlsruhe GRUR 1983, 301/311 – Inkasso-Programm).

29 2. Der Klagantrag muss **konkret gefasst sein** und die Vervielfältigungsstücke, die unbrauchbar gemacht werden sollen, oder die betroffene Vorrichtung genau bezeichnen. Die Stücke sind an den Verletzten zur Vernichtung herauszugeben oder an einen vom Verletzten bestimmten Gerichtsvollzieher (BGHZ 135, 183/191 – Vernichtungsanspruch; BGH GRUR 2003, 228 – P-Vermerk). Eine Vernichtung durch den Verletzer mit entsprechendem Nachweis kommt, wenn überhaupt, nur ausnahmsweise in Betracht (*Wandtke/Bullinger/Bohne*[3] Rdnr. 15). **Für die Vollstreckung des Herausgabeurteils gelten die §§ 883, 886 ZPO.** Durch das Urteil auf Herausgabe wird die Zustimmung des Schuldners ersetzt (ebenso *Fromm/Nordemann*[10] Rdnr. 37; *Möhring/Nicolini/Lütje* § 98 Rdnr. 21; aA *Dreier* in: *Dreier/Schulze*[3] Rdnr. 15; *Wandtke/Bullinger/Bohne*[3] Rdnr. 15: §§ 887, 888 ZPO). Die **Vernichtungskosten** sind **Vollstreckungskosten** und als solche beizutreiben. Insoweit bedurfte es keiner Umsetzung von Artikel 10 Abs. 2 der Enforcement-Richtlinie. Mit dem Klagantrag bestimmt der Kläger, welche Maßnahme er begehrt. Sollte sich später herausstellen, dass das mildere Mittel zur Wahrnehmung der Rechte nicht geeignet ist, muss der Vernichtungsanspruch in entsprechender Anwendung des § 323 ZPO in einem neuen Rechtsstreit geltend gemacht werden. In der Vollstreckungsinstanz ist das Wahlrecht nur auszuüben, wenn es im Titel konkret vorbehalten war. Der Verpflichtete kann die Zwangsvollstreckung abwenden, wenn er dem Berechtigten die vollzogene Vernichtung nachweist (Bescheinigung eines Gerichtsvollziehers oder eines Notars oder die Empfangsbestätigung einer mit der Vernichtung beauftragten Privatfirma, sofern sichergestellt ist, dass die Vernichtung tatsächlich erfolgte). Eine **Vernichtung ist erst** möglich, **wenn das im ordentlichen Verfahren ergangene Urteil rechtskräftig** ist. Eine vorherige Vollstreckung kommt nicht in Betracht. Diese Bestimmung ist zwar bei der Verschärfung durch das Pirateriegesetz entfallen. Doch wenn die Bestimmung unter dem Grundsatz steht, dass mildeste Mittel anzuwenden, dürfen nicht vor Rechtskraft vollendete Tatsachen geschaffen werden (*Dreier* in: *Dreier/Schulze*[3] Rdnr. 15; *Wandtke/Bullinger/Bohne*[3] Rdnr. 10; *Fromm/Nordemann*[10] Rdnr. 38; *Möhring/Nicolini/Lütje* § 98 Rdnr. 21).

30 Zur **Sicherung des Anspruchs** ist die **Sequestrierung** der rechtswidrig hergestellten, verbreiteten oder zur Verbreitung bestimmten Vervielfältigungsstücke bzw. Vorrichtungen ratsam, und zwar im Wege der einstweiligen Verfügung mit der Auflage, die Stücke an den zuständigen Gerichtsvollzieher zur vorläufigen Verwahrung herauszugeben. Die Bestellung zum Sequester hängt in manchen Bundesländern von seiner Zustimmung ab, zB in Bayern. Die Glaubhaftmachung der Voraussetzungen des Unterlassungsanspruchs genügt (OLG Hamburg UFITA 92 [1982] 339/342; OLG Hamm GRUR 1989, 502/503; sa. *v. Gamm* GRUR 1958, 172). Eine vorherige Abmahnung kommt wegen des damit verbundenen Warncharakters in der Regel nicht in Betracht. Auch bei sofortigem Anerkenntnis des Verletzten ist die Kostenfolge des § 93 ZPO auf Grund der besonderen Umstände abzuwehren (OLG Hamburg WRP 1978, 146 und 1988, 47; OLG Nürnberg WRP 1981, 342f.). **Auch beim Rückruf und beim Anspruch auf Entfernen der Gegenstände aus den Vertriebswegen müssen die Gegenstände und die Wege konkret benannt werden, um einen vollstreckbaren Titel zu erwirken.** Dagegen ist eine Konkretisierung der dazu einzusetzenden Maßnahmen nicht möglich, da der Schuldner die Wahl der geeigneten Mittel hat. Insoweit ist der Anspruch auf die gesetzliche Vorgabe „Rückruf" und „Entfernen aus den Vertriebswegen" zu richten. Da es sich bei beiden um vertretbare Handlungen handelt, erfolgt die **Vollstreckung nach § 887 ZPO,** durch Er-

mächtigung des Verletzten, die Handlung auf Kosten des Schuldners vorzunehmen. Auf Antrag ist der Schuldner zur Vorauszahlung der Kosten zu verurteilen (§ 887 Abs. 2 ZPO).

3. Der Verletzte hat nach § 98 Abs. 3 ein **Wahlrecht auf Überlassung** der Vervielfältigungsstücke bzw. Vorrichtungen statt der in § 98 Abs. 1 vorgesehenen Maßnahmen (Vernichtung). *v. Gamm* Rdnr. 2 vertritt die Auffassung, dass infolge der notwendigen Konkretisierung der Beseitigungsmaßnahmen im Klageantrag und Urteil eine **wahlweise Verurteilung** ausscheidet. Das Wahlrecht werde spätestens mit der Klageerhebung ausgeübt. § 263 BGB finde Anwendung; die gewählte Leistung gelte als die von Anfang an allein geschuldete. Eine Antragstellung nach § 98, dh. auf Vernichtung, enthalte bereits die negative Ausübung des Wahlrechts (so auch *Fromm/Nordemann*[10] Rdnr. 36; *Riedel* Anm. 3). Demgegenüber vertreten *Möhring/Nicolini/Lütje* § 98 Rdnr. 24 die Auffassung, die einmal ausgeübte Wahl des Überlassungsanspruchs führe nicht zur Konzentration auf diesen Anspruch. Der Verletzte könne zur Maßnahme nach § 98 Abs. 1, an deren Stelle der Überlassungsanspruch geltend gemacht wird, übergehen und umgekehrt. Es gelte prozessual das Gleiche wie für den Wechsel bei der Geltendmachung von Schadensersatz (s. dazu § 97 Rdnr. 58). Der Übergang sei auch in der Vollstreckungsinstanz noch möglich, vorausgesetzt, dass die Wahlmöglichkeit im Urteil vorbehalten ist. Für den Verletzten sei es zweckmäßig, sich die Wahl offen zu halten, bis man nicht rechtzeitig Klarheit über die Brauchbarkeit der Vorrichtungen bzw. die Möglichkeit der Verwertung zu gewinnen sei. Als Tenor wird von *Möhring/Nicolini/Lütje* § 98 Rdnr. 24 vorgeschlagen: „Der Beklagte wird verurteilt, dem Kläger die – genau zu bezeichnenden – Vervielfältigungsstücke Zug um Zug gegen Zahlung von x DM herauszugeben und zu übereignen oder sie nach Wahl des Klägers einem vom Kläger zu beauftragenden Gerichtsvollzieher zum Zwecke der auf Kosten des Beklagten vorzunehmenden Vernichtung (Unbrauchbarmachung) herauszugeben". Die Zulässigkeit einer wahlweisen Verurteilung bei einer Wahlschuld mit Wahlbefugnis des Gläubigers halten *Baumbach/Lauterbach/Albers/Hartmann* (ZPO[67] § 253 Rdnr. 97) für gegeben. Wird die Bestimmtheit in § 253 ZPO in dem Sinn aufgefasst, dass der Tenor eindeutig sein muss, um eine Vollstreckung zu ermöglichen, ist der von *Möhring/Nicolini/Lütje* Rdnr. 24 vorgeschlagene Tenor hinreichend bestimmt, wobei statt „zu übereignen" zu formulieren wäre: „in die Eigentumsübertragung einzuwilligen". Die Eigentumsübertragung erfolgt durch Übergabe und Einigung (§ 929 BGB). Der Herausgabeanspruch wird nach § 883 ZPO vollstreckt, Zug um Zug nach § 756 ZPO. Die Einigung wird gemäß § 894 Abs. 1 S. 2 ZPO durch das rechtskräftige Urteil ersetzt, bei Vollstreckung Zug um Zug nach §§ 726 Abs. 2, 730 ZPO.

§ 99 Haftung des Inhabers eines Unternehmens

Ist in einem Unternehmen von einem Arbeitnehmer oder Beauftragten ein nach diesem Gesetz geschütztes Recht widerrechtlich verletzt worden, hat der Verletzte die Ansprüche aus § 97 Abs. 1 und § 98 auch gegen den Inhaber des Unternehmens.

Schrifttum: *Brandi-Dohrn*, Schutzrechtshaftung und Schutzrechte im Konzern, FS Pagenberg S. 375; *Ernst/Seichter*, Die Störerhaftung des Inhabers eines Internetzugangs, ZUM 2007, 513; *Götting*, Die persönliche Haftung des GmbH-Geschäftsführers für Schutzrechtsverletzungen und Wettbewerbsverstöße, GRUR 1994, 6; *Hahn*, Die Haftung des Unternehmensinhabers nach § 8 Abs. 2 UWG, 2007; *Köhler*, Die Haftung des Unternehmensinhabers für Wettbewerbsverstöße seiner Mitarbeiter und Beauftragten (§ 13 IV UWG), GRUR 1991, 344; *Reichelsdorfer*, Die Haftung für Dritte im Wettbewerbsrecht, Diss. Erlangen 2001; *Renner/Schmidt*, Unterlassung von Handlungen Dritter? – Die Erfolgshaftung im gewerblichen Rechtsschutz und Urheberrecht, GRUR 2009, 908; *Spieker*, Haftungsrechtliche Aspekte für Unternehmen und ihre Internet-Werbepartner (Affiliates), GRUR 2006, 903.
Siehe auch Schrifttum bei § 97.

Übersicht

	Rdnr.
I. Entwicklung und Bedeutung	1
II. Inhaber des Unternehmens	2
III. Betriebsbezogenheit	3, 4
IV. Arbeitnehmer oder Beauftragter	5, 6
V. Voraussetzung und Umfang der Haftung	7–9

§ 99

I. Entwicklung und Bedeutung

1   Diese Vorschrift – **vormals § 100** – wurde dem Wettbewerbsrecht entlehnt. Sie entspricht der Betriebsinhaberhaftung des § 8 Abs. 2 UWG nF, dessen Vorläufer § 13 Abs. 3 UWG aF auf das 2. Wettbewerbsgesetz von 1909 zurückgeht, mit der UWG-Novelle 1986 redaktionell zu § 13 Abs. 4 geändert wurde und mit weiterer Änderung als § 8 Abs. 2 UWG nF aktuell gilt (*Teplitzky*, Wettbewerbsrechtliche Ansprüche und Verfahren[9], Kap. 14 Rdnr. 17). Vergleichbare Bestimmungen befinden sich in §§ 14 Abs. 7, 15 Abs. 6, 128 MarkenG, § 44 GeschmMG, § 2 Abs. 1 S. 2 UKlaG. Wie alle diese Bestimmungen verfolgt § 100 aF, heute § 99 den Zweck: **Der Inhaber eines Unternehmens soll gehindert werden, sich bei ihm zugute kommenden Urheberrechtsverletzungen von Angestellten oder Beauftragten hinter abhängigen Dritten zu verstecken** (AmtlBegr. BTDrucks. IV/270 S. 104 rSp.). Die Vorschrift ist verfassungskonform. Sie verstößt nicht gegen den Grundsatz „nulla poena sine lege", da § 100 nur eine Unterlassungsanordnung trifft und eine Bestrafung im Fall einer Zuwiderhandlung nur bei Verschulden erfolgt (BVerfG NJW 1996, 2567). Das Gesetz gibt dem Verletzten einen selbstständigen Anspruch gegen den Unternehmensinhaber. Der **Inhaber des Unternehmens haftet zusätzlich als unmittelbarer Verletzer,** nicht nur darauf, in Zukunft dafür zu sorgen, dass sein Arbeitnehmer/Beauftragter keine Verstöße mehr begeht. Ihn kann nichts entlasten. Er haftet **auch, wenn die Rechtsverletzungen ohne sein Wissen und selbst gegen seinen Willen** von Angestellten oder Beauftragten **begangen worden sind** (BGH GRUR 2003, 453/454 – Verwertung von Kundenlisten; BGH GRUR 200 O 907/909 – Filialleiterfehler; BGH GRUR 1993, 37/39 – Seminarkopien; BGH GRUR 1980, 116/117 – Textildrucke; *Dreier* in: *Dreier/Schulze*[3] Rdnr. 1; *Wandke/Bullinger/Bohne*[3] Rdnr. 1; *Fromm/Nordeman*[10] Rdnr. 1). Es handelt sich um eine **verschuldensunabhängige Erfolgshaftung**, die nur voraussetzt, dass ein Mitarbeiter oder Beauftragter eine rechtswidrige Verletzungshandlung im inneren Zusammenhang mit dem Betrieb begangen hat. Eine Ausnahme machen nur Verstöße eines Arbeitnehmers/Beauftragten, die vom Unternehmensinhaber nicht selbst begangen werden können (zB Verrat von Betriebs- oder Geschäftsgeheimnissen § 17 UWG) und § 890 ZPO, der eigenes Verschulden des Vollstreckungsschuldners erfordert. Da der Schwerpunkt der Unternehmenshaftung im Bereich des Wettbewerbsrechts liegt und die Mehrzahl der Fälle der Judikatur umfasst, kann auf die dortige reiche Literatur verwiesen werden: *Hefermehl/Köhler/Bornkamm* UWG[26] § 8 Rdnr. 2.32 ff.; *Fezer/Büscher* UWG § 8 Rdnr. 168 ff.; *Harte/Henning/Beckedorf* UWG § 8 Rdnr. 239 ff.; *Piper/Ohly*, UWG[4], § 8 Rdnr. 162 ff.; MünchKommentar/*Fritsche* UWG § 8 Rdnr. 292 ff.; *Teplitzky*, Wettbewerbliche Ansprüche und Verfahren[9], 14. Kap. Rdnr. 14 ff.; *Ahrens/Jestaedt*, Der Wettbewerbsprozess[5] Kap. 21 Rdnr. 15 ff.; sa. auch *Köhler* GRUR 1991, 344 ff. Für die Praxis des Wettbewerbsrechts ist die Regel sinnvoll, Verletzungen des Urheberrechts jedem einfachen Wettbewerbsverstoß gleichzustellen, erscheint allerdings fragwürdig.

II. Inhaber des Unternehmens

2   **Inhaber des Unternehmens** ist derjenige, unter dessen Namen der Betrieb geführt wird und der damit nach außen die Verantwortung übernimmt. Das ist **der betreibende Kaufmann,** also nicht nur der **Eigentümer**, sondern auch der **Pächter, Verwalter, Nießbraucher**; ist der Betrieb verpachtet, entfällt die Verantwortung des Eigentümers (BGH GRUR 1963, 473 – Filmfabrik Köpenick). Gehört das Unternehmen einer **Erbengemeinschaft,** sind die Erben in ihrer „Gesamthand" Unternehmensinhaber. Unerheblich ist, ob der Inhaber in seiner Verfügung beschränkt ist (zB durch Insolvenz, Testamentsvollstreckung, Betreuung). **Bei den Personengesellschaften OHG, KG, Partnerschaftsgesellschaft, EWIV, BGB-Gesellschaft sind** wegen ihrer Selbstständigkeit **Unternehmensinhaber die Personenhandelsgesellschaften selbst** (arg. § 124 Abs. 1, § 161 Abs. 2 HGB; zur Rechtsfähigkeit der BGB-Gesellschaft: BGH NJW 2001, 1056). Bei einer AG, GmbH, Genossenschaft oder einem Verein ist **Unternehmensinhaber die juristische Person** (*Fromm/Nordemann*[10] Rdnr. 7; *Möhring/Nicolini/Lütje* Rdnr. 5). Bei treuhänderischer Unternehmensübertragung ist der Treuhänder als Unternehmensinhaber anzusehen. Es genügt nicht, dass jemand nach Außen den Anschein erweckt, Inhaber zu sein, ohne dass es den Tatsachen entspricht (*Hefermehl/Köhler/Bornkamm*[26] § 8 Rdnr. 2.49; aA OLG Karlsruhe WRP 1998, 898/899; *Ahrens/Jestaedt* Kap. 21 Rdnr. 18). Die Haftung kann dann aber über die Grundsätze zur Anscheinshaftung gegeben sein. **Keine Unternehmensinhaber sind die Organe einer juristischen Person** (OLG Hamburg WRP

1962, 330: Vorstand einer AG), **die persönlich haftenden Gesellschafter einer OHG oder KG** (unmittelbare Haftung nach §§ 128, 161 Abs. 2 HGB lässt sie als Unternehmensinhaber erscheinen, so *Fromm/Nordemann*[10] Rdnr. 7; *Möhring/Nicolini/Lütje* § 100 Rdnr. 5; *Wandtke/Bullinger/Bohne*[3] Rdnr. 7; anders *v. Gamm* § 100 Rdnr. 4 unter Hinweis auf RGZ 114, 276/278 – Axa; *Hefermehl/Köhler/Bornkamm*[26] § 8 Rdnr. 2.49/2.50), **die einzelnen Mitglieder einer BGB-Gesellschaft oder einer Erbengemeinschaft, der Insolvenzverwalter, der Testamentsvollstrecker**, soweit nicht Treuhänder, auch nicht der **Gesellschafter und Geschäftsführer einer Ein-Mann-GmbH** (RGZ 169, 240/247; anders OLG Frankfurt/M GRUR 1985, 455). Es handelt sich hierbei um Organe, die für das Unternehmen oder einen Unternehmensinhaber handeln. Das OLG Hamburg hat selbst die Aktionäre der AG in die Unternehmerhaftung einbezogen (GRUR-RR 2004, 87; dagegen *Hefermehl/Köhler/Bornkamm*[26] § 8 Rdnr. 2.47). **Keine Unternehmensinhaber sind gesetzliche Vertreter von nicht (voll) geschäftsfähigen Unternehmensinhabern** (Eltern, Vormund, Pfleger, Betreuer). Sie haften aber persönlich, wenn sie selbst die Verletzung (mit) verursacht haben (*Hefermehl/Köhler/Bornkamm*[26] § 8 Rdnr. 2.50). Den Leiter eines Unternehmens trifft keine Haftung nach § 99, wenn dieser nicht zugleich Inhaber ist, aber ggf. nach § 97 unmittelbar als handelnder Mitarbeiter oder Beauftragter. Zweigniederlassungen sind Teil des Gesamtunternehmens. **Parteien und Vereine sind Unternehmen iSd. § 99** (OLG Bremen GRUR 1985, 536 – Asterix Plagiate), auch Organisationen mit ideeller Zielsetzung, soweit sie von ihrer Organisation her rechtlich fassbar sind. Rechtlich selbstständige Tochterunternehmen haben ihren eigenen Inhaber; sie sind nicht Teil der Muttergesellschaft oder des Konzerns (BGH GRUR 1965, 86/88 f. – Schwarzer Kater; BGH GRUR 1958, 544/546 – Colonia). Bei Beamten und staatlichen Angestellten ist Unternehmer der Staat, nicht die Behörde (*Möhring/Nicolini/Lütje* Rdnr. 7); der Staat haftet (BGH GRUR 1993, 37/39 – Seminarkopien. Die ratio legis gebietet eine weite Auslegung, um Schutzrechtsverletzungen möglichst zu unterbinden.

III. Betriebsbezogenheit

Die Rechtsverletzung muss „in einem Unternehmen" begangen sein. Das ist nicht räumlich, sondern funktional zu verstehen (*Dreyer/Kotthoff/Meckel*[2] Rdnr. 1; *Fromm/Nordemann*[10] Rdnr. 6; *Köhler* in: Hefermehl/Köhler/Bornkamm § 8 Rdnr. 2.47 mwN). Innerhalb des Unternehmens ist die Rechtsverletzung begangen, wenn sie **im Rahmen der Obliegenheiten** des Arbeitnehmers oder Beauftragten erfolgt. Eine private Tätigkeit, die ein Angestellter oder Beauftragter innerhalb des Unternehmens „bei Gelegenheit", nicht im Rahmen einer Obliegenheit, im eigenen Interesse ausübt und die ihm selbst und nicht dem Unternehmen zugute kommt, zählt nicht. Das gilt auch dann, wenn der Angestellte oder Beauftragte Betriebsmittel des Unternehmens missbräuchlich benutzt (BGH GRUR 1963, 438/439 – Fotorabatt; BGH GRUR 1963, 434/435 – Reiseverkäufer; OLG München GRUR-RR 2007, 345/346; LG München: keine Störerhaftung des Arbeitgebers für illegale Teilnahme eines Mitarbeiters an einem Filesharing-Programm – MMR 2008, 422; auch nicht, wenn der Arbeitnehmer/Beauftragte sich unbefugt des Namens des Unternehmens bedient, um Handlungen vorzunehmen, die nie Gegenstand des Unternehmens waren (OLG Frankfurt WRP 1984, 330) oder die Tätigkeit eine private Gefälligkeit für einen Bekannten betrifft (BGH GRUR 2007, 994/995 – Gefälligkeit). Die private Natur kann durch Fakten widerlegt werden (OLG München GRUR-RR 2007, 345/346: Umfang der heruntergeladenen Datenmenge bei angeblich privater Landkarten-Kopie). Unerheblich ist, ob die Tätigkeit des Arbeitnehmers oder Beauftragten ohne oder sogar gegen den erklärten Willen des Unternehmers erfolgte (OLG München WRP 1989, 755/756). Eine Haftung des Unternehmers soll allerdings nicht bestehen, wenn ein Mitarbeiter oder Beauftragter heimlich Kundenlisten verwendet, die er sich bei seinem früheren Arbeitgeber oder Auftraggeber unbefugt verschafft hat (BGH GRUR 2003, 453/454 – Verwertung von Kundenlisten; *Fezer/Büscher* § 8 UWG Rdnr. 179). Dagegen spricht, dass die Tätigkeit in den Geschäftskreis des neuen Unternehmers fällt und ihm zugute kommt (*Hefermehl/Köhler/Bornkamm*[26] § 8 Rdnr. 2.47).

Die Unternehmensbezogenheit einer urheberrechtlichen Handlung als ungeschriebenes Tatbestandsmerkmal ist grundsätzlich vom Anspruchsteller darzulegen und zu beweisen. Steht der Anspruchsteller außerhalb des Geschehensverlaufs und kann den Sachverhalt nicht von sich aus ermitteln, verfügt der in Anspruch genommene Unternehmensinhaber dagegen über die erforderlichen Informationen oder kann sie unschwer beschaffen, darf Letzterer sich nicht auf ein einfaches Bestreiten der Unternehmensbezogenheit der Verletzungshandlung beschränken, sondern muss nach den Grundsätzen der „sekundären Behauptungslast" an der Aufklärung des Sachverhalts mitwirken (OLG München GRUR-RR 2007, 345 – Beweislastverteilung).

IV. Arbeitnehmer oder Beauftragter

Die **Rechtsverletzung** muss **von einem Arbeitnehmer oder Beauftragten** begangen worden sein.

5 **Arbeitnehmer** (in § 8 Abs. 2 UWG heißt er „Mitarbeiter") **sind Personen, die auf Grund eines Beschäftigungsverhältnisses verpflichtet sind, in dem Geschäftsbetrieb weisungsabhängig Dienste zu leisten, sei es aus Dienst- oder Werkvertrag oder aus Auftrag** (BGH GRUR 1993, 37/39 – Seminarkopien). Hierher gehören Angestellte, Arbeiter, Volontäre, Lehrlinge, auch angestellte Reisende und Vertreter, freiberufliche Mitarbeiter, Beamte, nicht Mitarbeiter, die in ihrer Eigenschaft als Betriebsrat handeln; sie sind insoweit nicht an den Unternehmer weisungsgebunden (*Ahrens/Jestaedt* Kap 21 Rdnr. 22). Sog. Leiharbeiter haben eine Zwitterstellung; sie gehören zum ausleihenden Betrieb, sind aber mittelbar in das ausleihende Unternehmen eingebunden, so dass sie ebenfalls als Arbeitnehmer des ausleihenden Unternehmens gelten können.

6 **Beauftragter ist jede Person, deren Arbeitsergebnis auch dem Betriebsorganismus zugute kommt und auf deren Handeln die Unternehmensleitung „kraft eines die Zugehörigkeit der einzelnen Glieder zu dem Organismus begründenden Vertrages" sowohl einen bestimmenden Einfluss als auch die Macht hat, ihren Willen und Einfluss durchzusetzen** (BGH GRUR 1959, 38/44 – Buchgemeinschaft II; BGH GRUR 1963, 434/438 – Reiseverkäufer; BGH GRUR 1964, 88 – Verona-Gerät; BGH GRUR 1964, 263/266 – Unterkunde; BGH GRUR 2005, 864/865 – Meißner Dekor II). Übt der Unternehmer seinen Einfluss nicht aus, trägt er gleichwohl das Risiko. **Beauftragte können deshalb auch selbstständige Unternehmen sein, wenn sie als Glied einer Vertriebsorganisation tätig werden und der Inhaber der Auftragsunternehmung ihnen gegenüber seinen Willen und Einfluss durchsetzen kann**, zB Sortimenter, soweit sie als von einer Buchgemeinschaft eingesetzte Betreuungsfirmen tätig sind (BGH GRUR 1959, 38/44 – Buchgemeinschaft II). Das erfordert keine Exklusivität und keine Dauerhaftigkeit. Möglich ist auch eine Mehrstufigkeit des Auftragsverhältnisses, wenn der Auftraggeber ausdrücklich oder stillschweigend mit der Heranziehung von Dritten einverstanden ist (BGH GRUR 1988, 561/563 – Verlagsverschulden). Eine pauschale Zuordnung ist nicht möglich. **Beauftragte können sein**: Mitglieder von Absatzorganisationen wie Handelsvertreter, Vertragshändler, selbstständig Reisende, Franchisenehmer, Kommissionäre, Einkaufsagenturen, Einzelhändler bei enger organisatorischer und kapitalmäßiger Verflechtung mit dem Großhändler oder als Mitglied einer Absatzorganisation (nicht selbstständige Händler im Verhältnis zum Lieferanten), Auftragsproduzenten, Sanierer, Liquidierer, Aufsichtsräte, Kartellsyndikate, Werbeagenturen, Werbestars, Werbegemeinschaften, Internet-Werbepartner (siehe bei *Hefermehl/Köhler/Bornkamm*[26] § 8 UWG Rdnr. 2.45) **Haftung einer politischen Partei für rechtswidrige Verbreitung urheberrechtlich geschützter Werke durch Wahlhelfer auf Informationsständen, die mit Billigung der Partei verteilt werden** (OLG Bremen GRUR 1985, 536/537 – Asterix-Plagiate). *Köhler* hält es für geboten, auch gesetzliche Vertreter (Insolvenzverwalter, Testamentsvollstrecker, Eltern, Vormunde, Pfleger, Betreuer) einzubeziehen und wie bei § 278 BGB weitgehend jeden als Beauftragten anzusehen, der, ohne Mitarbeiter zu sein, mit Wissen und Wollen des Unernehmensinhabers oder als sein gesetzlicher Vertreter für das Unternehmen tätig ist (*Hefermehl/Köhler/Bornkamm*[26] § 8 Rdnr. 2.42; so schon *Köhler* in: GRUR 1991, 344/352). Nicht als Beauftrage anzusehen sind Aktiengesellschaften im Verhältnis zu ihren Aktionären; diese haben in der Regel kein Weisungsrecht gegenüber ihrer Gesellschaft (aA OLG Hamburg GRUR-RR 2004, 87).

V. Voraussetzung und Umfang der Haftung

7 **Voraussetzung der Haftung nach § 99 ist eine widerrechtliche Urheber- oder Schutzrechtsverletzung.** Es müssen sämtliche Fakten des objektiven Verletzungstatbestandes gegeben sein. § 99 begründet Ansprüche gegen den Inhaber des Unternehmens **nur nach §§ 97 Abs. 1, 98**, das heißt: auf Unterlassung, Beseitigung, Vernichtung/Rückruf und Überlassung.

Dagegen gibt § 99 keine Grundlage für die Geltendmachung von Schadensersatzansprüchen (§ 97 Abs. 2) einschließlich der damit verbundenen Ansprüche auf Auskunft- und Rechnungslegung (sa. *Wandtke/Bullinger/Bohne*[3] Rdnr. 2; *Dreier* in: *Dreier/Schulze*[3] Rdnr. 8; *Fromm/Nordemann*[10] Rdnr. 11). In seltenen Fällen kann der zur Durchsetzung des Beseitigungsanspruchs dienende Auskunftsanspruch geltend gemacht werden (*Teplitzky*[9] Kap. 14 Rdnr. 16; BGH GRUR 1995, 427/428 – Schwarze Liste).

Schadensersatz kann nur über andere gesetzliche Vorschriften geltend gemacht werden, die jetzt § 102 a für alle Urheberrechtsverletzungen, vormals § 100 S. 2 und § 97 Abs. 3 aF, vorbehält. Die Unterlassungs-/Beseitigungsansprüche gegen den Unternehmer können unabhängig und selbstständig von den Ansprüchen gegen den Mitarbeiter oder den Beauftragten geltend gemacht werden (BGH GRUR 2000, 907 – Filialleiter; BGH GRUR 1995, 605/606 – Franchise-Nehmer; BGH GRUR 1973, 208/209 – Neues aus der Medizin). Der Verletzte hat die Wahl ohne Bindung an eine bestimmte Reihen- oder Rangfolge. Die Verfahren können rechtlich unterschiedliche Schicksale nehmen (BGH GRUR 1995, 605/608 – Franchise-Nehmer; *Harte/Hennig/Bergmann* § 8 UWG Rdnr. 253).

§ 97 Abs. 1 und Abs. 2 mit den entsprechenden Folgerechten kommen unmittelbar zur Anwendung, wenn der Unternehmer selbst gehandelt oder Anweisungen erteilt hat, dh. Täter oder Mittäter ist. Bei juristischen Personen, der OHG und der KG greift die Organhaftung für ihre verfassungsgemäß berufenen Vertreter nach § 31 BGB durch, die Haftung für die Erfüllungsgehilfen nach § 278 BGB im Rahmen bestehender Schuldverhältnisse oder die Haftung für Verrichtungsgehilfen nach § 831 BGB. Die Haftung des Staates aus Art. 34 GG, § 839 BGB greift für unerlaubte Handlungen, die jemand in Ausübung eines ihm anvertrauten öffentlichen Amtes begeht (BGH GRUR 1993, 37 – Seminarkopien – für unerlaubte Drucke, die ein Hochschullehrer zu Unterrichtszwecken herstellen ließ) neben dem Unterlassungsanspruch des § 97 Abs. 1 gegen den Hochschullehrer (BGH aaO S. 39). Ebenso haftet der Inhaber des Unternehmens als ungerechtfertigter Bereicherter, wenn anstelle des Schadensersatzanspruches die angemessene Lizenzgebühr aus § 812 BGB geltend gemacht wird. 8

Beim Betriebsübergang haftet der Unternehmensinhaber grundsätzlich weiter aus § 99. Der Übernehmer haftet für Zuwiderhandlungen seiner Mitarbeiter und Beauftragten erst ab dem Zeitpunkt der Übernahme. Es tritt mithin keine Rechtsnachfolge in die gesetzliche Unterlassungspflicht ein. § 25 Abs. 1 HGB gilt insoweit nicht, ebenso wenig sind anwendbar die §§ 265, 325, 727 ZPO (BGH WRP 2007, 1354 Tz 12 – Schuldnachfolge; *Köhler* GRUR 1991, 344/353; aA *Ahrens* GRUR 1996, 518; *Foerste* GRUR 1998, 450). Die Haftung des Unternehmensinhabers endet nicht mit dem Ausscheiden des rechtsverletzenden Mitarbeiters oder Beauftragten. Der neue Arbeitgeber oder Auftraggeber haftet nicht für Zuwiderhandlungen eines Mitarbeiters oder Beauftragten, die dieser in seinem früheren Unternehmen begangen hat und nicht fortsetzt. Eine Haftung des neuen Arbeitgebers oder Auftraggebers als Mittäter oder Teilnehmer kommt in Betracht, wenn er sich an der Zuwiderhandlung seines neuen Mitarbeiters oder Beauftragten beteiligt (BGH GRUR 2003, 453/454 – Kundenlisten). 9

§ 100 Entschädigung

¹Handelt der Verletzer weder vorsätzlich noch fahrlässig, kann er zur Abwendung der Ansprüche nach den §§ 97 und 98 den Verletzten in Geld entschädigen, wenn ihm durch die Erfüllung der Ansprüche ein unverhältnismäßig großer Schaden entstehen würde und dem Verletzten die Abfindung in Geld zuzumuten ist. ²Als Entschädigung ist der Betrag zu zahlen, der im Fall einer vertraglichen Einräumung des Rechts als Vergütung angemessen wäre. ³Mit der Zahlung der Entschädigung gilt die Einwilligung des Verletzten zur Verwertung im üblichen Umfang als erteilt.

Übersicht

	Rdnr.
I. Entwicklung und Bedeutung	1, 2
II. Voraussetzungen des Ablösungsanspruchs	3, 4
III. Interessenabwägung	5–7
IV. Folge der Entschädigungszahlung	8–11

I. Entwicklung und Bedeutung

1   Das frühere Urheberrecht kannte keine **Abwendungsbefugnis des schuldlosen Verletzers.** Nur die Ausnahmen des § 101 Abs. 2 aF, wonach §§ 98 und 99 nicht für Bauwerke und ausscheidbare Teile des Verletzungsgegenstandes galten, hatten Vorläufer in § 37 Abs. 5 KUG, § 42 Abs. 1 S. 2 LUG, § 37 Abs. 1 S. 3 KUG. Das Bedürfnis nach der Normierung der Ablösungsbefugnis in § 101 Abs. 1 aF entstand bei Gemeinschafts-, insbesondere Filmwerken. Die AmtlBegr. (BTDrucks. IV/270 S. 105 lSp.) sagt dazu: Bei der großen Zahl der Personen, die Rechte am Filmwerk geltend machen können, und der oft bestehenden Unsicherheit über den Kreis dieser Personen, könne es in der Praxis vorkommen, dass ein Filmhersteller sich versehentlich (ohne Verschulden) ein zur Auswertung des Filmwerks erforderliches Nutzungsrecht nicht habe einräumen lassen. Stelle sich das Versäumnis erst heraus, nachdem das Filmwerk unter großem Kostenaufwand fertiggestellt sei, könnte der betreffende Rechtsinhaber ohne die vorgesehene Sonderregelung die Auswertung des Filmwerks untersagen und die Vernichtung des Filmstreifens verlangen. Mit Rücksicht auf den im Filmwerk verkörperten hohen wirtschaftlichen Wert würde eine solche Rechtsfolge häufig zu der Bedeutung der unverschuldeten Rechtsverletzung ganz außer Verhältnis stehen. Die Rechtsprechung hatte zuvor in solchen Fällen über eine entsprechende Anwendung des § 251 Abs. 2 BGB geholfen, wonach der Schadensersatzpflichtige den Gläubiger in Geld entschädigen kann, wenn die Herstellung des früheren Zustandes nur mit unverhältnismäßig hohen Aufwendungen möglich ist (KG UFITA 11 [1938] 287/ 289 – Sefira). § 101 Abs. 1 aF hat die Lücke unmittelbar geschlossen und gilt seither als **Spezialvorschrift**. Die Bestimmung entspricht Artikel 12 der Enforcement-Richtlinie vom 29. 4. 2004 (ABl. Nr. L 195 vom 2. 6. 2004 S. 16) und hätte deshalb keiner Umsetzung bedurft. Der Gesetzgeber hat sie im Gesetz zur Verbesserung der Durchsetzung von Rechten des geistigen Eigentums vom 7. 7. 2008 (BGBl. I S. 1191) ohne sachliche Änderung sprachlich neu gefasst und in § 100 eingestellt. Die Ausnahmen zu Bauwerken und ausscheidbaren Teilen sind inhaltlich unverändert in § 98 Abs. 5 eingegangen. Wurde somit die Ablösebefugnis im Urheberrecht bewahrt, sah sich der Gesetzgeber angesichts des fakultativen Charakters von Artikel 12 nicht gehalten, sie auch im Bereich der gewerblichen Schutzrechte einzuführen (AmtlBegr. BTDrucks. 16/5048 S. 32). Die Ablösungsbefugnis schafft u. a. einen gewissen Ausgleich zu der nach § 100 aF, jetzt § 99 erweiterten Inhaberhaftung, außerdem einen Härteausgleich in allen Fällen, in denen der Verletzer ohne Verschulden als bloßer Störer in Anspruch genommen werden kann. Die **Einräumung einer Aufbrauchsfrist ist durch die Spezialnorm des § 100 nicht unbedingt ausgeschlossen.** Zur Aufbrauchsfrist siehe § 97 Rdnr. 201 und unten Rdnr. 11.

2   Anders als bei den echten Ausnahmen für Bauwerke und ausscheidbare Teile des Verletzungsgegenstandes (§ 101 Abs. 2 Nr. 1 und 2 aF, jetzt § 98 Abs. 5), bei denen die Ansprüche auf Vernichtung und Überlassung überhaupt nicht zur Entstehung gelangen, handelt es sich bei der Abwehrbefugnis des schuldlosen Verletzers (§ 100) um ein **materielles Gegenrecht zur Abwendung an sich bestehender Ansprüche.** Der Verletzer muss das Gegenrecht geltend machen. Das Gericht hat das Vorliegen der einzelnen Voraussetzungen von § 100 selbstständig zu prüfen. Wie die Überschrift sagt, handelt es sich um „Ausnahmen"; in diesem Sinn ist die Vorschrift eng auszulegen (*Fromm/Nordemann*[10] Rdnr. 1; *Möhring/Nicolini/Lütje* § 101 aF Rdnr. 3; *Wandtke/Bullinger/Bohne*[3] Rdnr. 4).

II. Voraussetzungen des Ablösungsanspruchs

3   **1. Anwendungsbereich:** Abgelöst werden können die **Ansprüche auf Unterlassung oder Beseitigung nach § 97 Abs. 1, Vernichtung nach § 98 Abs. 1, Rückruf und Entfernen aus den Vertriebswegen § 98 Abs. 2 oder Überlassung nach § 98 Abs. 3,** Schadensersatzansprüche sind nicht abzulösen. Sie setzen Verschulden voraus und gehen ohnehin zumeist auf einen Geldbetrag. Bei unverhältnismäßig teurer Naturalrestitution gilt im Schadensersatzrecht § 251 Abs. 2 BGB unmittelbar. Lt. *Möhring/Nicolini/Lütje* § 101 aF Rdnr. 3 ist nach Einführung des § 101 aF im Urheberrecht für eine entsprechende Anwendung des § 251 Abs. 2 BGB kein Raum mehr, nach *Wandtke/Bullinger/Bohne*[3] Rdnr. 2 eine Anwendung nur in den Grenzen des § 101 aF, jetzt § 100; so auch *Dreyer/Kotthoff/Meckel*[2] Rdnr. 2.

4   **2. Voraussetzungen** sind

a) eine **Rechtsverletzung,** die die genannten Ansprüche auslöst,

b) mangelndes Verschulden des Verpflichteten, wobei im Falle des § 99 ein Verschulden des Arbeitnehmers oder Beauftragten dem Unternehmensinhaber nicht zugerechnet wird (AmtlBegr. BTDrucks. IV/270 S. 104 lSp.); – für die Anwendung des § 100 ist kein Raum, wenn den Verpflichteten ein Organisations-, Auswahl- oder Überwachungsverschulden trifft, oder wenn er sich fremdes Verschulden nach § 31 oder § 278 BGB als eigenes Verschulden anrechnen lassen muss (*Fromm/Nordemann*[10] Rdnr. 4; *Dreier* in: *Dreier/Schukze*[3] Rdnr. 4; *Wandtke/Bullinger/Bohne*[3] Rdnr. 5 f.). Kein Verschulden, wenn der Verleger oder der Filmhersteller nicht weiß und nicht wissen kann, dass der Autor das Werk eines Dritten unfrei übernommen hat (BGH GRUR 1976, 317/321 – Unsterbliche Stimmen; *Möhring/Nicolini/Lütje* § 101 aF Rdnr. 7 unter Berufung auf *Ulmer*[3] § 129 III). So weitgreifend, wie die Rechtsprechung bisher Fahrlässigkeit angenommen hat, kommt § 100 selten zum Einsatz. Angesichts der Komplexität der Sachverhalte und der zunehmenden rechtlichen Schwierigkeiten wird die Fahrlässigkeit in Zukunft differenzierter zu prüfen sein. Wenn zwei oder gar drei Gerichte unterschiedlicher Rechtsmeinung sind, ist dem Beklagten nicht ohne besondere Umstände anzulasten, dass er seinen Standpunkt vertreten hat. Welche Quellen sind zugänglich? Welche Nachforschungen zumutbar? Die Grenze zwischen fahrlässigem Täter und schuldlosem Störer verwischt;

c) eine Interessenabwägung, nach der dem Verletzten eine Abfindung in Geld zumutbar sein muss. Bei mehreren Verpflichteten ist das Ablösungsrecht nach § 100 grundsätzlich für jeden gesondert zu prüfen. Im Fall einer Kollision ist durch eine Güter- und Interessenabwägung zu bestimmen, welches Interesse überwiegt.

III. Interessenabwägung

Bei der notwendigen **Interessenabwägung** ist zu berücksichtigen:

1. Eine Ablösung der Ansprüche nach §§ 97, 98 kommt nur in Betracht, wenn dem Verpflichteten bei Erfüllung der geltend gemachten Ansprüche ein **unverhältnismäßig großer Schaden** entstehen würde. Unverhältnismäßig groß ist ein Schaden, der zu der Bedeutung der unverschuldeten Rechtsverletzung in krassem Widerspruch steht (*Möhring/Nicolini/Lütje* § 101 aF Rdnr. 12). Zu erinnern ist an das Beispiel, das die Einführung des § 101 aF veranlasst hat: die Wahrung des hohen wirtschaftlichen Wertes, der in einem Filmwerk steckt, gegenüber der Forderung eines beiläufig Mitwirkenden, dessen Nutzungsrechte versehentlich nicht rechtzeitig übernommen worden sind (AmtlBegr. BTDrucks. IV/270 S. 105 lSp., sa. Rdnr. 1). In dem wiederholt zitierten Musterfall „Sefira" (KG UFITA 11 [1938] 287/289) waren einige Takte des Ständchens „Sefira" in einem Foxtrott verwendet worden, der in dem Filmwerk wiederholt vorkam. **Unverhältnismäßig großer Schaden** tritt ein, wenn sich die Rechtsverletzung auf einzelne, kaum erkennbare Teile des Gesamtwerks beschränkt, die Beseitigung aber nur durch kostspielige Änderungen des Gesamtwerks möglich wäre. Lässt sich eine Beseitigung ohne großen Kostenaufwand durchführen, zB Ersatz der Musik im ersten Stadium des Mischens, Filmschnitt vor Herstellung der Kopien, rechtzeitiges Nachdrehen und Ersatz einer Szene, bei einer Zeitschrift zB Änderung einer Anzeige vor Andruck, kommt eine Ablösung nicht in Betracht. Der Schaden hält sich dann in Grenzen (*Möhring/Nicolini/Lütje*, § 101 aF Rdnr. 11 f.; *Wandtke/Bullinger/Bohne*[3] Rdnr. 7; *Dreier* in *Dreier/Schulze*[3] Rdnr. 5; *Fromm/Nordemann*[10] Rdnr. 5).

2. Dem Verletzten muss die Ablösung in Geld zuzumuten sein. Der hohe Schaden allein begründet die Zumutbarkeit nicht. **Das Erfordernis der Zumutbarkeit versteht sich kumulativ**. Zu vergleichen ist der Aufwand, der betrieben werden müsste, um die geltend gemachten Ansprüche zu erfüllen, mit dem Vorteil, den die Erfüllung für den Verletzten hat, und dem Nachteil, der ihn treffen würde, wenn der Anspruch nicht durchgesetzt wird (*Möhring/Nicolini/Lütje* § 101 aF Rdnr. 13; *Dreier* in: *Dreier/Schulze*[3] Rdnr. 6). **Maßgebend ist die Stärke der Rechtsverletzung und die Frage, ob die Geldentschädigung ein angemessener Ausgleich für den entfallenden Unterlassungs-, Beseitigungs-, Vernichtungs-, Überlassungsanspruch ist**. Geldentschädigung bedeutet hier, daran ist zu erinnern, nicht Schadensersatz.

Zuzumuten ist die Ablösung, wenn eine Nutzungsberechtigung üblicherweise gegen Entgelt eingeräumt wird. Ein Eingriff in Urheberpersönlichkeitsrechte wird wesentlich seltener zuzumuten sein, auch wenn eine Ablösungsbefugnis für solche Fälle nicht prinzipiell ausgeschlossen ist (*Möhring/Nicolini/Lütje* Rdnr. 14; *Dreier* in: *Dreier/Schulze*[3] Rdnr. 6; einschränkend: *Wandtke/Bullinger/Bohne*[3] Rdnr. 8). Einen Anhaltspunkt dafür, was in diesem Rahmen noch zumutbar

§ 100

ist, lässt sich, wie *v. Gamm* Rdnr. 5 zutreffend aufzeigt, den Bestimmungen der §§ 39, 62, 93 entnehmen. Beeinträchtigungen, die im Rahmen eines vertraglichen oder gesetzlichen Nutzungsverhältnisses nicht akzeptabel sind, müssen auch nach § 100 nicht hingenommen werden. Unzumutbar ist eine Geldentschädigung, wenn sie keinen angemessenen Ausgleich dafür darstellt, dass der Verletzte den Eingriff in sein Werk oder seine Leistung hinnehmen muss. Nach § 100 S. 2 stellt der Betrag, der für eine Vertragslizenz angemessen wäre, die Obergrenze für die Geldentschädigung im Rahmen des § 100 dar. Ist dieser Betrag im konkreten Fall nicht angemessen, kommt eine Ablösung wegen Unzumutbarkeit nicht in Betracht. Im Rahmen der Prüfung der Zumutbarkeit kommt es nicht allein auf den Gesetzeszweck an, sondern, wie der BGH ausdrücklich erklärt (GRUR 1976, 317/321 – Unsterbliche Stimmen), vor allem auf eine **Abwägung der Interessen beider Parteien**. Dabei spielt die Dauer und Intensität einer Nutzung eine Rolle. Je länger und intensiver eine Fremdnutzung ist, desto weniger ist sie hinzunehmen. Zu berücksichtigen ist auch, inwieweit der Verletzte in seinen eigenen Verwertungsrechten beeinträchtigt wird. **Die Ablösungsbefugnis bedeutet eine Art Zwangslizenz.** Grundsätzlich ist das Selbstbestimmungsrecht des Verletzten und seine wirtschaftliche und geistige Beziehung zu dem Werk angemessen zu wahren.

7 **3. Angemessene Vergütung:** Als Ablösung (Entschädigung) ist der Betrag zu bezahlen, der im Fall einer vertraglichen Einräumung des Rechts als Vergütung angemessen gewesen wäre (S. 2). Da mit der Zahlung der Entschädigung auch die Einwilligung des Verletzten in die üblichen weiteren Verwertungsmaßnahmen als erteilt gilt, sind bei der Bestimmung der angemessenen Vergütung **Art und Umfang der üblichen Verwertung** zu berücksichtigen (*Möhring/Nicolini/Lütje* Rdnr. 16; *Dreier* in: *Dreier/Schulze*[3] Rdnr. 8). Die Festsetzung der angemessenen Entschädigung kann nach § 287 Abs. 2 ZPO in das Ermessen des Gerichts gestellt werden; ggf. ist ein Sachverständiger zuzuziehen.

IV. Folge der Entschädigungszahlung

8 **1. Einwilligung als Fiktion.** Mit der Zahlung des Ablösungsbetrages gilt die Einwilligung des Verletzten als erteilt, soweit sie für die Verwertung im üblichen Umfang erforderlich ist (§ 100 S. 3, § 101 Abs. 1 S. 3 aF). Der Gesetzgeber hat die Einwilligung als Fiktion ausgestaltet (AmtlBegr. BTDrucks. IV/270 S. 105 rSp.). Diese **Fiktion** war notwendig, um die weitere Verwertung zu ermöglichen. Ab dem Zeitpunkt der Kenntnis der Rechtsverletzung entfällt die Gutgläubigkeit. Die Regelung in S. 1 und 2 wäre allein nicht ausreichend. Meistens droht unverhältnismäßig hoher Schaden gerade dann, wenn noch keine Letztverwertung erfolgte. Die Begrenzung auf den üblichen Umfang entspricht der **Zweckübertragungstheorie** (§ 31 Abs. 5 – siehe dort). Es wird im Zweifel nicht mehr gestattet, als zur Erreichung des verfolgten Zwecks erforderlich ist. Wird eine Einwilligung zB für eine gedruckte Auflage erteilt, schließt das nicht weitere Auflagen oder Nachdrucke ein. Gilt die Einwilligung für die Verwendung als Filmmusik, schließt das nicht die Verwertung dieser Musik auf Schallplatten und Tonkassetten ein, sofern die Voraussetzungen des § 100 nicht auch für diese Produkte vorliegen. **Die übliche Verwertung** ergibt sich teilweise aus dem Gesetz, so für die Verwertung eines Filmwerks aus § 88, für die Verwertung des Beitrages eines ausübenden Künstlers aus §§ 77, 78.

9 **2.** Nach *v. Gamm* Rdnr. 6 entfällt mit der Inanspruchnahme der Abwendungsbefugnis die Durchsetzungsmöglichkeit der Unterlassungs-, Beseitigungs-, Vernichtungs- bzw. Überlassungsansprüche; an deren Stelle trete ein rein obligatorischer Anspruch auf angemessene Vergütung. Die Nichterfüllung dieses Anspruchs lasse die Unterlassungs- und anderen Ansprüche nicht mehr aufleben. Das entspricht nicht der gesetzlichen Regelung. **Nach § 100 S. 3 gilt die Einwilligung erst „mit der Zahlung" als erteilt** (sa. *Möhring/Nicolini/Lütje* § 101 aF Rdnr. 18; *Fromm/Nordemann*[10] Rdnr. 9; *Walchner* S. 130; *Wandtke/Bullinger/Bohne*[3] Rdnr. 10; *Dreier* in: *Dreier/Schulze* [3] Rdnr. 9). Zahlt der Verpflichtete vor Rechtshängigkeit oder während des Prozesses eine bestimmte Ablösungssumme, trägt er das Risiko dafür, dass der Betrag angemessen ist. Hält der Berechtigte sie nicht für angemessen, kann er die Ansprüche, die der Verpflichtete ablösen wollte, einklagen und es dem Verpflichteten überlassen, sich demgegenüber auf die Ablösungsbefugnis zu berufen. *Möhring/Nicolini/Lütje*, § 101 aF Rdnr. 9, zeigen die prozessualen Möglichkeiten auf. Beruft sich der Verpflichtete auf die Ablösungsbefugnis, kann der Verletzte sich dagegen wehren und hilfsweise den Antrag stellen, das Gericht möge den Ablösungsbetrag nach seinem Ermessen festsetzen. Der Unterlassungs-, Beseitigungs-, Rückruf-, Vernichtungs- bzw. Überlassungsanspruch kann aber auch für erledigt erklärt werden; dann wird nur noch über

die Ablösung gestritten, wobei nach *Möhring/Nicolini/Lütje* (aaO) die Kosten für den erledigten Antrag gem. § 91a ZPO idR vom Verpflichteten zu tragen sind.

Ein Fallenlassen des Hauptantrags bedeutet allerdings Klagerücknahme mit entsprechender Kostenfolge. Bleibt der Unterlassungs-, Beseitigungs-, Rückruf-, Vernichtungs- bzw. Überlassungsanspruch im Streit und wird auf den Hilfsantrag des Verletzten der Verpflichtete zur Zahlung einer Ablösungssumme verurteilt unter Abweisung des Unterlassungs-, Beseitigungs-, Vernichtungs- bzw. Überlassungsanspruchs, sind die Prozesskosten gem. § 92 Abs. 1 ZPO verhältnismäßig zu teilen. Besteht der Verletzte ausschließlich auf dem Unterlassungs-, Beseitigungs-, Rückruf-, Vernichtungs- bzw. Überlassungsanspruch und hält das Gericht die Voraussetzungen einer Ablösung für gegeben, wird die Klage voll abgewiesen. Der Verpflichtete kann seinerseits Klage auf Feststellung erheben, dass er mit der Zahlung einer bestimmten bzw. in das Ermessen des Gerichts zu stellenden Ablösungssumme zu der betreffenden Nutzung berechtigt ist. Die Darlegungs- und Beweislast hinsichtlich aller Tatbestandsvoraussetzungen des § 100 liegt – es handelt sich mit Ausnahmen von der Regel – beim Verpflichteten.

Die **Gewährung von Aufbrauchsfristen** im Urheberrecht wird abgelehnt, teils aus grundsätzlichen Erwägungen (*v. Gamm* § 97 Rdnr. 44 grundsätzlich für das gesamte UrhG; *Wandtke/Bullinger/Bohne*[3] Rdnr. 4 und § 102 Rdnr. 5) oder weil jedenfalls § 100 die Vergünstigungen abschließend regele (*Vinck* in: Loewenheim[2] § 81 Rdnr. 96). Das Thema kann jedoch, da § 100 völlige Schuldlosigkeit voraussetzt, durchaus **relevant werden, wenn – geringes – Verschulden des Verletzers nicht auszuschließen ist und die Folgen eines sofortigen Verbots in keiner Relation zur Verletzung stehen.** So jetzt auch *Fromm/Nordemann*[10] Rdnr. 11 und § 97 Rdnr. 53f. bei leichter Fahrlässigkeit und unter dem Gesichtspunkt der Verhältnismäßigkeit; *Möhring/Nicolini/Lütje* § 102 Rdnr. 15 in „extremen Ausnahmefällen"; *Dreier* in: *Dreier/Schulze*[3] Rdnr. 10. Siehe dazu auch § 97 Rdnr. 201.

§ 101 Anspruch auf Auskunft hinsichtlich Dritter

(1) ¹Wer in gewerblichem Ausmaß das Urheberrecht oder ein anderes nach diesem Gesetz geschütztes Recht widerrechtlich verletzt, kann von dem Verletzten auf unverzügliche Auskunft über die Herkunft und den Vertriebsweg der rechtsverletzenden Vervielfältigungsstücke oder sonstigen Erzeugnisse in Anspruch genommen werden. ²Das gewerbliche Ausmaß kann sich sowohl aus der Anzahl der Rechtsverletzungen als auch aus der Schwere der Rechtsverletzung ergeben.

(2) ¹In Fällen offensichtlicher Rechtsverletzung oder in Fällen, in denen der Verletzte gegen den Verletzer Klage erhoben hat, besteht der Anspruch unbeschadet von Absatz 1 auch gegen eine Person, die in gewerblichem Ausmaß

1. rechtsverletzende Vervielfältigungsstücke in ihrem Besitz hatte,
2. rechtsverletzende Dienstleistungen in Anspruch nahm,
3. für rechtsverletzende Tätigkeiten genutzte Dienstleistungen erbrachte oder
4. nach den Angaben einer in Nummer 1, 2 oder Nummer 3 genannten Person an der Herstellung, Erzeugung oder am Vertrieb solcher Vervielfältigungsstücke, sonstigen Erzeugnisse oder Dienstleistungen beteiligt war,

es sei denn, die Person wäre nach den §§ 383 bis 385 der Zivilprozessordnung im Prozess gegen den Verletzer zur Zeugnisverweigerung berechtigt. ²Im Fall der gerichtlichen Geltendmachung des Anspruchs nach Satz 1 kann das Gericht den gegen den Verletzer anhängigen Rechtsstreit auf Antrag bis zur Erledigung des wegen des Auskunftsanspruchs geführten Rechtsstreits aussetzen. ³Der zur Auskunft Verpflichtete kann von dem Verletzten den Ersatz der für die Auskunftserteilung erforderlichen Aufwendungen verlangen.

(3) Der zur Auskunft Verpflichtete hat Angaben zu machen über

1. Namen und Anschrift der Hersteller, Lieferanten und anderer Vorbesitzer der Vervielfältigungsstücke oder sonstigen Erzeugnisse, der Nutzer der Dienstleistungen sowie der gewerblichen Abnehmer und Verkaufsstellen, für die sie bestimmt waren, und
2. die Menge der hergestellten, ausgelieferten, erhaltenen oder bestellten Vervielfältigungsstücke oder sonstigen Erzeugnisse sowie über die Preise, die für die betreffenden Vervielfältigungsstücke oder sonstigen Erzeugnisse bezahlt wurden.

(4) Die Ansprüche nach den Absätzen 1 und 2 sind ausgeschlossen, wenn die Inanspruchnahme im Einzelfall unverhältnismäßig ist.

(5) Erteilt der zur Auskunft Verpflichtete die Auskunft vorsätzlich oder grob fahrlässig falsch oder unvollständig, so ist er dem Verletzten zum Ersatz des daraus entstehenden Schadens verpflichtet.

(6) Wer eine wahre Auskunft erteilt hat, ohne dazu nach Absatz 1 oder Absatz 2 verpflichtet gewesen zu sein, haftet Dritten gegenüber nur, wenn er wusste, dass er zur Auskunftserteilung nicht verpflichtet war.

(7) In Fällen offensichtlicher Rechtsverletzung kann die Verpflichtung zur Erteilung der Auskunft im Wege der einstweiligen Verfügung nach den §§ 935 bis 945 der Zivilprozessordnung angeordnet werden.

(8) Die Erkenntnisse dürfen in einem Strafverfahren oder in einem Verfahren nach dem Gesetz über Ordnungswidrigkeiten wegen einer vor der Erteilung der Auskunft begangenen Tat gegen den Verpflichteten oder gegen einen in § 52 Abs. 1 der Strafprozessordnung bezeichneten Angehörigen nur mit Zustimmung des Verpflichteten verwertet werden.

(9) ¹Kann die Auskunft nur unter Verwendung von Verkehrsdaten (§ 3 Nr. 30 des Telekommunikationsgesetzes) erteilt werden, ist für ihre Erteilung eine vorherige richterliche Anordnung über die Zulässigkeit der Verwendung der Verkehrsdaten erforderlich, die von dem Verletzten zu beantragen ist. ²Für den Erlass dieser Anordnung ist das Landgericht, in dessen Bezirk der zur Auskunft Verpflichtete seinen Wohnsitz, seinen Sitz oder eine Niederlassung hat, ohne Rücksicht auf den Streitwert ausschließlich zuständig. ³Die Entscheidung trifft die Zivilkammer. ⁴Für das Verfahren gelten die Vorschriften des Gesetzes über die Angelegenheiten der freiwilligen Gerichtsbarkeit mit Ausnahme des § 28 Abs. 2 und 3 entsprechend. ⁵Die Kosten der richterlichen Anordnung trägt der Verletzte. ⁶Gegen die Entscheidung des Landgerichts ist die sofortige Beschwerde zum Oberlandesgericht statthaft. ⁷Sie kann nur darauf gestützt werden, dass die Entscheidung auf einer Verletzung des Rechts beruht. ⁸Die Entscheidung des Oberlandesgerichts ist unanfechtbar. ⁹Die Vorschriften zum Schutz personenbezogener Daten bleiben im Übrigen unberührt.

(10) Durch Absatz 2 in Verbindung mit Absatz 9 wird das Grundrecht des Fernmeldegeheimnisses (Artikel 10 des Grundgesetzes) eingeschränkt.

Schrifttum: *Ahrens*, Der Wettbewerbsprozess, 6. Auflage, Köln 2009; *Arndt/Fetzer/Scherer*, Telekommunikationsgesetz, Berlin 2008; *Bär* Anmerkung zu BVerfG, Beschluss vom 11. 3. 2008 – 1 BvR 256/08, MMR 2008, 307; *ders.* Anmerkung zu BVerfG, Beschluss vom 28. 10. 2008 – 1 BvR 256/08, MMR 2009, 35; *ders.* Anmerkung zu LG Darmstadt, Beschluss vom 9. 10. 2008 – 9 Qs 490/08, MMR 2009, 54; *ders.* AG Offenburg, Beschluss vom 20. 7. 2007 – 4 Gs 442/07, MMR 2007, 809; *ders.* ZUM 2006, 391; *ders.* Anmerkung zu LG Stuttgart, Beschluss vom 4. 1. 2005 – 13 Qs 89/04 MMR 2005, 624; *Benkhardt/Rogge* Patentgesetz, 10. Aufl., München 2006; *Bumiller/Winkler* Freiwillige Gerichtsbarkeit, 8. Aufl., München 2006; *Czychowski* Auskunftsansprüche gegen Internetzugangsprovidern „vor" dem zweiten Korb und „nach" der Durchsetzungsrichtlinie der EU, MMR 2004, 514; *Czychowski/Nordemann* Vorratsdaten und Urheberrecht – Zulässige Nutzung gespeicherter Daten, MMR 2008, 3095; *Dörre/Maaßen*, Das Gesetz zur Verbesserung der Durchsetzung von Rechten des geistigen Eigentums – Teil I: Änderungen im Patent-, Gebrauchsmuster-, Marken- und Geschmacksmusterrecht, GRUR-RR 2008, 217; *Dorschel* Anmerkung zu OLG Hamburg, Urteil vom 28. 4. 2005 – 5 U 156/04, GRUR 2006, 516; *Eichmann* Die Durchsetzung des Anspruchs auf Drittauskunft, GRUR 1990, 575; *Eisenkolb* Die Durchsetzungsrichtlinie und ihre Wirkung, GRUR 2007, 387 ff.; *Ekey/Klippel/Bender*, Markenrecht, Band 1, 2. Aufl. Heidelberg 2009; *Enstahler* Produktpiraterieegesetz, GRUR 1992, 273; *Ewert/von Hartz*, Neue verzichtbarliche Herausforderungen bei der Abmahnung im Urheberrecht, MMR 2008, 84; *Federrath* Technische Grundlagen von Auskunftsansprüchen, ZUM 2006, 434; *Fezer*, Markenrecht, 3. Aufl., München 2001; *Frey/Rudolph* EU-Richtlinie zur Durchsetzung der Rechte des Geistigen Eigentums, ZUM 2004, 522; *Grothe* Anmerkung zu LG Frankenthal, Beschluss vom 15. 9. 2008 – 6 O 325/08, MMR 2008, 831; *Haedicke* Informationsbefugnisse des Schutzrechtsinhabers nach der EG-Richtlinie zur Durchsetzung der Rechte des geistigen Eigentums, in Festschrift Schricker, S. 19; *Härting* Schutz von IP-Adressen – Praxisfolgen der BVerfG-Rechtsprechung zu Onlinedurchsuchung und Vorratsdatenspeicherung, ITRB 2009, 35; *Heidrich* Anmerkung zu AG Offenburg, Beschluss vom 20. 7. 2007 – 4 Gs 442/07 CR 2007, 676, 678; *Heymann* Das Gesetz zur Verbesserung der Durchsetzung von Rechten des Geistigen Eigentums, CR 2008, 568; *Höfinger* Anmerkung zu OLG Zweibrücken, Beschluss vom 26. 9. 2008 – 4 W 62/08, ZUM 2009, 75; *Hölk* Markenrechtliche Erschöpfung – Vorratsdatenspeicherung im Spiegel der markenrechtlichen Ansprüche aus den Entscheidungen „Markenparfümverkäufe" und „Parfümtestkäufe", WRP 2006, 647; *Hoeren* Vorratsdatenspeicherung und Urheberrecht – Keine Nutzung gespeicherter Daten?, NJW 2008, 3099; *Hoffmann*, Das Auskunftsverlangen nach § 101 Abs. 9 UrhG nF, MMR 2009, 655; *Ingerl/Rohnke* Markengesetz, 2. Aufl., München 2003; *Jenny*, Eile mit Weile – Vorratsdatenspeicherung auf dem Prüfstand, CR 2008, 282; *Jestaedt* Auskunfts- und Rechnungslegungsanspruch bei Sortenschutzverletzung, GRUR 1993, 219; *Jüngel/Geißler* Der neue Auskunftsanspruch aus § 101 UrhG unter Berücksichtigung der bisherigen Rechtsprechung, MMR 2008, 787; *Keidel/Kuntze/Winkler*, Freiwillige Gerichtsbarkeit: FG, 15. Aufl., München 2003; *Kindt* Auskunftspflicht von Raubkopierer und Musikpiraten?, MMR 2009, 147; *Kitz* § 101a UrhG: Für eine Rückkehr zur Dogmatik, ZUM 2005, 298; *Kitz* Die Auskunftspflicht des Zugangsvermittlers bei Urheberrechtsverletzungen durch seine Nutzer, GRUR 2003, 1014; *Kitz* Rechtsdurchsetzung im geistigen Eigentum – die neuen Regeln, NJW 2008, 2374; *Kitz* Urheberschutz im Internet und seine Einfügung in den Gesamtrechtsrahmen, ZUM 2006, 444; *Klett* Zum Auskunftsanspruch nach § 101a

Anspruch auf Auskunft hinsichtlich Dritter § 101

UrhG, K&R 2005, 222; *Knaack*, Die EG-Richtlinie zur Durchsetzung der Rechte des geistigen Eigentums und ihr Umsetzungsbedarf im deutschen Recht, GRUR-Int 2004, 745, 749; *Knieper* Mit Belegen gegen Produktpiraten, WRP 1999, 1116; *Kramer* Zivilrechtlicher Auskunftsanspruch gegenüber Access Providern, Hamburg 2007; *Kuper* § 101 UrhG: Glücksfall oder Reinfall für Rechteinhaber?, ITRB 2009, 12; *Ladeur* Die gemeinsame „Clearing-Stelle" von Rechteinhabern und Providern, K&R 2008, 650; *Leistner*, Störerhaftung und mittelbare Schutzrechtsverletzung, GRUR, Beilage zu Heft 1/2010; *Lement* Zur Haftung von Internet-Auktionshäusern – Anmerkung zum Urteil des BGH „Internet-Versteigerung", GRUR 2005, 210; *Linke* Anmerkung zu OLG Hamburg, Urteil vom 28. 4. 2005 – 5 U 156/04, MMR 2005, 456; *Loewenheim*, Handbuch des Urheberrechts, 2. Auflage, München 2009; *Maaßen*, Urheberrechtlicher Auskunftsanspruch und Vorratsdatenspeicherung, MMR 2009, 21; *Mantz* Die Rechtsprechung zum neuen Auskunftsanspruch nach § 101 UrhG, K&R 2009, 21; *McGuire* Beweismittelvorlage und Auskunftsanspruch nach der Richtlinie 2004/48/EG zur Durchsetzung der Rechte des geistigen Eigentums, GRUR Int. 2005, 15; *von Merveldt* Der Auskunftsanspruch im gewerblichen Rechtsschutz, Köln 2007; *Metzger/Wurmnest* Auf dem Weg zu einem Europäischen Sanktionenrecht des geistigen Eigentums?, ZUM 2003, 922; *Meyerdierks* Sind IP-Adressen personenbezogene Daten?, MMR 2008, 8; *Moos*, Die Entwicklung des Datenschutzrechts im Jahr 2008, K&R 2009, 154; *Musiol*, Erste Erfahrungen mit der Anwendung des § 101 IX UrhG – Wann erreicht die Verletzung ein „gewerbliches Ausmaß"?, GRUR-RR 2009, 1; *Nägele/Nitsche* Gesetzentwurf der Bundesregierung zur Verbesserung der Durchsetzung von Rechten des Geistigen Eigentums WRP 2007, 1047; *Nordemann/Dustmann* To Peer Or Not To Peer, – Urheberrechtliche und datenschutzrechtliche Frage der Bekämpfung der Internet-Piraterie, CR 2004, 380; *Otten*, Die auskunftsrechtliche Anordnung nach § 101 IX UrhG in der Praxis, GRUR-RR 2009, 369; *Peukert/Kur*, Stellungnahme des Max-Planck-Instituts für Geistiges Eigentum, Wettbewerbs- und Steuerrecht zur Umsetzung der Richtlinie 2004/48/EG zur Durchsetzung der Rechte des geistigen Eigentums, GRUR Int. 2006, 292, 296; *Raabe* Der Auskunftsanspruch nach Artikel 8 der Richtlinie zur Verbesserung der Durchsetzung von Rechten des geistigen Eigentums, ZUM 2006, 439; *Röhl/Bosch* Musiktauschbörsen im Internet – Eine Bewertung aus aktuellem Anlass, NJW 2008, 1415; *Sankol* Die Qual der Wahl: § 113 TKG oder §§ 100 g, 100 h stopp?, *Sankol* Die Kontroverse über die Auskunftsverlangen von Ermittlungsbehörden gegen Access-Provider bei dynamischen IP-Adressen, MMR 2006, 361; *Sankol* Anmerkung zu LG Offenburg, Beschluss v. 17. 4. 2008 – 3 Qs 83/07, MMR 2008, 482; *Sankol* Anmerkung zu AG Offenburg, Beschluss vom 20. 7. 2007 – 4 Gs 442/07, K&R 2007, 540; *Schlegel* Anmerkung zu LG Hamburg, Urteil vom 7. 7. 2005 – 308 O 264/04, CR 2005, 144; *Scheuerle/Mayen* Telekommunikationsrecht, 2. Auflage, München 2008; *Schulze/Eckhardt*, Die Vielseitigkeit der Rechtsprechung zur Vorratsdatenspeicherungspflicht, CR 2009, 775; *Schulte/Kühnen*, Patentgesetz mit Europäischem Patentübereinkommen. Kommentar auf der Grundlage der deutschen und europäischen Rechtsprechung, 7. Aufl., München 2005; *Seichter* Der Auskunftsanspruch nach Artikel 8 der Richtlinie zur Durchsetzung der Rechte des geistigen Eigentums, in: Ahrens/Bornkamm/Kunz-Hallstein, Festschrift für Eike Ullmann, S. 983 ff., Saarbrücken 2006; *Seichter* Die Umsetzung der Richtlinie zur Durchsetzung der Rechte des geistigen Eigentums, WRP 2006, 391; *Sieber/Höfinger* Drittauskunftsansprüche nach § 101 a UrhG gegen Internetprovider zur Verfolgung von Urheberrechtsverletzungen, MMR 2004, 575; *Solmecke* Anmerkung zu LG Köln, Beschluss vom 2. 9. 2008 – 28 AR 4/08, MMR 2008, 762; *Solmecke/Kost*, Aktuelle Entwicklungen zum Thema Filesharing, K&R 2009, 772; *Spindler* „Die Tür ist auf" – Europarechtliche Zulässigkeit von Auskunftsansprüchen gegenüber Providern, GRUR 2008, 574; *Spindler* Anmerkung zu OLG Frankfurt, Urteil vom 25. 1. 2005 – 11 U 51/04, MMR 2005, 243; *Spindler* Der Auskunftsanspruch gegen Verletzer und Dritte im Urheberrecht nach neuem Recht, ZUM 2008, 640; *Spindler/Dorschel* Auskunftsansprüche gegen Internetserviceprovider, CR 2005, 38; *Spindler/Dorschel*, Vereinbarkeit der geplanten Auskunftsansprüche gegen Internet-Provider mit EU-Recht, CR 2006, 341; *Spindler/Schuster* Recht der elektronischen Medien, München 2008; *Spindler/Weber* Die Umsetzung der Durchsetzungsrichtlinie nach dem Regierungsentwurf für ein Gesetz zur Verbesserung der Durchsetzung von Rechten des geistigen Eigentums, ZUM 2007, 257; *Stadler* Haftung für Informationen im Internet, 2. Aufl., Berlin 2005; *Ströbele/Hacker*, Markengesetz, 8. Aufl., München 2006; *Teplitzky* Wettbewerbsrechtliche Ansprüche und Verfahren, 9. Aufl., Köln 2006; *Tilmann*, Der Auskunftsanspruch, GRUR 1987, 251; *Tilmann*, Der Schutz gegen Produktpiraterie nach dem Gesetz von 1990, BB 1990, 1565 ff.; *Weber/Welp*, Die Auskunftspflicht von Access-Providern nach dem Urheberrechtsgesetz, München 2009; *Wilhelmi* Das gewerbliche Ausmaß als Voraussetzung der Auskunftsansprüche nach dem Durchsetzungsgesetz, ZUM 2008, 942; *Wimmers/Schulz*, Haftung für fremde Inhalte, in: Heidrich/Forgo/Feldmann, Heise Online-Recht, Loseblattsammlung, Hannover 2008 ff.; *Wimmers/Schulz*, Stört der Admin-C?, CR 2006, 754 ff.; *Zombik* Der Kampf gegen Musikdiebstahl im Internet – Rechtsdurchsetzung zwischen Bagatellschwelle und Datenschutz, ZUM 2006, 450.

Übersicht

	Rdnr.
I. Ausgangslage	1
II. Entwicklung und Bedeutung	6
1. Durchsetzungsrichtlinie	7
2. Nationales Gesetzgebungsverfahren	10
3. Der Auskunftsanspruch auf der Grundlage des Produktpirateriegesetzes	11
4. Übergangsregelung	13
III. Auskunftsanspruch gegen den Verletzer, Abs. 1	15
1. Umfang, Verhältnis zum unselbstständigen Auskunftsanspruch	15
2. Aktivlegitimation	17
3. Rechtsverletzung – Verletzer	19
4. Gewerbliches Ausmaß	29
a) Vorhaben der Richtlinie	30
b) Nationales Gesetzgebungsverfahren	32
c) Entscheidungspraxis	35
5. Weitere Voraussetzungen	42
IV. Auskunftsanspruch gegen Dritte, Abs. 2	46
1. Umfang und Inhalt der Vorschrift	46
2. Anspruchsschuldner	49

§ 101 Anspruch auf Auskunft hinsichtlich Dritter

	Rdnr.
a) Der Besitzer rechtsverletzender Vervielfältigungsstücke (§ 101 Abs. 2 Nr. 1)	52
b) Derjenige, der rechtsverletzende Dienstleistungen in Anspruch nahm (§ 101 Abs. 2 Nr. 2)	53
c) Derjenige, der Dienstleistungen für rechtsverletzende Tätigkeiten erbrachte (§ 101 Abs. 2 Nr. 3)	54
d) Die nach den Angaben einer auskunftspflichtigen Person an der Rechtsverletzung Beteiligten (§ 101 Abs. 2 Nr. 4)	55
3. Handeln im gewerblichen Ausmaß	57
4. Klageerhebung; offensichtliche Rechtsverletzung	60
a) Klageerhebung	62
b) Offensichtliche Rechtsverletzung	63
5. Weitere Voraussetzungen	69
a) Zeugnisverweigerungsrecht	69
b) Aussetzung des Verfahrens	70
c) Kostenerstattung des Auskunftsverpflichteten	71
V. Umfang und Inhalt der Auskunft, Abs. 3	72
1. Namen und Anschriften	74
2. Mengen und Preise	77
3. Zeitraum der Auskunft	79
4. Art und Form der Auskunft	80
VI. Verhältnismäßigkeit, Abs. 4	85
VII. Falsche oder unvollständige Auskunft, Abs. 5	91
VIII. Haftungsfreistellung bei Auskunft ohne Verpflichtung, Abs. 6	92
IX. Die Durchsetzbarkeit im Weg der einstweiligen Verfügung, Abs. 7	93
X. Verwertungsverbot, Abs. 8	98
XI. Anordnung bei Verwendung von Verkehrsdaten, Abs. 9	99
1. Regelungshintergrund	99
2. Gesetzgebungsverfahren	104
3. Anordnungsverfahren nach Abs. 9 und Datenschutz	105
a) Technischer Hintergrund	106
b) Bestandsdaten/Verkehrsdaten	108
c) Datenschutzrecht; Fernmeldegeheimnis	111
aa) Speicherungsrecht; Speicherungspflicht	111
bb) Herausgabepflicht	114
4. Richtervorbehalt; Verfahren, Kosten	120
a) Richtervorbehalt	120
b) Verfahren	122
c) Kosten	123

I. Ausgangslage

1   Der **(selbstständige) Auskunftsanspruch** im Recht des geistigen Eigentums steht in der jüngeren Vergangenheit nicht nur im Zentrum der juristischen Debatte; er ist auch gleich mehrfach Gegenstand gesetzgeberischer Reformbemühungen gewesen. **Gewohnheitsrechtlich anerkannt** war seit langem der sog. **akzesszorische Auskunftanspruch**, der der Vorbereitung von Schadensersatz- und Bereicherungsansprüchen dienen soll (vgl. Gesetzentwurf der Bundesregierung, Entwurf eines Gesetzes zur Verbesserung der Durchsetzung des geistigen Eigentums, BT-Drucks. 16/5048, S. 48; ständige Rechtsprechung, vgl. zB BGH GRUR 1962, 398, 400, BGH GRUR 1978, 52, 53; BGH GRUR 1980, 227, 232 – Monumenta Germaniae Historica; zu den Grenzen: BGH GRUR 1987, 647, 648 – Briefentwürfe). Für das Urheberrecht war ein Teilausschnitt dieses akzessorischen Anspruches (der **Rechnungslegungsanspruch über den Gewinn für den Gewinnherausgabeanspruch in § 97 Abs. 1 S. 2 aF**) sogar ausdrücklich gesetzlich geregelt. Dieser Rechnungslegungsanspruch findet sich in der Neufassung des § 97 nicht mehr; eine **Änderung der Rechtslage ist mit dieser Streichung jedoch nicht verbunden** (vgl. BT-Drucks. 16/5048, S. 48). Der akzessorische Auskunftsanspruch geht auf eine frühe Entscheidung des Reichsgerichts (RGZ 108, 1, 7) zurück, das eine Auskunftspflicht in jedem Rechtsverhältnis annahm, dessen Wesen es mit sich bringt, dass der Berechtigte in entschuldbarer Weise über Bestehen und Umfang seines Rechts im Ungewissen, der Verpflichtete hingegen in der Lage ist, unschwer Auskunft zu erteilen. Dieser aus **Treu und Glauben** hergeleitete und durch die Rechtsprechung anerkannte **Hilfsanspruch** wird uneingeschränkt aber nur dann zugestanden, wenn er der **Durchsetzung eines gegen den Auskunftspflichtigen selbst gerichteten Hauptanspruchs dient**. Dabei richtet sich der Anspruch nur auf das, was zur Vorbereitung des Hauptanspruchs erforderlich ist (vgl. Gesetzentwurf der Bundesregierung zum Entwurf eines Gesetzes zur Bekämpfung der Produktpiraterie, BT-Drucks. 11/4792, S. 30; vgl. iÜ

zu Inhalt und Umfang dieses Auskunftsanspruches die Kommentierung von *Schricker/Wild*[4] § 97 Rdnr. 187 ff.; *Loewenheim/Vinck*[2], § 81 Rdnr. 55 ff., 58 ff.). In engen Grenzen hat die Rechtsprechung in der Vergangenheit auch einen Auskunftsanspruch gewährt, der das Vorgehen nicht gegen den Auskunftspflichtigen ermöglichen soll, sondern gegen **Dritte** ermöglichen soll (vgl. BGHZ 125, 322, 330 = GRUR 1994, 630, 632 f. – Cartier-Armreif; zu den Grenzen: *Teplitzky* Wettbewerbsrechtliche Ansprüche und Verfahren, Kap. 38 Rdnr. 33 ff. mwN).

Ein **allgemeiner Auskunftsanspruch** ist dem materiellen deutschen Recht hingegen grundsätzlich fremd (BGH NJW 1957, 669; *Haedicke* FS-Schricker, 19, 20; *Peukert/Kur* GRUR Int. 2006, 292, 296). In der erwähnten Entscheidung stellte der BGH nüchtern fest: „Der Umstand, dass eine Person Kenntnis über Tatsachen hat, die für eine andere von Bedeutung sein mögen, zwingt sie nicht zur Auskunftserteilung. Grundsätzlich besteht nur dann eine Pflicht zur Auskunftserteilung, wenn aufgrund der erteilten Auskunft materielle Ansprüche gegen den Auskunftsverpflichteten herzuleiten sind." 2

Die fortschreitende **technische Entwicklung** lässt den Schutzrechtsinhaber indes mit diesem akzessorischen Auskunftsanspruch (und der nur unvollständigen Ausweitung in Richtung einer Drittauskunft) nur **unvollkommen geschützt**. So stellt insbesondere das **Internet** und die dort ohne Transaktionskosten mögliche massenhafte Verbreitung von urheberrechtlich geschützten Inhalten den Schutzrechtsinhaber vor große Probleme. Insbesondere sog. **Tauschbörsen** führten für die Rechteinhaberindustrie zu schweren wirtschaftlichen Konsequenzen (vgl. *Czychowski/Nordemann* NJW 2008, 3095; *Bäcker* ZUM 2006, 434; zweifelnd zum wirtschaftlichen Schaden durch Tauschbörsen unter Verweis auf Untersuchungen *Welp*, S. 133; differenzierend auch *Kindt* MMR 2009, 147). Die Möglichkeit, im Internet weitgehend anonym kommunizieren zu können, die bei Tauschbörsen in großem Umfang für Urheberrechtsverletzungen genutzt wird (vgl. BT-Drucks. 16/5048, S. 39 f.), lässt die Verfolgung einer Schutzrechtsverletzung schon daran scheitern, dass der Rechtsinhaber die **Identität des Verletzers** nicht kennt und nicht ermitteln kann. Diesem **Informationsinteresse des Schutzrechtsinhabers,** das er nur unter Mitwirkung des mutmaßlichen Verletzers oder mit Hilfe Dritter befriedigen kann, stehen aber auch **gegenläufige** Interessen derjenigen gegenüber, die über die gewünschten Informationen verfügen (vgl. *Haedicke* FS-Schricker, S. 19 f.). Bei dem in Anspruch genommenen Dritten, der nicht selbst Verletzer ist, liegt dies auf der Hand. Er wird weder ein Interesse daran haben, in einen Rechtsstreit zwischen Rechtsinhaber und potentiellem Verletzer hineingezogen zu werden, noch wird er die Kosten der Informationsbeschaffung tragen wollen (*Haedicke* FS-Schricker, 19, 20). Zugleich sind **datenschutzrechtliche Interessen** zu berücksichtigen. 3

Der Gesetzgeber hat mit § 101 den Versuch unternommen, diese im europäischen wie nationalen Gesetzgebungsverfahren besonders herausgestellten beteiligten Interessen, namentlich von Rechtsinhabern, Nutzern und Internet-Providern, **in Ausgleich zu bringen** (vgl. BT-Drucks. 16/5048, S. 63). Dies ist mit der vorliegenden Vorschrift nur unzulänglich geglückt; sie weist an vielfältigen Stellen unbestimmte und unklare Regelungen auf. Insbesondere Konflikte mit dem **Datenschutzrecht** und dem verfassungsrechtlich (Art. 10 GG) und einfachgesetzlich geschützten **Fernmeldegeheimnis** (§ 88 TKG) sind nicht oder nur unvollständig gelöst (vgl. dazu nachfolgend Rdnr. 99 ff.). Wesentliche Fragen werden der Rechtsprechung überlassen (ausdrücklich die Frage, ob Abs. 1 auch den mittelbaren Störer umfasst – vgl. BT-Drucks. 16/5048, S. 30 –, aber auch eine Vielzahl unbestimmter Rechtsbegriffe). Für Urheberrechtsverletzungen im Internet sieht sich die Vorschrift im Spannungsverhältnis zwischen einerseits der Notwendigkeit für Rechteinhaber, gerade auch im Internet Verletzungen verfolgen zu können, und den nachhaltig strengen **Vorgaben des Bundesverfassungsgerichts zum Datenschutz** (vgl. BVerfG MMR 2009, 29 – Vorratsdatenspeicherung; NJW 2008, 822 – Online-Durchsuchung). Hier wäre eine spezifischere Abgrenzung und Regelung durch den Gesetzgeber erforderlich gewesen, schon um Frustrationen auf allen Seiten zu vermeiden. Im Rahmen der erforderlichen intensiveren Klärung dieses „bislang wenig ausgeloteten Feldes" (*Spindler* ZUM 2008, 640, 646 f.) wäre auch weiter zu untersuchen, ob alternative Lösungen dieser Konfliktlage zur Vergügung stehen sollten (vgl. die Ansätze zB *Ladeur* K&R 2008, 650; *Kramer* S. 180 ff.; *Bäcker* ZUM 2006, 391). 4

Schon die Diskussion um die **analoge Anwendung** des § 101 a aF auf **Access-Provider**, insbesondere aber die vom Gesetzgeber offen gelassene Frage (vgl. BT-Drucks. 16/5048, S. 30) der Reichweite des Verletzerbegriffs in § 101 Abs. 1 verdeutlicht zudem, wie **eng die (Dritt-) Auskunftsansprüche mit dem seit Jahren kontrovers diskutierten Komplex der Haftung im Internet verknüpft** sind. Begründung, Inhalt und Umfang der sog. **Störerhaftung** für ganz unterschiedliche Provider sind Gegenstand vielfältiger, häufig konfligierender Urteile, 5

§ 101

die auf Seiten des Gesetzgebers erneut zu einer Überprüfung führten, ob die gesetzlichen Grundlagen anzupassen sind (für das TMG vgl. http://www.bmwi.de/BMWi/Navigation/ Technologie-und-Innovation/Informationsgesellschaft/medienrecht.html). Die Gewährung eines Auskunftsanspruches gegen Internet-Provider, wie er nun ausdrücklich in § 101 Abs. 2 Nr. 3 eingeräumt wird (vgl. BT-Drucks. 16/5048, S. 49), könnte die Diskussion um die **Subsidiarität der Haftung** von Internet-Providern erneut eröffnen (vgl. hierzu OLG Düsseldorf MMR 2006, 553). Der BGH hatte in seiner Entscheidung Webforen aus 2007 (BGH ZUM 2007, 533, 534 f. – Webforen) einer solch subsidiären Haftung des Internet-Providers eine Absage erteilt. Durch die Einführung des selbstständigen Auskunftsanspruchs gegen den Internet-Provider könnte eine neue Rechtslage entstanden sein, die vom BGH neu zu würdigen wäre. Jedenfalls im Rahmen der **Zumutbarkeitserwägungen** bei den **Prüfungspflichten** der Störerhaftung (so LG Berlin, Urteil vom 1. 9. 2009, 16 O 293/08 – bisher nicht veröffentlicht) wäre dies zu berücksichtigen, wenn nicht die Einführung dieses selbstständigen Anspruches gegen den unbeteiligten Internet-Provider sogar dazu führt, dass ein Prinzip der Subsidiarität der Haftung anzunehmen ist, indem Rechteinhaber zunächst den Rechtsverletzer in Anspruch zu nehmen hätten und erst in zweiter Linie den Provider (so *Spindler* GRUR 2008, 574).

II. Entwicklung und Bedeutung

6   Die Vorschrift ist durch das Gesetz zur Verbesserung der Durchsetzung von Rechten des geistigen Eigentums vom 7. Juli 2008 (BGBl. I S. 1191) mit Wirkung vom 1. September 2008 neu in das Gesetz eingefügt worden. Das Durchsetzungsgesetz dient der Umsetzung der Richtlinie 2004/48/EG des Europäischen Parlamentes und des Rates vom 29. April 2004 zur Durchsetzung der Rechte des geistigen Eigentums (ABl. EU Nr. L 195 S. 16 – Durchsetzungsrichtlinie). Diese Richtlinie war nach ihrem Art. 28 Abs. 1 bis spätestens zum 29. April 2006 in nationales Recht umzusetzen; diese Umsetzungsfrist wurde nicht gehalten (zum Vertragsverletzungsverfahren vgl. EUGH Urt. v. 5. 6. 2008 – Rs. C-395/07; zur Frage der unmittelbaren Wirkung der Richtlinie *Eisenkolb* GRUR 2007, 387).

1. Durchsetzungsrichtlinie

7   Die Richtlinie zur Durchsetzung der Rechte des geistigen Eigentums (Durchsetzungsrichtlinie) ist am 20. Mai 2004 in Kraft getreten. Erst am 30. Januar 2003 hatte die Kommission einen Vorschlag für die Richtlinie vorgelegt (KOM (2003) 46 endgültig). Bis zur Veröffentlichung der Richtlinie im Amtsblatt vergingen nur 15 Monate; dieser Zeitraum ist für einen Gemeinschaftsrechtsakt, mit dem eine horizontale Harmonisierung der Rechtsbehelfe, Maßnahmen und Verfahren zur Durchsetzung aller Immaterialgüterrechte erreicht werden soll, zu Recht als rekordverdächtig bezeichnet worden (*Frey/Rudolph* ZUM 2004, 522). **Das zügige Gesetzgebungsverfahren war der Tatsache geschuldet, dass am 1. Mai 2004 der Beitritt der 10 neuen Mitgliedsstaaten in Kraft trat.** Die Kommission ging davon aus, dass es nach Beitritt der neuen Mitgliedsstaaten schwierig werden würde, die erforderliche qualifizierte Mehrheit im Rat zu erhalten; man befürchtete dann eine weitere Verzögerung der angestrebten Verbesserung der Rechtsdurchsetzung insbesondere im Internet (vgl. *Seichter* FS-Ullmann, S. 983; *Frey/Rudolph* ZUM 2004, 522). Dieses beschleunigte Gesetzgebungsverfahren, bei dem nur die englische Fassung der Richtlinie abgestimmt worden ist, **wirft Fragen unter rechtsstaatlichen Gesichtspunkten auf** (vgl. dazu *Frey/Rudolph* aaO); insbesondere aber **zeigt die Richtlinie qualitative Mängel und Inkonsistenzen**, die sich im nationalen Umsetzungsverfahren fortgesetzt haben (vgl. die Kritik bei *Seichter* WRP 2006, 391, 392; *Frey/Rudolph* ZUM 2004, 522 f.; *Haedicke* FS-Schricker, S. 19; zur Umsetzung im UrhG: *Spindler* ZUM 2008, 640, 648).

8   Die Richtlinie orientierte sich an den unterschiedlichen Instrumenten, die zur Durchsetzung von Immaterialgüterrechten in einzelnen Mitgliedsstaaten schon bestanden (vgl. Kommissionsvorschlag (KOM (2003) 46 endgültig, S. 14 ff.)). Art. 8 der Durchsetzungsrichtlinie, der den Auskunftsanspruch regelt, griff insbesondere auf die schon bestehenden nationalen Vorschriften aus Deutschland zurück (vgl. Vorschlag der Kommission (KOM (2003) 46 endgültig, S. 23)). Die Tatsache, dass unterschiedliche materiellrechtliche und prozessrechtliche Regelungen aus den unterschiedlichen Mitgliedsstaaten für die Richtlinie herangezogen wurden, hätte für sich allein schon ein gründliches Gesetzgebungsverfahren gerechtfertigt. Die sich herausbildende Rechtsprechungspraxis der Instanzgerichte in Deutschland verdeutlicht, welche **großen Auslegungsschwierigkeiten** die Rechtsanwendung hat (vgl. Rdnr. 35 f.).

Anspruch auf Auskunft hinsichtlich Dritter **§ 101**

§ 101 setzt Art. 8 der Durchsetzungsrichtlinie um und ist daher **richtlinienkonform auszu-** 9
legen (BGH GRUR 2007, 708, 711 – Internet-Versteigerung II; *Seichter* WRP 2007, 391, 392; *Eisenkolb* GRUR 2007, 387, 393; *Fromm/Nordemann/Czychowski* Rdnr. 8). Ob wegen der verspäteten Umsetzung Art. 8 auch schon vor Inkrafttreten des § 101 seit dem 30. April **2006 unmittelbar anwendbar war, ist umstritten** (vgl. einerseits *Schricker/Wild*[3] § 101a, Rdnr. 8, andererseits *Eisenkolb* GRUR 2007, 387 ff.; s. dazu noch nachfolgend Rdnr. 14).

2. Nationales Gesetzgebungsverfahren

So zügig das europäische Gesetzgebungsverfahren abgeschlossen werden konnte, so **zögerlich** 10
ging die nationale Umsetzung vonstatten. Nach Art. 28 Abs. 2 war die Richtlinie bis spätestens zum 29. April 2006 in nationales Recht umzusetzen; die Umsetzung erfolgte mit mehr als zwei Jahren Verspätung. Dabei war schon der **1. Referentenentwurf** erst am 3. Januar 2006, also nur wenige Monate vor Ablauf der Umsetzungsfrist vorgelegt worden (abrufbar unter www.urheberrecht.org/topic/enforce). Mehr als ein weiteres Jahr später, am 26. Januar 2007, hat das Bundeskabinett den **Regierungsentwurf** eines Gesetzes zur Verbesserung der Durchsetzung von Rechten des geistigen Eigentums beschlossen (vgl. BR-Drs. 64/07; einschließlich **Stellungnahme des Bundesrates** sowie der **Gegenäußerung der Bundesregierung** als BT-Drucks. 16/5048 vom 20. April 2007). Vorangegangen waren eine **Vielzahl von kontroversen Eingaben** (vgl. die Nachweise bei *Raabe* ZUM 2006, 439; sowie die Stellungnahme des Max-Planck-Instituts für Geistiges Eigentum, Wettbewerbs- und Steuerrecht bei *Peukert/Kur* GRUR Int. 2006, 292). Gleichwohl sah der **Gesetzentwurf der Bundesregierung nur wenige Änderungen gegenüber dem Referentenentwurf** vor. Die **Beschlussempfehlung des Rechtsausschusses** vom 9. April 2008 (BT-Drucks. 16/8783) ersetzte in § 101 Abs. 1 die Formulierung „im geschäftlichen Verkehr" durch die Wortwahl aus Art. 8 der Durchsetzungsrichtlinie „im gewerblichen Ausmaß".

3. Der Auskunftsanspruch auf der Grundlage des Produktpirateriegesetzes

Schon mit dem Gesetz zur Stärkung des Schutzes geistigen Eigentums und zur Bekämpfung 11
der Produktpiraterie (**ProduktpiraterieG** – PrPG) wurde **erstmals ein Anspruch auf Auskunft hinsichtlich Dritter** eingeführt. Anlass für das PrPG war, dass der Umfang der Produktpiraterie, insbesondere als Folge der Entwicklung auf dem Gebiet der Reproduktionstechniken, „besorgniserregende Ausmaße" angenommen hatte (vgl. BT-Drucks. 11/4792, S. 16); dem versuchte der Gesetzgeber dadurch entgegenzutreten, dass er **sachgerechte rechtliche Instrumentarien für eine Bekämpfung der massenhaften Produktpiraterie** zur Verfügung stellte (vgl. dazu den Überblick bei *Tilmann* BB 1990, 1565 ff.). Teil dieser Maßnahmen war ein **selbstständiger spezialgesetzlicher Auskunftsanspruch** (*von Merveldt* S. 61), „mit dessen Hilfe die Quellen und Vertriebswege der bei einem Verletzten aufgefundenen schutzrechtsverletzenden Ware aufgedeckt werden können" (BT-Drucks. 11/4792, S. 30). Der Auskunftsanspruch des § 101a UrhG aF richtete sich gegen jeden Verletzer, der **im geschäftlichen Verkehr** tätig wird und nahm so (allein) private Nutzer von der Anspruchsverpflichtung aus (vgl. zu den unterschiedlichen Begründungen für einen Ausschluss privater Nutzer bei verschiedenen Immaterialgüterrechten *Dreier/Schulze/Dreier*[2] § 101a, Rdnr. 6; *Rogge/Grabinsky* in: Benkhardt PatG § 140b Rdnr. 9; *Ströbel/Hacker/Hacker* MarkenG, § 19, Rdnr. 8). Diese **gesetzliche Regelung des Drittauskunftsanspruches aufgrund des PrPG ließ sonstige Ansprüche auf Auskunft unberührt** (vgl. BT-Drucks. 11/4792, S. 32). Es bleibt der Rechtsprechung überlassen, entsprechend der technischen und wirtschaftlichen Entwicklung den Schutz des Betroffenen zu verbessern (vgl. BGH GRUR 1994, 630, 633 – Cartier-Armreif; GRUR 1995, 427, 429 – Schwarze Liste).

Eine **umfangreiche Kontroverse** bestand zu der Frage, ob der Auskunftsanspruch aus 12
§ 101a aF analog für Auskunftsansprüche gegen Provider (insbes. **Access Provider**) bei Rechtsverletzungen im Internet angewendet werden kann. Die Streitfrage ist durch die Neufassung des § 101 UrhG überholt; inhaltlich lebt die Auseinandersetzung über die Frage der Auskunftspflicht von Providern erneut an der Abgrenzung der Ansprüche aus § 101 Abs. 1 und Abs. 2 auf (vgl. unten Rdnr. 18 ff.). **Zum Streitstand unter § 101a aF:** Nachdem erstinstanzlich eine analoge Anwendung des § 101a aF angenommen wurde (LG Hamburg ZUM 2005, 66 = MMR 2005, 55; LG Köln ZUM 2005, 236) hatten die Berufungsgerichte eine Anwendung des Auskunftsanspruchs aus § 101a aF auf Access-Provider mit teilweise unterschiedlicher Begründung durchweg abgelehnt (vgl. OLG Hamburg MMR 2005, 453; OLG Frankfurt/

M MMR 2005, 241; OLG München MMR 2005, 616). Im Schrifttum war die Anwendung des § 101a auf Auskunftsansprüche gegen Internetprovider vertreten worden von: *Czychowski* MMR 2004, 515, *Lement* GRUR 2005, 210, 211; *Dreier/Schulze/Dreier*[2] Rdnr. 7, 22; *J. B. Nordemann/ Dustmann* CR 2004, 380/385; *von Merveldt* S. 88 ff. **dagegen:** *Dorschel* Anm. zum Urteil OLG Hamburg CR 2005, 516; *Kitz* GRUR 2003, 1014; *ders.* ZUM 2005, 298; *Klett* K & R 2005, 222; *Linke* Anm. zum Urteil OLG Hamburg MMR 2005, 456/457; *Schlegel* CR 2005 144; *Sieber/Höfinger* MMR 2004, 575; *Spindler* Anm. zum Urteil OLG Frankfurt GRUR 2005, 243; *Spindler/Dorschel* CR 2005, 38; *Kramer* S. 65 f., der allerdings grundsätzlich eine Passivlegitimation im Rahmen des § 101a aF annimmt, die Inanspruchnahme dann aber für den Access Provider bei der Zumutbarkeit ablehnt.

4. Übergangsregelung

13   Nach Art. 10 des Gesetzes zur Verbesserung der Durchsetzung von Rechten des geistigen Eigentums trat das Gesetz am 1. September 2008 in Kraft. Die gewählte Frist von bis zu zwei Monaten sollte der Rechtsprechung die Möglichkeit geben, sich auf die neuen Bestimmungen einzustellen. Ein Bedarf für weitergehende Übergangsbestimmungen bestand nach dem Gesetzgeber nicht. Die Frage, ob die neuen Ansprüche und Verfahren auch für Rechtsverletzungen gelten, die vor dem Inkrafttreten des Gesetzes begangen worden sind, ist nach den allgemeinen Grundsätzen zu beurteilen (BT-Drucks. 16/5048, S. 52). Für den Anspruch aus § 101a aF hat das OLG München festgestellt, dass sich Auskunftsansprüche nach dem zum Zeitpunkt der geltend gemachten Verletzungshandlungen geltenden Recht richten (OLG München GRUR 2007, 419, 422 – Lateinlehrbuch, unter Verweis auf BGH GRUR 2005, 166, 168 – Puppenausstattungen).

14   Ob die Durchsetzungsrichtlinie nach Ablauf der Umsetzungsfrist am 28. April 2006 unmittelbar heranzuziehen ist, ist umstritten. Eine **direkte Anwendbarkeit** der Regelungen der Durchsetzungsrichtlinie zum Auskunftsanspruch wurde teilweise **abgelehnt, da eine „unmittelbare Wirkung" auf das Verhältnis Bürger-Staat beschränkt sei** (vgl. nur *Streinz* Europarecht, Rdnr. 444 ff.). Eine **unmittelbare horizontale Drittwirkung**, also im Verhältnis Bürger-Bürger eines Staates sei hingehen **ausgeschlossen** (ständige Rechtsprechung, vgl. zB EuGH Rs. 152/84, Marshall/Health Authority, Slg. 1986, 723; ausführlich gegen eine unmittelbare Anwendung *Eisenkolb* GRUR 2007, 387; wohl auch *Seichter* WRP 2007, 391, 392). Teilweise wurde mit Ablauf der Umsetzungsfrist eine unmittelbare Anwendung von Art. 8 der Durchsetzungsrichtlinie als verbindliches Gemeinschaftsrecht angenommen (*Schricker/Wild*[3] § 101a Rdnr. 8). Ob die Ausführungen des BGH in **Internet-Versteigerung II** (GRUR 2007, 708, 711), wonach „die Durchsetzungsrichtlinie ... jedenfalls nach Ablauf der Umsetzungsfrist am 29. April 2006 zur näheren Bestimmung des in der Gemeinschaftsmarkenverordnung geregelten Unterlassungsanspruchs unmittelbar heranzuziehen, auch wenn das Gesetz, mit dem die Richtlinie umgesetzt werden soll, noch nicht verabschiedet ist", als unmittelbare Anwendung der Vorschriften der Richtlinie zu lesen ist (so *Fromm/Nordemann/Czychowski*, Rdnr. 8), kann man mit dem Wortlaut der Entscheidung („zur näheren Bestimmung ... unmittelbar heranzuziehen"), insbesondere aber mit dem Verweis auf BGH GRUR 1998, 824, 826 Testpreis-Angebote bezweifeln, in der der BGH eine richtlinienkonforme Auslegung erörterte.

III. Auskunftsanspruch gegen den Verletzer, Abs. 1

1. Umfang; Verhältnis zum unselbstständigen Auskunftsanspruch

15   § 101 Abs. 1 UrhG bildet weitgehend den bisherigen Anspruch auf Drittauskunft gegen den Verletzer aus § 101a UrhG aF ab. Der Gesetzentwurf der Bundesregierung sah zunächst noch statt des Merkmals **„in gewerblichem Ausmaß"** (so der Wortlaut in Art. 8 Durchsetzungsrichtlinie) die alte Formulierung **„im geschäftlichen Verkehr"** vor, stellte dies aber im verabschiedeten Gesetz auf die der Durchsetzungsrichtlinie entstammende Formulierung um. Durch die Änderung des Abs. 1 gegenüber § 101a UrhG aF wird im Übrigen klargestellt, dass der Auskunftsanspruch bei allen Verletzungshandlungen eingreift, also nicht auf Fälle der Verletzung von körperlichen Verwertungsrechten beschränkt ist (vgl. BT-Drucks. 16/5048, S. 49).

16   Der Anspruch in Abs. 1 ist die **gesetzliche Regelung eines selbstständigen, nichtakzessorischen Anspruchs auf Drittauskunft,** der die Lücken schließen soll, die durch den rasanten Anstieg der Produktpiraterie für die Durchsetzung der Rechte des Rechtsinhabers of-

fenbar wurde. Die Vorschrift ersetzt nicht den bisherigen (akzessorischen) Hilfsanspruch auf Auskunftserteilung und Rechnungslegung (*Nordemann/Fromm/Czychowski* Rdnr. 2; zum akzessorischen Auskunftsanspruch im Einzelnen *Schricker/Wild*[4] § 97 Rdnr. 187 ff.). Dieser **akzessorische Anspruch** auf Auskunftserteilung (sowie der Rechnungslegungsanspruch, der in § 97 Abs. 1 S. 2 aF spezialgesetzlich geregelt war) ist **gewohnheitsrechtlich anerkannt** (RGZ 60, 5; BGH GRUR 1962, 398, 400 – Kreuzbodenventilsäcke II; GRUR 1974, 53, 54 – Nebelscheinwerfer; GRUR 1980, 227, 2323 – Monumenta Germaniae Historica) und findet seine **Grundlage in den Vorschriften der §§ 259, 260 BGB und in der Bestimmung des § 242 BGB.** Er wird in allen Fällen gewährt, in denen der Verletzte in entschuldbarer Weise über Bestehen und Umfang seines Ersatzanspruchs im Unklaren ist, während der Verletzer unschwer Auskunft über seine eigenen Verhältnisse geben kann (BGH GRUR 2007, 532 – Meistbegünstigungsvereinbarung; GRUR 1974, 53, 54 – Nebelscheinwerfer; GRUR 1980, 227, 2323 – Monumenta Germaniae Historica). Die Neuregelung der selbstständigen Auskunftsansprüche in § 101 lässt den gewohnheitsrechtlich anerkannten Anspruch auf Auskunft und Rechnungslegung unberührt (vgl. § 102a nF; *Fromm/Nordemann/Czychowski* Rdnr. 4). Auch aus der Streichung des Rechnungslegungsanspruchs in § 97 nF folgt nicht Abweichendes. Der Gesetzgeber (BT-Drucks. 16/5048, S. 48) stellte ausdrücklich klar, dass mit dieser Streichung keine inhaltliche Änderung der gewohnheitsrechtlich anerkannten Ansprüche bezweckt war.

2. Aktivlegitimation

Anspruchsberechtigt ist der „**Verletzte**". Die Richtlinie gab in Art. 4 zwingend vor, dass dem **Rechtsinhaber** die Maßnahmen, Verfahren und Rechtsbehelfe der Durchsetzungsrichtlinie eingeräumt werden müssen; bei anderen Personen, die zur Nutzung solcher Rechte befugt sind, insbesondere **Lizenznehmer**, bei **Verwertungsgesellschaften und Berufsorganisationen** überlässt die Richtlinie die entsprechende Aktivlegitimation den Mitgliedsstaaten. Die **Bundesregierung sah keinen Umsetzungsbedarf** (vgl. BT-Drucks. 16/5048, S. 26), da eine Erstreckung der Aktivlegitimation auf weitere Personen **nur nach Maßgabe des anwendbaren Rechts** erfolge, so dass insoweit keine verbindlichen Vorgaben gemacht werden. Damit sind **Inhaber von ausschließlichen Nutzungsrechten** aktivlegitimiert, sowie **Verwertungsgesellschaften im Rahmen ihrer Wahrnehmungsbefugnis** (vgl. § 13c WahrnG; BGH GRUR 2004, 420, 421 – Kontrollbesuch, zu § 809 BGB). Zur Aktivlegitimation vgl. *Schricker/Wild* § 97, Rdnr. 47 ff.; zu Nutzungsrechten: Rdnr. 48 ff.; zu Verwertungsgesellschaften: Rdnr. 59; zu Berufsorganisationen: Rdnr. 60. 17

Mit §§ 2a, 3a UKlaG ist eine **Unterlassungsklage rechtsfähiger Verbände** bei Verstößen gegen § 95b Abs. 1 UrhG eingefügt worden. Für die Ansprüche nach §§ 100, 101a, 101b UrhG fehlt eine entsprechende Befugnis zur Verbandsklage, so dass **Berufsorganisationen als Anspruchsinhaber ausscheiden** (*Wandtke/Bullinger/Ohst* § 101a, Rdnr. 7; zur Frage der Verbandsklagebefugnis nach der Durchsetzungsrichtlinie vgl. auch *Frey/Rudolph* ZUM 2004, 522, 527). 18

3. Rechtsverletzung – Verletzer

Während § 101a Abs. 1 aF auf die rechtswidrige Herstellung oder Verbreitung von Vervielfältigungsstücken beschränkt war, wird durch die Formulierung in Abs. 1 klargestellt, dass der Auskunftsanspruch bei allen Verletzungshandlungen eingreift, also nicht auf Fälle der Verletzung von körperlichen Verwertungsrechten beschränkt ist (BT-Drucks. 16/5048, S. 49). Erfasst sind damit auch Fälle der Verletzung von **Rechten der öffentlichen Wiedergabe**, also insbesondere auch des **Rechtes der öffentlichen Zugänglichmachung** in § 19a UrhG. 19

Wie schon im Rahmen des § 101a aF ist auch bei § 101 nF umstritten, ob der Anspruch gegen den **Verletzer** nach Abs. 1 auch den **Störer** umfasst. Der **Gesetzgeber hat diese Frage jedenfalls in Teilen ausdrücklich den Gerichten überlassen**: Während der Referentenentwurf vom 3. Januar 2006 (S. 57; abrufbar unter www.urheberrecht.org/topic/enforce) offenbar noch davon ausging, dass der Begriff des Verletzers auch den Störer umfasse, und dass diese Störerhaftung „grundsätzlich auch für den Auskunftsanspruch [gilt], da der Umfang der Passivlegitimation entsprechend ist", weicht die Begründung des Regierungsentwurfs an dieser Stelle von der Formulierung des Referentenentwurfs ab und legt eine differenzierte Betrachtung zu Grunde. Die Bundesregierung verweist in ihrer Begründung (vgl. BT-Drucks. 16/5048, S. 29f.) darauf, dass die **Anwendung der Störerhaftung auch für den Auskunftsanspruch umstritten** sei, und nahm dabei insbesondere das Urteil des OLG Frankfurt (GRUR-RR 2205, 20

§ 101   Anspruch auf Auskunft hinsichtlich Dritter

147, 148) in Bezug. In dieser Entscheidung vertrat das OLG Frankfurt die Auffassung, dass „Verletzer" im Sinne von § 101 a UrhG aF nur ein Täter oder Teilnehmer einer rechtswidrigen Verletzung sein kann, nicht jedoch derjenige, der lediglich als Störer mitwirkt. Zwar stellt die Bundesregierung im Grundsatz heraus, dass neben Tätern und Teilnehmern außerdem – zumindest im Rahmen des Unterlassungsanspruchs – der Mitstörer analog § 1004 BGB hafte. Sie verweist aber weiter darauf, dass die Frage, ob diese Störerhaftung auch für den Unterlassungsanspruch auch für den Auskunftsanspruch gilt, umstritten sei. Die **Klärung der Reichweite der Störerhaftung wird der Rechtsprechung überlassen** und auf eine **ausdrückliche Regelung dieser Frage im Gesetz verzichtet**. Daher geht der Hinweis von *Spindler* (ZUM 2008, 640, 643 mit Fußnote 23) fehl, der aus der Formulierung „unbeschadet Abs. 1" in § 101 Abs. 2 schließt, der Gesetzgeber habe ausdrücklich klar gestellt, dass der Störer bereits nach § 101 Abs. 1 in Anspruch genommen werden könne.

21   Die Auseinandersetzung um diese Frage hat unter der Neufassung der selbstständigen Auskunftsansprüche nicht gelitten. Die **Rechtsprechung** zum § 101 a Abs. 1 aF ging dabei überwiegend davon aus, dass der Auskunftsanspruch sich nur gegen einen **unmittelbaren Verletzer** richtet, nicht aber gegen den **mittelbaren Störer** (OLG Hamburg GRUR-RR 2005, 209, 212 f. = CR 2005, 512, 515 – Rammstein; OLG Frankfurt MMR 2005, 241, 243; aA OLG München GRUR 2007, 419, 423). Auch der BGH ist der Auffassung, dass jedenfalls die Auskunftsansprüche nach dem Produktpirateriegesetz nicht gegen den **mittelbaren Störer** gerichtet sind; der Störer hafte nur auf Unterlassung. Entsprechend wies der BGH bei der Entscheidung Internet-Versteigerung (MMR 2004, 668, 672) den Auskunftsanspruch gegen das dort als mittelbare Störerin in Anspruch genommene Internetauktionshaus ab (so wohl auch *Fromm/Nordemann/Nordemann*, § 97 Rdnr. 154).

22   Der **Störer** wird teilweise ohne Weiteres dem Verletzer iSv. § 101 Abs. 1 gleichgestellt (*Spindler* ZUM 2008, 640, 643; *Haedicke* FS – Schricker, S. 19, 31 f.; *Czychowski* MMR 2004, 514, 516; *Nägele/Nitsche* WRP 2007, 1047, 1048; zu § 19 MarkenG: *Ströbele/Hacker/Hacker*, MarkenG § 19 Rdnr. 8; so auch *Kramer* S. 59, der für den Accessprovider eine Auskunftspflicht als „Verletzer" aber aufgrund einer Verhältnismäßigkeitsprüfung ausschließt). Für diese Auffassung wird auf die Gesetzgebungsmaterialien verwiesen, die in der Begründung zu § 140 b Patentgesetz ausführen, dass die Formulierung „unbeschadet von Abs. 1" zum Ausdruck bringen soll, dass in den Vorschriften zur Drittauskunft genannten Personen auch gem. Abs. 1 in Anspruch genommen werden können, wenn sie *Störer* sind. Der Hinweis auf diese zunächst klare Formulierung verkennt jedoch, dass in der Begründung der Auskunftsansprüche gegen Dritte (BT-Drucks 16/5048, S. 29 f.) die Frage, ob der Störer Verletzer iSv § 101 Abs. 1 ist und wie weit eine solche Störerhaftung reicht, **ausdrücklich offen gelassen** wird.

23   Der Hinweis des Gesetzgebers auf die Rechtsprechung spricht allerdings dafür, dass der (jedenfalls der mittelbare) **Störer nicht Verletzer iSv § 101 Abs. 1** ist. Der BGH (GRUR 2002, 618, 619 – Meißner Dekor) hatte zu dieser Frage grundsätzlich festgestellt, dass Schutzrechtsverletzungen unerlaubte Handlungen darstellen und dass als **Schuldner dieser deliktischen Ansprüche Täter, Mittäter oder Teilnehmer sowie solche Personen in Betracht kämen, denen das Verhalten der Handelnden zuzurechnen ist**. Die Störerhaftung eröffnet darüber hinaus die Möglichkeit, auch denjenigen in Anspruch zu nehmen, der – ohne Täter oder Teilnehmer zu sein – in irgendeiner Weise willentlich und adäquat kausal zur Verletzung eines geschützten Gutes oder zu einer verbotenen Handlung beigetragen hat (BGH, aaO, mwN). Diese Störerhaftung, die nach Auffassung des BGH ihre **Grundlage nicht im Deliktsrecht sondern in der Regelung über die Besitz- und die Eigentumsstörung in § 862 und in § 1004 hat, vermittle nur Abwehransprüche**. Insbesondere mit der Entscheidung des BGH zu Internet-Versteigerung (MMR 2004, 668, 672 = GRUR 2004, 860) dürfte diese Rechtsprechung, gerade in Bezug auf Internetprovider, als gefestigt betrachtet werden, hat der BGH hier doch festgehalten, dass eine mögliche **Störerhaftung lediglich einen Unterlassungsanspruch** eröffnet (so auch OLG Hamburg, CR 2005, 512, 515, mit ablehnender Anmerkung *Dorschel*; OLG Frankfurt, MMR 2005, 241, 243, mit ablehnender Anmerkung *Spindler*; *Fromm/Nordemann/Nordemann*, § 97 Rdnr. 154).

24   Gegen diese Rechtsprechung wendeten sich insbesondere Spindler und Dorschel (*Dorschel* CR 2005, 516 ff.; *Spindler* MMR 2005, 243 ff.; *Spindler/Dorschel* CR 2006, 341 ff.). Ein Großteil der Argumentation für die Einbeziehung des Störers bezog sich allerdings auf die alte Vorschrift des § 101 a Abs. 1 aF, der einen Drittauskunftsanspruch gegen unbeteiligte Dritte seinem Wortlaut nach gerade nicht vorsah. Die sich verschärfenden Probleme mit der Internetpiraterie, die den Verletzten häufig deswegen anspruchslos hinterlässt, weil er den Verletzer nicht ausfindig

machen kann, befeuerten die Diskussion zur Begründung eines Auskunftsanspruchs gegen Internetserviceprovider *de lege lata*. Durch die Neufassung des § 101 ist dieser Diskussion jedenfalls teilweise der Boden entzogen worden, da diese Vorschrift in Abs. 2 nunmehr einen Auskunftsanspruch gegen Dritte vorsieht, der gerade auch Internetserviceprovider mit einschließt (vgl. § 101 Abs. 2 Nr. 3).

Der Begriff **Störer** ist ebenso schillernd wie **dogmatisch ungeklärt**. Die Befürworter der 25 Einbeziehung des Störers unter § 101 Abs. 1 verweisen darauf, dass sich der Unterlassungsanspruch auf § 97 Abs. 1 UrhG gründe und gerade nicht auf §§ 862, 1004 BGB (*Spindler/Dorschel* CR 2006, 341). Die Gegenmeinung führt aus, dass der mittelbare Störer nicht unter das Merkmal des Verletzers in § 97 Abs. 1 S. 1 UrhG subsumiert würde; seine Unterlassungspflicht fuße auf §§ 862, 1004 BGB (*Kitz* ZUM 2005, 298, 299 unter Verweis auf BGH GRUR 2002, 618, 619 – Meißner Dekor). Diese Debatte führt nicht weiter, zumal der Unterlassungsanspruch aus § 97 aus § 1004 BGB entwickelt wurde (vgl. BGH NJW 1955, 492, 499f. – Grundig-Reporter) und verkennt, dass der Gesetzgeber hinsichtlich der Abgrenzung, wieweit der Begriff des Verletzers reicht, auf die schon ergangene Rechtsprechung verweist. Dies könnte nahelegen, **zwischen dem unmittelbaren und dem mittelbaren oder Mit-Störer zu unterscheiden** (vgl. BT-Drucks. 16/5048, S. 31, 38; Kitz ZUM 2006, 444, 447).

Dogmatisch ist dieser Frage schwer beizukommen (vgl. dazu den Überblick bei *von* 26 *Merveldt*, S. 64 ff.; jetzt grundlegend *Leistner*, GRUR, Beilage zu Heft 1/2010, 1 ff.). Der Begriff des Störers stammt aus dem Sachenrecht (§§ 862, 1004 BGB). Er wird in den sog. negatorischen Ansprüchen der §§ 862 und 1004 BGB erwähnt, aber nicht definiert. Voraussetzung, Inhalt, Umfang und Grenzen der sachenrechtlichen Störerhaftung – insbesondere der Störerbegriff – sind in der Literatur sehr umstritten und Gegenstand unterschiedlichster Deutungs- und Einschränkungskonzepte. Schon die wesentlichen Kommentierungen zu § 1004 BGB setzen sich außerordentlich kritisch mit Voraussetzung und Inhalt des Störerbegriffs auseinander (vgl. *Staudinger/Gursky*[13] § 1004 BGB Rdnr. 93 ff.; *Münchener Kommentar/Medicus*[4] § 1004 BGB, Rdnr. 42 ff.; *Palandt/Bassenge* § 1004 BGB Rdnr. 15).

Ausgehend vom Sachenrecht hat die Störerhaftung durch die Rechtsprechung im Rahmen 27 bzw. in analoger Anwendung von § 1004 BGB **eine Ausdehnung auf andere absolute Rechte und insbesondere auch auf das Wettbewerbsrecht** erfahren (BGH MDR 1997, 677 = GRUR 1997, 313, 315 – Architektenwettbewerb; *Teplitzky* Wettbewerbsrechtliche Ansprüche und Verfahren, 8. Aufl., Kap. 14, Rdnr. 4; *Wimmers/Schulz* CR 2006, 754, 758). In einer Reihe von Entscheidungen schränkte der BGH seit Mitte der 90er Jahre die (mittelbare) Störerhaftung jedoch weiter ein, die **zunächst als eine reine Adäquanzhaftung** begründet war (BGH CR 1990, 334 = GRUR 1990, 463 – Firmenrufnummer). Die **Einschränkungen** der Rechtsprechung (BGH CR 2004, 333 = GRUR 2003, 969970 – Ausschreibung von Vermessungsleistungen; CR 2001, 850 – Ambiente.de; BGH GRUR 2002, 618, 619 – Meißner Dekor; CR 2004, 613 = GRUR 2004, 693 – Schöner Wetten; CR 2004, 763 = GRUR 2004, 860 – Internet-Versteigerung) waren dabei zweierlei: Zum einen bestand eine Haftung des mittelbaren Störers nur nach **Verletzung zumutbarer Prüfungspflichten**, nachdem er auf eine Rechtsverletzung hingewiesen worden war; zum zweiten nahm die Rechtsprechung auf der Rechtsfolgenseite eine Einschränkung dahingehend vor, dass die **Haftung des mittelbaren Störers ausschließlich auf Unterlassung beschränkt** ist (BGH GRUR 2002, 618, 619 – Meißner Dekor; CR 2004, 763 = GRUR 2004, 860 – Internet-Versteigerung). Für den praktisch relevanteren Fall des Access-Providers scheint sich allerdings eine Rechtsprechung zu etablieren, die dessen Störereigenschaft insgesamt verneint (OLG Frankfurt, GRUR-RR 2009, 93, 94, LG Kiel, MMR 2008, 123, 124; ähnlich für das öffentliche Recht VG Berlin MMR 2008, 851, 853; NJOZ 2009, 519, 525; im Ergebnis auch LG Hamburg, ZUM 2009, 587, 589f.).

Auf dieser Grundlage wird in der Literatur teilweise angenommen, dass sich die Auskunftsansprüche nach § 101 Abs. 1 nur gegen den **unmittelbaren Verletzer** richten (*Kitz* ZUM 2005, 298, 300; *Schlegel* CR 2005, 144; *Klett* K&R 2005, 222, 224; *Knaack* GRUR-Int 2004, 745, 749). Dafür spricht, dass der BGH in den Entscheidungen Meißner Dekor und Internet-Versteigerung jeweils hervorhob, dass der dortige Störer – ohne Täter oder Teilnehmer zu sein – „in irgendeiner Weise willentlich und adäquat kausal zur Verletzung eines geschützten Gutes ... *beigetragen* hat" (BGH GRUR 2002, 618, 619 – Meißner Dekor). Dessen Haftung finde ihre Grundlage nicht im Deliktsrecht, sondern in der Regelung über die Besitz- und Eigentumsstörung und sei daher auf Abwehransprüche beschränkt. Aus der Entscheidung Schwarze Liste (BGH GRUR 1995, 427; hierauf stützt sich *von Merveldt* S. 88 ff.) folgt nichts Abweichendes: Dort nämlich ging es um ein Unternehmen, das selbst den Tatbestand der Anschwärzung nach

§ 14 UWG aF erfüllte und eben nicht um den nur adäquat kausalen Beitrag zur Rechtsgutsverletzung eines Dritten. Es scheint mit dieser Rechtsprechung folgerichtig, den **mittelbaren Störer von der Verantwortung nach § 101 Abs. 1 auszunehmen** und ihn unter den gerade für diese Fälle eingerichteten § 101 Abs. 2 zu fassen (so wohl auch *Dreier/Schulze/Dreier* Rdnr. 8).

4. Gewerbliches Ausmaß

29 Der Anspruch auf Drittauskunft besteht nur, wenn die Rechtsverletzung in **gewerblichem Ausmaß** erfolgte. Abs. 1 S. 2 präzisiert diesen unbestimmten Rechtsbegriff dahingehend, dass sich das gewerbliche Ausmaß sowohl aus **Anzahl** als auch aus **Schwere der Rechtsverletzung** ergeben kann. Der Begriff war dem deutschen Recht bisher **fremd** (vgl. Stellungnahme des Bundesrates, BT-Drucks. 16/5048, S. 55) und ist, wie auch die sehr unterschiedliche Spruchpraxis seit Inkrafttreten zeigt (siehe nachfolgend Rdnr. 35 ff.), unklar (vgl. *Wilhelmi* ZUM 2008, 942; *Spindler* ZUM 2008, 640, 642).

30 **a) Vorgaben der Richtlinie.** Die Vorgaben aus der Durchsetzungsrichtlinie erhellen den Begriff nur geringfügig. In Erwägungsgrund 14 heißt es: „In gewerblichem Ausmaß vorgenommene Rechtsverletzungen zeichnen sich dadurch aus, dass sie zwecks Erlangung eines unmittelbaren oder mittelbaren wirtschaftlichen oder kommerziellen Vorteils vorgenommen werden; dies schließt in der Regel Handlungen aus, die in gutem Glauben von Endverbrauchern vorgenommen werden." Dies könnte den Umkehrschluss nahelegen, dass auch **private Endverbraucher** in gewerblichem Ausmaß handeln können, solange sie nicht gutgläubig sind (vgl. *Seichter* FS-Ullmann, S. 986), oder weitergehend, dass ein gewerbliches „Ausmaß" auch bei rein privatem Handeln erreicht werden kann (*Kitz* NJW 2008, 2374, 2375).

31 Die **Erwägungsgründe einer Richtlinie** sind selbst **nicht bindend** (vgl. *Wandtke/Bullinger/Thum* vor §§ 87 a ff. Rdnr. 17; *Fromm/Nordemann/Czychowski* Rdnr. 21) und dienen nur der richtigen Auslegung und Anwendung der Richtlinienartikel, wobei sie nicht über den verfügenden Teil der Richtlinie hinausgehen können.

32 **b) Nationales Gesetzgebungsverfahren.** Ob mit dem Ersetzen der ursprünglichen Formulierung „im geschäftlichen Verkehr" (§ 101 a Abs. 1 aF) durch das Merkmal „**in gewerblichem Ausmaß**" eine inhaltliche Änderung des Gesetzgebers beabsichtigt war, lässt sich den Materialien nicht eindeutig entnehmen; sie sprechen eher dagegen. Der Bundesrat hatte in seiner Stellungnahme (BT-Drucks. 16/5048, S. 59) darum gebeten klarzustellen, dass der Auskunftsanspruch nach § 101 Abs. 2 nicht voraussetzt, dass die Rechtsverletzung im geschäftlichen Verkehr erfolgt ist. Die Bundesregierung hat dieser Bitte ausdrücklich nicht abgeholfen und darauf verwiesen, dass der Gesetzentwurf mit der Formulierung „im geschäftlichen Verkehr" den **Vorgaben der Richtlinie** entspricht, die Auskunftsansprüche nur vorsieht, „wenn die Rechtsverletzung selbst in gewerblichem Ausmaß vorgenommen wurde" (Gegenäußerung der Bundesregierung, BT-Drucks. 16/5048, S. 65; vgl. ausführlich *Welp*, S. 101 ff.).

33 Das Tatbestandsmerkmal „in gewerblichem Ausmaß" ist Gegenstand **längerer Auseinandersetzungen im Gesetzgebungsverfahren** gewesen. Der Referentenentwurf des Bundesministeriums der Justiz vom 3. Januar 2006 (abrufbar unter www.urheberrecht.org/topic/enforce) verzichtete auf dieses Merkmal vollständig und stellte für die Verpflichtung zur Drittauskunft lediglich auf die Rechtsverletzung ab. Der Gesetzentwurf des Bundestages griff auf die Formulierung des § 101 a aF zurück und verlangte zusätzlich ein Handeln *im geschäftlichen Verkehr*, womit jede wirtschaftliche Betätigung, mit der in Wahrnehmung oder Förderung eigener oder fremder Geschäftsinteressen am Erwerbsleben teilgenommen wird, umfasst wird (BT-Drucks. 16/5048, S. 44 unter Verweis auf BGH GRUR 2004, 241, 242 – GeDIOS; *Hacker/Ströbele/Hacker* MarkenG, § 14 Rdnr. 27). Ob hiermit eine Differenzierung gegenüber dem Rechtsbegriff im **gewerblichen Ausmaß** beabsichtigt war, ist Gegenstand unterschiedlicher Auffassungen. *Fromm/Nordemann/Czychowski* Rdnr. 23 meinen, dass ein inhaltlicher Unterschied zwischen beiden Begriffen nicht bestehe. Nach *Spindler* (ZUM 2008, 640, 642) sei der Regierungsentwurf mit der Formulierung „im geschäftlichen Verkehr" über die Vorgaben der Durchsetzungsrichtlinie hinausgegangen. Die Bundesregierung verweist mit ihrer Begründung insbesondere auf **Erwägungsgrund 14** der Richtlinie, wonach ein Auskunftsanspruch auf jeden Fall dann vorgesehen sein muss, „wenn die Rechtsverletzung im gewerblichen Ausmaß vorgenommen worden ist. Diesem Erwägungsgrund wird im Markenrecht dadurch Rechnung getragen, dass die Rechtsverletzung im geschäftlichen Verkehr begangen sein muss" (BT-Drucks. 16/5048, S. 44 zu § 19 MarkenG, worauf die Begründung zu § 101 UrhG verweist; vgl. ebda.

S. 49). Dies legt nahe, dass der Gesetzgeber zwischen beiden Begriffen nicht differenziert; jedenfalls aber folgt daraus, dass er den Begriff „gewerbliches Ausmaß" nicht als weiter begreift als den Begriff „im geschäftlichen Verkehr".

Mit seiner Stellungnahme zum Regierungsentwurf regte der **Bundesrat** an zu überprüfen, „ob (und in welcher) Richtung) ein Unterschied zum Begriff „im geschäftlichen Verkehr" [...] besteht, ob eine solche Unterscheidung gerechtfertigt erschient oder ob nicht ein einheitlicher Begriff verwandt werden kann" (BT-Drucks. 16/5048, S. 55). Dem scheint die nun in Kraft getretene Vorschrift geschuldet zu sein. In seiner Beschlussempfehlung und Bericht hat der **Rechtsausschuss** (BT-Drucks. 16/8783, S. 50) ausgeführt, dass auf den Begriff des gewerblichen Ausmaßes zurückgegriffen werden soll, um einen Gleichlauf des deutschen Urheberrechtsgesetzes mit der Richtlinie zu erreichen. Der Rechtsausschuss stellt weiter heraus, dass Satz 2 des Erwägungsgrundes 14 der Richtlinie klarstellt, dass das einschränkende Merkmal „gewerbliches Ausmaß" nicht nur **quantitative**, sondern auch **qualitative** Aspekte aufweist. Für den Fall der Rechtsverletzung im Internet bedeute dies, dass eine Rechtsverletzung nicht nur im Hinblick auf die Anzahl der Rechtsverletzungen, also etwa die Anzahl der öffentlich zugänglich gemachten Dateien, ein „gewerbliches Ausmaß" erreichen kann, sondern auch im Hinblick auf die Schwere der beim Rechtsinhaber eingetretenen einzelnen Rechtsverletzungen. Letzteres sei nach Auffassung des Rechtsausschusses etwa dann zu bejahen, wenn eine besonders umfangreiche Datei, wie ein vollständiger Kinofilm oder ein Musikalbum oder Hörbuch, vor oder unmittelbar nach ihrer Veröffentlichung in Deutschland widerrechtlich im Internet öffentlich zugänglich gemacht wird (dem folgend OLG Köln MMR 2008, 820, 822 = CR 2009, 107; dagegen OLG Oldenburg K&R 2009, 51; allgemein zur Frage der Bedeutung geäußerter Rechtsauffassungen im Gesetzgebungsverfahren LG Offenburg MMR 2008, 480, 481).

c) Entscheidungspraxis. Unterdessen gibt es umfangreiche Rechtsprechung zum Tatbestandsmerkmal **gewerbliches Ausmaß**, die allerdings nicht von Einheitlichkeit geprägt ist.

Das OLG Köln (MMR 2008, 820, 822 = CR 2009, 107 ff.; LG Köln, Urteil vom 26.9.2008, 28 OH 8/08, Juris) greift auf die Beschlussempfehlung des Rechtsausschusses zurück und nimmt ein gewerbliches Ausmaß an, wenn **ein gesamtes Musikalbum**, zudem in der relevanten Verkaufsphase, der Öffentlichkeit zum Erwerb angeboten wird. Dieser Anbieter könne und wolle nicht mehr kontrollieren, in welchem Umfang von seinem Angebot Gebrauch gemacht werde und greife damit in die Rechte des Rechtsinhabers in einem Ausmaß ein, das einer gewerblichen Nutzung der fremden Rechte durch den Verletzer entspreche (so auch OLG Schleswig, Beschluss vom 5. 2. 2010, 6 W 26/09, juris). Das OLG Frankfurt (MMR 2009, 542) erkannte das gewerbliche Ausmaß bei einer Zugänglichmachung einer vollständigen Film-DVD von 150 Minuten Länge in einer Tauschbörse kurz nach Veröffentlichung (vgl. auch LG Frankfurt, MMR 2008, 829 f.; LG Köln MMR 2008, 761 f. mit ablehnender Anmerkung *Solmecke* = ZUM-RD 2009, 40). In einer weiteren Entscheidung sah das LG Köln (ZUM-RD 2009, 40) die Schwere der Rechtsverletzung trotz Fehlens des **„unmittelbaren zeitlichen Zusammenhang[s] zu der Veröffentlichung des Musikalbums"** darin, „dass das geschützte Werk derzeit nach wie vor zu den meistverkauften Musikalben in Deutschland zu zählen ist". Hinsichtlich der relevanten Verkaufsphase vertritt das OLG Zweibrücken die Auffassung, dass diese bereits nach 3 Monaten enden könne (OLG Zweibrücken, MMR 2007, 43); das LG Köln (MMR 2009, 645) sieht diese Phase jedenfalls nach 6 Monaten als nicht mehr gegeben an. *Welp* sieht in der Zugänglichmachung nach Veröffentlichung kein hinreichendes Kriterium für ein gewerbliches Ausmaß; *Welp*, S. 131 ff.

Dieser engen Orientierung am Wortlaut der Auffassung des Rechtsausschusses folgen die weiteren Entscheidungen nicht und grenzen weiter ein:

Nach dem OLG Zweibrücken (CR 2009, 31) unterscheide sich das Merkmal „gewerbliches Ausmaß" vom bisher nach § 101 a aF erforderlich Handeln im geschäftlichen Verkehr (vgl. hierzu *Kitz* NJW 2008, 2374, 2375). Aus Erwägungsgrund 14 der Richtlinie zieht es die Notwendigkeit, den Begriff des gewerblichen Ausmaßes einschränkend dahin auszulegen, dass eine **Rechtsverletzung von erheblicher Qualität** vorliegen muss. Damit sei klargestellt, dass bei illegalen Kopien und Verbreitungen im Internet (zB über Tauschbörsen) ein **Umfang** erreicht werden muss, der über das hinausgeht, was einer Nutzung zum privaten oder sonstigen eigenen Gebrauch entsprechen würde (vgl. auch OLG Zweibrücken, MMR 2009, 702; LG Kiel, ZUM 2009, 978, 979; LG Kiel, MMR 2009, 643, 644). Das OLG Zweibrücken verweist für seine einschränkende Auslegung darauf, dass der Gesetzgeber die Empfehlung des Bundesrates (BT-Drucks. 16/5048, S. 59 f.) gerade nicht aufgenommen habe, der einen Verzicht des einschränkenden Merkmales gefordert habe, damit der Auskunftsanspruch in seinem „Hauptanwendungsfall", der Verletzung des Urheberrechts im Internet, leerlaufen würde und die Rechtsinhaber schutzlos gestellt würden. Das LG Frankenthal hatte in der Vorinstanz (MMR 2008, 830, 831) noch sehr viel weitergehend und unter Rückgriff auf die Richtlinien der Staatsanwaltschaft Nordrhein-Westfalen ein gewerbliches Ausmaß erst im Angebot von mindestens **3000 Musikstücken oder 200 Filmen** gesehen.

39   Das LG Darmstadt (zu § 406e StPO; MMR 2009, 52, 53f.) lehnt einen Rückgriff auf den handels- bzw. zivilrechtlichen Gewerbebegriff (vgl. LG Frankenthal MMR 2008, 830 m. Anm. *Grothe*; für eine handelsrechtliche Bestimmung: *Kuper* ITRB 2009, 12, 14), wonach eine selbstständige, planmäßige und auf Dauer angelegte Tätigkeit erforderlich wäre, ab. Mit einer handelsrechtlichen Definition wäre ein gewerbliches Ausmaß beim „praktisch bedeutsamsten Problem der Internettauschbörsen" nie erfüllt. Dies wäre mit dem gemeinschaftsrechtlichen Grundsatz der praktischen Wirksamkeit (effet utile) (vgl. EuGH GRUR 2008, 241, 243 = MMR 2008, 227 – Promusicae/Telefonica; *Czychowski* GRUR-RR 2008, 265) nicht zu vereinbaren. Im konkreten Fall sah das LG Darmstadt das gewerbliche Ausmaß durch eine „mehrstündige Session und dem Bereithalten von **620 Audio-Dateien** überwiegend gängiger Titel" als erfüllt an (vgl. allerdings in einer Parallelwertung für das Strafrecht LG Karlsruhe, MMR 2010, 68).

40   Das OLG Oldenburg (K&R 2009, 51; dem folgend LG Kiel, ZUM 2009, 978, 979), in einem Fall eines Auskunftsverlangens gegen einen Accessprovider, setzte sich mit den Vorgaben aus dem Gesetzgebungsverfahren auseinander und nahm eine Auslegung des Begriffes „**im Lichte der wertsetzenden Bedeutung des Art. 10 GG**" vor. Das Gericht hatte einen Sachverhalt zu beurteilen, in dem ein gesamtes und sehr aktuelles Album heruntergeladen wurde, also genau den Fall, den die Beschlussempfehlung des Rechtsausschusses für die Schwere der Rechtsverletzung als Beispiel angenommen hatte. Das OLG Oldenburg sieht in der Auffassung des Rechtsausschusses den äußersten Wortsinn als Grenze jeder Auslegung überschritten. Es legt seinerseits den Begriff in gewerblichem Ausmaße im Lichte des Grundrechtes aus Art. 10 GG aus und betont, dass die herauszugebenden Daten verfassungsrechtlich besonders geschützt sein. Solange nur feststeht, dass von der fraglichen IP-Adresse ein einziger „Download" stattgefunden hat, sei eine **einschränkende Interpretation** des Begriffs gewerbliches Ausmaß geboten; selbst der Verdacht, „auch wenn er naheliegend ist", kein ausreichendes Kriterium, um Grundrechte einzuschränken. Zu einem gleichen Ergebnis käme man auch über die nach § 101 Abs. 4 gebotene **Verhältnismäßigkeitsprüfung**.

41   Die Rezeption dieser Entscheidungen in der **Literatur** ist ähnlich uneinheitlich (ausführlich *Welp*, S. 98 ff.). Allerdings folgt aus dem Wortlaut von § 101 Abs. 1 S. 2 zunächst, dass nicht nur die **Anzahl der Rechtsverletzungen**, sondern auch die **Schwere der Rechtsverletzung** das gewerbliche Ausmaß begründen kann. Das aus Erwägungsgrund 14 der Durchsetzungsrichtlinie zu gewinnende negative Abgrenzungsmerkmal, wonach ein gewerbliches Ausmaß in aller Regel nicht bei Verletzungen vorliegt, „die in gutem Glauben von Endverbrauchern vorgenommen werden", bleibt allerdings unklar (vgl. *Jüngel/Geißler* MMR 2008, 787, 788 f.; *Wilhelmi* ZUM 2008, 942, 949 f.). Ein statischer Rückgriff auf **Festlegungen der Strafverfolgungsbehörden** (so LG Frankenthal MMR 2008, 830 unter Verweis darauf, dass in Nordrhein-Westfalen (NRW) nach einem Schreiben an die Staatsanwaltschaften Anschlussinhaber nur noch ermittelt werden, wenn sie mehr als 3000 Musik- oder mehr als 200 Filmdateien über ihren Tauschbörsen-Client zum Download angeboten haben; vgl. http://www.heise.de/newsticker/meldung/print/113898) wird deswegen ausscheiden, weil anders als bei der Strafverfolgung die Durchsetzung zivilrechtlicher Ansprüche allein im Ermessen des Berechtigten steht. Dessen Ansprüche können nicht davon abhängig gemacht werden, wie der Staat seine Ressourcen einteilt (*Musiol* GRUR-RR 2001, 1, 3). Umgekehrt geht aber auch die Auffassung fehl, dass bereits die Nutzung einer Tauschbörse das gewerbliche Ausmaß indiziert (*Mantz* K&R 2009, 21; *Otten*, GRUR-RR 2009, 369, 371; *Welp*, S. 135 f., 140, der zudem verlangt, dass sich die Zugänglichmachung auf „mindestens einige hundert Titel" erstreckt). Aus Erwägungsgrund 14 wird man schließen können, dass die Erlangung eines unmittelbaren oder mittelbaren wirtschaftlichen oder kommerziellen **Vorteils nicht notwendig eine Vergütung in Geld** erforderlich macht (so LG Darmstadt MMR 2009, 52, 53). Zweifelhaft erscheint eine schablonenhafte Anwendung der Beispiele der Beschlussempfehlung des Rechtsausschusses (BT-Drucks. 16/8783, S. 50), denn warum sollte die Schwere einer Rechtsverletzung davon abhängen, ob der Inhalt zeitgleich mit der Veröffentlichung im Internet widerrechtlich angeboten wird (so zu Recht *Spindler* ZUM 2008, 540, 542)? Damit würde das **Regel-Ausnahme-Verhältnis** des Tatbestands umgekehrt, da die Verletzung im gewerblichen Ausmaß die Regel, die nicht gewerbliche Verletzung die Ausnahme

wäre (*Jüngel/Geißler* MMR 2008, 787, 788). Eine so weitgehende Auslegung des Begriffes gewerbliches Ausmaß wird auch der Bedeutung, den dieses Merkmal im Gesetzgebungsverfahren erfahren hat, nicht gerecht (vgl. oben Rdnr. 29 ff.). Blieben mit der weiten Auslegung der Kölner Gerichte nur ausnahmsweise private Nutzungen von § 101 ausgenommen, hätte es des Merkmales gewerbliches Ausmaß nicht bedurft, da diese Fälle über die **Verhältnismäßigkeitsprüfung** gelöst worden wären (*Jüngel/Geißler* MMR 2008, 787, 788; kritisch auch *Solmecke/Kast* K&R 2009, 772 f.; für eine Prüfung im Rahmen der Verhältnismäßigkeitsprüfung offenbar *Kramer* S. 170 f.). Kritisch und einschränkend zur Bedeutung dieser Beispiele *Wilhelmi* (ZUM 2008, 942, 944 f.), der eine gründliche Analyse der Materialien zu Richtlinie und Gesetzgebungsverfahren vornimmt (ausführlich zu möglichen Kriterien auch *Welp*, S. 122 ff.). Die Materialien zum Gesetzgebungsverfahren legen nahe, dass der Gesetzgeber einen weitgehenden Gleichlauf der Begriffe „gewerbliches Ausmaß" und „**Handeln im geschäftlichen Verkehr**" annahm, so dass man weitgehend auf die dazu gebildeten Kriterien zurückgreifen kann (so auch *Wilhelmi* ZUM 2008, 942, 948; *Heymann* CR 2008, 568, 570; zur Auslegung des Begriffes im Markenrecht: *Ingerl/Rohnke* MarkenG, § 14 Rdnr. 45 ff.). *Wilhelmi* (ZUM 2008, 942, 949) stellt weiter auf die **wirtschaftliche Bedeutung der Rechtsverletzungen** ab, die sich nach der Anzahl der zu erwartenden Abrufe und den dadurch verursachten Schaden bestimmte. Die Anwendung starrer Grenzen verbietet sich (OLG Zweibrücken, CR 2009, 31); dies schon wegen der entgegenstehenden wesentlichen Interessen (OLG Oldenburg, K&R 2009, 51, 52).

5. Weitere Voraussetzungen

Anspruchsberechtigter ist der Verletzte. Dies ist, wie in § 97 der Urheber bzw. Inhaber eines sonstigen nach dem UrhG geschützten Rechts, aber auch der Inhaber von ausschließlichen, teilweise auch nicht-ausschließlichen Nutzungsrechten (vgl. dazu im Einzelnen *Schricker/Wild* § 97 Rdnr. 47 ff.). 42

Verschulden ist nicht erforderlich; es genügt ein **objektiv rechtswidriges** Verhalten (OLG Frankfurt MMR 2005, 241, 243; *Dreier/Schulze/Dreier* Rdnr. 8; aA *Schlegel* CR 2005, 144; anders offenbar auch *Czychowski* in: Fromm/Nordemann, § 101 Rdnr. 16, der in Abs. 1 den unselbstständigen Auskunftsanspruch kodifiziert sieht). Schon der Anspruch auf Drittauskunft nach § 101a aF bestand gegenüber jedem Verletzer, „unabhängig davon, ob schuldhaftes oder lediglich objektiv rechtswidriges Verhalten vorliegt" (vgl. BT-Drucks. 11/4792, S. 31). 43

Die Auskunft ist **unverzüglich** zu erteilen, also ohne schuldhaftes Zögern (vgl. § 121 Abs. 1 BGB). Dies schließt eine angemessene Überlegungs- und Suchfrist nicht aus (*Dreier/Schulze/Dreier* Rdnr. 9). Im Falle des Verzuges kann der Anspruchsberechtigte den Anspruch nach dem schon vor Einführung des Drittauskunftsanspruchs geltendem Recht den Anspruch erzwingen; dies abhängig davon, ob die Auskunft im Einzelfall eine vertretbare oder eine unvertretbare Handlung darstellt, im Wege der Ersatzvornahme (§ 887 ZPO) oder durch Zwangsgeld oder Zwangshaft (§ 888 ZPO); vgl. BT-Drucks. 11/4792, S. 34. 44

Zu **Inhalt** und **Umfang** der zu erteilenden Auskunft vgl. nachfolgend Rdnr. 72 ff. 45

IV. Auskunftsanspruch gegen Dritte, Abs. 2

1. Umfang und Inhalt der Vorschrift

Abs. 2 setzt Art. 8 der Durchsetzungsrichtlinie um. Durch die Regelung wird insbesondere ein Auskunftsanspruch gegenüber **Internet-Providern** geschaffen (§ 101 Abs. 2 Nr. 3). Damit soll dem Rechtsinhaber eine Ermittlung des Rechtsverletzers ermöglicht werden (BT-Drucks. 16/5048, S. 49). Die Vorschrift geht über die Vorgaben der Richtlinie in Art. 8 hinaus, weil sie neben dem Fall, in dem der Verletzte gegen den Verletzer Klage erhoben hat (die Richtlinie spricht in Art. 8 von „**im Zusammenhang mit einem Verfahren** wegen Verletzung eines Rechts des geistigen Eigentums"), den Drittauskunftsanspruch auch in Fällen **offensichtlicher Rechtsverletzung** gewährt. Die Richtlinie lässt in Art. 8 Abs. 3 lit. a) ausdrücklich weitergehende Auskunftsansprüche zu (vgl. auch BT-Drucks. 16/5048, S. 29). Für den praktisch sehr relevanten Fall des Auskunftsanspruches gegen Internet-Provider sieht Abs. 9 einen **Richtervorbehalt** für den Fall vor, dass die begehrte Auskunft nur unter Verwendung von **Verkehrsdaten** im Sinne von § 3 Nr. 30 TKG erteilt werden kann. 46

Der Neufassung der Auskunftsansprüche im Urheberrecht in Umsetzung der Durchsetzungsrichtlinie war eine juristische Auseinandersetzung vorausgegangen, ob der aufgrund des Pro- 47 duktpirateriegesetzes eingeführte Anspruch auf Drittauskunft in § 101a aF (in analoger Anwendung) eine Erstreckung der Drittauskunft auch auf unbeteiligte Dritte, insbesondere Internet-Provider erlaubt (vgl. dazu oben, Rdnr. 5). Die Rechtsprechung hatte nach anfänglichen stattgebenden Urteilen diese Erstreckung des Auskunftsanspruchs aus § 101a aF verworfen (OLG Frankfurt GRUR-RR 2005, 147 = MMR 2005, 241 m. Anm. *Spindler* – Auskunftsanspruch; OLG Hamburg GRUR-RR 2005, 209 = CR 2005, 512 m. Anm. *Dorschel* – Rammstein; OLG München MMR 2005, 616). Dies führte in der Praxis dazu, dass die Rechteinhaber den Umweg über die **Erstattung von Strafanzeigen** gegen potentielle Verletzer gingen, um sich über ein entsprechendes **Akteneinsichtsgesuch nach § 406e StPO** Kenntnis von der Identität der jeweiligen Person zur Vorbereitung zivilrechtlicher Inanspruchnahmen zu verschaffen. Daraus folgten erhebliche **Kapazitätsprobleme bei den Strafverfolgungsbehörden** (vgl. AG Offenburg CR 2007, 676, 678 m. Anm. *Heidrich*). Diese insbesondere von der Musikindustrie angestrengten massenhaften Anzeigen setzten eine öffentliche Debatte in Gang, die sich kritisch mit der „Instrumentalisierung der Strafverfolgungsbehörden und der Internet-Provider" (so *Heidrich* CR 2007, 678) auseinandersetzte und die schließlich in der gemeinsamen Erarbeitung von **Leitlinien der deutschen Generalstaatsanwaltschaften** zu einem einheitlichen Umfang mit dem Phänomen der Massenstrafanzeigen mündete (vgl. *Kindt* MMR 2009, 147, 148; *Solmecke* MMR 2008, 762, 763)). In Nordrhein-Westfalen führte dies zu einem Schreiben an die Staatsanwaltschaften, wonach Anschlussinhaber nur noch ermittelt werden sollen, wenn sie mehr als **3000 Musik- oder mehr als 200 Filmdateien** über ihren Tauschbörsen-Client zum Download angeboten haben (vgl. www.heise.de/newsticker/meldung/113898; darauf bezieht sich für den zivilrechtlichen Auskunftsanspruch das LG Frankenthal MMR 2008, 830, 831 m. Anm. *Grothe*; zum Ganzen weiter *Sankol* K&R 2007, 540 ff.; *Bär* MMR 2009, 54 f.; *Bär* MMR 2007, 809 ff.).

48 Der Gesetzgeber hat sich bei der Umsetzung von Art. 8 der Durchsetzungsrichtlinie weitgehend an dessen Wortlaut gehalten und hat damit versäumt, die Kritik an dieser Vorschrift (vgl. dazu *Haedicke* FS-Ullmann, S. 29, 31 ff.; *Seichter* FS-Schricker, S. 983, 987 ff.) durch klarstellende Formulierungen auszuräumen. Da der Gesetzgeber zudem den schon bestehenden Anspruch auf Drittauskunft nach § 101a aF im neuen § 101 Abs. 1 beibehalten hat, stellt sich weiter die Frage des Verhältnisses der Drittauskunftsansprüche nach Abs. 2 und Abs. 1 zueinander (vgl. *Czychowski* in: Fromm/Nordemann, § 101, Rdnr. 4, 10 ff.; *Seichter* FS-Schricker, S. 983, 987 ff.).

2. Anspruchsschuldner

49 Abs. 2 regelt den **selbstständigen Auskunftsanspruch**, der als „**Drittauskunft**" bezeichnet wird. Die Bezeichnung ist missverständlich, denn auch schon § 101a aF (der jetzt in § 101 Abs. 1 abgebildet ist) wurde als Drittauskunftsanspruch bezeichnet. Während § 101 Abs. 1 die Auskunft vom Verletzer in Bezug auf Dritte regelt, betrifft der Anspruch nach Abs. 2 (auch) den Dritten oder sogar den Vierten (vgl. *Haedicke* FS-Ullmann, S. 31), der selbst auf Auskunft in Anspruch genommen wird. Der Anspruch nach Abs. 2 ist die eigentliche Neuerung der Durchsetzungsrichtlinie, mit der der Gesetzgeber versucht, den **massenhaften Rechtsverletzungen im Internet** Herr zu werden. Durch die Formulierung „unbeschadet von Abs. 1" soll zum Ausdruck gebracht werden, dass die in Abs. 2 genannten Personen auch gemäß Abs. 1 in Anspruch genommen werden können, „wenn sie **Störer** sind" (BT-Drucks. 16/5048, S. 38). Zur missverständlichen Bedeutung dieser Formulierung vgl. oben Rdnr. 20 ff.

50 Der Anspruch aus Abs. 2 zieht den Kreis der Verpflichteten sehr **weit** (BT-Drucks. 16/5048, S. 38); er hält sich dabei eng an den Wortlaut in Art. 8 Abs. 1 lit. a) bis lit. d) der Durchsetzungsrichtlinie. Der Gesetzgeber sah dabei, dass der in Abs. 2 geregelte Anspruch gegen unbeteiligte Dritte die **Gefahr der Uferlosigkeit** in sich birgt (BT-Drucks. 16/5048, S. 38).

51 Der Anspruch richtet sich nach der ausdrücklichen Zweckrichtung des Gesetzgebers (auch) gegen **unbeteiligte Dritte** (vgl. BT-Drucks. 16/5048, S. 38) und knüpft damit an ein rein objektives Verhalten der in § 101 Abs. 2 Nr. 1 bis 4 genannten Personen an. *Haedicke* (FS-Ullmann, S. 30) beklagt die Tendenz der Vorschrift zu einem für Dritte und die Allgemeinheit schädlichen **Denunziationsparagraphen**. Hieraus wird man jedoch nicht wie *Haedicke* eine Beschränkung der Auskunftspflichtigen nach § 101 Abs. 2 auf den Störer entnehmen können (vgl. dagegen auch ausdrücklich BT-Drucks. 16/5048, S. 38). Der Gefahr der Uferlosigkeit ist vielmehr durch eine entsprechende Auslegung und Anwendung der Einschränkungen dieses Anspruches zu begegnen. Zu den Auskunftsschuldnern im Einzelnen:

a) **Der Besitzer rechtsverletzender Vervielfältigungsstücke (§ 101 Abs. 2 Nr. 1).** 52
Dies ist jeder, der die tatsächliche Gewalt über Vervielfältigungsstücke hatte (§ 854 BGB). Hierunter fallen etwa Buchhändler, Grossisten, Bibliothekare, Transportunternehmer.

b) **Derjenige, der rechtsverletzende Dienstleistungen in Anspruch nahm (§ 101** 53
Abs. 2 Nr. 2). Die Zielrichtung dieser Pflichtigen erschließt sich nicht unmittelbar; es sind wohl die Kunden des Verletzers gemeint (vgl. zu § 19 MarkenG: *Ekey/Klippel/Bänder/Wüst/ Jansen* Markenrecht, § 19, Rdnr. 17).

c) **Derjenige, der Dienstleistungen für rechtsverletzende Tätigkeiten erbrachte** 54
(§ 101 Abs. 2 Nr. 3). Zum Kreis der Pflichtigen unter dieser Vorschrift gehören Internet-Provider, insbesondere Access-Provider (*Spindler* ZUM 2008, 640, 644). Dabei darf der Begriff der Dienstleistung in nicht rechtstechnischem Sinne der §§ 611 f. BGB verstanden werden, sondern umfasst alle Tätigkeiten, die mit einer Rechtsverletzung im Zusammenhang stehen, was zB auch sonstige Transportleistungen (Spedition, etc.) sein können (*Spindler* ZUM 2008, 640, 644; *Fromm/Nordemann/Czychowski* Rdnr. 51), aber auch das Internet-Auktionshaus, auf dessen Plattform markenverletzende Waren angeboten werden oder der Internet-Provider, der den Zugang zu einer Internettauschbörse vermittelt (vgl. *Seichter* WRP 2007, 391, 396)

d) **Die nach den Angaben einer auskunftspflichtigen Person an der Rechtsver-** 55
letzung Beteiligten (§ 101 Abs. 2 Nr. 4). Die Bestimmung des Umfangs der Pflichtigen nach dieser Vorschrift ist unklar (vgl. *Haedicke* FS-Ullmann, S. 31). Zu Recht weist *Haedicke* (aaO) darauf hin, dass es sich hierbei letztlich um einen Anspruch gegen „Vierte" handelt. Insbesondere das Merkmal „nach den Angaben" bereitet Deutungsschwierigkeiten, da eine Ausdehnung der Passivlegitimation auf Personen, die von anderen einer Mitwirkung an einer Verletzung bezichtigt wurden, mit den Grundsätzen des deutschen Rechts nicht vereinbar scheint (vgl. *Knaack* GRUR-Int. 2004, 745, 749; *Haedicke* FS-Ullmann, S. 31). Man wird daher auch schon vor dem Hintergrund, dass der Gesetzgeber bei der Bestimmung der Pflichtigen nach § 101 Abs. 2 die Gefahr der Uferlosigkeit betonte, eine solche Pflichtigkeit erst annehmen können, wenn die Mitwirkung tatsächlich festgestellt wurde (vgl. *Knaack* GRUR-Int. 2004, 745, 749).

Ein Anspruch ist ausgeschlossen, soweit ein **Zeugnisverweigerungsrecht nach §§ 383 bis** 56
385 ZPO besteht.

3. Handeln im gewerblichen Ausmaß

Der Auskunftspflicht nach Abs. 2 unterliegen Personen, die in **gewerblichem Ausmaß** 57
rechtsverletzende Erzeugnisse in ihrem Besitz hatten (Nr. 1), rechtsverletzende Dienstleistungen in Anspruch nahmen (Nr. 2) oder die für rechtsverletzende Tätigkeiten Dienstleistungen in gewerblichem Ausmaß erbracht haben (Nr. 3). In der Umsetzung hat der deutsche Gesetzgeber das Tatbestandsmerkmal vor die Klammer gezogen, womit es auch für § 101 Abs. 2 Nr. 4 zur Anwendung kommt; die Durchsetzungsrichtlinie verlangte demgegenüber nur für die drei Fälle in § 101 Abs. 2 Nr. 1 bis 3 ein Handeln im gewerblichen Ausmaß. *Fromm/Nordemann/ Czychowski* Rdnr. 45 stellen damit die **Richtlinien-Konformität** der Vorschrift in Frage.

Nach der Begründung der Bundesregierung (BT-Drucks. 16/5048, S. 49) setzt der in Abs. 2 58
geregelte Auskunftsanspruch weiter voraus, dass auch die Rechtsverletzung in gewerblichem Ausmaß erfolgt ist („**doppeltes Gewerbsmäßigkeitserfordernis**"; vgl. *Spindler/Weber* ZUM 2007, 257, 262; dagegen *Zombik* ZUM 2006, 450, 456). Dem war der **Bundesrat** in seiner Stellungnahme (BT-Drucks. 16/5048, S. 59) mit der Besorgnis entgegengetreten, dass „diese durch die Richtlinie nicht vorgegebene zusätzliche Voraussetzung dazu führen [würde], dass der Hauptanwendungsfall des Auskunftsanspruchs gegenüber Dritten, die Verletzung des Urheberrechts im Internet, leerlaufen würde und die Rechtsinhaber schutzlos gestellt würden." Dem wiederum ist die **Bundesregierung** in ihrer **Gegenäußerung** (BT-Drucks. 16/5048, S. 65) unter Verweis auf Erwägungsgrund 14 der Richtlinie entgegengetreten, wonach Auskunftsansprüche nur dann vorgesehen werden müssen, wenn die Rechtsverletzung selbst in gewerblichem Ausmaß vorgenommen wurde. Auch die Rechtsprechung geht übereinstimmend davon aus, dass ein Anspruch gemäß § 101 Abs. 2 ein gewerbliches Ausmaß nicht nur hinsichtlich der Tätigkeit des Internet-Provider, sondern auch hinsichtlich der Rechtsverletzung erfordert (OLG Köln CR 2009, 107, 110; OLG Oldenburg K&R 2009, 51; OLG Zweibrücken MMR 2009, 43, 44). Dies folgt aus der Bezugnahme auf den „Anspruch", womit auf § 101 Abs. 1 und dessen Voraussetzungen verweisen wird.

Zum **Inhalt des Tatbestandsmerkmals** „gewerbliches Ausmaß" vgl. oben zu Rdnr. 29 ff. 59

4. Klageerhebung; offensichtliche Rechtsverletzung

60 Art. 8 der Durchsetzungsrichtlinie sah vor, dass der Auskunftsanspruch **„im Zusammenhang mit einem Verfahren wegen Verletzung eines Rechts des geistigen Eigentums"** zu gewähren sei. Das Merkmal ist unklar und unbestimmt (vgl. BT-Drucks. 16/5048, S. 38: „recht offen gefasster Wortlaut"; *Seichter* WRP 2007, 391, 397; *Haedicke* FS-Schricker, S. 28 ff.) und fand auch in den Gesetzesmaterialien eine unterschiedliche Rezeption und Deutung (vgl. BT-Drucks. 16/5048, S. 38). Teilweise ist das Merkmal „im Zusammenhang mit einem Verfahren" auf einen gegen den dritten Auskunftsschuldner geführten Rechtsstreit bezogen worden, gegen den der **materiell-rechtliche Anspruch** aus Art. 8 durchgesetzt würde (*Haedicke* FS-Schricker, S. 29), teilweise auf einen **Richtervorbehalt** (vgl. *Spindler/Weber* ZUM 2007, 257, 262; *Peukert/Kur* GRUR-Int. 2006, 292, 297; auch BT-Drucks. 16/5048, S. 38 hält diese Deutung aufgrund des „recht offen gefassten Wortlauts" für möglich). Andere deuteten den Auskunftsanspruch **prozessual** und sahen in diesem Merkmal das Erfordernis niedergelegt, dass bereits ein Verfahren wegen Urheberrechtsverletzung (gegen den Verletzer) vorausgesetzt sei, in dem dann in einem Zwischenverfahren die Auskunft geltend gemacht werden kann. Dies würde unter deutschem Recht voraussetzen, dass ein Verfahren gegen Unbekannt zugelassen würde, das eine Änderung der ZPO erforderlich mache (*Frey/Rudolph* ZUM 2004, 522, 525; so wohl auch *Peukert/Kur* GRUR Int. 2006, 292, 297).

61 Der Gesetzgeber hat sich offenbar für die Auslegung entschlossen, dass der Wortlaut der Richtlinie ein Verfahren gegen den Verletzer voraussetzt und sich entschieden, diesem die Alternative der **offensichtlichen Rechtsverletzung** zur Seite zu stellen. Mit der Gewährung eines Auskunftsanspruches in Fällen offensichtlicher Rechtsverletzung geht § 101 Abs. 2 über die Vorgaben der Richtlinie hinaus, die Anordnungen der zuständigen Gerichte nur „im Zusammenhang mit einem Verfahren" vorsah.

62 **a) Klageerhebung.** Hat der Verletzte gegen die Verletzung bereits Klage erhoben, so kommt die Inanspruchnahme eines Dritten auf jeden Fall in Betracht, denn damit wird die Vorgabe der Richtlinie erfüllt, dass im Zusammenhang mit einem Verfahren wegen Verletzung eines Rechtes geistigen Eigentums ein Auskunftsanspruch gegen Dritte zu gewähren ist (BT-Drucks. 16/5048, S. 38 f.). Klageerhebung bedeutet Zustellung der Klage beim an den Beklagten nach § 253 Abs. 1 ZPO (vgl. *Dörre/Maaßen* GRUR-RR 2008, 217, 219 f.). Für Rechtsverletzungen im Internet dürfte diese Alternative weitgehend leerlaufen, da das deutsche Recht **keine Klage gegen Unbekannt** zulässt (*Spindler* ZUM 2008, 640, 643). Der Anwendungsbereich der Auskunftspflicht nach Klageerhebung dürfte auf die Fälle der **Offline-Piraterie** beschränkt sein, bei denen bereits Klage gegen den bekannten Rechtsverletzer erhoben wurde und von einem Dritten, wie zB einem Spediteur weitere Angaben benötigt werden, um die Höhe des gegen den Verletzer gerichteten Schadensersatzes beziffern zu können (vgl. *Kramer* S. 160).

63 **b) Offensichtliche Rechtsverletzung.** Größere Bedeutung und ausschließliche Bedeutung im Bereich der **Internet-Provider** dürfte die Alternative der offensichtlichen Rechtsverletzung bekommen. Damit will der Gesetzgeber dem Umstand Rechnung tragen, dass Rechtsinhaber durchaus ein berechtigtes Interesse auf Auskunft haben können, um den Verletzter überhaupt erst ermitteln zu können (BT-Drucks. 16/5048, S. 39). Durch das einschränkende Merkmal der Offensichtlichkeit soll der Dritte von der Prüfung entlastet werden, ob eine Rechtsverletzung vorliegt (BT-Drucks. ebda.). Danach ist von einer offensichtlichen Rechtsverletzung erst dann auszugehen, wenn diese so eindeutig ist, dass eine ungerechtfertigte Belastung des Dritten ausgeschlossen scheint. In diesen Fällen ist auch der Verletzer, über den der Dritte Auskunft erteilen soll, nicht mehr schutzwürdig, zumal Zweifel in tatsächlicher, aber auch in rechtlicher Hinsicht die Offensichtlichkeit der Rechtsverletzung ausschließen (BT-Drucks. 16/5048, S. 39).

64 Zu Recht weisen *Peukert/Kur* (GRUR-Int. 2006, 292, 297) darauf hin, dass die **Gesetzesmaterialien widersprüchlich** sind. Wenn einerseits der Gesetzgeber durch das einschränkende Merkmal der Offensichtlichkeit den Dritten „von der Prüfung entlasten" will, ob eine Rechtsverletzung vorliegt, führt er auf derselben Seite (BT-Drucks. 16/5048, S. 39) zu Abs. 6 aus: „Die Beschränkung der Haftung auf Vorsatz, die nur für wahrheitsgemäße Angaben gilt, trägt dem Umstand Rechnung, dass insbesondere in Fällen des Abs. 2 der Verpflichtete kaum beurteilen kann, ob überhaupt eine Rechtsverletzung vorliegt." Im Zusammenhang mit dem Richtervorbehalt in Abs. 9 sieht die Begründung der Bundesregierung sogar eine weitergehende Notwendigkeit, Internet-Provider und Telekommunikationsanbieter von der Prüfung entlasten, ob eine offensichtliche Rechtsverletzung vorliegt (vgl. BT-Drucks. 16/5048, S. 40).

Ein **unbeteiligter Dritter** – also insbesondere der Internet Access-Provider – kann selbst 65
nach einem entsprechenden Hinweis kaum einschätzen, wann eine offensichtliche Rechtsverletzung vorliegt und wann nicht (*Nägele/Nitsche* WRP 2007, 1047, 1049, die allerdings einen ausreichenden Schutz des Dritten in der Verhältnismäßigkeitsprüfung nach Abs. 4 sehen; *Peukert/Kur* GRUR Int. 2006, 292, 297). Das Gesetz entlastet daher den Access-Provider, eine ins Einzelne gehende Prüfung vorzunehmen. Hinzu kommt, dass eine Pflicht zur Prüfung der persönlichen und rechtlichen Grundlagen eines Auskunftsersuchens mit erheblichen wirtschaftlichen Belastungen verbunden wäre. Es ist daher bei der Bestimmung der Kriterien für die Offensichtlichkeit ein strenger Maßstab anzulegen (*Welp*, S. 169; ausführlich zu möglichen Kriterien S. 148ff.).

Das Merkmal der offensichtlichen Rechtsverletzung ist nicht neu; es war schon Voraussetzung 66
nach § 101a Abs. 3 aF. Die dazu ergangene Rechtsprechung kann bei der **Auslegung des unbestimmten Rechtsbegriffs** berücksichtigt werden (*Nägele/Nitsche* WRP 2007, 1047, 1049; *Spindler/Dorschel* CR 2006, 343), zumal die Begründung zu § 101a Abs. 3 aF nahezu identische Formulierungen wie diejenige zu § 101 Abs. 2 nF findet (vgl. BT-Drucks. 11/4792, S. 32). Danach müsse die Rechtsverletzung so eindeutig sein, dass eine „Fehlentscheidung (oder eine andere Beurteilung im Rahmen des richterlichen Ermessens) und damit eine ungerechtfertigte Belastung des Ag. kaum möglich ist"; daher reichen gesetzliche oder tatsächliche **Vermutungen** nicht aus, eine offensichtliche Rechtsverletzung zu bejahen (OLG Braunschweig GRUR 1993, 669 – Stoffmuster; so auch ausdrücklich zu § 101a Abs. 3 aF BT-Drucks. 11/4792, S. 32: „Weitere Erleichterungen bei der Geltendmachung des Anspruchs, wie sie etwa § 25 des Gesetzes gegen den unlauteren Wettbewerb vorsieht, sind hier nicht vertretbar"; der gegenteiligen Auffassung, vgl. *Schricker/Wild*[3] § 101a Rdnr. 3, steht dieser eindeutige Willen des Gesetzgebers entgegen).

Die Umstände, aus denen sich die Offensichtlichkeit der Rechtsverletzung ergibt, sind in der 67
üblichen Weise **glaubhaft zu machen**; dabei hat sich der Antragsteller zur Wahrung seiner Interessen des stärksten ihm zur Verfügung stehenden **Beweismittels** zu bedienen (BT-Drucks. 11/4792, S. 32 zu § 101a Abs. 3 aF). Dies schließt auch diejenigen Umstände ein, die außerhalb des § 101 hinsichtlich der Darlegungs- und Beweislast anders zu beurteilen sein mögen (vgl. OLG Braunschweig GRUR 1993, 669 – Stoffmuster). Eine **Wahrscheinlichkeit einer Rechtsverletzung** reicht nicht aus; eine andere Beurteilung als die einer Rechtsverletzung darf kaum möglich erscheinen (vgl. OLG Frankfurt GRUR-RR 2002, 32).

Die **Entscheidungen der Instanzgerichte** zu § 101 Abs. 2 aF ergeben wie zu den anderen 68
Tatbestandsbemerkmalen kein einheitliches Bild. Das LG Köln (ZUM-RD 2009, 40; MMR 2008, 761) lässt für eine offensichtliche Rechtsverletzung im Sinne von § 19a UrhG das unbefugte **öffentliche Zugänglichmachen** des geschützten Werks über eine sog. **Tauschbörse** ausreichen. Dagegen verweisen *Röhl/Bosch* (NJW 2008, 1415, 1416f.; kritisch auch *Welp*, S. 162ff.) darauf, dass die Praxis von Musikschaffenden, einzelne Songs oder sogar ganze Alben zu Marketingzwecken kostenlos online anzubieten, offensichtlichen Rechtsverletzungen entgegenstehen kann. Das Erfordernis der Offensichtlichkeit in § 101 Abs. 2 bezieht sich neben der Rechtsverletzung auch auf die Zuordnung der Verletzung zu den ggf. begehrten Verkehrsdaten (vgl. OLG Köln K&R 2008, 751, 754). Einer offensichtlichen Rechtsverletzung steht entgegen, wenn im Einzelfall Fragen streitig und ungeklärt sind (vgl. OLG München MMR 2005, 616).

4. Weitere Voraussetzungen

a) **Zeugnisverweigerungsrecht.** Der Anspruch auf Drittauskunft nach Abs. 2 besteht 69
dann nicht, wenn dem Dritten gemäß §§ 383 bis 385 ZPO im Prozess gegen den Verletzer ein Zeugnisverweigerungsrecht zusteht. Der Dritte soll im Rahmen des Auskunftsanspruchs nicht schlechter gestellt werden, als wenn er wegen des Sachverhalts in einem Gerichtsverfahren als Zeuge geladen wäre (BT-Drucks. 16/5048, S. 39).

b) **Aussetzung des Verfahrens.** Diese Voraussetzung ist eine Konsequenz der Alternative 70
der Geltendmachung des Auskunftsanspruchs in einem laufenden Verletzungsprozess. Es soll vermieden werden, dass der Prozess gegen den Verletzer entschieden wird, bevor die Auskunft erteilt wurde.

c) **Kostenerstattung des Auskunftsverpflichteten.** Der Auskunftsanspruch nach 71
Abs. 2 richtet sich gegen den unbeteiligten Dritten. Folgerichtig bestimmt § 101 Abs. 2 S. 3, dass der Dritte die Auskunft nicht auf eigene Kosten erteilen muss. Vor diesem Hintergrund kann die streitige Frage, ob auch der (mittelbare) Störer unter die Auskunftsverpflichteten aus

§ 101 Abs. 1 fällt, praktische Bedeutung erlangen. Der Kostenerstattungsanspruch ist Ausfluss des gesetzgeberischen Zwecks, einen **angemessenen Ausgleich der Interessen** der Beteiligten zu erzielen (*Dreier/Schulze/Dreier* Rdnr. 15). Fraglich ist, ob dem in Anspruch genommenen Dritten bis zur Erfüllung der Erstattung der zu erwartenden Kosten ein Zurückbehaltungsrecht nach § 273 BGB zusteht, da dies letztlich eine Vorleistungspflicht hinsichtlich des Erstattungsanspruches bedeutete, die dem Gesetz nicht zu entnehmen ist (für ein Zurückbehaltungsrecht für die ebenfalls auf der Durchsetzungsrichtlinie beruhende Parallelvorschrift in § 19 MarkenG: *Ekey/Klippel/Bender/Wüst/Jansen* § 19 MarkenG Rdnr. 22). Ob mit dem Anspruch nur die Kosten im Zusammenhang mit der **konkreten Auskunftserteilung**, nicht aber die **allgemeinen Kosten** im Zusammenhang mit der **Vorhaltung** der erforderlichen Daten (**Personal- und technischer Aufwand**) ersetzt verlangt werden können, ist streitig (vgl. einerseits *Spindler* ZUM 2008, 640, 647, andererseits *Kuper* ITRB 2009, 12, 14). *Kuper* weist darauf hin, dass eine hinreichende Anzahl geschulter Mitarbeiter vorgehalten werden muss, um eine unverzügliche Auskunftserteilung zu ermöglichen; dies führe zu einem erheblichen, zu ersetzenden Pauschalbetrag (*Kuper* ITRB 2009, 12 14). Der Rechtsinhaber kann diese Kosten vom Verletzer als Schadensersatz verlangen, wenn der Verletzer schuldhaft gehandelt hat, so dass im Ergebnis der Verursacher die Kosten zu tragen hat (BT-Drucks. 16/5048, S. 39).

V. Umfang und Inhalt der Auskunft, Abs. 3

72 § 101 Abs. 3 setzt in zwei Alternativen den Umfang des Auskunftsanspruches fest; danach sind nach Abs. 3 Nr. 1 Herkunft und Vertriebsweg der Vervielfältigungsstücke, sowie nach Abs. 3 Nr. 2 Mengen und Preise mitzuteilen. Schon zum **Produktpirateriegesetz** hatte der Gesetzgeber festgehalten, dass die mitzuteilenden **Tatsachen gesetzlich genau umschrieben** sind. Dies dient zum einen dem Schutz des Auskunftsverpflichteten vor zu weitgehender **Ausforschung** und schafft insoweit Rechtssicherheit; es ermöglicht andererseits aber auch eine rasche Durchsetzung des Anspruchs (amtliche Begründung, BT-Drucks. 11/4792, S. 31; zur Abgrenzung zur Ausforschung vgl. allgemein BGH GRUR 2001, 841, 844 – Entfernung der Herstellungsnummer II; GRUR 2006, 504, 506 – Parfümtestkäufe; GRUR 2006, 426, 428 – Direktansprache am Arbeitsplatz II). Dies gilt für § 101 Abs. 3 fort, da nach der Begründung der Bundesregierung (BT-Drucks. 16/5048, S. 39) Anpassungen an den Wortlaut der Richtlinie, aber **keine inhaltliche Änderung gegenüber der bisherigen Regelung** beabsichtigt war. Für § 101a aF stellte das OLG München (GRUR 2007, 419, 424 – Lateinlehrbuch) fest, dass der geltend gemachte Auskunftsanspruch nicht auf § 101a UrhG gestützt werden kann, soweit er sich auf Angaben erstreckt, die über die in § 101a Abs. 2 UrhG genannten Angaben hinausgehen.

73 Der in Abs. 3 festgelegte Umfang der Auskunft gilt für den zur Auskunft Verpflichteten und erstreckt sich damit sowohl auf Abs. 1 als auch als Abs. 2.

1. Namen und Anschriften

74 Nach Nr. 1 ist Auskunft zu erteilen über Namen und Anschriften der Hersteller, Lieferanten und andere Vorbesitzer der Vervielfältigungsstücke oder sonstigen Erzeugnisse, der Nutzer von Dienstleistungen sowie der gewerblichen Abnehmer und Verkaufsstellen, für die sie bestimmt waren (zu der weitgehend gleichen Vorschrift aus § 101a Abs. 2 aF vgl. *Eichmann* GRUR 1990, 575, 577; *Ensthaler* GRUR 1992, 273, 278). Soweit Kenntnis besteht, sollen auch Angaben zur nächsten Vertriebsstufe gemacht werden (*Dreier/Schulze/Dreier* Rdnr. 17; aA *Benkhardt/Rogge* PatG, 10. Aufl., 2006, § 140b, Rdnr. 6).

75 Der auf Auskunft in Anspruch genommene Verletzer ist grundsätzlich verpflichtet, **in zumutbarem Umfang alle ihm zur Verfügung stehenden Möglichkeiten der Information auszuschöpfen** (BGHZ 128, 220, 227 = GRUR 1995, 338 = NJW 1995, 1905 – Kleiderbügel; GRUR 2006, 504, 507 – Parfümtestkäufe). Im Einzelfall kann eine Pflicht bestehen, bei Zweifel über die Lieferanten, diese durch **Nachfrage** bei den in Betracht kommenden Lieferanten aufzuklären (BGH GRUR 2003, 43, 434 – Cartier-Ring; OLG Köln GRUR 1999, 337, 339). Dagegen umfasst der Auskunftsanspruch **grundsätzlich nicht die Verpflichtung des Auskunftsschuldners, Nachforschungen bei Dritten vorzunehmen**, um unbekannte Vorlieferanten und den Hersteller erst zu ermitteln (BGHZ 125, 322, 326 = GRUR 1994, 630 = NJW 1994, 1958 – Cartier-Armreif; GRUR 2003, 433, 434 – Cartier-Ring). Eine solche Ermittlungspflicht steht die **Rechtsnatur der Auskunft als Wissenserklärung** und des **Unverzüglichkeitserfordernis** bei der Auskunftserteilung entgegen (vgl. BGH GRUR 2003, 433,

434 – Cartier-Ring). Die danach zumutbaren Nachforschungen können auch zu einer **negativen Erklärung** des Inhalts führen, weitere **Lieferanten oder Abnehmer nicht zu kennen** (BGHZ 125, 322, 326 = GRUR 1994, 630 = NJW 1994, 1958 – Cartier-Armreif; BGHZ 148, 26, 36 = GRUR 2001, 841 – Entfernung der Herstellungsnummer II; GRUR 2006, 504, 507 – Parfümtestkäufe). In diesem Fall kann dem Auskunftspflichtigen obliegen, weitere Angaben zu machen, welche Nachfragen im Einzelnen angestellt wurden und welche Auskünfte über in Betracht kommende Lieferanten erteilt wurden (OLG Köln GRUR 1999, 337, 339 zu § 19 MarkenG).

Unklar vor dem Hintergrund der zum Schutz des Auskunftspflichtigen erfolgten „genauen Umschreibung" der auskunftspflichtigen Tatsachen ist, ob unter Adressen und Namen auch **IP-Adressen** zu fassen wären, die der Auskunftsgläubiger zur Vorbereitung weiterer Auskunftsansprüche ggf. benötigt. Der Wortlaut scheint unter Maßgabe der Gesetzesbegründung entgegenzustehen (vgl. dazu auch OLG München GRUR 2007, 419, 424 – Lateinlehrbuch); in diesem Fall wäre zu untersuchen, ob dies mit dem bezweckten effektiven Schutz des Urheberrechts in Einklang steht (vgl. dazu EuGH GRUR 2008, 241, 243 Rdnr. 57 = NJW 2008, 743 – Promusicae/Telefonica). Zudem stellen sich in diesem Fall sodann die **datenschutz- und telekommunikationsrechtlichen Fragen** im Zusammenhang mit der Verwendung von Verkehrsdaten (vgl. dazu unten 104 ff.).

76

2. Mengen und Preise

Der zur Auskunft Verpflichtete hat weiter Angaben zu machen über die Menge der hergestellten, ausgelieferten, erhaltenen oder bestellten **Vervielfältigungsstücke** (nicht: Vervielfältigungsgeräte, vgl. OLG München ZUM 2003, 569, 571 – CD-Münzkopicrautomaten) oder sonstigen Erzeugnisse. Die Auskunftspflicht wird jetzt entsprechend der Vorgabe der Richtlinie auf **Preise** erstreckt (BT-Drucks. 16/5048, S. 39). Die Auskunft ist ebenso wie die nach § 242 BGB eine **Wissenserklärung**, die ggf. auch durch die negative Erklärung, den Hersteller und weitere Vorbesitzer nicht zu kennen, erfüllt werden kann (vgl. BGHZ 125, 322, 326 = GRUR 1994, 630 = NJW 1994, 1958 – Cartier-Armreif; BGHZ 148, 26, 36 = GRUR 2001, 841 – Entfernung der Herstellungsnummer II; GRUR 2003, 433, 434 – Cartier-Ring). Die Auskunftspflicht beschränkt sich nicht auf das präsente Wissen des Verpflichteten; er hat vielmehr sämtliche zugänglichen Informationen aus seinem Unternehmensbereich zur Erteilung einer vollständigen Auskunft heranzuziehen (BGHZ 128, 220, 227 = GRUR 1995, 338, = NJW 1995, 1905 – Kleiderbügel, GRUR 2003, 433, 434 – Cartier-Ring). In Einzelfällen kann eine Verpflichtung bestehen, Zweifel durch Nachfragen bei den Lieferanten zu klären; eine Verpflichtung, Nachforschungen bei Dritten anzustellen, besteht hingegen nicht (BGH GRUR 2003, 433, 434 – Cartier-Ring; GRUR 2006, 504, 507 – Parfümtestkäufe; *Teplitzky* Kap. 38 Rdnr. 35 b; *Hölk* WRP 2006, 647, 652).

77

Es besteht im Rahmen von § 101 **kein Anspruch auf Vorlage von Geschäftsunterlagen** (BT-Drucks. 16/5048, S. 27; *Dreier/Schulze/Dreier* Rdnr. 21; *Schricker/Wild*[3] § 101 a Rdnr. 2; *Eichmann* GRUR 1990, 575, 576; OLG Karlsruhe GRUR 1995, 772, 773 – Selbstständiger Auskunftsanspruch; OLG Köln GRUR 1995, 676; NJW-RR 1996, 421). Der BGH hatte in Entfernung der Herstellungsnummer III eine Verpflichtung zur Vorlage von Belegen im Rahmen des Anspruchs auf Drittauskunft jedenfalls dann als gegeben erachtet, wenn schutzwürdige Geheimhaltungsinteressen des Schuldners nicht entgegenstehen (BGH GRUR 2002, 709, 712 – Entfernung der Herstellungsnummer III; GRUR 2002, 709, 712 = NJW-RR 2002, 1119 = NJW 2002, 3175 = WRP 2002, 947; GRUR 2003, 433, 434 – Cartier-Ring). Ein Anspruch auf **Vorlage von Bank-, Finanz- oder Handelsunterlagen** besteht nunmehr nur im Rahmen von § 101 a Abs. 1 S. 1 (*Dreier/Schulze/Dreier* Rdnr. 21).

78

3. Zeitraum der Auskunft

Der Zeitraum der Auskunft, auf den sich die Auskunft erstrecken muss, ist im Gesetz nicht vorgesehen. **Ende des Zeitraumes** ist jedenfalls der **Zeitpunkt der Auskunftserteilung** (vgl. *Eichmann* GRUR 1990, 575, 578; *Jestaedt* GRUR 1993, 219, 220). Jedenfalls für Kennzeichenverletzungen hat der BGH seine frühere Rechtsprechung, dass der Bezifferung eines Schadensersatzanspruchs auf die in dem Auskunftsanspruch zeitlich auf die vom Gläubiger nachgewiesene erste Verletzungshandlung begrenzt sei (BGH GRUR 1988, 307 – Gabi; GRUR 2003, 892 – Alt Luxemburg; GRUR 1995, 50, 54 – Indorektal/Indohexal) aufgegeben. Der Verletzer hat daher **zeitlich unbeschränkt über sämtliche Rechtsverstöße Auskunft** zu erteilen

79

§ 101 Anspruch auf Auskunft hinsichtlich Dritter

(BGH GRUR 2007, 877 – Windsor Estate). Für das Urheberrecht hatte – allerdings vor Windsor Estate – das OLG München für den Sonderfall des (mittelbaren) Störers festgehalten, dass sich die Auskunftspflicht nach § 101a aF zeitlich auf den Zeitraum ab Eintritt der Störerhaftung beschränke. Eine Auskunftshaftung für den Zeitraum vor Eintritt der Störerhaftung würde mit der Wertung des § 8 Abs. 2 S. 1 TDG (jetzt § 7 Abs. 2 S. 1 TMG), aus dem sich ein Verbot proaktiver Überwachungspflichten ergibt, kollidieren (OLG München GRUR 2007, 419, 423; *Spindler/Dorschel* CR 2005, 38, 41 ff.).

4. Art und Form der Auskunft

80   Auskünfte sind **Wissenserklärungen**, die grundsätzlich in schriftlicher Form zu erteilen sind (vgl. *Eichmann* GRUR 1990, 575, 576; *Teplitzky* Kap. 38 Rdnr. 36; so im Grundsatz auch, aber im Einzelfall differenzierend, BGH NJW 2008, 917 in einer Entscheidung nicht zum gewerblichen Rechtsschutz). Die Auskunft muss **vom Auskunftspflichtigen selbst** stammen; dies ist schon deswegen erforderlich, um zu vermeiden, dass der Auskunftspflichtige sich im Rahmen der Abgabe der Versicherung an Eides statt auf seine fehlende Urheberschaft berufen kann (BGH NJW 2008, 917,918). Es ist eine eigene Auskunft des Schuldners erforderlich, die jedoch **nicht die gesetzliche Schriftform** erfüllen muss und auch durch einen **Boten**, zB einen Rechtsanwalt, an den Gläubiger übermittelt werden darf (BGH NJW 2008, 917). Aus dem Wortlaut des § 260 BGB („ein Verzeichnis des Bestands vorzulegen") schließt der BGH in dieser Entscheidung, dass ein schriftliches Bestandsverzeichnis, die Einhaltung der Schriftform des § 126 BGB und somit eine eigenhändige Unterschrift des Schuldners aber nicht erforderlich ist (BGH NJW 2008, 917). Der Auskunftspflichtige darf sich **Hilfspersonen** (zB auch eines Rechtsanwalts) bedienen. Erforderlich bleibt allerdings, dass die Auskunft trotz der Übermittlung durch eine Hilfsperson weiterhin eine Erklärung des Auskunftspflichtigen bleibt. Das ist der Fall, wenn sich der zur Auskunft Verpflichtete eines Boten bedient (BGH NJW 2008, 917; OLG Nürnberg NJW-RR 2005, 808, 809; so auch *Eichmann* GRUR 1990, 575, 576, der eine Abgabe durch dritte Personen für zulässig hält, hierin eine Auskunft aber nur dann sieht, wenn die Erklärung dem Auskunftspflichtigen zuzurechnen ist).

81   Schon zu § 101a aF ging die Rechtsprechung davon aus, dass der Anspruch auf Drittauskunft **keinen Anspruch auf Geschäftsunterlagen**, also etwa auf Vorlage von Bestellscheinen, Auftragsbestätigungen, Lieferscheinen und Lieferrechnungen gewährt (OLG Köln GRUR 1995, 676 – Vorlage von Geschäftsunterlagen; OLG Karlsruhe GRUR 1995, 772 – Selbständiger Auskunftsanspruch; OLG Zweibrücken WRP 1997, 611, 614 – Plagiierter Schmuck; vgl. unter Bezugnahme auf OLG Köln GRUR 1995, 676 auch BT-Drucks. 16/5048, S. 27). Dies folge aus dem Wortlaut der Vorschrift, wonach der zur Auskunft Verpflichtete „Angaben" zu machen habe (OLG Köln GRUR 1995, 676, 677 – Vorlage von Geschäftsunterlagen). Diese Auffassung kann sich auch auf die Begründung des Gesetzentwurfes der Bundesregierung zum Produktpirateriegesetz (BT-Drucks. 11/4792, S. 32 f.) stützen, in der ausdrücklich Bezug genommen wird auf die Forderung von einem Teil der Verbände, zur wirkungsvolleren Durchsetzung des Auskunftsanspruchs einen besonderen Anspruch des Verletzten auf Einsicht in die Geschäftsbücher zu schaffen. Diesen Anspruch sowie einen darauf bezogenen „**Wirtschaftsprüfervorbehalt**", der zur Sicherung der Interessen des mutmaßlichen Verletzers die Einschaltung eines Sachverständigen vorsehen könnte, hat der Bundesgesetzgeber zurückgewiesen (BT-Drucks. 11/4792, S. 32; zu dieser Praxis für das Wettbewerbsrecht vgl. *Ahrens/Loewenheim*, Kap. 72 Rdnr. 23; *Teplitzky*, Kap. 38 Rdnr. 29). Eine solche Bestimmung würde zu einer unvertretbaren Bevorzugung der Interessen des Schutzrechtsinhabers gegenüber dem Verletzer an der Wahrung seiner Betriebs- und Geschäftsgeheimnisse führen und wäre mit dem geltenden Rechtsschutzsystem unvereinbar. Schon der nunmehr vorgesehene Auskunftsanspruch, insbesondere aber seine Durchsetzung im Wege der einstweiligen Verfügung käme schon in eine gewisse Nähe zur Ausforschung und stellte einen weitgehenden Eingriff in die Betriebssphäre des Verletzers dar (ebda.).

82   In eine andere Richtung weist allerdings die Rechtsprechung, die seit der Entscheidung *Entfernung der Herstellungsnummer III* eine Verpflichtung zur Vorlage von Belegen im Rahmen des Anspruchs auf Drittauskunft im Allgemeinen dann als gegeben erachtet, wenn **schutzwürdige Geheimhaltungsinteressen des Schuldners nicht entgegenstehen** (vgl. BGH GRUR 2002, 799, 712 = NJW-RR 2002 1119 = NJW 2002, 3175 L = WRP 2002, 947; GRUR 2003, 433, 434 – Cartier-Ring; GRUR 2006, 504, 507 – Parfümtestkäufe; zustimmend *Teplitzky* Kap. 38, Rdnr. 35 b; *Jestaedt* GRUR 1993, 219, 220).

Die Auffassung des Bundesgerichtshofs, der einen Anspruch auf Vorlage von Belegen als „im 83 Allgemeinen als gegeben" erachtet, ist schwer mit der Begründung des Gesetzgebers zum Produktpirateriegesetz in Einklang zu bringen. Hier wird zwar der Anspruch auf Bucheinsicht geprüft; auch die Vorlage von Belegen birgt jedoch die Gefahr der exzessiven Auskunft, die mit den Geheimhaltungsinteressen des Auskunftspflichtigen kollidiert. Dies umso mehr, soweit im Rahmen von Abs. 2 ein Anspruch gegen einen unbeteiligten Dritten geltend gemacht wird. Nicht überzeugend ist auch das Argument, dass erst die Belege die Möglichkeit verschaffen, die Verlässlichkeit der Auskunft zu überprüfen und sich Klarheit darüber zu verschaffen, ob ein Anspruch auf Abgabe der eidesstattlichen Versicherung besteht (vgl. BGH, 2003, 433, 434 – Cartier-Ring). Soweit sich aus einem Beleg (einer Urkunde) ein Auskunftsgegenstand ergibt, ist in Bezug auf diesen Auskunftsgegenstand jedenfalls keine eidesstattliche Versicherung erforderlich.

Die Rechtsprechung dürfte **durch die Neufassung der §§ 101, 101 a überholt** sein; auf 84 § 101 lässt sich ein Anspruch auf Vorlage von Geschäftsunterlagen nicht mehr stützen, da sich dieser nunmehr als **Anspruch auf Vorlage von Bank-, Finanz- oder Handelsunterlagen gemäß § 101 a Abs. 1 S. 1** ergibt (*Dreier/Schulze/Dreier* Rdnr. 21).

VI. Verhältnismäßigkeit; Abs. 4

Abs. 4 regelt entsprechend den bisherigen Formulierungen in Abs. 1 den Grundsatz der Ver- 85 hältnismäßigkeit. Dies entspricht Art. 8 Abs. 1 der Richtlinie. Die begehrte Auskunft darf nur erteilt werden, wenn der Grundsatz der Verhältnismäßigkeit gewahrt ist, dh. die Auskunft muss **geeignet, erforderlich und angemessen** sein (BT-Drucks. 16/5048, S. 39). Während die Gesetzesmaterialien zum Produktpirateriegesetz lediglich auf den unzulässigen Ausforschungsbeweis hinwiesen (BT-Drucks. 11/4792, S. 32), wird durch diesen Passus klargestellt, dass sich die Prüfung am **öffentlich-rechtlichen Verhältnismäßigkeitsgrundsatz** orientieren soll (*Kramer* S. 171).

Schon in der Begründung zum Produktpirateriegesetz hat der Gesetzgeber ausgeführt, dass der 86 Hinweis auf den Verhältnismäßigkeitsgrundsatz der Gefahr beggenen soll, dass der Auskunftsanspruch in Einzelfällen zu einer zu weitgehenden und damit vom Gesetzesverkehr nicht mehr zur rechtfertigenden **Ausforschung von Konkurrenten** missbraucht wird (BT-Drucks. 11/4792, S. 31). Es sollen Auskunftsverpflichtungen ausgenommen werden, die von der Absicht des Gesetzes, Schutzrechtsverletzungen zu unterbinden, nicht mehr gedeckt sind (BVerfG NJW 1999, 2880). Die Gesetzesbegründung nennt beispielhaft Fälle, in denen der Auskunftsberechtigte kein oder nur ein äußerst geringes Interesse daran haben kann, die Lieferanten oder gewerblichen Abnehmer der Waren zu erfahren, sei es, dass es sich um einen Einzelfall von Schutzrechtsverletzungen handelt, sei es, dass davon auszugehen ist, dass keine weiteren Schutzrechtsverletzungen zu befürchten und eingetretene Schäden ausgeglichen sind (BT-Drucks. 11/4792, S. 31 f.). Hierbei sind **betroffene Grundrechte interpretationsleitend zu berücksichtigen** (BVerfG NJW 1999, 2880, OLG Oldenburg K&R 2009, 51, 52).

Die Verhältnismäßigkeit wird davon abhängen, welcher Maßstab für das „gewerbliche Aus- 87 maß" (vgl. oben Rdnr. 29 ff.) angelegt wird (*Hoffmann*, MMR 2009, 655, 660). Das OLG Köln (MMR 2009, 334, 336) verlangt das Vorliegen besonderer Umstände. Aus der Regelung in Abs. 4 folgt, dass das Gesetz davon ausgeht, dass eine Auskunftserteilung selbst dann unverhältnismäßig sein kann, wenn Rechtsverletzungen im gewerblichen Ausmaß vorgenommen worden sind (*Welp*, S. 123). Auf Seiten des Auskunftsberechtigten fällt vor allem ins Gewicht, ob **weitere Schutzrechtsverletzungen zu besorgen** sind, und ob zur Verhinderung solcher Verletzungen die **verlangte Auskunft erforderlich** ist; oder ob der Verletzte der Auskunft bedarf, um einen **Ausgleich für erlittene Schäden** zu erreichen (BVerfG NJW 1999, 2880, 2881). Das Ergebnis unter Abwägung der Einbeziehung auch verfassungsrechtlicher Regelungen ist nicht vorgegeben; es ist nicht ausgeschlossen, dass im Einzelfall dem Schutzbedürfnis des Urheberrechtsinhabers der Vorrang vor dem **Geheimhaltungsinteresse der Presse** eingeräumt wird (BVerfG NJW 1999, 2880, 2881). Selbst für den Fall, dass Presseangehörige damit zu Auskünften gezwungen werden können, deren Preisgabe sie als Zeuge(-n) verweigern dürften, bestehen hiergegen verfassungsrechtliche Einwände nicht (BVerfG NJW 1999, 2880, 2881). Im Rahmen der Verhältnismäßigkeitsprüfung sind **Art und Schwere der Rechtsverletzung** von Bedeutung (vgl. AG Offenburg, CR 2007, 676); auch die beiderseitigen Interessen des Rechtsinhabers und des Verletzers sind angemessen zu berücksichtigen (vgl. BGH GRUR 1994, 630,

633 – Cartier-Armreif). Dabei hat das aus Wettbewerbsgründen berechtigte Interesse des Rechtsverletzers, seine Bezugsquelle und seinen Vertriebsweg geheim zu halten, zurückzutreten, wenn durch die Preisgabe die empfindliche Störung der geschützten Rechtsposition der Berechtigten für die Zukunft unterbunden werden kann (BGH GRUR 1994, 630, 633 – Cartier-Armreif; *Metzger/Wurmnest* ZUM 2003, 922, 930). Der Umstand, dass der auskunftspflichtige Rechtsverletzer dem benannten Dritten der Gefahr einer strafrechtlichen Verfolgung aussetzt, fließt in die Interessenabwägung ein, steht aber der Zumutbarkeit einer Drittauskunft – ungeachtet des Umstandes, dass es weithin als anstößig empfunden wird, einen Dritten einer strafbaren Handlung zu bezichtigen – nicht von vornherein entgegen (BGH GRUR 1994, 630, 633 – Cartier-Armreif, BGH GRUR 1976, 367, 369 – Ausschreibungsunterlagen; *Tilmann*, GRUR 1987, 251, 260).

88 Je eindeutiger eine Schutzrechtsverletzung feststeht, desto eher wird dem potenziellen Informationsschuldner die Auskunft zumutbar sein (*Haedicke* FS-Ullmann, S. 19, 22). Man wird in der Verhältnismäßigkeitsprüfung eine Abstufung danach vornehmen, ob der Anspruch gegen den **Verletzer** nach Abs. 1 oder gegen den dritten **Nichtverletzer** nach Abs. 2 geltend gemacht wird: Die Interessen des an der Rechtsverletzung unbeteiligten Dritten werden regelmäßig ein höheres Gewicht als diejenigen des Verletzers haben (*Haedicke*, FS-Ullmann, S. 19, 22). Die Abstufung auch des Umfangs des Auskunftsanspruches muss in Abhängigkeit vom Grad der tatsächlichen, wahrscheinlichen oder möglichen Beteiligung des Betroffenen einer Verletzung erfolgen (*Haedicke* FS-Ullmann, S. 19, 22). Grundsätzlich besteht ein **vorrangiges Interesse des Schutzrechtsinhabers** vor dem Schutz des Verletzers an einem Verschweigen seiner Vertriebskanäle (*Metzger/Wurmnest* ZUM 2003, 922, 930).

89 Der Wortlaut von § 101 Abs. 4 („im Einzelfall unverhältnismäßig") scheint nahezulegen, dass sowohl der Verletzer nach Abs. 1 als auch der Nichtverletzer nach Abs. 2 die **Beweislast** für die Unverhältnismäßigkeit des Auskunftsverlangens trägt. Die bisher veröffentlichte Literatur zu § 101 stellt bei der Frage der Beweislast ausschließlich den Verletzer ab (*Ekey/Klippl/Bender/Wüst/Jansen* MarkenR § 19, Rdnr. 33; *Schulte/Kühnen* PatentG, § 140b, Rdnr. 28; *Dreier/Schulze/Dreier* Rdnr. 23; *Metzger/Wurmnest* ZUM 2003, 922, 930; *Dreyer/Kotthoff/Meckel* Rdnr. 14 bezieht allerdings ausdrücklich den Dritten mit ein). Einer Beweislastverteilung zu Lasten auch des Nichtverletzers könnte entgegenstehen, dass der Gesetzgeber des PrPG als Fälle der Unverhältnismäßigkeit solche herausgestellt hat, in denen es um ein besonders geringes Interesse des Auskunftsberechtigten ging, oder um nur geringfügige Schutzrechtsverletzungen oder geringe oder keine Schäden. Diese Beispiele liegen sämtlich in der Sphäre des Verletzten. Vor dem Hintergrund, dass dem Nichtverletzer die Angaben zur Prüfung der Unverhältnismäßigkeit hinsichtlich dieser Merkmale nicht zugänglich sind, erscheint eine Beweislastverteilung diesbezüglich unsachgemäß. Richtigerweise wird man den Nichtverletzer beweispflichtig für sein Interesse an der Nichterteilung der Auskunft ansehen müssen. Der Verletzte ist beweispflichtig für Tatsachen, aus denen sich sein Interesse an der Auskunftserteilung ergibt.

90 Aus der Klarstellung des Gesetzgebers, wonach die Auskunft geeignet, erforderlich und angemessen sein muss, wird deutlich, dass der Gesetzgeber eine volle Verhältnismäßigkeitsprüfung im Sinne des öffentlichen Rechtes beabsichtigte (*Kramer* S. 60 f.). Es ist also eine umfassende Interessenabwägung erforderlich. Hier wird im Einzelfall festzustellen sein, ob die Auskunftserteilung den Gesetzeszweck – die Bekämpfung von Schutzrechtsverletzungen – zumindest fördern kann. Die Auskunftserteilung müsste weiterhin erforderlich sein, dh. es dürfte kein milderes Mittel zur Verfügung stehen, um zivilrechtliche Ansprüche gegen die eigentlichen Verletzer durchzusetzen (*Kramer* S. 61 f.). Hier wird man eine Auskunftserlangung im Wege der Strafanzeige und Akteneinsicht nach § 406e StPO als milderes Mittel ausschließen können, da die Staatsanwaltschaften regelmäßig das Strafverfolgungsinteresse verneinen (vgl. Rdnr. 41); LG Hamburg, MMR 2005, 55, 58). Im Rahmen der Angemessenheit sind im Allgemeinen sowohl das Verschulden des Verletzers (*Fezer* MarkenR, § 19, Rdnr. 14; *Kramer* S. 63), die Schwere der Verletzungshandlung, sowie insbesondere beim Nichtverletzer der Aufwand der Auskunftserteilung (vgl. schon zu § 101a aF: LG Hamburg MMR 2005, 55, 58; *Kramer* S. 63), wobei allerdings weiter zu berücksichtigen ist, dass § 101 Abs. 2 S. 3 einen Aufwendungsersatzanspruch gewährt (ausführlich zum Verhältnismäßigkeitsgrundsatz *Kramer* S. 60 ff.).

VII. Falsche oder unvollständige Auskunft, Abs. 5

91 Abs. 5 regelt die Haftung für die Erteilung einer falschen oder unvollständigen Auskunft. Die Regelung trägt der Tatsache Rechnung, dass fehlerhafte Auskünfte bislang weitgehend folgenlos

Anspruch auf Auskunft hinsichtlich Dritter **§ 101**

bleiben (BT-Drucks. 16/5048, S. 39). Nach der bisherigen Rechtslage war der Verletzte auf den Anspruch auf eine eidesstattliche Versicherung beschränkt, wenn er die Unrichtigkeit der Auskunft vermutete (vgl. *Teplitzky* Kap. 38 Rdnr. 36). Um den Verpflichteten zu einer richtigen und vollständigen Auskunft zu veranlassen, bestimmt Abs. 5 nunmehr, dass der Verletzte **Schadensersatz** verlangen kann, wenn der zur Auskunft Verpflichtete die **Auskunft vorsätzlich oder grob fahrlässig falsch oder unvollständig** erteilt (vgl. *Spindler* ZUM 2008, 640, 648). Angesichts der klaren Ausführungen in den Gesetzesmaterialien hat die Regelung auch nicht lediglich deklaratorische Bedeutung, da eine Schlechterfüllung des Auskunftsanspruchs nach § 280 BGB ohnehin eine Schadensersatzverpflichtung auslöste (so aber *Dreyer/Kotthoff/Meckel* Rdnr. 15). Der Schaden des Verletzten muss entsprechend allgemeinen schadensrechtlichen Grundsätzen (§§ 249 ff. BGB) sich gerade aus der falschen Auskunft ergeben (*Spindler* ZUM 2008, 640, 648).

VIII. Haftungsfreistellung bei Auskunft ohne Verpflichtung, Abs. 6

Erteilt jemand auf ein **unberechtigtes Auskunftsverlangen** Auskunft und sieht sich deshalb **Regressforderungen Dritter** gegenüber, sieht Abs. 6 eine **Beschränkung der Haftung auf Vorsatz** vor. Die Regelung trägt dem Umstand Rechnung, dass der Verpflichtete insbesondere in den Fällen des Abs. 2 nicht beurteilen kann, ob überhaupt eine Rechtsverletzung vorliegt. Es handelt sich nicht um eine eigene Anspruchsgrundlage für Forderungen Dritter; die Vorschrift hat vielmehr lediglich **Filterwirkung**, soweit ein Anspruch auf Schadensersatz aus anderen Vorschriften folgt (BT-Drucks. 16/5048, S. 39; *Kramer* S. 173 f., der kritisch darauf hinweist, dass die Regelung dem gesetzgeberischen Interesse, der Gefahr der Uferlosigkeit von Auskunftsbegehren entgegenzuwirken, nicht gerecht wird, da etwa Access-Provider geneigt sein könnten, auch ohne ausreichende Prüfung des Begehrens Auskunft über Nutzer zu erteilen; ähnlich *Kitz* ZUM 2006, 444, 446). 92

IX. Die Durchsetzbarkeit im Weg der einstweiligen Verfügung, Abs. 7

Abs. 7 entspricht dem bisherigen § 101a Abs. 3 (BT-Drucks. 16/5048, S. 39; *Dreier/Schulze/ Dreier* Rdnr. 27). Die Begrenzung der Durchsetzung des Auskunftsanspruchs im Wege der einstweiligen Verfügung nur bei **offensichtlichen Rechtsverletzungen** berücksichtigt, dass die einmal erteilte Auskunft nicht wieder zurückgenommen werden kann, sollte sich im Hauptverfahren herausstellen, dass der Anspruch nicht begründet ist (BT-Drucks. 11/4792, S. 32; zum Merkmal der offensichtlichen Rechtsverletzung vgl. oben zu Rdnr. 59 ff. und die dort ausgewiesene Rechtsprechung; zum Verfügungsverfahren vgl. *Eichmann* GRUR 1990, 575, 585 ff.). 93

Das Verfahren richtet sich nach den einschlägigen Vorschriften der ZPO (§§ 935, 940 ZPO). Der Antragsteller hat dabei die Umstände, aus denen sich die Offensichtlichkeit der Rechtsverletzung ergibt, in der **üblichen Weise glaubhaft zu machen** und soll sich dabei zur Wahrung seiner Interessen des stärksten ihm zur Verfügung stehenden Beweismittels bedienen (BT-Drucks. 11/4792, S. 32). Dies schließt auch diejenigen Umstände ein, die außerhalb des § 101 hinsichtlich der Darlegungs- und Beweislast anders zu beurteilen sein mögen (vgl. OLG Braunschweig GRUR 1993, 669 – Stoffmuster). Eine **Wahrscheinlichkeit einer Rechtsverletzung** genügt nicht; eine andere Beurteilung als die einer Rechtsverletzung darf kaum möglich erscheinen (vgl. OLG Frankfurt GRUR-RR 2002, 32). **Gesetzliche oder tatsächliche Vermutungen** reichen daher nicht aus (OLG Braunschweig GRUR 1993, 669 – Stoffmuster; unter Verweis auf die amtl. Begründung zu § 101a Abs. 3 aF, BT-Drucks. 11/4792, S. 32: „Weitere Erleichterungen bei der Geltendmachung des Anspruchs, wie sie etwa § 25 des Gesetzes gegen den unlauteren Wettbewerb vorsieht, sind hier nicht vertretbar"). Die Durchsetzung des ohnehin recht weitgehenden Anspruchs muss zum **Schutz des Auskunftsschuldners** auf das **unbedingt erforderliche Maß** begrenzt bleiben (BT-Drucks. 11/4792, S. 32). 94

Bei der Durchsetzung von Auskunftsverlangen gegen **Access-Provider** stößt der Anspruch aus § 101 an **faktische Grenzen**. Der Anspruch auf Übermittlung der erforderlichen Daten ist nämlich nur dann durchsetzbar, wenn diese auch noch tatsächlich vorhanden sind. Dem steht die Providerpraxis entgegen, Verkehrsdaten ihrer Kunden entweder unmittelbar nach Verbindungsende oder nach sehr kurzer Zeit wieder zu löschen (vgl. zur Löschungspflicht LG Darmstadt CR 2007, 574, 575). Auch in der Rechtsprechung wird auf diese „gerichtsbekannte" Praxis hingewiesen, dass Verbindungsdaten binnen 7 Tagen gelöscht werden; vgl. LG Köln MMR 95

§ 101 Anspruch auf Auskunft hinsichtlich Dritter

2008, 761; OLG Köln ZUM 2008, 978, 979; OLG Zweibrücken ZUM-RD 2008, 605, 606 f. Hieraus schließt das LG Köln, dass von der **Gewährung vorigen rechtlichen Gehörs** wegen der damit gegebenen Eilbedürftigkeit **abgesehen werden kann** (LG Köln MMR 2008, 761, 762 m. Anm. *Solmecke*; LG Köln ZUM-RD 2009, 40, jeweils zum Anordnungsverfahren nach Abs. 9). Dagegen geht das OLG Karlsruhe davon aus, dass dem in Anspruch genommenen Provider stets rechtliches Gehör zu gewähren ist (OLG Karlsruhe, CR 2009, 806, 807 unter Verweis auf OLG Köln, MMR 2008, 820; OLG Frankfurt, GRUR-RR 2009, 296, 297). Die Auffassung des LG Köln führte zudem zur misslichen Konsequenz (*Jüngel/Geißler* MMR 2008, 787, 792), dass der einstweilige Rechtsschutz zum Regelverfahren würde.

96 Grundsätzlich aber darf im eV-Verfahren nur eine **vorläufige Regelung** herbeigeführt werden (§§ 935, 940 ZPO). Eine erteilte Auskunft ist nicht wieder rückgängig zu machen (vgl. BT-Drucks. 11/4792, S. 32; *Baumbach/Lauterbach/Albers/Hartmann* ZPO⁶² § 940 Anm. 3 B unter „Auskunft"). Das OLG Köln (MMR 2008, 820, 821) sah daher in der landgerichtlichen Entscheidung eine **unzulässige Vorwegnahme der Hauptsache**. Zur einstweiligen Anordnung auf Speicherung der Daten sowie Speicherung „auf Zuruf" s. nachfolgend Rdnr. 112a.

97 **Zur Auskunftsvollstreckung** liegt eine rigorose Entscheidung des OLG Hamburg vor (ZUM 2005, 660): Ist eine Verurteilung zur Auskunft im Weg der einstweiligen Verfügung erfolgt, muss sie erfüllt werden, unbeschadet einer bestehenden rechtlichen Zwangslage sowie tatsächlicher und rechtlicher Bedenken gegenüber einer Anspruchsdurchsetzung im Wege des einstweiligen Rechtsschutzes (OLG Hamburg ZUM 2005, 660). Das OLG Hamburg geht dabei so weit, Erfüllung selbst dann zu verlangen, wenn der Betroffene mit der Auskunft gegen datenschutzrechtliche Bestimmungen verstößt und sich strafbar macht. Von der titulierten Auskunftspflicht entbinden, kann ihn nur eine einstweilige Einstellung der Zwangsvollstreckung nach §§ 719 Abs. 1, 707 ZPO.

X. Verwertungsverbot, Abs. 8

98 Abs. 8 entspricht dem bisherigen Abs. 4. Durch rechtlich vorgeschriebene Auskunftspflichten kann die Auskunftsperson in die Konfliktsituation geraten, sich entweder selbst einer strafbaren Handlung zu bezichtigen oder durch eine Falschaussage gegebenenfalls ein neues Delikt zu begehen oder aber wegen ihres Schweigens, Zwangsmitteln ausgesetzt zu werden (BVerfGE 56, 37, 41). Diesen verfassungsrechtlich gewährten **Schutz vor Selbstbezichtigungen** sichert Abs. 8 – anders als das der **Zeugnisverweigerung** angelehnte Recht in Abs. 2 S. 1 – durch ein **Verwertungsverbot** (*Dreier/Schulze/Dreier* Rdnr. 32), um so nicht zu verhindern, dass die zivilrechtlich begründete Erfüllung der Auskunftspflicht erzwungen werden kann (BT-Drucks. 11/4792, S. 39). Tatsachen, die bereits bekannt waren oder die auf andere Weise als durch die Auskunft bekannt geworden sind, sind vom Verwertungsverbot nicht erfasst; allerdings erstreckt sich das Verwertungsverbot auf Tatsachen und Beweismittel, die zwar nicht unmittelbar Gegenstand der Auskunft waren, zu denen aber die Auskunft direkt den Weg gewiesen hat (BT-Drucks. 11/4792, S. 39 f.). Durch die Beschränkung des Verwertungsverbots auf eine vor Erteilung der Tat wird sichergestellt, dass die absichtlich unvollständige Auskunft, die eidesstattlich versichert wird, strafrechtlich geahndet werden kann (BT-Drucks. 11/4792, S. 40).

XI. Anordnung bei Verwendung von Verkehrsdaten, Abs. 9

1. Regelungshintergrund

99 Ein Kernanwendungsfeld der Auskunftsansprüche nach § 101 ist die **Urheberrechtsverletzung im Internet**. Die Möglichkeit, im Internet weitgehend anonym zu kommunizieren, wird etwa über sog. **Tauschbörsen** für Urheberrechtsverletzungen in großem Umfang genutzt (BT-Drucks. 16/5048, S. 39). Hier besteht ein besonderes Interesse an einer Auskunft, ohne die der Verletzer nicht ermittelt werden kann. Für die Ermittlung von Urheberrechtsverletzungen im Internet bedarf es zur Identifizierung des Verletzers häufig der **Verwendung von Verkehrsdaten** im Sinne vom § 3 Nr. 30 TKG, also solcher Daten, die bei der Erbringung eines Telekommunikationsdienstes erhoben, verarbeitet oder genutzt werden. Insbesondere Telemedienanbieter, die Leistungen zum Internet-Access oder zur E-Mail-Übertragung) anbieten, gelten die Datenschutzvorschriften des TKG (vgl. BT-Drucks. 16/3078, S. 15; § 11 Abs. 3 TMG).

100 Für den Fall, dass für ein Auskunftsersuchen nach § 101 die Verwendung von Verkehrsdaten erforderlich ist, sieht § 101 Abs. 9 ein **besonderes Anordnungsverfahren unter Richter-**

vorbehalt vor. Die veröffentlichten Entscheidungen zu Auskunftsersuchen nach dem im September 2008 in Kraft getretenen § 101 zeigen, dass Anträge nach Abs. 9 einen Hauptanwendungsfall des Auskunftsanspruchs nach § 101 darstellen (werden) (LG Frankenthal MMR 2008, 830; OLG Köln, MMR 2008, 820; OLG Zweibrücken ZUM-RD 2008, 605; LG Frankfurt/M MMR 2008, 829; OLG Köln ZUM 2008, 981; LG Köln ZUM-RD 2009, 40; OLG Oldenburg MMR 2009, 188; OLG Karlsruhe WRP 2009, 335; OLG Düsseldorf K&R 2009, 122; OLG Köln CR 2009, 107; OLG Karlsruhe, CR 2009, 806; OLG Zweibrücken, GRUR-RR 2009, 399; OLG Frankfurt, MMR 2009, 542; OLG Frankfurt, MMR 2010, 62 waren allesamt Entscheidungen über Anträge nach § 101 Abs. 9).

Die Vorschrift, die schon auf einer missverständlichen europarechtlichen Vorgabe in Art. 8 der Durchsetzungsrichtlinie aufsetzt (vgl. *Seichter* FS-Ullmann, 983, 987), regelt nur unzulänglich die schwierigen rechtlichen Fragen, so dass *Spindler* (GRUR 2008, 574, 577) zu Recht ein Bild aus der Odyssee bemüht, um das Dilemma dieser Vorschrift zu beschreiben. Auf der einen Seite nämlich stehen die durch Art. 14 GG geschützten Rechte der Rechteinhaber, deren **effektive und wirksame Durchsetzung** § 101 zu dienen bezweckt (EuGH GRUR 2008, 241, 243 Rdnr. 57 = NJW 2008, 743 – Promusicae/Telefonica). Auf der anderen Seite steht der **Datenschutz**, dessen Bedeutung das Bundesverfassungsgericht in einer Reihe von Entscheidungen gerade zu der im Zusammenhang mit § 101 Abs. 9 relevanten Frage der **Vorratsdatenspeicherung** präzisiert hat (vgl. BVerfG NJW 2008, 822 – Online-Durchsuchung, die das allgemeine Grundrecht des Schutzes der Vertraulichkeit der Integrität der IT-Systeme des Bürgers fortentwickelte; BVerfG MMR 2008, 303 – Vorratsdatenspeicherung; MMR 2009, 29). **101**

In den bisher ergangenen Entscheidungen wird diese Problemstellung, die im Gesetzgebungsverfahren und schon zur Auseinandersetzung um die Anwendung des § 101a aF außerordentlich kontrovers geführt wurde, nur knapp und ohne Hinweis auf den Streitstand angesprochen (vgl. OLG Köln CR 2009, 107, 108; OLG Oldenburg MMR 2009, 188, 189, unter Hinweis auf BVerfG MMR 2008, 303 – Vorratsdatenspeicherung). Dies mag in dem Bestreben der Gerichte begründet sein, dem Zweck der Durchsetzungsrichtlinie, einen effektiven und wirksamen Schutz der Rechteinhaber gerade gegenüber Rechtsverletzungen im Internet sicherzustellen. **102**

Neben dieser rechtlichen Problematik steht die Durchsetzung des Anspruchs aus § 101 Abs. 9 vor einem faktischen Problem: Im Einklang mit entsprechenden Vorgaben aus der Rechtsprechung (vgl. LG Darmstadt, CR 2007, 574) speichern Access-Provider die für die Identitätsfeststellung von möglichen Verletzern erforderlichen Daten nur für einen Zeitraum von 7 Tagen; einige Anbieter löschen die Verkehrsdaten sogar unmittelbar nach Beendigung der Verbindung, wozu sie – es sei denn, sie benötigen diese zu Abrechnungszwecken oder jetzt zu den Zwecken der §§ 113a TKG – verpflichtet sind (vgl. *Spindler/Dorschel* CR 2005, 38, 46). **103**

2. Gesetzgebungsverfahren

Schon im Gesetzgebungsverfahren waren die datenschutzrechtlichen Fragen und der daraus begründete Richtervorbehalt (vgl. BT-Drucks. 16/5048, S. 40, „Schutzwürdigkeit von Verkehrsdaten") außerordentlich umstritten. Die Bundesregierung stellte in ihrer Begründung zum Gesetzentwurf (BT-Drucks. 16/5048, S. 39) heraus, dass der **Sonderfall** von Abs. 9 insbesondere Rechtsverletzungen im Internet betrifft. Die Bundesregierung geht davon aus, dass insbesondere sog. **dynamische IP-Adressen Verkehrsdaten im Sinne von § 3 Nr. 30 TKG** sind, und dass daher potentielle Rechtsverletzer in solchen Fällen meist nicht unmittelbar über Bestandsdaten, sondern nur mit Hilfe von Verkehrsdaten ermittelt werden können. Diese Verkehrsdaten unterliegen dem einfachgesetzlich (§ 88 TKG) und verfassungsrechtlich (Art. 10 Abs. 1 GG) geschützten **Fernmeldegeheimnis**; daher sei es sachgerecht, den Auskunftsanspruch unter einen Richtervorbehalt zu stellen. Der **Bundesrat** in seiner Stellungnahme (BT-Drucks. 16/5048, S. 55f.) **lehnte diesen Richtervorbehalt ab**. Er sei dem deutschen Zivilprozess fremd, belaste die Gerichte in hohem Maße und lege dem Verletzten erhebliche Kosten auf. Unter Verweis auf instanzgerichtliche Entscheidungen (LG Stuttgart NJW 2008, 1614; LG Hamburg MMR 2005, 711) stellte der Bundesrat heraus, dass die Verwendung der dynamischen IP-Adresse zur Ermittlung von Name und Anschrift des Verletzers nicht den grundrechtlich geschützten Bereich des Fernmeldegeheimnisses berühre und führt weiter aus, dass gerade bei Rechtsverletzungen im Internet mit einer besonders hohen Anzahl von Auskunftsverfahren zu rechnen sei, die zuständigen Gerichte in besonders hohem Maße belasten würden. In ihrer Gegenäußerung (BT-Drucks. 16/50480, S. 63) erwiderte die Bundesregierung, dass der Gesetzentwurf unter Berücksichtigung des Datenschutzes eine **angemessene Abwägung der unter-** **104**

§ 101

schiedlichen am Verfahren beteiligten Interessen, namentlich von **Rechtsinhabern, Nutzern und Internet-Provider** träfe. Bei **Verkehrsdaten** handele es sich um **besonders sensible Daten**; ein Richtervorbehalt sei verfassungsrechtlich angezeigt. Missverständlich BGH, Urt. v. 12. 5. 2010 – I ZR 121/08, BeckRS 2010, 13455 – Sommer unseres Lebens, das diesen klaren Vorgaben entgegenzustehen scheint. Die Entscheidung erging allerdings zu strafprozessualen Vorschriften, für die Besonderheiten gelten; vgl. nachfolgend Rdnr. 109.

3. Anordnungsverfahren nach Abs. 9 und Datenschutz

105   Dem Auskunftsanspruch unter **Verwendung von Verkehrsdaten** nach § 101 Abs. 9 stehen nach vielfältigen Stimmen der Literatur **datenschutzrechtliche Einwände** entgegen – es fehle nach dieser Auffassung insbesondere an einer **Ermächtigungsgrundlage** für die Übermittlung der vom Verletzten begehrten Daten (*Kramer* S. 184; *Spindler* ZUM 2008, 640, 645f.; *Nägele/Nitsche* WRP 2007, 1047, 1050; *Spindler/Dorschel* CR 2006, 341, 343f., 346; *Kitz* ZUM 2005, 298, 301; zu § 108a aF: *Sieber/Höfinger* MMR 2005, 575, 581ff.; *Kuper* ITRB 2009, 12, 13f.; *Bäcker* ZUM 2008, 391, 393; *Hoeren* NJW 2008, 3099, 3100; *Kindt* MMR 2009, 147, 152; *Welp*, S. 361ff.; *Fromm/Nordemann/Czychowski* Rdnr., 69, der allerdings auf § 28 Abs. 3 BDSG als mögliche Ermächtigungsgrundlage hinweist; aA OLG Köln K&R 2008, 751ff., dass ausdrücklich § 101 Abs. 9 als Ermächtigungsgrundlage ansieht; OLG Karlsruhe, CR 2009, 806; anders jetzt hinsichtlich der Speicherung OLG Frankfurt, MMR 2010, 62, 63). Die Probleme im Bereich des Datenschutzes aber auch des Fernmelderechts stellen sich beim Auskunftsanspruch gegenüber dem **Access-Provider** nach § 101 Abs. 2 Nr. 3, einem schon unter dem Auskunftsanspruch nach § 101a aF außerordentlich kontrovers diskutierten Thema (OLG Frankfurt/M MMR 2005, 241; OLG Hamburg MMR 2005, 453; OLG München MMR 2005, 616; OLG Hamburg GRUR-RR 2005, 209, 213; für die unterschiedlichen Auffassungen in der Literatur vgl. *Czychowski* MMR 2004, 515; *Sieber/Höfinger* MMR 2004, 575 sowie die weiteren Fundstellen in Rdnr. 12). Die datenschutz- und fernmelderechtliche Problematik wird daher im Folgenden am Beispiel der Auskunftsansprüche gegenüber dem Access-Provider erörtert.

106   **a) Technischer Hintergrund.** Der Gesetzgeber hatte mit Abs. 9 insbesondere Tauschbörsen im Blick (BT-Drucks. 16/5048, S. 39). Bei diesen **Tauschbörsen** befinden sich die Dateien in aller Regel auf den Rechnern der Teilnehmer und werden zwischen diesen Teilnehmern **(peer-to-peer)** übermittelt. Jeder Nutzer ist also Client und Server, Nutzer und Anbieter zugleich (vgl. *Kindt* MMR 2009, 147). Um überhaupt im Internet Informationen austauschen zu können, braucht jeder Nutzer einen Anschluss. Um einen solchen Anschluss zu erhalten, gehen Nutzer in aller Regel ein **Vertragsverhältnis mit einem sog. Access-Provider** ein, der den technischen Zugang zum Internet verschafft. Bei jeder Einwahl in das Internet **weist der Access-Provider dem Anschluss des jeweiligen Nutzers eine IP-Adresse zu (sog. dynamische IP-Adresse)**, die den Nutzer gegenüber seinem Kommunikationspartner eindeutig identifiziert (zu den technischen Grundlagen vgl. *Federrath* ZUM 2006, 434ff.). Indem eine bestimmte IP-Adresse zu jedem Zeitpunkt weltweit jeweils nur an einen einzigen Computer vergeben wird, ist sichergestellt, dass die Daten genau an den anfragenden Rechner zurückgesendet werden können (vgl. *Meyerdierks* MMR 2009, 8, 9). Die IP-Adressen, mit denen Angebote im Internet zum Abruf bereitgehalten werden (oder Abfragen erfolgen) und die Zeitpunkte solcher Angebote oder Abfragen können in sog. Logfiles gespeichert werden. Diese beim Access-Provider mögliche **Datenspeicherung** und die damit zugleich mögliche Zuordnung der IP-Adresse eines Übertragungsvorgangs zu einem bestimmten Zeitpunkt ist die Information, die der Rechteinhaber zur Identifizierung benötigt, um zivilrechtliche Ansprüche gegen mögliche Verletzer durchzusetzen. Insbesondere die Musikindustrie beauftragt häufig private Unternehmen damit, Tauschbörsen nach illegalen Angeboten zu durchsuchen und die IP-Adressen der anbietenden Anschlüsse zu ermitteln (vgl. *Kindt* MMR 2009, 147; *Hoeren* NJW 2008, 3099f.). Mit den so gewonnenen (in aller Regel dynamischen) IP-Adressen und dem Zeitpunkt des Abrufes/Angebots kann der Access-Provider ermittelt werden, der dem vermeintlichen Verletzer den Zugang zum Internet vermittelt hat (*Sankol* MMR 2006, 361), an den sich die Rechteinhaber sodann zur Ermittlung des betreffenden Klarnamens und Adresse wenden.

107   Schon an dieser Stelle können sich datenschutzrechtliche Probleme stellen, da die möglichen Ausnahmen der Datenerhebung ohne Kenntnis des Betroffenen nach § 4 Abs. 2 S. 2 BDSG nach herrschender Meinung für das heimliche Erheben von Daten mit einer speziellen Software des Rechteinhabers nicht anwendbar sind (*Nägele/Nitsche* WRP 2007, 1047, 1050f.; *Hoeren* NJW 2008, 3099f.; *Maaßen,* MMR 2009, 511, 513; zu einem möglichen Beweisverwertungs-

verbot im Zivilprozess vgl. OLG Karlsruhe, MMR 2009, 412, 413). Nach Meinung der Datenschutzaufsichtsbehörden liegen die Voraussetzungen von § 4 Abs. 2 BDSG nicht vor, wenn unter Einsatz einer speziellen Software die IP-Adresse bei einem betroffenen heimlich erhoben wird (BT-Drucks. 16/5048, S. 57). Die Bundesregierung geht allerdings davon aus, dass die IP-Adresse standardmäßig auf dem Computer des Kommunikationspartners gespeichert wird und der Kommunikationspartner daher keine speziell entwickelte Software zur Ermittlung der IP-Adresse benötige (BT-Drucks. 16/5048, S 63f.).

b) Bestandsdaten/Verkehrsdaten. Das Anordnungsverfahren nach Abs. 9 ist vorgesehen, soweit die Auskunft nur unter Verwendung von Verkehrsdaten (§ 3 Nr. 30 TKG) erteilt werden kann, dh. solchen Daten, die bei der Erbringung eines Telekommunikationsdienstes erhoben, verarbeitet oder genutzt werden. Nach ganz überwiegender Auffassung erfordert die Identifizierung eines Internet-Nutzers anhand seiner **dynamischen IP-Adresse** durch den zuständigen Access-Provider regelmäßig einen Rückgriff auf Verkehrsdaten im Sinne von § 3 Nr. 30 TKG (OLG Köln MMR 2008, 820; LG Köln MMR 2008, 761; OLG Zweibrücken ZUM-RD 2008, 605, 606; LG Frankfurt/M MMR 2008, 929, 830; LG Frankenthal MMR 2008, 830, 831; OLG Oldenburg MMR 2009, 188, 189; missverständlich BGH, Urt. v. 12. 5. 2010 – I ZR 121/08, BeckRS 2010, 13455 – Sommer unseres Lebens, das allerdings zu strafprozessualen Regelungen erging, für die Besonderheiten gelten, s. u. Rdnr. 109; *Spindler/Dorschel* CR 2006, 340, 345; *Spindler/Schuster/Spindler/Nink* Recht der elektronischen Medien, § 14 TMG Rdnr. 7; *Jüngel/Geißler* MMR 2008, 787, 791f.; *Kitz* NJW 2008, 2374, 2375f.; *Spindler* ZUM 2008, 640, 645; *Musiol* GRUR-RR 2009, 1; *Kuper* ITRB 2009, 12, 14; *Mantz* K&R 2009, 21, 22; *Härting* ITRB 2009, 35, 38; *Maaßen,* MMR 2009, 511, 513). Diese Auffassung stützt sich insbesondere auf die Begründung der Bundesregierung (BT-Drucks. 16/5048, S. 39), die eine Verwendung von Verkehrsdaten insbesondere bei Rechtsverletzungen im Internet als denkbar ansieht, wenn Daten mit Hilfe von dynamischen IP-Adressen (IP: Internetprotokoll), vor allem über sog. FTP-Server (FTP: File Transfer Protocol), im Netz ausgetauscht werden. Die bisher ergangenen obergerichtlichen Urteile zu § 101 Abs. 9 gingen ohne weiteres davon aus, dass es sich bei (dynamischen) IP-Adressen um Verkehrsdaten im Sinne von § 101 Abs. 9 handelt (OLG Zweibrücken ZUM-RD 2008, 605, 606; OLG Köln MMR 2008, 820; OLG Oldenburg MMR 2009, 188, 189; OLG Düsseldorf K&R 2009, 122, 123 zweifelnd OLG Zweibrücken ZUM 2009, 74, allerdings zu einem Verfahren nach § 406e StPO). Teilweise werden auch **statische IP-Adressen als Verkehrsdaten** im Sinne von § 3 Nr. 30 TKG angesehen, da bei Auskünften zu konkreten Kommunikationsvorgängen nicht deren Ausprägung als Bestandsdaten im Sinne des § 95 TKG, sondern ebenfalls deren technische Ausprägung als Verkehrsdatum im Sinne des § 96 Abs. 1 Nr. 1 TKG betroffen sei (*Kramer* S. 176).

Was im Rahmen des § 101 Abs. 9 so umstritten erscheint, wurde zuvor im Zusammenhang mit den **Auskunftsersuchen der Staatsanwaltschaften** kontrovers und großenteils mit gegenteiligem Ergebnis diskutiert (vgl. die Nachweise bei *Arndt/Fetzer/Scherer/Graulich* TKG, § 113 Rdnr. 6; *Scheuerle/Mayen/Lünenburger* Telekommunikationsrecht, § 3, Rdnr. 10; LG Stuttgart NStZ-RR 2005, 218; LG Stuttgart MMR 2005, 624 mit ablehnender Anmerkung *Bär;* LG Stuttgart MMR 2005, 628; LG Hamburg MMR 2005, 711; LG Würzburg NStZ-RR 2006, 46; *Sankol* MMR 2006, 361, 365). Teilweise wird angenommen, dass dieser Streit für den Bereich der staatsanwaltlichen Auskunftsersuchen mit dem **Gesetz zur Neuregelung der TK-Überwachung und anderer verdeckter Ermittlungsmaßnahmen vom 21. Dezember 2007 (BGBl. I 2007, 106)** vom Gesetzgeber nunmehr zugunsten der Auffassung entschieden sei, dass es sich bei den umstrittenen Daten um **Bestandsdaten** handele (LG Offenburg MMR 2008, 480, 481). Dies ergebe sich aus der Beschlussempfehlung des Rechtsausschusses vom 7. November 2007 (BT-Drucks. 16/6979, S. 70) wo es heißt: „Ausgehend vom Vorschlag 20b des Bundesrates (…) wird mit der Ergänzung in § 113b S. 1 Halbsatz 2 TKG-E geregelt, dass die nach § 113a gespeicherten Daten, wie etwa eine (dynamische) IP-Adresse (…) auch für eine Auskunftserteilung über Bestandsdaten nach § 113 TKG verwendet werden dürfen. Damit wird in der Sache zugleich auch dem anliegenden Vorschlag Nr. 18 des Bundesrates Rechnung getragen und eine ausdrückliche gesetzliche Regelung geschaffen, die klarstellt, dass Auskünfte insbesondere über den Namen und die Anschrift eines mittels dynamischer IP-Adresse und Uhrzeit individualisierten Anschlussinhaber im manuellen Auskunftsverfahren nach § 113 TKG zu erteilen ist – und zwar gerade auch dann, wenn diese Auskunft von Diensteanbietern nur unter Rückgriff auf … gespeicherte Verkehrsdaten möglich ist." Ein Widerspruch zur Begründung der Bundesregierung zum Durchsetzungsgesetz, die vorausgesetzt, dass es sich bei der Ermittlung potentieller Rechtsverletzer über dynamische IP-Adressen um die Verwendung von Verkehrsdaten handelt (BT-Drucks. 16/5048, S. 63), liegt hierin wohl nicht, da hier keine Festlegung darauf, dass dynamische IP-Adressen Bestandsdaten sind, getroffen wird; § 113b TKG gestattet vielmehr die Verwendung von dynamischen IP-Adressen „für eine Auskunftserteilung über Bestandsdaten". Aus § 113b TKG folge daher umgekehrt, dass dynamische IP-Adressen nach dem Willen des Gesetzgebers Verkehrsdaten sind (*Kuper* ITRB 2009, 12, 14; *Sankol* MMR 2008, 482). § 113b TKG schafft damit eine Gesetzesgrundlage, die eine Auskunftserteilung an die Staatsanwaltschaften auch unter Verwendung von IP-Adressen gestattet (*Arndt/Fetzer/Scherer/Graulich* TKG, § 113 Rdnr. 6; *Sankol* MMR 2008, 482). Mit dieser beschränkten Gestattung würde zugleich klargestellt, dass diese Daten im Rahmen eines Auskunftsersuchens nach § 101 UrhG nicht verwendet werden dürfen (*Kuper* ITRB 2009, 12 15).

110 Es ist eingewandt worden, dass der Einordnung der dynamischen IP-Adresse als Verkehrsdatum entgegensteht, dass diese schon bekannt sei und lediglich die Namhaftmachung noch ausstünde; damit ziele die **Auskunft auf die Erhebung von Bestandsdaten** im Sinne von § 3 Nr. 3 TKG (vgl. LG Hamburg, MMR 2005, 711, 712; LG Stuttgart, MMR 2005, 624; *Nägele/Nitsche* WRP 2007, 1047, 1050, die allerdings klarstellen, dass Verbindungsdaten mit Bestandsdaten verknüpft würden). Die Tatsache, dass dem Rechteinhaber der Zeitpunkt der Verbindung und die dynamische IP-Adresse schon bekannt sind, spielt für die Frage der Verwendung von Verkehrsdaten keine Rolle, da der Access-Provider bei diesem Vorgang auf die Verkehrsdaten zurückgreifen muss, die in seinen Logfiles vorgehalten sind, und die mit den Bestandsdaten zu verknüpfen sind (vgl. *Bär* MMR 2005, 623, 624 unter Verweis auf BVerfG, MMR 2005, 520). Zwar bezieht sich die Auskunft selbst nur auf Bestandsdaten. Durch die Namensauskunft wird die IP-Nummer mit einer Person und diese somit mit einem konkreten Nutzungsvorgang und -zeitpunkt verknüpft. Da hierdurch Umstände eines Telekommunikationsvorgangs berührt und offenbart werden, sind die Vorschriften für Verkehrsdaten anzuwenden (OLG Zweibrücken MMR 2009, 43, 44; LG Frankfurt/M MMR 2008, 829, 830; *Hoeren* NJW 2008, 3099, 3100; *Raabe* ZUM 2006, 439, 440). Mit der Einführung des § 101 dürfte diese Frage allerdings nunmehr entschieden sein, denn der Bundesrat hat in seiner Stellungnahme (BT-Drucks. 16/5048, S. 56) ausdrücklich auf die Auffassung Bezug genommen, dass mit dem Auskunftsverlangen auf der Grundlage von dynamischen IP-Adressen das Fernmeldegeheimnis nicht berührt sei, da es auf die Mitteilung von Bestandsdaten gerichtet sei. In ihrer Gegenäußerung stellte die Bundesregierung klar, dass der Internet-Serviceprovider die bei ihm vorhandenen Verbindungsdaten überprüfen muss, um die konkret benannte IP-Adresse einem Anschlussinhaber zuordnen zu können. Aufgrund der Sensibilität der Daten sei ein Richtervorbehalt verfassungsrechtlich angezeigt (BT-Drucks. 16/5048, S. 63).

111 **c) Datenschutzrecht; Fernmeldegeheimnis. aa) Speicherungsrecht; Speicherungspflicht.** Access-Provider speichern die für eine Ermittlung der Identität eines vermeintlichen Verletzers erforderlichen Daten weniger als acht Tage; teilweise löschen Provider die Daten unmittelbar mit Ende der Verbindung (vgl. dazu oben Rdnr. 90). Es besteht grundsätzlich eine Löschungspflicht bei Verkehrsdaten: Nach § 96 Abs. 2 TKG sind gespeicherte Verkehrsdaten nach Beendigung der Verbindung unverzüglich zu löschen. Unverzüglich bedeutet ohne schuldhaftes Zögern (*Scheuerle/Mayen/Büttgen* Telekommunikationsgesetz, § 96, Rdnr. 9); für Zwecke der Entgeltermittlung bzw. -abrechnung (§ 97 TKG), zur Erstellung eines Einzelverbindungsnachweises (§ 99 TKG), zur Beseitigung von Störungen oder der Missbrauchsbekämpfung (§ 100 TKG) oder zur Mitteilung ankommender Verbindung bei bedrohenden oder belästigenden Anrufen (§ 101 TKG) oder aber für den Aufbau weiterer zukünftiger Verbindungen ist eine Verwendung der Verkehrsdaten über das Verbindungsende hinaus ausnahmsweise zulässig. Bei der Vereinbarung sog. **Flatrates**, dh. bei einer zeit- oder volumenabhängigen Vergütung des Dienstes, wird daraus gefolgert, dass die Speicherung von Verkehrsdaten sogar **generell zu unterbleiben** hat (LG Darmstadt GRUR-RR 2006, 173; *Spindler/Dorschel* CR 2005, 38, 46; aA AG Bonn MMR 2008, 203). Die **Ausnahmen von einer Löschungspflicht** unterstehen weiter dem Kriterium der **Erforderlichkeit** (vgl. § 96 Abs. 2 TKG; *Arndt/Fetzer/Scherer/Fetzer* TKG, § 96 Rdnr. 13): Für die Zwecke der Störungsbeseitigung (§ 100 TKG) hat das LG Darmstadt eine IP-Adressen-Speicherung für bis zu sieben Tage als erforderlich und zulässig angesehen. Ob eine Speicherung der IP-Adresse für die Dauer der gleichen Frist zu Abrechnungszwecken nach §§ 96, 97 TKG erforderlich und zulässig sei, ließ das Gericht offen, stellte dies aber in Zweifel (LG Darmstadt CR 2007, 574, 575). Im Falle der Löschung der Daten fehlt dem gleichwohl gestellten bzw. aufrechterhaltenen Antrag nach § 101 Abs. 9 das Rechtsschutzbedürfnis (LG Köln, MMR 2009, 489; *Hoffmann* MMR 2009, 655, 656; *Otten,* GRUR-RR 2009, 369, 370).

Teilweise wird die durch eingefügte Ergänzung in § 96 Abs. 2 TKG, wonach eine Ausnahme von der Löschungsverpflichtung auf nunmehr „für die durch andere gesetzliche Vorschriften begründeten Zwecke erforderlich sind" bemüht, um hierin eine **Speicherberechtigung zugunsten des Auskunftsanspruches in § 101 Abs. 9** zu sehen (vgl. *Czychowski/Nordemann* NJW 2008, 3095, 3097). Mit dieser Formulierung wollte der Gesetzgeber aber lediglich klarstellen, dass die über das Verbindungsende hinausgehende Speicherung von Verkehrsdaten neben den in § 96 Abs. 2 S. 1 TKG ausdrücklich genannten Zwecken auch dann zulässig ist, wenn die Strafverfolgungs- und Sicherheitsbehörden von ihren spezialgesetzlichen Auskunfts- und Übermittlungsbefugnissen Gebrauch gemacht haben (so schon unter Bezugnahme der vorstehend genannten Vorschriften – die Begründung des Bundesrates zum Entwurf eines Gesetzes zur Änderung telekommunikationsrechtlicher Vorschriften vom 4. Februar 2005, BR-Drs. 92/05, S. 36; *Kramer* S. 185 f.); gemeint sind die Befugnisse aus § 100g StPO, §§ 8 Abs. 8 und 10 BVerfSchG, § 10 Abs. 3 MAD-Gesetz, § 8 Abs. 3a BND-Gesetz sowie die durch Landesrecht geregelte Erteilung von Auskünften über Verkehrsdaten an die Strafverfolgungs- oder Sicherheitsbehörden zulässig ist (vgl. BT-Drucks. 16/2581, S. 27 f.; *Arndt/Fetzer/Scherer/Fetzer* TKG, § 96, Rdnr. 14). Damit wird man dieser Regelung keine Ermächtigung oder gar Verpflichtung zu einer vorsorglichen Speicherung von Verkehrsdaten für den urheberrechtlichen Auskunftsanspruch entnehmen können (*Kramer* S. 185 f.). Das LG München I (MMR 2010, 111, 113 f.) sieht in § 100 Abs. 3 TKG (Verwendung von Verkehrsdaten zur Missbrauchsabwehr) eine Befugnis zur weiteren Speicherung. Das verkennt, dass § 100 Abs. 3 TKG nicht Dritte, sondern den Diensteanbieter schützen soll: Es geht hier um die rechtswidrige Inanspruchnahme der Dienste, nicht aber die Inanspruchnahme der Dienste zu rechtswidrigen Zwecken (*Welp,* S. 304).

112

Diesem **faktischen Dilemma** versucht die Rechtsprechung mit praktischen Lösungen zu begegnen. Diese Lösungen sind nur schwer mit den **Vorgaben des Gesetzgebers** und denen des **Bundesverfassungsgerichts** (vgl. oben zu Rdnr. 101, 113) in Einklang zu bringen. Das OLG Köln sah die **datenschutzrechtliche Befugnis in § 101 Abs. 9** verankert, der im **Wege der einstweiligen Anordnung die Löschung der Daten zu untersagen** (OLG Köln, MMR 2008, 820, 821, 823). Dem folgend erkennt das OLG Karlsruhe, dass das Verfahren zur Erwirkung der richtlichen Anordnung schon wegen des Erfordernisses, dem Provider rechtliches Gehör zu gewähren, Zeit braucht. Wegen der **regelmäßig kurzen Speicherzeiten** (so.) droht der **Auskunftsanspruch damit regelmäßig ins Leere** zu gehen. Nach dem OLG Karlsruhe ist damit im Wege der einstweiligen Anordnung auszusprechen, dass **bis zum Abschluss des Verfahrens nach § 101 Abs. 9 die begehrten Daten zu sichern** sind (OLG Karlsruhe, CR 2009, 806, 807; OLG Köln, MMR 2008, 820, 821; OLG Frankfurt, MMR 2009, 542; aber anders offenbar nun OLG Frankfurt, Beschluss vom 17. 11. 2009, 11 W 53/09, 11 W 54/09, juris; OLG Frankfurt, MMR 2010, 62; zustimmend *Maaßen,* MMR 2009, 511, 513; *Otten,* GRUR-RR 2009, 369, 370; ablehnend *Moos,* K&R 2009, 154, 158). Einen Schritt weiter noch geht das LG Hamburg (MMR 2009, 570, 571 f.) für den Fall desjenigen **Providers, der die Verkehrsdaten unmittelbar nach Verbindungsende löscht.** In diesem Fall sei der Provider auf konkrete Anforderung des Rechteinhabers verpflichtet, die zur Auskunftserteilung erforderlichen Daten „auf Zuruf" zu speichern. Dies folge aus einem **gesetzlichen Schuldverhältnis,** das sich aus der Rechtsverletzung und § 101 Abs. 2 ergebe. Dieses Schuldverhältnis konkretisiere sich durch die Kenntnisverschaffung von der offensichtlichen Rechtsverletzung und verpflichte den Provider, alles Zumutbare und Erforderliche zur Erfüllung der Auskunftsverpflichtung zu tun (LG Hamburg, MMR 2009, 570, 571; ähnlich offenbar LG München I, MMR 2010, 111, 113). Die Begründung des LG Hamburg erscheint vor dem Hintergrund des Willens des Gesetzgebers gewollt. Dieser beabsichtigte, den **Provider durch die richterliche Anordnung gerade von der Pflicht zur Prüfung entlasten,** ob eine offensichtliche Rechtsverletzung vorliegt (vgl. BT-Drs. 16/5048, S. 40). Ihm diese Pflicht nun im Wege eines „gesetzlichen Schuldverhältnisses" wieder aufzuerlegen, ist nicht begründbar. Der Speicherverpflichtung des Providers „auf Zuruf" ist nun das OLG Frankfurt in zwei Entscheidungen ausdrücklich entgegengetreten (OLG Frankfurt, ZUM-RD 2010, 133 = MMR 2010, 109; OLG Frankfurt, MMR 2010, 62), da für einen solchen Anspruch die Rechtsgrundlage fehle. Insbesondere folge eine solche Rechtsgrundlage nicht aus § 101 Abs. 2 Nr. 3 iVm. Abs. 9 UrhG, die einen Auskunftsanspruch, nicht jedoch einen Anspruch auf eine den Anspruch erst ermöglichende Speicherung regelten (ablehnend zur Speicherung auf Zuruf auch *Maaßen,* MMR 2009, 511, 515; *Welp,* S. 361 ff.). Auch die „Sicherungsanordnung" der Oberlandesge-

112a

§ 101

richte in Köln und Karlsruhe erscheint problematisch: Das OLG Köln (MMR 2008, 820, 823) verweist auf die Entscheidung des **BVerfG zur Vorratsdatenspeicherung** (MMR 2008, 3030), die zwar eine Beschränkung des Zugriffes auf Verkehrsdaten vorgenommen, die Speicherung aber nicht außer Vollzug gesetzt habe. Dabei übersieht das OLG Köln, dass im Falle der Vorratsdatenspeicherung eine Speicherverpflichtung vorgesehen ist, die aus § 101 Abs. 9 gerade nicht folgt (*Welp*, S. 363). Im Gegenteil, die **Verkehrsdaten sind vielmehr nach §§ 96 Abs. 2 S. 2, 97 Abs. 3 TKG zu löschen.** Die anderen Entscheidungen verweisen auf § 96 Abs. 2 S. 1 TKG, wonach Verkehrsdaten über das Ende der Verbindung hinaus auch „für die durch andere gesetzliche Vorschriften begründeten Zwecke" verwendet werden können (OLG Karlsruhe, CR 2009, 806, 807f.; LG Hamburg, MMR 2009, 570, 572). Dies verkennt den klaren gesetzgeberischen Willen, der mit dieser Vorschrift **allein strafprozessuale und geheimdienstliche Zwecke** im Auge hatte (vgl. oben Rdnr. 112).

113 Mit dem durch das **Gesetz zur Neuregelung der Telekommunikationsüberwachung und anderer verdeckter Ermittlungsmaßnahmen (BGBl. I 2007, 106)**, das der Umsetzung der Richtlinie 2006/24/EG zur **Vorratsdatenspeicherung** (zur Abweisung der Nichtigkeitsklage Irlands gegen die Richtlinie vgl. EuGH MMR 2009, 244) dient, ist nunmehr eine Speicherung von Verkehrsdaten für bestimmte Zwecke für einen Zeitraum von bis zu 6 Monaten vorgesehen (§§ 113a, 113b TKG). Hierin wurde teilweise eine Entschärfung der Problematik der Rechteinhaber vermutet (*Röhl/Bosch* NJW 2008, 1415, 1419; *Nägele/Nitsche* WRP 2007, 1047, 1051; siehe dazu Rdnr. 117). Die Vorschrift ist außerordentlich **umstritten** (vgl. die Nachweise bei *Scheuerle/Mayen/Fellenberg* Telekommunikationsgesetz, § 113a, Rdnr. 4ff.) und war Gegenstand einstweiliger Anordnungen des **Bundesverfassungsgerichts**, dass die **Vorratsdatenspeicherung bis zur Entscheidung in der Hauptsache** teilweise aussetzte (BVerfG MMR 2008, 303ff.; MMR 2009, 29, jeweils mit Anmerkung *Bär;* Beschluss vom 22. 4. 2009, 1 BvR 256/08, BeckRS 2009 34057). Das VG Berlin hat unlängst einen Beschluss erlassen, mit dem dem Bund untersagt wird, vor einer Hauptsacheentscheidung gegen das klagende Telekommunikationsunternehmen Maßnahmen einzuleiten, weil dieses keine Anlagen zur Vorratsdatenspeicherung vorhält (vgl. VG Berlin, ITRB 2009, 77f.; sa. VG Berlin, Beschluss v. 16. 1. 2009 – 27 A 331/08, BeckRS 2009 33100, aber auch VG Köln, CR 2009, 786; kritisch dazu *Schulze/Eckhardt*, CR 2009, 775; vgl. nun OVG Berlin-Brandenburg, K&R 2010, 141; OVG Münster, MMR 2010, 134).

114 **bb) Herausgabepflicht.** Das OLG Köln (CR 2009, 107, 108), das OLG Karlsruhe (CR 2009, 806) und das OLG Frankfurt (MMR 2009, 542, 543) sehen in § 101 Abs. 9 nach dem Willen des Gesetzgebers eine **datenschutzrechtliche Erlaubnis** (vgl. aber nun OLG Frankfurt, MMR 2010, 62, 63). Dem folgen *Czychowski/Nordemann* NJW 2008, 3095, 3097; *Fromm/Nordemann/Czychowski* Rdnr. 69 (so wohl auch *Heymann* CR 2008, 568, 571; *Maaßen*, MMR 2009, 511, 513). Dem wird entgegengehalten, dass dem Auskunftsanspruch für den Bereich der Tele- und Mediendienste in § **14 Abs. 2 TMG** die erforderliche ausdrückliche gesetzliche Gestattung hinsichtlich **Bestandsdaten** eingeräumt wurde, und dass eine entsprechende Gestattung für Verkehrsdaten im Bereich des Telekommunikationsrechtes, das für Access-Provider gilt (vgl. § 11 Abs. 3 TMG), fehlt (*Wandtke/Bullinger/Bohne* Rdnr. 34; *Spindler/Dorschel* CR 2006, 341, 343; *Nägele/Nitsche* WRP 2007, 1047, 1051; *Spindler* ZUM 2008, 640, 645; *Mantz* K&R 2009, 21, 22; *Kitz* NJW 2008, 2374, 2375 f.; *Moos*, K&R 2009, 154, 158).

115 Teilweise ist angenommen worden, dass eine Erfüllung eines Auskunftsanspruchs unter Verwendung von Verkehrsdaten an datenschutzrechtlichen Einwänden scheitere, weil **europarechtliche Vorgaben dem Datenschutzrecht Vorrang** einräumen (*Seichter* FS.-Ullmann, 983, 996; *Spindler/Dorschel* CR 2006, 341, 342, 345 f.; siehe aber nunmehr Spindler GRUR 2008, 574ff.; *ders.* ZUM 2008, 640, 645)). Die Frage ist durch die **Promusicae** Entscheidung des EuGH (EuGH GRUR 2008, 241 – Promusicae/Telefonica; bestätigt in EuGH MMR 2009, 242) geklärt. Danach bleibe es zwar trotz Art. 8 der Durchsetzungsrichtlinie den Mitgliedsstaaten überlassen, ob sie Auskunftsansprüche überhaupt vorsehen wollen; jedenfalls würden **europarechtliche Datenschutzvorschriften** eine **Herausgabe von Daten durch die Provider nicht grundsätzlich sperren** (entgegen der Auffassung der Kommission, vgl. Schlussanträge der Generalanwältin Kokott vom 18. Juli 2007, Rechtssache C-275/06). Vielmehr habe der nationale Gesetzgeber ein **„angemessenes Gleichgewicht zwischen den verschiedenen durch die Gemeinschaftsrechtsordnung geschützten Grundrechten sicherzustellen"** (EuGH GRUR 2008, 241 – Promusicae/Telefonica; dazu ausführlich *Spindler* GRUR 2008, 574). Klarer formuliert der EuGH noch in seiner Entscheidung vom 19. Februar 2009 (EuGH MMR 2009, 242, 243), dass **„die Mitgliedstaaten nicht daran gehindert [sind], eine Verpflichtung zur**

§ 101

Weitergabe personenbezogener Verkehrsdaten an private Dritte zum Zweck der zivilgerichtlichen Verfolgung von Urheberrechtsverstößen aufzustellen". Dabei sind die Mitgliedstaaten aber verpflichtet, darauf zu achten, dass ihrer Umsetzung der Richtlinien 2000/31, 2001/29, 2002/58 und 2004/48 eine Auslegung derselben zu Grunde liegt, die es erlaubt, die verschiedenen beteiligten Grundrechte miteinander in Ausgleich zu bringen.

Dies aber setzt entsprechende Vorschriften voraus, wie sie in § 14 Abs. 2 TMG für Bestandsdaten im Bereich der Telemedien geschaffen worden ist (*Spindler* ZUM 2008, 640, 646 f.). Teilweise wird vertreten, dass die erforderliche Ermächtigungsgrundlage aus § 101 Abs. 9 iVm. § 96 Abs. 2 TKG bzw. § 28 Abs. 3 Nr. 1 BDSG zu finden sei (vgl. die Nachweise bei *Fromm/ Nordemann/Czychowski* Rdnr. 69; dagegen *Hoeren* NJW 2008, 3099, 3101). Diese Auffassung übersieht die engen Grenzen, die das **Bundesverfassungsgericht** in mehreren jüngeren Entscheidungen getroffen hat, mit dem sie **Recht auf informationelle Selbstbestimmung** zu einem **allgemeinen Grundrecht des Schutzes der Vertraulichkeit und Integrität der IT-Systeme des Bürgers** fortentwickelt hatte (BVerfG NJW 2008, 822 – Online-Durchsuchung). Dabei hatte das Bundesverfassungsgericht besonders einen **Einschüchterungseffekt** hervorgehoben, der von einem unbegrenzten Abruf von auf Vorrat gespeicherten Daten ausgehen könne (BVerfG MMR 2008, 303, 304; MMR 2009, 29, 30 – Vorratsdatenspeicherung). 116

Auf die Vorschriften in §§ 113a, 113b TKG kann die Herausgabe von Verkehrsdaten zur Verfolgung von Urheberrechtsverletzungen nicht gestützt werden; danach ist eine Verwendung der auf Vorrat gespeicherten Daten nur für die dort besonders geregelten Fälle gestattet. Das **Bundesverfassungsgericht** hat die Anwendung von §§ 113a, 113b TKG mit seinen **einstweiligen Anordnungen** vorläufig auf die besonders **schweren Katalogtatbestände des § 100a Abs. 1 StPO beschränkt**; es bleibt abzuwarten, ob das Gericht diese Beschränkung in der Hauptsacheentscheidung aufrechterhält (zum Verfahren vor dem Bundesverfassungsgericht *Jenny* ZUM 2008, 282). Vor dem Hintergrund der restriktiven Rechtsprechung des BVerfG erscheint eine **Verwendung der auf der Grundlage von § 113a TKG gespeicherten Vorratsdaten für die Verfolgung zivilrechtlicher Ansprüche ausgeschlossen** (OLG Karlsruhe, CR 2009, 806, 807; OLG Frankfurt, MMR 2009, 542, 544; *Dreier/Schulze/Dreier* Rdnr. 37; *Wandtke/Bullinger/Bohne* Rdnr. 34; *Spindler* ZUM 2008, 640, 646; *Kitz* NJW 2008, 2374, 2375 f.; *Nägele/Nitsche* WRP 2007, 1047, 1051; *Hoeren* NJW 2008, 3099, 3100 f.; *Hoffmann*, MMR 2007, 655, 657; *Otten*, GRUR-RR 2009, 369, 370; *Maaßen*, MMR 2009, 511, 514). 117

Dies lässt im praktisch bedeutsamen Fall der Auskunftsverlangen gegenüber Access-Providern derzeit ohnehin nur einen **engen Anwendungsbereich** für den Auskunftsanspruch nach § 101 Abs. 9, nämlich das schmale Fenster der gestatteten Speicherung von Verkehrsdaten auf der Grundlage zB von §§ 97 ff. TKG (*Spindler* ZUM 2008, 640, 647; *Kuper* ITRB 2009, 12, 15; *Jüngel/Geißler* MMR 2008, 787, 792). Problematisch dabei ist weiter, dass die für die Identifizierung erforderliche IP-Adresse mangels Entgeltrelevanz (§ 97 TKG) bei den heute üblichen Vereinbarungen von sog. **Flatrates** nach einer Auffassung überhaupt nicht gespeichert werden dürfen (vgl. LG Darmstadt, GRUR-RR 2006, 173; *Spindler/Dorschel* CR 2005, 38, 46; *Kuper* ITRB 2009, 12, 15; *Jüngel/Geißler* MMR 2008, 787, 792; aA AG Bonn, MMR 2008, 203). Es spricht vor dem Hintergrund der ausdrücklichen Regelung für Bestandsdaten in § 14 Abs. 2 TMG und der restriktiven Rechtsprechung des Bundesverfassungsgerichts zu Verkehrsdaten einiges dafür, dass zur Begründung einer Herausgabepflicht bezüglich dieser Daten zudem eine gesetzliche Grundlage zu schaffen wäre (vgl. *Spindler* ZUM 2008, 640, 647; *Bär* MMR 2008, 307, 308; aA: OLG Köln CR 2009, 107, 108; OLG Karlsruhe, CR 2009, 806, 807; OLG Frankfurt, MMR 2009, 542, 544, die in § 101 Abs. 9 eine hinreichende Grundlage sehen). Vor diesem Hintergrund könnte selbst der Hinweis des OLG Köln (MMR 2008, 821) problematisch sein, statt einer Anordnung einer Auskunftserteilung sei die einstweilige Untersagung der Löschung der Daten anzuordnen, da Gerichte damit am Gesetzesvorbehalt vorbei Speicherungspflichten für Access-Provider begründen könnten (vgl. oben Rdnr. 112a). 118

Dass dies vor dem Hintergrund der Ziele der Durchsetzungsrichtlinie **kein befriedigendes Ergebnis** sein würde, liegt auf der Hand. Das Feld ist allerdings, wie *Spindler* zu Recht anmerkt, bislang wenig ausgelotet und **bedarf intensiverer Klärung** (*Spindler* ZUM 2008, 640, 646 f.). Zu Recht beklagt die Rechteinhaberindustrie die Schwierigkeiten der Verfolgung von Rechtsverletzungen im Internet; zu Recht allerdings wenden Internet-Provider ein, dass sie nicht ohne weiteres – wie dies in der Vergangenheit mit den Staatsanwaltschaften geschah – in die Verfolgungsbemühungen der Rechteinhaber einbezogen werden können. Ob hier **alternative bzw. ergänzende Lösungen** zielführend sind, wäre weiter zu untersuchen (vgl. zu solchen Ansätzen *Ladeur* K&R 2008, 650; *Kramer* S. 180 ff.; *Bäcker* ZUM 2006, 391). 119

4. Richtervorbehalt; Verfahren; Kosten

120 **a) Richtervorbehalt.** Der Richtervorbehalt des Abs. 9 war schon im Gesetzgebungsverfahren umstritten (vgl. oben Rdnr. 98). Der Bundesrat bezeichnete ihn in seiner Stellungnahme (BT-Drucks. 16/5048, S. 55) gar als „**dem deutschen Zivilprozess fremd**". Zudem sei insbesondere **bei Rechtsverletzungen im Internet mit einer besonders hohen Zahl von Auskunftsverfahren** zu rechnen, die die zuständigen Gerichte in besonders hohem Maß belasten würden (BT-Drucks. 16/5048, S. 56). In ihrer Gegenäußerung bekräftigte die Bundesregierung allerdings den Richtervorbehalt und bezeichnete ihn als „aufgrund der **Sensibilität der Daten**, die zur Erfüllung von Auskunftsansprüchen herangezogen werden müssen" für „**verfassungsrechtlich angezeigt**" (BT-Drucks. 16/5048, S. 63).

121 Dies ist wenig konsequent. In Bezug auf den Wortlaut von Art. 8 der Durchsetzungsrichtlinie, wonach der Auskunftsanspruch nur „im Zusammenhang mit einem Verfahren wegen Verletzung eines Rechts des geistigen Eigentums" gewährt werden muss, ging die Bundesregierung davon aus, dass dies auch in Richtung eines Richtervorbehalts gedeutet werden könne. Diesen verwarf die Bundesregierung für den Anspruch aus § 101, weil sich eine solche Regelung **nur schwer in das deutsche Zivilprozessrecht einfügen** würde. Insbesondere sei ein Richtervorbehalt aber abzulehnen, weil er zu einer „**sehr hohen Belastung der Gerichte führen**" würde (BT-Drucks. 16/5048, S. 38). Dass der Gesetzgeber für den praktisch relevantesten Fall des Auskunftsverlangens gegenüber Internet-Providern einen solchen Richtervorbehalt einführt, erscheint vor dem Hintergrund der Erfahrungen der Staatsanwaltschaften nicht folgerichtig; er ist aber auch nicht rechtlich geboten, denn Art. 10 GG sieht für Eingriffe keinen Richter-, sondern einen **Gesetzesvorbehalt** vor (*Nägele/Nitsche* WRP 2007, 1047, 1050; *Kramer* S. 177 f.). Der Richtervorbehalt soll auch **Internet-Provider und Telekommunikationsunternehmen von der Prüfung entlasten, ob eine offensichtliche Rechtsverletzung** vorliegt (vgl. BT-Drucks. 16/5048, S. 40, S. 63); vgl. dazu oben Rdnr. 60 ff.

122 **b) Verfahren.** Der Ablauf des Anordnungsverfahrens nach § 101 Abs. 9 ergibt sich in entsprechender Anwendung aus den Vorschriften des **Gesetzes über das Verfahren in Familiensachen und in den Angelegenheiten der freiwilligen Gerichtsbarkeit (FGG)**. Da dessen Vorschriften keinen Gerichtsstand vorsehen, begründet § 101 Abs. 9 S. 2 – in entsprechender Anwendung von § 143 Abs. 1 PatentG (BT-Drucks. 16/5048, S. 40) – eine **ausschließliche Zuständigkeit der landgerichtlichen Zivilkammern**. Örtlich zuständig ist das Landgericht, in dessen Bezirk der zur Auskunft Verpflichtete seinen Wohnsitz, seinen Sitz oder eine Niederlassung hat, ohne Rücksicht auf den Streitwert. Ein Wahlrecht, das Verfahren statt am Ort des Sitzes am Ort einer beliebigen Niederlassung zu betreiben, folgt hieraus nicht (OLG Düsseldorf K&R 2009, 122, 124; *Hoffmann*, MMR 2009, 655, 656). Gegen die Entscheidung nach Abs. 9 S. 6 das **Rechtsmittel der sofortigen Beschwerde zum Oberlandesgericht** statthaft, die innerhalb einer Frist von 2 Wochen eingelegt werden soll (vgl. Abs. 9 S. 7). Es soll damit **nur eine Überprüfung in rechtlicher Hinsicht** ermöglicht werden; ein weiteres Rechtsmittel gegen die Entscheidung des Oberlandesgerichts ist nicht vorgesehen (BT-Drucks. 16/5048, S. 40); neues tatsächliches Vorbringen ist nicht zugelassen (OLG Köln MMR 2008, 820). Eine Rechtsbeschwerde zum BGH findet nach § 70 Abs. 1 FamFG nur statt, wenn das Beschwerdegericht sie zulässt. Ein Beschwerderecht des vermeintlichen Verletzers besteht nicht (OLG Köln, MMR 2009, 547; *Otten*, GRUR-RR 2009, 369, 372).

123 Den faktischen Problemen „wegen der gerichtsbekannten Praxis, dass die Verbindungsdaten binnen 7 Tagen gelöscht werden und der damit gegebenen Eilbedürftigkeit" (vgl. dazu oben Rdnr. 90, 105), begegnet das LG Köln in einer Reihe von Entscheidungen mit dem Erlass einstweiliger Anordnungen **ohne Gewährung vorherigen rechtlichen Gehörs** (LG Köln ZUM-RD 2009, 40; vgl. LG Köln Beschluss v. 26. 9. 2008, 28 OH 8/08, zitiert nach Juris; LG Köln MMR 2008, 761, 762; kritisch dazu *Jüngel/Geißler* MMR 2008, 787, 792), Das OLG Köln (MMR 2008, 820, 821) sieht hierin eine unzulässige Vorwegnahme der Hauptsache; auch in Verfahren nach dem FGG gilt, dass durch die einstweilige Anordnung die kommende Hauptsacheentscheidung nicht vorweggenommen werden darf; die Anordnung darf also keinen endgültigen Charakter haben (*Keidel/Kuntze/Winkler/Karl* Freiwillige Gerichtsbarkeit, § 19 Rdnr. 30, 31; OLG Köln MMR 2008, 820, 821). Auf Grundlage der einstweiligen Anordnung wäre der Access-Provider verpflichtet, die vom Rechteinhaber begehrte Auskunft zu erteilen; das weitere (Hauptsache-)Verfahren gemäß § 101 Abs. 9 würde auf diese Weise hinfällig und der damit bezweckte Schutz der datenschutzrechtlichen Interessen könnte nicht erreicht werden (OLG Köln MMR 2008, 820, 821). Zum „Speichern auf Zuruf" vgl. oben Rdnr. 112a.

Im Fall einer einstweiligen Anordnung ergibt sich die Statthaftigkeit der Beschwerde nicht aus § 101 Abs. 9 S. 6, sondern richtet sich nach den allgemeinen Grundsätzen des FGG-Verfahrens. Danach sind vorläufige Anordnungen grundsätzlich anfechtbar (*Keidel/Kuntze/Winkler/Karl* Freiwillige Gerichtsbarkeit, § 19 Rdnr. 31a; *Bumiller/Winkler* FGG, 8. Aufl., § 19 Rdnr. 8; *Hoffmann*, MMR 2009, 655, 656); anderenfalls würden die Rechte der Beteiligten unter Verstoß gegen Art. 103 Abs. 1 GG beschnitten (OLG Köln, MMR 2008, 820). 124

c) Kosten. Die **Kosten** für die richterliche Anordnung soll nach § 101 Abs. 9 S. 5 zunächst der **Verletzte** tragen, die er später als **Schaden gegenüber dem Verletzer** geltend machen kann (BT-Drucks. 16/5048, S. 40). Die gleichzeitig ergänzte Kostenordnung sieht in § 128c Abs. 1 Nr. 4, Abs. 2 eine Gebühr von EUR 200,00 für die Entschädigung über den Antrag auf Erlass einer Anordnung nach § 101 Abs. 9 vor sowie EUR 50,00, wenn der Antrag zurückgenommen wird, bevor über ihn eine Entscheidung ergangen ist. Der Bundesrat (BT-Drucks. 16/5048, S. 56) erwartete hier erhebliche Kosten auf Seiten des Verletzten, die eine Rechtsverfolgung unter wirtschaftlichen Gesichtspunkten sinnlos erscheinen lassen kann. Er verwies dabei darauf, dass bei den Staatsanwaltschaften Anzeigen mit einer fünfstelligen Zahl von IP-Adressen vorliege, die für den Auskunftsersuchenden kaum finanzierbar seien, wenn pro IP-Adresse mit EUR 200,00 Gebühren belegt würde (vgl. dazu auch *Kramer* S. 179 f.). Das LG Köln nahm diese Multiplikation nach Maßgabe der Anzahl der IP-Adressen tatsächlich vor (vgl. LG Köln MMR 2008, 761, 762). Das OLG Köln hat diesen Kostenansatz bestätigt, aber den nach freiem Ermessen zu bestimmenden Gegenstandswert der Anwaltstätigkeit als „höher als die nach § 128c Kostenordnung anfallende gerichtliche Gebühr" angesehen, in dem er im konkreten Verfahren den in § 30 Abs. 2 Kostenordnung vorgesehenen **Regelwert von EUR 3000,00** zu Grunde legte (OLG Köln ZUM 2008, 981; *Mantz* K&R 2009, 21, 22; vgl. aber OLG Frankfurt, MMR 2009, 542). Dabei stellt der Senat auf die **Anzahl der Rechtsverletzungen**, also die öffentlich zugänglich gemachten Dateien ab. Für die Wertberechung rückt damit nicht die einzelne IP-Adresse, sondern das jeweilige urheberrechtlich geschützte Werk ins Zentrum der Betrachtung (OLG Köln ZUM 2008, 981, 982; dazu auch OLG Karlsruhe WRP 2009, 335, 337). Nach einem Erlass des Justizministeriums NRW vom 2. Februar 2009 soll die Gebühr nach § 128c Abs. 1 Nr. 4 KostO unabhängig von der im Antrag bezeichneten Anzahl der IP-Adressen nur einmal erhoben werden (vgl. OLG Köln MMR 2009, 473, 474; OLG Düsseldorf, MMR 2009, 476). 125

Das OLG Frankfurt sieht gebührenrechtlich mehrere Anträge als gegeben an, wenn Verletzungshandlungen zu Grunde liegen, die mehrere Personen unabhängig voneinander begangen haben, so wenn unterschiedliche sog. Client GUID verwendet werden (ebenso OLG Karlsruhe, MMR 2009, 263) oder wenn unterschiedliche Werke zum Download angeboten werden (OLG Frankfurt, MMR 2009, 551, 552; OLG Köln MMR 2009, 125; OLG Düsseldorf MMR 2009, 476).

§ 101a Anspruch auf Vorlage und Besichtigung

(1) ¹Wer mit hinreichender Wahrscheinlichkeit das Urheberrecht oder ein anderes nach diesem Gesetz geschütztes Recht widerrechtlich verletzt, kann von dem Verletzten auf Vorlage einer Urkunde oder Besichtigung einer Sache in Anspruch genommen werden, die sich in seiner Verfügungsgewalt befindet, wenn dies zur Begründung von dessen Ansprüchen erforderlich ist. ²Besteht die hinreichende Wahrscheinlichkeit einer in gewerblichem Ausmaß begangenen Rechtsverletzung, erstreckt sich der Anspruch auch auf die Vorlage von Bank-, Finanz- oder Handelsunterlagen. ³Soweit der vermeintliche Verletzer geltend macht, dass es sich um vertrauliche Informationen handelt, trifft das Gericht die erforderlichen Maßnahmen, um den im Einzelfall gebotenen Schutz zu gewährleisten.

(2) Der Anspruch nach Absatz 1 ist ausgeschlossen, wenn die Inanspruchnahme im Einzelfall unverhältnismäßig ist.

(3) ¹Die Verpflichtung zur Vorlage einer Urkunde oder zur Duldung der Besichtigung einer Sache kann im Wege der einstweiligen Verfügung nach den §§ 935 bis 945 der Zivilprozessordnung angeordnet werden. ²Das Gericht trifft die erforderlichen Maßnahmen, um den Schutz vertraulicher Informationen zu gewährleisten. ³Dies gilt insbesondere in den Fällen, in denen die einstweilige Verfügung ohne vorherige Anhörung des Gegners erlassen wird.

(4) § 811 des Bürgerlichen Gesetzbuchs sowie § 101 Abs. 8 gelten entsprechend.

(5) Wenn keine Verletzung vorlag oder drohte, kann der vermeintliche Verletzer von demjenigen, der die Vorlage oder Besichtigung nach Absatz 1 begehrt hat, den Ersatz des ihm durch das Begehren entstandenen Schadens verlangen.

Schrifttum: *Ahrens* Gesetzgebungsvorschlag zur Beweisermittlung bei Verletzung von Rechten des geistigen Eigentums, GRUR 2005, 837; *Bornkamm* Der Schutz vertraulicher Informationen im Gesetz zur Durchsetzung von Rechten des geistigen Eigentums – in-Camera-Verfahren im Zivilprozess?, in: Ahrens/Bornkamm/Kunz-Hallstein (Hrsg.), Festschrift für Eike Ullmann, S 893; *Benkhardt/Rogge* Patentgesetz, 10. Aufl., München 2006; *Bork*, Effiziente Beweissicherung für den Urheberrechtsverletzungsprozeß – dargestellt am Beispiel raubkopierter Computerprogramme, NJW 1997, 1665; *Czychowski* Das Gesetz zur Verbesserung der Durchsetzung von Rechten des Geistigen Eigentums – Teil II: Änderungen im Urheberrecht, GRUR-RR 2008, 265; *Dörre/Maaßen* Das Gesetz zur Verbesserung der Durchsetzung von Rechten des geistigen Eigentums – Teil I: Änderungen im Patent-, Gebrauchsmuster-, Marken- und Geschmacksmusterrecht, GRUR-RR 2008, 217; *Dreier* Trips und die Durchsetzung von Rechten des geistigen Eigentums, GRUR-Int. 1996, 205; *Eck/Dombrowski* Rechtsschutz gegen Besichtigungsverfügungen im Patentrecht – De lege lata und de lege ferenda, GRUR 2008, 387; *Eisenkolb* Die Durchsetzungsrichtlinie und ihre Wirkung, GRUR 2007, 387 ff.; *Frank/Wiegand* Der Besichtigungsanspruch im Urheberrecht de lege ferenda, CR 2007, 481; *Frey/Rudolph* EU-Richtlinie zur Durchsetzung der Rechte des Geistigen Eigentums, ZUM 2004, 522; *Grützmacher* Anmerkung zu BGH, Urteil vom 2. 5. 2002 – I ZR 45/01, CR 2002, 794; *Haedicke* Informationsbefugnisse des Schutzrechtsinhabers im Spiegel der EG-Richtlinie zur Durchsetzung der Rechte des geistigen Eigentums, in Festschrift Schricker, S. 19; *von Hartz* Beweissicherungsmöglichkeiten im Urheberrecht nach der Enforcement-Richtlinie und deren Umsetzung im deutschen Recht, ZUM 2005, 376; *Heymann* Das Gesetz zur Verbesserung der Durchsetzung von Rechten des geistigen Eigentums, CR 2008, 568; *Hoppen*, Software-Besichtigungsansprüche und ihre Durchsetzung, CR 2009, 407; *Ibbeken* Das TRIPS-Übereinkommen und die vorgerichtliche Beweishilfe im gewerblichen Rechtsschutz, Köln 2004; *Kitz* Rechtsdurchsetzung im geistigen Eigentum – Die neuen Regeln, NJW 2008, 2374; *Knaack* EG-Richtlinie zur Durchsetzung der Rechte und Umsetzungsbedarf im deutschen Recht, GRUR-Int. 2004, 745; *Kühnen* Die Besichtigung im Patentrecht – Eine Bestandsaufnahme zwei Jahre nach „Faxkarte", GRUR 2005, 185; *Lachmann* Unternehmensgeheimnisse im Zivilrechtsstreit, dargestellt am Beispiel des EDV-Prozesses, NJW 1987, 2206; *Lehmann/Meents* Handbuch des Fachanwalts – Informationstechnologierecht, Köln 2008; *Metzger/Wurmnest* Auf dem Weg zu einem Europäischen Sanktionenrecht des geistigen Eigentums?, ZUM 2003, 922; *McGuire* Beweismittelvorlage und Auskunftsanspruch zur Durchsetzung der Rechte des geistigen Eigentums, GRUR-Int. 2005, 15; *Müller-Stoy*, Durchsetzung des Besichtigungsanspruchs – kritische Überlegungen zu OLG München, GRUR-RR 2009, 191 – Laser-Hybrid-Schweißverfahren, GRUR-RR 2009, 161; *Nägele/Nitzsche* Gesetzentwurf der Bundesregierung zur Verbesserung der Durchsetzung von Rechten des Geistigen Eigentums WRP 2007, 1047; *Patnaik* Enthält das deutsche Recht effektive Mittel zur Bekämpfung von Nachahmungen und Produktpiraterie?, GRUR 2004, 19; *Peukert/Kur* Stellungnahme des Max-Planck-Instituts für Geistiges Eigentum, Wettbewerbs- und Steuerrecht zur Umsetzung der Richtlinie 2004/48/EG zur Durchsetzung der Rechte des geistigen Eigentums in deutsches Recht, GRUR-Int. 2006, 292, 296; *Rauschhofer* Quellcodebesichtigung im Eilverfahren – Softwarebesichtigung unter § 809 BGB – Anmerkung zu OLG Frankfurt a. M. GRUR-RR 2006, 295; *Seichter* Die Umsetzung der Richtlinie zur Durchsetzung der Rechte des geistigen Eigentums, WRP 2006, 391; *Spindler/Weber* Die Umsetzung der Enforcement-Richtlinie nach dem Regierungsentwurf für ein Gesetz zur Verbesserung der Durchsetzung von Rechten des geistigen Eigentums, ZUM 2007, 257; *dies.* Der Geheimnisschutz nach Art. 7 der Enforcement-Richtlinie, MMR 2006, 711; *Stauder* Anmerkung zu BGH, Urteil vom 8.1.1985 – X ZR 18/84 – Druckbalken, GRUR 1985, 518; *Stürner* Die gewerbliche Geheimsphäre im Zivilprozeß, JZ 1985, 453; *Tilmann* Beweissicherung nach europäischem und deutschem Recht, in: Ahrens/Bornkamm/Kunz-Hallstein (Hrsg.), Festschrift für Eike Ullmann, S. 1013; *ders.* Beweissicherung nach Art. 7 der Richtlinie zur Durchsetzung der Rechte des geistigen Eigentums, GRUR 2005, 737; *Tilmann/Schreibauer* Die neueste BGH-Rechtsprechung zum Besichtigungsanspruch nach § 809 BGB – Anmerkungen zum Urteil des BGH „Faxkarte", GRUR 2002, 1015; *Tilmann/Schreibauer* Anmerkung BGH, Urteil vom 1. 8. 2006 – X ZR 114/03 – Restschadstoffentfernung, GRUR 2006, 967; *Treichel* Die französische Saisie Contrefacon im Europäischen Patentverletzungsprozess – Zur Problematik der Beweisbeschaffung im Ausland nach Art. 24 EuVÜ, GRUR-Int. 2001, 690; *Weber* Die Umsetzung der Enforcement-Richtlinie ins deutsche Recht – Unter besonderer Berücksichtigung der Umsetzung des Art. 7 RL, Diss. Göttingen, erscheint demnächst; *Wilhelmi* Das gewerbliche Ausmaß als Voraussetzung der Auskunftsansprüche nach dem Durchsetzungsgesetz, ZUM 2008, 942.

Übersicht

	Rdnr.
I. Ausgangslage	1
II. Entwicklung und Bedeutung	3
1. Entwicklung	3
2. Regelungen der Durchsetzungsrichtlinie	5
3. Bisheriges Recht	7
a) Vorlage von Beweismitteln	7
b) Maßnahmen zur Beweissicherung	10
4. Umsetzung der Durchsetzungsrichtlinie	11
III. Vorlage- und Besichtigungsanspruch, § 101 a Abs. 1	13
1. Anspruchsinhalt	13
2. Aktivlegitimation	14
3. Rechtsverletzung – Verletzer; Verfügungsgewalt	15
4. Hinreichende Wahrscheinlichkeit	17
5. Erforderlichkeit	20

Anspruch auf Vorlage und Besichtigung § 101a

	Rdnr.
6. Rechtsfolgen	24
a) Besichtigung der Sache	24
b) Vorlage von Urkunden	27
c) Erweiterte Rechtsfolgen bei Handeln in gewerblichem Ausmaß	28
7. Erforderliche Maßnahmen zum Schutz vertraulicher Informationen; § 101 a Abs. 1 Satz 3	31
IV. Verhältnismäßigkeit; § 101 a Abs. 2	41
V. Einstweiliger Rechtsschutz; § 101 a Abs. 3	43
VI. Verwertungsverbot; Vorlegungsort; Gefahr und Kosten; § 101 a Abs. 4	51
1. Verwertungsverbot	51
2. Vorlegungsort; Gefahr und Kosten	51
VII. Schadensersatz bei fehlender Verletzung; § 101 Abs. 5	53

I. Ausgangslage

Selbst wenn der Rechtsinhaber den Verdacht einer Urheberrechtsverletzung hat, steht er **1** häufig vor **Problemen der Sachverhaltsermittlung und der Beweisführung**. Viele Verletzungen entziehen sich der Wahrnehmung durch den Verletzten, zB wenn sie nur in den internen Unternehmensabläufen des Verletzers erfolgen. Bei Urheberrechtsverletzungen im Bereich von Software stellt sich ganz grundsätzlich das Problem, dass der sog. Objektcode, der vom Computer ausgeführt wird, für den Menschen nicht lesbar ist; Urheberrechtsverletzungen bei Computerprogrammen kann der Verletzte daher in aller Regel nur feststellen, wenn ihm der sog. **Quellcode** des Programms zur Verfügung steht (vgl. dazu insbesondere *Frank/Wiegand* CR 2007, 481; zum Technischen vgl. *Hoppen,* CR 2009, 407).

Das deutsche Recht – anders als andere Rechtsordnungen (vgl. zum französischen und eng- **2** lischen Recht: *Weber* S. 61 ff.; 73 ff.; *Treichel* GRUR-Int. 2001, 690) – sieht nur sehr begrenzte materiell-rechtliche Ansprüche und prozessuale Rechte vor, dem Rechtsinhaber über seine Beweisnot hinwegzuhelfen (vgl. zB §§ 809 ff. BGB; §§ 142, 144 ZPO; §§ 485 ff. ZPO). § 101 a gewährt in Umsetzung der Artt. 6, 7 der Durchsetzungsrichtlinie **materiell-rechtliche Ansprüche auf Vorlage von Urkunden und auf Besichtigung von Sachen**, die gemäß Abs. 3 auch im Wege der **einstweiligen Verfügung** angeordnet werden können.

II. Entwicklung und Bedeutung

1. Entwicklung. Dem vom **Beibringungsgrundsatz** geprägten deutschen Recht sind ex- **3** tensive Verfahren, die wie zB das US-amerikanische sog. **Pretrial-Discovery-Verfahren** (ein zwischen Klageerhebung und mündlicher Verhandlung durchgeführtes Beweis- und Beweisermittlungsverfahren; vgl. BVerfG JZ 2007, 1046; *Fromm/Nordemann/Czychowki* Rdnr. 1 ff.) die Gegenseite zur Übermittlung von Dokumenten und anderen Beweismitteln zwingen, weitgehend fremd. In ihrem Vorschlag für eine Richtlinie des Europäischen Parlaments und des Rates über die Maßnahmen und Verfahren zum Schutz der Rechte an geistigem Eigentum (KOM (2003) 46 endgültig, S. 15) stellte die Europäische Kommission für den Bereich der Beweissicherung heraus, dass im Vereinigten Königreich die sog. **Anton-Piller-Order** (Anton Piller KG ./. Manufacturing Processes Ltd. [1976] 1Ch.55, [1976] R.P.C. 719), mit der auch *ex parte*, dh. **ohne Anhörung der Gegenpartei**, die Durchsuchung der Räumlichkeiten des angeblichen Verletzers und die globale Beschlagnahme von Beweismitteln möglich ist, „in der Praxis sehr wichtig" sei. Auch in Frankreich stünde mit der sog. **demande de saisie-contrefacon** ein „sehr wirksames Instrument zur Beweissicherung" zur Verfügung (KOM [2006] 46 endgültig, S. 15; vgl. dazu *Treichel* GRUR-Int. 2001, 690). In Deutschland hingegen seien die rechtlichen Möglichkeiten der Beweissicherung „nicht sehr schlagkräftig", da sie beschränkt seien auf die Beweisbeschaffung mittels Zeugenaussagen, Sachverständigengutachten und Inaugenscheinnahme, sich aber nicht auf Unterlagen und die Vernehmung der Parteien erstrecken können. Die englischen und französischen Regelungen bildeten denn auch die Grundlage für die Regelungen in Art. 6 und 7 der Durchsetzungsrichtlinie (*Weber* S. 58 ff.; *Haedicke* FS-Schricker, 19, 21).

Die **Richtlinie zur Harmonisierung bestimmter Aspekte des Urheberrechts und** **4** **verwandter Schutzrechte in der Informationsgesellschaft** (Richtlinie 2001/29/EG des Europäischen Parlaments und des Rates vom 22. Mai 2001, sog. **InfoSoc-Richtlinie**) sah in ihrem Art. 8 allgemein vor, dass die Mitgliedstaaten bei Verletzungen von Urheberrechten „**angemessene Sanktionen und Rechtsbehelfe**" vorsehen und deren Anwendung sicherstellen sollen; diese müssen „wirksam, verhältnismäßig und abschreckend" sein. Spezielle Vorgaben hinsichtlich Beweissicherungsmöglichkeiten enthielt diese Richtlinie jedoch nicht (vgl. *von Hartz* ZUM 2005, 376, 377). Schon das **TRIPS-Übereinkommen** (Übereinkommen über handelsbezogene Aspekte der Rechte des geistigen Eigentums, BGBl. II 1994, 1730 ff.) sah in seinem **Art. 43 eine Anordnungsbefugnis der Gerichte** vor, dass die gegnerische Partei Beweismittel vorzulegen habe. Durch das Zustimmungsgesetz vom 30. August 1994 (BGBl II 1994, 1730) war die Bundesrepublik zur Einhaltung des TRIPS-Übereinkommens verpflichtet. Der Bundesgesetzgeber sah jedoch insbesondere in Bezug auf die Regelungen des TRIPS-Übereinkommens zur Durchsetzung von Rechten des geistigen Eigentums (einschließlich des erwähnten Art. 43) **unter Verweis auf die Einführung des Produktpirateriegesetzes keinen Nachbesserungsbedarf** (BT-Drucks. 12/7655 (neu), S. 346 f.; dazu kritisch *Dreier* GRUR-Int. 1996, 205, 211).

5 2. Regelungen der Durchsetzungsrichtlinie. Die Durchsetzungsrichtlinie sieht in Art. 6 eine **gerichtliche Anordnung zur Vorlage von Beweismitteln**, sowie in Art. 7 **Maßnahmen zur Beweissicherung** vor. Art. 6 (Beweise) **entspricht in ihrem Abs. 1 in vollem Umfang Art. 43 Abs 1 des TRIPS-Übereinkommens** (BT-Drucks. 16/5048, S. 26; *McGuire* GRUR-Int. 2005, 15, 19). Art. 6 Abs. 1 S. 1 sieht eine Vorlagepflicht unter folgenden Voraussetzungen vor: Der Rechtsinhaber hat alle verfügbaren Beweismittel zur hinreichenden Begründung der Ansprüche vorgelegt; er hat das Beweismittel genau bezeichnet; das Beweismittel liegt in der Verfügungsgewalt der gegnerischen Partei; und die Vorlage verletzt keine Geheimhaltungsinteressen der gegnerischen Partei. Für den Fall einer Rechtsverletzung in gewerblichem Ausmaß regelt Abs. 2 weitergehend die Vorlage der in der Verfügungsgewalt des Gegners befindlichen Bank-, Finanz- oder Handelsunterlagen.

6 Art. 7 sieht **einstweilige Maßnahmen zur Beweissicherung** vor und **entspricht weitgehend Art. 50 Abs. 1 b des TRIPS-Übereinkommens** (*Seichter* WRP 2006, 391, 395). Er verpflichtet die Mitgliedstaaten, Regelungen vorzusehen, wonach Gerichte einstweilige Maßnahmen zur Beweissicherung anordnen können. Eine solche Beweissicherung kann bereits beantragt werden, bevor ein Verfahren anhängig ist, so dass es sich hier um vorprozessuale Maßnahmen handelt. **Sie ist der englischen Anton-Piller-Order und der französischen saisie-contrefacon nachempfunden** (*Weber* S. 58 ff.; *Eisenkolb* GRUR 2007, 387, 391; KOM (2003) 46 endgültig, S. 21). Voraussetzungen sind: der Rechtsinhaber hat alle verfügbaren Beweismittel zur Begründung der Ansprüche vorgelegt und die Vorlage verletzt keine Geheimhaltungsinteressen der gegnerischen Partei.

3. Bisheriges Recht

7 a) **Vorlage von Beweismitteln.** Bei Art. 6 der Durchsetzungsrichtlinie handelt es sich nach dessen Wortlaut um eine **prozessrechtliche Vorschrift** (so BT-Drucks. 16/5048, S. 26; für eine prozessuale Umsetzung *Knaak* GRUR-Int. 2004, 745, 747; *Haedicke* FS-Schricker, S. 23). Die Einordnung dieser Regelungen in die bestehenden zivilprozessualen Grundsätze fällt schwer; **Friktionen bestehen einerseits mit dem Beibringungsgrundsatz, andererseits aber auch mit dem Verbot der Ausforschung und des Geheimnisschutzes** (BGHZ 150, 377, 386 = GRUR 2002, 1046, 1048 – Faxkarte; *Knaak* GRUR-Int. 244, 745, 747; *Bornkamm* FS-Ullmann, S. 897 ff.). Die Regelungen der ZPO machen die Pflicht zur Vorlage von Beweismitteln grundsätzlich vom materiellen Recht abhängig (vgl. § 422 ZPO für den Urkundenbeweis; § 371 Abs. 2 ZPO für den Augenscheinsbeweis). Dieser Grundsatz erfährt **in den Vorschriften der §§ 142 und 144 ZPO eine Durchbrechung**: danach kann das Gericht – von sich aus und auch ohne materiell-rechtlichen Anspruch (vgl. *Zöller/Greger* ZPO, § 142 Rdnr. 2; *Seichter* WRP 2006, 391, 394) – in recht weitem Umfang die Vorlage von Urkunden und Augenscheinsobjekten auch durch den Prozessgegner anordnen (auch gegen Dritte; vgl. BGH GRUR 2006, 962, 966 – Restschadstoffentfernung), wenn dies zur Aufklärung des Sachverhalts geeignet und erforderlich, weiter verhältnismäßig und angemessen, dh. dem zur Vorlage Verpflichteten bei Berücksichtigung seiner rechtlich geschützten Interessen nach Abwägung der kollidierenden Interessen zumutbar ist (BGH GRUR 2006, 962, 966 – Restschadstoffentfernung). Die Anordnung steht allerdings **im Ermessen des Gerichts**; der Rechtsinhaber hat hierauf keinen Anspruch. Zum anderen ist die **Anordnung nicht durchsetzbar**, sondern ihre Nichtbefolgung ist gemäß § 286 ZPO frei zu würdigen (BT-Drucks. 16/5048, S. 26; *Knaak* GRUR-Int. 2004, 745, 747; *Zöller* ZPO, § 142, Rdnr. 4; *McGuire* GRUR-Int. 2005, 15, 20; *Kitz* NJW 2008, 2374, 2376).

Anspruch auf Vorlage und Besichtigung   § 101a

Materiell-rechtlich gewähren die Vorschriften in §§ 809, 810 BGB Ansprüche auf die Vor- 8
lage von Urkunden (§ 810 BGB) sowie die Besichtigung von Sachen (§ 809 BGB). Bereits das
Reichsgericht hat in einer frühen Entscheidung **die Anwendbarkeit dieser Vorschriften
auch im Recht des geistigen Eigentums anerkannt** (RGZ 69, 401 – Nietzsche-Briefe; für
das Patentrecht BGHZ 93, 191, 198 ff. = GRUR 1985, 512 – Druckbalken; BGH, Urteil vom
16. 11. 2009, X ZB 37/08, BeckRS 2010 03548; für das Urheberrecht BGHZ 150, 377, 384 ff.
= GRUR 2002, 1046 – Faxkarte; OLG Frankfurt/M GRUR-RR 2006, 295, 295 – Quellcode-Besichtigung). Der **X. Zivilsenat des BGH** hatte 1985 in der Entscheidung Druckbalken
sehr restriktive Anforderungen an die Darlegung der möglichen Rechtsverletzung aufgestellt,
dass den Vorschriften kaum eine praktische Bedeutung zukam (vgl. *Bornkamm* FS-Ullmann,
S. 896). Der BGH ging von dem Grundsatz aus, dass nur die Besichtigung noch erforderlich sei,
um „letzte Klarheit zu schaffen", und dass die Vorlegung nur „das letzte Glied einer sonst fertigen Beweiskette" sei (BGHZ 93, 191, 206 = GRUR 1985, 512, 516 – Druckbalken). Davon
ausgehend müsse der Besichtigungsgläubiger einen **erheblichen Grad an Wahrscheinlichkeit**
für das Bestehen des Hauptanspruches nachweisen (BGHZ 93, 191, 206 f. = GRUR 1985, 512,
516 – Druckbalken). Zudem sei den Geheimhaltungsinteressen des Besichtigungsgegners dadurch Rechnung zu tragen, dass die **Besichtigung der Sache nur durch eine vom Anspruchsteller beauftragten neutralen Sachverständigen** erfolgen konnte (BGHZ 93, 191,
205 – Druckbalken = GRUR 1985, 512). **Einwirkungen auf die Substanz der Sachen**
sollten von vornherein nicht vom Anspruch erfasst sein (BGHZ 93, 191, 208 = GRUR 1985,
512, 516 – Druckbalken; kritisch dazu schon *Stauder* GRUR 1985, 518 f.; BT-Drucks. 16/5048,
S. 27). Diese Einschränkungen hat der **I. Zivilsenat des BGH** in einer Entscheidung aus 2002
für das Urheber- und Wettbewerbsrecht zurückgenommen: Es sei zur Begründung eines **„gewissen Grades an Wahrscheinlichkeit"** eine Interessenabwägung erforderlich, in der der
Grad der Wahrscheinlichkeit nur ein im Rahmen der Gesamtwürdigung zur berücksichtigender Punkt sei; daneben sei etwa zu berücksichtigen, ob dem Gläubiger **andere zumutbare Möglichkeiten des Beweises** bestehen und ob **berechtigte Geheimhaltungsinteressen des Schuldners** beeinträchtigt werden. Daher kann nicht generell ein erheblicher Grad
an Wahrscheinlichkeit verlangt werden (BGHZ 150, 377, 386 ff. = GRUR 2002, 1046, 1048 –
Faxkarte = CR 2002, 791 mit Anm. *Grützmacher; Tilmann/Schreibauer* GRUR 2002, 1015; dem
folgend: KG NJW 2001, 233, 235; LG Nürnberg-Fürth MMR 2004, 627, 628; OLG Frankfurt
GRUR-RR 2006, 295, 296). Der Wortlaut des § 809 BGB, der einen Besichtigungsanspruch
auch demjenigen zugesteht, der sich erst Gewissheit über das Bestehen eines Hauptanspruches
verschaffen möchte, würde konterkariert, wenn der Besichtigungsgläubiger stets einen erheblichen Grad an Wahrscheinlichkeit nachweisen müsste (BGHZ 150, 377, GRUR 2002, 1046,
1048 – Faxkarte; *Frank/Wiegand* CR 2007, 481 f.). Schließlich verweist der BGH auf Art. 43
des TRIPS-Übereinkommens: Da der Gesetzgeber bei der Ratifizierung davon ausging, dass das
deutsche Recht mit den neuen Anforderungen voll im Einklang stehe (BT-Drucks. 12/7655
[neu], S. 346), sei auch der Besichtigungsanspruch des § 809 BGB so auszulegen, dass mit seiner
Hilfe den Anforderungen des TRIPS-Übereinkommens Genüge getan wird (so auch *Dreier*
GRUR-Int. 1996, 205, 207).

Die **Bundesregierung** sah in den Entscheidungen Druckbalken und Faxkarte eine nicht ge- 9
festigte Rechtsprechung, die eine Umsetzung der Vorgaben der Richtlinie erforderte (BT-
Drucks. 16/5048, S. 27). Dabei übersah der Gesetzgeber, dass der X. Zivilsenat des BGH unterdessen in einer zu § 142 ZPO ergangenen Entscheidung vom 1. August 2006 (BGH GRUR
2006, 962 – Restschadstoffentfernung sowie jetzt BGH, Urteil vom 16. 11. 2009, X ZB 37/08,
BeckRS 2010 03548; *Spindler/Weber* ZUM 2007, 257, 263; *Frank/Wiegand* CR 2007, 481, 482)
den Maßstab des I. Zivilsenats aus Faxkarte übernommen hatte: Diese Rechtsprechung
sei bei Anwendung der Bestimmung des § 142 ZPO entsprechend heranzuziehen (BGH GRUR
2006, 962, 967 – Restschadstoffentfernung, mit Anm. *Tilmann/Schreibauer* unter Verweis auf
BGHZ 150, 377, 386 = GRUR 2002, 1046 – Faxkarte; LG Nürnberg-Fürth MMR 2004, 627 =
CR 2004, 890; OLG Düsseldorf GRUR-RR 2003, 327; LG Hamburg InstGE 4, 293, 295; OLG
Hamburg, InstGE 5, 294, 299). Der X. Zivilsenat begründete dies insbesondere auch mit einer
Auslegung der fraglichen Bestimmungen nach Maßgabe der Anforderungen des TRIPS-
Übereinkommens und der Durchsetzungsrichtlinie (BGH GRUR 2006, 962, 966 – Restschad-
stoffentfernung).

b) Maßnahmen zur Beweissicherung. Regelungen zur Beweissicherung finden sich in 10
§§ 485 ff. ZPO zum **selbstständigen Beweisverfahren**. Das selbstständige Beweisverfahren

Wimmers   1981 gemäß §§ 485 ff. ZPO dient jedoch nicht in erster Linie der Informationsbeschaffung, sondern der **Sicherung von Beweismitteln, deren Verlust droht** (*Haedicke* FS-Schricker, S. 26). Diese Regelungen sind zudem weitaus enger als die Vorgaben der Durchsetzungsrichtlinie in Art. 7, weil die Vorlage von Augenscheinsobjekten und Urkunden danach nicht erzwungen werden kann (BT-Drucks. 16/5048, S. 27; *Seichter* WRP 2006, 391, 395; *Patnaik* GRUR 2004, 191, 194). Außerdem sind die Beweiserhebungen nach § 485 Abs. 1 ZPO auf Fälle beschränkt, in denen ein Beweismittelverlust droht (*Seichter* WRP 2006, 391, 395). Einstweilige Maßnahmen, wie sie Art. 7 vorsieht, sind im deutschen Recht in §§ 916 ff. ZPO geregelt; allerdings **dient die einstweilige Verfügung nach §§ 935 ff. ZPO lediglich der Sicherung eines Anspruchs, nicht aber der Beweismittel**; zudem dürfte den von Art. 7 vorgegebenen Anordnungen in der Regel das Verbot der Vorwegnahme der Hauptsache entgegenstehen (vgl. *Seichter* WRP 2006, 391, 395; BT-Drucks. 16/5048, S. 27).

4. Umsetzung der Durchsetzungsrichtlinie

11   Der Gesetzgeber hat sich entschlossen, die Regelungen in Art. 6 der Durchsetzungsrichtlinie durch **materiell-rechtliche Vorlage- und Besichtigungsansprüche** umzusetzen (BT-Drucks. 16/5048, S. 40). Obwohl es sich bei Art. 6 dem Wortlaut nach um eine prozessrechtliche Vorschrift handeln könnte (BT-Drucks. 16/5048, S. 26), gibt die Durchsetzungsrichtlinie den Mitgliedstaaten nicht vor, ob Vorlage- und Besichtigungsansprüche verfahrens- oder materiell-rechtlich umgesetzt werden (*Bornkamm* FS-Ullmann, S. 896). Auch der Gesetzgeber sah sich in seiner Umsetzung durch den Ausbau prozessrechtlicher Instrumente oder die Ausweitung oder Schaffung materiell-rechtlicher Ansprüche frei und befand, dass die **Umsetzung auf der Grundlage materiell-rechtlicher Ansprüche der Systematik des deutschen Rechts entspreche** und problemlos eine direkte Erzwingbarkeit der Rechtsfolgen ermögliche, die den prozessrechtlichen Instituten fremd sei (BT-Drucks. 16/5048, S. 27; *Bornkamm* FS-Ullmann, S. 896; *Kitz* NJW 2008, 2374, 2376; *Seichter* WRP 2006, 391, 394; dazu kritisch *Haedicke* FS-Schricker, S. 19, 23).

12   Zur Umsetzung der von Art. 7 geforderten Beweissicherungsmaßnahmen knüpft § 101 Abs. 3 an den in Umsetzung von Art. 6 geschaffenen Vorlageanspruch an und beschränkt sich auf die Regelung, dass dieser Vorlageanspruch auch durch eine einstweilige Verfügung durchsetzbar ist. Damit ist der Erlass einer einstweiligen Verfügung iSv §§ 935 ff. ZPO entgegen den Grundsätzen des vorläufigen Rechtsschutzes auch dann möglich, wenn hierdurch die Hauptsache vorweggenommen wird (BT-Drucks. 16/5048, S. 41, 28). **Weitergehenden Umsetzungsbedarf bzgl. Art. 7 sah der Gesetzgeber nicht** (BT-Drucks. 16/5048, S. 41). Durch die Bezugnahme auf die Vorlage und Besichtigungsanspruch in Abs. 1 wird über die Richtlinie hinaus, die insoweit einstweilige Regelung nur in Bezug auf die Sicherung von Beweismitteln vorsah, die Durchsetzung im Wege der einstweiligen Verfügung aller Ansprüche aus § 101 Abs. 1 gestattet (vgl. BT-Drucks. 16/5048, S. 40; zur Kritik an der **überschießenden Umsetzung** vgl. insbesondere *Preukert/Kur* GRUR-Int 2006, 291, 299 f.; *Haedicke* FS-Schricker, S. 23 ff.).

III. Vorlage- und Besichtigungsanspruch, § 101 a Abs. 1

1. Anspruchsinhalt

13   § 101 a Abs. 1 dient der Umsetzung von Art. 6 der Durchsetzungsrichtlinie. Die Anpassung des deutschen Rechts erfolgt durch eine **spezialgesetzliche Neufassung und Erweiterung des materiell-rechtlichen Vorlegungs- und Besichtigungsanspruchs aus §§ 809, 810 BGB** (*Spindler/Weber* ZUM 2007, 257, 263).

2. Aktivlegitimation

14   Anspruchsberechtigt ist der „**Verletzte**" (vgl. dazu im Einzelnen oben zu § 101 Rdnr. 17 f. Zur **Aktivlegitimation von Verwertungsgesellschaften** im Rahmen von § 809 BGB vgl. BGH GRUR 2004, 420, 421 – Kontrollbesuch).

3. Rechtsverletzung – Verletzer; Verfügungsgewalt

15   Der Anspruch nach § 101 a Abs. 1 richtet sich gegen den **Verletzer**, in dessen Verfügungsgewalt sich eine Urkunde oder Sache befindet, also zunächst Täter und Teilnehmer einer Urhe-

berrechtsverletzung (vgl. *Schricker/Wild* § 97 Rdnr. 61 ff.). Zur Frage, ob und in welchem Umfang der **Störer** Verletzer iSd. § 101a Abs. 1 ist, vgl. oben zu § 101 Rdnr. 20 ff. **Ein Dritter, der nicht Verletzer ist, ist nicht Anspruchsgegner des Vorlage- und Besichtigungsanspruchs** (BGH GRUR 2006, 962, 966 – Restschadstoffentfernung in Bezug auf Art. 43 TRIPS-Übereinkommen; *Wandtke/Bullinger/Ost*, Rdnr. 8; aA *Heymann* CR 2008, 568, 571; *Fromm/Nordemann/Czychowski* Rdnr. 13 unter Bezugnahme auf BGH GRUR 2006, 962 – Restschadstoffentfernung; *Ahrens* GRUR 2005, 837, 839). Der BGH hatte in der Entscheidung **Restschadstoffentfernung** (BGH GRUR 2006, 962 – Restschadstoffentfernung) im Rahmen von § 142 ZPO die Herausgabe eines technischen Plans mit einem Fließbild **durch einen Dritten** zu beurteilen. Der Senat stellt heraus, dass § 142 Abs. 2 ZPO ausdrücklich Anordnungen auch gegen Dritte vorsieht, während sich Art. 43 des TRIPS-Übereinkommens (dem Art. 6 Abs. 1 der Durchsetzungsrichtlinie in vollem Umfang entspricht; BT-Drucks. 16/5048, S. 26) nur auf Beweismittel bezieht, die sich in der Verfügungsgewalt des Gegners und nicht auch auf solche, die sich in der Verfügungsgewalt eines Dritten befinden (BGH GRUR 2006, 962, 966 – Restschadstoffentfernung). Soweit *Fromm/Nordemann/Czychowski* (aaO, Rdnr. 13) hieraus herleiten, dass auch der Dritte Anspruchsgegner nach § 101a Abs. 1 ist, verkennen sie, dass die Entscheidung zu § 142 ZPO ergangen ist, die dem Kläger keinen materiell-rechtlichen Anspruch auf Besichtigung einer mutmaßlich verletzenden Sache oder Urkunde gibt. Vielmehr liegt es im pflichtgemäßen Ermessen des Gerichts, ob es Beweis nach §§ 142, 144 ZPO erhebt (so. Rdnr. 7; *Benkhardt/Rogge/Grabinski* Patentgesetz, 10. Aufl., § 139 Rdnr. 117e; *Zöller/Greger* ZPO, § 142 Rdnr. 11). Eine Drittvorlage mag im Rahmen von § 142 ZPO möglich sein; § 101a Abs. 1 gewährt aber keinen materiell-rechtlichen Anspruch auf Drittvorlage (*Wandtke/Bullinger/Ohst* Rdnr. 8; BGH GRUR 2006, 962, 966 – *Restschadstoffentfernung* zu Art. 43 des TRIPS-Übereinkommens).

Unglücklich ist die Wortwahl „**Verfügungsgewalt**", die von der Wortwahl in § 809 BGB abweicht („Besitz"). Aus den Gesetzgebungsmaterialien ergibt sich nicht, dass mit dieser abweichenden Wortwahl von den zu § 809 BGB geltenden Grundsätzen abgewichen werden sollte (aA offenbar *Wandtke/Bullinger/Ohst* Rdnr. 8). Es spricht daher viel dafür, dass die zu § 809 BGB begründeten Grundsätze auch für § 101a Abs. 1 gelten. Danach ist Anspruchsgegner der **unmittelbare Besitzer** (§ 854 BGB). Bei **Mitbesitz** (§ 866 BGB) ist jeder Mitbesitzer zur Vorlage verpflichtet, weil es sich hierbei um eine unteilbare Leistung handelt (*Staudinger/Marburger* BGB, § 809 Rdnr. 11). Der **mittelbare Besitzer** ist verpflichtet nach § 101a Abs. 1, wenn dieser aufgrund des Besitzmittlungsverhältnisses in der Lage ist, den Anspruch zu erfüllen, weil er seinerseits die Sache vom unmittelbaren Besitzer heraus verlangen kann (*Münchener Kommentar/Habersack* BGB, § 809 Rdnr. 8; *Staudinger/Marburger* BGB, § 809 Rdnr. 11; *Palandt/Sprau* BGB, § 809 Rdnr. 8; LG Nürnberg-Fürth InstGE 5, 153). Der **Besitzdiener** (§ 855 BGB) wäre danach nicht Anspruchsgegner eines Anspruchs nach § 101a Abs. 1 (*Staudinger/Marburger* BGB, § 809 Rdnr. 11). Dies erscheint auch sachgerecht, da die Vorlage- und Besichtigungsansprüche mit dem **Verbot der Ausforschung** konfligieren. Vor diesem Hintergrund wäre es schwer begründbar, einen Vorlage- oder Besichtigungsanspruch gegen den untergeordneten Besitzdiener durchzusetzen, da in diesen Verfahren der eigentliche Besitzer ggf. keine Gelegenheit zur Verteidigung gegen eine unzulässige Ausforschung hätte. **16**

4. Hinreichende Wahrscheinlichkeit

Mit dem Merkmal der hinreichenden Wahrscheinlichkeit trägt der Gesetzgeber den Vorgaben von Art. 6 der Durchsetzungsrichtlinie Rechnung, die auch die **Gewinnung von Beweismitteln** schon in einem Stadium gestatten will, in dem der Sachverhalt noch nicht feststeht und berücksichtigt andererseits **die Interessen des Gegners gegen eine Inanspruchnahme „bei jedwedem Verdacht"** (vgl. BT-Drucks. 16/5048, S. 40). Eine Umsetzung der Voraussetzungen von Art. 6, wonach der Anspruchsteller alle **vernünftigerweise verfügbaren Beweismittel zur hinreichenden Begründung seiner Ansprüche** vorgelegt hat, war nicht möglich, da der Gesetzgeber die Umsetzung in Form eines materiell-rechtlichen Anspruches wählte (BT-Drucks. 16/5048, S. 40). Die Umsetzung mit der Voraussetzung der hinreichenden Wahrscheinlichkeit einer Rechtsverletzung sieht der Gesetzgeber als **richtlinienkonform**, da damit dem Merkmal der „**hinreichenden Begründung der Ansprüche**" genüge getan wird, die Art. 6 der Durchsetzungsrichtlinie vorsah (BT-Drucks. 16/5048, S. 40; *Seichter* WRP 2006, 391, 394). Der Gesetzgeber sieht diese „hinreichende Wahrscheinlichkeit" ausdrücklich als deckungsgleich mit der „gewissen Wahrscheinlichkeit", wie sie des BGH zu § 809 BGB begründet hat, **17**

§ 101a

an (vgl. BT-Drucks. 16/5048, S. 40; BGHZ 150, 377, 386 ff. = GRUR 2002, 1046, 1048 – Faxkarte; BGH GRUR 2006, 962, 967 – Restschadstoffentfernung). Danach reicht ein **gewisser Grad an Wahrscheinlichkeit** aus, dass eine Rechtsverletzung vorliegt, allerdings **nicht schon eine entfernte Möglichkeit** (BGH GRUR 2006, 962, 967 – Restschadstoffentfernung; BGHZ 150, 377, 385 f. = GRUR 2002, 1046, 1048 – Faxkarte; OLG Frankfurt/M GRUR-RR 2006, 295, 296; OLG Hamburg ZUM 2005, 394, 395; LG Nürnberg-Fürth MMR 2004, 627). Der materiell-rechtliche Vorlageanspruch besteht schon dann, wenn **ungewiss ist, ob eine Rechtsverletzung vorliegt; das Ausforschungsverbot steht dem nicht entgegen** (BGHZ 150, 377, 385 = GRUR 2002, 1046 – Faxkarte; BGH GRUR 2006, 962, 967 – Restschadstoffentfernung; LG Nürnberg-Fürth MMR 2004, 627).

18 Es bleibt aus der etwas abweichenden Wortwahl „**hinreichende Wahrscheinlichkeit**" (gegenüber „**gewisser Grad an Wahrscheinlichkeit**") unklar, ob der Gesetzgeber allein den „Grad der Wahrscheinlichkeit" aus der Faxkarten-Entscheidung in Bezug nehmen wollte (*Weber* S. 344 meint, dass die weiteren Kriterien zur Bestimmung der Besichtigungsvoraussetzungen aus Faxkarte im Wortlaut der Bestimmung nicht reflektiert seien). Dies griffe jedoch zu kurz, hatte der I. Zivilsenat des BGH in dieser Entscheidung doch ausdrücklich betont, dass „der **Grad der Wahrscheinlichkeit [...] nur einen im Rahmen der Gesamtwürdigung zu berücksichtigenden Punkt**" darstellt (BGHZ 150, 377, 386 = GRUR 2002, 1046, 1048 – Faxkarte). Daneben sei vor allem darauf abzustellen, ob für den Gläubiger noch andere zumutbare Möglichkeiten bestehen, die Rechtsverletzung zu beweisen und insoweit bei der Gewährung des Besichtigungsrechts notwendig berechtigte **Geheimhaltungsinteressen des Schuldners** beeinträchtigt werden. Es scheint damit nicht ausgeschlossen, dass der erforderliche Grad der Wahrscheinlichkeit nach dieser einzelfallbezogenen Rechtsprechung durchaus variiert (vgl. insoweit die Wendung, es könne „nicht generell ein erheblicher Grad der Wahrscheinlichkeit einer Rechtsverletzung verlangt werden", BGHZ 150, 377, 387 = GRUR 2002, 1046, 1049 – Faxkarte). Daraus spricht eine **Interdependenz zwischen dem Grad der Wahrscheinlichkeit und den weiteren Kriterien der Interessenabwägung,** insbesondere dem gegenüberstehenden Geheimhaltungsinteresse (*Rauschhofer* GRUR-RR 2006, 249, 250). Vor diesem Hintergrund ist das Merkmal „hinreichend" zu interpretieren; es eröffnet eine **einzelfallbezogene Bestimmung der Wahrscheinlichkeit,** in die auch die **weiteren Kriterien der Gesamtabwägung** schon an dieser Stelle einfließen können (ähnlich *Wandtke/Bullinger/Ohst* Rdnr. 10 ff.). Dieses Ergebnis scheint auch die zusätzliche Voraussetzung „wenn dies zur Begründung von dessen Ansprüchen erforderlich ist" zu bestätigen (dazu nachfolgend unter Rdnr. 20 ff.).

19 Nach diesen Maßstäben kann es zur Begründung einer hinreichenden Wahrscheinlichkeit ausreichen, dass der **begründete Verdacht einer Verletzung** besteht, verbunden mit der Möglichkeit, dass das (Computer-)Programm in den Besitz des Anspruchsgegners gelangt ist. **Geheimhaltungsinteressen des Schuldners wäre durch die Inanspruchnahme sachverständiger Hilfe zu begegnen** (BGHZ 150, 377, 387 = GRUR 2002, 1046, 1049 – Faxkarte; OLG Frankfurt/M GRUR-RR 2006, 295, 296). Diese Maßstabsfindung wird im Bereich der Besichtigungsansprüche bezüglich Softwarequellcodes kritisiert, da diese das wesentliche Geschäftsgeheimnis der Softwarebranche darstellen (*Grützmacher* CR 2002, 794, 795 unter Verweis auf instanzgerichtliche Rechtsprechung zum Softwareurheberrecht). Allerdings gewährt der mit der Entscheidung Faxkarte begründete Maßstab gerade die Möglichkeit, Fälle, in denen wesentliche Geschäftsgeheimnisse dem Wettbewerber preisgegeben werden, etwa von solchen zu differenzieren, bei denen es im Bereich der Softwarepiraterie darum geht, Datenträger auf mögliche Kopien zu untersuchen (vgl. OLG Frankfurt/M GRUR 2006, 295, 297 – Quellcode-Besichtigung; *Heymann* CR 2008, 568, 572). Indizien oder Vermutungen aus äußeren Ähnlichkeiten (im Fall: Webseiten), Identität der Funktionen, Übereinstimmungen im HTML-Text und in der Benennung der Dateien führen ohne weitere Anhaltspunkte nicht zu einer hinreichenden Wahrscheinlichkeit einer widerrechtlichen Quellcodeübernahme (LG Köln, MMR 2009, 640, 642).

5. Erforderlichkeit

20 Die Bedeutung des Merkmals der **Erforderlichkeit** in Abs. 1 und dessen Verhältnis zur Regelung der **Verhältnismäßigkeit in Abs. 2** der Vorschrift wird aus den Gesetzesmaterialien nicht deutlich. Die Begründung der Bundesregierung führt hierzu lediglich aus, durch diese Voraussetzung würde **gewährleistet, dass der Anspruch nicht zur allgemeinen Ausfor-**

schung der Gegenseite missbraucht werden kann, sondern dass er nur dann eingreife, wenn der Verletzte die hierdurch gewonnene Erkenntnis zur Durchsetzung seine Ansprüche „benötigt" (BT-Drucks. 16/5048, S. 40). Dies wird vor allem dann der Fall sein, wenn es darum geht, eine bestrittene anspruchsbegründende Tatsache nachzuweisen oder überhaupt erst Kenntnis von dieser Tatsache zu erlangen (BT-Drucks. 16/5048, S. 40).

Durch die Abgrenzung gegenüber dem Verbot der allgemeinen Ausforschung wird deutlich, 21 dass das Element der Erforderlichkeit **schon im Rahmen der Glaubhaftmachung durch den Anspruchsteller zu berücksichtigen** ist. In der Faxkarte-Entscheidung hatte der BGH (BGHZ 150, 377, 386 = GRUR 2002, 1046, 1048 – Faxkarte) darauf hingewiesen, dass der Anspruch aus § 809 BGB auf einer Interessenabwägung beruhe (unter Verweis auf BGHZ 93, 191, 211 = GRUR 1985, 518 = NJW-RR 1986, 480 – Druckbalken); der Grad der Wahrscheinlichkeit der Schutzrechtsverletzung stellt nur einen im Rahmen der Gesamtwürdigung zu berücksichtigenden Punkt dar. Daneben ist vor allem darauf abzustellen, ob für den Gläubiger **noch andere zumutbare Möglichkeiten bestehen, die Rechtsverletzung zu beweisen,** also, ob die Besichtigung bzw. Vorlage „erforderlich" ist (BGHZ 150, 377, 386 = GRUR 2002, 1046, 1049 – Faxkarte; OLG Düsseldorf GRUR-RR 1993, 327 zum Patentrecht). Soweit dem Anspruchsteller andere Wege offen stehen, seinen Anspruch zu beweisen, kommt somit eine Vorlagepflicht nach § 101a nicht in Betracht (*Fromm/Nordemann/Czychowski* Rdnr. 17).

Vor dem Hintergrund des Wortlautes von Art. 6 der Durchsetzungsrichtlinie wird der An- 22 spruchsteller **sämtliche ihm bereits verfügbaren Beweismittel zur hinreichenden Begründung der Ansprüche vorlegen** müssen (*Dreier/Schulze/Dreier* Rdnr. 4). Weiter ist Voraussetzung, dass der Anspruchsteller die **Urkunde oder Sache genau bezeichnet** (*Seichter* WRP 2007, 391, 394; *Dreier/Schulze/Dreier* Rdnr. 4).

Das Verhältnis des Erforderlichkeitsmerkmals zur Verhältnismäßigkeitsprüfung in Abs. 2 bleibt 23 unter Glaubhaftmachungsgesichtspunkten unklar. Während Abs. 2 nach seinem Wortlaut die Glaubhaftmachungslast dem Antragsgegner auferlegt, legt der Wortlaut des Abs. 1 nahe, dass die **Erforderlichkeit vom Antragsteller glaubhaft zu machen** ist.

6. Rechtsfolgen

a) **Besichtigung der Sache.** Es gilt der **weite Begriff der Sache** iSv. §§ 90, 90a BGB 24 (*Palandt/Sprau* BGB, § 809, Rdnr. 3). Die Sachqualität von **Computerprogrammen** ist umstritten (bejahend *Wandtke/Bullinger/Ohst* Rdnr. 21; differenzierend *Münchener Kommentar/Holch* § 90, Rndr. 27: Computerprogramme als solche sind keine Sachen, es sei denn, sie werden auf einem Datenträger verkörpert; OLG Hamburg ZUM 2001, 519, 523). Das OLG Hamburg verneinte die Sachqualität und damit einen Besichtigungsanspruch nach § 809 BGB bzgl. des hinter der Software stehenden **Quellcodes** (OLG Hamburg ZUM 2001, 519, 523). Auf die Revision bejahte der BGH in Faxkarte (BGH GRUR 2002, 1046, 1048 – *Faxkarte*) den Besichtigungsanspruch, stützte sich dabei aber darauf, dass der Anspruch aus § 809 BGB voraussetzt, dass sich der Anspruchsteller Gewissheit verschaffen möchte, ob ihm ein Anspruch „in Ansehung der Sache" zusteht, womit das Gesetz zum Ausdruck bringt, dass der Besichtigungsanspruch nicht nur dann besteht, wenn sich der Anspruch auf die Sache selbst erstreckt, sondern auch dann, wenn das Bestehen des Anspruchs in irgendeiner Weise von der Existenz oder Beschaffenheit der Sache abhängt (BGH GRUR 2002, 1046, 1048 – Faxkarte unter Verweis auf BGHZ 93, 191, 198 = GRUR 1985, 518 – Druckbalken). Der Anspruch aus § 101a beschränkt den Besichtigungsanspruch auf die Sache. Allerdings wird man den Anspruch vor dem Hintergrund der Zweckrichtung der urheberrechtlichen Besichtigungsansprüche nicht enger fassen können, als den Besichtigungsanspruch nach § 809 BGB, so dass der Sachbegriff in § 101a die Besichtigungsgegenstände nach § 809 BGB umfasst, also auch den hinter der Software stehenden Quellcode (BGH, Urteil vom 16. 11. 2009, X ZB 37/08, BeckRS 2010 03548 hinsichtlich des besonderen Geheimnisschutzes bzgl. des Quellcodes vgl. *Grützmacher* CR 2002, 794, 795; OLG Hamburg ZUM 2001, 519, 523). Der **Besichtigungsanspruch kann sich auf das gesamte Programm erstrecken;** er ist nicht auf die Programmteile beschränkt, hinsichtlich deren von vornherein Übereinstimmungen feststanden (BGHZ 150, 377, 388 = GRUR 2002, 1046, 1049 – Faxkarte; *Frank/Wiegand* CR 2007, 481, 482).

Der Anspruch ist auf die Besichtigung einer Sache oder Sachgesamtheit gerichtet; er umfasst 25 keinen Nachforschungs- oder Durchsuchungsanspruch, allgemeine Besichtigungs- und Kontrollrechte auszuüben (BGH GRUR 2004, 420, 421 – Kontrollbesuch). Entsprechend dem Wortlaut von Art. 6 Abs. 1 der Durchsetzungsrichtlinie ist die **Urkunde oder die Sache ge-**

§ 101a Anspruch auf Vorlage und Besichtigung

nau zu bezeichnen (BT-Drucks. 16/5048, S. 40; zur praktischen Umsetzung *Hoppen,* CR 2009, 407, 408 f.). **Besichtigen** erfasst ohne weiteres das **Anfassen, Abmessen, Wiegen und Fotografieren der Sache** (*Staudinger/Marburger* BGB § 809 Rdnr. 9; *Spindler/Weber* ZUM 2007, 257, 264). Bei Computerprogrammen berechtigt der Besichtigungsanspruch insbesondere zur Inaugenscheinnahme, zur Inbetriebnahme der Maschine, zum Ablaufenlassen des Programms, zur Besichtigung des Quellcodes, zum Ausdrucken von Dateilisten, zum Speichern bzw. Kopieren von Dateien (*Frank/Wiegand* CR 2007, 481, 482; *Hoppen,* CR 2009, 407, 409); der Anspruch erstreckt sich auch auf die Lizenzunterlagen (LG Nürnberg-Fürth CR 2004, 890, 892).

26   Im Bereich des Urheberrechts sind – im Rahmen der Verhältnismäßigkeit (BT-Drucks. 16/5048, S. 41) – auch **Substanzeingriffe** zulässig; solche Eingriffe finden ihre Grenze im Integritätsinteresse des Anspruchsschuldners, das nicht unzumutbar beeinträchtigt werden darf (BGHZ 150, 377, 388 = GRUR 2002, 1046, 1049 – Faxkarte; anders für das Patentrecht: BGHZ 93, 191, 209 f. = GRUR 1985, 512, 517 – Druckbalken). Selbst im Falle einer **Beschädigung des Besichtigungsobjekts** sei die Grenze des Zumutbaren nicht zwangsläufig überschritten (BGH GRUR 2002, 1046, 1049 – Faxkarte unter Verweis auf den Schutz des Besichtigungsschuldners durch § 811 BGB; *von Hartz* ZUM 2005, 376, 380; *Frank/Wiegand* CR 2007, 481, 482).

27   **b) Vorlage von Urkunden. Urkunden** sind durch Niederschrift verkörperte Gedankenerklärungen, die geeignet sind, Beweis für streitiges Parteivorbringen zu erbringen (BGHZ 65, 300; *Erman/Heckelmann/Wilhelmi* BGB, § 810 Rdnr. 2). Vorzulegen ist die Originalurkunde. **Abschriften** (auch beglaubigte) sind nur dann vorzulegen, soweit das Interesse gerade an Ihnen besteht, zum Beispiel weil das Original nicht mehr vorhanden ist (*Staudinger/Marburger* BGB, § 810 Rdnr. 4; *Palandt/Sprau* BGB, § 810 Rdnr. 1). Vorlage bedeutet grundsätzlich das Recht, in die Urkunden **am Aufbewahrungsort oder am Wohnsitz des Schuldners Einsicht zu nehmen** (OLG Köln NJW-RR 1996, 382; *Dreier/Schulze/Dreier* Rdnr. 10). Die **Abweichung gegenüber dem Wortlaut der Richtlinie (dort Übermittlung; „communication" in der englischen und französischen Fassung)** wird mit Blick auf die **allgemeine Verankerung des Verhältnismäßigkeitsgrundsatzes in Art. 3 Abs. 2** der Durchsetzungsrichtlinie wohl **richtlinienkonform** sein, da auch unter der Rechtsprechung zu § 810 BGB anerkannt war, dass Vorlage neben der grundsätzlich nur zu gestattenden Einsichtnahme am Aufbewahrungsort auch eine Verpflichtung zur Aushändigung bedeuten kann (vgl. OLG Köln NJW-RR 1996, 382; *Staudinger/Marburger* BGB, § 810 Rdnr. 4). Belangen des Dritten könnten erforderlichenfalls dadurch Rechnung getragen werden, dass diesem gestattet wird, die vorzulegenden **Unterlagen soweit unkenntlich zu machen, als rechtlich geschützte Interessen des Dritten einer Vorlage entgegenstehen** (BGH GRUR 2006, 962, 967 – Restschadstoffentfernung).

28   **c) Erweiterte Rechtsfolgen bei Handeln in gewerblichem Ausmaß.** Bei **hinreichender Wahrscheinlichkeit** einer Verletzung im **gewerblichen Ausmaß** erstreckt sich die Verpflichtung nach S. 2 auf die **Vorlage von Bank-, Finanz- oder Handelsunterlagen.** Ein solcher Anspruch bestand bisher nicht (BT-Drucks. 16/5048, S. 27: „noch nicht einmal ein Anspruch auf Einsicht in die genannten Unterlagen"; OLG Karlsruhe GRUR 1995, 772, 773 – Selbstständiger Auskunftsanspruch; OLG Köln GRUR 1995, 676, 677 – Vorlage von Geschäftsunterlagen; vgl. dazu § 101 Rdnr. 78).

29   Weder aus der Durchsetzungsrichtlinie (vgl. die Erwähnung in Erwägungsgrund 20) noch aus den Gesetzgebungsmaterialien erschließt sich, was genau unter Bank-, Finanz- oder Handelsunterlagen zu verstehen ist (*Fromm/Nordemann/Czychowski* Rdnr. 22). Bei der Auslegung ist zu berücksichtigen, dass das gesetzliche Auditrecht der Ermittlung weiterer Verletzer dient. Der Begriff ist daher unter **Berücksichtigung des Verhältnismäßigkeitsgrundsatzes grundsätzlich weit auszulegen** (*Fromm/Nordemann/Czychowski* § 101 a Rdnr. 23) und auf alle Unterlagen zu erstrecken, welche Rückschlüsse auf den „wahren Täter" zulassen (Wandtke/Bullinger/*Ohst* § 101 a Rdnr. 26). **Bankunterlagen** sind namentlich solche, die Bankgeschäfte iSv. § 1 Abs. 1 KWG betreffen (*Ohst,* aaO); **Finanzunterlagen** betreffen das gesamte Finanzwesen, vor allem Buchhaltungsunterlagen, Vermögensverzeichnisse oder Steuererklärungsunterlagen; **Handelsunterlagen** sind insbesondere Unterlagen iSv. § 257 HGB, dh. Handelsbücher, Inventarlisten, Jahresabschlüsse, Lageberichte, Handelsbriefe und Buchungsbelege. Vor dem Hintergrund der **Bedeutung des Geheimnisschutzes und dem Verbot der allgemeinen Ausforschung** wird man mit der Rechtsprechung des BGH zu § 809 BGB annehmen müssen, dass der Anspruch auf Vorlage der Unterlagen seine **Grenze** dort findet, wo die Grenze zur Nach-

forschung und Durchsuchung, im Geschäftsbereich des Schuldners allgemeine Besichtigungs- und Kontrollrechte auszuüben, überschritten ist. Der Anspruch zielt daher **nicht auf Ermittlungs- und Kontrollmaßnahmen**, mit denen der Verletzte erst ermitteln will, ob der Verletzer im Besitz derjenigen Sache ist, in Ansehung deren er einen Anspruch hat oder sich Gewissheit hierüber verschaffen will (vgl. BGH GRUR 2004, 420, 421 – Kontrollbesuch; *Dreier/Schulze/Dreier* Rdnr. 5).

Der **Begriff des gewerblichen Ausmaßes entspricht zwar grundsätzlich dem in 30 § 101** (Referentenentwurf des BMJ für ein Gesetz zur Verbesserung der Durchsetzung von Rechten des geistigen Eigentums vom 3. Januar 2006, S. 85; *Wilhelmi* ZUM 2008, 942, 950; vgl. dazu die Kommentierung zu § 101 Rdnr. 29 ff.); wegen der Gefahr des **Eingriffes in Geschäfts- und Betriebsgeheimnisse** (vgl. dazu schon die Begründung zum Produktpiraterigesetz; BT-Drucks. 11/4792, S. 32) bedarf es aber einer Abgrenzung und Einschränkung gegenüber der Auslegung im Rahmen des § 101. Nach **Erwägungsgrund 14** der Durchsetzungsrichtlinie zeichnen sich **in gewerblichem Ausmaß** vorgenommene Rechtsverletzungen dadurch aus, dass sie **zwecks Erlangung eines unmittelbaren oder mittelbaren wirtschaftlichen oder kommerziellen Vorteils** vorgenommen werden; dies **schließt in der Regel Handlungen aus, die in gutem Glauben von Endverbrauchern vorgenommen werden**. Diese Differenzierung ist insbesondere im Zusammenhang mit sog. **Tauschbörsen**, bei denen in großem Umfang Urheberrechtsverletzungen stattfinden, im Rahmen des **Auskunftsanspruchs nach § 101** kontrovers diskutiert worden. Im Rahmen des Auskunftsanspruchs gegen Dritte nach § 101 Abs. 2 hatte der Bundesrat sogar angeregt, das Merkmal insgesamt zu streichen, da anderenfalls der Hauptanwendungsfall des Auskunftsanspruchs gegenüber Dritten, die Verletzung des Urheberrechts im Internet, leer laufen würde und die Rechtsinhaber schutzlos gestellt würden (BT-Drucks. 16/5048, S. 59, dort noch zur Formulierung „im geschäftlichen Verkehr" des Vorentwurfs). Für diesen Fall der Rechtsverletzung im Internet stellte der Rechtsausschuss in seiner Beschlussempfehlung (BT-Drucks. 16/8783, S. 50) heraus, dass eine Rechtsverletzung nicht nur im Hinblick auf die Anzahl der Rechtsverletzung, also etwa die Anzahl der öffentlich zugänglich gemachten Dateien, ein „gewerbliches Ausmaß" erreichen kann, sondern auch im Hinblick auf die Schwere der beim Rechtsinhaber eingetretenen einzelnen Rechtsverletzungen. Letzteres sei nach Auffassung des Rechtsausschusses etwa dann zu bejahen, wenn eine besonders umfangreiche Datei, wie ein vollständiger Kinofilm oder ein Musikalbum oder Hörbuch, vor oder unmittelbar nach ihrer Veröffentlichung in Deutschland widerrechtlich im Internet öffentlich zugänglich gemacht wird (kritisch und ablehnend OLG Oldenburg K&R 2009, 51; vgl. ausführlich dazu oben zu § 101 Rdnr. 29 ff.). Eine **Übertragung dieser Definition** des „Handelns in gewerblichem Ausmaß" auf den Anspruch aus § 101a erscheint schon deswegen **nicht möglich**, weil § 101 Abs. 1 S. 2 ausdrücklich bestimmt, dass das gewerbliche Ausmaß sich Anzahl und Schwere der Rechtsverletzung ergeben kann. In § 101a findet sich eine entsprechende Formulierung nicht (so auch *Wandtke/Bullinger/Ohst* Rdnr. 25). Während die vorstehend wiedergegebene Diskussion um die Reichweite des **Auskunftsanspruches in § 101 im Wesentlichen der Feststellung der Identität des Verletzers** gilt, richtet sich der Anspruch nach § 101a Abs. 1 S. 2 auf die **Vorlage von Unterlagen, die einen „weitgehenden Eingriff in die Betriebssphäre des Verletzers" darstellen** können (so schon BT-Drucks. 11/4792, S. 32; ähnlich zu § 101b: BT-Drucks. 16/5048, S. 42). Im Rahmen der Diskussion zum Begriff des „gewerblichen Ausmaßes" im Bereich der Beweissicherung werden die Akzente anders gesetzt: Danach muss die Erlangung eines unmittelbaren oder mittelbaren wirtschaftlichen oder kommerziellen Vorteils **mehr voraussetzen, als die mit jeder Rechtsverletzung im Geschäftsverkehr verbundenen wirtschaftlichen oder kommerziellen Vorteile**. Es liegt nahe, unter dieser Vorschrift zu fordern, dass der Täter **gerade die Nachahmung zum Geschäft gemacht** hat, wie dies im Bereich der Produktpiraterie vorkommt (so *Tilmann* FS-Ullmann, S. 1018 f., der diese Auslegung gerade aus der Rechtsfolge der Vorlage von Geschäftsunterlagen zieht).

7. Erforderliche Maßnahmen zum Schutz vertraulicher Informationen; § 101a Abs. 1 Satz 3

Dass die **Gefahr besteht, dass im Zusammenhang mit Vorlage- und Besichtigungs-** 31 **ansprüchen Geschäftsgeheimnisse aufgedeckt** werden, hatte bereits der Gesetzgeber im Zusammenhang mit § 809 BGB erkannt (Motive, Bd. II, S. 890). Für den Bereich des Urheberrechts soll § 101a Abs. 1 S. 3 die Geheimhaltungsinteressen des in Anspruch Genommenen

§ 101a   Anspruch auf Vorlage und Besichtigung

schützen. Da vertrauliche Informationen nahezu in jedem Fall Gegenstand des Anspruchs sein werden, konnte der Schutz vertraulicher Informationen **nicht als Einwendungen formuliert** werden, da die Ansprüche aus § 101 anderenfalls ins Leere liefen (BT-Drucks. 16/5048, Seite 40). Die zur Wahrung des Geheimhaltungsinteresses gebotenen Anordnungen sind aufgrund einer einzelfallbezogenen, umfassend alle beiderseitigen möglicherweise beeinträchtigten Interessen berücksichtigenden Würdigung findet (BGH, Urteil vom 16. 11. 2009, X ZB 37/08, BeckRS 2010 03 548 Rdnr. 38).

32   **Vertrauliche Informationen** sind insbesondere **Geschäfts- und Betriebsgeheimnisse**. Der bezweckte Schutz gebietet es jedenfalls, solche Geheimnisse einzubeziehen, die Gegenstand des Straftatbestands von § 203 StGB sind; darunter fallen auch die im Zusammenhang mit Besichtigungsmaßnahmen wegen Schutzrechtsverletzungen hauptsächlich betroffenen Geschäfts- und Betriebsgeheimnisse des vermeintlichen Verletzers. Dabei handelt es sich um betriebsbezogenes technisches und kaufmännisches Wissen im weitesten Sinne, das allenfalls einem eng begrenzten Personenkreis bekannt ist und von dem sich ein größerer Personenkreis nur unter Schwierigkeiten Kenntnis verschaffen kann, an dessen Geheimhaltung der Unternehmer ein berechtigtes (wirtschaftliches) Interesse hat und in Bezug auf das sein Geheimhaltungswille bekundet worden oder erkennbar ist (BGH, Urteil vom 16. 11. 2009, X ZB 37/08, BeckRS 2010, 03 548, unter Verweis auf BVerfGE 11, 205 Tz. 87; BGH, GRUR 2003, 356 – Präzisionsmessgeräte). Zur Auslegung kann zum einen auf die **Grundsätze der §§ 17, 18 UWG** zurückgegriffen werden (so auch Fromm/Nordemann/*Czychowski* § 101a Rdnr. 25). Zum anderen dürfte auch ein **Rückgriff auf Art. 39 Abs. 2 TRIPS** in Betracht kommen (vgl. *Wandtke/Bullinger/Ohst* § 101a Rdnr. 29; *Ibbeken* S. 309). Ferner werden auch die zu **§ 172 Nr. 2 GVG, der neben Betriebs- und Geschäftsgeheimnissen noch besonders Erfindungs- und Steuergeheimnisse** hervorhebt, geltenden Grundsätze herangezogen werden können (vgl. dazu insgesamt *Lachmann* NJW 1987, 2206; *Stürner* JZ 1985, 453). Die Darlegungs- und Beweislast obliegt dem vermeintlichen Verletzer; er hat Tatsachen vorzutragen, aus denen sich ergibt, dass und inwieweit Geheiminteressen berührt sind (BGH, Urteil vom 16. 11. 2009, X ZB 37/08 Rdnr. 37).

33   Wie der Besichtigungs- und Vorlageanspruch ist auch die **Regelung des Geheimnisschutzes dem materiellen Recht zugeordnet** (vgl. *Bornkamm* FS-Ullmann, Seite 897). Nach § 101 Abs. 1 S. 3 werden die Gerichte ermächtigt, die nach seinem Ermessen erforderlichen Maßnahmen zu treffen, dass der Schutz vertraulicher Informationen gewährleistet ist, soweit dies der vermeintliche Verletzer verlangt und dies nach den Umständen des Einzelfalls auch angemessen ist (BT-Drucks. 16/5048, S. 40f.). Bei der Anordnung der Maßnahmen hat das Gericht die **beiderseitigen Interessen** zu beachten. Zu den Maßnahmen zum Schutz vertraulicher Informationen sagt die Gesetzesbegründung nichts. **Der Gesetzgeber hat vielmehr ausdrücklich davon abgesehen, konkrete gesetzliche Vorgaben zu machen,** da die erforderlichen Maßnahmen letztlich von den Umständen des Einzelfalls abhingen (BT-Drucks. 16/5048, S. 41). Generell ist dafür Sorge zu tragen, dass **die aus der Besichtigung gewonnenen Erkenntnisse nur zu dem vorgesehenen Zweck eingesetzt werden** (BGHZ 150, 377, 387 = GRUR 2002, 1046, 1049 – Faxkarte unter Verweis auf RGZ 69, 401, 406 – Nietzsche-Briefe).

34   Belangen des Dritten in Bezug auf Geheimschutz kann zunächst dadurch Rechnung getragen werden, dass die vorzulegenden **Unterlagen soweit unkenntlich gemacht werden, als rechtlich geschützte Interessen des Dritten einer Vorlage entgegenstehen** (BGH GRUR 2006, 962, 967 – Restschadstoffentfernung). Die Unkenntlichmachung kann in Kombination mit der Einschaltung eines Sachverständigen (s. nachfolgend) auch in einem stufenweisen Verfahren auf das Sachverständigengutachten angewandt werden (vgl. *Kitz* NJW 2008, 2374, 2376 f.; ausführlich zum Verfahren *Kühnen* GRUR 2005, 185, 192).

35   Der Gesetzgeber verweist als Regelfall auf die Möglichkeit, dass die Offenbarung lediglich gegenüber einem zur **Verschwiegenheit verpflichteten Dritten** zu erfolgen hat, der sodann darüber Auskunft geben kann, ob und gegebenenfalls, in welchem Umfang die behauptete Rechtsverletzung vorliegt (BT-Drucks. 16/5048, S. 40f. unter Verweis auf BGH GRUR 2002, 1046 – Faxkarte). Die Probleme im Zusammenhang mit der Einschaltung eines Sachverständigen waren bekannt; es wäre daher eine klare Regelung wünschenswert gewesen (*Weber* S. 347). Denn die Einschaltung eines solchen zur Verschwiegenheit verpflichteten **Sachverständigen (Wirtschaftsprüfer) wird in den wenigsten Fällen eine geeignete Möglichkeit zur Sachverhaltsaufklärung** verschaffen, da dies den Richter nicht der Pflicht enthebt, sich hinsichtlich des Sachverhalts und der Ergebnisse eine eigene Überzeugung zu bilden. **Daher dürfen gutachterliche Ergebnisse nicht ungeprüft der gerichtlichen Entscheidung zugrunde gelegt werden** (BVerfG MMR 2006, 375, 378; BGH GRUR 2006, 962, 967 –

Restschadstoffentfernung; *Bornkamm* FS-Ullmann, Seite 903; *Lehmann / Meents / Frank / Wiegand* Teil 10 Rdnr. 88; *Ahrens* GRUR 2005, 837, 839). Schon in der Druckbalken-Entscheidung (BGHZ 93, 191, 212) hatte der BGH kritisiert, dass dem zur Verschwiegenheit verpflichteten Sachverständigen der Umfang seiner Untersuchung letztlich selbst überlassen worden war. Eine solche Anordnung liefe darauf hinaus, **dem Sachverständigen unzulässigerweise eine richterliche Funktion zu übertragen** (vgl. *Bornkamm* FS-Ullmann, S. 903, Rdnr. 35). Im Übrigen würde das rechtliche Gehör der Verfahrensbeteiligten verkürzt. Eine Einschränkung rechtlichen Gehörs nimmt die Rechtsordnung zwar in einer Reihe von Fällen in Kauf – so etwa im Strafverfahrens- oder Ordnungsrecht, wenn aufgrund besonderer Richtervorbehalte ohne Beteiligung der Betroffenen entschieden wird, aber doch nur mit der Maßgabe, dass die Tatsachenbeurteilung durch den Richter erfolgt (BVerfG MMR 2006, 375, 378).

Wegen des nur beschränkten Anwendungsbereiches für die isolierte Einbeziehung eines zur Verschwiegenheit verpflichteten Sachverständigen ist in der Literatur vielfach die für das Patentrecht begründete sog. **„Düsseldorfer Praxis"** und weitergehend die Einführung eines sog. **in-camera-Verfahrens** erörtert worden (vgl. zur sog. Düsseldorfer Praxis OLG Düsseldorf GRUR 1983, 741 – Geheimhaltungsinteresse und Besichtigungsanspruch I; OLG Düsseldorf GRUR 1983, 745 – Geheimhaltungsinteresse und Besichtigungsanspruch II; sowie BGH, Urteil vom 16. 11. 2009, X ZB 37/08, BeckRS 2010, 03548, Rdnr. 19 ff.; ausführlich zur Düsseldorfer Praxis *Kühnen* GRUR 2005, 185; *Wandtke / Bullinger / Kefferpütz* vor §§ 97 ff. Rdnr. 102 ff.; *Tilmann* FS-Ullmann, Seite 1020; *Eck / Dombrowski* GRUR 2008, 387; für eine Anwendung im Rahmen des § 101 b *Czychowski* GRUR-RR 2008, 265, 268; *Müller-Stoy*, GRUR-RR 2009, 161; kritisch zur Düsseldorfer Praxis *Weber*, S. 232 ff.). 36

Im Rahmen der sog. „Düsseldorfer Praxis" erfolgt die Durchsetzung des Besichtigungsanspruches in einer **Kombination aus selbstständigem Beweisverfahren und flankierender einstweiliger Verfügung**. Die danach vom Gericht zu treffenden Maßnahmen betreffen (a) die **Anordnung eines selbstständigen Beweisverfahrens nach §§ 485 ff. ZPO**, in der Beweisthema festgelegt und der (zur Verschwiegenheit Verpflichtete) Sachverständige bestellt werden; dem Antragsgegner wird sodann (b) die **Duldung der Besichtigung** aufgegeben und den Rechts- und Patentanwälten des Antragstellers gestattet, an der Besichtigung durch den Sachverständigen teilzunehmen (wobei auch die Rechts- und Patentanwälte zur Geheimhaltung verpflichtet werden). In einem dritten Abschnitt erfolgt schließlich die **Anordnung der Einzelheiten der Aushändigung des Gutachtens**, das der Sachverständige aufgrund der Besichtigung erstellt, an den Antragsteller (vgl. zu den Verfahrensabschnitten *Eck / Dombrowski* GRUR 2008, 387; *Kühnen* GRUR 2005, 185, 191 f.). Dabei wird häufig die Herausgabe nicht an den Antragsteller selbst, sondern an dessen Prozessvertreter unter dessen Verpflichtung zur Verschwiegenheit gegenüber dem Antragsteller beantragt (vgl. BGH, Urteil vom 16. 11. 2009, X ZB 37/08, BeckRS 2010, 03548 Rdnr. 19 ff.). Zur Wahrung von Betriebs- und Geschäftsgeheimnissen des vermeintlichen Verletzers ist dies unbedenklich (BGH, aaO, mit ausführlichen Bemerkungen zur Auflösung des aus dieser Anordnung folgenden Spannungsfeldes; *Müller-Stoy*, GRUR-RR 2009, 161, 162 f.). Durch die Schaffung eines materiell-rechtlichen Anspruches auf Besichtigung bzw. Vorlage bedarf es der Kombination der Duldungsverfügung mit einem selbstständigen Beweisverfahren nach §§ 485 ff. ZPO nicht mehr (*Dörre / Maaßen* GRUR-RR 2008, 217, 221; *Kühnen* GRUR 2005, 185, 191 f.). 37

Weitergehend ist in der Literatur umfangreich ein sog. **in-camera-Verfahren** diskutiert worden (vgl. ausführlich *Bornkamm*, FS-Ullmann, Seite 904 ff.; *Seichter* WRP 2006, 391, 395; *Kühnen* GRUR 2005, 185, 191; *Weber* S. 227 ff.; *von Hartz* ZUM 2005, 376, 381 f.). 38

In einem in-camera-Verfahren wird zum Schutz der vertraulichen Informationen nicht nur die **Öffentlichkeit ausgeschlossen** (§ 172 Nr. 2 GVG); auch der Kläger persönlich darf bei der Erörterung der vertraulichen Informationen, gegebenenfalls auch bei einer Beweisaufnahme, nicht anwesend sein. Die Vorschläge für ein solches Verfahren sehen vor, dass dem Prozessbevollmächtigten des Klägers gestattet ist, am in-camera-Verfahren teilzunehmen. Für den Bereich des Verwaltungsprozesses ist das in-camera-Verfahren Gegenstand zweier **Entscheidungen des Bundesverfassungsgerichts** gewesen, die zu einer Einführung eines begrenzten in-camera-Verfahrens in § 99 VwGO geführt haben (vgl. BVerfGE 101, 106 ff.; BVerfG MMR 2006, 375; zur verfassungsrechtlichen Zulässigkeit des in-camera-Verfahrens und dessen Rezeption für das zivilrechtliche Verfahren weiter *Bornkamm* FS-Ullmann, Seite 904 ff.). **Eine gesetzliche Regelung für den Zivilprozess gibt es nicht;** wegen der verfassungsrechtlichen Fragen – dem Schutz von Geschäfts- und Betriebsgeheimnissen (Art. 14 GG) einerseits, dem Recht auf effektiven Rechtsschutz (Art. 19 Abs. 4 GG) andererseits, sowie dem Recht auf rechtliches Gehör 39

§ 101a Anspruch auf Vorlage und Besichtigung

(Art. 103 Abs. 1 GG) auf beiden Seiten – ist fraglich, ob eine Zulassung eines solchen Verfahrens ohne gesetzliche Regelung möglich ist (für eine Zulässigkeit im Zivilprozess auch ohne ausdrückliche gesetzliche Regelung: *Bornkamm* FS-Ullmann, S. 909 ff.; aA *Wandtke/Bullinger/Kefferpütz* vor §§ 97 ff. Rdnr. 101; *Kitz* NJW 2008, 2374, 2376; kritisch zur Zulässigkeit *Spindler/Weber* MMR 2006, 711, 712).

40   Die Frage des **Ausschlusses der Öffentlichkeit in der Verhandlung** ist nicht Gegenstand der Regelung in § 101 Abs. 1 Satz 3; dieser richtet sich ausschließlich nach § 172 GVG. Auch **Sanktionen von Verstößen gegen gerichtliche Geheimhaltungsauflagen** sind nicht geregelt, da diese für die Fälle des § 174 Abs. 3 GVG bereits in § 353 d Nr. 2 StGB abschließend geregelt sind. Weitere Sanktionen können sich aus allgemeinen Vorschriften ergeben, zB § 203 StGB (BT-Drucks. 16/5048, S. 41).

IV. Verhältnismäßigkeit; § 101 a Abs. 2

41   Wie schon in § 101 Abs. 4, wird in § 101 a Abs. 2 der **Grundsatz der Verhältnismäßigkeit** ausdrücklich geregelt, wodurch vermieden werden soll, dass bei geringfügigen Verletzungen umfangreiche Vorlageansprüche geltend gemacht werden können. Eine Unverhältnismäßigkeit liegt auch dann vor, wenn das Geheimhaltungsinteresse des angeblichen Verletzers das Interesse des Rechtsinhabers an der Vorlage oder Besichtigung bei weitem überwiegt und dem Geheimhaltungsinteresse auch nicht durch Maßnahmen nach Abs. 1 Satz 3 angemessen Rechnung getragen werden kann (BT-Drucks. 16/5048, S. 41).

42   Zur Verhältnismäßigkeit vergleiche weiter die Ausführungen zu § 101 Rdnr. 85 ff. Im Rahmen der Verhältnismäßigkeitsprüfung sind die beiderseitigen Interessen noch einmal in der **Gesamtschau** zu überprüfen (*Wandtke/Bullinger/Ohst* Rdnr. 33); es ist eine Interessenabwägung vorzunehmen, die berücksichtigt, dass der Verletzte den Beweis der Rechtsverletzung auch in den Fällen führen können muss, in denen dies ohne Besichtigung oder Vorlage nur schwer oder gar nicht möglich wäre, in denen also die Vorlage „zur Verwirklichung des Anspruches mehr oder weniger unentbehrlich ist" (Mot. II, S. 891). Andererseits ist zu berücksichtigen, dass der Besichtigungsanspruch nicht zu einer Ausspähung insbesondere auch solcher Informationen missbraucht wird, die der Verpflichtete aus schutzwürdigen Gründen geheim halten möchte, und der Gläubiger sich über sein berechtigtes Anliegen hinaus wertvolle Kenntnisse verschafft (BGHZ 93, 191, 206 = GRUR 1985, 518 = NJW-RR 1986, 480 – Druckbalken; BGHZ 150, 377, 386 = GRUR 2002, 1046, 1048 – Faxkarte). Zum Verhältnis von Abs. 2 zum Merkmal der **Erforderlichkeit** in Abs. 1 so. Rdnr. 20.

V. Einstweiliger Rechtsschutz, § 101 a Abs. 3

43   Mit Abs. 3 knüpft der Gesetzgeber an den materiell-rechtlichen Vorlage- und Besichtigungsanspruch in Abs. 1 an und beschränkt sich bei der Umsetzung der Vorgaben aus Art. 7 der Durchsetzungsrichtlinie zu Maßnahmen der Beweissicherung auf den Hinweis, dass **der Anspruch aus Abs. 1 im Wege der einstweiligen Verfügung durchsetzbar ist** (zur Kritik dieser **überschießenden Umsetzung** vgl. *Peukert/Kur* GRURInt. 2006, 291, 299, 300 f.; *Knaack* GRUR 2004, 745, 748 f.; *Kühnen* GRUR 2005, 185, 193 ff.; *Tilmann* GRUR 2005, 737 ff.).

44   Bei der Umsetzung stellt der Gesetzgeber lediglich weiter klar, dass der Erlass einer einstweiligen Verfügung nicht am grundsätzlich bestehenden **Verbot der Vorwegnahme der Hauptsache** scheitert (BT-Drucks. 16/5048, S. 28, 41). Weiterer Umsetzungsbedarf bestand nach Auffassung des Gesetzgebers nicht, so dass die Vorschrift den Rechtsinhaber nicht von der **Glaubhaftmachung der weiteren Voraussetzungen für den Erlass einer einstweiligen Verfügung** befreit. Dies gilt auch für die **Dringlichkeit** (OLG Hamm, ZUM-RD 2010, 27; OLG Köln, ZUM 2009, 427; vgl. BT-Drucks. 16/5048, S. 28; *Eck/Dombrowski* GRUR 2008, 387, 393; aA *Heymann* CR 2008, 568, 571; *Tilmann* GRUR 2005, 737, 738; *Nägele/Nitsche* WRP 2007, 1047, 1053; sowie mit beachtlichen Gründen hinsichtlich der Vereitelungsgefahr beim Besichtigungsanspruch *Kühnen* GRUR 2005, 185, 193 ff.). Der Gesetzgeber erkannte zwar, dass Art. 7 der Durchsetzungsrichtlinie eine Dringlichkeit für die Maßnahmen zur Beweissicherung nicht vorsah. Soweit allerdings im Einzelfall eine Dringlichkeit nicht vorliege, verstieße auch nach Art. 7 eine Anordnung gegen den in seinem Rahmen zu beachtenden **Grundsatz der Verhältnismäßigkeit** (BT-Drucks. 16/5048, S. 28). Wartet ein möglicher Antragsteller

Anspruch auf Vorlage und Besichtigung § 101a

nach Kenntnis einer Verletzung zu lange hin, **ist es nicht mehr verhältnismäßig, gerichtliche Eilmaßnahmen zu seinen Gunsten zu erlassen** (OLG Hamm, ZUM-RD 2010, 27; OLG Köln, CR 2009, 289, 290; *Eck/Dombrowski* GRUR 2008, 387, 393; vgl. aber *Kühnen* GRUR 2005, 185, 193 ff.). Vielfach wird ein Besichtigungsanspruch **nur bei entsprechendem Überraschungseffekt wirksam** sein, da eine „Vorwarnung" durch die Geltendmachung im Hauptsacheverfahren dem Schuldner die **Möglichkeit zur Beseitigung der Verletzungsgegenstände oder zur Verschleierung der Verletzungshandlungen** gibt. Diese Besorgnis wird regelmäßig die Eilbedürftigkeit begründen (*Frank/Wiegand* CR 2007, 481, 483; LG Nürnberg-Fürth CR 2004, 890).

Die Umsetzung über die einstweilige Verfügung ist im Gesetzgebungsverfahren teilweise **scharf kritisiert** worden (vgl. dazu ausführlich *Peukert/Kur* GRUR-Int. 2006, 292, 299 ff.; *Wandtke/Bullinger/Ohst* Rdnr. 34). **Art. 7 der Durchsetzungsrichtlinie sieht Sicherungsmaßnahmen vor, während das Verfügungsverfahren nach §§ 935 ff. ZPO jedenfalls im Grundsatz die Zugänglichmachung der Sicherungsgegenstände für den Antragsteller bzw. deren Untersuchung erlaube** (*Peukert/Kur* GRUR-Int. 2006, 292, 300 f.). Diese Kritik lebt auch nach der gesetzgeberischen Entscheidung fort in der Auseinandersetzung über die Frage über das Verfahren und die erforderlichen Anordnungen beim Erlass der einstweiligen Verfügung (§ 938 ZPO). 45

Das Gericht hat nach § 101 a Abs. 3 S. 2 beim Erlass der einstweiligen Verfügung im Rahmen seines Ermessens (§ 938 ZPO) die erforderlichen **Anordnungen zum Schutz der Geheimhaltungsinteressen des Antragsgegners** zu treffen; dies insbesondere in Fällen der **Beschlussverfügung, die ohne vorherige Anhörung des Antragsgegners ergeht** (§ 101 a Abs. 3 S. 3). Bei Erlass einer einstweiligen Verfügung ohne Anhörung ist den Geheimhaltungsinteressen des Anspruchgegners schon wegen des **nur summarischen Verfahrens** besondere Bedeutung beizumessen. Der beispielsweise Hinweis darauf, dass in Fällen der Beschlussverfügung die Vorlage an einen zur Verschwiegenheit verpflichteten Dritten anzuordnen sei (BT-Drucks. 16/5048, S. 41), greift Beschränkungen auf, die die Rechtsprechung schon zur Durchsetzung des Besichtigungsanspruches nach § 809 BGB im einstweiligen Rechtsschutz begründet hatte (OLG Frankfurt GRUR-RR 2006, 295 – Quellcode-Besichtigung; KG GRUR-RR 2001, 118; *Rauschhofer* GRUR-RR 2006, 249; *Frank/Wiegand* CR 2007, 481). Das OLG Frankfurt (OLG Frankfurt/M GRUR-RR 2006, 295 – Quellcode-Besichtigung) und das Kammergericht gestattete eine **einstweilige Verfügung nur zur Sicherung**. Die Sicherungsverfügung dürfe wegen des **Verbotes der Vorwegnahme der Hauptsache** nur anordnen, dass der Antragsgegner die Besichtigung einem vom Gericht bestimmten, zur völligen Verschwiegenheit verpflichteten Sachkundigen zu ermöglichen hat. Dieser hinterlege beim Gericht seinen Bericht, der dem **Antragsteller grundsätzlich erst zur Einsichtnahme freisteht, wenn dieser einen Hauptsachetitel über den Besichtigungsanspruch erlangt hat** (OLG Frankfurt/M GRUR-RR 2006, 295 – Quellcode-Besichtigung; *Bork* NJW 1997, 1665, 1671; KG GRUR-RR 2001, 118, 119). Sofern der Antragsteller ein besonderes Interesse an einer Herausgabe bereits vor Abschluss des Hauptsacheverfahrens glaubhaft macht, kann eine Herausgabe am Ende des Verfügungsverfahrens erfolgen (OLG Franfurt/M. GRUR-RR 2006, 295, 296 – Quellcode-Besichtigung; KG GRUR-RR 2001, 118, 119 mwN). 46

Dem ist entgegengehalten worden, dass der **Besichtigungsanspruch nur ein Hilfsanspruch** sei, der zwangsläufig vor der Geltendmachung des Hauptanspruches (zB Unterlassung) durchgesetzt werden müsse (*Tilmann/Schreibauer* GRUR 2002, 1015, 1016; *Tilmann* GRUR 2005, 737, 738; LG Nürnberg-Fürth CR 2004, 890, 892). Daher sperre das grundsätzlich geltende Verbot der Vorwegnahme der Hauptsache nicht die Herausgabe des Besichtigungsergebnisses an den Antragsteller, da eine Befriedigung nur hinsichtlich des Hauptanspruches eintreten könne (LG Nürnberg-Fürth CR 2004, 890, 892; *Tilmann/Schreibauer* GRUR 2002, 1015, 1016; *Tilmann* GRUR 2005, 737, 738). Der vorläufige Charakter der einstweiligen Verfügung und damit das Vorwegnahmeverbot bezieht sich aber auf den Anspruch des Hauptsacheverfahrens, den es zu sichern gilt: **Gegenstand des einstweiligen Rechtsschutzes ist hier die Sicherung des Vorlage- und Besichtigungsanspruches** (vgl. BT-Drucks. 16/5048, S. 28), auch wenn dieser seinerseits den Unterlassungsanspruch nur vorbereitet. Auch die Erfüllung dieses Anspruches darf nicht ohne weiteres vorweggenommen werden (*Frank/Wiegand* CR 2007, 481, 485). 47

Mit der **Klarstellung des Gesetzgebers**, dass nach § 101 a Abs. 3 S. 1 der Erlass einer **einstweiligen Verfügung auch dann möglich ist, wenn hierdurch die Hauptsache vorweggenommen wird** (vgl. BT-Drucks. 16/5048, S. 41), wird die Frage nur hinsichtlich 48 dieses Grundsatzes beantwortet. Inhaltlich bleibt auch unter der Geltung des § 101 a Abs. 3 unklar, wie weit der Anspruch aus § 101 a Abs. 1 durch den Gläubiger im einstweiligen Rechtsschutz durchsetzbar ist. Auch wenn das Verbot der Vorwegnahme der Hauptsache eine einstweilige Verfügung nicht sperrt, müssen sich die vom Gericht **zu treffenden Anordnungen gleichwohl stets im Rahmen des zur Erreichung des Zwecks Erforderlichen halten** (vgl. § 938 Abs. 1 ZPO; *Zöller/Vollkommer* ZPO, § 938 Rdnr. 1; vgl. dazu jetzt BGH, Urteil vom 16. 11. 2009, X ZB 37/08, BeckRS 2010, 03 548). Es gelten daher die Ausführungen zum Geheimschutz oben unter Rdnr. 31 ff. hier entsprechend mit der Maßgabe, dass das besondere Gefährdungspotenzial eines nur summarischen Verfahrens und die Geheimhaltungsinteressen des Anspruchsschuldners besonders zu berücksichtigen sind (§ 101 a Abs. 3 S. 2). Wegen der **Eilbedürftigkeit aufgrund der Vereitelungsgefahr** (vgl. dazu *Kühnen* GRUR 2005, 185, 193 ff.) wird daher im Regelfall eine **Anordnung der Duldung der Besichtigung durch einen zur Verschwiegenheit verpflichteten Sachverständigen** erfolgen (*Eck/Dombrowski* GRUR 2008, 387, 393; *Frank/Wiegand* CR 2007, 481, 483; OLG Frankfurt/M GRUR-RR 2006, 295, 296 – zu § 809 BGB). Zur nachfolgenden Aushändigung des Sachverständigengutachtens an den Antragsteller bzw. an dessen zur Verschwiegenheit gegenüber dem Antragsteller zu verpflichtenden Prozessvertreter vgl. BGH, Urteil vom 16. 11. 2009, X ZB 37/08, BeckRS 2010, 03 548).

49 Die **Vollziehung der Verfügung** erfolgt sodann durch den **Gerichtsvollzieher**, der sicherstellt, dass der Sachverständige Zugriff auf die zu besichtigende Sache erhält und diese umfassend untersuchen kann (vgl. dazu *Frank/Wiegand* CR 2007, 481, 483; *Fromm/Nordemann/Czychowski* Rdnr. 31; vgl. dazu auch *Bork* NJW 1997, 1665, 1671 f.). **Offen bleibt die Frage, ob und ggf. wann das Ergebnis der Besichtigung dem Gläubiger auszuhändigen ist** (vgl. aber nun BGH, Urteil vom 16. 11. 2009, X ZB 37/08, BeckRS 2010, 03 548). Hierfür bietet sich, abhängig von den Gegebenheiten des Einzelfalles (vgl. BGHZ 150, 377 ff. = GRUR 2002, 1046 – Faxkarte), eine **Anhörung** an, die dem Anspruchsschuldner insbesondere **im Hinblick auf etwaige Geheimhaltungsinteressen rechtliches Gehör gewährt** (*Kühnen* GRUR 2005, 185, 195). Das Gericht trifft sodann die erforderlichen (ggf. abändernden bzw. aufhebenden) Maßnahmen. Hierbei ist auch eine (ggf. stufenweise) **Herausgabe unter Schwärzung geheimhaltungsbedürftiger Passagen** möglich (vgl. dazu oben Rdnr. 34; *Frank/Wiegand* CR 2007, 481, 486; *Czychowski* GRUR-RR 2008, 265, 268; *Dörre/Maaßen* GRUR-RR 2008, 217, 221). Zu berücksichtigen ist neben dem Geheimhaltungsinteresse des Schuldners auf Seiten des Gläubigers, dass dieser ggf. Einsicht nehmen muss, um überhaupt in der Lage zu sein, einen bestimmten Unterlassungsantrag zu fassen (*Frank/Wiegand* CR 2007, 481, 486).

50 Weder die Durchsetzungsrichtlinie noch § 101 a sehen Regelungen für den Fall vor, dass auf den **Widerspruch, Berufung oder sofortige Beschwerde** (hinsichtlich der Entscheidung über die Aushändigung des Gutachtens; dazu besonders *Kühnen* GRUR 2005, 185, 193) eine zunächst zugunsten des Besichtigungsgläubigers getroffene Entscheidung aufgehoben wird. Hinsichtlich der Entscheidung über eine Aushändigung des Gutachtens **darf, damit keine vollendeten Tatsachen geschaffen werden, eine Aushändigung erst erfolgen, wenn über das Gesuch des Besichtigungsgläubigers rechtskräftig entschieden worden ist** (*Kühnen* GRUR 2005, 185, 193, Rdnr. 49). Im Übrigen wird für den Fall, dass der Besichtigungsgläubiger die Informationen schon erlangt hat, die Auferlegung eines für den Schuldner im Wege des einstweiligen Rechtsschutzes durchzusetzenden **Informationsverwertungsverbotes** angeregt worden (*Frank/Wiegand* CR 2007, 481, 485; *Kitz* NJW 2008, 2374, 2377, der das Verwertungsverbot als Teil des Schadensersatzanspruches in Abs. 5 sieht; *Tilmann* GRUR 2005, 737, 738; vgl. aber auch offenbar gegen ein Verwertungsverbot *Tilmann*, FS-Ullmann, S. 1023).

VI. Verwertungsverbot; Vorlegungsort, Gefahr und Kosten; § 101 a Abs. 4

51 1. **Verwertungsverbot.** Abs. 4 enthält durch Verweis auf § 101 Abs. 8 ein Beweisverwertungsverbot für Strafverfahren (vgl. dazu § 101 Rdnr. 98 f.).

52 2. **Vorlegungsort; Gefahr und Kosten.** Die Modalitäten der Vorlage bzw. Besichtigung regelt § 101 a Abs. 4 durch einen **Verweis auf § 811 BGB**. Danach ist die Vorlegungspflicht grundsätzlich an dem Ort zu erfüllen, an dem sich die Sache oder die Urkunde befindet. Dies erfolgt am **Aufbewahrungsort** (§§ 820, 811 BGB) oder am **Wohnsitz des Schuldners** (§ 269 Abs. 1 BGB); **im Einzelfall kann auch eine Verpflichtung zur Aushändigung bestehen** (OLG Köln NJW-RR 1996, 382; RGZ 56, 63 66; BAG, WM 1985, 765, 767; *Staudinger/Marburger* BGB, 12. Aufl., § 809 Rdnr. 8). Ein Anspruch des Gläubigers auf Einsicht an anderen

Orten kommt, wie sich aus dem Rechtsgedanken des § 811 Abs. 1 S. 2 BGB ergibt, insbesondere dann in Betracht, wenn ein **wichtiger Grund** dafür vorliegt (OLG Köln NJW-RR 1996, 382). Die Kosten trägt derjenige, der die Vorlegung verlangt (§ 811 Abs. 2 S. 1 BGB); mit den Möglichkeiten **des Kostenvorschussesund der Sicherheitsleistung** in § 811 Abs. 2 S. 2 BGB sind die Vorgaben aus Art. 7 Abs. der Durchsetzungsrichtlinie umgesetzt. Gefahrtragung bedeutet, dass der Anspruchsteller für die Folgen des Verlustes oder einer Beschädigung der Sache oder der Urkunde auch **ohne Verschulden haftet** (*Staudinger/Marburger*, BGB, § 811 Rdnr. 4).

VII. Schadensersatz bei fehlender Verletzung; § 101 Abs. 5

53 Mit der Gewährung eines Schadensersatzanspruches für den Fall, dass keine Verletzung vorlag oder drohte, setzt der Gesetzgeber Art. 7 Abs. 4 der Durchsetzungsrichtlinie um. Eine **Regelung war erforderlich, da der Schadensersatzanspruch nach § 945 ZPO die nach Art. 7 Abs. 4 der Durchsetzungsrichtlinie zu regelnden Fälle nicht vollständig abdeckt**. Für den Erlass einer einstweiligen Verfügung nach § 101a ist lediglich die **hinreichende Wahrscheinlichkeit** einer Rechtsverletzung erforderlich. Ergeht später in der Verletzungsfrage eine abweisende Entscheidung, war damit gleichwohl nicht notwendig die Anordnung der einstweiligen Verfügung von Anfang an ungerechtfertigt (BT-Drucks. 16/5048, S. 41). Damit geht der **Schadensersatzanspruch nach § 101a Abs. 5 über den aus § 945 ZPO hinaus**, da eine Ersatzpflicht auch dann besteht, wenn ein Vorlage- oder Besichtigungsanspruch bestand, sich aber im Zuge der Durchsetzung herausstellt, dass eine Rechtsverletzung nicht vorlag oder drohte. **Hierin liegt eine Schlechterstellung des Besichtigungsgläubigers gegenüber den bisherigen Regelungen zu §§ 809 ff. BGB** (*Kitz* NJW 2008, 2374, 2377; *Frank/Wiegand* CR 2007, 481, 485).

54 Der Anspruch setzt **kein Verschulden** voraus (*Spindler/Weber* ZUM 2007, 257, 266; *Weber*, S. 349; *Wandtke/Bullinger/Ohst* Rdnr. 41).

55 Der Anspruch umfasst die **Herausgabe der erlangten Gegenstände** (§ 249 Abs. 1 BGB; *Tilmann* GRUR 2005, 737, 739). Da der Schaden insbesondere darin bestehen kann, dass der vermeintlich Verletzte (geschützte) Informationen erlangt hat, wird teilweise ein Schadensersatzanspruch angenommen, mit dem dem vermeintlich Verletzten **ordnungsgeldbewehrt untersagt werden soll, die erlangten Informationen zu verwerten** (*Kitz* NJW 2008, 2374, 2377; s. dazu schon oben unter Rdnr. 50). Ob der Schadensersatzanspruch die **Kosten des Besichtigungs- oder Vorlageverfahrens** umfasst, folgt aus den Gesetzgebungsmaterialien nicht (vgl. *Frank/Wiegand* CR 2007, 481, 485; bejahend: *Wandtke/Bullinger/Ohst* Rdnr. 41; *Kitz* NJW 2008, 2374, 2377; verneinend: *Fromm/Nordemann/Czychowski* Rdnr. 34). Der Wortlaut von § 101a Abs. 5 (und von Art. 7 Abs. der Durchsetzungsrichtlinie) spricht für eine Ersatzfähigkeit der Verfahrenskosten, da er den Schadensersatzanspruch ausschließlich an das Vorliegen (oder Drohen) einer Rechtsverletzung knüpft.

§ 101b Sicherung von Schadensersatzansprüchen

(1) ¹**Der Verletzte kann den Verletzer bei einer in gewerblichem Ausmaß begangenen Rechtsverletzung in den Fällen des § 97 Abs. 2 auch auf Vorlage von Bank-, Finanz- oder Handelsunterlagen oder einen geeigneten Zugang zu den entsprechenden Unterlagen in Anspruch nehmen, die sich in der Verfügungsgewalt des Verletzers befinden und die für die Durchsetzung des Schadensersatzanspruchs erforderlich sind, wenn ohne die Vorlage die Erfüllung des Schadensersatzanspruchs fraglich ist.** ²Soweit der Verletzer geltend macht, dass es sich um vertrauliche Informationen handelt, trifft das Gericht die erforderlichen Maßnahmen, um den im Einzelfall gebotenen Schutz zu gewährleisten.

(2) Der Anspruch nach Absatz 1 ist ausgeschlossen, wenn die Inanspruchnahme im Einzelfall unverhältnismäßig ist.

(3) ¹Die Verpflichtung zur Vorlage der in Absatz 1 bezeichneten Urkunden kann im Wege der einstweiligen Verfügung nach den §§ 935 bis 945 der Zivilprozessordnung angeordnet werden, wenn der Schadensersatzanspruch offensichtlich besteht. ²Das Gericht trifft die erforderlichen Maßnahmen, um den Schutz vertraulicher Informationen zu ge-

§ 101b

währleisten. ³Dies gilt insbesondere in den Fällen, in denen die einstweilige Verfügung ohne vorherige Anhörung des Gegners erlassen wird.

(4) § 811 des Bürgerlichen Gesetzbuchs sowie § 101 Abs. 8 gelten entsprechend.

Schrifttum: *Czychowski* Das Gesetz zur Verbesserung der Durchsetzung von Rechten des Geistigen Eigentums – Teil II: Änderungen im Urheberrecht, GRUR-RR 2008, 265; *Dörre/Maaßen* Das Gesetz zur Verbesserung der Durchsetzung von Rechten des geistigen Eigentums – Teil I: Änderungen im Patent-, Gebrauchsmuster-, Marken- und Geschmacksmusterrecht, GRUR-RR 2008, 217; *Eisenkolb* Die Durchsetzungsrichtlinie und ihre Wirkung, GRUR 2007, 387 ff.; *Frey/Rudolph* EU-Richtlinie zur Durchsetzung der Rechte des Geistigen Eigentums, ZUM 2004, 522; *Knaack* EG-Richtlinie zur Durchsetzung der Rechte und Umsetzungsbedarf im deutschen Recht, GRUR-Int. 2004, 745; *Metzger/Wurmnest* Auf dem Weg zu einem Europäischen Sanktionenrecht des geistigen Eigentums?, ZUM 2003, 922; *McGuire* Beweismittelvorlage und Auskunftsanspruch zur Durchsetzung der Rechte des geistigen Eigentums, GRUR-Int. 2005, 15; *Nägele/Nitzsche* Gesetzentwurf der Bundesregierung zur Verbesserung der Durchsetzung von Rechten des geistigen Eigentums WRP 2007, 1047; *Peukert/Kur* Stellungnahme des Max-Planck-Instituts für Geistiges Eigentum, Wettbewerbs- und Steuerrecht zur Umsetzung der Richtlinie 2004/48/EG zur Durchsetzung der Rechte des geistigen Eigentums in deutsches Recht, GRUR-Int. 2006, 292, 296; *Seichter* Die Umsetzung der Richtlinie zur Durchsetzung der Rechte des geistigen Eigentums, WRP 2006, 391; *Spindler/Weber* Die Umsetzung der Enforcement-Richtlinie nach dem Regierungsentwurf für ein Gesetz zur Verbesserung der Durchsetzung von Rechten des geistigen Eigentums, ZUM 2007, 257; *Tilmann* Beweissicherung nach europäischem und deutschem Recht, in: Ahrens/Bornkamm/Kunz-Hallstein (Hrsg.), Festschrift für Eike Ullmann, S. 1013; *Weber* Die Umsetzung der Enforcement-Richtlinie ins deutsche Recht – Unter besonderer Berücksichtigung der Umsetzung des Art. 7 RL, Diss. Göttingen, erscheint demnächst.

Übersicht

	Rdnr.
I. Ausgangslage, Entwicklung und Bedeutung	1
II. Vorlage von Bank-, Finanz- oder Handelsunterlagen; § 101 b Abs. 1	4
1. Anspruchsinhaber; Anspruchsgegner	5
2. Schadensersatzanspruch nach § 97 Abs. 2	6
3. Rechtsverletzung in gewerblichem Ausmaß	7
4. Vorlage von oder geeigneter Zugang zu Bank-, Finanz- oder Handelsunterlagen	8
5. Verfügungsgewalt des Verletzers	10
6. Erforderlichkeit	11
7. Erfüllung des Schadensersatzanspruches ohne Vorlage fraglich	12
III. Verhältnismäßigkeitsgrundsatz, § 101 b Abs. 2	14
IV. Durchsetzung im Wege der einstweiligen Verfügung, § 101 b Abs. 3	15
V. Verwertungsverbot; Vorlegungsort, Gefahr und Kosten; § 101 b Abs. 4	19

I. Ausgangslage, Entwicklung und Bedeutung

1 § 101 b dient der **Umsetzung von Art. 9 Abs. 2 S. 2** der Richtlinie 2004/48/EG zur Durchsetzung der Rechte des geistigen Eigentums (Durchsetzungsrichtlinie) und wurde durch das Gesetz zur Verbesserung der Durchsetzung von Rechten des geistigen Eigentums vom 7. Juli 2008 (BGBl. I S. 1191) in das Gesetz eingefügt. Die Vorschrift soll der **Sicherung von Schadensersatzansprüchen** dienen.

2 Gemäß Art. 9 Abs. 2 S. 1 der Richtlinie war sicherzustellen, dass die zuständigen Gerichte die **vorsorgliche Beschlagnahme beweglichen und unbeweglichen Vermögens** des angeblichen Verletzers einschließlich der **Sperrung seiner Bankkonten unter Beschlagnahme sonstiger Vermögenswerte** anordnen konnten. Bezüglich dieser Vorgaben der Richtlinie sah der deutsche Gesetzgeber keinen Umsetzungsbedarf, da **das deutsche Recht mit den Vorschriften über den Arrest in §§ 916 ff. ZPO diese Möglichkeiten schon gewährte** (BT-Drucks. 16/5048, S. 31). Umsetzungsbedarf sah der Gesetzgeber allerdings hinsichtlich der Regelung in Art. 9 Abs. 2 S. 2, wonach die zuständigen Behörden – gemeint sind die zuständigen Gerichte (BT-Drucks. 16/5048, S. 31; *Weber* S. 152 f.) – die Übermittlung von Bank-, Finanz- oder Handelsunterlagen oder einen geeigneten Zugang zu den entsprechenden Unterlagen anordnen können. **Eine solche Regelung sah das deutsche Recht bisher nicht vor** (BT-Drucks 16/5048, S. 31, S. 27; OLG Karlsruhe GRUR 1995, 772, 773 – Selbstständiger Auskunftsanspruch; OLG Köln GRUR 1995, 676 – Vorlage von Geschäftsunterlagen; NJW-RR 1996, 421). Da eine wirksame Vollziehung des Arrests voraussetzt, dass der Gläubiger Kenntnis von Vermögenswerten des Schuldners hat und § 101 b die Erlangung dieser Kenntnis durch den Vorlageanspruch erleichtern soll, stellt die **Vorschrift in der Sache eine Ergänzung des Arrests** dar (BT-Drucks. 16/5048, S. 42; *Nägele/Nitsche* WRP 2007, 1047, 1054). Diese Kenntnis soll den Erlass eines Arrestes gem. § 917 ZPO ermöglichen (*Czychowski* GRUR-RR 2008, 265, 267).

Die Vorschriften in § 101 b waren **Gegenstand erheblicher Kritik im Gesetzgebungsverfahren** (vgl. insbesondere *Peukert/Kur* GRUR-Int. 2006, 292, 302 f.; *Seichter* WRP 2006, 391, 399). Noch in der Gesetzesbegründung zum **Produktepirateriegesetz** sah der Gesetzgeber die damals diskutierten Einsichtsrechte in Geschäftsbücher des Auskunftsverpflichteten als eine **unvertretbare Bevorzugung der Interessen des Schutzrechtsinhabers gegenüber den Interessen des Verletzers an der Wahrung seiner Betriebs- und Geschäftsgeheimnisse** und sah entsprechende Regelungsvorschläge als mit dem geltenden Rechtsschutzsystems unvereinbar an. Die dagegen bestehenden Bedenken bezeichnete die Bundesregierung als „nicht überwindbar" (BT-Drucks. 11/4792, S. 33). Entgegen diesen Ausführungen entschied sich der Gesetzgeber des Durchsetzungsgesetzes für die **Regelung eines materiell-rechtlichen Vorlageanspruchs bezüglich Bank-, Finanz- oder Handelsunterlagen zur Sicherung der Erfüllung von Schadensersatzansprüchen** (BT-Drucks. 16/5048, S. 41). Die Kritik hielt dieser Umsetzung entgegen, dass diese weitgehende Regelung zur Sicherung der Erfüllung von Schadensersatzforderungen **schon zur Zweckereichung ungeeignet** sei; selbst bei Vorlage der Finanzunterlagen im Verfügungsverfahren sei ein **Zugriff auf das Vermögen erst aufgrund eines Zahlungstitels**, der ggf. erst Jahre später vorliegt, möglich. Ein solcher, zur Erreichung eines verfassungsgemäßen Zieles bereits ungeeigneter, massiver Eingriff in die informationelle Selbstbestimmung des Bankgeheimnisses des angeblichen Verletzers sei **aus verfassungsrechtlichen Gründen abzulehnen** (*Peukert/Kur* GRUR-Int. 2006, 292, 302; so im Ergebnis auch *Wandtke/Bullinger/Ohst* Rdnr. 3; *Seichter* WRP 2006, 391, 399). Eine weitere Kritik macht sich an der Tatsache fest, dass die Regelung eine **Privilegierung der Inhaber geistiger Eigentumsrechte** darstelle, da Gläubigern von Forderungen, die nicht in der Verletzung von geistigen Eigentumsrechten ihre Grundlagen haben, eine solche Zugriffsmöglichkeit nicht zur Verfügung steht (*Seichter* WRP 2006, 391, 399; *Nägele/Nitsche* WRP 2007, 1047, 1054). Diese **Konsequenz hat der Gesetzgeber gesehen**; vgl. BT-Drucks 16/5048, S. 42: „Im Ergebnis hat dadurch der Verletzte weitergehende Rechte als andere Gläubiger. Wegen der darin liegenden Abweichung vom bestehenden System der Zwangsvollstreckung soll die Regelung aber nicht auf alle Ansprüche übertragen werden."

II. Vorlage von Bank-, Finanz- oder Handelsunterlagen, § 101 b Abs. 1

Die Vorschrift ähnelt § 101 a Abs. 1, unterscheidet sich aber insoweit von ihr, als sie nicht der Gewinnung von Beweismitteln, sondern der **Sicherung der Erfüllung des Schadensersatzanspruchs** dient (BT-Drucks. 16/5048, S. 41). Der Anspruchsinhaber wird mit dieser Vorschrift in die Lage versetzt, Kenntnis von den Vermögenswerten des Schuldners zu erlangen.

1. Anspruchsinhaber; Anspruchsgegner

Anspruchsberechtigt ist der **„Verletzte"** (vgl. dazu im Einzelnen oben zu § 101 Rdnr. 17 f.). **Passivlegitimiert ist der Verletzer**; vgl. dazu oben zu § 101 Rdnr. 19 ff., sowie zu § 101 a Rdnr. 15.

2. Schadensersatzanspruch nach § 97 Abs. 2

Voraussetzung ist, dass dem Verletzten gegen den Verletzer **nach § 97 Abs. 2 ein Schadensersatzanspruch zusteht** (vgl. BT-Drucks. 16/5048, S. 41 mit dem Verweis auf die entsprechende Vorschrift in § 139 Abs. 2 PatentG; vgl. aber den Redaktionsfehler im Gesetzentwurf der Bundesregierung, der in § 101 b zunächst auf § 97 Abs. 1 verwies, was im verabschiedeten Gesetz noch korrigiert wurde; BT-Drucks. 16/5048, S. 18). Die Voraussetzungen von § 97 Abs. 2, namentlich **Verschulden und Schaden, müssen für den Sicherungsanspruch gegeben sein** (*Czychowski* GRUR-RR 2008, 265, 267). Zu den Voraussetzungen eines Schadensersatzanspruches nach § 97 Abs. 2 vgl. *Schricker/Wild*, § 97 Rdnr. 136 ff.

3. Rechtsverletzung in gewerblichem Ausmaß

Die Rechtsverletzung muss „**in gewerblichem Ausmaß**" begangen sein. Der **Begriff des gewerblichen Ausmaßes entspricht** zwar grundsätzlich dem in § 101 (Referentenentwurf des BMJ für ein Gesetz zur Verbesserung der Durchsetzung von Rechten des geistigen Eigentums vom 3. Januar 2006, S. 85; *Wilhelmi* ZUM 2008, 942, 950; vgl. dazu die Kommen-

§ 101b

Sicherung von Schadensersatzansprüchen

tierung zu § 101 Rdnr. 29 ff.); wegen der Gefahr des **Eingriffes in Geschäfts- und Betriebsgeheimnisse** (vgl. dazu schon die Begründung zum Produktpirateriegesetz; BT-Drucks. 11/4792, S. 32) bedarf es jedoch einer Abgrenzung und Einschränkung gegenüber der Auslegung im Rahmen von § 101. Nach **Erwägungsgrund 14** der Durchsetzungsrichtlinie zeichnen sich **in gewerblichem Ausmaß** vorgenommene Rechtsverletzungen dadurch aus, dass sie **zwecks Erlangung eines unmittelbaren oder mittelbaren wirtschaftlichen oder kommerziellen Vorteils** vorgenommen werden; dies **schließt in der Regel Handlungen aus, die in gutem Glauben von Endverbrauchern vorgenommen werden**. Diese Differenzierung ist insbesondere im Zusammenhang mit sog. **Tauschbörsen**, bei denen in großem Umfang Urheberrechtsverletzungen stattfinden, im Rahmen des **Auskunftsanspruchs nach § 101** kontrovers diskutiert worden. Im Rahmen des Auskunftsanspruchs gegen Dritte nach § 101 Abs. 2 hatte der Bundesrat sogar angeregt, das Merkmal insgesamt zu streichen, da anderenfalls der Hauptanwendungsfall des Auskunftsanspruchs gegenüber Dritten, die Verletzung des Urheberrechts im Internet, leer laufen würde und die Rechtsinhaber schutzlos gestellt würden (BT-Drucks. 16/5048, S. 59, dort noch zur Formulierung „im geschäftlichen Verkehr" des Vorentwurfs). Für diesen Fall der Rechtsverletzung im Internet stellte der Rechtsausschuss in seiner Beschlussempfehlung (BT-Drucks. 16/8783, S. 50) heraus, dass eine Rechtsverletzung nicht nur im Hinblick auf die Anzahl der Rechtsverletzung, also etwa die Anzahl der öffentlich zugänglich gemachten Dateien, ein „gewerbliches Ausmaß" erreichen kann, sondern auch im Hinblick auf die Schwere der beim Rechtsinhaber eingetretenen einzelnen Rechtsverletzungen. Letzteres sei nach Auffassung des Rechtsausschusses etwa dann zu bejahen, wenn eine besonders umfangreiche Datei, wie ein vollständiger Kinofilm oder ein Musikalbum oder Hörbuch, vor oder unmittelbar nach ihrer Veröffentlichung in Deutschland widerrechtlich im Internet öffentlich zugänglich gemacht wird (kritisch und ablehnend OLG Oldenburg K&R 2009, 51; vgl. ausführlich dazu oben zu § 101 Rdnr. 29 ff.). Eine Übertragung dieser Definition des „Handelns in gewerblichem Ausmaß" auf den Anspruch aus § 101 b erscheint schon deswegen nicht möglich, weil § 101 Abs. 1 S. 2 ausdrücklich bestimmt, dass das gewerbliche Ausmaß sich sowohl aus der Anzahl als auch der Schwere der Rechtsverletzung ergeben kann. In § 101 b findet sich eine entsprechende Formulierung nicht (so auch *Wandtke/Bullinger/Ohst* Rdnr. 25). Während die vorstehend wiedergegebene Diskussion um die Reichweite des **Auskunftsanspruches in § 101 im Wesentlichen der Feststellung der Identität des Verletzers** gilt, richtet sich der Anspruch nach § 101 b Abs. 1 auf die **Vorlage von Unterlagen zur Sicherung der Durchsetzung von Schadensersatzansprüchen. Der Gesetzgeber sah in diesem Vorlageanspruch einen „weitgehenden Eingriff in die Rechte des Verletzers"** (BT-Drucks. 16/5048, S. 42), da die Ausforschung von dessen Betriebs- und Geschäftsgeheimnissen zu besorgen ist (BT-Drucks. 11/4792, S. 33 – zum Produktpirateriegesetz). Eine entsprechende Gefahr besteht bei den Identitätsangaben, die Gegenstand der Diskussion zum Auskunftsanspruch waren, nicht. Wie schon zu § 101 a (vgl. die Kommentierung zu § 101 a Rdnr. 28 ff.) muss die Erlangung eines unmittelbaren oder mittelbaren wirtschaftlichen oder kommerziellen Vorteils **mehr voraussetzen, als die mit dem jeder Rechtsverletzung im Geschäftsverkehr verbundenen wirtschaftlichen oder kommerziellen Vorteile**. Es liegt nahe, unter dieser Vorschrift zu fordern, dass sich der Täter **gerade die Nachahmung zum Geschäft gemacht** hat, wie dies im Bereich der Produktpiraterie vorkommt (so *Tilmann* FS-Ullmann, S. 1018 f., der diese Auslegung gerade aus der Rechtsfolge der Vorlage von Geschäftsunterlagen zieht).

4. Vorlage von oder geeigneter Zugang zu Bank-, Finanz- oder Handelsunterlagen

8   Der von § 101 a Abs. 1 S. 2 abweichende Wortlaut (dort nur Vorlage) geht auf den Wortlaut von Art. 9 Abs. 2 S. 2 der Durchsetzungsrichtlinie zurück, die neben der dort vorgesehenen Übermittlung auch den geeigneten Zugang bestimmt. Die **Abweichung mit der Wortwahl „Vorlage" gegenüber dem Wortlaut der Richtlinie (dort „Übermittlung"; gegenüber „communication" in der englischen und französischen Fassung)** wird mit Blick auf die **allgemeine Verankerung des Verhältnismäßigkeitsgrundsatzes in Art. 3 Abs. 2** der Durchsetzungsrichtlinie als deren tragendes Rechtsprinzip (*Eisenkolb* GRUR 2007, 387, 392) wohl **richtlinienkonform** sein, da auch unter der Rechtsprechung zu § 810 BGB anerkannt war, dass Vorlage neben der grundsätzlich nur zu gestattenden Einsichtnahme am Aufbewahrungsort (vgl. dazu die Kommentierung zu § 101 a Rdnr. 27) auch eine Verpflichtung zur Aushändigung bedeuten kann (vgl. OLG Köln NJW-RR 1996, 382; *Staudinger/Marburger* BGB, § 810 Rdnr. 4). Ob in der Abweichung durch die **Alternativen Vorlage bzw. Zugang** ein

inhaltlicher Unterschied gegenüber der Regelung in § 101a Abs. 1 S. 2 zu sehen ist, wird aus den Materialien nicht klar. Dafür könnte sprechen, dass der Gesetzgeber die besondere Schwere des Eingriffs durch die Regelungen in § 101b besonders herausgestellt hat (vgl. BT-Drucks. 16/5048, S. 43). **Es könnte hierin eine spezifische Ausprägung des Verhältnismäßigkeitsgrundsatzes zu sehen sein** (so auch *Fromm/Nordemann/Nordemann* Rdnr. 14); die „Unterlagen" werden heute aber häufig auch nur in elektronischer Form vorliegen, so dass ggf. eine Einsichtnahme am Bildschirm in Frage käme. Der **Kreis der vorzulegenden Unterlagen** ist beschränkt auf solche, die einen Hinweis auf Vermögenswerte geben und auch dies nur in einem zur Erfüllung des Anspruchs erforderlichen Umfang (BT-Drucks. 16/5048, S. 41). Gegebenenfalls kommt eine **Unkenntlichmachung nicht relevanter Teile** in Betracht (vgl. BGH GRUR 2006, 962, 967 – Restschadstoffentfernung). In Betracht kommt auch die Sequestration der Unterlagen durch den Gerichtsvollzieher mit anschließender Herausgabe an einen unabhängigen, zur Verschwiegenheit verpflichteten Dritten, der die Unterlagen filtert (*Dörre/Maaßen* GRUR-RR 2008, 217, 222 – zu den Parallelvorschriften im Patent- und Markenrecht).

Die Auslegung des Begriffs der **Bank-, Handels- und Finanzunterlagen** kann sich grundsätzlich an der Auslegung des parallelen Begriffs in § 101a Abs. 1 Satz 2 UrhG orientieren, ist aber **nicht notwendigerweise deckungsgleich** (in diesem Sinne auch *Fromm/Nordemann/Nordemann* § 101b Rdnr. 12; vgl. dazu die Kommentierung zu § 101a Rdnr. 29). Vielmehr ist der Begriff der Bank-, Handels- und Finanzunterlagen entsprechend dem **Zweck der Norm** dahingehend auszulegen, dass alle Unterlagen erfasst sind, die einen Hinweis auf Vermögenswerte geben und zur Anspruchssicherung erforderlich sind (vgl. *Wandtke/Bullinger/Ohst*, § 101b Rdnr. 10). Erfasste Bankunterlagen sind namentlich Konto- und Depotauszüge sowie Wertpapierabrechnungen; Finanzunterlagen umfassen Buchhaltungsunterlagen sowie Inventar- und Vermögensverzeichnisse; Handelsunterlagen umfassen sämtliche Unterlagen, die bei der lieferanten- oder abnehmerbezogenen unternehmerischen Tätigkeit anfallen (*Fromm/Nordemann/Nordemann* § 101b Rdnr. 12).

5. Verfügungsgewalt des Verletzers

Wie in § 101a richtet sich der Anspruch auf solche Unterlagen, die sich in der Verfügungsgewalt des Verletzers befinden (vgl. dazu die Kommentierung zu § 101a Rdnr. 16).

6. Erforderlichkeit

Wie in § 101a Abs. 1 S. 1 begründet § 101b Abs. 1 S. 1 die Pflicht auf Vorlage bzw. Zugang nur insoweit dies zur Durchsetzung des Schadensersatzanspruchs erforderlich ist. Vgl. dazu die hier entsprechend geltende Kommentierung zu § 101a Rdnr. 20ff.

7. Erfüllung des Schadensersatzanspruches ohne Vorlage fraglich

Voraussetzung ist weiter, dass die **Zwangsvollstreckung ohne die Vorlage gefährdet** wäre. Daher greift die Vorschrift erst, wenn der Verletzer den Anspruch nicht erfüllt und wenn der Verletzte keine ausreichende Kenntnis über das Vermögen des Verletzers hat, um die Durchsetzung seines Anspruchs wirksam betreiben zu können. Diese Voraussetzung beschränkt zugleich den Kreis der vorzulegenden Unterlagen; erfasst werden nur solche Unterlagen, die einen Hinweis auf Vermögenswerte geben und auch dies nur in einem zur Erfüllung des Anspruchs erforderlichen Umfang (BT-Drucks. 16/5048, S. 41). Ob das „fraglich" in § 101b einen geringeren Maßstab setzt als die „wesentliche Erschwerung" in § 917 ZPO (so *Nägele/Nitsche* WRP 2007, 1047, 1054; *Seichter* WRP 2006, 391, 399), folgt aus dem Wortlaut nicht zwingend. Die Gesetzesbegründung der Bundesregierung scheint nicht davon auszugehen, wenn es die Gefährdung der Durchsetzung der Ansprüche als den Voraussetzungen von § 917 ZPO „vergleichbare Regelung" bezeichnet (BT-Drucks. 16/5048, S. 42).

8. Rechtschutz vertraulicher Informationen

Die Regelung entspricht derjenigen zu § 101a Abs. 1 S. 3, so dass auf die Kommentierung zu § 101a Rdnr. 31ff. verwiesen werden kann. Es ist zu berücksichtigen, dass es gerade Zweck der Vorschrift ist, dass der Verletzte Kenntnis von Vermögenswerten des Verletzers erlangt. **Daher kann der Schutz der vertraulichen Informationen einerseits keineswegs so weit gehen, dass dem Verletzten diese Kenntnisnahme nicht gewährt wird.** Andererseits ist aber zu berücksichtigen, dass die vorzulegenden Unterlagen auch andere Informationen enthal-

§ 101b   Sicherung von Schadensersatzansprüchen

ten können, deren Kenntnis für die Vollstreckung nicht erforderlich ist. Insoweit muss dem **legitimen Interesse des Verletzers an der Geheimhaltung** Rechnung getragen werden (BT-Drucks. 16/5048, S. 42). Wie dem Interesse des Verletzers Rechnung zu tragen ist, lässt sich den Materialien nicht entnehmen. Dem Geheimnisschutz des (angeblichen) Verletzers könnte beispielsweise durch Schwärzungen Rechnung getragen werden (BGH GRUR 2006, 962, 967 – Restschadstoffentfernung; siehe dazu oben § 101a Rdnr. 31ff.; so auch *Fromm/Nordemann/ Nordemann* Rdnr. 28). Auch der im Rahmen der Einführung des Produktpirateriegesetzes diskutierte **„Wirtschaftsprüfervorbehalt"**, wonach zur Sicherung der Interessen des mutmaßlichen Verletzers die Einschaltung eines Sachverständigen vorzusehen ist, könnte in Betracht kommen (so auch *Wandtke/Bullinger/Ost* Rdnr. 13).

III. Verhältnismäßigkeitsgrundsatz, § 101b Abs. 2

14   Die Vorschrift ist wortgleich mit § 101 Abs. 4 und § 101a Abs. 2, so dass auf die Kommentierung in § 101 Rdnr. 85ff. und § 101a Rdnr. 20, 41ff. verwiesen werden kann. Damit soll vermieden werden, dass bei **geringfügigen Verletzungen umfangreiche Vorlageansprüche** geltend gemacht werden können (BT-Drucks. 16/5048, S. 42).

IV. Durchsetzung im Wege der einstweiligen Verfügung, § 101b Abs. 3

15   Ähnlich wie in § 101a Abs. 3 gestattet diese Vorschrift die Durchsetzung des Vorlageanspruchs im Verfahren des einstweiligen Rechtsschutzes, **ohne dass das Verbot der Vorwegnahme der Hauptsache entgegenstünde** (BT-Drucks 16/5048, S. 42). Um effektive Möglichkeiten der Anspruchsdurchsetzung zu schaffen, ist erforderlich, dass der Rechtsinhaber schnell auf die Vermögenswerte zugreifen kann. Ohne den einstweiligen Rechtsschutz würde der Vorlageanspruch in vielen Fällen ins Leere laufen, **da während eines Rechtsstreits der Verletzer die entsprechenden Unterlagen dem Zugriff entziehen könnte** (BT-Drucks. 16/ 5048, S. 42). Zu den Voraussetzungen des einstweiligen Rechtsschutzes vgl. zunächst die Kommentierung zu § 101a Rdnr. 43ff.

16   Weitere Voraussetzung für eine Durchsetzung im einstweiligen Rechtsschutz ist jedoch, **dass der Schadensersatzanspruch offensichtlich besteht**. Zur Bedeutung des Begriffes „offensichtlich" verweist der Gesetzgeber auf die Vorschrift in § 140b Abs 7 PatG (= § 101 Abs. 7: „Offensichtliche Rechtsverletzung"). Mit dieser einschränkenden Voraussetzung will der Gesetzgeber dem Umstand Rechnung tragen, dass es sich bei dem Vorlageanspruch um einen sehr weitgehenden Eingriff in die Rechte des Verletzers handelt. Das gilt umso mehr, als im Verfahren des einstweiligen Rechtsschutzes der Schadensersatzanspruch noch nicht einmal feststeht, sondern dessen Glaubhaftmachung ausreicht.

17   Zum **Begriff der „offensichtlichen Rechtsverletzung"** vgl. die Kommentierung zu § 101 Rdnr. 63ff. Offensichtlich ist ein Anspruch, wenn er **so eindeutig ist, dass eine Fehlentscheidung und damit eine ungerechtfertigte Belastung des Anspruchsgegners kaum möglich ist**; daher reichen gesetzliche oder tatsächliche **Vermutungen** nicht aus (OLG Braunschweig GRUR 1993, 669 – Stoffmuster; KG GRUR 1997, 129, 130 – Verhüllter Reichstag; OLG Frankfurt GRUR-RR 2002, 32; so auch ausdrücklich zu § 101a Abs. 3 aF BT-Drucks. 11/4792, S. 32). Soweit Art. 9 Abs. 3 der Durchsetzungsrichtlinie nur auf das Vorliegen des Anspruchs mit **„ausreichender Sicherheit"** abstellt (was eine **überwiegende Wahrscheinlichkeit** erfordern würde; *Spindler/Weber* ZUM 2007, 257, 266), sieht der Gesetzgeber die Richtlinienkonformität dadurch gewahrt, dass Art. 9 Abs. 3 der Durchsetzungsrichtlinie höhere Anforderungen zulässt (BT-Drucks. 16/5048, S. 42). Vor dem Hintergrund der Schwere des Eingriffs und der nur erforderlichen Glaubhaftmachung erscheint es mit dem Grundsatz der Verhältnismäßigkeit richtig, die Schwelle für den Eingriff höher anzusetzen (*Seichter* WRP 2006, 391, 399; aA *Fromm/Nordemann/Nordemann* Rdnr. 23, der zur Wahrung der Richtlinienkonformität eine großzügige Auslegung anregt).

18   Die Vorschrift entbindet den Verletzten zudem nicht von der **Glaubhaftmachung der übrigen Voraussetzungen** der §§ 935, 940 ZPO vorliegen. vgl. dazu zunächst die Kommentierungen zu § 101 Rdnr. 93ff.; § 101a Rdnr. 43ff.; *Czychowski* GRUR-RR 2008, 265, 267. Insbesondere hat der Gläubiger die **Gefährdung der Durchsetzung seiner Ansprüche** glaubhaft zu machen, wobei der Gesetzgeber auf die vergleichbare Voraussetzung für den Erlass eines Arrests gemäß § 917 ZPO verweist (BT-Drucks. 16/5048, S. 42; vgl. aber *Nägele/Nitsche*

WRP 2007, 1047, 1054; *Seichter* WRP 2006, 391, 399, die in § 917 ZPO einen engeren Maßstab als den durch die Richtlinie vorgegebenen erkennen). Die Gefährdung bemisst sich nach dem objektiven Standpunkt eines verständigen, gewissenhaft prüfenden Menschen; auf die persönliche Ansicht des Gläubigers kommt es nicht an (*Zöller/Vollkommer* ZPO, § 917 Rdnr. 4). Die Gefährdung ist **substantiiert durch Tatsachenvortrag darzulegen; auf Spekulationen kann ein Verfügungsgrund nicht gestützt werden** (OLG Düsseldorf MDR 2005, 1140 – zu § 917 ZPO).

V. Verwertungsverbot; Vorlegungsort, Gefahr und Kosten; § 101 b Abs. 4

Vgl. hierzu die Kommentierung zu § 101a Abs. 4 Rdnr. 51 f. 19

§ 102 Verjährung

¹ Auf die Verjährung der Ansprüche wegen Verletzung des Urheberrechts oder eines anderen nach diesem Gesetz geschützten Rechts finden die Vorschriften des Abschnitts 5 des Buches 1 des Bürgerlichen Gesetzbuchs entsprechende Anwendung. ² Hat der Verpflichtete durch die Verletzung auf Kosten des Berechtigten etwas erlangt, findet § 852 des Bürgerlichen Gesetzbuchs entsprechende Anwendung.

Schrifttum: *Heß*, Das neue Schuldrecht – In-Krafttreten und Übergangsregelungen, NJW 2002, 253; *Leenen*, Die Neugestaltung des Verjährungsrechts durch das Schuldrechtsmodernisierungsgesetz, DStR 2002, 34; *Mansel*, Die Neuregelung des Verjährungsrechts, NJW 2002, 89; *Knecht-Kleber*, Die Verwirkung im Immaterialgüterrecht, 2008 – Siehe auch die allgemeine zivilrechtliche Literatur zur Regelung der Verjährung durch das Schuldrechtsmodernisierungsgesetz.

Übersicht

	Rdnr.
I. Entwicklung und Bedeutung	1, 2
II. Verjährungsfrist von drei Jahren und Flexibilität	3
III. Beginn der dreijährigen Verjährungsfrist	4
IV. Fristen unabhängig von Kenntnis oder fahrlässiger Unkenntnis	5
V. Fristen bei Bereicherung und Übergangsvorschrift	6, 7
VI. Rechtsfolge der Verjährung	8

I. Entwicklung und Bedeutung

1. Die Schuldrechtsreform, die am 1. Januar 2002 durch das Schuldrechtsmodernisierungsgesetz vom 26. 11. 2001 (BGBl. I S. 3138, 3185) in Kraft getreten ist, blieb von der Enforcement-Richtlinie und dem Gesetz zur Verbesserung der Durchsetzung von Rechten des geistigen Eigentums unberührt. Das Schuldrechtsmodernisierungsgesetz von 2002 hat die **Verjährungsbestimmungen radikal vereinheitlicht.** Die alten §§ 196, 197 und 852 Abs. 1 BGB sind in § 195 BGB nF eingegangen. Die Verjährungsbestimmung des § 102 wurde dementsprechend angepasst. **Die Ansprüche wegen Verletzung des Urheberrechts oder eines anderen nach diesem Gesetz geschützten Rechts** – Unterlassungs-, Beseitigungs-, Schadensersatzansprüche (§ 97), Ansprüche auf Vernichtung/Rückruf/Überlassung (§ 98), Entschädigung nach § 100, Drittauskunft nach § 101, Vorlage und Besichtigung § 101 a; Sicherung von Schadensersatzansprüchen § 101 b – **folgen nunmehr den allgemeinen Regeln** wie die Ansprüche aus Geschäftsführung ohne Auftrag nach §§ 687 Abs. 2, 681, 667 BGB, Bereicherungsansprüche nach §§ 812 ff. BGB (Palandt/Heinrichs[68] § 195 BGB Rdnr. 5; so schon BGHZ 56/317/319/322 – Gasparone II), Vertragsstrafansprüche, Zahlungsansprüche aus Nutzungsverträgen, Ansprüche auf gesetzliche Vergütung gegenüber dem Nutzer, Ansprüche gegen Verwertungsgesellschaften. Die frühere Differenzierung ist durch das Schuldrechtsmodernisierungsgesetz entfallen (*Wandtke/Bullinger/Bohne*[3] Rdnr. 2; *Dreier* in: *Dreier/Schulze*[3] Rdnr. 4; *Fromm/Nordemann*[10] Rdnr. 4). Akzessorische Ansprüche auf Auskunft und Rechnungslegung verjähren mit den Hauptansprüchen, deren Durchsetzung sie dienen (str.; wie hier: *Dreier* in: *Dreier/Schulze*[3] Rdnr. 4; *Teplitzky*[9] Kap. 38 Rdnr. 37; aA *Fromm/Nordemann*[10] Rdnr. 4: Verjährung nach allgemeinen Regeln). Die besonderen Verjährungsbestimmungen des Folgerechts (§ 26 Abs. 7 aF: zehn Jahre) und des sog. Bestellerparagraphen (§ 36 Abs. 2 aF: zwei Jahre) wurden aufgehoben. Ob ein Unterlassungs- bzw. Beseitigungsanspruch besteht, hängt von der Wiederholungs-/Erstbegehungsgefahr bzw. der Störung ab. Der Anspruch ist möglicherweise schon vor Ablauf der Verjährungsfrist erloschen (*Ulmer* § 128 IV).

2. Alle Ansprüche – ausgenommen aus einem Familienverhältnis – unterliegen der Verjährung – § 194 BGB nF. Nach der Definition dieser Bestimmung bedeutet Anspruch das Recht, von einem anderen ein Tun oder Unterlassen zu verlangen. **Absolute Rechte wie Eigentum und Urheberrecht sind keine Ansprüche. Sie begründen eine Rechtsmacht, die gegenüber jedermann wirkt. Diese Rechtsmacht ist unverjährbar.** Der Verjährung unterliegen nur die aus ihr entspringenden Ansprüche (*Palandt/Heinrichs*[68] § 194 BGB Rdnr. 4; *Staudinger/Peters* [2004] § 194 BGB Rdnr. 19). Urheberrechte und verwandte Schutzrechte bestehen so lange, wie ihnen gesetzlich Schutz gegeben ist. **Auf Dritte übertragene Nutzungsrechte verjähren ebenso wenig wie die Mutterrechte.** Sie bestehen für die Dauer ihrer zeitlichen Begrenzung, ohne besondere Bestimmung für die Zeit der Dauer des Urheberrechts bzw. des jeweiligen verwandten Schutzrechts. Werden die Rechte vom Lizenznehmer nicht ausgeübt, besteht die Möglichkeit des Rückrufs wegen Nichtausübung nach § 41.

II. Verjährungsfrist von drei Jahren und Flexibilität

Die regelmäßige Verjährungsfrist beträgt nach § 195 BGB nF drei Jahre gegenüber der früheren Regelfrist von 30 Jahren (§ 195 BGB aF). Die dreijährige Regelfrist entspricht der des § 852 BGB aF. Die radikale Verkürzung wird gemildert durch den in § 199 Abs. 1 BGB nF flexibel gestalteten Verjährungsbeginn und die Vorschrift des § 212 BGB nF, wonach die Verjährung jeweils erneut beginnt, wenn der Schuldner den Anspruch durch Abschlagzahlung, Zinszahlung, Sicherheitsleistung oder in anderer Weise anerkennt oder eine gerichtliche oder behördliche Vollstreckungshandlung vorgenommen wird. Außerdem gibt das Schuldrechtsmodernisierungsgesetz **Spielraum für Verhandlungen, die die Verjährung hemmen** und nach Abbruch der Verhandlungen drei Monate Zeit zur Klage lassen (§ 203 BGB nF). Wohl unter Berücksichtigung der bisherigen Praxis zum Verzicht auf die Einrede der Verjährung und der Rechsprechung, die dies unter dem Gesichtspunkt von Treu und Glauben tolerierte, besteht nach der Neuregelung die **Möglichkeit, Vereinbarungen über die Verjährungsfristen zu treffen,** sowohl verkürzend als auch verlängernd, bis zu 30 Jahren ab gesetzlichem Verjährungsbeginn. Ausgenommen ist eine solche Vereinbarung vor Ablauf der Verjährungsfrist bei Haftung wegen Vorsatzes (§ 202 Abs. 1 BGB nF). Die liberale Bestimmung soll der Privatautonomie Rechnung tragen. *Peters* zeigt in seiner Kommentierung in *Staudinger* (2004) zu § 202 BGB nF die Bedenken auf, die gegen diese Liberalisierung bestehen: zum einen im Hinblick auf Sinn und Zweck von Verjährungsbestimmungen, zum anderen im Hinblick auf den Schutz des verletzten Gläubigers und die Kraft von Allgemeinen Geschäftsbedingungen. Der Ausschluss der Möglichkeit zu einer fristverlängernden Vereinbarung bei Haftung wegen Vorsatzes soll den Verletzer treffen, schränkt aber nicht minder die Autonomie des Verletzten ein: Verjährung begünstigt den Schuldner. Das ist nicht immer der Fall: Jede wiederholte Verletzung begründet einen weiteren Anspruch und setzt eine neue Frist in Gang.

III. Beginn der dreijährigen Verjährungsfrist

Die reguläre Verjährungsfrist beginnt mit dem Schluss des Jahres, in dem der Anspruch entstanden ist und der Gläubiger von den den Anspruch begründenden Umständen und der Person des Schuldners Kenntnis erlangt hat oder ohne grobe Fahrlässigkeit hätte erlangen müssen (§ 199 Abs. 1 BGB nF). Das ist eine verbale Verschärfung, entspricht aber der gewachsenen Rechtsprechung, die dem Verletzten Kenntnis zurechnete, sobald der Schädiger so weit bekannt war, dass Name und Adresse leicht ermittelt werden konnten (BGH NJW 1985, 2022). Wird Kenntnis erst sukzessive erlangt, beginnt die Verjährungsfrist mit dem letzten Detail, das nötig ist, um eine schlüssige Klage zu formulieren. Dazu muss nicht der volle Umfang des Schadens bekannt sein. Nach der Rechtsprechung wird **kein Fortsetzungszusammenhang** angenommen (BGH GRUR 1968, 321/326 – Haselnuß; BGH CR 2009, 333). Mit jeder weiteren Eingriffshandlung entsteht ein neuer Anspruch.

IV. Fristen unabhängig von Kenntnis oder fahrlässiger Unkenntnis

Liegt keine Kenntnis oder Fahrlässigkeit vor, bestimmen sich die Fristen nach § 199 Abs. 2 bis 4 BGB nF. Schadensersatzansprüche verjähren **grundsätzlich in 10 Jahren ab Entstehung des Anspruchs** (§ 199 Abs. 3 Nr. 1 BGB nF), **ohne Rücksicht auf die Entstehung und die Kenntnis oder grob fahrlässige Unkenntnis in 30 Jahren von der Begehung der Verletzungshandlung,** der Pflichtverletzung oder dem sonstigen, den Schaden auslösenden Ereignis an (§ 199 Abs. 3 Nr. 2 BGB nF). Maßgeblich ist die früher endende Frist. **Die Zehnjahresfrist wird also die Regelfrist sein.** Andere Ansprüche als Schadensersatzansprüche verjähren ohne Rücksicht auf die Kenntnis oder grobe Unkenntnis in zehn Jahren von ihrer Entstehung an (§ 199 Abs. 4 BGB nF). Die Privilegierung von Schadensersatzansprüchen, die auf der Verletzung des Lebens, des Körpers, der Gesundheit oder der Freiheit beruhen und eine Verjährungsfrist von 30 Jahren erhalten (§ 199 Abs. 2 BGB nF) liegt außerhalb des Urheberrechts und der verwandten Schutzrechte.

V. Frist bei Bereicherung und Übergangsvorschrift

1. Ist der Verletzer aufgrund der Rechtsverletzung bereichert, greift § 102 S. 2 iVm. § 852 BGB nF. Dadurch kann der Verletzte auch nach Eintritt der dreijährigen Verjährung des Schadensersatzanspruchs noch die Bereicherung nach § 812 ff. BGB geltend machen. Der Anspruch bleibt Schadensersatzanspruch aus unerlaubter Handlung, ist jedoch im Umfang der ungerechtfertigten Bereicherung von der deliktischen Verjährung ausgenommen. **Es handelt sich um eine Rechtsfolgenverweisung;** die §§ 812 ff. BGB gelten nur für den Umfang, nicht jedoch für die Voraussetzungen des Anspruchs (hM; *Palandt/Heinrichs*[68] § 852 BGB Rdnr. 2; *Wandke/Bullinger/Bohne*[3] Rdnr. 9). Der **deliktische Bereicherungsanspruch nach § 102 S. 2 iVm. § 852 BGB verjährt in zehn Jahren von seiner Entstehung an, spätestens in 30 Jahren,** berechnet von der Verletzungshandlung oder dem sonstigen, den Schaden auslösenden Ereignis an. Es handelt sich um eine eigenständige Sonderregelung, die inhaltlich der Regelung in § 199 Abs. 3 S. 1 Nr. 1 und 2 angeglichen ist. Es handelt sich um einen Restschadensersatzanspruch in Höhe der Bereicherung, der lediglich auf das auf Kosten des Verletzten Erlangte beschränkt ist (BGHZ 71, 86).

2. Die Übergangsvorschrift zu § 102 findet sich in § 137i. Sie verweist auf Art. 229 § 6 EGBGB. Auch wenn Ansprüche am 1. 1. 2002 unverjährt bestehen, gilt zu Beginn, Hemmung, Ablaufhemmung und Neubeginn der Verjährung altes Recht. Hiernach können die Fristen des vormaligen § 102 anwendbar sein. Die Übergangsvorschriften sind, insbesondere was kürzere und längere Verjährungsfristen anlangt, äußerst kompliziert, siehe bei *Dreier* in: *Dreier/Schulze*[3] Rdnr. 2; und *Palandt/Heinrichs*[68] zu Art. 229 § 6 EGBGB.

VI. Rechtsfolge der Verjährung

Die Verjährung bringt den Anspruch nicht zum Erlöschen. Sie begründet ein **Leistungsverweigerungsrecht** und ist als **Einrede im Prozess** geltend zu machen. Sie steht im Belieben des Verpflichteten (§ 214 BGB nF, vormals § 222 BGB). Auf die Einrede der Verjährung kann, anders als bisher, verzichtet werden, ausgenommen in Fällen der Haftung wegen Vorsatz (§ 202 Abs. 1 BGB nF; so Rdnr. 3).
Zur Verwirkung siehe § 97 Rdnr. 197 ff., zur Aufgebrauchsfrist § 97 Rdnr. 201.

§ 102 a Ansprüche aus anderen gesetzlichen Vorschriften

Ansprüche aus anderen gesetzlichen Vorschriften bleiben unberührt.

Übersicht

	Rdnr.
I. Entwicklung	1
II. Ansprüche aus ungerechtfertigter Bereicherung	2, 3
III. Ansprüche aus Geschäftsführung ohne Auftrag	4

§ 102a Ansprüche aus anderen gesetzlichen Vorschriften

	Rdnr.
IV. Ansprüche auf Auskunft und Rechnungslegung nach 242 BGB	5
V. Ansprüche aus unerlaubten Handlungen	6
VI. Wettbewerbsrechtliche Ansprüche	7
VII. Anspruch auf Besichtigung und Urkundeneinsicht (§§ 809, 810 BGB)	8
VIII. TRIPs Übereinkommen und EU-Richtlinien	9

I. Entwicklung

1   Im Zuge der Umsetzung der Enforcement-Richtlinie 2004/48/EG vom 29. 4. 2004 (ABl. L 195, S. 16) und der Neufassung der §§ 97–101 b durch das Gesetz zur Verbesserung der Durchsetzung von Rechten des geistigen Eigentums v. 7. 7. 2008 (BGBl. I S. 1191) ist der Vorbehalt der Geltendmachung von Ansprüchen aus anderen gesetzlichen Vorschriften, der sich in § 97 Abs. 3 aF und in § 100 S. 2 aF befand, wortgleich zusammengefasst und als neue Vorschrift § 102a eingefügt worden. Materiellrechtlich hat das keine Auswirkungen. Es bleibt bei der bisherigen Rechtslage. Die Kommentierungen zu den früheren Bestimmungen behalten ihre Gültigkeit. Dass Ansprüche aus Vertrag unberührt bleiben, ist so selbstverständlich, dass der Gesetzgeber diese Aussage nicht kodifiziert hat.

II. Ansprüche aus ungerechtfertigter Bereicherung

2   **1. Wichtige sonstige Ansprüche,** die § 97 Abs. 3 aF und § 100 S. 2 aF vorbehalten haben, und die jetzt § 102a sichert, sind die **Ansprüche aus ungerechtfertigter Bereicherung** (AmtlBegr. BTDrucks. IV/270 S. 104). Sie haben im Immaterialgüterrecht eminente Bedeutung. Wer in ein fremdes Immaterialgut eingreift, haftet unabhängig von Verschulden und hat das durch den Eingriff Erlangte an den Rechtsinhaber herauszugeben. Das ist nach langer Diskussion durch die Entscheidung Kunststoffhohlprofil I (BGHZ 68, 90) bei schuldloser Verletzung von Patent- und Gebrauchsmusterrechten anerkannt worden, seit der Entscheidung „Chanel NO. 5" (I) (BGH GRUR 1987, 520, mit Anm. von *Kaiser* in GRUR 1988, 501) auch bei der Verletzung von Warenzeichen/Marken (hierzu *Fezer* Markenrecht § 14 Rdnr. 530). Der Vorteil ist offenkundig: Kein Nachweis des Verschuldens und auch nach Änderung der Verjährungsfristen noch garantierte 10 Jahre seit Entstehung des Anspruchs, ohne Rücksicht auf die Entstehung in 30 Jahren von der Begehung oder dem sonstigen den Schaden auslösenden Ereignis (§ 852 BGB nF). Über den Bereicherungsanspruch wird ein grundloser Vermögenszuwachs im Unternehmen des Bereicherten ausgeglichen, den dieser unmittelbar und durch einen einheitlichen Vorgang auf Kosten eines anderen gewonnen hat. **Im Urheberrecht gilt die Bereicherungshaftung seit jeher** (BGHZ 5, 116/123 – Parkstraße 13; BGHZ 15, 338/348 – Indeta – mwN; BGHZ 38, 356/359 – Fernsehwiedergabe von Sprachwerken; BGH GRUR 1995, 673/676 – Mauerbilder). Begründet wurde diese Haftung **zunächst** über die **sog. Ersparnisbereicherung.** Man sah: Wird ein Urheber- oder Leistungsschutzrecht ohne Zustimmung des Berechtigten benutzt, hat der Verletzer die Vergütung erspart, die er hätte bezahlen müssen, wenn er um Zustimmung nachgesucht hätte (*v. Caemmerer*, Fs. für Rabel, Bd. I, S. 333/356/ 377; *Mestmäcker* JZ 1958, 521/523; *Fromm/Nordemann*[10] Rdnr. 4ff.; *Dreier* in: *Dreier/Schulze*[3] Rdnr. 3ff.; *Möhring/Nicolini/Lütje* § 97 Rdnr. 257). Anlässlich eines Streitfalls betreffend die Herausgabe von Verletzergewinn im Rahmen des Bereicherungsrechts hat der BGH sich grundsätzlich mit der Frage auseinandergesetzt, was Eingriffen in immaterielle Schutzrechte das **„Erlangte" im Sinne von § 812 BGB** ist. Richtungsweisend: **BGHZ 82, 299 – Kunststoffhohlprofil II.** Danach ist bei gewerblichen Schutzrechten – und entsprechend beim Urheberrecht – **Gegenstand der Güterzuweisung die ausschließliche Benutzungsbefugnis.** Der Verletzer eines Schutzrechts greift in das geschützte Gut und maßt sich – ohne rechtlichen Grund – eine Befugnis an, die nach der Rechtsordnung grundsätzlich dem Schutzrechtsinhaber vorbehalten ist. Erlangen kann der Verletzer die Benutzungs-„Befugnis" durch seine Handlung freilich nicht. Sein Handeln bleibt unbefugt. Erlangt ist nicht die bloße tatsächliche Möglichkeit der Benutzung, da diese Möglichkeit allen offen steht, die den Inhalt des Schutzrechtes kennen. Deshalb bedarf es zu ihrem Erwerb nicht der Eingriffshandlung. Aus der gleichen Erwägung heraus wird die Lizenzersparnis nicht als das primär Erlangte angesehen, da Lizenz auch von denen erspart wird, die den Verbotsbereich des Schutzrechts respektieren. Schließlich sieht der BGH das Erlangte auch nicht in der Konsumierung der aus der Schutzrechtsstellung fließenden,

dem Schutzrechtsinhaber vorbehaltenen Marktchance wie *Kraßer* GRUR Int. 1980, 259/268. Unter Rückbesinnung auf die rechtliche Grundlage der Eingriffskondiktionen sieht der BGH den **Gebrauch des immateriellen Schutzgegenstandes als das Erlangte im Sinne des § 812 BGB an.** Dagegen ist kein Einwand des Verletzers möglich, er hätte bei Kenntnis des Rechts dieses nicht benutzt, ebenso wenig der Einwand, der Verletzte hätte sein Werk nicht gegen Entgelt verwertet oder nicht verwerten können. Der Verletzer hat benutzt und an dieser selbst geschaffenen Sachlage muss er sich festhalten lassen (BGHZ 20, 345/355 – Paul Dahlke; *Ulmer*[3] § 131 III 3).

2. Der Bereicherungsanspruch soll keine Vermögenseinbuße beim Verletzten sein, sondern einen grundlosen Vermögenszuwachs des Bereicherten ausgleichen. Da bei Schutzrechtsverletzungen das Erlangte seiner Natur nach nicht herausgegeben werden kann, ist sein **Wert zu ersetzen** (§ 818 Abs. 2 BGB). Das ist nach den in der Rechtsprechung und im Schrifttum vertretenen Grundsätzen der **objektive Verkehrswert des Erlangten** (BGHZ 82, 299/307 f. – Kunststoffhohlprofil II – mwN). Der objektive Gegenwert für den Gebrauch eines durch gewerbliche Schutzrechte bestimmten immateriellen Gegenstandes findet sich allein in der **angemessenen Lizenz**. Angemessen ist bei der schuldlosen Verletzung die Herausgabe der Bereicherung nur im tatsächlich erfolgten Umfang, also bei kurzer Nutzung auch nur das Entgelt für diese Nutzungszeit. Das macht den wesentlichen Unterschied im Haftungsumfang zum schuldhaften Verletzer aus. Wurde Lizenz an einen Nichtberechtigten gezahlt, ist dieser beim Empfänger zu kondizieren und nicht vom Nutzungsentgelt abzuziehen, das dem Berechtigten zusteht. Die Bereicherungshaftung des schuldlosen Verletzers entspricht Art. 13 Abs. 2 der Enforcement-Richtlinie zur Durchsetzung der Rechte geistigen Eigentums vom 24. 4. 2004 (ABl. Nr. L 195 S. 16). Die in dieser Bestimmung angesprochene „Herausgabe des Gewinns" ist hier nicht rechtstechnisch zu verstehen, sondern allgemeiner als die Herausgabe des Wertes der Nutzung (sa. *Dreier* GRUR Int. 2004, 706/710). Die Herausgabe des aus dem Schutzrechtsgebrauch gezogenen Nutzens nach § 818 Abs. 1 BGB wird von BGH abgelehnt, also insoweit kein Anspruch auf Verletzergewinn (aA noch *Ulmer*[3] § 131 III; *Rehbinder* ZUM 1990, 462/464), auch nicht auf Ersatz entgangenen Gewinns (hM BGHZ 82, 299/308; BGH GRUR 1987, 520; *Möhring/Nicolini/Lütje* § 97 Rdnr. 256, 260; *Dreier*: in *Dreier/Schulze*[3] Rdnr. 4; *Vinck* in: Loewenheim[2] § 81 Rdnr. 68). Entsprechend der Schadensliquidation in Lizenzanalogie wird bei der unmittelbaren Bereicherungshaftung aber die **Zinspflicht** und **der Ausgleich weiterer Verletzervorteile** anerkannt (BGHZ 82, 299/309 f. – Kunststoffhohlprofil II; BGHZ 82, 310 – Fersenabstützvorrichtung; Bestätigung von BGHZ 77, 16/17 – Tolbutamid). Die Bereicherung entfällt nicht nach § 818 Abs. 3 BGB, da es sich um einen rein rechnerischen **Vermögenszuwachs** handelt (BGHZ 56, 317/322 – Gasparone II; *Fromm/Nordemann*[10] Rdnr. 6; *Dreier* in: *Dreier/Schulze*[3] Rdnr. 5; *Möhring/Nicolini/Lütje* § 97 Rdnr. 263; *Ulmer*[3] § 131 III 3; *Mestmäcker* JZ 1958, 521/524). Anders mit eingehender Begründung *Ullmann* GRUR 1978, 615/620, der darin auch den Unterschied zum deliktischen Schuldner ansieht (§ 819 BGB), wobei der Verletzer den Nachweis zu führen hat, er habe mit Verlust gearbeitet oder die Bereicherung sei weggefallen. Aber auch nach der neuen Definition des Erlangten durch den BGH kommt § 818 Abs. 3 BGB nicht in Betracht (*Brandner* GRUR 1980, 359/360). Das Erlangte ist der gebrauchte Gegenstand; dieser entfällt nicht mehr, wenn die Schutzrechtsverletzung einmal eingetreten ist. Mit der Bezahlung der fiktiven Lizenz ist der Zuweisungsgehalt des Urheberrechts wie bei der vereinbarten Lizenz ausgeschöpft (LG München I, Urt. vom 4. 9. 1997 Az. 7 O 23349/96 – nicht veröffentlicht). Zur Rückabwicklung eines nichtigen Lizenzvertrages: BGH GRUR 1997, 781/783 – Sprengwirkungshemmende Aluteile. Zur Entreicherung sa. *Dreier* in *Dreier/Schulze*[3] Rdnr. 5; *Hefermehl/Köhler/Bornkamm* UWG[26] § 9 Rdnr. 3.6).

3. Zur Ermittlung der Anspruchshöhe hat der Verletzte auch für seine Bereicherungsansprüche Anspruch auf Auskunft und Rechnungslegung (BGH GRUR 1955, 492/501 – Grundig-Reporter –; in BGHZ 17, 266 insoweit nicht mitabgedruckt; BGH GRUR 1988, 604/605 – Kopierwerk). Der deliktische Bereicherungsanspruch verjährt nach § 852 BGB in zehn Jahren von seiner Entstehung an, ohne Rücksicht auf die Entstehung in 30 Jahren von der Begehung der Verletzungshandlung oder dem sonstigen den Schaden auslösenden Ereignis an.

III. Ansprüche aus Geschäftsführung ohne Auftrag

1. Eine Urheber- oder Leistungsschutzrechtsverletzung kann auch Ansprüche aus **Geschäftsführung ohne Auftrag** (§§ 677 ff. BGB), insbesondere aus **Geschäftsanmaßung** (§ 687

§ 102a

Ansprüche aus anderen gesetzlichen Vorschriften

Abs. 2 BGB) begründen. Diese Ansprüche hatten eine gewisse, wenn auch nachrangige Bedeutung, so lange für sie, anders als für die Ansprüche aus § 97, nicht die dreijährige, sondern die dreißigjährige Verjährungsfrist galt (*Möhring/Nicolini/Lütje* § 97 Rdnr. 265 f.). Mit Inkrafttreten des Schuldrechtsmodernisierungsgesetzes am 1. 1. 2002 (siehe dazu bei § 102) ist diese Unterscheidung entfallen. Auch für Ansprüche aus Geschäftsanmaßung gilt die dreijährige Verjährungsfrist. *Dreier* in: *Dreier/Schulze*[3] Rdnr. 9 stellt die Rechtsfolgen der böswilligen Eigengeschäftsführung dar: Herausgabe des Erlangten unter Abzug des Aufwendungsersatzes des Verletzers (§ 684 S. 1 BGB). Wird dabei die neue Rechtsprechung des BGH zum Gemeinkostenanteil bei Herausgabe des Verletzergewinns (BGH GRUR 2001, 329/330 ff. – Gemeinkostenanteil) entsprechend angewandt, scheinen sich die Ansprüche aus Geschäftsführung ohne Auftrag und Herausgabe des Verletzergewinns im Rahmen des Schadensersatzes der Höhe nach zu decken, auch wenn der BGH zur Herausgabe des Verletzergewinns im Rahmen des Schadensersatzes eine sehr differenzierte Begründung entwickelt hat. Festzuhalten ist jedenfalls, dass der Anspruch aus § 687 Abs. 2 einen gesonderten und unabhängigen Anspruch darstellt, der durch § 102a ausdrücklich zusätzlich zu § 97 Abs. 2 und § 100 Abs. 1 aufrechterhalten bleibt.

2. Bei § 97 Abs. 2 genügt der Nachweis von Fahrlässigkeit. Zur Geltendmachung von Ansprüchen nach § 687 Abs. 2 muss dem Verletzer nachgewiesen werden, dass er sich das fremde Geschäft wissentlich angeeignet hat. Schien es zunächst, als verlöre § 687 Abs. 2 über der Rechtsprechung des BGH zur Herausgabe des Verletzergewinns als Schadensersatz an Bedeutung, kommt bei nachweisbar vorsätzlichem Handeln der Anspruchsgrundlage des § 687 Abs. 2 BGB angesichts der differenzierten Darlegung der BGH zur Schadensberechnung nach dem Verletzergewinn (BGH GRUR 2001, 329/330 ff. – Gemeinkostenanteil) wieder Gewicht zu. Beim allgemeinen Persönlichkeitsrecht ist das bereits deutlich: Wenn Medien wissentlich und zu kommerziellen Zwecken in einen fremden Rechtskreis – das allgemeine Persönlichkeitsrecht – eindringen und damit ein fremdes Geschäft im Sinn des § 687 Abs. 2 BGB führen *Dünnwald* Anm. zum Beschluss des BVerfG vom 8. 3. 2000: ZUM 2000, 949 ff. und *Hollensted,t* Der Geldersatz bei Persönlichkeitsverletzungen durch die Medien, Diss. 1998, UFITA-Schriftenreihe Nr. 173) ist der Verletzergewinn. über 687 Abs. 2 voll abschöpfen.

IV. Ansprüche auf Auskunft und Rechnungslegung nach § 242 BGB

5   Der Gesetzgeber hat mit § 102a, unabhängig vom Auskunftsanspruch und den weiteren Ansprüchen nach §§ 100, 101a und 101b, auch die von der Rechtsprechung entwickelten akzessorischen Ansprüche auf Auskunft und Rechnungslegung nach § 242 BGB aufrechterhalten. Sie lassen sich als Teil des Schadensersatzanspruchs verstehen (*Dreier* in: *Dreier/Schulze*[3] Rdnr. 12).

V. Ansprüche aus unerlaubten Handlungen

6   Die **Vorschriften über unerlaubte Handlungen** (§§ 823 ff. BGB) sind nur insoweit auf Urheberrechtsverletzungen und Verletzungen von Leistungsschutzrechten anwendbar, als sie über die unmittelbaren Bestimmungen des Urheberrechtsgesetzes hinausgehen. Dazu gehört nach § 823 Abs. 1 der widerrechtliche Eingriff in den eingerichteten und ausgeübten Gewerbebetrieb und eine Schadensersatzpflicht nach § 823 Abs. 2 BGB iVm. anderen Schutzvorschriften, die auf den verschiedensten Rechtsgebieten einwirken können. Uneingeschränkt anwendbar ist § 826 BGB. Außerdem gelten die Haftungsbestimmungen für Beteiligte (§§ 31, 278 830, 831, 832, 840 839 BGB; Art. 34 GG).

VI. Ansprüche aus gewerblichen Schutzrechten und UWG

7   **Gewerbliche Schutzrechte folgen anderen Regeln und bleiben unberührt.** Ansprüche aus dem **Wettbewerbsrecht** sind ebenfalls durch § 102a vorbehalten. Sie werden, sofern ein Wettbewerbsverhältnis vorliegt, in der Regel ergänzend geltend gemacht für den Fall, dass urheberrechtliche Ansprüche nicht zuerkannt werden. Zur Nachahmung/Leistungsübernahme nach Wettbewerbsrecht: *Hefermehl/Köhler/Bornkamm* UWG[26] § 4 Rdnr. 9.34 ff.; *Harte/Henning/Sambuc* UWG § 4 Rdnr. 4 ff.; *Fezer/Götting* UWG § 4 Nr. 9 Rdnr. 36 ff. Ist kein Sonderschutz gegeben, besteht grundsätzlich Nachahmungs-/Nachbaufreiheit. Wettbewerbsrechtlicher Schutz kommt einer Vorlage nur zu, wenn die Vorlage wettbewerbliche Eigenart aufweist und zusätzlich

die begleitenden Umstände der Nachahmung/des Nachbaus zur Missbilligung nach § 4 Nr. 9 UWG führen. Wird der Vorlage nach wettbewerblicher Prüfung wettbewerbsrechtlicher Leistungsschutz zuerkannt, werden die Rechtsfolgen nach den Bestimmungen abgewickelt, wie sie zum Urheberrechtsgesetz dargestellt sind.

VII. Anspruch auf Besichtigung und Urkundeneinsicht (§§ 809, 810 BGB)

Dieser ergänzend zu §§ 97 ff. bestehende **Anspruch auf Besichtigung nach § 809 BGB – und das Recht auf Einsicht in Urkunden nach § 810 BGB** erschien lange Zeit als „totes Recht" (*Fritze/Stauder* GRUR 1986, 342). Durch die **Entscheidung „Faxkarte" des BGH** (GRUR 2002, 1046) haben die Bestimmungen Leben erhalten. **Der Anspruch auf Besichtigung und auf Einsicht in Urkunden war danach im Bereich der gewerblichen und geistigen Schutzrechte ausdrücklich anerkannt.** Der Schutzrechtsinhaber kann sich darüber vergewissern, ob eine Verletzung durch eine unbefugte Benutzung erfolgt ist (BGHZ 93, 191/198 f. – Druckbalken – zu § 139 PatG nF; *Marschall,* Der Besichtigungsanspruch, Fs. für Preu, 1988, S. 151; *R. Bork* NJW 1997, 1665; *Kröger/Bausch* GRUR 1997, 321/323; *Palandt/Sprau* BGB[68] zu § 809). § 810 BGB gibt gegen den Besitzer einer fremden Urkunde einen Anspruch auf Gestattung der Einsicht, wenn er ein rechtliches Interesse an der Einsicht hat und die Urkunde in seinem Interesse errichtet worden ist oder in der Urkunde ein zwischen ihm und einem Anderen bestehendes Rechtsverhältnis beurkundet ist oder wenn die Urkunde Verhandlungen über ein Rechtsgeschäft enthält, die zwischen ihm und einem Anderen oder zwischen einem von beiden und einem gemeinschaftlichen Vermittler gepflogen worden sind.

Die Enforcement-Richtlinie vom 29. 4. 2004 zur Durchsetzung der Rechte des geistigen Eigentums (ABl. L 195 S. 16) hat den Besichtigungsanspruch und das Recht auf Urkundeneinsicht in neues Licht gesetzt. Auch in der durch den BGH erweiterten Auslegung entsprachen die Bestimmungen **nicht den Anforderungen der Art. 6 („Beweise") und Art. 7 („Maßnahmen zur Beweissicherung") der Richtlinie.** Die Maßnahmen, die den Mitgliedstaaten aufgegeben wurden, gehen erheblich über §§ 809 und 810 BGB hinaus, zumal die Rechtsprechung zur Berücksichtigung des Grundsatzes der Verhältnismäßigkeit und der Geheimhaltungsinteressen Einschränkungen des Tatbestandes vorgenommen hat und die Vorlage von Bank-, Finanz- und Handelsunterlagen, die sich in der Verfügungsgewalt der gegnerischen Partei befindet, durch keine Bestimmung gedeckt war. Der Gesetzgeber hat Artikel 6 und 7 der Richtlinie im Gesetz zur Verbesserung der Durchsetzung von Rechten des geistigen Eigentums vom 7. 7. 2008 (BGBl. I S. 1191) entsprechend der Systematik des deutschen Rechts auf der Grundlage materiell-rechtlicher Ansprüche umgesetzt, um entsprechend §§ 809, 810 BGB eine direkte Erzwingbarkeit der Rechtsfolgen zu ermöglichen, **im UrhG durch § 101 a** (AmtlBegr. BT-Drucks. 16/5048 S. 27), in den weiteren Gesetzen zum Schutz des geistigen Eigentums durch § 140 c PatG, § 24 c GebrMG, §§ 19 a, 128 und 135 MarkenG, § 9 HalbleiterschutzG, § 37 c SortenschutzG. Damit sind die Bestimmungen §§ 809 und 810 im Bereich des Urheberrechts und des gewerblichen Rechtsschutzes verdrängt. Die bisherige Rechtsprechung und das einschlägige Schrifttum sind zum UrhG in die Kommentierung zu §§ 101 a, 101 b eingegangen. Siehe dort.

VIII. TRIPs-Übereinkommen und EU-Richtlinien

Der durch die Umsetzung von internationalen Übereinkommen und Richtlinien gewährte Rechtsschutz bleibt weiterhin unberührt (siehe bei *Wandtke/Bullinger/Bohne*[3] Rdnr. 2).

§ 103 Bekanntmachung des Urteils

Ist eine Klage auf Grund dieses Gesetzes erhoben worden, so kann der obsiegenden Partei im Urteil die Befugnis zugesprochen werden, das Urteil auf Kosten der unterliegenden Partei öffentlich bekannt zu machen, wenn sie ein berechtigtes Interesse dartut. Art und Umfang der Bekanntmachung werden im Urteil bestimmt. Die Befugnis erlischt, wenn von ihr nicht innerhalb von drei Monaten nach Eintritt der Rechtskraft des Urteils Gebrauch gemacht wird. Das Urteil darf erst nach Rechtskraft bekannt gemacht werden, wenn nicht das Gericht etwas anderes bestimmt.

§ 103

Schrifttum: *Burhenne,* Der Anspruch auf Veröffentlichung von Gerichtsentscheidungen im Lichte wettbewerblicher Betrachtung, GRUR 1952, 84; *Ciresa,* Handbuch der Urteilsveröffentlichung, 1995; *Deumeland,* Urteilsbekanntmachung aufgrund von § 103 UrhG im Falle der Verletzung geistigen Eigentums, ME-Int. 2007, 234; F. *Flechsig,* Zur Zulässigkeit der identifizierenden Urteilsveröffentlichung durch Private im Internet, AfP 2008, 284; *Flechsig/Hertel/Vahrenhold,* Die Veröffentlichung von Unterlassungsurteilen und Unterlassungserklärungen, NJW 1994, 2441; *Greuner,* Urteilsveröffentlichung vor Rechtskraft, GRUR 1962, 71; *Helle,* Das Urteil auf Widerruf einer verletzenden Behauptung und seine Vollstreckung, NJW 1963, 129 *Schnur,* Das Verhältnis von Widerruf einer Behauptung und Bekanntmachung der Gerichtsentscheidung als Mittel zur Rufwiederherstellung, GRUR 1978, 225; *Schomburg,* Die öffentliche Bekanntmachung einer strafrechtlichen Verurteilung, ZRP 1986, 65; *Schricker,* Berichtigende Werbung, GRUR Int. 1975, 191; *Seydel,* Einzutragende Urteilsveröffentlichung, GRUR 1965, 650; *Walchner,* Der Beseitigungsanspruch im gewerblichen Rechtsschutz und Urheberrecht 1998, S. 245 ff.; *Wronka,* Veröffentlichungsbefugnis von Urteilen, WRP 1975, 644.
Siehe auch Schrifttum bei § 97.

Übersicht

	Rdnr.
I. Entwicklung und Bedeutung	1, 2
II. Rechtsnatur	3, 4
III. Voraussetzungen	5–7
IV. Gegenstand der Veröffentlichung	8–11
V. Wirkung	12
VI. Eigenmaßnahmen	13–14

I. Entwicklung und Bedeutung

1   1. Die **Bekanntmachung des Urteils** wurde in Anlehnung an § 23 Abs. 2 UWG, heute § 12 Abs. 3 UWG, ins Urheber- und in das Geschmacksmustergesetz (§ 47 GeschmG) aufgenommen. Die AmtlBegr. sagt dazu, dass **die Urheber der Anerkennung der Öffentlichkeit bedürfen und ein schutzwürdiges Interesse daran haben, der Öffentlichkeit anzuzeigen, dass ihre Schöpfungen von anderen entstellt oder zu Unrecht ausgenutzt worden seien oder dass ein gegen sie erhobener Plagiatsvorwurf unbegründet sei.** Auch bei Leistungsschutzrechten wurde ein berechtigtes Interesse an der Bekanntmachung des Urteils anerkannt (AmtlBegr. BTDrucks. IV/270 S. 105/106). Für das Urheber- wie für das Geschmacksmusterrecht bestand somit kein Umsetzungsbedarf des Art. 15 der Richtlinie 2004/48/EG vom. 29. April 2004 zur Durchsetzung der Rechte geistigen Eigentums (ABl. EU Nr. L 195 S. 16), der die Mitgliedstaaten verpflichtet, die Gerichte zu befugen, auf Antrag eine Urteilsveröffentlichung anzuordnen. Bedarf zur Umsetzung bestand neben Patentrecht (§ 140 e PatG), Gebrauchsmusterrecht (§ 24 e GebrMG), Markenrecht (§§ 19 c, 128, 135 MarkenG), Halbleiterschutzgesetz (§ 9) und Sortenschutzgesetz (§ 37 e). **Die bestehende Vorschrift des 103 UrhG ist im Zuge dieser Umsetzung sprachlich angepasst worden.** In der Gesetzesbegründung heißt es dazu, die Bestimmung sei etwas schlanker geworden, ohne dass wesentliche inhaltliche Änderungen erfolgen (AmtlBegr. BTDrucks. 16/5048 S. 50). Verkürzt wurde die Frist zur Veröffentlichung auf 3 Monate, vormals 6 Monate ab Rechtskraft des Urteils, nicht übernommen die Vorauszahlung der Veröffentlichungskosten nach Abs. 3 aF, die in der Praxis keine Bedeutung erlangt hat (AmtlBegr. BT-Drucks 16/5048, S. 50). Die nach der bisherigen Gesetzesfassung bestehende Befugnis des Gerichts, die vorläufige Vollstreckbarkeit anzuordnen, blieb für das Urheberrecht erhalten, anders als bei den anderen Schutzrechten, bei denen die vorläufige Vollstreckbarkeit ausdrücklich ausgeschlossen wurde. Für das Urheberrecht ist damit anerkannt, dass in bestimmten Fällen ein dringendes Bedürfnis für die Veröffentlichung vor der Rechtskraft bestehen kann (AmtlBegr. BTDrucks. 16/5048 S. 50). § 103 kann somit auch im Rahmen eines einstweiligen Verfügungsverfahren angewandt werden, anders noch OLG Frankfurt NJW-RR 1996, 423 mit der Begründung, die Folgen könnten nicht mehr rückgängig gemacht werden. Das lässt der Gesetzgeber bei der Umsetzung des Art. 15 der Richtlinie für das Urheberecht nicht gelten. Wird ein nicht rechtskräftiges Urteil veröffentlicht und später wieder aufgehoben, muss auch das zweite Urteil veröffentlicht werden (*Greuner* GRUR 1962, 71/74).

2   **Für das Strafrecht besteht eine gesonderte Bekanntmachungsbefugnis in § 111 UrhG in Anlehnung an §§ 165, 200 StGB.** Vorschriften wie § 103 ohne vorläufige Vollstreckbarkeit befinden sich nunmehr im MarkenG § 143 Abs. 6, GeschmackMG § 47, PatentG § 142 Abs. 6. Das Wettbewerbsrecht, von dessen 23 Abs. 2 UWG, heute § 12 Abs. 3 UWG, die Urteilsveröffentlichungsbefugnis ausging, weist mit den vielfältigen Kommentierungen zu dem

Thema immer noch die Richtschnur: *Ahrens/Bähr,* Der Wettbewerbsprozeß[5,] Kap. 37; *Teplitzky,* Wettbewerbsrechtliche Ansprüche und Verfahren[9], Kap. 26; *Hefermehl/Köhler/Bornkamm,* Gesetz gegen den unlauteren Wettbewerb[26], § 12 UWG Rdnr. 4 ff.; *Harte/Henning/Retzer,* Gesetz gegen den unlauteren Wettbewerb (UWG), § 12 Rdnr. 713 ff.; *Fezer/Büscher,* Lauterkeitsrecht, § 12 Rdnr. 158 ff.; MünchKommUWG/*Schlingloff* § 12 Rdnr. 577; *Piper* in: *Piper/Ohly,* UGW[4] § 12 Rdnr. 208 ff.

Ein Anspruch auf Veröffentlichung gegen Dritte (Presse, Rundfunk, Fernsehen) besteht nach § 103 nicht. Ansprüche gegen die Presse richten sich nach dem Presse- und Medienrecht. Die Veröffentlichungsbefugnis von Zivilurteilen in § 7 UklaG stellt einen Sonderfall dar.

II. Rechtsnatur

Der Rechtsnatur nach ist die **Bekanntmachung des Urteils** nach § 103 eine **Maßnahme zur Beseitigung der eingetretenen Beeinträchtigung.** *V. Gamm* Rdnr. 2 und 3; *Wandtke/Bullinger/Bohne*[3] Rdnr. 2; *Dreier* in: *Dreier/Schulze*[3] Rdnr. 1. *Fromm/Nordemann*[10] Rdnr. 1; *Möhring/Nicolini/Lütje* Rdnr. 3, stellen die Schwierigkeit der Einordnung dar: einerseits Vollstreckungsregelung, andererseits Eigenmaßnahme mit Festlegung der Kostenerstattung, doch jedenfalls **Beseitigung der fortwährenden Störung.** Das hat entgegen *Möhring/Nicolini/Lütje* durchaus **auch Genugtuungscharakter.** Nach *v. Gamm* Rdnr. 2 entfällt mit § 103 die Urteilsveröffentlichung aus dem Beseitigungsanspruch des § 97 Abs. 1. Auch *Möhring/Nicolini/Lütje* Rdnr. 4, verstehen § 103 als Spezialvorschrift. Das ist zu eng gesehen. § 103 hat wie die Parallelvorschriften zu den anderen Schutzrechten und im UWG rein prozessualen Charakter. Daneben bleiben alle anderen Maßnahmen zur Störungsbeseitigung, die auf materiellen Recht beruhen, erhalten, sei es unter dem Gesichtspunkt der Beseitigung der Beeinträchtigung nach § 97 Abs. 1, sei es als Schadensersatz im Weg der Naturalrestitution (§ 249 BGB); *Ahrens/Bähr*[5] Kap. 37 Rdnr. 2 f.; *Teplitzky*[9] Kap. 26 Rdnr. 22 ff.; *Möhring/Nicolini/Lütje* Rdnr. 14; *Dreier* in: *Dreier/Schulze*[3] Rdnr. 3; *Wandtke/Bullinger*[3] Rdnr. 2; *Fromm/Nordemann*[10] Rdnr. 13 unter Aufgabe der gegenteiligen Ansicht in den Vorauflagen.

In Betracht kommen:

a) **Widerruf** (BGH GRUR 1960, 500/502 – Plagiatsvorwurf: Widerruf nur bei unrichtigen Tatsachen), **Berichtigung** (BGH GRUR 1960, 500/504 – Plagiatsvorwurf), **Veröffentlichung von Unterlassungserklärungen,** insbesondere wenn sie zur Erledigung der Hauptsache geführt haben (BGH GRUR 1967, 362/366 – Spezialsalz I, insoweit in BGHZ 46, 305 nicht mitabgedruckt; BGH GRUR 1972, 550/552 – Spezialsalz II; dazu *Harte/Henning/Retzer* § 12 Rdnr. 736);

b) **private Urteilsveröffentlichung auf eigene Kosten oder auf Kosten des Verletzers,** auch im Rahmen eines einstweiligen Verfügungsverfahrens, wenn auf den vorläufigen Rechtsschutz hingewiesen wird (jetzt auch *Fromm/Nordemann*[10] Rdnr. 13). Bei Eigenmaßnahmen ist wegen möglicher Unsachlichkeit oder Übermaßes Vorsicht geboten (§§ 823, 824, 826 BGB), insbesondere bei bestehendem Wettbewerbsverhältnis (Verbot herabsetzender bezugnehmender Werbung und Ehrverletzung, §§ 4 Nr. 8, 6 Abs. 2 Nr. 5 UWG). Siehe dazu *Harte/Henning/Retzer* § 12 Rdnr. 727/728;

c) **Gegendarstellung mittels Anzeigen oder im Internet.** Die Maßnahmen sind auch kumulativ einzusetzen, wenn sie sich in der Interessenabwägung als erforderlich darstellen.

III. Voraussetzungen

1. **Voraussetzung der Zuerkennung einer Urteilsveröffentlichung** nach § 103 ist die **Klage und ein Obsiegen „auf Grund" des Urheberrechtsgesetzes.** Es muss ein Anspruch zuerkannt worden sein, der auf dem UrhG beruht; nicht erforderlich ist, dass eine Norm des UrhG verletzt ist. Auch Ansprüche aus einem Vertrag, der Urheberrecht zum Gegenstand hat, werden erfasst (*Möhring/Nicolini/Lütje* Rdnr. 7; *Dreyer/Kotthoff/Meckel*[2] Rdnr. 2; *Fromm/Nordemann*[10] Rdnr. 4). *Bei teilweisem Obsiegen* können beide Parteien einen Antrag hinsichtlich des ihrem Interesse entsprechenden Teils stellen, nach *v. Gamm* Rdnr. 4 nur beschränkt auf den obsiegenden Teil. Nach *Möhring/Nicolini/Lütje* Rdnr. 15 kommt es auf die Interessenlage an. Bei teilweisem Obsiegen hat jede Partei teilweise Erfolg gehabt; jeder Partei kann die Veröffent-

§ 103 Bekanntmachung des Urteils

lichung des ihr günstigen Teils des Urteils zugesprochen werden. Das Urteil ist möglicherweise von der Öffentlichkeit nur richtig zu verstehen, wenn es vollständig veröffentlicht wird. Umso wichtiger ist in einem solchen Fall die **Interessenabwägung,** wenn ein Antrag auf Veröffentlichung nur von einer Seite gestellt wurde. Wer nur teilweise obsiegt hat, hat möglicherweise kein Interesse an einer Urteilsveröffentlichung, was auch zulasten der anderen Partei wirken kann.

6   2. Eine Verurteilung zur Veröffentlichung setzt ein **berechtigtes Interesse** voraus. Insoweit gelten die Grundsätze, die zu § 12 Abs. 3 vormals § 23 Abs. 2 UWG entwickelt worden sind (*Hefermehl/Köhler/Bornkamm*[26] § 12 Rdnr. 4.7; *Harte/Henning/Retzer* Rdnr. 753, 754; *Fezer/Büscher* § 12 Rdnr. 163 f.; *Ahrens/Bähr*[5] Kap. 37 Rdnr. 6. *Teplitzky*[9] Kap. 26 Rdnr. 30/31). *Köhler* stellt auf die „Erforderlichkeit der Veröffentlichung" ab. Hinzu kommen Eignung und Angemessenheit. Es sind alle Umstände zu berücksichtigen und alle Vor- und Nachteile abzuwägen. Zur Beurteilung, ob ein **berechtigtes Interesse an der Bekanntmachung** besteht, muss deshalb substantiiert vorgetragen und der Vortrag ggf. bewiesen werden (*Möhring/Nicolini/Lütje* Rdnr. 15; *Hefermehl/Köhler/Bornkamm*[26] § 12 Rdnr. 4.7; sa. LG München I GRUR 1989, 503/504 – BMW-Motor; aA *Fromm/Nordemann*[10] Rdnr. 7, wonach eine gewisse Wahrscheinlichkeit genügt). Möglich ist ein prima-facie-Beweis. Ob die Tatsachen das Interesse an der Veröffentlichung begründen, ist **Rechtsfrage** (Wertung).

7   Das „berechtigte Interesse" macht eine sorgfältige **Interessenabwägung** erforderlich. Die Bekanntmachung muss zur Aufklärung des betroffenen Publikums notwendig und das angemessene Mittel sein. Von Bedeutung ist dabei auch, ob und in welchem Umfang die Verletzung in der Öffentlichkeit bekannt geworden ist, noch bekannt zu werden droht oder bereits vergessen ist (BGH GRUR 2002, 799/801 – Stadtbahnfahrzeug; BGH GRUR 1998, 568/570 – Beatles-Doppel-CD; LG München I GRUR 1989, 503/504 – BMW-Motor). Urheberrechtsverletzungen haben idR längere Auswirkungen als ein Wettbewerbsverstoß. Das Interesse, einen Plagiatsvorwurf zu beweisen oder sich umgekehrt von einem Plagiatsvorwurf gereinigt zu sehen, kann sich über Jahre erstrecken. Dabei sind materielle und ideelle Interessen der Betroffenen relevant. Eine unnötige Bloßstellung und Herabsetzung des Verletzers in der Öffentlichkeit ist zu vermeiden und darf nicht außer Verhältnis zu dem Zweck der Veröffentlichung stehen. Eine Veröffentlichung kommt auch dann nicht in Betracht, wenn sie geeignet ist, nur einen Teil des Publikums aufzuklären, einen anderen Teil aber verwirren würde (BGH GRUR 1966, 623/626 – Kupferberg), oder eine bloße Demütigung des Verletzers zu bewirken (OLG Hamburg WRP 1994, 122/124 zu Wettbewerbsverstoß – Jeansüberfärbungen; OLG Celle GRUR-RR 2001, 125/126 – EXPO; BGH GRUR 1998, 568/570 – Beatles-Doppel-CD; sa. *Dreier* in: *Dreier/Schulze*[3] Rdnr. 7; *Möhring/Nicolini/Lütje* Rdnr. 15). Nach BGH ist auf den Zeitpunkt der letzten mündlichen Verhandlung abzustellen, da der Zweck der Veröffentlichung die Störungsbeseitigung ist (GRUR 2002, 799/801 – Stadtbahnfahrzeug). Die Störung muss also noch vorliegen.

IV. Gegenstand der Veröffentlichung

8   **1. Gegenstand der Veröffentlichung** ist nach § 103 das **Urteil,** bestehend aus dem **verfügenden Teil, Tatbestand und Gründen.** Eine Veröffentlichung des **gesamten Urteils** wird **idR nicht in Betracht** kommen. Dann ist im Urteil nach Interessenlage und unter Berücksichtigung von **Eignung und Notwendigkeit** genau anzugeben, welche Passagen veröffentlicht werden dürfen aus dem Tenor, aus dem Tatbestand, aus den Gründen (BGH GRUR 1992, 527/529 – Plagiatsvorwurf II; BGH ZUM 1998, 157/160). **Die gesetzliche Strafandrohung** bei Unterlassungsurteilen – Ordnungsstrafe bis 250 000 Euro – wird vom Laien erfahrungsgemäß missverstanden und klingt dramatisch negativ für den Verpflichteten. Deshalb sollte die Veröffentlichung nur die Formulierung enthalten „bei Androhung von Ordnungsstrafe", wenn überhaupt. **Im Urteil** sind auch **Art, Größe, Anzahl und Ort der Veröffentlichung zu bestimmen;** möglicherweise kommt eine Veröffentlichung nur in Fachblättern in Betracht oder in derselben Zeitschrift, in der das Plagiat erschien, oder in einer Regionalausgabe oder einem Rundschreiben (BGH GRUR 1992, 527/529 – Plagiatsvorwurf II). Die Urteilsveröffentlichung kann auch auf der eigenen wie auf der Webpage eines Dritten zugesprochen werden, OGH v. 15. 10. 2002 – Wiener Werkstätten II in Übersicht WRP 2004, 946/966. Die Veröffentlichung einer strafbewehrten Unterwerfungserklärung kommt nur als Beseitigungsanspruch nach § 97 Abs. 1 in Betracht (*Hefermehl/Köhler/Bornkamm*[26] Rdnr. 4.17; vgl. OLG Hamm GRUR 1993, 591; zum Veröffentlichungsanspruch aus §§ 823, 1004 BGB: BGH GRUR 1987,

189 – Veröffentlichung beim Ehrenschutz; zu einem Wettbewerbsverstoß bereits: BGH GRUR 1967, 362/366 – Spezialsalz).

2. Die Befugnis zur Veröffentlichung erlischt von Gesetzes wegen, wenn die Veröf- 9 fentlichung nicht innerhalb von **drei Monaten nach Rechtskraft** erfolgt (§ 103 S. 3). Eine Veröffentlichung nach § 103 vor Rechtskraft oder im einstweiligen Verfügungsverfahren muss vom Gericht ausdrücklich zugelassen werden (§ 103 S. 4). Sie kommt nur in Frage, wenn schwerwiegende Interessen des Berechtigten eine unverzügliche Störungsbeseitigung erfordern.

3. Die **Kosten der Veröffentlichung** hat der Unterlegene zu tragen. § 103 S. 1 ist eigen- 10 ständige Anspruchsgrundlage. **Der Ausspruch erfolgt im Urteil.** Unterbleibt der Kostenausspruch versehentlich, kann das Urteil insoweit berichtigt werden; es bedarf keiner Urteilsergänzung (MünchKommUWG/*Schlinghoff* § 12 Rdnr. 622). So wohl auch *Dreier* in: *Dreier/Schulze*³ Rdnr. 8; *Fromm/Nordemann*¹⁰ Rdnr. 12. Kommt es wegen teilweisen Unterliegens zu einer Teilverurteilung, wird aber die Veröffentlichung zugesprochen, bleibt es bei der vollen Kostenpflicht für die Veröffentlichung (MünchKommUWG/*Schlinghoff* UWG § 12 Rdnr. 622; *Fromm/Nordemann*¹⁰ Rdnr. 9). **Die entstandenen Veröffentlichungskosten sind Kosten der Zwangsvollstreckung im Sinne von § 788 ZPO** und entsprechend §§ 91, 103 ZPO festzusetzen. Die nach der früheren Gesetzesfassung mögliche **Forderung nach Vorschuss ist weggefallen;** eine Vorschusszahlung hat sich in der Praxis nicht durchgesetzt.

4. Die Anordnung der Veröffentlichung ist insoweit **problematisch,** als sie Dritte nicht 11 verpflichtet. Die Presse veröffentlicht Anzeigen gegen Entgelt, behält sich aber vor, den Auftrag anzunehmen oder abzulehnen. Besteht kein Veröffentlichungsmonopol, ist eine Ablehnung ohne Angabe von Gründen möglich. Rundfunk- und Fernsehanstalten übernehmen grundsätzlich keine Veröffentlichungen außerhalb des Werbefunks bzw. Werbefernsehens gegen Entgelt. Sie sind dazu auch nicht verpflichtet, solange der Grundsatz gegenüber jedermann aufrechterhalten wird. Im Werbefunk zwischen Reklame für Waschpulver und Kaffee dürfte die Veröffentlichung eines gerichtlichen Urteils deplatziert sein. Die Kosten stünden zudem in keinem Verhältnis. Eine Verurteilung zur Veröffentlichung eines Textes in Funk und/oder Fernsehen hat deshalb nur deklaratorische Bedeutung. Es ist fraglich, ob insoweit ein Rechtsschutzbedürfnis besteht. Interessiert das Thema die Allgemeinheit, werden Rundfunk und Fernsehen von sich aus mit eigenen Worten und ohne Kosten für den Berechtigten oder Verpflichteten berichten. Der Bericht ist allerdings auch nur solange zu erwarten, wie der Spruch aktuell ist. IdR ist das die Zeit der Verkündung des Urteils und nicht erst die Zeit nach Rechtskraft.

Zur Vermeidung des Risikos, dass Aufträge zur Veröffentlichung abgelehnt werden, sind im Urteil kumulativ oder alternativ Adressaten zu benennen.

V. Wirkung

In der Praxis hat **§ 103 nur geringe Bedeutung.** Eine Verurteilung zur Urteilsbekanntma- 12 chung kommt selten vor (BGH GRUR 1971, 588/590 – Disney-Parodie; OLG Hamburg ZUM 1985, 371/375 – Karajan; OLG Karlsruhe ZUM 1996, 810/818 – Laras Tochter; OLG Frankfurt/M lehnt den Antrag auf Veröffentlichung einer Beschlussverfügung im eV-Verfahren ab, NJW-RR 96, 423). Die Bestimmung des § 103 und der Parallelbestimmungen geht auf Vorstellungen einer Zeit zurück, in der der Umgang mit den Medien noch zurückhaltender war. Auch im Wettbewerbsrecht hat das Interesse an der gerichtlich angeordneten Urteilsveröffentlichung nachgelassen und ist heute fast völlig erloschen. In den 50er und 60er Jahren wurde von der Bestimmung des § 23 Abs. 2 UWG aF häufiger Gebrauch gemacht (vgl. die Entscheidungen BGHZ 13, 244/249 – Cupresa; BGH GRUR 1954, 337/342 – Radschutz). Bis zum rechtskräftigen Urteil dauert es aber Jahre (BGH GRUR 1954, 337/342 – Radschutz; BGH GRUR 1957, 231/236 – Taeschner, insoweit in BGHZ 23, 100 nicht abgedruckt; BGH GRUR 1957, 280/281 – Kassa-Preis; BGH GRUR 1961, 189/192 – Rippenstreckmetall I; BGH GRUR 1961, 538/541 – Feldstecher; BGH GRUR 1962, 91/97 – Jenaer Glas; BGH GRUR 1962, 315/318/319 – Deutsche Miederwoche; BGH GRUR 1966, 623/626 – Kupferberg; BGH GRUR 1967, 362/366 und GRUR 1972, 550/551 – Spezialsalz I und II). Deshalb wurde verschiedentlich versucht, über eine einstweilige Verfügung zu einer schnellen Veröffentlichung zu kommen. Das war strittig und gelang in der Regel nicht (OLG Hamburg WRP 1958, 114; OLG Düsseldorf GRUR 1954, 72; *Tetzner* UWG², 1957, § 23 Rdnr. 7; *Burhenne* GRUR 1952, 89f.; *Schricker* GRUR Int. 1975, 191/194). In jüngerer Zeit wird kaum noch ein Antrag nach § 12 Abs. 6 UWG nF gestellt (ausnahmsweise OLG Hamburg WRP 1994, 122/

124 – Jeansüberfärbungen). Die Tendenz machte sich bereits im Aufsatz von *Greuner* GRUR 1962, 71 bemerkbar. Der Grund liegt wohl darin, dass das früher strenge Verbot bezugnehmender Werbung gefallen und eine **sachliche Bezugnahme zur Richtigstellung heute auch bei Wettbewerbern unter dem Gesichtspunkt der Wahrnehmung berechtigter Interessen gestattet** ist. Nach einem Prozess über Jahre hat die Verurteilung für den Verletzten mehr Genugtuungsfunktion; im Fall begangenen Unrechts kommt sie ihm zu.

VI. Eigenmaßnahmen

13   **Eigenmaßnahmen** wirken in der Regel schneller und effektiver. Die Mitteilung des Tenors einer einstweiligen Verfügung kann in sachlich gebotener Form erfolgen; ggf. sind die Kosten selbst zu tragen und über Schadensersatz § 97 Abs. 2) oder über Geschäftsführung ohne Auftrag §§ 677, 683, 670 BGB wieder geltend zu machen (*Dreier* in: *Dreier/Schulze*[3] Rdnr. 12; *Palandt/Bassenge*[68] § 1004 Rdnr. 30; ausführlich *Staudinger/Gursky*[13] § 1004 Rdnr. 159). *Burhenne* hat schon 1952 (GRUR 1952, 84 ff.) ganz richtig gesehen, dass die Bekanntgabe einer gerichtlichen Entscheidung auf eigene Kosten unter Wahrung der berechtigten Interessen des Gegners das eigentliche Mittel der Beseitigung von Störungen ist und die Bekanntgabe auf fremde Kosten die Ausnahme. Zur Beseitigung der Störung gibt es wirksamere Mittel, selbst die Gegendarstellung. Es ist sogar daran zu denken, ob sie im Rahmen des § 254 BGB (Mitverschulden) als das wirksamere Mittel eingesetzt werden muss. **Aufschlussreich** ist der **Fall Bittenbinder** (BGHZ 66, 182): Der von einem Fernsehbericht Betroffene antwortete mit einer Anzeigenkampagne und machte die Kosten dafür geltend. Er unterlag – ebenso wie der Kläger in „Warentest III" (BGH GRUR 1986, 330) – nicht, weil die **Aktion berichtigender Anzeigen** auf Kosten des Angreifers zwecks Störungsbeseitigung verworfen worden wäre, sondern weil sie in beiden entschiedenen Fällen **überzogen** war. Die Grenze für die **Erstattung** richtet sich **nach den Maßnahmen, die ein vernünftiger, wirtschaftlich denkender Mensch nach den Umständen des Falles nicht nur als zweckmäßig, sondern als erforderlich ergriffen haben würde,** wobei auf den Zeitpunkt, zu dem die Maßnahme zu treffen war, abzustellen ist **(Betrachtung „ex ante"),** insbesondere auf das **zu jenem Zeitpunkt Mögliche und Zumutbare** (BGHZ 66, 182/192 – Bittenbinder). Die Möglichkeit der Gegendarstellung ist dabei nach BGH einzubeziehen. Die **Erstattungsfähigkeit von Anzeigenkosten bleibt deshalb auf wirklich schwerwiegende Ausnahmefälle beschränkt,** in denen von vornherein erkennbar ist, dass die berichtigenden Anzeigen dringend geboten sind, um einen unmittelbar bevorstehenden und sich in seinen Ausmaßen bereits klar abzeichnenden schweren Schaden abzuwenden (BGH GRUR 1986, 330 – Warentest III). Die genannten Entscheidungen betrafen allerdings nur die Kostenerstattung, nicht die Frage der Rechtmäßigkeit einer Bekanntmachung auf eigene Kosten. Sie ist in gebotener Art und Weise und gebotenem Umfang statthaft. Eine Gegenmaßnahme, die nicht auf eine Veröffentlichung nach Rechtskraft des Urteils wartet, birgt immer die Gefahr, die erforderliche Interessenabwägung zu subjektiv vorzunehmen und über das gestattete Ziel hinauszuschießen. Wer Sicherheit sucht und Zeit für eine genugtuende Veröffentlichung hat, geht den Weg über § 103. Wer die Effizienz der Gegenmaßnahme vorzieht, wählt eine andere Maßnahme der Störungsbeseitigung oder beides, wenn trotz der Eigenmaßnahme noch ein berechtigtes Interesse für eine prozessuale Urteilsveröffentlichung nach § 103 bleibt. *Dreier* in: *Dreier/Schulze*[3] Rdnr. 12, sieht die private Urteilsveröffentlichung in Ausnahmefällen für berechtigt, ebenso jetzt *Fromm/Nordemann*[10] Rdnr. 13. Das entspricht dem Recht der freien Meinungsäußerung. Wird die Bestimmung des § 103 zur prozessualen Urteilsveröffentlichung (entsprechend die Parallelbestimmungen) in der Praxis auch selten angewandt, die dazu entwickelten Maßstäbe, die sich in zahlreicher Kommentierung finden, eignen sich auch als Leitfaden für Maßnahmen zur Beseitigung von Beeinträchtigungen nach materiellem Recht.

14   Umstritten ist die **Abnehmerverwarnung.** Hier besteht eine besondere Sorgfaltspflicht (BGH GRUR 1979/331/336 – Brombeerleuchte). Verletzen die weiteren Glieder in der Absatzkette ihrerseits Urheber- oder verwandte Schutzrechte, und sei es auch schuldlos, erfolgen Abmahnungen zu Recht. Der Abmahnende trägt das Risiko, wenn sich die Abmahnung später als unberechtigt erweist. Der Große Senat für Zivilsachen des BGH hat auf Vorlage des I. Zivilsenats am 15. 7. 2005 bestätigt, dass eine unbegründete Schutzrechtsverwarnung unter dem Gesichtspunkt eines rechtswidrigen und schuldhaften Eingriffs in das Recht am eingerichteten und ausgeübten Gewerbebetrieb zum Schadensersatz verpflichten kann (GRUR 2005, 882). Es gilt, das rechte Maß zu finden.

§ 104 Rechtsweg

¹Für alle Rechtsstreitigkeiten, durch die ein Anspruch aus einem der in diesem Gesetz geregelten Rechtsverhältnisse geltend gemacht wird (Urheberrechtsstreitsachen), ist der ordentliche Rechtsweg gegeben. ²Für Urheberrechtsstreitsachen aus Arbeits- oder Dienstverhältnissen, die ausschließlich Ansprüche auf Leistung einer vereinbarten Vergütung zum Gegenstand haben, bleiben der Rechtsweg zu den Gerichten für Arbeitssachen und der Verwaltungsrechtsweg unberührt.

Schrifttum: *Asendorf,* Wettbewerbs- und Patentstreitsachen vor Arbeitsgerichten? – Die sachliche Zuständigkeit bei der Verletzung von Betriebsgeheimnissen durch Arbeitnehmer, GRUR 1990, 229; *Bareuther,* Zum Verhältnis zwischen Arbeits-, Urheber- und Arbeinehmererfindungsrecht – Unter besonderer Berücksichtigung der Sondervergütungsansprüche des angestellten Softwareersteller. GRUR 2003, 570; *Bethge,* Verwaltungsrechtsweg und Kunsturheberrechtsgesetz, GRUR 1971, 507; *v. Olenhusen,* Der Urheber- und Leistungsrechtsschutz der arbeitnehmerähnlichen Personen, GRUR 2002, 11; *Rehbinder,* Die rechtlichen Sanktionen bei Urheberrechtsverletzungen nach ihrer Neuordnung durch das Produktpirateriegesetz, ZUM 1990, 462; *Spellenberg,* Zuständigkeit bei Anspruchskonkurrenz und kraft Sachzusammenhangs, ZZP 95 (1982) 17; *Stelkens,* Schützen Patentgesetz und Urheberrechtsgesetz vor rechtswidrigen hoheitlichen Eingriffen in das geistige Eigentum? GRUR 2004, 25.
Siehe auch Schrifttum bei § 97.

Übersicht

	Rdnr.
I. Entwicklung und Bedeutung	1
II. Rechtsweg	2
III. Urheberstreitsachen	3, 4
IV. Rechtliche Einordnung und Sachzusammenhang	5–7

I. Entwicklung und Bedeutung

Diese Vorschrift regelt im Urheberrecht die Frage des **Rechtsweges.** Vormals kamen drei 1 Gerichtszüge – ordentliche, Verwaltungs- und Arbeitsgerichtsbarkeit – für die Entscheidung urheberrechtlicher Fragen in Betracht. § 104 dient dazu, eine **einheitliche höchstrichterliche Rechtsprechung zu** gewährleisten und Kompetenzkonflikte auszuschließen. So konnte es früher vorkommen, dass Unklarheiten, inwieweit der Arbeitgeber oder Dienstherr zur Nutzung von Werken oder Leistungen berechtigt ist, die der Urheber oder Schutzrechtsinhaber in Erfüllung arbeitsvertraglicher oder dienstlicher Verpflichtungen geschaffen hatte, von den Arbeitsgerichten – bei öffentlich-rechtlichen Dienstverhältnissen von den Verwaltungsgerichten – zu entscheiden waren. Da das Urheberrecht und die verwandten Schutzrechte als absolute, gegen jedermann wirkende Rechte ausgestaltet sind, kann dieselbe Frage auch im Verhältnis des Arbeitnehmers oder Beamten zu einem Dritten Bedeutung haben. Die AmtlBegr. (BTDrucks. IV/270 S. 106 lSp.) nennt als Beispiel den der Entscheidung BGHZ 33, 20 – Figaros Hochzeit – zugrundeliegenden Fall: Hat ein Bühnenunternehmen ohne besondere Einwilligung der bei ihm fest angestellten ausübenden Künstler die Rundfunkübertragung einer Bühnenaufführung gestattet, können die Künstler Ansprüche sowohl gegen das Bühnenunternehmen als auch gegen die betreffende Rundfunkanstalt geltend machen. § 104 will verhindern, dass derselbe Sachverhalt in zwei Gerichtszügen – möglicherweise unterschiedlich – entschieden wird. Tunlichst soll nur ein Gericht entscheiden, deshalb ist auch die Konzentration auf Spezialgerichtskammern nach § 105 (AmtlBegr. BTDrucks. IV/270 S. 106 lSp.) vorgesehen (so auch BGH GRUR 1988, 206/207 – Kabelfernsehen II; BGH GRUR 1993, 37/38 – Seminarkopien). § 104 weitet mithin die Rechtswegzuständigkeit der ordentlichen Gerichte über den im GVG vorgesehenen Rahmen hinaus. Die Bestimmung entspricht § 39 des Gesetzes über Arbeitnehmererfindungen (ArbnErfG). § 2 Abs. 2 lit. b ArbGG grenzt entsprechend ab. Dazu LAG Köln ZUM 2002, 840 m. Anm. *Neunen* S. 842 f.; *v. Olenhusen* GRUR 2002, 11/18.

II. Rechtsweg

Der **Rechtsweg, auf dem Urheberrechtsstreitigkeiten ausgetragen werden, ist** 2 **grundsätzlich der ordentliche Rechtsweg.** Zuständig sind die ordentlichen Zivilgerichte, in Ausnahmefällen, in denen vermögensrechtliche Ansprüche im Adhäsionsverfahren geltend ge-

§ 104

macht werden können, die Strafgerichte. § 104 hindert nicht, Schiedsvereinbarungen (§ 1029 ZPO) zu treffen (zur Schiedsfähigkeit MünchKommZPO/Münch³ § 1030 Rdnr. 13 f., 20; *Zöller/ Geimer ZPO*²⁷ § 1030 Rdnr. 1, 14; *Schulze* in: *Dreier/Schulze*³ Rdnr. 15; *Wandtke/Bullinger/ Kefferpütz*³ § 105 Rdnr. 33). Mit der Bühnenschiedsgerichtsordnung, abgedruckt bei *Kurz*, Praxishandbuch Theaterrecht, S. 714 ff., ist zwischen den Tarifparteien der Weg zu den Arbeitsgerichten ausgeschlossen worden (§ 101 ArbGG); für Ansprüche mit urheberrechtlichem Bezug bleibt es beim ordentlichen Rechtsweg (Bühnenoberschiedsgericht UFITA 88 [1980] 293, 302; *Schulze* in: *Dreier/Schulze*³ Rdnr. 14). Die Schiedsstelle nach dem UrhWG ist eine Besonderheit vor Beschreiten des Rechtswegs; sie ändert nichts an der grundsätzlichen Zuständigkeit der Zivilgerichte (§ 16 UrhWG). Auch für Klagen der öffentlichen Hand oder gegen öffentliche Institutionen, zB Sendeanstalten, sind bei Urheberrechtsstreitsachen die Zivilgerichte zuständig, wenn sich öffentliche Hand und Rechtsinhaber auf gleicher Ebene bewegen (GEMA gegen Deutsche Bundespost wegen Verletzung urheberrechtlichen Senderechts: OLG München GRUR 1985, 537/539 – Breitbandkabelanlage, dazu BGH GRUR 1988, 206/207 – Kabelfernsehen II; Privater Hörfunkveranstalter gegen den zur ARD gehörenden Mitteldeutschen Rundfunk wegen Unterlassung einer Sendung: OLG Dresden ZUM 1994, 740; Verlag gegen Land Nordrhein-Westfalen als Träger einer Gesamthochschule: BGH GRUR 1993, 37/38 – Seminarkopien).

III. Urheberstreitsachen

3   1. Die sachliche Zuständigkeit der ordentlichen Gerichte (auch § 105) besteht für „**alle Streitigkeiten, durch die ein Anspruch aus einem der in diesem Gesetz geregelten Rechtsverhältnisse geltend gemacht werden (Urheberrechtsstreitsachen)**". Das sind alle Streitigkeiten, die im weitesten Sinn nach dem Urheberrecht zu entscheiden sind, also nicht nur Streitigkeiten nach §§ 97 ff., sondern alle Streitigkeiten, wenn die Entscheidung auch von im UrhG geregelten Rechtsverhältnissen abhängt (*Wandtke/Bullinger/Kefferpütz*³ Rdnr. 2 ff.; *Schulze* in: *Dreier/Schulze*³ Rdnr. 2; *Fromm/Nordemann*¹⁰ Rdnr. 1; *Dreyer/Kotthoff/Meckel*² Rdnr. 2). Dazu gehören Ansprüche aus rechtsgeschäftlichen Erklärungen und Vereinbarungen, die im Urhebergesetz geregelt sind; Klagen unter Miturhebern gem. §§ 8, 9; Streitigkeiten um dingliche oder schuldrechtlich eingeräumte Nutzungsrechte oder Nutzungserlaubnisse gemäß §§ 31 ff.; um angemessene Vergütung; um urheberrechtliche Schranken gem. §§ 44 a ff.; Klagen auf Zahlung einer Vertragsstrafe aus einem strafbewehrten urheberrechtlichen Unterlassungsvertrag, Klagen auf Unterlassung urheberrechtlicher Schutzrechtsberühmung, Feststellung des Bestehens oder Nichtbestehens von Rechten nach dem UrhG. Erfasst sind auch alle Folgeverfahren – Geltendmachung von Abmahnkosten für die Abmahnung einer Urheberrechtsverletzung, Kostenfestsetzungen, Ordnungsmittelverfahren nach § 890 ZPO, Beschwerdesachen (BGH ZUM 1990, 35), auch, wenn die Verletzung von urheberrechtlich geschützten Rechts auf ein hoheitliches Handeln eines Trägers öffentlicher Gewalt zurückzuführen ist (OLG München NJW 1985, 2142/2143, *Wandtke/Bullinger/Kefferpütz*³ Rdnr. 2; *Schulze* in: *Dreier/Schulze*³ Rdnr. 12 unter Hinweis auf BGH GRUR 1988, 206/207 – Kabelfernsehen II; BGH GRUR 1993, 37/38 – Seminarkopien; OLG München GRUR 1985, 537/539 – Breitbandkabelanlage; *Haberstumpf* in *Büscher/Dittmer/Schiwy* Teil 1 § 104 Rdnr. 4). Es besteht kein Unterschied zwischen Aktiv- oder Passivprozess. Ansprüche aus dem Verlagsrecht sind in der Regel Urheberrechtsstreitsachen (OLG Koblenz ZUM-RD 2001, 392/393; *Schulze* in: *Dreier/Schulze*³ Rdnr. 4; *Wandtke/Bullinger/Kefferpütz*³ Rdnr. 4; *Fromm/Nordemann*¹⁰ Rdnr. 1; *Schricker*, VerlagsG,³ Einl. Rdnr. 21 f. zum Verhältnis UrhG und VerlagsG). Ansprüche aus §§ 22 ff. KUG „Recht am eigenen Bild" sind Persönlichkeitsrechts- und keine Urheberrechtsstreitsachen iSd. §§ 104, 105 (BayObLG ZUM 2004, 672; LG Mannheim GRUR 1985, 291 – Urheberrechtsstreitsache; *Schulze* in *Dreier/Schulze*³ Rdnr. 8; *Wandtke/ Bullinger/Kefferpütz*³ Rdnr. 6).

4   2. Nur wenn keinerlei Bezug zum UrhG besteht, scheidet § 104 aus. Lediglich bei **Streitsachen aus Arbeits- oder Dienstverhältnissen, die ausschließlich Ansprüche auf Leistung einer vertraglich vereinbarten Vergütung zum Gegenstand haben, bleibt der Rechtsweg zu den Gerichten für Arbeitssachen und der Verwaltungsrechtsweg unberührt, § 104 S. 2.** Dann sind nach der Vorstellung des Gesetzgebers keine Rechtsfragen zu entscheiden, die Inhalt und Umfang urheberrechtlicher Befugnisse betreffen (AmtlBegr. BT-Drucks. IV/270 S. 107). **§ 104 S. 2 ist als Ausnahme von der Regel eng auszulegen.** So-

bald Rechtsfragen hinzukommen, die Inhalt oder Umfang urheberrechtlicher Befugnisse betreffen, ist die ordentliche Gerichtsbarkeit gegeben.

Das gilt auch in Fällen, wenn die Höhe einer vertraglich zu vereinbarenden Vergütung zum Maßstab einer angemessenen Lizenz im Verletzungsfall herangezogen wird (*Haberstumpf* in: *Büscher/Dittmer/Schiwy* Teil 1 § 104 Rdnr. 7, 8). Der Kläger kann auch rein vertragliche Ansprüche dadurch vor die ordentlichen Gerichte bringen, dass er sie zusammen mit anderen urheberrechtlichen Ansprüchen, die das gleiche Rechtsverhältnis betreffen (Schadensersatz, Bereicherung), geltend macht; eine Trennung ist dann ausgeschlossen (*Wandtke/Bullinger/Kefferpütz*[3] Rdnr. 15). Das ist nicht misszuverstehen: In Bezug genommen meint, wie *Möhring/Nicolini/Lütje* Rdnr. 8 unter Hinweis auf BAG CR 1997, 88, 89 richtig sagen, „das gleiche Rechtsverhältnis", also ein einheitlicher Prozessanspruch, der mit verschiedenen sachlichrechtlichen Gesichtspunkten begründet wird (*Baumbach/Lauterbach/Albers/Hartmann*[67] § 145 Rdnr. 4; entsprechend: OLG Hamburg *Schulze* OLGZ 127, 6; anders LAG Berlin UFITA 67 [1973] 286/288 in Verkennung des § 104; differenzierend: *Wandtke/Bullinger/Kefferpütz*[2] Rdnr. 14, 15). Wenn der Rechtsweg zum ordentlichen Gericht ersichtlich erschlichen werden soll, kann ein Vortrag unberücksichtigt bleiben (*Zöller/Gummer*[27] § 13 GVG Rdnr. 11; *Wandtke/Bullinger/Kefferpütz*[3] Rdnr. 14; BGH NJW 1998, 826/828).

IV. Rechtliche Einordnung und Sachzusammenhang

Für die Beurteilung maßgebend ist der Sachvortrag des Klägers, der den Streitgegenstand bestimmt, und die **objektive rechtliche Einordnung seines Begehrens.** Eine Prüfung der Schlüssigkeit oder gar Begründetheit findet nicht statt, da diese gerade dem zuständigen Gericht im Verfahren obliegt. Entscheidend ist die wirkliche, vom Richter zu ermittelnde Natur des behaupteten Anspruchs (so der BGH für den analogen Begriff der Kennzeichenstreitsache in § 140 Abs. 1 MarkenG, GRUR 2004, 622 – ritter.de). Eine willkürliche Verbindung mit Ansprüchen völlig anderer Lebenssachverhalte, sei es durch Klaghäufung (§ 260 ZPO) oder Widerklage oder Aufrechnung, widerspricht Sinn und Zweck des § 104. Für jeden prozessual selbstständigen Anspruch ist gesondert zu prüfen, ob der gewählte Rechtsweg zulässig ist (BGH NJW 1998, 826/828 für die Sozialgerichtsbarkeit; BGH NJW 1991, 1686; *Wandtke/Bullinger/Kefferpütz*[3] Rdnr. 16). Gibt es keinen urheberrechtlichen Zusammenhang, ist nach § 145 ZPO zu trennen und das Begehren nichturheberrechtlicher Art an das zuständige Gericht des zulässigen Rechtswegs zu verweisen (§ 17a Abs. 2, 4 GVG; *Zöller/Greger*[27] § 145 ZPO Rdnr. 19ff., *Zöller/Lückemann*[27] § 17 GVG Rdnr. 6; BGH NJW 1998, 826; BGH NJW 1991, 1686; *Kissel* NJW 1991, 951). Nach § 17 Abs. 2 GVG entscheidet das Gericht des zulässigen Rechtswegs über einen Streitgegenstand nach allen rechtlich in Betracht kommenden Gesichtspunkten (*Wandtke/Bullinger/Kefferpütz*[3] Rdnr. 7; *Fromm/Nordemann*[10] Rdnr. 2; siehe auch § 105 Rdnr. 12).

Der ordentliche Rechtsweg schließt die Kammern für Handelssachen ein, wenn die Merkmale einer Handelssache im Sinne des § 95 GVG gegeben sind. *Haberstumpf* in: *Büscher/Dittmer/Schiwy* § 105 Rdnr. 7; aA *Wandtke/Bullinger/Kefferpütz*[3] Rdnr. 11: Den Kammern für Handelssachen sei in der gesetzlichen Geschäftsverteilung des § 95 GVG keine Zuständigkeit für Urheberrechtsstreitigkeiten zugewiesen worden. Soweit der Geschäftsverteilungsplan eines Gerichts die Zuständigkeit der Kammern Handelssachen für urheberrechtliche Streitigkeiten vorsehe, bleibe das sanktionslos, sofern den Parteien nicht der gesetzliche Richter entzogen wurde (Verweis auf *Thomas/Putzo/Hüßtege* vor § 93 GVG Rdnr. 1; *Zöller/Gummer*[27] vor § 93 GVG Rdnr. 3). Sehe der Geschäftsverteilungsplan eine Zuständigkeit der Kammer für Handelssachen nicht vor, seien allein die Zivilkammern zuständig; eine Verweisung komme auch dann nicht in Betracht, wenn zugleich die Merkmale einer Handelssache im Sinn des § 95 GVG vorliege oder solche Ansprüche zusätzlich im Weg der objektiven Klaghäufung verfolgt werden (*Wandtke/Bullinger/Kefferpütz*[3] Rdnr. 12; LG Stuttgart CR 1991, 157/156; *Zöller/Gummer*[27] § 95 GVG Rdnr. 2).

3. Wird die Klage bei einem unzuständigen Gericht erhoben, ist sie nicht abzuweisen, sondern **von Amts wegen an das zuständige Gericht des zulässigen Rechtswegs zu verweisen** (§ 17a Abs. 2 S. 1 GVG). Anders das Landgericht Hechingen, das in einem Berufungsfall die Verweisung an das auf Grund der Konzentrationsregelung des § 105 zuständige Landgericht Stuttgart abgelehnt und die Fristwahrung verworfen hat (NJW-RR 2003, 768). Es hat dabei verkannt, dass es sich bei der Konzentrationsregelung des § 105 nicht um eine gesetzliche Zuständigkeitsregelung handelt, sondern, wie bei der Konzentration von Kartellsachen, um die Ermächtigung zur Konzentration. Sie wird von den Ländern unterschiedlich wahrge-

nommen (vgl. § 105 Rdnr. 3). Einer Partei die Unkenntnis einer speziellen Zuständigkeitsregelung anzulasten, die einer Geschäftsverteilung gleichkommt, und eine fristwahrende Verweisung abzulehnen, geht zu weit.

Hat die erste Instanz den zu ihr beschrittenen Rechtsweg für zulässig erklärt, wird die Zulässigkeit im Rechtsmittelverfahren nicht mehr geprüft (§ 17 Abs. 5 GVG). Weist das erstinstanzliche Gericht die Klage entgegen § 17a Abs. 2 S. 1 ab oder bejaht es die Zulässigkeit des Rechtswegs trotz Rüge erst im Urteil, greift § 17a Abs. 5 GVG nicht ein (BGHZ 119, 247/250). Die Zulässigkeit des Rechtswegs ist dann gegebenenfalls auch noch in der Berufungs- oder Revisionsinstanz zu prüfen (BGHZ 130, 159/163 f.).

§ 105 Gerichte für Urheberrechtsstreitsachen

(1) **Die Landesregierungen werden ermächtigt, durch Rechtsverordnung Urheberrechtsstreitsachen, für die das Landgericht in erster Instanz oder in der Berufungsinstanz zuständig ist, für die Bezirke mehrerer Landgerichte einem von ihnen zuzuweisen, wenn dies der Rechtspflege dienlich ist.**

(2) **Die Landesregierungen werden ferner ermächtigt, durch Rechtsverordnung die zur Zuständigkeit der Amtsgerichte gehörenden Urheberrechtsstreitsachen für die Bezirke mehrerer Amtsgerichte einem von ihnen zuzuweisen, wenn dies der Rechtspflege dienlich ist.**

(3) **Die Landesregierungen können die Ermächtigungen nach den Absätzen 1 und 2 auf die Landesjustizverwaltungen übertragen.**

Schrifttum: Danckwerts, Örtliche Zuständigkeit bei Urheber-, Marken- und Wettbewerbsverletzungen – Wider einen ausufernden „fliegenden Gerichtsstand" der bestimmungsgemäßen Verbreitung, GRUR 2007, 104.

Übersicht

	Rdnr.
I. Entwicklung und Bedeutung	1–3
II. Ermächtigung der Landesregierungen	4, 5
III. Ausschließliche Zuständigkeit	6
IV. Internationale, sachliche, örtliche Zuständigkeit	7–12
V. Begehungsort	13–18
VI. Wahrnehmungsgesellschaften	19
VII. Schiedsvereinbarungen	20, 21

I. Entwicklung und Bedeutung

1 1. Das **frühere Recht** kannte **keine Spezialgerichte für Urheberrechtsstreitigkeiten,** gleichwohl gab es sie dadurch, dass bei einzelnen Gerichten die Urheberrechtsstreitigkeiten Spezialkammern bzw. Spezialsenaten zugeordnet waren, zumeist in Verbindung mit der Spezialzuständigkeit für Streitigkeiten aus dem gewerblichen Rechtsschutz und dem Persönlichkeitsrecht. Diese faktische Konzentration hat die Einheitlichkeit der Rechtsprechung und die kontinuierliche Fortentwicklung des Urheberrechts gewahrt. § 105 hat dieser Entwicklung Rechnung getragen.

Die AmtlBegr. sagt dazu (BTDrucks. IV/270 S. 106 rSp.): „Eine einwandfreie Rechtsprechung auf dem Gebiet des Urheberrechts setzt Erfahrungen voraus, die das erkennende Gericht nur gewinnen kann, wenn es ständig mit Rechtsstreitigkeiten dieser Art befasst ist". In Anlehnung an § 140 Abs. 2 MarkenG, § 143 Abs. 2 PatG, § 52 Abs. 2 GeschmG nF, § 27 Abs. 2 GebrMG, auch § 13 Abs. 2 UWG **ermöglicht § 105 durch entsprechende Ermächtigungen die Konzentration von Urheberrechtsstreitigkeiten auf bestimmte Gerichte,** auch bestimmte Amtsgerichte. **Urheberrechtsstreitigkeiten sind solche, bei denen eine Vorschrift des UrhG jedenfalls mitbetroffen ist,** wenn auch nur hilfsweise, siehe § 104 Rdnr. 3. Die Konzentrationsregelung begründet auch die jeweilige gerichtliche Zuständigkeit für alle Rechtsmittel in Urheberrechtssachen (BGH ZUM 1990, 35). Das für Urheberrechtsstreitigkeiten zuständige Gericht kann auch andere Klagegründe prüfen, sofern keine sonstige ausschließliche Zuständigkeit begründet ist (BGH NJW 1968, 351; OLG Düsseldorf WRP

Gerichte für Urheberrechtsstreitsachen **§ 105**

1968, 335/336 lSp.). Aber es besteht keine Zuständigkeit gem. § 105 Abs. 1, wenn hilfsweise oder widerklagend ein Anspruch geltend gemacht wird, der in keinem Zusammenhang mit dem behaupteten Urheberrecht des Klägers steht (zB Zahlungsanspruch aus einem Architektenvertrag: BGH GRUR 1980, 853/855 – Architektenwechsel). Es müssen die Voraussetzungen des § 33 ZPO erfüllt sein. Zudem muss es sich bei der Widerklage ebenfalls um eine Urheberstreitsache handeln (*Wandtke/Bullinger/Kefferpütz*[3] Rdnr. 20 f. unter Hinweis auf *Zöller/Vollkommer*[27] § 33 ZPO Rdnr. 1 und *Stein/Jonas/Roth*[22] § 33 ZPO Rdnr. 7 mwN). Die zunächst ebenfalls vorgeschlagene Konzentration für Prozesse aus dem allgemeinen Persönlichkeitsrecht, dem Recht am eigenen Bild, Namens- und Titelrecht, Verlags- und Filmrecht wurde nicht Gesetz (AmtlBegr. BTDrucks. IV/270 S. 107 lSp.). Praktisch werden aber auch diese Streitigkeiten – wie früher die Urheberrechtsstreitigkeiten – bei Spezialkammern und -senaten geführt, aber nicht als Urheberrechtsstreitigkeiten (LG Mannheim GRUR 1985, 291 – Urheberrechtsstreitsache). Nicht zuletzt dank der spezialisierten Gerichte ist in § 105 die Praxis der Rechtsprechung Gesetz geworden.

Die in § 23a UWG aF, § 12 Abs. 4 UWG nF, § 142 MarkenG, § 144 PatG, § 17a GebrMG **2** vorgesehene **Kostenbegünstigung wurde in das Urheberrechtsgesetz ausdrücklich nicht übernommen** (AmtlBegr. BTDrucks. IV/270 S. 7 lSp.).

§ 105 Abs. 4 und 5 aF wurden gestrichen, nachdem alle bei einem deutschen Landgericht **3** oder Oberlandesgericht zugelassenen Rechtsanwälte bundesweit auftreten können (OLGVertrÄndG vom 23. 7. 2002 – BGBl. I S. 2850).

II. Ermächtigung der Landesregierungen

1. Von der Ermächtigung des § 105 ist in folgendem Umfang Gebrauch gemacht 4 worden:
Baden-Württemberg: LG Stuttgart für OLG-Bezirk Stuttgart, LG Mannheim für OLG-Bezirk Karlsruhe. **Bayern:** LG München I für OLG-Bezirk München; LG Nürnberg-Fürth für OLG-Bezirke Nürnberg und Bamberg; AG München für die LG-Bezirke München I und II, im Übrigen sind die Amtsgerichte an dem funktionell zuständigen Landgericht für den gesamten jeweils zugehörenden Bereich zuständig; **Berlin:** AG Charlottenburg für alle Amtsgerichtsbezirke. **Brandenburg:** AG und LG Potsdam für alle Urheberrechtsstreitsachen im Land. **Hamburg:** AG Hamburg-Mitte für alle Amtsgerichtsbezirke. **Hessen:** AG und LG Frankfurt/M für die LG-Bezirke Darmstadt, Frankfurt/M, Gießen, Hanau, Limburg a. d. Lahn, Wiesbaden; AG und LG Kassel für die LG-Bezirke Fulda, Kassel und Marburg a. d. Lahn. **Mecklenburg-Vorpommern:** Zuständigkeit des AG und LG Rostock für alle Urheberrechtsstreitigkeiten. **Niedersachsen:** AG und LG Hannover für OLG-Bezirk Celle, AG und LG Oldenburg für OLG-Bezirk Oldenburg, AG und LG Braunschweig für OLG-Bezirk Braunschweig; **Nordrhein-Westfalen:** AG und LG Düsseldorf für den OLG-Bezirk Düsseldorf; AG und LG Bielefeld für die LG-Bezirke Bielefeld, Detmold, Münster und Paderborn; AG und LG Bochum für die LG-Bezirke Arnsberg, Bochum, Dortmund, Essen, Hagen und Siegen; AG und LG Köln für den OLG-Bezirk Köln. **Rheinland-Pfalz:** AG Koblenz für OLG-Bezirk Koblenz; AG Frankenthal für OLG-Bezirk Zweibrücken; LG Frankenthal für beide OLG-Bezirke. **Sachsen:** AG und LG Leipzig für alle Urheberrechtsstreitigkeiten im Land. **Sachsen-Anhalt:** AG und LG Halle für die LG-Bezirke Halle und Dessau, AG und LG Magdeburg für LG-Bezirke Magdeburg und Stendal. **Thüringen:** AG und LG Erfurt für OLG-Bezirk Erfurt. Die Länder **Bremen, Saarland und Schleswig-Holstein** haben von § 105 bislang keinen Gebrauch gemacht. Zum Nachweis der einzelnen Verordnungen, auf denen die Zuständigkeiten beruhen siehe Schönfelder, Deutsche Gesetze, Fn. 4 zu § 105 UrhG. Die zugrunde liegenden Ermächtigungen der Landesjustizverwaltungen sind bei *Möhring/Nicolini/Lütje* Rdnr. 17 aufgeführt, die speziellen Kammern und Senate bei *Schulze* in: *Dreier/Schulze*[3] Rdnr. 5.

2. Eine besondere Regelung für Oberlandesgerichte ist nicht vorgesehen; in der Praxis existieren **5** Spezialsenate (*Schulze* in:*Dreier/Schulze*[3] Rdnr. 3; **Fromm/Nordemann**[10] Rdnr. 4; *Möhring/Nicolini/Lütje*: „empfehlenswert" Rdnr. 15). Den ermächtigten Gerichten bleibt die konkrete Geschäftsverteilung vorbehalten, insofern ist eine Verteilung auf mehrere Abteilungen des Amtsgerichts bzw. Kammern des Landgerichts möglich, auch eine Zuweisung an Kammern für Handelssachen ist gängige Praxis (Bedenken bei *Haberstumpf* in: *Büscher/Dittmer/Schiwy* Rdnr. 7). Entsprechende Zuweisungen in der Geschäftsverteilung nehmen die Oberlandesgerichte als Berufungsinstanz wahr. Eine Besonderheit besteht, wenn ein Landgericht für mehrere OLG-Bezirke bestimmt ist, wie zB Landgericht Nürnberg-Fürth für die Bezirke des OLG Nürnberg und des OLG Bamberg. Dann ist für das Berufungsverfahren dasjenige OLG zuständig, in dessen Bezirk die Urheberstreitsache fällt (*Dreier/Schulze*[3] Rdnr. 3)

III. Ausschließliche Zuständigkeit

6   Die durch die Konzentrierung begründete Zuständigkeit ist eine ausschließliche Zuständigkeit. Sie kann weder durch Vereinbarung (§ 38 ZPO) noch durch rügelose Einlassung (§ 40 Abs. 2 ZPO) geändert werden. Gerichtsstandsvereinbarungen sind nur möglich, wenn sie mit der konzentrierten Zuständigkeit in Einklang stehen (BGH GRUR 1953, 114/116 – Reinigungsverfahren). Die **Nichtbeachtung der Zuständigkeitsregelung** hat keine nachteiligen Folgen. Die bei einem nichtspezialisierten Gericht erhobene Klage wird gemäß § 17a Abs. 2 GVG nach Anhörung der Parteien von Amts wegen an das für Urheberrechtsstreitigkeiten zuständige Gericht abgegeben (*Schulze* in: *Dreier/Schulze*[3] Rdnr. 7; *Fromm/Nordemann*[10] Rdnr. 5; *Möhring/Nicolini/Lütje* Rdnr. 16). Einen Verweisungsantrag fordern gemäß § 281 ZPO *v. Gamm* Rdnr. 3; *Wandtke/Bullinger/Kefferpütz*[3] Rdnr. 4; *Haberstumpf* in: *Büscher/Dittmer/Schiwy* Rdnr. 6). Die Einlegung einer Berufung bei dem an sich zuständigen Landgericht soll lt. LG München I UFITA 87 (1980) 338/340 zur Fristwahrung genügen; vgl. auch BGHZ 71, 367/371 für die Verweisung vom allgemein zuständigen OLG zum funktional zuständigen Kartellsenat eines anderen OLG; OLG Koblenz ZUM-RD 2001, 392; aA LG Hechingen GRUR-RR 2003, 168 – Zuständigkeitskonzentration, das eine dort statt beim LG Stuttgart eingelegte Berufung als unzulässig verwarf. Nach BayObLG ist die funktionelle Zuständigkeit betroffen; die Sache sei deshalb ohne Bindungswirkung zu verweisen (ZUM 2004, 672). Da die Spruchpraxis keine einheitliche Linie zeigt, ist spezielle Prüfung geboten.

IV. Internationale, sachliche, örtliche Zuständigkeit

7   **1. Bei der Regelung des § 105 handelt es sich um eine besondere funktionale Zuordnung** (*Wandke/Bullinger/Kefferpütz*[3] Rdnr. 1; aA *Haberstumpf* in: *Büscher/Dittmer/Schiwy*, Rdnr. 5, der sie als eine Sonderform der sachlichen Zuständigkeit sieht, die den speziellen Gerichten den Vorrang vor anderen ausschließlichen und nicht ausschließlichen Zuständigkeiten einräumt). Unberührt von der Spezialzuständigkeit sind die internationale Zuständigkeit, die sachliche Zuständigkeit, die örtliche Zuständigkeit und die Zuständigkeit der Schiedsgerichtsbarkeit. Völlig unberührt davon bleibt auch die Zuständigkeit des Rechtsmittelzuges, die Funktion des Vorsitzenden, des Einzelrichters, Urkundsbeamten, Rechtspflegers, der Vollstreckungsorgane.

8   a) Die **internationale Zuständigkeit** betrifft die Frage, ob ein deutsches Gericht für die Beurteilung eines Sachverhaltes mit Auslandsbezug zuständig ist. Danach stellt sich die Frage der internen Zuweisung. Mittlerweile stimmen weltweit (trotz Art. 14/15 Code Civil nun auch in Frankreich) die Anknüpfungspunkte für die internationale Zuständigkeit mit denen für die örtliche Zuständigkeit überein. Wie andere hat der deutsche Gesetzgeber die internationale Entscheidungszuständigkeit gesetzestechnisch mit der örtlichen Zuständigkeit gekoppelt (Doppelfunktionstheorie). Die Regel lautet: Die örtliche Zuständigkeit indiziert die internationale Zuständigkeit. Die internationale Zuständigkeit ist in Deutschland grundsätzlich immer dann gegeben, wenn mindestens ein deutsches Gericht örtlich zuständig ist. (*Geimer*, Internationales Zivilprozeßrecht[5], Rdnr. 946; *Zöller/Geimer*[27] IZPR Ndnr. 37; OLG Hamburg GRUR 1987, 403 – Informationsschreiben). Zur internationalen Zuständigkeit bei urheberrechtlichem Lizenzvertrag EuGH GRUR 2009, 753 – Falco Privatstiftung ua./*Weller Lindhorst*.

Seit 1. 3. 2002 ist für den **Bereich der EU die Verordnung über die gerichtliche Zuständigkeit und die Anerkennung und Vollstreckung von Entscheidungen in Zivil- und Handelssachen VO (EG) 44/2001 (EuGVVO)** ABl. EG L 12/1 vom 16. 1. 2001 S. 1 (abgedruckt in *Zöller*[27] ZPO Anhang I und *Geimer*, Internationales Zivilprozeßrecht[5] Anhang II) in Kraft. **Sie ersetzt das EWG-Gerichtsstands- und Vollstreckungsübereinkommen vom 27. 9. 1968 EuGVÜ** mit Ausnahme zu Dänemark, das dem neuen Abkommen nicht beigetreten ist. Die Regelungen der EUGVVO entsprechen weitgehend dem früheren EuGVÜ und dem für den Bereich der EFTA-Staaten geltenden Lugano-Übereinkommen (LugÜ) vom 16. 9. 1988 (BGBl. II 1994, 2660, in Deutschland am 30. 9. 1994 ratifiziert (BGBl. II 1994,

2658 und 3772). EuGVVO/LugÜ/EuGVÜ sehen in ihren jeweiligen Art. 5 mehrere Gerichtsstände vor: neben dem Gerichtsstand des Erfüllungsortes und dem Gerichtsstand der Niederlassung den für Urheberrechtsstreitsachen wichtigen Gerichtsstand der unerlaubten Handlung. **Der sachliche Anwendungsbereich des Art. 5 Nr. 3 EuGVVO** wird nach der Rechtsprechung des EuGH durch einheitliche Abgrenzungskriterien bestimmt, die für alle Mitgliedsstaaten eine einheitliche Anwendung schaffen sollen. **Art. 5 Nr. 3 EuGVVO enthält eine dem § 32 ZPO im Wesentlichen entsprechende, direkt anwendbare Vorschrift über den Gerichtsstand der unerlaubten Handlung**; ausführlich dazu bei *Wandke/Bullinger/Kefferpütz*³ Rdnr. 24 ff.

Im Bereich des § 32 ZPO genügt zur Begründung der örtlichen Zuständigkeit das **Vorliegen einer inländischen Erstbegehungsgefahr**; sie wird zumeist durch eine im Ausland begangene Handlung ausgelöst, zB grenzüberschreitende Angebote (OLG Hamburg GRUR 1987, 403 – Informationsschreiben). In seiner Entscheidung „Wagenfeld-Leuchte" hat der BGH das für Urheberrechtsverletzungen bestätigt und die internationale Zuständigkeit über den Gerichtsstand der unerlaubten Handlung als gegeben angesehen, weil die Werbung der Beklagten im Inland in einer deutschsprachigen Zeitschrift erschienen und der in deutscher Sprache gehaltene Internetauftritt der Beklagten an deutsche Kunden gerichtet war (GRUR 2007, 871); dazu auch BGH 2006, 513 – Arzneimittelwerbung im Internet. Verletzungshandlungen begründen mithin einen inländischen Gerichtsstand, wenn sie sich bestimmungsgemäß auch an deutsche Adressaten richten (BGH GRUR 2005, 431 – Hotel Maritime). Begründet wird der Gerichtsstand auch durch eine Provokationsbestellung; womit (von Ausnahmen abgesehen) bewiesen wird, dass rechtsverletzenden Handlungen auch grenzüberschreitend vorkommen (BGH GRUR 1980, 227/230 – Monumenta Germaniae Historica). Schadensersatz kann im inländischen Gerichtsstand nur für Schäden verlangt werden, die aus Verletzungen im Inland resultieren, nicht auch für Verletzungen im Ausland (Territorialitätsgrundsatz; EuGH ZUM 1995, 858 – Shevill). Wenn im Inland nur ein Verstoß gegen das Verbreitungsrecht vorliegt, kann im inländischen Gerichtsstand nur dieser Verstoß und nicht ein Verstoß gegen das Vervielfältigungsrecht verfolgt werden (OLG München GRUR 1990, 677 – Postervertrieb; *Schulze* in: *Dreier/Schulze*³ Rdnr. 15. Dagegen können gegen eine inländische Person am inländischen Gerichtsstand auch Verletzungen, die im Ausland begangen wurden, verfolgt werden (LG München I ZUM-RD 2002, 21 – Just be free; *Schulze* in: *Dreier/Schulze*³ Rdnr. 18).

Der inländische Gerichtsstand wird gelegentlich vom Verletzer unterlaufen, indem eine negative Feststellungsklage in einem anderen Mitgliedstaat mit bekannt langer Prozessdauer anhängig gemacht wird. Deren Anhängigkeit schließt nach Art. 27 EuGVVO eine Hauptsacheklage wegen desselben Verletzungsgegenstandes zwischen denselben Parteien aus (OLG Köln GRUR-RR 2005,36 – Fußballwetten; *Schulze* in: *Dreier/Schulze*³ Rdnr. 13).

Die internationale Zuständigkeit ist in jedem Stadium des Verfahrens von Amts wegen zu prüfen, auch noch im Revisionsverfahren (keine entsprechende Anwendung des § 513 Abs. 2 ZPO; BGH GRUR Int. 2007, 928/930 – Wagenfeld-Leuchte; BGH NJW 2003, 426; siehe *Wandke/Bullinger/Kefferpütz*³ Rdnr. 24 mwN).

Zur internationalen Zuständigkeit der deutschen Gerichte *Katzenberger* in diesem Kommentar Vor §§ 120 ff. Rdnr. 170 ff.; zu den internationalen Verträgen über Urheberrechte und verwandte Schutzrechte *Katzenberger* vor §§ 120 ff. Rdnr. 13 ff.; zum Territorialitätsprinzip und zum Recht des Schutzlandes als anwendbares Recht: *Katzenberger* vor §§ 120 ff. Rdnr. 120 ff.

b) Die sachliche Zuständigkeit richtet sich für Urheberrechtsstreitigkeiten nach den allgemeinen Vorschriften (§§ 23, 71, 72 GVG). Eine ausschließliche sachliche Zuständigkeit der Landgerichte hat der Gesetzgeber anders als für Patent- und Kennzeichenstreitigkeiten (§ 143 Abs. 1 PatG; § 140 Abs. 1 MarkenG) für Urheberrechtstreitigkeiten nicht vorgesehen. Maßgebend ist der Streitwert, der, soweit er sich nicht automatisch aus dem Klagantrag ergibt, vom Kläger angemessen zu bestimmen und vom Gericht nur zu korrigieren ist, wenn er sich als unverhältnismäßig darstellt (§§ 3 ff. ZPO).

c) Die örtliche Zuständigkeit bestimmt sich nach §§ 12 ff. ZPO. Dabei kommt im Urheberrecht, wie im gesamten Bereich des gewerblichen Rechtsschutzes, dem Gerichtsstand der unerlaubten Handlung (§ 32 ZPO) besondere Bedeutung zu. Widerrechtliche Verletzungen von Rechten, die durch das Urhebergesetz geschützt sind, sind unerlaubte Handlungen unabhängig davon, ob Verschulden gegeben ist oder nicht. Zu den von der Rechtsordnung nicht gebilligten Erfolgen, gehören auch die Eingriffskondition (§ 812 BGB) und die Geschäftsführung ohne Auftrag gem. § 687 Abs. 2 BGB. Ob sie als unerlaubte Handlungen zu werten sind, ist umstritten (für

§ 105

die Einbeziehung der Eingriffs- nicht der Leistungskondition: *Wandke/Bullinger/Kefferpütz*[3] Rdnr. 9; *Zöller/Vollkommer*[27] § 32 ZPO Rdnr. 9, 12; *Baumbach/Lauterbach/Albers/Hartmann*[67] § 32 ZPO Rdnr. 7 und 9; *Stein/Jonas/Rotht*[22] § 32 Rdnr. 19; MünchKommZPO[3] *Patzina* § 32 ZPO Rdnr. 8; *Musielak/Heinrich* ZPO[5] § 32 Rdnr. 7). Die einer unerlaubten Handlung gleichgestellten Handlungen sind wie alle anderen Anspruchsgrundlagen jedenfalls über § 17 Abs. 2 GVG und den Sachzusammenhang in die Zuständigkeit einzubeziehen. Zur Kopplung des internationalen mit dem örtlichen Gerichtsstand siehe oben Rdnr. 8 ff.

V. Begehungsort

13 **1. Für Klagen, die auf einer unerlaubten Handlung beruhen, ist das Gericht zuständig, in dem die Handlung begangen wurde.** § 105 hat für manche Gerichte räumlich erweiterte Bezirke geschaffen. Im Übrigen bleibt es bei den allgemeinen Vorschriften der ZPO. Begründet wird die örtliche Zuständigkeit durch den schlüssigen Vortrag des Klägers (BGH NJW 2002, 1425/1426). Bei Konkurrenz mehrerer materiellrechtlicher Anspruchsgrundlagen war nach früherer hM die Zuständigkeit für jeden Anspruch gesondert zu prüfen und nur über den Deliktsanspruch zu entscheiden (gespaltene örtliche Zuständigkeit). **Seit der Neufassung des § 17 Abs. 2 GVG (1991) hat das zulässigerweise im Gerichtsstand der unerlaubten Handlung angegangene Gericht „unter allen in Betracht kommenden rechtlichen Gesichtspunkten" zu entscheiden, also über sämtliche Anspruchsgrundlagen, auch aus Vertragsverletzungen und Geschäftsführung ohne Auftrag** (so nunmehr BGHZ 153/173; *Wandke/Bullinger/Kefferpütz*[3] Rdnr. 10 in Gegenüberstellung der früher zur jetzt herrschenden Meinung; *Schulze* in: *Dreier/Schulze*[3] Rdnr. 11; *Musielak/Heinrich*[6] ZPO § 32 Rdnr. 11; *Zöller/Vollkommer*[27] § 32 ZPO Rdnr. 20 und § 12 ZPO Rdnr. 20, 21 mwN). Durch eine Klaghäufung mit **selbstständigen prozessualen Ansprüchen** wird ein Gerichtsstand nach § 32 ZPO nicht begründet. Dann ist die Klage aus den nicht deliktischen Ansprüchen als unzulässig abzuweisen.

14 **2. § 32 ZPO lässt die Verfolgung unerlaubter Handlungen überall dort zu, wo sie begangen wurden – Gerichtsstand des Begehungsorts –,** dh. wenigstens ein Teilakt verwirklicht wurde (BGHZ 21, 266/270 – Uhrenrohwerke; BGH GRUR 1980, 227/230 – Monumenta Germaniae Historica) oder drohen begangen zu werden. Die Überschreitung vertraglich eingeräumter Nutzungsberechtigungen ist nicht nur Vertragsverletzung, sondern zugleich unerlaubte Handlung. Das führt zum Gerichtsstand des § 32 ZPO (BGH GRUR 1980, 227/230 – Monumenta Germaniae Historica).

15 **Die bloße Warendurchfuhr begründet den Gerichtsstand des § 32 ZPO nicht, wenn nicht eine über die bloße Durchfuhr hinausgehende Verletzungshandlung vorliegt** (BGHZ 23, 100/104 f. – Pertussin I; BGH GRUR 1957, 352 – Pertussin II; BGH GRUR 1958, 189 – Carl Zeiss Stiftung). Auch Vorbereitungshandlungen genügen in diesem Fall nicht (BGHZ 35, 329/334 – Kindersaugflaschen). **Auf Vorlage des BGH (GRUR 2005, 738 – Diesel) hat der EuGH zum Transit von Markenware nach Gemeinschaftsrecht entschieden, dass der Inhaber einer Marke die Durchfuhr von mit der Marke versehener Waren, die auf dem Weg von einem Mitgliedstaat, in dem die Marke nicht geschützt ist,** in das externe Versandverfahren überführt werden, durch einen anderen Mitgliedstaat, in dem diese Marke Schutz genießt, **nur verbieten kann, wenn diese Ware Gegenstand der Handlung eines Dritten ist,** die das Inverkehrbringen der Ware in diesem Durchfuhrmitgliedstaat bedeutet. Dabei kommt es grundsätzlich weder darauf an, ob die für einen Mitgliedstaat bestimmte Ware aus einem assoziierten Staat oder einem Drittstaat stammt, noch darauf, ob die Ware im Ursprungsland rechtmäßig oder unter Verletzung eines dort bestehenden Kennzeichenrechts des Markeninhabers hergestellt worden ist (EuGH GRUR Int. 2007, 241 – Diesel). Dieser Entscheidung zum Markenrecht folgt der BGH (GRUR 2007, 276 – Diesel II; GRUR 2007, 875 – Durchfuhr von Originalware). Es kommt die **rechtliche Fiktion** zum Tragen, dass beim „externen Versand" alles so abläuft, **als wären die Waren nie in das Gemeinschaftsgebiet gelangt** (EuGH aaO Erwägungspunkt 17. und 18.). So bereits *Loy Ullmann* in Fs. für Eike Ullmann, 2006, 437. **Mit dieser Begründung lässt sich auch der Transit urheberrechtsverletzender Ware freistellen, da das Urhebergesetz nur die öffentliche Angebot und das Inverkehrbringen schützt (§ 17) und der reine, ungebrochene Transit kein Inverkehrbringen darstellt.** Zuvor hatte der EuGH zu nachgeahmter Ware entschieden, dass bei einem Transit rechtsverletzender Ware aus einem Drittstaat in einen anderen Drittstaat dem Inhaber eines Rechts am

geistigen Eigentum gemäß Art. 2 und 11 der Verordnung (EG) Nr. 3295/94 des Rates vom 22. 12. 1994, neu gefasst durch die Verordnung (EG) Nr. 241/1999 des Rates vom 25. 1. 1999 durch das nationale Recht und ihren Vollzug Schutz gegeben werden muss und ein Verstoß gegen Gemeinschaftsrecht vorliegt, wenn dieser Schutz versagt wird (**EuGH GRUR 2004, 501 – Rolex-Plagiate;** EUGH GRUR Int. 2000, 748 – Polo/Lauren). **In der Diesel-Entscheidung hat der BGH keinen Widerspruch zur Rolex-Entscheidung** gesehen, die die Auslegung der Verordnung (EG) Nr. 3295/94 des Rates vom 22. 12. 1994 „über Maßnahmen zum Verbot der Überführung nachgeahmter Waren und unerlaubt hergestellter Vervielfältigungsstücke oder Nachbildungen in den zollrechtlich freien Verkehr oder in ein Nichterhebungsverfahren sowie zum Verbot ihrer Ausfuhr und Wiederausfuhr" betraf **(Grenzbeschlagnahme),** abgedruckt in GRUR Int. 1995, 483. Schon vom Wortlaut her betrifft diese Verordnung, die dem Zoll bei Verdacht nachgeahmter Ware, unerlaubten Vervielfältigungen oder Nachbildungen ein Eingreifen ermöglicht, keinen ungebrochenen Transit. **Beim reinen Transit dürften, wenn auf das Inverkehrbringen oder Auf-den-Markt-Gelangen abgestellt wird, auch für urheberrechtsgeschützte Ware die Grundsätze der DIESEL-Entscheidung gelten** (siehe die weiteren EuGH-Entscheidungen zum Transit: GRUR Int. 2004, 39 – Rioglas; GRUR 2006, 146 – Class International; EuGH GRUR 2009, 870 – Davidoff/Bundesfinanzdirektion Südost). Rinnert/Witte sehen nach der DIESEL-Entscheidung den Anwendungsbereich der Grenzbeschlagnahmeverordnung sehr eingeschränkt; es bleibt noch die Fallgestaltung, dass Ware vorübergehend zur Ausstellung in einer Messe in das Gemeinschaftsgebiet gelangt (GRUR 2009, 29).

3. **Verletzungshandlungen durch Druckschriften, Presseveröffentlichungen, Prospekte, Internet, sind überall dort begangen, wo diese bestimmungsgemäß und nicht zufällig verbreitet werden** (BGH GRUR 1971, 153/154 – Tampax; OLG München GRUR 1984, 830/831 – **Fliegender Gerichtsstand** – mwN; überspannt OLG Karlsruhe GRUR 1985, 556/557 – Fliegender Gerichtsstand II). Beim **Internet** ist der Ort der Handlung relevant; das ist der Ort des Erstellers. Von dort wird die Information wissentlich und willentlich in den Verkehr gebracht. Vertriebsort ist der Belegenheitsort des Servers, Erfolgsort der Sitz der User. **Verletzungen im Internet sollen im Gerichtsstand des § 32 ZPO überall dort geltend gemacht werden können, wo die über Internet geladenen, zum Abruf angebotenen Daten heruntergeladen werden können** (Bachmann IPRax 1998, 179; MünchKomm ZPO Patzina § 32 Rdnr. 26 mwN). Das erscheint zu weitgehend. Damit wäre eine nahezu unbegrenzte örtliche Zuständigkeit gegeben, obwohl das Angebot im Internet noch keine Vervielfältigung oder Verbreitung darstellt. Richtiger dürfte der Erfolgsort dort zu verorten sein, wo sich der Internet-Auftritt **bestimmungsgemäß** auswirken soll (BGH NJW 2005, 1435; BGH GRUR 2006, 513/515 – Arzneimittelwerbung im Internet; für grenzüberschreitende Verletzungen des allgemeinen Persönlichkeitsrechts durch Presseerzeugnisse: BGH NJW 1977, 1590/1591; LG Düsseldorf ZUM-RD 2008, 482; OLG Düsseldorf AfP 2009, 159 betr. einen Artikel aus dem Lokalteil der „New York Times"; *Nagel/Gottwald,* IPR[6] § 3 Rdnr. 71; *Danckwerts,* „Wider einen ausufernden ‚fliegenden Gerichtsstand' der bestimmungsgemäßen Verbreitung", GRUR 2007, 104). Kein „fliegender Gerichtsstand" mangels „Sachnähe": AG Frankfurt/M, MMR 2009, 490 m. Anm. Solmecke/Müller.

Auf den Ort des Eintritts des Schadens kommt es nicht an. *Baumbach/Lauterbach/Albers/ Hartmann* ZPO[67] § 32 Rdnr. 23, zu Urheberrechtsverletzungen Rdnr. 13 und 15. Schadensersatz kann nur für den Schaden geltend gemacht werden, der im Inland entstanden ist (Territorialitätsgrundsatz).

Umstritten ist, ob der **Sitz des Verletzten** den Gerichtsstand des Begehungsorts begründet. Der BGH (BGHZ 52, 108/111) hat die Rechtsprechung der Berliner Gerichte in Sachen GEMA, wonach bei Anwendung des § 32 ZPO auch der Sitz der GEMA als Ort der Verletzungshandlung angesehen wurde, weil hier der nicht abgeschlossene Vertrag zu vereinbaren gewesen wäre, abgelehnt. Das Urheberrecht sei nicht am Wohnsitz des Urhebers lokalisiert. So auch *Schack*[4] Rdnr. 721: Als immaterielles Gut sei das Urheberrecht nirgends belegen; ebenso *Baumbach/Lauterbach/Albers/Hartmann* ZPO[67] § 32 Anm. 23. Nach BGH sind Verletzungen des Persönlichkeitsrechts mittels Presseerzeugnis dort „begangen", wo das Presseerzeugnis erscheint oder wo es vertrieben wird, nicht jedoch unabhängig davon auch am Wohn- und Aufenthaltsort des Betroffenen (BGH WRP 1977, 487/488).

VI. Wahrnehmungsgesellschaften

19 Für Rechtsstreitigkeiten über Ansprüche einer Wahrnehmungsgesellschaft wegen Verletzung eines von ihr wahrgenommenen Nutzungsrechts hat § 17 WahrnG (s. die Erl. hierzu) als ausschließlichen Gerichtsstand das Gericht bestimmt, in dessen Bezirk die Verletzungshandlung vorgenommen worden ist oder der Verletzer seinen allgemeinen Gerichtsstand hat. Sind nach § 17 Abs. 1 S. 1 WahrnG für mehrere Rechtsstreitigkeiten gegen denselben Verletzer verschiedene Gerichte zuständig, so kann die Verwertungsgesellschaft alle Ansprüche bei einem dieser Gerichte geltend machen (§ 17 Abs. 2 WahrnG). Neben dieser ausschließlichen Gerichtsstandsbestimmung ist für eine Parteivereinbarung kein Raum (*Baumbach/Lauterbach/Albers/Hartmann*[67] § 32 Rdnr. 15).

VII. Gerichtsstands- und Schiedsvereinbarungen

20 **Gerichtsstandsvereinbarungen sind nur in den Grenzen der §§ 38 ff. ZPO zulässig.** Voraussetzung ist, dass die Vertragsparteien Kaufleute, juristische Personen des öffentlichen Rechts oder öffentlich-rechtliche Sondervermögen sind (§ 38 Abs. 1 ZPO) oder mindestens eine Partei keinen allgemeinen Gerichtsstand im Inland hat (§ 38 Abs. 2 S. 1 ZPO oder nach Entstehen der Streitigkeit den Wohnsitz oder gewöhnlichen Aufenthalt aus dem Geltungsbereich des Gesetzes verlegt oder ihr Wohnsitz oder gewöhnlicher Aufenthalt im Zeitpunkt der Klagerhebung nicht bekannt ist (§ 38 Abs. 3 ZPO). Streitig ist aber grundsätzlich, ob für Klagen aus künftigen unerlaubten Handlungen anstelle des Tatortgerichts ein anderes vereinbart werden kann (*Zöller/Vollkommer*[27] § 32 Rdnr. 18 mwN). Nach § 40 Abs. 2 ZPO ist eine Vereinbarung unzulässig, wenn die Rechtsstreit andere als vermögensrechtliche Ansprüche betrifft und für die Klage ein ausschließlicher Gerichtsstand begründet ist, wie durch § 105. Im Anwendungsbereich der EuGVVO/EuGVÜ/LugÜ können bei Einhaltung der Formerfordernisse in Art. 23 bzw. 17 auch Privatleute für künftige Rechtsstreitigkeiten Gerichtsstandsvereinbarungen treffen (*Wandtke/Bullinger/Kefferpütz*[3] Rdnr. 32).

21 **Schiedsvereinbarungen nach § 1029, 1030 Abs. 1 S. 1 und 2 ZPO sind für Urheberrechtsstreitsachen zulässig,** auch wenn für Urheberrechtsstreitsachen eine ausschließliche funktionelle Zuständigkeit bestimmter staatlicher Gerichte besteht (*Wandke/Bullinger/Kefferpütz*[3] Rdnr. 33; *Zöller/Geimer*[27] § 1030 ZPO Rdnr. 15) Bei Bestehen einer Schiedsvereinbarung bleiben einstweilige gerichtliche Maßnahmen durch die staatlichen Gerichte möglich (OLG Köln GRUR-RR 2002, 309 – Zerowatt). Möglich ist auch, dass die Parteien die Zuständigkeit eines ausländischen Gerichts bestimmen, einschließlich für Maßnahmen des einstweiligen Rechtsschutzes (OLG Hamburg NJW 1997, 749; *Zöller/Vollkommer*[27] § 919 ZPO Rdnr. 3; *Wandke/Bullinger/Kefferpütz*[3] Rdnr. 33).

Unterabschnitt 2. Straf- und Bußgeldvorschriften*

Vorbemerkung

Schrifttum: *Achenbach*, Das Zweite Gesetz zur Bekämpfung der Wirtschaftskriminalität, NJW 1986, 1835; Alternativ-Entwurf eines Strafgesetzbuches, Besonderer Teil, Straftaten gegen die Wirtschaft, vorgelegt von *Lampe, Lenckner, Stree, Tiedemann* und *Weber*, 1977; *Asendorf*, Gesetz zur Stärkung des Schutzes des geistigen Eigentums und zur Bekämpfung der Produktpiraterie, NJW 1990, 1283; *Beck/Kreißig*, Tauschbörsen-Nutzer im Fadenkreuz der Strafverfolgungsbehörden, NStZ 2007, 304; *Beermann*, Strafbarkeit von Raubkopien, Jura 1995, 610; *Bork*, Effiziente Beweissicherung für den Urheberrechtsverletzungsprozeß – dargestellt am Beispiel raubkopierter Computerprogramme, NJW 1997, 1665; *Bortloff*, Der Tonträgerpiraterieschutz im Immaterialgüterrecht, 1995; *Braun, E.*, Produktpiraterie, 1993; *ders.*, Produktpiraterie, CR 1994, 726; *Braun, T.*, Schutzlücken-Piraterie, 1995; *ders.*, Die Schutzlücken-Piraterie nach dem Urheberrechtsänderungsgesetz vom 23. Juni 1995, GRUR 1996, 790; *Buggisch/Kerling*, Phishing, Pharming und ähnliche Delikte, Kriminalistik 2006, 531; *Bühler*, Die strafrechtliche Erfassung des Mißbrauchs von Geldspielautomaten, 1995; *van Calker*, Die Delikte gegen das Urheberrecht, 1894; *Collardin*, Straftaten im Internet, CR 1995, 618; *DACH* (Hrsg.), Produktpiraterie, 1996; *Dreier*, Verletzung urheberrechtlich geschützter Software nach der Umsetzung der EG-Richtlinie, GRUR 1993, 781; *Dreiss*, Programmdiebstahl und Urheberrecht, GRUR Int. 1989, 219; *Ensthaler*, Produktpirateriegesetz, GRUR 1992, 275; *Erdmann/Bornkamm*, Schutz von Computerprogrammen, GRUR 1991, 877; *Ernst/Vassilaki/Wiebe*, Hyperlinks, 2002; *Etter*, Noch einmal – Systematisches Entleeren von Glücksspielautomaten, CR 1988, 1021; *ders.*, Softwareschutz durch Strafanzeige?, CR 1989, 115; *Evert*, Anwendungen im Internet, 2005; *Fischer*, StGB, 57. Aufl. 2010; *Flechsig*, Reform der strafbewehrten Eingriffe in das Urheberrecht?, AfP 1978, 18; *ders.*, Die Grenze des persönlichen Gebrauchs im Hinblick auf das Urheberstrafrecht, FuR 1979, 513; *ders.*, Urheberrechtskriminalität und Urheberstrafrecht, ZRP 1980, 313; *ders.*, Zum Bedürfnis einer Verschärfung des Urheberstrafrechts, FuR 1980, 345; *ders.*, Bedürfen die Urheber- und Leistungsschutzrechte eines verstärkten Strafrechtsschutzes?, in Flechsig (Hrsg.), Rechtspolitische Überlegungen zum Urheberstrafrecht in Deutschland, Osterreich und der Schweiz, 1982, S. 9; *Friedrich*, Strafbarkeit des Endabnehmers von Raubkopien?, MDR 1985, 366; *Franzheim*, Überkriminalisierung durch Urheberrechtsnovelle, CR 1993, 101; *Friedrich*, Strafbarkeit des Endabnehmers von Raubkopien?, MDR 1985, 366; *Fritze/Stauder*, Die Beschaffung von Beweisen für die Verletzung von gewerblichen Schutzrechten, GRUR Int. 1986, 342; *Ganter*, Strafrechtliche Probleme im Urheberrecht, NJW 1986, 1479; *Glauben*, Kopieren von Computerprogrammen, DRIZ 1991, 73; *v. Gravenreuth*, Strafverfahren wegen Verletzung von Patenten, Gebrauchsmustern, Warenzeichen oder Urheberrechten, GRUR 1983, 349; *ders.*, Strafrechtliche Beurteilung des unrechtmäßigen Kopierens von Computersoftware, BB 1983, 1742; *ders.*, Neue juristische Tendenzen bei der Verfolgung von Video-Piraterie, FuR 1984, 132; *ders.*, Kritische Anmerkungen zur Novelle des Urheberrechts, GRUR 1985, 111; *ders.*, Erste Strafentscheidungen zur Software-Piraterie, GRUR 1985, 416; *ders.*, Das Plagiat aus strafrechtlicher Sicht, 1985; *ders.*, Änderungen des Urheberstrafrechts, BB 1985, 1568; *ders.*, 20 Monate Freiheitsstrafe für Video-Piraten, ZUM 1985, 488; *ders.*, Die Praxis der strafrechtlichen Verfolgung der Software-Piraterie, ZUM 1985, 539; *ders.*, Schadenshöhe und Dunkelziffer im Bereich der Softwarepiraterie, CR 1986, 111; *ders.*, Lokale Besonderheiten bei der strafrechtlichen Verfolgung der Softwarepiraterie, CR 1986, 586; *ders.*, Entwurf eines Gesetzes zur Bekämpfung der Produktpiraterie – Ein halber Schritt in die richtige Richtung, BB 1988, 1614; *ders.*, Wird die Novelle des Urheberstrafrechts teilweise unterlaufen?, ZUM 1988, 19; *ders.*, Strafbarkeit nach UrhG § 106 bei Nutzung eines raubkopierten Computerspiels, CR 1990, 55; *ders.*, Typische und untypische Raubkopien, CR 1991, 36; *ders.*, Neue Formen der Softwarepiraterie, CR 1995, 309; *Gummig*, Wesen und Bekämpfung der Videopiraterie, ZUM 1992, 415; *Haß*, Zur Bedeutung der §§ 45 ff. UrhG für das Urheberstrafrecht, in: Herbst (Hrsg.) Fs. für Rainer Klaka, 1987, S. 127; *ders.*, Der strafrechtliche Schutz von Computerprogrammen in *Lehmann* (Hrsg.), Rechtsschutz und Verwertung von Computerprogrammen, 2. Aufl. 1993, S. 467; *Haurand/Vahle*, Computerkriminalität, RDV 1990, 128; *Haurand*, Der rechtliche Schutz von Computerprogrammen, Kriminalistik 1995, 271; *Heghmanns*, Musiktauschbörsen im Internet aus strafrechtlicher Sicht, MMR 2004, 14; *Heinrich*, Die Strafbarkeit der unbefugten Vervielfältigung und Verbreitung von Standardsoftware, 1993; *ders.*, Die Entgegennahme von raubkopierter Software als Hehlerei?, JZ 1994, 938; *Heischel/Benner*, Zur strafrechtlichen Bedeutung der Werkqualität eines Computerspiels, Strafverteidiger 1988, 258; *Helbig*, Immer wieder Beweisschwierigkeiten, Kriminalistik 1986, 372; *Hentschel*, Die rechtswidrige Vervielfältigung aktueller Kinospielfilme, FuR 1982, 237; *ders.*, Rechtswidrige Vervielfältigung oder Verbreitung von Video-Kassetten als Vortat im Sinne von § 259 StGB, FuR 1983, 389; *ders.*, Die Verschärfung des Urheberstrafrechts und ihre Auswirkung in der Film- und Videopraxis, ZUM 1985, 498; *Hildebrandt*, Die Strafvorschriften Des Urheberrechts, 2001; *Hofer*, Computerviren-Herkunft, Begriff, Eigenschaften, Deliktsformen, jur-pc 1991, 1367; *Horn*, Das „Inverkehrbringen" als Zentralbegriff des Nebenstrafrechts, NJW 1977, 2329; *Hornung*, Die Haftung von W-LAN-Betreibern, CR 2007, 88; *Hunsicker*, Marken- und Produktpiraterie, Kriminalistik 2007, 25; *Jescheck/Weigand*, Lehrbuch des Strafrechts, Allg. Teil, 5. Aufl. 1996; *Kann, B.*, Musikpiraterie, 1995; *Katzenberger*, Der Schutz von Werken der bildenden Künste durch das Urheberstrafrecht und die Praxis der Strafverfolgung in der Bundesrepublik Deutschland, GRUR 1982, 715; *ders.*, Kein Laufbildschutz für ausländische Videospiele in Deutschland, GRUR Int. 1992, 513; *Kircher*, Tatbestandsirrtum und Verbotsirrtum im Urheberrecht, 1972; *Kortsik*, Der urheberrechtliche Schutz von Computersoftware, Diss. Mainz 1993; *Kragler/Otto* (Hrsg.), Schützen Sie Ihr Unternehmen, 1991; *Lampe/Wölker*, Der strafrechtliche Schutz der Geisteswerke, UFITA 76 (1976) 141; *Lampe*, Der strafrechtliche Schutz der Geisteswerke (II), UFITA 83 (1978) 15; *ders.*, Der strafrechtliche Schutz der Geisteswerke (III), UFITA 87 (1980) 107; *Lauer*, Der Irrtum über Blankettstrafgesetze am Beispiel des § 106 UrhG, 1997; *Lehmann* (Hrsg.), Rechtsschutz und Verwertung von Computerprogrammen, 2. Aufl. 1993; *Leipold*, Strafbarkeit von Raubkopien, NJW-Spezial 2006, 327; *Lessing*, Anregungen zur Reform des Urheberrechtsgesetzes, ZRP 1985, 109; *Letzgus*, Umfang und

---

* In der 3. Auflage wurden die nachfolgenden Vorschriften bis § 111 b von Frau PD Dr. Irini E. Vassilaki (München/Athen) bearbeitet.

Vor §§ 106ff.

Vorbemerkung

Grenzen des strafrechtlichen Schutzes von unveröffentlichten wissenschaftlichen Gutachten nach § 106, Fs. für Rebmann, 1989, S. 277; *Lieben,* Strafrechtliche Bekämpfung der Videopiraterie durch die §§ 257 ff. StGB, GRUR 1984, 572; *Locher, F.,* Das internationale Privat- und Zivilprozeßrecht der Immaterialgüterrechte aus urheberrechtlicher Sicht, 1993; *Locher, Horst,* Das Recht der bildenden Kunst, 1970; *Loewenheim,* (Hrsg.), Handbuch des Urheberrechts, 2. Aufl. 2010; *ders.* Zum Begriff des Anbietens in der Öffentlichkeit nach § 17 UrhG, Fs. für Traub, 1994, S. 251; *Lührs,* Verfolgungsmöglichkeiten im Fall der „Produktpiraterie" unter besonderer Betrachtung der Einziehungs- und Gewinnabschöpfungsmöglichkeiten (bei Ton-, Bild- und Computerprogrammträgern), GRUR 1994, 264, S. 259; *Meier,* Softwarepiraterie – eine Straftat?, JZ 1992, 657; *Meister,* Leistungsschutz und Produktpiraterie, 1990; *Möhrenschlager,* Computerstraftaten und ihre Bekämpfung in der Bundesrepublik Deutschland, wistra 1991, 321; *Moewes/Koch,* Rechtsprobleme bei Computerspielen, Kriminalistik 1990, 39; *Mühlens,* Neue Waffe gegen Produktpiraterie, CR 1990, 433; *Nick,* Musikdiebstahl, 1979; *ders.,* Die Verfolgung der Tonträgerpiraterie in den USA und in der Bundesrepublik, FuR 1980, 377; *Nordemann,* Umwandlung der Straftaten gegen das Urheberrecht in Offizialdelikte?, NStZ 1982; 372; *Oehler ua.,* Wesen und Bekämpfung der Videopiraterie, 1993; *v. Olenhusen,* Das Urheberstrafrecht und die Multimedia-Kriminalität, UFITA 2001/II 333; *Paul,* Die Computerkriminalität als neue Form der Wirtschaftskriminalität, RDV 1989, 221; *ders.,* Achterbahnfahrt bei der Softwarepiraterie, NJW-CoR 1996, 234; *Pfitzmann/Sieber,* Anforderungen an die gesetzliche Regulierung zum Schutz digitaler Inhalte unter Berücksichtigung der Effektivität von technischen Schutzmaßnahmen, VPRT-Gutachten, 2002; *Reinbacher,* Die Strafbarkeit der Vervielfältigung urheberrechtlich geschützter Werke zum privaten Gebrauch nach dem UrhG, 2007; *Rieble,* Das Wissenschaftsplagiat, 2010; *Rochlitz,* Die Strafbarkeit der vorsätzlichen unerlaubten Vervielfältigung und Verbreitung von Tonträgern, UFITA 83 (1978) 69; *ders.,* Der strafrechtliche Schutz des Urhebers und Leistungsschutzrechtsinhabers, FuR 1980, 351; *ders.,* Der strafrechtliche Schutz des ausübenden Künstlers und des Tonträgerherstellers, in *Flechsig* (Hrsg.), Rechtspolitische Überlegungen zum Urheberstrafrecht in Deutschland, Österreich und der Schweiz, 1982, S. 29; *ders.,* Der strafrechtliche Schutz des ausübenden Künstlers, des Tonträger- und Filmherstellers und des Sendeunternehmens, Diss. Berlin 1987; *Roeber,* Piraterie an geschützten Werken und Leistungen, FuR 1980, 390; *Rösler,* Haftung von Medientauschbörsen und ihrer Nutzer in Nordamerika, Australien und Europa, MMR 2006, 503; *Rupp,* Zur strafrechtlichen Verantwortung des „bösgläubigen" Softwareerwerbers, wistra 1985, 137; *ders.,* Verstößt die unbefugte Benutzung eines urheberrechtlich geschützten Computerprogramms gegen §§ 97 ff., 106 UrhG?, GRUR 1986, 147; *ders.,* Zivilrechtliche und strafrechtliche Konsequenzen beim Auseinanderfallen von Urheber- und Nutzungsrecht, ZUM 1986, 12; *Schaefer/Körfer,* Tonträgerpiraterie, 1995; *Schlüchter,* Zweckentfremdung von Geldspielgeräten durch Computermanipulationen, NStZ 1988, 53; *dies.,* Entschlüsselte Spielprogramme, CR 1991, 105; *Schönke/Schröder,* Strafgesetzbuch, 27. Aufl. 2006; *Schüller,* Zur Strafbarkeit der Verletzung von Urheberrechten an Computerspielen, NStZ 1993, 496; *Seifert,* Plagiatsgeschichte(n), Fs. für Traub, 1994, S. 343; *Sieber,* The International Handbook on Computer Crime, 1986; *ders.,* Zivilrechtliche Beweisinteressen im Strafprozess, Fs. für Spendel, 1992, 757; *ders.,* Computerkriminalität und Informationsstrafrecht, CR 1995, 100; *ders.,* Strafrechtliche Verantwortlichkeit für den Datenverkehr in internationalen Computernetzen, JZ 1996, 429, 494; *ders.* Editorial- Urheberstrafrecht der Informationsgesellschaft, MMR 2002, 701; *Sielaff,* Produktpiraterie – Gedanken über ein Delikt mit Zukunft, Kriminalistik 1991, 434; *Spautz,* Zur Ahndung von Urheberrechtsverletzungen, FuR 1978, 96; *ders.,* Tonträgerpiraterie, Bootlegs und strafrechtlicher Schutz im Urheberrechtsgesetz, FuR 1978, 743; *ders.,* Urheberstrafrecht – Wohin geht die Entwicklung?, – ZUM 1991, 164; *Stenger,* Ein Delikt mit Zukunft?, Kriminalistik 1989, 479; *Sternberg-Lieben,* Musik-Diebstahl, 1985; *ders.,* Internationaler Musikdiebstahl und deutsches Strafanwendungsrecht, NJW 1985, 2121; *Stree,* In dubio pro reo, 1962; *Syndikus,* Computerspiele und Urheberrecht, CR 1988, 819; *Tilmann,* Der Schutz gegen Produktpiraterie nach dem Gesetz von 1990, BB 1990, 1565; *Vassilaki/Mertens,* Computer- und Internet-Strafrecht, 2005; *Vassilaki,* Strafrechtliche Haftung nach §§ 8 ff. TDG; Neuer Anwendungsbereich der objektiven Zurechnungslehre? In MMR 2002, S. 659 ff.; *Wandtke/Bullinger* (Hrsg.) Praxiskommentar zum Urheberrecht, 3. Aufl. 2008; *Wahl,* Video-Piraterie, Kriminalistik 1982, 68; *ders.,* Urheberrechtsverletzungen – Musik- und Video-Piraterie, Raubdrucke und Raubkopien, in Wirtschaftskriminalität Teil 1 (Hrsg. Poerting), BKA-Schriftenreihe Bd. 52, 1983, S. 267; *Weber,* Der strafrechtliche Schutz des Urheberrechts, 1976; *ders.,* Grundsätze und Grenzen strafrechtlichen Schutzes des Urheberrechts und der verwandten Schutzrechte, FuR 1980, 335; *ders.,* Die tatbestandliche Erfassung des Musikdiebstahls, Fs. für Sarstedt, 1981, S. 379; *ders.,* Probleme der Strafvereitelung (§ 258 StGB) im Anschluß an Urheberstraftaten (§§ 106 ff. UrhG), Fs. für Karlheinz Meyer, 1990, S. 633; *ders.,* Zur Anwendbarkeit des deutschen Urheberstrafrechts auf Rechtsverletzungen mit Auslandsberührung, Fs. für Stree und Wessels, 1993, S. 613; *v. Welser/González,* Marken- und Produktpiraterie 2007; *Wille,* Strafbares Kopieren von Computerprogrammen, wistra 1985, 213; *Wippermann,* Der urheberrechtliche Schutz von Mikrochips, 1993; *Wölfel,* Rechtsfolgen von Markenverletzungen und Maßnahmen zur Bekämpfung der Markenpiraterie, 1989; *Würtenberger,* Der Kampf gegen das Kunstfälschertum in der deutschen und schweizerischen Strafrechtspflege, 1951; *ders.,* Soziale Lebensformen des Künstlers und die Entstehung des Kunstfälschertums, NJW 1985, 1856; *Wulff,* Computerprogramm und Videoaufzeichnung als Gegenstand einer Straftat, BB 1985, 427; *ders.,* Nochmals: Internationaler Musikdiebstahl und deutsches Strafanwendungsrecht, NJW 1986, 1236.

1 1. Sowohl Daten, die sich aus Studien ergeben, als auch die steigende Zahl von Fällen des Urheberstrafrechts, mit denen sich die Strafgerichte beschäftigen, leiten zu zwei Folgerungen: Erstens: Urheberrechtsverletzungen bringen riesige wirtschaftliche Gewinne; zweitens: Aus diesem Grund werden Strukturen der organisierten Kriminalität verwendet, um die Tatmodalitäten leichter umzusetzen und die rechtswidrig gewonnenen Gewinne optimierend zu waschen (s. dazu BT-Drucks. 14/2111, 12; *Vassilaki,* MMR 9/2003, V).

2 In diesem Zusammenhang seien die Ergebnisse einer Studie der Europäischen Union erwähnt. Danach betrug der Wert von beschlagnahmten gefälschten CDs, DVDs und Kassetten im Jahr 2002 13 Millionen Euro. Im Jahr 2003 wurden 40 Millionen gefälschte Objekte dieser Art beschlagnahmt. Diese Zahl entspricht 42% der im Jahr 2001 insgesamt beschlagnahmten gefälschten Güter. (http://europa.eu.int/rapid/start/cgi/guesten.ksh?p_action.gettext=gt&doc=IP/02/1163). Nach den Schätzungen von Universal Music, Sony Music, Warner Music, Emi Music und der Bertelsmann Music Group schrumpfte der Markt für CDs, Musikkassetten und

Vorbemerkung   **Vor §§ 106 ff.**

Vinylalben im Jahr 2002 um 12,6%, denn im Jahr 2001 wurden ca. 250 Millionen Stück der entsprechenden Produkte rechtswidrig produziert (Wirtschaftswoche v. 7. 8. 2003, S. 39). Darüber hinaus verursachte die Softwarepiraterie – nach einer Studie des BSA – weltweit einen Schaden von ca. 19 Milliarden Euro, während der geschätzte Schaden in Deutschland im Jahr 1999 ca. 700 Millionen Euro betrug. Wäre es möglich, die Softwarepiraterie um 10% zu senken, so könnte laut Studie der europäische IT-Sektor bis 2006 auf 400 Millionen Euro anwachsen und dadurch fast eine Million zusätzliche Arbeitsplätze im Hightech-Bereich schaffen (Daten und Zahlen siehe in: *Seventh Annual BSA Global Software, Piracy Software 2002*).

Um Urheberrechtsverletzungen zu bekämpfen, steht dem deutschen Rechtsstaat – unter anderem – das Urheberstrafrecht zur Verfügung. Die Straf- und Bußgeldvorschriften enthalten eine Reihe von Tatbeständen, die die Rechte am geistigen Eigentum des UrhG umfassend schützen. Die Normen stellen Auffüllungstatbestände dar, nämlich Vorschriften, deren Strafbarkeitsvoraussetzungen nach der Anwendung anderer Normen bzw. in zivilrechtlichen Vorschriften konkretisiert werden. **3**

Im Einzelnen:
- §§ 106–108 und § 108 b Abs. 1 und 2 UrhG enthalten materiellrechtliche Straftatbestände, die bestimmte Handlungen bestrafen.
- § 108 a und § 108 b Abs. 3 UrhG stellen Qualifikationsstraftatbestände dar, die ein erhöhtes Strafmaß vorsehen, wenn der Täter gewerbsmäßig handelt.
- § 111 a UrhG wurde mit dem Gesetz zur Regelung des Urheberrechts in der Informationsgesellschaft eingefügt. Dadurch ist eine neue Ordnungswidrigkeit im System des UrhG enthalten.
- § 109 UrhG legt fest, dass die Straftatbestände des UrhG grundsätzlich auf Antrag verfolgt werden, es sei denn, dass ein besonderes öffentliches Interesse an der Strafverfolgung besteht und die Strafverfolgungsbehörde daher ein Einschreiten von Amts wegen für geboten hält.
- § 110 und § 111 UrhG enthalten strafgerichtliche Folgen. § 110 UrhG ordnet, über die in § 74 StGB geregelten Fälle hinaus, die Einziehung von Gegenständen an, die durch die Tat hervorgebracht oder zu ihrer Begehung oder Vorbereitung gebraucht worden oder bestimmt gewesen sind. § 111 UrhG gewährt dem Verletzten das Recht, die Bekanntmachung der Strafverurteilung zu beantragen.
- § 111 b UrhG sieht Regelungen vor, die die Grenzbeschlagnahme zulassen, um damit den Umfang von Urheberrechtsverletzungen in einem möglichst frühen Zeitpunkt einzuschränken.

Soweit es die strafprozessuale Umsetzung des Schutzes der Urheberrechte betrifft, sind folgende Merkmale von Bedeutung: **4**
- §§ 106 bis 108 sowie § 108 b Abs. 1 und 2 beschreiben Privatklagedelikte (§ 374 Abs. 1 Nr. 8 StPO). Die öffentliche Klage wird gemäß § 376 StPO bei privatklagefähigen Delikten nur erhoben, wenn diese Vorgehensweise im öffentlichen Interesse liegt. Wie die Staatsanwaltschaft diesen Begriff auszulegen hat, bestimmt sich nach RiStBV Nr. 86 Abs. 2, 261 (speziell zum öffentlichen Interesse an der Verfolgung von Softwarepiraterie *Heghmanns* NStZ 1991, 112 ff.; *Heinrich*, Strafbarkeit S. 324 ff.; *Loewenheim/Flechsig*, Handbuch des Urheberrechts[2], § 96 Rn 9 ff.).
- Die Bejahung oder Verneinung des öffentlichen Interesses kann nur auf Gegenvorstellung oder Dienstaufsichtsbeschwerde überprüft werden. Eine gerichtliche Entscheidung kommt nicht in Betracht.
- Weil § 374 Abs. 1 § 108 a und § 108 b Abs. 3 nicht erwähnt, ist die gewerbsmäßige Begehung stets Offizialdelikt. Damit kann sich der insoweit Verletzte jederzeit und in jeder Lage des Strafverfahrens als Nebenkläger gem. § 395 Abs. 2 Nr. 2 StPO anschließen.
- Da oft Musik- und Softwarepiraterie von Jugendlichen begangen wird, soll den Normen des Jugendgerichtsgesetzes Aufmerksamkeit geschenkt werden. Dieses bedeutet, dass gegen jugendliche Beschuldigte keine Privatklage erhoben werden kann (§ 80 Abs. 1 S. 1 JGG). Die Staatsanwaltschaft verfolgt die Tat ohne Rücksicht auf ein öffentliches Interesse, wenn Gründe der Erziehung oder ein berechtigtes Interesse des Verletzten, das dem Erziehungszweck nicht entgegensteht, es erfordern (§ 80 Abs. 1 S. 2 JGG). Das Adhäsionsverfahren findet bei Jugendlichen keine Anwendung (§ 81 JGG). Die Nebenfolge der Urteilsveröffentlichung nach § 111 UrhG ist gegen Jugendliche und Heranwachsende unzulässig (§§ 6 Abs. 1 S. 2, 105 Abs. 1 JGG).
- Für Straftaten nach dem Urheberrechtsgesetz ist die Wirtschaftsstrafkammer bei dem Landgericht zuständig (§ 74 c Abs. 1 Nr. 1 GVG).

Durch Gesetz vom 10. 9. 03 (BGBl. 2004, I, 312) wurden rechtswidrige Eingriffe in technische Schutzmaßnahmen und zur Rechtewahrnehmung erforderliche Informationen mit Strafe bedroht (§ 108 b) und ein ergänzender Ordnungswidrigkeitentatbestand normiert (§ 111 a). Zu **5**

Vor §§ 106ff. Vorbemerkung

§ 111c vgl. dort Rdnr. 1. Die Struktur des Urheberstrafrechts ist im Übrigen unverändert geblieben.

6 Diese Feststellung gilt auch für die **Urheberrechtsverletzungen mit Auslandsbezügen.** Wegen der zivilrechtsakzessorischen Ausgestaltung des Urheberstrafrechts kann der strafrechtliche Schutz nicht über den zivilrechtlichen Schutz hinausgehen. Die Anwendbarkeit des deutschen Strafrechts wird damit durch das internationale Urheberrecht, nämlich durch die §§ 120ff. UrhG und das Territorialitätsprinzip, beeinflusst bzw. eingeschränkt (s. zum Territorialitätsprinzip und Recht des Schutzlandes im Allgemeinen Vor §§ 120ff. Rdnr. 120ff.). Die Folgen dieser Modifizierung sind:

a) Deutsche Staatsangehörige und Staatsangehörige anderer EU- und EWR-Staaten nach § 120 UrhG genießen für Auslandstaten den Schutz des deutschen (Urheber)strafrechts nicht. § 7 Abs. 1 StGB tritt vor dem im Urheberrecht geltenden Territorialitätsprinzip zurück. Dieses bedeutet: Vervielfältigt ein In- oder Ausländer unerlaubt Werke eines deutschen Urhebers im Ausland, dann muss der Verletzte den Schutz des ausländischen Urheberrechts einfordern (s. im Einzelnen Vor §§ 120ff. Rdnr. 135ff.).

b) Ausländische Staatsangehörige genießen den Schutz des deutschen (Urheber)Strafrechts gegen Inlandstaten nur eingeschränkt. Die Einschränkungen sind in § 121 UrhG festgelegt.

c) Wird die urheberrechtlich strafbare Handlung in Deutschland begangen, findet das deutsche Urheberstrafrecht Anwendung (§ 3 StGB). Deswegen wird das unzulässige Download eines urheberrechtlich geschützten Werkes aus einem ausländischen Server in Deutschland nach den Normen des deutschen Urheberstrafrechts bewertet (über das internationale Urheberstrafrecht s. *Weber*, in: FS für *Stree/Wessels*, S. 613ff.; *Hildebrandt*, Die Strafvorschriften des Urheberrechts, S. 314ff.; *Sternberg-Lieben*, NJW 1985, 2124f. *Loewenheim/Flechsig*[2], § 90 Rdnr. 66ff.; aus der Rechtsprechung s. dazu auch BGH U. v. 3. 3. 2004, MMR 4/2004, V).

d) Umstritten ist, ob für die rechtswidrige **Online-Verwertung von Werken,** bei der die urheberrechtlich strafbare Handlung im Ausland begangen worden ist, das deutsche Urheberstrafrecht Anwendung findet. Zu prüfen ist, ob in solchen Fällen – gem. § 9 StGB – der zum Tatbestand gehörende Erfolg im Inland eintritt. Diese Fallkonstellation ist insbesondere dann von Bedeutung, wenn der Täter urheberrechtlich geschützte Werke, etwa Musikstücke, ohne die Einwilligung des Urhebers auf einem ausländischen Server in das Internet einspeist, die ein Internetnutzer in Inland herunterladen kann.

Einerseits kann man die Meinung vertreten, dass, weil das Urheberrecht eng an das Territorialitätsprinzip gebunden ist, (s. dazu *Sternberg-Lieben,* Musikdiebstahl, 110; *Weigel,* 93), das deutsche Strafrecht nur dann Anwendung findet, wenn die urheberrechtlich strafbare Handlungen gem. § 3 StGB im Inland begangen worden sind. Dadurch
– erreicht man Rechtssicherheit und
– wird die Ausuferung der Anwendbarkeit des deutschen Strafrechts vermieden.

Um einer beschränkten Anwendung des deutschen Strafrechts zu entgehen, wäre auch die restriktive Anwendung des § 9 StGB vertretbar. In Anlehnung an die Ausführungen des BGH, wäre dann das deutsche Urheberrecht anwendbar, wenn die im Ausland begangene urheberrechtlich strafbare Handlung, konkret geeignet ist, das Verwertungsrecht des Urhebers zu beeinträchtigen (s. das sog. „Auschwitzlügeurteil" in: BGHSt. 46, 212ff. 223 und dazu die Anmerkungen von *Claus*, MMR 2001, 232ff.; *Hörnle*, NStZ 2001, 309ff.; *Vassilaki*, CR 2001, 262ff.). Das Merkmal der „Geeignetheit" liefert allerdings die Lösung der an dieser Stelle prüfbaren Fallkonstellation nicht. Denn:
– die Ausführungen des BGH betreffen abstrakt-konkrete Gefährdungsdelikte, nämlich § 130 Abs. 1 und 3 StGB. Die urheberstrafrechtlichen Tatbestände stellen keine Gefährdungsdelikte dar;
– ob § 130 StGB bei Sachverhalten Anwendung findet, bei denen der Täter in einem ausländischen Server volksverhetzende Schriften eingespeist hat, die ein inländischer Internet-Nutzer heruntergeladen hat, wurde ausdrücklich offen gelassen (BGHSt. 46, 224). Damit macht das Gericht deutlich, dass die „Geeignetheit" kein Kriterium liefert, das in allen Fällen der grenzüberschreitenden Internetkriminalität bei der Frage der Anwendbarkeit des deutschen Strafrechts herangezogen werden kann.

Schon diese ausgewählten Einwände weisen darauf hin, dass für eine urheberrechtlich und zugleich strafrechtlich kompatible Erläuterung des § 9 StGB die Lösung seiner Auslegung von der Unterscheidung zwischen Erfolgs- und Gefährdungsdelikten notwendig ist. Für die Beantwortung dieser Frage soll vielmehr auf den konkreten Straftatbestand abgestellt werden, was

sowohl vom BGH (BGHSt. 46, 223) als auch vom historischen Gesetzgeber (*Kielwein,* in: Niederschriften über die Sitzung der Großen Strafrechtskommission IV, AT 38. bis 52. Sitzung 1958, 20) tendenziell befürwortet wird. Dieser Ansatz bedeutet für das Urheberstrafrecht hinsichtlich der Online-Verwertung urheberrechtlich geschützter Werke Folgendes:
– Die Online-Verwertung stellt eine öffentliche Zugänglichmachung (§ 19 a) dar, die dem Urheber ausschließlich zusteht (§ 15 Abs. 2 Nr. 2) und deren Verletzung nach § 106 Abs. 1 bestraft wird. Damit bildet das „öffentliche Zugänglichmachen" eine Handlung gem. § 9 Abs. 1 1. Alt. StGB, die die Anwendbarkeit des deutschen Urheberstrafrechts zulässt, wenn sie innerhalb des deutschen Territoriums begangen wird.
– Ob allerdings diese Handlung in Deutschland stattfindet, bzw. welches Recht auf eine grenzüberschreitende öffentliche Zugänglichmachung Anwendung findet, ist nicht von der weiteren Auslegung des § 9 StGB abhängig. Die Akzessorität des Urheberstrafrechts gegenüber dem Urheberzivilrecht weist darauf hin, dass die entsprechende Antwort von der zivilrechtlichen Diskussion abhängig ist.
– Dieses bedeutet: Kommt die zivilrechtliche Prüfung zum Ergebnis, dass das Werk in Deutschland öffentlich zugänglich gemacht worden ist, dann greift auch § 9 Abs. 1 1. Alt. StGB ein und der Täter macht sich gem. §§ 106, 19a, 15 Abs. 2 Nr. 2 UrhG strafbar, da er in Deutschland gehandelt hat. Wird dagegen nach der zivilrechtlichen Prüfung die Anwendbarkeit des deutschen Urheber(zivil)rechts abgelehnt, dann findet auch das Urheberstrafrecht keine Anwendung, denn das Akzessoritätsprinzip verbietet, dass die strafrechtlichen weiter als die zivilrechtlichen Folgen gehen (s. zur zivilrechtlichen Rechtslage § 97 Rdnr. 78 ff.).
– Die Beurteilung im Falle der Verbreitung durch das Internet ist allerdings wohl noch nicht abschließend geklärt (vgl. *Wandtke/Bullinger/Hildebrandt*[3] § 106 Rdnr. 46).

Für die Strafbarkeit der Anbieter von Tele- bzw. Mediendiensten nach dem Urheberrecht **7** sind **§§ 7 ff. TMG bzw. §§ 6 ff. MedienDStV** heranzuziehen. Bietet etwa ein Provider selbst ohne die Einwilligung des Berechtigten urheberrechtlich geschützte Werke an, dann macht er sich gem. §§ 106 ff. UrhG strafbar. Bieten Dritte, die die Server von Providern benutzen, ohne die Einwilligung des Berechtigten entsprechende Werke zum Download, dann machen sich die Provider nur unter den Voraussetzungen der §§ 7 ff. TMG bzw. §§ 6 ff. MedienDStV strafbar. Die Anbieter von Tele- und Mediendiensten sind zwar nicht verpflichtet, präventive Kontrollen durchzuführen, um eventuell urheberrechtliche Verletzungen aufzudecken. Es unterfällt allerdings ihrer Verantwortung, den Zugang zu rechtswidrig angebotenen Werken zu sperren, wenn sie Kenntnis davon bekommen, dass durch dieses Angebot Urheberrechte verletzt werden (dazu § 97 Rdnr. 78 ff. S. auch *Loewenheim/Flechsig*[2] § 90 Rdnr. 62 ff.; *Wandtke/Bullinger/Hildebrandt*[3] § 106 Rdnr. 43).

§ 106 Unerlaubte Verwertung urheberrechtlich geschützter Werke

(1) **Wer in anderen als den gesetzlich zugelassenen Fällen ohne Einwilligung des Berechtigten ein Werk oder eine Bearbeitung oder Umgestaltung eines Werkes vervielfältigt, verbreitet oder öffentlich wiedergibt, wird mit Freiheitsstrafe bis zu drei Jahren oder mit Geldstrafe bestraft.**

(2) **Der Versuch ist strafbar.**

Schrifttum: S. die Schrifttumsnachweise Vor §§ 106 ff.

Übersicht

	Rdnr.
I. Allgemeines	1
II. Objektiver Tatbestand	2–29
III. Subjektiver Tatbestand	30
IV. Verbotsirrtum	31
V. Versuch, Täterschaft und Teilnahme, Konkurrenzen	32–34

I. Allgemeines

Geschütztes **Rechtsgut** sind das Verwertungsrecht des Urhebers, seines Rechtsnachfolgers **1** oder die von ihnen eingeräumten ausschließlichen Nutzungsrechte (§§ 15–17, 19–22). Die Vorschrift spart § 18 aus, so dass das Ausstellungsrecht strafrechtlich nicht geschützt ist. Auch die Herstellung einer Bearbeitung oder Umgestaltung durch Verfilmung (§ 23) ohne Einwilligung des Urhebers, wird vom Anwendungsbereich der Norm nicht erfasst. Ebenso wird das Urheberpersönlichkeitsrecht ausgenommen. Das Urheberpersönlichkeitsrecht ist – teilweise – in § 107 geschützt (vgl. § 107 Rdnr. 1). Das Urheberstrafrecht will rein obligatorische Ansprüche nicht sichern.

II. Objektiver Tatbestand

2 1. **Tatobjekt** der Vorschrift ist das **urheberrechtlich geschützte Werk**. Dazu vgl. §§ 2–4 und die Erläuterungen dort. Die Fassung des § 69a Abs. 3 lässt für **Computerprogramme** (§ 69a Abs. 1) die Forderung nach einer besonderen Schöpfungshöhe nicht mehr zu (vgl. § 69a Rdnr. 14ff.). Somit steht fest, dass im Rahmen des § 106 schon die sog. kleine Münze – auch der Computerprogramme – geschützt wird. (Dazu s. auch AG Velbert mit nur im Ergebnis zustimmender Anmerkung von *Hütig* MMR 1998, 153). Indem die „kleine Münze" erfasst wird, sind auch die Datenbankwerke strafrechtlich geschützt. Auch das **unsittliche** Werk ist geschützt (*Weber* S. 174). Das **Sammelwerk** ist nicht eigens erwähnt, da es unter den Voraussetzungen des § 4 ohnedies Werkschutz genießt (vgl. *Weber* S. 186f.).

3 2. Keine Bedeutung hat die besondere Nennung der **Bearbeitung**. Das Werk ist gegen jede abhängige Nachschöpfung geschützt (*Wandtke/Bullinger*-Hildebrandt[3], § 106 Rdnr. 10; *Loewenheim/Flechsig*[2], § 90 Rdnr. 11). Wenn die Bearbeitung als solche eine persönliche geistige Schöpfung des Bearbeiters ist – das muss man auch hier voraussetzen – wird sie wie ein selbstständiges Werk behandelt (§ 3). (Zum Begriff der Bearbeitung vgl. § 3 Rdnr. 5ff.) Zum Begriff der **Umgestaltung** vgl. § 23 Rdnr. 3, 4. Umgestaltungen sind auch durch § 106 nur dann geschützt, wenn sie eine eigenschöpferische Leistung enthalten, wie sich schon aus der Angriffsobjekts-Trias Werk, Bearbeitung, Umgestaltung ergibt (vgl. auch *Weber* S. 77). Einer Rechtsanwendung „contra legem" – wie sie *Lampe* (UFITA 83 (1978) 15/28) erwägt – bedarf es daher nicht.

4 3. Als **strafbare Tathandlungen** erwähnt die Vorschrift unter bestimmten Voraussetzungen das „Vervielfältigen", „Verbreiten" oder die „öffentliche Wiedergabe" des urheberrechtlich geschützten Werks.

5 4. **Vervielfältigung** ist die Herstellung eines körperlichen Gegenstands, der das Werk in sinnlich wahrnehmbarer Weise wiedergibt, (ausführlich dazu § 16 Rdnr. 5ff.) Der zivilrechtliche und der strafrechtliche Vervielfältigungsbegriff sind insoweit identisch. Damit stellt diese Tatbestandsvariation ein Erfolgsdelikt dar.

6 Wegen der Deckung des zivilrechtlichen mit dem strafrechtlichen Vervielfältigungsbegriff ist bei **Computerprogrammen** eine strafbare Vervielfältigung dann zu bejahen, wenn das Vervielfältigungsrecht, wie in §§ 69c, 69d und 69e UrhG festgelegt wird, nach den Prämissen der Vorschrift verletzt ist (Einen umfassenden Überblick zur Bewertung der bestimmungsgemäßen Nutzung des Programms geben *Heinrich* Strafbarkeit S. 191ff. und *Hildebrandt*, 77ff.).

7 Die **Speicherung eines Datenbankwerks** auf die Festplatte eines Computers oder auf einen digitalen Datenträger stellt eine Vervielfältigung dar, denn sie ist dazu geeignet, das Werk mittelbar wahrnehmbar zu machen.

7a Unwesentliche Teile einer **Datenbank** dürfen von jedermann beliebig vervielfältigt werden, solange die auf einem systematischen Vorgehen beruhenden wiederholten Nutzungen unwesentlicher Teile einer Datenbank in ihrer Summe das Ausmaß der Nutzung eines wesentlichen Teils der Datenbank nicht erreichen. Erst bei Überschreiten dieser Grenze steht die Nutzung unwesentlicher Teile einer Datenbank der Nutzung eines wesentlichen Teils der Datenbank gleich, erst dann hat der Datenbankhersteller den sich aus § 97 Abs. 1 S. 1 UrhG ergebenden Unterlassungsanspruch (OLG Köln, U v. 3. 10. 2002, ZUM-RD 2003, 421ff.). Nach KG, U. v. 9. 6. 2000 ist die Vervielfältigung von Daten eines Veranstalters aus einer Datenbank, die zum Zwecke des Vorverkaufs von Eintrittskarten über Vorverkaufsstellen Daten von 300 bis 400 Veranstaltern enthält, eine Vervielfältigung eines unwesentlichen Teils der Datenbank nach § 87b UrhG (KG, MMR 2001, 171ff.).

8 Die **Bildschirmweitergabe** stellt dagegen keine Vervielfältigung dar, denn dadurch erfolgt keine neue körperliche Festlegung; vielmehr handelt es sich um eine unkörperliche Übermittlung des urheberrechtlich geschützten Werks (s. dazu *Busch/Giessler*, MMR 2001, 589).

Als besondere strafbare Tatvariation ist das **Download** von urheberrechtlich geschützten Werken aus dem Internet zu erwähnen. Diese Handlung stellt eine Vervielfältigung im Datenspeicher des Herunterladenden dar (BGH, NJW 2001, 3558). Sie ist rechtmäßig, solange die Vervielfältigung des Werks, wie § 53 Abs. 1 S. 1 konstatiert, zum privaten Gebrauch dient. Dieselbe Vorschrift setzt allerdings Schranken. Die Vervielfältigungshandlung ist nicht mehr zulässig, wenn eine offensichtlich rechtswidrig hergestellte Vorlage für den Vervielfältigungsvorgang verwendet wird (wann eine offensichtlich rechtswidrig hergestellte Vorlage vorliegt s. § 53 Rdnr. 19 ff.). Dies hat zur Folge, dass das Download von Werken, etwa von Musik oder Videofilmen, bei denen Zweifel an der Rechtmäßigkeit der Vorlage bestehen, den gesetzlichen Anforderungen nicht entsprechen, so dass diese Handlung bei Vorliegen der sonstigen Voraussetzungen regelmäßig strafbar ist (so auch *Loewenheim/Flechsig*, Handbuch des Urheberrechts², § 90 Rdnr. 16; *Berger*, ZUM 2004, 259; *Heghmanns*, MMR 2004, 15 f.). 9

Die Vervielfältigung von **Datenbankwerken** zum privaten Gebrauch ist nach § 53 Abs. 5 nicht zulässig (zu den Einzelheiten vgl. § 53 Rdnr. 76 f.). Wer sich bei einem Download an die normierten Einschränkungen nicht hält, kann also unvervielfältigen iS von § 106 Abs. 1. 10

Teilvervielfältigung eines Werks ist strafbar, wenn urheberrechtlich geschützte Teile vervielfältigt werden (*Röttinger* IuR 1987, 270; *Hildebrandt* 83 f.; *Weber*, 204 ff.; aA *v. Gravenreuth*, GRUR 1986, 723; *Holländer*, GRUR 1991, 422). 11

Eine Vervielfältigung trotz **Abweichens von der Vorlage** liegt vor, wenn es sich um eine abhängige Bearbeitung oder Umgestaltung des Originals handelt. Die Bearbeitung oder Umgestaltung selbst wird nicht geschützt, wenn sie keine eigenschöpferische Leistung darstellt. Die bloße Unzulässigkeit nach §§ 23 S. 2, 69 c Nr. 2 führt noch nicht zur Strafbarkeit. 12

Ob eine Vervielfältigung durch Unterlassen vorliegt, richtet sich nach den allgemeinen Grundsätzen, zu den Voraussetzungen vgl. *Fischer*, StGB⁵⁷ § 13 Rdnr. 2 ff. (aA Vorauf.). 13

5. Mit dem Begriff der **Verbreitung** knüpft die Vorschrift an § 17 an (vgl. dort Rdnr. 5 ff.). Gegen einen eigenständigen strafrechtlichen Verbreitungsbegriff sprechen die Forderung nach Rechtssicherheit und der Grundsatz der Einheit der Rechtsordnung in diesem sensiblen Rechtsgebiet (aA *Hildebrandt*, 98 ff.). Es verbreitet somit, wer das Original oder Vervielfältigungsstücke (dh. körperliche Festlegungen des Werkes) a) der Öffentlichkeit **anbietet** oder b) **in Verkehr bringt** (s. zu diesen Begriffen § 17 Rdnr. 8 ff.). 14

Unter den Begriff **Angebot an die Öffentlichkeit** fällt nicht nur das Angebot zum Verkauf, sondern auch das zur sonstigen Besitzüberlassung, so im Wege der Leihe oder Miete. Das Tatbestandsmerkmal des Anbietens ist jedoch nicht zivilrechtlich, sondern wirtschaftlich zu verstehen (KG NStZ 1983, 561; *Mestmäcker/Schulze* § 17 Anm. 5). Anbieten kann der Täter zB durch Zurschaustellung auf Messen oder in Ladengeschäften, durch Inserate oder eigene Werbeschriften. Die Veröffentlichung urheberrechtswidriger Anzeigeninhalte fällt unter das Anbieten an die Öffentlichkeit (BGH MMR 1999, 280) wie auch das Angebot urheberrechtlich geschützter Werke zur Versteigerung im Internet (*Vassilaki*, in: *Spindler/Wiebe*, Internet-Auktionen und Elektronische Marktplätze Kap. 15 Rdnr. 66). 15

Aus dem Wortlaut der Vorschrift lässt sich ableiten, dass es nicht darauf ankommt, dass die Werkstücke zurzeit des Angebots bereits hergestellt sind; das Anbieten zur alsbaldigen Herstellung und Lieferung genügt. Damit ist das Einzelangebot erfasst (BGHZ 113, 159/163) wobei eine Konkretisierung des Werkstücks nicht erforderlich ist (so allerdings KG, NStZ 1983, 561). Die Frage ist gleichwohl streitig (vgl. etwa *v. Gamm* § 17 Rdnr. 6 und *Weber* S. 214 einerseits, auf der anderen Seite – der Ansicht dieses Textes entsprechend – zB RGZ 104, 376/379 – Ballet – zum Warenzeichenrecht; BGH GRUR 1980, 227/230 – Monumenta Germaniae Historica; *Loewenheim/Flechsig*, Handbuch des Urheberrechts², § 90, 17; *Flechsig* NStZ 1983, 562/563; *Heinrich* Strafbarkeit S. 224 ff.; *Loewenheim*, Fs. für Traub, S. 258). 16

Das Angebot muss sich an die **Öffentlichkeit** richten, wie sich aus § 17 Abs. 1 bzw. für Computerprogramme aus § 69 c Nr. 3 in Verbindung mit § 17 Abs. 1 ergibt. Der Begriff der Öffentlichkeit ist entsprechend § 15 Abs. 3 zu bestimmen (vgl. dazu § 17 Rdnr. 12). Es ist kein öffentliches Anbieten gegenüber einer Mehrheit von Personen erforderlich, zB durch ein Inserat, das sich an eine Vielzahl von Interessenten wendet. Vielmehr kann auch das Einzelangebot an einen der Öffentlichkeit angehörenden Dritten genügen, zu dem keine persönlichen Bindungen bestehen (Übersenden einer Programmliste an einen Dritten auf dessen Tauschanzeige in einer Computerzeitschrift, BGHZ 113, 159). Aus dem Wortlaut lässt sich darüber hinaus ableiten, dass unerheblich ist, ob das Angebot angenommen wurde oder erfolglos geblieben ist. 17

§ 106 Unerlaubte Verwertung urheberrechtlich geschützter Werke

18 **In Verkehr gebracht** ist das Werkstück nach einer verbreiteten Auffassung (vgl. *Weber* S. 211) dann, wenn der Täter es derart aus seinem Gewahrsam entlassen hat, dass ein anderer in der Lage ist, sich der Sache zu bemächtigen und mit ihr nach seinem Belieben umzugehen. Der Gegenstand muss jedoch tatsächlich in die Verfügungsgewalt eines Dritten geraten (*Horn* NJW 1977, 2329/2333). Es genügt nicht die bloße Möglichkeit der Erlangung der Verfügungsgewalt durch ihn. Mit der Aushändigung des Gegenstandes an einen Boten (Post, Bahn, „eigener" Spediteur oÄ) ist die Tat noch nicht vollendet (vgl. dazu *Horn* NJW 1977, 2329/2333), auch nicht durch die Ankunft des aus dem Herstellerbetrieb versandten Gegenstandes im Verkaufslager desselben Unternehmens (vgl. dazu RGSt. 14, 35 f.). Der Verleger ist für den Drucker nicht Dritter (*Weber* S. 211). Der Wechsel der Verfügungsgewalt muss nicht endgültig oder entgeltlich sein, Leihe genügt zB (KG Schulze KGZ 56, 11 f.). Eine Sache kann mehrfach in Verkehr gebracht werden, zB vom Hersteller über den Großhändler zum Einzelhändler (vgl. aber sogleich zur Frage der Erschöpfung des Verbreitungsrechts). Die Weitergabe von Werkstücken innerhalb des persönlichen Bekanntenkreises berührt das Verbreitungsrecht nicht, ist also kein Inverkehrbringen (KG NStZ 1983, 561/562). „Öffentliches" Inverkehrbringen ist hingegen zu bejahen, wenn das Vervielfältigungsstück das persönliche Umfeld des Vertreibers verlässt (vgl. BGHZ 113, 159/161). Vgl. ferner § 17 Rdnr. 7 ff. und für Computerprogramme § 69 c Rdnr. 24.

19 Ist das **Verbreitungsrecht** an den in Verkehr gebrachten Werkstücken **erschöpft**, dh. erloschen (zu den Voraussetzungen vgl. § 17 Rdnr. 42 ff.; vgl. auch *Weber* S. 214 ff.), können diese nicht mehr tatbestandsmäßig iSd. § 106 verbreitet werden. Es fehlt nicht etwa nur an der Rechtswidrigkeit, wie es der Wortlaut von § 17 Abs. 2 („zulässig") nahe legen würde (für Tatbestandsausschluss auch *v. Gamm* Rdnr. 2; *Kircher* S. 230; *Möhring/Nicolini/Spautz*[2] Rdnr. 4 sehen hierin einen gesetzlich zugelassenen Fall). In diesem Sinne binden die als „not for resale" gekennzeichneten Datenträger (abg. „NFR") nur denjenigen, der sich dem Betreiber der Datenträger gegenüber vertraglich verpflichtet hat, den Weiterverkauf zu unterlassen (OLG Düsseldorf, JurPC Web-Dok. 179/1998). § 106 spricht ungenau von der Verbreitung des Werkes, obwohl nicht das Werk als solches, sondern nur Original und Vervielfältigungsstücke verbreitet werden können. Dementsprechend bezieht sich auch die Erschöpfung des Verbreitungsrechts nur auf bestimmte Werkstücke.

20 Das Verbreitungsrecht wird auch bei Inverkehrbringen in der EU oder im EWR erschöpft (**gemeinschaftsweite Erschöpfung**, § 17 Abs. 2). Bei Inverkehrbringen in **Drittstaaten** ist das Verbreitungsrecht bei **„reimportierten"** urheberrechtlich geschützten Werken nicht erschöpft bzw. bei Konstellationen, in denen der **„graue Markt"** tätig wird. Sind einem Berechtigten die urheberrechtlichen Befugnisse unter räumlicher Beschränkung auf das Ausland und nicht für das Inland übertragen worden, erschöpft das ausländische Inverkehrbringen der geschützten Werkexemplare hier das inländische Verbreitungsrecht nicht. Denn das Verbreitungsrecht umfasst auch die Möglichkeit der territorial beschränkten Lizenzvergabe (BGHZ 80, 104 ff.; BGHZ 81, 285). Bringt nun der Lizenznehmer eines anderen Staates ein urheberrechtlich geschütztes Werk in Deutschland in Verkehr, verbreitet er gemäß § 106 Abs. 1 UrhG. Dies gilt auch, wenn der Lizenzinhaber, der berechtigt ist, Waren lediglich im Land A zu verkaufen, durch elektronische Plattformen dieselbe Ware im Land B oder C in Verkehr bringt (s. zur Frage der internationalen Erschöpfung § 17 Rdnr. 64 ff.).

21 6. Der Begriff der **öffentlichen Wiedergabe** entspricht dem des § 15 Abs. 2. Da § 15 Abs. 2 offen ist auch für künftig sich etwa neu ergebende technische Möglichkeiten öffentlicher Wiedergabe („insb."), enthält die Verknüpfung der Strafnorm mit der vorgenannten Vorschrift ein gewisses Unsicherheitsmoment; verfassungswidrige Unbestimmtheit liegt aber noch nicht vor: Der Text ist noch so deutlich, „dass eine subjektiv-eigenmächtige Entscheidung des Richters ausgeschlossen ist" (*Jescheck/Weigend*[5] § 15 III 3; vgl. auch *Weber* S. 224 f.).

Die wesentliche Neuerung, die die neue Fassung des § 15 Abs. 2 UrhG mit sich bringt, betrifft das Recht der öffentlichen Wiedergabe, das in § 15 Abs. 2 Nr. 2 UrhG eingefügt wurde und das – hauptsächlich – die Werkverwertung im Internet betrifft. Demzufolge wird jedes **Bereitstellen** eines urheberrechtlich geschützten Werkes zum **interaktiven Abruf** bestraft. Diese Handlung entspricht dem Vorgehen der Nutzer von P2P-Börsen. Das Speichern eines Musiktitels oder eines Films in einem File-Sharing-Ordner bedeutet, dass das Werk zum Download offeriert wird, was als Online-Werknutzung im Internet unter § 19 a UrhG und damit in den Anwendungsbereich des § 15 Abs. 2 fällt, dessen Verletzung von § 106 Abs. 1 3. Alt. unter Strafe gestellt wird (dazu auch *Vassilaki*, in: *Spindler/Wiebe*, Internet-Auktionen und Elektronische Marktplätze Kap. 15 Rdnr. 62 ff.; *Heghmanns*, MMR 2004, 15).

Nach BGH GRUR 2003, 959, 961 – Paperboy wird durch das Setzen eines **Hyperlinks** auf eine vom Berechtigten öffentlich zugänglich gemachte Webseite mit einem urheberrechtlich geschützten Werk in das Recht der öffentlichen Zugänglichmachung des Werkes nicht eingegriffen (str., s. dazu *Ernst/Vassilaki/Wiebe*, Hyperlink, Rdnr. 31 ff., 260).

Öffentlich ist die Wiedergabe unter den Voraussetzungen des § 15 Abs. 3 (vgl. dazu § 15 Rdnr. 66 ff.).

22

7. Die Wendung „in anderen als den gesetzlich zugelassenen Fällen" bezieht sich auf die §§ 44 a ff., 87 c als negativ gefasste Merkmale des Tatbestandes (streng zu unterscheiden von der Lehre von den negativen Tatbestandsmerkmalen, vgl. etwa *Jescheck/Weigend* § 25 III 3), nicht auf die allgemeinen Rechtfertigungsgründe (vgl. *v. Gamm* Rdnr. 2; *Fromm/Nordemann/Ruttke/Scharringhausen*[10] Rdnr. 21; eingehend *Weber* S. 225 ff.; s. aber auch *Lampe* UFITA 83 (1978) 15/29 ff.). Nach hM gehören zum Tatbestand alle Merkmale, die den materialen Unrechtsgehalt begründen; die Verbotsmaterie wird durch den Tatbestand erschöpfend umschrieben, da der Gesetzgeber hier die Gesamtheit der Merkmale anzuführen hat, aus denen sich der typische Unrechtsgehalt ergibt (*Jescheck/Weigend*[5] § 25 I 2). Der typische Unrechtsgehalt des Vergehens nach § 106 wird durch die §§ 44 a ff., 87 c mitbeschrieben. Sie typisieren die „strafwürdige Rechtsgutverletzung" (vgl. hierzu *Sax* JZ 1976, 9/11). Denn das Urheberrecht ist von vornherein nicht unbeschränkt. Es ist vielmehr im Wege der Inhaltsbestimmung gegenüber den berechtigten Interessen der Allgemeinheit an dem ungehinderten Zugang zu den Kulturgütern sachgemäß abgegrenzt (vgl. Amtl. Begr. UFITA 45 (1965) 240/278 zu den Schranken des Urheberrechts), wie sich aus §§ 44 a ff., 87 c ergibt. Danach greift, wer von den Möglichkeiten gemäß §§ 44 a ff., 87 c Gebrauch macht, nicht in ein fremdes Vervielfältigungs- und Verbreitungsrecht oder Recht auf öffentliche Wiedergabe ein (vgl. dazu BVerfGE 31, 229/241 – Kirchen- und Schulgebrauch; BVerfGE 49, 328/393 – Kirchenmusik). Zu den Einzelheiten vgl. *Haß*, FS für Klaka, S. 127 ff. – Die in den §§ 44 a ff. gezogenen Schranken des Urheberrechts passen für **Computerprogramme** meistens nicht (vgl. § 69 a Rdnr. 25, vgl. Begr. zum RegE, BT-Drucks. 12/4022 S. 8 f.). Für **Datenbanken** gelten die Schranken, die in § 87 c genannt werden.

23

Wegen der Auslegung der §§ 44 a ff. s. die dortigen Erl. Zu ergänzen ist folgendes:
– § 44 a, der Art. 5 Abs. 1 der Multimedia-Richtlinie im deutschen Recht umsetzt, findet für Computerprogramme und Datenbanken keine Anwendung; die speziellen Vorschriften 69 c und 87 c haben Vorrang.
– § 45 schränkt den Tatbestand nur für den dort bezeichneten engen Bereich ein. Werden die gemäß § 45 Abs. 1 – und demnach strafrechtlich tatbestandslos – hergestellten einzelnen Vervielfältigungsstücke etwa nach Abschluss des Verfahrens an beliebige Dritte – ohne dass die Voraussetzungen des § 45 Abs. 3 vorliegen – zu Erwerbszwecken veräußert, so kann darin ein tatbestandsmäßiges Verbreiten liegen (vgl. dazu *Weber* S. 209 f./235).
– § 46 verlangt in Abs. 1 S. 3 und in Abs. 3 die Erfüllung gewisser Formalien (zu den Gründen für diese Regelung vgl. § 46 Rdnr. 23 ff.). Werden diese nicht eingehalten, entfällt der Tatbestand des § 106 nicht wegen § 46 (vgl. auch § 46 Rdnr. 27). Für eine Einschränkung des Tatbestands des § 106 mit der Erwägung, die Nichteinhaltung dieser Formvorschriften sei angeblich sozialethisch irrelevant, fehlen überzeugende Gründe (vgl. *Weber* S. 238 ff.; andererseits *Lampe* UFITA 83 (1978) 15/31 f., Bestrafung sei nicht am Platze).

24

Wer Bild- oder Tonträger entgegen **§ 47 Abs. 2 S. 2** nicht rechtzeitig löscht, vervielfältigt nicht durch Unterlassen (aA Voraufl., wie hier *Weber* S. 200 f.; vgl. auch *Lampe* UFITA 83 (1978) 15/32 f., es fehle an einer Garantenpflicht). Entsprechendes gilt für die Fälle der **§§ 55 Abs. 1 S. 2, 56 Abs. 2,** in denen ebenfalls Löschungspflichten angeordnet sind (*Weber* S. 245).

25

Keine besonderen Schwierigkeiten bereitet nach dem hier vertretenen Verständnis der „gesetzlich zugelassenen" Fälle (vgl. dazu Rdnr. 23) das Zusammenwirken der §§ 106; 53 (s. aber *Lampe* UFITA 83 (1978) 15/30 f.; vgl. auch *Weber* S. 242 ff.). § 106 iVm. § 53 Abs. 1 S. 1 ist etwa wie folgt zu lesen: „Wer – abgesehen von der Herstellung einzelner Vervielfältigungsstücke zum privaten Gebrauch – ein Werk ... vervielfältigt ...". Danach genügt bereits die Herstellung **eines** Vervielfältigungsstückes zur Erfüllung dieses Tatbestandes, wenn der Täter nicht (subjektiver Tatbestand) „zum privaten Gebrauch" handelt. Verfolgt er diesen Zweck, ist der Tatbestand nur gegeben, wenn mehr als einzelne Vervielfältigungsstücke hergestellt werden.

26

§ 42 a (früher § 61) betrifft keinen „gesetzlich zugelassenen Fall". Denn die Vorschrift normiert nicht den von vornherein bestehenden Inhalt des Verwertungsrechts des Urhebers, sondern lediglich die rein obligatorische Verpflichtung zur Einräumung eines Nutzungsrechts.

§ 42a ist demgemäß dem Grunde nach für die Beantwortung der Frage, ob Tatbestand, Rechtswidrigkeit und Schuld gemäß § 106 vorliegen, ohne Bedeutung.

Liegt nach den §§ 44a–60 ein „gesetzlich zugelassener Fall" iSd. § 106 mit der Folge des Tatbestandsausschlusses vor, so wird hieran durch einen etwaigen Verstoß gegen die Vorschriften der §§ 62, 63 nichts geändert. Die Verletzung dieser Normen sollte strafrechtlich ohne Bedeutung sein, wie sich aus der Begründung des RegE ergibt (UFITA 45 (1965) 240/326/327; vgl. aber § 62 Rdnr. 27; § 63 Rdnr. 20).

27   8. Die Handlung wird bestraft, wenn sie ohne **Einwilligung** durchgeführt wird. Ob das Merkmal der Einwilligung den Tatbestand – als tatbestandsausschließliches Einverständnis – ausschließt oder ob es einen Rechtfertigungsgrund darstellt, ist umstritten. Nach einer Meinung, die an dieser Stelle nicht gefolgt wird, soll die Einwilligung bei der Rechtswidrigkeit geprüft werden. Als Argumente werden erwähnt:
– Die Tatsache, dass die Vorschrift die Einwilligung des Berechtigten eigens erwähnt, macht das Handeln gegen seinen Willen nicht zum Tatbestandsmerkmal (*Möhring/Nicolini/Spautz*[2] Rdnr. 5; *Heinrich*, 260; *Weber* S. 266 ff.; *Dreier/Schulze/Dreier*[3] Rdnr. 8).
– Für die Einordnung der Einwilligung als Rechtfertigungsgrund ist maßgebend weniger ein dogmatischer als ein pragmatischer Gesichtspunkt. Weil die Voraussetzungen des tatbestandsausschließenden Einverständnisses bzw. der Einwilligung noch nicht so hinreichend geklärt sind, so dass es verantwortet werden könnte, die schwierigen Fragen der Einräumung von Nutzungsrechten, die das Gros der Einwilligung im Urheberstrafrecht ausmachen, zu beantworten, kann die Einordnung der Einwilligung als Tatbestandsausschließungsgrund nicht angenommen werden. Denn eine solche Einordnung würde die Gefahr mit sich bringen, dass im Strafrecht zum Nachteil der Urheber und der anderen Verwertungsberechtigten pauschal Eingriffe als zulässig angesehen werden, die bei näherer Betrachtung rechtswidrig sind, zB weil die Einräumung des Nutzungsrechts wegen eines Verstoßes gegen die guten Sitten oder wegen Minderjährigkeit des Urhebers nichtig oder wegen arglistiger Täuschung anfechtbar ist. Die Folge wäre dann eine Auseinanderentwicklung des zivilrechtlichen und des strafrechtlichen Urheberrechtsschutzes, die im Hinblick auf einen einheitlichen Unrechtsbegriff bedauerlich wäre (*Weber*, 267).
– Die Voraussetzungen und Folgen der Einwilligung richten sich nach allgemeinem Strafrecht, nicht nach § 183 BGB.

28   Dieser Ansicht sind folgende Argumente entgegenzusetzen:
– Die Verwertung von Werken als solche stellt eine **sozialadäquate Handlung** dar. Die gesonderte Erwähnung der Einwilligung in die Vorschrift bedeutet, dass dieser nur dann strafbare Bedeutung zukommt, wenn sie gegen den Willen der Berechtigten stattfindet.
– Der einheitliche zivil- und strafrechtliche Urheberrechtsschutz kann nur dann garantiert werden, wenn der Begriff der „Einwilligung" als Tatbestandsmerkmal unter Anlehnung an den zivil(urheber)rechtlichen Einwilligungsbegriff ausgelegt wird. Der Inhalt der Einwilligung wird damit nach den zivil(urheber)rechtlichen Grundsätzen – ähnlich wie die Tathandlungsbegriffe der Strafvorschrift – festgelegt. Unter diesem Gesichtspunkt soll geprüft werden, ob der Berechtigte durch eine zivilrechtlich wirksame Erlaubnis, insbesondere die Einräumung eines Nutzungsrechts, eine schuldrechtliche Gestattung oder schlichte Einwilligung (vgl. Vor § 28 Rdnr. 45 ff.) der Verwertung durch den Handelnden zugestimmt hat.
– Bekommt die Einwilligung eine tatbestandsausschließende Funktion, richten sich ihre Voraussetzungen und Folgen nach den Grundsätzen des tatbestandsausschließenden Einverständnisses. Die zivilrechtliche Konkretisierung des Inhalts der Einwilligung kompensiert auch die Unklarheiten, die die strafrechtliche Auslegung des Begriffs hervorrufen kann.
– Diese Lösung beseitigt auch die Unklarheiten, die durch die nachträgliche Einwilligung des Urhebers entstehen, wenn nämlich der Verletzte auf Strafverfolgung verzichten will, nachdem etwa seine zivilrechtlichen Ansprüche zufrieden gestellt wurden. Entgegen der rechtfertigenden Einwilligung, die keine Rückwirkung kennt und zur Folge hat, dass der Täter trotz Aufhebung der Rechtsgutverletzung bestraft wird, entfaltet eine tatbestandsausschließende Einwilligung die Möglichkeit der Einstellung des Strafverfahrens wegen fehlender Rechtsverletzung (ähnlich *Hildebrandt*[3], 154 ff.).
– Aus diesen Gründen ist die Einwilligung als ein **Tatbestandsmerkmal** einzuordnen, bei dessen Auslegung sowohl zivilrechtliche als auch strafrechtliche Elemente herangezogen werden. (für die Einwilligung als Tatbestandsmerkmal s. auch *Ernst/Vassilaki/Wiebe*, Hyperlinks, Rdnr. 261 ff.; *Wandtke/Bullinger/Hildebrandt*[3], § 106 Rdnr. 24).

Entsprechend der hM wird die strafrechtlich wirksame Einwilligung in Verwertungshandlungen nicht anders erteilt als durch eine zivilrechtlich wirksame Einräumung des entsprechenden Nutzungsrechts (kritisch *Lampe* UFITA 83 (1978) 15/50; zu alledem aber auch *Kircher* S. 164: Wer ein Werk in Ausübung eines ihm eingeräumten Nutzungsrechts verwerte, sei selbst Berechtigter. Er begehe keine Rechtsgutsverletzung). – Der **Berechtigte** muss einwilligen: Das ist der Urheber, dessen Rechtsnachfolger (§ 30), der Inhaber eines ausschließlichen Nutzungsrechts, das auch vom Urheber zu beachten ist, nicht aber der Inhaber eines einfachen Nutzungsrechts (zum ausschließlichen und einfachen Nutzungsrecht s. vor § 28 Rdnr. 47 ff.). Greift ein Dritter tatbestandsmäßig in Rechte gemäß § 106 ein, so genügt die Einwilligung des Inhabers des ausschließlichen Nutzungsrechts, wenn sich der Eingriff in den Grenzen von dessen Berechtigung hält (Beispiel: Der Inhaber des ausschließlichen Verlagsrechts räumt einem anderen Verleger eine Taschenbuchlizenz ein; § 34 war im Verlagsvertrag abgedungen: Die Vervielfältigung und Verbreitung des Taschenbuchs ist legal). Worauf sich die Einwilligung im Einzelnen beziehen muss, folgt aus dem Umfang des Rechtseingriffs. Im Falle der **Miturheberschaft** (§ 8) müssen sämtliche Miturheber einwilligen. Der obligatorische Anspruch auf Erteilung der Einwilligung (vgl. § 8 Abs. 2 S. 2) ersetzt diese nicht (*Weber* S. 269). Mehrere Erben bilden auch hinsichtlich des Urheberrechts eine Erbengemeinschaft (§§ 2032 ff. BGB), so dass sie gemeinschaftlich einwilligen müssen (§§ 2038, 2040 BGB). Im Falle der Vervielfältigung usw., einer Bearbeitung und anderer Umgestaltungen kann ein Eingriff in das Urheberrecht am Originalwerk und in das an der Bearbeitung oder einer sonstigen abhängigen Nachschöpfung vorliegen. In diesem Fall müssen sämtliche Berechtigten einwilligen (*Ulmer*[3] § 133 II 1). 29

III. Subjektiver Tatbestand

Die Tatbestände des § 106 setzen **vorsätzliches Verhalten** voraus. Fahrlässigkeit reicht – im Gegensatz zu bedingtem Vorsatz – nicht aus, wie sich aus § 15 StGB ergibt. Vorsatz wird meist iS einer Kurzdefinition als Wissen und Wollen der Tatbestandsverwirklichung bezeichnet, also der Merkmale, die den äußeren Tatbestand bilden (vgl. zum Begriff des Vorsatzes *Fischer* § 15 Rdnr. 2 ff.). Es genügt, wenn das Merkmal nur „mitbewusst" ist, die Aktualität des Täterbewusstseins verlangt nicht, dass der Täter über alle Merkmale ständig reflektiert. Bei **normativen Merkmalen** (zB „Werk", „geringer Umfang" oder „größere Anzahl" in § 46 Abs. 1 usw.) muss der Täter den Bedeutungsinhalt in gleichsam „vorjuristischer" Weise erfasst haben, was als „Parallelwertung in der Laiensphäre" bezeichnet wird. Nimmt er an, dass ein Merkmal, das er seiner Substanz nach kennt, nicht unter einen gesetzlichen Begriff (zB Vervielfältigung, Verbreitung, unkörperliche Wiedergabe) fällt, so ist das ein bloßer Subsumtionsirrtum. Dieser schließt den Vorsatz nicht aus, kann aber einen – in § 17 StGB geregelten – Verbotsirrtum zur Folge haben. Ein Subsumtionsirrtum liegt zB vor, wenn der Täter die Werkeigenschaft einer individuellen Geistesschöpfung deshalb verneint, weil der Urheber zurzeit der Formgebung eine Veröffentlichung strikt abgelehnt hat (vgl. *Kircher* S. 70). Denn das Interesse an der Veröffentlichung gehört nicht zu den Merkmalen des Werkbegriffs iSd. § 2. Entscheidend ist, ob der Täter weiß, dass in dem sinnlich wahrnehmbaren Gebilde ein geistiger Gehalt mitgeteilt wird (*Kircher* S. 80). Ein vorsatzausschließender Irrtum ist etwa gegeben, wenn der Täter glaubt, ein gemeinfreies Volkslied vor sich zu haben, während es sich in Wirklichkeit um eine volksliedhafte Neuschöpfung handelt. Für den Vorsatz kann von Bedeutung sein, dass ein urheberrechtlich geschütztes Werk uU mehreren Werkbegriffen zuzuordnen ist, oder dass das Werk – in Ausnahmefällen – mehrfach unter verschiedenen Gesichtspunkten im Rahmen derselben Werkkategorie geschützt sein kann. Glaubt der Täter – zu Unrecht – an das Vorliegen einer Einwilligung, so wirkt dieser Irrtum nach der Rechtsprechung (eingeschränkte Schuldtheorie) Vorsatz ausschließend. Der Vorsatz entfällt auch, wenn der sein Werk selbst nutzende Urheber irrig einen Vertrag für nichtig hält, in dem er einem Dritten ein ausschließliches Nutzungsrecht eingeräumt hat. So verhält es sich auch, wenn der Täter infolge fehlerhafter Auslegung des Einräumungsvertrages die Grenzen seines Nutzungsrechts überschreitet. Anders ist es, wenn er sich über eventuell weitergehende Folgen der Nutzungsrechtseinräumung irrt (vgl. dazu *Kircher* S. 214 ff.). Handelt der Täter in dem Glauben, der Urheber sei schon länger als 70 Jahre tot, so liegt kein Vorsatz vor (*Ulmer*[3] § 133 IV 2). 30

IV. Verbotsirrtum

31 Bei einem **Verbotsirrtum** fehlt dem Täter auf Grund unrichtiger rechtlicher Wertung die Einsicht, rechtswidrig zu handeln (vgl. § 17 StGB). Ist dieser Irrtum unvermeidbar, so handelt der Täter ohne Schuld; im anderen Fall kann er bestraft werden. Vermeidbar ist der Irrtum, wenn der Täter bei gehöriger Anspannung seines Gewissens, durch Einsatz seiner geistigen Erkenntniskräfte oder durch Einholung von Auskunft das Rechtswidrige seines Verhaltens hätte einsehen können. Wie viel Sorgfalt der Täter bei alledem im Einzelnen schuldet, ergibt sich insbesondere aus den konkreten Umständen des Falles und dem Lebens- und Berufskreis des Einzelnen (vgl. insgesamt *Schönke/Schröder/Cramer/Sternberg-Lieben* § 17 Rdnr. 17 ff.). Erhält der Täter von einer verlässlichen Person eine falsche Rechtsauskunft, kann ein unvermeidbarer Verbotsirrtum vorliegen.

V. Versuch, Täterschaft und Teilnahme, Konkurrenzen

32 1. Das PrPG vom 7. 3. 1990 (BGBl. I S. 422) hat die Versuchsstrafbarkeit eingeführt.

33 2. Die Abgrenzung zwischen **Täterschaft und Teilnahme** erfolgt nach den allgemeinen Grundsätzen der §§ 25 ff. StGB. Im Falle der **(Raubdruck-)Vervielfältigung** etwa sind Verleger, Drucker und Buchbinder typischerweise Mittäter (vgl. *Lampe* UFITA 83 (1978) 15/36 f.; teilweise aA *Weber* S. 335 f.: Buchbinder ist Gehilfe). In der Regel werden ferner bei der **Verbreitung** Verleger, ggf. Zwischenhändler und Buchhändler Mittäter sein (*Lampe* UFITA 83 (1978) 15/37). Wer urheberrechtlich geschützte Werke aus dem Internet herunterlädt, obwohl er weiß, dass für den Vervielfältigungsvorgang eine offensichtlich rechtswidrig hergestellte Vorlage verwendet wurde, ist Täter einer Vervielfältigung.

Wer urheberrechtlich geschützte Werke in ein Datennetz einspeist, kann je nach Sachverhaltskonstellation Täter einer Vervielfältigung, einer Verbreitung oder einer öffentlichen Wiedergabe sein. Die Einrichtung eines Hyperlinks kann Beihilfe darstellen (*Wandtke/Bullinger/Hildebrandt*[3] Rdnr. 43, aA Voraufl.). Zu Fragen der Täterschaft in Fällen der öffentlichen Wiedergabe s. auch etwa RG Schulze RGSt. 1; RG Schulze RGSt. 2; LG Köln Schulze LGSt. 1; AG Düsseldorf Schulze AGSt. 1. Parallelen bestehen zum Veranstalterbegriff (vgl. § 97 Rdnr. 64). Im Übrigen vgl. – auch zu Einzelfällen – *Weber* S. 313 ff., *Heinrich* Strafbarkeit S. 267 ff.; *Hildebrandt*, Strafvorschriften, 293 ff. Zur Mehrheit von Verletzern s. auch § 97 Rdnr. 67 ff.

Der im Tatbestand nicht erwähnte Erwerber ist straflos, soweit er nicht das notwendige Maß der Mitwirkung überschreitet (**notwendige Teilnahme**, vgl. *Lackner/Kühl* vor § 25 Rdnr. 12): Der bloße Erwerb ist als notwendige Teilnahme kein Inverkehrbringen (vgl. *Braun* S. 189 ff.; s. auch BGH GRUR 1990, 353/354, wo die Frage der Teilnahme am Inverkehrbringen nicht erörtert wurde; *Weber* S. 344 ff. und in Wesen und Bekämpfung der Video-Piraterie, S. 51/64 f.; zum Patentrecht BGH GRUR 1987, 626/627). Beauftragt der Erwerber eines Computerprogramms den nichtberechtigten „Veräußerer" mit der Einspeicherung des Programms für die von ihm dafür zur Verfügung gestellte Computeranlage, ist darin in der Regel eine Mittäterschaft oder Teilnahme an der mit der Einspeicherung vorgenommenen Vervielfältigungshandlung zu sehen (BGH NJW 1994, 1216). Zur Teilnahme an der Verletzung des Vervielfältigungsrechts vgl. BGH GRUR 1990, 353/354 rSp.

34 3. **Idealkonkurrenz** ist möglich mit §§ 107, 108 sowie mit §§ 185, 266 StGB. Vervielfältigung und Verbreitung bilden eine Tat, wenn von vornherein Verbreitungsabsicht bestand. Fasst der Täter zwischen Vervielfältigung und Verbreitung einen ganz neuen Entschluss, so ist Tatmehrheit anzunehmen.

§ 107 Unzulässiges Anbringen der Urheberbezeichnung

(1) **Wer**

1. auf dem Original eines Werkes der bildenden Künste die Urheberbezeichnung (§ 10 Abs. 1) ohne Einwilligung des Urhebers anbringt oder ein derart bezeichnetes Original verbreitet,
2. auf einem Vervielfältigungsstück, einer Bearbeitung oder Umgestaltung eines Werkes der bildenden Künste die Urheberbezeichnung (§ 10 Abs. 1) auf eine Art anbringt, die

dem Vervielfältigungsstück, der Bearbeitung oder Umgestaltung den Anschein eines Originals gibt, oder ein derart bezeichnetes Vervielfältigungsstück, eine solche Bearbeitung oder Umgestaltung verbreitet,

wird mit Freiheitsstrafe bis zu drei Jahren oder mit Geldstrafe bestraft, wenn die Tat nicht in anderen Vorschriften mit schwererer Strafe bedroht ist.

(2) Der Versuch ist strafbar.

Schrifttum: *Löffler,* Künstlersignatur und Kunstfälschung, NJW 1993, 1421; *Sandmann,* Die Strafbarkeit der Kunstfälschung, 2004; *Sieg,* Das unzulässige Anbringen der richtigen Urheberbezeichnung (§ 107 UrhG), 1985; *Sieger,* Urheber-Schwindel im Kunstbereich?, FuR 1984, 119. S. im Übrigen die Schrifttumsnachweise vor §§ 106 ff.

Übersicht

	Rdnr.
I. Allgemeines	1
II. Signierung eines Originals durch einen Unbefugten (Nr. 1)	2–8
III. Vortäuschen eines Originals (Nr. 2)	9–11
IV. Die Rechtswidrigkeit	12
V. Subjektiver Tatbestand	13
VI. Täterschaft und Teilnahme	14
VII. Versuch und Konkurrenzen	15

I. Allgemeines

Die Vorschrift schützt jedenfalls das **Urheberpersönlichkeitsrecht,** denn aus diesem folgt die Befugnis zu bestimmen, ob das Werk mit einer Urheberbezeichnung zu versehen und welche Bezeichnung zu verwenden ist, § 13 S. 2. Daneben dient die Vorschrift auch dem Interesse der Allgemeinheit daran, dass nicht durch unzulässige Signierung ein abgeschlossenes Werk bzw. ein Original vorgetäuscht werde (vgl. *Katzenberger* GRUR 1982, 715/719). 1

§ 107 enthält – mindestens – zwei gesonderte Tatbestände (vgl. AmtlBegr. UFITA 45 (1965) 240/326; *v. Gamm* Rdnr. 2; *Möhring/Nicolini/Spautz*[2] Rdnr. 1): Die Signierung eines Originals durch einen Unbefugten, Nr. 1 (Rdnr. 2 ff.), und die irreführende Signierung eines „Nicht-Originals", Nr. 2 (Rdnr. 9 ff.). Daneben steht jeweils die Verbreitung unter Strafe. Dem Grundsatz nach unterscheiden sich die beiden Tatbestände – wenn man von der Verbreitung zunächst absieht – dadurch, dass Nr. 1 gleichsam das „Innenverhältnis" Signant-Urheber im Blick hat, während es in Nr. 2 um die Außenwirkung des für sich noch nicht verpönten Verhaltens geht.

II. Signierung eines Originals durch einen Unbefugten (Nr. 1)

1. Dieser Tatbestand hat nicht ausschließlich den Schutz des Urheberpersönlichkeitsrechts nach § 13 S. 2 im Auge, er schützt also nicht lediglich dieses Individualrechtsgut des Urhebers (so jetzt auch *Fromm/Nordemann/Ruttke/Scharringhausen*[10] Rdnr. 1). Denn § 107 Nr. 1 soll „über den Schutz des Urhebers hinaus auch Interessen der Allgemeinheit wahren" (vgl. AmtlBegr. UFITA 45 (1965) 240/326). Das rechtlich geschützte besondere Lebensgut, an dessen Erhaltung die Gemeinschaft ein Interesse hat – das weitere Rechtsgut mithin – ist hier die Verlässlichkeit des Beweismittels Signatur (so auch *Dreier/Schulze/Dreier*[3] Rdnr. 1; zur Rechtsgutsbestimmung vgl. *Lampe* UFITA 83 (1978) 15/17 ff.; *Weber* S. 252; *Sieg* S. 85 ff.). Verlass ist nur auf die Signatur des Urhebers. Ihr steht nach Auffassung des Gesetzes die Signatur durch eine Person gleich, die mit Einverständnis des Urhebers tätig wurde. In einem geistigen Sinne handelt es sich insoweit auch um eine Signatur des Urhebers. 2

2. Tatobjekt ist das **Original** (vgl. dazu § 26 Rdnr. 25 ff., § 44 Rdnr. 12, 19 f., 21 ff.) eines **Werkes der bildenden Kunst,** § 2 Abs. 1 Nr. 4 (dazu § 2 Rdnr. 133 ff.). Zur Einstufung von Computerkunst als bildender Kunst vgl. *Schlatter* in *Lehmann* (Hrsg.), Rechtsschutz[2], S. 218 Rdnr. 104. Außerhalb des Tatbestandes bleiben von vornherein einerseits Vervielfältigungsstücke (sonst unzulässige Analogie, vgl. *Sieg* S. 94 ff.), andererseits zB sämtliche Verkörperungen von **Schrift-** oder **Lichtbildwerken.** Der Tatbestand umfasst nur **urheberrechtlich geschützte** 3

Werke. Die Schutzfrist darf also nicht abgelaufen sein. Auch das unsittliche Werk ist geschützt (vgl. *Weber* S. 174). Zutreffend ist die **Bearbeitung** nicht eigens erwähnt, da sie unter den Voraussetzungen des § 3 ohnedies Werkschutz genießt. Auch sonstige **Umgestaltungen** werden durch § 107 Nr. 1 geschützt, wenn sie eine eigenschöpferische Leistung darstellen (vgl. dazu auch § 106 Rdnr. 2; sa. *Weber* S. 250; *Sieg* S. 94).

4   3. **Nr. 1** setzt die **Anbringung der Urheberbezeichnung** voraus. Somit kommt als Tatobjekt nur ein Original in Betracht, das eine Urheberbezeichnung bisher nicht getragen hat (*Fromm/Nordemann/Ruttke/Scharringhausen*[10] Rdnr. 4; *Sieg* S. 106 f.; aA *Möhring/Nicolini/Spautz*[2] Rdnr. 2, *Hildebrandt*, Strafvorschriften, 186, die die Anwendung von § 107 Abs. 1 Nr. 1 auch dann befürworten, wenn jemand einer vorhandenen Urheberbezeichnung eine zusätzliche Urheberbezeichnung hinzufügt oder eine vorhandene verändert. Als Argument wird vorgebracht, dass der Wortlaut der Norm nicht dazu zwingt, nur das Anbringen der ersten Bezeichnung als tatbestandsmäßig anzusehen). Das strafrechtliche Bestimmtheitsgebot legt aber die engere Auffassung näher, vgl. *Dreier/Schulze/Dreier*[3] Rdnr. 5. Angesichts des klaren Gesetzeswortlauts ist hier ohne Bedeutung, welche Befugnisse sich im Einzelnen aus dem Urheberpersönlichkeitsrecht ergeben.

5   4. Die Urheberbezeichnung (vgl. dazu allgemein § 10 Rdnr. 5 f.) muss auf dem **Original selbst** angebracht werden, wie der Wortlaut des Gesetzes unmissverständlich deutlich macht. Es genügt demgemäß nicht, wenn sie lediglich auf dem Rahmen, auf einem etwaigen Sockel, in einem Katalog oder auf einem Schild zu finden ist (hM). Nur die enge Verbindung mit dem Kunstwerk in üblicher Künstlermanier ist gemeint; eine Bezeichnung auf der Rückseite des Bildes bleibt daher außer Betracht (*Sieg* S. 102 f.). Zu angeblichen Ausnahmefällen *Dreier/Schulze/Dreier*[3] Rdnr. 6. Die Urheberbezeichnung muss ferner – wenn der Tatbestand der Nr. 1 in Betracht kommen soll – an sich **zutreffend** sein, wie aus dem engen Zusammenhang mit dem Urheberpersönlichkeitsrecht folgt (hM, vgl. etwa *Weber* S. 251; *Lampe* UFITA 83 (1978) 15/17), denn hieraus ergibt sich die Befugnis des Urhebers, auf dem **von ihm geschaffenen** Kunstwerk **seinen** Namen oder **sein** Zeichen anzubringen oder auch hiervon abzusehen. Die Wortfolge „ohne Einwilligung des Urhebers" unterstreicht diesen Zusammenhang. Das Anbringen einer an sich unzutreffenden Urheberbezeichnung erfüllt daher den Tatbestand der Nr. 1 nicht. Es kann aber § 267 StGB unterfallen und Vorbereitungshandlung des Betruges sein.

6   5. Wann die Urheberbezeichnung **angebracht** ist, ergibt sich aus § 10 Abs. 1. Das ist somit der Fall, wenn der Urheber auf dem Original eines Werkes der bildenden Künste in der üblichen Weise als solcher bezeichnet ist. Ein eigenständiger strafrechtlicher Gehalt kommt dem Begriff des Anbringens daher letztlich nicht zu; es handelt sich hierbei lediglich um die verkehrsübliche Verbindung der Urheberbezeichnung mit dem Original, dh. **Anbringen** bedeutet Signieren des Werkes (*Ulmer*[3] § 133 II 2 a). Nicht darunter fällt die Veränderung der Urheberbezeichnung (unzulässige Analogie, vgl. aber *Sieg* S. 98 f.) oder die Änderung des Bildes unter Beibehaltung des Namens (*Sieg* S. 99 f.).

7   6. Umstritten ist, welche Bedeutung der „Einwilligung" des Urhebers zukommt. *Weber* (S. 251) meint, die Vorschrift gehe „von einer Beseitigung der Rechtswidrigkeit durch Einwilligung des Urhebers aus." *Lampe* (UFITA 83 (1978) 15/20) ist anscheinend der Auffassung, bereits der Tatbestand des § 107 Nr. 1 verlange, dass der Täter ohne Einwilligung des Urhebers gehandelt habe. Dieser Auffassung ist der Vorzug zu geben (so auch *Loewenheim/Flechsig*[2], § 90 Rdnr. 79; *Dreier/Schulze/Dreier*[3] Rdnr. 8). Zum Tatbestand im engeren Sinne – um dessen Bestimmung es hier geht – gehören diejenigen Merkmale, die dem einzelnen Delikt das individuelle Gepräge geben und seinen typischen Unrechtsgehalt etwa in der Unterscheidung von anderen Delikten ausmachen. Es muss aber auch ein gleichsam durchschnittliches Unrecht vertypt sein. Wenn man jedoch die Wortfolge „ohne Einwilligung des Urhebers" hinwegdenkt, dann verbleibt gedanklich nur ein Unrechtstorso: Es kann nicht typisches Unrecht sein, lediglich auf dem vielleicht sogar mit eigener Hand geschaffenen Original eines Werkes der bildenden Künste die zutreffende Urheberbezeichnung anzubringen. Eine solche Handlungsweise allein würde demnach nicht einmal typischerweise dem hier in erster Linie geschützten Urheberpersönlichkeitsrecht widersprechen, so dass man folgern muss, dass das Anbringen der Urheberbezeichnung ohne Zustimmung des Urhebers zum Deliktstypus, also zum Tatbestand im engeren Sinne (der Strafrechtslehre) gehört. Es zeigt sich somit, dass bereits der Tatbestand von § 107 Nr. 1 nicht vollendet wird, wenn der Betroffene, also der Urheber, mit dem Tatverhalten einverstanden ist. Diese Form der „Einwilligung" wird in der Strafrechtslehre bekanntlich als Einverständnis bezeichnet, das eigenen Regeln folgt. Hier zeigt sich insgesamt

eine gewisse Parallele zur Frage der Echtheit einer Urkunde gemäß § 267 StGB. Für die Beantwortung der Frage, von wem eine Urkunde herrührt, ist es im Rahmen des § 267 StGB nicht entscheidend, wer sie eigenhändig vollzogen hat (Körperlichkeitstheorie). Es kommt vielmehr darauf an, von wem die Urkunde geistig herrührt (sog. Geistigkeitstheorie; zu den Einzelheiten, auch zum Zeichnen mit fremden Namen, vgl. *Schönke/Schröder/Heine* StGB § 267 Rdnr. 45 ff.). Auch die parallele Problematik wird somit auf der Tatbestandsebene gelöst. – Zu Einzelfragen vgl. *Sieg* S. 113 ff.

7. Zum Begriff des **Verbreitens** vgl. § 106 Rdnr. 14 ff. Wer verbreitet, muss nicht zuvor **8** selbst – ohne Einverständnis des Urhebers – signiert haben (hM). Es genügt, dass das Tatobjekt der Verbreitung Ergebnis einer Handlung ist, wie sie in der ersten Begehungsform der Nr. 1 objektiv umschrieben ist; eine Strafbarkeit des Signierenden ist insoweit nicht Voraussetzung. Es ist zB bedeutungslos, ob der Signierende insoweit an das Einverständnis des Urhebers geglaubt hat.

III. Vortäuschung eines Originals (Nr. 2)

1. Die Vorschrift schützt neben dem Urheberpersönlichkeitsrecht auch die Allgemeinheit **9** (*Weber* S. 254 ff.; *Katzenberger* GRUR 1982, 715/719; *Lampe* UFITA 83 (1978) 15/18; aA *Ulmer*³ § 133 II 2b wegen der von ihm befürchteten Folgerungen für ua. das Strafantragsrecht, diese Folgerungen sind jedoch nicht zwingend, § 109 Rdnr. 5). Der Wortlaut legt diese Auffassung sehr nahe, wie auch *Ulmer*³ einräumt (§ 133 II 2 b). Zudem sollte auch der Vorläufer § 6 Nr. 1 KUG 1876 der „Gefährdung des Publikums" entgegenwirken (*v. Calker* S. 139; dazu *Katzenberger* GRUR 1982, 715/719). Aus der Begründung des RegE (UFITA 45 (1965) 240/326) ergibt sich zudem, dass die Verletzung des Urheberpersönlichkeitsrechts allein nicht für pönalisierungsbedürftig gehalten wurde. Demnach ist hier zusätzlich die Lauterkeit des Verkehrs mit Werken der bildenden Künste geschützt. Mit dieser Feststellung wird zugleich die Auffassung des hier beschriebenen Verhaltens als Vermögensgefährdungsdelikt – regelmäßig im Vorfeld des Betruges (insoweit zutreffend Alternativentwurf S. 119) – nahe gelegt. Ein spezieller Fall der Urkundenfälschung gemäß § 267 StGB liegt hingegen nicht vor (*Lampe* UFITA 83 (1978) 15/21 ff.; aA *Weber* S. 254). Dabei kommt es nicht darauf an, ob man entgegen der Rechtsprechung bereits den Urkundencharakter des signierten Bildes oÄ. verneint. Es genügt hier bereits ein Blick auf die Frage der Echtheit einer Urkunde. Eine Urkunde ist bekanntlich iSd. § 267 StGB unecht, wenn sie den Anschein erweckt, von einer anderen Person als ihrem wirklichen Aussteller herzurühren. Echt ist sie, wenn sie von demjenigen stammt, der sich aus ihr als Aussteller ergibt. Der Tatbestand der Nr. 2 kann jedoch – im Gegensatz zu dem der Nr. 1 – auch vom Urheber des Originalwerks selbst verwirklicht werden (*Weber* S. 253; *Lampe* UFITA 83 (1978) 15/18/22; *Löffler* NJW 1993, 1429; *Loewenheim/Flechsig*², § 90 Rdnr. 87, wohl auch *Katzenberger* GRUR 1982, 715/719). Von einer unechten Urkunde kann dann keine Rede sein. Zudem setzt § 267 StGB in sämtlichen Alternativen ein Handeln zur Täuschung im Rechtsverkehr voraus, das hier entfallen kann. Daraus ergibt sich im Übrigen, dass die Vorschrift in ihrer praktischen Bedeutung für die Bekämpfung des Kunstschwindels zu wenig erkannt ist (so auch *Locher* S. 196); die Vorschrift ist ein „wichtiger Auffangtatbestand" (*Katzenberger* GRUR 1982, 715/719; aA offenbar *Fromm/Nordemann/Ruttke/Scharringhausen*¹⁰ Rdnr. 2; *Weber* S. 249).

2. Auch die Nr. 2 ist ein sog. unechtes Blankettgesetz. Die Vorschrift knüpft nämlich mit **10** der Beschreibung der Tatobjekte an die Begriffe aus dem Ersten Teil des Gesetzes (insb. §§ 2–4) an, so dass die dort beschriebenen Schutzvoraussetzungen zu Tatbestandsmerkmalen von Nr. 2 werden. Vorausgesetzt wird so auch hier ein **urheberrechtlich (noch) geschütztes Werk**, wie sich aus § 1 ergibt (ganz hM; aA aber *Löffler* NJW 1993, 1428, der aber zB nicht berücksichtigt, dass auch das Urheberpersönlichkeitsrecht geschützt werden soll). Auch das unsittliche Werk fällt unter den Tatbestand (vgl. *Weber* S. 174). Zum **Vervielfältigungsstück** (auch in seiner Abgrenzung zum Original) s. § 16 Rdnr. 5 ff. Unerheblich ist, ob die Vervielfältigung als solche erlaubt war (*Sieg* S. 157). Zum Begriff der **Bearbeitung** und dem der **Umgestaltung** § 106 Rdnr. 3 sowie § 23 Rdnr. 7 ff. Wegen des **Anbringens** der **Urheberbezeichnung** s. Rdnr. 5 f. Unter Strafe gestellt ist nur die Signierung mit der Originalurheberbezeichnung (*Sieg* S. 154). Durch das Anbringen der Urheberbezeichnung muss der Anschein eines – nicht bearbeiteten und auch sonst nicht umgestalteten – Originals hervorgerufen werden. Es genügt, dass die Urheberbezeichnung bei der Bewirkung eines solchen Anscheins mitwirkt, zB neben der besonders hervorragenden Qualität der Vervielfältigung (*Möhring/Nicolini/Spautz*[2] Rdnr. 5). Ob eine solche Mitwirkung angenommen werden kann, wird Gegenstand wertender Betrachtung sein. Eine Kausalitätsprüfung im eigentlichen Sinne ist von vornherein nicht möglich. Die Täuschung einer bestimmten Person ist nämlich nicht Tatbestandsmerkmal, sondern verlangt wird lediglich das Hervorrufen des Anscheins, es mit einem Original zu tun zu haben. Ein solcher Anschein liegt vor, wenn das Nicht-Original – auch – auf Grund der Urheberbezeichnung „auf" (vgl. dazu Rdnr. 5 f.) einem Vervielfältigungsstück usw. bei objektiver Betrachtung eine äußere Beschaffenheit erhält, die arglose Laien (vgl. schon *Würtenberger* S. 129: „Unkundige oder Leichtgläubige") über die Eigenschaft als Nicht-Original täuschen kann. Ein die Kopie als solche kennzeichnender Zusatz muss deutlich sichtbar sein (*Würtenberger* S. 129). Die Vorschrift dient also nicht dazu, lediglich den Kenner zu schützen (*Fromm/Nordemann/Ruttke/Scharringhausen*[10] Rdnr. 6; *Möhring/Nicolini/Spautz*[2] Rdnr. 5). *Dreier/Schulze/Dreier*[3] (Rdnr. 12) meinen allerdings, es komme „auf die Gefahr der Täuschung des **interessierten** (Hervorhebung hier) Laien" an. Die hervorgehobene Einschränkung erscheint jedoch entbehrlich, weil die Einführung des „interessierten" Laien – als Zwischenstufe zwischen dem Laien und dem Kenner? – nur unnötig Rechtsunsicherheit in die Vorschrift trägt. Schutz des Kunstinteressenten bedeutet Schutz des Laien. Denn es bleibt völlig offen, welches Maß an Kenntnissen allein durch das Interesse erzeugt wird. – Entscheidend ist im Übrigen, dass der Anschein des **zugrunde liegenden** – nicht bearbeiteten oder sonst umgestalteten – Originals erweckt wird, wie aus der Gegenüberstellung von Original einerseits sowie Vervielfältigungsstück, Bearbeitung und Umgestaltung andererseits deutlich wird (aA *Dreier/Schulze/Dreier*[3] Rdnr. 11). Deshalb kann – so gesehen – auch die Urheberbezeichnung auf einer Bearbeitung – zu Unrecht – den Anschein des insoweit zugrunde liegenden Originals hervorrufen. Dem steht die Tatsache, dass die Bearbeitung als persönliche geistige Schöpfung des Bearbeiters wie ein selbstständiges Werk behandelt wird (§ 3), nicht entgegen. Auch eine Bearbeitung zB kann aber Original iS dieser Vorschrift sein. Insoweit ist *Weber* (S. 253, vgl. auch *Sieg* S. 160 f.) zuzustimmen, wenn er ausführt, auch eine Weiterbearbeitung oder Umgestaltung komme als Tatobjekt in Betracht, wenn bei diesen der Anschein hervorgerufen werde, es handele sich bei ihnen um die erste (Original-)Bearbeitung bzw. Umgestaltung (aA *Möhring/Nicolini/Spautz*[2] Rdnr. 5, die hier von verbotener Analogie sprechen. Davon kann aber keine Rede sein: Die Grenze möglicher Auslegung zieht der Wortsinn; begrifflich jedoch ist es ohne weiteres möglich, bei einer schöpferischen Bearbeitung von einem Original zu sprechen. Nr. 2 will dem Verkehr und dem Schöpfer das Recht sichern, dass mit dem Namen oder Zeichen dieser Person signiert wird. Daran haben demgemäß auch der Bearbeiter und der Urheber einer Umgestaltung ein legitimes Interesse).

11 3. Zum Begriff des **Verbreitens** s. wiederum § 106 Rdnr. 15 ff. Auch in Nr. 2 stellt das Gesetz die Tathandlungen a) Anbringen der Urheberbezeichnung und b) Verbreitung des mit dieser versehenen Werkstücks gleichberechtigt und alternativ nebeneinander. Es gelten daher die zu Nr. 1 (dazu Rdnr. 8) entwickelten Grundsätze: Wer verbreitet iSd. Nr. 2, muss nicht zuvor selbst die Urheberbezeichnung angebracht haben. Es genügt, dass das Tatobjekt der Verbreitung Ergebnis einer Handlung ist, wie sie in der ersten Begehungsform der Nr. 2 objektiv umschrieben ist; eine Strafbarkeit der die Urheberbezeichnung anbringenden Person ist nicht Voraussetzung. Es ist zB bedeutungslos, ob der Signierende das Vervielfältigungsstück mit dem Original verwechselt hat. – Zur Prüfung der Anwendbarkeit in einem Einzelfall vgl. *Sieger* FuR 1984, 119.

IV. Die Rechtswidrigkeit

12 Für die Frage der **Rechtswidrigkeit** des nach Nr. 1 oder Nr. 2 tatbestandsmäßigen Verhaltens spielt die vorherige Zustimmung des Berechtigten keine Rolle: Wird die Urheberbezeichnung im Einverständnis (= mit „Einwilligung" iSd. Nr. 1) mit dem Urheber angebracht, so fehlt es bereits am Tatbestand der Nr. 1 (Rdnr. 7). Im Falle der Nr. 2 ist die Einwilligung des Urhebers irrelevant: Diesen Tatbestand kann auch der Urheber des Originals selbst verwirklichen (Nachweise Rdnr. 9). Der Schutz der Allgemeinheit steht insoweit im Vordergrund. Deshalb kann die Einwilligung des Urhebers die Rechtswidrigkeit nicht ausschließen. Auch die Einwilligung des Kopiekäufers zB kann nicht rechtfertigen; der Schutz des Gesetzes gilt der Allgemeinheit, also jedem potentiellen Nacherwerber.

V. Subjektiver Tatbestand

Der **innere Tatbestand** verlangt Vorsatz, wobei dolus eventualis genügt (vgl. zum inneren Tatbestand allgemein § 106 Rdnr. 12). Der Vorsatz ist nach dem Vorhergehenden (s. Rdnr. 7) bei Nr. 1 ausgeschlossen, wenn der Täter bei seiner Handlung vom Einverständnis des Urhebers mit der Anbringung seiner Urheberbezeichnung ausgeht. Am Vorsatz hinsichtlich „Original" (s. Nr. 1) fehlt es, wenn der Täter annimmt, der Künstler habe nur den Entwurf eines Kupferstichs erarbeitet, Druckplatte und Abzüge seien jedoch von fremder Hand hergestellt worden (vgl. dazu *Kircher* S. 115). Die Absicht, einen anderen zu täuschen bzw. zu schädigen oder sich zu bereichern, ist nicht erforderlich (*Locher* S. 196). Bei der Anbringung einer Urheberbezeichnung bedarf es auch subjektiv weder in Nr. 1 noch in Nr. 2 einer Bestimmung für den Verkehr (insoweit irreführend das Beispiel von *Locher* S. 196: Wer eine Schülerarbeit signiere **und wisse, dass diese für den Verkehr bestimmt sei** (Unterstreichung hier), gebe dem Werk den Anschein, als sei es von ihm). Vorsatzlos handelt auch, wer nicht erkennt, dass das Vervielfältigungsstück auch auf Grund der Signatur einen originalen Eindruck macht. Zum Irrtum über Länge und Ablauf der Schutzfrist vgl. *Sieg* S. 108 ff. (zu Nr. 1) und 162 f. (zu Nr. 2).

VI. Täterschaft und Teilnahme

Täter ist regelmäßig, wer eigenhändig – unzulässig – signiert oder verbreitet. Das kann im Falle der Nr. 2 auch der Urheber selbst sein (oben Rdnr. 9). Verbreitet der Signant auch, so ist er Täter eines einzigen, wenn auch im einzelnen Fall zweiaktig begangenen Delikts (vgl. näher Rdnr. 15). Täter einer einzigen Straftat nach § 107 ist ferner der Verbreitende, der in der Absicht späterer eigener Verbreitung dem Signanten Beihilfe geleistet hatte. **Mittäterschaft** liegt regelmäßig vor, wenn infolge einer Vereinbarung der eine signiert oder signieren lässt und der andere verbreitet. **Beihilfe** ist möglich, solange die Anbringung der Urheberbezeichnung bzw. die Verbreitung noch nicht abgeschlossen ist. Vgl. ferner § 106 Rdnr. 15.

VII. Versuch und Konkurrenzen

Das PrPG vom 7. 3. 1990 (BGBl. I S. 422) hat die Versuchsstrafbarkeit eingeführt. – Gemäß seiner inneren Struktur kann man in § 107 – anstelle von vier Vergehen – auch zwei zweiaktige Delikte erblicken, die jeweils aus dem unzulässigen Signieren und der anschließenden Verbreitung bestehen. Insoweit ergeben sich im Konkurrenzbereich dem Verhältnis von Vervielfältigung und Verbreitung in § 106 entsprechende Konsequenzen (vgl. § 106 Rdnr. 16). **Idealkonkurrenz** ist insbesondere möglich mit § 106 und § 4 UWG. Das in § 107 geschützte Urheberpersönlichkeitsrecht steht der Annahme von **Fortsetzungszusammenhang** zwischen Taten entgegen, die Werke verschiedener Künstler betreffen (*Weber* S. 358). Das gilt aber nicht bei verschiedenen Werken ein und desselben Urhebers (aA *Weber* S. 358). Dabei ist neuerdings zu beachten, dass die Rechtsprechung nunmehr auf das Rechtsinstitut der fortgesetzten Handlung grundsätzlich verzichtet und Ausnahmen nur noch in sehr eingeschränktem Umfang zulässt (BGHSt. 40, 138). Kraft ausdrücklicher gesetzlicher Bestimmung ist eine Bestrafung nach § 107 ausgeschlossen, wenn die Tat in anderen Vorschriften mit schwererer Strafe bedroht ist (ausdrückliche **Subsidiarität**), eine Regelung, die besonders hinsichtlich § 107 Nr. 1 wenig überzeugt (vgl. nur *Weber* S. 361). Von Bedeutung kann diese Regelung für das Verhältnis zu §§ 263, 267 StGB werden. (Vgl. insoweit vor allem auch *Löffler* NJW 1993, 1421/1423 ff.)

§ 108 Unerlaubte Eingriffe in verwandte Schutzrechte

(1) **Wer in anderen als den gesetzlich zugelassenen Fällen ohne Einwilligung des Berechtigten**
1. **eine wissenschaftliche Ausgabe (§ 70) oder eine Bearbeitung oder Umgestaltung einer solchen Ausgabe vervielfältigt, verbreitet oder öffentlich wiedergibt,**
2. **ein nachgelassenes Werk oder eine Bearbeitung oder Umgestaltung eines solchen Werkes entgegen § 71 verwertet,**
3. **ein Lichtbild (§ 72) oder eine Bearbeitung oder Umgestaltung eines Lichtbildes vervielfältigt, verbreitet oder öffentlich wiedergibt,**

§ 108

Unerlaubte Eingriffe in verwandte Schutzrechte

4. die Darbietung eines ausübenden Künstlers entgegen den § 77 Abs. 1 oder Abs. 2 Satz 1, § 78 Abs. 1 verwertet,
5. einen Tonträger entgegen § 85 verwertet,
6. eine Funksendung entgegen § 87 verwertet,
7. einen Bildträger oder Bild- und Tonträger entgegen §§ 94 oder 95 in Verbindung mit § 94 verwertet,
8. eine Datenbank entgegen § 87 b Abs. 1 verwertet,

wird mit Freiheitsstrafe bis zu drei Jahren oder mit Geldstrafe bestraft.

(2) **Der Versuch ist strafbar.**

Schrifttum: *Berger,* Der Schutz elektronischer Datenbanken nach der EG-Richtlinie vom 11. 3. 1996; *Eiding,* Strafrechtlicher Schutz elektronischer Datenbanken, 1997; *Flechsig/Kuhn,* Das Leistungsschutzrecht des ausübenden Künstlers in der Informationsgesellschaft, ZUM 2004, 14; *Lehmann,* Die neue Datenbankrichtlinie und Multimedia, NJW-CoR 1996, 249; *Ullmann,* Die Einbindung der elektronischen Datenbanken in den Immaterialgüterschutz, Fs. für Brandner, 1996, S. 507. S. auch die Schrifttumsnachweise vor §§ 106 ff.

Übersicht

	Rdnr.
I. Allgemeines	1, 2
II. Objektiver Tatbestand	3–13
III. Subjektiver Tatbestand	14
IV. Schuld, Versuch und Teilnahme	15

I. Allgemeines

1   Die Vorschrift schützt im Grundsatz das Verwertungsrecht der Inhaber **verwandter Schutzrechte.** Das Leistungsschutzrecht des Veranstalters (§ 81) ist hierbei zwar ausgespart. Gleichwohl wird diskutiert, ob nicht eine allzu perfektionistische Regelung vorliegt (vgl. hierzu *Weber* S. 382 ff.; *ders.,* FS für Sarstedt, S. 379/386 ff.; *Lampe* UFITA 83 (1978) 15/35 f.; *ders.* UFITA 87 (1980) 107/120 f.; Alternativ-E 1977 zu § 204 StGB S. 119 ff.; eher im Sinne einer Bewahrung des § 108 *Flechsig* GRUR 1978, 287/290 f.; *Spautz* FuR 1978, 743/748; *Rochlitz* in *Flechsig* (Hrsg.), Rechtspolitische Überlegungen zum Urheberstrafrecht in Deutschland, Österreich und der Schweiz, S. 46 ff.; *ders.* UFITA 83 (1978) 69/81 ff.; *ders.* S. 241 ff.). Wer Bedenken gegen die in § 108 erfolgte – aus strafrechtlichem Blickwinkel gesehen – weitgehende Gleichstellung mit dem Urheberrecht hat, wird daran zweifeln können, ob es gerechtfertigt war, die neue Vorschrift des § 108 a **unterschiedslos** an die einzelnen Tatbestände des § 108 anknüpfen zu lassen.
   Zu kollisionsrechtlichen Strafrechtsfragen vgl. *Zweigert/Puttfarken* GRUR Int. 1973, 573/576. Über internationalen Musikdiebstahl und deutsches Strafanwendungsrecht s. *Sternberg-Lieben* NJW 1985, 2121. Probleme der Auslandsberührung behandelt *Weber,* Fs. für Stree und Wessels, S. 613 ff.; vgl. auch BGH GRUR 2004, 421.

2   Rein obligatorische Ansprüche schützt auch § 108 nicht.

II. Objektiver Tatbestand

3   1. Der **objektive Tatbestand** setzt in **Nr. 1** als Gegenstand der Tat eine wissenschaftliche Ausgabe (s. § 70 Rdnr. 5 ff.) oder deren Bearbeitung bzw. Umgestaltung (s. § 23 Rdnr. 3 ff.) voraus. Erforderlich ist ferner, dass der vorgenannte Gegenstand vervielfältigt (s. § 106 Rdnr. 3), verbreitet (s. § 106 Rdnr. 4) oder öffentlich wiedergegeben (s. § 106 Rdnr. 5) wird. Zur Herstellung der Bearbeitungsfassung s. § 23 Rdnr. 25, 26; sie ist idR straflos (vgl. *v. Gamm* Rdnr. 2).

4   2. **Nr. 2** nennt zunächst als Tatobjekte das nachgelassene Werk (§ 71) oder dessen Bearbeitung bzw. Umgestaltung (s. § 23 Rdnr. 3 ff., 11 f.). Die Tathandlungen (Vervielfältigung, dazu § 106 Rdnr. 3, Verbreitung, dazu § 106 Rdnr. 4, und Benutzung von Vervielfältigungsstücken zur öffentlichen Wiedergabe, dazu § 71 Rdnr. 10) lassen sich aus § 71 Abs. 1 erschließen. Zur bloßen Anfertigung einer Bearbeitungsfassung s. § 23 Rdnr. 25, 26 (regelmäßig straflos, vgl. *v. Gamm* Rdnr. 3).

5   3. Durch **Nr. 3** wird erfasst, wer ein Lichtbild (§ 72) oder dessen Bearbeitung bzw. Umgestaltung (dazu wiederum § 23 Rdnr. 3 ff., 11 f.) vervielfältigt, verbreitet oder öffentlich wieder-

Unerlaubte Eingriffe in verwandte Schutzrechte **§ 108**

gibt. Lichtbild**werke** (§ 2 Abs. 1 Nr. 5) werden bereits durch § 106 geschützt. Zur bloßen Anfertigung einer Bearbeitungsfassung s. § 23 Rdnr. 25, 26 (idR straflos, vgl. *v. Gamm* Rdnr. 4).

4. Nach **Nr. 4**, der durch das Gesetz zur Regelung des Urheberrechts in der Informationsgesellschaft angepasst wurde, unterfallen dem Tatbestand Personen, welche die Darbietung eines ausübenden Künstlers in einer bestimmten Weise verwerten. Aus dem Wortlaut der Vorschrift lässt sich eindeutig ableiten, dass der Anwendungsbereich der Vorschrift den Veranstalter, der die Darbietung des ausübenden Künstlers organisiert, strafrechtlich nicht schützt, obwohl – gem. § 81 – ihm in solchen Fällen dieselben Rechte des ausübenden Künstlers zustehen. 6

Die Tathandlungen ergeben sich durch Betrachtung der im Text der Strafrechtsnorm erwähnten zivilrechtlichen Vorschriften (§§ 77 Abs. 1 oder 2, 78 Abs. 1 UrhG), auf die Erläuterungen zu diesen Vorschriften wird verwiesen. Auf § 78 Abs. 2 nimmt Nr. 4 nicht Bezug. Das entspricht dem Grundsatz, dass das Urheberstrafrecht nicht schuldrechtliche Vergütungsansprüche schützen will (*Weber* S. 255). Nr. 4 ist mit § 77 bedeutsam für die Herstellung von bootlegs, soweit es sich nicht um Rundfunkmitschnitte handelt (*Rochlitz* S. 103). Zur Problematik der Sendung sog. ephemerer Aufnahmen vgl. *Rochlitz* S. 110ff. Zum Tonträgersampling vgl. *Bortloff* ZUM 1993, 476. Nr. 4 bestraft auch keine Verletzung der Persönlichkeitsrechte des Künstlers, deswegen werden auch §§ 74 und 75 nicht im Anwendungsbereich des Tatbestands übernommen (so auch *Loewenheim/Flechsig*, § 90 Rdnr. 98).

5. Gemäß **Nr. 5** kann sich strafbar machen, wer einen Tonträger **vervielfältigt** (s. wiederum § 106 Rdnr. 5ff.) oder **verbreitet** (vgl. § 106 Rdnr. 15ff.); denn das ist hier unter Verwertung zu verstehen, wie der Blick auf § 85 ergibt. Auf § 86 wird hier so wenig verwiesen wie bei Nr. 4 auf § 76 Abs. 2 (Begr. Rdnr. 6). Der Gegenstand der Aufnahme ist unerheblich. Die Problematik ergibt sich in ihren Einzelheiten aus der Auslegung des § 85 (s. die Erl. zu § 85). Praktische Fälle bei *Rochlitz* UFITA 83 (1978) 69/78ff. Fragen des Tonträgersampling behandelt anschaulich *Bortloff* ZUM 1993, 476. Bei Fällen mit Auslandsberührung sind §§ 120ff. zu berücksichtigen. Eine Feststellung des konkreten Tonträgerherstellers ist nicht erforderlich, wenn feststeht, dass dieser seinen Sitz in einem der Mitgliedsländer des Genfer Tonträger-Abkommens hat (§ 126 Abs. 3, BGHSt 49, 93, 100). 7

6. Tatobjekt von **Nr. 6** ist die **Funksendung** (s. dazu § 87 Rdnr. 19ff.). Diese Ziffer will Schutz bieten gegen die Weitersendung, die Aufnahme auf Bild- oder Tonträger, die Herstellung von Lichtbildern, die Vervielfältigung von Bild- oder Tonträgern oder der Lichtbilder sowie die öffentliche Wahrnehmbarmachung einer Fernsehsendung an Stellen, die der Öffentlichkeit nur gegen Zahlung eines Eintrittsgeldes zugänglich sind (zB Lichtspieltheater, Diskotheken, vgl. dazu *Rochlitz* S. 125f.). Die nähere Bestimmung der Tatmodalitäten ergibt sich hier aus dem Zusammenhang mit § 87. Auf § 96 (Verbreitung) wird in Nr. 6 nicht verwiesen (s. dazu *Flechsig* UFITA 81 (1978) 97/110f.; aber auch *ders.* FuR 1979, 513f.). Zu prüfen ist bei Eigenproduktionen aber, ob das Sendeunternehmen Tonträger- bzw. Filmhersteller iSv. § 85 Abs. 1, § 94 Abs. 1 ist, so dass evtl. Nr. 5 oder Nr. 7 eingreift. 8

7. Wie sich aus der Zusammenschau von **Nr. 7** mit §§ 94, 95 ergibt, gehören zur Verbotsmaterie hier die Vervielfältigung, die Verbreitung, die Benutzung zur öffentlichen Vorführung oder Funksendung (§§ 94 S. 1, 95) sowie die Entstellung oder Kürzung des Bildträgers oder Bild- und Tonträgers, sofern sie geeignet ist, die berechtigten Interessen des Filmherstellers zu gefährden (§§ 94 S. 2, 95). Wegen der letzteren – wohl auf einem Redaktionsversehen beruhenden (*Weber* S. 261), auch jetzt aber nicht beseitigten – Tatmodalität wird man nicht einschränkungslos sagen können, es gebe keinen urheberrechtlichen Schutz gegen Entstellungen. – Nr. 7 schützt zunächst die (audio)visuelle Darstellung von **Computerspielen**, soweit sie nur Laufbildschutz (§ 95) genießt (vgl. dazu BayObLG NJW 1992, 3049 = CR 1992, 479 m. Anm. *Syndikus* = JZ 1993, 105 m. Anm. *Weber*, zu eng *Wandtke/Bullinger/Hildebrandt*[3], die Bedenken aus Art. 103 Abs. 2 GG herleiten wollen). Entscheidend ist somit nicht das Programm, sondern diese Darstellung. Wenn Filmwerkschutz (§ 2 Abs. 1 Nr. 6) beansprucht werden kann (zur Abgrenzung vom Laufbildschutz vgl. im Einzelnen vor §§ 88ff. Rdnr. 20, § 95 Rdnr. 8 und *Schlatter* in *Lehmann* (Hrsg.), Rechtsschutz[2], vor allem S. 183ff.), ist wegen des verletzten Filmurhebers § 106 zu prüfen; im Hinblick auf den Filmhersteller (§ 94) kann wiederum Nr. 7 verwirklicht sein. Prinzipiell können Computerspiele auch einen urheberrechtlichen Schutz als Computerprogramm genießen; insoweit kommt § 106 in Betracht. Zu Einzelheiten vgl. insoweit auch *Heinrich* Strafbarkeit S. 92ff./169ff. Eine Wahlfeststellung zwischen Nr. 7 und § 106 ist nicht zulässig (*Meier* JZ 1992, 661). Ein Laufbildschutz von **Benutzeroberflächen** dürfte nicht in Betracht kommen (*Schlatter*, aaO S. 204 Rdnr. 72), so dass Nr. 7 insoweit nicht an- 9

§ 108a Gewerbsmäßige unerlaubte Verwertung

wendbar ist. Die Anwendung von Nr. 7 auf Computerspiele ausländischer Hersteller hängt von §§ 121 Abs. 4 und 128 Abs. 2 ab. (Vgl. im Einzelnen die Erläuterungen dort und bei *Katzenberger* GRUR Int. 1992, 513.) Der Strafrechtsschutz ist insoweit gegenständlich nicht umfassender als der Zivilrechtsschutz. Praktisch werden zahlreiche ausländische Computerspielprogramme urheberrechtlich geschützte Werke sein, so dass § 106 eingreifen kann. Die Anwendung von Nr. 7 wird nicht selten daran scheitern, dass es an einem internationalen Abkommen fehlt. Wegen der Begrenzung durch die §§ 120 ff. sind Fehlentscheidungen in diesem Bereich nicht gerade selten (*Katzenberger* GRUR Int. 1992, 513).

10   8. **Nr. 8** wurde durch das Informations- und Kommunikationsdienste-Gesetz vom 22. 7. 1997 (IuKDG, BGBl. I S. 1870) eingefügt. Die Vorschrift knüpft an §§ 87a ff. an, insbesondere an § 87b Abs. 1 und stellt folgende Verwertungshandlungen unter Strafe: Die Vervielfältigung, Verbreitung oder öffentliche Wiedergabe der gesamten oder eines wesentlichen Teils einer Datenbank. Wenn diese Handlungen unwesentliche Teile einer Datenbank betreffen, werden sie bestraft, wenn sie der normalen Auswertung der Datenbank zuwiderlaufen oder die berechtigten Interessen des Datenbankherstellers unzumutbar beeinträchtigen. Nr. 8 unterfällt die öffentliche Zugänglichmachung einer Datenbank nach § 87a, denn sie wird auch zivilrechtlich nicht geschützt (*Loewenheim/Flechsig*[2], § 90 Rdnr. 102). Nr. 8 ist unter Bestimmtheitsgesichtspunkten verfassungsrechtlich problematisch (vgl. Dreier/Schulze/*Dreier*[3] Rdnr. 1 mwN).

11   9. Wichtige – mittelbare – Neuerung bringt für § 108 Abs. 1 die Erweiterung des Begriffs „öffentliche Wiedergabe" mit sich, die nun auch die **öffentliche Zugänglichmachung** erfasst (Dazu s. § 106 Rdnr. 21). Dieses bedeutet, dass schon die Bereitstellung im Internet eines Tatobjekts der Norm, etwa einer wissenschaftlichen Ausgabe, eines Lichtbilds oder der Darbietung eines ausübenden Künstlers, eine strafbare Handlung nach § 108 darstellt.

12   10. Das Nicht-Vorliegen **eines gesetzlich zugelassenen Falles** ist ein Merkmal des objektiven Tatbestandes wie bei § 106 (s. dort Rdnr. 7). Gemeint sind etwa die Ausnahmebestimmungen nach §§ 44a ff., und insbesondere §§ 53, 69d, 78 Abs. 2 und 87c.

13   11. Der Tatbestand kann durch **Einwilligung** ausgeschlossen sein; insofern liegt es nicht anders als bei § 106 (s. dort Rdnr. 27 ff.). Wirksam ist nur die Einwilligung durch sämtliche Berechtigte. Wer jeweils Berechtigter ist, ergibt sich vor allem durch Auslegung der Vorschriften, auf die § 108 formell oder materiell verweist. „Einwilligungsberechtigt" ist, wer im Falle des Handelns ohne Einwilligung zum Verletzten und somit Strafantragsberechtigten wird. Zum Kreis der Einwilligungsberechtigten vgl. daher auch § 109 Rdnr. 6. Ist im Falle der Nr. 1 Tatobjekt eine Bearbeitung – für die § 3 gilt –, so müssen Bearbeiter **und** Verfasser eingewilligt haben (*Möhring/Nicolini/Spautz*[2] Rdnr. 6).

III. Subjektiver Tatbestand

14   Der **innere Tatbestand** verlangt Vorsatz, wobei dolus eventualis genügt (vgl. zum inneren Tatbestand allgemein § 106 Rdnr. 30).

IV. Schuld, Versuch, Teilnahme

15   Zum Verbotsirrtum vgl. § 106 Rdnr. 13. Das PrPG vom 7. 3. 1990 (BGBl. I S. 422) hat die Versuchsstrafbarkeit eingeführt. Zur Teilnahme vgl. § 106 Rdnr. 15. §§ 106 und 108 können tateinheitlich verwirklicht werden.

§ 108a Gewerbsmäßige unerlaubte Verwertung

(1) **Handelt der Täter in den Fällen der §§ 106 bis 108 gewerbsmäßig, so ist die Strafe Freiheitsstrafe bis zu fünf Jahren oder Geldstrafe.**

(2) **Der Versuch ist strafbar.**

Schrifttum: *Deumeland*, Die Strafbarkeit gewerbsmäßiger Urheberrechtsverletzung in der BRD, Strafverteidiger Forum 2006, 487.

Übersicht

	Rdnr.
I. Allgemeines	1
II. Objektiver Tatbestand	2
III. Subjektiver Tatbestand	3
IV. Versuch, Konkurrenzen, Prozessuales	4

I. Allgemeines

§ 108a wurde durch das Gesetz zur Änderung von Vorschriften auf dem Gebiet des Urheberrechts vom 24. 6. 1985 (BGBl. I S. 1137) neu in das Gesetz eingefügt. Nach dem Bericht des Rechtsausschusses des Dt. Bundestages vom 17. 5. 1985 (BT-Drucks. 10/3360 S. 20 rSp.) sollte diese Vorschrift vor allem dazu dienen, auf „die organisierte und Bandenkriminalität" in den Bereichen der Videopiraterie und des Raubdrucks einzuwirken. Das PrPG hat § 108a zur Qualifikation der §§ 106–108 schlechthin umgestaltet. Die Gewerbsmäßigkeit ist ein strafschärfendes persönliches Merkmal iSv. § 28 Abs. 2 StGB. Demnach ist zB beim Anstifter oder Gehilfen eine Verurteilung nach § 108a nur möglich, wenn der Teilnehmer selbst gewerbsmäßig gehandelt hat. Sonst bleibt es bei der Bestrafung aus dem Grunddelikt. § 108a setzt nicht etwa den „Typ" des Videopiraten oÄ voraus. Entscheidend ist allein, ob im konkreten Fall ein gewerbsmäßiges Verhalten vorlag. Insoweit sollte der vorgenannte Bericht des Rechtsausschusses, nach dem „es hier um die Bekämpfung des gewerbsmäßig kriminellen Verhaltens geht" (S. 20 rSp.), nicht zu Missverständnissen führen. Der strafrechtliche Begriff der Gewerbsmäßigkeit ist weitgehend geklärt; ein „kriminelles Gewerbe" ist nicht Voraussetzung (BGHSt. 1, 383). 1

II. Tatbestand

Gewerbsmäßig handelt, wer den Tatbestand des § 106, des § 107 oder des § 108 in der Absicht verwirklicht, sich durch derartige wiederholte Begehung eine fortlaufende Einnahmequelle von einiger Dauer und einigem Umfang zu verschaffen (BGHSt. 1, 383; BGH GA 55, 212; RGSt. 58, 19/20f.; RGSt. 64, 151/154). Die unerlaubte Verwertung im Rahmen eines Gewerbebetriebes für sich allein genügt noch nicht (vgl. BGH GA 55, 212). Einen Gewerbebetrieb braucht der Täter gar nicht zu haben. Es reicht allerdings aus, wenn der Täter Räumlichkeiten angemietet und zur Verdeckung seiner Identität Passwörter verwendet hat (so LG Braunschweig, MMR 2003, 755ff. m. Anm. *vom Baur/Vassilaki,* dazu auch *Leonardy,* CR 2003, 803f.). Dabei kommt es nicht darauf an, dass schon eine Mehrzahl von Taten begangen wurde. Auch aus der Ausführung und Anlage der ersten Tat kann bereits auf die Absicht geschlossen werden, sich durch wiederholte Begehung eine fortlaufende Einnahmequelle zu verschaffen (BGH v. 18. 3. 1982 – 4 StR 636/81 – S. 5; RGSt. 54, 230; RGSt. 58, 19/20; *Fischer* StGB[57] vor § 52 Rdnr. 62 mwN). Die Handlung gemäß §§ 106 bis 108 braucht nicht die Haupteinnahmequelle zu sein. Ein bloßer Nebenerwerb kann genügen (BGHSt. 1, 383; BGH GA 55, 212), allerdings kein ganz geringfügiges Nebeneinkommen, denn dann fehlt es an „einigem Umfang" (BGH bei *Dallinger* MDR 1975, 725). Gewinnsucht ist nicht erforderlich (vgl. RGSt. 33, 237; OLG Braunschweig MDR 1947, 136). Es ist nicht einmal nötig, dass hergestellte Vervielfältigungsstücke veräußert werden sollen. Die unmittelbare Verwendung für den Täter selbst kann genügen (vgl. RGSt. 54, 184). Auch kann es hinreichend sein, dass sich der Täter mittelbar geldwerte Vorteile über Dritte verspricht (BGHSt 49, 93, 111). 2

III. Subjektiver Tatbestand

Wenn Gewerbsmäßigkeit des Handelns eine bestimmte Absicht voraussetzt (Rdnr. 2), bedeutet das nicht, dass dadurch die subjektiven Voraussetzungen für die Verwirklichung des Grunddelikts erhöht werden sollen. Insoweit genügt also, wie dort gezeigt worden ist, weiterhin dolus eventualis. 3

IV. Versuch, Konkurrenzen, Prozessuales

Ein nach Abs. 2 strafbarer **Versuch** kann etwa vorliegen, wenn der gewerbsmäßig (s. dazu Rdnr. 2) Vervielfältigende glaubt, eine antikisierende Neuschöpfung vor sich zu haben, während 4 es sich in Wahrheit um ein gemeinfreies Märchen handelt. Der Qualifikationstatbestand des § 108 a ist Offizialdelikt, also nicht privatklagefähig.

§ 108 b Unerlaubte Eingriffe in technische Schutzmaßnahmen und zur Rechtewahrnehmung erforderliche Informationen

(1) Wer

1. in der Absicht, sich oder einem Dritten den Zugang zu einem nach diesem Gesetz geschützten Werk oder einem anderen nach diesem Gesetz geschützten Schutzgegenstand oder deren Nutzung zu ermöglichen, eine wirksame technische Maßnahme ohne Zustimmung des Rechtsinhabers umgeht oder
2. wissentlich unbefugt
   a) eine von Rechtsinhabern stammende Information für die Rechtewahrnehmung entfernt oder verändert, wenn irgendeine der betreffenden Informationen an einem Vervielfältigungsstück eines Werkes oder eines sonstigen Schutzgegenstandes angebracht ist oder im Zusammenhang mit der öffentlichen Wiedergabe eines solchen Werkes oder Schutzgegenstandes erscheint, oder
   b) ein Werk oder einen sonstigen Schutzgegenstand, bei dem eine Information für die Rechtewahrnehmung unbefugt entfernt oder geändert wurde, verbreitet, zur Verbreitung einführt, sendet, öffentlich wiedergibt oder öffentlich zugänglich macht

und dadurch wenigstens leichtfertig die Verletzung von Urheberrechten oder verwandten Schutzrechten veranlasst, ermöglicht, erleichtert oder verschleiert,

wird, wenn die Tat nicht ausschließlich zum eigenen privaten Gebrauch des Täters oder mit dem Täter persönlich verbundener Personen erfolgt oder sich auf einen derartigen Gebrauch bezieht, mit Freiheitsstrafe bis zu einem Jahr oder mit Geldstrafe bestraft.

(2) Ebenso wird bestraft, wer entgegen § 95 a Abs. 3 eine Vorrichtung, ein Erzeugnis oder einen Bestandteil zu gewerblichen Zwecken herstellt, einführt, verbreitet, verkauft oder vermietet.

(3) Handelt der Täter in den Fällen des Absatzes 1 gewerbsmäßig, so ist die Strafe Freiheitsstrafe bis zu drei Jahren oder Geldstrafe.

Schrifttum: *Bär/Hoffmann*, Das Zugangskontrolldiensteschutz-Gesetz – Ein erster Schritt auf dem richtigen Weg, MMR 2002, 654 ff.; *Pleister/Ruttig*, Neues Urheberrecht – neuer Kopierschutz – Anwendungsbereich und Durchsetzbarkeit des § 95 a UrhG, MMR 2003, 763; *Spindler*, Europäisches Urheberrecht in der Informationsgesellschaft, GRUR 2002 105 ff.; *Trayer*, Technische Maßnahmen und elektronische Rechtewahrnehmungssysteme, 2003; *Viegener*, Die unterschiedliche Bewertung der Umgehung von Kopierschutzmaßnahmen in ausgesuchten nationalen Rechtsordnungen, UFITA 2006, 479.

Übersicht

	Rdnr.
I. Allgemeines	1, 2
II. Objektiver Tatbestand	3–9
III. Subjektiver Tatbestand	10
IV. Rechtswidrigkeit	11
V. Qualifikationstatbestand	13
VI. Konkurrenzen	14

I. Allgemeines

1   Die Vorschrift wurde durch das Gesetz zur Umsetzung der Informationsrichtlinie eingefügt und entspricht der Tendenz der Europäischen Kommission, Angriffe auf Informationssysteme unter Strafe zu stellen. Sie setzt Artikel 6 und 7 der Informationsrichtlinie vom 22. 5. 2001 um und kommt der Anordnung des Art. 1 der Richtlinie zur Durchsetzung der Rechte des geistigen Eigentums, die am 24. 4. 2004 verabschiedet wurde, entgegen, die die Aufnahme von Maßnahmen fordert, die für die Durchsetzung der Rechte des geistigen Eigentums erforderlich sind. Der deutsche Gesetzgeber ist dem Gebot des Art. 8 der Informationsrichtlinie entgegengekommen und hat bestimmte Verstöße gegen §§ 95 a, 95 c und 95 d als Straftaten bzw. Ordnungswidrigkeiten – je nach Schwere des Eingriffs – eingestuft.

§ 108b stellt unter Strafe: 2
– Jede Umgehung einer wirksamen technischen Maßnahme (Verletzung des § 95a Abs. 1)
– Jeden Eingriff – Entfernung oder Veränderung – in Informationen, die zur Rechtewahrnehmung bestimmt sind (Verletzung des § 95c Abs. 1)
– Jede Verbreitung iwS eines Werks oder sonstigen Schutzgegenstandes aus denen Informationen für die Rechtewahrnehmung entfernt oder verändert wurden (Verletzung des § 95c Abs. 3)
– Jede gewerbsmäßige Verbreitung von Umgehungsvorrichtungen (Verletzung des § 95a Abs. 3). Diese Tathandlung entspricht § 4 ZKDSG.

Die neue Strafvorschrift enthält demzufolge **Ausfüllungstatbestände,** deren Strafbarkeitsvoraussetzungen nach der Anwendung der zivilrechtlichen Normen bzw. §§ 95a Abs. 1 und 3, 95c Abs. 1 und 3 konkretisiert werden. Sie schützt die **Verwertungsrechte der Rechtsinhaber.** Die Wiederholung der zivilrechtlichen Vorschriften, auf die Bezug genommen wird, will die kritisierte Verweisungstechnik (dazu etwa *Sieber,* Editorial MMR 2002, 701 f. *ders.* Gutachten für dmmv und VPRT, 172) vermeiden. Geschütztes Rechtsgut ist das **Verwertungsrecht** des Urhebers bzw. Rechtsinhabers. Die Vorschrift dürfte noch verfassungsgemäß sein (vgl. *Wandtke/Bullinger/Hildebrandt*[3] Rdnr. 3), da sie auf einen bestimmbaren Kern zurückgeführt werden kann. Auf Computerprogramme ist sie ohnehin nicht anwendbar, § 69a Abs. 5.

II. Objektiver Tatbestand

1. Der objektive Tatbestand des **§ 108b** setzt ein geschütztes Werk oder einen anderen nach diesem Gesetz geschützten Schutzgegenstand als Tatobjekt voraus (vgl. dazu § 95a Abs. 1 Rdnr. 3ff.). Als Tathandlung wird in **Abs. 1 Nr. 1** die Umgehung (vgl. § 95a Abs. 1 Rdnr. 10ff.) einer wirksamen (vgl. § 95a Abs. 2 S. 2 Rdnr. 20ff.) technischen Maßnahme (vgl. § 95a Abs. 2 S. 1 Rdnr. 16ff. und Art. 6 Abs. 3 der Richtlinie EG/29/2001) unter Strafe gestellt, soweit sie, wie in § 95a Abs. 1 festgelegt ist, ohne die Zustimmung des Rechtsinhabers begangen worden ist. In Anlehnung an die zivilrechtliche Vorschrift stellt dieser Begriff ein Tatbestandsmerkmal dar. 3

2. **Abs. 1 Nr. 2a** bestraft jede Verletzung des Art. § 95a Abs. 1, nämlich jede Entfernung oder Veränderung einer von Rechtsinhabern stammenden Information für die Rechtewahrnehmung, wenn irgendeine der betreffenden Informationen an einem Vervielfältigungsstück eines Werkes oder eines sonstigen Schutzgegenstandes angebracht ist oder im Zusammenhang mit der öffentlichen Wiedergabe eines solchen Werkes oder Schutzgegenstandes erscheint (für die Auslegung der einzelnen Tatbestandsmerkmale vgl. § 95a Abs. 1 Rdnr. 26ff.). 4

3. Darüber hinaus macht sich gem. **Abs. 1 Nr. 2b** derjenige strafbar, der Tatobjekte, von denen die für die Rechtewahrnehmung erforderlichen Informationen entfernt oder geändert wurden, verbreitet, zur Verbreitung einführt, sendet, öffentlich wiedergibt oder öffentlich zugänglich macht. 5

Die Handlungen sind strafbar, wenn sie **unbefugt** begangen worden sind. Der Begriff gehört zum Tatbestand. Diese Feststellung ergibt sich:
– aus der historischen Auslegung. Die Formulierung wurde von der deutschen Fassung des Art. 7 (b) der Richtlinie EG/29/2001 übernommen. Die englische Fassung erwähnt Handlungen „without authorization". Damit liefert der englische Text den eindeutigen Hinweis dafür, dass der Begriff in Verbindung mit den konkreten Tatbestandsmerkmalen geprüft werden soll.
– aus der systematischen Auslegung. § 108b Abs. 1 Nr. 2 erwähnt, dass die Handlungen in die Nr. 2a, b „wissentlich unbefugt" begangen werden sollen. Die wiederholte Erwähnung des Begriffs „unbefugt" in Abs. 1 Nr. 2b kann lediglich den Grund haben, dass in dieser Tatvariation das Merkmal „unbefugt" gesondert auf Tatbestandsebene geprüft werden soll. Würde man diesen Begriff als Hinweis auf Rechtfertigungsgründe verstehen, würde es ein überflüssiges Merkmal der Norm darstellen.

4. Die Handlungen des Abs. 1 Nr. 1 und 2 werden bestraft, wenn sie dadurch die Verletzung von Urheberrechten oder verwandten Schutzrechten veranlassen, ermöglichen, erleichtern oder verschleiern. Die strafrechtliche Norm übernimmt die Formulierungen der §§ 95c Abs. 1 und Abs. 3 (zu Einzelheiten s. § 95c Rdnr. 5ff. und 14ff.), die wiederum die Formulierung des Art. 7 Abs. 1 S. 1 Richtlinie EG/29/2001 übernommen haben. Die Folgen des Tatbestandes werden damit ausdrücklich im Tatbestand festgesetzt bzw. an die Verletzungen von zivilrechtlichen Normen angeknüpft. 6

§ 108b

7 5. Die Täter sollen **„wenigstens leichtfertig"** gehandelt haben. Dieser misslungene Ausdruck kann Unklarheiten verursachen, denn es ist nicht deutlich, ob er ein Unrechts- oder Schuldmerkmal darstellt. Der Begriff „Leichtfertigkeit" ist zwar mit den Fahrlässigkeitsdelikten verbunden und entspricht der groben Fahrlässigkeit im Zivilrecht. Im konkreten Fall sollen allerdings die folgenden Besonderheiten berücksichtigt werden:
- Abs. 1 Nr. 1 und 2 stellen Vorsatzdelikte dar (s. dazu unten Rdnr. 10), die keinen Raum für eine Verwässerung der subjektiven Zurechnung zulassen.
- Abs. 1 Nr. 1 und 2 stellen keine Kombinationen von Vorsatz-Fahrlässigkeitstatbeständen dar. Denn anders als bei solchen sog. Mischtatbeständen, ist in diesen Strafvorschriften kein Grunddelikt ersichtlich, das vorsätzlich begangen werden soll. Sie enthalten auch keine besondere Tatfolge, für deren Verwirklichung Fahrlässigkeit verlangen würde. Vielmehr ist im Gesetz nur eine Folge vorgeschrieben, nämlich die Verletzung von Urheberrechten oder verwandten Schutzrechten, deren Erfüllung Vorsatz voraussetzt („in der Absicht", „wissentlich"). Eine zusätzliche Tatfolge, die durch die Verletzung einer besonderen Sorgfaltspflicht und damit leichtfertig herbeigeführt würde, ist im Gesetz nicht beschrieben.

8 Aus diesem Grund ist die im Abs. 1 letzter Halbsatz erwähnte „Leichtfertigkeit" aus dem subjektiven Tatbestand der konkreten Tatvariation abzukoppeln. Diese Lösung ist (strafrechtlich)systemkonform, denn sie entspricht der klaren Einordnung zu Vorsatz- Fahrlässigkeitsdelikten und Mischtatbeständen. Das Merkmal der Leichtfertigkeit soll beim objektiven Tatbestand behandelt werden. Ihre Bewertung ist einer **besonders gefährlichen Handlung** und nicht einer besonders verwerflichen inneren Einstellung zuzuordnen. Dieses bedeutet: Legt jemand vorsätzlich ein hochgradig gefährliches Verhalten, das in der Vorschrift festgelegt wird, an den Tag, so ist die angemessene Reaktion gegen ihn die Strafe (dazu auch *Roxin*, Strafrecht AT Bd. 1, § 24 Rdnr. 80). Diese Interpretation entspricht der teleologischen Auslegung und liefert den Grund der Einfügung dieses Merkmals in die Vorschrift (s. auch Beschlussempfehlungen des Rechtsausschusses des Bundestages, BT-Drucks. 15/837, S. 35). Auf diese Weise kommt die Strafvorschrift der Forderung des Art. 7 Abs. 1 S. 1 der Richtlinie EG/29/2001 entgegen, der einen angemessenen Schutz des Rechtsinhabers bei den Fällen dieser urheberrechtlichen Verletzungen verlangt (s. aber *Loewenheim/Flechsig*[2], § 90, Rdnr. 126 und *Wandtke/Bullinger-Hildebrandt*[3], § 108b Rdnr. 9, die die „Leichtfertigkeit" im subjektiven Tatbestand als Merkmal der „groben Fahrlässigkeit" einordnen).

9 6. **Abs. 2** stellt unter Strafe jeden Vertrieb von Vorrichtungen zur Umgehung technischer Maßnahmen bzw. ihre Herstellung, Einfuhr, Verbreitung, Vermietung und ihren Verkauf zu gewerblichen Zwecken. Diese Tatvariation lehnt sich an § 95a Abs. 3 an. Auf die dortige Kommentierung kann verwiesen werden.
Der Begriff „zu gewerblichen Zwecken" ist im deutschen Urheberstrafrecht neu eingeführt worden. Er ist vom § 3 Nr. 1 ZKDSG übernommen worden, der gewerbsmäßige Eingriffe in den Schutz der zugangskontrollierten Dienste verbietet. In der Begründung des ZKDSG wird für die Bejahung des gewerblichen Zwecks eine nachhaltige Tätigkeit zur Erzielung von Einnahmen verlangt (Begründung der Bundesregierung zum ZKDSG BT-Drucks. 14/7229, 8). Dadurch wird die Voraussetzung des Begriffs „gewerbsmäßiges Handeln" übernommen, das auch auf die Gewinnerzielung gerichtet ist. Dass der „gewerbsmäßige Zweck" das „gewerbsmäßige Handeln" erfasst, lässt sich außerdem aus der Gesetzessystematik entnehmen. Abs. 3, der eine Straferhöhung beim gewerbsmäßigen Handeln vorsieht, betrifft nur die in Abs. 1 angeführten Handlungen. Diese Ausnahme lässt sich durch das Argument erklären, dass das gewerbsmäßige Handeln schon in Abs. 2 bestraft wird. Demnach ist das Merkmal „gewerblicher Zweck" wie der Begriff „gewerbliches Handeln" (dazu s. § 108a Rdnr. 2) auszulegen (anders *Loewenheim/Flechsig*[2], § 90 Rdnr. 129, der die Ansicht vertritt, dass der Begriff der gewerblichen Zwecke dem des gewerbsmäßigen Handelns nicht entspricht. Entscheidend und ausreichend für die gewerblichen Zwecke sei die Tatsache, dass die Umgehung auf gewerbliches Handeln ausgerichtet ist; wie hier *Wandtke/Bullinger/Hildebrandt*[3], § 108b Rdnr. 7).

10 Nach Abs. 1 letzter Halbsatz werden die in der Norm aufgeführten Handlungen nicht bestraft, wenn sie ausschließlich zum eigenen privaten Gebrauch des Handelnden durchgeführt werden oder mit dem Handelnden persönlich verbundener Personen erfolgen oder sich auf einen derartigen Gebrauch beziehen. Damit entsprach der Gesetzgeber einem Vorschlag der im „Forum der Rechteinhaber" zusammengeschlossenen Organisationen und der Forderung nach Entlastung der Strafverfolgungsbehörden (BT-Drucks. 15/38, 29). Das Merkmal des „privaten Gebrauchs" knüpft an den entsprechenden Begriff in § 53 an (s. dazu § 106 Rdnr. 26). Der

Begriff der „persönlichen Verbundenheit" lehnt sich an § 15 Abs. 3 an (s. *Loewenheim/Flechsig²*, § 90 Rdnr. 127, *Wandtke/Bullinger/Hildebrandt³*, § 108b Rdnr. 6, die dieses Merkmal richtig dem Tatbestand zuordnen; anders insoweit noch Voraufl.).

III. Subjektiver Tatbestand

Abs. 1 Nr. 1 verlangt dolus directus 1. Grades. Dem Täter soll es darauf ankommen, den Eintritt des tatbestandlichen Erfolges (dazu etwa BGHSt. 18, 246) herbeizuführen. Direkter oder bedingter Vorsatz reicht nicht aus. In Abs. 1 Nr. 2 soll der Täter „wissentlich", bzw. mit direktem Vorsatz handeln. Er muss nämlich Kenntnis davon haben, dass er ohne Autorisierung des Rechtsinhabers tätig geworden ist. In Abs. 2 wird vorausgesetzt, dass der Täter in der Absicht handelt, gewerbliche Zwecke zu verwirklichen. Demnach wird auch in dieser Tatvariation dolus directus 1. Grades verlangt. Zum Vorsatz bei normativen Merkmalen vgl. § 106 Rdnr. 30.   11

IV. Rechtswidrigkeit

In Abs. 1 Nr. 2 soll der Täter „unbefugt", nämlich ohne die Autorisierung des Berechtigten, handeln. Der Begriff stellt kein Tatbestandsmerkmal dar, sondern einen allgemeinen Hinweis auf Rechtfertigungsgründe. Denn: 12
– der Ausdruck „wissentlich unbefugt" wurde vom Art. 7 Abs. 1 Richtlinie EG/29/2001 übernommen. In der Begründung dieser europäischen Norm bzw. im Erwägungsgrund Nr. 56 der Richtlinie, werden „rechtswidrige Handlungen" erwähnt, die in die zur Rechtewahrnehmung erforderlichen Informationen eingreifen und das Gebot angeführt, einheitliche Maßnahmen gegen solche Verletzungen auf europäischer Ebene zu treffen. Die Anlehnung an die Grundsätze und an die Formulierung der Richtlinie weist darauf hin, dass auf die entsprechenden europarechtlichen Vorgaben verwiesen werden kann, die im konkreten Fall unmissverständlich das Merkmal „unbefugt" in die Rechtswidrigkeits- und nicht in die Tatbestandsebene einordnen;
– der Gesetzgeber stellt jeden Eingriff in zur Rechtewahrnehmung erforderliche Informationen unter Strafe. Die Sozialwidrigkeit, die die Norm ahndet, betrifft damit die Verletzungshandlung und nicht die fehlende Autorisierung, denn der Eingriff als solcher verletzt das von der Norm geschützte Rechtsgut. In diesem Sinne wird dem nationalen Gesetzgeber von der Richtlinie EG/29/2001 Erwägungsgrund Nr. 56 die Pflicht auferlegt, Maßnahmen gegen diese Handlungen zu treffen. Die Autorisierung der Handlung wird dagegen nicht als Bedingung genannt, die die Eingriffe sozialadäquat machen würden. Unter diesem Gesichtspunkt kann die Autorisierung bzw. das „befugte Handeln" nur eine Deutung haben: das rechtsgutsverletzende Verhalten ist ausnahmsweise gestattet. Damit stellt das „unbefugte Handeln" einen Rechtfertigungsgrund dar;
– der Aufbau des Merkmals „unbefugt", das Abs. 1 Nr. 2a und b betrifft, im Tatbestand, würde den Begriff „unbefugt", der in Abs. 1 Nr. 2b eingefügt ist, entbehrlich machen. Denn es wäre unverständlich, warum der Gesetzgeber innerhalb eines Tatbestandes ein Merkmal zwei Mal erwähnt. Die einzige Erklärung kann nur dahin gehen, dass eine differenzierte Einordnung notwendig ist (s. dazu oben § 108b Rdnr. 5; s. auch *Wandtke/Bullinger/Hildebrandt³*, § 108b Rdnr. 5, der das Merkmal „unbefugt" als Tatbestandsmerkmal bewertet, unter Berücksichtigung des Begriffs „Leichtigkeitserfordernis", den er wiederum zum subjektiven Tatbestand einordnet).

V. Qualifikationstatbestand

Abs. 3 stellt einen Qualifikationstatbestand dar. Handelt dann der Täter gewerbsmäßig, wird er mit einer Freiheitsstrafe bis zu drei Jahren oder Geldstrafe bestraft (zum Begriff der Gewerbsmäßigkeit s. § 108a Rdnr. 2 und § 108b Rdnr. 9).   13

VI. Konkurrenzen

Verletzt der Täter mehrere Tatbestandsvarianten liegt Handlungseinheit vor, wenn die Verletzungen auf einem einheitlichen Willensentschluss beruhen und in unmittelbarer Aufeinander-   14 folge schrittweise erfolgen oder wiederholt werden. Erfüllt der Täter durch seine Handlungen nicht nur § 108b sondern auch die Tatbestände der §§ 106, 108 oder 108a ist **Gesetzeseinheit** zu bejahen. Wegen Subsidiarität tritt § 108b zurück (s. auch *Wandtke/Bullinger/Hildebrandt*[3] Rdnr. 11).

Verwirklicht der Täter nicht nur § 108b sondern auch § 4 ZKDSG tritt das ZKDSG wegen **Subsidiarität** zurück. Denn ZKDSG will Inhaltsdienste schützen, „die verschlüsselt werden, um das Erzielen eines Entgeltes zu ermöglichen" (so die Formulierung in: BT-Drucks. 14/7229, 7).

§ 109 Strafantrag

In den Fällen der §§ 106 bis 108 und des 108b wird die Tat nur auf Antrag verfolgt, es sei denn, dass die Strafverfolgungsbehörde wegen des besonderen öffentlichen Interesses an der Strafverfolgung ein Einschreiten von Amts wegen für geboten hält.

Schrifttum: *Loewenheim/Flechsig,* § 96 Rdnr. 2ff.; *Heghmanns,* Öffentliches und besonderes öffentliches Interesse an der Verfolgung von Softwarepiraterie, NStZ 1991, 112; *Meier/Böhm,* Strafprozessuale Probleme der Computerkriminalität, wistra 1992, 166. S. im Übrigen die Schrifttumsnachweise vor §§ 106ff.

Übersicht

	Rdnr.
I. Allgemeines	1
II. Das Strafantragsrecht	2–10

I. Allgemeines

1   Die Straftaten gemäß §§ 106–108 (nicht 108a) und § 108b werden grundsätzlich **nur auf Antrag des Verletzten** verfolgt. Liegt ein Strafantrag vor, entscheidet die Strafverfolgungsbehörde gemäß § 376 StPO, ob öffentliche Klage zu erheben ist. Die Strafverfolgung gemäß §§ 106–108, 108b kann ausnahmsweise auch ohne Strafantrag, ja sogar gegen den Willen des Verletzten erfolgen. Dieser Ausnahmefall liegt vor, wenn hinsichtlich der konkreten Tat ein **besonderes öffentliches Interesse an der Strafverfolgung** besteht und die Strafverfolgungsbehörde daher ein Einschreiten von Amts wegen für geboten hält. Die Vorschrift ist in der Verfahrensfrage ganz §§ 232, 248a StGB nachgebildet; insoweit kann daher auf die Erläuterungswerke zum StGB verwiesen werden. (Im Übrigen vgl. RiStBV Nr. 261a und für die Softwarepiraterie auch *Heghmanns* NStZ 1991, 112/116ff.) Liegt das besondere öffentliche Interesse iSd. § 109 vor, so ist das Vorliegen des öffentlichen Interesses nach § 376 StPO zu bejahen. Das besondere öffentliche Interesse nach § 109 geht über das öffentliche Interesse des § 376 StPO hinaus.

II. Das Strafantragsrecht

2   1. **Strafantragsberechtigt** ist in erster Linie der **Verletzte** (§ 77 Abs. 1 StGB). Verletzter ist der Träger des durch die jeweilige Strafrechtsnorm geschützten Rechtsguts im Zeitpunkt der Tat, ggf. auch eine juristische Person oder eine nichtrechtsfähige Personenvereinigung (OLG Düsseldorf NJW 1979, 2525).

3   2. **Verletzter** kann somit im Falle des § 106 außer dem Inhaber des **Urheberrechts** der Inhaber des einschlägigen **ausschließlichen Nutzungsrechts** sein. Beide können nebeneinander verletzt werden (vgl. *Ulmer*[3] § 133 V, § 128 II 1). Der Inhaber eines **einfachen Nutzungsrechts** kann gegen andere, die das Werk unbefugt verwerten, nicht aus eigenem Recht vorgehen. Er ist nicht Träger des durch § 106 geschützten Rechtsguts und daher nicht strafantragsberechtigt. Mit dem korrespondiert, dass er auch nicht wirksam in Handlungen gemäß § 106 einwilligen kann.

4   3. § 107 Abs. 1 Nr. 1 soll zwar „über den Schutz des Urhebers hinaus auch Interessen der Allgemeinheit wahren" (vgl. AmtlBegr. UFITA 45 (1965) 240/326). Antragsberechtigt ist aber grundsätzlich der Verletzte (§ 77 Abs. 1 StGB). Verletzte sind diejenigen, **in deren Rechtskreis** die rechtswidrige Handlung unmittelbar eingreift (RGSt. 19, 250/251; RGSt. 38, 7; RGSt. 68, 305), also die sachlich rechtlichen Träger des angegriffenen Rechts oder Rechtsguts (RGSt. 4, 326; 40, 184; 41, 103 und Rdnr. 2). Das bloße Anbringen der Urheberbezeichnung mag zwar

Strafantrag **§ 109**

im Einzelfall mittelbar bereits Interessen der Allgemeinheit berühren, es „verletzt" nach dem oben Gesagten aber lediglich den Urheber, so dass nur dieser ein Antragsrecht hat. – Auch im Fall der Verbreitung eines derartigen Originals eines Werkes der bildenden Kunst ist der Erwerber nicht Verletzter iSd. § 77 Abs. 1 StGB. Denn Individualrechtsgut des § 107 Nr. 1 ist lediglich das Urheberpersönlichkeitsrecht, so dass auch insoweit nur der Urheber Verletzter sein kann. Ob daneben auch ein Rechtsgut der Allgemeinheit geschützt ist, kann hier dahinstehen, weil der Erwerber nicht Träger dieses Rechtsguts ist (vgl. hierzu *Weber* S. 371 f.; wegen § 107 Nr. 2 vgl. Rdnr. 5). Weniger von Bedeutung für die Entscheidung dieser Frage ist demgegenüber die Wortfolge „ohne Einwilligung des Urhebers." Sie deutet nicht daraufhin, dass § 107 Nr. 1 nur ein individuelles Rechtsgut des Urhebers schütze (vgl. § 107 Rdnr. 7).

4. Problematisch ist, wer in den Fällen des **§ 107 Abs. 1 Nr. 2** Verletzter iSv. § 77 Abs. 1 **5** StGB ist. *Weber* (S. 371 f.) meint, § 107 Nr. 2 diene in erster Linie dem Schutz der Allgemeinheit vor Kunstfälschungen, so dass fraglich sei, wer außer dem Urheber zur Stellung des Strafantrags befugt sei. Diese Frage stelle sich naturgemäß mit besonderer Intensität dann, wenn der Urheber selbst ein Vervielfältigungsstück irreführend signiert oder die Signierung durch einen anderen zugelassen habe. Um in derartigen Fällen überhaupt eine Bestrafung zu ermöglichen, sei demjenigen ein Antragsrecht zuzubilligen, der durch die falsche Signierung unmittelbar betroffen sei, etwa dem geschädigten Erwerber des als Original aufgemachten Vervielfältigungsstücks (unter Hinweis auf *v. Calker* S. 300). Dies gelte auch in den Fällen, in denen der Urheber an der Tat nicht beteiligt gewesen sei, sondern durch sie seinerseits verletzt werde. Dann könnten sowohl er wie auch der geschädigte Dritte den für eine Bestrafung des Täters erforderlichen Antrag unabhängig voneinander stellen (§ 77 Abs. 4 StGB). – Diese Ansicht überzeugt nicht. Zwar ist der Gesetzgeber davon ausgegangen, dass durch § 107 über den Schutz des Urhebers hinaus auch Interessen der Allgemeinheit gewahrt werden sollen. Es ist aber nicht zu erkennen, welches Individualrechtsgut Dritter – also abgesehen vom Urheberpersönlichkeitsrecht – durch § 107 Nr. 2 geschützt sein sollte, mit der Folge, dass es einen weiteren „Verletzten" gibt. Der Schutz der Lauterkeit des Verkehrs mit Werken der bildenden Künste (vgl. dazu § 107 Rdnr. 9) ist jedenfalls ein überindividuelles Rechtsgut. Die Tatsache, dass § 107 Nr. 2 häufig im Vorfeld eines Betruges verwirklicht werden wird, ändert an dieser Betrachtungsweise nichts. Die Herstellung einer unechten Urkunde iSv. § 267 StGB wird ebenfalls oft Vorstufe zu einem Betrug (§ 263 StGB) sein. Gleichwohl schützt § 267 StGB nicht etwa auch das Individualrechtsgut Vermögen. Eine Tat gemäß § 107 Nr. 2 „verletzt" iSv. § 77 Abs. 1 StGB damit den Urheber, aber nicht das Individualrechtsgut eines Dritten. *Ulmer*[3] (§ 133 II 2 b) ist also in seiner Auffassung zu folgen, § 107 Nr. 2 bezwecke den Schutz des Urhebers, ihm solle die Stellung des Strafantrags vorbehalten bleiben (so auch *Möhring/Nicolini/Spautz*[2], Rdnr. 3; § 107 Anm. 4 a; *Dreier/Schulze/Dreier*[3] Rdnr. 6; aA *Sieg* S. 165 f.).

5. Im Falle des **§ 108 Abs. 1 Nr. 1** ist der Verfasser (§ 70 Abs. 2) strafantragsberechtigt. Er **6** bleibt es auch, wenn in ein einem anderen eingeräumtes Nutzungsrecht, eingegriffen wird (*Weber* S. 376). Auch hier gilt der Grundsatz, dass der Inhaber eines von der Tat beeinträchtigten ausschließlichen Nutzungsrechts stets Verletzter ist; er ist neben dem Verfasser antragsberechtigt. Jeder einzelne Verfasser ist antragsberechtigt, wie die entsprechende Anwendung von § 8 Abs. 2 S. 3 ergibt. – Die Verfolgung eines Vergehens gemäß **§ 108 Abs. 1 Nr. 2** setzt den Strafantrag des Herausgebers voraus. Hat dieser sein Recht gemäß § 71 Abs. 2 übertragen, ist nur der Zessionar strafantragsberechtigt. – Im Falle des **§ 108 Abs. 1 Nr. 3** steht das Antragsrecht dem Lichtbildner zu. Greift der Täter in ein einem anderen eingeräumtes ausschließliches Nutzungsrecht ein, so bleibt auch der Lichtbildner antragsberechtigt. Auch der Bearbeiter kann ggf. (§ 3) ein – selbstständiges – Strafantragsrecht haben. Das gilt nicht für Umgestaltungen, die als solche nicht gemäß § 3 schutzfähig sind (vgl. *Möhring/Nicolini/Spautz*[2] § 108 Rdnr. 8). – Bei **§ 108 Abs. 1 Nr. 4** ist der ausübende Künstler strafantragsberechtigt. Soweit er Rechte abgetreten hat (vgl. § 79 Abs. 1 S. 1), steht das Antragsrecht dem Zessionar zu (*Wandtke/Bullinger/Hildebrandt*[3] § 109 Rdnr. 6). Bei Einräumung von Nutzungsrechten (§ 79 Abs. 2) ist sowohl der ausübende Künstler als auch der Inhaber eines ausschließlichen Nutzungsrechts antragsberechtigt. Zu Besonderheiten hins. des Strafantragsrechts bei Chor-, Orchester- und Bühnenaufführungen wegen der mitwirkenden Künstlergruppen vgl. *Weber* S. 377: Die Antragsberechtigung soll entsprechend § 80 Abs. 2 auf die Vorstände bzw. Leiter der Künstlergruppen zu beschränken sein (so auch OLG München ZUM 1988, 349/350; *Rochlitz* S. 199). Bei **§ 108 Abs. 1 Nr. 5** steht das Antragsrecht dem Tonträgerhersteller zu. Überträgt dieser seine Rechte (vgl. dazu *Dreier/Schulze/Schulze*[3] § 85 Rdnr. 43), hat lediglich der Zessionar ein Strafantragsrecht. Dem Zeden-

§ 109

Strafantrag

ten bleiben keine Rechte, da es an persönlichkeitsrechtlichen Elementen fehlt (vgl. auch *Weber* S. 376). – Die Strafverfolgung gemäß **§ 108 Abs. 1 Nr. 6** bedarf des Strafantrags des Sendeunternehmens. Hinsichtlich der Rechtsübertragung gilt das zu § 108 Abs. 1 Nr. 5 Ausgeführte. – Im Falle des **§ 108 Abs. 1 Nr. 7** hat der Filmhersteller oder der Hersteller von Laufbildern bzw. – wie stets in diesen Fällen – der Inhaber eines auf sie zurückgehenden einschlägigen ausschließlichen Nutzungsrechts das Strafantragsrecht. Wenn der Filmhersteller oder der Hersteller von Laufbildern seine Rechte voll abgetreten hat, ist wiederum nur der Zessionar verletzt und antragsberechtigt. Die Strafverfolgung gemäß **§ 108 Abs. 1 Nr. 8** setzt den Strafantrag des Datenbankherstellers voraus.

6. Antragsberechtigter bei **§ 108b** ist der Rechtinhaber des betroffenen urheberrechtlich geschützten Werks oder des verwandten Schutzrechtes.

7　7. Der Antrag ist **Prozessvoraussetzung.** Fehlt er, ist das Verfahren einzustellen (§§ 206a, 260 Abs. 3 StPO). So ist es auch, wenn nicht aufzuklären ist, ob der Verletzte form- und fristgerecht einen Strafantrag gestellt hat. Die Gerichte haben das in jeder Lage des Verfahrens von Amts wegen zu prüfen (RGSt. 61, 357; RGSt. 68, 263/265). Die GEMA-Vermutung kann die richterliche Überzeugung nicht ersetzen (Zweifel auch in KG NStZ 1983, 561; zur GEMA-Vermutung § 97 Rdnr. 59; vgl. aber auch hier Rdnr. 9 aE). Bleibt die Frage der Antragsberechtigung nach Ausschöpfung der Möglichkeiten der Amtsermittlung ungeklärt, kann § 10 helfen (OLG München ZUM 1988, 580; vgl. *v. Gamm* § 10 Rdnr. 3, *Allfeld* LUG² § 7 Anm. 3; *ders.* KUG § 9 Anm. 5). Das kann auch bei Computerprogrammen eine Rolle spielen, vgl. BGH DB 1993, 2226. Diese gesetzliche Regelung verstößt nicht gegen den Grundsatz der Unschuldsvermutung, denn auf das Erfordernis des Strafantrags hätte der Gesetzgeber ganz verzichten können, ohne dass die §§ 106–108a rechtsstaatlichen Grundsätzen zuwiderliefen (vgl. *Stree* S. 48; aA *Weber* S. 375f.; *Rochlitz* S. 203). – Der Antrag kann – vor Fristablauf – selbst in der Revisionsinstanz noch gestellt werden (BGHSt. 3, 73/74). Das Antragsrecht geht nicht dadurch verloren, dass der zur Tatzeit Verletzte später nicht mehr Träger des durch die jeweilige Strafrechtsnorm geschützten Rechtsguts ist (RGSt. 71, 137). – Die einzuhaltende **Form** des Strafantrags ergibt sich aus § 158 Abs. 2 StPO. Danach muss der Antrag bei der Staatsanwaltschaft oder bei einem ordentlichen Gericht schriftlich oder zu Protokoll gestellt werden. Daneben ist schriftlicher Strafantrag bei einer deutschen (hM) Polizeidienststelle möglich. Für die Schriftlichkeit ist erforderlich, dass sich aus dem Schriftstück der Erklärungsinhalt und die Person des Erklärenden ergeben.

8　**Inhalt** ist das Begehren strafrechtlicher Verfolgung wegen einer bestimmten Handlung; deshalb kann auch eine bloße Strafanzeige genügen. Der Angabe der zu verfolgenden Person bedarf es nicht (RGSt. 6, 212/213). Der Antrag kann auf bestimmte Straftaten und Beteiligte beschränkt werden, zB einzelne Teilakte einer fortgesetzten Tat. Liegt eine Beschränkung nicht vor, so betrifft der Antrag die gesamte Tat iSd. § 264 StPO unter allen rechtlichen Gesichtspunkten (KG VRS 23, 33). Das Antragsrecht ist **höchstpersönlich** und erlischt grundsätzlich mit dem Tod des Verletzten, wenn dieser es noch nicht ausgeübt hat (arg. § 77 Abs. 2 StGB).

9　Sind **mehrere Verletzte** vorhanden, so ist jeder selbstständig antragsberechtigt (§ 77 Abs. 4 StGB), für jeden Antragsberechtigten läuft eine gesonderte Antragsfrist (§ 77b Abs. 3 StGB). Die Zurücknahme eines Antrags berührt die anderen Anträge nicht. – Zum Antragsrecht von Verwertungsgesellschaften vgl. § 1 Abs. 3 S. 2 WahrnG.

10　Für eine **jur. Person** stellen ihre Organe oder die sonst befugten Vertreter den Strafantrag (OLG Celle NStZ 1981, 223), auch der Vorstand des rechtsfähigen Vereins (RGSt. 58, 202), der AG (RGSt. 47, 338), der Geschäftsführer einer GmbH oder auch der Prokurist (RGSt. 15, 144). Zur OHG vgl. RGSt. 41, 103 – **Die Antragsfrist** beträgt 3 Monate (§ 77b Abs. 1 S. 1 StGB). Die Frist beginnt mit der Kenntniserlangung von Tat und Person des Täters (§ 77b Abs. 2 S. 1 StGB). Kenntnis von der Tat bedeutet Wissen solcher Tatsachen, die zu einer eigenen verständigen Beurteilung und zu einem Schluss auf die Beschaffenheit der Tat in ihren wesentlichen Beziehungen berechtigen. Kenntnis der Person heißt Individualisierbarkeit des Täters (RGSt. 27, 34), nicht Kenntnis seines Namens. Entscheidend ist, ob der Verletzte einen Wissensstand hat, nach dem einem besonnenen Menschen die Antragsstellung zugemutet werden kann. Sind mehrere **antragsberechtigt** oder **mehrere an der Tat beteiligt,** so läuft die Frist für und gegen jeden gesondert (§ 77b Abs. 3 StGB). Erfährt der Berechtigte, dass die Tat einen wesentlich anderen Charakter hat, als er bisher annahm, beginnt die Frist mit dieser Kenntnis (*Fischer* StGB § 77b Rdnr. 4). Die Rücknahme des Strafantrags ist bis zum rechtskräftigen Abschluss des Strafverfahrens formlos möglich (§ 77d Abs. 1 StGB).

Rücknahmeberechtigt ist der Antragsteller, zu einem Sonderfall (Tod des Verletzten) vgl. § 77 d Abs. 2 StGB. Die Hinzufügung der Bedingung, dass den Antragsteller nicht die Kostenlast treffe (vgl. § 470 StPO), ist möglich; ansonsten ist die Rücknahme bedingungsfeindlich (vgl. dazu BGHSt. 9, 149). Nach der Rücknahme wird das Verfahren eingestellt (§§ 206a, 260 Abs. 3 StPO).

§ 110 Einziehung

¹ Gegenstände, auf die sich eine Straftat nach den §§ 106, 107 Abs. 1 Nr. 2, §§ 108 bis 108 b bezieht, können eingezogen werden. ² § 74 a des Strafgesetzbuches ist anzuwenden. ³ Soweit den in § 98 bezeichneten Ansprüchen im Verfahren nach den Vorschriften der Strafprozessordnung über die Entschädigung des Verletzten (§§ 403 bis 406 c) stattgegeben wird, sind die Vorschriften über die Einziehung nicht anzuwenden.

Schrifttum: *Eser*, Die strafrechtlichen Sanktionen gegen das Eigentum, 1969; *ders.*, Informationsfreiheit und Einziehung, NJW 1970, 784; *ders.*, Zum Eigentumsbegriff im Einziehungsrecht, JZ 1972, 146; *Jescheck*, Die Entschädigung des Verletzten nach deutschem Strafrecht, JZ 1958, 591; *Katholnigg*, Die Neuregelungen beim Verfall, JR 1994, 353; *Köckerbauer*, Die Geltendmachung zivilrechtlicher Ansprüche im Strafverfahren – der Adhäsionsprozeß, NStZ 1994, 305; *Lührs*, Verfolgungsmöglichkeiten im Fall der „Produktpiraterie" unter besonderer Betrachtung der Einziehungs- und Gewinnabschöpfungsmöglichkeiten, GRUR 1994, 264; *Rössner*, Dem Adhäsionsverfahren, eine Chance!, ZRP 1998, 162; *Scholz*, Erweiterung des Adhäsionsverfahrens – rechtliche Forderung oder rechtspolitischer Irrweg?, JZ 1972, 725. S. auch die Schrifttumsnachweise vor §§ 106 ff.

Die Vorschrift (geändert durch das PrPG vom 7. 3. 1990, BGBl. I S. 422) erleichtert in S. 1 **1** und 2 die strafrechtliche Einziehung, legt aber in S. 3 den Vorrang **des Adhäsionsverfahrens** fest. Ein Vorrang der zivilrechtlichen Ansprüche gemäß § 98 allgemein ist dem Gesetz nicht zu entnehmen. Der Wortlaut des Gesetzes lässt eine solche Interpretation als fern liegend erscheinen. Andere Gesichtspunkte ermöglichen eine Korrektur des Wortlauts zumindest nicht als hinreichend sicher legitimiert (vgl. BTDrucks. 11/4792 S. 29/30).

S. 3 geht von dem Grundsatz aus, dass der Verletzte im Rahmen des Strafverfahrens im sog. Ad- **2** häsionsverfahren gegen den Beschuldigten einen aus der Straftat erwachsenen vermögensrechtlichen Anspruch geltend machen kann (s. im Einzelnen §§ 403 ff. StPO). Diesen Grundsatz lässt die Vorschrift unangetastet (*Weber* S. 380 f.). S. 3 stellt es dem Verletzten oder seinem Erben (vgl. AmtlBegr. UFITA 45 (1965) 240/328; *Mestmäcker/Schulze* Anm. 4) grundsätzlich frei, bei bestimmten Delikten die aus § 98 folgenden Ansprüche (im Rahmen ihres zivilrechtlich zu beurteilenden Bestehens) im Zivilprozess **oder** im strafprozessualen Adhäsionsverfahren geltend zu machen. Angesichts der Bindung an die vorgenannten besonderen Ansprüche wird man als Verletzten iS dieser Vorschrift jeden ansehen müssen, der geltend macht, aus einer Straftat des Beschuldigten gemäß §§ 106, 107 Abs. 1 Nr. 2, 108, 108a oder 108b einen Anspruch gemäß § 98 gegen diesen erlangt zu haben. Ein Strafantrag muss nicht vorliegen (s. LG Koblenz DAR 1952, 159). Gleichgültig ist, ob das Strafverfahren auf öffentliche oder auf Privatklage in Gang gesetzt worden ist. Der Verletzte braucht weder Privat- noch Nebenkläger zu sein (*Ulmer*[3] § 133 VI). Stets muss jedoch die Zuständigkeit der ordentlichen Gerichte vorliegen. Das kann für die Abgrenzung zur Arbeitsgerichtsbarkeit bedeutungsvoll werden (s. etwa BGHSt. 3, 210/212). Besteht bereits anderweite Rechtshängigkeit, scheidet das Adhäsionsverfahren aus (§ 403 S. 1 StPO). – Bei § 107 Abs. 1 Nr. 1 kann die Frage des Vorrangs des Adhäsionsverfahrens nicht entstehen, weil sich dieser auf § 98 teilw. bezieht, der Vervielfältigungsstücke betrifft. § 107 Abs. 1 Nr. 1 setzt jedoch ein Original voraus. – Im Verfahren vor dem Amtsgericht kann der Anspruch ohne Rücksicht auf den Wert des Streitgegenstandes geltend gemacht werden (§ 403 Abs. 1 StPO). – Gegen Jugendliche findet das Adhäsionsverfahren nicht statt (§ 81 JGG), bei Heranwachsenden allenfalls dann, wenn allg. Strafrecht angewendet wird (§§ 109 Abs. 2, 105, 81 JGG). Hierfür spielt keine Rolle, ob das Verfahren vor dem allgemeinen Strafgericht durchgeführt wird (§ 104 Abs. 1 Nr. 14 JGG). Wird der Anspruch im Adhäsionsverfahren nicht zuerkannt, so hat der Antragsteller deswegen keine Rechtsmittelbefugnis (§ 406a Abs. 1 S. 2, zur sofortigen Beschwerde S. 1 StPO). Er kann dann seinen Anspruch gem. §§ 98, 99 allein im Zivilprozess weiterverfolgen (§ 406 Abs. 3 S. 3 StPO). Ist über den Grund des Anspruchs rechtskräftig entschieden, so findet die Verhandlung über den Betrag nach § 304 Abs. 2 ZPO vor dem zuständigen Zivilgericht statt (§ 406 Abs. 3 S. 4 StPO). Das Gericht kann von der Entscheidung absehen, wenn sich der Antrag zur Erledigung im Strafverfahren nicht eignet (§ 406 Abs. 1 S. 4, 5 StPO). Bisher war – auch deshalb – das Recht des Adhäsionsverfahrens „totes Recht" (*Jescheck* JZ 1958, 591/593). Es ist zweifelhaft, ob sich etwas anderes auf Grund der Änderungen des Adhäsionsverfahrens durch das am 1. 4. 1987 in Kraft getretene Opferschutzgesetz vom 18. 12. 1986 (BGBl. I S. 2496) sowie das Opferrechtsreformgesetz vom 24. 6. 2004 (BGBl. I S. 1354) ergeben wird. Für den Straftaten nach §§ 106–108b betreffenden Fragenkreis ist ohnehin nur von Bedeutung, dass nun entgegen dem bisherigen „Alles-oder-Nichts"-Prinzip Grund- und Teilurteile möglich sind (§ 406 Abs. 1 S. 2 StPO). Daneben hat das Opferschutzgesetz vor allem die Informationsmöglichkeiten des Verletzten verbessert (vgl. nur das Akteneinsichtsrecht nach § 406 e StPO, das für die Vorbereitung der Verfolgung zivilrechtlicher Ansprüche Gewicht erlangen könnte) und ihm die Möglichkeit eingeräumt, einen Anwalt als Beistand hinzuzuziehen. (Zu Einzelheiten vgl. §§ 406 d ff. StPO.)

3   Im Bereich vor allem der Produktpiraterie konnte es nach früherem Recht zu Schwierigkeiten bei der Einziehung kommen. Die Neufassung des Gesetzes löst diese Fragen weitgehend (vgl. BTDrucks. 11/4792 S. 29). Die Einziehung hat durchaus praktische Bedeutung (vgl. Produktpirateriebericht der Bundesregierung BT-Drs. 12/4427 S. 16 und 14 (2111 S. 11).

4   Die allgemeinen Vorschriften des StGB regeln vor allem, a) wann dem Täter oder Teilnehmer gehörende producta und instrumenta sceleris (Gegenstände, die durch die Straftat hervorgebracht worden waren oder die zur Begehung von Straftaten gedient hatten) eingezogen werden können (§ 74 Abs. 1, Abs. 2 Nr. 1 StGB), und b), wie es sich verhält, wenn die Gegenstände dem Täter oder Teilnehmer nicht gehören (§§ 74 Abs. 2 Nr. 2, 74 a StGB). S. 1 lässt nunmehr (abgesehen vom Falle des § 107 Abs. 1 Nr. 1) die Einziehung von Beziehungsgegenständen über § 74 Abs. 1 hinaus zu, was zB für Piratenware Bedeutung gewinnen kann. Im Falle der Vervielfältigung ist das urheberrechtsverletzende Vervielfältigungsstück, etwa gefälschte Musik-CDs, Filmraubkopien, productum sceleris, die Produktionsvorrichtung, etwa Computer, Videorecorder, instrumentum sceleris. Im Falle des § 108b werden diejenigen Objekte einbezogen, die zur Begehung oder Vorbereitung der Eingriffe in technische Schutzmaßnahmen oder in zur Rechtewahrnehmung erforderliche Informationen gebraucht wurden. Zur Frage der Einziehung eines Computers in einem Sonderfall vgl. OLG Düsseldorf JR 1993, 516 mit eingehender Anm. von *Achenbach*. Fraglich ist, ob die als Muster benutzten „Originalprodukte" instrumenta sceleris sind, dazu *Braun* S. 226. Im Falle der bloßen Verbreitung ist das Vervielfältigungsstück weder productum noch instrumentum sceleris.

Für diese erweiterte Einziehung bestimmt § 74 Abs. 4 StGB durch seine Weiterverweisung auf § 74 Abs. 2 StGB, dass a) die Beziehungsgegenstände dem Täter oder Teilnehmer gehören müssen oder dass b) der Schutz der Allgemeinheit die Einziehung der Gegenstände gebieten muss. Es bleibt somit eine (Einziehungs-)Lücke für die Fälle, in denen die Voraussetzungen von § 74 Abs. 2 StBG nicht vorliegen (vgl. etwa BGH wistra 1989, 58 für ein productum sceleris: Dix-Kopie). Diese Lücke soll S. 2 schließen, indem er § 74a StGB für anwendbar erklärt. Nach § 74a Nr. 1 setzt die Einziehung voraus, dass der Dritte wenigstens leichtfertig dazu beigetragen hat, dass die Sache oder das Recht Mittel oder Gegenstand der Tat oder ihrer Vorbereitung gewesen ist. Die Einziehung gegen den Dritten ist nach § 74a Nr. 2 ferner dann zulässig, wenn dieser den Gegenstand in Kenntnis der Umstände, die die Einziehung gegen den Täter zugelassen hätten, in verwerflicher Weise erworben hat. Für diese Kenntnis genügt dolus eventualis (*Fischer* StGB[57], § 74a Rdnr. 7, str.). Im Ergebnis dürfen also auf Grund der nunmehr anwendbaren Vorschrift des § 74a StGB täterfremde Gegenstände auch dann eingezogen werden, wenn sie nicht gefährlich sind. Voraussetzung ist lediglich ein „quasi-schuldhaftes Verhalten" des Berechtigten, das bei dem bösgläubigen Erwerber urheberrechtsverletzender Vervielfältigungsstücke vorhanden ist.

5   Auch im Fall des § 74a StGB gilt der Grundsatz der Verhältnismäßigkeit (§ 74b StGB). Ferner ist die uU gegebene Möglichkeit des Wertersatzes (§ 74c StGB) näher bestimmt. Unter gewissen Voraussetzungen eröffnet das Gesetz die Möglichkeit, die Einziehung selbstständig, dh unabhängig von einer Bestrafung, anzuordnen (§ 76a StGB). Mit Fragen der Gleichstellung von juristischen und natürlichen Personen befasst sich § 75 StGB. Die Rechtsfolgen der Einziehung regelt § 74e StGB, Entschädigungsfragen § 74f StGB; Verfahrensrechtliches findet sich in den §§ 430–441 StPO.

6   Die Einziehung ist Sicherungsmaßnahme, soweit sie ihren Grund in der Gefährlichkeit des Gegenstandes findet (§ 74 Abs. 2 Nr. 2 StGB). In den Fällen der §§ 74 Abs. 2 Nr. 1, 74a StGB steht der strafähnliche Charakter der Sanktion im Vordergrund. Die Tat nach den §§ 106, 107 Abs. 1 Nr. 2, 108 und 108a muss mindestens versucht worden sein, da § 74 Abs. 1 StGB nach seinem Wortlaut eine – vorsätzliche – Straftat voraussetzt.

7   Im Ganzen wird die strafrechtliche Einziehung nicht nur auf Grund der Neufassung des § 110 erleichtert, sondern auch infolge der Vorverlegung der Strafbarkeit durch die allgemeine Krimi-

nalisierung des Versuchs. Diese Vorverlegung erweitert den Anwendungsbereich von § 110, aber auch den von § 111b Abs. 1 StPO: Dringende Gründe für die Annahme, dass die Voraussetzungen für die Einziehung vorliegen, werden nunmehr häufiger gegeben sein als nach früherem Recht. Das wird die angestrebte generalpräventive Wirkung möglicherweise verstärken, obwohl die Einziehung fakultativ bleibt, also nicht zwingend vorgeschrieben ist. Der Grundsatz der Verhältnismäßigkeit hat zur Folge, dass Vervielfältigungsgeräte, die auch rechtmäßig benutzt werden können, in der Regel nur nach gewerbsmäßiger Tat eingezogen werden dürfen. Aus diesem Grund kommt auch die Einziehung rechtswidrig hergestellter Vervielfältigungsstücke beim Endabnehmer nur ausnahmsweise in Betracht (*Wandtke/Bullinger/Hildebrand*[5] Rdnr. 1).

Ist dem Verletzten aus der Tat ein Anspruch erwachsen, so schließt er den **Verfall** insoweit aus, als seine Erfüllung dem Täter oder Teilnehmer den Wert des aus der Tat Erlangten entziehen würde (§ 73 Abs. 1 S. 2 StGB). Daher ist die Möglichkeit der Verfallsanordnung für den Bereich der Urheberrechtsverletzung ohne praktische Bedeutung. 8

§ 111 Bekanntgabe der Verurteilung

[1] **Wird in den Fällen der §§ 106 bis 108b auf Strafe erkannt, so ist, wenn der Verletzte es beantragt und ein berechtigtes Interesse daran dartut, anzuordnen, daß die Verurteilung auf Verlangen öffentlich bekanntgemacht wird.** [2] **Die Art der Bekanntmachung ist im Urteil zu bestimmen.**

Schrifttum: *Burhenne*, Der Anspruch auf Veröffentlichung von Gerichtsentscheidungen im Lichte wettbewerblicher Betrachtung, GRUR 1952, 84; *Deumeland*, Die Bekanntgabe einer strafrechtlichen Verurteilung wegen Verletzung des Urheberrechts, MR-Int. 2006, 136; *Greuner*, Urteilsveröffentlichung vor Rechtskraft, GRUR 1962, 71; *Wronka*, Veröffentlichungsbefugnis von Urteilen, WRP 1975, 644; *Schricker*, Berichtigende Werbung, GRUR Int. 1975, 191; *Schomburg*, Die öffentliche Bekanntmachung einer strafrechtlichen Verurteilung, ZRP 1986, 65. S. im Übrigen die Schrifttumsnachweise Vor §§ 106 ff.

Übersicht

	Rdnr.
I. Allgemeines	1
II. Voraussetzungen	2–6
III. Art und Umfang der Bekanntmachung	7
IV. Konkurrenzen	8
V. Vollstreckung	9

I. Allgemeines

Die Anordnung der **Bekanntgabe** gemäß § 111 ist Nebenfolge, nicht Nebenstrafe (vgl. *Jescheck/ Weigend*[5] § 75 II). Nach den Materialien (vgl. UFITA 45 (1965) 240/328) wurde die strafrechtliche Bekanntmachungsbefugnis aus den gleichen Gründen vorgesehen wie die zivilrechtliche (gemäß § 103, vgl. dort Rdnr. 1, sa. *Weber* S. 367 f.). Eine bezweckte Übelszufügung gegenüber dem **Täter,** etwa im Sinne einer Bloßstellung, lag daher ganz außerhalb der Betrachtung des Gesetzgebers. Die öffentliche Bekanntmachung der Verurteilung soll vielmehr den **Verletzten** rehabilitieren, ihm auch eine gewisse Genugtuung verschaffen und eine vielleicht eingetretene Marktverwirrung möglichst beseitigen. – Im Falle der Anwendung von Jugendstrafrecht ist die Anordnung gemäß § 111 ausgeschlossen, § 6 Abs. 1 S. 2 JGG. Ein besonderer Hinweis darauf, dass die Verurteilung erst nach Rechtskraft bekannt gemacht werden darf, war nicht erforderlich, da dies für das Strafverfahren bereits aus dem Fehlen einer vorläufigen Vollstreckbarkeit folgt. 1

II. Voraussetzungen

1. Die Zulässigkeit der Anordnung der öffentlichen Bekanntgabe ist dreifach bedingt: Zum einen (a) ist Voraussetzung, dass wegen einer Tat gemäß §§ 106–108b auf Strafe erkannt ist. Des Weiteren (b) muss ein entsprechender Antrag des Verletzten vorliegen; und schließlich (c) muss ein berechtigtes Interesse an der öffentlichen Bekanntmachung gegeben sein. 2

§ 111

3   a) § 111 entfällt nicht, weil die Vollstreckung der erkannten Strafe zur Bewährung ausgesetzt ist. Eine Verwarnung mit Strafvorbehalt gemäß § 59 StGB genügt hingegen nicht; Grundgedanke dieses Instituts ist es gerade, den Täter vor jedem Strafmakel zu bewahren. Dazu passt die Annahme nicht, es sei im Falle der Anwendung von § 59 StGB auf Strafe erkannt. Der Anordnung der Veröffentlichungsbefugnis steht es nicht entgegen, dass die Tat gemäß § 106, § 108, § 108a oder § 108b tateinheitlich mit einem schwereren Delikt zusammentrifft (§ 52 Abs. 4 StGB), was allerdings bei § 107 von vornherein ausscheidet (Subsidiarität statt Idealkonkurrenz in diesen Fällen, vgl. dazu § 107 Rdnr. 15). In Fällen der Gesetzeskonkurrenz (wie dem der Subsidiarität) kommen die zurücktretenden §§ 106–108b nicht zur Anwendung, so dass in Wahrheit (dh. materiell) zB ein Fall des § 107 nicht vorliegt, für § 111 ist dann kein Raum. § 111 bleibt aber anwendbar, wenn die Tat nach §§ 106–108b in Realkonkurrenz mit einem anderen Delikt steht (zu den Folgen für den Umfang der Bekanntmachung in den Fällen der Ideal- und Realkonkurrenz vgl. Rdnr. 8).

4   b) Die Zuerkennung der Veröffentlichungsbefugnis setzt einen besonderen **Antrag** voraus, der vom Strafantrag zu unterscheiden ist und der nach dem klaren Wortlaut des Gesetzes nur vom Verletzten (vgl. dazu § 109 Rdnr. 2ff.), also zB nicht etwa von dessen Erben (vgl. auch RGSt. 16, 73) oder Dienstvorgesetzten, gestellt werden kann. Hat im Falle des § 107 Nr. 2 der Urheber in die Tat eingewilligt (ohne rechtfertigende Wirkung, s. dazu § 107 Rdnr. 9), ist er nicht Verletzter iS dieser Vorschrift (vgl. dazu BGHSt. 5, 66/69). Der Antrag kann auch noch im Rechtsmittelverfahren gestellt werden, wobei das Verschlechterungsverbot beachtet werden muss. Der Antragsteller braucht sich nicht in anderer Weise als eben durch diese Antragstellung am Verfahren beteiligen. Der Antrag kann bis zum rechtskräftigen Abschluss des Verfahrens zurückgenommen werden (analog § 77d Abs. 1 S. 2 StGB). Zu mehreren Verletzten und Angeklagten vgl. OLG Hamm NJW 1974, 466/467.

5   c) Weiterhin muss für die Bekanntgabe der Verurteilung ein **berechtigtes Interesse** vorliegen. Zum Begriff des berechtigten Interesses vgl. zunächst die Erl. zu § 103. Es handelt sich um einen Fall der Interessenabwägung. Diese muss hier auch das Resozialisierungsinteresse des Täters umfassen. Berechtigt ist an sich jedes von der Rechtsordnung als schutzwürdig anerkannte Interesse. Es scheiden demnach von vornherein Interessen aus, die rechtlich oder sittlich nicht billigenswert sind. Die öffentliche Bekanntmachung muss zur Wahrung des Interessens des Verletzten überhaupt geeignet und erforderlich sein. Wenn dem Verletzten bereits gemäß § 103 die Bekanntmachungsbefugnis zugesprochen worden ist, wird die entsprechende Anordnung gemäß § 111 demnach in der Regel nicht in Betracht kommen (Dreier/Schulze/*Dreier*[3] Rdnr. 4; aA *Wandtke/Bullinger/Hildebrandt*[3] Rdnr. 5). Bei der Interessenabwägung spielen eine Rolle zB Umfang und Intensität der Verletzungshandlung sowie der seit der Tat verstrichene Zeitraum (*v. Gamm* Rdnr. 3) sowie eine etwaige Marktverwirrung. Auch wird die Tatsache, dass die fragliche Pirateriewarе besonders minderwertig ist, für ein Klarstellungsbedürfnis des Verletzten sprechen (so *E. Braun* Produktpiraterie S. 223). Das bloße Genugtuungsinteresse des Verletzten allein wird gegenüber dem Resozialisierungsinteresse des Täters nur im Ausnahmefall den Vorrang verdienen. (Ähnlich auch *Loewenheim/Flechsig*[2], § 96, Rdnr. 42. – Insgesamt zu weitgehend *Rochlitz* S. 210ff.).

6   2. Nach dem Wortlaut der Vorschrift muss das berechtigte Interesse an der Urteilsbekanntmachung vom Verletzten „dargetan" werden. Dieses auch in § 103 (bürgerlich-rechtliche Vorschrift) und § 143 Abs. 6 MarkenG etwa enthaltene Merkmal erinnert an die zivilprozessuale Darlegungslast (s. dagegen die Fassung von § 165 Abs. 1, 200 Abs. 1 StGB). Daraus ziehen einige Autoren Schlüsse, die allein dem Gesichtspunkt der Wortauslegung Rechnung tragen. So meinen *Möhring/Nicolini/Spautz* Rdnr. 5, dartun bedeute, dass die Tatsachen, die ein berechtigtes Interesse begründen sollen, substantiiert vorgetragen würden. *Dürwanger/Dempewolf* (Handbuch des Privatklagerechts, 3. Aufl. 1971, S. 445) führen aus, gemeint sei damit Glaubhaftmachung. Diese Auffassungen überzeugen nicht für den von der Instruktionsmaxime beherrschten Strafprozess. In diesem werden ohnedies in aller Regel die für die Interessenabwägung bedeutungsvollen Umstände schon im Rahmen der Strafzumessung von Amts wegen ermittelt, sie sind dann gerichtsbekannt. Glaubhaftmachung etc. sogar etwa derselben Tatsache hat daneben wenig Sinn. Man wird davon ausgehen müssen, dass es – im Lichte der Instruktionsmaxime – darauf ankommt, ob ein berechtigtes Interesse des Verletzten **objektiv vorliegt** (so auch *Dreier/Schulze/Dreier*[3], § 111 Rdnr. 4). Das ist lediglich der Fall, wenn bei Abwägung der gegenseitigen von Amts wegen zu prüfenden Interessen das Interesse des Verletzten überwiegt (vgl. schon *Burhenne* GRUR 1952, 84/89). Dem entspricht die Entstehungsgeschichte der Formulierung,

die letztlich auf § 49 PatG aF zurückgeht. Dieser Vorschrift lag als legislatorischer Zweck zugrunde, Missbräuche und Schikanen zu verhindern (AmtlBegr. BlPMZ 1936, 103/114). Das wäre kaum möglich, wenn bloß auf Substantiierung, Glaubhaftmachung oder Darlegung abgestellt würde. Zur Interessenabwägung vgl. BGH ZUM-RD 1998, 157 – Beatles-Doppel-CD, auch Hildebrandt, Strafvorschriften, 409 ff.

III. Art und Umfang der Bekanntmachung

Liegt das berechtigte Interesse vor, so bestimmt das Gericht Art und Umfang der Bekanntmachung (§ 111 S. 2) in der Urteilsformel. Es hat hierbei den jeweils zur Veröffentlichung Berechtigten, den Gegenstand der Veröffentlichung, ihre Form und das Medium, in dem die Veröffentlichung geschehen soll, zu bezeichnen. Der Urteilstenor muss auch deutlich werden lassen, inwieweit Urteilsformel und ggf. Urteilsgründe (RGSt. 20, 1; aA *v. Gamm* Rdnr. 4: keine Bekanntgabe der Urteilsgründe) zu veröffentlichen sind. Bei der Bestimmung gemäß § 111 S. 2 sind die gleichen Gesichtspunkte maßgebend, die schon bei der Interessenabwägung (vgl. Rdnr. 5) zu berücksichtigen sind. So müssen auch Art und Umfang der Bekanntmachung zur Wahrung der Interessen des Verletzten erforderlich und geeignet sein. Das ist zB kaum begründbar für eine Urteilsbekanntgabe in einer überregionalen Zeitung, wenn die zugrundeliegende Verletzung des Urheberpersönlichkeitsrechts nur verschwindend wenigen Personen gegenüber erfolgte (vgl. zu alledem auch *Weber* S. 368 f.). Die Art der Bekanntmachung ist genau zu bestimmen, da sonst eine Vollziehung nicht möglich ist. Im Falle der Bekanntmachung in einer Zeitung muss das Gericht festlegen, in welchem Teil des Blattes die Bekanntgabe in welcher Aufmachung zu erfolgen hat. Insofern verhält es sich nicht anders als im Falle des § 200 StGB (vgl. dazu *Fischer* StGB[57] § 200 Rdnr. 5). Keinesfalls darf dem Verletzten die Auswahl unter mehreren Tageszeitungen überlassen bleiben (BGH GA 1968, 84; BayObLGSt. 54, 71).

7

IV. Konkurrenzen

Zulässig ist nur die Bekanntgabe der Verurteilung gemäß §§ 106–108 b. Im Falle der **Tateinheit** mit einem schwereren Delikt darf das andere verletzte Strafgesetz nicht mitveröffentlicht werden, nach BGHSt. 10, 306/311 jedoch die erkannte Strafe. Letzteres erscheint zweifelhaft im Hinblick auf den Wortlaut von § 111 und das mit der Vorschrift verfolgten Zwecke (vgl. Rdnr. 1). Denn die ausgesprochene Strafe bezieht sich in einem solchen Fall in erster Linie auf die Verurteilung wegen des schwereren Delikts (§ 52 Abs. 2 S. 1 StGB); die Bekanntgabe der erkannten Strafe gefährdet so die Resozialisierung des Täters unnötig, ohne dem Verletzten gerade wegen §§ 106–108 b Genugtuung etc. zu bieten. In einem unveröffentlichten Beschluss vom 29. 7. 1988 – 3 StR 213/88 – hat der BGH den Wortlaut der öffentlichen Bekanntmachung der Verurteilung (wegen gewerbsmäßiger Hehlerei u. a.) wie folgt gefasst: „Der Angeklagte ist durch Urteil des Landgerichts Krefeld vom 12. Januar 1988 wegen Vergehens gegen das Warenzeichengesetz zu Strafe verurteilt worden, weil er in den Jahren 1985 und 1986 eine Vielzahl von gefälschten Markenuhren der Firma Cartier, Paris, in den Niederlanden erworben und diese in Krefeld und Umgebung feilgehalten und in Verkehr gebracht hat." Zu den Fällen der **Tatmehrheit** vgl. BayObLGSt. 60, 192/194 und BayObLGSt. 61, 141/142: Die Befugnis ist auf die Veröffentlichung der Verurteilung wegen der Delikte gemäß §§ 106–108 b zu beschränken. Die Gesamtstrafe darf nicht bekanntgegeben werden (RG JW 1937, 3301 Nr. 7; BayObLGSt 60, 192; 61, 141; Dreier/Schulze/*Dreier*[3] Rdnr. 5; *Loewenheim/Flechsig*[2] § 96 Rdnr. 42.

8

V. Vollstreckung

Die Anordnung des Gerichts vollzieht die Vollstreckungsbehörde. Voraussetzung ist ein Verlangen gemäß § 463 c Abs. 2 StPO. Die Kosten der Veröffentlichung sind Vollstreckungskosten (§ 464 a Abs. 1 S. 2 StPO). Unterlässt der Verurteilte die Erfüllung seiner Verpflichtung, dann kann das Gericht ihn auf Antrag der Vollstreckungsbehörde durch Festsetzung eines Zwangsgeldes bis zu 25 000 € oder von Zwangshaft bis zu sechs Wochen dazu anhalten.

9

§ 111a Bußgeldvorschriften

(1) Ordnungswidrig handelt, wer
1. entgegen § 95a Abs. 3
   a) eine Vorrichtung, ein Erzeugnis oder einen Bestandteil verkauft, vermietet oder über den Kreis der mit dem Täter persönlich verbundenen Personen hinaus verbreitet oder
   b) zu gewerblichen Zwecken eine Vorrichtung, ein Erzeugnis oder einen Bestandteil besitzt, für deren Verkauf oder Vermietung wirbt oder eine Dienstleistung erbringt,
2. entgegen § 95b Abs. 1 Satz 1 ein notwendiges Mittel nicht zur Verfügung stellt oder
3. entgegen § 95d Abs. 2 Satz 1 Werke oder andere Schutzgegenstände

nicht oder nicht vollständig kennzeichnet.

(2) Die Ordnungswidrigkeit kann in den Fällen des Absatzes 1 Nr. 1 und 2 mit einer Geldbuße bis zu fünfzigtausend Euro und in den übrigen Fällen mit einer Geldbuße bis zu zehntausend Euro geahndet werden.

Schrifttum: *Hilty,* Rechtsschutz technischer Maßnahmen: Zum UrhG-Regierungsentwurf vom 31. 7. 2002, MMR 2002, 577; *Zecher,* Die Umsetzung der EU-Urheberrechtsrichtlinie in deutsches Recht II ZUM 2002, 451.

Übersicht

	Rdnr.
I. Allgemeines	1–3
II. Objektiver Tatbestand	4–6
III. Subjektiver Tatbestand	7
IV. Geldbußen	8
V. Konkurrenzen	9

I. Allgemeines

1 Die Vorschrift wurde durch das Gesetz zur Regelung des Urheberrechts in der Informationsgesellschaft neu eingefügt. In Abs. 1 Nr. 1a und b setzt sie die Forderung des Art. 6 Abs. 1 der Richtlinie EG/29/2001 für den harmonisierten Schutz gegen die Umgehung wirksamer technischer Maßnahmen um. Der deutsche Gesetzgeber stuft bestimmte Handlungen, die der **Vorbereitung zur Umgehung von Schutzmaßnahmen** dienen, als Ordnungswidrigkeiten ein. Dabei orientiert er sich an § 5 Abs. 1 ZKDSG. Abs. 1 Nr. 2 ahndet **Verstöße gegen Verpflichtungen des Rechteinhabers,** die die Durchsetzung von Schrankenbestimmungen erleichtern sollen. Abs. 1 Nr. 3 belangt **Verstöße gegen Kennzeichnungspflichten,** die Ansprüche, die sich aus § 95d Abs. 2 ergeben, prozessual durchsetzen sollen.

2 Damit hat die Vorschrift unterschiedliche Adressaten. Einerseits sollen durch Abs. 1 Nr. 1a und b das Verbot der Umgehung von Schutzmaßnahmen flankiert und zugunsten der **Inhaber von Urheberrechten** gewährleistet werden. In dieser Tatbestandsvariation sind daher deren Verwertungsrechte das geschützte Rechtsgut. Andererseits werden durch Abs. 1 Nr. 2 und 3 der **Verbraucher** und der **Wettbewerber** abgesichert. Missbräuche seitens der Inhaber von Urheberrechten sollen abgewendet werden. Als Rechtsgut stellt sich demzufolge das Recht des Nutzers dar, die Schrankenbestimmungen wahrnehmen zu können.

3 Die Norm enthält **Ausfüllungstatbestände.** Für die Auslegung der Tatbestandsmerkmale wird auf die entsprechenden zivilrechtlichen Vorschriften verwiesen. Besonderheiten betreffen das **Inkrafttreten** der Norm. Art. 6 Abs. 2 des Gesetzes zur Regelung des Urheberrechts in der Informationsgesellschaft (BGBl. Teil I S. 1774) legte fest, dass § 111a Abs. 1 Nr. 2 und 3 erst am 1. 9. 2004 in Kraft traten. § 111a Abs. 1 Nr. 1 hingegen ist am 13. 9. 2003 in Kraft getreten (Art. 6 Abs. 1 des vorgenannten Gesetzes).

II. Objektiver Tatbestand

4 1. Abs. 1 Nr. 1 ahndet weniger schwerwiegende Verstöße, die der Umgehung von Schutzmaßnahmen dienen. **Abs. 1 Nr. 1a** belangt jede Handlung, durch die eine Vorrichtung, ein

Erzeugnis oder ein Bestandteil verkauft, vermietet oder verbreitet wird (für die Auslegung dieser Begriffe s. § 95a Abs. 3 Rdnr. 23). Voraussetzung für die Ahndung der Verbreitung ist, dass diese über den Kreis der mit dem Täter persönlich verbundenen Personen (dazu s. § 15 Abs. 3 Rdnr. 66 ff.) hinaus verwirklicht wird. Diese Prämisse entspricht der Systematik des § 108b, der bestimmte Eingriffe in technische Schutzmaßnahmen nur dann bestraft, wenn sie über den privaten Bereich hinaus begangen werden.

2. Abs. 1 Nr. 1 b bewertet als Ordnungswidrigkeit:
– den Besitz einer Vorrichtung, eines Erzeugnisses oder eines Bestandteils,
– jede Werbung für deren Verkauf oder Vermietung oder
– die Erbringung von Dienstleistungen (dazu s. § 95a Rdnr. 39). In Abs. 1 Nr. 1b wird vorausgesetzt, dass der Täter zu gewerblichen Zwecken handelt (für die Auslegung dieses Merkmals s. § 108b Rdnr. 9).

An dieser Stelle wird die Verbindung zwischen 108b Abs. 2 und 111a Abs. 1 Nr. 1b deutlich. § 111a Abs. 1 Nr. b ahndet die Vorbereitungshandlungen, deren Verwirklichung zur Erfüllung des Tatbestandes des § 108b Abs. 2 führen soll. Der Gesetzgeber hat nicht den Versuch des § 108b Abs. 2 unter Strafe gestellt. Stattdessen ist er einen Schritt weitergegangen und hat die Vorbereitungshandlungen dieser Tatvariation als Ordnungswidrigkeit geahndet. Dabei hat er teilweise die Formulierung des § 5 Abs. 1 ZKDSG übernommen.

3. Abs. 1 Nr. 2 bildet ein echtes Unterlassungsdelikt. Danach handelt ordnungswidrig der Inhaber von Urheberrechten, der es unterlässt, notwendige Mittel zur Verfügung zu stellen, die erforderlich sind, um die in § 95b Abs. 1 aufgeführten Schrankenbestimmungen durchzusetzen (für die Auslegung der Tatbestandsmerkmale s. die Kommentierung von § 95b Abs. 1). Damit wird eine **verbraucherschützende Vorschrift** in das Urheberrechtsgesetz eingefügt, die die Gewährleistung von urheberrechtlichen Schrankenbestimmungen absichern will.

4. Nach **Abs. 1 Nr. 3** handelt der Inhaber von Urheberrechten ordnungswidrig, der Werke und andere Schutzgegenstände mit technischen Maßnahmen schützt und es unterlässt, diese mit seinem Namen oder seiner Firma und der zustellungsfähigen Anschrift zu kennzeichnen. Diese „Informationspflicht", die ähnlich in § 5 TMG, § 10 MDStV verankert ist, wird dem Rechtsinhaber auferlegt, um Ansprüche, die sich aus der „Nicht-Gewährung" der Schrankenbestimmungen ergeben, prozessual umzusetzen (für die Auslegung der Tatbestandsmerkmale s. die Kommentierung von § 95d Abs. 1). Auch hier handelt es sich um ein echtes Unterlassungsdelikt, das nicht nur verbraucher-, sondern auch wettbewerbsrechtlich orientiert ist, da derjenige, der den Kennzeichnungspflichten nicht nachkommt, im Einzelfall einen Vorsprung durch Rechtsbruch haben kann (so auch *Dreier/Schulze/Dreier*[3], § 95d Rdnr. 6; *Loewenheim/Flechsig*[2], § 91, Rdnr. 13). Auf Computerprogramme finden die §§ 95a bis 95d keine Anwendung (§ 69a Abs. 5). Insoweit entfällt daher auch § 111a.

III. Subjektiver Tatbestand

Für die Erfüllung der Tatbestände ist Vorsatz erforderlich, wobei bedingter Vorsatz genügt.   7

IV. Geldbußen

Die Höhe der Geldbuße ist unterschiedlich (Abs. 2). Die Staffelung ist sachgerecht, denn für die Festsetzung der Geldbuße wird jeder einzelne Verstoß gegen die Informationspflicht berücksichtigt. Dies hat zur Folge, dass in Fällen einer großen Anzahl von Werken, auf denen die Kennzeichnung fehlt, hohe Bußgelder auferlegt werden können.   8

V. Konkurrenzen

Wird, ähnlich wie in § 108b, von einer Handlung § 111a Abs. 1 Nr. 1a und § 5 ZKDSG verwirklicht, tritt ZKDSG wegen Subsidiarität zurück (dazu s. auch § 108b Rdnr. 14). Abs. 1 Nr. 3 ist gegenüber Abs. 1 Nr. 2 subsidiär.   9

Unterabschnitt 3. Vorschriften über Maßnahmen der Zollbehörde

§ 111 b Verfahren nach deutschem Recht

(1) ¹Verletzt die Herstellung oder Verbreitung von Vervielfältigungsstücken das Urheberrecht oder ein anderes nach diesem Gesetz geschütztes Recht, so unterliegen die Vervielfältigungsstücke, soweit nicht die Verordnung (EG) Nr. 1383/2003 des Rates vom 22. Juli 2003 über das Vorgehen der Zollbehörden gegen Waren, die im Verdacht stehen, bestimmte Rechte geistigen Eigentums zu verletzen, und die Maßnahmen gegenüber Waren, die erkanntermaßen derartige Rechte verletzen (ABl. EU Nr. L 196 S. 7), in ihrer jeweils geltenden Fassung anzuwenden ist, auf Antrag und gegen Sicherheitsleistung des Rechtsinhabers bei ihrer Einfuhr oder Ausfuhr der Beschlagnahme durch die Zollbehörde, sofern die Rechtsverletzung offensichtlich ist. ²Dies gilt für den Verkehr mit anderen Mitgliedstaaten der Europäischen Union sowie mit den anderen Vertragsstaaten des Abkommens über den Europäischen Wirtschaftsraum nur, soweit Kontrollen durch die Zollbehörden stattfinden.

(2) ¹Ordnet die Zollbehörde die Beschlagnahme an, so unterrichtet sie unverzüglich den Verfügungsberechtigten sowie den Antragsteller. ²Dem Antragsteller sind Herkunft, Menge und Lagerort der Vervielfältigungsstücke sowie Name und Anschrift des Verfügungsberechtigten mitzuteilen; das Brief- und Postgeheimnis (Artikel 10 des Grundgesetzes) wird insoweit eingeschränkt. ³Dem Antragsteller wird Gelegenheit gegeben, die Vervielfältigungsstücke zu besichtigen, soweit hierdurch nicht in Geschäfts- oder Betriebsgeheimnisse eingegriffen wird.

(3) Wird der Beschlagnahme nicht spätestens nach Ablauf von zwei Wochen nach Zustellung der Mitteilung nach Absatz 2 Satz 1 widersprochen, so ordnet die Zollbehörde die Einziehung der beschlagnahmten Vervielfältigungsstücke an.

(4) ¹Widerspricht der Verfügungsberechtigte der Beschlagnahme, so unterrichtet die Zollbehörde hiervon unverzüglich den Antragsteller. ²Dieser hat gegenüber der Zollbehörde unverzüglich zu erklären, ob er den Antrag nach Absatz 1 in bezug auf die beschlagnahmten Vervielfältigungsstücke aufrechterhält.
1. ³Nimmt der Antragsteller den Antrag zurück, hebt die Zollbehörde die Beschlagnahme unverzüglich auf.
2. ⁴Hält der Antragsteller den Antrag aufrecht und legt er eine vollziehbare gerichtliche Entscheidung vor, die die Verwahrung der beschlagnahmten Vervielfältigungsstücke oder eine Verfügungsbeschränkung anordnet, trifft die Zollbehörde die erforderlichen Maßnahmen.

⁵Liegen die Fälle der Nummern 1 oder 2 nicht vor, hebt die Zollbehörde die Beschlagnahme nach Ablauf von zwei Wochen nach Zustellung der Mitteilung an den Antragsteller nach Satz 1 auf; weist der Antragsteller nach, daß die gerichtliche Entscheidung nach Nummer 2 beantragt, ihm aber noch nicht zugegangen ist, wird die Beschlagnahme für längstens zwei weitere Wochen aufrechterhalten.

(5) Erweist sich die Beschlagnahme als von Anfang an ungerechtfertigt und hat der Antragsteller den Antrag nach Absatz 1 in bezug auf die beschlagnahmten Vervielfältigungsstücke aufrechterhalten oder sich nicht unverzüglich erklärt (Absatz 4 Satz 2), so ist er verpflichtet, den dem Verfügungsberechtigten durch die Beschlagnahme entstandenen Schaden zu ersetzen.

(6) ¹Der Antrag nach Absatz 1 ist bei der Bundesfinanzdirektion zu stellen und hat Wirkung für ein Jahr, sofern keine kürzere Geltungsdauer beantragt wird; er kann wiederholt werden. ²Für die mit dem Antrag verbundenen Amtshandlungen werden vom Antragsteller Kosten nach Maßgabe des § 178 der Abgabenordnung erhoben.

(7) ¹Die Beschlagnahme und die Einziehung können mit den Rechtsmitteln angefochten werden, die im Bußgeldverfahren nach dem Gesetz über Ordnungswidrigkeiten gegen die Beschlagnahme und Einziehung zulässig sind. ²Im Rechtsmittelverfahren ist der Antragsteller zu hören. ³Gegen die Entscheidung des Amtsgerichts ist die sofortige Beschwerde zulässig; über sie entscheidet das Oberlandesgericht.

Schrifttum: *Ahrens,* Die europarechtlichen Möglichkeiten der Beschlagnahme von Produktpiratriewaren an der Grenze unter Berücksichtigung des TRIPS-Abkommens, RIW 1996, 727; *ders.,* Die gesetzlichen Grundlagen der

Grenzbeschlagnahme von Produktpiraterieware nach dem deutschen nationalen Recht, BB 1997, 902; *Bär*, Durchsuchungen im EDV-Bereich, CR 1995, 158; *Beußel*, Die Grenzbeschlagnahme von Parallelimporten, GRUR 2000, 188; *Blumenröder*, Grenzbeschlagnahme bei Parallelimporten, MarkenR 2000, 46; *Bork*, Effiziente Beweissicherung für den Urheberrechtsverletzungsprozeß – dargestellt am Beispiel raubkopierter Computerprogramme, NJW 1997, 1665; *Braun, E.*, Produktpiraterie, 1993; *Braun/Heise*, Die Grenzbeschlagnahme illegaler Tonträger in Fällen des Transits, GRUR Int. 2001, 28; *Cremer*, Die Bekämpfung der Produktpiraterie in der Praxis, Mitt. 1992, 153; *Deumeland*, Die Möglichkeit der Grenzbeschlagnahme bei Verletzung des deutschen Urheberrechts, GRUR 2006, 994; *Dierck/Lehmann*, Die Bekämpfung der Produktpiraterie nach der Urheberrechtsnovelle, CR 1993, 537; *Fritze*, Die Verordnung (EG) Nr. 3295/94 des Rates der Europäischen Union vom 22. Dezember 1994 über die Zollbeschlagnahme nachgeahmter Waren und unerlaubt hergestellter Vervielfältigungsstücke oder Nachbildungen und ihre Aussichten auf Erfolg, Fs. für Piper, S. 221; *Fritze/Stauder*, Die Beschaffung von Beweisen für die Verletzung von gewerblichen Schutzrechten, GRUR Int. 1986, 342; *Götting*, Die Entwicklung neuer Methoden der Beweisbeschaffung zur Bekämpfung von Schutzrechtsverletzungen, GRUR Int. 1988, 729; *Knaak*, Die nationalen und internationalen Arbeiten gegen die Markenpiraterie, GRUR Int. 1988, 1; *Kröger/Bausch*, Produktpiraterie im Patentwesen, GRUR 1997, 321; *Leitzen*, Innergemeinschaftlicher Transit, Markenverletzung und Produktpiraterie, GRUR 2006, 89; *Lührs*, Verfolgungsmöglichkeiten im Fall der „Produktpiraterie" unter besonderer Betrachtung der Einziehungs- und Gewinnabschöpfungsmöglichkeiten (bei Ton-, Bild- und Computerprogrammträgern), GRUR 1994, 264; *Meister*, Leistungsschutz und Produktpiraterie, 1990; *Oppermann*, Der Auskunftsanspruch im gewerblichen Rechtsschutz und Urheberrecht. Dargestellt unter besonderer Berücksichtigung der Produktpiraterie, 1997; *Scheja*, Bekämpfung der grenzüberschreitenden Produktpiraterie durch die Zollbehörden, CR 1995, 714; *Schöner*, Die Bekämpfung der Produktpiraterie durch die Zollbehörden, Mitt. 1992, 180; *Stadler*, Der Schutz von Unternehmensgeheimnissen im Zivilprozeß, NJW 1989, 1202; *Tilmann*, Der Schutz gegen Produktpiraterie nach dem Gesetz von 1990, BB 1990, 1565; *Westpfahl*, Das strafrechtliche Ermittlungsverfahren und seine Bezüge zur Durchsetzung zivilrechtlicher Ansprüche, in *Lehmann* (Hrsg.), Rechtsschutz und Verwertung von Computerprogrammen, 2. Aufl. 1993; *Wölfel*, Rechtsfolgen von Markenverletzungen und Maßnahmen zur Bekämpfung der Markenpiraterie, 1989. S. auch die Schrifttumsnachweise vor §§ 106 ff.

Übersicht

	Rdnr.
I. Allgemeines	1
II. Voraussetzungen	2–6
III. Rechtsfolgen	7–13
IV. Praxishinweise	14

I. Allgemeines

Eines der Hauptanliegen des Produktpirateriegesetzes vom 7. 3. 1990 (BGBl. I S. 422) war es, die Grenzbeschlagnahme für alle Schutzrechte des geistigen Eigentums einzuführen und zugleich das bisherige Verfahren effizienter zu gestalten (vgl. BTDrucks. 11/4792 S. 15). Dem dienen §§ 111b, 111c und die entsprechenden Vorschriften des GeschmMG, des PatG, des GebrMG, des HlSchG und des SSchG. Zumindest theoretisch bietet die Zollabfertigung die Möglichkeit, auf einen Schlag große Mengen rechtsverletzender Gegenstände als solche zu erkennen und sicherzustellen. Gleichwohl hielt sich die praktische Relevanz der Zollbeschlagnahme bisher in Grenzen (vgl. Eingabe der *Deutschen Vereinigung für gewerblichen Rechtsschutz und Urheberrecht* vom 4. Mai 1992, GRUR 1992, 373). Ob von der neuen Regelung eine beachtliche generalpräventive Wirkung ausgeht, ist schwer auszumachen (optimistisch Bundesregierung Bericht BTDrucks. 12/4427 S. 2; kritisch *Cremer*, Mitt. 1992, 166). Jedenfalls steigen die Beschlagnahmezahlen konstant (1995: 500; 1998: 2013; 2000: 3178; 2001: 2427; 2002: 3427; Quelle BMF) – Die Verordnung (EG) Nr. 1383/2003, die ab 1. Juli 2004 gilt, ersetzt die Verordnung (EG) Nr. 3295/94 und erweitert den gemeinschaftsrechtlichen Tätigkeitsbereich der Zollbehörden. Neben den Verletzungen des Urheberrechts und verwandter Schutzrechte und den Geschmacksmusterverletzungen werden neue Arten von Rechten an geistigem Eigentum einbezogen, nämlich die Rechte an Sorten, geographischen Angaben und Ursprungsbezeichnungen.

II. Voraussetzungen

1. Es ist erforderlich, dass die Herstellung **oder** Verbreitung von Vervielfältigungsstücken gegen dieses deutsche Gesetz verstößt. Ob das der Fall ist, entscheidet sich nach dem Inhalt der einschlägigen Urheber- oder Leistungsschutzrechte (Zum Begriff des Werkes vgl. §§ 2–4 und die Erläuterungen dort sowie bei § 106 Rdnr. 2, zu den verwandten Schutzrechten vgl. die Erläuterungen zu den §§ 70 ff., auf die § 111a ebenfalls materiell verweist). Das Gesetz meint

§ 111b

nur absolute (ausschließliche Rechte), dh. Rechte, die gegen jeden nichtberechtigten Dritten wirken. Schuldrechtliche Ansprüche gehören nicht in diesen Bereich. Zum Begriff der Vervielfältigung vgl. § 16 Rdnr. 5 ff. sowie § 106 Rdnr. 3, zur Verbreitung § 17 Rdnr. 5 ff. und § 106 Rdnr. 4. Wenn die Vervielfältigung oder Verbreitung gemäß §§ 45–60 zugelassen ist, verletzt sie ein nach diesem Gesetz geschütztes Recht nicht. Eine Verletzung liegt ferner nicht vor, wenn der Berechtigte der Vervielfältigung und/oder Verbreitung – meist durch Einräumung eines entsprechenden Nutzungsrechts – zugestimmt hat. Eine Rechtsverletzung iS dieser Vorschrift wird man schließlich nicht annehmen können, wenn zB der Inhaber eines Nutzungsrechts das vereinbarte Kontingent überschreitet (vgl. dazu *Wölfel* S. 17). Insoweit handelt es sich um eine schlichte Vertragsverletzung. Zum Begriff des Rechtsinhabers vgl. auch *Wandtke/Bullinger/Kefferpütz*[3] §§ 111b, 111c Rdnr. 16.

3   Letztlich ergeben sich aus dem Territorialitätsprinzip (s. dazu die Ausführungen vor §§ 120 ff. Rdnr. 69 ff.) kaum Probleme: Im Falle der **Ausfuhr** wird im Inland vervielfältigt worden sein; im Falle der **Einfuhr** wird die Verbreitung im Inland angestrebt werden (In diesem Fall liegt die Parallele zur vorbeugenden Unterlassungsklage nahe). Beim **Transit** hat der EuGH zunächst entschieden, dass unter Anwendung des Verordnung (EG) Nr. 3295/94 (dazu § 111 c) eine Zollbeschlagnahme auch dann zulässig ist, wenn Plagiate sich auf der Durchfuhr von einem Drittland durch das Gemeinschaftsgebiet in ein anderes Drittland befinden. Als Grund dafür werden die Auswirkungen genannt, die solche Transitaktionen auf den Binnenmarkt haben, denn durch diese besteht die Gefahr, dass die Plagiate in den Gemeinschaftsmarkt unbefugt gelangen (s. EuGH „The Polo/Lauren Company LP", WRP 2000, 713 ff.; EuGH GRUR Int. 2004, 317 – Rolex; s. aber die neueren Entscheidungen BGH GRUR 2007, 146 – Diesel; BGH WRP 2007, 1184 – Durchfuhr von Originalware; BGH WRP 2007, 1185 – Diesel II). In den Erwägungen zum Produktpiateriegesetz wurde ausgeführt, dass es bei den entsprechenden Fällen darauf ankommt, ob in Deutschland ein Verbreitungsakt geschehen würde. Das ist auch bei sofortiger Wiederausfuhr denkbar (vgl. BTDrucks. 11/4792, S. 41; ausführlich dazu *Braun/Heise*, GRUR Int. 2001, 31 f.). Bei der reinen Durchfuhr ist § 111 b nach dem Willen des deutschen Gesetzgebers ohnedies nicht anwendbar.

4   Die Rechtsverletzung muss **offensichtlich** sein. Durch diese Einschränkung soll sichergestellt werden, dass die Beschlagnahme bei unklarer Rechtslage unterbleibt (BTDrucks. 11/4792 S. 41). Was der Gesetzgeber unter „offensichtlich" versteht, ist aus den Materialien zu § 101 a Abs. 4 nF zu entnehmen (BTDrucks. 11/4792 S. 32): Es handelt sich um Fälle, in denen die Rechtsverletzung so eindeutig ist, „dass eine Fehlentscheidung (oder eine andere Beurteilung im Rahmen des richterlichen Ermessens) und damit eine ungerechtfertigte Belastung des Antragsgegners kaum möglich ist". Da die Zollbehörde nur auf Antrag tätig werden kann (Rdnr. 5), ist ihr der geschützte Gegenstand bekannt. Praktisch bedeutet das, dass die Rechtsverletzung nur offensichtlich sein wird, wenn sich die wesentliche Übereinstimmung zwischen dem geschützten und dem Verletzungsgegenstand geradezu aufdrängt. Die Nachbildung muss diesen ihren Charakter gleichsam auf der Stirn tragen. Zu bejahen ist die Offensichtlichkeit der Rechtsverletzung demnach regelmäßig, wenn die Nachbildung sich ohne juristische und sonstige Fachkenntnisse feststellen lässt. Dagegen liegt in der Regel keine Offensichtlichkeit vor, wenn zur Feststellung der Nachbildung genauere Ausführungen erforderlich sind (vgl. aber Rdnr. 7). Es geht um schwere Verletzungen im Kernbereich (*Tilmann* BB 1990, 1566). Ist die Zollbehörde im Besitz einer Schutzschrift des Antragsgegners, wird diese bei der Beurteilung berücksichtigt werden. – Ohne Bedeutung ist, ob der Verletzer **schuldhaft** gehandelt hat.

5   2. Tatbestandliche Voraussetzungen der Beschlagnahme sind ferner ein entsprechender **Antrag** sowie eine **Sicherheitsleistung** des **Rechtsinhabers** (idR selbstschuldnerische Bürgschaft). Nach dem Gesetz kann der **Antrag** formlos von jedem Berechtigten gestellt werden. Dieser muss nicht etwa glaubhaft machen oder sogar nachweisen, dass mit der Ein- oder Ausfuhr von Verletzungsgegenständen zu rechnen ist. Es bleibt dem Berechtigten überlassen, ob er etwa seinen Antrag auf die Beschlagnahme einer einzigen Sendung beschränken will oder ob der Antrag schlechthin für einen bestimmten Zeitraum gelten soll. Zweckmäßigerweise enthält der Antrag sämtliche Angaben, die geeignet sein können, die Offensichtlichkeit der Rechtsverletzung darzutun. Die Zollbehörde ist nicht verpflichtet, alle Ein- und Ausfuhren auf Verletzungsgegenstände zu überprüfen. Nach der Begründung des Regierungsentwurfes (BTDrucks. 11/4792 S. 37) liegt es im Interesse des Antragstellers, den Zollbehörden, falls möglich, auch Einzelheiten über die vermeintliche Herkunft der Waren, die Grenzübertrittstelle oder den möglichen Importeur oder Exporteur zur Verfügung zu stellen. Daraus wird man die Pflicht der Zoll-

behörde ableiten dürfen, derart konkreten Hinweisen nach Möglichkeit nachzugehen (vgl. dazu auch BTDrucks. 11/4792 S. 35). Abs. 6 S. 1 beschränkt die „Laufzeit" eines Beschlagnahmeantrags auf ein Jahr. Diese Befristung soll ungerechtfertigte Beschlagnahmen auf Grund überholter Anträge vermeiden. Der Berechtigte muss daher überlegen, ob er nach Ablauf der Frist einen neuen – wiederum gebührenpflichtigen – Antrag stellen will. – Weitere Voraussetzung für die Beschlagnahme ist die **Sicherheitsleistung** des Berechtigten. (Nach der neuen Verordnung EG/1383/2003, s. GRUR Int. 2003, 1002, ist das Verfahren für den Berechtigten kostenfrei, Art. 5 Abs. 7 S. 2; zur Sicherheitsleistung s. Art. 14.) Vor der Zollbeschlagnahme als erstem Zugriff wird idR eine umfassende Überprüfung sämtlicher Umstände nicht möglich sein, so dass wegen ungerechtfertigter Beschlagnahme Schadensersatzansprüche gegen den Antragsteller entstehen können. Dieses Schadensrisiko auf der Seite des Antragsgegners soll die Sicherheitsleistung „abfedern". Daneben soll das Erfordernis der Sicherheitsleistung aber bereits vor ungerechtfertigten Anträgen, insbesondere vor dem Missbrauch zu Zwecken des Nicht-Leistungswettbewerbs schützen (BTDrucks. 11/4792 S. 37). Art und Höhe der Sicherheit bestimmt die Behörde nach pflichtgemäßem Ermessen. Bei der Festsetzung der Höhe wird in erster Linie auf den möglicherweise entstehenden Schadensersatzanspruch des Verfügungsberechtigten abzustellen sein. Es ist zu empfehlen, dass der Antrag bereits hilfsweise auf diese Frage (Höhe der Sicherheitsleistung) eingeht. Der **Rechtsinhaber** (vgl. dazu Rdnr. 2) muss Antrag und Sicherheitsleistung stellen. – Durch Abs. 1 S. 2 wird klargestellt, dass die Vorschrift kein Hindernis auf dem Weg zu Verwirklichung eines gemeinsamen Binnenmarkts ohne Grenzen darstellen soll (BTDrucks. 11/4792 S. 41).

Von der Grenzbeschlagnahme nach Abs. 1 nicht betroffen sind Waren, die von der in Abs. 1 S. 1 genannten Verordnung EG/1383/2003 erfasst werden. Die Beschlagnahme nach dieser EG-Verordnung erfolgt nur bei Waren, die aus Drittländern in den zollrechtlich freien Verkehr der EG oder in ein Nichterhebungsverfahren eingeführt oder ausgeführt werden. Das nationale Verfahren hat Bedeutung für die zollamtliche Überwachung oder Abfertigung an den Binnengrenzen und für Parallelimporte, hinsichtlich derer Erschöpfung, gemäß § 17 Abs. 2 noch nicht eingetreten ist (vgl. *Wandtke/Bullinger/Kefferpütz*[3], §§ 111b, 111c Rdnr. 9). **6**

III. Rechtsfolgen

1. Liegen die genannten tatbestandlichen Voraussetzungen vor, kann die Zollbehörde die Beschlagnahme der rechtsverletzenden Vervielfältigungsstücke anordnen (Abs. 1 S. 1). Die Beschlagnahme wird sich auf sämtliche Gegenstände erstrecken, da sie schlechthin und generell verhindern soll, dass derartige Vervielfältigungsstücke verbreitet werden. Eine Beschlagnahme nur eines Teils der Waren wäre mit dem Gesetzeszweck daher nicht zu vereinbaren. Wenn die Beschlagnahme erfolgt, hat die Behörde den Verfügungsberechtigten ohne schuldhaftes Zögern zu unterrichten (Abs. 2 S. 1). Mit dieser Benachrichtigung ist der Verfügungsberechtigt ausdrücklich darauf aufmerksam zu machen, dass die beschlagnahmten Gegenstände **eingezogen** werden, wenn der Beschlagnahme nicht innerhalb von zwei Wochen widersprochen wird (Abs. 3). Die ebenfalls notwendige Unterrichtung des Antragstellers, auf die er einen Rechtsanspruch hat (EuGH WRP 1999, 1269) soll ihm Gelegenheit geben, zivilrechtlich (oder auch strafrechtlich, vgl. dazu § 110 Rdnr. 3 ff.) gegen den Verletzer vorzugehen. – Die Einführung der Auskunftspflicht nach Abs. 2 S. 2 stellt eine erhebliche praktische Verbesserung dar. Mit „Herkunft" der Vervielfältigungsstücke ist wohl nur das Versendungsland bzw. der Versendungsort der Waren gemeint. Ob die Auskunft nach Abs. 2 S. 2 an sich das Steuergeheimnis berührt, ist zu einer akademischen Frage geworden, da die Auskunft nunmehr gesetzlich zugelassen ist (§ 30 Abs. 4 Nr. 2 AO). **7**

Abs. 2 S. 3 kann es dem Antragsteller ermöglichen, ggf. seinen Antrag zu ergänzen. Die Überprüfung kann aber auch schon jetzt dazu führen, dass der Antragsteller den Antrag zurücknimmt, was zur unverzüglichen Aufhebung der Beschlagnahme führen wird. Fraglich ist, wie weit das Besichtigungsrecht reicht, was insbesondere bei Computerprogrammen von größter praktischer Bedeutung sein kann. Die höchstrichterliche Rechtsprechung will bei der Festlegung der Grenzen des Besichtigungsrechts im Allgemeinen an den Begriff des Augenscheins iS von § 371 ZPO anknüpfen. Der Ein- und Ausbau von Teilen sowie die Inbetriebnahme sollen demnach unzulässige Substanzeingriffe sein (vgl. BGHZ 93, 191, 208 ff.). Dem ist jedenfalls für Abs. 2 S. 3 nicht uneingeschränkt zu folgen. Eine derart enge Auslegung des Besichtigungsbegriffs würde zB die Feststellung von Raubkopien bei Computerprogrammen ganz unnötig er- **8**

§ 111c Verfahren nach der Verordnung (EG) Nr. 1383/2003

schweren. Die ordnungsgemäße Inbetriebnahme, die geringfügige Benutzung (vgl. OLG Düsseldorf GRUR 1983, 745, 747) ist daher zuzulassen (*Braun* S. 260 f. mwN). Bei Computerprogrammen sollte dem Verletzten die Befugnis zugesprochen werden, einen Ausdruck oder eine Kopie des Programms zu fertigen (vgl. *Braun* S. 341). – Dem Besichtigungsanspruch können berechtigte Geheimhaltungsinteressen entgegengehalten werden (vgl. dazu auch die Regelung in § 101 a Abs. 1 sowie BGHZ 93, 191/202, aber auch OLG Düsseldorf GRUR 1983, 741/743; Verfahrensvorschläge bei *Fritze/Stauder* GRUR Int. 1986, 342/343). In geeigneten Fällen kann auch eine Übersendung von Mustern oder Abbildungen in Betracht kommen.

9 2. a) Legt der Verfügungsberechtigte gegen die Beschlagnahme **nicht** binnen zwei Wochen **Widerspruch** ein, ist das Verfahren abgeschlossen; die Vervielfältigungsstücke werden eingezogen und – meist – vernichtet (vgl. BTDrucks. 11/4792 S. 35). Erfahrungen deuten darauf hin, dass der widerspruchslose Ablauf den „Normalfall" darstellen wird.

10 b) Legt der Verfügungsberechtigte (Absender, Empfänger, Spediteur) **Widerspruch** ein, so hat die Beschlagnahme nur noch eine zeitlich eng begrenzte Anhaltefunktion. Sie dient allein dem Zweck, dem Antragsteller die Einleitung rechtlicher Schritte gegen die geschehene oder bevorstehende Rechtsverletzung zu ermöglichen (Abs. 4). Durch den frühzeitigen Übergang des Beschlagnahmeverfahrens in das – in der Regel – einstweilige Verfügung erlangt der Antragsteller die Disposition über den Geschehensablauf. Seine Fachkompetenz kann er jetzt unmittelbar einbringen. (Zu praktischen Problemen vgl. *Braun* S. 312.) Es liegt im Übrigen kein Grund vor, eine gerichtlich angeordnete Sicherstellung (§§ 111 b ff. StPO, vgl. dazu § 110 Rdnr. 7) nicht als vollziehbare gerichtliche Entscheidung iS von Abs. 4 Nr. 2 anzusehen. Der Antragsteller legt diese Entscheidung auch vor, wenn er sich auf die der Zollbehörde von einer anderen Behörde übermittelte gerichtliche Entscheidung bezieht.

11 3. Abs. 5 sieht eine **Schadensersatzpflicht** in Fällen vor, in denen die Gleichstellung mit dem Recht der einstweiligen Verfügung (§ 945 ZPO) gerechtfertigt sei. Eine Schadensersatzpflicht des Antragstellers soll nicht entstehen, wenn dieser unverzüglich nach der Unterrichtung über die Beschlagnahme oder den Widerspruch seinen Antrag zurücknimmt und damit die Aufhebung der Beschlagnahme bewirkt. Es sei unangemessen, für ein derart kurzes Anhalten der Waren – vom Falle des § 826 BGB abgesehen – eine Schadensersatzpflicht einzuführen. Die Grundsätze über die Haftung für Amtspflichtverletzungen werden durch Abs. 5 nicht berührt (vgl. BTDrucks. 11/4792 S. 36).

12 4. Die Beschlagnahme kann mit dem **Antrag auf gerichtliche Entscheidung** angefochten werden (§ 62 OWiG), die Anordnung der Einziehung mit dem Einspruch (§ 67 OWiG). Über die sofortige Beschwerde (§ 46 Abs. 1 OWiG, § 311 StPO) entscheidet das OLG (Abs. 7).

13 5. Die Zollbehörde, die die Gegenstände zunächst nur anhält, wird für den Verfügungsberechtigten besitzen wollen (vgl. § 98 Abs. 1). Der zivilrechtliche Vernichtungsanspruch geht der verwaltungsrechtlichen Einziehung vor. Dogmatisch ist das durch die analoge Anwendung von § 74 e Abs. 2 StGB zu sichern (vgl. *Braun* S. 241 f.).

IV. Praxishinweise

14 Zuständig ist die Bundesfinanzdirektion Südost, Zentralstelle Gewerblicher Rechtsschutz, 80284 München bzw. Sophienstr. 6, 80333 München. Diese hat Formulare zur praktischen Handhabung ausgearbeitet (www.zoll.de unter „Gewerblicher Rechtsschutz"). Vgl. im Übrigen § 111 c Rdnr. 5 aE.

§ 111 c Verfahren nach der Verordnung (EG) Nr. 1383/2003

(1) Setzt die zuständige Zollbehörde nach Artikel 9 der Verordnung (EG) Nr. 1383/2003 die Überlassung der Waren aus oder hält diese zurück, unterrichtet sie davon unverzüglich den Rechtsinhaber sowie den Anmelder oder den Besitzer oder den Eigentümer der Waren.

(2) Im Fall des Absatzes 1 kann der Rechtsinhaber beantragen, die Waren in dem nachstehend beschriebenen vereinfachten Verfahren im Sinn des Artikels 11 der Verordnung (EG) Nr. 1383/2003 vernichten zu lassen.

(3) ¹Der Antrag muss bei der Zollstelle innerhalb von zehn Arbeitstagen nach Zugang der Unterrichtung nach Absatz 1 schriftlich gestellt werden. ²Er muss die Mitteilung enthalten, dass die Waren, die Gegenstand des Verfahrens sind, ein nach diesem Gesetz geschütztes Recht verletzen. ³Die schriftliche Zustimmung des Anmelders, des Besitzers oder des Eigentümers der Waren zu ihrer Vernichtung ist beizufügen. ⁴Abweichend von Satz 3 kann der Anmelder, der Besitzer oder der Eigentümer die schriftliche Erklärung, ob er einer Vernichtung zustimmt oder nicht, unmittelbar gegenüber der Zollbehörde abgeben. ⁵Die in Satz 1 genannte Frist kann vor Ablauf auf Antrag des Rechtsinhabers um zehn Arbeitstage verlängert werden.

(4) ¹Die Zustimmung zur Vernichtung gilt als erteilt, wenn der Anmelder, der Besitzer oder der Eigentümer der Waren einer Vernichtung nicht innerhalb von zehn Arbeitstagen nach Zugang der Unterrichtung nach Absatz 1 widerspricht. ²Auf diesen Umstand ist in der Unterrichtung nach Absatz 1 hinzuweisen.

(5) Die Vernichtung der Waren erfolgt auf Kosten und Verantwortung des Rechtsinhabers.

(6) ¹Die Zollstelle kann die organisatorische Abwicklung der Vernichtung übernehmen. ²Absatz 5 bleibt unberührt.

(7) Die Aufbewahrungsfrist nach Art. 11 Abs. 1 zweiter Spiegelstrich der Verordnung (EG) Nr. 1383/2003 beträgt ein Jahr.

(8) Im Übrigen gilt § 111 b entsprechend, soweit nicht die Verordnung (EG) Nr. 1383/ 2003 Bestimmungen enthält, die dem entgegenstehen.

I. Allgemeines

Die Vorschrift wurde durch das am 1. 9. 2008 in Kraft getretene Gesetz zur Verbesserung der Durchsetzung von Rechten des geistigen Eigentums vom 7. 7. 2008 (BGBl. I S. 1191) in das UrhG eingefügt. **1**

II. Anwendungsbereich

Die Regelung der Grenzbeschlagnahme nach der VO EG 1383/2003 geht der über die nationale Grenzbeschlagnahme vor (§ 111 b Abs. 1 S. 1). Die genannte VO befasst sich mit der Grenzbeschlagnahme im Verhältnis Europäische Union – Drittstaaten. Keine weitere Bedeutung hat dabei, dass das Gesetz in Übereinstimmung mit Art. 9 der Verordnung die Beschlagnahme „Aussetzung der Überlassung" oder „Zurückhaltung" nennt. **2**

III. Voraussetzungen

Wichtiger ist: Die VO EG 1383/2003 und § 111 c setzen im Gegensatz zu § 111 b Abs. 1 S. 1 nicht voraus, dass eine offensichtliche Rechtsverletzung vorliegt. In Art. 9 Abs. 1 der Verordnung wird vielmehr nur davon gesprochen, dass Waren „im Verdacht stehen, ein Recht geistigen Eigentums zu verletzen." Darüber hinaus kann die Zollbehörde gemäß Art. 4 Abs. 1 der Verordnung – anders als nach § 111 b – von sich aus die Überlassung der Waren für 3 Arbeitstage aussetzen oder die Waren zurückhalten, wenn der begründete Verdacht besteht, dass sie ein Recht geistigen Eigentums verletzten. Beurteilungsmaßstab ist auch hier das Recht des Mitgliedstaates, in dem sich die Vervielfältigungsstücke befinden (Art. 10 der VO EG 1383/2003, vgl. *Braun/Heise* GRUR Int. 2001, 28, 32). Durch das Eingreifen der Zollbehörde soll der Rechtsinhaber (zum Begriff s. Art. 2 Abs. 2 der VO) die Möglichkeit erhalten, einen Antrag auf Tätigwerden gemäß Art. 5 der Verordnung (in Verbindung mit einer Verpflichtungserklärung nach Art. 6) zu stellen. **3**

IV. Vereinfachtes Vernichtungsverfahren

Die wesentliche Verbesserung, die die Vorschrift bringt, liegt in dem vereinfachten Vernichtungsverfahren (Abs. 2 ff.). Da diese Regelungen bereits in § 111 c enthalten sind, hat Abs. 8 geringeres Gewicht. **4**

§ 112 Allgemeines

V. Praxishinweise

5 Zuständige Behörde ist wiederum die Bundesfinanzdirektion Südost, Zentralstelle Gewerblicher Rechtsschutz, 80284 München bzw. Sophienstr. 6, 80333 München. Diese hat wiederum Formulare zur praktischen Handhabung ausgearbeitet (www.zoll.de in der Rubrik „Gewerblicher Rechtsschutz"). Wegen der Verschränkungen zwischen den verschiedenen Regelungen ist es zu empfehlen, den Grenzbeschlagnahmeantrag sowohl nach der VO EG 1383/2003 als auch nach § 111b zu stellen.

Abschnitt 3. Zwangsvollstreckung

Unterabschnitt 1. Allgemeines

§ 112 Allgemeines

Die Zulässigkeit der Zwangsvollstreckung in ein nach diesem Gesetz geschütztes Recht richtet sich nach den allgemeinen Vorschriften, soweit sich aus den §§ 113 bis 119 nichts anderes ergibt.

Schrifttum: *Abel*, Filmlizenzen in der Insolvenz des Lizenzgebers und Lizenznehmers, NZI 2003, 121; *Adolphsen*, Die Insolvenz im Filmgeschäft, DZWIR 2003, 228; *Asche*, Zwangsvollstreckung in Software, 1998; *Bärenz*, Von der Erlöschenstheorie zur Theorie der insolvenzrechtlichen Modifizierung – zur Dogmatik der neuen BGH-Rechtsprechung zu § 103 InsO, NZI 2006, 72; *Berger*, Der Lizenzsicherungsnießbrauch – Lizenzerhaltung in der Insolvenz des Lizenzgebers, GRUR 2004, 20; *ders.*, Zwangsvollstreckung in urheberrechtliche Vergütungsansprüche, NJW 2003, 853; *ders.*, Softwarelizenzen in der Insolvenz des Softwarehauses – Die Ansätze des IX. Zivilsenats für insolvenzfeste Softwarelizenz als Wegbereiter einer neuen dogmatischen Betrachtung, CR 2006, 505; *Beyerlein*, Insolvenzfestigkeit von Lizenzverträgen – Gedanken zum neuen Reformwillen der Justizministerkonferenz, WRP 2007, 1074; *Brandt*, Softwarelizenzen in der Insolvenz unter besonderer Berücksichtigung der Insolvenz des Lizenzgebers, NZI 2001, 337; *Brauer/Sopp*, Sicherungsrechte an Lizenzrechten; eine unsichere Sicherheit? ZUM 2004, 112; *Breidenbach*, Computersoftware in der Zwangsvollstreckung, CR 1989, 873 und 971; *Cepl*, Lizenzen in der Insolvenz des Lizenznehmers – unter besonderer Berücksichtigung des Kündigungsrechts des Lizenzgebers, NZI 2000, 357; *Dahl/Schmitz*, Der Lizenzvertrag in der Insolvenz des Lizenzgebers und die geplante Einführung des § 108a InsO, NZI 2007, 626; *Dengler/Gruson/Spielberger*, Insolvenzfestigkeit von Lizenzen? Forschungsstandort Deutschland – so wohl kaum! NZI 2006, 677; *Fezer*, Lizenzrechte in der Insolvenz des Lizenzgebers – Zur Insolvenzfestigkeit der Markenlizenz, WRP 2004, 793; *von Frentz/Marder*, Insolvenz des Filmrechtehändlers, ZUM 2001, 761; *dies.*, Filmrechtehandel mit Unternehmen in der Krise, ZUM 2003, 94; *Fritze*, Sanierung von Groß- und Konzernunternehmen durch Insolvenzpläne – Der Fall Senator Entertainment AG, DZWIR 2007, 89; *Gieseke/Szebrowski*, Allgemeine Geschäftsbedingungen – Einseitige Lösungsrechte für den Fall der Insolvenz des Vertragspartners MDR 2003, 814; *Graef*, Insolvenz des Lizenzgebers und Wahlrecht des Insolvenzverwalters – Lösungsansätze aus der Praxis, ZUM 2004, 104; *Grützmacher*, Insolvenzfeste Softwarelizenzen und Softwarehinterlegungsverträge – Land in Sicht? CR 2006, 289; *v. Hartlieb*, Die Auswirkungen der Kündigung eines Lizenzvertrages, Fs. Wolf Schwarz, 1998, S. 121; *Hausmann*, Auswirkungen der Insolvenz des Lizenznehmers auf Filmlizenzverträge nach geltendem und künftigem Insolvenzrecht, Fs. Wolf Schwarz, 1998, S. 81; *ders.*, Insolvenzklauseln und Rechtefortfall nach der neuen Insolvenzordnung, ZUM 1999, 914; *Heidland*, Software in der Insolvenz unter besonderer Berücksichtigung der Sicherungsrechte, KTS 1990, S. 183; *Hölder/Schmoll*, Patentlizenz und Know-How-Vertrag in der Insolvenz – Teil I: Insolvenz des Lizenznehmers, GRUR 2004, 743; *Hombrecher/Klawitter*, Gewerbliche Schutzrechte und Urheberrecht als Kreditsicherung, VM 2004, 1213; *Hubmann*, Die Zwangsvollstreckung in Persönlichkeits- und Immaterialgüterrechte, Fs. Heinrich Lehmann 1956, II S. 812; *Koch*, Software in der Zwangsvollstreckung, KTS 1988, 49; *Koehler/Ludwig*, Die „insolvenzfeste" Gestaltung von Lizenzverträgen, WRP 2006, 1342; *McGuire*, Nutzungsrechte an Computerprogrammen in der Insolvenz – Zugleich eine Stellungnahme zum Gesetzentwurf zur Regelung der Insolvenzfestigkeit von Lizenzen, GRUR 2009, 13; *McGuire/von Zumbusch/Joachim*, Verträge über Schutzrechte des geistigen Eigentums (Übertragung und Lizenzen) und dritte Parteien (Q 190), GRUR Int. 2006, 682; *Oeter/Ruttig*, Filmrechteverwertung in der Insolvenz, ZUM 2003, 611; *Paulus*, Software in der Insolvenz: in: Lehmann, Rechtsschutz, S. 543; *ders.*, Software in Vollstreckung und Insolvenz, ZIP 1996, 2; *ders.*, Die Pfändung von EDV-Anlagen, DGVZ 1990, 151; *Petzoldt*, Gedanken zur Vollstreckung von Titeln auf Herausgabe von Software, JurPC 1990, 857; *Plath*, Pfandrecht an Software – Ein Konzept zur Lösung des Insolvenzproblems? CR 2006, 217; *Plesser*, Lizenzen in der Insolvenz des Lizenzgebers, Fs. Raue 2006 S. 611; *Redeker*, Vollstreckungsfähige Titel über die Herausgabe von Programmträgern, CR 1988, 277; *Röder/App*, Pfändung und Verwertung von Nutzungsrechten nach dem UrhG sowie von beweglichen Sachen, an denen ein Urheberrecht besteht, JurBüro 1996, 342; *Roy/Palm*, Zur Problematik der Zwangsvollstreckung in Computer, NJW 1995, 690; *Rudolph*, Filmrecht in der Insolvenzordnung, 2006; *Schmidt*, Urheberrecht als Kreditsicherheit nach der gesetzlichen Neuregelung des Urhebervertragsrechts, WM 2002, 461; *Schmoll/Hölder*, Patentlizenz und Know-How-Vertrag in der Insolvenz – Teil II: Insolvenz des Lizenzgebers, GRUR 2004, 830; *Scholz*, Zum Fortbestand abgeleiteter Nutzungsrechte nach Wegfall der Hauptlizenz – zugleich Anmerkung zu BGH „Reifen Progressiv", GRUR 2009, 1107; *Skauradszun*, Das Urheberrecht in der Zwangsvollstreckung, Diss. Tübingen 2009; *Slopek*, Lizenzen in der Insolvenz des Lizenzgebers: Der neue § 108a InsO-E, GRUR 2009, 128; *Stickelbrock*, Urheberrechtliche Nutzungsrechte in der Insolvenz – von der Vollstreckung nach §§ 112ff. UrhG bis zum Kündigungsverbot des § 112 InsO, WM 2004, 549; *Tintelnot*, Die gegenseitigen Verträge im neuen Insolvenzverfahren, ZIP 1995, 616; *Trips-*

Allgemeines **§ 112**

Hebert, Lizenzen in der Insolvenz – die deutsche Insolvenzordnung als Bremsklotz, ZRP 2007, 225; *Troller,* Internationale Zwangsverwertung und Expropriation von Immaterialgüterrechten, 1955; *Wallner,* Softwarelizenzen in der Insolvenz des Lizenzgebers, ZIP 2004, 2073; *Wegener,* § 108a zur Insolvenzfestigkeit von Lizenzen – Zuviel des Guten? ZInsO 2008, 352; *Weimann,* Softwarepakete als Vollstreckungsgut unter Berücksichtigung der Aufgaben der Gerichtsvollzieher, DGVZ 1996, 1; *von Westerholt/Joppich,* Insolvenz des Lizenznehmers bei Film- und Fernsehlizenzen, ZUM 2003, 262; *Westrick/Bubenzer,* Das Urheberrecht in der Insolvenz, Fs. Hertin, 2000, S. 287; *Zeising,* Wettlauf der gewerblichen Schutzrechte im Insolvenzverfahren, KTS 2002, 367; *Zimmermann,* Immaterialgüterrechte und ihre Zwangsvollstreckung, 1998.
Siehe auch Schrifttum bei § 97.

Übersicht

	Rdnr.
I. Entwicklung und Bedeutung	1–4
II. Zwangsvollstreckung in das inländische und ausländische Urheberrecht	5–8
III. Zwangsvollstreckung nach den allgemeinen Vorschriften der ZPO – Vollstreckungsübersicht	9–20
IV. Zwangsvollstreckung wegen Verletzung von Urheber- und Leistungsschutzrechten im Überblick	21
V. Insolvenz	22–27

I. Entwicklung und Bedeutung

Der Urheber – und entsprechend sein Rechtsnachfolger (§ 30) – **genießt in der Zwangs-** 1
vollstreckung besonderen Schutz. Seinen geistigen und persönlichen Beziehungen zum Werk wird **Vorrang vor den Vermögensinteressen der Gläubiger** eingeräumt. Das war schon früher anerkannt. §§ 10 LUG und 14 KUG erklärten die Zwangsvollstreckung in das Urheberrecht, in Werkoriginale der Literatur und Musik und in Vorrichtungen, die ausschließlich zur Vervielfältigung des Werks bestimmt waren, ohne Einwilligung des Urhebers für schlechthin unzulässig.

Das **geltende Urheberrecht** erklärt grundsätzlich die **allgemeinen Vorschriften der Zwangsvollstreckung für zulässig, soweit nicht einzelne Abweichungen und Beschränkungen in den §§ 113–119 vorgesehen sind.** Da anders als im früheren Recht, das keine Aufzählung der Verwertungsrechte im Rahmen eines umfassenden Verwertungsrechts kannte, nach dem geltenden Recht das Urheberrecht als solches wie auch das umfassende Verwertungsrecht unübertragbar (§ 29 S. 2) und damit unpfändbar ist (§§ 851 Abs. 1, 857 Abs. 3 ZPO), war diese generelle Bezugnahme auf die allgemeinen Vorschriften des Zwangsvollstreckungsrechts möglich. In seiner Monografie „Das Urheberrecht in der Zwangsvollstreckung" vertritt Skauradszun die Ansicht, dass das Vollstreckungsrecht der ZPO ausreiche, die zwangsweise Verwertung des Urheberrechts interessengerecht wahrzunehmen. Darüber hinaus sieht er das Dogma der Unübertragbarkeit des Urheberrechts im Wanken, was eine weitergehende Zwangsvollstreckung in das gesamte Urheberrecht denkbar mache, Diss. Tübingen, 2009.

Die **Sonderregelungen der §§ 113–119** betreffen **nur die Zwangsvollstreckung wegen** 2
Geldforderungen. Wegen Geldforderungen kann in die Verwertungsrechte des Urhebers **nur mit dessen Einwilligung** vollstreckt werden (§ 113), ebenso nur mit seiner Einwilligung in Werkoriginale, die ihm selbst gehören (ausgenommen Bauwerke und veröffentlichte Werke der bildenden Kunst – § 114). Die §§ 112 ff. betreffen damit nur einen verhältnismäßig kleinen Bereich der Zwangsvollstreckung im Urheberrecht. Nicht erfasst werden hierdurch die Ansprüche auf Rechteeinräumung, Herausgabe, Lieferung, nicht die Ansprüche gegen Inhaber von Nutzungsrechten, gegen Dritteigentümer von Originalen, auch die Vollstreckung der Ansprüche der Urheber fällt nicht unter dieses Kapitel. Die Sonderregeln beschränken sich auf die Verwertungsrechte, an denen der Urheber Nutzungsrechte vergeben kann, und auf Werkoriginale im Eigentum des Urhebers oder seines Rechtsnachfolgers. Nicht erfasst sind Honorarforderungen/Tantiemen, die für Nutzungen gezahlt werden, ebenfalls nicht gesetzliche Vergütungsansprüche. Bei der Zwangsvollstreckung wegen Geldforderungen **gegen den Rechtsnachfolger** in das Urheberrecht iSd. § 30 ist die Einwilligung nur erforderlich, **solange das Werk noch nicht erschienen ist** (§§ 115, 116). Zur Zwangsvollstreckung gegen den **Inhaber von Nutzungsrechten,** die der Urheber eingeräumt hat, s. § 34 Rdnr. 22 und unten Rdnr. 13.

Für **Verfasser wissenschaftlicher Ausgaben (§ 70) und für Lichtbildner (§ 72) bzw.** 3
deren Rechtsnachfolger gelten die Sonderregelungen entsprechend (§ 118). Die anderen Leistungsschutzrechte, die dem Urheberrecht ferner stehen, unterliegen den allgemeinen

Wild 2063

Vollstreckungsregeln mit den Eigenarten, die sich aus der Natur der jeweiligen Rechte und Ansprüche ergeben (siehe dort).

Eine weitere Sonderregelung enthält § 119. Sie schränkt – dem früheren Recht folgend – auch die Zwangsvollstreckung wegen Geldforderungen in ausschließlich zur Werkvervielfältigung bzw. Werkwiedergabe bestimmte Vorrichtungen ein, und zwar unabhängig davon, gegen wen die Vollstreckung wirkt, also auch bei Vollstreckung gegen Leistungsschutzberechtigte außerhalb des Anwendungsbereichs der §§ 112–118.

4 Soweit die Zwangsvollstreckung unzulässig ist, kommt **auch keine Verwertung in der Insolvenz** in Betracht (*Möhring/Nicolini/Lütje* Rdnr. 9 ff.); zur Insolvenz: siehe unten Rdnr. 22 ff.

Alle urheberrechtlichen Beschränkungen der Zwangsvollstreckung gelten nur für die Dauer des Urheberrechtsschutzes.

II. Zwangsvollstreckung in das inländische und ausländische Urheberrecht

5 1. Die besonderen Vollstreckungsregeln der §§ 113–119 betreffen **ausschließlich die inländischen Urheber- bzw. Leistungsschutzrechte.** § 112 verdeutlicht das mit den Worten: „Die Zulässigkeit der Zwangsvollstreckung in ein nach diesem Gesetz geschütztes Recht ...". Welche Rechte damit gemeint sind, ist in den §§ 113–119 konkret gesagt.

Zwangsvollstreckungsmaßnahmen sind staatliche Hoheitsakte und als solche **an die Territorialität der Staatsgewalt gebunden.** Sie wirken nur innerhalb des jeweiligen Hoheitsgebiets. Im Inland obliegt die Zwangsvollstreckung ausschließlich den inländischen Vollstreckungsorganen, im Ausland den jeweiligen ausländischen Organen, ggf. im Wege der Rechtshilfe (§ 791 ZPO). Siehe zum Territorialitätsprinzip Vor §§ 120 ff. Rdnr. 120 ff.

6 2. **Grundsätzlich unterliegt auch das gesamte Auslandsvermögen innerhalb der Staatsgrenzen der inländischen Zwangsvollstreckung.** a) In ausländisches Vermögen, somit auch in **ausländische Forderungen und andere Vermögensrechte**, kann vollstreckt werden, wenn die **internationale Zuständigkeit** der inländischen Vollstreckungsorgane gegeben ist. Diese richtet sich nach der örtlichen Zuständigkeit, die örtliche Zuständigkeit wiederum nach der Belegenheit des Gegenstands, in den vollstreckt werden soll. Bei Forderungen und anderen Vermögensrechten einschließlich Urheber- und Leistungsschutzrechten richtet sich die örtliche Zuständigkeit nach dem allgemeinen Gerichtsstand des Schuldners (Wohnsitz, Aufenthaltsort, Niederlassung – §§ 13 ff. ZPO) bzw. dem Gerichtsstand des Vermögens nach § 23 ZPO (§ 828 Abs. 2 ZPO). Die Staatsangehörigkeit des Vollstreckungsschuldners spielt in diesem Zusammenhang keine Rolle.

Voraussetzung für die inländische Zwangsvollstreckung in ausländische Forderungen oder andere Vermögens-, also auch Urheber- und Leistungsschutzrechte ist, dass die nach inländischem Recht erforderlichen Zwangsvollstreckungsmaßnahmen durchgeführt werden. Das erfordert für die Forderungspfändung (§ 829 ZPO) die zwingende Zustellung an den Drittschuldner (§ 829 Abs. 3 ZPO), bei sonstigen Rechtspfändungen ohne Drittschuldner (§ 857 ZPO) die zwingende Zustellung an den Schuldner (§ 857 Abs. 2 ZPO); Auslandszustellung genügt. Abgesehen von den formalen Erfordernissen Vollstreckungstitel, Vollstreckungsklausel und Zustellung des Titels ist weitere Voraussetzung der Zwangsvollstreckung die Zugriffsmöglichkeit in den Gegenstand der Zwangsvollstreckung, dh. dessen Pfändbarkeit. Für die inländische Zwangsvollstreckung beurteilt sich diese Frage nach inländischem Recht. Gemäß § 851 ZPO bzw. § 857 Abs. 3 ZPO hängt die Pfändbarkeit davon ab, ob das Recht materiell abgetreten bzw. zur Ausübung überlassen werden kann. Damit kann das deutsche Zwangsvollstreckungsrecht, soweit der Zugriff in ausländische Rechte erfolgt, mittelbar in die maßgebende ausländische Rechtsordnung führen, die das materielle Recht, auf das zugegriffen werden soll, positivrechtlich erst gewährleistet (dazu *v. Gamm* § 113 Rdnr. 1–5; eingehend: *Wandtke/Bullinger/Kefferpütz*[3] Rdnr. 56 ff.).

7 b) Eine andere Frage ist, ob und in welchem Umfang die jeweils betroffene ausländische Rechtsordnung eine inländische Zwangsvollstreckungsmaßnahme anerkennt und ihre Durchsetzung ermöglicht.

8 c) **Ausländische Titel** sind im Inland vollstreckbar unter der Voraussetzung, dass ein inländisches Vollstreckungsurteil vorliegt (§§ 722, 723 ZPO). Auf europäischem Gebiet bestehen Vereinfachungen durch die VO (EG) Nr. 44/2001 vom 22. 12. 2000 des Rates über die gerichtliche Zuständigkeit und die Anerkennung und Vollstreckung von Entscheidungen in Zivil- und Handelssachen ABl. EG Nr. L 12 vom 16. 1. 2001 S. 1 (bei *Zöller/Geimer*[27] im Anhang I) und

Allgemeines § 112

das Gesetz zur Ausführung zwischenstaatlicher Verträge und zur Durchführung von Verordnungen und Abkommen der Europäischen Gemeinschaft auf dem Gebiet der Anerkennung und Vollstreckung in Zivil- und Handelssachen (Anerkennungs- und Vollstreckungsausführungsgesetz – AVAG) vom 19. 2. 2001 (BGBl I S. 288; bei *Zöller/Geimer*[27] im Anhang II). Von möglicher Relevanz auch die europäische Verordnung (EG) Nr. 805/2004 des Europäischen Parlaments und des Rates vom 21. 4. 2004 zur Einführung eines europäischen Vollstreckungstitels für unbestrittene Forderungen (ABl EU Nr. L 143 vom 3. 4. 2004 S. 15 – bei *Zöller/Geimer*[27] im Anhang II), umgesetzt durch die Einführung der §§ 1079 ff. ZPO, wodurch Entscheidungen eines Gerichts von Mitgliedstaaten der EU als Europäischer Vollstreckungstitel und Prozessvergleiche als unbestrittene Forderungen anerkannt werden.

III. Zwangsvollstreckung nach den allgemeinen Vorschriften der ZPO – Vollstreckungsübersicht

1. Die Zwangsvollstreckung ist nach den allgemeinen Verfahrensvorschriften zulässig, wenn – 9 abgesehen von einem wirksamen Vollstreckungsantrag – **drei Voraussetzungen** vorliegen: **Vollstreckungstitel** (Urteil – §§ 704, 722, 723 ZPO, Arrest oder einstweilige Verfügung – §§ 922, 935, 936 ZPO, Vergleich, Vollstreckungsbefehl, für vollstreckbar erklärter Schiedsspruch, Urkunde, in der sich der Schuldner der sofortigen Zwangsvollstreckung unterworfen hat – § 794 ZPO), **Vollstreckungsklausel** (§ 725 ZPO) und **Zustellung des Vollstreckungstitels** (§ 750 ZPO). Für die Durchführung der Zwangsvollstreckung kommen insbesondere die Vorschriften des Zweiten und Dritten Abschnittes des Achten Buches der Zivilprozessordnung in Betracht.

2. Die §§ 113–119 betreffen nur einen kleinen, wenn auch für die Urheber (Verfasser wissenschaftlicher Ausgaben nach § 70 und Lichtbildner nach § 72) wichtigen **Ausschnitt aus dem Komplex der Zwangsvollstreckung in Urheber- und Leistungsschutzrechte**, so. Rdnr. 2. Die Anwendung der allgemeinen Vorschriften der Zwangsvollstreckung bedeutet, abgesehen von den Einschränkungen nach §§ 113–119 (s. dort) Folgendes: 10

a) Betr. den Urheber/Leistungsschutzberechtigten nach §§ 70 und 72 sowie deren 11 Rechtsnachfolger iSd. § 30: **aa) Keine Zwangsvollstreckung in das Urheberrecht als Ganzes, in das umfassende Urheberverwertungsrecht, in das Urheberpersönlichkeitsrecht** und die urheberpersönlichkeitsrechtlichen Berechtigungen, soweit sie sich nicht zu Zahlungsansprüchen konkretisiert haben (§§ 851, 857 Abs. 3 ZPO, 29, § 97 Abs. 2 S. 4) und keine Vollstreckung in urheberrechtliche Anwartschaften (§ 26 Abs. 2 S. 2 – Folgerecht und § 32a Abs. 3 S. 2 – Beteiligung an besonderen Erträgnissen; gleiches gilt für die Anwartschaften auf angemessene Vergütung nach § 32, s. dort). Die Zwangsvollstreckung in Geldforderungen aus Verwertung des Urheberrechts ist zulässig (Honorar, Lizenz, Tantieme, Forderungen wegen Urheberrechtsverletzungen – AmtlBegr. BTDrucks. IV/270 S. 109), aber uU eingeschränkt durch die Vorschriften der ZPO, insbesondere § 850i ZPO, wonach dem Urheber der notwendige Unterhalt auch aus gelegentlichen Vergütungen zu belassen ist. Dieser Vorschrift nach ist auch eine Zahlung der Verwertungsgesellschaft an den Urheber nur in beschränktem Umfang Gegenstand der Zwangsvollstreckung. Soweit der Urheber in einem Arbeits- oder Dienstverhältnis steht (§ 43) ist die Zwangsvollstreckung in sein Arbeitseinkommen durch §§ 850 ff. ZPO beschränkt. Für den Urheber von Computerprogrammen im Arbeits- oder Dienstverhältnis ist § 69b zu beachten.

bb) Uneingeschränkte Zwangsvollstreckung, soweit der Urheber sich vertraglich 12 wirksam verpflichtet hat, Nutzungsrechte einzuräumen, ein Werkstück zu übertragen und/ oder bestimmte Handlungen oder Unterlassungen vorzunehmen (AmtlBegr. BTDrucks. IV/270 S. 109). Mit der Rechtskraft des entsprechenden Urteils gilt die Willenserklärung als erteilt (§ 894 ZPO).

b) Betr. den Nutzungsberechtigten. aa) Zwangsvollstreckung in Nutzungsrechte, 13 **die der Urheber oder sein Rechtsnachfolger einem Dritten eingeräumt hat, sind grundsätzlich zulässig** (AmtlBegr. BTDrucks. IV/270 S. 109). §§ 34, 35 sind anwendbar. Strittig ist, ob die Nutzungsrechte uneingeschränkt gepfändet, aber nur beschränkt verwertet werden können, oder ob schon die Pfändung grundsätzlich von der Zustimmung des Urhebers abhängt. Im ersteren Sinne *v. Gamm* Rdnr. 4; *Möhring/Nicolini/Lütje* Rdnr. 38; *Wandtke/Bullinger/Kefferpütz*[3] Rdnr. 20. Die Gegenmeinung, die schon die Pfändung an die Einwilligung des Urhebers bindet, vertreten *Ulmer*[3] § 109 II; *Schricker* Verlagsrecht[3] § 28 Rdnr. 32 mwN; *Schulze*

§ 112 Allgemeines

in: *Dreier/Schulze*³ § 113 Rdnr. 16; *Fromm/Nordemann/Boddien*¹⁰ § 113 Rdnr. 11. Die Gegenmeinung ist schon aus dem Gesetz abzuleiten: Nach § 113 ist „die Zwangsvollstreckung in das Urheberrecht nur mit Einwilligung des Urhebers" zulässig. Pfändung ist Beginn der Zwangsvollstreckung, also nach dem klaren Wortlaut der Bestimmung ohne Einwilligung des Urhebers ausgeschlossen (so. § 34 Rdnr. 22); so auch *Schack*⁴ Rdnr. 758; wohl auch OLG Hamburg in Abwägung und zur Frage, ob nachträgliche Zustimmung genügt (ZUM 1992, 547/550). Die Zustimmung darf nicht wider Treu und Glauben verweigert werden (§ 34 Rdnr. 31 ff.; *Möhring/Nicolini/Lütje* Rdnr. 20). Der Urheber kann vertraglich auf das Zustimmungserfordernis verzichten § 34 Abs. 5 S. 2.

14   **Ausnahmen vom Erfordernis der Einwilligung des Urhebers** enthalten §§ 34 Abs. 2–4 (Sammelwerk – Einwilligung nur durch den Urheber des Sammelwerks; Übertragung im Rahmen einer Unternehmensvoll- oder -teilveräußerung; Gestattung der unbeschränkten Verwertung bei Ersteinräumung des Nutzungsrechts) sowie bei den in § 88 Abs. 1 und § 89 Abs. 1 bezeichneten Rechten zur Verfilmung und Rechten am Filmwerk (§ 34 Rdnr. 15). Bei Computerprogrammen besitzt, soweit nichts anderes vereinbart, der Arbeitgeber/Dienstherr nach § 69 b eine ausschließliche gesetzliche Lizenz an sämtlichen Nutzungsrechten (BGH GRUR 2001, 155 – Wetterführungspläne; BGH GRUR 2002, 149/151 Wetterführungspläne II). Sie umfasst das Recht zur Weiterübertragung (OLG Frankfurt/M CR 1998, 525/526).

Ist die Zwangsvollstreckung in das Original des Werkes zur Durchführung der Zwangsvollstreckung in ein Nutzungsrecht am Werk notwendig, kann der Anspruch des Nutzungsberechtigten gegen den Urheber auf Herausgabe des Werkoriginals durch Hilfspfändung nach §§ 846, 847, 849 ZPO erreicht werden; § 114 Abs. 1 findet demgegenüber keine Anwendung.

15   bb) Die **Zwangsvollstreckung in Originale**, die der Urheber oder sein Rechtsnachfolger an Dritte veräußert hat, ist ebenfalls nach den allgemeinen Vollstreckungsvorschriften (§§ 803 ff., 808 ff. ZPO) unbeschränkt zulässig (AmtlBegr. BTDrucks. IV/270 S. 109). Der Erwerber ist, auch wenn er zugleich vertraglich Nutzungsberechtigter ist, nicht Rechtsnachfolger iSd. § 30 (s. dort) und somit auch nicht iSd. § 116. Dasselbe gilt für Vervielfältigungsstücke von Werken, gleichgültig, ob sie dem Urheber oder einem Dritten gehören. Nur wenn ein Vervielfältigungsstück zur Fortsetzung der Erwerbstätigkeit des Urhebers oder auch eines Dritten benötigt wird, kann es nach § 811 Nr. 5 ZPO nicht gepfändet werden. Zur Problematik bei der Zwangsvollstreckung in Computer, die als Arbeitsmittel dienen s. *Roy/Palm* NJW 1995, 697.

Bei Gegenständen, an denen Persönlichkeitsrechte bestehen, gilt § 811 Nr. 11 ZPO analog, bei Bildnissen §§ 22, 23 KUG.

16   cc) **Keine Vollstreckung** kommt in Betracht in die gesetzlichen Nutzungsberechtigungen nach §§ 44 a ff. Insoweit besteht kein privatrechtliches subjektives Recht des Nutzungsberechtigten; es handelt sich vielmehr um Schranken des Urheberrechts. Gesetzliche Vergütungsansprüche werden durch Verwertungsgesellschaften wahrgenommen (sa. § 63 a).

17   c) Betr. die **Leistungsschutzberechtigten**. aa) Leistungsschutzberechtigte als Verfasser wissenschaftlicher Werke – § 70 – oder Lichtbildner – § 72 – sind dem Urheber gleichgestellt.

bb) Die Zwangsvollstreckung **gegen andere Leistungsschutzberechtigte** stellt sich wie folgt dar:

18   (1) **Zwangsvollstreckung in das Recht der Erstausgabe nach § 71**: Keine Einschränkungen, kein persönlichkeitsrechtlicher Gehalt, Vollstreckung nach §§ 857, 828 ff. ZPO; § 119 findet Anwendung (§ 119 Abs. 3).

19   (2) **Zwangsvollstreckung in das Recht der ausübenden Künstler (§§ 73 ff.):** Keine Zwangsvollstreckung in das Recht als Ganzes (§§ 79, 857 Abs. 3 ZPO); keine Zwangsvollstreckung in die persönlichkeitsrechtlichen Beziehungen, solange sie nicht zu einem Zahlungsanspruch konkretisiert worden sind (§§ 79, 857 Abs. 3 ZPO, 97 Abs. 2 S. 2 UrhG, 851 Abs. 1 ZPO); Zwangsvollstreckung in das Recht mit seinen absoluten Verwertungsberechtigungen (§§ 77, 78, 79 UrhG, 851, 857, 828 ff. ZPO). Bei der Vollstreckung in Bild- oder Tonträger findet § 119 Anwendung (§ 119 Abs. 3). Gegebenenfalls besteht Pfändungsschutz bei Arbeits- oder Dienstverhältnis (§ 43, §§ 850 ff. ZPO). Bei Urhebern von Computerprogrammen ist § 69 b zu beachten.

20   (3) **Zwangsvollstreckung in die Rechte des Veranstalters (§ 81), Tonträgerherstellers (§§ 85, 86), Sendeunternehmers (§ 87), Herstellers von Filmwerken (§ 94) und von Laufbildern (§§ 95, 94):** Kein persönlichkeitsrechtlicher Gehalt. Zulässig ist die

Zwangsvollstreckung in das Recht als Ganzes (§§ 857, 828 ff. ZPO), in das Recht mit seinen absolut ausgestalteten Verwertungsberechtigungen (§§ 857, 828 ff. ZPO), in obligatorische Ansprüche (§§ 851, 828 ff. ZPO). Bei Vollstreckung in Bild- oder Tonträger findet § 119 Anwendung (§ 119 Abs. 3). Führt die Pfändung eines Filmwerks dazu, dass ein Film nicht vorgeführt wird, können ihr die Urheber uU nach § 771 ZPO widersprechen, weil dadurch ihr Persönlichkeitsrecht beeinträchtigt wird (Möglichkeit, bekannt oder bekannter zu werden). Zur Zwangsvollstreckung in Computer eingehend *Roy/Palm* NJW 1995, 690 ff. mwN. Die Sondervorschriften zur Zwangsvollstreckung betreffen nur die Urheber, nicht die Inhaber von Leistungsschutzrechten mit Ausnahme der Verfasser wissenschaftlicher Ausgaben und Lichtbildner sowie deren Rechtsnachfolger: Computerprogramme gem. §§ 69 a ff. fallen mithin nicht unter den Schutz der §§ 112 ff. (aA *Möhring/Nicolini/Lütje* Rdnr. 56). § 69 c normiert jedoch zustimmungsbedürftige Handlungen, die auch bei der Vollstreckung zu beachten sind und Schutz gewähren.

IV. Zwangsvollreckung wegen Verletzung von Urheber- und Leistungsschutzrechten im Überblick

Die **Zwangsvollstreckung wegen Verletzung von Urheber- bzw. Leistungsschutz-** 21 **rechten** stellt sich in der Übersicht wie folgt dar:

a) Unterlassungsanspruch: § 890 ZPO. Erfasst werden auch alle Änderungen, die den sachlichen Kern der Verletzungsform betreffen. Voraussetzung ist die vorherige Ordnungsmittelandrohung (§ 890 Abs. 2 ZPO). Eigenes Verschulden des Verletzten ist notwendig (BVerfGE 20, 323/331; BVerfGE 58, 159/163). Mit Vertragsstrafe bewehrter gerichtlicher Vergleich kann Grundlage für Bestrafungsandrohung und Bestrafung nach § 890 ZPO sein (OLG Karlsruhe GRUR 1957, 447; OLG Karlsruhe GRUR 1959, 620 – Strafandrohungsbeschluss; ablehnend OLG Hamm NJW 1967, 58; OLG Hamm GRUR 1985, 82 – Keine Vollstreckung der „Unterlassungserklärung". Zur Kerntheorie *Baumbach/Lauterbach/Albers/Hartmann* ZPO[67] § 890 Rdnr. 3 ff. Die Rechtsfigur des Fortsetzungszusammenhangs findet auch im Zivilrecht keine Anwendung mehr (BGH GRUR 2001, 758/759 ff – Trainingsvertrag, aber möglicherweise Einbezug einer weiteren Handlung in den Kernbereich des Unterlassungsgebots (OLG Köln MMR 2000, 698/699 – AOL-Festpreis-Werbung II; dagegen BGH CR 2009, 333 – Mehrfachverstoß gegen Unterlassungstitel). Bei Verstoß gegen ein Vertragsstrafeversprechen haftet der Schuldner nach § 278 BGB auch für Erfüllungsgehilfen. Zur Vertragsstrafe: *Wandtke/Bullinger/Kefferpütz*[3] Rdnr. 36 ff

b) Beseitigungsanspruch: § 887 ZPO (vertretbare Handlung), § 888 ZPO (nicht vertretbare Handlung). Kostenbeitreibung auf Grund des Titels gesonderte Festsetzung nach § 103 ZPO.

c) Auskunfts- und Rechnungslegungsanspruch: § 888 ZPO (BGHZ 49, 11/16 – Fußbodenbelag), als nicht vertretbare Handlung keine vorherige Ordnungsmittelandrohung. Bei Unrichtigkeit Antrag auf eidesstattliche Versicherung gemäß § 259 Abs. 2 BGB. Keine Beweiserhebung, dass die Auskunft richtig ist (OLG Zweibrücken zu § 101 a aF GRUR 1997, 131 – Schmuckanhänger).

d) Zahlungsanspruch (Schadensersatz, Bereicherung) je nach Zugriff: §§ 828 ff. ZPO.

e) Vernichtungs-/Rückrufanspruch gemäß § 98 UrhG: grundsätzlich § 887 ZPO, ggf. Hinzuziehung eines Gerichtsvollziehers nach § 892 ZPO (OLG Frankfurt/M NJW-RR 2007, 485); **bei Rückruf** § 887 ZPO (vertretbare Handlung).

f) Überlassungsanspruch nach § 98 Abs. 3 bezüglich der Herausgabe Zug um Zug gegen Vergütung: §§ 883, 886, 756 ZPO bezüglich der Eigentumsübertragung: §§ 894 Abs. 1 S. 2, 726 Abs. 2, 730 ZPO.

g) Besichtigungsanpruch. § 883 ZPO aA *MünchKomm/Hüffer* § 809 BGB Rdnr. 17 mwN.

h) Urteilsveröffentlichung nach § 103: Unmittelbare eigene Vornahme entsprechend dem Inhalt des Titels. Kosten der Veröffentlichung sind festzusetzen nach §§ 788, 91, 103 ZPO.

Zur Zwangsvollstreckung gegen den Rechtsverletzer ausführlich: *Wandtke/Bullinger/Kefferpütz*[3] Rdnr. 23 ff.

V. Insolvenz

22   **1. Seit dem 1. 1. 1999 gilt das neue Insolvenzrecht,** das alle nach dem 31. 12. 1998 beantragten Insolvenzen und die zu diesem Zeitpunkt bestehenden Verträge erfasst. Es gilt danach **der Grundsatz, dass sich die Insolvenzmasse auf das ganze Vermögen erstreckt** (§ 35 InsO), somit bei Insolvenz des Urhebers auch auf seine übertragbaren Urheberrechte. Bei **Insolvenz des Lizenznehmers** erfasst die Insolvenzmasse die ausschließlichen oder einfachen Nutzungsrechte, die ihm wirksam übertragen worden sind. Von der Insolvenzmasse ausgenommen sind alle Gegenstände, die der Zwangsvollstreckung nicht unterworfen sind (§ 36 InsO), also das Urheberrecht als Ganzes, das Urheberpersönlichkeitsrecht, gesetzlich gewährte Anwartschaften und alle Rechte und Gegenstände, die nach den §§ 113–119 oder nach den allgemeinen Vorschriften der ZPO von der Zwangsvollstreckung ausgenommen sind (OLG Hamburg ZUM 1992, 547/550; *Schulze* in: *Dreier/Schulze*[3] Rdnr. 22 ff.). Zu den Urheber- und Leistungsschutzrechten in der Insolvenz siehe insbesondere die gesonderte Kommentierung von *Bullinger* zur InsO in: *Wandtke/Bullinger/Kefferpütz*[3] S. 2044 ff., die „Nachbemerkung Insolvenzrecht" in *Fromm/Nordemann/Boddien*[10] nach § 119, die Kommentierung von *Schulze* in: *Dreier/Schulze*[3] Rdnr. 21 ff. und *Kreuzer/Schwarz/Rebl* in Loewenheim[2] § 95 Rdnr. 42 ff.

Bei Insolvenz des Lizenznehmers ist für den Urheber, Rechtsnachfolger oder Lizenzgeber von gravierender Bedeutung, was mit seinen Rechten geschieht. In der Regel möchte er sie zurückhalten, um sie anderweitig vergeben zu können. Die Einwilligung nach §§ 113–119 ist höchstpersönlich und kann nicht durch den Insolvenzverwalter ersetzt werden; er ist nicht Rechtsnachfolger iSd. § 115.

23   Bei der Insolvenz des Verlegers sieht **§ 36 VerlG eine Sonderregelung** vor (s. die Kommentierung bei *Schricker*, Verlagsrecht, 3. Aufl. S. 628 f.). Ist vor Eröffnung des Insolvenzverfahrens mit der Vervielfältigung des Werkes noch nicht begonnen worden, kann der Urheber vom Verlagsvertrag zurücktreten. War bereits mit der Vervielfältigung begonnen, hat der Lizenzverwalter das Wahlrecht, ob er auf der Erfüllung des Vertrags bestehen will oder nicht (§ 36 Abs. 3 VerlG). Wird der Vertrag fortgesetzt, gehören die Vergütungsansprüche zu den Masseschulden (§ 55 InsO). Der Urheber kann den Insolvenzverwalter auffordern, unverzüglich zu erklären, wie er sich entscheidet (§ 103 Abs. 2 InsO). Reagiert der Insolvenzverwalter nicht, kann er nicht mehr Erfüllung verlangen. Sein Verhalten bedeutet dann Leistungsverweigerung. Der Urheber kann vom Vertrag zurücktreten, ebenso bei Einstellung des Insolvenzverfahrens mangels Masse.

24   Vor dem Inkrafttreten der Konkursordnung wurde in vielen Verträgen vereinbart, dass **die Nutzungsrechte im Fall des Konkurses des Lizenznehmers automatisch an den Lizenzgeber zurückfallen.** Insbesondere in der Filmbranche können solche Klauseln lebenswichtig sein. Geht ein Verleih in Konkurs, wenn ein Film gerade anläuft oder angelaufen ist, kann es den Tod des Films bedeuten, wenn er nicht gespielt bzw. weiter gespielt wird. Die Verfahrensregeln des Insolvenzrechts sind viel zu schwerfällig, um solche Situationen aufzufangen. Deshalb ist ein schneller Schnitt und eine Übergabe an einen anderen Verleih möglicherweise existentiell. Das Interesse, den Vertrag sofort aufzukündigen, war vom BGH anerkannt (BGH GRUR 2003, 699/701 – Eterna), soll nach der neuen Insolvenzordnung jedoch nicht mehr gelten (§ 112 InsO). Klauseln, wonach der Lizenzgeber den Lizenzvertrag im Fall der Insolvenz des Lizenznehmers fristlos kündigen kann oder wonach die Nutzungsrechte bei Insolvenz des Lizenznehmers automatisch an den Rechteinhaber zurückfallen, sollen **nach § 119 InsO nichtig** sein.

25   Das Schrifttum müht sich, Auswege zu finden, da die geänderte Regelung existentielle Auswirkungen auf den Vertragspartner haben kann: *Sepl*, NZI 2000, 357; *v. Frentz/Maarder*, ZUM 2003, 761; *von Westerholt/Joppich*, ZUM 2003, 262; *Abel*, NZI 2003, 121; *Adolphsen*, DZWIR 2003, 228; *Brauer/Sopp*, ZUM 2004, 112; *Stickelbrock*, WM 2004, 549; *Plath*, CR 2005, 613 und CR 2006, 217; *Berger*, CR 2006, 505; *Grützmacher*, CR 2006, 289; *Graef*, ZUM 2006, 104; *McGuire/v. Zumbusch/Joachim*, GRUR Int. 2005, 682; *de Vries*, ZUM 2007, 898; (siehe dazu die Titel in der Übersicht zum Schrifttum). **Es besteht ein Bedürfnis, insolvenzfeste Verhältnisse zu schaffen.** Lösungsvorschläge gehen über Nießbrauch, Koproduktion, aufschiebende Bedingungen. Eine richtungsweisende Entscheidung hat der BGH zur Insolvenzfestigkeit einer aufschiebenden Bedingung in einem Softwareüberlassungsvertrag getroffen (CR 2006, 151). Dieser enthielt eine Klausel, wonach bei Kündigung des Vertrags, die nur bei wichtigem Grund möglich war, alle Nutzungsrechte einschließlich des Source-Code auf den Vertragspartner übergehen sollten. Der Insolvenzverwalter des Softwarehauses trat nicht in den Nutzungsvertrag ein.

Der Vertragspartner kündigte darauf den Vertrag und beanspruchte aufgrund der Übergangsklausel alle Rechte. Der BGH erklärte die Übergangsklausel für insolvenzfest mit der Begründung, es habe nicht mehr in der Hand des Softwarehauses bzw. seines Insolvenzverwalter gelegen, ob die Rechte bei ihr bleiben. Insolvenzfest war die Lösungsklausel, weil sie nicht nur für den Insolvenzfall vereinbart, auch nicht an die Ausübung des Wahlrechts durch den Insolvenzverwalter gebunden war, sondern generell an Tatsachen, auf Grund derer die Fortsetzung des Vertrags unzumutbar war, Tatsachen, die auch außerhalb einer Insolvenz gegeben sein können und beide Seiten zur Kündigung berechtigen (dazu *Berger* aaO; *Grützmacher* aaO; *Plath*, Anmerkung zur Entscheidung CR 2006, 153). Von Bedeutung kann in diesem Zusammenhang auch die „Fash 2000"-Entscheidung des BGH (GRUR 2005, 860) sein, wonach ein Urheber im Rahmen einer Insolvenz der Veräußerung von Nutzungsrechten nach § 34 zustimmen muss und die Zustimmung nur nicht wider Treu und Glauben verweigern darf (§ 34 Abs. 1 S. 2). **Der Gesetzgeber sieht künftig einen § 108a InsO vor, wonach ein vom Schuldner als Lizenzgeber abgeschlossener Lizenzvertrag über ein Recht des geistigen Eigentums mit Wirkung für die Lizenzmasse fortbesteht**. Nichtberücksichtigt werden dabei Lizenzketten, bei denen der Schuldner zugleich Lizenznehmer ist. Der Bundesrat hat zutreffend darauf hingewiesen (BTDrucks. 16/7416 S. 53).

2. Lizenzverträge werden, so lange sie nicht erfüllt sind, von der herrschenden Meinung in der Insolvenz **pachtähnlichen Dauerschuldverhältnissen zugeordnet** und damit Kündigungs- oder Lösungsvereinbarungen (§§ 102–118 InsO) entzogen. Übergangen werden dabei – von Ausnahmen abgesehen – erstaunlicherweise die Besonderheiten des Urheberrechts, als gäbe es diese im Unterschied zu den gewerblichen Schutzrechten nicht. **Das Urheberrecht ist nicht nur ein kommerzielles Wirtschaftsgut sondern geistiges Eigentum, das mit dem Urheber emotional verbunden ist.** Das prägt seine Rechte. Das Urhebergesetz gewährt dem Urheber ausdrücklich die Möglichkeit, Nutzungsrechte räumlich, zeitlich oder inhaltlich beschränkt und auch unter Bedingungen einzuräumen (§ 31 Abs. 1 S. 2); **der Lizenznehmer erhält dann nur eine (möglich auch dinglich) beschränkte Rechtsposition.** Das Urhebergesetz gewährt dem Urheber im Fall einer Gesamtveräußerung des Unternehmens ein Rückrufrecht (§ 34 Abs. 3 S. 2). Es gewährt ihm Schutz, wenn wegen Geldforderungen in sein Urheberrecht vollstreckt werden soll (§ 113). Die nach § 113 erforderliche Einwilligung ist höchstpersönlich und nicht durch den gesetzlichen Vertreter zu erteilen (§ 113 S. 2). *Schulze* **(in: *Dreier/Schulze*[3] Rdnr. 26) ist voll zuzustimmen, wenn er die Bestimmungsrechte der Urheber auch in der Insolvenz unter Hinweis auf das Urhebergesetz gegen die herrschende Meinung verteidigt.** Es beleidigt dieses geistige Gut geradezu, es mit materiellen Miet- und Pachtverhältnissen gleichzusetzen. § 112 InsO passt nicht zu urheberrechtlichen Lizenzverträgen: Der Urheber löst den Vertrag nicht auf – automatisch oder über fristlose Kündigung –, weil eine Verschlechterung der Vermögensverhältnisse des Lizenznehmers eingetreten ist, sondern **weil sein urheberrechtlich geschütztes Werk durch die Insolvenz des Lizenznehmers in Ansehen, Wirkung und eigenem wirtschaftlichen Wert beeinträchtigt ist**. Anschaulich das oben genannte Beispiel Kinofilm: Mit der Insolvenz des Lizenznehmers verlöre der Film, wenn der Lizenzgeber an den insolventen Verleih gebunden wäre, empfindlich an Wert. Er muss, so verlangt es der Markt, termingerecht gespielt und darf im Abspielen nicht unterbrochen werden. Bei einem Film sind nicht nur einige wenige Urheber und Leistungsschutzträger betroffen, sondern eine Vielzahl: Produzent, Drehbuchautor, Regisseur, Schauspieler, Musiker. Ihre Persönlichkeitsrechte werden beeinträchtigt, wenn der Film nicht vereinbarungsgemäß zum Einsatz, sondern in die Mühlen der Insolvenzverwaltung kommt. **Bei der insolvenzrechtlichen Auslegung wird die urheberpersönlichkeitsrechtliche Komponente der betroffenen Werke unzulässigerweise völlig übergangen.** Es ist Zeit, sich darauf zu besinnen. Filmlizenzverträge schlechthin als pachtähnliche Dauerschuldverhältnisse einzustufen, wird diesen (Kunst-)Werken nicht gerecht. Wenn für Computersoftware und Datenbanken ohne persönlichkeitsrechtlichem Kern etwas anderes gelten soll als für Urheber und verwandte Leistungsschutzträger im klassischen Sinn, muss nach der Qualität der Schutzrechte unterschieden werden. Bezeichnend ist die Stellungnahme *McGuire* zum Gesetzentwurf zur Regelung der Insolvenzfestigkeit von Lizenzen (GRUR 2009, 13); wer dabei vor allem die Nutzungsrechte an Computerprogrammen im Blickfeld hat, übersieht die Besonderheiten des klassischen Urheberrechts. *Fromm/Nordemann/Boddien*[10] nach § 119 Rdnr. 14 haben sich dem urheberrechtlichen Schutz der Urheber angeschlossen. Eine vorsichtige Annäherung ist bei *Bullinger* (in: *Wandtke/Bullinger/Keffepütz*[3] InsO Rdnr. 23) zu erkennen, wenn

der mit der Insolvenz möglicherweise einhergehende Nichtgebrauch (drohende „Verderb der Rechte") eine Kündigung aus wichtigem Grund rechtfertigen soll. Jedenfalls sollte der Entscheidung des BGH gefolgt (CR 2006, 151/153) und ein Recht zur Kündigung aus wichtigem Grund vereinbart werden für den Fall, dass dem Kündigenden die Fortsetzung des Vertrages nicht mehr zugemutet werden kann, und ergänzend dazu die Bestimmung, dass für den Fall der Kündigung die Rechte an den Kündigenden zurückfallen. Dann ist, wie im oben zitierten Fall, in dem es um Software ging, die Lösungsklausel nicht für den Insolvenzfall vereinbart (so *Schulze* in: *Dreier/Schulze*[3] Rdnr. 26). Das sind freilich nur Hilfskonstruktionen. **Richtigerweise ist der mit keinem anderen Rechtsgut vergleichbare Eigenwert des Urheberrechts auch in der Insolvenz anzuerkennen.**

27 3. Ist ein gegenseitiger Vertrag zur Zeit der Eröffnung des Insolvenzverfahrens vom Schuldner und vom anderen Teil nicht oder nicht vollständig erfüllt, hat der Insolvenzverwalter nach § 103 InsO ein **Wahlrecht, ob er den Vertrag fortsetzt oder nicht.** Das ist bei Lizenzverträgen so lange möglich, wie sie laufen. Auch wenn die Lizenzzahlung zur Abgeltung der gesamten Nutzung bereits bei Vertragsbeginn geleistet wurde, bleibt der Lizenzvertrag bis zum Ende der Lizenzzeit bestehen (*Möhring/Nicolini/Lütje* Rdnr. 13; *Bullinger* in: *Wandtke/Bullinger/Kefferpütz*[3] InsO Rdnr. 5; *Schulze* in: *Dreier/Schulze*[3] Rdnr. 28). Fällige Lizenzen bei Fortsetzung des Vertrags, sind Masseschulden. Bestehen ausschließliche Nutzungsrechte, hängt die Frage, ob der Insolvenzverwalter Rechte weitergeben darf, vom jeweiligen Vertrag bzw. §§ 34, 35 ab. Mit der Vergabe ausschließlicher Rechte beschränkt sich der Urheber, die gleichen Rechte nicht noch einmal zu vergeben, gestattet aber keineswegs selbstverständlich eine **Unterlizenzierung.** Je nach Gegenstand des Urheberrechts kommt es dem Lizenzgeber sehr wohl auf die Qualität des Vertragspartners an. Bestehen bei Insolvenz des Lizenznehmers rechtmäßige Sublizenzverträge, besteht kein Problem, wenn der Insolvenzverwalter den Hauptvertrag fortsetzt. Dramatisch kann es werden, wenn der Hauptvertrag nicht fortgesetzt wird und deshalb automatisch aufgelöst wird. Dann verliert der Sublizenznehmer seine Nutzungsrechte, es sei denn er hätte für diesen Fall vertraglich Vorsorge getroffen (*Schulze* in *Dreier/Schulze*[3] Rdnr. 31). Die Gegenansicht, dass Störungen im Hauptlizenzverhältnis nicht auf das Unterlizenzverhältnis durchschlagen (*von Hartlieb*, Fs. Schwarz, 1988, 121/128), ist bis jetzt noch nicht überzeugend begründet worden (zur Problematik: *Bullinger* in: *Wandtke/Bullinger/Kefferpütz*[3] InsO Rdnr. 12). Der zusätzliche § 108a reicht nicht, das Dilemma zu lösen (BR-Drucks. 600/07). Deshalb muss in gleicher Weise die Insolvenz des Lizenznehmers geregelt werden mit einer Anerkennung von Kündigungsklauseln (so *Schulze* in: *Dreier/Schulze*[3] Rdnr. 32; *Bullinger* in: *Wandtke/Bullinger/Kefferpütz*[3] InsO Rdnr. 25 ff.; GRUR-Stellungnahme GRUR 2008, 138/140; *de Vries* ZUM 2007, 898/900f.; siehe auch: *v. Frentz/ Marrder*, Filmrechtehandel mit Unternehmen in der Krise, ZUM 2003, 94). Der BGH hat ein einfaches Nutzungsrecht in einem Fall erhalten, bei dem die Hauptlizenz wegen Nichtausübung zurückgerufen worden war (GRUR 2009, 946 – Reifen Progressiv); Scholz untersucht im Anschluss daran, ob und inwieweit die Entscheidung zum Erhalt einfacher Nutzungsrechte nach Wegfall der Hauptlizenz herangezogen werden kann (GRUR 2009, 1107).

Unterabschnitt 2. Zwangsvollstreckung wegen Geldforderungen gegen den Urheber

§ 113 Urheberrecht

Gegen den Urheber ist die Zwangsvollstreckung wegen Geldforderungen in das Urheberrecht nur mit seiner Einwilligung und nur insoweit zulässig, als er Nutzungsrechte einräumen kann (§ 31). Die Einwilligung kann nicht durch den gesetzlichen Vertreter erteilt werden.

Literatur: siehe bei § 112.

Übersicht

	Rdnr.
I. Entwicklung und Bedeutung	1
II. Gegenstand der Zwangsvollstreckung nach § 113	2–4
III. Einwilligung des Urhebers als Voraussetzung der Zwangsvollstreckung	5–9
IV. Pfändung und Umfang der Verwertung	10

I. Entwicklung und Bedeutung

Zur Entwicklung und Bedeutung siehe § 112 Rdnr. 1. Die Bestimmung des § 113 betrifft allein die **Zwangsvollstreckung wegen Geldforderungen** gegen den Urheber in seine einzelnen Verwertungsrechte (zum Rechtsnachfolger s. § 115). Entsprechende Anwendung findet § 113 auf Verfasser wissenschaftlicher Ausgaben (§ 70) und Lichtbildner (§ 72) und deren Rechtsnachfolger: s. § 118. § 113 ist der Ausdruck der Achtung des Urheberpersönlichkeits- und seines Bestimmungsrechts (§§ 34, 35).

II. Gegenstand der Zwangsvollstreckung nach § 113

1. Gegenstand der nach § 113 zulässigen Zwangsvollstreckung sind, unter der Voraussetzung, dass der Urheber seine Einwilligung gibt, die Verwertungsrechte nach §§ 15 ff., soweit der Urheber Nutzungsrechte gemäß §§ 31 ff. einräumen kann. Das heißt: Weder in das Urheberrecht als Ganzes, noch in das umfassende Verwertungsrecht, noch in das Urheberpersönlichkeitsrecht (§ 29 S. 2), noch in die einzelnen urheberpersönlichkeitsrechtlichen Berechtigungen, soweit sie sich nicht durch Anerkenntnis oder Rechtshängigkeit zu einem Zahlungsanspruch konkretisiert haben (§ 97 Abs. 2), noch in die Anwartschaften nach § 26 Abs. 1 (Folgerecht) und § 32 a Abs. 1 (Beteiligung an besonderen Vergütungen) ist eine Vollstreckung möglich. Nach § 26 Abs. 3 ist das Folgerecht unveräußerlich, unterliegt mithin nicht der Zwangsvollstreckung. § 32 a Abs. 3 erklärt, dass der Urheber auf Nachbesserungsansprüche nicht im Voraus verzichten kann, die Anwartschaft nicht der Zwangsvollstreckung unterliegt und eine Verfügung darüber unwirksam ist (vgl. *Berger* NJW 2003, 853).

2. Nach Wortlaut und Sinn des Gesetzes unterliegen nur die einzelnen Verwertungsrechte der Zwangsvollstreckung, soweit die Nutzung vertraglich eingeräumt werden kann, dh. auch räumlich, zeitlich oder inhaltlich beschränkt (§ 31 Abs. 1), bis 1. 1. 2008 nicht auf noch unbekannte Nutzungsarten (§ 31 Abs. 4 aF). Durch die Urheberrechtsnovelle 2007 (Zweites Gesetz zur Regelung des Urheberrechts in der Informationsgesellschaft vom 26. 10. 2007 (BGBl I S. 1774 „2. Korb") ist die **Einräumung von noch unbekannten Nutzungsrechten** zugelassen worden (Schriftformerfordernis §§ 126, 126a BGB). Der Urheber kann die Rechtseinräumung jedoch widerrufen (§ 31a Abs. 1). Das **Widerrufsrecht** erlischt nach Ablauf von drei Monaten, nachdem der Vertragspartner die Mitteilung über die beabsichtigte Aufnahme der neuen Art der Werknutzung an den Urheber unter der ihm zuletzt bekannten Anschrift abgesendet hat. Es entfällt, wenn sich die Parteien nach Bekanntwerden der neuen Nutzungsart auf eine Vergütung für die erweiterte Nutzung geeinigt haben. Im Voraus kann auf diese Rechte nicht verzichtet werden (§ 31 Abs. 4). Daraus ist zu schließen, dass vor Ablauf des Widerrufsrechts ohne Einwilligung des Urhebers keine Zwangsvollstreckung in diese Nutzungsart zulässig ist. Mit dem Tod des Urhebers erlischt sein Widerrufsrecht; es gilt nicht für den/die Rechtsnachfolger (§ 31 a Abs. 2 S. 3, Abs. 4).

In der Zwangsvollstreckung werden durch Hoheitsakte Teilrechte konstitutiv abgespalten. Auch wenn dazu die Einwilligung des Urhebers notwendig ist, handelt es sich dabei nicht um eine vertragliche Nutzungsrechtseinräumung, sondern um einen hoheitlichen Zwangsvollstreckungsakt.

III. Einwilligung des Urhebers als Voraussetzung der Zwangsvollstreckung

Zulässigkeitsvoraussetzung für die Zwangsvollstreckung in einzelne urheberrechtliche Verwertungsrechte ist nach § 113 **die Einwilligung** des bzw. der betroffenen Urheber (§§ 7, 8). Die Zwangsvollstreckung beginnt mit der Pfändung. Einwilligung setzt voraus, dass der Urheber gesetzlich verfügungsberechtigt ist und nicht schon anderweitig wirksam verfügt hat. Zu den Ausnahmen vom Erfordernis der Einwilligung siehe § 112 Rdnr. 13. Bei einer Gesamtveräußerung ist das Rückrufrecht zu beachten (§ 34 Abs. 3 S. 2). Siehe dazu auch *Schulze* in: *Dreier/Schulze*[3] Rdnr. 12; *Möhring/Nicolini/Lütje* Rdnr. 10. Zur Ratio des Einwilligungserfordernisses siehe die Monografie von Skaurdszun, „Das Urheberrecht in der Zwangsvollstreckung", Diss. Tübingen 2009, S. 43 ff.

§ 113

6 1. Die Einwilligung ist eine einseitige empfangsbedürftige Willenserklärung (§§ 182, 183 BGB). Bei Miturhebern (§ 8) ist die Einwilligung aller erforderlich. **Einwilligung heißt** nach dem Wortlaut des § 183 BGB **vorherige Zustimmung;** sie ist bis zu Beginn der Zwangsvollstreckung widerruflich (zur Widerruflichkeit s. Skauradszun aaO, S. 47 f.). Im förmlichen Vollstreckungsverfahren soll – anders als im bürgerlichen Recht – die nachträgliche Genehmigung keine Heilung bewirken; ggf. muss die Vollstreckungsmaßnahme wiederholt werden (*Fromm/Nordemann/Boddien*[10] Rdnr. 21; *v. Gamm* Rdnr. 7; *Möhring/Nicolini/Lütje* Rdnr. 12; *Wandtke/Bullinger/Kefferpütz*[3] Rdnr. 12; *Schulze* in: *Dreier/Schulze*[3] Rdnr. 9. Die Einwilligung kann **formlos, auch konkludent** erklärt werden (BGH GRUR 1984, 528/529 – Bestellvertrag).

Schweigen auf eine Pfändungsmaßnahme allein genügt nicht. Der Urheber muss wissen, dass seine Einwilligung Voraussetzung einer wirksamen Pfändung ist. In der vorbehaltlosen Bestellung eines Pfandrechts (§§ 1273 ff. BGB) liegt die Einwilligung zur Pfandverwertung durch den Pfandgläubiger. In diesem Rahmen ist auch die Einwilligung in die Zwangsvollstreckung gegeben (*v. Gamm* Rdnr. 7; *Möhring/Nicolini/Lütje* Rdnr. 12).

7 2. **Beschränkte Einwilligung.** Der Urheber kann seine Einwilligung räumlich, zeitlich oder inhaltlich beschränken, wie das auch bei der Einräumung von Nutzungsrechten möglich ist (§ 31). Unverzichtbare persönliche Interessen dürfen nicht verletzt werden. Der Urheber kann seine Zustimmung auch davon abhängig machen, dass Änderungen erfolgen oder dass sein Name nicht genannt wird.

8 3. **Die Einwilligung des Urhebers ist höchstpersönlich** und nur durch Spezialvollmacht zu delegieren. Die Einwilligungsbefugnis des gesetzlichen Vertreters – Inhabers der elterlichen Gewalt, Vormund, Pfleger Insolvenzverwalter – hat das Gesetz in Satz 2 ausdrücklich ausgenommen mit der Folge, dass gegen einen geschäftsunfähigen Urheber nicht vollstreckt werden kann. Miturheber müssen für ihren Teil zustimmen, wenn nicht teilbar, gemeinschaftlich. Im Zweifel erstreckt sich die Einwilligung nur bis zur Abgeltung der zu vollstreckenden Geldforderung.

9 4. **Willigt der Urheber in die Vollstreckungsmaßnahme nicht ein, ist sie unzulässig.** Der Urheber muss eine Verwertung seiner Werke nicht hinnehmen, um seine Geldschulden zu begleichen. Dahinter steht das Bild eines Künstlers, wie er bei Schaffung des Urhebergesetzes 1965 vor Augen stand – Bildhauer, Maler, Komponisten, ausübende Künstler, Filmemacher. Inzwischen haben sich die Leistungsschutzrechte so erweitert, dass zu Recht gefragt wird, ob die Sondervorschriften des Urhebergesetzes noch auf alle Werke passen, insbesondere auf **Werke zur Massenkommerzialisierung, Computerprogramme, Datenbanken.** *Roy/Palm* (NJW 1995, 690/692) sprechen von einer **„teleologischen Reduktion",** die eine Einwilligung nach § 113 entbehrlich mache (kritisch auch *Zimmermann,* Immaterialgüter und Zwangsvollstreckung, 1998, 193 ff.; *Breitenbach* CR 1989, 971/972 f.; *Paulus* ZIP 1996, 1/4; *Weimann* DGVZ 1998, 1/6). Doch ohne den Gesetzgeber geht das zu weit. Der Ansatz ist berechtigt und wird von allen Kommentatoren aufgenommen: Der Urheber kann nicht ohne jede Einschränkung bis hin zur Willkür über die Einwilligung entscheiden. Auch für ihn gilt der das Privatrecht beherrschende **Grundsatz von Treu und Glauben (§ 242 BGB) und das Schikaneverbot (§ 226 BGB).** Dazu: *Schulze* in: *Dreier/Schulze*[3] Rdnr. 15; *Wandtke/Bullinger/Kefferpütz*[3] Rdnr. 16 ff.; *Fromm/Nordemann/Boddien*[10] Rdnr. 24; *Möhring/Nicolini/Lütje* Rdnr. 19 ff. Ähnlich der Ausgestaltung des Zustimmungserfordernisses in §§ 34 und 35 ist dem Urheber eine rechtsmissbräuchliche Ausübung des Einwilligungsrechts zu versagen. Doch ist Zurückhaltung geboten. Ein dahingehender Anspruch muss zunächst gerichtet geltend gemacht und darf nicht wie bei der teleologischen Reduktion dem Gerichtsvollzieher und dem Vollstreckungsrichter mit kurzen Rechtsmittelfristen überlassen werden (*Möhring/Nicolini/Lütje* Rdnr. 19 ff./22; *Wandtke/Bullinger/Kefferpütz*[3] Rdnr. 19). *Schulze* hält für denkbar, bei der **Bemessung der Pfändungsfreigrenzen hinsichtlich anderer Vermögenswerte des Urhebers** auch den Wert seines Urheberrechts angemessen zu berücksichtigen, wenn ihm eine Verwertung seiner Werke zuzumuten ist, diese Verwertung ertragreich zu sein verspricht und keine Gründe ersichtlich sind, die Verwertung abzulehnen (*Schulze* in: *Dreier/Schulze*[3] Rdnr. 15). Diese Gedanken passen zu einer Bewertung nach Treu und Glauben ohne den Umweg über Pfändungsfreigrenzen, wie auch die Gedanken einer Anlehnung an §§ 34 und 35 in den Rahmen einer Beurteilung nach Treu und Glauben einzubeziehen sind. Ohne eine Entscheidung des Gesetzgebers darf **die Beschränkung des Rechts nach § 113 aber immer nur Ausnahme sein** (hM; sa. *Dreyer/Kotthoff*[2] Rdnr. 4; *Dietrich* in: *Büscher/Dittmer/Schiwy* Rdnr. 7; *Möhring/Nicolini/Lütje* Rdnr. 22).

IV. Pfändung und Umfang der Verwertung

Die Pfändung erfolgt nach § 857 Abs. 1 und 3, 828 ff. ZPO. Der Pfändungsbeschluss nach § 829 ZPO ist dem Urheber (bzw. seinem Rechtsnachfolger) zuzustellen, und zwar mit dem Gebot des § 829 Abs. 1 S. 2 ZPO, sich jeder Verfügung über das Recht zu enthalten. Die Verwertung erfolgt nach §§ 857, 835, 844 ZPO. Mit der Überweisung nimmt der Gläubiger die Stellung des Inhabers des betreffenden Nutzungsrechts ein, so lange, bis er mit seiner Forderung befriedigt ist. In Frage kommt auch eine Verwaltung oder Verpachtung des Nutzungsrechts (§§ 844, 857 Abs. 4 ZPO). Nach § 857 Abs. 5 ZPO kann das Gericht auch die Veräußerung anordnen, sofern die Zustimmung des Urhebers dazu vorliegt (§ 34) und die Zwangsvollstreckung nicht weiter geht, als zur Befriedigung des Gläubigers sowie zur Deckung der Kosten der Zwangsvollstreckung notwendig ist. Bei übermäßiger Pfändung ist Erinnerung nach § 766 ZPO gegeben. In Betracht kommt in besonderen Härtefällen auch Vollstreckungsschutz nach § 765a ZPO. Das dürfte allerdings selten vorkommen, da der Urheber durch seine notwendige Einwilligung selbst in der Hand hat, wie weit er dem Gläubiger entgegenkommen will. *Ulmer*[3] (§ 135 II 4) weist zu Recht darauf hin, dass es, statt bloß die Einwilligung des Urhebers zur Zwangsvollstreckung einzuholen, sinnvoller ist, dass Gläubiger und Schuldner sich über die Verwertung und die Art der Tilgung der Schulden einigen.

§ 114 Originale von Werken

(1) **Gegen den Urheber ist die Zwangsvollstreckung wegen Geldforderungen in die ihm gehörenden Originale seiner Werke nur mit seiner Einwilligung zulässig. Die Einwilligung kann nicht durch den gesetzlichen Vertreter erteilt werden.**

(2) **Der Einwilligung bedarf es nicht,**
1. **soweit die Zwangsvollstreckung in das Original des Werkes zur Durchführung der Zwangsvollstreckung in ein Nutzungsrecht am Werk notwendig ist,**
2. **zur Zwangsvollstreckung in das Original eines Werkes der Baukunst,**
3. **zur Zwangsvollstreckung in das Original eines anderen Werkes der bildenden Künste, wenn das Werk veröffentlicht ist.**

In den Fällen der Nummern 2 und 3 darf das Original des Werkes ohne Zustimmung des Urhebers verbreitet werden.

Übersicht

	Rdnr.
I. Entwicklung und Bedeutung	1
II. Zwangsvollstreckung in Originale	2
III. Einwilligung des Urhebers	3, 4
IV. Entbehrlichkeit der Einwilligung	5–7

I. Entwicklung und Bedeutung

1. Zur Entwicklung und Bedeutung siehe § 112 Rdnr. 1. § 114 kann Bedeutung gewinnen bei der Auseinandersetzung von Miteigentums- und Gesamthandgemeinschaften im Rahmen des Zugewinnausgleichs, siehe dazu *Möhring/Nicolini/Lütje* Rdnr. 5 ff.

II. Zwangsvollstreckung in Originale

Originale sind alle vom Urheber geschaffenen, autorisierten Werke. Zu den anderen Werken bildender Kunst gehören auch Werke der angewandten Kunst (*Möhring/Nicolini/Lütje* Rdnr. 22). Der Urheber bestimmt die von einem Werk in Umlauf zu bringende Zahl. Nicht zu verwechseln mit Unikaten. Welchen Wert der Käuferkreise einem mehrfach existierenden Werk beimessen, ist keine Frage des Urheberrechts. Solange das Werk dem Urheber gehört, kann es ihm – mit den in Abs. 2 genannten Ausnahmen – ohne seine Einwilligung nicht weggenommen werden. Es handelt sich dabei um eine **Beschränkung der Sachpfändung.** Sie ist unabhängig von der Rechtspfändung (§ 113). Urheberschaft, Eigentum am Original und Inhaberschaft von Nutzungsrechten können unabhängig nebeneinander bestehen. Auf die Einräumung von Nutzungsrechten am Urheberrecht kommt es deshalb nicht an, es sei denn, das Original werde benötigt, um das Nutzungsrecht zu ermöglichen (*Schulze* in: *Dreier/Schulze*³ Rdnr. 10 f.). Dies gilt auch für das gepfändete Nutzungsrecht an einem Computerprogramm, soweit für die Erstellung einer Software-Kopie die Verwendung des Originals erforderlich ist (ausführlich *Roy/Palm,* Zur Problematik der Zwangsvollstreckung in Computer, NJW 1995, 690/692). Bei Miteigentum kommt die Zwangsvollstreckung in den Anteil des Urhebers in Betracht; er muss für seinen Teil zustimmen. Die Einwilligung der Miteigentümer ist nicht erforderlich. Durch das Miteigentum ist das höchstpersönliche Band zum Original, das § 114 schützt, bereits gelöst (*Wandtke/Bullinger/Kefferpütz*³ Rdnr. 7).

Die allgemeinen Pfändungsbeschränkungen der ZPO bleiben unabhängig von § 114 bestehen.

III. Einwilligung des Urhebers

3   **1. Die Vollstreckung gegen den Urheber wegen Geldforderungen in ein ihm gehörendes Originalwerk ist nur mit seiner vorherigen Einwilligung – nicht der Einwilligung des gesetzlichen Vertreters – zulässig** (zur Einwilligung § 113 Rdnr. 5 ff.). Die Vollstreckung eines Herausgabeanspruchs fällt nicht unter § 113. Gehört das Original mehreren Eigentümern, müssen zur Zwangsvollstreckung in das Original als Ganzes alle ihre Einwilligung geben. **Voraussetzung** ist, dass sich das Originalwerk im **Eigentum des Urhebers** befindet und nicht weiterveräußert worden ist. Veräußerte Werke unterliegen, was das Sacheigentum anlangt, der Zwangsvollstreckung ohne Einfluss des Urhebers. Unabhängig davon sind die Verwertungsrechte (Vervielfältigungs-, Ausstellungs- u. Änderungsrecht). Sie folgen nicht notwendig dem Eigentum. Der Drucker hat zwar ein gesetzliches Pfandrecht nach § 647 BGB, kann es aber nur verwerten, wenn er auch das Verwertungsrecht hat oder sich verschafft. Filmkopien können gepfändet, aber nur nach Pfändung des Verbreitungs- und Vorführungsrechts verwertet werden. Soweit ein Original gleichzeitig als Vorrichtung nach § 119 in Betracht kommt (zB eine Kupferstichplatte), unterliegt es der Beschränkung des § 119 (s. dort). Ist das Original vom Urheber zur Sicherheit übereignet, kann er einer Zwangsvollstreckung widersprechen. Das ergibt sich schon nach § 771 ZPO.

4   **2.** Der Pfändungsbeschränkung des § 114 unterliegt jedes Werkoriginal, Ausnahmen Abs. 2. Original ist das vom Urheber geschaffene Werkstück. Der **Begriff des Originals** (*Möhring/Nicolini/Lütje* Rdnr. 10 f.; *Dreier/Schulze*³ Rdnr. 5; *Wandtke/Bullinger/Kefferpütz*² Rdnr. 3) ist gelegentlich schwer abgrenzbar von der Vervielfältigung. Einerseits setzt der Werkbegriff keine Verkörperung voraus. Andererseits kann es auch von einem Werk mehrere Fassungen geben. Ein Original ist jedenfalls das der Drucklegung zugrundeliegende Manuskript auch in der Bearbeitungsfassung, so dass vorausgegangene Entwürfe Originale darstellen. Originale sind außerdem unmittelbar vom Urheber geschaffene Zeichnungen, Gemälde, Skulpturen, wobei die Benutzung eigener oder fremder Vorlagen den Charakter als Originalwerk nicht notwendig aufhebt. Bloße Kopien ohne eigenschöpferische Gestaltung sind, auch wenn sie handgemalt sind, Vervielfältigungen und nicht Originale. Bei posthumen Werken ist der Begriff Original streitig. Das Thema wird aber nur virulent, wenn ein legitim hergestelltes Exemplar zu Lebzeiten des Künstlers noch nicht veröffentlicht war; siehe dazu § 116 Rdnr. 1; zum Begriff des Originals im Übrigen § 26 Rdnr. 25 ff. und insbesondere bei der Druckgraphik und Mehrfachstücken § 26 Rdnr. 27 f. Die Druckplatte oder sonstige Vorrichtungen zur Vervielfältigung genießen Schutz nach § 119. Filmnegative sind Originale der darin verkörperten Filmwerke.

IV. Entbehrlichkeit der Einwilligung

5   **Ohne Einwilligung ist die Zwangsvollstreckung in Werkoriginale** (Pfändung nach §§ 803 ff. ZPO) und damit die Verbreitung, also Versteigerung und Veräußerung im Wege der Zwangsvollstreckung, zulässig (§ 114 Abs. 2 S. 2),

a) soweit sie **zur Durchführung der Zwangsvollstreckung in das Nutzungsrecht am Werk notwendig** ist (Nr. 1). Es handelt sich um eine Ergänzung zu § 113. Hat der Urheber die Einwilligung zur Verwertung in ein Nutzungsrecht gegeben, ist auch das Original dazu zur

Verfügung zu stellen. Soweit ein vertragliches Nutzungsrecht gepfändet wird, gilt § 114 Abs. 2 Nr. 1 nicht. Dann ist eine Hilfspfändung nach §§ 846, 847, 849 ZPO vorzunehmen, die einen pfändbaren Herausgabeanspruch des Nutzungsberechtigten an den Urheber voraussetzt;

b) in Werke der Baukunst (Nr. 2). Dies entspricht der Vorstellung, dass Bauwerke bestim- 6 mungsgemäß zur Verwertung vorgesehen sind. Die Gläubiger von Grundpfandrechten, die das Bauwerk finanziert haben, haben Vorrang;

c) in veröffentlichte Werke der bildenden Kunst (Nr. 3). Diese Ausnahme ist nicht ge- 7 rechtfertigt. Der Urheber kann auch nach Veröffentlichung zu einem unverkauften Gemälde oder einer unverkauften Skulptur eine besondere persönliche Bindung haben, zumal Werkschöpfungen oft aus eigenen psychischen Erlebnissen resultieren. Mit dem Argument, der Urheber habe sich zu seinem veröffentlichten Werk bereits bekannt, könnte auch bei den übrigen Werkarten die Zwangsvollstreckung in Werkoriginale (Lichtbildwerke, Sprachwerke) zugelassen werden, wenn die Veröffentlichung erfolgt ist. In diesem Zusammenhang ist unverständlich, was der Gesichtspunkt der Veröffentlichung soll, da die Bindung des Urhebers an sein Werk nicht allein von der Veröffentlichung, sondern vom Schöpfungsakt und den damit verbundenen sehr persönlichen Beziehungen abhängt. Zu Recht wird gefordert, dass Abs. 2 Nr. 3 wegen des offenbaren Verstoßes gegen Art. 3 Abs. 1 GG (Gleichheitssatz) novelliert wird (*v. Gamm* Rdnr. 1; *Möhring/Nicolini/Lütje* Rdnr. 23; *Fromm/Nordemann/Boddien*[10] Rdnr. 19; *Wandtke/Bullinger/Kefferpütz*[3] Rdnr. 15; aA *Schulze* in: *Dreier/Schulze*[3] Rdnr. 14, der die Werkdifferenzierung des Gesetzgebers zugunsten der Gläubiger für berechtigt hält, weil Werkoriginale im Bereich der bildenden Künste meist einen erheblichen Wert haben, hinter dem die Nutzung dieser Werke und die hieraus herrührenden Erlöse oft zurückbleiben.

Unterabschnitt 3. Zwangsvollstreckung wegen Geldforderungen gegen den Rechtsnachfolger des Urhebers

§ 115 Urheberrecht

Gegen den Rechtsnachfolger des Urhebers (§ 30) ist die Zwangsvollstreckung wegen Geldforderungen in das Urheberrecht nur mit seiner Einwilligung und nur insoweit zulässig, als er Nutzungsrechte einräumen kann (§ 31). Der Einwilligung bedarf es nicht, wenn das Werk erschienen ist.

Die **Bestimmung entspricht** dem früheren Recht (§§ 10 S. 2 LUG, 14 Abs. 2 KUG). Sie deckt sich mit **§ 113** (s. dort) mit der einzigen Einschränkung, dass die Zwangsvollstreckung gegen den Rechtsnachfolger zulässig ist, wenn das Werk bereits erschienen ist. Über § 118 gilt § 115 sinngemäß auch für Verfasser wissenschaftlicher Werke (§ 70) und Lichtbildner (§ 72). **Rechtsnachfolger iSd. § 115 ist der Rechtsnachfolger nach § 30**, also derjenige, der umfassend in alle Rechte des Rechteinhabers eingetreten ist, nicht der Inhaber einzelner vom Urheber eingeräumter Nutzungsrechte (s. dazu § 112 Rdnr. 11). Ist ein Testamentsvollstrecker eingesetzt, hat er allein die Befugnis, die Einwilligung zu erteilen (§ 117). Zum Erscheinen des Werkes siehe § 6 Abs. 2 und § 6 Rdnr. 29 ff. Nach § 6 Abs. 2 ist ein Werk erschienen, wenn mit Zustimmung des Berechtigten Vervielfältigungsstücke des Werkes nach ihrer Herstellung in genügender Anzahl der Öffentlichkeit angeboten oder in Verkehr gebracht worden sind. Der Begriff Vervielfältigungsstücke iSd. § 6 Abs. 2 S. 1 umfasst auch Mehrfachoriginale von Werken der Druckgrafik sowie von Abgussverfahren; treffender ausgedrückt die Parallelbestimmung in § 9 Abs. 1 des österr. UrhG, das vom „Erscheinen durch Feilhalten oder Inverkehrbringen" spricht (so. § 6 Rdnr. 32 ff.). Ein Werk der bildenden Künste gilt auch dann als erschienen, wenn das Original oder ein Vervielfältigungsstück des Werkes mit Zustimmung des Berechtigten bleibend der Öffentlichkeit zugänglich ist (§ 6 Abs. 2 S. 2).

§ 116 Originale von Werken

(1) Gegen den Rechtsnachfolger des Urhebers (§ 30) ist die Zwangsvollstreckung wegen Geldforderungen in die ihm gehörenden Originale von Werken des Urhebers nur mit seiner Einwilligung zulässig.

(2) **Der Einwilligung bedarf es nicht**
1. **in den Fällen des § 114 Abs. 2 Satz 1,**
2. **zur Zwangsvollstreckung in das Original eines Werkes, wenn das Werk erschienen ist.**
§ 114 Abs. 2 Satz 2 gilt entsprechend.

Die **Bestimmung entspricht § 114**, ebenfalls mit der Einschränkung, dass in das Originalwerk (alle Werkarten) nicht vollstreckt werden darf, bis es erschienen, der Öffentlichkeit also noch nicht zugänglich ist. Bei posthumen Werken kann sich ein Streit um den Begriff „Original" entzünden, wenn ein Werk im Nachlass schlummerte und bisher nicht erschienen ist. Die Zwangsvollstreckung in ein solches Werk bedarf der Einwilligung des Rechtsnachfolgers, denn dieser hat neben dem Recht auf Vervielfältigung auch das Recht der (ersten) öffentlichen Zugänglichmachung nach § 19a. **Rechtsnachfolger** iSd. § 116 ist nur der Rechtsnachfolger iSd. § 30 (s. dort). Zum Erscheinen des Werks siehe § 6 Abs. 2 und oben § 6 Rdnr. 29 ff. Der Rechtsnachfolger muss Eigentümer des Originals sein. Wie er dazu gekommen ist, spielt keine Rolle. Voraussetzung ist nur, dass der Vollstreckungsschuldner Rechtsnachfolger im Urheberrecht ist. Für ihn kann auch der gesetzliche Vertreter handeln.

§ 117 Testamentsvollstrecker

Ist nach § 28 Abs. 2 angeordnet, dass das Urheberrecht durch einen Testamentsvollstrecker ausgeübt wird, so ist die nach den §§ 115 und 116 erforderliche Einwilligung durch den Testamentsvollstrecker zu erteilen.

1 Ist **Testamentsvollstreckung** angeordnet (§ 28 Abs. 2 S. 1), liegt das **Einwilligungsrecht – keine Pflicht – ausschließlich beim Testamentsvollstrecker.** Das ergibt sich schon aus §§ 2205 S. 2, 2211 Abs. 1 BGB und ist insoweit nur eine Klarstellung.

2 Erteilt unzulässigerweise der Erbe anstelle des Testamentsvollstreckers die Einwilligung und wird irrtümlich die Vollstreckung angeordnet, kann der Testamentsvollstrecker Drittwiderspruchsklage nach § 771 ZPO erheben; er hat ein ausschließliches Recht an dem Gegenstand der Zwangsvollstreckung. Diese ist gem. § 771 Abs. 3 ZPO einzustellen.

Unterabschnitt 4. Zwangsvollstreckung wegen Geldforderungen gegen den Verfasser wissenschaftlicher Ausgaben und gegen den Lichtbildner

§ 118 Entsprechende Anwendung

Die §§ 113 bis 117 sind sinngemäß anzuwenden
1. **auf die Zwangsvollstreckung wegen Geldforderungen gegen den Verfasser wissenschaftlicher Ausgaben (§ 70) und seinen Rechtsnachfolger,**
2. **auf die Zwangsvollstreckung wegen Geldforderungen gegen den Lichtbildner (§ 72) und seinen Rechtsnachfolger.**

Diese Bestimmung stellt die **Verfasser wissenschaftlicher Ausgaben (§ 70) und Lichtbildner (§ 72) sowie ihre Rechtsnachfolger, den Urhebern und ihren Rechtsnachfolgern gleich.** Das ist nach dem Aufbau der §§ 70 und 72 eine logische Konsequenz. Es muss wegen Geldforderungen vollstreckt werden. Die wissenschaftlichen Ausgaben und Lichtbilder müssen zur Zeit der Vollstreckung noch geschützt sein. Andere Leistungsschutzrechte, die nicht genannt sind, genießen keinen Vollstreckungsschutz, also auch nicht ausübende Künstler, obwohl auch ihnen anerkanntermaßen Persönlichkeitsrechtsschutz zukommt. Hier besteht Vollstreckungsschutz über die allgemeinen Vorschriften der ZPO, soweit die Rechte unverzichtbar oder noch nicht zu einem Zahlungsanspruch konkretisiert sind (§ 75 UrhG, § 857 Abs. 3 ZPO; *Möhring/Nicolini/Lütje* Rdnr. 3; *Schulze* in: *Dreier/Schulze*[3] Rdnr. 3; siehe oben § 112 Rdnr. 19). Lediglich Vorrichtungen, die diese Leistungen enthalten, können über § 119 geschützt sein.

Unterabschnitt 5. Zwangsvollstreckung wegen Geldforderungen in bestimmte Vorrichtungen

§ 119 Zwangsvollstreckung in bestimmte Vorrichtungen

(1) **Vorrichtungen, die ausschließlich zur Vervielfältigung oder Funksendung eines Werkes bestimmt sind, wie Formen, Platten, Steine, Druckstöcke, Matrizen und Negative, unterliegen der Zwangsvollstreckung wegen Geldforderungen nur, soweit der Gläubiger zur Nutzung des Werkes mittels dieser Vorrichtungen berechtigt ist.**

(2) **Das gleiche gilt für Vorrichtungen, die ausschließlich zur Vorführung eines Filmwerkes bestimmt sind, wie Filmstreifen und dergleichen.**

(3) **Die Absätze 1 und 2 sind auf die nach den §§ 70 und 71 geschützten Ausgaben, die nach § 72 geschützten Lichtbilder und die nach § 77 Abs. 2 S. 1, §§ 85, 87, 94 und 95 geschützten Bild- und Tonträger und die nach § 87 b geschützten Datenbanken entsprechend anzuwenden.**

Übersicht

	Rdnr.
I. Entwicklung und Bedeutung	1–3
II. Anwendungsbereich	4–6

I. Entwicklung und Bedeutung

1. Wiedergabevorrichtungen. Diese Vorschrift hat ihren Vorläufer in § 14 Abs. 3 KUG. **1** Die Bestimmung beschränkte die Zwangsvollstreckung nur zugunsten der Rechte an Werken der bildenden Künste. Die neue Regelung umfasst auch Vorrichtungen zur Vervielfältigung sonstiger Werke, zur Funksendung eines Werks, zur Wiedergabe von Daten oder zur Vorführung eines Filmwerks. Außerdem ist die Zwangsvollstreckung in Vorrichtungen für die in Abs. 3 genannten Ausgaben, Lichtbilder, Bild- und Tonträger in entsprechender Anwendung der Abs. 1 und 2 beschränkt. Eingeschränkt ist allerdings nur die Zwangsvollstreckung wegen Geldforderungen.

Der Grund für die Ausnahme der Vorrichtungen ist die **Verhinderung unwirtschaftlicher** **2** **Verwertungsmaßnahmen.** Die Vorrichtungen stellen gewissermaßen das Zubehör zu den Nutzungsrechten dar (AmtlBegr. BTDrucks. IV/270 S. 111 lSp.). Für Nichtberechtigte bedeuten die Vorrichtungen bloßen Materialwert. Für die Berechtigten dagegen sind diese Mittel der Verwertung. Insoweit genießen sie Schutz. Indirekt schützt § 119 den nutzungsberechtigten Gläubiger. Ihm soll niemand zuvorkommen, der ohne Nutzungsberechtigung in die Vorrichtung vollstrecken will. Aber die Bestimmung gibt dem Nutzungsberechtigten keinen Schutz, wenn ein nicht nutzungsbefugter Gläubiger vollstreckt und der Schuldner zustimmt (*Schulze* in: *Dreier/Schulze*[3] Rdnr. 1; *Möhring/Nicolini/Lütje* Rdnr. 14; *Wandtke/Bullinger/Kefferpütz*[3] Rdnr. 14). Die Verwertung eines solchen Pfandes macht allerdings Schwierigkeiten, wenn der Schuldner nicht zugleich Urheber oder dessen Rechtsnachfolger ist oder über die Nutzungsrechte verfügt. Der Eigentümer der Vorrichtung kann zwar in die Vollstreckung einwilligen, nicht aber Nutzungsrechte an dem zugrundeliegenden Werk einräumen. Dann also keine Vervielfältigung, keine Vorführung, keine Sendung etc. ohne Einwilligung der Inhaber der Rechte. Auch der reine Materialwert ist nicht ohne weiteres zu erzielen. Ein Nichtberechtigter darf nicht ohne weiteres ein Werk vernichten (*Schulze* in: *Dreier/Schulze*[3] Rdnr. 3).

2. Anders als nach §§ 113–117 findet § 119 Anwendung unabhängig davon, wer Voll- **3** **streckungsschuldner ist.** Die Einschränkung nach § 119 ist bei jeder Zwangsvollstreckung zu beachten, sowohl gegenüber dem Urheber, als auch gegenüber dessen Rechtsnachfolger, als auch gegenüber Nutzungsberechtigten und selbst Dritten; auf § 119 kann sich zB auch der Verleger berufen (*Schricker,* Verlagsrecht[3] § 28 Rdnr. 37).

II. Anwendungsbereich

1. Der Anwendungsbereich des § 119 erfasst grundsätzlich **jede Werkart des § 2**; die **4** frühere Beschränkung auf Werke der bildenden Künste ist aufgegeben worden.

§ 119

Der Anwendungsbereich und damit der Schutz des § 119 reicht weit. Er betrifft nicht nur Vorrichtungen zur Vervielfältigung oder Funksendung eines Werkes oder von Vorrichtungen zur Vorführung eines Filmwerks, sondern auch Bild- und Tonträger, die nach §§ 77, 85, 87, 94 und 95 geschützt sind sowie Datenbanken nach § 87b Abs. 1. Da Datenbanken iSd. §§ 87a ff. keine körperlichen Gegenstände, sondern geistiges Gut darstellen, meint die Ergänzung des § 119 durch Art. 7 des Informations- und Kommunikationsgesetzes (IuKDG) v. 13. 6. 1997 (BGBl. I S. 1870) Vorrichtungen, auf denen nach § 87b geschützte Datenbanken fixiert sind, also Computerdisketten, CD-ROMs oder andere digitale Speichermaterialien, aber durchaus auch ein Kartensystem, Papieraufzeichnungen oder Ähnliches (*Möhring/Nicolini/Lütje* Rdnr. 20) (§ 119 Abs. 3). **Voraussetzung** ist jedoch, dass die geschützten Vorrichtungen **ausschließlich zu den genannten Verwertungsarten bestimmt** sind. Maßgeblich sind die Umstände des Einzelfalles. Ein Filmprojektor dient idR nicht ausschließlich zur Wiedergabe eines bestimmten Filmwerks, sondern allgemein zur Vorführung von Filmwerken; er fällt deshalb nicht unter § 119 Abs. 2. Strittig ist die Frage, ob es auf die objektive Zweckbestimmung ankommt (*Wandtke/Bullinger/Kefferpütz*[3] Rdnr. 6; *Fromm/Nordemann/Boddien*[10] Rdnr. 9f.; *Dreyer/Kotthoff*[2] Rdnr. 2) oder auf die vollzogene subjektive Zweckbestimmung des Materials (*Möhring/Nicolini/Lütje* Rdnr. 8). Als Grundlage der Ausnahme von der prinzipiellen Pfändbarkeit ist die Zweckbestimmung allerdings eng auszulegen. Endet die Zweckbestimmung, entfällt auch der Vollstreckungsschutz (*v. Gamm* Rdnr. 2).

5 **2. Zulässig ist die Vollstreckung in die genannten Vorrichtungen, wenn der Gläubiger zugleich ein Nutzungsrecht** hat. Das kann vertraglicher Natur sein oder von Gesetzes wegen begründet (§ 61) oder durch Zwangsvollstreckung nach §§ 113, 115, 118. Der Gläubiger muss ein Verwertungsrecht haben, das ihn zur Benutzung gerade dieser Vorrichtung befugt. Es kommt darauf an, ob die Vorrichtung dem bestimmungsgemäßen Gebrauch entzogen würde (AmtlBegr. BTDrucks. IV/270 S. 111 rSp.). Sind auf der Vorrichtung mehrere geschützte Werke oder Leistungen vorhanden, bedarf der Gläubiger aller Nutzungsrechte (zB Komponist, ausübende Künstler und Tonträgerhersteller (*Schulze* in: *Dreier/Schulze*[3] Rdnr. 13]).

6 **3. Keiner Beschränkung** unterliegt die Zwangsvollstreckung in Vorrichtungen, wenn sie nicht wegen Geldforderungen erfolgt. Der Verleiher, der einen Anspruch gegen einen Filmproduzenten zur Lieferung von Filmnegativen oder Filmkopien hat, kann auf Leistung klagen und aus dem Urteil ohne weiteres vollstrecken.

Für Gegenstände, an denen Persönlichkeitsrechte bestehen (Briefe, Tagebücher, vertrauliche Aufzeichnungen), ist § 811 Nr. 11 ZPO analog anzuwenden. Bildnisse genießen Schutz gemäß §§ 22, 23 KUG.

Der Gerichtsvollzieher ist mit der Frage, ob eine Vorrichtung in den Anwendungsbereich des § 119 fällt und der Gläubiger möglicherweise zur Nutzung des Werkes unter Anwendung dieser Vorrichtung berechtigt ist, ad hoc überfordert. Er hat deshalb bei der Pfändung die Einschränkung der Zwangsvollstreckung durch § 119 nur zu beachten, wenn dessen Voraussetzung ganz offensichtlich gegeben sind. Es ist dann Sache des Schuldners, gegen die Pfändung Erinnerung einzulegen. Auch bei der Zwangsvollstreckung in Vorrichtungen hat der Gerichtsvollzieher bei der Pfändung nur zu prüfen, ob sich die Vorrichtung im Gewahrsam des Schuldners befindet. Ist die ausschließliche Zweckbestimmung der Vorrichtung offensichtlich, empfehlen *Wandtke/Bullinger/Kefferpütz*[3] Rdnr. 10 dem Gläubiger, ein Recht zur Nutzung des Werks mittels der betreffenden Vorrichtung in entsprechender Anwendung der §§ 756, 765 ZPO bereits in seinem Antrag auf Durchführung der Zwangsvollstreckung durch öffentliche oder öffentlich beglaubigte Urkunden nachzuweisen (ebenso *Schulze* in: *Dreier/Schulze*[3] Rdnr. 14; *Dreyer/Kotthoff*[2] Rdnr. 5).

Teil 5. Anwendungsbereich, Übergangs- und Schlussbestimmungen

Vorbemerkung

Schrifttum: a) Schrifttum bis 1987: *Baeumer*, Zur Verlängerung der Frist für Urheberrechtsschutzanträge deutscher Staatsangehöriger in den USA, GRUR Int. 1967, 410; *Bappert/Wagner*, Internationales Urheberrecht, 1956; *v. Bar*, Die Schutzfristen im deutsch-amerikanischen Urheberrecht, UFITA 78 (1977) 17; *Baum*, Berner Konvention, Landesgesetze und internationales Privatrecht, GRUR 1932, 921, 1012; *ders.*, Über den Rom-Entwurf zum Schutze der vortragenden Künstler, der Hersteller von Phonogrammen und des Rundfunks, GRUR Int. 1953, 197; *Bergström*, Schutzprinzipien der Berner Übereinkunft nach der Stockholm-Pariser Fassung, GRUR Int. 1973, 238; *Bernhardt/Kraßer*, Lehrbuch des Patentrechts, 4. Aufl. 1986; *Bogsch*, The Law of Copyright under the Universal Convention, 3rd edition 1968; *Boytha*, Urheber- und Verlegerinteressen im Entstehungsprozeß des internationalen Urheberrechts, UFITA 85 (1979) 1; *Braveman*, Revolutionärer Kompromiß: Urheberrechtsinhaber und Übertragung des Urheberrechts im Urheberrechtsgesetz der Vereinigten Staaten, UFITA 82 (1978) 77; *Cigoj*, Internationalprivatrechtliche Aspekte der Urheberrechte, Fs. für Firsching, 1985, S. 53; *Davies/v. Rauscher auf Weeg*, Das Recht der Hersteller von Tonträgern, 1983; *Desbois/Françon/Kerever*, Les Conventions Internationales du Droit d'Auteur et des Droits Voisins, 1976; *Dietz*, Folgen des Beitritts der Sowjetunion zum Welturheberrechtsabkommen für das sowjetische und das internationale Urheberrecht, Jahrbuch für Ostrecht XIV/2 (1973) 55; *ders.*, Zum Schutz sowjetischer Urheber im internationalen Urheberrecht, GRUR Int. 1975, 341; *ders.*, Das Problem der angemessenen Urheberschutzfrist unter dem Aspekt des Urhebervertragsrechts, Archivum Iuridicum Cracoviense Vol. XIX (1986) 59; *ders.*, The Shortcomings and Possible Evolution of National Copyright Legislation in View of International Satellite Program Transmission, in *Bate* (ed.), Television by Satellite – Legal Aspects, 1987, S. 113; *Dittrich*, Kabelfernsehen und Internationales Urheberrecht, 1984; *Drobnig*, Originärer Erwerb und Übertragung von Immaterialgüterrechten im Kollisionsrecht, RabelsZ 1976, 195; *Handl*, Die Ergebnisse der Genfer Tonträgerkonferenz, FuR 1971, 376; *Hoffmann*, Die Urheberrechtsverträge im internationalen Privatrecht, RabelsZ 1931, 759; *ders.*, Die Berner Übereinkunft zum Schutze von Werken der Literatur und Kunst, 1935; *ders.*, Das Urheberrecht im Internationalen Privatrecht, UFITA 11 (1938) 185; *v. Hoffmann*, Über den Schutz des Schwächeren bei internationalen Schuldverträgen, RabelsZ 1974, 396; *Karnell*, Die verschiedenen Fassungen der Berner Übereinkunft, GRUR Int. 1968, 25; *Katzenberger*, Internationalrechtliche Probleme der Durchsetzung des Folgerechts ausländischer Urheber von Werken der bildenden Künste, IPRax 1983, 158; *ders.*, Beteiligung des Urhebers an Ertrag und Ausmaß der Werkverwertung, GRUR Int. 1983, 410; *ders.*, Urheberrechtsfragen der elektronischen Textkommunikation, GRUR Int. 1983, 895; *ders.*, Urheberrechtsfragen der elektronischen Textkommunikation, in *Bullinger* (Hrsg.), Rechtsfragen der elektronischen Textkommunikation, 1984, S. 99; *Khadjavi-Gontard*, Der Grundsatz der Inländerbehandlung im internationalen Urheberrecht, 1977; *Kleine*, Urheberrechtsverträge im Internationalen Privatrecht, 1986; *Krieger*, 100 Jahre Revidierte Berner Übereinkunft, ZUM 1986, 508; *Krieger/Rogge*, Die neue Verwaltungsstruktur der Pariser und Berner Union und die neue Weltorganisation für geistiges Eigentum, GRUR Int. 1967, 462; *Kropholler*, Das kollisionsrechtliche System des Schutzes der schwächeren Vertragspartei, RabelsZ 1978, 634; *ders.*, Internationale Zuständigkeit, in Handbuch des Internationalen Zivilverfahrensrechts, Band I, 1982, Kapitel III, S. 183; *Krüger*, Zum Leistungsschutzrecht ausländischer ausübender Künstler in der Bundesrepublik Deutschland im Falle des sog. bootlegging, GRUR Int. 1986, 381; *Mackensen*, Der Verlagsvertrag im internationalen Privatrecht, 1965; *Majoros*, Les Arrangements Bilateraux en Matière de Droit d'Auteur, 1971; *Martiny*, Verletzung von Urheberrechten im internationalen Privatrecht, RabelsZ 1976, 218; *Masouyé*, La réglementation internationale des transmissions par satellites, GRUR Int. 1973, 291; *ders.*, Kommentar zur Berner Übereinkunft, 1981; *Neuhaus*, Freiheit und Gleichheit im internationalen Immaterialgüterrecht, RabelsZ 1976, 191; *Nimmer*, Who is the Copyright Owner When Laws Conflict?, GRUR Int. 1975, 302; *Nordemann*, Der Beitritt der Sowjetunion zum Welturheberrechtsabkommen, FuR 1973, 211; *ders.*, Zur Ermittlung des Ursprungslandes nach der Revidierten Berner Übereinkunft, GRUR Int. 1983, 443; *Nordemann/Vinck/Hertin*, Internationales Urheberrecht, Kommentar, 1977; *Pedrazzini*, Die neue internationale Konvention zum Schutze der Schallplattenhersteller und ihre Anwendung in der Schweiz, Fs. für Reinhardt, 1972, S. 113; *Peter*, Beitritt der Sowjetunion zum Welturheberrechtsabkommen, FuR 1973, 166; *v. Rauscher auf Weeg*, Die Rechte der Rom-Konvention, GRUR Int. 1973, 310; *Sandrock*, Die kollisionsrechtliche Behandlung der Deliktshaftung bei der Verletzung von gewerblichen Schutzrechten und Urheberrechten, in *v. Caemmerer* (Hrsg.), Vorschläge und Gutachten zur Reform des deutschen internationalen Privatrechts der außervertraglichen Schuldverhältnisse, 1983, S. 380; *ders.*, Das Kollisionsrecht des unlauteren Wettbewerbs zwischen dem internationalen Immaterialgüterrecht und dem internationalen Kartellrecht, GRUR Int. 1985, 507; *ders.*, Die Bedeutung des Gesetzes zur Neuregelung des Internationalen Privatrechts für die Unternehmenspraxis, RIW 1986, 841; *Schack*, Zur Anknüpfung des Urheberrechts im internationalen Privatrecht, 1979; *ders.*, Urheberrechtsverletzung im internationalen Privatrecht – Aus der Sicht des Kollisionsrechts, GRUR Int. 1985, 523; *Schricker*, Grundfragen der künftigen Medienordnung. Urheberrechtliche Aspekte, FuR 1984, 63; *ders.*, Grenzüberschreitende Fernseh- und Hörfunksendungen im Gemeinsamen Markt, GRUR Int. 1984, 592; *Schulze*, Wirkung des Beitritts der Union der Sozialistischen Sowjetrepubliken zum Welturheberrechtsabkommen, UFITA 70 (1974) 91; *Stauder*, Patentverletzung im grenzüberschreitenden Wirtschaftsverkehr, 1975; *ders.*, Die Anwendung des EWG-Gerichtsstands- und Vollstreckungsübereinkommens auf Klagen im gewerblichen Rechtsschutz und Urheberrecht, GRUR Int. 1976, 465, 510; Stellungnahme des *Max-Planck-Instituts für ausländisches und internationales Patent-, Urheber- und Wettbewerbsrecht* zum Entwurf eines Gesetzes zur Ergänzung des internationalen Privatrechts (außervertragliche Schuldverhältnisse und Sachen), GRUR Int. 1985, 104; *Steup*, Der Schutz des Urhebers bei Satellitensendungen, GRUR Int. 1973, 342; *Steup/Bungeroth*, Die Brüsseler Konferenz zum Schutz der durch Satelliten übertragenen Sendungen, GRUR Int. 1975, 124; *Stewart*, Das Genfer Tonträgerabkommen, UFITA 70 (1974) 1; *Straus*, Der Schutz der ausübenden Künstler und das Rom-Abkommen von 1961 – Eine retrospektive Betrachtung, GRUR Int. 1985, 19; *Troller*, Das internationale Privat- und Zivilprozeßrecht im gewerblichen Rechtsschutz und Urheberrecht, 1952; *ders.*, Neubelebte Diskussion über das Internationale

Vor §§ 120ff. Vorbemerkung

Privatrecht im Bereich des Immaterialgüterrechts, in Problemi Attuali del Diritto Industriale, 1977, S. 1125; *ders.,* Zur Diskussion über international-privatrechtliche Probleme im Immaterialgüterrecht, Auteursrecht 1978, 45; *Ulmer,* Der Rechtsschutz der ausübenden Künstler, der Hersteller von Tonträgern und der Sendegesellschaften, 1957; *ders.,* Der Vergleich der Schutzfristen im Welturheberrechtsabkommen, GRUR Int. 1960, 57; *ders.,* Das Rom-Abkommen über den Schutz der ausübenden Künstler, der Hersteller von Tonträgern und der Sendeunternehmungen, GRUR Int. 1961, 569; *ders.,* Anknüpfungspunkte und Ursprungsland im System der Berner Übereinkunft zum Schutze von Werken der Literatur und Kunst, in Rechtsvergleichung und Rechtsvereinheitlichung, Fs. zum fünfzigjährigen Bestehen des Instituts für ausländisches und internationales Privat- und Wirtschaftsrecht der Universität Heidelberg, 1967, S. 57; *ders.,* Urheberrechtsfragen in den Beziehungen zwischen Westen und Osten, GRUR Int. 1968, 406; *ders.,* Die Revisionen der Urheberrechtsabkommen, GRUR Int. 1971, 423; *ders.,* Das Übereinkommen zum Schutz der Hersteller von Tonträgern gegen die unerlaubte Vervielfältigung ihrer Tonträger, GRUR Int. 1972, 68; *ders.,* Der Beitritt der Sowjetunion zum Welturheberrechtsabkommen, GRUR Int. 1973, 93; *ders.,* Die Immaterialgüterrechte im internationalen Privatrecht, 1975; *ders.,* Urhebervertragsrecht − Gutachten zum Urhebervertragsrecht, insbesondere zum Recht der Sendeverträge, 1977; *ders.,* Gewerbliche Schutzrechte und Urheberrecht im internationalen Privatrecht, RabelsZ 1977, 479; *ders.,* Der Vergleich der Schutzfristen in seiner Bedeutung für den Urheberrechtsschutz amerikanischer Werke in der Bundesrepublik Deutschland, GRUR Int. 1979, 39; *ders.,* Die Bundesrepublik Deutschland und die Berner Union, GRUR Int. 1986, 229; *ders.,* Die Verbreitung körperlich festgelegter Darbietungen ausländischer ausübender Künstler, IPRax 1987, 13; *Ulmer/Reimer,* Die Reform der materiellrechtlichen Bestimmungen der Berner Übereinkunft, GRUR Int. 1967, 431; *v. Ungern-Sternberg,* Die Rechte der Urheber an Rundfunk- und Drahtfunksendungen, 1973; *Walter,* Die Vertragsfreiheit im Urheberrecht aus der Sicht des Internationalen Privatrechts, in *Reimer* (Hrsg.), Vertragsfreiheit im Urheberrecht, 1977, S. 137; *Weber,* Die Behandlung von Patent-, Warenzeichen- und Urheberrechtsverletzungen im internationalen Privat- und Zivilprozeßrecht, Diss. München 1968; *Wildhaber,* Treaty-making power and constitution, 1971; *Zweigert/Puttfarken,* Zum Kollisionsrecht der Leistungsschutzrechte, GRUR Int. 1973, 573.

b) Schrifttum seit 1987: *v. Albrecht/Castendyk,* Der Richtlinienvorschlag der EG-Kommission zum Satellitenfernsehen, GRUR Int. 1992, 734; *dies.,* Satellitenfernsehen und Urheberrecht − Eine Replik, GRUR Int. 1993, 300; *Bachmann,* Internet und Internationales Privatrecht − Vertragsschluß und Haftung im Internet, in *Lehmann* (Hrsg.), Internet- und Multimediarecht (Cyberlaw), 1997, S. 169; *v. Bar,* Internationales Privatrecht, Erster Band: Allgemeine Lehren, 1987 (IPR I); Zweiter Band: Besonderer Teil, 1991 (IPR II); *ders.,* Kollisionsrecht, Fremdenrecht und Sachrecht für internationale Sachverhalte im internationalen Urheberrecht, UFITA 108 (1988) 27; *Bechtold,* Der Schutz des Anbieters von Information − Urheberrecht und Gewerblicher Rechtsschutz im Internet, ZUM 1997, 427; *ders.,* Multimedia und Urheberrecht, GRUR 1998, 18; *Bergsma,* Das Prinzip der Inländerbehandlung im internationalen und schweizerischen Urheberrecht, 1991; *Beutler,* The Protection of multimedia products under international copyright law, UFITA 133 (1997) 5; *Birk,* Der angestellte Urheber im Kollisionsrecht, UFITA 108 (1988) 101; *Bornkamm,* Vom Detektorempfänger zum Satellitenrundfunk, GRUR-Fs., 1991, S. 1348; *Boytha,* Ansätze für das Urhebervertragsrecht in der Revidierten Berner Übereinkunft, ZfRV 1987, 179; *ders.,* Fragen der Entstehung des internationalen Urheberrechts, in *Dittrich* (Hrsg.), Woher kommt das Urheberrecht und wohin geht es?, 1988, S. 181; *ders.,* Some Private International Law Aspects of the Protection of Author's Rights, Copyright 1988, 399; *ders.,* The Intellectual Property Status of Sound Recordings, 24 IIC (1993) 295; *ders.,* Fragen der Unveräußerlichkeit des Urheberrechts, Fs. für Kreile, 1994, 109; *Braun, Th.,* Das Diskriminierungsverbot des Art. 7 Abs. 1 EWGV und das internationale Urheber- und Leistungsschutzrecht, IPRax 1994, 263; *ders.,* Joseph Beuys und das deutsche Folgerecht bei ausländischen Kunstauktionen, IPRax 1995, 227; *Breidenstein,* Urheberrecht und Direktsatellit, 1993; *Breitkopf/Schiwy/Schneider,* Kabelrundfunk, Kabelfernsehen und Satellitenrundfunk, Satellitenfernsehen, 1986; *Buck,* Geistiges Eigentum und Völkerrecht, 1994; *Burger,* The New Photocopy Remuneration Provisions in the Federal Republic of Germany and their Application to Foreign Authors under International Copyright Law, 19 IIC (1988) 319 (Teil I), 488 (Teil II); *Cornish,* Sound Recordings and Copyright, 24 IIC (1993) 306; *Dessemontet,* Internet, le droit d'auteur et le droit international privé, SJZ 92 (1996) 285; *Detjen,* Rechtsprobleme internationaler Datennetze, AfP 1996, 44; *Deumeland,* Versteigerung von Kunstwerken im Ausland: Vergütungsanspruch gem. § 26 UrhG und Umsatzsteuerschuld? − Anmerkung zu LG Düsseldorf, Urteil vom 30. 10. 1990, DB 1991, 1517; *ders.,* Zur Anwendung des Folgerechts auf Vorgänge im Ausland, AfP 1995, 488; *Dieselhorst,* Anwendbares Recht bei Internationalen Online-Diensten, ZUM 1998, 293; *Dietz,* Urheberrecht und Satellitensendungen, UFITA 108 (1988) 73; *ders.,* Der Begriff des Urhebers im Recht der Berner Konvention, Fs. für Kitagawa, 1992, S. 851; *Dillenz,* Urheberrechtliche Probleme des Direktsatelliten, in *Dittrich* (Hrsg.), Fs. 50 Jahre URG, 1986, S. 43; *ders.,* Verloren im Weltraum? Urheberrechtsprobleme der Direktsatelliten, ZUM 1988, 361; *ders.,* Direktsatellit und die Grenzen des klassischen Senderechtsbegriffs, 1990; *ders.,* Internationales Urheberrecht in Zeiten der Europäischen Union, JBl. 1995, 351; *Dittrich,* Urheberrechtliche Probleme des Satellitenfernsehens, ZUM 1988, 359; *ders.,* Ludus tonalis, ecolex 1996, 549; *ders.,* Neuerungen im österreichischen Urheberrecht − Ist die E ludus tonalis ein Irrweg?, in *Dittrich* (Hrsg.), Beiträge zum Urheberrecht V, 1997, S. 1; *Dreier,* Kabelrundfunk, Satelliten und das Rom-Abkommen zum Schutz der ausübenden Künstler, der Hersteller von Tonträgern und der Sendeunternehmen, GRUR Int. 1988, 753; *ders.,* Kabelweiterleitung und Urheberrecht − eine vergleichende Darstellung, 1991; *ders.,* Rundfunk und Urheberrecht im Binnenmarkt, GRUR Int. 1991, 13; *ders.,* Urheberrecht im Zeitalter digitaler Technologie − Bericht über ein WIPO-Symposium an der Harvard University, GRUR Int. 1993, 742; *ders.,* Richtlinie des Rates vom 27. September 1993 zur Koordinierung bestimmter urheber- und leistungsschutzrechtlicher Vorschriften betreffend Satellitenrundfunk und Kabelweiterverbreitung. Einführung, in *Möhring/Schulze/Ulmer/Zweigert* (Hrsg.), Quellen des Urheberrechts, Loseblatt 1962ff. (1994), Europ. GemeinschaftsR II/3; *ders.,* Die Umsetzung der Richtlinie zum Satellitenrundfunk und zur Kabelweiterleitung, ZUM 1995, 458; *ders.,* Harmonisierung des Urheberrechts in der Informationsgesellschaft − Zum WIPO World Forum on the Protection of Intellectual Creations in the Information Society, Neapel, 18.−20. Oktober 1995, ZUM 1996, 69; *ders.,* The Cable and Satellite Analogy, in *Hugenholtz* (Hrsg.), The Future of Copyright in a Digital Environment, 1996, S. 57; *ders.,* Private International Law Aspects: National Report Germany, in *ALAI* (Hrsg.), Copyright in Cyber Space, 1997, S. 300; *ders.,* Urheberrecht und grenzüberschreitende Nutzung, in *Schwarz* (Hrsg.), Recht im Internet, Loseblatt (1997), 3/2.4, S. 17; *Drexl,* Zur Dauer des US-amerikanischen Urhebern gewährten Schutzes in der Bundesrepublik Deutschland. Änderungen aufgrund des Beitritts der Vereinigten Staaten von Amerika zur Berner Übereinkunft, GRUR Int. 1990, 35; *Dünnwald,* Satellitensendungen und Leistungsschutzrechte im Europäischen Binnenmarkt, Fs. für Kreile, 1990, S. 79; *Edelman,* Das anwendbare Recht bei der Verwertung nachkolorierter Filme in Frankreich. Zur Entscheidung der Cour de Cassation im Fall „John Hous-

Vorbemerkung Vor §§ 120ff.

ton", GRUR Int. 1992, 260; *Ehmann/Thorn,* Erfolgsort bei grenzüberschreitenden Persönlichkeitsverletzungen, AfP 1996, 20; *Enquete Kommission Zukunft der Medien in Wirtschaft und Gesellschaft; Deutschland Weg in die Informationsgesellschaft.* Deutscher Bundestag (Hrsg.), Neue Medien und Urheberrecht, 1997; *Faludi,* Die Ausschließlichkeit des Urheberrechts in der Revidierten Berner Übereinkunft am Beispiel einer Streitfrage, UFITA 105 (1987) 29; *Ficsor/Dreier ua.,* Private International Law Aspects of the Global Information Infrastructure, in *WIPO* (Hrsg.), WIPO World Wide Forum on the Protection of Intellectual Creations in the Information Society, Naples 1995, 1996, S. 101; *Flechsig,* Eu-Harmonisierung des Urheberrechts und der verwandten Schutzrechte in der Informationsgesellschaft, ZUM 1998, 139; *ders.,* Urheberrecht und verwandte Schutzrechte in der Informationsgesellschaft, CR 1998, 225; *Flechsig/Klett,* Europäische Union und europäischer Urheberschutz, ZUM 1994, 685; *Föhr,* Der Copyright-Vermerk, 1990; *Forkel,* Das Erfinder- und Urheberrecht in der Entwicklung – vom nationalen zum internationalen Schutz des „geistigen Eigentums", NJW 1997, 1672; *Franz,* Der Werkbegriff der Berner Übereinkunft zum Schutz von Werken der Literatur und Kunst, 1993; *Freys,* USA-Beitritt zur Revidierten Berner Übereinkunft, ZUM 1989, 124; *Freytag/Wand,* Das Recht im Netz – „Cyberlaw". Bericht über eine Tagung am 14. und 15. April 1997 in München, GRUR 1997, 735; *Frohne,* Probleme bei der Lizenzierung von Kabelweitersenderechten durch Verwertungsgesellschaften für den Bereich der EG, Fs. für Kreile, 1990, S. 109; *Gaster,* Urheberrecht und verwandte Schutzrechte in der Informationsgesellschaft, Anmerkungen zum Grünbuch der Europäischen Kommission, ZUM 1995, 740; *ders.,* Anmerkungen zum Arbeitsdokument der Kommissionsdienststellen über die Folgen des Phil-Collins-Urteils des EuGH für den Bereich des Urheberrechts und der Leistungsschutzrechte, ZUM 1996, 261; *Gavrilov,* The Retroactivity Rule in the Berne Convention, 24 IIC (1993) 571; *Geller,* Neue Triebkräfte im internationalen Urheberrecht, GRUR Int. 1993, 526; *ders.,* The Universal Electronic Archive: Issues in International Copyright, 25 IIC (1994) 54; *ders.,* Conflicts of Laws in Cyberspace: Rethinking International Copyright in a Digitally Networked World, 20 Columbia-VLA Journal of Law & the Arts 571 (1996); *Gervais,* The Protection Under International Copyright Law of Works Created with or by Computers, 22 IIC (1991) 628; *Ginsburg,* Global Use/Territorial Rights: Private International Law Questions of the Global Information Infrastructure, J. Copyright Society of the U. S. A. 42 (1995) 318; *Goldstein,* Copyright in the New Information Age, UFITA 121 (1993) 5; *Gounalakis,* Kabelfernsehen im Spannungsfeld von Urheberrecht und Verbraucherschutz. Zur urheberrechtlichen Problematik der Einspeisung von Rundfunksendungen in Kabelanlagen aus nationaler, internationaler und rechtsvergleichender Sicht, 1989; *Govoni/Gasser,* Die internationalen Urheberrechts- und leistungsschutzrechtlichen Abkommen im Lichte des Information Highway, in *Hilty* (Hrsg.), Information Highway, 1996, S. 235; *Gummig,* Der internationale Filmschutz im Satelliten-Zeitalter, ZUM 1990, 458; *Guthmann,* Die Weitersendung von Sendeprogrammen durch andere Sender und die damit verbundenen Fragen des Urheberrechts, ZUM 1989, 67; *Haagen,* Satellitenfernsehen – Rechtsprobleme einer neuen Technologie, 1986; *Haedicke,* Urheberrecht als Investitionsschutz?, GRUR Int. 1998, 631; *Haindl,* Urheberrecht an grenzüberschreitenden Sendungen – EG und Österreich, MR 1991, 180; *Hausmann,* Möglichkeiten und Grenzen der Rechtswahl in internationalen Urheberrechtsverträgen, Fs. für Schwarz, 1988, S. 47; *Hegemann,* Das Nachforderungsrecht und der Rückruf in amerikanischen Urheberrecht, 1987; *ders.,* Der „Rückruf" im US-Urheberrechtsgesetz von 1976: eine selbstgerechte Sachnorm?, UFITA 108 (1988) 91; *Herter,* Geistiges Eigentum und gesetzliche Lizenz – eine gesetzliche Lizenz für die Kabelweitersendung ausländischer Fernsehprogramme aus zivilrechtlicher, eigentumsgrundrechtlicher und europarechtlicher Sicht, 1990; *Hertin,* Wo bleibt der internationale Leistungsschutz für Filme?, ZUM 1990, 442; *Hiestand,* Die Anknüpfung internationaler Lizenzverträge, 1993; *Hilty* (Hrsg.), Information Highway. Beiträge zu rechtlichen und tatsächlichen Fragen, 1996; *Hoeren,* Charles Dickens und das internationale Urheberrecht, GRUR Int. 1993, 195; *ders.,* IPR und EDV-Recht. Kollisionsrechtliche Anknüpfungen bei internationalen EDV-Verträgen, CR 1993, 129; *Hoeren/Thum,* Internet und IPR – Kollisionsrechtliche Anknüpfungen in internationalen Datennetzen, in *Dittrich* (Hrsg.), Beiträge zum Urheberrecht V, 1997, S. 78; *v. Hoffmann,* Inländische Sachnormen mit zwingendem internationalen Anwendungsbereich, IPRax 1989, 261; *Hohloch,* Neue Medien und Individualrechtsschutz. Kollisonsrechtliche Aspekte grenzüberschreitender Rundfunksendungen, ZUM 1986, 165; *ders.,* EG-Direktsatellitenrichtlinie versus Bogsch-Theorie – Anmerkungen zum Kollisionsrecht des Senderechts, IPRax 1994, 387; *Jaeger,* Neue Entwicklungen im Kommunikationsrecht – Juristische Probleme der Datenautobahn, NJW 1995, 3273; *Kälin,* Der urheberrechtliche Vergütungsanspruch bei der Werkverwertung mit Hilfe des Satellitenrundfunks und der Kabelweiterverbreitung, 1986; *Karl,* Das Multilaterale Investitionsabkommen (MAI), RIW 1998, 432; *Karnell,* Wer liebt Phil Collins?, GRUR Int. 1994, 733; *ders.,* The Berne Convention Between Authors' Rights and Copyright Economics – An International Dilemma, 26 IIC (1995) 192; *Katzenberger,* Protection of the Author as the Weaker Party to a Contract under International Copyright Contract Law, 19 IIC (1988) 731; *ders.,* General Principles of the Berne and the Universal Copyright Conventions, in *Beier/Schricker* (Hrsg.), GATT or WIPO?, 1989, S. 43; *ders.,* Filmschutz durch Vergütungsansprüche nach der Berner Übereinkunft, ZUM 1990, 448; *ders.,* Kein Laufbildschutz für ausländische Videospiele in Deutschland, GRUR Int. 1992, 513; *ders.,* Deutsches Folgerecht und ausländische Kunstauktionen, GRUR Int. 1992, 567; *ders.,* Internationalrechtliche Aspekte des Schutzes von Datenbanken, ZUM 1992, 332; *ders.,* Inlandsschutz ausübender Künstler gegen die Verbreitung ausländischer Mitschnitte ihrer Darbietungen, GRUR Int. 1993, 640; *ders.,* Urheberrechtsverträge im internationalen Privatrecht und Konventionsrecht, Fs. für Schricker, 1995, S. 225; *ders.,* Urheberrecht und UFO-Technik – Bewährung des Urheberrechts im Zeichen der digitalen Revolution, Fs. für Beier, 1996, S. 379; *Kegel,* Internationales Privatrecht, 7. Aufl. 1995; *Knörzer,* Das Urheberrecht im deutschen Internationalen Privatrecht, 1992; *Kommission der Europäischen Gemeinschaften,* Grünbuch Urheberrecht in der Informationsgesellschaft, 1995; *Koumantos,* Private International Law and the Berne Convention, Copyright 1988, 415; *Kreile, J.,* OLG Frankfurt aM – Lizenzverträge und spillover der ASTRA-Satelliten, WiB 1995, 1015; *Kreile, R.,* Die Lizenzierung musikalischer Urheberrechte für den Satellitenrundfunk, Fs. für Deringer, 1993, S. 536; *Kreile R./Becker,* Multimedia und die Praxis der Lizenzierung von Urheberrechten, GRUR Int. 1996, 677; *Kröger,* Die Anwendung des Diskriminierungsverbots auf das Urheberrecht und verwandte Schutzrechte, EuZW 1994, 85; *Kropholler,* Internationales Privatrecht, 3. Aufl., 1997; *Kuner,* Internationale Zuständigkeitskonflikte im Internet, CR 1996, 453; *v. Lewinski,* USA gegen Europa? Internationales Urheberrecht im Wandel, Fs. für Kreile, 1994, S. 389; *dies.,* Multimedia und Urheberrecht, Berichte aus dem In- und Ausland – Das europäische Grünbuch über das Urheberrecht und neue Technologien, GRUR Int. 1995, 831; *dies.,* Urheberrecht als Gegenstand des internationalen Wirtschaftsrechts, GRUR Int. 1996, 630; *dies.,* Die Multimedia-Richtlinie. Der EG-Richtlinienvorschlag zum Urheberrecht in der Informationsgesellschaft, MMR 1998, 115; *dies,* Der EG-Richtlinienvorschlag zum Urheberrecht und zu verwandten Schutzrechten in der Informationsgesellschaft, GRUR Int. 1998, 637; *Locher,* Das Internationale Privat- und Zivilprozeßrecht der Immaterialgüterrechte aus urheberrechtlicher Sicht, 1993; *Loewenheim,* Gemeinschaftsrechtliches Diskriminierungsverbot und nationales Urheberrecht, NJW 1994, 1046; *Mäger,* Der Schutz des Urhebers im internationalen Vertragsrecht, 1995; *Maus,* Die digitale Kopie von Audio- und Videoprodukten: die Nutzung von Film und Musik im privaten Bereich und deren Behandlung im deutschen und im internationalen Urheberrecht, 1991; *Meister,* Leistungsschutz und Produktpiraterie, 1990; *Melichar,* Deductions Made by Collecting Societies for Social and Cultural Purposes in the Light of International Copyright Law, 22 IIC (1991) 47; *Müller-Hengstenberg,* Nationale und internationale Rechtsprobleme im Internet, NJW 1996, 1777; Münchener Kommentar zum Bürgerlichen Gesetzbuch, Band 10 Einführungsgesetz zum Bürgerlichen Gesetzbuche (Art. 1–38). Internationales Privatrecht (bearbeitet ua. von *Kreuzer/Martiny/Sonnenberger*), 3. Aufl., 1998; *Neumann,* The Berne Convention and Droit de Suite Legislation in the United States – Domestic and International Consequences of Federal Incorporation ot State Law for Treaty Implementation, 23 IIC (1992) 45; *Nirk/Hülsmann,* Urheberrechtlicher Inlandsschutz aufgrund des gemeinschaftsrechtlichen Diskriminierungsverbotes?, Fs. für Piper, 1996, S. 725; *Nordemann, A./Scheuermann,* Adherence of the United States to the Berne Convention – Report on a Berlin Copyright Conference, 23 IIC (1992) 70; *Nordemann, W.,* Das Prinzip der Inländerbehandlung und der Begriff der „Werke der Literatur und Kunst", GRUR Int. 1989, 615; *ders.,* Das dritte Urheberrechts-Änderungsgesetz, NJW 1995, 2534; *ders.,* Die Schutzfrist für Werke US-amerikanischer Urheber in Deutschland, Fs. für Piper, 1996, S. 747; *ders.,* Der Urheberrechtsschutz von Angehörigen der Russischen Föderation in Deutschland, ZUM 1997, 521; *Pfefferle,* Das deutsche Folgerecht in Fällen mit Auslandsberührung, GRUR 1996, 328; *Pfennig,* Die Umsetzung der Satelliten-Richtlinie und das Urhebervertragsrecht, ZUM 1996, 134; *Pichler,* EG-Richtlinie über Urheberrecht, Satellitenrundfunk und Kabelweiterverbreitung vom 27. September 1993, MR 1994, 54; *Prettenthaler,* Das EU-Grünbuch „Urheberrecht in der Informationsgesellschaft", MR 1995, 213; *Prettenthaler/Wittmann,* Pirateriekontrolle durch die Zollbehörden, MR 1995, 202; *v. Rauscher auf Weeg,* Die Selbständigkeit des Schutzes der ausübenden Künstler von demjenigen der Rundfunkanstalten nach dem Romabkommen, Fs. für Kreile, 1994, S. 537; *Reich,* Grundgesetz und internationales Vertragsrecht, NJW 1994, 2128; *Reindl,* Die Nebenrechte im Musikverlagsvertrag, 1993; *Reinert,* Grenzüberschreitender Rundfunk im Spannungsfeld von staatlicher Souveränität und transnationaler Rundfunkfreiheit, 1990; *Reithmann/Martiny,* Internationales Vertragsrecht (bearbeitet ua. von *Joch, Limmer*), 5. Aufl., 1996; *Ress,* Die Beziehungen zwischen der Berner Konvention und dem Europäischen Gemeinschaftsrecht, in *Ress* (Hrsg.), Entwicklung des Europäischen Urheberrechts, 1989, S. 21; *Rhein,* Phil Collins und das Dritte Gesetz zur Änderung des Urheberrechtsgesetzes. Zum Einfluß der Rechtsprechung des EuGH auf den europäischen Urheberschutz in Deutschland, Fs. für Piper, 1996, S. 755; *Ricketson,* The Berne Convention for the Protection of Literary and Artistic Works: 1886–1986, 1987; *ders.,* The Copyright Term, 23 IIC (1992) 753; *Rieder,* Copyrights im Cyberspace – Copyright Probleme im Internet aus US-amerikanischer Sicht, WRP 1996, 859; *Rumphorst,* Der internationale Filmschutz im Satelliten-Zeitalter, ZUM 1990, 453; *ders.,* Satellitenfernsehen und Urheberrecht, GRUR Int. 1992, 910; *ders.,* Erwerb des Satellitensenderechts für ein bestimmtes Territorium?, GRUR Int. 1993, 934; *ders.,* Rundfunk in der Informationsgesellschaft – Aufruf zur Feinabstimmung des Urheberrechts, ZUM 1996, 218; *Sack,* Kabelfunk und Urheberrecht, GRUR 1988, 163; *Schack,* Urheberrechtsverletzung im internationalen Privatrecht – Aus der Sicht des Kollisionsrechts, GRUR Int. 1985, 523; *ders.,* Die grenzüberschreitende Verletzung allgemeiner und urheberpersönlichkeitsrechte, UFITA 108 (1988) 51; *ders.,* Der Vergütungsanspruch der in- und ausländischen Filmhersteller aus § 54 II UrhG, ZUM 1989, 267; *ders.,* Wem gebührt das Urheberrecht: dem Schöpfer oder dem Produzenten?, ZUM 1990, 59; *ders.,* Zur Qualifikation des Anspruchs auf Rechnungslegung im internationalen Urheberrecht, IPRax 1991, 347; *ders.,* Kolorierung von Spielfilmen: Das Persönlichkeitsrecht des Filmregisseurs im IPR, IPRax 1993, 46; *ders.,* Schutzfristenchaos im europäischen Urheberrecht, GRUR Int. 1995, 310; *ders.,* Zum Folgerecht des Künstlers gegen den Veräußerer einer UrhG bei Weiterveräußerung im Ausland, JZ 1995, 357; *ders.,* Künstlerisches Verbreitungsrecht bezüglich bemalter Teile der Berliner Mauer, JZ 1995, 837; *ders.,* Rechtsangleichung mit der Brechstange des EuGH – Vom Fluch eines falsch verstandenen Diskriminierungsverbots, zugleich Besprechung von EuGH 10–02–1995, C-398/92 Mund & Fester/Hatrex, ZZP 108 (1995) 47; *Scheja,* Bekämpfung der grenzüberschreitenden Produktpiraterie durch die Zollbehörden, CR 1995, 714; *Schneider-Brodtmann,* Das Folgerecht des bildenden Künstlers im europäischen und internationalen Urheberrecht, 1996; *Schönning,* Anwendbares Recht bei grenzüberschreitenden Direktsendungen, ZUM 1997, 34; *Schricker,* Urheberrechtliche Probleme des Kabelrundfunks, 1986; *ders.* (Hrsg.), Urheberrecht auf dem Weg zur Informationsgesellschaft, 1997; *ders.,* Kurzkommentar zu BGH, Urt. v. 2. 10. 1997 – Spielbankaffaire, EWiR 1998, 85; *Schulze, M.,* Satellitensendungen und Urheberrechte im Europäischen Binnenmarkt, Fs. für Kreile, 1990, S. 91; *Schwarz,* Kabelweitersendung in Europa. Die kollektive Geltendmachung von Entgeltansprüchen aus der Kabelweitersendung (AGICOA) und internationale Lizenzverträge, Fs. für Schwarz, 1988, S. 75; *ders.,* Der Referentenentwurf eines Vierten Gesetzes zur Änderung des Urheberrechtsgesetzes, ZUM 1995, 687; *ders.,* Urheberrecht im Internet, MA 1996, 120 (Teil I), 215 (Teil II); *Siehr,* Das Urheberrecht in neueren IPR-Kodifikationen, UFITA 108 (1998) 9; *ders.,* Das urheberrechtliche Folgerecht inländischer Künstler und Versteigerung ihrer Werke im Ausland, IPRax 1992, 29; *ders.,* Joseph Beuys und das Internationale Folgerecht: Eine Zwischenbilanz, IPRax 1992, 219; *Soergel,* Kommentar zum Bürgerlichen Gesetzbuch[2], Band 10 Einführungsgesetz (bearbeitet ua. von *v. Hoffmann/Kegel/Lüderitz/Schurig*), 12. Aufl. 1996; *Soltysiski*[2], Protection of Computer Programs: Comparative and International Aspects, 21 IIC (1990) 1; *Spindler,* Deliktsrechtliche Haftung im Internet – nationale und internationale Rechtsprobleme, ZUM 1996, 533; *Spoendlin,* Der internationale Schutz des Urhebers, UFITA 107 (1988) 11; *Stäheli,* Kollisionsrecht auf dem Information Highway, in *Hilty* (Hrsg.), Information Highway, 1996, S. 597; *v. Staudinger,* Kommentar zum Bürgerlichen Gesetzbuch, Einführungsgesetz zum Bürgerlichen Gesetzbuch Art. 38 nF (Unerlaubte Handlungen); Internationales Sachenrecht (bearbeitet ua. von *v. Hoffmann*), 12. Aufl. 1992; *Ullmann,* Die Europäische Union und das nationale Wettbewerbs- und Urheberrecht, JZ 1994, 928; *Vaver,* Die Inländerbehandlung nach der Berner Übereinkunft und dem Welturheberrechtsabkommen, GRUR Int. 1988, 191; *Vischer,* Das Internationale Privatrecht des Immaterialgüterrechts nach dem schweizerischen IPR-Gesetzentwurf, GRUR Int. 1987, 670; *ders.,* Das „Droit moral de l'acteur" aus rechtsvergleichender und kollisionsrechtlicher Sicht, Fs. für Müller-Freienfels, 1996, S. 85; *Vogel,* Vorschlag der EG-Kommission für eine Richtlinie zur Koordinierung bestimmter urheber- und leistungsschutzrechtlicher Vorschriften betreffend Satellitenrundfunk und Kabelweiterverbreitung, ZUM 1992, 21; *Vorpeil,* Deutsches Folgerecht und Versteigerung eines Werkes im Ausland, GRUR Int. 1992, 913; *Wachter,* Multimedia und Urheberrecht, Berichte aus dem In- und Ausland – Multimedia und Recht, GRUR Int. 1995, 860; *Walter,* Vervielfältigung von Musiknoten und internationaler Urheberrechtsschutz, MR 1995, 107; *ders.,* Grundlagen und Ziele einer österreichischen Urheberrechtsreform, in *Dittrich* (Hrsg.), Fs. 50 Jahre URG, 1986, S. 233; *ders.,* Die Mindestschutzrechte der Berner Übereinkunft und das innerstaatliche Urheberrecht, MR 1997, 309; *Zenhäusern,* Der internationale Lizenzvertrag, 1991.

Vorbemerkung   Vor §§ 120ff.

c) **Schrifttum seit 1998/1999:** *Basedow/Drexl/Kur/Metzger* (Hrsg.), Intellectual Property in the Conflict of Laws, 2005; *Benecke,* Auf dem Weg zu „Rom II" – Der Vorschlag für eine Verordnung zur Angleichung des IPR der außervertraglichen Schuldverhältnisse, RIW 2003, 830; *Berger,* Die internationale Zuständigkeit bei Urheberrechtsverletzungen in Internet-Websites aufgrund des Gerichtsstands der unerlaubten Handlungen nach Art. 5 Nr. 3 EuGVO, GRUR Int. 2005, 465; *Bollacher,* Internationales Privatrecht, Urheberrecht und Internet, 2005; *Bornkamm,* Grenzüberschreitende Unterlassungsklagen im Urheberrecht, in *Schwarze* (Hrsg.), Rechtsschutz gegen Urheberrechtsverletzungen und Wettbewerbsverstöße in grenzüberschreitenden Medien, 2000, S. 127; *ders.,* Der Dreistufentest als urheberrechtliche Schrankenbestimmung. Karriere eines Begriffs, Fs. für Erdmann, 2002, S. 29; *Bortloff,* Internationale Lizenzierung von Internet-Simulcasts durch die Tonträgerindustrie, GRUR Int. 2003, 669; *Castendyk,* Rechtswahl bei Filmlizenzverträgen, ZUM 1999, 934; *Czychowski/Danckwerts,* Der urheberrechtliche Schutz von Werken deutscher Staatsangehöriger in den USA im Hinblick auf die formalen Erfordernisse und die Schutzfristen des US-amerikanischen Rechts – Entwicklung und aktuelle Rechtslage, GRUR Int. 1998, 870; *Decker,* Haftung für Urheberrechtsverletzungen im Internet, MMR 1999, 7; *Dessemontet,* Copyright contracts and choice of law, Fs. für Nordemann, 2004, S. 415; *Dieselhorst,* Anwendbares Recht bei internationalen Online-Diensten, ZUM 1998, 293; *Dietz,* Kulturelle Vielfalt und internationales Urheberrecht, Politik und Kultur, Juli-August 2005, 22; *Dinwoodie,* Conflicts and International Copyright Litigation: The Role of International Normes, in *Basedow/Drexl/Kur/Metzger* (Hrsg.), Intellectual Property in the Conflict of Laws, 2005, S. 195; *Dittrich,* Der Dreistufentest, in *Dittrich* (Hrsg.), Beiträge zum Urheberrecht VIII, 2005, S. 63; *Dreier,* Die Umsetzung der Urheberrechtsrichtlinie 2001/29/EG in deutsches Recht, ZUM 2002, 28; *Drexl,* Europarecht und Urheberkollisionsrecht, Fs. für Dietz, 2001, S. 461; *ders.,* Lex americana ante portas – Zur extraterritorialen Anwendung nationalen Urheberrechts, Fs. für Nordemann, 2004, S. 429; *ders.,* Which Law Protects Consumers and Competition in Conflict with Intellectual Property Rights?, in *Basedow/Drexl/Kur/Metzger* (Hrsg.), Intellectual Property in the Conflict of Laws 2005, S. 79; *ders.,* The Proposed Rome II Regulation: European Choice of Laws in the Field of Intellectual Property, in *Drexl/Kur* (Hrsg.), Intellectual Property and Private International Law – Heading for the Future, 2005, S. 151; *ders.,* Internationales Immaterialgüterrecht, in Münchener Kommentar zum Bürgerlichen Gesetzbuch, Band 10 Internationales Privatrecht, 4. Aufl. 2005 (zit.: MünchKomm./*Drexl*]; *Drexl/Kur* (Hrsg.), Intellectual Property and Private International Law – Heading for the Future, 2005; *Dreyfuss/Ginsburg,* Principles Governing Jurisdiction, Choice of Law, and the Judgments in Transnational Disputes: Aim, scope and approach of the American Law Institute project on intellectual property, CRi 2003, 33; *van Eechoud,* Alternatives to the lex protectionis as the Choice-of-Law Rule for Initial Ownership of Copyright, in *Drexl/Kur* (eds.), Intellectual Property and Private International Law, 2005, S. 289; *Ensthaler/Bosch/Völker* (Hrsg.), Handbuch Urheberrecht und Internet, 2002; *Fähndrich/Ibbeken,* Gerichtszuständigkeit und anwendbares Recht im Falle grenzüberschreitender Verletzungen (Verletzungshandlungen) der Rechte des geistigen Eigentums (Q 174), Bericht für die deutsche Landesgruppe der AIPPI, GRUR Int. 2003, 616; *Fentiman,* Choice of Law and Intellectual Property, in *Drexl/Kur* (Hrsg.), Intellectual Property and Private International Law – Heading for the Future, 2005, S. 129; *Flechsig,* Urheberrecht und verwandte Schutzrechte in der Informationsgesellschaft. Der Richtlinienvorschlag der EG-Kommission zur Harmonisierung bestimmter Aspekte dieser Rechte, CR 1998, 225; *Freitag,* Einführung, Anwendung eigener zwingender Bestimmungen, Berücksichtigung fremder zwingender Bestimmungen, in *Reithmann/Martiny,* Internationales Vertragsrecht[6], 2004, S. 363/370/440; *Frohne,* Filmverwertung im Internet und deren vertragliche Gestaltung, ZUM 2000, 810; *Geller,* Internationales Immaterialgüterrecht, Kollisionsrecht und gerichtliche Sanktionen im Internet, GRUR Int. 2000, 659; *Gerlach,* „Making available right" – Böhmische Dörfer?, ZUM 1999, 278; *Gesmann-Nuissl,* Außervertragliches Kollisionsrecht, Internationale Zuständigkeit, in *Enstahler/Bosch/Völker* (Hrsg.), Handbuch Urheberrecht und Internet, 2002, S. 404; *Ginsburg,* Die Rolle des nationalen Urheberrechts im Zeitalter der internationalen Urheberrechtsnormen, GRUR 2000, 97; *Götting* (Hrsg.), Multimedia, Internet und Urheberrecht, 1998; *Goldstein,* International Copyright. Principles, Law, and Practice, 2001; *Gottwald,* Internationale Zuständigkeit kraft „business activities" im geplanten Haager Übereinkommen über Zuständigkeit und ausländische Urteile in Zivil- und Handelssachen, Fs. für Geimer, 2002, S. 231; *Grabau/Hennecka,* Entwicklung des weltweiten Zuständigkeits- und Anerkennungsübereinkommens – Aktueller Überblick, RIW 2001, 569; *Grosheide,* Durchsetzung von Urheberrechten im Wege einstweiliger Maßnahmen, GRUR Int. 2000, 310; *ders.,* Is the Appropiate EU Legal Framework in Place for Music Online?, 33 IIC (2002) 698; *Hahn/Tell,* The European Commission's Agenda: The Future „Rome I and II" Regulations, in: *Basedow/Drexl/Kur/Metzger* (Hrsg.), Intellectual Property in the Conflict of Laws, 2005, S. 7; *Hamburg Group for Private International Law,* Comments on the European Commission's Draft Proposal for a Council Regulation on the Law Applicable to Non-Contractual Obligations, RabelsZ 67 (2003), 1; *Hellstadius/Meier-Ewert,* Jurisdiction and Choice of Law in Intellectual Property Matters – Perspectives for the Future (EU and World-Wide), 36 IIC (2005) 313; *Hoeren,* Rechtsoasen im Internet, MMR 1998, 297; *ders.,* Kollisionsrechtliche Anknüpfungen in internationalen Datenbanken, in *Hoeren/Sieber* (Hrsg.), Handbuch Multimedia Recht, 11. Aufl., 2005, Teil 7.10; *Hoeren/Große Ruse,* Immaterialgüter-, Wettbewerbs- und Verbraucherschutz-Kollisionsrecht sowie gerichtliche Zuständigkeit bei Internet-Sachverhalten, in: *Lehmann* (Hrsg.), Electronic Business in Europe. Internationales, europäisches und deutsches Online-Recht, 2002, S. 301; *Hoeren/Sieber* (Hrsg.), Handbuch Multimedia Recht, Loseblatt, 11. Aufl. 2005; *Hohloch,* Anknüpfungsregeln des Internationalen Privatrechts bei grenzüberschreitenden Medien, in *Schwarze* (Hrsg.), Rechtsschutz gegen Urheberrechtsverletzungen und Wettbewerbsverstöße in grenzüberschreitenden Medien, 2000, S. 93; *Hye-Knudsen,* Marken-, Patent- und Urheberrechte im europäischen Internationalen Zivilprozeßrecht, 2005; *Intveen,* Internationales Urheberrecht und Internet, 1999; *Junker,* Anwendbares Recht und internationale Zuständigkeit bei Urheberrechtsverletzungen im Internet, 2002; *Katzenberger,* Inländerbehandlung nach dem Rom-Abkommen, Fs. für Dietz, 2001, S. 481; *ders.,* Sekundäre Sendenutzungen im Urheberrecht. Das österreichische Gesetz als rechtvergleichender, europa- und internationalrechtlicher Sicht, MR Beilage zu Heft 4/03, S. 1; *ders.,* Elektronische Pressespiegel aus der Sicht des urheberrechtlichen Konventionsrechts, Fs. für Kraßer, GRUR Int. 2004, 739; *ders.,* Neues zum Folgerecht bei Auslandsbezug, Fs. für Schricker, 2005, S. 377; *Kessedijan,* Current International Developements in Choice of Law: An Analysis of the ALI Draft, in *Basedow/Drexl/Kur/Metzger* (Hrsg.), Intellectual Property in the Conflict of Laws, 2005, S. 19; *Klett,* Urheberrecht im Internet aus deutscher und amerikanischer Sicht, 1998; *Klimek/Sieber,* Anwendbares Recht bei Vertrieb digitalisierbarer Waren über das Internet am Beispiel der Softwareüberlassung, ZUM 1998, 902; *Knaak,* Die EG-Richtlinie zur Durchsetzung der Rechte des geistigen Eigentums und ihr Umsetzungsbedarf im deutschen Recht, GRUR Int. 2004, 745; *Kobiako,* Durchfuhr als Patentverletzungshandlung? Zugleich Anmerkung zum Urteil des LG Hamburg vom 2. April 2004, GRUR Int. 2004, 832; *Koch,* Internationale Gerichtszuständigkeit und Internet, CR 1999, 121; *Kröger,* Die Urheberrechtsrichtlinie für die Informationsgesellschaft – Bestandsaufnahme und kritische Bewertung CR 2001, 316; *Kropholler,* Europäisches Zivilprozeßrecht,

7. Aufl., 2002; *Kubis,* Internationale Zuständigkeit bei Persönlichkeits- und Immaterialgüterrechtsverletzungen, 1999; *Kur,* Immaterialgüterrechte in einem weltweiten Vollstreckungs- und Gerichtsstandsübereinkommen – Auf der Suche nach dem Ausweg aus der Sackgasse, GRUR Int. 2001, 908; *dies.,* International Hague Convention on Jurisdiction and Foreign Judgements: A Way Forward for IP?, EIPR 2002, 175; *dies.,* Optionen für ein internationales Gerichtsstands- und Vollstreckungsübereinkommen im Bereich des Immaterialgüterrechts, Fs. für Tilmann, 2003, S. 827; *dies.,* Principles Governing Jurisdiction, Choice of Law, and Judgments in Transnational Disputes: A European Perspective, CRi 2003, 65; *dies.,* The Enforcement Directive – Rough Start, Happy Landing? 35 IIC (2004) 821; *dies.,* Jurisdiction and Choice of Law in Intellectual Property Matters – Perspectives for the Future. Tagungsbericht, GRUR Int. 2004, 306; *dies.,* Haager Konferenz legt Entwurf für ein internationales Abkommen über Gerichtsstandsklauseln vor, GRUR Int. 2005, 351; *dies.,* Diplomatische Konferenz zum Abschluß eines Gerichtsstandsabkommens erfolgreich beendet, GRUR Int. 2005, 620; *Leible/Engel,* Der Vorschlag der EG-Kommmission für eine Rom II-Verordnung, EuZW 2004, 7; *v. Lewinski,* Die Multimedia-Richtlinie. Der EG-Richtlinienvorschlag zum Urheberrecht in der Informationsgesellschaft, MMR 1998, 115; *Linke,* Die Europäisierung des Internationalen Privat- und Verfahrensrechts – Traum oder Trauma?, Fs. für Geimer, 2002, S. 529; *Loewenheim,* Rechtswahl bei Filmlizenzverträgen, ZUM 1999, 923; *Loewenheim/Koch* (Hrsg.), Praxis des Online Rechts, 1998; *Lütje/Paul,* Rechteerwerb durch Lizenzverträge und Haftungsfragen, in *Hoeren/Sieber* (Hrsg.), Handbuch Multimedia Recht, 11. Aufl. 2005, Kap. 7.2.; *Lundstedt,* Gerichtliche Zuständigkeit und Territorialitätsprinzip im Immaterialgüterrecht – Geht der Pendelschlag zu weit?, GRUR Int. 2001, 103; *Mankowski,* Das Internet im Internationalen Vertrags- und Deliktsrecht, RabelsZ 63 (1999), 203; *v. Mehren,* The Hague Jurisdiction and Enforcement Convention Project Faces an Impasse – A Diagnosis and Guidelines for a Cure, IPRax 2000, 465; *Micklitz/Rott,* Vergemeinschaftung des EuGVÜ in der Verordnung (EG) Nr. 44/2001, EuZW 2001, 325; Teil 2, EuZW 2002, 15; *Muth,* Die Bestimmung des anwendbaren Rechts bei Urheberrechtsverletzungen im Internet, 1999; *Neumaier,* Grenzüberschreitender Rundfunk im internationalen Urheberrecht, 2003; *ders.,* Zur Umsetzung der europäischen Richtlinie 93/83/EWG vom 27. September 1993 („Kabel- und Satellitenrichtlinie") durch den Bundesgesetzgeber, Archiv für Post und Telekommunikation 1998, 354; *ders.,* Die Beurteilung grenzüberschreitender Rundfunksendungen nach der Revidierten Berner Übereinkunft, dem Welturheberrechtsabkommen und dem Rom-Abkommen, UFITA 2003 III, 639; *Niemann,* Pressespiegel de lege ferenda. Eine europa-, konventions- und verfassungsrechtliche Betrachtung nach BGH, Urteil vom 11. 7. 2002 – I ZR 255/00 – Elektronische Pressespiegel, GRUR 2003, 119; *Nippe,* Urheber und Datenbank: Schutz des Urhebers bei der Verwendung seiner Werke in elektronischen Datenbanken, 2000; *Nordemann, W./Nordemann J. B.,* Die US-Doktrin des „work made for hire" im neuen deutschen Urhebervertragsrecht – ein Betrag insbesondere zum Umfang der Rechtseinräumung für Deutschland, Fs. für Schricker, 2005, S. 473; *Obergfell,* Filmverträge im deutschen materiellen und internationalen Privatrecht, 2001; *dies.,* Verlags- und Filmverträge, in *Reithmann/Martiniy* (Hrsg.), Internationales Vertragsrecht⁶, 2004, S. 1267; *dies.,* Das Schutzlandprinzip und „Rom II". Bedeutung und Konsequenzen für das Internationale Urheberrecht, IPRax 2005, 9; *dies.,* Filmverträge im deutschen materiellen und internationalen Privatrecht, 2001; *Ohly,* Choice of Law in the Digital Environment – Problems and Possible Solutions, in *Drexl/Kur* (Hrsg.), Intellectual Property and Private International Law – Heading for the Future, 2005, S. 241; *Peinze,* Internationales Urheberrecht in Deutschland und England, 2002; *Peukert,* Protection of Authors and Performing Artists in International Law – Considering the Example of Claims for Equitable Remuneration Under German and Italian Copyright Law, 35 IIC (2004) 900; *Pichler,* Internationale Zuständigkeit im Online-Bereich, in: *Hoeren/Sieber* (Hrsg.), Handbuch Multimedia Recht, 11. Aufl., 2005, Teil 31; *Prütting* (Hrsg.), Die Entwicklung des Urheberrechts im europäischen Rahmen, 1999; *Raitz v. Frentz/Marrder,* Insolvenz des Filmrechtehändlers. Was passiert mit den Rechten?, ZUM 2001, 761; *Rauscher* (Hrsg.), Europäisches Zivilprozeßrecht, 2004; *Reber, U.,* Die internationale gerichtliche Zuständigkeit bei Urheberrechtsverletzungen. Ein internationaler Überblick, ZUM 2005, 194; *Regelin,* Das Kollisionsrecht der Immaterialgüterrechte an der Schwelle zum 21. Jahrhundert, 1999; *Kraßer,* Patentrecht, 5. Aufl., 2004; *Reinbothe,* Entwicklungen auf dem Gebiet des Urheberrechts in der Europäischen Union, Fs. für Fikentscher, 1998, S. 695; *ders.,* Die EG-Richtlinie zum Urheberrecht in der Informationsgesellschaft, GRUR Int. 2001, 733; *Reithmann/Martiny* (Hrsg.), Internationales Vertragsrecht⁶, 2004; *Riesenhuber,* Der Einfluß der RBÜ auf die Auslegung des deutschen Urheberrechtsgesetzes, ZUM 2003, 333; *Rumphorst,* The Broadcasters' Neighbouring Right, Fs. für Dittrich, 2000, S. 297; *Sack,* Das internationale Wettbewerbs- und Immaterialgüterrecht nach der EGBGB-Novelle, WRP 2000, 269; *ders.,* Zur Zweistufentheorie im internationalen Wettbewerbs- und Immaterialgüterrecht, Fs. für Lorenz, 2004, S. 659; *ders.,* Zur Zweistufentheorie im internationalen Wettbewerbs- und Immaterialgüterrecht, Fs. für Lorenz, 2004, S. 659; *Schack,* Neue Techniken und geistiges Eigentum, JZ 1998, 753; *ders.;* Anmerkung zu U. S. Court of Appeals, 2nd Circuit, 27. 8. 1998 – Itar-Tass, GRUR Int. 1999, 639/645; *ders.,* Internationale Urheber-, Marken- und Wettbewerbsrechtsverletzungen im Internet. Internationales Privatrecht, MMR 2000, 59; *ders.,* Internationale Urheber-, Marken- und Wettbewerbsverletzungen im Internet. Internationales Zivilprozeßrecht, MMR 2000, 135; *ders.,* Urheberrecht, Fs. für BGH II, 2000, S. 677; *ders.,* Zum auf grenzüberschreitende Sendevorgänge anwendbaren Urheberrecht, IPRax 2003, 141; *Schaub,* Die Neuregelung des Internationalen Deliktrechts in Deutschland und das europäische Gemeinschaftsrecht, RabelsZ 66 (2002), 18; *Schippan,* Die Harmonisierung des Urheberrechts in Europa im Zeitalter von Internet und digitaler Technologie, 1999; *Schneider-Brodtmann,* Joseph Beuys und die Folgen, KUR 2004, 147; *Schulz,* The Hague Project of a Global Judgment Convention and IP Rights: Recent Developments, in *Basedow/Drexl/Kur/Metzger* (Hrsg.), Intellectual Property in the Conflict of Laws, 2005, S. 39; *Schulze,* Rechtsfragen von Printmedien im Internet, ZUM 2000, 432; *Schwarz/Peschel-Mehner* (Hrsg.), Recht im Internet, Loseblatt 2002 ff. (Stand: 12/2003); *Schwarze* (Hrsg.), Rechtsschutz gegen Urheberrechtsverletzungen und Wettbewerbsverstöße in grenzüberschreitenden Medien, 2000; *Schwerdtfeger/Evertz/Kreuzer/Peschel-Mehner/Poeck,* Cyberlaw, 1999; *Senftleben,* Copyright, Limitations and the Three-Step Test. An Analysis of the Three-Step Test in International and EC Copyright Law, 2004; *ders.,* Privates digitales Kopieren im Spiegel des Dreistufentests, CR 2003, 914; *ders.,* Grundprobleme des urheberrechtlichen Dreistufentests, GRUR Int. 2004, 2000; *Spindler,* Europäisches Urheberrecht in der Informationsgesellschaft, GRUR 2002, 105; *ders.,* Die kollisionsrechtliche Behandlung von Urheberrechtsverletzungen im Internet, IPRax 2003, 412; *ders.,* Urheberrecht und Tauschplattformen im Internet, JZ 2002, 60; *Spindler/Leistner,* Die Verantwortlichkeit für Urheberrechtsverletzungen im Internet – Neue Entwicklungen in Deutschland und in den USA, GRUR Int. 2005, 773; *Straßer,* Gestaltung internationaler Film-/Fernsehlizenzverträge, ZUM 1999, 928; *Strömholm,* Alte Fragen in neuer Gestalt – das internationale Urheberrecht im IT-Zeitalter, Fs. für Dietz, 2001, S. 533; *Thum,* Das Territorialitätsprinzip im Zeitalter des Internet – Zur Frage des auf Urheberrechtverletzungen im Internet anwendbaren Rechts, in *Bartsch/Lutterbeck* (Hrsg.), Neues Recht für neue Medien, 1998, S. 117; *dies.,* Internationalprivatrechtliche Aspekte der Verwertung urheberrechtlich geschützter Werke im Internet, GRUR Int. 2001, 9; *dies.,* Who Decides on the

Vorbemerkung Vor §§ 120ff.

Colours of Films on the Internet? Drafting of Choice-of-Law Rules for the Determination of Initial Ownership of Film Works vis-à-vis Global Acts of Exploitation on the Internet, in: *Drexl/Kur* (Hrsg.), Intellectual Property and Private International Law – Heading for the Future, 2005, S. 265; *v. Ungern-Sternberg,* Das anwendbare Urheberrecht bei grenzüberschreitenden Rundfunksendungen, in *Schwarze* (Hrsg.), Rechtsschutz gegen Urheberrechtsverletzungen und Wettbewerbsverstöße in grenzüberschreitenden Medien, 2000, S. 109; *Wagner,* Die Bemühungen der Haager Konferenz für Internationales Privatrecht um ein Übereinkommen über die gerichtliche Zuständigkeit und ausländische Entscheidungen in Zivil- und Handelssachen, IPRax 2001, 533; *Waldenberger,* Zur zivilrechtlichen Verantwortlichkeit für Urheberrechtsverletzungen im Internet, ZUM 1997, 176; *Walter,* Der Entwurf für ein weltweites Haager Zuständigkeits- und Vollstreckungsübereinkommen aus Schweizer Sicht, Fs. für Geimer, 2002, S. 1429; *v. Welser,* Wettbewerbs- und urheberrechtliche Probleme bei Online-Auktionen, ZUM 2000, 472; *ders.,* Zum Urheberkollisionsrecht bei grenzüberschreitenden Sendungen, IPRax 2003, 440; *Winghardt,* Gemeinschaftsrechtliches Diskriminierungsverbot und Inländerbehandlungsgrundsatz unter dem Blickwinkel der kollektiven Wahrnehmung urheberrechtlicher Ansprüche, GRUR Int. 2001, 993; *Zigann,* Entscheidungen inländischer Gerichte über ausländische gewerbliche Schutzrechte und Urheberrechte, 2001, 993; *Zscherpe,* Urheberrechtsschutz digitalisierter Werke im Internet, MMR 1998, 404.

d) Schrifttum seit 2005/2006 (Auswahl): *Ahrens,* Internationales Privatrecht des Urhebervertragsrechts, in Berger/Wündisch (Hrsg.), Urhebervertragsrecht. Handbuch, 2008, S. 223; *Boytha,* Zur Entwicklung des Urheberrechts in der Europäischen Union, MR-Int 2008, 53; *Braun/Schonard,* Der neue deutsch-chinesische Investitionsförderungs- und -schutzvertrag, RIW 2007, 561; *Christmann,* Sonderfragen zur territorialen Rechtevergabe und territorialen Adressierung bei Pay-TV am Beispiel Film und Sport, ZUM 2006, 23; *Csillag,* Der Google-Urheberrechtsvergleich: Wer hat Rechte am digitalen Content?, MR 2009, 23; *Dankwerts,* Örtliche Zuständigkeit bei Urheber-, Marken- und Wettbewerbsverletzungen im Internet – Wider einen ausufernden „fliegenden Gerichtsstand" der bestimmungsgemäßen Verbreitung, GRUR 2007, 104; *Dietz,* Der Einbruch der kulturellen Vielfalt in das Urheberrecht, MR-Int 2008, 59; *von Eechoud,* Die rechtliche Stellung von Rundfunkveranstaltern und anderen Medien nach ROM II, IRIS, Beilage zur Ausgabe 2006–10; *Freitag,* Die kollisionsrechtliche Behandlung ausländischer Eingriffsnormen nach Art. 9 Abs. 3 Rom I-VO, IPRax 2009, 109; *Gaster,* Die urheberrechtliche Territorialitätsprinzip aus Sicht des Europäischen Gemeinschaftsrechts, ZUM 2006, 8; *Goldmann/Möller,* Anbieten und Verbreiten von Werken der angewandten Kunst nach der „Le-Corbusier-Möbel"-Entscheidung des EuGH, GRUR 2009, 551; *Goldstein,* Berne in the USA, 39 IIC 216 (2008); *Gundel,* Die Europäische Gemeinschaft im Geflecht des internationalen Systems zum Schutz des geistigen Eigentums, ZUM 2007, 603; *Heckmann,* Zum Erfordernis der Einwilligung in eine retrospektive Digitalisierung von Printwerken zu Werbezwecken, AfP 2007, 314; *Junker,* Die Rom II-Verordnung: Neues Internationales Deliktsrecht auf europäischer Grundlage, NJW 2007, 3675; *Keller,* Anmerkung zu LG Krefeld, Urteil vom 14. 2. 2007, K&R 2007, 662; *Kirschenhofer,* Die Verbreitung von Programmen und Territorialitätsprinzip als Beispiel von Film-, Fernseh- und Sportprogrammen – Rechtsfragen im Bereich Sport, ZUM 2006, 15; *Klass,* Das Urheberkollisionsrecht der ersten Inhaberschaft – Plädoyer für einen universalen Ansatz, GRUR Int. 2007, 373; *dies.,* Ein interessen- und prinzipienorientierter Ansatz für die urheberkollisionsrechtliche Normbildung: Die Bestimmung geeigneter Anknüpfungspunkte für die erste Inhaberschaft, GRUR Int. 2008, 546; *Kreile,* Territorialitätsprinzip im Bereich fiktionaler Programme, ZUM 2006, 19; *Kriebaum,* Eigentumsschutz im Völkerrecht. Eine vergleichende Untersuchung zum internationalen Investitionsschutz sowie zum Menschenrechtsschutz, 2008; *Kröber,* Der grenzüberschreitende Internethandel mit CD- und DVD-Rohlingen und die Vergütungsansprüche nach §§ 54 ff. UrhG, ZUM 2007, 89; *Kubis,* Digitalisierung von Druckwerken zur Volltextsuche im Internet – die Buchsuche von Google („Google Book Search") im Konflikt mit dem Urheberrecht, ZUM 2006, 370; *Leible/Lehmann,* Die neue EG-Verordnung über das auf außervertragliche Schuldverhältnisse anzuwendende Recht („Rom II"), RIW 2007, 721; *dies.,* Die Verordnung über das auf vertragliche Schuldverhältnisse anzuwendende Recht („Rom-I"), RIW 2008, 528; *v. Lewinski,* International Copyright Law and Policy, 2008; *dies.,* Indigenous Heritage and Intellectual Property: Genetic Resources, Traditional Knowledge and Folklore, 2nd. ed. 2008; *Loewenheim,* The Principle of National Treatment in the International Conventions Protecting Intellectual Property, in Fs. für Straus, 2009, S. 593; *MacQueen,* The Google Book Settlement, 40 IIC 247 (2009); *Manse/Thorn,* Europäisches Kollisionsrecht 2008: Fundamente der Europäischen IPR-Kodifikation, IPRax 2009, 1; *Martiny,* Verträge über Immaterialgüterrechte, in Münchener Kommentar zum Bürgerlichen Gesetzbuch, Bund 10 Internationales Privatrecht, 4. Aufl. 2006, S. 1847; *Metzger,* Zum anwendbaren Urheberrecht bei grenzüberschreitendem Rundfunk, IPRax 2006, 242; *Ott,* Die Google Buchsuche – Eine massive Urheberrechtsverletzung?, GRUR Int. 2007, 562; *Peifer,* Das Territorialitätsprinzip im Europäischen Gemeinschaftsrecht vor dem Hintergrund der technischen Entwicklungen, ZUM 2006, 1; *Pütz,* Parteiautonomie im internationalen Urhebervertragsrecht, 2005; *Rath/Swane,* Google Buchsuche – digitale Weltbibliothek und globale Buchhandlung, K&R 2009, 225; *Reichardt,* Internationale Zuständigkeit bei immaterialgüterrechtlichen Klagen, IPRax 2008, 330; *Ricketson/Ginsburg,* International Copyright and Neighbouring Rights: The Berne Convention and Beyond, 2nd. ed., 2006; *Rugullis,* Die antizipierte Rechtswahl in außervertraglichen Schuldverhältnissen, IPRax 2008, 319; *Sack,* Das IPR des geistigen Eigentums nach der Rom II-VO, WPP 2008, 1405; *Schack,* International zwingende Normen im Urhebervertragsrecht, Fs. für Heldrich, 2005, S. 997; *ders.,* Rechtsprobleme der Online-Übermittlung, GRUR 2007, 639; *Schneider-Brodtmann,* Anwendung des deutschen Folgerechts bei der Veräußerung einer inländischen Kunstsammlung im Ausland, NJW 2009, 740; *Stopp,* Die Nichtübertragbarkeit der Lizenz beim Unternehmenskauf: Anwendbares Recht bei fremdem Lizenzstatut im Lichte des § 34 UrhG, IPRax 2008, 386; *Straus/v. Lewinski,* Neighbouring Rights – National and International Developments, Comparison of Laws, in David u. a. (eds.), International Eucyclopedia of Comparative Law, Vol. 14, Chapters 4, 5, 2006; *Strömholm,* Copyright and the Confict of Laws. A Comparative Survey, 2010; *v. Ungern-Sternberg,* Die Rechtsprechung des Bundesgerichtshofs zum Urheberrecht und zu den verwandten Schutzrechten in den Jahren 2006 und 2007, GRUR Int. 2008, 193, 291; *Wagner,* Der Grundsatz der Rechtswahl und das mangels Rechtswahl anwendbare Recht (Rom I-Verordnung), IPRax 2008, 377; *ders.,* Änderungsbedarf im autonomen deutschen internationalen Privatrecht aufgrund der Rom II-Verordnung?, IPRax 2008, 314; *Wilhelmi,* Welches Recht regiert das World Wide Web?, IPRax 2007, 232; *Wille,* Die kollisionsrechtliche Geltung der urheberrechtlichen Neuregelungen zu den unbekannten Nutzungsarten in §§ 31 a, 32 c UrhG im Lichte des Internationalen Privatrechts, GRUR Int. 2008, 389; *Zimmer,* Urheberrechtliche Verpflichtungen und Verfügungen im Internationalen Privatrecht, 2006.

Weitere Schrifttumsnachweise unter Rdnr. 13 (TRIPS), 24 (Deutsch-deutscher Einigungsvertrag), 50 (WCT) sowie zu § 32b und zu einzelnen Bestimmungen der §§ 120 ff.

Vor §§ 120ff.   Vorbemerkung

Übersicht

	Rdnr.
I. Gegenstand und Inhalt, geschichtliche Entwicklung und Bedeutung der §§ 120–128	2–12
1. Gegenstand und Inhalt der §§ 120–128	2–7
2. Geschichtliche Entwicklung und Bedeutung der §§ 120–128	8–12
II. Internationale Verträge über Urheberrecht und verwandte Schutzrechte	13–40
1. TRIPS-Übereinkommen	13–23
2. Deutsch-deutscher Einigungsvertrag	24–38
3. Zweiseitige Verträge über den Schutz von Urheberrechten und verwandten Schutzrechten als Kapitalanlagen	39
4. Entwurf eines Multilateralen Investitionsabkommens	40
III. Internationale Verträge über das Urheberrecht	41–74
1. Revidierte Berner Übereinkunft zum Schutz von Werken der Literatur und Kunst (RBÜ)	41–49
2. WIPO-Urheberrechtsvertrag (WCT)	50–57
3. Welturheberrechtsabkommen (WUA)	58–65
4. Übereinkunft von Montevideo betreffend den Schutz von Werken der Literatur und Kunst	66, 67
5. Zweiseitige Verträge über den Schutz von Urheberrechten	68–74
IV. Internationale Verträge über verwandte Schutzrechte	75–102
1. Internationales Abkommen über den Schutz der ausübenden Künstler, der Hersteller von Tonträgern und der Sendeunternehmen (Rom-Abkommen)	75–83
2. WIPO-Vertrag über Darbietungen und Tonträger (WPPT)	84–91
3. Übereinkommen zum Schutz der Hersteller von Tonträgern gegen die unerlaubte Vervielfältigung ihrer Tonträger (Genfer Tonträger-Abkommen)	92–95
4. Übereinkommen über die Verbreitung der durch Satelliten übertragenen programmtragenden Signale (Brüsseler Satelliten-Abkommen)	96–99
5. Europäisches Abkommen zum Schutz von Fernsehsendungen (Europäisches Fernseh-Abkommen)	100–102
V. Weitere Abkommen	103–113
1. Europäische Konvention über urheber- und leistungsschutzrechtliche Fragen im Bereich des grenzüberschreitenden Satellitenrundfunks	103–110
2. Europäisches Übereinkommen zur Verhütung von Rundfunksendungen, die von Sendestellen außerhalb der staatlichen Hoheitsgebiete gesendet werden	111
3. Europäische Verträge über den Austausch von Programmen mit Fernsehfilmen, über die Gemeinschaftsproduktionen von Kinofilmen und über den Schutz des audiovisuellen Erbes	112
4. Pariser Verbandsübereinkunft zum Schutz des gewerblichen Eigentums (PVÜ)	113
VI. Anwendung der internationalen Verträge	114–119
1. Innerstaatliche Anwendbarkeit internationaler Verträge	114, 115
2. Internationale Verträge als Grundlage privater Rechte	116, 117
3. Rangverhältnis zwischen internationalen Verträgen und nationalem Recht	118
4. Berufung auf internationale Verträge durch Inländer?	119
VII. Territorialitätsprinzip und Recht des Schutzlandes als anwendbares Recht	120–128
1. Territorialitätsprinzip	120–123
2. Maßgeblichkeit des Rechts des Schutzlandes. Teilverweisung auf das Recht des Ursprungslandes	124–128
VIII. Anwendbares Recht bei Verletzung von Urheberrechten und verwandten Schutzrechten	129–146
1. Recht des Schutzlandes als anwendbares Recht	129
2. Verdrängung des Rechts des Begehungsorts durch das Recht des Schutzlandes	130
3. Anwendbares Recht bei Verletzung ausländischer Urheberrechte und verwandter Schutzrechte. Art. 38 EGBGB aF, Art. 40 Abs. 3 EGBGB nF	131
4. Unabhängigkeit des Rechts im Schutzland	132, 133
5. Keine Anwendung des gemeinsamen Heimatrechts. Keine Vereinbarung über das anwendbare Recht. Keine vertragsakzessorische Anknüpfung	134
6. Beurteilung grenzüberschreitender Rechtsverletzungen	135–146
IX. Internationales Urhebervertragsrecht	147–169
1. Verhältnis von Vertragsstatut und Recht des Schutzlandes	147–151
2. Bestimmung des Vertragsstatuts	152–159
3. Geltungsbereich des Vertragsstatuts und Anwendung zwingenden Rechts	160–168
4. Form der Verträge	169
X. Internationale Zuständigkeit der Gerichte	170–172
XI. Internationalrechtliche Aspekte des Projekts Google Book Search	173–179

1   Der **fünfte und letzte Teil des UrhG** (§§ 120–143) ist in **drei Abschnitte** gegliedert. Der erste enthält Bestimmungen über den Anwendungsbereich des Gesetzes (§§ 120–128), der zweite Übergangsbestimmungen (§§ 129–137 l) und der dritte Schlussbestimmungen (§§ 138–143). Gegenstand der folgenden Ausführungen ist nur der **erste Abschnitt**; die beiden anderen bedürfen keiner systematischen Einführung.

Vorbemerkung   Vor §§ 120 ff.

I. Gegenstand und Inhalt, geschichtliche Entwicklung und Bedeutung der §§ 120–128

1. Gegenstand und Inhalt der §§ 120–128

a) Ausgangspunkt für das Verständnis der Regelungen der §§ 120–128 ist der Umstand, dass in der Bundesrepublik Deutschland wie in den meisten anderen Staaten der Urheberrechtsschutz und der Schutz durch verwandte Schutzrechte ausländischen Urhebern, ausübenden Künstlern und anderen ausländischen potentiellen Inhabern verwandter Schutzrechte nicht ohne weiteres gewährt wird. Der Schutz durch das UrhG steht vielmehr nur **deutschen Staatsangehörigen** und bestimmten diesen **gleichgestellten Personen** zu, ohne dass weitere Voraussetzungen erfüllt sein müssten – sieht man von den allgemeinen Voraussetzungen eines urheberrechtlich geschützten Werkes bzw. einer durch ein verwandtes Schutzrecht schützbaren Leistung ab (vgl. §§ 120, 122 Abs. 1, 123, 124, 125 Abs. 1, 126 Abs. 1, 127 Abs. 1, 127a Abs. 1, 128 Abs. 1). Den deutschen Staatsangehörigen gleichgestellt sind **Deutsche iSd. Art. 116 Abs. 1 GG**, die nicht deutsche Staatsangehörige sind (§§ 120 Abs. 2 Nr. 1, 124, 125 Abs. 1 S. 2, 126 Abs. 1 S. 2, 127a Abs. 1 S. 2, 128 Abs. 1 S. 2), **Staatenlose mit gewöhnlichem Aufenthaltsort im Geltungsbereich des UrhG** (§§ 122 Abs. 1, 124, 125 Abs. 5 S. 2, 126 Abs. 3 S. 2, 128 Abs. 2) sowie **ausländische Flüchtlinge** iSv. Staatsverträgen und anderen Rechtsvorschriften ebenfalls dann, wenn sie ihren **gewöhnlichen Aufenthaltsort im Geltungsbereich des UrhG** haben (§§ 123, 124, 125 Abs. 5 S. 2, 126 Abs. 3 S. 2, 128 Abs. 2). Soweit mit dem Urheberrecht verwandte Schutzrechte originär auch zugunsten eines Unternehmens entstehen können, stehen deutschen Staatsangehörigen **Unternehmen mit Sitz im Geltungsbereich des UrhG** gleich (§§ 126 Abs. 1 S. 1, 127 Abs. 1, 127a Abs. 1 S. 1, 128 Abs. 1 S. 1). Der **Geltungsbereich des UrhG** umfasst seit der deutschen Wiedervereinigung das gesamte Deutschland, einschließlich der neuen Bundesländer. Die in § 142 bestimmte Geltung des UrhG für das Land Berlin ist seit diesem Zeitpunkt gegenstandslos geworden. 2

Nach der Änderung der §§ 120, 125, 126, 127 und 128 durch das 3. UrhGÄndG vom 23. 6. 1995 (BGBl. I S. 842) mit Wirkung zum 30. 6. 1995 (Art. 3 Abs. 1 dieses Gesetzes) sind deutschen Staatsangehörigen nunmehr von Gesetzes wegen ausdrücklich auch **Staatsangehörige anderer EU- und EWR-Staaten** gleichgestellt (§§ 120 Abs. 2 Nr. 2, 124, 125 Abs. 1 S. 2, 126 Abs. 1 S. 2, 128 Abs. 1 S. 2). Dasselbe gilt für § 127a Abs. 1 S. 2, der durch Art. 7 Nr. 9 des IuKDG vom 22. 7. 1997 (BGBl. I S. 1870) mit Wirkung zum 1. 1. 1998 (Art. 11 dieses Gesetzes) neu eingeführt worden ist. Durch diese Änderungen ist auch der Gesetzeswortlaut an die Rechtslage auf Grund Art. 12 EG (Art. 6 Abs. 1 EG-Vertrag, Art. 7 Abs. 1 EWG-Vertrag) und Art. 4 des EWR-Abkommens angepasst worden. Anlass für diese Maßnahme war das äußerst bedeutsame **Phil Collins-Urteil** des **EuGH** vom 20. 10. 1993 (EuGH Slg. 1993, 5171 – Collins/Imtrat). In diesem Urteil wurde entschieden, dass das in diesen Bestimmungen enthaltene **Verbot der Diskriminierung auf Grund der Staatsangehörigkeit auch auf das Urheberrecht anwendbar** ist. Ein ähnliches Diskriminierungsverbot gilt auch für **Unternehmen mit Sitz in einem anderen EU- oder EWR-Staat** (EuGH Slg. 1994, 1151 – Halliburton). Aus diesen Diskriminierungsverboten folgt zugleich, dass das in den §§ 121 ff. und den für Deutschland verbindlichen internationalen Abkommen auf dem Gebiet des Urheberrechts enthaltene **Fremdenrecht** nur noch auf Angehörige von **Drittstaaten** anwendbar ist. Dieser europäischen Rechtslage kommt in Deutschland unmittelbare Wirkung zu (s. BGHZ 125, 382/ 387 f./393 – Rolling Stones). Die erwähnten Gesetzesänderungen haben daher nur klarstellende Bedeutung (s. die AmtlBegr. BTDrucks. 13/781 S. 11). Dem Gesetzgeber kann daher auch nicht vorgeworfen werden, er habe die EuGH-Rechtsprechung ohne Not festgeschrieben (gegen *Schack*[4] Rdnr. 883 und Fn. 132 hierzu). Dieser Vorwurf stützt sich auf die irrige Annahme, dem späteren, aber allgemeineren TRIPS-Übereinkommen (s. Rdnr. 13 ff.) komme der Vorrang vor dem EG-Vertrag zu (so *Schack*[4] Rdnr. 883; *ders.*, GRUR Int. 1995, 310/314; sa. *Karnell* GRUR Int. 1994, 733/737; dagegen *Katzenberger* GRUR Int. 1995, 447/462; kritisch gegenüber beiden Auffassungen MünchKomm./*Drexl* Rdnr. 39; *Drexl*, Fs. für Dietz, S. 461/474). 3

b) Für den Schutz **ausländischer Staatsangehöriger, Staatenloser und ausländischer Flüchtlinge mit gewöhnlichem Aufenthalt im Ausland** sowie **Unternehmen mit Sitz im Ausland** müssen dagegen weitere Bedingungen gegeben sein, um den Schutz durch das UrhG zu begründen. Dabei sind unter **Ausland** in Bezug auf Staatsangehörigkeit und Unternehmenssitz nach dem unter Rdnr. 3 Gesagten nur Staaten zu verstehen, die **nicht EU- oder EWR-Staaten** sind. Zu den weiteren Bedingungen gehören – alternativ und in der Reihenfol- 4

Vor §§ 120ff. Vorbemerkung

ge der gesetzlichen Regelung – für den **Schutz durch das Urheberrecht** das **erste Erscheinen** des Werkes in der Originalsprache oder in Übersetzung **im Geltungsbereich des UrhG** bzw. bei Werken der bildenden Künste auch die **Verbindung mit einem hier gelegenen Grundstück** (§§ 121 Abs. 1 u. 2, 122 Abs. 2, 123), der Schutz durch einen für die Bundesrepublik Deutschland verbindlichen **Staatsvertrag** (§§ 121 Abs. 4 S. 1, 122 Abs. 2, 123), in Ermangelung eines solchen die **Gewährleistung der Gegenseitigkeit** des Schutzes für deutsche Staatsangehörige in dem betreffenden ausländischen Staat, wobei diese Bedingung formal durch eine Bekanntmachung des Bundesministers der Justiz im Bundesgesetzblatt festgestellt sein muss (§§ 121 Abs. 4 S. 2, 122 Abs. 2, 123). Für den Schutz, der durch das erste Erscheinen eines Werkes im Geltungsbereich des UrhG begründet wird, sieht § 121 Abs. 3 vor, dass dieser durch eine Rechtsverordnung des Bundesministers der Justiz für ausländische Staatsangehörige, die keinem Mitgliedstaat der RBÜ angehören und zurzeit des Erscheinens des Werkes weder im Geltungsbereich des UrhG, noch in einem anderen Mitgliedstaat der RBÜ ihren Wohnsitz haben, beschränkt werden kann, wenn der Staat, dem sie angehören, deutschen Staatsangehörigen für deren Werke keinen genügenden Schutz gewährt (sa. die sinngemäße Verweisung auf § 121 Abs. 3 in §§ 122 Abs. 2, 123).

5   **Sonderregelungen** für den Schutz ausländischer Urheber enthält § 121 Abs. 5, 6 in Bezug auf bestimmte durch das UrhG anerkannte Rechte: Das **Folgerecht** nach § 26 steht ausländischen Staatsangehörigen nur zu, wenn der Staat, dem sie angehören, nach einer Bekanntmachung des Bundesministers der Justiz im Bundesgesetzblatt deutschen Staatsangehörigen ein entsprechendes Recht gewährt, also wenn Gegenseitigkeit gewährleistet ist (§ 121 Abs. 5; zur Bedeutung dieser Bestimmung und zu ihrem Verhältnis zu den internationalen urheberrechtlichen Verträgen s. § 121 Rdnr. 14ff.). Darin liegt eine Einschränkung des Schutzes ausländischer Urheber gegenüber den allgemeinen Regeln des § 121 Abs. 1–4. Eine Erweiterung dieses Schutzes enthält dagegen § 121 Abs. 6: Die **urheberpersönlichkeitsrechtlichen Befugnisse** nach §§ 12–14, dh. das Veröffentlichungsrecht (§ 12), das Recht auf Anerkennung der Urheberschaft (§ 13) und der Schutz gegen Entstellung des Werkes (§ 14), stehen ausländischen Staatsangehörigen für alle ihre Werke zu, auch wenn die Voraussetzungen der übrigen Bestimmungen des § 121 nicht erfüllt sind. Für Staatenlose und ausländische Flüchtlinge mit gewöhnlichem Aufenthalt im Ausland gelten diese Regelungen entsprechend (§§ 122 Abs. 2, 123).

6   In der **Praxis** kommt dem Schutz der Werke ausländischer, nicht EU- oder EWR-angehöriger Urheber auf der Grundlage des § 121 Abs. 4 S. 1 iVm. den großen **internationalen urheberrechtlichen Konventionen**, dem TRIPS-Übereinkommen (s. Rdnr. 13ff.), der Revidierten Berner Übereinkunft zum Schutz von Werken der Literatur und Kunst (RBÜ) (s. Rdnr. 41ff.), in Zukunft ergänzt durch den WCT (s. Rdnr. 50ff.), und dem Welturheberrechtsabkommen (WUA) (s. Rdnr. 58ff.) die bei weitem **größte Bedeutung** zu.

7   c) Für den Schutz der Ausländer bzw. Staatenloser und ausländischer Flüchtlinge mit gewöhnlichem Aufenthaltsort im Ausland durch die im UrhG anerkannten **verwandten Schutzrechte** enthalten §§ 124, 125 Abs. 2–7, 126 Abs. 2 u. 3, 127 Abs. 2 u. 3, 127a Abs. 3 und 128 Abs. 2 entsprechende, auf die jeweiligen Verhältnisse zugeschnittene fremdenrechtliche Bestimmungen. Unter diesen verdienen wiederum der Schutz nach Maßgabe der für die Bundesrepublik Deutschland verbindlichen **Staatsverträge** (§§ 125 Abs. 5 S. 1, 126 Abs. 3 S. 1, 127 Abs. 3 S. 1, 127a Abs. 3 und 128 Abs. 2; s. zu diesen Verträgen Rdnr. 13ff., 75ff.) sowie der Schutz der ausübenden Künstler in Bezug auf bestimmte **Rechte mit persönlichkeitsrechtlichem Einschlag** auch ohne Erfüllung der sonstigen Voraussetzungen des Schutzes (§ 125 Abs. 6) besondere Hervorhebung. S. im Übrigen die Kommentierung der §§ 124–128.

2. Geschichtliche Entwicklung und Bedeutung der §§ 120–128

8   a) Die fremdenrechtliche Diskriminierung ausländischer Urheber ist nicht nur international weit verbreitet, sie hat auch eine lange Tradition und begleitet das Urheberrecht durch seine gesamte Geschichte (s. *Boytha* UFITA 85 [1979] 1 ff.; *Khadjavi-Gontard* S. 2ff.). In Deutschland entsprachen den §§ 120–128 des geltenden Gesetzes zuletzt **§§ 54, 55 des LUG** von 1901 und **§ 51 des KUG** von 1907 (s. zu diesen Gesetzen Einl. Rdnr. 113/114). Neu hinzugekommen sind in den §§ 120–128 insb. ausdrückliche Bezugnahmen auf urheberrechtliche Staatsverträge, die Berücksichtigung der Folgen des Zweiten Weltkriegs, der Staatenlosen und ausländischen Flüchtlinge, besondere Bestimmungen, die ihre Erklärung in der Fortentwicklung des urheberrechtlichen Konventionsrechts finden, sowie besondere fremdenrechtliche Bestimmungen über verwandte Schutzrechte.

Vorbemerkung Vor §§ 120ff.

Der Unterschied bezüglich der **verwandten Schutzrechte** beruht darauf, dass LUG und 9
KUG solche noch nicht kannten; auch der auf der Gesetzesnovelle von 1910 zum LUG beruhende Schutz der ausübenden Künstler und mittelbar der Hersteller von Schallplatten nach § 2 Abs. 2 LUG war als fiktives Bearbeiterurheberrecht konzipiert (s. vor §§ 73 ff. Rdnr. 3 ff.). Die spezielle Bestimmung über den **Schutz der Deutschen iSd. Art. 116 Abs. 1 GG,** die nicht deutsche Staatsangehörige sind (§ 120 Abs. 2 Nr. 1; sa. die Verweisungen darauf in §§ 124, 125 Abs. 1 S. 2, 126 Abs. 1 S. 2, 127a Abs. 1 und 128 Abs. 1 S. 2), war vorgezeichnet durch die Gleichstellung dieses Personenkreises mit den deutschen Staatsangehörigen durch die in Bezug genommene Vorschrift des Grundgesetzes (vgl. RegE BTDrucks. IV/270 S. 112 zu § 130, jetzt § 120). Die Bestimmungen über **Staatenlose** und **ausländische Flüchtlinge** (§§ 122, 123; sa. die Verweisungen darauf in §§ 124, 125 Abs. 5 S. 2, 126 Abs. 3 S. 2, 128 Abs. 2) folgen dem Vorbild des Zusatzprotokolls 1 zum Welturheberrechtsabkommen von 1952 und überführen zugleich – in Bezug auf die Flüchtlinge – Art. 14 des auch für die Bundesrepublik Deutschland verbindlichen Abkommens über die Rechtsstellung der Flüchtlinge vom 28. 7. 1951 (BGBl. 1953 II S. 559/560) in das UrhG; damit verbunden ist, dass der Schutz dieses Personenkreises von den genannten Abkommen unabhängig gestaltet und verallgemeinert wurde (s. RegE BT-Drucks. IV/270 S. 112 f. zu §§ 132, 133, jetzt §§ 122, 123).

Die Verweisungen auf den **Inhalt der Staatsverträge** in §§ 121 Abs. 4 S. 1, 125 Abs. 5 S. 1, 10
126 Abs. 3 S. 1, 127 Abs. 3 S. 1, 127a Abs. 3 (sa. die darauf verweisenden §§ 122 Abs. 2, 123, 124, 128 Abs. 2) bringen sachlich gegenüber dem Rechtszustand unter Geltung des LUG und des KUG nichts Neues. Auch seinerzeit bestimmte sich der Rechtsschutz ausländischer Urheber nicht nur nach §§ 55 LUG, 51 KUG, sondern auch nach den internationalen urheberrechtlichen Verträgen; Rechtsgrundlage waren die deutschen Zustimmungsgesetze zu diesen Verträgen (s. *Ulmer*² §§ 14 III, 15 VI). Daran hat sich nichts geändert (s. *Ulmer*³ § 11 III; sa. Rdnr. 114), die förmliche Verweisung auf den Inhalt der Staatsverträge dient aber der Klarstellung (s. RegE BTDrucks. IV/270 S. 112 zu § 131, jetzt § 121). Neben dieser Klarstellung unterstreichen auch weitere Regelungen der §§ 120 ff. die Absicht des Gesetzgebers des UrhG, das deutsche Gesetzesrecht in **Übereinstimmung** mit dem bei Erlass dieses Gesetzes erreichten **Stand des internationalen Urheberrechts** zu bringen (s. zu diesem Bestreben allgemein RegE BTDrucks. IV/270 S. 27): So knüpfen § 121 Abs. 3 an Art. 6 Abs. 2 und § 121 Abs. 5 an Art. 14bis der Brüsseler Fassung der RBÜ vom 26. 6. 1948 an. Das Zustimmungsgesetz zu dieser Konventionsfassung wurde am gleichen Tag wie das UrhG verkündet (am 9. 9. 1965, BGBl. 1965 II S. 1213).

Die erst durch den Rechtsausschuss des Deutschen Bundestags eingefügten §§ 121 Abs. 6 und 125 Abs. 6 dienen dem Ziel, den **persönlichkeitsrechtlichen Schutz** der Urheber und ausübenden Künstler demjenigen durch das allgemeine Persönlichkeitsrecht anzugleichen, das als sonstiges Recht iSd. § 823 Abs. 1 BGB geschützt ist und für das es eine fremdenrechtliche Diskriminierung von Ausländern nicht gibt (s. den Bericht des Abgeordneten *Reischl* UFITA 46 [1966] 174/200). Diese neue Regelung fügt sich in die allgemeine Tendenz des UrhG ein, die persönlichkeitsrechtlichen Befugnisse gegenüber dem früher geltenden Recht zu verstärken (s. vor §§ 12 ff. Rdnr. 1 ff.).

b) Die **Ausländerdiskriminierung,** die sich aus den §§ 121–128 ergibt, verfolgt letztlich 11
das Ziel, deutschen Urhebern und Leistungsschutzberechtigten einen jeweils entsprechenden Rechtsschutz auch im Ausland zu sichern. Durch das Prinzip der Schutzverweigerung sollen die ausländischen Staaten bewogen werden, den einschlägigen, die wechselseitige Schutzverweigerung aufhebenden, auch von Deutschland angenommenen Staatsverträgen beizutreten, solche Verträge neu abzuschließen oder auf andere Weise die Gegenseitigkeit des Schutzes zu gewährleisten (s. in diesem Sinne zu einem Teilaspekt des § 121 Abs. 4 die AmtlBegr. BTDrucks. IV/270 S. 112 zu § 131, jetzt § 121). Mit dieser sachlichen und auf angemessene und differenzierende Weise verfolgten Zielrichtung sind die **§§ 121–128 verfassungsgemäß,** und zwar unter den Gesichtspunkten des Schutzes der Persönlichkeit (Art. 2 Abs. 1 iVm. Art. 1 Abs. 1 GG), des Gleichheitsgebots (Art. 3 Abs. 1 GG) und der Eigentumsgarantie (Art. 14 Abs. 1 S. 1 GG) (so zu § 125 BVerfGE 81, 208/215 ff. – Bob Dylan).

c) Die **praktische Bedeutung der §§ 120–128** als Gesamtregelung, dh. einschließlich der 12
grundsätzlichen Bestimmungen über den Schutz deutscher und gleichgestellter Staatsangehöriger und Unternehmen sowie der Verweisungen auf den Inhalt der Staatsverträge für den Schutz von Ausländern, ist groß. Beschränkt auf die Frage nach der Rechtsstellung nicht EU- oder EWR-angehöriger ausländischer Urheber und ausländischer potentieller Inhaber verwandter

Vor §§ 120ff.

Vorbemerkung

Schutzrechte treten dagegen die rein internen fremdenrechtlichen Bestimmungen in ihrer Bedeutung gegenüber den zahlreichen internationalen Verträgen insb. auf dem Gebiet des Urheberrechts, aber auch des Schutzes der ausübenden Künstler, der Hersteller von Tonträgern und der Sendeunternehmen zurück. Überragende Bedeutung besitzen insoweit derzeit vor allem die RBÜ und TRIPS sowie das Rom-Abkommen.

II. Internationale Verträge über Urheberrecht und verwandte Schutzrechte

1. TRIPS-Übereinkommen (TRIPS)

13 **Schrifttum:** *Ahrens,* Die europarechtlichen Möglichkeiten der Beschlagnahme von Produktpiratenwaren an der Grenze unter Berücksichtigung des TRIPS-Abkommens, RIW 1996, 727; *Bail,* Geistiges Eigentum in der Uruguay-Runde des GATT – Generelle Aspekte, in *Hilf/Oehler* (Hrsg.), Der Schutz des geistigen Eigentums in Europa, 1991, S. 139; *Beier/Schricker* (Hrsg.), GATT or WIPO? New Ways in the International Protection of Intellectual Property, 1989; *dies.,* From GATT to TRIPs – The Agreement on Trade-Related Aspects of Intellectual Property Rights, 1996; *Beining,* Der Schutz ausübender Künstler im internationalen und supranationalen Recht, 2000; *Blakeney,* Trade Related Aspects of Intellectual Property Rights: A Concise Guide to the TRIPs Agreement, 1996; *v. Bogdandy,* Die Überlagerung der ZPO durch WTO-Recht. Zum Schutz des geistigen Eigentums nach dem Hermès-Urteil des EuGH, NJW 1999, 2088; *Bork,* Effiziente Beweissicherung für den Urheberrechtsverletzungsprozeß – dargestellt am Beispiel raubkopierter Computerprogramme, NJW 1997, 1665; *Braun, Th.,* Der Schutz ausübender Künstler durch TRIPS, GRUR Int. 1997, 427; *Chasen Ross/Wasserman,* Trade-Related Aspects of Intellectual Property Rights, in *Stewart* (Hrsg.), The GATT Uruguay Round: A Negotiating History (1986–1992), 1993, Vol. 2, S. 2241; *Christians,* Immaterialgüterrechte und GATT, Die Initiative zur Fortentwicklung des internationalen Schutzes geistigen Eigentums im Rahmen der Uruguay-Runde, 1990; *Cohen Jehoram/Keuchenius/Brownlee,* Trade-Related Aspects of Copyright, 1996; *Correa,* Trade Related Aspects of Intellectual Property Rights – A Commentary on the TRIPs Agreement, 2007; *ders.,*TRIPs Agreement: Copyright and Related Rights, 25 IIC (1994) 543; *Dörmer,* Streitbeilegung und neue Entwicklungen im Rahmen von TRIPS: eine Zwischenbilanz nach vier Jahren, GRUR Int. 1998, 919 = Dispute Settlement and New Developments Within the Framework of TRIPS – an Interim Review, 31 IIC (2000), 1; *Dreier,* TRIPS und die Durchsetzung von Rechten des geistigen Eigentums, GRUR Int. 1996, 205; *Drexl,* Entwicklungsmöglichkeiten des Urheberrechts im Rahmen des GATT, 1990; *ders.,* Nach „GATT und WIPO": Das TRIPs-Abkommen und seine Anwendung in der Europäischen Gemeinschaft, GRUR Int. 1994, 777; *ders.,* Durchsetzungsmechanismen im internationalen Immaterialgüterrecht, Fs. für Beier, 1996, S. 593; *ders.,* The TRIPs Agreement and the EC: What Comes Next After Joint Competence?, in *Beier/Schricker* (Hrsg.), From GATT to TRIPs, 1996, S. 18; *ders.,* Unmittelbare Anwendbarkeit des WTO-Rechts in der globalen Privatrechtsordnung, Fs. für Fikentscher, 1998, S. 822; *Dünnwald,* Die Leistungsschutzrechte im TRIPS-Abkommen, ZUM 1996, 725; *Duggal,* TRIPS-Übereinkommen und internationales Urheberrecht, 2001; *ders.,* Die unmittelbare Anwendbarkeit der Konventionen des internationalen Urheberrechts am Beispiel des TRIPS-Übereinkommens, IPRax 2002, 101; *Elfring,* Geistiges Eigentum in der Welthandelsordnung, 2006; *Faupel,* GATT und geistiges Eigentum, GRUR Int. 1990, 255; *Fikentscher,* Josef Kohler und das Monopol: Ein Schlüssel zu TRIPs vs. WIPO?, in *Adrian/Nordemann/Wandtke* (Hrsg.), Josef Kohler und der Schutz des geistigen Eigentums, 1996, S. 55; *Firsching,* Der Schutz der ausübenden Künstler aus europäischer Perspektive im Hinblick auf das „Phil Collins"-Urteil des Europäischen Gerichtshofs, UFITA 133 (1997) 131; *Franz,* Die unmittelbare Anwendbarkeit von TRIPS in Argentinien und Brasilien, GRUR Int. 2002, 1001; *Geiger,* The Three-Step Test, a Threat to a Balanced Copyright Law?, 37 IIC 683 (2006); *ders.,* Die „Elektronische Pressespiegel"-Entscheidung des schweizerischen Bundesgerichts: eine willkommene Anpassung des Urheberrechts an die Bedürfnisse der Informationsgesellschaft, ZUM 2009, 49; *Geiger/Griffiths/Hilty,* Erklärung für eine ausgewogene Auslegung des Drei-Stufen-Tests im Urheberrecht, GRUR Int. 2008, 822; *Gervais,* The TRIPs Agreement: Drafting History and Analysis[3], 2008; *Ginsburg,* Toward Supranational Copyright Law? The WTO Panel Decision and the „Three-Step Test" for Copyright Exceptions RIDA 187 (2001), 3; *Goldmann,* Victory for Songwriters in WTO Music-Royalties Dispute Between U.S. and EU – Background of the Conflict Over The Extension of Copyright Homestyle Exemption, 32 IIC (2001), 412; *Govaere/Ullrich (ed.),* Intellectual Property, Public Policy, and International Trade, 2007; *Groh/Wündisch,* Die Europäische Gemeinschaft und TRIPS: Hermès, Dior und die Folgen, GRUR Int. 2001, 497; *Grosse Ruse-Khan,* Materielle Gegenseitigkeit bei Immaterialgüterrechten gegenüber internationalem Handelsrecht. Zum Rechtsschutz amerikanischer Datenbankhersteller in der EU, UFITA 2004 III, 859; *Haedicke,* Einführung in das internationale Urheberrecht: Die Grundprinzipien und der institutionelle Rahmen nach Abschluß der GATT-Uruguay-Runde, Jura 1996, 64; *ders.,* Urheberrecht und die Handelspolitik der Vereinigten Staaten von Amerika, 1997; *He,* Seeking a Balanced Interpretation of the Three-Step Test – An Adjusted Structure in View of Divergent Approaches, 40 IIC 274 (2009); *Heath,* Bedeutet TRIPS wirklich eine Schlechterstellung von Entwicklungsländern?, GRUR Int. 1996, 1169; *Karg,* Interferenz der ZPO durch TRIPS – Auswirkungen auf den einstweiligen Rechtsschutz im Urheberrechtsprozeß, ZUM 2000, 934; *Katzenberger,* TRIPS und das Urheberrecht, GRUR Int. 1995, 447; *Katzenberger/Kur,* TRIPs and Intellectual Property, in *Beier/Schricker* (Hrsg.), From GATT to TRIPS, 1996, S. 1; *Kloth,* Der Schutz der ausübenden Künstler nach TRIPS und WPPT, 2000; *Lehmann,* TRIPS/WTO und der internationale Schutz von Computerprogrammen, CR 1996, 2; *v. Lewinski,* Urheberrecht als Gegenstand des internationalen Wirtschaftsrechts, GRUR Int. 1996, 630; *dies.,* Das Urheberrecht zwischen GATT/WTO und WIPO, UFITA 136 (1998) 103; *Pacon,* Was bringt TRIPS den Entwicklungsländern?, GRUR Int. 1995, 875; *dies.,* TRIPS und die Durchsetzung von Schutzrechten: südamerikanische Erfahrungen, GRUR Int. 1999, 1004; *Peifer,* Brain Power and Trade: The Impact of TRIPs on Intellectual Property, Jahrbuch für Internationales Recht 1997, 100; *Rehbinder/Staehelin,* Das Urheberrecht im TRIPs-Abkommen – Entwicklungsschub durch die New Economic World Order, UFITA 127 (1995) 5; *Reinbothe,* Geistiges Eigentum in der Uruguay-Runde des GATT: Materiellrechtliche Aspekte aus der Sicht der EG, in *Hilf/Oehler* (Hrsg.), Der Schutz des geistigen Eigentums in Europa, 1991, S. 149; *ders.,* Der Schutz des Urheberrechts und der Leistungsschutzrechte im Abkommensentwurf GATT/TRIPS, GRUR Int. 1992, 707; *ders.,* TRIPS und die Folgen für das Urheberrecht, ZUM 1996, 735; *Ricketson,* The Future of the Traditional Intellectual Property Conventions in the Brave New World of Trade-Related Intellectual Property Rights, 26 IIC (1995) 872; *Schäfers,* Normsetzung zum geistigen Eigentum in internationalen

Vorbemerkung   Vor §§ 120ff.

Organisationen: WIPO und WTO – ein Vergleich, GRUR Int. 1996, 763; *ders.*, Buchbesprechung *Beier/Schricker* (Hrsg.), From GATT to TRIPs, 1996, GRUR Int. 1998, 86; *Schippan*, TRIPS und die Folgen für Urheberrecht und Leistungsschutzrechte, ZUM 1996, 779; *Senftleben*, Towards a Horizontal Standard for Limiting Intellectual Property Rights? – WTO Panel Reports Shed Light on the Three-Step Test in Copyright Law and Related Tests in Patent and Trademark Law, 37 IIC 407 (2006); *Staehelin*, Das TRIPs-Abkommen, 1997; *ders.*, Das TRIPS-Abkommen – Immaterialgüterrechte im Lichte der globalisierten Handelspolitik, 2. Aufl. 1999; *Steinmetz*, Urheberrechtliche Aspekte des GATT, in *Dittrich* (Hrsg.), Beiträge zum Urheberrecht III, 1995, S. 40; *Stewart* (Hrsg.), The GATT Uruguay Round: A Negotiating History (1986–1992), 1993; *Stoll/Reible*, Schutz geistigen Eigentums und das TRIPS-Abkommen, in *Prieß/Berrisch* (Hrsg.), WTO-Handbuch, 2003, S. 565; *Uchtenhagen*, Die GATT-Verhandlungen über Urheber- und Leistungs-Schutz, ZUM 1990, 433; *Ullrich*, Technologieschutz nach TRIPS: Prinzipien und Probleme, GRUR Int. 1995, 623; *Waldhausen*, Schließt TRIPS Schutzlücke bei Bootlegs?, ZUM 1998, 1015; *ders.*, Schutzmöglichkeiten gegen Bootlegs in der Bundesrepublik Deutschland und den USA unter besonderer Berücksichtigung des TRIPS-Abkommens, 2002.
Siehe auch die Schrifttumsnachweise zu Vor §§ 120ff.

a) Als Bestandteil des Übereinkommens zur Errichtung der Welthandelsorganisation (World **14** Trade Organization, WTO) vom 15. 4. 1994 (BGBl. 1994 II S. 1443/1625 – englisch/deutsch; deutsches Zustimmungsgesetz vom 30. 8. 1994, BGBl. 1994 II S. 1438) ist das Übereinkommen über handelsbezogene Aspekte der Rechte des geistigen Eigentums (Trade-Related Aspects of Intellectual Property Rights, TRIPS) (BGBl. 1994 II S. 1565/1730 – englisch/deutsch), kurz bezeichnet als **TRIPS-Übereinkommen** oder auch nur **TRIPS,** neben der RBÜ (s. Rdnr. 44f.) dasjenige internationale Abkommen auf dem Gebiet des Urheberrechts und der verwandten Schutzrechte mit den meisten, nämlich 153 Mitgliedern am 23. 7. 2008 (lt. www.wto.org vom 5. 8. 2009). Zu ihnen zählen auch Deutschland und die Europäische Gemeinschaft, Letztere als eigenständiges Mitglied neben den Mitgliedstaaten der Gemeinschaft. WTO-Übereinkommen und TRIPS sind ua. für Deutschland, die Europäische Gemeinschaft und die USA am 1. 1. 1995 in Kraft getreten (s. BGBl. 1995 II S. 456). Für sie setzten die Schutzverpflichtungen aus dem Übereinkommen am 1. 1. 1996 ein (Art. 65 Abs. 1 TRIPS).

b) Das wesentlich Neuartige am TRIPS-Schutz des geistigen Eigentums ist seine **Verknüp- 15 fung** mit dem auf **Liberalisierung und Nichtdiskriminierung in den internationalen Handelsbeziehungen** abzielenden **Allgemeinen Zoll- und Handelsübereinkommen (GATT),** welches als **GATT 1994** ebenfalls Bestandteil des WTO-Übereinkommens ist. Der Schutz des geistigen Eigentums wird dabei nicht als Hindernis für den freien Welthandel, sondern als eine seiner Bedingungen verstanden. Denn, so heißt es in der Denkschrift der deutschen Bundesregierung zum WTO-Übereinkommen (BTDrucks. 12/7655 [neu], 335, 344), ohne einen angemessenen und auch in der Praxis wirksamen Schutz der Rechte des geistigen Eigentums würden Investitionen fehlgeleitet, Handelsströme verfälscht und unternehmerische Leistungen missbraucht. Hauptzweck des TRIPS sei es daher, den Schutz des geistigen Eigentums weltweit zu verstärken und zu harmonisieren. Im letzteren Sinne soll TRIPS auf Grund seiner zwingenden Verknüpfung mit den Vorzügen des internationalen Freihandels auch für weniger entwickelte Staaten (zB auf den Gebieten Landwirtschaft und Textilien) vor allem **Mängel des herkömmlichen internationalen Schutzes des geistigen Eigentums beseitigen.** Zu diesen Mängeln zählen insb. die fehlende universelle Geltung der traditionellen Abkommen und der zu geringe Anreiz, diesen Abkommen beizutreten. Anders als die herkömmlichen Abkommen enthält TRIPS in seinen Art. 41ff. auch eingehende Vorschriften über die **Durchsetzung der Rechte des geistigen Eigentums.** Aus diesen ist zB eine Auslegung des § 809 BGB über den Besichtigungsanspruch abzuleiten, die den Anforderungen des Art. 43 TRIPS über die Beibringung von Beweismitteln zugunsten einer in Beweisnot befindlichen Partei, und zwar auch in Form von einstweiligen Maßnahmen nach Art. 50 TRIPS, gerecht wird (s. BGH GRUR 2002, 1046/1048 – Faxkarte). Auch können sie gegenüber einem Angehörigen eines TRIPS-Mitglieds, wie der USA, in einem urheberrechtlichen Eilverfahren der Einrede der Prozesskostensicherheit gemäß § 110 ZPO entgegenstehen (s. OLG Frankfurt/M IPRax 2002, 222f. – TRIPS-Prozesskostensicherheit; LG Köln ZUM 2004, 853/856f. – Katastrophenfilm). Von besonderer Bedeutung ist auch das in Art. 64 TRIPS vorgesehene **Streitbeilegungsverfahren** (zum ersten auf dem Gebiet des Urheberrechts zugunsten der Urheber und zu Lasten der USA erfolgreich abgeschlossenen Verfahren s. *Ginsburg* RIDA 187 [2001], 3ff.; *Goldmann* 32 IIC [2002], 412ff.).

c) Die folgende Liste von **153 WTO-** und damit auch **TRIPS-Mitgliedern** erweist den Er- **16** folg von TRIPS ca. 15 Jahre nach seinem Inkrafttreten. Bei dieser Einschätzung ist auch zu berücksichtigen, dass eine WTO-Mitgliedschaft nicht ohne weiteres erreichbar ist (s. Art. XII Abs. 1 des WTO-Übereinkommens). So zählt die WTO denn auch zurzeit 29 Beobachter, dar-

Vor §§ 120ff. Vorbemerkung

unter Russland, die wohl alle auch als Beitrittskandidaten in Betracht kommen. Die folgenden Angaben stützen sich auf das www.wto.org vom 5. 8. 2009 (Stand am 23. 7. 2008).

Mitglieder der WTO und des TRIPS-Übereinkommens am 23. 7. 2008

Ägypten
Albanien
Angola
Antigua und Barbuda
Argentinien
Armenien
Australien
Bahrain
Bangladesch
Barbados
Belgien
Belize
Benin
Bolivien
Botswana
Brasilien
Brunei Darussalam
Bulgarien
Burkina Faso
Burundi
Chile
China (VR)
China (Taipeh)
Costa Rica
Côte d'Ivoire
Dänemark
Deutschland
Dominica
Dominikanische Republik
Dschibuti
Ecuador
El Salvador
Estland
Europäische Gemeinschaft
Fidschi
Finnland
Frankreich
Gabun
Gambia
Georgien
Ghana
Grenada
Griechenland
Guatemala
Guinea
Guinea-Bissau
Guyana
Haiti
Honduras
Hongkong
Indien
Indonesien
Irland
Island
Israel

Italien
Jamaika
Japan
Jordanien
Kambodscha
Kamerun
Kanada
Kap Verde
Katar
Kenia
Kirgisistan
Kolumbien
Kongo
Kongo, Demokr. Rep.
Korea, Republik
Kroatien
Kuba
Kuwait
Lesotho
Lettland
Liechtenstein
Litauen
Luxemburg
Macau, China
Madagaskar
Malawi
Malaysia
Malediven
Mali
Malta
Marokko
Mauretanien
Mauritius
Mazedonien
Mexiko
Moldawien
Mongolei
Mosambik
Myanmar
Namibia
Nepal
Neuseeland
Nicaragua
Niederlande und
    Niederländische Antillen
Niger
Nigeria
Norwegen
Österreich
Oman
Pakistan
Panama
Papua-Neuguinea
Paraguay
Peru

Vorbemerkung   **Vor §§ 120ff.**

Philippinen   Suriname
Polen   Swasiland
Portugal   Tansania, Vereinigte Republik
Ruanda   Thailand
Rumänien   Togo
Salomonen   Tonga
Sambia   Trinidad und Tobago
Saudi-Arabien   Tschad
Schweden   Tunesien
Schweiz   Türkei
Senegal   Tschechische Republik
Sierra Leone   Uganda
Simbabwe   Ukraine
Singapur   Ungarn
Slowakei   Uruguay
Slowenien   Venezuela
Spanien   Vereinigte Arabische Emirate
Sri Lanka   Vereinigtes Königreich
St. Kitts und Nevis   Vereinigte Staaten von Amerika
St. Lucia   Vietnam
St. Vincent und die Grenadinen   Zentralafrikanische Republik
Südafrika   Zypern

d) Gegenstand des TRIPS-Schutzes der Rechte des geistigen Eigentums sind ua. das **Urhe-** 17
berrecht und bestimmte **verwandte Schutzrechte** (Art. 1 Abs. 2, Art. 9–14). Der Schutz
durch TRIPS ist grundsätzlich **Mindestschutz,** so dass die TRIPS-Mitglieder einen umfassenderen Schutz vorsehen können, aber nicht müssen; ein solcher Schutz darf aber den TRIPS-Zielen nicht zuwiderlaufen (Art. 1 Abs. 1). Für das **Verhältnis von TRIPS zur Revidierten Berner Übereinkunft (RBÜ) und zum Rom-Abkommen** gelten die folgenden Grundsätze: TRIPS baut in mehrfacher Hinsicht auf diesen beiden wichtigsten traditionellen internationalen Abkommen über den Schutz des Urheberrechts einerseits und der verwandten Schutzrechte andererseits auf. Zum ersten lassen die TRIPS-Bestimmungen die **Verpflichtungen der TRIPS-Mitglieder aus diesen Abkommen unberührt,** und zwar nicht nur im Verhältnis zu Drittstaaten, sondern auch untereinander (Art. 2 Abs. 2). Im Fall der RBÜ gilt dies für alle Fassungen dieser Übereinkunft (s. zu diesen Rdnr. 41, zum Ergebnis *Katzenberger* GRUR Int. 1995, 447/456). Zum zweiten übernimmt TRIPS zur Bestimmung seines eigenen Anwendungsbereichs in Art. 1 Abs. 3 S. 2 die sog. **Anknüpfungspunkte dieser Abkommen,** dh. diejenigen Kriterien, welche die RBÜ in ihrer Pariser Fassung von 1971 und das Rom-Abkommen für den Zugang zu deren Schutz vorsehen (s. zu diesen Rdnr. 46, 78). Auch durch TRIPS sind daher in jedem Mitgliedstaat dessen eigene Angehörige nicht geschützt (Art. 1 Abs. 3 S. 1; zur RBÜ s. Rdnr. 47).

Zum dritten übernimmt TRIPS den **Schutzgehalt der RBÜ,** und zwar auf deren höchs- 18
tem, dem in der Pariser Fassung von 1971 enthaltenen Niveau. In diesem Sinne sieht Art. 9 Abs. 1 S. 1 TRIPS vor, dass seine Mitglieder die Art. 1–21 der RBÜ (1971) und deren Anhang befolgen; eine Ausnahme gilt allerdings nach Art. 9 Abs. 1 S. 2 TRIPS für das in Art. 6bis RBÜ geregelte Urheberpersönlichkeitsrecht (zum Schutzgehalt der RBÜ, insb. in Form von Mindestrechten, s. Rdnr. 47). Im Fall des **Rom-Abkommens** findet eine solche Übernahme von dessen Schutzgehalt durch TRIPS allerdings **nicht** statt (s. *Dünnwald* ZUM 1996, 725/726; *Katzenberger* GRUR Int. 1995, 447/457; *Reinbothe* GRUR Int. 1992, 707/709). In Bezug auf seinen **zeitlichen Anwendungsbereich** verweist TRIPS sowohl für das Urheberrecht als auch für die verwandten Schutzrechte auf Art. 18 RBÜ (Art. 14 Abs. 6 S. 2, Art. 70 Abs. 2 S. 2).

e) **Allgemeine Prinzipien des Schutzes** des Urheberrechts und der verwandten Schutz- 19
rechte durch TRIPS sind die Inländerbehandlung (Art. 3) und die Meistbegünstigung (Art. 4). Beim Grundsatz der **Inländerbehandlung,** dh. der Gleichstellung der durch TRIPS geschützten Angehörigen anderer Mitglieder mit den jeweiligen Inländern, handelt es sich um ein herkömmliches Prinzip der internationalen Abkommen auf diesem Gebiet (s. Rdnr. 47 zu RBÜ, Rdnr. 79 zum Rom-Abkommen). Der Grundsatz bezieht sich im Fall des Urheberrechts auch auf den besonderen Schutz, den TRIPS in den Art. 10–13 über die RBÜ hinaus vorsieht (die sog. Bern plus-Elemente). Er unterliegt jedoch den gleichen **Einschränkungen,** wie sie die

RBÜ und das Rom-Abkommen vorsehen (Art. 3 Abs. 1 S. 1). Dies bedeutet ua. und insb., dass auch im Rahmen von TRIPS der Vergleich der Schutzfristen gemäß Art. 7 Abs. 8 RBÜ (s. Rdnr. 48) anwendbar ist. Darüber hinaus bestimmt Art. 3 Abs. 1 S. 2 die weitere bedeutsame Einschränkung, dass sich der Grundsatz der Inländerbehandlung in Bezug auf ausübende Künstler, Hersteller von Tonträgern und Sendeunternehmen nur auf die in Art. 14 TRIPS selbst vorgesehenen Rechte bezieht. Diese Regelung trägt dem Umstand Rechnung, dass TRIPS beim Schutz der verwandten Schutzrechte hinter dem Standard des Rom-Abkommens zurückbleibt (s. auch Rdnr. 18). Es soll daher vermieden werden, dass Angehörige von Mitgliedstaaten, die nur dem niedrigeren TRIPS-Standard folgen, in anderen Mitgliedstaaten, die dem Rom-Abkommen angehören, als Trittbrettfahrer den dort vorgesehenen stärkeren Schutz in Anspruch nehmen können. Demzufolge kann ein durch TRIPS geschützter ausländischer ausübender Künstler sich in Deutschland nicht auf das Verbreitungsrecht nach § 77 Abs. 2 und auch nicht auf das Verbreitungsverbot nach § 96 Abs. 1 berufen, weil Art. 14 Abs. 1 TRIPS einen solchen Schutz nicht vorsieht (so OLG Hamburg ZUM-RD 1997, 343 f. – TRIPS-Rechte; OLG Hamburg ZUM 2004, 133/136 f. – Mit Fe. live dabei; ebenso *Dreier/Schulze*[3] § 125 Rdnr. 17; *Fromm/Nordemann*[10] Vor §§ 120 ff. Rdnr. 19; *Möhring/Nicolini*[2] Vor §§ 120 ff. Rdnr. 113; aA mit sehr beachtenswerten Argumenten *Braun* GRUR Int. 1997, 427/431; *Kloth* S. 146 f.; *Waldhausen* ZUM 1998, 1015 ff.; *Wandtke/Bullinger*[3] § 125 Rdnr. 36; sa. § 77 Rdnr. 19 mwN).

20 Das Schutzprinzip der **Meistbegünstigung** (Art. 4 TRIPS) stellt im modernen internationalen Schutz des Urheberrechts und der verwandten Schutzrechte ein Novum dar; es zählt traditionell zu den Grundprinzipien des GATT. Wie die Inländerbehandlung eine Benachteiligung gegenüber Inländern vermeiden soll, ist die Meistbegünstigung darauf gerichtet, eine Benachteiligung im Vergleich mit anderen Ausländern zu verhindern, denen TRIPS-Mitglieder vor allem auf Grund anderer Abkommen eine bevorzugte Stellung, wie zB uneingeschränkte Inländerbehandlung ohne Vergleich der Schutzfristen (s. Rdnr. 19), gewähren. Um einen Schutzanspruch auf dem höchsten nationalen Schutzniveau des jeweiligen Schutzlandes zu vermeiden, sieht Art. 14 eine Reihe von **Ausnahmen** von der Verpflichtung zur Meistbegünstigung vor. Dazu gehört insb. der Fall, dass in einem Schutzland, das der RBÜ oder dem Rom-Abkommen angehört, Angehörigen anderer Verbandsländer bzw. Vertragsstaaten Vorteile nicht qua Inländerbehandlung, sondern auf Grund Gegenseitigkeit gewährt werden (Art. 4 lit. b)); ein wichtiges Beispiel ist die Vorzugsstellung beim Vergleich der Schutzfristen zwischen zwei Verbandsländern der Berner Union (RBÜ), die beide eine lange Schutzdauer vorsehen (s. Rdnr. 48 und zum Ergebnis *Katzenberger* GRUR Int. 1995, 447/461). Eine weitere Ausnahme von der Verpflichtung zur Meistbegünstigung (Art. 4 lit. c)) gilt für die in TRIPS nicht geregelten Rechte der ausübenden Künstler, der Hersteller von Tonträgern und der Sendeunternehmen; sie entspricht der entsprechenden Einschränkung des Grundsatzes der Inländerbehandlung (s. Rdnr. 19). Besonders wichtig ist auch die in Art. 4 lit. d) vorgesehene Ausnahme in Bezug auf internationale Übereinkünfte betreffend den Schutz des geistigen Eigentums, die vor Inkrafttreten des WTO- und damit auch des TRIPS-Übereinkommens in Kraft getreten sind. Solche Übereinkünfte sind dem Rat für TRIPS (s. Art. 68 TRIPS) zu notifizieren. Dies musste Deutschland zB im Hinblick auf das deutsch-amerikanische Urheberrechtsabkommen von 1892 tun, das uneingeschränkte Inländerbehandlung garantiert (s. Rdnr. 72). Aus dem gleichen Grund, nämlich im Hinblick auf Art. 12 EG (Art. 6 Abs. 1 EG-Vertrag, Art. 7 Abs. 1 EWG-Vertrag) und Art. 4 EWR-Abkommen und das Phil Collins-Urteil des EuGH (s. Rdnr. 3), hat die Kommission der EG am 19. 12. 1995 sowohl den EG-Vertrag als auch das EWR-Abkommen iSv. Art. 4 lit. d) TRIPS dem Rat für TRIPS notifiziert (zur Bedeutung dieser Maßnahme wie hier OLG Frankfurt/M IPRax 2002, 222 – TRIPS-Prozesskostensicherheit). Zu einer weitergehenden, auch den Beitritt neuer EU-Mitgliedstaaten berücksichtigenden Herausnahme des Art. 12 EG (früher Art. 6 EG-Vertrag) aus der TRIPS-Meistbegünstigungsregel s. MünchKomm./*Drexl* Rdnr. 40; *Firsching* UFITA 133 (1997) 131/241 ff.

21 f) **Spezielle Vorschriften** über das Urheberrecht und die verwandten Schutzrechte enthält TRIPS in seinen Art. 9–14. Art. 9 Abs. 1 bestimmt die bereits erwähnte (s. Rdnr. 18) Verpflichtung der TRIPS-Mitglieder zur Befolgung der Art. 1–21 der RBÜ in deren Pariser Fassung von 1971 mit Ausnahme des Art. 6bis über das **Urheberpersönlichkeitsrecht**. Art. 9 Abs. 2 bezieht sich auf den urheberrechtlichen **Werkbegriff**. Danach erstreckt sich der Urheberrechtsschutz auf Ausdrucksformen, nicht auf Ideen, Verfahren, Arbeitsweisen oder mathematische Konzepte. Aus der Sicht des deutschen Rechts ist dies nichts Neues (s. § 2 Rdnr. 51 ff.). Ausdrücklich klargestellt wird als Bern plus-Element (s. dazu Rdnr. 19) der Urheberrechtsschutz von **Com-**

Vorbemerkung **Vor §§ 120ff.**

puterprogrammen, gleichviel ob in Quellcode oder Maschinenprogrammcode, und zwar als Werken der Literatur iSd. RBÜ (Art. 10 Abs. 1; s. dazu § 2 Rdnr. 119). Ebenfalls ausdrücklich bestimmt ist der Urheberrechtsschutz von **Datensammlungen** als Zusammenstellungen von Daten oder sonstigem Material auf Grund schöpferischer Auswahl oder Anordnung ihres Inhalts, und zwar wiederum unabhängig ob in maschinenlesbarer oder anderer Form; dieser Schutz erstreckt sich nicht auf die Daten oder das Material und gilt unbeschadet eines daran gegebenenfalls bestehenden Urheberrechts (Art. 10 Abs. 2; s. dazu § 4 Rdnr. 1 f., 6, 22 ff., 32 ff.). Anders als Art. 7 ff. der europäischen Datenbankrichtlinie (s. Einl. Rdnr. 78) und §§ 87 a ff. sieht TRIPS dagegen keinen Schutz nicht schöpferischer Datensammlungen vor.

Als in der RBÜ nicht vorgesehenes Mindestrecht (s. zu diesem Begriff Rdnr. 47) und daher **22** als weiteres Bern plus-Element gewährt Art. 11 TRIPS den Urhebern ein ausschließliches **Vermietrecht,** und zwar in Bezug auf Computerprogramme und Filmwerke; aus Art. 14 Abs. 4 S. 1 (sonstige Inhaber der Rechte an Tonträgern) ergibt sich dasselbe auch in Bezug auf Tonträger (s. dazu *Katzenberger* GRUR Int. 1995, 447/466; *Reinbothe* GRUR Int. 1992, 707, 711; *ders.,* ZUM 1996, 735/738; dort jeweils auch zu den in Art. 11 S. 2 und 3 sowie Art. 14 Abs. 4 S. 2 vorgesehenen Ausnahmen von der Verpflichtung der TRIPS-Mitglieder, ein Vermietrecht vorzusehen). Angesichts der auch in der RBÜ grundsätzlich vorgesehenen Mindestschutzfrist von 50 Jahren (s. Rdnr. 48) ist Art. 12 TRIPS über die **Schutzdauer** des Urheberrechts mit derselben Schutzfrist von eher untergeordneter praktischer Bedeutung. Im Vergleich mit der RBÜ enthält die Bestimmung eine allgemeinere Regelung über die Berechnung der Schutzfrist in Fällen, in denen die Schutzdauer nicht nach dem Tod des Urhebers zu bestimmen ist. Bedeutsamer ist dagegen Art. 13 TRIPS. Er bestimmt, dass die TRIPS-Mitglieder **Beschränkungen und Ausnahmen von ausschließlichen Rechten** der Urheber auf Sonderfälle begrenzen müssen, die weder die normale Auswertung des Werkes beeinträchtigen noch die berechtigten Interessen des Rechtsinhabers unzumutbar verletzen (sog. **Dreistufentest;** s. dazu grundlegend *Bornkamm,* Fs. für Erdmann, S. 29 ff.; *Dittrich,* Beiträge zum Urheberrecht VIII, S. 63 ff.; *Senftleben,* 2004; *ders.* GRUR Int. 2004, 200 ff.; *ders.,* 37 IIC 407 ff. (2006) sowie die unter Rdnr. 15 genannten Beiträge von *Ginsburg* und *Goldmann* zu dem ersten TRIPS-Streitbeilegungsverfahren auf dem Gebiet des Urheberrechts, das zu wichtigen Erkenntnissen über den Dreistufentest geführt hat; zu Einzelfragen im Zusammenhang mit diesem Test s. *Geiger* 37 IIC 683 (2006); *ders.* ZUM 2009, 49 ff.; *Geiger/Griffiths/Hilty* GRUR Int. 2008, 822 ff.; *Katzenberger* MR Beilage zu Heft 4/03, S. 1 ff. zu sekundären Sendenutzungen; *ders.* GRUR Int. 2004, 739 ff. zu elektronischen Pressespiegeln, § 49; *Senftleben* CR 2003, 914 ff. zum digitalen privaten Kopieren). Diese Begrenzung lehnt sich offensichtlich an Art. 9 Abs. 2 RBÜ an, greift aber weiter, weil sie alle ausschließlichen Rechte der Urheber betrifft, während Art. 9 Abs. 2 RBÜ sich nur auf das Vervielfältigungsrecht bezieht.

Sonderbestimmungen über **verwandte Schutzrechte** enthält TRIPS nur in seinem Art. 14. **23** Er definiert in seinen Abs. 1–3 die Rechte der ausübenden Künstler, der Hersteller von Tonträgern und der Sendeunternehmen restriktiv und verweist in seinem Abs. 4 S. 1 bezüglich des ausschließlichen Vermietrechts des Tonträgerherstellers und sonstiger Inhaber von Rechten an Tonträgern auf Art. 11 über das Vermietrecht an Computerprogrammen. Nach Art. 14 Abs. 4 S. 2 können TRIPS-Mitglieder anstelle eines ausschließlichen Vermietrechts an Tonträgern uU auch ein bereits praktiziertes bloßes Vergütungssystem beibehalten. Art. 14 Abs. 5 sieht für ausübende Künstler und Tonträger eine Mindestschutzdauer von 50 Jahren vor, die erheblich länger ist als diejenige des Rom-Abkommens (20 Jahre; s. Rdnr. 83). Für Sendeunternehmen beträgt die Mindestschutzdauer wie im Rom-Abkommen 20 Jahre. Die TRIPS-Mitglieder können in Bezug auf die in Art. 14 Abs. 1–3 vorgesehenen ausschließlichen Rechte der Inhaber von verwandten Schutzrechten dieselben Bedingungen, Beschränkungen, Ausnahmen und Vorbehalte vorsehen wie nach dem Rom-Abkommen (Art. 14 Abs. 6 S. 1). Der zeitliche Anwendungsbereich des TRIPS-Schutzes der dort anerkannten verwandten Schutzrechte richtet sich jedoch nicht nach dem Rom-Abkommen, das es in Art. 20 Abs. 2 erlaubt, seine Anwendung auf bei seinem Inkrafttreten bereits erbrachte Leistungen auszuschließen (s. Rdnr. 75). Sinngemäß anwendbar ist nach Art. 14 Abs. 6 S. 2 TRIPS vielmehr Art. 18 RBÜ, der eine Anwendung des Konventionsschutzes auch auf bereits geschaffene Werke vorsieht, vorausgesetzt ihre Schutzdauer ist noch nicht abgelaufen (s. Rdnr. 46). Zu näheren Einzelheiten s. *Dünnwald* ZUM 1996, 725/728 ff.; *Katzenberger* GRUR Int. 1995, 447/467 f.; *Reinbothe* GRUR Int. 1992, 707/711 f.; zur Beschränkung der Verpflichtung der TRIPS-Mitglieder zur Inländerbehandlung und Meistbegünstigung auf die in Art. 14 TRIPS anerkannten Rechte der Inhaber verwandter Schutzrechte s. Rdnr. 19, 20.

2. Deutsch-deutscher Einigungsvertrag

24 **Schrifttum:** *Adrian/Nordemann/Wandtke* (Hrsg.), Erstreckungsgesetz und Schutz des geistigen Eigentums, 1992; *Arends,* Das Urhebervertragsrecht der DDR, 1991; *Busche,* Rechtsvereinheitlichung und Vermögensrestitution auf dem Gebiet des Immaterialgüterrechts, DZWiR 1993, 227; *Faupel,* Deutsche Einheit und Schutz des geistigen Eigentums, Mitt. 1990, 201; *Flechsig,* Einigungsvertrag und Urhebervertragsrecht, ZUM 1991, 1; *ders.,* Die clausula rebus sic stantibus im Urhebervertragsrecht – Die Lehre vom Wegfall der Geschäftsgrundlage im Urhebervertragsrecht im Lichte des Einigungsvertrages und Sendeauftrag der öffentlich-rechtlichen Rundfunkanstalten, Fs. für Nirk, 1992, S. 263; *Haupt,* Videotechnik und Urheberrecht, ZUM 1991, 20; *ders.,* Urheberrechtliche Probleme im Zusammenhang mit der Vereinigung von BRD und DDR unter besonderer Berücksichtigung der Videoauswertung, ZUM 1991, 285; *ders.,* Die völkerrechtlichen Verträge der DDR auf dem Gebiet des Urheberrechts im Blickwinkel der politischen Veränderungen in Europa, ZUM 1992, 285; *ders.,* Die Rechteübertragung auf den Filmhersteller in der DDR am Beispiel der Spielfilmproduktion, ZUM 1999, 380; *ders.,* Die Übertragung des Urheberrechts, ZUM 1999, 898; *ders.,* Die DEFA-Stiftung und die Filmproduktion der DEFA-Studios unter Berücksichtigung der urheberrechtlichen Probleme sowie der Rechtsprechung im Zusammenhang mit der Herstellung der Einheit Deutschlands, UFITA 2003 I, 33; *ders.,* Unterlassungsanspruch des Urhebers/Rechtsnachfolgers bei digitaler Verwertung im Internet – DEFA, MMR 2003, 113; *Hegemann,* Nutzungs- und Verwertungsrechte an dem Filmstock der DEFA, 1996; *Hemler,* Bestehen Verlagsrechte nach dem Beitritt der DDR fort?, GRUR 1993, 371; *Katzenberger,* Urheberrecht und Urhebervertragsrecht in der deutschen Einigung, GRUR Int. 1993, 2; *Loewenheim,* Die Behandlung von vor der Wiedervereinigung eingeräumten vertraglichen Vertriebs- und Verwertungsrechten in den alten und neuen Bundesländern, GRUR 1993, 934; *Nordemann, A.,* Zur Problematik der Schutzfristen für Lichtbildwerke und Lichtbilder im vereinten Deutschland, GRUR 1991, 418; *Oberfell,* Bestandsschutz für gespaltene Lizenzgebiete im wiedervereinigten Deutschland – zugleich eine Anmerkung zum Urteil des Bundesgerichtshofs vom 19. Dezember 2002 (I ZR 297/99) – Eterna, KUR 2003, 91; *Pfister,* Das Urheberrecht im Prozeß der deutschen Einigung, 1996; *Püschel,* Urhebervertrag und Geltungsbereich des Urheberrechtsgesetzes, GRUR 1992, 579; *ders.,* Zur Entstehung des Urheberrechts in der DDR, UFITA 2000 II, 491; *ders.,* Erste Vorarbeiten für ein Urheberrechtsgesetz der DDR, UFITA 2002 I, 145; *ders.,* Zum ersten Entwurf des Gesetzes über das Urheberrecht der DDR, UFITA 2003 II, 441; *ders.,* Die letzten Etappen der Gesetzgebungsarbeit bis zur Verabschiedung des Urheberrechtsgesetzes der DDR, UFITA 2003 III, 769; *Reupert,* Rechtsfolgen der Deutschen Einheit für das Filmurheberrecht, ZUM 1994, 87; *Richter,* in Berger/Wündisch (Hrsg.), Urhebervertragsrecht. Handbuch, 2008, S. 266; *Schmits,* Die Auswirkungen von staatlicher Wiedervereinigung und rundfunkrechtlicher Sendegebietserweiterung auf bestehende Fernsehlizenzverträge, ZUM 1993, 72; *Schricker,* Strahlende Zukunft – im Urheberrecht zweigeteilt?, IPRax 1992, 216; *ders.,* Kurzkommentar zu BGH, Urt. v. 4. 7. 1996 – I ZR 101/94, EWiR 1996, 1139; *Schulze, E.,* Das Urheberrecht im Prozeß der Deutschen Einigung, GRUR 1991, 573; *ders.,* Urheberrecht und verwandte Schutzrechte im vereinten Deutschland, NJ 1991, 532; *Schulze, G.,* Zählt die DDR rückwirkend zum Geltungsbereich des Urheberrechtsgesetzes?, GRUR 1991, 731; *Schwarz,* Anmerkung zum Urteil des Bundesgerichtshofs vom 4. Juli 1996 (AZ I ZR 101/94), ZUM 1997, 94; *Schwarz/Zeiss,* Altlizenzen und Wiedervereinigung, ZUM 1990, 468; *Stögmüller,* Ringberg-Symposium über Urheberrecht und Kennzeichenrechte in der deutschen Einigung, GRUR Int. 1993, 32; *ders.,* Deutsche Einigung und Urheberrecht, 1994; *Stolz,* Der Einigungsvertrag vom 31. August 1990 zwischen der Bundesrepublik Deutschland und der Deutschen Demokratischen Republik und seine Auswirkungen auf die Urheberrechtsgesetze beider Staaten, UFITA 115 (1991) 5; *Wagner/Oberfell,* Altfälle und neue Nutzungsgarten – Zu urhebervertrags- und kollisionsrechtlichen Nachwirkungen der deutschen Wiedervereinigung, ZUM 2001, 973; *Wandtke,* Der Urheber im Arbeitsverhältnis – Rechtsvergleichende Überlegungen zum Urheberrecht der DDR und der Bundesrepublik Deutschland, GRUR Int. 1990, 843; *ders.,* Auswirkungen des Einigungsvertrags auf das Urheberrecht in den neuen Bundesländern, GRUR 1991, 263; *ders.,* Rechtsvergleichendes zum Urheberrecht der DDR und der BRD, UFITA 115 (1991) 23; *ders.,* Der Schutz choreographischen Schaffens im Urheberrecht der DDR und der Bundesrepublik Deutschland, ZUM 1991, 115; *ders.,* Zu den Leistungsschutzrechten im Zusammenhang mit dem Einigungsvertrag, GRUR 1993, 18; *ders.,* Nochmals: Zur urheberrechtlichen Stellung des Filmregisseurs in der DDR und Probleme der Rechteverwertung nach der Wiedervereinigung, GRUR 1999, 305; *Wandtke/Haupt,* Zur Stellung des Fernsehregisseurs und dessen Rechte im Zusammenhang mit dem Einigungsvertrag, GRUR 1992, 21; *v. Welser,* Zum Grundsatz der Erschöpfung des urheberrechtlichen Verbreitungsrechts, IPRax 2004, 105.

25 **a)** Der Vertrag zwischen der Bundesrepublik Deutschland und der Deutschen Demokratischen Republik über die Herstellung der deutschen Einheit, der sog. **Einigungsvertrag,** (BGBl. 1990 II S. 889) ist am 31. 8. 1990 geschlossen worden und zusammen mit dem Einigungsvertragsgesetz vom 23. 9. 1990 (BGBl. 1990 II S. 885) am 29. 9. 1990 in Kraft getreten (BGBl. 1990 II S. 1360). Die **Einheit Deutschlands** wurde mit Wirkung vom **3. 10. 1990** hergestellt. Zu diesem Datum hatte die Volkskammer der DDR am 23. 8. 1990 deren Beitritt zur Bundesrepublik Deutschland nach Art. 23 GG beschlossen (GBl. der DDR 1990 I S. 1324; sa. BGBl. I S. 2057 f.). Mit diesem Tag der deutschen Einheit wurde in Deutschland auch die **Rechtseinheit auf dem Gebiet des Urheberrechts** erreicht. An ihm trat nach Art. 8 des Einigungsvertrags im Beitrittsgebiet Bundesrecht in Kraft; dasselbe galt nach Art. 10 des Einigungsvertrags für das europäische Gemeinschaftsrecht. Zugleich trat das Urheberrechtsgesetz (URG) der DDR außer Kraft. Die Anlage II zum Einigungsvertrag, auf die Art. 9 Abs. 2 dieses Vertrags über fortgeltendes Recht der DDR verweist, das nach der Kompetenzordnung des Grundgesetzes Bundesrecht ist, führt keine fortgeltenden Regelungen des URG der DDR auf. Aus dieser Rechtslage folgt, dass jedenfalls alle seit dem 3. 10. 1990 geschaffenen Werke und erbrachten Leistungen ausschließlich nach dem bundesdeutschen UrhG zu beurteilen sind.

26 **b)** Art. 8 des Einigungsvertrags bestimmt das Inkrafttreten des Rechts der Bundesrepublik im Beitrittsgebiet vorbehaltlich anderslautender Bestimmungen insb. in der Anlage I zum Eini-

Vorbemerkung Vor §§ 120ff.

gungsvertrag. Diese Anlage I enthält **Besondere Bestimmungen zur Überleitung von Bundesrecht.** In ihrem Kapitel III betr. den Geschäftsbereich des Bundesministers der Justiz finden sich zum Sachgebiet E (Gewerblicher Rechtsschutz, Recht gegen den unlauteren Wettbewerb, Urheberrecht) unter Abschnitt II Nr. 2 auch das Bundesrecht ergänzende **Besondere Bestimmungen zur Einführung des Urheberrechtsgesetzes.** Die insgesamt nur vier Paragraphen lauten wie folgt:

§ 1 (1) Die Vorschriften des Urheberrechtsgesetzes sind auf die vor dem Wirksamwerden des Beitritts geschaffenen Werke anzuwenden. Dies gilt auch, wenn zu diesem Zeitpunkt die Fristen nach dem Gesetz über das Urheberrecht der Deutschen Demokratischen Republik schon abgelaufen waren.

(2) Entsprechendes gilt für verwandte Schutzrechte.

§ 2 (1) War eine Nutzung, die nach dem Urheberrechtsgesetz unzulässig ist, bisher zulässig, so darf die vor dem 1. Juli 1990 begonnene Nutzung in dem vorgesehenen Rahmen fortgesetzt werden, es sei denn, dass sie nicht üblich ist. Für die Nutzung ab dem Wirksamwerden des Beitritts ist eine angemessene Vergütung zu zahlen.

(2) Rechte, die üblicherweise vertraglich nicht übertragen werden, verbleiben dem Rechteinhaber.

(3) Die Absätze 1 und 2 gelten für verwandte Schutzrechte entsprechend.

§ 3 (1) Sind vor dem Wirksamwerden des Beitritts Nutzungsrechte ganz oder teilweise einem anderen übertragen worden, so erstreckt sich die Übertragung im Zweifel auch auf den Zeitraum, der sich durch die Anwendung des Urheberrechtsgesetzes ergibt.

(2) In den Fällen des Absatzes 1 hat der Nutzungsberechtigte dem Urheber eine angemessene Vergütung zu zahlen. Der Anspruch auf die Vergütung entfällt, wenn alsbald nach seiner Geltendmachung der Nutzungsberechtigte dem Urheber das Nutzungsrecht für die Zeit nach Ablauf der bisher bestimmten Schutzdauer zur Verfügung stellt.

(3) Rechte, die üblicherweise vertraglich nicht übertragen werden, verbleiben dem Rechteinhaber.

(4) Die Absätze 1 und 2 gelten für verwandte Schutzrechte entsprechend.

§ 4 Auch nach Außerkrafttreten des Urheberrechtsgesetzes der Deutschen Demokratischen Republik behält ein Beschluss nach § 35 dieses Gesetzes seine Gültigkeit, wenn die mit der Wahrnehmung der Urheberrechte an dem Nachlass beauftragte Stelle weiter zur Wahrnehmung bereit ist und der Rechtsnachfolger des Urhebers die Urheberrechte an dem Nachlass nicht selbst wahrnehmen will.

c) Darüber hinaus sind im Zusammenhang mit der deutschen Wiedervereinigung auf dem 27 Gebiet des Urheberrechts keine weiteren gesetzlichen Regelungen erlassen worden. Insb. enthält auch das Gesetz über die Erstreckung von gewerblichen Schutzrechten vom 23. 4. 1992 (BGBl. I S. 938), das sog. **Erstreckungsgesetz, keine urheberrechtlichen Bestimmungen.** In der AmtlBegr. zu diesem Gesetz (BTDrucks. 12/1399 S. 26) werden als Parallele zu Lizenzverträgen über gewerbliche Schutzrechte jedoch auch **Nutzungsverträge über Urheber- und Leistungsschutzrechte angesprochen,** die im Beitrittsgebiet schon bestanden haben: Für solche Verträge enthalten die Besonderen Bestimmungen des Einigungsvertrags zur Einführung des UrhG (s. Rdnr. 26) keine Regelungen, weil davon ausgegangen wurde, dass die entsprechenden Vereinbarungen im Wege der Vertragsauslegung oder der Vertragsanpassung wegen geänderter Verhältnisse den neuen Gegebenheiten angepasst werden. In der Regel, so die AmtlBegr., werde der Nutzungsberechtigte vom Rechtsinhaber eine solche Vertragsanpassung verlangen können. Als Beispiel wird dabei die Einräumung des Senderechts an eine Rundfunkanstalt erwähnt, deren Sendegebiet sich infolge des Beitritts vergrößert hat.

d) Was die **Besonderen Bestimmungen des Einigungsvertrags zum Urheberrecht** 28 (s. Rdnr. 26) **im Einzelnen** betrifft, so bestimmt § 1 Abs. 1 S. 1, Abs. 2 die Anwendung des bundesdeutschen UrhG auch auf **Werke und Leistungen aus der Zeit vor dem Beitritt** (sa. BGHZ 147, 244/249 – Barfuß ins Bett). Dies entspricht der Übergangsregelung des § 129 Abs. 1 und vermeidet, dass in Bezug auf ältere und neuere Werke und Leistungen noch auf Jahrzehnte hinaus zwei Urheberrechtsordnungen nebeneinander angewendet werden müssen (s. § 129 Rdnr. 1). Außerdem hätte eine weitere Anwendung des URG der DDR auf Werke und Leistungen aus der Zeit vor dem 3. 10. 1990 insoweit die angestrebte territoriale Rechtseinheit verhindert. Abweichend von § 129 Abs. 1 (s. dort Rdnr. 10) ergibt sich jedoch aus § 1 Abs. 1 S. 2, Abs. 2 der Besonderen Bestimmungen, dass das UrhG auch dann anzuwenden ist, wenn zu diesem Zeitpunkt die Schutzfrist für ein Werk oder eine Leistung nach dem Recht der DDR schon abgelaufen war. Aus dem UrhG kann sich in solchen Fällen ein **Wiederaufleben des Schutzes** ergeben. Diese Regelung trägt zum einen dem Umstand Rechnung, dass die Schutzfristen des DDR-Rechts mit 50 Jahren für das Urheberrecht und mit nur 10 Jahren für die verwandten Schutzrechte im Regelfall erheblich kürzer waren als diejenigen des UrhG. Zum anderen war sie um der Rechtseinheit willen notwendig, denn dieselben älteren Werke und Leistungen sowohl von Bundesbürgern als auch von DDR-Angehörigen waren (und sind) in den alten Bundesländern ja ohnehin durch das UrhG mit seinen längeren Schutzfristen geschützt

Vor §§ 120ff. Vorbemerkung

(zur Urheberrechtslage in den deutsch-deutschen Beziehungen vor der Wiedervereinigung s. vor §§ 120ff. Rdnr. 38ff. in der 1. Auflage; *Katzenberger* GRUR Int. 1993, 2/3ff.; *Pfister* S. 31ff.; *Stögmüller* S. 21ff.).

29 Ebenfalls allein schon aus Gründen einer möglichst weitgehenden Rechtseinheit ist anzunehmen, dass das UrhG auch auf solche **Gegenstände** aus der Zeit vor der deutschen Wiedervereinigung anzuwenden ist, die **nach DDR-Recht nicht schutzfähig** waren. Die amtlichen Erläuterungen zu § 1 der Besonderen Bestimmungen erwähnen in diesem Sinne Computerprogramme, wissenschaftliche Ausgaben und Ausgaben nachgelassener Werke (s. GRUR 1990, 897/927); weitere Beispiele sind nicht schöpferische Laufbilder und die Leistungen des Filmherstellers (zum Schutz der Letzteren nach §§ 94, 95 s. KG GRUR 1999, 721 – DEFA-Film; KG MMR 2003, 110f. – Paul und Paula; zum Ergebnis insgesamt s. *Dreier/Schulze*[3] § 1 EV Rdnr. 6; *Möhring/Nicolini*[2] § 129 Rdnr. 28; *Wandtke/Bullinger*[3] Zu § 4 EVtr Rdnr. 16; *Faupel* Mitt. 1990, 201/206; *Katzenberger* GRUR Int. 1993, 2/8; *Pfister* S. 63ff., 119ff.; *G. Schulze* GRUR 1991, 731/734ff.; *Stögmüller* S. 34ff., 69f.; str. ist die Rechtslage insb. in Bezug auf Ausgaben nachgelassener Werke: s. einerseits *Katzenberger* GRUR Int. 1993, 2/10, andererseits *Wandtke/Bullinger*[3] Zu § 4 EVtr. Rdnr. 16; *Pfister* S. 120f.; *Stögmüller* S. 69ff.).

30 Aus § 1 der Besonderen Bestimmungen folgt auch, dass sich **Inhalt, Schranken und Dauer des Schutzes** sowohl älterer als auch neuer Werke und Leistungen **seit dem 3. 10. 1990** in Bezug auf das ganze Deutschland ausschließlich nach dem bundesdeutschen UrhG richten. Auch die amtlichen Erläuterungen (s. Rdnr. 29; GRUR 1990, 897/927) sprechen in diesem Sinne von einer Neugestaltung der Nutzungsrechte und von einer Verlängerung der Schutzfristen auch dort, wo diese nach dem bisher geltenden Recht schon abgelaufen waren. Im Vergleich mit dem Recht der DDR bedeutet dies in aller Regel eine erhebliche Ausweitung des Schutzes. **Im Beitrittszeitpunkt bereits abgeschlossene Nutzungen** werden dadurch aber **nicht nachträglich und rückwirkend unzulässig oder vergütungspflichtig** (s. die amtlichen Erläuterungen GRUR 1990, 897/928 zu § 2). Für **Nutzungen ab dem Beitrittszeitpunkt**, für welche diese Regel des intertemporalen Rechts nicht gilt, trägt im Übrigen § 2 der Besonderen Bestimmungen dem Gedanken des **Vertrauensschutzes** Rechnung: Eine nunmehr **unzulässige Nutzung darf fortgesetzt** werden, und zwar in dem vorgesehenen Rahmen, wenn sie bisher nach dem Recht der DDR zulässig war, wenn mit ihr zudem vor dem 1. 7. 1990 begonnen worden war und wenn sie außerdem üblich war (§ 2 Abs. 1 S. 1, Abs. 3). Bei diesem Datum (1. 7. 1990) handelt es sich um den Tag des Inkrafttretens der deutsch-deutschen Währungs-, Wirtschafts- und Sozialunion. Spätestens von diesem Ereignis an war mit der deutschen Einheit zu rechnen und ein Vertrauen auf den Fortbestand der DDR-Rechtslage nicht mehr schutzwürdig. Als Ausgleich für die gesetzlich gestattete Fortsetzung der Nutzung gewährt § 2 Abs. 1 S. 2, Abs. 3 der Besonderen Bestimmungen für die Zeit ab Wirksamwerden des Beitritts (3. 10. 1990) dem Rechtsinhaber einen **Anspruch auf angemessene Vergütung** (zu einem Rechtsstreit um diesen Anspruch s. KG ZUM-RD 1997, 245 – Stadtkapelle Berlin). Rechte, die wie Videorechte üblicherweise vertraglich nicht übertragen wurden, verblieben im Übrigen dem Rechteinhaber (§ 2 Abs. 2, 3 der Besonderen Bestimmungen; s. auch die amtlichen Erläuterungen GRUR 1990, 897/928 zu § 2).

31 § 3 der Besonderen Bestimmungen des Einigungsvertrags zum Urheberrecht regelt **vertragsrechtliche Fragen**, soweit sie sich aus der **Verlängerung der Schutzfristen** ergeben, die aus der Anwendung des UrhG auf das Beitrittsgebiet folgt. Sie ist daher eine Parallelvorschrift zu den Übergangsbestimmungen anlässlich sonstiger Schutzfristverlängerungen, dh. den §§ 137 Abs. 2–4, 137a Abs. 2, 137b Abs. 2, 137c Abs. 2 und 137f Abs. 4. Nach § 3 Abs. 1, 4 der Besonderen Bestimmungen gilt als **Auslegungsregel**, dass sich die **Einräumung eines Nutzungsrechts** aus der Zeit vor dem Beitritt **im Zweifel auch auf den zusätzlichen Schutzzeitraum erstreckt**. Unter den zitierten Parallelbestimmungen sieht lediglich § 137a Abs. 2 das umgekehrte Ergebnis vor, nämlich dass sich eine Rechtseinräumung aus der Zeit vor der Verlängerung der betreffenden Schutzfrist auf den Verlängerungszeitraum im Zweifel nicht erstreckt. Als Kompensation gewährt § 3 Abs. 2 S. 1, Abs. 4 dem **Urheber** oder Inhaber eines verwandten Schutzrechts gegen den Nutzungsberechtigten einen **Anspruch auf angemessene Vergütung**. Nach Ansicht des KG ZUM-RD 1997, 245 – Stadtkapelle Berlin – soll der Vergütungsanspruch ausübender Künstler (für Urheber müsste dasselbe gelten) nur Platz greifen, wenn der Nutzungsberechtigte ihr Vertragspartner ist, nicht aber, wenn der Nutzungsberechtigte seine Nutzungsbefugnis auf Grund Weiterübertragung mit Zustimmung der Künstler von deren Vertragspartner erworben hat. In diesem Falle stehe der Vergütungsanspruch in analoger Anwendung der Bestimmung jedoch dem Vertragspartner zu. Der **Vergütungsanspruch entfällt** im

Vorbemerkung **Vor §§ 120ff.**

Übrigen, wenn der Nutzungsberechtigte dem Urheber oder sonstigen Rechtsinhaber alsbald nach Geltendmachung des Anspruchs das Nutzungsrecht für die Zeit nach Ablauf der bisher bestimmten Schutzdauer zur Verfügung stellt (§ 3 Abs. 2 S. 2, Abs. 4). **Ausgenommen** von der Auslegungsregel des § 3 Abs. 1, 4 und damit auch von dem Vergütungsanspruch nach § 3 Abs. 2, 4 sind **Nutzungsrechte**, die unter den Verhältnissen in der DDR **üblicherweise nicht übertragen** wurden (§ 3 Abs. 3). Die amtlichen Erläuterungen nennen als Beispiel die Videorechte (GRUR 1990, 897/928 zu § 2).

Eine einzige Ausnahme vom Außerkrafttreten des DDR-Urheberrechts mit dem Wirksamwerden des Beitritts am 3. 10. 1990 sieht § 4 der Besonderen Bestimmungen vor. Er erklärt Beschlüsse des DDR-Ministerrats für weiterhin gültig, die gemäß § 35 URG-DDR den **Schutz des Nachlasses bedeutender Künstler, Schriftsteller und Wissenschaftler** zur Aufgabe der Nation erklärt haben. Begünstigt von solchen Beschlüssen waren Werk und Nachlass von Arnold Zweig, Bertolt Brecht, Helene Weigel und Anna Seghers. Schon nach DDR-Recht blieben die vermögensrechtlichen Ansprüche der Erben davon unberührt. Als zusätzliche Sicherung sieht § 4 der Besonderen Bestimmungen vor, dass die Ministerratsbeschlüsse nur dann gültig bleiben, wenn der Rechtsnachfolger des Urhebers die Urheberrechte nicht selbst wahrnehmen will. 32

e) In den Besonderen Bestimmungen des Einigungsvertrags nicht berücksichtigt sind die seltenen Fälle eines **Schutzüberschusses des DDR-Rechts.** So waren nach § 78 URG-DDR **nichtschöpferische wissenschaftlich-technische Darstellungen,** wie Landkarten, durch ein dem bundesdeutschen Recht unbekanntes Leistungsschutzrecht geschützt. Vereinzelt wird angenommen, dass dieser Schutz mit Inkrafttreten des UrhG im Beitrittsgebiet ersatzlos weggefallen ist (so *Püschel* GRUR 1992, 579/580) oder sich in einen Urheberrechtsschutz nach § 2 Abs. 1 Nr. 7 UrhG umgewandelt habe (so *Wandtke* GRUR 1991, 263/265). Nach inzwischen wohl hM gebieten in solchen Fällen die verfassungsrechtliche Eigentumsgarantie und der Gedanke des Vertrauensschutzes den Fortbestand der nur in der DDR begründeten Rechte in deren ursprünglichen zeitlichen und territorialen Grenzen, auch wenn dies die Rechtseinheit in Deutschland vorübergehend stört (so *Katzenberger* GRUR Int. 1993, 2/10; *Pfister* S. 118f.; *Stögmüller* S. 75; aA *Wandtke/Bullinger*³ Zu § 4 EVtr Rdnr. 13: Entfallen des Schutzes bei Nichterfüllung der Schutzvoraussetzungen nach § 2 Abs. 1 Nr. 7, Abs. 2 um der Rechtseinheit willen. Zur **Schutzdauer von Lichtbildwerken,** die in der DDR zeitweise länger war als in der Bundesrepublik, s. im gleichen Sinne § 64 Rdnr. 71 f.). 33

f) Urheberrechte und verwandte Schutzrechte konnten in der DDR auch auf Grund deren **nationalem Fremdenrecht** oder **internationaler Abkommen** erworben werden, ohne dass in der Bundesrepublik parallele Schutzrechte entstanden. Dies konnte sich beispielsweise zugunsten sowjetischer Urheber aus der seit der deutschen Einigung erloschenen bilateralen Urheberrechtsvereinbarung zwischen der DDR und der Sowjetunion von 1973 ergeben, die anders als das auch die Bundesrepublik bindende WUA (s. Rdnr. 59) auch bei ihrem Inkrafttreten schon bestehende Werke schützte (s. *Püschel,* Internationales Urheberrecht, 1982, S. 27). Ausländische Urheber konnten nach § 96 Abs. 2 URG in der DDR ein Urheberrecht bereits auf Grund erster Veröffentlichung ohne Erscheinen des Werkes erwerben, zB durch Aufführung eines musikalischen Werkes. Dies allein begründete in der Bundesrepublik einen Schutz weder über die RBÜ (s. Rdnr. 46) noch über das WUA (s. Rdnr. 62). Darbietungen ausländischer ausübender Künstler in der DDR waren dort wiederum nach § 96 Abs. 2 URG geschützt, nicht aber ohne weiteres über das Rom-Abkommen (s. Rdnr. 78) auch in der Bundesrepublik, weil die DDR diesem Abkommen nicht beigetreten war. In allen diesen Fällen ist analog der Rechtslage bei einem Schutzüberschuss des DDR-Rechts in Bezug auf Schutzgegenstände und Schutzdauer (s. Rdnr. 33) anzunehmen, dass die derart nur in der DDR begründeten Rechte in ihrer ursprünglichen zeitlichen und territorialen Begrenzung die deutsche Wiedervereinigung überdauern konnten (so *Katzenberger* GRUR Int. 1993, 2/11; *Pfister* S. 172ff.; *Stögmüller* S. 50f.; zust. *Dreier/Schulze*³ Vor EV Rdnr. 8; *Möhring/Nicolini*² § 121 Rdnr. 10). Dagegen liegt keine zulässige Lösung darin, in einem Teil dieser Fälle das Gebiet der DDR rückwirkend auf die Zeit vor der deutschen Wiedervereinigung zum Geltungsbereich des bundesdeutschen UrhG iS von dessen §§ 121 Abs. 1 und 125 Abs. 2 zu erklären und demzufolge einen bundesweiten Schutz im zeitlichen Umfang der Regelungen des UrhG anzunehmen (s. *Katzenberger* GRUR Int. 1993, 2/9/12; *Möhring/Nicolini*² § 121 Rdnr. 10; *Wandtke/Bullinger*³ Zu § 4 EVtr Rdnr. 101; *Pfister* S. 172f.; *Püschel* GRUR 1992, 579/583; *Stögmüller* S. 49f.; LG München I GRUR Int. 1993, 82/84 – Duo Gismonti-Vasconcelos; aA *Schulze* GRUR 1991, 731/736). 34

Vor §§ 120ff. Vorbemerkung

Ein bundesweiter Schutz kann sich in solchen Fällen nur aus **internationalen Abkommen** ergeben, die auch **für die Bundesrepublik verbindlich** sind. Von Bedeutung sind hierbei insbes. die von ihr anerkannte Zugehörigkeit der früheren DDR zur RBÜ (s. die 1. Auflage Rdnr. 39; nicht aber zum Rom-Abkommen) und der ehemaligen Sowjetunion zum WUA (seit 27. 5. 1973, s. die 1. Auflage Rdnr. 22; nicht aber zur RBÜ und zum Rom-Abkommen) und nach dem Untergang der Letzteren von Seiten der wieder selbstständig gewordenen Staaten und der Nachfolgestaaten deren weitere Bindung an das WUA (s. dazu *Gavrilov* GRUR Int. 1994, 392/394) und/oder insbes. deren Beitritt zur RBÜ (zB der Russischen Föderation im Jahre 1995, mit Rückwirkung, s. Rdnr. 46). Auf diese Weise war zB der Schutz der Werke eines estnischen Komponisten in (ganz) Deutschland gegeben, wobei es wegen des Beitritts Estlands zur RBÜ im Jahre 1994 und der Rückwirkung dieses Beitritts ebenfalls für die Zeit seit diesem Beitritt noch nicht einmal schädlich war, dass Estland nach Erlangung seiner Selbstständigkeit im Jahre 1991 eine Erklärung über die Weiteranwendung des WUA nicht abgegeben hatte (s. BGH GRUR 2001, 1134/1136 – Lepo Sumera; dort, S. 1136 ff., auch zur Wirksamkeit des unter Geltung des **sowjetischen Außenhandelsmonopols** von der staatlichen Agentur **VAAP** mit einem deutschen Musikverlag geschlossenen Verlagsvertrags über die Werke des Komponisten und zu dessen ebenfalls wirksamer Kündigung dieses Vertrags aus wichtigem Grund nach Wegfall jenes Monopols; s. zu diesem Fragenkreis und zu einem Rechtsstreit zwischen einem deutschen und einem französischen Musikverlag über die Rechte an den Werken eines verstorbenen russischen Komponisten, dessen Erben nach Auflösung der UdSSR über diese Rechte vertraglich neu verfügt haben, LG München I, GRUR Int. 2010, 67 – Dimitri Kabalewski).

35 g) Sieht man von der in § 3 der Besonderen Bestimmungen des Einigungsvertrags zum Urheberrecht geregelten Frage ab, wie sich die Schutzfristverlängerungen aus Anlass der Überleitung des UrhG auf das Beitrittsgebiet auf bestehende Nutzungsverträge auswirken (s. dazu Rdnr. 31), so konzentrieren sich die **urhebervertragsrechtlichen Fragen** im Zusammenhang mit der deutschen Wiedervereinigung, gemessen an der Entscheidungspraxis der Gerichte, auf eine Grundsatzfrage und nur drei spezielle Fragenkomplexe. Dabei ist als **Grundsatzfrage** von den Gerichten inzwischen einhellig geklärt, dass auf Urheberrechtsverträge, die während der Existenz der DDR zwischen deren Urhebern und Institutionen, wie den verschiedenen VEB DEFA-Studios für den Film und dem Fernsehen der DDR, geschlossen wurden, im Prinzip nach wie vor das Urhebervertragsrecht der DDR anwendbar ist (s. BGH BGHZ 147, 244/251 f. – Barfuß ins Bett; sa. BGHZ 136, 380/388 – Spielbankaffaire; KG GRUR 1999, 328 – Barfuß ins Bett; KG GRUR 1999, 721 – DEFA-Film; KG ZUM-RD 1999, 484/485 – Szenarienvertrag; KG ZUM-RD 2000, 384/386 – Der Mond; OLG München ZUM 2000, 61/64 – Das kalte Herz, und ZUM 2003, 141/143 f. – Spielbankaffaire II). Soweit dabei verbreitet und zutreffend auf Art. 232 § 1 EGBGB betr. Allgemeine Bestimmungen für Schuldverhältnisse aus Anlass der deutschen Wiedervereinigung verwiesen und dabei nicht zwischen Verpflichtungs- und Verfügungsgeschäften unterschieden wird, entspricht dies übergangsrechtlich der kollisionsrechtlich zutreffenden sog. Einheitstheorie (s. Rdnr. 148 f.) und bestätigt es diese. Bis zum Inkrafttreten des URG der DDR am 1. 1. 1966 war deren Urhebervertragsrecht parallel zu dem der Bundesrepublik bis Inkrafttreten von deren UrhG zum selben Datum (§ 143 Abs. 2) dasjenige der alten deutschen Gesetze LUG von 1901 und KUG von 1907 (s. § 132 Rdnr. 1). Soweit ersichtlich, wurde in den bisherigen gerichtlichen Entscheidungen zu älteren DDR-Urheberrechtsverträgen dabei der Umstand nicht näher thematisiert, dass, anders als § 132 Abs. 1, § 95 Abs. 2 S. 2 URG der DDR generelle Geltung der vertragsrechtlichen Bestimmungen dieses Gesetzes auch für ältere Verträge vorsah (s. *Wandtke/Bullinger* (EVtr Rdnr. 8). Bei den **drei speziellen Fragenkomplexen** handelt es sich um die Auslegung und inhaltliche Reichweite der von DDR-Institutionen über Urheberrechte und verwandte Schutzrechte geschlossenen Verträge, die Auswirkungen der Wiedervereinigung auf Verlagslizenzen mit territorialer Aufteilung des Verbreitungsrechts und die Übertragung von Senderechten einerseits an Sender der Bundesrepublik Deutschland und andererseits an das Fernsehen DDR sowie unter geographischer Aufteilung von Sendebefugnissen.

36 Die erste Gruppe von Entscheidungen betrifft nicht die eigentliche Wiedervereinigungsproblematik, die durch die Vereinigung zweier früher getrennter Territorien und Herstellung der Rechtseinheit gekennzeichnet ist. Aber sie zeichnet sich dadurch aus, dass im Zuge der deutschen Einigung Streitigkeiten im Zusammenhang mit **von DDR-Institutionen geschlossenen Verträgen** über Urheberrechte und verwandte Schutzrechte von bundesdeutschen Gerichten zu entscheiden waren. In den entschiedenen und veröffentlichten Fällen ging es dabei zunächst um

Vorbemerkung Vor §§ 120ff.

die **Tontonträgerauswertung** von in der DDR veranstalteter Darbietungen ausländischer Künstler und um Verträge des Rundfunks der DDR mit den Künstlern und den Tonträgerproduzenten. Sie konnten alle insb. oder ua. durch **Vertragsauslegung zugunsten der Künstler** entschieden werden (s. OLG München GRUR Int. 1993, 85/88 – Abdullah Ibrahim; OLG München GRUR Int. 1993, 88/90 – Betty Carter and her Trio; OLG München GRUR Int. 1993, 90/92 f. – Yosuke Yamashita Quartett; LG München I GRUR Int. 1993, 82/83 f. – Duo Gismonti-Vasconcelos; LG München I ZUM 1993, 432/434 f. – Yosuke Yamashita Trio).

Im **Filmbereich** war im Zusammenhang mit der Vertragsauslegung inzwischen wiederholt die Frage der **inhaltlichen Reichweite** der **Rechteübertragung** von Seiten der Urheber auf die Filmhersteller (DEFA-Studios) und das Fernsehen der DDR zu beurteilen. Einen Schwerpunkt bildete dabei die **Videonutzung**. In einem Fall ging es um den in den Jahren 1949 und 1950 von der DEFA produzierten Film „Das kalte Herz" mit *Paul Verhoeven* als Regisseur und Mitautor des Drehbuchs. Auf der Grundlage einer Lizenz, erteilt von dem VEB DEFA-Außenhandel im Jahre 1980 für das Lizenzgebiet Bundesrepublik Deutschland, hatte eine bundesdeutsche Firma bis zum Jahr 1997 durch den Verkauf von 188000 Videokassetten mit diesem Film einen Erlös von annähernd 1,4 Mio. DM erzielt. Die Erben *Paul Verhoevens* aber gingen leer aus. Das OLG München (ZUM 2000, 61/65 f. – Das kalte Herz) nämlich entnahm dessen Vertrag mit der DEFA aus dem Jahre 1949 eine Rechteübertragung auf die DEFA ausdrücklich auch für seinerzeit „noch nicht bekannte Nutzungsarten". Dies genüge für die Einbeziehung der späteren Videonutzung auch unter dem Gesichtspunkt des bereits vom Reichsgericht anerkannten Zweckübertragungsprinzips. Das Gericht übersah dabei, dass das Reichsgericht einer solchen pauschalen, verallgemeinernden Vertragsklausel Geltung nur dann zuerkannte, wenn zugunsten des Urhebers ein Beteiligungshonorar für alle Nutzungen vereinbart worden war (s. RG RGZ 140, 255/257 f. – Der Hampelmann). Dafür gab es im Fall „Das kalte Herz" keinen Anhaltspunkt. Das OLG München übersah in diesem Falle auch, dass nach dem rückwirkend anwendbaren DDR-Urhebervertragsrecht (s. Rdnr. 35) für jede Rechteübertragung die Angabe von Art und Umfang der Werkverwendung vorgeschrieben war (§ 39 Buchst. a) URG der DDR), was § 31 Abs. 5 des bundesdeutschen UrhG entsprach (s. *Wandtke/Bullinger*[3] Zu § 4 EVtr Rdnr. 53/54) und dazu führte, dass nach den DEFA-Standardverträgen Verwertungsrechte für unbekannte Nutzungsarten nicht übertragen wurden (s. OLG München ZUM 2003, 141/144 – Spielbankaffaire II; *Wandtke/Bullinger*[3] Zu § 4 EVtr Rdnr. 66–68 speziell auch zu den Videorechten; aA *Haupt* ZUM 1999, 898/903), auch wenn im URG der DDR eine § 31 Abs. 4 UrhG entsprechende Bestimmung fehlte (so BGH BGHZ 136, 380/388 – Spielbankaffaire; BGHZ 147, 244/254 – Barfuß ins Bett). Ähnliche Mängel sind dem Kammergericht Berlin bezüglich eines Urteils vorzuwerfen, das zu fünf DEFA-Trickfilmen und einem DEFA-Dokumentarfilm aus den Jahren 1975 bis 1986 die Auffassung vertrat, die pauschale Übertragung der Rechte zur Verwertung der Filme „in jeder möglichen Form" bzw. auch auf „noch nicht bekannten Verwendungsgebieten" neben der ua. ausdrücklich genannten Verwertung im Fernsehen und vermutlich durch Vorführung umfasse auch die Videoverwertung und sogar die Verwertung auf **CD-ROM** und **CD-I** (KG ZUM-RD 2000, 384/387 ff. – Der Mond). Die ebenso beurteilte Sendenutzung via **Satellit, Kabel** und **Pay-TV** ist dem Kammergericht angesichts der vorausgegangenen Rechtsprechung des BGH (BGHZ 133, 281/287 ff. – Klimbim) weniger anzulasten, auch wenn die BGH-Rechtsprechung ihrerseits kritikwürdig ist (s. § 31a Rdnr. 40, § 88 Rdnr. 48). Allerdings hat das Kammergericht Berlin in einem anderen Fall zu Recht entschieden, dass der Rechtsnachfolger eines VEB DEFA-Studios sich kraft des Filmherstellerrechts (§ 94) dieses Studios gegen die **eigenmächtige Videonutzung** eines DEFA-Films durch dessen **Regisseurin** zur Wehr setzen konnte (KG GRUR 1999, 721/722 – DEFA-Film; sa. Rdnr. 29). Auf Kritik ist demgegenüber eine weitere Entscheidung des Berliner Kammergerichts gestoßen, in der aus der Übertragung des „**Verfilmungs- und Weltvertriebsrechts**" an einem Dokumentarfilm auf die Einräumung auch des **Fernsehsenderechts**, und zwar für das **gesamte Bundesgebiet**, geschlossen wurde (KG ZUM-RD 1999, 484/485 f. – Szenarienvertrag; kritisch *Wandtke/Bullinger*[3] Zu § 4 EVtr Rdnr. 47). Der Kritik ist zuzustimmen, zumal das Kammergericht ua. auf Grund der übergangsrechtlichen Anwendbarkeit des Urhebervertragsrechts der DDR dem betroffenen Urheber auch aus grundsätzlichen Erwägungen auch einen Anspruch aus **§ 36 aF** verweigert hat.

Nimmt man alles in allem und die Fehlentscheidungen der Landgerichte Hamburg (ZUM-RD 1999, 134 – Heinz Erhard) und München I (ZUM 1999, 332 – Der Ölprinz; s. zu beiden Entscheidungen § 89 Rdnr. 3) hinzu, so offenbart sich in neuester Zeit eine sehr bedenkliche **Fehlentwicklung im Verständnis des urhebervertragsrechtlichen Zweckübertragungsprinzips durch die Gerichte.**

Vor §§ 120 ff. Vorbemerkung

37 Um die eigentliche Wiedervereinigungsproblematik ging es in dem vom OLG Hamm entschiedenen Fall „Strahlende Zukunft" (GRUR 1991, 907). Im Rahmen einer Langspielplatten-Koproduktion zwischen einem bundesdeutschen Musikverlag und Tonträgerproduzenten und dem Schallplatten-Staatsbetrieb der DDR war von diesen Vertragsparteien die territoriale **Aufteilung des Verbreitungsrechts** ua. auf die alte Bundesrepublik einerseits und die DDR andererseits vereinbart worden. Nach der Wiedervereinigung vertrieb ein dritter Musikverlag und Tonträgerproduzent einen Titel aus dieser Koproduktion in den alten und neuen Bundesländern unter Behauptung eines entsprechenden Rechteerwerbs und mit der Begründung, dass der Aufspaltung des Verbreitungsgebiets seit der Wiedervereinigung jedenfalls keine dingliche Wirkung mehr zukomme. Das OLG Hamm entschied zutreffend und richtungweisend anders: Zwar kann innerhalb des erweiterten Geltungsbereichs des UrhG nunmehr das Verbreitungsrecht nicht mehr mit dinglicher Wirkung auf einzelne Gebietsteile eingeräumt werden (s. vor § 17 Rdnr. 21). Dies steht der Wirksamkeit der vor der Wiedervereinigung vereinbarten territorialen Aufteilung aber nicht entgegen (s. dazu insb. auch *Loewenheim* GRUR Int. 1993, 934 ff.; *Schricker* IPRax 1992, 216 ff.; dort jeweils auch zum Aspekt der Erschöpfung des Verbreitungsrechts in solchen Fällen). Inzwischen hat auch der BGH (GRUR 2003, 699/701 f. – Eterna) entschieden, dass eine vor der deutschen Wiedervereinigung vorgenommene territoriale Aufteilung der Lizenzgebiete für die Verbreitung von Tonträgern in die Bundesrepublik Deutschland und West-Berlin einerseits und die DDR andererseits durch die Wiedervereinigung nicht beseitigt wurde, mit dem Inverkehrbringen von Tonträgern in einem Lizenzgebiet jedoch das Verbreitungsrecht daran in ganz Deutschland und darüber hinaus auch in der Europäischen Union und im Europäischen Wirtschaftsraum erschöpft wird, so dass die Tonträger frei zirkulieren können (ebenso KG GRUR 2003, 1039/1040 – Sojusmultfilm, zum Import russischer Trickfilm-Videokassetten bei Existenz eines regionalen Gebietsschutzes für die neuen Bundesländer und Ost-Berlin, begründet vor der deutschen Wiedervereinigung; beide Entscheidungen in der Erschöpfungsfrage gegen *Katzenberger* GRUR Int. 1993, 2/18).

38 Am häufigsten hatten sich die Gerichte in der ersten Zeit nach der Wiedervereinigung mit deren Auswirkungen auf Verträge über die **Einräumung von Senderechten an die öffentlich-rechtlichen Rundfunkanstalten nur für die alte Bundesrepublik und West-Berlin** zu befassen (s. dazu die Rechtsprechungsnachweise bei *Flechsig*, Fs. für Nirk, S. 263/272 ff. und *Loewenheim* GRUR 1993, 934/935 f.). Grundlegend zu dieser Frage entschieden hat der BGH im Fall „Klimbim" (BGHZ 133, 281/290 ff.): Die Wiederherstellung der deutschen Einheit hat entgegen der Auffassung der Vorinstanz (OLG Köln ZUM 1995, 206/210 ff.) und einzelnen Stimmen im Schrifttum (s. *Flechsig* ZUM 1991, 1/7; *ders.*, Fs. für Nirk, S. 263/282/291; *v. Hartlieb*³ Kap. 127 Rdnr. 7 f.; Kap. 198 Rdnr. 6, Kap. 217 Rdnr. 3) nicht von selbst zu einer Erstreckung der übertragenen Senderechte auf die neuen Bundesländer geführt. Mit der wohl hM im Schrifttum (s. *Katzenberger* GRUR Int. 1993, 2/17; *Loewenheim* GRUR 1993, 934/937 f.; *Schmits* ZUM 1993, 72/78; *Schricker* IPRax 1992, 216/218 f.; *Schwarz/Zeiss* ZUM 1990, 468; *Wandtke* GRUR 1993, 18/22 f.; aA *Pfister* S. 162 f.; nur für eine Anbietungspflicht des Rechteinhabers nach Treu und Glauben *Stögmüller* S. 137 ff.) bejahte der BGH aber jedenfalls für das Satelliten-Gemeinschaftsprogramm „Eins Plus" der ARD mit Rücksicht auf deren gemeinsamen, bundesweiten Versorgungsauftrag einen Anspruch der Rundfunkanstalt auf eine entsprechende Vertragsanpassung unter dem Aspekt des Wegfalls der Geschäftsgrundlage, wobei allerdings die besonderen Treuepflichten der Vertragsparteien auf Grund von Koproduktionsverträgen ebenfalls eine Rolle spielten. Auf die regionalen dritten Programme der Rundfunkanstalten der neuen Bundesländer lässt sich diese Lösung allerdings nicht übertragen. Im Übrigen bewirkt der Wegfall der Geschäftsgrundlage allein noch keine Rechtsänderung auf der dinglichen Ebene. Das Urteil hat mit diesen Ergebnissen zur Wiedervereinigungsproblematik allgemeine Zustimmung erfahren (s. *Loewenheim* GRUR 1997, 215/220 f.; *Schricker* EWiR 1996, 1139/1140; *Schwarz* ZUM 1997, 94/95 ff.).

Zu Fragen im Zusammenhang mit der **Einräumung des Senderechts an das Fernsehen der DDR** s. zunächst KG AfP 1996, 284 f. – Die Ermordung Matteottis (Vorinstanz: LG Berlin AfP 1993, 776 f.). Inzwischen sind vom BGH (BGHZ 147, 244 ff. – Barfuß ins Bett; Vorinstanz: KG GRUR 1999, 328 – Barfuß ins Bett) wichtige **Grundsätze** zum Erwerb der Senderechte durch das Fernsehen der DDR, zu deren Inhalt und Umfang, zur Rechtsnachfolge, zur Haftung und zur Frage des Wegfalls der Geschäftsgrundlage im Zusammenhang mit der deutschen Wiedervereinigung entschieden worden: Danach hat ein Betrieb in der DDR, in dem ein Filmoder Fernsehwerk hergestellt worden ist, Rechte daran nicht von Gesetzes wegen erworben. § 10 Abs. 2 URG der DDR (Abdruck dieses Gesetzes bei *Wandtke/Bullinger*³ Anh. 1,

S. 2151 ff.) normierte nur seine Befugnis, die Rechte der Urheber im eigenen Namen wahrzunehmen (BGHZ 147, 244/250f.). Der Rechteerwerb vollzog sich vielmehr auch in der DDR durch Vertrag, wobei auch heute noch vom Recht der DDR auszugehen ist (BGHZ 147, 244/251f.; sa. bereits Rdnr. 35). Mangels (mit Vorrang möglicher) anderweitiger vertraglicher Abreden hat dabei zB das Fernsehen der DDR nach § 20 Abs. 2 URG-DDR von seinen angestellten Urhebern an den im Rahmen des Arbeitsverhältnisses geschaffenen Werken die ausschließlichen Senderechte erworben, und zwar mit dinglicher Wirkung als gesetzlicher Folge des Arbeitsvertrages und ohne räumliche Beschränkung (BGHZ 147, 244/252ff./255f.; zu Verträgen eines selbstständigen Drehbuchautors und Regisseur mit DEFA-Studios s. KG ZUM-RD 2000, 384/386ff. – Der Mond). Der räumlich unbeschränkten Übertragung des Senderechts lag zugrunde, dass die betrieblichen Zwecke des Fernsehens der DDR nicht nur die Ausstrahlung im eigenen Programm, sondern auch die Lizenzvergabe ins Ausland, darunter auch an Sendeunternehmen der alten Bundesrepublik Deutschland umfassten, einschließlich Sendungen über Satellit und Kabel im gesamten heutigen Bundesgebiet. Unabhängig von der Frage der zwingenden Geltung des § 31 Abs. 4 (s. Rdnr. 150/163 ff.) stand diese Bestimmung einer solchen Rechtseinräumung schon deshalb nicht entgegen, weil es sich nach Ansicht des BGH (BGHZ 133, 281/287 ff. – Klimbim) bei Sendungen über Satellit und Kabel nicht um selbstständige neue Nutzungshandlungen handelt (BGHZ 147, 244/254; sa. Rdnr. 36). Das Senderecht des DDR-Fernsehens überdauerte auch den Bestand des Arbeitsverhältnisses (BGHZ 147, 244/255). Als Folge der deutschen Wiedervereinigung sind die Senderechte des DDR-Fernsehens nicht wegen ersatzlosen Wegfalls des Rechtsinhabers unter dem Aspekt des sog. Heimfalls der Nutzungsrechte an die Urheber zurückgefallen, sondern in mehreren Schritten zunächst auf die fünf neuen Bundesländer übergegangen (Art. 36 Abs. 1 S. 1, 2 Einigungsvertrag); eine Zustimmung der Urheber war dazu nicht erforderlich (BHGZ 147, 244/256 ff.). Einen Vergütungsanspruch des Klägers, der als Regisseur die Ausstrahlung von vier DDR-Fernsehserien durch den Mitteldeutschen Rundfunk moniert hatte, verneinte der BGH ua. unter dem Gesichtspunkt des Wegfalls der Geschäftsgrundlage: Zwar ist dieser auch auf DDR-Altverträge anwendbar, jedoch – anders als ein schon durch § 90 S. 2 aF ausgeschlossener Anspruch aus § 36 – nur unter ganz begrenzten Voraussetzungen gewährbar. Ungeachtet der wesentlichen Veränderungen, die sich aus der deutschen Wiedervereinigung auch für die jetzt bundesweite Ausstrahlung von Fernsehsendungen ergaben, fehlte es daran inbes. deshalb, weil sich auf Grund des Erwerbs räumlich und zeitlich unbeschränkter Senderechte durch das Fernsehen der DDR das Lizenzgebiet nicht vergrößert hat und die Übertragung des Senderechts auch bereits den Einsatz von Satellit und Kabel beinhaltete (BGHZ 147, 244/261 f.).

In einer weiteren, schon früheren Grundsatzentscheidung (BGHZ 136, 380 – Spielbankaffaire) hatte der BGH vor allem grundlegende Fragen des **IPR** im Zusammenhang damit zu klären, dass in einem **Koproduktionsvertrag** mit **geographischer Aufteilung der Auswertung** über die Herstellung eines Spielfilms aus dem Jahr 1955 der DEFA ua. Luxemburg und dem Koproduzenten ua. „Westdeutschland einschl. Westberlin" als Auswertungsgebiet zugewiesen worden waren und die Klägerin, die von der DEFA ausschließliche Auswertungsrechte erworben hatte, gegen die Beklagte vorging, die behauptete, von dem Koproduzenten Rechte erworben zu haben, und im Jahr 1985, also noch vor der deutschen Wiedervereinigung, dem Sender RTL plus mit Sitz in Luxemburg Senderechte ab Luxemburg mit Einspeisung in bundesdeutsche Kabelnetze eingeräumt hatte. Der Rechtsstreit ist abschließend vom OLG München (ZUM 2003, 141 – Spielbankaffaire II) entschieden worden. Fragen der deutschen Wiedervereinigung waren in diesem Verfahren nur in Bezug auf das jetzt übergangsrechtlich weiterhin anwendbare Urhebervertragrecht der DDR (s. OLG München ZUM 2003, 141/143 f.) angesprochen. Wie sich zeigte, braucht sich dieses im Vergleich mit dem bundesdeutschen nicht zu verstecken, wenn es denn nur richtig angewendet wird.

3. Zweitseitige Verträge über den Schutz von Urheberrechten und verwandten Schutzrechten als Kapitalanlagen

39 Die Bundesrepublik Deutschland hat mit zahlreichen Staaten zweiseitige Abkommen über Investitionsförderung und Investitionsschutz geschlossen. Diese Abkommen enthalten regelmäßig Bestimmungen über den **Schutz von Investitionen bzw. Kapitalanlagen** von Investoren der jeweils anderen Vertragspartei im jeweils eigenen Hoheitsgebiet. Unter Kapitalanlagen werden dabei üblicherweise Vermögenswerte aller Art, darunter auch **Rechte des geistigen Eigentums** verstanden. Dazu zählen wiederum nicht nur, wie jeweils beispielsweise benannt, **Urheber-**

Vor §§ 120ff. Vorbemerkung

rechte, sondern nach dem international üblichen Sprachgebrauch auch mit dem Urheberrecht **verwandte Schutzrechte** (zum Patentschutz s. *Ullrich* RIW 1987, 179). Im Folgenden wird, ohne nähere Qualifizierung, eine Liste derjenigen Staaten wiedergegeben, mit denen die Bundesrepublik Deutschland solche Abkommen geschlossen hat (in Klammern Datum der Abkommen; zur Bedeutung dieser Abkommen im Allg. s. *Kriebaum*, 2008; zum deutsch-chinesischen Abkommen *Braun/ Schonard* RIW 2007, 561 ff.). Die Liste mit insgesamt **132 Staaten** ist dem BGBl. 2009 II vom 18. 2. 2009 – Fundstellennachweis B, S. 886 f. (abgeschlossen am 31. 12. 2008) entnommen. Nähere Angaben über das jeweilige deutsche Zustimmungsgesetz, Fundstelle des Abkommens und Datum des Inkrafttretens finden sich in dem nach Staaten gegliederten Verzeichnis zweiseitiger Verträge (Fundstellennachweis B, S. 11 ff.).

Afghanistan (19./20. 4. 2005)
Ägypten (5. 7. 1974)
Albanien (31. 10. 1991)
Algerien (11. 3. 1996)
Angola (30. 10. 2003)
Antigua und Barbuda (5. 11. 1998)
Argentinien (9. 4. 1991)
Aserbaidschan (22. 12. 1995)
Äthiopien (19. 1. 2004)
Bahrain (5. 2. 2007)
Bangladesch (6. 5. 1981)
Barbados (2. 12. 1994)
Belarus (2. 4. 1993)
Benin (29. 6. 1978)
Bolivien (23. 3. 1987)
Bosnien und Herzegowina (18. 10. 2001)
Botswana (23. 5. 2000)
Brasilien (21. 9. 1995)
Brunei Darussalam (30. 3. 1998)
Bulgarien (12. 4. 1986)
Burkina Faso (22. 10. 1996)
Burundi (10. 9. 1984)
Chile (21. 10. 1991)
China (1. 12. 2003)
Costa Rica (13. 9. 1994)
Côte d'Ivoire (27. 10. 1966)
Dominica (1. 10. 1084)
Ecuador (21. 3. 1996)
El Salvador (11. 12. 1997)
Estland (12. 11. 1996)
Gabun (16. 5. 1969) (15. 9. 1998)
Georgien (25. 6. 1993)
Ghana (24. 2. 1995)
Griechenland (27. 3. 1961)
Guatemala (17. 10. 2003)
Guinea (19. 4. 1962)
Guyana (6. 12. 1989)
Haiti (14. 8. 1973)
Hongkong (31. 1. 1996)
Honduras (21. 3. 1995)
Indien (15. 10. 1964), (10. 7. 1995)
Indonesien (8. 11. 1968) (14. 5. 2003)
Iran (11. 11. 1965) (17. 8. 2002)
Israel (24. 6. 1976)
Jamaika (24. 9. 1992)
Jemen (21. 6. 1974)
Jordanien (15. 7. 1974)
Jugoslawien, ehemaliges (10. 7. 1989)

Kambodscha (15. 2. 1999)
Kamerun (29. 6. 1962)
Kap Verde (18. 1. 1990)
Kasachstan (22. 9. 1992)
Katar (14. 6. 1996)
Kenia (3. 5. 1996)
Kirgisistan (28. 8. 1997)
Kongo, Demokr. Rep. (18. 3. 1969)
Kongo (13. 9. 1965)
Korea (Republik) (4. 2. 1964)
Kroatien (21. 3. 1997)
Kuba (30. 4. 1996)
Kuwait (30. 3. 1994)
Laos (9. 8. 1996)
Lesotho (11. 11. 1982)
Lettland (20. 4. 1993)
Libanon (18. 3. 1997)
Liberia (12. 12. 1961)
Libyen (15. 10. 2004)
Litauen (28. 2. 1992)
Madagaskar (21. 9. 1962)
Malaysia (22. 12. 1960)
Mali (28. 6. 1977)
Malta (17. 9. 1974)
Marokko (31. 8. 1961) (6. 8. 2001)
Mauretanien (8. 12. 1982)
Mauritius (25. 5. 1971)
Mazedonien (10. 9. 1996)
Mexiko (25. 8. 1998)
Moldau, Republik (28. 2. 1994)
Mongolei (26. 6. 1991)
Mosambik (6. 3. 2002)
Namibia (21. 1. 1994)
Nepal (20. 10. 1986)
Nicaragua (6. 5. 1996)
Niger (29. 10. 1964)
Nigeria (28. 3. 2000)
Oman (25. 6. 1979, 30. 5. 2007)
Pakistan (25. 11. 1959)
Palästinensische Autonomiebehörde
 (10. 7. 2000)
Papua-Neuguinea (12. 11. 1980)
Paraguay (11. 8. 1993)
Peru (30. 1. 1995)
Philippinen (18. 4. 1997)
Polen (10. 11. 1989)
Portugal (16. 9. 1980)
Ruanda (18. 5. 1967)

Vorbemerkung Vor §§ 120ff.

Rumänien (12. 10. 1979), (25. 6. 1996)
Sambia (10. 12. 1966)
Saudi Arabien (29. 10. 1996)
Senegal ((24. 1. 1964)
Sierra Leone (8. 4. 1965)
Simbabwe (29. 9. 1995)
Singapur (3. 10. 1973)
Slowenien (28. 10. 1993)
Somalia (27. 11. 1981)
Sowjetunion, ehemalige (13. 6. 1989)
Sri Lanka (8. 11. 1963) (7. 2. 2000)
St. Lucia (16. 3. 1985)
St. Vincent und die Grenadinen (25. 3. 1986)
Südafrika (11. 9. 1995)
Sudan (7. 2. 1963)
Swasiland (5. 4. 1990)
Syrien (2. 8. 1977)
Tadschikistan (27. 3. 2003)
Tansania (30. 1. 1965)

Thailand (13. 12. 1961) (17. 8. 2002)
Timor-Leste (10. 8. 2005)
Togo (16. 5. 1961)
Trinidad und Tobago (8. 9. 2006)
Tschad (11. 4. 1967)
Tschechoslowakei, ehemalige (2. 10. 1990)
Tunesien (20. 12. 1963)
Türkei (20. 6. 1962)
Turkmenistan (28. 8. 1997)
Uganda (29. 11. 1966)
Ukraine (12. 2. 1993)
Ungarn (30. 4. 1986)
Uruguay (4. 5. 1987)
Usbekistan (28. 4. 1993)
Venezuela (14. 5. 1996)
Vereinigte Arabische Emirate (21. 6. 1997)
Vietnam (3. 4. 1993)
Zentralafrikanische Republik (23. 8. 1965)

4. Entwurf eines Multilateralen Investitionsabkommens

Bereits seit Jahresende 1995 liefen im Rahmen der OECD auf Initiative der USA Verhandlungen über ein auch für Nichtmitglieder zum Beitritt offenes neues **Multilaterales Abkommen über Investitionen** (Multilateral Agreement on Investment, MAI). Die Verhandlungen sollten ursprünglich bereits im April 1998 abgeschlossen werden, jedoch wurde dieser Termin nicht eingehalten. Ein als Arbeitsunterlage erarbeiteter vorläufiger Entwurf vom Februar 1998 (OECD-Dok. DAFFE/MAI/NM[98]2) sah, entsprechend der Rechtslage bei zweiseitigen Abkommen über Investitionsschutz (s. Rdnr. 39), die Einbeziehung von Rechten des geistigen Eigentums und damit auch des Urheberrechts und der verwandten Schutzrechte in den Begriff der Investition und ihren Schutz ua. nach den Grundsätzen der Inländerbehandlung und der Meistbegünstigung vor (S. 11, 13, 47). Einzelheiten, wie mögliche Einschränkungen dieser Grundsätze etwa nach dem Vorbild von TRIPS (s. Rdnr. 19f.), und das Verhältnis zu den bereits bestehenden internationalen Abkommen wurden zwar noch nicht abschließend entschieden, die Kritik namentlich aus Kreisen der urheberrechtlichen Verwertungsgesellschaften und der Filmwirtschaft der EU befürchtete jedoch, dass bestehende Einschränkungen solcher Art und Grundkonzeptionen des kontinentaleuropäischen Urheberrechts zugunsten der amerikanischen Medienindustrie unterlaufen werden könnten (s. dazu den Bericht in GRUR Int. 1998, 254; eingehender *Haedicke* GRUR Int. 1998, 631 ff.; allg. zum MAI *Karl* RIW 1998, 432, dort auf S. 437 auch zum geistigen Eigentum). Die Verhandlungen wurden im Mai 1998 eingestellt und sollen auch nicht wieder aufgenommen werden (s. www.oecd.org vom 5. 8. 2009). 40

III. Internationale Verträge über das Urheberrecht

1. Revidierte Berner Übereinkunft zum Schutz von Werken der Literatur und Kunst (RBÜ)

a) Der neben TRIPS bedeutendste und jedenfalls älteste mehrseitige internationale Vertrag auf dem Gebiet des Urheberrechts ist die **Berner Übereinkunft zum Schutz von Werken der Literatur und Kunst** vom 9. 9. 1886 mit Zusatzartikel, Schlussprotokoll und Vollziehungsprotokoll vom gleichen Datum (RGBl. 1887 S. 493/506/508/514; in Kraft getreten am 5. 12. 1887). Diese Übereinkunft wurde vervollständigt in **Paris** am 4. 5. 1896 (RGBl. 1897 S. 759; in Kraft getreten am 9. 12. 1897), revidiert in **Berlin** am 13. 11. 1908 (RGBl. 1910 S. 965/987; in Kraft für das Deutsche Reich am 9. 6. 1910), vervollständigt in **Bern** am 20. 3. 1914 (RGBl. 1920 S. 31, 137; in Kraft für das Deutsche Reich am 10. 1. 1920), revidiert in **Rom** am 2. 6. 1928 (RGBl. 1933 II S. 889; in Kraft für das Deutsche Reich am 21. 10. 1933), revidiert in **Brüssel** am 26. 6. 1948 (BGBl. 1965 II S. 1213; in Kraft für die Bundesrepublik Deutschland am 10. 10. 1966), revidiert in **Stockholm** am 14. 7. 1967 (BGBl. 1970 II S. 293, 41

Vor §§ 120ff. Vorbemerkung

348; in Kraft für die Bundesrepublik Deutschland (ausgenommen Art. 1–21 und Protokoll betr. die Entwicklungsländer) am 19. 9. 1970), revidiert in **Paris** am 24. 7. 1971 (BGBl. 1973 II S. 1069; vollständig in Kraft für die Bundesrepublik Deutschland am 10. 10. 1974, Erklärung nach Art. VI Abs. 1 lit. ii wirksam am 18. 10. 1973; Änderungen vom 2. 10. 1979 in Kraft am 19. 11. 1984, BGBl. 1985 II S. 81) (Angaben in Klammern nach BGBl. 2009 II vom 18. 2. 2009 – Fundstellennachweis B S. 238).

42 Seit der Revisionskonferenz von Berlin im Jahre 1908 ist die Bezeichnung **Revidierte Berner Übereinkunft** zum Schutz von Werken der Literatur und Kunst **(RBÜ)** gebräuchlich. Durch den **Zweiten Weltkrieg** ist die Geltung der RBÜ für das Verhältnis Deutschlands zu den anderen Staaten nur de facto, nicht de iure unterbrochen worden (vgl. *Ulmer*² § 14 III 1 mwN; sa. den Notenwechsel vom 7. 2./23. 6. 1950 über die Weiteranwendung der RBÜ im Gebiet der Bundesrepublik Deutschland, BAnz. Nr. 144/50, Hinweis in BGBl. 2009 II vom 18. 2. 2009, Fundstellennachweis B S. 238).

43 b) Die Länder, auf welche die RBÜ Anwendung findet, bilden nach Art. 1 einen **Staatenverband,** der als **Berner Union** bezeichnet wird. Jedoch finden nicht auf alle Verbandsländer die gleichen Fassungen der RBÜ Anwendung, da nicht alle Verbandsländer den neueren und neuesten Konventionsfassungen beigetreten sind. Rechtsgrundlage für das Verhältnis zweier bestimmter Verbandsländer untereinander ist die jeweils gemeinsame jüngste Fassung der RBÜ (Art. 32 Abs. 1 Pariser Fassung). Tritt ein verbandsfremdes Land der RBÜ in deren jüngster, nicht aber in deren älteren Fassungen bei, so wendet es auf Verbandsländer, die nur durch solche ältere Fassungen gebunden sind, die jüngste Fassung an; den anderen Verbandsländern steht es grundsätzlich frei, auf dieses neue Verbandsland die Bestimmungen der letzten Fassung der RBÜ anzuwenden, an die sie selbst gebunden sind, oder aber den Schutz bezüglich des neuen Verbandslandes dem Niveau der jüngsten Fassung der RBÜ anzupassen (Art. 32 Abs. 2; vgl. dazu *Krieger/Rogge* GRUR Int. 1967, 462/472 f.).

44 Die Berner Union vereinigte am 5. 8. 2009 insgesamt **164 Verbandsländer.** In der folgenden Aufstellung wird nach dem Stand dieses Datums in Klammern die jeweils jüngste für das Land in ihrer Gesamtheit verbindliche Konventionsfassung aufgeführt (Angaben nach www.wipo.int vom 5. 8. 2009; zu den verschiedenen Fassungen der RBÜ, benannt nach den Orten der Revisionskonferenzen, s. Rdnr. 41, wobei im Folgenden unter der Fassung von Paris diejenige von 1971 zu verstehen ist). Aus der folgenden Aufstellung ergibt sich, dass für 154 Verbandsländer jüngste insgesamt verbindliche Konventionsfassung diejenige von Paris ist, für je 5 Verbandsländer diejenige von Brüssel und von Rom.

45 **Verbandsländer der Berner Union am 5. 8. 2009:**

Ägypten (Paris)
Äquatorialguinea (Paris)
Albanien (Paris)
Algerien (Paris)
Andorra (Paris)
Antigua und Barbuda (Paris)
Argentinien (Paris)
Armenien (Paris)
Aserbaidschan (Paris)
Australien (Paris)
Bahamas (Brüssel)
Bahrain (Paris)
Bangladesch (Paris)
Barbados (Paris)
Belgien (Paris)
Belize (Paris)
Benin (Paris)
Bhutan (Paris)
Bolivien (Paris)
Bosnien-Herzegowina (Paris)
Botswana (Paris)
Brasilien (Paris)
Brunei (Paris)
Bulgarien (Paris)

Burkina Faso (Paris)
Chile (Paris)
China, Volksrepublik (Paris)
Costa Rica (Paris)
Côte d'Ivoire (Paris)
Dänemark (Paris)
Deutschland (Paris)
Dominica (Paris)
Dominikanische Republik (Paris)
Dschibuti (Paris)
Ecuador (Paris)
El Salvador (Paris)
Estland (Paris)
Fidschi (Brüssel)
Finnland (Paris)
Frankreich (Paris)
Gabun (Paris)
Gambia (Paris)
Georgien (Paris)
Ghana (Paris)
Grenada (Paris)
Griechenland (Paris)
Guatemala (Paris)
Guinea (Paris)

Vorbemerkung Vor §§ 120ff.

Guinea-Bissau (Paris)
Guyana (Paris)
Haiti (Paris)
Honduras (Paris)
Indien (Paris)
Indonesien (Paris)
Irland (Paris)
Island (Paris)
Israel (Paris)
Italien (Paris)
Jamaika (Paris)
Japan (Paris)
Jemen (Paris)
Jordanien (Paris)
Kamerun (Paris)
Kanada (Paris)
Kap Verde (Paris)
Kasachstan (Paris)
Katar (Paris)
Kenia (Paris)
Kirgisistan (Paris)
Kolumbien (Paris)
Komoren (Paris)
Kongo (Paris)
Kongo, Demokr. Rep. (Paris)
Korea, Republik (Paris)
Korea, Volksrep. (Paris)
Kroatien (Paris)
Kuba (Paris)
Lesotho (Paris)
Lettland (Paris)
Libanon (Rom)
Liberia (Paris)
Libyen (Paris)
Liechtenstein (Paris)
Litauen (Paris)
Luxemburg (Paris)
Madagaskar (Brüssel)
Malawi (Paris)
Malaysia (Paris)
Mali (Paris)
Malta (Rom)
Marokko (Paris)
Mauretanien (Paris)
Mauritius (Paris)
Mazedonien, ehem. jug. Rep. (Paris)
Mexiko (Paris)
Mikronesien (Paris)
Moldau (Paris)
Monaco (Paris)
Mongolei (Paris)
Montenegro (Paris)
Namibia (Paris)
Nepal (Paris)
Neuseeland (Rom)
Nicaragua (Paris)
Niederlande (Paris)
Niger (Paris)

Nigeria (Paris)
Norwegen (Paris)
Österreich (Paris)
Oman (Paris)
Pakistan (Rom)
Panama (Paris)
Paraguay (Paris)
Peru (Paris)
Philippinen (Paris)
Polen (Paris)
Portugal (Paris)
Ruanda (Paris)
Rumänien (Paris)
Russische Föderation (Paris)
Sambia (Paris)
Samoa (Paris)
Saudi-Arabien (Paris)
Schweden (Paris)
Schweiz (Paris)
Senegal (Paris)
Serbien (Paris)
Simbabwe (Paris)
Singapur (Paris)
Slowakei (Paris)
Slowenien (Paris)
Spanien (Paris)
Sri Lanka (Paris)
St. Kitts und Nevis (Paris)
St. Lucia (Paris)
St. Vincent und die Grenadinen (Paris)
Sudan (Paris)
Südafrika (Brüssel)
Suriname (Paris)
Swasiland (Paris)
Syrien (Paris)
Tadschikistan (Paris)
Tansania (Paris)
Thailand (Paris)
Togo (Paris)
Tonga (Paris)
Trinidad und Tobago (Paris)
Tschad (Brüssel)
Tschechische Republik (Paris)
Tunesien (Paris)
Türkei (Paris)
Ukraine (Paris)
Ungarn (Paris)
Uruguay (Paris)
Usbekistan (Paris)
Vatikanstadt (Paris)
Venezuela (Paris)
Vgt. Arabische Emirate (Paris)
Vgt. Staaten von Amerika (Paris)
Vereinigtes Königreich (Paris)
Vietnam (Paris)
Weißrussland (Paris)
Zentralafrikanische Republik (Paris)
Zypern (Paris)

46 c) **Gegenstand des Schutzes** durch die RBÜ sind die **Werke der Literatur und Kunst;** Art. 2 RBÜ (hier und im Folgenden ohne nähere Angaben jeweils idF von Paris von 1971) enthält einen umfangreichen, nicht abschließenden Katalog von Werkarten, die dazu zu rechnen sind. Der Schutz durch die RBÜ gilt aber nur für **verbandseigene Werke.** Darunter sind zu verstehen die veröffentlichten und die unveröffentlichten Werke von **Urhebern, die Angehörige eines Verbandslandes** sind oder in einem solchen Land ihren gewöhnlichen Aufenthaltsort haben (Art. 3 Abs. 1 lit. a, Abs. 2), sowie die Werke von keinem Verbandsland angehörenden Urhebern, die **zum ersten Mal in einem Verbandsland** oder **gleichzeitig in einem Verbandsland und in einem verbandsfremden Land veröffentlicht** worden sind (Art. 3 Abs. 1 lit. b). **Veröffentlicht** iSd. RBÜ sind aber nur solche Werke, die mit Zustimmung ihrer Urheber in Form von körperlichen Werkstücken **erschgienen** und in einer Weise zur Verfügung der Öffentlichkeit gestellt sind, die deren normalen Bedarf befriedigt; unkörperliche Werkwiedergaben sowie die Ausstellung eines Werkes der bildenden Künste und die Errichtung eines Werkes der Baukunst stellen keine Veröffentlichung iSd. RBÜ dar (Art. 3 Abs. 3). Veröffentlichte Werke iSd. RBÜ sind daher grundsätzlich die erschienenen Werke iSd. § 6 Abs. 2 S. 1 (s. § 6 Rdnr. 29 ff.; zum Ergebnis $Ulmer^3$ § 14 III). Dem Erfordernis der **gleichzeitigen Veröffentlichung** in einem Verbandsland (Art. 3 Abs. 1 lit. b) ist Genüge getan, wenn eine solche Veröffentlichung innerhalb von 30 Tagen seit der ersten Veröffentlichung in einem verbandsfremden Land erfolgt (s. Art. 3 Abs. 4). Diese **30 Tage-Frist** ist erstmals anlässlich der Brüsseler Revisionskonferenz in die RBÜ eingeführt worden. Ist für ein bestimmtes Werk der Konventionsschutz nach einer früheren Fassung der Übereinkunft durch Erstveröffentlichung in einem Verbandsland begründet oder durch Erstveröffentlichung in einem Nicht-Verbandsland ausgeschlossen worden, so bleibt es unter dem Aspekt dieses Anknüpfungspunkts bei dieser Lage auch dann, wenn auf dieses Werk später im Übrigen eine jüngere Konventionsfassung anwendbar ist (BGHZ 95, 229/237 – Puccini; zur Auswirkung auf den Schutzfristenvergleich s. Rdnr. 48). Das **Erfordernis der Erstveröffentlichung in einem Verbandsland** für die Begründung des Konventionsschutzes veröffentlichter Werke galt noch **bis zur Brüsseler Fassung der RBÜ auch für Werke verbandsangehöriger Urheber** und ist nach wie vor von Bedeutung, soweit diese Konventionsfassung anwendbar ist (s. dazu $Ulmer^3$ § 14 III 1). Besondere Regeln über die Begründung des Konventionsschutzes gelten für **Filmwerke** sowie für **Werke der Baukunst,** die in einem Verbandsland errichtet sind, und für **Werke der graphischen und plastischen Künste,** die Bestandteile eines in einem Verbandsland gelegenen Grundstücks sind (Art. 4). Nach näherer Maßgabe ihres Art. 18 ist die Übereinkunft auch auf solche Werke anwendbar, die bei ihrem Inkrafttreten oder beim Beitritt eines neuen Verbandslandes schon existieren, aber noch nicht wegen Ablaufs ihrer Schutzdauer im Ursprungsland (Art. 18 Abs. 1) oder im Schutzland (Art. 18 Abs. 2) Gemeingut geworden sind. Der Übereinkunft kommt daher in gewisser, eingeschränkter Weise **Rückwirkung** zu.

47 d) Die **wichtigsten Grundsätze** für den **Inhalt des Schutzes,** den die RBÜ gewährleistet, sind diejenigen der Inländerbehandlung, des Schutzes durch besondere Rechte der RBÜ und der Formfreiheit des Schutzes. Der **Grundsatz der Inländerbehandlung** besagt, dass die Urheber für alle verbandseigenen Werke (s. dazu Rdnr. 46) in allen Verbandsländern mit Ausnahme des Ursprungslandes des Werkes diejenigen Rechte in Anspruch nehmen können, die die gegenwärtigen oder zukünftigen Gesetze dieser Länder den inländischen Urhebern gewähren (Art. 5 Abs. 1). Darüber hinaus stehen den konventionsgeschützten Urhebern in allen Verbandsländern mit Ausnahme des Ursprungslandes bestimmte, in der RBÜ **besonders gewährte Rechte** zu (Art. 5 Abs. 1), nämlich – nach dem in der Stockholmer und Pariser Fassung erreichten Entwicklungsstand – insb. das Urheberpersönlichkeitsrecht (Art. 6bis), das Übersetzungsrecht (Art. 8), das Vervielfältigungsrecht (Art. 9, 13) mit der Zulassung von Ausnahmen iSd. sog. Dreistufentests (s. Rdnr. 22 zu TRIPS) in Art. 9 Abs. 2, das Aufführungsrecht (Art. 11), das Senderecht (Art. 11bis), das Vortragsrecht (Art. 11ter), das Bearbeitungsrecht (Art. 12) und das Verfilmungsrecht (Art. 14, 14bis); diese Rechte werden auch als **Mindestrechte** bezeichnet (*Nordemann/Vinck/Hertin* RBÜ Art. 5 Rdnr. 4; zur Berechtigung dieser Bezeichnung $Ulmer^3$ § 14 II 5). Nach Art. 5 Abs. 2 S. 1 sind die dem konventionsgeschützten Urheber in allen Verbandsländern mit Ausnahme des Ursprungslandes zustehenden Rechte **nicht an die Erfüllung von Förmlichkeiten gebunden** und **unabhängig vom Bestehen des Schutzes des Werkes im Ursprungsland.** Im Ursprungsland selbst richtet sich der Schutz nach den innerstaatlichen Vorschriften (Art. 5 Abs. 3); die RBÜ definiert in Art. 5 Abs. 4, welches Land als Ursprungsland gilt.

Vorbemerkung   **Vor §§ 120ff.**

Als **Ursprungsland** gilt für die zum ersten Mal in einem Verbandsland veröffentlichten (erschienenen, s. Rdnr. 46) Werke dieses Land; findet die erste Veröffentlichung gleichzeitig in mehreren Verbandsländern mit unterschiedlicher Schutzdauer statt, so ist Ursprungsland das Land mit der kürzesten Schutzdauer. Bei gleichzeitig in einem verbandsfremden und einem Verbandsland veröffentlichten Werken ist das letztere Ursprungsland. Für die nichtveröffentlichten oder die zuerst in einem verbandsfremden Land veröffentlichten Werke gilt das Verbandsland, dem der Urheber angehört, als Ursprungsland. Sonderregelungen gelten für Filmwerke, Werke der Baukunst sowie Werke der graphischen und plastischen Künste, die Bestandteile eines in einem Verbandsland gelegenen Grundstücks sind. Zur Bedeutung der Bestimmung des Ursprungslandes eines Werkes für den Schutzfristenvergleich s. Rdnr. 48.

e) Die **Dauer des durch die RBÜ gewährten Schutzes** umfasst grundsätzlich die Lebenszeit des Urhebers und 50 Jahre nach seinem Tod (Art. 7 Abs. 1). Besondere Regelungen betreffen Filmwerke (Art. 7 Abs. 2), anonyme und pseudonyme Werke (Art. 7 Abs. 3), Werke der Fotografie und der angewandten Kunst (Art. 7 Abs. 4). Die Verbandsländer sind befugt, eine längere Schutzdauer zu gewähren (Art. 7 Abs. 6). Die Regel, dass sich die Schutzdauer im Einzelfall entsprechend dem Grundsatz der **Inländerbehandlung** nach dem auch für Inländer geltenden Recht desjenigen Landes richtet, für das der Schutz beansprucht wird, wird eingeschränkt durch das **Prinzip des Schutzfristenvergleichs**: Die Schutzdauer überschreitet nicht die im Ursprungsland des Werkes geltende Dauer, es sei denn, dass die Rechtsvorschriften des Schutzlandes etwas anderes bestimmen (Art. 7 Abs. 8). Letzteres ist in der Bundesrepublik Deutschland nicht der Fall, so dass konventionsgeschützten Werken, deren Ursprungsland iSd. Art. 5 Abs. 4 ein Land mit 50jähriger Schutzfrist post mortem auctoris ist, hier ebenfalls nur diese, nicht die 70jährige Schutzfrist nach § 64 zusteht (zum Ergebnis *Ulmer*[3] § 14 II 3; *Dreier/Schulze*[3] Vor §§ 64ff. Rdnr. 14; *Fromm/Nordemann*[10] Vor §§ 120ff. Rdnr. 15; *Loewenheim/Walter* Hdb. des Urheberrechts § 58 Rdnr. 76f./82; zur Bestimmung des Ursprungslandes s. Rdnr. 47). Für die **Berechnung der Schutzdauer** eines Werkes im Wege des Schutzfristenvergleichs ist hinsichtlich veröffentlichter (erschienener, s. Rdnr. 46) Werke bezüglich der Entstehung des Konventionsschutzes von **derjenigen Konventionsfassung** auszugehen, die **im Zeitpunkt der Erstveröffentlichung in Kraft** für die betreffenden Verbandsländer verbindlich war. Dies war zB für die Verbandsländer Deutschland und Italien im Jahre 1900 die Urfassung der Berner Übereinkunft. Diese enthielt noch nicht die Bestimmung, dass jedes Werk als gleichzeitig veröffentlicht gilt, das innerhalb von 30 Tagen seit der ersten Veröffentlichung in zwei oder mehr Ländern erschienen ist (s. Rdnr. 46). Bei der Berechnung der Schutzdauer der Oper Tosca des italienischen Komponisten Puccini in der Bundesrepublik Deutschland, die am 13. 1. 1900 zuerst in Italien erschienen war, ist daher nicht erheblich, ob diese Oper innerhalb von 30 Tagen nach diesem Datum auch in Deutschland erschienen war. Dadurch ist die Annahme einer gleichzeitigen Veröffentlichung der Oper in Italien und Deutschland iSv. Art. 3 Abs. 4 RBÜ (Pariser Fassung) und die Bestimmung Deutschlands als Ursprungsland nach der Regel (Art. 3 Abs. 3 der Urfassung und Art. 5 Abs. 4 lit. a RBÜ Pariser Fassung) ausgeschlossen, dass bei der gleichzeitigen Veröffentlichung eines Werkes in mehreren Verbandsländern mit verschiedener Schutzdauer dasjenige Land als Ursprungsland gilt, dessen innerstaatliche Rechtsvorschriften die kürzeste Schutzdauer gewähren (s. Rdnr. 47). Im Verhältnis zu Italien wäre dies im Jahre 1900 Deutschland mit einer nur 30jährigen Schutzdauer post mortem auctoris gewesen. Die Bestimmung Deutschlands als Ursprungsland der Oper Tosca hätte zur Folge gehabt, dass ihr der volle 70jährige Schutz des geltenden deutschen Rechts (vgl. § 64) zugestanden hätte. So aber endete der Schutz mit Ablauf des Schutzes in Italien am 31. 12. 1980 an diesem Tag auch in der Bundesrepublik Deutschland. Daran ändert nichts, dass im Verhältnis der Bundesrepublik Deutschland zu Italien nunmehr die jüngste, die Pariser Fassung der RBÜ in Kraft ist (s. zum Vorstehenden BGHZ 95, 229/235ff. – Puccini). Zu den Auswirkungen des **EG-rechtlichen Diskriminierungsverbots** auf diese Rechtslage s. § 120 Rdnr. 8f.

Der Schutzfristenvergleich nach Art. 7 Abs. 8 RBÜ ist einer der wenigen Fälle, in denen die RBÜ das **Prinzip der materiellen Gegenseitigkeit** des Schutzes unter den Verbandsländern praktiziert. Weitere Regeln der RBÜ in diesem Sinne betreffen den Schutz von Werken der angewandten Kunst (Art. 2 Abs. 7) und das Folgerecht (Art. 14ter; s. dazu auch § 121 Rdnr. 14ff.).

2. WIPO-Urheberrechtsvertrag (WCT)

Schrifttum: *Dittrich*, Überlegungen zur „communication to the public" auf Grund des neuen WIPO-Urheberrechtsvertrages, in *Dittrich* (Hrsg.), Beiträge zum Urheberrecht V, 1997, S. 153; *Ficsor*, The Law of Copy-

Vor §§ 120 ff. Vorbemerkung

right and the Internet: The WIPO „Internet" Treaties, their Interpretation and Implementation, 2002; *Hoeren,* Revidierte Berner Übereinkunft und Softwareschutz – zu den Überlegungen der WIPO für ein ergänzendes Protokoll zur RBÜ, CR 1992, 243; *Klingner,* „Die EU-Datenbankrichtlinie und ihre Umsetzung in deutsches Recht" und „Die Diplomatische Konferenz der WIPO zum Urheberrecht", Diskussionsbericht, ZUM 1997, 649; *Kreile,* „New Instruments" und alte Gebote des Urheberrechts, ZUM 1994, 525; *ders.,* Bericht über die WIPO-Sitzungen zum möglichen Protokoll zur Berner Konvention und zum „Neuen Instrument" im Dezember 1994, ZUM 1995, 307; *ders.,* Bericht über die WIPO-Sitzungen zum möglichen Protokoll zur Berner Konvention und zum „Neuen Instrument" im September 1995, ZUM 1995, 815; *ders.,* Bericht über die WIPO-Sitzungen zum möglichen Protokoll der Berner Konvention und zum „Neuen Instrument" vom 1. bis 9. Februar 1996, ZUM 1996, 564; *v. Lewinski,* Die diplomatische Konferenz der WIPO 1996 zum Urheberrecht und zu verwandten Schutzrechten, GRUR Int. 1997, 667; *dies.,* Die WIPO-Verträge zum Urheberrecht und zu verwandten Schutzrechten vom Dezember 1996, CR 1997, 438; *dies.,* WIPO Diplomatische Konferenz der WIPO 2000 zum Schutz der audiovisuellen Darbietungen, GRUR Int. 2001, 529; Conference Results in Two New Treaties, 25 IIC (1997) 203; *dies.,* Die Diplomatische Konferenz der WIPO 2000 zum Schutz der audiovisuellen Darbietungen, GRUR Int. 2001, 529; *dies.,* The WIPO Diplomatic Conference on Audiovisual Performances: A First Résumé, (2001) EIPR 333; *dies.,* International Protection for Audiovisual Performers: A Never-Ending Story? A Resume of the WIPO Diplomatic Conference 2000, RIDA 189 (2001), 3; *dies.,* Urheberrecht und verwandte Schutzrechte im Rahmen der WIPO und neuere europäische Entwicklungen, in *Hoeren/Sieber* (Hrsg.), Handbuch Multimedia Recht, 11. Aufl., 2005, Teil 7.9.; *dies.,* International Copyright Law and Policy, 2008; *v. Lewinski/Gaster,* Die Diplomatische Konferenz der WIPO 1996 zum Urheberrecht und zu verwandten Schutzrechten, ZUM 1997, 607; *Morgan,* The Problem of the International Protection of Audiovisual Performances, 33 IIC (2002), 810; *Reinbothe,* Beschränkungen und Ausnahmen von den Rechten im WIPO-Urheberrechtsvertrag, Fs. für Dittrich, 2000, S. 251; *Reinbothe/v. Lewinski,* The WIPO Treaties 1996, 2002; *Reinbothe/Martin-Prat/v. Lewinski,* The New WIPO Treaties: A First Résumé, (1997) 4 EIPR 171; *Walter,* Öffentliche Wiedergabe und Online-Übertragung. Berner Übereinkunft, WIPO-Verträge, künftige Info-RL und deren Umsetzung in österreichisches Recht, Fs. für Dittrich, 2000, S. 363. Siehe auch die Schrifttumsnachweise zu Vor §§ 120 ff.

51 a) Am 20. 12. 1996 wurden auf einer von der Weltorganisation für geistiges Eigentum (WIPO) in Genf abgehaltenen diplomatischen Konferenz mit Delegierten von mehr als 120 Staaten zwei neue internationale Verträge über das Urheberrecht und über verwandte Schutzrechte geschlossen: der **WIPO-Urheberrechtsvertrag (WIPO Copyright Treaty, WCT)** und der **WIPO-Vertrag über Darbietungen und Tonträger (WIPO Performances and Phonograms Treaty, WPPT).** Sie lagen bis zum 31. 12. 1997 zur Unterzeichnung durch jeden Mitgliedstaat der WIPO und durch die Europäische Gemeinschaft auf. Davon machten im Fall des WCT 51 Staaten (darunter alle EU-Staaten und die USA) und die EG Gebrauch, im Fall des WPPT 50 Staaten (darunter die zum WCT genannten) und wiederum auch die EG. Für das Inkrafttreten war die Hinterlegung von jeweils 30 Ratifikations- oder Beitrittsurkunden bei der WIPO erforderlich (Art. 20 WCT, Art. 29 WPPT). Diese Bedingung wurde im Jahre 2002 erfüllt. Der WCT zählte am 5. 8. 2007 70 Mitgliedstaaten, der WPPT 68, darunter jeweils ua. die USA und eine Reihe der „neuen" EU-Staaten, noch nicht aber alle „alten" EU-Staaten und die EG selbst (Angaben nach www.wipo.int vom 5. 8. 2009). Diese planen, soweit noch ausstehend, eine gemeinsame Hinterlegung ihrer Ratifikationsurkunden, sobald die betreffenden Staaten sämtlich die Richtlinie 2001/29/EG vom 22. 5. 2001 zur Harmonisierung bestimmter Aspekte des Urheberrechts und der verwandten Schutzrechte in der Informationsgesellschaft (ABl. L 167/10 vom 22. 6. 2001 = GRUR Int. 2001, 745) in ihr nationales Recht umgesetzt haben; diese Richtlinie dient ua. der Umsetzung von WCT und WPPT. Deutschland ist der Umsetzung durch Gesetz vom 10. 8. 2003 (BGBl. 2003 II S. 745 mit Abdruck der beiden Verträge auf den S. 755 ff./770 ff.; deutsche Fassung auch in GRUR Int. 2004, 112 ff.) zugestimmt. WCT und WPPT sind seit 14. 2. 2010 für die gesamte EU in Kraft (s. GRUR Int. 2010, 179).

52 b) WCT und WPPT sind das Ergebnis der Bemühungen der **WIPO,** das internationale Urheberrecht auf der Grundlage der seit 1971 nicht mehr revidierten RBÜ (s. zu dieser Rdnr. 41 ff.) fortzuentwickeln und auch den internationalen Schutz verwandter Schutzrechte über das aus dem Jahre 1961 stammende und seitdem unveränderte Rom-Abkommen (s. Rdnr. 75 ff.) hinaus zu verbessern. Die Bemühungen liefen mehr oder weniger **parallel zur GATT-Initiative,** die 1994 in das **TRIPS-Übereinkommen** mündete (s. dazu Rdnr. 13 ff.). Im Vergleich mit TRIPS zeichnen sich WCT und WPPT durch ihren traditionelleren Ansatz aus; insb. sind sie nicht mit konkreten handelspolitischen Maßnahmen verknüpft (zu TRIPS s. Rdnr. 15) und verzichten sie auf das Schutzprinzip der Meistbegünstigung (zu TRIPS s. Rdnr. 20). Darüber hinaus tragen sie, anders als TRIPS, bereits den neuesten Entwicklungen der Informationstechnik Rechnung. Die ursprünglichen Pläne der WIPO waren auf ein **Protokoll zur RBÜ** gerichtet, durch das Unklarheiten in Bezug auf den Anwendungsbereich dieser Übereinkunft zB im Hinblick auf Computerprogramme beseitigt werden sollten. Das Vorhaben der WIPO, dabei auch Tonträger in den RBÜ-Schutz einzubeziehen, war insb. aus der Sicht des kontinentaleuropäischen Rechts systemwidrig und stieß daher auf Widerstand. Dieser führte zur Abspaltung des Tonträger-

Vorbemerkung Vor §§ 120ff.

schutzes. Dieser Schutz und dann auch der Schutz der ebenfalls als schutzwürdig beurteilten ausübenden Künstler sollte durch ein **„Neues Instrument"** gewährleistet werden. Aus dem „Berner Protokoll" erwuchs schließlich der **WCT** und aus dem „Neuen Instrument" der **WPPT**. Zum WPPT s. Näheres unter Rdnr. 84 ff. Nicht erfolgreich waren bisher die Bemühungen, den WPPT um ein internationales Instrument zum Schutz von audiovisuellen Darbietungen zugunsten der Filmkünstler, einen **WIPO Audiovisual Performances Treaty (WAPT)** zu ergänzen. Die betreffende Diplomatische Konferenz der WIPO 2000 endete ohne abschließendes Ergebnis (s. insbes. *v. Lewinski* GRUR Int. 2001, 529 ff.). Ebenfalls noch nicht zum Abschluss gekommen sind die Arbeiten an einem neuen **WIPO-Vertrag über den Schutz von Sendeunternehmen** (WIPO Treaty on the Protection of Broadcasting Organizations; zu den Vorarbeiten und zum aktuellen Stand der Erörterungen s. *v. Lewinski* (2008), S. 511 ff.).

c) Der **WCT** ist nach seinem Art. 1 Abs. 1 ein **Sonderabkommen iSd. Art. 20 S. 1 RBÜ**, 53 der den Verbandsländern den Abschluss solcher Abkommen vorbehält, wenn diese den Urhebern mehr Rechte als die RBÜ gewähren und den Bestimmungen der RBÜ nicht zuwiderlaufen. Die Verpflichtungen der Vertragsparteien aus der RBÜ werden demgemäß nach Art. 1 Abs. 2 WCT nicht beeinträchtigt, und den Vertragsparteien ist es durch Art. 1 Abs. 4 auferlegt, den Art. 1 bis 21 und dem Anhang der RBÜ nachzukommen. Durch Verweisung auf die Art. 2 bis 6 RBÜ in Art. 3 WCT wird insb. erreicht, dass die grundlegenden RBÜ-Regeln über die **Gegenstände des Schutzes** (Art. 2 RBÜ; s. Rdnr. 46), über den **Anwendungsbereich** (Art. 3 und 4 RBÜ; s. Rdnr. 46) sowie über die grundlegenden Schutzprinzipien der **Inländerbehandlung,** des Schutzes durch **Mindestrechte** und der **Formlosigkeit** des Schutzes (Art. 5 RBÜ; s. Rdnr. 47) für den WCT entsprechend gelten. Durch Verweisung in Art. 13 WCT auf Art. 18 RBÜ ist auch die **Anwendung des WCT in zeitlicher Hinsicht** wie in der RBÜ geregelt (s. Rdnr. 46). Ähnlich wie in TRIPS finden sich darüber hinaus in den Art. 2, 4 und 5 WCT Klarstellungen über den urheberrechtlichen **Werkbegriff** (Art. 2; zu TRIPS s. Rdnr. 21), über **Computerprogramme** und **Datensammlungen** (Art. 3, 4; zu TRIPS s. Rdnr. 21). In Art. 6 Abs. 1 WCT wird den Urhebern als neues allgemeines Mindestrecht das ausschließliche **Verbreitungsrecht** gewährt, das in der RBÜ in deren Art. 14 Abs. 1 Nr. 1, Art. 14bis Abs. 1 S. 1 nur in Bezug auf filmisch bearbeitete Werke und Filmwerke vorgesehen ist (sa. Rdnr. 47). Den Vertragsstaaten ist vorbehalten, die **Erschöpfung** des Verbreitungsrechts zu regeln (Art. 6 Abs. 2 WCT). Im selben Ausmaß wie in TRIPS, in Bezug auf Tonträger aber eindeutiger als dort (s. Rdnr. 22) steht den Urhebern von Computerprogrammen, Filmwerken und auf Tonträgern aufgenommenen Werken auch ein ausschließliches **Vermietrecht** zu.

d) Eine besonders wichtige, in TRIPS nicht und in der RBÜ nur partiell als Mindestrecht 54 ausgestaltete urheberrechtliche Befugnis ist das in Art. 8 WCT anerkannte allgemeine, ausschließliche **Recht der öffentlichen Wiedergabe** in unkörperlicher Form. Dieses Recht schließt außerdem als weitere äußerst bedeutsame Neuerung das **Onlinerecht** der Urheber ein, das ähnlich wie das Verbreitungsrecht (dieses für die Werkverwertung in körperlicher Form) definiert ist als das Recht der Urheber zur „Zugänglichmachung ihrer Werke in der Weise, dass sie Mitgliedern der Öffentlichkeit an Orten und zu Zeiten ihrer Wahl zugänglich sind". Dieses Recht erlaubt es den Urhebern, die Nutzung ihrer Werke über zum Abruf bereitstehende Online-Datenbanken zu kontrollieren.

e) Eine weitere Verbesserung der Rechtsstellung der Urheber im Vergleich mit der RBÜ 55 (s. Rdnr. 48) und mit TRIPS, das insoweit in Art. 12 auf die RBÜ verweist (s. Rdnr. 22), bezieht sich auf die **Schutzdauer von Werken der Fotografie** (Art. 8 WCT). Die WCT-Vertragsstaaten dürfen die auf 25 Jahre ab Herstellung verkürzte Mindestschutzdauer für solche Werke nach Art. 7 Abs. 4 RBÜ nicht anwenden. Darüber hinaus bestimmt Art. 10 WCT in Bezug auf **gesetzliche Schranken der Verwertungsrechte** der Urheber, dass die Vertragsstaaten sie nur für bestimmte Sonderfälle vorsehen dürfen und dass diese Schranken weder die normale Verwertung der Werke beeinträchtigen noch die berechtigten Interessen der Urheber unzumutbar verletzen dürfen (sog. **Dreistufentest;** s. dazu unter Rdnr. 22 im Zusammenhang mit TRIPS). Dies entspricht Art. 13 TRIPS (s. Rdnr. 22) und verallgemeinert die Regel des Art. 9 Abs. 2 RBÜ für das Vervielfältigungsrecht.

f) Wiederum neuartig sind die in Art. 11 und 12 WCT vorgesehenen Verpflichtungen der Ver- 56 tragsstaaten in Bezug auf die **Unterbindung der Umgehung von technischen Schutzvorkehrungen,** von denen die Urheber im Zusammenhang mit der Ausübung ihrer Rechte Gebrauch machen (Art. 11), sowie im Hinblick auf die Verhinderung der unbefugten **Entfernung oder Änderung elektronischer Informationen für die Rechtewahrnehmung** (Art. 12).

Vor §§ 120ff. Vorbemerkung

Zu denken ist im ersten Fall zB an Maßnahmen gegen die unbefugte Dekodierung von kodierten Satellitensendungen oder die Umgehung von technischen Kopierschutzmaßnahmen. Im zweiten Fall sollen nach der Definition des Art. 12 Abs. 2 WCT elektronische Informationen an Vervielfältigungsstücken eines Werkes oder im Zusammenhang mit der öffentlichen Werkwiedergabe geschützt werden, die das Werk, den Urheber des Werkes, den Inhaber eines Rechts an dem Werk identifizieren, ebenso Informationen über die Nutzungsbedingungen des Werkes sowie Zahlen oder Codes, die derartige Informationen darstellen.

57 g) Im Vergleich mit TRIPS, das in seinen Art. 41 ff. ausführliche Bestimmungen über die **Durchsetzung der Rechte des geistigen Eigentums** enthält (s. Rdnr. 15), regelt Art. 14 WCT diesbezüglich nur ganz allgemein formulierte Verpflichtungen der Vertragsparteien.

3. Welturheberrechtsabkommen (WUA)

58 a) Der dritte große mehrseitige internationale Vertrag nur auf dem Gebiet des Urheberrechts ist das **Welturheberrechtsabkommen** (WUA), das mit drei Zusatzprotokollen am 6. 9. 1952 in **Genf** unterzeichnet und am 24. 7. 1971 mit zwei Zusatzprotokollen in **Paris** revidiert wurde. Es ist am 16. 9. 1955 in der ursprünglichen Fassung und am 10. 7. 1974 in der revidierten Fassung insgesamt und für die Bundesrepublik Deutschland in Kraft getreten (BGBl. 1955 II S. 101; Inkrafttreten des Zusatzprotokolls Nr. 3 am 3. 6. 1955, BGBl. 1955 II S. 892; BGBl. 2009 II S. 1069/1111 und 1974 II S. 1309; Angaben nach BGBl. 2009 II vom 18. 2. 2009 – Fundstellennachweis B S. 385). Das WUA zählte am 5. 8. 2009 **100 Mitgliedstaaten**, für alle diese Staaten war die ursprüngliche Fassung, für 65 Mitgliedstaaten auch die revidierte Fassung verbindlich (Angaben nach www.unesco.org vom 5. 8. 2009).

59 Das WUA hat durch den Beitritt der **USA** zur Berner Union im Jahre 1989 und zahlreicher weiterer Staaten in der Folgezeit erheblich an Bedeutung verloren; s. dazu auch *Katzenberger* GRUR Int. 1995, 447/454 f. sowie Rdnr. 61. Die ehem. Sowjetunion war dem WUA im Jahre 1973 beigetreten (zur Bedeutung dieses Vorgangs s. die Nachw. unter Rdnr. 22 in der 1. Auflage). Die **Russische Föderation** ist mit Wirkung zum Jahre 1995 ebenfalls der RBÜ beigetreten. Die **VR China** war ihr bereits im Jahre 1992 vorausgegangen. Anders als im Falle der RBÜ (s. dort Art. 18) kommt dem Beitritt eines neuen Mitgliedstaates zum WUA im Übrigen **keine rückwirkende Kraft** zu, so dass Werke von Urhebern des neuen Mitgliedstaates, die im Zeitpunkt des Inkrafttretens in den anderen Vertragsstaaten ungeschützt waren, es auch nach diesem Zeitpunkt blieben; umgekehrt gilt das Gleiche (Art. VII WUA). Vorbehalten bleibt ein Schutz auf Grund eines **anderen** mehrseitigen oder zweiseitigen **internationalen Vertrags**, wie zB der RBÜ, oder des **nationalen Fremdenrechts**. Daher konnte zB der Roman „August Vierzehn" des russischen Schriftstellers Alexander Solschenizyn durch Erstveröffentlichung (iSd. ersten Erscheinens) in dem Verbandsland Frankreich der RBÜ (s. Rdnr. 45) den Urheberrechtsschutz auch in der Bundesrepublik Deutschland erlangen; die russische „Samisdat"-Ausgabe dieses Romans, die in der ehem. Sowjetunion früher zirkulierte, aber der allgemeinen Öffentlichkeit nicht zugänglich war, stand dem ebenso wenig entgegen wie das staatliche Außenhandelsmonopol der ehem. Sowjetunion (BGHZ 64, 183/186 ff. – August Vierzehn; s. dazu auch § 6 Rdnr. 35, 40, dort Rdnr. 45 auch zum Konventionsschutz des zuerst in Italien in italienischer Übersetzung erschienenen Romans „Dr. Schiwago" des russischen Autors Boris Pasternak; *Dietz* GRUR Int. 1975, 341 ff.). Bei einem ersten Erscheinen des Werkes in der Bundesrepublik Deutschland wäre der Schutz nach § 121 Abs. 1 begründet worden.

60 **Mitgliedstaaten des Welturheberrechtsabkommens waren am 5. 8. 2009** (in Klammern die für das Land verbindliche jüngste Fassung, bezeichnet nach den Konferenzorten, (Angaben nach www.unesco.org vom 5. 8. 2009):

Albanien (Paris)
Algerien (Paris)
Andorra (Genf)
Argentinien (Genf)
Aserbaidschan (Genf)
Australien (Paris)
Bahamas (Paris)
Bangladesch (Paris)
Barbados (Paris)
Belgien (Genf)
Belize (Genf)

Bolivien (Paris)
Bosnien-Herzegowina (Paris)
Brasilien (Paris)
Bulgarien (Paris)
Chile (Genf)
China, Volksrepublik (Paris)
Costa Rica (Paris)
Dänemark (Paris)
Deutschland (Paris)
Dominikanische Republik (Paris)
Ecuador (Paris)

Vorbemerkung   **Vor §§ 120ff.**

El Salvador (Paris)
Fidschi (Genf)
Finnland (Paris)
Frankreich (Paris)
Ghana (Genf)
Griechenland (Genf)
Guatemala (Genf)
Guinea (Paris)
Haiti (Genf)
Indien (Paris)
Irland (Genf)
Island (Genf)
Israel (Genf)
Italien (Paris)
Japan (Paris)
Kambodscha (Genf)
Kamerun (Paris)
Kanada (Genf)
Kasachstan (Genf)
Kenia (Paris)
Kolumbien (Paris)
Korea, Republik (Paris)
Kroatien (Paris)
Kuba (Genf)
Laos (Genf)
Libanon (Genf)
Liberia (Genf)
Liechtenstein (Paris)
Luxemburg (Genf)
Malawi (Genf)
Malta (Genf)
Marokko (Paris)
Mauritius (Genf)
Mazedonien, ehem. jug. Rep. (Paris)
Mexiko (Paris)
Moldau (Genf)
Monaco (Paris)
Montenegro (Paris)
Neuseeland (Genf)

Nicaragua (Genf)
Niederlande (Paris)
Niger (Paris)
Nigeria (Genf)
Norwegen (Paris)
Österreich (Paris)
Pakistan (Genf)
Panama (Paris)
Paraguay (Genf)
Peru (Paris)
Polen (Paris)
Portugal (Paris)
Ruanda (Paris)
Russische Föderation (Paris)
Sambia (Genf)
St. Vincent und Grenadinen (Paris)
Saudi-Arabien (Paris)
Schweden (Paris)
Schweiz (Paris)
Senegal (Paris)
Serbien (Paris)
Slowakei (Paris)
Slowenien (Paris)
Spanien (Paris)
Sri Lanka (Paris)
Tadschikistan (Genf)
Togo (Paris)
Trinidad und Tobago (Paris)
Tschechische Republik (Paris)
Tunesien (Paris)
Ukraine (Genf)
Ungarn (Paris)
Uruguay (Paris)
Vatikanstadt (Paris)
Venezuela (Paris)
Vgt. Staaten von Amerika (Paris)
Vereinigtes Königreich (Paris)
Weißrussland (Genf)
Zypern (Paris)

b) Für die **Beziehungen zweier Vertragsstaaten** des WUA, von denen einer dem Abkommen idF von **Paris**, der andere dem in der **ursprünglichen Fassung** angehört, ist die Letztere maßgebend (Art. IX Abs. 4 S. 1). In besonderer Weise und mit dem Ziel des Vorrangs und des Schutzes der älteren Konvention ist im WUA dem **Verhältnis zur RBÜ** Rechnung getragen: Nach Art. XVII WUA und einer Zusatzerklärung dazu ist in den Beziehungen zwischen den Ländern der Berner Union auf den Schutz von Werken, die als Ursprungsland iSd. RBÜ ein Verbandsland der Berner Union haben, das WUA nicht anzuwenden (lit. c der Zusatzerklärung); dies gilt selbst dann, wenn im Einzelfall die Regelung des WUA für den Urheber günstiger wäre als diejenige der RBÜ (s. dazu das Beispiel bei *Ulmer*[3] § 15 VII 1). Auch kann in den Ländern der Berner Union ein Werk, das als Ursprungsland iSd. RBÜ ein Land hat, das nach dem 1. 1. 1951 aus der Berner Union ausgetreten ist, nicht durch das WUA geschützt werden, es sei denn, es handelt sich um ein Entwicklungsland (lit. a, b der Zusatzerklärung; s. auch allgemein zum **Sonderstatus der Entwicklungsländer** in der RBÜ und im WUA *Ulmer*[3] §§ 14 VI, 15 VI u. GRUR Int. 1971, 423 ff.). 61

c) Gegenstand des Schutzes durch das WUA sind **Werke der Literatur, Wissenschaft und Kunst** (Art. I) und damit, weil die Werke der Wissenschaft im Werkekatalog des Art. 2 Abs. 1 RBÜ (s. Rdnr. 46) ebenfalls genannt sind, grundsätzlich die gleichen wie in der RBÜ; ausdrücklich und beispielhaft genannt sind Schriftwerke, musikalische und dramatische Werke, Filmwerke, Werke der Malerei, Stiche und Werke der Bildhauerei (Art. I; zur Frage des Schutzes 62 auch von Werken der Fotografie, der angewandten Kunst und der Baukunst s. *Ulmer*³ § 15 II 1). Wie nach der Stockholmer und Pariser Fassung der RBÜ (s. Rdnr. 46) sind auch nach dem WUA nur geschützt die veröffentlichten und unveröffentlichten **Werke der Angehörigen eines Vertragsstaates** sowie die **zuerst in einem Vertragsstaat veröffentlichten Werke** anderer Urheber (Art. II). **Veröffentlicht** sind auch iSd. WUA nur die in körperlichen Werkexemplaren **erschienenen** Werke; abweichend von der Regelung der RBÜ müssen die Werkexemplare es aber gestatten, das Werk zu lesen oder sonst mit dem Auge wahrzunehmen (Art. VI); so dass insb. die Vervielfältigung und Verbreitung eines Werkes auf **Tonträgern** nicht zur Veröffentlichung führt (*Nordemann/Vinck/Hertin* WUA Art. II Rdnr. 4, Art. VI Rdnr. 5; *Ulmer*³ § 15 III). Abweichend von der Regelung in der RBÜ (s. Rdnr. 46) sieht das WUA nicht vor, dass der Schutz durch dieses Abkommen auch noch durch eine Veröffentlichung in einem Vertragsstaat begründet werden kann, die innerhalb einer Frist von 30 Tagen nach der Erstveröffentlichung in einem Nichtvertragsstaat erfolgt.

63 d) Unveröffentlichte Werke sind auch nach dem WUA von den Vertragsstaaten ohne die **Erfüllung von Förmlichkeiten** zu schützen (Art. III Abs. 4). Für den Schutz veröffentlichter Werke können die Vertragsstaaten aber die Erfüllung von Förmlichkeiten verlangen, und zwar Förmlichkeiten beliebiger Art hinsichtlich der Werke ihrer eigenen Angehörigen sowie der in ihrem Hoheitsgebiet zum ersten Mal veröffentlichten Werke (Art. III Abs. 2). Hinsichtlich der Werke von Urhebern anderer Vertragsstaaten, die außerhalb seines Hoheitsgebiets zum ersten Mal veröffentlicht worden sind, muss jeder Vertragsstaat die in seinem innerstaatlichen Recht vorgesehenen formalen Schutzerfordernisse als erfüllt ansehen, wenn alle Werkstücke, die mit Erlaubnis des Urhebers oder eines anderen Inhabers des Urheberrechts veröffentlicht worden sind, von der ersten Veröffentlichung des Werkes an das Kennzeichen © iVm. dem Namen des Inhabers des Urheberrechts und der Jahreszahl der ersten Veröffentlichung tragen (Art. III Abs. 1).

64 e) Das tragende Prinzip für den **Inhalt des Schutzes** ist auch im WUA dasjenige der **Inländerbehandlung.** Jeder Vertragsstaat gewährt den für seine eigenen Staatsangehörigen vorgesehenen Schutz auch den veröffentlichten und unveröffentlichten Werken der Angehörigen jedes anderen Vertragsstaats sowie denjenigen Werken, die erstmals in einem anderen Vertragsstaat veröffentlicht worden sind (Art. II Abs. 1, 2). Daneben umfassen die Rechte, zu deren ausreichendem und wirksamem Schutz die Vertragsstaaten nach Art. I verpflichtet sind, nach dem anlässlich der Revision des WUA in Paris im Jahre 1971 eingefügten Art. IVbis Abs. 1 die **grundlegenden Rechte,** die die wirtschaftlichen Interessen des Urhebers schützen, insb. das Vervielfältigungs-, das Aufführungs- und das Senderecht, und zwar sowohl bezüglich der ursprünglichen Form eines Werkes als auch hinsichtlich einer erkennbar von dem ursprünglichen Werk abgeleiteten Form. Schon in der ursprünglichen Fassung des WUA im gleichen Sinne anerkannt ist das **Übersetzungsrecht** (Art. V Abs. 1; zu den Ausnahmen davon *Ulmer*³ § 15 V 3). Ob es sich bei diesen Rechten um **„besonders gewährte Rechte"** in dem zur RBÜ beschriebenen Sinne (Rdnr. 47) handelt, auf die der Urheber eines Vertragsstaats sich in den anderen Vertragsstaaten unmittelbar berufen kann, wenn deren Verfassungsrecht eine solche Berufung zulässt (s. Rdnr. 114), ist fraglich (verneinend *Nordemann/Vinck/Hertin* WUA Art. IVbis Rdnr. 1; die Formulierung als bloße Verpflichtung der Vertragsstaaten steht einer solchen Qualifizierung aber nicht entgegen, vgl. *Ulmer* GRUR Int. 1960, 57/62). Jedenfalls sieht Art. IVbis Abs. 2 vor, dass jeder Vertragsstaat von den in Abs. 1 genannten Rechten Ausnahmen vorsehen kann, die aber dem Geist und den Bestimmungen des WUA nicht widersprechen dürfen; auch muss jedem dieser Rechte stets ein angemessenes Maß an wirksamem Schutz gewährt werden. Das **Urheberpersönlichkeitsrecht** anerkennt das WUA mit Rücksicht auf die Rechtslage in den USA **nicht.**

65 f) Für die **Schutzdauer** sieht Art. IV WUA folgende Regelung vor: Die Schutzdauer wird durch das Recht desjenigen Landes bestimmt, für das entsprechend dem Prinzip der Inländerbehandlung der Schutz beansprucht wird (Art. IV Abs. 1), sie umfasst aber grundsätzlich die Lebenszeit des Urhebers und 25 Jahre nach seinem Tod (Art. IV Abs. 2 S. 1). Ein Vertragsstaat, der in dem Zeitpunkt, in dem das WUA für ihn in Kraft tritt, die Schutzdauer nicht auf der Grundlage der Lebenszeit des Urhebers berechnet, ist befugt, sie von der ersten Veröffentlichung (iSd. Erscheinens, s. Rdnr. 62) oder von der der Veröffentlichung vorausgehenden Registrierung des Werkes an zu berechnen; die Schutzdauer muss dabei mindestens 25 Jahre betragen (Art. IV Abs. 2 lit. a, b). In Fällen, in denen die Rechtsvorschriften eines Vertragsstaats zwei oder mehr aufeinander folgende Schutzfristen vorsehen, muss die erste mindestens 25 Jahre betragen

Vorbemerkung **Vor §§ 120ff.**

(Art. IV Abs. 2 lit. c). Die Regelungen der Art. IV Abs. 2 tragen dem früheren, aber für ältere Werke auch heute noch bedeutsamen Recht der USA Rechnung. Eine Sonderregelung iS einer nur 10jährigen Schutzdauer gilt für Werke der Fotografie und der angewandten Kunst (Art. IV Abs. 3). Wie die RBÜ (s. Rdnr. 48) sieht das WUA iS einer Einschränkung des Prinzips der Inländerbehandlung einen **Vergleich der Schutzfristen** vor: Kein Vertragsstaat ist verpflichtet, einem Werk einen längeren Schutz als den zu gewähren, der für Werke dieser Art in dem Vertragsstaat festgelegt ist, in dem das Werk zuerst veröffentlicht worden ist oder dem der Urheber eines unveröffentlichten Werkes angehört (Art. IV Abs. 4 lit. a). Durch den Vergleich mit der im Ursprungsland geltenden Schutzdauer „für Werke dieser Art" wird einer Schutzversagung mit dem Argument vorgebeugt, das betreffende konkrete Werk sei im Ursprungsland zB wegen Nichterfüllung der dort vorgesehenen Formalitäten nicht geschützt, so dass seine Schutzdauer null betrage (s. dazu *Ulmer*³ § 15 V 2; sa. Rdnr. 133). Besondere Regelungen über den Schutzfristenvergleich berücksichtigen die Verhältnisse bei Vertragsstaaten mit zwei oder mehr aufeinander folgenden Schutzfristen (Art. IV Abs. 4 lit. b), den Fall der Erstveröffentlichung eines Werkes eines Angehörigen eines Vertragsstaats in einem Nichtvertragsstaat (Art. IV Abs. 5) sowie den Fall der gleichzeitigen Veröffentlichung in zwei oder mehr Vertragsstaaten, wobei Gleichzeitigkeit auch bei einer Veröffentlichung innerhalb von 30 Tagen seit der ersten Veröffentlichung vorliegt (Art. IV Abs. 6). In der Bundesrepublik Deutschland bestimmt **§ 140 UrhG,** durch den dem Gesetz über das WUA (BGBl. 1955 II S. 101) ein entsprechender neuer Art. 2a eingefügt wurde, dass der Schutzfristenvergleich nach Art. IV Abs. 4–6 WUA durchzuführen ist. Für die Rechtslage vor Inkrafttreten des UrhG am 1. 1. 1966 vgl. die Kommentierung des § 140.

4. Übereinkunft von Montevideo betreffend den Schutz von Werken der Literatur und Kunst

Deutschland ist im Jahre 1927 der lateinamerikanischen **Übereinkunft von Montevideo** 66 vom 11. 1. 1889 betreffend den Schutz von Werken der Literatur und Kunst nebst Zusatzprotokoll vom 13. 2. 1889 beigetreten (Gesetz vom 26. 3. 1927, RGBl. 1927 II S. 95). Die Übereinkunft ist für Deutschland im Verhältnis zu **Argentinien** und **Paraguay** am 1. 9. 1927 (Bek. vom 22. 9. 1927, RGBl. 1927 II S. 883) und zu **Bolivien** am 14. 9. 1927 (Bek. vom 13. 10. 1927, RGBl. 1927 II S. 9) in Kraft getreten. Durch einen Notenwechsel vom 7. 2./23. 6. 1950 (BAnz. Nr. 144 S. 50) wurde die Weiteranwendung der Übereinkunft bekräftigt (Angaben nach BGBl. 2009 II vom 18. 2. 2009 – Fundstellennachweis B S. 242).

Die Übereinkunft sieht in der Bestimmung des Art. 2 über den internationalen Schutz vor, 67 dass dem Urheber eines literarischen oder künstlerischen Werkes und seinem Rechtsnachfolger in den Vertragsstaaten diejenigen Rechte zustehen, die das Gesetz des Staates gewährt, in welchem die erste Veröffentlichung oder Herstellung stattgefunden hat. Das damit anwendbare **Recht des Ursprungslandes** widerspricht den Regeln der RBÜ und des WUA, die über das Prinzip der Inländerbehandlung (s. Rdnr. 47, 64) auf das **Recht des Schutzlandes** abstellen. Die Bestimmung ist daher in den Beziehungen der Bundesrepublik Deutschland zu allen drei genannten Staaten spätestens seit deren Beitritt zur RBÜ (Argentinien 1967, Paraguay 1992 und Bolivien 1993) grundsätzlich **nicht mehr anwendbar** (Art. 20 RBÜ; s. zum Ergebnis *Fromm/Nordemann*⁹ § 121 Rdnr. 4). Der zeitlich vorausgegangene Beitritt der drei lateinamerikanischen Staaten zum WUA (Argentinien 1958, Paraguay 1962 und Bolivien 1990) bewirkte dieses Ergebnis jedoch schon zu einem jeweils früheren Zeitpunkt (Art. XIX WUA). Nicht gefolgt werden kann dagegen der weitergehenden Auffassung, der Beitritt Deutschlands und anderer europäischer Staaten zur Übereinkunft von Montevideo sei bereits dadurch gegenstandslos geworden, dass die drei lateinamerikanischen Staaten 1947 (Bolivien), 1949 (Paraguay) und 1953 (Argentinien) das interamerikanische Abkommen von Washington von 1946 ratifiziert hätten (so *Goldbaum,* Lateinamerikanische urheberrechtliche Gesetzgebung, 1959, S. 95). Dieser Vorgang konnte die völkervertragsrechtlichen Beziehungen der drei Staaten zu Deutschland und den anderen europäischen Staaten schon deshalb nicht tangieren, weil diese Staaten ihrerseits dem Washingtoner Abkommen nicht beigetreten sind; es stand ihnen noch nicht einmal zum Beitritt offen (s. *Ulmer*³ § 12 VII.). Demgemäß geht auch das moderne lateinamerikanische Schrifttum davon aus, dass die Übereinkunft von Montevideo im Verhältnis zwischen lateinamerikanischen und europäischen Staaten erst durch den Beitritt der Ersteren zum WUA und zur RBÜ verdrängt worden ist (s. *Lipszyc* in *Lipszyc/Villalba/Uchtenhagen,* La protección del derecho de autor en el sistema interamericano, 1998, S. 15/36). **Übergangsrechtlich** und im Hinblick

Vor §§ 120ff. Vorbemerkung

auf unter ihrer Wirksamkeit **wohlerworbene Rechte** ist die Übereinkunft von Montevideo im Übrigen nach wie vor zu beachten (s. Art. XIX S. 3 WUA). Die Übereinkunft von Montevideo ist abgedruckt bei *Bappert/Wagner* S. 297 ff. und bei *Nordemann/Vinck/Hertin* S. 446 ff.

5. Zweiseitige internationale Verträge auf dem Gebiet des Urheberrechts

68   a) Für die Urheberrechtsbeziehungen der Bundesrepublik Deutschland mit ausländischen Staaten stehen die großen Konventionen TRIPS, RBÜ (in Zukunft ergänzt durch WCT) und WUA ganz im Vordergrund. **Zweiseitige Staatsverträge** sind daher vor allem dann von Bedeutung, wenn sie die Bundesrepublik Deutschland mit Staaten verbinden, die **weder TRIPS-Mitglieder** (s. Rdnr. 16), **noch Verbandsland der Berner Union** (s. Rdnr. 45), **noch Vertragsstaat des WUA** (s. Rdnr. 60) sind. Ein solches Abkommen ist das zwischen Deutschland und dem **Iran** vom 24. 2. 1930 (RGBl. 1930 II S. 981) über den Schutz von Erfindungspatenten, Fabrik- oder Handelsmarken, von Handelsnamen und Mustern sowie von Werken der Literatur und Kunst, das am 1. 2. 1931 in Kraft getreten ist (RGBl. 1931 II S. 29). Ein Protokoll über die Geltung dieses Abkommens ist von der Bundesrepublik Deutschland und dem Iran am 4. 11. 1954 unterzeichnet worden und am selben Tag in Kraft getreten (BGBl. 1955 II S. 829). Zu zweiseitigen Abkommen der Bundesrepublik Deutschland über **Investitionsschutz**, die ebenfalls solche Staaten betreffen können und die ua. auch das Urheberrecht als Schutzgegenstand anerkennen, s. Rdnr. 39.

69   b) Zweiseitige internationale Verträge, die zumindest auch den Urheberrechtsschutz zum Gegenstand haben, bestehen ferner zwischen der Bundesrepublik Deutschland und solchen Staaten, die **zugleich TRIPS-Mitglieder** (s. Rdnr. 16), **Verbandsländer der Berner Union** (s. Rdnr. 45) oder/und **Vertragsstaaten des WUA** (s. Rdnr. 60) sind. Bei der Anwendung dieser Verträge ist zu beachten, dass Art. 20 RBÜ, der auch für TRIPS gilt (s. Rdnr. 18), sie unberührt lässt, soweit sie den Urhebern mehr Rechte verleihen als die RBÜ selbst, dass die Bestimmungen solcher Verträge aber der RBÜ nicht zuwiderlaufen dürfen. Nach Art. XIX WUA setzt dieses Abkommen ältere zweiseitige (und mehrseitige) Staatsverträge zwischen Vertragsstaaten des WUA nicht außer Kraft (S. 1), hat aber Vorrang vor abweichenden Bestimmungen solcher Verträge (S. 2; s. dazu auch Rdnr. 72). Unberührt bleiben die Rechte an einem Werk, die in einem Vertragsstaat des WUA auf Grund älterer Verträge oder Vereinbarungen erworben worden sind, bevor das WUA für diesen Staat in Kraft getreten ist (S. 3). Dem zuletzt Gesagten kommt Bedeutung vor allem in Hinblick darauf zu, dass das WUA selbst nach Art. VII den Schutz für Werke nicht begründet, die bei Inkrafttreten dieses Abkommens für einen Vertragsstaat schon geschaffen, aber nicht geschützt waren (sa. Rdnr. 51; zum Abkommen zwischen Deutschland und den USA von 1892 s. Rdnr. 72). Eine Garantie für die Vollständigkeit der unter Rdnr. 70 folgenden Liste und für die fortdauernde Wirksamkeit der dort aufgeführten Verträge kann nicht übernommen werden.

70   Unter diesen Vorbehalten sind folgende **zweiseitige internationale Verträge** Deutschlands mit anderen Staaten zu beachten (in Klammern Mitgliedschaft in TRIPS, in der Berner Union (RBÜ), Zugehörigkeit zum WUA mit Datum des Wirksamwerdens, Datum des zweiseitigen Vertrags, Zustimmungsgesetz, Fundstelle und Datum des Inkrafttretens; Angaben nach BGBl. 2009 II vom 18. 2. 2009 – Fundstellennachweis B; *Haertel/Schneider,* Taschenbuch des Urheberrechts, 1955):

Ägypten (TRIPS, RBÜ, Abkommen vom 21. 4. 1951, Gesetz vom 24. 4. 1952, BGBl. 1952 II S. 525, in Kraft am 31. 5. 1952; sa. Vereinbarung vom 15. 5. 1992/7. 3. 1994, in Kraft am 27. 3. 1994, BGBl. 1994 II S. 3763),

Brasilien (TRIPS, RBÜ, WUA, Abkommen vom 4. 9. 1953, Gesetz vom 18. 5. 1954, BGBl. 1954 II S. 533, in Kraft am 23. 5. 1958),

Ecuador (TRIPS, RBÜ, WUA, Vereinbarung vom 1. 8. 1953, Gesetz vom 14. 7. 1954, BGBl. 1954 II S. 712, in Kraft am 15. 10. 1954),

Griechenland (TRIPS, RBÜ, WUA, Vertrag vom 12. 2. 1951, Gesetz vom 21. 4. 1952, BGBl. 1952 II S. 517, in Kraft am 12. 11. 1953),

Island (TRIPS, RBÜ, WUA, Protokoll vom 19. 12. 1950, Gesetz vom 25. 9. 1956, in Kraft am 19. 12. 1950),

Jugoslawien (RBÜ, WUA, Abkommen vom 21. 7. 1954, BGBl. 1955 II S. 89; in Kraft am 29. 5. 1956),

Kolumbien (TRIPS, RBÜ, WUA, Vertrag vom 11. 5. 1959, Gesetz vom 16. 1. 1961, BGBl. 1961 II S. 13, in Kraft am 15. 1. 1966),

Vorbemerkung   Vor §§ 120ff.

Libanon (RBÜ, WUA, Abkommen vom 8. 3. 1955, Gesetz vom 27. 10. 1955, BGBl. 1955 II
S. 897, in Kraft am 17. 4. 1964),
Mexiko (TRIPS, RBÜ, WUA, Vertrag vom 4. 11. 1954, Gesetz vom 27. 10. 1955, BGBl. 1955
II S. 903, in Kraft am 20. 2. 1956),
Österreich (s. Rdnr. 73),
Pakistan (TRIPS, RBÜ, WUA, Abkommen vom 4. 3. 1950, Gesetz vom 23. 10. 1950,
BGBl. 1950 S. 717, in Kraft am 15. 5. 1953),
Peru (TRIPS, RBÜ, WUA, Abkommen vom 20. 7. 1951, Gesetz vom 29. 1. 1952, BGBl. 1952
II S. 333, in Kraft am 14. 6. 1952),
Sri Lanka (Ceylon) (TRIPS, RBÜ, WUA, Protokoll vom 22. 11. 1952, Gesetz vom 16. 3. 1955,
BGBl. 1955 II S. 189, in Kraft am 8. 8. 1955),
Türkei (TRIPS, RBÜ, Vertrag vom 27. 5. 1930, Gesetz vom 26. 7. 1930, RGBl. 1930 II
S. 1026, Bek. vom 29. 5. 1952, BGBl. 1952 II S. 608, in Kraft am 25. 9. 1930),
USA (s. Rdnr. 71, 72).

c) Für die Urheberrechtsbeziehungen zwischen der **Bundesrepublik Deutschland** und den   71
USA ist seit Inkrafttreten von **TRIPS** für beide Staaten am 1. 1. 1995 (s. Rdnr. 14) von diesem
jüngsten schon wirksamen und das Urheberrecht insgesamt betreffenden Übereinkommen auszu-
gehen. TRIPS hat mit diesem Primat formal die **RBÜ** abgelöst, welche seit dem 1. 3. 1989, dem
Tag, an dem der Beitritt der USA zu dieser Übereinkunft wirksam wurde (s. BGBl. 1989 II
S. 100), die Urheberrechtsbeziehungen zwischen Deutschland und den USA vorrangig bestimmte.
Der RBÜ nämlich war von diesem Zeitpunkt an der **Vorrang vor dem WUA** zugekommen
(s. Rdnr. 61), welches seinerseits die Urheberrechtsbeziehungen zwischen Deutschland und den
USA vom Zeitpunkt seines Inkrafttretens für beide Staaten an, in der ursprünglichen, Genfer Fas-
sung am 16. 9. 1955 (s. Rdnr. 58; die dortigen Nachw. gelten auch für die USA), beherrscht hatte.
An diesem Vorrang der RBÜ vor dem WUA hat sich im Übrigen auch unter TRIPS jedenfalls in
den Urheberrechtsbeziehungen zwischen Deutschland und den USA als Mitgliedern aller drei
Konventionen nichts geändert, da TRIPS auch im Verhältnis seiner Mitglieder untereinander
deren Verpflichtungen aus der RBÜ unberührt lässt (s. Rdnr. 17). Auch **inhaltlich** ergibt sich
aus dem Primat von TRIPS gegenüber der RBÜ **kein Schutzdefizit**. TRIPS übernimmt
den Schutzgehalt der RBÜ durch ausdrückliche Verweisung auf deren Art. 1–21 (s. Rdnr. 18)
und fügt diesem Gehalt weitere Schutzelemente hinzu: nämlich das Meistbegünstigungsprinzip
(s. Rdnr. 20) und die sog. Bern plus-Elemente (s. Rdnr. 21 f.). Das TRIPS-Defizit in Bezug auf
das Urheberpersönlichkeitsrecht (s. Rdnr. 18) wird unter TRIPS-Mitgliedern, die zugleich der
Berner Union angehören, durch die Fortgeltung des Art. 6bis RBÜ (s. dazu *Katzenberger* GRUR
Int. 1995, 447/465) kompensiert.

Die Urheberrechtsbeziehungen zwischen Deutschland und den USA werden nach wie vor   72
auch durch das zweiseitige **Übereinkommen vom 15. 1. 1892 über den gegenseitigen
Schutz der Urheberrechte** (RGBl. 1892 S. 473; in Kraft am 6. 5. 1892) geregelt (s. dazu auch
im Zusammenhang mit den beiden Weltkriegen das Gesetz vom 18. 5. 1922, RGBl. 1922 II
S. 129 und die Proklamation des Präsidenten der Vereinigten Staaten von Amerika vom 25. 5.
1922, abgedruckt bei *Bappert/Wagner* S. 314, deutsch-amerikanischer Notenwechsel vom 6. 2./
20. 6. 1950 mit Memorandum des U. S. Copyright Office vom 24. 5. 1950, GRUR 1950, 414 f.,
sowie die Proklamation Nr. 3792 des Präsidenten der Vereinigten Staaten von Amerika betreffend
Fristverlängerung für Urheberrechte deutscher Staatsangehöriger vom 12. 7. 1967, Federal Register Vol. 32 No. 135, 10341/10342, deutsche Übersetzung in GRUR Int. 1967, 413 [mit Aufsatz von *Baeumer* S. 410 ff.] und UFITA 50 [1967] 953). Das Übereinkommen von 1892 ist insofern für die Urheber günstiger als TRIPS, RBÜ und WUA, als es in Art. 1 **Inländerbehandlung** der Angehörigen der USA in Deutschland **ohne den Vergleich von Schutzfristen**
vorsieht (s. Rdnr. 19, 48, 65). Es war zunächst durch das WUA nicht außer Kraft gesetzt worden
(s. Art. XIX S. 1 WUA) und galt daher fort, jedoch kam dem WUA bezüglich der abweichenden
Regelung über den Schutzfristenvergleich der Vorrang zu (Art. XIX S. 2 WUA), so dass der
Schutzfristenvergleich durchzuführen war. Jedoch war aus Gründen des Schutzes des Vertrauens
auf die bis zum Inkrafttreten des WUA mögliche Erlangung der vollen 50-jährigen Schutzfrist des
deutschen Rechts der Schutzfristenvergleich für amerikanische Werke nicht durchzuführen, soweit es sich um Werke handelte, die vor Inkrafttreten des WUA geschaffen worden waren; hinsichtlich der durch das UrhG im Jahre 1965 auf 70 Jahre post mortem auctoris verlängerten
Schutzfrist galt dieser Vertrauensschutz aber nicht, so dass es insoweit bei der Anwendung des
Schutzfristenvergleichs nach § 140 sein Bewenden hatte (BGHZ 70, 268/270 ff. – Buster-

Keaton-Filme; BGH GRUR 1978, 302/303 f. – Wolfsblut; s. zum Ganzen *Ulmer* GRUR Int. 1979, 39 ff.). Seit dem Beitritt der USA zur **RBÜ** mit Wirkung vom 1. 3. 1989 (s. Rdnr. 59) ist auf Grund von deren Vorrang vor dem WUA (s. Rdnr. 61) auch das Verhältnis zu dem zweiseitigen Übereinkommen von 1892 neu, nämlich nach den Regeln der RBÜ zu bestimmen. Diese sieht in ihrem Art. 20 S. 2 iVm. S. 1 anders als Art. XIX S. 2 WUA **keinen Vorrang der eigenen Regelungen** vor. Vielmehr bleiben bestehende Abkommen anwendbar, soweit sie den Urhebern mehr Rechte verleihen als die RBÜ. Daraus wird mit Grund der Schluss gezogen, dass in Bezug auf Werke US-amerikanischer Urheber nunmehr der **Vergleich der Schutzfristen ausscheidet,** weil das Übereinkommen von 1892 uneingeschränkte Inländerbehandlung vorsieht. Voraussetzung ist allerdings, dass ein Werk noch vom Anwendungsbereich der RBÜ erfasst wird. Dies setzt nach Art. 18 Abs. 1 und 2 RBÜ voraus, dass das Werk am Stichtag (1. 3. 1989) seinen Schutz weder im Ursprungsland USA, noch im Schutzland Deutschland infolge Ablaufs der Schutzdauer verloren hatte (s. zum Ergebnis und zu diesen Voraussetzungen ausführlich *Drexl* GRUR Int. 1990, 35/43 ff.; sa. *Schack*[4] Rdnr. 871; zur Schutzdauer von 70 Jahren pma. eines in den USA zunächst im Jahre 1939 erstmals anonym erschienenen Werkes eines später bekannt gewordenen, 1971 verstorbenen amerikanischen Autors s. OLG Frankfurt/M GRUR-RR 2004, 99 – Anonyme Alkoholiker; zum möglichen Wiederaufleben eines in Deutschland bereits abgelaufenen Schutzes auf Grund fortbestehenden Schutzes in einem anderen EU-Land s. § 137 f).

73 d) Für die **Urheberrechtsbeziehungen zwischen der Bundesrepublik Deutschland und Österreich** ist von der Mitgliedschaft beider Staaten in der EU und damit von der **Gleichstellung österreichischer Urheber mit deutschen Urhebern** nach § 120 Abs. 2 Nr. 2 auszugehen (s. Rdnr. 3). Im Wesentlichen überholt sein dürfte damit das Übereinkommen vom 30. 6. 1930 über Fragen des gegenseitigen gewerblichen Rechtsschutzes und des gegenseitigen Schutzes des Urheberrechts (RGBl. 1930 II S. 1077); Datum des Inkrafttretens war der 19. 9. 1930 (RGBl. 1930 II S. 1229; s. auch die Bek. über die Wiederanwendung vom 13. 3. 1952, BGBl. 1952 II S. 436). Das Übereinkommen ergänzte im Verhältnis der beiden Staaten den Schutz durch die älteren Fassungen der RBÜ (bis zur Brüsseler Fassung von 1948, s. Rdnr. 41) insoweit, als es in Art. 6 die Inländerbehandlung auch für solche Werke der Angehörigen der beiden Staaten vorsieht, die zum ersten Mal außerhalb des Gebietes der Berner Union veröffentlicht worden sind. Seit Inkrafttreten der Pariser Fassung der RBÜ auch für Österreich am 21. 8. 1982 (Inkrafttreten dieser Fassung der RBÜ für die Bundesrepublik Deutschland am 10. 10. 1974, s. Rdnr. 41) ergab sich das Gleiche auch aus der RBÜ (s. Rdnr. 46).

74 e) Hinsichtlich des **Vergleichs der Schutzfristen** nach der RBÜ (s. Rdnr. 48) war im Verhältnis der Bundesrepublik Deutschland zu einer Reihe von Staaten amtlich klargestellt worden, dass in diesen Vergleich **Verlängerungen der Schutzfristen aus Anlass des Zweiten Weltkriegs** einzubeziehen waren. Im Einzelnen handelte es sich um diplomatische Notenwechsel der Bundesrepublik Deutschland mit **Frankreich** (Notenwechsel vom 27. 2./24. 4. 1974, BGBl. 1975 II S. 189), **Italien** (Notenwechsel vom 18./28. 4. 1967, BGBl. 1967 II S. 1997) und **Österreich** (Notenwechsel vom 24. 7./7. 8. 1967, BGBl. 1968 II S. 5). Ferner war das gleiche Ergebnis im Verhältnis zu **Norwegen** durch eine Königliche Resolution dieses Staates vom 12. 5. 1967 festgestellt worden (s. die Mitteilung des Bundesministers der Justiz in GRUR Int. 1967, 413/414). Für andere Staaten, die wie **Belgien** ebenfalls eine Schutzfristverlängerung aus Anlass des Krieges vorgenommen hatten, ergab sich dasselbe unmittelbar aus Art. 7 Abs. 8 RBÜ (so die Rechtsauffassung der deutschen Bundesregierung, GRUR Int. 1967, 413; vgl. auch OLG München GRUR 1983, 295/298 – Oper Tosca – und BGHZ 95, 229/236 – Puccini – zum Schutzfristenvergleich mit Italien; *Nordemann/Vinck/Hertin* RBÜ Art. 7 Rdnr. 5 f.). Soweit sich der Vergleich der Schutzfristen auf Werke von Angehörigen dieser Staaten bezieht, sind mit ihm auch diese Verlängerungen der Schutzfristen dadurch im Prinzip obsolet geworden, dass alle diese Staaten als **Mitgliedstaaten der EU** (Belgien, Frankreich, Italien, Österreich) oder **Vertragsstaaten des EWR-Abkommens** (Norwegen) nach § 120 Abs. 2 Nr. 2 deutschen Urhebern gleichgestellt sind (s. Rdnr. 3).

IV. Internationale Verträge über verwandte Schutzrechte

1. Internationales Abkommen über den Schutz der ausübenden Künstler, der Hersteller von Tonträgern und der Sendeunternehmen (Rom-Abkommen)

75 a) Auf dem Gebiet der mit dem Urheberrecht verwandten Schutzrechte, im internationalen Sprachgebrauch der „angrenzenden Rechte" (neighbouring rights, droits voisins), ist das älteste

Vorbemerkung **Vor §§ 120ff.**

und neben TRIPS (s. Rdnr. 13ff.) bedeutsamste mehrseitige internationale Abkommen das nach seinem Unterzeichnungsort kurz **Rom-Abkommen** genannte **Internationale Abkommen über den Schutz der ausübenden Künstler, der Hersteller von Tonträgern und der Sendeunternehmen** vom 26. 10. 1961 (zur Entstehungsgeschichte s. *Baum* GRUR Int. 1953, 197 ff.; *Straus* GRUR Int. 1985, 19/21 f.; *Ulmer,* Der Rechtsschutz der ausübenden Künstler, S. 1 ff. und GRUR Int. 1961, 569 ff.; sa. neuerdings *Beining* S. 70 ff.; *Kloth* S. 32 ff.; *Straus* International Encyclopedia of Comperative Law, Vol. XIV Chapter 4, 4–29 ff.). Dieses Abkommen ist am 18. 5. 1964, für die Bundesrepublik Deutschland am 21. 10. 1966 in Kraft getreten (vgl. das Zustimmungsgesetz vom 15. 9. 1965, BGBl. 1965 II S. 1243; Bek. vom 21. 10. 1966, BGBl. 1966 II S. 1473). Art. 4 des Zustimmungsgesetzes der Bundesrepublik **schließt** die **Rückwirkung** des Abkommens auf vor dessen Inkrafttreten für die Bundesrepublik erbrachte Leistungen **aus** und nutzt damit die in Art. 20 Abs. 2 des Rom-Abkommens diesbezüglich vorgesehene Möglichkeit (sa. BGH BGHZ 123, 356/360 – Beatles).

Dem Abkommen gehörten am 5. 8. 2009 folgende **88 Staaten** an (Angaben nach www. **76** wipo.int vom 5. 8. 2009):

Albanien
Algerien
Andorra
Argentinien
Armenien
Aserbaidschan
Australien
Bahrain
Barbados
Belgien
Bolivien
Brasilien
Bulgarien
Burkina Faso
Chile
Costa Rica
Dänemark
Deutschland
Domonica
Dominikanische Republik
Ecuador
El Salvador
Estland
Fidschi
Finnland
Frankreich
Georgien
Griechenland
Guatemala
Honduras
Irland
Island
Israel
Italien
Jamaika
Japan
Kanada
Kap Verde
Kirgisistan
Kolumbien
Kongo
Korea, Republik

Kroatien
Lesotho
Lettland
Libanon
Liechtenstein
Litauen
Luxemburg
Mazedonien, ehem. jug. Rep.
Mexiko
Moldau, Republik
Monaco
Montenegro
Nicaragua
Niederlande
Niger
Nigeria
Norwegen
Österreich
Panama
Paraguay
Peru
Philippinen
Polen
Portugal
Rumänien
Russische Föderation
Schweden
Schweiz
Serbien
Slowakei
Slowenien
Spanien
St. Lucia
Syrien
Tadschikistan
Togo
Tschechische Republik
Türkei
Ukraine
Ungarn
Uruguay
Venezuela

Vor §§ 120ff. Vorbemerkung

Vereinigte Arabische Emirate Vietnam
Vereinigtes Königreich Weißrussland
Unterzeichnet haben außerdem Indien, Kambodscha und Varikanstadt.

77 **b)** Durch das Rom-Abkommen geschützt sind die **ausübenden Künstler** (nach der Definition des Art. 3 lit. a Schauspieler, Sänger, Musiker, Tänzer und andere Personen, die Werke der Literatur oder der Kunst aufführen, singen, vortragen, vorlesen, spielen oder auf irgendeine Weise darbieten), die **Hersteller von Tonträgern,** dh. nach Art. 3 lit. b von ausschließlich auf den Ton beschränkten Festlegungen der Töne einer Darbietung oder anderer Töne, sowie die **Sendeunternehmen, nicht** aber die **Filmhersteller,** dh. die Hersteller von Bildträgern bzw. Bild- und Tonträgern (vgl. zu deren Schutz durch das innerstaatliche deutsche Recht §§ 94, 95, zum internationalen Schutz § 128; zum Ausschluss von deren Schutz aus dem Rom-Abkommen und den Gründen dafür *Ulmer*[3] § 121 I 1 c, *ders.,* Der Rechtsschutz der ausübenden Künstler, S. 71 ff. und GRUR Int. 1961, 569/591 ff.).

78 **c)** Der Schutz der **ausübenden Künstler** durch das Rom-Abkommen knüpft **nicht an die Staatsangehörigkeit** des Künstlers in einem Vertragsstaat, sondern primär daran an, ob die betreffende **Darbietung in einem Vertragsstaat** stattfindet (Art. 4 lit. a; dies übersieht BGH GRUR 1986, 454/455 – Bob Dylan – mit kritischer Anm. *Krüger* S. 456 f.; gegen die Entscheidung des BGH ist Verfassungsbeschwerde eingelegt, jedoch vom BVerfGE 81, 208 – Bob Dylan zurückgewiesen worden; sa. *Krüger* GRUR Int. 1986, 381/382; *Ulmer* IPRax 1987, 13; im gleichen Sinne wie der BGH auch schon die Vorinstanz OLG München GRUR 1983, 312/314; zutreffend dagegen OLG Hamburg ZUM 1985, 371/373 – Karajan – und BGH GRUR 1987, 814/815 – Die Zauberflöte). Weitere **alternative Anknüpfungspunkte** für den internationalen Schutz des ausübenden Künstlers nach dem Rom-Abkommen sind die Festlegung seiner Darbietung auf einem nach Art. 5 des Abkommens geschützten Tonträger (Art. 4 lit. b) und die Ausstrahlung der nicht auf einem Tonträger festgelegten Darbietung durch eine nach Art. 6 des Abkommens geschützte Sendung (Art. 4 lit. c). **Hersteller von Tonträgern** sind durch das Rom-Abkommen geschützt, wenn sie Angehörige eines Vertragsstaats sind (Art. 5 Abs. 1 lit. a) oder die erste Festlegung des Tons in einem Vertragsstaat vorgenommen worden ist (Art. 5 Abs. 1 lit. b) oder der Tonträger erstmals in einem Vertragsstaat veröffentlicht worden ist (Art. 5 Abs. 1 lit. c). Letztere Bedingung ist auch erfüllt, wenn die Veröffentlichung in einem Vertragsstaat innerhalb von 30 Tagen nach der ersten Veröffentlichung in einem Nichtvertragsstaat geschieht (Art. 5 Abs. 2). Unter Veröffentlichung iSd. Rom-Abkommens ist das Angebot einer genügenden Anzahl von Vervielfältigungsstücken eines Tonträgers an die Öffentlichkeit (Art. 3 lit. d) und damit das Erscheinen iSd. § 6 Abs. 2 des deutschen UrhG (s. dort Rdnr. 29 ff.) zu verstehen. Nach Art. 5 Abs. 3 Rom-Abkommen können Staaten durch Erklärung eines Vorbehalts die Schutzbegründung durch das Merkmal der Veröffentlichung oder der Festlegung ausschließen (Art. 5 Abs. 3); die Bundesrepublik hat im letzten Punkt anlässlich der Ratifikation des Rom-Abkommens einen Vorbehalt erklärt (Art. 2 Nr. 1 des Gesetzes zum Rom-Abkommen, BGBl. 1965 II S. 1243; vgl. auch Copyright 1966, 237). **Sendeunternehmen** sind nach dem Rom-Abkommen geschützt, wenn sie in einem Vertragsstaat ihren Sitz haben (Art. 6 Abs. 1 lit. a) oder die Sendung von einem im Gebiet eines Vertragsstaats gelegenen Sender ausgestrahlt wird (Art. 6 Abs. 1 lit. b). Durch Erklärung eines Vorbehalts kann jeder Vertragsstaat den Schutz davon abhängig machen, dass beide Anknüpfungspunkte in ein und demselben Vertragsstaat zusammen vorliegen (Art. 6 Abs. 2). Die Bundesrepublik hat einen entsprechenden Vorbehalt nicht erklärt.

79 **d) Inhaltlich** beruht der Schutz durch das Rom-Abkommen wie derjenige durch die RBÜ (s. Rdnr. 47) und das WUA (s. Rdnr. 64) auf dem **Grundsatz der Inländerbehandlung.** Jeder Vertragsstaat gewährt ausübenden Künstlern, Herstellern von Tonträgern und Sendeunternehmen, die durch einen der Anknüpfungspunkte des Schutzes nach Art. 4–6 des Rom-Abkommens (s. Rdnr. 78) mit einem **anderen Vertragsstaat verbunden** sind, denselben Schutz, den er eigenen Staatsangehörigen bzw. Unternehmen mit Sitz im Inland für die hier erbrachten Leistungen gewährt (Art. 2 Abs. 1 iVm. Art. 4–6). Entgegen einer neueren Lehre (s. *v. Lewinski* (2008) S. 201 f.; *dies.,* GRUR Int. 1997, 667/671; *Loewenheim* Fs. für Straus, S. 593/595; *Loewenheim/v. Lewinski* Hdb. des Urheberrechts § 57 Rdnr. 49; *Reinbothe* GRUR Int. 1992, 707/713; *Reinbothe/v. Lewinski* S. 204) beschränkt sich die Verpflichtung zur Inländerbehandlung nicht auf die im Rom-Abkommen selbst anerkannten Rechte (s. *Katzenberger* Fs. für Dietz, S. 481/487 ff.; *Kloth,* S. 35; *Wandtke/Bullinger*[3] § 125 Rdnr. 24; im Ergebnis zum im Rom-Abkommen selbst nicht als Mindestrecht anerkannten Verbreitungsrecht der ausübenden Künstler

Vorbemerkung   Vor §§ 120ff.

ebenso ohne weiteres BGH BGHZ 121, 319/324 – The Doors). Voraussetzung der Anwendung des Rom-Abkommens sind **internationale Sachverhalte;** rein nationale Sachverhalte sind ausschließlich nach dem jeweiligen innerstaatlichen Recht zu beurteilen (*Ulmer*[3] § 121 I 1; *Nordemann/Vinck/Hertin* RA Art. 4 Rdnr. 1, 7). Da die ausländische Staatsangehörigkeit eines ausübenden Künstlers nicht Anknüpfungspunkt für den Schutz durch das Rom-Abkommen ist (s. Rdnr. 78), begründet sie auch nicht die Internationalität eines Sachverhalts iSd. Rom-Abkommens. Die Darbietung eines ausländischen Künstlers in der Bundesrepublik Deutschland ist im Hinblick auf den Schutz; in diesem Land daher nur nach §§ 73 ff., 125 Abs. 2–4, 6, nicht nach dem Rom-Abkommen iVm. § 125 Abs. 5 zu beurteilen. Im Vergleich mit der absoluten Formfreiheit des Urheberrechtsschutzes durch die RBÜ (s. Rdnr. 47) und TRIPS (durch Verweisung auf die RBÜ; s. Rdnr. 18) sieht das Rom-Abkommen in seinem Art. 11 ähnlich wie das WUA (s. Rdnr. 63) nur ein **eingeschränktes Formalitätenverbot** vor: Innerstaatlich vorgesehene Formalitäten mit Bezug auf Tonträger sind als erfüllt anzusehen, wenn Tonträger mit dem in Art. 11 vorgesehenen Schutzvermerk versehen sind, der ua. das Zeichen ⓟ enthält.

Ergänzt wird der Grundsatz der Inländerbehandlung auch im Rom-Abkommen (s. zur RBÜ **80** Rdnr. 47, zum WUA Rdnr. 64) durch Bestimmungen über einen **Mindestschutz** (Art. 7 ff.). Bezüglich der **ausübenden Künstler** braucht dieser kein Schutz durch private ausschließliche Rechte zu sein, es genügt zB auch ein strafrechtlicher Schutz (*Ulmer*[3] § 121 I 1a und GRUR Int. 1961, 569/581). Er muss aber nach Art. 7 Abs. 1 die Möglichkeit geben, bestimmte Handlungen in Bezug auf die Darbietungen ausübender Künstler zu untersagen, wenn diese nicht zugestimmt haben. Diese Handlungen sind: die Sendung und die öffentliche Wiedergabe der Darbietung mit Ausnahme der Fälle, in denen dazu eine bereits gesendete Darbietung oder eine Festlegung der Darbietung verwendet wird (Art. 7 Abs. 1 lit. a), die Festlegung einer nicht festgelegten Darbietung (Art. 7 Abs. 1 lit. b) und unter bestimmten Voraussetzungen auch die Vervielfältigung der Festlegung einer Darbietung (Art. 7 Abs. 1 lit. c). Der Schutz gegen die erste Festlegung einer Darbietung (lit. b) bezieht sich auch auf die filmische Festlegung (s. *Ulmer* GRUR Int. 1961, 569/582/591), hat der ausübende Künstler einer solchen Festlegung aber zugestimmt, so sind seine sonstigen Rechte aus Art. 7 hinsichtlich der Filmverwertung nach Art. 19 ausgeschlossen, insb. kann er nicht gemäß Art. 7 Abs. 1 lit. c (ii) verbieten, dass die Filmaufnahme seiner Darbietung zu anderen Zwecken verwendet wird als denjenigen, denen er zugestimmt hat (*Ulmer* GRUR Int. 1961, 569/592). Diese Regelung findet ihre Erklärung in Rücksichten auf die Interessen der Filmwirtschaft.

Nach Art. 10 besteht der **Mindestschutz der Hersteller von Tonträgern** in dem aus- **81** schließlichen Recht, die unmittelbare oder mittelbare Vervielfältigung ihrer Tonträger zu erlauben oder zu verbieten. Den **Sendeunternehmen** steht gemäß Art. 13 das ausschließliche Recht zu, insb. die Weitersendung ihrer Sendungen, die Festlegung ihrer Sendungen, die Vervielfältigung der durch ihre Zustimmung vorgenommenen Festlegungen ihrer Sendungen und die öffentliche Wiedergabe ihrer Fernsehsendungen an gegen Zahlung eines Eintrittsgeldes der Öffentlichkeit zugänglichen Orten zu erlauben oder zu verbieten.

Art. 12 enthält eine Mindestschutzregelung iS eines **Vergütungsanspruchs für die sog.** **82** **Zweitverwertung von Tonträgern** zugunsten der ausübenden Künstler und/oder der Hersteller von Tonträgern. Sie betrifft die Benutzung von zu Handelszwecken veröffentlichten Tonträgern für Funksendungen und öffentliche Wiedergaben (vgl. §§ 78 Abs. 2, 86 des deutschen UrhG). Die Benutzung muss unmittelbar sein, so dass der Mindestschutz des Rom-Abkommens sich nicht auf die Weitersendung und öffentliche Wiedergabe von Sendungen erstreckt, die ihrerseits von Tonträgern Gebrauch machen (s. *Ulmer*[3] § 121 I 1b und GRUR Int. 1961, 569/584 ff.). Den unterschiedlichen Auffassungen der Vertragsstaaten über die Rechtfertigung dieser Mindestschutzregelung wird durch Art. 16 Rechnung getragen, der Möglichkeiten vorsieht, Vorbehalte zu erklären und den Schutz von der **Gewährleistung der Gegenseitigkeit** abhängig zu machen. Die Bundesrepublik Deutschland hat anlässlich der Ratifizierung des Rom-Abkommens von der letzteren Möglichkeit Gebrauch gemacht: Nach Art. 2 Nr. 2 des Zustimmungsgesetzes zum Rom-Abkommen (BGBl. 1965 II S. 1243; sa. Copyright 1966, 237) sind der Umfang und die Dauer des Schutzes nach Art. 12 des Rom-Abkommens für die Tonträger, deren Hersteller Angehöriger eines anderen Vertragsstaats ist, auf den Umfang und die Dauer des Schutzes beschränkt, den dieser Staat für die Tonträger gewährt, die erstmals von einem deutschen Staatsangehörigen festgelegt worden sind.

e) Die **Mindestschutzdauer** des nach dem Rom-Abkommen zu gewährenden Schutzes be- **83** trägt nach Art. 14 20 Jahre, wobei im Einzelnen bestimmt ist, von welchem Zeitpunkt an diese

Vor §§ 120ff. Vorbemerkung

Schutzdauer zu berechnen ist. Nach Art. 15 können die Vertragsstaaten in ihrer innerstaatlichen Gesetzgebung **Ausnahmen vom Mindestrechtsschutz** des Rom-Abkommens zugunsten der privaten Benutzung, der Berichterstattung über Tagesereignisse, der ephemeren Aufzeichnung durch Sendeunternehmen sowie der Benutzung ausschließlich zugunsten von Zwecken des Unterrichts oder der wissenschaftlichen Forschung vorsehen (vgl. dazu die Verweisung auf die gesetzlichen Schranken des Urheberrechts in §§ 83 nF, 85 Abs. 4 nF, 87 Abs. 4 nF des deutschen UrhG). Einen **Vergleich der Schutzfristen** sieht das Rom-Abkommen von dem unter Rdnr. 82 genannten Sonderfall abgesehen **nicht** vor.

2. WIPO-Vertrag über Darbietungen und Tonträger (WPPT)

84 a) Der bereits im Zusammenhang mit dem WIPO-Urheberrechtsvertrag (WCT) (s. Rdnr. 50ff.) einführend vorgestellte **WIPO-Vertrag über Darbietungen und Tonträger (WIPO Performances and Phonograms Treaty, WPPT)** vom 20. 12. 1996 steht anders als der WCT, der ein Sonderabkommen iSd. RBÜ ist, mit keinem anderen internationalen Abkommen in rechtlicher Verbindung (Art. 1 Abs. 3), faktisch aber weist er Bezüge zum Rom-Abkommen (Rdnr. 75ff.) und zu TRIPS (Rdnr. 13ff.) auf. Rechte oder Pflichten der Vertragsparteien des WPPT aus anderen internationalen Verträgen, namentlich dem Rom-Abkommen, werden nicht berührt (Art. 1 Abs. 1, 3). Der WPPT darf auch nicht in einer Art und Weise ausgelegt werden, die dem Schutz der Urheberrechte Abbruch tut (Art. 1 Abs. 2). **Schutzberechtigt** iSd. WPPT sind die ausübenden Künstler und die Hersteller von Tonträgern, die Angehörige der jeweils anderen Vertragsparteien sind (Art. 3 Abs. 1). Zur näheren Bestimmung seines **Anwendungsbereichs** bedient sich der WPPT dabei in seinem Art. 3 Abs. 2 derselben Methode wie Art. 1 Abs. 3 S. 2 TRIPS (s. dazu Rdnr. 17): Als schutzberechtigte Angehörige anderer Vertragsparteien gelten diejenigen ausübenden Künstler und Hersteller von Tonträgern, welche die Kriterien des Rom-Abkommens für dessen Anwendungsbereich erfüllen (s. zu diesen Rdnr. 78). Hinsichtlich seines **zeitlichen Anwendungsbereichs** verweist Art. 22 Abs. 1 WPPT wie der WCT (s. Rdnr. 53) auf Art. 18 RBÜ (s. dazu Rdnr. 46), so dass auch solche Leistungen in den WPPT-Schutz einbezogen sein können, die im Zeitpunkt des Inkrafttretens des WPPT für einen Vertragsstaat schon bestehen. Auch dem WPPT kommt daher eine gewisse, eingeschränkte **Rückwirkung** zu, während das Rom-Abkommen eine solche Rückwirkung nicht verbindlich vorsieht (s. Rdnr. 75). Allerdings ist es auch den Vertragsstaaten des WPPT nach Art. 22 Abs. 2 gestattet, den persönlichkeitsrechtlichen Schutz der ausübenden Künstler nach Art. 5 auf Darbietungen aus der Zeit nach Inkrafttreten des WPPT für den jeweiligen Vertragsstaat zu beschränken. Gegenständlich begrenzt ist der Schutz des WPPT auf **ausübende Künstler** und **Hersteller von Tonträgern.** Anders als nach dem Rom-Abkommen (s. Rdnr. 75) sind **Sendeunternehmen nicht** durch den WPPT geschützt (zu den Vorarbeiten für einen neuen WIPO-Vertrag zugunsten der Sendeunternehmen so. Rdnr. 52).

85 b) Anders als der WCT enthält der WPPT in seinem Art. 2 in Anlehnung an Art. 3 des Rom-Abkommens eine Reihe von **Begriffsbestimmungen,** die ua. auch rechtliche Verbesserungen, Anpassungen an die technische Entwicklung und Klarstellungen beinhalten. So führt zum Schutz als **ausübender Künstler** die Darbietung nicht nur von Werken der Literatur und Kunst, sondern auch von Ausdrucksformen der Volkskunst (Folklore) (Art. 2 lit. a); zum Rom-Abkommen s. Rdnr. 77). **Tonträger** bedeutet die Festlegung nicht nur von Tönen, sondern auch einer Darstellung (representation) von Tönen (Art. 2 lit. b; zum Rom-Abkommen s. Rdnr. 77). Letzteres betrifft zB zunächst nicht hörbar gemachte Veränderungen digital aufgezeichneter Töne mittels eines Synthesizer (s. *v. Lewinski* GRUR Int. 1997, 667/678). Keine Tonträger aber sind entsprechend der Rechtslage nach dem Rom-Abkommen (s. Rdnr. 77) Festlegungen von Tönen oder Darstellungen von Tönen, die Bestandteil von Filmwerken oder anderen audiovisuellen Werken sind. Festlegungen von Filmmusik, die als sog. „sound tracks" außerhalb des Filmes verwendet werden, sind aber geschützte Tonträger (s. *v. Lewinski* GRUR Int. 1997, 667/678). Weitere Definitionen betreffen die im WPPT verwendeten Begriffe **Festlegung, Hersteller von Tonträgern, Veröffentlichung, Sendung,** wobei auch Satellitensendungen und verschlüsselte Sendungen berücksichtigt sind, sowie **öffentliche Wiedergabe** (Art. 2 lit. c–g; s. zu diesen Begriffen im Einzelnen *v. Lewinski* GRUR Int. 1997, 667/678).

86 c) Grundlegendes Schutzprinzip des WPPT ist wie im Rom-Abkommen (s. Rdnr. 79) dasjenige der **Inländerbehandlung** (Art. 4 Abs. 1). Jedoch ist diese wie in Art. 3 Abs. 1 S. 2 TRIPS (s. dazu Rdnr. 19), aber anders als im Rom-Abkommen (s. Rdnr. 79) auf die im WPPT ausdrücklich gewährten Rechte beschränkt. Sie gilt auch nicht, soweit ein Vertragsstaat von der in

Vorbemerkung　　　　　　　　　　　　　　　　　　　　　　　　　　**Vor §§ 120ff.**

Art. 15 Abs. 3 vorgesehenen Möglichkeit Gebrauch macht, hinsichtlich des Rechts auf angemessene Vergütung nach Art. 15 Abs. 1 (s. dazu Rdnr. 89) Vorbehalte zu erklären (Art. 4 Abs. 2). Als zweites allgemeines Schutzprinzip sieht Art. 20 WPPT vor, dass der Genuss und die Ausübung der in diesem Vertrag vorgesehenen Rechte **keinerlei Formvorschriften** unterliegen. Dies entspricht der Rechtslage beim Urheberrecht nach dem RBÜ (s. Rdnr. 47) und kraft Verweisung auf diese nach TRIPS (s. Rdnr. 18) und WCT (s. Rdnr. 53). Im Vergleich mit dem Rom-Abkommen, das in Art. 11 nur ein eingeschränktes Formalitätenverbot enthält (s. Rdnr. 79), stellt Art. 20 WPPT einen Fortschritt dar. Ergänzt werden diese Schutzprinzipien darüber hinaus wie im Rom-Abkommen (s. Rdnr. 80 f.) und in TRIPS (s. Rdnr. 22 f.) durch eine Reihe von **Mindestrechten** sowohl der ausübenden Künstler als auch der Tonträgerhersteller. Die Vertragsstaaten dürfen einen darüber hinausgehenden Schutz vorsehen (s. Art. 1 Abs. 2 der Vereinbarten Erklärungen zum WPPT), jedoch können Schutzberechtigte des WPPT diesen Schutz nach dem eingangs dieser Rdnr. genannten Prinzip nicht unter Berufung auf den Grundsatz der Inländerbehandlung in Anspruch nehmen (zur TRIPS-Parallele s. Rdnr. 19).

d) Unter den im WPPT vorgesehenen **Mindestrechten** gibt es solche, die nur für ausübende Künstler in Betracht kommen, und andere, die sowohl den ausübenden Künstlern als auch den Herstellern von Tonträgern gewährt werden. Zur ersten Gruppe von Rechten gehören als Rechte ausschließlich der **ausübenden Künstler** deren **Persönlichkeitsrechte** auf Namensnennung und Schutz gegen Entstellung ihrer Darbietungen, und zwar im Hinblick sowohl auf Live-Darbietungen als auch auf Darbietungen, die auf Tonträgern festgelegt sind (Art. 5 Abs. 1). Vorbild für diese Regelung ist Art. 6bis RBÜ (s. Rdnr. 47). Diese Rechte bestehen nach dem Tod der ausübenden Künstler mindestens bis zum Erlöschen ihrer wirtschaftlichen Rechte fort (Art. 5 Abs. 2 S. 1). In letzterer Hinsicht können die Vertragsstaaten uU etwas anderes bestimmen (Art. 5 Abs. 2 S. 2). In Bezug auf ihre **nicht festgelegten Darbietungen** haben die ausübenden Künstler die ausschließlichen **wirtschaftlichen Rechte,** zu erlauben: (i) die Sendung und die öffentliche Wiedergabe, sofern es sich nicht bereits um eine gesendete Darbietung handelt, sowie (ii) die Festlegung (Art. 6). Unter Festlegung ist dabei nach der Definition dieses Begriffs in Art. 2 lit. c (s. Rdnr. 85) nur die Verkörperung von Tönen oder einer Darstellung von Tönen zu verstehen. Daraus und aus der Beschränkung aller WPPT-Rechte von ausübenden Künstlern an festgelegten Darbietungen auf solche auf Tonträgern ergibt sich, dass den ausübenden Künstlern in Bezug auf die **filmische bzw. audiovisuelle Nutzung** ihrer Darbietungen durch den WPPT **keinerlei Rechte** eingeräumt werden. Dieser Bereich sollte durch ein neues Schutzinstrument, wie einen **WIPO Audiovisual Performances Treaty (WAPT)** geregelt werden. Die betreffende Diplomatische Konferenz des Jahres 2000 ist jedoch gescheitert (s. bereits Rdnr. 52). Bevor ein positives Ergebnis erreicht ist, bleibt der WPPT-Schutz insoweit hinter demjenigen des Rom-Abkommens zurück: Dieses schützt die ausübenden Künstler jedenfalls gegen die filmische Festlegung ihrer Darbietungen (s. Rdnr. 80).

87

e) Die **Rechte der ausübenden Künstler** an ihren **auf Tonträgern festgelegten Darbietungen** sind als ausschließliche Rechte **identisch mit den Rechten der Tonträgerhersteller.** Diese Rechte sind das Vervielfältigungsrecht (Art. 7, 11), das Verbreitungsrecht (Art. 8, 12), das Vermietrecht (Art. 9, 13) und das Onlinerecht (Art. 10, 14). Zu den drei letztgenannten Rechten kann dabei auf die Parallelen im WCT (Rdnr. 53 f.) verwiesen werden. Das Vervielfältigungsrecht fehlt im WCT, weil es auf dem Gebiet des Urheberrechts in allgemeiner und umfassender Form bereits in Art. 9 RBÜ anerkannt und geregelt ist. Im Hinblick auf Art. 7 und 11 WPPT wurde unter den Delegierten der diplomatischen Konferenz 1996 Einigkeit dahingehend erzielt, dass das **Vervielfältigungsrecht** auch im **digitalen Bereich** in vollem Umfang Anwendung findet, insb. auf die Verwendung von Darbietungen und Tonträgern in digitaler Form; die elektronische Speicherung in digitaler Form gilt als Vervielfältigung iS dieser Artikel (s. die Vereinbarten Erklärungen zum WPPT zu den Art. 7, 11 und 16). Die in dem letztgenannten Art. 16 geregelten **Schranken der Rechte** der ausübenden Künstler und Tonträgerhersteller orientieren sich an den in den nationalen Rechtsvorschriften für Urheberrechte vorgesehenen Schranken (Art. 16 Abs. 1), sie unterliegen im Übrigen denselben Beschränkungen, wie Art. 10 WCT sie vorsieht (s. dazu Rdnr. 55).

88

f) Entsprechend der Rechtslage nach dem Rom-Abkommen (s. Rdnr. 82) ist für ausübende Künstler und Tonträgerhersteller in Bezug auf die **Benutzung veröffentlichter Tonträger** für eine **Sendung** oder **öffentliche Wiedergabe** kein ausschließliches Recht, sondern nur ein **Vergütungsanspruch** vorgesehen. Er bezieht sich allerdings abweichend von Art. 12 Rom-Abkommen auch auf die nur mittelbare Benutzung, wie die öffentliche Wiedergabe einer Ton-

89

Vor §§ 120 ff.   Vorbemerkung

träger-Radiosendung (Art. 15 Abs. 1). Speziell für die Zwecke dieser Vergütungsregelung enthält Art. 15 Abs. 4 eine Definition des Begriffs der Veröffentlichung, die es erlaubt, Tonträger als **veröffentlicht** zu beurteilen, die der Öffentlichkeit **online** zugänglich gemacht werden. Wie nach Art. 16 Abs. 1 Rom-Abkommen können die Vertragsparteien im Übrigen im Hinblick auf den Vergütungsanspruch nach Art. 15 Abs. 1 unterschiedliche **Vorbehalte** erklären (Art. 15 Abs. 3).

90   g) Die **Mindestschutzfrist** für die Rechte der ausübenden Künstler und der Tonträgerhersteller beträgt gleichermaßen 50 Jahre und ist daher wesentlich länger als die Mindestschutzfrist nach dem Rom-Abkommen (20 Jahre; s. Rdnr. 83). In der **Schutzdauer** sind die ausübenden Künstler allerdings gegenüber den Tonträgerherstellern erheblich benachteiligt. Im Fall der ausübenden Künstler nämlich wird die Schutzfrist stets vom Ende des Jahres an berechnet, in dem die Darbietung auf einem Tonträger festgelegt worden ist (Art. 17 Abs. 1). Im Fall der Tonträgerhersteller dagegen wird primär vom Ende des Jahres an gerechnet, in dem der Tonträger veröffentlicht worden ist. Nur wenn er innerhalb von 50 Jahren nach der Festlegung nicht veröffentlicht wird, gilt dieselbe Regel wie für die ausübenden Künstler: Es wird vom Ende des Jahres der Festlegung an gerechnet (Art. 17 Abs. 2). Im Extremfall kann die Schutzdauer für den Tonträgerhersteller damit 100 Jahre betragen.

91   h) Im Übrigen enthält auch der WPPT in seinen Art. 18, 19 und 23 dieselben Bestimmungen wie der WCT über Verpflichtungen der Vertragsstaaten in Bezug auf **technische Schutzvorkehrungen, Informationen für die Rechtewahrnehmung** und die **Rechtsdurchsetzung**. Insoweit kann daher auf die Kommentierung des WCT verwiesen werden (s. Rdnr. 56 f.).

3. Übereinkommen zum Schutz der Hersteller von Tonträgern gegen die unerlaubte Vervielfältigung ihrer Tonträger (Genfer Tonträger-Abkommen)

92   a) Mit dem Ziel, über den Kreis der Vertragsstaaten des Rom-Abkommens (s. Rdnr. 75 ff.) hinaus ein internationales Instrument zur Bekämpfung der Tonträgerpiraterie zu schaffen, wurde am 29. 10. 1971 in Genf von 23 Staaten das **Übereinkommen zum Schutz der Hersteller von Tonträgern gegen die unerlaubte Vervielfältigung ihrer Tonträger** unterzeichnet. Es wird kurz auch als Genfer Tonträger-Abkommen (GTA) bezeichnet und ist am 18. 4. 1973, für die Bundesrepublik Deutschland am 18. 5. 1974 in Kraft getreten (vgl. das Zustimmungsgesetz vom 10. 12. 1973, BGBl. 1973 II S. 1669; Bek. vom 29. 3. 1974, BGBl. 1974 II S. 336; zur Entstehung und zum Inhalt des Übereinkommens s. *Handl* FuR 1971, 376 ff.; *Pedrazzini*, Fs. für Reinhardt, S. 113 ff.; *Stewart* UFITA 70 [1974] 1 ff.; *Ulmer* GRUR Int. 1972, 68 ff.).

93   Dem Genfer Tonträger-Abkommen gehörten am 5. 8. 2009 insgesamt **77 Staaten** an (Angaben nach www.wipo.int vom 5. 8. 2009):

Ägypten	Griechenland
Albanien	Guatemala
Argentinien	Honduras
Armenien	Indien
Aserbeidschan	Israel
Australien	Italien
Barbados	Jamaika
Bosnien-Herzegowina	Japan
Bulgarien	Kasachstan
Brasilien	Kenia
Burkina Faso	Kirgisistan
Chile	Kolumbien
China, Volksrepublik	Kongo, Demokr. Rep.
Costa Rica	Korea, Republik
Dänemark	Kroatien
Deutschland	Lettland
Ecuador	Liberia
El Salvador	Liechtenstein
Estland	Litauen
Fidschi	Luxemburg
Finnland	Mazedonien, ehm. jug. Rep.
Frankreich	Mexiko

Vorbemerkung   Vor §§ 120ff.

Moldau
Monaco
Montenegro
Neuseeland
Nicaragua
Niederlande
Norwegen
Österreich
Panama
Paraguay
Peru
Rumänien
Russische Föderation
Schweden
Schweiz
Serbien
Slowakei
Slowenien
Spanien
St. Lucia
Togo
Trinidad und Tobago
Tschechische Republik
Ukraine
Ungarn
Uruguay
Vatikanstadt
Venezuela
Vgt. Staaten von Amerika
Vereinigtes Königreich
Vietnam
Weißrussland
Zypern

Außerdem haben unterzeichnet Iran, Kanada und die Philippinen.

b) Wie das Rom-Abkommen (s. Rdnr. 77) schützt das Genfer Tonträger-Abkommen nur **94** **Tonträger** als ausschließlich auf den Ton beschränkte Festlegungen von Darbietungen oder anderen Tönen (Art. 1 lit. a), **nicht** aber **Filme** (s. dazu *Ulmer* GRUR Int. 1972, 68/70f.). Geschützt sind in jedem Vertragsstaat die **Hersteller von Tonträgern, die den anderen Vertragsstaaten** angehören (Art. 2); andere Anknüpfungspunkte des Schutzes sieht das Abkommen nicht vor (s. dagegen Rdnr. 78 zum Rom-Abkommen). **Inhaltlich** richtet sich der Schutz gegen die Herstellung von Vervielfältigungsstücken des Tonträgers ohne Zustimmung von dessen Hersteller, gegen die Einfuhr solcher Vervielfältigungsstücke, sofern die Herstellung oder die Einfuhr zum Zwecke der Verbreitung an die Öffentlichkeit erfolgt, und auch gegen die Verbreitung solcher Vervielfältigungsstücke an die Öffentlichkeit (Art. 2). Um dem Abkommen die gewünschte Breitenwirkung durch Beitritt möglichst vieler Staaten zu sichern, überlässt Art. 3 es der innerstaatlichen Gesetzgebung jedes Vertragsstaats, durch welche **Mittel** er den Schutz gewährleistet: durch ein Urheberrecht oder ein anderes besonderes Recht, durch Rechtsvorschriften über den unlauteren Wettbewerb oder durch Strafbestimmungen. Jeder Vertragsstaat, der den Schutz durch ein Urheberrecht, ein anderes besonderes Recht oder durch Strafbestimmungen gewährt, kann diesen Schutz gleichartigen **Beschränkungen** unterwerfen, wie sie auch für Urheber gelten; Zwangslizenzen sind jedoch nur unter besonderen Voraussetzungen zulässig (Art. 6). Hinsichtlich der **Schutzdauer** bestimmt Art. 4, dass diese grundsätzlich Sache der innerstaatlichen Gesetzgebung jedes Vertragsstaats ist, dass sie aber in den Fällen, in denen Vertragsstaaten eine bestimmte Schutzdauer vorsehen, nicht kürzer als 20 Jahre seit der ersten Festlegung der Töne oder der ersten Veröffentlichung sein darf. Einen **Vergleich der Schutzfristen** sieht das Abkommen **nicht** vor (s. OLG Hamburg GRUR-RR 2001, 73/77f. – Frank Sinatra; sa. § 126 Rdnr. 9). Vertragsstaaten, die wie die USA als Voraussetzung des Schutzes die **Erfüllung von Förmlichkeiten** vorschreiben, haben diese als erfüllt anzusehen, wenn alle erlaubten Vervielfältigungsstücke des Tonträgers, die an die Öffentlichkeit verbreitet werden, oder ihre Umhüllungen den Vermerk Ⓟ mit der Angabe des Jahres der ersten Veröffentlichung tragen. Lassen die Vervielfältigungsstücke oder ihre Umhüllungen den Hersteller, seinen Rechtsnachfolger oder den Inhaber einer ausschließlichen Lizenz nicht bereits durch den Namen, die Marke oder eine andere geeignete Bezeichnung erkennen, so muss der Vermerk außerdem den Namen des Herstellers, seines Rechtsnachfolgers oder des Inhabers der ausschließlichen Lizenz enthalten (Art. 5).

c) In der **Bundesrepublik Deutschland als Vertragsstaat** wird der durch das Genfer Ton- **95** träger-Abkommen geforderte Schutz durch das ausschließliche, mit dem Urheberrecht verwandte Schutzrecht des Tonträgerherstellers nach § 85 iVm. den Bestimmungen über die zivil- und strafrechtlichen Folgen der Verletzung dieses Rechts (§§ 97ff., 108 Nr. 5, 108a ff.) und Art. 2 Abs. 1 des Zustimmungsgesetzes vom 10. 12. 1973 zum Genfer Tonträger-Abkommen (BGBl. 1973 II S. 1669) gewährt. Dieser Schutz umfasst auch den in Art. 2 des Abkommens postulierten **Schutz gegen die Einfuhr** in hinreichender Weise (*Ulmer* GRUR Int. 1972, 68/72; sa. die AmtlBegr. zum Zustimmungsgesetz BTDrucks. 7/121 S. 6 zu Art. 2; *Nordemann/Vinck/Hertin* GTA Art. 3 Rdnr. 3). Einschränkend gegenüber den nach innerstaatlichem Recht geschützten Tonträgern (§§ 85, 86, 126 Abs. 1, 2), aber auch insoweit in Übereinstimmung mit

Vor §§ 120ff. Vorbemerkung

den aus dem Genfer Tonträger-Abkommen übernommenen Verpflichtungen bestimmt Art. 2 Abs. 1 S. 1 des Zustimmungsgesetzes, dass der Schutz der Angehörigen eines Vertragsstaats nur **die in Art. 2 des Abkommens genannten Handlungen** (s. Rdnr. 94) umfasst. Ausgeschlossen sind dadurch insb. Vergütungsansprüche nach § 86 sowie § 85 Abs. 4 nF iVm. § 54. Das gegen die Tonträgerpiraterie gerichtete Genfer Abkommen(s. Rdnr. 92) sieht einen solchen Schutz selbst nicht vor (s. Ulmer GRUR Int. 1972, 68/72) und gewährleistet daher insoweit auch nicht die Gegenseitigkeit des Schutzes (s. die AmtlBegr. BTDrucks. 7/121 S. 6 zu Art. 2). Von der in Art. 7 Abs. 3 des Abkommens vorgesehenen Möglichkeit der Vertragsstaaten, den Schutz Tonträgern zu verweigern, die **vor dem Zeitpunkt des Inkrafttretens des Abkommens** für den betreffenden Staat **festgelegt** worden sind, hat der deutsche Gesetzgeber nicht Gebrauch gemacht (zu den Motiven s. die AmtlBegr. BTDrucks. 7/121 S. 6 zu Art. 2). Auch solche Tonträger können demgemäß in Deutschland über das GTA geschützt sein (s. BGH BGHZ 123, 356/360f. – Beatles, jedoch idR nicht für Tonträger aus der Zeit vor dem 1. 1. 1966, aaO S. 361f.; BGHZ 125, 382/386 – Rolling Stones; BGH GRUR 2007, 502/503 – Tonträger aus Drittstaaten; sa. § 129 Rdnr. 17; OLG Hamburg ZUM 1994, 518f. – Creedence Clearwater Revival; OLG Hamburg GRUR-RR 2001, 73/77 – Frank Sinatra; zur Bestimmung der Schutzdauer und zur Frage des Wiederauflebens des Schutzes in diesem Fall s. die Kommentierung der §§ 126 und 137 f). Jedoch bestimmt Art. 2 Abs. 2 des Zustimmungsgesetzes, dass vor Inkrafttreten des Abkommens für die Bundesrepublik (s. Rdnr. 92) rechtmäßig hergestellte Vervielfältigungsstücke nunmehr geschützter Tonträger weiterhin verbreitet werden dürfen; eine zulässigerweise begonnene Herstellung solcher Vervielfältigungsstücke durfte vollendet werden.

4. Übereinkommen über die Verbreitung der durch Satelliten übertragenen programmtragenden Signale (Brüsseler Satelliten-Abkommen)

96 **a)** Speziell dem Schutz der Sendeunternehmen, die ihre Sendungen über Satelliten ausstrahlen, dient das am 21. 5. 1974 in Brüssel von 15 Staaten unterzeichnete **Übereinkommen über die Verbreitung der durch Satelliten übertragenen programmtragenden Signale (Brüsseler Satelliten-Abkommen).** Es ist am 25. 8. 1979 ua. für die Bundesrepublik Deutschland in Kraft getreten (vgl. das Zustimmungsgesetz vom 14. 2. 1979, BGBl. 1979 II S. 113; Bek. vom 5. 7. 1979, BGBl. 1979 II S. 816; zur Entstehung und zum Inhalt s. *Steup/Bungeroth* GRUR Int. 1975, 124 ff. mwN) und war am 5. 8. 2009 für folgende **33 Vertragsstaaten** in Kraft (Angaben nach www.wipo.int vom 5. 8. 2009:

Armenien	Österreich
Australien	Oman
Bahrain	Panama
Bosnien-Herzegowina	Peru
Costa Rica	Portugal
Deutschland	Ruanda
Griechenland	Russische Föderation
Honduras	Schweiz
Italien	Serbien
Kenia	Singapur
Kroatien	Slowenien
Marokko	Tadschikistan
Mazedonien, ehem. jug. Rep.	Togo
Mexiko	Trinidad und Tobago
Moldau, Republik	Vgt. Staaten von Amerika
Montenegro	Vietnam
Nicaragua	

Außerdem haben die folgenden 10 Staaten unterzeichnet: Argentinien, Belgien, Brasilien, Côte d'Ivoire, Frankreich, Israel, Libanon, Senegal, Spanien und Zypern.

97 **b)** Durch das Brüsseler Satelliten-Abkommen sollen Sendeunternehmen im Hinblick auf ihre technische und wirtschaftliche Leistung der Programmgestaltung und -ausstrahlung, insb. bei der Übertragung großer internationaler Veranstaltungen, dagegen geschützt werden, dass ihre über Satelliten ausgestrahlten Sendungen von terrestrischen Sendeunternehmen unbefugt weitergesendet werden. Um möglichst vielen Staaten den Beitritt zu ermöglichen, ist davon abgesehen worden, auch den Schutz der Urheber und der ausübenden Künstler in das Abkommen einzu-

Vorbemerkung **Vor §§ 120ff.**

beziehen. Außerdem verpflichtet das Abkommen die Vertragsstaaten nicht, die Ursprungssendeunternehmen durch ein mit dem Urheberrecht verwandtes privates ausschließliches Recht zu schützen, es genügt vielmehr, wenn sie **angemessene Maßnahmen für den Schutz** treffen (Art. 2 Abs. 1 S. 1). Die Verpflichtung gilt gegenüber Ursprungsunternehmen, die **Angehörige eines anderen Vertragsstaats** sind (Art. 2 Abs. 1 S. 2). Auf Sendungen über sog. **Direktsatelliten,** die von der Allgemeinheit unmittelbar, dh. ohne Zwischenschaltung einer terrestrischen Weitersendung empfangen werden können, und auf Weitersendungen, denen eine rechtmäßige Weitersendung vorausgeht, ist der Schutz **nicht** anzuwenden (Art. 3, 2 Abs. 3). Die Bestimmung der **Schutzdauer** ist den Vertragsstaaten überlassen (Art. 2 Abs. 2). Die Vertragsstaaten sind ferner berechtigt, Schutzausnahmen zugunsten der Berichterstattung über Tagesereignisse und der Zitatfreiheit vorzusehen; Entwicklungsländern sind weitergehende Ausnahmen gestattet (Art. 4).

c) Das **Zustimmungsgesetz der Bundesrepublik Deutschland** zum Brüsseler Satelliten-Abkommen (s. Rdnr. 96) regelt den in dem Abkommen geforderten Schutz angesichts früherer Zweifel daran, ob Satellitensendungen durch das Schutzrecht des § 87 UrhG erfasst werden (s. jetzt dort Rdnr. 12), sowie im Hinblick auf den nach dem Abkommen erforderlichen, auch bei § 87 UrhG ebenfalls zweifelhaften Schutz auch von Wiederholungssendungen (s. § 87 Rdnr. 24f.) dadurch, dass es in Art. 2 Abs. 1 ein entsprechendes **spezielles ausschließliches Weitersenderecht** der Sendeunternehmen statuiert, das **auch inländischen Sendeunternehmen** zusteht (s. die AmtlBegr. BTDrucks. 8/1390 = BlPMZ 1979, 378 zu Art. 2). Die **Schutzdauer** beträgt 25 Jahre ab der Satellitenübertragung (Art. 2 Abs. 2). Art. 2 Abs. 3 enthält eine gegenüber §§ 48, 49 UrhG spezielle Regelung über die **Schranken des Schutzes** zugunsten der Berichterstattung und der Zitatfreiheit. Ein weitergehender Schutz nach **§ 87 UrhG** bleibt unberührt (Art. 2 Abs. 6). Art. 2 Abs. 5 macht von der in Art. 5 des Abkommens eingeräumten Möglichkeit Gebrauch, den Schutz durch das spezielle neue Schutzrecht für solche Satellitensendungen auszuschließen, die vor Inkrafttreten des Übereinkommens für die Bundesrepublik Deutschland (s. Rdnr. 96) übertragen worden sind. 98

§ 87 ist durch das 3. und das 4. UrhGÄndG vom 23. 6. 1995 (BGBl. I S. 842) und vom 8. 5. 1998 (BGBl. I S. 902) sowie durch das Gesetz zur Regelung des Urheberrechts in der Informationsgesellschaft vom 10. 9. 2003 (BGBl. I S. 1774) in mehreren Punkten **geändert** worden (s. § 87 Rdnr. 6ff.). Ua. wurde die Dauer des verwandten Schutzrechts des Sendeunternehmens von 25 Jahren nach der Funksendung (§ 87 Abs. 2 aF (1965)) in Anpassung an Art. 3 Abs. 4 der europäischen Schutzdauerrichtlinie (s. Einl. Rdnr. 78) auf 50 Jahre nach der ersten Funksendung (§ 87 Abs. 2 aF (1995), Abs. 3 nF) verlängert und modifiziert. Aus der Anknüpfung an die „erste" Funksendung in § 87 Abs. 3 nF ist zu schließen, dass auch durch eine zeitversetzte Wiederholungssendung kein neues Schutzrecht iSd. § 87 begründet wird (s. § 87 Rdnr. 24f.). Demgegenüber ist das **Gesetz zum Brüsseler Satelliten-Abkommen** mit seinem Schutz auch von Wiederholungssendungen und einer Schutzdauer von nur 25 Jahren **unverändert** geblieben. Ob dieser Schutz mit der **Schutzdauerrichtlinie** zu vereinbaren ist, wäre gegebenenfalls vom EuGH zu entscheiden. Bei dieser Entscheidung wäre ua. zu beachten, dass die Schutzgegenstände Funksendung als Immaterialgut einerseits (s. § 87 Rdnr. 22f.) und programmtragende Signale als elektronisch erzeugte, zur Übertragung von Programmen geeignete Signale andererseits (s. Art. 1 Nr. i), Art. 2 Abs. 1 des Brüsseler Satelliten-Abkommens) nicht identisch sind (s. zum Brüsseler Satelliten-Abkommen *v. Ungern-Sternberg* S. 168). 99

5. Europäisches Abkommen zum Schutz von Fernsehsendungen (Europäisches Fernseh-Abkommen)

a) Das am 22. 6. 1960 im Rahmen und von Mitgliedstaaten des Europarats in Straßburg unterzeichnete **Europäische Abkommen zum Schutz von Fernsehsendungen** (das **Europäische Fernseh-Abkommen**) ist zusammen mit einem es ändernden, am 22. 1. 1965 ebenfalls in Straßburg unterzeichneten **Protokoll** für die Bundesrepublik Deutschland am 9. 10. 1967 in Kraft getreten (vgl. die Zustimmungsgesetze vom 15. 9. 1965, BGBl. 1965 II S. 1234 und vom 6. 6. 1967, BGBl. 1967 II S. 1785; Bek. vom 14. 2. 1968, BGBl. 1968 II S. 134/135). Ein **Zusatzprotokoll** vom 14. 1. 1974 und ein **weiteres Zusatzprotokoll** vom 21. 3. 1983 sind für die Bundesrepublik Deutschland am 31. 12. 1974 und am 1. 1. 1985 in Kraft getreten (vgl. die Zustimmungsgesetze vom 29. 10. 1974, BGBl. 1974 II S. 1313 und vom 11. 12. 1984, BGBl. 1984 II S. 1014; Bek. vom 7. 1. 1975, BGBl. 1975 II S. 62 und vom 30. 1. 1986, BGBl. 1986 II S. 473). Ein weiteres, **Drittes Zusatzprotokoll** vom 20. 4. 1989 ist mangels Ratifikation durch alle Ver- 100

Vor §§ 120ff. Vorbemerkung

tragsparteien bisher (Stand: 31. 12. 2008, siehe BGBl. 2009 II vom 18. 2. 2009, Fundstellennachweis B S. 493) nicht in Kraft getreten. Deutschland hat ihm jedoch durch Gesetz vom 7. 12. 1989 (BGBl. 1989 II S. 986) zugestimmt. Das Abkommen samt Protokoll von 1965 und den beiden Zusatzprotokollen von 1974 und 1983 war am 31. 12. 2008 für die folgenden **6 Mitgliedstaaten** in Kraft: **Dänemark, Deutschland, Frankreich, Norwegen, Schweden** und **Vereinigtes Königreich** (s. BGBl. 2009 II vom 18. 2. 2009 – Fundstellennachweis B S. 493). Die Homepage des Europarats (www.coe.int vom 7. 2. 2006) berichtet zusätzlich über das Inkrafttreten des Abkommens für **Kroatien** am 31. 12. 2004.

101 b) Das auf den **Schutz von Fernsehsendungen** beschränkte regionale Abkommen ist noch vor dem geographisch und gegenständlich umfassenderen, auch den Schutz der ausübenden Künstler und der Hersteller von Tonträgern einbeziehenden Rom-Abkommen (s. Rdnr. 75 ff.) mit dem Ziel unterzeichnet worden, den Sendeunternehmen einen ausreichenden Schutz gegen die Verwertung ihrer Fernsehsendungen durch Dritte, wie durch öffentliche Wiedergabe in Filmtheatern, zu gewährleisten und dadurch den Programmaustausch zwischen den Sendeunternehmen der europäischen Staaten zu fördern (s. die Stellungnahme der deutschen Bundesregierung in UFITA 31 [1960] 229 und die Denkschrift in BTDrucks. IV/278 S. 11). Den davon ausgehenden **Gefahren für das Rom-Abkommen** und den internationalen Schutz der ausübenden Künstler und der Hersteller von Tonträgern (s. dazu *Ulmer* GRUR Int. 1960, 12/13) wurde durch Neufassung des Art. 13 des Fernseh-Abkommens im Rahmen des Protokolls von 1965 (s. Rdnr. 100) Rechnung getragen: Vom 1. 1. 1975 an sollte kein Staat mehr Mitglied dieses Abkommens bleiben oder werden können, der nicht gleichzeitig dem Rom-Abkommen angehört. Dieser Zeitpunkt wurde durch das Zusatzprotokoll von 1974 auf den 1. 1. 1985, durch das weitere Zusatzprotokoll von 1983 auf den 1. 1. 1990 und durch das dritte, nicht in Kraft getretene Zusatzprotokoll von 1989 auf den 1. 1. 1995 hinausgeschoben. Das Ausscheiden von Belgien, Spanien, der Türkei und Zyperns aus dem Kreis der Mitgliedstaaten (s. die 1. Auflage Rdnr. 57) erklärt sich daraus, dass diese Staaten dem Rom-Abkommen nicht (s. Rdnr. 76) oder nicht rechtzeitig (Spanien erst 1991, Belgien 1999 und die Türkei 2004) beigetreten sind.

102 c) Das Europäische Fernseh-Abkommen gewährt den in den Mitgliedstaaten errichteten oder dort Sendungen durchführenden Sendeunternehmen **in allen Vertragsstaaten einschließlich des Heimatstaats** (s. Denkschrift BTDrucks. IV/278 S. 11 zu Art. 1) **Schutz** gegen die Weitersendung, öffentliche Drahtfunkübertragung und öffentliche Wiedergabe ihrer Sendungen, gegen jede Festlegung ihrer Sendungen einschließlich von deren Einzelbildern und jede Vervielfältigung einer solchen Festlegung sowie grundsätzlich auch gegen die Weitersendung, Drahtfunkübertragung und öffentliche Wiedergabe mittels solcher Festlegungen (Art. 1 Abs. 1). Ferner kann jedes solche Sendeunternehmen im Hoheitsgebiet jeder anderen Vertragspartei **Inländerbehandlung,** dh. den Schutz beanspruchen, den diese inländischen Sendeunternehmen über das in Abs. 1 geregelte Maß hinaus einräumt (Art. 1 Abs. 2). Die **Schutzdauer** beträgt mindestens 20 Jahre, gerechnet vom Ende des Jahres, in dem die Sendung stattgefunden hat (Art. 2). Von den in Art. 3 Abs. 1 und Art. 10 des Abkommens vorgesehenen Möglichkeiten, **Vorbehalte** zu erklären, hat die Bundesrepublik Deutschland insofern Gebrauch gemacht, als sie den Schutz gegen die Festlegung und Vervielfältigung von **Einzelbildern** von Fernsehsendungen nur bei Gewährleistung der Gegenseitigkeit gewährt (Art. 3 Abs. 2 des Zustimmungsgesetzes vom 15. 9. 1965, s. Rdnr. 100). Art. 2 Abs. 2 dieses Gesetzes erklärt **§§ 50, 55 UrhG** für auf den Schutz der Fernsehsendungen sinngemäß anwendbar und nutzt dadurch die in Art. 3 Abs. 2 des Abkommens den Vertragsstaaten eröffnete Freiheit, dem Schutz zugunsten der Berichterstattung über Tagesereignisse und der ephemeren Aufzeichnung durch Sendeunternehmen Schranken zu setzen.

V. Weitere Abkommen

1. Europäische Konvention über urheber- und leistungsschutzrechtliche Fragen im Bereich des grenzüberschreitenden Satellitenrundfunks

103 a) Die **Europäische Konvention über urheber- und leistungsschutzrechtliche Fragen im Bereich des grenzüberschreitenden Satellitenrundfunks** vom 11. 5. 1994 ist, nach dem Stand vom 5. 8. 2009, von Deutschland noch nicht ratifiziert worden. Sie ist im Rahmen des Europarats am 16. 2. 1994 angenommen und am 11. 5. 1994 für dessen 41 Mitgliedstaaten, für die anderen Vertragsstaaten des Europäischen Kulturabkommens (insges. 50 Staaten) und die

Vorbemerkung **Vor §§ 120ff.**

EG zur Unterzeichnung aufgelegt worden (s. BRDrucks. 377/95 S. 4; Nach den Angaben in der Homepage des Europarats (www.coe.int vom 5. 8. 2009) ist die Konvention bisher bei erst zwei Ratifikationen (Norwegen und Zypern) noch nicht in Kraft getreten.

b) Die Konvention verfolgt ähnlich wie die europäische Satelliten- und Kabelrichtlinie (s. zu **104** dieser Einl. Rdnr. 78 sowie vor § 20 Rdnr. 28), aber in einem geographisch weiteren Rahmen das **Ziel**, die urheber- und leistungsschutzrechtlichen Vorschriften der Vertragsstaaten im Hinblick auf den Satellitenrundfunk zu harmonisieren, Rechtsunsicherheiten in Bezug auf unterschiedliche Arten von Satelliten und das anwendbare Recht zu beseitigen und dadurch zugleich die Rechte der Urheber und Leistungsschutzberechtigten zu wahren und grenzüberschreitende Satellitensendungen im Dienste der freien Meinungsäußerung und -verbreitung, des freien Informationsflusses und Ideenaustausches und auch im Interesse der Öffentlichkeit am Zugang zu den Medien zu erleichtern (s. insb. die Präambel der Konvention).

c) Der im vorliegenden Zusammenhang wesentliche **Inhalt** der Konvention bezieht sich zum **105** einen auf eine Definition des Begriffs der Rundfunksendung (Art. 1 und 2), die Bestimmung des anwendbaren Rechts (Art. 3), die Sicherung von Urheberrechten und verwandten Schutzrechten (Art. 4 und 5) und den Anwendungsbereich der Konvention (Art. 6). Darüber hinaus ist in Art. 9 Abs. 1 für die EG-Mitgliedstaaten der **Vorrang des Gemeinschaftsrechts** und in Art. 9 Abs. 2 ein Vorbehalt zugunsten weiterer Vereinbarungen der Vertragsparteien bestimmt, die den Urhebern und Leistungsschutzberechtigten einen mindestens ebenso umfassenden Schutz ihrer Rechte gewähren wie die Konvention selbst.

Zum **Begriff der Rundfunksendung** als Verwertungsakt, auf den sich die Rechte der Ur- **106** heber und Leistungsschutzberechtigten beziehen, besagt Art. 1 Abs. 1, dass die Übertragung von Werken oder anderen Rundfunkbeiträgen über **Direktsatelliten** einen Sendevorgang darstellt. Übertragungen über **Fernmeldesatelliten** („Festsatelliten") werden ebenso behandelt, wenn sie für den individuellen Direktempfang durch die allgemeine Öffentlichkeit mit Sendungen über Direktsatelliten vergleichbar sind (Art. 2 Abs. 2). Die Übertragung programmtragender Signale in **kodierter Form** wird ebenfalls als Sendevorgang betrachtet, wenn die Mittel zur Dekodierung der Sendung vom Sendeunternehmen selbst oder mit seiner Zustimmung der Öffentlichkeit zugänglich gemacht worden sind. Nach Art. 2 bedeutet ein **Sendevorgang über Satellit** die Verbindung zum Satelliten und zurück zur Erde.

d) In Bezug auf das **anwendbare Recht** verfolgt die Konvention wie die europäische Satelli- **107** ten- und Kabelrichtlinie (s. zu dieser § 20a Rdnr. 1) das Ziel, für europäische Satellitensendungen nur eine je **einzige nationale Rechtsordnung** festzulegen, der sie unterliegen sollen und ausschließlich nach deren Regeln Sendeunternehmen von Urhebern und Inhabern verwandter Schutzrechte Senderechte zu erwerben haben. Ausgangspunkte sind dabei einerseits die IPR-Regel, dass auf eine urheberrechtliche Verwertungshandlung das Recht desjenigen Staates anwendbar ist, auf dessen Gebiet sie vorgenommen wird (s. Rdnr. 124, 130), und andererseits die zu beseitigende Rechtsunsicherheit, ob eine grenzüberschreitende Satellitensendung nur im Ausstrahlungsland (so die sog. Sendelandtheorie) oder auch in den bestimmungsgemäßen Empfangsländern stattfindet (so die sog. Bogsch-Theorie oder Empfangslandtheorie; s. dazu Erwgr. 7 der Richtlinie und zum Ganzen Rdnr. 141). Die **Richtlinie** verfolgt und erreicht ihr Ziel durch entsprechende **Harmonisierung des materiellen Urheberrechts** der Mitgliedstaaten, die **Konvention auch durch Harmonisierung der IPR-Regeln** ihrer Vertragsstaaten (s. zu diesen unterschiedlichen Lösungswegen mit demselben Ergebnis ähnlich *Schack*[4] Fn. 91 zu Rdnr. 934). Die Richtlinie definiert in ihrem Art. 1 Abs. 2 lit. a (und § 20a Abs. 3 folgt ihr darin) die entscheidende, den Urhebern und Inhabern verwandter Schutzrechte vorbehaltene Verwertungshandlung der „öffentlichen Wiedergabe über Satellit" so eng, dass sie stets nur in einem einzigen Mitgliedstaat vorgenommen werden kann: Ausschlaggebend ist, verkürzt ausgedrückt, die Eingabe der für den öffentlichen Empfang bestimmten programmtragenden Signale in eine ununterbrochene Kommunikationskette, die zum Satelliten und zurück zur Erde führt. Die öffentliche Wiedergabe über Satellit findet demgemäß nur in dem Mitgliedstaat statt, in dem diese Handlung vorgenommen wird (Art. 1 Abs. 2 lit. b der Richtlinie, § 20a Abs. 1); dessen Recht ist daher anwendbar (s. § 20a Rdnr. 6ff.). Demgegenüber enthält Art. 3 Abs. 1 der **Europarats-Konvention** auch eine kollisionsrechtliche Entscheidung für das **Sendelandprinzip:** Eine Satellitensendung „findet in dem Vertragsstaat statt, in dem die Erstsendung übermittelt wird, und wird folglich ausschließlich durch das Recht dieses Staates geregelt". Um welchen Staat es sich dabei handelt, bestimmt Art. 3 Abs. 2, der dabei wie die Richtlinie auf die Eingabe der programmtragenden Signale in die Kommunikationskette abstellt.

Katzenberger

108 e) Mit der Anwendbarkeit nur einer einzigen nationalen Urheberrechtsordnung auf eine grenzüberschreitende Satellitensendung, die uU in vielen Staaten empfangen werden kann, verbindet sich für Urheber und Inhaber verwandter Schutzrechte die **Gefahr**, dass Sendeunternehmen den entscheidenden Verwertungsvorgang (s. zu diesem Rdnr. 107) in einen **Staat mit niedrigem Schutzniveau** verlegen. Die europäische Satelliten- und Kabelrichtlinie begegnet dieser Gefahr zum einen durch Harmonisierung des Satellitensenderechts in den Mitgliedstaaten auf hohem Niveau (s. Art. 2 ff. und Erwgr. 24 der Richtlinie) sowie durch die Festlegung fiktiver Orte der europäischen Satellitensendungen, die zur Anwendbarkeit des Rechts eines Mitgliedstaats mit seinem harmonisierten hohen Schutzniveau führt, wenn der entscheidende Verwertungsvorgang in einem Drittstaat mit niedrigerem Schutzniveau stattfindet (Art. 1 Abs. 2 lit. d der Richtlinie, § 20a Abs. 2; s. dazu § 20a Rdnr. 10 f.). Demselben Anliegen trägt die Europarats-Konvention auf ähnliche Weise durch **eigene Schutzbestimmungen** (Art. 4, 5) und **hilfsweise Anknüpfung an das Recht eines Vertragsstaates** Rechnung, wenn die Erstsendung in einem Nicht-Vertragsstaat mit niedrigerem Schutzniveau stattfindet (Art. 3 Abs. 3).

109 f) Die **materiellrechtlichen Schutzbestimmungen** der Konvention sehen zugunsten der Urheber den **Schutz durch die RBÜ** in ihrer jüngsten, der Pariser Fassung von 1971 (s. dazu Rdnr. 41 ff.) und zugunsten der ausübenden Künstler, der Hersteller von Tonträgern und der Sendeunternehmen einen **Mindestschutz gemäß dem Rom-Abkommen** (s. zu diesem Rdnr. 75 ff.) vor (Art. 4 Abs. 1 S. 1, Art. 5 Abs. 1). Auch können Satellitensenderechte von **Urhebern** grundsätzlich **nur durch Vertrag** erworben werden (Art. 4 Abs. 1 S. 2). Unter bestimmten Voraussetzungen können jedoch nicht vertretene Rechtsinhaber in kollektive Verträge mit Sendeunternehmen einbezogen werden, wenn dies in einem Vertragsstaat bereits vorgesehen war, als die Konvention zur Unterzeichnung aufgelegt wurde (Art. 4 Abs. 2; sa. Abs. 4). Letzteres gilt aber nicht für Filmwerke und ähnlich geschaffene Werke (Art. 4 Abs. 3). Die Rechte der **ausübenden Künstler** sind, Zweitverwertungsrechte ausgenommen, grundsätzlich ausschließliche Rechte (Art. 5 Abs. 2). Die Vertragsstaaten dürfen auch von **Art. 19 des Rom-Abkommens keinen Gebrauch** machen (Art. 5 Abs. 3). Diese Bestimmung schneidet den ausübenden Künstlern den durch das Rom-Abkommen sonst gewährten Mindestschutz ab, wenn sie der Festlegung ihrer Darbietung in einem **Film** zugestimmt haben (s. Rdnr. 80). Die Vertragsstaaten der Europarats-Konvention können aber vorsehen, dass ein Vertrag zwischen einem ausübenden Künstler und einem Filmhersteller über die Filmherstellung auch die **Genehmigung der Filmverwertung** bewirkt, vorausgesetzt, dass dieser Vertrag eine **angemessene Vergütung** vorsieht, auf die der ausübende Künstler nicht verzichten kann (Art. 5 Abs. 4). Im Übrigen müssen die Vertragsstaaten in Bezug auf die **Nutzung von gewerblich hergestellten Tonträgern zu Satellitensendungen** gegen die betreffenden Rundfunksender einen Anspruch auf eine **angemessene und einheitliche Vergütung** vorsehen, die zwischen den ausübenden Künstlern und den Herstellern von Tonträgern aufgeteilt wird (Art. 5 Abs. 5).

110 g) In Bezug auf den **Anwendungsbereich der Konvention** bestimmt Art. 6, dass die gleichzeitige, vollständige und unveränderte terrestrische Weiterverbreitung von Satellitensendungen durch die Konvention nicht erfasst wird.

2. Europäisches Übereinkommen zur Verhütung von Rundfunksendungen, die von Sendestellen außerhalb der staatlichen Hoheitsgebiete gesendet werden

111 Das am 22. 1. 1965 in Straßburg unterzeichnete **Europäische Übereinkommen zur Verhütung von Rundfunksendungen, die von Sendestellen außerhalb der staatlichen Hoheitsgebiete gesendet werden,** hat nicht den Schutz von Urheberrechten, Rundfunksendungen oder anderen Gegenständen verwandter Schutzrechte gegen unberechtigte Verwertung zum Inhalt, sondern ist gegen die Errichtung und den Betrieb von sog. Piratensendern und die von diesen ausgehenden Störungen ua. des ordnungsgemäßen Rundfunkbetriebs gerichtet. Das Übereinkommen ist für die Bundesrepublik Deutschland am 28. 2. 1970 in Kraft getreten (vgl. die Bek. vom 24. 4. 1970, BGBl. II S. 258) und war am 31. 12. 2008 für folgende **18 Staaten** verbindlich: Belgien, Bundesrepublik Deutschland, Dänemark, Frankreich, Griechenland, Irland, Italien, Liechtenstein, Niederlande, Norwegen, Polen, Portugal, Schweden, Schweiz, Spanien, Türkei, Vereinigtes Königreich und Zypern (Angaben nach BGBl. 2009 II vom 18. 2. 2009 – Fundstellennachweis B S. 545 f.). Das deutsche Zustimmungsgesetz vom 26. 9. 1969 (BGBl. II S. 1939, geändert durch Art. 263 des Gesetzes vom 2. 3. 1974, BGBl. I S. 469) enthält Strafbestimmungen.

Vorbemerkung	Vor §§ 120ff.

3. Europäische Verträge über den Austausch von Programmen mit Fernsehfilmen, über die Gemeinschaftsproduktion von Kinofilmen und über den Schutz des audiovisuellen Erbes

Von der Bundesrepublik Deutschland bisher nicht ratifiziert worden ist die **Europäische Vereinbarung über den Austausch von Programmen mit Fernsehfilmen,** das am 15. 12. 1958 in Paris unterzeichnet worden ist, am 1. 7. 1961 in Kraft getreten ist und am 5. 8. 2009 für folgende **16 Staaten** verbindlich war: Belgien, Dänemark, Frankreich, Griechenland, Irland, Israel, Kroatien, Luxemburg, Niederlande, Norwegen, Schweden, Spanien, Türkei, Tunesien, Vereinigtes Königreich und Zypern (Angaben nach www.coe.int vom 5. 8. 2009; Text der Vereinbarung in deutscher Übersetzung in UFITA 27 [1959] 232). Es enthält für die Beziehungen zwischen einer Rundfunkorganisation als Herstellerin von Fernsehfilmen einerseits und Urhebern und anderen Mitwirkenden an der Herstellung solcher Filme andererseits Bestimmungen über den Übergang von Rechten zur Nutzung dieser Filme in den jeweils anderen Vertragsstaaten (s. dazu auch vor §§ 88ff. Rdnr. 34). 112

Für die Bundesrepublik Deutschland und weitere 39 Staaten verbindlich ist das **Europäische Übereinkommen über die Gemeinschaftsproduktion von Kinofilmen** vom 2. 10. 1992, das insgesamt am 1. 4. 1994, für Deutschland am 1. 7. 1995 in Kraft getreten ist (Gesetz von 20. 10. 1994, BGBl. II S. 3566; BGBl. II S. 414; Mitgliederstand nach BGBl. 2009 II vom 18. 2. 2009 – Fundstellennachweis B S. 782, ergänzt nach www.coe.int vom 5. 8. 2009). Ziel des Übereinkommens ist es, mehrseitige europäische Gemeinschaftsproduktionen von Kinospielfilmen zu fördern, die Freiheit der künstlerischen Gestaltung und die freie Meinungsäußerung zu gewährleisten und die kulturelle Vielfalt in den Ländern Europas zu schützen. Wenn bestimmte Bedingungen erfüllt sind, haben Gemeinschaftsproduktionen ua. in jedem Mitgliedstaat Anspruch auf dieselben Vergünstigungen wie nationale Produktionen (Näheres unter www.coe.int).

Nach Vorliegen von fünf Ratifizierungen (Kratien, Litauen, Monaco, Slowakei und Ungarn) am 1. 1. 2008 in Kraft getreten ist das **Europäische Übereinkommen zum Schutz des audio-visuellen Erbes** vom 8. 11. 2001 (Stand am 5. 8. 2009: 15 Unterzeichnungen, darunter Deutschland am 15. 9. 2008; s. www.coe.int vom 5. 8. 2009). Das Übereinkommen sieht eine Hinterlegungspflicht für jeden öffentlich zugänglich gemachten Film in einer amtlich bestimmten Archivstelle vor. Die hinterlegte Referenzkopie muss im Rahmen der urheberrechtlichen Bestimmungen für Hochschul- und Forschungszwecke zugänglich sein (Näheres unter www.coe.int).

4. Pariser Verbandsübereinkunft zum Schutz des gewerblichen Eigentums

Soweit neben dem Schutz durch das Urheberrecht oder ein verwandtes Schutzrecht ein **ergänzender wettbewerbsrechtlicher Schutz** zugunsten Angehöriger ausländischer Staaten in Frage steht, unterliegt dieser **keinen fremdenrechtlichen Beschränkungen** mehr. Bereits § 28 des Gesetzes gegen den unlauteren Wettbewerb (UWG) von 1909, der den Schutz ausländischer Wettbewerber ohne inländische Hauptniederlassung von der Gewährleistung der Gegenseitigkeit abhängig gemacht hatte, ist durch Art. 25 des MarkenrechtsreformG vom 25. 10. 1994 (BGBl. I S. 3082/3121) aufgehoben worden. Im neuen UWG vom 3. 7. 2004 (BGBl. I S. 1414) ist eine § 28 UWG von 1909 entsprechende Bestimmung nicht mehr enthalten (s. *Fezer* [Hrsg.], Lauterkeitsrecht. Kommentar zum Gesetz gegen den unlauteren Wettbewerb [UWG], 2005, Einl. I Rdnr. 2 Fn. 10, Rdnr. 40). § 28 UWG von 1909 war aber ohnehin nicht anwendbar, wenn sich aus Staatsverträgen ein weitergehender Schutz ergab. Ein solcher Staatsvertrag zum Schutz ua. auch des lauteren Wettbewerbs war und ist die **Pariser Verbandsübereinkunft zum Schutz des gewerblichen Eigentums (PVÜ)** vom 20. 3. 1883, die mehrfach revidiert worden ist: am 14. 12. 1900 in Brüssel, am 2. 6. 1911 in Washington, am 6. 11. 1925 in Haag, am 2. 6. 1934 in London, am 31. 10. 1958 in Lissabon und am 14. 7. 1967 in Stockholm. Die PVÜ wurde ferner am 2. 10. 1979 geändert. Der PVÜ gehörten am 5. 8. 2009 insgesamt **173 Staaten** an, darunter die Bundesrepublik Deutschland, alle Mitgliedstaaten der EU, Japan, die USA und praktisch alle sonstigen Industriestaaten, einschließlich der Russischen Föderation, und, seit 1985, die Volksrepublik China sowie eine große Zahl von Entwicklungsländern (vgl. die Übersicht im www.wipo.int vom 5. 8. 2009). Zum Schutz des gewerblichen Eigentums durch die PVÜ zählt nach deren Art. 1 Abs. 2 ua. die **Bekämpfung des unlauteren Wettbewerbs.** Das leitende Prinzip des Schutzes ist auch in der PVÜ dasjenige der **Inländerbehandlung,** dh. der Gleichbehandlung der Ausländer mit den Inländern (Art. 2; vgl. zu TRIPS 113

Rdnr. 19, zur RBÜ Rdnr. 47, zum WUA Rdnr. 64). Daneben enthält Art. 10bis PVÜ besondere Bestimmungen über einige Tatbestände des unlauteren Wettbewerbs. Die Existenz der PVÜ mit ihrem Prinzip der Inländerbehandlung auch auf dem Gebiet des Wettbewerbsrechts machte es zB unmöglich, den das Urheberrecht ergänzenden **Schutz nichtschöpferischer Datensammlungen** bzw. Datenbanken **wettbewerbsrechtlich** zu regeln und ihn für die Angehörigen von der PVÜ angehörenden Drittstaaten von der **Gewährleistung der Gegenseitigkeit** abhängig zu machen, wie es der Vorschlag der europäischen Datenbankrichtlinie im Jahre 1992 (s. dazu vor §§ 87a ff. Rdnr. 8) vorgesehen hatte (s. *Katzenberger* ZUM 1992, 332/336 f.). Demgegenüber konnte der in Art. 7 ff. Datenbankrichtlinie dann vorgesehene suigeneris-Schutz nichtschöpferischer Datenbanken (sa. §§ 87a ff.) für Hersteller oder Rechtsinhaber aus Drittstaaten nach Art. 11 Abs. 3 der Richtlinie (sa. § 127a Abs. 3) vom Abschluss besonderer Vereinbarungen abhängig gemacht werden.

VI. Anwendung der internationalen Verträge

1. Innerstaatliche Anwendbarkeit internationaler Verträge

114 Die Frage, welche Voraussetzungen erfüllt sein müssen, damit ein internationaler Vertrag **innerstaatlich anwendbar** ist, ist eine Frage des **Verfassungsrechts** jedes Staates. Demgemäß heißt es zB in Art. 36 Abs. 1 RBÜ (Pariser Fassung) und Art. X Abs. 1 WUA (Genfer und Pariser Fassung), dass jedes Verbandsland bzw. jeder Vertragsstaat sich verpflichtet, „gemäß seiner Verfassung" die notwendigen Maßnahmen zu ergreifen, um die Anwendung der Übereinkunft bzw. des Abkommens zu gewährleisten. In der Bundesrepublik Deutschland bedarf ein völkerrechtlicher Vertrag, der sich auf einen Gegenstand der Bundesgesetzgebung bezieht, zu seiner innerstaatlichen Verbindlichkeit eines im Bundesgesetzblatt verkündeten Zustimmungsgesetzes (Art. 59 Abs. 2, 82 GG). Dies gilt auch für das Urheberrecht (und den gewerblichen Rechtsschutz, s. Rdnr. 113) als Gegenstand der ausschließlichen Gesetzgebungskompetenz des Bundes nach Art. 73 Abs. 1 Nr. 9 GG.

115 Nach traditioneller Auffassung **transformiert** das Zustimmungsgesetz einen völkerrechtlichen Vertrag in nationales Recht. Nach einer moderneren Deutung, der zuzustimmen ist, enthält das Zustimmungsgesetz dagegen nur ein **Gebot zur innerstaatlichen Anwendung** des internationalen Vertrags (s. jeweils mwN allgemein *Wildhaber* S. 215 f.; speziell zum Urheberrecht *Ulmer*³ § 11 III). Der völkerrechtliche Charakter des Vertrags wird nach dieser Deutung auch hinsichtlich seiner innerstaatlichen Anwendung bewahrt, was ua. für die Auslegung von Bedeutung ist.

2. Internationale Verträge als Grundlage privater Rechte

116 Die internationalen Verträge auf dem Gebiet des Urheberrechts und der verwandten Schutzrechte normieren ganz überwiegend nicht nur völkerrechtliche Verpflichtungen der jeweiligen Vertragsstaaten, sondern enthalten zugleich **privatrechtliche Rechtssätze**, die im Rahmen des persönlichen und gegenständlichen Anwendungsbereichs des jeweiligen Vertrags und bei Vorliegen der erforderlichen inhaltlichen Bestimmtheit nach deutscher Rechtsauffassung **unmittelbare Quelle privater Rechte** sein können (BGHZ 11, 135/138 – Lautsprecherübertragung – zur RBÜ in der Rom-Fassung; öOGH GRUR Int. 1995, 729/730 – Ludus tonalis – mit Anm. von *Dillenz*; *Fromm/Nordemann*¹⁰ Vor §§ 120ff. Rdnr. 11; *Nordemann/Vinck/Hertin* Einl. Rdnr. 21ff.; *Schack*⁴ Rdnr. 849; *Ulmer*³ § 11 III). **Umstritten** ist allerdings, ob dies auch für **TRIPS** (s. Rdnr. 13ff.) gilt. So hat der Rat der EG in der Präambel seines Beschlusses vom 22. 12. 1994 über die Genehmigung des WTO-Übereinkommens mit seinen auch TRIPS beinhaltenden Anhängen (Anlagen) angenommen, dass dieses Übereinkommen einschließlich seiner Anhänge nicht so angelegt sei, „dass es unmittelbar vor den Rechtsprechungsorganen der Gemeinschaft und der Mitgliedstaaten angeführt werden kann" (ABl 1994 Nr. L 336, S. 1/2). Diese Auffassung entspricht der überwiegenden Staatenpraxis zum GATT 1947 als einem Abkommen mit provisorischem und von politischer Flexibilität geprägtem Charakter (s. dazu *Drexl* S. 273 ff.; *ders.* GRUR Int. 1994, 777/783 f.; *Schäfers* GRUR Int. 1996, 763/775). Gleichwohl ist insb. auf Grund des in seiner Präambel zum Ausdruck gekommenen TRIPS-Verständnisses der Rechte des geistigen Eigentums als privater Rechte und auf Grund der Inkorporation der ebenfalls unmittelbar anwendbaren RBÜ-Bestimmungen durch TRIPS (s. Rdnr. 18) anzunehmen, dass auch die TRIPS-Bestimmungen über das Urheberrecht und die verwandten Schutzrechte grund-

Vorbemerkung **Vor §§ 120 ff.**

sätzlich unmittelbar innerstaatlich anwendbar sind (so auch die Denkschrift der deutschen Bundesregierung zu TRIPS BTDrucks. 12/7655 [neu] S. 335/344 f.; *Dreier/Schulze*[3] Vor §§ 120 ff. Rdnr. 24; *Drexl* GRUR Int. 1994, 777/784 ff.; ders. in Beier/Schricker [Hrsg.] S. 18/37 ff.; *Katzenberger* GRUR Int. 1995, 447/459; *Schack*[4] Rdnr. 883; *Staehelin* S. 143 ff.; im Ergebnis auch *Schäfers* GRUR Int. 1996, 763/774 ff.; ders. GRUR Int. 1998, 86/87; aA *Ullrich* GRUR Int. 1995, 623/637 ff.).

Die **unmittelbare Anwendbarkeit** einer solchen Bestimmung eines internationalen Vertrags wird nicht notwendig dadurch gehindert, dass sie ihrem Wortlaut nach in die **Form einer Verpflichtung der Vertragsstaaten** gekleidet ist, wenn sie im Übrigen inhaltlich ausreichend bestimmt ist (s. dazu grundlegend *Ulmer* GRUR Int. 1960, 57 ff.). Daher war auch der Schutzfristenvergleich nach Art. IV Abs. 4 WUA (Genfer Fassung) in der Bundesrepublik Deutschland nicht erst seit Inkrafttreten des § 140 am 1. 1. 1966, sondern bereits seit Inkrafttreten des WUA im Jahre 1955 (s. Rdnr. 58) unmittelbar anzuwenden, obwohl Art. IV Abs. 4 WUA die Vertragsstaaten nur für nicht verpflichtet erklärt, den durch das Abkommen geschützten Werken einen längeren Schutz als im Land der Erstveröffentlichung bzw. im Heimatstaat des Urhebers zu gewähren, und das deutsche Zustimmungsgesetz ursprünglich keine ausdrückliche Bestimmung über diese Frage enthielt (s. § 140 Rdnr. 2, 3). Die meisten Bestimmungen der internationalen Verträge über die Befugnisse an geschützten Werken und Leistungen sind im Übrigen in der **üblichen Form privatrechtlicher Rechtssätze** formuliert, indem sie bestimmen, dass die Angehörigen der Verbandsländer bzw. Vertragsstaaten diese oder jene Rechte genießen. Das gilt insb. auch für die Rechte aus dem grundlegenden **Prinzip der Inländerbehandlung** (vgl. Art. 3 TRIPS, Art. 5 Abs. 1 RBÜ, Pariser Fassung, Art. II Abs. 1, 2 WUA, Genfer und Pariser Fassung, Art. 4–6 Rom-Abkommen; s. Rdnr. 19, 47, 64, 79; zu Art. 6 Abs. 1 RBÜ – Rom-Fassung s. BGH BGHZ 141, 267/271 f. – Laras Tochter; zu Art. 4 RBÜ – Brüsseler Fassung BGHZ 64, 183/186 – August Vierzehn; zu Art. 5 Abs. 1 RBÜ – Pariser Fassung BGHZ 118, 394/396 – ALF), für das **Prinzip der Meistbegünstigung** nach Art. 4 TRIPS und für die meisten der durch diese Konventionen gewährten „**besonderen Rechte**". Zur Frage der ausreichenden inhaltlichen Bestimmtheit der betreffenden Vorschriften und zu den darin enthaltenen Vorbehalten zugunsten der innerstaatlichen Gesetzgebung s. *Ulmer*[3] §§ 14 V 2, 15 II 2).

Bereits ihrer Art nach ist zweifelhaft, ob die TRIPS-Regelungen über die Rechtsdurchsetzung (Art. 41–61) unmittelbar angewandt werden können (so die vorgen. TRIPS-Denkschrift BTDrucks. 12/7655 (neu) S. 347; *Dreier* GRUR Int. 1996, 215/217; zu Art. 43 und 50 betr. Beibringung von Beweismitteln und einstweilige Maßnahmen BGH GRUR 2002, 1046/1048 – Faxkarte mwN). Darüber hinaus ist die Frage der unmittelbaren Anwendbarkeit der internationalen urheberrechtlichen (und sonstigen immaterialgüterrechtlichen) Abkommen in Deutschland auch eine Frage nach dem Verhältnis von nationalem Recht und **europäischem Gemeinschaftsrecht** (s. dazu ausführlich MünchKomm./*Drexl* Rdnr. 49/66 ff./74 ff.), da der EuGH jedenfalls für TRIPS aus der Sicht des Gemeinschaftsrechts die unmittelbare Anwendbarkeit verneint (s. EuGH Slg. 2000 I, 11 344/11 359 f. = GRUR Int. 2001, 327/329 – Dior und Assco, Rdnr. [41]–[44]; Slg. 2001 I, 5874/5891 f. = GRUR Int. 2002, 41/45 – Schieving-Nijstad, Rdnr. [51]–[53]; EuGH GRUR 2008, 55/56 – Merck; Frage offengelassen in Slg. 1998 I, 3637/3650 = GRUR Int. 1998, 697/700 – Hermès, Rdnr. [35]). Hintergrund der Befassung der EuGH mit dieser Fragestellung ist der Umstand, dass die EG neben ihren Mitgliedstaaten Vertragspartei des WTO- und damit auch des TRIPS-Übereinkommens (und auch des WCT und des WPPT) ist (s. Rdnr. 14/51; sa. das EuGH-Gutachten 1/94, Slg. 1994 I, 5267/5418 = GRUR Int. 1995, 239/250 – TRIPS-Kompetenz, Rdnr. [103]–[105]). Der EuGH leitet daraus seine Zuständigkeit für die Auslegung von TRIPS ab (s. die Rdnr. [24]–[33] und [32]–[40] in den Fällen Hermès sowie Dior und Assco; sa. EuGH GRUR Int. 2004, 846/848 – Heidelberger Bauchemie, Rdnr. [20] und GRUR Int. 2005, 231/235 – Anheuser-Busch, Rdnr. [42]). Die Frage der Kompetenzabgrenzung zwischen Gemeinschaft und Mitgliedstaaten in Bezug auf die unmittelbare Anwendbarkeit der TRIPS-Bestimmungen beurteilt der EuGH dahingehend, dass Letztere nur zuständig sind, soweit die Gemeinschaft für ein Schutzrecht des geistigen Eigentums noch keine Rechtsvorschriften erlassen hat (s. Rdnr. [48] im Fall Dior und Assco). Im gemeinschaftsrechtlich geregelten Bereich, und damit grundsätzlich auch in dem durch europäische Richtlinien teilharmonisierten Urheberrecht, ist daher davon auszugehen, dass die TRIPS-Vorschriften keine unmittelbare Wirkung haben. Die Gerichte der Mitgliedstaaten sind hier aber verpflichtet, ihr nationales Recht TRIPS-konform auszulegen (s. die Rdnr. [28], [47] und [35] in den Fällen Hermès, Dior und Assco sowie Schieving-Nijstad, jeweils zum Markenrecht;

Vor §§ 120ff. Vorbemerkung

EuGH GRUR 2008, 241/244 – Promusicae, zum Urheberrecht). Gleiches gilt für den EuGH selbst (s. EuGH GRUR Int. 2004, 846/848 – Heidelberger Bauchemie, Rdnr. [20]/[21], und EuGH GRUR Int. 2005, 231/235 – Anheuser-Busch. Rdnr. [42]/[43]). Die Praxis der deutschen Gerichte wird dieser Verpflichtung gerecht (s. BGH GRUR 2002, 1046/1048 – Faxkarte, zur Auslegung des § 809 BGB über den Besichtigungsanspruch des Urhebers unter Berücksichtigung von Art. 43 und 50 TRIPS; BGH GRUR 2006, 962/966 – Restschadstoffentfernung, zu § 142 ZPO nF; OLG Frankfurt/M IPRax 2002, 222f. – TRIPS-Prozesskostensicherheit, und LG Köln ZUM 2004, 853/856f. – Katastrophenfilm, zur Beurteilung der Einrede nach § 110 ZPO im urheberrechtlichen einstweiligen Verfügungsverfahren unter Beachtung von Art. 3 TRIPS; sa. OLG Hamburg ZUM-RD 1997, 343 – TRIPS-Rechte, und ZUM 2004, 133/136f. – Mit Fe. live dabei: Versagung eines Verbreitungsschutzes ausländischer ausübender Künstler durch TRIPS bereits unter Anwendung von deren Art. 3 Abs. 1 S. 2 und Art. 14 Abs. 1 ohne Thematisierung der Frage von deren unmittelbarer Anwendbarkeit).

3. Rangverhältnis zwischen internationalen Verträgen und nationalem Recht

118   Über das Rangverhältnis zwischen den Bestimmungen eines internationalen Vertrags und den Vorschriften der innerstaatlichen Gesetze entscheidet das **Verfassungsrecht** jedes Staates. In der Bundesrepublik Deutschland gehen nur die „allgemeinen Regeln des Völkerrechts" den Gesetzen vor (Art. 25 S. 2 GG). Grundsätzlich gilt daher das Prinzip der **Gleichrangigkeit** (s. *Ulmer*³ § 11 III gegen die Qualifizierung der Bestimmungen der RBÜ als Recht höherer Ordnung durch *Bappert/Wagner* Art. 1 RBÜ Rdnr. 8 und *Baum* GRUR 1950, 437 ff.) sowie die allgemeine Rechtsregel „lex posterior derogat legi priori" (s. BGHZ 11, 135/138 – Lautsprecherübertragung – zur Rom-Fassung der RBÜ gegenüber dem älteren LUG von 1901/1910). Im Zweifel ist aber im Wege **völkerrechtsfreundlicher Auslegung** des innerstaatlichen Rechts ein Widerspruch zu konventionsrechtlichen Regeln zu vermeiden (s. *Ulmer*³ § 11 III; *Nordemann/Vinck/ Hertin* Einl. Rdnr. 34) oder notfalls nach dem lex specialis-Prinzip auch das **günstigere Konventionsrecht auf die Rechtsstellung ausländischer Urheber** und das ungünstigere innerstaatliche Recht auf Inländer anzuwenden (so öOGH GRUR Int. 1995, 729/730 – Ludus tonalis – mit Anm. von *Dillenz*, zu Art. 9 Abs. 2 RBÜ im Vergleich mit § 42 öUrhG betr. die Vervielfältigung von Musiknoten zum eigenen Gebrauch; zust. *Walter* MR 1995, 107/108; *ders.* MR 1997, 309/312f.; kritisch *Dittrich* ecolex 1996, 549/550 ff.; *ders.* in *Dittrich* [Hrsg.], S. 1/11f.; s. iÜ auch *Nordemann/Vinck/Hertin* Einl. Rdnr. 34; allg. *MünchKomm./Drexl* Rdnr. 116). Ohne im konkreten Fall durch ein Schutzdefizit des § 10 dazu gezwungen zu sein, entscheidet BGH GRUR Int. 1987, 40 – BORA BORA – über die Urhebervermutung zugunsten eines ausländischen Komponisten unmittelbar nach Art. 15 RBÜ.

4. Berufung auf internationale Verträge durch Inländer?

119   Die internationalen Verträge auf den Gebieten des Urheberrechts und der verwandten Schutzrechte regeln nahezu ausnahmslos (s. aber Rdnr. 98, 102) nur **internationale Sachverhalte** und enthalten entsprechende Bestimmungen über ihren Anwendungsbereich (s. Rdnr. 17 zu TRIPS, Rdnr. 46 zur RBÜ, Rdnr. 62 zum WUA, Rdnr. 78f. zum Rom-Abkommen). Daraus folgt, dass ihre Bestimmungen grundsätzlich jedenfalls nicht unmittelbar auf rein nationale Sachverhalte, dh. auf die Rechtsstellung von Inländern bei Fehlen auch sonstiger Anknüpfungspunkte zu einem anderen Vertragsstaat, angewendet werden können (s. *Ulmer*³ § 14 IV 2 zur RBÜ, § 15 IV 2 zum WUA, § 121 I 1 zum Rom-Abkommen, noch weitergehend *Nordemann/Vinck/Hertin* Einl. Rdnr. 23, 32 und RBÜ Art. 5 Rdnr. 3). Es fehlt im deutschen Recht auch eine innerstaatliche Bestimmung, die Inländern den gegebenenfalls günstigeren Konventionsschutz gewährleistet (s. *Nordemann/Vinck/Hertin* Einl. Rdnr. 32). In der Regel spricht aber eine bei der Gesetzesauslegung zu berücksichtigende Vermutung dafür, dass der Gesetzgeber das innerstaatliche Recht zumindest dem Standard des Konventionsrechts angleichen wollte, um eine Benachteiligung der Inländer gegenüber den konventionsgeschützten Ausländern zu vermeiden (s. dazu auch *Dreier/Schulze*³ Vor §§ 120ff. Rdnr. 25; *Nordemann/Vinck/Hertin* Einl. Rdnr. 32; zur Möglichkeit des Zurückbleibens des nationalen Rechts hinter dem Konventionsrecht s. Rdnr. 118).

Vorbemerkung Vor §§ 120ff.

VII. Territorialitätsprinzip und Recht des Schutzlandes als anwendbares Recht

1. Territorialitätsprinzip

Das internationale Urheberrecht wird nach hM vom **Territorialitätsprinzip** beherrscht. Es 120
liegt, mit Ausnahme der Übereinkunft von Montevideo (s. Rdnr. 67, 122), auch den internationalen Verträgen auf den Gebieten des Urheberrechts und der verwandten Schutzrechte zugrunde und bildet die Basis auch für die **Harmonisierung des Urheberrechts in Europa.** So stellt zwar nicht die Richtlinie selbst ausdrücklich, wohl aber der Richtlinienvorschlag der EG-Kommission zum Urheberrecht in der Informationsgesellschaft vom 10. 12. 1997 (Dok. KOM [97] 628 endg. S. 11) im Hinblick auf die zunehmende grenzüberschreitende Verwertungstätigkeit mittels der Digitaltechnik ausdrücklich fest, dass sich an der Territorialitätsbezogenheit der Urheber- und der verwandten Schutzrechte nichts geändert hat (s. in diesem Sinne auch das zugrundeliegende Grünbuch vom 19. 7. 1995, Dok. KOM [95] 382 endg. S. 38 und die Mitteilung über Initiativen zu diesem Grünbuch vom 17. 12. 1996, Dok. KOM [96] 568 endg. = BRDrucks. 993/96 S. 23). Das Territorialitätsprinzip ist auch im **Ausland** verbreitet anerkannt (s. *Sandrock* in *v. Caemmerer* [Hrsg.] S. 380/414 ff.) und mit der deutschen **Verfassung** vereinbar (s. BVerfGE 81, 208/222 – Bob Dylan). Es wird von den deutschen Gerichten angewendet (s. BGHZ 64, 183/191 – August Vierzehn; BGHZ 126, 252/255 – Folgerecht bei Auslandsbezug; BGH GRUR 2004, 421/422 – Tonträgerpiraterie durch CD-Export). Das **urheberrechtliche Schrifttum** geht von ihm nahezu ausnahmslos aus (s. *Dreier/Schulze*[3] Vor §§ 120ff. Rdnr. 1/28; *Fromm/Nordemann*[10] Vor §§ 120ff. Rdnr. 59; *v. Gamm* Einf. Rdnr. 29/142, § 11 Rdnr. 9; *Loewenheim/Walter* Hdb. des Urheberrechts § 58 Rdnr. 20; *Möhring/Nicolini*[2] Vor §§ 120ff. Rdnr. 2; *Schricker* Verlagsrecht[3] Einl. Rdnr. 37; *Ulmer*[3] § 13 I; *ders.*, Die Immaterialgüterrechte, S. 9/37ff.; *ders.* RabelsZ 1977, 479ff.; *Loewenheim* ZUM 1999, 923/924; *Sack* WRP 2000, 269/270 f.; kritisch MünchKomm./*Drexl* Rdnr. 9/13 f.; *Wandtke/Bullinger*[3] Vor §§ 120 ff. Rdnr. 5; aA *Schack*[4] Rdnr. 806 ff.). Im **IPR-Schrifttum** wird es von der hM vertreten (s. *v. Bar* IPR II Rdnr. 703; *Kropholler*[5] S. 535; *Sandrock* in *v. Caemmerer* [Hrsg.] S. 380/390 ff./399 ff.; *ders.* GRUR Int. 1985, 507/512 ff.; *Staudinger/v. Hoffmann* BGB[13] Art. 38 nF Rdnr. 574; aA *Soergel/Kegel* BGB[13] Art. 12 Anh. Rdnr. 28 und die unter Rdnr. 122 genannten Befürworter des Universalitätsprinzips). De lege ferenda s. die Nachw. bei *Katzenberger*, Fs. für Schricker, 1995, S. 225/241 f.

Folge der Geltung des Territorialitätsprinzips ist, dass der Urheber aus der Sicht seiner Rechts- 121
stellung in mehreren Ländern nicht ein einheitliches, weltweit gültiges Urheberrecht besitzt, sondern ein **Bündel von nationalen Urheberrechten;** dieses kann hinsichtlich einzelner Staaten Lücken aufweisen, die einzelnen Urheberrechte können sich nach Inhalt, Umfang und Schutzdauer und selbst in Bezug auf die Rechtsinhaberschaft unterscheiden (*Soergel/Kegel* BGB[12] Art. 12 Anh. Rdnr. 16 bezeichnet daher das Territorialitätsprinzip auch als „Bündeltheorie"; s. dazu auch BVerfG BVerfGE 81, 208/223 – Bob Dylan; BGH BGHZ 136, 380/386 – Spielbankaffaire; BGHZ 152, 317/322 – Sender Felsberg; BGH GRUR 2004, 855/856 – Hundefigur; BGH GRUR 2007, 691 – Staatsgeschenk; BGHZ 49, 331/334 – Voran – zur Parallele des Patent- und Sortenschutzrechts). Andere sprechen von einem Urheberrechts-Mosaik aus nationalen Bausteinen (so *Schricker* Verlagsrecht[3] Einl. Rdnr. 37) oder von einem „Flickenteppich" nationaler Urheberrechte (so BVerfGE 81, 208/223 – Bob Dylan). Auch die internationalen urheberrechtlichen Verträge begründen kein übergeordnetes, international gültiges Urheberrecht (BGHZ 64, 183/191 – August Vierzehn – und GRUR Int. 1973, 49/50 f. – Goldrausch – jeweils zur RBÜ; allg. BGH BGHZ 136, 380/386 – Spielbankaffaire; BGH GRUR 2004, 855/856 – Hundefigur), bewirken aber durch die von ihnen gewährten „besonderen Rechte" (s. Rdnr. 22, 47, 64, 80 ff.) eine gewisse inhaltliche Harmonisierung der nationalen Urheberrechtsordnungen in den Verbandsländern bzw. Vertragsstaaten (s. *Ulmer*[3] § 14 II 5).

Als Grundlage des internationalen Urheberrechts **nicht durchgesetzt** hat sich das **Univer-** 122
salitätsprinzip, das als korrespondierende IPR-Regel eine **weltweite Geltung des im Ursprungsland eines Werkes begründeten Urheberrechts** postuliert. Als einziger internationaler Vertrag auf dem Gebiet des Urheberrechts folgt die Übereinkunft von Montevideo diesem Prinzip (s. Rdnr. 67). Ohne Erfolg geblieben sind auch die in neuerer Zeit aus allgemeiner internationalprivatrechtlicher Sicht unternommenen Versuche, das Universalitätsprinzip für das Urheberrecht wiederzubeleben, und zwar generell (so *Neuhaus* RabelsZ 1976, 191 ff.; zust. *Soergel/Kegel* BGB[12] Art. 12 Anh. Rdnr. 28) oder partiell (so *Drobnig* RabelsZ 1976, 195 ff.; *Schack*[4]

Rdnr. 806 ff., 900 ff.; *ders.* Anknüpfung S. 36 ff./61/88; *ders.* GRUR Int. 1985, 523 ff.; *ders.* ZUM 1989, 267/275 ff.; *ders.* GRUR Int. 1999, 645 ff.; *Intveen* S. 85 ff.; *Regelin* S. 82 ff.; *Siehr* UFITA 108 [1988] 9/24; neuerdings und mit beachtlicher Begründung speziell zur Frage der ersten Rechtsinhaberschaft des Urheberechts *Klass* GRUR Int. 2007, 373/385 ff. und darauf aufbauend zu geeigneten Anknüpfungspunkten für eine universal basierte Kollisionsnorm *dies.* GRUR Int. 2008, 546/548 ff.; aus ausländischer Sicht *Cigoj,* Fs. für Firsching, S. 53/70 ff.; *Koumantos* Copyright 1988, 415/423 ff.; *van Eechoud* in *Drexl/Kur,* S. 289/292 ff.; §§ 313, 314 Alternative B Abs. 2 des Preliminary Draft No. 2 [January 20, 2004] des American Law Institute [ALI], in *Basedow/ Drexl/Kur/Metzger,* Annex 2; zu einer früheren Fassung dieses Entwurfs s. *Dreyfuss/Ginsburg* CRi 2003, 33/37 f.). Einer solchen Wiederbelebung stehen gewichtige Bedenken entgegen (s. *Ulmer* RabelsZ 1977, 479 ff.; *Sandrock* in *v. Caemmerer* [Hrsg.] S. 380/399 ff.; MünchKomm./*Drexl* Rdnr. 14 ff.). Wenn in der höchstrichterlichen Rechtsprechung (s. BGHZ 64, 183/191 – August Vierzehn) gesagt wird, das Urheberrecht sei „als einheitliches, umfassendes Recht an der geistigen Schöpfung mit der natürlichen Herrschaftsmacht des Urhebers territorial unbegrenzt", so geschieht dies im Hinblick auf die naturrechtliche Idee des geistigen Eigentums (s. dazu BGHZ 17, 266/278 – Grundig-Reporter) und unter der ausdrücklichen Einschränkung, dass das dem Urheber von den einzelnen Rechtsordnungen positivrechtlich zugebilligte Urheberrecht „notwendig auf die jeweiligen staatlichen Hoheitsgebiete begrenzt" ist (s. auch *v. Gamm* Einf. Rdnr. 29). Neuerdings wird zu Recht auch die **wirtschaftspolitische Dimension** des Universalitätsprinzips negativ bewertet (s. hierzu und zum folgenden MünchKomm./*Drexl* Rdnr. 15): Im Verhältnis zB zwischen Filmherstellern einerseits und Filmurhebern und -künstlern andererseits ist es der Erstere, der die Standortwahl trifft und den Ort der ersten Veröffentlichung bestimmt. Wählt er hierbei einen Staat, der zB in der Frage der originären Inhaberschaft des Urheberrechts mit der Regel der „works made for hire" seinen Interessen und damit dem Investitionsschutz den Vorzug gibt, so führt dies unter dem Universalitätsprinzip zu einer weltweiten Benachteiligung der Kreativen. Das mit dem Territorialitätsprinzip verknüpfte Schutzlandprinzip verweist demgegenüber eine solche Lösung eines nationalen Gesetzgebers in ihre territorialen Grenzen. Den Kreativen verbleibt die Chance einer für sie günstigeren Gesetzgebung in anderen Staaten, und diesen Staaten wird ein Standortnachteil erspart.

123 Als Regel des **Sachrechts** iSd. Art. 3 Abs. 2 S. 1 EGBGB besagt das Territorialitätsprinzip, dass die Wirkung der Gesetzgebung eines Staates über das Urheberrecht auf das Territorium dieses Staates begrenzt ist und dass ein durch diese Gesetzgebung gewährtes Urheberrecht oder verwandtes Schutzrecht seine Wirkungen nur innerhalb der Grenzen dieses Staates entfaltet. Ein nach dem deutschen UrhG begründetes **inländisches Urheberrecht** besitzt daher **Wirkung nur für das Inland** und kann demzufolge nur durch eine zumindest teilweise inländische Handlung verletzt werden (s. BGHZ 126, 252/256 – Folgerecht bei Auslandsbezug; BGHZ 152, 317/326 f. – Sender Felsberg; BGH GRUR 2007, 691/692 f. – Stattsgeschenk; BGH GRUR 2008, 989/991 – Sammlung Ahlers; OLG München GRUR 1990, 677 – Postvertrieb; *Ulmer*[3] § 13 I 3; *ders.,* Die Immaterialgüterrechte, S. 9, 38 f.; *v. Gamm* § 97 Rdnr. 6; *Martiny* RabelsZ 1976, 218/219 ff.; *Möhring/Nicolini*[2] § 97 Rdnr. 275). Entsprechend kann ein ausländisches Urheberrecht nur durch eine Handlung in dem betreffenden ausländischen Staat verletzt werden. Diese Regeln gelten im Übrigen nicht nur kraft Tradition und allg. Anerkennung (s. Rdnr. 120), sie sind vielmehr unter den Gesichtspunkten der **staatlichen Souveränität** und des **Verkehrsschutzes** auch sachlich gerechtfertigt (s. zu beiden Aspekten *Buck* S. 28 f.; *Drexl* Entwicklungsmöglichkeiten [s. Rdnr. 13] 1995, S. 35 f.; *Katzenberger* GRUR Int. 1992, 567/571 f.; *ders.,* Fs. für Schricker, 1995, S. 225/242; zur staatlichen Souveränität BGHZ 126, 252/256 – Folgerecht bei Auslandsbezug – gegen *Siehr* IPRax 1992, 219/220; zum Verkehrsschutz *v. Bar* IPR II Rdnr. 706; *ders.* UFITA 108 [1988] 17 ff./45). Das Territorialitätsprinzip schließt im Übrigen die **Berücksichtigung ausländischer Sachverhalte** bei der Anwendung des inländischen Rechts nicht aus, so dass zB ein inländisches Urheberrecht auch durch eine Werkschöpfung im Ausland begründet werden kann (*Ulmer*[3] § 13 I 3; sa. BGHZ 126, 252/256 – Folgerecht bei Auslandsbezug). Insb. steht es der Erschöpfung des inländischen Verbreitungsrechts durch Inverkehrbringen von Werkexemplaren im Ausland nicht entgegen (s. BGHZ 126, 252/256 – Folgerecht bei Auslandsbezug; BGHZ 80, 101/104 – Schallplattenimport – insoweit gegen OLG Hamburg GRUR Int. 1970, 377/379 – Polydor – und GRUR 1979, 235/239 – ARRIVAL; BGH GRUR 2003, 699/702 – Eterna; *Ulmer*[3] § 47 II 2; *ders.* GRUR Int. 1970, 379 f.; *Reimer* GRUR Int. 1972, 221/226; *Schröter* WRP 1971, 356/357 f.).

Vorbemerkung   Vor §§ 120ff.

2. Maßgeblichkeit des Rechts des Schutzlandes. Teilverweisung auf das Recht des Ursprungslandes

Die jeweils nur territorial begrenzte Wirkung eines Urheberrechts oder verwandten Schutz- 124
rechts (s. Rdnr. 123) legt es nahe, das Territorialitätsprinzip nicht nur als sachrechtliche, sondern auch als **kollisionsrechtliche Regel** zu verstehen, und zwar im Sinne einer Verweisung auf das Recht jeweils desjenigen Landes, für dessen Gebiet der Schutz durch ein solches Recht in Anspruch genommen wird oder sonst in Frage steht. Man spricht insoweit von der **Maßgeblichkeit des Rechts des Schutzlandes** (der lex loci protectionis). Das Territorialitätsprinzip wird auch in der Tat verbreitet in diesem Sinne verstanden, und zwar sowohl von den Gerichten (s. BVerfGE 81, 208/222 – Bob Dylan – ua. unter Berufung auf die 1. Auflage Rdnr. 69; BGHZ 80, 101/104 – Schallplattenimport; BGH GRUR 2004, 421/422 – Tonträgerpiraterie durch CD-Export) als auch im Schrifttum (s. *Schricker* Verlagsrecht³ Einl. Rdnr. 37; *v. Bar* IPR II S. 516ff.; *ders.* UFITA 108 [1988] 27/42ff.; *Sandrock* GRUR Int. 1985, 507/513). Auch wer dem Territorialitätsprinzip einen kollisionsrechtlichen Gehalt abspricht, das Prinzip aber als sachrechtliche Regel akzeptiert, kann es dann jedenfalls als Ausgangspunkt des kollisionsrechtlichen Schutzlandprinzips verstehen (so zB BGHZ 126, 252/255 – Folgerecht bei Auslandsbezug). Zumindest korrespondiert somit dieses IPR-Prinzip mit dem sachrechtlichen Territorialitätsprinzip (s. *Ulmer*³ § 13 II; *Katzenberger*, Fs. für Schricker, S. 225/240), wenn auch vielleicht nur faktisch und nicht rechtlich zwingend (so MünchKomm./*Drexl* Rdnr. 13), im Übrigen aber ähnlich wie das Ursprungslandprinzip mit dem Universalitätsprinzip, die sich aber beide nicht durchgesetzt haben (s. Rdnr. 122). Auch die höchstrichterliche Rechtsprechung anerkennt nicht nur das Territorialitätsprinzip (s. Rdnr. 120), sondern stellt kollisionsrechtlich auch unabhängig von einer Berufung auf dieses Prinzip auf die Schutzlandregel ab (s. BGHZ 118, 395/397 – ALF; BGHZ 126, 252/255 – Folgerecht bei Auslandsbezug; BGHZ 136, 380/385 – Spielbankaffaire; BGHZ 152, 317/321 – Sender Felsberg; BGHZ 155, 257/261 – Sendeformat; BGH GRUR 2007, 691/692 – Staatsgeschenk).

Kodifiziert ist die internationalprivatrechtliche Verweisung auf das Recht des Schutzlandes in 125
den Bestimmungen der **Konventionen** über die Inländerbehandlung (vgl. Art. 3 Abs. 1 TRIPS, Art. 5 Abs. 1, 2 S. 2 RBÜ, Pariser Fassung; Art. II Abs. 1, 2 WUA, Genfer und Pariser Fassung; Art. 4–6 Rom-Abkommen; s. auch Rdnr. 19, 47, 64, 79), denen damit nicht nur fremdenrechtliche Bedeutung zukommt (s. *Ulmer*³ § 13 II 2; *ders.*, Die Immaterialgüterrechte, S. 10f., 30ff.; *ders.* RabelsZ 1977, 479/487; *Sandrock* in *v. Caemmerer* [Hrsg.] S. 380/390ff.; *Katzenberger*, Fs. für Schricker, 1995, S. 225/243 mwN; MünchKomm./*Drexl* Rdnr. 53ff./56; sa. *Drobnig* RabelsZ 1976, 195/197/199; aA *Neuhaus* RabelsZ 1976, 191/193; *Obergfell* S. 206ff.; *Schack*⁴ Rdnr. 891 mwN). Dies gilt insb. für die detaillierte Regelung in Art. 5 Abs. 2 S. 2 RBÜ (so auch ausdrücklich BGHZ 118, 395/397 – ALF; sa. BGHZ 70, 268/271 – Buster-Keaton-Filme – zum deutsch-amerikanischen Urheberrechtsabkommen von 1892; s. zu diesem Rdnr. 72). Dabei ist die in Art. 5 Abs. 2 S. 2 RBÜ benannte Anwendung der Rechtsvorschriften desjenigen Landes, „in dem" der Schutz beansprucht wird, nach richtiger und überwiegender Meinung nicht als Verweisung auf die lex fori, sondern als solche auf das Recht des Schutzlandes zu verstehen (s. *Ulmer*³ § 13 II 3; *ders.*, Die Immaterialgüterrechte, S. 10; *Katzenberger*, Fs. für Schricker, 1995, S. 225/244 mwN; aA *Schack*⁴ Rdnr. 891). Aus Art. 5 Abs. 1 RBÜ, der auf die im Schutzland gewährten Rechte, nicht auf das Recht des Schutzlandes verweist, folgt im Übrigen auch, dass die aus der Konventionsregel über die Inländerbehandlung folgende Verweisung auf das Recht des Schutzlandes eine Verweisung auf das Sachrecht dieses Landes beinhaltet, nicht eine Gesamtverweisung auch auf das IPR des Schutzlandes (s. dazu *Boytha* Copyright 1988, 399/410; *Katzenberger*, Fs. für Schricker, 1995, S. 225/244; auch *Ulmer* RabelsZ 1977, 479/487; aA *Schack*⁴ Rdnr. 891). Kodifiziert ist das Schutzlandprinzip auf **europäischer Ebene** nunmehr ausdrücklich in **Art. 8 Abs. 1** der sog. **Rom II-Verordnung**, dh. der Verordnung (EG) Nr. 864/2007 des Europäischen Parlaments und des Rates vom 11. 7. 2007 über das auf außervertragliche Schuldverhältnisse anwendbare Recht („Rom II") (ABl. 2007 Nr. L 199/40; (deutsches) Gesetz zur Anpassung der Vorschriften des Internationalen Privatrechts an die Verordnung (EG) Nr. 864/2007 vom 10. 12. 2008, BGBl. 2008 I S. 2401; AmtlBegr. dazu BT-Drucks. 16/9995). Die Rom II-VO ist am 11. 1. 2009 in Kraft getreten (Art. 32), enthält in den Mitgliedsstaaten der EU unmittelbar anwendbares Recht (Art. 249 Abs. 2 S. 2 EG), beansprucht nach ihrem Art. 3 universelle Anwendung, dh. Anwendung nicht nur auf EU-interne Sachverhalte, sondern auch bezüglich Verweisungen auf das Recht von nicht EU-angehörigen Drittstaaten, sowie innerhalb ihres Anwendungsbereichs Vorrang vor Art. 38–42 EGBGB (s. die AmtlBegr. zum deutschen Gesetz vom 10. 12. 2008, BT-Drucks. 16/9995 S. 6; Art. 3 EGBGB idF dieses Gesetzes). In zeit-

Vor §§ 120 ff. Vorbemerkung

licher Hinsicht gilt die Rom II-VO allerdings erst für schadenbegründende Ereignisse, die nach ihrem Inkrafttreten eintreten (Art. 31), sodass neben dieser VO zunächst auch die Art. 38–42 EGBGB sowie die von der Rechtsprechung schon bisher angewandten Regeln über das Schutzlandprinzip zu beachten bleiben, zumal deren Verankerung in den urheberrechtlichen Konventionen (so.) durch die Rom II-VO nicht in Frage gestellt wird (s. Art. 28 Abs. 1). Art. 8 Abs. 1 der Rom II-VO lautet wie folgt: „Auf außervertragliche Schuldverhältnisse aus einer Verletzung von Rechten des geistigen Eigentums ist das Recht des Staates anzuwenden, für den der Schutz beansprucht wird". Erwägungsgrund 26 der Rom II-VO begründet diese Regelung damit, dass es gelte, „den allgemein anerkannten Grundsatz der lex protectionis zu wahren".

Die **§§ 120 ff.** sind hingegen keine kollisionsrechtlichen Bestimmungen; sie enthalten insb. **keine Verweisung auf das deutsche Recht** als anwendbares Recht. Sie beinhalten vielmehr Sachrecht in Bezug auf den persönlichen Anwendungsbereich des UrhG bzw. Fremdenrecht und somit sach- oder materiellrechtliche Schutzvoraussetzungen. Sie setzen damit für ihre eigene Anwendbarkeit eine vorgängige kollisionsrechtliche Entscheidung für das deutsche Recht als Schutzlandrecht nach dem Schutzlandprinzip voraus (ebenso MünchKomm./*Drexl* Rdnr. 125; sa. *Schack*[4] Rdnr. 889). Entsprechendes gilt unter Berücksichtigung ihrer EG- bzw. EWR-weiten Verbindlichkeit für Art. 12 Abs. 1 EG (Art. 6 Abs. 1 EG-Vertrag, Art. 7 Abs. 1 EWG-Vertrag; im Ergebnis ebenso MünchKomm./*Drexl* Rdnr. 97) und Art. 4 EWR-Abkommen (s. zu diesen Bestimmungen Rdnr. 3). Dies übersieht BGHZ 129, 66/69 – Mauerbilder –, wo auf einen Veräußerungsvorgang in der ehemaligen DDR noch zu Zeiten von deren Existenz oder in Monaco bundesdeutsches Recht mit der Begründung angewandt wurde, dass die auf eine Beteiligung am Veräußerungserlös klagenden Künstler als deutsche und französische Staatsangehörige nach § 120 Abs. 1 bzw. Art. 6 Abs. 1 EG-Vertrag schutzberechtigt seien. Ebenso unrichtig hatte bereits die Vorinstanz auf das deutsche Verbreitungsrecht iSd. § 17 abgestellt (s. KG Berlin GRUR 1994, 212/213 f. – Mauerbilder). Diese beiden Entscheidungen widersprechen ua. auch der sonstigen Entscheidungspraxis des BGH, insb. im Fall „Folgerecht bei Auslandsbezug" (BGHZ 126, 252/256), wonach ein inländisches (deutsches) Urheberrecht nur durch eine im Inland begangene Handlung verletzt werden kann (sa. Rdnr. 123, 127 ff.; s. im Übrigen auch die berechtigte Kritik von *Schack* in einer Anm. zum Mauerbilder-Urteil des BGH in JZ 1995, 837/838). Eine **Teilverweisung auf das Recht des Ursprungslandes** enthalten die konventionsrechtlichen Regeln über den Vergleich der Schutzfristen (s. Rdnr. 19, 48, 65; zum Ergebnis *Ulmer*, Die Immaterialgüterrechte, S. 12, 32).

126 Wie sich die territoriale Begrenzung der Urheberrechte und verwandten Schutzrechte aus internationaler Sicht in einem Bündel nationaler Rechte äußert (s. Rdnr. 121), so kann auch das kollisionsrechtliche Schutzlandprinzip zur **Anwendbarkeit mehrerer nationaler Urheberrechtsordnungen** führen, wenn ein Verwertungsvorgang die Gebiete mehrerer Staaten berührt. Der **Verwerter** muss in einem solchen Fall die Rechtslage in allen betroffenen Staaten in Rechnung stellen (s. zu der Konsequenz, uU „auf mehr als 100 verschiedene Rechtsordnungen Rücksicht nehmen" zu müssen, die Entscheidung des öOGH MR 1991, 112/114 – Gleichgewicht des Schreckens). Andererseits muss der **Verletzte** es im Falle einer Klage gegebenenfalls schon in den Tatsacheninstanzen zweifelsfrei klarstellen, wenn er neben einer Verletzung inländischer Rechte auch ausländische Rechtverletzungen verfolgen will; es handelt sich um verschiedene Streitgegenstände (siehe BGH GRUR 2004, 855/856 – Hundefigur; BGH GRUR 2007, 691 – Staatsgeschenk). Dies betrifft zB unter dem Aspekt der Rechtsverletzung den Vertrieb von Produkten der Tonträger-, Video- oder Softwarepiraterie zugleich in mehreren oder auch vielen Staaten und unter demselben Aspekt oder vertragsrechtlichen Gesichtspunkten kontinentweit empfangbare Fernseh-Satellitensendungen sowie die uU weltweite Verwertung von geschützten Werken und Leistungsergebnissen über universelle Telekommunikationsnetze, wie das Internet. Die Erschwernisse, die sich aus den Folgen des Territorialitäts- und Schutzlandprinzips auch für solche und andere legale Formen des internationalen Wirtschaftsverkehrs ergeben, können letztlich nur durch Rechtsangleichung überwunden werden, wie sie regional in Europa in Gang ist (s. Rdnr. 142 und allg. Einl. Rdnr. 78) und international neuerdings insb. durch das TRIPS-Übereinkommen (s. Rdnr. 13 ff.) und die WIPO-Verträge von 1996 (s. Rdnr. 50 ff., 84 ff.) gefördert wird (s. zum Ergebnis *Schricker* in einer Urteilsanm. in MMR 1998, 39). Im Übrigen zeigt etwa die seit vielen Jahrzehnten erfolgreiche Praxis der weltweiten Verwertung von Filmwerken auf der Grundlage des Territorialitäts- und Schutzlandprinzips, dass die Probleme beherrschbar sind (s. in diesem Zusammenhang zur vertraglichen Einräumung des sog. Weltverfilmungsrechts an den Filmhersteller aus der Sicht des deutschen Rechts vor §§ 28 ff. Rdnr. 157; § 88 Rdnr. 3, 34, 50; § 89 Rdnr. 14, 16).

Vorbemerkung   Vor §§ 120ff.

Zum **Schutzlandrecht** iSd. kollisionsrechtlichen Schutzlandprinzips zählen als dessen **Kom-** 127
ponenten die Bestimmungen der jeweiligen innerstaatlichen Gesetze über das Urheberrecht
und die verwandten Schutzrechte sowie, im Rahmen ihrer innerstaatlichen Anwendbarkeit (s. zu
dieser aus der Sicht des deutschen Rechts Rdnr. 114ff.), die für den jeweils betroffenen Staat
verbindlichen internationalen Verträge auf diesen Gebieten (s. zu diesen Rdnr. 13–110; zum Ergebnis s. insb. *Ulmer*[3] § 13 II, III; *ders.*, Die Immaterialgüterrechte, S. 12). **Inhaltlich** entscheidet
das Recht des jeweiligen Schutzlandes grundsätzlich über alle mit dem Urheberrecht und mit
den verwandten Schutzrechten selbst zusammenhängenden Fragen. Dazu gehören insb. die **Entstehung** eines solchen Rechts, einschließlich der Fragen der schutzfähigen Werke und Leistungen, eventueller Formerfordernisse des Schutzes und sonstiger, insb. auch fremdenrechtlicher
Schutzvoraussetzungen, die **Urheberschaft** und die **erste Inhaberschaft des Rechts,** die
Übertragbarkeit des Rechts und die **Aktivlegitimation** bei vertraglichen Rechtseinräumungen, **Inhalt und Umfang des Schutzes,** einschließlich der gesetzlichen Schranken der Verwertungsrechte, die **Rechtsfolgen einer Rechtsverletzung** sowie die **Schutzdauer** und das
sonstige **Erlöschen** eines Urheberrechts oder verwandten Schutzrechts (s. hierzu statt aller *Ulmer*[3]
§ 13 II; *ders.*, Die Immaterialgüterrechte, S. 37ff., 39ff., 50f.; weitere Nachw. unter den folgenden Rdnr. zu Einzelfragen).

Nach den allg. IPR-Regeln entscheidet nicht das Recht des Schutzlandes, sondern die **lex** 128
fori, dh. die Rechtsordnung des Gerichtssitzes, über das **anwendbare IPR.** Deutsche Gerichte
gehen demnach stets vom deutschen IPR aus (s. MünchKomm./*Sonnenberger*[3] Einl. IPR
Rdnr. 239; sa. BGH GRUR 2007, 691/692 – Staatsgeschenk), in Urheberrechtssachen daher
vom Schutzlandprinzip (s. Rdnr. 124). Ebenso der lex fori vorbehalten ist die Beantwortung der
Qualifikationsfrage, ob es sich bei einem zu beurteilenden Sachverhalt seiner Art nach um
einen möglichen Eingriff in ein Urheberrecht oder verwandtes Schutzrecht handelt und ob
demzufolge das Schutzlandprinzip als Kollisionsregel angewendet werden kann. Nur wenn diese
Frage nach der lex fori zu bejahen ist, kann dann auch nach dem Recht des Schutzlandes entschieden werden, ob auch sachrechtlich ein solcher Eingriff vorliegt (s. zu beidem BGH BGHZ
136, 380/389 – Spielbankaffaire – mwN). Nach der lex fori zu beurteilen sind auch Fragen des
Verfahrensrechts (s. MünchKomm./*Sonnenberger*[3] Einl. IPR Rdnr. 397). Im Hinblick auf vertragsrechtliche Fragen im Zusammenhang mit Urheberrechten und verwandten Schutzrechten
gilt es, den Anwendungsbereich des Rechts des Schutzlandes als sog. **Urheberrechtsstatut** vom
Vertragsstatut abzugrenzen (s. dazu Rdnr. 147ff.).

VIII. Anwendbares Recht bei Verletzung von Urheberrechten und verwandten Schutzrechten

1. Recht des Schutzlandes als anwendbares Recht

Das **Recht des Schutzlandes** als das Recht desjenigen Landes, für dessen Gebiet Rechts- 129
schutz begehrt wird, ist auch dasjenige Recht, das auf **Verletzungen von Urheberrechten
und verwandten Schutzrechten** anzuwenden ist. Dies gilt wiederum (s. Rdnr. 127) sowohl
für den Inhalt und Umfang des Schutzes und damit den Tatbestand der Rechtsverletzung sowie
für die Rechtsfolgen als auch für die Vorfragen des Bestehens des angeblich verletzten Rechts
und der Rechtsinhaberschaft des Verletzten, Letzteres vorbehaltlich vertragsrechtlicher Fragen
(s. Rdnr. 147ff.) bei der Geltendmachung eines vertraglich abgeleiteten Rechts (s. *Ulmer*[3]
§ 13 II; *ders.*, Die Immaterialgüterrechte, S. 13ff., 37ff.; *Sandrock* in v. *Caemmerer* [Hrsg.] S. 380/
390ff./399ff.; *ders.* GRUR Int. 1985, 507/513ff.; Stellungnahme des *Max-Planck-Instituts*
GRUR Int. 1985, 104/105ff.). Diese Ergebnisse sind inzwischen so eindeutig und weitgehend
höchstrichterlich entschieden und ausdrücklich mit dem kollisionsrechtlichen Schutzlandprinzip
begründet, dass es sich überwiegend erübrigt, sie mittelbar aus älteren Entscheidungen abzuleiten, welche die kollisionsrechtliche Fragestellung nicht ausdrücklich ansprechen, jedoch zu
denselben Resultaten gelangen (s. hierzu die 1. Auflage Rdnr. 76, 77).

Nunmehr steht fest, dass das Recht des Schutzlandes zunächst über die **Entstehung eines
Urheberrechts** (und demgemäß auch eines verwandten Schutzrechts) entscheidet, und zwar
insb. sowohl unter dem Aspekt der **Werkqualität** iSd. § 2 (BGHZ 118, 395/396f. – ALF;
BGHZ 155, 257/261 – Sendeformat; sa. BGH GRUR 2004, 855/856 – Hundefigur) als auch
unter demjenigen des **Fremdenrechts** bzw. der **konventionsrechtlichen Schutzberechti-
gung** (BGHZ 118, 395/396 – ALF: Schutz eines amerikanischen Werkes nach deutschem
Schutzlandrecht; BGHZ 136, 380/387 – Spielbankaffaire: Schutz eines DDR-Filmwerkes nach

Vor §§ 120 ff. Vorbemerkung

Luxemburger Schutzlandrecht; BGHZ 141, 267/271 – Laras Tochter: Schutz des Romans „Dr. Schiwago" von Boris Pasternak nach deutschem Schutzlandrecht; BGH GRUR 2001, 1134/1136 – Lepo Sumera: Schutz der Werke eines estnischen Komponisten nach deutschem Schutzlandrecht; sa. OLG Hamburg ZUM-RD 1997, 343 f. – TRIPS-Rechte, und ZUM 2004, 133/136 f. – Mit Fe. live dabei).

Das Recht des Schutzlandes entscheidet sodann auch darüber, wer **Urheber** eines Werkes und **erster Inhaber des Urheberrechts** an einem Werk ist (BGHZ 136, 380/387 – Spielbankaffaire). Ein amerikanischer Filmhersteller kann sich daher zB im Hinblick auf die Filmverwertung in Deutschland jedenfalls vor einem deutschen Gericht nicht darauf berufen, nach dem amerikanischen Prinzip des „work made for hire" Urheber des Filmwerks und primärer Inhaber des Urheberrechts daran zu sein, weil das für diese Frage maßgebliche deutsche Recht als Recht des Schutzlandes nur den tatsächlichen Werkschöpfer als Urheber und Inhaber des Urheberrechts anerkennt (§ 7; im Ergebnis ebenso die französische Cour de cassation im Fall des nachkolorierten Filmes „Asphalt Jungle" in Bezug auf das droit moral des Filmurhebers GRUR Int. 1992, 304 – John Houston II).

Das Recht des Schutzlandes entscheidet gleichermaßen über die **Aktivlegitimation** bei vertraglicher Einräumung eines Nutzungsrechts (BGHZ 118, 395/397 f. – ALF; BGHZ 141, 267/272 f. – Laras Tochter; BGH GRUR 2004, 855/857 – Hundefigur) und über die **Übertragbarkeit** urheberrechtlicher Befugnisse (BGH GRUR 1988, 296/298 – GEMA-Vermutung IV; BGHZ 136, 380/387 f. – Spielbankaffaire), einschließlich der Übertragbarkeit im Wege der **Erbfolge** (OLG Düsseldorf ZUM-RD 2007, 465/467 – Die dree ???, zur urheberrechtlichen Qualifikation des § 29 sowie zur Abgrenzung von Urheberrechtsstatut und Erbstatut), sowie über **Inhalt und Umfang des Schutzes** durch ein Urheberrecht (oder verwandtes Schutzrecht) (BGHZ 136, 380/389 – Spielbankaffaire; BGHZ 126, 252/256 f. – Folgerecht bei Auslandsbezug; BGHZ 141, 267/272 ff. – Laras Tochter, zum Schutz gegen unfreie Bearbeitung; zur gleichen Frage BGH GRUR 2004, 855/857 – Hundefigur; BGHZ 152, 317/321 ff. – Sender Felsberg, zur Verletzung des Senderechts durch grenzüberschreitende terrestrische Rundfunksendung; BGH GRUR 2004, 421/422 ff. – Tonträgerpiraterie durch CD-Export, zur Verletzung des Vervielfältigungs- und Verbreitungsrechts des Tonträgerherstellers für und durch den Export; BGH GRUR 2007, 691/692 f. – Staatsgeschenk, zum Verbreitungsrecht und zum Recht auf Urheberbenennung). Letzteres gilt auch für Formen der Werkverwertung, die zwar keine Rechtsverletzung darstellen, wohl aber, wie die Weiterveräußerung eines Kunstwerks bei Anwendbarkeit des § 26 Abs. 1 einen **gesetzlichen Vergütungsanspruch** des Urhebers auslösen (BGHZ 126, 252/257 – Folgerecht bei Auslandsbezug; sa. Rdnr. 146).

Nach dem Recht des Schutzlandes ist auch die Frage der **Erschöpfung des Verbreitungsrechts** zu beurteilen (BGHZ 126, 252/257 – Folgerecht bei Auslandsbezug), und ob hierzu ein Inverkehrbringen im Ausland ausreicht (s. hierzu BGHZ 80, 101/103 ff. – Schallplattenimport; BGHZ 81, 282/284 ff. – Schallplattenexport; BGH GRUR 1985, 924/925 f. – Schallplattenimport II; BGH GRUR 1988, 373/374 – Schallplattenimport III; BGH GRUR 1988, 606/607 f. – Differenzlizenz; sa. BGH GRUR 2003, 699/702 – Eterna, bei gespaltenen Lizenzgebieten im wiedervereinigten Deutschland).

Soweit der Rechtsschutz für das Gebiet der Bundesrepublik Deutschland in Frage steht, entscheidet grundsätzlich deutsches Recht als Schutzlandrecht auch über die **Schutzdauer** eines Urheberrechts (oder verwandten Schutzrechts) (BGHZ 70, 268/271 ff. – Buster-Keaton-Filme; OLG Frankfurt/M GRUR Int. 1981, 739/741 – Lounge Chair, und GRUR-RR 2004, 99 – Anonyme Alkoholiker, jeweils zum deutsch-amerikanischen Übereinkommen von 1892, s. zu diesem Rdnr. 72), soweit nicht der **Schutzfristenvergleich** nach Maßgabe von TRIPS, RBÜ oder WUA (s. Rdnr. 19, 48, 65) und damit eine kollisionsrechtliche Teilverweisung auf das Recht des Ursprungslandes Platz greift (s. Rdnr. 128 und zum Ergebnis BGH GRUR 1978, 302/303 f. – Wolfsblut – zum WUA; BGHZ 95, 229/235 ff. – Puccini, und GRUR 2000, 1020/1021 – La Bohème – zur RBÜ; sa. BGHZ 70, 268/276 – Buster-Keaton-Filme; OLG Hamburg GRUR-RR 2001, 73/77 ff. – Frank Sinatra).

Ebenfalls nach dem Recht des Schutzlandes sind die **Ansprüche des Verletzten** als **Folge einer Rechtsverletzung** zu beurteilen (BGHZ 118, 395/398 – ALF: Ansprüche auf Unterlassung, Vernichtung, Rechnungslegung und Schadensersatz; BGHZ 136, 380/385 ff. – Spielbankaffaire: Unterlassungsanspruch, vorbeugender Unterlassungsanspruch, Bereicherungsanspruch wegen Eingriffs in ein Urheberrecht, Schadensersatzanspruch, Auskunftsanspruch; zusätzlicher, auch ausländische Rechtsverletzungen umfassender Auskunftsanspruch nach § 242 BGB offengelassen; BGHZ 152, 317/330 – Sender Felsberg: Vergütungsansprüche einer Verwertungsgesell-

Vorbemerkung **Vor §§ 120ff.**

schaft für die Sendung von Tonträgermusik; zu den strafrechtlichen Folgen einer Rechtsverletzung s. BGH GRUR 2004, 421/422f. – Tonträgerpiraterie durch CD-Export; zur Rechtslage bei Rechtsverletzungen im In- und Ausland s. BGH BGHZ 136, 380/385ff./391f. – Spielbankaffaire; BGHZ 152, 317/321ff./330 – Sender Felsberg; sa. BGH GRUR 2004, 855/856 – Hundefigur; BGH GRUR 2007, 691 – Staatsgeschenk; LG München I ZUM-RD 2002, 21/24 – Just be free; sa. oben Rdnr. 126; zur Abgrenzung: OLG Stuttgart ZUM 2003, 146 – „m.": nach deutschem Recht unzulässige europaweite Satellitenausstrahlung eines Films bei Erwerb des Senderechts nur für deutschsprachige Länder).

2. Verdrängung des Rechts des Begehungsorts durch das Recht des Schutzlandes

Da Urheberrechtsverletzungen und Verletzungen verwandter Schutzrechte **unerlaubte** 130 **Handlungen** sind (s. Einl. Rdnr. 42), ist, sieht man von der allg. Maßgeblichkeit des Rechts des Ortes des Schadenseintritts nach Art. 4 Abs. 1 der neuen Rom II-VO (so. Rdnr. 125) ab, grundsätzlich auch die traditionelle allgemeine internationalprivatrechtliche Regel von der **Maßgeblichkeit des am Begehungsort (Tatort) geltenden Rechts** (der lex loci delicti commissi) anwendbar (s. *v. Gamm* Einf. Rdnr. 143; *Ulmer,* Die Immaterialgüterrechte, S. 9; BGH GRUR 1982, 727/729 – Altverträge; OLG Hamburg UFITA 26 [1958] 344/349 – Brotkalender; LG München I UFITA 54 [1969] 320/322). Sie gilt freilich nur mit der aus dem Territorialitätsprinzip (s. Rdnr. 120) folgenden **Einschränkung,** dass eine in einem ausländischen Staat begangene Handlung nicht als Verletzung des Urheberrechts im Inland als Schutzland gewertet werden kann. Soweit es um den Schutz im Inland geht, muss vielmehr der Begehungsort im Inland liegen; lex loci delicti commissi und lex loci protectionis müssen übereinstimmen. Dem Schutzlandprinzip kommt damit der Vorrang zu (s. die Stellungnahme des *Max-Planck-Instituts* GRUR Int. 1985, 104/105f. mit einem Beispiel aus dem Patentrecht). Nach Ansicht des **BGH** BGHZ 136, 380/386 – Spielbankaffaire, BGHZ 152, 317/322 – Sender Felsberg, ist bei Verletzungen urheberrechtlicher Befugnisse die Anknüpfung an das **Recht des Tatorts (Begehungsorts) überhaupt unanwendbar** (ebenso *Kropholler*[5] S. 518; *v. Ungern-Sternberg* in Schwarze, S. 109/118). Dem ist jedenfalls insoweit zuzustimmen, als es bei solchen Rechtsverletzungen **keinen vom Handlungsort unterscheidbaren Erfolgsort** gibt (von einem Zusammenfallen von Handlungs- und Erfolgsort gehen *Dreier/Schulze*[3] Vor §§ 120ff. Rdnr. 28, und *Sack* WRP 2000, 269/271, aus). Anders als im allgemeinen Deliktsrecht (s. zu diesem Art. 40 Abs. 1 EGBGB idF v. 21. 5. 1999, BGBl. I S. 1026) kann der Verletzte daher auf dem Gebiet des Urheberrechts und der verwandten Schutzrechte nicht zwischen dem Recht des Handlungsorts und dem Recht eines Erfolgsorts wählen (s. idS auch BGHZ 136, 380/386 – Spielbankaffaire). **Maßgeblich** ist immer **nur das Recht des Handlungsorts** (so auch die Stellungnahme des *Max-Planck-Instituts* GRUR Int. 1985, 104/106). Insb. kann auch ein vom Handlungsort unterscheidbarer Erfolgsort nicht am Wohnsitz des Urhebers oder Sitz des verletzten sonstigen Rechtsinhabers als Ort des Schadenseintritts oder der Nichteinholung der erforderlichen Einwilligung in die Werkverwertung konstruiert werden (s. BGHZ 52, 108/110ff.; OLG München GRUR 1990, 677 – Postervertrieb – jeweils zu § 32 ZPO). Zum selben Ergebnis führt es, wenn man dem Schutzlandprinzip als Gewohnheitsrecht oder über die sog. Ausweichklausel des Art. 41 Abs. 1 EGBGB nF den Vorrang vor den Regeln des Art. 40 EGBGB nF einräumt (im letzteren Sinne zB MünchKomm./*Drexl* Rdnr. 121; im ersteren Sinne die Auffassung des BGH und die AmtlBegr. BTDrucks. 14/343 S. 10, welche wegen der allgemeinen Geltung des Schutzlandprinzips eine ausdrückliche Regelung des IPR der Immaterialgüterrechte für entbehrlich erklärte). Unter der **Rom II-Verordnung** (s. Rdnr. 125) folgt der Vorrang des Schutzlandprinzips gegenüber den allg. Regeln über das Deliktsstatut (Art. 4) aus der Sonderregelung des Art. 8.

3. Anwendbares Recht bei Verletzung ausländischer Urheberrechte und verwandter Schutzrechte. Art. 38 EGBGB aF, Art. 40 Abs. 3 EGBGB nF

Mit dem Schutzlandprinzip nicht vereinbar und daher unzutreffend ist es, die **inländische** 131 **Teilnahme** an einer **im Ausland begangenen Verletzung** des musikalischen Aufführungsrechts als unerlaubte Handlung iSd. deutschen § 823 Abs. 1 BGB zu beurteilen (so aber LG Berlin Schulze LGZ 67, 9, 13ff. – Martin Luther; abzulehnen ist es auch, wenn BGH GRUR 1957, 352/353 – Taeschner II – die Verletzung ausländischer Warenzeichenrechte zugleich als unerlaubte Handlung iSd. deutschen § 823 Abs. 2 BGB und Verstoß gegen § 1 UWG aF wertet; vgl. die berechtigte Kritik durch *Martiny* RabelsZ 1976, 218/220 Fn. 11; sa. Rdnr. 139).

Vor §§ 120ff. Vorbemerkung

Verletzungen ausländischer Urheberrechte (und gewerblicher Schutzrechte) sind vielmehr grundsätzlich nur nach dem betreffenden **ausländischen Recht** zu beurteilen (s. BGHZ 136, 381/385 f. – Spielbankaffaire; BGHZ 152, 317/330 – Sender Felsberg; BGH GRUR 2004, 855/856 – Hundefigur; BGH GRUR 2007, 691 – Staatsgeschenk; LG München I ZUM-RD 2002, 21/24 – Just be free; BGHZ 22, 1/14 – Flava-Erdgold – zum Markenrecht; LG Düsseldorf GRUR Int. 1968, 101/102 – Frauenthermometer – zum Gebrauchsmusterrecht). **Art. 38 EGBGB aF** (1986) (vorher Art. 12 EGBGB), nach dem aus einer im Ausland begangenen unerlaubten Handlung gegen einen Deutschen keine weitergehenden Ansprüche geltend gemacht werden konnten, als nach den deutschen Gesetzen begründet waren (sog. privilegium germanicum), war nach hM aber auch auf Verletzungen ausländischer Urheberrechte (und gewerblicher Schutzrechte) anzuwenden (so *Ulmer*[2] § 14 II; *Soergel/Lüderitz* BGB[12] Art. 38 Rdnr. 112; MünchKomm.BGB/*Kreuzer*[3] Art. 38 Rdnr. 316; BGHZ 22, 1/13 f. – Flava-Erdgold – zum Warenzeichenrecht; LG Düsseldorf GRUR Int. 1968, 101/103 – Frauenthermometer – zum Gebrauchsmusterrecht; aA *Zweigert/Puttfarken* GRUR Int. 1973, 573/576; de lege ferenda *Martiny* RabelsZ 1976, 218/221; zur Frage der Vereinbarkeit mit dem EuGVÜ [Rdnr. 171] s. *Stauder* GRUR Int. 1976, 465/475). Art. 38 EGBGB aF wurde mit der Neufassung des EGBGB im Jahre 1999 (s. Rdnr. 130) als überholt aufgegeben (s. BTDrucks. 14/343 S. 12). An seine Stelle trat zugunsten jedes Betroffenen, also unabhängig von seiner Staatsangehörigkeit, **Art. 40 Abs. 3 EGBGB nF.** Als spezielle ordre public-Regel verbietet sie bei der Anwendung ausländischen Rechts durch ein deutsches Gericht zB die Zuerkennung von mehrfachem Schadensersatz oder von Strafschadensersatz (s. BTDrucks. 14/343 S. 12). Vergleichbar mit der Rechtslage unter Geltung des Art. 38 EGBGB aF ist davon auszugehen, dass die Neuregelung ungeachtet des generellen Vorrangs des Schutzlandprinzips (s. Rdnr. 130) auch auf Urheberrechtsverletzungen anwendbar ist (ebenso *Sack* WRP 2000, 269/288).

4. Unabhängigkeit des Rechts im Schutzland

132 Aus dem Territorialitätsprinzip (s. Rdnr. 120) folgt, dass das im Schutzland begründete Urheberrecht oder verwandte Schutzrecht grundsätzlich **unabhängig von der Existenz eines entsprechenden Rechts im Ursprungsland** ist. In Art. 5 Abs. 2 S. 1 Halbs. 2 RBÜ (Pariser Fassung) ist dies ausdrücklich anerkannt. Es gilt aber allgemein (s. BGHZ 70, 268/271 f. – Buster-Keaton-Filme; BGH GRUR 1978, 302/303 – Wolfsblut; BGH GRUR 1981, 587/588 – Schallplattenimport – insoweit in BGHZ 80, 1 nicht abgedruckt; OLG München GRUR Int. 1960, 75/76 – Le Mans; OLG Koblenz UFITA 70 (1974) 331/333 – Liebeshändel in Chioggia; OLG Frankfurt/M GRUR 1981, 739/741 – Lounge Chair; sa. BGHZ 49, 331/334 f. – Voran – zur Parallele des Patent- und Sortenschutzrechts).

133 Eine **Ausnahme** vom Prinzip der Unabhängigkeit gilt im Rahmen des **Schutzfristenvergleichs** (s. Rdnr. 19, 48, 65). Soweit er durchzuführen ist, ist dabei für das WUA anerkannt, dass die Schutzdauer eines Werkes im Schutzland auf null zu reduzieren und der Schutz damit gänzlich zu versagen ist, wenn ein Werk **seiner Art nach** im Heimatstaat des Urhebers, wenn es sich um ein unveröffentlichtes Werk handelt, bzw. im Land der ersten Veröffentlichung bei einem veröffentlichten Werk, keinen Schutz genießt (s. dazu *Bappert/Wagner* Art. IV WUA Rdnr. 13; *Nordemann/Vinck/Hertin* WUA Art. IV Rdnr. 6; *Ulmer*[3] § 15 V 2; ders. GRUR Int. 1960, 57/59; sa. Rdnr. 65). Eine weitere Ausnahme ist in Art. 2 Abs. 7 RBÜ (Pariser Fassung) für **Werke der angewandten Kunst** vorgesehen.

5. Keine Anwendung des gemeinsamen Heimatrechts. Keine Vereinbarung über das anwendbare Recht. Keine vertragsakzessorische Anknüpfung

134 **Art. 40 Abs. 2 EGBGB nF** bestimmt als Ausnahme von der allgemeinen Tatortregel (Art. 40 Abs. 1 EGBGB nF) für das allgemeine internationale Deliktsrecht die Anwendbarkeit des **Rechts des gemeinsamen gewöhnlichen Aufenthalts** bzw., bei Gesellschaften etc., des Ortes der Hauptverwaltung oder Niederlassung. Die Bestimmung ist an die Stelle der durch Art. 4 des Gesetzes vom 21. 5. 1999 (s. Rdnr. 130) aufgehobenen Verordnung über die Rechtsanwendung bei Schädigungen deutscher Staatsangehöriger außerhalb des Reichsgebietes vom 7. 12. 1942 (RGBl. 1942 I S. 706) getreten. Aus deren § 1 Abs. 1 S. 1 wurde ebenfalls die allgemeine Regel abgeleitet, dass auf eine unerlaubte Handlung zwischen Personen, die demselben Staat angehörten und in diesem Staat ihren gewöhnlichen Aufenthalt hatten, das Recht dieses Staates Anwendung fand, auch wenn der Begehungsort der unerlaubten Handlung in einem anderen Staat lag (s. dazu

Vorbemerkung **Vor §§ 120 ff.**

MünchKommBGB/*Kreuzer*³ Art. 38 Rdnr. 73, 78, 80). Eine entsprechende Regelung enthält **Art. 4 Abs. 2 der Rom II-VO** (s. zu dieser Rdnr. 125). Man spricht von der **Anwendung des gemeinsamen Heimatrechts** bzw. **Aufenthaltsrechts** oder des gemeinsamen Personalstatuts. Territorialitäts- und Schutzlandprinzip lassen eine **Anwendung dieser Regel auf Verletzungen von Urheberrechten und verwandten Schutzrechten** (sowie von gewerblichen Schutzrechten) **nicht** zu (vgl. zur VO vom 1942 MünchKomm./*Kreuzer*³ Nach Art. 38 Anh. II Rdnr. 15; LG Düsseldorf GRUR Int. 1968, 101/102 – Frauenthermometer – zum Gebrauchsmusterrecht; zu Art 40 Abs. 2 EGBGB nF s. BTDrucks. 14/343 S. 10; *Sack* WRP 2000, 269/278 f.; wohl auch MünchKomm./*Drexl* Rdnr. 122).

Anders als im allgemeinen Deliktsrecht (s. zu diesem **Art. 42 EGBGB nF, Art. 14 Rom II-VO** sowie zum früheren Recht BGHZ 98, 263/274) sind bei Verletzungen von Urheberrechten und verwandten Schutzrechten auch **Vereinbarungen über das anwendbare Recht unzulässig** (s. BGHZ 118, 395/397 f. – ALF; BGHZ 136, 380/386 – Spielbankaffaire; zu Art. 42 EGBGB nF BGH GRUR 2007, 691/692 – Staatsgeschenk; *Dreier/Schulze*³ Vor §§ 120 ff. Rdnr. 28; *Möhring/Nicolini*² Vor §§ 120 ff. Rdnr. 19; MünchKomm./*Drexl* Rdnr. 124; *Sack* WRP 2000, 269/284; aA *Loewenheim/Walter* Hdb. des Urheberrechts § 58 Rdnr. 25; *Schack*⁴ Rdnr. 925; *Wandtke/Bullinger*³ Vor §§ 120 ff. Rdnr. 14). **Art. 8 Abs. 3 Rom II-VO** bestimmt dasselbe nunmehr ausdrücklich. **Unzulässig** ist auch eine **vertragsakzessorische Anknüpfung** nach **Art. 41 Abs. 2 Nr. 1 EGBGB nF** (s. MünchKomm./*Drexl* Rdnr. 122).

6. Beurteilung grenzüberschreitender Rechtsverletzungen

Das **Recht des Schutzlandes** entscheidet auch, ob auf dem Gebiet des Schutzlandes vorgenommene **Teilakte grenzüberschreitender Verwertungshandlungen** ein Urheberrecht oder verwandtes Schutzrecht verletzen. Das Territorialitätsprinzip (s. Rdnr. 120 ff.) fordert dabei eine hinreichende Inlandsbeziehung; durch eine nur im Ausland erfolgte Verwertungshandlung kann ein inländisches Schutzrecht nicht verletzt werden (s. Rdnr. 123 sowie BGHZ 126, 252/256 – Folgerecht bei Auslandsbezug; BGHZ 152, 317/326 f. – Sender Felsberg; BGH GRUR 2007, 691/692 f. – Staatsgeschenk; BGH GRUR 2008, 989/991 – Sammlung Ahlers; *Ulmer,* Die Immaterialgüterrechte, S. 15; *Kraßer*⁵ § 33 I d 3 zum Patentrecht). Ob innerhalb dieses weitgesteckten Rahmens eine grenzüberschreitende, teilweise im Schutzland begangene Verwertungshandlung ein hier bestehendes Recht verletzt, entscheiden das **materielle Schutzlandrecht** und seine Auslegung selbst (s. *Ulmer,* Die Immaterialgüterrechte, S. 13 ff.; *Martiny* RabelsZ 1976, 218/226 ff.; MünchKomm./*Drexl* Rdnr. 151; zu einem interessanten anderen methodischen, nämlich autonom-kollisionsrechtlichen Ansatz s. *Sack,* Fs. für Lorenz, S. 659/683 ff.). Im Sinne eines umfassenden Schutzes des Urhebers ist bei der Auslegung des deutschen Rechts als Schutzlandrecht davon auszugehen, dass grundsätzlich bereits **Teilakte** grenzüberschreitender Verwertungshandlungen geeignet sind, inländische Schutzrechte zu verletzen; die von den Gerichten zum Patent- und Markenrecht entwickelten Grundsätze können dabei im Prinzip entsprechend angewendet werden.

a) Aus der Selbstständigkeit des **Vervielfältigungsrechts** (§ 16, s. dort Rdnr. 3) folgt, dass 136 eine Verletzung dieses Rechts auch dann angenommen werden kann, wenn die im Inland vorgenommene Vervielfältigung eines geschützten Werkes in der Absicht geschieht, die Vervielfältigungsstücke ins Ausland zu exportieren und erst dort zu verbreiten (s. BGH GRUR 2004, 421/424 – Tonträgerpiraterie durch CD-Export; auch BGH GRUR 2004, 855/856 – Hundefigur; *Dreier/Schulze*³ Vor §§ 120 ff. Rdnr. 33; *v. Gamm* § 16 Rdnr. 3; *Möhring/Nicolini*² § 16 Rdnr. 20; MünchKomm./*Drexl* Rdnr. 154; zum Patentrecht BGHZ 23, 100/106 – Taeschner I; RGSt. 10, 349/350 f.; *Kraßer*⁵ § 33 I d 3; *Stauder* S. 107; zum Markenrecht BGHZ 23, 100/106 – Taeschner I).

b) Hinsichtlich des **Verbreitungsrechts** (§ 17) ist anerkannt, dass dieses Recht auch durch 137 **Import** und **Export** verletzt werden kann (s. BGH GRUR 1972, 141 – Konzertveranstalter; *Ulmer*³ § 128 VI; *v. Gamm* § 17 Rdnr. 11). Bei beiden Vorgängen handelt es sich um den Tatbestand des **Inverkehrbringens** iSd. § 17 Abs. 1. Dass der **Import** als Inverkehrbringen im Inland beurteilt werden kann, ist sowohl für das Urheberrecht als auch für das Patent- und Markenrecht mehrfach entschieden worden (zum Urheberrecht: RG GRUR 1932, 755/757 – Fahrnerschmuck; BGH GRUR 1965, 323/325 – Cavalleria rusticana; BGH GRUR 1980, 227/230 – Monumenta Germaniae Historica – dort auch zur Frage der **Provokationsbestellung** aus dem Inland im Ausland; sa. OLG München GRUR 1990, 677 – Postervertrieb; zum Patent- und Sortenschutzrecht: BGHZ 49, 331 ff. – Voran; OLG Hamburg GRUR 1985, 923 – Imidazol;

Vor §§ 120ff. Vorbemerkung

RGSt. 10, 349/351, RGZ 45, 147/149, RGZ 51, 139/141, RGZ 77, 248/249; *Kraßer*[5] § 33 II c 2; *Stauder* S. 116; zum Markenrecht: BGHZ 23, 100/106 – Taeschner I). Zuzurechnen ist die Einfuhr als solche aber nur dem ausländischen Exporteur und gegebenenfalls dem beteiligten Spediteur (su. Rdnr. 140), nicht dem inländischen Importeur, der aber seinerseits das Verbreitungsrecht durch **Weiterverbreitung** verletzen kann (s. *Kraßer*[5] § 33 II c 2, zum Patentrecht). Die Weiterverbreitung war häufiger als die Einfuhr als solche Gegenstand urheberrechtlicher Entscheidungen (s. insb. BGH GRUR Int. 1980, 304 – Gebührendifferenz; BGHZ 80, 101 – Schallplattenimport; BGH GRUR 1982, 100 – Schallplattenexport; BGH GRUR 1985, 924 – Schallplattenimport II; BGH GRUR 1986, 668 – Gebührendifferenz IV; OLG Hamburg GRUR Int. 1970, 377 – Polydor, und GRUR 1979, 235 – ARRIVAL; BGH GRUR 1986, 454 – Bob Dylan – und dazu BVerfGE 81, 208 – Bob Dylan; BGH GRUR 1987, 814 – Die Zauberflöte; BGH GRUR 1988, 373 – Schallplattenimport III; BGH GRUR 1988, 606 – Differenzlizenz; BGHZ 118, 394 – ALF; BGH GRUR 1992, 845 – Cliff Richard – und dazu EuGH Slg. 1993, 5171 – Collins/Imtrat – sowie BGH GRUR Int. 1995, 503 – Cliff Richard II; BGHZ 121, 319 – The Doors). Unter Auslegung des Begriffs des Inverkehrbringens iSd. § 17 Abs. 1 nach den Vorgaben des Art. 4 Abs. 1 der europäischen Informationsgesellschafts-Richtlinie 2001/29/EG über das Verbreitungsrecht stellt es aber keine Weiterverbreitung dar, wenn der Öffentlichkeit lediglich der Gebrauch importierter nachgemachter Möbelstücke in den Ruhezonen eines Kaufhauses ermöglicht wird und die Möbelstücke in einem Schaufenster gezeigt werden (so EuGH GRUR 2008, 604/605 – Le Corbusier-Möbel II, auf Vorlage durch BGH GRUR 2007, 50f. – Le Corbusier-Möbel I; aA OLG Köln GRUR-RR 2007, 1ff. – Nachbildungen von Le Corbusier-Möbeln II; LG Köln ZUM-RD 2006, 256/258ff. – Nachbildungen von Le Corbusier-Möbeln I).

138 Auch zum Urheberrecht anerkannt (s. BGHZ 129, 66/75 – Mauer-Bilder; BGH GRUR 2004, 421/424f. – Tonträgerpiraterie durch CD-Export), im Übrigen entsprechend anwendbar ist die patent- und markenrechtliche Beurteilung des **Exports** als Inverkehrbringen im Inland, das bereits durch das Absenden der Werkexemplare etc. geschieht (s. BGHZ 23, 100/106 – Taeschner I; OLG Karlsruhe GRUR 1982, 295/299f. – Rollwagen; OLG Hamburg GRUR 1985, 923 – Imidazol; RGSt. 10, 349/351, RGSt. 21, 205/207f., RG MuW 1922/23, 193/194; *Kraßer*[5] § 33 II c 3; *Stauder* S. 118ff.). Dazu genügt es aber **nicht**, wenn Werkstücke **ins Ausland transportiert** werden, um sie dort zu verbreiten (so BGHZ 126, 252/256ff. – Folgerecht bei Auslandsbezug; BGH GRUR 2007, 691/692f. – Staatsgeschenk).

139 Vom Import und Export zu unterscheiden und nicht als Verletzung eines inländischen Urheberrechts oder verwandten Schutzrechts zu qualifizieren ist der bloße **Transit** (s. *Ulmer*[3] § 128 VI; *ders.*, Die Immaterialgüterrechte, S. 15). Die bloße Beförderung über deutsches Gebiet beinhaltet kein Inverkehrbringen im Inland, und zwar unabhängig davon, ob der Transit auf Grund eines einheitlichen Beförderungsvertrags geschieht oder ob über die Weiterbeförderung von deutschem Gebiet aus ein neuer Beförderungsvertrag geschlossen wird (BGHZ 23, 100/103ff. – Taeschner I; OLG Koblenz GRUR-RR 2004, 289/990f. – Ungenehmigte Durchfuhr; EuGH GRUR 2007, 146/147 – Diesel, auf Vorlage durch BGH GRUR 2005, 768/769f. – DIESEL; BGH GRUR 2007, 876f. – DIESEL II; aA KG GRUR Int. 2002, 327/328 – EURO-Paletten, jeweils zum Markenrecht; *Kraßer*[5] § 33 II c 4; *Stauder* S. 116ff., zum Patentrecht; aA zu Letzterem OLG Hamburg GRUR Int. 1999, 67/68 – Enrofolxacin; s. zur Problematik ausführlich MünchKomm./*Drexl* Rdnr. 153). Die bloße Gefahr eines Missbrauchs durch Inverkehrbringen im Transitland steht der Zulässigkeit des Transits nicht entgegen (s. EuGH GRUR 2007, 146/147 – Diesel; BGH GRUR 2007, 876/877 – DIESEL II). Nicht mehr um bloße Durchfuhr, sondern um ein Inverkehrbringen im Inland handelt es sich aber, wenn Werkexemplare **zum Zweck der Wiederausfuhr eingeführt** und damit Gegenstand eines inländischen Umsatz- oder Veräußerungsgeschäfts werden (BGHZ 23, 100/104/106 – Taeschner I; sa. EuGH GRUR 2007, 146/147 – Diesel, OLG Karlsruhe GRUR 1982, 295/299f. – Rollwagen; OLG Hamburg GRUR 1985, 923 – Imidazol; *Kraßer*[5] § 33 II c 4; *Stauder* S. 116ff.). Ist in den Fällen des bloßen **Transits** eine Verletzung des inländischen Urheberrechts zu verneinen, so schließt dies doch die Annahme einer **Verletzung eines Urheberrechts im Ausfuhr- und/oder Bestimmungsland** und auch ein gerichtliches Vorgehen gegen das Beförderungsunternehmen im Inland wegen Teilnahme an dieser Verletzung nicht aus; allerdings ist nach dem Territorialitätsprinzip die Frage der Verletzung und der Rechtsfolgen nach dem betreffenden **ausländischen Recht** zu beurteilen (s. BGH GRUR 1957, 352/353f. – Taeschner II – zum Markenrecht; gegen die Heranziehung von §§ 823 Abs. 1 BGB, 1 UWG aF in dieser Entscheidung *Katzenberger* ZHR 131 [1968] 174/177f.; sa. Rdnr. 131).

Vorbemerkung   Vor §§ 120ff.

Zur Frage der Verletzung des inländischen Verbreitungsrechts durch ein **vom Inland** ausgehendes **Angebot von Werkexemplaren an die Öffentlichkeit im Ausland** bzw. **vom Ausland aus an die Öffentlichkeit im Inland** (zur letzteren Variante mit Übereignung im schutzrechtsfreien Ausland s. BGH GRUR 2007, 871/873 f. – Wagenfeld-Leuchte; gegen OLG Hamburg GRUR-RR 2005, 41 ff. – Bauhauslampen aus Italien: Verletzung des deutschen Verbreitungsrechts verneint; zu OLG Hamburg zu Recht kritisch Schricker EWiR 2005, 187; sa. MünchKomm./*Drexl* Rdnr. 17; zur Strafbarkeit des Spediteurs in diesen Fällen s. LG München I ZUM-RD 2009, 51 ff. – Rechtswidrige Einfuhr) s. die ähnlich gelagerte Problematik im Patentrecht, wo der Frage größere praktische Bedeutung zukommt, und dazu *Kraßer*[5] § 33 II d; *Stauder* S. 120 ff., jeweils mwN (zur Verbreitung von Werkexemplaren im Inland durch Werbeanzeige und Angebot in einer deutschen Zeitschrift durch einen Verlag mit Sitz in der Schweiz BGH GRUR 1980, 227/230 – Monumenta Germaniae Historica; sa. OLG München GRUR 1990, 677 – Postervertrieb). 140

c) Im Hinblick auf das urheberrechtliche **Senderecht** (§ 20) gilt materiellrechtlich, dass der entscheidende Vorgang derjenige der Ausstrahlung einer drahtlosen Funksendung an die Öffentlichkeit ist und es für einen Eingriff in das Senderecht auf den tatsächlichen Empfang der Sendung nicht ankommt (s. § 20 Rdnr. 10, 17). Daraus zieht die herkömmliche hM den Schluss, dass auch internationalprivatrechtlich Urheberrechtsverletzungen durch Funksendung ausschließlich nach dem **Recht des Ausstrahlungslandes** zu beurteilen sind (so BGHZ 152, 317/322 ff. – Sender Felsberg; *Ulmer*[3] § 128 VI; *ders.*, Die Immaterialgüterrechte, S. 15; *v. Ungern-Sternberg* S. 106 ff., 112 ff., 119 ff. mwN; sa. vor § 20 Rdnr. 52 ff.). Das inländische Senderecht kann danach nur durch Funksendungen verletzt werden, die vom Inland aus ausgestrahlt werden. Sendeunternehmen bedürfen auch für Sendungen, die in Nachbarstaaten empfangen werden können, einer Erlaubnis zur Sendung geschützter Werke und Leistungen nur für das eigene Land und entsprechend der dort bestehenden Schutzrechtslage. Die herkömmliche Beurteilung wurde freilich den modernen Entwicklungen insb. des jeweils in mehreren Staaten **direkt empfangbaren Satellitenfernsehens** und der **gezielten terrestrischen Fernsehsendung über die Grenzen des Ausstrahlungslandes** hinweg nicht mehr gerecht. 141

Mehr und mehr hat sich daher in jüngerer Zeit eine neue Lehre durchgesetzt, die international als **„Bogsch-Theorie"** bekannt geworden ist, benannt nach dem ehem. langjährigen Generaldirektor der WIPO, der sie aufgegriffen hat. Die Lehre stellt bei solchen Sendungen zusätzlich zum Recht des Sende- oder Ausstrahlungslandes auch auf das Recht aller derjenigen Länder ab, in denen diese Sendungen bestimmungsgemäß empfangen werden können und damit iSd. § 20 der Öffentlichkeit zugänglich gemacht werden (s. als Vertreter dieser Lehre *Bornkamm*, GRUR-Fs., S. 1349/1394 ff./1397 f.; *Dietz* in Bate [Hrsg.] S. 113/122 ff.; *ders.* UFITA 108 [1988] 73/81 ff.; *Dillenz* Copyright 1986, 386 ff.; *ders.* ZUM 1988, 361/369 ff.; *Katzenberger* GRUR Int. 1983, 895/913 ff.; *ders.* in Bullinger [Hrsg.] S. 99/118 ff.; MünchKomm./*Drexl* Rdnr. 157 ff./164; *Schack*[4] Rdnr. 932 f.; *Schricker* FuR 1984, 63/66 f.; *ders.* GRUR Int. 1984, 592/594; *Spoendlin* UFITA 107 [1988] 11/35 ff.; *Walter*, Fs. 50 Jahre URG, S. 233/238/244 ff./254 ff.; sa. *Wandtke/Bullinger* Vor §§ 120 ff. Rdnr. 18). Der unbeabsichtigte sog. Overspill ist unbeachtlich (so. Vor § 20 Rdnr. 52). Unter den Gerichten hat sich ihr vor allem der österreichische OGH GRUR Int. 1991, 920/922 ff. – Tele Uno II (zu terrestrischen Fernsehsendungen von Italien aus nach Österreich) und GRUR Int. 1992, 933/934 – Direktsatellitensendung III (zu in Österreich empfangbaren Satellitensendungen deutscher Fernsehanstalten; sa. OLG Wien GRUR Int. 1990, 537/539 – Direktsatellitensendung) angeschlossen. In Deutschland sind das OLG München ZUM 1995, 328/332 f. – Tele-Uno, und das LG Stuttgart GRUR Int. 1995, 412/413 – Satelliten-Rundfunk, in rechtskräftigen Entscheidungen dieser Lehre gefolgt. Es gibt freilich auch Gegenstimmen (s. *Dittrich* ZUM 1988, 359 ff.; *Möhring/Nicolini*[2] Vor §§ 120 ff. Rdnr. 27/30; *Rumphorst* ZUM 1990, 453/455 ff.; sa. *ders.* GRUR Int. 1992, 910 ff.; *ders.* GRUR Int. 1993, 934 f.; *v. Ungern-Sternberg* in Schwarze, S. 109/122 ff. s. ferner auch vor § 20 Rdnr. 52 ff.). Der BGH hat die Frage in BGHZ 136, 380/386 – Spielbankaffaire, und in BGHZ 152, 317/324 – Sender Felsberg, offengelassen.

Für den Anwendungsbereich des neuen **§ 20a über europäische Satellitensendungen** ist die Frage des anwendbaren Rechts nunmehr gesetzlich geregelt. Die Bestimmung ist durch das 4. UrhGÄndG vom 8. 5. 1998 (BGBl. I S. 902) in Umsetzung von Art. 1 Abs. 2 der europäischen Satelliten- und Kabelrichtlinie (s. zu dieser Einl. Rdnr. 78) eingeführt worden. Sie bewirkt, dass auf solche Sendungen immer nur das **Recht eines einzigen Landes anzuwenden** und daher zB auch vertraglichen Vereinbarungen zugrunde zulegen ist; für Verletzungsfälle gilt dasselbe. Sie erreicht diese Wirkung dadurch, dass sie auf der Grundlage des Territorialitäts- und 142

Vor §§ 120ff. Vorbemerkung

des Schutzlandprinzips (s. Rdnr. 120ff.) in ihrem Abs. 3 die entscheidende Verwertungshandlung so eng definiert, dass sie jeweils nur in einem einzigen Staat lokalisiert sein kann (s. dazu § 20a Rdnr. 1, 6f.). Dies bedeutet eine Harmonisierung des Sachrechts, nicht des Kollisionsrechts der betroffenen Staaten (s. *Schack*[4] Rdnr. 934; s. dagegen dort Rdnr. 107 zur auch kollisionsrechtlichen Lösung desselben Problems durch die Europarats-Konvention über den grenzüberschreitenden Satellitenrundfunk). Im Ergebnis entspricht § 20a dem klassischen Sendelandprinzip (s. Rdnr. 141), der Sache nach trägt er aber auch der Bogsch-Theorie Rechnung, indem er in seinem Abs. 2 fiktive, in der EU bzw. dem EWR liegende Orte der europäischen Satellitensendung für den Fall definiert, dass Sendeunternehmen die nach Abs. 3 maßgebliche Verwertungshandlung in einen Drittstaat mit niedrigerem Schutzniveau verlagern (s. § 20a Rdnr. 10).

143 In Bezug auf direkt empfangbare **Satellitensendungen außerhalb des Anwendungsbereichs des § 20a** und **gezielt grenzüberschreitend durchgeführte terrestrische Sendungen,** die beide § 20 unterfallen, besteht jedoch kein Anlass, die Bogsch-Theorie (s. Rdnr. 141) aufzugeben. § 20a mit seiner Schutzvorkehrung gegen Missbrauch in Abs. 2 bestätigt sie eher, als dass er sie widerlegt (s. jedoch zu terrestrischen Sendungen auch die abweichende Beurteilung vor § 20 Rdnr. 52ff.; zu Satellitensendungen s. *Dreier* ZUM 1995, 458/460f.). Eine analoge Anwendung des § 20a auf solche Sendungen ist von BGH BGHZ 152, 317/324ff. – Sender Felsberg, abgelehnt worden (zust. MünchKomm./*Drexl* Rdnr. 160; aA zutreffend *Metzger* IPRax 2006, 242/244ff. im Anschluss an EuGH GRUR 2006, 50 – Lagardère/SPRE und GVL, im Sonderfall des Senders Europa 1, der historisch bedingt vom Saarland in unmittelbarer Grenznähe zu Frankreich aus ein dort initiiertes, rein französischsprachiges, ausschließlich für das französische Publikum bestimmtes Radioprogramm ausstrahlt, auf welches die französische Cour de cassation mit Urteil vom 6. 12. 2006 französisches Recht angewandt hat, nachdem der EuGH in dem vorgenannten Urteil dies als mit europäischem Richtlinienrecht vereinbar entschieden hatte.

144 Auf die sendemäßige Ausstrahlung von Werken oder Leistungsergebnissen über **internationale Drahtfunk- oder Kabelnetze** ist auch nach der traditionellen Beurteilung (s. Rdnr. 141) nicht nur das Recht des Ausstrahlungslandes, sondern auch dasjenige der Empfangsländer anzuwenden (s. *v. Ungern-Sternberg* S. 110ff.; sa. *Katzenberger* GRUR Int. 1983, 895/914; ders., ZUM 1992, 332/333f.; zust. *Dreier/Schulze*[3] Vor §§ 120ff. Rdnr. 39).

145 **d)** Die Beurteilung der Frage nach dem anwendbaren Recht in Bezug auf die Verletzung von Urheberrechten und verwandten Schutzrechten durch Sendung über internationale Drahtfunk- und Kabelnetze (s. Rdnr. 144) und die fortdauernde Gültigkeit der Bogsch-Theorie (s. Rdnr. 141, 143) weisen auch den Weg zur Beantwortung der Frage, welches Recht auf die **Verwertung mittels grenzüberschreitend nutzbarer Online-Datenbanken** zB über das **Internet** anwendbar ist. Die urheberrechtlichen Verwertungsrechte, von denen für die Bestimmung des anwendbaren Rechts in diesem Bereich auszugehen ist, sind konventionsrechtlich durch WCT und WPPT (s. Rdnr. 54 und 88) sowie durch die europäische Richtlinie 2001/29/EG zum Urheberrecht in der Informationsgesellschaft (ABl. 2001 Nr. L 167 S. 10 = GRUR Int. 2001, 745) vorgezeichnet: zum ersten das **Vervielfältigungsrecht** (Art. 2 der Richtlinie; § 16) als das Recht zur vorübergehenden oder dauerhaften Vervielfältigung durch Einspeicherung (sog. Upload) von Seiten des Inhalteanbieters (des sog. Contentproviders) und durch das Herunterladen (sog. Download) durch den Nutzer, zum zweiten das **Recht der öffentlichen Zugänglichmachung** als Unterform des Rechts der öffentlichen Wiedergabe (Art. 8 WCT, Art. 10, 14 WPPT; Art. 3 der Richtlinie; §§ 15 Abs. 2 Nr. 2 nF, 19 a) als das Recht, geschützte Inhalte über das Internet oder andere Datennetzwerke der Öffentlichkeit von Orten und zu Zeiten ihrer Wahl zugänglich zu machen, und zum dritten das **Abrufübertragungsrecht,** das Art. 3 Abs. 1 der Richtlinie ebenfalls vorsieht und das zwar in Deutschland nicht ausdrücklich umgesetzt worden ist, aber als unbenanntes Recht dem umfassenden Recht der öffentlichen Wiedergabe iSd. § 15 Abs. 2 entnommen werden kann (s. dazu § 15 Rdnr. 27, § 19a Rdnr. 33).

Die involvierten **Vervielfältigungsvorgänge** unterfallen jedenfalls den Urheberrechtsordnungen derjenigen Länder, in denen sich die Standorte der beteiligten Rechner mit vorübergehender oder dauerhafter Speicherfunktion befinden, einschließlich zentraler Rechner (sog. Server), derer sich Inhalteanbieter und/oder Nutzer gegebenenfalls bedienen (ebenso *Dreier/Schulze*[3] Vor §§ 120ff. Rdnr. 33; *Gesmann-Nuissl* in *Ensthaler/Bosch/Völker* S. 404/413/417f./ 420; *Hoeren* in *Hoeren/Sieber* Rdnr. 16/17; *Möhring/Nicolini*[2] Vor §§ 120ff. Rdnr. 32; *Thum* in *Bartsch/Lutterbeck* S. 117/130). Veranlasst ein Inhalteanbieter von Deutschland aus zB durch

Vorbemerkung **Vor §§ 120 ff.**

einen Tastendruck auf seinem PC die Einspeicherung in einen Server mit Standort im Ausland, so ist daran zu denken, dies bereits als Teilakt einer Vervielfältigung in Deutschland zu werten, der zur Anwendbarkeit (auch) des deutschen Rechts führt (s. Rdnr. 135), und nicht nur als kollisionsrechtlich unbeachtliche Vorbereitungshandlung (s. zur Abgrenzung insbes. BGH BGHZ 126, 252/258 ff. – Folgerecht bei Auslandsbezug; sa. Rdnr. 146) oder als Eingriff in das ausländische Vervielfältigungsrecht des Serverstandorts bzw. als Teilnahme daran zu qualifizierten ist.

Man wird in der Tat so entscheiden können (aA *Spindler* IPRax 2003, 412/416), und zwar jedenfalls dann, wenn man hinsichtlich des weiteren Verwertungsvorgangs des **öffentlichen Zugänglichmachens** als Ausgangspunkt ebenfalls auf den allzu leicht manipulierbaren Serverstandort abstellt (so zB *Dieselhorst* ZUM 1998, 293/299; *Gesmann-Nuissl* aaO S. 415) und nicht, was allerdings als zutreffender erscheint, auf den Ort, von dem aus die **Einstellung ins Netz veranlasst** wird (so *Dreier/Schulze*³ Vor §§ 120 ff. Rdnr. 41; MünchKomm./*Drexl* Rdnr. 156; sa. *Schack* MMR 2000, 59/65). Zusätzlich sind nach inzwischen wohl hM auf diesen Verwertungsvorgang auch die Rechtsordnungen aller **derjenigen Länder** anwendbar, **von denen aus auf die Datenbank zugegriffen werden kann** (Fortschreibung der Bogsch-Theorie; s. zu dieser Rdnr. 141; zum Ergebnis wie hier LG Hamburg GRUR-RR 2004, 313/314 f. – thumbnails; sa. OLG München GRUR-RR 2004, 252/253 – Pietra di Soln, zum Schutz geographischer Herkunftsangaben; aus dem Schrifttum: *Dreier/Schulz*³*e* Vor §§ 120 ff. Rdnr. 41; *Gesmann-Nuissl* aaO S. 16 f.; *Hoeren* in *Hoeren/Sieber* Rdnr. 23; *Hohloch* in *Schwarze* S. 93/106; *Junker* S. 215 ff.; *Loewenheim/Walter* Hdb. des Urheberrechts § 58 Rdnr. 52; *Möhring/Nicolini*² Vor §§ 120 ff. Rdnr. 35; MünchKomm./*Drexl* Rdnr. 165; *Reinbothe* GRUR Int. 2001, 733/736; *Schack*⁴ Rdnr. 933; *ders.* MMR 2000, 59/65; *Thum* aaO S. 133 f.: nur Recht der möglichen Abruforte, aber ein Abruf wird stets auch im Eingabeland möglich sein; *Wandtke/Bullinger*³ Vor §§ 120 ff. Rdnr. 19; aA iS einer Begrenzung der anwendbaren Rechtsordnungen *Kotthoff* in HK-UrhR² Vor §§ 120 ff. Rdnr. 20, und *Regelin* S. 290 ff.: Recht des Eingabeortes und der **intendierten Abruforte**; ähnlich *Fromm/Nordemann*¹⁰ Rdnr. 75/79; *Spindler* IPRax 2003, 412/419 f.: Recht am Sitz desjenigen, der die Inhalte auf dem Server beherrscht und steuert; bei MünchKomm./*Drexl* Rdnr. 167/171/176/191 ff. auch zu den Internetfällen OLG Hamburg GRUR-RR 2004, 41 – Bauhauslampen aus Italien: deutschsprachige Werbung eines italienischen Unternehmens für Nachbildungen urheberrechtlich geschützter Lampen ua. im Internet; s. Rdnr. 140, sowie BGH GRUR Int. 2005, 433/434 – Hotel Maritime, zum Markenrecht mit Bejahung eines Eingriffs in das deutsche Recht durch den BGH nur bei wirtschaftlich relevantem Inlandbezug, sowie Rdnr. 172 ff. zur Beurteilung im Ausland). Dies gilt umso mehr, als die entsprechenden internationalen Telekommunikationsnetze zumindest partiell Kabelnetze sind (s. Rdnr. 144). Auch innerhalb Europas ist nicht mit einer Lösung der Frage analog zur europäischen Satellitensendung (s. Rdnr. 142) zu rechnen (s. idS den Richtlinienvorschlag der EG-Kommission zum Urheberrecht in der Informationsgesellschaft vom 10. 12. 1997 (Dok. KOM [97] 628 endg. S. 11; dazu auch *v. Lewinski* MMR 1998, 115/116; *dies.* GRUR Int. 1998, 637/642; gegen eine solche, **nur** auf **eine Rechtsordnung**, wie diejenige des Serverstandorts, der Veranlassung der Einstellung eines Werkes in das Internet oder einer sonstigen engsten Verbindung zu Recht *Dreier/Schulze*³ Rdnr. 41; *Fromm/Nordemann*¹⁰ Rdnr. 76; jeweils mwN) Als **Alternative** zur hM am ehesten in Betracht kommt die **bestimmungsgemäße Abrufbarkeit** in einem Land. Es handelt sich hierbei um dasjenige Kriterium, welches sich mehr und mehr auch bei der Beurteilung der **internationalen Zuständigkeit** der deutschen Gerichte für die Entscheidung über Internetsachverhalte durchsetzt (s. Rdnr. 170/172). Zur **Begründung** kann sowohl auf das Erfordernis eines hinreichenden Inlandsbezugs (so *Fromm/Nordemann*¹⁰ Rdnr. 77/79) als auch auf das Kriterium der Spürbarkeit eines Eingriffs in urheberrechtliche Befugnisse/ sa. Dreier/Schulze³ Rdnr. 42; aA *Fromm/Nordemann*¹⁰ Rdnr. 77) verwiesen werden. Das letztere Kriterium liegt gerade auch der sog. Bogsch-Theorie zum Senderecht (so. Rdnr. 141) und als Ausgangspunkt des IPR der Internetsachverhalte (so. vorliegende Rdnr. erster Abs.) zugrunde. Auch nach dieser Theorie ist auf grenzüberschreitende Sendevorgänge neben dem Recht des Sende- oder Ausstrahlungslandes nur das Recht derjenigen weiteren Länder anwendbar, in denen die Sendungen bestimmungsgemäß empfangen werden können (so. Rdnr. 141). Dies impliziert die Unbeachtlichkeit der Empfangsmöglichkeiten in anderen Ländern mangels Spürbarkeit des Eingriffs in die dort auch tangierten Urheberrechte. Unter den zahlreichen möglichen **Indizien** für die bestimmungsgemäße Abrufbarkeit eines Internetangebots (s. dazu ausführlich *Fromm/ Nordemann*¹⁰ Rdnr. 79) verdient vor allem mehr als bisher praktiziert Beachtung, dass es vor allem für größere Anbieter urheberrechtlich relevanter Inhalte **mehrere technische Möglich-**

keiten der Territorialisierung des Internet gibt: die Öffnung von Inhalten nur für Nutzer, die sich identifizieren, die Codierung, das sog. Geoblocking und das Geotargeting oder Geolocation; sie alle werden bereits umfangreich praktiziert (s. zu den drei letztgenannten Methoden mit zahlreichen Anwendungsbeispielen www.wikipedia.org; wie hier *Keller* Anm. zu LG Krefeld K&R 2007, 662/663 mit Hinweisen auf Erörterungen in den USA; sa. den Hinweis von *Fromm/Nordemann*[10] Rdnr. 79; zurückhaltend *Hoeren* MMR 2007, 3/5 f. wegen fehlender Perfektion; aber auf diese kommt es nicht an, s. § 1371 Rdnr. 39). In Frankreich sind bereits im Jahr 2000 gerichtliche Entscheidungen gegen das U.S.-Unternehmen Yahoo! Mit der Auflage ergangen, volksverhetzendes Material für französische Nutzer zu sperren, was schon damals zu etwa 70% allein über länderspezifische IP-Adressen und ohne mögliche weitere Maßnahmen möglich war (s. dazu *Wilhelmi* IPRax 2007, 232 ff. mit Erläuterung der nachfolgenden Entscheidungen in den USA zur Vollstreckung). Es ist davon auszugehen, dass jedenfalls ein **größerer Content Provider**, der im Internet international nachgefragte Musik, Filme oder auch Literatur in verbreitet verstandenen Sprachen etc. anbietet und solche **Möglichkeiten nicht nutzt, weltweite Abrufe intendiert**).

Auf den Verwertungsvorgang der **Abrufübertragung** ist nach dem vorstehend Gesagten erst recht sowohl das Recht desjenigen Landes anwendbar, von dem aus die Übertragung in die Wege geleitet wird, als auch das Recht des Landes, von dem aus der Abruf erfolgt. Teilakte in jedem der betroffenen Länder genügen ähnlich wie in den Fällen des Exports und des Imports (s. Rdnr. 135/137).

146 e) In Bezug auf das **Folgerecht** (§ 26) ist höchstrichterlich für die Anwendung des deutschen Rechts geklärt, dass die Weiterveräußerung iSd. § 26 Abs. 1 zumindest teilweise im deutschen Inland erfolgt sein muss; inländische Vorbereitungshandlungen, wie die Beauftragung und Bevollmächtigung eines ausländischen Auktionshauses und die Übergabe an das Transportunternehmen genügen dafür nicht; ebenso nicht die gemeinsame deutsche Staatsangehörigkeit von Berechtigtem und Veräußerer (BGHZ 126, 252/256 ff. – Folgerecht bei Auslandsbezug). Offengelassen wurde vom BGH, ob auch das qualifizierende Merkmal einer Beteiligung eines Kunsthändlers oder Versteigerers an der Weiterveräußerung (s. § 26 Abs. 1) im Inland gegeben sein muss (so wohl die Vorinstanz OLG Düsseldorf GRUR 1992, 436/437 – Joseph Beuys; bejahend *Katzenberger* GRUR Int. 1992, 567/585 ff.). Der BGH hat in seinem Urteil darauf abgestellt, dass das dingliche Verfügungsgeschäft im Ausland (Großbritannien) stattgefunden hat (s. BGHZ 126, 252/259), während von anderer Seite angenommen wird, dass es das Veräußerungsgeschäft als Verpflichtungs- und Verfügungsgeschäft insgesamt ist, welches zu Folgerechtsansprüchen führt (s. § 26 Rdnr. 30). Da im entschiedenen Fall der gesamte Veräußerungsvorgang im Ausland abgewickelt wurde, ist die Äußerung des BGH nur als obiter dictum zu werten. Dies lässt es zu, das deutsche Folgerecht auch auf Sachverhalte anzuwenden, in denen allein der Kaufvertrag ganz oder teilweise in Deutschland abgeschlossen wurde (s. BGHZ 177, 319/329 f. – Sammlung *Ahlers*; *Katzenberger*, Fs. für Schricker, 2005, S. 377/383; *Schneider-Brodtmann* NJW 2009, 740 ff.; zu Auskunftsansprüchen der die betroffenen Künstler vertretenden Verwertungsgesellschaft Bild-Kunst in einer solchen Fallkonstellation s. BGHZ 177, 319/330 ff. – Sammlung *Ahlers*; OLG Frankfurt/M GRUR 2005, 1034/1035 f. – Folgerechtsauskunft; sa. § 26 Rdnr. 30; *Schneider/Brodtmann* KUR 2004, 147 ff.; *ders.* NJW 2009, 740/741 ff.).

IX. Internationales Urhebervertragsrecht

1. Verhältnis von Vertragsstatut und Recht des Schutzlandes

147 Das **internationale Urhebervertragsrecht** beantwortet die Frage, das Recht welches Staates auf Verträge anzuwenden ist, die über Urheberrechte oder verwandte Schutzrechte geschlossen werden und Berührungspunkte mit zwei oder mehr Staaten aufweisen. Diese Berührungspunkte können insb. in der unterschiedlichen Staatsangehörigkeit der Vertragsparteien, unterschiedlichem Wohnsitz bzw. Sitz oder gewöhnlichem Aufenthaltsort oder darin bestehen, dass Vertragsgegenstand Rechte in zwei oder mehr Staaten, uU die Weltrechte sind (s. dazu Näheres bei *Katzenberger*, Fs. für Schricker, 1995, S. 225/227 f.).

148 a) Ausgangspunkt der Beurteilung ist, dass Urheberrechtsverträge idR sowohl Vereinbarungen über die jeweiligen Verpflichtungen der Vertragsparteien, dh. **schuldrechtliche Elemente**, als auch **Verfügungen** über die Rechte enthalten, die Vertragsgegenstand sind (s. vor §§ 28 ff. Rdnr. 45 ff., 98 ff.). Allgemein anerkannt ist, dass auf Urheberrechtsverträge als **schuldrecht-**

Vorbemerkung **Vor §§ 120 ff.**

liche Rechtsgeschäfte grundsätzlich die für Schuldverträge allgemein geltenden internationalprivatrechtlichen Regeln über das sog. **Vertragsstatut** Anwendung finden (s. MünchKomm./ *Martiny*³ Art. 28 Rdnr. 261 f., 263 a; *Obergfell* in *Reithmann/Martiny*⁶ Rdnr. 1783 ff.; *dies.* S. 279; *Ulmer,* Die Immaterialgüterrechte, S. 47 ff.; *Schricker* Verlagsrecht³ Einl. Rdnr. 39 ff.; *v. Gamm* Einf. Rdnr. 144; *Katzenberger,* Fs. für Schricker, 1995, S. 225/248; *Kleine* S. 62). Weniger einheitlich ist die kollisionsrechtliche Beurteilung der urhebervertragsrechtlichen **Verfügungsgeschäfte.** Die im Allgemeinen internationalprivatrechtlichen Schrifttum (vgl. MünchKommBGB/ *Martiny*³ Art. 28 Rdnr. 263; *Obergfell* in *Reithmann/Martiny*⁶ Rdnr. 1786; dies. S. 281 ff.; *Hausmann,* Fs. für Schwarz, S. 47/51/62 f.; sa. *v. Gamm* Einf. Rdnr. 145; *Hiestand* S. 108 ff.; *Kleine* S. 97 ff.; *Schack* Fs. für *Heldrich,* S. 997/1002 f.) vertretene **Spaltungstheorie** wendet auf das Verfügungsgeschäft insgesamt das **Recht des jeweiligen Schutzlandes** bzw. gleichbedeutend, unter Annahme einer Belegenheit des Urheberrechts im jeweiligen Schutzland, die **lex rei sitae** an und akzeptiert die damit verbundene mögliche Aufspaltung einheitlicher Verträge in verschiedene, bei der Übertragung von Weltrechten zahlreiche anwendbare Rechtsordnungen. Die im urheberrechtlichen Schrifttum vorherrschende **Einheitstheorie** (s. *Ulmer,* Die Immaterialgüterrechte, S. 48 ff.; *Schricker* Verlagsrecht³ Einl. Rdnr. 38; *Katzenberger,* Fs. für Schricker, 1995, S. 225/249 ff.; *Walter* in *Reimer* [Hrsg.] S. 137/143 ff.; wohl auch *Loewenheim/Walter* Hdb. des Urheberrechts § 57 Rdnr. 190; *Möhring/Nicolini*² Vor §§ 120 ff. Rdnr. 42; *Dreier/Schulze*³ Vor §§ 120 ff. Rdnr. 50; *Troller* S. 184 ff. und in Problemi Attuali del Diritto Industriale, S. 1125/ 1132 ff.; sa. *Vischer* GRUR Int. 1987, 670/680 f.; *Zweigert/Puttfarken* GRUR Int. 1973, 573/577) wendet dagegen auch auf urhebervertragsrechtliche Verfügungsgeschäfte grundsätzlich das **Vertragsstatut** an, dies allerdings unter dem Vorbehalt, dass dem Territorialitätsprinzip entsprechend **bestimmte Fragen** stets **nach dem Recht des jeweiligen Schutzlandes** zu beurteilen sind (s. Näheres unter Rdnr. 150).

b) Der Einheitstheorie ist zuzustimmen, weil allein sie der besonders engen Verklammerung von Verpflichtungs- und Verfügungsgeschäft bei Urheberrechtsverträgen (s. vor §§ 28 ff. Rdnr. 98 ff.) gerecht wird, der aus der Spaltungstheorie folgenden Zersplitterung einheitlicher Verträge entgegenwirkt und insb. eine einheitliche Auslegung von Urheberrechtsverträgen hinsichtlich des Gegenstands, Inhalts und Umfangs der übertragenen Rechte gewährleistet (s. dazu *Ulmer,* Die Immaterialgüterrechte, S. 49). Der Einheitstheorie folgt ausdrücklich (so OLG München ZUM 2003, 141/143 – Spielbankaffaire II; OLG Frankfurt/M GRUR 1998, 141/142 – Mackintosh-Entwürfe) oder zumindest im Ergebnis auch die **ganz überwiegende Praxis der Gerichte,** so BGHZ 136, 380/388 – Spielbankaffaire (zur Frage der Übertragbarkeit urheberrechtlicher Befugnisse im Wege der Sonderanknüpfung nach dem Vertragsstatut neben dem Schutzlandrecht); BGH GRUR 2001, 1134/1136 – Lepo Sumera (Anwendung des Vertragsstatuts auf einen Verlagsvertrag insgesamt mit Ausnahme nur der Frage der Übertragbarkeit der Rechte); LG München I ZUM-RD 2002, 21/24 – Just be free (Anwendung des Vertragsstatuts auf urheberrechtliche Verfügungsgeschäfte bejaht); OLG München Schulze OLGZ 2, 4 ff., 7 ff. – Dreigroschenroman (Beurteilung des räumlichen Umfangs der Rechtsübertragung in einem Verlagsvertrag und des Rechterückfalls an den Urheber bezüglich Deutschland als Schutzland nach niederländischem Vertragsstatut; ebenso BGH GRUR 1959, 331/333 – Dreigroschenroman), OLG München Schulze OLGZ 8, 7 ff. – Papaveri e Papere – mit Anm. *Ulmer* (Anwendung des italienischen Vertragsstatuts auf die Beurteilung der Auslegungsfrage, ob dem Antragsteller für Deutschland als Schutzland vertraglich ein ausschließliches Verfilmungsrecht an einem Schlager eingeräumt worden ist), OLG Hamburg UFITA 26 (1958) 344/350 – Brotkalender (Beurteilung der Auslegungsfrage des Umfangs der Rechtseinräumung hinsichtlich Deutschland als Schutzland nach schweizerischem Vertragsstatut), OLG München GRUR Int. 1960, 75/76 – Le Mans (Beurteilung der Übertragbarkeit und des Erlöschens einer urheberrechtlichen Befugnis durch Erschöpfung nach deutschem Schutzlandrecht, der Auslegung des Übertragungsvertrags aber nach französischem Vertragsstatut), LG Stuttgart Schulze LGZ 88, 6 f. – Puccini (Beurteilung der Übertragbarkeit des Aufführungsrechts nach deutschem Schutzlandrecht, aber des zeitlichen Umfangs der Rechtsübertragung durch Vertragsauslegung nach italienischem Vertragsstatut), OLG München UFITA 48 (1966) 287/290 f. (Beurteilung der Frage der Vereinbarung einer dinglich wirkenden Veränderungsverbotsklausel im Anstellungsvertrag mit einem Filmregisseur nach schweizerischem Vertragsstatut bei Deutschland als Schutzland), OLG Frankfurt/M Schulze OLGZ 183, 12 – Das Millionenspiel (Beurteilung des Umfangs der Einräumung eines Verfilmungsrechts durch Vertragsauslegung nach amerikanischem Vertragsstatut bei deutschem Schutzlandrecht), LG München I, GRUR Int. 2010, 67 – Dimitri Kabalewski, im Anschluss an BGH

149

Vor §§ 120ff. Vorbemerkung

aaO – Lepo Sumera; aA LG Hamburg NJW 2002, 623/624 – Der Pilger (Beurteilung des Umfangs der Rechtseinräumung nicht nach dem Schweizer Vertragsstatut, sondern nach deutschem Schutzlandrecht).

150   c) Stets nach dem **Recht des Schutzlandes** sind auch in Bezug auf Urheberrechtsverträge die unter Rdnr. 127 genannten, das Urheberrecht oder verwandte Schutzrecht selbst betreffenden Fragen zu beurteilen. Dies gilt insb. für die Frage der **Zulässigkeit der Übertragung** oder Teilübertragung des Urheberrechts als solchen oder einzelner urheberrechtlicher Befugnisse (s. zum deutschen Recht insoweit vor §§ 28ff. Rdnr. 45f.), der Einräumung von ausschließlichen oder einfachen Nutzungsrechten (s. vor §§ 28ff. Rdnr. 47) und deren Übertragung sowie der Einräumung von Nutzungsrechten zweiter und weiterer Stufe (s. vor §§ 28ff. Rdnr. 50f.; zum Ergebnis s. BGH GRUR 1988, 296/298 – GEMA-Vermutung IV; BGHZ 136, 380/387 – Spielbankaffaire; OLG München ZUM 2003, 141/143 – Spielbankaffaire II; und die unter Rdnr. 149 zitierte Rechtsprechung sowie *Ulmer*, Die Immaterialgüterrechte, S. 50f.; *Schricker* Verlagsrecht[3] Einl. Rdnr. 37; *Katzenberger*, Fs. für Schricker, 1995, S. 225/257f.; *Kleine* S. 100ff.). Eine **Ausnahme** kann uU für **§§ 31 Abs. 4 und 40 Abs. 2 S. 1** gelten, welche die Unwirksamkeit der Einräumung von Nutzungsrechten für noch nicht bekannte Nutzungsarten bzw. des Verzichts auf das Recht zur Kündigung von Verträgen über künftige Werke nicht mit Rücksicht auf die Grundkonzeption des deutschen Urheberrechts, sondern zum vertragsrechtlichen Schutz des Urhebers bestimmen (s. § 31a Rdnr. 1, § 40 Rdnr. 2, 8) und daher funktionell zu den zwingenden Bestimmungen des Urhebervertragsrechts zählen (zu deren Sonderanknüpfung s. Rdnr. 163ff.); trotz ähnlichem Schutzziel (s. § 26 Rdnr. 4, 49) gilt die Ausnahme aber nicht für § 26 Abs. 2 über die Unwirksamkeit eines Vorausverzichts auf den Erlösanteil des Urhebers beim Folgerecht (s. *Walter* in *Reimer* [Hrsg.] S. 137/149ff.). BGH GRUR 1988, 296/298 – GEMA-Vermutung IV – ist dieser Differenzierung zu **§ 31 Abs. 4 nicht** gefolgt, jedoch klingt eine an das deutsche Recht als Vertragsstatut anknüpfende Sonderbeurteilung des § 31 Abs. 4 in BGHZ 136, 380/388 – Spielbankaffaire an. Diese Art der Anknüpfung muss jedenfalls für den Vergütungsanspruch des Urhebers nach § 20b Abs. 2 für die Kabelweitersendung gelten, auch wenn dieser Anspruch in § 20b Abs. 2 S. 2 und 3 als unverzichtbar und als im Voraus nur an eine Verwertungsgesellschaft abtretbar ausgestaltet ist. Für die vertraglichen Vergütungsansprüche der Urheber und Künstler nach §§ 32, 32a und 79 Abs. 2 S. 2 ist die kollisionsrechtlich zwingende Geltung in **§ 32b** ausdrücklich vorgesehen. Folgt man der höchstrichterlichen Rechtsprechung zur Qualifizierung des **§ 31 Abs. 4** als einer Regelung des **deutschen Schutzlandrechts**, so muss dies nach Aufhebung dieser Bestimmung durch das Gesetz vom 26. 10. 2007 (s. dazu § 1371 Rdnr. 1) grundsätzlich auch für die neu eingeführten **Surrogate** der aufgehobenen Bestimmung gelten, nämlich für das Widerrufsrecht des Urhebers nach **§ 31a Abs. 1 S. 2, Abs. 4** (ebenso wohl auch *Dreier/Schulze*[3] § 31a Rdnr. 24: ausdrücklich nur zur Schriftform nach § 31a Abs. 1 S. 1; aA zu § 31a generell *Fromm/Nordemann*[10] § 31a Rdnr. 13, Vor §§ 120ff. Rdnr. 88: aA zum Widerrufsrecht *Wille* GRUR Int. 2008, 389/390f./391f.: Vertragsstatut ohne Sonderanknüpfung), für das Widerspruchsrecht des Urhebers nach **§ 1371 Abs. 1 S. 2/3, Abs. 2** (s. dort Rdnr. 24) sowie für die gesetzlichen Vergütungsansprüche nach **§ 32c** (ebenso *Dreier/Schulze*[3] § 32c Rdnr. 6; *Schack*[4] Rdnr. 550 Fn. 92; Wille GRUR Int. 2008, 389/391; aA *Fromm/Nordemann*[10] § 32c Rdnr. 4 iVm. § 32b Rdnr. 2/22: Vertragsstatut ohne Sonderanknüpfung) und nach **§ 1371 Abs. 5** (s. dort Rdnr. 24). Einer Sonderanknüpfung entspr. § 32b oÄ auf der Basis des Vertragsstatuts bedarf es dann nicht. Für das Erfordernis der Schriftform nach **§ 31a Abs. 1 S. 1** gilt die allg. Sonderanknüpfung nach Art. 11 EGBGB/Art. 11 Rom I-VO (s. zu dieser Rdnr. 152; zum Ergebnis wie hier *Wille* GRUR Int. 2008, 389/390; aA *Dreier/Schulze*[3] § 31a Rdnr. 24: Recht des deutschen Schutzlandes). Das Schutzlandprinzip ist wiederum maßgebend für die **Ansprüche wegen Rechtsverletzung,** die der Erwerber vertraglich abgeleiteter ausschließlicher Rechte geltend machen kann, für die Beurteilung der Möglichkeit eines **gutgläubigen Erwerbs vom Nichtberechtigten** und des **Sukzessionsschutzes** bei mehrfacher vertraglicher Verfügung über eine urheberrechtliche Befugnis sowie für die Frage, ob ein Vertrag zu seiner Gültigkeit oder Wirksamkeit gegenüber Dritten der **Eintragung in ein öffentliches Register** bedarf (s. *Ulmer*, Die Immaterialgüterrechte, S. 51f.; *Schricker* Verlagsrecht[3] Einl. Rdnr. 38; *Katzenberger*, Fs. für Schricker, 1995, S. 225/257; *Kleine* S. 102ff.). Die Frage einer gesetzlichen **Vertretungsbefugnis** oder rechtsgeschäftlichen **Verfügungsermächtigung** ist dagegen nach dem sog. Wirkungsstatut zu beurteilen, dh. nach dem Recht desjenigen Landes, in dem davon Gebrauch gemacht werden soll (s. BGH GRUR 2001, 1134/1137 – Lepo Sumera, LG München I, GRUR Int. 2010, 67 –

Vorbemerkung   **Vor §§ 120ff.**

Dimitri Kabalewski; jeweils zur früheren sowjetischen Außenhandelsagentur VAAP; s. aber auch BGHZ 64, 183/192 – August Vierzehn).

Ist in einem von ausländischen Rechtsvorstellungen geprägten Urheberrechtsvertrag von der **151** **Übertragung des Urheberrechts** oder einzelner Verwertungsrechte die Rede, so ist dies für die Bundesrepublik Deutschland als Schutz- und Verwertungsland dahingehend zu **deuten,** dass die entsprechenden ausschließlichen Nutzungsrechte eingeräumt sind (*Ulmer,* Die Immaterialgüterrechte, S. 51; *Kleine* S. 102; sa. § 29 Rdnr. 17). Ist einem Werkverwerter vom Urheber in Erfüllung einer entsprechenden vertraglichen Verpflichtung eine Befugnis nach dem Vertragsstatut wirksam eingeräumt worden, deren Einräumung das Schutzlandrecht nicht zulässt, so ist die Frage der Rechtsfolgen dieser **Leistungsstörung** nach dem Vertragsstatut zu beurteilen (s. dazu auch *Schricker* Verlagsrecht³ Einl. Rdnr. 38).

2. Bestimmung des Vertragsstatuts

a) Eine gesetzliche Regelung über das auf Schuldverträge anwendbare Recht enthalten **152** Art. 27–37 EGBGB idF des **Gesetzes zur Neuregelung des Internationalen Privatrechts** vom 25. 7. 1986 (BGBl. I S. 1142); sie inkorporieren die Vorschriften des EG-**Übereinkommens über das auf vertragliche Schuldverhältnisse anwendbare Recht (EVÜ)** vom 19. 6. 1980 (BGBl. 1986 II S. 809) in das EGBGB. Die neuen Vorschriften gelten seit 1. 9. 1986 (Art. 7 § 2 des Gesetzes vom 25. 7. 1986). Nach der **Übergangsregelung** in Art. 220 Abs. 1 EGBGB nF bleibt das bisherige internationale Privatrecht vor zu diesem Datum „abgeschlossene Vorgänge" anwendbar. Die bisherigen IPR-Regeln gelten daher weiterhin jedenfalls für vor dem 1. 9. 1986 geschlossene Urheberrechtsverträge, die einen **einmaligen Leistungsaustausch** zum Gegenstand haben (sa. allgemein *Sandrock* RIW 1986, 841/854). Nach Äußerungen im IPR-Schrifttum wird vielfach das Gleiche aber auch für **Dauerschuldverhältnisse** angenommen, die durch Verträge aus der Zeit vor dem Stichtag begründet wurden und über dieses Datum hinaus fortwirken (so *Basedow* NJW 1986, 2971/2973; *Sandrock* RIW 1986, 841/855; sa. MünchKommBGB/*Martiny*³ vor Art. 27 Rdnr. 32; *Palandt/Heldrich* BGB⁶⁴ Art. 220 EGBGB Rdnr. 4; aA *Reithmann/Martiny*⁶ Rdnr. 200). Dies ist für das Urhebervertragsrecht von erheblicher Bedeutung, weil Urheberrechtsverträge idR Dauerschuldverhältnisse begründen (s. § 31 Rdnr. 55). Zu ähnlichen Zweifelsfragen sollte es nicht kommen, wenn nach ihrem Art. 29 Abs. 2 am **17. 12. 2009** die europäische sog. **Rom I-Verordnung,** dh. die Verordnung (EG) Nr. 593/2008 des Europäischen Parlaments und des Rates vom 17. 6. 2008 über das auf vertragliche Schuldverhältnisse auzuwendende Recht (Rom I) (ABl. 2008 L 177/6; (deutsches) Gesetz zur Anpassung der Vorschriften des Internationalen Privatrechts an die Verordnung (EG) Nr. 593/2008 vom 25. 6. 2009, BGBl. 2009 I S. 1574; AmtlBegr. dazu BT-Drucks. 16/12104) in Kraft treten wird: Die VO ist nach ihrem Art. 28 eindeutig auf Verträge anwendbar, die nach dem Tag ihres Inkrafttretens (so.) geschlossen werden, und vermeidet daher die durch Art. 220 Abs. 1 EGBGB nF hervorgerufenen Unsicherheiten (s. hierzu und zum Folgenden *Leible/Lehmann* RIW 2008, 528ff./531). Wie die Rom II-VO (so. Rdnr. 125) enthält auch die Rom I-VO in den Mitgliedstaaten der EU unmittelbar anwendbares Recht (Art. 249 Abs. 2 S. 2 EG), beansprucht sie universelle, nicht auf EU-interne Sachverhalte beschränkte Anwendung (Art. 1 Abs. 1: „Staaten", nicht „Mitgliedstaaten", Art. 2 Abs. 1) sowie innerhalb ihres Anwendungsbereichs Vorrang vor dem EGBGB, dessen Art. 27 bis 37 unter Überführung des Art. 29a über Verbraucherschutz für besondere Gebiete in Art. 46b EGBGB durch das deutsche Gesetz vom 25. 6. 2009 aufgehoben wurden (zum Vorrang der Rom-I-VO s. die AmtlBegr. BT-Drucks. 16/12104 S. 8). Die aufgehobenen Bestimmungen und das EVÜ bleiben aber auf Verträge aus der Zeit vor dem 17. 12. 2009 anwendbar; das EVÜ auch weiterhin in Dänemark (s. Erwägungsgrund 46 der Rom I-VO), während sich Irland von vornherein (s. Erwägungsgrund 44) und Großbritannien nachträglich (s. Erwägungsgrund 45 und Entsch. der EU-Kommission vom 22. 12. 2008, ABl. 2009 L 10/22) an der Rom I-VO beteiligt haben.

b) Nach Art. 27 EGBGB nF, Art. 3 Rom I-VO entscheidet in erster Linie die **freie 153 Rechtswahl der Vertragsparteien** über das anwendbare Recht. Die Rechtswahl kann ausdrücklich oder stillschweigend erfolgen, dh. im letzteren Fall sich aus den sonstigen Vertragsbestimmungen oder den Umständen ergeben; nach Art. 3 Abs. 1 S. 2 Rom I-VO muss Letzteres jedoch eindeutig sein. Sie kann sich auf den ganzen Vertrag oder auch nur auf einen Teil beziehen und auch noch nach Vertragsschluss getroffen werden (Art. 27 Abs. 1 S. 2, 3, Abs. 2 S. 1 EGBGB nF, Art. 3 Abs. 1 S. 3, Abs. 2 Rom I-VO). Dies entspricht den früher geltenden, gewohnheitsrechtlich anerkannten Regeln (s. MünchKomm./*Martiny*³ Art. 27 Rdnr. 7; *Palandt/*

Katzenberger 2151

Vor §§ 120ff.

Heldrich BGB[64] Art. 27 EGBGB Rdnr. 1; zum Urhebervertragsrecht: *Ulmer*[3] § 100 IV; *ders.* Die Immaterialgüterrechte, S. 52; *Schricker* Verlagsrecht[3] Einl. Rdnr. 40; *v. Gamm* Einf. Rdnr. 144; BGHZ 19, 110/111 – Sorrell and Son; OLG München UFITA 48 [1966] 287/290f.). Gemäß Art. 27 Abs. 3 EGBGB nF können die Vertragsparteien die Anwendung fremden Rechts auch dann vereinbaren, wenn das Vertragsverhältnis **keinerlei Auslandsbeziehung** aufweist, jedoch bleiben dann die **zwingenden Bestimmungen des inländischen Rechts** anwendbar. Letzteres gilt auch dann, wenn zusätzlich die Zuständigkeit des Gerichts eines anderen Staates vereinbart ist. Nach früherem Recht war die Wahl eines fremden Rechts bei rein inländischen Verträgen nur in Form der sog. materiellrechtlichen (im Gegensatz zur kollisionsrechtlichen) Verweisung zulässig, die ebenfalls die Geltung des inländischen zwingenden Rechts unberührt ließ (s. *Ulmer,* Die Immaterialgüterrechte, S. 52; *Schricker* Verlagsrecht[3] Einl. Rdnr. 40). Dadurch, dass Art. 27 Abs. 3 EGBGB nF in solchen Fällen ebenfalls die Fortgeltung des zwingenden inländischen Rechts statuiert, kodifiziert er der Sache nach nur die **materiellrechtliche Verweisung**, so dass sich die Rechtslage nicht geändert hat (s. *Sandrock* RIW 1986, 841/846f.). Dem entspricht auch die Rechtslage nach Art. 3 Abs. 3 Rom I-VO (s. *Leible/Lehmann* RIW 2008, 528/534). Weiterhin zulässig und bei bestehendem Auslandsbezug auch im Hinblick auf zwingende Vorschriften wirksam ist die Vereinbarung, dass ein **neutrales Recht** angewendet werden soll, zu dem der Vertrag keine persönlichen oder sachlichen Berührungspunkte besitzt (MünchKomm./*Martiny*[3] Art. 27 Rdnr. 20; *Sandrock* RIW 1986, 841/850; zum früheren Recht *Schricker* Verlagsrecht[3] Einl. Rdnr. 40). Nach Art. 3 Abs. 4 der Rom I-VO berührt in einem solchen Fall allerdings die Wahl des Rechts eines Drittstaates nicht die Anwendung **zwingender Bestimmungen des Gemeinschaftsrechts**, wenn alle Elemente des Sachverhalts zum Zeitpunkt der Rechtswahl in einem oder in mehreren Mitgliedstaaten belegen sind.

154 c) Haben die Vertragsparteien keine Rechtswahl getroffen, so unterliegt der Vertrag dem Recht desjenigen Staates, mit dem er die **engsten Verbindungen** aufweist (Art. 28 Abs. 1 S. 1 EGBGB nF). Des Näheren wird nach Art. 28 Abs. 2 S. 1 EGBGB nF vermutet, dass der Vertrag die engsten Verbindungen mit dem Staat aufweist, in dem die Partei, welche die **charakteristische Leistung** zu erbringen hat, im Zeitpunkt des Vertragsschlusses ihren gewöhnlichen Aufenthaltsort bzw. ihre Hauptverwaltung hat. Diese Vermutung gilt nicht, wenn sich die charakteristische Leistung nicht bestimmen lässt oder sich aus den gesamten Umständen ergibt, dass der Vertrag engere Beziehungen mit einem anderen Staat aufweist (Art. 28 Abs. 2 S. 3, Abs. 5 EGBGB nF). Direkt auf das Recht des Staates, in dem die Partei, welche die für den Vertrag charakteristische Leistung zu erbringen hat, ihren gewöhnlichen Aufenthalt hat, stellt Art. 4 Abs. 2 der Rom I-VO für den Fall ab, dass es sich bei dem Vertrag um keinen solchen handelt, für den nach der Liste des Art. 4 Abs. 1 Buchst. a) bis h) das jeweils anwendbare Recht ausdrücklich geregelt ist; dabei enthält Art. 19 Rom I-VO Definitionen zum Ort des gewöhnlichen Aufenthalts. Urheberrechtliche Nutzungsverträge sind in dieser Liste nicht aufgeführt, insbes. können sie nicht als Dienstleistungsverträge iSd. Buchst. b) qualifiziert werden (s. EuGH GRUR 2009, 753/755f. – Falco, zu Art. 5 Nr. 1 lit. b) EuGVVO; zur Verbindlichkeit dieser Auslegung auch für die Rom I-VO s. deren Erwägungsgrund 17). Vorbehaltlich offensichtlich engerer Verbindungen eines Vertrags zu einem anderen Staat (s. Art. 4 Abs. 3 Rom I-VO) kommt es danach im Bereich der Urheberrechtsverträge auch in Zukunft primär auf die charakteristische Leistung an.

155 Nach **früherem Recht** entschied mangels Rechtswahl der Parteien deren **hypothetischer Wille** über das anwendbare Recht. Darunter waren jedoch nicht subjektive Vorstellungen der Vertragsparteien zu verstehen. Vielmehr war nach objektiven Kriterien, der Interessenlage und insb. dem **Schwerpunkt des Vertragsverhältnisses** festzustellen, zu welcher Rechtsordnung ein Vertrag die stärkste Beziehung aufwies. Der Schwerpunkt des Vertragsverhältnisses wurde dabei jedenfalls im Bereich des Urhebervertragsrechts idR am **Ort der gewerblichen Niederlassung derjenigen Vertragspartei** angenommen, deren **Leistung den Vertrag rechtlich und wirtschaftlich charakterisierte** (vgl. BGHZ 19, 110/112f. – Sorrell and Son; BGH UFITA 32 (1960) 186/187 – Die Rache des schwarzen Adlers; BGH GRUR 1960, 447/448 – Comics; BGH GRUR 1980, 227/230 – Monumenta Germaniae Historica; *Ulmer,* Die Immaterialgüterrechte, S. 53; *Schricker* Verlagsrecht[3] Einl. Rdnr. 41). Damit aber kann die frühere Beurteilung internationaler Urheberrechtsverträge unter dem Gesichtspunkt des anwendbaren Rechts neben ihrer Bedeutung für ältere Vertragsverhältnisse (s. Rdnr. 132) auch bei der Anwendung des Art. 28 Abs. 2 S. 1 EGBGB nF als Richtschnur dienen (aA wohl *Jayme* UFITA 104 [1987] 330f.). Dasselbe gilt auch für die Rom I-VO.

Vorbemerkung Vor §§ 120 ff.

Auszugehen ist davon, dass der **Urheber,** der sich zur Rechtseinräumung verpflichtet bzw. **156** diese vornimmt, jedenfalls dann die **charakteristische Leistung** erbringt, wenn die andere Vertragspartei nur eine Geldleistungspflicht trifft. Dasselbe gilt für entsprechend gestaltete Verträge über die Weiterveräußerung oder Lizenzierung von Nutzungsrechten zugunsten des Veräußerers bzw. Lizenzgebers (s. *Ulmer,* Die Immaterialgüterrechte, S. 54; *Katzenberger,* Fs. für Schricker, 1995, S. 225/253; *Kleine* S. 74 ff.; *Hausmann,* Fs. für Schwarz, S. 47/55; Münch-Komm./*Martiny*[3] Art. 28 Rdnr. 262; *Obergfell* in *Reithmann/Martiny*[6] Rdnr. 1808/1809). Dagegen ist in den häufigeren Fällen, in denen den **Erwerber** von Nutzungsrechten eine **Verwertungspflicht** trifft oder er als Erwerber eines ausschließlichen Nutzungsrechts zumindest eine **Ausübungslast** übernimmt, anzunehmen, dass entweder nunmehr er die charakteristische Leistung erbringt (so BGH GRUR 2001, 1134/1136 – Lepo Sumera; *Hausmann,* Fs. für Schwarz, S. 47/54 ff.; MünchKomm./*Martiny*[3] Art. 28 Rdnr. 262; jeweils zur Verwertungspflicht; *Hiestand* S. 189 ff. zu Verlagsverträgen, aber anders zu verlagsrechtlichen Lizenzverträgen; *Obergfell* in *Reithmann/Martiny*[6] Rdnr. 1802/1805 bei Verwertungspflicht oder -last, aber, Rdnr. 1807, anders bei bloßer Verwertungslast des Lizenznehmers beim verlagsrechtlichen Lizenzvertrag) oder der Vertrag iSd. Art. 28 Abs. 5 EGBGB, Art. 4 Abs. 3 Rom I-VO eine engere Verbindung mit dem Staat aufweist, in dem der Erwerber seinen Geschäftssitz hat (so *Ulmer,* Die Immaterialgüterrechte, S. 54 f.; *Kleine* S. 66 ff.; *Hausmann,* Fs. für Schwarz, S. 47/57 f.; MünchKomm./*Martiny*[3] Art. 28 Rdnr. 262; s. zum Ganzen auch *Katzenberger,* Fs. für Schricker, 1995, S. 225/ 252 f.). Im Übrigen kann nach dem unter Rdnr. 155 Gesagten mit der gebotenen Vorsicht auch auf die Rechtsprechung nach dem früher geltenden Recht zurückgegriffen werden (s. sogleich Rdnr. 157, 158).

Für die einzelnen Typen von Urheberrechtsverträgen (s. dazu vor §§ 28 ff. Rdnr. 67 ff.) galt **157** nach früherem Recht und gilt auch nach neuem Recht Folgendes: Auf **Verlagsverträge** mit Auslandsberührung war und ist mangels Rechtswahl der Parteien nach ganz hM grundsätzlich das Recht desjenigen Landes anzuwenden, in dem der Verleger seinen Geschäftssitz bzw. seine Hauptniederlassung hatte bzw. hat (so BGHZ 19, 110/113 – Sorrell and Son; BGH GRUR 1980, 227/230 – Monumenta Germaniae Historica; BGH GRUR 2001, 1134/1136 – Lepo Sumera; OLG Hamburg GRUR Int. 1998, 431/432 – Feliksas Bajoras, und GRUR Int. 1999, 76/77 f. – Lepo Sumera; LG Stuttgart Schulze LGZ 88, 7 – Puccini; sa. RGZ 118, 282/283 – Das Musikantenmädel; OLG München Schulze OLGZ 2, 4 f. – Dreigroschenroman; BGH GRUR 1959, 331/333 – Dreigroschenroman; *Ulmer*[3] § 100 IV; *ders.,* Die Immaterialgüterrechte, S. 54; *Schricker* Verlagsrecht[3] Einl. Rdnr. 41/43; *Obergfell* in *Reithmann/Martiny*[6] Rdnr. 1802; *Hoffmann* RabelsZ 1931, 759/760 ff.; *Kleine* S. 66 ff.; *Troller* S. 221 ff.; kritisch *Jayme* UFITA 104 [1987] 330/331; zum Teil aA und differenzierend *Mackensen* S. 75 ff./104 ff.). Bei **Verlegung des Verlagssitzes** in ein anderes Land nach Abschluss des Verlagsvertrags änderte und ändert sich das anwendbare Recht grundsätzlich nicht (Art. 28 Abs. 2 S. 1 EGBGB nF; BGH GRUR 1980, 227/230 – Monumenta Germaniae Historica). Auf **verlagsrechtliche Lizenzverträge,** durch die dem Lizenznehmer ein ausschließliches Nutzungsrecht eingeräumt wurde, war im Zweifel das am Ort der gewerblichen Niederlassung des Lizenznehmers geltende Recht auch dann anzuwenden, wenn diesen keine Ausübungspflicht traf (BGH GRUR 1960, 447/448 – Comics; ebenso *Schricker* Verlagsrecht[3] Einl. Rdnr. 44; dort auch zur Beurteilung von einfachen Lizenzen ohne Ausübungspflicht; aA *Obergfell* in *Reithmann/Martiny*[6] Rdnr. 1807; zum anwendbaren Recht bei verlagsrechtlichen **Bestellverträgen** mit eindeutigem Schwerpunkt in einem Land OLG Hamburg UFITA 26 (1958) 344/350 – Brotkalender; s. iÜ *Schricker* Verlagsrecht[3] Einl. Rdnr. 45; *Obergfell* in *Reithmann/Martiny*[6] Rdnr. 1809; zur Sonderanknüpfung der **Vollmacht** zum Abschluss eines Verlagsvertrags s. BGHZ 64, 183/192 – August Vierzehn; sa. BGH GRUR 2001, 1134/1137 – Lepo Sumera).

Auch auf **andere Urheberrechtsverträge** war und ist im Zweifel grundsätzlich das Recht **158** am Sitz des Werkverwerters anzuwenden, wenn ihn entweder eine **Ausübungspflicht** traf bzw. trifft oder ihm ein **ausschließliches Nutzungsrecht** eingeräumt wurde (so allgemein *Ulmer,* Die Immaterialgüterrechte, S. 54 f.; ähnlich *Troller* S. 221 ff.; für die generelle Anwendbarkeit des Rechts am Sitz des Rechtenehmers *Walter* in *Reimer* [Hrsg.] S. 137/145 f.). Das galt etwa für den **Verfilmungsvertrag** (vgl. OLG München Schulze OLGZ 8, 7 – Papaveri e Papere; OLG Frankfurt/M Schulze OLGZ 183, 12 – Das Millionenspiel – allerdings jeweils zu Verträgen zwischen Vertragsparteien gleicher Nationalität) und den **Filmverwertungsvertrag** (Verleihvertrag) (BGH UFITA 23 [1957] 88/89 f.; BGH UFITA 32 [1960] 186/187 – Die Rache des schwarzen Adlers; anders auf Grund aller Umstände OLG München ZUM 2001, 439/440 f. – Murder; sa. *Obergfell* in *Reithmann/Martiny*[6] Rdnr. 1839 ff.). Bei **Verträgen mit Filmschaffen-**

Vor §§ 120ff.

den war und ist im Übrigen die Verweisung auf das Recht des jeweiligen Schutzlandes in Art. 14bis Abs. 2 lit. a RBÜ (Pariser Fassung) hinsichtlich der Inhaberschaft des Urheberrechts am Filmwerk und in Art. 14bis Abs. 2 lit. b, Abs. 3 hinsichtlich der Vermutung der Legitimation des Filmherstellers zur Rechtsausübung zu beachten (s. dazu *Ulmer,* Die Immaterialgüterrechte, S. 10; *ders.* RabelsZ 1977, 479/498ff.; *Katzenberger,* Fs. für Schricker, 1995, S. 225/236f.). Ferner enthält Art. 14bis Abs. 2 lit. c RBÜ in Bezug auf die Form solcher Verträge eine kollisionsrechtliche Sonderregelung (s. *Katzenberger,* Fs. für Schricker, 1995, S. 225/237f. mwN). Eine weitere konventionsrechtliche Regelung vertragsrechtlicher Art ist in Art. 11bis Abs. 3 S. 1 RBÜ enthalten. Sie betrifft **Rechtseinräumungen zur Rundfunksendung** eines Werkes sowie zur öffentlichen Wiedergabe eines durch Rundfunk gesendeten Werkes iS einer Vermutung bzw. Auslegungsregel zugunsten des Urhebers (sa. dazu *Katzenberger,* Fs. für Schricker, S. 225/236f. mwN).

159 **d)** Im neuen, kodifizierten IPR der vertraglichen Schuldverhältnisse nicht mehr vorgesehen ist die subsidiäre Anknüpfung an das **Recht des Erfüllungsorts** der jeweiligen Verpflichtungen der Vertragsparteien (s. *Sandrock* RIW 1986, 841/851; BGHZ 19, 110/111 – Sorrell and Son). Dasselbe gilt für die Rom I-VO, nach der es allenfalls im Rahmen der Ausweichsklausel des Art. 4 Abs. 3 über die offensichtlich engere Verbindung eines Vertrags zu einem Staat ua. auf den Erfüllungsort ankommen kann (s. dazu das Beispiel bei *Leible/Lehmann* RIW 2008, 528/536).

3. Geltungsbereich des Vertragsstatuts und Anwendung zwingenden Rechts

160 **a)** Art. 31, 32 EGBGB nF regeln, sachlich übereinstimmend mit dem bisherigen Recht (s. *Sandrock* RIW 1986, 841/848ff./851f.), den **Geltungsbereich des auf einen Vertrag anwendbaren Rechts** und sind, unter Beachtung der Vorbehalte zugunsten des Rechts des Schutzlandes (s. Rdnr. 150), auch auf internationale Urheberrechtsverträge anzuwenden. Nach Art. 31 Abs. 1 EGBGB nF sind das **Zustandekommen** und die **Wirksamkeit** eines Vertrags nach dem Recht zu beurteilen, das bei Wirksamkeit des Vertrags anzuwenden wäre; dies ist das Vertragsstatut (Lehre vom sog. Einheitsstatut, s. *Sandrock* RIW 1986, 841/849). Art. 31 Abs. 2 EGBGB nF sieht aus Billigkeitsgründen vor, dass eine Partei sich für die Behauptung, sie habe dem Vertrag (zB durch Schweigen) nicht zugestimmt, ausnahmsweise auf das Recht des Staates ihres gewöhnlichen Aufenthaltsorts berufen kann, wenn es den Umständen nach nicht gerechtfertigt wäre, die Wirkung ihres Verhaltens nach dem Vertragsstatut zu bestimmen. Entsprechende Regelungen enthält Art. 10 Rom I-VO. Art. 32 Abs. 1 EGBGB nF enthält eine nicht abschließende (s. die AmtlBegr. BTDrucks. 10/504 S. 82 zu Art. 32) **Aufzählung der sonstigen rechtlichen Aspekte,** für welche das Vertragsstatut maßgeblich ist: die Vertragsauslegung, die Erfüllung der vertraglichen Verpflichtungen, die Folgen der Nichterfüllung einschließlich der Schadensbemessung, das Erlöschen der Verpflichtungen, die Verjährung und die Rechtsverluste wegen Fristablaufs sowie die Folgen der Nichtigkeit des Vertrags (s. auch *Ulmer,* Die Immaterialgüterrechte, S. 56f.; *Katzenberger,* Fs. für Schricker, S. 252/259; *Kleine* S. 105ff.). Dem entspricht Art. 12 Abs. 1 Rom I-VO. Nach Art. 32 Abs. 2 EGBGB nF, Art. 12 Abs. 2 Rom I-VO ist in Bezug auf die Art und Weise der Erfüllung und die Maßnahmen des Gläubigers bei mangelhafter Erfüllung das am Erfüllungsort geltende Recht mit zu berücksichtigen. Art. 32 Abs. 3 EGBGB nF regelt **Fragen des Beweisrechts.** Nach S. 1 ist das für den Vertrag maßgebende Recht insoweit anzuwenden, als es für vertragliche Schuldverhältnisse gesetzliche Vermutungen aufstellt oder die Beweislast verteilt. Beweisvorschriften verfahrensrechtlicher Natur fallen nicht darunter (AmtlBegr. BTDrucks. 10/504 S. 82 zu Art. 32). Zum Beweis eines Rechtsgeschäfts sind nach S. 2 alle Beweismittel des deutschen Verfahrensrechts zulässig, daneben auch diejenigen des Formstatuts (s. Rdnr. 164), soweit sie mit dem deutschen Verfahrensrecht vereinbar sind. Entsprechende Regelungen finden sich in Art. 18 Rom I-VO.

161 Für das internationale Urhebervertragsrecht sind gegenüber Art. 32 Abs. 3 S. 1 EGBGB nF und Art. 18 Abs. 1 Rom I-VO für den Bereich der **Sende- und Filmverträge** die **Sonderregelungen** in Art. 11bis Abs. 3 und Art. 14bis Abs. 2 lit. b und c, Abs. 3 RBÜ (Pariser Fassung) zu beachten (s. dazu Rdnr. 158).

162 **b)** Neben der allgemeinen Vorschrift des Art. 6 EGBGB nF über den **ordre public** enthält Art. 34 EGBGB nF einen speziellen **Vorbehalt zugunsten zwingenden deutschen Rechts.** Danach berührt die Anwendbarkeit eines ausländischen Rechts auf einen Vertrag nicht die Anwendung derjenigen Bestimmungen des deutschen Rechts, die ohne Rücksicht auf das auf den Vertrag anzuwendende Recht den Sachverhalt zwingend regeln. Diese Vorschrift entspricht der

Vorbemerkung   Vor §§ 120ff.

schon im früheren deutschen IPR anerkannten Sonderanknüpfung zwingenden Rechts und betrifft in erster Linie Bestimmungen, die vorrangig öffentlichen Interessen dienen, wie solche des deutschen und europäischen **Kartellrechts** und des **Außenwirtschaftsrechts** (s. die Amtl-Begr. BTDrucks. 10/504 S. 83 zu Art. 34; *Palandt/Heldrich* BGB⁶⁴ Art. 34 EGBGB Anm. 3; *Sandrock* RIW 1986, 841/852). Sie ist auch auf Urheberrechtsverträge anwendbar (s. zum früheren Recht *Ulmer,* Die Immaterialgüterrechte, S. 26 f.). In der Rom I-VO sind es die Art. 21 über den ordre public und Art. 9 über Eingriffsnormen, die Art. 6 und 34 EGBGB nF entsprechen. Erwägungsgrund 37 der VO verweist zu beiden Bestimmungen auf das öffentliche Interesse, das ihre Anwendung unter außergewöhnlichen Umständen rechtfertigen kann. Darüber hinaus definiert Art. 9 Abs. 1 der VO eine Eingriffsnorm als eine zwingende Vorschrift, deren Einhaltung von einem Staat als so entscheidend für die Wahrung seines öffentlichen Interesses, insbes. seiner politischen, sozialen oder wirtschaftlichen Organisation, angesehen wird, dass sie ungeachtet des nach der VO regulär anzuwendenden Rechts auf alle Sachverhalte anzuwenden sind, die in ihren Anwendungsbereich fallen. Nach Art. 9 Abs. 2 Rom I-VO wird die Anwendung der Eingriffsnormen des Rechts des angerufenen Gerichts durch die VO nicht berührt. Ferner kann nach Maßgabe des Art. 9 Abs. 3 der VO auch den Eingriffsnormen eines anderen Staates Wirkung verliehen werden.

c) Ist ausländisches Recht Vertragsstatut, so sind die **das Vertragsverhältnis vorwiegend** 163 **im Parteiinteresse zwingend regelnden Bestimmungen** dieses Rechts grundsätzlich anzuwenden und die entsprechenden zwingenden Vorschriften des deutschen Rechts im Prinzip nicht anwendbar. Dies gilt auch dann, wenn das Vertragsverhältnis so starke Inlandsbeziehungen aufweist, dass deutsches Recht bei objektiver Anknüpfung (s. Rdnr. 154 zu § 28 EGBGB nF) Vertragsstatut wäre und das ausländische Recht Vertragsstatut nur auf Grund Parteivereinbarung (s. Rdnr. 153 zu Art. 27 EGBGB nF) ist (MünchKomm./*Martiny*³ Art. 27 Rdnr. 13, Art. 34 Rdnr. 24). **Ausnahmen** von diesem Grundsatz sieht das Gesetz iSd. **Schutzes der schwächeren Vertragspartei** vor für **Verbraucherverträge** (Art. 29 EGBGB nF) und für **Arbeitsverträge** (Art. 30 EGBGB nF) sowie, eingeführt durch Art. 2 Abs. 2 Nr. 1 des Fernabsatzgesetzes vom 27. 6. 2000 (BGBl. I S. 897), für **Verbraucherverträge** auf **besonderen Gebieten** (Art. 29a EGBGB). Durch dieses Gesetz (Art. 3 Nr. 3) wurde zugleich **§ 12 AGBG** aufgehoben, weil dessen Funktion durch Art. 29a EGBG übernommen worden sei (so die AmtlBegr. BR-Drucks. 25/00 S. 139). Dabei wurde nicht beachtet, dass § 12 AGBG wie das AGBG insgesamt ua. auch auf **Urheberrechtsverträge** anwendbar war (s. zu §§ 305 ff. BGB nF vor §§ 28 ff. Rdnr. 30 f., sowie *Kleine* S. 141 ff.). Sein Inhalt wurde auch anlässlich der Übernahme der materiellrechtlichen Regelungen des AGBG in das BGB (§§ 305 ff. nF) durch Art. 1 Abs. 1 Nr. 12 des Gesetzes zur Modernisierung des Schuldrechts vom 26. 11. 2001 (BGBl. I S. 3138) nicht wieder in den Gesetzestext aufgenommen. Jedoch gilt § 12 ABGB entsprechend dem Rechtsgedanken der Art. 170, 232 § 1 EGBGB **übergangsrechtlich** weiter für **Altverträge,** die vor dem 30. 6. 2000 geschlossen wurden (s. MünchKomm./*Basedow*⁴ Vorbem. zu § 12 AGBG; sa. oben Rdnr. 152). Nach § 12 AGBG waren, wenn ein Vertrag ausländischem Recht unterlag, die Vorschriften des AGBG gleichwohl anzuwenden, wenn der Vertrag auf Grund eines öffentlichen Angebots, einer öffentlichen Werbung oder einer ähnlichen im Geltungsbereich des AGBG entfalteten geschäftlichen Tätigkeit des Verwenders der AGB zustande kam und der andere Vertragsteil bei Abgabe seiner auf den Vertragsschluss gerichteten Erklärung seinen Wohnsitz oder gewöhnlichen Aufenthalt im Geltungsbereich des AGBG hatte und hier seine Erklärung abgab. Nunmehr enthält auch **§ 32b** bezüglich der Vergütungsansprüche der Urheber und Künstler nach §§ 32, 32a und 79 Abs. 2 eine kollisionsrechtlich zwingende Vorschrift über die Anwendung des deutschen Rechts (s. dazu die Kommentierung der § 32b).

Darüber hinaus gilt, dass auch in anderen als den gesetzlich ausdrücklich geregelten Fällen 164 **zwingende Bestimmungen zugunsten der schwächeren Vertragspartei** ohne Rücksicht auf das Vertragsstatut zur Anwendung kommen können, ohne dass es auf die privat- oder öffentlichrechtliche Natur dieser Bestimmungen ankommt. Dies ist insb. anerkannt für **Art. 34 EGBGB nF** über die Anwendung zwingender Vorschriften des deutschen Rechts als der lex fori (s. Rdnr. 162 sowie die AmtlBegr. BTDrucks. 10/504 S. 83 zu Art. 34; zum Ergebnis s. *Hausmann,* Fs. für Schwarz, S. 47/74; *v. Hoffmann* IPRax 1989, 261/264 ff. und früher schon RabelsZ 1974, 396/407 f.; MünchKomm./*Martiny*³ Art. 34 Rdnr. 11; *Palandt/Heldrich* BGB⁶⁴ Art. 34 EGBGB Rdnr. 3; *Freitag* in *Reithmann/Martiny*⁶ Rdnr. 403 ff./437 ff.; sa. *Katzenberger,* Fs. für Schricker, 1995, S. 225/254 ff.), sowie im Rahmen der Lehre von der **Sonderanknüpfung zwingender Bestimmungen,** die ähnlich wie Art. 27 Abs. 3, 29, 29a und 30 EGBGB

Vor §§ 120 ff. Vorbemerkung

nF (s. Rdnr. 153, 163) auch die Anwendung des zwingenden Rechts eines ausländischen Staates, das nicht Vertragsstatut ist, ermöglicht, wenn das Vertragsverhältnis durch enge Beziehungen mit diesem Staat verbunden ist, insb. das Recht dieses Staates bei objektiver Anknüpfung Vertragsstatut wäre (s. dazu *v. Hoffmann* RabelsZ 1974, 396/400 ff./405 ff.; *Kropholler* RabelsZ 1978, 634/648 ff.; MünchKomm./*Martiny*[3] Art. 34 Rdnr. 42 ff./48; *Freitag* in *Reithmann/Martiny*[6] Rdnr. 466 ff.). In ähnlicher Weise berücksichtigt die **Rom I-VO** neben ihrem **Art. 9** über Eingriffsnormen die besondere Schutzbedürftigkeit der schwächeren Vertragspartei in ihren Vorschriften über Personenbeförderungsverträge (Art. 5 Abs. 2 S. 1), Verbraucherverträge (Art. 6) und Arbeitsverträge (Art. 8). Darüber hinaus ergibt sich aus Erwägungsgrund 23 der VO, dass bei Verträgen ganz allgemein, bei denen die eine Partei als schwächer angesehen wird, die schwächere Partei durch Kollisionsnormen geschützt werden soll, die für sie günstiger sind als die allgemeinen Regeln. Verbraucherverträge werden dazu in Erwägungsgrund 24 durch das Wort „insbesondere" nur als Beispiele behandelt.

165 Daneben ermöglicht es **Art. 6 EGBGB** nF bzw. Art. 30 EGBGB aF über den **ordre public** in Einzelfällen, ein materiell ungerechtes Ergebnis zu korrigieren, das durch die kollisionsrechtliche Verweisung auf ein fremdes Recht und dessen Anwendung herbeigeführt wird (vgl. statt aller MünchKomm./*Sonnenberger*[3] Art. 6 Rdnr. 1). Ohne Änderung des sachlichen Gehalts der früheren Regelung (s. die AmtlBegr. BTDrucks. 10/504 S. 42 zu Art. 6) bestimmt Art. 6 EGBGB nF, dass eine Rechtsnorm eines anderen Staates nicht anzuwenden ist, wenn ihre Anwendung zu einem Ergebnis führt, das mit wesentlichen Grundsätzen des deutschen Rechts offensichtlich unvereinbar ist. Sie ist insb. nicht anzuwenden, wenn die Anwendung mit den Grundrechten der deutschen Verfassung nicht zu vereinbaren ist. Einer bestehenden ausländischen Rechtsnorm ist dabei das Fehlen einer solchen, wenn dieses zu dem untragbaren Ergebnis führt, gleich zu achten (s. BGH JZ 1978, 802; MünchKomm./*Sonnenberger*[3] Art. 6 Rdnr. 48; *Wengler* JZ 1979, 175). Art. 6 EGBGB nF findet seine Entsprechung in **Art. 21 Rom I-VO**.

166 d) Nach den unter Rdnr. 164, 165 genannten Grundsätzen kann auch den **zwingenden Bestimmungen des deutschen Urhebervertragsrechts** trotz ausländischem Vertragsstatut Geltung zukommen, und zwar **ungeachtet der Sonderregelung des § 32 b** für einen Teilaspekt des deutschen Urhebervertragsrechts und **über den Anwendungsbereich des § 32 b hinaus** (s. dazu § 32 b Rdnr. 33 ff. auch mit Hinweisen auf abweichende Auffassungen). Man kann sogar von einer **Analogie zu § 32 b** sprechen (s. § 32 b Rdnr. 34). Die Sonderanknüpfung im Urhebervertragsrecht greift unabhängig davon Platz, dass nach Ansicht des für das Urheberrecht nicht zuständigen VI. Senats des BGH (NJW 2006, 762 ff.) das deutsche Verbraucherkreditgesetz keine international zwingenden Bestimmungen iSd. Art. 34 EGBGB nF enthält, weil es neben dem Schutz von Induvidualbelangen Interessen der Allgemeinheit nur reflexartig mit schütze. Einer Übertragung dieses Ergebnisses auf das Urhebervertragsrecht (dafür *Fromm/Nordemann*[10] Rdnr. 88) steht schon entgegen, dass Art. 29 und 29 a EGBGB (zukünftig, ab 17. 12. 2009, Art. 46 b EGBGB) bereits verbraucherschützendes Kollisionsrecht enthalten, während entsprechende Regelungen für das Urhebervertragsrecht trotz vergleichbarer Schutzbedürftigkeit von Urhebern und Künstlern abgesehen von dem Spezialfall des § 32 b gänzlich fehlen. Nach Erwägungsgrund 23 der Rom I-VO aber zählen international zwingende Regeln zum Schutz der typischerweise schwächeren Vertragspartei ganz allgemein und damit auch auf dem Gebiet des Urhebervertragsrechts zum Programm des europäischen IPR des Vertragsrechts (so. Rdnr 164). Ob sie über Art. 34 EGBGB, Art. 9 Rom I-VO oder über eine Gesamtanalogie zu den ausdrücklich als international zwingend anerkannten Vertragstypen zu gewinnen sind, ist eine sekundäre Frage. Bei Urheberrechtsverträgen ist der **Urheber** in aller Regel die schwächere Vertragspartei (s. *Ulmer*[3] § 91 I 2; *ders.* Urhebervertragsrecht Rdnr. 7, 39; *Katzenberger* GRUR Int. 1983, 410/412). Daher enthält das UrhG **auf verfassungsrechtlicher Grundlage** (Art. 1, 2 Abs. 1, 14 GG, s. Einl. Rdnr. 10 ff., vor §§ 44 a ff. Rdnr. 7 ff.; zum Vertragsrecht insb. § 31 Rdnr. 65 und vor §§ 88 ff. Rdnr. 41) zum Schutz der ideellen und wirtschaftlichen Interessen des Urhebers eine Reihe **zwingender vertragsrechtlicher Regelungen:** zum Schutz der ersteren namentlich das Rückrufsrecht wegen gewandelter Überzeugung (**§ 42,** s. dort Rdnr. 1, 28), zum Schutz beider Interessen der Zustimmungsvorbehalt für die Weiterübertragung von Nutzungsrechten (**§ 34 Abs. 1,** s. dort Rdnr. 2) und für die Einräumung weiterer Nutzungsrechte (**§ 35 Abs. 1,** s. dort Rdnr. 1) sowie das Rückrufsrecht wegen Nichtausübung (**§ 41,** s. dort Rdnr. 4, 21), zum Schutz der wirtschaftlichen Interessen des Urhebers insb. der frühere **§ 31 Abs. 4** über die Unwirksamkeit der Einräumung von Nutzungsrechten für noch nicht bekannte Nutzungsarten (s. Rdnr. 150 sowie § 31 a Rdnr. 1; Sonderanknüpfung des § 31 Abs. 4 bei deutschem Vertragssta-

Vorbemerkung   Vor §§ 120ff.

tut und ausländischem Schutzlandrecht angesprochen von BGHZ 136, 380/388 – Spielbankaffaire), als dessen Surrogate das Widerrufsrecht nach **§ 31a Abs. 1 S. 3, Abs. 4** und das Widerspruchsrecht nach **§ 1371 Abs. 1 S. 2, 3, Abs. 2** sowie die gesetzlichen Vergütungsansprüche nach **§ 32 c** und **§ 1371 Abs. 5. § 40 Abs. 1 S. 2, 3, Abs. 2 S. 1** über das unverzichtbare Recht zur Kündigung von Verträgen über künftige Werke (s. Rdnr. 150 sowie § 40 Rdnr. 2, 8) und **§ 36 aF** über die Beteiligung des Urhebers an unerwarteten Verwertergewinnen (s. *Ulmer*, Die Immaterialgüterrechte, S. 57f.) sowie **§ 63a** und **§ 78 Abs. 3** betr. Beschränkungen für die Abtretung gesetzlicher Vergütungsansprüche. Zu den zwingenden Regeln des deutschen Urhebervertragsrechts ist im Rahmen seiner spezifischen Funktion daneben auch das Zweckübertragungsprinzip zu rechnen, das insb. in **§ 31 Abs. 5** gesetzliche Anerkennung gefunden hat. Seine Qualifikation als bloße gesetzliche Auslegungsregel (so *Ulmer*, Die Immaterialgüterrechte, S. 57; *Walter* in Reimer [Hrsg.] S. 137/151) würde diesem Prinzip nicht gerecht (s. § 31 Rdnr. 69; im Ergebnis zust. LG München I ZUM-RD 2002, 21/25 f./27 – Just be free; zum Ganzen wie hier *Dreier/Schulze*[3] Vor §§ 120 ff. Rdnr. 55; *Hoeren* CR 1993, 129/132; *Kotthoff* in HK-UrhR[2] § 31 Rdnr. 25, aber wohl zweifelnd zu § 31 Abs. 5; *Mäger* S. 69 ff./284 ff. mit anderer Begründung; *Möhring/Nicolini*[2] Vor §§ 120 ff. Rdnr. 45; *Schricker* Verlagsrecht[3] Einl. Rdnr. 47; zurückhaltend *Loewenheim/Walter* Hdb. des Urheberrechts § 57 Rdnr. 178/179, ablehnend zum neuen Recht iVm. § 32b Rdnr. 180; aA *Fromm/Nordemann*[10] Rdnr. 88; *Schack*[4] Rdnr. 1148; ders. Fs. für Heldrich S. 997/1000 f.; sa. § 32b Rdnr. 33). Unterwirft man den früheren **§ 31 Abs. 4** mit der Rspr. des BGH (so Rdnr. 150) dem Urheberrechtsstatut und dem **Schutzlandrecht**, so muss dasselbe konsequenterweise auch für die vorgenannten Surrogate der **§§ 31a, 32c und 1371** gelten (so. Rdnr. 150 sowie § 1371 Rdnr. 24) und bedarf es keiner Sonderanknüpfung auf der Grundlage des Vertragsstatuts. Die zwingenden urhebervertragsrechtlichen Bestimmungen der **§§ 69d** und **69e** (s. § 69g Abs. 2) sowie des **§ 87c** dienen nicht dem Schutz der Urheber, sondern dem der Nutzer von Computerprogrammen und Datenbanken. Ihr auch international zwingender Charakter kann sich demzufolge allenfalls aus der Sicht des Verbraucherschutzes und damit aus Art. 29 und 29a EGBG nF bzw. zukünftig, ab 17. 12. 2009, Art. 46b EGBGB, , nicht aber aus Art. 34 EGBGB nF ergeben (gegen *Dreier/Schulze*[3] Vor §§ 120 ff. Rdnr. 55). Im Übrigen ist nach Auffassung des für das Urheberrecht nicht zuständigen VIII. Zivilsenats des BGH **§ 138 BGB** betr. die Nichtigkeit sittenwidriger Rechtsgeschäfte international nicht über Art 34 EGBGB nF anwendbar, sondern lediglich über die wesentlich strengere ordre public-Klausel des Art. 6 EGBGB nF zu berücksichtigen (BGHZ 135, 124/139 – Ferienwohnung auf Gran Canaria); das Gleiche dürfte danach auch für **§ 242 BGB** gelten (s. zur Fragestellung *Katzenberger*, Fs. für Schricker, 1995, S. 225/256).

167 Die aufgeführten **zwingenden Regeln des deutschen Urhebervertragsrechts** sind von den deutschen Gerichten jedenfalls dann anzuwenden, wenn das **ausländische Vertragsstatut hinter ihrem Schutzstandard zurückbleibt** und das Vertragsverhältnis eine **enge Beziehung zum Inland** aufweist (s. Rdnr. 164 f.). Als Beispiel für Letztere nennt *Ulmer* (Die Immaterialgüterrechte, S. 58) den Fall, dass ein ausländischer Unternehmer mit Geschäftssitz im Inland mit inländischen Urhebern Verträge schließt und darin das für ihn günstigere Recht des Staates, dem er angehört, als Vertragsstatut vereinbart. Bei objektiver Anknüpfung wäre hier deutsches Recht Vertragsstatut (s. Rdnr. 154 ff; Parallele zu § 32b Nr. 1, s. dort Rdnr. 9 ff.). Mit Rücksicht auf die einseitige Bevorzugung der Verwerterinteressen durch die hM im Rahmen dieser Anknüpfung (s. Rdnr. 157 f.) kann das aber nicht Bedingung sein. So muss es zB in Anlehnung an den früheren § 12 AGBG und Art. 29 EGBGB nF (s. Rdnr. 163) genügen, wenn einem Verwerter mit Sitz im Ausland von einem Urheber mit Wohnsitz oder gewöhnlichem Aufenthalt im Inland auf Grund einer geschäftlichen Aktivität des Verwerters im Inland oder durch eine im Inland abgegebene Erklärung des Urhebers Rechte eingeräumt werden. Dies, und nicht nur das allein, muss mit Rücksicht auf den verfassungsrechtlichen Schutz des Urheberrechts (s. Rdnr. 166) insb. für die **inländische Werkverwertung** (Parallele zu § 32b Nr. 2; s. dort Rdnr. 14 ff.) gelten. Letztere muss insbesondere sogar **allein** ausreichen und das deutsche zwingende Urhebervertragsrecht muss insoweit auch auf **Vertragsverhältnisse** Anwendung finden, die im Übrigen **ganz in einem ausländischen Staat lokalisiert** sind, wenn **dessen gesetzliches Urhebervertragsrecht** in seinen wesentlichen Instrumenten **Wirkungen nur in diesem Staat erzeugt**. Letzteres gilt zB für das vertraglich nicht abdingbare, nur an den Ablauf bestimmter Fristen geknüpfte **Kündigungsrecht (termination right) des Urhebers nach Secs. 203, 304 (c) des US-amerikanischen Copyright Act von 1976** (s. *Braveman* UFITA 82 [1978] 77/97 ff.; *Katzenberger* GRUR Int. 1983, 410/417), das sich nur auf das amerikanische Copyright, nicht auf ausländische Urheberrechte erstreckt

(Secs. 203 (b) (5), 304 (c) (6) (E) CA 1976), sowie für die auch vertragsrechtlich motivierte (s. *Braveman* UFITA 82 [1978] 77/98; *Dietz* Archivum Iuridicum Cracoviense Vol. XIX [1986] 59/61; *Katzenberger* GRUR Int. 1983, 410/416) **doppelte Schutzfrist des früheren amerikanischen Rechts,** deren auf die USA beschränkte Wirkung sich aus dem Schutzlandprinzip ergab (s. Rdnr. 127).

168 e) Die Lehre von der Sonderanknüpfung zwingenden Rechts zum Schutz der schwächeren Vertragspartei (s. Rdnr. 164) erlaubt deutschen Gerichten unter den entsprechenden Voraussetzungen auch die **Anwendung ausländischer, vom Vertragsstatut nicht erfasster Bestimmungen,** wenn enge Beziehungen zu dem betreffenden ausländischen Staat bestehen. Grundsätzlich **nicht anzuwenden** sind aber **fremde öffentlich-rechtliche Vorschriften wirtschafts- und staatspolitischer Art,** wie solche des ehem. **sowjetischen Außenhandelsmonopols,** deren Wirkungen sich auf das betreffende ausländische Territorium beschränkten (BGHZ 64, 183/188 ff. – August Vierzehn; sa. zu einer anderen Fallkonstellation BGH GRUR 2001, 1134/1137 – Lepo Sumera; LG München I, GRUR Int. 2010, 67 – Dimitri Kabalewski, und dazu oben Rdnr. 150; zur Berücksichtigung ausländischer **kulturpolitischer Vorschriften** über Ausfuhrverbote für Kulturgüter im Rahmen des § 138 BGB s. BGHZ 59, 82/85 f. – afrikanische Masken; zur Berücksichtigung **französischen Devisenrechts** hinsichtlich der Erfüllung eines französischem Recht unterliegenden **Filmverwertungsvertrags** BGH UFITA 23 [1957] 88/94).

4. Form der Verträge

169 Für die **Form von Urheberrechtsverträgen** gilt internationalprivatrechtlich Art. 11 Abs. 1, 2 EGBGB nF, wobei Abs. 1 inhaltlich mit Art. 11 Abs. 1 EGBGB aF übereinstimmt. Danach ist ein solcher Vertrag wirksam, wenn er entweder den Formerfordernissen des **Vertragsstatuts** oder denjenigen des **Rechts am Ort des Vertragsschlusses** genügt (Abs. 1). Diese Regelung betrifft Verträge zwischen Personen in demselben Staat. Art. 11 Abs. 2 EGBGB nF stellt klar, dass ein Vertrag zwischen **Personen in verschiedenen Staaten** formgültig ist, wenn er entweder die Formerfordernisse des Vertragsstatuts oder des Rechts eines dieser Staaten erfüllt (s. dazu die AmtlBegr. BTDrucks. 10/504 S. 49 zu Art. 11 Abs. 2). Bei Urheberrechtsverträgen gilt das vorstehend Gesagte sowohl für das **Verpflichtungs-** wie für das **Verfügungsgeschäft,** insb. ist für das letztere nach hM nicht auf das Schutzlandrecht (s. Rdnr. 124) abzustellen (*Ulmer,* Die Immaterialgüterrechte, S. 58 f.; *Schricker* Verlagsrecht[3] Einl. Rdnr. 45; *v. Gamm* Einf. Rdnr. 146; BGH GRUR 1956, 135/138 – Sorrell and Son – insoweit in BGHZ 19, 110 nicht abgedruckt). Demgegenüber verlangen Vertreter der Spaltungstheorie (s. Rdnr. 148) in Bezug auf das urhebervertragsrechtliche Verfügungsgeschäft die Beachtung des Rechts des jeweiligen Schutzlandes (s. *Hausmann,* Fs. für Schwarz, S. 47/69 f.; *Hiestand* S. 116 ff.; *Kleine* S. 116 f.; *Obergfell* in Reithmann/Martiny[6] Rdnr. 1792/1858). S. im Übrigen auch Rdnr. 158 zur konventionsrechtlichen Regelung der Form von Filmverträgen. In der Rom I-VO ist die Form von Verträgen kollisionsrechtlich in Art. 11 in einer Art und Weise geregelt, die im Vergleich mit dem bisherigen Recht weitere Alternativen für die Formgültigkeit von Verträgen und für einseitige Rechtsgeschäfte vorsehen, die sich auf Verträge beziehen (s. dazu im Einzelnen *Leible/Lehmann* RIW 2008; 528/540).

X. Internationale Zuständigkeit der Gerichte

170 1. Vor den **deutschen Gerichten** können nach hM grundsätzlich auch **im Ausland begangene Verletzungen ausländischer Urheberrechte** (s. Rdnr. 131) verfolgt werden; dem steht insb. das Territorialitätsprinzip (s. Rdnr. 120) nicht entgegen (*Ulmer*[3] § 13 II 1 mwN; *ders.* Die Immaterialgüterrechte, S. 16; *Bornkamm* in *Schwarze* S. 127/130; *v. Gamm* Einf. Rdnr. 147; *Troller* S. 261 ff./271 f.; zum Ergebnis sa. BGHZ 136, 380/385 – Spielbankaffaire, und OLG München ZUM 2003, 141/144 ff. – Spielbankaffaire II; Schadensersatz- und Unterlassungsklage wegen Verletzung des Luxemburger Urheberrechts; BGH GRUR 2004, 855/856 – Hundefigur und BGH GRUR 2007, 691 – Staatsgeschenk: zum Klageantrag bei Geltendmachung von Ansprüchen wegen Urheberrechtsverletzung im In- und Ausland; LG München I ZUM-RD 2002, 21/23 – Just be free: Verfügungsantrag wegen Rechtsverletzung in Deutschland, Österreich und der Schweiz; zur Zuständigkeit für den Erlass einer einstweiligen Verfügung gegen verletzende Filmvorführungen in England und den USA KG GRUR 1931, 1090 – Die Affäre

Vorbemerkung Vor §§ 120 ff.

Dreyfuß; zum Patentrecht OLG Düsseldorf GRUR Int. 1968, 100 f. – Kunststofflacke; zum Markenrecht BGHZ 22, 1/13 – Flava-Erdgold). Voraussetzung ist die **internationale Zuständigkeit** des deutschen Gerichts, die im Allgemeinen (s. aber insb. Rdnr. 171 f.) dann gegeben ist, wenn ein Gericht nach den Gerichtsstandsregeln der §§ 12 ff. ZPO **örtlich** zuständig ist (s. *Baumbach/ Lauterbach/Albers/Hartmann*, ZPO, 63. Aufl. 2005, Übers. § 12 Rdnr. 7; BGH GRUR 1980, 227/229 f. – Monumenta Germaniae Historica; OLG Düsseldorf AfP 2007, 159/160 – New York Times, zu § 32 ZPO und Verletzung des Persönlichkeitsrechts). In Betracht kommen insb. die **Gerichtsstände** des **Wohnsitzes** oder **Aufenthaltsorts** bzw. des **Sitzes des Beklagten** (§§ 12, 13, 16, 17 ZPO), des **inländischen Vermögens** (§ 23 ZPO) und des **Begehungsorts der unerlaubten Handlung** (§ 32 ZPO; zur internationalen und örtlichen Zuständigkeit eines deutschen Gerichts für die Klage gegen einen Verlag mit Sitz in der Schweiz wegen Urheberrechtsverletzung durch Angebot von Werkexemplaren in einer deutschen Zeitschrift und Ausführung einer Bestellung aus der Bundesrepublik BGH GRUR 1980, 227/229 f. – Monumenta Germaniae Historica; dort auch zur Frage der Provokationsbestellung; s. dazu weiter Rdnr. 137). Die örtliche und internationale Zuständigkeit eines deutschen Gerichts gemäß § 32 ZPO wird **nicht** durch den **Wohnsitz oder Sitz des Verletzten** bzw. Klägers iSd. Orts des Schadenseintritts oder der Nichteinholung der erforderlichen Einwilligung in die Werkverwertung begründet (BGHZ 52, 108/110 ff.; OLG München GRUR 1990, 677 – Postervertrieb; s. dazu auch Rdnr. 130 sowie § 105 Rdnr. 18).

2. Eine selbstständige und im Rahmen ihres Anwendungsbereichs gegenüber den Regeln der ZPO **vorrangige Regelung** der internationalen Zuständigkeit enthält die **Verordnung (EG) Nr. 44/2001 des Rates über die gerichtliche Zuständigkeit und die Anerkennung und Vollstreckung von Entscheidungen in Zivil- und Handelssachen** vom 22. 12. 2000 (**EuGVVO** oder EuGVO, ABl. 2001 L 12, S. 1; dazu auch EU-Beitrittsakte 2003 vom 16. 4. 2003, ABl. 2003 L 236, S. 33). Sie ist am 1. 3. 2002 für alle seinerzeitigen EG-Mitgliedstaaten mit Ausnahme Dänemarks (s. Art. 1 Abs. 3 EuGVVO) in Kraft getreten und hat in ihrem Geltungsbereich von diesem Zeitpunkt an das Brüsseler Übereinkommen über die gerichtliche Zuständigkeit und die Vollstreckung gerichtlicher Entscheidungen in Zivil- und Handelssachen (Europäisches Gerichtsstands- und Vollstreckungsübereinkommen, **EuGVÜ** oder auch Brüssel I-Übereinkommen, ABl. 1972 L 299, S. 32) vom 27. 9. 1968 (BGBl. 1972 II S. 774), das am 1. 2. 1973 für die sechs Gründerstaaten der EWG in Kraft getreten ist (BGBl. 1973 II S. 60), ersetzt (s. zu diesem Übereinkommen, dem dazugehörigen Auslegungsprotokoll und den verschiedenen späteren Beitrittsübereinkommen der Vorauflage, gleiche Rdnr.). Die inzwischen mehrfach geänderten Anhänge **I bis IV der EuGVVO** über innerstaatliche Zuständigkeitsvorschriften, die Gerichte oder sonst befugten Stellen, die in den Mitgliedstaaten für Anträge auf Vollstreckbarerklärung zuständig sind, bei denen ein entspr. Rechtsbehelf eingereicht werden kann, und über die betr. letztinstanzlichen Rechtsbehelfe sind durch die **Verordnung (EG) Nr. 280/ 2009** der Kommission vom 6. 4. 2009 (ABl. 2009 Nr. L 93/13) in konsolidierten Fassungen durch entspr. Änderung der EuGVVO ersetzt worden. Die EU-Staaten sind darüber hinaus durch das mit dem EuGVÜ inhaltlich weitgehend übereinstimmende **Lugano-Übereinkommen** gleichen Namens vom 16. 9. 1988 (ABl. 1988 L 319, S. 9 = BGBl. 1994 II S. 2658) mit den EFTA-Staaten Island, Norwegen und Schweiz (von Liechtenstein nicht ratifiziert) verbunden (s. dazu Näheres bei *Loewenheim/Walter* Hdb. des Urheberrechts § 58 Rdnr. 118 ff.). Das ursprüngliche Lugano-Übereinkommen ist inzwischen durch das **Lugano-Übereinkommen von 2007**, dh. durch das Übereinkommen vom 30. 10. 2007 über die gerichtliche Zuständigkeit und die Anerkennung und Vollstreckung von Entscheidungen in Zivil- und Handelssachen (ABl. 2007 Nr. L 339/3; Beschluss des Rates vom 27. 11. 2008 betr. den Abschluss dieses Übereinkommens, ABl. 2009 Nr. L 147/1; (deutsches) Gesetz zur Durchführung des Übereinkommens und zur Änderung des BGB vom 10. 12. 2008, BGBl. 2008 I S. 2399; AmtlBegr. In BT-Drucks. 16/10 119) ersetzt worden. Das Lugano-Übereinkommen von 2007 dient der Anpassung an die EuGVVO und stimmt mit dieser weitgehend überein. Das neue Übereinkommen tritt nach seinem Art. 69 Abs. 3 am 1. Tag des 6. Monats nach Hinterlegung der Ratifizierungsurkunden der EG und eines EFTA-Staates in Kraft. Nachdem die EG das Übereinkommen am 18. 5. 2009 ratifiziert hat und Norwegen dem am 1. 7. 2009 gefolgt ist, wird das Übereinkommen am 1. 1. 2010 in Kraft treten (s. www.bj.admin.ch vom 10. 8. 2009).

Die EuGVVO ist nach ihrem Art. 1 Abs. 1 S. 1 **sachlich** auf Zivil- und Handelssachen anwendbar, zu denen auch alle zivilrechtlichen Streitigkeiten über das Urheberrecht und die verwandten Schutzrechte zu rechnen sind (s. *Loewenheim/Walter* Hdb. des Urheberrechts § 58

Vor §§ 120ff. Vorbemerkung

Rdnr. 199). **Zeitlich** ist sie auf alle Klagen anwendbar, die nach ihrem Inkrafttreten am 1. 3. 2002 (s. Rdnr. 171) erhoben werden (Art. 66 Abs. 1). **Räumlich** gilt die EuGVVO für alle Mitgliedstaaten der EU (Art. 249 Abs. 2 EG) mit Ausnahme Dänemarks (s. Rdnr. 171) und **persönlich** für alle Klagen gegen Beklagte, die, ohne Rücksicht auf ihre Staatsangehörigkeit, ihren Wohnsitz bzw. Sitz in einem Mitgliedstaat der EU haben (Art. 2 Abs. 1, Art. 60). **Nicht** erfasst werden **reine Inlandssachverhalte** (s. *Baumbach/Lauterbach/Albers/Hartmann,* ZPO, 63. Aufl. 2005, Üb. vor Art. 2 EuGVVO Rdnr. 3), und **str.** ist, ob der somit erforderliche internationale Bezug zu einem anderen Mitgliedstaat der EU gegeben sein muss, oder ob auch ein solcher zu einem **Drittstaat** ausreicht (s. *Baumbach/Lauterbach/Albers/Hartmann,* ZPO, 63. Aufl. 2005, Üb. vor Art. 2 EuGVVO Rdnr. 3). Als allgemeine Gerichtsstandsregel bestimmt Art. 2 Abs. 1 EuGVVO, dass Personen mit Wohnsitz in einem Vertragsstaat ohne Rücksicht auf ihre Staatsangehörigkeit vor den Gerichten dieses Staates zu verklagen sind; **allgemeiner Gerichtsstand** ist damit der des **Beklagtenwohnsitzes.** Nach Art. 5 Nr. 3 EuGVÜ bzw. Art. 5 Nr. 3 EuGVVO kann eine Person mit Wohnsitz in einem Vertragsstaat wegen unerlaubter Handlungen auch in einem anderen Vertragsstaat verklagt werden, wenn hier das schädigende Ereignis eingetreten ist **(Gerichtsstand der unerlaubten Handlung);** auch nach diesen Bestimmungen kann trotz ihrer von § 32 ZPO abweichenden Formulierung bei Urheberrechtsverletzungen die Zuständigkeit des Gerichts am Wohnsitz des Verletzten und Verletzungsklägers nur begründet werden, wenn die Verletzungshandlung hier vorgenommen worden ist (s. Rdnr. 170; zum Ergebnis *Stauder* GRUR Int. 1976, 465/474). Diesen Regelungen ist zu entnehmen, dass der Verletzer vor seinem Wohnsitzgericht auch wegen **Verletzung eines in einem anderen Vertragsstaat bestehenden Urheberrechts** verklagt werden kann (s. dazu *Ulmer*[3] § 13 II 1; *ders.,* Die Immaterialgüterrechte, S. 17f.; *Bornkamm* in *Schwarze* S. 127/130/132; *Stauder* GRUR Int. 1976, 465/474; s. zum allgemeinen deutschen Recht Rdnr. 170) und zwar nicht nur auf Schadensersatz, sondern auch auf Unterlassung (s. *Bornkamm* in *Schwarze* S. 127/131; OLG München GRUR 1990, 677f. – Postervertrieb; LG München I ZUM-RD 2002, 21/23 – Just be free). Dagegen kann zB bei einem deutschen Gericht, dessen internationale Zuständigkeit nur durch den Begehungsort der Urheberrechtsverletzung in Deutschland begründet ist, nur die Verletzung des deutschen Urheberrechts geltend gemacht werden (s. LG Düsseldorf GRUR Int. 1999, 455/456f. – Schussfadengreifer, und GRUR Int. 1999, 775/776f. – Impfstoff II; OLG Düsseldorf IPRax 2001, 336/337f. – Schussfadengreifer II; jeweils zum Patentrecht und EuGVÜ; EuGH Slg. 1995 I, 415/450/461f. = GRUR Int. 1998, 298/299f. – Shevill, zu Ehrverletzungen durch die Presse und ebenfalls zum EuGVÜ; *Bornkamm* in *Schwarze* S. 127/130/132, der dieses Ergebnis auch auf das autonome deutsche Recht anwendet; kritisch *Schack* MMR 2000, 135/139). Für **Internet-Sachverhalte** bietet sich eine Parallele zur Beurteilung des anwendbaren Rechts (s. Rdnr. 145) an: Der Gerichtsstand der unerlaubten Handlung iSd. Art. 5 Nr. 3 EuGVVO ist nicht nur in denjenigen Ländern anzunehmen, von denen aus und in denen Schutzgegenstände in das Netz eingestellt und in die sie auf Abruf tatsächlich übertragen werden, sondern mit der bisher wohl hM auch in allen Ländern, in denen sie zugänglich gemacht werden und daher abgerufen werden können (so zB *Loewenheim/Walter* Hdb. des Urheberrechts § 58 Rdnr. 100/124/126; *Möhring/Nicolini*[2] Rdnr. 161; *Schack* JZ 1998, 753/763; *ders.* MMR 2000, 135/139; *Wandtke/Bullinger*[3] Rdnr. 34; kritisch ua. *Berger* GRUR Int. 2005, 465/467f., der offensichtlich allein auf den Ort abstellen will, an dem der sog. Upload veranlasst wird, aber auch die Anknüpfung an technische Datenübermittlungsstellen und das intendierte Abrufgebiet erwägt; weitere Nachw. zu abweichenden Lösungsvorschlägen bei *Loewenheim/Walter* aaO Rdnr. 96ff./123ff.; *Möhring/Nicolini*[2] Rdnr. 161; *Wandtke/Bullinger*[3] Rdnr. 34; rechtsvergleichend: *Thum* GRUR Int. 2001, 9/23ff.). Mehr und mehr scheint sich in Internet-Fällen in der Praxis der Gerichte jedoch die Auffassung durchzusetzen, dass es zur Vermeidung exorbitanter Gerichtsstände (so OLG Düsseldorf AfP 2009, 159/161 – New York Times, zu einer Verletzung des Persönlichkeitsrechts) nicht auf die bloße Abrufbarkeit, sondern auf die bestimmungsgemäße Abrufbarkeit ankomme. So hat der BGH in der Entscheidung Wagenfeld-Leuchte (GRUR 2007, 871/872) bei Bejahung der internationalen Zuständigkeit der deutschen Gerichte nach Art. 5 Nr. 3 EuGVÜ darauf abgestellt, dass die angegriffene und dann als Angebot iSd. deutschen Verbreitungsrechts (§ 17 Abs. 1) gewertete Werbung im Internet in deutscher Sprache gehalten und an deutsche Kunden gerichtet war. Ferner wurde auf Parallelen in kennzeichen- und wettbewerbrechtlichen Fällen (BGH GRUR 2005, 431/432 – HOTEL MARITIME; BGHZ 167, 91 Rdnr. 22 – Arzneimittelwerbung im Internet) verwiesen. Ebenfalls unter Bezugnahme auf diese beiden Urteile und mangels **bestimmungsgemäßer Auswirkung** in Deutschland verneint hat das OLG Köln (ZUM-RD 2008, 130/131 – Foto.uk) seine internationale Zuständigkeit gemäß Art. 5 Nr. 3

Vorbemerkung **Vor §§ 120ff.**

EuGVVO im Fall einer urheberrechtlichen Unterlassungsklage, die sich gegen die Verwendung eines Fotos für die Bewerbung von Ware im Internet unter der Toplevel-Domain „uk" und ohne speziellen Bezug zu Deutschland richtete. Desgleichen bejahte zwar das KG Berlin seine internationale Zuständigkeit nach Art. 5 Nr. 3 EuGVVO in einem weiteren urheberrechtlichen Internet-Fall (MMR 2007, 652/653 – N-Test), begründete dies aber damit, dass die in Frage stehende Homepage eines Wiener Arztes sich ihrem Inhalt und ihrer Gestaltung nach auch an Internetnutzer in Deutschland richtete. Die gleiche Tendenz begegnet auf dem Gebiet der Verletzung von Persönlichkeitsrechten (s. zB OLG Düsseldorf AfP 2009, 159/161 f. – New York Times, zu § 32 ZPO) und in weiteren Fällen des Kennzeichenrechts (s. BGH GRUR 2007, 884/886 – Cambridge Institute, zu § 32 ZPO und Art. 5 Nr. 3 Lugano-Übereinkommen) und des Wettbewerbsrechts (s. OLG München, AfP 2008, 394/396 – Kunststofffolien, zu Art. 5 Nr. 3 EuGVVO).

Als **weitere besondere Gerichtsstände** sieht die EuGVVO ua. diejenigen der **Beklagtenmehrheit** (Art. 6 Nr. 1, Zuständigkeit des Gerichts am Wohnsitz eines der Beklagten) und des **Sachzusammenhangs** (Art. 28) vor (zur Frage ihrer Anwendbarkeit auf Klagen wegen Verletzung von gewerblichen Schutzrechten und Urheberrechten *Stauder* GRUR Int. 1976, 465/476 f.; zum ersteren auch *Bornkamm* in *Schwarze* S. 127/133 ff.). **Ausgeschlossen** ist der **Gerichtsstand des Vermögens** (Art. 3 EuGVVO). Selbstständig und gegenüber §§ 38–40 ZPO liberaler geregelt sind in Art. 17, 23 f. EuGVVO **internationale Gerichtsstandsvereinbarungen** (dazu *Stauder* GRUR Int. 2976, 465/471 ff.; sa. § 32 b Rdnr. 39 ff.).

XI. Internationalrechtliche Aspekte des Projekts Google Book Search

Auch in Deutschland mit großer Aufmerksamkeit bis hin zu heller Empörung bei Autoren und Verlagen (s. zu Letzterem zB den sog. Heidelberger Appell „Für Publikationsfreiheit und die Wahrung der Urheberrechte" in www.textkritik.de, Abruf am 12. 8. 2009) verfolgt wird in jüngster Zeit das **Projekt „Google Book Search"** des erfolgreichen U.S.-amerikanischen Internet-Suchmaschinenbetreibers Google Inc. (s. dazu aus dem urheberrechtlichen Schrifttum *Csillag* MR 2009, 23; *Heckmann* AfP 2007, 314; *Kubis* ZUM 2006, 370; *MacQueen* 40 IIC 247 (2009); *Ott* GRUR Int. 2007, 562; *Rath/Swane* K&R 2009, 225, ferner die Webseite „Google books" unter www.google.de). Es beinhaltet zwei Programme, nämlich zum einen das **Bibliotheksprogramm** (library program) und zum anderen das **Partner-Programm** (publisher program). Beiden Programmen liegt ein Bestand von ca. **7 Millionen Büchern** (Stand am Jahresanfang 2009) zugrunde, die Google in Zusammenarbeit mit großen amerikanischen und, von den USA aus betrachtet, ausländischen Bibliotheken im vollen Inhalt und Umfang digital gescannt und auf Servern gespeichert hat. Als Endziel wird die Digitalisierung von ca. 15 Millionen Büchern genannt. Die Bücher sind teilweise urheberrechtlich nicht (mehr) geschützt (gemeinfrei), teilweise aber auch urheberrechtlich geschützt, sie stammen zum Teil aus den USA, zum Teil aber auch aus dem Ausland, darunter aus Deutschland, sie sind teilweise vergriffen, teilweise aber auch im Handel erhältlich. Google ermöglicht den Nutzern seines Book Search-Systems die **Onlinerecherche** in den digitalisierten Büchern **von allen Ländern aus**, auch in Deutschland. Im selben **internationalen Maßstab** können auch **Buchinhalte abgerufen** werden, und zwar im herkömmlichen Regelfall in **drei unterschiedlichen Formen**: erstens bis zum vollen Inhalt bei urheberrechtlich nicht (mehr) geschützten Werken aus dem Bibliotheksprogramm, zweitens nur in Form bibliographischer Daten nach Art einer Katalogkarte, gegebenenfalls angereichert um Stichwörter, Verzeichnisse und kurze Textauszüge im Umfang von maximal einigen Zeilen (sog. snippets) im Kontext des markiert angezeigten Suchbegriffs und versehen mit Hinweisen auf Bezugsquellen und Standorte in Bibliotheken. Die dritte Form möglicher Abrufe bezieht sich auf Bücher aus dem Partner-Programm, von denen aufgrund Zustimmung der kooperierenden Rechtsinhaber umfangreichere Originaltexte im Sinne einer genaueren Vorschau auf den Buchinhalt zugänglich gemacht werden.

Jedenfalls im Rahmen des **Bibliothekenprogramms** hat Google offensichtlich für das Scannen und die Speicherung urheberrechtlich geschützter Bücher in keinem Fall die Zustimmung von Autoren und/oder Verlagen eingeholt, sondern sich auf „fair use" iSd. U.S.-amerikanischen Urheberrechts berufen. Die Folge war, dass Verbände von Autoren und Verlagen und einzelne individuelle Rechtsinhaber bei einem New Yorker District Court eine **Sammelklage** (class action) gegen Google eingereicht haben. Im Rahmen dieses Verfahrens kam es zunächst im Jahre 2008 zur ursprünglichen Version einer **Vergleichsvereinbarung (Settlement Agree-**

ment), für die am 14. 11. 2008 eine vorläufige gerichtliche Genehmigung erteilt wurde. Zahlreiche Einwendungen in der Folgezeit, darunter auch solche in Form von sog. amicus curiae-Schriftsätzen der deutschen (zugänglich über www.bmj.bund.de) und der französischen Regierung (abrufbar über www.book-grab.com), veranlassten die Parteien dann aber, dem Gericht am 13. 11. 2009 eine überarbeitete Version der Vergleichsvereinbarung (**Amended Settlement Agreement, ASA,** abrufbar über www.google.com) vorzulegen. Diese wurde am 19. 11. 2009 wiederum vorläufig genehmigt; als neues Datum für das abschließende sog. settlement/fairness hearing wurde der 18. 2. 2010 bestimmt. Die wohl gravierendste Änderung des ASA gegenüber dem ursprünglichen Settlement Agreement trägt offensichtlich den Einwendungen aus dem Ausland Rechnung, indem sie den **Kreis der erfassten Bücher wesentlich einschränkt:** Hatte Letzteres noch Bücher aus aller Welt mit einem „Copyright Interest" in den USA zum Gegenstand, so bezieht sich das ASA nur noch auf US-amerikanische Werke sowie auf ausländische Bücher, die entweder beim Copyright Office der USA registriet wurden oder in Großbritannien, Australien oder Kanada als Länder erschienen sind, die über eine ähnliche Urheberrechtstradition und Buchhandelspraxis wie die USA verfügen. Schätzungen gehen dahin, dass als Folge dieser Änderung weniger als 5% aller in den USA urheberrechtlich geschützten, nicht englischsprachigen Bücher dem ASA unterfallen (so *Paul Aiken*, Geschäftsführer der amerikanischen Authors Guild, in einem Interview, zitiert in FAZ Nr. 266 vom 16. 11. 2009, S. 15). Der Börsenverein des Deutschen Buchhandels geht von einer Registrierungspraxis deutscher Verlage beim Copyright Office der USA bis zum Jahre 1978 aus (s. www.boersenverein.de, Stellungnahme zum ASA). Wird das ASA endgültig gerichtlich genehmigt, so führt dies für die von ihm erfassten Werke nach amerikanischem Recht zur allgemeinen, über die Prozessparteien hinaus wirkenden Verbindlichkeit der Vereinbarung. In Bezug auf nicht erfasste Werke bleibt den Rechtsinhabern die Möglichkeit erhalten, in den USA gegen die Nutzungspraktiken Googles einschließlich des nicht genehmigten Scannens und digitalen Speicherns urheberrechtlich geschützter Bücher individuell gerichtlich vorzugehen oder gegebenenfalls eine neue class action einzuleiten.

175 Das ASA wie auch schon die ursprüngliche Version des Settlement Agreement unterscheidet zwischen **lieferbaren** und **vergriffenen Büchern**. In beiden Fällen bleibt es bei der von Google vorgenommenen digitalen Speicherung der gesamten Buchinhalte und der damit verbundenen Recherchemöglichkeit für die Nutzer von Google Book Search. Dasselbe gilt im Hinblick auf **lieferbare Bücher** für die bisher schon praktizierte beschränkte Möglichkeit des Abrufs von Informationen über den Buchinhalt (so. Rdnr. 173). Weitergehende Abrufmöglichkeiten bedürfen der ausdrücklichen Zustimmung der Rechteinhaber. In Bezug auf nicht mehr lieferbare, **vergriffene Bücher** gehen die Befugnisse von Google jedoch weit über die bisher geübte Praxis hinaus, nämlich von der Anzeige der schon erwähnten „snippets", über das Zugänglichmachen von Vorschauseiten aus einem Buch mit bis zu 20% seines Inhalts (beschränkt auf maximal je fünf zusammenhängende Seiten), bis hin zum vereinbarten oder optionalen Verkauf von Abonnements, File-Downloads, Printing on Demand und der Erteilung von entgeltlichen oder unentgeltlichen Ausdruckerlaubnissen etc. Als **Kompensation** zugunsten der Rechteinhaber sieht die Vergleichsvereinbarung für das nicht genehmigte Scannen der Bücher eine Einmalzahlung in Höhe von U.S. $ 60,– je Buch vor, die nunmehr bis zum **31. 3. 2011** beantragt werden muss, darüber hinaus eine dauerhafte Beteiligung der Rechteinhaber an den Einnahmen von Google in Höhe von 63%. Besitzen Autoren und Verlage Rechte an einem Buch, so geht die Vereinbarung davon aus, dass die ihnen zustehenden Beträge für vor 1987 erschienene Bücher im Verhältnis von 65% zugunsten des Autors und 35% für den Verlag, im Übrigen im Verhältnis 50:50 aufgeteilt werden. Neben der Möglichkeit für die Rechteinhaber, bis zum **5. 4. 2011** bzw. **9. 3. 2012** je nach Nutzungsart die Nutzung einzelner oder aller seiner vergriffenen Werke zu untersagen, und der weiteren Möglichkeit, auch einzelne Nutzungsarten auszuschließen, gestattet das class action-Verfahren auch einen **völligen Austritt aus dem Vertrag**, das sog. **Opt Out**. Es musste ursprünglich bis zum 5. 5. 2009, nach Verlängerung bis zum 4. 9. 2009 und nunmehr bis zum **28. 1. 2010** erklärt bzw., in der Diktion der Google-Erläuterungen der Vereinbarung, **beantragt** werden. Das Opt Out führt dazu, dass der betreffende Rechteinhaber an das Settlement Agreement nicht gebunden ist und gegebenenfalls weiter befugt bleibt, gegen Google individuell zu klagen. Zuständig für die Entgegennahme des Antrags war und ist ein **Vergleichsverwalter** (Settlement Administrator). Für die zukünftige Verwaltung des Settlement Agreement, insbes. für die Entgegennahme von Anträgen und Erklärungen und für die Klärung von Fragen zur Rechtsinhaberschaft, soll eine neue **Registrierungsstelle** (Book Rights Registry) eingerichtet werden, an deren Leitung auch Vertreter von

Vorbemerkung Vor §§ 120 ff.

Autoren und Verlagen beteiligt werden. Im Übrigen beansprucht das **Agreement Geltung nur für das Gebiet der USA**, und zwar auch dergestalt, dass **nur Nutzer aus den USA** die Möglichkeit erhalten sollen, die in dem Agreement vorgesehenen erweiterten Nutzungsmöglichkeiten des Projekts Book Search wahrzunehmen. Für **internationale Nutzer** und damit auch für solche **aus Deutschland** bleibt es bei den **bisherigen Beschränkungen** (so. Rdnr. 173).

Vom Settlement Agreement nicht erfasst ist das **Partner-Programm** im Rahmen des Projekts Google Book Search. An ihm sollen sich bereits **20 000 Verlage** aus aller Welt, darunter vermutlich auch **deutsche Verlage**, beteiligen. Es beruht auf **Vereinbarungen** zwischen Google und den Verlagen, bietet den Verlagen die Gelegenheit, sich zu Marketingzwecken kostenlos an dem System des Projekts Google Book Search zu beteiligen, es ermöglicht Nutzern den **weltweiten Zugriff** auf eine kurze Vorschau auf ein Buch, den Abruf einer begrenzten Zahl von Seiten und ermöglicht den **Verlagen** die **Generierung neuer Einnahmen**, indem Google aufgerufenen Buchseiten automatisch inhaltsbezogene **Werbeanzeigen** hinzufügt und die Verlage an den betr. Werbeeinnahmen beteiligt (s. dazu die Rubrik Partner-Programm auf der Webseite von Google Books). 176

Bei der internationalrechtlichen Beurteilung des Projekts Google Book Search ist von dessen herkömmlicher Praxis und von der Praxis im Rahmen des Partner-Programms auszugehen, die beide den **internationalen Abruf** ermöglichen (so. Rdnr. 173/176). Nach der gesamten Anlage des Projekts, ausgehend von dem Angebot von Inhalten auch aus deutschen Büchern, über den Zugang von Deutschland aus über die Top Level Domain „de" (Google.de) bis hin zum Fehlen einer technischen Sperre für den Zugriff aus Deutschland, erscheint es nicht zweifelhaft, dass **deutsche Gerichte international** zuständig nach § 32 ZPO sind, über Klagen gegen Google Inc. wegen Verletzung deutscher Urheberrechte durch das Zugänglichmachen von Buchinhalten gemäß § 19 a UrhG gegenüber Nutzern in Deutschland zu entscheiden. Dies gilt insbes. für den Gesichtspunkt der **bestimmungsgemäßen Abrufbarkeit** (so. Rdnr. 172) aufgrund fehlender technischer Sperren (so. Rdnr. 145 zur Frage des anwendbaren Rechts), die Google im Rahmen des Settlement Agreement vornehmen muss, um die vereinbarte Beschränkung auf Abrufe aus den USA (so. Rdnr. 175) zu realisieren. Bei einem Unternehmen mit der Wirtschaftskraft von Google und einem Projekt in der Größenordnung von Google Book Search (so. Rdnr. 173) wird man dabei den Einsatz aller verfügbaren Techniken der Territorialisierung des Internet (so. Rdnr. 145) verlangen und es nicht bei einer bloßen Steuerung über IP-Adressen bewenden lassen können, die über sog. Proxyserver allzu leicht soll umgangen werden können. Die gleichen Gesichtspunkte sprechen in Bezug auf die genannten Sachverhalte für die **Anwendbarkeit des deutschen Urheberrechts** als des Rechts des Schutzlandes (so. Rdnr. 124 f./127/129/145), wenn man insoweit nicht ohnehin die Abrufbarkeit aus Deutschland als solche genügen lassen will (so. Rdnr. 145). Umgekehrt ist die Schutzlandregel auf das digitale **Scannen** und die **Speicherung** in Servern als Vervielfältigung ganzer urheberrechtlich geschützter Bücher ausschließlich **U.S.-amerikanisches Urheberrecht anwendbar**, wenn man, wie zB im Fall der Bayerischen Staatsbibliothek als Google-Partnerin, davon ausgehen kann, dass die beteiligten ausländischen Bibliotheken (so. Rdnr. 173) für Google nur das Scannen historischer, urheberrechtlich nicht (mehr) geschützter Bestände übernommen haben. Lediglich theoretisch, weil faktisch nicht nachweisbar kommt insoweit die Anwendung eines anderen als des U.S.-amerikanischen Urheberrechts lediglich dann in Betracht, wenn die Vermutung zutrifft, dass Google Server für seine Dienste auch außerhalb der USA installiert hat (s. dazu *Kubis* ZUM 2006, 370/377). Unterstellt man zunächst (sa. Rdnr. 179), dass die weitergehende (bestimmungsgemäße) **Abrufbarkeit umfangreicherer Buchinhalte** aus dem **Partner-Programm** (so. Rdnr. 173) durch die Zustimmung verfügungsberechtigter Verlage gedeckt ist, dürfte **sachrechtlich** eine Berufung auf eine Verletzung **deutscher Urheberrechte** durch das Google Book Search-Projekt in seiner herkömmlichen Form nicht ganz aussichtslos sein: Bibliographische Daten sind zwar urheberrechtlich nicht geschützt, das Zugänglichmachen kurzer Textschnipsel um einen Suchbegriff herum ist aber durch den EuGH GRUR 2009, 1041/1044 f. – Infopaq/DDF, in auch für die deutschen Gerichte verbindlicher Richtlinienauslegung als mögliche Urheberrechtsverletzung qualifiziert worden (zur Beurteilung nach **U.S.-amerikanischem Recht**, insbes. unter dem Aspekt des „fair use", s. *Ott*, GRUR Int. 2007, 562/566 ff.; *Kubis* ZUM 2006, 370/372 ff.). 177

Die internationalrechtliche Rechtslage unter dem **Amended Settlement Agreement** ist insofern eine andere, als sie, sollte das Agreement gerichtlich endgültig genehmigt werden, zunächst **für die USA** im Rahmen der Reichweite des Agreement (so. Rdnr. 174–176) als ge- 178

Vor §§ 120ff. Vorbemerkung

klärt zu beurteilen wäre, und zwar im Sinne der **Vereinbarkeit** der sogar noch erweiterten Nutzungsmöglichkeiten von Google in Bezug auf vergriffene Bücher (so. Rdnr. 175) mit dem **U. S.-amerikanischen Urheberrecht** und quasi mit **Normwirkung** auch gegenüber Rechtsinhabern, die an dem betr. Verfahren nicht beteiligt waren und von der Möglichkeit des Opt Out (so. Rdnr. 175) keinen Gebrauch gemacht haben. Dies gilt auch für **ausländische Rechtsinhaber**, weil das Settlement Agreement Gültigkeit für jedermann beansprucht, der in den USA über ein einschlägiges „Urheberrechtsinteresse" (Copyright Interest) verfügt, im Falle von Ausländern auf der Grundlage internationaler Abkommen der USA. Es lässt sich derzeit kaum abschätzen, ob und inwieweit der zuständige New Yorker District Court (so. Rdnr. 173) bei seiner Entscheidung über eine endgültige Genehmigung des Settlement Agreement auch **konventionsrechtliche Fragen** aufgreifen und berücksichtigen wird. In Betracht kommt insoweit vor allem die Frage, ob das Settlement Agreement mit dem sog. **Dreistufentest** nach Art. 9 Abs. 2 RBÜ und Art. 13 TRIPS (so. Rdnr. 16/23 und 45/47) vereinbar ist. Darüber hinaus dürfte das genehmigte, quasi-normative Settlement Agreement deshalb gegen das **Formverbot** des Art. 5 Abs. 2 S. 1 RBÜ/Art. 9 Abs. 1 TRIPS (so. Rdnr. 16/18 und 45/47) verstoßen, weil es den Bestand und die Ausübung von in den USA bestehenden Rechten konventionsgeschützter Rechtsinhaber davon abhängig macht, das ein **Opt Out** in bestimmter Form und Frist beantragt wurde (so. Rdnr. 173). Es gilt insoweit nichts anderes als für den **Widerspruch des Urhebers** nach § 1371 Abs. 1 S. 1, 2, Abs. 2 des deutschen Rechts (s. dazu dort Rdnr. 25). Diese Fragen könnten gegebenenfalls durch ein **Streitbeilegungsverfahren** gegen die USA nach Art. 64 TRIPS geklärt werden. Deutschland dürfte dabei allerdings keine guten Karten in der Hand haben, mutet es doch mit seinem § 1371 den Urhebern als den primären Inhabern des Urheberrechts in Sachen Retrodigitalisierung kaum weniger zu als das Google Settlement Agreement (s. dazu die Kommentierung des § 137 l). Und manchen Urheber verbindet mit dem Verlag als Nutznießer des § 1371 kaum mehr als mit Google, zB in Fällen jahrzehntelang vergriffener Werke und von Verlagen, die inzwischen mitsamt Verlagsrechten ohne seine Zustimmung (s. § 34 Abs. 3) von Medienkonzernen aufgekauft wurden. In Bezug auf die **Rechtslage in Deutschland** gibt es unter dem Settlement Agreement **kaum eine Änderung**, weil die Abrufmöglichkeit von Deutschland aus aufgrund der in dem Agreement vorgesehenen Zugangsbeschränkungen auf die USA nicht erweitert werden. Neu ist allenfalls die Beurteilung von Umgehungen dieser Beschränkungen und ihrer Zurechnung gegenüber Google (s. dazu Rdnr. 145 und § 1371 Rdnr. 39). Unberührt bleiben auch Klagemöglichkeiten deutscher Rechteinhaber wegen Verletzung deutscher Urheberrechte, weil das Settlement Agreement sich auch insoweit auf die USA beschränkt (so. Rdnr. 175).

179 Betrachtet man zuletzt das **Partner-Programm** im Rahmen des Google Book Search-Projekts (so. Rdnr. 173/176), so steht und fällt die Beurteilung der dort vorgesehenen Nutzungen Googles als mit dem Urheberrecht vereinbar oder nicht vereinbar aus deutscher Sicht mit der entsprechenden **Verfügungsbefugnis der deutschen Verlage** als Google-Partnern. Sie können im Zeitraum von 1966 bis 2007 einschließlich im Hinblick auf den inzwischen aufgehobenen § 31 Abs. 4 (s. § 1371 Rdnr. 1/22) entsprechende digitale Nutzungsrechte durch Berücksichtigung in ihren **Verlagsverträgen** oder durch **Nacherwerb** für Deutschland **erst seit** Bekanntwerden dieser Nutzungsart etwa im Jahre **1995** (s. *Kubis* ZUM 2006, 370/371; *Schack*[4] Rdnr. 551) erworben haben, für eine Gestattung der Nutzung durch Google in den USA **nicht** aber dadurch, dass der **Urheber es versäumt** hat, **nach § 1371 Abs. 1 S. 2/3, Abs. 2 Widerspruch** einzulegen, weil § 1371 eine Übertragungsfiktion zugunsten eines Verlags nur für das deutsche Recht statuiert (s. dort Rdnr. 24). Ein weiteres Hindernis für eine volle Nutzung der von Google im Rahmen des Partner-Programms offerierten Möglichkeiten nicht nur, aber auch für deutsche Verlage könnte sich daraus ergeben, dass die Nutzung von Textseiten aus urheberrechtlich geschützten Werken für die **Zuschaltung von Werbung** genutzt werden soll (so. Rdnr. 176). Zumindest je nach Art der Werbung könnten damit persönlichkeitsrechtliche Interessen der Urheber tangiert werden (§ 14 UrhG). Des Weiteren werden Verlage damit rechnen müssen, dass Urhebern **Ansprüche auf Beteiligung an den über Google erzielten Einnahmen** zustehen, und zwar auch aus Werbung unter Nutzung ihrer Werke als Plattform (§ 32 Abs. 1 UrhG). Diese Ansprüche sind keine solchen nach § 1371 Abs. 5 und müssen daher auch nicht, könnten aber gegebenenfalls durch eine Verwertungsgesellschaft wahrgenommen werden.

Abschnitt 1. Anwendungsbereich des Gesetzes

Unterabschnitt 1. Urheberrecht

§ 120 Deutsche Staatsangehörige und Staatsangehörige anderer EU-Staaten und EWR-Staaten

(1) ¹Deutsche Staatsangehörige genießen den urheberrechtlichen Schutz für alle ihre Werke, gleichviel, ob und wo die Werke erschienen sind. ²Ist ein Werk von Miturhebern (§ 8) geschaffen, so genügt es, wenn ein Miturheber deutscher Staatsangehöriger ist.

(2) Deutschen Staatsangehörigen stehen gleich:
1. Deutsche im Sinne des Artikels 116 Abs. 1 des Grundgesetzes, die nicht die deutsche Staatsangehörigkeit besitzen, und
2. Staatsangehörige eines anderen Mitgliedstaates der Europäischen Union oder eines anderen Vertragsstaates des Abkommens über den Europäischen Wirtschaftsraum.

Schrifttum: *Braun, Th.,* Das Diskriminierungsverbot des Art. 7 Abs. 1 EWGV und das internationale Urheber- und Leistungsschutzrecht, IPRax 1994, 263; *Dietz,* Die Schutzdauer-Richtlinie der EU, GRUR Int. 1995, 670; *Dittrich,* Staatsbürgerschaft und Urheberrechtsschutz, ÖBl. 1970, 116; *Firsching,* Der Schutz der ausübenden Künstler aus europäischer Perspektive im Hinblick auf das „Phil Collins"-Urteil des Europäischen Gerichtshofs, UFITA 133 (1997), 131; *Flechsig/Klett,* Europäische Union und europäischer Urheberschutz, ZUM 1994, 685; *dies.,* Diskriminierungsverbot und Europäisches Urheberrecht – Unmöglichkeit absoluter Gerechtigkeit, ZUM 2002, 732; *Gaster,* Anmerkungen aus Arbeitsdokument der Kommissionsdienststellen über die Folgen des Phil-Collins-Urteils des EuGH für den Bereich des Urheberrechts und der Leistungsschutzrechte, ZUM 1996, 261; *Karnell,* Wer liebt Phil Collins?, GRUR Int. 1994, 733; *Katzenberger,* Wechsel der Anknüpfungspunkte im deutschen und internationalen Urheberrecht, GRUR Int. 1973, 274; *ders.,* Internationalrechtliche Probleme der Durchsetzung des Folgerechts ausländischer Urheber von Werken der bildenden Künste, IPRax 1983, 158; *Klett,* Puccini und kein Ende – Anwendung des europäischen Diskriminierungsverbots auf vor 1925 verstorbene Urheber?, GRUR Int. 2001, 810; *Kreile, J.,* Das Dritte Gesetz zur Änderung des Urheberrechtsgesetzes, WiB 1995, 706; *Loef/Verweyen,* „One more Night" – Überlegungen zum abgeleiteten fremdenrechtlichen Filmherstellerschutz, ZUM 2007, 706; *Loewenheim,* Der Schutz ausübender Künstler aus anderen Mitgliedstaaten der Europäischen Gemeinschaft im deutschen Urheberrecht, GRUR Int. 1993, 105; *ders.,* Gemeinschaftsrechtliches Diskriminierungsverbot und nationales Urheberrecht, NJW 1994, 1046; *Mestmäcker,* Schutz der ausübenden Künstler und EWG-Diskriminierungsverbot, GRUR 1993, 532; *Nirk/Hülsmann,* Urheberrechtsschutz aufgrund des gemeinschaftsrechtlichen Diskriminierungsverbotes?, Fs. für Piper, 1996, S. 725; *Nordemann,* Das dritte Urheberrechts-Änderungsgesetz, NJW 1995, 2534; *Rhein,* Phil Collins und das Dritte Gesetz zur Änderung des Urheberrechtsgesetzes, Fs. für Piper, 1996, S. 755; *Schack,* Schutzfristenchaos im europäischen Urheberrecht, GRUR Int. 1995, 310; *Schaefer,* Für EG-Bürger führen viele Wege nach Rom, GRUR 1992, 424; *Ullmann,* Die Europäische Union und das nationale Wettbewerbs- und Urheberrecht, JZ 1994, 928; s. im Übrigen die Schrifttumsnachweise vor §§ 120 ff. und zu § 125.

Übersicht

	Rdnr.
1. Systematische Stellung, Entstehungsgeschichte und Bedeutung der Bestimmung	1
2. Schutz aller Werke von Urhebern mit deutscher Staatsangehörigkeit	2
3. Gleichstellung von Deutschen iSd. Art. 116 Abs. 1 GG	3
4. Gleichstellung von Staatsangehörigen anderer EU- und EWR-Staaten	4–9
5. Maßgeblichkeit der Staatsangehörigkeit des Urhebers, nicht des Rechtsnachfolgers	10
6. Miturheber, Urheber verbundener Werke, von Sammelwerken und Bearbeitungen, Filmurheber	11, 12
7. Deutsche Staatsangehörige, Angehörige der ehemaligen DDR, Deutsche iSd. Art. 116 Abs. 1 GG	13–16
8. Mehrfache Staatsangehörigkeit	17
9. Wechsel der Staatsangehörigkeit	18, 19

1. Systematische Stellung, Entstehungsgeschichte und Bedeutung der Bestimmung

S. dazu vor §§ 120 ff. Rdnr. 2 ff. **1**

2. Schutz aller Werke von Urhebern mit deutscher Staatsangehörigkeit

Gemäß § 120 Abs. 1 S. 1 genießen **deutsche Staatsangehörige** den Schutz durch das UrhG **2**
für **alle ihre Werke.** Darauf, ob das Werk eines deutschen Urhebers unveröffentlicht, veröffentlicht oder erschienen ist (s. § 6) und ob die erste Veröffentlichung oder das erste Erscheinen im Inland oder im Ausland geschehen sind, kommt es ebenso wenig an wie darauf, ob der Urheber

§ 120 Deutsche, EU- und EWR-Staatsangehörige

das Werk im Inland oder im Ausland geschaffen hat (BTDrucks. IV/270 S. 111 zu § 130, jetzt § 120, zu nicht oder im Ausland erschienenen Werken; *Dittrich* ÖBl. 1970, 116; *v. Gamm* Rdnr. 3; *Möhring/Nicolini*² Rdnr. 2/16; *Schack*⁴ Rdnr. 809). Näheres zur deutschen Staatsangehörigkeit s. unter Rdnr. 13.

3. Gleichstellung von Deutschen iSd. Art. 116 Abs. 1 GG

3   Urhebern mit deutscher Staatsangehörigkeit sind bereits seit der ursprünglichen Fassung des § 120 Abs. 2 mit Rücksicht auf Art. 116 Abs. 1 GG solche Urheber gleichgestellt, die zwar nicht die deutsche Staatsangehörigkeit besitzen, wohl aber Deutsche iS dieser Bestimmung des Grundgesetzes sind (s. jetzt § 120 Abs. 2 Nr. 1). Darüber, wer zu diesem Personenkreis gehört, s. Rdnr. 14.

4. Gleichstellung von Staatsangehörigen anderer EU-Staaten und EWR-Staaten

4   Urhebern mit deutscher Staatsangehörigkeit sind ferner solche Urheber gleichgestellt, die **Staatsangehörige anderer EU-Staaten oder EWR-Staaten** sind (§ 120 Abs. 2 Nr. 2; zu den Anforderungen an den Nachweis einer solchen Staatsangehörigkeit s. OLG Köln GRUR-RR 2005, 75 – Queen). Dies ist im Anschluss an das Phil Collins-Urteil des EuGH vom 20. 10. 1993 (s. vor §§ 120 ff. Rdnr. 3) durch das 3. UrhGÄndG vom 23. 6. 1995 klargestellt worden (s. auch dazu vor §§ 120 ff. Rdnr. 3). Das Phil Collins-Urteil des EuGH hatte zwar unmittelbar nur die Rechtsstellung ausübender Künstler im Rahmen von § 125 zum Gegenstand (s. dort Rdnr. 8), das Gericht hatte aber in den Entscheidungsgründen bereits selbst angenommen, dass das Verbot der Diskriminierung aus Gründen der Staatsangehörigkeit nach Art. 7 Abs. 1 EWG-Vertrag (jetzt Art. 12 EG, davor Art. 6 Abs. 1 EG-Vertrag; sa. Art. 4 EWR-Abkommen) auch für das Urheberrecht im engeren Sinne gilt (s. EuGH Slg. 1993, 5171/5177/5182 Nr. 14, 33, 35 – Collins/Imtrat). Davon gehen auch die deutschen Gerichte aus (s. BGHZ 129, 66/69 f. – Mauerbilder; zur irrtümlichen kollisionsrechtlichen Deutung des Art. 6 Abs. 1 EG-Vertrag in diesem Urteil s. vor §§ 120 ff. Rdnr. 125; s. ferner BGH GRUR 2000, 1020/1021 – La Bohème; OLG Frankfurt/M GRUR Int. 1995, 337/338 – Eileen Gray II – sowie GRUR Int. 1997, 1006/1007 f. – Puccini II).

5   Diese Rechtslage gilt jedenfalls in Deutschland **unmittelbar** auf Grund der erwähnten europäischen Vorschriften (s. Rdnr. 4; BGHZ 125, 382/387 f./393 – Rolling Stones; BGH GRUR Int. 1995, 503/504 – Cliff Richard II). Das EuGH-Urteil selbst nimmt für sich unmittelbare Geltung vor den nationalen Gerichten generell in Anspruch (s. EuGH Slg. 1993, 5171/5182 Nr. 34 f. – Collins/Imtrat; zur Auffassung der EG-Kommission s. *Gaster* ZUM 1996, 261/265). Darüber hinaus kommt jedenfalls Art. 12 EG und Art. 6 EG-Vertrag **Vorrang** zu, weil die §§ 120 aF ff., die nach § 143 Abs. 2 am 1. 1. 1966 in Kraft getreten sind, ihnen gegenüber keinen Vorrang als jüngere Normen beanspruchen können (s. BGHZ 125, 382/393 – Rolling Stones). Art. 4 des EWR-Abkommens, ua. für die Bundesrepublik Deutschland am 1. 1. 1994 in Kraft getreten (s. BGBl. 1994 II S. 515), ist seinerseits im Vergleich mit §§ 120 aF ff. das jüngere Gesetz, jedoch soll ihm ohnehin dieselbe unmittelbare und vorrangige Wirkung zukommen wie Art. 12 EG und Art. 6 EG-Vertrag (s. zum Ergebnis *Gaster* ZUM 1996, 261/270 f.). **§ 120 Abs. 2 Nr. 2** hat danach nur **klarstellende Bedeutung** (s. dazu auch vor §§ 120 ff. Rdnr. 3 mit Hinweis auf die aA von *Schack*).

6   Dem Phil Collins-Urteil des EuGH kommt außerdem **Rückwirkung auf früher entstandene Rechtsverhältnisse** aus dem Zeitraum zwischen Inkrafttreten des EWG- bzw. EG-Vertrags (s. dazu Rdnr. 5) und dem Erlass des Urteils am 23. 10. 1993 zu; im entschiedenen Fall handelte es sich um die ungenehmigte Tonträgerauswertung von künstlerischen Darbietungen aus den Jahren 1958, 1959 und 1983 (s. zum Ergebnis BGHZ 125, 382/393 – Rolling Stones – zu Tonträgeraufnahmen aus den Jahren 1964 und 1965 sowie Verletzungshandlungen ab 1989; BGH GRUR Int. 1995, 503/504 f. – Cliff Richard II – zu Darbietungen aus den Jahren 1958 und 1959 und bis in das Jahr 1985 zurückreichenden Verletzungshandlungen; BGH GRUR 1999, 49 – Bruce Springsteen and his Band: CD-Verwertung eines Konzertmitschnitts vom 5. 6. 1992; sa. *Gaster* ZUM 1996, 261/266). Eine Beschränkung dieser Rückwirkung hätte vom EuGH selbst ausgesprochen werden müssen, was aber nicht geschehen ist (s. BGHZ 125, 382/393 f. – Rolling Stones; BGH GRUR Int. 1995, 503/504 f. – Cliff Richard II; *Gaster* ZUM 1996, 261/266). In Bezug auf die später beigetretenen Mitgliedstaaten der EU gilt das Diskriminierungsverbot des Art. 12 EG (Art. 6 EG-Vertrag, Art. 7 EWG-Vertrag) jeweils vom

Zeitpunkt des Inkrafttretens des Beitritts an. Das EWR-Abkommen ist erst nach Erlass des Phil Collins-Urteils in Kraft getreten (s. Rdnr. 5).

Aus dieser Art der Rückwirkung des EuGH-Urteils können sich **Unzuträglichkeiten für** **gutgläubige Verwerter** vermeintlich nicht geschützter ausländischer Werke und Leistungen ergeben. Dies gilt insb. unter dem Aspekt, dass die Bedeutung des gemeinschaftsrechtlichen Diskriminierungsverbots für den internationalen Schutz von Urheber- und Leistungsschutzrechten über Jahrzehnte hin unerkannt geblieben war, Oberlandesgerichte das Verbot noch zu Beginn der 90er Jahre in einschlägigen Fällen unbeachtet ließen (s. OLG Hamburg GRUR Int. 1992, 390 – Tonträgersampling, Rolling Stones Live in Atlantic City – sowie ZUM 1991, 545 – Rolling Stones Live in Basel; OLG München ZUM 1991, 540 – U 2) und selbst der BGH in seinem Vorlagebeschluss vom 25. 6. 1992 (GRUR 1992, 845/847 – Cliff Richard I) der Auffassung zuneigte, dass das Verbot auf Urheber- und Leistungsschutzrechte nicht anwendbar sei (sa. OLG Frankfurt/M GRUR Int. 1993, 702 – Bruce Springsteen – sowie GRUR Int. 1993, 872 – Beatles). Solchen Unzuträglichkeiten ist mit den Mitteln des nationalen Rechts zu begegnen (s. *Gaster* ZUM 1996, 261/266). Der BGH hat sich zu entsprechenden Anspruchsbeschränkungen in Bezug auf Eingriffshandlungen seit 1989 jedoch nicht veranlasst gesehen (s. BGHZ 125, 382/394 – Rolling Stones) und die Frage in Bezug auf Verletzungshandlungen seit 1985 offengelassen (s. BGH GRUR Int. 1995, 503/505 – Cliff Richard II). Für Rechtsverletzungen im Jahre 1993 noch vor Erlass des Phil Collins-Urteils wurde der Verletzerin zwar vom OLG Frankfurt/M ZUM 1996, 697/700 f. – Yellow Submarine – ein entschuldbarer Rechtsirrtum zugebilligt, der Schadensersatzansprüche ausschließt. Der BGH (GRUR 1998, 568/569 – Beatles-Doppel-CD; sa. ergänzend BGH GRUR 1999, 49/51 f. – Bruce Springsteen and his Band) ist dem aber nicht gefolgt, weil im Verletzungszeitpunkt bereits die Vorlagebeschlüsse des LG München I vom 4. 3. 1992 – Phil Collins (Hinwcis in GRUR Int. 1992, 404) und des BGH vom 25. 6. 1992 (GRUR 1992, 845 – Cliff Richard I) vorlagen, die Entscheidung des EuGH somit unmittelbar bevorstand und die Frage auch im Schrifttum bereits kontrovers erörtert wurde (s. *Schaefer* GRUR 1992, 424 ff. und *Mestmäcker* GRUR Int. 1993, 532 ff. einerseits, *Loewenheim* GRUR Int. 1993, 105 ff. andererseits).

Das Diskriminierungsverbot des Art. 12 Abs. 1 EG (Art. 6 Abs. 1 EG-Vertrag, Art. 7 Abs. 1 EWG-Vertrag) und Art. 4 EWR-Abkommen erstreckt sich auch auf **Werke und Leistungen** **aus der Zeit vor Inkrafttreten des Verbots,** dem Verbot kommt daher auch in diesem Sinne Rückwirkung zu. Dies ergibt sich bereits unmittelbar aus dem Phil Collins-Urteil des EuGH selbst sowie der Folgeentscheidung des BGH im Fall des Briten Cliff Richard zu dessen Darbietungen aus dem Jahre 1958 und 1959 (s. Rdnr. 6), obwohl der Beitritt Großbritanniens erst am 1. 1. 1973 in Kraft getreten ist (s. BGBl. 1973 II S. 175). Dasselbe gilt für den Fall der britischen Gruppe Rolling Stones und deren Darbietungen aus den Jahren 1964 und 1965 (s. Rdnr. 6). Auf dem Gebiet des Urheberrechts im engeren Sinne geht das OLG Frankfurt/M im Fall Eileen Gray II (GRUR Int. 1995, 337/338) ohne weiteres von dieser Rechtslage sogar in Bezug auf einen Beistelltisch als Werk der angewandten Kunst iSd. § 2 Abs. 1 Nr. 4 aus, der von der bekannten Designerin nach Angabe des OLG Karlsruhe (GRUR 1994, 283 – Eileen Gray I) bereits im Jahre 1927 entworfen worden war. Nach einer Entscheidung ebenfalls des OLG Frankfurt/M (GRUR Int. 1997, 1006/1008 – Puccini II) unterfallen dem gemeinschaftsrechtlichen Diskriminierungsverbot sogar **Werke von vor Inkrafttreten des EG- bzw. EWG-Vertrags** **verstorbenen Urhebern,** die wie der 1924 verstorbene italienische Komponist *Giacomo Puccini* Staatsangehörige eines (späteren) Mitgliedstaates waren. Im Revisionsverfahren gegen dieses Urteil hat der BGH (GRUR 2000, 1020/1021 – La Bohème) die Frage als zweifelhaft dem EuGH zur Vorabentscheidung vorgelegt. Dieser hat mit Urteil vom 6. 6. 2002 (Slg. 2002 I, 5104/5113 f. = GRUR 2002, 689/690 – Ricordi) die Rechtsauffassung des OLG Frankfurt/M bestätigt.

Das gemeinschaftsrechtliche Diskriminierungsverbot gilt des Weiteren **umfassend.** Es bezieht sich nicht nur auf die **Begründung des Schutzes,** über die in den Fällen Phil Collins, Cliff Richard, Rolling Stones, Beatles, Bruce Springsteen und Puccini zu entscheiden war (s. Rdnr. 3 ff.), sondern auch auf jegliche andere Ungleichbehandlung EU- und EWR-angehöriger Urheber gegenüber deutschen Urhebern. Es ist daher insb. unzulässig, auf Werke EU- oder EWR-angehöriger Urheber den **Vergleich der Schutzfristen** nach Art. 7 Abs. 8 RBÜ (Pariser Fassung; s. dazu vor §§ 120 ff. Rdnr. 19, 48) anzuwenden (s. dazu EuGH Slg. 2002 I, 5104/5114 = GRUR 2002, 689/690 – Ricordi; OLG Frankfurt/M GRUR Int. 1997, 1006/ 1007 f. – Puccini II; *Dietz* GRUR Int. 1995, 670/683 mwN; *Gaster* ZUM 1996, 261/271; *Loewenheim* NJW 1994, 1046/1048; aA *Flechsig/Klett* ZUM 1994, 685/687). Inzwischen hat

§ 120

zwar die Harmonisierung der Schutzdauer des Urheberrechts und der verwandten Schutzrechte durch die europäische Schutzdauerrichtlinie (s. dazu § 64 Rdnr. 13 ff.) die Frage des Vergleichs der Schutzfristen im Verhältnis der EU- und EWR-Staaten untereinander in den Hintergrund treten lassen, jedoch hat hierbei das Verbot dieses Vergleichs übergangsrechtlich zu einer sofortigen breiten Harmonisierung auf dem hohen Niveau der Schutzdauer nach der Richtlinie geführt (s. § 64 Rdnr. 42). In Bezug auf Angehörige anderer EU- und EWR-Staaten ausgeschlossen ist es auch, das **Folgerecht** gemäß § 121 Abs. 5 und Art. 14ter Abs. 2 RBÜ Pariser Fassung von der Gewährleistung der Gegenseitigkeit abhängig zu machen (s. § 121 Rdnr. 14). Dasselbe gilt für den in Art. 2 Abs. 7 S. 2 RBÜ vorgesehenen Ausschluss des Urheberrechtsschutzes für **Werke der angewandten Kunst** zu Lasten von Angehörigen der EU- und EWR-Staaten für den Fall, dass solche Werke in ihrem Ursprungsland nur als Muster und Modelle geschützt werden (s. EuGH GRUR Int. 2005, 816/818 f. – TOD's; OLG Frankfurt/M GRUR Int. 1995, 337/338 – Eileen Gray II; sa. bereits die Erwägungen des OLG Karlsruhe GRUR 1994, 283/285 – Eileen Gray I; *Gaster* ZUM 1996, 261/273 mit einer weiteren „schwarzen Liste" unvollständiger Gleichstellung europäisch-ausländischer Urheber und Leistungsschutzberechtigter in den Mitgliedstaaten; *Rhein*, Fs. für Piper, S. 755/763).

5. Maßgeblichkeit der Staatsangehörigkeit des Urhebers, nicht des Rechtsnachfolgers

10   Voraussetzung für den uneingeschränkten Urheberrechtsschutz nach § 120 ist, dass der **Urheber** die Staatsangehörigkeit Deutschlands oder eines anderen EU-oder EWR-Staates besitzt bzw. Deutscher iSd. Art. 116 Abs. 1 GG ist. Auf die Staatsangehörigkeit der Erben des Urhebers oder der Erwerber von Nutzungsrechten kommt es nicht an; deren Staatsangehörigkeit vermag den Schutz weder auszuschließen noch zu begründen (s. die AmtlBegr. BTDrucks. IV/270 S. 111 zu § 130, jetzt § 120; BGH GRUR 2002, 1020/1021 f. – La Bohème; OLG Frankfurt/M GRUR 1998, 47/49 – La Bohème; *Dittrich* ÖBl. 1970, 116; *Fromm/Nordemann*[10] Rdnr. 5; *v. Gamm* Rdnr. 4; *Möhring/Nicolini*[2] Rdnr. 8; *Schack*[4] Rdnr. 809).

6. Miturheber, Urheber verbundener Werke, von Sammelwerken und Bearbeitungen, Filmurheber

11   Wie § 120 Abs. 1 S. 2 ausdrücklich bestimmt, genügt es für den uneingeschränkten Schutz eines in **Miturheberschaft** (§ 8) geschaffenen Werkes, dass **einer der Miturheber** die erforderliche Staatsangehörigkeit besitzt. Dies war von der hM auch für das frühere Recht angenommen worden (s. BTDrucks. IV/270 S. 112 zu § 130, jetzt § 120; *Ulmer*[2] § 33 IV). Besitzt sie ein Miturheber, so ist das Werk insgesamt geschützt und auch der andere, einem Drittstaat angehörende oder staatenlose Miturheber kann sich auf diesen Schutz berufen, ohne dass es darauf ankäme, dass er als Alleinurheber den Schutz durch das UrhG gemäß §§ 121–123 beanspruchen könnte (ebenso *Dreier/Schulze*[3] Rdnr. 10 *Fromm/Nordemann*[10] Rdnr. 13; *Möhring/Nicolini*[2] Rdnr. 18).

12   Bei **Werkverbindungen** iSd. § 9 behalten die verbundenen Werke ihre Selbstständigkeit (s. § 9 Rdnr. 1, 4 ff.). Daraus folgt, dass die Schutzvoraussetzungen unter dem Gesichtspunkt der §§ 120 ff. für jedes dieser Werke gesondert zu prüfen sind. Wird ein Werk eines deutschen, EU- oder EWR-Urhebers mit einem Werk eines Drittstaaten-Urhebers iSd. § 9 verbunden, so ist das Erstere nach § 120 geschützt, der Schutz des Letzteren hängt davon ab, ob eine der Schutzvoraussetzungen der §§ 121, 123 gegeben ist (sa. *v. Gamm* Rdnr. 4; *Dreier/Schulze*[11] Rdnr. 11; *Möhring/Nicolini*[2] Rdnr. 19; *Schack*[4] Rdnr. 809). Bei **Bearbeitungen** iSd. § 3 ist zwischen der Bearbeitung und dem bearbeiteten Werk zu unterscheiden (s. § 3 Rdnr. 1 f., 5 ff., 10 f.). Demgemäß ist eine Bearbeitung nach § 120 geschützt, wenn der Bearbeiter die erforderliche Staatsangehörigkeit besitzt; auf die Staatsangehörigkeit des Urhebers des bearbeiteten Werkes und auf dessen Schutz nach §§ 120 ff. kommt es nicht an (sa. § 3 Rdnr. 11; zum Ergebnis *v. Gamm* Rdnr. 4; *Dreier/Schulze*[3] Rdnr. 12; *Möhring/Nicolini*[2] Rdnr. 19; *Schack*[4] Rdnr. 809). Gleiches gilt für **Sammelwerke** iSd. § 4, bei denen ebenfalls zwischen dem Schutz des Sammelwerks als solchen und demjenigen der Beiträge unterschieden werden muss (s. § 4 Rdnr. 3, 22 ff., 27). Ein Sammelwerk als solches genießt den Schutz des UrhG nach § 120, wenn sein Urheber Deutscher ist oder einem EU- oder EWR-Staat angehört, und zwar unabhängig davon, welche Nationalität die Urheber der in das Sammelwerk aufgenommenen Werke besitzen (sa. *v. Gamm* Rdnr. 11; *Dreier/Schulze*[3] Rdnr. 13; *Möhring/Nicolini*[2] Rdnr. 19). Für **Filmwerke** und deren Schutz gilt grundsätzlich das zur Miturheberschaft Gesagte (s. Rdnr. 11). Für die Anwendung des § 120 Abs. 1 S. 2 ist es daher von Bedeutung, wie weit man den Kreis der Filmmiturheber zieht

(s. dazu vor §§ 88ff. Rdnr. 57ff., 65ff.). In Bezug auf das Verhältnis zwischen Filmwerk und verfilmten vorbestehenden Werken (s. vor §§ 88ff. Rdnr. 59, 64) gelten in jedem Fall die Grundsätze für Bearbeitungen.

7. Deutsche Staatsangehörige, Angehörige der ehemaligen DDR, Deutsche iSd. Art. 116 Abs. 1 GG

a) **Gesetzliche Grundlagen** für die **Beurteilung von Erwerb oder Verlust der deutschen Staatsangehörigkeit** sind Art. 16, 116 GG und das Reichs- und Staatsangehörigkeitsgesetz vom 22. 7. 1913 (RGBl. 1913 S. 586) mit seinen zahlreichen Änderungen und Ergänzungen (jetzt: Staatsangehörigkeitsgesetz, bereinigte Fassung in BGBl. III, Gliederungsnr. 102–1). 13

Für **frühere deutsche Staatsangehörige**, denen zwischen dem 30. 1. 1933 und dem 8. 5. 1945 die **Staatsangehörigkeit aus politischen, rassischen oder religiösen Gründen** entzogen worden ist, und deren Abkömmlinge sieht **Art. 116 Abs. 2 GG** vor, dass sie auf Antrag wieder einzubürgern sind. Sie gelten nur dann als nicht ausgebürgert, wenn sie nach dem 8. 5. 1945 ihren Wohnsitz in Deutschland genommen und nicht einen entgegengesetzten Willen zum Ausdruck gebracht haben. Diese Regelung, die es vermeiden will, den während der Herrschaft der Nationalsozialisten Ausgebürgerten die deutsche Staatsangehörigkeit aufzudrängen, gilt nach BVerfGE 54, 53/68ff. auch für Ausbürgerungen zB durch die 11. Verordnung zum Reichsbürgergesetz vom 25. 11. 1941 (RGBl. 1941 I S. 722), die wegen ihres krassen Widerspruchs zu fundamentalen Rechtsprinzipien nach heutiger Rechtsanschauung von Anfang an nichtig war. Sie gilt aber nicht für Personen, die den 8. 5. 1945 nicht überlebt haben, es sei denn, sie hätten zu erkennen gegeben, dass sie die deutsche Staatsangehörigkeit aufgeben wollten (BVerfGE 23, 98/111f.), und richtiger Ansicht nach auch nicht für Ausgebürgerte, die zwischen dem 8. 5. 1945 und dem 23. 5. 1949, dem Tag des Inkrafttretens des Grundgesetzes, gestorben sind (*Mann*, Fs. für Coing, Band 2, 1982, S. 323/332; str., s. *v. Münch*, Grundgesetz-Kommentar, 2. Aufl. 1983, Art. 116 GG Rdnr. 21ff.; zutreffend noch weitergehend *Fromm/Nordemann*[10] Rdnr. 8, die eine Berufung der Erben auf die deutsche Staatsangehörigkeit des Urhebers auch dann noch zulassen, wenn dieser wegen seines Todes die deutsche Staatsangehörigkeit nicht innerhalb angemessener Zeit nach Inkrafttreten des Grundgesetzes gemäß Art. 116 Abs. 2 GG wiedererwerben konnte). Zu weiteren Einzelheiten betreffend die Wiedereinbürgerung nach Art. 116 Abs. 2 GG s. *Schmidt-Bleibtreu/Klein*, Kommentar zum GG, 8. Aufl. 1995, Art. 116 Rdnr. 4ff. 14

b) **Vor der deutschen Wiedervereinigung** am 3. 10. 1990 waren die **Angehörigen der ehemaligen DDR** aus der Sicht der Bundesrepublik Deutschland **deutsche Staatsangehörige** iSd. Art. 16, 116 GG (BVerfGE 36, 1/29ff.). Der Urheberrechtsschutz ihrer Werke in der Bundesrepublik folgte demzufolge aus § 120 Abs. 1, nicht aus einem Staatsvertrag iVm. § 121 Abs. 4, obwohl die Bundesrepublik mit Bekanntmachung vom 19. 12. 1974 (BGBl. 1975 II S. 159) anerkannt hatte, dass zwischen ihr und der DDR seit dem 24. 11. 1972 vertragliche Beziehungen auf der Grundlage der RBÜ (s. zu dieser vor §§ 120ff. Rdnr. 41ff.) bestanden (s. hierzu und zu weiteren Einzelheiten die 1. Auflage vor §§ 120ff. Rdnr. 38ff.). **Mit der deutschen Wiedervereinigung** hat sich daher an der deutschen Staatsangehörigkeit der Bürger der ehemaligen DDR nichts geändert. S. im Übrigen zu den Folgen der deutschen Wiedervereinigung für das Urheberrecht und die verwandten Schutzrechte vor §§ 120ff. Rdnr. 24ff. 15

c) **Deutsche iSd. Art. 116 Abs. 1 GG**, die nicht die deutsche Staatsangehörigkeit besitzen und nach § 120 Abs. 2 Nr. 1 deutschen Staatsangehörigen in Bezug auf den Schutz durch das UrhG gleichgestellt sind, sind solche **Flüchtlinge oder Vertriebenen deutscher Volkszugehörigkeit** und deren Ehegatten und Abkömmlinge, die im Gebiet des Deutschen Reiches nach dem Stand vom 31. 12. 1937 Aufnahme gefunden haben. Maßgeblich ist die gesetzliche Definition des „Vertriebenen" in § 1 des Gesetzes über die Angelegenheiten der Vertriebenen und Flüchtlinge (Bundesvertriebenengesetz) vom 19. 5. 1953 (BGBl. I S. 201) (s. dazu mwN und Angaben *Schmidt-Bleibtreu/Klein*, Kommentar zum Grundgesetz, 8. Aufl. 1995, Art. 116 Rdnr. 2f.). **Österreicher** haben zwar im Jahre 1938 auf Grund des „Anschlusses" Österreichs an das Deutsche Reich die deutsche Staatsangehörigkeit erworben, und zwar unabhängig von der Frage der Vereinbarkeit dieses „Anschlusses" mit dem Völkerrecht (BVerfGE 4, 322/325), und mit Wirkung vom 27. 4. 1945 wieder verloren (BVerfGE 4, 322/326f.; § 1 S. 2 des Zweiten Gesetzes zur Regelung von Fragen der Staatsangehörigkeit vom 17. 5. 1956, BGBl. I S. 431; sa. OLG München GRUR 1990, 446/447 – Josefine Mutzenbacher), sie sind aber nicht Deutsche iSd. Art. 116 Abs. 1 GG. Die zeitweise deutsche Staatsangehörigkeit österreichischer Urheber hat den deut- 16 schen Urheberrechtsschutz für alle ihre Werke begründet, die sie bis zum Verlust der deutschen Staatsangehörigkeit im Jahre 1945 geschaffen haben; daran hat sich dann auch durch diesen Verlust nichts geändert (s. öOGH GRUR Int. 2005, 335/336f. – Die Puppenfee, zu einem Film eines österreichischen Regisseurs aus dem Jahre 1936; sa. Rdnr. 18/19). Seit dem Beitritt Österreichs zur EG sind in Deutschland alle Werke österreichischer Urheber, auch solcher, die vor diesem Zeitpunkt gestorben sind, den Werken deutscher Urheber völlig gleichgestellt (s. Rdnr. 4ff.).

8. Mehrfache Staatsangehörigkeit

17   Besitzt ein Urheber mit deutscher Staatsangehörigkeit auch noch eine weitere Staatsangehörigkeit, so steht dies dem Schutz seiner Werke nach § 120 nicht entgegen (*Fromm/Nordemann*[10] Rdnr. 5; *Möhring/Nicolini*[2] Rdnr. 7). Dasselbe muss für Angehörige anderer EU- und EWR-Staaten gelten. Zur Frage, ob ein solcher Urheber sich nach § 121 Abs. 4 auch auf die urheberrechtlichen Staatsverträge berufen kann, s. § 121 Rdnr. 12.

9. Wechsel der Staatsangehörigkeit

18   Erwirbt ein Urheber die **deutsche Staatsangehörigkeit nachträglich,** dh. erst im Laufe seines Lebens und nachdem er bereits Werke geschaffen hat, so erlangt er dadurch die volle Rechtsstellung eines deutschen Urhebers iSv. § 120, und zwar sowohl für alle **nach** als auch für alle **vor** Erwerb der deutschen Staatsangehörigkeit geschaffenen Werke (BGH GRUR 1973, 602 – Kandinsky III; OLG München GRUR 1990, 446/447 – Josefine Mutzenbacher; *Dittrich* ÖBl. 1970, 116/117; *Fromm/Nordemann*[10] Rdnr. 6; *v. Gamm* Rdnr. 5; *Katzenberger* GRUR Int. 1973, 274/278f. mwN und IPRax 1983, 158/161; *Möhring/Nicolini*[2] Rdnr. 1; *Schack*[4] Rdnr. 810). War ein solches Werk vor Erwerb der deutschen Staatsangehörigkeit durch den Urheber schutzlos, weil auch keine der Schutzvoraussetzungen der §§ 121–123 gegeben war, und hat ein Verwerter das Werk im Vertrauen auf diese Schutzlosigkeit verwertet, so ist zu seinen Gunsten § 136 entsprechend anzuwenden (*Katzenberger* GRUR Int. 1973, 274/278; ähnlich *Fromm/Nordemann*[10] Rdnr. 6 unter Berufung auf § 242 BGB; wie hier *Schack*[4] Rdnr. 810; *Möhring/Nicolini*[2] Rdnr. 10; aA *Dittrich* ÖBl. 1970, 116/117; *v. Gamm* Rdnr. 5). Für **Angehörige anderer EU- und EWR-Staaten** muss wiederum dasselbe gelten.

19   Ein **nachträglicher Verlust der deutschen Staatsangehörigkeit** hat zwar zur Folge, dass die **nach** diesem Zeitpunkt geschaffenen Werke des Urhebers nur noch nach Maßgabe der §§ 121–123 geschützt sein können, für die **vor** diesem Zeitpunkt geschaffenen Werke geht der nach § 120 begründete Schutz damit aber nicht verloren (BGH GRUR 1982, 308/310 – Kunsthändler; OLG München GRUR 1990, 446/447 – Josefine Mutzenbacher; *Fromm/Nordemann*[10] Rdnr. 7; *v. Gamm* Rdnr. 5; *Katzenberger* GRUR Int. 1973, 274/279 und IPRax 1983, 158/161; *Schack*[4] Rdnr. 810; aA *Dittrich* ÖBl. 1970, 116/117; *Möhring/Nicolini*[2] Rdnr. 11). Es reicht für den Schutz nach § 120 daher aus, wenn der Urheber **entweder im Zeitpunkt der Schöpfung** des Werkes **oder in demjenigen der Rechtsverletzung** deutscher Staatsangehöriger ist. Da es auf die deutsche Staatsangehörigkeit nur des Urhebers, nicht diejenige seines Rechtsnachfolgers ankommt (s. Rdnr. 3), sind alle Werke des Urhebers nach § 120 geschützt, wenn dieser **im Zeitpunkt seines Todes** deutscher Staatsangehöriger war. Dasselbe gilt für **Angehörige anderer EU- und EWR-Staaten.**

§ 121 Ausländische Staatsangehörige

(1) [1]**Ausländische Staatsangehörige genießen den urheberrechtlichen Schutz für ihre im Geltungsbereich dieses Gesetzes erschienenen Werke, es sei denn, daß das Werk oder eine Übersetzung des Werkes früher als dreißig Tage vor dem Erscheinen im Geltungsbereich dieses Gesetzes außerhalb dieses Gebietes erschienen ist.** [2]**Mit der gleichen Einschränkung genießen ausländische Staatsangehörige den Schutz auch für solche Werke, die im Geltungsbereich dieses Gesetzes nur in Übersetzung erschienen sind.**

(2) **Den im Geltungsbereich dieses Gesetzes erschienenen Werken im Sinne des Absatzes 1 werden die Werke der bildenden Künste gleichgestellt, die mit einem Grundstück im Geltungsbereich dieses Gesetzes fest verbunden sind.**

(3) **Der Schutz nach Absatz 1 kann durch Rechtsverordnung des Bundesministers der Justiz für ausländische Staatsangehörige beschränkt werden, die keinem Mitgliedstaat der**

Berner Übereinkunft zum Schutze von Werken der Literatur und der Kunst angehören und zur Zeit des Erscheinens des Werkes weder im Geltungsbereich dieses Gesetzes noch in einem anderen Mitgliedstaat ihren Wohnsitz haben, wenn der Staat, dem sie angehören, deutschen Staatsangehörigen für ihre Werke keinen genügenden Schutz gewährt.

(4) ¹Im übrigen genießen ausländische Staatsangehörige den urheberrechtlichen Schutz nach Inhalt der Staatsverträge. ²Bestehen keine Staatsverträge, so besteht für solche Werke urheberrechtlicher Schutz, soweit in dem Staat, dem der Urheber angehört, nach einer Bekanntmachung des Bundesministers der Justiz im Bundesgesetzblatt deutsche Staatsangehörige für ihre Werke einen entsprechenden Schutz genießen.

(5) Das Folgerecht (§ 26) steht ausländischen Staatsangehörigen nur zu, wenn der Staat, dem sie angehören, nach einer Bekanntmachung des Bundesministers der Justiz im Bundesgesetzblatt deutschen Staatsangehörigen ein entsprechendes Recht gewährt.

(6) Den Schutz nach den §§ 12 bis 14 genießen ausländische Staatsangehörige für alle ihre Werke, auch wenn die Voraussetzungen der Absätze 1 bis 5 nicht vorliegen.

Schrifttum: *Becker*, Warum sollten bildende Künstler in Europa am Wiederverkauf ihrer Werke beteiligt werden?, IFO-Schnelldienst 30/94; *dies.*, Das Folgerecht der bildenden Künstler, 1995; *Beseler*, Die Harmonisierung des Urheberrechts aus europäischer Sicht, ZUM 1995, 437; *Braun, Th.*, Joseph Beuys und das deutsche Folgerecht bei ausländischen Kunstauktionen, IPRax 1995, 227; *Ehrler*, Das Folgerecht/Le Droit de Suite. Eine rechtsvergleichende Untersuchung im Lichte des europäischen Rechts, 2001; *Flechsig*, Die Bedeutung der urheberrechtsgesetzlichen Übergangsbestimmungen für den Urheberschutz ausländischer Werke, GRUR Int. 1981, 760; *Gamerith*, Gedanken zur Harmonisierung des Folgerechts in der EG, Fs. für Dittrich, 2000, S. 71; *Gaster*, Harmonisierung des Folgerechts?, Fs. für Dittrich, 2000, S. 91; *Heinz*, Das sogenannte Folgerecht („droit de suite") als künftige europaweite Regelung? – Zur Theorie des urheberrechtlichen Eigentums –, GRUR 1998, 786; *Ibbotson*, Droit de suite – Why the EC Directive Should be Supported, Copyright World Sept. 1996, 21; *Katzenberger*, Das Folgerecht im internationalen Urheberrecht, UFITA 85 (1979) 39; *ders.*, Internationalrechtliche Probleme der Durchsetzung des Folgerechts ausländischer Urheber von Werken der bildenden Künste, IPRax 1983, 158; *ders.*, Harmonisierung des Folgerechts in Europa, GRUR Int. 1997, 309; *ders.*, Richtlinie 2001/84/EG des Europäischen Parlaments und des Rates vom 27. September 2001 über das Folgerecht des Urhebers des Original eines Kunstwerks, Einführung, in *Möhring/Schulze/Ulmer/Zweigert*, Quellen des Urheberrechts, Loseblatt 1962ff., 52. Lfg. 2003, Europ. GemeinschaftsR/II/7; *ders.*, Die europäische Richtlinie über das Folgerecht, GRUR Int. 2004, 20; *ders.*, Neues zum Folgerecht bei Auslandsbezug, Fs. für Schricker, 2005, S. 377; *Lehmann*, Die Folgerechts-Richtlinie: Eine Einführung, KUR 2001, 130; *Löhr*, Gegenseitigkeit zu Frankreich im Folgerecht (§ 26 UrhG), GRUR 1976, 478; *Merryman*, The Wrath of Robert Rauschenberg, UFITA 124 (1994) 199; *ders.*, The Proposed Generalisation of the Droit de Suite in the European Communities, (1997) Intellectual Property Quarterly (IPQ) No. 1, 16; *Neumann*, The Berne Convention and Droit de Suite Legislation in the United States – Domestic and International Consequences of Federal Incorporation of State Law for Treaty Implementation, 23 IIC (1992) 45; *Nordemann*, Das Verhältnis der Regelung des Art. 14ter RBÜ über das Folgerecht zum deutschen Recht, UFITA 80 (1977) 21; *Pfennig*, Das Folgerecht in der Europäischen Union, Fs. für Kreile, 1994, S. 491; *ders.*, Stellungnahme zum Vorschlag für eine Richtlinie des Europäischen Parlaments und des Rates zur Harmonisierung des Folgerechts der Mitgliedstaaten, ZUM 1996, 777; *ders.*, The resale right of artists (droit de suite), Copyright bulletin XXXI No. 3 (1997) 20; *ders.*, Die Harmonisierung des Folgerechts in der EU, ZUM 2002, 195; *v. Rauscher auf Weeg*, Nochmals: Zur Schutzdauer von Werken Giacomo Puccini's in der Bundesrepublik Deutschland, FuR 1981, 393; *ders.*, Die Schutzdauer von Werken Giacomo Puccinis in der Bundesrepublik Deutschland, UFITA 92 (1981) 24; *Rehbinder*, Die Schutzdauer für Puccini-Opern in der Bundesrepublik Deutschland und in Österreich, FuR 1981, 286; *Schack*, Rechtsprobleme der Online-Übermittlung, GRUR 2007, 639; *Schmidt-Werthern*, Die Richtlinie über das Folgerecht des Originals eines Kunstwerks, 2003; *Schmidtchen/Kirstein*, Die EU-Richtlinie zum Folgerecht – Eine ökonomische Gesetzesfolgenanalyse, GRUR 2002, 860; *Schmidtchen/Kobold/Kirstein*, Rechtsvereinheitlichung beim „droit de suite"? Ökonomische Analyse des Richtlinienentwurfs der Europäischen Kommission, Fs. für Fikentscher, 1998, S. 774; *Schneider-Brodtmann*, Das Folgerecht des bildenden Künstlers im europäischen und internationalen Urheberrecht, 1996; *ders.*, Joseph Beuys und die Folgen, KUR 2004, 147; *Schulze, G.*, Zählt die DDR rückwirkend zum Geltungsbereich des Urheberrechtsgesetzes?, GRUR 1991, 731; *Schwarz*, Die Einführung des Folgerechts in Österreich, MR 1997, 210; *Sieger*, Die Schutzdauer für Puccini-Opern in der Bundesrepublik Deutschland und in Österreich, FuR 1981, 289; *Smith*, Droit de Suite. The Case Against the Initiative of the European Commission, Copyright World Sept. 1996, 25; *Ulmer*, Das Folgerecht und seine Qualifikation im internationalen Urheberrecht, RabelsZ 1973, 499; *ders.*, Das Folgerecht im internationalen Urheberrecht, GRUR 1974, 593; *ders.*, Zur Schutzdauer ausländischer Werke in der Bundesrepublik Deutschland und in Österreich, GRUR Int. 1983, 109; *Walter*, Das Folgerecht im Recht der Berner Übereinkunft, Zeitschrift für Rechtsvergleichung (ZfRV) 1973, 110; *ders.*, Das Folgerecht und seine Harmonisierung in Europa, in *Reichelt* (Hrsg.), Neues Recht zum Schutz von Kulturgut, 1997, S. 95. *ders.*, Folgerecht-Richtlinie (Gemeinsamer Standpunkt), in *Walter* (Hrsg.), Europäisches Urheberrecht Kommentar, 2001, S. 959. S. im Übrigen die Schrifttumsnachweise vor §§ 120ff. und zu § 120.

Übersicht

	Rdnr.
1. Entstehungsgeschichte, Bedeutung und systematische Stellung der Bestimmung. Ausländische Staatsangehörige	1
2. Systematik und zeitlicher Anwendungsbereich der Bestimmung	2, 3
3. Schutz ausländischer Werke auf Grund ersten Erscheinens im Geltungsbereich des UrhG (§ 121 Abs. 1)	4–7

§ 121 Ausländische Staatsangehörige

Rdnr.

4. Schutz ausländischer, mit einem inländischen Grundstück verbundener Werke der bildenden Künste (§ 121 Abs. 2) 8, 9
5. Möglichkeit der Beschränkung des Schutzes durch Rechtsverordnung (§ 121 Abs. 3) 10
6. Schutz ausländischer Werke nach Inhalt der Staatsverträge oder bei Gewährleistung der Gegenseitigkeit (§ 121 Abs. 4) 11–13
7. Folgerecht ausländischer Urheber (§ 121 Abs. 5) 14–20
   a) Rechtsstellung von Staatsangehörigen anderer EU- und EWR-Staaten. Harmonisierung des Folgerechts in Europa 14, 15
   b) Die Regelung des § 121 Abs. 5 .... 16, 17
   c) Verhältnis des § 121 Abs. 5 zur RBÜ in der Brüsseler und Pariser Fassung und zu TRIPS . 18
   d) Verhältnis des § 121 Abs. 5 zu den älteren Fassungen der RBÜ und zum WUA 19
   e) Anerkennung des Folgerechts im Ausland 20
8. Urheberpersönlichkeitsrechtlicher Schutz ausländischer Urheber (§ 121 Abs. 6) 21

1. Entstehungsgeschichte, Bedeutung und systematische Stellung der Bestimmung. Ausländische Staatsangehörige

1 Zur Entstehungsgeschichte, Bedeutung und systematischen Stellung der Bestimmung s. vor §§ 120 ff. Rdnr. 2 ff. Nach dem dort unter Rdnr. 3 Gesagten sind **ausländische Staatsangehörige** iSd. § 121 nur Staatsangehörige von Staaten, die nicht Mitgliedstaaten der EU oder Vertragsstaaten des EWR-Abkommens sind. § 121 regelt daher nur die Rechtsstellung der **Staatsangehörigen von Drittstaaten.** Angehörige von EU- oder EWR-Staaten sind nach § 120 Abs. 2 Nr. 2 deutschen Staatsangehörigen völlig gleichgestellt (s. § 120 Rdnr. 4 ff.).

2. Systematik und zeitlicher Anwendungsbereich des § 121

2 a) § 121 bestimmt in seinen **Abs. 1, 2 und 4** die **allgemeinen Alternativen,** nach denen Werken ausländischer Urheber der Schutz durch das UrhG zukommt. **Abs. 1 und 2** bezeichnen dabei die Fälle, in denen dieser Schutz solchen Werken bereits auf Grund des **deutschen Fremdenrechts** und **ohne jede Einschränkung** gewährt wird. Es handelt sich hierbei um den Schutz von Werken ausländischer Urheber, die erstmals im Geltungsbereich des UrhG erschienen sind (Abs. 1), sowie um den Schutz von Werken der bildenden Künste ausländischer Urheber, die fest mit einem inländischen Grundstück verbunden sind (Abs. 2). Daneben verweist Abs. 4 auf den **Inhalt der Staatsverträge,** aus dem sich auch ein eingeschränkter Schutz insb. iSd. Schutzfristenvergleichs (s. vor §§ 120 ff. Rdnr. 19, 48, 69, 133) ergeben kann, sowie auf die Fälle, in denen nach einer Bekanntmachung des Bundesministers der Justiz die **Gegenseitigkeit des Schutzes gewährleistet** ist. Im Verhältnis zueinander sind diese **Schutzalternativen rechtlich unabhängig, selbständig und gleichberechtigt.** Daher schließt insb. der Schutz eines Werkes durch einen Staatsvertrag gemäß Abs. 4 eine Berufung auf den Schutz desselben Werkes nach Abs. 1 bei Vorliegen von dessen Voraussetzungen nicht aus (BGHZ 95, 229/231 – Puccini; KG Berlin Schulze KGZ 90 S. 9 – Alexander Skriabin II; OLG Frankfurt/M GRUR 1994, 49/51 – Mackintosh-Möbel –, GRUR Int. 1997, 1006/1007 – Puccini II; *Flechsig* GRUR Int. 1981, 760 f.; *Möhring/Nicolini*[2] Rdnr. 4/19; *Rehbinder* FuR 1981, 286; *Sieger* FuR 1981, 289 f.; *Ulmer* GRUR Int. 1983, 109 f.; aA *v. Rauscher auf Weeg* UFITA 92 [1982] 1 f. und FuR 1981, 393/394). Lediglich in **faktischer Hinsicht** kommt dem Schutz ausländischer Werke über § 121 Abs. 4 und die urheberrechtlichen Konventionen wesentlich größere Bedeutung zu als dem Schutz nach § 121 Abs. 1 und 2 (s. dazu *Fromm/Nordemann*[10] Rdnr. 1; LG München I GRUR Int. 1983, 114/115 – Tosca). **§ 121 Abs. 3** ermöglicht es, den aus § 121 Abs. 1 folgenden Schutz der Angehörigen ausländischer Staaten, die deutschen Urhebern keinen genügenden Schutz gewähren, im Wege der **Retorsion** zu beschränken. **§ 121 Abs. 5** enthält eine **Sonderregelung über das Folgerecht** ausländischer Urheber und **§ 121 Abs. 6** eine **spezielle Regelung über die urheberpersönlichkeitsrechtlichen Befugnisse,** die ausländischen Urhebern in jedem Falle zustehen.

3 b) Im **Vergleich mit dem früheren Recht** (s. vor §§ 120 ff. Rdnr. 8 ff.) enthält § 121 **Abs. 1** in Anlehnung an die Regelung in der RBÜ (s. vor §§ 120 ff. Rdnr. 46) eine **Erleichterung für die Erreichbarkeit des inländischen Urheberrechtsschutzes** ausländischer Werke, die darin besteht, dass dem erstmaligen Erscheinen eines solchen Werkes im Inland das inländische Erscheinen innerhalb von 30 Tagen seit dem erstmaligen Erscheinen im Ausland gleichgestellt ist. Auch die Regelung in § 121 **Abs. 2** über den Schutz von ausländischen Werken der bildenden Künste, die mit inländischen Grundstücken fest verbunden sind, ist nach dem Vorbild der RBÜ neu geschaffen worden (s. zu beiden Abs. die AmtlBegr.

BTDrucks. IV/270 S. 112 zu § 131, jetzt § 121). Beide Bestimmungen haben die Entstehung inländischer Urheberrechte zum Gegenstand, ihre Anwendung auf vor Inkrafttreten des UrhG am 1. 1. 1966 (§ 143 Abs. 2) liegende Sachverhalte, dh. in Deutschland erschienene bzw. hier mit einem Grundstück fest verbundene Werke, hätte zur Folge, dass bis zu diesem Zeitpunkt unter dem Gesichtspunkt des Fremdenrechts schutzlose Werke nachträglich den Schutz erlangt hätten, was insb. das Vertrauen inländischer Verwerter auf den Fortbestand der Schutzlosigkeit enttäuschen müsste. Darüber hinaus ergäbe sich bei einer solchen Rückwirkung der Bestimmungen ein Beurteilungsproblem hinsichtlich der unterschiedlichen territorialen Ausdehnung des früheren Deutschen Reiches und des nunmehrigen Geltungsbereichs des UrhG. Daher gilt, dass **§ 121 Abs. 1 und 2 auf vor Inkrafttreten des UrhG erschienene** oder **im Inland mit einem Grundstück verbundene Werke nicht anwendbar ist**. Die Entstehung des inländischen Schutzes für ältere ausländische Werke richtet sich vielmehr nach den betreffenden früher geltenden Bestimmungen, dh. §§ 55 LUG von 1901 und 51 Abs. 2 KUG von 1907, §§ 61 LUG von 1870 und 20 Abs. 2 KUG von 1876; das Fortbestehen eines so begründeten Schutzes unter dem UrhG gewährleistet § 129 (s. BGHZ 95, 229/232ff. – Puccini –, dort S. 237 sowie vor §§ 120ff. Rdnr. 46 zur Rechtslage nach der RBÜ; KG Berlin Schulze KGZ 90 S. 9f. – Alexander Skriabin II; OLG Frankfurt/M 1006/1007 – Puccini II; *Flechsig* GRUR Int. 1981, 760/763; *Ulmer* GRUR Int. 1983, 109/110; *Möhring/Nicolini*[2] Rdnr. 11; aA *Rehbinder* FuR 1981, 286ff.; *Sieger* FuR 1981, 289/291, jeweils zu § 121 Abs. 1; sa. § 129 Rdnr. 12). Nicht ausgeschlossen ist dadurch aber, dass ein älteres, **vor 1966 nicht erschienenes** bzw. nicht mit einem inländischen Grundstück verbundenes und im Inland schutzloses ausländisches Werk den inländischen Schutz nachträglich dadurch erwirbt, dass es **später die Voraussetzungen des § 121 Abs. 1 oder 2 erfüllt** (s. *Ulmer* GRUR Int. 1983, 109/110 zu § 121 Abs. 1).

§ 121 Abs. 1 ist auch nicht auf Werke ausländischer Urheber anzuwenden, die **vor dem Zusammenbruch des Deutschen Reiches** im Jahre 1945 **auf dem Gebiet der ehemaligen DDR**, etwa in Leipzig, erstmals erschienen sind. Der Schutz solcher Werke wurde gemäß §§ 55 LUG von 1901, 51 Abs. 2 KUG von 1907 durch das erstmalige Erscheinen „im Inland", dh. im Deutschen Reich, begründet (zu noch früher ersterschienenen Werken s. §§ 61 Abs. 2 LUG von 1870, 20 Abs. 2 KUG von 1876). Waren solche Werke bei Inkrafttreten des UrhG noch geschützt, so kamen sie gemäß § 129 Abs. 1 auch in den Genuss der durch das UrhG auf 70 Jahre post mortem auctoris verlängerten Schutzfrist (LG Berlin ZUM 1988, 139/140f. – Alexander Skriabin I – im Anschluss an *Ulmer* GRUR Int. 1983, 109/110; KG Berlin Schulze KGZ 90 S. 7ff. – Alexander Skriabin II; beide Entscheidungen zu musikalischen Kompositionen, die zwischen 1892 und 1922 erstmals in Leipzig erschienen sind; Revision vom BGH durch Beschluss vom 22. 2. 1990 I ZR 95/89 nicht angenommen). Es liegt in der Konsequenz der Rechtsauffassung vom Fortbestand des Deutschen Reiches auch nach 1945 (s. zB BVerfGE 36, 1/15ff.) sowie der Anwendbarkeit der §§ 55 LUG und 51 Abs. 2 KUG, anzunehmen, dass Gleiches auch für Werke ausländischer Urheber gilt, die **nach 1945 bis zum Inkrafttreten des UrhG** am 1. 1. 1966 (§ 143 Abs. 2) und Außerkrafttreten des LUG und KUG (§ 141 Nr. 3, 5) **auf dem Gebiet der ehemaligen DDR** erstmals erschienen sind (s. *Ulmer* GRUR Int. 1983, 109/111). Werke ausländischer Urheber, die im **Zeitraum zwischen dem 1. 1. 1966 und dem Tag der deutschen Wiedervereinigung** am 3. 10. 1990 (s. vor §§ 120ff. Rdnr. 25) **in der ehemaligen DDR erstmals erschienen** sind, haben Urheberrechtsschutz in der Bundesrepublik Deutschland ebenfalls nicht auf Grund § 121 Abs. 1 (und auch nicht auf Grund §§ 55 LUG, 51 Abs. 2 KUG) erworben, weil diese Bestimmung das erste Erscheinen „im Geltungsbereich dieses Gesetzes" verlangt, der Geltungsbereich des UrhG in dieser Zeit aber auf die Bundesrepublik und West-Berlin als Land Berlin iSd. § 142) beschränkt war. Der Schutz solcher Werke in der Bundesrepublik folgte vielmehr aus § 121 Abs. 4 iVm. der RBÜ (s. zu dieser vor §§ 120ff. Rdnr. 41ff.; zur Geltung der RBÜ auch im Verhältnis zwischen der Bundesrepublik und der ehemaligen DDR s. § 120 Rdnr. 15). Es kann auch nicht angenommen werden, dass als Folge der deutschen Wiedervereinigung das Gebiet der ehemaligen DDR rückwirkend zum Geltungsbereich des UrhG zählt (s. vor §§ 120ff. Rdnr. 34; aA *Schulze* GRUR 1991, 731/736). Erst **seit dem Tag der deutschen Wiedervereinigung** zählen auch die neuen Bundesländer zum Geltungsbereich des UrhG (s. vor §§ 120ff. Rdnr. 25). Auf Werke ausländischer Urheber, die **seit dem 3. 10. 1990 in den neuen Bundesländern erstmals erschienen** sind, ist § 121 Abs. 1 daher anzuwenden.

3. Schutz ausländischer Werke auf Grund ersten Erscheinens im Geltungsbereich des UrhG (§ 121 Abs. 1)

5   a) **Werke ausländischer Urheber** sind nach **§ 121 Abs. 1 S. 1** geschützt, wenn sie **im Geltungsbereich des UrhG,** dh. in der Bundesrepublik Deutschland (Näheres unter Rdnr. 3f.), **erstmals** oder innerhalb von 30 Tagen nach dem erstmaligen Erscheinen des Werkes oder einer Übersetzung des Werkes im Ausland **erschienen** sind. Für den **Begriff des Erscheinens** gilt die Legaldefinition in § 6 Abs. 2 (s. § 6 Rdnr. 29 ff.). Die Anforderungen an das Erscheinen hinsichtlich der Merkmale des Angebots an die Öffentlichkeit oder des Inverkehrbringens einer genügenden Anzahl von Vervielfältigungsstücken müssen **im Inland** erfüllt sein; zur Frage des Erfordernisses eines inländischen Vertriebsmittelpunktes s. § 6 Rdnr. 44. Dieses Erfordernis kann entgegen *Fromm/Nordemann*[10] Rdnr. 10 nicht unter Hinweis auf BGH GRUR 1980, 227/229f. – Monumenta Germaniae Historica – generell verneint werden, da diese Entscheidung nicht die Frage des Erscheinens, sondern diejenige der Verletzung des Verbreitungsrechts durch Import betrifft (s. vor §§ 120ff. Rdnr. 137). Dem Erscheinen im Inland steht es nicht entgegen, wenn die betreffenden Vervielfältigungsstücke **im Ausland hergestellt** wurden (s. § 6 Rdnr. 44; *Fromm/Nordemann*[10] Rdnr. 10; *Möhring/Nicolini*[2] Rdnr. 12; *Dreier/Schulze*[3] Rdnr. 3; *Wandtke/Bullinger*[3] Rdnr. 2). Da es um die Anwendung der deutschen Bestimmung des § 121 Abs. 1 geht, ist § 6 Abs. 2 auch der Beurteilung der Frage zugrunde zulegen, ob ein Werk oder eine Übersetzung des Werkes vor dem Erscheinen im Inland bereits im Ausland erschienen ist (ebenso *v. Gamm* Rdnr. 3; *Möhring/Nicolini*[2] Rdnr. 14). Bei Anwendung des früheren Rechts (s. Rdnr. 3f.) müssen die **Zeitpunkte des Erscheinens im In- und Ausland** uU auf den Tag genau bewiesen und festgestellt werden (s. § 6 Rdnr. 43; lehrreich insoweit insb. OLG München GRUR 1983, 295/297f. – Oper Tosca; vom BGH GRUR 1986, 69/71 (2b aa) – Puccini –, insoweit in BGHZ 95, 229/237 nicht abgedruckt, bestätigt). Die nunmehr in § 121 Abs. 1 S. 1 eingeräumte **30-Tage-Frist** bringt hier eine Erleichterung.

6   b) Gemäß **§ 121 Abs. 1 S. 2** gilt das unter Rdnr. 5 Gesagte in gleicher Weise für Werke, die **im Inland nicht im Original, sondern nur in Übersetzung erschienen** sind (s. dazu BGHZ 141, 267/271 – Laras Tochter). Diese Regelung entspricht derjenigen in § 55 Abs. 2 LUG von 1901 sowie der Deutung, nach der ein Werk auch in Form einer Bearbeitung erscheinen kann (s. § 6 Rdnr. 45). Sie findet eine weitere Entsprechung in der Bestimmung des § 121 Abs. 1 S. 1, nach der das erstmalige Erscheinen einer Übersetzung des Werkes im Ausland der fremdenrechtlichen Begründung des inländischen Urheberrechtsschutzes für dieses Werk entgegenstehen kann. Beide Regelungen gelten aber **nicht** für **andere Bearbeitungen** eines Werkes als Übersetzungen (s. dazu § 3 Rdnr. 1ff.; zum Ergebnis auch *Möhring/Nicolini*[2] Rdnr. 16; aA *Dreier/Schulze*[3] Rdnr. 3).

7   c) Sind die Voraussetzungen des § 121 Abs. 1 erfüllt, so ist das betreffende ausländische Werk **in vollem Umfang,** einschließlich der Schutzdauer, **nach inländischem Recht geschützt;** es steht dem Werk eines deutschen Urhebers in jeder Hinsicht gleich und ist völlig unabhängig vom Schutz des Werkes im Heimatstaat des Urhebers (s. auch *Möhring/Nicolini*[2] Rdnr. 8; vgl. dagegen zum konventionsrechtlichen Schutz vor §§ 120ff. Rdnr. 19, 48, 65, 133). Dies erklärt auch das Anliegen des Schutzes nach § 121 Abs. 1 (und Abs. 2) neben dem Schutz nach § 121 Abs. 4 (s. Rdnr. 2).

4. Schutz ausländischer, mit einem inländischen Grundstück verbundener Werke der bildenden Künste (§ 121 Abs. 2)

8   Gemäß **§ 121 Abs. 2** werden den im Geltungsbereich des UrhG erschienenen Werken iSd. § 121 Abs. 1 diejenigen **Werke der bildenden Künste** gleichgestellt, die **mit einem inländischen Grundstück fest verbunden** sind. Diese Bestimmung entspricht Art. 4 lit. b RBÜ (Stockholmer und Pariser Fassung) und ist Art. 4 Abs. 5 S. 2 der Brüsseler Fassung der RBÜ (Art. 5 Abs. 4 lit. c, ii der Stockholmer und Pariser Fassung) nachgebildet (vgl. die AmtlBegr. BTDrucks. IV/270 S. 112 zu § 131, jetzt § 121), wobei allerdings übersehen wurde, dass diese Vorschrift nur die Bestimmung des Ursprungslandes eines Werkes betrifft und keinen selbstständigen Anknüpfungspunkt des Schutzes begründet (s. *Ulmer/Reimer* GRUR Int. 1967, 431/467 mwN; *Nordemann/Vinck/Hertin* RBÜ Art. 3/Art. 4 Rdnr. 10). Zum **Begriff der Werke der bildenden Künste** s. § 2 Rdnr. 133ff. Beispiele solcher Werke, denen nach § 121 Abs. 2 Schutz zukommen kann, sind Werke der Baukunst (s. § 2 Rdnr. 151ff.) sowie mit einem inländischen Bauwerk fest verbundene Fresken, Mosaiken, Reliefs und Skulpturen (s. § 2 Rdnr. 146,

§ 26 Rdnr. 23). Eine **feste Verbindung** wird nach allgM (vgl. *Fromm/Nordemann*[10] Rdnr. 13; *v. Gamm* Rdnr. 3; *Möhring/Nicolini*[2] Rdnr. 17; *Wandtke/Bullinger*[3] Rdnr. 3) nur bejaht, wenn das Werk iSd. §§ 93, 94 BGB wesentlicher Bestandteil eines Grundstücks oder Gebäudes ist, dh. davon ohne Zerstörung oder Veränderung in seinem Wesen nicht getrennt werden kann. Im Hinblick auf die Deutung des Art. 4 lit. b RBÜ (Stockholmer und Pariser Fassung; s. dazu *Ulmer/Reimer* GRUR Int. 1967, 431/467) wird man aber auch eine sonstige dauerhafte, feste Verbindung, wie bei Kirchenfenstern oder Statuen üblich, genügen lassen müssen (ebenso *Dreier/Schulze*[3] Rdnr. 4; *Fromm/Nordemann*[10] Rdnr. 13; *Wandtke/Bullinger*[3] Rdnr. 3). **Verliert** das Werk später seine **feste Verbindung** mit dem Grundstück, wie zB eine Bemalung der Berliner Mauer durch deren Abbruch, so ändert dies an dem einmal begründeten Schutz nichts (so im Ergebnis BGH GRUR 2007, 691/692 – Staatsgeschenk).

Gleichstellung mit einem im Inland iSd. § 121 Abs. 1 erschienenen Werk bedeutet, dass das Werk entsprechend der Regelung in § 121 Abs. 1 S. 1 nicht früher als 30 Tage vor der Vornahme der festen Verbindung mit einem inländischen Grundstück oder Gebäude im Ausland erschienen sein darf, sei es in Form von Abbildungen oder gemäß § 6 Abs. 2 S. 2 (s. dazu § 6 Rdnr. 47ff.; wie hier *Möhring/Nicolini*[2] Rdnr. 17; aA wohl *Fromm/Nordemann*[10] Rdnr. 13). Sinngemäß und entsprechend der Deutung des Art. 4 lit. b RBÜ (Stockholmer und Pariser Fassung; s. *Ulmer/Reimer* GRUR Int. 1967, 431/467; *Nordemann/Vinck/Hertin* RBÜ Art. 3/Art. 4 Rdnr. 10) ist darüber hinaus zu fordern, dass es sich bei dem mit einem inländischen Grundstück oder Gebäude fest verbundenen Gegenstand um das **Original** handelt (s. zu diesem Begriff im Urheberrecht § 26 Rdnr. 25ff.). 9

5. Möglichkeit der Beschränkung des Schutzes durch Rechtsverordnung (§ 121 Abs. 3)

Als weitere Neuerung gegenüber dem früher geltenden Recht eröffnet **§ 121 Abs. 3** die Möglichkeit, den Schutz von Werken ausländischer Staatsangehöriger gemäß § 121 Abs. 1 im Wege der **Retorsion** einzuschränken, wenn diese keinem Verbandsland, in § 121 Abs. 3 Vertragsstaat genannt, der Berner Union angehören, zurzeit des Erscheinens des Werkes weder im Geltungsbereich des UrhG, noch in einem anderen Verbandsland der Berner Union ihren Wohnsitz haben und wenn der Staat, dem sie angehören, deutschen Staatsangehörigen für ihre Werke keinen genügenden Schutz gewährt. Die Vorschrift ist Art. 6 Abs. 2 RBÜ (Brüsseler Fassung, Art. 6 Abs. 1 der Stockholmer und Pariser Fassung) nachgebildet (s. die AmtlBegr. BTDrucks. IV/270 S. 112 zu § 131, jetzt § 121), der die Rechtsgrundlage für entsprechende Maßnahmen gegen Angehörige eines Verbandslandes der Berner Union enthält. Möglich ist sowohl ein **völliger Ausschluss** als auch eine **bloße Beschränkung des Schutzes** (so auch *Möhring/Nicolini* Anm. 8). Anstelle der Ausübung des Retorsionsrechts durch ein Gesetz ist in § 121 Abs. 3 eine bloße **Verordnung des Bundesministers der Justiz** vorgesehen, um auf Schutzdefizite zu Lasten deutscher Urheber in ausländischen Staaten möglichst rasch reagieren und dadurch einen Druck auf den betreffenden Staat ausüben zu können (so die AmtlBegr. BTDrucks. IV/270 S. 112 zu § 131, jetzt § 121). Von der Möglichkeit des § 121 Abs. 3 ist bisher nicht Gebrauch gemacht worden. 10

6. Schutz ausländischer Werke nach Inhalt der Staatsverträge oder bei Gewährleistung der Gegenseitigkeit (§ 121 Abs. 4)

a) **§ 121 Abs. 4 S. 1** stellt klar (s. vor §§ 120 ff. Rdnr. 10), dass Werke ausländischer Staatsangehöriger „im Übrigen", dh. wenn der Schutz nicht schon nach § 121 Abs. 1 oder 2 gegeben ist, **nach Inhalt der Staatsverträge** geschützt sind, die für die Bundesrepublik Deutschland verbindlich sind (zum Verhältnis des Schutzes nach Abs. 1 und 2 zu dem nach Abs. 4 s. Rdnr. 2). Im Einzelnen handelt es sich bei diesen Staatsverträgen um das **TRIPS-Übereinkommen (TRIPS)**, die **Revidierte Berner Übereinkunft (RBÜ)** und das **Welturheberrechtsabkommen (WUA)**, unter denen in der Praxis des internationalen Urheberrechtsschutzes den beiden erstgenannten überragende Bedeutung zukommt, sowie um die **Übereinkunft von Montevideo** und eine Reihe **zweiseitiger Staatsverträge** von praktisch geringerem Gewicht, in Zukunft auch um den **WIPO-Urheberrechtsvertrag (WCT)**. Zu den Grundsätzen dieser internationalen Verträge und ihrer Anwendung ist auf die Ausführungen vor §§ 120ff. Rdnr. 13–23, 39 und 41–74 zu verweisen. Der deutsche Gesetzgeber konnte in diesem Zusammenhang anlässlich der Umsetzung der europäischen Schutzdauerrichtlinie (s. zu dieser § 64 Rdnr. 13ff.) darauf verzichten, gemäß deren Art. 7 Abs. 1 die **Durchführung des Vergleichs** 11

der Schutzfristen anzuordnen (s. § 64 Rdnr. 32), da dieser in Deutschland bei Anwendung von TRIPS, RBÜ und WUA ohnedies praktiziert wird (s. § 140 Rdnr. 1 f.; zum Verzicht auf eine Regelung bei Umsetzung der Schutzdauerrichtlinie s. die AmtlBegr. BTDrucks. 13/781 S. 11).

12 b) Der Urheberrechtsschutz auf Grund der internationalen Verträge kann in Ausnahmefällen weiter reichen als derjenige durch das UrhG (s. vor §§ 120 ff. Rdnr. 118; BTDrucks. IV/270 S. 112 zu § 130, jetzt § 120). **Deutsche Urheber** können sich auf diesen weitergehenden Schutz grundsätzlich nicht berufen (s. vor §§ 120 ff. Rdnr. 119). Auch § 121 hat nur den Schutz ausländischer Urheber zum Gegenstand. Besitzt ein deutscher Urheber aber **zugleich die Staatsangehörigkeit eines ausländischen Staates,** der Verbandsland bzw. Vertragsstaat eines der unter Rdnr. 11 genannten internationalen Verträge ist, so stehen ihm unter den entsprechenden Voraussetzungen auch die Rechte zu, die dieser Vertrag gewährt (aA v. *Gamm* Rdnr. 2; *Möhring/Nicolini*[2] Rdnr. 6). Dazu, dass eine solche doppelte Staatsangehörigkeit dem Schutz nach § 120 nicht entgegensteht, s. dort Rdnr. 17.

13 c) Für Werke ausländischer Urheber, die einem Staat angehören, der mit der Bundesrepublik Deutschland durch keinen internationalen Vertrag auf dem Gebiet des Urheberrechts verbunden ist, gilt nach **§ 121 Abs. 4 S. 2,** dass sie urheberrechtlich geschützt sind, soweit nach einer Bekanntmachung des Bundesministers der Justiz im Bundesgesetzblatt Werke deutscher Urheber in dem betreffenden Staat einen entsprechenden Schutz genießen, dh. wenn die **Gegenseitigkeit des Schutzes gewährleistet** und dies **formell festgestellt** ist. Zur möglichen **rechtlichen Bedeutung einer solchen Bekanntmachung** iS konstitutiver Wirkung mit oder ohne Rückwirkung, bloßer deklaratorischer Bedeutung oder Prozessvoraussetzung s. *Katzenberger* UFITA 85 [1979] 39/76 ff.; KG UFITA 85 [1979] 239/241 ff.; offengelassen in BGHZ 72, 63/66 f./69 f. – *Jeannot* – jeweils zur parallelen Frage bei § 121 Abs. 5; s. auch Rdnr. 17 f.). Eine Bekanntmachung iSd. § 121 Abs. 4 S. 2 ist bisher nicht ergangen.

7. Folgerecht ausländischer Urheber (§ 121 Abs. 5)

14 a) § 121 Abs. 5 enthält für Urheber, die ausländische Staatsangehörige sind, eine **fremdenrechtliche Sonderregelung** in Bezug auf das **Folgerecht** (§ 26). Dieses Rechts steht solchen Urhebern nur zu, wenn ihr Heimatstaat deutschen Urhebern ein entsprechendes Recht gewährt, wenn also Gegenseitigkeit gewährleistet ist. Auch in dieser Hinsicht gilt jedoch, dass die Bestimmung (§ 121 Abs. 5) **nicht anwendbar** ist, wenn der Urheber **Staatsangehöriger eines anderen EU- oder EWR-Staates** ist (s. Rdnr. 1). Ein solcher Urheber kann das Folgerecht des § 26 wie ein deutscher Urheber in Anspruch nehmen (§ 120 Abs. 2 Nr. 2; s. dort Rdnr. 4 ff.). Dieses Ergebnis entspricht fast einhelliger Auffassung (s. *Braun* IPRax 1995, 227/230; *Dreier/Schulze*[3] Rdnr. 18; *Fromm/Nordemann*[10] Rdnr. 18; *Gaster* ZUM 1996, 261/273; *Katzenberger* GRUR Int. 1997, 309/312; *Möhring/Nicolini*[2] Rdnr. 27; *Pfennig,* Fs. für Kreile, S. 491/507 f.; *Rhein,* Fs. für Piper, S. 755/762; *Schack*[4] Rdnr. 812; *ders.,* Anm. in JZ 1995, 357/359; *Schmidt-Werthern* S. 61 f.; *Schwarz* MR 1997, 210/212; *Ullmann* JZ 1994, 928/936; *Walter* in Reichelt [Hrsg.] S. 95/104 *Wandtke/Bullinger*[3] Rdnr. 37; aA *Schneider-Brodtmann* S. 246 ff. im Hinblick auf Art. 14ter Abs. 2 RBÜ [Pariser Fassung]).

15 Unter den 15 „alten" Mitgliedstaaten der EU anerkannten ursprünglich **vier Staaten,** nämlich Großbritannien, Irland, die Niederlande und Österreich, das Folgerecht **nicht.** Ihre Angehörigen konnten nach dem unter Rdnr. 14 Gesagten das Folgerecht in den anderen 11 Mitgliedstaaten in Anspruch nehmen, jedenfalls soweit es dort, wie in Deutschland, auch praktisch durchgesetzt wurde. Umgekehrt konnten die Angehörigen dieser Staaten in den vier abseits stehenden Mitgliedstaaten, darunter Großbritannien als einem der Kunsthandelszentren der Welt, ein Folgerecht nicht geltend machen (zur Unanwendbarkeit des § 26 auf Veräußerungen im Ausland s. vor §§ 120 ff. Rdnr. 146). Dies verlangte nach einer **europäischen Harmonisierung des Folgerechts.** Diese ist mit der Richtlinie 2001/84/EG vom 27. 9. 2001 über das Folgerecht des Urhebers des Originals eines Kunstwerks (s. § 26 Rdnr. 53) auf den Weg gebracht worden; sie war bis Jahresende 2005 in das nationale Recht der Mitgliedstaaten umzusetzen (Art. 12 Abs. 1; zu den Vorarbeiten in Deutschland s. die Neukommentierung des § 26 mit Anführung des neuesten Schrifttums; zum Inhalt der Richtlinie s. die im Schrifttumsverzeichnis zu § 121 aufgeführten Beiträge von *Katzenberger, Lehmann, Pfennig, Schmidt-Werthern* und *Schmidtchen/Kirstein;* zu den Vorarbeiten, zur Befürwortung und Kritik s. *Beseler* ZUM 1995, 437/441; *Ibbotson* Copyright World Sept. 1996, 21 ff.; *Katzenberger* GRUR Int. 1997, 309/313 ff.; *Merryman* [1997] Intellectual Property Quarterly [IPQ] No. 1, 16 ff.; *Pfennig,* Fs. für Kreile, S. 491/503 ff.; *ders.* ZUM 1996, 777 f.; *Schneider-Brodtmann* S. 251 ff.; *Schwarz* MR 1997, 210/211 ff.; *Smith* Copyright World Sept. 1996, 25 ff.; *Walter* in *Reichelt* [Hrsg.] S. 95/106 ff.; *ders.,* in *Walter* Europäisches Urheberrecht

Ausländische Staatsangehörige   § 121

Kommentar S. 959 ff.; zu den wirtschaftlichen und Wettbewerbsverhältnissen, die für eine Harmonisierung des Folgerechts in Europa sprachen, s. insb. *Becker* S. 44 ff. und IFO-Schnelldienst 30/94, S. 5 ff.). Vergleichbar mit § 121 Abs. 5 und vereinbar mit Art. 14ter Abs. 2 RBÜ (Pariser Fassung) verpflichtet Art. 7 Abs. 1 der Richtlinie die Mitgliedstaaten dazu, das Folgerecht Angehörigen von Drittstaaten nur bei Gewährleistung der Gegenseitigkeit zu gewähren. Auch soll auf außenpolitischer Ebene darauf hingewirkt werden, Art 14ter RBÜ (Pariser Fassung) zu einer zwingenden Vorschrift auszugestalten (so der Erwägungsgrund [7] der Richtlinie). Zur aktuellen Rechtslage in den EU- und den EWR-Staaten s. Rdnr. 20.

b) Die Regelung des § 121 Abs. 5. Der Sonderregelung des **§ 121 Abs. 5** kommt der 16
Vorrang vor dem Schutz ausländischer Urheber nach § 121 Abs. 1 und 2 zu (s. die AmtlBegr. BTDrucks. IV/270 S. 112 zu § 131, jetzt § 121, zu § 121 Abs. 1; zur möglichen Bedeutung des Vorrangs vor § 121 Abs. 2 vgl. einerseits Rdnr. 8, andererseits § 26 Rdnr. 22 f.). Gemäß § 121 Abs. 5 steht das Folgerecht ausländischen Urhebern nur zu, wenn der Staat, dem sie angehören, nach einer Bekanntmachung des Bundesministers der Justiz im Bundesgesetzblatt deutschen Urhebern ein entsprechendes Recht gewährt, wenn also die **Gegenseitigkeit des Schutzes gewährleistet** und dies **formell festgestellt** ist. Die Gewährung eines entsprechenden Rechts an deutsche Urheber erfordert neben dem Ausschluss fremdenrechtlicher Diskriminierung angesichts der höchst unterschiedlichen Folgerechtsregelungen in den verschiedenen Ländern (s. § 26 Rdnr. 2) lediglich eine ernsthafte und rechtlich durchsetzbare gesetzliche Anerkennung des Folgerechts in dem betreffenden ausländischen Staat, ohne dass es auf eine Ausgestaltung dieses Rechts wie in § 26 oder auf seine tatsächliche Durchsetzung in der Praxis ankommt (s. *Katzenberger* UFITA 85 [1979] 239/241; zustimmend KG UFITA 85 [1979] 239/241; ebenso zu Art. 14bis Abs. 2 RBÜ [Brüsseler Fassung] *Walter* ZfRV 1973, 110/121 ff.; *Nordemann* UFITA 80 [1977] 21/25; aA *Löhr* GRUR Int. 1976, 478 ff.; einen faktisch effektiven Schutz verlangt *Ulmer* GRUR 1974, 593/600).

Bekanntmachungen iSd. § 121 Abs. 5 sind bisher für das Verhältnis zu **Frankreich** (Bek. 17
vom 4. 11. 1975, BGBl. I S. 2775) und zu **Belgien** (Bek. vom 21. 9. 1977, BGBl. I S. 1871) erlassen worden. Im Nachhinein betrachtet waren diese Bekanntmachungen überflüssig (s. Rdnr. 14), jedoch behalten sie zumindest als Dokumentation für die auch amtliche Vernachlässigung des Art. 7 Abs. 1 EWG-Vertrag (jetzt Art. 12 EG, davor Art. 6 Abs. 1 EG-Vertrag) auf dem Gebiet des internationalen Urheberrechts eine gewisse Bedeutung (s. § 120 Rdnr. 7). **Außerhalb** der das Folgerecht betreffenden **konventionsrechtlichen Bindungen** der Bundesrepublik Deutschland kommt Bekanntmachungen iSd. § 121 Abs. 5 **konstitutive Bedeutung** zu (ebenso; *Schack*^{4} Rdnr. 812). Sie sind daher materiellrechtliche Voraussetzung der Berechtigung ausländischer Urheber. Ist eine solche Bekanntmachung aber ergangen, so hat dies **rückwirkende Kraft** mit der Folge, dass den betreffenden ausländischen Urhebern das deutsche Folgerecht auch hinsichtlich Veräußerungen vor dem Zeitpunkt des Erlasses der Bekanntmachung zukommt, wenn diese selbst nichts anderes bestimmt. Das Inkrafttreten der betreffenden ausländischen Gesetzgebung über das Folgerecht bildet die zeitliche Grenze dieser Rückwirkung (s. zum Ganzen *Katzenberger* UFITA 85 [1979] 39/76 ff.; gleicher Auffassung zur konstitutiven Wirkung, aber mit Rücksicht auf die Interessen des Kunsthandels gegen die Rückwirkung KG UFITA 85 [1979] 239/242 f.; ähnlich LG Berlin UFITA 85 [1979] 246; in BGHZ 72, 63/66 f./69 f. – Jeannot – offengelassen).

c) Verhältnis des § 121 Abs. 5 zur RBÜ in der Brüsseler und Pariser Fassung und 18
zu TRIPS. Art. 14bis RBÜ (Brüsseler Fassung) und **Art. 14ter RBÜ** (Pariser Fassung) sowie dem in beiden Konventionsfassungen verankerten **Prinzip der Inländerbehandlung** (s. vor §§ 120 ff. Rdnr. 47) kommt der **Vorrang vor § 121 Abs. 5** zu. ISd. Gegenseitigkeit des Schutzes macht Abs. 2 der beiden Konventionsbestimmungen den Schutz in jedem Verbandsland, welches das Folgerecht gewährt, davon abhängig, dass auch die **Heimatgesetzgebung des Urhebers** diesen Schutz zugesteht, wobei es auf eine bestimmte Qualität dieses Schutzes nicht ankommt (s. zu Letzterem *Fromm/Nordemann*^{10} Rdnr. 18; *Katzenberger* UFITA 85 [1979] 39/64 ff. sowie die Nachweise unter Rdnr. 16; für das Verhältnis zu Frankreich und die Zeit vor Erlass der Bekanntmachung vom 4. 11. 1975, s. Rdnr. 17, hat das KG GRUR 1979, 467/468 – Jeannot II – die Gewährleistung der Gegenseitigkeit bejaht). Ist diese **Bedingung erfüllt,** so greift das **Prinzip der Inländerbehandlung** uneingeschränkt Platz. Die in Abs. 2 und 3 der genannten Konventionsbestimmungen enthaltenen Verweisungen auf das Recht des Schutzlandes sind solche auf das für Inländer geltende Recht, nicht auch auf das Fremdenrecht dieses Landes, so dass die konstitutive Bedeutung einer Bekanntmachung nach § 121 Abs. 5 (s.

§ 121   Ausländische Staatsangehörige

Rdnr. 17) insoweit nicht Platz greifen kann (BGHZ 72, 63/68 f. – Jeannot; BGH GRUR 1982, 308/311 – Kunsthändler; OLG Frankfurt/M GRUR 1980, 916/919 – Folgerecht ausländischer Künstler; *Dreier/Schulze*[3] Rdnr. 18; *Fromm/Nordemann*[10] Rdnr. 18; *Katzenberger* UFITA 85 [1979] 39/91 ff.; *ders.* UFITA 85 [1979] 250/251 f.; *ders.* IPRax 1983, 158/160 f.; *Möhring/Nicolini*[2] Rdnr. 29; *Nordemann* UFITA 80 [1977] 21/26 ff.; *Nordemann/Vinck/Hertin* RBÜ Art. 14ter Rdnr. 4; *Ulmer*[3] § 60 VII; *ders.* GRUR 1974, 593/601; *Walter* ZfRV 1973, 110/118 ff.; *Wandtke/Bullinger*[3] Rdnr. 37; aA KG UFITA 85 [1979] 239/243 ff.; *Bappert/Wagner* Art. 14bis RBÜ Rdnr. 4). Bisher höchstrichterlich nicht entschieden ist die Frage, ob Bekanntmachungen iSd. § 121 Abs. 5 gegenüber Werken, die durch die genannten Konventionsfassungen geschützt sind, Bedeutung als **Prozessvoraussetzung** zukommt (BGHZ 72, 63/69 – Jeannot – und BGH GRUR 1982, 308/311 – Kunsthändler – lassen diese Frage offen). Die Frage ist zu verneinen (*Katzenberger* UFITA 85 [1979] 39/91 ff.; so wohl auch alle anderen zum Vorrang der RBÜ zitierten Autoren). Das zur Pariser Fassung der RBÜ Gesagte gilt **auch** für das **TRIPS-Übereinkommen**, da dieses neue Übereinkommen den materiellen Schutzgehalt der RBÜ in dieser Fassung übernommen hat (s. vor §§ 120 ff. Rdnr. 18).

19   d) **Verhältnis des § 121 Abs. 5 zu den älteren Fassungen der RBÜ und zum WUA.** Die **älteren Fassungen der RBÜ** (s. vor §§ 120 ff. Rdnr. 41) und das **WUA** in seinen beiden Fassungen (s. vor §§ 120 ff. Rdnr. 58) enthalten keine spezielle Vorschrift über das Folgerecht. Die Frage, ob der auch in diesen Konventionen enthaltene **Grundsatz der Inländerbehandlung** sich auf das **Folgerecht** des § 26 erstreckt und, ebenfalls unter Vorrang vor § 121 Abs. 5, Angehörigen von Staaten, die nur einer dieser Konventionen bzw. Konventionsfassungen angehören, dieses Recht zuweist, ist streitig. Bejahendenfalls wäre das deutsche Folgerecht solchen ausländischen Urhebern mangels einer entsprechenden einschränkenden Bestimmung sogar **ohne Gewährleistung der Gegenseitigkeit** und ohne Anerkennung des Folgerechts in der Heimatgesetzgebung dieser Urheber zu gewähren. Die Frage ist aber mit Rücksicht auf die historische Entwicklung des Folgerechtsgedankens im internationalen Urheberrecht **zu verneinen** (s. dazu *Ulmer*[3] § 60 VII; *ders.* RabelsZ 1973, 499 f.; *ders.* GRUR 1974, 593/598 ff.; *Dreier/Schulze*[3] Rdnr. 18 *Katzenberger* GRUR Int. 1973, 660/667; *ders.* UFITA 85 [1979] 39/69 ff.; *Möhring/Nicolini*[2] Rdnr. 30; *Wandtke/Bullinger*[3] Rdnr. 37; *Nordemann/Vinck/Hertin* RBÜ Art. 14ter Rdnr. 5 zur Rom-Fassung der RBÜ; jetzt wie hier auch *Fromm/Nordemann*[10] Rdnr. 19; aA *Bappert/Wagner* Art. 14bis RBÜ Rdnr. 1; *Nordemann* UFITA 80 [1977] 21/28 ff.; *Nordemann/Vinck/Hertin* WUA Art. II Rdnr. 1 zum WUA; *Walter* ZfRV 1973, 110/111 f. mwN in Fn. 5). Im Verhältnis zu den älteren Fassungen der RBÜ und zum WUA hat es daher bei der **uneingeschränkten Geltung des § 121 Abs. 5** sein Bewenden.

20   e) **Anerkennung des Folgerechts im Ausland.** In der **EU** (s. Rdnr. 14 f.) wurde ursprünglich das Folgerecht in 11 der 15 „alten" Mitgliedstaaten, nicht aber in Großbritannien, Irland, den Niederlanden und Österreich, gesetzlich anerkannt (s. *Katzenberger* GRUR Int. 2004, 20/21). Nunmehr haben jedoch diese und alle anderen EU-Staaten die Folgerechtsrichtlinie (so. Rdnr. 15) national umgesetzt (s. http://eur-lex.europa.eu). Hinzu kommen mit einer Folgerechtsregelung als Vertragsstaaten des **EWR**-Abkommens (s. Rdnr. 14) Island, Liechtenstein und Norwegen. Darüber hinaus ist das Folgerecht nach den Erkenntnissen der EG-Kommission, veröffentlicht in deren Dokument (Dok. KOM [96] 97 endg. vom 13. 3. 1996) zum Folgerechts-Richtlinienvorschlag vom 25. 4. 1996 (s. Rdnr. 15) S. 13 f., in den folgenden **18 Drittstaaten** gesetzlich anerkannt: Algerien, Brasilien, Burkina Faso, Chile, Costa Rica, Ecuador, Elfenbeinküste (Côte d'Ivoire), Guinea, Madagaskar, Marokko, Peru, Philippinen, Russische Föderation, Senegal, Türkei, Tunesien, Uruguay, Zaire (Demokr. Rep. Kongo). Alle diese Drittstaaten gehören der RBÜ in der Pariser oder Brüsseler Fassung oder TRIPS an mit der Folge, dass bei ihnen die Grundbedingung für die Inanspruchnahme des deutschen Folgerechts erfüllt ist (s. Rdnr. 18). Zweifelhaft ist die Rechtslage in Bezug auf **Kalifornien** als Einzelstaat des RBÜ (Paris)- und TRIPS-Mitglieds USA mit einer eigenen Folgerechtsregelung (s. *Neumann* 23 IIC [1992] 45 ff.) sowie im **Vergleich mit der ersten Auflage** (dort Rdnr. 17) im Hinblick auf den Heiligen Stuhl, Irak, Laos, Mali und Monaco (s. zu Letzteren auch *Fromm/Nordemann*[10] Rdnr. 18, die außerdem noch Indien, Venezuela und Togo als mögliche Staaten mit Folgerecht nennen), die in der Aufstellung der EG-Kommission fehlen.

8. Urheberpersönlichkeitsrechtlicher Schutz ausländischer Urheber (§ 121 Abs. 6)

21   Als weitere Neuerung gegenüber dem früher geltenden Recht (s. vor §§ 120 ff. Rdnr. 8 ff./10) sieht **§ 121 Abs. 6** vor, dass das Veröffentlichungsrecht (§ 12), das Recht auf Anerkennung der

Urheberschaft (§ 13) und der Schutz gegen Entstellung des Werkes (§ 14) und damit die **grundlegenden urheberpersönlichkeitsrechtlichen Befugnisse** (s. vor §§ 12 ff. Rdnr. 1 f.) ausländischen Urhebern für alle ihre Werke unabhängig davon zustehen, ob die Voraussetzungen des urheberrechtlichen Schutzes nach den sonstigen Bestimmungen des § 121 erfüllt sind. **Ausländische Urheber** sind daher **insoweit stets geschützt,** ohne dass es auf das erste Erscheinen des Werkes im Inland, auf das Vorliegen eines Staatsvertrags oder auf die Gewährleistung der Gegenseitigkeit ankommt. § 121 Abs. 6 ist erst durch den Rechtsausschuss des Deutschen Bundestags in den Gesetzentwurf zum UrhG eingefügt worden und dient der fremdenrechtlichen Gleichstellung des Urheberpersönlichkeitsrechts mit dem allgemeinen Persönlichkeitsrecht (s. vor §§ 120 ff. Rdnr. 10). Dieser Zielsetzung entsprechend muss § 121 Abs. 6 neben § 121 Abs. 4 **selbstständige Bedeutung** zukommen, so dass insb. die Einschränkung des Schutzes durch den **Schutzfristenvergleich** nach Maßgabe der RBÜ und des WUA (s. vor § 120 ff. Rdnr. 19, 48, 65, 133) in Bezug auf die Rechte nach §§ 12, 13, 14 **nicht zur Geltung kommen** kann (ebenso *Dreier/Schulze*[3] Rdnr. 19; *Möhring/Nicolini*[2] Rdnr. 31; *Wandtke/Bullinger*[3] Rdnr. 38). Für **Staatsangehörige anderer EU- und EWR-Staaten** folgt dasselbe bereits aus § 120 Abs. 2 Nr. 2; auf sie ist § 121 nicht anwendbar (s. Rdnr. 1).

§ 122 Staatenlose

(1) Staatenlose mit gewöhnlichem Aufenthalt im Geltungsbereich dieses Gesetzes genießen für ihre Werke den gleichen urheberrechtlichen Schutz wie deutsche Staatsangehörige.

(2) Staatenlose ohne gewöhnlichen Aufenthalt im Geltungsbereich dieses Gesetzes genießen für ihre Werke den gleichen urheberrechtlichen Schutz wie die Angehörigen des ausländischen Staates, in dem sie ihren gewöhnlichen Aufenthalt haben.

1. Systematische Stellung, Entstehungsgeschichte und Bedeutung der Bestimmung. Staatenlose in einem EU- oder EWR-Staat

S. dazu zunächst vor §§ 120 ff. Rdnr. 2, 4, 8 ff. § 122 bewirkt die Gleichstellung Staatenloser, 1 die ihren gewöhnlichen Aufenthalt in einem Staat haben, mit den Staatsangehörigen dieses Staates, und zwar bei gewöhnlichem Aufenthalt in **Deutschland** mit Urhebern deutscher Staatsangehörigkeit (§ 122 Abs. 1) und bei gewöhnlichem Aufenthalt in einem **ausländischen Staat** mit den Staatsangehörigen dieses Staates (§ 122 Abs. 2). Bei gewöhnlichem Aufenthalt eines Staatenlosen in einem **EU- oder EWR-Staat** führt dies mittelbar ebenfalls zur Gleichstellung mit einem Urheber deutscher Staatsangehörigkeit, weil auch Staatsangehörige eines solchen Staates deutschen Urhebern gleichgestellt sind (§ 120 Abs. 2 Nr. 2; s. dort Rdnr. 4 ff. und vor §§ 120 ff. Rdnr. 3). Dies ist aber eine Rechtsfolge des § 122 Abs. 2, nicht unmittelbar eine solche des § 120 Abs. 2 Nr. 2 oder des Art. 12 EG (Art. 6 Abs. 1 EG-Vertrag, Art. 7 Abs. 1 EWG-Vertrag) bzw. des Art. 4 Abs. 1 des EWR-Abkommens.

2. Schutz staatenloser Urheber mit gewöhnlichem Aufenthalt im Geltungsbereich des UrhG (§ 122 Abs. 1)

Nach **§ 122 Abs. 1** sind Urheber, die weder die deutsche, noch eine ausländische Staatsangehörigkeit besitzen und daher staatenlos sind, für ihre Werke wie deutsche Urheber geschützt, wenn sie ihren **gewöhnlichen Aufenthalt im Geltungsbereich des UrhG**, dh. in der Bundesrepublik Deutschland haben. Diese letztere Voraussetzung ist gegeben, wenn der staatenlose Urheber sich **im Inland längere Zeit tatsächlich** derart **aufhält,** dass hier sein **Lebensmittelpunkt** liegt. An die Dauer des Aufenthalts sind keine zu geringen Anforderungen zu stellen, durch zeitweilige Abwesenheit mit Rückkehrabsicht wird der gewöhnliche Aufenthalt aber nicht aufgegeben. Im Unterschied zum **Wohnsitz,** der nach § 7 Abs. 1 BGB ebenfalls eine ständige Niederlassung erfordert, kommt es für den gewöhnlichen Aufenthalt auf einen rechtsgeschäftlichen oder auch nur einen tatsächlichen Begründungswillen und auf die Niederlassung in einer bestimmten Gemeinde nicht an, so dass auch das Umherziehen im Bundesgebiet ausreicht (s. zum Vorstehenden sowie zu weiteren Details *Palandt/Heinrichs* BGB[64], 2005, § 7 Rdnr. 1–3). **Bis zur deutschen Wiedervereinigung** am 3. 10. 1990 (s. vor §§ 120 ff. Rdnr. 25) war der Geltungsbereich des UrhG auf die alte Bundesrepublik Deutschland und West-Berlin beschränkt (s. § 142). Staatenlose mit ständigem Aufenthalt in der ehemaligen DDR waren dennoch bundesdeutschen Urhebern gleichgestellt, weil dies auch für Angehörige der DDR galt (s. § 120 Rdnr. 15).

Werke staatenloser Urheber mit ständigem Aufenthalt im Inland sind nach § 122 Abs. 1 **wie Werke deutscher Urheber** geschützt. Für ihren Schutz gilt daher das zu § 120 Gesagte; ihr Schutz ist weder von den Voraussetzungen des § 121 abhängig, noch unterliegt er insb. den Einschränkungen des § 121 Abs. 5 und des Konventionsrechts in Bezug auf den Vergleich der Schutzfristen (s. § 121 Rdnr. 16ff.; vor §§ 120ff. Rdnr. 19, 48, 65, 133; s. zum Ergebnis *Dreier/ Schulze*[3] Rdnr. 6; *Möhring/Nicolini*[2] Rdnr. 10). Auch das unter § 120 Rdnr. 18, 19 zum Wechsel der Staatsangehörigkeit Gesagte gilt entsprechend (s. *Katzenberger* GRUR Int. 1973, 274/279 f.).

3. Schutz staatenloser Urheber mit gewöhnlichem Aufenthalt in einem ausländischen Staat (§ 122 Abs. 2)

Die Werke staatenloser Urheber mit **gewöhnlichem Aufenthalt in einem ausländischen Staat** sind nach § 122 Abs. 2 in gleicher Weise **wie die Werke der Staatsangehörigen des betreffenden Staates** geschützt. Es gelten daher insoweit die Regelungen des § 121. § 122 Abs. 2 bezieht sich nur auf den Schutz durch das deutsche Recht, ob die Werke solcher Urheber auch in deren Aufenthaltsstaat urheberrechtlich geschützt sind, ist nach dem Recht des betreffenden Staates zu entscheiden. Zum Schutz Staatenloser in einem EU- oder EWR-Staat s. Rdnr. 1.

4. Schutz staatenloser Urheber ohne gewöhnlichen Aufenthalt

Für staatenlose Urheber, die auch **keinen gewöhnlichen Aufenthalt** haben, enthält das UrhG keine Regelung. Sinngemäß und unter entsprechender Anwendung des § 121 Abs. 1 und 2 ist aber anzunehmen, dass ihre Werke geschützt sind, wenn die Voraussetzungen dieser Vorschriften erfüllt sind, insb. ein Werk eines solchen Urhebers erstmals im Inland erscheint (ebenso *Dreier/Schulze*[3] Rdnr. 8; *Möhring/Nicolini*[2] Rdnr. 13; *Wandtke/Bullinger*[3] Rdnr. 3). Darüber hinaus ist allen Werken solcher Urheber unter entsprechender Anwendung des § 121 Abs. 6 jedenfalls der Schutz nach §§ 12, 13 und 14 zu gewähren.

§ 123 Ausländische Flüchtlinge

[1]**Für Ausländer, die Flüchtlinge im Sinne von Staatsverträgen oder anderen Rechtsvorschriften sind, gelten die Bestimmungen des § 122 entsprechend.** [2]**Hierdurch wird ein Schutz nach § 121 nicht ausgeschlossen.**

1. Systematische Stellung, Entstehungsgeschichte und Bedeutung der Bestimmung

S. dazu vor §§ 120ff. Rdnr. 2, 4, 8ff.

2. Entsprechende Geltung des § 122 für ausländische Flüchtlinge (§ 123 S. 1)

§ 123 enthält eine **Sonderregelung** über die urheberrechtliche Stellung von Urhebern, die **ausländische Flüchtlinge** iSv. Staatsverträgen oder anderen Rechtsvorschriften sind. Sie begünstigt diesen Personenkreis dadurch, dass ihm iVm. § 122 Abs. 1 der volle, auch Inländern gewährte Schutz zugestanden wird, wenn sie **im Inland ihren gewöhnlichen Aufenthalt** haben, und zwar unabhängig davon, ob ein solcher Flüchtling staatenlos ist oder eine ausländische Staatsangehörigkeit, insb. diejenige des Landes besitzt, aus dem er geflohen ist. Auch ein solcher Flüchtling fremder Staatsangehörigkeit ist nicht auf den Schutz durch internationale Abkommen verwiesen (s. die AmtlBegr. BTDrucks. IV/270 S. 113 zu § 133, jetzt § 123). Desgleichen gilt nach § 123 S. 1 iVm. § 122 Abs. 2 für ausländische Flüchtlinge mit **gewöhnlichem Aufenthalt in einem anderen Staat,** dass er dessen Staatsangehörigen und nicht den Angehörigen des Fluchtlandes gleichgestellt ist; zugleich bleibt sein Schutz nach § 121 unberührt.

§ 123 gilt nur für ausländische **Flüchtlinge** iSv. Staatsverträgen und sonstigen Rechtsvorschriften. Der als Flüchtling in diesem Sinne in Frage kommende Personenkreis ist insb. in Art. 1 Abschnitt A des Abkommens über die Rechtsstellung der Flüchtlinge vom 28. 7. 1951 (BGBl. 1953 II S. 560) teilweise unter Verweisung auf ältere Abkommen (Abs. 1), teilweise im Hinblick auf die Ereignisse während und nach dem Zweiten Weltkrieg autonom (Abs. 2) definiert (s. auch vor §§ 120 ff. Rdnr. 9 zur Überführung des Art. 14 dieses Abkommens in das UrhG durch § 123). Wie die Flüchtlingsdefinition dieses Abkommens auch staatenlose Flüchtlinge umfasst, ist auch der Begriff des ausländischen Flüchtlings iSd. § 123 S. 1 nicht auf **Flüchtlinge ausländischer Staatsangehörigkeit** beschränkt, er erfasst vielmehr auch **staatenlose Flüchtlinge,** nicht aber Flüchtlinge deutscher Staatsangehörigkeit oder deutscher Volkszugehörigkeit iSd. Art. 116 Abs. 1 GG, die bereits nach § 120 in den Schutzbereich des UrhG einbezogen sind (s. auch *Dreier/Schulze*[3] Rdnr. 2; *Möhring/Nicolini*[2] Rdnr. 2).

In Bezug auf den Urheberrechtsschutz der Werke ausländischer Flüchtlinge ist nach **§ 122,** auf den § 123 S. 1 als entsprechend anwendbar verweist, zwischen Flüchtlingen mit gewöhnlichem Aufenthalt in der **Bundesrepublik Deutschland (§ 122 Abs. 1;** s. dort Rdnr. 3) und solchen mit gewöhnlichem Aufenthalt in einem **anderen Staat (§ 122 Abs. 2;** s. dort Rdnr. 4) zu unterscheiden. Auch das unter § 122 Rdnr. 2 zum gewöhnlichen Aufenthalt Gesagte gilt entsprechend. Desgleichen gilt das unter § 122 Rdnr. 1 zum gewöhnlichen Aufenthalt in einem **EU- oder EWR-Staat** Gesagte entsprechend auch für ausländische oder staatenlose Flüchtlinge.

3. Schutz ausländischer Flüchtlinge nach § 121 (§ 123 S. 2)

Im Gegensatz zu § 122 in Bezug auf Staatenlose (s. aber auch § 122 Rdnr. 5) stellt § 123 S. 2 ausdrücklich klar, dass ein **Schutz ausländischer Flüchtlinge nach § 121 nicht ausgeschlossen** wird, § 123 S. 1 somit keine abschließende Regelung enthält. Daraus folgt insb., dass ein ausländischer Flüchtling mit ständigem Aufenthalt in einem ausländischen Staat den Schutz in Anspruch nehmen kann, den **§ 121 Abs. 1** Werken gewährt, die zuerst im Inland erscheinen (sa. *Dreier/Schulze*[3] Rdnr. 1; *Möhring/Nicolini*[2] Rdnr. 8; *Wandtke/Bullinger*[3] Rdnr. 3). Dies ist vor allem dann von Bedeutung, wenn den Staatsangehörigen seines Aufenthaltsstaats, denen er nach §§ 123 S. 1 iVm. 122 Abs. 2 gleichgestellt ist, in der Bundesrepublik kein Schutz zukommt (so die AmtlBegr. BTDrucks. IV/270 S. 113 zu § 133, jetzt § 123). Das Gleiche muss aber auch für den Konventionsschutz nach **§ 121 Abs. 4** gelten, wenn der ausländische Flüchtling noch einem entsprechenden Verbandsland oder Vertragsstaat als Staatsangehöriger angehört (ebenso *Möhring/Nicolini*[2] Rdnr. 8; *Wandtke/Bullinger*[3] Rdnr. 3).

Unterabschnitt 2. Verwandte Schutzrechte

§ 124 Wissenschaftliche Ausgaben und Lichtbilder

Für den Schutz wissenschaftlicher Ausgaben (§ 70) und den Schutz von Lichtbildern (§ 72) sind die §§ 120 bis 123 sinngemäß anzuwenden.

Schrifttum: *Heitland,* Der Schutz der Fotografie im Urheberrecht Deutschlands, Frankreichs und der Vereinigten Staaten von Amerika, 1995; *Katzenberger,* Neue Urheberrechtsprobleme der Photographie, GRUR Int. 1989, 116; *Schack,* Der Vergütungsanspruch der in- und ausländischen Filmhersteller aus § 54 I UrhG, ZUM 1989, 267.

1. Systematische Stellung, Entstehungsgeschichte und Bedeutung der Bestimmung

S. dazu vor §§ 120 ff. Rdnr. 2 ff., 8 ff.

2. Schutz wissenschaftlicher Ausgaben (§ 70) und von Lichtbildern (§ 72)

Der Schutz der verwandten Schutzrechte an wissenschaftlichen Ausgaben (§ 70) und Lichtbildern, die keine Lichtbildwerke sind (§ 72), ist durch Verweisung auf die für den Urheberrechtsschutz geltenden Bestimmungen (s. §§ 70 Abs. 1, 72 Abs. 1) diesem weitgehend angeglichen. Als Konsequenz dieser Rechtslage verzichtet man **§ 124** darauf, den Anwendungsbereich des UrhG in Bezug auf diese verwandten Schutzrechte selbstständig zu regeln. Er erklärt vielmehr lediglich die für das Urheberrecht geltenden **§§ 120–123 für sinngemäß anwendbar** (s. dazu die AmtlBegr. BTDrucks. IV/270 S. 113 zu § 134, jetzt § 124). Für den fremdenrechtlichen Schutz dieser verwandten Schutzrechte ist daher danach zu unterscheiden, ob der Verfasser der wissenschaftlichen Ausgabe (s. § 70 Abs. 2) bzw. der Lichtbildner (s. § 72 Abs. 2) deutscher Staatsangehöriger (§ 120 Abs. 1), Deutscher iSd. Art. 116 Abs. 1 GG (§ 120 Abs. 2 Nr. 1), Staatsangehöriger eines anderen EU- oder EWR-Staates (§ 120 Abs. 2 Nr. 2; s. dazu LG München I ZUM-RD 2009, 356/358 – Computertastatur, dort auch zum Schutz einer Fotografie eines U.S.-amerikanischen Fotografen als eines Lichtbildwerkes iSd. § 2 Abs. 1 Nr. 5, Abs. 2

nach § 121 Abs. 4 iVm. der RBÜ), Staatsangehöriger eines Drittstaates (§ 121), Staatenloser (§ 122) oder ausländischer Flüchtling (§ 123) ist.

3   Die Verweisung bezüglich ausländischer Drittstaaten bezieht sich ua. auch auf § 121 Abs. 4 betreffend **Staatsverträge** und sonstige **Gewährleistung der Gegenseitigkeit** des Schutzes (s. § 121 Rdnr. 11–13). Die Staatsverträge auf dem Gebiet des Urheberrechts (s. § 121 Rdnr. 11) beziehen sich jedoch grundsätzlich nur auf urheberrechtlich schutzfähige Werke und schützen daher jedenfalls **wissenschaftliche Ausgaben** iSd. § 70 als Gegenstände nur eines verwandten Schutzrechts nicht. Etwas anderes kann sich allenfalls aus zweiseitigen Staatsverträgen ergeben (s. vor §§ 120ff. Rdnr. 39, 68–74; *Nordemann/Vinck/Hertin* Einl. Rdnr. 10). Im Hinblick auf **einfache Lichtbilder** iSd. § 72, die keine urheberrechtlich schutzfähigen Lichtbildwerke iSd. § 2 Abs. 1 Nr. 5 sind, ist jedoch auf Grund besonderer Umstände streitig, ob sie nicht jedenfalls durch die **RBÜ** (s. zu dieser vor §§ 120ff. Rdnr. 41ff.) und damit (s. vor §§ 120ff. Rdnr. 17f.) auch durch das **TRIPS-Übereinkommen** geschützt sind: bejahend zur RBÜ *Ulmer*[3] § 26 I, § 119 III; *ders.* GRUR 1974, 593/598; *Katzenberger* GRUR Int. 1989, 116/119 mwN; aus der Rechtsprechung: OLG Hamburg AfP 1993, 347/348f. – Lech Walesa –, anders jedoch zum WUA; OLG Frankfurt/M FuR 1984, 263/264 – Fototapeten; weitere Nachw. bei *Katzenberger* GRUR Int. 1989, 116/119 Fn. 53; verneinend: *Fromm/Nordemann*[10] Rdnr. 1; *Heitland*, S. 10f., 127; *Nordemann/Vinck/Hertin* Einl. Rdnr. 10, Art. 2/2bis RBÜ Rdnr. 3; *Schack*[4] Rdnr. 644 Fn. 1/Rdnr. 840; *Wandtke/Bullinger*[3] Rdnr. 2; OLG Frankfurt/M GRUR Int. 1993, 872/873 – Beatles I; weitere Nachw. zum Schrifttum bei *Katzenberger* GRUR Int. 1989, 116/119 Fn. 48; den Schutz bejahend durch **zweiseitige Abkommen,** insb. das deutsch-amerikanische Übereinkommen von 1892 (s. vor §§ 120ff. Rdnr. 72; zu den übrigen zweiseitigen Abkommen dort Rdnr. 39, 68ff.); *Nordemann/Vinck/Hertin* Einl. Rdnr. 10; *Schack*[4] ZUM 1989, 267/284; *Wandtke/Bullinger*[3] Rdnr. 2; OLG Hamburg AfP 1983, 347/348 – Lech Walesa). Auch in Bezug auf § 124 sind bisher **Bekanntmachungen** über die Gewährleistung der Gegenseitigkeit iSd. § 121 Abs. 4 S. 2 **nicht** erfolgt.

3. Schutz von Ausgaben nachgelassener Werke (§ 71)

4   In Bezug auf den fremdenrechtlichen Schutz des verwandten Schutzrechts an Ausgaben nachgelassener Werke (§ 71) enthält das UrhG weder in § 124, noch an anderer Stelle eine Regelung. Darin liegt kein Versehen. Wie die AmtlBegr. (BTDrucks. IV/270 S. 113 vor § 134) ausführt, ist für dieses verwandte Schutzrecht bewusst **keine fremdenrechtliche Beschränkung** vorgesehen, weil dieses Schutzrecht ursprünglich dafür gewährt wurde, dass das nachgelassene Werk im Geltungsbereich des UrhG (erstmals) erschienen ist, also dem deutschen Publikum zugänglich gemacht wurde. Nach dieser ursprünglichen Zweckbestimmung des § 71 konnte es keinen Unterschied machen, ob es ein Inländer oder ein Ausländer war, der ein nachgelassenes Werk im Inland erscheinen ließ. § 71 wurde im Jahre 1995 durch das 3. UrhGÄndG (BGBl. 1995 I S. 842) in Umsetzung der europäischen Schutzdauerrichtlinie geändert (s. § 71 Rdnr. 2). In diesem Zusammenhang wurde auf das Schutzkriterium des Erscheinenlassens im Geltungsbereich des UrhG verzichtet (s. die AmtlBegr. BTDrucks. 13/781 S. 14). Damit war an sich der Grund für den ursprünglichen Verzicht auf eine fremdenrechtliche Regelung entfallen. Der Gesetzgeber sah gleichwohl keinen Anlass, eine solche Regelung einzuführen.

§ 125 Schutz des ausübenden Künstlers

(1) [1]Den nach den §§ 73 bis 83 gewährten Schutz genießen deutsche Staatsangehörige für alle ihre Darbietungen, gleichviel, wo diese stattfinden. [2]§ 120 Abs. 2 ist anzuwenden.

(2) Ausländische Staatsangehörige genießen den Schutz für alle ihre Darbietungen, die im Geltungsbereich dieses Gesetzes stattfinden, soweit nicht in den Absätzen 3 und 4 etwas anderes bestimmt ist.

(3) Werden Darbietungen ausländischer Staatsangehöriger erlaubterweise auf Bild- oder Tonträger aufgenommen und sind diese erschienen, so genießen die ausländischen Staatsangehörigen hinsichtlich dieser Bild- oder Tonträger den Schutz nach § 77 Abs. 2 Satz 1, § 78 Abs. 1 Nr. 1 und Abs. 2, wenn die Bild- oder Tonträger im Geltungsbereich dieses Gesetzes erschienen sind, es sei denn, daß die Bild- oder Tonträger früher als dreißig Tage vor dem Erscheinen im Geltungsbereich dieses Gesetzes außerhalb dieses Gebietes erschienen sind.

Schutz des ausübenden Künstlers § 125

(4) Werden Darbietungen ausländischer Staatsangehöriger erlaubterweise durch Funk gesendet, so genießen die ausländischen Staatsangehörigen den Schutz gegen Aufnahme der Funksendung auf Bild- oder Tonträger (§ 77 Abs. 1) und Weitersendung der Funksendung (§ 78 Abs. 1 Nr. 2) sowie den Schutz nach § 78 Abs. 2, wenn die Funksendung im Geltungsbereich dieses Gesetzes ausgestrahlt worden ist.

(5) ¹Im übrigen genießen ausländische Staatsangehörige den Schutz nach Inhalt der Staatsverträge. ²§ 121 Abs. 4 Satz 2 sowie die §§ 122 und 123 gelten entsprechend.

(6) ¹Den Schutz nach den §§ 74 und 75, § 77 Abs. 1 sowie § 78 Abs. 1 Nr. 3 genießen ausländische Staatsangehörige für alle ihre Darbietungen, auch wenn die Voraussetzungen der Absätze 2 bis 5 nicht vorliegen. ²Das gleiche gilt für den Schutz nach § 78 Abs. 1 Nr. 2, soweit es sich um die unmittelbare Sendung der Darbietung handelt.

(7) Wird Schutz nach den Absätzen 2 bis 4 oder 6 gewährt, so erlischt er spätestens mit dem Ablauf der Schutzdauer in dem Staat, dessen Staatsangehöriger der ausübende Künstler ist, ohne die Schutzfrist nach § 82 zu überschreiten.

Schrifttum: *Beining,* Der Schutz ausübender Künstler im internationalen und supranationalen Recht, 2000; *Bortloff,* Der Tonträgerpiraterieschutz im Immaterialgüterrecht, 1995; *Brack,* Die Rechte der ausübenden Künstler und der Hersteller von Tonträgern bei der Verwertung von Schallplatten im Rundfunk, UFITA 50 (1967) 544; *Braun, Th.,* Schutzlücken-Piraterie, 1995; *ders.,* Die Schutzlücken-Piraterie nach dem Urheberrechtsänderungsgesetz vom 23. Juni 1995, GRUR Int. 1996, 790; *ders.,* Der Schutz ausübender Künstler durch TRIPS, GRUR Int. 1997, 427; *Bungeroth,* Der Schutz der ausübenden Künstler gegen die Verbreitung im Ausland hergestellter Vervielfältigungsstücke ihrer Darbietungen, GRUR 1976, 454; *Firsching,* Der Schutz der ausübenden Künstler aus europäischer Perspektive im Hinblick auf das „Phil Collins"-Urteil des Europäischen Gerichtshofs, UFITA 133 (1997) 131; *Hertin,* Die Vermarktung nicht lizenzierter Live-Mitschnitte von Darbietungen ausländischer Künstler nach den höchstrichterlichen Entscheidungen „Bob Dylan" und „Die Zauberflöte", GRUR 1991, 722; *Hesse,* Flankenschutz für das Leistungsschutzrecht, ZUM 1985, 365; *Hülsmann,* Urheberrechtlicher Inlandsschutz aufgrund des gemeinschaftsrechtlichen Diskriminierungsverbots? Eine kritische Retrospektive auf die „Phil Collins"-Entscheidung des EuGH sowie auf das „Rolling Stones"- und das „Cliff Richard II"-Urteil des BGH, Fs. für Piper 1996, S. 725; *Hundt-Neumann/Schaefer,* Elvis lebt! Zur „Elvis Presley"-Entscheidung des Hanseatischen Oberlandesgerichts und zum Aufsatz von Nordemann „Altaufnahmen aus den USA und das deutsche Urheberrecht", GRUR 1995, 381; *Katzenberger,* Inlandsschutz ausübender Künstler gegen die Verbreitung ausländischer Mitschnitte ihrer Darbietungen, GRUR Int. 1993, 640; *ders.,* Inländerbehandlung nach dem Rom-Abkommen, Fs. für Dietz, 2001, S. 481; *Kloth,* Der Schutz des ausübenden Künstlers nach TRIPS und WPPT, 2000; *Kreile, J.,* BGH – Urheberschutz und gemeinschaftliches Diskriminierungsverbot – Rolling Stones, WiB 1995, 38; *Krüger,* Zum Leistungsschutzrecht ausländischer ausübender Künstler in der Bundesrepublik Deutschland im Falle des sog. bootlegging, GRUR Int. 1986, 381; *Loef/Verweyen,* „One more Night" – Überlegungen zum abgeleiteten fremdenrechtlichen Filmherstellerschutz, ZUM 2007, 706; *Loewenheim,* Der Schutz ausübender Künstler aus anderen Mitgliedstaaten der Europäischen Gemeinschaft im deutschen Urheberrecht. Zur Anwendbarkeit des Art. 7 Abs. 1 EWGV auf die Regelung des § 125 UrhG, GRUR Int. 1993, 105; *ders.,* Zur urheberrechtlichen Gleichbehandlung von deutschen und ausübenden Künstlern anderer EG-Mitgliedstaaten, EWiR 1995, 393; *Medwenitsch,* „Phil Collins" und die Folgen: Ende der Schutzlückenpiraterie?, MR 1993, 171; *Mestmäcker,* Schutz der ausübenden Künstler und EWG-Diskriminierungsverbot, GRUR Int. 1993, 532; *Nick,* Musikdiebstahl, 1995; *Nordemann, W.,* Altaufnahmen aus den USA und das deutsche Urheberrecht, Fs. für Kreile, S. 455; *Rochlitz,* Der strafrechtliche Schutz des ausübenden Künstlers, der Tonträger- und Filmhersteller und des Sendeunternehmens, 1987; *Schack,* Leistungsschutz für Tonträgeraufnahmen mit ausübenden Künstlern aus den USA, ZUM 1986, 69; *Schaefer,* Für EG-Bürger führen viele Wege nach Rom – Eine Anmerkung zum Artikel von Hertin, GRUR 1991, 722; *Hertin,* GRUR 1991, 424; *ders.,* Tonträgerpiraterie, in *Moser/Scheuermann* (Hrsg.), Handbuch der Musikwirtschaft, 4. Aufl. 1997, S. 805; *Schlatter,* Die BGH-Entscheidung „The Doors": Zur Prozeßführungsbefugnis bei Gruppenleistungen nach § 80 UrhG – zum Leistungsschutz ausübender Künstler bei Sachverhalten mit Auslandsberührung, ZUM 2001, 309; *Schorn,* Zum Rechtsschutz der ausübenden Künstler und Tonträgerhersteller, NJW 1973, 687; *ders.,* Zum Schutz ausländischer Künstler in der Bundesrepublik Deutschland, GRUR 1983, 492; *Straus,* Der Schutz der ausübenden Künstler und das Rom-Abkommen von 1961 – Eine retrospektive Betrachtung, GRUR Int. 1985, 19; *Ulmer,* Der Rechtsschutz der ausübenden Künstler, der Hersteller von Tonträgern und der Sendegesellschaften in internationaler und rechtsvergleichender Sicht, 1957; *ders.,* Das Rom-Abkommen über den Schutz der ausübenden Künstler, der Hersteller von Tonträgern und der Sendeunternehmen, GRUR Int. 1961, 569; *ders.,* Die Verbreitung körperlich festgelegter Darbietungen ausländischer ausübender Künstler, IPRax 1987, 13; *Unger,* Herstellung und Import unautorisierter Live-Aufnahmen auf Tonträger, ZUM 1988, 59; *ders.,* Die Verlängerung der Schutzfristen für ausübende Künstler: Perpetuierung des bootleg-Problems bei historischen Aufnahmen?, ZUM 1990, 501; *Unger/v. Olenhusen,* Historische Live-Aufnahmen ausübender Künstler im Bereich klassischer Musik, ZUM 1987, 154; *Vogel,* Die Umsetzung der Richtlinie zur Harmonisierung der Schutzdauer des Urheberrechts und bestimmter verwandter Schutzrechte, ZUM 1995, 451; *Waldhausen,* Schutzmöglichkeiten gegen Bootlegs in der Bundesrepublik Deutschland und den USA unter besonderer Berücksichtigung des TRIPS-Abkommens, 2002; *ders.,* Schließt TRIPS die Schutzlücke bei Bootlegs?, ZUM 1998, 1015. *Wandtke,* Zum Urheberrechtsschutz bei ausländischen Künstlern, EWiR 2005, 87. S. im übrigen die Schrifttumsnachweise vor §§ 120 ff., vor §§ 120 ff. Rdnr. 13/50, zu § 120 und vor §§ 73 ff.

Übersicht

	Rdnr.
1. Systematische Stellung, Entstehungsgeschichte und Bedeutung der Bestimmung	1
2. Systematik des § 125	2, 3

§ 125 — Schutz des ausübenden Künstlers

	Rdnr.
3. Schutz aller Darbietungen von ausübenden Künstlern mit deutscher Staatsangehörigkeit (§ 125 Abs. 1 S. 1)	4–6
4. Gleichstellung von Deutschen iSd. Art. 116 Abs. 1 GG (§ 125 Abs. 1 S. 2)	7
5. Gleichstellung von Staatsangehörigen anderer EU- und EWR-Staaten (§ 125 Abs. 1 S. 2)	8
6. Anwendung von für Urheber geltenden Regeln	9
7. Schutz ausländischer ausübender Künstler nach deutschem Fremdenrecht (§ 125 Abs. 2–4, 6, 7)	10–14
a) Schutz inländischer Darbietungen (§ 125 Abs. 2)	10
b) Schutz von Darbietungen auf erstmals im Inland erschienenen Bild- oder Tonträgern (§ 125 Abs. 3)	11
c) Schutz von im Inland durch Funk gesendeten Darbietungen (§ 125 Abs. 4)	12
d) Persönlichkeitsrechtlicher Schutz (§ 125 Abs. 6)	13
e) Vergleich der Schutzfristen (§ 125 Abs. 7)	14
8. Schutz ausländischer ausübender Künstler nach Inhalt der Staatsverträge oder bei Gewährleistung der Gegenseitigkeit (§ 125 Abs. 5)	15, 16
9. Schutz Staatenloser und ausländischer Flüchtlinge (§ 125 Abs. 5 S. 2)	17
10. Fremdenrechtlicher Schutz des Veranstalters	18
11. Ergänzender wettbewerbsrechtlicher Schutz	19

1. Systematische Stellung, Entstehungsgeschichte und Bedeutung der Bestimmung

1   Zur systematischen Stellung, Entstehungsgeschichte und Bedeutung der Bestimmung s. allgemein vor §§ 120 ff. Rdnr. 2 ff. § 125 ist erstmalig durch das **3. UrhGÄndG** vom 23. 6. 1995 (BGBl. I S. 842) geändert worden. Die Änderungen bestanden zum einen darin, dass die **Verweisungen in den Abs. 3, 4 und 6** auf § 75 S. 1 und 2 aF (1965) durch solche auf § 75 Abs. 1 und 2 aF (1965) ersetzt wurden. Dies trägt dem Umstand Rechnung, dass durch dasselbe Gesetz auch **§ 75 aF (1965) geändert** wurde. Diese Änderung wiederum beinhaltete, dass den ausübenden Künstlern neben den schon bisher anerkannten Rechten betreffend die Aufnahme ihrer Darbietungen auf Bild- oder Tonträger (§ 75 S. 1 aF [1965], § 75 Abs. 1 aF [1995]) und die Vervielfältigung dieser Bild- oder Tonträger (§ 75 S. 2 aF [1965], § 75 Abs. 2 aF [1995]) nunmehr auch das ausschließliche Verbreitungsrecht zuerkannt wurde (§ 75 Abs. 2 aF [1995]). Diese Maßnahme diente der Umsetzung von Art. 2 Abs. 1 und Art. 9 Abs. 1 der europäischen Vermiet- und Verleihrechtsrichtlinie (s. zu dieser Einl. Rdnr. 78), die ihrerseits zugunsten auch der ausübenden Künstler das ausschließliche Vermietrecht (Art. 2 Abs. 1) und das ausschließliche Verbreitungsrecht (Art. 9 Abs. 1) vorsehen (s. dazu auch die AmtlBegr. BTDrucks. 13/115 S. 14 f. zu Nr. 3). Zum anderen wurde dem § 125 durch das 3. UrhGÄndG ein **neuer Abs. 7** hinzugefügt. Dieser schreibt zu Lasten ausländischer ausübender Künstler den Vergleich der Schutzfristen vor und dient der Umsetzung von Art. 7 Abs. 2 S. 2 der europäischen Schutzdauerrichtlinie (s. zu dieser Einl. Rdnr. 78; zum Ergebnis die AmtlBegr. BTDrucks. 13/781 S. 16 zu Nr. 12). § 125 wurde ein weiteres Mal durch Art. 1 Nr. 45 des **Gesetzes zur Regelung des Urheberrechts in der Informationsgesellschaft** vom 10. 9. 2003 (BGBl. I S. 1774) geändert. Durch diese Änderung wurde die Bestimmung an die Neufassung der §§ 73 bis 83 durch dasselbe Gesetz (Art. 1 Nr. 25) unter Aufhebung des § 84 (Art. 1 Nr. 26) angepasst (sa. vor §§ 73 ff. Rdnr. 1/7).

2. Systematik des § 125

2   § 125 übernimmt als einzige fremdenrechtliche Vorschrift des UrhG über das verwandte Schutzrecht der ausübenden Künstler aus der über vier Bestimmungen (§§ 120–123) verteilten fremdenrechtlichen Regelung des Urheberrechts nicht nur die Unterscheidung zwischen deutschen, ausländischen und staatenlosen Personen sowie solchen, die ausländische Flüchtlinge sind, sondern erklärt auch mehrfach die urheberrechtlichen Vorschriften für unmittelbar oder entsprechend anwendbar (s. § 125 Abs. 1 S. 2, Abs. 5 S. 2). Die Verweisung auf § 120 Abs. 2 in § 125 Abs. 1 S. 2 bewirkt die Gleichstellung mit ausübenden Künstlern deutscher Staatsangehörigkeit (§ 125 Abs. 1 S. 1) nicht nur zugunsten **Deutscher iSd. Art. 116 Abs. 1 GG,** sondern auch zugunsten von **Staatsangehörigen anderer EU- und EWR-Staaten.** Sieht man von der Regelung der Rechtsstellung **deutscher** und **EU- sowie EWR-europäischer** ausübender Künstler in § 125 Abs. 1, der § 120 auf dem Gebiet des Urheberrechts entspricht, und von der Verweisung in § 125 Abs. 5 S. 2 auf die §§ 122, 123 hinsichtlich der **Staatenlosen** und **ausländischen Flüchtlinge** ab, so sind die restlichen Bestimmungen des § 125, nämlich seine Abs. 2–7, den **ausländischen** ausübenden Künstlern gewidmet; sie entsprechen damit § 121 über das Urheberrecht. Entsprechend dem dort unter Rdnr. 1 Gesagten sind dabei unter

Schutz des ausübenden Künstlers   § 125

ausländischen ausübenden Künstlern solche mit der **Staatsangehörigkeit von Drittstaaten** zu verstehen, die keine Mitgliedstaaten der EU oder Vertragsstaaten des EWR-Abkommens sind.

In Bezug auf die Rechtsstellung ausübender Künstler mit **ausländischer Staatsangehörigkeit** in dem unter Rdnr. 2 aE genannten Sinne trifft das Gesetz neben der Verweisung auf den **Inhalt der Staatsverträge** (§ 125 Abs. 5 S. 1, der § 121 Abs. 4 S. 1 entspricht) und der Bestimmung über den Schutz bei **Gewährleistung der Gegenseitigkeit** (§ 125 Abs. 5 S. 2 iVm. § 121 Abs. 4 S. 2) in § 125 Abs. 2–4 und 6 eine nach den unterschiedlichen Formen der Verwertung von Darbietungen ausübender Künstler **differenzierende Regelung,** nach welcher der inländische Schutz ausländischer ausübender Künstler unabhängig von internationalen Abkommen bereits auf rein **innerstaatlich-fremdenrechtlicher Grundlage** gewährt wird. Hinzu kommt für diese Fälle die neue Bestimmung des § 125 Abs. 7 über den Vergleich der Schutzfristen (s. Rdnr. 1). Die Übersichtlichkeit dieser Regelung ist vor allem dadurch beeinträchtigt, dass § 125 Abs. 6 erst nachträglich auf Empfehlung des Rechtsausschusses des Deutschen Bundestags eingefügt wurde (s. vor §§ 120 ff. Rdnr. 10).

3. Schutz aller Darbietungen von ausübenden Künstlern mit deutscher Staatsangehörigkeit (§ 125 Abs. 1 S. 1)

Entsprechend der Rechtslage im Urheberrecht, nach der Werke deutscher Urheber unabhängig davon geschützt sind, ob und wo die Werke erschienen sind (§ 120 Abs. 1 S. 1, s. § 120 Rdnr. 2), sind auch **ausübende Künstler deutscher Staatsangehörigkeit** gemäß § 125 **Abs. 1 S. 1** für **alle ihre Darbietungen** geschützt, gleichviel, ob diese im Inland oder im Ausland stattfinden (s. dazu auch *Dreier/Schulze*³ Rdnr. 3; *v. Gamm* Rdnr. 1; *Möhring/Nicolini*² Rdnr. 2).

Wirken zwei oder **mehrere ausübende Künstler im Rahmen einer Darbietung zusammen,** wie bei Chor-, Orchester- und Bühnenaufführungen, so erwirbt **jeder Beteiligte ein selbstständiges Schutzrecht** (s. § 73 Rdnr. 39). Nach der Neuregelung des § 80 durch das Gesetz vom 10. 9. 2003 (s. Rdnr. 1) steht in diesen Fällen das Recht zur Verwertung den beteiligten Künstlern zur gesamten Hand zu, wenn sich ihre Anteile an der Darbietung nicht gesondert verwerten lassen (§ 80 Abs. 1 S. 1 nF). Bestimmte Vorschriften über die Miturheberschaft sind entsprechend anwendbar (§ 80 Abs. 1 S. 3 nF). Gleichwohl ist anzunehmen, dass die für die Miturheberschaft geltende Regelung des § 120 Abs. 1 S. 2 auf ausübende Künstler auch nicht entsprechend anwendbar ist. Nach dieser Bestimmung reicht es für den Urheberrechtsschutz aus, wenn einer der Miturheber Deutscher ist (s. § 120 Rdnr. 11). § 125 Abs. 1 S. 2 erklärt nach wie vor § 120 Abs. 2, nicht aber § 120 Abs. 1 S. 2 für anwendbar (zum Ergebnis wie hier *Dreier/Schulze*³ Rdnr. 6; *Kotthoff* in HK-UrhR² Rdnr. 4; zur früheren übereinstimmenden Rechtslage s. die Vorauflage, gleiche Rdnr.; sa. *Fromm/Nordemann*¹⁰ Rdnr. 4).

Zu dem den ausübenden Künstlern nach § 125 Abs. 1 zustehenden Schutz zählt neben den dort ausdrücklich genannten **Rechten aus §§ 73–83** insb. auch der Schutz durch das in § 96 normierte **Verwertungsverbot,** dem vor allem in Bezug auf § 96 Abs. 1 als Ersatz für das bis zum Inkrafttreten des 3. UrhGÄndG (s. Rdnr. 1) insoweit bereits am 24. 6. 1995 (s. Art. 3 Abs. 1 dieses Gesetzes) in den §§ 73 ff. nicht anerkannte Verbreitungsrecht **erhebliche praktische Bedeutung** zukam. Nach BGHZ 121, 319/324 ff. – The Doors – und der schon früher hM (s. die Nachw. in BGHZ 121, 319/325 auch zu Gegenstimmen) konnte mit Hilfe dieser Bestimmung auch der **inländischen Verbreitung** von **im Ausland** nach dem Recht des Aufzeichnungs- und Vervielfältigungslandes **rechtmäßig, aber unautorisiert,** dh. ohne Zustimmung des Künstlers **hergestellten Bild- und Tonträgern** begegnet werden (s. § 77 Rdnr. 12 sowie *Bortloff* S. 163 ff.; *Dreier/Schulze*³ Rdnr. 16; *Katzenberger* GRUR Int. 1993, 640/642 ff.; sa. *Braun* S. 47 ff.; *ders.* GRUR Int. 1996, 790/795 f.). Unter den Bestimmungen der §§ 73–83 sind **§ 74 Abs. 2 S. 2 und 3 nF** sowie **§ 80 Abs. 2 nF** auf **internationale Künstlergruppen,** an denen sich deutsche ausübende Künstler neben ausländischen beteiligen, denen nach § 125 Abs. 2–6 kein inländischer Schutz gewährt wird, mit der Maßgabe anwendbar, dass die deutschen Künstler den Vorstand oder Vertreter iSd. § 74 Abs. 2 S. 2 und 3 nF erforderlichenfalls alleine wählen (s. zu § 80 aF *Möhring/Nicolini*² Rdnr. 2). Dies ist eine Folge der Selbstständigkeit des Schutzes der Darbietungen der einzelnen Künstler (s. Rdnr. 5). Zum Schutz eines **deutschen Veranstalters** iSd. § 81 auch für **Veranstaltungen im Ausland** nach § 125 Abs. 1 s. OLG München ZUM 1997, 144 – Michael Jackson-Konzert; sa. Rdnr. 18.

§ 125

4. Gleichstellung von Deutschen iSd. Art. 116 Abs. 1 GG (§ 125 Abs. 1 S. 2)

7 Ebenso wie bei Urhebern (s. § 120 Rdnr. 3) sind auch ausübenden Künstlern mit deutscher Staatsangehörigkeit solche Künstler gleichgestellt, die **Deutsche iSd. Art. 116 Abs. 1 GG** sind, ohne die deutsche Staatsangehörigkeit zu besitzen. Dies folgt aus der Verweisung auf § 120 Abs. 2 und damit auch auf dessen Nr. 1 in § 125 Abs. 1 S. 2. Zu den Einzelheiten s. § 120 Rdnr. 16.

5. Gleichstellung von Staatsangehörigen anderer EU- und EWR-Staaten (§ 125 Abs. 1 S. 2)

8 Ebenfalls wie bei den Urhebern (s. § 120 Rdnr. 4) sind ausübenden Künstlern mit deutscher Staatsangehörigkeit auch Künstler gleichgestellt, die **Staatsangehörige anderer EU- oder EWR-Staaten** sind. Auch dies folgt aus der Verweisung in § 125 Abs. 1 S. 2 auf § 120 Abs. 2 und damit auch auf dessen Nr. 2. Zu den Einzelheiten und Konsequenzen dieser Gleichstellung ist auf § 120 Rdnr. 5 ff. zu verweisen. Grundlegend entschieden wurde diese Rechtslage durch das Phil Collins-Urteil des EuGH vom 20. 10. 1993 (s. vor §§ 120 ff. Rdnr. 3). Dieses Urteil hatte die Rechtsstellung britischer ausübender Künstler (Phil Collins und Cliff Richard) in Deutschland in Bezug auf Darbietungen aus den Jahren 1958, 1959 und 1983 in Großbritannien bzw. in den USA zum Gegenstand. Inzwischen sind auch von den deutschen Gerichten mehrfach Klagen zugunsten ausländischer Künstler unter Berufung auf § 125 Abs. 1 und das gemeinschaftsrechtliche Diskriminierungsverbot entschieden worden (s. BGHZ 125, 382/386 ff. – Rolling Stones; BGH GRUR Int. 1995, 503/504 f. – Cliff Richard II; BGH GRUR 1998, 568/569 f. – Beatles-Doppel-CD; BGH GRUR 1999, 49/51 – Bruce Springsteen and his Band; zu den Anforderungen an den Nachweis der Zugehörigkeit zu einem EU- oder EWR-Staat s. OLG Köln GRUR-RR 2005, 75 – Queen; sa. § 120 Rdnr. 4 ff.).

6. Anwendung von für Urheber geltenden Regeln

9 Auch für ausübende Künstler gelten im Übrigen die in Bezug auf Urheber im Einzelnen dargestellten Regeln über die Maßgeblichkeit der Person des Urhebers bzw. Künstlers, nicht des Rechtsnachfolgers (s. § 120 Rdnr. 10), über die deutsche Staatsangehörigkeit, Angehörige der ehemaligen DDR und den Begriff der Deutschen iSd. Art. 116 Abs. 1 GG (s. § 120 Rdnr. 13–16), über mehrfache Staatsangehörigkeit (s. § 120 Rdnr. 17) und über die Folgen eines Wechsels der Staatsangehörigkeit (§ 120 Rdnr. 18–19). Auf diese Regeln ist daher hier nur zu verweisen.

7. Schutz ausländischer ausübender Künstler nach deutschem Fremdenrecht (§ 125 Abs. 2–4, 6, 7)

10 a) **Schutz inländischer Darbietungen (§ 125 Abs. 2).** Nach **§ 125 Abs. 2** steht ausländischen ausübenden Künstlern iSd. unter Rdnr. 2 aE Gesagten der Schutz für alle ihre **im Inland stattfindenden Darbietungen** zu, soweit es sich nicht um einen Schutz handelt, für den Abs. 3 und 4 des § 125 etwas anderes bestimmen. **§ 125 Abs. 3** betrifft den Schutz hinsichtlich der weiteren Verwertung erschienener Bild- und Tonträger, auf denen Darbietungen ausländischer ausübender Künstler erlaubterweise aufgenommen worden sind (s. Rdnr. 11), **§ 125 Abs. 4** den Schutz hinsichtlich der weiteren Verwertung von erlaubterweise durch Funk gesendeten Darbietungen solcher Künstler (s. Rdnr. 12); zust. zu beiden Aspekten BGH GRUR 1999, 49/51 – Bruce Springsteen and his Band). In beiden Fällen handelt es sich um einen **Schutz gegen mittelbare Verwertung** (s. die AmtlBegr. BTDrucks. IV/270 S. 113 zu § 135, jetzt § 125). In den **Anwendungsbereich des § 125 Abs. 2** fällt somit, jeweils bezogen auf ausländische ausübende Künstler iSd. unter Rdnr. 2 aE Gesagten, der von den ausübenden Künstlern nach den §§ 74 bis 83 nF zustehende Schutz mit Ausnahme des in § 125 Abs. 3 und Abs. 4 geregelten und an bestimmte Voraussetzungen geknüpften Schutzes. Dies bedeutet insbes. den Schutz gegen die Aufnahme ihrer inländischen Darbietungen auf Bild- und Tonträger (§ 77 Abs. 1 nF), die Vervielfältigung und Verbreitung solcher Aufnahmen (§ 77 Abs. 2 nF) sowie die öffentliche Zugänglichmachung, Sendung und Bildschirm- und Lautsprecherwiedergabe der Darbietungen (§ 78 Abs. 1 Nr. 1–3 nF), einschließlich aller dieser Verwertungsvorgänge, die sich auf unerlaubt hergestellte Bild- oder Tonträger oder unerlaubt ausgestrahlte Sendungen stützen (so im Ergebnis auch *Dreier/Schulze*[3] Rdnr. 11; *Wandtke/Bullinger*[3] Rdnr. 9). Dasselbe gilt für die Verwertung erlaubterweise hergestellter, aber nicht erschienener Bild- oder Tonträger (ebenso *Möhring/Nicolini*[2] Rdnr. 7). Hat ein ausländischer ausübender Künstler aber

Schutz des ausübenden Künstlers **§ 125**

die Aufnahme oder Sendung seiner ausländischen Darbietung erlaubt und sind die Bild- oder Tonträger zuerst im Ausland und dann auch nicht innerhalb von 30 Tagen im Inland erschienen bzw. ist die Sendung im Ausland ausgestrahlt worden, so entfällt hinsichtlich der weiteren Verwertung dieser Darbietung mittels dieser Bild- oder Tonträger bzw. Sendung nicht nur der Schutz nach § 125 Abs. 3 und Abs. 4, sondern auch derjenige nach § 125 Abs. 2. Im Hinblick auf **§ 121 Abs. 6** ist die Bedingung des § 121 Abs. 2, dass es sich um eine inländische Darbietung handeln muss, im praktischen Ergebnis allerdings teilweise obsolet (s. Rdnr. 13). Zur Bedingung einer inländischen Darbietung als Voraussetzung für die Begründung des Schutzes nach § 125 Abs. 2 s. BGH GRUR 1986, 454/455 – Bob Dylan – gegen OLG München GRUR 1983, 312/314 – Bob Dylan; OLG Frankfurt/M GRUR Int. 1993, 872 – Bruce Springsteen; OLG Köln GRUR 1992, 388 – Prince; OLG München ZUM 1991, 540/541 – U 2 – und GRUR 1994, 118/120 – Beatles CD's.

b) Schutz von Darbietungen auf erstmals im Inland erschienenen Bild- oder Tonträgern (§ 125 Abs. 3). In Anlehnung an den Grundgedanken des § 121 Abs. 1 (s. die Amtl-Begr. BTDrucks. IV/270 S. 113 zu § 135, jetzt § 125) bestimmt **§ 125 Abs. 3**, dass Darbietungen ausländischer ausübender Künstler, die **erlaubterweise auf erschienene Bild- oder Tonträger aufgenommen** worden sind, gegen die **weitere Verwendung** dieser Bild- oder Tonträger durch Vervielfältigung und Verbreitung (§ 77 Abs. 2 S. 1 nF), öffentliche Zugänglichmachung (§ 78 Abs. 1 Nr. 1 nF) und vergütungspflichtige öffentliche Wiedergaben (§ 78 Abs. 2 nF) geschützt sind, wenn diese Bild- oder Tonträger **erstmals** oder innerhalb von 30 Tagen nach dem erstmaligen Erscheinen im Ausland **im Inland erschienen** sind (s. zur Parallele des Urheberrechts § 121 Rdnr. 5). Für den **Begriff des Erscheinens** gilt die Legaldefinition des § 6 Abs. 2 (s. dort Rdnr. 29 ff.). Entscheidend ist das Angebot an die Öffentlichkeit oder das Inverkehrbringen im Inland; darauf, ob die Darbietung, die Aufnahme und die Vervielfältigung im In- oder Ausland stattgefunden haben, kommt es nicht an (s. auch *Dreier/Schulze*³ Rdnr. 12; *v. Gamm* Rdnr. 3; *Wandtke/Bullinger*³ Rdnr. 11; *Fromm/Nordemann*¹⁰ Rdnr. 9; *Kotthoff* in HK-UrhR² Rdnr. 8; s. ferner mit weiteren Einzelheiten § 121 Rdnr. 5). Handelt es sich um eine Darbietung im Inland, so schränkt § 125 Abs. 3 den in § 125 Abs. 2 geregelten Schutz ein (s. Rdnr. 10). Zu Anwendungsfällen des § 125 Abs. 3 s. OLG Frankfurt/M ZUM 1996, 697/701 f. – Yellow Submarine; OLG Hamburg ZUM 1995, 334 – Elvis Presley: Schutzbegründung im letzten Fall durch erstes Erscheinen von Tonträgern im Jahre 1991 in Deutschland, obwohl die betreffenden Darbietungen aus der Zeit vor 1966 bei Inkrafttreten des UrhG am 1. 1. 1966 in Deutschland nicht geschützt waren (s. § 129 Abs. 1), jedoch noch die Chance der Schutzbegründung durch erstes Erscheinen im deutschen Inland hatten (s. § 129 Rdnr. 18). Dem ist unter Hinweis auf die Parallele zu § 121 Abs. 1 (s. dort Rdnr. 3 aE) zuzustimmen. 11

c) Schutz von im Inland durch Funk gesendeten Darbietungen (§ 125 Abs. 4). Darbietungen ausländischer ausübender Künstler, die **erlaubterweise durch Funk gesendet** worden sind, sind nach **§ 125 Abs. 4** gegen die **weitere Verwertung** durch Aufnahme der Funksendung auf Bild- oder Tonträger (§ 77 Abs. 1 nF), durch Weitersendung der Funksendung (§ 78 Abs. 1 Nr. 2 nF) sowie in Bezug auf die öffentliche Wiedergabe der Funksendung (§ 78 Abs. 2 nF) dann geschützt, wenn die **Funksendung im Inland ausgestrahlt** worden ist. Darauf, ob die Darbietung im Inland oder im Ausland stattgefunden hat, kommt es nicht an (sa. *v. Gamm* Rdnr. 3; *Möhring/Nicolini*² Rdnr. 9). In Bezug auf inländische Darbietungen schränkt § 125 Abs. 4 durch die Bedingung der inländischen Ausstrahlung den generellen Schutz inländischer Darbietungen durch § 125 Abs. 2 ein (s. Rdnr. 10). In Bezug auf **Live-Sendungen** von Darbietungen ausländischer ausübender Künstler ist der Schutz gegen Aufzeichnung ist die Bedingung der Inlandsausstrahlung allerdings auf Grund § 121 Abs. 6 obsolet (s. Rdnr. 13). 12

d) Persönlichkeitsrechtlicher Schutz (§ 125 Abs. 6). Gemäß **§ 125 Abs. 6** stehen ausländischen ausübenden Künstlern der **persönlichkeitsrechtliche Schutz** auf Anerkennung und gegen Beeinträchtigung ihrer Darbietungen (§§ 74 und 75 nF) sowie die auch persönlichkeitsrechtlich geprägten Rechte zur Bildschirm- und Lautsprecherübertragung der Darbietung (§ 78 Abs. 1 Nr. 3 nF), zu deren Aufnahme auf Bild- oder Tonträger (§ 77 Abs. 1 nF) sowie zur unmittelbaren Funksendung der Darbietung § 78 Abs. 1 Nr. 2 nF) für **alle ihre Darbietungen** zu, auch wenn die Voraussetzungen der Abs. 2–5 nicht gegeben sind. Durch diese erst nachträglich eingefügte Regelung (s. Rdnr. 3) werden hinsichtlich einer Reihe von Rechten Schutzvoraussetzungen, die in den übrigen fremdenrechtlichen Bestimmungen des § 125 enthalten sind, obsolet (s. Rdnr. 10, 12). Der Schutz gegen die inländische Verbreitung von im Ausland unautorisiert hergestellten Mitschnitten von Darbietungen ausländischer ausübender Künstler durch 13

§ 125 Schutz des ausübenden Künstlers

das Verwertungsverbot nach **§ 96 Abs. 1** (s. Rdnr. 6) zählt nach von BVerfGE 81, 208/218 f. – Bob Dylan – nicht beanstandeter Auffassung des BGH und inzwischen allg. gefestigter Rechtsprechung (s. BGH GRUR 1986, 454/455 – Bob Dylan; BGH GRUR 1987, 814/815 f. – Die Zauberflöte; BGH GRUR 1999, 49/51 – Bruce Springsteen and his Band; sa. OLG Frankfurt/M GRUR Int. 1993, 702 – Bruce Springsteen – und GRUR Int. 1993, 872 – Beatles; OLG Hamburg GRUR Int. 1992, 390/391 – Tonträgersampling, Rolling Stones Live in Atlantic City – und ZUM 1991, 545/546 f. – Rolling Stones Live in Basel; OLG Köln GRUR 1992, 338 f. – Prince; OLG München GRUR 1994, 118/119 – Beatles CD's; OLG Hamburg ZUM 2004, 133/137 – Mit Fe. live dabei, zu Art. 14 Abs. 1 TRIPS; sa. vor §§ 120 ff. Rdnr. 19) nicht zu den ausländischen ausübenden Künstlern durch § 125 Abs. 6 in jedem Fall garantierten Rechten (s. dagegen *Braun* GRUR Int. 1996, 790/795 f.; *Krüger* GRUR Int. 1986, 381/384 ff.; *Schack*[4] Rdnr. 822; *ders.* GRUR 1986, 734/735; *Wandtke/Bullinger*[3] Rdnr. 8; sa. OLG Hamburg ZUM 1985, 371/373 ff. – Karajan – als Vorinstanz des BGH-Urteils „Die Zauberflöte"). Dasselbe muss nunmehr auch für das ausschließliche **Verbreitungsrecht** der ausübenden Künstler nach § 77 Abs. 2 S. 1 nF (§ 75 Abs. 2 aF (1995), s. dazu Rdnr. 1) gelten (ebenso *Dreier/Schulze*[3] Rdnr. 9) und erst recht für das in § 125 Abs. 6 nicht genannte **Vervielfältigungsrecht** nach derselben Bestimmung (s. zu § 75 S. 2 aF (1965) BGH GRUR 1986, 454/455 – Bob Dylan; BGH GRUR 1987, 814/815 – Die Zauberflöte; sa. OLG Köln GRUR-RR 2005, 75/76 – Queen; *Dreier/Schulze*[3] Rdnr. 9). Davon unberührt bleibt der Schutz ausländischer ausübender Künstler gegen Entstellung und sonstige Beeinträchtigung ihrer Darbietungen gemäß § 125 Abs. 6 iVm. § 75, insb. auch gegen die Vervielfältigung und Verbreitung von Tonträgern, die ihre Darbietungen auf entstellende Weise wiedergeben (s. dazu im Einzelnen § 75 Rdnr. 27 ff., 37).

14   **e) Vergleich der Schutzfristen (§ 125 Abs. 7).** § 125 Abs. 7 ist durch das 3. UrhGÄndG vom 23. 6. 1995 in Umsetzung von Art. 7 Abs. 2 der europäischen Schutzdauerrichtlinie neu eingeführt worden (s. Rdnr. 1). Nach dieser **Richtlinienbestimmung** gilt die in Art. 3 der Richtlinie für die verwandten Schutzrechte, darunter auch das Recht der ausübenden Künstler, vorgesehene Schutzdauer grundsätzlich auch für Rechtsinhaber, die nicht Angehörige eines Mitgliedstaaten der Gemeinschaft sind, sofern ihnen der Schutz in den Mitgliedstaaten gewährt wird (S. 1). Jedoch endet der in den Mitgliedstaaten gewährte Schutz spätestens mit dem Tag, an dem der Schutz in dem Drittland endet, dessen Staatsangehöriger der Rechtsinhaber ist, der Schutz darf dabei die in Art. 3 der Richtlinie festgelegte Schutzdauer nicht überschreiten. Dieser Vergleich der Schutzfristen gilt aber nur unbeschadet der internationalen Verpflichtungen der Mitgliedstaaten (S. 2). § 125 hatte bisher einen solchen Vergleich der Schutzfristen nicht vorgesehen, und auch den **internationalen Abkommen** über verwandte Schutzrechte, namentlich dem Rom-Abkommen, ist er im Allg. fremd (s. vor §§ 120 ff. Rdnr. 83 zum Rom-Abkommen; sa. dort Rdnr. 23 zu TRIPS). Aus Letzterem erklärt sich der Vorbehalt zugunsten der internationalen Verpflichtungen der Mitgliedstaaten in Art. 7 Abs. 2 S. 2 der Schutzdauerrichtlinie (s. § 64 Rdnr. 35). Der deutsche Gesetzgeber hat demgemäß in **§ 125 Abs. 7** den Vergleich der Schutzfristen auch nur für diejenigen Fälle vorgesehen, in denen der Schutz ausländischer ausübender Künstler aus dem nationalen Fremdenrecht folgt. Dies sind die Fälle der Abs. 2–4 und 6 des § 125 (s. Rdnr. 10–13).

8. Schutz ausländischer ausübender Künstler nach Inhalt der Staatsverträge oder bei Gewährleistung der Gegenseitigkeit (§ 125 Abs. 5)

15   a) Soweit der Schutz der Darbietungen ausländischer ausübender Künstler nicht bereits nach § 125 Abs. 2–4, 6 begründet ist, bestimmt er sich gemäß **§ 125 Abs. 5 S. 1** nach dem **Inhalt der Staatsverträge.** Der traditionell wichtigste einschlägige internationale Vertrag ist das **Internationale Abkommen über den Schutz der ausübenden Künstler, der Hersteller von Tonträgern und der Sendeunternehmen (Rom-Abkommen)** vom 26. 10. 1961; zu den Grundsätzen dieses Abkommens s. vor §§ 120 ff. Rdnr. 75 ff. Diesem Abkommen ist neuerdings das bereits in Kraft getretene und auch den Rechtsschutz der ausübenden Künstler umfassende **TRIPS-Übereinkommen** zur Seite getreten (s. vor §§ 120 ff. Rdnr. 13 ff.; zum Schutz der Darbietung eines U.S.-amerikanischen ausübenden Künstlers gegen die Vervielfältigung eines unautorisierten Konzertmitschnitts auf DVD gemäß § 125 Abs. 5 iVm. Art. 14 Abs. 1 TRIPS, jedoch mangels eines TRIPS-Schutzes gegen die Verbreitung insoweit nur über das Recht am eigenen Bild, § 22 S. 1 KUG von 1907, des in Aktion gezeigten Künstlers s. LG Berlin ZUM 2006, 761/762 f. – Prince; zum TRIPS-Schutz s. vor §§ 120 ff. Rdnr. 19). Darüber hinaus sind die Rechte der ausübenden Künstler auch Gegenstand des allerdings für Deutschland

noch nicht in Kraft getretenen **WIPO-Vertrags über Darbietungen und Tonträger (WPPT)** (s. vor §§ 120 ff. Rdnr. 84 ff.). In Betracht kommt auch ein Schutz der Rechte der ausübenden Künstler durch **zweiseitige Verträge über den Schutz von Kapitalanlagen** (s. vor §§ 120 ff. Rdnr. 39). Der Schutz der ausübenden Künstler ist jedoch **nicht Gegenstand der internationalen Verträge auf dem Gebiet des Urheberrechts,** insb. der RBÜ (s. vor §§ 120 ff. Rdnr. 41 ff.), des WUA (vor §§ 120 ff. Rdnr. 58 ff.), des WIPO-Urheberrechtsvertrags (WCT) (s. vor §§ 120 ff. Rdnr. 50 ff.) und auch nicht des zweiseitigen deutsch-amerikanischen Übereinkommens von 1892 (vor §§ 120 ff. Rdnr. 72) (zum Ergebnis BGH GRUR 1986, 454/455 f. – Bob Dylan – zum WUA und zum deutsch-amerikanischen Übereinkommen von 1892; bezüglich des WUA bestätigt durch BVerfGE 81, 208/216 ff. – Bob Dylan; BGH GRUR 1987, 814/816 – Die Zauberflöte – zur RBÜ und zum deutsch-österreichischen Übereinkommen von 1930; s. zu diesem vor §§ 120 ff. Rdnr. 73; BGH GRUR 1992, 845/846 f. – Cliff Richard I – zur RBÜ; BGHZ 125, 382/385 f. – Rolling Stones – zur RBÜ; BGH GRUR Int. 1995, 503/504 – Cliff Richard II – zur RBÜ; sa. OLG Frankfurt/M GRUR Int. 1993, 872 – Beatles – und ZUM 1996, 697/698 – Yellow Submarine; OLG Hamburg ZUM 1995, 334/335 – Elvis Presley, und ZUM 2004, 133/136 – Mit Fe. live dabei; OLG Koblenz UFITA 70 [1974] 331/336 – Liebeshändel in Chioggia; *Ulmer* IPRax 1987, 13; aA für Altaufnahmen aus der Zeit vor 1966 zur RBÜ und zum deutsch-amerikanischen Übereinkommen von 1892 *Schack*[4] Rdnr. 820; *ders.* ZUM 1986, 69/71 f. und GRUR 1986, 734/735 f.; OLG Hamburg ZUM 1991, 143/144 – Cliff Richard, und GRUR 1992, 437/438 – Rolling Stones; kritisch zur hM auch *Wandtke/Bullinger*[3] Rdnr. 43). Dies gilt, wie einem Teil der vorstehend zitierten Entscheidungen zu entnehmen ist, auch für den Schutz der ausübenden Künstler durch das **fiktive Bearbeiterurheberrecht** nach § 2 Abs. 2 LUG von 1901/1910 (s. zu diesem Recht vor §§ 73 ff. Rdnr. 3). Ausübende Künstler können sich im Übrigen **auch auf die urheberrechtlichen Abkommen** berufen, soweit sie, und sei es nur durch Improvisationen, zugleich **Komponisten der dargebotenen Musik** sind (s. zu solchen Fällen LG München I GRUR Int. 1993, 82/83 – Duo Gismonti-Vasconcelos; OLG München GRUR Int. 1993, 85/87 – Abdullah Ibrahim – und GRUR Int. 1993, 90/93 – Yosuke Yamashita Quartett). Nach den unter § 121 Rdnr. 2 genannten Grundsätzen, die auch auf § 125 anwendbar sind, steht der Schutz ausländischer ausübender Künstler nach dem Rom-Abkommen **selbstständig** neben dem Schutz nach § 125 Abs. 2–4, 6.

b) In Bezug auf den Schutz ausländischer ausübender Künstler bei **Gewährleistung der Gegenseitigkeit** gilt das unter § 121 Rdnr. 13 zu § 121 Abs. 4 S. 2 Ausgeführte entsprechend. § 125 Abs. 5 S. 2 verweist auf diese Bestimmung. Entsprechende Bekanntmachungen sind bisher auch zu § 125 Abs. 5 S. 2 nicht ergangen. **16**

9. Schutz Staatenloser und ausländischer Flüchtlinge (§ 125 Abs. 5 S. 2)

§ 125 Abs. 5 S. 2 verweist in Bezug auf die Rechtsstellung ausübender Künstler, die staatenlos oder ausländische Flüchtlinge sind, auf **§§ 122, 123,** die entsprechend gelten. Es gelten daher auch die in der Kommentierung dieser Bestimmungen ausgeführten Grundsätze. **17**

10. Fremdenrechtlicher Schutz des Veranstalters

§ 125 betrifft den Schutz deutscher und ausländischer Staatsangehöriger etc. in Bezug auf die in §§ 73–83 gewährten Rechte (s. § 125 Abs. 1). Des näheren ist aber stets nur vom Schutz von **Darbietungen** die Rede. Damit sind nach dem Wortlaut der Bestimmung die durch § 81 geschützten **Leistungen des Veranstalters** nicht ausdrücklich erfasst. Es ist aber davon auszugehen, dass dies nur auf einem Redaktionsversehen beruht und § 125 auch insoweit anzuwenden ist (ebenso *Dreier/Schulze*[3] Rdnr. 20; *v. Gamm* Rdnr. 1; *Möhring/Nicolini*[2] Rdnr. 11; *Wandtke/Bullinger*[3] Rdnr. 47; zum Schutz deutscher Veranstalter in Bezug auf Veranstaltungen im Ausland nach § 125 Abs. 1 s. OLG München ZUM 1997, 144/145 – Michael Jackson-Konzert; sa. § 81 Rdnr. 36). **18**

11. Ergänzender wettbewerbsrechtlicher Schutz

Der BGH (GRUR 1986, 454/456 – Bob Dylan – mit abl. Anm. von *Krüger* und GRUR 1987, 814/816 f. – Die Zauberflöte – mit abl. Anm. von *Schack;* sa. OLG Hamburg GRUR 1989, 525/526 f. – Zauberflöte II; OLG Köln GRUR 1992, 388/390 – Prince) gesteht ausländischen ausübenden Künstlern in Bezug auf Darbietungen, welche weder die Schutzvorausset- **19** zungen des Rom-Abkommens, noch diejenigen des § 125 Abs. 2–4, 6 erfüllen, **wettbewerbsrechtlichen Schutz** gegen die **unmittelbare Übernahme ihrer Leistungen durch unautorisierte Mitschnitte** (sog. bootlegging) auf der Grundlage des § 1 UWG aF (jetzt §§ 3, 4 Nr. 9 und 10 UWG nF; s. vor §§ 73 ff. Rdnr. 4, 22) nur bei Vorliegen besonderer Umstände zu, weil auch mittels § 1 UWG aF nicht über die fremdenrechtlichen Beschränkungen des Sonderrechtsschutzes nach §§ 73 ff. hinausgegangen werden dürfe. Die Bob Dylan-Entscheidung des BGH ist von BVerfGE 81, 208/227 f. – Bob Dylan – auch insoweit nicht beanstandet worden. S. im Übrigen auch vor §§ 73 ff. Rdnr. 22.

§ 126 Schutz des Herstellers von Tonträgern

(1) [1]Den nach den §§ 85 und 86 gewährten Schutz genießen deutsche Staatsangehörige oder Unternehmen mit Sitz im Geltungsbereich dieses Gesetzes für alle ihre Tonträger, gleichviel, ob und wo diese erschienen sind. [2]§ 120 Abs. 2 ist anzuwenden. [3]Unternehmen mit Sitz in einem anderen Mitgliedstaat der Europäischen Union oder in einem anderen Vertragsstaat des Abkommens über den Europäischen Wirtschaftsraum stehen Unternehmen mit Sitz im Geltungsbereich dieses Gesetzes gleich.

(2) [1]Ausländische Staatsangehörige oder Unternehmen ohne Sitz im Geltungsbereich dieses Gesetzes genießen den Schutz für ihre im Geltungsbereich dieses Gesetzes erschienenen Tonträger, es sei denn, daß der Tonträger früher als dreißig Tage vor dem Erscheinen im Geltungsbereich dieses Gesetzes außerhalb dieses Gebietes erschienen ist. [2]Der Schutz erlischt jedoch spätestens mit dem Ablauf der Schutzdauer in dem Staat, dessen Staatsangehörigkeit der Hersteller des Tonträgers besitzt oder in welchem das Unternehmen seinen Sitz hat, ohne die Schutzfrist nach § 85 Abs. 3 zu überschreiten.

(3) [1]Im übrigen genießen ausländische Staatsangehörige oder Unternehmen ohne Sitz im Geltungsbereich dieses Gesetzes den Schutz nach Inhalt der Staatsverträge. [2]§ 121 Abs. 4 Satz 2 sowie die §§ 122 und 123 gelten entsprechend.

Schrifttum: *Baum,* Über den Rom-Entwurf zum Schutz der vortragenden Künstler, der Hersteller von Phonogrammen und des Rundfunks, GRUR Int. 1953, 197; *Bortloff,* Der Tonträgerpiraterieschutz im Immaterialgüterrecht, 1995; *Brack,* Die Rechte der ausübenden Künstler und der Hersteller von Tonträgern bei der Verwertung von Schallplatten im Rundfunk, UFITA 50 (1967) 544; *Davies/v. Rauscher auf Weeg,* Das Recht der Hersteller von Tonträgern. Zum Urheber- und Leistungsschutzrecht in der Europäischen Gemeinschaft, 1983; *Gentz,* Aus dem neuen Schallplattenrecht, UFITA 46 (1966) 33; *Hullen,* Illegale Streaming-Filmportale im Internet, ITRB 2008, 230; *Knies,* Die Rechte der Tonträgerhersteller in internationaler und rechtsvergleichender Sicht, 1999; *Nick,* Musikdiebstahl, 1979; *Loef/Verweyen,* „One more Night" – Überlegungen zum abgeleiteten fremdenrechtlichen Filmherstellerschutz, ZUM 2007, 706; *v. Rauscher auf Weeg,* Die Rechte der Rom-Konvention, GRUR Int. 1973, 310; *Schack,* Leistungsschutz für Tonträgeraufnahmen mit ausübenden Künstlern aus den USA, ZUM 1986, 69; *Schäfer/Körfer,* Tonträgerpiraterie, 1995; *Schorn,* Zum Rechtsschutz der ausübenden Künstler und Tonträgerhersteller, NJW 1973, 687; *ders.,* Zum Leistungsschutz nach deutschem Recht, GRUR 1978, 230; *Stewart,* Das Genfer Tonträgerabkommen, UFITA 70 (1974) 1; *Ulmer,* Der Rechtsschutz der ausübenden Künstler, der Hersteller von Tonträgern und der Sendegesellschaften, 1957; *ders.,* Das Rom-Abkommen über den Schutz der ausübenden Künstler, der Hersteller von Tonträgern und der Sendeunternehmungen, GRUR Int. 1961, 569; *ders.,* Der wettbewerbliche Schutz der Schallplattenhersteller, Fs. für Hefermehl, 1971, S. 189; *ders.,* Das Übereinkommen zum Schutz der Hersteller von Tonträgern gegen die unerlaubte Vervielfältigung ihrer Tonträger, GRUR Int. 1972, 68; s. im Übrigen die Schrifttumsnachweise vor §§ 120 ff., vor §§ 120 ff. Rdnr. 13/50, zu § 120 und zu § 85.

Übersicht

	Rdnr.
1. Systematische Stellung, Entstehungsgeschichte und Bedeutung der Bestimmung	1
2. Systematik des § 126	2
3. Schutz von Tonträgerherstellern mit deutscher Staatsangehörigkeit oder Sitz im Geltungsbereich des UrhG (§ 126 Abs. 1 S. 1)	3, 4
4. Gleichstellung von Deutschen iSd. Art. 116 Abs. 1 GG (§ 126 Abs. 1 S. 2)	5
5. Gleichstellung von Tonträgerherstellern aus anderen EU- und EWR-Staaten (§ 126 Abs. 1 S. 2, 3)	6
6. Anwendung für ausländische Regeln	7
7. Schutz von im Inland erstmals erschienenen Tonträgern ausländischer Hersteller. Vergleich der Schutzfristen (§ 126 Abs. 2)	8, 9
8. Schutz ausländischer Hersteller nach Inhalt der Staatsverträge oder bei Gewährleistung der Gegenseitigkeit (§ 126 Abs. 3 S. 1)	10–11
9. Schutz Staatenloser und ausländischer Flüchtlinge (§ 126 Abs. 3 S. 2)	12
10. Ergänzender wettbewerbsrechtlicher Schutz	13

1. Systematische Stellung, Entstehungsgeschichte und Bedeutung der Bestimmung

Zur systematischen Stellung, Entstehungsgeschichte und Bedeutung der Bestimmung s. allgemein vor §§ 120 ff. Rdnr. 2 ff. § 126 ist erstmalig durch das **3. UrhGÄndG** vom 23. 6. 1995 (BGBl. I S. 842) geändert worden. Bei dieser Änderung wurde dem § 126 Abs. 1 und Abs. 2 jeweils ein weiterer Satz hinzugefügt. Die Ergänzung des § 126 Abs. 1 trägt der gebotenen **Gleichstellung von Unternehmen** als Tonträgerherstellern, die ihren **Sitz in einem anderen EU- oder EWR-Staat** haben, mit Unternehmen mit Sitz in der Bundesrepublik Deutschland Rechnung (s. dazu vor §§ 120 ff. Rdnr. 3). Der neue Satz 2 des § 126 Abs. 2 dient der Umsetzung von Art. 7 Abs. 2 der europäischen Schutzdauerrichtlinie (s. zu dieser Einl. Rdnr. 78; § 64 Rdnr. 13 ff.); er sieht zu Lasten von Tonträgerherstellern aus Drittstaaten den **Vergleich der Schutzfristen** vor (s. zu beiden Ergänzungen die AmtlBegr. BTDrucks. 13/781 S. 16 zu Nr. 13). Im Übrigen wurde durch Art. 1 Nr. 46 des Gesetzes zur Regelung des Urheberrechts in der Informationsgesellschaft vom 10. 9. 2003 (BGBl. I S. 1774) die Verweisung in § 126 Abs. 2 S. 2 auf § 85 Abs. 3 an die Neufassung des § 85 durch dasselbe Gesetz (Art. 1 Nr. 27) angepasst.

2. Systematik des § 126

§ 126 fasst, bezogen auf das verwandte Schutzrecht des Herstellers von Tonträgern, die für die Urheber auf vier Bestimmungen (§§ 120–123) verteilten Regelungen zusammen (s. auch § 125 Rdnr. 2). Für **deutsche und gleichgestellte Tonträgerhersteller** gilt § 126 Abs. 1; er entspricht § 120, auf dessen Abs. 2 er auch in S. 2 verweist. Zu den deutschen Tonträgerherstellern gleichgestellten Rechtsinhabern zählen auch **Tonträgerhersteller aus den anderen EU- und EWR-Staaten** (s. vor §§ 120 ff. Rdnr. 3). Daraus folgt, dass unter **ausländischen Tonträgerherstellern** (ausländischen Staatsangehörigen und Unternehmen ohne Sitz im Geltungsbereich des UrhG), auf die sich § 126 Abs. 2 und 3 beziehen, nur Tonträgerhersteller zu verstehen sind, die **Staatsangehörige von Drittstaaten** sind oder ihren **Sitz in Drittstaaten** haben. Mit dieser Beschränkung entspricht § 126 Abs. 2 dem für Urheber geltenden § 121 Abs. 1 über die Schutzbegründung durch erstes Erscheinen im Inland. § 126 Abs. 3 S. 1 entspricht § 121 Abs. 4 S. 1; beide verweisen für den Schutz auf den Inhalt von Staatsverträgen. Den Schutz bei sonstiger Gewährleistung der Gegenseitigkeit gewährt § 126 Abs. 3 S. 2 durch Verweisung auf § 121 Abs. 4 S. 2. In Bezug auf den Schutz von Staatenlosen und von ausländischen Flüchtlingen verweist ebenfalls § 126 Abs. 3 S. 2 auf §§ 122, 123.

3. Schutz von Tonträgerherstellern mit deutscher Staatsangehörigkeit oder Sitz im Geltungsbereich des UrhG (§ 126 Abs. 1 S. 1)

In Anlehnung an die Regelung in § 120 über den unbedingten Urheberrechtsschutz deutscher Staatsangehöriger (s. § 120 Rdnr. 2) sowie in § 125 Abs. 1 S. 1, der eine entsprechende Bestimmung über den Schutz deutscher ausübender Künstler enthält (s. § 125 Rdnr. 4), legt **§ 126 Abs. 1 S. 1** in Bezug auf den Schutz des Herstellers von Tonträgern nach §§ 85, 86 fest, dass dieser Schutz **deutschen Staatsangehörigen** sowie **Unternehmen mit Sitz im Geltungsbereich des UrhG** für **alle ihre Tonträger** zusteht, gleichviel, ob diese erschienen sind oder nicht und ob sie im Inland oder im Ausland erschienen sind (s. dazu die AmtlBegr. BTDrucks. IV/270 S. 113 zu § 136, jetzt § 126).

Die zusätzliche Berücksichtigung von **Unternehmen mit Sitz im Geltungsbereich des UrhG** durch § 126 Abs. 1 S. 1 ist dadurch bedingt, dass die Rechte aus §§ 85, 86 anders als das Urheberrecht und das verwandte Schutzrecht der ausübenden Künstler originär nicht nur natürlichen Personen, sondern auch juristischen Personen zustehen können (s. § 85 Rdnr. 11, 30).

4. Gleichstellung von Deutschen iSd. Art. 116 Abs. 1 GG (§ 126 Abs. 1 S. 2)

Ebenso wie bei Urhebern (s. § 120 Rdnr. 3) und ausübenden Künstlern (s. § 125 Rdnr. 7) sind auch Tonträgerherstellern, die natürliche Personen sind (s. Rdnr. 3) und die deutsche Staatsangehörigkeit besitzen, solche Tonträgerhersteller gleichgestellt, die **Deutsche iSd. Art. 116 Abs. 1 GG** sind, ohne die deutsche Staatsangehörigkeit zu besitzen. Dies folgt aus der Verweisung auf § 120 Abs. 2 und damit auch auf dessen Nr. 1 in § 126 Abs. 1 S. 2. Zu den Einzelheiten s. § 120 Rdnr. 16.

§ 126

5. Gleichstellung von Tonträgerherstellern aus anderen EU- und EWR-Staaten (§ 126 Abs. 1 S. 2, 3)

6 Ebenso wie bei Urhebern (s. § 120 Rdnr. 4) und ausübenden Künstlern (s. § 125 Rdnr. 8) sind Tonträgerherstellern mit deutscher Staatsangehörigkeit solche Tonträgerhersteller gleichgestellt, die **Staatsangehörige eines anderen EU- oder EWR-Staates** sind. Dies ergibt sich aus der Verweisung auf § 120 Abs. 2 und damit auch auf dessen Nr. 2 in § 126 Abs. 1 S. 2 und bezieht sich auf Tonträgerhersteller, die natürliche Personen sind. Da Urheber (und ausübende Künstler) stets natürliche Personen sind und § 120 Abs. 2 Nr. 2 daher nur auf die Staatsangehörigkeit abstellt, bedurfte es zur Gleichstellung von Tonträgerherstellern als **Unternehmen mit Sitz in einem anderen EU- oder EWR-Staat** der ausdrücklichen Bestimmung des neuen § 126 Abs. 1 S. 3, wonach Unternehmen mit Sitz in einem solchen Staat Unternehmen mit Sitz im Geltungsbereich des UrhG gleichgestellt werden (s. Rdnr. 1; zur Geltung des gemeinschafts- und EWR-rechtlichen Diskriminierungsverbots auch gegenüber Unternehmen s. vor § 120 ff. Rdnr. 3).

6. Anwendung von für Urheber geltenden Regeln

7 Auch für Tonträgerhersteller gelten die für Urheber im Einzelnen dargestellten Regeln über die **Maßgeblichkeit** des Urhebers bzw. des **Tonträgerherstellers,** nicht des Rechtsnachfolgers (s. § 120 Rdnr. 10; zum Tonträgerherstellerrecht BGHZ 123, 356/359 – Beatles) und, soweit es sich um Tonträgerhersteller als **natürliche Personen** handelt, über die deutsche Staatsangehörigkeit, Angehörige der ehemaligen DDR und den Begriff der Deutschen iSd. Art. 116 Abs. 1 GG (s. § 120 Rdnr. 13–16), über mehrfache Staatsangehörigkeit (§ 120 Rdnr. 17) sowie über den Wechsel der Staatsangehörigkeit (§ 120 Rdnr. 18–19). Für Tonträgerhersteller als **Unternehmen** gilt abweichend insb., dass solche Hersteller mit **Sitz in der ehemaligen DDR** bis zur deutschen Wiedervereinigung am 3. 10. 1990 (s. vor §§ 120 ff. Rdnr. 25) nicht nach § 126 Abs. 1 geschützt waren, weil sie ihren Sitz nicht im Geltungsbereich des UrhG hatten, der seinerzeit auf die alte Bundesrepublik Deutschland und West-Berlin beschränkt war (s. § 142). Zur Rechtslage nach der deutschen Wiedervereinigung auch im Hinblick auf ältere Tonträger s. vor §§ 120 ff. Rdnr. 25 ff.; s. dazu auch § 121 Rdnr. 4.

7. Schutz von im Inland erstmals erschienenen Tonträgern ausländischer Hersteller. Vergleich der Schutzfristen (§ 126 Abs. 2)

8 Entsprechend den Regelungen in § 121 Abs. 1 bezüglich des Urheberrechtsschutzes und in § 125 Abs. 3 hinsichtlich des Schutzes ausübender Künstler bestimmt **§ 126 Abs. 2,** dass **ausländische Staatsangehörige** sowie **Unternehmen ohne Sitz im Geltungsbereich des UrhG** iSd. unter Rdnr. 2 Gesagten den durch §§ 85, 86 gewährten Schutz dann in Anspruch nehmen können, wenn ihre Tonträger **im Inland erstmals** oder innerhalb von 30 Tagen nach ihrem erstmaligen Erscheinen im Ausland **erschienen** sind. Für den **Begriff des Erscheinens** gilt die Legaldefinition des § 6 Abs. 2 (s. dort Rdnr. 29 ff.). Entscheidend ist das Angebot an die Öffentlichkeit oder das Inverkehrbringen im Inland; auf die Herstellung der Tonträger im Inland oder im Ausland kommt es nicht an (s. zur entsprechenden Rechtslage in Bezug auf den Schutz der ausübenden Künstler § 125 Rdnr. 11). Zum Schutz einer Schallplatte eines ausländischen Herstellers nach § 126 Abs. 2 und zur Beweislast hinsichtlich des Erscheinens im Ausland früher als 30 Tage vor dem Erscheinen im Inland s. LG Düsseldorf UFITA 84 (1979) 241 – Carolina Dreams; zum Scheitern eines Schutzes nach § 126 Abs. 2 s. OLG München ZUM-RD 1997, 357/358 – Garth Brooks.

9 § 126 Abs. 2 S. 2 über den **Vergleich der Schutzfristen** ist durch das 3. UrhGÄndG vom 23. 6. 1995 in Umsetzung von Art. 7 Abs. 2 der europäischen Schutzdauerrichtlinie neu eingeführt worden (s. Rdnr. 1). Nach dieser **Richtlinienbestimmung** gilt die in Art. 3 der Richtlinie für die verwandten Schutzrechte, darunter auch das Recht der Tonträgerhersteller, vorgesehene Schutzdauer grundsätzlich auch für Rechtsinhaber, die nicht Angehörige eines Mitgliedstaats der Gemeinschaft sind, sofern ihnen der Schutz in den Mitgliedstaaten gewährt wird (S. 1). Jedoch endet dieser Schutz spätestens mit dem Tag, an dem der Schutz in dem Drittland endet, dessen Staatsangehöriger der Rechtsinhaber ist, der Schutz darf dabei die in Art. 3 der Richtlinie festgelegte Dauer nicht überschreiten; dieser Vergleich der Schutzfristen gilt aber nur unbeschadet der internationalen Verpflichtungen der Mitgliedstaaten (S. 2). **§ 126**

hatte früher einen solchen Vergleich der Schutzfristen nicht vorgesehen; er ist auch den **internationalen Abkommen** über verwandte Schutzrechte im Allg. fremd (s. vor §§ 120 ff. Rdnr. 83 zum Rom-Abkommen; sa. dort Rdnr. 23 zu TRIPS). Aus Letzterem erklärt sich der Vorbehalt zugunsten der internationalen Verpflichtungen der Mitgliedstaaten in Art. 7 Abs. 2 S. 2 der Schutzdauerrichtlinie (s. § 64 Rdnr. 35). Der deutsche Gesetzgeber hat demgemäß in **§ 126 Abs. 2 S. 2** den Vergleich der Schutzfristen auch nur für diejenigen Fälle vorgesehen, in denen der Schutz ausländischer Tonträgerhersteller aus dem nationalen Fremdenrecht folgt. S. hierzu auch die Parallele in § 125 Abs. 7 (dazu § 125 Rdnr. 14). Der Vergleich der Schutzfristen greift daher zB nicht Platz, wenn der Schutz ausländischer Tonträger auf das Genfer Tonträgerabkommen gestützt werden kann (s. OLG Hamburg ZUM 1999, 853/857 – Frank Sinatra I, und GRUR-RR 2001, 73/77 f. – Frank Sinatra II; dort, S. 857 f. bzw. 78 f. auch zum möglichen Wiederaufleben eines bereits erloschenen Schutzes nach § 137 f Abs. 2).

8. Schutz ausländischer Hersteller nach Inhalt der Staatsverträge oder bei Gewährleistung der Gegenseitigkeit (§ 126 Abs. 3)

a) Wiederum entsprechend §§ 121 Abs. 4 S. 1, 125 Abs. 5 S. 1 steht ausländischen Tonträgerherstellern iSd. unter Rdnr. 2 Gesagten im Übrigen der Schutz **nach dem Inhalt der Staatsverträge** zu (**§ 126 Abs. 3 S. 1**). In Betracht zu ziehen sind die folgenden internationalen Verträge: das **Internationale Abkommen über den Schutz der ausübenden Künstler, der Hersteller von Tonträgern und der Sendeunternehmen (Rom-Abkommen)** vom 26. 10. 1961 (s. vor §§ 120 ff. Rdnr. 75 ff.) sowie das **Übereinkommen zum Schutz der Hersteller von Tonträgern gegen die unerlaubte Vervielfältigung ihrer Tonträger (Genfer Tonträger-Abkommen)** vom 29. 10. 1971 (s. vor §§ 120 ff. Rdnr. 92 ff.), zusätzlich neuerdings das bereits in Kraft getretene **TRIPS-Übereinkommen** (s. vor §§ 120 ff. Rdnr. 13 ff.) und der für Deutschland noch nicht in Kraft getretene **WIPO-Vertrag über Darbietungen und Tonträger (WPPT)** (s. vor §§ 120 ff. Rdnr. 84 ff.), ferner **zweiseitige Verträge über den Schutz von Kapitalanlagen** (s. vor §§ 120 ff. Rdnr. 39). Zum zeitlichen Anwendungsbereich des Rom-Abkommens und des Genfer Tonträger-Abkommens s. BGHZ 123, 356/360 ff. – Beatles; zum Letzteren auch OLG Hamburg ZUM 1994, 518 f. – Creedence Clearwater Revival; sowie ZUM 1999, 853/856 – Frank Sinatra I, und GRUR-RR 2001, 73/77 – Frank Sinatra II, sa. vor §§ 120 ff. Rdnr. 95; zu den sonstigen Schutzvoraussetzungen nach beiden Abkommen s. OLG Hamburg ZUM 1991, 545/546 ff. – Rolling Stones Live in Basel; zum Genfer Tonträger-Abkommen OLG Hamburg ZUM-RD 1997, 389/390 ff. – Nirvana; OLG München ZUM-RD 1997, 357/358 – Garth Brooks; zum Ausschluss des Vergleiches der Schutzfristen so. Rdnr. 9. Der Schutz ausländischer Tonträgerhersteller nach § 126 Abs. 3 S. 1 und derjenige nach § 126 Abs. 2 stehen **selbstständig** nebeneinander (s. dazu § 121 Rdnr. 2).

b) Gemäß **§ 126 Abs. 3 S. 2** ist § 121 Abs. 4 S. 2 entsprechend anwendbar. Daraus ergibt sich, dass ausländischen Staatsangehörigen bzw. Unternehmen mit Sitz im Ausland iSd. unter Rdnr. 2 Gesagten der Schutz nach §§ 85, 86 mangels eines Staatsvertrags bei **Gewährleistung der Gegenseitigkeit** des Schutzes zusteht; Letztere muss durch eine Bekanntmachung des Bundesministers der Justiz **formell festgestellt** sein (s. zu den Einzelheiten § 121 Rdnr. 13). Bisher ist nur eine einzige solche Bekanntmachung erfolgt, und zwar für das Verhältnis zu **Indonesien**, und auch dies beschränkt auf das Vervielfältigungs- und Verbreitungsrecht nach § 85 Abs. 1 und 2 (s. Bek. vom 29. 9. 1988 BGBl. I S. 2071).

9. Schutz Staatenloser und ausländischer Flüchtlinge (§ 126 Abs. 3 S. 2)

§ 126 Abs. 3 S. 2 verweist in Bezug auf die fremdenrechtliche Rechtsstellung von Tonträgerherstellern, die staatenlos oder ausländische Flüchtlinge sind, auf eine entsprechende Anwendung der **§§ 122, 123**. Die in der Kommentierung dieser Bestimmungen ausgeführten Grundsätze gelten daher entsprechend.

10. Ergänzender wettbewerbsrechtlicher Schutz

Der § 85 ergänzende wettbewerbsrechtliche Schutz (s. § 85 Rdnr. 58, 94) unterliegt keinen fremdenrechtlichen Beschränkungen mehr (s. vor §§ 120 ff. Rdnr. 113).

§ 127 Schutz des Sendeunternehmens

(1) ¹Den nach § 87 gewährten Schutz genießen Sendeunternehmen mit Sitz im Geltungsbereich dieses Gesetzes für alle Funksendungen, gleichviel, wo sie diese ausstrahlen. ²§ 126 Abs. 1 Satz 3 ist anzuwenden.

(2) ¹Sendeunternehmen ohne Sitz im Geltungsbereich dieses Gesetzes genießen den Schutz für alle Funksendungen, die sie im Geltungsbereich dieses Gesetzes ausstrahlen. ²Der Schutz erlischt spätestens mit dem Ablauf der Schutzdauer in dem Staat, in dem das Sendeunternehmen seinen Sitz hat, ohne die Schutzfrist nach § 87 Abs. 3 zu überschreiten.

(3) ¹Im übrigen genießen Sendeunternehmen ohne Sitz im Geltungsbereich dieses Gesetzes den Schutz nach Inhalt der Staatsverträge. ²§ 121 Abs. 4 Satz 2 gilt entsprechend.

Schrifttum: *Dreier,* Kabelrundfunk, Satelliten und das Rom-Abkommen zum Schutz der ausübenden Künstler, der Hersteller von Tonträgern und der Sendeunternehmen, GRUR Int. 1988, 753; *Flechsig,* Schutz der Rundfunkanstalt gegen Einfuhr und Verbreitung unautorisierter Sendekopien, UFITA 81 (1987) 97; *Klinter,* Die Brüsseler Satellitenkonvention, UFITA 74 (1995), 221; *v. Münchhausen,* Der Schutz der Sendeunternehmen nach deutschem, europäischem und internationalem Recht, 2001; *Schulze,* Inkrafttreten des Brüsseler Satellitenübereinkommens, UFITA 87 (1980), 187; *Steup/Bungeroth,* Die Brüsseler Konferenz zum Schutz der durch Satelliten übertragenen Sendungen, GRUR Int. 1975, 124; *Stolz,* Die Rechte der Sendeunternehmen nach dem Urheberrechtsgesetz und ihre Wahrnehmung, 1987; *v. Ungern-Sternberg,* Die Satellitensendungen des Rundfunks – zur Frage ihres Schutzes durch das Rom-Abkommen, GRUR Int. 1970, 303; *ders.,* Die Rechte der Urheber an Rundfunk- und Drahtfunksendungen, 1973. S. im Übrigen die Schrifttumsnachweise vor §§ 120 ff., vor §§ 120 ff. Rdnr. 13 und zu § 87.

Übersicht

	Rdnr.
1. Systematische Stellung, Entstehungsgeschichte und Bedeutung der Bestimmung	1
2. Systematik des § 127	2
3. Schutz von Sendeunternehmen mit Sitz im Geltungsbereich des UrhG oder in einem anderen EU- oder EWR-Staat (§ 127 Abs. 1)	3
4. Schutz von Sendeunternehmen mit Sitz im Ausland. Vergleich der Schutzfristen	4, 5
5. Schutz ausländischer Sendeunternehmen nach Inhalt der Staatsverträge oder bei Gewährleistung der Gegenseitigkeit (§ 127 Abs. 3)	6, 7
6. Ergänzender wettbewerbsrechtlicher Schutz	8

1. Systematische Stellung, Entstehungsgeschichte und Bedeutung des § 127

1   Zur systematischen Stellung, Entstehungsgeschichte und Bedeutung des § 127 s. allgemein vor §§ 120 ff. Rdnr. 2 ff. § 127 ist erstmalig durch das **3. UrhGÄndG** vom 23. 6. 1995 (BGBl. I S. 842) geändert worden. Diese Änderungen durch Anfügung je eines Satzes in Abs. 1 und 2 dienten zum einen der gebotenen **Gleichstellung von Sendeunternehmen mit Sitz in einem anderen EU- oder EWR-Staat** mit Sendeunternehmen mit Sitz in der Bundesrepublik Deutschland (s. dazu vor §§ 120 ff. Rdnr. 3). Diese Maßnahme entspricht derjenigen in Bezug auf Tonträgerhersteller, so dass § 127 Abs. 1 S. 2 sich darauf beschränken kann, auf § 126 Abs. 1 S. 3 zu verweisen (s. dort Rdnr. 1). Die Ergänzung des § 127 Abs. 2 hat die Einführung des **Vergleichs der Schutzfristen** in Umsetzung von Art. 7 Abs. 2 der europäischen Schutzdauerrichtlinie zum Gegenstand. Dies entspricht den gleichen Maßnahmen in Bezug auf die verwandten Schutzrechte der ausübenden Künstler (§ 125 Abs. 7) und der Tonträgerhersteller (§ 126 Abs. 2 S. 2) (s. die AmtlBegr. BTDrucks. 13/781 S. 16 zu Nr. 14). Es kann daher auch auf die entsprechenden Erläuterungen dieser Bestimmungen (§ 125 Rdnr. 8, 14 und § 126 Rdnr. 6, 9) verwiesen werden. Des Weiteren wurde durch Art. 1 Nr. 47 des Gesetzes zur Regelung des Urheberrechts in der Informationsgesellschaft vom 10. 9. 2003 (BGBl. I S. 1774) die Verweisung in § 127 Abs. 2 S. 2 auf § 87 Abs. 3 an die Neufassung des § 87 durch dasselbe Gesetz (Art. 1 Nr. 29) angepasst.

2. Systematik des § 127

2   § 127 Abs. 1 hat die Rechtstellung von Sendeunternehmen mit **Sitz im Geltungsbereich des UrhG** oder in einem anderen **EU- oder EWR-Staat** zum Gegenstand. Demgegenüber betreffen **§ 127 Abs. 2 und 3** Sendeunternehmen mit Sitz in **Drittstaaten**. Dabei enthalten § 127 Abs. 2 die national-fremdenrechtliche Regelung inklusive des Vergleichs der Schutzfristen

Schutz des Sendeunternehmens **§ 127**

(s. dazu näher die Parallelen in § 125 Rdnr. 14 und § 126 Rdnr. 9) und § 127 Abs. 3 die Verweisung auf Staatsverträge sowie die sonstige Gewährleistung der Gegenseitigkeit.

3. Schutz von Sendeunternehmen mit Sitz im Geltungsbereich des UrhG oder in einem anderen EU- oder EWR-Staat (§ 127 Abs. 1)

Sendeunternehmen, die ihren **Sitz im Geltungsbereich des UrhG** oder **in einem anderen EU- oder EWR-Staat** haben, sind in Bezug auf das verwandte Schutzrecht des § 87 für alle ihre Funksendungen geschützt, gleichviel, ob sie diese im Inland oder im Ausland ausstrahlen (**§ 127 Abs. 1**; zum Ergebnis in Bezug auf die Ausstrahlung im Ausland *Dreier/Schulze*[3] Rdnr. 3; *Kotthoff* in HK-UrhR[2] Rdnr. 2; *Möhring/Nicolini*[2] Rdnr. 1; *Wandtke/Bullinger*[3] Rdnr. 2). Zu dem durch § 127 Abs. 1 gewährten Schutz zählt auch derjenige gegen Einfuhr und Verbreitung von Aufzeichnungen von Sendungen, die im Ausland nach dem Recht des Aufnahmelandes rechtmäßig, aber unautorisiert vorgenommen worden sind (s. § 87 Rdnr. 38 f. mwN). 3

4. Schutz von Sendeunternehmen mit Sitz im Ausland. Vergleich der Schutzfristen (§ 127 Abs. 2)

Sendeunternehmen, die ihren **Sitz** nicht im Geltungsbereich des UrhG, sondern **im Ausland** iSd. unter Rdnr. 2 Gesagten haben, sind nach deutschem innerstaatlichen Fremdenrecht nur für alle diejenigen ihrer Funksendungen nach § 87 geschützt, die sie **im Inland ausstrahlen** (§ 127 Abs. 2 S. 1). Entscheidend ist der Sendevorgang durch Ausstrahlung der Sendung, nicht die Empfangsmöglichkeit im Inland, auch wenn eine Sendung aus dem Ausland gezielt ins Inland ausgestrahlt wird (ebenso *Dreier/Schulze*[3] Rdnr. 4; *Fromm/Nordemann*[10] Rdnr. 4; *v. Gamm* Rdnr. 1; *Kotthoff* in HK-UrhR[2] Rdnr. 3; *Wandtke/Bullinger*[3] Rdnr. 3). 4

In den Fällen, in denen der Schutz ausländischer Sendeunternehmen in Deutschland sich aus § 127 Abs. 2 S. 1 ergibt, ist nach S. 2 dieser Bestimmung der **Vergleich der Schutzfristen** mit dem Sitzstaat des Sendeunternehmens durchzuführen. Näheres kann der Parallele beim verwandten Schutzrecht des Tonträgerherstellers (s. § 126 Rdnr. 9) entnommen werden. 5

5. Schutz ausländischer Sendeunternehmen nach Inhalt der Staatsverträge oder bei Gewährleistung der Gegenseitigkeit (§ 127 Abs. 3)

a) Soweit ein Schutz nach § 127 Abs. 2 nicht besteht, steht er Sendeunternehmen, die ihren Sitz nicht im Geltungsbereich des UrhG, sondern im Ausland iSd. unter Rdnr. 2 Gesagten haben, gemäß **§ 127 Abs. 3 S. 1** nach **Inhalt der Staatsverträge** zu. Diese Regelung entspricht derjenigen in §§ 121 Abs. 4 S. 1, 125 Abs. 5 S. 1 und 126 Abs. 3 S. 1. Staatsverträge iSd. § 127 Abs. 3 S. 1 sind: das **Internationale Abkommen über den Schutz der ausübenden Künstler, der Hersteller von Tonträgern und der Sendeunternehmen (Rom-Abkommen)** vom 26. 10. 1961 (s. vor §§ 120 ff. Rdnr. 75 ff.), das **Übereinkommen über die Verbreitung der durch Satelliten übertragenen programmtragenden Signale (Brüsseler Satelliten-Abkommen)** vom 21. 5. 1974 (s. vor §§ 120 ff. Rdnr. 96 ff.), das **Europäische Abkommen zum Schutz von Fernsehsendungen (Europäisches Fernseh-Abkommen)** vom 22. 6. 1960 (s. vor §§ 120 ff. Rdnr. 100 ff.), auch das **TRIPS-Übereinkommen** (s. vor §§ 120 ff. Rdnr. 13 ff./23), nicht aber das Europäische Übereinkommen zur Verhütung von Rundfunksendungen, die von Sendestellen außerhalb des staatlichen Hoheitsgebiets gesendet werden, vom 22. 1. 1965 (s. vor §§ 120 ff. Rdnr. 111). 6

b) Für den Schutz ausländischer Sendeunternehmen in den Fällen, in denen Staatsverträge nicht anwendbar sind, verweist **§ 127 Abs. 3 S. 2** auf § 121 Abs. 4 S. 2, der entsprechend anwendbar ist. Der Schutz ist danach davon abhängig, dass **Gegenseitigkeit** gewährleistet und dies durch eine Bekanntmachung des Bundesministers der Justiz **formell festgestellt** ist (s. Näheres unter § 121 Rdnr. 13). Zum Schutz der Sendeunternehmen sind entsprechende Bekanntmachungen bisher noch nicht erfolgt. 7

6. Ergänzender wettbewerbsrechtlicher Schutz

Der § 87 ergänzende wettbewerbsrechtliche Schutz (s. § 87 Rdnr. 60) steht ausländischen Sendeunternehmen nunmehr ohne fremdenrechtliche Beschränkungen zu (s. vor §§ 120 ff. Rdnr. 113). 8

§ 127 a Schutz des Datenbankherstellers

(1) ¹Den nach § 87 b gewährten Schutz genießen deutsche Staatsangehörige sowie juristische Personen mit Sitz im Geltungsbereich dieses Gesetzes. ²§ 120 Abs. 2 ist anzuwenden.

(2) Die nach deutschem Recht oder dem Recht eines der in § 120 Abs. 2 Nr. 2 bezeichneten Staaten gegründeten juristischen Personen ohne Sitz im Geltungsbereich dieses Gesetzes genießen den nach § 87 b gewährten Schutz, wenn

1. ihre Hauptverwaltung oder Hauptniederlassung sich im Gebiet eines der in § 120 Abs. 2 Nr. 2 bezeichneten Staaten befindet oder
2. ihr satzungsmäßiger Sitz sich im Gebiet eines dieser Staaten befindet und ihre Tätigkeit eine tatsächliche Verbindung zur deutschen Wirtschaft oder zur Wirtschaft eines dieser Staaten aufweist.

(3) Im übrigen genießen ausländische Staatsangehörige sowie juristische Personen den Schutz nach dem Inhalt von Staatsverträgen sowie von Vereinbarungen, die die Europäische Gemeinschaft mit dritten Staaten schließt; diese Vereinbarungen werden vom Bundesministerium der Justiz im Bundesgesetzblatt bekanntgemacht.

Schrifttum: *Gaster,* Zur anstehenden Umsetzung der EG-Datenbankrichtlinie, CR 1997, 669, 717; *ders.,* Der Rechtsschutz von Datenbanken: Kommentar zur Richtlinie 96/9/EG; mit Erläuterungen zur Umsetzung in das deutsche und österreichische Recht, 1999; *Grosse Ruse-Khan,* Materielle Gegenseitigkeit bei Immaterialgüterrechten gegenüber internationalem Handelsrecht. Zum Rechtsschutz amerikanischer Datenbankhersteller in der EU, UFITA 2004 III, 859; *Grützmacher,* Urheber-, Leistungs- und Sui-generis-Schutz von Datenbanken, 1999; *Hohagen,* WIPO-Sitzung zum zukünftigen internationalen Schutz von Datenbanken (Genf 17.–19. September 1997), GRUR Int. 1998, 54; *Hornung,* Die EU-Datenbank-Richtlinie und ihre Umsetzung in das deutsche Recht, 1998; *Leistner,* Der Rechtsschutz von Datenbanken im deutschen und europäischen Recht, 2000; *v. Lewinski,* Datenbank-Richtlinie, in: *Walter* (Hrsg.), Europäisches Urheberrecht Kommentar, 2001, S. 689; *Vogel,* Die Umsetzung der Richtlinie 96/9/EG über den rechtlichen Schutz von Datenbanken in Art. 7 des Regierungsentwurfs eines Informations- und Kommunikationsdienstegesetzes, ZUM 1997, 592. S. im Übrigen die Schrifttumsnachweise vor §§ 87 a ff.

Übersicht

	Rdnr.
1. Systematische Stellung, Entstehungsgeschichte und Bedeutung der Bestimmung	1
2. Systematik des § 127 a	2
3. Schutz von Datenbankherstellern mit deutscher Staatsangehörigkeit oder Sitz im Geltungsbereich des UrhG (§ 127 a Abs. 1 S. 1)	3
4. Gleichgestellte Datenbankhersteller (§ 127 a Abs. 1 S. 2)	4
5. Schutz von nach dem Recht eines EU- oder EWR-Staates gegründeten juristischen Personen ohne Sitz im Geltungsbereich des UrhG (§ 127 a Abs. 2)	5
6. Schutz anderer ausländischer Staatsangehöriger oder juristischer Personen (§ 127 a Abs. 3)	6

1. Systematische Stellung, Entstehungsgeschichte und Bedeutung der Bestimmung

1 § 127 a ist durch Art. 7 Nr. 9 des **Gesetzes zur Regelung der Rahmenbedingungen für Informations- und Kommunikationsdienste** (Informations- und Kommunikationsdienste-Gesetz – IuKDG) vom 22. 7. 1997 (BGBl. I S. 1870) eingeführt worden und nach Art. 11 dieses Gesetzes am 1. 1. 1998 in Kraft getreten. Er ergänzt die mit diesem Gesetz ebenfalls neu eingeführten **§§ 87 a ff.** über den Schutz des Datenbankherstellers, indem er deren persönlichen Anwendungsbereich bestimmt. Diese Bestimmungen setzen ihrerseits die Art. 7 ff. der europäischen **Datenbankrichtlinie** (s. zu dieser Einl. Rdnr. 78) über den sog. sui generis-Schutz von Datenbanken in das deutsche Recht um; § 127 a folgt dabei den Vorgaben von **Art. 11 der Richtlinie** (s. die AmtlBegr. BTDrucks. 966/96 S. 41 ff./43 f./50 zu Art. 7 Nr. 6; sa. vor §§ 87 a ff. Rdnr. 5 ff./40). Da die Art. 7 ff. der Richtlinie in Deutschland durch ein mit dem Urheberrecht verwandtes Schutzrecht des Datenbankherstellers umgesetzt wurden (s. vor §§ 87 a ff. Rdnr. 28), fügt sich auch § 127 a zwanglos in die Reihe der fremdenrechtlichen Vorschriften der §§ 125 ff. zu den verwandten Schutzrechten ein. S. zu deren systematischer Stellung im Gesetz allgemein vor §§ 120 ff. Rdnr. 2 ff.

2. Systematik des § 127 a

2 Entsprechend der Rechtslage bei den verwandten Schutzrechten der Tonträgerhersteller (§ 126 Abs. 1), der Sendeunternehmen (§ 127 Abs. 1) und der Filmhersteller (§ 128 Abs. 1)

betrifft § 127a Abs. 1 die Rechtsstellung deutscher Staatsangehöriger sowie juristischer Personen mit Sitz im Geltungsbereich des UrhG und gleichgestellter Datenbankhersteller. Zu den Letzteren gehören auf Grund Verweisung auf § 120 Abs. 2 sowohl Deutsche iSd. Art. 116 Abs. 1 GG (§ 120 Abs. 2 Nr. 1) als auch Staatsangehörige anderer EU- und EWR-Staaten (§ 120 Abs. 2 Nr. 2). Die Gleichstellung von anderen EU- oder EWR-Staaten zugehörigen juristischen Personen wird in § 127a Abs. 2 den Vorgaben von Art. 11 Abs. 2 der Richtlinie folgend und abweichend von den anderen unternehmensbezogenen verwandten Schutzrechten nicht bedingungslos durchgeführt, sondern von der Erfüllung bestimmter Voraussetzungen abhängig gemacht. Im Übrigen wird in § 127a Abs. 3 entsprechend Art. 11 Abs. 3 der Richtlinie in Bezug auf Staatsangehörige und juristische Personen von Drittstaaten auf den Inhalt von Staatsverträgen oder Vereinbarungen der EG mit Drittstaaten verwiesen.

3. Schutz von Datenbankherstellern mit deutscher Staatsangehörigkeit oder Sitz im Geltungsbereich des UrhG (§ 127a Abs. 1 S. 1)

Datenbankhersteller, die **deutsche Staatsangehörige** sind oder als juristische Personen ihren **Sitz im Geltungsbereich des UrhG** haben, genießen den von § 87b gewährten Schutz ohne Weiteres (§ 127a Abs. 1 S. 1). Dies entspricht der Rechtslage bei den anderen unternehmensbezogenen verwandten Schutzrechten (s. §§ 126 Abs. 1 S. 1, 127 Abs. 1 S. 1, 128 Abs. 1 S. 1). 3

4. Gleichgestellte Datenbankhersteller (§ 127a Abs. 1 S. 2)

Den nach § 127a Abs. 1 S. 1 geschützten Datenbankherstellern sind auf Grund Verweisung in § 127a Abs. 1 S. 2 auf § 120 Abs. 2 ebenfalls unbedingt gleichgestellt: **Deutsche iSd. Art. 116 Abs. 1 GG** sowie **Staatsangehörige anderer EU- und EWR-Staaten** (s. § 120 Rdnr. 3, 4). 4

5. Schutz von nach dem Recht eines EU- oder EWR-Staates gegründeten juristischen Personen ohne Sitz im Geltungsbereich des UrhG (§ 127a Abs. 2)

Datenbankherstellern, die **juristische Personen** sind und nach **deutschem Recht** oder dem **Recht eines anderen EU- oder EWR-Staates gegründet** worden sind, die aber ihren Sitz nicht im Geltungsbereich des UrhG haben, steht der Schutz nach § 87b unter **zwei alternativen Voraussetzungen** zu: Entweder ihre Hauptverwaltung oder Hauptniederlassung befindet sich in einem EU- oder EWR-Staat (§ 127a Abs. 2 Nr. 1), oder ihr satzungsmäßiger Sitz befindet sich in einem dieser Staaten und ihre Tätigkeit weist eine tatsächliche Verbindung zur deutschen Wirtschaft oder zur Wirtschaft eines anderen EU- oder EWR-Staates auf (§ 127a Abs. 2 Nr. 2). 5

6. Schutz anderer ausländischer Staatsangehöriger oder juristischer Personen (§ 127a Abs. 3)

Andere ausländische Staatsangehörige und juristische Personen genießen den Schutz durch das verwandte Schutzrecht des Datenbankherstellers nach dem Inhalt von Staatsverträgen oder von Vereinbarungen, welche von der EG mit Drittstaaten getroffen werden; solche Vereinbarungen werden vom Bundesministerium der Justiz im Bundesgesetzblatt bekannt gemacht (§ 127a Abs. 3). Dadurch soll die **Gegenseitigkeit des Schutzes** gewährleistet werden (s. vor §§ 87a ff. Rdnr. 25 mwN). Die schon bestehenden urheberrechtlichen Verträge und Staatsverträge über verwandte Schutzrechte (s. vor §§ 120 ff. Rdnr. 13 ff., 75 ff., 103 ff.) haben das verwandte Schutzrecht des Datenbankherstellers grundsätzlich nicht zum Gegenstand (sa. vor §§ 87a ff. Rdnr. 40). Etwas anderes kann sich allenfalls aus bilateralen Abkommen über den Schutz von Kapitalanlagen (s. vor §§ 120 ff. Rdnr. 39) ergeben. Bisher ohne Erfolg ist im Rahmen der Weltorganisation für geistiges Eigentum (WIPO) über ein entsprechendes Abkommen beraten worden (s. vor §§ 87a ff. Rdnr. 25). Auch Gegenseitigkeitsvereinbarungen der EU gibt es bisher noch nicht (s. *Dreier/Schulze*[3] Rdnr. 6; *Kotthoff* in HK-UrhR[3] Rdnr. 3). Im BGBl. 2005 I S. 2795 bekanntgemacht wurde bisher lediglich eine Vereinbarung zwischen der EG und Großbritannien über die Ausdehnung des Datenbankschutzes auf die Insel Man (Stand: 31. 12. 2008 lt. BGBl. 2009 II vom 96. 2. 2009, Fundstellenverzeichnis A, S. 255). 6

§ 128 Schutz des Filmherstellers

(1) ¹Den nach den §§ 94 und 95 gewährten Schutz genießen deutsche Staatsangehörige oder Unternehmen mit Sitz im Geltungsbereich dieses Gesetzes für alle ihre Bildträger oder Bild- und Tonträger, gleichviel, ob und wo diese erschienen sind. ² § 120 Abs. 2 und § 126 Abs. 1 S. 3 sind anzuwenden.

(2) **Für ausländische Staatsangehörige oder Unternehmen ohne Sitz im Geltungsbereich dieses Gesetzes gelten die Bestimmungen in § 126 Abs. 2 und 3 entsprechend.**

Schrifttum: *Hertin,* Wo bleibt der internationale Leistungsschutz für Filme?, ZUM 1990, 442; *Hullen,* Illegale Streaming-Filmportale im Internet, ITRB 2008, 230; *Katzenberger,* Kein Laufbildschutz für ausländische Videospiele in Deutschland, GRUR Int. 1992, 513; *Loef/Verweyen,* „One more Nights" – Überlegungen zum abgeleiteten fremdenrechtlichen Filmherstellerschutz, ZUM 2007, 706; *Schack,* Der Vergütungsanspruch der in- und ausländischen Filmhersteller aus § 54, ZUM 1989, 267; *Ulmer-Eilfort,* US-Filmproduzenten und deutsche Vergütungsansprüche, 1993; s. im Übrigen die Schrifttumsnachweise vor §§ 120 ff. und zu §§ 94 und 95.

1. Systematische Stellung, Entstehungsgeschichte und Bedeutung der Bestimmung

1   Zur systematischen Stellung, Entstehungsgeschichte und Bedeutung des § 128 s. allgemein vor §§ 120 ff. Rdnr. 2 ff. § 128 ist erst- und bisher einmalig durch das **3. UrhGÄndG** vom 23. 6. 1995 (BGBl. I S. 842) geändert worden, und zwar durch Hinzufügung einer weiteren Verweisung in § 128 Abs. 1 S. 2 auf § 126 Abs. 1 S. 3 neben § 120 Abs. 2. Dies diente der gebotenen **Gleichstellung von Filmhersteller-Unternehmen mit Sitz in einem anderen EU- oder EWR-Staat** mit Unternehmen mit Sitz im Geltungsbereich des UrhG (s. vor §§ 120 ff. Rdnr. 3; sa. § 126 Rdnr. 1, 6). Die **Gleichstellung von Staatsangehörigen anderer EU- und EWR-Staaten** folgt bereits aus der Verweisung auf § 120 Abs. 2 (s. § 126 Rdnr. 6). Ohne Gesetzesänderung erreicht wurde die durch Art. 7 Abs. 2 der durch dieses Gesetz umgesetzten europäischen Schutzdauerrichtlinie (s. zu dieser Einl. Rdnr. 78) geforderte Bestimmung über den **Vergleich der Schutzfristen** dadurch, dass § 128 Abs. 2 ohnehin auf § 126 Abs. 2 verweist und diese Bestimmung ebenfalls auf Grund des 3. UrhGÄndG um eine entsprechende Vorschrift (S. 2) ergänzt wurde (s. die AmtlBegr. BTDrucks. 13/781 S. 16 zu Nr. 15; sa. § 126 Rdnr. 1, 9). Aus der Gleichstellung von EU- und EWR-Filmherstellern mit deutschen Filmherstellern folgt, dass unter **ausländischen Filmherstellern** iSd. § 128 Abs. 2 nur noch solche aus **Drittstaaten** zu verstehen sind.

2. Schutz von Filmherstellern mit deutscher Staatsangehörigkeit oder Sitz im Geltungsbereich des UrhG (§ 128 Abs. 1 S. 1)

2   Der fremdenrechtliche Schutz des Filmherstellers durch das verwandte Schutzrecht nach §§ 94, 95 ist in gleicher Weise wie der entsprechende Schutz des Tonträgerherstellers durch § 126 geregelt (s. die AmtlBegr. BTDrucks. IV/270 S. 113 zu § 138, jetzt § 128). Dies entspricht der nahen Verwandtschaft des Rechtsschutzes des Filmherstellers mit derjenigen des Tonträgerherstellers (s. vor §§ 88 ff. Rdnr. 37). Da auch in Bezug auf das verwandte Schutzrecht des Filmherstellers originärer Rechtsinhaber eine juristische Person sein kann (s. vor §§ 88 ff. Rdnr. 31, 37; zum Recht des Tonträgerherstellers s. § 126 Rdnr. 4), gewährt auch **§ 128 Abs. 1 S. 1** den Schutz nicht nur **deutschen Staatsangehörigen,** sondern auch **Unternehmen mit Sitz im Geltungsbereich des UrhG** (vgl. dazu auch §§ 127 Abs. 1, 127 a Abs. 1). Hinsichtlich der weiteren Einzelheiten kann auf § 126 Rdnr. 7 verwiesen werden.

3. Gleichstellung von Deutschen iSd. Art. 116 Abs. 1 GG und von Filmherstellern aus anderen EU- und EWR-Staaten (§ 128 Abs. 1 S. 2)

3   Aus der Verweisung in § 128 Abs. 1 S. 2 auf § 120 Abs. 2 folgt die Gleichstellung mit Filmherstellern deutscher Staatsangehörigkeit bzw. mit Sitz im Geltungsbereich des UrhG (§ 128 Abs. 1 S. 1) sowohl zugunsten von **Deutschen iSd. Art. 116 Abs. 1 GG** (§ 120 Abs. 2 Nr. 1) als auch von **Staatsangehörigen anderer EU- und EWR-Staaten** (§ 120 Abs. 2 Nr. 2; so wohl in Bezug auf die Produzentin der Originalfassung oder der deutschen Fassung mit Untertitelung eines Films im Fall OLG Köln, ZUM 2007, 401/402 – Videozweitverwertung). Aufgrund der Verweisung auch auf § 126 Abs. 1 S. 3 gilt dasselbe auch für Filmhersteller mit **Sitz in einem anderen EU- oder EWR-Staat** (s. zum Ganzen auch § 126 Rdnr. 5, 6 zur Parallele bei den Tonträgerherstellern).

4. Schutz ausländischer Filmhersteller (§ 128 Abs. 2)

In Bezug auf den fremdenrechtlichen Schutz von Filmherstellern mit **ausländischer Staats-** **4** **angehörigkeit** bzw. **Unternehmenssitz im Ausland** iSd. unter Rdnr. 1 aE Gesagten verweist § 128 Abs. 2 auf eine entsprechende Anwendung des für Hersteller von Tonträgern geltenden § 126 Abs. 2 und 3. Bereits nach innerstaatlichem Fremdenrecht steht damit ausländischen Filmherstellern der Schutz nach §§ 94, 95 im Hinblick auf solche Filme zu, die im Inland erstmals oder innerhalb von 30 Tagen nach dem erstmaligen Erscheinen im Ausland erschienen sind (§ 128 Abs. 2 iVm. § 126 Abs. 2; s. dazu LG Hamburg ZUM-RD 2007, 96/97 – DVD-Konzertaufnahme; für eine Erweiterung der Anknüpfung an das erste Erscheinen in irgendeinem EU-Staat sowie im Fall der Übertragung der Filmherstellernutzungsrechte auf einen europäischen Lizenznehmer zugunsten außereuropäischer Filmhersteller *Loef/Verweyen* ZUM 2007, 706/707 ff.; zu weiteren Einzelheiten s. § 126 Rdnr. 8). Die Verweisung gilt auch für den in § 126 Abs. 2 S. 2 angeordneten Vergleich der Schutzfristen (s. Rdnr. 1 sowie § 126 Rdnr. 9).

Aus der Verweisung des § 128 Abs. 2 auf § 126 Abs. 3 ergibt sich im Übrigen der Schutz des **5** ausländischen Filmherstellers nach **Inhalt der Staatsverträge** oder bei **Gewährleistung der Gegenseitigkeit** (s. § 126 Rdnr. 10 f.). Als einschlägige Staatsverträge kommen für den Schutz des Filmherstellers allerdings die für Tonträgerhersteller geltenden internationalen Abkommen nicht in Betracht (s. vor §§ 120 ff. Rdnr. 77 zum Rom-Abkommen, Rdnr. 94 zum Genfer Tonträger-Abkommen). Nicht anwendbar sind auch die internationalen Abkommen auf dem Gebiet des Urheberrechts, da es sich bei dem durch §§ 94, 95 gewährten Schutz um ein verwandtes Schutzrecht handelt, das vom Urheberrecht an Filmwerken zu unterscheiden ist (s. vor §§ 88 ff. Rdnr. 52 f., 56, § 94 Rdnr. 1, 10; zum Ergebnis auch *Dreier/Schulze*[3] Rdnr. 5; *Fromm/Nordemann*[10] Rdnr. 4; *Kotthoff* in HK-UrhR[2] Rdnr. 4; *Möhring/Nicolini*[2] Rdnr. 14; *Schack*[4] Rdnr. 829; *Wandtke/Bullinger*[3] Rdnr. 6). Dies ist von den Gerichten speziell im Hinblick auf Videospiele zT verkannt worden (s. insb. OLG Hamburg GRUR 1990, 127/128 – Super Mario III; richtig dagegen OLG Frankfurt/M GRUR Int. 1993, 171/172 – Parodius – und der österr. OGH MR 1992, 67/69 f. – Game Boy; s. zum Ganzen *Katzenberger* GRUR Int. 1992, 513 ff.; weitere Nachw. unter § 95 Rdnr. 12; sa. § 94 Rdnr. 29 zur Bedeutung dieser Rechtslage für die Verteilung der Einnahmen aus gesetzlichen Vergütungsansprüchen in Bezug auf US-amerikanische Filmhersteller). Das Europäische Fernseh-Abkommen (s. vor §§ 120 ff. Rdnr. 100 ff.) schützt Filme insoweit, als es sich um Fernsehsendungen handelt. Zum Schutz bei formeller Gewährleistung der Gegenseitigkeit (§ 128 Abs. 2 iVm. § 126 Abs. 3 S. 2) s. § 126 Rdnr. 11. In Bezug auf den Schutz ausländischer Filmhersteller sind danach erforderliche Bekanntmachungen noch nicht erlassen worden.

5. Schutz Staatenloser und ausländischer Flüchtlinge

§ 128 Abs. 2 nennt ausdrücklich nur ausländische Staatsangehörige und Unternehmen ohne **6** Sitz im Geltungsbereich des UrhG. Aus der Verweisung auf § 126 Abs. 3 und der dort in S. 2 enthaltenen weiteren Verweisung auf §§ 122 und 123 folgt aber, dass entsprechend der Rechtslage bei den Tonträgerherstellern der Schutz nach §§ 94, 95 nach Maßgabe der §§ 122 und 123 auch Staatenlosen und ausländischen Flüchtlingen zu gewähren ist (s. dazu § 126 Rdnr. 12 sowie die Kommentierung dieser Vorschriften; zum Ergebnis ebenso *Dreier/Schulze*[3] Rdnr. 3; *Möhring/Nicolini*[2] Rdnr. 16; *Wandtke/Bullinger*[3] Rdnr. 2; *Fromm/Nordemann*[10] Rdnr. 1).

6. Ergänzender wettbewerbsrechtlicher Schutz

Wie sachrechtlich der ergänzende wettbewerbsrechtliche Schutz des Filmhersteller grundsätz- **7** lich demjenigen des Tonträgerherstellers entspricht (s. § 94 Rdnr. 39), so gilt dies auch für die fremdenrechtliche Rechtslage: Es gibt keine fremdenrechtlichen Beschränkungen mehr (s. § 126 Rdnr. 13, vor §§ 120 ff. Rdnr. 113).

Abschnitt 2. Übergangsbestimmungen

§ 129 Werke

(1) ¹**Die Vorschriften dieses Gesetzes sind auch auf die vor seinem Inkrafttreten geschaffenen Werke anzuwenden, es sei denn, daß sie zu diesem Zeitpunkt urheberrechtlich**

§ 129

nicht geschützt sind oder daß in diesem Gesetz sonst etwas anderes bestimmt ist. ²Dies gilt für verwandte Schutzrechte entsprechend.

(2) **Die Dauer des Urheberrechts an einem Werk, das nach Ablauf von fünfzig Jahren nach dem Tode des Urhebers, aber vor dem Inkrafttreten dieses Gesetzes veröffentlicht worden ist, richtet sich nach den bisherigen Vorschriften.**

Schrifttum: *Flechsig,* Die Bedeutung der urheberrechtsgesetzlichen Übergangsbestimmungen für den Urheberschutz ausländischer Werke, GRUR Int. 1981, 760; *Hundt-Neumann/Schaefer,* Elvis lebt! Zur „Elvis Presley"-Entscheidung des Hanseatischen Oberlandesgerichts und zum Aufsatz von Nordemann „Altaufnahmen aus den USA und das deutsche Urheberrecht", GRUR 1995, 381; *Melichar,* Übergangsregelungen bei Veränderung der Schutzdauer, in *Dittrich* (Hrsg.), Beiträge zum Urheberrecht II, 1993, S. 25; *Nordemann,* Altaufnahmen aus den USA und das deutsche Urheberrecht, Fs. für Kreile, 1994, S. 455.

Übersicht

	Rdnr.
I. Bedeutung der Übergangsbestimmungen der §§ 129–137l allgemein	1–6
II. Bedeutung und Entstehungsgeschichte des § 129	7–9
III. Bestehen des Schutzes bei Inkrafttreten des UrhG als Voraussetzung seiner Anwendung auf ältere Werke und Leistungen (§ 129 Abs. 1)	10–19
1. Urheberrechtsschutz älterer Werke	10–13
2. Schutz älterer Leistungen durch verwandte Schutzrechte	14–19
IV. Anwendung der Vorschriften des UrhG auf ältere Werke und Leistungen (§ 129 Abs. 1)	20
V. Schutzdauer älterer nachgelassener Werke (§ 129 Abs. 2)	21, 22

I. Bedeutung der Übergangsbestimmungen der §§ 129–137l allgemein

1 1. Die ursprünglichen §§ 129–137 enthalten **Übergangsbestimmungen,** die auf **zwei Grundprinzipien** beruhen: Das UrhG ist zum Ersten auch auf solche urheberrechtlich geschützten Werke und durch verwandte Schutzrechte geschützten Leistungen anzuwenden, welche bei Inkrafttreten des UrhG schon geschaffen bzw. erbracht waren. Dadurch soll vermieden werden, dass noch über Jahrzehnte hinweg zwei Urheberrechtsordnungen, diejenige des UrhG von 1965 und diejenige des LUG von 1901 sowie des KUG von 1907 (s. Einl. Rdnr. 113), nebeneinander bestehen. Im Hinblick auf die wesentlichen Rechtsänderungen, die das UrhG gebracht hat, sollten zum Zweiten Vorkehrungen getroffen werden, um Unbilligkeiten durch Veränderungen oder Verkürzungen von Rechten zu verhindern (AmtlBegr. BTDrucks. IV/270 S. 114 zu § 139, jetzt § 129).

2 Den **ersten Grundsatz** normiert § 129 Abs. 1: Die Vorschriften des UrhG sind auch auf die vor seinem Inkrafttreten geschaffenen Werke anzuwenden, es sei denn, dass sie zu diesem Zeitpunkt nicht mehr urheberrechtlich geschützt sind. Für verwandte Schutzrechte bzw. die diesen zugrundeliegenden Leistungen gilt dies entsprechend.

3 Dem **zweiten Prinzip** trägt bereits die weitere Einschränkung in § 129 Abs. 1 S. 1 Rechnung, der zufolge das UrhG auf ältere Werke nur anzuwenden ist, wenn in diesem Gesetz nichts anderes bestimmt ist. Nach Wortlaut und Sinn und Zweck auf vor Inkrafttreten des UrhG liegende Sachverhalte nicht anwendbar ist zB § 121 Abs. 1 über die Begründung des Urheberrechtsschutzes für im Geltungsbereich des UrhG erstmals erschienene Werke ausländischer Urheber (s. § 121 Rdnr. 3 sowie BGHZ 95, 229/233 ff. – Puccini). Daneben sind es vor allem die §§ 129 Abs. 2, 130 ff., welche die Anwendung des UrhG auf ältere urheberrechtlich relevante Sachverhalte modifizieren. Sie betreffen die teilweise Aufrechterhaltung gesetzlicher Verwertungsbefugnisse des früheren Rechts, für welche sich in den Bestimmungen des UrhG (§§ 44 a ff.) über die gesetzlichen Schranken des Urheberrechts keine Entsprechungen mehr finden (§§ 130, 131, 133, 136), die Frage der abweichenden Regelung der Urheberschaft (§ 134 S. 1) sowie die Umqualifizierung früherer Urheberrechte zu nur noch verwandten Schutzrechten (§§ 129 Abs. 2, 135), mit beiden Rechtsänderungen verbundene Fragen der Schutzdauer (§§ 129 Abs. 2, 134 S. 2) sowie den Gesamtkomplex des Urhebervertragsrechts (§§ 132, 137).

4 2. Unter den genannten Bestimmungen ist inzwischen **§ 133 aufgehoben** worden (s. dort). Gegenüber der ursprünglichen Fassung des UrhG **neu eingefügt** worden ist **§ 135 a,** und zwar im Rahmen der Urheberrechtsnovelle von 1972 (BGBl. I S. 2081) **§§ 137 a bis 137l** sind später hinzugefügte Übergangsbestimmungen, die jeweils aus Anlass von Gesetzesänderungen eingeführt wurden und dabei dem Grundmuster der §§ 129 bis 137 folgen. Sie regeln die Voraussetzungen und gegebenenfalls Modifikationen der Anwendung der neuen Regelungen auf schon bestehende Schutzgegenstände sowie vertragsrechtliche Fragen. Näheres s. jeweils in der Kommentierung dieser Bestimmungen. Nicht im Rahmen der §§ 129 ff. geregelt sind die Übergangsfragen aus Anlass der **deutschen Wiedervereinigung.** Die betreffenden Bestimmungen finden sich in der Anlage I zum deutsch-deutschen Einigungsvertrag vom 31. 8. 1990 und sind abgedruckt und kommentiert unter vor §§ 120 ff. Rdnr. 24 ff.

3. Das Fehlen einer Übergangsbestimmung über die Voraussetzungen des urheberrechtlichen Schutzes bezüglich der **Werkqualität** (§ 2 Abs. 2) beruht darauf, dass das UrhG insoweit die Rechtslage nicht geändert hat. Insb. ist auch unter dem UrhG die sog. „kleine Münze" geistiger Schöpfungen auf den Gebieten der Literatur, der Wissenschaft und der Kunst weiterhin schutzfähig (s. § 2 Rdnr. 39; zur Bewertung unter dem Gesichtspunkt des Übergangsrechts wie hier *Möhring/Nicolini*[2] Rdnr. 4).

4. §§ 129 ff. sind Ausdruck des **allgemeinen Rechtsgedankens,** dass Rechte und Ansprüche, die nach dem früheren Recht entstanden sind, nur in den gesetzlich ausdrücklich vorgesehenen Fällen abgeändert oder verkürzt werden sollten. Daraus hat der BGH in GRUR 1968, 321/326 – Haselnuß – zB zu Recht eine Einschränkung der Anwendung des § 102 Abs. 1 auf vor Inkrafttreten des UrhG entstandene Schadensersatzansprüche wegen Urheberrechtsverletzung abgeleitet. Nach früherem Recht (§ 51 Abs. 2 LUG von 1901) begann die Verjährungsfrist hinsichtlich des Schadensersatzanspruchs wegen widerrechtlicher Verbreitung eines Werkes erst mit dem Tag der letzten widerrechtlichen Handlung zu laufen. Nach geltendem Recht (§ 102) kommt es für den Beginn der Verjährung auf die einzelnen Verbreitungshandlungen an. § 102 ist aber auf vor Inkrafttreten des UrhG entstandene Schadensersatzansprüche nur mit der Maßgabe anzuwenden, dass eine Verjährungsfrist, die nach den bisherigen Vorschriften noch nicht zu laufen begonnen hatte, frühestens mit dem Inkrafttreten des UrhG zu laufen begann. Eine durch das neue Recht bewirkte allzu abrupte Verkürzung der Schutzdauer, wie diejenige der Rechte an Tonträgern auf Grund von § 135, wurde von BVerfG sogar für verfassungswidrig erklärt, was dann zur Einführung des § 135 a führte (s. dort Rdnr. 3 ff.).

II. Bedeutung und Entstehungsgeschichte des § 129

1. Die Bedeutung des **§ 129 Abs. 1** ergibt sich bereits aus dem unter Rdnr. 1–3 Gesagten. Die Bestimmung entspricht inhaltlich § 62 S. 1 LUG von 1901, § 53 Abs. 1 S. 1 KUG von 1907.

2. Die Bedeutung des **§ 129 Abs. 2** erschließt sich nur bei Berücksichtigung des besonderen Schutzes sog. **nachgelassener, dh. beim Tode des Urhebers noch unveröffentlichter Werke** nach früherem und geltendem Recht. § 29 S. 1 LUG von 1901 gewährte dem Rechtsnachfolger eines verstorbenen Urhebers für die Erstveröffentlichung eines nachgelassenen Werkes eine Mindestschutzfrist von 10 Jahren. Dieser Schutz war ein Schutz des durch Erbfolge erworbenen Urheberrechts und unabhängig vom Ablauf der allgemeinen Schutzfrist von 50 Jahren nach dem Tode des Urhebers, stand dessen Rechtsnachfolger daher auch dann zu, wenn die Erstveröffentlichung des nachgelassenen Werkes erst nach Ablauf von 50 Jahren post mortem auctoris vorgenommen wurde (s. § 64 Rdnr. 54). Der inzwischen aufgehobene (s. § 64 Rdnr. 55, 66) § 64 Abs. 2 des geltenden Gesetzes sah zugunsten des Rechtsnachfolgers des verstorbenen Urhebers ebenfalls die Schutzdauergarantie von 10 Jahren vor, beschränkte diese aber auf die Fälle, in denen die Erstveröffentlichung innerhalb der letzten Jahrzehnte vor Ablauf der allgemeinen Schutzfrist nach dem Tode des Urhebers geschieht. Für die Erstveröffentlichung in Form des Erscheinenlassens eines nachgelassenen Werkes nach Ablauf dieser Frist gewährt das UrhG nur noch das verwandte Schutzrecht des § 71 zugunsten des Herausgebers, der nicht mit dem Rechtsnachfolger des Urhebers identisch zu sein braucht (s. § 64 Rdnr. 54, 67, dort auch zu den Motiven).

Hatte der Rechtsnachfolger eines verstorbenen Urhebers mehr als 50 Jahre nach dessen Tod, aber noch vor Inkrafttreten des UrhG ein nachgelassenes Werk erstmals veröffentlicht, so konnte er nach § 29 S. 1 LUG von 1901 mit einer Fortdauer seines Urheberrechts während 10 Jahren seit der ersten Veröffentlichung rechnen und sich darauf einstellen. Durch die Weiteranwendung dieser Schutzdauerbestimmung über den Zeitpunkt des Inkrafttretens des UrhG hinaus sollte ein solcher Urhebererbe vor einem Rechtsverlust auf Grund der Nachfolgebestimmungen der §§ 64 Abs. 2, 71 bewahrt bleiben (AmtlBegr. BTDrucks. IV/270 S. 114 zu § 139, jetzt § 129). Ein unmittelbares Vorbild im **früher geltenden Recht** hat § 129 Abs. 2 nicht. Wohl aber enthielt

§ 60 LUG von 1901 für nachgelassene Werke eine Übergangsbestimmung mit umgekehrtem Vorzeichen: Der Schutz nachgelassener Werke durch § 29 dieses Gesetzes galt auch für Werke, deren Schutzfrist nach dem LUG von 1870 schon abgelaufen war.

III. Bestehen des Schutzes bei Inkrafttreten des UrhG als Voraussetzung seiner Anwendung auf ältere Werke und Leistungen (§ 129 Abs. 1)

1. Urheberrechtsschutz älterer Werke

10 § 129 Abs. 1 S. 1 bestimmt, dass die Vorschriften des UrhG auch auf die vor seinem Inkrafttreten geschaffenen Werke anzuwenden sind, „es sei denn, dass sie zu diesem Zeitpunkt nicht geschützt sind". Voraussetzung des Schutzes eines älteren Werkes durch das UrhG ist damit das **Bestehen des Schutzes bei Inkrafttreten des UrhG**. Maßgeblicher Zeitpunkt ist idR nach § 143 Abs. 2 der 1. 1. 1966, bezüglich der Schutzdauerbestimmungen §§ 64–67, 69 gemäß § 143 Abs. 1 bereits der 17. 9. 1965.

11 Ob ein älteres Werk zu diesem Zeitpunkt geschützt ist, kann nur nach dem **früher geltenden Recht**, nicht nach dem UrhG entschieden werden. Daher sind für den praktisch wichtigsten Fall der Nichtanwendung des UrhG auf ein älteres Werk nach § 129 Abs. 1 S. 1, nämlich den **Ablauf der Schutzdauer** eines solchen Werkes vor Inkrafttreten des UrhG, die Schutzdauerbestimmungen des LUG von 1901 bzw. des KUG von 1907 zugrunde zulegen, nicht diejenigen des UrhG. Dies ist bereits durch das Reichsgericht (RGZ 139, 327/330f. – Wilhelm Busch) zu §§ 62 S. 1 LUG von 1901, 53 Abs. 1 S. 1 KUG von 1907 als Vorgängerbestimmungen des § 129 Abs. 1 (s. Rdnr. 7) entschieden worden und gilt unverändert auch für das UrhG (im Ergebnis ebenso *Dreier/Schulze*³ Rdnr. 10; *Fromm/Nordemann*¹⁰ Rdnr. 2; *v. Gamm* Rdnr. 1 *Kotthoff* in HK-UrhR² Rdnr. 5; *Möhring/Nicolini*² Rdnr. 7; sa. OLG München GRUR 1990, 446/447ff. – Josefine Mutzenbacher: Erlöschen des Schutzes eines 1906 anonym veröffentlichten Werkes im Jahre 1956 nach § 31 LUG von 1901/1934, nicht später nach § 66 UrhG 1965; Revision vom BGH nicht angenommen, s. GRUR 1991, 51). Praktisch bedeutet das, dass das UrhG nicht zu einem Wiederaufleben eines Urheberrechts führt, das vor seinem Inkrafttreten nach den früher geltenden Bestimmungen bereits erloschen ist. Dies gilt auch dann, wenn, wie im Falle eines im Jahre 1914 verstorbenen Urhebers bei Inkrafttreten des UrhG noch nicht die verlängerte 70jährige Frist des § 64 Abs. 1, wohl aber die 50jährige Schutzfrist des früheren Rechts (§§ 29 S. 1 LUG von 1901, 25 Abs. 1 KUG von 1907, s. § 64 Rdnr. 52) abgelaufen war. Dagegen kam die verlängerte Schutzfrist des geltenden Rechts den Werken von Urhebern zugute, die das Jahr 1915 noch erlebt hatten. Deren Regelschutzdauer endete frühestens mit Ablauf des Jahres 1965; diese Werke waren daher bei Inkrafttreten der Schutzdauerbestimmungen des UrhG am 17. 9. 1965 noch geschützt (s. § 143 Rdnr. 1, 2).

12 Das Prinzip, dass ein in der Vergangenheit abgeschlossener Sachverhalt nach den seinerzeit geltenden gesetzlichen Bestimmungen zu beurteilen ist, gilt auch für das **Fremdenrecht** als weiteren Grund für eine Versagung des Schutzes durch das UrhG nach § 129 Abs. 1 S. 1 wegen mangelnden Schutzes eines Werkes im Zeitpunkt des Inkrafttretens des UrhG. Ist ein auch konventionsrechtlich nicht geschütztes Werk eines ausländischen Urhebers vor Inkrafttreten des UrhG zuerst im Ausland und dann innerhalb von 30 Tagen auch im Inland erschienen, so konnte es nach §§ 55 Abs. 1 S. 1 LUG von 1901, 51 Abs. 2 KUG von 1907 in Deutschland keinen Urheberrechtsschutz erlangen. Nach § 129 Abs. 1 S. 1 entfällt damit auch ein Schutz durch das UrhG. Der Schutz kann auch nicht auf die Bestimmung des § 121 Abs. 1 S. 1 gestützt werden, wonach nunmehr zur Schutzbegründung ein Erscheinen des Werkes im Inland innerhalb von 30 Tagen nach dem erstmaligen Erscheinen im Ausland ausreicht (s. dazu § 121 Rdnr. 3, 5 sowie BGHZ 95, 229/232ff. – Puccini – mwN; KG Berlin Schulze KGZ 90 S. 9 – Alexander Skriabin II; OLG Frankfurt/M GRUR 1994, 49/51 – Mackintosh-Möbel; GRUR Int. 1997, 1006/1007 – Puccini II; sa. die auf Revision gegen das letztgenannte Urteil ergangene Vorabentscheidungsvorlage des BGH an den EuGH GRUR 2000, 1020f. – La Bohème, und das betr. Urteil des EuGH Slg. 2002 I, 5104 = GRUR 2002, 689 – Ricordi; zum Ergebnis s. § 120 Rdnr. 8). Nicht ausgeschlossen ist dadurch aber, dass ein älteres, vor 1966 nicht erschienenes und im deutschen Inland schutzloses ausländisches Werk den inländischen Schutz nachträglich dadurch erwirbt, dass es später im Inland erstmals erscheint und dadurch die Voraussetzungen des § 121 Abs. 1 erfüllt (s. *Ulmer* GRUR Int. 1983, 109/110).

13 Unter dem Gesichtspunkt der **Werkqualität** bestehen zwischen dem geltenden und dem früheren Recht keine grundsätzlichen Unterschiede, so dass insoweit die Versagung eines unter

dem UrhG an sich erreichbaren Schutzes nach § 129 Abs. 1 S. 1 wegen fehlenden Schutzes nach höherem Recht ausscheidet (sa. Rdnr. 5; zur Prüfung der Schutzfähigkeit älterer Werke der Baukunst nach früherem Recht gemäß § 129 Abs. 1 vgl. zB BGH GRUR 1973, 663/664 – Wählamt – insoweit in BGHZ 61, 88 nicht abgedruckt, und BGHZ 62, 331/332 – Schulerweiterung; zum Schutz von Werken der angewandten Kunst, wie eines Rohrstuhlhockers von *Marcel Breuer* aus der Zeit um 1925 nach dem KUG von 1907 und über § 129 Abs. 1 S. 1 bis heute s. OLG Düsseldorf ZUM-RD 2002, 419/422 – Breuer-Hocker; zum mangels Werkqualität ausscheidenden Schutz des SED-Emblems aus dem Jahr 1946 s. LG Hamburg GRUR-RR 2005, 106/108f. – SED-Emblem). Eine Ausnahme in Bezug auf den Aspekt formeller Schutzvoraussetzungen gilt für **choreographische und pantomimische Werke,** die nach § 1 Abs. 2 LUG von 1901 als Voraussetzung des Schutzes der körperlichen Festlegung bedurften, was nach § 2 Abs. 1 Nr. 3 für das geltende Recht nicht mehr zutrifft (s. § 2 Rdnr. 130). Eine weitere Ausnahme hat ihre Ursache im Ausschluss des urheberrechtlichen Schutzes für **Werke der angewandten Kunst** (vgl. jetzt § 2 Abs. 1 Nr. 4 und dort Rdnr. 158ff.) durch das KUG von 1876 (s. Einl. Rdnr. 112). War ein solches Werk bei Inkrafttreten des KUG von 1907 auch geschmacksmusterrechtlich nicht geschützt, so konnte es nach § 53 Abs. 1 S. 1 dieses Gesetzes (s. Rdnr. 7) dessen Schutz nicht erlangen; auch aus der RBÜ ergab sich für ein konventionsgeschütztes Werk seinerzeit ein solcher Schutz nicht (RGZ 71, 145/146ff. – Standuhr). Dies galt auch dann, wenn ein solches Werk in künstlerischer Hinsicht den Anforderungen des KUG von 1907 entsprach. Infolgedessen ist ein solches Werk gemäß § 129 Abs. 1 S. 1 auch durch das UrhG nicht geschützt (BGH GRUR 1976, 649/651f. – Hans Thoma-Stühle – mwN zur Rechtslage unter dem KUG von 1907; zustimmend, aber für ein teilweises Bestehen des Schutzes, wenn ein Werk der reinen Kunst erst nachträglich der gewerblichen Verwertung zugeführt wurde, *Nirk* UFITA 80 [1977] 1/14f.; sa. *Dreier/Schulze*³ Rdnr. 11; *Fromm/Nordemann*¹⁰ Rdnr. 2; OLG Frankfurt/M ZUM 1996, 690/691f. – Mackintosh-Möbel II).

2. Schutz älterer Leistungen durch verwandte Schutzrechte

a) Die Regelung des § 129 Abs. 1 S. 1 gilt entsprechend für Leistungen, an denen nach dem UrhG **verwandte Schutzrechte** bestehen (§ 129 Abs. 1 S. 2). Das bedeutet, dass vor Inkrafttreten des UrhG erbrachte Leistungen dem Schutz durch die entsprechenden Bestimmungen dieses Gesetzes nur dann unterfallen, wenn sie bei Inkrafttreten des UrhG geschützt sind, was wiederum nach den früher geltenden Vorschriften zu beurteilen ist (s. Rdnr. 10–12). Als durch das UrhG geschützt scheiden damit zum einen ältere Leistungen aus, deren Schutzdauer nach früherem Recht bereits abgelaufen war (s. Rdnr. 11) oder denen aus Gründen des Fremdenrechts kein Schutz zukam (s. Rdnr. 12). Zeitpunkt des Inkrafttretens des UrhG ist insoweit einheitlich der 1. 1. 1966 (§ 143 Abs. 2), da Bestimmungen über verwandte Schutzrechte, einschließlich derjenigen über die Schutzdauer von Lichtbildern (§§ 68, 72 Abs. 1 aF, § 72 Abs. 3 nF), in § 143 Abs. 1 nicht aufgeführt sind (vgl. auch Rdnr. 10, 11). **14**

Daneben ist zu berücksichtigen, dass vor Inkrafttreten des UrhG verwandte Schutzrechte iSd geltenden Gesetzes nicht anerkannt waren (s. Einl. Rdnr. 38, vor §§ 73ff. Rdnr. 3). Lediglich zwei Kategorien von Gegenständen verwandter Schutzrechte des geltenden Rechts waren in den früher geltenden Urheberrechtsgesetzen (LUG von 1901 und KUG von 1907) geschützt, und zwar jedenfalls formal durch **Urheberrechte:** Dem verwandten Schutzrecht der ausübenden Künstler (§§ 73ff.) entsprach, beschränkt auf die auf Tonträgern festgehaltenen Darbietungen, das fiktive **Bearbeiterurheberrecht der ausübenden Künstler,** welches die Urheberrechtsnovelle von 1910 in § 2 Abs. 2 des LUG von 1901 eingeführt hatte (s. Einl. Rdnr. 116, vor §§ 73ff. Rdnr. 3; zum über § 129 Abs. 1 S. 2 fortbestehenden Schutzrecht der Mitglieder des Bayreuther Festspielorchesters an einer 1951 hergestellten Aufnahme einer Wagner-Oper s. OLG Karlsruhe ZUM-RD 2002, 550/551 – Götterdämmerung; zum Ablauf der Schutzfrist in diesem Fall zum Jahresende 2001 s. BGH GRUR 2005, 502/204f. – Götterdämmerung). Urheberrechtlich nicht geschützt waren die Darbietungen der ausübenden Künstler als solche, und zwar auch nicht in Bezug auf die erstmalige körperliche Festlegung (s. vor §§ 73ff. Rdnr. 3). Dem verwandten Schutzrecht an einfachen, urheberrechtlich nicht schutzfähigen Lichtbildern gemäß § 72 entsprach das **Urheberrecht an Fotografien** iSd. §§ 1, 3, 26 KUG von 1907, das eine schöpferische Leistung nicht voraussetzte (s. §§ 2 Rdnr. 178, 72 Rdnr. 3). **15**

Die **anderen Gegenstände** und Inhaber **verwandter Schutzrechte** des geltenden Gesetzes waren vor dessen Inkrafttreten vornehmlich durch **§§ 826 BGB, 1 UWG aF** und insb. durch den Unlauterkeitstatbestand der sog. **unmittelbaren Leistungsübernahme** geschützt. Dies **16**

§ 129

war höchstrichterlich anerkannt für die **Hersteller von Schallplatten** (RGZ 73, 294 – Schallplatten; jetzt § 85, s. dort Rdnr. 2), für **Sendeunternehmen** (BGHZ 37, 1 – AKI; jetzt § 87, s. dort Rdnr. 3) und für den Schutz des **Veranstalters** (BGHZ 27, 264 – Box-Programme – und BGHZ 39, 352 – Vortragsveranstaltung; jetzt § 81, s. dort Rdnr. 3). **Ausübende Künstler** waren, soweit der inhaltlich beschränkte Schutz des fiktiven Bearbeiterurheberrechts nach § 2 Abs. 2 LUG von 1901 versagte (s. Rdnr. 15), nach den gleichen Grundsätzen gegen unmittelbare Leistungsübernahme sowie unter dem Gesichtspunkt des Schutzes ihres allgemeinen Persönlichkeitsrechts (§ 823 Abs. 1 BGB) geschützt. Höchstrichterlich anerkannt war dies in Bezug auf die Festlegung der Darbietung des ausübenden Künstlers auf Tonträgern (BGHZ 33, 20 – Figaros Hochzeit) und auf die öffentliche Hörbarmachung von Rundfunk-Livesendungen von Darbietungen ausübender Künstler in Gaststätten (BGHZ 33, 38 – Künstlerlizenz Rundfunk).

17   b) Der in § 129 Abs. 1 S. 1, 2 für die Anwendung der Schutzbestimmungen des UrhG auf ältere Leistungen geforderte **Schutz bei Inkrafttreten des Gesetzes** ist bei Bestehen der unter Rdnr. 15 genannten **Urheberrechte** des früheren Rechts zu bejahen. Dies ergibt sich unmittelbar auch aus § 135, der bestimmt, dass Personen, die bei Inkrafttreten des Gesetzes Inhaber solcher Urheberrechte sind, nunmehr Inhaber der entsprechenden verwandten Schutzrechte sind (vgl. zum Ergebnis auch *Dreier/Schulze*[3] Rdnr. 15; *v. Gamm* Rdnr. 1; *Möhring/Nicolini*[2] Anm. 4; *Ulmer*[3] § 10 III 3; s. auch den Hinweis auf aktuelle Tonträgerrechte ausübender Künstler auf Grund des fiktiven Bearbeiterurheberrechts aus § 2 Abs. 2 LUG in BGHZ 123, 356/362 – Beatles; BGHZ 125, 382/387 – Rolling Stones; OLG Karlsruhe ZUM-RD 2002, 550/551 – Götterdämmerung). Nach dem Sinn und Zweck der §§ 129 ff., Regelungen für den Übergang von den früheren Urheberrechtsgesetzen auf das neue UrhG von 1965 zu treffen (s. Rdnr. 1), ist jedoch der **Schutz durch das Recht des unlauteren Wettbewerbs** und das **allgemeine Persönlichkeitsrecht** für die unter Rdnr. 16 genannten Leistungen **nicht** als Schutz iSd. § 129 Abs. 1 zu qualifizieren. Daraus folgt, dass die entsprechenden verwandten Schutzrechte des geltenden Gesetzes gemäß **§§ 81, 85 f., 87** nur **für ab dem 1. 1. 1966 erbrachte Leistungen** dieser Art entstehen konnten (s. BGHZ 123, 356/361 f. – Beatles – mit der Folgerung, dass auch das Genfer Tonträger-Abkommen (s. zu diesem vor §§ 120 ff. Rdnr. 92 ff.; § 126 Rdnr. 10) trotz grundsätzlicher Rückwirkung sich nur auf seit dem 1. 1. 1966 festgelegte Tonträger erstrecken kann; s. a. *Dreier/Schulze*[3] Rdnr. 15; *Fromm/Nordemann*[10] Rdnr. 6; *Möhring/Nicolini*[2] Rdnr. 15 ff.; *Ulmer*[3] § 10 III 3; aA *v. Gamm* Rdnr. 1, allerdings inkonsequent bezüglich der Schutzrechte nach §§ 81, 87). Das Gleiche gilt für die Schutzrechte gemäß **§§ 70, 71, 94, 95**.

18   **Besonderheiten** gelten für den **Schutz der ausübenden Künstler**. Ihnen können nicht nur Rechte nach §§ 73 ff. auch an Tonaufnahmen von Darbietungen aus der Zeit vor 1966 zustehen, wenn sie bei Inkrafttreten des UrhG Inhaber eines fiktiven Bearbeiterurheberrechts nach § 2 Abs. 2 LUG von 1901/1910 waren (s. Rdnr. 15, 17). Vielmehr können sie, selbst wenn ihnen dieser Schutz aus fremdenrechtlichen Gründen versagt war, den Schutz gemäß § 125 Abs. 3 durch erstes Erscheinen dieser Tonaufnahmen im Geltungsbereich des UrhG auch noch nachträglich erwerben (so OLG Hamburg ZUM 1995, 334 f. – Elvis Presley; s. hierzu auch Rdnr. 12 aE zur Parallele bei Urheberrechten).

19   c) Zur Frage eines ergänzenden wettbewerbsrechtlichen oder persönlichkeitsrechtlichen Schutzes in Fällen, in denen die verwandten Schutzrechte aus den erwähnten Gründen versagen, s. vor §§ 73 ff. Rdnr. 20 ff.

IV. Anwendung der Vorschriften des UrhG auf ältere Werke und Leistungen (§ 129 Abs. 1)

20   Ist die in § 129 Abs. 1 genannte Voraussetzung des Schutzes bei Inkrafttreten des UrhG gegeben (s. Rdnr. 10–19) und liegen Ausnahmen iSd. unter Rdnr. 3 Gesagten nicht vor, so sind nach § 129 Abs. 1 die Vorschriften des UrhG auch auf ältere Werke und Leistungen anzuwenden. Dies gilt grundsätzlich in jeder Hinsicht, jedoch unter Vorbehalt insb. der §§ 130 ff.

V. Schutzdauer älterer nachgelassener Werke (§ 129 Abs. 2)

21   Ist ein beim Tod seines Urhebers noch unveröffentlichtes, sog. nachgelassenes Werk nach Ablauf von 50 Jahren nach dem Tod des Urhebers, aber vor Inkrafttreten des UrhG erstmals veröffentlicht worden, so bestimmt sich die Schutzdauer nach den bisherigen Vorschriften (§ 129

Abs. 2). Unter den bisherigen Vorschriften ist insb. § 29 LUG von 1901 (s. Einl. Rdnr. 113) gemeint. Diese Bestimmung lautete:

„Der Schutz des Urheberrechts endigt, wenn seit dem Tode des Urhebers fünfzig Jahre und außerdem seit der ersten Veröffentlichung des Werkes zehn Jahre abgelaufen sind. Ist die Veröffentlichung bis zum Ablaufe von fünfzig Jahren seit dem Tode des Urhebers nicht erfolgt, so wird vermutet, dass das Urheberrecht dem Eigentümer des Werkes zustehe."

Ergänzt wurde diese Bestimmung durch Vorschriften über die Schutzdauer bei Miturheberschaft (§ 30 LUG, jetzt § 65 Abs. 1) und von anonymen und pseudonymen Werken (§ 31 LUG, jetzt § 66), über die Schutzdauer von Werken, an denen das Urheberrecht einer juristischen Person zustand (§ 32 LUG, s. dazu § 134), über die Schutzdauer von Lieferungswerken (§ 33 LUG, jetzt § 67) und über die Berechnung der Schutzfristen (§ 34 LUG, jetzt § 69). Das KUG von 1907 (s. Einl. Rdnr. 113) enthielt keine besonderen Bestimmungen über die Schutzdauer nachgelassener Werke.

§ 129 Abs. 2 schränkt zwar die Anwendung der Vorschriften des UrhG ein, lässt aber die in **22** § 129 Abs. 1 genannte **Bedingung** unberührt, dass bei Inkrafttreten des UrhG ein Schutz nach den bisherigen Bestimmungen noch bestanden haben muss. Daraus folgt, dass ältere nachgelassene Werke, deren Schutzfrist einschließlich der zehnjährigen Frist nach Erstveröffentlichung bei Inkrafttreten des UrhG schon abgelaufen war, schutzlos blieben (sa. § 64 Rdnr. 68). Dasselbe Ergebnis folgt aus der von § 129 Abs. 2 angeordneten Anwendung der bisherigen Vorschriften.

§ 130 Übersetzungen

Unberührt bleiben die Rechte des Urhebers einer Übersetzung, die vor dem 1. Januar 1902 erlaubterweise ohne Zustimmung des Urhebers des übersetzten Werkes erschienen ist.

1. Entstehungsgeschichte und Bedeutung der Bestimmung

Das **LUG von 1870** (s. Einl. Rdnr. 111) hatte keinen vollen Schutz des Urhebers eines literarischen oder musikalischen Werkes gegen dessen Verwertung in Form von Übersetzungen und sonstigen Bearbeitungen sowie durch Aufnahme in Sammlungen gewährt. Ua. machte § 6 lit. c dieses Gesetzes den Übersetzungsschutz davon abhängig, dass der Urheber sich das Übersetzungsrecht ausdrücklich durch einen entsprechenden Vermerk vorbehalten hatte und die vorbehaltene Übersetzung dann auch binnen einer Frist von drei Jahren veröffentlicht wurde. Das **LUG von 1901** verstärkte den Urheberrechtsschutz in den genannten Punkten in seinen §§ 12 und 24 wesentlich. In seiner Übergangsbestimmung § 62 S. 2 schränkte es diesen Schutz jedoch wieder zugunsten solcher Übersetzungen, Bearbeitungen und Sammlungen für den Schulgebrauch ein, die unter der Geltung des LUG von 1870 zulässigerweise ohne Zustimmung des Urhebers erschienen waren. Diese durften frei weiterverwertet werden. Die Bestimmung diente der Schonung berechtigter Interessen der Übersetzer, Bearbeiter und Herausgeber von Sammlungen der genannten Art sowie von deren Rechtsnachfolgern (s. *Allfeld* LUG² § 62 Anm. 7).

§ 130 trägt diesem Interesse zu Lasten der Urheber der Originalwerke weiterhin Rechnung, **2** beschränkt die Begünstigung aber auf **Übersetzungen** bzw. die Übersetzer und ihre Rechtsnachfolger. Wie die AmtlBegr. (BTDrucks. IV/270 S. 114 zu § 140, jetzt § 130) ausführt, erscheint die Leistung eines sonstigen Bearbeiters nicht so schutzwürdig, dass die Verwertung der Bearbeitung oder Sammlung für alle Zukunft ohne Rücksicht auf die Rechte der Urheber der benutzten Werke gestattet bleiben müsste.

Mit zunehmendem Zeitablauf verliert § 130 immer mehr an **praktischer Bedeutung,** aber **3** nicht wegen Ablaufs des Urheberrechts an den Übersetzungen, wie *Möhring/Nicolini* Anm. 1b meinten, sondern deswegen, weil zunehmend die Schutzdauer der übersetzten Werke endet, von denen vor dem 1. 1. 1902 Übersetzungen erschienen sind (s. jetzt auch *Möhring/Nicolini*² Rdnr. 1; sa. *Dreier/Schulze*³ Rdnr. 2; *Fromm/Nordemann*¹⁰ Rdnr. 1). Über das Urheberrecht an der Übersetzung selbst (s. zum geltenden Recht § 3 Rdnr. 1 ff.) enthält § 130 keine Regelung.

2. Inhalt der Bestimmung

§ 130 schränkt das in **§ 23 S. 1** geregelte Recht der Urheber älterer Werke ein, Übersetzun- **4** gen dieser Werke zu verwerten. Diese Einschränkung besteht jedoch nur zugunsten desjenigen, der eine Übersetzung des Werkes vor dem 1. 1. 1902, dem Zeitpunkt des Inkrafttretens des LUG von 1901 (§ 64 S. 1 dieses Gesetzes), erlaubterweise ohne Zustimmung des Urhebers des übersetzten Werkes angefertigt und erscheinen lassen hat, sowie zugunsten seines Rechtsnachfolgers, nicht aber zugunsten eines Dritten, der sich diese Übersetzung zB nach Ablauf von deren Urheberrechtsschutz aneignet (so auch *Voigtländer/Elster/Kleine*[4] § 62 LUG Anm. 2).

5 Die **Verwertungsfreiheit des Übersetzers** bzw. seines Rechtsnachfolgers umfasst die Befugnisse, die ihm nach § 62 S. 2 LUG von 1901 zustanden. Diese Bestimmung erlaubte die „Vervielfältigung, Verbreitung und öffentliche Aufführung". Die Übersetzung darf daher auch **in neuer Auflage vervielfältigt** und **verbreitet** werden, allerdings nicht in wesentlich veränderter Form (s. *Allfeld* LUG[2] § 62 Anm. 12; *Voigtländer/Elster/Kleine*[4] LUG § 62 Anm. 2). Dies bedeutet eine wesentliche Begünstigung gegenüber der allgemeinen Übergangsbestimmung des § 136. Unter einer „**öffentlichen Aufführung**" iSd. § 62 S. 2 LUG von 1901 ist nicht auch der öffentliche Vortrag zu verstehen, den auch dieses Gesetz bereits von der Aufführung unterschied (vgl. § 11 Abs. 2, 3 des Gesetzes). Gleichwohl ist anzunehmen, dass auch der öffentliche Vortrag freigegeben ist, weil § 11 Abs. 3 LUG von 1901 das Vortragsrecht des Urhebers auf nicht erschienene Werke beschränkt hat, so dass kein Anlass bestand, den öffentlichen Vortrag in § 62 S. 2 mit anzuführen (in diesem Sinne wohl auch *v. Gamm* zu § 130). Etwas anderes muss für die **Sendung** einer Übersetzung **durch Rundfunk** und erst recht für die digitale **Online-Nutzung** gelten. Insoweit begründete das LUG von 1870 noch kein Vertrauen auf eine Verwertungsbefugnis, das iSv. §§ 62 S. 2 LUG von 1901, 130 gegenüber dem Interesse des Urhebers des übersetzten Werkes schutzwürdig wäre (zur Entwicklung des urheberrechtlichen Senderechts s. vor § 20 Rdnr. 26 ff. ebenso im Ergebnis *Dreier/Schulze*[3] Rdnr. 3; *Kotthoff* in HK-UrhR[2] einzige Anm.; *Möhring/Nicolini*[2] Rdnr. 2).

§ 131 Vertonte Sprachwerke

Vertonte Sprachwerke, die nach § 20 des Gesetzes betreffend das Urheberrecht an Werken der Literatur und der Tonkunst vom 19. Juni 1901 (Reichsgesetzbl. S. 227) in der Fassung des Gesetzes zur Ausführung der revidierten Berner Übereinkunft zum Schutze von Werken der Literatur und Kunst vom 22. Mai 1910 (Reichsgesetzbl. S. 793) ohne Zustimmung ihres Urhebers vervielfältigt, verbreitet und öffentlich wiedergegeben werden durften, dürfen auch weiterhin in gleichem Umfang vervielfältigt, verbreitet und öffentlich wiedergegeben werden, wenn die Vertonung des Werkes vor dem Inkrafttreten dieses Gesetzes erschienen ist.

1. Entstehungsgeschichte und Bedeutung der Bestimmung

1 **§ 20 LUG von 1901** enthielt eine spezielle gesetzliche Beschränkung des Urheberrechts an Gedichten und kleineren Teilen von Dichtungen, wie Epen, zugunsten ihrer Verwertung als Text zu neuen Werken der Tonkunst (Musik). Die entsprechende gesetzliche Verwertungsbefugnis wurde ungenau als **Vertonungsfreiheit** bezeichnet (*Ulmer*[2] § 50 V 2). Sie erstreckte sich nicht auf Dichtungen, die ihrer Gattung nach zur Komposition bestimmt waren, wie Texte zu Opern, Operetten, Singspielen, Oratorien und Schlagern (§ 20 Abs. 2), und gestattete auch nicht die Vervielfältigung auf Tonträgern (§ 20 Abs. 3). Die betroffenen Sprachwerke durften aber in Verbindung mit der Komposition sonst vervielfältigt werden (§ 20 Abs. 1 S. 1). Für eine Aufführung des musikalischen Werkes durfte der Text ausschließlich zum Gebrauch der Hörer auch ohne die musikalischen Noten vervielfältigt werden (§ 20 Abs. 1 S. 2, sog. **Programmfreiheit**). Gemäß **§ 26 LUG von 1901** galt die Vertonungsfreiheit nicht nur für die Vervielfältigung, sondern auch für die Verbreitung der Texte sowie für ihre öffentliche Aufführung und den öffentlichen Vortrag. Die Rundfunksendung war sinngemäß gleich zu beurteilen (*Ulmer*[2] § 50 VI).

2 **Referentenentwurf** (§§ 48, 55), **Ministerialentwurf** (§§ 51, 58) und **Regierungsentwurf** (§ 52) zum UrhG sahen grundsätzlich eine Beibehaltung der gesetzlichen Vertonungsfreiheit vor und enthielten demgemäß noch keine dem § 131 entsprechende Übergangsbestimmung. Der **Rechtsausschuss des Deutschen Bundestags** empfahl dann aber die **Streichung der Bestimmung über die Vertonungsfreiheit,** weil eine Sachverständigenanhörung unter Beteiligung von Vertretern der Komponisten als den Hauptbegünstigten der Vertonungsfreiheit gezeigt hatte, dass für diese kein Bedürfnis mehr bestand (vgl. den Bericht des Abg. *Reischl* UFITA 46 [1966] 174/186f. zu § 52). Aus dieser Empfehlung ergab sich zugleich die Notwendigkeit, für

die weitere Verwertung von auf die Vertonungsfreiheit unter dem LUG von 1901 gestützten, bereits erschienenen Vertonungen eine **Übergangsregelung** zu schaffen. Der Rechtsausschuss empfahl daher die Aufnahme eines neuen § 140a in den Gesetzentwurf, dem § 131 des geltenden Gesetzes entspricht. Entsprechend der in § 130 für Übersetzungen getroffenen Regelung (s. dort) erschien es dem Rechtsausschuss angemessen, die gesetzlichen Verwertungsbefugnisse im bisherigen Umfang aufrechtzuerhalten (s. den Bericht des Abg. *Reischl* UFITA 46 [1966] 174/200 zu § 140a).

Textvertonungen, die unter der Herrschaft des LUG von 1901 gesetzlich zulässig ohne Zustimmung der Texturheber hergestellt und verwertet wurden und vor Inkrafttreten des UrhG erschienen sind, dürfen nach § 131 **im bisher gesetzlich zugelassenen Umfang weiterverwertet werden.** 3

2. Inhalt der Bestimmung

§ 131 schränkt die Verwertungsrechte der Urheber von solchen **Sprachwerken** ein, die nach § 20 LUG von 1901 in Verbindung mit einer neuen musikalischen Komposition ohne Zustimmung der Urheber der Sprachwerke verwertet werden durften (zum Kreis dieser Sprachwerke s. bereits Rdnr. 1). Voraussetzung der Verwertungsfreiheit ist aber, dass die **Vertonung** des Werkes bereits **vor Inkrafttreten des UrhG,** dh. insoweit vor dem 1. 1. 1966 (s. § 143 Abs. 2), **erschienen** ist. Für den Begriff des Erscheinens gilt § 6 Abs. 2 (s. dort Rdnr. 29ff.). 4

Inhaltlich erstreckt sich die fortbestehende **Verwertungsfreiheit** auf dieselben Verwertungsformen, wie sie auch durch §§ 20, 26 LUG von 1901 gesetzlich zulässig waren (s. dazu bereits Rdnr. 1). In § 131 wird dies durch die Anführung der **Vervielfältigung, Verbreitung** und **öffentlichen Wiedergabe** (vgl. § 15 Abs. 1 Nr. 1, 2, Abs. 2) klargestellt. Die Nichterwähnung des § 26 LUG von 1901 beruht offensichtlich auf einem Redaktionsversehen und ist unschädlich (so auch *Dreier/Schulze*[3] Rdnr. 3; *Fromm/Nordemann*[10] Rdnr. 1; *Möhring/Nicolini*[2] Rdnr. 1). Weiterhin **nicht** gesetzlich, sondern nur mit Zustimmung des Urhebers des Sprachwerks zulässig ist die Vervielfältigung und Verbreitung auf **Tonträgern** (s. Rdnr. 1). Wie die weiterbestehende gesetzliche Verwertungsbefugnis in Bezug auf Übersetzungen nach § 130 (s. dort Rdnr. 5) enthält auch § 131 im Vergleich mit der allgemeinen Übergangsregelung des § 136 eine sehr weitgehende Verwertungsfreiheit. Es dürfen nicht nur vor 1966 hergestellte Werkexemplare weiterverwertet werden, vielmehr dürfen die betroffenen Sprachwerke in Verbindung mit vor 1966 erschienenen Vertonungen auch erneut vervielfältigt und verbreitet sowie durch öffentliche Wiedergabe in den unter dem LUG von 1901 bekannten Formen genutzt werden (s. auch *Fromm/Nordemann*[10] Rdnr. 2). Die moderne digitale Online-Nutzung iSd. § 19a und, in Parallele zum Ausschluss der Tonträgernutzung, die filmische Nutzung zählen dazu aber nicht. 5

§ 132 Verträge

(1) ¹Die Vorschriften dieses Gesetzes sind mit Ausnahme der §§ 42 und 43 auf Verträge, die vor dem Inkrafttreten dieses Gesetzes abgeschlossen worden sind, nicht anzuwenden. ²§ 43 gilt für ausübende Künstler entsprechend. ³Die §§ 40 und 41 gelten für solche Verträge mit der Maßgabe, daß die in § 40 Abs. 1 Satz 2 und § 41 Abs. 2 genannten Fristen frühestens mit dem 1. Januar 1966 beginnen.

(2) Vor dem 1. Januar 1966 getroffene Verfügungen bleiben wirksam.

(3) ¹Auf Verträge oder sonstige Sachverhalte, die vor dem 1. Juli 2002 geschlossen worden oder entstanden sind, sind die Vorschriften dieses Gesetzes vorbehaltlich der Sätze 2 und 3 in der am 28. März 2002 geltenden Fassung weiter anzuwenden. ²§ 32a findet auf Sachverhalte Anwendung, die nach dem 28. März 2002 entstanden sind. ³Auf Verträge, die seit dem 1. Juni 2001 und bis zum 30. Juni 2002 geschlossen worden sind, findet auch § 32 Anwendung, sofern von dem eingeräumten Recht oder der Erlaubnis nach dem 30. Juni 2002 Gebrauch gemacht wird.

(4) Absatz 3 gilt für ausübende Künstler entsprechend.

Schrifttum: *v. Becker/Wegner,* Offene Probleme der angemessenen Vergütung, ZUM 2005, 695; *Berger,* Das neue Urheberrechtsrecht, 2003; *Erdmann,* Urheberpersönlichkeitsrecht im Meinungsstreit, GRUR 2002, 923; *Haas,* Das neue Urhebervertragsrecht, 2002; *Haupt,* Die Übertragung des Urheberrechts, ZUM 1999, 898; *Hucko,* Das neue Urhebervertragsrecht, 2002; *Katzenberger,* Beteiligung des Urhebers an Ertrag und Ausmaß der Werkverwertung, GRUR Int. 1983, 410; *ders.,* Filmverwertung auf DVD als unbekannte Nutzungsart im Sinne des § 31 Abs. 4

§ 132

UrhG, GRUR Int. 2003, 889; *Nordemann,* das neue Urhebervertragsrecht, 2002; *Ory,* Das neue Urhebervertragsrecht, AfP 2002, 93; *Pleister/Ruttig,* Beteiligungsansprüche für ausübende Künstler bei Bestsellern, ZUM 2004, 337; *Schmidt,* Der Vergütungsanspruch des Urhebers nach der Reform des Urhebervertragsrechts, ZUM 2002, 781; *Schneider,* Zur Übertragung von Nutzungsrechten eines Kameramannes in Tarifverträgen bei unbekannter Nutzungsart (hier: Videozweitauswertungsrechte), ZUM 2000, 310; sa. die Schrifttumsnachweise vor §§ 28 ff. Rdnr. 3 und zu § 32 b.

Übersicht

	Rdnr.
1. Entstehungsgeschichte und Bedeutung der Bestimmung	1–3
2. Anwendung der §§ 42 und 43 auf ältere Verträge (§ 132 Abs. 1 S. 1,2)	4, 5
3. Eingeschränkte Anwendung der §§ 40 und 41 auf ältere Verträge (§ 132 Abs. 1 S. 3)	6, 7
4. Sittenwidrigkeit älterer Verträge und Wegfall oder Änderung der Geschäftsgrundlage	8, 9
5. Wirksamkeit von vor Inkrafttreten des UrhG getroffenen Verfügungen (§ 132 Abs. 2)	10, 11
6. Übergangsbestimmungen zum Gesetz zur Stärkung der vertraglichen Stellung von Urhebern und ausübenden Künstlern (§ 132 Abs. 3, 4)	12–22

1. Entstehungsgeschichte und Bedeutung der Bestimmung

1 **LUG von 1901 und KUG von 1907** (s. Einl. Rdnr. 113) enthielten nur sehr wenige grundsätzliche Vorschriften über das Urhebervertragsrecht, wie solche über die Übertragbarkeit des Urheberrechts, und dementsprechend auch keine Übergangsbestimmungen für Urheberrechtsverträge. Auch das geltende UrhG regelt das Urhebervertragsrecht nicht in umfassender Weise (s. vor §§ 28 ff. Rdnr. 3 ff./11), enthält aber im Vergleich mit dem früheren Recht doch eine wesentlich größere Zahl **vertragsrechtlicher Vorschriften.** Daraus ergab sich zunächst das Bedürfnis, durch eine **Übergangsbestimmung** klarzustellen, ob und inwieweit diese Vorschriften auch für vor Inkrafttreten des UrhG abgeschlossene Urheberrechtsverträge gelten. Dem tragen die Abs. 1 und 2 des § 132 Rechnung. Darüber hinaus ergab sich mit dem **Gesetz zur Stärkung der vertraglichen Stellung von Urhebern und ausübenden Künstlern** vom **22. 3. 2002** (BGBl. I S. 1155) ein weiterer Anlass für Übergangsbestimmungen, die den ursprünglichen Regelungen des § 132 als Abs. 3 und 4 angefügt wurden. Ferner wurde durch dieses Gesetz in § 132 Abs. 1 und 2 die frühere Bezugnahme auf das „Inkrafttreten dieses Gesetzes" durch die Angabe „1. Januar 1966" ersetzt. Wie sich aus § 143 Abs. 2 ergibt, dient diese Maßnahme nur der erleichterten Verständlichkeit der Regelungen. Kleinere Korrekturen in den Abs. 2 und 3 des § 132 erfolgten durch Art. 1 Nr. 48 des Gesetzes zur Regelung des Urheberrechts in der Informationsgesellschaft vom 10. 9. 2003 (BGBl. I S. 1774).

2 **Referentenentwurf** (§ 137) und **Ministerialentwurf** (§ 153) des UrhG gingen vom Grundsatz der Anwendung der neuen urhebervertragsrechtlichen Bestimmungen auch auf ältere Verträge aus und bezeichneten nur wenige Vorschriften als auf sie nicht anwendbar. Der **Regierungsentwurf** (§ 141) kehrte dieses Regel-Ausnahmeverhältnis um und betonte den **Grundsatz der Nichtanwendbarkeit** der **neuen vertragsrechtlichen Bestimmungen** auf ältere Verträge. Zur Rechtfertigung wurde auf das Vertrauen der Vertragsparteien auf den bei Vertragsabschluss geltenden Rechtszustand verwiesen (AmtlBegr. BTDrucks. IV/270 S. 114 zu § 141, jetzt § 131). Unter den Vorschriften, die **ausnahmsweise** auch auf ältere Verträge anwendbar sind, nannte der Regierungsentwurf im Hinblick auf nach Inkrafttreten des UrhG gezogene Nutzungserträgnisse auch noch § 36 aF über die **Beteiligung des Urhebers an unerwartet hohen Gewinnen des Werkverwerters.** Dagegen erhoben der Bundesrat (BTDrucks. IV/270 S. 178 zu § 141 Abs. 1) und der Rechtsausschuss des Deutschen Bundestags (vgl. den Bericht des Abg. *Reischl* UFITA 46 [1966] 174/200 zu § 141) Bedenken wegen der Schwere des Eingriffs in die Vertragsfreiheit bei bereits bestehenden Vertragsverhältnissen, so dass sich auch die Auffassung der Bundesregierung zur Stellungnahme des Bundesrats (BTDrucks. IV/270 S. 180 zu 18.) nicht durchzusetzen vermochte. Die Bundesregierung hatte darauf hingewiesen, dass es insoweit keines Vertrauensschutzes bedürfe, weil § 36 aF nur nach Vertragsschluss eintretenden unerwarteten Entwicklungen Rechnung trage und auf ältere Verträge auch nur insoweit anwendbar sein sollte, als die Voraussetzungen des Beteiligungsanspruchs nach Inkrafttreten des UrhG erfüllt würden. Den Bedenken des Bundesrats und des Rechtsausschusses des Deutschen Bundestags lagen insb. Proteste der Verlage gegen den Regelungsvorschlag im Regierungsentwurf zugrunde (s. *Katzenberger* GRUR Int. 1983, 410/418 mwN in Fn. 92).

3 Aus **§ 132 Abs. 1 und 2** folgt das **für die Praxis wichtige Ergebnis,** dass wesentliche, vor allem den Urheber gegenüber dem Werkverwerter als seinem Vertragspartner schützende Be-

Verträge **§ 132**

stimmungen auf vor Inkrafttreten des UrhG am 1. 1. 1966 (§ 143 Abs. 2) abgeschlossene Verträge nicht anwendbar sind bzw. waren (s. zu § 31 Abs. 4 BGH GRUR 1986, 62/66 – GEMA-Vermutung I; insoweit in BGHZ 95, 274 nicht abgedruckt; BGH GRUR 1988, 296/299 – GEMA-Vermutung IV; BGHZ 136, 386/388 – Spielbankaffaire; OLG München ZUM 2000, 61/65 – Das kalte Herz; OLG Köln ZUM 2009, 237/238 – Der Frosch mit der Maske, Dr. Mabuse und Winnetou). Auf solche Verträge nicht anwendbar sind auch die vornehmlich im Interesse des Filmherstellers geschaffenen vertragsrechtlichen Bestimmungen des UrhG im Bereich des Filmes (§§ 88 ff.; sa. vor §§ 88 ff. Rdnr. 47 ff.; wie hier *Dreier/Schulze*[3] Rdnr. 5; *Fromm/Nordemann*[10] Rdnr. 7; *Möhring/Nicolini*[2] Rdnr. 7; jeweils gegen LG München I Schulze LGZ 180, 4 f. – Landung in Salerno – zu § 89; sa. öOHG GRUR Int. 2005, 335/337 – Die Puppenfee; zu einer dem § 89 aF entsprechenden eventuellen früheren Vertragspraxis im Hinblick auf bekannte, nicht aber auf unbekannte Nutzungsarten s. OLG Köln ZUM 2009, 237/238 f. – Der Frosch mit der Maske, Dr. Mabuse und Winnetou; zur Unanwendbarkeit des § 36 aF entspr. dem unter Rdnr. 2 Gesagten s. BGH GRUR 1990, 1005/1006 – Salome I). Urheberrechtsverträge aus der Zeit vor 1966 sind daher, von den in § 132 Abs. 1 bezeichneten Ausnahmen abgesehen, nach dem früheren Recht zu beurteilen. Dabei ist allerdings zu beachten, dass wesentliche urhebervertragsrechtliche Grundsätze, die nunmehr in gesetzliche Bestimmungen gefasst sind, auch früher schon durch die Rechtsprechung anerkannt waren. Dies gilt insb. für das Zweckübertragungsprinzip und dessen Ausprägung in § 31 Abs. 5 (s. dazu § 31 Rdnr. 64 ff.; BGH GRUR 1982, 727/730 – Altverträge; BGH GRUR 1988, 296/299 – GEMA-Vermutung IV; KG Berlin GRUR 1991, 596/599 – Schopenhauer-Ausgabe; OLG Köln ZUM 2009, 237/238 – Der Frosch mit der Maske, Dr. Mabuse und Winnetou). Ebenfalls von erheblicher praktischer Bedeutung ist, dass das im Jahre 2002 neu geschaffene Urhebervertragsrecht gemäß **§ 132 Abs. 3 und 4** auf ältere Verträge und Sachverhalte nur sehr eingeschränkt anwendbar ist (s. zB *Katzenberger* GRUR Int. 2003, 889/896 f.).

2. Anwendung der §§ 42 und 43 auf ältere Verträge (§ 132 Abs. 1 S. 1, 2)

Auch auf vor 1966 abgeschlossene Verträge **unbeschränkt anwendbar** sind §§ 42 und 43. **4** Für § 42 über das **Rückrufsrecht wegen gewandelter Überzeugung** ist die Rechtfertigung für die Ausnahme vom Grundsatz der Nichtanwendung darin zu sehen, dass der Tatbestand der gewandelten Überzeugung, den § 42 berücksichtigt, unabhängig von dem Vertragsinhalt ist (so die AmtlBegr. BTDrucks. IV/270 S. 114 zu § 141, jetzt § 132). Darüber hinaus trägt die Anwendbarkeit des § 42 auch auf ältere Werke dem primär urheberpersönlichkeitsrechtlichen Charakter des Rückrufsrechts wegen gewandelter Überzeugung Rechnung (s. dazu § 42 Rdnr. 1). Die Interessen des Vertragspartners berücksichtigt bereits § 42 Abs. 3 über die Entschädigungspflicht des Urhebers.

§ 43 betrifft vertragliche Rechtseinräumungen durch Urheber in **Arbeits- oder Dienstver- 5 hältnissen.** Da durch diese Bestimmung ua. auch mögliche Streitfragen über die Auslegung früher abgeschlossener Verträge im Hinblick auf die durch das UrhG neu geschaffenen Rechte geklärt werden sollten, war ihre Anwendbarkeit sogar geradezu geboten (s. die AmtlBegr. BTDrucks. IV/270 S. 114 zu § 141, jetzt § 132). Eine mit § 43 im Wesentlichen inhaltsgleiche Regelung über Rechtseinräumungen durch ausübende Künstler in Arbeits- oder Dienstverhältnissen war in **§ 79 aF** enthalten. Sie wurde durch das Gesetz von 10. 9. 2003 (s. Rdnr. 1) als überflüssig zugunsten einer Verweisung auf § 43 in § 79 Abs. 2 S. 2 aufgegeben (s. die AmtlBegr. BTDrucks. 15/38 S. 24). Demgemäß wurde auch die in § 132 Abs. 1 S. 1 aF zusätzlich enthaltene Bezugnahme auf § 79 durch § 132 Abs. 1 S. 2 ersetzt, wonach § 43 auch übergangsrechtlich für ausübende Künstler entsprechend gilt. Eine ins Gewicht fallende Änderung der Rechtslage ist damit nicht verbunden.

3. Eingeschränkte Anwendung der §§ 40 und 41 auf ältere Verträge (§ 132 Abs. 1 S. 2)

Auf Verträge aus der Zeit vor 1966 **eingeschränkt anwendbar** sind §§ 40 und 41. Ihre **6** grundsätzliche Anwendbarkeit dient den Interessen der Urheber (vgl. AmtlBegr. BTDrucks. IV/ 270 S. 114 zu § 141, jetzt § 132). § 40 betrifft **Verträge über künftige Werke.** Nach § 40 Abs. 1 S. 1 bedarf ein Vertrag, in dem sich der Urheber zur Einräumung von Nutzungsrechten an künftigen, überhaupt nicht oder nur der Gattung nach bestimmten Werken verpflichtet, der **Schriftform** (S. 1). Dies gilt gemäß § 132 Abs. 1 S. 2 auch für ältere Verträge, so dass solche Verträge mit Ablauf des Jahres 1965 gemäß § 125 S. 1 BGB nichtig geworden sind, wenn sie nicht schriftlich abgefasst waren (ebenso *Dreier/Schulze*[3] Rdnr. 6; *Möhring/Nicolini*[2] Rdnr. 13; aA

§ 132 Verträge

Fromm/Nordemann[10] Rdnr. 12). Für das nach § 40 Abs. 1 S. 2 begründete **Kündigungsrecht** beider Vertragsteile nach Ablauf von 5 Jahren seit Vertragsabschluss bestimmt § 132 Abs. 1 S. 2 zur Wahrung der wohlerworbenen Rechte der Nutzungsberechtigten (so die AmtlBegr. BTDrucks. IV/270 S. 114 zu § 141, jetzt § 132), dass diese Frist frühestens mit Inkrafttreten des UrhG am 1. 1. 1966 (§ 143 Abs. 2) zu laufen beginnt. Nicht erweitert worden ist dagegen die in § 40 Abs. 1 S. 3 bestimmte Frist von 6 Monaten, nach der die Kündigung wirksam wird.

7 § 41 regelt das **Rückrufsrecht wegen Nichtausübung.** Nach § 41 Abs. 2 kann dieses Rückrufsrecht ebenfalls erst nach Ablauf bestimmter Fristen ausgeübt werden. Für die Anwendung des § 41 auf Verträge aus der Zeit von 1966 gilt nach § 132 Abs. 1 S. 2 wiederum zur Wahrung wohlerworbener Rechte der Nutzungsberechtigten (s. Rdnr. 6), dass diese Fristen nicht vor dem 1. 1. 1966 zu laufen beginnen.

4. Sittenwidrigkeit älterer Verträge und Wegfall oder Änderung der Geschäftsgrundlage

8 Mit **Streichung des § 36 aF** aus der Liste der nach § 132 Abs. 1 auch auf ältere Verträge ausnahmsweise anwendbaren vertragsrechtlichen Bestimmungen des UrhG durch den Gesetzgeber (s. Rdnr. 2) ist den Urhebern der ursprünglich wichtigste Rechtsbehelf vorenthalten worden, mit dessen Hilfe sie sich gegen **unangemessene vertragliche Vergütungsregelungen** hätten zur Wehr setzen können. Für Missbräuche in diesem Bereich gibt es gerade aus älterer Zeit, aber mit Fortwirkung bis heute zahlreiche Beispiele (s. dazu *Katzenberger* GRUR Int. 1983, 410/412 ff.). Die von § 132 Abs. 1 nicht berührten allgemeinen Regeln insb. über die **Nichtigkeit** von **wucherischen Rechtsgeschäften** (§ 138 Abs. 2 BGB) erweisen sich vor allem deshalb als wenig hilfreich, weil nach ständiger Rechtsprechung bei Beurteilung des auffälligen Missverhältnisses zwischen dem Wert der Leistung und dem der Gegenleistung stets auf die Verhältnisse zum Zeitpunkt des Vertragsschlusses abzustellen ist, so dass unerwarteten Nutzungserträgnissen der Werkverwerter, die sich erst im Laufe der Zeit ergeben, mit diesen Regeln nicht Rechnung getragen werden kann (s. zB den Fall BGH GRUR 1962, 256 – Im weißen Rößl; vgl. aber auch zur erfolgreichen Berufung auf eine sittenwidrige Knebelung eines Urhebers LG Berlin GRUR 1983, 438 – Joseph Roth).

9 Um diese wesentliche Lücke im vertragsrechtlichen Schutz der Urheber zu schließen, ist es unverzichtbar, auf ältere Urheberrechtsverträge doch jedenfalls die allgemeinen, aus **§ 242 BGB** (jetzt **§ 313 BGB nF**) folgenden **Rechtsgrundsätze über den Wegfall oder die Änderung** bzw. die **Störung der Geschäftsgrundlage** anzuwenden (so auch OLG München ZUM 1988, 581/583; BGH GRUR 1990, 1005/1006 – Salome I; der Sache nach auch BGH GRUR 1996, 763/764 – Salome II; Näheres bei *Katzenberger* GRUR Int. 1983, 410/417 ff.; im Ergebnis ebenso *Dreier/Schulze*[3] Rdnr. 5; *Kotthoff* in HK-UrhR[2] Rdnr. 3; *Möhring/Nicolini*[2] Rdnr. 10; *Wandtke/Bullinger*[3] Rdnr. 3; zur Vertragsanpassung nach den Regeln über gesetzliche Verlängerungen der Schutzdauer des Urheberrechts s. BGH GRUR 1996, 763/766 – Salome II, und GRUR 2000, 869/870 f. – Salome III).

5. Wirksamkeit von vor Inkrafttreten des UrhG getroffenen Verfügungen (§ 132 Abs. 2)

10 Um Zweifeln über die Wirksamkeit vertraglicher Verfügungen über Urheberrechte aus der Zeit vor Inkrafttreten des UrhG zu begegnen, stellt **§ 132 Abs. 2** klar, dass solche **Verfügungen wirksam bleiben** (AmtlBegr. BTDrucks. IV/270 S. 114 zu § 141, jetzt § 132). Die aus § 31 Abs. 4 über die Unwirksamkeit der Einräumung von Nutzungsrechten für noch nicht bekannte Nutzungsarten abgeleiteten Zweifel sind allerdings schon deshalb unbegründet, weil § 31 gemäß § 132 Abs. 1 auf ältere Verträge nicht anwendbar ist (s. Rdnr. 3). Unter dem früher geltenden Recht handelte es sich bei dem dann in § 31 Abs. 4 geregelten Gegenstand letztlich um einen Anwendungsfall des Zweckübertragungsprinzips (s. die *Voraufl.* § 31 Rdnr. 25).

11 § 132 Abs. 2 wird ergänzt durch **§ 137 Abs. 1 S. 1**. Danach stehen demjenigen, dem durch eine Verfügung vor 1966 das Urheberrecht übertragen worden ist, nunmehr die entsprechenden Nutzungsrechte zu (vgl. Näheres im Rahmen der Kommentierung des § 137).

6. Übergangsbestimmungen zum Gesetz zur Stärkung der vertraglichen Stellung von Urhebern und ausübenden Künstlern (§ 132 Abs. 3, 4)

12 a) Das **Gesetz vom 23. 3. 2002, verkündet** im BGBl. I S. 1155 vom **28. 3. 2002,** (s. Rdnr. 1) beinhaltet zugunsten der Urheber und ausübenden Künstler in den §§ 32 ff. nF, 79

Verträge **§ 132**

Abs. 4 nF wesentliche Neuerungen in Bezug auf die vertragliche Vergütung (§ 32 nF), den sog. Fairnessausgleich bei einem späteren auffälligen Missverhältnis zwischen Erträgen und sonstigen Vorteilen des Werk- bzw. Leistungsnutzers einerseits und der ursprünglichen Vergütung der Urheber und Künstler andererseits (§ 32a), den international zwingenden Charakter dieser Bestimmungen (§ 32b) und in Bezug auf gemeinsame Vergütungsregeln (§ 36 nF, § 36a); der Anspruch auf Fairnessausgleich ist dabei an die Stelle des früheren und strengeren § 36 aF, des sog. Bestsellerparagrafen, getreten (s. im Einzelnen vor §§ 28ff. Rdnr. 13 sowie die Kommentierung der vorgenannten einzelnen neuen Bestimmungen). **§ 132 Abs. 3, 4** enthält das zeitliche Übergangsrecht für die neuen Regelungen.

b) Als **Grundprinzip** statuiert **§ 132 Abs. 3 S. 1** die **Fortgeltung** des **bisherigen Urhebervertragsrechts** für **Altverträge** und **Altsachverhalte,** dh. für alle Verträge und sonstigen Sachverhalte, die vor dem 1. 7. 2002 geschlossen worden oder entstanden sind (ebenso *Dreier/ Schulze*[3] Rdnr. 9; *Kotthoff* in HK-UrhR[2] Rdnr. 6; *Wandtke/Bullinger*[3] Rdnr. 7; *Berger* Rdnr. 329; *Haas* Rdnr. 492; *Hucko* S. 16 f.) Dies entspricht der Regelung des § 132 Abs. 1 S. 1 betr. den Übergang zum ursprünglichen Urhebervertragsrecht des UrhG (s. Rdnr. 3). Das ursprüngliche Vorhaben einer begrenzten Rückwirkung des Anspruchs auf angemessene Vergütung nach § 32 nF auf Verträge aus einem Zeitraum von 20 Jahren vor Verkündung des neuen Gesetzes (s. BTDrucks. 14/7564 S. 5 iVm. BTDrucks. 14/6433 S. 6/19 f.) ist am Bedenken des Rechtsausschusses des Deutschen Bundestags im Hinblick auf die Rechts- und Kalkulationssicherheit bei Altverträgen gescheitert (s. BTDrucks. 14/8058 S. 12/22). Das Datum **1. 7. 2002** ist dasjenige des Inkrafttretens des Gesetzes vom 23. 3. 2002 (s. Rdnr. 1) nach dessen Art. 3, nämlich „am ersten Tag des vierten auf die Verkündung folgenden Kalendermonats", und damit auch der unter Rdnr. 12 genannten neuen Bestimmungen. Das in § 132 Abs. 3 S. 1 ebenfalls angeführte Datum **28. 3. 2002** ist der Tag der Verkündung des Gesetzes vom 23. 3. 2002 (s. Rdnr. 12). Im vollen Inhalt und Umfang ist das neue Urhebervertragsrecht jedenfalls erst auf Verträge und Sachverhalte seit dem 1. 7. 2002 anwendbar, wobei es bei Verträgen auf deren Abschluss, dh. Wirksamkeit von Angebot und Annahme, ankommt (s. *Haas* Rdnr. 463 f.; dort auch zu Vereinbarungen über das zeitlich anwendbare Recht, AGB, Bedingungen und Befristungen). Unter den in § 132 Abs. 3 S. 1 genannten **Sachverhalten** sind zB Verwertungshandlungen in Ausübung eines Nutzungsrechts (so *Berger* Rdnr. 329) oder Erträgnisse des Werkverwerters iSd. § 36 Abs. 1 aF zu verstehen.

c) **Ausnahmen** von der Geltung des neuen Urhebervertragsrechts nur für Neuverträge sind in § 132 Abs. 3 S. 2 und 3 vorgesehen. Dabei bezieht sich § 132 Abs. 3 S. 2 auf den **Fairnessausgleich** nach **§ 32a** (s. zu diesem Rdnr. 12). Diese Bestimmung, so heißt es, „findet auf Sachverhalte Anwendung, die seit dem 28. 3. 2002 entstanden sind". Nach der AmtlBegr. (BTDrucks. 14/8058, s. Rdnr. 13) sollen damit sämtliche Tatbestände erfasst werden, die nach Inkrafttreten des Gesetzes entstehen und eine billige Beteiligung der Urheber erfordern; im Rahmen des weiteren Gesetzgebungsverfahrens ist als Stichtag das für die Urheber und Künstler günstigere Datum der Verkündung des neuen Gesetzes (28. 3. 2002) an die Stelle desjenigen seines Inkrafttretens (1. 7. 2002) getreten. Wie es in der AmtlBegr. weiter heißt, profitieren die berechtigten Urheber im Rahmen des gebotenen Fairnessausgleichs von der Verbesserung des Bestsellerparagrafen, der **zeitlich unbegrenzt für alle Altverträge** gelte. Daraus wird von der hM der Schluss gezogen, dass § 32a sogar auf Altverträge aus der Zeit vor Inkrafttreten des UrhG am 1. 1. 1966 anwendbar sei, und nur zT kritisch angemerkt, dass dies an sich der Regelung des § 132 Abs. 1 widerspreche, nach der auf solche Verträge noch nicht einmal der strengere § 36 aF anwendbar sei (s. *Dreier/Schulze*[3] Rdnr. 9 sowie § 32a Rdnr. 11; *Fromm/Nordemann*[10] Rdnr. 7/15/19; *Wandtke/Bullinger*[3] Rdnr. 10; sa. oben § 32a Rdnr. 3; aA *Mestmäcker/Schulze/ Lindner* § 32a Anm. 7). Dieses Ergebnis ist zwar nicht unbedingt zwingend, weil die zeitlich unbegrenzte Geltung des § 32a in der AmtlBegr. ersichtlich angeführt wurde, um den Ausgleich und Fortschritt in Bezug auf § 32a gegenüber dem Verzicht hervorzuheben, § 32 nF auf Verträge aus einem Zeitraum von 20 Jahren vor Inkrafttreten der Neuregelung anzuwenden, wie es der ursprüngliche Gesetzentwurf vorgesehen hatte (s. Rdnr. 13; zur AmtlBegr. s. BTDrucks. 14/8058 S. 22; sa. *Hucko* S. 17). Dennoch ist der hM der Vorzug zu geben: Es besteht kein sachlich begründeter Anlass, den im Jahre 1965 nur unter dem Einfluss von interessierter Seite zustande gekommenen Verzicht auf eine Vertragskorrektur in Bestsellersituationen (s. Rdnr. 2) auch noch nach Jahrzehnten zu perpetuieren. Dass es sich hierbei nicht um ein theoretisches Problem handelt, zeigt der Vergütungsrechtsstreit um einen Vertrag aus dem Jahre 1906, mit dem der Komponist *Richard Strauss* Aufführungsrechte an seiner Oper „Salome" ver-

§ 132

geben hat; er hat inzwischen den BGH dreimal beschäftigt (s. zuletzt BGH GRUR 2000, 869 – Salome III).

15 Unter den in § 132 Abs. 3 S. 2 genannten **Sachverhalten** sind sowohl das in § 32a Abs. 1 S. 1 geforderte auffällige **Missverhältnis** (so *Nordemann* § 132 Rdnr. 2; *Pleister/Ruttig* ZUM 2004, 337/338; *Schmidt* ZUM 2002, 781/788; sa. oben § 32a Rdnr. 2) als auch die tatsächlichen **Umstände** zu verstehen, die zu diesem Missverhältnis führen (so *Dreier/Schulze*[3] Rdnr. 11; *Haas* Rdnr. 499; sa. oben § 32a Rdnr. 2). Bei diesen Umständen handelt es sich um die Faktoren, aus denen sich das Missverhältnis ergibt, nämlich zum einen um die Gegenleistung für die Einräumung eines Nutzungsrechts, die bei Altverträgen im Regelfall schon erbracht wurde und damit feststeht (sa. § 32a Rdnr. 2), und zum anderen um die aus der Nutzung des Werkes entspringenden Erträge und Vorteile des Nutzers. Für die Anwendung des § 32a auf Altverträge müssen jenes Missverhältnis (so *Nordemann* § 132 Rdnr. 2; *Pleister/Ruttig* ZUM 2004, 337/338; *Schmidt* ZUM 2002, 781/788; so auch OLG Hamm ZUM-RD 2008, 8/17 – Hotelsoftware; OLG Naumburg ZUM 2005, 759/760 – Firmenlogo) oder die dafür verantwortlichen Erträge oder Vorteile des Nutzers (so *Berger* Rdnr. 331; *Dreier/Schulze*[3] Rdnr. 9/11; *Haas* Rdnr. 499; LG Berlin ZUM 2005, 901/903 – Kriminalroman; LG Hamburg ZUM 2008, 608/610 – Übersetzungsvergütung; LG München I, Urt. v. 7. 5. 2009, ZUM 2009, 794/801 – Das Boot; sa. *Hucko* S. 17: Entstehung eines Bestsellers) **nach dem 28. 3. 2002 entstanden** sein. Umgekehrt ist auf bis zu diesem Stichtag entstandene Bestsellersituationen § 36 aF anwendbar (s. 32a Rdnr. 2; OLG München ZUM 2003, 970/972 – H.P.; OLG Hamm ZUM-RD 2008, 8/17 – Hotelsoftware; LG Hamburg ZUM 25008, 608/610 – Übersetzervergütung; *Berger* Rdnr. 331; *Dreier/Schulze*[3] § 32a Rdnr. 2; *Nordemann* § 132 Rdnr. 2; *Wandtke/Bullinger*[3] § 32a Rdnr. 37).

16 Die Anwendbarkeit des **§ 36 aF** auf Altverträge auch noch nach dem 28. 3. 2002 schließt einen **zusätzlichen Beteiligungsanspruch** des Urhebers aus einem solchen Vertrag nach **§ 32a** nicht aus, wenn sich nach diesem Stichtag ein **erneutes auffälliges Missverhältnis** zwischen Gegenleistung und Nutzungsertrag ergibt (s. § 32a Rdnr. 2; *Nordemann* § 132 Rdnr. 2). In einem solchen Fall dürfen freilich die bereits durch § 36 aF erfassten Erträge und Vorteile aus der Zeit vor dem Stichtag bei Anwendung des § 32a nicht noch einmal gezählt, dürfen sie nicht den Erträgen und Vorteilen aus der Zeit nach dem Stichtag bzw. der Anspruchsbegründung nach § 36 aF hinzugerechnet, aufsummiert werden (s. § 32a Rdnr. 2; *Dreier/Schulze*[3] § 32a Rdnr. 11; *Haas* Rdnr. 501). Sie sind gewissermaßen durch den Anspruch des Urhebers nach § 36 aF verbraucht. Allerdings muss Gleiches dann auch für die Gegenleistungen gelten, die dem Urheber nach dem ursprünglichen Vertrag und auf der Grundlage von § 36 aF zuteil geworden sind. Sie sind daher bei Anwendung des § 32a nicht nur bloß anteilig (so *Haas* Rdnr. 501), sondern insgesamt nicht noch ein weiteres mal zu berücksichtigen, es sei denn, sie beziehen sich als Beteiligungsvergütungen auch auf zukünftige Nutzungserträge und -vorteile.

17 Vom Fall paralleler Ansprüche nach § 36 aF und § 32a zu unterscheiden sind Fälle, in denen Nutzungserträge und -vorteile aus Altverträgen im Vergleich mit der Gegenleistung zu einem auffälligen **Missverhältnis erst nach dem Stichtag** führen **oder** dieses zwar **bereits vor dem Stichtag eingetreten** ist, sich aber durch weitere Nutzungserträge oder -vorteile **über den Stichtag hinweg fortsetzt und steigert**. In der zweiten Fallalternative liegt der Unterschied zur Situation paralleler Ansprüche nach § 36 aF und § 32a (Rdnr. 16) darin, dass vor dem Stichtag zwar die Voraussetzungen des § 32a, nicht aber diejenigen des strengeren § 36 aF (grobes und unerwartetes Missverhältnis) erfüllt sind. In der ersten Fallalternative ist die Anwendbarkeit des § 32a ohne Weiteres zu bejahen, weil das auffällige Missverhältnis als Sachverhalt iSd. § 132 Abs. 3 S. 2 erst nach dem Stichtag entstanden ist (s. Rdnr. 15). Die Anwendbarkeit des § 32a auch in der zweiten Fallalternative entspricht sowohl dem Sinn und Zweck des § 132 Abs. 3 S. 2 (so auch *Erdmann* GRUR 2002, 923/931; *Pleister/Ruttig* ZUM 2004, 337/338; *Schmidt* ZUM 2002, 781/788) als auch seinem Wortlaut, denn Sachverhalte iS dieser Bestimmung sind sowohl das sich ständig steigernde auffällige Missverhältnis als auch die nach dem Stichtag weiterhin anfallenden Erträge und Vorteile des Nutzers, die für diese Steigerung ursächlich sind.

18 Ist in einem der vorgenannten Fälle § 32a aber anwendbar, so gebietet es bereits die dort in Abs. 1 S. 1 vorgeschriebene Berücksichtigung sämtlicher Beziehungen des Urhebers zu dem anderen, bei der Beurteilung sowohl des auffälligen Missverhältnisses als auch der angemessenen Vergütung auch die **Erträge und Vorteile des Nutzers aus der Zeit vor dem Stichtag** mit zu rechnen. Diese sind ja auch nicht durch einen zusätzlichen Anspruch nach § 36 aF verbraucht (s. dagegen die unter Rdnr. 16 behandelte Fallkonstellation). Diese Beurteilung führt auch nicht zu einer unzulässigen echten Rückwirkung des neuen § 32a, weil vor dem Stichtag

abgeschlossene Sachverhalte einschließlich solcher mit einem auffälligen Missverhältnis zwischen Nutzungsertrag und Gegenleistung von dieser Vorschrift unberührt bleiben. Die verbleibende bloße unechte Rückwirkung des § 32a auf am Stichtag noch nicht abgeschlossene Altvertragsverhältnisse ist vom Gesetzgeber ausdrücklich so gewollt (s. die AmtlBegr. BTDrucks. 14/8058 S. 22). Betroffen sind nur **Ausnahmesituationen.** Es gibt daher keine Rechtfertigung für die Annahme, dass in den behandelten Fallkonstellationen die Anwendung des § 32a auf die Verhältnisse nach dem Stichtag zu beschränken sei (gegen *Erdmann* GRUR 2002, 923/931; *Pleister/Ruttig* ZUM 2004, 337/338; *Schmidt* ZUM 2002, 781/788).

Das vorstehend (Rdnr. 17/18) dargestellte Ergebnis ist nicht nur auch, sondern sogar erst **19** recht auf diejenigen Fälle anzuwenden, in denen bei sich fortsetzenden Erträgen und Vorteilen des Nutzers **vor dem Stichtag ein grobes und unerwartetes Missverhältnis** zwischen den Erträgnissen des Nutzers und den Gegenleistungen für die Kreativen vorgelegen hat, **§ 36 aF** aber **nicht anwendbar** war. Letzteres galt und gilt für Altverträge aus der Zeit vor 1966 (s. Rdnr. 14), für Filmurheber iSd. § 89 gemäß § 90 S. 2 aF (s. § 90 Rdnr. 7) sowie vor Einführung des § 32a für ausübende Künstler generell. In Bezug auf § 32a, der in allen diesen Fällen anwendbar ist, kann derjenige, der nach früherem Recht sogar von groben Missverhältnissen profitieren durfte, unter der Geltung des neuen Rechts nicht besser gestellt werden als ein Nutznießer von bloß auffälligen Missverhältnissen.

d) Die **zweite Ausnahme** von der Grundregel des § 132 Abs. 3 S. 1 betrifft den **Anspruch** **20** **auf angemessene Vergütung** nach **§ 32 nF** und ist in **§ 132 Abs. 3 S. 3** geregelt. Danach findet § 32 nF auf Altverträge nur in einem **zeitlich sehr eng begrenzten Rahmen** Anwendung, nämlich auf Verträge aus dem Zeitraum zwischen **1. 6. 2001** und **30. 6. 2002**. Nach der AmtlBegr. (BTDrucks. 14/8058 S. 22) handelt es sich bei dem erstgenannten Datum um den Tag, an dem der Gesetzentwurf der Bundesregierung zum neuen Urhebervertragsgesetz an den Bundesrat übersandt worden ist. Damit habe eine intensive Diskussion über die Reform mit der Folge begonnen, dass von da an kein schützenswerter Vertrauenstatbestand mehr bestand. Jedenfalls musste von da an mit einer Reform gerechnet werden (so *Haas* Rdnr. 504; *Wandtke/Bullinger*[3] Rdnr. 8; sa. *Erdmann* GRUR 2002, 923/931). Das zweitgenannte Datum ist dasjenige des Tages vor dem Inkrafttreten des neuen Urhebervertragsrechts (s. Rdnr. 13). Es ist gemäß Art. 1 Nr. 48 Buchst. b) des Gesetzes vom 10. 9. 2003 (s. Rdnr. 1) an die Stelle des ursprünglich bestimmten 28. 3. 2002 getreten. Bei diesem Datum handelt es sich um den Tag der Verkündung des Urhebervertragsgesetzes (s. Rdnr. 12). Die ursprüngliche Regelung berücksichtigte nicht die viermonatige Verschiebung des Inkrafttretens des neuen Gesetzes auf den 1. 7. 2002, verursachte damit eine Regelungslücke und beruhte somit auf einem Redaktionsversehen, das dann im Jahre 2003 korrigiert wurde (s. die AmtlBegr. BTDrucks. 15/837 S. 36; sa. *Dreier/Schulze*[3] Rdnr. 10; *Haas* Rdnr. 506; *Wandtke/Bullinger*[3] Rdnr. 9).

Die vorerwähnte Datumskorrektur erfolgte auch im Hinblick auf die in § 132 Abs. 3 S. 3 **21** vorgesehene **weitere Einschränkung** der Anwendung des § 32 nF auf Altverträge. Sie greift nur Platz, **„sofern" von dem eingeräumten Recht** oder der Erlaubnis **nach dem 30. 6. 2002,** also nach Inkrafttreten des neuen Gesetzes, **Gebrauch gemacht** wird. Gemeint sind damit „weitere Nutzungshandlungen" ab diesem Zeitpunkt (so die AmtlBegr. BTDrucks. 14/8058 S. 22), nicht aber, dass es sich um ein erstmaliges Gebrauchmachen nach dem Stichtag handeln muss (gegen *Haas* Rdnr. 508). Nicht zu folgen ist auch der Auffassung, dass § 32 nF bei Altverträgen nur auf Nutzungshandlungen ab dem 1. 7. 2002 angewandt werden könne (gegen *Berger* Rdnr. 332; *Fromm/Nordemann*[10] § 32 Rdnr. 149; *Nordemann* § 132 Rdnr. 2; *Wandtke/Bullinger*[3] Rdnr. 8; LG Berlin ZUM 2006, 942/946 – From a Buick 8; wie hier BGH GRUR 2009, 1148/1150 – Talking to Addison). § 132 Abs. 3 S. 3 bestimmt die Anwendung des § 32 nF nicht „soweit", sondern „sofern" nach dem 30. 6. 2002 von einem Nutzungsrecht oder einer Erlaubnis Gebrauch gemacht wird. Nur auf vor Inkrafttreten des Urhebervertragsgesetzes bereits abgeschlossene Altvertragsverhältnisse ist § 32 nF nicht anwendbar. Dies entspricht der Rechtslage bei § 32a (s. Rdnr. 18) und der Prämisse des Gesetzgebers, dass bereits ab dem 1. 6. 2001 auf den Fortbestand der früheren Rechtslage nicht mehr vertraut werden konnte (s. Rdnr. 20). Folge davon ist insbes., dass bei einer Vertragsanpassung und Bestimmung der angemessenen Vergütung nach § 32 Abs. 1 S. 3 nF auch die Nutzungsintensität in der Zeit zwischen Vertragsschluss (ab 1. 6. 2001) und dem 30. 6. 2002 mit zu berücksichtigen ist. Auch dies entspricht der Rechtslage zu § 32a (s. Rdnr. 18).

e) Die vorstehend (Rdnr. 12–21) dargestellten Regeln gelten auch für **Verträge ausübender** **22** **Künstler,** wie **§ 132 Abs. 4** bestimmt. Dies entspricht dem Umstand, dass auch ausübende

§ 133 Tonträger

Künstler sich gemäß § 79 Abs. 2 S. 2 nF (75 Abs. 4 aF [2002]) auf §§ 32 nF und 32a berufen können, während ihnen eine Berufung auf § 36 aF noch versagt blieb (s. Rdnr. 19).

§ 133 Tonträger

(1) *Bei Werken der Musik, die nach § 63a Abs. 1 des Gesetzes betreffend das Urheberrecht an Werken der Literatur und der Tonkunst vom 19. Juni 1901 in der Fassung des Gesetzes zur Ausführung der revidierten Berner Übereinkunft zum Schutze von Werken der Literatur und Kunst vom 22. Mai 1910 auf Vorrichtungen zur mechanischen Wiedergabe frei übertragen werden durften, ist es auch weiterhin zulässig, sie auf Tonträger zu übertragen und diese zu vervielfältigen und zu verbreiten.*

(2) *Absatz 1 ist auf Tonfilme nicht anzuwenden.*

1. Entstehungsgeschichte und Bedeutung der Bestimmung

1   Das **LUG von 1901** hatte in seiner ursprünglichen Fassung in § 22 zugunsten der **Hersteller mechanischer Musikinstrumente** das Urheberrecht an erschienenen Werken der Musik eingeschränkt. Solche Werke durften ohne Zustimmung der Komponisten auf festen und grundsätzlich auch auf auswechselbaren Bestandteilen solcher Instrumente frei vervielfältigt und nach § 26 frei verbreitet werden. Das Reichsgericht (RGZ 71, 127 – Inkognito) wandte diese Bestimmungen auch auf **Schallplatten** an. Durch das am 22. 5. 1910 verkündete **Gesetz zur Ausführung der revidierten Berner Übereinkunft zum Schutze von Werken der Literatur und Kunst vom 13. 11. 1908** (s. Einl. Rdnr. 115) wurde dann aber im Anschluss an Art. 13 der Berliner Fassung dieser Übereinkunft (s. vor §§ 120ff. Rdnr. 41) dem Urheber in § 12 Abs. 2 Nr. 5 des Gesetzes das ausschließliche sog. **mechanische Vervielfältigungsrecht** ausdrücklich vorbehalten und § 22 durch eine Zwangslizenzregelung ersetzt (vgl. dazu *Ulmer*[2] § 54 I 2). Diese Maßnahme machte es erforderlich, dem **LUG von 1901** die Art. 13 Abs. 3 RBÜ (Berliner Fassung) entsprechende **Übergangsregelung** des § 63a einzufügen, die es ua. entgegen der Regel des § 12 Abs. 2 Nr. 5 auch ohne Zustimmung des Urhebers erlaubte, musikalische Werke, die vor dem 1. 5. 1909 erlaubterweise für mechanische Musikinstrumente benutzt worden waren, weiterhin frei in gleicher Weise zu verwerten.

2   Auch noch in der **Brüsseler Fassung der RBÜ** (s. vor §§ 120ff. Rdnr. 41) gestattete Art. 13 Abs. 3 es den durch diese Konventionsfassung gebundenen Verbandsländern, das mechanische Vervielfältigungsrecht des Komponisten im Hinblick auf vor Inkrafttreten der Berliner Fassung der Übereinkunft (s. Rdnr. 1) erlaubterweise auf mechanische Musikinstrumente übertragene Werke einzuschränken. Von dieser Möglichkeit machte der **Gesetzgeber des UrhG** wiederum Gebrauch, indem er in **§ 133** teilweise die Bestimmung des § 63a LUG von 1901/1910 aufrecht erhielt (vgl. die AmtlBegr. BTDrucks. IV/270 S. 114 zu § 142, jetzt § 133). Danach durften vor dem 1. 5. 1909 zulässigerweise auf **Tonträger** aufgenommene musikalische Werke auch weiterhin frei auf Tonträger übertragen und durften diese vervielfältigt und verbreitet werden. Auf **Filme** war diese gesetzliche Verwertungsbefugnis nicht anwendbar, wie § 133 Abs. 2 klarstellte.

2. Aufhebung des § 133 durch das Gesetz zu den in Paris unterzeichneten Übereinkünften auf dem Gebiet des Urheberrechts von 1973

3   Die **Stockholmer Revision der RBÜ** im Jahre 1967 (s. vor §§ 120ff. Rdnr. 41) führte in Art. 13 Abs. 2 eine zeitliche Beschränkung der bisherigen Übergangsregelung des Art. 13 Abs. 3 der Brüsseler Fassung (s. Rdnr. 2) ein: Die Verbandsländer sollten nur noch für **zwei Jahre** nach dem Zeitpunkt, zu dem die neue Konventionsfassung für sie verbindlich wurde, befugt sein, die bisherige übergangsrechtliche Einschränkung des mechanischen Vervielfältigungsrechts aufrecht zu erhalten (vgl. dazu *Ulmer/Reimer* GRUR Int. 1967, 431/447 unter XI.). Die Stockholmer Fassung der RBÜ ist in ihrem materiellrechtlichen Teil bisher nicht in Kraft getreten (s. vor §§ 120ff. Rdnr. 41), jedoch wurde dieser unverändert in die am 24. 7. 1971 **in Paris unterzeichnete Fassung** der Konvention (vor §§ 120ff. Rdnr. 41) übernommen.

4   Das **Gesetz zu den am 24. 7. 1971 in Paris unterzeichneten Übereinkünften auf dem Gebiet des Urheberrechts** vom 17. 8. 1973 (BGBl. 1973 II S. 1069) bestimmte dementsprechend in Art. 3, dass § 133 zwei Jahre nach dem Tage außer Kraft tritt, an dem die Pariser Fassung der RBÜ für die Bundesrepublik Deutschland in Kraft tritt. Tag des Inkrafttretens dieser Konventionsfassung für die Bundesrepublik war der 10. 10. 1974 (BGBl. 1974 II S. 1079). **§ 133** ist daher am **10. 10. 1976 außer Kraft getreten.**

§ 134 Urheber

¹ Wer zur Zeit des Inkrafttretens dieses Gesetzes nach den bisherigen Vorschriften, nicht aber nach diesem Gesetz als Urheber eines Werkes anzusehen ist, gilt, abgesehen von den Fällen des § 135, weiterhin als Urheber. ² Ist nach den bisherigen Vorschriften eine juristische Person als Urheber eines Werkes anzusehen, so sind für die Berechnung der Dauer des Urheberrechts die bisherigen Vorschriften anzuwenden.

1. Entstehungsgeschichte und Bedeutung der Bestimmung

Das geltende UrhG führt das in § 7 verankerte **Urheberschaftsprinzip** ausnahmslos durch. Danach ist Urheber eines urheberrechtlich geschützten Werkes stets diejenige natürliche Person, die das Werk tatsächlich geschaffen hat (s. § 7 Rdnr. 1, 2). Demgegenüber ließen LUG von 1901 und KUG von 1907 (s. Einl. Rdnr. 113) **Ausnahmen** von diesem Grundsatz zu. Nach der Grundregel des § 129 Abs. 1 S. 1 (s. dort Rdnr. 1, 2, 20) wäre § 7 auch auf vor Inkrafttreten des UrhG geschaffene Werke anzuwenden, was dazu geführt hätte, dass natürliche und juristische Personen, die nach früherem Recht als Urheber bestimmter Werke gegolten haben, die sie nicht tatsächlich geschaffen hatten, diesen Status mit Inkrafttreten des UrhG verloren hätten. **§ 134 S. 1** vermeidet dieses Ergebnis, indem er bestimmt, dass solche Personen weiterhin als Urheber gelten. Eine Ausnahme ist für die Fälle des § 135 vorgesehen, der die Umqualifizierung bestimmter früherer Urheberrechte in verwandte Schutzrechte des geltenden Rechts zum Gegenstand hat. Personen, die insoweit früher Urheber waren, sind nunmehr Inhaber der entsprechenden verwandten Schutzrechte. 1

Ein weiteres durch die unterschiedliche Behandlung der Urheberschaftsfrage im früheren und im geltenden Recht verursachtes übergangsrechtliches Problem betrifft die **Schutzdauer.** Anders als nach geltendem Recht konnten nach den früher geltenden Bestimmungen auch juristische Personen als Urheber gelten. Auf Werke solcher Urheber kann die nach dem Tod des Urhebers zu berechnende Regelschutzdauer (s. § 64) nicht angewendet werden. Die früheren Gesetze enthielten daher für solche Fälle spezielle Schutzdauerregelungen, welche **§ 134 S. 2** für weiterhin anwendbar erklärt. 2

2. Beurteilung der Urheberschaft bei vor Inkrafttreten des UrhG geschaffenen Werken (§ 134 S. 1)

Gemäß **§ 134 S. 1** gelten Personen, die nach den früher geltenden urheberrechtlichen Bestimmungen, nicht aber nach dem UrhG von 1965 als Urheber anzusehen waren, grundsätzlich weiter als Urheber der betreffenden Werke. Diese Bestimmung bezieht sich sinngemäß ausschließlich auf **vor Inkrafttreten des UrhG am 1. 1. 1966 (§ 143 Abs. 2) geschaffene Werke** und die daran begründeten Urheberrechte (*v. Gamm* zu § 134; *Möhring/Nicolini*² Rdnr. 2; *Wandtke/Bullinger*³ Rdnr. 2). Vom geltenden Recht (§ 7) abweichende Urheberschaftsregelungen waren insb. enthalten in §§ 3, 4 LUG von 1901 und §§ 5, 6 KUG von 1907. Nach diesen Bestimmungen wurden **juristische Personen des öffentlichen Rechts,** die ein Werk veröffentlichten, dessen Verfasser nicht genannt wurde, sowie die **Herausgeber von Sammelwerken** als Urheber der betreffenden Werke angesehen. Diese juristischen Personen und Herausgeber gelten nach § 134 S. 1 weiterhin als Urheber (dies nimmt LG München I ZUM 1993, 370/374 – NS-Propagandafilme – bezüglich des Filmes „Sieg im Westen" zugunsten des Deutschen Reiches und der Bundesrepublik Deutschland als dessen Rechtsnachfolgerin an). 3

Ein weiterer Anwendungsfall des § 134 S. 1 ist dann gegeben, wenn man mit der hM, aber entgegen der in diesem Kommentar vertretenen Auffassung die **Urheberschaft an Filmwerken** nach dem UrhG anders beurteilt als nach dem früheren Recht (s. dazu vor §§ 88ff. Rdnr. 52ff.). Die Konsequenz einer solchen unterschiedlichen Beurteilung wäre nach § 134 S. 1, dass die Urheberschaft an vor 1966 geschaffenen Filmwerken nach den früher geltenden Regeln, diejenige an später hergestellten Filmwerken nach den von der hM vertretenen Grundsätzen beurteilt werden müsste (zust. *Dreier/Schulze*³ Rdnr. 1; sa. *Möhring/Nicolini*² Rdnr. 5; *Wandtke/Bullinger*³ Rdnr. 2). Dies spricht freilich neben anderen Gründen gegen die hM (s. vor §§ 88ff. Rdnr. 68). 4

Auf Personen, die unter der Geltung der früheren Gesetze **Urheber** iSd. **fiktiven Bearbeiterurheberrechts an der Übertragung eines Werkes auf Tonträger** (§ 2 Abs. 2 LUG von 1901, 1910; s. vor §§ 73ff. Rdnr. 3) oder einer **nichtschöpferischen Fotografie** (§§ 1, 3 5

§§ 135, 135a   Berechnung der Schutzfrist

KUG von 1907; s. §§ 2 Rdnr. 178, 72 Rdnr. 3) waren, ist die Urheberschaftsfiktion des § 134 S. 1 nicht anzuwenden. Die entsprechenden Urheberrechte sind in verwandte Schutzrechte (§§ 72, 73 ff.) umgewandelt worden. Personen, die vor Inkrafttreten in jenem Sinne Urheber waren, sind gemäß § 135 nunmehr Inhaber der entsprechenden verwandten Schutzrechte.

3. Beurteilung der Schutzdauer von Werken juristischer Personen als Urhebern (§ 134 S. 2)

6   In den Fällen, in denen nach früherem Recht **juristische Personen** als **Urheber** eines Werkes anzusehen waren (s. Rdnr. 3) und diese gemäß § 134 S. 1 weiterhin als Urheber gelten, ist die **Schutzdauer** nach den früher geltenden Vorschriften zu bestimmen (§ 134 S. 2). Nach § 32 S. 1 LUG von 1901 endigte der Schutz eines solchen Werkes mit dem Ablauf von 50 Jahren seit der Veröffentlichung bzw. nach § 25 Abs. 2 S. 1 KUG von 1907 seit dem Erscheinen des Werkes. Ist das Werk aber erst nach dem Tode des tatsächlichen Schöpfers des Werkes erstmals veröffentlicht worden bzw. erschienen, so war die allgemeine, nach dem Tod des Urhebers, im Falle des § 29 LUG von 1901 zusätzlich nach der ersten Veröffentlichung zu berechnende Schutzdauer anzuwenden (§§ 32 S. 2 LUG von 1901, 25 Abs. 2 S. 2 KUG von 1907; s. zu diesen allgemeinen Regeln des früheren Rechts § 64 Rdnr. 52, 54, dort, Rdnr. 52, auch zur Schutzfristverlängerung von 30 auf 50 Jahre im Jahre 1934).

7   Die Verweisung des § 134 S. 2 auf die früher geltenden Vorschriften gilt für die **Berechnung** der Dauer des Urheberrechts, dh. für die Anknüpfung der Schutzfrist an den Zeitpunkt der Veröffentlichung bzw. des Erscheinens des Werkes, **nicht** aber für die **Schutzfrist** als solche. Daraus folgt, dass die durch das UrhG eingeführte **Verlängerung der Schutzfrist** von 50 auf 70 Jahre (s. § 64 Rdnr. 53) auch für Werke gilt, die bei Inkrafttreten des UrhG noch geschützt waren (s. § 129 Abs. 1) und als deren Urheber nach § 134 S. 1 weiterhin eine juristische Person gilt (ebenso *Dreier/Schulze*[3] Rdnr. 3; *Fromm/Nordemann*[10] Rdnr. 1; *v. Gamm* zu § 134; *Möhring/Nicolini*[2] Rdnr. 8; *Wandtke/Bullinger*[3] Rdnr. 3).

§ 135 Inhaber verwandter Schutzrechte

Wer zur Zeit des Inkrafttretens dieses Gesetzes nach den bisherigen Vorschriften als Urheber eines Lichtbildes oder der Übertragung eines Werkes auf Vorrichtungen zur mechanischen Wiedergabe für das Gehör anzusehen ist, ist Inhaber der entsprechenden verwandten Schutzrechte, die dieses Gesetz ihm gewährt.

§ 135 a Berechnung der Schutzfrist

[1] Wird durch die Anwendung dieses Gesetzes auf ein vor seinem Inkrafttreten entstandenes Recht die Dauer des Schutzes verkürzt und liegt das für den Beginn der Schutzfrist nach diesem Gesetz maßgebende Ereignis vor dem Inkrafttreten dieses Gesetzes, so wird die Frist erst vom Inkrafttreten dieses Gesetzes an berechnet. [2] Der Schutz erlischt jedoch spätestens mit Ablauf der Schutzdauer nach den bisherigen Vorschriften.

Schrifttum: *Hundt-Neumann/Schaefer*, Elvis lebt! Zur „Elvis Presley"-Entscheidung des Hanseatischen Oberlandesgerichts und zum Aufsatz von Nordemann „Altaufnahmen aus den USA und das deutsche Urheberrecht", GRUR 1995, 381; *Nordemann*, Die erste Novelle zum Urheberrechtsgesetz, GRUR 1973, 1; *ders.,* Altaufnahmen aus den USA und das deutsche Urheberrecht, Fs. für Kreile, 1994, S. 455; *Schorn*, Zum Rechtsschutz der ausübenden Künstler und Tonträgerhersteller, NJW 1973, 687; *ders.,* Zum Leistungsschutz nach deutschem Recht, GRUR 1978, 230 *Wandtke/Gerlach*, Für eine Schutzfristverlängerung im künstlerischen Leistungsschutz, ZUM 2008, 822.

Übersicht

	Rdnr.
I. Entstehungsgeschichte und Bedeutung der Bestimmungen	1–5
1. § 135	1, 2
2. § 135 a	3–5
II. Rechtsinhaberschaft, Schutzumfang und Schutzdauer der aus früheren Urheberrechten entstandenen verwandten Schutzrechte	6–9
III. Beurteilung von Rechtsverletzungen als Folge der teilweisen Verfassungswidrigkeit des § 135	10, 11

I. Entstehungsgeschichte und Bedeutung der Bestimmungen

1. § 135

Die Entscheidung des Gesetzgebers des UrhG von 1965, das **fiktive Bearbeiterurheber-** **recht der ausübenden Künstler** an der Übertragung dargebotener Werke auf Tonträger (§ 2 Abs. 2 LUG von 1901, 1910, s. vor §§ 73 ff. Rdnr. 3) und das **Urheberrecht an nicht schöpferischen Fotografien** (§§ 1, 3 KUG von 1907, s. §§ 2 Rdnr. 178, 72 Rdnr. 3) durch die **verwandten Schutzrechte** nach §§ 73 ff. und 72 **abzulösen,** bedingte eine weitere, **übergangsrechtliche Entscheidung des Gesetzgebers** hinsichtlich der Behandlung der vor Inkrafttreten des UrhG erworbenen und zu diesem Zeitpunkt noch geschützten Urheberrechte in der Zukunft. Unter den theoretisch bestehenden Möglichkeiten, die schon erworbenen Urheberrechte als solche aufrecht zu erhalten oder sie in die entsprechenden verwandten Schutzrechte des neuen Gesetzes umzuwandeln, entschied sich der Gesetzgeber für die Letztere und damit für die Befolgung der übergangsrechtlichen Grundregel des § 129 Abs. 1 (s. dort Rdnr. 1, 2). Zur **Rechtfertigung** dieser Entscheidung führt die AmtlBegr. (BTDrucks. IV/270 S. 115 zu § 144, jetzt § 135) an, dass die andere mögliche Lösung mit dem streng durchgeführten Grundsatz unvereinbar wäre, Urheberrechtsschutz nur für schöpferische Leistungen zu gewähren. Referentenentwurf (§ 140), Ministerialentwurf (§ 136) und Regierungsentwurf (§ 144) waren sich in dieser Beurteilung einig.

Folgerichtig wird in § 135 bestimmt, dass diejenigen Personen, die nach früherem Recht Urheber in dem genannten Sinne geworden waren, mit Inkrafttreten des neuen Gesetzes zu Inhabern der entsprechenden verwandten Schutzrechte werden. Dabei wird das in § 129 Abs. 1 geforderte Bestehen des Schutzes bei Inkrafttreten des UrhG am 1. 1. 1966 (§ 143 Abs. 2, s. § 129 Rdnr. 10 ff., 14 ff.) vorausgesetzt.

2. § 135 a

Der **gravierendste Nachteil** dieser Umwandlung für die betroffenen Künstler und Fotografen lag im Bereich der **Schutzdauer.** Vor allem beeinträchtigt wurden die **ausübenden Künstler** und mit ihnen die **Hersteller von Tonträgern,** in deren wirtschaftlichem Interesse der Gesetzgeber des Jahres 1910 das fiktive Bearbeiterurheberrecht des § 2 Abs. 2 LUG geschaffen hatte (s. vor §§ 73 ff. Rdnr. 3). An die Stelle einer Schutzdauer, welche die Lebenszeit der ausübenden Künstler und 50 Jahre nach ihrem Tode, bei Orchester- und Choreinspielungen der jeweils längstlebenden, umfasste (§§ 29, 30 LUG), trat die nur 25jährige, bereits in das Erscheinen bzw. die Herstellung der Tonträger anknüpfende Schutzfrist des § 82 aF. Weniger einschneidend war der Eingriff in die Rechte an **Fotografien,** weil und soweit für diese sowohl §§ 68, 72 Abs. 1 aF als auch § 26 S. 1 KUG von 1907 eine Schutzdauer von 25 Jahren ab Erscheinen vorsahen. Für **nicht erschienene Fotografien** waren die Auswirkungen der Umwandlung aber ebenfalls beträchtlich, da §§ 68, 72 Abs. 1 aF in diesen Fällen den Beginn des Laufes der Schutzfrist bereits auf den Zeitpunkt der Herstellung festlegten, während § 26 S. 2 KUG von 1907 für solche Fotografien eine Schutzdauer von 25 Jahren nach dem Tod des Fotografen vorsah. Dieselbe Verschlechterung galt für schöpferische Werke der Fotografie auf Grund der für diese geltenden Schutzdauerregelung des inzwischen aufgehobenen § 68.

Dem Gesetzgeber waren diese Auswirkungen offensichtlich nicht bewusst (s. dazu deutlicher als im RegE BTDrucks. IV/270 S. 115 zu § 144 und den RefE S. 262 f. zu § 140 und den MinE S. 91 zu § 136). In den Urheberrechtskommentaren wurde der Eingriff des Gesetzgebers in bestehende, wohlerworbene Rechte aber einhellig als **verfassungswidrig** (Art. 14 GG) beurteilt (vgl. *Fromm/Nordemann*[1] Rdnr. 1; *v. Gamm* zu § 135; *Möhring/Nicolini* Anm. 3). In diesem Sinne entschied im Jahre 1971 auch das **BVerfG** (BVerfGE 31, 275 – Schallplatten) in Bezug auf das verwandte Schutzrecht der ausübenden Künstler. Es beanstandete aber weder die Umwandlung bestehender Urheberrechte in nur verwandte Schutzrechte als solche, noch die Verkürzung der Schutzfrist an sich, sondern lediglich die Neuregelung des Beginns der Schutzfrist mit dem Erscheinen des Tonträgers nach § 82 aF, der damit iVm. § 135 auch vor dem Inkrafttreten des UrhG liegen und zu einem sofortigen Erlöschen des Schutzes zu diesem Zeitpunkt oder zu einer unerwarteten Verkürzung der Schutzdauer führen konnte (vgl. zu dieser Entscheidung teilweise kritisch *Schorn* NJW 1973, 687 ff.).

Dieser Entscheidung des BVerfG wurde durch **Einfügung des § 135 a in das UrhG im Jahre 1972** anlässlich der ersten Novelle zu diesem Gesetz (Gesetz zur Änderung des Urheber-

§ 135a

rechtsgesetzes vom 10. 11. 1972, BGBl. I S. 2081) Rechnung getragen (vgl. den Bericht des Rechtsausschusses des Deutschen Bundestags, BTDrucks. VI/3264 = UFITA 64 [1972] 211/222 f.). Entsprechend der begrenzten Beanstandung des § 135 durch das BVerfG wird in § 135 a S. 1 bestimmt, dass die Schutzfrist des § 82 bei vor 1966 hergestellten Tonträgern erst mit dem Inkrafttreten des UrhG am 1. 1. 1966 (§ 143 Abs. 2) zu laufen begann. Einschränkend bestimmt § 135 a S. 2, dass der Schutz schon früher zu dem Zeitpunkt endigt, zu dem er nach den früher geltenden Vorschriften abgelaufen wäre (s. dazu die Beispiele bei *Nordemann* GRUR 1973, 1/4).

II. Rechtsinhaberschaft, Schutzumfang und Schutzdauer der aus früheren Urheberrechten entstandenen verwandten Schutzrechte

6   1. **Inhaber** der verwandten Schutzrechte an den vor Inkrafttreten des UrhG erbrachten Leistungen der in § 135 bezeichneten Art, an denen vor diesem Zeitpunkt Urheberrechte bestanden, sind die seinerzeitigen Urheber, dh. die betreffenden ausübenden Künstler und Fotografen (§ 135). Das verwandte Schutzrecht der ausübenden Künstler (§§ 73 ff.) darf auch in den Übergangsfällen nicht mit dem eigenständigen verwandten Schutzrecht der Hersteller von Tonträgern (§§ 85 f.) verwechselt werden, das erst an Tonträgern entstehen konnte, die seit dem 1. 1. 1966, dh. dem Zeitpunkt des Inkrafttretens des UrhG (§ 143 Abs. 2), hergestellt wurden (s. § 129 Rdnr. 17). **Verfügungen** der ausübenden Künstler über ihre seinerzeitigen Urheberrechte gegenüber den Herstellern von Tonträgern bleiben aber als Verfügungen über die entsprechenden verwandten Schutzrechte wirksam (§§ 79 nF, 132 Abs. 2).

7   2. Der **Schutzumfang** der verwandten Schutzrechte, die nach §§ 129 Abs. 1, 135 aus früheren Urheberrechten entstanden sind, richtet sich seit Inkrafttreten des UrhG nach den Bestimmungen dieses Gesetzes über die entsprechenden verwandten Schutzrechte (§§ 72 Abs. 1, 74 ff. nF). Für die Hersteller von Fotografien ergibt sich daraus keine Verschlechterung, weil § 72 Abs. 1 vollinhaltlich auf den Schutz für Lichtbildwerke verweist. Die Rechte der **ausübenden Künstler** sind dagegen in den Fällen des § 79 Abs. 2 nF (§§ 76 Abs. 2, 77 aF) zu bloßen Vergütungsansprüchen herabgestuft worden. Das BVerfG (BVerfGE 31, 275/286 f. – Schallplatten) hat dies für mit Art. 14 GG vereinbar erklärt; s. auch Rdnr. 4).

8   3. In Bezug auf die **Schutzdauer** der zu bloßen verwandten Schutzrechten umqualifizierten früheren Urheberrechte bestimmt § 135 a S. 1, dass in den Fällen, in denen das Gesetz (§§ 68, 72 Abs. 1 aF, 72 Abs. 3 nF, 82 aF und nF) anders als die frühere Recht den Beginn der Schutzfrist auf den Zeitpunkt des Erscheinens bzw. der Herstellung der Leistung festlegt, die Fristen erst vom Zeitpunkt des Inkrafttretens des UrhG an berechnet werden (s. auch Rdnr. 5). Dies bedeutet für die Rechte der **ausübenden Künstler** insb., dass die in § 82 aF festgelegte 25-jährige Schutzfrist ab Erscheinen eines Tonträgers in allen Fällen, in denen die Tonträger vor 1966 erschienen sind, mit Ablauf des Jahres 1990 geendigt hätte, wenn diese Schutzfrist nicht durch Art. 2 Nr. 5 des Produktpirateriegesetzes (PrPG) vom 7. 3. 1990 (BGBl. I S. 422) auf 50 Jahre verlängert worden wäre (s. § 82 nF). Gleiches gilt für Darbietungen ausübender Künstler, die zB im Jahre 1951 auf Tonträger aufgenommen wurden, ohne dass diese später erschienen sind. Deren Schutzdauer von 25 Jahren nach der Darbietung hätte nach § 82 aF iVm. § 69 und § 135 am Jahresende 1976 geendet. § 135 a führte jedoch zu einem Lauf der Schutzdauer bis Jahresende 1990 mit der Folge, dass diesen Darbietungen die Verlängerung der Schutzdauer von 25 Jahren auf 50 Jahre durch das PrPG von 1990 zugute kam. Eine Schutzdauer im Beispielsfall bis Jahresende 2015 wird durch § 137 c Abs. 1 S. 3 iVm. S. 2 verhindert, der als Übergangsvorschrift zur Verlängerung der Schutzdauer durch das PrPG für einen solchen Fall eine maximale Schutzdauer von 50 Jahren nach der Darbietung (und nicht wie § 135 a seit Inkrafttreten des UrhG) vorschreibt, im Beispielsfall also bis Jahresende 2001 (s. dazu BGH GRUR 2005, 502/504 f. – Götterdämmerung). Wäre aber die früher geltende, nach dem Tod des ausübenden Künstlers zu berechnende 50jährige Schutzfrist (s. Rdnr. 3) früher abgelaufen, so hätte auch der Schutz des verwandten Schutzrechts bereits zu diesem früheren Zeitpunkt geendet (§ 135 a S. 2).

9   § 135 a gilt nicht nur für die verwandten Schutzrechte der ausübenden Künstler und Hersteller nichtschöpferischer Fotografien, sondern war zeitweise auch für die Schutzdauer von **Werken der Fotografie** (Lichtbildwerken) von Bedeutung, da § 68 anders als § 26 S. 2 KUG von 1907 die 25-jährige Schutzfrist bei Nichterscheinen eines solchen Werkes nicht mit dem Tod des Urhebers, sondern mit der Herstellung des Werkes beginnen ließ (s. Rdnr. 3 bezüglich ein-

facher Lichtbilder, für die § 72 Abs. 1 aF auf ua. § 68 verwies). Seit Inkrafttreten der Urheberrechtsnovelle von 1985 ist § 68 aufgehoben, und es gelten auch für Lichtbildwerke die allgemeinen Schutzdauerbestimmungen für urheberrechtlich geschützte Werke (§§ 64 ff.; s. die Kommentierung des aufgehobenen § 68).

Wie sich die wechselhafte urheberrechtliche Gesetzgebung zum Schutz von Fotografien in Kombination mit den jeweiligen übergangsrechtlichen Vorschriften auswirkt, zeigt anschaulich ein vom OLG Hamburg (GRUR 1999, 717 – Wagner-Familienfotos) zutreffend entschiedener Fall. Drei von *Wieland Wagner* in den Jahren 1930 bis 1934 aufgenommene und nicht veröffentlichte oder gar erschienene Fotos waren als **Lichtbildwerke** iSd. heutigen § 2 Abs. 1 Nr. 5 qualifiziert und zunächst nach § 26 S. 2 iVm. § 29 KUG von 1907 zu Lebzeiten ihres Urhebers und 25 Jahre nach seinem Tod im Jahre 1966 und somit bis zum Jahresende 1991 geschützt. Der am 1. 1. 1966 in Kraft getretene und dann 1968 aufgehobene § 68 des geltenden Gesetzes sah auch für Lichtbildwerke nur eine Schutzdauer von 25 Jahre nach ihrem Erscheinen bzw. ihrer Herstellung vor, was im Fall der drei Wagner-Fotos bei Anwendung des § 68 iVm. § 69 nach § 129 Abs. 1 S. 1 einen Schutz nur bis Jahresende 1955 bis 1959 bedeutet hätte. § 135a jedoch führte für alle drei Lichtbildwerke zunächst zu einem Schutz bis Jahresende 1990. Eine Verkürzung dieser Schutzdauer nach § 135a S. 2 schied aus, weil die ursprüngliche Schutzdauer bei Tod des Urhebers im Jahre 1966 bis Jahresende 1991 und damit länger als die nach § 135a S. 1 währte. Als durch die Urheberrechtsnovelle von 1985 (s. dazu §§ 2 Rdnr. 178, 72 Rdnr. 5, 68 Rdnr. 1) § 68 aufgehoben und Lichtbildwerke der allgemeinen Schutzdauerregelung der §§ 64 ff. unterstellt wurden, konnte dies auf Grund des bis dahin durch § 135a S. 1 gewährleisteten Schutzes nach § 137a Abs. 1 auch den drei *Wagner*-Fotos zugute kommen, so dass diese nunmehr gemäß § 64 bis Jahresende 2036 (70 Jahre pma.) geschützt sind (s. OLG Hamburg GRUR 1999, 717/718 f.).

Zwei weitere *Wagner*-Fotos waren keine Lichtbildwerke, sondern **einfache Lichtbilder** iSd. § 72, allerdings solche, die iSd. § 72 Abs. 3 S. 1 aF (1985) **als Dokumente der Zeitgeschichte** qualifiziert waren und schon durch die Urheberrechtsnovelle von 1985 mit einer Schutzdauer von 50 Jahren nach Erscheinen bzw. Herstellung ausgestattet wurden. Auch diese beiden, 1930 und 1942 entstandenen und ebenfalls unveröffentlichten und nicht erschienenen Fotos waren nach §§ 26 S. 2, 29 KUG von 1907 zunächst einheitlich bis Jahresende 1991 (25 Jahre pma.) geschützt, weil seinerzeit auch einfache Lichtbilder urheberrechtlich geschützt waren (s. § 72 Rdnr. 3). Für beide Fotos ergab sich ab dem 1. 1. 1966 aus §§ 72 aF iVm. 68 sowie § 129 Abs. 1 S. 2 iVm. § 135 zunächst wiederum eine verkürzte Schutzdauer bis Jahresende 1955 bzw. 1967 (25 Jahre nach Herstellung), die dann aber durch § 135a S. 1 wie bei Lichtbildwerken auf eine Berechnung ab dem 1. 1. 1966 und damit bis Jahresende 1990 korrigiert wurde, ohne dass dem § 135a S. 2 entgegenstand. Aus § 72 Abs. 3 S. 1 aF (1985) allein ergäbe sich zwar nur eine Schutzdauer von 50 Jahren ab Herstellung der Fotos, iVm. § 69 (s. § 72 Abs. 3 S. 3 aF [1985]) also bis Jahresende 1980 bzw. 1992. Jedoch ist § 137a Abs. 1 auf Lichtbilder als Dokumente der Zeitgeschichte analog anzuwenden (s. dort Rdnr. 4) und verweist dieser durch seine Bezugnahme auf das bis dahin (dem 1. 7. 1985) geltende Recht auch auf § 135a S. 1 und damit auf die Berechnung der Schutzdauer nicht nach der Herstellung der Fotos, sondern ab dem 1. 1. 1966. Dies resultierte in einer Schutzdauer für Lichtbilder als Dokumente der Zeitgeschichte aus der Zeit vor 1966 bis Jahresende 2015 (nicht 2016, wie das OLG Hamburg GRUR 1999, 717/720 annimmt; sa. *Dreier/Schulze*[3] § 135a Rdnr. 9). Durch das 3. UrhGÄndG vom 23. 6. 1995 wurde die Sonderregelung für Lichtbilder als Dokumente der Zeitgeschichte als unpraktikabel wieder abgeschafft, gleichzeitig aber die Schutzdauer für einfache Lichtbilder einheitlich auf 50 Jahre angehoben (s. § 72 Rdnr. 7). Eine Verkürzung der nach dem bis dahin geltenden Recht erworbenen Schutzdauer kann sich nach der diesbezüglichen Übergangsregelung des § 137f Abs. 1 S. 1 daraus aber nicht ergeben (s. OLG Hamburg GRUR 1999, 717/720 – Wagner Familienfotos). Die Rechtslage wird e contrario durch die spezielle Regelung des § 137c Abs. 1 S. 3 bestätigt, die für Darbietungen ausübender Künstler auf Tonträgern aus der Zeit vor 1966 eine Schutzdauer von über 50 Jahren nach deren Herstellung, die sich aus § 135a S. 1 ergeben könnte, ausschließt (s. Rdnr. 8; zum Argument wohl wie hier *Dreier/Schulze* § 135a Rdnr. 7).

Hätte es sich bei den streitigen *Wagner*-Fotos **um einfache Lichtbilder ohne Qualifikation als Dokumente der Zeitgeschichte** gehandelt, so wäre ihr Schutz bereits am 31. 12. 1990 erloschen, nämlich 25 Jahre nach dem 1. 1. 1966 gemäß § 135a S. 1. Sie hätten die generelle Schutzdauerverlängerung auf 50 Jahre im Jahre 1995 nicht mehr erreicht. Nach § 137f Abs. 1 S. 2 gilt die Neuregelung durch das 3. UrhGÄndG nur für Werke und verwandte Schutzrechte, deren Schutz am 1. 7. 1995 noch nicht abgelaufen war (s. OLG Hamburg GRUR

§ 136   Vervielfältigung und Verbreitung

1999, 717/720 f. – Wagner-Familienfotos; s. zum Ganzen auch *Dreier/Schulze*[3] § 135 a Rdnr. 7 ff.; *Möhring/Nicolini*[2] § 135 a Rdnr. 4 f.; sa. unter besonderer Berücksichtigung von Lichtbildwerken aus der DDR *Fromm/Nordemann*[10] § 64 Rdnr. 16 f.).

Im Hinblick sowohl auf den Schutz älterer Darbietungen von ausübenden Künstlern auf Tonträgern (s. Rdnr. 8) als auch auf den älterer Fotos jeweils aus der Zeit vor 1966 mit Schutzablauf vor dem 1. 7. 1995 kann sich uU aus **§ 137 f Abs. 2,** abhängig von der Rechtslage in den anderen Mitgliedstaaten der EU, ein **Wiederaufleben des Schutzes** ergeben (s. § 133 f Rdnr. 3).

III. Beurteilung von Rechtsverletzungen als Folge der teilweisen Verfassungswidrigkeit des § 135

10   Nachpressungen älterer Schallplatten mit Darbietungen ausübender Künstler, deren Schutz nach der ursprünglichen Regelung der §§ 82, 129 Abs. 1, 135 mit Inkrafttreten des UrhG oder danach vorzeitig endigte (s. Rdnr. 3), wurden dadurch, dass das BVerfG (BVerfGE 31, 275 – Schallplatten) § 135 im Jahre 1971 teilweise für verfassungswidrig erklärte (s. Rdnr. 4) und der Gesetzgeber in Art. 1 Nr. 5 und Art. 4 des **Gesetzes zur Änderung des Urheberrechtsgesetzes** vom 10. 11. 1972 (s. Rdnr. 5) § 135 a mit Wirkung vom 1. 1. 1966 in das Gesetz einfügte, **nachträglich zu Rechtsverletzungen.** Dem Schutz derjenigen Hersteller von Tonträgern, die im Vertrauen auf den Bestand des § 135 ältere Aufnahmen übernommen hatten, dient **Art. 2 dieses Gesetzes.** Er sieht vor, dass in Fällen solcher vor dem 15. 11. 1971, dem Tag der Bekanntgabe des Urteils des BVerfG an die Allgemeinheit, begangenen Rechtsverletzungen § 101 aF (jetzt § 100 nF) mit der Maßgabe anzuwenden ist, dass der Verletzer zu einer Entschädigung des Verletzten in Geld nur dann nicht berechtigt ist, wenn eine Abfindung in Geld für den Verletzten nicht zumutbar ist (zu den Motiven vgl. den Bericht des Rechtsausschusses des Deutschen Bundestags, BTDrucks. VI/3264 = UFITA 64 [1972] 211/223 f.).

11   § 101 Abs. 1 aF (jetzt § 100 nF) sieht für Fälle nicht schuldhafter Rechtsverletzungen zugunsten des Verletzers die Möglichkeit vor, Ansprüche des Verletzten auf Beseitigung oder Unterlassung, Vernichtung, Unbrauchbarmachung oder Überlassung durch Zahlung einer Geldentschädigung abzuwenden. Voraussetzung ist, dass dem Verletzer andernfalls ein unverhältnismäßig großer Schaden entstehen würde und dem Verletzten die Abfindung in Geld zuzumuten ist. **Art. 2 des UrhGÄndG von 1972** (s. Rdnr. 10) schwächt diese Voraussetzungen ab und überbürdet dem Verletzten die Darlegungs- und Beweislast für die Unzumutbarkeit (ebenso *Fromm/Nordemann/Hertin*[8] Rdnr. 4). Die **Abwendungsbefugnis des Verletzers** bezieht sich auf die **Verbreitung von Tonträgern nach dem 15. 11. 1971, die vor diesem Zeitpunkt hergestellt** worden sind (BGH GRUR 1976, 317/320 – Unsterbliche Stimmen; dort, S. 320 f., auch zur Vereinbarkeit des Art. 2 des Gesetzes von 1972 mit Art. 14 GG; im letzteren Punkt aA *Schorn* GRUR 1978, 230). Die Verbreitungsbefugnis des Verletzers endet erst, wenn sie für den Verletzten **unzumutbar wird** (BGH GRUR 1976, 317/321 – Unsterbliche Stimmen). Bei Beurteilung der Unzumutbarkeit einer Abfindung in Geld für den Verletzten kommt es neben dem Zweck der Bestimmung vor allem auf eine **Abwägung der Interessen der Parteien** an, wobei auch eine **Störung des Vertriebskonzepts** des Verletzten zu berücksichtigen ist; eine Verbreitung der Tonträger des Verletzers während der gesamten Schutzdauer braucht er keinesfalls hinzunehmen. Zu berücksichtigen sind auch **Umsatzantiemen,** die der in einem abgeleiteten Recht verletzte Tonträgerhersteller an ausübende Künstler oder deren Erben zu zahlen hat, und damit auch eventuelle **Einnahmeausfälle** der Letzteren auf Grund einer Weiterverbreitung der Tonträger des Verletzers (s. zum Vorstehenden insgesamt sowie zur Beurteilung auch nach § 1 UWG aF BGH GRUR 1976, 317/321 f. – Unsterbliche Stimmen – m. zust. Anm. *Bielenberg;* krit. zu diesem Urteil *Schorn* GRUR 1978, 230 ff.). Verbreitet wird angenommen, dass die Regelung inzwischen wegen Zeitablaufs gegenstandslos geworden sei (so *Fromm/Nordemann*[10] Rdnr. 5) bzw. keine praktische Bedeutung mehr habe (so *Wandtke/Bullinger*[3] § 135 Rdnr. 6; sa. *Möhring/Nicolini*[2] Rdnr. 11: Beendigung der Verwertungsbefugnisse spätestens seit Beginn der 1980er Jahre).

§ 136 Vervielfältigung und Verbreitung

(1) **War eine Vervielfältigung, die nach diesem Gesetz unzulässig ist, bisher erlaubt, so darf die vor Inkrafttreten dieses Gesetzes begonnene Herstellung von Vervielfältigungsstücken vollendet werden.**

Vervielfältigung und Verbreitung § 136

(2) Die nach Absatz 1 oder bereits vor dem Inkrafttreten dieses Gesetzes hergestellten Vervielfältigungsstücke dürfen verbreitet werden.

(3) Ist für eine Vervielfältigung, die nach den bisherigen Vorschriften frei zulässig war, nach diesem Gesetz eine angemessene Vergütung an den Berechtigten zu zahlen, so dürfen die in Absatz 2 bezeichneten Vervielfältigungsstücke ohne Zahlung einer Vergütung verbreitet werden.

Übersicht

	Rdnr.
1. Entstehungsgeschichte und Bedeutung der Bestimmung	1–3
2. Vollendung einer vor Inkrafttreten des Gesetzes begonnenen Vervielfältigung (§ 136 Abs. 1)	4, 5
3. Verbreitung der vor Inkrafttreten des Gesetzes oder in Vollendung der Vervielfältigung hergestellten Vervielfältigungsstücke (§ 136 Abs. 2)	6
4. Vergütungsfreiheit der Vollendung der Vervielfältigung und der Verbreitung (§ 136 Abs. 3) ..	7

1. Entstehungsgeschichte und Bedeutung der Bestimmung

Das UrhG verfolgt auch in seinen Bestimmungen über die **gesetzlichen Schranken des** 1 **Urheberrechts** (§§ 44a ff. nF [§§ 45 ff. aF]) das Ziel, die Rechtsstellung der Urheber gegenüber dem früheren Recht zu verstärken (s. vor §§ 44a ff. Rdnr. 3). Daraus kann sich ergeben, dass Verwertungshandlungen, die nach früherem Recht ohne Zustimmung des Urhebers gesetzlich zulässig waren, nunmehr nur noch mit Zustimmung des Urhebers vorgenommen werden dürfen oder zur Zahlung einer Vergütung verpflichten. Soweit es sich in solchen Fällen um die **Vervielfältigung** und die **Verbreitung** eines geschützten Werkes handelt, trifft § 136 eine **Übergangsregelung** über die **Fortsetzung einer bereits vor Inkrafttreten des Gesetzes begonnenen Verwertung**.

§ 136 folgt dem Vorbild der **§§ 63 LUG von 1901** und **54 KUG von 1907** (s. Einl. 2 Rdnr. 113). Die dort enthaltene weitergehende Regelung, welche die weitere Benutzung vorhandener Vorrichtungen für die Vervielfältigung, wie von Formen, Platten, Steinen, Druckstöcken und Matrizen, noch für 6 Monate bzw. 3 Jahre gestattete, ist jedoch im Hinblick auf den Zeitraum zwischen Verkündung des UrhG (am 16. 9. 1965) und seinem Inkrafttreten (insoweit gemäß § 143 Abs. 2 am 1. 1. 1966) nicht übernommen worden (vgl. die AmtlBegr. BT-Drucks. IV/270 S. 115 zu § 145, jetzt § 136).

Gegenüber den in **§§ 130, 131** und dem inzwischen aufgehobenen **§ 133** geregelten Sonderfällen weiterreichender gesetzlicher Verwertungsbefugnisse (s. § 130 Rdnr. 5, § 131 Rdnr. 5) 3 sind die Vervielfältigungs- und Verbreitungsbefugnisse nach § 136 auf die Fortsetzung und den Abschluss bereits begonnener Verwertungshandlungen beschränkt. Bleibende, über die faktisch begrenzte Übergangszeit hinausreichende Bedeutung besitzt § 136 dadurch, dass **§ 46 Abs. 5 S. 2** § 136 Abs. 1 und 2 für entsprechend anwendbar erklärt, wenn ein Urheber die Verwertung seines Werkes in Sammlungen für den Kirchen-, Schul- oder Unterrichtsgebrauch wegen gewandelter Überzeugung verbietet (s. § 46 Rdnr. 29).

2. Vollendung einer vor Inkrafttreten des Gesetzes begonnenen Vervielfältigung (§ 136 Abs. 1)

§ 136 Abs. 1 gestattet die **Vollendung** einer nach dem früheren Recht gesetzlich gestatteten, 4 nunmehr aber ohne Zustimmung des Urhebers unzulässigen Vervielfältigung eines geschützten Werkes, die vor Inkrafttreten des UrhG am 1. 1. 1966 (§ 143 Abs. 2) begonnen worden ist. Die wichtigsten Beispiele dergestalt gesetzlich unterschiedlich geregelter Vervielfältigungen sind diejenigen der Vervielfältigung von einzelnen Gedichten in **Lieder- und Gesangbüchern** (§ 19 Nr. 3 LUG von 1901) sowie der Vervielfältigung einzelner Aufsätze von geringem Umfang, einzelner Gedichte oder kleinerer Teile eines Schriftwerks in Sammlungen „zu einem eigentümlichen literarischen Zweck", dh. in sog. **Anthologien** (§ 19 Nr. 4 LUG von 1901). Im UrhG sind entsprechende gesetzliche Schranken des Urheberrechts nicht mehr enthalten (vgl. die AmtlBegr. BTDrucks. IV/270 S. 31 unter c, S. 115 zu § 145, jetzt § 136, sowie § 46 Rdnr. 2).

Mit der **Herstellung** der Vervielfältigungsstücke muss **vor Inkrafttreten des UrhG begon-** 5 **nen** worden sein. Dies ist zB der Fall, wenn der Drucksatz bereits hergestellt war (*Möhring/Nicolini*[2] Rdnr. 3; wohl etwas enger *Wandtke/Bullinger*[3] Rdnr. 3). Zulässig ist dann die **Vollendung** der Vervielfältigung auch noch nach Inkrafttreten des UrhG. Es dürfen daher zB mittels des

§ 137   Übertragung von Rechten

vor diesem Zeitpunkt hergestellten Drucksatzes die geplanten Werkexemplare gedruckt werden. Nicht mehr zulässig ist aber ein Nachdruck (*v. Gamm* zu § 136; *Möhring/Nicolini*[2] Rdnr. 4; *Wandtke/Bullinger*[3] Rdnr. 4). In diesem eingeschränkten Sinne ist auch unter § 136 Abs. 1 die nicht mehr ausdrücklich erwähnte Weiterbenutzung von Druckstöcken usw. (s. Rdnr. 2) noch zulässig.

3. Verbreitung der vor Inkrafttreten des Gesetzes oder in Vollendung der Vervielfältigung hergestellten Vervielfältigungsstücke (§ 136 Abs. 2)

6 Die unter gesetzlich zulässiger Vervielfältigung geschützter Werke hergestellten Lieder- und Gesangbücher sowie Anthologien (s. Rdnr. 4) durften nach früherem Recht auch frei verbreitet werden (§ 26 LUG von 1901). Dem entspricht die Übergangsregelung des § 136 Abs. 2. Vervielfältigungsstücke geschützter Werke, die vor Inkrafttreten des Gesetzes am 1. 1. 1966 (§ 143 Abs. 2) nach dem damals geltenden Recht oder gemäß § 136 Abs. 1 in Vollendung einer vor diesem Zeitpunkt begonnenen Vervielfältigung (s. Rdnr. 5) gesetzlich zulässig hergestellt worden sind, dürfen danach auch frei verbreitet werden.

4. Vergütungsfreiheit der Vollendung der Vervielfältigung und der Verbreitung (§ 136 Abs. 3)

7 § 136 Abs. 3 trägt den Fällen Rechnung, in denen nach geltendem Recht wie nach früherem Recht die Vervielfältigung und die Verbreitung geschützter Werke zu bestimmten Zwecken gesetzlich zulässig sind bzw. waren, in denen aber das geltende Recht als Ausgleich zugunsten des Urhebers eine **gesetzliche Vergütungspflicht** vorsieht. Hauptbeispiel sind die Vervielfältigung und Verbreitung von Werken in Sammlungen für den Kirchen-, Schul- oder Unterrichtsgebrauch (§ 46 Abs. 1, 2 und 4). Nach früherem Recht (§§ 19 Nr. 4, 26 LUG von 1901) waren diese gesetzlich und vergütungsfrei zulässig. Nach dem Wortlaut des § 136 Abs. 3 hat es den Anschein, als wäre nur die **Verbreitung** vergütungsfrei, soweit sie sich auf Vervielfältigungsstücke beziehet, die vor Inkrafttreten des UrhG oder in Vollendung einer vor diesem Zeitpunkt begonnenen Vervielfältigung hergestellt worden sind. Nach dem Gesetzeszweck ist aber auch die **Vollendung der Vervielfältigung** nach Inkrafttreten des Gesetzes vergütungsfrei. In der AmtlBegr. (BTDrucks. IV/270 S. 115 zu § 145, jetzt § 136) wird nämlich zur Rechtfertigung der Regelung angeführt, dass es unangemessen wäre, wenn zwar für die Vollendung einer begonnenen Vervielfältigung einer Sammlung iSd. § 46 vom Inkrafttreten des Gesetzes an eine Vergütung bezahlt werden müsste, nicht aber für die Vollendung einer Anthologie nach § 136 Abs. 1, die im Übrigen nach geltendem Recht dem Verbotsrecht des Urhebers unterliegt.

§ 137 Übertragung von Rechten

(1) ¹Soweit das Urheberrecht vor Inkrafttreten dieses Gesetzes auf einen anderen übertragen worden ist, stehen dem Erwerber die entsprechenden Nutzungsrechte (§ 31) zu. ²Jedoch erstreckt sich die Übertragung im Zweifel nicht auf Befugnisse, die erst durch dieses Gesetz begründet werden.

(2) ¹Ist vor dem Inkrafttreten dieses Gesetzes das Urheberrecht ganz oder teilweise einem anderen übertragen worden, so erstreckt sich die Übertragung im Zweifel auch auf den Zeitraum, um den die Dauer des Urheberrechts nach den §§ 64 bis 66 verlängert worden ist. ²Entsprechendes gilt, wenn vor dem Inkrafttreten dieses Gesetzes einem anderen die Ausübung einer dem Urheber vorbehaltenen Befugnis erlaubt worden ist.

(3) In den Fällen des Absatzes 2 hat der Erwerber oder Erlaubnisnehmer dem Veräußerer oder Erlaubnisgeber eine angemessene Vergütung zu zahlen, sofern anzunehmen ist, daß dieser für die Übertragung oder die Erlaubnis eine höhere Gegenleistung erzielt haben würde, wenn damals bereits die verlängerte Schutzdauer bestimmt gewesen wäre.

(4) ¹Der Anspruch auf die Vergütung entfällt, wenn alsbald nach seiner Geltendmachung der Erwerber dem Veräußerer das Recht für die Zeit nach Ablauf der bisher bestimmten Schutzdauer zur Verfügung stellt oder der Erlaubnisnehmer für diese Zeit auf die Erlaubnis verzichtet. ²Hat der Erwerber das Urheberrecht vor dem Inkrafttreten dieses Gesetzes weiterveräußert, so ist die Vergütung insoweit nicht zu zahlen, als sie den Erwerber mit Rücksicht auf die Umstände der Weiterveräußerung unbillig belasten würde.

(5) **Absatz 1 gilt für verwandte Schutzrechte entsprechend.**

Übertragung von Rechten   § 137

Schrifttum: *Jordan,* Salome IV – eine Nachbetrachtung, Fs. für Erdmann, 2002, S. 117; *Katzenberger,* Beteiligung des Urhebers an Ertrag und Ausmaß der Werkverwertung – Altverträge, Drittwirkung und Reform des § 36 UrhG, GRUR Int. 1983, 410; *Krüger-Nieland,* Zur Auslegung des § 2 Abs. 2 des Gesetzes zur Verlängerung der Schutzfristen im Urheberrecht vom 13. Dezember 1934, Fs. für Ph. Möhring, 1975, S. 417; *Selbherr/Behn,* Vertragssituation bei Schutzfristverlängerungen, UFITA 69 (1973) 55; *Walter,* Die Auswirkung der Schutzfristverlängerung auf bestehende Nutzungsverträge nach deutschem und österreichischem Urheberrecht, Mitarbeiter-Fs. für Ulmer, 1973, S. 63.

Übersicht

	Rdnr.
1. Entstehungsgeschichte und Bedeutung der Bestimmung	1–4
2. Umwandlung der durch vertragliche Rechtsübertragung erworbenen Rechte in Nutzungsrechte (§ 137 Abs. 1 S. 1)	5, 6
3. Im Zweifel keine Übertragung neuer urheberrechtlicher Befugnisse (§ 137 Abs. 1 S. 2)	7, 8
4. Entsprechende Anwendung des § 137 Abs. 1 auf verwandte Schutzrechte (§ 137 Abs. 5)	9
5. Im Zweifel Übertragung der Rechte auch für den Zeitraum der Schutzfristverlängerung (§ 137 Abs. 2)	10–12
6. Vergütungsanspruch des Urhebers (§ 137 Abs. 3, 4)	13–15
7. Schutzfristverlängerungen 1934 und 1940	16

1. Entstehungsgeschichte und Bedeutung der Bestimmung

§ 137 enthält in Ergänzung zu § 132 vertragsrechtliche Übergangsregelungen, welche die **1** Auswirkungen wichtiger Neuerungen des geltenden Gesetzes gegenüber dem früheren Recht auf vor Inkrafttreten des Gesetzes (gemäß § 143 Abs. 2 am 1. 1. 1966) bewirkte vertragliche Verfügungen über Urheberrechte zum Gegenstand haben. Der unterschiedlichen Geschichte dieser Neuerungen entsprechend verlief auch die **Entstehungsgeschichte** der einzelnen Absätze des § 137 **nicht einheitlich.**

a) **§ 137 Abs. 1 und 5** waren als einzige Abs. 1 und 2 unverändert bereits in § 143 des Re- **2** ferentenentwurfs, § 138 des Ministerialentwurfs und § 146 des Regierungsentwurfs enthalten. § 137 berücksichtigt insoweit drei Neuerungen des geltenden Gesetzes und klärt deren Anwendung auf vor Inkrafttreten des UrhG vorgenommene vertragliche Verfügungen: den Ausschluss der Übertragbarkeit des Urheberrechts und der einzelnen urheberrechtlichen Befugnisse, an deren Stelle die Möglichkeit getreten ist, vertraglich Nutzungsrechte an geschützten Werken einzuräumen, die Einführung neuer urheberrechtlicher Befugnisse durch das UrhG, die dem früheren Recht noch unbekannt waren, und die erstmalige gesetzliche Regelung der vom Urheberrecht zu unterscheidenden verwandten Schutzrechte. Mangels entsprechender Neuerungen in den früheren Gesetzen ist § 137 insoweit ohne historisches Vorbild.

b) **§ 137 Abs. 2–4** sind erst auf Veranlassung des Rechtsausschusses des Deutschen Bundes- **3** tags in die Bestimmung eingefügt worden (vgl. den Bericht des Abg. *Reischl* UFITA 46 [1966] 174/200 zu § 146). Sie regeln die Frage, ob und zu welchen Bedingungen vertragliche Rechtsübertragungen aus der Zeit vor Inkrafttreten des UrhG sich auch auf den Zeitraum (20 Jahre) erstrecken, um den die Schutzfristen des Urheberrechts gemäß §§ 64 ff. verlängert worden sind. Auch diese Verlängerung war in den amtlichen Gesetzentwürfen ursprünglich nicht vorgesehen, sondern erst durch den Rechtsausschuss des Deutschen Bundestags vorgeschlagen worden (s. § 64 Rdnr. 53). Der Gesetzgeber des § 137 konnte sich insoweit auch auf zwei historische Vorbilder stützen: die generelle Schutzfristverlängerung von 30 auf 50 Jahre durch das „Gesetz zur Verlängerung der Schutzfristen im Urheberrecht" aus dem Jahre 1934 (s. § 64 Rdnr. 52) mit einer vertragsrechtlichen Übergangsregelung in § 2 Abs. 2 und die Schutzfristverlängerung von 10 auf 25 Jahre speziell für Lichtbilder durch das „Gesetz zur Verlängerung der Schutzfristen für das Urheberrecht an Lichtbildern" vom 12. 5. 1940 (RGBl. 1940 I S. 758) mit einer vertragsrechtlichen Übergangsregelung in § 2 Abs. 2–4. Nachdem § 2 Abs. 2 des Gesetzes vom 1934 schon bald zu erheblichen Auslegungsschwierigkeiten führte (vgl. dazu *Krüger-Nieland,* Fs. für Ph. Möhring, 1975, S. 417 f.; *Walter,* Mitarbeiter-Fs. für Ulmer, 1973, S. 63, 64 f., jeweils mwN aus dem älteren Schrifttum), die höchstrichterlich erst im Jahre 1974 durch den BGH (GRUR 1975, 495 – Lustige Witwe; s. zu dieser immer noch bedeutsamen Bestimmung neuerdings BGH GRUR 1996, 763/765 – Salome II; OLG München ZUM-RD 1997, 294/301 ff. – Salome III; BGH GRUR 2000, 869/870 f. – Salome III; sa. Rdnr. 16) geklärt wurden, übernahm der Gesetzgeber des § 137 inhaltlich unverändert die insoweit eindeutige und detaillierte Übergangsregelung des Gesetzes von 1940 (s. dazu den Bericht des Abg. *Reischl* UFITA 46 [1966] 174/200 zu § 146).

§ 137

4   c) Die **praktische Bedeutung** des § 137 ist **erheblich**. Dies gilt neben § 132 Abs. 2, der vertragliche Verfügungen über Urheberrechte aus der Zeit vor Inkrafttreten des UrhG für weiterhin wirksam erklärt, weniger für **§ 137 Abs. 1 S. 1**. Die hier angeordnete Umwandlung von durch vertragliche Rechtsübertragung erworbenen Rechten in die entsprechenden Nutzungsrechte ist in erster Linie von dogmatischer, systematischer und terminologischer Bedeutung ohne Auswirkungen auf den Inhalt der Befugnisse des Rechtserwerbers (wohl ebenso *Möhring/Nicolini*[2] Rdnr. 3 gegen die verfassungsrechtlichen Bedenken *v. Gamms* Rdnr. 2, der auf Grund dieser Bedenken für eine Auslegung der Bestimmung eintritt, die der hier vertretenen entspricht; sa. *Wandtke/Bullinger*[3] Rdnr. 2). Praktisch bedeutsam sind dagegen die Bestimmungen des **§ 137 Abs. 1 S. 2 und Abs. 2–4**. Sie beinhalten gesetzliche Auslegungsregeln dahingehend, dass Rechtsübertragungen aus der Zeit vor Inkrafttreten des UrhG sich im Zweifel nicht auf die durch das UrhG neu eingeführten Rechte (§ 137 Abs. 1 S. 2), wohl aber auf den Zeitraum der Schutzfristverlängerung erstrecken (§ 137 Abs. 2). **§ 137 Abs. 3 und 4** regeln den Vergütungsanspruch des Urhebers im letzteren Fall, **§ 137 Abs. 5** die entsprechende Anwendung des Abs. 1 auf verwandte Schutzrechte.

2. Umwandlung der durch vertragliche Rechtsübertragung erworbenen Rechte in Nutzungsrechte (§ 137 Abs. 1 S. 1)

5   Nach dem früher geltenden Recht war zwar die vertragliche Übertragung des Urheberrechts insgesamt wegen der in ihm enthaltenen persönlichkeitsrechtlichen Bestandteile ebenso wie nach geltendem Recht (§ 29 S. 2) grundsätzlich nicht möglich, zulässig war aber mit gewissen bleibenden Bindungen an das Urheberrecht als Stammrecht die Übertragung der einzelnen urheberrechtlichen Verwertungsrechte (s. dazu §§ 8 Abs. 3 LUG von 1901, 10 Abs. 3 KUG von 1907 sowie *Ulmer*[2] §§ 65 ff.; *Ulmer*[3] § 80). Das geltende Gesetz geht dagegen, von dem in § 29 Abs. 1 nF geregelten Sonderfall der Übertragung des Urheberrechts in Erfüllung einer letztwilligen Verfügung oder im Wege der Erbauseinandersetzung unter Miterben abgesehen, von der **Unübertragbarkeit** sowohl des **Urheberrechts** als Ganzen (§ 29 Abs. 1 nF) als auch der **einzelnen urheberrechtlichen Befugnisse**, unter ihnen auch der Verwertungsrechte aus; zulässig sind nur noch die Einräumung von Nutzungsrechten (§ 31), schuldrechtliche Einwilligungen und Vereinbarungen zu Verwertungsrechten sowie die in § 39 geregelten Rechtsgeschäfte über Urheberpersönlichkeitsrechte (§ 29 Abs. 2 nF; s. dazu vor §§ 28 ff. Rdnr. 45 ff., 74). Obwohl die §§ 31 ff. auf ältere Urheberrechtsverträge grundsätzlich nicht anzuwenden sind (s. § 132 Abs. 1), sieht § 137 Abs. 1 S. 1 entsprechend dem Grundsatz des § 129 Abs. 1 aus systematischen und terminologischen Gründen doch die **Umwandlung** der vertraglich erworbenen urheberrechtlichen Befugnisse **in entsprechende Nutzungsrechte** iSd. neuen Rechts vor.

6   Eine **inhaltliche Änderung** der vertraglich erworbenen Rechte ist mit dieser Umwandlung **nicht** verbunden, so dass dem Erwerber insoweit nunmehr nicht weniger, aber auch nicht mehr Rechte zustehen, als er sie vor Inkrafttreten des UrhG erworben hat. Insb. besitzt er als Erwerber eines ausschließlichen Verwertungsrechts nach früherem Recht gemäß § 137 Abs. 1 S. 1 jetzt ein entsprechendes **ausschließliches Nutzungsrecht** mit allen aus der Ausschließlichkeit folgenden Befugnissen (s. § 31 Rdnr. 81 f., zum Ergebnis wie hier *Dreier/Schulze*[3] Rdnr. 4; *Fromm/Nordemann*[10] Rdnr. 1; *v. Gamm* Rdnr. 3; *Möhring/Nicolini*[2] Rdnr. 3; *Wandtke/Bullinger*[3] Rdnr. 2).

3. Im Zweifel keine Übertragung neuer urheberrechtlicher Befugnisse (§ 137 Abs. 1 S. 2)

7   § 137 Abs. 1 S. 2 bestimmt in Form einer **gesetzlichen Auslegungsregel** (vgl. die Amtl-Begr. BTDrucks. IV/270 S. 115 zu § 146, jetzt § 137), dass Rechtsübertragungen aus der Zeit vor Inkrafttreten des UrhG sich im Zweifel nicht auf solche urheberrechtliche Befugnisse erstrecken, die erst durch das UrhG eingeführt worden sind. Aus dem auch bereits zum früheren Recht von der Rechtsprechung anerkannten und gemäß 132 Abs. 1 (s. dort Rdnr. 3) auf ältere Verträge weiterhin anwendbaren Zweckübertragungsprinzip folgt, dass vertragliche Rechtseinräumungen im Zweifel nicht **neue Arten der Nutzung** geschützter Werke umfassen (s. dazu *Ulmer*[3] § 84 II; *Schweyer*, Die Zweckübertragungstheorie im Urheberrecht, 1982, S. 18 ff.; sa. die *Voraufl*. § 31 Rdnr. 25 mwN). § 137 Abs. 1 S. 2 ergänzt diese Regel dahingehend, dass dasselbe hinsichtlich **neuer urheberrechtlicher Befugnisse** gilt, mögen die diesen zugrundeliegenden technisch-wirtschaftlichen Arten der Nutzung auch schon bekannt gewesen sein. Der Gesetzesbestimmung liegt wie dem allgemeinen Zweckübertragungsprinzip der Gedanke zugrunde, den Urheber angemessen an der wirtschaftlichen Nutzung seines Werkes zu beteiligen (s. § 31

Übertragung von Rechten § 137

Rdnr. 65) und eine vertragliche Rechtseinräumung an einen Werkverwerter daher im Zweifel nur insoweit anzunehmen, als der Urheber sie – auch aus der Sicht der rechtlichen Realisierbarkeit eines Nutzungsertrags – bei der Bemessung seiner Entgeltforderung berücksichtigen konnte (s. allgemein *Schweyer* S. 117). Die **verfassungsrechtliche Absicherung** des Beteiligungsgebots zugunsten des Urhebers auch in vertragsrechtlicher Hinsicht (s. vor §§ 88 ff. Rdnr. 41) lässt eine engherzige Umschreibung des Kreises der neuen Befugnisse iSd. § 137 Abs. 1 S. 2 nicht zu.

Keine neuen durch das UrhG erst gesetzlich eingeführten **urheberrechtlichen Befugnisse** 8 sind solche, die auch in den älteren Gesetzen LUG von 1901 und KUG von 1907 oder durch die frühere höchstrichterliche Rechtsprechung schon anerkannt waren; Letzteres gilt insb. für das urheberrechtliche Senderecht des § 20 (so die AmtlBegr. BTDrucks. IV/270 S. 115 zu § 146, jetzt § 137; sa. *Dreier/Schulze*[3] Rdnr. 7, die hier auch noch das Recht nach § 21 nennen). **Neue urheberrechtliche Befugnisse** sind aber das ausschließliche Vermietrecht (§ 17 Abs. 1, 2), das Ausstellungsrecht (§ 18), das Vortragsrecht an erschienenen Sprachwerken (§ 19 Abs. 1), das Recht der öffentlichen Zugänglichmachung (§ 19a), das Folgerecht (§ 26), die gesetzlichen Vergütungsansprüche nach § 20b Abs. 2 und § 27, das Beteiligungsrecht nach § 36 aF, das allerdings auf Verträge aus der Zeit vor Inkrafttreten des UrhG nicht anzuwenden ist (s. § 132 Rdnr. 2, 8), die gesetzlichen Vergütungsansprüche im Rahmen der gesetzlichen Schranken des Urheberrechts (§§ 45a Abs. 2, 46 Abs. 4, 47 Abs. 2 S. 2, 49 Abs. 1 S. 2, 52 Abs. 2 S. 2, 53 Abs. 5 aF, 54 Abs. 2 aF, 54, 54a, 54b und 54c), und zwar auch, soweit sie an die Stelle früherer ausschließlicher, aber praktisch nicht durchsetzbarer Rechte getreten sind (entsprechend dem vor §§ 44a ff. Rdnr. 24 ff./26 Gesagten; aA zu §§ 53 Abs. 5 aF, 54 Abs. 2 aF und § 54 nF *Möhring/Nicolini*[2] Rdnr. 5, die aber auch noch das Satelliten- und das Kabelweitersenderecht (§§ 20a, 20b) als neue Rechte anerkennen), die wichtigsten Schutzrechte mit Ausnahme der Rechte an Lichtbildern (§ 72) und der ausübenden Künstler (§ 77 Abs. 2 S. 1 nF [§ 75 Abs. 2 aF]), welche als ausschließliche Rechte an die Stelle früher anerkannter Urheberrechte getreten sind (s. dazu § 135 Rdnr. 1; für die gesetzlichen Vergütungsansprüche nach § 78 Abs. 2, 83 nF [§§ 76 Abs. 2, 77, 84 aF] gilt das oben zu § 45a Abs. 2 usw. Gesagte entsprechend).

4. Entsprechende Anwendung des § 137 Abs. 1 auf verwandte Schutzrechte (§ 137 Abs. 5)

Eine entsprechende Anwendung des § 137 auf **verwandte Schutzrechte** kann sich, abgesehen 9 von den in § 135 bezeichneten Rechten, nur auf die vor Inkrafttreten des UrhG bewirkte Übertragung zukünftiger Rechte beziehen, da alle verwandten Schutzrechte mit den genannten Ausnahmen erst für ab 1966 erbrachte Leistungen entstehen konnten (s. § 129 Rdnr. 14 ff.). Im Übrigen ist **§ 137 Abs. 1 S. 1** auf verwandte Schutzrechte nur insoweit anwendbar, als diese oder einzelne der von ihnen gewährten Befugnisse nicht vertraglich übertragen werden können. Dies trifft nur auf die verwandten Schutzrechte der §§ 70, 72 zu; bei den anderen verwandten Schutzrechten ist eine derartige Übertragbarkeit gegeben (s. §§ 71 Abs. 2, 79 Abs. 1 S. 1 nF, 85 Abs. 2 S. 1 nF, 87 Abs. 2 S. 1, 94 Abs. 2 S. 1 sowie vor §§ 28 ff. Rdnr. 65 f., vor §§ 87a ff. Rdnr. 32). Von erheblicher Bedeutung für Rechtsgeschäfte über verwandte Schutzrechte ist dagegen **§ 137 Abs. 1 S. 2**. Das unter Rdnr. 7 f. Gesagte gilt hier entsprechend. Insb. sind die meisten verwandten Schutzrechte einschließlich ihrer einzelnen Bestandteile neue Rechte iS dieser Bestimmung. Bei den Rechten an Lichtbildern und der ausübenden Künstler gilt dies vor allem auch für die entsprechenden gesetzlichen Vergütungsansprüche (s. Rdnr. 8 sowie die Verweisungen in §§ 72 Abs. 1 und 83 nF).

5. Im Zweifel Übertragung der Rechte auch für den Zeitraum der Schutzfristverlängerung (§ 137 Abs. 2)

§ 137 Abs. 2 bestimmt in Form einer **gesetzlichen Auslegungsregel** (s. den Bericht des 10 Abg. *Reischl* UFITA 46 [1966] 174/200 zu § 146, jetzt § 137), dass vertragliche Übertragungen urheberrechtlicher Befugnisse (s. Rdnr. 5) oder ihre Überlassung zur Ausübung aus der Zeit vor Inkrafttreten des UrhG sich im Zweifel auch auf den Zeitraum von 20 Jahren erstrecken, um den die Schutzfristen nach §§ 64 ff. gegenüber dem früheren Recht verlängert worden sind. **Zweifel** iS dieser Bestimmung bestehen dann, wenn sich weder aus dem Vertragswortlaut, noch aus sonstigen Umständen eindeutig ergibt, dass die vertragliche Rechtseinräumung oder Überlassung zur Ausübung nur für einen begrenzten Zeitraum gelten sollte. Insb. liegt ein Zweifelsfall vor, wenn der Urheber vor Inkrafttreten des UrhG einem Werkverwerter urheberrechtliche

§ 137   Übertragung von Rechten

Befugnisse „für die Dauer des gesetzlichen Schutzrechts" oder mit einer ähnlichen Formulierung übertragen hat (vgl. BGH GRUR 1975, 495/496 – Lustige Witwe; *Ulmer*³ § 78 III).

11 Nach § 137 Abs. 2 iVm. Abs. 1 S. 1 stehen dem Erwerber im Falle der Rechtsübertragung für den Zeitraum der Schutzfristverlängerung die **bisherigen Rechte nach Inhalt und Umfang unverändert** als (gegebenenfalls ausschließliche) Nutzungsrechte zu (s. *Krüger-Nieland*, Fs. für Ph. Möhring, 1975, S. 417/418; auch *Ulmer*³ § 78 III 1). Auch vertragliche Überlassungen von Urheberrechten zur Ausübung bleiben im Zweifel für den Zeitraum der Schutzfristverlängerung wirksam. Unter solchen Überlassungen sind insb. alle bloß schuldrechtlichen Nutzungsgestattungen (s. vor §§ 28 ff. Rdnr. 55) zu verstehen (so auch *v. Gamm* Rdnr. 4).

12 § 137 Abs. 2 verdient in seiner Begünstigung der Interessen der Werkverwerter gegenüber denen der Urheber **Kritik** (vgl. *Katzenberger* GRUR Int. 1983, 410/421). Erfreulicherweise hat der Gesetzgeber des Jahres 1985 bei Formulierung der Übergangsregelung in **§ 137 a Abs. 2** bezüglich der Verlängerung der Schutzfristen an Lichtbildwerken die entgegengesetzte Lösung gewählt und bestimmt, dass sich vertragliche Rechtseinräumungen an solchen Werken im Zweifel nicht auf den Verlängerungszeitraum erstrecken (s. dazu § 137 a Rdnr. 3). Später ist er aber bedauerlicherweise wieder dem Vorbild des § 137 Abs. 2 gefolgt (s. § 137 b Abs. 2, § 137 c Abs. 2, § 137 f Abs. 4, § 137 j Abs. 4).

6. Vergütungsanspruch des Urhebers (§ 137 Abs. 3, 4)

13 a) § 137 Abs. 3 normiert für die Fälle, in denen Rechtsübertragungen oder Überlassungen von Urheberrechten zur Ausübung sich nach § 137 Abs. 2 auch auf den Zeitraum der Schutzfristverlängerung erstrecken, zugunsten des betroffenen Urhebers einen **Anspruch** auf eine **angemessene Vergütung.** Jedoch ist dieser Anspruch an die Voraussetzung geknüpft, dass der Urheber für die Rechtsübertragung oder Überlassung eine höhere Gegenleistung erzielt haben würde, wenn damals bereits die verlängerte Schutzdauer bestimmt gewesen wäre. Diese Voraussetzung ist grundsätzlich in Fällen der Vereinbarung eines nach dem Absatz der Werkexemplare oder der Zahl der Aufführungen u. dgl. zu berechnenden Honorars nicht gegeben, da hier der Urheber an den weiteren Nutzungen ohnehin wirtschaftlich beteiligt wird; eine zusätzliche Vergütung des Urhebers nach § 137 Abs. 3 greift daher in aller Regel nur bei **pauschaler Abfindung** des Urhebers Platz (so BGH GRUR 1996, 763/766 – Salome II; OLG München ZUM-RD 1997, 294/303 – Salome III; *Dreier/Schulze*³ Rdnr. 11; *Fromm/Nordemann*¹⁰ Rdnr. 6; *v. Gamm* Rdnr. 4; *Möhring/Nicolini*² Rdnr. 10; *Ulmer*³ § 78 III 1; *Wandtke/Bullinger*³ Rdnr. 8). Jedoch kann sich bei zeitlich entsprechend weit zurückreichenden Vertragsverhältnissen aus der urheberfreundlicheren Bestimmung des § 2 Abs. 2 des Schutzfristenverlängerungsgesetzes von 1934 (s. Rdnr. 3) eine für den Urheber bzw. seine Erben günstigere Beurteilung ergeben. Diese kann dann auch zu einer Erhöhung einer ursprünglich vereinbarten Beteiligungsvergütung führen, wenn diese im Zeitpunkt der Verlängerung der Schutzdauer unter Berücksichtigung aller Umstände nicht unerheblich unter der so ermittelten angemessenen Vergütung liegt; die Erhöhung kann dann bei Geltung bis zum Ablauf der Schutzdauer je nach Lage der Dinge auch die Frage einer weiteren Anhebung der Vergütung nach § 137 Abs. 3 in den Hintergrund treten lassen (s. zum Ganzen BGH GRUR 2000, 869/871 – Salome III, zu einem Vertrag über die Aufführungsrechte an einer Oper mit Vereinbarung einer anteiligen Vergütung in Höhe von 6% der Bruttoeinnahmen aus dem Kartenverkauf, die bereits 1979/1980 um 100% unter der üblichen Vergütung lag). Ist für die Rechtsübertragung ein **unangemessen niedriges Pauschalhonorar** vereinbart worden, so lässt dies nicht zwingend den Schluss zu, dass auch bei Berücksichtigung der verlängerten Schutzfrist kein höheres Honorar erzielt worden wäre; ein zusätzlicher Vergütungsanspruch ist daher in solchen Fällen grundsätzlich gegeben (so zutreffend *Möhring/Nicolini*² Rdnr. 9) Jedoch ist im Übrigen in der Regel davon auszugehen, dass eine in der Vergangenheit vereinbarte Vergütung auch für den Zeitraum der Schutzdauerverlängerung angemessen ist (so BGH GRUR 2000, 869/871 – Salome III; *Dreier/Schulze*³ Rdnr. 11). In der Höhe muss die zusätzliche Vergütung **angemessen** sein, was auch unter dem Aspekt des § 137 Abs. 3 nach den Verhältnissen im Zeitpunkt der Verlängerung der Nutzungsbefugnis des Werkverwerters zu bestimmen ist (ebenso BGH GRUR 2000, 869/870 f. – Salome III; *Dreier/Schulze*³ Rdnr. 11; *Möhring/Nicolini*² Rdnr. 10; *Wandtke/Bullinger*³ Rdnr. 8).

14 b) § 137 Abs. 4 S. 1 ermöglicht es dem Erwerber einer urheberrechtlichen Befugnis bzw. des entsprechenden Nutzungsrechts sowie demjenigen, dem eine solche Befugnis zur Ausübung überlassen worden ist, den **Anspruch des Urhebers** auf eine zusätzliche Vergütung **abzuwenden.** Er muss hierzu dem Veräußerer das erworbene Recht für die Zeit nach Ablauf der

Schutzdauer des früheren Rechts zur Verfügung stellen bzw. auf die Erlaubnis zur Nutzung verzichten, und zwar alsbald, dh. unverzüglich (s. *Dreier/Schulze*[3] Rdnr. 12; *Fromm/Nordemann*[10] Rdnr. 12; *v. Gamm* Rdnr. 4; *Möhring/Nicolini*[2] Rdnr. 12; *Wandtke/Bullinger*[3] Rdnr. 9), nach Geltendmachung des Vergütungsanspruchs nach § 137 Abs. 3 durch den Veräußerer. Der Urheber bzw. sein Rechtsnachfolger war zur Geltendmachung des Vergütungsanspruchs bereits mit Inkrafttreten des UrhG am 1. 1. 1966 befugt, muss also nicht abwarten, bis die letzten 20 Jahre der Schutzdauer des betreffenden Werkes angebrochen sind (*v. Gamm* Rdnr. 4; *Wandtke/Bullinger*[3] Rdnr. 9).

c) **§ 137 Abs. 4 S. 2 schränkt den Vergütungsanspruch** nach § 137 Abs. 3 **ein,** wenn der Erwerber einer urheberrechtlichen Befugnis diese vor Inkrafttreten des UrhG seinerseits **weiterveräußert hat und** soweit ihn die Zahlung einer zusätzlichen Vergütung **unbillig belasten** würde. Letzteres kann insb. der Fall sein, wenn er selbst nur einen vergleichsweise niedrigen Veräußerungserlös erzielt hat. Je nach Höhe dieses Erlöses kann der Vergütungsanspruch nach § 137 Abs. 3 sich ermäßigen (so *Dreier/Schulze*[3] Rdnr. 12; *Fromm/Nordemann*[10] Rdnr. 12; *Möhring/Nicolini*[2] Rdnr. 13) oder ganz entfallen (sa. *Dreier/Schulze*[3] Rdnr. 12; *Möhring/Nicolini*[2] Rdnr. 13). Als Ausgleich kann der Urheber Abtretung des zusätzlichen Vergütungsanspruchs verlangen, der dem Weiterveräußerer gem. § 137 Abs. 3 seinerseits gegen den Dritterwerber zusteht (so *Möhring/Nicolini*[2] Rdnr. 13). In Betracht kommt aber auch ein unmittelbarer Durchgriff des Urhebers auf den Dritterwerber entsprechend §§ 398 ff., 404, 413 BGB (ebenso *Dreier/Schulze*[3] Rdnr. 12).

15

7. Schutzfristverlängerungen 1934 und 1940

Während die vorstehend zu § 137 Abs. 2–4 dargestellten Grundsätze für die Schutzfristverlängerung bezüglich Lichtbildern im Jahre 1940 als Vorbild des geltenden Gesetzes (s. Rdnr. 3) gleichermaßen galten, war zu **§ 2 Abs. 2** des **allgemeinen Schutzfristverlängerungsgesetzes von 1934** lange Zeit streitig, ob derjenige, dem eine urheberrechtliche Befugnis durch Vertrag vor dem Inkrafttreten dieses Gesetzes übertragen worden war, hinsichtlich des Verlängerungszeitraums die gleiche Rechtsstellung, idR also eine **ausschließliche Befugnis,** wie für den Zeitraum davor behielt oder aber nur ein **einfaches Nutzungsrecht** erwarb (s. Rdnr. 3 mwN). Die Frage ist erst im Jahre 1974 höchstrichterlich iSd. ersten Alternative und damit auch iSd. Regelung des § 137 Abs. 2 (s. Rdnr. 11) entschieden worden (BGH GRUR 1975, 495/496 f. – Lustige Witwe). Die Frage ist, wie die zitierte Entscheidung zeigt, nach wie vor von praktischer Bedeutung. Sie ist hinsichtlich Verträgen aus der Zeit vor Inkrafttreten des Gesetzes von 1934 gegebenenfalls als Vorfrage vor Anwendung des § 137 Abs. 2 zu beantworten. In den Fällen, in denen bei Inkrafttreten des § 64 am 17. 9. 1965 (s. § 143 Abs. 1) bezüglich eines Werkes noch die 30jährige Schutzfrist nach der ursprünglichen Fassung des LUG von 1901 lief, sind beide Schutzfristverlängerungen, dh. diejenige von 30 auf 50 Jahre und diejenige von 50 auf 70 Jahre jeweils einer gesonderten Beurteilung zum einen nach § 2 Abs. 2 des Gesetzes von 1934 und zum anderen nach § 137 zu unterziehen (so BGH GRUR 1996, 763/766 – Salome II; BGH GRUR 2000, 869/870 – Salome III; sa. OLG München ZUM-RD 1997, 294/301 – Salome III; sa. Rdnr. 13 zu weiteren Einzelheiten des Gesetzes von 1934).

16

§ 137 a Lichtbildwerke

(1) **Die Vorschriften dieses Gesetzes über die Dauer des Urheberrechts sind auch auf Lichtbildwerke anzuwenden, deren Schutzfrist am 1. Juli 1985 nach dem bis dahin geltenden Recht noch nicht abgelaufen ist.**

(2) **Ist vorher einem anderen ein Nutzungsrecht an einem Lichtbildwerk eingeräumt oder übertragen worden, so erstreckt sich die Einräumung oder Übertragung im Zweifel nicht auf den Zeitraum, um den die Dauer des Urheberrechts an Lichtbildwerken verlängert worden ist.**

Schrifttum: *Flechsig,* Das Lichtbild als Dokument der Zeitgeschichte, UFITA 116 (1991) 5; *Kieser,* Schutzdauer der Lichtbildwerke US-amerikanischer Fotografen in Deutschland, AfP 2002, 391; *Nordemann, A.,* Zur Problematik der Schutzfristen für Lichtbildwerke und Lichtbilder im vereinigten Deutschland, GRUR 1991, 418; *Nordemann, A./Mielke,* Zum Schutz von Fotografien nach der Reform durch das dritte Urheberrechts-Änderungsgesetz, ZUM 1996, 214; *Schulze/Bettinger,* Wiederaufleben des Urheberrechtsschutzes bei gemeinfreien Fotografien, GRUR 2000, 12; sa. die Schrifttumsangaben zu §§ 64, 72.

§ 137a

1. Entstehungsgeschichte und Bedeutung der Bestimmung

1   Die Einbeziehung der Lichtbildwerke in die allgemeine gesetzliche Regelung der urheberrechtlichen Schutzdauer (§§ 64 ff.) unter Aufhebung des § 68 durch die **Urheberrechtsnovelle von 1985** (s. dazu §§ 2 Rdnr. 178, 72 Rdnr. 5, 68 Rdnr. 1) machte auch eine Übergangsregelung notwendig, durch die festzulegen war, auf welche schon geschaffenen Lichtbildwerke sich die wesentliche, mit der Novelle von 1985 verbundene Schutzfristverlängerung auswirkte und wem, dem Urheber oder dem Erwerber eines von ihm vertraglich abgeleiteten Rechts, diese Verlängerung in erster Linie zugute kommen sollte. Der Gesetzgeber hat diese Regelung in dem neuen § 137a getroffen.

2. Anwendung der neuen Schutzdauerregelung auf ältere Lichtbildwerke (§ 137a Abs. 1)

2   Entsprechend der Regelung in § 129 Abs. 1 (s. dort Rdnr. 10 ff.) bestimmt **§ 137a Abs. 1**, dass die allgemeinen Bestimmungen des UrhG über die Schutzdauer des Urheberrechts (§§ 64 ff.) auch auf Lichtbildwerke anzuwenden sind, die vor Inkrafttreten der Urheberrechtsnovelle von 1985 am 1. 7. 1985 schon geschaffen waren, deren Schutzdauer nach dem früher geltenden Recht zu diesem Zeitpunkt aber noch nicht abgelaufen war. Die entsprechende Schutzdauerbestimmung war in dem inzwischen aufgehobenen § 68 enthalten (s. dort Rdnr. 1), dem daher für die Anwendung der Übergangsregelung nach wie vor praktische Bedeutung zukommt (zur verlängerten Schutzdauer von 1961 und 1963 in Ausstellungskatalogen erschienenen Lichtbildwerken nach § 137a Abs. 1 s. OLG Düsseldorf GRUR 1997, 49/50 – Beuys-Fotografien; zur Schutzdauer von in den Jahren 1930 bis 1934 hergestellten, unveröffentlichten Lichtbildwerken s. OLG Hamburg GRUR 1999, 717/718 f. – Wagner-Familienfotos, und dazu ausführlich §§ 135/135a Rdnr. 9). Zu weiteren damit zusammenhängenden Fragen s. § 64 Rdnr. 62 ff. sowie § 72 Rdnr. 5 ff.; zur Schutzdauer von Lichtbildwerken aus der ehemaligen DDR s. § 64 Rdnr. 71 f.

3. Im Zweifel keine vertragliche Rechtseinräumung für den Zeitraum der Verlängerung der Schutzdauer (§ 137a Abs. 2)

3   § 137a Abs. 2 erfüllt in Bezug auf die Verlängerung der Schutzdauer von Lichtbildwerken durch die Urheberrechtsnovelle von 1985 dieselbe Funktion wie § 137 Abs. 2–4 bezüglich der durch das UrhG von 1965 bewirkten allgemeinen Verlängerung der Schutzfristen (vgl. dort Rdnr. 10 ff.). Im Gegensatz zu § 137 Abs. 2 enthält § 137a Abs. 2 aber eine **gesetzliche Auslegungsregel** (s. § 137 Rdnr. 10) **zugunsten des Urhebers** und nicht des Erwerbers vertraglich abgeleiteter Rechte. Zur Erläuterung dieses Abgehens des Gesetzgebers von der Tradition der deutschen Schutzfristverlängerungsgesetze von 1940 und 1965 (s. § 137 Rdnr. 3) weist die AmtlBegr. (BTDrucks. 10/837 S. 22 zu § 137 a) darauf hin, dass die getroffene Regelung angesichts der erheblichen Verlängerung der Schutzdauer in aller Regel dem Willen und den Interessen der Vertragspartner entsprechen wird. Ob dies auf den Willen der Werkverwerter tatsächlich zutrifft, mag bezweifelt werden, entscheidend ist aber, dass diejenige Lösung, die dem primären Schutzziel des UrhG, dh. dem Schutz des Urhebers, besser gerecht wird als die Regelung des § 137 Abs. 2 (s. dort Rdnr. 12; zustimmend auch *Möhring/Nicolini*[2] Rdnr. 3; *Nordemann* GRUR 1985, 837/842). Die Art der getroffenen Regelung machte es überflüssig, Bestimmungen entsprechend § 137 Abs. 3, 4 über Vergütungsansprüche anzufügen.

4. Analoge Anwendung des § 137a auf Lichtbilder, die Dokumente der Zeitgeschichte sind

4   Bei der Formulierung des § 137a hat der Gesetzgeber die ebenfalls im Rahmen der Urheberrechtsnovelle 1985 eingeführte Schutzfristverlängerung von 25 auf 50 Jahre für nicht schöpferische Lichtbilder übersehen, die Dokumente der Zeitgeschichte sind (§ 72 Abs. 3 S. 1 aF). § 137a war insoweit analog anzuwenden (zust. OLG Hamburg GRUR 1999, 717/720 – Wagner-Familienfotos, und dazu ausführlich §§ 135/135a Rdnr. 9; sa. § 72 Rdnr. 5; für unmittelbare Anwendbarkeit *Flechsig* UFITA 116 [1991] 5/31; zu Abs. 1 *Dreier/Schulze*[3] Rdnr. 6; *Fromm/Nordemann*[10] Rdnr. 3). Inzwischen ist durch das 3. UrhGÄndG vom 23. 6. 1995 (BGBl. I S. 842) die Besserstellung dokumentarischer Lichtbilder wieder abgeschafft und die Schutzdauer für alle Lichtbilder iSd. § 72 auf 50 Jahre festgelegt worden (zur diesbezüglichen Übergangsregelung s. § 137f).

§ 137b Bestimmte Ausgaben

(1) Die Vorschriften dieses Gesetzes über die Dauer des Schutzes nach den §§ 70 und 71 sind auch auf wissenschaftliche Ausgaben und Ausgaben nachgelassener Werke anzuwenden, deren Schutzfrist am 1. Juli 1990 nach dem bis dahin geltenden Recht noch nicht abgelaufen ist.

(2) Ist vor dem 1. Juli 1990 einem anderen ein Nutzungsrecht an einer wissenschaftlichen Ausgabe oder einer Ausgabe nachgelassener Werke eingeräumt oder übertragen worden, so erstreckt sich die Einräumung oder Übertragung im Zweifel auch auf den Zeitraum, um den die Dauer des verwandten Schutzrechtes verlängert worden ist.

(3) Die Bestimmungen in § 137 Abs. 3 und 4 gelten entsprechend.

Schrifttum: *Kreile,* Der Bericht der Bundesregierung über die Auswirkungen der Urheberrechtsnovelle 1985 und Fragen des Urheber- und Leistungsschutzrechts vom 4. 7. 1989 und seine gesetzgeberische Umsetzung in der 11. Legislaturperiode, ZUM 1990, 1; *Unger,* Die Verlängerung der Schutzfristen für ausübende Künstler: Perpetuierung des bootleg-Problems bei historischen Aufnahmen?, ZUM 1990, 501; sa. die Schrifttumsangaben vor §§ 73 ff. und zu § 82.

1. Entstehungsgeschichte und Bedeutung der Bestimmung

Der Deutsche Bundestag hat im Kontext der Urheberrechtsnovelle von 1985 (s. Einl. Rdnr. 119) der Bundesregierung den Auftrag erteilt, alle drei Jahre ab Inkrafttreten des Gesetzes einen Bericht ua. über die Einwirkungen der technischen Entwicklung auf das Urheberrecht und die Leistungsschutzrechte zu erstatten (s. BTDrucks. 10/3360 S. 4). Diesem Auftrag ist die Bundesregierung mit ihrem **Bericht über die Auswirkungen der Urheberrechtsnovelle 1985 und Fragen des Urheber- und Leistungsschutzrechts** (BTDrucks. 11/4929 vom 7. 7. 1989) nachgekommen. In diesem Bericht schlug die Bundesregierung auf S. 31 ff./34 ua. vor, die Schutzfristen für ausübende Künstler (§ 82) von 25 auf 50 Jahre und diejenigen für die Herausgabe wissenschaftlicher und nachgelassener Werke (§§ 70, 71) von 10 auf 25 Jahre zu erhöhen. Der Gesetzgeber verwirklichte diese Vorschläge bereits im Rahmen des **Gesetzes zur Stärkung des Schutzes des geistigen Eigentums und zur Bekämpfung der Produktpiraterie (PrPG)** vom 7. 3. 1990 (BGBl. I S. 422) (Art. 2 Nr. 3, 4 und 5), um insb. zu vermeiden, dass nach § 135 a S. 1 am 31. 12. 1990 die seinerzeitige Schutzfrist von 25 Jahren für Darbietungen ausübender Künstler auf vor Inkrafttreten des UrhG am 1. 1. 1966 (s. § 143 Abs. 2) erschienenen Tonträgern erlosch (s. §§ 135/135a Rdnr. 8). §§ 137b und 137c enthalten die **Übergangsregelungen** für die **Verlängerungen der Schutzfristen** einerseits nach §§ 70 und 71 (§ 137b) und andererseits nach § 82 (§ 137c). Sie folgen dabei dem Grundmuster der §§ 129 Abs. 1 und 137 Abs. 2 (sa. § 129 Rdnr. 4). Auf § 137 Abs. 3 und 4 wird sogar in den Abs. 3 der beiden Neuregelungen verwiesen. Dieselbe Methode nur mit umgekehrtem Ergebnis in vertragsrechtlicher Hinsicht (s. § 137 Rdnr. 12) wendet auch § 137a an (s. dort Rdnr. 2, 3). Das abweichende Ergebnis machte dort eine Verweisung auf § 137 Abs. 3 und 4 entbehrlich.

2. Anwendung der neuen Schutzdauerregelungen auf ältere Ausgaben (§ 137b Abs. 1)

Entsprechend der Regelung in § 129 Abs. 1 (s. dort Rdnr. 10 ff.) bestimmt **§ 137b Abs. 1**, dass die neuen Schutzdauervorschriften der §§ 70 und 71 auch auf solche wissenschaftlichen Ausgaben (§ 70) und Ausgaben nachgelassener Werke (§ 71) anzuwenden sind, deren Schutzfrist am 1. Juli 1990, dem Tag des Inkrafttretens des PrPG (Art. 14), nach dem bis dahin geltenden Recht, dh. § 70 aF und § 71 aF, noch nicht abgelaufen ist.

3. Im Zweifel vertragliche Rechtseinräumung auch für den Zeitraum der Verlängerung der Schutzdauer (§ 137b Abs. 2)

Dem Vorbild des § 137 Abs. 2 entsprechend (s. dort Rdnr. 10 ff.) bestimmt **§ 137b Abs. 2** in Form einer **Auslegungsregel,** dass eine vertragliche Rechtseinräumung aus der Zeit vor dem 1. 7. 1990 sich im Zweifel auch auf den Zeitraum erstreckt, um den die Dauer der beiden verwandten Schutzrechte verlängert worden ist. Zur Bedeutung dieser Regelung im Einzelnen kann auf die Parallele des § 137 Abs. 2 (dort Rdnr. 10 ff.) verwiesen werden.

4. Vergütungsanspruch des Verfassers bzw. Herausgebers (§ 137b Abs. 3)

4 Die Zuweisung der Rechte für den Verlängerungszeitraum an die Vertragspartner der Verfasser und Herausgeber von Ausgaben iSd. §§ 70 und 71 als originärer Inhaber der Rechte nach diesen Bestimmungen machte es erforderlich, den wirtschaftlichen Interessen der Verfasser und Herausgeber in Form **eventueller Vergütungsansprüche** Rechnung zu tragen. Zu diesem Zweck verweist **§ 137b Abs. 3** auf § 137 Abs. 3 und 4 (s. die AmtlBegr. BTDrucks. 11/5744 S. 36 zu Nr. 14). Zu den Einzelheiten kann auf § 137 Rdnr. 13 ff. verwiesen werden.

§ 137c Ausübende Künstler

(1) ¹Die Vorschriften dieses Gesetzes über die Dauer des Schutzes nach § 82 sind auch auf Darbietungen anzuwenden, die vor dem 1. Juli 1990 auf Bild- oder Tonträger aufgenommen worden sind, wenn am 1. Januar 1991 seit dem Erscheinen des Bild- oder Tonträgers 50 Jahre noch nicht abgelaufen sind. ²Ist der Bild- oder Tonträger innerhalb dieser Frist nicht erschienen, so ist die Frist von der Darbietung an zu berechnen. ³Der Schutz nach diesem Gesetz dauert in keinem Fall länger als 50 Jahre nach dem Erscheinen des Bild- oder Tonträgers oder, falls der Bild- oder Tonträger nicht erschienen ist, 50 Jahre nach der Darbietung.

(2) Ist vor dem 1. Juli 1990 einem anderen ein Nutzungsrecht an der Darbietung eingeräumt oder übertragen worden, so erstreckt sich die Einräumung oder Übertragung im Zweifel auf den Zeitraum, um den die Dauer des Schutzes verlängert worden ist.

(3) Die Bestimmungen in § 137 Abs. 3 und 4 gelten entsprechend.

Schrifttum: *Hundt-Neumann/Schaefer,* Elvis lebt! Zur „Elvis Presley"-Entscheidung des Hanseatischen Oberlandesgerichts und zum Aufsatz von Nordemann „Altaufnahmen aus den USA und das deutsche Urheberrecht", GRUR 1995, 381; *Nordemann,* Altaufnahmen aus den USA und das deutsche Urheberrecht, Fs. für Kreile, 1994, S. 455; *Vogel,* Verlängerte Schutzfrist für die Leistungsschutzrechte der ausübenden Künstler, Das Orchester 1990, 1140; s. im Übrigen die Nachweise zu § 137b.

1. Entstehungsgeschichte und Bedeutung der Bestimmung

1 S. hierzu die Erläuterungen zu der zusammen mit § 137c eingeführten Vorschrift des § 137b (dort Rdnr. 1).

2. Anwendung der neuen Schutzdauerregelung auf ältere Darbietungen ausübender Künstler (§ 137c Abs. 1)

2 Wie § 137b Abs. 1 (s. dort Rdnr. 2) enthält auch § 137c Abs. 1 eine den §§ 129 Abs. 1 und 137a Abs. 1 entsprechende Regelung über die Anwendung der im Jahre 1990 eingeführten neuen Schutzdauerregelung des § 82 auch auf vor dem 1. 7. 1990, dem Tag des Inkrafttretens der Neuregelung (Art. 14 PrPG), auf Bild- oder Tonträger aufgenommene Darbietungen. Voraussetzung ist nach der AmtlBegr. (BTDrucks. 11/5744 S. 36 zu Nr. 14), dass die Schutzfrist von vor Inkrafttreten des Gesetzes aufgenommenen oder erschienenen Darbietungen noch nicht abgelaufen ist und außerdem seit dem Erscheinen des Bild- oder Tonträgers oder, wenn er nicht erschienen ist, seit der Darbietung noch keine 50 Jahre vergangen sind. Die Regelung in § 137c Abs. 1 S. 2 über den maximalen Schutz von 50 Jahren nach Erscheinen des Bild- oder Tonträgers bzw. bei Nichterscheinen nach Darbietung soll verhindern, dass vor dem 1. 1. 1966 erschienene Bild- oder Tonträger wegen der in § 135a getroffenen Übergangsregelung uU einen erheblich längeren Schutz als den vorgesehenen Schutz von 50 Jahren in Anspruch nehmen können (s. BGH GRUR 2005, 502/504f. – Götterdämmerung: Schutz von im Jahre 1951 auf nicht erschienene Tonträger aufgenommenen Darbietungen bis Jahresende 2001; s. dazu auch §§ 135/135a Rdnr. 8; *Kreile* ZUM 1990, 1/5 ff.; *Vogel,* Das Orchester 1990, 1140/1142). Zur Anwendung der Schutzdauerregelungen der §§ 82 nF. (1990), 137c Abs. 1 auf in Deutschland im Jahre 1991 erstmals erschienene und damit nach § 135 Abs. 3 geschützte (s. dort Rdnr. 11) Tonträgeraufnahmen eines US-amerikanischen Künstlers aus der Zeit vor 1966 (s. § 129 Rdnr. 18) s. OLG Hamburg ZUM 1995, 334f. – Elvis Presley. § 82 ist in den Jahren 1995 und 2003 erneut geändert worden, im letzteren Fall nur redaktionell. Die Änderung des Jahres 1995 ist übergangsrechtlich in § 137f geregelt.

3. Im Zweifel vertragliche Rechtseinräumung auch für den Zeitraum der Verlängerung der Schutzdauer. Vergütungsanspruch des Künstlers (§ 137 c Abs. 2, 3)

§ 137 c Abs. 2 und 3 entsprechen denselben Abs. des § 137 b, so dass auf die Erläuterungen dort unter Rdnr. 3 und 4 verwiesen werden kann. 3

§ 137 d Computerprogramme

(1) ¹Die Vorschriften des Abschnitts 8 des Teils 1 sind auch auf Computerprogramme anzuwenden, die vor dem 24. Juni 1993 geschaffen worden sind. ²Jedoch erstreckt sich das ausschließliche Vermietrecht (§ 69 c Nr. 3) nicht auf Vervielfältigungsstücke eines Programms, die ein Dritter vor dem 1. Januar 1993 zum Zweck der Vermietung erworben hat.

(2) § 69 g Abs. 2 ist auch auf Verträge anzuwenden, die vor dem 24. Juni 1993 abgeschlossen worden sind.

Schrifttum: *Baumann,* Neuere Rechtsprechung im Wettbewerbsrecht, GRUR 1986, 731; *Blocher/Walter,* Software-Richtlinie, in *Walter* (Hrsg.), Europäisches Urheberrecht Kommentar, 2001, S. 111; *Dreier,* Verletzung urheberrechtlich geschützter Software nach der EG-Richtlinie, GRUR 1993, 781; *Herberger,* Die Umsetzung der Richtlinie 91/250/EWG über den Rechtsschutz von Computerprogrammen, Jur-PC 1993, 2124; *Hoeren,* Zu den Schutzanforderungen an Computerprogramme, CR 1993, 756; *Junker,* Die Entwicklung des Computerrechts in den Jahren 1992 und 1993, NJW 1994, 897; *Lehmann,* Das neue Software-Vertragsrecht – Verkauf und Lizenzierung von Computerprogrammen, NJW 1993, 1822; *ders.,* Das Urhebervertragsrecht der Softwareüberlassung, in Fs. für Schricker, 1995, S. 543; *ders.,* TRIPS/WTO und der internationale Schutz von Computerprogrammen, CR 1996, 2; *Mager,* Der urheberrechtliche Erschöpfungsgrundsatz bei der Veräußerung von Software, CR 1996, 522; *Michalski,* Der Urheberrechtsschutz von Software, DZWiR 1995, 265; *Raubenheimer,* Softwareschutz nach dem neuen Urheberrecht, CR 1994, 69; s. im Übrigen die Schrifttumsangaben vor §§ 69 a ff.

1. Entstehungsgeschichte und Bedeutung der Bestimmung

§ 137 d ist durch das **2. UrhGÄndG** vom 9. 6. 1993 (BGBl. I S. 910) in das UrhG eingefügt 1 worden; das Gesetz ist am 24. 6. 1993 in Kraft getreten (Art. 2). Dieses Gesetz diente der **Umsetzung der europäischen Computerprogrammrichtlinie** (s. zu dieser allgemein Einl. Rdnr. 78) und dem UrhG in seinem Teil 1 über das Urheberrecht einen neuen Abschnitt 8 mit den **§§ 69 a bis 69 g** als besonderen Bestimmungen über Computerprogramme hinzugefügt. § 137 d enthält die **Übergangsbestimmungen** zu dieser Gesetzesergänzung.

2. Inhalt der Bestimmung

a) § 137 d Abs. 1 S. 1 bewirkt, dass die neuen §§ 69 a bis 69 g grundsätzlich auf **alle Computerprogramme** unabhängig davon anzuwenden sind, wann sie geschaffen worden sind, und entspricht damit nach der AmtlBegr. (BTDrucks. 12/4022 S. 15 zu Nr. 4) einem Anliegen der Praxis. Dies bedeutet insbes., dass § 69 a Abs. 3 auch auf Computerprogramme anwendbar ist, die vor dem Inkrafttreten dieser Bestimmung am 24. 6. 1993 geschaffen worden sind. An solche Programme stellte der BGH mit dem Erfordernis einer deutlich über dem durchschnittlichen Programmiererschaffen liegenden eigenen schöpferischen Leistung hohe Schutzanforderungen (s. BGHZ 94, 276/281 ff. – Inkassoprogramm; BGHZ 112, 264/273 f. – Betriebssystem). Nach einer Äußerung des damaligen Vorsitzenden des zuständigen BGH-Senats sollten demnach nur 5% aller Computerprogramme urheberrechtlich schutzfähig sein (s. den Bericht von *Baumann* in GRUR 1986, 731). Art. 1 Abs. 3 der europäischen Computerprogrammrichtlinie und in dessen Umsetzung § 69 a Abs. 3 verbieten es, bei Beurteilung der urheberrechtlichen Schutzfähigkeit von Computerprogrammen andere Kriterien als diejenige der Individualität anzuwenden, und zwangen dadurch den BGH, von seiner früheren Rechtsprechung abzurücken und geringere Schutzanforderungen zu stellen (s. BGHZ 123, 208/211 – Buchhaltungsprogramm, ausdrücklich auch für Altprogramme unter Hinweis auf § 137 d Abs. 1 S. 1; sa. BGH GRUR 2000, 866/868 – Programmfehlerbeseitigung; BGHZ 145, 7/10 – OEM-Version; OLG München ZUM-RD 2000, 8/12 f. – TESY-M2). Die Rückwirkung erstreckt sich zwar nicht auf Schadensersatzansprüche wegen Rechtsverletzungen aus der Zeit vor dem 24. 6. 1993, wohl aber auf dadurch und für die Zeit danach begründete Unterlassungsansprüche (s. BGHZ 123, 208/211) und auf vertraglich begründete Vergütungsansprüche (s. OLG München ZUM-RD 2000, 8/13 f.; zur urheber- und wettbewerbsrechtlichen Beurteilung von Schadensersatz-, Unterlassungs- und Auskunftsansprüchen wegen eines bereits vor dem 24. 6. 1993 begonnenen Miss- 2

§ 137e   Übergangsregelung bei Umsetzung der Richtlinie 92/100/EWG

brauchs eines im Jahre 1987 entwickelten und 1988 lizenzierten Computerprogramms s. LG Oldenburg GRUR 1996, 481/482 ff. – Subventions-Analyse-System). Eine Ausnahme von diesem Grundsatz sieht **§ 137d Abs. 1 S. 2** in Bezug auf das ausschließliche **Vermietrecht** nach § 69c Nr. 3 vor: Es erstreckt sich nicht auf Vervielfältigungsstücke eines Computerprogramms, die ein Dritter vor dem 1. 1. 1993 zum Zweck der Vermietung erworben hat (zu einem möglichen Verstoß dieser Regelung gegen die Computerprogrammrichtlinie und zu den Folgen dieses Verstoßes sowie der verspäteten Umsetzung dieser Richtlinie in Deutschland s. *Dreier/Schulze*[3] Rdnr. 5/9).

3   b) Gemäß **§ 137d Abs. 2** ist § 69g Abs. 2 auch auf **Verträge** anzuwenden, die **vor dem 24. 6. 1993,** dem Tag des Inkrafttretens des Gesetzes (s. Rdnr. 1), geschlossen worden sind. § 69g Abs. 2 erklärt vertragliche Bestimmungen, die in Widerspruch zu § 69d Abs. 2 und 3 und § 69e stehen, für nichtig und diese Bestimmungen daher für zwingend. Diese zwingenden Vorschriften betreffen Ausnahmen von den gesetzlich zustimmungsbedürftigen Handlungen zugunsten der Erstellung einer Sicherungskopie, von Programmtests und der Dekompilierung. Nach der AmtlBegr. (s. Rdnr. 2) entspricht die **Anwendung** dieses **zwingenden Vertragsrechts auch auf Altverträge** ebenfalls einem Anliegen der Praxis. Sie erschien dem Gesetzgeber auch möglich, weil die Rechtslage bisher insoweit ungeklärt war und sich daher ein schutzwürdiges Vertrauen auf den Fortbestand einer bestimmten Rechtslage nicht entwickeln konnte. Auch sachlich erschien die Regelung dem Gesetzgeber als gerechtfertigt. Im Umkehrschluss folgt aus § 137d Abs. 2, dass die übrigen vertragsrechtlichen Vorschriften der §§ 69a ff. auf Softwareverträge aus der Zeit vor Inkrafttreten dieser Vorschriften am 24. 6. 1993 nicht anzuwenden sind. Dies entspricht der Grundregel des § 132 Abs. 1 S. 1 (s. dort Rdnr. 2) und hat ua. zur Folge, dass für die Auslegung solcher Verträge auf die Umstände zurzeit des Vertragsschlusses abzustellen ist (s. BGH GRUR 2000, 866/868 – Programmfehlerbeseitigung). Gleichwohl rückwirkend anwendbar ist § 69b über Computerprogramme bei Urhebern in Arbeits- und Dienstverhältnissen (so die AmtlBegr. BTDrucks. 12/4022 S. 16; BGH GRUR 2001, 155/157 – Wetterführungspläne; dazu kritisch *Dreier/Schulze*[3] Rdnr. 7; *Möhring/Nicolini*[2] Rdnr. 8; *Wandtke/Bullinger*[3] Rdnr. 5), was formal, wenn auch mit gravierenderen Auswirkungen der Anwendung des § 43 auf Altverträge nach § 132 Abs. 1 S. 1, 2 entspricht (s. dort Rdnr. 5). Ausdrücklich von der rückwirkenden Anwendung durch § 137d Abs. 2 ausgeschlossen ist **§ 69d Abs. 1,** jedoch wird hierzu zT eine analoge Anwendung des § 137d Abs. 2 erwogen (so *Dreier/Schulze*[3] Rdnr. 6; *Möhring/Nicolini*[2] Rdnr. 9).

§ 137e Übergangsregelung bei Umsetzung der Richtlinie 92/100/EWG

(1) **Die am 30. Juni 1995 in Kraft tretenden Vorschriften dieses Gesetzes finden auch auf vorher geschaffene Werke, Darbietungen, Tonträger, Funksendungen und Filme Anwendung, es sei denn, daß diese zu diesem Zeitpunkt nicht mehr geschützt sind.**

(2) [1]Ist ein Original oder Vervielfältigungsstück eines Werkes oder ein Bild- oder Tonträger vor dem 30. Juni 1995 erworben oder zum Zweck der Vermietung einem Dritten überlassen worden, so gilt für die Vermietung nach diesem Zeitpunkt die Zustimmung der Inhaber des Vermietrechts (§§ 17, 77 Abs. 2 Satz 1, §§ 85 und 94) als erteilt. [2]Diesen Rechtsinhabern hat der Vermieter jeweils eine angemessene Vergütung zu zahlen; § 27 Abs. 1 Satz 2 und 3 hinsichtlich der Ansprüche der Urheber und ausübenden Künstler und § 27 Abs. 3 finden entsprechende Anwendung. [3] § 137d bleibt unberührt.

(3) Wurde ein Bild- oder Tonträger, der vor dem 30. Juni 1995 erworben oder zum Zweck der Vermietung einem Dritten überlassen worden ist, zwischen dem 1. Juli 1994 und dem 30. Juni 1995 vermietet, besteht für diese Vermietung ein Vergütungsanspruch in entsprechender Anwendung des Absatzes 2 Satz 2.

(4) [1]Hat ein Urheber vor dem 30. Juni 1995 ein ausschließliches Verbreitungsrecht eingeräumt, so gilt die Einräumung auch für das Vermietrecht. [2]Hat ein ausübender Künstler vor diesem Zeitpunkt bei der Herstellung eines Filmwerkes mitgewirkt oder in die Benutzung seiner Darbietung zur Herstellung eines Filmwerkes eingewilligt, so gelten seine ausschließlichen Rechte als auf den Filmhersteller übertragen. [3]Hat er vor diesem Zeitpunkt in die Aufnahme seiner Darbietung auf Tonträger und in die Vervielfältigung eingewilligt, so gilt die Einwilligung auch als Übertragung des Verbreitungsrechts, einschließlich der Vermietung.

Übergangsregelung bei Umsetzung der Richtlinie 92/100/EWG **§ 137e**

Schrifttum: *Braun,* Schutz geistigen Eigentums contra Berufsausübungsfreiheit am Beispiel der Tonträgervermietung, ZUM 1998, 627; *Kadelbach,* Umsetzung von EG-Richtlinien durch rückwirkendes Gesetz? Zum neuen § 137 e Abs. 3 UrhG, EWS 1996, 11; *Kröber,* Stärkt das neue Vermietrecht die Position der schöpferischen Menschen?, ZUM 1995, 854; *v. Lewinski,* Die Umsetzung der Richtlinie zum Vermiet- und Verleihrecht, ZUM 1995, 442; *dies.,* Vermiet- und Verleih-Richtlinie, in *Walter* (Hrsg.), Europäisches Urheberrecht Kommentar, 2001, S. 279; *Schwarz,* Die ausübenden Künstler, ZUM 1999, 40; sa. die Schrifttumsnachweise zu §§ 17 und 27.

1. Entstehungsgeschichte und Bedeutung der Bestimmung

§ 137 e ist dem UrhG durch das **3. UrhGÄndG** vom 23. 6. 1995 (BGBl. I S. 842) eingefügt worden. Durch dieses Gesetz ist ua. die europäische **Vermiet- und Verleihrechtsrichtlinie** (s. zu dieser allgemein Einl. Rdnr. 78) in das deutsche Recht umgesetzt worden. Diese Richtlinie hat in ihrem Kapitel I das Vermiet- und Verleihrecht und in ihrem Kapitel II die Harmonisierung der verwandten Schutzrechte der ausübenden Künstler, der Hersteller von Tonträgern, der Filmhersteller und der Sendeunternehmen zum Gegenstand. § 137 e enthält für die mit dieser Richtlinienumsetzung verbundenen diversen Änderungen des deutschen Rechts in Anschluss an Art. 13 der Richtlinie eine Reihe von **Übergangsregelungen**. Die Richtlinie hätte nach ihrem Art. 15 Abs. 1 an sich bereits zum 1. 7. 1994 umgesetzt werden müssen. Die diesbezüglichen Bestimmungen des Gesetzes sind jedoch erst am 30. 6. 1995 in Kraft getreten (Art. 3 Abs. 1 des 3. UrhGÄndG). 1

2. Inhalt der Bestimmung

a) § 137 e Abs. 1 statuiert die **Anwendung** der neuen Bestimmungen auch auf **vor ihrem Inkrafttreten geschaffene Werke, Darbietungen, Tonträger, Funksendungen und Filme,** es sei denn, dass sie zu diesem Zeitpunkt nicht mehr geschützt waren. Dies entspricht §§ 129 Abs. 1 (s. dort Rdnr. 1 f.), 137 a Abs. 1, 137 b Abs. 1, 137 c Abs. 1 und 137 d Abs. 1, ferner §§ 137 f Abs. 1 S. 2, 137 g Abs. 1, 2 sowie § 137 j Abs. 2 und folgt Art. 13 Abs. 1 der Vermiet- und Verleihrechtsrichtlinie (zum bis Jahresende 2021 bzw. 2029 nach § 137 e Abs. 1 verlängerten Schutz US-amerikanischer Tonträgeraufnahmen aus den Jahren 1971 und 1979 s. OLG Hamburg ZUM 1999, 853/857 – Frank Sinatra I, und GRUR-RR 2001, 73/77 – Frank Sinatra II). 2

b) § 137 e Abs. 2 modifiziert die Anwendung des neu eingeführten **ausschließlichen Vermietrechts** der verschiedenen Rechtsinhaber, um Härten für die bestehenden Vermietgeschäfte im Hinblick auf deren bestehenden Warenbestand auszuräumen bzw. abzumildern; er nutzt dabei eine in Art. 13 Abs. 3 der Richtlinie vorgesehene Option. Zu diesem Zweck fingiert **§ 137 e Abs. 2 S. 1** in Bezug auf vor dem 30. 6. 1995 (s. Rdnr. 1) erworbene Werkoriginale, Vervielfältigungsstücke, Bild- oder Tonträger die Zustimmung der Rechtsinhaber für die Vermietung nach Inkrafttreten des Gesetzes. Als Kompensation hat der Vermieter den Rechtsinhabern gemäß **§ 137 e Abs. 2 S. 2** eine angemessene Vergütung zu bezahlen; dies entspricht Art. 13 Abs. 3 S. 2 der Richtlinie, und auf diesen Anspruch finden zugunsten der Urheber und ausübenden Künstler die Schutzvorschriften des § 27 Abs. 1 S. 2 und 3 sowie des § 27 Abs. 3 Anwendung. Die Verweisung auf § 137 d in § 137 e Abs. 2 S. 3 stellt sicher, dass die Übergangsregel zur Umsetzung des bereits in der Computerprogramm-Richtlinie enthaltenen ausschließlichen Vermietrechts unberührt bleibt (s. dazu § 137 d Rdnr. 2; zum Ergebnis s. die AmtlBegr. BTDrucks. 13/115 S. 17 zu Nr. 12). 3

c) § 137 e Abs. 3 trägt dem Umstand Rechnung, dass die Vermiet- und Verleihrechtsrichtlinie vom Gesetzgeber **verspätet umgesetzt** worden ist (s. Rdnr. 1). Zum Ausgleich für den damit verbundenen Rechtsverlust wird den ausübenden Künstlern, Tonträgerherstellern und Filmherstellern für den Zeitraum zwischen dem 1. 7. 1994 und dem 30. 6. 1995 (s. Rdnr. 1) gegen den Vermieter ein Vergütungsanspruch nach Maßgabe des § 137 e Abs. 2 S. 2 gewährt. Urheber werden insoweit auf ihren Vergütungsanspruch nach § 27 nF (s. *Dreier/Schulze*³ Rdnr. 7) verwiesen (s. die AmtlBegr. BTDrucks. 13/115 S. 17 f. zu Nr. 12, die diese rückwirkende Belastung der Vermieter für verfassungsrechtlich zulässig hält, weil es kein schützenswertes Vertrauen auf die verspätete Richtlinienumsetzung geben könne). 4

d) § 137 e Abs. 4 S. 1 bestimmt im Anschluss an Art. 13 Abs. 7 der Richtlinie in **vertragsrechtlicher Hinsicht,** dass es als Einräumung auch des Vermietrechts gilt, wenn ein **Urheber** vor dem Inkrafttreten des Gesetzes am 30. 6. 1995 (s. Rdnr. 1) ein ausschließliches Verbreitungsrecht eingeräumt hat. Zu Lasten **ausübender Künstler** wird durch § 137 e Abs. 4 S. 2 sogar bestimmt, dass ihre ausschließlichen Rechte als auf den Filmhersteller übertragen gelten, 5

§ 137f Übergangsregelung bei Umsetzung der Richtlinie 93/98/EWG

wenn sie vor Inkrafttreten des Gesetzes bei der Herstellung eines Filmwerks mitgewirkt oder in die Benutzung ihrer Darbietungen zur Herstellung eines Filmwerks eingewilligt haben (zum Zusammenhang mit dem durch dasselbe Gesetz geänderten § 92 s. dort Rdnr. 1/4; zur Anwendung des § 137e Abs. 4 S. 2 auf die DVD-Auswertung von Musilvideos als Filmwerken aus den Jahren 1967 bis 1970 s. KG ZUM 2003, 863/864 ff. – Beat Club; zur Erstreckung der Bestimmung auch auf das erst im Jahre 2003 eingeführte **Recht der öffentlichen Zugänglichmachung** nach § 78 Abs. 1 Nr. 1 nF iVm. § 19a, **nicht** aber auf **Verträge aus der Zeit vor 1966** s. bereits § 92 Rdnr. 4). Den Urhebern und ausübenden Künstlern verbleibt damit im Regelungsbereich des § 137e Abs. 4 S. 2 hinsichtlich des bestehenden Repertoirs lediglich ihr unverzichtbarer **Vergütungsanspruch** nach §§ 27 Abs. 1 und 3, 77 Abs. 2 S. 2 nF (Art. 4 der Richtlinie; s. zum Ergebnis die AmtlBegr. BTDrucks. 13/115 S. 18; *v. Lewinski* ZUM 1995, 442/450). Entsprechendes gilt im Übrigen nach **§ 137e Abs. 4 S. 3** in Bezug auf Einwilligungen ausübender Künstler in die Aufnahme ihrer Darbietungen auf Tonträger und deren Vervielfältigung: Sie gelten auch als Übertragung des Verbreitungsrechts, einschließlich des Vermietrechts.

§ 137f Übergangsregelung bei Umsetzung der Richtlinie 93/98/EWG

(1) [1]Würde durch die Anwendung dieses Gesetzes in der ab dem 1. Juli 1995 geltenden Fassung die Dauer eines vorher entstandenen Rechts verkürzt, so erlischt der Schutz mit dem Ablauf der Schutzdauer nach den bis zum 30. Juni 1995 geltenden Vorschriften. [2]Im übrigen sind die Vorschriften dieses Gesetzes über die Schutzdauer in der ab dem 1. Juli 1995 geltenden Fassung auch auf Werke und verwandte Schutzrechte anzuwenden, deren Schutz am 1. Juli 1995 noch nicht erloschen ist.

(2) [1]Die Vorschriften dieses Gesetzes in der ab dem 1. Juli 1995 geltenden Fassung sind auch auf Werke anzuwenden, deren Schutz nach diesem Gesetz vor dem 1. Juli 1995 abgelaufen ist, nach dem Gesetz eines anderen Mitgliedstaates der Europäischen Union oder eines Vertragsstaates des Abkommens über den Europäischen Wirtschaftsraum zu diesem Zeitpunkt aber noch besteht. [2]Satz 1 gilt entsprechend für die verwandten Schutzrechte des Herausgebers nachgelassener Werke (§ 71), der ausübenden Künstler (§ 73), der Hersteller von Tonträgern (§ 85), der Sendeunternehmen (§ 87) und der Filmhersteller (§§ 94 und 95).

(3) [1]Lebt nach Absatz 2 der Schutz eines Werkes im Geltungsbereich dieses Gesetzes wieder auf, so stehen die wiederauflebenden Rechte dem Urheber zu. [2]Eine vor dem 1. Juli 1995 begonnene Nutzungshandlung darf jedoch in dem vorgesehenen Rahmen fortgesetzt werden. [3]Für die Nutzung ab dem 1. Juli 1995 ist eine angemessene Vergütung zu zahlen. [4]Die Sätze 1 bis 3 gelten für verwandte Schutzrechte entsprechend.

(4) [1]Ist vor dem 1. Juli 1995 einem anderen ein Nutzungsrecht an einer nach diesem Gesetz noch geschützten Leistung eingeräumt oder übertragen worden, so erstreckt sich die Einräumung oder Übertragung im Zweifel auch auf den Zeitraum, um den die Schutzdauer verlängert worden ist. [2]Im Fall des Satzes 1 ist eine angemessene Vergütung zu zahlen.

Schrifttum: *Dietz*, Die Schutzdauerrichtlinie der EU, GRUR Int. 1995, 670; *ders.,* Schutzfristen, in *Schricker/Bastian/Dietz* (Hrsg.), Konturen eines europäischen Urheberrechts, 1996, S. 64; *Kieser*, Schutzdauer der Lichtbildwerke US-amerikanischer Fotografen in Deutschland, AfP 2002, 391; *Klutmann*, Tonträgerherstellerrechte an vor Inkrafttreten des Urheberrechtsgesetzes erschienenen Musikaufnahmen, ZUM 2006, 535; *v. Lewinski*, Richtlinie 93/98/EWG des Rates vom 29. Oktober 1993 zur Harmonisierung der Schutzdauer des Urheberrechts und bestimmter verwandter Schutzrechte, Einführung, in *Möhring/Schulze/Ulmer/Zweigert* (Hrsg.), Quellen des Urheberrechts, 1962 ff. (Loseblatt), EuropGemeinschaftsR/II/4; *Nordemann, A./Mielke,* Zum Schutz von Fotografien nach der Reform durch das dritte Urheberrechts-Änderungsgesetz, ZUM 1996, 214; *Schulze/Bettinger,* Wiederaufleben des Urheberrechtsschutzes bei gemeinfreien Fotografien, GRUR 2000, 12; *Ubertazzi*, Der Fall „Butterfly" – Schutzdauer der verwandten Schutzrechte und Übergangsrecht, GRUR Int. 1999, 407; *Vogel,* Die Umsetzung der Richtlinie zur Harmonisierung der Schutzdauer des Urheberrechts und bestimmter verwandter Schutzrechte, ZUM 1995, 451; *Walter*, Schutzdauer-Richtlinie, in *Walter* (Hrsg.), Europäisches Urheberrecht Kommentar, 2001, S. 507; s. im Übrigen die Schrifttumsnachweise zu § 64.

1. Entstehungsgeschichte und Bedeutung der Bestimmung

1 § 137f ist wie § 137e (s. dort Rdnr. 1) durch das **3. UrhGÄndG** vom 23. 6. 1995 (BGBl. I S. 842) in das UrhG eingeführt worden. Dieses Gesetz diente der Umsetzung nicht nur der

europäischen Vermiet- und Verleihrechtsrichtlinie (s. § 137e Rdnr. 1), sondern auch der europäischen **Schutzdauerrichtlinie** (s. zu dieser allgemein Einl. Rdnr. 78, im Einzelnen § 64 Rdnr. 13 ff.). § 137 f enthält die entsprechenden, von Art. 10 der Richtlinie abgeleiteten **Übergangsvorschriften** (s. zu Art. 10 der Richtlinie ausführlich § 64 Rdnr. 39 ff.). Die die Schutzdauer betreffenden Bestimmungen des Gesetzes sind am 1. 7. 1995 in Kraft getreten (Art. 3 Abs. 2 des 3. UrhGÄndG).

2. Inhalt der Bestimmung

a) **§ 137 f Abs. 1 S. 1** setzt Art. 10 Abs. 1 der Richtlinie um, der es verbietet, eine in einem 2 Mitgliedstaat im Umsetzungszeitpunkt, dem 1. 7. 1995, bereits laufende längere Schutzfrist zu verkürzen (s. § 64 Rdnr. 40). Demgemäß bestimmt § 137 f Abs. 1 S. 1, dass in einem solchen Fall der Ablauf der Schutzdauer nach den **bisher geltenden Vorschriften** zu beurteilen ist (zu Anwendungsfällen für diese Regel s. die Kommentierung der §§ 64 ff.; Beispiele nennt die AmtlBegr. BTDrucks. 13/781 S. 17 zu Nr. 16; sa. *Vogel* ZUM 1995, 451/457).

Einer der Anwendungsfälle des § 137 f Abs. 1 S. 1 ist derjenige der Schutzdauer **einfacher Lichtbilder** iSd. § 72, die als **Dokumente der Zeitgeschichte** bereits auf Grund § 72 Abs. 3 aF (1985) 50 Jahre nach ihrem Erscheinen bzw. bei Nichterscheinen nach ihrer Herstellung geschützt waren. Für Lichtbilder dieser Art **aus der Zeit vor 1966,** wie zB für solche aus den Jahren 1930 und 1942, führten § 135 a mit seiner Bestimmung der Fristberechung ab dem 1. 1. 1966 und § 137 a analog zu einer Schutzdauer bis Jahresende 2015 (s. §§ 135/135 a Rdnr. 9). Der durch das 3. UrhGÄndG neugefasste § 72 Abs. 3 verzichtet auf eine solche Sonderregelung für solche Lichtbilder, hebt die Schutzfrist für alle einfachen Lichtbilder auf 50 Jahre an, berechnet sie aber (zT wieder) ab Erscheinen, erster erlaubter öffentlicher Wiedergabe oder Herstellung. Dies würde im Beispielsfall unveröffentlichter Lichtbilder aus den Jahren 1930 und 1942 somit zum Schutz nur bis Jahresende 1980 bzw. 1992 führen. § 137 f Abs. 1 S. 1 verhindert dieses Ergebnis, so dass es beim Schutz bis Jahresende 2015 bleibt (s. §§ 135/135 a Rdnr. 9; OLG Hamburg GRUR 1999, 717/720 – Wagner-Familienfotos).

Ein häufig erörterter weiterer Anwendungsfall des § 137 f Abs. 1 S. 1 ist derjenige der **Schutzdauer älterer Filmwerke**. Hinsichtlich der Schutzdauer von Filmwerken stellt § 65 Abs. 2 nF seit 1995 auf den Längstlebenden von nur mehr vier Urheberkategorien ab (s. § 65 Rdnr. 4 ff.). Ist längstlebender Filmurheber aus deutscher Sicht ein Urheber einer anderen Kategorie, wie zB ein Kameramann, Szenenbildner oder Cutter, so könnte dies bei einem Film aus der Zeit vor Inkrafttreten der Neuregelung am 1. 7. 1995 (s. Rdnr. 1) zu einer Verkürzung der Schutzdauer gemäß § 65 aF führen. Dabei ist unter der Dauer eines vor diesem Datum entstandenem Rechts iSd. Vorschrift nicht nur die Frist von 70 Jahren pma., sondern die gesamte Schutzdauer einschließlich derjenigen der (unbestimmten) Lebenszeit des längstlebenden Filmmiturhebers zu verstehen (aA *Dietz* GRUR Int. 1995, 670/684; *Möhring/Nicolini*[2] Rdnr. 4; *Wandtke/Bullinger*[3] Rdnr. 3; wie hier *Fromm/Nordemann*[10] Rdnr. 3; wohl auch *Dreier/Schulze*[3] Rdnr. 5).

b) Im Übrigen gilt nach **§ 137 f Abs. 1 S. 2** in Umsetzung von Art. 10 Abs. 2 der Richtlinie 3 (s. § 64 Rdnr. 41), dass die **neuen Schutzdauerregelungen** auch auf bestehende Werke und Gegenstände verwandter Schutzrechte anzuwenden sind, deren Schutz bei Inkrafttreten des Gesetzes am 1. 7. 1995 (s. Rdnr. 1) noch nicht erloschen ist. Dies entspricht auch § 129 Abs. 1 (s. dort Rdnr. 1 f.). Ebenfalls in Umsetzung von Art. 10 Abs. 2 der Richtlinie (s. § 64 Rdnr. 41) gilt dies nach **§ 137 f Abs. 2** sogar dann, wenn der Schutz zu diesem Zeitpunkt auch nur in **einem einzigen anderen EU- oder EWR-Staat** noch besteht. Dies führt sogar zu einem **Wiederaufleben des Schutzes** in Deutschland (s. die AmtlBegr. BTDrucks. 13/781 S. 17 zu Nr. 16 unter Hinweis auf das Beispiel von Lichtbildwerken; sa. *Vogel* ZUM 1995, 451/457). Diese Regelung gilt allerdings **nicht** für den Schutz **einfacher Lichtbilder** nach § 72, weil das betreffende verwandte Schutzrecht in § 137 f Abs. 2 S. 2 nicht aufgeführt ist (s. zum Ergebnis OLG Düsseldorf GRUR 1997, 49/50 – Beuys-Fotografien). Dasselbe trifft auf das verwandte Schutzrecht an **wissenschaftlichen Ausgaben** (§ 70) zu. Die Nichterwähnung dieser beiden verwandten Schutzrechte in § 137 f Abs. 2 S. 2 ist dadurch zu erklären, dass die europäische Schutzdauerrichtlinie in Bezug auf diese Rechte die Schutzdauer nicht vereinheitlicht (s. § 64 Rdnr. 30 betr. § 72) bzw. nur eine maximale Schutzdauer festgelegt hat (s. § 64 Rdnr. 29 betr. § 70). Für den Schutz von **Datenbanken** nach §§ 87a ff. enthält **§ 137g** eine eigene Übergangsregelung.

Mit dem 3. UrhGÄndG (s. Rdnr. 1) wurden auch die §§ 120 ff. dahingehend ergänzt, dass die **Gleichstellung von Angehörigen der EU-Staaten** mit Deutschen ausdrücklich in den

§ 137f   Übergangsregelung bei Umsetzung der Richtlinie 93/98/EWG

Gesetzestext aufgenommen wurde (s. als Grundnorm § 120 Abs. 2 Nr. 2 sowie vor §§ 120ff. Rdnr. 3, § 120 Rdnr. 4ff.). Dies hatte aber nur die Bedeutung einer Klarstellung und schuf keine neue Rechtslage (s. § 120 Rdnr. 5). Zugleich ist das europäische Diskriminierungsverbot, das darin zum Ausdruck kommt, **umfassend** zu verstehen. Es bezieht sich insbes. auch auf den Schutz von Werken und Leistungen von Angehörigen der anderen EU-Staaten, die bereits vor dem Inkrafttreten dieses Verbots verstorben sind (s. § 120 Rdnr. 8). Um hinsichtlich solcher Werke und Leistungen den Schutz nach deutschem Recht im vollen Inhalt und Umfang, einschließlich der Schutzdauer, annehmen zu können, erübrigt sich daher ein Rückgriff auf § 137f Abs. 1 und 2 (s. hypothetisch zu einem solchen Rückgriff BGH GRUR 2000, 1020 – La Bohème; zum Ergebnis s. EuGH Slg. 2002 I, 5104/5113f. = GRUR 2002, 689/690 – Ricordi). Ausgehend von der gleichen Rechtslage in den **anderen EU-Staaten** kommt Werken und Leistungen deutscher Urheber, Künstler und Unternehmen dort ebenfalls der volle inländische Schutz zu. Sieht dieser aber eine **längere Schutzdauer** als das deutsche Recht vor, so ist diese nicht nur dort zu gewähren. Sie führt vielmehr über § 137f Abs. 2 für die dort berücksichtigten Schutzgegenstände (s. § 137f Abs. 2 S. 1 und 2 und Rdnr. 3) zum **Wiederaufleben des Schutzes in Deutschland,** wenn dieser hier vor dem 1. 7. 1995 bereits erloschen war. Dies kann insbes. für **Lichtbildwerke** relevant werden, für die in Deutschland bis zur Aufhebung des § 68 im Jahre 1985 eine verkürzte Schutzdauer galt (s. § 68 Rdnr. 1, §§ 135/135a Rdnr. 9/9a; sa. OLG Hamburg ZUM-RD 2004, 303/304f. – U-Boot-Foto, im Hinblick auf die Rechtslage und Schutzdauer in Spanien, wobei diejenige in Italien dahingestellt blieb; sa. *Schulze/Bettinger* GRUR 2000, 12ff.; *Kieser* AfP 2002, 391ff.). Desgleichen kann sich aus § 137f Abs. 2 ein Wiederaufleben des Schutzes von **Tonträgern,** auch solcher US-amerikanischer Hersteller, ergeben (s. OLG Hamburg ZUM 1999, 853/857f. – Frank Sinatra I, und GRUR-RR 2001, 73/78f. – Frank Sinatra II, zum Schutz US-amerikanischer Tonträger aus der Zeit zwischen 1962 und 1968 wegen ihrer Schutzdauer von 50 Jahren nach dem Recht Großbritanniens). Dies gilt selbst dann, wenn solche Tonträger vorher in Deutschland niemals geschützt waren, wie zB Tonträger aus den Jahren 1964 und 1965 mit Darbietungen des U.S.-amerikanischen Künstlers Bob Dylan (so EuGH GRUR 2009, 393/394f. – Sony/Falcon, auf Vorlage durch BGH GRUR 2007, 502/504 – Tonträger aus Drittstaaten). Über § 137f Abs. 2 kann es somit sogar zu einer **erstmaligen Schutzbegründung** von Werken und Leistungen **Nicht-EU-Angehöriger** kommen. Im Übrigen kommt es auf den Schutz des **konkreten Werkes** oder der **konkreten Leistung** an, nicht auf den Schutz einer Werk- oder Leistungsgattung (so *Dreier/Schulze*[3] Rdnr. 10; LG München I ZUM 2009, 335/336f. – Portrait eines Gesichts, unter Verneinung eines **Filmproduzentenschutzes** in Spanien und Großbritannien für einen in Deutschland im Jahre 1966 produzierten und erstveröffentlichten Film als Anknüpfungspunkt für einen über 1991 hinausreichenden bzw. wiederauflebenden Schutz in Deutschland). Umgekehrt können zB Urheber von älteren **Filmwerken** im Ausland, wie zB in **Österreich,** auch nach dortigem Recht und Art. 10 Abs. 2 Schutzdauerrichtlinie von der schon herkömmlich längeren Schutzdauer in Deutschland profitieren (s. öOGH GRUR Int. 2005, 335/337 – Die Puppenfee, zu einem österreichischen Film aus dem Jahre 1936).

4   c) § 137f Abs. 3 regelt die **Folgen des Wiederauflebens des Schutzes.** Die betreffenden Rechte stehen den Urhebern oder Leistungsschutzberechtigten zu (§ 137f Abs. 3 S. 1, 4). Eine vor dem 1. 7. 1995 von einem Dritten im Vertrauen auf das Erlöschen des Schutzes begonnene Nutzungshandlung darf jedoch im vorgesehenen Rahmen fortgesetzt werden (§ 137 Abs. 3 S. 2), jedoch ist dem Rechtsinhaber dafür eine angemessene Vergütung zu bezahlen (§ 137 Abs. 3 S. 3). Der Gesamtkomplex dieser Regelungen entspricht der Lösung anlässlich der **deutschen Wiedervereinigung** (s. vor §§ 120ff. Rdnr. 28ff.; sa. die AmtlBegr. BTDrucks. 13/781 S. 17 zu Nr. 16).

5   d) Ebenfalls nach dem Vorbild des deutsch-deutschen Einigungsvertrags (s. vor §§ 120ff. Rdnr. 31 sowie die AmtlBegr. BTDrucks. 13/781 S. 17 zu Nr. 16) bestimmt **§ 137f Abs. 4 S. 1** in **vertragsrechtlicher Hinsicht,** dass eine Rechtseinräumung in einem Leistungsschutzrecht aus der Zeit vor dem 1. 7. 1995 sich im Zweifel auch auf den Zeitraum der verlängerten Schutzdauer erstreckt. Jedoch ist dem Leistungsschutzberechtigten dafür eine angemessene Vergütung zu zahlen (**§ 137f Abs. 4 S. 2**). Die Beschränkung dieser Regelung auf Leistungsschutzrechte erklärt die AmtlBegr. damit, dass die Frage nur in diesem Bereich praktisch bedeutsam werden könne (s. BTDrucks. 13/781 S. 17 zu Nr. 16).

§ 137 g Übergangsregelung bei Umsetzung der Richtlinie 96/9/EG

(1) § 23 Satz 2, § 53 Abs. 5, die §§ 55 a und 63 Abs. 1 Satz 2 sind auch auf Datenbankwerke anzuwenden, die vor dem 1. Januar 1998 geschaffen wurden.

(2) ¹Die Vorschriften des Abschnitts 6 des Teils 2 sind auch auf Datenbanken anzuwenden, die zwischen dem 1. Januar 1983 und dem 31. Dezember 1997 hergestellt worden sind. ²Die Schutzfrist beginnt in diesen Fällen am 1. Januar 1998.

(3) Die §§ 55a und 87e sind nicht auf Verträge anzuwenden, die vor dem 1. Januar 1998 abgeschlossen worden sind.

Schrifttum: *Flechsig*, Der rechtliche Rahmen der europäischen Richtlinie zum Schutz von Datenbanken, ZUM 1997, 577; *Gaster*, Zur anstehenden Umsetzung der EG-Datenbankrichtlinie, CR 1997, 669, 717; *ders.*, Der Rechtsschutz von Datenbanken. Kommentar zur Richtlinie 96/9/EG mit Erläuterungen zur Umsetzung in das deutsche und österreichische Recht, 1999; *Grützmacher*, Urheber-, Leistungs- und Sui-generis-Schutz von Datenbanken, 1999; *Heinz*, Die europäische Richtlinie über den rechtlichen Schutz von Datenbanken in verfassungsrechtlicher und rechtstheoretischer Sicht, GRUR 1996, 455; *Hornung*, Die EU-Datenbank-Richtlinie und ihre Umsetzung in das deutsche Recht, 1998; *Leistner*, Der Rechtsschutz von Datenbanken im deutschen und europäischen Recht, 2000; *ders.*, Der neue Rechtsschutz des Datenbankherstellers, GRUR Int. 1999, 819; *v. Lewinski*, Datenbank-Richtlinie, in *Walter* (Hrsg.), Europäisches Urheberrecht Kommentar 2001, S. 689; *dies.*, Kommentierung des § 137g UrhG in *Roßnagel* (Hrsg.), Recht der Multimediadienste – Kommentar zum Teledienstegesetz, 1999; *Milbradt*, Urheberrechtsschutz von Datenbanken, CR 2002, 710; *Vogel*, Die Umsetzung der Richtlinie 96/9/EG über den rechtlichen Schutz von Datenbanken in Art. 7 des Regierungsentwurfs eines Informations- und Kommunikationsdienstgesetzes, ZUM 1997, 592; s. im Übrigen die Schrifttumsnachweise vor §§ 87a ff.

1. Entstehungsgeschichte und Bedeutung der Bestimmung

Die Umsetzung der europäischen **Datenbankrichtlinie** (s. zu dieser allgemein Einl. Rdnr. 78) erfolgte in Deutschland durch Art. 7 des **Gesetzes zur Regelung der Rahmenbedingungen für Informations- und Kommunikationsdienste** (Informations- und Kommunikationsdienste-Gesetz – IuKDG) vom 22. 7. 1997 (BGBl. I S. 1870), das nach seinem Art. 11 insoweit am 1. 1. 1998 in Kraft getreten ist. **§ 137g** enthält die entsprechenden **Übergangsbestimmungen** im Anschluss an Art. 14 der Datenbankrichtlinie (s. zu dieser § 64 Rdnr. 45 ff.). 1

2. Inhalt der Bestimmung

a) **§ 137g Abs. 1** bestimmt, dass auf **Datenbankwerke** (s. zu diesem Begriff § 4 Abs. 2), die vor dem Zeitpunkt des Inkrafttretens des IuKDG (s. Rdnr. 1) geschaffen worden sind, die durch das Gesetz zugleich geänderten oder neu eingeführten Vorschriften des UrhG anwendbar sind. Es handelt sich dabei um die in Abs. 1 ausdrücklich genannten §§ 23 S. 2, 53 Abs. 5, 55a und 63 Abs. 1 S. 2. Dies entspricht Art. 14 Abs. 1 der Richtlinie (s. § 64 Rdnr. 45) und § 129 Abs. 1 (s. dort Rdnr. 1 f.). Die übrigen urheberrechtlichen Bestimmungen gelten für Alt-Datenbankwerke ohnehin (s. *Dreier/Schulze*[3] Rdnr. 2; *Fromm/Nordemann*[10] Rdnr. 1; *Möhring/Nicolini*[2] Rdnr. 2; sa. § 64 Rdnr. 45). 2

b) Nach **§ 137g Abs. 2 S. 1** gelten die neuen §§ 87a ff. über das **verwandte Schutzrecht des Datenbankherstellers** ebenfalls für Alt-Datenbanken, wobei die im Gesetz bestimmten zeitlichen Grenzen sich auf die Schutzdauer von 15 Jahren für diesen Schutz nach § 87d beziehen (s. die AmtlBegr. BRDrucks. 966/96 S. 50 zu Art. 7 Nr. 7). Dies bedeutet, dass der Schutz nach §§ 87a ff. auch allen Datenbanken zuteil wird, welche den Schutzanforderungen genügen und während der letzten 15 Jahre vor dem 1. 1. 1998 als dem Stichtag für die Umsetzung der Richtlinie (s. deren Art. 14 Abs. 1, 16 Abs. 1) und dem Datum des Inkrafttretens der neuen Bestimmungen (s. Rdnr. 1) hergestellt wurden. Die Festsetzung des Beginns der Schutzfrist in diesen Fällen auf den 1. 1. 1998, den Tag des Inkrafttretens des neuen Schutzrechts (s. Rdnr. 1), in **§ 137g Abs. 2 S. 2** beruht aber offensichtlich auf einer Fehlinterpretation von Art. 14 Abs. 5 der Richtlinie (s. dazu mit Nachw. § 64 Rdnr. 46; aA *Dreier/Schulze*[3] Rdnr. 4; wie hier *Möhring/Nicolini*[2] Rdnr. 3; dahingestellt gelassen von *Wandtke/Bullinger*[3] Rdnr. 3; *Leistner* GRUR Int. 1999, 819/834 Fn. 140; ohne das Problem anzusprechen, geht BGH GRUR 2005, 857/860 – HIT BILANZ, von dem Schutzfristbeginn am 1. 1. 1998 gemäß § 137g Abs. 2 S. 2 aus; s. auch BGH GRUR 2006, 493/495 – Michel-Nummern). Vor dem 1. 1. 1998 abgeschlossene Handlungen bleiben von dem rückwirkenden Schutz von Alt-Datenbanken unberührt (Art. 14 Abs. 4 der Richtlinie; *Wandtke/Bullinger* Rdnr. 4). Werden vor diesem Datum begon- 3

§ 137h Übergangsregelung bei Umsetzung der Richtlinie 93/83/EWG

nene Handlungen danach fortgesetzt, so ist allenfalls an Erleichterungen für den Rechtsverletzer nach § 101 aF/§ 100 nF zu denken; eine analoge Anwendung des § 136 scheidet aus (so *Wandtke/ Bullinger*[3] Rdnr. 4).

4 **c) § 137 g Abs. 3** schließt die Anwendung der zwingenden vertragsrechtlichen Bestimmungen der §§ 55a und 87e auf Verträge aus der Zeit vor Inkrafttreten der Neuregelung am 1. 1. 1998 (s. Rdnr. 1) aus. Dem gegenteiligen Ansatz folgt § 137d Abs. 2 in Bezug auf Computerprogramme (s. dort Rdnr. 3). § 55a, ebenfalls eingeführt durch das Gesetz vom 22. 7. 1997 (s. Rdnr. 1), setzt Art. 6 und Art. 15 der Datenbankrichtlinie um und enthält in Form einer speziellen Bestimmung über gesetzliche Einschränkungen des Urheberrechts an Datenbankwerken Regelungen zugunsten der rechtmäßigen Benutzer solcher Werke. Danach sind Bearbeitungen und Vervielfältigungen solcher Werke von Gesetzes wegen zulässig, soweit dies für den Zugang zu den Elementen eines Datenbankwerkes und für dessen Benutzung erforderlich ist (§ 55a S. 1). Beschränkt sich die Nutzungsberechtigung auf einen Teil eines Datenbankwerkes, dann sind die gesetzlichen Nutzungsbefugnisse auf diesen Teil beschränkt (§ 55a S. 2). Gemäß § 55a S. 3 sind entgegenstehende vertragliche Vereinbarungen nichtig. Eine der letzteren Bestimmung entsprechende Regelung enthält § 87e in Bezug auf das verwandte Schutzrecht an Datenbanken iSd. §§ 87a ff. Dadurch, dass § 137g Abs. 3 die Anwendung der §§ 55a und 87e auf Verträge über die Nutzung von Datenbankwerken und Datenbanken aus der Zeit vor dem 1. 1. 1998 ausschließt, müssen die normalen Nutzungsbedürfnisse berechtigter Nutzer über das allgemeine Vertragsrecht sichergestellt werden (so *Dreier/Schulze*[3] Rdnr. 6 zu § 138 BGB, dem AGB- und dem Kartellrecht). Anwendbar sind daneben entsprechend dem Grundgedanken des § 132 Abs. 1 S. 1 aber auch die allgemeinen, schon vor Inkrafttreten des Gesetzes vom 22. 7. 1997 erlassenen urhebervertragsrechtlichen Bestimmungen, wie etwa § 31 Abs. 5 über das Zweckübertragungsprinzip.

§ 137h Übergangsregelung bei Umsetzung der Richtlinie 93/83/EWG

(1) **Die Vorschrift des § 20a ist auf Verträge, die vor dem 1. Juni 1998 geschlossen worden sind, erst ab dem 1. Januar 2000 anzuwenden, sofern diese nach diesem Zeitpunkt ablaufen.**

(2) **Sieht ein Vertrag über die gemeinsame Herstellung eines Bild- oder Tonträgers, der vor dem 1. Juni 1998 zwischen mehreren Herstellern, von denen mindestens einer einem Mitgliedstaat der Europäischen Union oder Vertragsstaat des Europäischen Wirtschaftsraumes angehört, geschlossen worden ist, eine räumliche Aufteilung des Rechts der Sendung unter den Herstellern vor, ohne nach der Satellitensendung und anderen Arten der Sendung zu unterscheiden, und würde die Satellitensendung der gemeinsam hergestellten Produktion durch einen Hersteller die Auswertung der räumlich oder sprachlich beschränkten ausschließlichen Rechte eines anderen Herstellers beeinträchtigen, so ist die Satellitensendung nur zulässig, wenn ihr der Inhaber dieser ausschließlichen Rechte zugestimmt hat.**

(3) **Die Vorschrift des § 20b Abs. 2 ist nur anzuwenden, sofern der Vertrag über die Einräumung des Kabelweitersenderechts nach dem 1. Juni 1998 geschlossen wurde.**

Schrifttum: *Castendyk/Kirchherr*, „Man spricht deutsh" zwischen den Instanzen – Zum Verhältnis von nationalem und europäischem Urheberrecht am Beispiel des § 137h Abs. 2 UrhG, ZUM 2005, 283; *Dreier*, Satelliten- und Kabel-Richtlinie, in *Walter* (Hrsg.), Europäisches Urheberrecht Kommentar, 2001, S. 399; *Flechsig*, Europäische Satellitenverbreitung im Lichte nationaler Koproduktion. Zum Inhalt der Übergangsregelung des § 137h bei gemeinschaftlicher Filmherstellung, ZUM 2003, 192; *Neumaier*, Zur Umsetzung der europäischen Richtlinie 93/83/EWG vom 27. September 1993 („Kabel- und Satellitenrichtlinie") durch den Bundesgesetzgeber, Archiv für Post und Telekommunikation (ArchivPT) 1998, 354; sa. die Schrifttumsnachweise zu §§ 20a und 20b.

1. Entstehungsgeschichte und Bedeutung der Bestimmung

1 § **137h** ist dem UrhG durch das **4. UrhGÄndG** vom 8. 5. 1998 (BGBl. I S. 902) eingefügt worden. Dieses Gesetz dient der Umsetzung der europäischen **Satelliten- und Kabelrichtlinie** (s. zu dieser allgemein Einl. Rdnr. 78). § 137h enthält in Durchführung von Art. 7 Abs. 2 und 3 der Richtlinie in Bezug auf Altverträge aus der Zeit vor Inkrafttreten des Gesetzes am 1. 6. 1998 (Art. 3) anstelle des in der Richtlinie (Art. 14 Abs. 1) vorgesehenen Umsetzungszeitpunkts 1. 1. 1995 die erforderlichen **Übergangsbestimmungen**.

2. Inhalt der Bestimmung

a) § 137h Abs. 1 bezieht sich auf den neuen § 20a über europäische Satellitensendungen und bestimmt, dass diese Vorschrift betreffend den Begriff der europäischen Satellitensendung und den Ort, an dem sie stattfindet, **auf Altverträge** erst **ab dem 1. 1. 2000 anzuwenden** ist. Nach der AmtlBegr. BTDrucks. 13/4796 S. 15 zu Nr. 6 folgt daraus, dass solche Verträge von dieser Rechtsänderung zunächst unberührt blieben. Betroffen sind **Altverträge jeder Art,** die Senderechte beinhalten (s. *Dreier/Schulze* ³ Rdnr. 2) mit **Ausnahme** von **Koproduktionsverträgen,** für die § 137h Abs. 2 in Umsetzung von Art. 7 Abs. 3 der Satelliten- und Kabelrichtlinie eine Sonderregelung (s. Rdnr. 4) enthält. **Maßgebliches Datum** für das Vorliegen eines Altvertrages ist nach § 137h Abs. 1 der Vertragsschluss vor dem **1. 6. 1998,** dem Tag des Inkrafttretens der Neuregelung (s. Rdnr. 1; für Maßgeblichkeit des **1. 1. 1995** nach Art. 7 Abs. 2 iVm. Art. 14 Abs. 1 der Satelliten- und Kabelrichtlinie wegen deren Vorrangs *Neumaier* ArchivPT 1998, 354/358; wie hier als obiter dictum BGH GRUR 2005, 48/49 – man spricht deutsh).

Nach der AmtlBegr. (BTDrucks. 13/4796 S. 15 zu Nr. 6) folgt aus § 137h Abs. 1, dass solche Altverträge **zunächst von § 20a unberührt** blieben. Dem entsprechen die Absichten der Satelliten- und Kabelrichtlinie, deren Art. 7 Abs. 2 durch § 137h Abs. 1 umgesetzt wurde. Erwägungsgrund 18 dieser Richtlinie erklärt deren eigene Übergangsregelung damit, dass die (sofortige) Anwendung des Ursprungs- oder Sendelandprinzips auf europäische Satellitensendungen zu **Problemen** hinsichtlich bereits **bestehender Verträge** führen könnte. Für eine Übergangszeit bis zum 1. 1. 2000, ausgehend vom 1. 1. 1995 als Umsetzungspunkt der Richtlinie (s. Rdnr. 1/2) also während fünf Jahren, sollten daher Altverträge, deren Laufzeit vor dem 1. 1. 2000 endete, von den zentralen Richtlinienregelungen (Art. 1 Abs. 2, Art. 2 und 3) nicht tangiert werden. Über dieses Datum hinaus laufende Verträge sollten an die neue Rechtslage angepasst werden.

Die AmtlBegr. zu § 137h Abs. 1 (s. Rdnr. 2 a) nennt aus der Sicht des deutschen Rechts als **Beispiel** für die von den Richtlinienverfassern befürchteten Probleme einen möglichen unterschiedlichen Schwerpunkt der für das Senderecht relevanten Nutzungshandlung nach § 20 einerseits und nach § 20a andererseits. Sie ist darin durch BGHZ 152, 317/324ff. – Sender Felsberg, bestätigt worden. In diesem Urteil hat es der BGH ausdrücklich abgelehnt, die in § 20a Abs. 3 definierten Sendekriterien auf den Sendevorgang iSd. § 20 zu übertragen. Nach der AmtlBegr. zu § 137h Abs. 1 könnte sich daraus die Frage ergeben, ob ein Alt-Sendevertrag mit territorialer Aufspaltung des Senderechts eine Rechtseinräumung auch für dasjenige Land bewirkt, von dem aus nach der Richtlinie bzw. § 20a die Satellitensendung eingeleitet worden ist. Als **weiteres Beispiel** nennt die AmtlBegr. zu § 137h Abs. 1 vertragliche Vergütungen, die auf der Grundlage von § 20a und § 20 unterschiedlich zu beurteilen sein könnten, wenn sich zu der letzteren Bestimmung in der Rechtsprechung die Bogsch-Theorie durchsetzen sollte, die bei Satellitensendungen einen Eingriff in das Senderecht nicht nur des Sendelandes, sondern auch der Länder des bestimmungsmäßigen Empfangs annimmt (s. vor §§ 120ff. Rdnr. 141). Allerdings ist bei diesem Beispiel zu berücksichtigen, dass auch die Satelliten- und Kabelrichtlinie und mit ihr das harmonisierte deutsche Recht trotz Anknüpfung europäischer Satellitensendungen an nur je eine einzige Rechtsordnung davon ausgehen, dass in der Vergütungsfrage allen Aspekten der Sendung und damit auch ihrer territorialen Reichweite Rechnung zu tragen ist (s. den Erwägungsgrund 17 der Richtlinie). Im deutschen Recht kann dies zB bei der Bemessung der angemessenen Vergütung und Beteiligung iSd. §§ 32 nF und 32a geschehen.

Nach Ablauf der Übergangsfrist zum 1. 1. 2000 sind nunmehr alle Altverträge iSd. Ausführungen unter Rdnr. 2, die während der Dauer dieser Frist oder früher ausgelaufen sind, hinsichtlich aller ihrer Rechtsfolgen auf der Grundlage des früheren Rechts, also ohne Berücksichtigung des § 20a, zu beurteilen; ebenso Altverträge, die über den Stichtag hinaus weiter laufen, im Hinblick auf vor dem 1. 1. 2000 abgeschlossene Rechtsfolgen (ebenso *Dreier/Schulze*³ Rdnr. 2 zu Verletzungsfällen, die vor dem Stichtag stattgefunden haben). Seit dem 1. 1. 2000 sind jedoch auch **Altverträge** dem **Regime des § 20a** unterworfen. Dies bedeutet im Beispielsfall eins (so.) bei der Beurteilung der Frage, ob durch einen **Alt-Sendevertrag mit territorialer Aufspaltung des Senderechts** das Recht zur Durchführung einer bestimmten europäischen Satellitensendung eingeräumt oder zurückbehalten worden ist, die Bestimmung des maßgeblichen Landes nach § 20a Abs. 1, 3 und nicht nach § 20 oder der Bogsch-Theorie, deren Anwendbarkeit außerhalb des Geltungsbereich des § 20a der BGH bisher offengelassen hat (s. vor §§ 120ff. Rdnr. 141 aF). Die Anwendung des § 20a bedeutet demzufolge auch, dass bei

§ 137h Übergangsregelung bei Umsetzung der Richtlinie 93/83/EWG

einer solchen Aufspaltung des Satellitensenderechts eine Verletzung der ausschließlichen Rechte einer der Vertragsparteien nicht allein damit begründet werden kann, dass sich die Empfangsgebiete decken oder überschneiden. Sie bedeutet aber nicht, dass § 20a der territorialen Aufspaltung des Satellitensenderechts in einem Altvertrag die **dingliche Wirkung** nimmt (gegen OLG Stuttgart ZUM 2003, 239/240 – man spricht deutsh; *Dreier/Schulze*[3] Rdnr. 3). Wie aus internationalrechtlicher Sicht (s. BGHZ 118, 394/397 – ALF; BGHZ 152, 317/322 – Sender Felsberg; BGH GRUR 2005, 48/49 – man spricht deutsh) nämlich ist das europäische Satellitensenderecht kein einheitliches Schutzrecht, sondern ein Bündel nationaler Schutzrechte, die jeweils ihren eigenen Inhaber haben können. Vor wie nach Anwendbarkeit des § 20a ausgeschlossen ist die dingliche Wirkung der Aufspaltung des Satellitensenderechts in Europa nur insoweit, als sie mit dem Empfang nur in bestimmten europäischen Ländern oder gar nur Landesteilen verknüpft wird, weil die Durchführung derart eingeschränkter Satellitensendungen technisch unmöglich ist (s. BGH GRUR 205, 48/49 – man spricht deutsh).

Die **technischen Bedingungen** von Satellitensendungen mit ihrer europaweiten Empfangbarkeit und damit verbunden ihren Auswirkungen auf die wirtschaftlichen Interessen verschiedener Inhaber nationaler Rechte erfordern im Übrigen gerade bei Altverträgen aus der Zeit vor Einführung der Satellitentechnik für den Empfang durch die Allgemeinheit eine **sorgfältige Auslegung** dahingehend, ob nicht nur einfache Senderechte, sondern auch Satellitensenderechte eingeräumt worden sind (s. BGH GRUR 2005, 48/49 – man spricht deutsh, zu einem Vertrag aus dem Jahre 1987; BGH GRUR 2005, 320/322f. – Kehraus).

3   **b)** Der durch § 20b Abs. 2 neue eingeführte unverzichtbare Vergütungsanspruch gegen den Kabelunternehmer ist von § 137h Abs. 1 aber ebenso wenig betroffen wie die Verwertungsgesellschaftenpflicht des Kabelweitersenderechts nach § **20b Abs. 1;** beide Regelungen sind damit bereits am 1. 6. 1998 s. Rdnr. 1) in Kraft getreten (so die AmtlBegr. BTDrucks. 13/4796 S. 15 zu Nr. 6; der Vergütungsanspruch nach § 20b Abs. 2 gemäß § **137h Abs. 3** aber nicht für Altverträge, sondern nur für Verträge, die nach dem 1. 6. 1998 geschlossen worden sind.

4   **c)** Art. **137h Abs. 2** betrifft in Umsetzung von Art. 7 Abs. 3 der Richtlinie Altverträge über internationale Film-Koproduktionen, an denen Angehörige von EU-Staaten beteiligt sind und in denen unter den Koproduzenten territorial oder sprachlich begrenzte Sendebefugnisse verteilt sind, ohne dass das Satellitensenderecht ausdrücklich erwähnt ist. In solchen Fällen ist die Satellitensendung auch künftig nur zulässig, wenn ihr diejenigen Koproduzenten oder deren Rechtsnachfolger zustimmen, deren Ausschließlichkeitsrechte durch die Satellitensendung wirtschaftlich beeinträchtigt werden. Nach der AmtlBegr. BTDrucks. 13/4796 S. 15 zu Nr. 6 soll diese Regelung nach deutschem Recht aber nur solche Koproduktionsverträge betreffen, bei deren Abschluss die Satellitensendung bereits eine bekannte Nutzungsart iSd. §§ 31 Abs. 4, 89 Abs. 1 war und bei denen die der Koproduktion zugrundeliegenden Nutzungsrechtseinräumungen iSd. § 31 Abs. 5 auch die Einräumung des Satellitensenderechts bezweckten.

5   Nähere Erkenntnisse zu § 137h Abs. 2 sind insbes., wenn nicht ausschließlich **Art. 7 Abs. 3** der **Richtlinie** und ihrem **Erwägungsgrund 19** zu entnehmen. Ihr Gegenstand sind internationale **Koproduktionsverträge**, die zwischen einem Koproduzenten eines EU-Mitgliedstaates oder EWR-Vertragsstaates und einem oder mehreren Koproduzenten aus anderen Mitglied-, Vertrags- oder Drittsaaten geschlossen worden sind. In zulässiger Erweiterung der Richtlinienregelung ist aber darüber hinaus sowohl dem erweiterten Wortlaut als auch dem Sinn und Zweck des § 137h Abs. 2 zu entnehmen, dass diese Bestimmung auch auf **nationale Koproduktionsverträge** anwendbar ist (so BGH GRUR 2005, 48/50 – man spricht deutsh; sa. BGH GRUR 2005, 320/323 – Kehraus). Erfasst werden nur **Altverträge**, und zwar nach der Richtlinie aus der Zeit vor dem **1. 1. 1995** als dem Umsetzungszeitpunkt gemäß Art. 14 Abs. 1. An die Stelle dieses Datums hat § 137h Abs. 2 den **1. 6. 1998** als das Datum des Inkrafttretens der Neuregelung in Deutschland (s. Rdnr. 1) gesetzt. In der bisherigen höchstrichterlichen Rechtsprechung zu § 137h Abs. 2 ist dies weder bemängelt worden, noch war es entscheidungserheblich (s. BGH GRUR 2005, 48/49 – man spricht deutsh, zu einem Vertrag aus dem Jahre 1987; BGH GRUR 2005, 320/322 – Kehraus, zu einem Vertrag aus dem Jahre 1983; sa. Rdnr. 2).

Als weiteres Erfordernis für seine Anwendung nennt § 137h Abs. 2 die **räumliche Aufteilung des Senderechts** unter den Koproduzenten **ohne Unterscheidung** nach **Satellitensendung** und **anderen Sendearten**. Dieser Wortlaut lässt an sich eine Auslegung zu, nach der bereits eine besondere Erwähnung der Satellitensendung im Koproduktionsvertrag die Anwendung der Bestimmung ausschließt. Jedoch widerspräche eine solche Auslegung den verbindlichen Vorgaben der Richtlinie. Nach deren Art. 7 Abs. 3 nämlich ist für die Anwendbarkeit der Übergangsregelung entscheidend, dass der Vertrag für die Satellitensendung keine besondere Regelung enthält (so BGH GRUR 2005, 48/51 – man spricht deutsh).

Dritte Voraussetzung für die Anwendung des § 137h Abs. 2 ist, dass die Satellitensendung der gemeinsam hergestellten Produktionen durch einen Koproduzenten die Auswertung der räumlich oder sprachlich beschränkten **ausschließlichen Rechte** eines **anderen Koproduzenten beeinträchtigen** würde. Aus einem Vergleich dieser Formulierung mit Art. 7 Abs. 3 der Richtlinie und deren Erwägungsgrund 19 ergeben sich einige **offene Fragen**. Art. 7 Abs. 3 stellt auf eine Beeinträchtigung „in einem bestimmten Gebiet" ab. Noch konkreter heißt es im Erwägungsgrund 19 der Richtlinie, dass die sprachlichen Exklusivrechte des betroffenen Koproduzenten beeinträchtigt werden, wenn die Satellitensendung in dem ihm „vertraglich zugeteilten Gebiet weitgehend verstanden wird", wobei die englische und die französische Fassung iSv. „weithin" verstanden zu übersetzen ist. Aus beiden könnte man dem unbefriedigende Ergebnis folgen, dass eine Beeinträchtigung umso weniger angenommen werden kann, je größer das Vertragsgebiet des betroffenen Koproduzenten ist. Eine weitere Unklarheit folgt daraus, dass sowohl § 137h Abs. 2 als auch Art. 7 Abs. 3 der Richtlinie allgemein auf die Beeinträchtigung von ausschließlichen Rechten bzw. Exklusivrechten, also zB auch des Vervielfältigungs- und Verbreitungsrechts, abstellen, während der österreichische Gesetzgeber als beeinträchtigtes Recht nur das Senderecht anerkennt (s. zum Vorstehenden insgesamt BGH GRUR 2005, 48/51 – man spricht deutsh). Alle diese Fragen werden, wenn sie in der Praxis aktuell werden, letztlich vom EuGH im Vorlageverfahren nach Art. 234 EG beantwortet werden müssen.

Letzteres gilt auch für das Erfordernis der **Zustimmung** des von einer Satellitensendung betroffenen Koproduzenten oder seines Rechtsnachfolgers, den Art. 7 Abs. 3 der Richtlinie ausdrücklich benennt, **als Rechtsfolge des § 132h Abs. 2:** Die dort gewährte Formulierung, dass die Satellitensendung nur zulässig ist, wenn die Zustimmung des Inhabers des beeinträchtigten ausschließlichen Rechts vorliegt, spricht für den dinglichen Charakter dieses Zustimmungsrechts. Auch Art. 7 Abs. 3 der Richtlinie kann wegen ihres diesbezüglich ähnlichen Wortlauts in diesem Sinne verstanden werden. Auch dies aber ist letztendlich unklar, weil wiederum der österreichische Gesetzgeber die Regelung nur im Sinne eines schuldrechtlichen Verpflichtung desjenigen Koproduzenten ausgestaltet hat, der die Satellitensendung veranstalten will (sa. hierzu BGH GRUR 2005, 48/50 – man spricht deutsh).

§ 137i Übergangsregelung zum Gesetz zur Modernisierung des Schuldrechts

Artikel 229 § 6 des Einführungsgesetzes zum Bürgerlichen Gesetzbuche findet mit der Maßgabe entsprechende Anwendung, daß § 26 Abs. 7, § 36 Abs. 2 und § 102 in der bis zum 1. Januar 2002 geltenden Fassung den Vorschriften des Bürgerlichen Gesetzbuches über die Verjährung in der bis zum 1. Januar 2002 geltenden Fassung gleichgestellt sind.

Schrifttum: *Gsell*, Schuldrechtsreform: Die Übergangsregelungen für die Verjährungsfristen, NJW 2002, 1297; *Heinrichs*, Entwurf eines Schuldrechtsmodernisierungsgesetzes: Neuregelung des Verjährungsrechts, BB 2001, 1417; *Heß*, Das neue Schuldrecht – In-Kraft-Treten und Übergangsregelungen, NJW 2002, 253; sa. das Schrifttum zum Bürgerlichen Gesetzbuch.

1. Entstehungsgeschichte und Bedeutung der Bestimmung

Am 1. 1. 2002 ist nach seinem Art. 9 Abs. 1 S. 2 das **Gesetz zur Modernisierung des** 1 **Schuldrechts** (Schuldrechtsmodernisierungsgesetz, SMG, BGBl. I S. 3138) in Kraft getreten. Eines der Kernstücke dieses Gesetzes ist die **Neuordnung des zivilrechtlichen Verjährungsrechts** (§§ 194ff. BGB). Die allgemeinen Übergangsregelungen hierzu finden sich in **Art. 229 § 6 EGBGB,** der neben anderen Übergangsbestimmungen (Art. 229 §§ 5 und 7) durch Art. 2 Abs. 2 Buchst. b) SMG dem Art. 229 EGBGB neu angefügt wurde. In die Neuordnung des Verjährungsrechts wurden auch zahlreiche Verjährungsregelungen in Neben- und Spezialgesetzen einbezogen, darunter durch Art. 5 Abs. 25 SMG auch die **urheberrechtlichen Verjährungsregelungen** der §§ 26 Abs. 7, 36 Abs. 2 aF und 102. Die beiden erstgenannten urheberrechtlichen Bestimmungen wurden mit Wirkung vom 1. 1. 2002 aufgehoben, § 102 zum selben Zeitpunkt neu gefasst. Als Übergangsregelung speziell zu diesen Maßnahmen wurde durch Art. 5 Abs. 2 Nr. 4 SMG dem UrhG der neue **§ 137i** eingefügt.

2. Die neuen Verjährungsregeln für urheberrechtliche Ansprüche

2 a) Bis zu seiner gesetzlichen Aufhebung (s. Rdnr. 1) bestimmte **§ 26 Abs. 7** für **Ansprüche** des Urhebers aus dem **Folgerecht** eine Verjährung in zehn Jahren. An die Stelle dieser Verjährung ist mit dem 1. 1. 2002 die allgemeine Verjährungsregelung der §§ 194 ff. BGB nF getreten. Nach der AmtlBegr. zum SMG (BTDrucks. 14/6040 S. 273 zu Art. 229 § 5 Abs. 1 EGBGBE) nämlich sollte das neue Verjährungsrecht des BGB nicht nur für Ansprüche aus diesem Gesetz, sondern auch für solche Ansprüche gelten, die in anderen Gesetzen geregelt sind (s. dazu *Heß* NJW 2002, 253/257). Danach gilt nunmehr auch für Folgerechtsansprüche nach § 26 die regelmäßige neue Verjährungsfrist von drei Jahren, gerechnet vom Schluss des Jahres, in dem der Anspruch entstanden ist und der Gläubiger von der ihn begründenden Weiterveräußerung Kenntnis erlangt hat oder ohne grobe Fahrlässigkeit erlangen musste (§§ 195, 199 Abs. 1 BGB nF), ohne Rücksicht auf diese Kenntnis oder grob fahrlässige Unkenntnis zehn Jahre von der Entstehung des Anspruchs an (§ 199 Abs. 4 BGB nF; sa. § 26 Rdnr. 46).

3 b) § 36 Abs. 1 aF sah als sog. **Bestsellerparagraf** bei Einräumung eines Nutzungsrechts durch den Urheber und einem unerwarteten und groben Missverhältnis zwischen der für ihn vereinbarten Gegenleistung und den Erträgnissen des Werknutzers zugunsten des Urhebers einen Anspruch auf Vertragsanpassung im Sinne einer angemessenen Erträgnisbeteiligung vor. Dieser Anspruch verjährte nach **§ 36 Abs. 2 aF** in zwei Jahren von dem Zeitpunkt an, in dem der Urheber Kenntnis von den Umständen erlangte, aus denen sich der Anspruch ergab, ohne Rücksicht auf diese Kenntnis in zehn Jahren. Auch an die Stelle dieser Verjährungsregelung ist mit dem 1. 1. 2002 diejenige nach §§ 195 und 199 BGB nF mit dem vorgenannten (s. Rdnr. 2) Ergebnis getreten. An die Stelle des § 36 aF ist zwar inzwischen § 32 a nF getreten, jedoch kommt dem früheren Bestsellerparagrafen übergangsrechtlich auch heute noch praktische Bedeutung zu (s. § 132 Rdnr. 12 ff.).

4 c) § 102 aF regelte die Verjährung von Ansprüchen wegen **Verletzung des Urheberrechts** oder eines verwandten Schutzrechts in Anlehnung an § 852 Abs. 1 BGB aF mit einer Verjährungsfrist von drei Jahren ab Kenntnis des Verletzten von der Verletzung und der Person des Verletzers, ohne Rücksicht auf diese Kenntnis von dreißig Jahren von der Verletzung an (S. 1). § 852 Abs. 2 BGB aF wurde für entsprechend anwendbar erklärt (S. 2). Was der Verletzer durch die Verletzung auf Kosten des Verletzten erlangt hatte, musste er auch noch nach Vollendung der Verjährung als unberechtigte Bereicherung herausgeben (S. 3). **§ 102 nF** verweist bezüglich der Verjährung von Ansprüchen wegen Verletzung des Urheberrechts oder eines verwandten Schutzrechts auf die §§ 194 ff. BGB nF (S. 1), wiederum also auf das allgemeine neue Verjährungsrecht, das in § 199 Abs. 3 eine Sonderregelung über die Verjährung allgemeiner Schadensersatzansprüche (ohne Rücksicht auf die Kenntnis oder grob fahrlässige Unkenntnis des Verletzten in zehn Jahren vor ihrer Entstehung an, ohne Rücksicht auf ihre Entstehung und die Kenntnis oder grob fahrlässige Unkenntnis in dreißig Jahren von der Begehung der Verletzung an). Für den Bereicherungsanspruch des Verletzten verweist § 102 S. 2 nF auf § 852 BGB nF, der hierfür eine Verjährung von zehn Jahren von seiner Entstehung an, ohne Rücksicht auf die Entstehung von dreißig Jahren von der Begehung der Verletzungshandlung an vorsieht (zu den Einzelheiten vgl. die Kommentierung des § 102).

3. Die Übergangsregelungen

5 a) Bei der Beurteilung übergangsrechtlicher Fragen hinsichtlich der Verjährung urheberrechtlicher Ansprüche ist nicht nur – und nicht einmal in der Hauptsache – **§ 137 i**, sondern auch **Art. 229 § 6 EGBGB** zu beachten. § 137 i nämlich verweist lediglich auf eine entsprechende Anwendung der letzteren Bestimmung. Die Regelung des § 137 i wurde vom Gesetzgeber für erforderlich gehalten, weil Art. 229 § 6 EGBGB zwar Übergangsvorschriften auch für die Verjährung von Ansprüchen aus anderen Gesetzen als dem BGB enthält (s. Rdnr. 2), es sich bei den dort in Bezug genommenen früheren, aber teilweise fortwirkenden Verjährungsvorschriften jedoch ausschließlich um solche des BGB aF handelt. Insoweit ergänzend zu Art. 229 § 6 EGBGB sollten durch § 137 i die alten aufgehobenen oder modifizierten verjährungsrechtlichen Bestimmungen des UrhG (s. Rdnr. 1) den früheren Verjährungsvorschriften des BGB gleichgestellt werden (s. die AmtlBegr. BTDrucks. 14/6040 S. 282 f. zu Art. 5 Abs. 25 Nr. 3 und 4 iVm. Art. 5 Abs. 20 Nr. 3 des Entwurfs zum SMG, s. Rdnr. 1). Im Ergebnis sind bei der Anwendung des Art. 229 § 6 EGBGB den neuen Verjährungsregelungen des BGB die früheren des UrhG gegenüberzustellen.

b) Art. 229 § 6 Abs. 1 S. 1 EGBGB bestimmt das übergangsrechtliche **Grundprinzip**, dass 6 die **neuen Verjährungsvorschriften** des BGB auch auf **alle schon bestehenden Ansprüche** Anwendung finden, wobei der 1. 1. 2002 der maßgebliche Stichtag ist. Aus der Formulierung, dass dies für alle noch nicht verjährten Ansprüche gilt, folgt zugleich, dass die Neuregelung des Verjährungsrechts **kein Wiederaufleben** von Ansprüchen zur Folge haben kann, die nach früherem Recht am 1. 1. 2002 schon verjährt waren (s. *Heinrichs* BB 2001, 1417/1422; *Heß* NJW 2002, 253/256 f.). Konsequenz des Grundprinzips ist auch, dass die regelmäßig kürzeren Verjährungsfristen des neuen Rechts bei am 1. 1. 2002 schon und noch bestehenden, unverjährten Ansprüchen zu einer **Verkürzung der Verjährungsfrist** führen kann (s. *Heß* NJW 2002, 253/256; zur Anwendung allein des neuen Rechts auf alle am 1. 1. 2002 noch nicht verjährten Ansprüchen aus Urheberrechtsverletzungen s. LG München I, Urt. v. 14. 5. 2009, Az.: 7 O 23940/07, Umdruck, S. 15 f. – Marlene Dietrich).

c) Für diesen letzteren Fall einer **kürzeren neuen Verjährungsfrist** im Vergleich mit der 7 längeren alten sieht Art. 229 § 6 Abs. 4 S. 1 EGBGB zum Schutz des Gläubigers eine **Ausnahme** von dem Grundprinzip vor: Die kürzere neue Frist wird erst vom 1. 1. 2002 an gerechnet. Würde allerdings die längere alte Verjährungsfrist wegen ihres frühen Beginns zu einem früheren Zeitpunkt ablaufen als die kürzere neue, aber erst vom 1. 1. 2002 an berechnete Frist, so ist die Verjährung mit dem Ablauf der früheren Verjährungsfrist vollendet (Art. 229 § 6 Abs. 4 S. 2 EGBGB). Diese Regelungen entsprechen denen, die § 135 a für den Fall der Verkürzung der Schutzdauer im Urheberrecht statuiert hat (s. §§ 135/135 a Rdnr. 5).

d) Den umgekehrten Fall einer im Vergleich mit dem früheren Recht **längeren Verjäh-** 8 **rungsfrist** des **neuen Rechts** berücksichtigt Art. 229 § 6 Abs. 3 EGBGB. Hier bleibt es im Interesse des Schuldners bei der Anwendung des bisherigen Rechts als einer weiteren **Ausnahme** vom Grundprinzip (s. Rdnr. 6; zum Ergebnis s. *Heß* NJW 2002, 253/257).

e) Beginn, Hemmung, Ablaufhemmung und **Neubeginn** der Verjährungsfrist bestim- 9 men sich für den Zeitraum vor dem 1. 1. 2002 nach dem früheren Recht (Art. 229 § 6 Abs. 1 S. 2 EGBGB). Dasselbe gilt, wenn nach dem 31. 12. 2001 ein Umstand eintritt, bei dessen Vorliegen nach früherem Recht eine vor dem 1. 1. 2002 eintretende Unterbrechung der Verjährung als nicht erfolgt oder erfolgt gilt (Art. 229 § 6 Abs. 1 S. 3 EGBGB). War eine vor dem 1. 1. 2002 eingetretene **Unterbrechung** der Verjährung nach früherem Recht am 31. 12. 2001 noch nicht beendigt, so gilt sie gleichwohl als mit diesem Stichtag beendigt, jedoch tritt an ihre Stelle mit Beginn des 1. 1. 2002 eine Hemmung der Verjährung (Art. 229 § 6 Abs. 2 EGBGB). Hemmungstatbestände des neuen Rechts, wie **Verhandlungen** über einen Anspruch, die das frühere Recht nicht kannte, sind erst ab dem 1. 1. 2002 anwendbar (s. *Heß* NJW 2002, 253/257).

§ 137j Übergangsregelungen aus Anlaß der Umsetzung der Richtlinie 2001/29/EG

(1) § 95 d Abs. 1 ist auf alle ab dem 1. Dezember 2003 neu in den Verkehr gebrachten Werke und anderen Schutzgegenstände anzuwenden.

(2) **Die Vorschrift dieses Gesetzes über die Schutzdauer für Hersteller von Tonträgern in der ab dem 13. September 2003 geltenden Fassung ist auch auf verwandte Schutzrechte anzuwenden, deren Schutz am 22. Dezember 2002 noch nicht erloschen ist.**

(3) Lebt nach Absatz 2 der Schutz eines Tonträgers wieder auf, so stehen die wiederauflebenden Rechte dem Hersteller des Tonträgers zu.

(4) [1] Ist vor dem 13. September 2003 einem anderen ein Nutzungsrecht an einem nach diesem Gesetz noch geschützten Tonträger eingeräumt oder übertragen worden, so erstreckt sich, im Falle einer Verlängerung der Schutzdauer nach § 85 Abs. 3, die Einräumung oder Übertragung im Zweifel auch auf diesen Zeitraum. [2] Im Fall des Satzes 1 ist eine angemessene Vergütung zu zahlen.

Schrifttum: *Flechsig*, Darbietungsschutz in der Informationsgesellschaft – Das neue Leistungsschutzrecht des ausübenden Künstlers nach der Umsetzung der Informationsrichtlinie, NJW 2004, 575; *Jaeger*, Auswirkungen der EU-Urheberrechtsrichtlinie auf die Regelungen des Urheberrechtsgesetzes für Software, CR 2002, 309.

1. Entstehungsgeschichte und Bedeutung der Bestimmung

§ 137j ist durch Art. 1 Abs. 1 Nr. 52 des **Gesetzes zur Regelung des Urheberrechts in** 1 **der Informationsgesellschaft** vom 10. 9. 2003 (BGBl. I S. 1774) eingeführt worden. Das

§ 137j Übergangsregelungen aus Anlaß der Umsetzung der RL 2001/29/EG

Gesetz ist nach seinem Art. 6 Abs. 1 mit dem Hauptteil seiner Bestimmungen am 13. 9. 2003, dem Tag nach seiner Verkündung im BGBl. I Nr. 46 vom 12. 9. 2003, in Kraft getreten. Es dient der Umsetzung der Richtlinie 2001/29/EG vom 22. 5. 2001 zur Harmonisierung bestimmter Aspekte des Urheberrechts und der verwandten Schutzrechte in der Informationsgesellschaft (ABl. EG Nr. L 167 S. 10 = GRUR Int. 2001, 745). Das Gesetz vom 10. 9. 2003 hat zahlreiche Regelungsgegenstände, beschränkt die **Übergangsregelung** des § 137j aber nur auf **zwei Gegenstände**, nämlich die Pflicht zur Kennzeichnung bei Verwendung von technischen Maßnahmen zum Schutz von Werken und anderen Schutzgegenständen nach § 95d Abs. 1 (§ 137j Abs. 1) und die Verlängerung der Schutzdauer für Hersteller von Tonträgern auf Grund der geänderten Fristberechnung nach § 85 Abs. 3 nF (§ 137j Abs. 2–4). Für einen weiteren Regelungsgegenstand des Gesetzes vom 10. 9. 2003, nämlich die Bestimmung des § 52a als neue gesetzliche Schranke des Urheberrechts zugunsten der öffentlichen Zugänglichmachung von Werken für Unterricht und Forschung ist mit **§ 137k** eine eigene weitere Übergangsvorschrift geschaffen worden.

2. Übergangsregelung für die Pflicht zur Kennzeichnung technischer Schutzmaßnahmen (§ 137j Abs. 1)

2   Mit dem Gesetz vom 10. 9. 2003 (s. Rdnr. 1) sind in den §§ 95a–95d Bestimmungen über **technische Schutzmaßnahmen** und über den Schutz von **Informationen zur Rechtewahrnehmung** eingeführt worden. Dies diente einerseits der Umsetzung der Art. 6 und 7 der Richtlinie 2001/29/EG (s. Rdnr. 1), andererseits auch der Durchführung der Art. 11 und 12 WCT und der Art. 18 und 19 WPPT (s. zu diesen internationalen Abkommen vor §§ 120ff. Rdnr. 50ff./84ff.). In Ergänzung der Regeln über technische Schutzmaßnahmen sieht **§ 95d Abs. 1 Kennzeichnungspflichten** vor: Danach müssen technisch geschützte Werke und andere Schutzgegenstände deutlich sichtbar mit Angaben über die Eigenschaften der verwendeten technischen Maßnahmen gekennzeichnet werden. Dieses Gebot dient dem Verbraucherschutz und der Lauterkeit des Wettbewerbs (so die AmtlBegr. BTDrucks. 15/38 S. 28). Diese Kennzeichnungspflichten wurden nach **§ 137j Abs. 1** nicht bereits mit dem Inkrafttreten des Gesetzes vom 10. 9. 2003 am 13. 9. 2003 (s. Rdnr. 1) wirksam, sondern erst für alle ab dem **1. 12. 2003** neu in den Verkehr gebrachten Gegenstände. Mit diesem Aufschub sollte den Verpflichteten Zeit für entsprechende Vorbereitungen zugebilligt werden, und sie sollten nicht damit belastet werden, bereits im Handel befindliche Medien nachträglich kennzeichnen zu müssen (s. die AmtlBegr. durch den Rechtsausschuss des Deutschen Bundestags BTDrucks. 15/837 S. 36). Ein Aufschub für die Kennzeichnungspflicht gemäß **§ 95d Abs. 2** iVm. § 95b Abs. 2 sogar bis zum **1. 9. 2004** ergibt sich daraus, dass diese Bestimmungen nach Art. 6 Abs. 2 des Gesetzes vom 10. 9. 2003 erst an diesem Tag in Kraft getreten sind.

3. Übergangsregelungen aus Anlass der Neuregelung der Schutzdauer von Tonträgern (§ 137j Abs. 2–4)

3   a) Durch Art. 1 Abs. 1 Nr. 27 Buchst. d) des Gesetzes vom 10. 9. 2003 (s. Rdnr. 1) ist die Dauer des Schutzes des verwandten Schutzrechts des Tonträgerherstellers in **§ 85 Abs. 3** neu geregelt worden, und zwar in zwingender Umsetzung von Art. 11 Abs. 2 der Richtlinie 2001/29/EG, der seinerseits eine entsprechende Änderung von Art. 3 Abs. 2 der Richtlinie 93/98/EWG zur Harmonisierung der Schutzdauer des Urheberrechts und bestimmter verwandter Schutzrechte vom 29. 10. 1993 (ABl. EG Nr. L 290 S. 9 = GRUR Int. 1994, 141) vorsieht. Dadurch war zwar nicht die Schutzfrist von 50 Jahren als solche berührt, wohl aber die Berechnung der Schutzdauer so modifiziert, dass dies zu einer **längeren Schutzdauer** als nach § 85 Abs. 2 aF führen kann (s. dazu im Einzelnen die Kommentierung des § 85 Abs. 3 nF).

4   b) Nach **§ 137j Abs. 2** ist § 85 Abs. 3 nF auch auf Tonträger anzuwenden, deren Schutz am 22. 12. 2002 noch nicht erloschen war. Diese Regelung folgt im Grundsatz derjenigen des **§ 129 Abs. 1** (so auch die AmtlBegr. BTDrucks. 15/38 S. 29). Danach sind die Vorschriften des neuen Gesetzes auch auf schon vorhandene und nach früherem Recht noch geschützte Gegenstände anzuwenden (s. § 129 Rdnr. 1f./10ff.). Allerdings stellt § 137j Abs. 2 anders als § 129 Abs. 1 nicht auf den Zeitpunkt des Inkrafttretens des neuen Gesetzes, hier also am 13. 9. 2003 (s. Rdnr. 1), ab, sondern auf den **22. 12. 2002**. Es handelt sich hierbei um das Datum, bis zu dem die Richtlinie 2001/29/EG nach ihrem Art. 13 Abs. 1 umzusetzen und die Anwendung der Vorschriften dieser Richtlinie nach deren Art. 10 Abs. 1 von den Mitgliedstaaten zu gewähr-

leisten waren. Dieses Datum sollte trotz verspäteter Umsetzung der Richtlinie in § 137j Abs. 2 eingehalten werden (s. die AmtlBegr. durch den Rechtsausschuss des Deutschen Bundestags BTDrucks. 15/837 S. 36).

c) **Folge der unterschiedlichen Zeitpunkte** in § 137j Abs. 2 ist, dass Schutzfristen in dem Zeitraum zwischen dem 22. 12. 2002 und dem 13. 9. 2003 erlöschen können, die betroffenen Tonträger aber gleichwohl von der durch § 85 Abs. 3 nF ermöglichten Verlängerung der Schutzdauer (s. Rdnr. 3) begünstigt werden sollen. § 137j Abs. 2 kann daher zu einem **Wiederaufleben des Schutzes** führen (s. die AmtlBegr. des Rechtsausschusses des Deutschen Bundestags BTDrucks. 15/837 S. 36). 5

d) **§ 137j Abs. 3** bestimmt als Rechtsfolge eines Wiederauflebens des Schutzes, dass die **wiederauflebenden Rechte** dem **Hersteller des Tonträgers** zustehen sollen. Dies entspricht den vergleichbaren Regelungen in § 137f Abs. 3 (s. dort Rdnr. 4) und aus Anlass der deutschen Wiedervereinigung (s. vor §§ 120ff. Rdnr. 28ff.). Anders als in diesen Parallelfällen fehlt in § 137j Abs. 3 oder an anderer Stelle eine Bestimmung über **Nutzungshandlungen Dritter,** die im **schutzfreien Zeitraum** (s. Rdnr. 5) **begonnen** werden. Man wird diese Regelungslücke durch eine analoge Anwendung der Parallelbestimmungen zu schließen haben. Danach darf die begonnene Nutzungshandlung in dem vorgesehenen Rahmen fortgesetzt werden (s. § 137f Abs. 3 S. 2). Für die Nutzung ab dem 13. 9. 2003 ist dem Hersteller der betroffenen Tonträger aber eine angemessene Vergütung zu zahlen (s. § 137f Abs. 3 S. 3). 6

e) Einer verbreitet gehandhabten Gesetzgebungspraxis folgt **§ 137j Abs. 4:** Ist vor dem Inkrafttreten des Gesetzes vom 10. 9. 2003 (s. Rdnr. 1) am 13. 9. 2003 einem anderen ein **Nutzungsrecht** an einem noch geschützten Tonträger eingeräumt oder übertragen worden, so erstreckt sich diese Maßnahme im Zweifel auch auf den **Zeitraum der Verlängerung der Schutzdauer** durch § 85 Abs. 3 nF (S. 1). Als Gegenleistung für die Begünstigung ist eine **angemessene Vergütung** zu zahlen. Parallelbestimmungen sind die §§ 137 Abs. 2/3, 137b Abs. 2, 137c Abs. 3, 137f Abs. 4, eine abweichende Regelung findet sich in § 137a Abs. 2. Als unmittelbares Vorbild für § 137j Abs. 4 hat § 137f Abs. 4 gedient (s. die AmtlBegr. BT-Drucks. 15/38 S. 29). 7

4. Lücken der Übergangsregelungen des § 137j

Die zahlreichen Lücken in den Übergangsregelungen des § 137j (s. Rdnr. 1) sind durch Rückgriff auf die **allgemeinen übergangsrechtlichen Bestimmungen** der §§ 129ff., namentlich §§ 129 und 132, sowie auf die jeweils nächstliegenden **Spezialvorschriften** dieser Art zu schließen. Auf diese Weise zu beurteilen ist beispielsweise die übergangsrechtliche Rechtslage in Bezug auf **§ 92 nF** betr. die Rechtsstellung ausübender Künstler gegenüber dem Filmhersteller, die durch das Gesetz vom 10. 9. 2003 (s. Rdnr. 1) wesentlich verbessert worden ist. Insoweit kann auf die Kommentierung dieser Bestimmung, insbes. dort die Rdnr. 4 verwiesen werden. 8

§ 137k Übergangsregelung zur öffentlichen Zugänglichmachung für Unterricht und Forschung

§ 52a ist mit Ablauf des 31. Dezember 2012 nicht mehr anzuwenden.

Schrifttum: *Haupt,* Die EG-Richtlinie „Urheberrecht in der Informationsgesellschaft" und Konsequenzen für die Nutzung von Werken im Schulunterricht gemäß § 52a UrhG, ZUM 2004, 104; *Hoeren,* Der 2. Korb der Urheberrechtsreform – eine Stellungnahme aus der Sicht der Wissenschaft, ZUM 2004, 855.

Zur **Entstehungsgeschichte** des § 137k s. bereits die Rdnr. 1 zu § 137j. 1

§ 52a wurde im Rahmen der Umsetzung der europäischen Richtlinie über das Urheberrecht in der Informationsgesellschaft (s. § 137j Rdnr. 1) eingeführt, um in Form einer begrenzten gesetzlichen Schranke des Urheberrechts **Unterricht** und **Wissenschaft** die **Nutzung moderner Kommunikationsformen** zu ermöglichen (so die AmtlBegr. BTDrucks. 15/38). Der Gesetzgeber stützte sich dabei auf Art. 5 Abs. 3 Buchst. a) der Richtlinie. Im Laufe des Gesetzgebungsverfahrens wurden vor allem von der Bundestagsfraktion der FDP erhebliche Bedenken gegen die Vorschrift geäußert; sie sollte ersatzlos aus dem Gesetzentwurf gestrichen werden (s. BTDrucks. 15/837 S. 29f.). In gegenüber dem Entwurf modifizierter Form wurde § 52a gleichwohl Gesetz. Jedoch sah sich der Gesetzgeber auf Grund von **Befürchtungen** der **wissenschaftlichen Verleger,** es könne zu unzumutbaren Beeinträchtigungen ihrer Interessen 2

§ 1371   Übergangsregelung für neue Nutzungsarten

kommen, veranlasst, die neue Bestimmung zunächst nur **befristet bis zum 31. 12. 2006** zur Anwendung kommen zu lassen; dies wurde in **§ 137 k** bestimmt (s. die AmtlBegr. durch den Rechtsausschuss des Deutschen Bundestags BTDrucks. 15/837 S. 36). Die Frist wurde durch das **Fünfte Gesetz zur Änderung des Urheberrechtsgesetzes** vom 10. 11. 2006 (BGBl. 2006 I S. 2587) auf den **31. 12. 2008** und durch das **Sechste Gesetz zur Änderung des Urheberrechtsgesetzes** vom 7. 12. 2008 (BGBl. 2008 I S. 2349) auf den **31. 12. 2012** verlängert.

§ 1371 Übergangsregelung für neue Nutzungsarten

(1) ¹Hat der Urheber zwischen dem 1. Januar 1966 und dem 1. Januar 2008 einem anderen alle wesentlichen Nutzungsrechte ausschließlich sowie räumlich und zeitlich unbegrenzt eingeräumt, gelten die zum Zeitpunkt des Vertragsschlusses unbekannten Nutzungsrechte als dem anderen ebenfalls eingeräumt, sofern der Urheber nicht dem anderen gegenüber der Nutzung widerspricht. ²Der Widerspruch kann für Nutzungsarten, die am 1. Januar 2008 bereits bekannt sind, nur innerhalb eines Jahres erfolgen. ³Im Übrigen erlischt das Widerspruchsrecht nach Ablauf von drei Monaten, nachdem der andere die Mitteilung über die beabsichtigte Aufnahme der neuen Art der Werknutzung an den Urheber unter der ihm zuletzt bekannten Anschrift abgesendet hat. ⁴Die Sätze 1 bis 3 gelten nicht für zwischenzeitlich bekannt gewordene Nutzungsrechte, die der Urheber bereits einem Dritten eingeräumt hat.

(2) ¹Hat der andere sämtliche ihm ursprünglich eingeräumten Nutzungsrechte einem Dritten übertragen, so gilt Absatz 1 für den Dritten entsprechend. ²Erklärt der Urheber den Widerspruch gegenüber seinem ursprünglichen Vertragspartner, hat ihm dieser unverzüglich alle erforderlichen Auskünfte über den Dritten zu erteilen.

(3) Das Widerspruchsrecht nach den Absätzen 1 und 2 entfällt, wenn die Parteien über eine zwischenzeitlich bekannt gewordene Nutzungsart eine ausdrückliche Vereinbarung geschlossen haben.

(4) Sind mehrere Werke oder Werkbeiträge zu einer Gesamtheit zusammengefasst, die sich in der neuen Nutzungsart in angemessener Weise nur unter Verwendung sämtlicher Werke oder Werkbeiträge verwerten lässt, so kann der Urheber das Widerspruchsrecht nicht wider Treu und Glauben ausüben.

(5) ¹Der Urheber hat Anspruch auf eine gesonderte angemessene Vergütung, wenn der andere eine neue Art der Werknutzung nach Absatz 1 aufnimmt, die im Zeitpunkt des Vertragsschlusses noch unbekannt war. ²§ 32 Abs. 2 und 4 gilt entsprechend. ³Der Anspruch kann nur durch eine Verwertungsgesellschaft geltend gemacht werden. ⁴Hat der Vertragspartner das Nutzungsrecht einem Dritten übertragen, haftet der Dritte mit der Aufnahme der neuen Art der Werknutzung für die Vergütung. ⁵Die Haftung des anderen entfällt.

Schrifttum: *Adolphsen/Mutz,* Das Google Book Settlement, GRUR Int. 2009, 789; *Bauer/v. Einem,* Handy-TV – Lizenzierung von Urheberrechten unter Berücksichtigung des „2. Korbes", MMR 2007, 698; *Berger,* Verträge über unbekannte Nutzungsarten nach dem „Zweiten Korb", GRUR 2005, 907; *Castendyk/Kirchherr,* Das Verbot der Übertragung von Rechten an nicht bekannten Nutzungsarten – Erste Überlegungen für eine Reform des § 31 Abs. 4 UrhG, ZUM 2003, 751; *Czychowski,* „Wenn der dritte Korb aufgemacht wird ...". Das zweite Gesetz zur Regulierung des Urheberrechts in der Informationsgesellschaft, GRUR 2008, 586; *Deutsche Vereinigung für gewerblichen Rechtsschutz und Urheberrecht (GRUR),* Referentenentwurf für ein Zweites Gesetz zur Regelung des Urheberrechts in der Informationsgesellschaft vom 27. 9. 2004, Stellungnahme, GRUR 2005, 743; *Dietrich,* Die neue Nutzungsart am Beispiel des Filmkomponisten, UFITA 2008, 359; *Ehmann/Fischer,* Zweitverwertung rechtswissenschaftlicher Texte im Internet, GRUR Int. 2008, 284; *Frey/Rudolph,* Verfügungen über unbekannte Nutzungsarten: Anmerkungen zum Regierungsentwurf des Zweiten Korbs, ZUM 2007, 13; *Grohmann,* Die Übertragungsfiktion für unbekannte Nutzungsarten nach dem Zweiten Korb am Beispiel des Musikverlagsvertrags, GRUR 2008, 1056; *Haupt,* Der Abschluss von Verträgen über unbekannte Nutzungsarten, MR-Int 2008, 1; *Haupt/Ullmann,* Zum Umfang der Nutzungsrechte an Schnitt- und Restmaterial im Lichte von § 89 UrhG, ZUM 2005, 883; *Heckmann/Hillegeist,* Zur Aufnahme einer Zeitschrift in eine Online-Datenbank, AfP 2008, 483; *Hilty,* Das Urheberrecht und der Wissenschaftler, GRUR Int. 2006, 179; *ders.,* Renaissance der Zwangslizenzen im Urheberrecht?, GRUR 2009, 633; *Hoeren,* Zoning und Geolocation – technische Ansätze zu einer Reterritorialisierung des Internet; *Hucko,* Zweiter Korb. Das neue Urheberrecht in der Informationsgesellschaft; *Klickermann,* Senderarchive im Fokus unbekannter Nutzungsarten, MMR 2007, 221; *Klöhn,* Unbekannte Nutzungsarten nach dem „Zweiten Korb" der Urheberrechtsreform, K&R 2008, 77; *Kreile, J.,* Neue Nutzungsarten – Neue Organisation der Rechteverwaltung?, ZUM 2007, 682; *Müller,* Anmerkung zu BGH, Urteil vom 18. Dezember 2008 – I ZR 23/06, ZUM 2009, 293; *Reber, N./Vacano, J.,* Kameramann/Director of Photography, in *Haupt* (Hrsg.), Urheberrecht für Filmschaffende, 2008, S. 85; *Scheja/Mantz*, Nach der Reform ist vor der Reform – Der zweite Korb der Urheberrechtsreform, CR 2007, 715; *Schmid*, Die Regelung unbekannter Nutzungsarten bei „Altfilmen", in *Haupt* (Hrsg.), Urheberrecht für Filmschaffende, 2008, S. 269; *Schmidt-Hern*, Archive öffnen oder wieder schließen? 1371 UrhG und Art. 14 GG, ZUM 2008, 927; *Schulze, G.*, Die Einräumung unbekannter Nutzungsrechte nach neuem Urheberrecht, UFITA 2007, 641; *Seibold*, Urheberrecht in der Informationsgesellschaft – der Referentenentwurf zum Zweiten Korn, Diskussionsbericht, ZUM 2005, 130; *Spindler*, Reform des Urheberrechts im „Zweiten Korb", NJW 2008, 9; *Spindler/Heckmann*, Der rückwirkende Entfall unbekannter Nutzungsrechte (§ 1371 UrhG-E). Schließt die Archive?, ZUM 2006, 620; *dies.*, Retrodigitalisierung verwaister Printpublikationen – Die Nutzungsmöglichkeiten von „orphan works" de lege lata und ferenda, GRUR Int. 2008, 271; *Sprang/Ackermann*, Der „Zweite Korb" aus Sicht der (Wissenschafts-) Verlage, K&R 2008, 7; *Weber*, Neue Nutzungsarten – Neue Organisation der Rechteverwaltung?, ZUM 2007, 688; *Wille*, Verträge über unbekannte Nutzungsarten aus Sicht der Zweckübertragungslehre, UFITA 2008, 337.

Übersicht

	Rdnr.
I. Entstehung und Bedeutung der Bestimmung	1–12
1. Gesetzliche Einführung des § 1371 als Übergangsregelung zur Aufhebung des § 31 Abs. 4	1
2. Prinzip des modifizierten Nichteingriffs in bestehende Vertragsverhältnisse im Übergangsrecht für Urheberrechtsverträge	2
3. Gesteigerte Modifikation des Prinzips des Nichteingriffs in bestehende Vertragsverhältnisse durch § 1371	3–5
4. Öffnung der Medienarchive für neue Nutzungsarten als Motiv für § 1371	6, 7
5. Vereinbarkeit des § 1371 mit der Verfassung?	8–12
II. Anwendungsbereich des § 1371	13–28
1. Gegenständlicher Anwendungsbereich	13–21
a) Einräumung von Nutzungsrechten	14–17
b) Urheber und Rechtsnachfolger als Vertragsparteien	18–20
c) Die andere Vertragspartei	21–28
2. Zeitlicher Anwendungsbereich	22, 23
3. Internationaler Anwendungsbereich des § 1371	24–28
III. Voraussetzungen der Übertragungsfiktion des § 1371	29–53
1. Vorbemerkung	29
2. Qualität der dem Begünstigten eingeräumten Nutzungsrechte	30–40
a) Allgemeines	30
b) Einräumung aller wesentlichen Nutzungsrechte	31–34
c) Einräumung ausschließlicher Nutzungsrechte	35–37
d) Einräumung räumlich unbegrenzter Nutzungsrechte	38, 39
e) Einräumung zeitlich unbegrenzter Nutzungsrechte	40
3. Kein Widerspruch oder Widerspruchsrecht des Urhebers	41–52
a) Allgemeines	41, 42
b) Kein Widerspruch des Urhebers	43–46
c) Kein Widerspruchsrecht des Urhebers	47–52
4. Keine Einräumung von Nutzungsrechten an einen Dritten	53
IV. Rechtsfolgen der Übertragungsfiktion des § 1371	54–61
1. Erwerb von Nutzungsrechten für neue Nutzungsarten durch den Begünstigten	54–57
2. Gesetzlicher Vergütungsanspruch des Urhebers	58–61

I. Entstehung und Bedeutung der Bestimmung

1. Gesetzliche Einführung des § 1371 als Übergangsregelung zur Aufhebung des § 31 Abs. 4

§ 1371 ist durch das **Zweite Gesetz zur Regelung des Urheberrechts in der Informationsgesellschaft** vom 26. 10. 2007 (BGBl. I S. 2513, Art. 1 Nr. 21) **neu** in das UrhG eingeführt worden. Die Bestimmung steht in Zusammenhang damit, dass durch dasselbe Gesetz (Art. 1 Nr. 3, 4 und 6) **§ 31 Abs. 4 aufgehoben** und durch die neuen §§ 31a und 32c ersetzt wurde. Nach § 31 Abs. 4 waren die Einräumung von Nutzungsrechten für **unbekannte Nutzungsarten** und Verpflichtungen hierzu **unwirksam**. Wie sich auch aus der amtlichen Überschrift des § 1371 ergibt, hat diese Vorschrift **Übergangsregelungen** in **zeitlicher** Hinsicht im Hinblick auf **Rechtseinräumungen** zum Inhalt, die im **Geltungszeitraum des § 31 Abs. 4** vorgenommen wurden. Eckdaten dieses Geltungszeitraums sind der **1. 1. 1966** als der allg. Zeitpunkt des Inkrafttretens des UrhG (s. § 143 Abs. 2) und der **1. 1. 2008** als der Zeitpunkt des Inkrafttretens des Gesetzes vom 26. 10. 2007 (Art. 4, Verkündung des Gesetzes im BGBl. I Nr. 54 vom 31. 10. 2007). **Im Kern** geht es § 1371 darum, die **Sperrwirkung für die Werknutzung in neuen Nutzungsarten aufzuheben**, die sich daraus ergab, dass dem Urheber des § 31 Abs. 4 die Rechte zu solchen Nutzungen trotz Einräumung von Nutzungsrechten stets

§ 1371   Übergangsregelung für neue Nutzungsarten

verblieben sind und eine individuelle Nachlizenzierung teils faktisch unmöglich, teils zu aufwendig erschien (s. die AmtlBegr. BT-Drucks. 16/1828 S. 21 f./33). Die Aufhebung dieser Sperrwirkung soll dadurch bewirkt werden, dass § 1371 Abs. 1 S. 1 nach Aufhebung des § 31 Abs. 4 die **Einräumung von Nutzungsrechten** an den Werknutzer auch **für neue Nutzungsarten fingiert** („gelten als ebenfalls eingeräumt"). Als Kompensation soll dem Urheber nach § 1371 Abs. 5 ein **Anspruch** auf eine **gesonderte angemessene Vergütung** zustehen. Darüber hinaus soll dem Vertrauen des Urhebers auf den Fortbestand der ihm aufgrund § 31 Abs. 4 verbliebenen Rechte durch ein **Widerspruchsrecht** Rechnung getragen werden (§ 1371 Abs. 1 S. 1–3; AmtlBegr. BT-Drucks 16/1828 S. 33). Dieses Recht ist freilich so ausgestaltet worden, dass erwartet werden konnte, es würde von ihm nur ausnahmsweise Gebrauch gemacht werden (su. Rdnr. 11). **Terminologisch** hat sich für die vorerwähnte gesetzliche Fiktion im Anschluss an die AmtlBegr. (BT-Drucks. 16/1828 S. 22/33) der Begriff der **Übertragungsfiktion** durchgesetzt, obwohl er weder dem Wortlaut des § 3171 Abs. 1 S. 1 noch den allgemeinen Vorgaben des UrhG gerecht wird, das für Rechtsgeschäfte des Urhebers über seine Befugnisse unter Lebenden nicht die Rechtsübertragung, sondern die Einräumung von Nutzungsrechten vorsieht (§ 29 Abs. 1, Abs. 2 S. 1, § 31; zur Kritik des Sprachgebrauchs s. zB *Wandtke/Bullinger*[3] Rdnr. 16).

2. Prinzip des modifizierten Nichteingriffs in bestehende Vertragsverhältnisse im Übergangsrecht für Urheberrechtsverträge

2   Bei der Aufhebung des § 31 Abs. 4 und seinem Ersatz durch die §§ 31a und 32c handelt es sich um **Änderungen des gesetzlichen Urhebervertragsrechts**, für die **im Allgemeinen** das **Prinzip des Nichteingriffs in bestehende Vertragsverhältnisse** gilt. In diesem Sinne bestimmt insbes. § 132 Abs. 1 S. 1 im Hinblick auf das Inkrafttreten des UrhG am 1. 1. 1966 (so. Rdnr. 1), dass dessen Bestimmungen auf bis zu diesem Datum abgeschlossene Verträge grundsätzlich **nicht** anzuwenden sind. Das Prinzip findet seine Rechtfertigung im **Schutz des Vertrauens der Vertragsparteien** auf den bei Vertragsabschluss geltenden Rechtszustand (s. § 132 Rdnr. 2). **Modifikationen** des Prinzips sind gleichwohl möglich, wie ebenfalls § 132 Abs. 1 beispielhaft zeigt. Jedoch beziehen sich diese Modifikationen im Allgemeinen auf **neue oder erweiterte Rechte** der Urheber; zum Teil eingeschränkt zur Wahrung wohlerworbener Rechte der Inhaber von Nutzungsrechten (s. § 132 Rdnr. 4 und 6 zu § 132 Abs. 1 iVm. §§ 40, 41 und 42), zumeist jedoch im Sinne von Auslegungsregeln für Zweifelsfälle, wobei der Rechtezuwachs von Fall zu Fall unterschiedlich entweder den Urhebern (s. zB §§ 137 Abs. 1 S. 2, Abs. 3 S. 2, 3 sowie § 137a Abs. 2) oder den Nutzungsberechtigten, verbunden mit einer Vergütungspflicht, zugeordnet wird (s. zB §§ 137 Abs. 2 S. 1, 137b Abs. 2, 3 sowie § 137e Abs. 4). Die beiden bisher einzigen Fälle eines **Rechteverlusts der Urheber** in Vertragsverhältnissen beziehen sich auf Computerprogramme von Urhebern in Arbeits- und Dienstverhältnissen (s. § 137d Rdnr. 3 zu § 62 b) und auf bestimmte Rechte an solchen Programmen (s. § 137d Abs. 2 iVm. § 69g Abs. 2). Sie bedürfen einer besonderen Rechtfertigung unter dem Gesichtspunkt des Fehlens eines schutzwürdigen Vertrauens (s. § 137d Rdnr. 3).

3. Gesteigerte Modifikation des Prinzips des Nichteingriffs in bestehende Vertragsverhältnisse durch § 1371

3   § 1371 beinhaltet demgegenüber nicht nur eine einfache Anwendung der Aufhebung des § 31 Abs. 4 auf bestehende Vertragsverhältnisse, vielmehr statuiert er einen weit darüber hinausgehenden Rechteverlust der Urheber zugunsten der Inhaber vertraglich erworbener Nutzungsrechte. § 31 Abs. 4 hatte während der Dauer seiner Geltung (s. dazu Rdnr. 1) den Effekt, dass die Urheber auch nach Einräumung von Nutzungsrechten stets Inhaber der Rechte in Bezug auf Nutzungsarten blieben, die bei Vertragsabschluss noch unbekannt waren (so. Rdnr. 1). Eine bloße Anwendung der Aufhebung des § 31 Abs. 4 auf bestehende Vertragsverhältnisse hätte bedeutet, dass die Urheber die verbliebenen Rechte nur dann verloren hätten, wenn sie die Einräumung von Nutzungsrechten auch für unbekannte Nutzungsarten vereinbart hätten. Damit begnügt die Übergangsregelung für neue Nutzungsarten sich jedoch nicht. Vielmehr beinhaltet § 1371 Abs. 1 S. 1 nach der AmtlBegr. (BT-Drucks. 16/1828 S. 22/33) eine gesetzliche Übertragungsfiktion für Rechte an neuen Nutzungsarten zugunsten des Erwerbers von Nutzungsrechten, die von besonderen Situationen abgesehen nur an zwei allgemeine Bedingungen geknüpft ist: eine bestimmte Qualität der von dem Erwerber tatsächlich erworbenen, weil bei Vertragsabschluss einräumbaren Nutzungsrechte („alle wesentlichen Nutzungsrechte ausschließ-

lich sowie räumlich und zeitlich begrenzt") und das Ausbleiben eines Widerspruchs des Urhebers („sofern der Urheber nicht dem anderen gegenüber der Nutzung widerspricht"). Auf die tatsächlich über unbekannte Nutzungsarten getroffenen Vereinbarungen kommt es daher nicht an. In gleicher Weise wie der ursprüngliche Vertragspartner des Urhebers begünstigt ist auch ein **Dritter**, der von diesem Vertragspartner alle ursprünglich eingeräumten Nutzungsrechte erworben hat (§ 1371 Abs. 2 S. 1).

Kommt es somit bei § 1371 auf die tatsächlich getroffenen Vereinbarungen der Vertragsparteien über unbekannte Nutzungsarten nicht an, so wird durch diese Bestimmung das Prinzip des Nichteingriffs neuen gesetzlichen Urhebervertragsrechts in bestehende Vertragsverhältnisse auf eine Art und Weise modifiziert, für deren Intensität es im bisherigen gesetzlichen Übergangsrecht für Urheberrechtsverträge **kein Vorbild** gibt. Dies gilt selbst im Vergleich mit **§ 69 b** und **§ 137 d Abs. 2** iVm. **§ 69 g Abs. 2** (s. zu diesen Bestimmungen oben Rdnr. 2). § 69 b bezieht sich zum einen nur auf Urheberrechte in Arbeits- und Dienstverhältnissen und er enthält zum anderen in seinem Abs. 1 einen Vorbehalt zugunsten abweichender vertraglicher Vereinbarungen. § 137 d Abs. 2 iVm. § 69 g Abs. 2 und §§ 69 d Abs. 2 und 3 sowie 69 e entzieht dem Urheber zwar gegebenenfalls in älteren Verträgen vorbehaltene Rechte an Computerprogrammen zur Erstellung einer Sicherungskopie, für Programmtests und Dekompilierung, führt insoweit aber nur zu einer Nutzungsbefugnis der anderen Vertragspartei, anders als § 1371 Abs. 1 S. 1 jedoch nicht zur Übertragung von auswertbaren Rechten. 4

An dieser Beurteilung vermögen auch die **Widerspruchsrechte** des Urhebers nach § 1371 Abs. 1 S. 1–3 und sein **Vergütungsanspruch** nach § 3171 Abs. 5 nichts zu ändern. Dies gilt insbesondere für das Widerspruchsrecht in Bezug auf früher unbekannte Nutzungsarten, die **bis zum 1. 1. 2008 bekannt** geworden sind, darunter zB faktisch die Video- und die DVD-Nutzung älterer Filme und vielfältige weitere digitale Nutzungen, wie Video-on-Demand und Internet-TV sowie die CD-ROM- und Onlinenutzung von Sprachwerken und Fotografien. Ein solcher Widerspruch war nach § 1371 Abs. 1 S. 2 nur **innerhalb eines einzigen Jahres** ab dem 1. 1. 2008 möglich und setzte für seine Wirksamkeit noch nicht einmal eine Information des Urhebers von Seiten des Nutzungsberechtigten voraus. Anders als alle anderen, bisherigen Vergütungsansprüche des gesetzlichen Übergangsrechts für Urheberrechtsverträge zugunsten des Urhebers ist darüber hinaus nur derjenige des § 1371 Abs. 5 der Geltendmachung durch Verwertungsgesellschaften vorbehalten und damit der individuellen Verhandlung, Bemessung und Durchsetzung entzogen. 5

4. Öffnung der Medienarchive für neue Nutzungsarten als Motiv für § 1371

Ein verbreitet benutztes Schlagwort für das hinter § 1371 stehende Motiv des Gesetzgebers lautet „**Öffnung der Archive**" (s. zB *Hucko* S. 25; *Mestmäcker/Schulze* Rdnr. 9; *Wandtke/Bullinger*[3] Rdnr. 3) oder auch „Hebung der Archivschätze" (s. zB *Klöhn* K&R 2008, 77/81; *Wandtke/Bullinger*[3] Rdnr. 3). Die AmtlBegr. (BT-Drucks. 1828 S. 22) drückt es so aus: „Die in zahlreichen Archiven ruhenden Schätze sollen endlich neuen Nutzungsarten problemlos zugänglich gemacht werden." Unter Archiven sind dabei **Medienarchive** zu verstehen, und zwar solche **aller Medien**. Wegen der sog. Konvergenz der Medien und der Verwertungsformen ist bewusst darauf verzichtet worden, nach Medien zu differenzieren (BT-Drucks. aaO). 6

Am Beginn der rechtspolitischen Forderungen nach einer Öffnung der Archive standen jedoch die **Rundfunkarchive**, dh. die Archive der Hörfunk- und Fernsehsender. So wird über eine Erklärung des Europarats aus dem Jahre 1999 berichtet, mit der die Mitgliedstaaten aufgerufen wurden, die umfassende digitale Auswertung ihrer Rundfunkarchive zu ermöglichen (s. dazu *Castendyk/Kirchherr* ZUM 2003, 751/761, Fn. 69 mN aus dem Internet), und sodann über einen ersten, darauf beschränkten Gesetzesvorschlag *Martin Vogels* für Deutschland, der darauf abzielte, Sendeunternehmen als Inhabern unbefristeter Senderechte die digitale On-Demand-Nutzung ihrer Archive zu ermöglichen (s. aaO S. 761; *Haupt* MR-Int 1/08; *Haupt/Ullmann* ZUM 2005, 883). Schon mit Rücksicht darauf, dass privater Rundfunk in Deutschland erst seit Mitte der 1980er-Jahre rechtlich zulässig war (s. *Hahn/Vesting* (Hrsg.), Beck'scher Kommentar zum Rundfunkrecht, 2008, Präambel RStV Rdnr. 2), zielte die Initiative auf die Archive der **öffentlich-rechtlichen Rundfunkanstalten** ab (s. dazu *Haupt/Ullmann* ZUM 2005, 883/884; *Klickermann* MMR 2007, 221/222; *Schmid*, in *Haupt*, S. 269/272; sa. *Fromm/Nordemann*[10] Rdnr. 1), die eine verfassungsrechtlich fundierte Grundversorgungsaufgabe auch mittels neuer Übertragungswege, wie in Form von Online-Diensten, zu erfüllen haben (s. *Hahn/Vesting* aaO Rdnr. 17f./29, Anh. § 11 RStV Rdnr. 21 ff.). 7

5. Vereinbarkeit des § 1371 mit der Verfassung?

8   Angesichts der ungewöhnlich hohen, im bisherigen urhebervertragsrechtlichen Übergangsrecht unbekannten Intensität, mit welcher § 1371 in ausschließliche Rechte der Urheber und in ihr Vertrauen auf den Fortbestand eines vertraglich vereinbarten Interessenausgleichs mit den Werkverwertern eingreift (so. Rdnr. 2–4), nimmt es nicht wunder, dass verbreitet die Frage gestellt wird, ob § 1371 mit dem **Grundgesetz** vereinbar ist. Berichtet wird, dass auch bereits von zwei Regisseuren und Autoren gegen die Bestimmung **Verfassungsbeschwerde** zum Bundesverfassungsgericht eingelegt worden ist (als unzulässig abgewiesen durch BVerfG GRUR 2010, 332). Die **AmtlBegr**. des § 1371 (BT-Drucks. 16/1828 S. 33 f.) lässt selbst **Zweifel** erkennen: Der mit der Übertragungsfiktion dieser Vorschrift verbundene Rechtsverlust des Urhebers beruhe nicht auf einer verfassungsrechtlich relevanten Rückwirkung, sondern auf einem Handeln bzw. Nichthandeln des Urhebers nach Inkrafttreten des Gesetzes, womit die Fälle gemeint sind, in denen der Urheber der neuen Nutzung durch die andere Vertragspartei nicht widerspricht. Die Regelung des § 1371 sei daher mit der Einführung eines neuen gesetzlich geregelten Falls von Schweigen als Willenserklärung zu vergleichen. Gegen diese Begründung hat der **Bundesrat** erhebliche **Bedenken** geäußert: Der Rechteverlust des Urhebers beruhe auf der vorgeschlagenen gesetzlichen Regelung, sein Widerspruchsrecht führe nicht dazu, dass nur noch sein Nichthandeln als verfassungsrechtlich relevante Ursache für den Rechtsverlust angesehen werden könne (s. BT-Drucks. 16/1828 S. 45).

9   Geht man von der in den amtlichen Materialien angesprochenen Problematik der **Rückwirkung** aus, so sind sich Stimmen im Schrifttum, welche die Verfassungsmäßigkeit des § 1371 entweder bezweifeln oder bejahen, jedenfalls darin einig, dass zwischen einer verfassungsrechtlich grundsätzlich verbotenen **echten** und grundsätzlich zulässigen **unechten** Rückwirkung zu unterscheiden und § 1371 im Sinne der Letzteren zu verstehen ist: Die Übertragungsfiktion für neue Nutzungsarten legitimiert nicht im Sinne einer echten Rückwirkung nachträglich in der Vergangenheit geschehene Rechtsverletzungen, sondern lediglich entsprechende Nutzungen für die Zukunft (s. *Dreier/Schulze*[3] Rdnr. 15; *Fromm/Nordemann*[10] Rdnr. 21; *Ehmann/Fischer* GRUR Int. 2008, 284/287; *Spindler/Heckmann* ZUM 2006, 620/624; *Frey/Rudolph* ZUM 2007, 13/22 mit der Forderung nach einer eindeutigen gesetzlichen Klarstellung in diesem Sinne; *Schmidt-Hern* ZUM 2008, 927/932 f. mit näheren Hinweisen auf die Rechtsprechung des BVerfG; aA *Wandtke/Bullinger*[3] Rdnr. 19/35). In Übereinstimmung mit dem Bundesrat (so. Rdnr. 8) geht die wohl einhellige Meinung dahin, dass die Übertragungsfiktion des § 1371 auf dem Gesetz und nicht auf dem Verhalten des Urhebers beruht (s. *Berger* GRUR 2005, 907/910; *Frey/Rudolph* ZUM 2007, 13/22; *Klöhn* K&R 2008, 77/82; *Schmidt-Hern* ZUM 2008, 927/932; *Spindler/Heckmann* ZUM 2006, 620/624). Die Argumentation mit dem Schweigen als Willenserklärung wird mit kaum haltbar (so *Spindler/Heckmann* ZUM 2006, 620/624) bis abwegig (so *Berger* GRUR 2005, 905/910) kommentiert.

10 Im Übrigen konzentriert sich die verfassungsrechtliche Erörterung des § 1371 in erster Linie auf den Schutz des **Urheberrechts** als **Eigentum iSd. Art. 14 GG**. In der Rechtsprechung des BVerG ist anerkannt, dass der Gesetzgeber auf der Grundlage des Sozialbindung des Eigentums sowie seines Auftrags zur Bestimmung seines Inhalts und seiner Schranken (Art. 14 Abs. 1 S. 2, Abs. 2) auch befugt ist, den ausschließlichen Verwertungsrechten des Urhebers im Interesse der Allgemeinheit Schranken zu setzen. Er hat dabei aber die Grundsätze des Verhältnismäßigkeit und des Gleichheitssatzes (s. dazu mwN *Schmidt-Hern* ZUM 2006, 927/929), des Übermaßverbots (s. ebenfalls mwN *Schricker/Katzenberger* GRUR 1985, 87/94) sowie des Schutzes des Vertrauens in den Fortbestand einer einmal gegebenen Rechtslage (s. dazu mwN *Spindler/Heckmann* ZUM 2006, 620/622) zu beachten. Das **legitime Interesse der Allgemeinheit**, über eine Öffnung der Medienarchive für neue Nutzungsarten an kulturellen Gütern der Vergangenheit teilhaben zu können (so. Rdnr. 6), wird auch von Kritikern des § 1371 nicht geleugnet (s. zB *Spindler/Heckmann* ZUM 2006, 620/623). Darüber hinaus geht eine gewichtige Auffassung dahin, dass es vor allem **zwei Faktoren** sind, welche die **Vereinbarkeit des § 1371 mit Art. 14 GG** gewährleisten sollen: das **Widerspruchsrecht** des Urhebers nach § 1371 Abs. 1 S. 1–3 und sein **Vergütungsanspruch** nach § 1371 Abs. 5 (so *Fromm/Nordemann*[10] Rdnr. 1; *Mestmäcker/Schulze* Rdnr. 33; *Wandtke/Bullinger*[3] Rdnr. 35; *Schmidt-Hern* ZUM 2008, 927/930 ff. unter Betonung des Vergütungsanspruchs; kritisch dagegen *Dreier/Schulze*[3] Rdnr. 3, und früher schon *Schulze* UFITA 2007, 641, 645 ff.).

11 **Erhebliche Zweifel** bleiben gleichwohl bestehen. Die Übertragungsfiktion des § 1371 bewirkt **keinen unmittelbaren Vorteil der Allgemeinheit**, sondern **nur der anderen Ver-**

tragspartei, an die der Urheber seine Rechte verliert. Der Allgemeinheit ist nur gedient, wenn die Werkverwerter von ihren neuen Befugnissen auch tatsächlich effektiv und angemessen Gebrauch machen. Dafür aber trifft das Gesetz keinerlei Vorkehrungen, sodass selbst eine Blockade von ihrer Seite nicht ausgeschlossen ist (s. *Spindler/Heckmann* ZUM 2006, 620/623). Das dem entgegengehaltene Rückrufsrecht des Urhebers wegen Nichtausübung iSd. § 41 (so von *Fromm/Nordemann*[10] Rdnr. 1; *Schmidt-Hern* ZUM 2008, 927/932) ist nicht nur schwerfällig, es dient auch nicht den Interessen der Allgemeinheit, und es ist für den wichtigen Bereich der Filmauswertung durch § 90 sogar ausgeschlossen. Es hilft auch nicht gegen eine exorbitante, das Allgemeininteresse vernachlässigende Preisgestaltung, für die es zB im Bereich naturwissenschaftlicher Online-Publikationen, dem sog. „**e-only**", bedenkliche Praktiken gibt (s. dazu *Hilty* GRUR Int. 2006, 179/183; *ders.* GRUR 2009, 633/636). Gravierende Zweifel bestehen auch an der **Eignung des Widerspruchsrechts**, die Urheberinteressen zu wahren, und zwar insbes. in Bezug auf früher unbekannte Nutzungsarten, die bis zum 1. 1. 2008 bekannt geworden sind. Die inzwischen längst abgelaufene Frist von nur einem einzigen Jahr (§ 1371 Abs. 1 S. 2) war aus der Sicht der Urheberinteressen viel zu kurz (so zB auch die Kritik der *GRUR* GRUR 2005, 743/746). Die vorausgegangene mehrjährige Diskussion, auf welche die AmtlBegr. (BT-Drucks. 16/1828 S. 33) sich beruft, dürfte von der Mehrzahl der Urheber gar nicht wahrgenommen worden sein (so auch *Spindler/Heckmann* ZUM 2006, 620/625); ebenso nicht das Gesetz vom 26. 10. 2007 selbst und beides erst recht nicht von den ebenfalls betroffenen (su. Rdnr. 24) ausländischen Autoren. Und völlig unerfindlich bleibt, warum die erst vom Rechtsausschuss des Deutschen Bundestags (BT-Drucks. 16/5939 S. 46) eingeführte Informationspflicht des Werkverwerters in Bezug auf seit dem 1. 1. 2008 bekannt werdende neue Nutzungsarten (§ 1371 Abs. 1 S. 3) nicht auch für vor diesem Datum bekannt gewordene Nutzungsarten vorgesehen wurde. So bleibt als Gesamteindruck des einjährigen Widerspruchsrechts der Urheber derjenige eines **Feigenblatts**, zumal selbst der zuständige leitende Ministerialbeamte davon ausgegangen ist, dass die Ausübung des Widerspruchsrechts „eher den Ausnahme- als den Regelfall" darstellen werde (so *Seibold* ZUM 2005, 130/135, zu einem Diskussionsbeitrag von Ministerialdirektor *Elmar Hucko* aus dem Bundesministerium der Justiz). Verfassungsrechtlich nicht irrelevant dürfte auch der **wirtschaftliche Verlust** sein, der sich für einen Urheber aus der Nichtausübung eines derart schwach ausgestalteten Widerspruchsrechts ergeben kann. Sie führt zu einem **bloßen Anteil an den kollektiven Einnahmen einer Verwertungsgesellschaft** nach § 1371 Abs. 5 auch in Fällen, in denen zB der Herausgeber einer Fachzeitschrift für Mathematik auf der Grundlage seiner ausschließlichen Rechte an diesem Sammelwerk für die Onlinenutzung eines einzigen Bandes vom Verlag individuell ausgehandelt 10 000 Euro erhielt (s. OLG Hamm AfP 2008, 515/516 – Fachzeitschrift für Mathematik, und dazu *Heckmann/Hillegeist* AfP 2008, 483 f.).

Die verfassungsrechtlichen Bedenken gegen § 1371 legen es nahe, die Bestimmung im Zweifel **eng auszulegen** und den Interessen der Urheber den Vorzug vor einer möglichst weiten Öffnung der Medienarchive einzuräumen (ebenso *Dreier/Schulze*[3] Rdnr. 4; *Spindler/Heckmann* ZUM 2006, 620/624; aA *Fromm/Nordemann*[10] Rdnr. 1; grundsätzlich auch *Schmidt-Hern* ZUM 2008, 927/931/933/934). **12**

II. Anwendungsbereich des § 1371

1. Gegenständlicher Anwendungsbereich

Der gegenständliche Anwendungsbereich des § 1371 wird durch die **wesentlichen Kriterien** **13** bestimmt, an welche Abs. 1 S. 1 der Vorschrift die zentrale Rechtsfolge der gesamten Übergangsregelung anknüpft: die gesetzliche Fiktion der Einräumung von Nutzungsrechten an unbekannten Nutzungsarten an eine Vertragspartei, die bereits Inhaberin von Nutzungsrechten an bekannten Nutzungsarten ist und der es durch diese Fiktion rechtlich ermöglicht wird, ihre Medienarchive neuen Nutzungsformen zugänglich zu machen (so. Rdnr. 3, 6). Diese Kriterien sind nach dem Gesetzeswortlaut die **Einräumung von Nutzungsrechten** durch den **Urheber** an einen **anderen**. Nähere Erkenntnisse über den gegenständlichen Anwendungsbereich des § 1371 erschließen sich aus seiner Qualität als **Übergangsregelung** für die **Aufhebung des § 31 Abs. 4** (so. Rdnr. 1). War die Rechtsfolge dieser Bestimmung die Unwirksamkeit der Einräumung für unbekannte Nutzungsarten (s. ebenfalls oben Rdnr. 1) und soll § 1371 diese Rechtsfolge für die Zukunft entfallen lassen (so. Rdnr. 3, 6), so muss der gegenständliche Anwendungsbereich der neuen Bestimmung sozusagen **spiegelbildlich** an diejenigen der aufgeho-

§ 1371

benen Vorschrift anschließen. Dies vorausgeschickt gilt für den gegenständlichen Anwendungsbereich des § 1371 das Folgende:

14   a) **Einräumung von Nutzungsrechten.** Wie in der Vergangenheit bei § 31 Abs. 4 (s. die *Voraufl.* § 31 Rdnr. 25) sind auch für die Anwendung des § 1371 bloße **schuldrechtliche Verpflichtungen** zur Einräumung von Nutzungsrechten ebenso zu beurteilen wie Verfügungen über Nutzungsrechte, also deren Einräumungen (ebenso *Fromm/Nordemann*[10] Rdnr. 5). Daraus folgt eine vertragliche Verpflichtung des Urhebers zur Rechtseinräumung für unbekannte Nutzungsarten für die Zukunft in Fällen, in denen der Urheber unter der Geltung des § 31 Abs. 4 nur Verpflichtungen zur Einräumung von Nutzungsrechten in dem von § 1371 Abs. 1 S. 1 geforderten Umfang eingegangen ist. Zuzustimmen ist folgerichtig auch der Ansicht (s. *Fromm/Nordemann*[10] aaO), dass § 1371 auch auf **Optionsverträge** angewendet werden kann, weil dies auch für § 31 Abs. 4 gegolten hat (s. *Voraufl.* § 31 Rdnr. 25). Desgleichen sind auch rein **schuldrechtliche Nutzungsgestattungen** (s. zu diesen vor §§ 28 ff. Rdnr. 55) von der Anwendung des § 1371 unter den dort genannten Voraussetzungen nicht ausgeschlossen (s. *Voraufl.* § 31 Rdnr. 25). Nutzungsberechtigte Archivinhaber über § 1371 auch an Ausschüttungen von **Vergütungen** zu beteiligen, die Verwertungsgesellschaften über diese Bestimmung aus Rechten an neuen Nutzungsarten zufließen, scheidet jedoch aus, weil es dafür kein Vorbild unter § 31 Abs. 4 gibt und der Ausschluss von solchen Zahlungen auch die Archivnutzung nicht behindert und damit außerhalb der Zielrichtung des § 1371 (so. Rdnr. 6) liegt (gegen *Fromm/Nordemann*[10] Rdnr. 5, die eine solche Beteiligung für erwägenswert halten).

15   Wie es sich bei der Einräumung von Nutzungsrechten nach deutschem Recht um das Standardinstrument der vertraglichen Verfügung über Urheberrechte an Werken aller Art handelt (s. § 29 Abs. 2, § 31 Rdnr. 1 S. 1 und dazu § 31 Rdnr. 1a der *Voraufl.*), können **Werke aller Art** auch Gegenstand der Einräumung von Nutzungsrechten iSd. § 1371 Abs. 1 S. 1 sein. Die Amtl.-Begr. (BT-Drucks. 16/1828 S. 22) weist ausdrücklich darauf hin, dass auf eine Differenzierung nach Werkkategorien verzichtet wird (s. zum Ergebnis auch *Dreier/Schulze*[3] Rdnr. 3). Dasselbe gilt für die **Art der Medien** (Druckwerk, Tonträger, Bild- und Tonträger, Datenbank, Sendung etc.), in der ein Werk verkörpert oder mittels derer es wiedergegeben wird (so. Rdnr. 6). In gleicher Weise kommt es auch nicht auf den **Status eines Werkes** als unveröffentlicht, veröffentlicht (§ 6 Abs. 1) oder erschienen (§ 6 Abs. 2) an. Zwar ist mit der Öffnung eines Archivs (so. Rdnr. 6) bei einem darin enthaltenen unveröffentlichten Werk neben den Nutzungsrechten auch das Veröffentlichungsrecht des Urhebers iSd. § 12 Abs. 1 mit im Spiel. Jedoch beschränkt sich dieses Recht auf die Erstveröffentlichung und wird es dem Nutzungsberechtigten gegenüber idR bereits durch die Übergabe an ihn durch den Urheber ausgeübt und verbraucht (sa. § 12 Rdnr. 16 ff.).

16   Unter Beachtung des Bezugs zu dem aufgehobenen § 31 Abs. 4 (so. Rdnr. 13) ist auch die Frage zu beantworten, auf welche **Rechte** und **Schutzgegenstände** § 1371 Anwendung findet. Schon durch die Erwähnung des Urhebers in § 1371 Abs. 1 S. 1 ist klar, dass die Bestimmung jedenfalls **Urheberrechte** an urheberrechtlich geschützten Werken betrifft (s. statt aller *Dreier/Schulze*[3] Rdnr. 7; *Fromm/Nordemann*[10] Rdnr. 6). Darüber hinaus wird zu Recht eine zumindest analoge Anwendung des § 1371 auch auf die **verwandten Schutzrechte der Verfasser wissenschaftlicher Ausgaben** (§ 70) und der **Lichtbildner** (§ 72) befürwortet, weil die betr. Bestimmungen (§ 70 Abs. 1, § 72 Abs. 1) für den Schutz dieser Rechte seit jeher eine ausnahmslose Anwendung der für Urheberrechte geltenden Vorschriften des Teils 1 des UrhG vorstehen; damit galt für sie auch § 31 Abs. 4, und dasselbe muss dann auch für § 1371 als dessen Gegenstück (so. Rdnr. 13) gelten (s. zu diesem Ergebnis auch *Fromm/Nordemann*[10] Rdnr. 6; *Dreier/Schulze*[3] Rdnr. 5 iVm. § 31 Rdnr. 9).

17   Etwas anderes gilt, und § 1371 ist nicht anwendbar auf **Verträge von ausübenden Künstlern** und auf deren verwandtes Schutzrecht. Vor Inkrafttreten des Gesetzes vom 26. 10. 2007, durch den § 31 Abs. 4 aufgehoben und § 1371 eingeführt wurde (so. Rdnr. 1), hatte § 79 Abs. 2 S. 2 nF 2003 trotz genereller Verweisung auf § 31 nF 2003 dessen Abs. 4 von dieser Verweisung ausdrücklich ausgenommen. Vom BGH war für das bis dahin geltende Künstlervertragsrecht eine analoge Anwendung dieser Bestimmung abgelehnt worden (s. BGH GRUR 2003, 234/235 – EROC III), sodass ausübende Künstler vor Inkrafttreten des § 1371 auch über unbekannte Nutzungsarten vertraglich verfügen konnten. In gleicher Weise wurde in derselben Entscheidung auch über das **verwandte Schutzrecht der Tonträgerhersteller** entschieden (BGH aaO – EROC III). Hierzu war auch die Verweisungsmethodik des § 85 Abs. 2 S. 2 nF 2003 dieselbe wie diejenige des § 79 Abs. 2 S. 2 nF 2003, und dasselbe gilt für die Regelungen

über die **verwandten Schutzrechte** der **Veranstalter** (§ 81 S. 2 nF 2003), der **Filmhersteller** (§ 94 Abs. 2 S. 2 nF 2003) und der **Sendeunternehmen** (§ 87 Abs. 2 S. 3 nF 2003); auch für das verwandte Schutzrecht des **Datenbankherstellers** (§§ 87a ff.) kann nichts anderes gelten. Auf alle diese Schutzrechte und Verträge über sie ist **§ 1371 nicht anwendbar** (wohl allgM; s. zB *Dreier/Schulze*[3] Rdnr. 5 iVm. § 31a Rdnr. 9; *Fromm/Nordemann*[10] Rdnr. 6). Für eine **Öffnung der Archive** (so. Rdnr. 6) kann dies ähnlich **hinderlich** sein wie zB die Weigerung der Tonträgerhersteller, ihrer (Verwertungs-)Gesellschaft für Leistungsschutzrechte (GVL) die Wahrnehmung der Online-Rechte für Tonträgermusik zu übertragen mit der Folge, dass Sendeunternehmen Tonträgermusik zwar gegen Vergütung senden (s. § 78 Abs. 1 Nr. 2, Abs. 2 Nr. 1, § 86), aber nicht problemlos parallel dazu auch nur als Hintergrundmusik zu Hörfunk- und Fernsehproduktionen online zugänglich machen dürfen (§§ 78 Abs. 1 Nr. 1, 85 Abs. 1 S. 1), vielmehr sich diesbezüglich auch noch mit einer Verweigerungshaltung insbes. der großen Tonträgerhersteller gegenüber einer individuellen Lizenzierung konfrontiert sehen (s. dazu *Weber* ZUM 2007, 688/692).

b) Urheber und Rechtsnachfolger als Vertragsparteien. Primärer Anknüpfungspunkt 18 für die Fiktion einer Rechtseinräumung für neue Nutzungsarten gemäß § 1371 Abs. 1 S. 1 ist eine **Nutzungsrechtseinräumung** für bekannte Nutzungsarten **durch den Urheber**. Dies entspricht (so. Rdnr. 13) den Schutzzweck des früheren **§ 31 Abs. 4**. Die Bestimmung diente nach der AmtlBegr. (BT-Drucks. IV/270 S. 56; sa. die *Vorauf1.* § 31 Rdnr. 25) dem **Schutz des Urhebers**. Wörtlich heißt es dort: „Ihm soll, wenn neue Nutzungsarten entwickelt werden, stets die Entscheidung darüber vorbehalten werden, ob und gegen welches Entgelt er mit der Nutzung seines Werkes auch auf die neu erfundene Art einverstanden ist." Aufgrund der Vererblichkeit des Urheberrechts (s. § 28 Abs. 1) stehen den vertraglichen Verfügungen des Urhebers selbst auch diejenigen seiner **Rechtsnachfolger** von Todes wegen, also seiner **Erben** und derjenigen Personen gleich, denen das Urheberrecht in Erfüllung einer Verfügung von Todes wegen oder im Wege der Auseinandersetzung unter Miterben (s. § 29 Abs. 1, § 30) übertragen worden ist (wohl ebenso *Dreier/Schulze*[3] Rdnr. 7).

§ 31 Abs. 4 war grundsätzlich auch auf die Einräumung von Nutzrechten im Rahmen 19 von **Arbeit- und Dienstverhältnissen** anwendbar (s. die *Vorauf1.* § 31 Rdnr. 25, § 43 Rdnr. 55a). Daraus folgt (so. Rdnr. 13) auch die Anwendbarkeit der Übertragungsfiktion des § 1371 Abs. 1 S. 1 auf solche Rechtseinräumungen (im Ergebnis wie hier *Dreier/Schulze*[3] Rdnr. 9; *Fromm/Nordemann*[10] Rdnr. 5; *Wandtke/Bullinger*[3] Rdnr. 15). Wie aber zu Lasten der Arbeit- und Dienstnehmerurheber unter § 31 Abs. 4 gewisse Besonderheiten galten (s. die *Vorauf1.* aaO), werden sie je nach den Umständen auch unter § 1371 gewisse Abstriche in Bezug auf das Widerspruchsrecht (§ 1371 Abs. 1 S. 1–3) und den Vergütungsanspruch (§ 1371 Abs. 5) hinnehmen müssen (ebenso im Hinblick auf das Widerspruchsrecht *Dreier/Schulze*[3] Rdnr. 9).

Fraglich ist demgegenüber, ob Ausgangspunkt für das Eingreifen der Übertragungsfiktion des 20 § 1371 Abs. 1 S. 1 auch **Rechtsgeschäfte von Nutzungsrechtsinhabern** sein können. Für die Beantwortung dieser Frage ist wiederum von der Rechtslage unter Geltung des § 31 Abs. 4 auszugehen (so. Rdnr. 13). Danach war diese Bestimmung auch auf solche Rechtsgeschäfte anwendbar, obwohl die Formulierung dieser Bestimmung (so. Rdnr. 18) nicht auf den Schutzinhaber ausgerichtet war (s. die *Vorauf1.* § 31 Rdnr. 25). Die Frage war aber str. (so zB aA *Dreier/Schulze*[2] § 31 Rdnr. 78; *Loewenheim/J. B. Nordemann* § 26 Rdnr. 35). Der erstgenannten Auffassung gebührt der Vorzug, sodass die Anknüpfung der Übertragungsfiktion auch an solche Rechtsgeschäfte sich bereits aus der Parallele zu § 31 Abs. 4 ergibt. Andernfalls folgt dasselbe Ergebnis jedenfalls unmittelbar aus § 1371 Abs. 2 S. 1: Hat der Vertragspartner des Urhebers die ihm eingeräumten Nutzungsrechte einem Dritten übertragen, so greift die in § 1371 Abs. 1 S. 1 statuierte Übertragungsfiktion dem Dritten gegenüber Platz (s. dazu näher unter Rdnr. 46).

c) Die andere Vertragspartei. Entsprechend der Geltung des § 1371 und des aufge- 21 hobenen § 31 Abs. 4 für Werke und Medien aller Art (so. Rdnr. 15) kann die andere Vertragspartei **jeder Dritte**, insbes. **jeder Werkverwerter** sein, also zB ein Verlag, ein Filmhersteller, ein Tonträgerhersteller usw. Andere Vertragspartei kann darüber hinaus auch eine urheberrechtliche **Verwertungsgesellschaft** sein, mit welcher der Urheber oder dessen Rechtsnachfolger (so. Rdnr. 18/20) einen Wahrnehmungsvertrag geschlossen hat (ebenso *Dreier/Schulze*[3] Rdnr. 18; *Fromm/Nordemann*[10] Rdnr. 5/16; *Wandtke/Bullinger*[3] Rdnr. 16). Dies ist nicht selbstverständlich, weil Verwertungsgesellschaften keine Werkarchive unterhalten, die sie für neue Nutzungen öffnen könnten (so. Rdnr. 6) und weil sie auch selbst keine Werknutzungen vornehmen, sondern nur Nutzungsrechte an Werkverwerter vergeben. Dadurch scheint auch ein gegen die Ver-

§ 1371

wertungsgesellschaften selbst gerichteter Vergütungsanspruch der Urheber gemäß § 1371 Abs. 5 ins Leere zu gehen (sa. die Zweifel gegenüber der hM bei *Müller* ZUM 2009, 293/295). Dennoch ist der hM zu folgen, weil § 31 Abs. 4 auf Wahrnehmungsverträge mit Verwertungsgesellschaften anwendbar war (s. dazu § 6 WahrnG Rdnr. 5; neuerdings BGH GRUR 2009, 395/397, Rdnr. 19 – Klingeltöne für Mobiltelefone; zur Schlussfolgerung so. Rdnr. 13). Soweit § 1371 Abs. 1 S. 1 überhaupt auch im Übrigen anwendbar ist (su. Rdnr. 24ff.) und auch die Voraussetzungen des § 1371 Abs. 2 S. 1 erfüllt sind, wäre der Dritte, dem die Verwertungsgesellschaft Rechte einräumt, Schuldner der Urhebervergütung nach § 1371 Abs. 5 S. 4, die aber nach § 1371 Abs. 5 S. 2 wiederum nur durch die Verwertungsgesellschaft geltend gemacht werden könnte (s. aber unten Rdnr. 37).

2. Zeitlicher Anwendungsbereich

22   Der zeitliche Anwendungsbereich des § 1371 ist in § 1371 Abs. 1 S. 1 ausdrücklich geregelt. Die dort bestimmte Übertragungsfiktion gilt für die Einräumung von Nutzungsrechten, die **„zwischen dem 1. Januar 1966 und dem 1. Januar 2008"** stattgefunden haben. An dem erstgenannten Datum ist das UrhG in seiner ursprünglichen Fassung und mit ihm § 31 Abs. 4 in Kraft getreten (s. § 143 Abs. 2), an dem zweitgenannten das Gesetz vom 26. 10. 2007, durch das § 1371 eingeführt und § 31 Abs. 4 aufgehoben wurde (s. dazu bereits Rdnr. 1). Der nicht ganz exakte Gesetzeswortlaut meint entsprechende Vertragsabschlüsse ab dem **1. Januar 1966** und **bis** zum **31. Dezember 2007** einschließlich als dem Zeitraum der Geltung des § 31 Abs. 4 (so im Ergebnis auch *Schulze/Dreier*[3] Rdnr. 11; *Fromm/Nordemann*[10] Rdnr. 7/8). Für Verträge **ab dem 1. Januar 2008** gelten die §§ 31a und 32c, die an die Stelle des § 31 Abs. 4 getreten sind (so. Rdnr. 1). Sie sind **nicht** Gegenstand des § 1371 (s. *Dreier/Schulze*[3]Rdnr. 11).

23   **Nicht anwendbar** ist § 1371 auch auf Verträge, die **vor dem 1. Januar 1966** abgeschlossen worden sind; in Bezug auf sie ist grundsätzlich nur auf das vor diesem Datum geltende Recht abzustellen (s. § 132 Abs. 1 S. 1 und dazu oben Rdnr. 2; zur Unabwendbarkeit des § 1371 ausdrücklich OLG Köln ZUM 2009, 237/238 – Der Frosch mit der Maske, Dr. Mabuse und Winnetou). Der Grund liegt darin, dass es im früheren Recht eine § 31 Abs. 4 entsprechende Regelung nicht gab (s. die *Vorauſl.* § 31 Rdnr. 25; *Dreier/Schulze*[3] Rdnr. 3; *Fromm/Nordemann*[10] Rdnr. 7; *Mestmäcker/Schulze* Rdnr. 53). Rechte für unbekannte Nutzungsarten konnten somit seinerzeit übertragen werden (s. zB RG RGZ 140, 225/258 – Der Hampelmann; s. weiter § 89 Rdnr. 3 zur umfassenden Rechteübertragung an anonymen NS-Propagandafilmen und anonymen Kriegswochenschauen; dort auch zu zu weit gehenden Instanzurteilen aus neuerer Zeit; zutreffend dagegen OLG Köln, aaO). Die Folge ist, dass für eine Öffnung der Archive als Ziel des § 1371 (so. Rdnr. 6) insoweit nicht dieselbe Zwangslage wie unter der Geltung des § 31 Abs. 4 besteht. Dieser Unterschied rechtfertigt § 1371 jedenfalls unter dem Aspekt des Gleichheitssatzes (Art. 3 GG; s. *Schmidt-Hern* ZUM 2008, 641/647 gegen Schulze UFITA 2007, 641/647; sa. *Dreier/Schulze*[3] Rdnr. 3).

3. Internationaler Anwendungsbereich des § 1371

24   Auch für die **Beurteilung des internationalen Anwendungsbereichs des § 1371** ist davon auszugehen, dass es sich bei dieser Bestimmung um eine **übergangsrechtliche Reaktion auf die Aufhebung des § 31 Abs. 4** handelt (so. Rdnr. 13). Nach der für die Praxis verbindlichen Rechtsprechung des BGH (GRUR 1988, 296/298 – GEMA-Vermutung IV; BGHZ 136, 380/387 – Spielbankaffaire; sa. vor §§ 120ff. Rdnr. 150) regelte diese Vorschrift eine Frage des Übertragbarkeit des Urheberrechts und war sie (nur) auf die Einräumung eines unbekannten Nutzungsrechts, dies aber auch durch einen ausländischen Urheber anwendbar. § 31 Abs. 4 unterstand damit dem **Urheberrechtsstatut und dem Schutzlandprinzip,** nicht dem Vertragsstatut (s. zu diesen IPR-Regeln vor §§ 120ff. Rdnr. 124/128/147). Es liegt nahe, dieses Ergebnis auch auf § 1371 zu übertragen (im Ergebnis ebenso *Fromm/Nordemann*[10] Rdnr. 4/17; wohl auch *Mestmäcker/Schulze* Rdnr. 14/19). Dies gilt um so mehr, als das unmittelbare Gegenteil des § 31 Abs. 4, nämlich die nunmehrig gesetzliche Wirksamkeit der Einräumung von Nutzungsrechten für unbekannte Nutzungsarten, sich bereits aus § 31a ergibt und § 1371 eine darüber hinausgehende Rechtseinräumung zu Lasten des Urhebers und zugunsten des Inhabers von Nutzungsrechten fingiert (so. Rdnr. 3) und somit eine **gesetzliche Lizenz** statuiert (s. *Berger* GRUR 2005, 907/910; *Mestmäcker/Schulze* Rdnr. 10; *Wandtke/Bullinger*[3] Rdnr. 17). Dies bedeutet in abgeschwächter Form nichts anderes als eine unmittelbare gesetzliche Regelung der **Rechtsinhaberschaft** vergleichbar mit einer gesetzlichen Regelung der primären Inhaberschaft des

Urheberrechts selbst, die ebenfalls dem Urheberrechtsstatut unterliegt (s. vor §§ 120 ff. Rdnr. 127). Folge dieser IPR-Rechtslage ist, dass § 1371 zum einen auch auf **Vertragsverhältnisse deutscher Medienunternehmen mit ausländischen Urhebern anwendbar** ist, und zwar unabhängig von dem auf das Vertragsverhältnis im Übrigen anwendbare Recht, zum anderen aber **beschränkt auf die Werknutzung in Deutschland**. Des Weiteren gilt dasselbe aus der Sicht des IPR auch für **Vertragsverhältnisse ausländischer Medienunternehmen mit deutschen und mit ausländischen Urhebern**.

Die internationalen Bezüge des § 1371 haben neben dem IPR-Aspekt jedoch auch eine **25 fremdenrechtliche** und eine **konventionsrechtliche Komponente**. Die fremdenrechtliche ist dabei nur von sekundärer Bedeutung. Scheitert nämlich der Schutz eines Werkes an ihr, so steht es ohnehin für eine Nutzung jedweder Art zur Verfügung. Anders steht es um die **konventionsrechtlichen Implikationen des § 1371**. Geht man von der RBÜ aus, auf die auch Art. 9 Abs. 1 S. 1 TRIPS verweist (s. zu beiden vor §§ 120 ff. Rdnr. 13 ff./41 ff.), so entfaltet diese Konvention ihre Schutzwirkung zugunsten des Urhebers auch auf dem Gebiet des **Urhebervertragsrechts** (s. *Katzenberger* Fs. Schricker, 1995, S. 225/247 f.). Zu den tragenden Prinzipien des Konventionsschutzes zählt dabei der **Grundsatz der Formfreiheit des Schutzes** (Art. 5 Abs. 2 S. 1 RBÜ). Gegen ihn verstößt es zwar nicht, wenn § 31a Abs. 1 S. 1 für Rechtsgeschäfte des Urhebers über unbekannte Nutzungsarten Schriftform vorschreibt (s. *Katzenberger* aaO S. 238). Wohl aber ist die **Widerspruchsregelung** des § 1371 Abs. 1 S. 1–3 **mit dem Grundsatz der Formfreiheit unvereinbar**; weil sie den Urheber für den Behalt und für den „Genuss und die Ausübung" seiner konventionsrechtlich geschützten Rechte zwingen, Erklärungen abzugeben und dies auch noch innerhalb kurzer Fristen. **Folge** des Verstoßes gegen das Konventionsrecht ist, dass § 1371 aufgrund konventionsfreundlicher Auslegung (s. vor §§ 120 ff. Rdnr. 118) **in Konfliktfällen nicht anwendbar** ist. Vom Konventionsrecht nicht geschützte Urheber können sich darauf aber nicht berufen (s. vor §§ 120 ff. Rdnr. 119).

Das **Verbot von Formvorschriften** durch Art. 5 Abs. 2 S. 1 RBÜ **gilt** freilich **nicht**, so- **26** weit **Deutschland Ursprungsland** eines Werkes ist (Art. 5 Abs. 3 RBÜ); in diesen Fällen hat es mit der Anwendung der innerstaatlichen Vorschriften und damit auch des § 1371 sein Bewenden (s. vor §§ 120 ff. Rdnr. 47). Definitionsgemäß trifft dies zu, wenn ein Werk **zuerst in Deutschland erschienen** ist (Art. 5 Abs. 4 lit. a) iVm. Art. 3 Abs. 3 RBÜ), wozu aber zB eine Rundfunksendung nicht ausreicht (s. § 6 Rdnr. 30), oder wenn im Fall eines nicht erschienenen Werkes dessen **Urheber Deutscher** ist (Art. 5 Abs. 4 lit. c) RBÜ), bzw. wenn der **Hersteller** eines nicht erschienenen **Filmwerkes** seinen **Sitz in Deutschland** hat (Art. 5 Abs. 4 lit. c), i) RBÜ). Umgekehrt **greift das Formverbot Platz**, wenn ein Werk zuerst in einem anderen Verbandsland der RBÜ erschienen ist oder ein nicht erschienenes Werk einen ausländischen Urheber bzw. ein nicht erschienenes Filmwerk einen ausländischen Hersteller hat. Für den **Regelfall** bedeuten diese Grundsätze, dass eine **Anwendung des § 1371 auf ausländische Medienarchive ausscheidet**. Dasselbe gilt für **nicht erschienene Werke ausländischer Urheber in deutschen Medienarchiven** mit **Ausnahme** entsprechender **Filmwerke deutscher Produzenten oder Sendeunternehmen**.

Folge der Unanwendbarkeit des § 1371 ist, dass dessen **Übertragungsfiktion** für neue **27** Nutzungsarten **nicht Platz greift**, der betr. Urheber somit Inhaber der diesbezüglichen Rechte bleibt, die ihm auch unter der Geltung des § 31 Abs. 4 verblieben sind. Als weitere Folge gilt, dass die **Widerspruchslast** des Urhebers nach § 1371 Abs. 1 S. 1–3 und der **Vergütungsanspruch** nach § 1371 Abs. 5 ebenfalls entfallen. Ist **§ 1371 aber anwendbar**, so gilt dies auch für die **Fiktion der Rechtseinräumung** an den Nutzungsberechtigten, der regelfall ein deutsches Medienunternehmen ist (so. Rdnr. 26), sowie für das **Widerspruchsrecht** und den **Vergütungsanspruch des Urhebers** als **notwendige Surrogate** für den drohenden bzw. erlittenen Rechteverlust. Es gilt auch insoweit das **Urheberrechtsstatut** und mit ihm das **Schutzlandprinzip**, nicht aber das Vertragsstatut (so. Rdnr. 24; im Ergebnis ebenso für den Vergütungsanspruch nach § 32c, nicht aber für das Widerrufsrecht nach § 31a Abs. 1 S. 3 *Wille* GRUR Int. 2008, 189/190 f.). Für die Anwendung des § 1371 Abs. 5 über den Vergütungsanspruch in Fällen, in denen das betreffende Vertragsverhältnis nicht deutschem Recht untersteht, bedarf es demzufolge auch nicht einer vertragsrechtlichen Sonderanknüpfung zugunsten des Urhebers als der regelmäßig schwächeren Vertragspartei analog § 32b oder in Anwendung eines allg. Prinzips (s. dazu vor §§ 120 ff. Rdnr. 164). Auf die fehlende Verweisung des § 1371 Abs. 5 S. 2 auf § 32b (s. dazu *Fromm/Nordemann*[10] Rdnr. 4) kommt es daher nicht an.

Aus der Zuordnung des § 1371 wie des früheren § 31 Abs. 4 zum deutschen **Schutzland- 28 recht** (so. Rdnr. 24) wie aus dem Schutzlandprinzip selbst, das konventionsrechtlich verankert ist (s. vor §§ 120ff. Rdnr. 125), folgt, dass die Frage der **Übertragbarkeit von Rechten für unbekannte Nutzungsarten** nach dem Recht es jeweiligen **ausländischen Staates** zu beurteilen ist. Beispielsweise sind Belgien, Griechenland und Spanien dem deutschen Vorbild des § 31 Abs. 4 gefolgt (s. *Katzenberger* AfP 2001, 265/270). Auch zu Polen ist dies mitgeteilt worden (s. *Klickermann* MMR 2007, 221/222). Über eine Aufhebung der betr. Bestimmungen ist nichts bekannt, ihre übergangsrechtlichen Folgen wären nach dem betr. ausländischen Recht zu beurteilen. In der Mehrzahl der ausländischen Staaten, darunter zB auch Österreich (s. *Katzenberger* aaO), gibt es § 31 Abs. 4 entsprechende Beschränkungen nicht. Nach dem Schutzlandprinzip ist es jedenfalls in beiden Fällen ausgeschlossen, § 31 Abs. 4 und jetzt § 137l auch auf die Rechtslage im Ausland zu übertragen und zB einem deutschen Medienunternehmern dort über die letzte Bestimmung Rechte an unbekannten Nutzungsarten zuzuschlagen (aA *Dreier/Schulze*[3] Rdnr. 29; wie hier *Berger* GRUR 2005, 907/911, *Mestmäcker/Schulze* Rdnr. 19; sa. *Dreier/Schulze*[3] § 31a Rdnr. 25). Dabei kann auch faktisch davon ausgegangen werden, dass professionelle Medienunternehmen mit übernationalen Märkten ihre Verträge den jeweiligen rechtlichen Gegebenheiten angepasst haben und, soweit möglich, sich auch Rechte für unbekannte Nutzungsarten haben einräumen lassen. Wenn nicht, müssen sie sich gegebenenfalls die ausländischen Rechte nachlizenzieren lassen.

III. Voraussetzungen der Übertragungsfiktion des § 137l

1. Vorbemerkung

29   Die **Voraussetzungen** der **Übertragungsfiktion** des § 137l Abs. 1 S. 1 sind **dreifacher Art**. Zum **Ersten** müssen die Nutzungsrechte, die dem von der Fiktion Begünstigten bereits zustehen, eine bestimmte Qualität besitzen. Dies regelt § 137l Abs. 1 S. 1. Zum **Zweiten** darf der Urheber der neuen Nutzung nicht widersprechen (§ 137l Abs. 1 S. 1–3) oder das Widerspruchsrecht des Urhebers ist ausgeschlossen (§ 137l Abs. 3 und 4). Und zum **Dritten** darf der Urheber das Nutzungsrecht für eine zwischenzeitlich bekannt gewordene Nutzungsart nicht bereits einem Dritten eingeräumt haben (§ 137l Abs. 1 S. 4).

2. Qualität der dem Begünstigten eingeräumten Nutzungsrechte

30   a) **Allgemeines.** Gemäß § 137l Abs. 1 S. 1 müssen dem von der Übertragungsfiktion Begünstigten „**alle wesentlichen Nutzungsrechte ausschließlich sowie räumlich und zeitlich unbegrenzt eingeräumt**" worden sein. Wie auch die AmtlBegr. (BT-Drucks. 16/1828 S. 33) bemerkt, kann es sich dabei nur um Nutzungsrechte für bei Vertragsabschluss bereits **bekannte Nutzungsarten** und damit um **einräumbare Nutzungsrechte** handeln. Die Rechteinräumung auch für unbekannte Nutzungsarten ist Rechtsfolge der Übertragungsfiktion und kann daher nicht zugleich ihre Voraussetzung sein. Daneben enthält die AmtlBegr. (aaO) neben einem wenig hilfreichen Hinweis auf die Flexibilität der Formulierung und darauf, dass ihre Anwendung der Rechtsprechung überlassen wird, **zwei Anhaltspunkte** für ihre **Auslegung**: Zum einen soll der Begriff der **wesentlichen Nutzungsrechte** weniger beinhalten als sämtliche Nutzungsrechte. Dadurch soll erreicht werden, dass die **Übertragungsfiktion nicht bereits am Fehlen einzelner Nutzungsrechte scheitert**. Als Beispiele genannt werden das Charakter-Merchandising-Recht und das Remakerecht beim **Film**. Zum anderen ist bei der Beurteilung der Wesentlichkeit der eingeräumten Nutzungsrechte darauf abzustellen, ob im konkreten Einzelfall alle diejenigen Rechte übertragen wurden, die „**für eine umfassende Verwertung nach dem jeweiligen Vertragszweck notwendig** sind". So komme es beispielsweise für die Verwertung eines Schriftwerks als **Buchausgabe** nur darauf an, dass dem Verwerter alle für diesen Vertragszweck relevanten Nutzungsrechte eingeräumt wurden.

31   b) **Einräumung aller wesentlichen Nutzungsrechte.** Diese Vorgaben in der AmtlBegr. legen es nahe, als Ausgangspunkt der Beurteilung auf den jeweiligen **Zweck einer Rechtseinräumung** abzustellen (ebenso *Mestmäcker/Schulze* Rdnr. 13, *Wandtke/Bullinger*[3] Rdnr. 11; *Czychowsky* GRUR 2008, 586/588; *Schippan* ZUM 2008, 844/849) oder sogar nur auf den **Primärzweck** (so in der Sache *Dreier/Schulze*[3] Rdnr. 27 unter der Bezeichnung „verwertungsorientierte Betrachtungsweise"). Nach einer anderen Auffassung soll es nicht auf den Vertragszweck ankommen, sondern auf den **tatsächlich eingeräumten Rechtekatalog** und die

Übergangsregelung für neue Nutzungsarten § 1371

logische Ergänzung der einzelnen eingeräumten Nutzungsrechte durch die in Frage stehenden neuen Nutzungsarten (so *Fromm/Nordemann*[10] Rdnr. 12).

Beide Auffassungen dürften zu ähnlichen Ergebnissen kommen, wenn der Urheber umfassende Nutzungsrechte nur für **eine Nutzungsart** eingeräumt hat, zB ein Romanautor das **Buchverlagsrecht** an einen Verlag. In diesem Fall wird man für die von § 1371 Abs. 1 S. 1 geforderte **umfassende Rechtseinräumung** verlangen müssen, dass sie, wie auch üblich, nicht nur die Rechte für die Hardcoverausgabe einschließt, sondern auch die Taschenbuch- und die Buchclubrechte (ebenso *Fromm/Nordemann*[10] Rdnr. 14; *Schippan* ZUM 2008, 844/849; wohl auch *Schulze* UFITA 2007, 641/687; *Wandtke/Bullinger*[3] Rdnr. 12). Andernfalls wäre es bei einer getrennten Vergabe an verschiedene Verlage kaum möglich zu entscheiden, wem über § 1371 zB das e-book-Recht zuzuschlagen wäre, oder es käme zu einer kaum hinnehmbaren **Konkurrenzsituation** (s. zu diesem Kriterium *Dreier/Schulze*[3] Rdnr. 25; *Schulze* UFITA 2007, 641/687; zurückhaltend *Fromm/Nordemann*[10] Rdnr. 12) unter mehreren Begünstigten. Bei **wissenschaftlichen Werken** dürfte es im Regelfall auf jene Nebenrechte nicht ankommen, wohl aber zB in der Zwischenzeit zwischen Bekanntheit der CD-ROM-Nutzung und der Onlinenutzung darauf, dass neben der Printnutzung auch die CD-ROM-Nutzung eingeräumt wurde (s. in diesem Zusammenhang *Fromm/Nordemann*[10] Rdnr. 13). Beim **Film** ergibt sich eine regelmäßige umfassende Rechteeinräumung an den Filmhersteller durch die Filmurheber iS des § 89 aus der dort in Abs. 1 für alle bekannten Nutzungsarten seit jeher vorgesehenen gesetzlichen Vermutung. Demgegenüber bestimmte § 88 Abs. 1 Nr. 3 und 4 bis zur Angleichung der Vorschrift an § 89 Abs. 1 durch das Urhebervertragsgesetz des Jahres 2002 (s. § 88 Rdnr. 2) lediglich eine nach Vorführ- und Fernsehfilmen differenzierende Vermutung. Eine umfassende, für die Übertragungsfiktion des § 1371 notwendige Rechtseinräumung an den Filmhersteller durch die Urheber filmisch vorbestehender und filmisch benutzter, aber auch selbstständig verwertbarer Werke setzt demzufolge bei **Vorführfilmen** die ausdrückliche Einräumung des Rechts zur Fernsehsendung und seit Bekanntwerden der Videonutzung gegen Mitte/Ende der 1970er-Jahre auch des Rechts zur Videonutzung voraus (so auch *Kreile* ZUM 2007, 682/686; *Wandtke/Bullinger*[3] Rdnr. 11). Umgekehrt ist anzunehmen, dass die **Kinovorführung** von **Fernsehfilmen** der **öffentlich-rechtlichen Rundfunkanstalten** mangels Üblichkeit nicht zu einer umfassenden Auswertung solcher Filme gehörte und daher für die Übertragungsfiktion des § 1371 eine entsprechende Rechtseinräumung nicht Voraussetzung ist; es genügte jedenfalls die Einräumung des Vorführungsrechts für begrenzte Zwecke, wie für Prüf-, Lehr-, Forschungs- und Werbezwecke (s. dazu auch § 89 Rdnr. 17). Dasselbe wird man für die **Videonutzung** bis zum Jahre 1991 annehmen können, als das BVerfG in seinem sog. NRW-Urteil (BVerfGE 83, 238/303) die diesbezügliche, früher umstrittene Randnutzung für zulässig erklärte (sa. hierzu § 89 Rdnr. 17). Diese Beurteilung wird auch dem Umstand gerecht, dass es vor allem die Archive der öffentlich-rechtlichen Rundfunkanstalten sind, die über § 1371 geöffnet werden sollten (so. Rdnr. 7; zum selben Ergebnis sa. *Fromm/Nordemann*[10] Rdnr. 14).

Unproblematisch sind auch die Fälle, in denen der Urheber Nutzungsrechte für **verschiedene Nutzungsarten** an **verschiedene Nutzungsberechtigte** jeweils umfassend eingeräumt hat. Das Paradebeispiel (s. BT-Drucks. 16/1828 S. 44, Stellungnahme des Bundesrats zum RegE des Gesetzes vom 26. 10. 2007) ist ein Roman, an dem der Urheber das **Verlagsrecht an einen Verlag** und das **Verfilmungsrecht an einen Filmhersteller** einräumt. In einem solchen Fall wachsen über § 1371, wenn der Urheber beidem nicht widerspricht, dem Verlag die buchspezifischen neuen Nutzungsarten bzw. die entsprechenden Nutzungsrechte, wie etwa das e-book-Recht, und dem Filmhersteller je nach Zeitpunkt des Vertragsabschlusses zB die Video/DVD-Rechte und/oder die On-Demand-Rechte (so zutreffend auch *Dreier/Schulze*[3] Rdnr. 23; *Fromm/Nordemann*[10] Rdnr. 14/19). Fraglich ist hier allenfalls eine neuartige **Multimedianutzung** von Textpassagen aus dem Roman zB als Teil der Dokumentation einer Film-DVD, wenn dabei etwa das Zitatrecht (s. § 51) nicht weiterhilft.

Mit **divergierenden Ergebnissen** muss gerechnet werden, wenn umfassende Rechteeinräumungen an **einen Werkverwerter** für **mehrere Nutzungsarten** zu beurteilen sind und man der Beurteilung einmal den **Primärzweck** der Rechteeinräumung und ein andermal den vereinbarten **Rechtekatalog** zugrunde legt. In Fortsetzung des vorerwähnten (Rdnr. 34) Paradebeispiels geht es um den Fall, dass der **Romanautor dem Verlag neben dem Verlagsrecht auch das Verfilmungsrecht einräumt.** Solche Verträge sind auch in der Praxis häufig anzutreffen (s. zB § 2 Abs. 1, Abs. 3 Buchst. b) des Normvertrags für den Abschluss von Verlagsverträgen vom 19. 10. 1978 idF vom 1. 4. 1999, abgedruckt in Urheber- und Verlagsrecht, Textausgabe im DTV, 12. Aufl. 2008, S. 92). **Primärzweck** eines solchen Vertrags ist zweifelsohne die

§ 1371

Einräumung des Verlagsrechts für die Buchausgabe. Das Verfilmungsrecht ist dabei nur ein Nebenrecht, sein Fehlen würde die Annahme einer umfassenden Rechteeinräumung an den Verlag iSd. § 1371 Abs. 1 S. 1 nicht hindern (s. AmtlBegr. BT-Drucks. 16/1828 S. 33; *Dreier/Schulze*[3] Rdnr. 25; *Fromm/Nordemann*[10] Rdnr. 13; *Wandtke/Bullinger*[3] Rdnr. 12). Wer für die Zuordnung der Nutzungsrechte für neue Nutzungsarten nach § 1371 auf den Primärzweck des Vertrags abstellt, wird sich schwer tun, filmspezifische neue Nutzungsarten dem Verlag zuzuschlagen, und uU auch zögern, mangels einer Übertragung sämtlicher dem Verlag ursprünglich eingeräumten Nutzungsrechte iSd. § 1371 Abs. 2 S. 1 den Filmhersteller zu begünstigen (so zB *Dreier/Schulze*[3] Rdnr. 22 f.). **Zielführender** erscheint es deshalb, grundsätzlich nach dem ursprünglich vereinbarten **Rechtekatalog** vorzugehen und zu **differenzieren**: Hat der Verlag das Verfilmungsrecht bereits einem Filmhersteller eingeräumt, so wachsen neue filmische Nutzungsarten diesem zu, § 1371 Abs. 2 S. 1 ist entsprechend weit auszulegen (so auch *Fromm/Nordemann*[10] Rdnr. 32). Hat der Verlag hingegen das Verfilmungsrecht noch nicht weiter vergeben, so erwirbt er bei ausbleibendem Widerspruch des Romanautors über § 1371 die Nutzungsrechte auch für neuartige filmische Nutzungsarten; er kann dann einem später gefundenen Filmhersteller entsprechende weite Filmauswertungsrechte einräumen. Voraussetzung ist allerdings, dass der Verlag ein **umfassendes Verfilmungsrecht** vom Romanautor erworben hat. Daran mangelt es aber zB, wenn die Rechtseinräumung an ihn wie in dem vorerwähnten Normvertrag lautete: Nach § 2 Abs. 3 Buchst. c) dieses Vertrags umfasst das eingeräumte Verfilmungsrecht neben dem Recht zur Bearbeitung des Verlagswerks, also des Romans, als Drehbuch nur das Recht „zur Vorführung des so hergestellten Films", nicht aber das Senderecht und auch nicht die Video/DVD-Rechte. Die Bestimmung folgt damit noch dem Vorbild des § 88 Abs. 1 Nr. 3 aF und reicht demzufolge für eine umfassende Rechtseinräumung iSd. § 1371 Abs. 1 S. 1 nicht aus (so. Rdnr. 32). Die Rechte für neuartige filmische Nutzungsarten wären in jedem Fall dem Romanautor verblieben, weil der Verlag auch einem Filmhersteller keine weitergehenden Rechte einräumen konnte, als er sie selbst besaß.

35 **c) Einräumung ausschließlicher Nutzungsrechte.** Das **normative Leitbild** und die **Vertragspraxis** gehen vor allem im Bereich des **literarischen** und **musikalischen Verlagswesens** (s. §§ 2, 8 VerlG, § 2 Abs. 1 des unter Rdnr. 34 genannten Normvertrags), bei ersteren einschließlich der Verlags von **Periodika** (s. § 41 VerlG, Ziff. 4 S. 1 des Muster-Reverses für Zeitschriftenbeiträge nach den Vertragsnormen für wissenschaftliche Werke, abgedruckt bei *Schricker Verlagsrecht*[3] S. 776/808) und im Bereich **Film und Fernsehen** (s. §§ 88 Abs. 1, 89 Abs. 1) von der **Einräumung ausschließlicher Rechte** durch den Urheber an den Werkverwerter aus. Dem folgen, jedenfalls indiziell verwertbar auch für frühere Vertragsabschlüsse, auch die aktuellen **Tarifverträge** im Verlags- und im Filmbereich (s. § 12 Abs. 1 bzw. § 18 Abs. 1 der MTV für Redakteure an Zeitschriften und Tageszeitungen sowie Ziff. 3.1 bzw. 13.1. der TV für Film- und Fernsehschaffende und für auf Produktionsdauer Beschäftigte des WDR (alle abgedruckt in der unter Rdnr. 34 zitierten Textsammlung). Vorbehaltlich abweichender vertraglicher Vereinbarungen im Einzelfall entsprechen diese Regelungen **im Grundsatz** den **Anforderungen des § 1371 Abs. 1 S. 1** an die Einräumung ausschließlicher Nutzungsrechte an den Begünstigten der Übertragungsfiktion. Sachlich, örtlich und zeitlich stark eingeschränkt ist der Erwerb ausschließlicher Nutzungsrechte durch den Verlag nur nach dem TV für arbeitnehmerähnliche freie Journalisten an Tageszeitungen (§ 13, Fundstelle wie vor).

36 Wie ein roter Faden ziehen sich durch gesetzliche Regelungen (§ 38 Abs. 1 S. 2, Abs. 2, Abs. 3 S. 2), Normregeln (Ziff. 4 Muster-Revers) und Tarifverträge betr. **Periodika** (§ 12 Abs. 4, 6 MTV Zeitschriften, § 18 Abs. 4 S. 1 MTV Tageszeitungen) jedoch **Einschränkungen der ausschließlichen Nutzungsrechte der Verlage** nach **Ablauf bestimmter Fristen** zugunsten **eigener Verwertungsbefugnisse der Urheber**. Lediglich für Bildbeiträge angestellter Redakteure an Tageszeitungen ist tarifvertraglich (§ 18 Abs. 4 S. 2 MTV) eine unbefristete ausschließliche Rechtseinräumung an den Verlag vorgesehen, vorbehaltlich einer anderslautenden Vereinbarung im Einzelfall.

Aus der Sicht des **§ 1371** geht die Frage dahin, ob durch jene allgemeine Vertragspraxis den **Anforderungen** an eine **ausschließliche** Rechtseinräumung **noch genügt** wird. Die bisherigen Stellungnahmen zu dieser Frage halten sich in etwa die Waage, mit einem gewissen Übergewicht der verneinenden Stimmen (**bejahend**: *Dreier/Schulze*[3] Rdnr. 30; *Fromm/Nordemann*[10] Rdnr. 9; *Schulze* UFITA 2007, 641/691; *Wandtke/Bullinger*[3] Rdnr. 14; **verneinend**: *Ehmann/Fischer* GRUR Int. 2008, 284/289; *Heckmann/Hillgeist* AfP 2008, 483/484; *Langhoff/Oberndörfer/Jani* ZUM 2007, 593/599 f.; *Mestmäcker/Schulze* Rdnr. 14; *Schippan* ZUM 2008, 844/850 f.;

Spindler/Heckmann ZUM 2006, 620/626). Die besseren Argumente sprechen in diesem Zusammenhang für eine **großzügige Gesetzesauslegung** (s. dagegen allg. unter Rdnr. 12). Die vom Gesetzgeber für alle Medien gewünschte **Öffnung der Archive** (so. Rdnr. 6) setzt insbes. auch im Bereich der Presse und der wissenschaftlichen Periodika mit einer Vielzahl von Beiträgen voraus, dass über § 1371 die „Retrodigitalisierung" ermöglicht wird (so auch *Fromm/Nordemann*[10] Rdnr. 9). Hierzu kommt die von *Schulze* (*Dreier/Schulze*[3] Rdnr. 30 und UFITA 2007, 641/691) vorgeschlagene **Unterscheidung** nach den **involvierten Publikationsmitteln** Periodikum (Sammlung iSd. § 38) einerseits und Beitrag dazu andererseits. Die Befugnis der Beitragsautoren zu einer auch anderweitigen Verwertung ihrer Beiträge nach Ablauf bestimmter Fristen nimmt dem Verlag nicht seine unbefristete **ausschließliche Nutzungsbefugnis** an der Sammlung: Bei einer solchen **Sammlung** handelt es sich idR um ein Sammelwerk iSd. § 4 Abs. 1, an dem üblicherweise der Herausgeber ein eigenes Sammelwerkurheberrecht erwirbt (s. § 4 Rdnr. 24; OLG Hamm AfP 2008, 515/516 f. – Zeitschrift für Mathematik), an dem er dem Verlag das Verlagsrecht und damit ein **ausschließliches Nutzungsrecht** einzuräumen pflegt (s. *Schricker* aaO, Rdnr. 35, § 1 Rdnr. 28) und das idR **zeitlich unbefristet** ist, weil der Herausgeber in dieser Eigenschaft nicht Urheber von Beiträgen iSd. § 38 (s. dort Rdnr. 3 und den zutreffenden Hinweis von *Heckmann/Hillegeist* AfP 2008, 483/484) und der entsprechenden Norm- und Tarifvertragsregeln ist. Der Nutzung des herausgegebenen Periodikums auf eine neue Art und Weise, wie in einer Datenbank, kann er nach § 1371 selbstständig widersprechen (s. OLG Hamm AfP 2008, 515/517 f. – Zeitschrift für Mathematik). Sollen die diesbezügliche Übertragungsfiktion und das Widerspruchsrecht nicht leer laufen, müssen sie auch für die Beiträge gelten. Dies gilt, mit Einschränkungen bezüglich des Widerspruchsrechts und des Vergütungsanspruchs (so. Rdnr 19), erst recht für Beiträge angestellter Zeitschriften- und Zeitungsredakteure. Mögliche Kollisionen aufgrund zulässiger anderweitiger Verwertung der Beiträge zB in anderen Sammlungen sind hinzunehmen (s. *Dreier/Schulze*[3] Rdnr. 30 aE).

Das Erfordernis der Einräumung ausschließlicher Nutzungsrechte iSd. § 1371 Abs. 1 S. 1 erklärt auch, warum auf dem Gebiet der **Musik** bei Wahrnehmung der Rechte daran durch die **GEMA** eine **Begünstigung von Tonträgerherstellern** durch die Übertragungsfiktion **ausscheidet** (s. *Dreier/Schulze*[3] Rdnr. 33): Mit Rücksicht auf den Abschlusszwang der GEMA nach § 11 WahrnG kann diese stets **nur einfache Nutzungsrechte** einräumen. Dasselbe gilt für Werkverwerter, die von der GEMA andere Rechte wie **Aufführungsrechte, Senderechte, Filmherstellungsrechte** und neuerdings auch **Onlinerechte** erwerben. **Schwierigkeiten** begegnet die **Zuordnung ausschließlicher Nutzungsrechte** im Verhältnis **Musikverlag** und **GEMA**. Beide beanspruchen einen weitreichenden Katalog solcher Rechte. Entscheiden soll die prioritätsältere Rechtseinräumung durch Musikverlagsvertrag oder Berechtigungsvertrag von Seiten des Komponisten (so der Ausgangspunkt von *Fromm/Nordemann*[10] Rdnr. 16; sa. *Grohmann* GRUR 2008, 1056/1059; speziell zum Filmkomponisten s. *Dietrich* UFITA 2008, 359/365). Denkbar ist jedoch auch ein vom Musikverlag als prioritärem Rechteerwerber abgeleiteter ausschließlicher Rechteerwerb der GEMA entsprechend § 1371 Abs. 2 (sa. den unter Rdnr. 34 behandelten Fall). Ebenso kann es zB dann, wenn **urheberpersönlichkeitsrechtliche Befugnisse** mit im Spiel sind und die Anpassung der Berechtigungsverträge der GEMA an eine neue Nutzungsart mangelhaft ist, zum **Verbleib der Rechte beim Komponisten** führen (so BGH GRUR 2009, 395 ff. – Klingeltöne für Mobiltelefone, der § 1371 in einer an sich einschlägigen Konstellation noch nicht einmal erwähnt, s. dazu die Anm. von *Müller* ZUM 2009, 293 ff.; ferner die Anm. von *Schulze* GRUR 2009, 400 ff.; zum gleichen Ergebnis kommt *Dietrich* UFITA 2008, 359/364 ff. zugunsten speziell des Filmkomponisten).

d) Einräumung räumlich unbegrenzter Nutzungsrechte. Zur Frage der **räumlich un- 38 begrenzten Einräumung von Nutzungsrechten** als Voraussetzung der Übertragungsfiktion des § 1371 Abs. 1 S. 1 stehen sich vor allem zwei Auffassungen gegenüber. Nach der einen, überwiegend vertretenen soll es lediglich auf die Einräumung von Nutzungsrechten für **Deutschland** ankommen (so *Berger* GRUR 2005, 907/911; *Mestmäcker/Schulze* Rdnr. 15; *Wandtke/Bullinger*[3] Rdnr. 10; als Ausgangspunkt auch *Dreier/Schulze*[3] Rdnr. 29; *Schulze* UFITA 2007, 641/688 f.). Die andere Auffassung tendiert zu einer differenzierenden Lösung je nach **Üblichkeit der exklusiven internationalen Marktaufteilung** im Bereich der bekannten Nutzungsarten und danach, ob diese Exklusivität sich auch bei einer neuen Nutzungsart durchführen lässt. Dies könne bei einer neuen Nutzungsart, die **weltweit** nur von einem **einzigen Nutzer exklusiv genutzt** werden könne, zum **Verbleib der Rechte beim Urheber**, also zur Unanwendbarkeit der Übertragungsfiktion führen; gedacht ist dabei offensichtlich an die Nut-

§ 1371

zung über das **Internet**. Bei der üblichen Einräumung von Nutzungsrechten zB für den **deutschen Sprachraum** (s. zB § 2 Abs. 1 des unter Rdnr. 34 genannten Normvertrags für den Abschluss von Verlagsverträgen) könne als Voraussetzung eine entsprechende Einräumung von Nutzungsrechten auch für das **Ausland** verlangt werden (so *Dreier/Schulze*[3] Rdnr. 29; *Schulze* UFITA 2007, 641/689f.).

39 Die **hM** verdient den **Vorzug**. Soweit sie zur Begründung der Sache nach auf das **Territorialitätsprinzip** verweist (s. *Berger* GRUR 2005, 907/911; *Mestmäcker/Schulze* Rdnr. 15), ist dies allerdings nicht zwingend, weil dieses Prinzip nur der Wirkung des jeweiligen nationalen Urheberrechts territoriale Grenzen setzt, die Berücksichtigung ausländischer Sachverhalte als Voraussetzung einer nationalen Rechtsfolge wie der Übertragungsfiktion des § 1371 aber nicht ausschließt (s. vor §§ 120ff. Rdnr. 123). Jedoch geht die **von der hM abweichende Auffassung** nicht in allen Punkten von zutreffenden **Voraussetzungen** aus, und sie lässt sich mit der **Zielrichtung** des § 1371 nicht vereinbaren. So gibt es im **Internet** verschiedene, auch durchaus umfangreich praktizierte Methoden auch für den **Anbieter**, den **Zugriff** auf seine Inhalte **territorial zu steuern**, wie die Erteilung einer Zugriffserlaubnis nur gegen Identifizierung, die Codierung, das sog. **Geoblocking** und das **Geotargeting** oder **Geolocation** (s. dazu mit Anwendungsbeispielen www.wikipedia.org; zurückhaltend *Hoeren* MMR 2007, 3/5f.). Vereinzelte Umgehungen wie der Einsatz von sog. Proxyservern, sind ähnlich hinzunehmen wie der unbeabsichtigte Overspill bei Rundfunksendungen (s. dazu vor §§ 20ff. Rdnr. 52). Andererseits kann auch bei der üblichen Rechteeinräumung nach **Sprachräumen** die geforderte **umfassende Nutzung** einer neuen Nutzungsart als angeblicher Zweck der Übertragungsfiktion **in einzelnen dazugehörigen Staaten an der dortigen Rechtslage scheitern**. Zu denken ist hier beispielsweise an die deutsche Minderheit in Belgien als einem Staat, der eine § 31 Abs. 4 entsprechende Regelung eingeführt hat (so. Rdnr. 28) und für den § 1371 keine Wirkung besitzt (so. Rdnr. 24). Darüber hinaus geht es § 1371 vor allem um die Öffnung der **deutschen Medienarchive** für die **deutsche Allgemeinheit** (so. Rdnr. 7), die nicht durch überhöhte Anforderung an die räumlich unbegrenzte Einräumung von Nutzungsrechten gefährdet werden darf. Im Gegenteil liegt es sogar nahe, gegebenenfalls eine nur **regionale Rechteeinräumung innerhalb Deutschlands** genügen zu lassen, etwa um auch Archive der Landesrundfunkanstalten mit historischen mundartlichen Regionalprogrammen und auf das eigene Versorgungsgebiet beschränkt erworbenem Senderecht auf neue Art und Weise, wie über das Internet oder auf DVD, öffentlich zugänglich machen zu können.

40 **e) Einräumung zeitlich unbegrenzter Nutzungsrechte.** Die **zeitlich unbegrenzte Einräumung von Nutzungsrechten** ist zB bei **Verlagsverträgen** üblich (s. § 2 Abs. 1 des unter Rdnr. 34 genannten Normvertrags). Die in solchen Verträgen gewöhnlich vereinbarte Beschränkung auf die **Dauer des gesetzlichen Urheberrechts** (s. aaO) steht dabei der zeitlichen Unbegrenztheit iSd. § 1371 Abs. 1 S. 1 nicht entgangen (so auch *Fromm/Nordemann*[10] Rdnr. 10). Eine allg. gehandhabte Ausnahme gilt für **Beiträge zu Periodika**, die bereits in einem anderen Zusammenhang iSd. der Unschädlichkeit für das Eingreifen der Übertragungsfiktion des § 1371 behandelt worden ist (so. Rdnr. 36). Im **Filmbereich** ist zu unterscheiden. Das **Verfilmungsrecht** zB an einem Roman wird als **Nebenrecht** zu einem Verlagsrecht gewöhnlich wie dieses Hauptrecht zeitlich unbegrenzt eingeräumt (s. § 2 Abs. 3 vor Buchst. a) ff./c) des vorgenannten Normvertrags: „für die Dauer des Hauptrechts"), dem Filmhersteller als **Hauptrecht** aber im Zweifel nur für zehn Jahre (s. § 88 Abs. 2 S. 2) und außerdem im Zweifel auch nicht für eine Wiederverfilmung (§ 88 Abs. 2 S. 1). Andererseits werden die **Rechte zur Auswertung hergestellter Filme** üblicherweise ohne zeitliche Begrenzung vergeben (s. § 88 Rdnr. 57). Damit kann zusammengenommen im Hinblick auf solche Filme von einer zeitlich unbegrenzten Rechteeinräumung iSd,. § 1371 Abs. 1 S. 1 nicht nur an einen Verlag als Nebenrecht, sondern auch an den Filmhersteller als Hauptrecht ausgegangen werden (ebenso *Dreier/Schulze*[3] Rdnr. 30), und zwar auch von Seiten eines Verlags (so. Rdnr. 34/37 gegen *Dreier/Schulze*[3] Rdnr. 22/30). Fraglich ist, ob die Vereinbarung eines **ordentlichen Kündigungsrechts** nach Ablauf bestimmter Fristen die Annahme einer zeitlich unbegrenzten Rechtseinräumung hindert (so *Fromm/Nordemann*[10] Rdnr. 10). Dagegen spricht, dass man dann auch kaum umhin kann, Gleiches zB im Hinblick auf die Einräumung ausschließlicher Nutzungsrechte **an die GEMA** anzunehmen, weil diese stets nur für einige Jahre mit automatischer Verlängerung bei Ausbleiben einer Kündigung erfolgt. Dass andererseits auch **die GEMA selbst** nur zeitlich beschränkte Nutzungsrechte zu vergeben pflegt, fügt der Ungeeignetheit ihrer Rechteeinräumungen für die Anknüpfung der Übertragungsfiktion des

Übergangsregelung für neue Nutzungsarten § 1371

§ 1371 nichts Wesentliches hinzu; sie ergibt sich bereits daraus, dass es sich hierbei immer nur um die Einräumung einfacher Nutzungsrechte handelt (so. Rdnr. 37).

3. Kein Widerspruch oder Widerspruchsrecht des Urhebers

a) Allgemeines. Die **zweite Voraussetzung der Übertragungsfiktion** des § 1371 Abs. 1 S. 1 besteht darin, dass der Urheber gegen die Nutzung seines Werkes in einer neuen Nutzungsart **keinen Widerspruch** einlegt oder dass ihm **kein Widerspruchsrecht** zusteht (so. Rdnr. 29). Im Hinblick auf die **Erklärung des Widerspruchs** durch den Urheber unterscheidet das Gesetz **zwei Situationen**: den Widerspruch im Hinblick auf Nutzungsarten, die **am 1. 1. 2008**, dem Tag des Inkrafttretens des § 1371 (so. Rdnr. 1), bereits **bekannt** waren (§ 1371 Abs. 1 S. 2), und den Widerspruch im Hinblick auf Nutzungsarten, die **ab dem 1. 1. 2008** bekannt geworden sind oder noch bekannt werden (§ 1371 Abs. 1 S. 3). Für beide Arten von Widersprüchen gelten **unterschiedliche Fristen** (su. Rdnr. 43 und 44). Eine bestimmte **Form** ist für sie **nicht vorgeschrieben**, Schriftform aus Beweisgründen aber zu Recht empfohlen (s. zB *Dreier/Schulze*[3] Rdnr. 44). Das Widerspruchsrecht des § 1371 ist offensichtlich in **Anlehnung** an das **Widerrufsrecht des § 31a** ausgestaltet worden (s. dazu die Hinweise der AmtlBegr. BT-Drucks. 16/ 1828 S. 22: entsprechende Übergangsregelung, S. 34 zu Abs. 3 und 4; Rechtsausschuss des Deutschen Bundestages BT-Drucks. 16/5939 S. 46 zu Abs. 1). Danach ergibt sich bereits aus der AmtlBegr. (BT-Drucks. 16/1828 S. 24 zu § 31 a), dass der Widerspruch sowohl **pauschal für alle neuen Nutzungsarten** als auch **speziell für einzelne** neue Nutzungsarten erklärt werden kann bzw. konnte, und zwar bis zum Ablauf der in § 1371 Abs. 1 S. 2 und 3 vorgesehenen Fristen. Der Widerspruch kann sich bei einer Mehrzahl von Werken in der Hand eines Verwerters **auf einzeln bezeichnete Werke** oder **pauschal auf alle Werke** beziehen (s. *Dreier/Schulze*[3] Rdnr. 45), er braucht auch **nicht begründet** zu werden (s. *Dreier/Schulze*[3] Rdnr. 46; *Wandtke/ Bullinger*[3] Rdnr. 48). Zu weiteren Einzelheiten kann auf die **Kommentierung des § 31a** verwiesen werden.

Für beide Fälle des Widerspruchs nach § 1371 Abs. 1 S. 2 und 3 ist **Voraussetzung**, dass die 42 betr. **Nutzungsarten bei Vertragsabschluss** noch **unbekannt** waren. In Betracht kommen dabei nur Vertragsabschlüsse im **Zeitraum der Geltung des § 31 Abs. 4** vom 1. 1. 1966 bis zum 31. 12. 2007 (so. Rdnr. 22). Vertragsabschlüsse vor dem 1.1.1966 werden von § 1371 nicht erfasst (so. Rdnr. 23), für Vertragsabschlüsse ab dem 1. 1. 2008 gelten die neuen §§ 31 a und 32 c (so. Rdnr. 22). Ferner ist Voraussetzung eines wirksamen Widerspruchs, dass das **Widerspruchsrecht** des Urhebers **nicht** nach § 1371 Abs. 3 oder 4 **ausgeschlossen** ist (so. Rdnr. 29). Zum Begriff der neuen bzw. **unbekannten** und der **bekannten Nutzungsarten** kann wiederum (so. Rdnr. 41) auf die **Kommentierung des § 31a** (*Voraufl.* § 31 Rdnr. 25 ff.) sowie auf § 88 Rdnr. 7/48, § 89 Rdnr. 12 verwiesen werden.

b) Kein Widerspruch des Urhebers. Unter den vorgenannten (Rdnr. 41) zwei Arten von 43 Widersprüchen konnte der **Widerspruch im Hinblick auf am 1. 1. 2008 bereits bekannte Nutzungsarten** nur **innerhalb eines einzigen Jahres** erfolgen (§ 1371 Abs. 1 S. 2). Diese Frist war vom **1. 1. 2008** an zu berechnen und endete nach § 188 Abs. 2 iVm. § 187 Abs. 2 BGB mit dem Ablauf des 31. 12. 2008 (so richtig *Dreier/Schulze*[3] Rdnr. 56), nicht erst am 2. 1. 2009 gemäß § 193 BGB (gegen *Fromm/Nordemann*[10] Rdnr. 26). Die Jahresfrist konnte nicht dadurch auf drei Monate verkürzt werden, dass der von der Übertragungsfiktion Begünstigte innerhalb dieses Jahres die in § 1371 Abs. 1 S. 3 vorgesehene Mitteilung über die Aufnahme einer neuen Nutzungsart abgesandt hat (so richtig *Dreier/Schulze*[3] Rdnr. 56; *Wandtke/Bullinger*[3] Rdnr. 53 mwN zur Gegenmeinung; gegen *Mestmäcker/Schulze* Rdnr. 37). Die Jahresfrist war ohnehin viel zu kurz (so. Rdnr. 11). Jedoch konnte der Urheber den Widerspruch auch schon vor dem 1. 1. 2008 erklären (ebenso *Dreier/Schulze*[3] Rdnr. 55; *Fromm/Nordemann*[10] Rdnr. 25). Anders als für die in § 1371 Abs. 1 S. 3 bestimmte Widerspruchsfrist für seit dem 1. 1. 2008 bekannt gewordene oder werdende Nutzungsarten vorgesehen (s. Rdnr. 44), war der **Ablauf der Jahresfrist** des § 1371 Abs. 1 S. 2 **nicht an eine Mitteilung** des von der Übertragungsfiktion Begünstigten über die Absicht **geknüpft**, eine neue Nutzungsart aufzunehmen; der Widerspruch sollte insoweit in verfassungsrechtlich besonders bedenklicher Weise offensichtlich bewusst die Ausnahme bleiben (so. Rdnr. 11). Angesichts verbreitet unübersichtlicher Verhältnisse mit Insolvenzen und Aktivitäten von Rechtehändlern (s. zB LG München ZUM-RD 2007, 302/303 – Ännchen von Tharau) war die Widerspruchssituation von Urhebern beim Film besonders prekär (zu einer denkbaren Abhilfe su. Rdnr. 44 aE).

§ 1371   Übergangsregelung für neue Nutzungsarten

44   In Bezug auf **Nutzungsarten**, die ab **dem 1. 1. 2008 bekannt** geworden sind oder noch bekannt werden, sieht § 1371 Abs. 1 S. 3 eine **Widerspruchsfrist von drei Monaten** vor, die damit zu laufen beginnt, dass der von der Übertragungsfiktion Begünstigte an den Urheber eine **Mitteilung über die beabsichtigte Aufnahme** einer neuen Nutzungsart abgesandt hat, und zwar unter der **ihm zuletzt bekannten Anschrift des Urhebers**. Diese Regelung ist derjenigen in § 31a Abs. 1 S. 4 in Bezug auf den Widerruf einer seit dem 1. 1. 2008 vereinbarten Rechtseinräumung über unbekannte Nutzungsarten (so. Rdnr. 41) nachgebildet und erst durch den Rechtsausschuss des Deutschen Bundestages auch auf § 1371 Abs. 1 S. 3 übertragen worden (s. BT-Drucks. 16/5939 S. 46). Im Rahmen des § 31a war dabei einer Anregung des Bundesrats zu einer stärkeren Berücksichtigung der Interessen des Urhebers Rechnung getragen, zugleich aber auch die Recherchepflicht des Werkverwerters begrenzt worden; als **bekannt** soll dabei jedoch auch eine Adresse des Urhebers gelten, die der Verwerter durch eine Nachfrage bei der entsprechenden Verwertungsgesellschaft ermitteln kann (s. BT-Drucks. 16/5939 S. 44; BT-Drucks. 16/1828 S. 38). Angesichts des Fehlens einer vergleichbaren Regelung im Rahmen des § 1371 Abs. 1 S. 2 nimmt es nicht wunder, dass im Schrifttum unter dem Gesichtspunkt des Gleichheitssatzes die Auffassung vertreten wird, es für einen **Widerspruch** im Rahmen der **Einjahresfrist** (so. Rdnr. 43) genügen zu lassen, wenn der **Urheber** seinen **Widerspruch** an die **ihm zuletzt bekante Adresse der anderen Vertragspartei** abgesandt hat (so *Dreier/Schulze*[3] Rdnr. 54).

45   **Inhaber des Widerspruchsrechts** ist der **Urheber**, und zwar auch in den Fällen, in denen der von der Übertragungsfiktion des § 1371 Begünstigte nicht die andere Vertragspartei (s. zu dieser Rdnr. 21), sondern ein Dritter ist, dem die andere Vertragspartei die ihr vom Urheber eingeräumten Nutzungsrechte iSd. § 1371 Abs. 2 weiterübertragen hat; der **anderen Vertragspartei** steht das Widerspruchsrecht somit **nicht** zu (so zutreffend *Dreier/Schulze*[3] Rdnr. 8/43; *Wandtke/Bullinger*[3] Rdnr. 50). Das Ergebnis folgt unmittelbar aus § 1371 Abs. 2, der im Fall der Weiterübertragung von Nutzungsrechten darauf abzielt, dem Urheber die Ausübung seines Widerspruchsrechts gegenüber dem Dritten zu ermöglichen (s. dazu die AmtlBegr. BT-Drucks. 16/1828 S. 34). Bei **Miturheberschaft** steht das Widerspruchsrecht den Miturhebern grundsätzlich nur gemeinschaftlich zu (§ 8 Abs. 2 S. 1), bei **Werkverbindungen** hat jeder Urheber eines verbundenen Werkes ein eigenes Widerspruchsrecht (s. *Wandtke/Bullinger*[3] Rdnr. 50). Die in beiden Konstellationen **nach Treu und Glauben gebotene Rücksicht** auf die jeweils anderen Beteiligten (§ 8 Abs. 2 S. 2, § 9) ist dabei **auf die Ausübung des Widerspruchsrechts** als einer rechtserhaltenden Maßnahme **gerichtet**, nicht auf die Nichtausübung und damit auf den Eintritt der Übertragungsfiktion. Gegenüber einer durch diese Fiktion gesetzlich bewirkten Nutzungsbefugnis des Werkverwerters verbunden mit einem nur kollektiv durchsetzbaren Vergütungsanspruch (§ 1371 Abs. 5 S. 3) nämlich ist der **Behalt von Rechten** verbunden mit der Möglichkeit, darüber vertragliche Vereinbarungen zu treffen oder gegebenenfalls auch zu verweigern, die **für die Urheber deutlich günstigere Position** (s. dazu in anderem Zusammenhang BGH BGHZ 148, 221/231 – SPIEGEL-CD-ROM). Über Treu und Glauben zu berücksichtigende **Interessen des Werkverwerters** kommen erst über **§ 1371 Abs. 4** ins Spiel (s. dazu unten Rdnr. 49). **Nach dem Tod des Urhebers** steht das Widerspruchsrecht seinen **Erben** oder sonstigen Rechtsnachfolgern von Todes wegen (so. Rdnr. 18) zu. **Anders als § 31a Abs. 2 S. 3** für das **Widerrufsrecht** im Hinblick auf die Einräumung von Nutzungsrechten für unbekannte Nutzungsarten seit dem 1. 1. 2008 gibt es **in § 1371 keine Bestimmung**, die das **Widerspruchsrecht mit dem Tod des Urhebers erlöschen lässt**. Der Unterschied ist dadurch sachlich gerechtfertigt, dass der Gesetzgeber über den Ersatz des § 31 Abs. 4 durch § 31a den Urheber in dessen eigenem Interesse in die Lage versetzen wollte, eine umfassende, auch erst zukünftig bekannt werdende Nutzungsarten umfassende Verwertung seiner Werke über den Tod hinaus sicherzustellen (s. die AmtlBegr. BT-Drucks. 16/1828 S. 22 zu § 31a). Dies könnte durch ein Widerrufsrecht der Erben konterkariert werden. Dagegen geht es beim Widerspruch nach § 1371 nicht um den Schutz einer vertraglichen Verfügung des Urhebers, sondern um den Erhalt von dem Urheber und seinen Erben zustehenden Rechten gegenüber einem gesetzlichen Eingriff durch die Übertragungsfiktion. Dieser sachliche Unterschied **schließt eine analoge Anwendung** des § 31a Abs. 2 S. 3 auf das Widerspruchsrecht nach § 1371 **aus** (im Ergebnis ebenso, aber nicht ohne Zweifel *Fromm/Nordemann*[3] Rdnr. 30).

46   **Primärer Adressat** des Widerspruchs ist die **andere Vertragspartei**, welcher der Urheber die in § 1371 Abs. 1 S. 1 geforderten Nutzungsrechte für bekannte Nutzungsarten eingeräumt hat (so. Rdnr. 21; zum Ergebnis s. *Dreier/Schulze*[3] Rdnr. 47; *Wandtke/Bullinger*[3] Rdnr. 49). Dies gilt sowohl für den Widerspruch nach § 1371 Abs. 1 S. 2 wie für den nach Abs. 2 S. 3, in dem

Übergangsregelung für neue Nutzungsarten   § 1371

die andere Vertragspartei als Absenderin der Mitteilung über die beabsichtigte Aufnahme einer neuen Nutzungsart ausdrücklich noch einmal angesprochen wird. Adressat des Widerspruchs kann jedoch auch ein **Dritter** sein. Es handelt sich dabei um die in **§ 1371 Abs. 2** geregelte Konstellation, in der die andere Vertragspartei sämtliche ihr ursprünglich vom Urheber eingeräumten **Nutzungsrechte einem Dritten übertragen** hat. Es gilt dann nach § 1371 Abs. 2 S. 1 der Abs. 1 für den Dritten entsprechend mit der Folge, dass nicht nur die Übertragungsfiktion zu seinen Gunsten wirkt, sondern auch der Widerspruch ihm gegenüber erklärt werden muss (so die AmtlBegr. BT-Drucks. 16/1828 S. 34 zu Abs. 2). Für den Fall, dass der Urheber über die Rechteübertragung nicht informiert wurde und er deshalb den Widerspruch an seinen Vertragspartner richtet, hat ihm dieser nach § 1371 Abs. 2 S. 2 unverzüglich alle für die Ausübung des Widerspruchs gegenüber dem Dritten erforderlichen Auskünfte zu erteilen. Zur Anwendung des § 1371 Abs. 2 auch auf die Einräumung eines **ausschließlichen Nutzungsrechts** durch den Vertragspartner des Urhebers an einen Dritten so. Rdnr. 34/37.

c) Kein Widerspruchsrecht des Urhebers. Wie die Übertragungsfiktion nach § 1371 sich 47 auf **Werke aller Art** beziehen kann (so. Rdnr. 15), so gilt dies auch für das **Widerspruchsrecht des Urhebers**. Das mit diesem Recht verwandte **Widerrufsrecht** nach § 31a Abs. 1 S. 3 und 4, Abs. 2 bis 4 ist nach § 88 Abs. 1 S. 2 und § 89 Abs. 1 S. 2 für die Einräumung von Nutzungsrechten an den Filmhersteller durch Urheber **filmisch benutzter Werke** und von **Filmwerken** selbst **ausgeschlossen**. Dieser Rechteausschluss steht in Zusammenhang damit, dass mit dem Gesetz vom 26. 10. 2007 (so. Rdnr. 1) im Filmbereich die Einräumung von Nutzungsrechten für unbekannte Nutzungsarten nicht nur durch Aufhebung des § 31 Abs. 4 und dessen Ersatz durch § 31a (und § 32c) ermöglicht wurde, sondern sogar die Vermutungen der §§ 88 Abs. 1 S. 1 und 89 Abs. 1 S. 1 in Zweifelsfällen auch auf unbekannte Nutzungsarten erstreckt und damit zur Regel gemacht wurden; dem würde das Widerrufsrecht widersprechen (so die AmtlBegr. BT-Drucks. 16/1828 S. 33 zu §§ 88, 89). Die neuen Vermutungsregelungen gelten aber erst für die Einräumung von Nutzungsrechten an den Filmhersteller seit dem 1. 1. 2008 (s. dazu § 88 Rdnr. 2, § 89 Rdnr. 2). Dies entspricht der Rechtslage zu §§ 31a und 32c (so. Rdnr. 22). Für frühere Rechtseinräumungen ab dem 1. 1. 1966 (so. Rdnr. 22/23) folgt daraus, dass **§ 1371 auch im Filmbereich anwendbar** ist; in den §§ 88 und 89 wird er auch nicht als ausgeschlossen bezeichnet, und in der Amtlbegr. (BT-Drucks. 16/1828 S. 33 zu § 1371) wird für das Kriterium der Einräumung wesentlicher Nutzungsrechte ein Beispiel aus dem Filmbereich angeführt (so. Rdnr. 30; zum Ergebnis vgl. *Fromm/Nordemann*[10] Rdnr. 25; *Wandtke/Bullinger*[3] Rdnr. 62).

Ausgeschlossen ist das **Widerspruchsrecht** des Urhebers jedoch zunächst unter den Voraus- 48 setzungen des **§ 1371 Abs. 3**. Diese Bestimmung betrifft **ausdrückliche Vereinbarungen**, welche die Parteien über eine zwischenzeitlich bekannt gewordene Nutzungsart geschlossen haben. Daraus, dass § 1371 Abs. 3 das Widerspruchsrecht nach den Abs. 1 und 2 entfallen lässt, ergibt sich, dass Vereinbarungen des Urhebers sowohl mit der ursprünglichen **anderen Vertragspartei** als auch mit einem **Dritten** iSd. § 1371 Abs. 2 gemeint sind, dem die andere Vertragspartei die von ihr erworbenen Nutzungsrechte weiterübertragen hat (ebenso *Dreier/Schulze*[3] Rdnr. 90; aA *Mestmäcker/Schulze*[3] Rdnr. 38: nur Ersterwerber). Der eigentliche Inhalt des § 1371 Abs. 3 erschließt sich aus dem Umstand, dass die Vorschrift **nur das Widerspruchsrecht** des Urhebers, **nicht** auch die **Übertragungsfiktion** nach Abs. 1 S. 1 **entfallen** lässt. Gemeint ist damit die Situation, dass die Übertragungsfiktion aufgrund Vorliegens ihrer Voraussetzungen (so. Rdnr. 13 ff.) Platz greift, die Parteien sich aber auf der Grundlage dieses Umstands aber für eine inzwischen bekannt gewordene Nutzung einzelvertraglich auf eine diesbezügliche angemessene Vergütung einigen, was auf Seiten des Urhebers die Hinnahme des gesetzlichen Rechteübergangs auf die andere Vertragspartei oder den Dritten impliziert (s. idS auch *Dreier/Schulze*[3] Rdnr. 89; *Schulze* UFITA 2007, 641/702; sa. *Mestmäcker/Schulze* Rdnr. 38; *Wandtke/Bullinger*[3] Rdnr. 70). In dieser Situation steht nicht der Rechteerhalt, sondern die Vergütung im Vordergrund des Urheberinteresses. Die AmtlBegr. (BT-Drucks. 16/1828 S. 34 zu Abs. 3) erklärt den Urheber in diesem Fall und in Bezug auf das Widerspruchsrecht für nicht mehr schützenswert und vergleicht die Situation mit derjenigen nach einem einzelvertraglichen Nacherwerb der Rechte. Diese Umstände erklären auch, warum es sich bei der von § 1371 Abs. 3 vorausgesetzten ausdrücklichen Vereinbarung nur um eine solche **ab dem 1. 1. 2008** handeln kann (s. *Dreier/Schulze*[3] Rdnr. 91; *Fromm/Nordemann*[10] Rdnr. 29): Ein vor diesem Datum (aber seit dem 1. 1. 1966, so. Rdnr. 23) getroffene Vereinbarung über eine zwischenzeitlich bekannt gewordene Nutzungsart führte auf vertraglichem Weg zu einer entsprechenden Rechtseinräumung an die andere Vertragspartei und damit zum Aus-

§ 1371

schluss der Übertragungsfiktion und bereits dadurch zur Entbehrlichkeit bzw. zum Ausschluss eines Widerspruchsrechts (s. dazu auch *Dreier/Schulze*[3] Rdnr. 91). Was im Übrigen die **Anforderungen** an die **vertragliche Vergütungsvereinbarung** betrifft, so ist von den **Maßstäben des § 1371 Abs. 5** auszugehen,. Dies folgt aus der ergänzenden Verweisung der AmtlBegr. (BT-Drucks. 16/1828 S. 34 zu Abs. 3) auf die Parallele des 32a Abs. 2 für den Ausschluss des Widerrufs der Einräumung von Nutzungsrechten für unbekannte Nutzungsarten seit dem 1. 1. 2008 (so. Rdnr. 22). Nach dieser Bestimmung muss die vereinbarte Vergütung eine solche nach § 32c Abs. 1 sein, eine Bestimmung, die wiederum § 1371 Abs. 5 entspricht. Es muss sich demnach um eine **gesonderte angemessene Vergütung** bzw. um eine solche nach gemeinsamen Vergütungsregeln (§ 36) oder Tarifvertrag (§ 1371 Abs. 5 S. 2 iVm. § 32 Abs. 2 und 4) handeln (ähnlich *Dreier/Schulze*[3] Rdnr. 95; *Fromm/Nordemann*[10] Rdnr. 28 fordern nur eine angemessene Vergütung). Um einer vertraglichen Vergütungsvereinbarung nicht jegliche Attraktivität zu nehmen, sollte auf sie § 1371 Abs. 5 S. 3 über die **Geltendmachung nur durch eine Verwertungsgesellschaft** aber **nicht anwendbar** sein (auch *Dreier/Schulze*[3] Rdnr. 96 sprechen insoweit von einem Vorrang der vertraglichen Vereinbarung). **Nicht** gestattet werden sollte der anderen Vertragspartei jedoch der **Einbehalt eines Eigenanteils**, der ihr bei einer Ausschüttung durch die Verwertungsgesellschaft nicht zustünde (gegen *Dreier/Schulze*[3] Rdnr. 97). Erwägenswert ist aber ein Abschlag bis zur Höhe der ersparten Verwaltungskosten der Verwertungsgesellschaft.

49   Ein **weiterer Ausschluss** des **Widerspruchsrechts** des Urhebers folgt aus **§ 1371 Abs. 4**. Die Bestimmung stellt die Ausübung des Widerspruchsrechts in Fällen unter die Gebote von **Treu und Glauben**, in denen **mehrere Werke oder Werkbeiträge** derart zu einer **Gesamtheit** zusammengefasst sind, dass diese sich in der betreffenden neuen Nutzungsart nur unter Verwendung sämtlicher Werke oder Werkbeiträge verwerten lässt. Nach der **AmtlBegr.** (BT-Drucks. 16/1828 S. 34 zu Abs. 4) soll durch diese Regelung verhindert werden, dass uU ein einziger Urheber durch seinen Widerspruch verhindert, dass das Werk auf eine neue Nutzungsart ausgewertet wird, und auf diese Weise die Auswertungschancen der anderen Beteiligten erheblich stört. In solchen Fällen soll der Widerspruch nur eingeschränkt möglich sein, um den Interessen der anderen Beteiligten und des Werkverwerters Rechnung tragen zu können. Ferner wird auf die Parallelregelung des § 31a Abs. 3 verwiesen. Die AmtlBegr. (BT-Drucks. aaO S. 24f.) hierzu verweist auf Konstellationen über diejenigen der §§ 8 (Miturheberschaft) und 9 (Werkverbindungen; so. Rdnr. 45) hinaus, wie auf die Zusammenfügung von Werken, die über einen Werkverwerter erfolgt. Erfasst sei auch der Fall, dass urheberrechtlich geschützte Werke oder Werkbeiträge mit anderen Schutzgegenständen des UrhG zusammengefasst werden.

50   Da es sich bei diesem Anliegen praktisch um das gleiche wie bei **§ 31a Abs. 3** handelt, kann hier grundsätzlich auf die **Kommentierung dieser Bestimmung** verwiesen werden. Gleichwohl sind bei der Anwendung des **§ 1371 Abs. 4** einige **Besonderheiten** zu beachten. An erster Stelle zwingen die **erheblichen verfassungsrechtlichen Bedenken** gegen § 1371, und zwar insbesondere im Hinblick auf das viel zu schwach ausgestaltete Widerspruchsrecht des Urhebers im Hinblick auf vor dem 1. 1. 2008 bekannt gewordene, früher unbekannte Nutzungsarten (so. Rdnr. 8ff./10), zu einer **besonders zurückhaltenden Anwendung des § 1371 Abs. 4**, der dieses Widerspruchsrecht noch einmal beschneidet. Anders als bei § 31a geht es bei § 1371 nicht darum, dass der nachträglichen Reue des Urhebers über vertragliche Verfügungen Grenzen gesetzt werden, sondern darum, dass die ohnehin geringen Möglichkeiten des Urhebers, sich mittels eines **Widerspruchs gegen gesetzliche Eingriffe in Rechte und Vertrauensbestände** zu wehren, nur dort weiter beschnitten werden dürfen, wo es **absolut unumgänglich** ist. Danach spricht eine **Vermutung** dafür, dass ein Urheber, der von seinem, Widerspruchsrecht Gebrauch macht, sich in Konstellationen des § 1371 Abs. 4 **im Rahmen von Treu und Glauben** bewegt.

51   Des Weiteren ist bei Anwendung des § 1371 Abs. 4 die **besondere Zweckbestimmung des § 1371** zu beachten, **historische Medienarchive zu öffnen**, die nur noch mittels neuer Nutzungsarten der Allgemeinheit faktisch verfügbar gemacht werden können (so. Rdnr. 6f.). Dies schließt es, anders als in der AmtlBegr. (aaO, Rdnr. 50) zu § 31a erwähnt, im Allg. aus, bei der Erschließung entsprechender Archivbestände gegenüber dem Widerspruch auch nur einzelner Urheber, insbes. der Haupturheber, einem besonderen **Interesse eines Werkverwerters** an einer **neuartigen Kombination** von Werknutzungen zur Durchsetzung zu verhelfen. Im Vordergrund des Interesses steht die Erschließung der Archivbestände in der Originalversion. Die gebotene **Orientierung am Motiv für § 1371** schließt es erst recht aus, gegen den Widerspruch auch nur einzelner betroffener Urheber **aktuelle Werke**, die mittels herkömmlicher Techniken verfügbar sind und verfügbar gehalten werden können, zB einer **Zwangsdigitalisie-**

rung zuzuführen. Dies gilt auch aus der Sicht des Allgemeininteresses insbes. dann, wenn nach bekannt gewordenen Vorkommnissen (so. Rdnr. 11) eine **missbräuchliche Preisgestaltung** in der neuen Nutzungsart nicht ausgeschlossen werden kann und **wirtschaftliche Hintergründe** (s. OLG Hamm AfP 2008, 515/516 – Zeitschrift für Mathematik) **im Dunkeln** bleiben.

Wie im Schrifttum vermutet (s. *Fromm/Nordemann*[10] Rdnr. 31), wird demzufolge das **Hauptanwendungsgebiet** für den Ausschluss des Widerspruchsrechts durch § 1371 Abs. 4 voraussichtlich der **Film** sein, für den das parallele Widerrufsrecht nach § 31a sogar gesetzlich ausgeschlossen ist (so. Rdnr. 47). 52

4. Keine Einräumung von Nutzungsrechten an einen Dritten

Der **dritte Hinderungsgrund** für den Eintritt der **Übertragungsfiktion** nach § 1371 Abs. 1 S. 1 (so. Rdnr. 29) ist in **§ 1371 Abs. 1 S. 4** geregelt. Die Bestimmung sieht vor, dass die Vorschrift über die Fiktion und mit ihr auch diejenigen über die Widerspruchsmöglichkeiten des Urhebers (§ 1371 Abs. 1 S. 2 und 3) nicht für zwischenzeitlich bekannt gewordene Nutzungsarten gilt, an denen der Urheber **Nutzungsrechte bereits einem Dritten eingeräumt** hat. Wie sich auch aus der AmtlBegr. (BT-Drucks. 16/1828 S. 34 zu Abs. 1) ergibt, sind damit Verfügungen des Urhebers über Nutzungsrechte **vor dem Inkrafttreten des Gesetzes** (am 1. 1. 2008, so. Rdnr. 1) gemeint, die trotz Geltung des § 31 Abs. 4 wirksam waren, weil die betreffende Nutzungsart inzwischen bekannt geworden war, also zB die Videonutzung von Filmen seit Mitte/Ende der 1970er-Jahre. Ein **Eingriff in die betreffenden Verträge mittels der Fiktion** sollte **nicht stattfinden** (AmtlBegr. aaO). Bei nur **beschränkter Rechtseinräumung**, wie bei der Einräumung eines nicht ausschließlichen, also nur einfachen Nutzungsrechts, sollte die **Fiktion dagegen im verbleibenden Umfang Platz greifen** können. Die AmtlBegr. (ssO) nennt als Beispiel den Fall, dass ein Komponist einem Dritten das nicht ausschließliche Recht zur On-Demand-Auswertung eines Musikstücks eingeräumt hat. In diesem Fall gelte die Fiktion dennoch auch für das On-Demand-Recht, der Dritte sei jedoch weiter berechtigt, von seinem diesbezüglichen einfachen Nutzungsrecht Gebrauch zu machen. Bei der **Bewertung** der gesetzlichen Ausnahmeregelung zugunsten von Rechten Dritter fällt auf den ersten Blick die **Diskrepanz** zur Rechtslage in Bezug auf die Vertragsbeziehungen des Urhebers zum Nutznießer der Übertragungsfiktion auf. In diese Vertragsbeziehung wurde mit § 1371 massiv eingegriffen (so. Rdnr. 3ff.). Aus der Sicht der Zielrichtung dieser Bestimmung, Medienarchive zu öffnen (so. Rdnr. 6f.), ist die Abweichung jedoch **verständlich**: Die Rechtseinräumung an einen Dritten bewirkt diese Öffnung nicht weniger als die Fiktion zugunsten der ursprünglichen anderen Vertragspartei. 53

IV. Rechtsfolgen der Übertragungsfiktion des § 1371

1. Erwerb von Nutzungsrechten für neue Nutzungsarten durch den Begünstigten

Die aus der Sicht des Gesetzeszwecks des § 1371 (so. Rdnr. 6f.) **wichtigste Rechtsfolge der Übertragungsfiktion** nach § 1371 Abs. 1 S. 1 besteht darin, dass der von ihr **Begünstigte** (s. zu diesem Rdnr. 21) **von Gesetzes wegen Nutzungsrechte für neue Nutzungsarten** erwirbt, die ihm während der Geltung des § 31 Abs. 4 nicht eingeräumt werden konnten (so. Rdnr. 1/13). Im Hinblick auf **Einzelheiten** dieses Rechteerwerbs ist dem **verfassungsrechtlichen Gebot der engen Auslegung** des § 1371 (so. Rdnr. 12) Rechnung zu tragen. Dies gilt zunächst für die Frage des **Zeitpunkts**, zu dem der gesetzliche Rechteerwerb wirksam wird. Nach zutreffender, fast allg. Auffassung ist eine **Rückwirkung** auf die Zeit **vor Inkrafttreten der Bestimmung ausgeschlossen** (s. *Dreier/Schulze*[3] Rdnr. 15; *Fromm/Nordemann*[10] Rdnr. 21; *Ehmann/Fischer* GRUR Int. 2008, 284/287; *Frey/Rudolph* ZUM 2007, 13/22 mit der Forderung nach Klarstellung im Gesetz, *Schmidt-Hern* ZUM 2008, 927/933; *Spindler/Heckmann* ZUM 2006, 620/624; aA *Wandtke/Bullinger*[3] Rdnr. 19: Rückwirkung auf den Zeitpunkt des Vertragsabschlusses; sa. Rdnr. 9 zur verfassungsrechtlichen Beurteilung). Damit scheidet insbes. auch eine nachträgliche Legalisierung früherer Rechtsverletzungen aus (gegen *Wandtke/Bullinger*[3] aaO). 54

Streitiger als die Frage der Rückwirkung ist diejenige danach, **ab welchem exakten Zeitpunkt** der Rechtezuwachs durch die Übertragungsfiktion Platz greift. Die Frage steht in Zusammenhang mit den in § 1371 Abs. 1 S. 2 und 3 vorgesehenen **Widerspruchsfristen**. Im Hinblick auf die Widerspruchsfrist von einem Jahr ab Inkrafttreten des Gesetzes (so. Rdnr. 41/ 55

§ 1371 Übergangsregelung für neue Nutzungsarten

43) kommen zwei Zeitpunkte in Betracht: der **1. 1. 2008** als der Tag dieses Inkrafttretens (so. Rdnr. 1) oder der **1. 1. 2009** als der Tag nach Ablauf der (nicht genutzten) Widerspruchsfrist am 31. 12. 2008 (so. Rdnr. 43). Das erstgenannte Datum setzt die Annahme voraus, dass die Fiktion unter der **auflösenden Bedingung** der Erklärung des Widerspruchs erfolgt (so *Berger* GRUR 2005, 907/911; *Fromm/Nordemann*[10] Rdnr. 21). Dagegen führt ein Verständnis der Nichtausübung des Widerspruchsrecht als einer **aufschiebenden Bedingung** für den Eintritt der Fiktion zum 1. 1. 2009 als dem maßgeblichen Datum (so *Dreier/Schulze*[3] Rdnr. 15; *Ehmann/Fischer* GRUR Int. 2008, 284/287; *Schulze* UFITA 2007, 641/683). Nach dem Gebot der engen Auslegung des § 1371 (so. Rdnr. 54) ist der **zweitgenannten Auffassung** zu folgen. Sie gilt entsprechend für den Fall, dass die **dreimonatige Widerspruchsfrist** nach § 1371 Abs. 1 S. 3 (so. Rdnr. 41/44) nicht genutzt wird.

56 In gleicher Weise **restriktiv** ist die Frage zu beantworten, ob der von der Übertragungsfiktion Begünstigte im Hinblick auf die betroffenen neuen Nutzungsarten ein **ausschließliches** (so *Berger* GRUR 2005, 907/911; *Dreier/Schulze*[3] Rdnr. 38; *Fromm/Nordemann*[10] Rdnr. 18; *Schulze* UFITA 2007, 641/692) oder nur ein **einfaches Nutzungsrecht** erhält (so *Ehmann/Fischer* GRUR Int. 2008, 284/287 f.; *Mestmäcker/Schulze* Rdnr. 23; *Spindler/Heckmann* ZUM 2006, 620/262). Für die erstgenannte Auffassung spricht es insbesondere, dass es sich bei den Nutzungsrechten an bekannten Nutzungsarten, die der Begünstigte als Voraussetzung der Übertragungsfiktion vom Urheber erworben haben muss, ebenfalls um ausschließliche Rechte handelt (so. Rdnr. 30/35). Jedoch sprechen neben dem verfassungsrechtlichen Gebot der engen Auslegung des § 1371 (so. Rdnr. 12) auch die besseren sachlichen Argumente für die Fiktion des gesetzlichen Übergangs nur **einfacher Nutzungsrechte**: Der Zweck der gesetzlichen Regelung, im **Interesse der Allgemeinheit** Medienarchive zu öffnen (so. Rdnr. 6 f.), wird mangels einer Ausübungspflicht des von der Fiktion Begünstigten (so. Rdnr. 11) am ehesten erreicht, wenn der Urheber berechtigt bleibt, die Rechte für neue Nutzungsarten auch ausschließlich oder Dritten vertraglich Nutzungsrechte einzuräumen (s. in diesem Sinne auch *Ehmann/Fischer* GRUR Int. 2008, 284/287; *Mestmäcker/Schulze* Rdnr. 23; selbst *Dreier/Schulze*[3] Rdnr. 38; *Schulze* UFITA 2007, 641/692). Darüber hinaus liegt es im Interesse der Allgemeinheit, neue, auch missbräuchlich handhabbare Monopole zu vermeiden (so. Rdnr. 11). Und schließlich ist auch nicht zu befürchten, dass durch eine konkurrierende neuartige Werknutzung die Nutzung ausschließlicher Befugnisse beeinträchtigt wird, die der von der Fiktion Begünstigte im Hinblick auf bekannte Nutzungsarten innehat, geht es § 1371 doch gerade um die Öffnung sonst brachliegender Archive, nicht aber darum, für aktuell ohne weiteres zugängliche Werke eine zusätzliche und dann auch noch monopolartige ausschließliche Auswertungsmöglichkeit zu schaffen (so. Rdnr. 51).

57 **Inhaltlich** gilt für die Nutzungsrechte, die durch die Übertragungsfiktion erworben werden, dass es sich zum einen jedenfalls nur um solche **Nutzungsarten** handeln kann, die bei Vertragsabschluss **unbekannt** waren (s. dazu *Dreier/Schulze*[3] Rdnr. 36; *Fromm/Nordemann*[10] Rdnr. 18; *Wandtke/Bullinger*[3] Rdnr. 22; zu den betr. Nutzungsarten im Einzelnen s. die Kommentierung des § 31a; Vorauf. § 31 Rdnr. 25 ff.; § 88 Rdnr. 7/48, § 89 Rdnr. 12). Zum anderen orientiert sich der Inhalt dieser Nutzungsrechte an dem **Katalog von Rechten**, der dem Begünstigten für **bekannte Nutzungsarten** eingeräumt worden ist (s. dazu bereits unter Rdnr. 31 ff.). Von einer entsprechenden Rechtslage ist für die **zeitliche Reichweite** der durch die gesetzliche Fiktion erworbenen Nutzungsrechte auszugehen (s. dazu Rdnr. 40; zum Ergebnis s. *Mestmäcker/Schulze* Rdnr. 19; dem folgend *Wandtke/Bullinger*[3] Rdnr. 23). Der Anwendbarkeit des Urheberrechtsstatuts und des Schutzlandprinzips auf § 1371 und die durch ihn gewährte gesetzliche Lizenz (so. Rdnr. 24) ist der **räumliche Schutzbereich** dieser Rechte auf **Deutschland** beschränkt (im Ergebnis ebenso *Mestmäcker/Schulze* Rdnr. 19 und ihm wiederum zustimmend *Wandtke/Bullinger*[3] Rdnr. 23).

2. Gesetzlicher Vergütungsanspruch des Urhebers

58 Als Kompensation für den Rechteverlust, den der Urheber durch die Übertragungsfiktion des § 1371 erleidet (so. Rdnr. 1/10), gewährt ihm **§ 1371 Abs. 5 S. 1** einen **Anspruch** auf eine **gesonderte angemessene Vergütung**. Nach der AmtBegr. (BT-Drucks. 16/1828 S. 34 zu Abs. 5) wird damit dem Umstand Rechnung getragen, dass sich mit dem Erwerb von zusätzlichen Nutzungsrechten für neue Nutzungsarten auch **zusätzliche Einnahmemöglichkeiten** verbinden. Demgemäß geht es auch um eine **gesonderte** Vergütung, die zu der vom Urheber vertraglich vereinbarten Vergütung hinzutritt (ebenso *Dreier/Schulze*[3] Rdnr. 106; *Fromm/Norde-*

mann[10] Rdnr. 35; *Wandtke/Bullinger*[3] Rdnr. 83). Wie sich aus der AmtlBegr. zur Parallelvorschrift des § 32c (BT-Drucks. 16/1828 S. 25) ergibt, hat die Verwerterseite in der Vergangenheit bei ihren Bemühungen um eine Aufhebung des § 31 Abs. 4 selbst wiederholt solche zusätzlichen Zahlungen angeboten.

Die Anwendung der **§§ 32 und 32a** auf die vertragliche Vergütung bleibt im Rahmen ihres Geltungsbereichs nach § 132 Abs. 3 von der zusätzlichen Vergütungspflicht des Begünstigten der Übertragungsfiktion nach § 1371 Abs. 5 **unberührt** (so die AmtlBegr. BT-Drucks. 16/1828 S. 25 zur Parallelvorschrift des § 32c). Darüber hinaus verweist **§ 1371 Abs. 5 S. 2** im Hinblick auf die Beurteilung der **Angemessenheit der gesonderte Vergütung** auf eine entsprechende Anwendung des § 32 Abs. 2 und 4 über die Angemessenheit der vertraglichen Vergütung einschließlich der vorrangigen Berücksichtigung von gemeinsamen Vergütungsregeln iSd. § 36 (§ 32 Abs. 2 S. 1) und von tarifvertraglichen Vergütungsregelungen (§ 32 Abs. 4). In Ergänzung zu den Angemessenheitsregeln des § 32 Abs. 2 S. 2 heißt es in der AmtlBegr. (BT-Drucks. aaO) zu § 32c, dass bei der Festsetzung der Höhe der zusätzlichen gesetzlichen Vergütung die wirtschaftlichen Rahmenbedingungen zu berücksichtigen sind. Anders als der vertragliche Vergütungsanspruch des Urhebers nach § 32 Abs. 1 S. 1, der bereits mit der Rechteeinräumung entsteht, setzt der gesetzliche Vergütungsanspruch nach § 1371 Abs. 5 S. 1 (wie derjenige nach § 32c Abs. 1 S. 1) voraus, dass der **Vergütungsschuldner die neue Art der Werknutzung aufnimmt**. 59

Entsprechend der Rechtslage beim Widerspruchsrecht nach § 1371 Abs. 1 S. 1–3, Abs. 2 (so. Rdnr. 45) handelt es sich auch beim Vergütungsanspruch des Urhebers nach § 1371 Abs. 5 stets um einen **Anspruch des Urhebers**, der im Übrigen trotz Fehlen einer diesbezüglichen ausdrücklichen, § 32c Abs. 3 S. 1 entsprechenden Regelung **im Voraus unverzichtbar** ist (so zutreffend *Dreier/Schulze*[3] Rdnr. 105; *Fromm/Nordmann*[10] Rdnr. 39). Um einen Anspruch des Urhebers und nicht der mit ihm verbundenen anderen Vertragspartei handelt es sich auch dann, wenn diese die von Urheber erworbenen Nutzungsrechte iSd. **§ 1371 Abs. 2** an einen **Dritten weiterübertragen** hat. Die andere Vertragspartei wird in einem solchen Fall jedoch mit dem Dritten einen **eigenen vertraglichen Vergütungsanspruch** ausgehandelt haben. Da den Dritten in dieser Konstellation nach **§ 1371 Abs. 5 S. 4** auch die gesetzliche Vergütungspflicht gegenüber dem Urheber trifft, muss der **Dritte** mit zwei Vergütungsansprüchen rechnen (s. dazu die Kritik von *Sprang/Ackermann* K&R 2008, 7/10; ferner *Fromm/Nordemann*[10] Rdnr. 37; *Wandtke/Bullinger*[3] Rdnr. 97). **Anders** als im Regelfall bei der Weiterübertragung von Nutzungsrechten nach **§ 34 Abs. 4** (gesamtschuldnerische Haftung), aber in **Übereinstimmung** mit **§ 32a Abs. 2 S. 2** ist in dieser Konstellation im Übrigen gemäß **§ 1371 Abs. 5 S. 5** eine Haftung der ursprünglichen **Vertragspartei** für die Zahlung der gesonderten angemessenen Vergütung gegenüber dem Urheber **ausgeschlossen**: Dies entspricht derselben Regelung in der Parallelvorschrift des § 32c Abs. 2 S. 2. 60

Nach § 1371 Abs. 5 S. 3 kann der Anspruch des Urhebers auf eine gesonderte angemessene Vergütung **nur durch eine Verwertungsgesellschaft geltend gemacht** werden. Diese Vorschrift ist erst auf Anregung durch den Rechtsausschuss des Deutschen Bundestags (BT-Drucks. 16/5939 S. 46) in das Gesetz eingefügt worden. Zur Begründung wurde auf die Gefahr hingewiesen, dass bei Unauffindbarkeit des Urhebers ein Werkverwerter ein Werk sonst kostenfrei in einer neuen Nutzungsart nutzen könnte. Demgegenüber sei durch die Verwertungsgesellschaftspflicht die **Vergütung** eines solchen Nutzung **in jedem Fall gewährleistet**. Nach dieser Aussage geht die gesamte Argumentation von der unausgesprochenen optimistischen Prämisse aus, dass Verwerter die Vergütung bezahlen wollen, aber individuell nicht können. Wie allerdings eine Verwertungsgesellschaft gerade bei Unauffindbarkeit eines Urhebers und bei **Verweigerungshaltung des Verwerters** von der Aufnahme einer Werknutzung in einer neuen Nutzungsart als Voraussetzung des Vergütungsanspruchs (so. Rdnr. 59) auch nur erfahren soll, bleibt **offen** (zu diesbezüglichen Überlegungen s. *Dreier/Schulze*[3] Rdnr. 119). 61

Abschnitt 3. Schlussbestimmungen

§ 138 Register anonymer und pseudonymer Werke

(1) [1]Das Register anonymer und pseudonymer Werke für die in § 66 Abs. 2 Satz 2 vorgesehenen Eintragungen wird beim Patentamt geführt. [2]Das Patentamt bewirkt die Ein-

tragungen, ohne die Berechtigung des Antragstellers oder die Richtigkeit der zur Eintragung angemeldeten Tatsachen zu prüfen.

(2) [1] Wird die Eintragung abgelehnt, so kann der Antragsteller gerichtliche Entscheidung beantragen. [2] Über den Antrag entscheidet das für den Sitz des Patentamts zuständige Oberlandesgericht durch einen mit Gründen versehenen Beschluß. [3] Der Antrag ist schriftlich bei dem Oberlandesgericht einzureichen. [4] Die Entscheidung des Oberlandesgerichts ist endgültig. [5] Im übrigen gelten für das gerichtliche Verfahren die Vorschriften des Gesetzes über die Angelegenheiten der freiwilligen Gerichtsbarkeit entsprechend. [6] Für die Gerichtskosten gilt die Kostenordnung; die Gebühren richten sich nach § 131 der Kostenordnung.

(3) [1] Die Eintragungen werden im Bundesanzeiger öffentlich bekanntgemacht. [2] Die Kosten für die Bekanntmachung hat der Antragsteller im voraus zu entrichten.

(4) [1] Die Einsicht in das Register ist jedem gestattet. [2] Auf Antrag werden Auszüge aus dem Register erteilt.

(5) [1] Der Bundesminister der Justiz wird ermächtigt, durch Rechtsverordnung
1. Bestimmungen über die Form des Antrags und die Führung des Registers zu erlassen,
2. zur Deckung der Verwaltungskosten die Erhebung von Kosten (Gebühren und Auslagen) für die Eintragung, für die Ausfertigung eines Eintragungsscheins und für die Erteilung sonstiger Auszüge und deren Beglaubigung anzuordnen sowie Bestimmungen über den Kostenschuldner, die Fälligkeit von Kosten, die Kostenvorschußpflicht, Kostenbefreiungen, die Verjährung, das Kostenfestsetzungsverfahren und die Rechtsbehelfe gegen die Kostenfestsetzung zu treffen.

(6) Eintragungen, die nach § 56 des Gesetzes betreffend das Urheberrecht an Werken der Literatur und der Tonkunst vom 19. Juni 1901 beim Stadtrat in Leipzig vorgenommen worden sind, bleiben wirksam.

Schrifttum: *Knefel*, Erfahrungen mit dem patentamtlichen Eintragungsverfahren von Urheberrechten, GRUR 1968, 352; *Schulte*, Die Urheberrolle beim Deutschen Patentamt, UFITA 50 (1967) 32.

Übersicht

	Rdnr.
I. Bedeutung der Vorschrift und des Registers anonymer und pseudonymer Werke	1–5
II. Entstehungsgeschichte. Fortbestehende Wirksamkeit der Eintragungen in die Eintragsrolle nach dem LUG von 1901	6, 7
III. Zuständigkeit und formelle Anforderungen an die Anmeldung (§ 138 Abs. 1 S. 2, Abs. 5 Nr. 1)	8–10
IV. Eintragungsverfahren und gerichtliche Überprüfung der Entscheidungen des Deutschen Patent- und Markenamts (§ 138 Abs. 1 S. 2, Abs. 2)	11–15
V. Bekanntmachung der Eintragung. Einsicht in das Register (§ 138 Abs. 3, 4)	16–18
VI. Kosten der Eintragung	19

I. Bedeutung der Vorschrift und der Urheberrolle

1   1. § 138 steht in engem Zusammenhang mit **§ 66 Abs. 2 S. 2** über die **Berechnung der Schutzdauer anonymer und pseudonymer Werke.** Nach § 66 Abs. 1 ist die Schutzdauer anonym oder pseudonym erschienener Werke grundsätzlich ab dem Zeitpunkt der ersten Veröffentlichung des Werkes und nicht erst wie nach §§ 64, 65 ab dem Zeitpunkt des Todes des Urhebers zu berechnen. § 66 Abs. 2 S. 2 sieht als eine der Möglichkeiten, für solche Werke die günstigere Berechnung der Schutzdauer nach §§ 64, 65 vorzunehmen, die **Anmeldung des wahren Namens des Urhebers zur Eintragung in das Register anonymer und pseudonymer Werke** vor (s. § 66 Rdnr. 46–51). Als **Ergänzung** dazu regelt **§ 138** die Zuständigkeit zur Führung des Registers und die Grundsätze des Eintragungsverfahrens (Abs. 1), die gerichtliche Überprüfung der behördlichen Entscheidungen (Abs. 2), die Bekanntmachung der Eintragungen (Abs. 3) und die Einsicht in das Register (Abs. 4). Ferner enthält § 138 in Abs. 5 eine Verordnungsermächtigung sowie in Abs. 6 eine Bestimmung über die Fortdauer der Wirkungen von Eintragungen in die in Leipzig geführte Eintragsrolle nach §§ 31 Abs. 2, 56–58 LUG von 1901.

2. § 138 ist zusammen mit den Bestimmungen des UrhG über die Schutzdauer von Werken (§§ 64–67, 69) nach § 143 Abs. 1 bereits **am 17. 9. 1965 in Kraft getreten**. Das in § 138 ursprünglich als **Urheberrolle** bezeichnete Verzeichnis ist durch Art. 16 des Gesetzes zur Bereinigung von Kostenregelungen auf dem Gebiet des geistigen Eigentums vom 13. 12. 2001 BGBl. I S. 3656/3677 in **Register anonymer und pseudonymer Werke umbenannt** worden.

3. Die formellen Anforderungen an die Anmeldung sowie Näheres über die Eintragung und die Kosten regelt eine vom Bundesminister der Justiz auf der Grundlage von § 138 Abs. 5 erlassene **Verordnung über das Register anonymer und pseudonymer Werke (WerkeRegV)** vom 18. 12. 1965 (BGBl. I S. 2105 = BlPMZ 1966, 21) idF vom 26. 6. 1970 (BGBl. I S. 839 = BlPMZ 1970, 213), zuletzt geändert durch Art. 26 des Gesetzes vom 13. 12. 2001 (s. Rdnr. 2, BGBl. I S. 3656/3686).

4. Die **Bedeutung des Registers** erschöpft sich in seiner Funktion für die Berechnung der Schutzdauer anonymer und pseudonymer Werke. Als **Informationsquelle** für Werkverwerter, welche anonyme oder pseudonyme Werke bereits nach Ablauf von 70 Jahren seit deren erster Veröffentlichung (§ 66 Abs. 1) ohne Zustimmung des Urhebers oder seiner Rechtsnachfolger verwerten wollen, ist sie nur von sehr begrenztem Wert, da die Urheberrolle weder über Tatsachen Auskunft gibt, welche die Anwendung der Rechtsfolge des § 66 Abs. 1 von vornherein ausschließen (s. § 66 Rdnr. 25 ff.), noch über Umstände, die nach § 66 Abs. 2 S. 1 nF, § 66 Abs. 2 Nr. 1, 3 aF zum Ausschluss der Berechnung der Schutzdauer ab der ersten Veröffentlichung führen (s. § 66 Rdnr. 19 ff., 38 ff.). Es ist **nicht Aufgabe** der Urheberrolle, **für den Urheber zu werben**; daher ist auch die Anschrift des Urhebers nicht einzutragen (OLG München UFITA 51 [1968] 381/383 – Volk und Reich).

Aus der **Statistik** (Jahresbericht 2008 des DPMA, www.dpma.de, ergibt sich die geringe Inanspruchnahme des Registers. Im Jahr 2008 sind nur für 18 Werke die Namen von deren Urhebern angemeldet und die Namen der Urheber von nur 9 Werken eingetragen worden. Die Zahl der Anmelder betrug 11.

II. Entstehungsgeschichte. Fortbestehende Wirksamkeit der Eintragungen in die Eintragsrolle nach dem LUG von 1901

1. Das vom Deutschen Patent- und Markenamt mit Sitz in München geführte (s. Rdnr. 8) Register erfüllt die gleiche Funktion wie die sog. **Eintragsrolle,** die bereits nach dem LUG von 1870 (§§ 11 Abs. 4, 39–42; sa. § 66 Rdnr. 4) und dann nach dem LUG von 1901 (§§ 31 Abs. 2, 56–58; sa. § 66 Rdnr. 5) beim Stadtrat zu Leipzig geführt wurde. Die Zuständigkeit des Letzteren auch für Anmeldungen aus der Bundesrepublik Deutschland währte bis zum Inkrafttreten des UrhG, insoweit am 17. 9. 1965 (§ 143 Abs. 1; zum Ergebnis *Ulmer*³ § 77 V 1 b). Zur Entstehungsgeschichte des § 66 Abs. 2 S. 2 s. dort Rdnr. 4–8.

2. Gemäß **§ 138 Abs. 6** bleiben **Eintragungen** auch unter der Geltung des UrhG wirksam, die nach § 56 LUG von 1901 beim **Stadtrat in Leipzig** vorgenommen worden sind. Dabei ist zu beachten, dass auch schon nach § 31 Abs. 2 LUG von 1901 der für die Berechnung der Schutzdauer entscheidende Vorgang die Anmeldung, nicht die Eintragung war (s. zu § 66 dort Rdnr. 49). Sinngemäß muss die Fortwirkung auch für Eintragungen gelten, die nach § 39 LUG von 1870 bei der gleichen Stelle getätigt worden sind.

III. Zuständigkeit und formelle Anforderungen an die Anmeldung (§ 138 Abs. 1 S. 1, Abs. 5 Nr. 1)

1. Gemäß § 138 Abs. 1 S. 1 wird das Register beim **Deutschen Patentamt** (ab 1. 11. 1998 **Deutsches Patent- und Markenamt**) mit Sitz in München geführt (Anschrift: Zweibrückenstraße 12, 80331 München). Behördenintern wird die Führung der Urheberrolle von der Urheberrechtsabteilung des Patentamts wahrgenommen (*Schulte* UFITA 50 [1967] 32/37).

2. Nach § 1 Abs. 1 der WerkeRegV (s. Rdnr. 3) ist der **Antrag auf Eintragung** in das Register nach § 66 Abs. 2 S. 2 schriftlich beim Patentamt einzureichen. Dem Antrag kommt die Bedeutung der Anmeldung iSd. § 66 Abs. 2 S. 2 zu (ebenso *v. Gamm* Rdnr. 3; sa. § 66 Rdnr. 49). In dem Antrag sind gemäß § 1 Abs. 2 WerkeRegV **anzugeben:** der wahre (dh. bürgerliche) Name des Urhebers (s. § 66 Rdnr. 22, 47), Tag und Ort seiner Geburt und, wenn der

§ 138

Urheber verstorben ist, das Sterbejahr. Ist das Werk unter einem Decknamen (Pseudonym) veröffentlicht worden, so ist auch der Deckname anzugeben. Ferner ist anzugeben der Titel, unter dem das Werk veröffentlicht ist, oder, mangels eines solchen, eine sonstige Bezeichnung des Werkes. Ist das Werk erschienen, so ist auch der Verlag anzugeben. Anzugeben sind schließlich der Zeitpunkt und die Form der ersten Veröffentlichung des Werkes (**Muster eines Antrags im Münchener Vertragshdb. Bd. 3, Wirtschaftsrecht II⁵, 2004, 699 [bearbeitet von *Nordemann*]**).

10   3. Die **Antragsberechtigung** ergibt sich aus § 66 Abs. 3 (s. dort Rdnr. 50). Eine **Vertretung** des Antragstellers durch einen Rechts- oder Patentanwalt ist nicht vorgeschrieben. Zur **Vorlage des Werkes** ist der Antragsteller nicht verpflichtet (*Schulte* UFITA 50 [1967] 32/36).

IV. Eintragungsverfahren und gerichtliche Überprüfung der Entscheidungen des Deutschen Patent- und Markenamts (§ 138 Abs. 1 S. 2, Abs. 2)

11   1. Das Deutsche Patent- und Markenamt **prüft nicht** die **Berechtigung des Antragstellers und die Richtigkeit der zur Eintragung angemeldeten Tatsachen** (§ 138 Abs. 1 S. 2), **wohl aber,** wenn sich aus dem Antrag Anhaltspunkte für Zweifel ergeben, ob der Anmeldungsgegenstand die **Voraussetzungen eines geschützten Werkes** iSd. § 2 erfüllt (OLG München UFITA 51 [1968] 375/377 – Mini-Car – und UFITA 51 [1968] 377/379 – Geschäftskarten; *Schulte* UFITA 50 [1967] 32/36) und ob er **seiner Art nach** für eine Berechnung der Schutzdauer nach § 66 Abs. 1 überhaupt in Betracht kommt, was bei Werken der bildenden Künste nach § 66 Abs. 4 aF nicht der Fall war (s. § 66 Rdnr. 7, 54; zum Ergebnis *Schulte* UFITA 50 [1967] 32/36). Daher konnten nach früherem Recht bei der Prüfung der Schutzfähigkeit graphische Elemente nicht berücksichtigt werden (OLG München UFITA 51 [1968] 377/379 – Geschäftskarten; *Knefel* GRUR 1968, 352/354 f.). Die Eintragung wurde auch abgelehnt, wenn sich aus dem Antrag (s. Rdnr. 9) ergab, dass das angemeldete Werk **noch nicht erschienen** war (OLG München UFITA 51 [1968] 379/380 – Lotteriesystem; zur Frage, ob die Anwendung der Rechtsfolge des § 66 Abs. 1 aF das Erscheinen oder nur die Veröffentlichung des Werkes voraussetzte, s. § 66 Rdnr. 25–28).

12   2. Das Deutsche Patent- und Markenamt trägt in das Register nach § 2 WerkeRegV (Rdnr. 3) ein: die laufende Nummer der Eintragung, den Tag des Eingangs des Antrags beim Deutschen Patent- und Markenamt sowie die Angaben, die der Antragsteller nach § 1 Abs. 2 machen musste (s. Rdnr. 9). Auch auf Antrag nicht eingetragen wird die Anschrift des Urhebers (OLG München UFITA 51 [1968] 381/383 – Volk und Reich; sa. Rdnr. 4).

13   Zu dem Register anonymer und pseudonymer Werke führt das Deutsche Patent- und Markenamt nach § 3 WerkeRegV (Rdnr. 3) ein **alphabetisches Register** der eingetragenen Urhebernamen einschließlich der Decknamen sowie der eingetragenen Werktitel oder sonstigen Werkbezeichnungen.

14   Auf Antrag ist dem Antragsteller eine **Bescheinigung über die Eintragung** auszustellen (§ 4 WerkeRegV, s. Rdnr. 3).

15   3. Wird die **Eintragung** rechtskräftig **abgelehnt,** so bewirkt dies, dass die Wirkungen der Anmeldung nach § 66 Abs. 2 Satz 2 nicht eintreten (s. § 66 Rdnr. 22, 49). Gegen die Entscheidung des Deutschen Patent- und Markenamts, die seinen Eintragungsantrag zurückweist, kann der Betroffene nach § 138 Abs. 2 schriftlich **Antrag auf gerichtliche Entscheidung** beim OLG München, als für den Sitz des Deutschen Patent- und Markenamts zuständigem Oberlandesgericht, stellen; das Gericht entscheidet endgültig. Für das Verfahren gelten die Vorschriften des Gesetzes über die Angelegenheiten der freiwilligen Gerichtsbarkeit (FGG). Für die Gerichtskosten gilt die Kostenordnung, die Gebühren richten sich nach § 131 Kostenordnung. Nach §§ 11, 21 FGG besteht **kein Anwaltszwang** (OLG München UFITA 51 [1968] 375/376 – Mini-Car – und die Übrigen unter Rdnr. 11 f. zitierten Entscheidungen; *Knefel* GRUR 1968, 352/353 mit Hinweisen auf den Gegenstandswert in diesen Verfahren).

V. Bekanntmachung der Eintragung. Einsicht in das Register (§ 138 Abs. 3, 4)

16   1. Nach § 138 Abs. 3 werden die Eintragungen in das Register im Bundesanzeiger **öffentlich bekannt gemacht.** Die Kosten für die Bekanntmachung hat der Antragsteller im Voraus zu entrichten.

2. Gemäß § 138 Abs. 4 ist jedermann die **Einsicht in die Urheberrolle** gestattet. Auf An- 17
trag werden Auszüge aus der Rolle erteilt.

3. Aus diesen Bestimmungen ergibt sich, dass sich die Anmeldung eines anonymen oder 18
pseudonymen Werkes zur Eintragung in das Register anonymer und pseudonymer Werke nicht
dazu eignet, die Vorzüge der Berechnung der Schutzdauer nach dem Tode des Urhebers (§§ 64,
65) zu erreichen und zugleich die Anonymität aufrechtzuerhalten. In der Praxis ist es aber gegenüber den durch § 66 Abs. 2 S. 1 nF, § 66 Abs. 2 Nr. 1 aF eröffneten Möglichkeiten (s. § 66
Rdnr. 19 ff., 39 ff.) eine weniger breite Öffentlichkeit, der sich der Urheber durch die Anmeldung zu erkennen gibt (ebenso *v. Gamm* § 66 Rdnr. 5).

VI. Kosten der Eintragung (§ 138 Abs. 5 Nr. 2)

Nach § 5 WerkeRegV (s. Rdnr. 3) wird für die Eintragung eines Werkes eine Gebühr von 19
12,– Euro erhoben, bei gleichzeitiger Anmeldung mehrerer Werke für das erste 12,– Euro für
das zweite bis zehnte je 5,– Euro, für das elfte und jedes weitere Werk 2,– Euro. Im Übrigen ist
die VO über Verwaltungskosten beim Deutschen Patent- und Markenamt anzuwenden.

§ 139 Änderung der Strafprozeßordnung

§ 374 Abs. 1 Nr. 8 der Strafprozeßordnung erhält folgende Fassung:

„8. Alle Verletzungen des Patent-, Gebrauchsmuster-, Warenzeichen- und Geschmacksmusterrechtes, soweit sie als Vergehen strafbar sind, sowie die Vergehen nach §§ 106 bis 108 des Urheberrechtsgesetzes."

1. § 374 der Strafprozessordnung (StPO) regelt die **Zulässigkeit der Privatklage**. In 1
§ 374 Abs. 1 Nr. 1–8 StPO sind die einzelnen Straftaten aufgeführt, die vom Verletzten im
Wege der Privatklage verfolgt werden können. Nr. 8 nannte ursprünglich „alle Verletzungen des
literarischen, künstlerischen und gewerblichen Urheberrechts, soweit sie als Vergehen strafbar
sind". Aufgrund § 139 bekam die Bestimmung eine redaktionell umgestaltete Fassung, mit der
eine sachliche Änderung aber nicht verbunden war (vgl. AmtlBegr. BTDrucks. IV/270 S. 116
zu § 148, jetzt § 139).

2. In der zuletzt durch Art. 4 des Gesetzes zur Regelung des Urheberrechts in der Informa- 2
tionsgesellschaft vom 10. 9. 2003 (BGBl. I S. 1774) geänderten Fassung benennt § 374 Abs. 1
Nr. 8 StPO Straftaten nach **„§§ 106 bis 108 sowie § 108 b Abs. 1 und 2 des Urheberrechtsgesetzes"**. Der neu hinzugekommene § 108 b enthält Strafbestimmungen für unerlaubte
Eingriffe in technische Schutzmaßnahmen und zur Rechtewahrnehmung erforderliche Informationen iSd. §§ 95 a und 95 c. Zusätzlich benannt sind Straftaten nach **§ 33 KUG von 1907,** der
den Schutz des **Rechts am eigenen Bild** durch §§ 22–24 dieses Gesetzes strafrechtlich absichert; das KUG von 1907 ist insoweit durch § 141 Nr. 5 nicht aufgehoben worden (s. dort).

3. Die *Deutsche Vereinigung für gewerblichen Rechtsschutz und Urheberrecht* hatte im Rahmen der 3
Vorarbeiten der **Urheberrechtsnovelle von 1985** unter dem Eindruck der zunehmenden Ton-
träger- und Videopiraterie und des Raubdruckunwesens ua. vorgeschlagen, den Strafrahmen der
Urheberrechtsdelikte wesentlich zu erhöhen und die Straftaten gegen das Urheberrecht aus dem
Katalog der Privatklagedelikte zu streichen und damit zu Offizialdelikten zu machen (GRUR
1984, 419/423). Der **Gesetzgeber** ist dem insoweit gefolgt, als er den neuen **§ 108 a** mit einer
Strafandrohung bis zu fünf Jahren Freiheitsstrafe geschaffen hat. Diese Bestimmung ist nicht in
den Katalog der Privatklagedelikte aufgenommen worden, wodurch klargestellt ist, dass es sich
bei einer Straftat iSd. § 108 a um ein Offizialdelikt handelt. **§ 374 Abs. 1 Nr. 8 StPO blieb
insoweit unverändert** (Näheres vor §§ 106 ff. Rdnr. 1–4). Ebenso wurden gewerbsmäßige
Straftaten nach **§ 108 b Abs. 3** durch das Gesetz vom 10. 9. 2003 (s. Rdnr. 1) **nicht** in den
Katalog der Privatklagedelikte aufgenommen (s. die AmtlBegr. BTDrucks. 15/38 S. 30).

§ 140 Änderung des Gesetzes über das am 6. September 1952 unterzeichnete Welturheberrechtsabkommen

**In das Gesetz über das am 6. September 1952 unterzeichnete Welturheberrechtsab-
kommen vom 24. Februar 1955 (Bundesgesetzbl. II S. 101) wird nach Artikel 2 folgender
Artikel 2 a eingefügt: § 140**

§ 140 Änderung des Gesetzes über das Welturheberrechtsabkommen

„**Artikel 2a**
Für die Berechnung der Dauer des Schutzes, den ausländische Staatsangehörige für ihre Werke nach dem Abkommen im Geltungsbereich dieses Gesetzes genießen, sind die Bestimmungen in Artikel IV Nr. 4 bis 6 des Abkommens anzuwenden."

Schrifttum: *Bappert/Wagner,* Internationales Urheberrecht, Kommentar, 1956; *v. Bar,* Die Schutzfristen im deutsch-amerikanischen Urheberrecht, UFITA 78 (1977) 17; *Drexl,* Zur Dauer des US-amerikanischen Urhebern gewährten Schutzes in der Bundesrepublik Deutschland, GRUR Int. 1990, 35; *Nordemann,* Anmerkung zu Schulze BGHZ 245 u. 246, 13; *Nordemann/Vinck/Hertin,*Internationales Urheberrecht, Kommentar, 1977; *Schack,* Schutzfristenchaos im europäischen Urheberrecht, GRUR Int. 1995, 310; *Ulmer,* Der Vergleich der Schutzfristen im Welturheberrechtsabkommen, GRUR Int. 1960, 57; *ders.,* Der Vergleich der Schutzfristen in seiner Bedeutung für den Urheberrechtsschutz amerikanischer Werke in der Bundesrepublik Deutschland, GRUR Int. 1979, 39.

I. Bedeutung und Entstehungsgeschichte der Vorschrift

1   Revidierte Berner Übereinkunft (RBÜ) und Welturheberrechtsabkommen (WUA) und durch Übernahme des Schutzgehalts der RBÜ auch das neue TRIPS-Übereinkommen (s. vor §§ 120 ff. Rdnr. 13 ff./18) enthalten Bestimmungen über die Schutzdauer konventionsgeschützter Werke, und zwar ua. auch Regelungen über den sog. **Vergleich der Schutzfristen** (s. vor §§ 120 ff. Rdnr. 19, 48, 65). Nach Ratifikation und Verkündung zusammen mit dem Zustimmungsgesetz durch den deutschen Gesetzgeber (s. zur Rom-Fassung der RBÜ BGHZ 11, 135/138 – Lautsprecherübertragung) sowie mangels einer abweichenden innerstaatlichen Regelung besteht für die **RBÜ** kein Zweifel daran, dass dieser Vergleich unmittelbar anzuwenden ist (*Ulmer* GRUR Int. 1960, 57). Art. 7 Abs. 8 RBÜ (Pariser Fassung) nämlich sagt nach der grundsätzlichen Verweisung auf das Recht des Schutzlandes, dass die Schutzdauer die im Ursprungsland des Werkes festgesetzte Dauer „nicht überschreitet". Die entsprechende Bestimmung des **WUA** (Art. IV Abs. 4, 1. Unterabs. der Genfer Fassung, Art. IV Abs. 4 lit. a der Pariser Fassung) ist weniger klar. Sie besagt, dass kein Vertragsstaat „verpflichtet ist", einen längeren Schutz zu gewähren, als er für Werke dieser Art im (sinngemäß) Ursprungsland festgelegt ist. Das Zustimmungsgesetz zum WUA vom 24. 2. 1955 (BGBl. 1955 II S. 101) bestimmt in Art. 2 Abs. 1 lediglich, dass das Abkommen mit Gesetzeskraft veröffentlicht wird, aber nichts über die Durchführung des Vergleichs der Schutzfristen.

2   Nach Inkrafttreten des WUA für die Bundesrepublik Deutschland am 16. 9. 1955 (s. vor §§ 120 ff. Rdnr. 58) ist streitig geworden, ob der Schutzfristenvergleich auch nach diesem Abkommen **unmittelbar anzuwenden** war oder ob es dazu einer ausdrücklichen **gesetzlichen Bestimmung** bedurfte (s. dazu *Ulmer* GRUR Int. 1960, 57 f.; sa. *Ulmer*[3] § 15 V 2). Um „klarzustellen", dass der Schutzfristenvergleich nach dem WUA in der Bundesrepublik durchzuführen ist, hat der Gesetzgeber daher im Rahmen der Urheberrechtsreform von 1965 in § 140 dem Zustimmungsgesetz von 1955 zum WUA (s. Rdnr. 1) eine entsprechende ausdrückliche Bestimmung in Form eines neuen Art. 2a hinzugefügt (AmtlBegr. BTDrucks. IV/270 S. 116 zu § 149, jetzt § 140). In das Zustimmungsgesetz vom 17. 8. 1973 zu der in Paris im Jahre 1971 revidierten Fassung des WUA (BGBl. 1973 II S. 1069) ist in Art. 4 von vorneherein eine entsprechende Bestimmung aufgenommen worden.

II. Anwendung des Schutzfristenvergleichs nach dem WUA. Verhältnis zu zweiseitigen Abkommen

3   1. Aufgrund § 140, der nach § 143 Abs. 2 am **1. 1. 1966** in Kraft getreten ist, steht fest, dass der **Schutzfristenvergleich nach dem WUA jedenfalls seit diesem Zeitpunkt anzuwenden** ist. Nach den überzeugenden Ausführungen von *Ulmer* in GRUR Int. 1960, 57 ff./63 ist aber anzunehmen, dass § 140, wie in der AmtlBegr. (s. Rdnr. 2) gesagt, nur eine „Klarstellung" eines **schon seit Inkrafttreten des WUA am 16. 9. 1955** geltenden Rechtssatzes beinhaltet (im Ergebnis ebenso schon *Bappert/Wagner* Art. IV WUA Rdnr. 21; wie hier *Dreier/Schulze*[3] Rdnr. 2; *Möhring/Nicolini*[2] Rdnr. 1; *Nordemann/Vinck/Hertin* WUA Art. IV Rdnr. 7; *Nordemann* Anm. zu Schulze BGHZ 245 u. 246, 13 f. jeweils unter anderer Deutung der Stellungnahme *Bappert/Wagners* als hier; aA OLG Frankfurt/M GRUR 1981, 739/741 – Lounge Chair – unter Berufung auch auf BGHZ 70, 268/270 ff. – Buster-Keaton-Filme – und BGH GRUR 1978, 302/303 f. – Wolfsblut; s. dazu Rdnr. 6).

§ 140

2. Eine für den Urheberrechtsschutz der Werke amerikanischer Urheber in Deutschland günstigere Regelung trifft das nach wie vor gültige zweiseitige **deutsch-amerikanische Übereinkommen über den gegenseitigen Schutz der Urheberrechte von 1892** (s. vor §§ 120 ff. Rdnr. 72). Nach diesem Übereinkommen ist die **Schutzdauer** solcher Werke in Deutschland nach den hier für Inländer geltenden Regelungen zu bestimmen, und zwar **unabhängig von einem Vergleich** mit den **Schutzfristen in den USA** (*Ulmer* GRUR Int. 1960, 57/63 und 1979, 39/40; *v. Bar* UFITA 78 [1977] 17/23; BGHZ 70, 268/272 – Buster-Keaton-Filme – und BGH GRUR 1978, 302/303 – Wolfsblut; OLG Köln LZ 1921, 33).

3. Für das **Verhältnis zu diesem älteren Übereinkommen** bestimmt Art. XIX S. 1, 2 **WUA** (Genfer und Pariser Fassung), dass bestehende zweiseitige Verträge über das Urheberrecht unberührt bleiben, dass aber im Falle abweichender Bestimmungen dem WUA der Vorrang gebührt. Gemäß **Art. XIX S. 3** bleiben jedoch Rechte unberührt, die auf Grund eines solchen zweiseitigen Vertrags in einem Vertragsstaat erworben worden sind, bevor das WUA für diesen Staat in Kraft getreten ist. Von den Regelungen des WUA **abweichende Bestimmungen** sind auch solche über die Berechnung der Schutzdauer nach inländischem Recht ohne Schutzfristenvergleich (*Bappert/Wagner* Art. XIX WUA Rdnr. 9; *Nordemann/Vinck/Hertin* WUA Art. XIX Rdnr. 2; *Ulmer* GRUR Int. 1960, 57/64; BGHZ 70, 268/273 – Buster-Keaton-Filme; jeweils unter Ablehnung der aA von *Bolla* in UNESCO Copyright Bulletin 1955, 20 ff., 84 ff.). Zu den **erworbenen Rechten** iSd. Art. XIX S. 3 WUA zählen auch die von amerikanischen Urhebern auf Grund des Übereinkommens von 1892 in Deutschland erworbenen Urheberrechte, und zwar **auch hinsichtlich ihrer** dem deutschen Recht folgenden **Schutzdauer** (BGHZ 70, 268/274 f. – Buster-Keaton-Filme – und BGH GRUR 1978, 302/304 – Wolfsblut – unter Berufung auf BVerfGE 31, 275/287 ff. – Schallplatten; ähnlich *v. Bar* UFITA 78 [1977] 17/26 ff.; in Bezug auf die Schutzdauer aA *Bappert/Wagner* Art. XIX WUA Rdnr. 14; *Nordemann/Vinck/Hertin* WUA Art. XIX Rdnr. 3; *Ulmer* GRUR Int. 1960, 57/64; dem BGH später folgend *Ulmer* GRUR Int. 1979, 39/41). Daraus ergibt sich, dass für vor Inkrafttreten des WUA am 16. 9. 1955 (s. Rdnr. 2) geschaffene Werke amerikanischer Urheber jedenfalls **bis zum Beitritt der USA zur RBÜ** mit Wirkung vom 1. 3. 1989 (s. vor §§ 120 ff. Rdnr. 59, 71; zur Bedeutung dieses Beitritts s. sogleich Rdnr. 7) in der Bundesrepublik Deutschland Urheberrechtsschutz mit einer **Schutzdauer von 50 Jahren** post mortem auctoris bestand, wie sie seinerzeit das deutsche Recht vorsah (s. § 64 Rdnr. 52 f.). Darauf, ob für ein bestimmtes Werk oder für eine Werkgattung Schutz auch in den USA noch bestand oder dieser schon abgelaufen ist, kam es nicht an (BGHZ 70, 268/274 ff. – Buster-Keaton-Filme – und BGH GRUR 1978, 302/304 – Wolfsblut; *Nordemann* Anm. zu Schulze BGHZ 245 u. 246, 14; *Ulmer* GRUR Int. 1979, 39/41).

4. Die **Schutzfristverlängerung auf 70 Jahre post mortem auctoris** nach § 64 Abs. 1 (s. dort Rdnr. 56) konnte auch für ältere Werke amerikanischer Urheber **nicht unter Berufung auf das Übereinkommen von 1892** in Anspruch genommen werden (BGHZ 70, 268/276 – Buster-Keaton-Filme – und BGH GRUR 1978, 302/304 – Wolfsblut; *Nordemann* Anm. zu Schulze BGHZ 245 u. 246, 14 f.; *Ulmer* GRUR Int. 1979, 39/41). Allenfalls auf Grund des nach Art. IV Abs. 4 WUA durchzuführenden **Schutzfristenvergleichs** und der **Übergangsregelungen des amerikanischen Copyright Act von 1976 zur Schutzdauer** konnte sich eine Teilhabe amerikanischer Werke an der verlängerten deutschen Schutzdauer ergeben (s. dazu *Ulmer* GRUR Int. 1979, 39 f./42 f.). Der generelle Ausschluss älterer amerikanischer Werke von der verlängerten deutschen Schutzdauer folgte aber nicht, wie der BGH in BGHZ 70, 268/270 – Buster-Keaton-Filme – und GRUR 1978, 302/304 – Wolfsblut – offensichtlich meint, aus der Gleichzeitigkeit der Schutzfristverlängerung durch § 64 Abs. 1 aF/§ 64 nF und der Anordnung des Schutzfristenvergleichs durch § 140. Dem widerspricht schon, dass § 64 Abs. 1 aF/§ 64 nF bereits am 17. 9. 1965, § 140 erst am 1. 1. 1966 in Kraft getreten ist (§ 143 Abs. 1, 2). Entscheidend ist vielmehr, dass dem durch Art. XIX S. 3 WUA (Rdnr. 5) geschützten Vertrauen schon durch das Inkrafttreten von Art. IV Abs. 4 WUA im Jahre 1955 in Bezug auf zukünftige Schutzfristverlängerungen in Deutschland der Boden entzogen wurde (s. auch *Ulmer* GRUR Int. 1979, 39/41). Hinzu kommt, dass richtiger Ansicht nach der Schutzfristenvergleich nach dem WUA auch in der Bundesrepublik bereits von Anfang an durchzuführen war (s. Rdnr. 3). Daher kann auch OLG Frankfurt/M GRUR 1981, 739/741 – Lounge Chair – nicht gefolgt werden, das annimmt, dass die 70jährige Schutzdauer post mortem auctoris des § 64 Abs. 1 aF/§ 64 nF sogar all denjenigen Werken amerikanischer Urheber zugute kommen musste, die vor dem 1. 1. 1966 geschaffen worden sind.

§ 141   Aufgehobene Vorschriften

7   5. Durch den **Beitritt der USA zur RBÜ** mit Wirkung vom 1. 3. 1989 (s. vor §§ 120 ff. Rdnr. 59, 71) ist eine **neue Situation** entstanden, weil die RBÜ gegenüber dem WUA den Vorrang beansprucht (s. vor §§ 120 ff. Rdnr. 61) und außerdem älteren zweiseitigen Abkommen mehr Raum lässt als das WUA. Daraus kann sich unter Beachtung der Übergangsregeln der RBÜ und der Rechtslage vor Wirksamwerden des Beitritts der USA ergeben, dass für Werke amerikanischer Urheber in Deutschland nunmehr der Schutzfristenvergleich ganz entfällt und daher doch die **Schutzfrist von 70 Jahren** Anwendung findet (s. dazu Näheres unter vor §§ 120 ff. Rdnr. 72).

§ 141 Aufgehobene Vorschriften

Mit dem Inkrafttreten dieses Gesetzes werden aufgehoben:
1. die §§ 57 bis 60 des Gesetzes betreffend das Urheberrecht an Schriftwerken, Abbildungen, musikalischen Kompositionen und dramatischen Werken vom 11. Juni 1870 (Bundesgesetzblatt des Norddeutschen Bundes S. 339);
2. die §§ 17 bis 19 des Gesetzes betreffend das Urheberrecht an Werken der bildenden Künste vom 9. Januar 1876 (Reichsgesetzbl. S. 4);
3. das Gesetz betreffend das Urheberrecht an Werken der Literatur und der Tonkunst vom 19. Juni 1901 in der Fassung des Gesetzes zur Ausführung der revidierten Berner Übereinkunft zum Schutze von Werken der Literatur und Kunst vom 22. Mai 1910 und des Gesetzes zur Verlängerung der Schutzfristen im Urheberrecht vom 13. Dezember 1934 (Reichsgesetzbl. II S. 1395);
4. die §§ 3, 13 und 42 des Gesetzes über das Verlagsrecht vom 19. Juni 1901 (Reichsgesetzbl. S. 217) in der Fassung des Gesetzes zur Ausführung der revidierten Berner Übereinkunft zum Schutze von Werken der Literatur und Kunst vom 22. Mai 1910;
5. das Gesetz betreffend das Urheberrecht an Werken der bildenden Künste und der Photographie vom 9. Januar 1907 (Reichsgesetzbl. S. 7) in der Fassung des Gesetzes zur Ausführung der revidierten Berner Übereinkunft zum Schutze von Werken der Literatur und Kunst vom 22. Mai 1910, des Gesetzes zur Verlängerung der Schutzfristen im Urheberrecht vom 13. Dezember 1934 und des Gesetzes zur Verlängerung der Schutzfristen für das Urheberrecht an Lichtbildern vom 12. Mai 1940 (Reichsgesetzbl. I S. 758), soweit es nicht den Schutz von Bildnissen betrifft;
6. die Artikel I, III und IV des Gesetzes zur Ausführung der revidierten Berner Übereinkunft zum Schutze von Werken der Literatur und Kunst vom 22. Mai 1910;
7. das Gesetz zur Erleichterung der Filmberichterstattung vom 30. April 1936 (Reichsgesetzbl. I S. 404);
8. § 10 des Gesetzes über die Rechtsstellung heimatloser Ausländer im Bundesgebiet vom 25. April 1951 (Bundesgesetzbl. I S. 269).

1   § 141 hebt eine Reihe von Gesetzen auf, die mit Inkrafttreten des UrhG durch dieses Gesetz ersetzt worden oder sonst gegenstandslos geworden sind. Dieser Aufhebungsgrund betrifft die Nr. 1–7 des § 141. Besondere Überlegungen liegen der Aufhebung der unter Nr. 8 genannten Gesetzesbestimmung zugrunde (s. Rdnr. 9).

2   1. **§ 141 Nr. 1** betrifft die **§§ 57–60 des LUG von 1870** (s. zu diesem Gesetz Einl. Rdnr. 73), die durch § 64 des LUG von 1901 (s. zu diesem Gesetz Einl. Rdnr. 113) nicht aufgehoben worden waren. Die nunmehr aufgehobenen Bestimmungen des LUG von 1870 enthielten Regelungen über das Inkrafttreten dieses Gesetzes, die Außerkraftsetzung älterer Gesetze sowie Übergangsbestimmungen, die inzwischen obsolet geworden waren.

3   2. Gemäß **§ 141 Nr. 2** werden **§§ 17–19 des KUG von 1876** (s. zu diesem Gesetz Einl. Rdnr. 112) aufgehoben, die den gleichen Gegenstand hatten wie die unter Rdnr. 2 genannten Bestimmungen des LUG von 1870 und wiederum durch § 55 Abs. 2 des KUG von 1907 (s. zu diesem Gesetz Einl. Rdnr. 113) nicht aufgehoben worden waren.

4   3. Durch **§ 141 Nr. 3** zur Gänze aufgehoben wird das **LUG von 1901** (s. zu diesem Gesetz Einl. Rdnr. 113). An seine Stelle ist mit seinem Inkrafttreten nach § 143 das geltende UrhG getreten. Das LUG von 1901 bleibt nach Maßgabe der Übergangsbestimmungen der §§ 129 ff. für die Beurteilung älterer Sachverhalte von Bedeutung.

5   4. Nach **§ 141 Nr. 4** sind auch **bestimmte Vorschriften des Verlagsgesetzes** von 1901 (VerlG) (s. zu diesem Gesetz Einl. Rdnr. 113; vor §§ 28 ff. Rdnr. 5) aufgehoben worden. Es

handelt sich um § 3 und § 42 VerlG betreffend Beiträge zu Sammelwerken, die durch § 38 ersetzt worden sind (s. dazu § 38 Rdnr. 1), sowie um § 13 VerlG über die Urheberbezeichnung, an dessen Stelle § 39 getreten ist (s. dazu § 39 Rdnr. 5).

5. § 141 Nr. 5 setzt das **KUG von 1907** (s. zu diesem Gesetz Einl. Rdnr. 113) außer Kraft, „soweit es nicht den Schutz von Bildnissen betrifft". Mit dem Schutz von Bildnissen ist das **Recht am eigenen Bild** iSd. §§ 22–24 KUG von 1907 gemeint. Diese Vorschriften und die dazugehörigen allgemeinen Bestimmungen der §§ 33–50 des KUG von 1907 sind daher insoweit in Kraft geblieben. Sie beinhalten einen nicht werkbezogenen, reinen Persönlichkeitsschutz, für den im Rahmen des UrhG kein Ersatz geschaffen worden ist (s. die AmtlBegr. BTDrucks. IV/270 S. 35, 116 zu § 150, jetzt § 141). Eine Neuregelung wurde einer zukünftigen Gesamtkodifikation des Persönlichkeitsrechts überlassen; bis zu deren Inkrafttreten sollten aber die bisherigen Bestimmungen in Kraft bleiben. Zur Kommentierung der genannten Bestimmungen des KUG von 1907 s. den Anhang zu § 60.

6. § 141 Nr. 6 hebt **Art. I, III und IV des Ausführungsgesetzes zur Revidierten Berner Übereinkunft** (RBÜ) vom 22. 5. 1910 auf, durch welches das LUG von 1901 und das KUG von 1907 an die Berliner Fassung der RBÜ von 1908 (s. vor §§ 120 ff. Rdnr. 41) angepasst wurden (s. dazu Einl. Rdnr. 115). Mit dem Außerkrafttreten des LUG von 1901 und des KUG von 1907 hinsichtlich des Urheberrechts (s. Rdnr. 4, 6) waren auch die genannten Bestimmungen des Gesetzes von 1910 aufzuheben. Die Aufhebung erfasst nicht Art. II des Gesetzes, der eine Änderung des Verlagsgesetzes von 1901 betrifft, da das Verlagsgesetz weiterhin in Kraft ist.

7. Nach § 141 Nr. 7 ist auch das **Gesetz zur Erleichterung der Filmberichterstattung**, das kurz sog. **Wochenschaugesetz,** von 1936 aufgehoben. Dieses Gesetz ist durch § 50 ersetzt worden (vgl. dort Rdnr. 2).

8. Gemäß § 141 Nr. 8 aufgehoben ist **§ 10 des Gesetzes über die Rechtsstellung heimatloser Ausländer im Bundesgebiet** von 1951. Die Bestimmung gewährte heimatlosen Ausländern hinsichtlich ihrer Urheberrechte und gewerblichen Schutzrechte in der Bundesrepublik die sog. Meistbegünstigung, dh. die günstigste Behandlung, die Angehörigen fremder Staaten hier zusteht. Da Meistbegünstigungsklauseln auf den Gebieten des Urheberrechts und des gewerblichen Rechtsschutzes bis zum TRIPS-Übereinkommen von 1994 (s. vor §§ 120 ff. Rdnr. 14, 20) unüblich waren und Ursache für Unklarheiten über den Schutzumfang sein können und weil die betroffenen Personen vollzählig auch Flüchtlinge iSd. Abkommens über die Rechtsstellung der Flüchtlinge vom 28. 7. 1951 (BGBl. 1953 II S. 560) sind und nach Art. 14 dieses Abkommens in der Bundesrepublik in Bezug auf Urheberrechte und gewerbliche Schutzrechte wie Inländer behandelt werden (s. auch vor §§ 120 ff. Rdnr. 9), konnte § 10 des genannten Gesetzes außer Kraft gesetzt werden (vgl. die AmtlBegr. BTDrucks. IV/270 S. 116 zu § 149, jetzt § 141). S. zum Schutz ausländischer Flüchtlinge auch § 123.

§ 142 Geltung im Land Berlin

¹Dieses Gesetz gilt nach Maßgabe des § 13 Abs. 1 des Dritten Überleitungsgesetzes vom 4. Januar 1952 (Bundesgesetzbl. I S. 1) auch im Land Berlin. ²Rechtsverordnungen, die auf Grund dieses Gesetzes erlassen werden, gelten im Land Berlin nach § 14 des Dritten Überleitungsgesetzes.

§ 142 enthält die vor der deutschen Wiedervereinigung übliche Berlin-Klausel (vgl. AmtlBegr. BTDrucks. IV/270 S. 116 zu § 151, jetzt § 142). In Berlin wurde das UrhG durch Übernahmegesetz vom 11. 10. 1965 (GVBl. 1965 S. 1437) in Kraft gesetzt. Mit der **deutschen Wiedervereinigung** zum 3. 10. 1990 (s. vor §§ 120 ff. Rdnr. 25) ist § 142 für die Zeit danach **gegenstandslos** geworden. § 142 ist inzwischen auch durch Art. 1 Abs. 1 Nr. 53 des Gesetzes zur Regelung des Urheberrechts in der Informationsgesellschaft vom 10. 9. 2003 (BGBl. I S. 1774) **aufgehoben** worden.

§ 143 Inkrafttreten

(1) **Die §§ 64 bis 67, 69, 105 Abs. 1 bis 3 und § 138 Abs. 5 treten am Tage nach der Verkündung dieses Gesetzes in Kraft.**

(2) **Im übrigen tritt dieses Gesetz am 1. Januar 1966 in Kraft.**

§ 143 Inkrafttreten

1   Der **Regierungsentwurf** zum UrhG (BTDrucks. IV/270 S. 26, 116) hatte ursprünglich ein einheitliches Inkrafttreten des UrhG an einem noch einzufügenden Datum in Aussicht genommen. Auf Anregung des **Bundesrats** wurde dann vorgesehen, die im Entwurf enthaltenen **Verordnungsermächtigungen** (jetzt §§ 105 Abs. 1–3 und 138 Abs. 5) bereits am Tage nach der Gesetzesverkündung in Kraft zu setzen, um sicherzustellen, dass die vorgesehenen Rechtsverordnungen am Tage des Inkrafttretens des Gesetzes im Übrigen bereits vorliegen konnten (s. BTDrucks. IV/270 S. 178, 180 unter 20.). Auf Vorschlag des **Rechtsausschusses des Deutschen Bundestages** wurden den vorzeitig in Kraft zu setzenden Bestimmungen auch noch die **Vorschriften über die Schutzdauer** (mit Ausnahme des inzwischen aufgehobenen (s. dort Rdnr. 1) § 68 über die Schutzdauer von Lichtbildwerken) hinzugefügt. Dadurch sollte erreicht werden, dass die durch den Rechtsausschuss empfohlene (und dann Gesetz gewordene) Schutzfristverlängerung (s. § 64 Rdnr. 53, 56) auch für diejenigen Werke noch wirksam werden konnte, für welche die 50jährige Schutzfrist nach dem LUG von 1901 und dem KUG von 1907 mit Ende des Jahres 1965 abgelaufen wäre (s. den Bericht des Abg. *Reischl* UFITA 46 [1966] 174/201 zu § 152, jetzt § 143).

2   Der Gesetzgeber ist diesem Vorschlag gefolgt. Insb. Werke, deren Urheber im Jahre 1915 gestorben sind und auf welche die Schutzdauer von 50 Jahren post mortem auctoris des früheren Rechts anwendbar war, so dass ihr Schutz danach am 31. 12. 1965 abgelaufen wäre, kamen somit gemäß §§ 129 Abs. 1, 143 Abs. 1 noch in den Genuss der Schutzfristverlängerung auf 70 Jahre post mortem auctoris (s. auch § 64 Rdnr. 58).

3   Das UrhG ist am 16. 9. 1965 im BGBl. I S. 1273 verkündet worden. Die in **§ 143 Abs. 1** genannten Bestimmungen sind somit am **17. 9. 1965 in Kraft getreten.** Im Übrigen ist das UrhG nach **§ 143 Abs. 2** am **1. 1. 1966 in Kraft getreten.**

4   § 143 regelt nur das Inkrafttreten des UrhG in seiner **ursprünglichen Fassung.** Das Datum des Inkrafttretens späterer Gesetzesänderungen ist den jeweiligen Änderungsgesetzen zu entnehmen.

Gesetz
über die Wahrnehmung von Urheberrechten und verwandten Schutzrechten (Urheberrechtswahrnehmungsgesetz)

Vom 9. September 1965 (BGBl. I S. 1294)

Geändert durch das Gesetz zur Änderung von Kostenermächtigungen, sozialversicherungsrechtlichen und anderen Vorschriften (Kostenermächtigungs-Änderungsgesetz) v. 23. 6. 1970 (BGBl. I S. 805), das Einführungsgesetz zum Strafgesetzbuch (EGStGB) v. 2. 3. 1974 (BGBl. I S. 469), das Gesetz zur Änderung von Vorschriften auf dem Gebiet des Urheberrechts v. 24. 6. 1985 (BGBl. I S. 1137), das Gesetz zur Durchführung der Vierten, Siebenten und Achten Richtlinie des Rates der Europäischen Gemeinschaften zur Koordinierung des Gesellschaftsrechts (Bilanzrichtlinien-Gesetz – BiRiLiG) v. 19. 12. 1985 (BGBl. I S. 2355), das Gesetz zur Umsetzung der Richtlinie 92/100/EWG des Rates vom 19. November 1992 zum Vermietrecht und Verleihrecht sowie zu bestimmten dem Urheberrecht verwandten Schutzrechten im Bereich des geistigen Eigentums (ABl. EG Nr. L 346 S. 61) und der Richtlinie 93/98/EWG des Rates vom 29. Oktober 1993 zur Harmonisierung der Schutzdauer des Urheberrechts und bestimmter verwandter Schutzrechte (ABl. EG Nr. L 290 S. 9) v. 23. 6. 1995 (BGBl. I S. 842), das Vierte Gesetz zur Änderung des Urheberrechtsgesetzes v. 8. 5. 1998 (BGBl. I S. 902), das Gesetz zur Regelung des Urheberrechts in der Informationsgesellschaft v. 10. 9. 2003 (BGBl. I S. 1774) und das Zweite Gesetz zur Regelung des Urheberrechts in der Informationsgesellschaft v. 26. 10. 2007 (BGBl. I S. 2513).

Vorbemerkung

Schrifttum: *Alich*, Neue Entwicklungen auf dem Gebiet der Lizenzierung von Musikrechten durch Verwertungsgesellschaften in Europa, GRUR Int. 2008, 996; *Arnold/Rehbinder*, Zur Rechtsnatur der Staatsaufsicht über die deutschen Verwertungsgesellschaften, UFITA 118 (1992) 203; *Becker*, Verwertungsgesellschaften als Träger öffentlicher und privater Aufgaben, Fs. für Kreile, 1994, S. 27; *ders.*, Kollektive Wahrnehmung in einem neuen Umfeld – zur aktuellen Situation; Gesetzgebungs- und Regelungskontext, GEMA-Nachr. 1995, 131; *Bing*, Die Verwertung von Urheberrechten, 2002; *Dietz*, Das Urheberrecht in der Europäischen Gemeinschaft, 1978; *ders.*, European Parliament Versus European Commission: How to Deal with Collecting Societies?, IIC 2004, 809; *Dördelmann*, Gedanken zur Zukunft der Staatsaufsicht über Verwertungsgesellschaften, GRUR 1999, 890; *Ficsor*, Collective Management of Copyright and Related Rights, 2002; *Gaster*, Das urheberrechtliche Territorialitätsprinzip aus Sicht des Europäischen Gemeinschaftsrechts, ZUM 2006, 8; *Gilliéron*, Collecting Societies and the Digital Environment, IIC 2006, 939; *Goldmann*, Die kollektive Wahrnehmung musikalischer Rechte in den USA und Deutschland, 2001; *Gotzen*, A new Perspective for the Management of Copyright and Competition Law in the Internal Market, Fs. für Schricker, 2005, S. 299; *Haertel*, Verwertungsgesellschaften und Verwertungsgesellschaftengesetz, UFITA 50 (1967) 7; *Handke/Towse*, Economics of Copyright Collecting Societies, IIC 2007, 937; *Hansen/Schmidt-Bischoffshausen*, Ökonomische Funktionen von Verwertungsgesellschaften – Kollektive Wahrnehmung im Lichte von Transaktionskosten- und Informationsökonomik, GRUR Int. 2007, 461; *Hauptmann*, Der Zwangseinbehalt von Tantiemen der Urheber und ihre Verwendung für soziale und kulturelle Zwecke bei der GEMA und der VG Wort, UFITA 126 (1994) 149; *Häußer*, Aufsicht über Verwertungsgesellschaften und Vereinsautonomie, Fs. für Roeber, 1982, S. 113; *ders.*, Praxis und Probleme der Aufsicht über Verwertungsgesellschaften, FuR 1980, 57; *Heine/Eisenberg*, Verwertungsgesellschaften im Binnenmarkt. Die kollektive Wahrnehmung von Urheberrechten nach der Dienstleistungsrichtlinie, GRUR Int. 2009, 277; *Hilty*, Vergütungssystem und Schrankenregelungen, GRUR 2005, 819; *Himmelmann*, Die Aufsicht über die GEMA, in Kreile/Becker/Riesenhuber (Hrsg.), Recht und Praxis der GEMA, 2. Aufl. 2008, 817; *Hoeren/Altemark*, Musikverwertungsgesellschaften und das Urheberrechtswahrnehmungsgesetz am Beispiel der CELAS, GRUR 2010, 16; *Hubmann*, Das Verwertungsgesellschaftengesetz und die Berner Übereinkunft, UFITA 48 (1966) 22; *Karbaum/Oeller*, Rechtsbeziehungen der GEMA zu ausländischen Verwertungsgesellschaften, in Kreile/Becker/Riesenhuber (Hrsg.), Recht und Praxis der GEMA, 2. Aufl. 2008, 792; *Kreile*, Die Zusammenarbeit der Verwertungsgesellschaften unter der Aufsicht des Deutschen Patent- und Markenamtes, GRUR 1999, 885; *ders.*, Die Zusammenarbeit der Verwertungsgesellschaften, in Kreile/Becker/Riesenhuber (Hrsg.), Recht und Praxis der GEMA, 2. Aufl. 2008, 783; *Kreile/Becker*, Multimedia und die Praxis der Lizenzierung von Urheberrechten, GRUR Int. 1996, 677; *dies.*, Aufgaben und Arbeitsweise von Verwertungsgesellschaften, in: Handbuch der Musikwirtschaft, 2. Aufl. 1993, 453; *dies.*, Das Internet und digitales Rechtemanagement aus Sicht der GEMA, in: Handbuch der Musikwirtschaft, 6. Aufl. 2003, 632; *dies.*, Digital Rights Management und private Vervielfältigung aus Sicht der GEMA, Fs. für Schricker, 2005, S. 387; *Landfermann*, Zur Staatsaufsicht über die urheberrechtlichen Verwertungsgesellschaften, KUR 2000, 33; *Leisner*, Urheberrechtsverwertung und Verfassungsrecht, UFITA 48 (1966) 46; *Lerche*, Verwertungsgesellschaften als Unternehmen „sui generis", ZUM 2003, 34; *v. Lewinski*, Gedanken zur kollektiven Rechtewahrnehmung, Fs. für Schricker, 2005, S. 401; *Löhr*, Die Aufsicht über Verwertungsgesellschaften, 1992; *Loewenheim*, Urheberrechtliche Probleme bei Multimediaanwendungen, GRUR 1996, 830; *Lüder*, First Experience With EU-wide Online Music Licensing, GRUR Int. 2007, 649; *Melichar*, Die Wahrnehmung von Urheberrechten durch Verwertungsgesellschaften, 1983; *ders.*, Verleger

Vor §§ 1ff. WahrnG
Vorbemerkung

und Verwertungsgesellschaften, UFITA 117 (1991) 5; *ders.,* Verwertungsgesellschaften und Multimedia, in Lehmann (Hrsg.), Internet- und Multimediarecht (Cyberlaw), 1997, S. 205; *Lerche,* Rechtsfragen der Verwirklichung kultureller und sozialer Aufgaben bei der kollektiven Wahrnehmung von Urheberrechten, insbesondere im Blick auf den sogen. 10%-Abzug der GEMA, GEMA-Jahrbuch 1997/98, S. 80; *Menzel,* Die Aufsicht über die GEMA durch das Deutsche Patentamt. Ein Beispiel für die Aufsicht über Verwertungsgesellschaften, 1986; *Mestmäcker,* Gegenseitigkeitsverträge von Verwertungsgesellschaften im Binnenmarkt, WuW 2004, 754; *ders.,* Gegenseitigkeitsverträge von Verwertungsgesellschaften im Binnenmarkt, in Kreile/Becker/Riesenhuber (Hrsg.), Recht und Praxis der GEMA, 2. Aufl. 2008, 75; *Möller,* Die Urheberrechtsnovelle '85: Entstehungsgeschichte und verfassungsrechtliche Grundlagen, 1986; *Müller,* Rechtewahrnehmung durch Verwertungsgesellschaften bei der Nutzung von Musikwerken im Internet, ZUM 2009, 121; *Nordemann,* Die Urheberrechtsreform 1985, GRUR 1985, 837; *ders.,* Entwicklung und Bedeutung der Verwertungsgesellschaften, GRUR-Fs. 1991, S. 1197; *Pfennig,* Digital Rights Management Systeme aus der Sicht von Verwertungsgesellschaften, ZUM 2004, 198; *Poll,* CELAS, PEDL & Co.: Metamorphose oder Anfang vom Ende der kollektiven Wahrnehmung von Musik-Online-Rechten in Europa?, ZUM 2008, 500; *Reinbothe,* Schlichtung im Urheberrecht, 1978; *ders.,* Die kollektive Wahrnehmung von Rechten in der Europäischen Gemeinschaft, Fs. für Dietz, 2001, S. 517; *ders.,* Rechtliche Perspektiven für Verwertungsgesellschaften im Europäischen Binnenmarkt, ZUM 2003, 27; *Riesenhuber,* Die Auslegung und Kontrolle des Wahrnehmungsvertrages, 2004; *ders.,* Die Verwertungsgesellschaft i. S. v. § 1 UrhWahrnG, ZUM 2008, 625; *Riesenhuber/Rosenkranz,* Das deutsche Wahrnehmungsrecht 1903–1933, UFITA 2005, 467; *Riesenhuber/v. Vogel,* Europäisches Wahrnehmungsrecht. Zur Mitteilung der Kommission über die Wahrnehmung von Urheberrechten und verwandten Schutzrechten im Binnenmarkt, EuZW 2004, 519; *Roeber,* Betrachtungen zum Projekt einer Verwertungsgesellschaft für Filmrechte, UFITA 74 (1975) 109; *Schmidt,* Die kollektive Wahrnehmung der Online-Musikrechte im Europäischen Binnenmarkt, ZUM 2005, 783; *Schmidt/Riesenhuber/Mickler,* Geschichte der musikalischen Verwertungsgesellschaften in Deutschland, in Kreile/Becker/Riesenhuber (Hrsg.), Recht und Praxis der GEMA, 2. Aufl. 2008, 5; *Schulze,* Die ersten Erfahrungen mit der neuen deutschen Urheberrechtsgesetzgebung, UFITA 50 (1967) 476; *ders.,* Das Gesetz über die Wahrnehmung von Urheberrechten und verwandten Schutzrechten verlangt eine Reform, Fs. für Ph. Möhring, 1975, S. 427; *ders.,* Urheberrecht in der Musik, 5. Aufl. 1981; *ders.,* Geschätzte und geschützte Noten – zur Geschichte der Verwertungsgesellschaften, 1995; *Schwab,* Recht und Praxis der Urheberverwertungsgesellschaften in Frankreich, 1989; *Strittmatter,* Tarife vor der urheberrechtlichen Schiedsstelle, 1994; *Thurow,* Lizenzierung von Tonträgern durch Verwertungsgesellschaften für den Bereich der EG, Fs. für Kreile, 1990, S. 95; *Ulmer/Bußmann/Weber,* Das Recht der Verwertungsgesellschaften. Vergleichende Darstellung der gesetzlichen Bestimmungen, 1955; *v. Ungern-Sternberg,* Die Wahrnehmungspflicht der Verwertungsgesellschaften und die Urheberrechtskonventionen, GRUR Int. 1973, 61; *Vogel,* Wahrnehmungsrecht und Verwertungsgesellschaften in der Bundesrepublik Deutschland – Eine Bestandsaufnahme im Hinblick auf die Harmonisierung des Urheberrechts in der Europäischen Gemeinschaft, GRUR 1993, 513; *ders.,* Verwertungsgesellschaften, in Schricker/Bastian/Dietz (Hrsg.), Konturen eines europäischen Urheberrechts, 1996, S. 79; *ders.,* Zur Geschichte der kollektiven Verwertung von Sprachwerken, in: Becker (Hrsg.), Die Wahrnehmung von Urheberrechten an Sprachwerken, 1999, 17; *Wandtke,* Zur Entwicklung der Urheberrechtsgesellschaften in der DDR bis zur Wiedervereinigung Deutschlands, Fs. für Kreile, 1994, S. 789; *ders.,* Die Kommerzialisierung der Kunst und die Entwicklung des Urheberrechts im Lichte der Immaterialgüterrechtslehre von Josef Kohler, GRUR 1995, 385; *Wünschmann,* Clearingstelle für Multimedia-Produkte und europäisches Wettbewerbsrecht, ZUM 2000, 572.

Das Gesetz über die Wahrnehmung von Urheberrechten und verwandten Schutzrechten vom 9. September 1965 (WahrnG, BGBl. I S. 1294) wurde zusammen mit und als Teil der Urheberrechtsreform von 1965 verabschiedet. Es befasst sich mit der Tätigkeit urheberrechtlicher Verwertungsgesellschaften, die Urheberrechte und verwandte Schutzrechte kollektiv wahrnehmen, und schafft dafür den gesetzlichen Rahmen.

I. Historische Entwicklung

1   1. **Die kollektive Wahrnehmung von Urheberrechten und verwandten Schutzrechten** ist schon seit über 100 Jahren fester Bestandteil des Urheberrechtsschutzes. Die Ausdehnung der kollektiven Wahrnehmung und damit auch die Entstehung von Verwertungsgesellschaften ist eine Folge der Weiterentwicklung des Urheberrechts. Solange dem Urheber lediglich das Recht zustand, sein Werk zu vervielfältigen und zu verbreiten, konnte er es persönlich geltend machen und kontrollieren. Diese Möglichkeit der individuellen Wahrnehmung war weniger praktikabel hinsichtlich der Rechte, um die sich die urheberrechtlichen Befugnisse in den vergangenen 200 Jahren erweitert haben; dies gilt vor allem für das Recht der öffentlichen Aufführung von Werken: Das Aufführungsrecht an Bühnenwerken, erstmals geschützt in Frankreich im Jahre 1780, ließ sich am zweckmäßigsten kollektiv wahrnehmen. Folgerichtig leitete die Gründung der ersten urheberrechtlichen Verwertungsorganisationen SACD (im Jahre 1829) und SACEM (im Jahre 1851) in Frankreich die Bildung urheberrechtlicher Verwertungsgesellschaften ein. Vor diesem historischen Hintergrund sind die Verwertungsgesellschaften ihrer Idee nach Autorenkollektive, die zwischen Urhebern und Verwertern vermitteln und die Gewähr für eine wirksame Kontrolle und Wahrnehmung der ihnen anvertrauten Rechte bieten. Aber auch für die Verwerter von Urheberrechten haben Verwertungsgesellschaften den praktischen Vorteil, dass dort Rechte in einer Hand vereinigt sind und gebündelt erworben werden können ohne zeitraubende rechtliche Auseinandersetzungen

mit den einzelnen Urhebern oder Leistungsschutzberechtigten (zu den von den Verwertungsgesellschaften wahrgenommenen Rechten su. § 1 Rdnr. 3).

2. Die **Bildung von Verwertungsgesellschaften** diente lange Zeit nur der kollektiven Wahrnehmung musikalischer Urheberrechte. Auch in Deutschland bildete sich mit der „Gesellschaft Deutscher Tonsetzer" (GDT) und der „Anstalt für musikalisches Aufführungsrecht" (AFMA) im Jahre 1903 die erste Verwertungsgesellschaft für den musikalischen Bereich, und zwar auf Initiative von Richard Strauss (zum deutschen Wahrnehmungsrecht von 1903 bis 1933 *Riesenhuber/Rosenkranz* UFITA 2005, 467; zur Geschichte der musikalischen Verwertungsgesellschaften in Deutschland *Schmidt/Riesenhuber/Mickler* in Kreile/Becker/Riesenhuber (Hrsg.), Recht und Praxis der GEMA, 2. Aufl. 2008, 5 ff.; zur Geschichte der kollektiven Wahrnehmung von Sprachwerken *Vogel* in Becker (Hrsg.), Die Wahrnehmung von Urheberrechten an Sprachwerken, 1999, 17, jeweils mwN). Dies war ermöglicht worden durch die Einführung des umfassenden Schutzes der öffentlichen Aufführung mit § 11 LUG vom 19. 6. 1901 (RGBl. S. 227). Dabei bestand der wesentliche Teil des Repertoires der ersten Verwertungsgesellschaft in derivativen Aufführungsrechten der Verleger (*Melichar* UFITA 117 (1991) 5/10 mwN). Später, im Jahre 1909, trat die „Anstalt für mechanisch-musikalische Rechte GmbH" (AMMRE) hinzu, die die Interessen der Urheber und Verleger gegenüber der Schallplattenindustrie wahrnahm. Im Jahre 1915 wurde die „Genossenschaft zur Verwertung musikalischer Aufführungsrechte" (GEMA) gegründet; die österreichische Gesellschaft der Autoren, Komponisten und Musikverleger (AKM) bestand bereits seit dem Jahre 1897. Um den teilweise entstandenen Konkurrenzkampf zwischen diesen Organisationen beizulegen, schlossen sich 1930 GEMA, AKM und GDT zum Musikschutzverband (Verband zum Schutze musikalischer Aufführungsrechte für Deutschland) zusammen.

3. Durch das **Gesetz über die Vermittlung von Musikaufführungsrechten vom 4. 7. 1933** (RGBl. I S. 452) wurde die Tätigkeit der Verwertungsgesellschaften bei der „Vermittlung von Rechten zur öffentlichen Aufführung von Werken der Tonkunst mit oder ohne Text (kleinen Rechten)" einer Genehmigungspflicht unterworfen. Ziel war es, nur eine einzige staatlich autorisierte Organisation – eine Monopol-Verwertungsgesellschaft – für die Verwertung von Musikaufführungsrechten zu schaffen. Im September 1933 vereinigten sich folgerichtig GEMA und GDT zur „Staatlich genehmigten Gesellschaft zur Verwertung musikalischer Urheberrechte" **(STAGMA)**, einem rechtsfähigen wirtschaftlichen Verein. Der STAGMA wurde am 28. 9. 1933 durch Beschluss des preußischen Staatsministeriums nach § 22 BGB die Rechtsfähigkeit und durch die Verordnung zur Durchführung des Gesetzes über die Vermittlung von Musikaufführungsrechten vom 15. 2. 1934 (RGBl. I S. 100) das Monopol zur Vermittlung von Musikaufführungsrechten verliehen.

Diese STAGMA-Gesetzgebung von 1933/34 enthielt einen Genehmigungszwang für die Vermittlung von Musikaufführungsrechten (§ 1 des Gesetzes), normierte das gesetzliche Monopol für die Verwertungsgesellschaft STAGMA (§ 1 der Durchführungsverordnung) und bestimmte, dass Polizei- und Verwaltungsbehörden der STAGMA bei ihren Kontrollaufgaben Verwaltungshilfe zu leisten hatten (§ 3 des Gesetzes). Ferner war in § 4 des Gesetzes in Verbindung mit § 2 der Durchführungsverordnung eine Bestimmung über die Errichtung einer „paritätisch zusammengesetzten Schiedsstelle" enthalten, die über „Art und Höhe der Tarife" zu entscheiden hatte, wenn zwischen STAGMA und Musikveranstalterverband darüber keine Einigung erzielt werden konnte (vgl. *Strittmatter* S. 17 f.).

4. Nach 1945 wurde die STAGMA in GEMA („Gesellschaft für musikalische Aufführungs- und mechanische Vervielfältigungsrechte") umbenannt und nahm unter Billigung der nach ihrem Sitz maßgebenden (britischen) Militärregierung ihre Tätigkeit wieder auf. Der Genehmigungszwang für die Tätigkeit und das gesetzliche Monopol dieser Verwertungsgesellschaft wurden durch das Kontrollratsgesetzgebung außer Kraft gesetzt. Die übrigen Bestimmungen der STAGMA-Gesetzgebung aber – vom BGH ausdrücklich als politisch neutral bezeichnet (BGHZ 15, 338/350 ff. – Indeta) – behielten zunächst weiter ihre Geltung.

Nach Wegfall des rechtlichen Monopols der STAGMA/GEMA bildeten sich ab Ende des Zweiten Weltkriegs in Deutschland andere Verwertungsgesellschaften neben der GEMA, und zwar erstmalig im nicht-musikalischen Bereich (su. Rdnr. 14). Die GEMA besteht als wirtschaftlicher Verein fort (*Schulze*, Urheberrecht in der Musik[5], S. 92 ff.; *Fromm/Nordemann*[10] Einl. Rdnr. 1 mwN) und ist die bedeutendste Verwertungsgesellschaft in Deutschland geblieben. Die nach 1945 gegründeten Verwertungsgesellschaften sind als wirtschaftlicher Verein oder als GmbH organisiert.

II. Verwertungsgesellschaften in der Beurteilung des Gesetzgebers der Urheberrechtsreform von 1965

5 Der Gesetzgeber der Urheberrechtsreform von 1965 ging von dieser bestehenden Sachlage aus und sah eine gesetzliche Regelung des Rechts der Verwertungsgesellschaften als untrennbaren Bestandteil der Urheberrechtsreform an. Besondere Bedeutung hatten dabei die als wichtig erkannte Treuhandstellung der Verwertungsgesellschaften, ihre marktbeherrschende Stellung und die neuen Aufgaben, die ihnen zusätzlich durch das Urheberrechtsgesetz vom 9. 9. 1965 zugewiesen wurden (*Reinbothe* S. 9).

6 1. Den Verwertungsgesellschaften ist gemeinsam, dass sie von den Wahrnehmungsberechtigten urheberrechtliche Befugnisse durch Berechtigungsvertrag übertragen erhalten – meist bindend für mehrere Jahre – mit dem Auftrag, diese als Verwalter wahrzunehmen. Als eine Art Inkassostelle für urheberrechtliche Befugnisse schließen die Verwertungsgesellschaften in der Regel im eigenen Namen mit den Verwertern Einzel- oder Gesamtverträge (§ 12 WahrnG) ab. Über die reine Inkassofunktion hinaus verwalten und verteilen sie die Erträge nach besonderen Kriterien. Sie haben damit die **Position eines Treuhänders**; in ihren Dispositionen sind sie dabei weitgehend unabhängig, denn die Möglichkeiten der Berechtigten zur Kontrolle der Verwertungsgesellschaften über ihre Mitgliedschaftsrechte sind wegen der hohen Gesamtzahl der Berechtigten/Mitglieder naturgemäß begrenzt (AmtlBegr. BTDrucks. IV/271 S. 20; vgl. auch *Dietz*, Urheberrecht in der Europ. Gemeinschaft, Rdnr. 569ff., der insoweit eine Nähe zu Gewerkschaften sieht; *Menzel* S. 10ff.: Maklerfunktion).

7 2. Der Gesetzgeber der Urheberrechtsreform von 1965 ging weiter davon aus, dass **Verwertungsgesellschaften ihrem Wesen nach marktbeherrschend** sind (*Reinbothe* S. 6 mwN, S. 7 Fn. 40, 41). Der Gesetzgeber stellte dabei darauf ab, dass schon das urheberrechtliche Werk in seiner Eigenart unverwechselbar und nicht wirklich ersetzbar sei, damit Monopolcharakter habe und seinem Inhaber eine Monopolstellung verschaffe. Darüber hinaus erlange die Verwertungsgesellschaft auch ein „absolutes" Monopol dadurch, dass sie viele, wenn nicht alle gleichartigen Monopol-Rechte besitze und sich so sogar ein „Weltmonopol" in ihrer Hand bilden könne (AmtlBegr. BTDrucks. IV/271 S. 9, 17). Diese Entwicklung wurde einerseits als zwangsläufig und für die Beteiligten als zweckmäßig und wünschenswert anerkannt, weil sie Verwaltungsaufwand erspare und eine effektive Wahrnehmung der Rechte gewährleiste (AmtlBegr. BTDrucks. IV/271 S. 11, 9; vgl. *Dietz*, Urheberrecht in der Europ. Gemeinschaft, Rdnr. 566; *Lerche* ZUM 2003, 34/36; zustimmend mit rechtsvergleichendem Ansatz *Goldmann* S. 119ff.; ebenso aus internationaler Sicht *Ficsor* S. 131ff., 160; aA *Bing* S. 186ff.). Andererseits sollte dieser marktbeherrschenden Stellung durch Schaffung einer gesetzlichen Grundlage zur umfassenden staatlichen Aufsicht über die Verwertungsgesellschaften Rechnung getragen werden, damit diese ihre Position weder gegenüber den Verwertern noch gegenüber den Berechtigten missbrauchen könnten (AmtlBegr. BTDrucks. IV/271 S. 9f.).

8 3. Zugleich dokumentiert die Urheberrechtsreform von 1965, dass der Gesetzgeber die **nützliche Tätigkeit der Verwertungsgesellschaften** anerkennt und ihnen eine Schlüsselstellung im System des Urheberrechts einräumt; denn er hat ihre wirtschaftliche und kulturelle Machtposition bewusst verstärkt und ihre Bedeutung durch die Zuweisung neuer Aufgaben weiter anwachsen lassen: Die Wahrnehmung der Rechte aus § 20b Abs. 1 UrhG (Kabelweitersendungsrecht), § 26 UrhG (Folgerecht an Werken der bildenden Kunst), § 27 UrhG (Vergütung für Vermietung und Verleihen), § 49 Abs. 1 UrhG (Zeitungsartikel und Rundfunkkommentare) und § 53 Abs. 5 aF UrhG (Geräteabgabe im Rahmen der Vervielfältigungen zum persönlichen Gebrauch) bzw. §§ 54ff. nF UrhG steht nur den Verwertungsgesellschaften zu. Diese ihnen kraft Gesetzes übertragenen ausschließlichen Befugnisse haben die Einflussmöglichkeiten der Verwertungsgesellschaften noch erhöht und waren Anlass für die Gründung neuer Gesellschaften. In ihrer rechtlichen, gesellschaftlichen und sozialen Funktion entlasten die Verwertungsgesellschaften also den Staat von Aufgaben, die an sich er zu erfüllen hätte, um die Urheberrechte in ihrem Bestand zu sichern (*Reinbothe* S. 4 mwN; *Becker*, Fs. für Kreile, 1994, S. 27/30). Die gesetzliche Abgrenzung der Rechte und Pflichten der Verwertungsgesellschaften durch das WahrnG von 1965 war deshalb für den Gesetzgeber nur konsequent (AmtlBegr. BTDrucks. IV/271 S. 10).

III. Das Urheberrechtswahrnehmungsgesetz von 1965

1. Schon in seiner Entstehungsgeschichte knüpft das WahrnG an die frühere STAGMA-Gesetzgebung (so. Rdnr. 3) an. **Zielrichtung** beider Gesetze ist es, die Möglichkeit staatlicher Kontrolle über die Verwertungsgesellschaften zu gewährleisten. Da wesentliche Elemente des STAGMA-Gesetzes – nämlich der Genehmigungszwang für die Tätigkeit der Verwertungsgesellschaften und ihr gesetzliches Monopol – durch die Kontrollratsgesetzgebung außer Kraft gesetzt worden waren (so. Rdnr. 4), war nach dem Zweiten Weltkrieg diese Kontrolle nicht mehr auf gesetzlicher Grundlage möglich. Das WahrnG wurde deshalb als unmittelbarer Nachfolger der STAGMA-Gesetzgebung, aber auch unter Berufung auf Vorbilder im Ausland, frühzeitig vorbereitet (AmtlBegr. BTDrucks. IV/271 S. 10).

2. **Wesentliche Elemente des WahrnG von 1965** waren die Erlaubnispflicht für den Geschäftsbetrieb als Verwertungsgesellschaft in den §§ 1–5 WahrnG mit Bestimmungen über die Erlaubnispflicht und die Voraussetzungen für Erteilung und Versagung bzw. Widerruf der Erlaubnis; ferner die Vorschriften über die Rechte und Pflichten der Verwertungsgesellschaften gegenüber den Berechtigten und den Nutzern der Werke und Leistungen in den §§ 6–17 WahrnG, und hier insbesondere der Wahrnehmungszwang der Verwertungsgesellschaften gegenüber jedem Berechtigten zu „angemessenen Bedingungen" (§ 6 WahrnG), der Kontrahierungszwang gegenüber den Nutzern (§§ 11, 12 WahrnG), die Pflicht zur Aufstellung von Tarifen (§ 13 WahrnG) sowie die Vorschriften über die Schiedsstelle (§§ 14, 15 aF WahrnG) mit der hierzu erlassenen Schiedsstellenverordnung aF (Verordnung über die Schiedsstelle nach dem Gesetz über die Wahrnehmung von Urheberrechten und verwandten Schutzrechten vom 18. 12. 1965, BGBl. I S. 2106); schließlich die Bestimmungen in den §§ 18–20 WahrnG zur Aufsicht über die Verwertungsgesellschaften. Von den Übergangs- und Schlussvorschriften (§§ 21–28 WahrnG) ist § 24 WahrnG zu erwähnen, der als § 102a GWB eine Ausnahmevorschrift in das Gesetz gegen Wettbewerbsbeschränkungen einfügte, die die Verwertungsgesellschaften teilweise und unter bestimmten Voraussetzungen von der Anwendung des GWB freistellte. Das Reichsgesetz vom 4. 7. 1933 in Verbindung mit der Durchführungsverordnung vom 15. 2. 1934 wurde durch § 26 WahrnG endgültig für unwirksam erklärt.

Durch das WahrnG wurden die Verwertungsgesellschaften somit eingehend geregelten Pflichten und einer detaillierten staatlichen Aufsicht unterworfen. Auch nach Auffassung der Aufsichtsbehörde stellt das WahrnG für den Bereich der kollektiven Wahrnehmung von Urheber- und Leistungsschutzrechten den Schutz der regelmäßig schwächeren Vertragspartei her; dies sei insbesondere für die Nebenrechte der Zweit- und Drittverwertung von Bedeutung, „die der Primärverwerter für die Verwirklichung seiner geschäftlichen Ziele nicht benötigt" (DPA ZUM 1989, 506/508; kritisch *Hauptmann* UFITA 126 (1994) 149 mwN). Das gesetzliche Monopol, das von 1933 bis 1945 staatlich angeordnet war, war zwar noch in den Referentenentwürfen vorgesehen, wurde aber wegen verfassungsrechtlicher Bedenken nicht in das WahrnG aufgenommen (AmtlBegr. BTDrucks. IV/271 S. 11). Diese gesetzliche Monopolstellung haben die Verwertungsgesellschaften deshalb im Rahmen des WahrnG genauso wenig wiedererlangt wie die nach § 3 des Reichsgesetzes angeordnete Amtshilfe der Behörden über den Nachweis von Musikveranstaltungen (so. Rdnr. 3).

Zur Entwicklung in der DDR bis zur Wiedervereinigung *Wandtke*, Fs. für Kreile, 1994, S. 789; *Strittmatter* S. 30 ff. Zur Anwendung des früheren **Gesetzes über Allgemeine Geschäftsbedingungen** bzw. der §§ 305 ff. BGB auf Verwertungsgesellschaften s. Vor §§ 28 ff. UrhG Rdnr. 33 (vgl. auch § 6 Rdnr. 4).

3. Gegen das WahrnG und die Schiedsstellenverordnung aF waren **verfassungsrechtliche Bedenken** geltend gemacht worden (Literatur bei *Reinbothe* S. 10 Fn. 56; *Fromm/Nordemann*[5] Einl. Rdnr. 10, aufgegeben in späteren Auflagen, vgl. 10. Aufl. Einl. Rdnr. 11; *Mestmäcker/Schulze* Einl. I; *Leisner* UFITA 48 (1966) 46; *Schulze* UFITA 50 (1967) 476; *Melichar* S. 33). Sie richteten sich gegen die Einführung der Erlaubnispflicht, gegen die staatliche Aufsicht und die Vorschriften über die Schiedsstelle im Hinblick auf die nach Art. 9 GG gewährleistete Vereinigungsfreiheit und die Berufsfreiheit des Art. 12 GG. Als Zusammenschluss von Rechtsträgern unterfällt die Verwertungsgesellschaft dem Schutz des Art. 9 GG, darf daher grundsätzlich nicht durch staatliche Maßnahmen an Entstehen oder Tätigkeit gehindert oder insoweit Beschränkungen unterworfen werden (*Mestmäcker/Schulze* Einl. I; *Häußer*, Fs. für Roeber, 1982, S. 113/121). Der Gesetzgeber selbst hat dagegen zu Recht eine Verletzung von Art. 9 GG verneint mit der Begründung, die Erlaubnispflicht der §§ 1 ff. WahrnG beziehe sich nicht auf den Zusammenschluss

Vor §§ 1ff. WahrnG   Vorbemerkung

in einer Verwertungsgesellschaft, sondern nur auf die Tätigkeit kollektiver Verwerter von Rechten – unabhängig, ob es sich dabei um eine Verwertungsgesellschaft oder eine Einzelperson handelt (Bericht des Rechtsausschusses zu BTDrucks. IV/3402 S. 2); die gesetzliche Regelung für diese Tätigkeit sei erforderlich wegen der Treuhandstellung und der Monopolstellung, die diesen kollektiven Verwerter wesentlich vom einzelnen Rechtsinhaber unterscheide. Eine unzulässige Einengung der Berufsfreiheit nach Art. 12 GG stellten Erlaubnispflicht und Aufsicht nach überwiegender Auffassung dar, weil es für diese gesetzlichen Maßnahmen keinen zwingenden Grund gebe, sie also nicht aus Gründen des Gemeinwohls unerlässlich seien (vgl. BVerfGE 7, 377/404 f.; *Fromm/Nordemann*[5] Einl. Rdnr. 10 mwN). Dem muss entgegengehalten werden, dass es sehr wohl zu den unerlässlichen Gemeinschaftsaufgaben gehört sicherzustellen, dass bei der kollektiven Verwertung von Urheberrechten und verwandten Schutzrechten den Berechtigten wie auch den Nutzern vom Verwerter angemessene Konditionen eingeräumt, Treuhand- und Machtstellung der Verwertungsgesellschaft also weder nach innen noch nach außen missbraucht werden (so auch Bericht des Rechtsausschusses zu BTDrucks. IV/3402 S. 2; *Häußer*, Fs. für Roeber, 1982, S. 113/123 ff.). Die Verwertung von Urheberrechten und Leistungsschutzrechten unterscheidet sich von anderen Lebensvorgängen im Wesentlichen dadurch, dass es dabei materiell um geistiges Eigentum, ideell um Kulturgut geht – beides Güter, für die den Staat eine besondere Fürsorgepflicht trifft (hierzu ausführlich *Lerche* GEMA-Jahrbuch 1997/98, 80 ff.).

Die verfassungsrechtlichen Einwände gegen das WahrnG führten dazu, dass die Verwertungsgesellschaften GEMA, die GVL, die VG Wort und acht andere Beteiligte Verfassungsbeschwerde erhoben (Verfassungsbeschwerden vom 2. 8. 1966 – 1 BvR 464/66 – und vom 25. 12. 1966 – 1 BvR 767/66 –). Alle Beschwerdeführer haben ihre Verfassungsbeschwerden später wieder zurückgenommen. Dem Thema kommt heute weitgehend nur noch historische Bedeutung zu (vgl. *Fromm/Nordemann*[10] Einl. Rdnr. 11; *Löhr* S. 27 ff.).

IV. Novellierungen des Urheberrechtswahrnehmungsgesetzes

12   1. Zwar hat das WahrnG in den nunmehr über 20 Jahren seiner Geltung unter Beweis gestellt, dass es praktikabel ist und insgesamt den angestrebten Zweck – Erleichterung für die Tätigkeit der Verwertungsgesellschaften einerseits, Vorschriften zum Schutz der Interessen von Wahrnehmungsberechtigten und Nutzern andererseits – erreicht. Gleichwohl hat es an deutlicher **Kritik** an einzelnen Vorschriften dieses Gesetzes nicht gefehlt. Die Kritik an der Verfassungsmäßigkeit des WahrnG ist inzwischen verstummt (so. Rdnr. 11). Der früheren Kritik an § 6 (nach dem ursprünglichen Wortlaut dieser Vorschrift bestand der Zwang der Verwertungsgesellschaft zur Wahrnehmung von Rechten nur gegenüber Deutschen oder im Inland Ansässigen, eine Bedingung, die so im Widerspruch zum urheberrechtlichen Konventionsrecht wie auch zum europäischen Gemeinschaftsrecht stand) ist inzwischen durch die Neufassung des § 6 Abs. 1 Rechnung getragen worden, zumindest was das europäische Gemeinschaftsrecht betrifft (s. dazu § 6 Rdnr. 9 mwN; *v. Ungern-Sternberg* GRUR Int. 1973, 61; *Mestmäcker/Schulze* Einl. II). Gegen den Abschlusszwang der Verwertungsgesellschaften gegenüber Einzelnutzern (§ 11) und Nutzervereinigungen (§ 12) ist eingewandt worden, dass hierdurch die Verwertungsgesellschaften gegenüber ihren Vertragspartnern unangemessen benachteiligt würden (s. dazu § 11 Rdnr. 2; § 12 Rdnr. 2; *Hubmann* UFITA 48 (1966) 22/35 ff.; *Mestmäcker/Schulze* Einl. II; *Schulze*, Fs. für Ph. Möhring, 1975, S. 427). Bemängelt wurde ferner, dass die Auskunftsansprüche der Verwertungsgesellschaften unzureichend seien und damit die Durchsetzung der Rechte erschwert werde. Insgesamt wiederholt kritisiert worden war die frühere Regelung über die Schiedsstelle (§§ 14 ff. WahrnG aF), die den in sie gesetzten Erwartungen als Schlichtungsorgan in der Praxis nicht gerecht werden konnte (*Reinbothe* S. 1 ff.; dazu § 14 Rdnr. 2; *Mestmäcker/Schulze* § 14 Vorbem.; *Fromm/Nordemann*[5] § 14 Rdnr. 3, zur Neuregelung s. 9. Aufl. §§ 14–16 Rdnr. 1; *Strittmatter* S. 22 ff.).

13   2. Selbst diese zum Teil gewichtige Kritik an Bestimmungen des WahrnG konnte den Gesetzgeber jedoch zunächst nicht zu einer **Novellierung** bewegen. So waren auch im Referentenentwurf zur Urheberrechtsnovelle, der im Herbst 1980 vom Bundesministerium der Justiz zur Neuregelung des UrhG vor allem im Bereich der Reprographie (Fotokopierabgabe) sowie der Bild- und Tonaufzeichnungen (Geräteabgabe/Leerkassettenabgabe) vorgelegt wurde, Vorschläge zur Änderung des WahrnG nicht enthalten (*Nordemann* GRUR 1981, 326/332). Änderungsvorschläge zum WahrnG sind erst in die Regierungsentwürfe von 1982 und 1983 aufgenommen worden (BRDrucks. 370/82; BTDrucks. 10/837). Anlass hierfür war aber weniger die

Vorbemerkung   Vor §§ 1ff. WahrnG

erwähnte Kritik, die am WahrnG seit seiner Geltung geübt worden ist, sondern das Bemühen, flankierend zu den neuen Vorschriften des UrhG das WahrnG punktuell zu verbessern, um die Durchsetzung der neuen Ansprüche zu erleichtern (vgl. Bericht GRUR 1982, 28; *Nordemann* GRUR 1985, 837/842).

Die Änderungen, die schließlich im Rahmen der **Urheberrechtsnovelle von 1985** (BGBl. I S. 1137) in das WahrnG aufgenommen wurden, konzentrierten sich daher vor allem auf eine Erweiterung der Aufgaben der Schiedsstelle nach den §§ 14 ff. und die Beseitigung von Mängeln des Schiedsstellenverfahrens nach §§ 14, 15 aF. Die §§ 14–16 wurden daher vollständig neu gefasst mit ausführlichen Detailregelungen insbesondere in §§ 14 a–14 c nF. Mit erweitertem Tätigkeitsbereich und in geänderter Zusammensetzung wurde die Schiedsstelle ab 1985 ein neues Organ, das stärker an die Schiedsstelle nach dem Gesetz über Arbeitnehmererfindungen angelehnt ist (s. im Einzelnen Vor §§ 14 ff. Rdnr. 4 ff.). Das Verfahren vor der Schiedsstelle wurde mit der Urheberschiedsstellenverordnung vom 20. 12. 1985 (BGBl. I S. 2543) neu geregelt. Daneben wurde den Verwertungsgesellschaften mit der Urheberrechtsnovelle von 1985 die Geltendmachung von Auskunftsansprüchen durch Einführung einer gesetzlichen Vermutung ihrer Aktivlegitimation erleichtert (§ 13 b aF, der heutige § 13 c). All dies stand in unmittelbarem Zusammenhang zur Novellierung des UrhG. Mit Rücksicht auf kritische Stimmen zur Tarifgestaltung der Verwertungsgesellschaften (vgl. Antwort der Bundesregierung auf die Kleine Anfrage der Bundestagsfraktionen von CDU/CSU und FDP zur Tarifpolitik der GEMA, BTDrucks. 10/2700) wurde im Übrigen die Berechnungsgrundlage für die Tarife in § 13 Abs. 3 nF eingehender als bisher beschrieben.

Nach 1985 ist das WahrnG mehrfach erneut geändert worden. Durch das **4. UrhGÄndG vom 8. 5. 1998** (BGBl. I S. 902) wurde § 13 b aF WahrnG (der heutige § 13 c) um Vorschriften zur Behandlung der Außenseiter bei Kabelweitersendung ergänzt in Umsetzung der sog. Kabel- und Satellitenrichtlinie (Richtlinie 93/83/EWG vom 27. 9. 1993, s. vor §§ 20 ff. UrhG Rdnr. 28). Aus demselben Grund wurde die Zuständigkeit der inzwischen bewährten Schiedsstelle auf die Gestaltung von Verträgen zwischen Sendeunternehmen und Kabelunternehmen erweitert (§ 14 Abs. I Nr. 2, § 14a Abs. 1 u. 4, § 14d, § 16 Abs. 4). Ferner hat die 6. GWB-Novelle (6. Gesetz zur Änderung des Gesetzes gegen Wettbewerbsbeschränkungen vom 26. 8. 1998, BGBl. I S. 2546) die kartellrechtliche Bereichsausnahme in § 102 a GWB aF an die Rechtsprechung des EuGH angepasst und durch § 30 GWB ersetzt (su. § 24 Rdnr. 2).

Eine Reihe von weiteren Änderungen des WahrnG ergab sich im Rahmen des **Gesetzes zur Regelung des Urheberrechts in der Informationsgesellschaft vom 10. 9. 2003** (BGBl. I S. 1774), mit dem die Richtlinie 2001/29/EG zur Harmonisierung bestimmter Aspekte des Urheberrechts und der verwandten Schutzrechte in der Informationsgesellschaft vom 22. 5. 2001 in deutsches Recht umgesetzt wurde: Neben technischen Änderungen in § 11 Abs. 1 wurde § 11 Abs. 2 zur Zahlung unter Vorbehalt und Hinterlegung klarer gefasst; ein neuer Abs. 4 wurde in § 13 (Tarife) eingefügt, der die Verwertungsgesellschaften verpflichtete, bei der Gestaltung ihrer Tarife für sog. Privatkopien und Reprographien gem. §§ 54 aF und 54a aF UrhG die Anwendung technischer Schutzmaßnahmen iSv. § 95 a UrhG zu berücksichtigen; in § 13 b Abs. 2 aF wurde eine technische Anpassung an Änderungen des UrhG vorgenommen; durch einen neuen § 19 Abs. 2 erhielt die Aufsichtsbehörde eine ausdrückliche Befugnisnorm, um einer ohne Erlaubnis tätigen Verwertungsgesellschaft die Fortführung ihres Geschäftsbetriebs untersagen und andere iR der Aufsicht erforderliche Maßnahmen ergreifen zu können; und in § 21 wurde die Obergrenze für Zwangsgelder von 5000 auf 100 000 Euro erhöht.

Im Rahmen des **Siebten Gesetzes zur Änderung des Gesetzes gegen Wettbewerbsbeschränkungen vom 7. 7. 2005** (BGBl. I S. 1954) wurde entsprechend der Verordnung (EG) Nr. 1/2003 vom 16. 12. 2002 zur Durchführung der in Art. 81 und 82 des EG-Vertrages niedergelegten Wettbewerbsregeln § 30 GWB aufgehoben. Damit gibt es im deutschen Kartellrecht keine kartellrechtliche Bereichsausnahme mehr für Verwertungsgesellschaften (zu den Wirkungen su. § 24 Rdnr. 5 ff.).

Und schließlich wurden durch das **Zweite Gesetz zur Regelung des Urheberrechts in der Informationsgesellschaft vom 26. 10. 2007** (BGBl. I S. 2513), den sog. „Zweiten Korb", weitere Änderungen in das WahrnG eingefügt. Sie sollen dazu dienen, die Mechanismen des WahrnG – insbesondere Gesamtverträge und das Verfahren vor der Schiedsstelle – für die Einigung der Parteien auf die Vergütungssätze für Geräte und Speichermedien iR der Vergütungspflicht gem. den §§ 54 ff. UrhG (private Vervielfältigungen) besser nutzbar zu machen, nachdem die in der Anlage zu § 54 d Abs. 1 aF UrhG enthaltenen gesetzlichen Vergütungssätze aufgehoben worden waren. Hierzu wurde § 13 Abs. 4, der erst 2003 in das WahrnG eingefügt wurde, aufge-

Vor §§ 1ff. WahrnG Vorbemerkung

hoben und ersetzt durch einen neuen § 13a („Tarife für Geräte und Speichermedien; Transparenz"; su. § 13a Rdnr. 1). Weitere Änderungen des WahrnG iR des „Zweiten Korbs" betreffen die Schiedsstelle, und zwar die Erweiterung bzw. Klarstellung ihrer Zuständigkeit (§ 14 Abs. 1 Nr. 1 lit. b), ihre Zusammensetzung und die Bildung von Kammern (§ 14 Abs. 2 und 3) sowie neue Verfahrensregeln, wie die Verpflichtung zur Einholung empirischer Untersuchungen für die Ermittlung der maßgeblichen Nutzung (§ 14 Abs. 5a), die Anhörung der Verbraucherverbände (§ 14 Abs. 5b) und die Beschränkung der Verfahrensdauer auf ein Jahr (§ 14a Abs. 2; su. Vor §§ 14ff. Rdnr. 5). Daneben ist hervorzuheben die neue Vorschrift über die freiwillige Schlichtung, bei der das Bundesministerium der Justiz Hilfestellung gibt, und die die Schiedsstelle entlasten soll (§ 17a). Und schließlich soll eine neue Übergangsvorschrift in § 27 dafür sorgen, dass durch den Übergang von den gesetzlich festgelegten Tarifen im Anhang zu § 54d Abs. 1 aF UrhG auf das neue System der einvernehmlichen Festlegung der Vergütung die Einnahmen der Verwertungsgesellschaften und damit der Rechtsinhaber nicht „wegbrechen" (su. § 27 Rdnr. 1).

V. Bestehende Verwertungsgesellschaften

14   1. In Deutschland gibt es heute **dreizehn Verwertungsgesellschaften** iSd. WahrnG, die für ihre Tätigkeit die Erlaubnis der Aufsichtsbehörde besitzen.

Die älteste und größte Verwertungsgesellschaft ist die bereits erwähnte **GEMA** (Gesellschaft für musikalische Aufführungs- und mechanische Vervielfältigungsrechte rV, Rosenheimer Str. 11, 81667 München; www.gema.de), die die Rechte der Komponisten, Textdichter und Musikverlage an Werken der Musik wahrnimmt (Satzung, Berechtigungsvertrag und Verteilungspläne bei *Sammlung Delp* Nr. 840ff.).

Die Rechte der Wortautoren und ihrer Verleger nimmt die **VG Wort** rV in München wahr (Verwertungsgesellschaft Wort rV, Goethestr. 49, 80336 München; www.vgwort.de). Diese Verwertungsgesellschaft wurde 1958 gegründet, nachdem ein erster Versuch zur Schaffung einer Verwertungsgesellschaft für Wortautoren mit dem Konkurs der „Gesellschaft zur Verwertung literarischer Urheberrechte" (GELU) im Jahre 1955 gescheitert war. In der VG Wort ging 1978 die „Verwertungsgesellschaft Wissenschaft GmbH" auf, die ihrerseits 1973 aus der früheren „Inkassostelle für urheberrechtliche Vervielfältigungsgebühren GmbH" – einer Einrichtung des Börsenvereins des Deutschen Buchhandels eV, Frankfurt/M, zur Wahrnehmung des Vergütungsanspruchs aus § 54 Abs. 2 UrhG aF für gewerbliche Kopien – hervorgegangen war (vgl. *Melichar* S. 77f.). Seither nimmt die VG Wort Rechte – insbesondere aus Bibliothekstantieme, Pressespiegelvergütung und öffentlicher Wiedergabe – für die in ihr vertretenen sechs Berufsgruppen wahr: (1) Autoren und Übersetzer schöngeistiger und dramatischer Literatur; (2) Journalisten, Autoren und Übersetzer von Sachliteratur; (3) Autoren und Übersetzer von wissenschaftlicher und Fachliteratur; (4) Verleger von schöngeistigen Werken und von Sachliteratur; (5) Bühnenverleger; (6) Verleger von wissenschaftlichen Werken und von Fachliteratur (Satzung, Wahrnehmungsvertrag und Verteilungspläne bei *Sammlung Delp* Nr. 805ff.).

Die Verwertungsgesellschaft **Bild-Kunst** rV (Weberstr. 61, 53113 Bonn; www.bildkunst.de) vertritt drei Berufsgruppen: (1) Bildende Künstler; (2) Fotografen, Bildjournalisten, Bildagenturen, Grafik-Designer und Foto-Designer; (3) Film, Fernsehen und Audiovision. Sie nimmt insbesondere Reproduktionsrechte (§§ 16, 17 UrhG), die Rechte aus der Bibliothekstantieme und der Vergütung für Pressespiegel sowie – für die bildenden Künstler – das Folgerecht, § 26 UrhG, wahr (Satzung, Wahrnehmungsverträge und Verteilungspläne bei *Sammlung Delp* Nr. 825ff.).

Bedeutendste Verwertungsgesellschaft auf dem Gebiet der Leistungsschutzrechte ist die **GVL** (Gesellschaft zur Verwertung von Leistungsschutzrechten mbH, Podbielskiallee 64, 14195 Berlin; www.gvl.de). Die GVL ist eine gemeinsame Gründung der Deutschen Orchestervereinigung eV, Hamburg, und der Deutschen Landesgruppe der IFPI eV (International Federation of Phonogram and Videogram Producers). Sie nimmt bei Sendung und öffentlicher Wiedergabe die Vergütungsansprüche wahr, die sich aus dem Urheberrechtsgesetz (§§ 73ff., § 85f. UrhG) für ausübende Künstler, Tonträgerhersteller, Videoproduzenten, Filmhersteller und Veranstalter iSv. § 81 UrhG ergeben oder auf Hersteller und Veranstalter übertragen sind. Dazu gehören auch die Rechte und Ansprüche von Filmurhebern an sog. Videoclips (Gesellschaftsvertrag und Wahrnehmungsvertrag bei *Sammlung Delp* Nr. 870ff.).

Die **VG Musik-Edition**/Verwertungsgesellschaft zur Wahrnehmung von Nutzungsrechten an Editionen (Ausgaben) von Musikwerken rV (Königstor 1 A, 34117 Kassel; www.vg-musikedition.de) – früher Interessengemeinschaft Musikwissenschaftlicher Herausgeber (Verfasser) und

Vorbemerkung   Vor §§ 1ff. WahrnG

Verleger rV, IMHV) – nimmt die Leistungsschutzrechte aus den §§ 70, 71 UrhG an wissenschaftlichen Ausgaben und Ausgaben nachgelassener Werke vor allem (aber nicht nur) auf dem Gebiet der Musik für wissenschaftliche Verfasser, Herausgeber und Verleger wahr sowie Reprographierechte für Musiknoten (Satzung und Berechtigungsvertrag bei *Sammlung Delp* Nr. 835 ff.).

Die **GÜFA** (Gesellschaft zur Übernahme und Wahrnehmung von Filmaufführungsrechten mbH, Vautierstr. 72, 40235 Düsseldorf; www.guefa.de) nimmt für Hersteller und Rechtsinhaber von erotischen Filmen Vergütungsansprüche vor allem aus öffentlicher Vorführung und Wiedergabe wahr (Gesellschaftsvertrag und Berechtigungsvertrag bei *Sammlung Delp* Nr. 855 ff.; vgl. auch *Roeber* UFITA 74 (1975) 109; DPA UFITA 78 (1977) 174).

Die **VFF** (Verwertungsgesellschaft der Film- und Fernsehproduzenten mbH, Briennerstr. 26, 80333 München; www.vffvg.de) – eine Gründung des Bundesverbandes Deutscher Fernsehproduzenten eV, München – nimmt für selbständige Filmhersteller, Sendeunternehmen und deren Werberundfunkgesellschaften vor allem Rechte aus öffentlicher Wiedergabe sowie aus Reproduktionen wahr (Satzung und Wahrnehmungsverträge bei *Sammlung Delp* Nr. 860 ff.).

Ebenfalls mit Rechten an Filmen ist die **VGF** (Verwertungsgesellschaft für Nutzungsrechte an Filmwerken mbH, Kreuzberger Ring 56, 65202 Wiesbaden; www.vffvg.de) befasst, die gemeinsam vom Verband der Filmverleiher eV, Wiesbaden, und dem Verband Deutscher Spielfilmproduzenten eV, München, zur Wahrnehmung von Rechten im Videobereich gegründet worden ist (Satzung und Wahrnehmungsvertrag bei *Sammlung Delp* Nr. 858 f.).

Die Verwertungsgesellschaft **AGICOA** Urheberrechtsschutz-Gesellschaft mbH (Association de Gestion Internationale Collective des Oeuvres Audiovisuelles, Marstallstr. 8, 80539 München; www.agicoa.de) wurde 1994 von der Aufsichtsbehörde zugelassen. Sie beschränkt ihre Tätigkeit auf die Wahrnehmung von Kabelweitersendungsrechten, vorwiegend von ausländischen Rechtsinhabern (Satzung bei *Hillig,* Urheber- und Verlagsrecht, Beck'sche Textausgabe, 13. Aufl. 2010, Nr. 24 a).

Die **GWFF** (Gesellschaft zur Wahrnehmung von Film- und Fernsehrechten mbH, Marstallstr. 8, 80539 München; www.gwff.de) nimmt ebenfalls für Film-, Fernseh- und Videogrammhersteller sowie deren Rechtsnachfolger Vergütungsansprüche aus öffentlicher Vorführung und Wiedergabe sowie aus Reproduktion wahr (Satzung bei *Hillig,* Urheber- und Verlagsrecht, Beck'sche Textausgabe, 13. Aufl. 2010, Nr. 24).

Die **VG Media** Gesellschaft zur Verwertung der Urheber- und Leistungsschutzrechte von Medienunternehmen mbH (Oberwallstr. 6, 10117 Berlin; www.vgmedia.de) ist aus der 1997 gegründeten VG Satellit (VG Satellit Gesellschaft zur Verwertung der Leistungsschutzrechte von Sendeunternehmen mbH) hervorgegangen. Sie nimmt für Fernseh- und Hörfunksender Leistungsschutzrechte wahr, die sich aus dem Urheberrechtsgesetz ergeben, insbesondere aus Kabelweitersendung (Satzung bei *Hillig,* Urheber- und Verlagsrecht, Beck'sche Textausgabe, 13. Aufl. 2010, Nr. 24 f).

Die **VG Werbung + Musik** mbH (Theresienstr. 6, 80333 München; www.vg-werbung.de) wurde 2004 gegründet. Sie hat es sich zur Aufgabe gemacht, urheberrechtliche Nutzungsrechte im Bereich der Musik wahrzunehmen, insbesondere solche, die mit Werbeaussagen in Zusammenhang stehen. Damit steht sie in einer gewissen Konkurrenz zur GEMA, hat aber bisher keine Wahrnehmungstätigkeit entfaltet (vgl. *Wandtke/Bullinger/Gerlach*[3] Vor §§ 1 ff. Rdnr. 16; Satzung bei *Hillig,* 13. Aufl. 2010, Nr. 24 g).

Die **TWF Treuhandgesellschaft Werbefilm** GmbH (Oberanger 30, 80331 München; www.twf-gmbh.de) wurde als bisher jüngste Verwertungsgesellschaft im Februar 2008 zugelassen. Sie will Rechte von Werbefilmherstellern gem. § 94 UrhG wahrnehmen; Satzung bei *Hillig,* 13. Aufl. 2010, Nr. 24 h.

Keine Verwertungsgesellschaften iSd. WahrnG sind die **ZPÜ** (Zentralstelle für private Überspielungsrechte, gegründet 1970 ursprünglich von GEMA, VG Wort und GVL, und zuständig für das Inkasso von Vergütungsansprüchen aus der privaten Vervielfältigung gem. § 54 Abs. 1 UrhG), die **ZBT** (Zentralstelle Bibliothekstantieme, eingerichtet von GEMA, VG Wort und VG Bild-Kunst für das Inkasso der Bibliothekstantieme gem. § 27 Abs. 2 UrhG), die **ZFS** (Zentralstelle Fotokopieren an Schulen, gegründet von VG Wort, VG Bild-Kunst und VG Musik-Edition), die **ZVV** (Zentralstelle Videovermietung, gebildet von GEMA, GÜFA, GWFF, VGF, VG Wort und VG Bild-Kunst), die **ZWF** (Zentralstelle für die Wiedergabe von Film- und Fernsehwerken, eingerichtet von VG Bild-Kunst, GWFF und VGF), die **ARGE DRAMA** (gegründet von GEMA und VG Wort zur Geltendmachung von Kabelweitersendungsrechten an Bühnenwerken) und die **ARGE KABEL** (gegründet von VG Wort, VG Bild-Kunst und GVL für das Inkasso der Vergütungsansprüche gem. § 20 b Abs. 2 UrhG). Die **CMMV** Clearingstelle

Vor §§ 1 ff. WahrnG

Vorbemerkung

Multimedia für Verwertungsgesellschaften von Urheber- und Leistungsschutzrechten GmbH (gegründet von neun Verwertungsgesellschaften zur Vermittlung bei der Information über und Beschaffung von Nutzungsrechten), die ebenfalls keine eigenständige Verwertungsgesellschaft war, wurde mittlerweile wegen fehlender Nachfrage wieder aufgelöst (vgl. *Kreile* in Kreile/Becker/Riesenhuber (Hrsg.), Recht und Praxis der GEMA, 2. Aufl. 2008, 783/789). Alle diese Einrichtungen sind vielmehr Inkassostellen (bzw. Clearingstellen im Falle der wieder aufgelösten CMMV) bestehender Verwertungsgesellschaften ohne eigene Treuhandfunktion, für die ein Bedürfnis der Aufsicht und des Wahrnehmungszwangs nicht besteht (*Häußer* FuR 1980, 57/60; *Melichar* S. 69 ff.; *Kreile* GRUR 1999, 885/887 ff.; *Riesenhuber* ZUM 2008, 625/638 f. zur ZPÜ; aA *Haertel* UFITA 50 (1967) 7/15 zur ZPÜ; differenzierend *Vogel* GRUR 1993, 513/517; zur Zulässigkeit der Einschaltung von unabhängigen Inkassounternehmen durch die Verwertungsgesellschaften BGH GRUR 2009, 480/481; Gesellschaftsverträge von ZWF, ZPÜ, ZVV, und ARGE DRAMA bei *Hillig*, Urheber- und Verlagsrecht, Beck'sche Textausgabe, 13. Aufl. 2010, Nr. 24 b ff.). Dies gilt auch für die in jüngerer Zeit entstandenen **One-Stop-Shop-Lizenzierungsstellen**, die europaweit Online-Rechte als joint ventures mehrerer Verwertungsgesellschaften grenzüberschreitend lizenzieren, wie etwa die CELAS (Centralised European Licensing and Administration Service), eine Gemeinschaftsgründung der GEMA und der britischen Verwertungsgesellschaften MCPS und PRS; denn sie werden nur als der „verlängerte Arm" ihrer Muttergesellschaften angesehen ohne eigene Treuhandfunktion (*Himmelmann* in Kreile/Becker/Riesenhuber (Hrsg.), Recht und Praxis der GEMA, 2. Aufl. 2008, 817/829 f.; aA *Alich* GRUR Int. 2008, 996/1002 f.; *Hoeren/Altemark* GRUR 2010, 16/21; su. Rdnr. 16).

Die bestehenden dreizehn Verwertungsgesellschaften erzielen heute etwa 1,3 Milliarden € an Einnahmen. Davon entfallen auf die GEMA über 850 Millionen €, auf die GVL ca. 160 Millionen €, auf die VG Wort etwa 94 Millionen €, auf die VG Bild-Kunst über 60 Millionen €, auf die VG Media etwa 30 Millionen €, auf die fünf Film-Verwertungsgesellschaften GWFF, VGF, VFF, GÜFA und AGICOA zusammen etwa 115 Millionen € und auf die VG Musik-Edition ca. 2 Millionen € (Zahlen geschätzt auf der Grundlage des Jahresberichts des Deutschen Patent- und Markenamts von 2008, der auf den Ertragszahlen des Haushaltsjahres 2007 beruht; vgl. www.dpma.de/veroeffentlichungen/jahresberichte.html).

15   2. Der **Tätigkeitsbereich der Verwertungsgesellschaften** ist grundsätzlich auf das **Inland** beschränkt, denn sie nehmen Rechte wahr, die das UrhG, also das nationale Recht, den Rechtsinhabern gewährt. Um sicherzustellen, dass die Rechte der Urheber und Leistungsschutzberechtigten auch im Ausland wahrgenommen werden, haben die einzelnen nationalen Verwertungsgesellschaften **Gegenseitigkeitsverträge** abgeschlossen, um so ein möglichst lückenloses Netz internationaler Rechtswahrnehmung zu schaffen: Jede Verwertungsgesellschaft nimmt somit in ihrem Tätigkeitsbereich normalerweise auch die Rechte ausländischer Rechtsinhaber wahr. Die eingezogenen Vergütungen werden international verrechnet. Internationale Dachorganisationen der Verwertungsgesellschaften sind die 1926 errichtete CISAC (Confédération Internationale des Sociétés d'Auteurs et Compositeurs), das seit 1929 bestehende BIEM (Bureau International de l'Edition Mécanique) und die IFFRO (International Federation of Reproduction Rights Organisations) (*Ulmer*[3] § 97 III; *Melichar* S. 112 ff.; *Ficsor* S. 18 ff.; *Karbaum/Oeller* in Kreile/Becker/Riesenhuber (Hrsg.), Recht und Praxis der GEMA, 2. Aufl. 2008, 792/797; *Wandtke/Bullinger/Gerlach*[3] Vor §§ 1 ff. Rdnr. 20 ff.; detaillierte Literaturhinweise zu ausländischen Verwertungsgesellschaften gibt *Schack*[4] Rdnr. 1177; zur zentralen Bündelung von Online-Rechten in Europa durch zentrale sog. One-Stop-Shop-Lizenzierungsstellen su. Rdnr. 16; zur wettbewerbsrechtlichen Problematik aus der Sicht der Europäischen Kommission su. Rdnr. 16 und § 24 Rdnr. 1).

VI. Ausblick

16   Die Herausforderungen des digitalen Umfeldes und der neuen Dienste der Informationsgesellschaft nicht nur für den Schutz des geistigen Eigentums allgemein, sondern ganz besonders auch für die kollektive Wahrnehmung von Urheberrechten haben sich in den vergangenen Jahren weiter konkretisiert und an Intensität gewonnen. Von Verwertungsgesellschaften verwaltete Vergütungsansprüche stehen im Mittelpunkt der Diskussionen, die sich auf die Anwendung von **DRM- (Digital Rights Management-) Systemen** zur vermehrten individuellen Rechtewahrnehmung und auf die Zukunft der kollektiven Wahrnehmung schlechthin konzentrieren.

Ob das digitale Umfeld tatsächlich mehr individuelle Wahrnehmung von Rechten ermöglicht, wie dies vielfach vermutet wird, und sich damit der Tätigkeitsbereich von Verwertungsge-

Vorbemerkung   Vor §§ 1ff. WahrnG

sellschaften einschränkt, ist aber mehr als ungewiss. Stattdessen mehren sich die Anzeichen dafür, dass **Verwertungsgesellschaften in der Informationsgesellschaft** nötiger sein werden denn je und gerade entscheidend zum Funktionieren der neuen Dienste beitragen können (*Becker* GEMA-Nachr. 1995, 131/132 plädiert für eine vermehrte kollektive und zentrale Vergabe von Rechten; International Bureau of WIPO, Collective Administration of Copyright and Neighboring Rights, Copyright 1989, 541/691 sah schon vor zwanzig Jahren die Zukunft in einem „Mischsystem einer zentralen, kollektiven und individuellen Rechtevergabe"; und eher mehr Aufgaben für die kollektive Wahrnehmung sieht auch *Ficsor* S. 95 f.). Meist wird angenommen, dass DRM-Systeme die kollektive Wahrnehmung keineswegs überflüssig machen werden (*Kreile/Becker*, Fs. für Schricker, 2005, S. 387/391 f.; *Pfennig* ZUM 2004, 198; kritischer *Handke/Towse* IIC 2007, 937 ff.), und dass die kollektive Wahrnehmung auch und gerade unter den Bedingungen des Internet unerlässlich ist, nicht zuletzt um den Schutz der Kreativen im Verhältnis zu Nutzern und derivativen Rechtsinhabern zu gewährleisten (*Mestmäcker* WuW 2004, 754/760 f.; zur „tripolaren" Interessenlage *Hilty* GRUR 2005, 819/820 f.). Auch die Aufsichtsbehörde geht davon aus, dass Verwertungsgesellschaften gerade in der Informationsgesellschaft besonders wichtig sind und die kollektive und zentrale Vergabe von Rechten durch Verwertungsgesellschaften eher an Bedeutung gewinnen wird; denn es sei nicht zu erwarten, dass die Bereitschaft zum legalen Erwerb von Nutzungsrechten und die Zahlungsmoral der Nutzer im digitalen Umfeld zunehmen werden (*Landfermann* KUR 2000, 33/34; *Dördelmann* GRUR 1999, 890/891; ähnlich *Hansen/Schmidt-Bischoffshausen* GRUR Int. 2007, 461/479).

Internet und digitales Umfeld bieten **neue Nutzungsmöglichkeiten**: Bisher unbekannte Nutzungsarten sind entstanden, wie zB die Nutzung von Werken der Musik als Handy-Klingeltöne; das Internet als **neue Verbreitungsplattform** ermöglicht neue Vertriebswege, begünstigt aber auch die unkontrollierte Verbreitung. Hier wachsen den Verwertungsgesellschaften neue Aufgaben zu, die Umstellungen und mitunter ein Umdenken bezüglich der Berechtigungsverträge, der Tarife und anderer Elemente der Wahrnehmung erforderlich machen. Die Verwertungsgesellschaften selbst und die Nutzerseite haben ihre Geschäftspraktiken bereits entsprechend umgestellt oder sind dabei, dies zu tun.

Um insbesondere im Multimedia-Bereich die Information über die Rechtsinhaberschaft und die Lizenzierung relevanter Rechte zu erleichtern und der mit dem digitalen Umfeld einhergehenden zunehmenden Internationalisierung Rechnung zu tragen, haben die Verwertungsgesellschaften **Clearing-Stellen** eingerichtet (*Loewenheim* GRUR 1996, 830/836; *Himmelmann* in Kreile/Becker/Riesenhuber (Hrsg.), Recht und Praxis der GEMA, 2. Aufl. 2008, 817/859; zur Gründung des Europäischen Lizenzierungsbüros BEL vgl. *Becker* GEMA-Nachr. 1995, 131/136; zur mittlerweile wieder aufgelösten CMMV – Clearingstelle Multimedia der Verwertungsgesellschaften für Urheber- und Leistungsschutzrechte GmbH vgl. *Melichar* in Lehmann (Hrsg.), Multimediarecht, S. 205/213; zum System VERDI *Wünschmann* ZUM 2000, 572/575).

Verwertungsgesellschaften bestehen in allen Mitgliedstaaten der EU. Die kollektive Wahrnehmung durch Verwertungsgesellschaften ist daher auch im **Europäischen Binnenmarkt** unerlässlicher Bestandteil von Urheber- und Leistungsschutzrechten. Verschiedentlich wird denn auch in den EG-Richtlinien auf diesem Gebiet auf die kollektive Wahrnehmung Bezug genommen (*Vogel* in *Schricker* S. 79/83 ff.; zu den potentiellen Konflikten der kollektiven Wahrnehmung mit den Geboten des Binnenmarktes und des EG-Wettbewerbsrechts *Thurow*, Fs. für Kreile, 1990, S. 95 u. *Vogel* in Schricker/Bastian/Dietz S. 79/82 f.; vgl. auch § 24 Rdnr. 1 mwN).

Die **Europäische Kommission** befasst sich mit dem Thema schon seit geraumer Zeit (vgl. *Reinbothe*, Fs. für Dietz, 2001, S. 517). Dabei sind vor allem drei Fragen in den Vordergrund gerückt, die sich zT mit den in Deutschland diskutierten Themen überschneiden, aber noch weiter gehen als diese: Die gemeinschaftsweite Lizenzierung durch Verwertungsgesellschaften als sog. One-Stop-Shops; die mögliche Ablösung („phasing out") von pauschalen Vergütungssystemen durch DRM-Systeme; und das Verhältnis der kollektiven Wahrnehmung zum Wettbewerbsrecht, einschließlich der Forderung nach Wettbewerb unter Verwertungsgesellschaften. In ihrer Mitteilung zur kollektiven Wahrnehmung von Urheberrechten und Leistungsschutzrechten im Binnenmarkt hat die Kommission zum ersten Mal grundlegend zu diesen Themen Stellung genommen (KOM(2004) 261 endg. vom 16. 4. 2004; zum ursprünglich geplanten Ansatz dieser Mitteilung vgl. *Reinbothe* ZUM 2003, 27/30 ff.). Ob diese Mitteilung tatsächlich den Grundstein für ein Europäisches Wahrnehmungsrecht legen soll (so *Riesenhuber/v. Vogel* EuZW 2004, 519), mag bezweifelt werden; tatsächlich nimmt sie zu den genannten Themen Stellung, beschränkt sich dabei aber auf die Darstellung von Lösungsoptionen (kritisch *Riesenhuber/v. Vogel* EuZW 2004, 519; *Riesenhuber* S. 150 ff.). Dennoch ist bereits in dieser Mitteilung nicht zu ver-

Vor §§ 1 ff. WahrnG

kennen, dass die Kommission nicht von einer Privilegierung der Verwertungsgesellschaften gegenüber dem Wettbewerbsrecht ausgeht. Insoweit ist sie erheblich zurückhaltender als das Europäische Parlament in seiner Entschließung vom 15. 1. 2004 (ABl. EG 2004 Nr. C 92 E, 16. 4. 2004, S. 425; vgl. *Dietz* IIC 2004, 809).

Die **gemeinschaftsweite Lizenzierung** durch eine Verwertungsgesellschaft als One-Stop-Shop für das Territorium mehrerer bzw. aller Mitgliedstaaten der EU sollten die „Simulcasting"-Vereinbarung und die Abkommen der Verwertungsgesellschaften von Santiago und Barcelona ermöglichen. In ihrer Haltung zu diesen Vereinbarungen hatte die Kommission bereits deutlich gemacht, dass sie das Ziel der gemeinschaftsweiten Lizenzierung zwar begrüßt, dies aber nicht auf Kosten der Anwendung des Wettbewerbsrechts gehen darf (vgl. die Entscheidung der Europäischen Kommission vom 8. 10. 2002, 2003/300/EG, ABl. EG 2003 Nr. L 107/58; *Kreile/Becker*, in Handbuch der Musikwirtschaft, 6. Aufl. 2003, 632/638 f.; *Gotzen*, Fs. für Schricker, 2005, 299; *Mestmäcker* in Kreile/Becker/Riesenhuber (Hrsg.), Recht und Praxis der GEMA, 2. Aufl. 2008, 75/76 ff.). Daraus könnte geschlossen werden, dass die Kommission die traditionelle territoriale Begrenzung der kollektiven Wahrnehmung von Urheberrechten durch Verwertungsgesellschaften unter den Bedingungen der Digitaltechnik für wettbewerbsfeindlich und überholt hält (dagegen *Mestmäcker* WuW 2004, 754 mwN; *v. Lewinski*, Fs. für Schricker, 2005, S. 401/404 ff.). Diese Tendenz scheint sich fortzusetzen in einer von den Dienststellen der Kommission vorgelegten Studie vom 7. 7. 2005 über eine Initiative der Gemeinschaft zur grenzüberschreitenden kollektiven Wahrnehmung von Urheberrechten und in der Empfehlung der Kommission für die länderübergreifende kollektive Wahrnehmung von Urheberrechten und verwandten Schutzrechten, die für legale Online-Musikdienste benötigt werden (2005/737/EG v. 18. 10. 2005, ABl. EG 2005 Nr. L 276, 21. 10. 2005, S. 54; zur Studie vgl. *Schmidt* ZUM 2005, 783; zur Empfehlung *Lüder* GRUR Int. 2007, 649; kritisch die Stellungnahme des Max-Planck-Instituts, GRUR Int. 2006, 222; Schlussbericht der Enquete-Komission „Kultur in Deutschland", BTDrucks. 16/7000, 279; *Gaster* ZUM 2006, 8/12 ff. auf der Grundlage des Territorialitätsprinzips; *Gilliéron* IIC 2006, 939/948 ff.; *Poll* ZUM 2008, 500/503 ff. kritisiert den „vollständigen Systemwechsel" und den „Kannibalisierungseffekt" der Empfehlung; zu den bisherigen Auswirkungen der Empfehlung ausführlich *Müller* ZUM 2009, 121/125 ff.). Diese Empfehlung geht offenbar von einem anderen Modell der kollektiven Rechtewahrnehmung durch Verwertungsgesellschaften aus als das WahrnG; jedenfalls werden dort die dem WahrnG zugrundeliegenden Prinzipien, wie die Treuhandstellung der Verwertungsgesellschaften, die in ihnen verkörperte Solidargemeinschaft der Berechtigten und der Nutzen ihrer faktischen Monopolstellung für alle Beteiligten, nicht erwähnt. Aus diesen Gründen steht offenbar auch das Europäische Parlament dem Ansatz der Europäischen Kommission ausgesprochen kritisch gegenüber (vgl. Entschließung des Europäischen Parlaments vom 13. 3. 2007, ABl. EG 2007 Nr. C 301 E, 13. 12. 2007, S. 64).

Auch die wettbewerbsrechtliche Entscheidung der Europäischen Kommission vom 16. 7. 2008 im CISAC-Verfahren dürfte die bisher übliche Gestaltung der Gegenseitigkeitsverträge unter Verwertungsgesellschaften zur kollektiven Rechtewahrnehmung, und damit generell den Nutzen der erwähnten faktischen Monopolstellung, in Frage stellen (*Alich* GRUR Int. 2008, 996/997; su. § 3 Rdnr. 10 und § 24 Rdnr. 1). Es wird demnach davon ausgegangen, dass die Europäische Kommission – trotz des insoweit etwas unterschiedlichen Ansatzes ihrer Dienststellen „Wettbewerb" einerseits und „Binnenmarkt und Dienstleistungen" andererseits – nichts weniger anstrebt als einen **Systemwechsel in der kollektiven Rechtewahrnehmung.** An die Stelle des bisher durchaus bewährten Systems der Aufteilung der Nutzermärkte zur „One-Stop-Shop"-Vergabe des Weltrepertoires soll der Wettbewerb unter den Verwertungsgesellschaften um Rechteinhaber und um Nutzer treten. Würde man darüber hinaus noch der Auffassung der Kommission folgen, dass die Dienstleistungsrichtlinie 2006/123/EG v. 12. 12. 2006 (ABl. EG 2006 Nr. L 376, 27. 12. 2006, S. 36) unbeschränkt auf die kollektive Wahrnehmung Anwendung findet, so würden die Wertungen und wesentliche Bestimmungen des WahrnG, wie die §§ 1, 6, 11 oder 13 Abs. 2, regelrecht aus den Angeln gehoben und dem interessengerechten Ablauf der kollektiven Rechtewahrnehmung, nicht nur in Deutschland, kein Dienst erwiesen (vgl. *Heine/Eisenberg* GRUR Int. 2009, 277/279 ff. mwN).

Um dem offensichtlich von der Europäischen Kommission befürworteten Modell der gemeinschaftsweiten Lizenzierung durch einen **One-Stop-Shop** (bezogen nicht auf das Weltrepertoire, sondern auf das EU-Territorium), und zwar außerhalb der bisher üblichen Gegenseitigkeitsverträge unter den Verwertungsgesellschaften, entgegenzukommen, haben sich in jüngerer Zeit joint ventures der (großen) Verwertungsgesellschaften gebildet, die im Auftrag bestimmter Rechtsinhaber grenzüberschreitende Lizenzen erteilen (CELAS; SACEM/SDRM;

PEDL; vgl. *Alich* GRUR Int. 2008, 996/1000 ff.; *Hoeren/Altemark* GRUR 2010, 16/22 zu möglichen wettbewerbsverzerrenden Auswirkungen; *Poll* ZUM 2008, 500/505 f.). Dies scheint aber bisher eher zu einer Marktaufsplitterung und zu einer einseitigen Begünstigung von lukrativem (da populärem) Repertoire geführt zu haben – beides kaum im Sinne des EU-Binnenmarktes oder der kulturellen Vielfalt (vgl. *Müller* ZUM 2009, 121/126 ff.).

Ob die kollektive Wahrnehmung durch Verwertungsgesellschaften vor diesem Hintergrund einer **Harmonisierung** durch den europäischen Gesetzgeber zugeführt werden kann und sollte, wie es die Europäische Kommission in ihrem Arbeitsprogramm von 1996 erwähnt und in ihrer Mitteilung vom 16. 4. 2004 zunächst bestätigt hatte, scheint gegenwärtig eher ungewiss (vgl. Mitteilungen der Kommission KOM (96) 568 endg. v. 20. 11. 1996 S. 24 ff. u. KOM (2004) 261 endg. v. 16. 4. 2004; *Vogel* in Schricker/Bastian/Dietz (Hrsg.) S.79/83 ff.; *Wandtke* GRUR 1995, 385/391 f.; *Riesenhuber* S. 149 f.; *Mestmäcker* WuW 2004, 754, 758 ff., 769, spricht vom „Regulierungswillen" der Kommission).

Erster Abschnitt. Erlaubnis zum Geschäftsbetrieb

§ 1 Erlaubnispflicht

(1) **Wer Nutzungsrechte, Einwilligungsrechte oder Vergütungsansprüche, die sich aus dem Urheberrechtsgesetz vom 9. September 1965 (Bundesgesetzbl. I S. 1273) ergeben, für Rechnung mehrerer Urheber oder Inhaber verwandter Schutzrechte zur gemeinsamen Auswertung wahrnimmt, bedarf dazu der Erlaubnis, gleichviel, ob die Wahrnehmung in eigenem oder fremdem Namen erfolgt.**

(2) **Absatz 1 ist auf die gelegentliche oder kurzfristige Wahrnehmung der bezeichneten Rechte und Ansprüche nicht anzuwenden.**

(3) [1]**Wer ohne die nach Absatz 1 erforderliche Erlaubnis tätig wird, kann die ihm zur Wahrnehmung anvertrauten Rechte oder Ansprüche nicht geltend machen.** [2]**Ihm steht das Antragsrecht nach § 109 des Urheberrechtsgesetzes nicht zu.**

(4) [1]**Übt eine juristische Person oder eine Personengemeinschaft die in Absatz 1 bezeichnete Tätigkeit aus, so ist sie Verwertungsgesellschaft im Sinne dieses Gesetzes.** [2]**Übt eine einzelne natürliche Person die in Absatz 1 bezeichnete Tätigkeit aus, so sind auf sie die in diesem Gesetz für Verwertungsgesellschaften getroffenen Bestimmungen sinngemäß anzuwenden.**

Schrifttum: *Alich*, Neue Entwicklungen auf dem Gebiet der Lizenzierung von Musikrechten durch Verwertungsgesellschaften in Europa, GRUR Int. 2008, 996; *Arnold/Rehbinder*, Zur Rechtsnatur der Staatsaufsicht über die deutschen Verwertungsgesellschaften, UFITA 118 (1992) 203; *Bing*, Die Verwertung von Urheberrechten, 2002; *Dietz*, Das Urheberrecht in der Europäischen Gemeinschaft, 1978; *Dördelmann*, Gedanken zur Zukunft der Staatsaufsicht über Verwertungsgesellschaften, GRUR 1999, 890; *Haertel*, Verwertungsgesellschaften und Verwertungsgesellschaftengesetz, UFITA 50 (1967) 7; *Häußer*, Praxis und Probleme der Aufsicht über Verwertungsgesellschaften, FuR 1980, 57; *ders.*, Die Verteilung der im Rahmen von Urheberrechten und Leistungsschutzrechten erzielten Einnahmen an Ausländer, Fs. für Kreile, 1994, S. 281; *Heine/Eisenberg*, Verwertungsgesellschaften im Binnenmarkt. Die kollektive Wahrnehmung von Urheberrechten nach der Dienstleistungsrichtlinie, GRUR Int. 2009, 277; *Himmelmann*, Die Aufsicht über die GEMA, in Kreile/Becker/Riesenhuber (Hrsg.), Recht und Praxis der GEMA, 2. Aufl. 2008, 817; *Hoeren/Altemark*, Musikverwertungsgesellschaften und das Urheberrechtswahrnehmungsgesetz am Beispiel der CELAS, GRUR 2010, 16; *v. Lucius*, Verwerter und Verwertungsgesellschaften, ZUM 2008, 925; *Melichar*, Die Wahrnehmung von Urheberrechten durch Verwertungsgesellschaften, 1983; *ders.*, Verleger und Verwertungsgesellschaften, UFITA 117 (1991) 5; *Menzel*, Die Aufsicht über die GEMA durch das Deutsche Patentamt, 1986; *Meyer*, Verwertungsgesellschaften und ihre Kontrolle nach dem Urheberrechtswahrnehmungsgesetz, 2001; *Müller*, Rechtewahrnehmung durch Verwertungsgesellschaften bei der Nutzung von Musikwerken im Internet, ZUM 2009, 121; *Poll*, CELAS, PEDL & Co.: Metamorphose dem Anfang vom Ende der kollektiven Wahrnehmung von Musik-Online-Rechten in Europa?, ZUM 2008, 500; *Riesenhuber*, Die Verwertungsgesellschaft i. S. v. § 1 UrhWahrnG, ZUM 2008, 625; *Ruzicka*, Verlagsproduzenten und Verwertungsgesellschaften, FuR 1979, 507; *Sandberger/Treeck*, Fachaufsicht und Kartellaufsicht nach dem Gesetz über die Wahrnehmung von Urheberrechten und verwandten Schutzrechten, UFITA 47 (1966) 165; *Schulze*, Urheberrecht in der Musik, 5. Aufl. 1981; *ders.*, Verleger werden ist nicht schwer, Verleger sein dagegen sehr, FuR 1980, 179; *Wünschmann*, Clearingstelle für Multimedia-Produkte und europäisches Wettbewerbsrecht, ZUM 2000, 572.

A. Allgemeines

Wer urheberrechtliche Verwertungsrechte mehrerer Urheber zur gemeinsamen Auswertung im eigenen oder im fremden Namen wahrnehmen will, bedarf dazu der **behördlichen Er-**

§ 1

laubnis. Diese Regel gilt unabhängig von ihrer Staatsangehörigkeit für alle, die in dieser Weise Rechte in Deutschland wahrnehmen wollen, und auch unabhängig davon, ob sie in Deutschland niedergelassen sind (vgl. *Dördelmann* GRUR 1999, 890/893; *Meyer* S. 42 ff.; *Riesenhuber* ZUM 2008, 625/627). Die generelle Erlaubnispflicht ist Konsequenz der vom WahrnG gewollten Zulassungsbeschränkung für Verwertungsgesellschaften (s. Vor §§ 1 ff. Rdnr. 7). Vereinzelt wird die Auffassung vertreten, dass die Erlaubnispflicht eine ökonomisch nicht gerechtfertigte Marktzutrittsschranke darstelle (*Bing* S. 226 ff.). Und nach Meinung der Europäischen Kommission findet die Dienstleistungsrichtlinie 2006/123/EG v. 12. 12. 2006 (ABl. EG 2006 Nr. L 376, 27. 12. 2006, S. 36) auch auf die Tätigkeit von Verwertungsgesellschaften Anwendung mit der Folge, dass das Erlaubniserfordernis gem. § 1 Abs. 1 zumindest auf Verwertungsgesellschaften, die im Ausland niedergelassen sind, nicht angewandt werden könnte (Europäische Kommission, Handbuch zur Umsetzung der Dienstleistungsrichtlinie, 2007, http://ec.europa.eu/internal_market/services/docs/services-dir/handbook_de.pdf). Beiden Auffassungen kann nicht gefolgt werden, da die kollektive Rechtewahrnehmung durch Verwertungsgesellschaften im Treuhandverhältnis erfolgt, zur Durchsetzung der Urheberrechte, die gem. Art. 17 Abs. 11 der Dienstleistungsrichtlinie mit gutem Grund von deren Anwendung ausgenommen sind, unerlässlich ist und daher nicht ohne weiteres anderen, rein ökonomisch begründeten Dienstleistungen gleichgesetzt werden kann (vgl. *Heine/Eisenberg* GRUR Int. 2009, 277/279 ff. mwN).

Ist die Erlaubnis erteilt, so gilt der Wahrnehmende, sofern er juristische Person oder Personengemeinschaft ist, als Verwertungsgesellschaft iSd. WahrnG oder wird doch – wenn er natürliche Person ist – so behandelt: Die Wahrnehmungstätigkeit ist den Regeln des WahrnG, und damit auch der permanenten Aufsicht, unterworfen. In den §§ 1–5 sind die Zulassungsvoraussetzungen, bzw. die Kriterien und die Durchführungsregeln für Erteilung und Widerruf der Erlaubnis zum Geschäftsbetrieb als Verwertungsgesellschaft enthalten.

2 § 1 gibt an, wer der Erlaubnispflicht unterliegt. Diese Bestimmung grenzt die Zulassungsbeschränkung also ein, indem sie die **Adressaten** dieser Zulassungsbeschränkung und damit auch der Beschränkungen und Auflagen, die das WahrnG enthält, definiert. Die Voraussetzungen für eine Zulassung und die Erteilung der Erlaubnis sind in den §§ 3 und 4 genannt. Zur Zeit verfügen dreizehn Verwertungsgesellschaften über die Erlaubnis nach § 1 (s. Vor §§ 1 ff. Rdnr. 14).

B. Erlaubnispflicht

I. Erlaubnispflichtige Wahrnehmungstätigkeit, § 1 Abs. 1

3 1. Der Erlaubnis bedarf nur, wer urheberrechtliche **Nutzungsrechte, Einwilligungsrechte** oder **Vergütungsansprüche** in Deutschland wahrnimmt (vgl. *Häußer*, Fs. für Kreile, 1994, S. 281/286). Gemeint sind damit alle derartigen Rechte, die das UrhG in seinem Geltungsbereich, dh. für das deutsche Territorium gewährt, also Urheberrechte und Leistungsschutzrechte. Darunter fallen nicht nur Rechte und Ansprüche, die ihrer Natur nach – weil zahlreiche Verwerter beteiligt sind – nur gemeinschaftlich wahrgenommen werden können (zB die Aufführungsrechte an Werken der Musik, § 19 Abs. 2 UrhG, die Vortragsrechte an Sprachwerken, § 19 Abs. 1 UrhG, und die Rechte und Ansprüche, die sich auf die öffentliche Wiedergabe von Schallplattenaufnahmen, § 21 UrhG, und von Rundfunksendungen, § 22 UrhG, beziehen) oder vom UrhG ohnehin zur Wahrnehmung den Verwertungsgesellschaften zugewiesen sind (das Recht der Kabelweitersendung, § 20b UrhG, das Folgerecht, § 26 Abs. 6 UrhG, die Vergütungsansprüche aus Vermietung und Verleihen, § 27 Abs. 3 UrhG, die Vergütung bei Zeitungsartikeln und Rundfunkkommentaren, § 49 Abs. 1 S. 3 UrhG und die Vergütung für Vervielfältigungen, § 54h Abs. 1 UrhG), sondern auch solche Rechte und Ansprüche, die vom Rechtsinhaber an sich auch individuell wahrgenommen und vergeben werden könnten (so das mechanische Vervielfältigungsrecht, § 16 UrhG, das Senderecht, § 20 UrhG, oder – für die Musikurheber – das Recht der öffentlichen Zugänglichmachung, § 19a UrhG; zur kollektiven Wahrnehmung von Rechten an Musikwerken bei der Online-Nutzung vgl. *Müller* ZUM 2009, 121). Auch der Schadensersatzanspruch wegen Urheber- oder Leistungsschutzrechtsverletzung (§ 97 UrhG), Entschädigungsansprüche (§ 101 UrhG) oder Bereicherungsansprüche sind gemeint.

Das Wahrnehmungsobjekt – die Rechte und Ansprüche iS von § 1 Abs. 1 – ist demnach weit gefasst; bewusst wird in § 1 Abs. 1 sogar darauf verzichtet, bestimmte zur gemeinsamen Wahrnehmung durch Verwertungsgesellschaften ungeeignete Rechte (zB das Recht zur bühnenmäßigen Aufführung dramatischer oder dramatisch-musikalischer Werke) von der Anwendung des Gesetzes auszunehmen bzw. freizustellen (AmtlBegr. BTDrucks. IV/271 S. 14).

2. a) Die Erlaubnispflicht setzt eine kollektive Wahrnehmung der genannten Ansprüche **für Rechnung** mehrerer Urheber oder Inhaber verwandter Schutzrechte voraus. Damit wird die **treuhänderische Verwaltung** der Rechte umschrieben. Die Erlaubnispflicht iS von § 1 Abs. 1 besteht im Wesentlichen aufgrund dieser Treuhandstellung (s. Vor §§ 1 ff. Rdnr. 6 u. § 6 Rdnr. 4), und zwar selbst dann, wenn ausnahmsweise solche Rechte treuhänderisch wahrgenommen werden, die vom Urheber oder Verleger ohne weiteres auch individuell selbst wahrgenommen werden könnten (so. Rdnr. 3). Denn dadurch, dass die Rechtsinhaber der Verwertungsgesellschaft mit ihren Rechten einen wesentlichen Teil ihres Vermögens anvertrauen, mit dem diese im Interesse und auf Kosten der Rechtsinhaber wirtschaftet, besteht ein besonderes Bedürfnis für die Erlaubnispflicht und die Kontrolle der Verwertungsgesellschaft (*Riesenhuber* ZUM 2008, 625/627). 4

Unerheblich ist, ob die Rechtswahrnehmung im eigenen oder im fremden Namen erfolgt, solange deren wirtschaftlicher Erfolg den Rechtsinhabern zukommt. Die Erlaubnispflicht entfällt auch nicht dadurch, dass die Verwertungsgesellschaft nicht unentgeltlich oder sogar mit Gewinnerzielungsabsicht tätig wird; denn gerade in solchen Fällen besteht ein besonderes Bedürfnis für die Aufsicht (*Himmelmann* in Kreile/Becker/Riesenhuber (Hrsg.), Recht und Praxis der GEMA, 2. Aufl. 2008, 817/827; *Riesenhuber* ZUM 2008, 625/632 f. mwN). Wegen des Erfordernisses der Treuhandstellung erstreckt sich die Erlaubnispflicht aber nicht auf Unternehmen – etwa Verlage –, die von mehreren Urhebern Rechte zur Auswertung auf eigene Rechnung erworben haben; selbst wenn sie die Rechte gemeinsam auswerten und damit nach außen wie eine Verwertungsgesellschaft auftreten (AmtlBegr. BTDrucks. IV/271 S. 14).

b) Es müssen die **Ansprüche mehrerer Berechtigter** wahrgenommen werden. Wer also als Agent oder Bevollmächtigter die Rechte eines einzelnen Berechtigten wahrnimmt, ist für diese Tätigkeit nicht nach § 1 Abs. 1 erlaubnispflichtig. 5

c) Die Erlaubnispflicht für die Tätigkeit als Verwertungsgesellschaft setzt voraus, dass Rechte **für Urheber oder Leistungsschutzberechtigte** wahrgenommen werden. Damit stellt sich die Frage, ob eine Gesellschaft, die ausschließlich für Inhaber abgeleiteter Rechte diese Rechte kollektiv wahrnimmt, Verwertungsgesellschaft ist und der Erlaubnispflicht unterliegt. Würde man dies verneinen (so BayVGH ZUM 2003, 78/80), dann wäre die kollektive Wahrnehmung in diesem Bereich von der Anwendung des WahrnG ausgenommen – ein Ergebnis, das dem Sinn und Zweck des WahrnG, alle Formen der treuhänderischen kollektiven Wahrnehmung der Mißbrauchskontrolle und Aufsicht zu unterwerfen, nicht gerecht würde (*Dreier/Schulze*[3] Rdnr. 14; *Loewenheim/Melichar*[2] § 50 Rdnr. 2 a). Auch wenn die kollektive Wahrnehmung nur für die Inhaber abgeleiteter Rechte erfolgt, ist sie daher von § 1 Abs. 1 erfasst und unterliegt der Erlaubnispflicht. Das gilt auch für den Fall, dass eine Verwertungsgesellschaft neben den Rechten von Urhebern oder Leistungsschutzberechtigten zugleich auch Ansprüche anderer Personen bzw. Rechtsinhaber kollektiv wahrnimmt. So hat die GEMA auch Musikverleger als Mitglieder und Wahrnehmungsberechtigte, die neben den von ihnen betreuten Autoren eigene Rechte in die Verwertungsgesellschaft einbringen (vgl. *Fromm/Nordemann*[10] Rdnr. 4). Dies wurde weder von der Aufsichtsbehörde moniert (DPA UFITA 81 (1978) 348/357 f.; DPA UFITA 94 (1982) 364/369; vgl. *Schulze* FuR 1980, 179; *Menzel* S. 18 f.; *Melichar* UFITA 117 (1991) 5; *Riesenhuber* ZUM 2008, 625/635 f., jeweils mwN) noch bisher von der Rechtsprechung beanstandet (vgl. BGHZ 55, 381 – UFA-Musikverlage). Die Stimmen, die eine Sonderstellung der Verleger in der Verwertungsgesellschaft für nicht gerechtfertigt halten, verstummen jedoch nicht. *Dietz* (Urheberrecht in der EG, Rdnr. 570) hält dies für fragwürdig, da mit dem „Grundcharakter der Verwertungsgesellschaft als quasi-gewerkschaftlicher Zusammenschluss von Urhebern" im Widerspruch stehend. Diese Wertung lässt sich jedoch weder aus dem WahrnG insgesamt noch aus dem insoweit recht weiten Wortlaut des § 1 ableiten. *Schack* weist darauf hin, dass Verleger und Urheber bzw. Künstler zT widerstreitende Interessen haben und sie schon deshalb nicht Seite an Seite in derselben Verwertungsgesellschaft zusammengeschlossen sein sollten (*Schack*[4] Rdnr. 1166, 1196). Andererseits ist zu Recht davon auszugehen, dass Verwertungsgesellschaften gleichermaßen Urhebern und Verlagen dienen, indem sie die den Leistungsanteilen dieser Wahrnehmungsberechtigten angemessene Verteilung von Erlösen aus der indirekten Verwertung sicherstellen (so *v. Lucius* ZUM 2008, 925/927 für den Wortbereich). In der Praxis kommt bei dieser Konstellation den Mitwirkungsmöglichkeiten der Berechtigten nach § 6 Abs. 2 besondere Bedeutung zu. 6

7 3. Voraussetzung für die Erlaubnispflicht ist ferner die **gemeinsame Auswertung** der Rechte oder Ansprüche. Gemeint ist damit die Wahrnehmung von einer Vielzahl von Rechten und Ansprüchen – möglichst des jeweiligen Gesamtrepertoires – gegenüber den Nutzern. Dies geschieht regelmäßig auf der Grundlage pauschalierter oder doch einheitlicher Nutzungsbedingungen. Selbst wenn also die Verwertungsgesellschaft im Einzelfall zB Vergütungsansprüche nur individuell geltend machen kann (so etwa die VG Bild-Kunst beim Folgerecht, § 26 Abs. 6 UrhG), stellt doch die einheitlich ausgeübte Kontrolle, Verwaltung oder Geltendmachung von Auskunftsansprüchen eine Wahrnehmung von Rechten zur „gemeinsamen Auswertung" dar. Dieser Begriff umfasst also auch diese Fälle und ist insoweit nicht zu eng auszulegen (vgl. *Ulmer*[3] § 98 II 2).

Die Voraussetzung der gemeinsamen Auswertung schafft neben der vorausgesetzten Treuhandstellung (oben Rdnr. 4) eine weitere **Abgrenzung gegenüber Verlagen** und Bühnenvertrieben oder anderen Personen, die Nutzungsvereinbarungen über die Rechte einzelner Urheber abschließen, die Rechte also individuell vergeben, und damit nicht als Verwertungsgesellschaft anzusehen sind.

8 4. Der Erlaubnispflicht unterliegt auch die **mittelbare Wahrnehmung** von Rechten und Ansprüchen für Rechnung mehrerer Urheber und Inhaber verwandter Schutzrechte. Auch eine Vereinigung von Verwertungsgesellschaften, die unmittelbar für die in ihr zusammengeschlossenen Verwertungsgesellschaften und damit nur mittelbar für die Urheber und Inhaber verwandter Schutzrechte Rechte und Ansprüche wahrnimmt, ist deshalb ihrerseits als Verwertungsgesellschaft anzusehen und bedarf der Erlaubnis nach § 1. Dies gilt aber nur, wenn sie die ihr anvertrauten Rechte in selbständiger Treuhandstellung wahrnimmt und nicht nur gemeinsame Inkassofunktion hat; denn nur dann besteht ein Bedürfnis für Aufsicht und Wahrnehmungszwang (*Haertel* UFITA 50 (1967) 7/15; *Häußer* FuR 1980, 57/60 zur ZPÜ; *Mestmäcker/Schulze* Anm. 1; *Dreier/Schulze*[3] Rdnr. 18; *Meyer* S. 37 f.; *Melichar* S. 69 ff. zu ZPÜ und ZBT; zur ZPÜ *Riesenhuber* ZUM 2008, 625/638 f.; so. Vor §§ 1 ff. Rdnr. 14). Auch Clearingstellen für Multimediaprodukte oder sog. Collective Rights Manager (CRM), die Einzelrechte zentralisieren, ohne sie unmittelbar zu verwalten und darüber abzurechnen, bedürfen nicht der Erlaubnis gem. § 1 (*Wünschmann* ZUM 2000, 572/574 f.; zur CELAS *Himmelmann* in Kreile/Becker/Riesenhuber (Hrsg.), Recht und Praxis der GEMA, 2. Aufl. 2008, 817/829 f.; differenzierend *Alich* GRUR Int. 2008, 996/1002 ff.; *Poll* ZUM 2008, 500/505 f.; *Hoeren/Altemark* GRUR 2010, 16/21 halten die CELAS für eine Verwertungsgesellschaft, warnen aber vor möglichen wettbewerbsverzerrenden Folgen).

9 5. Erfüllt eine Gesellschaft oder natürliche Person die Voraussetzungen des § 1 Abs. 1, nimmt sie also die dort beschriebene Wahrnehmung von Rechten vor, so bedarf sie **generell für ihre Tätigkeit** der Erlaubnis iS dieser Vorschrift. Die Erlaubnispflicht gilt nicht etwa nur partiell für bestimmte Tätigkeitsarten.

10 6. Eine bestimmte **Rechtsform** für Verwertungsgesellschaften wird in § 1 Abs. 1 iVm. Abs. 4 S. 1 nicht vorgeschrieben; sie kann daher frei gewählt werden. Von den derzeit bestehenden Verwertungsgesellschaften sind vier wirtschaftliche Vereine und neun Gesellschaften mit beschränkter Haftung (s. Vor §§ 1 ff. Rdnr. 14).

II. Nicht nur gelegentliche oder kurzfristige Wahrnehmung, § 1 Abs. 2

11 Nach § 1 Abs. 2 besteht die Erlaubnispflicht nur für die **geschäftsmäßige und regelmäßige Tätigkeit** als Verwertungsgesellschaft. Für Gesellschaften, deren Geschäftsidee sich nicht auf eine solche Tätigkeit gründet, sondern die nur punktuell die urheberrechtlichen Interessen Dritter verfolgen, greift die hier genannte Ausnahme ein. Sie unterliegen also nicht der Erlaubnispflicht, denn bei nur gelegentlicher oder kurzfristiger Rechtswahrnehmung wäre die Anwendung der für Verwertungsgesellschaften geltenden Verpflichtungen (Wahrnehmungszwang gem. § 6, Rechnungslegung gem. § 9 oder Tarifpflicht gem. § 13) ohnehin nicht sinnvoll (*Riesenhuber* ZUM 2008, 625/637). Andererseits kann die Ausnahme einer ausländischen Verwertungsgesellschaft, die in Deutschland geschäftsmäßig tätig werden will, daher nicht zugute kommen (OLG Köln GRUR 2008, 69). Für das Vorliegen der Voraussetzungen der Ausnahme gem. § 1 Abs. 2 trifft ggf. den Wahrnehmenden die Beweispflicht.

III. Unerlaubte Geschäftstätigkeit, § 1 Abs. 3

Nach § 1 Abs. 3 ist **Rechtsfolge** einer Wahrnehmungstätigkeit, die nach § 1 Abs. 1 erlaubnispflichtig ist, für die aber keine Erlaubnis iS von § 1 eingeholt wurde, der Verlust aller urheberrechtlichen Ansprüche des Wahrnehmenden aus den zur Wahrnehmung übertragenen Rechten. Auch das Recht, nach § 109 UrhG Strafantrag bei Urheberrechtsverletzungen zu stellen, steht ihm nicht zu. Es ist aber nicht die Übertragung der Rechte und Ansprüche vom Urheber oder Leistungsschutzberechtigten auf den Wahrnehmenden selbst unwirksam; lediglich ihre Geltendmachung ist nicht möglich (*Fromm/Nordemann*[10] Rdnr. 7), da die materiellen (urheberrechtlichen) Ansprüche für ihn nicht bestehen.

Auch kann die unerlaubte Geschäftstätigkeit iS von § 1 Abs. 3 von der Aufsichtsbehörde gem. § 19 Abs. 2 S. 1 untersagt werden (su. § 19 Rdnr. 4).

IV. Verwertungsgesellschaft/natürliche Person, § 1 Abs. 4

1. § 1 Abs. 4 enthält zunächst die **Legaldefinition für den Begriff der Verwertungsgesellschaft**. Verwertungsgesellschaft ist danach „eine juristische Person oder Personengemeinschaft", die „Nutzungsrechte, Einwilligungsrechte oder Vergütungsansprüche, die sich aus dem Urheberrechtsgesetz vom 9. September 1965 (BGBl. I S. 1273) ergeben, für Rechnung mehrerer Urheber oder Inhaber verwandter Schutzrechte zur gemeinsamen Auswertung wahrnimmt ... in eigenem oder fremdem Namen".

2. Das WahrnG schreibt nicht vor, in welcher Rechtsform eine Verwertungsgesellschaft zu betreiben ist. Die Erlaubnispflicht des § 1 trifft nach § 1 Abs. 4 S. 1 juristische Personen oder Personengemeinschaften (Verwertungsgesellschaften). § 1 Abs. 4 S. 2 sieht aber vor, dass auch **natürliche Personen** wie Verwertungsgesellschaften tätig werden können. Sie unterliegen dann auch der Erlaubnispflicht. Voraussetzung ist stets nur, dass die in § 1 Abs. 1 näher bezeichnete treuhänderische Wahrnehmungstätigkeit regelmäßig und geschäftsmäßig ausgeübt wird, ihrem Geschäftsumfang nach also über nur gelegentliche oder kurzfristige Aktivitäten hinausgeht (BayVGH BlPMZ 1978, 261/263). Auf eine natürliche Person finden in diesem Fall alle für Verwertungsgesellschaften geltenden Vorschriften des WahrnG sinngemäß Anwendung (also zB auch die Pflicht zur Aufstellung von Tarifen, § 13).

§ 2 Erteilung der Erlaubnis

¹Die Erlaubnis wird auf schriftlichen Antrag von der Aufsichtsbehörde (§ 18 Abs. 1) erteilt. ²Dem Antrag sind beizufügen:
1. die Satzung der Verwertungsgesellschaft,
2. Angaben über Namen, Anschrift und Staatsangehörigkeit der nach Gesetz oder Satzung zur Vertretung der Verwertungsgesellschaft berechtigten Personen,
3. eine Erklärung über die Zahl der Personen, welche die Verwertungsgesellschaft mit der Wahrnehmung ihrer Nutzungsrechte, Einwilligungsrechte oder Vergütungsansprüche beauftragt haben, sowie über Zahl und wirtschaftliche Bedeutung der der Verwertungsgesellschaft zur Wahrnehmung anvertrauten Rechte und Ansprüche.

Schrifttum: *Häußer*, Praxis und Probleme der Aufsicht über Verwertungsgesellschaften, FuR 1980, 57; *ders.*, Aufsicht über Verwertungsgesellschaften und Vereinsautonomie, Fs. für Roeber, 1982, S. 113; *Himmelmann*, Die Aufsicht über die GEMA, in Kreile/Becker/Riesenhuber (Hrsg.), Recht und Praxis der GEMA, 2. Aufl. 2008, 817; *Sandberger/Treeck*, Fachaufsicht und Kartellaufsicht nach dem Gesetz über die Wahrnehmung von Urheberrechten und verwandten Schutzrechten, UFITA 47 (1966) 165.

I. Allgemeines

§ 2 regelt die **formellen Voraussetzungen für die Erteilung der Erlaubnis** zur regelmäßigen Geschäftstätigkeit iS von § 1 Abs. 1: Das Verfahren bei der Einreichung des Erlaubnisgesuchs durch den Antragsteller und bei der Erteilung der Erlaubnis durch die Aufsichtsbehörde. Die materiellen Kriterien für Erteilung und Versagung der Erlaubnis enthält § 3. Unberührt von § 2 bleiben Genehmigungspflichten, denen Verwertungsgesellschaften auf Grund anderer gesetzlicher Bestimmungen unterliegen und die von ihrer Organisationsform abhängen (staatliche

Verleihung bei wirtschaftlichen Vereinen wie der GEMA, § 22 BGB, Gewerbeerlaubnis nach § 14 GewO für Handelsgesellschaften oder Registereintragungspflichten).

II. Antrag auf Erlaubniserteilung

2   1. **Antragsteller** können eine juristische Person oder eine Personengemeinschaft sein (§ 1 Abs. 4 S. 1) oder auch eine natürliche Person (§ 1 Abs. 4 S. 2; zum Antrag einer natürlichen Person vgl. BayVGH BlPMZ 1978, 261; *Häußer* FuR 1980, 57/60).

3   2. Der **Antrag** auf Erlaubniserteilung kann formlos, muss in jedem Fall aber **schriftlich** an die Aufsichtsbehörde gestellt werden, § 2 S. 1. Aufsichtsbehörde ist nach § 18 Abs. 1 das Deutsche Patent- und Markenamt (Zweibrückenstr. 12, 80297 München). Der Antrag muss nicht begründet werden.

Dem Antrag ist die **Satzung** beizufügen, § 2 S. 2 Nr. 1. Der Begriff der Satzung ist hier – wie an anderen Stellen des Gesetzes auch – untechnisch zu verstehen, da Verwertungsgesellschaften ja nicht als Verein organisiert sein müssen (AmtlBegr. BTDrucks. IV/271 S. 16). Gesellschaften, die nicht die Organisationsform des Vereins gewählt haben, müssen deshalb nach § 2 S. 2 Nr. 1 ihre der Vereinssatzung entsprechende Organisationsgrundlage einreichen (bei der GmbH also den Gesellschaftsvertrag).

Der Antrag muss außer der Satzung die anderen in § 2 S. 2 Nr. 2–3 aufgeführten **Unterlagen und Angaben** enthalten, die die Aufsichtsbehörde in die Lage versetzen, die Erlaubnispflicht (§ 1) und das Vorliegen der Voraussetzungen für die Erlaubniserteilung (§ 3) zu beurteilen: Dies sind zunächst die Angaben zur **Person der Vertretungsberechtigten**, § 2 S. 2 Nr. 2, die für die Prüfung der in § 3 Abs. 1 Nr. 2 genannten Versagungsgründe relevant sind. Die Erklärung zu **Geschäftsumfang und wirtschaftlicher Bedeutung**, § 2 S. 2 Nr. 3, muss eine wirtschaftlich tragfähige Geschäftsgrundlage insbesondere bezüglich der Zahl und wirtschaftlichen Bedeutung der wahrzunehmenden Rechte erkennen lassen iS von § 3 Abs. 1 Nr. 3 (*Himmelmann* in Kreile/Becker/Riesenhuber (Hrsg.), Recht und Praxis der GEMA, 2. Aufl. 2008, 817/832).

Wird der Antrag auf Erlaubniserteilung für eine **natürliche Person** gestellt, so werden auch hier die entsprechenden Unterlagen iSv. § 2 S. 2 Nr. 1–3 (insb. Berechtigungsverträge zwischen Berechtigten und Wahrnehmendem, Belege über die Mitwirkungsrechte der Berechtigten und die Grundsätze des Verteilungsplans) vorgelegt werden müssen (*Häußer* FuR 1980, 57/60).

III. Erlaubniserteilung

4   Nach § 2 S. 1 wird die **Erlaubnis** erteilt von der Aufsichtsbehörde, dem Deutschen Patent- und Markenamt (DPMA) (§ 18 Abs. 1). Dabei kann die Erlaubniserteilung auf die Wahrnehmungstätigkeit beschränkt werden, für die die Zulassungsvoraussetzungen vorliegen (vgl. Richtlinie des DPA für die Aufkommensverteilung und Verteilungsvereinbarung, ZUM 1989, 506). Die Aufsichtsbehörde hat im Einvernehmen mit dem Bundeskartellamt zu entscheiden (§ 18 Abs. 3). Die als Einvernehmen bezeichnete Zustimmung des Bundeskartellamtes ist Wirksamkeitsvoraussetzung für die Erteilung der Geschäftserlaubnis durch das DPMA (§ 18 Rdnr. 5; *Sandberger/ Treeck* UFITA 47 (1966) 165/207). Die Entscheidung der Aufsichtsbehörde – Erteilung oder Versagung der Erlaubnis – ist ein Verwaltungsakt. Zum Rechtsweg gegen die Versagung der Erlaubnis s. § 3 Rdnr. 14.

§ 3 Versagung der Erlaubnis

(1) **Die Erlaubnis darf nur versagt werden, wenn**
1. die Satzung der Verwertungsgesellschaft nicht den Vorschriften dieses Gesetzes entspricht,
2. Tatsachen die Annahme rechtfertigen, daß eine nach Gesetz oder Satzung zur Vertretung der Verwertungsgesellschaft berechtigte Person die für die Ausübung ihrer Tätigkeit erforderliche Zuverlässigkeit nicht besitzt, oder
3. die wirtschaftliche Grundlage der Verwertungsgesellschaft eine wirksame Wahrnehmung der ihr anvertrauten Rechte oder Ansprüche nicht erwarten läßt.

(2) **Die Versagung der Erlaubnis ist zu begründen und der Verwertungsgesellschaft zuzustellen.**

Schrifttum: *Alich,* Neue Entwicklungen auf dem Gebiet der Lizenzierung von Musikrechten durch Verwertungsgesellschaften in Europa, GRUR Int. 2008, 996; *Häußer,* Praxis und Probleme der Aufsicht über Verwertungsgesellschaften, FuR 1980, 57; *ders.,* Aufsicht über Verwertungsgesellschaften und Vereinsautonomie, Fs. für Roeber, 1982, S. 113; *Himmelmann,* Die Aufsicht über die GEMA, in Kreile/Becker/Riesenhuber (Hrsg.), Recht und Praxis der GEMA, 2. Aufl. 2008, 817; *Menzel,* Die Aufsicht über die GEMA durch das Deutsche Patentamt, 1986; *Sandberger/Treeck,* Fachaufsicht und Kartellaufsicht nach dem Gesetz über die Wahrnehmung von Urheberrechten und verwandten Schutzrechten, UFITA 47 (1966) 165; *Vogel,* Wahrnehmungsrecht und Verwertungsgesellschaften in der Bundesrepublik Deutschland – Eine Bestandsaufnahme im Hinblick auf die Harmonisierung des Urheberrechts in der Europäischen Gemeinschaft, GRUR 1993, 513.

A. Allgemeines

§ 3 führt die **materiellen Voraussetzungen** auf, unter denen die Erlaubnis zum Geschäftsbetrieb als Verwertungsgesellschaft iSv. § 1 versagt werden kann. Damit enthält er zugleich e contrario die Voraussetzungen für die Erteilung der Erlaubnis. Das Nichtvorliegen der Versagungsgründe nach § 3 Abs. 1 Nr. 1–3 ist materielle Zulassungsvoraussetzung. 1

Der Katalog der Versagungsgründe in § 3 Abs. 1 Nr. 1–3 ist abschließend: Die Verweigerung der Zulassung aus anderen als den hier genannten Gründen ist der Aufsichtsbehörde (§ 18) nicht möglich. Liegt keiner der in § 3 Abs. 1 genannten Versagungstatbestände vor, so besteht ein materieller Anspruch auf Erlaubnis (BayVGH BlPMZ 1978, 261/262).

Da § 3 lediglich **Kriterien für die Zulassung** als Verwertungsgesellschaft aufstellt, findet diese Vorschrift für die Tätigkeit der Verwertungsgesellschaft nach Erlaubniserteilung keine Anwendung mehr; nach Erlaubniserteilung gelten § 20 und § 19, die sicherstellen sollen, dass die Aufsichtsbehörde das Weiterbestehen der einmal vorhandenen Zulassungsvoraussetzungen iS von § 3 kontrollieren und erforderlichenfalls mit einem Widerruf der Erlaubnis (§ 4) reagieren kann. 2

Ihrem Wesen nach sind die Zulassungsvoraussetzungen in § 3 Abs. 1 **öffentlich-rechtlichen Erlaubnisvorschriften** (AmtlBegr. BTDrucks. IV/271 S. 14) **nachgebildet,** wie sie gesetzlich auch für andere wirtschaftlich – und insbesondere als Treuhänder – tätige Unternehmen vorgesehen sind (§ 33 KWG für die Zulassung als Kreditinstitut; vgl. auch §§ 30ff., 35 GewO). § 3 Abs. 1 begründet subjektive Berufszulassungsvoraussetzungen, die zum Schutz besonders wichtiger Gemeinschaftsgüter verfassungsrechtlich zulässig sind, soweit die Verhältnismäßigkeit gewahrt ist (*Häußer,* Fs. für Roeber, 1982, S. 113/124f.). 3

B. Versagung der Erlaubnis

I. § 3 Abs. 1

1. Nach **§ 3 Abs. 1 Nr. 1** kann die Erlaubnis versagt werden, wenn die nach § 2 der Aufsichtsbehörde eingereichte **Satzung** nicht den Vorschriften des WahrnG entspricht (zum Begriff der Satzung § 2 Rdnr. 3). Die Aufsichtsbehörde hat nur die Übereinstimmung der Satzung mit den Anforderungen zu überprüfen, die das WahrnG an die Verwertungsgesellschaften stellt; zu einer allgemeinen Überprüfung der Satzung fehlt ihr die Befugnis. Die Verwertungsgesellschaften sind daher in den vom WahrnG und ggf. – je nach ihrer Organisationsform – von anderen gesetzlichen Vorschriften gezogenen Grenzen in der Gestaltung ihrer Satzung frei. 4

a) Die Satzung entspricht den Vorschriften des WahrnG zunächst dann, wenn sie den vom WahrnG in einzelnen Punkten aufgestellten konkreten Anforderungen an die Satzung einer Verwertungsgesellschaft nachkommt, diese also ausdrücklich erwähnt. Solche **konkreten Satzungsanforderungen** enthalten § 6 Abs. 2 (Vertretung der nicht als Mitglieder aufgenommenen Wahrnehmungsberechtigten in der Verwertungsgesellschaft) und § 7 S. 3 (Grundsätze des Einnahmenverteilungsplans). 5

b) Andere Verpflichtungen, die das WahrnG den Verwertungsgesellschaften – ohne die gesetzlich festgelegte Pflicht, diese in die Satzung aufzunehmen – auferlegt, wie etwa der Wahrnehmungszwang (§ 6 Abs. 1), die Pflicht zur Rechnungslegung (§ 9), zur Auskunft (§ 10), der Abschlusszwang (§§ 11, 12), die Pflicht zur Aufstellung von Tarifen (§ 13), zur Auskunftserteilung (§ 19) oder Unterrichtung (§ 20), muss die Satzung nicht ausdrücklich erwähnen. Die Satzung darf diesen Verpflichtungen aber nicht widersprechen oder gegen sie verstoßen und 6 muss insbesondere ermöglichen, dass die Verwertungsgesellschaft diesen Verpflichtungen nachkommen kann.

7   2. a) Nach § 3 Abs. 1 Nr. 2 muss die zur Vertretung der Verwertungsgesellschaft berechtigte Person die hierzu erforderliche Zuverlässigkeit besitzen. Was unter **persönlicher Zuverlässigkeit** zu verstehen ist, definiert das Gesetz nicht. Die Vorschrift ist aber an § 33 Abs. 1 Nr. 2 KWG und – im Wortlaut noch ähnlicher – an die Bestimmungen in den §§ 30 ff. GewO angelehnt. Deshalb gilt hier ebenso wie dort, dass die Zuverlässigkeit dann zu verneinen ist, wenn Mängel vorliegen, die speziell für die angestrebte Tätigkeit relevant sind. Ein derartiges Hindernis für die Zuverlässigkeit iSv. § 3 Abs. 1 Nr. 2 werden zB Vorstrafen wegen Vermögensdelikten sein, nachgewiesene Verstöße gegen die Unternehmensführung betreffende Verwaltungsvorschriften und andere Indizien, die gegen die Fähigkeit zur Führung eines Unternehmens sprechen.

8   b) Bei den die Zuverlässigkeit begründenden Umständen muss es sich um **Tatsachen** handeln; diese müssen als solche also objektiv erkennbar und nachprüfbar sein. Bloße Vermutungen genügen nicht.

9   c) Bei der Beurteilung der Frage, ob diese Tatsachen im konkreten Fall die Unzuverlässigkeit des Vertretungsberechtigten begründen, ist der Aufsichtsbehörde allerdings Ermessen eingeräumt: Es genügt, dass nach – begründbarer – Auffassung der Aufsichtsbehörde die **Annahme der Unzuverlässigkeit** aufgrund der objektiv festgestellten, relevanten Tatsachen **gerechtfertigt** ist. Wo der Gesetzgeber einen solchen Ermessensspielraum nicht gewollt, sondern den Nachweis der Kausalität zwischen den besagten Tatsachen und der Unzuverlässigkeit im Einzelfall strikter verlangt hat, hat er konsequent auch einen engeren Wortlaut gewählt (vgl. § 30 Abs. 1 S. 1 Nr. 1 GewO, § 35 Abs. 1 Satz 1 GewO: „Tatsachen vorliegen, die ... dartun"; § 33 Abs. 1 Satz 1 Nr. 2 KWG: „Tatsachen vorliegen, aus denen sich ergibt"). In § 3 Abs. 1 Nr. 2 muss die Annahme der Unzuverlässigkeit also zwar gerechtfertigt, sie braucht aber nicht zwingend zu sein, um die Erlaubnis zu versagen.

10 3. a) Ein Grund für die Versagung der Erlaubnis ist es nach **§ 3 Abs. 1 Nr. 3** auch, wenn nach der **wirtschaftlichen Grundlage der Verwertungsgesellschaft** eine wirksame Rechtswahrnehmung nicht zu erwarten ist. Dies ist der in der aufsichtsrechtlichen Praxis wohl wichtigste Versagungsgrund (*Himmelmann* in Kreile/Becker/Riesenhuber (Hrsg.), Recht und Praxis der GEMA, 2. Aufl. 2008, 817/831). Was in diesem Zusammenhang unter wirtschaftlicher Grundlage einer Verwertungsgesellschaft zu verstehen ist, erschließt sich aus dem Zweck der Vorschrift. Sie bezweckt den Schutz der Urheber und Leistungsschutzberechtigten (AmtlBegr. BTDrucks. IV/271 S. 14 f.), die die Leistungsfähigkeit der Verwertungsgesellschaft kaum beurteilen können, und soll verhindern, dass einer Gesellschaft Rechte und Ansprüche anvertraut werden, die sie nicht umfassend und wirksam genug weiter vermitteln und damit wirtschaftlich nutzen kann. Entscheidend ist somit die **Leistungsfähigkeit** der Verwertungsgesellschaft. Kriterien hierfür sollen ihr Kontrollsystem zur Überwachung der Nutzung und ihre Verbindungen sein. Dabei wurde besonderer Wert darauf gelegt, dass auch Gegenseitigkeitsvereinbarungen mit ausländischen Partner-Verwertungsgesellschaften bestehen und somit Nutzungsbewilligungen im Interesse einer möglichst umfassenden Nutzung der anvertrauten Werke auch für das Ausland erteilt werden können (AmtlBegr. BTDrucks. IV/271 S. 15). Ein wesentlicher Faktor für die Leistungsfähigkeit einer Verwertungsgesellschaft ist auch der Umfang des von ihr wahrgenommenen Repertoires. Je weniger **Wettbewerb** sie ausgesetzt ist, desto tragfähiger ist die wirtschaftlichen Grundlagen. § 3 Abs. 1 Nr. 3 bietet aber kaum eine Handhabe für die Aufsichtsbehörde, das Entstehen von Wettbewerb unter Verwertungsgesellschaften zu verhindern (aA offenbar das DPMA, Richtlinie des DPA für die Aufkommensverteilung und Verteilungsvereinbarung, ZUM 1989, 506/509; *Vogel* GRUR 1993, 513/516 spricht von „sachfremder Konkurrenz", die es zu verhindern gelte; ähnlich *Fromm/Nordemann*[10] Rdnr. 5, der einen möglichen Versagungsgrund nach § 3 Abs. 1 Nr. 3 dann sieht, wenn ein Nebeneinander mehrerer Verwertungsgesellschaften die Wirtschaftlichkeit beeinträchtigt; ähnlich *Dreier/Schulze*[3] Rdnr. 5). In ganz neuem Licht erscheint die Frage, ob Wettbewerb unter Verwertungsgesellschaften überhaupt wünschenswert ist und nicht vielmehr deren Leistungsfähigkeit beeinträchtigt, angesichts des offensichtlichen Bestrebens der Europäischen Kommission, einen solchen Wetbewerb gerade zu fördern. Es erscheint fraglich, ob dies mit den dem WahrnG zugrunde liegenden Prinzipien in Einklang zu bringen ist (so. Vor § 1 ff. Rdnr. 16).

Da § 3 Abs. 1 Nr. 3 eine Beschränkung der Berufswahlfreiheit darstellt, sind die Grundsätze von Notwendigkeit und Verhältnismäßigkeit bei der Auslegung dieser Vorschrift besonders zu beachten. Daraus den Schluss zu ziehen, § 3 Abs. 1 Nr. 3 dürfe nicht „allzu streng" gehandhabt werden (BayVGH BlPMZ 1978, 261/263), erscheint jedoch nicht gerechtfertigt; denn die Berufswahlfreiheit des Antragstellers kann nicht höher bewertet werden als der Schutz der ihm anvertrauten Berechtigten (vgl. *Häußer,* Fs. für Roeber, 1982, S. 113/125). Die gesonderte Überprüfung der wirtschaftlichen Grundlage kann nur dann weniger streng ausfallen oder sogar ganz entfallen, wenn diese bei einer ausländischen Verwertungsgesellschaft etwa schon in deren Herkunftsland hinreichend überprüft wurde (*Alich* GRUR Int. 2008, 996/1004 mwN).

b) Da die Verwertungsgesellschaft ja gerade erst um Erlaubnis für ihre Tätigkeit nachsucht, ihre Leistungsfähigkeit also noch nicht praktisch unter Beweis stellen konnte, beurteilt sich ihre Leistungsfähigkeit und damit ihre wirtschaftliche Grundlage danach, wie die **Tätigkeit für die Zukunft** angelegt ist. Maßstab dafür sind zB die Satzung, ein Organisationsplan mit Angabe des Betätigungsfeldes und der bestehenden In- und Auslandskontakte sowie der Finanzplan. Danach wird die Aufsichtsbehörde insbesondere zu prüfen haben, ob sich die Verwaltungskosten in einem vertretbaren Rahmen halten werden (Richtlinie des DPA für die Aufkommensverteilung und Verteilungsvereinbarung, ZUM 1989, 506/509). Da § 3 Abs. 1 Nr. 3 mit § 2 S. 2 Nr. 3 korrespondiert, wird eine hinreichende wirtschaftliche Grundlage für die wirksame Wahrnehmung von Rechten und Ansprüchen auch dann zu verneinen sein, wenn in dem Erlaubnisantrag keine hinreichende Zahl von Auftraggebern oder keine ausreichend bedeutsamen Aufträge angegeben sind (BayVGH BlPMZ 1978, 261/261). De facto dürfte damit die Wahrnehmung gleicher Rechte durch mehrere Verwertungsgesellschaften nur in Ausnahmefällen wirtschaftlich zu vertreten sein (vgl. oben Rdnr. 10 u. *Fromm/Nordemann*[10] Rdnr. 5). 11

c) Dagegen kann es für die Beurteilung der wirtschaftlichen Grundlage und ihrer Tragfähigkeit nicht entscheidend sein, ob die Verwertungsgesellschaft schon im Zeitpunkt des Antrages auf Erlaubniserteilung über eine wesentliche materielle Grundlage verfügt. Selbst wenn sie schon vor oder bei Aufnahme ihrer Tätigkeit genügend finanzielle Mittel hat, entscheidet letztlich nicht dieser Umstand über ihre – dauerhafte – Leistungsfähigkeit, sondern nur die Effektivität ihres **Organisations- und Kontrollsystems,** und damit ihre Tätigkeit selbst (vgl. *Menzel* S. 71 f.; *Fromm/Nordemann*[10] Rdnr. 3). Zwar wird eine gewisse finanzielle und büromäßige Mindestausstattung schon zur Aufnahme des Geschäftsbetriebs notwendig sein und verlangt werden müssen (vgl. BayVGH BlPMZ 1978, 261/263). Das Startkapital wird man aber auch schon deshalb als Kriterium für die Erlaubniserteilung nicht überbewerten dürfen, weil sonst neu gegründeten und erst in der Entstehung begriffenen Verwertungsgesellschaften der Zugang zur Tätigkeit wesentlich erschwert würde; denn sie verfügen meist über noch wenige Mitglieder und damit notwendigerweise über eine dünne Kapitaldecke. 12

II. § 3 Abs. 2

1. Die Versagung der Erlaubnis nach § 3 ist ebenso wie die Erlaubniserteilung ein **Verwaltungsakt der Aufsichtsbehörde** (§ 18). Die Erlaubnisversagung ist nach § 3 Abs. 3 zu **begründen.** Dabei hat die Aufsichtsbehörde schriftlich anzugeben, welcher der in § 3 Abs. 1 genannten Versagungsgründe im konkreten Fall vorgelegen hat und warum. Der Versagungsbescheid ist mit Begründung der antragstellenden Verwertungsgesellschaft zuzustellen. Die Modalitäten der Zustellung richten sich nach dem Verwaltungszustellungsgesetz (VwZG) vom 3. 7. 1952 (BGBl. I S. 379). 13

2. Gegen die Versagung steht der **Verwaltungsrechtsweg** offen (§ 40 VwGO). Da das Deutsche Patent- und Markenamt (DPMA) als erlassende Behörde nicht die Voraussetzungen von § 68 Abs. 1 S. 2 VwGO erfüllt – insbesondere ist es, da dem Bundesministerium der Justiz unterstellt, nicht oberste Bundesbehörde –, muss der Antragsteller, der den Rechtsweg beschreiten will, zunächst gegen die Versagung nach § 68 Abs. 1 S. 1 VwGO beim DPMA Widerspruch einlegen. Die Notwendigkeit zur Durchführung des Widerspruchsverfahrens vor Klageerhebung entfällt auch dann nicht, wenn das nach § 18 Abs. 3 vorgeschriebene Einvernehmen zwischen BKartA und DPMA durch eine Weisung des Bundesministers der Justiz ersetzt wird, § 18 Abs. 3 S. 2 (so aber *Mestmäcker/Schulze* Anm. 5 aE). Denn auch in diesem Fall bleibt das DPMA entscheidende Behörde; die Versagung der Erlaubnis wird nicht etwa vom Bundesminister der Justiz unmittelbar ausgesprochen iSv. § 68 Abs. 1 S. 2 Nr. 1 VwGO (vgl. *Sandberger/Treeck* UFITA 47 (1966) 165/208; *Wandtke/Bullinger/Gerlach*[3] Rdnr. 7). 14

Die Widerspruchsfrist beträgt einen Monat nach Zustellung des Versagungsbescheides (§§ 70, 57 VwGO). Über den Widerspruch entscheidet das DPMA selbst: Hält es ihn für begründet, so hilft es ihm mit Kostenentscheidung ab (§ 72 VwGO); andernfalls erlässt es einen Widerspruchsbescheid, der wiederum begründet sein muss (§ 73 VwGO). Gegen den Widerspruchsbescheid kann innerhalb eines Monats nach Zustellung Klage beim Verwaltungsgericht in München erhoben werden (§ 74 VwGO), das nach § 52 VwGO örtlich zuständig ist. Gegen dessen Entscheidung ist nach § 124 VwGO Berufung möglich an den Bayerischen Verwaltungsgerichtshof in München.

§ 4 Widerruf der Erlaubnis

(1) Die Erlaubnis ist zu widerrufen, wenn

1. einer der Versagungsgründe des § 3 Abs. 1 bei Erteilung der Erlaubnis der Aufsichtsbehörde nicht bekannt war oder nachträglich eingetreten ist und dem Mangel nicht innerhalb einer von der Aufsichtsbehörde zu setzenden Frist abgeholfen wird oder
2. die Verwertungsgesellschaft einer der ihr nach diesem Gesetz obliegenden Verpflichtungen trotz Abmahnung durch die Aufsichtsbehörde wiederholt zuwiderhandelt.

(2) ¹Der Widerruf der Erlaubnis ist zu begründen und der Verwertungsgesellschaft zuzustellen. ²Der Widerruf wird drei Monate, nachdem er unanfechtbar geworden ist, wirksam, wenn darin kein späterer Zeitpunkt festgesetzt ist.

Schrifttum: *Arnold/Rehbinder,* Zur Rechtsnatur der Staatsaufsicht über die deutschen Verwertungsgesellschaften, UFITA 118 (1992) 203; *Häußer,* Praxis und Probleme der Aufsicht über Verwertungsgesellschaften, FuR 1980, 57; *ders.,* Aufsicht über Verwertungsgesellschaften und Vereinsautonomie, Fs. für Roeber, 1982, S. 113; *Himmelmann,* Die Aufsicht über die GEMA, in Kreile/Becker/Riesenhuber (Hrsg.), Recht und Praxis der GEMA, 2. Aufl. 2008, 817; *Hübner/Stern,* Zur Zulässigkeit der Aufsicht des Deutschen Patentamtes über die Verwertungsgesellschaften nach dem Urheberrechtswahrnehmungsgesetz, GEMA-Nachr. 1978 Nr. 108 S. 85; *Melichar,* Die Wahrnehmung von Urheberrechten durch Verwertungsgesellschaften, 1983; *Sandberger/Treeck,* Fachaufsicht und Kartellaufsicht nach dem Gesetz über die Wahrnehmung von Urheberrechten und verwandten Schutzrechten, UFITA 47 (1966) 165; *Vogel,* Wahrnehmungsrecht und Verwertungsgesellschaften in der Bundesrepublik Deutschland – Eine Bestandsaufnahme im Hinblick auf die Harmonisierung des Urheberrechts in der Europäischen Gemeinschaft, GRUR 1993, 513.

A. Allgemeines

1 § 4 enthält die Gründe für den nachträglichen **Widerruf** der nach § 2 S. 1 in Verbindung mit § 3 Abs. 1 erteilten Erlaubnis nach Aufnahme der – erlaubten – Tätigkeit als Verwertungsgesellschaft. § 4 gibt also der Aufsichtsbehörde (§ 18) die Möglichkeit, eine bereits nach § 2 erteilte Erlaubnis wieder zu entziehen. Unter bestimmten Voraussetzungen kann danach die Tätigkeit einer schon zugelassenen Verwertungsgesellschaft, die – zumindest aus der Sicht der Aufsichtsbehörde – zum Zeitpunkt der Erlaubniserteilung die Bedingungen des § 3 erfüllt hat, wieder verboten werden.

2 Wenn die in § 4 Abs. 1 Nr. 1 oder Nr. 2 genannten Voraussetzungen vorliegen, „ist" von der Aufsichtsbehörde die Erlaubnis zur Tätigkeit als Verwertungsgesellschaft zu widerrufen; insoweit ist ihr also **kein Ermessen** eingeräumt.

§ 4 ist daher die Ermächtigungsgrundlage für den Widerruf der Erlaubnis sowie die vorausgehenden Verfügungen der Fristsetzung (§ 4 Abs. 1 Nr. 1) bzw. der Abmahnung (§ 4 Abs. 1 Nr. 2) durch die Aufsichtsbehörde (aA offenbar *Arnold/Rehbinder* UFITA 118 (1992) 203/210, die zumindest für die Abmahnung auf § 19 verweisen; zur allgemeinen Eingriffsbefugnis der Aufsichtsbehörde gem. § 19 Abs. 2 S. 2 su. § 19 Rdnr. 4)

B. Widerruf der Erlaubnis

I. § 4 Abs. 1

3 **1. a) § 4 Abs. 1 Nr. 1** knüpft an § 3 Abs. 1 Nr. 1–3 an und besagt, dass die dort für die Versagung der Erlaubnis genannten Gründe dann **Gründe für den Widerruf der Erlaubnis** sind, wenn sie der Aufsichtsbehörde erst nachträglich – also nach Erlaubniserteilung – **bekannt**

geworden oder überhaupt erst nach diesem Zeitpunkt **eingetreten** sind. Der Fall, dass der Versagungsgrund der Aufsichtsbehörde bei Erlaubniserteilung zwar bekannt war, von ihr aber – fälschlich – nicht beachtet wurde, so dass unter Verstoß gegen § 3 die Erlaubnis erteilt wurde, regelt sich nach § 4 Abs. 1 Nr. 2 (su. Rdnr. 6). Diesen Fall nicht entsprechend § 4 Abs. 1 Nr. 2 sondern gem. § 48 VwVfG als Rücknahme eines rechtswidrigen Verwaltungsaktes zu behandeln (so *Wandtke/Bullinger/Gerlach*[3] Rdnr. 3), erscheint insoweit als unbillig, als dann der aufgrund des Fehlers der Aufsichtsbehörde möglicherweise bereits tätigen Verwertungsgesellschaft nicht die Abmahnung und Gelegenheit zur Abhilfe gem. § 4 Abs. 1 Nr. 2 zugute kommen würde.

b) Bei Vorliegen jeder der Alternativen von Nr. 1 – nachträglich bekannt gewordener oder nachträglich eingetretener Versagungsgrund – gilt stets, dass vor Ausspruch des Widerrufs die Aufsichtsbehörde der Verwertungsgesellschaft Gelegenheit zur Behebung des Mangels geben muss (AmtlBegr. BTDrucks. IV/271 S. 15). Hierzu muss sie der Verwertungsgesellschaft eine **Frist** setzen. Die Setzung dieser Frist ist ein Verwaltungsakt der Aufsichtsbehörde. Gegen die Fristsetzung steht also der Verwaltungsrechtsweg (§ 40 VwGO) offen mit der Folge, dass dagegen innerhalb eines Monats Widerspruch eingelegt werden kann (zum weiteren Gang des Verfahrens s. § 3 Rdnr. 14 entsprechend). Widerspruch und Klage gegen die Fristsetzung haben grundsätzlich aufschiebende Wirkung (§ 80 VwGO). Deshalb kann die Aufsichtsbehörde den Widerruf der Erlaubnis jedenfalls nicht aussprechen, bevor der Verwaltungsakt der Fristsetzung unanfechtbar geworden ist. In den Fällen, in denen der Gesetzgeber eine derartige aufschiebende Wirkung der Anfechtung vermeiden wollte, hat er dies auch im WahrnG ausdrücklich klargestellt (vgl. § 19 Abs. 5 S. 2). 4

c) Die **Länge der gesetzten Frist** nach § 4 Abs. 1 Nr. 1 muss **angemessen** sein (AmtlBegr. BTDrucks. IV/271 S. 15), also so lang bemessen, dass der konkrete Mangel behoben werden kann, und so kurz, dass den von der Verwertungsgesellschaft abhängigen Rechtsinhabern und Nutzern möglichst geringer Schaden entsteht durch die vorübergehende Aufrechterhaltung des rechtswidrigen Zustandes. Die Länge der Frist muss sich stets am Einzelfall orientieren, da die Versagungsgründe nach § 3, und damit auch die Art und Weise der Behebung des betreffenden Mangels – erforderlich kann zB eine Satzungsänderung oder der Austausch von mit der Geschäftsführung betrauten Personen (vgl. § 19 Rdnr. 7) sein – unterschiedlichen zeitlichen Aufwand beansprucht. Da die Fristsetzung ihrerseits ein Verwaltungsakt und damit ohnehin innerhalb eines Monats (§ 70, § 57 VwGO) anfechtbar ist (so. Rdnr. 4), wird aber die von der Aufsichtsbehörde zu setzende Frist zur Behebung des Mangels nicht kürzer als ein Monat bemessen sein können (vgl. *Fromm/Nordemann*[10] Rdnr. 1); denn der Widerruf der Erlaubnis kann nicht schon erfolgen, bevor die Fristsetzung unanfechtbar geworden ist (so. Rdnr. 4). 5

Wird dem Mangel iSv. § 4 Abs. 1 Nr. 1 nicht innerhalb der Frist abgeholfen, so muss die Aufsichtsbehörde die Erlaubnis widerrufen.

2. § 4 Abs. 1 Nr. 2 behandelt den bisher noch nie eingetretenen „seltenen Ausnahmefall" (AmtlBegr. BTDrucks. IV/271 S. 20) des Widerrufs der Erlaubnis zur Tätigkeit bei hartnäckiger Mißachtung der gesetzlichen Verpflichtungen durch die Verwertungsgesellschaft. 6

a) Voraussetzung ist zunächst der Verstoß gegen die **gesetzlichen Verpflichtungen,** die das WahrnG den Verwertungsgesellschaften auferlegt (s. § 3 Rdnr. 5, 6). Unerheblich ist, ob gegen die gesetzlichen Verpflichtungen aktiv oder durch Unterlassen verstoßen wurde. Der Begriff des Zuwiderhandelns umfasst seinem Sinn und Zweck nach auch die Unterlassung einer gesetzlichen Verpflichtung zu aktivem Tun (zB dem Aufstellen von Tarifen, § 13).

Teilweise werden geringfügige Gesetzesverstöße einer Verwertungsgesellschaft nicht als ausreichend für die einschneidende Rechtsfolge des Erlaubniswiderrufs angesehen (*Melichar* S. 54). Das Gesetz macht jedoch keinen Unterschied zwischen schwerwiegenden und geringfügigen Gesetzesverstößen. Generell soll der Widerruf der Erlaubnis nach § 4 die ultima ratio bei Verstößen jeglicher Art gegen die gesetzlichen Verpflichtungen der Verwertungsgesellschaften aus dem WahrnG sein (wie hier *Arnold/Rehbinder* UFITA 118 (1992) 203/209/211; *Vogel* GRUR 1993, 513/530). Der Grundsatz der Verhältnismäßigkeit ist dadurch gewahrt, dass der Widerruf stets nur bei wiederholten Verstößen gegen ein und dieselbe Verpflichtung und nach erfolgloser Abmahnung ausgesprochen werden kann (dazu unten Rdnr. 7).

Die Verwertungsgesellschaft hat es damit selbst in der Hand, diese Rechtsfolge abzuwenden. Tut sie dies nicht, so sind Zweifel daran begründet, ob sie die ihr übertragenen Rechte noch zuverlässig wahrnehmen kann. Für die Aufsichtsbehörde besteht jedenfalls keine Veranlassung, auch noch so geringe Gesetzesverstöße zu dulden (vgl. *Häußer*, Fs. für Roeber, 1982, S. 113/128 f., der für die Schaffung einer milderen Eingriffsmöglichkeit für solche Fälle durch die Aufsicht plädiert). Im Rahmen des § 4 Abs. 1 Nr. 2 spielt es im Gegensatz zu Nr. 1 keine Rolle, ob der Verstoß gegen die gesetzlichen Verpflichtungen etwa schon zum Zeitpunkt der Erlaubniserteilung, also schon bei Aufnahme des Geschäftsbetriebs als zugelassene Verwertungsgesellschaft, vorlag und der Aufsichtsbehörde bekannt war; denn § 4 Abs. 1 Nr. 2 ist Konsequenz der – permanenten – Aufsichtspflicht der Aufsichtsbehörde nach § 19 und sieht generell, und lediglich an die Bedingung der Abmahnung geknüpft, bei wiederholten Zuwiderhandlungen gegen gesetzliche Verpflichtungen die Pflicht zum Widerruf der Geschäftserlaubnis vor. Soweit argumentiert wird, eine Verwertungsgesellschaft müsse in ihrem Vertrauen darauf geschützt werden, dass eine bei Erlaubniserteilung von der Aufsichtsbehörde trotz ihrer Gesetzwidrigkeit nicht beanstandete Satzungsbestimmung Bestand hat und nicht – gewissermaßen nachträglich – nach § 4 Abs. 1 Nr. 2 beanstandet werden kann (*Hübner/Stern* GEMA-Nachr. 1978 Nr. 108 S. 85/88), steht dem der klare Gesetzeswortlaut entgegen. Zudem können die Kontrollpflichten der Aufsichtsbehörde, die im Interesse der Nutzer und der Berechtigten gleichermaßen bestehen und die Einhaltung der gesetzlichen Bestimmungen sicherstellen sollen, nicht durch Vertrauensschutzgesichtspunkte zugunsten der Verwertungsgesellschaft aufgehoben werden oder leerlaufen (hM; *Fromm/Nordemann*[10] Rdnr. 5). § 4 Abs. 1 Nr. 2 ist somit Auffangtatbestand für die Handhabung jeglicher Verstöße von Verwertungsgesellschaften gegen das WahrnG und die im Vergleich zu § 4 Abs. 1 Nr. 1 allgemeinere Vorschrift (letztere wird daher von *Arnold/Rehbinder* UFITA 118 (1992) 203/209 als „lex specialis" bezeichnet). Dem Grundsatz der Verhältnismäßigkeit wird in der Praxis erfolgreich dadurch Rechnung getragen, dass die Aufsichtsbehörde die Verwertungsgesellschaften auf der Grundlage von § 19 Abs. 2 S. 2 regelmäßig formlos auf Pflichtwidrigkeiten hinweist, bevor sie eine Abmahnung ausspricht. Auch ist zu beachten, dass der Widerruf der Erlaubnis stets die ultima ratio nach erfolgloser Abmahnung und ggf. Anwendung anderer Maßnahmen darstellt (vgl. *Arnold/Rehbinder* UFITA 118 (1992) 203/211; *Vogel* GRUR 1993, 513/530; *Loewenheim/Melichar*[2] § 50 Rdnr. 20; *Himmelmann* in Kreile/Becker/Riesenhuber (Hrsg.), Recht und Praxis der GEMA, 2. Aufl. 2008, 817/835).

7 b) Es müssen **wiederholte Zuwiderhandlungen** vorliegen; ein und derselbe Gesetzesverstoß muß also mindestens zweimal vorgekommen sein. Bei der Auslegung des unbestimmten Rechtsbegriffs „wiederholt" wird die Aufsichtsbehörde in besonderer Weise den Grundsatz der Verhältnismäßigkeit zu beachten haben.

Dem Widerruf wegen wiederholter Zuwiderhandlung gegen die Verpflichtungen des WahrnG muss stets mindestens eine **Abmahnung** vorausgehen. Die erfolglose Abmahnung ist Voraussetzung für die Rechtmäßigkeit des Widerrufs der Erlaubnis. Wegen ihrer Rechtswirkungen ist auch schon die Abmahnung für sich Einzelfallregelung und damit ein Verwaltungsakt; ähnlich wie die Fristsetzung nach § 4 Abs. 1 Nr. 1 mit vollstreckbarem Inhalt (*Arnold/Rehbinder* UFITA 118 (1992) 203/209). Auch gegen die Abmahnung kann deshalb Rechtsmittel im Verwaltungsrechtsweg eingelegt werden (zum Verfahren vgl. § 3 Rdnr. 14 und oben Rdnr. 4).

II. § 4 Abs. 2

8 1. Der **Widerruf der Erlaubnis** ist wie die Erlaubniserteilung und die Erlaubnisversagung ein Verwaltungsakt der Aufsichtsbehörde. Er ist nach § 4 Abs. 2 S. 1 zu **begründen** und der Verwertungsgesellschaft **zuzustellen.** Diese Vorschrift entspricht § 3 Abs. 2. Für Begründung und Zustellung des Widerrufs gilt daher das dort Gesagte entsprechend (§ 3 Rdnr. 14).

9 2. Der Widerruf der Erlaubnis wirkt in jedem Fall **ex nunc** und nicht rückwirkend. Vor diesem Zeitpunkt liegende Handlungen der Verwertungsgesellschaft zur Wahrnehmung von Rechten und Ansprüchen behalten also ihre Wirksamkeit. Der Zeitpunkt, ab dem der Widerruf wirksam wird, ist außerdem nach § 4 Abs. 2 S. 2 auf mindestens drei Monate nach Rechtskraft (Unanfechtbarkeit) des Widerrufs hinausgeschoben. Als Verwaltungsakt ist der Widerruf – ebenso wie die Fristsetzung nach Nr. 1 und die Abmahnung nach Nr. 2 – unanfechtbar, wenn die Rechtsmittelfristen für Widerspruch und Klage verstrichen oder die Rechtsmittel ausgeschöpft sind. Fristsetzung und Abmahnung müssen ohnehin vorausgegangen und ihrerseits unanfechtbar geworden sein.

Diese Bestimmung bezweckt den Schutz der Mitglieder der Verwertungsgesellschaft (AmtlBegr. BTDrucks. IV/271 S. 15): Ihnen soll genügend Zeit gegeben werden, einer neuen Verwertungsgesellschaft beizutreten, damit eine ununterbrochene Wahrnehmung ihrer Rechte und Ansprüche gewährleistet ist.

§ 5 Bekanntmachung

Die Erteilung der Erlaubnis und ein nach § 4 Abs. 2 wirksam gewordener Widerruf sind im Bundesanzeiger bekanntzumachen.

Da die Erteilung der Erlaubnis zum Geschäftsbetrieb als Verwertungsgesellschaft (§ 2 S. 1) und der Widerruf (§ 4) von besonderem Interesse für die Öffentlichkeit sind (AmtlBegr. BTDrucks. IV/271 S. 15), sind sie jeweils im Bundesanzeiger bekanntzumachen. Die Bekanntmachung der Erlaubnis ist auch von Nutzen für die betroffene Verwertungsgesellschaft, denn sie macht deren Legitimation offenkundig (vgl. BayVGH ZUM 2003, 78/79). Für die Versagung der Erlaubnis (§ 3) gelten diese Erwägungen nicht; sie ist daher nicht bekanntzumachen (vgl. VGH München NVwZ-RR 2003, 121/122). **1**

Die Pflicht zur Bekanntmachung im Bundesanzeiger trifft die **Aufsichtsbehörde** (§ 18 Abs. 1). Im Falle eines Erlaubniswiderrufs (§ 4) setzt die Bekanntmachungspflicht voraus, dass der Widerruf wirksam geworden ist. Zum Zeitpunkt, in dem der Widerruf wirksam wird, s. § 4 Rdnr. 9. **2**

Zweiter Abschnitt. Rechte und Pflichten der Verwertungsgesellschaft

§ 6 Wahrnehmungszwang

(1) ¹Die Verwertungsgesellschaft ist verpflichtet, die zu ihrem Tätigkeitsbereich gehörenden Rechte und Ansprüche auf Verlangen der Berechtigten zu angemessenen Bedingungen wahrzunehmen, wenn diese Deutsche im Sinne des Grundgesetzes oder Staatsangehörige eines anderen Mitgliedstaates der Europäischen Union oder eines anderen Vertragsstaates des Abkommens über den Europäischen Wirtschaftsraum sind oder ihren Wohnsitz im Geltungsbereich dieses Gesetzes haben und eine wirksame Wahrnehmung der Rechte oder Ansprüche anders nicht möglich ist. ²Ist der Inhaber eines Unternehmens Berechtigter, so gilt die Verpflichtung gegenüber dem Unternehmen mit Sitz in einem Mitgliedstaat der Europäischen Union oder in einem Vertragstaat des Abkommens über den Europäischen Wirtschaftsraum.

(2) ¹Zur angemessenen Wahrung der Belange der Berechtigten, die nicht als Mitglieder der Verwertungsgesellschaft aufgenommen werden, ist eine gemeinsame Vertretung zu bilden. ²Die Satzung der Verwertungsgesellschaft muß Bestimmungen über die Wahl der Vertretung durch die Berechtigten sowie über die Befugnisse der Vertretung enthalten.

Schrifttum: *Adolphsen/Mutz,* Das Google Book Settlement, GRUR Int. 2009, 789; *Augenstein,* Rechtliche Grundlagen des Verteilungsplans urheberrechtlicher Verwertungsgesellschaften, 2004; *Bezzenberger/Riesenhuber,* Die Rechtsprechung zum „Binnenrecht" der Verwertungsgesellschaften – dargestellt am Beispiel der GEMA, GRUR 2003, 1005; *Castendyk,* Gibt es ein „Klingelton-Herstellungsrecht"? Zur Einräumung von Rechten zur Herstellung und Nutzung von Handy-Klingeltönen nach dem aktuellen GEMA-Berechtigungsvertrag, ZUM 2005, 9; *Castendyk/Kirchherr,* Das Verbot der Übertragung von Rechten an nicht bekannten Nutzungsarten – Erste Überlegungen für eine Reform des § 31 Abs. 4 UrhG, ZUM 2003, 751; *Dietz,* Kinderkomponisten und die GEMA – Zugleich Anmerkung zum Urteil des BGH vom 13. 12. 2001 – I ZR 41/99 – Klausurerfordernis, ZUM 2003, 41; *Dördelmann,* Die gemeinsame Vertretung der Wahrnehmungsberechtigten, Fs. für Paul W. Hertin, 2000, S. 31; *Dünnwald,* Die Verpflichtung der Verwertungsgesellschaften zur Rechtswahrnehmung zu angemessenen Bedingungen, Fs. für Kreile, 1994, S. 161; *von Einem,* Zum Streit um die Lizenzierungspraxis bei monophonen und polyphonen Klingeltönen, ZUM 2005, 540; *Goldmann,* Die kollektive Wahrnehmung musikalischer Rechte in den USA und Deutschland, 2001; *Häußer,* Praxis und Probleme der Aufsicht über Verwertungsgesellschaften, FuR 1980, 57; *ders.,* Die Verteilung der im Rahmen von Urheberrechten und Leistungsschutzrechten erzielten Einnahmen an Ausländer, Fs. für Kreile, 1994, S. 281; *Haertel,* Verwertungsgesellschaften und Verwertungsgesellschaftengesetz, UFITA 50 (1967) 7; *Hillig,* Zur Rechtsstellung des Beirates in der urheberrechtlichen Verwertungsgesellschaft, Fs. für Kreile, 1994, S. 295; *Himmelmann,* Die Aufsicht über die GEMA, in Kreile/Becker/Riesenhuber (Hrsg.), Recht und Praxis der GEMA, 2. Aufl. 2008, 817; *Hoeren,* AGB-rechtliche Fragen zum Wahrnehmungsvertrag der VG WORT, AfP 2001, 8; *Hübner/Stern,* Zur Zulässigkeit der Aufsicht des Deutschen Patentamtes über die Verwertungsgesellschaften nach dem Urheberrechtswahrnehmungsgesetz, GEMA-Nachr. 1978 Nr. 108, S. 85; *Klees/Lange,* Bewerbung, Nutzung und Herstellung von Handyklingeltönen, CR 2005, 684; *Krüger,* Zur Wahrnehmung des sog. Filmherstellungsrechts durch die GEMA, Fs. für Ernst Reichardt, 1990, S. 79; *Mauhs,* Der Wahrnehmungsvertrag, 1991; *Melichar,* Die Wahrnehmung von Urheberrechten durch Verwertungsgesellschaften, 1983; *ders.,* Verleger und Verwertungsgesellschaften, UFITA 117 (1991) 5; *Menzel,* Die Aufsicht über die GEMA durch das Deutsche Patentamt, GEMA-Nachr. Nr. 87, 22; *Mestmäcker,* Zur Anwendung von Kartellaufsicht und Fachaufsicht auf urheberrechtliche Verwertungsgesellschaften und ihre Mitglieder, Fs. für Lukes, 1989, S. 445; *Meyer,* Verwertungsgesellschaften und ihre Kontrolle nach dem Urheberrechtswahrnehmungsgesetz, 2001; *Möhring/Lieberknecht,* Kartellrecht und Urheberrecht, UFITA 29 (1959) 269; *Müller,* Anmerkung zu BGH, Urteil vom 18. Dezember 2008 – I ZR 23/06, ZUM 2009, 293; *Nordemann,*

Der Begriff der „angemessenen Bedingungen" in § 6 Absatz 1 Wahrnehmungsgesetz, GRUR Int. 1973, 306; *ders.,* Mängel der Staatsaufsicht über die deutschen Verwertungsgesellschaften?, GRUR 1992, 584; *Platho,* Die nachträgliche Erweiterung des Rechtekatalogs in den Wahrnehmungsverträgen der Verwertungsgesellschaften, ZUM 1987, 77; *Poll,* Urheberrechtliche Beurteilung der Lizenzierungspraxis von Klingeltönen, MMR 2004, 67; *ders.,* Anmerkung zum Urteil des OLG Hamburg vom 18. Januar 2006, ZUM 2006, 335 – Klingeltöne, ZUM 2006, 379; *Rehbinder,* Mängel der Staatsaufsicht über die deutschen Verwertungsgesellschaften, DVBl. 1992, 216; *Reinbothe,* Schlichtung im Urheberrecht, 1978; *Reischl,* Zum Umfang der Staatsaufsicht nach dem Urheberrechtswahrnehmungsgesetz, GEMA-Nachr. 1978 Nr. 108, S. 79; *Riesenhuber,* Beim Abschluß des Wahrnehmungsvertrages sind die Berechtigten Unternehmer im Sinne von § 14 BGB, ZUM 2002, 777; *ders.,* Die Auslegung und Kontrolle des Wahrnehmungsvertrages, 2004; *ders.,* Die Auslegung des Wahrnehmungsvertrages, GRUR 2005, 712; *ders.,* Die doppelte Vorausverfügung des Arbeitnehmer-Urhebers zu Gunsten von Verwertungsgesellschaft und Arbeitgeber, NZA 2004, 1363; *ders.,* Die Vermutungstatbestände des § 10 UrhG, GRUR 2003, 187; *ders.,* Auslegung und Kontrolle des Wahrnehmungsvertrages, in Kreile/Becker/Riesenhuber (Hrsg.), Recht und Praxis der GEMA, 2. Aufl. 2008, 207; *Russ,* Das Lied eines Boxers. Grenzen der Rechtswahrnehmung durch die GEMA am Beispiel des Falles „Henry Maske", ZUM 1995, 32; *Samson,* Das neue Urheberrecht, UFITA 47 (1966) 1; *Schricker,* Zum neuen deutschen Urhebervertragsrecht, GRUR Int. 2002, 797; *Schulze,* Stellungnahme zum deutschen Referentenentwurf für eine Urheberrechtsnovelle, FuR 1981, 25; *ders.,* Urheberrechtliche Verwertungsgesellschaften auf dem Gemeinsamen Markt, UFITA 65 (1972) 342; *ders.,* Mitgliedsausschluß aus einem wirtschaftlichen Verein am Beispiel der GEMA, NJW 1991, 3264; *G. Schulze,* Teil-Werknutzung, Bearbeitung und Werkverbindung bei Musikwerken – Grenzen des Wahrnehmungsumfangs der GEMA, GRUR 1993, 255; *Siebert,* Die Auslegung der Wahrnehmungsverträge unter Berücksichtigung der digitalen Technik, 2002; *Staats,* Aufführungsrecht und kollektive Wahrnehmung bei Werken der Musik, 2004; *v. Steinau-Steinrück/Wohlgemuth,* Die Satzung der GEMA, in Kreile/Becker/Riesenhuber (Hrsg.), Recht und Praxis der GEMA, 2. Aufl. 2008, 121; *Ulbricht,* Der Handyklingelton – das Ende der Verwertungsverträge?, CR 2006, 468; *v. Ungern-Sternberg,* Die Wahrnehmungspflicht der Verwertungsgesellschaften und die Urheberrechtskonventionen, GRUR Int. 1973, 61; *Vogel,* Wahrnehmungsrecht und Verwertungsgesellschaften in der Bundesrepublik Deutschland – Eine Bestandsaufnahme im Hinblick auf die Harmonisierung des Urheberrechts in der Europäischen Gemeinschaft, GRUR 1993, 513; *Wandtke/Holzapfel,* Ist § 31 IV UrhG noch zeitgemäß?, GRUR 2004, 284; *v. Welser,* Die Wahrnehmung urheberpersönlichkeitsrechtlicher Befugnisse durch Dritte, 2000; *Winghardt,* Gemeinschaftsrechtliches Diskriminierungsverbot und Inländerbehandlungsgrundsatz in ihrer Bedeutung für urheberrechtliche Vergütungsansprüche innerhalb der Staaten der Europäischen Union, 2001; *ders.,* Gemeinschaftsrechtliches Diskriminierungsverbot und Inländerbehandlungsgrundsatz unter dem Blickwinkel der kollektiven Wahrnehmung urheberrechtlicher Ansprüche, GRUR Int. 2001, 993.

A. Allgemeines

1   Der Zweite Abschnitt des WahrnG (§§ 6–17) beschreibt die Rechte und Pflichten der Verwertungsgesellschaften. Die §§ 6–9 behandeln das Verhältnis der Verwertungsgesellschaften zu den Berechtigten, die ihnen ihre Rechte und Ansprüche zur Wahrnehmung übertragen haben. Dabei begründet § 6 Pflichten der Verwertungsgesellschaften gegenüber den Rechtsinhabern, nicht aber ein Schuldverhältnis unter den Rechtsinhabern (vgl. BGH ZUM 2004, 921).

Nach § 6 trifft die Verwertungsgesellschaften gegenüber den Berechtigten ein Wahrnehmungszwang. Diesem Wahrnehmungs-, also Kontrahierungszwang nach innen tritt an die Seite der Abschlusszwang nach § 11 und § 12 als Kontrahierungszwang nach außen, nämlich gegenüber den Nutzern. Die Verwertungsgesellschaften unterliegen damit einem **doppelten Kontrahierungszwang.**

§ 6 dient dem Schutz der Berechtigten gegenüber ihren Treuhändern (*Schack*[4] Rdnr. 1191; vgl. aber *Nordemann* GRUR 1992, 584/585). Grund für den Wahrnehmungszwang ist zunächst die faktische Monopolstellung der Verwertungsgesellschaften in ihrem Tätigkeitsbereich (s. Vor §§ 1ff. Rdnr. 7; *v. Ungern-Sternberg* GRUR Int. 1973, 61/62 mwN; *Melichar* S. 34f.); der Wahrnehmungszwang gegenüber allen Wahrnehmungsberechtigten verhindert insoweit das Entstehen von Wettbewerbsnachteilen (vgl. EG Kommission WuW 2002, 1021). Vor allem aber können einzelne Rechte, die das Urheberrechtsgesetz einräumt, nicht individuell, sondern nur von Verwertungsgesellschaften wahrgenommen werden (zB § 26 Abs. 6 UrhG, Folgerecht). Hätte die Verwertungsgesellschaft ein Recht auf Verweigerung der Wahrnehmung, so könnte daher den Berechtigten wirtschaftlicher Schaden entstehen (AmtlBegr. BTDrucks. IV/271 S. 15). Der Wahrnehmungszwang nach § 6 Abs. 1 geht auch einzelvertraglichen Abmachungen vor (Richtlinie des DPA für die Aufkommensverteilung und Verteilungsvereinbarung, ZUM 1989, 506/508).

B. Der Wahrnehmungszwang

I. § 6 Abs. 1

2   **1. a)** Der **Wahrnehmungszwang** verpflichtet die Verwertungsgesellschaft auf Verlangen des Rechtsinhabers zur Wahrnehmung aller Rechte und Ansprüche, die zu ihrem **Tätigkeitsbe-**

reich gehören. Der Tätigkeitsbereich ist begrenzt zunächst allgemein durch die Reichweite des Urheberrechtsgesetzes und die sich daraus ergebenden Ansprüche: Der Wahrnehmungszwang verpflichtet die Verwertungsgesellschaft also nur zur Wahrnehmung von Rechten und Ansprüchen, die das Urheberrechtsgesetz einräumt. Für die jeweilige Verwertungsgesellschaft ist der Tätigkeitsbereich konkret definiert und begrenzt durch den Erlaubnisbescheid (§§ 1 und 2) und vor allem durch ihre Satzung bzw. – je nach Organisationsform – ihren Gesellschaftsvertrag. Die Verwertungsgesellschaft ist grundsätzlich frei, in ihrer Satzung oder ihrem Gesellschaftsvertrag Umfang und Grenzen ihrer Wahrnehmungstätigkeit selbst zu bestimmen. Sie kann also von keinem Berechtigten mit Hilfe des Wahrnehmungszwangs gezwungen werden, Rechte für ihn wahrzunehmen, die sie nach ihrer Satzung und dem darauf beruhenden Wahrnehmungsvertrag auch für niemand anderen wahrnimmt. Dies darf allerdings nicht dazu führen, dass sich die Verwertungsgesellschaft dem Wahrnehmungszwang mit Hilfe ihrer Satzung, ihn also unterlaufen kann. Deshalb müssen die Grenzen des Tätigkeitsbereichs in der Satzung objektiv definiert sein (*Haertel* UFITA 50 (1967) 7/17). Eine solche objektive Begrenzung ist die Beschränkung auf die Wahrnehmung von Rechten an bestimmten **Werkarten,** wie sie von jeder Verwertungsgesellschaft vorgenommen wird (vgl. § 2 der Satzung der VG Wort: Sprachwerke; § 2 der Satzung der VG Bild-Kunst: Werke, „die nach § 2 Abs. 1 Ziff. 3–7, § 4 sowie § 72 UrhG geschützt werden"; § 2 der Satzung der GVL: „Wahrnehmung von Rechten und Ansprüchen, die sich aus dem Urheberrechtsgesetz für ausübende Künstler, Tonträgerhersteller ... ergeben ..."). Objektiv ist auch die Beschränkung auf die Wahrnehmung bestimmter **Nutzungsarten.** So nimmt zB die GEMA die sog. großen Rechte an musikdramatischen Werken, dh. die bühnenmäßige Aufführung und Sendung nicht oder nicht unmittelbar wahr (vgl. *Sammlung Delp* Nr. 805 ff.); sie werden individuell von Bühnenautoren oder Bühnenverlegern bzw. über die ARGE DRAMA geltend gemacht. Und auch die VG Wort nimmt im Inland nicht die sog. großen, sondern nur die sog. kleinen Senderechte wahr (*Melichar* S. 22 f., 109 f.). Eine Begrenzung des Tätigkeitsbereichs nach subjektiven Kriterien, die auf die Person des Berechtigten abstellen, ist dagegen als Umgehung des Wahrnehmungszwangs unzulässig (*Haertel* UFITA 50 (1967) 7/18; zur Wahrnehmung von Urheberpersönlichkeitsrechten durch Verwertungsgesellschaften vgl. *v. Welser* S. 118 ff.).

Voraussetzung für den Wahrnehmungszwang ist in jedem Fall die **Rechtsinhaberschaft** des Wahrnehmungsberechtigten, dem die Darlegungs- und Beweislast für deren Vorliegen in dem Umfang obliegt, in dem dies zur wirksamen Wahrnehmung seiner Rechte gegenüber Nutzern und zur Rechtfertigung seiner Erlösbeteiligung gegenüber den anderen Wahrnehmungsberechtigten erforderlich ist. Die Vermutungstatbestände in § 10 UrhG finden daher im Verhältnis zwischen Urheber und Verwertungsgesellschaft iRv. § 6 keine Anwendung, da dies zu Lasten der anderen Wahrnehmungsberechtigten ginge (*Riesenhuber* GRUR 2003, 187/195 f.). Wer die kollektive Wahrnehmung von Rechten begehrt, muss darüber hinaus darlegen und ggf. beweisen, dass die angemeldeten Werke für eine wirtschaftliche Verwertung in Betracht kommen und er überhaupt in der Lage ist, gem. § 7 S. 2 förderungswürdige Werke zu schaffen (BGH GRUR 2002, 332/334 – Klausurerfordernis; *Bezzenberger/Riesenhuber* GRUR 2003, 1005/1007 ff.: *Dietz* ZUM 2003, 41). Allein die Zugehörigkeit zu einer bestimmten Berufsgruppe kann die Rechtsinhaberschaft nicht begründen (BGH ZUM 2002, 821/823 – Mischtonmeister).

b) Der Wahrnehmungszwang nach § 6 Abs. 1 gibt den Berechtigten einen Anspruch auf Wahrnehmung ihrer Rechte und Ansprüche durch die Verwertungsgesellschaft, nicht aber einen Anspruch darauf, von ihr als **Mitglied** aufgenommen zu werden. Das Gesetz selbst geht in § 6 Abs. 2 davon aus, dass es Wahrnehmungsberechtigte gibt, die von der Verwertungsgesellschaft betreut werden, ohne zugleich Mitglied zu sein. Die Verwertungsgesellschaft unterliegt damit zwar dem Wahrnehmungszwang, kann aber in ihrer Satzung die Voraussetzungen für eine Mitgliedschaft frei bestimmen (vgl. AmtlBegr. BTDrucks. IV/271 S. 16). § 6 geht daher als lex specialis § 20 Abs. 6 GWB vor, der unter bestimmten Voraussetzungen einen Aufnahmeanspruch in Wirtschafts- oder Berufsvereinigungen statuiert (*Mestmäcker/Schulze* Anm. 1; *Mestmäcker,* Fs. für Lukes, 1989, S. 445/457 f.; aA *Menzel* S. 100 ff., 108 ff.; *Mauhs* S. 40 ff. u. offenbar *Vogel* GRUR 1993, 513/519; su. § 24 Rdnr. 7). 3

c) Der **Wahrnehmungs- oder Berechtigungsvertrag,** den der Berechtigte mit der Verwertungsgesellschaft in Ausübung des Wahrnehmungsanspruchs abschließt, stellt eine treuhänderische Rechtsübertragung dar (so. § 1 Rdnr. 4; s. allg. Einl. Rdnr. 32; Vor §§ 28 ff. UrhG Rdnr. 70). Rechtsinhaber bleibt der Berechtigte (zum Umfang der Prozessstandschaft der Verwertungsgesellschaft vgl. BVerfG ZUM 1988, 234/235). Zwischen Verwertungsgesellschaft und 4

Berechtigtem entsteht eine schuldrechtliche treuhänderische Beziehung (*Augenstein* S. 74 f.; zur Auslegung des Vertrages *Riesenhuber* S. 37 ff.: *ders.* GRUR 2005, 712). Seiner **Rechtsnatur** nach ist der Wahrnehmungsvertrag ein urheberrechtlicher Nutzungsvertrag eigener Art mit Elementen des Auftrags, des Gesellschaftsvertrages, des Dienst- und vor allem des Geschäftsbesorgungsvertrages (BGH GRUR 1966, 567/569 – GELU; BGH GRUR 1968, 321/327 – Haselnuss; BGH GRUR 1982, 308/309 – Kunsthändler; *Riesenhuber* S. 20 f.; *Schack*[4] Rdnr. 1200). In der Praxis werden die Bestimmungen über die Geschäftsbesorgung (§§ 665–670, 672, 674, 675 BGB) für die Auslegung des Wahrnehmungsvertrages maßgeblich sein. Im Übrigen enthält der Wahrnehmungsvertrag regelmäßig die Einräumung des ausschließlichen Nutzungsrechts iS von § 31 Abs. 3 UrhG. Da die Verwertungsgesellschaft dieses Recht nur zur Wahrnehmung der Belange des Berechtigten eingeräumt erhält, kann sie nach § 35 Abs. 1 S. 2 UrhG ohne seine Zustimmung einfache Nutzungsrechte an nutzungswillige Verwerter weiter übertragen (*Melichar* S. 62). Die Weiterübertragung ausschließlicher Nutzungsrechte durch die Verwertungsgesellschaft verbietet sich dagegen schon im Hinblick auf den Abschlusszwang nach § 11, dem sie gegenüber allen potentiellen Nutzern unterliegt.

Die Regelungen des Wahrnehmungsvertrages sind **allgemeine Geschäftsbedingungen** iS von §§ 305 ff. BGB und unterliegen daher grundsätzlich der dort bestimmten Inhaltskontrolle (vgl. BGH GRUR 2002, 332/333 – Klausurerfordernis; BGH GRUR 2005, 757/759 – PRO-Verfahren; BGH GRUR 2006, 319/321 – Alpensinfonie; BGH GRUR 2009, 395/398 ff. – Klingeltöne für Mobiltelefone; *Bezzenberger/Riesenhuber* GRUR 2003, 1005/1008; einschränkend *Riesenhuber* ZUM 2002, 777; *ders.* in Kreile/Becker/Riesenhuber (Hrsg.), Recht und Praxis der GEMA, 2. Aufl. 2008, 207/244; zu § 309 Nr. 9 BGB su. Rdnr. 6).

5   Der Wahrnehmungsvertrag enthält auch die **Vorauseinräumung bzw. -abtretung** künftig entstehender Wahrnehmungsrechte an solchen Werken, die der Berechtigte künftig noch schaffen wird (vgl. § 2 Nr. 1 Berechtigungsvertrag der VG Wort; § 1 Berechtigungsvertrag der GEMA; *Melichar* S. 62 f., 142; *Sammlung Delp* Nr. 825 ff., 805 ff.). Diese Vorausverfügung entspricht einem praktischen Bedürfnis, denn andernfalls müssten für jedes einzelne Werk neue Berechtigungsverträge abgeschlossen werden. Sie ist ohnehin vom Gesetz vorgesehen (§ 40 Abs. 1 UrhG), rechtlich nicht zu beanstanden (RGZ 140, 231; *v. Gamm* § 31 Rdnr. 7; s. allg. Vor §§ 28 ff. UrhG Rdnr. 60; § 40 UrhG Rdnr. 3; *Schack*[4] Rdnr. 1204, hält formularmäßige Vorausverfügungen für unangemessen) und liegt zusammen mit einer möglichst umfassenden Rechteübertragung auch im Funktionsinteresse der kollektiven Wahrnehmung an sich (vgl. *Riesenhuber* NZA 2004, 1363/1365 mwN, auch zum Fall der Kollision mit der Abtretung von Rechten an den Arbeitgeber). Allgemein gilt für die Einräumung von Nutzungsrechten auch im Verhältnis zwischen Verwertungsgesellschaft und Berechtigten grundsätzlich der **Zweckübertragungsgedanke**, der den Berechtigten vor allzu pauschaler Rechtsvergabe schützt (BGH GRUR 1986, 62/65 f. – GEMA-Vermutung I; OLG Hamburg ZUM 1991, 90/91; BGH GRUR 2000, 228/229 – Musical-Gala; BGH GRUR 2010, 62/63 – Nutzung von Musik für Werbezwecke – zur Auslegung von § 31 Abs. 5 UrhG); *Siebert* S. 55; differenzierend *Riesenhuber* GRUR 2005, 712/714.; *Russ* ZUM 1995, 32 mwN u. Beispielen; vgl. zum sog. Filmherstellungsrecht *Krüger*, Fs. für E. Reichardt, 1990, S. 79). Grundsätzlich ist der Wahrnehmungsvertrag im Hinblick auf die Folge des Kontrahierungszwangs der Verwertungsgesellschaft aus § 11 WahrnG zugunsten des Berechtigten eng auszulegen (vgl. LG München I GRUR 2005, 574/575 – O Fortuna; aA im Ergebnis *Staats* ZUM 2005, 789); auch scheidet ein gutgläubiger Rechtserwerb durch die Verwertungsgesellschaft deshalb aus (*G. Schulze* ZUM 1993, 255 mwN u. Beispielen). Für **noch nicht bekannte Nutzungsarten** fand nach der alten Rechtslage, (d. h. vor Inkrafttreten des Zweiten Gesetzes zur Regelung des Urheberrechts in der Informationsgesellschaft vom 26. 10. 2007, BGBl. I S. 2513, am 1. 1. 2008) auf Urheber (BGH GRUR 2003, 234/235 – Eroc III) § 31 Abs. 4 aF UrhG Anwendung (BGH GRUR 1987, 296/298 – GEMA-Vermutung IV; *Rehbinder* DVBl. 1992, 216/219; *Platho* ZUM 1987, 77/78; *Wandtke/Holzapfel* GRUR 2004, 284/288 f.; *Riesenhuber* S. 59 ff.; wohl auch *Castendyk/Kirchherr* ZUM 2003, 751/756; aA *Mestmäcker*, Fs. für Lukes, 1989, S. 445/446; einschränkend *Nordemann* GRUR 1992, 584/586) mit der Folge, dass sog. Auffangklauseln unwirksam sein konnten (*Schack*[4] Rdnr. 1206). Als entscheidend für die Wirksamkeit der Übertragung wurde es danach in diesem Zusammenhang angesehen, ob die Nutzungsart als wirtschaftlich bedeutsam und verwertbar bekannt war (BGH GRUR 1987, 296 – GEMA-Vermutung IV; zur Übertragung der Rechte an Handy-Klingeltönen und der Unterscheidung zwischen der Übertragung von Nutzungs- und Bearbeitungsrechten vgl. *Castendyk* ZUM 2005, 480; *v. Einem* ZUM 2005, 540/543 ff.; *Poll* MMR 2004, 67; *ders.* ZUM 2006, 379; *Klees/Lange* CR 2005, 684; *Ulbricht* CR 2006, 468; aus der Rechtspre-

chung vgl. LG München I ZUM 2005, 920; LG Hamburg ZUM 2005, 908; BGH GRUR 2009, 395 – Klingeltöne für Mobiltelefone). Nachdem § 31 Abs. 4 UrhG aufgehoben wurde, findet seit dem 1. 1. 2008 der neue § 31a UrhG auf auf Wahrnehmungsverträge Anwendung mit der Folge, dass Wahrnehmungsberechtigte auch ihre Rechte für unbekannte Nutzungsarten der Verwertungsgesellschaft einräumen können unter den in § 31a UrhG genannten Bedingungen, insbesondere der Schriftform und dem Widerrufsrecht (*Schack*[4] Rdnr. 549 d, 1206; *Riesenhuber* in Kreile/Becker/Riesenhuber (Hrsg.), Recht und Praxis der GEMA, 2. Aufl. 2008, 207/227 f.; *Dreier/Schulze*[3] Rdnr. 17).

Zur **nachträglichen Änderung** des Wahrnehmungsvertrages gibt es keine ausdrückliche gesetzliche Vorgabe. Die Beschlussfassung der nach der Satzung zuständigen Organe der Verwertungsgesellschaft genügt hierzu nicht, sondern es ist grundsätzlich die ggf. stillschweigende Zustimmung des Wahrnehmungsberechtigten erforderlich (LG Hamburg ZUM 2001, 711 m. Anm. *Schierholz*; *Bezzenberger/Riesenhuber* GRUR 2003, 1005/1008; kritisch zur Änderung der Wahrnehmungsbedingungen der VG Wort *Hoeren* AfP 2001, 8). Sogenannte Einbeziehungsklauseln, wonach spätere (einseitige) Änderungen des Berechtigungsvertrages bzw. der Satzung und Verteilungspläne der Verwertungsgesellschaft als vereinbart gelten sollen, wurden stets für bedenklich gehalten (vgl. *Mauhs* S. 157 ff.; *Vogel* GRUR 1993, 513/526; *Goldmann* S. 299 f.; *Meyer* S. 87 ff.; *Schack*[4] Rdnr. 1205). Grundsätzlich gilt, dass der Berechtigungsvertrag als individualrechtliche Vereinbarung nicht einseitig durch die Verwertungsgesellschaft, auch nicht durch Beschluss ihrer Mitgliederversammlung, ohne Einverständnis des Berechtigten geändert werden kann; eine entsprechende Satzungsbestimmung würde den Berechtigten unangemessen benachteiligen und wäre gem. § 307 Abs. 1 S. 1 BGB unwirksam. Wenn auf Grund der Satzung Schweigen des Berechtigten auf ein Angebot der Verwertungsgesellschaft zur Änderung des Berechtigungsvertrages als dessen Zustimmung gelten soll, so kann auch diese Fiktion nicht bloß auf Grund der Satzung Bestandteil des Berechtigungsvertrages werden, sondern muss zwischen Verwertungsgesellschaft und Berechtigtem auch tatsächlich vereinbart worden sein (BGH GRUR 2009, 395/400 – Klingeltöne für Mobiltelefone m. Anm. *Schulze*; zu den Konsequenzen für die Ausgestaltung der GEMA-Berechtigungsverträge zur Wahrnehmung der Rechte an Klingeltönen für Mobiltelefone vgl. *Müller* ZUM 2009, 293). Die derzeitige Praxis der Verwertungsgesellschaften, wonach die Zustimmung des Wahrnehmungsberechtigten zur Änderung des Berechtigungsvertrages als erteilt gilt, wenn er nicht innerhalb einer ihm gesetzten Frist ausdrücklich widersprochen hat, ist daher nur dann vom Berechtigungsvertrag gedeckt, wenn der Vertrag dies ausdrücklich vorsieht.

Sonderfälle wie der des „Google Book Settlemen" lassen dem Umfang der Wahrnehmungsbefugnis durch die Verwertungsgesellschaft und der klaren Abgrenzung der Rechte ihrer Wahrnehmungsberechtigten besondere Bedeutung zukommen. Wenn, wie in diesem Fall, ein Nutzer mit neuem, potentiell weltübergreifendem Geschäftsmodell im Ausland Online-Rechte mit Wirkung auf die Nutzung oder auf Rechtsinhaber in Deutschland im Wege einer „Class Action" erwirbt oder erwerben möchte, kann es zweckmäßig sein, das die (deutsche) Verwertungsgesellschaft die Interessen der Autoren und Verlage gemeinsam vertritt. Sie kann dies aber nur, wenn ihre Wahrnehmungsberechtigten dem ausdrücklich zustimmen bzw. eine entsprechende Änderung in Wahrnehmungsvertrag und Inkassoauftrag wirksam vereinbart wird (vgl. *Adolphsen/Mutz* GRUR Int. 2009, 789/798 f.).

Da der Wahrnehmungsvertrag ein Geschäftsbesorgungsvertrag über Dienstleistungen ist **6** (*Melichar* S. 62; so. Rdnr. 4), finden für **Laufzeit und Kündigung** die Bestimmungen des Dienstvertrages Anwendung. Die Möglichkeit der Kündigung des Vertrages durch die Verwertungsgesellschaft ist allerdings durch § 6 Abs. 1 faktisch wesentlich eingeschränkt; Wahrnehmungsverträge sehen daher regelmäßig besondere Klauseln über Kündigungsfristen sowie längere Laufzeiten vor (§ 10 des Berechtigungsvertrages der GEMA bei *Sammlung Delp* Nr. 805 ff.: Sechs Jahre Laufzeit mit stillschweigender Verlängerung um jeweils weitere sechs Jahre). Solche längeren Laufzeiten sind zulässig, da Wahrnehmungsverträge gem. § 309 Nr. 9 BGB ausdrücklich vom Klauselverbot ausgenommen sind (vgl. BGH GRUR 2002, 322/333 – Klausurerfordernis; generell gegen die Anwendbarkeit von § 309 BGB aufgrund der Unternehmereigenschaft der Rechtsinhaber *Riesenhuber* ZUM 2002, 777; wie hier zu § 23 Abs. 2 Nr. 6 iVm § 11 Nr. 12 AGBG aF: *Nordemann* GRUR 1992, 584/585; kritisch *Mauhs* S. 75 ff.; *Rehbinder* DVBl. 1992, 216/218).

Auch nach Erlöschen des Wahrnehmungsvertrages behält die Verwertungsgesellschaft die Aktivlegitimation für solche Ansprüche, die während der Geltung des Vertrages durch die Wahrnehmung entstanden sind (BGH GRUR 1982, 308/309 – Kunsthändler).

§ 6

7 2. Der **Wahrnehmungszwang** wird, „um eine unbillige Belastung der Verwertungsgesellschaft zu vermeiden" (AmtlBegr. BTDrucks. IV/271 S. 15), in § 6 Abs. 1 in drei Punkten **eingeschränkt**. Er kommt nur Deutschen bzw. Staatsangehörigen anderer EU-Mitgliedstaaten oder EWR-Vertragsstaaten zugute oder Ausländern, die ihren Wohnsitz im Geltungsbereich des Urheberrechtswahrnehmungsgesetzes haben (unten a); er greift nur ein, wenn die Rechte und Ansprüche nicht auf andere Weise wirksam wahrgenommen werden können (unten b); und er verpflichtet die Verwertungsgesellschaft zur Wahrnehmung nur zu angemessenen Bedingungen (unten c).

8 a) Anspruchsberechtigt sind zunächst Deutsche iSd. Grundgesetzes. Wer Deutscher ist, bestimmt sich nach Art. 116 GG. Auch Ausländer und Staatenlose können den Wahrnehmungszwang ausüben, wenn sie „ihren **Wohnsitz** im Geltungsbereich dieses Gesetzes" haben. Geltungsbereich des WahrnG ist die Bundesrepublik Deutschland. Wohnsitz ist der gewählte oder gesetzlich festgelegte räumliche Lebensmittelpunkt (§§ 7 ff. BGB). Damit setzt der Wohnsitz auch eine intensivere räumliche Beziehung voraus als der bloße Aufenthaltsort. Der Aufenthaltsort wird erst dann zum Wohnsitz, wenn er bewusst zum räumlichen Schwerpunkt der Lebensinteressen bestimmt wird (zu demselben Ergebnis kommen *Fromm/Nordemann*[10] Rdnr. 4, die Wohnsitz in § 6 mit gewöhnlichem Aufenthalt iS des räumlichen Schwerpunktes der Lebensinteressen in den §§ 122 ff. UrhG gleichsetzen). Indiz – aber nicht Voraussetzung – für das Vorliegen eines Wohnsitzes sind die eigene Wohnung, polizeiliche Anmeldung und die Aufenthaltserlaubnis. Der Wohnsitz muss nicht notwendig der alleinige Wohnsitz sein; auch ein Zweitwohnsitz ist daher Wohnsitz iS von § 6 Abs. 1. Unschädlich ist auch längere Abwesenheit vom Wohnsitz.

9 In der früheren Fassung des § 6 Abs. 1 war der Wahrnehmungsanspruch auf Deutsche und Nichtdeutsche mit deutschem Wohnsitz beschränkt, ohne dass der Gesetzgeber dies näher begründet hätte. Diese Beschränkung war seit jeher gemessen am Recht der **internationalen urheberrechtlichen Konventionen,** vor allem aber gemessen am **europäischen Gemeinschaftsrecht,** nicht unproblematisch. Unvereinbar war die Beschränkung zunächst mit dem EG-rechtlichen Gebot des freien Waren- und Dienstleistungsverkehrs, der jedem Bürger der Gemeinschaft in jedem Mitgliedstaat grundsätzlich Inländerbehandlung gewährleistet. Bereits die Entscheidung der EG-Kommission vom 2. 6. 1971 (GRUR Int. 1973, 86 – GEMA – m. Anm. *Schulze*) hatte klargestellt, dass § 6 Abs. 1 deshalb auf Angehörige der EG-Mitgliedstaaten anwendbar ist (vgl. *Häußer* FuR 1980, 57/65). Dieser Grundsatz wurde später vom EuGH bestätigt (EuGH GRUR Int. 1994, 53 – Phil Collins; vgl. auch EuGH ZUM 2005, 643) und gilt auch für Staatsangehörige des Europäischen Wirtschaftsraums (*Häußer*, Fs. für Kreile, 1994, 281/284). Folgerichtig wurde § 6 Abs. 1 durch die Novelle von 1995 (Gesetz vom 23. 6. 1995, BGBl. I S. 842) ergänzt, so dass nunmehr Staatsangehörige von EU-Mitgliedstaaten und von Vertragsstaaten des Abkommens über den EWR hinsichtlich der Wahrnehmungsverpflichtung der Verwertungsgesellschaften Deutschen gleichgestellt sind. § 6 Abs. 1 S. 2 stellt in seiner jetzigen Fassung klar, dass Berechtigte, die Inhaber eines Unternehmens sind, dann in den Genuss der Wahrnehmungsverpflichtung kommen, wenn sich der Sitz ihres Unternehmens in einem EU-Mitgliedstaat oder in einem Vertragsstaat des EWR-Abkommens befindet; in diesem Fall besteht die Wahrnehmungsverpflichtung gegenüber dem Unternehmen selbst.

Umstritten ist, ob darüber hinaus auch Angehörigen anderer Staaten unter Berufung auf den Grundsatz der Inländerbehandlung aufgrund des Schutzes der internationalen Urheberrechts-Konventionen (Revidierte Berner Übereinkunft, WIPO-Urheberrechtsvertrag – WCT –, WIPO-Vertrag über Darbietungen und Tonträger – WPPT – und Welturheberrechtsabkommen) unabhängig von einem Wohnsitz in der Bundesrepublik der Wahrnehmungsanspruch aus § 6 Abs. 1 zusteht. Die wohl hM leitet aus dem Grundsatz der Inländerbehandlung in Art. 4–6 RBÜ Brüsseler Fassung, in Art. 5 Abs. 1–3 RBÜ Pariser Fassung und in Art. II WUA zumindest dann eine Verpflichtung der Verwertungsgesellschaft ab, die Rechte und Ansprüche konventionsangehöriger ausländischer Berechtigter wahrzunehmen, wenn es sich um Rechte und Ansprüche handelt, die nach dem Urheberrechtsgesetz nur von Verwertungsgesellschaften geltend gemacht werden können (zB das Folgerecht nach § 26 UrhG, vgl. oben vor §§ 1 ff. Rdnr. 8; *Ulmer*[3] § 98 IV 1; *Winghardt* S. 160 ff.; *ders.* GRUR Int. 2001, 993/995; *Dreier/Schulze*[3] Rdnr. 24; *v. Ungern-Sternberg* GRUR Int. 1973, 61/64; *Fromm/Nordemann*[10] Rdnr. 5; *Nordemann/Vinck/Hertin* RBÜ Art. 5 Rdnr. 2 u. WUA Art. II Rdnr. 1; *Häußer* FuR 1980, 57/65; *ders.*, Fs. für Kreile, 1994, S. 281/286; *Schulze* FuR 1981, 25/26; *Mestmäcker/Schulze* Einl. Anm. II; vgl. OLG Frankfurt/M GRUR 1980, 916/917 – Folgerecht ausländischer Künstler; zur Anwendbarkeit von § 31 Abs. 4 aF UrhG auf ausländische Rechtsinhaber vgl. BGH GRUR 1987, 296/298 – GEMA-Vermutung IV; aA *Melichar* S. 36f. mwN; *Wandtke/Bullinger/Gerlach*³ Rdnr. 11 mit Hinweis auf die AmtlBegr. BTDrucks. 13/781 S. 11). Für die herrschende Auffassung sprechen der klare Wortlaut der Konventionsbestimmungen und der Grundsatz der konventionsfreundlichen Auslegung (*Nordemann/Vinck/Hertin* Einl. Rdnr. 33), der auch auf § 6 Abs. 1 Anwendung finden muss. Dagegen wird zT geltend gemacht, dass für diese Ausdehnung des Wahrnehmungszwangs aufgrund des Konventionsrechts materiell kein großes Bedürfnis besteht, weil das internationale Netz von Gegenseitigkeitsverträgen zwischen den Verwertungsgesellschaften ausreiche (*Melichar* S. 36). Dies kann aber an der rechtlichen Beurteilung nichts ändern; allenfalls vermindert es das Problem in der Praxis; und dies auch nur unter der Voraussetzung, dass dieses Netz lückenlos ist und nicht von dem mitunter angestrebten Paradigmenwechsel hin zum Wettbewerb unter den Verwertungsgesellschaften abgelöst wird (vgl. Vor §§ 1ff. Rdnr. 16).

b) Der Wahrnehmungszwang besteht für die Verwertungsgesellschaft nur dann, wenn der Berechtigte seine **Rechte oder Ansprüche anders nicht wirksam wahrnehmen** kann. Dies zielt zunächst ab auf die Möglichkeit der **individuellen Rechtswahrnehmung** durch den Berechtigten selbst; wenn sie wirksam möglich ist, greift der Wahrnehmungszwang nicht. Eine solche individuelle Rechtswahrnehmung ist von vornherein schon **rechtlich** ausgeschlossen bei den Rechten und Ansprüchen, die nach dem Urheberrechtsgesetz nur von Verwertungsgesellschaften wahrgenommen werden können, wie zB dem Folgerecht (Vor §§ 1ff. Rdnr. 8). In anderen Fällen ist die individuelle Rechtswahrnehmung zwar rechtlich möglich, **in der Praxis** aber nur von Verwertungsgesellschaften durchführbar; dies gilt für das öffentliche Vortragsrecht an Sprachwerken (§ 19 Abs. 1 UrhG), das Recht zur öffentlichen Vorführung (§ 19 Abs. 4 UrhG), das Recht der öffentlichen Wiedergabe durch Bild- oder Tonträger (§ 21 UrhG) oder das Recht zur öffentlichen Wiedergabe von Funksendungen (§ 22 UrhG). Bei individueller Geltendmachung dieser Rechte könnte nicht von einer „wirksamen" Wahrnehmung iS von § 6 Abs. 1 gesprochen werden, so dass auch hier der Wahrnehmungszwang gilt. Vom Wahrnehmungszwang erfasst wird schließlich auch die Geltendmachung solcher Rechte und Ansprüche, die **üblicherweise** zT von den Verwertungsgesellschaften verwaltet werden, obwohl dies auch individuell zulässig und möglich wäre; denn Sinn des Wahrnehmungszwangs ist es ja gerade, jedem Berechtigten die Möglichkeit zu geben, seine Rechte ebenso und zu denselben Bedingungen wie andere auch einer Verwertungsgesellschaft treuhänderisch anzuvertrauen. Zu dieser Gruppe von Rechten gehören zB das Senderecht (§ 20 UrhG) an Sprachwerken oder das mechanische Vervielfältigungsrecht ausübender Künstler gemäß § 77 UrhG (*Fromm/Nordemann*[10] Rdnr. 6).

In diesem Zusammenhang ist die Frage umstritten, ob sich auch die Inhaber abgetretener Nutzungsrechte, also **Zessionare** von Urheberrechten, für deren Geltendmachung auf den Wahrnehmungszwang der Verwertungsgesellschaften berufen und nach § 6 Abs. 1 auf dem Abschluss von Wahrnehmungsverträgen bestehen können. Dies wird zumeist abgelehnt mit der Begründung, dass statt der Zessionare die Inhaber der originären Rechte selbst diese unmittelbar den Verwertungsgesellschaften zur Wahrnehmung übertragen können, eine wirksame Wahrnehmung hier also sehr wohl „anders möglich" ist, als durch Wahrnehmungsvertrag zwischen Zessionar und Verwertungsgesellschaft; den Urhebern könne es im Übrigen nur schaden, wenn unnötigerweise ein Zessionar mit eigenen wirtschaftlichen Interessen zwischengeschaltet werde (wohl hM: *Fromm/Nordemann*[10] Rdnr. 6; *Mauhs* S. 37ff.; *Wandtke/Bullinger/Gerlach*³ Rdnr. 14; *Loewenheim/Melichar*² § 47 Rdnr. 8; Heidelberger Kommentar/*Zeisberg* Rdnr. 37). Dem ist entgegenzuhalten, dass § 6 Abs. 1 nur von „Berechtigten" spricht und dabei nicht zwischen den Inhabern originärer Rechte und Inhabern abgetretener Nutzungsrechte unterscheidet. Der Wahrnehmungszwang, dem die Verwertungsgesellschaften nach § 6 Abs. 1 unterliegen, kommt daher dem jeweiligen Rechtsinhaber zugute, nicht nur dem Urheber (vgl. AmtlBegr. BTDrucks. IV/271 S. 15). Dafür spricht auch die freie Übertragbarkeit der einzelnen Nutzungsrechte nach den §§ 31ff. UrhG: Wenn einerseits das Gesetz die Übertragbarkeit von Nutzungsrechten ausdrücklich vorsieht, muss der Zessionar andererseits auch die Möglichkeit haben, zur Auswertung des Rechts oder Anspruchs Wahrnehmungsverträge mit Verwertungsgesellschaften abzuschließen (vgl. *Häußer* FuR 1980, 57/59f.; DPA UFITA 94 (1982) 364; *Dreier/Schulze*³ Rdnr. 19; aA *Schack*⁴ Rdnr. 1197, mit der Begründung, dass die Interessen der Zessionare den Urheberinteressen „typischerweise entgegenlaufen"). Hinzu kommt, dass § 63a UrhG überflüssig wäre, wenn es keinen Wahrnehmungszwang für Zessionare gäbe (*Himmelmann* in Kreile/Becker/Riesenhuber (Hrsg.), Recht und Praxis der GEMA, 2. Aufl. 2008, S. 817/844).

Man mag dieses vom insoweit eindeutigen Gesetzeswortlaut abgeleitete Ergebnis bedauern. Da aber theoretisch mögliche schädliche Auswirkungen in mancherlei Hinsicht zu vermeiden sind, führen die unterschiedlichen theoretischen Ansätze in der Praxis zu ähnlichen Ergebnissen (Heidelberger Kommentar/*Zeisberg* Rdnr. 38). So findet das hier vertretene Ergebnis auf die gesetzlichen Vergütungsansprüche von Urhebern und ausübenden Künstlern ohnehin keine Anwendung; denn §§ 63 a bzw. 83 UrhG stellen klar, dass diese im Voraus nur an Verwertungsgesellschaften abgetreten werden können, so dass Zessionare über diese Rechte nicht verfügen können. Der Verwertungsgesellschaft ist es außerdem unbenommen, der generell urheberschützenden Funktion des WahrnG durch eine besondere Berücksichtigung der Belange der originär Berechtigten im Wahrnehmungsvertrag mit dem Zessionar Rechnung zu tragen (vgl. *Vogel* GRUR 1993, 513/517f.), etwa durch deren Beteiligung an den Ausschüttungsbeträgen. Wenn sämtliche Rechte an Zessionare abgetreten wurden, so dass die Urheber oder deren Rechtsnachfolger nicht an den Einnahmen der Verwertungsgesellschaft beteiligt würden, ist eine gemeinsame Einbringung der Rechte in die Verwertungsgesellschaft angemessen, wie sie auch in den Wahrnehmungsverträgen vorgesehen ist. Im Übrigen gibt der Wahrnehmungszwang dem Berechtigten, und damit auch dem Zessionar, keinen Anspruch auf Mitgliedschaft in der Verwertungsgesellschaft (vgl. *Melichar* UFITA 117 (1991) 5; su. Rdnr. 14, 15; *Dreier/Schulze*[3] Rdnr. 20; zur Rolle der Verleger in der Verwertungsgesellschaft so. § 1 Rdnr. 6).

12   Die Rechtswahrnehmung soll ferner nach dem Willen des Regierungsentwurfs „anders möglich" sein dann, wenn **mehrere Verwertungsgesellschaften** in demselben Tätigkeitsbereich bestehen und sich der Berechtigte auch an eine andere Verwertungsgesellschaft zur Wahrnehmung seiner Rechte wenden kann (AmtlBegr. BTDrucks. IV/271 S. 15). In diesem Fall würde der Wahrnehmungszwang die Verwertungsgesellschaft erst dann treffen, wenn der Berechtigte bei allen gleichartigen Gesellschaften erfolglos um Wahrnehmung seiner Rechte nachgesucht hätte. Diese Auslegung erscheint aber praxisfremd und vom Schutzzweck des § 6 Abs. 1 nicht gerechtfertigt. Der Wahrnehmungszwang soll Schaden vom Berechtigten abwenden durch eine möglichst effektive und zügige Verwertung seiner Rechte. Deshalb kann er nicht darauf verwiesen werden, zeitraubend bei allen bestehenden Parallelverwertungsgesellschaften um die Wahrnehmung seiner Rechte nachsuchen zu müssen, um schließlich möglicherweise erst mit der letzten Gesellschaft unter Hinweis auf die nun zufällig bei ihr auflebende Kontrahierungspflicht einen Wahrnehmungsvertrag schließen zu können. Im Übrigen wird auch in dem Fall des Nebeneinanderbestehens mehrerer Verwertungsgesellschaften eines Tätigkeitsbereichs eine darunter größer oder marktbeherrschend sein oder eine gewisse Spezialisierung aufweisen; der Berechtigte muss die Möglichkeit haben, die wahrscheinlich besonders wirksame Rechtswahrnehmung bei dieser Gesellschaft wählen zu können. Die Existenz einer anderen Verwertungsgesellschaft desselben Tätigkeitsbereichs stellt daher keine andere Möglichkeit der Rechtswahrnehmung iS von § 6 Abs. 1 dar (so die hM: *Fromm/Nordemann*[10] Rdnr. 6; *Mauhs* S. 36f.; *Meyer* S. 75; *Wandtke/Bullinger/Gerlach*[3] Rdnr. 15; *Dreier/Schulze*[3] Rdnr. 26); erst recht nicht die – theoretische – Möglichkeit der Neugründung einer weiteren Gesellschaft.

13   c) Der Wahrnehmungszwang ist weiter eingeschränkt dadurch, dass er die Verwertungsgesellschaften lediglich verpflichtet, Rechte und Ansprüche zu **„angemessenen Bedingungen"** wahrzunehmen. Damit sollte nach dem Willen des Gesetzgebers zunächst nur klargestellt werden, dass der Inhalt des Wahrnehmungsvertrages nicht vom Berechtigten der Verwertungsgesellschaft vorgeschrieben werden kann, sondern objektiven Maßstäben genügen muss. Der Begriff der „angemessenen Bedingungen" in § 6 ist zu unterscheiden vom Begriff der „angemessenen Vergütung" in § 32 UrhG: § 6 Abs. 1 S. 1 WahrnG geht als Sonderregel § 32 UrhG vor, da dieser nicht den Wahrnehmungsvertrag zwischen Rechtsinhaber und Verwertungsgesellschaft betrifft (*Schricker* GRUR Int. 2002, 797/804).

Den Begriff der angemessenen Bedingungen, den das WahrnG auch in den anderen Fällen des Kontrahierungszwangs gemäß §§ 11 und 12 verwendet, definiert das Gesetz nicht. Nach der Gesetzesbegründung sind die Bedingungen des Wahrnehmungsvertrages in der Regel dann als angemessen anzusehen, wenn sie den Wahrnehmungsbedingungen entsprechen, die die Verwertungsgesellschaft ihren Mitgliedern einräumt (AmtlBegr. BTDrucks. IV/271 S. 15f.). Daraus wird in der Literatur zum Teil der Schluss gezogen, die **Reichweite des Gebots der angemessenen Bedingungen,** und damit in der Konsequenz auch die ggf. erforderliche Angemessenheitskontrolle durch die Aufsichtsbehörde, erfasse nur die Wahrnehmungsverträge zwischen der Verwertungsgesellschaft und den Berechtigten, die nicht zugleich Mitglieder der Gesellschaft sind; die Angemessenheitskontrolle hinsichtlich der Rechtswahrnehmung für Mitglieder werde durch diese selbst im Rahmen der Vereinsautonomie ausgeübt (*Mestmäcker/ Schulze* Anm. 2; *Hübner/Stern* GEMA-Nachr. 1978 Nr. 108 S. 85/93; *Reischl* GEMA-Nachr. 1978 Nr. 108 S. 79/83; *Samson* UFITA 47 (1966) 1/128; *Riesenhuber* S. 66; *Loewenheim/ Melichar*[2] § 47 Rdnr. 12). Dieser Schluss erscheint jedoch nicht gerechtfertigt. Der Wahrnehmungszwang der Verwertungsgesellschaften gemäß § 6 Abs. 1 besteht grundsätzlich gegenüber allen Rechtsinhabern, ohne Rücksicht darauf, ob sie zur Rechtswahrnehmung den Status von Mitgliedern der Gesellschaft erhalten oder nicht. Erst in § 6 Abs. 2 wird zwischen Mitgliedern und anderen Berechtigten unterschieden. Das Gebot der angemessenen Bedingungen ist in § 6 Abs. 1, wie in anderen gesetzlichen Vorschriften auch, notwendiges Korrelat des gesetzlich normierten Kontrahierungszwanges (vgl. *Reinbothe* S. 40 f. mwN) sowie des Treuhandprinzips (vgl. oben Rdnr. 4; Richtlinie des DPA für die Aufkommensverteilung und Verteilungsvereinbarung, ZUM 1989, 506/508) und müsste selbst ohne ausdrückliche Erwähnung im Gesetz auf alle Adressaten des Kontrahierungszwangs Anwendung finden. Da somit der Wahrnehmungszwang gegenüber allen Rechtsinhabern – auch solchen, die Mitglieder der Verwertungsgesellschaft werden – besteht, gilt das Gebot der angemessenen Bedingungen auch gegenüber sämtlichen Rechtsinhabern. Die Angemessenheitskontrolle erfasst demnach die Rechtsverhältnisse der Verwertungsgesellschaften zu ihren Mitgliedern grundsätzlich ebenso wie diejenigen gegenüber den übrigen Berechtigten (wie hier *Fromm/Nordemann*[10] Rdnr. 8; *Häußer* FuR 1980, 57/63 f.; DPA UFITA 81 (1978) 348/358; *Menzel* S. 48 f.; *Mauhs* S. 49 f.; Heidelberger Kommentar/*Zeisberg* Rdnr. 43; *Schack*[4] Rdnr. 1198), auch wenn in der Regel davon ausgegangen werden kann, dass die Verwertungsgesellschaft die Rechte und Ansprüche ihrer Mitglieder schon aufgrund von deren satzungsmäßigen Mitwirkungsrechten bei der Verwaltung zu angemessenen Bedingungen wahrnimmt.

Für die Beurteilung der Angemessenheit in Berechtigungsverträgen, Verteilungsplänen oder Satzungen gibt es keine konkrete Formel. Allgemein werden angemessene Bedingungen dann vorliegen, wenn eine **Äquivalenz von Leistung und Gegenleistung** erreicht ist, Rechte und Pflichten der Parteien zueinander also insgesamt, dh. auch bezüglich des gesamten Inhalts und der Laufzeit des Wahrnehmungsvertrages (oben Rdnr. 5, 6; *Nordemann* GRUR 1992, 584/585; *Rehbinder* DVBl. 1992, 216/218 f.) in einem ausgewogenen Verhältnis stehen (*Reinbothe* S. 42, 46). Die Bedingungen der Verwertungsgesellschaft für die Wahrnehmung ihr anvertrauter Rechte und Ansprüche von Berechtigten sind also dann als angemessen anzusehen, wenn sie Art und Umfang dieser Rechte und Ansprüche entsprechen und der Grundsatz der Verhältnismäßigkeit gewahrt ist (*Nordemann* GRUR Int. 1973, 306/307; *Fromm/Nordemann*[10] Rdnr. 9). Dabei ist in einer **typisierenden Betrachtungsweise** zu prüfen, ob die Vertragsbedingungen generell, dh unter Berücksichtigung der typischen Interessen der beteiligten Verkehrskreise als angemessen gelten können (BGH GRUR 2002, 332/333 – Klausurerfordernis). **Üblichkeit** allein ist noch kein hinreichendes Indiz für die Angemessenheit (LG Stuttgart Schulze LGZ 88, 13 – Puccini); wohl aber umfasst der Grundsatz der angemessenen Bedingungen ein **Gleichbehandlungsgebot** aller gleichgelagerten Fälle (*Reinbothe* S. 46; *Menzel* S. 49; vgl. *Möhring/Lieberknecht* UFITA 29 (1959) 312 mwN; *Rehbinder* DVBl. 1992, 216/218 ff.; *Nordemann* GRUR 1992, 584; *Mauhs* S. 51 ff.). Auch was die Verteilung der Einnahmen angeht, müssen Wahrnehmungsvertrag, Verteilungspläne und Satzung angemessene Bedingungen enthalten. Die Rechtsinhaber haben grundsätzlich einen Anspruch auf einen angemessenen Anteil an den Einnahmen der Verwertungsgesellschaft, der den Erlösen entspricht, die durch die Auswertung der Rechte erzielt werden. Dabei sind im vorgenannten Rahmen Pauschalierungen oder sonstige Vereinfachungen für die Berechnung der Vergütung zulässig und angemessen (BGH ZUM 1989, 80/82 – GEMA-Wertungsverfahren; OLG München ZUM 2002, 747/748; BGH GRUR 2005, 757/759 ff. – PRO-Verfahren; zur Angemessenheit der Verteilungspläne und der Verteilung der Einnahmen s. § 7 Rdnr. 5 f.).

II. § 6 Abs. 2

1. Das Gesetz unterscheidet in § 6 Abs. 2 zwischen **Berechtigten,** die die Verwertungsgesellschaft nicht als Mitglieder aufnimmt, und **Mitgliedern.** Damit wird klargestellt, dass der Wahrnehmungszwang nach § 6 Abs. 1 den Rechtsinhabern keinen Anspruch auf Mitgliedschaft in der Verwertungsgesellschaft verschafft (so. Rdnr. 3 u. 11).

Die Begriffe „Mitglieder" und „Satzung" sind in § 6 Abs. 2, wie an anderen Stellen des Gesetzes auch, untechnisch zu verstehen und gelten deshalb sinngemäß auch für die entsprechenden Personengruppen und Organe in denjenigen Verwertungsgesellschaften, die nicht die Organisationsform des Vereins gewählt haben (AmtlBegr. BTDrucks. IV/271 S. 16; zum Begriff der Satzung so. § 2 Rdnr. 3). „Mitglieder" sind also alle Personen, die in ihrem Verhältnis zur Verwertungsgesellschaft eine entsprechende Stellung haben wie Vereinsmitglieder (zB Genossen einer Genossenschaft, Gesellschafter einer Gesellschaft; vgl. *Dördelmann*, Fs. für Hertin, 2000, S. 31/37 mwN).

Den Verwertungsgesellschaften ist freigestellt, ob sie Rechtsinhaber als Mitglieder aufnehmen, damit nicht die zahlenmäßig weit überwiegenden nur gelegentlichen Werkschöpfer und Erbringer schutzfähiger Leistungen gegenüber den Urhebern und Leistungsschutzberechtigten mit regelmäßigem Repertoire, die das Fundament jeder Verwertungsgesellschaft bilden, überproportionalen Einfluss auf die Gesellschaft erhalten (zum Vergleich: Von den 62 690 Mitgliedern der GEMA im Jahre 2006 waren 3000 ordentliche, 6319 außerordentliche und 53 371 angeschlossene Mitglieder; nur die ordentlichen Mitglieder verfügen über eine volle verbandsrechtliche Stellung; *v. Steinau-Steinrück/Wohlgemuth* in Kreile/Becker/Riesenhuber (Hrsg.), Recht und Praxis der GEMA, 2. Aufl. 2008, 121/138; vgl. *Schack*[4] Rdnr. 1164). Die berechtigten Nichtmitglieder sollen also die Mitglieder nicht majorisieren können (AmtlBegr. BT-Drucks. IV/271 S. 16); wohl aber müssen ihre Interessen bzgl. der Verwaltung ihrer Rechte und Ansprüche angemessen gewahrt sein (zum Ausschluss von Mitgliedern vgl. *Schulze* NJW 1991, 3264).

15 2. Die Verwertungsgesellschaft muss die **Belange der berechtigten Nichtmitglieder** „angemessen wahren". Was darunter zu verstehen ist, definiert das Gesetz ebenso wenig wie den Begriff der angemessenen Bedingungen in § 6 Abs. 1. Für den Begriff der „angemessenen Wahrung" der Belange können wegen des engen Sinnzusammenhangs ähnliche Maßstäbe herangezogen werden (so. Rdnr. 13). Zusätzlich müssen die Verwertungsgesellschaften aber zwei (Mindest-)Voraussetzungen zur angemessenen Wahrung der Belange von Nichtmitgliedern erfüllen (unten a) und b).

a) Die Verwertungsgesellschaften müssen eine **gemeinsame Vertretung der wahrnehmungsberechtigten Nichtmitglieder** bilden. Bei der Ausgestaltung dieser gemeinsamen Vertretung haben die Verwertungsgesellschaften einen weiten Ermessensspielraum (zur praktischen Umsetzung von § 6 Abs. 2 bei verschiedenen Verwertungsgesellschaften vgl. *Dördelmann*, Fs. für Hertin, 2000, S. 31/39 ff.). Entsprechend dem Ziel der Vorschrift (Wahrung der Belange) ist aber stets Voraussetzung, dass durch die gemeinsame Vertretung – die Mitgliederversammlung bei Vereinen oder den Beirat bei einer GmbH (vgl. zum Beirat *Hillig*, Fs. für Kreile, 1994, S. 295; *Dünnwald*, Fs. für Kreile, 1994, S. 161; *Dördelmann*, Fs. für Hertin, 2000, S. 31/43 ff.) – ein echter Einfluss auch der Nichtmitglieder auf die Willensbildung und auf die Entscheidungsprozesse in personeller und sachlicher Hinsicht in der Gesellschaft erreicht wird. Dieser Einfluss braucht lediglich nicht so weit zu gehen, dass die Nichtmitglieder im Ergebnis die Mitglieder majorisieren können (so. Rdnr. 14). Denkbar und ausreichend iSv. § 6 Abs. 2 S. 1 wird es deshalb zB sein, wenn die Nichtmitglieder aus ihrer Mitte Delegierte in die Mitgliederversammlung entsenden, die dort eigenes Stimmrecht haben (AmtlBegr. BTDrucks. IV/271 S. 16). Wie hoch die Anzahl der Delegierten der Nichtmitglieder sein darf bzw. muss, ist umstritten. Da in jedem Fall eine Majorisierung der Mitglieder auch in der Praxis, dh. in der Mitgliederversammlung, zu vermeiden ist, sollte sich die Anzahl dieser Delegierten an der Zahl derjenigen Mitglieder ausrichten, die üblicherweise auch an der Mitgliederversammlung teilnehmen (wie hier *Fromm/Nordemann*[10] Rdnr. 13; vgl. auch Einzelheiten bei *Nordemann* GRUR 1992, 584; *Vogel* GRUR 1993, 513/520; aA *Rehbinder* DVBl. 1992, 216/220, der die Zahl der Delegierten strikt am Tantiemeaufkommen der Nichtmitglieder ausrichten will). In jedem Fall müssen die Berechtigten in ihrer Gesamtheit (Mitglieder und Nichtmitglieder) die Geschicke der Verwertungsgesellschaft entscheidend beeinflussen können (vgl. *Häußer* FuR 1980, 57/66; *Haertel* UFITA 50 (1967) 7/16; zur Regelung bei der GEMA vgl. *Menzel* S. 59 f.; zur GVL vgl. *Dünnwald*, Fs. für Kreile, 1994, S. 161; *Hillig*, Fs. für Kreile, 1994, S. 295; ausführlich zu GEMA, GVL und anderen Verwertungsgesellschaften *Dördelmann*, Fs. für Hertin, 2000, S. 31/39 ff.).

b) Die **Satzung der Verwertungsgesellschaft** muss **Bestimmungen** über die Wahl der gemeinsamen Vertretung durch die Berechtigten sowie über die Befugnisse der Vertretung enthalten, § 6 Abs. 2 S. 2. Hinsichtlich des Inhalts dieser Bestimmungen, also der Ausgestaltung von Vertretungswahl und -befugnissen im Einzelnen, hat die Verwertungsgesellschaft weitgehenden Ermessensspielraum, allerdings in den oben unter a) aufgezeigten Grenzen.

§ 7 Verteilung der Einnahmen

¹Die Verwertungsgesellschaft hat die Einnahmen aus ihrer Tätigkeit nach festen Regeln (Verteilungsplan) aufzuteilen, die ein willkürliches Vorgehen bei der Verteilung ausschließen. ²Der Verteilungsplan soll dem Grundsatz entsprechen, daß kulturell bedeutende Werke und Leistungen zu fördern sind. ³Die Grundsätze des Verteilungsplans sind in die Satzung der Verwertungsgesellschaft aufzunehmen.

Schrifttum: *Augenstein*, Rechtliche Grundlagen des Verteilungsplans urheberrechtlicher Verwertungsgesellschaften, 2004; *Bezzenberger/Riesenhuber*, Die Rechtsprechung zum „Binnenrecht" der Verwertungsgesellschaften – dargestellt am Beispiel der GEMA, GRUR 2003, 1005; *Häußer*, Praxis und Probleme der Aufsicht über Verwertungsgesellschaften, FuR 1980, 57; *ders.*, Die Verteilung der im Rahmen der Wahrnehmung von Urheberrechten und Leistungsschutzrechten erzielten Einnahmen an Ausländer, Fs. für Kreile, 1994, S. 281; *Haertel*, Verwertungsgesellschaften und Verwertungsgesellschaftengesetz, UFITA 50 (1967) 7; *Leisner*, Urheberrechtsverwertung und Verfassungsrecht, UFITA 48 (1966) 46; *Lerche*, Rechtsfragen der Verwirklichung kultureller und sozialer Aufgaben bei der kollektiven Wahrnehmung von Urheberrechten, insbesondere im Hinblick auf den sogen. 10%-Abzug der GEMA, GEMA-Jahrbuch 1997/98, S. 80; *Melichar*, Die Wahrnehmung von Urheberrechten durch Verwertungsgesellschaften, 1983; *ders.*, Verleger und Verwertungsgesellschaften, UFITA 117 (1991) 5; *Menzel*, Die Aufsicht über die GEMA durch das Deutsche Patentamt, 1986; *Müller*, Der Verteilungsplan, in Kreile/Becker/Riesenhuber (Hrsg.), Recht und Praxis der GEMA, 2. Aufl. 2008, 399; *Nordemann*, Der Begriff der „angemessenen Bedingungen" in § 6 Abs. 1 Wahrnehmungsgesetz, GRUR Int. 1973, 306; *Reber*, Aktuelle Fragen zu Recht und Praxis der Verwertungsgesellschaften, GRUR 2000, 203; *Reischl*, Zum Umfang der Staatsaufsicht nach dem Urheberrechtswahrnehmungsgesetz, GEMA-Nachr. 1978 Nr. 108 S. 79; *Riesenhuber*, Die Auslegung und Kontrolle des Wahrnehmungsvertrages, 2004; *ders.*, Die gerichtliche Kontrolle von Verteilungsregeln der Verwertungsgesellschaften, GRUR 2006, 201; *Seibt/Wiechmann*, Probleme der urheberrechtlichen Verwertungsgemeinschaft bei der Werkverbindung, GRUR 1995, 562; *Vogel*, Wahrnehmungsrecht und Verwertungsgesellschaften in der Bundesrepublik Deutschland – Eine Bestandsaufnahme im Hinblick auf die Harmonisierung des Urheberrechts in der Europäischen Gemeinschaft, GRUR 1993, 513; *Wiesemann*, Die urheberrechtliche Pauschal- und Individualvergütung für Privatkopien im Lichte technischer Schutzmaßnahmen unter besonderer Berücksichtigung der Verwertungsgesellschaften, 2007.

I. Die Aufstellung von Verteilungsplänen, § 7 S. 1

1. Jede Verwertungsgesellschaft hat nach § 7 S. 1 die **Pflicht zur Aufstellung von Verteilungsplänen.** Nach der **Legaldefinition** in § 7 S. 1 sind dies feste Regeln zur Verteilung der Einnahmen auf die Berechtigten (Mitglieder und Nichtmitglieder) entsprechend deren Anteil am von der Verwertungsgesellschaft erwirtschafteten Gesamtertrag. Die Verteilungspläne regeln also die Herausgabe des Erlangten iS von § 667 BGB (*Riesenhuber* S. 21) und sind in der Regel fester Bestandteil des Wahrnehmungsvertrages. Die Pflicht zur Aufstellung von Verteilungsplänen unterliegt der **Aufsicht (§§ 18, 19),** die eine „abstrakte Kontrolle" auf „willkürliches Vorgehen" zum Inhalt hat (BGH ZUM 1989, 80/84 – GEMA Wertungsverfahren; zur anders gearteten Kartellaufsicht su. bei § 24, insbes. Rdnr. 8). Sie ist Konsequenz aus der Treuhandstellung der Verwertungsgesellschaft gegenüber den Berechtigten und soll gewährleisten, dass die Verwertungsgesellschaft die Einnahmen aus der Wahrnehmung der ihr anvertrauten Rechte und Ansprüche gerecht verteilt (AmtlBegr. BTDrucks. IV/271 S. 16; zur Anwendung von § 7 auf die Verteilung von Einnahmen an Ausländer vgl. *Häußer*, Fs. für Kreile, 1994, S. 281 u. oben § 6 Rdnr. 9). Der Verteilungsplan muss und kann nicht alle Modalitäten der verwaltungsmäßigen Abwicklung der Erlösverteilung enthalten, wohl aber alle solche Elemente der Berechnung der Verteilung, die entscheidenden Einfluss darauf haben, in welchem Umfang bestimmte Nutzungsvorgänge bei der Erlösverteilung berücksichtigt werden (BGH GRUR 2005, 757/760 – PRO-Verfahren).

2. a) Der **Verteilungsplan** muss **inhaltlich** so gestaltet sein, dass er nach seinem Wortlaut ein willkürliches Vorgehen bei der späteren Verteilung ausschließt. Er muss demnach so konkret gefasst sein, dass er die Verteilung hinreichend vorbestimmt und sich schon an ihm deren Ablauf absehen und beurteilen lässt. Dabei wird § 7 der Anwendung von Korrekturfaktoren bei der Ausschüttung der Einnahmen in bestimmten Grenzen nicht entgegenstehen (vgl. zum Wertungsverfahren der GEMA BGH ZUM 1989, 80 – GEMA-Wertungsverfahren – mit ausführlicher Erörterung kartellrechtlicher Gesichtspunkte).

b) Der Verteilungsplan selbst unterliegt dem **Willkürverbot.** Gesetz und Materialien sagen nichts darüber, wann ein Verteilungsplan das Willkürverbot verletzt. Der Inhalt des Willkürverbots leitet sich aus Art. 3 GG ab. Danach liegt Willkür dann vor, wenn ohne zureichenden sachlichen Grund „wesentlich Gleiches ungleich" oder „wesentlich Ungleiches gleich" behandelt wird (BVerfGE 4, 144/155; stRspr.), sich also ein vernünftiger, sich aus der Sache ergebender sonstwie sachlich einleuchtender Grund für die Differenzierung oder Gleichbehandlung nicht finden lässt (BVerfGE 1, 14/52). Angewandt auf die Verteilung des Einnahmeaufkommens gemäß § 7 S. 1 bedeutet dies, dass der Verteilungsplan die Berechtigten bei der Einnahmezuteilung zwar nicht etwa grundsätzlich gleich behandeln, aber für ihre unterschiedliche Behandlung objektive, nicht diskriminierende und sachliche Gründe aufweisen muss. Der Verteilungsplan wird daher insbesondere nach Werkarten und Nutzungsarten differenzieren müssen (vgl. Verteilungspläne der VG Wort bei *Melichar* S. 147 ff.), kann aber Pauschalierungen und sonstige Vereinfachungen enthalten (BGH ZUM 1989, 80/82 – GEMA-Wertungsverfahren).

4   c) Die Verwertungsgesellschaft hat das Willkürverbot bzgl. des Verteilungsplans im Verhältnis zu allen Berechtigten, gegenüber Nichtmitgliedern wie gegenüber Mitgliedern, zu beachten. Als zwingende Vorschrift unterliegt die Beachtung des Willkürverbots der Aufsicht (§§ 18, 19); der Verteilungsplan ist also insoweit vom Deutschen Patent- und Markenamt überprüfbar. Diese **Aufsicht über den Verteilungsplan** kann deshalb auch die Vereinsautonomie und einzelvertragliche Abmachungen (vgl. Richtlinie des DPA für die Aufkommensverteilung und Verteilungsvereinbarung, ZUM 1989, 506/508) überlagern: Selbst wenn der Verteilungsplan durch Satzung ordnungsgemäß beschlossen worden ist, kann die Aufsichtsbehörde ihn nach § 7 Abs. 1 überprüfen und bei Verstoß gegen das Willkürverbot Abänderung verlangen.

5   d) Während § 7 hinsichtlich der Verteilungspläne lediglich eine Willkürkontrolle durch die Aufsichtsbehörde vorsieht, unterliegen die Wahrnehmungsbedingungen, die die Verwertungsgesellschaft den Berechtigten einräumt, insgesamt gemäß § 6 Abs. 1 einer – weitergehenden – **Angemessenheitskontrolle** (§ 6 Rdnr. 13). Zum Teil wird daher angenommen, dass die Angemessenheitskontrolle nach § 6 Abs. 1 durch die Aufsichtsbehörde auch die Verteilungspläne erfasst, die ja selbst entscheidender Bestandteil der Wahrnehmungsbedingungen sind und das Angemessenheitsgebot des § 6 konkretisieren (*Nordemann* GRUR Int. 1973, 306/308; *Fromm/Nordemann*[10] Rdnr. 4; *Vogel* GRUR 1993, 513/521; *Dreier/Schulze*[3] Rdnr. 5; Heidelberger Kommentar/*Zeisberg* Rdnr. 5; *Wiesemann* S. 71 f.). Die Folge wäre, dass die Aufsichtsbehörde im Detail überwachen müsste, ob die einzelnen Regeln der Verteilungspläne „angemessene Bedingungen" darstellen, sich also nicht nur im Rahmen des Willkürverbots bewegen, sondern zu den Rechten und Ansprüchen der Berechtigten im Einzelnen in einem ausgewogenen Verhältnis stehen (§ 6 Rdnr. 13). Dieser Auffassung steht der eindeutige Wortlaut von § 7 S. 1 entgegen. Außerdem würde eine eingehende Angemessenheitskontrolle jedes Verteilungsplans die Aufsichtsbehörde überfordern und ihr eine geradezu dirigistische Bevormundung in der Bewertung kultureller Werke ermöglichen. Die zahlreichen Einzelbeispiele bei *Vogel* (GRUR 1993, 513/522 ff.) belegen, welche Last der Aufsichtsbehörde damit aufgebürdet würde. Auch wenn Angemessenheits- und Willkürkontrolle bei Verteilungsplänen in der Praxis häufig auf dasselbe Ergebnis hinauslaufen werden, ist deshalb doch davon auszugehen, dass hinsichtlich der Verteilungspläne die Angemessenheitskontrolle der Aufsichtsbehörde auf die Einhaltung des Willkürverbots beschränkt bleibt (*Häußer* FuR 1980, 57/68; *Mestmäcker/Schulze* Anm. 1; *Menzel* S. 52; *Melichar* UFITA 117 (1991) 5/15 f.; *Wandtke/Bullinger/Gerlach*[3] Rdnr. 4; *Riesenhuber* S. 78 ff. mwN; *ders.*, UFITA 2005, 59). § 7 S. 1 geht daher in Bezug auf die Verteilungspläne und deren Kontrolle durch die Aufsichtsbehörde § 6 Abs. 1 vor. In der Praxis hat dieser Unterschied allerdings begrenzte Auswirkungen. Das Willkürverbot läuft idR auf ein Verbot offensichtlich unangemessener Verteilungspläne hinaus (so auch im Ergebnis Richtlinie des DPA für die Aufkommensverteilung und Verteilungsvereinbarung, ZUM 1989, 506/508 f.; *Häußer*, Fs. für Kreile, 1994, S. 281/285; ähnlich auch *Reber* GRUR 2000, 203/208 f.; *Augenstein* S. 58 ff.; *Schack*[4] Rdnr. 1189, die das Angemessenheitsgebot als allgemeinen und daher auch die Verteilungspläne erfassenden Grundsatz verstehen).

e) § 7 konzentriert sich seinem Wortlaut nach auf Regeln für den Verteilungsplan als Grundlage für eine dem Willkürverbot entsprechende Verteilung der Einnahmen und bezweckt dabei im Ergebnis eine **angemessene und leistungsgerechte Ausschüttung des Aufkommens** aus der Auswertung der Rechte. Aus Sinn und Zweck des Wahrnehmungsvertrages folgt, dass der Verwertungsgesellschaft bei der Verteilung der Einnahmen aufgrund des Verteilungsplans ein Leistungsbestimmungsrecht iS von § 315 BGB zukommt, das sie nach billigem Ermessen und willkürfrei auszuüben hat. Bei der Verteilung der Einnahmen nach diesen Grundsätzen ist nicht nur ein einziges Ergebnis „richtig" und angemessen. Für die Verteilung der Einnahmen muss die Verwertungsgesellschaft die Berechnungsmethoden verwenden, die zu möglichst gerechten und damit angemessenen Ergebnissen führen, und diese soweit möglich auch sinnvoll weiterentwickeln und verbessern. Dabei sind Typisierungen und Pauschalierungen, die die Umstände des

Einzelfalls nur bedingt berücksichtigen können, in gewissem Umfang unvermeidlich (BVerfG ZUM 1997, 555; *Augenstein* S. 58 ff.); das Streben nach größtmöglicher Einzelfallgerechtigkeit bei der Verteilung der Einnahmen ist durch die Verpflichtung der Verwertungsgesellschaft relativiert, ihren Verwaltungsaufwand in einem angemessenen Verhältnis zu ihren Einnahmen zu halten. Auch sind betriebswirtschaftliche Überlegungen und die Interessen aller vertretenen Berechtigten mit einzubeziehen (OLG München ZUM 2002, 747/748; BGH GRUR 2005, 757/759 ff. – PRO-Verfahren; BGH GRUR 2002, 332/335 – Klausurerfordernis). Im Interesse aller Berechtigten wird und muss die Ausschüttung auch regelmäßig vom Einhalten von Meldefristen und hinreichend belegten Meldungen abhängig gemacht werden (BGH GRUR 2004, 767/768 – Verteilung des Vergütungsaufkommens; ausführlich Riesenhuber ZUM 2005, 136).

f) Einzelfragen: Als Verstoß gegen das Willkürverbot aus § 7 S. 1 hat die Aufsichtsbehörde **6** eine 50%-ige **Beteiligung der Verleger** an den Einnahmen aus der Wahrnehmung des mechanischen Vervielfältigungsrechts an Musikwerken angesehen (DPA UFITA 81 (1978) 348/369). Dagegen ist gegen die Beteiligung von Verlegern an der Einnahmenverteilung als solche nichts einzuwenden (vgl. *Melichar* UFITA 117 (1991) 5/9: „Cohabitation" von Autoren und Verlegern in Verwertungsgesellschaften; Überblick bei *Loewenheim/Melichar*² § 47 Rdnr. 5). Als nicht zu beanstanden werden die kurzen **Ausschlussfristen** für die Geltendmachung von Ansprüchen gegenüber Verwertungsgesellschaften gewertet mit dem Argument, die zwischen Verwertungsgesellschaft und Berechtigtem vereinbarte Verkürzung der gesetzlichen Verjährungsfrist in Gestalt kurzer Meldefristen für Rechte und Ansprüche sei sachlich gerechtfertigt, um der Verwertungsgesellschaft eine möglichst kurzfristige Ausschüttung der Einnahmen an die Berechtigten ohne hohe Verwaltungskosten zu ermöglichen (*Häußer* FuR 1980, 57/68 f.; vgl. BHG GRUR 2004, 767/768 – Verteilung des Vergütungsaufkommens; zu Ausschlussfristen, Verjährung und Verwirkung vgl. *Bezzenberger/Riesenhuber* GRUR 2003, 1005/1009 f. mwN). Die Verwertungsgesellschaft kann auch **Belege für die Berechtigung** einer Meldung verlangen und unzureichend belegte Meldungen zurückweisen; in Fällen, in denen ein Missbrauch von Seiten des Meldenden naheliegt, kann sie zusätzliche Belege und Nachweise verlangen (BGH GRUR 2004, 767/768 f. – Verteilung des Vergütungsaufkommens). Als nicht willkürlich ist auch die Praxis der Verwertungsgesellschaften anzusehen, **pauschalierte Berechnungen** nach Punktebewertungssystemen in solchen Nutzungsbereichen vorzunehmen, in denen der einzelne Nutzungsvorgang und die Nutzungsfrequenz nicht konkret kontrolliert werden können (vgl. BGH GRUR 1966, 567/569 – GELU; *Melichar* S. 65). Dementsprechend wurde als angemessene Ausübung des Leistungsbestimmungsrechts der Verwertungsgesellschaft gem. § 315 BGB ein Verfahren angesehen, wonach die Aufführungshäufigkeit von Werken auf der Grundlage von Programmangaben und einer Hochrechnung auf Grund von Aufführungsorten und -zeiten berechnet wurde (BGH GRUR 2005, 757 – PRO-Verfahren). Da sich ein Einzelnachweis über Verleihvorgänge iR von § 27 UrhG wegen des damit verbundenen ungeheuren Aufwandes verbietet, entspricht es § 7 WahrnG, die Verleihhäufigkeit aus dem Vorhandensein des betreffenden Buches in einer Mindestzahl von öffentlichen Bibliotheken zu schließen (OLG Hamburg ZUM 2003, 501/502). Die Regelung im Verteilungsplan einer Verwertungsgesellschaft, wonach nur (Wort-) Beiträge von mindestens zwei Schreibmaschinenseiten **meldefähig** sind, ist unter wirtschaftlichen Gesichtspunkten gerechtfertigt und damit weder willkürlich noch unangemessen (OLG München ZUM 2002, 747). Zur Anwendung der Verteilungspläne auf Urheber verbundener Werke vgl. *Seibt/Wiechmann* GRUR 1995, 562; zur Forderung, Urheber und ausübende Künstler in den Quoten der Verteilungspläne grundsätzlich gegenüber anderen Rechtsinhabern zu begünstigen vgl. *Reber* GRUR 2000, 203/209 ff.; zu weiteren Beispielen vgl. *Vogel* GRUR 1993, 513/522 ff.

II. Aufnahme der Grundsätze des Verteilungsplans in die Satzung, § 7 S. 3

1. Der Begriff der **Satzung** ist in § 7 S. 3, ebenso wie in anderen Vorschriften des Gesetzes, **7** untechnisch zu verstehen (§ 6 Rdnr. 14; § 2 Rdnr. 3).

2. Nicht der gesamte Verteilungsplan, wohl aber seine „Grundsätze" müssen in die Satzung **8** der Verwertungsgesellschaft aufgenommen werden. **Zweck dieser Vorschrift** ist es, dass die Grundzüge des Verteilungsplans schon aus der Satzung erkennbar sind, vor allem aber, dass sie als Bestandteil der Satzung auch nur nach den Regeln und unter den Voraussetzungen, die für

Satzungsänderungen gelten, geändert werden können. Diese Vorschrift dient daher dem Schutz der Mitgliederinteressen.

9 **3.** Ausgerichtet an diesem Schutzzweck muss auch der Begriff der in die Satzung aufzunehmenden „Grundsätze" definiert werden. Als **„Grundsätze des Verteilungsplans"** im Einzelnen in der Satzung darzulegen (Bericht des Rechtsausschusses zu BTDrucks. IV/3402 S. 2) sind demnach alle Eckdaten der Einnahmeverteilung, deren Änderung im Interesse der Mitglieder nur im Wege der Satzungsänderung möglich sein soll. Dazu gehören etwa Angaben über die Kriterien der Berücksichtigung eines Berechtigten bei der Einnahmenverteilung und die Ausschüttung an die einzelnen Gruppen von Berechtigten (*Haertel* UFITA 50 (1967) 7/18), oder der Grundsatz, dass teilweise mittels Hochrechnung und Pauschalierung abgerechnet wird (*Riesenhuber* GRUR 2006, 201/203). Denkbar ist im Übrigen auch, dass durch besondere Satzungsbestimmungen die Grundsätze des Verteilungsplans zum Bestandteil der Satzung erklärt werden (vgl. § 17 der GEMA-Satzung, bei *Hillig*, Urheber- und Verlagsrecht, Beck'sche Textausgabe, 11. Aufl. 2008, Nr. 16).

III. Förderung kulturell bedeutender Werke und Leistungen, § 7 S. 2

10 Im Gegensatz zu § 7 S. 1 und 3 nicht zwingend, sondern eine **Soll-Vorschrift** ist § 7 S. 2, wonach auch der Verteilungsplan dem Grundsatz der Förderung kulturell bedeutender Werke und Leistungen entsprechen soll. Diese ursprünglich als zwingend konzipierte Vorschrift wurde wegen verfassungsrechtlicher Bedenken als Soll-Bestimmung gefasst (Amtl.Begr. BT-Drucks. IV/271 S. 16). Ihre Durchsetzung unterliegt daher nicht der Aufsicht und ist auch nicht relevant für Erteilung, Versagung oder Widerruf der Erlaubnis zur Geschäftstätigkeit nach § 3 oder § 4 (so hM; *Fromm/Nordemann*[10] Rdnr. 1; *Mestmäcker/Schulze* Anm. 3; *Reischl* GEMA-Nachr. 1978 Nr. 108 S. 79/83; aA *Leisner* UFITA 48 (1966) 46/57; *Wandtke/Bullinger/Gerlach*[3] Rdnr. 6). Auch wenn § 7 S. 2 nicht erzwingbar ist, enthält er doch mehr als eine bloße unverbindliche Empfehlung. Er richtet an die Verwertungsgesellschaften grundsätzlich eine Forderung, deren Erfüllung Sache der Verwertungsgesellschaft, kontrolliert durch ihre Wahrnehmungsberechtigten, bleibt (*Lerche* GEMA-Jb. 1997/98, S. 80/108 ff.; *Loewenheim/Melichar*[2] § 47 Rdnr. 36 mwN). Es ist damit der Verwertungsgesellschaft selbst überlassen, ob sie in jedem Einzelfall und wie sie gegebenenfalls der Aufforderung des § 7 S. 2 nachkommt; ihr kommt dabei ein weiter Ermessensspielraum zu, der sich auch daran orientieren wird, welche Kategorie von Rechtsinhabern sie vertritt. Die Förderung kann geschehen etwa im Wege der Begabtenförderung oder durch begünstigte Ausschüttung von Einnahmen an einzelne förderungswürdige Werkkategorien, zB ernste Musik, mit Hilfe eines Punktesystems oder Wertungsverfahrens (*Melichar* S. 44; *Loewenheim/Melichar*[2] § 47 Rdnr. 37; *Menzel* S. 20; zur „Solidargemeinschaft" der GEMA vgl. *Lerche* GEMA-Jb. 1997/98, S. 80/89 ff.; *Bezzenberger/Riesenhuber* GRUR 2003, 1005/1012 ff.; zu den Verteilungsplänen der GEMA *Müller* in Kreile/Becker/Riesenhuber (Hrsg.), Recht und Praxis der GEMA, 2. Aufl. 2008, 399 ff.).

§ 8 Vorsorge- und Unterstützungseinrichtungen

Die Verwertungsgesellschaft soll Vorsorge- und Unterstützungseinrichtungen für die Inhaber der von ihr wahrgenommenen Rechte oder Ansprüche einrichten.

Schrifttum: *Augenst*ein, Rechtliche Grundlagen des Verteilungsplans urheberrechtlicher Verwertungsgesellschaften, 2004; *Bartels*, Die Abzüge der Verwertungsgesellschaften für soziale und kulturelle Zwecke, UFITA 2006/II, 325; *Becker*, Verwertungsgesellschaften als Träger öffentlicher und privater Aufgaben, Fs. für Kreile, 1994, S. 27; *Ficsor*, Collective Management of Copyright and Related Rights, 2002; *Goldmann*, Die kollektive Wahrnehmung musikalischer Rechte in den USA und Deutschland, 2001; *Hauptmann*, Der Zwangseinbehalt von Tantiemen der Urheber und ihre Verwendung für soziale und kulturelle Zwecke bei der GEMA und der VG Wort, UFITA 126 (1994) 149; *Häußer*, Praxis und Probleme der Aufsicht über Verwertungsgesellschaften, FuR 1980, 57; *ders.*, Die Verteilung der im Rahmen von Urheberrechten und Leistungsschutzrechten erzielten Einnahmen an Ausländer, Fs. für Kreile, 1994, S. 281; *Himmelmann*, Die Aufsicht über die GEMA, in Kreile/Becker/Riesenhuber (Hrsg.); Recht und Praxis der GEMA, 2. Aufl. 2008, 817; *Kreile*, Rechtsdurchsetzung und Rechteverwaltung durch Verwertungsgesellschaften in der Informationsgesellschaft, Fs. für Thurow, 1999, 135; *Lerche*, Rechtsfragen der Verwirklichung kultureller und sozialer Aufgaben bei der kollektiven Wahrnehmung von Urheberrechten, insbesondere im Hinblick auf den sogen. 10%-Abzug der GEMA, GEMA-Jahrbuch 1997/98, S. 80; *Melichar*, Die Wahrnehmung von Urheberrechten durch Verwertungsgesellschaften, 1983; *ders.*, Der Abzug für soziale und kulturelle Zwecke durch Verwertungsgesellschaften im Lichte des internationalen Urheberrechts, Fs. für Kreile, 1990, S. 47; *ders.*, Zur Sozialbindung des Urheberrechts, in Adrian/Nordemann/Wandtke (Hrsg.) Josef Kohler und der Schutz des geistigen

Eigentums in Europa, 1996, S. 101; *Menzel,* Die Aufsicht über die GEMA durch das Deutsche Patentamt, 1986; *Vogel,* Wahrnehmungsrecht und Verwertungsgesellschaften in der Bundesrepublik Deutschland – Eine Bestandsaufnahme im Hinblick auf die Harmonisierung des Urheberrechts in der Europäischen Gemeinschaft, GRUR 1993, 513; *Winghardt,* Gemeinschaftsrechtliches Diskriminierungsverbot, und Inländerbehandlungsgrundsatz in ihrer Bedeutung für urheberrechtliche Vergütungsansprüche innerhalb der Staaten der Europäischen Union, 2001; *ders.,* Gemeinschaftsrechtliches Diskriminierungsverbot und Inländerbehandlungsgrundsatz unter dem Blickwinkel der kollektiven Wahrnehmung urheberrechtlicher Ansprüche, GRUR Int. 2001, 993.

I. Allgemeines

Die Gesetzesmaterialien nehmen für § 8 ausdrücklich auf die GEMA-Sozialkasse Bezug, bezeichnen sie als bewährte Einrichtung und regen an, derartige Einrichtungen bei allen Verwertungsgesellschaften zu schaffen. Die GEMA-Sozialkasse ist demnach unmittelbares Vorbild für die Regelung (AmtlBegr. BTDrucks. IV/271 S. 16). 1

Entsprechend der GEMA-Sozialkasse soll Zweck der Vorsorge- und Unterstützungseinrichtungen (ursprünglich im Regierungsentwurf als Versorgungseinrichtungen bezeichnet) vor allem eine Altersversorgung der Urheber und Leistungsschutzberechtigten und die Unterstützung in Notfällen sein (*Kreile,* Fs. für Thurow, 1999, S. 135/144 ff.; vgl. für die VG Wort *Melichar* S. 123 f.; Überblick bei *Vogel* GRUR 1993, 513/524 f.). Vor dem Hintergrund der Treuhand- und Solidarfunktion der Verwertungsgesellschaften werden ihre Sozialeinrichtungen als „berufsständische Organisationen" im sozialversicherungsrechtlichen Sinne angesehen (Sozialgericht Hamburg ZUM 2004, 164/166).

Die grundsätzliche Kritik von *Hauptmann* (UFITA 126 (1994) 149), der § 8 als „Fremdkörper" in einem Gesetz sieht, das den Zweck habe, das „individualrechtliche Schutzkonzept" zu sichern, geht angesichts dieser eindeutigen Absicht des Gesetzgebers fehl. Die Sozialabzüge sind gesetzlich gefordert und daher mehr als eine „liebgewordene Praxis" ohne gesetzliche Grundlage, deren Vereinbarkeit mit der Treuhandstellung der Verwertungsgesellschaften etwa frei zur Diskussion gestellt werden könnte (so aber *Schack*[4] Rdnr. 1223 f.). Richtig interpretiert entspricht § 8 dem Gebot der „horizontalen Sozialbindung", das den §§ 6–9 zugrunde liegt (vgl. *Loewenheim/Melichar*[2] §47 Rdnr. 42 ff.; *Melichar* in Adrian/Nordemann/Wandtke (Hrsg.) S. 101/108; *Lerche* GEMA-Jb. 1997/98, S. 80/102 ff.). Auch auf internationaler Ebene wird die Einrichtung von Sozial- und Kulturfonds durch Verwertungsgesellschaften allgemein empfohlen (vgl. *Melichar,* Fs. für Kreile, 1990, S. 47/49; International Bureau of WIPO, Collective Administration of Copyright and Neighboring Rights, Copyright 1989, 309; *Lerche* GEMA-Jahrbuch 1997/98, S. 80/92 f. zum CISAC-Standardvertrag; deutlich zurückhaltender dagegen *Ficsor* S. 149 ff.). Abzüge für Sozial- und Kulturfonds durch Verwertungsgesellschaften sind mit Art. 12 EG-Vertrag vereinbar, soweit sie in einem gewissen Rahmen bleiben (*Winghardt* S. 366). Vom Inländerbehandlungsgrundsatz, wie er in Art. 5 RBÜ bzw. Art. 3 des WTO/TRIPs-Abkommens normiert ist, werden sie als freiwillige Pauschalzuwendungen nicht erfasst (*Winghardt* S. 165 ff.; vgl. auch *Häußer,* Fs. für Kreile, 1994, S. 281; *Augenstein* S. 147 ff.; aA *Goldmann* S. 354 ff., 361 f.).

II. Vorsorge- und Unterstützungseinrichtungen

1. Obwohl der Gesetzgeber Vorsorge- und Unterstützungseinrichtungen eindeutig zu den „Aufgaben" der Verwertungsgesellschaften zählt (AmtlBegr. BTDrucks. IV/271 S. 16), ist § 8 nur als **Soll-Vorschrift** ausgestaltet. Die Schaffung solcher Einrichtungen kann also nicht von der Aufsichtsbehörde (§ 18) erzwungen werden und ist auch nicht allein entscheidend für die Erteilung, die Versagung oder den Widerruf der Erlaubnis zur Geschäftstätigkeit nach den §§ 3, 4 (hM; *Fromm/Nordemann*[10] Rdnr. 1 bezeichnen § 8 als „Kannvorschrift"; *Mestmäcker/Schulze* Anm. 1; aA *Becker,* Fs. für Kreile, 1994, S. 27, der § 8 in eine zwingende Vorschrift umdeutet, ausgehend von der Annahme, dass Verwertungsgesellschaften staatliche Aufgaben wahrnehmen; vgl. auch § 7 Rdnr. 10). Dennoch ist § 8 mehr als eine bloße „Kann"-Vorschrift oder Empfehlung: § 8 stellt eine Regel auf, die nicht generell und grundlos missachtet werden darf (*Häußer,* Fs. für Kreile, 1994, S. 281/285; *Lerche* GEMA-Jb. 1997/98, S. 80/111). 2

2. Umstritten ist, ob **bestehende Vorsorge- und Unterstützungseinrichtungen der Aufsicht unterliegen** und von ihr überprüft werden können mit der Folge, dass auch insoweit eine Pflicht zur Rechnungslegung (§ 9) und zur Unterrichtung der Aufsichtsbehörde (§ 20) bestehen würde. Die Verwaltung von einmal geschaffenen Vorsorge- und Unterstützungsein- 3 richtungen ist Teil der Treuhandtätigkeit der Verwertungsgesellschaft, da diese Einrichtungen ja von den durch die Wahrnehmungstätigkeit erzielten Einnahmen gespeist werden (*Häußer* FuR 1980, 57/67; *Menzel* S. 11; aA *Mestmäcker/Schulze* Anm. 2). Diese Verwaltung muss daher konsequent auch der Aufsicht darüber unterliegen, ob dabei gegen die Belange der Wahrnehmungsberechtigten verstoßen wird. Dabei kann es keinen Unterschied machen, in welcher Form die Vorsorge- und Unterstützungseinrichtungen im Einzelfall organisiert sind, insbesondere, ob sie etwa rechtlich selbständig, dh. aus der Verwertungsgesellschaft ausgegliedert sind (*Häußer* FuR 1980, 57/67f.; *Menzel* S. 53f.; *Himmelmann* in Kreile/Becker/Riesenhuber (Hrsg.), Recht und Praxis der GEMA, 2. Aufl. 2008, 817/857).

Die Notwendigkeit der Aufsicht auch über die bestehenden Vorsorge- und Unterstützungseinrichtungen iS von § 8 korrespondiert mit der Aufsicht über die Einhaltung von angemessenen Wahrnehmungsbedingungen nach § 6 Abs. 1, die ja sicherstellen soll, dass die Wahrnehmung insgesamt – und damit auch die Verwaltung und Verwendung der von der Verwertungsgesellschaft erzielten Einnahmen – zu angemessenen Bedingungen erfolgt (vgl. § 6 Rdnr. 8).

Gesetzliche Maßstäbe für die Verwaltung der Vorsorge- und Unterstützungseinrichtungen fehlen. Die Aufsicht wird sich vor allem darauf zu konzentrieren haben, dass der Kreis der Begünstigten nach objektiven Maßstäben festgelegt ist, die Verwaltung und Verteilung der Mittel dem Gebot der angemessenen Bedingungen gem. § 6 entspricht und der Gesamtaufwand einen bestimmten Prozentsatz des Gesamteinnahmeaufkommens – in der Regel deutlich unter 50% – nicht übersteigt (vgl. *Himmelmann* in Kreile/Becker/Riesenhuber (Hrsg.), Recht und Praxis der GEMA, 2. Aufl. 2008, 817/857f.; *Fromm/Nordemann*[10] Rdnr. 1; *Melichar* S. 123f.; *ders.,* Fs. für Kreile, 1990, S. 47; *Menzel* S. 53; nach *Ficsor* S. 149ff., 151: unter 10%; *Winghardt* GRUR Int. 2001, 993/1007: 20% als Grenze) und die Last der Sozialabzüge gerecht verteilt ist (vgl. *Hauptmann* UFITA 126 (1994) 149; zum 10%igen Abzug der GEMA ausführlich *Lerche* GEMA-Jb. 1997/98, S. 80; *Bartels* UFITA 2006/II, 325).

§ 9 Rechnungslegung und Prüfung

(1) **Die Verwertungsgesellschaft hat unverzüglich nach dem Schluß des Geschäftsjahres für das vergangene Geschäftsjahr die Jahresbilanz, die Gewinn- und Verlustrechnung und den Anhang (Jahresabschluß) sowie einen Lagebericht aufzustellen.**

(2) **[1]Der Jahresabschluß ist klar und übersichtlich aufzustellen. [2]Er hat den Grundsätzen ordnungsmäßiger Buchführung zu entsprechen. [3]Die Jahresbilanz sowie die Gewinn- und Verlustrechnung sind im Anhang zu erläutern.**

(3) **Im Lagebericht sind der Geschäftsverlauf und die Lage der Verwertungsgesellschaft so darzustellen, daß ein den tatsächlichen Verhältnissen entsprechendes Bild vermittelt wird.**

(4) **[1]Der Jahresabschluß ist unter Einbeziehung der Buchführung und des Lageberichts durch einen oder mehrere sachverständige Prüfer (Abschlußprüfer) zu prüfen. [2]Abschlußprüfer können nur Wirtschaftsprüfer oder Wirtschaftsprüfungsgesellschaften sein.**

(5) **[1]Die Abschlußprüfer haben über das Ergebnis ihrer Prüfung schriftlich zu berichten. [2]Sind nach dem abschließenden Ergebnis ihrer Prüfung keine Einwendungen zu erheben, so haben sie dies durch den folgenden Vermerk zum Jahresabschluß zu bestätigen:**

Die Buchführung, der Jahresabschluß und der Lagebericht entsprechen nach meiner (unserer) pflichtmäßigen Prüfung Gesetz und Satzung.

[3]Sind Einwendungen zu erheben, so haben die Abschlußprüfer die Bestätigung einzuschränken oder zu versagen. [4]Die Abschlußprüfer haben den Bestätigungsvermerk mit Angabe von Ort und Tag zu unterzeichnen.

(6) **[1]Die Verwertungsgesellschaft hat den Jahresabschluß und den Lagebericht spätestens acht Monate nach dem Schluß des Geschäftsjahres im Bundesanzeiger zu veröffentlichen. [2]Dabei ist der volle Wortlaut des Bestätigungsvermerks wiederzugeben. [3]Haben die Abschlußprüfer die Bestätigung versagt, so ist hierauf in einem besonderen Vermerk zum Jahresabschluß hinzuweisen.**

(7) **Weitergehende gesetzliche Vorschriften über die Rechnungslegung und Prüfung bleiben unberührt.**

Schrifttum: *Riesenhuber,* Transparenz der Wahrnehmungstätigkeit – Die Pflicht der Verwertungsgesellschaft zu Rechnungslegung, Publizität und zur Information ihrer Berechtigten, ZUM 2004, 417; *ders.,* Die Verwertungsgesellschaften i. S. v. § 1 UrhWahrnG, ZUM 2008, 625.

I. Allgemeines

Nach § 9 trifft die Verwertungsgesellschaften die Pflicht zur umfassenden Rechnungslegung und Überprüfung, damit der Allgemeinheit und den Inhabern der von ihnen wahrgenommenen Rechte und Ansprüche ein **Überblick über die Geschäftsführung** ermöglicht wird (AmtlBegr. BTDrucks. IV/271 S. 16). Auch diese Pflicht ist Ausfluss der Treuhandstellung der Verwertungsgesellschaften.

§ 9 wurde durch das Bilanzrichtlinien-Gesetz vom 19. 12. 1985 (BGBl. I S. 2355) wie folgt geändert: Die Abs. 1, 2 und 3 wurden neu gefasst, in Abs. 4 S. 1 und in Abs. 5 S. 2 wurde das Wort „Geschäftsbericht" jeweils durch das Wort „Lagebericht" ersetzt, in Abs. 6 S. 1 wurden nach dem Wort „Jahresabschluß" die Worte „und den Lagebericht" eingefügt, Abs. 7 wurde angefügt.

II. Rechnungslegung und Prüfung

Die Pflicht zur Rechnungslegung und Prüfung war ursprünglich eng angelehnt an die entsprechenden Vorschriften des Aktiengesetzes, §§ 148 ff. AktG aF, insbesondere an § 149, § 160 und §§ 162–169 AktG aF. Seit Geltung des Bilanzrichtlinien-Gesetzes (1. 1. 1986) vgl. § 242, §§ 246 ff. HGB: § 9 Abs. 1 bis 6 haben ihr Äquivalent in Vorschriften des HGB (vgl. im Einzelnen *Riesenhuber* ZUM 2004, 417/418).

Vorgeschrieben sind danach ein jährlicher Jahresabschluss und ein Geschäftsbericht, der seit der Neufassung durch das Bilanzrichtlinien-Gesetz als Lagebericht bezeichnet wird. Der **Jahresabschluss** umfasst nach § 9 Abs. 1 die Jahresbilanz, die Gewinn- und Verlustrechnung und den Anhang (Erläuterung). Diese nunmehr dem Gesellschaftsrecht entsprechenden Bezeichnungen – die Anpassung erfolgte durch das Bilanzrichtlinien-Gesetz, früher hieß es in § 9 Abs. 1 „Aufwands- und Erfolgsrechnung" – passen im Grunde auf Verwertungsgesellschaften wegen ihrer treuhänderischen, normalerweise nicht auf Gewinnerzielung gerichteten Tätigkeit nicht (vgl. Bericht des Rechtsausschusses zu BTDrucks. IV/3402 S. 3; zur zulässigen Gewinnerzielungsabsicht von Verwertungsgesellschaften *Riesenhuber* ZUM 2008, 625). Jahresabschluss und Lagebericht müssen umfassend sein, also auch zB die Verwaltung von Vorsorge- und Unterstützungseinrichtungen iS von § 8 erfassen.

Ähnlich wie auch im Aktienrecht besteht die Pflicht zur **Abschlußprüfung** (Abs. 4 und 5) und zur **Publizität** des Jahresabschlusses und des Lageberichts (Abs. 6, vgl. § 325 HGB). Über Jahresabschluss, Lagebericht und Prüfungsbericht ist die Aufsichtsbehörde (§ 18) unverzüglich schriftlich zu unterrichten (§ 20 S. 2 Nr. 6).

Je nach Organisationsform der Verwertungsgesellschaft können auch weitergehende Bilanzvorschriften zur Anwendung kommen (Abs. 7). Auch anderweitige Informationsverpflichtungen der Verwertungsgesellschaften, zB. nach Vereinsrecht oder GmbHG, bleiben unberührt (*Riesenhuber* ZUM 2004, 417/419 ff.).

§ 10 Auskunftspflicht

Die Verwertungsgesellschaft ist verpflichtet, jedermann auf schriftliches Verlangen Auskunft darüber zu geben, ob sie Nutzungsrechte an einem bestimmten Werk oder bestimmte Einwilligungsrechte oder Vergütungsansprüche für einen Urheber oder Inhaber eines verwandten Schutzrechts wahrnimmt.

Schrifttum: *Häußer,* Praxis und Probleme der Aufsicht über Verwertungsgesellschaften, FuR 1980, 57; *Himmelmann,* Die Aufsicht über die GEMA, in Kreile/Becker/Riesenhuber (Hrsg.), Recht und Praxis der GEMA, 2. Aufl. 2008, 817; *Kreile/Becker,* Multimedia und die Praxis der Lizenzierung von Urheberrechten, GRUR Int. 1996, 677; *Melichar,* Die Wahrnehmung von Urheberrechten durch Verwertungsgesellschaften, 1983; *Poll,* CELAS, PEDL & Co.: Metamorphose oder Anfang vom Ende der kollektiven Wahrnehmung von Musik-Online-Rechten in Europa?, ZUM 2008, 500.

§ 10

I. Allgemeines

1. 1. Nach § 10 ist die Verwertungsgesellschaft verpflichtet, in bestimmtem Umfang und unter bestimmten Voraussetzungen **Auskunft** über das von ihr wahrgenommene Repertoire zu erteilen. Dieser gegen die Verwertungsgesellschaft gerichtete Auskunftsanspruch soll den Verwertern der Werke und Rechte ermöglichen zu erfahren, von welcher Verwertungsgesellschaft sie die Erlaubnis zur Nutzung einholen müssen. Der Gesetzgeber hat dies insbesondere in dem – nach wie vor weitgehend nur theoretischen – Fall für wichtig erachtet, dass für eine Gattung von Werken oder geschützten Leistungen mehrere Verwertungsgesellschaften nebeneinander bestehen (AmtlBegr. BTDrucks. IV/271 S. 16). Daneben wird die Geltendmachung des Auskunftsanspruchs auch für die Verwertungsgesellschaft selbst für nützlich gehalten, da sie damit frühzeitig Kenntnis von einer beabsichtigten Inanspruchnahme ihres Repertoires erhält (*Häußer* FuR 1980, 57/66). § 10 dient der Transparenz und soll die rechtmäßige Nutzung erleichtern. Wer sich dieses Auskunftsanspruchs nicht bedient, sich also nicht um Auskunft bemüht, trägt grundsätzlich das Risiko der Rechtsverletzung (BGH GRUR 1988, 373/375 – Schallplattenimport III). Andererseits wird aus § 10 der Schluss gezogen, dass die Verwertungsgesellschaft das Vorbringen eines Nutzers, dass die genutzten Werke gemeinfrei sind, substantiiert bestreiten muss (AG Oldenburg NJW-RR 1999, 196/197). Es wurde allgemein erwartet, dass § 10 im Rahmen der digitalen Nutzung von Urheberrechten in der sogenannten Informationsgesellschaft erhöhte praktische Bedeutung zukommt, da im schnelllebigen Nutzungsumfeld der digitalen Dienste Transparenz hinsichtlich der benötigten Rechte besonders wichtig ist (vgl. *Kreile/Becker* GRUR Int. 1996, 677). Die Nachfrage scheint allerdings in der Praxis gering geblieben zu sein (vgl. *Himmelmann* in Kreile/Becker/Riesenhuber (Hrsg.), Recht und Praxis der GEMA, 2. Aufl. 2008, 817/859 zur Clearingstelle Multimedia CMMV).

Grundsätzlich trifft die Auskunftspflicht gem. § 10 nur (zugelassene) Verwertungsgesellschaften mit Erlaubnis zum Geschäftsbetrieb. Aus praktischen Erwägungen wird befürwortet, § 10 analog anzuwenden auf gemeinsame Lizenzierungsplattformen (so zur CELAS *Poll* ZUM 2008, 500/506).

2. 2. Die im Rahmen der Urheberrechtsnovelle von 1985 in **§ 13 c** (§ 13 b aF) aufgenommene gesetzliche Vermutung dahingehend, dass die Verwertungsgesellschaft grundsätzlich die Rechte aller Berechtigten wahrnimmt, hat eine andere Zielrichtung und entbindet die Verwertungsgesellschaft nicht von ihrer Auskunftspflicht nach § 10. § 13 c enthält lediglich die (widerlegbare) Vermutung der Aktivlegitimation der Verwertungsgesellschaft zur Geltendmachung bestimmter Auskunfts- und Vergütungsansprüche (§ 13 c Rdnr. 1; AmtlBegr. BTDrucks. 10/837 S. 22/23).

II. Auskunftspflicht

3. 1. Den Auskunftsanspruch aus § 10 kann **jedermann** gegen die Verwertungsgesellschaft geltend machen. Die Verwertungsgesellschaft ist also auch dann zur Auskunft verpflichtet, wenn weder ein berechtigtes Interesse an der Auskunft dargetan wird, noch es sich bei dem Auskunftsuchenden um einen (potentiellen) Verwerter handelt. Nur schikanöse Anfragen, mit denen die Verwertungsgesellschaft lediglich geschädigt werden soll (§ 226 BGB), braucht sie nicht zu beantworten.

4. 2. Ein Anspruch auf Auskunft besteht nur, wenn das Auskunftsverlangen **schriftlich** gestellt wird (§ 126 Abs. 1 BGB).

5. 3. Der **Inhalt des Auskunftsverlangens** ist begrenzt. Bei Angabe eines bestimmten Werkes kann Auskunft verlangt werden darüber, ob die Verwertungsgesellschaft für dieses Werk Nutzungs- oder Einwilligungsrechte wahrnimmt. Dabei können auch mehrere Einzelanfragen verbunden werden (einschränkend offenbar *Fromm/Nordemann*[10] Rdnr. 1; *Wandtke/Bullinger/Gerlach*[3] Rdnr. 3). Auskunft ist ferner zu erteilen darüber, ob die Verwertungsgesellschaft bestimmte Einwilligungsrechte oder Vergütungsansprüche für einen Urheber oder Leistungsschutzberechtigten wahrnimmt. Die Verwertungsgesellschaft ist dagegen aus § 10 zB nicht zur Auskunft darüber verpflichtet, welche Rechte ein Urheber oder Leistungsschutzberechtigter insgesamt von ihr wahrnehmen lässt, ob und wie er sie an die Verwertungsgesellschaft übertragen hat (Nachweis der Berechtigung) oder welche Schutzdauer das Werk aufweist und wieviele Berechtigte an ihm partizipieren.

Soweit Verwertungsgesellschaften regelmäßig Verzeichnisse sämtlicher von ihnen betreuten Wahrnehmungsberechtigten herausgeben, dürfte die Vorlage derartiger Verzeichnisse dem Auskunftsverlangen nach § 10 inhaltlich meist genügen (*Melichar* S. 44; vgl. OLG Köln GRUR 1980, 913 ff. – Presseschau CN –, das diese Verzeichnisse für den Nachweis der Aktivlegitimation der Verwertungsgesellschaft im Rahmen eines Auskunftsverlangens genügen lässt). Dies gilt jedenfalls dann, wenn der um Auskunft Ersuchende aus diesem Verzeichnis ohne größere Mühe die gewünschten Daten entnehmen kann; denn nach dem Willen des Gesetzgebers soll der Verwerter durch § 10 in die Lage versetzt werden, die Auskunft einfach, dh. ohne zu große eigene Umstände zu erlangen (AmtlBegr. BTDrucks. IV/271 S. 17).

III. Kosten der Auskunftserteilung

Die Auskünfte nach § 10 sind von der Verwertungsgesellschaft grundsätzlich kostenlos zu erteilen (AmtlBegr. BTDrucks. IV/271 S. 16 f.). Da der Gesetzgeber die Verwertungsgesellschaft andererseits im Rahmen ihrer Auskunftsverpflichtung nicht mit unzumutbaren Kosten belasten wollte (AmtlBegr. BTDrucks. IV/271 S. 17), gilt dieser **Grundsatz der Kostenfreiheit** nicht ausnahmslos. Während Einzelanfragen kostenlos zu beantworten sind, dürfte die Verwertungsgesellschaft deshalb berechtigt sein, kostendeckende Bearbeitungsgebühren zu erheben, wenn ihr etwa ganze Werkkataloge zur Auskunft vorgelegt werden, die Auskunfterteilung also mit besonders zeitaufwändigen Ermittlungen verbunden ist. Dies entspricht der Praxis der Verwertungsgesellschaften und wird von der Aufsichtsbehörde auch akzeptiert (wohl hM; *Melichar* S. 45; *Mestmäcker/Schulze* Anm. 3; *Häußer* FuR 1980, 57/66; nach *Fromm/Nordemann*[10] Rdnr. 1 fällt dies ohnehin nicht unter § 10, da dieser auf Einzelanfragen beschränkt sei). Heutzutage wird von Verwertungsgesellschaften allerdings erwartet werden können, dass sie die Auskunftserteilung mit Hilfe der EDV durchführen und die Kosten dafür in aller Regel selbst tragen können.

§ 11 Abschlußzwang

(1) **Die Verwertungsgesellschaft ist verpflichtet, auf Grund der von ihr wahrgenommenen Rechte jedermann auf Verlangen zu angemessenen Bedingungen Nutzungsrechte einzuräumen.**

(2) **Kommt eine Einigung über die Höhe der Vergütung für die Einräumung der Nutzungsrechte nicht zustande, so gelten die Nutzungsrechte als eingeräumt, wenn die Vergütung in Höhe des vom Nutzer anerkannten Betrages an die Verwertungsgesellschaft gezahlt und in Höhe der darüber hinausgehenden Forderung der Verwertungsgesellschaft unter Vorbehalt an die Verwertungsgesellschaft gezahlt oder zu ihren Gunsten hinterlegt worden ist.**

Schrifttum: *Becker*, Verwertungsgesellschaften als Träger öffentlicher und privater Aufgaben, Fs. für Kreile, 1994, S. 27; *Dördelmann*, Gedanken zur Zukunft der Staatsaufsicht über Verwertungsgesellschaften, GRUR 1999, 890; *v. Gamm*, Die Tariffestsetzung durch die urheberrechtlichen Verwertungsgesellschaften, Fs. für Nirk, 1992, S. 314; *Gerlach*, Ausübende Künstler als Kreative 2. Klasse?, ZUM 2008, 372; *Häußer*, Praxis und Probleme der Aufsicht über Verwertungsgesellschaften, FuR 1980, 57; *Held*, Fragen der kartellrechtlichen Mißbrauchsaufsicht über Verwertungsgesellschaften, FuR 1980, 71; *Himmelmann*, Die Aufsicht über die GEMA, in Kreile/Becker/Riesenhuber (Hrsg.), Recht und Praxis der GEMA, 2. Aufl. 2008, 817; *Kröber*, Anspruch von Verwertungsgesellschaften auf Hinterlegung?, ZUM 1997, 927; *Leisner*, Urheberrechtsverwertung und Verfassungsrecht, UFITA 48 (1966) 46; *Melichar*, Die Wahrnehmung von Urheberrechten durch Verwertungsgesellschaften, 1983; *Menzel*, Die Aufsicht über die GEMA durch das Deutsche Patentamt, 1986; *Müller*, Festlegung und Inkasso von Vergütungen für die private Vervielfältigung auf der Grundlage des „Zweiten Korbs", ZUM 2007, 777; *ders.*, Verbesserung des gesetzlichen Instrumentariums zur Durchsetzung von Vergütungsansprüchen für private Vervielfältigung, ZUM 2008, 377; *ders.*, Anmerkung zu BGH, Urteil vom 18. Dezember 2008 – I ZR 23/06, ZUM 2009, 293; *Reber*, Die Redlichkeit der Vergütung (§ 32 UrhG) im Film- und Fernsehbereich, GRUR 2003, 393; *Reimer*, Schiedsstellen im Urheberrecht, GRUR Int. 1982, 215; *Reinbothe*, Schlichtung im Urheberrecht, 1978; *Riesenhuber/v. Vogel*, Die Rechtsbeziehungen der GEMA zu den Nutzern, in Kreile/Becker/Riesenhuber (Hrsg.), Recht und Praxis der GEMA, 2. Aufl. 2008, 677; *Schricker*, Zum neuen deutschen Urhebervertragsrecht, GRUR Int. 2002, 797; *Schulze*, Die ersten Erfahrungen mit der neuen deutschen Urheberrechtsgesetzgebung, UFITA 50 (1967) 476; *ders.*, Tarife und Gesamtverträge nach dem Wahrnehmungsgesetz, UFITA 80 (1977) 151; *G. Schulze*, Teil-Werknutzung, Bearbeitung und Werkbindung bei Musikwerken – Grenzen des Wahrnehmungsumfangs der GEMA, ZUM 1993, 255; *Stockmann*, Die Verwertungsgesellschaften und das nationale und europäische Kartellrecht, Fs. für Kreile, 1990, S. 25; *v. Ungern-Sternberg*, Zur Durchführung des Verfahrens vor der Schiedsstelle nach dem Urheberrechtswahrnehmungsgesetz als Prozessvoraussetzung, Fs. für Schricker, 2005, 567.

§ 11

A. Allgemeines

I. Zweck der Vorschrift

1 § 11 unterwirft die Verwertungsgesellschaft einem Abschlusszwang gegenüber jedem potentiellen Verwerter der von ihr wahrgenommenen Rechte und Ansprüche. Der Grundsatz der Vertragsfreiheit (§ 305 BGB) ist insoweit aufgehoben. Der Gesetzgeber sieht diesen Kontrahierungszwang als notwendige **Folge der Monopolstellung** an, die die Verwertungsgesellschaften innehaben: Zwar ist ihnen kein gesetzliches Monopol verliehen worden (Vor §§ 1 ff. Rdnr. 9); sie haben aber faktisch entweder ein absolutes Monopol – wenn sie in dem betreffenden Tätigkeitsbereich sämtliche Rechtsinhaber betreuen – oder zumindest ein relatives Monopol dadurch, dass ein Verwerter nicht beliebig auf andere Werke ausweichen kann (AmtlBegr. BTDrucks. IV/271 S. 17) oder will, selbst wenn in dem Tätigkeitsbereich auch noch andere Verwertungsgesellschaften bestehen. Bei dieser letzteren relativen Monopolstellung lässt sich der Kontrahierungszwang damit begründen und rechtfertigen, dass die Verwertungsgesellschaft, obwohl nicht als einzige in dem betreffenden Bereich tätig, doch eine Reihe von Rechten und Ansprüchen gebündelt verwaltet. Hier abgewiesen zu werden, ist dem Verwerter also weit weniger zuzumuten als die Abweisung durch den einzelnen Urheber oder Leistungsschutzberechtigten, der mit gutem Grund grundsätzlich nicht einem Kontrahierungszwang unterworfen ist, obwohl sein Werk für sich auch Monopolcharakter hat.

§ 11 wurde durch das Gesetz zur Regelung des Urheberrechts in der Informationsgesellschaft vom 10. 9. 2003 (BGBl. I S. 1774) in zwei Punkten **geändert**. Die frühere Fassung des § 11 bezog sich auf die Einräumung von Nutzungsrechten und die Erteilung von Einwilligungen. Nach dem Wegfall der bisher für die Verwertungsbefugnisse der ausübenden Künstler bestehenden Kategorie der „Einwilligungsrechte" wurde der Hinweis auf die Erteilung von Einwilligungen in § 11 gestrichen. Außerdem wurde § 11 Abs. 2 umformuliert. Die Neuformulierung diente der Klarstellung zum Umfang des zu hinterlegenden oder unter Vorbehalt zu zahlenden Betrages (AmtlBegr. BTDrucks. 15/38 S. 29 f.; su. Rdnr. 9 ff.).

II. Verfassungsrechtliche Bedenken

2 Gegen den Abschlusszwang nach § 11 sind früher verfassungsrechtliche Bedenken geltend gemacht worden (s. Vor §§ 1 ff. Rdnr. 11 mwN; *Reinbothe* S. 10 Fn. 56; *Leisner* UFITA 48 (1966) 46; *Schulze* UFITA 50 (1967) 476/485 f. mwN). Vereinzelt wird die Auffassung vertreten, der Abschlusszwang sei ungerechtfertigt, weil er die **Chancengleichheit zwischen Rechtsinhabern und Nutzern** zu Lasten der Verwertungsgesellschaften beseitige und die Verwertungsgesellschaften damit in ihren wirtschaftlichen Interessen beeinträchtige (*Melichar* S. 37 f. mwN). Dagegen unterscheidet der Gesetzgeber zwischen der individuellen Entscheidung des Urhebers und Leistungsschutzberechtigten über die Verwertung seiner Rechte und der Verwaltung von Rechten durch die Verwertungsgesellschaften und geht davon aus, dass das geschützte Werk ab dem Zeitpunkt, in dem es der Verwertungsgesellschaft zur Verwertung anvertraut ist, zum Bestandteil des Kulturgutes wird, das allen zugänglich sein muss. Daraus ergibt sich ein schutzwürdiges Interesse der Allgemeinheit daran, dass die Nutzung dieses Kulturgutes von der Verwertungsgesellschaft ungehindert ermöglicht wird (*Reinbothe* S. 12 mwN in Fn. 61, 62). Die Sozialbindung, der das Urheberrecht wie jedes absolute Recht unterliegt, verdichtet sich also jedenfalls dann zur Weitergabeverpflichtung, wenn es in der Hand der Verwertungsgesellschaft zum Wirtschaftsgut geworden ist. Es stehen sich dann nur noch das Interesse der Allgemeinheit an der Nutzung der Werke und das Interesse der Berechtigten an einem größtmöglichen finanziellen Ertrag gegenüber. Da demnach kein aktuelles Verbotsinteresse der Berechtigten mehr besteht, kann der Abschluss des Nutzungsvertrages gesetzlich vorgeschrieben werden, falls der Anspruch des Berechtigten auf angemessene Vergütung gesichert ist. In dieser Differenzierung bestehen gegen den Abschlusszwang nach § 11 auch verfassungsrechtlich keine Bedenken.

Dass eine derartige Regelung nach der Interessenlage zumutbar ist, ergibt sich aus der bisherigen Praxis, die unter gewissen Voraussetzungen Ausnahmen vom Abschlusszwang zulässt (su. Rdnr. 8), sowie daraus, dass sich Verwertungsgesellschaften zT ohnehin schon in ihren Satzungen zum Abschluss von Nutzungsverträgen verpflichtet haben (vgl. § 2 Ziff. 2 S. 3/4 der

GEMA-Satzung von 1970, *Schulze,* Urheberrecht in der Musik[5], S. 273; die aktuelle GEMA-Satzung nimmt dagegen in § 2 Ziff. 2 S. 4 ausdrücklich auf § 11 WahrnG Bezug, bei *Hillig,* Urheber- und Verlagsrecht, Becksche Textausgabe, 11. Aufl. 2008, Nr. 16).

III. Doppelter Kontrahierungszwang/Parallelen

Die Verwertungsgesellschaften unterliegen nach dem WahrnG einem **doppelten Kontrahierungszwang:** Gegenüber den Rechtsinhabern nach § 6 (§ 6 Rdnr. 2 ff.) und gegenüber den Nutzern nach § 11. Darüber hinaus ist auf Verwertungsgesellschaften, die in der Regel marktbeherrschende Unternehmen sind (Vor §§ 1 ff. Rdnr. 7; § 24 Rdnr. 1), § 20 GWB anzuwenden. Danach unterliegen sie auch auf Grund dieser Vorschrift einem Kontrahierungszwang zu nicht diskriminierenden Bedingungen (*Reinbothe* S. 164 ff. mwN; *Menzel* S. 99 f.). Grundsätzlich sind § 11 WahrnG und § 20 GWB nebeneinander anwendbar (§ 24 Rdnr. 7), und zwar auch soweit es um die Rechtsfolgen Diskriminierungsverbot und Kontrahierungszwang geht (*Held* FuR 1980, 71/77; *Menzel* S. 108, 110; vgl. *Stockmann,* Fs. für Kreile, 1990, S. 25 und BGH ZUM 1989, 80 – GEMA-Wertungsverfahren – jeweils mwN). 3

B. Abschlusszwang, § 11

I. Kontrahierungszwang

Der Abschlusszwang der Verwertungsgesellschaft aus § 11 besteht **gegenüber jedermann,** 4 also jedem potentiellen Nutzer. Daraus ergibt sich zugleich, dass nur Anspruch auf Einräumung eines einfachen Nutzungsrechts iSv. § 31 Abs. 2 UrhG besteht.

II. Angemessene Bedingungen

1. Die Nutzungsverträge, zu deren Abschluss die Verwertungsgesellschaft verpflichtet ist, 5 müssen angemessene Bedingungen enthalten, dh. der Abschlusszwang besteht zu angemessenen Bedingungen. Beim bereits abgeschlossenen Einzelvertrag scheidet dagegen eine Überprüfung der Angemessenheit grundsätzlich aus (*v. Gamm,* Fs. für Nirk, 1992, S. 314/317; *Becker,* Fs. für Kreile, 1994, S. 27/46), solange er nicht gekündigt ist (zur Kündigung unten Rdnr. 7; zur Befassung der Schiedsstelle § 14 Rdnr. 1). Der Begriff der angemessenen Bedingungen wird im Gesetz nicht definiert. Er findet sich als Generalklausel überall dort, wo Interessen und Umstände koordiniert werden sollen, deren in jedem Einzelfall neu auftretende Vielschichtigkeit gesetzlich nicht erfassbar ist (vgl. *Reinbothe* S. 40 ff.). Im WahrnG wird er außer in § 11 noch in § 12 und § 6 verwandt (§ 6 Rdnr. 13). Der Begriff der angemessenen Bedingungen in § 11 ist weiter als der Begriff der „angemessenen Vergütung" für Nutzungsrechte gem. § 32 UrhG, der auf die individuelle Vergütungskontrolle beschränkt ist (vgl. *Schricker* GRUR Int. 2002, 797/803 f.). Über die Angemessenheit der Vergütung hinaus setzt der Abschlusszwang nach § 11 voraus, dass alle (Nutzung-)Bedingungen angemessen sind. Wäre die Rechtseinräumung in sonstiger Weise mit unangemessenen Bedingungen verbunden, besteht kein Abschlusszwang (BGH GRUR 2009, 1052/1053 – Seeing is Believing; su. Rdnr. 8 zu den Ausnahmen vom Abschlusszwang).

2. Im Rahmen eines Nutzungsvertrages nach § 11 kann sich die Angemessenheit der Vertragsbedingungen nur aus der **Relation von Leistung und Gegenleistung** ergeben: Rechte und Pflichten der Parteien – Nutzer und Verwertungsgesellschaft – müssen zueinander in einem ausgewogenen Verhältnis stehen. Hierfür ist natürlich die Vergütung für die Nutzung ein wesentlicher – wenn auch nicht der einzige – Faktor. Maßstab für die Angemessenheit der Nutzungsvergütung ist vor allem eine angemessene finanzielle Beteiligung des Urhebers und Leistungsschutzberechtigten an der wirtschaftlichen Nutzung seines Werkes oder seiner Leistung; er muss an den geldwerten Vorteilen der Nutzung entsprechend beteiligt sein (BGH GRUR 1982, 102/103 – Masterbänder – mwN; OLG München GRUR 1983, 578/580 – Musiknutzung bei Video-Kassetten; vgl. BGH GRUR 1986, 376/378 – Filmmusik; BGH GRUR 2001, 1139/1142 – Gesamtvertrag privater Rundfunk; vgl. EuGH GRUR 2003, 325/

§ 11

327 – SENA/NOS; EuGH GRUR Int. 2009, 316/317 – Kanal 5; zur Angemessenheit der Vergütung nach der Reform des Urhebervertragsrechts und iR von § 32 UrhG *Reber* GRUR 2003, 393). Bezugsgröße für die Vergütung ist dabei grundsätzlich der wirtschaftliche Erfolg des Verwerters. Diesen Maßstab wählt auch § 13 Abs. 3 für die Tarifgestaltung (zur Berechnung der Tarife vgl. im Einzelnen § 13 Rdnr. 7 ff.). Die Höhe der Nutzungsvergütung muss außerdem so bemessen sein, dass die Verwertungsgesellschaft die finanziellen Möglichkeiten zur ordnungsgemäßen Erfüllung ihrer Aufgaben erhält. Daher ist neben dem an den Berechtigten weiterzuleitenden Anteil an der Nutzungsvergütung auch der Aufwand der Verwertungsgesellschaft für ihre anderen Aufgaben – etwa den Unterhalt von Vorsorge- und Unterstützungseinrichtungen, § 8 – zu berücksichtigen (KG GRUR 1978, 247/248 – Verwertungsgesellschaft).

Alle gleichgelagerten Fälle sind ausgerichtet an diesen Maßstäben gleich zu behandeln. Der Grundsatz der angemessenen Bedingungen umfasst deshalb als natürliche Konsequenz das **Gleichbehandlungsgebot** (*Reinbothe* S. 46 mwN; das Gebot der gleichen Behandlung gleicher Unternehmen hat eine weitere Grundlage in § 20 Abs. 1 GWB; su. § 24).

6 3. Als nicht eindeutig geklärt gelten kann die Frage, ob sich die Angemessenheit der Bedingungen hinsichtlich der Vergütung nach den gemäß § 13 Abs. 1 von den Verwertungsgesellschaften aufzustellenden **Tarifen** beurteilt. Zum Teil wird generell angenommen, dass sich die angemessene Vergütung gemäß § 11 an den Tarifen auszurichten habe und sich nach ihnen beurteile (BGH GRUR 1983, 565/566 – Tarifüberprüfung II – aber mit Hinweis auf die gerichtliche Überprüfbarkeit des angemessenen Tarifs; BGH GRUR 1974, 35/36 – Musikautomat; *Reichard* Anm. zu Schulze KGZ 64, 9 f. mwN; *Schulze* UFITA 80 (1977) 151/152), da die Tarife ihrerseits angemessen sein müssen und von der Aufsichtsbehörde überprüft werden. Auch wird den Tarifen zugebilligt, dass sie „prima facie" angemessen und deshalb für die Berechnung einer angemessenen Vergütung im Rahmen von § 11 geeignet seien (*Fromm/Nordemann*[10] § 13 Rdnr. 4; ähnlich *Menzel* S. 63 f.). Andererseits wird vertreten, dass keinerlei gesetzliche Vermutung für die Angemessenheit der Tarife spreche, da diese selbst in vollem Umfang **gerichtlich überprüfbar** sind (BGH GRUR 1986, 376/377 f. – Filmmusik; OLG München GRUR 1983, 578/579 f. – Musiknutzung bei Video-Kassetten – unter Berufung auf BGH GRUR 1974, 35/78 – Musikautomat; *Reimer* GRUR Int. 1982, 215/217); danach könne allenfalls davon ausgegangen werden, dass die Tarife iSv. § 13 im Hinblick auf die Staatsaufsicht nicht völlig unangemessen seien. Diese Auffassung wird gestützt von dem Hinweis, dass die Aufsichtsbehörde (§ 18) zutreffende Aussagen zur Angemessenheit der Tarife nur bei einem groben Missverhältnis von Leistung und Gegenleistung machen kann (*Häußer* FuR 1980, 57/66; *Menzel* S. 65).

Bei der Beurteilung der Frage, welche Vergütung im Rahmen eines Nutzungsvertrages nach § 11 angemessen ist, kann deshalb zwar zunächst von den Tarifen der Verwertungsgesellschaft ausgegangen werden; dies umso mehr, als § 13 Abs. 3 seit 1. 7. 1985 genauere Kriterien für die Aufstellung der Tarife enthält (vgl. OLG Hamm GRUR 1988, 858). Heranzuziehen ist derjenige Tarif, der nach seinen Merkmalen der im Einzelfall vorliegenden Art und Weise und dem Umfang der Nutzung möglichst nahe kommt (BGH GRUR 1983, 565/567 – Tarifüberprüfung II; BGH GRUR 1976, 35/36 – Bar-Filmmusik). Wird dieser Tarif vereinbart, findet keine Überprüfung seiner Angemessenheit mehr statt (BGH GRUR 1984, 52/54 – Tarifüberprüfung I; *Ullmann* Anm. zu BGH – Tarifüberprüfung II – GRUR 1983, 568). Kommt dagegen keine Einigung durch Anwendung eines bestimmten Tarifs zustande, so muss die angemessene Vergütung unabhängig davon – ggf. auf dem dafür vorgesehenen Rechtsweg (su. Rdnr. 13) – bestimmt werden; die Tarife sind in diesem Fall nicht Indiz oder Auslegungskriterium für die angemessene Vergütung. Auch die **Üblichkeit** einer Vergütung ist allein noch kein Indiz für deren Angemessenheit (*Reinbothe* S. 45 mwN; im Einzelnen su. § 13 Rdnr. 7). Zwar können die bereits früher in einem Gesamtvertrag vereinbarten Vergütungssätze als Orientierungsmaßstab für die Angemessenheit gelten, zumal sie gem. § 13 Abs. 1 S. 2 wie Tarife zu behandeln sind; allerdings müssen sie ggf. an geänderte Umstände, insbesondere was die Art der Nutzung angeht, angepasst werden (*Müller* ZUM 2007, 777/790).

Die Beweislast für die Angemessenheit des Tarifs trifft grundsätzlich die Verwertungsgesellschaft, wie den Gläubiger in allen Fällen, in denen er im Zivilrecht selbst die Höhe der Vergütung entsprechend der Üblichkeit bestimmen kann (§§ 612 Abs. 2, 632 Abs. 1 BGB), die Beweislast für die Billigkeit der getroffenen Bestimmung trifft (KG GRUR 1978, 247 – Verwertungsgesellschaft; aA *Melichar* S. 39). Dabei ist davon auszugehen, dass die Verwertungsgesellschaft die Berechtigung insbesondere von schon länger geltenden und in der Praxis anerkannten Tarifen nicht in allen Einzelheiten nachweisen muss; in solchen Fällen muss der Nutzer die Angemessenheit des Tarifs substantiiert widerlegen (so auch *Wandtke/Bullinger/Gerlach*[3] Rdnr. 6; *Dreier/Schulze*[3] Rdnr. 13).

III. Kündigung des Nutzungsvertrages

Nutzungsverträge mit kurzer Laufzeit binden Verwertungsgesellschaft und Nutzer im Umfang 7
der vereinbarten Nutzung und können in der Regel nicht gekündigt werden. Da die Nutzung hier nur von kurzer Dauer ist, besteht auch kein Bedürfnis für eine Kündigungsmöglichkeit. Dagegen können Einzelnutzungsverträge mit längerer Laufzeit grundsätzlich durch ordentliche Kündigung beendet werden. Bei Fortsetzung der Werknutzung nach einer solchen Kündigung findet § 11 Abs. 2 Anwendung. Bei langfristigen Verträgen ohne Kündigungsklausel kommt auch eine Kündigung aus wichtigem Grund in Betracht (vgl. BGH GRUR 1990, 443/444 – Musikverleger IV); dabei ist der Wunsch nach Tarifänderung aber nicht als wichtiger Grund anzusehen, der zur (außerordentlichen) Kündigung berechtigen würde (*v. Gamm*, Fs. für Nirk, 1992, S. 314/318 f.).

IV. Ausnahmen vom Abschlusszwang

Das Gesetz sieht **keinerlei Ausnahmen** vom Abschlusszwang in § 11 vor. Es wird die An- 8
sicht vertreten, dass sich die Verwertungsgesellschaft trotz dieses eindeutigen Gesetzeswortlauts im Einzelfall unter Berufung auf berechtigte Interessen dem Abschlusszwang entziehen könne, weil § 11 lediglich eine missbräuchliche Ausnutzung der Monopolstellung der Verwertungsgesellschaft zum Nachteil der Allgemeinheit verhindern wolle (*Fromm/Nordemann*[10] Rdnr. 3). Dem steht zwar zunächst einmal der Wortlaut von § 11 entgegen. Und der Abschlusszwang trifft die Verwertungsgesellschaft nicht nur wegen ihrer Monopolstellung, sondern auch deshalb, weil die Rechte und Ansprüche in ihrer Hand zum Wirtschaftsgut geworden sind, das der Allgemeinheit zugänglich sein muss (so. Rdnr. 2).

Wenn aber im Einzelfall nicht nur eine missbräuchliche Ausnutzung der Monopolstellung durch die Verwertungsgesellschaft ausscheidet, sondern die Verwertungsgesellschaft dem Verlangen auf Einräumung von Nutzungsrechten darüber hinaus auch noch vorrangige berechtigte Interessen entgegenhalten kann, kann ausnahmsweise kein Abschlusszwang bestehen. In solchen Einzelfällen wird zu prüfen sein, ob die Weigerung der Verwertungsgesellschaft eine unbillige Behinderung darstellt oder dadurch gerechtfertigt ist, dass die Nutzungsbedingungen insgesamt nicht angemessen sind. Voraussetzung ist stets eine **Abwägung der Interessen** aller Beteiligten unter Berücksichtigung des Zwecks des Abschlusszwangs gem. § 11 (BGH GRUR 2009, 1052/1053 – Seeing is Believing). Im Ergebnis wird daher zu differenzieren sein: Zum einen ist der Abschlusszwang inhaltlich ohnehin dadurch beschränkt, dass er sich nur auf die vom Berechtigten **in die Verwertungsgesellschaft eingebrachten Rechte** bezieht (vgl. Schiedsstelle ZUM-RD 2004, 559 zum Abschlussbegehren betreffend die Nutzung im Ausland). Nicht alle Rechte befinden sich bei der Verwertungsgesellschaft, und der Berechtigungsvertrag ist gerade im Hinblick auf den Abschlusszwang der Verwertungsgesellschaft restriktiv auszulegen. Wenn etwa Urheberpersönlichkeitsrechte durch die Nutzung tangiert werden, kann die Verwertungsgesellschaft grundsätzlich nicht verpflichtet sein, diese zu gestatten, da sie über die relevanten Rechte nicht verfügt (BGH GRUR 2009, 395/397 ff. – Klingeltöne für Mobiltelefone – erkennt zwar an, dass Urheberpersönlichkeitsrechte durch die Nutzung von Musik als Handyklingelton tangiert werden, stellt aber im Ergebnis auf den Umfang der Rechtsübertragung durch den Berechtigten an die Verwertungsgesellschaft ab und geht davon aus, dass das Recht zur Nutzung von Werken als Klingelton, wenn es der Verwertungsgesellschaft ohne Einschränkungen und Vorbehalte eingeräumt worden ist, die Rechte zur Vervielfältigung (§ 16 UrhG), zur öffentlichen Zugänglichmachung (§ 19a UrhG), der Gestattung von Entstellungen und anderen Beeinträchtigungen (§ 14 UrhG) sowie das Recht aus § 23 S. 1 UrhG umfasst, die Verwertung von bearbeiteten oder anders umgestalteten Musikwerken als Klingelton zu gestatten; kritisch insoweit die Anm. von *Schulze* GRUR 2009, 400/401 f.; *Müller* ZUM 2009, 293/296; vgl. auch die Anm. zum BGH-Urteil von *Prill* CR 2009, 239; umfassend zur Übertragung der Rechte an Klingeltönen und der aufsichtsrechtlichen Praxis *Himmelmann* in Kreile/Becker/Riesenhuber (Hrsg.), Recht und Praxis der GEMA, 2. Aufl. 2008, 817/862 ff.). Auch ist ein gutgläubiger Erwerb von Rechten durch die Verwertungsgesellschaft ausgeschlossen (vgl. § 6 Rdnr. 5; *G. Schulze* ZUM 1993, 255/258 ff.). Will der Berechtigte den Abschlusszwang verhindern, so kann er ohnehin auf eine Wahrnehmung durch die Verwertungsgesellschaft verzichten, die Rechteeinräumung mit Rückrufsregelungen oder einem speziellen Zustimmungsvorbehalt verbinden (vgl. *Dördelmann* GRUR 1999, 890/893), bzw. der Verwertungsgesellschaft die Wahrnehmung entziehen; allerdings wäre der Ausschluss eines einzelnen Nutzungsinteressenten im Wege der spontanen Kündigung durch den Berechtigten ein missbräuchliches Unterlaufen des Abschlusszwangs (OLG München ZUM 1994, 303/306).

Darüber hinaus wird eine **Ausnahme vom Abschlusszwang durch Berufung auf berechtigte Interessen** zulässig sein, wenn im Einzelfall das Interesse der Verwertungsgesellschaft bzw. des Rechtsinhabers unter Berücksichtigung der Belange des Nutzers als vorrangig anzusehen ist (*Fromm/Nordemann*[10] Rdnr. 3 „notorische Rechtsbrecher"; vgl. OLG München ZUM 1994, 303/306). So wurde eine Ausnahme vom Abschlusszwang aufgrund vorrangiger berechtigter Interessen der Rechtsinhaber für die Einzelproduktion nachgemalter Bilder angenommen, für die die erforderliche vorherige Zustimmung nicht vorlag (OLG Hamburg NJW-RR 1999, 1133/1136 – nachgemalte Gemälde. Eine weitere Ausnahme vom Abschlusszwang betrifft Fälle, in denen die Nutzung erkennbar eine schwere Verletzung von Urheberpersönlichkeitsrechten zur Folge hätte oder die Lizenzerteilung über die der Verwertungsgesellschaft im Berechtigungsvertrag eingeräumte Wahrnehmungsbefugnis hinausginge, also gegen die berechtigten Interessen des Rechtsinhabers verstoßen würde (*Riesenhuber/v. Vogel* in Kreile/Becker/Risenhuber (Hrsg.), Recht und Praxis der GEMA, 2. Aufl. 2008, 677/692). Desweiteren wäre es missbräuchlich, von der Verwertungsgesellschaft zu verlangen, die Nutzung von Rechten einzuräumen, wenn dies die Gefahr weiterer Rechtsverletzungen zu Lasten des Wahrnehmungsberechtigten objektiv erhöhen würde (BGH GRUR 2009, 1052/1053 – Seeing is Believing; vgl. BGH GRUR 2006, 319/322 – Alpensinfonie – zum Fall der fehlenden Einwilligung des Berechtigten zur Filmaufzeichnung; zum besonders gelagerten Fall des sog. „Google Book Settlement" so. § 6 Rdnr. 5). In diesen engen, von der Interessenabwägung zwischen Nutzern und Rechtsinhabern bestimmten Grenzen der Billigkeit sind also Ausnahmen vom Abschlusszwang gerechtfertigt.

V. Zahlung unter Vorbehalt/Hinterlegung, § 11 Abs. 2

9 1. § 11 Abs. 2 bewirkt, dass die Nutzungsrechte gesetzlich dem Nutzer eingeräumt werden oder ihm die Einwilligungsrechte **kraft Gesetzes** erteilt werden, wenn a) **Verhandlungen** über die zu zahlende Vergütung zwischen Verwertungsgesellschaft und Nutzer geführt wurden und gescheitert sind und b) die von der Verwertungsgesellschaft geforderte Vergütung vom Nutzer **vor der Nutzung** an die Verwertungsgesellschaft ggf. unter Vorbehalt gezahlt oder zu ihren Gunsten hinterlegt wird (LG Berlin ZUM 1985, 222/223; LG München I ZUM 1985, 224/225). Die Nutzung ist also dann berechtigt, wenn die Voraussetzungen zu a) und b) vorliegen. Diese Vorschrift wirkt flankierend zum Kontrahierungszwang und dient dem Schutz des Verwerters (BGH GRUR 2000, 872/874f. – Schiedsstellenanrufung), denn sie verhindert, dass sich die Verwertungsgesellschaft durch Hinauszögern der Rechtseinräumung oder durch unangemessen hohe Forderungen dem Kontrahierungszwang faktisch entzieht (AmtlBegr. BTDrucks. IV/271 S. 17).

§ 11 Abs. 2 gilt für die Einräumung von Nutzungsrechten, nicht aber für **gesetzliche Vergütungsansprüche**. Mit dem Argument, die Pflicht zur Zahlung unter Vorbehalt bzw. zur Hinterlegung gem. § 11 Abs. 2 diene auch dem Schutz der Verwertungsgesellschaft insbesondere gegen die Insolvenz des Nutzers, wird allerdings de lege ferenda eine Ausdehnung des Anwendungsbereichs von § 11 Abs. 2 auf gesetzliche Vergütungsansprüche befürwortet (*Müller* ZUM 2008, 377; *Gerlach* ZUM 2008, 372/373; vgl. Schlussbericht der Enquete-Kommission „Kultur in Deutschland", BTDrucks. 16/7000, S. 282, 285).

10 2. § 11 Abs. 2 aF schien nach seinem Wortlaut davon auszugehen, dass die Zahlung unter Vorbehalt ebenso wie die Hinterlegung die gesamte von der Verwertungsgesellschaft geforderte Vergütung umfasst. Damit wäre aber nicht berücksichtigt, dass auch dann, wenn die Verwertungsgesellschaft eine höhere Nutzungsvergütung fordert als der Nutzer zu zahlen gewillt ist, stets nur dieser (höhere) Teil der Nutzungsvergütung – die Differenz zwischen geforderter und angebotener Vergütung – im Streit ist. Die Verwertungsgesellschaft würde unbillig behindert und könnte vom Nutzer in einer vom Gesetz nicht beabsichtigten Weise unter Druck gesetzt werden, wenn sich Zahlung unter Vorbehalt oder Hinterlegung auch auf diesen Sockelbetrag erstrecken würde (hM; *Fromm/Nordemann*[10] Rdnr. 5; *Melichar* S. 38).

Die seit 2003 geltende Neufassung des § 11 Abs. 2, die auf Art. 2 Abs. 1 des Gesetzes zur Regelung des Urheberrechts in der Informationsgesellschaft vom 10. 9. 2003 (BGBl. I S. 1774) beruht, stellt auch in ihrem Wortlaut klar (vgl. AmtlBegr. BTDrucks. 15/38 S. 29 f.), dass die vom Nutzer angebotene Nutzungsvergütung, dh. der von ihm „anerkannte Betrag", den **unstreitigen Sockelbetrag** darstellt, den dieser vorbehaltlos an die Verwertungsgesellschaft zu zahlen hat. Lediglich der strittige Betrag der Nutzungsvergütung – die über diesen anerkannten Sockelbetrag „hinaus gehende Forderung der Verwertungsgesellschaft" – ist unter Vorbehalt zu bezahlen oder zu hinterlegen.

Ohne eine Zahlung oder Hinterlegung gem. § 11 Abs. 2 kommt ein gesetzlicher Rechtsübergang nicht zustande, und die Wirkungen einer unberechtigt vorgenommenen Nutzung treten ein (Unterlassungsanspruch, Schadensersatz). Inhalt des Schadensersatzanspruches ist, dass die Verwertungsgesellschaft verlangen kann, so gestellt zu werden, wie sie stünde, wenn der Nutzer rechtmäßig gehandelt hätte; danach ginge der **Schadensersatzanspruch** der Verwertungsgesellschaft auf Zahlung unter Vorbehalt bzw. Hinterlegung gem. § 11 Abs. 2 der von ihr geforderten Lizenzgebühren (vgl. *Kröber* ZUM 1997, 927). Geht man aber davon aus, dass Zweck des § 11 Abs. 2 vor allem der Schutz des Nutzers ist und keine Vermögensposition der Verwertungsgesellschaft begründen soll, so kann er nicht Inhalt von Schadensersatzansprüchen wegen unerlaubter Nutzung sein; denn mit der Hinterlegung oder Zahlung unter Vorbehalt würde die unerlaubte Nutzung gewissermaßen nachträglich legitimiert (BGH GRUR 2000, 872/874 – Schiedsstellenanrufung; ablehnend *Wandtke/Bullinger/Gerlach*[3] Rdnr. 11; *Loewenheim/Melichar*[2] § 48 Rdnr. 16). Zwar ist zuzugeben, dass der Verwertungsgesellschaft in der Praxis häufig mit der Zahlung unter Vorbehalt oder Hinterlegung am meisten gedient ist. Rechtlich ist aber die Nutzung ohne die vorherige Zahlung oder Hinterlegung gem. § 11 Abs. 2 eine Urheberrechtsverletzung; der Verwertungsgesellschaft stehen daher die üblichen Ansprüche auf Unterlassung und Schadensersatz zu (wie hier *Dreier/Schulze*[3] Rdnr. 24).

Auch die Hinterlegung oder **Zahlung einer geringeren** als der von der Verwertungsgesellschaft geforderten **Nutzungsvergütung** unter Vorbehalt reicht im Rahmen von § 11 Abs. 2 für eine gesetzliche Rechtseinräumung nicht aus, sondern wirkt wie eine unberechtigte Nutzung (BGH GRUR 1974, 35/38 – Musikautomat; BGH GRUR 1983, 565/566 – Tarifüberprüfung II).

3. Für die Hinterlegung gelten grundsätzlich die §§ 372 ff. BGB. Für die öffentlich-rechtliche Seite der Hinterlegung gilt die Hinterlegungsordnung vom 10. 3. 1937 (RGBl. I S. 285). Hinterlegungsstelle ist das Amtsgericht (für die GEMA das AG Charlottenburg, vgl. *Riesenhuber/v. Vogel* in Kreile/Becker/Riesenhuber, Recht und Praxis der GEMA, 2. Aufl. 2008, 677/696).

VI. Rechtsweg

Grundsätzlich sind für Streitigkeiten über den Abschlusszwang nach § 11 Abs. 1 die ordentlichen Gerichte zuständig. Vor Klageerhebung **kann** von jedem Beteiligten die **Schiedsstelle** angerufen werden (§ 14 Abs. 1 Nr. 1). Ein Verfahren vor der Schiedsstelle **muss** dagegen der Klage vor den ordentlichen Gerichten vorausgehen (als von Amts wegen zu berücksichtigende Prozessvoraussetzung), wenn die Streitigkeit aus § 11 Abs. 1 die Anwendbarkeit oder Angemessenheit des Tarifs betrifft (§ 16; zum Inhalt des Einigungsvorschlags der Schiedsstelle s. § 14 b).

Stellt sich bei Streitfällen im Rahmen von § 11 Abs. 1 erst im Laufe des Rechtsstreits vor dem ordentlichen Gericht heraus, dass Anwendbarkeit oder Angemessenheit des Tarifs im Streit sind, so gelten § 16 Abs. 2 S. 2, 3: Die Parteien erhalten vom Gericht durch Aussetzen des Rechtsstreits Gelegenheit zur Anrufung der Schiedsstelle. Weist die Partei, die die Anwendbarkeit oder Angemessenheit des Tarifs bestreitet, nicht innerhalb von zwei Monaten nach Aussetzung nach, dass sie die Schiedsstelle angerufen hat, so wird der Rechtsstreit vor dem ordentlichen Gericht fortgesetzt und der von der Verwertungsgesellschaft für das Nutzungsverhältnis zugrunde gelegte Tarif als anwendbar und angemessen zugestanden.

Nicht Prozessvoraussetzung ist das Schiedsstellenverfahren in der Regel bei Streitigkeiten, die sich tatsächlich allein auf § 11 Abs. 2, also auf die Zahlung unter Vorbehalt/Hinterlegung der von der Verwertungsgesellschaft geforderten Lizenzgebühren beziehen. Dies ist sachgerecht, denn die Zahlung oder Hinterlegung gem. § 11 Abs. 2 soll dem Streit über die Anwendbarkeit oder Angemessenheit des Tarifs gerade nicht vorgreifen und unabhängig davon die Nutzung ermöglichen. Streitigkeiten über § 11 Abs. 2 ein – oft langwieriges – Schiedsstellenverfahren vorangehen zu lassen, dürfte daher dem Zweck dieser Bestimmung zuwiderlaufen. Das Verfahren vor der Schiedsstelle soll allerdings dann Prozessvoraussetzung sein, wenn der im Rahmen einer Schadensersatzklage geltend gemachte Anspruch auf Zahlung unter Vorbehalt der Nachprüfung durch die Schiedsstelle oder auf Hinterlegung iS von § 11 Abs. 2 gerichtet ist, da es bei Schadensersatzklagen der Verwertungsgesellschaften auf die Anwendbarkeit oder Angemessenheit des Tarifs ankommt (BGH GRUR 2000, 872/874 – Schiedsstellenanrufung; *v. Ungern-Sternberg* Fs. für Schricker, 2005, S. 567/574 f.; aA *Riesenhuber/v. Vogel* in Kreile/Becker/ Riesenhuber (Hrsg.), Recht und Praxis der GEMA, 2. Aufl. 2008, 677/698; *Dreier/Schulze*[3] Rdnr. 24; su. § 16 Rdnr. 3).

Im Wege der einstweiligen Verfügung kann der Nutzer seinen Anspruch aus § 11 nur ausnahmsweise durchsetzen, nämlich nur dann, wenn ihm aus der Abschlussverweigerung schwerwiegende finanzielle Nachteile drohen, die im Hauptsacheverfahren nicht mehr kompensiert werden können (LG München I ZUM 2004, 79/81).

§ 12 Gesamtverträge

Die Verwertungsgesellschaft ist verpflichtet, mit Vereinigungen, deren Mitglieder nach dem Urheberrechtsgesetz geschützte Werke oder Leistungen nutzen oder zur Zahlung von Vergütungen nach dem Urheberrechtsgesetz verpflichtet sind, über die von ihr wahrgenommenen Rechte und Ansprüche Gesamtverträge zu angemessenen Bedingungen abzuschließen, es sei denn, daß der Verwertungsgesellschaft der Abschluß eines Gesamtvertrages nicht zuzumuten ist, insbesondere weil die Vereinigung eine zu geringe Mitgliederzahl hat.

Schrifttum: *Becker*, Verwertungsgesellschaften als Träger öffentlicher und privater Aufgaben, Fs. für Kreile, 1994, S. 27; *v. Gamm*, Die Tariffestsetzung durch die urheberrechtlichen Verwertungsgesellschaften, Fs. für Nirk, 1992, S. 314; *Melichar*, Die Wahrnehmung von Urheberrechten durch Verwertungsgesellschaften, 1983; *Menzel*, Die Aufsicht über die GEMA durch das Deutsche Patentamt, 1986; *Reinbothe*, Schlichtung im Urheberrecht, 1978; *Schulze*, Die ersten Erfahrungen mit der neuen deutschen Urheberrechtsgesetzgebung, UFITA 50 (1967) 476; *ders.*, Tarife und Gesamtverträge der Verwertungsgesellschaften, UFITA 80 (1977) 151; *ders.*, Stellungnahme zum deutschen Referentenentwurf für eine Urheberrechtsnovelle, FuR 1981, 25; *Strittmatter*, Tarife vor der urheberrechtlichen Schiedsstelle, 1994.

A. Allgemeines

I. Zweck der Vorschrift

1   Nach § 12 sind die Verwertungsgesellschaften verpflichtet, mit Vereinigungen von Nutzern oder von zur Zahlung von Vergütung Verpflichteten zu angemessenen Bedingungen Gesamtverträge abzuschließen. Diese Vorschrift stellt den dritten Fall von Kontrahierungszwang dar, dem die Verwertungsgesellschaften nach dem WahrnG unterworfen sind: § 6, § 11 und § 12. Bei der Verpflichtung zum Abschluss von Gesamtverträgen nach § 12 hat sich der Gesetzgeber am Vorbild der Gesamtverträge orientiert, die die GEMA „im großen Umfang" ua. mit der Vereinigung der Musikveranstalter abgeschlossen hat (AmtlBegr. BTDrucks. IV/271 S. 17; *Becker*, Fs. für Kreile, 1994, S. 27/45 spricht von ca. 343 Gesamtverträgen der GEMA).

Die **Praxis** zeigt, dass der Abschluss von solchen Gesamtverträgen, in denen zwischen Verwertungsgesellschaft und Nutzervereinigung allgemein die Bedingungen im Wesentlichen festgelegt werden, zu denen die einzelnen Werknutzer ihre Nutzungserlaubnis erhalten, im Interesse der Verwertungsgesellschaft wie der Nutzer liegt. Das Gesetz hat daher etwas zur Pflicht gemacht, was ohnehin ständige Übung ist. Auch der Kontrahierungszwang in § 12 soll – wie der Abschlusszwang in § 11 und § 6 – lediglich Missbrauchsmöglichkeiten ausschließen und als Gegengewicht zur Monopolstellung der Verwertungsgesellschaften (Vor §§ 1 ff. Rdnr. 7; § 11 Rdnr. 1) Diskriminierung verhindern bzw. die Gleichbehandlung der am Abschluss von Gesamtverträgen interessierten Nutzervereinigungen gewährleisten.

II. Bedenken gegen § 12

2   Vereinzelt wird die Rechtfertigung oder der Sinn des gesetzlichen Kontrahierungszwanges nach § 12 angezweifelt (*Melichar* S. 40; *Dreier/Schulze*[3] Rdnr. 2). Bedenken wurden auch gegen

die **Verfassungsmäßigkeit** der Vorschrift geäußert, insbesondere unter Hinweis darauf, dass § 12 im Gegensatz zu § 11 Abs. 2 keine Hinterlegungspflicht der Nutzer vorsehe (*Schulze* UFITA 50 (1967) 467/477 f. mwN). Diese Kritik geht mE ebenso fehl wie diejenige gegenüber dem Kontrahierungszwang nach § 11 (§ 11 Rdnr. 2). Dass der Abschluss von Gesamtverträgen sinnvoll ist im Interesse aller Beteiligten, ist unbestritten. Geht man daher – wie die gesamte Konzeption des WahrnG – davon aus, dass die Verwertungsgesellschaften eine Monopolstellung innehaben (sei es als absolute oder relative, vgl. § 11 Rdnr. 1), so ist es folgerichtig, sie einem Kontrahierungszwang zu angemessenen Bedingungen, und damit einem Gleichbehandlungsgebot auch bei Gesamtverträgen zu unterwerfen; zumal in § 12 dieser Abschlusszwang durch die Zumutbarkeitsklausel im letzten Halbsatz relativiert wird (su. Rdnr. 10 ff.).

B. Inhalt der Vorschrift

I. Verpflichtung zum Abschluss von Gesamtverträgen

1. Gesamtverträge sind Rahmenvereinbarungen, die zwischen den Verwertungsgesellschaften **3** und solchen Vereinigungen abgeschlossen werden, in denen einzelne Verwerter zusammengeschlossen sind. Diese Verwerter können Werknutzer sein oder nach dem UrhG zur Zahlung von Vergütung Verpflichtete; bei letzteren hatte der Gesetzgeber insbesondere die Hersteller von Bild- und Tonaufnahmegeräten im Auge, die nach § 53 Abs. 5 aF UrhG zur Zahlung einer Vergütung verpflichtet waren (Bericht des Rechtsausschusses zu BTDrucks. IV/3402 S. 3). Durch die Urheberrechtsnovelle von 1985 war der Kreis der zur Zahlung von Vergütung Verpflichteten noch erweitert und ist nunmehr durch den sog. Zweiten Korb konkretisiert worden (vgl. §§ 53, 54 ff. UrhG; so. Vor §§ 1 ff. Rdnr. 13).

Anspruch auf Abschluss eines Gesamtvertrages haben sowohl inländische als auch ausländische Nutzervereinigungen. Voraussetzung ist aber stets, dass es um die Nutzung von Rechten in Deutschland, also im Geltungsbereich des WahrnG, geht. Dies folgt schon aus dem Gesetzeswortlaut (Nutzung von „nach dem Urheberrechtsgesetz geschützte[n] Werke[n] oder Leistungen") und entspricht sowohl der Wahrnehmungsbefugnis der Verwertungsgesellschaft als auch praktischen Erwägungen (OLG München ZUM 2006, 466/471 ff.; *Fromm/Nordemann*[10] Rdnr. 5).

In den **Gesamtverträgen** werden allgemein die **wesentlichen Bedingungen** vereinbart, zu denen dann später die eigentliche Nutzungserlaubnis von der Verwertungsgesellschaft an die Verbandsmitglieder in Einzelverträgen mit diesen erteilt wird. Die Gesamtverträge legen den Vertragsinhalt der Einzelverträge also im Wesentlichen fest. Die Einzelverträge regeln nur noch die Besonderheiten des Einzelfalls, die über die im Gesamtvertrag vorgegebenen Rahmenbedingungen hinausgehen (vgl. OLG München ZUM 1986, 157). Es gibt Verwertervereinigungen, deren einziger oder Hauptzweck es ist, mit einer Verwertungsgesellschaft Gesamtverträge iS von § 12 abzuschließen; dazu gehört etwa die Bundesvereinigung der Musikveranstalter. Die Mehrzahl der Gesamtverträge wird aber zwischen Verwertungsgesellschaften und solchen Vereinigungen abgeschlossen, die diese Aufgabe nur nebenbei – und gemessen am eigentlichen Ziel der Vereinigung als atypische Betätigung – für ihre Mitglieder wahrnehmen. Hierzu zählen zB die politischen Parteien, mit denen die GEMA Gesamtverträge abgeschlossen hat oder die Bundesregierung, mit der die VG Wort Gesamtverträge abgeschlossen hat (*Reinbothe* S. 23).

2. Der Abschluss von Gesamtverträgen ist für Verwertungsgesellschaften wie für Nutzervereini- **4** gungen gleichermaßen vorteilhaft. Der **Vorteil** für die Nutzervereinigungen und ihre Mitglieder liegt darin, dass der Gesamtvertrag regelmäßig niedrigere Vergütungssätze (mit Abschlägen bis etwa 20%) enthält, als sie die allgemein geltenden Einzelnutzungstarife aufweisen (vgl. OLG München ZUM 2003, 319/323; *Loewenheim/Melichar*[2] § 48 Rdnr. 42; *Melichar* S. 85; *Menzel* S. 21 f.). Für die Verwertungsgesellschaften besteht der Vorteil in der Verwaltungsvereinfachung. Da die Nutzungstarife und andere Bedingungen bereits im Gesamtvertrag festgelegt sind, können die Einzelverträge ohne zeitraubende Vertragsverhandlungen mit den potentiellen Nutzern geschlossen werden. Als Gegenleistung für die Vorzugssätze bei der Vergütung leisten außerdem die Nutzervereinigungen den Verwertungsgesellschaften meist Hilfestellung bei der Abwicklung und Kontrolle der Einzelnutzungsvorgänge (BGH GRUR 1974, 35/37 – Musikautomat; Schiedsstelle ZUM 1989, 314/315): Sie stellen zB den Verwertungsgesellschaften Verzeichnisse ihrer Mitglieder zur Verfügung oder halten Mitglieder zur Einhaltung der Verpflichtungen gegenüber der Verwertungsgesellschaft an (*Mestmäcker/Schulze* Anm. 1).

§ 12 Gesamtverträge

5   **3. a) Rechtsnatur und Bindungswirkung der Gesamtverträge** sind vom Gesetz nicht definiert. Der Gesamtvertrag wird als **Rahmenvertrag** bezeichnet (AmtlBegr. BTDrucks. IV/271 S. 17), sein Vertragstypus aber nicht erläutert. Der Gesamtvertrag regelt selbst keine Nutzungsvorgänge, sondern setzt zur Vorbereitung der Einzelverträge schuldrechtlich Normen. Er ist damit eine schuldrechtliche Standardisierungsvereinbarung, die Ähnlichkeit zu arbeits- oder sozialrechtlichen Kollektivvereinbarungen aufweist (*Reinbothe* S. 24 ff., 27). Als Normenvertrag mit lediglich schuldrechtlicher Wirkung ist er ein Rahmenvertrag (*Reinbothe* S. 28; OLG München ZUM 1986, 157; *Strittmatter* S. 40: „zweiseitiger Rahmenvertrag mit einseitigem Drittforderungsrecht").

6   **b)** Der Gesamtvertrag **bindet** nur die an ihm beteiligten Vertragsparteien, also Verwertungsgesellschaft und Nutzervereinigung. Eine normative Drittwirkung auf die Mitglieder der Nutzervereinigung hat er nicht (vgl. zu den entsprechenden Überlegungen im Gesetzgebungsgang *Reinbothe* S. 26; Beschluss der Schiedsstelle ZUM 1987, 183/184). Unmittelbare rechtliche Wirkung für die Einzelnutzer kann der Gesamtvertrag nur entfalten, wenn sich die Einzelnutzer – die Mitglieder der Nutzervereinigung – ihm unterwerfen. Solange sich die Einzelmitglieder der Nutzervereinigung nicht den Bedingungen des Gesamtvertrages unterworfen haben, können sie weiterhin die Angemessenheit der Tarife bestreiten und versuchen, einen individuellen Nutzungsvertrag durchzusetzen (vgl. OLG München GRUR 1990, 358/359 – Doppelmitgliedschaft). Andererseits ist es der Verwertungsgesellschaft nicht verwehrt, gegen Einzelnutzer vorzugehen, die sich nicht dem Gesamtvertrag angeschlossen bzw. ihn anerkannt haben (BGH ZUM 1988, 575/577 – Kopierwerk; *Strittmatter* S. 37 ff.). Den Nutzervereinigungen obliegt es deshalb, gegenüber ihren Mitgliedern darauf hinzuwirken, dass diese die im Gesamtvertrag vereinbarten Bedingungen anerkennen. Nur so ist – will man die Gesamtvertragsregelungen nicht bloße Richtlinien bleiben lassen und auf ihre faktische Anwendung vertrauen – ihre Geltung in jedem Einzelfall rechtlich zu sichern. Dies kann durch inneres Verbandsrecht der Nutzervereinigung erfolgen. Im Übrigen wird die freiwillige Annahme der Gesamtvertragsbedingungen durch Annahmevereinbarung oder Anwendung im Einzelnutzungsvertrag ihre faktische Drittwirkung herbeiführen; denn es liegt im Interesse aller Beteiligten, aus den (günstigeren) Bedingungen des Gesamtvertrages Nutzen zu ziehen.

7   **c)** In der Praxis werden zT auch solche Verträge als Gesamtverträge bezeichnet, die zwischen einer Verwertungsgesellschaft und einem **Zusammenschluss von Verwertern** abgeschlossen werden, der selbst die Nutzungsvorgänge (Lizenzerteilung, Vergütung usw.) vornimmt und abwickelt, ohne dass es der Einzelverträge bedarf. Solche Verträge sind jedoch Nutzungsvereinbarungen nach § 11 und trotz ihrer Bezeichnung keine Gesamtverträge iS von § 12 (*Melichar* S. 41: „Echte Gesamtverträge" im Gegensatz zu „unechten Gesamtverträgen" iS von § 12; *Loewenheim/Melichar*[2] § 48 Rdnr. 38; *Wandtke/Bullinger/Gerlach*[3] Rdnr. 4, jeweils mit Beispielen).

8   **d)** Für das Verhältnis zwischen einem gültigen Gesamtvertrag und der Veröffentlichung eines **neuen Tarifs** durch die Verwertungsgesellschaft ist entscheidend, ob dieser Tarif den im Gesamtvertrag geregelten Nutzungstatbestand erfasst. Ist dies der Fall, so ist der neue Tarif als Angebot zur Änderung des Gesamtvertrages anzusehen, nicht aber als (Teil-)Kündigung des Gesamtvertrages. Erfasst der neue Tarif einen anderen Nutzungstatbestand, so kann die Nutzervereinigung hierüber den Abschluss eines weiteren Gesamtvertrages verlangen (*v. Gamm*, Fs. für Nirk, 1992, S. 314/319).

II. Angemessene Bedingungen

9   § 12 verpflichtet die Verwertungsgesellschaften nicht schlechthin zum Abschluss von Gesamtverträgen, sondern nur unter der Voraussetzung, dass diese angemessene Bedingungen enthalten. Auch dort, wo das WahrnG an anderen Stellen den Verwertungsgesellschaften Kontrahierungszwang vorschreibt (§ 11, § 6), relativiert es ihn durch das Gebot der angemessenen Bedingungen. Wann die Bedingungen eines Gesamtvertrages als angemessen anzusehen sind, definiert § 12 genausowenig wie § 6 für den Wahrnehmungszwang oder § 11 für den Nutzungsvertrag.

Ebenso wie der Nutzungsvertrag nach § 11 ist der Gesamtvertrag nach § 12 auf die Festlegung von Nutzungsbedingungen gerichtet, wenn auch als Rahmenvertrag. Der Begriff der angemessenen Bedingungen ist daher für § 12 zunächst grundsätzlich ähnlich auszulegen wie in § 11 (s. ausführlich § 11 Rdnr. 5 f; *Reinbothe* S. 40 ff., 46). Auch die Bedingungen des Gesamtvertrages sind daher nur angemessen, wenn Leistung und Gegenleistung, also **Rechte und**

Pflichten der Verwertungsgesellschaft auf der einen und der Nutzungsvereinigung sowie der Einzelnutzer auf der anderen Seite zueinander in einem **ausgewogenen Verhältnis** stehen. Insbesondere muss die vorgesehene Vergütung so bemessen sein, dass die Berechtigten eine angemessene Beteiligung an der wirtschaftlichen Nutzung ihrer Werke erhalten und die Verwertungsgesellschaft finanziell in die Lage versetzt wird, ihre Aufgaben zu erfüllen. Auch hier sind gleichgelagerte Fälle gleich zu behandeln (Diskriminierungsverbot).

Ein besonderer Faktor für die Angemessenheit der Bedingungen von Gesamtverträgen ist abweichend von § 11 das Verhältnis zwischen den von der Verwertungsgesellschaft im Gesamtvertrag gewährten Vorzugsbedingungen (Tarifnachlass) und der von der Nutzervereinigung als Gegenleistung hierfür gewährten Hilfestellung bei der Abwicklung und Kontrolle der Einzelnutzungsverträge (so. Rdnr. 4). Auch insoweit müssen im Gesamtvertrag Leistung und Gegenleistung in einem angemessenen Verhältnis zueinander stehen. Für die Ermittlung der Angemessenheit sind das Verhältnis zwischen Gesamtvertragsrabatt und Vergütungssätzen sowie die Vermarktungskosten zu berücksichtigen (vgl. OLG München ZUM 2003, 319/322 ff.; OLG München ZUM-RD 2002, 474/477 ff.; BGH GRUR 2001, 1139/1143 ff. – Gesamtvertrag privater Rundfunk).

Wenn die Gesamtvertragsparteien die Bedingungen des Gesamtvertrages für nicht mehr angemessen halten, können sie diesen entsprechend den im Gesamtvertrag vereinbarten Bedingungen **kündigen** oder eine Änderung des Gesamtvertrages verlangen; zum Rechtsweg su. Rdnr. 13. Die Verwertungsgesellschaft kann auch den im Gesamtvertrag vereinbarten Tarif ändern, muss dabei aber die Bedingungen von § 13 und – wenn es sich um Tarife für Geräte und Speichermedien handelt – § 13 a beachten (zum Verhältnis zwischen einem gültigen Gesamtvertrag und der Veröffentlichung eines neuen Tarifs so. Rdnr. 8).

III. Zumutbarkeit

1. Im letzten Halbsatz enthält § 12 zugunsten der Verwertungsgesellschaften eine allgemeine **Ausnahme vom Abschlusszwang.** Das Gesetz sagt ausdrücklich, dass der Verwertungsgesellschaft der Abschluss eines Gesamtvertrages mit einer Nutzervereinigung, die eine **zu geringe Mitgliederzahl** hat, nicht zuzumuten ist. Als zu klein in diesem Sinne wird eine Nutzervereinigung mit nur 6 Mitgliedern angesehen, selbst wenn diese Mitglieder angeblich alle einschlägigen Nutzer in dem betreffenden Bereich darstellen (OLG München Schulze OLGZ 216 m. Anm. *Nordemann*; Schiedsstelle ZUM 1989, 314/315; *Melichar* S. 40; *Mestmäcker/Schulze* Anm. 2). Selbst 21 Mitglieder stellen eine zu geringe Anzahl dar, wenn ihnen der Beitritt zum Gesamtvertrag freigestellt ist und mit dem Abschluss von nur wenigen Einzelnutzungsvereinbarungen gerechnet werden muss (vgl. *v. Gamm*, Fs. für Nirk, 1992, S. 314/316 mwN). Dass mit einer anderen Nutzervereinigung mit mehr Mitgliedern als die den Abschluss des Gesamtvertrages begehrenden bereits ein Gesamtvertrag besteht, begründet für sich nicht die Unzumutbarkeit für den (zweiten) Gesamtvertrag (OLG München GRUR 1990, 358 – Doppelmitgliedschaft; *Strittmatter* S. 180 f. mwN).

2. Die zu geringe Mitgliederzahl einer Nutzervereinigung ist nur beispielhaft aufgeführt („insbesondere"), und damit ein Unterfall, keineswegs aber einziger oder abschließender Fall der Unzumutbarkeit. Allgemein ist die Verwertungsgesellschaft also nicht zum Abschluss eines Gesamtvertrages verpflichtet, wenn ihr dies – auch **aus anderen Gründen – unzumutbar** ist. Dies wird vor allem immer dann der Fall sein, wenn der von der Verwertungsgesellschaft erbrachten gesamtvertragstypischen Leistung – finanzielle Vergünstigung durch Vorzugstarif – nicht diejenigen Vorteile gegenüberstehen, die eine solche Vergünstigung rechtfertigen (Hilfestellung bei der Abwicklung und Kontrolle von Einzelverträgen, Verwaltungsvereinfachung, so. Rdnr. 4), die Zweckbestimmung des Gesamtvertrages also nicht erfüllbar ist (OLG München Schulze OLGZ 216; *Schulze* UFITA 80 (1977) 151/153). Zur Ermittlung der Unzumutbarkeit muss deshalb eine Abwägung der Interessen von Verwertungsgesellschaft und Nutzervereinigung im Einzelfall vorgenommen werden. Als unzumutbar wurde der Abschluss eines Gesamtvertrages auch angesehen, wenn im Gesamtvertrag offen bleibt, ob und welche Nutzer sich an der im Gesamtvertrag getroffenen Rahmenregelung beteiligen (*Mestmäcker/Schulze* Anm. 2 mwN).

3. Die Unzumutbarkeit wirkt als Ausnahme vom Abschlusszwang zugunsten der Verwertungsgesellschaft. Ihr obliegt daher die **Beweislast** für das Vorliegen der Unzumutbarkeit und der sie begründenden Umstände.

IV. Rechtsweg

13 1. Bestehen Streitigkeiten über Abschluss oder Änderung eines Gesamtvertrages, so kann jeder Beteiligte die **Schiedsstelle** anrufen (§ 14 Abs. 1 Nr. 1 Buchstabe c). Dieses Recht auf Anrufung der Schiedsstelle kann auch nicht durch einen Schiedsvertrag für die Zukunft ausgeschlossen werden (§ 14 Abs. 7). Zwingend vorgeschrieben ist die Anrufung der Schiedsstelle vor Erhebung einer **Klage,** die auf Abschluss oder Änderung eines Gesamtvertrages gerichtet ist (§ 16 Abs. 1). Das Schiedsstellenverfahren ist in diesem Fall von Amts wegen zu berücksichtigende Prozessvoraussetzung (AmtlBegr. BTDrucks. 10/837 S. 24). Ausnahmen gelten für die Anträge auf Anordnung eines Arrestes oder einer einstweiligen Verfügung (§ 16 Abs. 3).

14 2. Die Entscheidung der Schiedsstelle enthält einen **Einigungsvorschlag** über den Inhalt des Gesamtvertrages mit Wirkung frühestens ab 1. Januar des Jahres der Antragstellung (Einzelheiten bei § 14 c). Nach der Durchführung des obligatorischen Schiedsstellenverfahrens ist für Streitigkeiten über Abschluss oder Änderung eines Gesamtvertrages ausschließlich das für den Sitz der Schiedsstelle zuständige Oberlandesgericht München im ersten Rechtszug zuständig. Es setzt den Inhalt des Gesamtvertrages fest und ersetzt damit eine entsprechende Vereinbarung der Beteiligten (§ 16 Abs. 4). Das Recht auf Klage kann ebenfalls nicht durch Schiedsvertrag für die Zukunft ausgeschlossen werden (§ 14 Abs. 7). Die Entscheidung des Oberlandesgerichtes kann mit der Revision angefochten werden (vgl. BGH GRUR 1987, 632/634 – Symphonie d'Amour).

V. Tarifwirkung

15 Wegen der überregionalen Bedeutung von Gesamtverträgen gelten die in ihnen vereinbarten Vergütungssätze kraft Gesetzes als Tarife (§ 13 Abs. 1 S. 2). Sie müssen deshalb von der Verwertungsgesellschaft, ebenso wie die von ihr einseitig aufgestellten Einzelnutzungstarife auch, veröffentlicht werden (§ 13 Abs. 2). Dafür, dass die Nutzervereinigungen eine Beteiligungspflicht an den Veröffentlichungskosten für Gesamtvertragsvergütungssätze treffen sollte (so *Schulze* FuR 1981, 25/26), ergibt sich aus dem Gesetz kein Anhaltspunkt (s.u. § 13 Rdnr. 5).

§ 13 Tarife

(1) ¹Die Verwertungsgesellschaft hat Tarife aufzustellen über die Vergütung, die sie auf Grund der von ihr wahrgenommenen Rechte und Ansprüche fordert. ²Soweit Gesamtverträge abgeschlossen sind, gelten die in diesen Verträgen vereinbarten Vergütungssätze als Tarife.

(2) **Die Verwertungsgesellschaft ist verpflichtet, die Tarife und jede Tarifänderung unverzüglich im Bundesanzeiger zu veröffentlichen.**

(3) ¹Berechnungsgrundlage für die Tarife sollen in der Regel die geldwerten Vorteile sein, die durch die Verwertung erzielt werden. ²Die Tarife können sich auch auf andere Berechnungsgrundlagen stützen, wenn diese ausreichende, mit einem wirtschaftlich vertretbaren Aufwand zu erfassende Anhaltspunkte für die durch die Verwertung erzielten Vorteile ergeben. ³Bei der Tarifgestaltung ist auf den Anteil der Werknutzung am Gesamtumfang des Verwertungsvorganges angemessen Rücksicht zu nehmen. ⁴**Die Verwertungsgesellschaft soll bei der Tarifgestaltung und bei der Einziehung der tariflichen Vergütung auf religiöse, kulturelle und soziale Belange der zur Zahlung der Vergütung Verpflichteten einschließlich der Belange der Jugendpflege angemessene Rücksicht nehmen.**

Schrifttum: *Becker,* Verwertungsgesellschaften als Träger öffentlicher und privater Aufgaben, Fs. für Kreile, 1994, S. 27; *Bullinger,* Tonträgermusik im Hörfunk, ZUM 2001, 1; *Dördelmann,* Gedanken zur Zukunft der Staatsaufsicht über Verwertungsgesellschaften, GRUR 1999, 890; *v. Gamm,* Die Tariffestsetzung durch die urheberrechtlichen Verwertungsgesellschaften, Fs. für Nirk, 1992, S. 314; *Kreile/Becker,* Multimedia und die Praxis der Lizenzierung von Urheberrechten, GRUR Int. 1996, 677; *Melichar,* Die Wahrnehmung von Urheberrechten durch Verwertungsgesellschaften, 1983; *Menzel,* Die Aufsicht über die GEMA durch das Deutsche Patentamt, 1986; *Möller,* Die Urheberrechtsnovelle '85: Entstehungsgeschichte und verfassungsrechtliche Grundlagen, 1986; *Nordemann,* Die Urheberrechtsreform 1985, GRUR 1985, 837; *Pietzko,* GEMA-Tarife auf dem Prüfstand, Fs. für Paul W. Hertin, 2000, S. 171; *Reinbothe,* Schlichtung im Urheberrecht, 1978; *ders.,* Beschränkungen und Ausnahmen von den Rechten im WIPO-Urheberrechtsvertrag, Fs. für Dittrich, 2000, S. 251; *Schricker,* Zum Begriff der angemessenen Vergütung im Urheberrecht – 10% vom Umsatz als Maßstab?, GRUR 2002, 737; *Schulze,* Stellungnahme zum deutschen Referentenentwurf für eine Urheberrechtsnovelle, FuR 1981, 25; *ders.,* Tarife und Gesamtverträge der Verwertungsgesellschaften, UFITA 80 (1977) 151; *Strittmatter,* Tarife vor der urheberrechtlichen Schiedsstelle, 1994; *Stickelbrock,* Die Zukunft der Privatkopie im digitalen Zeitalter, GRUR 2004, 736; *v. Ungern-Sternberg,* Zur Durchführung des Verfahrens vor der Schiedsstelle nach dem Urheberrechtswahrnehmungsgesetz als Prozessvoraussetzung, Fs. für Schricker, 2005, 567; *Zapf,* Kollektive Wahrnehmung von Urheberrechten im Online-Bereich, 2002.

I. Pflicht zur Aufstellung von Tarifen, § 13 Abs. 1

1. Nach **§ 13 Abs. 1 S. 1** sind die Verwertungsgesellschaften zur **Aufstellung von Tarifen** 1 über die von ihnen geforderten Vergütungen verpflichtet. Damit soll sichergestellt werden, dass die Verwertungsgesellschaften alle gleich gelagerten Nutzungsvorgänge im Interesse der Allgemeinheit gleich behandeln und abrechnen. Bei der Tarifaufstellung ist daher der Gleichbehandlungsgrundsatz zu beachten (Schiedsstelle ZUM 1987, 187/189): Gleich gelagerte Fälle sind gleich zu behandeln. Das Gebot der gleichartigen Behandlung gleichartiger Unternehmen findet seine Grundlage in § 20 Abs. 1 GWB (vgl. OLG München ZUM-RD 2003, 464/466). Die Tarife ermöglichen es außerdem den Verwertungsgesellschaften, die Nutzungsrechte zu vergeben, ohne in jedem Einzelfall über Art und Höhe der Vergütung neu verhandeln zu müssen. Vorbild für den Gesetzgeber war auch hier die GEMA mit ihrem umfassenden Tarifwerk (AmtlBegr. BTDrucks. IV/271 S. 17). Heute hat allein die GEMA über 80 Tarife aufgestellt (vgl. www.gema.de; die Fundstellen der Tarife sind angegeben bei *Hillig,* Urheber- und Verlagsrecht, Becksche Textausgabe, 11. Aufl. 2008, jeweils am Ende der Nr. 16 ff.; zur Beurteilung der GEMA-Tarife ausführlich *Pietzko,* Fs. für Hertin, 2000, S. 171). Allerdings verpflichtet § 13 Abs. 1 S. 1 die Verwertungsgesellschaften nicht, gesonderte Tarife für jede nur mögliche Fallgestaltung vorzusehen (*v. Gamm,* Fs. für Nirk, 1992, S. 314/317). Eine abgestufte Tarifgestaltung, die für verschiedene Werke oder Leistungen unterschiedliche Tarife vorsieht, ist aber möglich (*Dördelmann* GRUR 1999, 890/893). Im Übrigen sind die Tarife stets an geänderte Umstände betreffend die Nutzung anzupassen (vgl. BGH GRUR 2004, 669/671 f. – Musikmehrkanaldienst).

Die Verwertungsgesellschaften sind nicht zur Aufstellung von Tarifen verpflichtet, soweit deren Höhe bereits vom Gesetzgeber in Form von **gesetzlichen Tarifen** bestimmt ist. Gesetzliche Tarife bestehen für das Folgerecht (§ 26 Abs. 1 UrhG), das die Vergütung als Prozentsatz vom Veräußerungserlös definiert. Gesetzliche Tarife bestanden auch für die Vergütungspflicht nach §§ 54 Abs. 1 aF und 54a aF UrhG, für die gem. § 54d Abs. 1 aF UrhG iVm der Anlage zum UrhG feste Vergütungssätze galten (*Loewenheim/Melichar*[2] § 48 Rdnr. 26; zur Vergütungshöhe bei gesetzlichen Tarifen im Einzelnen *Dreier/Schulze*[3] Rdnr. 7 ff.). Die gesetzlichen Tarife gem. der Anlage zu § 54d Abs. 1 aF UrhG wurden im Zuge der Urheberrechtsnovelle von 2007, dem sog. „Zweiten Korb" (Zweites Gesetz zur Regelung des Urheberrechts in der Informationsgesellschaft vom 26. 10. 2007, BGBl. I S. 2513), aufgehoben und durch § 13a ersetzt, wonach die Verwertungsgesellschaften die Tarife mit den zur Zahlung der Vergütung für Geräte und Speichermedien gem. § 54 UrhG Verpflichteten in Gesamtverträgen festlegen sollen und ggf. selbst aufstellen können (im Einzelnen su. § 13a Rdnr. 1). Diese Regelung gilt seit 1. 1. 2008; Übergangsvorschriften für vor diesem Datum abgeschlossene Gesamtverträge und aufgestellte Tarife finden sich in § 27 (su. § 27 Rdnr. 1).

2. Nach ihrem **rechtlichen Charakter** sind die von den Verwertungsgesellschaften nach 2 § 13 aufgestellten Tarife nicht bindende Normen. Sie stellen lediglich das von den Verwertungsgesellschaften bindend abgegebene **Tarifangebot** dar. Die Tarife haben damit nur die Funktion, die von den Verwertungsgesellschaften geforderten Vergütungssätze als eine Art Preisliste für die Nutzer zusammenzustellen und offenzulegen (*Reinbothe* S. 30). Akzeptiert ein Nutzer den Tarif nicht, so kann er die Vergütungssätze im Rahmen von § 11 frei verhandeln (wie hier BVerfG GRUR 1997, 123/124 – Kopierladen I). Zum Rechtsweg s. unten Rdnr. 12.

3. Nach **§ 13 Abs. 1 S. 2** gelten die **Gesamtvertrags-Vergütungssätze,** die im Rahmen ei- 3 nes Gesamtvertrages (§ 12) zwischen einer Verwertungsgesellschaft und einer Nutzervereinigung vereinbart worden sind, ebenfalls als Tarife. Dies kann jedoch nicht bedeuten, dass damit die Gesamtvertrags-Vergütungssätze von den Verwertungsgesellschaften bindend abgegebene Tarifangebote gegenüber potentiellen Nutzern darstellen, also allgemein gültige Tarife iS von § 13 Abs. 1 S. 1 werden. Vielmehr bezieht sich die Analogie zu den Tarifen im Wesentlichen nur auf die Pflicht zur Veröffentlichung (§ 13 Abs. 2, su. Rdnr. 4 f.). Auch wenn sie insoweit wie Tarife zu behandeln sind, gelten die Gesamtvertrags-Vergütungssätze also nur für die Mitglieder der

Nutzervereinigung, die den jeweiligen Gesamtvertrag mit der Verwertungsgesellschaft abgeschlossen hat; für Außenseiter gilt der Normaltarif außerhalb des Gesamtvertrages (BGH GRUR 1974, 35/37 – Musikautomat).

Aus der Natur des Gesamtvertrages folgt, dass die in ihm vereinbarten Vergütungssätze günstiger sind als die Normaltarife der Verwertungsgesellschaft (§ 12 Rdnr. 4). Dies ist gerechtfertigt und auch kartellrechtlich nicht zu beanstanden (*Mestmäcker/Schulze* Anm. 1).

II. Veröffentlichungspflicht, § 13 Abs. 2

4 **1.** Da die Tarife überregionale Bedeutung haben und meist einen größeren Personenkreis von Nutzern betreffen, ist die Verwertungsgesellschaft verpflichtet, die Tarife und jede Tarifänderung unverzüglich, also ohne schuldhaftes Zögern (§ 121 BGB), im Bundesanzeiger zu **veröffentlichen**. Dies gilt für die Einzel- (Normal-)Tarife ebenso wie für die Gesamtvertrags-Vergütungssätze (§ 13 Abs. 1 S. 2). Die Nutzer sollen sich so leichter über die Tarife unterrichten können (AmtlBegr. BTDrucks. IV/271 S. 18). Vereinzelt wird allerdings bezweifelt, ob die (Pflicht zur) Veröffentlichung im Bundesanzeiger in der Praxis von Nutzen und im Zeitalter des Internet noch zeitgemäß ist, zumal die Tarife der Verwertungsgesellschaften idR über deren Internetauftritt (Webseite) zugänglich sind (*Mestmäcker/Schulze* Anm. 3; *Loewenheim/Melichar*[2] § 48 Rdnr. 27).

5 **2.** Da die Pflicht zur Veröffentlichung der Tarife die Verwertungsgesellschaft trifft, hat sie auch die **Kosten der Veröffentlichung** zu tragen. Dies gilt auch für die Veröffentlichung der Gesamtvertrags-Vergütungssätze, die insoweit Tarifen gleichgestellt sind. Der Vorschlag, die Kosten für die Veröffentlichung von Gesamtvertrag-Vergütungssätzen von beiden (Gesamt-)Vertragsparteien zu gleichen Teilen tragen zu lassen (*Schulze* FuR 1981, 25/26), findet im Gesetzeswortlaut keine Stütze. Auch ist die Veröffentlichung der Normaltarife, deren Kosten unstreitig die Verwertungsgesellschaft allein zu tragen hat, ebenso eine Maßnahme, die (auch) im Interesse der Nutzer liegt wie die Veröffentlichung der Gesamtvertrags-Vergütungssätze.

III. Berechnung der Tarife, § 13 Abs. 3

6 Im Rahmen der Urheberrechtsnovelle von 1985 wurde § 13 Abs. 3 um drei Sätze ergänzt, die **Grundsätze für die Tarifgestaltung** durch die Verwertungsgesellschaften enthalten. Diese Ergänzung wurde eingeführt auf Grund der Beschlussempfehlung des Rechtsausschusses des Deutschen Bundestages (BTDrucks. 10/3360 S. 10) und geht zurück auf eine Kleine Anfrage der Bundestagsfraktionen von CDU/CSU und FDP zur Tarifpolitik der GEMA (BTDrucks. 10/2700). Durch die Ergänzung von § 13 Abs. 3 um die Sätze 1 bis 3 – Satz 4 entspricht dem § 13 Abs. 3 aF – sollte die Tarifgestaltung der Verwertungsgesellschaften für die Nutzer und für die Schiedsstelle, der mit der Novellierung auch die Zuständigkeit für Entscheidungen über Einzelnutzungen übertragen wurde, „durchschaubarer" werden (Bericht des Rechtsausschusses, BTDrucks. 10/3360 S. 21; *Möller* S. 56). Ihrer Natur nach waren diese Ergänzungen auch auf ältere Tarife anwendbar (Schiedsstelle ZUM 1989, 207).

Da die Verpflichtung zur Tarifaufstellung am Grundsatz der Gleichbehandlung anknüpft (so. Rdnr. 1), müssen Tarife eine „innere Logik" und ein „nachvollziehbares Berechnungsschema" aufweisen (Schiedsstelle ZUM 1987, 187/189). Gewisse Pauschalierungen, zB auch Mindestvergütungsregelungen, sind dabei zulässig (BGH GRUR 1988, 373/376 – Schallplattenimport III); dass dabei Härten auftreten können, ist in bestimmtem Umfang als „systemimmanent" hinzunehmen (Schiedsstelle ZUM 1990, 259/260; Schiedsstelle ZUM 2007, 587/589).

Die Berechnung der **Tarife für Geräte und Speichermedien** iR der Pauschalvergütung für private Vervielfältigungen gem. §§ 54 ff. UrhG richtet sich nicht nach § 13 Abs. 3. Insoweit ist vielmehr § 13 a lex specialis und geht § 13 Abs. 3 vor (su. § 13 a Rdnr. 2).

7 **1. a)** Nach § 13 Abs. 3 S. 1 sollen **Berechnungsgrundlage für die Tarife** in der Regel die **„geldwerten Vorteile"** der Nutzung sein. Dies ist nichts anderes als eine gesetzliche Festlegung und Konkretisierung des urheberrechtlichen Grundgedankens, wonach der Urheber angemessen am wirtschaftlichen Nutzen seines Werkes zu beteiligen ist (BGH GRUR 1986, 376/378 – Filmmusik; vgl. BGH GRUR 1982, 102/103 – Masterbänder – mwN; BGH GRUR 1985, 131/132 – Zeitschriftenauslage beim Friseur; OLG München GRUR 1983, 578/580 – Musiknutzung bei Videokassetten; BGH GRUR 2001, 1139/1142 – Gesamtvertrag pri-

vater Rundfunk; OLG München ZUM-RD 2003, 464/472; vgl. *Strittmatter* S. 103 ff.; zu Werbeaufträgen, Pay-Programm-Zahlungen und Rundfunkgebühren als geldwerte Vorteile vgl. *Bullinger* ZUM 2001, 1/9 ff.). Maßstab für diesen wirtschaftlichen Nutzen kann erkennbar nur der wirtschaftliche Erfolg des Verwerters sein, soweit er in unmittelbarem Zusammenhang mit der Nutzung eines bestimmten Werkes steht. Entscheidend dürfte deshalb nicht der Gewinn des Verwerters sein – dieser hängt von zahlreichen, nicht mit dem Werk zusammenhängenden Faktoren ab –, sondern der **Umsatz**, den er mit dem Werk erzielt (so auch *Nordemann* GRUR 1985, 837/842; vgl. BGH GRUR 1986, 376/378 – Filmmusik – zum Detailverkaufspreis als Berechnungsgrundlage für das Autorenhonorar; OLG München ZUM-RD 2003, 464/472; ständige Spruchpraxis der Schiedsstelle ZUM 1987, 183/185; ZUM 1987, 187/189; ZUM 1988, 471/478; ZUM 1989, 207; ZUM 1989, 426; ZUM 1989, 533/535; ZUM 2005, 670/680). Die Anknüpfung am Umsatz folgt aus der Notwendigkeit, den Urheber nicht auf eine Position zurückzudrängen, die ihn am wirtschaftlichen Risiko des Nutzers beteiligen würde (Schiedsstelle ZUM 1989, 533/535). Dabei stellt eine Urheberentschädigung von 10% der Bruttoeinnahmen zwar die Regel dar. Diese **10%-Regel** hat ihren Ursprung im Verlagswesen, kann allerdings selbst dort nicht generell als angemessen angesehen werden. Höher als 10% sollte die Prozentbeteiligung jedenfalls im „digitalen Zeitalter" im Falle der Werknutzung in unkörperlicher Form ausfallen, wo die materielle (Kosten-)Komponente im Ertrag des Werknutzers nur eine geringe Rolle spielt (vgl. *Becker*, Fs. für Kreile, 1994, S. 27/47 mwN; kritisch zum Grundsatz der Prozentbeteiligung im „digitalen Zeitalter" *Kreile/Becker* GRUR Int. 1996, 677/681 ff.; ebenso *Schricker* GRUR 2002, 737/739 f.; einschränkend Schiedsstelle ZUM 2007, 243/246). Andererseits darf der Grundsatz der angemessenen Beteiligung des Urhebers an der wirtschaftlichen Nutzung seines Werkes auch nicht so weit gehen, dass er zu Lasten des Nutzers in einem unangemessenen Verhältnis überschritten wird (vgl. BGH GRUR 1988, 373/376 – Schallplattenimport III – zum berechtigten „Ramschgeschäft"; vgl. auch *Strittmatter* S. 136 ff.). Auch eine messbare Ersparnis kann geldwerter Vorteil sein. Andererseits wirkt es sich bei der Berechnung der Tarife anspruchsmindernd aus, wenn die geldwerten Vorteile als wirtschaftlicher Nutzen des Verwerters durch **Vergütungsansprüche Dritter** gemindert sind (BGH ZUM 2003, 225/228 – Sender Felsberg; vgl. EuGH GRUR 2006, 50 – Lagardère). Auch ist zu berücksichtigen, ob der Tarif eine Zweitverwertung betrifft: In diesem Fall dürfen die Auswirkungen der zu vergütenden Nutzung auf die Primärverwertung nicht außer Acht gelassen werden. Entsprechend den Kriterien des sog. Drei-Stufen-Tests (vgl. Art. 5 Abs. 5 der Richtlinie 2001/29/EG; Art. 10 Abs. 2 WCT; Art. 16 Abs. 2 WPPT; *Reinbothe*, Fs. für Dittrich, 2000, S. 251) darf die Primärverwertung durch die Zweitverwertung nur so wenig wie möglich beeinträchtigt werden. Etwaige Einbußen bei der Primärverwertung sind im Tarif für die Zweitverwertung so weit wie möglich zu kompensieren (BGH GRUR 2004, 669/671 – Musikmehrkanaldienst).

Ohnehin müssen die Verwertungsgesellschaften entsprechend dem Kontrahierungszwang nach § 11 ihre Tarife inhaltlich so gestalten, dass sie angemessene Bedingungen iS von § 11 enthalten. § 13 Abs. 3 S. 1 weist also auf die Gesichtspunkte hin, die Aufsichtsbehörde, Schiedsstelle, Gerichte und alle Beteiligten bei der Ermittlung angemessener Nutzungsbedingungen stets zu berücksichtigen haben (§ 11 Rdnr. 5) und enthält damit in der Substanz nichts Neues. Im Übrigen ist er als Soll-Vorschrift ausgestaltet und enthält lediglich eine Regel, von der – jedenfalls theoretisch – in begründeten Fällen abgewichen werden kann. Dadurch sind die Bedeutung und der praktische Nutzen dieser Vorschrift relativiert. Im Ergebnis ist *Strittmatter* zuzustimmen, dass der in § 13 Abs. 3 S. 1 enthaltene Grundsatz aufgrund allgemeiner Erwägungen zwingend ist, auch wenn er als Sollvorschrift ausformuliert wurde (*Strittmatter* S. 130 ff. mwN).

b) § 13 Abs. 3 S. 2 berücksichtigt die Fälle, in denen die Nutzung des Werkes **andere als geldwerte Vorteile** für den Nutzer bringt, sich also nicht unmittelbar in einer Steigerung seines Umsatzes oder in einer Ersparnis niederschlagen kann. Darunter fällt zB die Nutzung von geschützten Musikwerken in Gottesdiensten, aber auch die urheberrechtlich relevante Nutzung von geschützten Werken im Unterricht (öffentlicher) Schulen oder die Vergütung für Pressespiegel in Behörden. In diesen Fällen soll sich die angemessene Vergütung, und damit der Tarif, abweichend von § 13 Abs. 2 S. 1 nicht am – hier ohnehin nicht messbaren – geldwerten Vorteil ausrichten können, sondern an anderen Vorteilen als Berechnungsgrundlage, soweit diese überhaupt konkret und mit wirtschaftlich vertretbarem Aufwand (Schiedsstelle ZUM 1990, 259/260) zu ermitteln sind. Denkbar ist es, in diesem Zusammenhang an den ideellen Wert des Werkgenusses anzuknüpfen oder an eine (hypothetische) Einbuße für den Berechtigten, soweit dessen Werke ohne die fragliche Nutzung noch mehr Absatz gefunden hätten. Ein Anhaltspunkt für andere als geldwerte, also ideelle, Vorteile können auch die Bedeutung der Nutzung für den Verwerter sein sowie der Wert, den sie hätte, wenn sie entgeltlich erbracht worden wäre (*Dreier/ Schulze*[3] Rdnr. 19 mwN; *Fromm/Nordemann*[10] Rdnr. 10). Auch § 13 Abs. 3 S. 2 ist ebenso wie S. 1 lediglich Soll-Vorschrift, deren Einhaltung weder von der Aufsichtsbehörde noch gerichtlich erzwungen werden kann. Im Verhältnis zwischen § 13 Abs. 3 S. 1 und S. 2 hat S. 1 (oben Rdnr. 7) den Vorrang; von der Regel des S. 1 sollte nur in begründeten Fällen abgewichen werden (Schiedsstelle ZUM 1990, 259/260; *Strittmatter* S. 132; *dies.* S. 130 ff. zur Bindungswirkung dieser Vorschrift).

9   2. **§ 13 Abs. 3 S. 3** ist als einzige Bestimmung im Rahmen der Tarifgestaltungsvorschriften des § 13 Abs. 3 nicht als Soll-Vorschrift ausgestaltet und gibt den Verwertungsgesellschaften **zwingend** auf, bei der Tarifgestaltung den **Anteil der Werknutzung am Gesamtumfang des Verwertungsvorganges** angemessen zu berücksichtigen. Die Vergütung für die zur Verfügung gestellten Rechte darf also nicht in einem Missverhältnis stehen zu Art und Gesamtumfang des Vorgangs (zB der Veranstaltung), in dessen Rahmen die Nutzung des Werkes stattfindet. So wird zB die Nutzung eines geschützten Musikwerkes durch eine Amateurkapelle beim „Verwertungsvorgang" Tanzveranstaltung des örtlichen Karnevalsvereins mit 100 Teilnehmern tariflich anders zu beurteilen sein als die Aufführung desselben Werkes beim „Verwertungsvorgang" Kurkonzert oder Presseball mit mehreren tausend Zuhörern. § 13 Abs. 3 S. 3 besagt dagegen nicht, dass etwa schon die Tarife darauf Rücksicht nehmen müssen, in welchem Umfang von den von der Verwertungsgesellschaft zur Verfügung gestellten Rechten im Einzelfall tatsächlich Gebrauch gemacht worden ist, wie viele geschützte Musikwerke also zB im Rahmen einer Musikveranstaltung tatsächlich gespielt werden; denn dies im Einzelfall festzustellen und nachzuprüfen würde die Verwertungsgesellschaft mit übermäßigen Erfassungs- und Kontrollkosten belasten (vgl. Antwort auf die Kleine Anfrage, BTDrucks. 10/2700 S. 6 – Frage 14 –). Bei gleichwertiger Verwertung mehrerer schöpferischer Beiträge (zB Videoverwertung von Filmen) gebietet Abs. 3 S. 3 zu berücksichtigen, welches Gewicht dabei der einzelne Beitrag im Verhältnis zu anderen hat (zB Filmmusik im Verhältnis zu sonstigen benutzen Werken und zum Filmurheberrecht).

10 3. **§ 13 Abs. 3 S. 4 (Berücksichtigung kultureller Belange)** ist Soll-Vorschrift, also nicht erzwingbar (Schulze BGHZ 216, 9), und entspricht wörtlich (bis auf das redaktionelle Versehen „angemessene" statt „angemessen Rücksicht") dem § 13 Abs. 3 idF vor 1985. Die danach den Verwertungsgesellschaften bei der Tarifgestaltung und Einziehung der Vergütung empfohlene Rücksichtnahme auf religiöse, kulturelle und soziale Belange der zur Zahlung der Vergütung Verpflichteten sollte die Verwertungsgesellschaften zur Zurückhaltung insbesondere in den Bereichen anhalten, in denen den Urhebern durch die Urheberrechtsreform von 1965 neue Rechte dort gewährt wurden, wo früher Ausnahmen und Einschränkungen des Urheberrechts zugunsten der Allgemeinheit bestanden hatten (AmtlBegr. BTDrucks. IV/271 S. 18).

Ein Indiz für die genannten Belange und damit für die Anwendung von § 13 Abs. 3 S. 4 dürfte vorliegen, wenn ein Nutzungsvorgang keine – oder zumindest nicht als Hauptzweck – wirtschaftlichen Ziele verfolgt. Dies, und damit die Anwendbarkeit von § 13 Abs. 3 aF, wurde etwa für das Aufstellen von Musikautomaten verneint (BGH GRUR 1974, 35/38 – Musikautomat – m. Anm. *Reimer*). Die „angemessene Rücksicht" kann in einem besonderen Tarif, einem Nachlass oder anderen Vergünstigungen bestehen – und dies wird von den Verwertungsgesellschaften auch praktiziert.

IV. Tarifaufsicht

11 Die Verwertungsgesellschaften sind verpflichtet, Tarife aufzustellen (§ 13 Abs. 1), diese sowie jede Tarifänderung zu veröffentlichen (§ 13 Abs. 2) und die Tarife und jede Tarifänderung unverzüglich der **Aufsichtsbehörde** (§ 18) zu übermitteln (§ 20 S. 2 Nr. 2). Die Aufsichtsbehörde hat die Einhaltung dieser Verpflichtungen zu überwachen und die Tarife daraufhin zu überprüfen, ob sie den inhaltlichen Anforderungen von § 13 Abs. 3 entsprechen; erzwingen kann die Aufsichtsbehörde dabei allerdings nur die Einhaltung von § 13 Abs. 1, Abs. 2 und Abs. 3 S. 3 (so. Rdnr. 9). Da die Tarife angemessene Bedingungen iSv. § 11 darstellen müssen, überprüft die Aufsichtsbehörde die Tarife auch auf ihre Angemessenheit. Dabei wird es sich jedoch schon aus praktischen Gründen nur um eine grobe Überprüfung handeln können; diese stellt kein „Gütesiegel" dar (vgl. *v. Ungern-Sternberg*, Fs. für Schricker, 2005, S. 567/568) und präjudi-

V. Gerichtliche Überprüfung der Tarife

Hält der Nutzer einen Tarif für nicht angemessen oder nicht anwendbar, so hat er die Möglichkeit, zunächst nur nach Hinterlegung oder Zahlung unter Vorbehalt der tariflichen Vergütung (§ 11 Abs. 2, § 11 Rdnr. 9 ff.) das Werk zu nutzen. Für die gerichtliche Überprüfung der Anwendbarkeit und Angemessenheit von Tarifen durch Klage des Nutzers auf Einräumung der Nutzung zu angemessenen Bedingungen sind die ordentlichen Gerichte zuständig. Dem Verfahren vor den ordentlichen Gerichten muss jedoch (als von Amts wegen zu berücksichtigende Prozessvoraussetzung) für diesen Fall grundsätzlich ein Verfahren vor der Schiedsstelle nach §§ 14 ff. vorausgehen, § 16 Abs. 1 (§ 11 Rdnr. 13). Die Beweislast für die Angemessenheit des Tarifs trifft die Verwertungsgesellschaft (§ 11 Rdnr. 6). 12

Anders als bei der Festsetzung eines Gesamtvertrages gem. §§ 12, 16 Abs. 4 (§ 16 Rdnr. 8) obliegt dem Gericht zwar iR der Tarifüberprüfung gem. § 11 nicht die gestaltende Festsetzung des Tarifs. Es hat aber die Möglichkeit, bei der Überprüfung der Angemessenheit des Tarifs einzelne Parameter, wie etwa die Vergütungshöhe, anzupassen (BGH GRUR 2004, 669/671 f. – Musikmehrkanaldienst).

§ 13 a Tarife für Geräte und Speichermedien; Transparenz

(1) ¹**Die Höhe der Vergütung für Geräte und Speichermedien bestimmt sich nach § 54 a des Urheberrechtsgesetzes. ²Vor Aufstellung der Tarife für Geräte und Speichermedien hat die Verwertungsgesellschaft mit den Verbänden der betroffenen Hersteller über die angemessene Vergütungshöhe und den Abschluss eines Gesamtvertrages zu verhandeln. ³Scheitern die Gesamtvertragsverhandlungen, so können Verwertungsgesellschaften in Abweichung von § 13 Tarife über die Vergütung nach § 54 a des Urheberrechtsgesetzes erst nach Vorliegen der empirischen Untersuchungen gemäß § 14 Abs. 5 a aufstellen.**

(2) **Die Verwertungsgesellschaft unterrichtet ihre Partner aus Gesamtverträgen über ihre Einnahmen aus der Pauschalvergütung und deren Verwendung nach Empfängergruppen.**

Schrifttum: *Czychowski*, „Wenn der dritte Korb aufgemacht wird" – Das zweite Gesetz zur Regelung des Urheberrechts in der Informationsgesellschaft, GRUR 2008, 586; *Hucko*, „Zweiter Korb" – Das neue Urheberrecht in der Informationsgesellschaft, 2007; *Müller*, Festlegung und Inkasso von Vergütungen für die private Vervielfältigung auf der Grundlage des „Zweiten Korbes", ZUM 2007, 777; *ders.*, Verbesserung des gesetzlichen Instrumentariums zur Durchsetzung von Vergütungsansprüchen für private Vervielfältigung, ZUM 2008, 377.

I. Allgemeines

1. § 13 a wurde durch das Zweite Gesetz zur Regelung des Urheberrechts in der Informationsgesellschaft vom 26. 10. 2007 (BGBl. I S. 2513) in das WahrnG eingefügt. Dieses Gesetz (sog. „Zweiter Korb") verfolgt insbesondere das Ziel, durch eine Neugestaltung der Bestimmungen des UrhG und des WahrnG die Pauschalvergütung für Vervielfältigungen zum privaten und sonstigen eigenen Gebrauch flexibler an den Stand der Technik anzupassen. Die Neuregelung verfolgt das Konzept, die Beteiligten die Vergütungshöhe **in weitgehender Selbstregulierung** selbst bestimmen zu lassen (AmtlBegr BTDrucks. 16/1828, S. 1). 1

Um die Höhe der angemessenen Vergütung nicht (mehr) gesetzlich zu bestimmen, sondern weitgehend den Parteien zu überlassen, wurden im UrhG vor allem die gesetzlichen Tarife in der Anlage zu § 54 d Abs. 1 aF UrhG gestrichen. Außerdem wurden ausdrückliche Kriterien für die Bemessung der Vergütungshöhe in § 54 a UrhG aufgenommen, die zT im nunmehr aufgehobenen § 13 Abs. 4 aF enthalten waren (vgl. hierzu die Vorauflage § 13 Rdnr. 11). Im WahrnG soll der neue § 13 a diesem Übergang von der staatlichen Regulierung zur Selbstregulierung (AmtlBegr BTDrucks. 16/1828, S. 75) Rechnung tragen: § 13 a gibt gewissermaßen den **Mechanismus für die Bestimmung der Vergütungshöhe** vor (zum Ganzen *Czychowski* GRUR 2008, 586/590; kritisch mit Vorschlägen de lege ferenda *Müller* ZUM 2008, 377).

§ 13a Tarife für Geräte und Speichermedien; Transparenz

Inhaltlich basiert § 13a Abs. 1 auf dem Regierungsentwurf, wurde aber auf Anregung des Bundesrates, und vor allem der beteiligten Kreise selbst, wesentlich konkreter gefasst und in einigen Teilen abgeändert. Die ursprünglich im Regierungsentwurf zu § 13a enthaltenen Übergangsvorschriften wurden in § 27 integriert (su. § 27 Rdnr. 2 ff.), und die Einholung empirischer Untersuchungen zur Ermittlung der Vergütungshöhe ist nunmehr in § 14 Abs. 5a im Rahmen des Schiedsstellenverfahrens geregelt. § 13a Abs. 2 entspricht § 13a Abs. 3 des Regierungsentwurfs.

2 2. In Anknüpfung an § 13, der die Verwertungsgesellschaften zur Aufstellung von Tarifen (§ 13 Abs. 1) und deren Veröffentlichung (§ 13 Abs. 2) verpflichtet und allgemeine Kriterien für die Tarifgestaltung aufstellt (§ 13 Abs. 3), enthält § 13a Bedingungen, die die Verwertungsgesellschaften vor der Aufstellung der Vergütungstarife für Geräte und Speichermedien im Rahmen von § 54 UrhG zu beachten haben. Insoweit ergänzt § 13a die Bestimmungen in § 13 Abs. 1 und Abs. 2. Außerdem verweist § 13a hinsichtlich der Kriterien für die Höhe der Vergütung auf § 54a UrhG. Insoweit ist 13a WahrnG iVm § 54a UrhG **lex specialis zu § 13 Abs. 3**. In der Tat passen die allgemeinen Kriterien der Tarifgestaltung für Nutzer in § 13 Abs. 3 nicht auf die Vergütung für Geräte und Speichermedien gem. § 54 UrhG, die einen engen Bezug zur Informationstechnologie aufweist, und deren Schuldner idR selbst nicht Nutzer sind.

II. § 13a Abs. 1

3 1. **§ 13a Abs. 1 S. 1** verweist hinsichtlich der Höhe der Vergütung für Geräte und Speichermedien auf § 54a UrhG: § 54a UrhG enthält jetzt nur noch die Kriterien für die Bestimmung der Vergütungshöhe; die Vergütung selbst ist im UrhG nach Wegfall der Anlage zu § 54d aF UrhG nicht mehr gesetzlich bestimmt. Anders als noch im Regierungsentwurf vorgesehen, verwendet § 13a Abs. 1 S. 1 nicht mehr den Begriff „Tarife", sondern den der „Vergütung". An der grundsätzlichen Verpflichtung der Verwertungsgesellschaft zur Aufstellung von Tarifen gem. § 13 Abs. 1 und 2 auch für Geräte und Speichermedien ändert dies zwar im Prinzip nichts. Damit wird aber zunächst klargestellt, dass § 13a WahrnG iVm § 54a UrhG als lex specialis zu § 13 Abs. 3 dessen allgemeine Bestimmungen über die Berechnung und Gestaltung von Tarifen in diesem Sonderbereich verdrängt und daher allein **die in § 54a UrhG aufgeführten Kriterien für die Berechnung der Vergütung und deren Angemessenheit** einschlägig sind (so. Rdnr. 2). Außerdem konzentriert sich § 13a, wie insbesondere in Abs. 1 S. 2 und 3 sowie in Abs. 2 zum Ausdruck kommt, auf den **Abschluss von Gesamtverträgen** und sieht dies als den wünschenswerten Normalfall in diesem Bereich an, die einseitige Aufstellung von Tarifen durch die Verwertungsgesellschaft dagegen eher als die Ausnahme. Zugleich wird mit § 13a deutlich, dass sich die Bestimmungen des WahrnG, was die Pauschalvergütung für Geräte und Speichermedien angeht, auf das **Verfahren bei der Ermittlung der Vergütungshöhe** konzentrieren. Dementsprechend wurde auch die früher in § 13 Abs. 4 enthaltene Vorschrift, die das Verhältnis der Pauschalvergütung zu technischen Schutzmaßnahmen iSv § 95 UrhG ansprach, gestrichen und inhaltlich in § 54a Abs. 1 UrhG integriert (AmtlBegr BTDrucks. 16/1828, S. 63, 75).

4 2. **§ 13a Abs. 1 S. 2**: Schon der Regierungsentwurf zu § 13a hatte vorgesehen, dass die Verwertungsgesellschaft vor Aufstellung der Tarife für Geräte und Speichermedien den **Verbänden der betroffenen Hersteller** Gelegenheit zur Stellungnahme zu geben habe. Damit sollten die Interessen der Gerätehersteller zum frühestmöglichen Zeitpunkt, d. h. schon vor der Tarifaufstellung, in den Prozess der Tariffestsetzung einfließen, um spätere Tarifstreitigkeiten zu vermeiden oder doch wenigstens zu entschärfen (AmtlBegr BTDrucks. 16/1828, S. 75). § 13a Abs. 1 S. 2 in seiner endgültigen Fassung verpflichtet nun die Verwertungsgesellschaft sogar, mit diesen Verbänden über die Höhe der angemessenen Vergütung selbst und den Abschluss eines Gesamtvertrages **zu verhandeln**. Obwohl diese Verhandlungsverpflichtung, zumindest was die Verhandlungen über die Höhe der Vergütung angeht, einen gegenüber dem Regierungsentwurf verschärften Eingriff in die Tarifautonomie der Verwertungsgesellschaft darstellt, entspricht sie doch gerade dem Bestreben, so früh wie möglich unter den beteiligten Parteien einen Konsens über die Vergütungshöhe zu erzielen. Dies und der Abschluss von Gesamtverträgen (wozu die Verwertungsgesellschaften gem. § 12 ohnehin verpflichtet sind) über die typisierte Vergütungshöhe für die verschiedenen Geräte und Speichermedien entspricht dem beiderseitigen Interesse der Parteien (*Müller* ZUM 2007, 777/785). Die Bestimmung geht daher auch auf einen gemeinsamen Vorschlag der beteiligten Kreise zurück (Beschlussempfehlung und Bericht des Rechtsausschusses, BTDrucks. 16/5939, S. 85).

Die Verpflichtung der Verwertungsgesellschaft gem. § 13a Abs. 1 S. 2, über den Abschluss eines Gesamtvertrages zu verhandeln, besteht **im Rahmen und in den Grenzen der Voraussetzungen des § 12**. Die Verwertungsgesellschaft ist daher nicht zu Verhandlungen und zum Abschluss eines Gesamtvertrages verpflichtet, wenn es keinen gesamtvertragsfähigen Herstellerverband von Geräten und Speichermedien gibt, wenn ein solcher nicht zum Abschluss eines Gesamtvertrages bereit ist, oder wenn ihr dies nicht zumutbar ist gem. § 12, letzter Halbsatz (so. § 12 Rdnr. 10 ff.). In diesen Fällen kommt § 13a nicht zur Anwendung, und für die Aufstellung der Tarife gilt § 13 (vgl. Schiedsstelle ZUM 2008, 892/894).

3. **§ 13a Abs. 1 S. 3** ergänzt und konkretisiert die Verpflichtung der Verwertungsgesellschaft 5 gem. § 13a Abs. 1 S. 2, vor Aufstellung von Tarifen für Geräte und Speichermedien mit den Herstellerverbänden über den Abschluss eines Gesamtvertrages zu verhandeln, indem er die **Rechtsfolgen eines Scheiterns dieser Gesamtvertragsverhandlungen** aufzeigt. Voraussetzung ist zunächst, dass die Gesamtvertragsverhandlungen ernsthaft geführt bzw. initiiert worden sein müssen und gescheitert sind. Beides wird die Verwertungsgesellschaft zu beweisen haben, da sie gem. § 13a Abs. 1 zu Gesamtvertragsverhandlungen verpflichtet ist. Um ein Hinauszögern oder die Blockierung der Verhandlungen zu vermeiden, wird ein Scheitern dann anzunehmen sein, wenn der betroffene Herstellerverband trotz schriftlicher Aufforderung der Verwertungsgesellschaft, in Verhandlungen einzutreten, nicht reagiert oder die Verhandlungen von sich aus beendet. Zur Beschleunigung des Verfahrens kann die Monatsfrist gem. § 1 Ab. 3 S. 2 der UrhSchiedsVO entsprechend Anwendung finden mit der Folge, dass die Verhandlungen als gescheitert gelten können, wenn der Herstellerverband nicht innerhalb eines Monats auf die entsprechende Aufforderung der Verwertungsgesellschaft reagiert (*Dreier/Schulze*[3] Rdnr. 14).

§ 13a Abs. 1 S. 3 bestimmt, dass die Verwertungsgesellschaft selbst bei einem solchen Scheitern der Gesamtvertragsverhandlungen, zu denen sie nach § 13a Abs. 1 S. 2 verpflichtet ist, die Vergütungstarife für Geräte und Speichermedien nicht einseitig aufstellen kann, sondern zunächst das **Ergebnis der empirischen Untersuchungen gem. § 14 Abs. 5a abwarten** muss. Dies bedeutet, dass die Verwertungsgesellschaft – wie der Gesetzgeber ausdrücklich hervorhebt – „in Abweichung von § 13" Tarife über die Vergütungen gem. § 54 UrhG dann nicht mehr einseitig selbst aufstellen kann, die Mechanismen des § 13 iVm §§ 14 ff. für die Vergütungspflicht gem. § 54 UrhG also insoweit modifiziert sind.

Damit gibt es für den Abschluss von Gesamtverträgen über Tarife für Geräte und Speichermedien **zwei Alternativen**: Entweder die Parteien – Verwertungsgesellschaft und Herstellerverbände – **einigen sich** über den Gesamtvertrag, oder der Weg führt über die **Schiedsstelle, bei der die Erhebung empirischer Untersuchungen über die Vergütungshöhe konzentriert wird.** Dass die Schiedsstelle zum frühestmöglichen Zeitpunkt eingeschaltet und per Gesetz mit der Erhebung empirischer Gutachten betraut werden soll, geht auf einen gemeinsamen Vorschlag der beteiligten Kreise zurück: Dies ist effizienter, als dass die Parteien im Rahmen ihrer Gesamtvertragsverhandlungen mit großem zeitlichen und finanziellen Aufwand streitige Gutachten und Gegengutachten anfertigen lassen, die letztlich doch im Verfahren vor der Schiedsstelle oder vor Gericht überprüft werden, zumal der Weg zur Schiedsstelle gem. § 14 Abs. 1 Nr. 1 Buchstabe c) bei Streitigkeiten über den Abschluss oder die Änderung von Gesamtverträgen ohnehin immer offen steht (Beschlussempfehlung und Bericht des Rechtsausschusses, BTDrucks. 16/5939, S. 85 f.).

Empirische Untersuchungen gem. § 14 Abs. 5a sind Gutachten der Marktforschung, die den Tarifen zu mehr Transparenz und Akzeptanz verhelfen sollen (AmtlBegr BTDrucks. 16/1828, S. 75). Eine empirische Untersuchung iRv § 13a Abs. 1 S. 3 iVm § 14 Abs. 5a bezieht sich (nur) auf die nach § 54a Abs. 1 „maßgebliche Nutzung". Empirisch muss also festgestellt werden, (1) ob die betreffenden „Geräte und Speichermedien als Typen tatsächlich für Vervielfältigungen nach § 53 Abs. 1 bis 3 genutzt werden", und (2) „inwieweit technische Schutzmaßnahmen nach § 95a UrhG auf die betreffenden Werke angewendet werden" (su. § 14 Rdnr. 10).

Wenn die Voraussetzungen von § 12 nicht vorliegen (so. Rdnr. 4), ist auch § 13a Abs. 1 S. 3 nicht einschlägig mit der Folge, dass die Verwertungsgesellschaft Tarife auch ohne vorheriges Einholen empirischer Untersuchungen aufstellen kann (vgl. *Müller* ZUM 2007, 777/ 785 f.). Denn aus dem oben Gesagten (so. Rdnr. 4 aE) ergibt sich, dass die Verwertungsgesellschaft die Tarife gem. § 13, dh. ohne dass die empirischen Untersuchungen gem. § 13a Abs. 1

S. 3 eingeholt werden müssen, aufstellen kann, wenn sich etwa kein Herstellerverband auf Gesamtvertragsverhandlungen einlässt; denn § 13a Abs. 1 S. 3 gilt iVm § 14 Abs. 5a nur iR von Gesamtvertragsverhandlungen (Schiedsstelle ZUM 2008, 892/894).

III. § 13a Abs. 2

6   Verwertungsgesellschaften sind in bestimmtem Rahmen verpflichtet, Angaben über ihre Einnahmen und deren Verwendung zu machen und diese zu veröffentlichen oder der Aufsichtsbehörde mitzuteilen (vgl. §§ 7, 9, 20). **§ 13a Abs. 2** verpflichtet nunmehr die Verwertungsgesellschaften, ihre Gesamtvertragspartner über ihre Einnahmen aus der Vergütung für Geräte und Speichermedien gem. § 54 UrhG und deren Ausschüttung nach Empfängergruppen zu unterrichten. **Zweck dieser Vorschrift**, die auf eine Forderung der Hersteller von Geräten und Speichermedien zurückgeht, soll eine **größere Transparenz** der Tätigkeit der Verwertungsgesellschaften sowie die **Förderung des partnerschaftlichen Zusammenwirkens** der am Gesamtvertrag beteiligten Parteien sein (AmtlBegr BTDrucks. 16/1828, S. 76). Außerdem vertritt die Begründung des Regierungsentwurfs die Auffassung, es entspreche einem legitimen Interesse der Gerätehersteller, Aufschluss über das Volumen der ihnen auferlegten Abgaben und deren Verwendung zu erhalten (AmtlBegr BTDrucks. 16/1828, S. 76). Hierzu ist kritisch anzumerken, dass es kaum Sache der Nutzer oder der zur Zahlung einer angemessenen Vergütung an die Verwertungsgesellschaft Verpflichteten ist, die Verwendung der Einnahmen und ihre Verteilung an die wahrnehmungsberechtigten Rechtsinhaber zu überprüfen. Das WahrnG bietet hierzu den Rechtsinhabern selbst und der Aufsichtsbehörde ohnehin genügend Handhabe.

Mit **„Einnahmen aus der Pauschalvergütung"** sind alle diejenigen Einkünfte gemeint, die der Verwertungsgesellschaft auf der Grundlage des Gesamtvertrages zufließen, also auch die Beträge, die sie von den einzelnen Mitgliedern des Gesamtvertragspartners als Einzelschuldner der Vergütung erhält. Dies schließt die Unterrichtung über Zahlungen für bestimmte Gerätetypen im Rahmen des Gesamtvertrages mit ein. Die Verwertungsgesellschaft kann dagegen nicht verpflichtet sein, ihren Gesamtvertragspartner über Zahlungen Dritter zu unterrichten, mit denen dieser nicht im Wettbewerb steht (*Wandtke/Bullinger/Gerlach*[3] Rdnr. 6).

Auskünfte über die Einnahmen sind nur hinsichtlich der **„Verwendung nach Empfängergruppen"** zu erteilen. Damit ist die Verwertungsgesellschaft nicht verpflichtet, Auskünfte über individuelle Ausschüttungen zu erteilen. Auch aus Gründen des Datenschutzes können nur Gruppenauskünfte verlangt werden. Bei der Auskunft über die Ausschüttung soll die Verwertungsgesellschaft auch nach der Verteilung der Einnahmen in das In- und Ausland differenzieren, soweit ihr diese Angaben vorliegen oder sie diese mit vertretbarem Aufwand beschaffen kann (AmtlBegr BTDrucks. 16/1828, S. 76).

Die Erstattung etwaiger **Kosten**, die der Verwertungsgesellschaft durch die Unterrichtungspflicht entstehen, ist im Gesetz nicht geregelt. Der Gesetzgeber geht davon aus, dass der Verwertungsgesellschaft kein zusätzlicher Verwaltungsaufwand entsteht, da die entsprechenden Angaben bereits heute überwiegend in den Geschäftsberichten enthalten seien. Mitunter wird auch die Auffassung vertreten, dass die Unterrichtungspflicht gem. § 13a Abs. 2 inhaltlich ohnehin nichts Neues enthalte (so *Hucko* S. 19); dann allerdings wäre die Bestimmung insoweit ohnehin überflüssig. Damit erscheint jedenfalls eine Kostenbeteiligung der Gesamtvertragspartner an detaillierten, weit über die Geschäftsberichte hinausgehenden Auskünften der Verwertungsgesellschaft nicht ausgeschlossen (vgl. zu den Kosten der Auskunftserteilung gem. § 10 ebenda Rdnr. 6).

§ 13b Pflichten des Veranstalters

(1) **Veranstalter von öffentlichen Wiedergaben urheberrechtlich geschützter Werke haben vor der Veranstaltung die Einwilligung der Verwertungsgesellschaft einzuholen, welche die Nutzungsrechte an diesen Werken wahrnimmt.**

(2) [1]**Nach der Veranstaltung hat der Veranstalter der Verwertungsgesellschaft eine Aufstellung über die bei der Veranstaltung benutzten Werke zu übersenden.** [2]**Dies gilt nicht für die Wiedergabe eines Werkes mittels Tonträger, für Wiedergaben von Funksendungen eines Werkes und für Veranstaltungen, auf denen in der Regel nicht geschützte oder nur unwesentlich bearbeitete Werke der Musik aufgeführt werden.**

(3) Soweit für die Verteilung von Einnahmen aus der Wahrnehmung von Rechten zur Wiedergabe von Funksendungen Auskünfte der Sendeunternehmen erforderlich sind, die die Funksendungen veranstaltet haben, sind diese Sendeunternehmen verpflichtet, der Verwertungsgesellschaft die Auskünfte gegen Erstattung der Unkosten zu erteilen.

Schrifttum: *Hillig,* Die Urheberrechtsnovelle 1985, UFITA 102 (1986) 11; *Melichar,* Die Wahrnehmung von Urheberrechten durch Verwertungsgesellschaften, 1983; *Möller,* Die Urheberrechtsnovelle '85: Entstehungsgeschichte und verfassungsrechtliche Grundlagen, 1986; *Nordemann,* Die Urheberrechtsreform 1985, GRUR 1985, 837.

I. § 13 b Abs. 1

1. § 13 b enthält **Pflichten der Veranstalter** von öffentlichen Wiedergaben urheberrechtlich geschützter Werke sowie von Sendeunternehmen gegenüber den Verwertungsgesellschaften. Die Vorschrift wurde mit der Urheberrechtsnovelle von 1985 eingefügt, und zwar als § 13a; ihre heutige Bezeichnung als § 13 b hat sie durch das Zweite Gesetz zur Regelung des Urheberrechts in der Informationsgesellschaft vom 26. 10. 2007 (BGBl. I S. 2513) erhalten, das einen neuen § 13a in das WahrnG einfügte (so. § 13 a Rdnr. 1). § 13 b entspricht bis auf eine Ergänzung in § 13 b Abs. 2 S. 2 (dazu unten Rdnr. 7) dem § 16 in der Fassung vor 1985. Die Umstellung im Gesetzestext trug damals dem Sachzusammenhang zum ebenfalls 1985 neu eingefügten § 13 b aF (heute § 13 c) Rechnung.

2. Nach § 13 b Abs. 1 sind die Veranstalter von **öffentlichen Wiedergaben** urheberrechtlich geschützter Werke verpflichtet, vor der Veranstaltung hierzu die (vorherige) Einwilligung der zuständigen Verwertungsgesellschaft einzuholen. Der Begriff der öffentlichen Wiedergabe ist definiert in § 15 Abs. 2 und Abs. 3 UrhG. Danach umfasst das Recht der öffentlichen Wiedergabe insbesondere die Rechte aus § 19 UrhG (Vortrags-, Aufführungs- und Vorführungsrecht), aus § 20 UrhG (Senderecht), aus § 21 UrhG (Wiedergabe durch Bild- oder Tonträger) und § 22 UrhG (Wiedergabe von Funksendungen). Zum Begriff des Veranstalters (typischer Fall ist der des Gastwirts) vgl. § 81 UrhG.

3. Das Recht der öffentlichen Wiedergabe ist ohnehin und unabhängig von § 13 b gemäß § 15 Abs. 2 UrhG dem Urheber vorbehalten; die öffentliche Wiedergabe ist also stets nur mit seiner Einwilligung zulässig. Der Gesetzgeber geht in § 13 b zutreffend davon aus, dass in der Praxis die Nutzungsrechte für öffentliche Wiedergaben von den Verwertungsgesellschaften, und nicht von den Urhebern selbst oder von Verlagen, wahrgenommen werden (vgl. *Melichar* S. 23). Da es somit ohnehin zur öffentlichen Wiedergabe der Einwilligung der Verwertungsgesellschaft bedarf, stellt § 13 b nur die Hervorhebung und Klarstellung einer **allgemeinen urheberrechtlichen Verpflichtung** dar. Damit soll sichergestellt werden, dass die Einholung der Einwilligung von den Veranstaltern nicht übersehen wird, zumal das WahrnG anders als die STAGMA-Gesetzgebung von 1933/34 in deren § 3 (so. Vor §§ 1 ff. Rdnr. 3) den Verwertungsgesellschaften keine Verwaltungshilfe zur Überwachung der öffentlichen Wiedergabe gewährt (AmtlBegr. BTDrucks. IV/271 S. 18; zur Reichweite der Kontroll- und Überwachungsmaßnahmen von Verwertungsgesellschaften im Rahmen von § 54c aF UrhG vgl. BGH GRUR 2004, 420 – Kontrollbesuch; gem. § 54c nF UrhG ist dem Urheber nunmehr unter bestimmten Voraussetzungen der Kontrollbesuch zu gestatten; vgl. BVerfG NJW 2008, 2426).

4. Die Pflicht zur **Einholung der Einwilligung vor der Veranstaltung** umfasst unstreitig zunächst die Anzeige des Veranstalters an die Verwertungsgesellschaft darüber, dass überhaupt eine Veranstaltung stattfindet. Die Anzeige ist aber nur dann ordnungsgemäß mit der Folge, dass die Verwertungsgesellschaft nach § 11 zur Einräumung der Nutzungsrechte verpflichtet wird, wenn der Veranstalter dabei die Angaben macht, die zur Ermittlung der anzuwendenden Tarif- und Vergütungssätze erforderlich sind (BGH Schulze BGHZ 192, 12). Dazu gehören insbesondere Angaben über die Art der Veranstaltung, die Größe des Veranstaltungsraumes oder die Höhe der Eintrittsgelder (vgl. LG Erfurt ZUM-RD 1997, 25/26; *Mestmäcker/Schulze* Anm. 1; aA offenbar *Fromm/Nordemann*[10] Rdnr. 2: „... eine Art Generalkonsens genügt"). Der hierdurch dem Veranstalter entstehende Verwaltungsaufwand ist dadurch gerechtfertigt, dass er zur Ermittlung des auch im Interesse des Veranstalters angemessenen Tarifs beiträgt (vgl. Antwort der Bundesregierung auf die Anfrage des Abgeordneten Stockleben, BTDrucks. 10/408 = GRUR 1983, 639). Nicht dagegen muss schon bei Einholung der Einwilligung angegeben werden, welches Werk im Einzelnen tatsächlich benutzt werden wird.

II. § 13 b Abs. 2

5 **1.** Nach § 13 b Abs. 2 S. 1 ist der Veranstalter verpflichtet, der Verwertungsgesellschaft **nach der Veranstaltung** eine Aufstellung über die benutzten Werke zu übersenden. Diese **„Programmpflicht"** (*Melichar* S. 43) soll der Verwertungsgesellschaft eine gerechte Verteilung der durch die Rechte der öffentlichen Wiedergabe erzielten Einnahmen unter den Berechtigten ermöglichen (AmtlBegr. BTDrucks. IV/271 S. 19).

6 **2. a) Ausnahmen von der Programmpflicht** bestimmt § 13 b Abs. 2 S. 2. Danach ist der Veranstalter von der Verpflichtung zur Übersendung der Aufstellung über die benutzten Werke befreit, wenn bei der Veranstaltung Werke **mittels Tonträger** oder **durch Funksendung** wiedergegeben werden. In diesen Fällen bedarf die Verwertungsgesellschaft der Programmausfüllung durch den Veranstalter nicht, da sich hinreichende Anhaltspunkte für die Verteilung der erzielten Einnahmen bereits aus dem Schallplattenumsatz und den Rundfunkprogrammen ergeben (AmtlBegr. BTDrucks. IV/271 S. 19). Die Anknüpfung an den Schallplattenumsatz und an den Sendevorgang dient der Verminderung des Verwaltungsaufwandes des Veranstalters. Sie entspricht dem Umstand, dass sich die Verteilungspläne der Verwertungsgesellschaften bei der öffentlichen Wiedergabe von Funksendungen wie bei allen anderen Nutzungsarten, bei denen der genaue Umfang der Nutzung nicht feststellbar ist, ohnehin an der objektiven Möglichkeit der Nutzung ausrichten (*Melichar* S. 43).

7 **b)** Nach § 13 b Abs. 2 S. 2 soll die Programmpflicht ferner auch dann entfallen, wenn es sich um öffentliche Wiedergaben auf Veranstaltungen handelt, auf denen **in der Regel nicht geschützte oder nur unwesentlich bearbeitete Werke der Musik** aufgeführt werden. Diese Bestimmung war im Rahmen der Urheberrechtsnovelle von 1985 im laufenden Gesetzgebungsverfahren auf Initiative des Rechtsausschusses des Deutschen Bundestages in das Gesetz eingefügt worden. Sie soll klarstellen, dass die für die öffentliche Wiedergabe urheberrechtlich geschützter Werke vorgesehene Programmpflicht nach § 13 b Abs. 2 S. 1 auch für solche Veranstalter keine Anwendung findet, die ganz oder doch überwiegend gemeinfreie Werke wiedergeben (Bericht des Rechtsausschusses, BTDrucks. 10/3360 S. 21). Die Vorschrift knüpfte seinerzeit an die Neufassung von § 3 UrhG an, die die „nur unwesentliche Bearbeitung eines nicht geschützten Werkes der Musik" vom Urheberrechtsschutz ausnimmt. Gegen § 13 b Abs. 2 S. 2 wurden schon unmittelbar nach seinem Inkrafttreten verfassungsmäßige Bedenken geäußert, weil er ohne erkennbaren Grund nach seinem Wortlaut eine Programmpflicht des Veranstalters auch in den Fällen ausschließt, in denen lediglich „in der Regel", nicht aber ausnahmslos urheberrechtlich geschützte Werke wiedergegeben werden (*Nordemann* GRUR 1985, 837/838; vgl. *Hillig* UFITA 102 (1986) 11/14/30).

Grundsätzlich ist zu unterscheiden: Bei Veranstaltungen, auf denen „in der Regel nicht geschützte Werke oder nur unwesentlich bearbeitete Werke der Musik" wiedergegeben werden, ist der Veranstalter nicht von seiner Pflicht befreit, nach § 13 b Abs. 1 die (vorherige) **Einwilligung** der Verwertungsgesellschaft einzuholen; denn die Bestimmung des § 13 b Abs. 2 S. 2 letzter Halbs. enthält lediglich eine Ausnahme von der Mitteilungspflicht nach der Veranstaltung (Programmpflicht). Immer dann also, wenn überhaupt die öffentliche Wiedergabe auch nur eines urheberrechtlich geschützten Werkes – selbst als Ausnahme im Rahmen der Gesamtveranstaltung – in Frage kommt, muss der Veranstalter nach § 13 b Abs. 1 die Einwilligung einholen. Keine Einwilligung braucht er nur dann – dies schon nach allgemeinen urheberrechtlichen Grundsätzen –, wenn auf der Veranstaltung ausnahmslos nicht geschützte Werke wiedergegeben werden; ob unwesentliche Bearbeitungen geschützte Werke sind, beurteilt sich nach § 3 UrhG. Dagegen entfällt nach dem Wortlaut des § 13 b Abs. 2 letzter Halbs. die für den Verteilungsplan der Verwertungsgesellschaften bedeutsame **Programmpflicht** des Veranstalters nach der Veranstaltung, wenn „in der Regel nicht geschützte oder nur unwesentlich bearbeitete Werke der Musik aufgeführt werden". Diese Bestimmung kann nur relevant werden, wenn die Veranstaltung – wohl als Ausnahme – auch die Wiedergabe geschützter Werke umfasste. Denn andernfalls bestehen ohnehin weder das Einwilligungserfordernis noch eine Programmpflicht. Damit aber erscheint die Bestimmung in der Tat nicht geglückt und verfassungsrechtlich bedenklich. Sie ist sprachlich zu unbestimmt gefasst („in der Regel") und behandelt sogar noch hinausgehend über den verfassungsrechtlich ebenfalls umstrittenen Wortlaut des § 3 UrhG unwesentlich bearbeitete Werke der Musik wie ungeschützte Werke. Eine Rechtfertigung für diese Einschränkung der Befugnisse der Verwertungsgesellschaften ist nicht ersichtlich (*Nordemann* GRUR 1985, 837/838); *Fromm/Nordemann*[10] Rdnr. 2; *Schack*[4] Rdnr. 1213).

III. § 13 b Abs. 3

Haben **öffentliche Wiedergaben von Funksendungen** stattgefunden, so kann die Verwertungsgesellschaft gegen Unkostenerstattung **Auskünfte** von dem betreffenden Sendeunternehmen verlangen, soweit dies für die Einnahmeverteilung erforderlich ist, § 13 b Abs. 3. Diese Bestimmung soll sicherstellen, dass die Verwertungsgesellschaft auch dann die für den Verteilungsplan erforderlichen Auskünfte erhält, wenn einerseits nach § 13 b Abs. 2 S. 2 der Veranstalter der öffentlichen Wiedergabe von Funksendungen keiner Programmpflicht unterliegt, andererseits aber die Verwertungsgesellschaft nicht selbst die Senderechte wahrnimmt, also nicht schon ohnehin aufgrund der Senderechte von dem Sendeunternehmen entsprechende Auskünfte bekommt (Bericht des Rechtsausschusses zu BTDrucks. IV/3402 S. 3). 8

§ 13 c Vermutung der Sachbefugnis; Außenseiter bei Kabelweitersendung

(1) Macht die Verwertungsgesellschaft einen Auskunftsanspruch geltend, der nur durch eine Verwertungsgesellschaft geltend gemacht werden kann, so wird vermutet, daß sie die Rechte aller Berechtigten wahrnimmt.

(2) ¹Macht die Verwertungsgesellschaft einen Vergütungsanspruch nach §§ 27, 54 Abs. 1, § 54 c Abs. 1, § 77 Abs. 2, § 85 Abs. 4 oder § 94 Abs. 4 oder § 137 l Abs. 5 des Urheberrechtsgesetzes geltend, so wird vermutet, daß sie die Rechte aller Berechtigten wahrnimmt. ²Sind mehr als eine Verwertungsgesellschaft zur Geltendmachung des Anspruchs berechtigt, so gilt die Vermutung nur, wenn der Anspruch von allen berechtigten Verwertungsgesellschaften gemeinsam geltend gemacht wird. ³Soweit die Verwertungsgesellschaft Zahlungen auch für die Berechtigten erhält, deren Rechte sie nicht wahrnimmt, hat sie den zur Zahlung Verpflichteten von den Vergütungsansprüchen dieser Berechtigten freizustellen.

(3) ¹Hat ein Rechtsinhaber die Wahrnehmung seines Rechts der Kabelweitersendung im Sinne des § 20 b Abs. 1 Satz 1 des Urheberrechtsgesetzes keiner Verwertungsgesellschaft übertragen, so gilt die Verwertungsgesellschaft, die Rechte diese Art wahrnimmt, als berechtigt, seine Rechte wahrzunehmen. ²Kommen dafür mehrere Verwertungsgesellschaften in Betracht, so gelten sie gemeinsam als berechtigt; wählt der Rechtsinhaber eine von ihnen aus, so gilt nur diese als berechtigt. ³Die Sätze 1 und 2 gelten nicht für Rechte, die das Sendeunternehmen innehat, dessen Sendung weitergesendet wird.

(4) ¹Hat die Verwertungsgesellschaft, die nach Absatz 3 als berechtigt gilt, eine Vereinbarung über die Kabelweitersendung getroffen, so hat der Rechtsinhaber im Verhältnis zu dieser Verwertungsgesellschaft die gleichen Rechte und Pflichten, wie wenn er ihr seine Rechte zur Wahrnehmung übertragen hätte. ²Seine Ansprüche verjähren in drei Jahren von dem Zeitpunkt an, in dem die Verwertungsgesellschaft satzungsgemäß die Abrechnung der Kabelweitersendung vorzunehmen hat; die Verwertungsgesellschaft kann ihm eine Verkürzung durch Meldefristen oder auf ähnliche Weise nicht entgegenhalten.

Schrifttum: *Dreier*, Die Umsetzung der Richtlinie zum Satellitenrundfunk und zur Kabelweiterleitung, ZUM 1995, 458; *Hillig*, Die Urheberrechtsnovelle 1985, UFITA 102 (1986) 11; *Katzenberger*, Prozessuale Hilfen bei der Durchsetzung von Rechten der urheberrechtlichen Verwertungsgesellschaften, FuR 1981, 236; *Melichar*, Die Wahrnehmung von Urheberrechten durch Verwertungsgesellschaften, 1983; *Möller*, Die Urheberrechtsnovelle '85: Entstehungsgeschichte und verfassungsrechtliche Grundlagen, 1986; *Nordemann*, Die Urheberrechtsreform 1985, GRUR 1985, 837; *Platho*, Die nachträgliche Erweiterung des Rechtekatalogs in den Wahrnehmungsverträgen der Verwertungsgesellschaften, ZUM 1987, 77; *Scheuermann/Strittmatter*, Die Vergütungspflicht nach § 27 UrhG für das Vermieten/Verleihen von Bildtonträgern in Videotheken, ZUM 1990, 218; *dies.*, Die Angemessenheit der Vergütung nach § 27 UrhG für das Vermieten/Verleihen von Bildtonträgern in Videotheken, ZUM 1990, 338; *Schneider*, GEMA-Vermutung, Werkbegriff und das Problem sogenannter „GEMA-freier Musik", GRUR 1986, 657.

I. Allgemeines

1. § 13 c Abs. 1 und 2 (Vermutung der Sachbefugnis) wurden durch die Urheberrechtsnovelle von 1985 neu in das Gesetz eingefügt, und zwar seinerzeit als § 13 b. § 13 b aF (heute § 13 c) Abs. 3 und 4 (Außenseiter bei Kabelweitersendung) wurden 1998 in Umsetzung der sog. Satelliten- und Kabelrichtlinie (Richtlinie 93/83/EWG vom 27. 9. 1993, s. Vor §§ 20 ff. UrhG Rdnr. 28) durch das 4. UrhGÄndG vom 8. 5. 1998 (BGBl. I S. 902) angefügt. Technische An- 1

§ 13c Vermutung der Sachbefugnis; Außenseiter bei Kabelweitersendung

passungen in § 13b aF Abs. 2 ergaben sich durch das Gesetz zur Regelung des Urheberrechts in der Informationsgesellschaft vom 10. 9. 2003 (BGBl. I S. 1774) und durch das Zweite Gesetz zur Regelung des Urheberrechts in der Informationsgesellschaft vom 26. 10. 2007 (BGBl. I S. 2513); durch letzteres erhielt die Vorschrift auch ihre gegenwärtige Bezeichnung als § 13c: Da ein neuer § 13a in das WahrnG eingefügt wurde, wurden § 13a aF in § 13b und § 13b aF in § 13c umbenannt.

Zweck der Vorschrift, dh. der Abs. 1 und 2, war es ursprünglich, den Verwertungsgesellschaften die prozessuale Durchsetzung bestimmter Rechte zu erleichtern und Obstruktionsversuchen vorzubeugen. Den Verwertungsgesellschaften ist es kaum möglich, bei der Wahrnehmung urheberrechtlicher Ansprüche in jedem Einzelfall die anspruchsbegründenden Tatsachen zu beweisen: Einerseits betreut die Verwertungsgesellschaft in der Regel eine große Zahl urheberrechtlich geschützter Werke und Leistungen von zahlreichen Berechtigten; andererseits finden bei zahllosen Nutzern einzelne Verwertungsakte statt. Nur mit erheblichem Aufwand kann daher die Verwertungsgesellschaft in jedem Einzelfall ihre Berechtigung sowie die Verwertung urheberrechtlich geschützter Werke durch die Nutzer nachweisen (AmtlBegr. BT-Drucks. 10/837 S. 23; vgl. *Katzenberger* FuR 1981, 236/237).

2 **2.** Damit die Durchsetzung urheberrechtlicher Ansprüche durch die Verwertungsgesellschaften dennoch nicht behindert wird oder gar durch Obstruktion der Nutzer leer läuft (*Katzenberger* FuR 1981, 236/238), hat die **Rechtsprechung** den Verwertungsgesellschaften schon seit Jahrzehnten **prozessuale Erleichterungen** zugebilligt; insbesondere hat sie Anscheinsbeweise zugunsten der GEMA zugelassen (sog. GEMA-Vermutung). So spricht etwa eine Vermutung für die Aktivlegitimation der GEMA und die Benutzung geschützter Werke bei allen öffentlichen Aufführungen von Tanz- und Unterhaltungsmusik, bei der öffentlichen Wiedergabe von Musik in Hörfunk- oder Fernsehsendungen oder von Schallplattenmusik in Gaststätten (stRspr.: BGHZ 17, 376/378 – Betriebsfeiern – mwN; BGH GRUR 1961, 97/98 – Sportheim; BGH GRUR 1974, 35/39 – Musikautomat), aber auch unter bestimmten Voraussetzungen bei der (mechanischen) Vervielfältigung und Verbreitung (BGH UFITA 40 (1963) 362/365 – Tonbänder-Werbung; BGH GRUR 1964, 94/95 – Tonbandgeräte-Händler; BGH GRUR 1986, 66/68 – GEMA-Vermutung II; vgl. *Katzenberger* FuR 1981, 236/239f.; *Melichar* S. 45ff.); *Loewenheim/Melichar*[2] § 48 Rdnr. 22).

3 **3.** Für die Gewährung der prozessualen Vergünstigung des Anscheinsbeweises **differenziert die Rechtsprechung** nach der Art der Werknutzung, nach der Art des urheberrechtlichen Anspruchs (zB Auskunfts- oder Vergütungsanspruch) sowie danach, um welche Verwertungsgesellschaft es sich handelt. So wurde auch der GEMA die sog. GEMA-Vermutung nicht für alle von ihr wahrgenommenen Rechte gewährt (OLG München GRUR 1983, 571 – Spielfilm-Videogramme; BGH GRUR 1986, 62/63 – GEMA-Vermutung I; BGH GRUR 1987, 296/297 – GEMA-Vermutung IV) oder für alle Nutzungsarten und Veranstaltungen (vgl. BGH Hamm GRUR 1983, 575/576 – Musikuntermalung bei Pornokassetten; dagegen aber OLG München GRUR 1984, 122/123 – Sex- und Pornofilme; BGH GRUR 1986, 66/68 – GEMA-Vermutung II; vgl. LG Berlin UFITA 21 (1956) 253/254; *Schneider* GRUR 1986, 657/663). Die Verpflichtung zur Erteilung von „Grundauskünften" wird auch aus § 242 BGB abgeleitet (BGH ZUM 1988, 575/576 – Kopierwerk – zur Videozweitauswertung). Zurückhaltender mit der Zulassung des Anscheinsbeweises ist die Rechtsprechung bei anderen Verwertungsgesellschaften. Zwar haben die etablierten Verwertungsgesellschaften VG Wort, GVL oder VG Bild-Kunst ebenso wie die GEMA für ihren Tätigkeitsbereich eine faktische Monopolstellung; da sie aber auch Rechte betreuen, die individuell wahrgenommen werden können, geht die Rechtsprechung bei diesen Verwertungsgesellschaften nicht immer von einer lückenlosen Rechtswahrnehmung aus. So wird die Aktivlegitimation der VG Wort selbst für Auskunftsklagen von der Rechtsprechung nicht stets vermutet (vgl. OLG Köln GRUR 1980, 913 – Presseschau CN; zubilligend aber OLG München GRUR 1980, 234 – Tagespressedienst; OLG München ZUM 2000, 243 – Mediaspiegel). Auch der VG Bild-Kunst wurde der Anscheinsbeweis zur Darlegung der Aktivlegitimation bei Auskunftsansprüchen, vor allem zur Durchsetzung des Folgerechts nach § 26 UrhG, nicht ausnahmslos zugebilligt (*Katzenberger* FuR 1981, 236/242ff. mwN; für eine generelle Anwendung der Vermutung auch auf VG WORT, VG Bild-Kunst und GVL *Loewenheim/Melichar*[2] § 48 Rdnr. 24). Andererseits wird anerkannt, dass die Vermutung der Sachbefugnis für Auskunftsansprüche auch Inkassostellen zugute kommt, die als „verlängerter Arm" der Verwertungsgesellschaften deren Rechte im eigenen Namen wahrnehmen (Schiedsstelle ZUM 2007, 946/947).

Vermutung der Sachbefugnis; Außenseiter bei Kabelweitersendung **§ 13c**

4. Diese Rechtsprechung hat eine tatsächliche Vermutung zugunsten der Verwertungsgesell- 4
schaften entwickelt, basierend auf deren tatsächlicher Monopolstellung. **Die Regelung in
§ 13c Abs. 1 und 2** ist eine Weiterentwicklung dieser Rechtsprechung zur Vermutung der
Aktivlegitimation mit dem Ziel, die Durchsetzung urheberrechtlicher Vergütungsansprüche
durch die Verwertungsgesellschaften zu erleichtern (AmtlBegr. BTDrucks. 10/837 S. 22).
§ 13c Abs. 1 und 2 stellt eine gesetzliche Vermutung im Sinne des § 292 ZPO dar, die eine
faktische Monopolstellung nicht voraussetzt (BGH ZUM 1990, 32/34 – Gesetzliche Vermutung; BGH GRUR 1991, 595/596 – Gesetzliche Vermutung II), und bewirkt eine Umkehr
der Beweislast. Die Vorschrift hat damit rein verfahrensrechtliche Bedeutung und kann nicht
rechtsbegründend für den materiellrechtlichen Anspruch wirken (BGH ZUM 1990, 32/34 –
Gesetzliche Vermutung; *Dreier/Schulze*[3] Rdnr. 13, 15; *Wandtke/Bullinger/Gerlach*[3] Rdnr. 8; aA
Scheuermann/Strittmatter ZUM 1990, 338/346f.). Sie ist auch anwendbar auf vor ihrem Inkrafttreten anhängige Verfahren und entstandene Ansprüche (*Scheuermann/Strittmatter* ZUM 1990,
218/227; BGH ZUM 1990, 32/34 – Gesetzliche Vermutung; BGH GRUR 1991, 595/596 –
Gesetzliche Vermutung II). Gesetzlich fortgeschrieben wird die Vermutung aber nur für zwei
Bereiche: Nach § 13c Abs. 1 wird die Aktivlegitimation der Verwertungsgesellschaft für die
Geltendmachung von Auskunftsansprüchen vermutet, wenn diese nur durch eine Verwertungsgesellschaft geltend gemacht werden können. Nach § 13c Abs. 2 wird die Aktivlegitimation
der Verwertungsgesellschaft für die Geltendmachung der Vergütungsansprüche nach § 27 UrhG
(Vergütung für Vermietung und Verleihen), § 54 (Vergütungspflicht für Vervielfältigungen gem.
§ 53 Abs. 1 bis 3) und § 54c Abs. 1 UrhG (Vergütungspflicht des Betreibers von Ablichtungsgeräten) vermutet. Der ausdrückliche Hinweis auf § 77 Abs. 2, § 85 Abs. 4 und § 94 Abs. 4
UrhG – eingeführt durch die Urheberrechtsnovelle von 1995 (BGBl. I S. 842), angepasst durch
das Gesetz zur Regelung des Urheberrechts in der Informationsgesellschaft (BGBl. I S. 1774)
und ergänzt durch das Zweite Gesetz zur Regelung des Urheberrechts in der Informationsgesellschaft vom 26. 10. 2007 (BGBl. I S. 2513) – stellt klar, dass die Vermutung der Aktivlegitimation auch für die von Verwertungsgesellschaften wahrgenommenen Vergütungsansprüche der
ausübenden Künstler, der Tonträgerhersteller und der Filmhersteller gilt. Der Hinweis auf
§ 137l Abs. 5 wurde ebenfalls durch das Zweite Gesetz zur Regelung des Urheberrechts in der
Informationsgesellschaft vom 26. 10. 2007 (BGBl. I S. 2513) angefügt. Danach gilt die Vermutung der Aktivlegitimation auch für den neuen verwertungsgesellschaftspflichtigen Vergütungsanspruch für zum Zeitpunkt des Vertragsschlusses noch unbekannte Nutzungsarten gem.
§ 137l Abs. 5 UrhG (Beschlussempfehlung und Bericht des Rechtsausschusses, BTDrucks.
16/5939, S. 86) Im Übrigen bleibt die Rechtsprechung zur prozessualen Erleichterung der
Durchsetzung von Rechten durch Verwertungsgesellschaften unberührt. Demnach stellen
§ 13c Abs. 1 und 2 auch keine für die Rechtsprechung abschließenden Regelungen dar. So
wurde die Sachbefugnis der Verwertungsgesellschaft über den Wortlaut von § 13c Abs. 2 hinaus für die Geltendmachung des Vergütungsanspruchs gem. 49 Abs. 1 UrhG vermutet für den
Fall, dass ihr durch das Verhalten des Verwerters die Darlegung ihrer Sachbefugnis im Einzelnen erschwert wurde (OLG München ZUM 2000, 243/245f. – Mediaspiegel). Dagegen hält
die Schiedsstelle § 13c Abs. 2 wegen seines Charakters als Ausnahmevorschrift über seinen
ausdrücklichen Anwendungsbereich hinaus nicht für analogiefähig (Schiedsstelle ZUM 2005,
257/262 – zu § 13b aF); für die Schiedsstelle ist dem zuzustimmen, da diese kein Gericht ist
(vgl. Vor §§ 14ff. Rdnr. 4).

Die aus § 13c Abs. 2 resultierende bevorzugte prozessuale Stellung der Verwertungsgesellschaften ist verfassungsgemäß und insbesondere mit Blick auf ihre Auskunftspflicht gem. § 10
auch angemessen (BVerfG GRUR 2001, 48 – gesetzliche Vermutung).

5. **§ 13c Abs. 3 und 4** über die Behandlung der **Außenseiter bei Kabelweitersendung** 5
sowie die entsprechende Erweiterung der Überschrift von § 13c wurden durch Art. 2 des
4. UrhGÄndG vom 8. 5. 1998 in das WahrnG eingefügt. Grund hierfür war die Umsetzung der
Vorschriften der sog. Satelliten- und Kabelrichtlinie (Richtlinie 93/83/EWG vom 27. 9. 1993;
zur Richtlinie s. Vor §§ 20ff. UrhG Rdnr. 28). § 13c Abs. 3 und 4 knüpfen unmittelbar an das
Recht der Kabelweitersendung an, das in Umsetzung von Art. 8ff. der genannten Richtlinie in
§ 20b UrhG definiert und ausgestaltet ist und Urhebern, ausübenden Künstlern (vgl. § 78
Abs. 4 UrhG) und Filmherstellern (vgl. § 94 Abs. 4 UrhG) gewährt wird. Nach § 20b UrhG
wird das Recht der Kabelweitersendung grundsätzlich der Ausübung durch eine Verwertungsgesellschaft unterworfen. Von dieser Verwertungsgesellschaftenpflicht sind lediglich Urheberpersönlichkeitsrechte und solche Rechte der Kabelweitersendung ausgenommen, die ein Sendeun-

§ 13c Vermutung der Sachbefugnis; Außenseiter bei Kabelweitersendung

ternehmen in Bezug auf seine eigenen Sendungen geltend macht (s. § 20 b UrhG Rdnr. 3 u. Erwgr. 28 der Richtlinie).

§ 13 c Abs. 3 und 4 setzen Art. 9 Abs. 2 der Richtlinie um und sind ebenso wie dieser Konsequenz der Verwertungsgesellschaftenpflicht: Sie regeln den Fall, dass ein Rechtsinhaber die Wahrnehmung seines Kabelweitersendungsrechts keiner Verwertungsgesellschaft übertragen hat, binden also die Außenseiter in die Rechtswahrnehmung ein (Begr. des RegE, BTDrucks. 13/4796 S. 10). Dabei regelt § 13 c Abs. 3 das Außenverhältnis der Verwertungsgesellschaften gegenüber den Nutzern, § 13 c Abs. 4 dagegen das Innenverhältnis des Außenseiters gegenüber der Verwertungsgesellschaft. Zu beachten ist, daß § 13 c Abs. 3 und 4, anders als § 13 c Abs. 1 und 2, keine widerlegbare Vermutung aufstellen; vielmehr fingieren sie die Berechtigung der Verwertungsgesellschaft. Diese Berechtigungsfiktion der Abs. 3 und 4 ist unwiderleglich.

Im Zweifelsfall sind § 13 c Abs. 3 und 4 unter Heranziehung der Richtlinie einschließlich ihrer Erwägungsgründe (insb. Art. 9 Abs. 2 und Erwgr. 28) auszulegen (vgl. *Dreier* ZUM 1995, 458/462).

II. Vermutung der Sachbefugnis

6   **1. a) § 13 c Abs. 1, Auskunftsanspruch:** Die Vermutung der Rechtsinhaberschaft der Verwertungsgesellschaft nach § 13 c Abs. 1 gilt nur für die Geltendmachung eines Auskunftsanspruchs und setzt voraus, dass dieser Auskunftsanspruch nur durch eine Verwertungsgesellschaft geltend gemacht werden kann. Damit bezieht sich die Vorschrift nur auf solche Auskunftsansprüche, die gesetzlich den Verwertungsgesellschaften zugewiesen und ihnen vorbehalten sind. Dies sind zunächst die ausdrücklichen gesetzlichen Auskunftsansprüche nach § 26 Abs. 5 iVm. Abs. 3 und 4 UrhG und nach § 54 f iVm. § 54 h Abs. 1 UrhG. Daneben gilt § 13 c Abs. 1 aber auch für die Fälle, in denen Vergütungsansprüche nach dem Gesetz nur von Verwertungsgesellschaften geltend gemacht werden können, und damit allein den Verwertungsgesellschaften auch ohne ausdrückliche Erwähnung im Gesetz als Hilfsanspruch zum Vergütungsanspruch ein Anspruch auf Auskunftserteilung über alle zur Erhebung und Berechnung der Vergütung erheblichen Tatsachen zusteht (zum Auskunftsanspruch als gewohnheitsrechtlich anerkanntem Hilfsanspruch zur Schadensberechnung vgl. BGH GRUR 1980, 227/232 – Monumenta Germaniae Historica; BGH NJW 1981, 1733; BGH GRUR 1982, 102/104 – Masterbänder; OLG Köln GRUR 1983, 568/569 – Video-Kopieranstalt – jeweils mwN; OLG München GRUR 1984, 122/123 – Sex- und Pornofilme; BGH GRUR 1986, 62/63 – GEMA-Vermutung I; BGH GRUR 1986, 66/67 – GEMA-Vermutung II; BGH ZUM 1987, 244/246; OLG Köln UFITA 100 (1985) 271/272): § 27 Abs. 1 und § 49 Abs. 1 UrhG.

7   b) § 13 c Abs. 1 stellt die **gesetzliche Vermutung** auf, dass jede Verwertungsgesellschaft, die einen Auskunftsanspruch nach den §§ 26 oder 54 f UrhG geltend macht, über die fraglichen Rechte der Berechtigten verfügt. Damit steht ihr prima facie die Aktivlegitimation zur Geltendmachung dieser Auskunftsansprüche zu, ohne dass sie im Einzelfall nachweisen muss, welche Urheber oder Leistungsschutzberechtigten wirklich von ihr vertreten werden oder ob Werke von ihr nicht vertretenen Berechtigten jeweils auch genutzt werden.

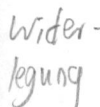
Widerlegung

Die gesetzliche Vermutung der Aktivlegitimation in § 13 c Abs. 1 kann widerlegt werden (AmtlBegr. BTDrucks. 10/837 S. 23). Der Nachweis der Aktivlegitimation wird daher nicht ersetzt, sondern nur erleichtert. Er kann vom Beklagten bzw. Anspruchsgegner des Auskunftsanspruchs im Einzelfall durch detaillierten Gegenbeweis entkräftet werden; pauschaliertes Bestreiten reicht nicht aus (BGH ZUM 1990, 32/34 – Gesetzliche Vermutung; BGH GRUR 1991, 595/596 – Gesetzliche Vermutung II).

Zu beachten ist, dass § 13 c Abs. 1 bei grundsätzlich bestehendem Auskunftsanspruch lediglich eine Vermutung für die Aktivlegitimation der Verwertungsgesellschaft aufstellt; die Voraussetzungen des Auskunftsanspruchs selbst werden hier ebensowenig geregelt wie Inhalt und Umfang der Auskunftspflicht (vgl. dazu BGH GRUR 1986, 62/64 – GEMA-Vermutung I – und GRUR 1986, 66/69 – GEMA-Vermutung II; so. Rdnr. 4).

8   **2. a)** Nach **§ 13 c Abs. 2** besteht eine gesetzliche Vermutung für die Rechtsinhaberschaft der Verwertungsgesellschaft auch bei der Geltendmachung der **Vergütungsansprüche** nach § 27, § 54 Abs. 1, § 54 c Abs. 1, § 77 Abs. 2, § 85 Abs. 4, § 94 Abs. 4 und § 137 l Abs. 5 UrhG durch die Verwertungsgesellschaft. Diese gesetzliche Vermutung der Aktivlegitimation kommt den Verwertungsgesellschaften also nur zugute bei Vergütungsansprüchen, die nach dem Gesetz allein von Verwertungsgesellschaften geltend gemacht werden können, und erfasst von diesen

wiederum insbesondere solche, bei denen üblicherweise der einzelne Nutzungsvorgang (Vermietung, Verleihen, Vervielfältigung) nicht erfasst wird; denn hier ist die Verwertungsgesellschaft somit auch nicht in der Lage, ihre Rechtsinhaberschaft beim einzelnen Nutzungsvorgang nachzuweisen (AmtlBegr. BTDrucks. 10/837 S. 23). Abgesehen von § 1371 Abs. 5 UrhG ist den in § 13c Abs. 2 genannten Vergütungsansprüchen gemeinsam, dass ihre tatsächliche Erfassung durch die fehlende Lizenzpflicht erschwert ist (BGH ZUM 1990, 32/33 – Gesetzliche Vermutung). Die gesetzliche Vermutung gilt auch dann, wenn die gesetzlichen Vergütungsansprüche zum Gegenstand eines Vertrages gemacht worden sind (BGH GRUR 1991, 595/596 – Gesetzliche Vermutung II; LG Oldenburg GRUR 1996, 487/488). Etwas anders gelagert ist der Fall des Vergütungsanspruchs gem. § 1371 Abs. 5 UrhG. Dieser Anspruch wurde verwertungsgesellschaftenpflichtig ausgestaltet, um Streitigkeiten darüber zu vermeiden, ob ein Urheber im Einzelfall auffindbar ist, und um in jedem Fall für die Nutzung eines Werkes in einer neuen Nutzungsart die Zahlung einer angemessenen Vergütung zu gewährleisten (Beschlussempfehlung und Bericht des Rechtsausschusses, BTDrucks. 16/5939, S. 85). Dieser Anspruch würde ohne die Vermutung der Aktivlegitimation der Verwertungsgesellschaft leerlaufen.

b) Macht die Verwertungsgesellschaft Vergütungsansprüche nach § 27, § 54 Abs. 1, § 54c Abs. 1, § 77 Abs. 2, § 85 Abs. 4, § 94 Abs. 4 oder § 1371 Abs. 5 UrhG geltend, so steht ihr dazu prima facie auch die Aktivlegitimation zu, und zwar unabhängig davon, ob es sich um inländische oder ausländische Werke bzw. Produktionen handelt (BGH ZUM 1990, 32/33 – Gesetzliche Vermutung; BGH GRUR 1991, 595/596 – Gesetzliche Vermutung II). Auch hier gilt, dass die **gesetzliche Vermutung** widerlegbar ist. Die auf Vergütung in Anspruch genommenen Nutzer können also die gesetzliche Vermutung der Aktivlegitimation der Verwertungsgesellschaft durch substantiiertes Gegenvorbringen ausräumen und durch diesen Gegenbeweis die Verwertungsgesellschaft dazu zwingen, ihre Aktivlegitimation – also ihre Rechtsinhaberschaft im Einzelfall – uneingeschränkt nachzuweisen (BGH ZUM 1990, 32/34 – Gesetzliche Vermutung; BGH GRUR 1991, 595/596 – Gesetzliche Vermutung II; vgl. *Katzenberger* FuR 1981, 236/248).

Von § 13c Abs. 2 unberührt bleibt die von der Rechtsprechung bisher schon in anderen Fällen bei der Geltendmachung von Vergütungsansprüchen anerkannte Vermutung der Sachbefugnis der Verwertungsgesellschaften (AmtlBegr. BTDrucks. 10/837 S. 23; *Katzenberger* FuR 1981, 236/241/247 f. mwN). Im Übrigen gilt auch für § 13c Abs. 2, dass die Vermutung nicht rechtsbegründend für die Vergütungspflicht, den materiellrechtlichen Anspruch, wirkt (BGH ZUM 1990, 32/34 – Gesetzliche Vermutung; so. Rdnr. 4).

c) Mehrfache Inanspruchnahme. Der Vorteil, den die Verwertungsgesellschaft durch die gesetzliche Vermutung ihrer Aktivlegitimation zur Geltendmachung der in § 13c Abs. 2 genannten Vergütungsansprüche genießt, darf sich nicht so zu Lasten des Nutzers auswirken, dass dieser ohne Nachweis der Rechtsinhaberschaft mehrfach für denselben Nutzungsvorgang auf Vergütung in Anspruch genommen wird (*Möller* S. 58); etwa weil mehrere Verwertungsgesellschaften parallel zur Geltendmachung des Vergütungsanspruchs berechtigt sind. Parallel tätige Verwertungsgesellschaften sind solche, die Vergütungsansprüche von Berechtigten derselben Kategorie wahrnehmen (hM; *Fromm/Nordemann*[10] Rdnr. 3; *Wandtke/Bullinger/Gerlach*[3] Rdnr. 9; Heidelberger Kommentar/*Zeisberg* Rdnr. 25). Sind deshalb mehrere Verwertungsgesellschaften zur Geltendmachung des Vergütungsanspruchs für Rechtsinhaber derselben Kategorie berechtigt, so können sie die gesetzliche Vermutung der Aktivlegitimation nach § 13c Abs. 2 nur dann in Anspruch nehmen, wenn sie den Anspruch gemeinsam geltend machen (§ 13c Abs. 2 S. 2).

Ebenfalls zur Vermeidung einer mehrfachen Inanspruchnahme des Nutzers sieht § 13c Abs. 2 S. 3 vor, dass die Verwertungsgesellschaft, die Zahlungen aus den genannten Vergütungsansprüchen auch für Berechtigte erhält, deren Rechte sie nicht wahrnimmt, den zahlenden Nutzer von den Ansprüchen dieser Berechtigten freistellen muss (AmtlBegr. BTDrucks. 10/837 S. 23). Ein mehrfach in Anspruch genommener Nutzer erhält so einen Regressanspruch gegen die Verwertungsgesellschaft.

III. Außenseiter bei Kabelweitersendung

1. § 13c Abs. 3, Berechtigungsfiktion: Nach § 20b Abs. 1 UrhG ist das Recht der Kabelweitersendung, das Urhebern nach dieser Vorschrift, ausübenden Künstlern gem. § 78 Abs. 4 UrhG und Filmherstellern gem. § 94 Abs. 4 UrhG zusteht, verwertungsgesellschaftenpflichtig.

§ 13c Vermutung der Sachbefugnis; Außenseiter bei Kabelweitersendung

§ 13c Abs. 3 fingiert die umfassende Rechtsinhaberschaft der Verwertungsgesellschaft für die Fälle, in denen Rechtsinhaber ihre Rechte keiner Verwertungsgesellschaft übertragen haben. Solche nicht organisierten Rechtsinhaber (Außenseiter) können gem. § 20b Abs. 1 UrhG ihr Verbotsrecht ohnehin nicht individuell ausüben. Damit der Erwerb der erforderlichen Rechte und die Weitersendung nicht behindert werden, wird gesetzlich bestimmt, dass die Verwertungsgesellschaft, die Rechte dieser Art wahrnimmt, auch für die Wahrnehmung der Rechte der Außenseiter aktiv legitimiert ist.

§ 13c Abs. 3 S. 1 setzt Art. 9 Abs. 2 S. 1 der Satellitenrichtlinie um (so. Rdnr. 5) und ist mit dieser Richtlinienvorschrift nahezu identisch. Hier wie dort wird die Verwertungsgesellschaft, die Kabelweitersenderechte wahrnimmt, kraft gesetzlicher Fiktion („... gilt ... als berechtigt") in die Lage versetzt, auch Rechte von ihr nicht angeschlossenen Rechtsinhabern wahrzunehmen. Während die Richtlinienvorschrift den Begriff „bevollmächtigt" gebraucht, spricht das WahrnG von der Berechtigung zur Wahrnehmung der Rechte, da Verwertungsgesellschaften in Deutschland Rechte treuhänderisch und in eigenem Namen wahrnehmen (Begr. des RegE, BTDrucks. 13/4796 S. 16; s. vor §§ 1ff. Rdnr. 6, § 6 Rdnr. 4). Die Rechtsinhaber des Kabelweitersendungsrechts iSv. § 13c Abs. 3 S. 1 sind Urheber, ausübende Künstler und Filmhersteller (so.).

§ 13c Abs. 3 S. 2 regelt den auch von Art. 9 Abs. 2 S. 2 der Richtlinie angesprochenen Fall, dass mehr als eine Verwertungsgesellschaft Kabelweitersendungsrechte wahrnehmen, geht aber über dessen Regelungsinhalt hinaus. Zunächst hat der Rechtsinhaber bei einer solchen Konstellation schon gem. § 6 (Wahrnehmungszwang) das Recht, die ihm genehme Verwertungsgesellschaft frei auszuwählen. Trifft der Rechtsinhaber seine Wahl, so gilt nur die von ihm gewählte Verwertungsgesellschaft als zur Wahrnehmung seiner Rechte berechtigt. Diese Wahl kann durch Abschluss eines Wahrnehmungsvertrages getroffen werden. Auf den Abschluss eines Wahrnehmungsvertrages kommt es dabei aber nicht an; eine einseitige Erklärung des Rechtsinhabers genügt und schreibt seine Auswahl fest (Begr. des RegE, BTDrucks. 13/4796 S. 16). Solange der Rechtsinhaber seine Wahl nicht getroffen hat, gelten alle derartige Rechte wahrnehmenden Verwertungsgesellschaften gemeinsam als berechtigt.

§ 13c Abs. 3 S. 3 enthält die Klarstellung, dass die in diesem Absatz geregelte Berechtigungsfiktion nicht für Kabelweitersendungsrechte gilt, die ein Sendeunternehmen in Bezug auf seine eigenen Sendungen geltend macht. Diese Rechte sind entsprechend Art. 10 der Richtlinie durch § 20b Abs. 1 S. 2 UrhG bereits von der Verwertungsgesellschaftenpflicht ausgenommen (s. § 20b UrhG Rdnr. 3).

Die Berechtigungsfiktion des § 13c Abs. 3 ist – im Gegensatz zu den Vermutungsregelungen in § 13c Abs. 1 und 2 – unwiderleglich (Begr. des RegE, BT-Drucks. 13/4796 S. 16).

12 **2. § 13c Abs. 4, Innenverhältnis:** Das Innenverhältnis des Außenseiters zu der Verwertungsgesellschaft, die nach § 13c Abs. 3 als berechtigt gilt, wird in Umsetzung von Art. 9 Abs. 2 S. 3 der Richtlinie in § 13c Abs. 4 angesprochen. Nach § 13c Abs. 4 S. 1 muss die Verwertungsgesellschaft, die eine Vereinbarung über die Kabelweitersendung getroffen hat und dabei über die Berechtigungsfiktion des § 13c Abs. 3 auch die Rechte eines Außenseiter-Rechtsinhabers vertreten hat, diesen wie einen durch Wahrnehmungsvertrag mit ihr verbundenen Wahrnehmungsberechtigten behandeln.

Nach Art. 9 Abs. 2 S. 3, 2. Hs. der Richtlinie muss der Außenseiter-Rechtsinhaber seine Rechte gegenüber der Verwertungsgesellschaft mindestens bis zu drei Jahren gerechnet ab dem Zeitpunkt der Kabelweitersendung geltend machen können. § 13c Abs. 4 S. 2, 1. Hs. gibt ihm diese Möglichkeit noch länger. Danach verjähren die Rechte des Außenseiter-Rechtsinhabers spätestens drei Jahre nach dem satzungsgemäßen Abrechnungszeitpunkt der Verwertungsgesellschaft. Ohne eine solche Vorschrift hätte die Verwertungsgesellschaft noch während der allgemeinen Verjährungsfrist von (früher) 30 Jahren Ansprüche des Außenseiters gewärtigen müssen. Nach § 13c Abs. 4 S. 2, 2. Hs. hat die Verwertungsgesellschaft nicht die Möglichkeit, die Verjährungsfrist von drei Jahren durch kürzere Meldefristen oder „auf ähnliche Weise", d.h. durch Beschränkungen satzungsmäßiger Art, einseitig zu verkürzen. Diese Bestimmung entspricht dem Schutzcharakter von § 13c Abs. 4 zugunsten des Außenseiters. Anderes können vertragliche oder satzungsmäßige Bestimmungen dann vorgehen, wenn der Außenseiter nachträglich mit der Verwertungsgesellschaft einen Wahrnehmungsvertrag abschließt (Begr. des RegE, BTDrucks. 13/4796 S. 16).

Vorbemerkung vor §§ 14 ff.

I. Schlichtung im Urheberrecht

1. In zahlreichen Rechtsordnungen ist neben dem materiellen Urheberrecht und der Institution der Verwertungsgesellschaften ein besonderes Verfahren der urheberrechtlichen Streitschlichtung oder **Vertragshilfe** vorgesehen, um einen sachkundigen Ausgleich zwischen den schutzwürdigen Belangen der Urheber und Leistungsschutzberechtigten am wirtschaftlichen Ertrag ihrer Werke einerseits und dem Interesse der Allgemeinheit an der möglichst ungehinderten Nutzung andererseits zu erleichtern (*Reimer* GRUR Int. 1982, 215). Auch im deutschen Recht finden sich seit langem Modelle der Vertragshilfe als Teil des urheberrechtlichen Gesamtkonzepts. So waren bereits im alten Recht (§§ 49 LUG, 46 KUG) sog. Sachverständigen-Kammern vorgesehen, bei denen die Gerichte in urheberrechtlichen Fragen Gutachten einholen konnten. Da die Anrufung dieser Kammern fakultativ war, kam ihnen jedoch keine große praktische Bedeutung zu. Die STAGMA-Gesetzgebung von 1933/34 (Vor §§ 1 ff. Rdnr. 3) enthielt eine Bestimmung über die Errichtung einer „paritätisch zusammengesetzten Schiedsstelle", die über „Art und Höhe der Tarife" zu bestimmen hatte, wenn sich Verwertungsgesellschaft und Musikveranstalterverband darauf nicht einigen konnten. 1

2. Mit der Urheberrechtsreform von 1965 wurde in ausdrücklicher Anlehnung an die Schiedsstellen-Regelung der STAGMA-Gesetzgebung durch § 14 WahrnG aF in Verbindung mit der nach § 14 Abs. 7 WahrnG aF ergangenen Verordnung ein **justizförmig ausgestaltetes Schlichtungsverfahren** vor einer Schiedsstelle geschaffen, die beim Deutschen Patentamt (heute: Deutsches Patent- und Markenamt, DPMA) gebildet wurde (zum ganzen *Reinbothe* mwN; *Strittmatter* S. 17 ff.). Diese Schiedsstelle war ein paritätisch zusammengesetztes Kollegial-Verwaltungsorgan zur Gestaltung von Privatrechtsverhältnissen. Ihre Entscheidungskompetenz war beschränkt auf das Verhältnis zwischen Verwertungsgesellschaften und Werknutzern, und hier auf die Gestaltung von Gesamtverträgen (§ 12) und Verträgen zwischen Verwertungsgesellschaften und Sendeunternehmen. Nur für diese „Verträge von allgemeinerer Bedeutung" (AmtlBegr. BTDrucks. IV/271 S. 18), nicht dagegen für sonstige Streitigkeiten über den Abschluss von Verträgen der Verwertungsgesellschaften mit einzelnen Nutzern, sollte die Schiedsstelle auf Antrag der Beteiligten als Korrelat zum Abschlusszwang der Verwertungsgesellschaften nach §§ 11, 12 fungieren (vgl. *Reinbothe* S. 15 f.). Sie hatte die Befugnis, nach erfolglosem gütlichen Einigungsversuch durch Verwaltungsakt (*Reinbothe* S. 104) ein Vertragsdiktat für die Beteiligten zu schaffen, das kraft Gesetzes zwischen ihnen wie ein Schuldverhältnis iSv. § 11 bzw. § 12 wirkte (*Reinbothe* S. 53). In dem ihr zugewiesenen Bereich (Gesamtverträge nach § 12 und Verträge der Verwertungsgesellschaften mit Sendeunternehmen) war die Schiedsstelle nach § 14 aF ausschließlich zuständig, dh. Klage vor den ordentlichen Gerichten ausgeschlossen. Die Entscheidung der Schiedsstelle konnte nach § 15 Abs. 1 aF beim Oberlandesgericht München in letzter Instanz von jeder Partei und ohne Beschwer angefochten werden. 2

Nach allgemeiner Auffassung hatte sich dieses Schiedsstellenverfahren in der vom Gesetzgeber vorgesehenen Form nicht bewährt und bedurfte der Neuordnung (*Melichar* S. 51 f.; *Schulze* FuR 1981, 25/26/27; *Reinbothe* S. 181; *Möller* S. 59; *Strittmatter* S. 22 ff.). Bemängelt wurden insbesondere die zu lange Verfahrensdauer als Folge von Verfahrensmängeln, die nicht hinreichend bestimmten Entscheidungs- und Verfahrensmaßstäbe, die ungeeignete Besetzung mit einem von der Aufsichtsbehörde auf zwei Jahre berufenen Vorsitzenden und je einem von den beiden Verfahrensbeteiligten benannten Beisitzer sowie die unzureichende, dem Wert der Streitsachen nicht angemessene Entschädigung für die Beisitzer.

II. Die Schiedsstelle seit 1985

1. Mit der **Novellierung des Urheberrechts 1985** wurde auch die Schiedsstelle in Zusammensetzung und Verfahren grundlegend umgestaltet. Dabei wurde daran festgehalten, dass die Schiedsstelle ein „sinnvolles Instrument der Vertragshilfe" darstellt (AmtlBegr. BT-Drucks. 10/837 S. 12) und es lediglich galt, die Verfahrensmängel zu beseitigen. Statt die Schiedsstelle ganz abzuschaffen, entschied sich der Gesetzgeber 1985 für eine Erweiterung ihres Tätigkeitsbereichs. 3

Vor §§ 14ff. Vorbemerkung

4 2. Ihrem Wesen nach ist die **Schiedsstelle** nach wie vor ein bei der Aufsichtsbehörde gebildetes **Verwaltungsorgan** (AmtlBegr. BTDrucks. 10/837 S. 24), das keine Rechtsprechung ausübt. Sie ist nachgebildet der Schiedsstelle nach dem Gesetz über Arbeitnehmererfindungen, die ebenfalls beim Deutschen Patent- und Markenamt gebildet ist. Ihre Zusammensetzung und Verfahrensvorschriften wurden 1985 geändert, vgl. Urheberschiedsstellenverordnung (UrhSchiedsV) vom 20. 12. 1985 (BGBl. I S. 2543). Vor allem erhielt sie einen erweiterten Tätigkeitsbereich gegenüber der vor 1985 geltenden Regelung: Nicht nur bei Gesamtverträgen und Verträgen der Verwertungsgesellschaft mit Sendeunternehmen, sondern auch bei jeder Streitigkeit über die einzelne Nutzung urheberrechtlich geschützer Werke und Leistungen kann sie seit 1985 von jedem Beteiligten angerufen werden (vgl. *Hillig* UFITA 102 (1986) 11/27 f.).

Beschränkt wurde dagegen 1985 die Entscheidungskompetenz der Schiedsstelle. Im Gegensatz zur Schiedsstelle nach § 14 aF erlässt sie nicht ein privatrechtsgestaltendes Vertragsdiktat durch Verwaltungsakt. Ihre Tätigkeit erschöpft sich nach erfolglos versuchter gütlicher Streitbeilegung auf die Vorlage eines unverbindlichen Einigungsvorschlags, der von den Beteiligten (auch stillschweigend) angenommen werden kann, aber nicht muss. Die Schiedsstelle kann von einem Einigungsvorschlag auch absehen, soweit sich der Streit im Rahmen der Einzelnutzung nicht auf die Anwendbarkeit und die Angemessenheit eines Tarifs erstreckt. Da die Sachentscheidung der Schiedsstelle allenfalls in einem Einigungsvorschlag gipfelt, ist hiergegen auch kein gesondertes Rechtsmittel vorgesehen.

5 3. **Jüngere Novellierungen:** Durch das 4. UrhGÄndG wurde die Zuständigkeit der Schiedsstelle seit **1998** erweitert um Streitigkeiten über Rechte der Kabelweitersendung zwischen Sendeunternehmen und Kabelunternehmen, die nach § 87 Abs. 5 UrhG zum Vertragsabschluss zu angemessenen Bedingungen verpflichtet sind. § 14 Abs. 1 wurde entsprechend angepasst (s. § 14 Rdnr. 1).

Die **Novellierung des Urheberrechts durch den sog. „Zweiten Korb"**, das Zweite Gesetz zur Regelung des Urheberrechts in der Informationsgesellschaft vom 26. 10. 2007 (BGBl. I S. 2513), hat zu weiteren umfangreichen Änderungen des WahrnG geführt, betreffend vor allem die Tarifgestaltung (so. § 13a Rdnr. 1) und das Verfahren vor der Schiedsstelle. Dagegen wurde am Wesen der Schiedsstelle als einer Einrichtung der gütlichen Streitbeilegung ohne eigene Entscheidungskompetenz nichts geändert, obwohl gefordert worden war, die Schiedsstelle mit eigener Entscheidungskompetenz auszustatten (vgl. AmtlBegr BTDrucks. 16/1828, S. 77). Durch Einfügung des § 14 Abs. 1 Nr. 1 lit. b nF wurde ausdrücklich klargestellt, dass die Schiedsstelle zuständig ist für Streitfälle über die Vergütungspflicht gem. §§ 54 oder 54c UrhG für Vervielfältigungen iSv. § 53 Abs. 1 bis 3 UrhG (der bisherige § 14 Abs. 1 Nr. 1 lit. b wurde nun lit. c). Die Mitglieder der Schiedsstelle werden vom Bundesministerium der Justiz (BMJ) nicht mehr wie bisher auf vier Jahre, sondern für einen bestimmten Zeitraum, der mindestens ein Jahr beträgt, berufen; ihre Wiederberufung ist zulässig (§ 14 Abs. 2 S. 4 nF). Außerdem können jetzt gem. § 14 Abs. 3 nF bei der Schiedsstelle mehrere Kammern gebildet werden; in der Folge wurden die bisherigen § 14 Abs. 3 und 4 zu Abs. 4 und 5 und die bisherigen Abs. 6 und 7 zu Abs. 7 und 8. Neu eingefügt in § 14 wurden Abs. 5a, wonach die Schiedsstelle verpflichtet ist, im Verfahren nach § 14 Abs. 1 Nr. 1 lit. b die nach § 54a Abs. 1 UrhG maßgebliche Nutzung durch empirische Untersuchungen zu ermitteln, und Abs. 5b, der die Schiedsstelle zur Konsultation der Verbraucherverbände verpflichtet. Gem. § 14a Abs. 2 S. 1 muss die Schiedsstelle ihren Einigungsvorschlag innerhalb eines Jahres nach Anrufung vorlegen, doch kann das Verfahren mit Zustimmung aller Beteiligten für jeweils ein halbes Jahr fortgesetzt werden. Außerdem wurde die erstinstanzliche Zuständigkeit des OLG gem. § 16 Abs. 4 S. 1 nun auch auf Streitfälle nach § 14 Abs. 1 Nr. 1 lit. b über die Vergütungspflicht gem. §§ 54 oder 54c UrhG ausgedehnt. Bei parallel anhängigen Schiedsstellenverfahren über Einzelnutzungen gem. § 14 Abs. 1 Nr. 1 lit. a oder die Vergütungspflicht gem. § 14 Abs. 1 Nr. 1 lit. b einerseits und über Gesamtverträge gem. § 14 Abs. 1 Nr. 1 lit. c andererseits kann die Schiedsstelle nunmehr das erstere Verfahren bis zum Einigungsvorschlag über den Gesamtvertrag aussetzen (§ 14e). Und schließlich können Streitfälle über die Vergütungspflicht nach § 54 UrhG auf Wunsch der Beteiligten statt der Schiedsstelle einer freiwilligen Schlichtung zugeführt werden, deren Ablauf und Merkmale in § 17a geregelt sind (zur Diskussion über diese Änderungen des WahrnG im Vorfeld der Verabschiedung des Zweiten Korbes vgl. *Melichar* ZUM 2005, 119; *Ory* AfP 2004, 500/504; *Pakuscher* ZUM 2005, 127/128). § 27 enthält ausführliche Übergangsregelungen.

6 4. **Zuständigkeiten und Verfahren:** Nach den §§ 14ff. gilt, dass die Zuständigkeit für Streitigkeiten aus den §§ 11 (§ 14 Abs. 1 Nr. 1 lit. a) und 12 (§ 14 Abs. 1 Nr. 1 lit. c), aus den

Vorbemerkung Vor §§ 14ff.

§§ 54 oder 54c UrhG (§ 14 Abs. 1 Nr. 1 lit. b) sowie aus § 87 Abs. 5 UrhG (§ 14 Abs. 1 Nr. 2) zwar grundsätzlich bei den Gerichten verbleibt. Das Vertragshilfeverfahren vor der Schiedsstelle muss jedoch in diesen Fällen dann der Klage vorausgegangen sein, ist also Prozessvoraussetzung, wenn Anwendbarkeit und Angemessenheit des Tarifs im Streit sind oder es sich um Streitigkeiten über die Vergütungspflicht gem. §§ 54 oder 54c UrhG oder über Änderung oder Abschluss von Gesamtverträgen handelt (§ 16 Abs. 1, Abs. 2 S. 1) – es sei denn, das Schiedsstellenverfahren wurde nicht innerhalb des in § 14a Abs. 2 S. 1 und 2 bestimmten Zeitraums abgeschlossen. Stellt sich erst im Laufe des schon begonnenen Rechtsstreits über Einzelnutzungsvorgänge nach § 14 Abs. 1 Nr. 1 lit. a heraus, dass die Tarife im Streit sind, so wird die Einleitung des Vertragshilfeverfahrens vor der Schiedsstelle noch in diesem Stadium ermöglicht. Im Übrigen unterliegt der Rechtsweg für Streitigkeiten aus § 11 keinerlei Besonderheiten; dies gilt auch für Streitigkeiten über Gesamtverträge, über Kabelweitersendungsverträge und über die Vergütungspflicht gem. §§ 54 oder 54c UrhG, allerdings mit der Maßgabe, dass hier das Oberlandesgericht München im ersten Rechtszug entscheidet und auch die Revision grundsätzlich offen steht (§ 16 Abs. 4).

Systematisch ist das Schiedsstellenverfahren seit 1985 klar gegliedert. Während § 14 insbesondere Zuständigkeit und Zusammensetzung der Schiedsstelle regelt, sind Inhalt und Wirkung der Schiedsstellenentscheidung in den §§ 14a, 14b, 14c, 14d und 14e beschrieben. § 15 enthält die Ermächtigung zum Erlass der Schiedsstellen-(Verfahrens-)Verordnung, und § 16 enthält Angaben zum Verhältnis zwischen dem Schiedsstellenverfahren und dem Verfahren vor den ordentlichen Gerichten sowie dem Rechtsweg für Klagen auf Abschluss oder Änderung von Gesamtverträgen.

5. Die wachsende Bedeutung der Schiedsstelle: Die Zuständigkeit der Schiedsstelle zur Vertragshilfe konzentrierte sich zunächst erkennbar auf die Überprüfung von Anwendbarkeit und Angemessenheit der Tarife (§ 13). So konnte die Schiedsstelle auch wesentlich dem Schutz der oft wirtschaftlich schwächeren Nutzer dienen (vgl. *v. Ungern-Sternberg*, Fs. für Schricker, 2005, 567/569). Von der Neuregelung der §§ 14ff. 1985 war erwartet worden, dass die Schiedsstelle bei der Tarifüberprüfung, die bisher weder von der Aufsichtsbehörde noch von den Gerichten hinreichend wirksam hatte gewährleistet werden können, in Zukunft eine sachkundige Beurteilung ermöglichte (AmtlBegr. BTDrucks. 10/837 S. 12; *Reimer* GRUR Int. 1982, 215/216; *Möller* S. 60) und durch eine einheitliche Spruchpraxis in Verbindung mit dem Gleichbehandlungsgebot, dem die Verwertungsgesellschaften unterliegen, auch für eine Vereinheitlichung der Tarifanwendung sorgte. Dem Gesetzgeber erschien dies damals vor allem im Hinblick auf die durch die Urheberrechtsnovelle erweiterten Vergütungsansprüche wesentlich (AmtlBegr. BT-Drucks. 10/837 S. 12). Dabei wurde es für wichtig gehalten, dass die Sachkunde der Schiedsstelle als unabhängiger Kontrollinstanz frühzeitig und in möglichst großem Umfang genutzt wird, auch um die Gerichte so weit wie möglich zu entlasten (AmtlBegr. BTDrucks. 10/837 S. 24; BGH GRUR 2000, 872/874 – Schiedsstellenanrufung).

Seit 1998 kann die Schiedsstelle nach § 14 Abs. 1 Nr. 2 auch angemessene Bedingungen in Kabelweitersendungsverträgen zwischen Sendeunternehmen und Kabelunternehmen überprüfen. Und seit 2008 ist die Rolle des Schiedsstellenverfahrens bei der Bestimmung der angemessenen Vergütung für Vervielfältigungen zum privaten und sonstigen eigenen Gebrauch gem. §§ 54 und 54c UrhG im WahrnG noch weiter ausgebaut worden; sie ist sogar unerlässlicher Teil des ausdrücklich gewollten Paradigmenwechsels von der Festlegung der Vergütungshöhe durch den Gesetzgeber hin zur weitgehenden Selbstregulierung durch die Beteiligten (AmtlBegr BTDrucks. 16/1828, S. 1f.). Dass der Gesetzgeber nunmehr gem. § 17a den Beteiligten auch die Möglichkeit einer freiwilligen Schlichtung anstelle des Schiedsstellenverfahrens einräumt und sie dabei aktiv unterstützt, kann die Schiedsstelle entlasten, mindert aber nicht ihre Bedeutung.

Die kontinuierlichen Erweiterungen des Zuständigkeitsbereichs der Schiedsstelle sind ein Hinweis darauf, dass sich die Schiedsstelle auch nach Auffassung des Gesetzgebers als Vertragshilfeinstrument bewährt hat. Tatsächlich haben sich, vor allem nach der grundlegenden Neuregelung ihres Mandats und Verfahrens 1985, die in die Schiedsstelle gesetzten Erwartungen grundsätzlich erfüllt. Trotz aller Hindernisse (das Schiedsstellenverfahren ist nicht öffentlich, § 6 Abs. 2 S. 1 UrhSchiedsV, und die Schiedsstelle kann Verträge und Vertragsbedingungen auch nicht selbst, dh. ohne Einverständnis der Beteiligten festsetzen) hat die Schiedsstelle zahlreiche Klarstellungen im Verhältnis zwischen Verwertungsgesellschaften und Nutzern bewirkt (*Seifert*, Fs. für Kreile, 1994, S. 627/629). Auch die hohe Anzahl erfolgreich abgeschlossener Verfahren belegt, dass sich die heutige Schiedsstelle als nützliches Streitschlichtungsorgan etabliert hat und zur Entlastung der Gerichte beiträgt (vgl. die Übersicht im Jahresbericht des DPMA 2008, http://www.dpma.de/docs/service/veroeffentlichungen/jahresberichte/dpma-jahresbericht2008.pdf.; *Loewenheim/Melichar*[2] § 49 Rdnr. 2; Heidelberger Kommentar/*Zeisberg* vor §§ 14 ff. Rdnr. 8; *Strittmatter* aaO).

§ 14 Schiedsstelle

(1) Die Schiedsstelle kann von jedem Beteiligten angerufen werden bei Streitfällen,
1. an denen eine Verwertungsgesellschaft beteiligt ist, wenn sie
    a) die Nutzung von Werken oder Leistungen, die nach dem Urheberrechtsgesetz geschützt sind,
    b) die Vergütungspflicht nach §§ 54 oder 54 c des Urheberrechtsgesetzes oder
    c) den Abschluß oder die Änderung eines Gesamtvertrages betreffen,
2. an denen ein Sendeunternehmen und ein Kabelunternehmen beteiligt sind, wenn sie die Verpflichtung zum Abschluß eines Vertrages über die Kabelweitersendung betreffen.

(2) [1]Die Schiedsstelle wird bei der Aufsichtsbehörde (§ 18 Abs. 1) gebildet. [2]Sie besteht aus dem Vorsitzenden oder seinem Vertreter und zwei Beisitzern. [3]Die Mitglieder der Schiedsstelle müssen die Befähigung zum Richteramt nach dem Deutschen Richtergesetz haben. [4]Sie werden vom Bundesministerium der Justiz für einen bestimmten Zeitraum, der mindestens ein Jahr beträgt, berufen; Wiederberufung ist zulässig.

(3) [1]Bei der Schiedsstelle können mehrere Kammern gebildet werden. [2]Die Besetzung der Kammern bestimmt sich nach Absatz 2 Satz 2 bis 4. [3]Die Geschäftsverteilung zwischen den Kammern wird durch den Präsidenten des Deutschen Patent- und Markenamts geregelt.

(4) Die Mitglieder der Schiedsstelle sind nicht an Weisungen gebunden.

(5) Die Schiedsstelle wird durch schriftlichen Antrag angerufen.

(5 a) Im Verfahren nach Absatz 1 Nr. 1 Lit. c hat die Schiedsstelle die nach § 54 a Abs. 1 des Urheberrechtsgesetzes maßgebliche Nutzung durch empirische Untersuchungen zu ermitteln.

(5 b) In Streitfällen über die Vergütungspflicht nach § 54 des Urheberrechtsgesetzes erhalten bundesweite Dachorganisationen der mit öffentlichen Mitteln geförderten Verbraucherverbände Gelegenheit zur schriftlichen Stellungnahme.

(6) [1]Die Schiedsstelle hat auf eine gütliche Beilegung des Streitfalles hinzuwirken. [2]Aus einem vor der Schiedsstelle geschlossenen Vergleich findet die Zwangsvollstreckung statt, wenn er unter Angabe des Tages seines Zustandekommens von dem Vorsitzenden und den Parteien unterschrieben ist; § 797 a der Zivilprozeßordnung gilt entsprechend.

(7) Ein Schiedsvertrag über künftige Streitfälle nach Absatz 1 Nr. 1 Buchstabe b ist nichtig, wenn er nicht jedem Beteiligten das Recht einräumt, im Einzelfall statt des Schiedsgerichts die Schiedsstelle anzurufen und eine Entscheidung durch die ordentlichen Gerichte zu verlangen.

(8) Durch die Anrufung der Schiedsstelle wird die Verjährung in gleicher Weise wie durch Klageerhebung gehemmt.

Schrifttum: *Hillig,* Die Urheberrechtsnovelle 1985, UFITA 102 (1986) 11; *Hucko,* „Zweiter Korb" – Das neue Urheberrecht in der Informationsgesellschaft, 2007; *Kaube/Volz,* Die Schiedsstelle nach dem Gesetz über Arbeitnehmererfindungen beim Deutschen Patentamt, RdA 1981, 213; *Melichar,* Die Wahrnehmung von Urheberrechten durch Verwertungsgesellschaften, 1983; *Möller,* Die Urheberrechtsnovelle '85: Entstehungsgeschichte und verfassungsrechtliche Grundlagen, 2007; *Nordemann,* Die Urheberrechtsreform 1985, GRUR 1985, 837; *Reimer,* Schiedsstellen im Urheberrecht, GRUR Int. 1982, 215; *Reinbothe,* Schlichtung im Urheberrecht, 1978; *Schulze,* Stellungnahme zum deutschen Referentenentwurf für eine Urheberrechtsnovelle, FuR 1981, 25; *ders.,* Das Gesetz über die Wahrnehmung von Urheberrechten und verwandten Schutzrechten verlangt eine Reform, Fs. für Ph. Möhring, 1975, S. 427; *Seifert,* Das Schiedsstellenverfahren als Prozeßvoraussetzung im Urheberrechtsstreit, Fs. für Kreile, 1994, S. 627; *Strittmatter,* Tarife vor der urheberrechtlichen Schiedsstelle, 1994; *Volmer,* Zehn Jahre Tätigkeit der Schiedsstellen für Arbeitnehmererfindungen, BB 1968, 253.

I. § 14 Abs. 1, Zuständigkeit

1. Nach **§ 14 Abs. 1 Nr. 1** ist die Schiedsstelle zuständig für alle urheberrechtlichen Streitigkeiten, an denen eine **Verwertungsgesellschaft beteiligt** ist, sofern der Streit die **(Einzel-) Nutzung** von Werken oder Leistungen nach dem UrhG betrifft (§ 14 Abs. 1 Nr. 1 lit. a), die **Vergütungspflicht** der Hersteller von Geräten und von Speichermedien sowie der Betreiber nach §§ 54 oder 54c UrhG (§ 14 Abs. 1 Nr. 1 lit. b) oder Abschluss oder Änderung von **Gesamtverträgen** (§ 14 Abs. 1 Nr. 1 lit. c iVm. § 12; vgl. Beschluss der Schiedsstelle ZUM 1987, 187/188; Einigungsvorschlag der Schiedsstelle ZUM 2005, 670). Erfasst sind **urheberrechtliche Streitigkeiten** aller Art, also solche über die Einräumung von Nutzungsrechten (§ 11) und über Abschluss oder Änderung von Gesamtverträgen (§ 12) ebenso wie reine Vergütungsansprüche, Schadensersatz- oder Bereicherungsansprüche (AmtlBegr. BTDrucks. 10/837 S. 23). Damit dient der im Zuge der Novellierung des Urheberrechts durch den sog. „Zweiten Korb" (Zweites Gesetz zur Regelung des Urheberrechts in der Informationsgesellschaft vom 26. 10. 2007, BGBl. I S. 2513) eingefügte ausdrückliche Hinweis in § 14 Abs. 1 Nr. 1 lit. b, dass die Schiedsstelle auch für Streitigkeiten im Zusammenhang mit der Vergütungspflicht für Privatkopien und Ablichtungen gem. §§ 54 oder 54c UrhG zuständig ist, lediglich der Klarstellung (AmtlBegr BTDrucks. 16/1828, S. 76). Unerheblich ist auch, ob die Anwendbarkeit und Angemessenheit von Tarifen im Streit ist (s. Beschluss der Schiedsstelle ZUM 1987, 187/188) oder (auch oder stattdessen) der Anspruchsgrund, die Verletzung von Urheberrechten, die Vergütungspflicht oder etwa die Aktivlegitimation der Verwertungsgesellschaft. Auch in diesen Fällen kann die Schiedsstelle angerufen werden. Die Möglichkeit der Anrufung der Schiedsstelle ändert allerdings nichts an dem Grundsatz, dass **ungekündigte, dh. wirksame Verträge** Bestand haben (*Seifert*, Fs. für Kreile, 1994, S. 627/632; *Fromm/Nordemann*[10] Rdnr. 5; vgl. oben § 11 Rdnr. 7). Das Schiedsstellenverfahren dient in der Regel nicht der Angemessenheitsprüfung im Rahmen bestehender Nutzungsverträge. Selbst wenn die Schiedsstelle einen vereinbarten Tarif für unanwendbar oder unangemessen hält, kann sie durch ihre Stellungnahme nicht in bestehende Vertragsverhältnisse eingreifen (vgl. BGH ZUM 2000, 952; LG Frankfurt/M ZUM 2006, 949/950). Hält etwa ein Nutzer die vertraglich vereinbarte Vergütungsregelung für unangemessen, so kann er den Vertrag kündigen, die Nutzung gegen Zahlung bzw. Zahlung unter Vorbehalt oder Hinterlegung gem. § 11 Abs. 2 fortsetzen und dabei, u. U. auch schon vorab, die Schiedsstelle zur Angemessenheitsprüfung anrufen (vgl. BGH GRUR 2000, 872/873 – Schiedsstellenanrufung).

Gegner der Verwertungsgesellschaft im Verfahren vor der Schiedsstelle werden in der Regel Einzelnutzer (§ 14 Abs. 1 Nr. 1 lit. a), anderweitig zur Zahlung einer Vergütung Verpflichtete (§ 14 Abs. 1 Nr. 1 lit. b) oder Vereinigungen von Nutzern oder Vergütungsverpflichteten (§ 14 Abs. 1 Nr. 1 lit. c) sein. Vor 1985 waren auch Verträge zwischen Verwertungsgesellschaften und Sendeunternehmen ausdrücklich in § 14 erwähnt (vgl. § 14 Abs. 1 idF vor 1985). Dies konnte entfallen, da auch Sendeunternehmen Einzelnutzer sind (vgl. Bericht des Rechtsausschusses, BTDrucks. 10/3360 S. 21). Die Schiedsstelle ist nicht gehindert, über Anträge von Mitgliedern einer Nutzervereinigung zu entscheiden, mit der ein Gesamtvertrag besteht, da der Gesamtvertrag keine Rechtswirkungen zu Lasten dieser Mitglieder entfaltet (Schiedsstelle ZUM 1988, 351/352; Schiedsstelle ZUM 1988, 471/477; vgl. oben § 12 Rdnr. 6; *Strittmatter* S. 37 ff.). Auch kann die Schiedsstelle angerufen werden bei Streitigkeiten über Tarife, die bereits früher überprüft wurden (Schiedsstelle ZUM 1988, 351/352; *Strittmatter* S. 109). Für die Frage, ob in solchen Fällen die Befassung der Schiedsstelle Prozessvoraussetzung ist, su. Rdnr. 2 und § 16 Rdnr. 3. Dagegen fallen Streitigkeiten zwischen Verwertungsgesellschaften und Berechtigten – etwa über die Wahrnehmungspflicht der Verwertungsgesellschaft, § 6 – nicht unter § 14 Abs. 1 Nr. 1, sind also dem Schiedsstellenverfahren nicht zugänglich, da dieses nicht die Wahrnehmungs- sondern die Nutzungs- und Vergütungsbedingungen zu beurteilen hat (AmtlBegr. BTDrucks. 10/837 S. 23).

Antragsberechtigt zur Anrufung der Schiedsstelle nach § 14 Abs. 1 Nr. 1 sind die beteiligte Verwertungsgesellschaft sowie der oder die Beteiligten auf der Nutzerseite bzw. – bei Streitigkeiten über die Vergütungspflicht nach §§ 54 oder 54c UrhG – auf der Seite der zur Zahlung der Vergütung Verpflichteten.

§ 14 Abs. 1 Nr. 2 bestimmt die Zuständigkeit der Schiedsstelle für **Streitigkeiten zwischen einem Sendeunternehmen und einem Kabelunternehmen,** also für Streitigkeiten zwischen einzelnen Rechtsinhabern und Nutzern. Diese Bestimmung wurde durch Art. 2 des

4. UrhGÄndG vom 8. 5. 1998 (BGBl. I S. 902) in das WahrnG eingefügt. Schon nach früherem Recht (§ 14 Abs. 1 aF) und nach § 14 Abs. 1 Nr. 1 nF war die Schiedsstelle für Streitigkeiten über den Erwerb der Rechte der Kabelweitersendung, ob einzel- oder gesamtvertraglich vereinbart, zuständig, sofern eine Verwertungsgesellschaft daran beteiligt war. Nach § 14 Abs. 1 Nr. 2 kann die Schiedsstelle dagegen auch dann zur Vertragshilfe angerufen werden, wenn bei einer Streitigkeit über Kabelweitersendungsrechte gem. § 20b Abs. 1 S. 2 UrhG auf der Rechtsinhaberseite keine Verwertungsgesellschaft, sondern ein Sendeunternehmen beteiligt ist. Sendeunternehmen und Kabelunternehmen sind nach § 87 Abs. 5 UrhG gegenseitig verpflichtet, einen Vertrag über die Kabelweitersendung zu angemessenen Bedingungen abzuschließen. § 14 Abs. 1 Nr. 2 stellt für Streitigkeiten betreffend den Abschluss derartiger Verträge das Vertragshilfeverfahren der Schiedsstelle zur Verfügung. Mit dieser Bestimmung wird Art. 11 der Satelliten- und Kabelrichtlinie (Richtlinie 93/83/EWG vom 27. 9. 1993, vgl. § 13c Rdnr. 5) umgesetzt, wonach sich Sendeunternehmen, die ihre originären und vertraglich erworbenen Rechte der Kabelweitersendung gem. § 20b Abs. 1 S. 2 UrhG nicht in eine Verwertungsgesellschaft einbringen müssen und damit nicht dem WahrnG unterliegen, bei Streitigkeiten mit Kabelunternehmen einem Vermittlungsverfahren stellen müssen.

Die Schiedsstelle erfüllte bereits in ihrer seit 1985 gültigen Konstellation die in Art. 11 der Richtlinie genannten Voraussetzungen für dieses Vermittlungsverfahren (Begr. des RegE, BTDrucks. 13/4796 S. 16f.): Die Weisungsfreiheit ihrer Mitglieder (su. Rdnr. 5) entspricht Art. 11 Abs. 4 der Richtlinie; Art. 11 Abs. 2 und 3 der Richtlinie fordern nicht bindende Einigungsvorschläge (su. Rdnr. 9, 10 sowie § 14a Abs. 2 bis 4, § 14b), die förmlich zuzustellen sind (§ 14a Abs. 4 2. Hs.), den Vertragsabschluss aber nicht ersetzen (vgl. § 16).

Die von § 14 Abs. 1 Nr. 2 erfassten Streitfälle werden idR Pauschalverträge zwischen Sendeunternehmen und Kabelunternehmen betreffen, wie sie üblicherweise abgeschlossen werden. Solche Pauschalverträge sind nach Auffassung des Gesetzgebers Gesamtverträgen ähnlich (su. zu § 14d, § 16 Abs. 4; AmtlBegr. BTDrucks. 13/4796 S. 17). Auch hier kann die Schiedsstelle – entsprechend der in § 14 Abs. 1 Nr. 1 lit. c genannten Streitigkeiten – von jedem am Kabelweitersendungsvertrag Beteiligten angerufen werden bei deren Vertrag betreffenden urheberrechtlichen Streitigkeiten aller Art. Das oben zu § 14 Abs. 1 Nr. 1 Gesagte gilt entsprechend.

Wenn dagegen die Streitigkeit zwischen Sendeunternehmen und Kabelunternehmen nicht die Verpflichtung zum Abschluss eines Vertrages über die Kabelweitersendung oder die Vertragsbedingungen betrifft, so ist § 14 Abs. 1 Nr. 2 schon seinem Wortlaut nach nicht anwendbar. So bedarf es nicht der besonderen Sachkunde der Schiedsstelle, und sind auch die anderen dem Schiedsstellenverfahren zugrunde liegenden Erwägungen (so. Vor §§ 14ff. Rdnr. 7) nicht einschlägig für die Geltendmachung von Unterlassungsansprüchen im Zusammenhang mit einem Streit über die Befugnis zur Kabelweitersendung (OLG Dresden GRUR 2003, 601/602f. – Kontrahierungszwang).

2 2. Die Anrufung der Schiedsstelle in den oben (Rdnr. 1) genannten Fällen ist grundsätzlich fakultativ. Die Schiedsstelle muss allerdings angerufen werden als **Prozessvoraussetzung** einer Klage vor den ordentlichen Gerichten, wenn bei Streitfällen nach § 14 Abs. 1 Nr. 1 lit. a (Einzelnutzerstreitigkeiten) die Anwendbarkeit oder die Angemessenheit des Tarifs bestritten wird, bei Streitigkeiten gem. § 14 Abs. 1 Nr. 1 lit. b (Vergütungspflicht nach §§ 54 oder 54c UrhG), oder wenn es sich um Streitfälle nach § 14 Abs. 1 Nr. 1 lit. c (Gesamtverträge) oder nach § 14 Abs. 1 Nr. 2 (Verträge zwischen Sendeunternehmen und Kabelunternehmen) handelt, § 16 Abs. 1, Abs. 2 S. 1. Daraus folgt zugleich, dass die Anrufung der Schiedsstelle nicht erforderlich ist bei der Verfolgung vertraglicher Zahlungsansprüche (LG Frankfurt/M ZUM 2006, 949/950).

Zu den formalen Erfordernissen der Antragstellung su. Rdnr. 6ff. Der weitere Ablauf des Verfahrens vor der Schiedsstelle richtet sich nach den §§ 14a–14e sowie nach den Vorschriften der UrhSchiedsV (hierzu ausführlich *Strittmatter* S. 50ff.; unten § 14a Rdnr. 2–6). Zum Rechtsweg s. § 16.

II. § 14 Abs. 2, Zusammensetzung der Schiedsstelle

3 1. Die Schiedsstelle wird bei der Aufsichtsbehörde nach § 18 Abs. 1, also beim Deutschen Patent- und Markenamt gebildet, § 14 Abs. 2 S. 1. Sie besteht dort im Prinzip als **ständige Institution.** Die Schiedsstelle ist damit nicht integrierter Teil der Aufsichtsbehörde und unterliegt auch nicht ihrer Aufsicht. Nach außen hin ist die Aufsichtsbehörde aber Träger der

Schiedsstelle und hat zu ihr durch Verfahrensvorschriften in den §§ 11 Abs. 2, 13, 14 Abs. 1 UrhSchiedsV auch organisatorische Verknüpfungen (*Reinbothe* S. 88 mwN).

2. Die Schiedsstelle besteht aus drei ständigen **Mitgliedern:** Dem Vorsitzenden oder seinem 4 Vertreter sowie zwei Beisitzern, § 14 Abs. 2 S. 2. Alle drei Schiedsstellen-Mitglieder müssen nach § 14 Abs. 2 S. 3 die Befähigung zum Richteramt nach dem Deutschen Richtergesetz haben, also Volljuristen sein, §§ 5 ff. DRiG. Sämtliche Mitglieder der Schiedsstelle, also auch die Beisitzer, werden nach § 14 Abs. 2 S. 4 vom Bundesministerium der Justiz für einen bestimmten Zeitraum (früher auf vier Jahre, seit 1. 1. 2008 mindestens für ein Jahr) berufen; Wiederberufung ist zulässig, § 14 Abs. 2 S. 4 letzter Hs. Dieser Berufungsmodus und der Mindestzeitraum als solcher für die Amtszeit aller Schiedsstellenmitglieder wurden 1985 eingeführt und sollen gewährleisten, dass sämtliche Mitglieder der Schiedsstelle auch vom Parteiinteresse unabhängig sind (AmtlBegr. BTDrucks. 10/837 S. 23) und eine richterähnliche Stellung haben (dies war nach der Regelung vor 1985 nicht sichergestellt, vgl. *Reinbothe* S. 99 f. mwN). Der Mindestzeitraum für die Amtszeit der Schiedsstellenmitglieder soll auch für eine gewisse Kontinuität bürgen, die gerade bei der Tarifüberprüfung wesentlich ist (*Reimer* GRUR Int. 1982, 215/218), zumal das Gesetz auch eine mehrfache Wiederberufung zulässt (vgl. zur Amtszeit des Vorsitzenden der Schiedsstelle nach dem Gesetz über Arbeitnehmererfindungen beim Deutschen Patentamt *Kaube/Volz* RdA 1981, 213/216).

Seit dem 1. 1. 2008 beträgt die **Mindestamtzeit der Schiedsstellenmitglieder** allerdings nicht mehr wie bisher vier Jahre, sondern nur noch ein Jahr. Diese Verkürzung wurde durch das Zweite Gesetz zur Regelung des Urheberrechts in der Informationsgesellschaft vom 26. 10. 2007 (BGBl. I S. 2513) eingeführt und soll es offenbar dem Bundesjustizministerium ermöglichen, auf Krankheit oder „sonstigen Leistungsabfall" von Schiedsstellenmitgliedern schnell zu reagieren, um eine Verzögerung der Verfahren zu verhindern (so *Hucko* S. 19). Zwar ist es grundsätzlich zu begrüßen, dass der Gesetzgeber das Schiedsstellenverfahren beschleunigen und pragmatischer ausgestalten möchte, um der steigenden Zahl unerledigter Anträge zu begegnen (zur Statistik der vergangenen Jahre vgl. DPMA Jahresbericht 2008, http://www.dpma.de/docs/service/veroeffentlichungen/jahresberichte/dpma-jahresbericht2008.pdf; zu den damaligen Überlegungen de lege ferenda *Strittmatter* S. 48 ff.). Diesem Zweck dient offenbar die Verkürzung der Mindestamtszeit der Schiedsstellenmitglieder ebenso wie die ebenfalls neu eingefügte Frist für die Vorlage eines Einigungsvorschlags gem. § 14 a Abs. 2 S. 1 (su. § 14 a Rdnr. 8). Es ist allerdings fraglich, ob die Berufungszeit von nur einem Jahr dem vom Gesetzgeber von 1985 zu Recht verfolgten Zweck der Kontinuität und Unabhängigkeit der Schiedsstellenentscheidungen tatsächlich gerecht wird; denn es ist durchaus sinnvoll, dass die Mitglieder der Schiedsstelle Überblick über mehrere Verfahren haben, und eine gewisse Einarbeitungszeit wird man ihnen auch zugestehen müssen. Nicht ohne Grund wurde die Mindestamtszeit von zwei Jahren für den Vorsitzenden der Schiedsstelle nach der Regelung von vor 1985 für zu kurz gehalten und vom Gesetzgeber seinerzeit auf vier Jahre verlängert (vgl. *Reinbothe* S. 100 mwN; *Wandtke/Bullinger/Gerlach*[3] § 14 Rdnr. 10).

Für die Ablehnung von Mitgliedern der Schiedsstelle gilt § 9 UrhSchiedsV. Danach ist das Ablehnungsgesuch bei der Schiedsstelle anzubringen. Die Entscheidung über die Ablehnung trifft das Amtsgericht München, in dessen Bezirk die Schiedsstelle ihren Sitz hat, in entsprechender Anwendung der Vorschriften der ZPO (§§ 41 ff. ZPO).

III. § 14 Abs. 3, Bildung von Kammern

§ 14 Abs. 3 wurde neu in das Gesetz eingefügt durch das Zweite Gesetz zur Regelung des 5 Urheberrechts in der Informationsgesellschaft vom 26. 10. 2007 (BGBl. I S. 2513). Dadurch, dass vom Bundesministerium der Justiz bei der Schiedsstelle mehrere Kammern eingerichtet werden können, sollen die Verfahren beschleunigt und die Schiedsstelle in die Lage versetzt werden, ihre Einigungsvorschläge innerhalb der (ebenfalls neuen) Jahresfrist des § 14 a Abs. 2 S. 1 zu unterbreiten (AmtlBegr. BTDrucks. 16/1828 S. 76).

Die Bildung von Schiedsstellenkammern ist fakultativ, § 14 Abs. 3 S. 1: Die Entscheidung darüber, ob und wie viele Kammern bei der Schiedsstelle eingerichtet werden, trifft das Bundesministerium der Justiz.

Für die Besetzung der Kammern verweist § 14 Abs. 3 S. 2 auf § 14 Abs. 2 S. 2 bis 4. Danach besteht jede Kammer aus drei Mitgliedern (dem Vorsitzenden oder seinem Vertreter und zwei Beisitzern), die jeweils den Anforderungen des § 14 Abs. 2 S. 3 genügen müssen und vom Bundesministerium der Justiz für mindestens ein Jahr berufen werden. Dies bedeutet natürlich im Ergebnis, dass die Schiedsstelle in Zukunft insgesamt aus mehr als den in § 14 Abs. 2 S. 2 genannten drei Mitgliedern besteht.

Während das Bundesjustizministerium über die Einrichtung der Kammern und ihre Besetzung entscheidet, regelt der Präsident des DPMA die Geschäftsverteilung zwischen den Kammern, § 14 Abs. 3 S. 3 (so. Rdnr. 3 zur organisatorischen Verknüpfung der Schiedsstelle mit dem DPMA).

IV. § 14 Abs. 4, Weisungsfreiheit der Mitglieder

6 Nach § 14 Abs. 4 sind die Mitglieder der Schiedsstelle nicht an Weisungen gebunden. Dieser Grundsatz wird dadurch, dass er ausdrücklich im Gesetz festgeschrieben ist, besonders betont. Damit wird klargestellt, dass die Schiedsstellen-Mitglieder **neutral** und unabhängig wie Richter sind, obwohl die Schiedsstelle Verwaltungsorgan ist (vgl. *Reinbothe* S. 98 ff. mwN).

V. § 14 Abs. 5, Antrag

7 1. Der Antrag zur **Einleitung des Vertragshilfeverfahrens** vor der Schiedsstelle muss schriftlich eingereicht werden, § 14 Abs. 5. Nach § 1 Abs. 1 UrhSchiedsV ist der (schriftliche) Antrag in zweifacher Ausfertigung bei der Schiedsstelle einzureichen; er muss Namen und Anschrift des Antragsgegners sowie eine Darstellung des Sachverhalts enthalten.

Die Schiedsstelle stellt den Antrag dem Antragsgegner zu mit der Aufforderung, sich innerhalb eines Monats schriftlich zu äußern, § 1 Abs. 2 UrhSchiedsV. Besonderheiten gelten nach § 1 Abs. 3 UrhSchiedsV, wenn eine Verwertungsgesellschaft den Abschluss eines Gesamtvertrages beantragt, su. Rdnr. 9.

8 2. Der **Antrag** kann bei schriftlichem Schiedsstellen-Verfahren (§ 3 S. 2, § 4 S. 1 UrhSchiedsV; s. dazu § 14a Rdnr. 3) jedoch **zurückgenommen** werden, und zwar auch ohne Einwilligung des Antragsgegners. Im mündlichen Verfahren (§ 3 S. 1, § 4 S. 2 UrhSchiedsV) ist die Antragsrücknahme mit Einwilligung des Antragsgegners jederzeit möglich, ohne seine Einwilligung jedoch nur bis zu Beginn der mündlichen Verhandlung, § 2 Abs. 1 UrhSchiedsV. Die Antragsrücknahme hat für den Antragsteller die Kostenfolge aus § 2 Abs. 2 UrhSchiedsV.

9 3. Wird der Antrag zur Anrufung der Schiedsstelle von einer Verwertungsgesellschaft gestellt und geht er auf **Abschluss eines Gesamtvertrages**, so gilt die **Sonderregel des § 1 Abs. 3 UrhSchiedsV.** Danach muss die Schiedsstelle den Antragsgegner – die Nutzervereinigung – darüber belehren, dass das Verfahren eingestellt wird, wenn er durch Erklärung den Abschluss eines Gesamtvertrages ausdrücklich ablehnt oder sich innerhalb eines Monats hierzu nicht erklärt. Diese Belehrung muss ihm zweckmäßigerweise schon mit dem Antrag selbst und der Aufforderung zur Äußerung (§ 1 Abs. 2 UrhSchiedsV) von der Schiedsstelle erteilt werden. Wurde die Belehrung erteilt und erklärt sich der Antragsgegner hierzu innerhalb eines Monats nicht oder erklärt er ausdrücklich, dass er zum Abschluss des Gesamtvertrages nicht bereit ist, so muss die Schiedsstelle das Verfahren durch Einstellung beenden, § 1 Abs. 3 S. 2 UrhSchiedsV. Das Verfahren kann also erst anlaufen, wenn insoweit eine positive Erklärung des Antragsgegners vorliegt. Damit wird im Ergebnis erreicht, dass die Rückzugserklärung der Verwerterseite nur noch innerhalb einer Monatsfrist möglich ist. Allerdings ist der Wortlaut von § 1 Abs. 3 S. 2 UrhSchiedsV insoweit nicht vollständig klar. So ist es auch denkbar, dass die Nutzervereinigung als Antragsgegner zunächst innerhalb der Frist eine positive Erklärung abgibt, das Verfahren vor der Schiedsstelle also aufgenommen wird, später im Laufe des Verfahrens aber die Rückzugserklärung abgibt, so dass das Verfahren erst dann einzustellen wäre. Dieser mehr theoretische Fall dürfte aber als venire contra factum proprium für die Schiedsstelle unbeachtlich sein; ohnehin würde er eine entsprechende Kostenfolge zu Lasten des Antragsgegners (§ 14 UrhSchiedsV) nach sich ziehen.

§ 1 Abs. 3 UrhSchiedsV soll sicherstellen, dass die Verfahrenseinstellung vom Antragsgegner nur zu Beginn des Verfahrens erzwungen werden kann, und zugleich der Tatsache Rechnung tragen, dass Verwertungsgesellschaften zwar nach § 12 WahrnG dem Abschlusszwang für Gesamtverträge unterliegen, ihrerseits aber keinen Rechtsanspruch auf Abschluss eines Gesamtvertrages haben. Im Übrigen gilt § 1 Abs. 3 UrhSchiedsV nicht für die Abänderung von Gesamtverträgen oder für andere urheberrechtliche Streitigkeiten und schränkt den Weg zu den ordentlichen

Gerichten generell nicht ein (vgl. *Reinbothe* S. 36 f. zu § 2 Abs. 3 Schiedsstellenverordnung aF). Die praktische Bedeutung der Vorschrift ist gering geblieben (*Strittmatter* S. 55 f.).

VI. § 14 Abs. 5a, Empirische Untersuchungen

§ 14 Abs. 5a wurde neu in das WahrnG eingefügt durch das Zweite Gesetz zur Regelung des Urheberrechts in der Informationsgesellschaft vom 26. 10. 2007 (BGBl. I S. 2513). Die Bestimmung geht zurück auf § 13a Abs. 1 S. 3 des Regierungsentwurfs, der darauf angelegt war, die Tarife der Vergütung für Geräte und Speichermedien gem. §§ 54 ff. UrhG transparenter zu gestalten und durch eine möglichst objektive Festsetzung der Vergütungshöhe im Interesse aller Beteiligten die Akzeptanz der Tarife zu erhöhen. Hierzu hatte der Regierungsentwurf vorgeschlagen, die Verwertungsgesellschaften zu verpflichten, empirische Untersuchungen über die nach § 54a Abs. 1 UrhG (Höhe der Vergütung für Geräte und Speichermedien) maßgebliche Nutzung anzustellen und diese zu veröffentlichen (AmtlBegr. BTDrucks. 16/1828 S. 75). Im Gesetzgebungsverfahren wurde zwar die Grundidee der empirischen Untersuchungen bejaht, diese aber auf **Gesamtverträge** konzentriert, und das Konzept des Regierungsentwurfs abgeändert um zu verhindern, dass es in Streitfällen zu einer zeit- und ressourcenintensiven Serie von Gutachten und Gegengutachten der Parteien – Verwertungsgesellschaften auf der einen und Hersteller(verbände) auf der anderen Seite – kommt, die letztendlich doch durch eigene Erhebungen der Schiedsstelle bzw. des zuständigen Gerichts ersetzt werden müssen. Auf Vorschlag der Parteien wurde daher die Erhebung der empirischen Gutachten sogleich bei der Schiedsstelle konzentriert. Da die Vergütungshöhe für Geräte und Speichermedien nach der Vorstellung des Gesetzgebers vorzugsweise und als Normalfall iRv Gesamtverträgen festgelegt wird (so. § 13a Rndr. 3), führt der Weg in den genannten Streitfällen ohnehin über die Schiedsstelle (Beschlussempfehlung und Bericht des Rechtsausschusses BTDrucks. 16/5939 S. 85 f.).

Nach § 14 Abs. 5a ist die Schiedsstelle daher verpflichtet, im Rahmen eines Streitfalles über den Abschluss oder die Änderung eines Gesamtvertrages gem. § 14 Abs. 1 Nr. 1 lit. c die nach § 54a Abs. 1 UrhG maßgebliche Nutzung durch empirische Untersuchungen zu ermitteln. **Empirische Untersuchungen** sind Gutachten der Marktforschung (AmtlBegr. BTDrucks. 16/1828 S. 75), werden also durch die Schiedsstelle von Dritten eingeholt. Die empirischen Untersuchungen haben die **maßgebliche Nutzung** iSv § 54a Abs. 1 UrhG festzustellen und müssen daher empirisch, d. h. durch representative Erhebungen ermittelt, (1) ob die betreffenden „Geräte und Speichermedien als Typen tatsächlich für Vervielfältigungen nach § 53 Abs. 1 bis 3 UrhG genutzt werden" und (2) „inwieweit technische Schutzmaßnahmen nach § 95a UrhG auf die betreffenden Werke angewendet werden". Dabei müssen die empirischen Untersuchungen so angelegt sein, dass sie eine objektive sachliche Grundlage für das Ausmaß der tatsächlichen Nutzung bilden, an der die Angemessenheit der Vergütung iR des Gesamtvertrages gemessen werden kann (Beschlussempfehlung und Bericht des Rechtsausschusses BTDrucks. 16/5939 S. 86).

Nach dem Wortlaut des § 14 Abs. 5a ist die Pflicht der Schiedsstelle zur Einholung empirischer Untersuchungen ausdrücklich auf Streitigkeiten gem. § 14 Abs. 1 Nr. 1 lit. c über den **Abschluss oder die Änderung eines Gesamtvertrages** beschränkt. Aus § 13a Abs. 1 S. 3 ergibt sich, dass die Verwertungsgesellschaft auch bei einem Scheitern der Gesamtvertragsverhandlungen erst dann Tarife über die Vergütung nach § 54a UrhG aufstellen kann, wenn die empirischen Untersuchungen durch die Schiedsstelle vorliegen, und auch nur auf deren Grundlage. Zwar kann die Einholung empirischer Untersuchungen durch die Schiedsstelle auch bei Streitigkeiten gem. § 14 Abs. 1 Nr. 1 lit. b zwischen einer Verwertungsgesellschaft und nicht gesamtvertragsfähigen Herstellern oder Herstellerverbänden von Geräten und Speichermedien sinnvoll sein; verpflichtet ist die Schiedsstelle hierzu aber nicht (aA offenbar *Wandtke/Bullinger/Gerlach*[3] Rndr. 16; Müller ZUM 2007, 777/786; so. § 13a Rndr. 5).

VII. § 14 Abs. 5b, Konsultation der Verbraucherverbände

Auch § 14 Abs. 5b wurde neu in das WahrnG eingefügt durch das Zweite Gesetz zur Regelung des Urheberrechts in der Informationsgesellschaft vom 26. 10. 2007 (BGBl. I S. 2513). Diese Bestimmung wurde vom Gesetzgeber unverändert aus dem Regierungsentwurf übernommen. Sie geht auf die Forderung der Verbraucherverbände zurück, mehr **Einfluss auf die Höhe der Vergütung** für Geräte und Speichermedien zu bekommen und die Sicht der Verbraucher in den diesbezüglichen Schiedsstellenverfahren aktenkundig zu machen (vgl. *Hucko* S. 19 f.).

§ 14 Abs. 5 b enthält eine Verpflichtung der Schiedsstelle. Danach muss sie in Streitfällen über die Vergütungspflicht für Geräte und Speichermedien gem. § 54 UrhG den auf Bundesebene organisierten und mit öffentlichen Mitteln geförderten Verbraucherverbänden Gelegenheit zur schriftlichen Stellungnahme geben. Die Pflicht zur Konsultation dieser Verbände gilt demnach für **Einzel- und Gesamtvertragsstreitigkeiten** über die Vergütung für Geräte und Speichermedien. Besondere Relevanz wird die Meinung der Verbände in diesem Zusammenhang haben für die Angemessenheit der Vergütung, die überwiegende Nutzung der Geräte und Speichermedien oder das Verhältnis der Vergütung zum Gerätepreis (§ 54 Abs. 1, § 54 a Abs. 4 UrhG).

Zu welchem **Zeitpunkt** des Schiedsstellenverfahrens die Verbraucherverbände konsultiert werden müssen, ist in § 14 Abs. 5 b nicht bestimmt. Es dürfte aber im Interesse der Verbraucherverbände selbst liegen, im Falle von Gesamtvertragsstreitigkeiten ihre Stellungnahme erst nach Vorliegen der empirischen Untersuchungen iSv § 14 Abs. 5 a abzugeben.

Qualifiziert zur Stellungnahme sind nicht alle Verbraucherverbände, sondern nur die (Bundes-)Dachverbände der mit öffentlichen Mitteln geförderten. Die Stellungnahme der Verbraucherverbände ist für die Schiedsstelle nicht bindend; dies dürfte aber im Schiedsstellenverfahren, das ja ohnehin keine Entscheidung gegen den Willen der Beteiligten treffen kann, ohne Bedeutung sein.

VIII. § 14 Abs. 6, Vergleich

12   1. Nach § 14 Abs. 6 S. 1 hat die Schiedsstelle auf eine „**gütliche Beilegung** des Streitfalles hinzuwirken". Diese Pflicht – in der Formulierung noch deutlicher als § 279 ZPO – ist an sich selbstverständlich und hätte im Gesetz nicht erwähnt werden müssen, da Zweck des Schiedsstellenverfahrens nicht die Streitentscheidung, sondern die Streitschlichtung ist; dies kommt auch darin zum Ausdruck, dass der Gesetzgeber das Schiedsstellenverfahren kaum formalisiert hat. Das Bemühen um einen Vergleich hat daher stets der Entscheidung der Schiedsstelle zur Vorlage eines Einigungsvorschlags (§ 14 a) vorauszugehen. Zum Verfahren vor der Schiedsstelle s. im Einzelnen unten bei § 14 a Rdnr. 2 ff.

Bei Streitfällen nach § 14 Abs. 1 Nr. 1 lit. c (Abschluss oder Änderung von Gesamtverträgen) kann der Vorsitzende der Schiedsstelle die Beteiligten mit ihrem Einverständnis schon vor der mündlichen Verhandlung zu Vergleichsverhandlungen ohne die Beisitzer laden, § 5 UrhSchiedsV. Er ist hierzu sogar verpflichtet, wenn beide Beteiligten dies beantragen.

13   2. Um die Durchsetzung einer durch Vergleich vor der Schiedsstelle erreichten Einigung zu erleichtern, soll aus einem solchen Vergleich **vollstreckt** werden können, § 14 Abs. 6 S. 2 (AmtlBegr. BTDrucks. 10/837 S. 23). Voraussetzung ist lediglich, dass der Vergleich vom Vorsitzenden der Schiedsstelle sowie von den Parteien unter Angabe des Datums, an dem er zustande gekommen ist, unterschrieben ist. Diese Klausel ist insoweit § 1044 a Abs. 1 S. 2 ZPO nachgebildet; Niederlegung des Vergleichs bei der Geschäftsstelle des zuständigen Gerichts und besondere Vollstreckbarerklärung sind aber nicht erforderlich. Wie bei Vergleichen vor Gütestellen wird die Vollstreckungsklausel vom Urkundsbeamten der Geschäftsstelle des zuständigen Amtsgerichts erteilt, § 14 Abs. 6 S. 2 iVm. § 797 a ZPO.

Die Formvorschriften in § 14 Abs. 6 S. 2 regeln nur die Voraussetzungen für die Vollstreckbarkeit des Vergleichs, nicht aber für seine materielle Wirksamkeit. Auch ein Vergleich, der diesen Formvorschriften nicht entspricht, kann deshalb gleichwohl als materiell-rechtliche Vereinbarung wirksam sein; denn an die Form einer solchen Vereinbarung sind keine strengeren Anforderungen zu stellen als an einen Schiedsvergleich iSv. § 1044 a Abs. 1 S. 2 ZPO (vgl. Stellungnahme des Bundesrats, BTDrucks. 10/837 S. 34).

IX. § 14 Abs. 7, Schiedsverträge

14   Für die Beilegung von urheberrechtlichen Streitigkeiten können die Beteiligten auch in Abweichung von der Zuständigkeit der Schiedsstelle und der ordentlichen Gerichte die Zuständig-

keit eines **privaten Schiedsgerichts** vereinbaren; und zwar im konkreten Einzelfall, wie auch generell für die Zukunft.

Dies gilt nach § 14 Abs. 6 jedoch nicht für Streitigkeiten über Abschluss oder Änderung von Gesamtverträgen (§ 14 Abs. 1 Nr. 1 lit. c, wie es richtig heißen muss; infolge eines **Redaktionsversehens** wurde der Wortlaut von § 14 Abs. 7 nicht an die geänderte Fassung von § 14 Abs. 1 Nr. 1 angepasst und verweist fälschlich nach wie vor auf lit. b; die von *Dreier/Schulze*³ Rdnr. 33 erwogene alternative Interpretation würde wohl die Anwendung von § 14 Abs. 7 auf Gesamtverträge ausschließen). Eine private Vereinbarung, die insoweit für die Zukunft, dh. für zukünftige Gesamtvertrags-Streitfälle iSv. § 14 Abs. 1 Nr. 1 lit. c, die Zuständigkeit der Schiedsstelle und der ordentlichen Gerichte zugunsten der Zuständigkeit eines privaten Schiedsgerichts gänzlich ausschließt, ist deshalb nichtig. Hier muss jedem Beteiligten das Recht verbleiben, in zukünftigen Einzelfällen Schiedsstelle oder Gericht anzurufen. Zulässig ist es dagegen, auch bei Streitigkeiten iSv. § 14 Abs. 1 Nr. 1 lit. c aus Anlass eines konkreten Einzelfalls und nur für diesen die Zuständigkeit eines privaten Schiedsgerichts zu vereinbaren. Eine solche Vereinbarung wird man konkludent schon in der rügelosen Einlassung zur Hauptsache vor dem Schiedsgericht sehen müssen (*Fromm/Nordemann*¹⁰ Rdnr. 18; *Wandtke/Bullinger/Gerlach*³ Rdnr. 19).

X. § 14 Abs. 8, Verjährungshemmung

Das Verfahren vor der Schiedsstelle ist kein Gerichtsverfahren. Es bedurfte daher der ausdrücklichen Bestimmung in § 14 Abs. 8, um klarzustellen, dass die Anrufung der Schiedsstelle die **Verjährung** wie die Erhebung einer Klage durch Rechtsverfolgung hemmt (§ 204 Abs. 1 BGB). Die Verjährungshemmung endet sechs Monate nach Beendigung des Verfahrens vor der Schiedsstelle. Das Verfahren vor der Schiedsstelle ist beendet durch rechtskräftige Entscheidung, Ablauf der einmonatigen bzw. dreimonatigen Widerspruchsfrist gem. § 14a Abs. 3 nach Vorlage eines Einigungsvorschlags, durch Vergleich (§ 204 Abs. 2 BGB) oder bei Rücknahme des Antrags (§ 2 Abs. 1 UrhSchiedsV). Auch der Stillstand des Verfahrens beendet die Hemmung der Verjährung nach sechs Monaten (§ 204 Abs. 2 S. 2 BGB); wird das Schiedsstellenverfahren erneut betrieben, tritt wieder Hemmung ein. Die Hemmung der Verjährung gem. § 14 Abs. 8 betrifft jeweils nur die streitgegenständlichen Ansprüche.

15

§ 14a Einigungsvorschlag der Schiedsstelle

(1) ¹Die Schiedsstelle faßt ihre Beschlüsse mit Stimmenmehrheit. ²§ 196 Abs. 2 des Gerichtsverfassungsgesetzes ist anzuwenden.

(2) ¹Die Schiedsstelle hat den Beteiligten innerhalb eines Jahres nach Anrufung einen Einigungsvorschlag zu machen. ²Nach Ablauf dieses Zeitraums kann das Verfahren vor der Schiedsstelle mit Zustimmung aller Beteiligten für jeweils ein halbes Jahr fortgesetzt werden. ³Der Einigungsvorschlag ist zu begründen und von sämtlichen Mitgliedern der Schiedsstelle zu unterschreiben. ⁴Auf die Möglichkeit des Widerspruchs und auf die Folgen bei Versäumung der Widerspruchsfrist ist in dem Einigungsvorschlag hinzuweisen. ⁵Der Einigungsvorschlag ist den Parteien zuzustellen.

(3) ¹Der Einigungsvorschlag gilt als angenommen und eine dem Inhalt des Vorschlags entsprechende Vereinbarung als zustande gekommen, wenn nicht innerhalb eines Monats nach Zustellung des Vorschlags ein schriftlicher Widerspruch bei der Schiedsstelle eingeht. ²Betrifft der Streitfall die Einräumung oder Übertragung von Nutzungsrechten der Kabelweitersendung, beträgt die Frist drei Monate.

(4) **Aus dem angenommenen Einigungsvorschlag findet die Zwangsvollstreckung statt; § 797a der Zivilprozeßordnung gilt entsprechend.**

Schrifttum: *Kaube/Volz*, Die Schiedsstelle nach dem Gesetz über Arbeitnehmererfindungen beim Deutschen Patentamt, RdA 1981, 213; *Möller*, Die Urheberrechtsnovelle '85: Entstehungsgeschichte und verfassungsrechtliche Grundlagen, 1986; *Müller*, Festlegung und Inkasso von Vergütungen für die private Vervielfältigung auf der Grundlage des „Zweiten Korbes", ZUM 2007, 777; *Reimer*, Schiedsstellen im Urheberrecht, GRUR Int. 1982, 215; *Schulze*, Das Schiedsstellenverfahren, in Kreile/Becker/Riesenhuber (Hrsg.), Recht und Praxis der GEMA, 2. Aufl. 2008, 709; *Strittmatter*, Tarife vor der urheberrechtlichen Schiedsstelle, 1994.

§ 14a

A. Allgemeines

I. Zweck der Vorschrift

1 § 14a beschreibt Inhalt und Wirkung der abschließenden Entscheidung der Schiedsstelle, des „Einigungsvorschlages". Dieser **Einigungsvorschlag**, den die Schiedsstelle vorzulegen hat, ist nach erfolglos versuchter gütlicher Einigung (§ 14 Abs. 6) der zweite und letzte Schritt des Schiedsstellenverfahrens. Der Einigungsvorschlag tritt damit an die Stelle des früher nach § 14 Abs. 4 und Abs. 5 idF vor 1985 vorgesehenen Vertragsdiktats. Mit Vorlage des Einigungsvorschlages findet das Schiedsstellenverfahren seinen Abschluss unabhängig davon, ob er von den Parteien angenommen wird oder nicht. Inhaltlich ist § 14a an § 34 des Gesetzes über Arbeitnehmererfindungen angelehnt. Trotz seiner nicht bindenden Wirkung sollte der Einigungsvorschlag der Schiedsstelle nach Erwartung des Gesetzgebers in einer Vielzahl von Fällen akzeptiert werden, so dass auch eine gewisse Entlastung der Gerichte eintritt (AmtlBegr. BTDrucks. 10/837 S. 23). Diese Erwartung hat sich auch, trotz der mittlerweile oft recht langen Verfahrensdauer, weitgehend erfüllt (so. Vor §§ 14ff. Rdnr. 7).

Durch das Zweite Gesetz zur Regelung des Urheberrechts in der Informationsgesellschaft vom 26. 10. 2007 (BGBl. I S. 2513) hat der Gesetzgeber der Schiedsstelle jetzt eine **Frist von einem Jahr** für die Vorlage des Einigungsvorschlags gesetzt (§ 14a Abs. 2 S. 1). Nach Ablauf dieser Frist kann das Schiedsstellenverfahren nur mit Zustimmung aller Beteiligten um jeweils ein halbes Jahr verlängert werden (§ 14a Abs. 2 S. 2 nF; die bisherigen S. 2 bis 4 wurden zu S. 3 bis 5). Die Einführung dieser Fristen wurde vom Gesetzgeber unverändert vom Regierungsentwurf übernommen. Sie sollen der zeitlichen Straffung des Verfahrens vor der Schiedsstelle dienen und dem Wunsch aller Beteiligten nach einer effektiven Verfahrensbeschleunigung entgegenkommen (AmtlBegr. BTDrucks. 16/1828 S. 77; im Einzelnen und zu den möglichen Konsequenzen des Fristablaufs su. Rdnr. 8).

II. Das Verfahren vor der Schiedsstelle

2 Das Schiedsstellenverfahren, das mit dem Einigungsvorschlag iS von § 14a endet, ist in der Verordnung über die Schiedsstelle für Urheberrechtsstreitfälle (Urheberrechtsschiedsstellenverordnung – UrhSchiedsV) vom 20. 12. 1985 (BGBl. I S. 2543) geregelt, die aufgrund von § 15 erlassen worden ist (zur Ausgestaltung des Verfahrens ausführlich *Strittmatter* S. 50ff.).

1. Das Verfahren wird durch **schriftlichen Antrag** eingeleitet, § 14 Abs. 5 iVm. §§ 1, 2 UrhSchiedsV (so. § 14 Rdnr. 7).

3 **2.** Bei Streitigkeiten nach § 14 Abs. 1 Nr. 1 lit. a (Einzelnutzungsstreitigkeiten) und nach § 14 Abs. 1 Nr. 1 lit. b (Streitigkeiten über die Vergütungspflicht nach §§ 54 oder 54c UrhG; so. § 14 Rdnr. 1) entscheidet die Schiedsstelle grundsätzlich im **schriftlichen Verfahren.** Zur mündlichen Verhandlung kommt es in solchen Fällen nur auf ausdrücklichen Antrag eines Beteiligten mit Zustimmung des anderen Beteiligten, oder wenn die Schiedsstelle das Verfahren in mündlicher Verhandlung ausnahmsweise zur Aufklärung des Sachverhalts für erforderlich hält, § 4 UrhSchiedsV.

4 **3.** Bei Streitfällen nach § 14 Abs. 1 Nr. 1 lit. c (Abschluss oder Änderung eines Gesamtvertrages nach § 12) entscheidet die Schiedsstelle dagegen grundsätzlich aufgrund **mündlicher Verhandlung.** Die Schiedsstelle kann allerdings mit Einverständnis der Beteiligten von der mündlichen Verhandlung absehen, § 3 UrhSchiedsV. Bei solchen Gesamtvertrags-Streitfällen iSv. § 14 Abs. 1 Nr. 1 lit. c kann vor der mündlichen Verhandlung vor der Schiedsstelle nur in Anwesenheit des Vorsitzenden und der Beteiligten ein Vergleichsversuch stattfinden, § 5 UrhSchiedsV (dazu § 14 Rdnr. 12). Streitfälle betreffend Verträge über die Kabelweitersendung (§ 14 Abs. 1 Nr. 2) sind wegen des Pauschalcharakters dieser Verträge entsprechend den Gesamtvertrags-Streitfällen zu behandeln. Hierfür spricht die in § 14d bestätigte Gleichbehandlung beider Vertragstypen im Schiedsstellenverfahren (§ 14 Rdnr. 1).

5 **4.** Entscheidet die Schiedsstelle auf Grund mündlicher Verhandlung – so grundsätzlich bei Streitigkeiten über Gesamtverträge (und Kabelweitersendungsverträge) und ausnahmsweise bei Einzelnutzungsstreitigkeiten einschließlich solcher über die Vergütungspflicht gem. § 14 Abs. 1 Nr. 1 lit. a und lit. b –, so gilt für das Verfahren **§ 6 UrhSchiedsV.** Diese Bestimmung enthält

insbesondere Vorschriften über die Ladung der Beteiligten (§ 6 Abs. 1), zugelassene Anwesende (§ 6 Abs. 2), über die Zurückweisung von Bevollmächtigten oder Beiständen der Beteiligten (§ 6 Abs. 3) und über das Verhandlungsprotokoll (§ 6 Abs. 4). § 6 Abs. 5 UrhSchiedsV bestimmt, dass der Einigungsvorschlag den Beteiligten nicht mündlich verkündet werden muss.

Die Folgen des Ausbleibens von Antragsteller oder Antragsgegner in der mündlichen Verhandlung sind in § 7 UrhSchiedsV geregelt. Die Schiedsstelle hat die Beteiligten schon in der Ladung zur mündlichen Verhandlung (§ 6 Abs. 1 UrhSchiedsV) auf die Folgen ihres Ausbleibens hinzuweisen, § 7 Abs. 4 UrhSchiedsV.

5. Die **Verfahrensvorschriften in den §§ 8–10 UrhSchiedsV** sowie die Vorschriften über die Entschädigung von ehrenamtlichen Mitgliedern, Zeugen und Sachverständigen in den §§ 11 und 12 UrhSchiedsV und über die Verfahrenskosten und Auslagen in den §§ 13–15 UrhSchiedsV gelten für schriftliches Verfahren und Verfahren aufgrund mündlicher Verhandlung gleichermaßen (zur Spruchpraxis der Schiedsstelle in Kostenfragen vgl. *Strittmatter* S. 67 ff.). § 8 UrhSchiedsV bestimmt ausdrücklich, dass die Schiedsstelle nicht an Beweisanträge gebunden ist, sondern von Amts wegen ermittelt und Beweise erhebt. Hierzu kann sie Vernehmungen und Anhörungen durchführen und Gutachten erstatten lassen (§ 8 Abs. 2 UrhSchiedsV). Beeidigungen und Vernehmungen von nicht freiwillig erscheinenden oder die Aussage verweigernden Zeugen oder Sachverständigen hat ggf. das Amtsgericht München vorzunehmen (§ 8 Abs. 3 UrhSchiedsV). Ausdrücklich sind die Vorschriften des GVG und der ZPO für entsprechend anwendbar erklärt, § 8 Abs. 4 UrhSchiedsV. Im Übrigen ist in § 10 UrhSchiedsV der Schiedsstelle Verfahrensermessen eingeräumt, wobei sie sich an die Vorschriften der ZPO „anlehnen" soll (vgl. *Strittmatter* S. 60 mwN).

6

Die **Kosten des Verfahrens** werden von der Aufsichtsbehörde festgesetzt (§ 15 UrhSchiedsV). Über Kostenverteilung und Streitwert entscheidet die Schiedsstelle selbst (§§ 14 Abs. 1, 13 Abs. 3 UrhSchiedsV; *Loewenheim/Melichar*[2] § 49 Rdnr. 22 ff.; zur Entscheidung über Kosten und Streitwert und deren Anfechtung vgl. OLG München ZUM-RD 2003, 423; zu den Kosten des Schiedsstellenverfahrens, deren Verteilung und Festsetzung vgl. *Schulze* in Kreile/Becker/Riesenhuber (Hrsg.), Recht und Praxis der GEMA, 2. Aufl. 2008, 709/740 ff.).

B. Inhalt von § 14a

I. § 14a Abs. 1

Nach **§ 14a Abs. 1 S. 1** trifft die Schiedsstelle ihre **Beschlüsse** mit Stimmenmehrheit. Beschlüsse der Schiedsstelle, für die dies gilt, sind nicht nur der Einigungsvorschlag, sondern auch sämtliche anderen Beschlüsse, die im Laufe des Verfahrens – zB über Verfahrensfragen – getroffen werden. Das Mehrheitsprinzip bei Beschlüssen der Schiedsstelle, das auch in § 14 Abs. 5 S. 1 idF vor 1985 enthalten war, entspricht dem Grundsatz in § 196 Abs. 1 GVG. Jedes Mitglied der Schiedsstelle hat eine (gleichberechtigte) Stimme.

7

§ 14a Abs. 1 S. 2 erklärt ausdrücklich § 196 Abs. 2 GVG für anwendbar. In der Praxis wird dies bedeuten: Wenn sich über Summen, über die zu entscheiden ist, in der Schiedsstelle keine Mehrheit bildet – also drei verschiedene Meinungen bestehen –, wird die zweithöchste vorgeschlagene Summe als Votum der Mehrheit angesehen.

II. § 14a Abs. 2

1. Einigungsvorschlag: Nach § 14a Abs. 2 ist die Schiedsstelle verpflichtet, den Beteiligten einen Einigungsvorschlag zu machen. Dies setzt zunächst den erfolglosen Versuch einer gütlichen Einigung (§ 14 Abs. 6) voraus. Zu den Ausnahmen von der Pflicht zur Vorlage eines Einigungsvorschlags s. § 14b.

8

Gem. § 14a Abs. 2 S. 1 muss die Schiedsstelle den Einigungsvorschlag **innerhalb eines Jahres** nach Anrufung der Schiedsstelle vorlegen. Diese seit dem 1. 1. 2008 geltende Bestimmung dient zusammen mit anderen neu in das WahrnG eingefügten Elementen, wie insbesondere die Bildung von Kammern bei der Schiedsstelle gem. § 14 Abs. 3, der Beschleunigung des Schiedsstellenverfahrens (so. Rdnr. 1). Hat die Schiedsstelle innerhalb dieses Jahreszeitraums noch keinen Einigungsvorschlag vorgelegt, so gibt es zwei mögliche Konsequenzen: (1) Entweder es einigen sich alle Beteiligten, d. h. beide Parteien des Verfahrens vor der Schiedsstelle, darauf, das

Verfahren zunächst für ein weiteres halbes Jahr, das einvernehmlich um weitere Halbjahreszeiträume verlängert werden kann, fortzusetzen, § 14a Abs. 2 S. 2. (2) Andernfalls, d. h. wenn über die Verlängerung des Verfahrens keine Einigkeit besteht, bleibt die Schiedsstelle zwar weiterhin verpflichtet, einen Einigungsvorschlag zu unterbreiten, allerdings gilt, dass die Parteien ab Fristablauf die Ansprüche aus Streitfällen iSv § 14 Abs. 1 (Streitigkeiten über Einzelnutzung, die Vergütungspflicht nach §§ 54 oder 54c UrhG oder den Abschluss oder die Änderung von Gesamtverträgen) auch ohne einen Einigungsvorschlag der Schiedsstelle gerichtlich geltend machen können (AmtlBegr. BTDrucks. 16/1828 S. 77; vgl. § 16 Abs. 1 2. Hs.; *Schulze* in Kreile/Becker/Riesenhuber (Hrsg.), Recht und Praxis der GEMA, 2. Aufl. 2008, 709/737).

Dabei ist allerdings zu beachten, dass der Ablauf der Jahresfrist bei Verfahren über Streitigkeiten gem. § 14 Abs. 1 Nr. 1 lit. a oder lit. b unter bestimmten Voraussetzungen durch Aussetzung des Verfahrens gehemmt werden kann, § 14e. Für Verfahren, die am 1. 1. 2008 bereits bei der Schiedsstelle anhängig waren, beginnt die Jahresfrist gem. § 27 Abs. 2 am 1. Januar 2008 (su. § 27 Rdnr. 3).

Ob die der Schiedsstelle gesetzte Jahresfrist tatsächlich eine Straffung des Schiedsstellenverfahrens bewirkt, bleibt abzuwarten. Zu bedenken ist, dass die Schiedsstelle zunächst auf eine gütliche Einigung hinzuwirken hat (§ 14 Abs. 6), in bestimmten Fällen empirische Untersuchungen einzuholen (§ 14 Abs. 5a) und Verbraucherverbände zu konsultieren hat (§ 14 Abs. 5b), und schließlich den Einigungsvorschlag abfassen und begründen muss. Dies wird innerhalb eines Jahreszeitraums oft nicht möglich sein. Es wird daher im Interesse aller Beteiligten liegen, der Schiedsstelle genügend Zeit zu lassen, ihren Sachverstand einzubringen, und ggf. von der Möglichkeit der einvernehmlichen Fristverlängerung Gebrauch zu machen (vgl. *Wandtke/Bullinger/Gerlach*[3] Rdnr. 10; kritisch zur Frist bei der Festlegung der Vergütung für private Vervielfältigungen *Müller* ZUM 2007, 777/790).

9   **2. Inhalt des Einigungsvorschlags:** Maßstäbe für den Inhalt des Einigungsvorschlags sind im Gesetz nicht ausdrücklich vorgegeben. Objektiv muss der Einigungsvorschlag **rechtmäßig** sein, dh. die Schiedsstelle ist bei ihrer Entscheidung an Gesetz und Recht gebunden. Als zwingendes Recht, das die Schiedsstelle dabei zu beachten hat, kommen neben den Vorschriften des UrhG und des WahrnG insbesondere wettbewerbsrechtliche Vorschriften in Betracht (*Reinbothe* S. 40, 113; vgl. *Kaube/Volz* RdA 1981, 213/217; *Strittmatter* S. 103). Daneben muss die von der Schiedsstelle vorgeschlagene Vereinbarung gerecht und angemessen sein, also konkret dem Gebot der **angemessenen Bedingungen** iS von §§ 11, 12 entsprechen. Dabei wird auch und gerade die Schiedsstelle nicht davon ausgehen können, dass angemessen das Übliche und damit prima facie die von den Verwertungsgesellschaften geforderten oder angewandten Tarife sind; ob die Vergütung angemessen ist, ist vielmehr anhand objektiver Kriterien zu ermitteln (*Reimer* GRUR Int. 1982, 215/217; *Reinbothe* S. 45 mwN; *Strittmatter* S. 103 ff.; so. § 11 Rdnr. 5, § 12 Rdnr. 9, § 13 Rdnr. 7). Die Schiedsstelle trifft bei ihrem Einigungsvorschlag eine Ermessensentscheidung (vgl. Schiedsstelle ZUM 2005, 257/261, die dies aus der analogen Anwendung von § 16 Abs. 4 S. 2 aF WahrnG und § 10 UrhSchiedsV iVm § 287 Abs. 2 ZPO ableitet; *Dreier/Schulze*[3] Rdnr. 5; aA wohl *Wandtke/Bullinger/Gerlach*[3] Rdnr. 7). Dabei ist ihr Ermessensspielraum vor allem durch § 13 Abs. 3, durch § 13a iVm § 54 UrhG und durch das Ergebnis der empirischen Untersuchungen gem. § 14 Abs. 5a definiert. Der Einigungsvorschlag muss die einzelnen Vertragselemente in ein ausgewogenes Verhältnis zueinander setzen. Vor allem angesichts der vielfältigen in einem Gesamtvertrag zu regelnden Punkte kann es dabei mehrere Gestaltungsmöglichkeiten geben. Der Einigungsvorschlag muss aus der Summe der einzelnen Elemente den gemeinsamen Nenner bilden (*Reinbothe* S. 50; *Strittmatter* S. 105 ff.; *Dreier/Schulze*[3] Rdnr. 5; enger *Wandtke/Bullinger/Gerlach*[3] Rdnr. 7).

Für ihren Einigungsvorschlag ist die Schiedsstelle im Umfang auf das von den Beteiligten Begehrte beschränkt. Der **Grundsatz ne ultra petita** (vgl. § 308 Abs. 1 ZPO, § 88 VwGO) gilt also auch im Schiedsstellenverfahren (*Strittmatter* S. 126 f.; *Dreier/Schulze*[3] Rdnr. 5; *Schulze* in Kreile/Becker/Riesenhuber (Hrsg.), Recht und Praxis der GEMA, 2. Aufl. 2008, 709/732 f.; aA *Wandtke/Bullinger/Gerlach*[3] Rdnr. 9; aA für die Schiedsstelle nach dem Gesetz über Arbeitnehmererfindungen *Kaube/Volz* RdA 1981, 213/216). Die Schiedsstelle lässt sich allerdings bei ihrer Entscheidung neben der Sachdarstellung der Beteiligten auch von ihren eigenen Ermittlungsergebnissen sowie – im Falle einer Streitigkeit gem. § 14 Abs. 1 Nr. 1 lit. c – von den Ergebnissen der empirischen Untersuchungen nach § 14 Abs. 5a leiten (Amtsermittlungsgrundsatz, § 8 UrhSchiedsV; so. Rdnr. 6). Dem Verständnis der Schiedsstelle als sachkundiger Schlichtungsstelle mit dem Ziel der Vertragshilfe dürfte es entsprechen, dass sie nicht notwendig lediglich Kompromisse, also mittlere Lösungen, zwischen den Auffassungen der Beteiligten zu finden sucht; vielmehr hat sie sich bei ihrem Einigungsvorschlag von dem Bestreben leiten zu lassen, eine objektiv angemessene Regelung des Streitfalles zu finden (vgl. *Kaube/Volz* RdA 1981, 213/217 zur Schlichtung nach dem Gesetz über Arbeitnehmererfindungen).

3. Formale Erfordernisse: Der Einigungsvorschlag ist formal nur dann ordnungsgemäß, wenn er schriftlich abgefasst, mit einer schriftlichen Begründung versehen und von sämtlichen Mitgliedern der Schiedsstelle unterschrieben ist, § 14 a Abs. 2 S. 3. Das im Gesetz nicht ausdrücklich erwähnte Erfordernis der schriftlichen Form folgt schon aus dem Unterschriftserfordernis und der ebenfalls vorgeschriebenen Zustellung (§ 14 a Abs. 2 S. 5). 10

Der Einigungsvorschlag muss außerdem eine ordnungsmäßige Belehrung enthalten. Diese umfasst a) den Hinweis darauf, dass gegen den Einigungsvorschlag Widerspruch möglich ist, b) die Angabe, dass dieser Widerspruch schriftlich erhoben werden muss (§ 14 a Abs. 3), c) die Angabe der Widerspruchsfrist von einem Monat ab Zustellung (§ 14 a Abs. 3) sowie den Hinweis auf die in § 14 a Abs. 3 beschriebenen Folgen einer Versäumung dieser Frist.

Der Einigungsvorschlag muss den Parteien zugestellt werden (vgl. §§ 166 ff. ZPO).

III. § 14 a Abs. 3, Annahmefiktion

Geht bei der Schiedsstelle nicht innerhalb eines Monats nach Zustellung des Einigungsvorschlags (§ 14 a Abs. 2 S. 5) ein schriftlicher Widerspruch von zumindest einer der Parteien ein, so gilt der Einigungsvorschlag als angenommen, § 14 a Abs. 3 S. 1. Diese Frist beträgt nach § 14 a Abs. 3 S. 2 bei Streitfällen über Kabelweitersendungsverträge iS von § 14 Abs. 1 Nr. 2 drei Monate (so. § 14 Rdnr. 1). Damit wird kraft Gesetzes eine Vereinbarung zwischen den Parteien fingiert, die den Inhalt des Einigungsvorschlags der Schiedsstelle aufweist. Diese Vereinbarung ist inhaltlich und nach ihren Rechtsfolgen nicht anders zu beurteilen als ein **Vergleich;** die Besonderheit besteht darin, dass die Annahme der Vereinbarung stillschweigend erfolgt. 11

Die Annahmefiktion durch Stillschweigen, die den Parteien die Annahme des Einigungsvorschlags erleichtern soll (AmtlBegr. BTDrucks. 10/837 S. 23), tritt aber nur ein, wenn der Einigungsvorschlag mit ordnungsgemäßer schriftlicher Belehrung iSv. § 14 a Abs. 2 S. 4 versehen war (so. Rdnr. 10; vgl. Gegenäußerung der Bundesregierung, BTDrucks. 10/837 S. 42). Nur ein mit ordnungsgemäßer Belehrung versehener Einigungsvorschlag kann überhaupt stillschweigend angenommen werden.

Dagegen ist für das Eintreten der Annahmefiktion nicht Voraussetzung, dass der Einigungsvorschlag der Schiedsstelle inhaltlich rechtmäßig ist (so. Rdnr. 9); denn auch die Parteien selbst können durch ausdrückliche Vereinbarung oder Vergleich insoweit frei disponieren.

IV. § 14 a Abs. 4

Aus einem angenommenen Einigungsvorschlag der Schiedsstelle kann wie aus einem vor der Schiedsstelle geschlossenen Vergleich **vollstreckt** werden, § 14 a Abs. 4. Das in § 14 Abs. 6 S. 2 für Vergleiche vorgesehene Unterschriftserfordernis ist hier entbehrlich, da der Einigungsvorschlag bereits unterschrieben ist, § 14 a Abs. 2 S. 3 (s. im Einzelnen § 14 Rdnr. 13). 12

§ 14 b Beschränkung des Einigungsvorschlags; Absehen vom Einigungsvorschlag

(1) Ist bei Streitfällen nach § 14 Abs. 1 Nr. 1 Buchstabe a die Anwendbarkeit oder die Angemessenheit eines Tarifs (§ 13) bestritten und ist der Sachverhalt auch im übrigen streitig, so kann sich die Schiedsstelle in ihrem Einigungsvorschlag auf eine Stellungnahme zur Anwendbarkeit oder Angemessenheit des Tarifs beschränken.

(2) Sind bei Streitfällen nach § 14 Abs. 1 Nr. 1 Buchstabe a die Anwendbarkeit und die Angemessenheit eines Tarifs nicht im Streit, so kann die Schiedsstelle von einem Einigungsvorschlag absehen.

Schrifttum: *Bezzenberger/Riesenhuber,* Die Rechtsprechung zum „Binnenrecht" der Verwertungsgesellschaften – dargestellt am Beispiel der GEMA, GRUR 2003, 1005; *Strittmatter,* Tarife vor der urheberrechtlichen Schiedsstelle, 1994.

§ 14b

I. Allgemeines

§ 14b enthält **Ausnahmen** von der Pflicht der Schiedsstelle zur **Vorlage eines Einigungsvorschlags** nach § 14a Abs. 2, soweit die Schiedsstelle mit urheberrechtlichen (Einzel-) Nutzungsstreitigkeiten iSv. § 14 Abs. 1 Nr. 1 lit. a befasst ist. Auf die Streitschlichtung betreffend die Vergütungspflicht nach §§ 54 oder 54c UrhG (§ 14 Abs. 1 Nr. 1 lit. b) und betreffend den Abschluss oder die Änderung von Gesamtverträgen (§ 14 Abs. 1 Nr. 1 lit. c iVm. § 12) oder Kabelweitersendungsverträge (§ 14 Abs. 1 Nr. 2) ist § 14b nicht anwendbar. Zwar können Streitfälle über die Vergütungspflicht nach §§ 54 oder 54c UrhG iS des 2007 neu in das WahrnG eingefügten § 14 Abs. 1 Nr. 1 lit. b ebenfalls Einzelnutzungsstreitigkeiten sein (so. § 14 Rdnr. 1). Da hierbei aber immer die Angemessenheit der Vergütung im Mittelpunkt steht und die Schiedsstelle stets den Gesamtzusammenhang unter Berücksichtigung von § 54a UrhG zu würdigen hat, findet § 14b auf diesen Sonderfall keine Anwendung.

Die Zuständigkeit der Schiedsstelle ist in § 14 Abs. 1 Nr. 1 lit. a bewusst weit gefaßt. Danach besteht bei urheberrechtlichen Streitigkeiten aller Art – also nicht nur über Anwendbarkeit oder Angemessenheit von Tarifen, sondern zB auch über Schadensersatzansprüche oder Vergütungsansprüche selbst (s. § 14 Rdnr. 1) – für die Beteiligten die Möglichkeit, die Schiedsstelle anzurufen. Hauptzweck der Streitschlichtung durch die Schiedsstelle soll jedoch die Überprüfung der Anwendbarkeit und Angemessenheit der Tarife sein (s. Vor §§ 14ff. Rdnr. 7). Für diesen Bereich ist das Schiedsstellenverfahren sogar Prozessvoraussetzung für die Erhebung einer Klage vor den ordentlichen Gerichten (§ 16). Um sicherzustellen, dass sich die Schiedsstelle auf diese Aufgabe konzentriert, stellt das Gesetz klar, dass sie, wenn in einem Schiedsstellenverfahren Anwendbarkeit oder Angemessenheit von Tarifen im Streit sind, in Nutzung ihrer Sachkunde einen Einigungsvorschlag vorlegen muss, § 14a Abs. 2 S. 1. Soweit nur oder auch andere Fragen im Streit sind, kann sie zwar ebenfalls einen Einigungsvorschlag machen; sie ist dazu jedoch nicht verpflichtet. Auf diese Weise soll die Schiedsstelle nicht überfordert und nicht durch andere als Tarifüberprüfungsaufgaben überlastet werden (AmtlBegr. BTDrucks. 10/837 S. 24).

II. Beschränkung des Einigungsvorschlags

1. **§ 14b Abs. 1** betrifft den Fall, dass in einem Schiedsstellenverfahren über Einzelnutzung (§ 14 Abs. 1 Nr. 1 lit. a) die Anwendbarkeit oder Angemessenheit eines Tarifs iS von § 13 im Streit ist, daneben aber noch andere Punkte, zB der Anspruchsgrund, die Verletzung von Urheberrechten oder der Vergütungspflicht. In diesem Fall muss die Schiedsstelle zwar stets einen Einigungsvorschlag über die Anwendbarkeit oder Angemessenheit des Tarifs vorlegen; entsprechend dem Mandat der Schiedsstelle, konstruktiv auf eine gütliche Beilegung des Tarifstreits hinzuwirken, ist sie dabei zur Vorlage eines konkreten Einigungsvorschlags verpflichtet, denn nur ein solcher ist auch vollstreckbar gem. § 14a Abs. 4 (vgl. *Strittmatter* S. 119ff. mwN). Es liegt aber in ihrem Ermessen, ob sie auch die übrigen Punkte in den Einigungsvorschlag aufnimmt oder davon absieht, etwa weil insoweit „umfangreiche und aufwendige Beweiserhebungen" erforderlich wären, die „einfacher und schneller von dem zuständigen ordentlichen Gericht durchgeführt werden können" (AmtlBegr. BTDrucks. 10/837 S. 24). Die Schiedsstelle hat ihre ablehnende Entscheidung zu begründen (*Strittmatter* S. 65), auch wenn in § 14b eine dem § 14a Abs. 2 S. 3 entsprechende ausdrückliche Vorschrift fehlt.

Wie gegen den Einigungsvorschlag selbst ist auch kein Rechtsmittel vorgesehen gegen dieses teilweise Absehen von der Aufnahme einzelner Streitpunkte in den Einigungsvorschlag.

2. **§ 14b Abs. 2** betrifft den Fall, dass die Schiedsstelle entsprechend ihrer umfassenden Zuständigkeit in einer urheberrechtlichen Streitigkeit iS von § 14 Abs. 1 Nr. 1 lit. a angerufen wurde, in der weder die Anwendbarkeit noch die Angemessenheit eines Tarifs im Streit ist, sondern ausschließlich andere Punkte, wie etwa die Frage, ob überhaupt ein Vergütungsanspruch besteht (vgl. LG Hamburg ZUM 2001, 711; *Bezzenberger/Riesenhuber* GRUR 2003, 1005/1007ff.). Es ist konsequente Folge von § 14b Abs. 1, dass die Schiedsstelle in Bezug auf diese anderen Streitpunkte ebenfalls nicht zur Vorlage eines Einigungsvorschlags verpflichtet ist, von einem Einigungsvorschlag also aus den dort genannten Gründen nach ihrem Ermessen hier vollständig absehen kann. Vieles spricht dafür, diese Vorschrift des § 14b Abs. 2 als Soll-Vorschrift auszulegen, da die Schiedsstelle nicht mit reinen Rechtsfragen zu befassen ist (*Strittmatter* S. 100ff.).

Ein Rechtsmittel gegen diese (zu begründende, so. Rdnr. 2) Entscheidung der Schiedsstelle ist nicht vorgesehen. Wenn die Schiedsstelle von der Vorlage eines Einigungsvorschlags abgesehen hat, weil Anwendbarkeit oder Angemessenheit des Tarifs nicht im Streit waren, sich aber später im Laufe eines Rechtsstreits in derselben Streitsache herausstellt, dass dies doch der Fall ist, ermöglicht das Gericht eine erneute Anrufung der Schiedsstelle (§ 16 Abs. 2).

§ 14c Streitfälle über Gesamtverträge

(1) ¹Bei Streitfällen nach § 14 Abs. 1 Nr. 1 Buchstabe c enthält der Einigungsvorschlag den Inhalt des Gesamtvertrages. ²Die Schiedsstelle kann einen Gesamtvertrag nur mit Wirkung vom 1. Januar des Jahres vorschlagen, in dem der Antrag gestellt wird.

(2) ¹Auf Antrag eines Beteiligten kann die Schiedsstelle einen Vorschlag für eine einstweilige Regelung machen. ²§ 14a Abs. 2 Satz 3 bis 5 und Abs. 3 ist anzuwenden. ³Die einstweilige Regelung gilt, wenn nichts anderes vereinbart wird, bis zum Abschluß des Verfahrens vor der Schiedsstelle.

(3) ¹Die Schiedsstelle hat das Bundeskartellamt über das Verfahren zu unterrichten. ²Die Bestimmungen in § 90 Abs. 1 Satz 2 und Abs. 2 des Gesetzes gegen Wettbewerbsbeschränkungen sind mit der Maßgabe entsprechend anzuwenden, daß der Präsident des Bundeskartellamts keinen Angehörigen der Aufsichtsbehörde (§ 18 Abs. 1) zum Vertreter bestellen kann.

Schrifttum: *Reimer,* Schiedsstellen im Urheberrecht, GRUR Int. 1982, 215; *Reinbothe,* Schlichtung im Urheberrecht, 1978; *Strittmatter,* Tarife vor der urheberrechtlichen Schiedsstelle, 1994.

I. Allgemeines

Fast ausschließlicher **Zweck des Schiedsstellenverfahrens** nach § 14 idF vor 1985 war die Feststellung von Gesamtverträgen. Die Vorschriften der §§ 14ff. haben zwar die Zuständigkeit der Schiedsstelle auch auf die Schlichtung anderer urheberrechtlicher Streitigkeiten allgemein und insbesondere auf Einigungsvorschläge zu Anwendbarkeit und Angemessenheit von Tarifen auch in der Einzelnutzungsvereinbarung erweitert. § 14c trägt aber der besonderen Bedeutung Rechnung, die die Streitschlichtung der Schiedsstelle für Gesamtverträge (§ 14 Abs. 1 Nr. 1 lit. c) auch weiterhin haben soll: Nach wie vor sollen Gesamtverträge als Ganzes Gegenstand des Verfahrens vor der Schiedsstelle sein, die im Wege der Vertragshilfe für deren Gesamtinhalt einen Einigungsvorschlag zu machen hat (AmtlBegr. BTDrucks. 10/837 S. 24). Der Einigungsvorschlag der Schiedsstelle über den Inhalt des Gesamtvertrages muss der Klageerhebung vorausgehen. Das Schiedsstellenverfahren ist also für Streitigkeiten über Gesamtverträge unabdingbare Prozessvoraussetzung unabhängig davon, ob die Anwendbarkeit oder Angemessenheit von Tarifen im Streit ist, § 16 Abs. 1. Einmal angerufen, muss die Schiedsstelle – wenn kein Vergleich zustande kommt – das Verfahren mit einem Einigungsvorschlag abschließen; § 14b findet auf Gesamtvertrags-Streitigkeiten keine Anwendung.

Zu beachten ist, dass § 14c gem. § 14d auch auf Streitfälle über Pauschalverträge zwischen Sendeunternehmen und Kabelunternehmen (§ 14 Abs. 1 Nr. 2) entsprechend Anwendung findet (su. § 14d).

Im Rahmen des Zweiten Gesetzes zur Regelung des Urheberrechts in der Informationsgesellschaft vom 26. 10. 2007 (BGBl. I S. 2513) wurden neue Bestimmungen in § 14 Abs. 1 Nr. 1 und in § 14a Abs. 2 eingefügt (so. § 14 Rdnr. 1 und § 14a Rdnr. 1). Die Verweisungen in § 14c Abs. 1 und Abs. 2 mussten daher technisch angepasst werden. An Inhalt und Geltungsbereich von § 14c ändert sich dadurch nichts.

II. Streitfälle über Gesamtverträge

1. a) Für das **Verfahren** bei Streitfällen, die den Abschluss oder die Änderung von Gesamtverträgen betreffen, gelten Besonderheiten. So ist hier vor Beginn des eigentlichen Schiedsstellenverfahrens ein Vergleichsversuch in Anwesenheit nur des Vorsitzenden und der Beteiligten vorgesehen, § 5 UrhSchiedsV. Dieser Vergleichsversuch kann mit Einverständnis der Beteiligten vom Vorsitzenden initiiert werden. Er muss stattfinden, wenn beide Beteiligten es beantragen (s.

§ 14 Rdnr. 12). Ferner bestimmt § 1 Abs. 3 UrhSchiedsV, dass ein durch Antrag einer Verwertungsgesellschaft eingeleitetes Schiedsstellenverfahren über den Abschluss eines Gesamtvertrages nicht ohne ausdrückliche Einwilligung des Antragsgegners stattfinden kann (s. ausführlich § 14 Rdnr. 9). Das Schiedsstellenverfahren selbst ist bei Gesamtvertragsstreitigkeiten grundsätzlich mündlich (§ 3 UrhSchiedsV; s. § 14a Rdnr. 4). Im Übrigen gelten die allgemeinen Verfahrensregeln (zum Verfahren s. § 14a Rdnr. 2ff.). Auch dem Einigungsvorschlag über den Gesamtvertrag hat der Versuch einer gütlichen Einigung vorauszugehen (§ 14 Abs. 6).

3 **b)** Der Einigungsvorschlag der Schiedsstelle zum **Gesamtvertrag** muss dessen **gesamten Inhalt** enthalten, § 14c Abs. 1 (*Strittmatter* S. 122). Hinsichtlich des Entscheidungsmaßstabes und der Annahme des Einigungsvorschlags gilt § 14a (s. § 14a Rdnr. 9ff.). Wird der Einigungsvorschlag über den Gesamtvertrag von den Parteien nach Maßgabe von § 14a Abs. 3 angenommen, so entsteht damit der Gesamtvertrag zwischen den Parteien als privatrechtliches Schuldverhältnis, und zwar ohne die Besonderheiten des Vertragsdiktats, wie es noch in § 14 Abs. 4 id. Fassung vor 1985 vorgesehen war (vgl. *Reinbothe* S. 50ff.).

4 **c)** Dem früher einmal gemachten Vorschlag, der Schiedsstelle auch die Befugnis zum Vorschlag eines Gesamtvertrages rückwirkend für den Zeitraum der (Gesamt-)vertragslosen Zeit zu verleihen, folgt das Gesetz nicht (*Reimer* GRUR Int. 1982, 215/217). Da auch die Verpflichtung der Verwertungsgesellschaften zum Abschluss eines Gesamtvertrages nach § 12 nicht rückwirkend gilt (AmtlBegr. BTDrucks. 10/837 S. 24), kann die Schiedsstelle in ihrem Einigungsvorschlag den **Geltungsbeginn des Gesamtvertrages** erst zum 1. Januar des Jahres vorsehen, in dem der Antrag auf Einleitung des Schiedsstellenverfahrens (§ 14 Abs. 5) gestellt wurde, § 14c Abs. 1 S. 2. Damit wird berücksichtigt, dass der Antragstellung meist noch längere Gesamtvertragsverhandlungen zwischen den Parteien vorausgehen. Es soll ermöglicht werden, dass der von der Schiedsstelle vorgeschlagene Gesamtvertrag jeweils ein „Wirtschaftsjahr" erfassen kann (Bericht des Rechtsausschusses, BTDrucks. 10/3360 S. 21). Trotz des etwas missverständlichen Wortlauts wird die Schiedsstelle hierzu aber nicht verpflichtet sein. Sie kann daher auch einen späteren Geltungsbeginn für den Gesamtvertrag vorschlagen, auch insoweit ist sie an die Begehren der Parteien gebunden. Ohnehin können die Parteien den Geltungsbeginn frei vereinbaren.

5 **2. § 14c Abs. 2, einstweilige Regelung:** § 14c Abs. 2 gibt der Schiedsstelle keine Befugnis zum Erlass einstweiliger Verfügungen. Diese Befugnis bleibt den Gerichten vorbehalten, § 16 Abs. 3. Vielmehr gibt § 14c Abs. 2 der Schiedsstelle die Möglichkeit, im Hinblick auf die häufig lange Dauer von Gesamtvertragsstreitigkeiten vor dem endgültigen Einigungsvorschlag auch ohne Präjudiz für diesen den Parteien einen vorgezogenen Vorschlag für eine einstweilige Regelung vorzulegen. Voraussetzung hierfür ist der Antrag eines Verfahrensbeteiligten, § 14c Abs. 2 S. 1. Ob im Hinblick auf die Regelung in § 11 Abs. 2 ein Bedürfnis für die Vorschrift des § 14c Abs. 2 besteht, kann bezweifelt werden; ohnehin wurde sie, soweit ersichtlich, bisher kaum angewandt (*Strittmatter* S. 74f.).

Der Vorschlag für eine einstweilige Regelung ist genauso wenig ohne weiteres für die Parteien bindend wie der endgültige Einigungsvorschlag in der Hauptsache über den Gesamtvertrag. Er wird daher ebenso wie dieser nur dann als Vereinbarung zwischen den Parteien wirksam, wenn er den in § 14a Abs. 2 S. 3 bis 5 genannten Anforderungen genügt (Pflicht zur Begründung, Unterschrift, ordnungsgemäße Belehrung, Zustellung) und keiner der Beteiligten nach § 14a Abs. 3 Widerspruch eingelegt hat (s. § 14a Rdnr. 10, 11). Auch die einstweilige Regelung kann daher nicht erzwungen werden. Verzögert eine Nutzervereinigung das Gesamtvertragsverfahren, bleibt die Verwertungsgesellschaft daher – ebenso, wie wenn die Nutzervereinigung den Abschluss eines Gesamtvertrages ablehnt – darauf verwiesen, deren Mitglieder einzeln auf Zahlung in Anspruch zu nehmen (vgl. AmtlBegr. BTDrucks. 10/837 S. 24).

Die Zwangsvollstreckung findet aus einem angenommenen Vorschlag für eine einstweilige Regelung iS von § 14c Abs. 2 nicht statt – anders als aus dem vor der Schiedsstelle geschlossenen Vergleich (§ 14 Abs. 6) oder aus dem angenommenen Einigungsvorschlag selbst (§ 14a Abs. 4).

Die Geltungsdauer der einstweiligen Regelung kann grundsätzlich unter den Parteien entsprechend dem Vorschlag der Schiedsstelle vereinbart werden. Fehlt eine Vereinbarung, so gilt die einstweilige Regelung nach § 14c Abs. 2 S. 3 solange, bis das Schiedsstellenverfahren durch Vorlage eines Einigungsvorschlages der Schiedsstelle über den Gesamtvertrag oder anderweitig beendet worden ist.

6 **3.** Die Pflicht der Schiedsstelle, das **Bundeskartellamt** über das Verfahren zu **unterrichten** (**§ 14c Abs. 3**), ist auf solche Verfahren beschränkt, die Streitigkeiten über Gesamtverträge

zum Gegenstand haben. Für Gesamtverträge sind die Bestimmungen des Kartellrechts besonders beachtlich (*Reinbothe* S. 111 ff.). Die Unterrichtungspflicht des Bundeskartellamtes ist daher folgerichtig, um kartellrechtlichen Gesichtspunkten im Schiedsstellenverfahren Beachtung zu verschaffen.

Die Bezugnahme auf § 90 Abs. 1 S. 2 und Abs. 2 GWB („Benachrichtigung der Kartellbehörden") besagt, dass die Schiedsstelle dem Bundeskartellamt auf Verlangen Abschriften von allen Schriftsätzen, Protokollen, Verfügungen und Entscheidungen zu übersenden hat. Ferner kann der Präsident des Bundeskartellamtes, wenn er dies zur Wahrnehmung des öffentlichen Interesses als angemessen erachtet, aus den Mitgliedern des Bundeskartellamtes einen Vertreter bestellen, der befugt ist, auf Tatsachen und Beweismittel hinzuweisen, den Terminen beizuwohnen, in ihnen Ausführungen zu machen und Fragen zu stellen. Ein Angehöriger der Aufsichtsbehörde, § 18 Abs. 1, darf nicht zum Vertreter bestellt werden.

§ 14 d Streitfälle über Rechte der Kabelweitersendung
Bei Streitfällen nach § 14 Abs. 1 Nr. 2 gilt § 14 c entsprechend.

§ 14 d wurde durch Art. 2 des 4. UrhGÄndG vom 8. 5. 1998 (BGBl. I S. 902) in das WahrnG eingefügt. Die Vorschrift ist Konsequenz der damaligen Erweiterung der Schiedsstellen-Zuständigkeit neben Streitigkeiten über Einzelnutzungsverträge (§ 14 Abs. 1 Nr. 1 lit. a) und Gesamtvertragsstreitigkeiten (heute § 14 Abs. 1 Nr. 1 lit. c), an denen jeweils Verwertungsgesellschaften beteiligt sind, auf Streitigkeiten zwischen Sendeunternehmen und Kabelunternehmen über Kabelweitersendungsrechte (§ 14 Abs. 1 Nr. 2). Diese Erweiterung wurde in Umsetzung der sog. Satelliten- und Kabelrichtlinie vorgenommen (Richtlinie 93/83/EWG vom 27. 9. 1993, so. § 14 Rdnr. 1).

Nach Auffassung des Gesetzgebers sind Verträge über Kabelweitersendungsrechte nach § 14 Abs. 1 Nr. 2 idR Pauschalverträge und daher den Gesamtverträgen iSv. § 12 ähnlicher als Einzelnutzungsverträgen (AmtlBegr. BT-Drucks. 13/4796 S. 17). Streitigkeiten über Kabelweitersendungsverträge sind daher im Verfahren vor der Schiedsstelle wie Gesamtvertragsstreitigkeiten zu behandeln. § 14 d („Streitfälle über Rechte der Kabelweitersendung") erklärt für solche Streitigkeiten daher § 14 c („Streitfälle über Gesamtverträge") für entsprechend anwendbar. Die Kommentierung zu § 14 c gilt entsprechend.

§ 14 e Aussetzung
¹**Die Schiedsstelle kann Verfahren nach § 14 Abs. 1 Nr. 1 Buchstabe a oder b aussetzen, bis sie in einem anhängigen Verfahren nach § 14 Abs. 1 Nr. 1 Buchstabe c einen Einigungsvorschlag gemacht hat.** ²**Während der Aussetzung ist die Frist zur Unterbreitung eines Einigungsvorschlages nach § 14 a Abs. 2 Satz 1 und § 16 Abs. 1 gehemmt.**

I. Allgemeines

§ 14 e wurde durch das Zweite Gesetz zur Regelung des Urheberrechts in der Informationsgesellschaft vom 26. 10. 2007 (BGBl. I S. 2513) in das WahrnG eingefügt. Hintergrund dieser Bestimmung ist insbesondere die ebenfalls neu eingefügte Klarstellung in § 14 Abs. 1 Nr. 1 lit. b, dass die Schiedsstelle auch für Streitfälle über die Vergütungspflicht nach §§ 54 oder 54 c UrhG zuständig ist, sowie der **Vorrang**, den der Gesetzgeber in diesem Zusammenhang **Gesamtverträgen** zwischen Verwertungsgesellschaften und den Verbänden der Hersteller von Geräten und Speichermedien einräumt (vgl. § 13 a Rdnr. 3). 1

II. Die Aussetzung des Verfahrens

§ 14 e S. 1: § 14 e betrifft den Fall, dass vor der Schiedsstelle gleichzeitig ein Verfahren über Abschluss oder Änderung eines Gesamtvertrages gem. § 14 Abs. 1 Nr. 1 lit. c einerseits und andererseits ein Einzelnutzungsstreitfall iSv § 14 Abs. 1 Nr. 1 lit. a oder ein (Einzel-)Verfahren iSv. § 14 Abs. 1 Nr. 1 lit. b über die Vergütungspflicht der Hersteller von Geräten und Spei- 2 chermedien (§ 54 UrhG) oder der Betreiber von Ablichtungsgeräten (§ 54c UrhG) anhängig ist. Wenn es in beiden parallel anhängigen Verfahren um die Vergütung von **Nutzungen gleicher Art** oder die Vergütung für **Geräte und Speichermedien der gleichen Art** geht, kann die Schiedsstelle gem. § 14e S. 1 das die Einzelnutzung oder Einzelvergütung betreffende Verfahren aussetzen, bis sie im Gesamtvertragsverfahren einen Einigungsvorschlag zum Gesamtvertrag vorgelegt hat.

Zwar ist die Schiedsstelle in solchen Fällen nicht zur Aussetzung des (Einzel-)Verfahrens verpflichtet. Die Schiedsstelle hat jedoch darauf zu achten, dass sie, wenn in gleicher Sache auf zwei unterschiedlichen Ebenen parallel im Rahmen zweier Schiedsstellenverfahren gestritten wird, der „höheren Ebene" des Gesamtvertrages Vorrang gibt; und dies aus verfahrensökonomischen Gründen und vor allem mit dem Ziel der **einheitlichen Bemessung der Vergütung** (Amtl. Begr. BTDrucks. 16/1828 S. 77). Dabei ist unerheblich, ob die Parteien des Einzelstreitverfahrens auf der Nutzer- bzw. Vergütungsschuldnerseite Mitglieder der entsprechenden Gesamtvertragspartei sind.

3 § **14e S. 2:** Wenn die Schiedsstelle von der Möglichkeit Gebrauch macht, das Verfahren betreffend die Einzelnutzung oder Einzelvergütung (§ 14 Abs. 1 Nr. 1 lit. a oder b) zugunsten des Gesamtvertragsverfahrens (§ 14 Abs. 1 Nr. 1 lit. c) auszusetzen, so werden der **Ablauf der Jahresfrist** gem. § 14a Abs. 2 S. 1 zur Unterbreitung des Einigungsvorschlags und die Frist zur gerichtlichen Geltendmachung gem. § 16 Abs. 1 im ersteren Verfahren **gehemmt**, § 14e S. 2. Die (Jahres-)Frist zur Unterbreitung des Einigungsvorschlags im (Haupt-)Verfahren betreffend den Gesamtvertrag bleibt davon dagegen unberührt. Die Hemmung der Jahresfrist bewirkt, dass die Parteien, solange das Schiedsstellenverfahren ausgesetzt ist, weiterhin kein gerichtliches Verfahren beginnen können. Sobald die Schiedsstelle im Gesamtvertragsverfahren einen Einigungsvorschlag unterbreitet hat, hebt sie die Aussetzung des Einzelvertragsverfahrens auf gem. § 150 ZPO, und der noch nicht abgelaufene Teil der Jahresfrist für dieses letztere Verfahren läuft weiter (*Dreier/Schulze*[3] Rdnr. 3).

§ 15 Verfahren vor der Schiedsstelle

Das Bundesministerium der Justiz wird ermächtigt, durch Rechtsverordnung
1. das Verfahren vor der Schiedsstelle zu regeln,
2. die näheren Vorschriften über die Entschädigung der Mitglieder der Schiedsstelle für ihre Tätigkeit zu erlassen,
3. die für das Verfahren vor der Schiedsstelle von der Aufsichtsbehörde zur Deckung der Verwaltungskosten zu erhebenden Kosten (Gebühren und Auslagen) zu bestimmen; die Gebühren dürfen nicht höher sein als die im Prozeßverfahren erster Instanz zu erhebenden Gebühren,
4. Bestimmungen über den Kostenschuldner, die Fälligkeit und die Verjährung von Kosten, die Kostenvorschußpflicht, Kostenbefreiungen, das Kostenfestsetzungsverfahren und die Rechtsbehelfe gegen die Kostenfestsetzung zu treffen.

Schrifttum: *Strittmatter*, Tarife vor der urheberrechtlichen Schiedsstelle, 1994.

1 § 15 enthält die **Ermächtigung** für das Bundesministerium der Justiz, das Verfahren vor der Schiedsstelle und die Entschädigung der Mitglieder der Schiedsstelle zu regeln sowie Bestimmungen über die Verfahrenskosten und Auslagen zu treffen. Die Vorschrift entspricht weitgehend § 14 Abs. 7 idF vor 1985, erlaubt jedoch einen höheren Gebührenrahmen für das Schiedsstellenverfahren. Ziel ist, das Verfahren vor der Schiedsstelle kostendeckend auszugestalten (AmtlBegr. BTDrucks. 10/837 S. 24).

2 Die auf Grund der Ermächtigung in § 15 erlassene **Verordnung** über die Schiedsstelle für Urheberrechtsstreitfälle (Urheberrechtsschiedsstellenverordnung – UrhSchiedsV – vom 20. 12. 1985, BGBl. I S. 2543) ist am 1. 1. 1986 in Kraft getreten und gilt für alle Verfahren, die nach dem 1. 1. 1986 anhängig geworden sind (§ 17 UrhSchiedsV). Die UrhSchiedsV enthält Vorschriften über den Antrag zur Einleitung des Schiedsstellenverfahrens (so. § 14 Rdnr. 7ff.), über das Verfahren vor der Schiedsstelle (so. § 14a Rdnr. 2ff.) sowie über die Entschädigung von Mitgliedern der Schiedsstelle, Zeugen und Sachverständigen und über Verfahrenskosten und Auslagen (zum Verfahren vor der Schiedsstelle s. im Einzelnen § 14a Rdnr. 2–6, § 14 Rdnr. 3ff.; *Strittmatter* S. 50ff.).

§ 16 Gerichtliche Geltendmachung

(1) Bei Streitfällen nach § 14 Abs. 1 können Ansprüche im Wege der Klage erst geltend gemacht werden, nachdem ein Verfahren vor der Schiedsstelle vorausgegangen ist oder nicht innerhalb des Verfahrenszeitraums nach § 14a Abs. 2 Satz 1 und 2 abgeschlossen wurde.

(2) ¹Dies gilt nicht, wenn bei Streitfällen nach § 14 Abs. 1 Nr. 1 Buchstabe a die Anwendbarkeit und die Angemessenheit des Tarifs nicht bestritten sind. ²Stellt sich erst im Laufe des Rechtsstreits heraus, daß die Anwendbarkeit oder die Angemessenheit des Tarifs im Streit ist, setzt das Gericht den Rechtsstreit aus, um den Parteien die Anrufung der Schiedsstelle zu ermöglichen. ³Weist die Partei, die die Anwendbarkeit oder die Angemessenheit des Tarifs bestreitet, nicht innerhalb von zwei Monaten nach Aussetzung nach, daß ein Antrag bei der Schiedsstelle gestellt ist, so wird der Rechtsstreit fortgesetzt; in diesem Fall gilt die Anwendbarkeit und die Angemessenheit des von der Verwertungsgesellschaft dem Nutzungsverhältnis zugrunde gelegten Tarifs als zugestanden.

(3) ¹Der vorherigen Anrufung der Schiedsstelle bedarf es ferner nicht für Anträge auf Anordnung eines Arrestes oder einer einstweiligen Verfügung. ²Nach Erlaß eines Arrestes oder einer einstweiligen Verfügung ist die Klage ohne die Beschränkung des Absatzes 1 zulässig, wenn der Partei nach den §§ 926, 936 der Zivilprozeßordnung eine Frist zur Erhebung der Klage bestimmt worden ist.

(4) ¹Über Ansprüche auf Abschluss oder Änderung eines Gesamtvertrags (§ 12), eines Vertrags nach § 14 Abs. 1 Nr. 2 und Streitfälle nach § 14 Abs. 1 Nr. 1 Buchstabe b entscheidet ausschließlich das für den Sitz der Schiedsstelle zuständige Oberlandesgericht im ersten Rechtszug. ²Für das Verfahren gilt der Erste Abschnitt des Zweiten Buchs der Zivilprozeßordnung entsprechend. ³Das Oberlandesgericht setzt den Inhalt der Gesamtverträge, insbesondere Art und Höhe der Vergütung, nach billigem Ermessen fest. ⁴Die Festsetzung ersetzt die entsprechende Vereinbarung der Beteiligten. ⁵Die Festsetzung eines Vertrages ist nur mit Wirkung vom 1. Januar des Jahres an möglich, in dem der Antrag gestellt wird. ⁶Gegen die von dem Oberlandesgericht erlassenen Endurteile findet die Revision nach Maßgabe der Zivilprozeßordnung statt.

Schrifttum: *Möller,* Die Urheberrechtsnovelle '85: Entstehungsgeschichte und verfassungsrechtliche Grundlagen, 1986; *Reinbothe,* Schlichtung im Urheberrecht, 1978; *Seifert,* Das Schiedsstellenverfahren als Prozeßvoraussetzung im Urheberrechtsstreit, Fs. für Kreile, 1994, S. 627; *Spindler,* Die Einspeisung von Rundfunkprogrammen in Kabelnetze – Rechtsfragen der urheberrechtlichen Vergütung und vertragsrechtlichen Gestaltung, MMR Beilage 2/2003, 1; *Strittmatter,* Tarife vor der urheberrechtlichen Schiedsstelle, 1994; *v. Ungern-Sternberg,* Zur Durchführung des Verfahrens vor der Schiedsstelle nach dem Urheberrechtswahrnehmungsgesetz, Fs. für Schricker, 2005, S. 567; *Weisser/Höppener,* Kabelweitersendung und urheberrechtlicher Kontrahierungszwang, ZUM 2003, 597.

I. Allgemeines

§ 16 stellt klar, in welchem Verhältnis die Streitschlichtung vor dem Verwaltungsorgan Schiedsstelle nach den §§ 14ff. zur **Geltendmachung urheberrechtlicher Ansprüche vor Gericht** steht. § 16 schließt grundsätzlich die Erhebung einer Klage vor den ordentlichen Gerichten auch in den Fällen nicht aus, in denen eine Zuständigkeit der Schiedsstelle nach § 14 Abs. 1 begründet ist. 1

Das Verfahren vor der Schiedsstelle soll lediglich in den in § 14 Abs. 1 genannten besonders wichtigen Fällen – nämlich bei Gesamtvertragsstreitigkeiten, § 14 Abs. 1 Nr. 1 lit. c, bei Streitigkeiten über Rechte der Kabelweitersendung, § 14 Abs. 1 Nr. 2, bei Streitigkeiten über die Vergütungspflicht nach §§ 54 oder 54c UrhG, § 14 Abs. 1 Nr. 1 lit. b, und bei allgemeinen Einzelnutzungsstreitigkeiten iSv. § 14 Abs. 1 Nr. 1 lit. a (bei letzteren aber nur, wenn Anwendbarkeit oder Angemessenheit der Tarife bestritten sind) – dem Gerichtsverfahren vorangehen oder ihm doch zumindest mit einem sachkundigen Votum zur Verfügung stehen. Ziel ist es, die Sachkunde der Schiedsstelle auch im Rahmen eines Gerichtsverfahrens zu nutzen und die Gerichte soweit wie möglich zu entlasten (AmtlBegr. BTDrucks. 10/837 S. 24; so. Vor §§ 14ff. Rdnr. 7).

Durch das Zweite Gesetz zur Regelung des Urheberrechts in der Informationsgesellschaft vom 26. 10. 2007 (BGBl. I S. 2513) wurden Inhalt und Anwendungsbereich von § 16 in drei

Punkten erweitert: (1) Nachdem durch die Einfügung von § 14 Abs. 1 Nr. 1 lit. b die Zuständigkeit der Schiedsstelle für die **Streitschlichtung über die Vergütungspflicht** nach §§ 54 oder 54c UrhG ausdrücklich klargestellt wurde, ist das Schiedsstellenverfahren auch in diesen Fällen vor Klageerhebung durchzuführen, wie sich aus dem insoweit unveränderten Verweis auf § 14 Abs. 1 in § 16 Abs. 1 ergibt. (2) In **§ 16 Abs. 1 2. Hs.** wurde ein **Hinweis auf die Jahresfrist** gem. § 14a Abs. 2 S. 1 und 2 eingefügt. Danach können Ansprüche im Wege der Klage auch ohne einen Einigungsvorschlag der Schiedsstelle geltend gemacht werden, wenn die der Schiedsstelle in § 14a Abs. 2 eingeräumte Frist zur Vorlage des Einigungsvorschlags verstrichen ist (su. Rdnr. 2). (3) **§ 16 Abs. 4** wurde dahingehend ergänzt, dass die **erstinstanzliche Zuständigkeit des OLG** auch für Streitigkeiten nach § 14 Abs. 1 Nr. 1 lit. b gilt (su. Rdnr. 6).

II. Gerichtliche Geltendmachung

2   **1. a)** Für **Streitigkeiten über die Vergütungspflicht** der Hersteller von Geräten und Speichermedien und der Betreiber von Ablichtungsgeräten iSv. § 14 Abs. 1 Nr. 1 lit. b, **über Abschluss oder Änderung von Gesamtverträgen** (§ 12) iSv. § 14 Abs. 1 Nr. 1 lit. c und über **Verträge betreffend die Kabelweitersendung** iSv. § 14 Abs. 1 Nr. 2 ist die Durchführung des Verfahrens vor der Schiedsstelle stets Prozessvoraussetzung. Klage kann in solchen Streitfällen also grundsätzlich erst erhoben werden, nachdem das Verfahren vor der Schiedsstelle durchgeführt und durch Einigungsvorschlag nach § 14c Abs. 1 bzw. § 14d abgeschlossen worden ist. Ausnahmsweise kann Klage aber auch schon dann erhoben werden, wenn noch kein Einigungsvorschlag der Schiedsstelle vorliegt – aber nur in dem Fall, dass das Schiedsstellenverfahren zwar eingeleitet wurde, die Schiedsstelle den Einigungsvorschlag aber nicht innerhalb der Jahresfrist des § 14a Abs. 2 S. 1 einschließlich etwaiger mit den Parteien vereinbarter Verlängerungszeiträume gem. § 14a Abs. 2 S. 2 vorgelegt hat, diese Frist(en) also verstrichen ist (sind), § 16 Abs. 1 2. Hs. (so. § 14a Rdnr. 8).

Unerheblich ist iR der genannten Streitfälle, worauf sich die Vertragsstreitigkeit bezieht, ob also etwa Anwendbarkeit oder Angemessenheit von Tarifen im Streit sind. Ebenso spielt es für die Notwendigkeit, vor Klageerhebung ein Schiedsstellenverfahren durchzuführen, keine Rolle, ob etwa eine Nutzervereinigung gegenüber der Verwertungsgesellschaft ihren Anspruch auf Abschluss eines Gesamtvertrages nach § 12 geltend macht, oder ob es die Verwertungsgesellschaft ist, die zB Ansprüche auf Abänderung eines Gesamtvertrages durchsetzen will (vgl. § 14 Rdnr. 9 zu dem Fall, dass eine Verwertungsgesellschaft den Abschluss eines Gesamtvertrages verlangt). Bei Streitigkeiten über die Vergütungspflicht gem. §§ 54 oder 54c UrhG oder über Verträge zwischen Sendeunternehmen und Kabelunternehmen betreffend die Kabelweitersendung gilt Entsprechendes (zum Mandat der Schiedsstelle in diesen Fällen vgl. § 14 Rdnr. 1).

Das Gericht hat von Amts wegen (AmtlBegr. BTDrucks. 10/837 S. 24) als positive Prozessvoraussetzung zu berücksichtigen, ob ein Verfahren vor der Schiedsstelle der Klage vorausgegangen ist. Ohne Vorliegen dieser Prozessvoraussetzung ist die Klage daher unzulässig.

3   **b)** Bei **Einzelnutzungsstreitigkeiten iSv. § 14 Abs. 1 Nr. 1 lit a,** die die Nutzung von nach dem UrhG geschützten Werken oder Leistungen betreffen, ist zu unterscheiden: Wenn im Rahmen einer solchen Streitigkeit die **Anwendbarkeit oder die Angemessenheit des Tarifs (§ 13) im Streit** ist, so ist die Durchführung eines mit Einigungsvorschlag (§§ 14a, 14b) abgeschlossenen (oder noch anhängigen bei Ablauf der Jahresfrist gem. § 14a Abs. 2 S. 1) Verfahrens vor der Schiedsstelle grundsätzlich ebenso von Amts wegen vom Gericht zu berücksichtigende Prozessvoraussetzung wie bei Gesamtvertragsstreitigkeiten, Streitigkeiten über die Vergütungspflicht nach §§ 54 oder 54c UrhG oder Streitigkeiten über Kabelweitersendungsverträge, **§ 16 Abs. 1** (so. Rdnr. 2). Eine Klage ohne vorherige Durchführung des Schiedsstellenverfahrens ist in solchen Fällen also unzulässig. Ist die Angemessenheit des Tarifs bereits unter Beteiligung derselben Schiedsparteien von der Schiedsstelle überprüft worden, so muss aber auch kein erneutes Schiedsstellenverfahren eingeleitet werden (LG Bielefeld ZUM 1995, 803/804). Dagegen kann auf das Schiedsstellenverfahren nicht nur deshalb verzichtet werden, weil der Tarif in einem Verfahren mit anderen Beteiligten bereits Gegenstand der Überprüfung durch die Schiedsstelle war (OLG Karlsruhe ZUM 1993, 236/237).

Handelt es sich dagegen um eine anderweitige Einzelnutzungsstreitigkeit iSv. § 14 Abs. 1 Nr. 1 lit. a, bei der **weder die Anwendbarkeit noch die Angemessenheit des Tarifs bestritten** ist bzw. es darauf im konkreten Fall nicht ankommt (vgl. OLG Hamburg ZUM-RD 1997, 19/21), so ist ein Schiedsstellenverfahren vor Klageerhebung nicht erforderlich, **§ 16 Abs. 2 S. 1.** Mit solchen Einzelnutzungsstreitigkeiten muss die Schiedsstelle eben nur dann befasst werden, wenn im konkreten Fall die Anwendbarkeit oder Angemessenheit des Tarifs auch tatsächlich entscheidend ist (vgl. BGH GRUR 2000, 872/873 – Schiedsstellenrufung). Eine Anrufung der Schiedsstelle vor Klageerhebung ist daher zB nicht erforderlich für **Unterlassungsansprüche** (OLG Naumburg ZUM 2004, 847/848 f.), für solche **Auskunftsansprüche**, die ganz unzweifelhaft nicht tarifgestützt sind (*Strittmatter* S. 83 ff. mwN; aA OLG Oldenburg Schulze OLGZ 303, 5 f.; einschränkend *v. Ungern-Sternberg*, Fs. für Schricker, 2005, 567/574 mit der Begründung, dass der Umfang der geschuldeten Auskunft vom Inhalt des Leistungsanspruchs abhänge), bei **auf Vertrag gestützten Zahlungsklagen**, bei Streit über die Wahrnehmungsbefugnis und das **Bestehen von Zahlungsansprüchen** (LG Hamburg ZUM 2001, 711) sowie bei solchen **Ansprüchen auf Zahlung oder Hinterlegung gem. § 11 Abs. 2**, bei denen es auf die Anwendbarkeit oder die Angemessenheit des Tarifs eindeutig nicht ankommt; denn in solchen Fällen ist die Hilfestellung der Schiedsstelle bei der sachkundigen Beurteilung der Anwendbarkeit oder Angemessenheit der Tarife nicht erforderlich (OLG Naumburg ZUM-RD 2004, 847/848; aA bezüglich vertraglicher Zahlungsansprüche *v. Ungern-Sternberg*, Fs. für Schricker, 2005, 567/575 ff.). Die Durchführung des Schiedsstellenverfahrens ist in den genannten Fällen nicht Prozessvoraussetzung für eine Klage, wohl aber freiwillig möglich. Damit wird der Zwang zur Anrufung der Schiedsstelle vor Klageerhebung, ebenso wie der notwendige Inhalt der Schiedsstellenentscheidung selbst (s. § 14b Rdnr. 1), bei allgemeinen Einzelnutzungsstreitigkeiten auf die Tarifüberprüfung beschränkt.

Auch bei **Schadensersatzklagen** im Rahmen von Einzelnutzungsstreitigkeiten ist grundsätzlich die vorherige Durchführung des Schiedsstellenverfahrens Prozessvoraussetzung; denn § 16 Abs. 1 erfasst alle Streitfälle nach § 14 Abs. 1. Zwar gilt die in § 16 Abs. 2 S. 1 statuierte Ausnahme auch für Schadensersatzklagen, dürfte aber hier in der Praxis eine geringe Rolle spielen, da die Anwendbarkeit oder Angemessenheit eines Tarifs bei Schadensersatzklagen meist im Streit sein werden. Dies gilt selbst dann, wenn der Antrag der Schadensersatzklage nur auf Zahlung unter Vorbehalt der Nachprüfung durch die Schiedsstelle oder auf Hinterlegung gem. § 11 Abs. 2 gerichtet ist (BGH GRUR 2000, 872/874 – Schiedsstellenanrufung; *v. Ungern-Sternberg*, Fs. für Schricker, 2005, 567/574 f.; Heidelberger Kommentar/*Zeisberg* Rdnr. 2 b; so. § 11 Rdnr. 13; aA *Loewenheim/Melichar*[2] § 49 Rdnr. 7; *Wandtke/Bullinger/Gerlach*[3] § 11 WahrnG Rdnr. 14, § 16 WahrnG Rdnr. 7; *Dreier/Schulze*[3] § 11 WahrnG Rdnr. 24, § 16 WahrnG Rdnr. 19; *Seifert*, Fs. für Kreile, 1994, S. 627/633/635).

2. Nachträgliche Befassung der Schiedsstelle/Aussetzung, § 16 Abs. 2 S. 2, 3: Nach § 16 Abs. 1 iVm. § 16 Abs. 2 S. 1 kann bei Einzelnutzungsstreitigkeiten iSv. § 14 Abs. 1 Nr. 1 lit. a auch ohne vorherige Durchführung des Schiedsstellenverfahrens Klage erhoben werden, wenn weder die Anwendbarkeit noch die Angemessenheit des Tarifs (§ 13) im Streit ist. § 16 Abs. 2 S. 2, 3 regeln den Fall, dass sich erst im Laufe eines solchen unmittelbar, also ohne Vorschaltung der Schiedsstelle eingeleiteten Gerichtsverfahrens herausstellt, dass doch eine der Parteien Anwendbarkeit oder Angemessenheit des Tarifs bestreitet. Für die Angemessenheitsrüge ist substantiiertes und tatsachenorientiertes Bestreiten erforderlich, pauschalierte Einwendungen gegen den Tarif genügen nicht (*Seifert*, Fs. für Kreile, 1994, S. 627/630 f.; *Strittmatter* S. 82 f.). Außerdem darf über die Angemessenheit des Tarifs nicht schon vorher, also etwa in der vorprozessualen Korrespondenz, Streit bestanden haben (OLG Karlsruhe ZUM 1993, 236/237). Liegen diese Voraussetzungen vor, so muss nach § 16 Abs. 2 S. 2 das Gericht von Amts wegen – ein Antrag der den Tarif bestreitenden Partei ist nicht erforderlich – den Rechtsstreit aussetzen, um die Beteiligung der sachkundigen Schiedsstelle noch nachträglich zu ermöglichen (AmtlBegr. BTDrucks. 10/837 S. 25). Durch gerichtliche Anordnung wird damit der Stillstand des Verfahrens bewirkt (vgl. § 249 ZPO).

Die Aussetzung gibt die Möglichkeit zur Anrufung der Schiedsstelle, verpflichtet hierzu aber nicht. Wenn die Partei, die die Anwendbarkeit oder Angemessenheit des Tarifs (§ 13) bestreitet, nicht innerhalb einer Frist von zwei Monaten ab Aussetzung des Verfahrens nachweist, dass sie die Schiedsstelle (durch schriftlichen Antrag, § 14 Abs. 5) angerufen hat, so wird die Aussetzung vom Gericht durch Fortsetzung des Rechtsstreits aufgehoben. Es gilt dann der von der Verwertungsgesellschaft dem Nutzungsverhältnis zugrundegelegte Tarif als zugestanden, § 16 Abs. 2 S. 3; das versäumte Anrufen der Schiedsstelle geht damit im Ergebnis zu Lasten der Partei, die Unanwendbarkeit oder Unangemessenheit des Tarifs geltend gemacht hatte (AmtlBegr. BTDrucks. 10/837 S. 25).

3. Abweichend von § 16 Abs. 1 ist die Durchführung des Schiedsstellenverfahrens generell nicht erforderlich im **gerichtlichen Verfahren zur Erwirkung eines Arrestes oder einer einst-**

weiligen Verfügung, § 16 Abs. 3. Die Schiedsstelle selbst kann Arrest oder einstweilige Verfügung (§§ 916 ff. ZPO) nicht erlassen; die vorherige Durchführung eines Schiedsstellenverfahrens zur Abgabe eines Einigungsvorschlags würde bei Anträgen auf Arrest oder einstweilige Verfügung dem Interesse der Parteien auf schnelle gerichtliche Entscheidung zuwiderlaufen. Da der Erlass von Arrest oder einstweiliger Verfügung strengen Voraussetzungen unterliegt, ist eine missbräuchliche Umgehung des Schiedsstellenverfahrens insoweit nicht zu befürchten (Amtl-Begr. BTDrucks. 10/837 S. 25).

Hat das Gericht nach Erlass eines Arrestes oder einer einstweiligen Verfügung angeordnet, dass innerhalb einer **Frist** Klage in der Hauptsache zu erheben ist (§ 926, § 936 ZPO), so kann selbst diese Klage abweichend von § 16 Abs. 1 ebenfalls ohne vorherige Anrufung der Schiedsstelle erhoben werden. Allerdings hat das Gericht in solchen Hauptklageverfahren nach Fristsetzung das Verfahren nach § 16 Abs. 2 auszusetzen (vgl. *Fromm/Nordemann*[10] §§ 14–16 Rdnr. 16).

Ohne eine solche Fristsetzung finden für die Klage in der Hauptsache die allgemeinen Regeln nach § 16 Abs. 1, Abs. 2 S. 2 Anwendung mit der Folge, dass ein Schiedsstellenverfahren bei Vorliegen der dort genannten Voraussetzungen vorab durchzuführen ist.

6   **4. a)** Für den Rechtsweg bei Einzelnutzungsstreitigkeiten gibt das WahrnG abgesehen von § 17 keine Besonderheiten an. Dagegen bestimmt **§ 16 Abs. 4**, dass bei **Gesamtvertragsstreitigkeiten, Streitigkeiten über Rechte der Kabelweitersendung** und – seit dem 1. 1. 2008 – auch bei (Einzel-)**Streitfällen über die Vergütungspflicht** nach §§ 54 oder 54 c UrhG das **Oberlandesgericht im ersten Rechtszug** ausschließlich zuständig ist. Diese Zuständigkeit gilt also für Streitigkeiten über Abschluss oder Änderung von Gesamtverträgen (§ 12) und Kabelweitersendungsverträgen (§ 14 Abs. 1 Nr. 2 iVm. § 87 Abs. 5 UrhG; § 16 Abs. 4 findet in seiner Gesamtheit auch auf letztere Pauschalverträge Anwendung, auch wenn der Wortlaut der Bestimmung, insb. in § 16 Abs. 4 S. 3, diesen Vertragstyp nicht erwähnt), sowie für (Einzel-)Streitigkeiten über die Vergütungspflicht iSv. § 14 Abs. 1 Nr. 1 lit. b.

Damit ist bei Streitigkeiten über Abschluss oder Änderung eines Gesamtvertrages oder eines Kabelweitersendungsvertrages und bei Streitigkeiten über die Vergütungspflicht gem. § 14 Abs. 1 Nr. 1 lit. b vor Erhebung einer Klage stets die Durchführung des Verfahrens vor der Schiedsstelle, die den Inhalt des Vertrages als Einigungsvorschlag vorlegt (§ 14 c Abs. 1, § 14 d) bzw. einen Einigungsvorschlag über die Vergütungspflicht nach §§ 54 oder 54 c UrhG macht, zwingend vorgeschrieben, § 16 Abs. 1 iVm. § 14 Abs. 1 Nr. 1 lit. b, lit. c und Nr. 2. Da in diesen Fällen somit regelmäßig eine ausführliche Entscheidung der Schiedsstelle vorliegt, hält der Gesetzgeber es für ausreichend, das Oberlandesgericht in erster und letzter Tatsacheninstanz entscheiden zu lassen (AmtlBegr. BTDrucks. 10/837 S. 25). Daraus, dass das Oberlandesgericht „im ersten Rechtszug" entscheidet (§ 16 Abs. 4 S. 1) folgt zugleich, dass es nicht Rechtsmittelinstanz für das Schiedsstellenverfahren ist und weder jenes Verfahren noch seine sachlichen Ergebnisse überprüft (vgl. OLG München ZUM-RD 2003, 423).

7   **b) Örtlich ausschließlich zuständig** ist das für den Sitz der Schiedsstelle zuständige Oberlandesgericht München. Damit sollen die Verfahren über Abschluss oder Änderung von derartigen Pauschalverträgen wie schon nach früher geltendem Recht (§ 15 Abs. 1 S. 2 idF vor 1985) auf ein sachkundiges und erfahrenes Oberlandesgericht konzentriert werden (Stellungnahme des Bundesrates, BTDrucks. 10/837 S. 35).

Für das **Verfahren vor dem OLG München** gelten nach § 16 Abs. 4 S. 2 die das Verfahren vor dem Landgericht regelnden §§ 253–494 ZPO entsprechend. Da das OLG München danach uneingeschränkte Tatsacheninstanz ohne die Begrenzungen gem. § 529 ZPO ist (vgl. OLG München ZUM-RD 2008, 360/367 – n. rechtskr.), gelten auch die §§ 282 ff. ZPO über das Vorbringen von Tatsachen sowie §§ 355 ff. ZPO über Beweismittel. Geklagt werden muss auf den Abschluss eines konkreten Gesamtvertrages mit konkreten Angaben zu dessen Inhalt (OLG München ZUM 2006, 466/470 f.; *Dreier/Schulze*[3] Rdnr. 29).

8   **c)** Das OLG ersetzt die entsprechende Vereinbarung der Beteiligten, indem es den Inhalt der Verträge – insbesondere Art und Höhe der Vergütung – festsetzt, § 14 Abs. 4 S. 3, 4. Es schafft damit ein **Schuldverhältnis,** das **kraft Gesetzes** zwischen den Parteien wie ein Vertrag wirkt, trifft also eine rechtsgestaltende Entscheidung, vergleichbar der Leistungsbestimmung nach § 315 Abs. 3 S. 2 BGB (vgl. *Reinbothe* S. 50 ff.; BGH GRUR 2001, 1139/1142 – Gesamtvertrag privater Rundfunk; dazu Anm. *Hillig* Schulze RzU, BGHZ 498, 22).

Bei der Vertragsfestsetzung ist dem Gericht ausdrücklich **Ermessen** eingeräumt. Damit wird berücksichtigt, dass es insbesondere angesichts der vielfältigen im Gesamt- oder Kabelweitersendungsvertrag zu regelnden Punkte mehrere Möglichkeiten der Vertragsgestaltung geben kann.

Im Ergebnis muss aber auch der vom OLG „nach billigem Ermessen" festgesetzte Pauschalvertrag aus der Summe der einzelnen Vertragselemente den angemessenen gemeinsamen Nenner bilden (§ 14a Rdnr. 9; *Reinbothe* S. 50; *Fromm/Nordemann*[10] §§ 14–16 Rdnr. 17; *Strittmatter* S. 105 ff.). Bei seiner Ermessensentscheidung hat das Gericht entsprechend § 13 Abs. 3 S. 1 in der Regel die geldwerten Vorteile zu berücksichtigen, die durch die Verwertung erzielt werden. Dabei hat es sich an den Vereinbarungen zu orientieren, die ggf. zwischen den Parteien gegolten haben oder sich in anderen gesamtvertraglichen Regelungen finden (vgl. Schiedsstelle ZUM 2005, 670/680). Auch spricht für einen überzeugend begründeten Einigungsvorschlag der Schiedsstelle eine gewisse Vermutung der Angemessenheit (BGH GRUR 2001, 1139/1142 – Gesamtvertrag privater Rundfunk; OLG München ZUM 2003, 319/322; Anm. *Hillig* Schulze RzU BGHZ 498, 22; zu angemessenen Bedingungen iRv Kabelweitersendungsverträgen so. § 87 UrhG Rdnr. 48 ff.; *Spindler* MMR Beilage 2/2003, 1/8 ff.; *Weisser/Höppener* ZUM 2003, 597/606).

Dagegen ist im Rahmen der Festsetzung eines Gesamtvertrages über die Vergütung für Geräte und Speichermedien § 13a zu beachten, der als lex specialis § 13 Abs. 3 vorgeht und für die Bemessung der Vergütung auf § 54a UrhG verweist (so. § 13a Rdnr. 3). In diesem Zusammenhang wird auch das OLG das Ergebnis der **empirischen Untersuchungen** gem. § 14 Abs. 5a zu berücksichtigen haben (so. § 14 Rdnr. 10; § 14a Rdnr. 9).

Das Gericht kann den Vertrag frühestens mit Wirkung vom 1. Januar des Jahres der Antragstellung an festsetzen, § 16 Abs. 4 S. 5. Um das Vakuum eines gesamtvertragslosen Zeitraumes zu vermeiden, ist hier unter dem „Antrag" im Einklang mit § 14c Abs. 1 S. 2 der Antrag bei der Schiedsstelle zu verstehen (*Fromm/Nordemann*[10] §§ 14–16 Rdnr. 17; *Strittmatter* S. 124 f.; vgl. aber OLG München ZUM 1990, 584; Schiedsstelle ZUM 1989, 314; OLG München ZUM-RD 2003, 464/471).

d) Nach § 16 Abs. 4 S. 6 ist ausdrücklich klargestellt, dass gegen die Entscheidung des OLG **9 grundsätzlich Revision** möglich ist. Allerdings konzentriert sich die Revision darauf zu überprüfen – abgesehen von gerügten Verfahrensverstößen –, ob die gesetzlichen Grenzen des Ermessens überschritten, vom Ermessen in dem Zweck der Ermächtigung nicht entsprechenden Weise Gebrauch gemacht oder ein rechtlich unzutreffender Ansatz verfolgt wurde (BGH GRUR 2001, 1139/1142 – Gesamtvertrag privater Rundfunk). Damit steht bei Streitigkeiten über Abschluss oder Änderung von Gesamtverträgen und Kabelweitersendungsverträgen und bei Streitigkeiten über die Vergütungspflicht nach §§ 54 oder 54c UrhG zwar nur eine gerichtliche Tatsacheninstanz zur Verfügung; der Rechtszug endet jedoch im Gegensatz zur früheren Regelung (§ 15 Abs. 1 S. 2 idF vor 1985) nicht beim OLG, sondern kann – wie Streitigkeiten mit Einzelnutzern auch – bis zum Bundesgerichtshof getragen werden. Für die Voraussetzungen der Revision gelten die §§ 545 ff. ZPO.

§ 17 Ausschließlicher Gerichtsstand

(1) ¹**Für Rechtsstreitigkeiten über Ansprüche einer Verwertungsgesellschaft wegen Verletzung eines von ihr wahrgenommenen Nutzungsrechts oder Einwilligungsrechts ist das Gericht ausschließlich zuständig, in dessen Bezirk die Verletzungshandlung vorgenommen worden ist oder der Verletzer seinen allgemeinen Gerichtsstand hat.** ²**§ 105 des Urheberrechtsgesetzes bleibt unberührt.**

(2) **Sind nach Absatz 1 Satz 1 für mehrere Rechtsstreitigkeiten gegen denselben Verletzer verschiedene Gerichte zuständig, so kann die Verwertungsgesellschaft alle Ansprüche bei einem dieser Gerichte geltend machen.**

I. Zweck der Regelung

Die ausschließliche Gerichtsstandsregelung in § 17 ist eine **Reaktion des Gesetzgebers** auf **1** die frühere Rechtsprechung der Berliner Gerichte, wonach bei Urheberrechtsstreitigkeiten wegen unerlaubter Musikaufführung stets der Sitz der GEMA als Gerichtsstand nach § 32 ZPO angesehen wurde, weil der Vermögensschaden der Urheberrechtsverletzungshandlung hier eintrat und der Nutzungsvertrag hier hätte abgeschlossen werden müssen (LG Berlin GRUR 1955, 552/553 mwN; LG Berlin Schulze LGZ 47, 5 f.). Da dies für die Veranstalter zu Benachteiligungen (Anwaltskosten, Reisekosten, Versäumnisurteile) führte, sollte § 17 bewirken, dass die Verletzungshandlung bei Urheberrechtsverletzungen nicht als am Sitz der Verwertungsgesellschaft begangen gilt (AmtlBegr. BTDrucks. IV/271 S. 19).

II. Ausschließlicher Gerichtsstand, § 17 Abs. 1

2   1. § 17 Abs. 1 erklärt für Klagen einer Verwertungsgesellschaft gegen den Verletzer eines von ihr wahrgenommenen Nutzungs- oder Einwilligungsrechts **wahlweise** den allgemeinen **Gerichtsstand** des Verletzers (§ 13 ZPO, Wohnsitz) oder den besonderen Gerichtsstand des Ortes der Verletzungshandlung (Tatort, § 32 ZPO) für ausschließlich. Die Begründung der Zuständigkeit eines anderen Gerichts durch freie Parteivereinbarung ist damit nicht möglich.

§ 17 Abs. 1 lässt nach seinem Wortlaut die Wahl zwischen dem Gerichtsstand des Ortes der Verletzungshandlung und dem allgemeinen Gerichtsstand des Verletzers. Die Absicht des Gesetzgebers, dass der Sitz der Verwertungsgesellschaft nicht mehr gem. § 32 ZPO als Gerichtsstand angesehen werden soll, wird damit vom Wortlaut der Bestimmung allein nicht verwirklicht. Die **Rechtsprechung** hat daher § 17 Abs. 1 unter Hinzuziehung der Gesetzesmaterialien dahingehend ausgelegt, dass die Verletzungshandlung nicht als am Sitz der Verwertungsgesellschaft begangen gilt, eine Zuständigkeit der Gerichte dort also nicht begründet ist, wenn der Rechtsverletzer (Beklagter) weder seinen Wohnsitz dort hat, noch dort tätig geworden ist (BGHZ 52, 108/111 f.; einhellige Ansicht: *Fromm/Nordemann*[10] Rdnr. 1; *Mestmäcker/Schulze* Anm. 1; vgl. aber *Schulze* Anm. bei Schulze BGHZ 164, 10).

3   2. Die Gerichtsstandsregel des § 17 gilt nur für **Klagen einer Verwertungsgesellschaft** gegen Rechtsverletzer. § 17 kommt unabhängig davon zur Anwendung, auf welche gesetzliche Bestimmung sich der Anspruch der Verwertungsgesellschaft aus der Rechtsverletzung gründet (AmtlBegr. BTDrucks. IV/271 S. 19). Ist die Verwertungsgesellschaft Beklagte, findet § 17 keine Anwendung (vgl. LG Hamburg Schulze LGZ 112; LG Hamburg Schulze LGZ 114; LG München I Schulze LGZ 115, wonach die Verwertungsgesellschaft an ihrem Sitz verklagt werden muss).

4   3. Nach § 17 Abs. 1 S. 2 bleibt **§ 105 UrhG** unberührt. Soweit die Bundesländer also durch Rechtsverordnung Urheberrechtsstreitsachen bei bestimmten Amtsgerichten und Landgerichten konzentriert haben, bleibt deren Zuständigkeit bestehen. Damit soll dem Interesse an einer gewissen Einheit der Rechtsprechung Rechnung getragen werden.

III. Gerichtsstand bei Verletzungshandlungen an mehreren Orten, § 17 Abs. 2

5   § 17 Abs. 2 enthält eine besondere Regelung für den Fall, dass „ein von Ort zu Ort ziehender Veranstalter" wiederholt Rechtsverletzungen begeht und deshalb nach der Grundregel des § 17 Abs. 1 an sich bei verschiedenen Gerichten verklagt werden müsste (AmtlBegr. BTDrucks. IV/271 S. 19); dies würde allerdings nur bei der Anwendung des § 17 Abs. 1 entsprechend der von der Rechtsprechung gefundenen Interpretation (so. Rdnr. 2) zutreffen. § 17 Abs. 2 erleichtert daher der Verwertungsgesellschaft die Rechtsverfolgung, indem er es ihr ermöglicht, für die Klage eines der Gerichte auszuwählen, in deren Bezirk die Verletzungshandlung begangen worden ist. Stattdessen kann sie aber auch den allgemeinen Gerichtsstand des Verletzers wählen.

§ 17a Freiwillige Schlichtung

(1) **In Streitfällen über die Vergütungspflicht nach § 54 des Urheberrechtsgesetzes findet auf Wunsch der Beteiligten statt der Anrufung der Schiedsstelle ein Schlichtungsverfahren statt.**

(2) [1]**Der Schlichter wird vom Bundesministerium der Justiz berufen, wenn die Beteiligten ihn einvernehmlich vorschlagen oder um die Benennung eines Schlichters bitten.** [2]**Er übt sein Amt unparteiisch und unabhängig aus.** [3]**Seine Vergütung und Kosten tragen die Beteiligten zu gleichen Teilen.** [4]**Ihre eigenen Kosten tragen die Beteiligten selbst, es sei denn in der Vereinbarung zur Streitbeilegung wird eine andere Regelung getroffen.**

(3) [1]**Der Schlichter bestimmt das Verfahren in Abstimmung mit den Beteiligten nach pflichtgemäßem Ermessen.** [2]**Er erörtert und klärt mit den Beteiligten den Sach- und**

Freiwillige Schlichtung § 17a

Streitstand und wirkt auf eine einvernehmliche Lösung hin. ³Auf der Grundlage der Schlichtungsverhandlung unterbreitet er den Beteiligten einen Vorschlag zur Streitbeilegung.

(4) Jeder Beteiligte kann die Schlichtung jederzeit für gescheitert erklären und die Schiedsstelle anrufen.

(5) ¹Wird vor dem Schlichter eine Vereinbarung zur Streitbeilegung geschlossen, so ist diese schriftlich niederzulegen und von den Parteien zu unterschreiben. ²Der Schlichter bestätigt den Abschluss mit seiner Unterschrift. ³Die Beteiligten erhalten eine Abschrift der Vereinbarung. ⁴Aus der vor dem Schlichter abgeschlossenen Vereinbarung findet die Zwangsvollstreckung statt; § 797a der Zivilprozessordnung gilt entsprechend.

Schrifttum: *Hucko*, „Zweiter Korb" – Das neue Urheberrecht in der Informationsgesellschaft, 2007; *Schulze*, Freiwillige Schlichtung, in Kreile/Becker/Riesenhuber (Hrsg.), Recht und Praxis der GEMA, 2. Aufl. 2008, 743.

I. Zweck der Regelung

§ 17a wurde durch das Zweite Gesetz zur Regelung des Urheberrechts in der Informations- **1** gesellschaft vom 26. 10. 2007 (BGBl. I S. 2513) in das WahrnG eingefügt. Sämtliche Änderungen des WahrnG, die in diesem Zusammenhang vorgenommen wurden, sind darauf angelegt, die Einigung der Beteiligten auf die Vergütung für Geräte und Speichermedien nach §§ 54 und 54c UrhG in weitgehender Selbstregulierung zu fördern. Insbesondere sollte das Verfahren vor der Schiedsstelle gestrafft und beschleunigt werden, um möglichst rasch zu Rechtsklarheit zu kommen (AmtlBegr. BTDrucks. 16/1828 S. 1f.). Zusätzlich, und als alternative Möglichkeit der gütlichen Streitbeilegung, wird den Parteien mit § 17a ein **fakultatives, nicht formalisiertes Schlichtungsverfahren** angeboten. Anders als das Verfahren vor der Schiedsstelle gem. §§ 14ff. ist die Schlichtung gem. § 17a kein behördlicher Akt. § 17a beschränkt sich darauf, die Struktur der freiwilligen Schlichtung vorzugeben, und sieht die Hilfestellung des Bundesministeriums der Justiz lediglich bei der Berufung des Schlichters vor.

§ 17a geht auf den Wunsch beteiligter Kreise zurück, ihnen von Seiten des Bundesministeriums der Justiz die freiwillige Schlichtung im Rahmen eines privatrechtlichen Schiedsverfahrens unter den betroffenen Parteien, das ja ohnehin gem. §§ 1042ff. ZPO immer möglich ist, zu erleichtern. Damit institutionalisiert § 17a die konstruktive Rolle, die das Bundesministerium der Justiz bereits in der Vergangenheit formlos wahrgenommen hat, mit dem Ziel, den streitenden Parteien einen **schnelleren Weg** aufzuzeigen, als ihn die Schiedsstelle oder die Gerichte bieten können (AmtlBegr. BTDrucks. 16/1828 S. 78; *Hucko* S. 21).

II. Freiwillige Schlichtung

1. § 17a Abs. 1, Anwendungsbereich: Das Verfahren der freiwilligen Schlichtung steht **2** gem. § 17a Abs. 1 für alle Streitfälle über die Vergütungspflicht nach § 54 UrhG zur Verfügung. Obwohl § 17a Abs. 1 lediglich auf § 54 UrhG Bezug nimmt und nicht auch – wie § 14 Abs. 1 Nr. 1 lit. b – auf § 54c UrhG, muss der Anwendungsbereich des § 17a **weit ausgelegt** und davon ausgegangen werden, dass die freiwillige Schlichtung in allen Streitigkeiten zwischen Verwertungsgesellschaften einerseits und Herstellern, Händlern oder Importeuren von Geräten oder Speichermedien sowie Betreibern von Ablichtungsgeräten iSv. § 54c UrhG andererseits möglich ist; wobei die freiwillige Schlichtung gem. § 17a in erster Linie iR von Gesamtvertragsverhandlungen iSv. § 13a und der Aufstellung von Tarifen für die private Vervielfältigung gedacht ist (*Schulze* in Kreile/Becker/Riesenhuber (Hrsg.), Recht und Praxis der GEMA, 2. Aufl. 2008, 709/744). Bei einer engeren Auslegung würde § 17a seinen Zweck, allen Parteien eines Streits über die Vergütungspflicht iSv. § 14 Abs. 1 Nr. 1 lit. b die Möglichkeit der raschen gütlichen Einigung zu bieten und die Schiedsstelle und die Gerichte insoweit zu entlasten, nicht erreichen (*Wandtke/Bullinger/Gerlach*³ § 17a WahrnG Rdnr. 2).

Voraussetzung für eine freiwillige Schlichtung gem. § 17a ist, dass sie dem „Wunsch der Beteiligten" entspricht, sich die Parteien also auf die Durchführung des Verfahrens einigen. Anders als das Verfahren vor der Schiedsstelle gem. § 14 kann daher die Schlichtung gem. § 17a nicht einseitig beantragt werden. Daraus folgt auch, dass die freiwillige Schlichtung gem. § 17a nicht zeitgleich mit dem Schiedsstellenverfahren durchgeführt werden kann, sondern nur **anstelle des**

Verfahrens vor der Schiedsstelle – ggf. als diesem vorgelagerter und immer von beiden Parteien getragener Versuch einer gütlichen Einigung, um den Gang zur Schiedsstelle bzw. zum Gericht überflüssig zu machen. Findet dagegen im Rahmen der freiwilligen Schlichtung keine Einigung statt, so führt der Weg wieder über die Schiedsstelle. Die freiwillige Schlichtung ersetzt also nicht das Schiedsstellenverfahren; insbesondere können die Ansprüche nach Durchführung der freiwilligen Schlichtung nicht direkt im Wege der Klage geltend gemacht werden, da § 16 Abs. 1 auf die freiwillige Schlichtung keine Anwendung findet. Dem liegt die Auffassung der Bundesregierung zugrunde, dass die freiwillige Schlichtung nicht in gleicher Weise wie das Verfahren vor der Schiedsstelle geeignet ist, den Sachverhalt für die gerichtliche Entscheidung aufzuarbeiten (AmtlBegr. BTDrucks. 16/1828 S. 78).

§ 17a Abs. 1 schränkt die Möglichkeit der streitenden Parteien, ein privatrechtliches Schiedsverfahren gem. §§ 1042 ff. ZPO zu vereinbaren, nicht ein. Die Verfahrensregeln des § 17a gelten für ein solches Schiedsverfahren allerdings nicht.

3 **2. § 17a Abs. 2, Berufung des Schlichters, Kosten:** § 17a Abs. 2 S. 1 erleichtert die Durchführung der freiwilligen Schlichtung durch die Benennung des (im Gegensatz zum Verfahren vor der Schiedsstelle einzigen) Schlichters. Vom **Bundesministerium der Justiz** wird entweder die Person berufen, auf die sich beide Parteien bereits geeinigt haben, oder ein Schlichter nach Wahl des Bundesministeriums der Justiz, wenn die Parteien es um die Benennung bitten. In jedem Fall müssen aber beide Parteien mit der Wahl des Schlichters einverstanden sein, da das Schlichtungsverfahren in jeder seiner Phasen freiwillig bleibt. Demnach ist auch die Forderung in § 17a Abs. 2 S. 2, dass der Schlichter sein Amt unparteiisch und unabhängig auszuüben hat, selbstverständlich oder sogar überflüssig, denn das gesamte Verfahren ist von Freiwilligkeit getragen und ohnehin von der Akzeptanz beider Parteien abhängig.

§ 17a Abs. 2 S. 3 bestimmt, dass die Parteien die Vergütung des Schlichters und seine **Kosten zu gleichen Teilen** tragen. Ihre eigenen Kosten tragen die Parteien ohnehin selbst, falls sie nicht im Rahmen der Vereinbarung über die Streitbeilegung eine andere (einvernehmliche) Regelung treffen, § 17a Abs. 2 S. 4. Zu den eigenen Kosten der Parteien gehören auch die Kosten etwaiger von ihnen bestimmter Experten, derer sie sich im Verfahren bedienen (AmtlBegr. BTDrucks. 16/1828 S. 78). Die Kostenregeln für das Schiedsstellenverfahren §§ 12 ff. UrhSchiedsV finden auf das Verfahren der freiwilligen Schlichtung keine Anwendung. Daher wird für die freiwillige Schlichtung iSv. § 17a mit höheren Kosten zu rechnen sein als für das Verfahren vor der Schiedsstelle (vgl. *Hucko* S. 21).

4 **3. § 17a Abs. 3, Gestaltung des Verfahrens durch den Schlichter:** Grundsätzlich ist es Sache des Schlichters, den Ablauf des Verfahrens zu bestimmen. Er muss dies nach pflichtgemäßem Ermessen und stets **in Abstimmung mit den Beteiligten** tun, § 17a Abs. 3 S. 1. Darin wird der Vorteil großer Flexibilität des Verfahrensablaufs gesehen: Ob Beisitzer berufen oder Sachverständige benannt werden, hängt vom Willen (und der Einigung) der Beteiligten ab (AmtlBegr. BTDrucks. 16/1828 S. 78).

Ähnlich wie die Schiedsstelle gem. § 14 Abs. 6 („gütliche Beilegung des Streitfalles") soll der Schlichter nach umfassender Erörterung und Klärung des Sach- und Streitstandes auf eine **„einvernehmliche Lösung"** hinwirken, § 17a Abs. 3 S. 2, und den Beteiligten auf der Grundlage der Schlichtungsverhandlungen einen Vorschlag zur Beilegung des Streits vorlegen, § 17a Abs. 3 S. 3 (für die Schiedsstelle vgl. § 14a Abs. 2). In den Einigungsvorschlag des Schlichters können auch Vorschläge für die Kostenverteilung unter den Parteien aufgenommen werden, vgl. § 17a Abs. 2 S. 4 (so. Rdnr. 3).

5 **4. § 17a Abs. 4, Abbruch des Schlichtungsverfahrens:** Entsprechend dem freiwilligen, in jeder Verfahrensphase vom Willen der Beteiligten getragenen Charakter des Schlichtung gem. § 17a bestimmt § 17a Abs. 4, dass jede Partei jederzeit die Schlichtung für gescheitert erklären und das Verfahren beenden kann. In diesem Fall kann der Streit **nur vor der Schiedsstelle weiterverfolgt** werden; eine Klage ohne vorherige Befassung der Schiedsstelle ist grundsätzlich nicht möglich (so. Rdnr. 2). Ein erfolgloses, d. h. ohne Einigung beendetes freiwilliges Schlichtungsverfahren iSv. § 17a dürfte allerdings für die Parteien wegen der Kosten und des Zeitaufwandes sehr nachteilig sein (aA offenbar AmtlBegr. BTDrucks. 16/1828 S. 78, wo eine „verkürzte Verfahrensdauer" – gemeint ist wohl nicht die freiwillige Schlichtung, sondern das Schiedsstellenverfahren und die hierfür neu eingeführte Jahresfrist gem. § 14a Abs. 2 – als Vorteil angeführt wird). Es liegt daher im beiderseitigen Interesse der Parteien, dazu beizutragen, die freiwillige Schlichtung erfolgreich zu Ende zu führen und von der Möglichkeit des § 17a Abs. 4 keinen Gebrauch zu machen.

5. § 17a Abs. 5, Form und Wirkung der Vereinbarung: § 17a Abs. 5 S. 1 bis 3 enthalten Formvorschriften für den Fall, dass die freiwillige Schlichtung erfolgreich war und zu einer **Vereinbarung über die Streitbeilegung** geführt hat. Nach § 17a Abs. 5 S. 1 ist die Vereinbarung schriftlich niederzulegen und von den Parteien zu unterschreiben. Auch der Schlichter unterschreibt die Vereinbarung und bestätigt damit deren Abschluss, § 17a Abs. 5 S. 2, und gem. § 17a Abs. 5 S. 3 erhalten die Beteiligten eine Abschrift der Vereinbarung.

§ 17a Abs. 5 S. 4 entspricht inhaltlich weitgehend § 14a Abs. 4 für die Einigung und § 14 Abs. 6 für Vergleiche vor der Schiedsstelle und bestimmt, dass aus der Schlichtungsvereinbarung vollstreckt werden kann, § 794 Abs. 1 Nr. 1 ZPO; § 797a ZPO gilt entsprechend (für die Schiedsstelle so. § 14a Rdnr. 12 und § 14 Rdnr. 13). Als Sitz der Schlichtung soll der Ort angesehen werden, an dem die Vereinbarung unterschrieben wurde; dieser kann aber auch als Teil der Schlichtungsvereinbarung unter den Parteien vereinbart werden (AmtlBegr. BTDrucks. 16/1828 S. 79).

Dritter Abschnitt. Aufsicht über die Verwertungsgesellschaft

§ 18 Aufsichtsbehörde

(1) Aufsichtsbehörde ist das Patentamt.

(2) Soweit auf Grund anderer gesetzlicher Vorschriften eine Aufsicht über die Verwertungsgesellschaft ausgeübt wird, ist sie im Benehmen mit dem Patentamt auszuüben.

(3) ¹Über Anträge auf Erteilung der Erlaubnis zum Geschäftsbetrieb (§ 2) und über den Widerruf der Erlaubnis (§ 4) entscheidet das Patentamt im Einvernehmen mit dem Bundeskartellamt. ²Gelingt es nicht, das Einvernehmen herzustellen, so legt das Patentamt die Sache dem Bundesministerium der Justiz vor; dessen Weisungen, die im Benehmen mit dem Bundesministerium für Wirtschaft und Technologie erteilt werden, ersetzen das Einvernehmen.

Schrifttum: *Arnold/Rehbinder,* Zur Rechtsnatur der Staatsaufsicht über die deutschen Verwertungsgesellschaften, UFITA 118 (1992) 203; *Fritsch,* Besteht ein subjektiv-öffentliches Recht auf ermessensfehlerfreie Ausübung der Staatsaufsicht über die Verwertungsgesellschaften?, GRUR 1984, 22; *Häußer,* Praxis und Probleme der Aufsicht über Verwertungsgesellschaften, FuR 1980, 57; *ders.,* Aufsicht über Verwertungsgesellschaften und Vereinsautonomie, Fs. für Roeber, 1982, S. 113; *Himmelmann,* Die Aufsicht über die GEMA, in Kreile/Becker/Riesenhuber (Hrsg.), Recht und Praxis der GEMA, 2. Aufl. 2008, 817; *Horzenek,* Die Aufsicht über die Verwertungsgesellschaften – eine Aufgabe der Urheberrechtsabteilung, Fs. für Haertel, 1975, S. 67; *Löhr,* Die Aufsicht über Verwertungsgesellschaften, 1992; *Melichar,* Die Wahrnehmung von Urheberrechten durch Verwertungsgesellschaften, 1983; *Menzel,* Die Aufsicht über die GEMA durch das Deutsche Patentamt, 1986; *Mestmäcker,* Zur Anwendung von Kartellaufsicht und Fachaufsicht auf urheberrechtliche Verwertungsgesellschaften und ihre Mitglieder, Fs. für Lukes, 1989, S. 445; *Meyer,* Verwertungsgesellschaften und ihre Kontrolle nach dem Urheberrechtswahrnehmungsgesetz, 2001; *Reinbothe,* Schlichtung im Urheberrecht, 1978; *Ruzicka,* Zur individualrechtlichen Konzeption des Gesetzes über die Wahrnehmung von Urheberrechten und verwandten Schutzrechten, Fs. für Roeber, 1982, S. 355; *Sandberger/Treeck,* Fachaufsicht und Kartellaufsicht nach dem Gesetz über die Wahrnehmung von Urheberrechten und verwandten Schutzrechten, UFITA 47 (1966) 165; *Vogel,* Wahrnehmungsrecht und Verwertungsgesellschaften in der Bundesrepublik Deutschland – Eine Bestandsaufnahme im Hinblick auf die Harmonisierung des Urheberrechts in der Europäischen Gemeinschaft, GRUR 1993, 513.

I. Allgemeines

1. Ziel der Aufsicht: Eines der wesentlichen Motive für den Erlass des WahrnG war es, die Verwertungsgesellschaften einer umfassenden staatlichen Aufsicht zu unterwerfen (*Reinbothe* S. 9 mwN). Mit dieser Aufsicht sollte möglichen Gefahren begegnet werden, die sich aus der Monopolstellung und der treuhänderischen Betätigung der Verwertungsgesellschaften ergeben können (AmtlBegr. BTDrucks. IV/271 S. 10/19f.; Vor §§ 1ff. Rdnr. 5ff.). Hierfür hat das WahrnG mit der Aufsicht durch das Deutsche Patent- und Markenamt (DPMA, diese Bezeichnung gilt seit der Änderung des Patentgesetzes ab 1. 11. 1998, BGBl. I S. 1827) nach den §§ 18–20 und mit der Kartellaufsicht nach §§ 19, 20 GWB (su. § 24) eine doppelte Aufsicht konstruiert. Hinsichtlich der Aufsicht nach den §§ 18ff. WahrnG wurde ausdrücklich an die Vereinbarung angeknüpft, die am 10. 1. 1952 zwischen GEMA und Bundesjustizministerium geschlossen worden war; danach hatte die GEMA bis zum Inkrafttreten des UrhG und des WahrnG dem Bundesjustizministerium „jede gewünschte Auskunft über ihre Geschäftsführung und Organisation zu erteilen und einen Vertreter des Ministeriums zu den Sitzungen ihrer Gesellschaftsorgane einzuladen" (AmtlBegr. BTDrucks. IV/271 S. 10). Der Präsident des Deutschen Patentamtes übte seinerzeit für das BMJ die Aufsichtsbefugnisse aus dieser Vereinbarung aus.

Die Aufsicht über die Verwertungsgesellschaften nach den §§ 18–20 ist der staatlichen Aufsicht über Banken und Versicherungen nachgebildet (*Ulmer* Urhebervertragsrecht Rdnr. 33; *Häußer* FuR 1980, 57/69). Inhalt und Umfang der Aufsichtsbefugnisse ergeben sich aus §§ 19, 20. Da die Verwertungsgesellschaften je nach Organisationsform neben der Aufsicht nach den §§ 18–20 und der Kartellaufsicht noch einer weiteren Staatsaufsicht unterliegen können (Vereinsaufsicht, §§ 22, 33 Abs. 2 BGB; Gewerbeaufsicht), wird zum Teil angenommen, dass diese Anhäufung von Aufsicht rechtlich bedenklich sei und die Verwertungsgesellschaften schlechter stelle als andere Unternehmen (*Melichar* S. 60 mwN Fn. 104, 105). Andererseits wird auch vorgeschlagen, die Kontrolle und Aufsicht der Verwertungsgesellschaften zu verschärfen und sie dazu bei einer Regulierungsbehörde des Bundes anzusiedeln, diese mit den erforderlichen Ressourcen auszustatten und anzuhalten „auch im Einzelfall zu kontrollieren, dass die Verwertungsgesellschaften ihren gesetzlichen Verpflichtungen nachkommen" (Schlussbericht der Enquete-Kommission „Kultur in Deutschland" des Deutschen Bundestages, BTDrucks. 16/7000 S. 285).

2 2. Die Aufsicht nach den §§ 18–20 soll gewährleisten, dass die Verwertungsgesellschaft ihren Verpflichtungen gegenüber Berechtigten und Nutzern und ihrer Verantwortung gegenüber der Allgemeinheit nachkommt. In Übereinstimmung mit Rechtsprechung und Lehre hatte die Aufsichtsbehörde bisher einzelnen beschwerdeführenden Berechtigten ein subjektiv-öffentliches **Recht auf Einschreiten** der Aufsichtsbehörde und einen Anspruch auf ermessensfehlerfreie Ausübung der Aufsicht nicht zugebilligt; dies mit dem Argument, die Aufsicht nach §§ 18–20 verfolge nicht den Schutz von Einzelinteressen. Im Ergebnis waren daher Beschwerden über Verwertungsgesellschaften nur als Anregungen für eine Überprüfung von Amts wegen zu werten und nicht formell zu verbescheiden (DPA GEMA-Nachr. 1978 Nr. 108 S. 74 ff. mwN; vgl. BGHZ 58, 93/98 mwN zur Vereinsaufsicht; *Häußer* FuR 1980, 57/69; *Mestmäcker/Schulze* Anm. 1; *Himmelmann* in Kreile/Becker/Riesenhuber (Hrsg.), Recht und Praxis der GEMA, 2. Aufl. 2008, 817/885 f.).

Nachdem jedoch der BGH seine frühere Rechtsprechung zum Schutzzweck der Aufsicht über Kreditinstitute (BGHZ 58, 93/98 mwN) modifiziert und anerkannt hat, dass der staatlichen Aufsicht in einzelnen Bereichen der Wirtschaft drittschützende Wirkung zukommt (BGH NJW 1979, 1354; BGH NJW 1979, 1879), wird auch im Rahmen der §§ 18 ff. den Berechtigten ein subjektiv-öffentliches Recht auf ermessensfehlerfreies Einschreiten der Aufsichtsbehörde gegen die Verwertungsgesellschaft zustehen (so *Ruzicka*, Fs. für Roeber, 1982, S. 355/357/360; *Fritsch* GRUR 1984, 22/26; dahin tendierend auch *Häußer* FuR 1980, 57/70; *Meyer* S. 128 ff.; aA *Loewenheim/Melichar*[2] § 50 Rdnr. 21 f.). Hierfür spricht auch, dass die Verwertungsgesellschaften als notwendiger Bestandteil des Urheberrechtsschutzes den Staat von einer Aufgabe entlasten, die an sich er selbst zur Bestandssicherung der Urheberrechte zu erfüllen hätte (*Reinbothe* S. 4 mwN; *Ruzicka*, Fs. für Roeber, 1982, S. 355/360). Die Aufsicht hat daher gegenüber den Berechtigten eine besondere Fürsorgefunktion, die sich übrigens auch auf die ausländischen Berechtigten erstreckt (Richtlinie des DPA für die Aufkommensverteilung und Verteilungsvereinbarung, ZUM 1989, 506/510). Die Ausübung der Aufsicht unterliegt damit auf Antrag der Berechtigten ggf. auch der gerichtlichen Kontrolle (*Ruzicka*, Fs. für Roeber, 1982, S. 355/357/360; *Fritsch* GRUR 1984, 22/27); *Arnold/Rehbinder* UFITA 118 (1992) 203/213 f.; einschränkend *Fromm/Nordemann*[10] § 19 Rdnr. 3 mit dem zutreffenden Hinweis, dass ein ungerechtfertigtes Untätigbleiben der Aufsichtsbehörde Amtshaftungsansprüche nach sich ziehen kann). Dagegen sind die Nutzer zur Wahrung ihrer Rechte nicht auf ein Vorgehen gegen die Aufsichtsbehörde angewiesen; ihnen steht zur Wahrnehmung ihrer Rechte gegenüber den Verwertungsgesellschaften auch das Schiedsstellenverfahren bzw. der Weg zu den Gerichten offen (§§ 14 ff.; *Arnold/Rehbinder* UFITA 118 (1992) 203/214; *Vogel* GRUR 1993, 513/529; *Schack*[4] Rdnr. 1191; *Himmelmann* in Kreile/Becker/Riesenhuber (Hrsg.), Recht und Praxis der GEMA, 2. Aufl. 2008, 817/888).

II. Die Aufsichtsbehörde

3 1. Als Aufsichtsbehörde bestimmt **§ 18 Abs. 1** das **Deutsche Patent- und Markenamt** (DPMA, Zweibrückenstr. 12, 80 297 München; so Rdnr. 1). Diese Zuweisung liegt nahe, da das Bundesministerium der Justiz, zu dessen Geschäftsbereich das DPMA gehört, für das Urheberrecht innerhalb der Bundesregierung federführend zuständig ist und das DPMA schon seit 1952 Aufsichtsbefugnisse wahrnimmt (so. Rdnr. 1).

2. § 18 Abs. 2 betrifft den Fall, dass eine Verwertungsgesellschaft neben der kartellrechtlichen Aufsicht und der Aufsicht nach den §§ 18 ff. auf Grund anderer gesetzlicher Bestimmungen der Aufsicht von Behörden unterworfen ist, und regelt hierfür die Ausübung der Aufsichtsbefugnisse. Bei der erwähnten **Aufsicht „auf Grund anderer gesetzlicher Vorschriften"** ist hauptsächlich an die vereinsrechtliche Aufsicht nach den §§ 22, 33 Abs. 2, 56 ff. BGB gedacht (AmtlBegr. BTDrucks. IV/271 S. 20), der zur Zeit die GEMA, die VG Wort, die VG Bild-Kunst und die VG Musik-Edition als wirtschaftliche Vereine unterliegen. Auch die Gewerbeaufsicht fällt darunter. Die betreffende Behörde muss sich mit dem DPMA lediglich ins „Benehmen" setzen, es also über ihre Maßnahmen informieren und anhören; ein Mitspracherecht hat das DPMA nicht. Damit soll eine Mischverwaltung zwischen Bund und Ländern – das DPMA ist Bundesbehörde nach §§ 26 ff. PatG, dagegen zB die Vereinsaufsicht Ländersache – vermieden werden (AmtlBegr. BTDrucks. IV/271 S. 20). 4

3. § 18 Abs. 3 regelt das **Verhältnis zur Kartellaufsicht.** Grundsätzlich bestehen die Aufsicht durch das DPMA und die Kartellaufsicht nebeneinander; dabei kommen aber nur dem DPMA „abstrakte" Kontrollbefugnisse zu (BGH ZUM 1989, 80/82/84 – GEMA-Wertungsverfahren; vgl. *Mestmäcker,* Fs. für Lukes, 1989, S. 445). Das DPMA kann seine einschneidensten Aufsichtsmaßnahmen, die Erlaubniserteilung nach § 2 und den Widerruf der Geschäftserlaubnis nach § 4, nur „im Einvernehmen mit dem Bundeskartellamt" treffen, § 18 Abs. 3. Damit soll die Beachtung des Kartellrechts gewährleistet werden. Die als Einvernehmen bezeichnete Zustimmung des Bundeskartellamtes ist Wirksamkeitsvoraussetzung für die Erteilung und den Widerruf der Geschäftserlaubnis durch das DPMA. Das DPMA kann daher nach § 18 Abs. 3 ohne die Zustimmung des Bundeskartellamtes nicht entscheiden und ist insoweit von ihm abhängig (*Sandberger/Treeck* UFITA 47 (1966) 165/207; *Menzel* S. 77 ff.; *Himmelmann* in Kreile/Becker/Riesenhuber (Hrsg.), Recht und Praxis der GEMA, 2. Aufl. 2008, 817/892). Kommt das Einvernehmen nicht zustande, so kann es nach § 18 Abs. 3 S. 2 durch die Weisung des Bundesministeriums der Justiz (das sich seinerseits mit dem Bundesministerium für Wirtschaft und Technologie ins Benehmen setzen muss) ersetzt werden. 5

§ 19 Inhalt der Aufsicht

(1) **Die Aufsichtsbehörde hat darauf zu achten, daß die Verwertungsgesellschaft den ihr nach diesem Gesetz obliegenden Verpflichtungen ordnungsgemäß nachkommt.**

(2) **Wird eine Verwertungsgesellschaft ohne eine Erlaubnis nach § 1 Abs. 1 tätig, kann die Aufsichtsbehörde die Fortsetzung des Geschäftsbetriebs untersagen. Die Aufsichtsbehörde kann alle erforderlichen Maßnahmen ergreifen um sicherzustellen, dass die Verwertungsgesellschaft die sonstigen ihr obliegenden Verpflichtungen ordnungsgemäß erfüllt.**

(3) **Die Aufsichtsbehörde kann von der Verwertungsgesellschaft jederzeit Auskunft über alle die Geschäftsführung betreffenden Angelegenheiten sowie Vorlage der Geschäftsbücher und anderen geschäftlichen Unterlagen verlangen.**

(4) **Die Aufsichtsbehörde ist berechtigt, an der Mitgliederversammlung und, wenn ein Aufsichtsrat oder Beirat besteht, auch an dessen Sitzungen durch einen Beauftragten teilzunehmen.**

(5) [1]**Rechtfertigen Tatsachen die Annahme, daß ein nach Gesetz oder Satzung zur Vertretung der Verwertungsgesellschaft Berechtigter die für die Ausübung seiner Tätigkeit erforderliche Zuverlässigkeit nicht besitzt, so setzt die Aufsichtsbehörde der Verwertungsgesellschaft zur Vermeidung des Widerrufs der Erlaubnis nach § 4 Abs. 1 Nr. 1 eine Frist zu seiner Abberufung.** [2]**Die Aufsichtsbehörde kann ihm bis zum Ablauf dieser Frist die weitere Ausübung seiner Tätigkeit untersagen, wenn dies zur Abwendung schwerer Nachteile erforderlich ist.**

Schrifttum: *Arnold/Rehbinder,* Zur Rechtsnatur der Staatsaufsicht über die deutschen Verwertungsgesellschaften, UFITA 118 (1992) 203; *Häußer,* Praxis und Probleme der Aufsicht über Verwertungsgesellschaften, FuR 1980, 57; *ders.,* Aufsicht über Verwertungsgesellschaften und Vereinsautonomie, Fs. für Roeber, 1982, S. 113; *Himmelmann,* Die Aufsicht über die GEMA, in Kreile/Becker/Riesenhuber (Hrsg.), Recht und Praxis der GEMA, 2. Aufl. 2008, 817; *Horzenek,* Die Staatsaufsicht der Verwertungsgesellschaften – eine Aufgabe der Urheberrechtsabteilung, Fs. für Haertel, 1975, S. 67; *Hübner/Stern,* Zur Zulässigkeit der Aufsicht des Deutschen Patentamtes über die Verwertungs-

§ 19 Inhalt der Aufsicht

gesellschaften nach dem Urheberrechtswahrnehmungsgesetz, GEMA-Nachr. 1978 Nr. 108 S. 85; *Katzenberger*, Elektronische Pressespiegel aus der Sicht des urheberrechtlichen Konventionsrechts, GRUR Int. 2004, 739; *Löhr*, Die Aufsicht über Verwertungsgesellschaften, 1992; *Melichar*, Die Wahrnehmung von Urheberrechten durch Verwertungsgesellschaften, 1983; *Menzel*, Die Aufsicht über die GEMA durch das Deutsche Patentamt, 1986; *Reinbothe*, Schlichtung im Urheberrecht, 1978; *Reischl*, Zum Umfang der Staatsaufsicht nach dem Urheberrechtswahrnehmungsgesetz, GEMA-Nachr. 1978 Nr. 108 S. 79; *Ruzicka*, Zur individualrechtlichen Konzeption des Gesetzes über die Wahrnehmung von Urheberrechten und verwandten Schutzrechten, Fs. für Roeber, 1982, S. 355; *Sandberger/Treeck*, Fachaufsicht und Kartellaufsicht nach dem Gesetz über die Wahrnehmung von Urheberrechten und verwandten Schutzrechten, UFITA 47 (1966) 165; *Strittmatter*, Tarife vor der urheberrechtlichen Schiedsstelle, 1994; *Vogel*, Wahrnehmungsrecht und Verwertungsgesellschaften in der Bundesrepublik Deutschland – Eine Bestandsaufnahme im Hinblick auf die Harmonisierung des Urheberrechts in der Europäischen Gemeinschaft, GRUR 1993, 513.

I. Aufsicht über Verpflichtungen der Verwertungsgesellschaften, § 19 Abs. 1

1. Gegenstand der Aufsicht: § 19 Abs. 1 unterwirft alle bestehenden Verwertungsgesellschaften, die nach den §§ 2, 3 zugelassen worden sind, der ständigen Aufsicht unabhängig davon, welche Rechtsform sie gewählt haben. Aufsichtsbehörde ist das Deutsche Patent- und Markenamt (DPMA, so. § 18 Rdnr. 1), § 18 Abs. 1.

§ 19 Abs. 1 normiert eine allgemeine Überwachungspflicht der Aufsichtsbehörde. Sie bezieht sich auf alle der Verwertungsgesellschaft nach dem WahrnG „obliegenden Verpflichtungen", also diejenigen, die die Verwertungsgesellschaft danach gegenüber ihren Mitgliedern und von ihr betreuten Berechtigten, gegenüber den Nutzern und Nutzervereinigungen sowie gegenüber der Allgemeinheit hat. Nicht erfasst sind anderweitige Verpflichtungen, etwa aus Miet- oder Arbeitsverträgen. Ferner bezieht sich die Aufsicht nicht auf die Einhaltung der im WahrnG aufgeführten Soll-Vorschriften (§ 7 S. 2, Grundsätze im Verteilungsplan; § 8, Schaffung von Vorsorge- und Unterstützungseinrichtungen; § 13 Abs. 3 S. 1, S. 4, Berechnung und Gestaltung der Tarife). Verpflichtungen, deren Einhaltung die Aufsichtsbehörde zu überwachen hat, sind demnach insbesondere die Einhaltung von § 6 (Kontrahierungszwang und Angemessenheitsgebot gegenüber Mitgliedern und Berechtigten, als Ausfluss einer gewissen „Fürsorgepflicht", vgl. Richtlinie des DPA für die Aufkommensverteilung und Verteilungsvereinbarung, ZUM 1989, 506/510), von § 7 S. 1 und 3 (Willkürverbot, DPA UFITA 81 (1978) 348/356) und von § 13 Abs. 1 und 2 (Tarifaufstellungspflicht). Auch die Einhaltung der Verpflichtung der Verwertungsgesellschaften gem. § 13 a hinsichtlich der Tarife für Geräte und Speichermedien im Rahmen der Vergütungspflicht nach §§ 54 ff. UrhG, die durch das Zweite Gesetz zur Regelung des Urheberrechts in der Informationsgesellschaft vom 26. 10. 2007 (BGBl. I S. 2513) in das WahrnG eingefügt wurde (so. § 13 a Rdnr. 2), dürfte von der Aufsichtsbehörde zu überwachen sein, denn der Gesetzgeber betont, dass es sich insoweit um „Verpflichtungen" der Verwertungsgesellschaften handelt (AmtlBegr. BTDrucks. 16/1828 S. 75; Beschlussempfehlung und Bericht des Rechtsauschusses BTDrucks. 16/5939 S. 85). Weitere Verpflichtungen finden sich in den §§ 9–12. Verpflichtungen iSv. § 19 Abs. 1 sind auch die Gründe, die nach den §§ 3, 4 zur Versagung oder zum Widerruf der Erlaubnis zum Geschäftsbetrieb führen können. Im Übrigen erstreckt sich die Aufsicht aber auch auf die Überwachung der Einhaltung von Schiedsstellenentscheidungen und -vergleichen sowie gerichtlicher Entscheidungen (*Fromm/Nordemann*[10] Rdnr. 2 a). Bei der Überwachung von Sollvorschriften kann die Aufsichtsbehörde dagegen allenfalls nicht erzwingbare Empfehlungen aussprechen (*Strittmatter* S. 89; weitergehend *Wandtke/Bullinger/Gerlach*[3] Rdnr. 1).

2. Umfang und Wirkungen der Aufsicht: Einzelne Befugnisse der Aufsichtsbehörde zur Durchführung der Aufsicht sind in § 19 Abs. 2–5 aufgeführt. Welchen Umfang die Aufsichtsbefugnisse haben, ergibt sich im Übrigen aus den Vorschriften, deren Einhaltung die Aufsichtsbehörde zu überwachen hat. Da sie zB Wahrnehmungsbedingungen und Tarife (letztere zumindest allgemein, so. § 13 Rdnr. 11) auf ihre Angemessenheit hin zu überprüfen hat (§§ 6, 11, 12; vgl. Antwort der Bundesregierung auf die Kleine Anfrage von CDU/CSU- und FDP-Bundestagsfraktion, BTDrucks. 10/2700 S. 4; *Horzenek*, Fs. für Haertel, S. 67/73) und auch die wirtschaftliche Grundlage der Verwertungsgesellschaft überwachen muss (vgl. § 3 Abs. 1 Nr. 3; DPA UFITA 81 (1978) 348/356), sind nicht nur die Rechtmäßigkeit des Handelns der Verwertungsgesellschaft, sondern auch Zweckmäßigkeitsüberlegungen Maßstab für die Ausübung der Aufsicht (DPA UFITA 81 (1978) 348/356; *Mestmäcker/Schulze* Anm. 2). Dabei wird der Verwertungsgesellschaft ein gewisser Ermessensspielraum bei der Erfüllung ihrer Verpflichtungen zugebilligt (*Häußer* FuR 1980, 57/62; *Himmelmann* in Kreile/Becker/Riesenhuber (Hrsg.), Recht und Praxis der GEMA, 2. Aufl. 2008, 817/882).

Die wirksamsten förmlichen Einwirkungsmöglichkeiten der Aufsichtsbehörde bei der Aufsicht über die Einhaltung zwingender Vorschriften des WahrnG durch die Verwertungsgesellschaft sind das Mittel der Abmahnung (§ 4 Abs. 1 Nr. 2) und – bei erfolgloser Abmahnung und wiederholter Zuwiderhandlung – der Widerruf der Geschäftserlaubnis nach § 4 Abs. 1. Darüber hinaus kann die Aufsichtsbehörde gem. § 19 Abs. 2 S. 2 auch andere geeignete Maßnahmen ergreifen, um die Verwertungsgesellschaften zur Einhaltung ihrer Verpflichtungen anzuhalten (su. Rdnr. 4). Eine unmittelbare Einwirkungsmöglichkeit, zB durch eigenmächtige Abänderung von Tarifen, Kündigung unangemessen erscheinender Gesamtverträge oder die Einberufung der Mitgliederversammlung, dürfte der Aufsichtsbehörde hieraus aber nicht zustehen; sie kann die beanstandeten Maßnahmen der Verwertungsgesellschaft nicht durch eigene ersetzen (*Melichar* S. 53; *Häußer* FuR 1980, 57/62; *ders.*, Fs. für Roeber, 1982, S. 113, 127; *Arnold/Rehbinder* UFITA 118 (1992) 203/212; *Himmelmann* in Kreile/Becker/Riesenhuber (Hrsg.), Recht und Praxis der GEMA, 2. Aufl. 2008, 817/882). Auf Abmahnung, Widerruf und andere Verwaltungsakte finden im Übrigen die Vorschriften des Verwaltungsvollstreckungsgesetzes (vgl. § 21) sowie des Verwaltungsverfahrensgesetzes Anwendung (vgl. §§ 35 VerwVfG). Beanstandet die Aufsichtsbehörde Fehler der Verwertungsgesellschaft bei der Einhaltung von Soll-Vorschriften (so. Rdnr. 1), so kann sie allenfalls Empfehlungen aussprechen (AmtlBegr. BTDrucks. IV/271 S. 20; *Strittmatter* S. 89). Neben diesen förmlichen Eingriffsmöglichkeiten kann die Aufsichtsbehörde auch formlos auf Pflichtwidrigkeiten hinweisen. In der Praxis sind solche formlosen Hinweise üblich und meist erfolgreich *(Arnold/Rehbinder* UFITA 118 (1992) 203/211; *Vogel* GRUR 1993, 513/530; vgl. § 4 Rdnr. 6).

Allgemein gilt für Maßnahmen der Aufsichtsbehörde, dass sie den Grundsatz der Verhältnismäßigkeit der Mittel und des Übermaßverbots zu beachten hat (vgl. *Menzel* S. 74 f.). So kann es geboten sein, vor der ultima ratio des Widerrufs der Erlaubnis zum Geschäftsbetrieb gem. § 4 Abs. 1 Nr. 2 der Verwertungsgesellschaft andere Maßnahmen aufzugeben (*Himmelmann* in Kreile/Becker/Riesenhuber (Hrsg.), Recht und Praxis der GEMA, 2. Aufl. 2008, 817/835). Im Übrigen muss sich die Aufsichtsbehörde bei Aufsichtsmaßnahmen an Gesetz und Recht halten. Dies gilt für die Vorschriften des WahrnG wie des UrhG, insbesondere aber auch für die Bestimmungen des EU-Rechts und der auf Grund dessen ergangenen Entscheidungen: Akte der EU beruhen auf vorrangigem Gemeinschaftsrecht und sind damit verbindliche Entscheidungen, deren Beachtung zur Rechtspflicht der Verwertungsgesellschaften gehört.

3. Umstritten ist das **Wesen der Aufsicht,** ob es sich also bei der Aufsicht über Verwertungsgesellschaften nach § 19 Abs. 1 um Rechtsaufsicht (die auf die Beanstandung von Rechtsverletzungen beschränkt ist), um Fachaufsicht (die auch die Ausübung des Ermessens auf Zweckmäßigkeit kontrolliert) oder um eine Mischform handelt. Dass es sich um reine Rechtsaufsicht handelt, wird nur vereinzelt vertreten (*Hübner/Stern* GEMA-Nachr. 1978 Nr. 108 S. 85/88). Wo die Aufsicht als Fachaufsicht bezeichnet und dies überhaupt näher begründet wird (ohne Begründung Bericht des Rechtsausschusses zu BTDrucks. IV/3402 S. 2; *Reinbothe* S. 12; *Horzenek*, Fs. für Haertel, S. 67/68), wird darauf hingewiesen, dass nicht nur Rechtmäßigkeit, sondern auch Zweckmäßigkeit des Handelns der Verwertungsgesellschaft überprüft werden (DPA UFITA 81 (1978) 348/356; *Ruzicka*, Fs. für Roeber, 1982, S. 355/359; vgl. *Sandberger/Treeck* UFITA 47 (1966) 165/169 ff.; *Ulmer*[3] § 99 I 1, 2).

Nach überwiegender Auffassung handelt es sich weder um Rechtsaufsicht noch um Fachaufsicht im verwaltungsrechtlichen Sinne, sondern um eine Mischform, eine Aufsicht sui generis, die der Fachaufsicht näher steht als der Rechtsaufsicht (*Häußer* FuR 1980, 57/63; *ders.*, Fs. für Roeber, 1982, S. 113/115/127; *Melichar* S. 53; *Menzel* S. 30 ff.; *Fromm/Nordemann*[10] Rdnr. 2a; *Arnold/Rehbinder* UFITA 118 (1992) 203/212; *Vogel* GRUR 1993, 513/529; *Schack*[4] Rdnr. 1183; vgl. auch *Mestmäcker/Schulze* Anm. 2; *Reischl* GEMA-Nachr. 1978 Nr. 108 S. 79/80; *Haertel* zit. bei Roeber FuR 1980, 98/100). Dies erscheint zutreffend. Ohnehin passen die Begriffe Rechtsaufsicht und Fachaufsicht, die im Verwaltungsrecht für die Definition der staatlichen Aufsicht über juristische Personen des öffentlichen Rechts und Träger öffentlicher Verwaltungsaufgaben verwendet werden, nicht auf die Aufsicht über die (privatrechtlich organisierten) Verwertungsgesellschaften (vgl. *Häußer* FuR 1980, 57/63; *Menzel* S. 31 f.). Verwendet man diese Begriffe dennoch, so weist die Aufsicht nach § 19 Abs. 1 mehr Elemente der Fachaufsicht als der Rechtsaufsicht auf, ist aber eingeschränkter als eine reine Fachaufsicht; denn ein Selbsteintrittsrecht der Aufsichtsbehörde besteht nicht (so. Rdnr. 2), obwohl sie ständig die Einhaltung der gesetzlichen Vorschriften, die wirtschaftlichen Grundlagen der Verwertungsgesellschaft und die Zuverlässigkeit der vertretungsberechtigten Personen zu überprüfen hat, und zwar auch nach Zweckmäßigkeitsgesichtspunkten.

II. Eingriffsbefugnis, § 19 Abs. 2

4 Wer Urheberrechte für Rechnung mehrerer Rechtsinhaber zur gemeinsamen Auswertung wahrnimmt, bedarf hierzu gem. § 1 Abs. 1 der Erlaubnis. Zwar bestimmt § 1 Abs. 3, dass wer dies **ohne Erlaubnis** tut, die ihm zur Wahrnehmung anvertrauten Rechte und Ansprüche nicht geltend machen kann und ihm das Antragsrecht gem. § 109 UrhG nicht zusteht. Eine ausdrückliche Eingriffsnorm zugunsten der Aufsichtsbehörde für den Fall, dass eine Verwertungsgesellschaft iSv. § 1 Abs. 1 ohne die gem. § 1 erforderliche Erlaubnis zum Geschäftsbetrieb tätig wurde, gab es dagegen im WahrnG bis 2003 nicht. Nach Auffassung des Bayerischen Verwaltungsgerichtshofs hatte die Aufsichtsbehörde keine Möglichkeit, eine nach § 1 Abs. 1 erlaubnispflichtige aber nicht genehmigte Wahrnehmungstätigkeit ohne eine ausdrückliche gesetzliche Grundlage für eine Untersagungsverfügung im WahrnG zu untersagen (BayVGH ZUM 2003, 78/79; zu den Hintergründen des Verfahrens vgl. *Katzenberger* GRUR Int. 2004, 739/741 f.; *Himmelmann* in Kreile/Becker/Riesenhuber (Hrsg.), Recht und Praxis der GEMA, 2. Aufl. 2008, 817/880 f.).

Diese Entscheidung war der Grund für den Gesetzgeber, noch im damals bereits laufenden Gesetzgebungsverfahren zum Gesetz über das Urheberrecht in der Informationsgesellschaft, mit dem die Richtlinie 2001/29/EG in deutsches Recht umgesetzt wurde, eine **ausdrückliche Befugnisnorm** in § 19 aufzunehmen, und zwar als § 19 Abs. 2, mit deren Hilfe die Aufsichtsbehörde nunmehr unerlaubt tätigen Verwertungsgesellschaften die Fortsetzung des Geschäftsbetriebs untersagen kann (Beschlussempfehlung des Rechtsausschusses BTDrucks. 15/837 S. 85 f.).

§ 19 Abs. 2 S. 1 gibt der Aufsichtsbehörde die Befugnis, einer ohne die gem. § 1 Abs. 1 erforderliche Erlaubnis tätigen Verwertungsgesellschaft die Fortsetzung ihres Geschäftsbetriebs zu untersagen. Die Untersagungsbefugnis erfasst alle drei Fälle des unerlaubten Geschäftsbetriebs einer Verwertungsgesellschaft: Die Aufnahme des Geschäftsbetriebs, ohne dass eine Erlaubnis eingeholt (§ 1 Abs. 3) oder obwohl sie versagt wurde (§ 3), sowie die Fortsetzung des Geschäftsbetriebs nach dem Widerruf der Erlaubnis (§ 4).

§ 19 Abs. 2 S. 2 gibt der Aufsichtsbehörde darüber hinaus die allgemeine Befugnis, alle Maßnahmen zu ergreifen, um sicherzustellen, dass die Verwertungsgesellschaften ihre Verpflichtungen ordnungsgemäß erfüllen. Diese Bestimmung ist als Generalklausel zu verstehen. Sie ergänzt die allgemeine Aufsichtsbefugnis der Aufsichtsbehörde gem. Abs. 1 über die Einhaltung zwingender Vorschriften des WahrnG um eine förmliche Befugnisnorm und tritt neben die anderen ausdrücklich normierten Befugnisse der Aufsichtsbehörde gem. Abs. 3–5. Die ihr durch § 19 Abs. 2 S. 2 erteilten Befugnisse hat die Aufsichtsbehörde nach pflichtgemäßem Ermessen und unter Berücksichtigung der allgemeinen verwaltungsrechtlichen Grundsätze der Verhältnismäßigkeit und des Übermaßverbots auszuüben (vgl. *Menzel* S. 74 f.; so. Rdnr. 2). Nach wie vor dürfte es dem DPMA daher nicht zustehen, Tarife eigenmächtig abzuändern oder ihm unangemessen erscheinende Gesamtverträge zu kündigen (so. Rdnr. 2). Häufigstes Mittel der Aufsicht wird der formlose Hinweis bleiben. Soweit das DPMA aufgrund von § 19 Abs. 2 S. 2 Verwaltungsakte erlässt, ist das Verwaltungsverfahrensgesetz zu beachten (vgl. §§ 35 ff. VerwVfG).

III. Auskunftsrecht, § 19 Abs. 3

5 § 19 Abs. 3 gibt der Aufsichtsbehörde das zur Ausübung der Aufsicht erforderliche Recht, von der Verwertungsgesellschaft bestimmte Auskünfte zu verlangen. Der Wortlaut von § 19 Abs. 3 ist gegenüber der ursprünglich noch im RegE vorgeschlagenen Fassung (BTDrucks. IV/271 S. 6) erheblich eingeschränkt; so ist ein Recht der Aufsichtsbehörde zum Betreten der Geschäftsräume und zum selbständigen Einsehen der geschäftlichen Unterlagen vor Ort, wie es seinerzeit noch der RegE vorsah, in § 19 Abs. 3 nicht enthalten, da es zur wirksamen Durchführung der Aufsicht nicht für unbedingt erforderlich gehalten wurde (Bericht des Rechtsausschusses zu BTDrucks. IV/3402 S. 3).

Die Verwertungsgesellschaft ist nach § 19 Abs. 3 zur Erteilung von Auskünften und zur Vorlage von Unterlagen verpflichtet. Diese Verpflichtung trifft jeweils die entsprechend der Organisationsform der Verwertungsgesellschaft vertretungsberechtigten Personen.

Der **Umfang des Auskunftsrechts** der Aufsichtsbehörde bestimmt sich danach, ob und inwieweit die Auskünfte jeweils zur Ausübung der Aufsicht erforderlich sind. Die Auskunft über Angelegenheiten der Geschäftsführung umfasst daher alles, was die Tätigkeit der Verwertungsgesellschaft nach außen (gegenüber den Nutzern und Nutzervereinigungen) und nach innen (gegenüber Mitgliedern und Berechtigten) betrifft (enger *Mestmäcker/Schulze* Anm. 3b) und nicht offensichtlich Vorgänge betrifft, die nicht Gegenstand der Aufsicht sind. Dasselbe gilt für den Umfang der Vorlagepflicht hinsichtlich des Begriffs der „geschäftlichen Unterlagen".

Eine Pflicht der Aufsichtsbehörde zur Begründung ihres Auskunfts- oder Vorlageverlangens gegenüber der Verwertungsgesellschaft ist in § 19 Abs. 3 nicht vorgesehen. Die weite Fassung des Gesetzeswortlauts („jeder") weist vielmehr darauf hin, dass die Aufsichtsbehörde auch ohne Angabe von Gründen oder Zweck Auskunft und Vorlage verlangen kann (enger *Mestmäcker/Schulze* Anm. 3a). Ein Recht auf Verweigerung der Auskunft oder der Vorlage besteht grundsätzlich nicht. § 383 Abs. 1 Nr. 1–3 ZPO dürfte aber entsprechend anwendbar sein (*Mestmäcker/Schulze* Anm. 3d).

IV. Teilnahmerecht, § 19 Abs. 4

§ 19 Abs. 4 gibt der Aufsichtsbehörde das Recht, selbst oder durch einen Beauftragten an der Mitgliederversammlung der Verwertungsgesellschaft und an Sitzungen der entsprechend der Organisationsform bestehenden Aufsichtsgremien teilzunehmen. Daraus folgt die Pflicht der Verwertungsgesellschaft, die Aufsichtsbehörde über diese Sitzungen vorab zu **informieren,** um ihr die Teilnahme überhaupt zu ermöglichen. Ein Recht zur Teilnahme an den Sitzungen anderer Organe der Verwertungsgesellschaft (Ausschüsse) gibt § 19 Abs. 4 der Aufsichtsbehörde nicht. Das Recht auf Teilnahme umfasst nur ein Präsenzrecht, nicht aber ein Recht auf aktive Mitwirkung an den Versammlungen und Sitzungen.

Soweit ein Beauftragter teilnimmt, wird dieser von der Aufsichtsbehörde bestellt, muss ihr aber nicht angehören.

V. Abberufung von Vertretungsberechtigten, § 19 Abs. 5

Das Recht der Aufsichtsbehörde, mit Fristsetzung die Abberufung eines unzuverlässigen Vertretungsberechtigten zu verlangen, knüpft an § 3 Abs. 1 Nr. 2 an und ergibt sich an sich schon aus § 4 Abs. 1 Nr. 1 iVm. § 3 Abs. 1 Nr. 2. § 19 Abs. 5 ist § 36 Kreditwesengesetz nachgebildet. Zum Begriff der Zuverlässigkeit s. § 3 Rdnr. 7–9, zur Frist § 4 Rdnr. 5. Die Aufforderung zur Abberufung richtet sich an das hierzu berechtigte Organ der Verwertungsgesellschaft. Nach § 19 Abs. 5 S. 2 kann die Aufsichtsbehörde dem unzuverlässigen Vertretungsberechtigten die Ausübung seiner Tätigkeit auch schon mit sofortiger Wirkung und bis zum Ablauf der nach § 19 Abs. 5 S. 1 gesetzten Frist untersagen. Voraussetzung ist, dass dies zur Abwendung schwerer Nachteile (zwingend) erforderlich ist, die Nachteile also nicht durch andere Maßnahmen abgewendet werden können. Dabei kann es sich um Nachteile handeln, die der Verwertungsgesellschaft selbst, ihren Mitgliedern oder Berechtigten, oder anderen Beteiligten (Nutzern, Nutzervereinigungen, Allgemeinheit) entstehen. Ist die von der Untersagung betroffene Person der einzige Vertretungsberechtigte, so ist ein Notvorstand zu bestellen (§ 29 BGB für Vereine).

§ 20 Unterrichtspflicht

¹Die Verwertungsgesellschaft hat der Aufsichtsbehörde jeden Wechsel der nach Gesetz oder Satzung zu ihrer Vertretung berechtigten Personen anzuzeigen. ²Sie hat der Aufsichtsbehörde unverzüglich abschriftlich zu übermitteln
1. jede Satzungsänderung,
2. die Tarife und jede Tarifänderung,
3. die Gesamtverträge,
4. die Vereinbarungen mit ausländischen Verwertungsgesellschaften,
5. die Beschlüsse der Mitgliederversammlung, eines Aufsichtsrats oder Beirats und aller Ausschüsse,
6. den Jahresabschluß, den Lagebericht und den Prüfungsbericht,
7. die Entscheidungen in gerichtlichen oder behördlichen Verfahren, in denen sie Partei ist, soweit die Aufsichtsbehörde dies verlangt.

I. Allgemeines

1 Nach § 20 hat die Verwertungsgesellschaft gegenüber der Aufsichtsbehörde bestimmte **Unterrichtungspflichten**. Sie treten neben das Auskunfts- und Vorlagerecht der Aufsichtsbehörde nach § 19 Abs. 2 und dienen wie dieses dazu, die Durchführung der Aufsicht zu ermöglichen. – In § 20 S. 2 Nr. 6 wurde das Wort „Geschäftsbericht" durch das Wort „Lagebericht" ersetzt durch das Bilanzrichtliniengesetz vom 19. 12. 1985 (BGBl. I S. 2355); vgl. § 9 Rdnr. 1, 2.

II. Inhalt

2 1. Nach § 20 S. 1 hat die Verwertungsgesellschaft der Aufsichtsbehörde den Wechsel von vertretungsberechtigten Personen unaufgefordert anzuzeigen. Wer vertretungsberechtigt ist, richtet sich nach der Organisationsform der Verwertungsgesellschaft. Ist sie als Verein, Genossenschaft oder Aktiengesellschaft organisiert, so ist vertretungsberechtigt iSd. § 20 der Vorstand, ist sie GmbH, so ist es der Geschäftsführer.

3 2. Auch die in § 20 S. 2 genannten Unterlagen (zum Begriff des Jahresabschlusses, § 20 S. 2 Nr. 6, vgl. § 9 Rdnr. 2) hat die Verwertungsgesellschaft der Aufsichtsbehörde grundsätzlich unaufgefordert zu übermitteln (AmtlBegr. BTDrucks. IV/271 S. 21). Dies gilt nicht für die Entscheidungen nach § 20 S. 2 Nr. 7; diese sind der Aufsichtsbehörde nur auf deren Verlangen zu übergeben. Daraus folgt jedoch die Pflicht der Verwertungsgesellschaft, die Aufsichtsbehörde darüber zu informieren, dass eine Entscheidung im Sinne von § 20 S. 2 Nr. 7 überhaupt ergangen ist.

§ 20a Weitergabe von Einfuhrmeldungen

Die Aufsichtsbehörde ist befugt, Angaben über die Einfuhr von Geräten und Bild- oder Tonträgern im Sinne von § 54 des Urheberrechtsgesetzes, die ihr vom Bundesamt für gewerbliche Wirtschaft mitgeteilt werden, an die zur Wahrnehmung des Vergütungsanspruchs berechtigte Verwertungsgesellschaft weiterzuleiten.

§ 20a wurde aufgehoben durch das 3. UrhGÄndG vom 23. 6. 1995 (BGBl. I S. 842). An die Stelle des § 20a ist die unmittelbare Meldepflicht nach § 54e UrhG getreten.

Vierter Abschnitt. Übergangs- und Schlußbestimmungen

§ 21 Zwangsgeld

Auf die Vollstreckung von Verwaltungsakten, die auf Grund dieses Gesetzes erlassen werden, findet das Verwaltungs-Vollstreckungsgesetz vom 27. April 1953 (Bundesgesetzbl. I S. 157) mit der Maßgabe Anwendung, daß die Höhe des Zwangsgeldes bis hunderttausend Euro betragen kann.

Schrifttum: *Dördelmann,* Gedanken zur Zukunft der Staatsaufsicht über Verwertungsgesellschaften, GRUR 1999, 890.

Grundsätzlich findet auf die Vollstreckung von Verwaltungsakten, die die Aufsichtsbehörde – insbesondere gegenüber den Verwertungsgesellschaften zur Durchführung von Aufsichtsmaßnahmen – erlässt, das **Verwaltungsvollstreckungsgesetz** Anwendung. Dabei wird von den im Verwaltungsvollstreckungsgesetz vorgesehenen Vollstreckungsmaßnahmen (Ersatzvornahme, § 10 VerwVollstrG; Zwangsgeld, § 11 VerwVollstrG; unmittelbarer Zwang, § 12 VerwVollstrG) regelmäßig nur das Zwangsgeld anwendbar sein (AmtlBegr. BTDrucks. IV/271 S. 21).
Die Höhe des Zwangsgeldes war nach § 11 Abs. 3 VerwVollstrG auf 2000,– DM begrenzt. Dies hielt der Gesetzgeber des WahrnG von 1965 angesichts der hohen Einnahmen der Verwertungsgesellschaften für zu gering und damit wirkungslos (AmtlBegr. BTDrucks. IV/271 S. 21). § 21 aF bestimmte daher seinerzeit, also 1965, als **Obergrenze für das Zwangsgeld** bei der Vollstreckung von Verwaltungsakten aufgrund des WahrnG abweichend von § 11 Abs. 3 VerwVollstrG 10000 DM.

Auch dieser Betrag erwies sich aber als unangemessen, hätte er doch im Ernstfall von einer Verwertungsgesellschaft sozusagen „aus der Portokasse" bezahlt werden können und damit kein wirksames Druckmittel dargestellt (*Dördelmann* GRUR 1999, 890/894). Die Obergrenze wurde daher durch das Gesetz zur Regelung des Urheberrechts in der Informationsgesellschaft vom 10. 9. 2003 (BGBl. I S. 1774), mit dem die Richtlinie 2001/29/EG in deutsches Recht umgesetzt wurde, auf 100 000 Euro angehoben (vgl. AmtlBegr. BTDrucks. 15/38 S. 30).

§ 22 Verletzung der Geheimhaltungspflicht

(1) Wer ein fremdes Geheimnis, namentlich ein Betriebs- oder Geschäftsgeheimnis, das ihm in seiner Eigenschaft als Angehöriger oder Beauftragter der Aufsichtsbehörde (§ 18 Abs. 1) bekanntgeworden ist, unbefugt offenbart, wird mit Gefängnis bis zu einem Jahr und mit Geldstrafe oder mit einer dieser Strafen bestraft.

(2) ¹Handelt der Täter gegen Entgelt oder in der Absicht, sich oder einen anderen zu bereichern oder einen anderen zu schädigen, so ist die Strafe Gefängnis bis zu zwei Jahren; daneben kann auf Geldstrafe erkannt werden. ²Ebenso wird bestraft, wer ein fremdes Geheimnis, namentlich ein Betriebs- oder Geschäftsgeheimnis, das ihm unter den Voraussetzungen des Absatzes 1 bekanntgeworden ist, unbefugt verwertet.

(3) Die Tat wird nur auf Antrag des Verletzten verfolgt.

§ 22 wurde aufgehoben durch Art. 287 Nr. 21 Einführungsgesetz zum Strafgesetzbuch (EGStGB) vom 2. 3. 1974 (BGBl. I S. 469). Die entsprechende Strafvorschrift ist seitdem in den §§ 203, 204 StGB enthalten.

§ 23 Bestehende Verwertungsgesellschaften

(1) Bei Inkrafttreten dieses Gesetzes bestehende Verwertungsgesellschaften dürfen ihre Tätigkeit im bisherigen Umfang bis zum Ablauf eines Jahres nach Inkrafttreten dieses Gesetzes ohne die nach diesem Gesetz erforderliche Erlaubnis (§ 1) fortsetzen.

(2) Die Aufsichtsbehörde kann eine solche Verwertungsgesellschaft auf Antrag für die Zeit bis zum Ablauf eines Jahres nach Inkrafttreten dieses Gesetzes von einzelnen ihr nach diesem Gesetz obliegenden Verpflichtungen befreien.

(3) Die Aufsichtsbehörde kann für eine Verwertungsgesellschaft auf Antrag die in den Absätzen 1 und 2 genannten Fristen einmal oder mehrmals angemessen verlängern, längstens jedoch bis zum 31. Dezember 1969.

§ 23 ist durch Zeitablauf gegenstandslos.

§ 24 Änderung des Gesetzes gegen Wettbewerbsbeschränkungen

Das Gesetz gegen Wettbewerbsbeschränkungen wird wie folgt geändert:

(1) ¹In § 91 Abs. 1 Satz 1 wird nach „§§ 100, 102" eingefügt: „ , 102 a". ²§ 91 erhält ferner folgenden Absatz 3:

„(3) 14 Abs. 1 Satz 3 des Gesetzes über die Wahrnehmung von Urheberrechten und verwandten Schutzrechten vom 9. September 1965 (Bundesgesetzbl. I S. 1294) bleibt unberührt."

(2) Nach § 102 wird folgender § 102 a eingefügt:

„§ 102 a

(1) ¹Die §§ 1 und 15 finden keine Anwendung auf die Bildung von Verwertungsgesellschaften, die der Aufsicht nach dem Gesetz über die Wahrnehmung von Urheberrechten und verwandten Schutzrechten unterliegen, sowie auf wettbewerbsbeschränkende Verträge oder Beschlüsse solcher Verwertungsgesellschaften, wenn und soweit die Verträge oder Beschlüsse sich auf die nach § 1 des Gesetzes über die Wahrnehmung von Urheberrechten und verwandten Schutzrechten erlaubnisbedürftige Tätigkeit beziehen und der Aufsichtsbehörde gemeldet worden sind. ²Die Aufsichtsbehörde hat Näheres über den Inhalt der Meldung zu bestimmen. Sie leitet die Meldungen an das Bundeskartellamt weiter.

§ 24 Kartellrechtliche Beurteilung

(2) ¹*Das Bundeskartellamt kann den Verwertungsgesellschaften Maßnahmen untersagen und Verträge und Beschlüsse für unwirksam erklären, die einen Mißbrauch der durch Freistellung von den §§ 1 und 15 erlangten Stellung im Markt darstellen.* ²*Ist der Inhalt eines Gesamtvertrages oder eines Vertrages mit einem Sendeunternehmen nach § 14 des Gesetzes über die Wahrnehmung von Urheberrechten und verwandten Schutzrechten durch die Schiedsstelle verbindlich festgesetzt worden, so stehen dem Bundeskartellamt Befugnisse nach diesem Gesetz nur zu, soweit in dem Vertrag Bestimmungen zum Nachteil Dritter enthalten sind oder soweit der Vertrag mißbräuchlich gehandhabt wird.* ³*Ist der Inhalt des Vertrages nach § 15 des Gesetzes über die Wahrnehmung von Urheberrechten und verwandten Schutzrechten durch das Oberlandesgericht festgesetzt worden, so stehen dem Bundeskartellamt Befugnisse nach diesem Gesetz nur zu, soweit der Vertrag mißbräuchlich gehandhabt wird.*

(3) Verfügungen nach diesem Gesetz, die die Tätigkeit von Verwertungsgesellschaften betreffen, werden vom Bundeskartellamt im Benehmen mit der Aufsichtsbehörde getroffen."

(4) In § 105 wird nach ,,§§ 100, 102" eingefügt: ,,102 a".

§ 30 GWB Urheberrechtsverwertungsgesellschaften

(1) ¹*Die §§ 1 und 14 gelten nicht für die Bildung von Verwertungsgesellschaften, die der Aufsicht nach dem Gesetz über die Wahrnehmung von Urheberrechten und verwandten Schutzrechten unterliegen, sowie für Verträge und Beschlüsse solcher Verwertungsgesellschaften, soweit sie zur wirksamen Wahrnehmung der Rechte im Sinne von § 1 des Gesetzes über die Wahrnehmung von Urheberrechten und verwandten Schutzrechten erforderlich und der Aufsichtsbehörde gemeldet sind.* ²*Die Aufsichtsbehörde leitet die Meldungen an das Bundeskartellamt weiter.*

(2) Ist der Inhalt eines Vertrages nach § 16 Abs. 4 des Gesetzes über die Wahrnehmung von Urheberrechten und verwandten Schutzrechten durch das Oberlandesgericht festgesetzt worden, so stehen dem Bundeskartellamt Befugnisse nach diesem Gesetz nur zu, soweit der Vertrag mißbräuchlich gehandhabt wird.

Schrifttum: *Alich,* Neue Entwicklungen auf dem Gebiet der Lizenzierung von Musikrechten durch Verwertungsgesellschaften in Europa, GRUR Int. 2008, 996; *Arnold/Rehbinder,* Zur Rechtsnatur der Staatsaufsicht über die deutschen Verwertungsgesellschaften, UFITA 118 (1992) 203; *Becker,* Verwertungsgesellschaften als Träger öffentlicher und privater Aufgaben, Fs. für Kreile, 1994, S. 27; *Bing,* Die Verwertung von Urheberrechten, 2002; *Blotekamp,* Die kartellrechtliche Stellung der GEMA und sonstiger Verwertungsgesellschaften, UFITA 34 (1961) 17; *v. Brunn,* Der GEMA-Fall. Einige Bemerkungen zur ersten Entscheidung der EG-Kommission zu Artikel 86, WuW 1971, 770; *Dietz,* Das Urheberrecht in der Europäischen Gemeinschaft, 1978; *Dördelmann,* Gedanken zur Zukunft der Staatsaufsicht über Verwertungsgesellschaften, GRUR 1999, 890; *Fikentscher,* Urhebervertragsrecht und Kartellrecht, Fs. für Schricker, 1995, S. 149; *Goldmann,* Die kollektive Wahrnehmung musikalischer Rechte in den USA und Deutschland, 2001; *Hansen/Schmidt-Bischoffshausen,* Ökonomische Funktionen von Verwertungsgesellschaften – Kollektive Wahrnehmung im Lichte von Transaktionskosten- und Informationsökonomik, GRUR Int. 2007, 461; *Heine/Eisenberg,* Verwertungsgesellschaften im Binnenmarkt. Die kollektive Wahrnehmung von Urheberrechten nach der Dienstleistungsrichtlinie, GRUR Int. 2009, 277; *Held,* Fragen der kartellrechtlichen Mißbrauchsaufsicht über Verwertungsgesellschaften, FuR 1980, 71; *Himmelmann,* Die Aufsicht über die GEMA, in Kreile/Becker/Riesenhuber (Hrsg.), Recht und Praxis der GEMA, 2. Aufl. 2008, 817; *Lerche,* Verwertungsgesellschaften als Unternehmen „sui generis", ZUM 2003, 34; *Leßmann,* Verwertungsgesellschaften nach deutschem und europäischem Kartellrecht und deren Herausforderungen im Hinblick auf digitale Techniken, 2001; *Liermann,* Zum Konflikt zwischen Urheberrecht und Kartellrecht, UFITA 29 (1959) 315; *Lux,* Verwertungsgesellschaften, Kartellrecht und 6. GWB-Novelle, WRP 1998, 31; *Melichar,* Die Aufsicht über die Verwertungsgesellschaften durch Verwertungsgesellschaften, 1983; *Menzel,* Die Aufsicht über die GEMA durch das Deutsche Patentamt, 1986; *Mestmäcker,* Sind urheberrechtliche Verwertungsgesellschaften Kartelle?, 1960; *ders.,* Zur Anwendung von Kartellaufsicht und Fachaufsicht auf Verwertungsgesellschaften und ihre Mitglieder, Fs. für Lukes, 1989, S. 445; *ders.,* Zur Rechtsstellung urheberrechtlicher Verwertungsgesellschaften im europäischen Wettbewerbsrecht, Fs. für Rittner, 1991, S. 391; *Möhring/Lieberknecht,* Kartellrecht und Urheberrecht, UFITA 29 (1959) 269; *Müller,* Rechtewahrnehmung durch Verwertungsgesellschaften bei der Nutzung von Musikwerken im Internet, ZUM 2009, 121; *Nipperdey,* Marktbeherrschende Unternehmen beim musikalischen Urheberrecht?, NJW 1953, 881; *J. B. Nordemann,* Urhebervertragsrecht und neues Kartellrecht gem. Art. 81 EG und § 1 GWB, GRUR 2007, 203; *Pfennig,* Kartellrechtliche Fragen im urheberrechtlichen Geschäftsverkehr, UFITA 25 (1958) 129; *Pickrahn,* Verwertungsgesellschaften nach deutschem und europäischem Kartellrecht, 1995; *Reinbothe,* Schlichtung im Urheberrecht, 1978; *ders.,* Rechtliche Rahmenbedingungen für Verwertungsgesellschaften im europäischen Binnenmarkt, Fs. für Kreile, 1990, S. 19; *Riesenhuber,* Die Auslegung und Kontrolle des Wahrnehmungsvertrages, 2004; *Riesenkampff,* Wie sind urheberrechtliche Verwertungsgesellschaften nach dem GWB zu beurteilen?, Diss. Köln 1964; *Sandberger/Treeck,* Fachaufsicht und Kartellaufsicht nach dem Gesetz über die Wahrnehmung von Urheberrechten und verwandten Schutzrechten, UFITA 47 (1966) 165; *Schenz,* Das urheberrechtlich geschützte Werk als Ware?, FuR 1982, 613; *Schwarze,* Urheberrechte und deren Verwaltung im Lichte des Europäischen Wettbewerbsrechts, ZUM 2003, 15; *Steden,* Das Monopol der GEMA, 2003; *Steding,* Der Kartellcharakter der Gesellschaft für musikalische Aufführungs- und mechanische Vervielfältigungsrechte, Diss. Münster 1964; *Stockmann,* Die Verwertungsgesellschaften und das nationale und europäische Kartellrecht, Fs. für Kreile, 1990, S. 25; *Wawretzko,* Die GEMA und sonstige Verwertungsgesellschaften im System der deutschen und der internationalen Wettbewerbsbeschränkungen, UFI-

TA 31 (1960) 287; *Wünschmann*, Clearingstelle für Multimedia-Produkte und europäisches Wettbewerbsrecht, ZUM 2000, 572.

A. Die kartellrechtliche Beurteilung von Verwertungsgesellschaften

Vor Geltung des WahrnG war die Frage umstritten, ob auf Verwertungsgesellschaften überhaupt die Vorschriften des Kartellrechts Anwendung finden können (zum ganzen *Reinbothe* S. 112 mwN, insb. Fn. 7–9). Teilweise wurde angenommen, dass Urheberrechte keine Waren oder gewerbliche Leistungen seien, die Verwertungsgesellschaft also auch nicht am Wirtschaftsleben teilnehme, wenn sie urheberrechtliche Lizenzen vergebe. Soweit die **Anwendbarkeit des Kartellrechts** bejaht wurde, wurden für Verwertungsgesellschaften eine kartellrechtliche Aufsicht und in Teilbereichen gesetzliche Ausnahmen vom Kartellrecht gefordert. Nach heute überwiegender Auffassung sind Verwertungsgesellschaften auch im kartellrechtlichen Sinne idR als **marktbeherrschende Unternehmen** anzusehen (*Held* FuR 1980, 71/72; *Dietz* Rdnr. 46 u. 569; WuW/E BKartA 704 – Verwertungsgesellschaften; *Reinbothe* S. 7 mwN Fn. 40; *Arnold/Rehbinder* UFITA 118 (1992) 203/205f.; *Stockmann*, Fs. für Kreile, 1990, S. 25; *Pickrahn* S. 17ff. mwN; *Lux* WRP 1998, 31/35 mwN; *Riesenhuber* S. 127 mwN). Bereits vom Gesetzgeber der ersten Fassung des GWB wurde die GEMA als typisches Beispiel eines marktbeherrschenden Unternehmens genannt (Begr. zum GWB BTDrucks. I/3462 S. 33), und auch der Gesetzgeber des WahrnG ging davon aus, dass die Bestimmungen des GWB auf Verwertungsgesellschaften grundsätzlich anwendbar sind (Bericht des Rechtsausschusses zu BTDrucks. IV/3402 S. 4) und Verwertungsgesellschaften das Merkmal der Marktbeherrschung sogar wesensimmanent ist (AmtlBegr. BTDrucks. IV/271 S. 9, 11, 12, 17; so. Vor §§ 1ff. Rdnr. 7); denn generell sprechen gute Gründe für die territorial zugeschnittenen Monopolstrukturen der kollektiven Wahrnehmung und gegen eine Konkurrenz unter Verwertungsgesellschaften (vgl. *Lerche* ZUM 2003, 34/36 mwN; *Goldmann* S. 119ff.; aA *Bing* S. 186f.; *Hansen/Schmidt-Bischoffshausen* GRUR Int. 2007, 461/470). Diese Situation hat sich für die Filmverwertungsgesellschaften allerdings relativiert (so. Vor §§ 1ff. Rdnr. 14). Im Übrigen wurde auch die Unternehmereigenschaft der Berechtigten vom BGH bestätigt (BGH ZUM 1989, 80/83 – GEMA-Wertungsverfahren; *Stockmann*, Fs. für Kreile, 1990, S. 25/35f.; *Pickrahn* S. 28; *Lux* WRP 1998, 31/32 mwN; *Goldmann* S. 216; *Riesenhuber* S. 24ff., S. 127 mwN).

Auch nach **europäischem Wettbewerbsrecht** (Art. 101, 102 AEUV, früher Art. 81, 82 EG-Vertrag) verfügen Verwertungsgesellschaften in der Regel über eine marktbeherrschende Stellung in einem wesentlichen Teil des Gemeinsamen Marktes (EuGH GRUR Int. 2009, 316/317 – Kanal 5). Damit unterliegen die Tätigkeit der Verwertungsgesellschaften selbst, aber auch Aufsichtsmaßnahmen des DPMA, angenommene Einigungsvorschläge der Schiedsstelle und Entscheidungen der (nationalen) Gerichte betreffend Verwertungsgesellschaften seit jeher der Beurteilung nach den Wettbewerbsregeln des EG-Rechts (vgl. *Fikentscher*, Fs. für Schricker, 1995, S. 149/184ff.; *Becker*, Fs. für Kreile, 1994, S. 27/38f.; *Mestmäcker*, Fs. für Rittner, 1991, S. 391; ders., Fs. für Lukes, 1989, S. 445/452ff.; *Reinbothe*, Fs. für Kreile, 1990, S. 19; *Stockmann*, Fs. für Kreile, 1990, S. 25; *Pickrahn* S. 101ff., jeweils mwN; zur Bewertung von Clearingstellen für Multimedia-Produkte nach europäischem Wettbewerbsrecht *Wünschmann* ZUM 2000, 572 mwN). Dabei ist das EG-Wettbewerbsrecht für Verwertungsgesellschaften von besonderer Bedeutung, da sich ihre Tätigkeit flächendeckend auf das Bundesgebiet bezieht und dadurch regelmäßig der zwischenstaatliche Handel iSd. Art. 101 und 102 AEUV, früher Art. 81 und 82 und ursprünglich Art. 85 und 86 EG-Vertrag, betroffen sein dürfte (Begr. des RegE zur 6. GWB-Novelle, BTDrucks. 13/9720 S. 54). Der EuGH hatte bereits mehrfach Gelegenheit, sich zur Anwendung des europäischen Wettbewerbsrechts auf die Funktion und Tätigkeit von Verwertungsgesellschaften, einschließlich ihrer Gegenseitigkeitsverträge, zu äußern (vgl. EuGH GRUR Int. 1990, 622 – Tournier; *Schwarze* ZUM 2003, 15/17ff.; *Riesenhuber* S. 137ff. mwN; kritisch zum Ansatz des EuGH bei der Beurteilung von Verwertungsgesellschaften *Lerche* ZUM 2003, 34/36). Entscheidungsmaßstab war dabei stets Art. 82 (ursprünglich Art. 86) EG-Vertrag, der heutige Art. 102 AEUV (EuGH GRUR Int. 2009, 316 – Kanal 5 mwN; vgl. *Goldmann* S. 232ff., die für eine grundsätzliche Freistellung der Tätigkeit von Verwertungsgesellschaften nach Art. 81 Abs. 3 EG-Vertrag eintritt).

In jüngerer Zeit hat sich auch die **Europäische Kommission** des Themas der Wahrnehmung von Urheber- und Leistungsschutzrechten durch Verwertungsgesellschaften auf der Grundlage eines konzeptionellen Ansatzes angenommen. Schon vor einigen Jahren kündigten

1

Initiativen der Europäischen Kommission an, dass sie neben der Verwirklichung des Binnenmarktes auch eine Förderung des Wettbewerbs unter Verwertungsgesellschaften und damit einen anderen Ansatz zur kollektiven Wahrnehmung als bisher anstrebte (vgl. Mitteilung der Kommission, KOM(2004) 261 endg. v. 16. 4. 2004; Empfehlung der Kommission für die länderübergreifende kollektive Wahrnehmung von Urheberrechten und verwandten Schutzrechten, die für legale **Online-Musikdienste** benötigt werden – 2005/737/EG v. 18. 10. 2005; dazu oben Vor §§ 1 ff. Rdnr. 16; warnend *Schwarze* ZUM 2003, 15/18 ff.; kritisch auch *Riesenhuber* S. 149 ff.). Mittlerweile hat sich dieser Ansatz der Kommission weiter konkretisiert: Mit ihrer Entscheidung vom 16. 7. 2008 im Verfahren gegen den Dachverband der Verwertungsgesellschaften, CISAC (Confédération Internationale des Sociétés d'Auteurs et Compositeurs), hat die Europäische Kommission es den 24 betroffenen Verwertungsgesellschaften untersagt, die Urheber per **Gegenseitigkeitsklauseln zwischen den Gesellschaften (Mitgliedschaftsklauseln)** zu verpflichten, die für sie national zuständige Verwertungsgesellschaft zu wählen und die Urheber damit in ihrer freien Wahl zu beschränken. Außerdem hat die Europäische Kommission mit derselben Entscheidung die von 17 Verwertungsgesellschaften vereinbarten Gebietsbeschränkungen verboten, wonach die betroffenen Gesellschaften daran gehindert waren, in anderen Territorien als ihrem eigenen (nationalen) Nutzungsrechte wahrzunehmen. Nach Auffassung der Kommission erfüllen diese Vereinbarungen den Tatbestand der wettbewerbswidrigen abgestimmten Verhaltensweise, denn sie führen zur Marktaufteilung und schließen den Wettbewerb aus. Von diesen Verboten erhofft sich die Europäische Kommission mehr Wettbewerb unter den Verwertungsgesellschaften zugunsten der Urheber (da sie nun die für sie effizienteste Verwertungsgesellschaft sollen wählen können), aber auch zu Gunsten der Nutzer, da sie nun Mehrgebietslizenzen für verschiedene Mitgliedstaaten erwerben können (Entscheidung der Europäischen Kommission vom 16. 7. 2008, COMP/38 698 – CISAC –, http://ec.europa.eu/com/competition/antitrust/cases/decisions/38 698/standard_text.pdf). Obwohl die Europäische Kommission mit dieser Entscheidung territoriale Beschränkungen iR von Gegenseitigkeitsverträgen im Prinzip nicht verbietet, wird doch damit gerechnet, dass sich die bisher übliche Gestaltung von Gegenseitigkeitsverträgen aus kartellrechtlichen Gründen so nicht wird halten lassen (*Alich* GRUR 2008, 996/997 f.; *Müller* ZUM 2009, 121/129 ff.; *Heine/Eisenberg* GRUR Int. 2009, 277/278 f.). Ob sich die Vorstellungen der Kommission, die den Verwertungsgesellschaften in ihrer Entscheidung zunächst eine Frist von vier Monaten für deren Umsetzung eingeräumt hatte, verwirklichen lassen, dürfte nicht zuletzt davon abhängen, an wen und für welches Territorium die Urheber ihre Rechte vergeben (wollen); denn das Urheberrecht besteht nun einmal im Rahmen der vom Geltungsbereich des nationalen Rechts bestimmten Grenzen. Darauf weist auch der Entschließungsantrag des Europäischen Parlaments vom 15. 9. 2008 hin (so. Vor §§ 1 ff. Rdnr. 16).

B. Die kartellrechtliche Bereichsausnahme für Verwertungsgesellschaften im GWB

I. Von § 102 a GWB zu § 30 GWB

2 **1. § 102 a GWB aF:** Durch § 24 WahrnG wurde das GWB zum 1. 1. 1966 um die Bestimmung des § 102 a GWB ergänzt. Damit wurde den Verwertungsgesellschaften – ebenso wie Banken und Versicherungen nach § 102 GWB aF – erstmalig eine **kartellrechtliche Sonderstellung** eingeräumt. Sachlich stimmten § 102 a Abs. 1, Abs. 2 S. 1 und Abs. 3 GWB aF mit den entsprechenden Vorschriften des § 102 GWB aF überein (AmtlBegr. BTDrucks IV/271 S. 21). § 102 a GWB stellte die Verwertungsgesellschaften unter bestimmten Voraussetzungen und in bestimmten Fällen von der Anwendung der §§ 1 GWB aF (Unwirksamkeit wettbewerbsbeschränkender Vereinbarungen) und 15 GWB aF (Nichtigkeit von Verträgen über Preisgestaltung oder Geschäftsbedingungen) frei (§ 102 a Abs. 1 GWB), begründete für sie aber zugleich die Aufsicht des Bundeskartellamtes über einen etwaigen Missbrauch der durch diese Freistellung erlangten Marktstellung (§ 102 a Abs. 2 S. 1 GWB).

Mit § 102 a GWB war die alte Streitfrage, ob kartellrechtliche Bestimmungen auf Verwertungsgesellschaften Anwendung finden, jedenfalls in Bezug auf die §§ 1 und 15 GWB aF obsolet geworden (*Melichar* S. 55; *Menzel* S. 90 ff.; *Held* FuR 1980, 71/73; *Himmelmann* in Kreile/Becker/Riesenhuber (Hrsg.), Recht und Praxis der GEMA, 2. Aufl. 2008, 817/890); der Gesetzgeber hatte insoweit bewusst Klarheit schaffen wollen (Bericht des Rechtsausschusses zu BTDrucks. IV/3402 S. 4; vgl. *Mestmäcker/Schulze* Anm. 1, die die Freistellung stets für überflüssig hielten) und zugleich anerkannt, dass das Wettbewerbsrecht nicht unqualifiziert auf die Tätigkeit der Verwertungsgesellschaften Anwendung finden kann (*Becker*, Fs. für Kreile, 1994, S. 27/39).

Umfangmäßig erlangten die Kartellaufsicht über die Verwertungsgesellschaften nach dem GWB und insbesondere § 102a GWB aF **in der Praxis wenig Bedeutung** (*Held* FuR 1980, 71/74; *Menzel* S. 95f.; *Becker*, Fs. für Kreile, 1994, S. 27/38; *Stockmann*, Fs. für Kreile, 1990, S. 25/28). Insbesondere bestand offenbar kein praktisches Bedürfnis für die Untersagungsmöglichkeit nach § 102a Abs. 2 S. 1 GWB (Missbrauch der durch die Freistellung erlangten Stellung im Markt), deren Ausgestaltung und Maßstäbe dogmatisch umstritten blieben (vgl. *Lux* WRP 1998, 31/36 mwN; *Reinbothe* S. 117 mwN; *Pickrahn* S. 42f.; *Stockmann*, Fs. für Kreile, 1990, S. 25/27/29; 1. Aufl. § 24 Rdnr. 8–10). Die kartellrechtliche Missbrauchsaufsicht war ganz überwiegend auf die allgemeinen Vorschriften über den Missbrauch marktbeherrschender Stellungen (§ 22 GWB aF) und das Diskriminierungsverbot (§ 26 GWB aF) gestützt (Begr. des RegE zur 6. GWB-Novelle, BTDrucks. 13/9720 S. 55; *Lux* WRP 1998, 31/35).

2. § 30 aF GWB: § 24 WahrnG wurde durch die 6. GWB-Novelle gegenstandslos (6. Gesetz zur Änderung des Gesetzes gegen Wettbewerbsbeschränkungen v. 26. 8. 1998, BGBl. I S. 2546), da § 102a GWB durch § 30 GWB ersetzt wurde. Im Ergebnis bestand damit die kartellrechtliche Bereichsausnahme für „Urheberrechtsverwertungsgesellschaften" fort.

§ 30 GWB passte die Bereichsausnahme an die Rechtsprechung des Europäischen Gerichtshofs an, der die kartellrechtliche Sonderstellung der Verwertungsgesellschaften sowohl bezüglich ihrer Bildung als auch bezüglich ihrer Tätigkeit anerkannt hatte (Begr. des RegE zur 6. GWB-Novelle, BTDrucks. 13/9720 S. 54). Fast identisch mit dem früheren § 102a GWB statuierte § 30 GWB eine Freistellung der Verwertungsgesellschaften von § 1 aF GWB („Kartellverbot") und § 14 aF GWB („Verbot von Vereinbarungen über Preisgestaltung oder Geschäftsbedingungen") sowohl für ihre erlaubnispflichtige und der Aufsicht des DPMA unterliegende Bildung, als auch für solche Verträge und Beschlüsse von Verwertungsgesellschaften, die zur wirksamen Rechtewahrnehmung erforderlich und dem DPMA gemeldet worden sind. Soweit also die im WahrnG geregelte Bildung und „erforderlichen" Verträge und Beschlüsse von Verwertungsgesellschaften die Tatbestände der §§ 1 aF oder 14 aF GWB erfüllten, hatten die Wertungen des WahrnG Vorrang vor dem GWB (Begr. des RegE zur 6. GWB-Novelle, BTDrucks. 13/9720 S. 54; *Lux* WRP 1998, 31/34f.). Dagegen wurden die ausdrücklichen Bestimmungen zur Missbrauchsaufsicht des BKartA über die Verwertungsgesellschaften nach § 102a Abs. 2 S. 1–2 GWB aF nicht in § 30 GWB übernommen. Auf eine derartige ausdrückliche Aufsicht über den Missbrauch der durch die Freistellung von §§ 1 aF und 14 aF GWB erlangten Marktstellung konnte im Hinblick auf die auch vom Europäischen Gerichtshof anerkannte Stellung der Verwertungsgesellschaften verzichtet werden. Damit unterlagen die Verwertungsgesellschaften nach wie vor der kartellrechtlichen Missbrauchsaufsicht bei marktbeherrschender Stellung (§ 19 GWB, früher § 22 GWB) sowie dem kartellrechtlichen Diskriminierungsverbot (§ 20 GWB, früher § 26 Abs. 2 GWB; vgl. Begr. des RegE zur 6. GWB-Novelle, BTDrucks. 13/9720 S. 41). Bei der Ausübung dieser Aufsicht über Verwertungsgesellschaften waren die Wertungen des WahrnG zu beachten (vgl. 2. Auflage § 24 Rdnr. 10).

Bereits die 1998 gewählte teilweise Umformulierung der Bereichsausnahme gem. § 30 Abs. 1 GWB wurde allerdings als deren „Aufweichung" angesehen, da damit die Kontrollbefugnisse der kartellrechtlichen Aufsicht potentiell weiter reichten als die Spezialaufsicht nach dem WahrnG (vgl. *Dördelmann* GRUR 1999, 890/894).

II. Inhalt der Kartellaufsicht auf der Grundlage des § 30 aF GWB

1. § 30 GWB reduzierte die Anwendbarkeit der **§§ 1 und 14 aF GWB** für Verwertungsgesellschaften (dazu im Einzelnen die 2. Aufl. § 24 Rdnr. 6ff.). Die **Anwendbarkeit anderer Bestimmungen des GWB** zur Beurteilung von Struktur und Tätigkeit der Verwertungsgesellschaften war dagegen grundsätzlich nicht ausgeschlossen, soweit diese nicht unmittelbar an die Anwendbarkeit der §§ 1 oder 14 aF GWB anknüpften (so etwa die §§ 2–13 aF oder 15 aF GWB). Insbesondere die §§ 19 (Marktmissbrauch) und 20 (Diskriminierungsverbot) GWB blieben daher stets neben § 30 GWB auf Verwertungsgesellschaften anwendbar (für § 102a GWB aF: *Melichar* S. 56ff.; *Menzel* S. 96 mwN; *Held* FuR 1980, 71/73; *Reinbothe* S. 122 mwN/125ff.;

§ 24   Kartellrechtliche Beurteilung

Stockmann, Fs. für Kreile, 1990, S. 25/31 mwN; für § 30 GWB aF vgl. Begr. des RegE zur 6. GWB-Novelle, BTDrucks. 13/9720 S. 41, 54). Dabei waren Verstöße gegen Bestimmungen des GWB grundsätzlich denkbar im Verhältnis der Verwertungsgesellschaften zu den Berechtigten, mehrerer Verwertungsgesellschaften untereinander (vgl. *Held* FuR 1980, 71/73) oder zu den Werknutzern (*Reinbothe* S. 124 mwN). Ebenfalls von § 30 aF GWB unberührt blieb die Anwendung der kartellrechtlichen **Bestimmungen des EG-Vertrages** (Art. 81, 82, ursprünglich Art. 85, 86 EGV, die heutigen Art. 101, 102 AEUV; *Melichar* S. 58 ff.; *Reinbothe* S. 169/176 ff., jeweils mwN; so. Rdnr. 1).

4   2. Der Gesetzgeber ging stets davon aus, dass die **Bestimmungen des WahrnG und des GWB** auf Verwertungsgesellschaften nebeneinander anwendbar sind (AmtlBegr. BTDrucks. IV/271 S. 12). Allerdings überschnitten sich die Anwendungsbereiche von beiden Gesetzen zT immer schon: Der Wahrnehmungs- und Abschlußzwang zu angemessenen Bedingungen in den §§ 6, 11 Abs. 1 und 12 WahrnG trägt der marktbeherrschenden Stellung der Verwertungsgesellschaften und den daraus erwachsenden Missbrauchsmöglichkeiten ebenso Rechnung wie die kartellrechtliche Missbrauchsaufsicht nach den §§ 19, 20 GWB. Die früher vertretene Auffassung, dass deshalb die Vorschriften des WahrnG als lex specialis generell dem GWB vorgehen (*Fromm/Nordemann*[4] § 11 Rdnr. 1; vgl. *Nipperdey* NJW 1953, 881/884), hat sich jedoch nicht durchgesetzt. Die Vorschriften des GWB wurden stets neben denjenigen des WahrnG zumindest dann für anwendbar gehalten, wenn sich Verträge oder Verhalten der Verwertungsgesellschaft auf dem Markt auswirken (*Held* FuR 1980, 71/77; *Menzel* S. 110; *Reinbothe* S. 124 f. mwN; *Sandberger/Treeck* UFITA 47 (1966) 165/201 ff.). Selbst ein Verhalten der Verwertungsgesellschaft, das auch nach dem WahrnG Rechtsfolgen wie Diskriminierungsverbot und Kontrahierungszwang nach sich zieht, muss nach dem GWB auf seine kartellrechtliche Relevanz überprüft werden können (*Held* FuR 1980, 71/78; vgl. BGH GRUR 1970, 200 – Tonbandgeräte-Importeur; *Reinbothe* S. 166 f. für das Verhältnis von § 26 Abs. 2 GWB aF und §§ 11 Abs. 1, 12 WahrnG; *Stockmann*, Fs. für Kreile, 1990, S. 25/31 ff.). Für ein beabsichtigtes Nebeneinander patentamtlicher und kartellbehördlicher Aufsicht sprachen schließlich schon immer die Regelungen in § 18 Abs. 2 und 3 WahrnG sowie in § 102a Abs. 3 GWB aF (BGH ZUM 1989, 80/82 – GEMA-Wertungsverfahren; *Stockmann*, Fs. für Kreile, 1990, S. 25/34 ff.). Folgerichtig wurde das Benehmenserfordernis des bisherigen § 102a Abs. 3 GWB aF, das mit § 18 Abs. 2 WahrnG gleich lautend war, nicht in § 30 GWB übernommen (Begr. des RegE zur 6. GWB-Novelle, BT-Drucks. 13/9720 S. 55).

C. Kartellaufsicht über Verwertungsgesellschaften ohne Bereichsausnahme

I. Der Ansatz der Siebten GWB-Novelle

5   Im Rahmen des Siebten Gesetzes zur Änderung des Gesetzes gegen Wettbewerbsbeschränkungen vom 7. 7. 2005 (BGBl. I S. 1954) wurde **§ 30 GWB** und damit die **Bereichsausnahme für Verwertungsgesellschaften ersatzlos gestrichen**. Bereits im Rahmen der Sechsten GWB-Novelle hatte die Monopolkommission die Rückführung der Ausnahmebereiche unterstützt (vgl. Monopolkommission, Hauptgutachten 1994/1995, Tz. 1007). Nachdem Art. 3 der Verordnung (EG) Nr. 1/2003 vom 16. 12. 2002 zur Durchführung der in den Art. 81 und 82 des EG-Vertrages niedergelegten Wettbewerbsregeln (ABl. EG Nr. L I v. 4. 1. 2003 S. 1) den erweiterten Vorrang des europäischen Kartellrechts vor nationalem Recht statuiert hatte, war auch auf die Bildung und Tätigkeit von Verwertungsgesellschaften ab dem Zeitpunkt des Inkrafttretens der VO 1/2003, also dem 1. 5. 2004, zwingend EG-Recht anzuwenden. Da es aber in den kartellrechtlichen Bestimmungen der Art. 81 ff. des EG-Vertrages keine Sonderregelungen für Verwertungsgesellschaften gibt, entfiel die Berechtigung für die Bereichsausnahme im nationalen Recht (AmtlBegr. BTDrucks. 15/3640 S. 49).

In der Sache bedeutet dies aber **keine Änderung der Rechtslage**: In der Begründung zum Regierungsentwurf zur 7. GWB-Novelle wird ausdrücklich bestätigt, dass der EuGH die Rechtmäßigkeit der Bildung von Verwertungsgesellschaften anerkennt und ihre Stellung und Tätigkeiten als solche nicht als wettbewerbsbeschränkend einstuft. Im Ergebnis sollte sich also die rechtliche Absicherung der Verwertungsgesellschaften und ihrer Tätigkeit durch die Streichung des § 30 GWB nicht verschlechtern; auch sollte das BKartA dadurch keine zusätzlichen Befugnisse erhalten (AmtlBegr. BTDrucks. 15/3640 S. 49/50). Folgerichtig erkennt auch die Euro-

Kartellrechtliche Beurteilung § 24

päische Kommission in ihrer Entscheidung vom 16. 7. 2008 (so. Rdnr. 1 aE) die wichtige Rolle der Verwertungsgesellschaften an und stellt die Existenz von Gegenseitigkeitsvereinbarungen zwischen Verwertungsgesellschaften nicht generell in Frage.

II. Die kartellrechtliche Beurteilung von Verwertungsgesellschaften

1. **Verbot wettbewerbsbeschränkender Vereinbarungen, § 1 GWB:** Im Prinzip findet 6 § 1 GWB nunmehr Anwendung auf die **Bildung** einer Verwertungsgesellschaft, die eine Tätigkeit nach § 1 Abs. 1 WahrnG ausüben will und danach erlaubnispflichtig ist. Gleiches gilt für **Verträge und Beschlüsse** von Verwertungsgesellschaften und damit ihre Tätigkeit. Der Wegfall der ausdrücklichen gesetzlichen Freistellung von der Anwendung des § 1 GWB in § 30 aF GWB bedeutet aber nicht, dass die Bildung von Verwertungsgesellschaften oder deren Verträge und Beschlüsse nunmehr kartellrechtlich verboten sind. Ebenso wie Europäische Kommission und EuGH stets davon ausgegangen sind und wiederholt bestätigt haben, dass im Prinzip die Bildung von Verwertungsgesellschaften sowie deren Verträge und Beschlüsse auch ohne ausdrückliche Bereichsausnahme nicht ohne weiteres dem Kartellverbot des Art. 81 EGV (heute Art. 101 AEUV) unterfallen, ist daher auch für das GWB davon auszugehen, dass die Bildung von Verwertungsgesellschaften sowie die zur wirksamen Wahrnehmung der Rechte iSv. § 1 Abs. 1 WahrnG erforderlichen Verträge und Beschlüsse kartellrechtlich zulässig und nicht zu beanstanden sind (AmtlBegr. BTDrucks. 15/3640 S. 49; *Nordemann* GRUR 2007, 203/213 ff.). Was in diesem Zusammenhang zur wirksamen Rechtewahrnehmung erforderlich ist, ergibt sich aus der erlaubnisbedürftigen Tätigkeit der Verwertungsgesellschaft, also der treuhänderischen Verwaltung und gemeinsamen Wahrnehmung der Rechte. Erforderlich in diesem Sinne sind idR die Verträge und Beschlüsse der Verwertungsgesellschaft mit anderen Verwertungsgesellschaften, mit ihren Mitgliedern oder Berechtigten (insb. Wahrnehmungsverträge, § 6 WahrnG) oder mit Verwertern (§§ 11, 12 WahrnG) in Ausübung ihrer treuhänderischen Tätigkeit (zur früheren Rechtslage *Held* FuR 1980, 71/74 f.). Die Europäische Kommission hält dagegen in ihrer CISAC-Entscheidung vom 16. 7. 2008 nicht alle Vereinbarungen zwischen den Verwertungsgesellschaften für erforderlich und sieht in ihnen dann einen Verstoß gegen Art. 81 EG-Vertrag – heute Art. 101 AEUV, das Äquivalent von § 1 GWB –, wenn solche Vereinbarungen eine Einschränkung der Wahlmöglichkeiten der Berechtigten oder Gebietsbeschränkungen für die Tätigkeit der Verwertungsgesellschaften zur Folge haben (so. Rdnr. 1 aE).

2. **Missbrauchsaufsicht:** Verwertungsgesellschaften sind der **allgemeinen kartellrechtli-** 7 **chen Missbrauchsaufsicht** unterworfen. Dabei konzentriert sich die Missbrauchsaufsicht nicht nur auf das Verhalten der Verwertungsgesellschaft gegenüber der Marktgegenseite (den Verwertern) oder Dritten (so noch *Held* FuR 1980, 71/76 u. die 2. Aufl.), sondern erfasst auch das Innenverhältnis zwischen Verwertungsgesellschaften und Berechtigten (BGH ZUM 1989, 80/82 – GEMA-Wertungsverfahren; *Stockmann,* Fs. für Kreile, 1990, S. 25/33). Auch Verträge und Beschlüsse, einschließlich der Gesamtverträge, sind der Missbrauchsaufsicht unterworfen (*Lux* WRP 1998, 31/35).

Wie bisher sind vor allem die **§§ 19 und 20 GWB** neben den Bestimmungen des WahrnG auf Verwertungsgesellschaften uneingeschränkt anwendbar (zu § 102a GWB aF: differenzierend *Mestmäcker,* Fs. für Lukes, 1989, S. 445/453 ff.; kritisch *Pickrahn* S. 61 ff., 77; zustimmend *Held* FuR 1980, 71/75; *Menzel* S. 98; BGH ZUM 1989, 80/82 – GEMA-Wertungsverfahren; *Stockmann,* Fs. für Kreile, 1990, S. 25/34 ff.; zum Sonderfall des § 20 Abs. 6 GWB im Verhältnis zu § 6 WahrnG so. § 6 Rdnr. 3). Daher ist neben der allgemeinen Missbrauchsaufsicht über marktbeherrschende Unternehmen nach § 19 GWB insbesondere das Diskriminierungsverbot des § 20 GWB auf Verwertungsgesellschaften anwendbar, da es einen bestimmten Fall des Missbrauchs einer marktbeherrschenden Stellung definiert und mit besonderer Rechtsfolge versieht (vgl. zu § 102a GWB aF: BGH ZUM 1989, 80 – GEMA-Wertungsverfahren; *Stockmann,* Fs. für Kreile, 1990, S. 25/34 ff.; *Pickrahn* S. 86 ff. zum Verhältnis von § 26 Abs. 2 GWB aF zu § 7 WahrnG; *Reinbothe* S. 159 ff.; vgl. auch BGH GRUR 1970, 200 – Tonbandgeräte-Importeur; *Held* FuR 1980, 71/76/78; *Menzel* S. 99 mwN).

Die **Maßstäbe für den Missbrauch** iSv. § 19 GWB oder **für die Diskriminierung** iSv. § 20 GWB müssen den besonderen Aufgaben der Verwertungsgesellschaften und ihrer durch das WahrnG legitimierten Funktion gerecht werden. Sie müssen die Wertungen des WahrnG beachten. Der Gesetzgeber wollte die ungehinderte Wahrnehmungstätigkeit der Verwertungsgesellschaften und damit ihre starke Markposition fördern und fortlaufend gewährleisten. Ein Ver-

§ 25 Änderung der Bundesgebührenordnung für Rechtsanwälte

halten der Verwertungsgesellschaft gegenüber Nutzern oder Berechtigten, das notwendig ist zur wirkungsvollen Erfüllung ihrer Aufgaben, kann nicht als Missbrauch oder diskriminierendes Verhalten mit kartellrechtlichen Sanktionen belegt werden. Ein Missbrauch iSv. § 19 GWB oder eine Diskriminierung iSv. § 20 GWB liegen daher nur dann vor, wenn sich das betreffende Verhalten nicht unmittelbar oder mittelbar objektiv notwendig aus dem durch das WahrnG legitimierten Wahrnehmungsvorgang ergibt oder durch ihn gerechtfertigt ist (vgl. schon zur früheren Rechtslage *Reinbothe* S. 120 mwN; *Lux* WRP 1998, 31/38 mwN). Für die Anwendung des europäischen Wettbewerbsrechts hat der EuGH ganz ähnliche Maßstäbe angewendet und festgestellt, dass Vergütungsmodelle einer (marktbeherrschenden) Verwertungsgesellschaft dann nicht als missbräuchlich iSv. Art. 82 des EG-Vertrages (heute Art. 102 AEUV) angesehen werden können, wenn sie der üblichen Verwertung des Urheberrechts entsprechen und dabei Leistung und Gegenleistung zueinander in einem angemessenen Gleichgewicht stehen (EuGH GRUR Int. 2009, 316/317 f. – Kanal 5).

III. Kartellaufsicht neben der Aufsicht nach dem WahrnG

8   **Möglichen Überschneidungen bei der Aufsicht** wird in § 18 Abs. 3 WahrnG Rechnung getragen. Damit wird zugleich auch die Kritik entschärft, die an der doppelten Aufsicht über Verwertungsgesellschaften – nach dem WahrnG und nach dem GWB – geübt worden ist (*Dietz* Rdnr. 586; *Mestmäcker/Schulze* Anm. 1; *Melichar* S. 60). Auch Banken und Versicherungen sind einer ähnlichen Doppelaufsicht unterworfen. Beide Aufsichtsarten haben im Übrigen eine unterschiedliche Zielrichtung: Die Aufsicht über Verwertungsgesellschaften nach dem WahrnG ist auf urheberrechtliche Tatbestände zugeschnitten; durch sie könnte ein kartellrechtswidriges Verhalten der Verwertungsgesellschaften zumindest in anderen Bereichen nicht verhindert werden (Bericht des Rechtsausschusses zu BTDrucks. IV/3402 S. 4; AmtlBegr. BTDrucks. IV/271 S. 12). Dabei werden die Eingriffsmöglichkeiten der Kartellbehörden als „vielfältiger" eingestuft als die des DPMA nach dem WahrnG; allerdings soll die „abstrakte" Kontrolle, etwa der Verteilungspläne, dem DPMA vorbehalten bleiben (BGH ZUM 1989, 80/83/84 – GEMA-Wertungsverfahren; vgl. *Mestmäcker*, Fs. für Lukes, 1989, S. 445/453 ff.; *Stockmann*, Fs. für Kreile, 1990, S. 25/37 warnt vor einer „kartellrechtlichen Schutzlücke", falls die Kartellbehörde nur zur Kontrolle konkreter Einzelfälle, nicht aber zur abstrakten Kontrolle noch so offensichtlich kartellrechtswidriger Verteilungspläne usw. befugt wäre).

§ 25 Änderung der Bundesgebührenordnung für Rechtsanwälte

In die Bundesgebührenordnung für Rechtsanwälte vom 26. Juli 1957 (Bundesgesetzbl. I S. 861, 907) wird nach § 65 a folgender § 65 b eingefügt:

„§ 65 b
Verfahren nach dem Gesetz
über die Wahrnehmung von Urheberrechten
und verwandten Schutzrechten

¹Im Verfahren vor dem Oberlandesgericht nach § 15 des Gesetzes über die Wahrnehmung von Urheberrechten und verwandten Schutzrechten vom 9. September 1965 (Bundesgesetzbl. I S. 1294) gelten die Vorschriften dieses Abschnitts sinngemäß. ²Die Gebühren richten sich nach § 11 Abs. 1 Satz 4."

1   § 25 trifft eine **besondere Gebührenbestimmung** für das Verfahren vor dem OLG nach § 15 aF, in dem die Entscheidung der Schiedsstelle nach § 14 Abs. 5 aF angefochten werden konnte. Da dieses Verfahren als erste und letzte gerichtliche Instanz gegen die Entscheidung der Schiedsstelle aF einem Berufungsverfahren gleich kam, sah § 25 ursprünglich vor, dass für dieses OLG-Verfahren die für die Berufungsinstanz geltenden Gebührensätze nach § 11 Abs. 1 S. 2 BRAGO idF vom 26. 7. 1957 (BGBl. I S. 907) maßgeblich sein sollten. Durch Art. 3 des Gesetzes zur Änderung von Kostengesetzen vom 9. 12. 1986 (BGBl. I S. 2326) wurde ua. § 11 Abs. 1 BRAGO neu gefasst und die Verweisung in § 65 b S. 2 BRAGO geändert, so dass sich die Beträge der Gebühren nach § 11 Abs. 1 S. 4 BRAGO bemaßen.

2   Nach der **Neugestaltung des Schiedsstellenverfahrens** durch die Urheberrechtsnovelle von 1985 fand § 25 ebenso wie die §§ 14, 15 aF nur noch auf solche Verfahren vor dem Ober-

landesgericht Anwendung, mit denen Entscheidungen der Schiedsstelle iS von § 14 Abs. 5 aF angefochten wurden. Dies konnte nur Schiedsstellenverfahren betreffen, die vor dem 1. Januar 1986 schon anhängig waren (s. § 26 a). Die Vorschrift hat damit keine praktische Bedeutung mehr.

§ 26 Aufgehobene Vorschriften

Mit Inkrafttreten dieses Gesetzes werden folgende Vorschriften aufgehoben, soweit sie nicht bereits außer Kraft getreten sind:
1. das Gesetz über Vermittlung von Musikaufführungsrechten vom 4. Juli 1933 (Reichsgesetzbl. I S. 452);
2. die Verordnung zur Durchführung des Gesetzes über die Vermittlung von Musikaufführungsrechten vom 15. Februar 1934 (Reichsgesetzbl. I S. 100).

Mit § 26 wurde die alte STAGMA-Gesetzgebung ausdrücklich außer Kraft gesetzt (s. Vor §§ 1 ff. Rdnr. 3).

§ 26a Anhängige Verfahren

Die §§ 14 bis 16 sind auf Verfahren, die bei Inkrafttreten dieses Gesetzes vor der Schiedsstelle anhängig sind, nicht anzuwenden; für diese Verfahren gelten die §§ 14 und 15 des Gesetzes über die Wahrnehmung von Urheberrechten und verwandten Schutzrechten in der Fassung vom 9. September 1965 (BGBl. I S. 1294).

§ 26a trug der Tatsache Rechnung, dass durch die **Neuregelung der §§ 14–16 WahrnG** im Wege der Urheberrechtsnovelle von 1985 Struktur, Aufgaben und Verfahren vor der Schiedsstelle vollständig neu gestaltet worden sind. Im Hinblick auf möglicherweise noch anhängige größere Altverfahren (Bericht des Rechtsausschusses, BTDrucks. 10/3360 S. 22) bestimmt § 26a deshalb, dass allein die alten Vorschriften über die Schiedsstelle (§§ 14, 15 aF) weiter gelten für solche Verfahren, die „bei Inkrafttreten dieses Gesetzes" – der Urheberrechtsnovelle von 1985 – vor der Schiedsstelle schon anhängig waren. 1

„**Inkrafttreten dieses Gesetzes**" kann in diesem Zusammenhang nur der 1. 1. 1986 sein, da zu diesem Datum die neuen Schiedsstellenvorschriften §§ 14–16 nF (Art. 4 Abs. 2 des Gesetzes zur Änderung von Vorschriften auf dem Gebiet des Urheberrechts vom 24. 6. 1985, BGBl. I S. 1137) und die neue Schiedsstellenverordnung (§ 17 UrhSchiedsV) in Kraft getreten sind (vgl. § 28 einzige Anm.). 2

Insgesamt ist die Vorschrift heute durch Zeitablauf gegenstandslos.

§ 27 Übergangsregelung zum Zweiten Gesetz zur Regelung des Urheberrechts in der Informationsgesellschaft

Für das Zweite Gesetz zur Regelung des Urheberrechts in der Informationsgesellschaft vom 26. Oktober 2007 gilt folgende Übergangsregelung:

(1) ¹Die Vergütungssätze, die in Gesamtverträgen vor dem 31. Dezember 2007 vereinbart worden sind, gelten als Tarife weiter, bis sie durch neue Vergütungssätze ersetzt werden, längstens aber bis zum 1. Januar 2010. ²Satz 1 gilt entsprechend für Tarife, die eine Verwertungsgesellschaft vor dem 31. Dezember 2007 aufgestellt hat. ³Satz 1 gilt entsprechend auch für die in der Anlage zu § 54d Abs. 1 des Urheberrechtsgesetzes in der bis zum 31. Dezember 2007 geltenden Fassung bestimmten Sätze, soweit sie an diesem Tag angewendet wurden.

(2) § 14 ist auf Verfahren, die am 1. Januar 2008 bei der Schiedsstelle bereits anhängig sind, mit der Maßgabe anzuwenden, dass die Jahresfrist nach § 14a Abs. 2 mit dem Inkrafttreten des genannten Gesetzes beginnt.

(3) § 16 Abs. 4 Satz 1 ist auf Verfahren, die am 1. Januar 2008 bereits beim Landgericht anhängig sind, nicht anzuwenden.

§ 27 Übergangsregelung zum Zweiten Gesetz

Schrifttum: *Müller,* Festlegung und Inkasso von Vergütungen für die private Vervielfältigung auf der Grundlage des „Zweiten Korbs", ZUM 2007, 777; *ders.,* Verbesserung des gesetzlichen Instrumentariums zur Durchsetzung von Vergütungsansprüchen für private Vervielfältigung, ZUM 2008, 377.

I. Allgemeines

1   § 27 aF enthielt ursprünglich die bei Inkrafttreten des WahrnG im Jahre 1966 übliche Berlin-Klausel. Sie war seit der Wiedervereinigung gegenstandslos geworden (vgl. 3. Aufl., § 27 einzige Anm.).

Der neue § 27 wurde in das WahrnG eingefügt durch das Zweite Gesetz zur Regelung des Urheberrechts in der Informationsgesellschaft vom 26. 10. 2007 (BGBl. I S. 2513). Die Bestimmung enthält Übergangsregelungen für die durch dieses Gesetz bewirkten Änderungen des WahrnG (insbesondere §§ 13a, 14a Abs. 2 und 16 Abs. 4), soll also den **Übergang vom alten auf das neue Vergütungssystem** gem. §§ 54ff. UrhG regeln (Beschlussempfehlung und Bericht des Rechtsauschusses BTDrucks. 16/5939 S. 77).

Zweck von § 27 Abs. 1 ist es zu verhindern, dass mit dem Inkrafttreten des neuen Gesetzes die Aufkommen für die Vergütungen gem. §§ 53ff. UrhG „wegbrechen", die Hersteller von Geräten und Speichermedien mit Berufung auf die neue Gesetzeslage also einseitig die Zahlung der bisher gesetzlich bestimmten Vergütung einstellen bzw. den Gesamtvertrag kündigen und damit die Berechtigten so lange leer ausgehen, bis die neuen Vergütungssätze, ggf. unter Einschaltung der Schiedsstelle, vereinbart oder festgesetzt werden. Hierzu ordnet § 27 in bestimmtem Rahmen die Weitergeltung der bisherigen Vergütungssätze an (Beschlussempfehlung und Bericht des Rechtsauschusses BTDrucks. 16/5939 S. 87). § 27 Abs. 1 knüpft an das Datum des Inkrafttretens des neuen Gesetzes (1. 1. 2008) an und regelt die Weitergeltung der davor, also vor dem 31. 12. 2007, **in Gesamtverträgen vereinbarten Vergütungssätze** (§ 27 Abs. 1 S. 1), der von einer Verwertungsgesellschaft vor dem 31. 12. 2007 **einseitig aufgestellten Tarife** (§ 27 Abs. 1 S. 2) sowie der am 31. 12. 2007 **gem. der Anlage zu § 54d Abs. 1 aF UrhG angewendeten Vergütungssätze** (§ 27 Abs. 1 S. 3); vor allem für letztere ist § 27 Abs. 1 besonders relevant. Mit Ausnahme von Abs. 1 S. 3, der auf eine ähnliche Regelung in § 13a Abs. 2 des Regierungsentwurfs zurückgeht, wurde § 27 Abs. 1 erst im Laufe des Gesetzgebungsverfahrens eingefügt.

§ 27 Abs. 2 und Abs. 3 dienen der Prozessökonomie und sollen vor der Schiedsstelle (Abs. 2) bzw. vor den Landgerichten (Abs. 3) anhängige Verfahren beschleunigen (AmtlBegr. BTDrucks. 16/1828 S. 79). **§ 27 Abs. 2** entspricht § 27 Abs. 1 idF des Regierungsentwurfs und enthält eine Übergangsregelung bezüglich der Jahresfrist gem. § 14a Abs. 2 für Streitfälle, die am 1. 1. 2008 bereits bei der Schiedsstelle anhängig sind. **§ 27 Abs. 3** entspricht § 27 Abs. 2 idF des Regierungsentwurfs und bestimmt, dass die Neuregelung des § 16 Abs. 4 S. 1, wonach auch für Streitfälle gem. § 14 Abs. 1 Nr. 1 lit. b ausschließlich das für den Sitz der Schiedsstelle zuständige Oberlandesgericht im ersten Rechtszug zuständig ist, nicht für bereits am 1. 1. 2008 vor dem Landgericht anhängige Verfahren gilt, diese also dort weiter betrieben werden können.

II. § 27 Abs. 1

2   Obwohl in § 27 Abs. 1 allgemein von in Gesamtverträgen vereinbarten Vergütungssätzen und von Tarifen der Verwertungsgesellschaften die Rede ist, ergibt sich aus dem Gesamtzusammenhang, dass es hier nur um die Gesamtverträge und Tarife bezüglich der Vergütungen iS. der §§ 53ff. UrhG geht.

Entsprechend seinem Zweck, ein Wegbrechen der bisherigen Vergütungszahlungen zu verhindern (so. Rdnr. 1), bestimmt § 27 Abs. 1, dass die Vergütungssätze nach dem bisherigen Recht zunächst weiter gelten sollen, und zwar unabhängig davon, ob sie mit den neuen gesetzlichen Bemessungsgrundlagen (§§ 54ff. UrhG) übereinstimmen. Dies gilt unabhängig davon, ob die bisher gezahlten Vergütungen auf gesamtvertraglicher Vereinbarung (**§ 27 Abs. 1 S. 1**), auf den einseitigen Tarifen der Verwertungsgesellschaften (**§ 27 Abs. 1 S. 2**), oder auf der bisher geltenden Anlage zu § 54d Abs. 1 aF UrhG beruhen (**§ 27 Abs. 1 S. 3**). Auf die in ungekündigten Gesamtverträgen vereinbarten Tarife findet § 27 dagegen keine Anwendung (*Müller* ZUM 2007, 777/787).

Voraussetzung für die gesetzliche Anordnung der Weitergeltung der bisherigen Vergütungssätze ist, dass alternativ (1) im Falle des § 27 Abs. 1 S. 1 der betreffende Gesamtvertrag **vor dem**

31. 12. 2007 vereinbart** wurde, (2) im Falle des § 27 Abs. 1 S. 2 die Verwertungsgesellschaft ihren Tarif **vor dem 31. 12. 2007 aufgestellt** hat, oder (3) im Falle des § 27 Abs. 1 S. 3 die gesetzlich bestimmten Vergütungssätze gem. der Anlage zu § 54d Abs. 1 aF UrhG auch tatsächlich **am 31. 12. 2007 angewendet** wurden.

Die bisherigen Vergütungssätze gelten so lange weiter, bis sie ersetzt werden (im Wege der Einigung durch die Beteiligten, der Annahme eines Entscheidungsvorschlags der Schiedsstelle oder einer rechtskräftigen Entscheidung des Gerichts, vgl. Schiedsstelle ZUM 2008, 892/894) durch in einem neuen bzw. abgeänderten Gesamtvertrag vereinbarte Vergütungssätze (die gem. § 13 Abs. 1 S. 2 als Tarif gelten) – dies dürfte die Regel sein – oder durch neue einseitige Tarife der Verwertungsgesellschaft, bei deren Aufstellung allerdings § 13a zu beachten ist (so. § 13a Rdnr. 3ff.). Die vom Gesetz bestimmte Weitergeltung der Vergütungssätze schließt daher weder eine **Kündigung bestehender Gesamtverträge** bzw. eine Abänderungsklage nach den allgemeinen Regeln (so. § 12 Rdnr. 13) aus, noch die **gerichtliche Überprüfung der Tarife** (vgl. § 13 Rdnr. 12) am Maßstab der neuen Rechtslage (Beschlussempfehlung und Bericht des Rechtsausschusses BTDrucks. 16/5939 S. 87). Werden die bisherigen Vergütungssätze in dieser Weise ersetzt, so gelten die neuen Vergütungssätze nicht rückwirkend, es sei denn, dies wird von den Parteien so vereinbart. Dies ist ein Gebot der Rechtssicherheit und folgt aus der gesetzlich angeordneten Weitergeltung der bisherigen Vergütungssätze (vgl. *Müller* ZUM 2007 S. 777/787).

Die **gesetzliche Weitergeltung** der bisherigen Vergütungssätze ist nicht zeitlich unbegrenzt angeordnet, sondern **läuft spätestens am 1. 1. 2010 aus**, also zwei Jahre nach Inkrafttreten des neuen Gesetzes. Mit diesem zweijährigen Übergangszeitraum sollte einerseits den Parteien genügend Zeit gegeben werden, um die Vergütungssätze der neuen Gesetzeslage anzupassen. Andererseits sollte durch den drohenden Zeitablauf Druck auf die Parteien ausgeübt werden, zu einer Einigung zu kommen. Denn, obwohl natürlich die Vergütungsansprüche als solche fortbestehen, ist nach Ablauf der Zweijahresfrist die Weiterzahlung der bisherigen Vergütungssätze nicht mehr gesetzlich garantiert (Beschlussempfehlung und Bericht des Rechtsausschusses BTDrucks. 16/5939 S. 88; kritisch *Wandtke/Bullinger/Gerlach*[3] Rdnr. 3; *Müller* ZUM 2007, 777/790; *ders.*, ZUM 2008, 377/378f., die davon ausgehen, dass die Frist einseitig zu Lasten der Verwertungsgesellschaften wirkt).

III. § 27 Abs. 2

Nach § 14a Abs. 2, der ebenfalls durch das Zweite Gesetz zur Regelung des Urheberrechts in der Informationsgesellschaft vom 26. 10. 2007 (BGBl. I S. 2513) in das WahrnG eingefügt wurde, ist die Schiedsstelle nunmehr verpflichtet, ihren **Einigungsvorschlag innerhalb eines Jahres** nach Anrufung vorzulegen. Dies soll der Beschleunigung des Schiedsstellenverfahrens dienen (so. § 14a Rdnr. 1). Um diesen Beschleunigungseffekt auch für laufende Verfahren vor der Schiedsstelle, die schon vor dem 1. 1. 2008 anhängig waren, zu nutzen, bestimmt § 27 Abs. 2, dass die besagte Jahresfrist für diese Verfahren ab dem Inkrafttreten des neuen Gesetzes beginnt.

Demnach mussten in schon vor dem 1. 1. 2008 anhängigen Schiedsstellenverfahren die Einigungsvorschläge bis zum 31. 12. 2008 vorgelegt werden. Das Recht der Parteien, der Verlängerung der Jahresfrist um jeweils ein halbes Jahr zuzustimmen (§ 14a Abs. 2 S. 2, so. § 14a Rdnr. 8), bleibt von § 27 Abs. 2 unberührt.

IV. § 27 Abs. 3

Nach § 16 Abs. 4 S. 1 – ebenfalls geändert durch das Zweite Gesetz zur Regelung des Urheberrechts in der Informationsgesellschaft vom 26. 10. 2007 (BGBl. I S. 2513) – entscheidet nunmehr ausschließlich das für den Sitz der Schiedsstelle zuständige Oberlandesgericht im ersten Rechtszug nicht nur, wie schon bisher, über Gesamtvertragsstreitigkeiten, sondern auch über die Einzelstreitfälle betreffend die Vergütungspflicht nach §§ 54 oder 54c UrhG (§ 14 Abs. 1 Nr. 1 lit. b). Damit musste eine Übergangsregelung gefunden werden für die Verfahren über solche Streitfälle, die am 1. 1. 2008, also dem Zeitpunkt des Inkrafttretens der neuen Regelung, **bereits vor dem Landgericht anhängig** waren.

§ 27 Abs. 3 bestimmt, dass derartige Verfahren vor dem Landgericht fortgesetzt werden können, also nicht etwa auf Grund der Neuregelung des § 16 Abs. 4 S. 1 vor dem Oberlandesgericht neu eingeleitet werden müssen. Damit sollte eine Verzögerung der betroffenen Verfahren vermieden werden (AmtlBegr. BTDrucks. 16/1828 S. 79).

§ 28 Inkrafttreten

(1) § 14 Abs. 7 tritt am Tage nach der Verkündung dieses Gesetzes in Kraft.
(2) Im übrigen tritt dieses Gesetz am 1. Januar 1966 in Kraft.

Tag der **Verkündung des WahrnG** war der 16. 9. 1965. Damit ist § 14 Abs. 7 aF (Verordnungsermächtigung zur Regelung des Schiedsstellenverfahrens) am 17. 9. 1965, das übrige WahrnG am 1. 1. 1966 in Kraft getreten.

Tag der Verkündung der **Urheberrechtsnovelle von 1985** war der 24. 6. 1985. § 15 nF ist damit am 25. 6. 1985 in Kraft getreten (Art. 4 Abs. 1 des Gesetzes zur Änderung von Vorschriften auf dem Gebiet des Urheberrechts vom 24. 6. 1985, BGBl. I S. 1137). Die mit der Urheberrechtsnovelle von 1985 eingefügten Neuvorschriften in § 13 Abs. 3 nF, § 13a nF, § 13b nF, § 20a nF und § 26 nF sind am 1. 7. 1985 in Kraft getreten (Art. 4 Abs. 3 des Änderungsgesetzes), die Vorschriften zur Neuregelung des Schiedsstellenverfahrens, § 14 nF, § 14a nF, § 14b nF, § 14c nF, und § 16 nF dagegen erst am 1. 1. 1986 (Art. 4 Abs. 2 des Änderungsgesetzes). Die Änderungen der §§ 9 und 20 durch das Bilanzrichtliniengesetz sind am 1. 1. 1986 in Kraft getreten. Die durch die **Urheberrechtsnovelle vom 23. 6. 1995** (BGBl. I S. 842) geänderten Bestimmungen in § 13a sowie die Aufhebung von § 20a sind am 1. 7. 1995 in Kraft getreten.

Die durch das **4. UrhGÄndG vom 8. 5. 1998** (BGBl. I S. 902) geänderten bzw. eingefügten §§ 13b Abs. 3 und 4, 14 Abs. 1 und 6, 14a Abs. 3, 14b Abs. 1, 14d und 16 Abs. 2 und 4 sind am 1. 6. 1998 in Kraft getreten. § 30 GWB, der § 102a GWB aufgehoben und damit § 24 WahrnG gegenstandslos gemacht hatte, ist durch das **6. Gesetz zur Änderung des Gesetzes gegen Wettbewerbsbeschränkungen vom 26. 8. 1998** (BGBl. I S. 2546) eingefügt worden und am 1. 1. 1999 in Kraft getreten.

Die Änderungen in § 11 Abs. 1 und 2, der neue § 13 Abs. 4, die Änderungen in § 13b Abs. 2, der neue § 19 Abs. 2 und die Änderung des § 21 wurden durch das **Gesetz zur Regelung des Urheberrechts in der Informationsgesellschaft vom 10. 9. 2003** (BGBl. I S. 1774) in das WahrnG eingefügt und sind am 13. 9. 2003 in Kraft getreten.

Die Aufhebung von § 30 GWB wurde durch das **Siebte Gesetz zur Änderung des Gesetzes gegen Wettbewerbsbeschränkungen vom 7. 7. 2005** (BGBl. I S. 1954) beschlossen und ist am 1. 7. 2005 in Kraft getreten.

Die Änderungen des WahrnG durch das **Zweite Gesetz zur Regelung des Urheberrechts in der Informationsgesellschaft vom 26. 10. 2007** (BGBl. I S. 2513) betreffen die §§ 13, 13a (neu eingefügt), 13b, 13c, 14, 14a, 14c, 14e (neu eingefügt), 16, 17a (neu eingefügt) und 27 (neu eingefügt). Sie sind am 1. 1. 2008 in Kraft getreten.

Entscheidungsübersicht Recht am eigenen Bild

Bundesgerichtshof

Datum Aktenzeichen	Stichwort	BGHZ	GRUR	Schulze	AfP (ArchPR)	NJW (NJW-RR)	ZUM (ZUM-RD)	Sonstige	Bemerkung
8. 5. 1956 I ZR 62/54	Paul Dahlke	20, 345	1956, 427	BGHZ 25		1956, 1554		UFITA 22 (1956) 361	Herstellerfirma wirbt mit Pressefoto „Dahlke auf Motorroller"
10. 5. 1957 I ZR 234/55	Spätheimkehrer	24, 200	1957, 494	BGHZ 36		1957, 1315		UFITA 25 (1958) 89	Bildunterschleichung und -veröffentlichung mit Namensnennung
14. 2. 1958 I ZR 151/56	Herrenreiter	26, 349	1958, 408	BGHZ 43		1958, 827		UFITA 25 (1958) 452	Werbeplakat für potenzsteigerndes Präparat
17. 11. 1960 I ZR 87/59	Familie Schölermann		1961, 138	BGHZ 82		1961, 558		UFITA 34 (1961) 86	Szenenfoto aus Fernsehserie in zwei Werbeprospekten für Fernsehgeräte
10. 11. 1961 I ZR 78/60	Hochzeitsbild		1962, 211	BGHZ 90				UFITA 37 (1962) 110	Bildverwendung für Ehevermittlungsaktion
5. 1. 1962 VI ZR 72/61	Doppelmörder		1962, 324	BGHZ 92		1962, 1004		UFITA 37 (1962) 120	Irreführender Zeitungsausschnitt (Nachbarbild zu fremdem Text) in UFA-Wochenschau
5. 3. 1963	Fernsehansagerin	39, 124	1963, 490	BGHZ 103		1963, 902		UFITA 40 (1963) 152	Schmähkritik über Aussehen („Ausgemolkene Ziege")
VI ZR 55/62 15. 1. 1965	Wie uns die Anderen sehen		1965, 495	BGHZ 120		1965, 1374		UFITA 44 (1965) 157	Bild mit herabsetzendem Text („Prototyp des satten Deutschen")
9. 6. 1965 Ib ZR 4/63	Spielgefährtin I		1966, 102	BGHZ 123		1965, 2148		UFITA 47 (1966) 246	Kein schutzwürdiges Interesse der Allgemeinheit an Bildberichterstattung
16. 9. 1966 Ib ZR 126/63	Vor unserer eigenen Tür		1967, 205	BGHZ 137		1966, 2353		UFITA 50 (1967) 255	Fernsehbericht mit Bezug zu Volksgerichtshofsverfahren
20. 2. 1968 VI ZR 268/64	Ligaspieler	49, 288	1968, 652	BGHZ 150		1968, 1091		UFITA 55 (1970) 293	Vertrieb der Einzelbildnisse von Fußballspielern bedarf der Zustimmung
7. 1. 1969 VI ZR 200/66	Spielgefährtin II		1969, 301	BGHZ 156				UFITA 55 (1970) 309	Schwerwiegender Eingriff verneint
26. 1. 1971 VI ZR 95/70	Liebestropfen		1972, 97	BGHZ 187	1971, 76	1971, 698		UFITA 60 (1971) 292	Foto aus Aufklärungsfilmen für Werbeanzeige für Sexualpräparat
5. 3. 1974 VI ZR 89/73	Todesgift		1974, 794	BGHZ 211	1975, 756			UFITA 72 (1975) 311	Familienfoto mit verstorbenen Heroinsüchtigen

Entsch. KUG — Entscheidungsübersicht Recht am eigenen Bild

Datum Aktenzeichen	Stichwort	BGHZ	GRUR	Schulze	AfP (ArchPR)	NJW (NJW-RR)	ZUM (ZUM-RD)	Sonstige	Bemerkung
2. 7. 1974 VI ZR 121/73	Nacktaufnahmen		1975, 561	BGHZ 215		1974, 1947		UFITA 73 (1975) 263	Einwilligungserfordernis einer Minderjährigen
6. 2. 1979 VI ZR 46/77	Fußballspieler		1979, 425	BGHZ 255	1980, 101			UFITA 85 (1979) 264	Keine Einwilligung für Bild eines Fußballstars als Kalenderdeckblatt
26. 6. 1979 VI ZR 108/78	Fußballtor		1979, 732	BGHZ 261	1979, 345	1979, 2205		UFITA 86 (1980) 223	Abbildung („Torwart von hinten") in Werbeanzeige für Fernsehgeräte
27. 11. 1979 VI ZR 148/78	Wahlkampf-illustrierte			BGHZ 267	1980, 35	1980, 994		UFITA 81 (1980) 272	SPD-Mitglied auf Titelblatt einer CDU-Werbebroschüre
22. 1. 1985 VI ZR 28/83	Nacktfoto		1985, 398		1985, 110	1985, 1617			Keine Gesamtschuld bei getrennten Verletzungshandlungen; s. OLG Stuttgart vom 16. 12. 1981, 3. 11. 1982 und 9. 12. 1982
14. 10. 1986 VI ZR 10/86	NENA		1987, 128	BGHZ 356					Vergütungsanspruch der Verwertungsgesellschaft
14. 4. 1992 VI ZR 285/91	Talkmaster-Photo		1992, 557		1992, 149	1992, 2084	1993, 140	MDR 1992, 647	Verschulden bei Veröffentlichung ohne Einwilligung
12. 10. 1993 VI ZR 23/93	Alle reden vom Klima		1994, 391	BGHZ 429	1993, 736	1994, 124	1994, 431	MDR 1994, 558	Recht auf freie Meinungsäußerung und allgemeines Persönlichkeitsrecht
15. 11. 1994 VI ZR 56/94	Caroline von Monaco (Erfundenes Exklusiv-Interview)	128, 1	1995, 224		1995, 411	1995, 861		MDR 1995, 804 JZ 1995, 360	Unwahre Tatsachenbehauptung; Eingriff zwecks Auflagensteigerung
14. 3. 1995 VI ZR 52/94	Kundenzeitschrift				1995, 495	NJW-RR 1995, 789	1995, 618		Abbildung eines bekannten Schauspielers auf kostenloser Kundenzeitschrift mit inhaltsarmem Bericht
17. 10. 1995 VI ZR 352/94	Schauspielerehe				1996, 999	1996, 999			Persönlichkeitsrechtsverletzung als nicht vermögensrechtliche Streitigkeit, wenn nicht Wahrung wirtschaftlicher Belange erstritten wird
14. 11. 1995 VI ZR 410/94	Gedenkmedaille		1996, 195	BGHZ 447	1996, 66	1996, 593	1996, 240	MDR 1996, 163	Abbildung einer absoluten Person der Zeitgeschichte ohne Einwilligung der Angehörigen
5. 12. 1995 VI ZR 332/94	Caroline von Monaco		1996, 373		1996, 137	1996, 984	1996, 308	MDR 1996, 366 VersR 1996, 339	Besondere Bedeutung des Präventionsgedankens bei Bemessung einer Geldentschädigung

Entscheidungsübersicht Recht am eigenen Bild

Datum Aktenzeichen	Stichwort	BGHZ	GRUR	Schulze	AfP (ArchPR)	NJW (NJW-RR)	ZUM (ZUM-RD)	Sonstige	Bemerkung
12. 12. 1995 VI ZR 223/94	Wiederholungsveröffentlichung		1996, 227			1996, 985	1996, 243	MDR 1996, 365	Wiederholte und hartnäckige Verletzung des Rechts am eigenen Bild um des wirtschaftlichen Vorteils willen
19. 12. 1995 VI ZR 15/95	Caroline von Monaco II	131, 332	1996, 923		1996, 140	1996, 1128	1996, 405	WRP 1996, 412 MDR 1996, 913	Erweiterung des Schutzes der Privatsphäre bei absoluter Personen der Zeitgeschichte
1. 10. 1996 VI ZR 206/95	Bob Dylan		1997, 125		1997, 475	1997, 1152	1997, 133	MDR 1997, 147	Verletzung des Rechts am eigenen Bild eines weltbekannten Popmusikers durch Abbildung auf Cover einer CD mit Konzertmitschnitt
29. 6. 1999 VI ZR 264/98	Prinz von Hannover		1999, 1034		1999, 350	1999, 2893	1999, 734	VersR 1999, 1250 WRP 1999, 1043	Nennung eines Ehebruchs als Scheidungsgrund
1. 12. 1999 I ZR 49/97	Marlene Dietrich	143, 214	2000, 709	BGHZ 477	2000, 356	2000, 2195	2000, 582	JZ 2000, 1056	Schadensersatzanspruch bei Verletzung der vermögenswerten Bestandteile des postmortalen Persönlichkeitsrechts
1. 12. 1999 I ZR 226/97	Der blaue Engel		2000, 715	BGHZ 478	2000, 354	2000, 2201	2000, 589	VersR 2000, 1160 WRP 2000, 754	Abbildung eines Doppelgängers einer berühmten Person als Bildnis der berühmten Person; s. OLG München, 17. 1. 2003 – 21 U 2664/01
14. 5. 2002 VI ZR 220/01	Marlene Dietrich II	151, 26	2002, 690			2002, 2317	2002, 634	VersR 2002, 903 WRP 2002, 999	Werbung für Presseerzeugnis mit Bildnis einer Person der Zeitgeschichte
3. 7. 2003 I ZR 297/00	Olympiasiegerin		2003, 899		2003, 432	NJW-RR 2003, 1278		WRP 2003, 1116	Weite Auslegung eines Unterlassungsvertrags bei Namensrechtsverletzung
30. 9. 2003 VI ZR 89/02	Satirische Fotomontage	156, 206	2004, 590	BGHZ 535	2004, 51	2004, 596	2004, 125	WRP 2004, 240 MDR 2004, 334 JZ 2004, 577	Satirische Fotomontage
9. 12. 2003 VI ZR 373/02	Feriendomizil I		2004, 438		2004, 119	2004, 762	2004, 207	MDR 2004, 507 JZ 2004, 622	Veröffentlichung von Luftbildaufnahmen von Feriendomizilen Prominenter
9. 12. 2003 I ZR 404/02	Feriendomizil II		2004, 442	BGHZ 527	2004, 116	2004, 766		VersR 2004, 525 WRP 2004, 370	Veröffentlichung von Luftbildaufnahmen von Feriendomizilen Prominenter
9. 3. 2004 VI ZR 217/03	Charlotte Casiraghi I	158, 218	2004, 592		2004, 267	2004, 1795	2004, 465	WRP 2004, 772	Foto einer Begleitperson zur Illustration eines Artikels
28. 9. 2004 VI ZR 302/03								juris	Veröffentlichung von Fotos in anderem Zusammenhang

Entsch. KUG

Datum Aktenzeichen	Stichwort	BGHZ	GRUR	Schulze	AfP (ArchPR)	NJW (NJW-RR)	ZUM (ZUM-RD)	Sonstige	Bemerkung
28. 9. 2004 VI ZR 303/03	Springturnierfotos I				2004, 533			WRP 2004, 1494	Persönlichkeitsrecht einer Person, die weder ein Amt bekleidet noch eine sonstige Position im öffentlichen Leben ausfüllt; Veröffentlichung von Fotos in anderem Zusammenhang
28. 9. 2004 VI ZR 305/03	Charlotte Casiraghi II (Springturnierfotos II)		2005, 74		2004, 534	2005, 56	2005, 919	WRP 2005, 120 K&R 2005, 134	Veröffentlichung von Fotos in anderem Zusammenhang; Schutzbedürfnis von Jugendlichen und Kindern
5. 10. 2004 VI ZR 255/03	Tochter von Caroline von Hannover	160, 298	2005, 179		2005, 65	2005, 215	2005, 157	VersR 2005, 125 MDR 2005, 393 K&R 2005, 82	Rechtsnatur und Bemessung der Geldentschädigung wegen Persönlichkeitsverletzung
19. 10. 2004 VI ZR 292/03	„Rivalin" von Uschi Glas		2005, 76		2004, 540	2005, 594	2005, 155	VersR 2005, 84 K&R 2005, 117 MDR 2005, 334	„Mediales Vorverhalten" des Abgebildeten
15. 11. 2005 VI ZR 286/04	Pressebericht über Verkehrsverstoß (Ernst August von Hannover)		2006, 257		2006, 62	2006, 599	2006, 323	VersR 2006, 274 WRP 2006, 261	Straftat als Ereignis der Zeitgeschichte; Vorverhalten in der Öffentlichkeit
6. 12. 2005 VI ZR 265/04	Mordkommission Köln (Postmortaler Persönlichkeitsschutz)	165, 203	2006, 252		2006, 67	2006, 605	2006, 211	VersR 2006, 276 WRP 2006, 359	Kein Anspruch auf Geldentschädigung bei Verletzung des postmortalen Persönlichkeitsschutzes
5. 10. 2006 I ZR 277/03	kinski-klaus.de	169, 193	2007, 168		2007, 42	2007, 684	2007, 54	VersR 2007, 550 WRP 2007, 78 MDR 2007, 417 JZ 2007, 364	Übertragbarkeit der Schutzdauer des Rechts am eigenen Bild auf das postmortale Persönlichkeitsrecht
26. 10. 2006 I ZR 182/04	Rücktritt des Finanzministers	169, 340	2007, 139		2006, 559	2007, 689	2007, 55	VersR 2007, 509 WRP 2007, 83 JZ 2007, 475	Verwendung des Bildnisses eines prominenten Politikers in einer Werbeanzeige
6. 3. 2007 VI ZR 51/06	Winterurlaub	171, 275	2007, 527		2007, 208	2007, 1977	2007, 651	VersR 2007, 957 WRP 2007, 789 EuGRZ 2007, 499	Berücksichtigung des Informationsinteresses bei der Interessenabwägung

Datum Aktenzeichen	Stichwort	BGHZ	GRUR	Schulze	AfP (ArchPR)	NJW (NJW-RR)	ZUM (ZUM-RD)	Sonstige	Bemerkung
6. 3. 2007 VI ZR 52/06	Caroline von Hannover (7 TAGE)						2007, 470	WRP 2007, 648 EuGRZ 2007, 503	Urlaub als Kernbereich der geschützten Privatsphäre bei Prominenten; aufgehoben durch BVerfG 26. 2. 2008 – 1 BvR 1626/07
6. 3. 2007 VI ZR 13/06	Abgestuftes Schutzkonzept I		2007, 523		2007, 121	2007, 1981	2007, 382	VersR 2007, 697 WRP 2007, 644 K&R 2007, 313	Umfang der geschützten Privatsphäre bei Bildveröffentlichung von Prominenten – zum abgestuften Schutzkonzept der §§ 22, 23 KUG; Berücksichtigung der Wortberichterstattung bei Abwägung
6. 3. 2007 VI ZR 14/06	Caroline von Hannover gegen Zeitschrift „Frau Aktuell"							EuGRZ 2007, 504	Umfang der geschützten Privatsphäre
19. 6. 2007 VI ZR 12/06	Grönemeyer		2007, 899		2007, 472	2007, 3440	ZUM-RD 2007, 397	VersR 2007, 1135	Zulässigkeit der Bildveröffentlichung der Lebensgefährtin eines bekannten Musikers – Interessenabwägung zwischen Informationsinteresse und Schutz der Privatsphäre
3. 7. 2007 VI ZR 164/06	Abgestuftes Schutzkonzept II		2007, 902		2007, 475	2008, 749	2007, 858	VersR 2007, 1283 WRP 2007, 1216 MDR 2007, 1314	Zum abgestuften Schutzkonzept bei Prominenten
13. 11. 2007 VI ZR 269/06	„kerngleiche" Berichterstattung		2008, 446		2008, 187	2008, 1593	2008, 437	MDR 2008, 506 WRP 2008, 495	Vorbeugende Unterlassungsklage gegen eine ähnliche oder „kerngleiche" Bildberichterstattung in der Zukunft
13. 11. 2007 VI ZR 265/06	Unzulässigkeit einer „vorbeugenden Unterlassungsklage"	174, 262					ZUM-RD 2008, 294	VersR 2008, 552 WRP 2008, 673	Vorbeugende Unterlassungsklage gegen eine ähnliche oder „kerngleiche" Bildberichterstattung in der Zukunft
24. 6. 2008 VI ZR 156/06	Einkaufsbummel nach Abwahl	177, 119	2008, 1017		2008, 499	2008, 3134	2008, 789	VersR 2008, 1268 WRP 2008, 1221 MDR 2008, 1097	Presseberichterstattung über Rücktritt einer Ministerpräsidentin; Informationsinteresse der Allgemeinheit, Belästigung durch Fotoreporter rechtfertigt nicht ohne weiteres Ansprüche auf Auskunft, Herausgabe und Vernichtung

Datum Aktenzeichen	Stichwort	BGHZ	GRUR	Schulze	AfP (ArchPR)	NJW (NJW-RR)	ZUM (ZUM-RD)	Sonstige	Bemerkung
1. 7. 2008 VI ZR 67/08	Urlaubsfoto von Caroline (Vermietung der Ferienvilla)		2008, 1020		2008, 503	2008, 3141	2008, 785	VersR 2008, 1411 WRP 2008, 1367	Bericht über Vermietung einer Ferienvilla kann Anlass für sozialkritische Überlegungen geben
1. 7. 2008 VI ZR 243/06	Shopping mit Putzfrau auf Mallorca		2008, 1024		2008, 507	2008, 3138	ZUM-RD 2008, 457	VersR 2008, 1506 WRP 2008, 1363 MDR 2008, 1213	Zulässigkeit der Bildberichterstattung ohne Einwilligung der abgebildeten Prominenten in einer Situation aus ihrem privaten Alltag
14. 10. 2008 VI ZR 260/06	Kleiner Spaziergang in St. Rémy				2008, 608		ZUM-RD 2009, 11	VersR 2009, 511 WRP 2009, 204	Interviews können regelmäßig Abbildungen des Ehegatten zur Bebilderung eines Presseartikels über Erkrankung nicht rechtfertigen
14. 10. 2008 VI ZR 256/06	Prinz Ernst August Höllen-Qualen				2008, 606		2009, 58	WRP 2009, 198 VersR 2009, 76 MDR 2009, 86	Interviews einer Person des öffentlichen Interesses können ohne ihre Einwilligung nur ausnahmsweise die Veröffentlichung eines Fotos zur Bebilderung eines Presseartikels über ihre Erkrankung rechtfertigen
14. 10. 2008 VI ZR 271/06	2003, Zürs am Arlberg, Sonnenterrasse II				2008, 609		ZUM-RD 2009, 7	VersR 2009, 513 WRP 2009, 201	Schutz privater Vorgänge auch Gesundheitszustand des Ehemanns
14. 10. 2008 VI ZR 272/06	Gesundheitszustand von Prinz Ernst August von Hannover (2003, Zürs am Arlberg, Sonnenterrasse I)		2009, 86		2008, 610	2009, 754	ZUM-RD 2009, 4	VersR 2009, 78 WRP 2009, 195 MDR 2009, 85	Erkrankung fällt unter Schutz der Privatsphäre; Ausnahmen möglich bei besonderem Personenkreis wie bspw. Politikern, Wirtschaftsführern oder Staatsoberhäuptern
28. 10. 2008 VI ZR 307/07	Karsten Speck	178, 213	2009, 150		2009, 51	2009, 757	2009, 148	VersR 2009, 268 WRP 2009, 190 MDR 2009, 204	Bildberichterstattung über Strafvollzug bei bekanntem Schauspieler ohne Einwilligung zulässig, wenn durch Bedürfnis nach demokratischer Kontrolle der Strafvollstreckungsbehörden gerechtfertigt

Datum Aktenzeichen	Stichwort	BGHZ	GRUR	Schulze	AfP (ArchPR)	NJW (NJW-RR)	ZUM (ZUM-RD)	Sonstige	Bemerkung
17. 2. 2009 VI ZR 75/08	Sabine Christiansen mit Begleiter		2009, 665		2009, 256	2009, 1502	2009, 560	VersR 2009, 841 WRP 2009, 738 MDR 2009, 687	Grenzen des Veröffentlichungsrechts von Bildern, die im öffentlichen Raum entstanden sind, aber private Lebensvorgänge Prominenter zeigen
10. 3. 2009 VI ZR 261/07	Enkel von Fürst Rainier	180, 114	2009, 584		2009, 485	2009, 1499	ZUM-RD 2009, 241	VersR 2009, 843 WRP 2009, 741 MDR 2009, 683	Zulässigkeit von Wort- und Bildberichterstattung im Fernsehen über Mitglied des Hochadels
11. 3. 2009 I ZR 8/07	Wer wird Millionär?		2009, 1085			2009, 3032	ZUM-RD 2009, 517	WRP 2009, 1269	Begleittext als beliebiger Anlass für eine Abbildung; Presseorgan, das ausschließlich Geschäftsinteressen verfolgt
26. 5. 2009 VI ZR 191/08	Kannibale von Rotenburg				2009, 398	2009, 3576	ZUM-RD 2009, 429	VersR 2009, 1085 WRP 2009, 986	Zulässigkeit der Filmdarstellung einer spektakulären Straftat
26. 5. 2009 VI ZR 174/08	Gebührenrechtlich dieselbe Angelegenheit				2009, 394		2009, 762	WRP 2009, 992 VersR 2009, 1269	Schadensersatz bei Persönlichkeitsrechtsverletzung; dieselbe Angelegenheit im gebührenrechtlichen Sinne
23. 6. 2009 VI ZR 232/08	Andrea Casiraghi mit Fliege		2009, 1091		2009, 406	2009, 2823	ZUM-RD 2009, 499	WRP 2009, 990 VersR 2009, 1272	Reichweite einer Unterlassungsverpflichtungserklärung im Hinblick auf die rechtswidrige Verbreitung eines Prominentenfotos
6. 10. 2009 VI ZR 314/08 VI ZR 315/08	Kinder von Franz Beckenbauer						ZUM-RD 2010, 24	VersR 2009, 1675 WRP 2010, 104 MDR 2010, 84	Kein Anspruch auf generelle Unterlassung der Bildberichterstattung bei Minderjährigen
29. 10. 2009 I ZR 65/07	Boris Becker in der FAS							juris	Werbung einer Zeitung mit Abbildung eines Prominenten ohne rechtfertigende Berichterstattung ausnahmsweise zulässig
9. 2. 2010 VI ZR 243/08 VI ZR 244/08	Sedlmayr-Mörder							juris	Zulässigkeit der Archivierung und dauerhaften Bereithaltens von Meldungen im Internet

Kammergericht/Oberlandesgerichte

Ort Datum Aktenzeichen	Stichwort	GRUR	Schulze	AfP (ArchPR)	NJW (NJW-RR)	ZUM (ZUM-RD)	Sonstige	Bemerkung
Berlin 10. 4. 1953 5 U 477/53	Verurteilter Richter I		KGZ 14					Standesamtsfoto im Bereich der Zeitgeschichte
Berlin 10. 4. 1953 5 U 478/53	Verurteilter Richter II		KGZ 15					Verbreitung und Herausgabe weiterer Fotos
Berlin 23. 1. 1968 9 U 2001/67	Spionageverdacht			ArchPR XIII 1968, 56				Intimbericht über Untersuchungsgefangenen
Berlin 17. 5. 1968 5 U 91/68	CAN-CAN-Tänzerin		KGZ 49					Erlaubte Fernsehveröffentlichung gilt nicht für sexualbezogene Magazine
Berlin 8. 4. 1969 5 U 2179/68	Das Wunder der Liebe		KGZ 72	ArchPR XV 1970, 130				Filmbild für Aufklärungsserie gleichen Autors
Berlin 11. 7. 1975 9 W 622/75	Männlicher Mädchentyp		KGZ 72	ArchPR XX 1975, 30				Bericht über Strafverfahren
Berlin 5. 7. 1979 12 U 1277/79	Spielendes Kind		KGZ 72		1980, 894		MDR 1980, 311	Aufnahme zum Beweis für Baufälligkeiten
Berlin 30. 9. 1980 5 U 1522/80	Rocksänger		KGZ 77				UFITA 90 (1981) 163	Erlaubte Bildverwendung in Biographie
Berlin 28. 6. 1994 9 U 4840/93	Videoüberwachung						KGR Berlin 1994, 166	Überwachung öffentlicher Wege und des Zugangsbereichs fremder Grundstücke durch Videokamera
Berlin 30. 1. 1996 5 U 7926/95	Verhüllter Reichstag – Christo I				1996, 2378			Herstellung/Verbreitung einer Gedenkmedaille mit dem Motiv des verhüllten Reichstags; unfreie Benutzung Siehe BGH 1. 12. 1999 – I ZR 49/97
Berlin 5. 11. 1996 5 U 7890/95	Marlene Dietrich			1997, 926			KGR Berlin 1997, 124	

Ort Datum Aktenzeichen	Stichwort	GRUR	Schulze	AfP (ArchPR)	NJW (NJW-RR)	ZUM (ZUM-RD)	Sonstige	Bemerkung
Berlin 2. 9. 2003 9 U 15/03	Springturnier-fotos						KGR Berlin 2004, 111	Siehe BGH 2. 9. 2003 – VI ZR 302/03
Berlin 2. 9. 2003 9 U 180/03	Charlotte Casiraghi					ZUM-RD 2004, 10	KGR Berlin 2004, 367	Geldentschädigung für Kind einer absoluten Person der Zeitgeschichte
Berlin 4. 3. 2004 10 U 76/03	Reitturnier					ZUM-RD 2004, 511		Abbildung eines Kindes prominenter Eltern beim Besuch eines Reitturniers
Berlin 22. 6. 2004 9 U 53/04	Lebenspartnerin von Herbert Grönemeyer	2004, 1056		2004, 556	2005, 603	2005, 76	MMR 2004, 616	Begleitsituation an einem öffentlichen Ort, selbst gewecktes Öffentlichkeitsinteresse
Berlin 14. 9. 2004 9 U 84/04	Rasender Prinz	2004, 1059		2004, 559	2004, 3637	2004, 922		Selbst erregtes Öffentlichkeitsinteresse; siehe BGH 15. 11. 2005 – VI ZR 286/04
Berlin 29. 10. 2004 9 W 128/04	Lebenspartnerin von Herbert Grönemeyer II	2005, 79		2004, 564	2005, 605	2005, 73		Begleitsituation, Fotos aus privatem Alltagsleben, Urteil im Licht der EGMR-Entscheidung „Caroline von Hannover"
Berlin 23. 8. 2005 9 U 17/05	Straffälliger Politiker				NJW-RR 2005, 1711	2005, 891	WRP 2005, 1418 KGR Berlin 2005, 924	Verbot Presseberichterstattung über zurückliegende Straftat eines ehemaligen Politikers
Berlin 13. 6. 2006 9 U 251/05	Simonis			2006, 369		ZUM-RD 2006, 552	WRP 2006, 1035 KGR Berlin 2006, 850	Umfang des Privatsphärenschutzes für ehemalige Ministerpräsidentin; nachgehend BGH 24. 6. 2008 – VI ZR 156/06
Berlin 15. 6. 2006 10 U 184/05	El Presidente				NJW-RR 2007, 345	ZUM-RD 2006, 378	KGR Berlin 2007, 408 GRUR-RR 2007, 126	Veröffentlichung eines kontextgerechten oder kontextneutralen Fotos eines in der Öffentlichkeit bekannten Verdächtigen
Berlin 20. 6. 2006 9 U 47/06	Schauspieler im offenen Vollzug			2007, 48	2007, 703	2006, 926	KGR Berlin 2006, 1040	Unzulässigkeit von Fotos wegen der Art ihres Zustandekommens
Berlin 14. 7. 2006 9 U 228/05	Unterweltkönig					ZUM-RD 2007, 115		Berechtigtes Interesse eines Tatverdächtigen nicht in demütigendem Zustand abgebildet zu werden
Berlin 28. 7. 2006 9 U 191/05	Zärtliche Freundschaft	2007, 80		2006, 477	NJW-RR 2007, 47	2007, 538	KGR Berlin 2006, 988	Unterlassungsgebot bei Bildverbreitung muss an konkrete Verletzungshandlung knüpfen

Entsch. KUG

Ort / Datum / Aktenzeichen	Stichwort	GRUR	Schulze	AfP (ArchPR)	NJW (NJW-RR)	ZUM (ZUM-RD)	Sonstige	Bemerkung
Berlin 28. 7. 2006 9 U 226/05	Einkaufsbummel auf Mallorca Portraitfotos	2007, 82		2006, 479	NJW-RR 2007, 109	2006, 872	WRP 2006, 1262 KGR Berlin 2006, 984	Grenzen des Privatsphärenschutzes einer absoluten Person der Zeitgeschichte
Berlin 22. 8. 2006 9 W 114/06						2007, 60	KGR Berlin 2006, 1040	Verbotsumfang einstweiliger Verfügung gegen Bildnisveröffentlichung
Berlin 5. 9. 2006 9 W 127/06	Freundin des ehemaligen Bundesaußenministers			2006, 567			KGR Berlin 2007, 62	Erkennbarkeit einer Person als Voraussetzung des Bildnisschutzes
Berlin 6. 11. 2006 10 U 282/05	Franziska van Almsick					ZUM-RD 2007, 53	KGR Berlin 2007, 195	Berechtigte Privatheitserwartung als Kriterium für die Rechtmäßigkeit der Bildnisveröffentlichung
Berlin 9. 2. 2007 9 U 196/06	Ehekrisendokumentation			2007, 366				Keine Rechtfertigung durch Spekulationen nach § 23 Abs. 1 Nr. 1 KUG, Veröffentlichung neutraler Fotos
Berlin 2. 3. 2007 9 U 212/06	Tätlicher Angriff			2007, 139	NJW-RR 2007, 1196	2007, 475	KGR Berlin 2007, 493	Verletzung der Intimsphäre bzw. Menschenwürde, Abwägung allgemeines Persönlichkeitsrecht und Berichterstattungsinteresse
Berlin 16. 3. 2007 9 U 88/06	DDR-Polit-Offizier	2007, 813				ZUM-RD 2007, 458	KGR Berlin 2007, 649 GRUR-RR 2007, 247	Öffentliches Informationsinteresse durch Nutzung juristischer Mittel, um geschichtliche Auseinandersetzung zu verhindern
Berlin 1. 6. 2007 9 U 239/06	Ehemaliger Bundesaußenminister am Flughafen			2007, 375		ZUM-RD 2007, 516		Presse kann nach publizistischen Kriterien selbst entscheiden, was im öffentlichen Interesse liegt
Berlin 26. 6. 2007 9 U 220/06	Joschka Fischer			2007, 573		ZUM-RD 2008, 1	KGR Berlin 2008, 30	Berichterstattungsinteresse am Privatleben auch nach Rückzug aus Politik; räumlicher Schutzbereich der Privatsphäre
Berlin 2. 7. 2007 9 U 66/07	RAF			2007, 376	NJW-RR 2008, 492			Zulässigkeit der Verwendung archivierten Fotomaterials bei der Berichterstattung über vorzeitige Haftentlassung ehemaliger RAF-Mitglieder; nachgehend BVerfG 20. 8. 2007 – 1 BvR 1913/07

Kammergericht/Oberlandesgerichte — Entsch. KUG

Ort / Datum / Aktenzeichen	Stichwort	GRUR	Schulze	AfP (ArchPR)	NJW (NJW-RR)	ZUM (ZUM-RD)	Sonstige	Bemerkung
Berlin 4. 12. 2007 9 U 21/07	Schauspieler im offenen Vollzug			2008, 199; 2008, 309			KGR Berlin 2008, 427	Rechtswidrige Bildanfertigung nach Interessenabwägung, bloße Anwesenheit wartender Fotografen begründet keine Persönlichkeitsverletzung
Berlin 7. 2. 2008 10 U 108/07	Wohnhaus			2008, 399				Grenzen des Privatsphärenschutzes bei Foto von Wohnhaus eines ehemaligen Außenministers
Berlin 3. 4. 2008 10 U 245/07							KGR Berlin 2008, 920	Schadensersatz bei Persönlichkeitsrechtsverletzung in der Presseberichterstattung
Berlin 10. 7. 2009 9 W 119/08	Fotodateien			2009, 600			KGR Berlin 2009, 790	Störerhaftung eines Betreibers einer Internet-Plattform zum Austausch von Fotodateien
Brandenburg 15. 2. 1995 1 U 23/94	Täter-Opfer-Polizei			1995, 520	1995, 886			Schmerzensgeld bei Berichterstattung über zulässiges Maß hinaus
Brandenburg 2. 9. 1998 1 U 4/98	Wessi-Kuckuck				1999, 3339		OLGR Brandenburg 1999, 219	Vergröberte Darstellung eines Eigentümer-Nutzer-Konflikts in einer Presseveröffentlichung
Brandenburg 5. 2. 2003 1 U 18/02	Rundfunkbericht über laufendes Strafverfahren				NJW-RR 2003, 919			Recht auf „Anonymität" des Angeklagten vor und nach Freispruch
Braunschweig 18. 10. 2000 2 W 241–242/00	Steckbrief			2000, 588	2001, 160	ZUM-RD 2001, 382		Bilder aus dem Bereich der Zeitgeschichte, politisches, rechtsextremistisches Engagement als öffentliches Auftreten
Bremen 20. 8. 1992 2 U 24/92	Wahlwerbung der DVU				NJW-RR 1993, 726			Postmortaler Persönlichkeitsschutz gegen Grundrecht der freien Meinungsäußerung
Bremen 13. 4. 1993 1 U 149/93	Wahlwerbung der DVU			1994, 145	NJW-RR 1994, 225			Postmortaler Persönlichkeitsschutz gegen Grundrecht der freien Meinungsäußerung
Celle 23. 4. 1976 3 U 4/76	Akten der Sittenpolizei			ArchPR XXI 1976, 105				Bild eines Nachtlokalinhabers mit Bardame

Entsch. KUG

Ort Datum Aktenzeichen	Stichwort	GRUR	Schulze	AfP (ArchPR)	NJW (NJW-RR)	ZUM (ZUM-RD)	Sonstige	Bemerkung
Celle 8. 8. 1994 13 U 44/84	Rechtsanwalt			1984, 236				Keine relative Person der Zeitgeschichte im Rahmen einer Prozessberichterstattung
Celle 13. 5. 1998 13 U 169/97	Sektenmitglied				NJW-RR 1999, 1477		OLGR Celle 1999, 163	Äußerungen eines Angehörigen über ein Sektenmitglied unter Namensnennung und Fotoveröffentlichung
Celle 20. 4. 2000 13 U 160/99	Unverblendetes Foto				NJW-RR 2001, 335		OLGR Celle 2001, 43	Kein Schmerzensgeld bei nur leichter Persönlichkeitsverletzung
Düsseldorf 30. 9. 1969 20 U 80/69	Schleppjagd	1970, 618	OLGZ 102	ArchPR XV 1970, 131			UFITA 64 (1972) 328	Veröffentlichung auf Titelblatt einer Kundenzeitschrift
Düsseldorf 29. 5. 1984 15 U 174/83	Rückenakt			1984, 229				Veröffentlichung auf Titelseite und im Innenteil
Düsseldorf 5. 5. 1997 5 U 82/96	Prozessuale Verwertung von Videoaufnahmen Unfallopfer				NJW-RR 1998, 241		OLGR Düsseldorf 1997, 230	Prozessuale Verwertung von Videoaufnahmen einer körperlichen Misshandlung als Beweismittel
Düsseldorf 21. 10. 1998 15 U 232/97				2000, 574			MDR 1997, 1062	Schmerzensgeldanspruch der Ehefrau bei Bildveröffentlichung eines getöteten Unfallopfers
Düsseldorf 20. 6. 1979 15 U 199/79	Ponto-Mord		OLGZ 221	1980, 54	1980, 599			Foto einer Verdächtigen mit reißerischem Begleittext
Düsseldorf 13. 3. 2001 20 U 178/00	Journalistenohrfeige				NJW-RR 2001, 1623	ZUM 2001, 706		Foto einer tätlichen Auseinandersetzung zwischen einer Journalistin und einem Schauspieler
Düsseldorf 5. 2. 2002 20 U 148/01	Jan Ullrich						GRUR-RR 2003, 1	Abbildung eines Spitzensportlers in Werbebeilage gemeinsam mit einer weiteren Person, die der Abbildung zugestimmt hat
Frankfurt 9. 1. 1958 6 U 77/57	Verbrecherbraut	1958, 508	OLGZ 55	ArchPR III 1958, 43			UFITA 25 (1958) 460	Relative Person der Zeitgeschichte; Bildniserschleichung
Frankfurt 10. 6. 1965 6 U 1/65	Ein Engel in der Leitung		OLGZ 65	ArchPR X 1965, 84	1966, 254		UFITA 50 (1967) 1002	Probenfoto zu Werbezwecken kein schwerwiegender Eingriff

Ort Datum Aktenzeichen	Stichwort	GRUR	Schulze	AfP (ArchPR)	NJW (NJW-RR)	ZUM (ZUM-RD)	Sonstige	Bemerkung
Frankfurt 24. 9. 1970 6 U 41/70	Aktenzeichen XY – ungelöst		OLGZ 108	1971, 27	1971, 47		FuR 1970, 376 UFITA 61 (1971) 257	Wahrnehmung berechtigter Interessen
Frankfurt 26. 9. 1974 12 U 168/73	120 000 DM-Niete			ArchPR XIX 1974, 126				Freie Meinungsäußerung über Fußballtransfer
Frankfurt 25. 5. 1976 8 U 219/75	FKK-Reiseprospekt		OLGZ 194				UFITA 78 (1977) 259	Verwendung von Werbefotos in Begleitwerbung
Frankfurt 26. 5. 1976 13 U 180/75	Verbrechensopfer			1976, 181				Bildnisveröffentlichung gegen den Willen und ausdrückliche Zusicherung
Frankfurt 6. 9. 1979 16 U 75/79	Mitten unter uns			1980, 58	1980, 597			Fortsetzungsserie über Medizinversuche in KZ mit Bild und Namensnennung
Frankfurt 26. 1. 1984 16 U 180/83	Kalenderfoto			1984, 115				Person als Beiwerk auf Foto in Werkskalender
Frankfurt 28. 2. 1986 6 U 30/85	Ferienprospekt	1986, 614	OLGZ 279	1986, 140	NJW-RR 1986, 1118	1987, 529	WRP 1986, 686 MDR 1986, 627	Bergsteigerin kein Bildbeiwerk, entgeltpflichtiger Werbezweck
Frankfurt 11. 9. 1986 6 U 171/85	Foto der Freundin	1987, 195						Nochmalige Verwendung eines Bildes mit schlüpfrigem Begleittext
Frankfurt 18. 9. 1986 6 W 232/86	Missmanagement	1987, 62	OLGZ 290					Artikel mit Bild des neuen Managers
Frankfurt 21. 1. 1987 21 U 164/86	Betrunkener				1987, 1087; NJW-RR 1987, 541		VersR 1987, 620	Videoaufnahmen eines Betrunkenen ohne Einwilligung zur späteren Weiterverarbeitung
Frankfurt 21. 1. 1988 6 U 145/86	Tennis-Lehrbuch			1988, 62	1989, 402	1988, 248		Absolute Person der Zeitgeschichte; Informationsinteresse der Allgemeinheit

Entsch. KUG

Ort Datum Aktenzeichen	Stichwort	GRUR	Schulze	AfP (ArchPR)	NJW (NJW-RR)	ZUM (ZUM-RD)	Sonstige	Bemerkung
Frankfurt 8. 5. 1990 6 W 62/90	Steuerberater	1991, 49			NJW-RR 1990, 1439	1991, 92		Keine Einwilligung durch Aufzeichnung nicht anonymer Gespräche, wenn Zweck und Umfang der geplanten Veröffentlichung nicht ersichtlich
Frankfurt 19. 6. 1990 6 W 101/90	FCKW-Produktion	1991, 209		1990, 228	1991, 361	1990, 579		Persönlichkeitsrecht der natürlichen Person und des Unternehmens
Frankfurt 2. 7. 1990 6 W 104/90	Tatverdächtiger	1990, 1056		1990, 229		1990, 580		Öffentliches Interesse an der Berichterstattung über Tatverdächtigen
Frankfurt 12. 7. 1991 25 U 87/90	Umschlagseite				1992, 441			Abbildung eines Jugendlichen auf einem Buch über antiautoritäre Erziehung
Frankfurt 17. 12. 1992 6 U 88/91	FCKW-Herstellung						juris	Bundesweite Plakataktion von Greenpeace
Frankfurt 18. 2. 1993 6 U 12/92	Wundermann	1993, 930		1993, 753		1994, 514		Sensationspresse oder Ausübung der Warnfunktion der Presse
Frankfurt 25. 8. 1994 6 U 296/93	Fernsehaufnahme von Sektenmitgliedern			1995, 878		1995, 215	NVwZ 1995, 517	Film über das Verhalten der Glaubensgemeinschaft als zeitgeschichtliches Ereignis
Frankfurt 8. 9. 1994 6 U 225/93	Gedenkmedaille						OLGR Frankfurt 1994, 225	Umfang des Unterlassungsanspruchs der Erben
Frankfurt 21. 9. 1999 11 U 28/99	Katarina Witt			2000, 185	2000, 594	ZUM-RD 2000, 119		Informationsinteresse an Geschichte eines Bildes bei absoluter Person der Zeitgeschichte, wenn Einwilligung zu Bild vorliegt
Frankfurt 2. 9. 2003 11 U 6/03	Rivalin von Uschi Glas					ZUM-RD 2004, 417		Siehe BGH 19. 10. 2004 – VI ZR 292/03
Frankfurt 30. 4. 2004 11 U 10/04	unklare Unterlassungserklärung	2004, 1061					GRUR-RR 2004, 375	Gerichtliche Herabsetzung der Vertragsstrafe nach Unterlassungserklärung infolge Verletzung des Rechts am eigenen Bild

Ort Datum Aktenzeichen	Stichwort	GRUR	Schulze	AfP (ArchPR)	NJW (NJW-RR)	ZUM (ZUM-RD)	Sonstige	Bemerkung
Frankfurt 15. 6. 2004 11 U 5/04	Online-Fotoservice						MMR 2004, 683	Übersendung von Papierabzügen von im Internet zugänglichen Fotos von Privatpersonen an beliebige dritte Besteller
Frankfurt 26. 7. 2005 11 U 31/03	Preisverleihung			2006, 91		ZUM-RD 2004, 576 2005, 894		Wegfall des berechtigten Informationsbedürfnisses bei Veröffentlichung über die Privatsphäre bei Schwinden des zeitgeschichtlichen Interesses
Frankfurt 26. 7. 2005 11 U 12/03	Geliebte eines Prominenten					ZUM-RD 2006, 73		Anforderungen an stillschweigende Einwilligung in Veröffentlichung von Lichtbildaufnahmen; intime Beziehung zu prominenter Person bedingt nicht Einordnung als relative Person der Zeitgeschichte
Frankfurt 3. 3. 2006 14 W 10/06	Rohtenburg				2007, 699	2006, 407	GRUR-RR 2007, 123	Eingriff in das Persönlichkeitsrecht durch Verfilmung einer Lebensgeschichte ohne ausreichende Verfremdung von Privatleben und mutmaßlicher Straftaten
Frankfurt 22. 5. 2006 11 W 13/06	Fotomaterial				2007, 708; NJW-RR 2007, 485	ZUM-RD 2007, 122	GRUR-RR 2007, 30	Durchsetzung eines Anspruchs auf Vernichtung von Fotomaterial – gesetzlicher Vernichtungsanspruch nach § 37 KUG
Frankfurt 31. 10. 2006 11 U 10/06	Mordangeklagter				NJW-RR 2007, 1115	2007, 390		Anspruch auf Geldentschädigung wegen Presseveröffentlichung über eine Straftat
Frankfurt 6. 2. 2007 11 U 51/06	Haftentlassung					2007, 546		Vorrang des Rechts am eigenen Bild gegenüber dem öffentlichen Informationsinteresse bei Berichterstattung über aufsehenerregenden Mord an einem bekannten Schauspieler; identifizierende Bildberichterstattung über bevorstehende Haftentlassung Rechtswidrigkeit zeitlich unbeschränkt
Frankfurt 30. 10. 2007 11 U 9/07	Straftäter					ZUM-RD 2008, 128		Berichterstattung über die Person eines Straftäters in identifizierender Weise, sofern nicht aktueller Anlass besteht
Frankfurt 13. 11. 2007 11 U 16/07	Schlagzeuger					ZUM-RD 2008, 230		Schwerwiegender Eingriff in Recht am eigenen Bild, wenn Betroffener dadurch mit Ereignis in Verbindung gebracht wird, mit dem er nichts zu tun hatte

Entsch. KUG

Ort Datum Aktenzeichen	Stichwort	GRUR	Schulze	AfP (ArchPR)	NJW (NJW-RR)	ZUM (ZUM-RD)	Sonstige	Bemerkung
Frankfurt 17. 6. 2008 14 U 146/07	Kannibale von Rotenburg					2008, 793		Zur Frage, wann ein Spielfilm, der die Straftat eines verurteilten Mörders zum Gegenstand hat, dessen Persönlichkeitsrechte rechtswidrig verletzen kann
Frankfurt 23. 12. 2008 11 U 21/08	Straftäter					ZUM-RD 2009, 314	OLGR Frankfurt 2009, 334 K&R 2009, 191	Zur Haftung von Bildagenturen bei Verbreitung von Bildnissen ohne Einwilligung des Abgebildeten
Frankfurt 23. 12. 2008 11 U 22/08	Straftäter					ZUM-RD 2009, 187	OLGR Frankfurt 2009, 495	Zur Haftung von Bildagenturen bei Verbreitung von Bildnissen ohne Einwilligung des Abgebildeten
Freiburg 11. 6. 1953 2 U 52/53	Croupier	1953, 404						Foto vom Arbeitsplatz in Hausprospekt
Hamburg 4. 6. 1959 3 U 16/59	Familie Schölermann		OLGZ 44					Siehe BGH 28. 10. 1960
Hamburg 31. 3. 1960 3 U 152/59	Margarinefabrikant						UFITA 38 (1962) 358	Entschädigung für beide Ehegatten wegen Wäschebildern
Hamburg 7. 3. 1968 3 U 162/67	Geliebte Genossin		OLGZ 87	ArchPR XIII 1968, 107				Einwilligung in Bildaufnahme gilt nicht für Bildveröffentlichung
Hamburg 30. 5. 1968 3 U 106/67	Liebe, Beat und LSD			ArchPR XIII 1968, 78				Bewerbungsfoto für Artikel schlüpfrigen Inhalts
Hamburg 30. 5. 1968 3 U 10/68	Fernsehansagerin II			ArchPR XIII 1968, 109				Keine Bildweitergabe an andere Verlage
Hamburg 14. 11. 1968 3 U 85/68	Wer ist der Heiratsschwindler?			ArchPR XIII 1968, 109				Abbildung für psychologischen Testspiel
Hamburg 18. 6. 1970 3 W 17/70 3 W 38/70	Doppelmörder		OLGZ 103	1971, 41				Bericht über vor 10 Jahren verurteilten Straftäter

Ort Datum Aktenzeichen	Stichwort	GRUR	Schulze	AfP (ArchPR)	NJW (NJW-RR)	ZUM (ZUM-RD)	Sonstige	Bemerkung
Hamburg 23. 7. 1970 3 U 67/70	Transvestiten-lokal			ArchPR XVI 1971, 410			UFITA 60 (1971) 337	Werbung mit (20 Jahre altem) Bild einer Tänzerin
Hamburg 9. 9. 1971 3 U 63/71	Der nackte Affe		OLGZ 113	ArchPR XVI 1971, 140			FuR 1972, 86 UFITA 67 (1983) 234	Zweitverwertung eines Titelfotos für Pornofilmplakat
Hamburg 20. 4. 1972 3 U 159/71	Die Tricks der Vertreter		OLGZ 119	1973, 475			MDR 1972, 1038	Negative, aber im Kern zutreffende Bildberichterstattung
Hamburg 6. 7. 1972 3 U 64/72	Zerrissene Hose			ArchPR XVII 1972, 150				Bild eines Fußballers mit entblößtem Penis
Hamburg 20. 7. 1972 3 U 27/72	Heidi		OLGZ 122					Bild einer minderjährigen Sprecherin auf Platten-Cover
Hamburg 19. 10. 1972 3 U 63/72	Mörder des Seemanns		OLGZ 124					Bericht über Ermittlungsverfahren mit Bildveröffentlichung und Namensnennung
Hamburg 25. 4. 1974 3 U 7/74	Ballettänzer		OLGZ 149					Ausstrahlung eines Bühnenstücks mit Striptease-Tanz im Fernsehen
Hamburg 24. 10. 1974 3 U 134/74	Aus nichtigem Anlass		OLGZ 151	1975, 916	1975, 649		MDR 1975, 756	Opfer eines Mordversuchs gegen Fernsehfilm nach Verfahrensabschluss
Hamburg 16. 1. 1975 3 U 175/74	Kyldex I		OLGZ 153					Leistungsschutzrecht für ausübende Künstler
Hamburg 5. 2. 1976 3 U 169/75	Banklady		OLGZ 165				UFITA 78 (1977) 244	Presseberichte über frühere Straftaten
Hamburg 2. 6. 1977 3 U 4/77	Außenministe-rin von Uganda			1977, 351				Verunglimpfender Text mit wiederholter Zuordnung zu einem falschen Nacktfoto
Hamburg 6. 11. 1980 3 U 80/80	Intime Sprech-stunde		OLGZ 237	1981, 356				Richtigstellung des Namens nach Unterlassungserklärung hinsichtlich Bildveröffentlichung

Entsch. KUG

Ort Datum Aktenzeichen	Stichwort	GRUR	Schulze	AfP (ArchPR)	NJW (NJW-RR)	ZUM (ZUM-RD)	Sonstige	Bemerkung
Hamburg 21. 5. 1981 3 U 22/81	Heimliche Nacktfotos		OLGZ 234	1982, 41			FuR 1981, 617	Erschlichene Nacktfotos mit erfundenem Text
Hamburg 10. 12. 1981 3 U 76/81	Rechtsanwalt			1982, 177			UFITA 95 (1983) 330	Bildveröffentlichung über Strafverfahren mit Öffentlichkeitsausschluss
Hamburg 8. 4. 1982 3 U 36/81	Tagesschausprecher		OLGZ 280	1983, 282				Gezeichnetes Fernsehprogramm in Möbelhaus-Werbung
Hamburg 7. 7. 1983 3 U 7/83	Bombenattentäter			1983, 466				Leichenfoto des Täters durch Öffentlichkeitsinteresse gedeckt
Hamburg 31. 1. 1985 3 U 226/84	Lebensgefährtin		OLGZ 273	1985, 209				Nach Trennung von Prominenten keine Bildveröffentlichung ohne Einwilligung
Hamburg 19. 12. 1985 3 U 164/85	Nackte Fechterin		OLGZ 278			1985, 321		Falsche Namensnennung; Auswirkung einer Berichtigung
Hamburg 8. 1. 1987 3 U 79/86	Künstlerphoto	1989, 666		1987, 691	NJW-RR 1987, 1533			Schutzrecht des Photographen und Rechte des Abgebildeten
Hamburg 8. 5. 1989 3 W 45/89	Heinz Erhardt	1990, 35		1989, 760	NJW-RR 1990, 1995; NJW-RR 1990, 1180	1989, 582		Postmortaler Schutz des Persönlichkeitsrechts; Geltendmachung durch Erben
Hamburg 13. 7. 1989 3 U 30/89	Begleiterin			1991, 437	NJW-RR 1990, 1000	1990, 244		Begleiterin eines Künstlers, der absolute Person der Zeitgeschichte ist, als relative Person der Zeitgeschichte
Hamburg 1. 8. 1990 3 W 83/90	Zusammensein mit einem Prominenten			1991, 626	NJW-RR 1991, 99			Nachforschungspflicht des Photographen
Hamburg 30. 5. 1991 3 U 258/90	Halbnackte Schauspielerin			1992, 159		1991, 550		§ 23 KUG, wenn bekannte Schauspielerin sich halbnackt in einem Männermagazin darstellen ließ

Ort / Datum / Aktenzeichen	Stichwort	GRUR	Schulze	AfP (ArchPR)	NJW (NJW-RR)	ZUM (ZUM-RD)	Sonstige	Bemerkung
Hamburg 16. 7. 1992 3 U 62/92	Advantage Emotion			1993, 576				Film über Boris Becker verletzt Persönlichkeitsrecht seiner früheren Freundin
Hamburg 6. 1. 1993 3 W 2/93	Augenbalken			1993, 590	NJW-RR 1993, 923			Erkennbarkeit trotz Augenbalkens
Hamburg 10. 2. 1994 3 U 238/93	Straftäter			1994, 232	NJW-RR 1994, 1439	1995, 336		Schwerverbrecher, dessen Fall zur Kriminalgeschichte geworden ist – keine absolute Person der Zeitgeschichte
Hamburg 17. 3. 1994 3 U 230/93	Materieller Schadensersatz					1995, 202		Sonderfall der widerrechtlichen Bildnisverwendung zu Werbezwecken
Hamburg 26. 5. 1994 3 U 13/94	Unbefugte Veröffentlichung			1995, 504	NJW-RR 1994, 990			Bilder von Personen, die sich grundsätzlich nicht abbilden lassen
Hamburg 9. 6. 1994 3 U 277/93	Populärer Musiker					1995, 214		Vertrieb von in Konzerten eines Musikers aufgenommenen Bildern
Hamburg 22. 9. 1994 3 U 106/94	Illustrierte			1995, 508	NJW-RR 1995, 220	1995, 637		Veröffentlichung eines Photos mit anzüglichem Text ohne Einwilligung
Hamburg 13. 10. 1994 3 U 129/94	Michael Degen			1995, 512	NJW-RR 1995, 790	1995, 494		Kriterium der absoluten Person der Zeitgeschichte: Maß, in dem das Interesse der Öffentlichkeit hervorgerufen wird – Abgrenzung entsprechend dem Informationsbedürfnis
Hamburg 8. 12. 1994 3 U 64/94	Prinzessin Caroline von Monaco	1996, 123		1995, 665	1996, 1151	1996, 789		Ungenehmigte Veröffentlichung eines Nacktfotos lediglich zur Befriedigung der Schaulust bzw. zum Blickfang
Hamburg 27. 4. 1995 3 U 292/94	Schauspielerin			1997, 535		ZUM-RD 1997, 1		Zur Abbildung des minderjährigen Kindes einer absoluten Person der Zeitgeschichte
Hamburg 25. 6. 1996 7 U 177/95	Minderjähriges Kind							
Hamburg 25. 7. 1996 3 U 63/93	Caroline von Monaco			1997, 583	1996, 2870	1997, 46		Bemessung der Geldentschädigung bei vorsätzlich falscher Presseberichterstattung

Entsch. KUG

Ort / Datum / Aktenzeichen	Stichwort	GRUR	Schulze	AfP (ArchPR)	NJW (NJW-RR)	ZUM (ZUM-RD)	Sonstige	Bemerkung
Hamburg 11. 6. 1998 3 U 284/97	Starkalender			1999, 486		ZUM-RD 1999, 122	NJWE-WettbR 1999, 169	Unterlassungsanspruch von Musikern und dem Inhaber der Merchandisingrechte gegen die Verbreitung eines Starkalenders
Hamburg 13. 10. 1998 7 U 63/98	Privatbereich			1999, 175				Veröffentlichung eines Fotos aus dem Privatbereich einer Person der Zeitgeschichte an einem Ort, der nicht als sog. Rückzugsbereich gilt
Hamburg 28. 1. 2003 7 U 94/02	Fensterprogramm					2004, 75		Haftung privater Fernsehsender für Produktionen bzw. Äußerungen Dritter in ihrem Programm
Hamburg 13. 1. 2004 7 U 41/03	Fußball-Computerspiel			2004, 481		2004, 309	MMR 2004, 413	Kunstfreiheit; Verletzung nicht nur der vermögenswerten Bestandteile des Persönlichkeitsrechts müssen gegenüber kommerziellen Interessen nicht hingenommen werden
Hamburg 4. 5. 2004 7 U 10/04	Sendung über Trickbetrüger			2005, 73	NJW-RR 2005, 479	ZUM-RD 2005, 129		Berichterstattung über Ermittlungsverfahren, Voraussetzungen einer konkludenten Einwilligung
Hamburg 28. 9. 2004 7 U 33/04	Geiselnahme			2005, 76		2005, 168		Erlaubte Veröffentlichung eines Fotos im Rahmen einer Berichterstattung 15 Jahre nach der Tat
Hamburg 28. 9. 2004 7 U 60/04	Zehlendorfer Luxus-Villa			2005, 75	NJW-RR 2005, 414	ZUM-RD 2004, 578	GRUR-RR 2005, 140	Veröffentlichung der Außenansicht eines Grundstücks mit gleichzeitiger Nennung des Namens des prominenten Eigentümers
Hamburg 9. 11. 2004 7 U 18/04	Werbung mit Bundesminister			2004, 566		2005, 164		Kunstfreiheit, Werbewirkung durch Wecken von Aufmerksamkeit, fiktive Lizenz
Hamburg 31. 1. 2006 7 U 82/05	Ferienspaziergang	2006, 523					OLGR Hamburg 2006, 334	Veröffentlichung von Fotos aus dem Alltags- und Privatleben Prominenter; Umfang der geschützten Privatsphäre; Kriterium der örtlichen Abgeschiedenheit
Hamburg 31. 1. 2006 7 U 81/05	Ferienbild				NJW-RR 2006, 1202	2006, 424	VersR 2006, 1629	Veröffentlichung von Fotos aus dem Alltags- und Privatleben Prominenter; Umfang der geschützten Privatsphäre; Kriterium der örtlichen Abgeschiedenheit

Ort Datum Aktenzeichen	Stichwort	GRUR	Schulze	AfP (ArchPR)	NJW (NJW-RR)	ZUM (ZUM-RD)	Sonstige	Bemerkung
Hamburg 2. 5. 2006 7 U 19/06	Galaveranstaltung					2006, 639		Kein schwerwiegender Eingriff bei rechtswidriger Fotoveröffentlichung, wenn Prominente mit Herunterrutschen ihres Abendkleides rechnen durfte
Hamburg 20. 6. 2006 7 U 09/06	Spaziergang in St. Tropez			2006, 471		2006, 875	GRUR-RR 2006, 421	Veröffentlichung des Bildes eines Prominenten in einer privaten Situation unter vielen Menschen als Verletzung der Privatsphäre; erweiterte Darlegungslast der Presse hinsichtlich der Öffentlichkeit der abgebildeten Situation
Hamburg 21. 11. 2006 7 U 108/06	Ehemaliger Bundeskanzler mit Familie			2007, 558			VersR 2008, 89	Besondere Berücksichtigung der Eltern-Kind-Beziehung im Rahmen der Abwägung mit dem öffentlichen Informationsinteresse
Hamburg 5. 12. 2006 7 U 90/05	Prominentenfoto					2007, 210	GRUR-RR 2007, 142	Abbildung eines bekannten Fernsehmoderators auf der Titelseite einer Rätselzeitschrift
Hamburg 27. 2. 2007 7 U 93/05	Eltern-Kind-Situation			2008, 525	2009, 87	ZUM-RD 2008, 552	OLGR Hamburg 2008, 383	Eltern-Kind-Beziehung als Abwägungskriterium bei der Zulässigkeit ein Bildveröffentlichung
Hamburg 24. 6. 2008 7 U 38/08	Sportlersohn						OLGR Hamburg 2008, 868	umfassender Schutz von Minderjährigen vor einwilligungslosen Bildveröffentlichungen rechtfertigt nach mehreren Verletzungshandlungen generelles Verbot für Bildnisse, die das Kind eines Prominenten zeigen
Hamburg 22. 7. 2008 7 U 21/08	Wilde Frisur			2008, 526, 623	2009, 784		OLGR Hamburg 2008, 864 GRUR-RR 2009, 95	Vorbeugender Unterlassungsanspruch bei rechtswidriger Bildverbreitung, keine Einschränkung bei künftiger möglicher rechtmäßiger Verbreitung
Hamburg 29. 7. 2008 7 U 19/08	Online-Archivierung					2009, 232		Online Archivierung von Wort-Bild-Berichten
Hamburg 9. 9. 2008 7 U 13/08	Hochzeit von Günther Jauch			2008, 631		2009, 297		Heirat eines bekannten Fernsehmoderators als zeitgeschichtliches Ereignis

Entsch. KUG

Kammergericht/Oberlandesgerichte

Ort Datum Aktenzeichen	Stichwort	GRUR	Schulze	AfP (ArchPR)	NJW (NJW-RR)	ZUM (ZUM-RD)	Sonstige	Bemerkung
Hamburg 21. 10. 2008 7 U 11/08	Ehefrau von Günther Jauch					2009, 65		Heirat eines bekannten Fernsehmoderators als zeitgeschichtliches Ereignis
Hamburg 30. 7. 2009 7 U 4/08	Prinzessin Madeleine von Schweden			2009, 509			GRUR-RR 2009, 438	Hoher Geldentschädigungsanspruch bei vielfach wiederholter Persönlichkeitsrechtsverletzung im Rahmen rücksichtsloser Vermarktung; Entfallen eines Berichtigungs-/Widerrufsanspruchs nach längerem Zeitablauf
Hamm 6. 7. 1967 3 U 42/67	Wahlanzeige			ArchPR XII 1967, 68				Politisches Neutralitätserfordernis für abgebildeten Barinhaber
Hamm 2. 12. 1969 4 U 232/69	Hochzeitsfotografen	1971, 84						Streit zweier Fotografen um Bildreportagen
Hamm 3. 6. 1985 3 U 13/85	Jugendlicher Straftäter			1985, 218				Gerichtsberichterstattung bei überörtlichem Informationsbedürfnis
Hamm 2. 4. 1987 4 U 296/86	Nachbarphoto				NJW-RR 1988, 425		VersR 1988, 694	Recht zum Photographieren zu Beweiszwecken kann hinter das Recht am eigenen Bild zurücktreten
Hamm 3. 3. 1997 3 U 132/96	Nacktphoto			1998, 304				Ungenehmigte Veröffentlichung eines Nacktphotos auf Titelseite einer Sexzeitschrift
Hannover 13. 10. 1971 6 O 210/70	Halbschwester			ArchPR XVI 1971, 141				Kein Verschulden für Bildverwechslung bei Mordbericht
Karlsruhe 25. 2. 1966 10 U 151/65	Hochzeitsbild II			ArchPR XI 1966, 61				Keine Haftung für selbständigen Fotografen
Karlsruhe 27. 11. 1981 10 W 72/81	Politische Satire			1982, 48	1982, 647			Zulässigkeit politischer Satire
Karlsruhe 14. 11. 1984 6 U 102/84	Volvoreklame	1985, 136						Einwilligung des Künstlers in Werbeveranstaltung deckt nicht Produktwerbung mit Bild

Ort Datum Aktenzeichen	Stichwort	GRUR	Schulze	AfP (ArchPR)	NJW (NJW-RR)	ZUM (ZUM-RD)	Sonstige	Bemerkung
Karlsruhe 18. 11. 1988 14 U 285/87	Body-Painting	1989, 73		1989, 558	1989, 401; NJW-RR 1989, 479			Einwilligung in die Veröffentlichung als Einwilligung in die Verwendung zu Werbezwecken
Karlsruhe 18. 8. 1989 14 U 105/88	Unfallphoto	1989, 823			NJW-RR 1990, 1328			Zeuge am Unfallort als relative Person der Zeitgeschichte?
Karlsruhe 4. 11. 1994 14 U 125/93	Kalinka Kefir					1990, 91	VersR 1996, 600	Werbung mit einem Double
Karlsruhe 19. 5. 1995 14 U 79/94	Popkünstler						juris	Beigabe von Bildnissen zu legal vertriebenen Tonträgern kein Missbrauch zu Werbezwecken
Karlsruhe 30. 1. 1998 14 U 210/95	Kalinka Kefir II			1998, 326		ZUM-RD 1998, 453		Geschätzte Vergütungshöhe
Karlsruhe 14. 10. 1998 6 U 120/97	Wachkomapatient			1999, 489	NJW-RR 1999, 1699		OLGR Karlsruhe 1999, 238	Ungenehmigte Bild- und Tonaufnahmen eines Wachkomapatienten verletzen Persönlichkeitsrecht
Karlsruhe 6. 7. 2001 14 U 71/00	Augenbalken			2002, 42		2001, 883		Porträtaufnahmen mit Augenbalken in Fernsehbericht
Karlsruhe 28. 7. 2004 6 U 39/04	Konkurrentenwerbung				2005, 605	2004, 771		Anforderungen an ein Bildnis nicht erfüllt
Karlsruhe 18. 11. 2005 14 U 169/05	Albert von Monaco				2006, 617	2006, 226		Unterlassungsanspruch bei Wort- und Bildberichterstattung aus der Privatsphäre absoluter Personen der Zeitgeschichte
Karlsruhe 7. 4. 2006 14 U 134/05	Kanzleidurchsuchung	2006, 959		2006, 262	NJW-RR 2006, 987	2006, 571	NJW-Spezial 2006, 334	Schadensersatzanspruch wegen Presseveröffentlichung: Strafbarkeit der Veröffentlichung des Fotos eines Anwalts in seiner Kanzlei; Fraktionsvorsitzender im Gemeinderat als relative Person der Zeitgeschichte; Darlegung schwerwiegender der immaterieller Schadensfolgen und des unabweisbaren Bedürfnisses für eine Geldentschädigung

Entsch. KUG

Ort Datum Aktenzeichen	Stichwort	GRUR	Schulze	AfP (ArchPR)	NJW (NJW-RR)	ZUM (ZUM-RD)	Sonstige	Bemerkung
Karlsruhe 26. 5. 2006 14 U 27/05	Kamera-Interview			2006, 467	NJW-RR 2006, 1198	2006, 568	MMR 2006, 752 GRUR-RR 2006, 419	Reichweite einer stillschweigend erteilten Einwilligung in Fernsehaufnahmen
Koblenz 5. 10. 1972 9 U 552/72	Lebach I	1973, 42		1972, 328	1973, 251			Bildnisschutz auch bei Darstellung eines Straftäters durch Schauspieler
dazu BVerfG 13. 3. 1973 1 BvR 536/72	Lebach II			ArchPR XVIII 1973, 97	1973, 747		UFITA 69 (1973) 298	Nicht aktuelles Dokumentarspiel
dazu BVerfG 5. 6. 1973 1 BvR 536/72	Lebach III	1973, 541		1973, 423	1973, 1226		JZ 1973, 509 UFITA 69 (1973) 301	Betonung des Resozialisierungsgedankens
Koblenz 19. 4. 1993 3 Ws 96/93	Vollzugsanstalt						ZfStrVO 1994, 55	Rechtsweg für Unterlassungsantrag gegen Drehgenehmigungen in Vollzugsanstalt
Koblenz 2. 3. 1995 6 U 1350/93	Werbefoto	1995, 771						Reichweite der Einwilligung bei Pressefoto
Koblenz 20. 12. 1996 10 U 1667/95	Schweigen der Hirten				NJW-RR 1995, 1112 1997, 1375			Geldentschädigung bei grob fahrlässiger Persönlichkeitsverletzung durch Veröffentlichung eines (verwechselten) Fotos
Koblenz 24. 3. 1998 4 U 1922/97	Straftatver-filmung			1998, 328		ZUM-RD 1998, 260	OLGR Koblenz 1998, 194	Fernsehfilm über Verbrechen verletzt das Persönlichkeitsrecht des Täters auch bei Darstellung durch einen Schauspieler und ohne Namensnennung; aufgehoben durch BVerfG 25. 11. 1999 – 1 BvR 348/98
Koblenz 15. 12. 2009 4 U 1546/08	Scheidungs-betrug						juris	Identifizierende Berichterstattung über einen Straftäter
Köln 1. 4. 1970 4 W 76/69	Minderjähriger Sohn			ArchPR XV 1970, 133				Bildbericht über Love-Story mit 16 Jahre älterer Freundin
Köln 15. 5. 1972 1 U 163/72	Party-Prozess			1972, 277				Sensationshascherei vor Eröffnung des Hauptverfahrens; Gesamtschuldverhältnis

Ort Datum Aktenzeichen	Stichwort	GRUR	Schulze	AfP (ArchPR)	NJW (NJW-RR)	ZUM (ZUM-RD)	Sonstige	Bemerkung
Köln 17. 1. 1973 2 U 97/72	Raubopfer				1973, 850		UFITA 70 (1974) 323	Unzutreffende Schilderung eines Raubüberfalls
Köln 22. 5. 1973	Pfändung eines Kindes		OLGZ 133	1973, 479				Reißerischer Text mit Familienbildern, die die Mutter herausgegeben hat
Köln 8. 7. 1975 15 U 219/72	Unterlassene Hilfeleistung			ArchPR XX 1975, 91				Neben erlaubter Namensnennung in Gerichtsbericht fällt Foto nicht ins Gewicht
Köln 18. 9. 1978 15 U 39/75	Fahndungsfoto in Zeitschrift			1979, 268				Zuordnung zu Baader-Meinhof-Bande
Köln 23. 3. 1982 7 U 35/78	Ehekrise bei Rudi Carell			1982, 181				Bei Selbstdarstellung des Privatlebens höhere Toleranzschwelle
Köln 20. 1. 1987 15 U 113/81	Fernsehbeitrag			1987, 602				Lichtbild in Verbindung mit Wortbeitrag vermittelt unrichtigen Eindruck über Abgebildeten
Köln 16. 2. 1993 15 U 152/86	Tagesschausprecherin, Fernsehmoderatorin Kundenzeitschrift			1993, 751		1994, 723		Reichweite der Einwilligung einer Person des öffentlichen Lebens in Veröffentlichung ihres Bildes
Köln 16. 2. 1993 15 U 124/92							MDR 1993, 1195	Werbemäßige Verwendung des Bildes einer relativen oder absoluten Person der Zeitgeschichte
Köln 22. 2. 1994 15 U 125/92	Konkludente Zustimmung				NJW-RR 1994, 865			Berücksichtigung des gesamten gedrehten Materials bei Frage nach konkludenter Einwilligung in die Aufnahme
Köln 28. 5. 1999 6 W 15/99	Werbefoto			1999, 37		ZUM-RD 1999, 444		§ 3 UWG (aF), entsprechende Anwendung der urheberrechtlichen Zweckübertragungsregel
Köln 18. 5. 2000 15 U 4/99	Intimbeziehungen				NJW-RR 2000, 470		OLGR Köln 1999, 373	Persönlichkeitsverletzung durch Erwecken des Anscheins einer intimen Beziehung zu Politiker in Zeitungsbericht
Köln 25. 2. 2003 15 U 138/02	Privates Lichtbild	2003, 1066		2003, 447	2004, 619			Veröffentlichung privater Bilder, nichtgewerbliche Nutzung, Recht am Bild der eigenen Sache

Entsch. KUG

Ort / Datum / Aktenzeichen	Stichwort	GRUR	Schulze	AfP (ArchPR)	NJW (NJW-RR)	ZUM (ZUM-RD)	Sonstige	Bemerkung
Köln 23. 12. 2008 15 U 93/08	Plakatkampagne			2009, 156		2009, 486		Persönlichkeitsrechtsverletzung; Darstellung relativer Person der Zeitgeschichte im Kontext mit dem Nationalsozialismus
Köln 10. 3. 2009 15 U 163/08	Hochzeitsfoto (Ehefrau von Günther Jauch)							Geldentschädigung wegen Veröffentlichung eines Bildnisses aus dem Raum örtlicher Abgeschiedenheit
München 10. 11. 1960 6 U 1214/60	Richter in Hemdsärmel		OLGZ 91	ArchPR X 1965, 82				Heimliche Bildherstellung und Veröffentlichung mit Namensnennung
München 14. 9. 1961 6 U 984/61	Filmmusik						FuR 8/1962, 8 UFITA 38 (1962) 186	Filmbild auf Plattencover
München 15. 11. 1962 6 U 1499/62	Lebensmittelskandal	1964, 42	OLGZ 54	ArchPR VIII 1963, 39	1963, 658		BB 1963, 69 UFITA 39 (1963) 117	Angeklagter als Person der Zeitgeschichte
München 6. 12. 1962 6 U 2160/61	Kanzlerkandidat		OLGZ 58				UFITA 41 (1964) 322	Keine Bildveröffentlichung über ehewidriges Verhalten aus Vergangenheit
München 12. 5. 1966 6 U 678/65	Millionenerbe			ArchPR XI 1966, 88				Bildnisschleichung
München 15. 12. 1966 6 U 1857/66	Ehefrau in Unterwäsche		OLGZ 69	ArchPR XII 1967, 96				Verwendung zu Werbezwecken
München 14. 3. 1968 6 U 1290/67	Gammlerwesen			ArchPR XIII 1968, 108				Verwendung des Archivfotos eines Studienreferendars
München 23. 1. 1969 6 U 1465/68	Die Grafen Pocci		OLGZ 95	ArchPR XV 1970, 131				Film über Familienchronik
München 20. 3. 1970 6 U 2963/69	Pariser Liebestropfen			1970, 82			UFITA 60 (1971) 302	Ablehnung des Herrenreiter-Urteils; siehe BGH-Urteil vom 26. 1. 1971
München 14. 5. 1970 1 U 721/70	Aktenzeichen XY – ungelöst						FuR 1970, 308 UFITA 58 (1970) 294	Amtspflichtverletzung abgelehnt

Entsch. KUG

Ort Datum Aktenzeichen	Stichwort	GRUR	Schulze	AfP (ArchPR)	NJW (NJW-RR)	ZUM (ZUM-RD)	Sonstige	Bemerkung
München 10. 2. 1971 12 U 2775/70	Karikatur			ArchPR XVI 1979, 100	1971, 844			Politikerbild mit hakenkreuzförmig verrenkten Gliedern
München 24. 9. 1973 21 U 3367/72	Standfoto			ArchPR XVIII 1973, 151				Übernahme des Filmbilds zur Illustration eines Sexberichts
München 13. 5. 1974 21 U 1103/75	Opfer eines Heiratsschwindlers			ArchPR XIX 1974, 129				Kommerzielle Auswertung der Erlebnisse
München 27. 5. 1974	Ballermann am Steuer			ArchPR XIX 1974, 93				Bild eines Taxifahrers mit Pistole unter Namensnennung
München 3. 2. 1975 21 U 3960/73	Zwerg			1977, 227	1975, 1129		BB 1975, 350	Zwergwüchsiger Mann unter Postbriefkasten in Witzbuch
München 31. 5. 1976 21 U 2481/74	Ost-West-Liebesgeschichte			ArchPR XXI 1976, 77				Bericht über DDR-Flüchtling mit drei Fotos
München 29. 11. 1976 21 U 5093/75	Fußballspieler des Jahres			ArchPR XXI 1976, 103				Bild mit Trikotwerbung auf 2500 Postern
München 12. 7. 1979 21 U 285/76	Schallplattenhülle		OLGZ 249				FuR 1979, 553 UFITA 86 (1980) 270	Kein Anspruch eines Bandmitglieds auf Abbildung auf Plattenhülle
München 21. 12. 1981 6 U 1869/79	Amerikanische Liebesschulen			1982, 230				Einwilligung einer Minderjährigen bedarf Zustimmung des gesetzlichen Vertreters
München 15. 3. 1982 21 U 395/81	Paul Breitner		OLGZ 270	1983, 276				Elfmeter-Szene mit halbverdecktem Gesicht
München 28. 7. 1983 21 U 3976/81	Sammelbild					1985, 448		Einwilligungserfordernis; vgl. BGH 6. 2. 1979
München 17. 12. 1984 6 U 2517/83 21 U 2775/84	Herrenmagazin					1985, 327		Abredewidrige Verwertung von Nacktfotos

Entsch. KUG

Ort / Datum / Aktenzeichen	Stichwort	GRUR	Schulze	AfP (ArchPR)	NJW (NJW-RR)	ZUM (ZUM-RD)	Sonstige	Bemerkung
München 18. 1. 1985 21 U 3479/84	Brustkorrektur					1985, 326		Vertragswidrige Namensnennung des Fotomodells
München 10. 5. 1985 21 U 3574/84	Sammelbilder					1985, 452		Siehe auch OLG München 28. 7. 1983
München 8. 11. 1985 21 U 2432/85	Nackt im Park				NJW-RR 1986, 1251			Kein Geld bei Bekenntnis zur Freikörperkultur
München 13. 11. 1987 21 U 2979/87	Nackte im Englischen Garten				NJW-RR 1988, 915			Kein Einverständnis, wenn Fotografierte nicht zur Kenntnis genommen werden kann
München 17. 3. 1989 21 U 4729/88	Wirtin			1989, 570	NJW-RR 1990, 999		OLGZ 1990, 97	Widerruf aus wichtigem Grund bei zeitlich uneingeschränkter Einwilligung; § 35 VerlG (§ 42 UrhG)
München 8. 3. 1990 6 U 5059/89	Gedenkmedaille				NJW-RR 1990, 1327			Einbeziehung einer Personenabbildung in Waren- und Wirtschaftswerbung
München 30. 10. 1991 21 U 4699/91	Informationsermittlung			1992, 78				Keine relative Person der Zeitgeschichte, wenn Interesse der Öffentlichkeit erst durch Fernsehsendung auf die Person fällt
München 9. 1. 1992 6 U 5276/91	Abdullah Ibrahim					1992, 641	GRUR Int. 1993, 85	Rechtswirksamer Rechtserwerb zur Herstellung von Tonträgern durch den Rundfunk der DDR
München 25. 6. 1992 6 U 5537/91	Betty Carter and her Trio						GRUR Int. 1993, 88	Übertragung von Verwertungsrechten an Konzertmitschnitten ausländischer Künstler in der ehemaligen DDR
München 17. 9. 1992 6 U 5536/91	Yosuke Yamashita Quartett			1993, 704		1993, 427	GRUR Int. 1993, 90	Vervielfältigungsrecht und Verbreitungsrecht des Rundfunks der ehemaligen DDR bei Verträgen mit ausländischen Künstlern
München 9. 3. 1995 29 U 3903/94	Telefonsex-Foto				NJW-RR 1996, 539	1996, 160	WRP 1995, 794	Bildnisverbreitung ohne nach § 22 KUG erforderliche Zustimmung begründet Anspruch aus §§ 812 I 1, 818 II BGB
München 31. 3. 1995 21 U 3377/94	Taufe			1995, 658	NJW-RR 1996, 93			Reichweite der Qualifizierung als absolute oder relative Person der Zeitgeschichte

Ort Datum Aktenzeichen	Stichwort	GRUR	Schulze	AfP (ArchPR)	NJW (NJW-RR)	ZUM (ZUM-RD)	Sonstige	Bemerkung
München 19. 9. 1996 6 U 6247/95	Wachmann – „Schwarzer Sheriff"					1997, 388		Abbildung einer Person in einem Lichtbildwerk
München 6. 6. 1997 21 U 3710/96	Der Blaue Engel					ZUM-RD 1997, 449	OLGR München 1997, 227 BB 1997, 1971	Aufgehoben durch BGH 1. 12. 1999 – I ZR 226/97
München 5. 12. 1997 21 U 3698/97	Bonnbon			1999, 71	NJW-RR 1998, 1036		OLGR München 1998, 168	Satirische Verunglimpfung einer Person, die nicht Person der Zeitgeschichte ist; s. auch BVerfG 10. 7. 2002 – 1 BvR 354/98
München 19. 9. 1998 21 U 3202/97	Werbeillustrierte					1998, 1042		Bild einer Schauspielerin als Titelbild einer Werbeillustrierten
München 2. 9. 1999 6 U 3740/99	Werbung mit Marlene Dietrich				NJW-RR 2000, 29			Kein Informationsinteresse bei ausschließlicher Nutzung eines Fotos einer Person der Zeitgeschichte für Werbung
München 30. 5. 2001 21 U 1997/00	Lebenspartnerschaft			2001, 400	2002, 305	2001, 708	MDR 2001, 1408	Postmortale Befugnis des Lebensgefährten zur Entscheidung über eine Bildnisveröffentlichung
München 28. 6. 2002 21 U 2598/02	Zeitungsmantel				NJW-RR 2002, 1339			Zeitungsberichte über neo-nazistische Betätigung, presserechtliche Zurechnung
München 2. 8. 2002 21 U 2677/02	Werbung mit Tennisspieler			2003, 71		2003, 139		Unerlaubte Werbung, angemessene Lizenzgebühr
München 9. 8. 2002 21 U 2654/02	Marlene Dietrich nackt						GRUR-RR 2002, 341	Postmortaler Persönlichkeitsschutz, Anspruch eigener Art
München 17. 1. 2003 21 U 2664/01	Blauer Engel			2003, 272	NJW-RR 2003, 767		GRUR-RR 2003, 194	Lizenzbemessung
München 14. 6. 2002 21 U 3984/01	Punkangriff					ZUM-RD 2003, 84		Verdachtsberichterstattung, Einwilligung in Identifikation einer Person in Zeitungsbericht

Entsch. KUG

Ort / Datum / Aktenzeichen	Stichwort	GRUR	Schulze	AfP (ArchPR)	NJW (NJW-RR)	ZUM (ZUM-RD)	Sonstige	Bemerkung
München 27. 6. 2003 21 U 2518/03	Dummy-Werbung	2003, 984		2003, 263			K&R 2003, 412 GRUR-RR 2003, 292	Vorbereitung eines Zahlungsanspruchs, Persönlichkeitsrecht einer Person der Zeitgeschichte gegenüber Pressefreiheit bei Werbung für Zeitung
München 18. 3. 2004 1 Z AR 020/04	Werbung mit Sängerin			2004, 583		2004, 672		Ansprüche aus §§ 22 ff. KUG sind keine Urheberrechtsstreitigkeiten iSd. § 105 UrhG
München 10. 5. 2005 6 U 1796/05	Werbebilder					ZUM-RD 2005, 396		Fehlendes Informationsinteresse bei Verbreitung eines Bildnisses im Rahmen von Reklame für Waren oder gewerbliche Leistungen
München 17. 11. 2005 6 U 1547/05	Konkurrenzwerbung					2006, 341		Abbildung von Personen im Rahmen vergleichender Werbung – keine konkludente Einwilligung in Nutzung durch beliebigen Konkurrenten
München 4. 5. 2006	Model-Fotos					2006, 936		Reichweite einer Einwilligung in die Nutzung entgeltlicher Model-Fotos für Werbezwecke
München 6. 3. 2007 29 U 3499/05	Abbildung eines Prominenten zu Werbezwecken			2007, 237		ZUM-RD 2007, 360	K&R 2007, 320	Anspruch auf Zahlung einer fiktiven Lizenzgebühr bei Werbung mit Foto eines bekannten Tennisspielers ohne Einwilligung
München 18 U 3961/06	Spielfilm			2008, 75	NJW-RR 2008, 1220	2007, 932		Abgrenzung Schutzbereich der §§ 22 ff. KUG zum allgemeinen Persönlichkeitsrecht
München 14. 9. 2007 18 W 1902/07	Jürgen Klinsmann am Kreuz			2009, 419		ZUM-RD 2009, 551		Kein Unterlassungsanspruch gegen satirische Darstellung eines ans Kreuz genagelten Fußballtrainers
München 7. 7. 2009 18 W 1391/09	Fotomodell	1957, 296	OLGZ 26				UFITA 25 (1958) 352	Einwilligung der Verwendung nach Ende der Betriebszugehörigkeit
Nürnberg 27. 9. 1956 3 U 197/56	Notar			ArchPR VIII 1963, 40			MDR 1963, 412	Berechtigtes Interesse an Gerichtsberichterstattung
Nürnberg 29. 1. 1963 3 U 131/62	Schwurgerichtsverfahren			ArchPR XIII 1968, 57				Zeitungsbericht mit ungenauer Abgrenzung der Straftatbestände
Nürnberg 3. 11. 1967 1 U 87/67								

Ort Datum Aktenzeichen	Stichwort	GRUR	Schulze	AfP (ArchPR)	NJW (NJW-RR)	ZUM (ZUM-RD)	Sonstige	Bemerkung
Nürnberg 6. 5. 1971 3 O 90/70	Miss Mannequin			ArchPR XVI 1971, 141				Keine private Aufnahme
Nürnberg 26. 10. 1971 3 U 68/71	Kunstflieger	1973, 40	OLGZ 141					Kopf des Piloten nur als Punkt sichtbar
Oldenburg 7. 3. 1975 6 U 170/74	Schicksals-reportage			ArchPR XX 1975, 61				Bericht über Verlobung einer Bauern-tochter mit algerischem Prinzen
Oldenburg 12. 10. 1987 13 U 59/87	Luftaufnahme				NJW-RR 1988, 951			Bloßes Fotografieren eines Grundstücks aus der Luft keine Persönlichkeitsverletzung
Oldenburg 14. 11. 1988 13 U 72/88	Oben-ohne-Foto	1989, 344		1989, 566	1989, 400			Fotografie am Strand ohne Kenntnis der Fotografierten
Saarbrücken 14. 1. 1998 1 U 785/97-155	Fall Lebach				NJW-RR 1998, 745	ZUM-RD 1998, 264		Vorrang der Pressefreiheit vor Persönlich-keitsrecht eines Straftäters, der seit 27 Jahren in Haft ist; siehe auch BVerfG 25. 11. 1999 – 1 BvR 348/98, 1 BvR 755/98
Schleswig 21. 5. 1975 3 W 2/75	Sexstrolch			ArchPR XX 1975, 29				Berechtigtes Informationsinteresse der Allgemeinheit
Stuttgart 30. 1. 1987 2 U 195/86	Modellvertrag über pornogra-fische Aufnah-men			1987, 693	NJW-RR 1987, 1434			Eingriff durch Art der Darstellung oder besonderen Inhalt der Fotografie ist an allgemeinen Rechtsgrundsätzen zu messen
Stuttgart 4. 5. 1965 6 U 116/64	Krumme Wege			ArchPR X 1965, 83				Story mit Abbildung eines Taxifahrers
Stuttgart 22. 4. 1981 4 U 12/81	Rudi Carell von seiner Frau ver-lassen			1981, 362	1981, 2817			Privatsphäre von Show-Master; kein Schmerzensgeld als Verdienstquelle
Stuttgart 16. 12. 1981 4 U 88/81	Nacktfoto (Verlag)				1982, 652			Nacktbild aus Schulbuch für Artikel über Sexualkunde

Entsch. KUG

Ort Datum Aktenzeichen	Stichwort	GRUR	Schulze	AfP (ArchPR)	NJW (NJW-RR)	ZUM (ZUM-RD)	Sonstige	Bemerkung
Stuttgart 20. 10. 1982 4 U 119/82	Sauna-Club				1983, 1205			Werbefoto in Ermittlungsbericht
Stuttgart 3. 11. 1982 4 U 85/82	Nacktfoto (Satire-Magazin)			1983, 291	1983, 1203			Bericht über Richtlinien für Sexualkundeunterricht
Stuttgart 9. 12. 1982 4 U 84/82	Nacktfotos (Fernsehen)			1983, 396				Fernsehbericht mit Bildzitat
Stuttgart 22. 7. 2003 4 W 32/03	Sex-Film (Badezimmerszene)			2003, 365	2004, 1747 NJW-RR 2004, 619	ZUM-RD 2003, 586		Vorführung einer Filmszene, die Intimsphäre berührt; kein Informationsinteresse, da absoluter Schutz
Thüringer OLG 16. 8. 2000 3 W 486/00	Internetverbreitung			2001, 78				Persönlichkeitsverletzung durch Meinungsäußerungen von Privatpersonen bei Weiterverbreitung via Internet
Zweibrücken 25. 9. 1998 2 U 7/98	Meinungskampf			1999, 362				Veröffentlichung eines Fotos einer relativen Person der Zeitgeschichte im öffentlichen Meinungskampf

Landgerichte

Ort / Datum / Aktenzeichen	Stichwort	GRUR	Schulze	AfP (ArchPR)	NJW (NJW-RR)	ZUM (ZUM-RD)	Sonstige	Bemerkung
Aachen 14. 2. 1958 5 S 411/57	Modenschau		LGZ 55	ArchPR III 1958, 44			UFITA 30 (1960) 113	Stillschweigende Einwilligung in Veröffentlichung
Baden-Baden 17. 5. 1968 1 O 65/68	Fotomontage			ArchPR XVI 1971, 138				Kopf mit Skelett und herabwürdigendem Spruchband
Berlin 12. 2. 1973 16 O 298/71	Saat der Sünde		LGZ 139	ArchPR XIX 1974, 154 1994, 332	1974, 415		FuR 1975, 65	„Sündiges Verhältnis" mit Kinderbild
Berlin 18. 8. 1994 27 O 607/94	Angeklagter							Angeklagter als relative Person der Zeitgeschichte
Berlin 8. 6. 1995 20 O 67/95	Früherer DDR-Politiker				1996, 1142			Blickfang-Werbung mit Portraitfoto eines Politikers
Berlin 26. 11. 1996 27 O 451/96	Gieriger Lehrer				1997, 1373			Bebilderte Berichterstattung über angeblich vorgetäuschte Dienstunfähigkeit als Persönlichkeitsverletzung; Wahrnehmung berechtigter Interessen und Höhe der Geldentschädigung
Berlin 5. 8. 1997 27 O 204/97	Fotos in Unterwäsche			1998, 417				Weitere Verbreitung von Abbildungen des Betroffenen in Unterwäsche
Berlin 9. 10. 1997 27 O 349/97	Neonazi				NJW-RR 1998, 316	ZUM-RD 1998, 341		Fehlerhafte Bezeichnung als Neonazi in einem regionalen Fernsehbeitrag
Berlin 11. 8. 1998 27 O 333/98	Nacktfotos (TV-Serienstar)			1999, 191		ZUM-RD 1999, 457		Ungenehmigte weitere Verbreitung von Nacktfotos eines TV-Serienstars
Berlin 28. 1. 1999 27 O 605/98	Der Advokat des Präsidenten			1999, 381	NJW-RR 2000, 555			Hartnäckiges Verletzen des Anonymitätsanspruchs des Anwalts eines Straftäters durch Veröffentlichung von Porträtaufnahmen und eines

Entsch. KUG

Ort Datum Aktenzeichen	Stichwort	GRUR	Schulze	AfP (ArchPR)	NJW (NJW-RR)	ZUM (ZUM-RD)	Sonstige	Bemerkung
Berlin 21. 12. 2000 27 O 533/00	Nacktfoto im Nachrichtenmagazin			2001, 246		2002, 153		Schattenrisses auch nach einer einstweiligen Anordnung Kleinformatige Nacktfotos einer absoluten Person der Zeitgeschichte in einem Nachrichtenmagazin im Rahmen der Berichterstattung über eine Untersagungsverfügung gegen einen anderen Verlag
Berlin 10. 7. 2001 27 O 203/01	Verdachtsberichterstattung			2001, 423		ZUM-RD 2001, 468		TV-Reportage über den Verdacht von Genitalverstümmelungen in Deutschland mit heimlich gemachten, jedoch anonymisierten Aufnahmen
Berlin 28. 8. 2001 27 O 375/01	Vorher – Nachher			2002, 249				Wiedergabe einer satirischen Fotomontage eines Portraitfotos mit einem nackten weiblichen Körper
Berlin 18. 7. 2002 27 O 241/02	Reanimationsversuch			2002, 540				Veröffentlichung von Fotos, die eine Verstorbene bei einem Reanimationsversuch zeigen
Berlin 13. 1. 2004 27 O 348/03	Neue Lebensgefährtin					ZUM-RD 2004, 312		Berichterstattung über die (neue) Lebensgefährtin eines bekannten Sängers
Berlin 11. 3. 2004 27 O 45/04	Egon Krenz im Autohaus					2004, 578		Bildberichterstattung über Feier in einem Autohaus in Anwesenheit von „DDR-Größen"
Berlin 23. 11. 2004 27 O 836/04	Videodownload					ZUM-RD 2005, 148		Haftung des Betreibers eines Bezahlsystems für Websites bei Verletzungshandlungen
Berlin 31. 3. 2005 27 O 1084/04	„Drogendealer"					2005, 567		Kein Anspruch auf Geldentschädigung wegen Persönlichkeitsrechtsverletzung, wenn der Eingriff nicht besonders schwerwiegend ist
Berlin 22. 12. 2005 27 O 555/05	Fernsehmoderator privat			2007, 257				Grenzen des Bildnisschutzes – Zeitungsveröffentlichung von Fotos eines bekannten Fernsehmoderators aus dem privaten Alltag
Berlin 9. 5. 2006 16 O 235/05	Illegaler Konzertmitschnitt					2006, 761		Anspruch auf Unterlassung der Herstellung und Verbreitung einer DVD des Mitschnitts

Ort Datum Aktenzeichen	Stichwort	GRUR	Schulze	AfP (ArchPR)	NJW (NJW-RR)	ZUM (ZUM-RD)	Sonstige	Bemerkung
Berlin 1. 8. 2006 27 O 769/06	Urlaubsbilder der Begleitung des Fürsten von Monaco					ZUM-RD 2006, 571		Veröffentlichung von Fotos der Begleiterin des Fürsten von Monaco zusammen mit diesem in einer privaten Urlaubssituation; Wertung des Urteils des EGMR 24. 6. 2004 – 59 320/00 (Caroline v. Hannover)
Berlin 17. 8. 2006 27 O 419/06	Reiterhofausflug					ZUM-RD 2007, 199		Berichterstattung über einen Schauspieler nach Trennung von seiner Frau; kein von konkretem Ereignis unabhängiges Informationsinteresse; nachgehend KG Berlin 2. 3. 2007 – 9 U 212/06
Berlin 12. 9. 2006 27 O 856/06	Podolski			2006, 574	NJW-RR 2007, 923		SpuRt 2007, 213 GRUR-RR 2007, 198	Unzulässige Veröffentlichung von „Leser-Reporter-Fotos" von einem Fußballnationalspieler an dessen Urlaubsort
Berlin 28. 9. 2006 27 O 857/06	Robbie Williams in Unterhose			2007, 164	NJW-RR 2007, 1270	ZUM-RD 2007, 88		Verrichtung erkennbar privater Lebensvorgänge unter Schutz der Privatsphäre, auch wenn es sich um Person des öffentlichen Lebens handelt
Berlin 8. 3. 2007 27 O 1208/06	Rächer der Genervten			2007, 282			NJW-Spezial 2007, 383	Bildnisschutz für einen Prominentenanwalt – keine relative Person der Zeitgeschichte; nachgehend KG Berlin 29. 2. 2008 – 9 U 52/07
Berlin 3. 5. 2007 27 O 327/07	Begnadigung ehemaliger RAF-Mitglieder							Zeitungsveröffentlichung eines Fotos eines kurz vor der Haftentlassung stehenden RAF-Terroristen – Interesse der Öffentlichkeit an der Debatte um Begnadigung; nachgehend KG Berlin 2. 7. 2007 – 9 U 66/07 und nachgehend BVerfG 20. 8. 2007 – 1 BvR 1913/07
Berlin 7. 6. 2007 27 O 396/07	Ehemalige RAF-Terroristin					ZUM-RD 2007, 418		Presseveröffentlichung eines Fotos einer ehemaligen RAF-Terroristin zulässig, soweit diese in der Vergangenheit keine Einwände gegen die Veröffentlichung in Zusammenhang mit ihrem Namen hatte

Entsch. KUG — Landgerichte

Ort / Datum / Aktenzeichen	Stichwort	GRUR	Schulze	AfP (ArchPR)	NJW (NJW-RR)	ZUM (ZUM-RD)	Sonstige	Bemerkung
Berlin 4. 9. 2007 27 O 591/07	Pornodarsteller					2007, 866		Interessenabwägung bei der Berichterstattung über die Nebentätigkeit des Lebensgefährten einer bekannten Person als Pornodarsteller
Berlin 8. 1. 2008 27 O 1014/07	Ehemaliger RAF-Terrorist			2008, 222				Teilnahme an öffentlich angekündigter Diskussionsveranstaltung eines ehemaligen RAF-Mitgliedes zu einer ihn betreffenden Ausstellung zum Zeitgeschehen rechtfertigt Bildnisveröffentlichung
Berlin 12. 6. 2008 27 O 228/08	Baader-Meinhof-Komplex					2008, 880		Darstellung einer Person durch eine Schauspielerin in einem Film
Berlin 18. 9. 2008 27 O 870/07	Casting-Datei					ZUM-RD 2009, 277	MMR 2008, 758	Ablichtung keine konkludente Einwilligung in Weiterverbreitung eines Fotos, Fotoverbreitung auf kommerzieller Website rechtfertigt sich auch nicht aus einem höheren Interesse der Kunst
Bielefeld 17. 12. 1968 4 O 3/68	Pflegesohn Himmlers		LGZ 111					Bild mit herabsetzendem Text
Bielefeld 18. 9. 2007 6 O 360/07	„Die Super-Nanny"				NJW-RR 2008, 715	2008, 528		Einwilligung Minderjähriger in das Sendeformat „Die Super-Nanny", Unterlassung der Ausstrahlung der Sendung Kein Schutz für Kuss-Szene in der Öffentlichkeit
Bonn 26. 4. 1967 7 O 214/66	Süßes Leben			ArchPR XII 1967, 97				
Bremen 15. 9. 1993 5 O 1374/93 5 O 1374/93 b	Photoausschnitt	1994, 897		1995, 446				Erkennbarkeit bei Fotoausschnitten aufgrund früherer Veröffentlichungen des ganzen Fotos
Dessau 5. 10. 2005 6 O 1038/05	Zeitungsinserat						juris	Unterlassungsanspruch bereits bei Veröffentlichung von Bildern von Personen, die dem Anspruchsteller täuschend ähnlich sehen
Düsseldorf 27. 10. 1959 4 O 11/59	Bläschenkrankheit			ArchPR V 1960, 35				Presseveröffentlichung eines Krankenbilds

Ort Datum Aktenzeichen	Stichwort	GRUR	Schulze	AfP (ArchPR)	NJW (NJW-RR)	ZUM (ZUM-RD)	Sonstige	Bemerkung
Düsseldorf 19. 4. 1966 4 b O 299/65	Spiegelaffäre			ArchPR XI 1965, 67, 89				Pressebericht über Polizeibeamten im Dienst
Düsseldorf 30. 8. 1978 12 O 128/78	Ponto-Mord			1978, 207				Foto einer Verdächtigen mit reißerischem Begleittext
Düsseldorf 3. 10. 1979 12 O 317/79	Sammelbilder						WRP 1980, 46	Abgrenzung zu BGH 6. 2. 1979
Düsseldorf 29. 8. 2001 12 O 566/00	Beckenbauer bei T-D1			2002, 64				Satirische Doppelgängerwerbung als ausschließliche Förderung wirtschaftlicher Interessen
Düsseldorf 18. 12. 2002 12 O 175/02	Straßenmodenschau			2003, 469		ZUM-RD 2003, 541		Fotos einer Straßenmodenschau – stillschweigende Einwilligung der fotografierten Modelle
Düsseldorf 13. 12. 2006 12 O 194/05	Saunabild						juris	Veröffentlichung eines Fotos in einer Werbezeitung, auf dem eine Person nackt in einer Sauna zu sehen ist
Düsseldorf 18. 3. 2009 12 O 5/09	Dean Read					ZUM-RD 2009, 279	MMR 2009, 505	Haftung des Online-Buchhändlers bei urheberrechtswidrig abgedrucktem Foto durch Verlag
Düsseldorf 2. 9. 2009 12 O 273/09	Vorgespieltes Patientengespräch			2009, 529		ZUM-RD 2009, 674	K&R 2009, 743	Heimliches Herstellen von Bild- und Tonaufnahmen im Rahmen einer Reportage
Essen 12. 1. 2006 4 O 480/05	Vortragsveranstaltung					ZUM-RD 2006, 183		Kein Anspruch auf Unterlassung der Herstellung von Filmaufnahmen im Rahmen einer zulässigen journalistischen Recherche
Frankenthal 20. 1. 2004 6 O 493/03	Dieter Bohlen II			2004, 294		2004, 317		Wiedergabe einer Anzeige mit dem Bild einer prominenten Person im Rahmen einer vergleichenden Werbung durch einen Konkurrenten
Frankfurt 12. 6. 1968 2/6 O 194/67	Zweifelhafter Konsul			ArchPR XIV 1969, 63				Spaßfoto in Hauszeitschrift des Konkurrenten

Entsch. KUG

Ort Datum Aktenzeichen	Stichwort	GRUR	Schulze	AfP (ArchPR)	NJW (NJW-RR)	ZUM (ZUM-RD)	Sonstige	Bemerkung
Frankfurt 26. 4. 1993 2/24 O 25/93	Partnervermittlung						VuR 1994, 90	Werbung mit den persönlichen Bildern von Kunden
Frankfurt 7. 12. 1993 2/3 O 542/93	Universelles Leben							Missbrauch des allgemeinen Persönlichkeitsrechts
Frankfurt 31. 1. 2003 3/11 O 191/01	Fotoweitergabe				NJW-RR 1995, 27	ZUM-RD 2003, 482		Freigabe von Fotos einer Künstlerin durch den sie vertretenden Produzenten als Voraussetzung der Befugnis eines Zeitungsverlages zur Veröffentlichung und weiteren Verwertung der Fotos
Frankfurt 24. 7. 2003 2/3 O 95/02	Kursmakler					2003, 974		Ungenehmigte Herstellung und Verbreitung eines Kursmaklers an der Börse beim Zeitungslesen zeigenden Fotos
Frankfurt 19. 1. 2006 2/3 O 468/05	Pornobilder			2007, 378	NJW-RR 2007, 115	ZUM-RD 2006, 357		Verletzung des Rechts am eigenen Bild durch Veröffentlichung einer nicht eindeutigen Abbildung, wenn Identifizierbarkeit durch Text und frühere Veröffentlichungen gegeben
Frankfurt 10. 2. 2005 2/3 O 444/04	Internet-Model-Agentur					ZUM-RD 2005, 523		Zulässigkeit der Bildveröffentlichung in einem Zeitungsbericht über eine Internet-Model-Agentur
Frankfurt 7. 2. 2008 2/3 O 338/07	Mr. Spock			2008, 318		ZUM-RD 2009, 26		Persönlichkeitsschutz im Fernsehen
Frankfurt 4. 3. 2008 2/17 O 128/07	Familientag			2009, 272			NJOZ 2008, 3545	Zum Begriff der relativen Person der Zeitgeschichte nach Teilnahme an öffentlicher Veranstaltung Versendung von Bilddateien als E-Mail Anhang
Frankfurt 17. 4. 2008 2/3 O 90/07	Bildagentur			2008, 637				Haftung Bildagentur bei Weitergabe von Fotos an Presseverlag
Frankfurt 17. 4. 2008 2/3 O 129/07				2008, 417				Unterlassungsanspruchs eines Straftäters gegen Nachrichtenagentur wegen Weitergabe von Archivbildern an Presseunternehmen

Landgerichte

Ort Datum Aktenzeichen	Stichwort	GRUR	Schulze	AfP (ArchPR)	NJW (NJW-RR)	ZUM (ZUM-RD)	Sonstige	Bemerkung
Frankfurt 12. 3. 2009 2/3 O 363/08	Laufbandgerätewerbung					ZUM-RD 2009, 468	NJOZ 2009, 2843	Fiktive Lizenzgebühr für unrechtmäßige Verwertung eines Bildnisses eines prominenten Sportlers
Frankfurt (Oder) 18. 3. 2005 11 O 543/03	Jugend-Foto					ZUM-RD 2005, 568		Verletzung des Rechts am eigenen Bild durch Verwendung eines Jugendfotos eines ehemaligen Profifußballers in einem Musikvideo
Freiburg (Breisgau) 19. 7. 2005 14 O 199/05	Fürst Albert von Monaco					ZUM-RD 2005, 458		Verneinung eines Unterlassungsanspruchs des Fürsten Albert von Monaco wegen überwiegenden Informationsinteresses der Öffentlichkeit und der Pressefreiheit; nachgehend OLG Karlsruhe 18. 11. 2005 – 14 U 169/05; nachgehend BVerfG 13. 6. 2006 – 1 BvR 2622/05
Hamburg 21. 12. 1960 15 O 46/60	Chansonsängerin		LGZ 73					Fernsehreportage über Filmdreharbeiten
Hamburg 11. 6. 1971 74 O 12/71	Aktenzeichen XY – ungelöst						UFITA 34 (1961) 363	Schmerzensgeld im Wege der Staatshaftung
Hamburg 25. 4. 1975 74 O 3/75	Banklady			ArchPR XX 1975, 131			UFITA 64 (1972) 345	Abgeurteilte Straftäterin in Gerichtsbericht
Hamburg 30. 4. 1993 324 O 77/93	Segelboot			1994, 161				Abbildung eines bundesweit bekannten Segelbootes ohne Erkennbarkeit der mitabgebildeten Person
Hamburg 26. 7. 1993 324 O 394/93	Zeitgeschichtliches Ereignis			1994, 321				Stellvertretende Anstaltsleiterin eines Zuchthauses in der ehemaligen DDR als relative Person der Zeitgeschichte
Hamburg 15. 10. 1993 324 O 3/93	Nacktphoto eines Prominenten			1995, 526				Blickfangmäßige Veröffentlichung auf der Titelseite
Hamburg 26. 9. 1997 324 O 348/97	Caroline von Monaco					1998, 579		Darlegungs- und Beweislastpflicht einer absoluten Person der Zeitgeschichte

Entsch. KUG

Ort Datum Aktenzeichen	Stichwort	GRUR	Schulze	AfP (ArchPR)	NJW (NJW-RR)	ZUM (ZUM-RD)	Sonstige	Bemerkung
Hamburg 8. 5. 1998 324 O 736/97	Ernst August von Hannover					1998, 852		Wiederholte, besonders hartnäckige Bildveröffentlichungen (15 mal in 2 Jahren), meist bewusst und offenkundig entgegen dem Willen des Abgebildeten
Hamburg 23. 4. 1999 324 O 605/98	Kloster-Streit			1999, 523	NJW-RR 2000, 1067	ZUM-RD 2000, 200		Zulässigkeit der Abbildung einer Person über das bloße Porträtfoto hinaus bei gleicher Neutralität
Hamburg 5. 4. 2002 324 O 521/98	Prügelprinz im Smoking					ZUM-RD 2003, 98		Keine Verfälschung eines zeitgeschichtlichen Ereignisses (Einstellung eines Ermittlungsverfahrens) durch Abbildung eines Prominenten im Smoking
Hamburg 12. 4. 2002 324 O 699/00	Weihnachts-Gewinnspiel					ZUM-RD 2002, 373		Abbildung einer Zeichnung einer prominenten Person mit Familienangehörigen zu werblichen Zwecken
Hamburg 11. 4. 2003 324 O 569/02	Ehefrau von Guildo Horn					2003, 577		Veröffentlichung eines Bildes der Ehefrau von Guildo Horn anlässlich der bevorstehenden Scheidung
Hamburg 25. 4. 2003 324 O 381/02	Oliver Kahn					2003, 689	CR 2004, 225	Nationaltorhüter als Person der Zeitgeschichte und Untersagung seiner bildlichen Darstellung im Computerspiel
Hamburg 2. 9. 2003 324 O 436/03	Ehefrau des Ministers					ZUM-RD 2004, 131		Bildberichterstattung über die getrennt lebende Ehefrau eines Ministers mit neuem Begleiter
Hamburg 9. 1. 2004 324 O 554/03	Sixt-Werbung					2004, 399		Fiktive Schadenslizenz für Verwendung des Fotos eines Politikers zu Werbezwecken
Hamburg 21. 1. 2005 324 O 448/04	Fernsehreportage				NJW-RR 2005, 1357		RDV 2006, 77	Widerruf der Einwilligung in die Anfertigung und Veröffentlichung von Filmaufnahmen, wenn Einwilligung in „Haustürsituation" erteilt
Hamburg 11. 2. 2005 324 O 710/04	Schauspieler in Kokainbesitz						juris	Kein überragendes Informationsinteresse der Öffentlichkeit am Drogenbesitz eines bekannten Schauspielers aufgrund Häufigkeit derartiger Delikte

Ort Datum Aktenzeichen	Stichwort	GRUR	Schulze	AfP (ArchPR)	NJW (NJW-RR)	ZUM (ZUM-RD)	Sonstige	Bemerkung
Hamburg 9. 12. 2005 324 O 684/05	Urlaubsfotos						juris	Nachgehend OLG Hamburg 20. 7. 2006 – 7 U 9/06; nachgehend BGH 3. 7. 2007 – VI ZR 164/06; Berücksichtigung der Rechtsprechung des EGMR zur Abwägung zwischen Persönlichkeitsrecht und Pressefreiheit
Hamburg 13. 1. 2006 324 O 646/05	Verrutschtes Abendkleid					ZUM-RD 2006, 251		Kein schwerwiegender Eingriff in Recht am eigenen Bild, wenn Person bewusst in die Öffentlichkeit tritt im Rahmen einer presseträchtigen Veranstaltung; nachgehend OLG Hamburg 2. 5. 2006 – 7 U 19/06
Hamburg 15. 3. 2006 324 O 7/06	Spaziergang						juris	Besonderer Schutz der Eltern-Kind-Beziehung
Hamburg 9. 6. 2006 324 O 868/05	Rätselzeitschrift			2006, 391		2006, 658		Abbildung eines bekannten Fernsehmoderators auf der Titelseite einer Rätselzeitschrift zulässig, soweit Bildnis aus dem Bereich der Zeitgeschichte; nachgehend OLG Hamburg 5. 12. 2006 – 7 U 90/06
Hamburg 1. 9. 2006 308 O 669/05	„BEE GEES" – Konzertaufnahme					ZUM-RD 2007, 96		Verbreitung einer DVD-Konzertaufnahme verletzt Interesse des auftretenden Künstlers daran, nicht zum Objekt fremder wirtschaftlicher Interessen zu werden
Hamburg 20. 10. 2006 324 O 922/05	Strafprozessberichterstattung						MMR 2007, 398	Veröffentlichung eines gepixelten Fotos einer unbeteiligten Frau im Zusammenhang mit der Berichterstattung über einen Strafprozess wegen der Verbreitung pornografischer Bilder im Internet
Hamburg 27. 10. 2006 324 O 381/06	Lizenzgebühr für Joschka Fischer	2007, 143		2006, 585	2007, 691	2007, 155		Einwilligungslose Verwendung des verfremdeten Bildnisses eines bekannten Politikers für die Eigenwerbung einer Zeitung
Hamburg 15. 11. 2006 324 O 474/06	Baumarkt Werbefotos						juris	Unzulässige Verwendung eines Bildnisses zu Werbezwecken
Hamburg 27. 12. 2006 324 O 770/06	Taschenpfändung						juris	Unterlassungsanspruch bei Bebilderung einer unzulässigen Textberichterstattung

Entsch. KUG

Ort Datum Aktenzeichen	Stichwort	GRUR	Schulze	AfP (ArchPR)	NJW (NJW-RR)	ZUM (ZUM-RD)	Sonstige	Bemerkung
Hamburg 30. 3. 2007 324 O 894/06	Wahlwerbespot			2007, 275		ZUM-RD 2008, 75		Verwendung eines auf einer Repräsentationsveranstaltung gefertigten Fotos einer Kabarettistin in einem Wahlwerbespot
Hamburg 20. 4. 2007 324 O 859/06	Gala-Veranstaltung			2007, 385		ZUM-RD 2007, 425		Zeitungsveröffentlichung eines bei einer Gala-Veranstaltung gefertigten Fotos einer Prominenten mit entblößter Brust; Grenzen der Prüfungspflichten einer Fotoagentur
Hamburg 29. 6. 2007 324 O 744/06	Fernsehfilm						juris	Nachgehend OLG Hamburg, 18. 7. 2007 – 7 U 77/07; Unzulässigkeit der Bildnisveröffentlichung eines Straftäters in einem Fernsehfilm
Hamburg 16. 11. 2007 324 O 535/07	Fernsehmoderatorin						juris	Schwerwiegende Verletzung des allgemeinen Persönlichkeitsrechts; Kriterium der örtlichen Abgeschiedenheit
Hamburg 30. 11. 2007 324 O 651/07	Exfrau von Franz Beckenbauer						juris	Unzulässigkeit einer Bildnisveröffentlichung kann sich auch aus dem begleitenden Text ergeben
Hamburg 11. 1. 2008 324 O 124/07	Günther Jauch					ZUM-RD 2008, 486		Fiktive Lizenzgebühr bei rechtswidriger Veröffentlichung eines Hochzeitsfotos eines bekannten Moderators
Hamburg 11. 1. 2008 324 O 126/07	Ehefrau von Günther Jauch			2008, 100		2008, 801		Geldentschädigungs- und Lizenzansprüche bei rechtswidriger Medienberichterstattung über Hochzeit eines Prominenten
Hamburg 11. 1. 2008 324 O 129/07	Günther Jauch					2008, 798		Rechtswidrigkeit der Veröffentlichung eines Fotos von Hochzeitsfeier
Hamburg 11. 7. 2008 324 O 1172/07	Tochter eines bekannten Fussballtorwarts						juris	Unzulässige Bildverbreitung
Hamburg 27. 2. 2009 324 O 703/08	Geiselnehmer						StRR 2009, 162	Strafbewehrte Unterlassungsverpflichtung
Hamburg 10. 7. 2009 324 O 840/07	Urlaubsbilder (Sabine Christiansen am Strand)					ZUM-RD 2009, 676		Unzulässige Bildberichterstattung über Urlaub bekannter Fernsehmoderatorin

Entsch. KUG

Ort Datum Aktenzeichen	Stichwort	GRUR	Schulze	AfP (ArchPR)	NJW (NJW-RR)	ZUM (ZUM-RD)	Sonstige	Bemerkung
Hannover 30. 6. 1988 16 S 97/88	Photonegative				NJW-RR 1989, 53			Keine Verpflichtung des Photographen zur Herausgabe auch der Negative
Hannover 30. 3. 2000 6 O 941/00 (56)	Störfälle					2000, 970		Reichweite der Einwilligung zu Filmaufnahmen eines verhaltensauffälligen Kindes
Hildesheim 8. 1. 1960 7 S 221/59	Badestrand			ArchPR V 1960, 48				Beinamputierter in öffentlichem Badebetrieb
Itzehoe 11. 9. 1997 7 (9) O 51/96	Videoüberwachung privater Zugangswege				NJW-RR 1999, 1394			Nur Schutz vor tatsächlich erfolgten missbräuchlichen Bildaufzeichnungen
Kleve 23. 4. 1952 S 238/51	Siamesische Zwillinge						MDR 1953, 107	Behinderung führt nicht zu Status als Person der Zeitgeschichte
Kleve 21. 1. 2009 2 O 229/07	EXTRA über Drogenbekämpfung	2007, 443				ZUM-RD 2009, 555		Medienberichterstattung über die Einleitung eines strafrechtlichen Ermittlungsverfahrens
Koblenz 2. 6. 2006 13 O 4/06	Fall Gäfgen			2006, 576	2007, 695	2006, 951		Straftäter als relative Person der Zeitgeschichte und Rechtfertigung der medialen Verbreitung
Köln 27. 4. 1965 11 S 6/65	Flugscheindiebstahl I		LGZ 109	ArchPR X 1965, 85			MDR 1965, 658	Foto der Schalterhalle mit Personen im Vordergrund
Köln 7. 3. 1967 11 S 112/66	Flugscheindiebstahl II		LGZ 110	ArchPR XV 1970, 134				Klage auf Schmerzensgeld zuvor abgewiesen (LG Köln 27. 4. 1965)
Köln 10. 6. 1977 78 O 405/74	Fotomontage			1978, 149				Herabsetzendes Foto mit Namensnennung in Regionalzeitschrift
Köln 22. 10. 1980 78 O 294/80	Fernsehansagerin			1982, 49				Keine Geldzahlung für Zeitschriftenwerbung mit Titelblatt
Köln 29. 3. 1989 28 O 134/89	Interview			1989, 766				Anfechtung des Einverständnisses

Entsch. KUG

Ort Datum Aktenzeichen	Stichwort	GRUR	Schulze	AfP (ArchPR)	NJW (NJW-RR)	ZUM (ZUM-RD)	Sonstige	Bemerkung
Köln 5. 6. 1991 28 O 451/90	Angehörige von Verbrechensopfern Lebensgefährtin			1991, 757	1992, 443			Trauerfeier am Grab ist Vorgang der Privatsphäre
Köln 12. 1. 1994 28 O 542/93	Lebensgefährtin			1994, 165				Lebensgefährtin einer „absoluten Person der Zeitgeschichte" nicht automatisch „relative Person der Zeitgeschichte"
Köln 9. 3. 1994 28 O 11/94	Lebensgefährtin			1994, 166				Lebensgefährtin einer „absoluten Person der Zeitgeschichte" als „relative Person der Zeitgeschichte", wenn diese Verbindung öffentlich bekannt ist
Köln 29. 6. 1994 28 S 3/94	Trauerfeier			1994, 246	NJW-RR 1995, 1175			Dokumentarfilmaufnahmen anlässlich einer Trauerfeier
Köln 19. 9. 2000 33 O 276/00	Schumacher-Double					2001, 180		Öffentliche Auftritte eines Doppelgängers einer weltweit bekannten Persönlichkeit
Köln 9. 1. 2002 28 O 444/01	Mordkommission Köln			2002, 343		ZUM-RD 2003, 50		Fernsehberichterstattung über offenbar verwirrten Tatverdächtigen eines Tötungsdelikts mit Wiedergabe eines psychiatrischen Kurzgutachtens über dessen Geisteszustand
Köln 6. 8. 2003 28 O 699/02	Straftäter			2003, 563				Zulässigkeit identifizierender Berichterstattung über einen als Sexualtäter verurteilten Bankvorstand
Köln 9. 1. 2009 28 O 765/08	Der Baader-Meinhof-Komplex			2009, 78	NJW-RR 2009, 623	2009, 324	GRUR-RR 2009, 247	Persönlichkeitsbeeinträchtigung durch Spielfilmszenen mit realem Bezug
Lübeck 5. 2. 1987 15 S 198/86	Hochzeitsphotos durch Berufsphotographen			1987, 721				Schwelle der Belanglosigkeit bei Zurschaustellung eines Hochzeitsphotos
Mainz 23. 3. 2000 1 O 531/96	Lebach-Mord-Verfilmung				NJW-RR 2000, 1649			Verfilmung ohne namentliche Nennung von Beteiligten einer Straftat und ohne Darstellung identifizierbarer Bilder

Landgerichte   **Entsch. KUG**

Ort Datum Aktenzeichen	Stichwort	GRUR	Schulze	AfP (ArchPR)	NJW (NJW-RR)	ZUM (ZUM-RD)	Sonstige	Bemerkung
Mönchengladbach 29. 6. 1993 6 O 673/92	Sportlerphoto						SpuRt 1994, 245	Veröffentlichung allein zu Werbezwecken
München 27. 9. 1955 7 O 145/54	Der letzte Auftritt der Lola R.		LGZ 49	ArchPR III 1958, 43				Bild der Tochter und Text über Familiendrama
München 7. 3. 1957 15 S 222/56	Filmpuppen						FuR 7/1957, 13	Fotoabbildung für Zuschauerhintergrund
München 14. 3. 1961 7 O 202/60	Feine Nachbarn		LGZ 77	ArchPR IX 1964, 55				siehe LG München 30. 1. 1962
München 29. 8. 1961 7 Q 59/61	Kanzlerkandidat			ArchPR VII 1962, 63			UFITA 37 (1962) 123	siehe OLG München 6. 12. 1962
München 30. 1. 1962 7 O 202/60	Feine Nachbarn		LGZ 78					Bildreportage mit Schmähungen
München 5. 2. 1963 7 O 186/62	Junior-Oktoberfest			ArchPR IX 1964, 56			UFITA 41 (1964) 333	Ablehnung des Herrenreiterurteils des BGH
München 21. 1. 1964 7 O 116/63	Liebesnest			ArchPR IX 1964, 55				Ablehnung des Herrenreiterurteils des BGH
München 3. 3. 1964 7 O 186/63	Mörderspiel						UFITA 42 (1964) 206	Filmbild als Buchtitelfoto
München 16. 3. 1972 18 O 446/71	Ansichtskarte ins Zuchthaus			1972, 276				Illustriertenbericht über Anstaltsausbruch
München 19. 9. 1973 6 O 409/73	Blutbad in Universität			1975, 758				Bildverwechslung durch Presseagentur

Entsch. KUG — Landgerichte

Ort Datum Aktenzeichen	Stichwort	GRUR	Schulze	AfP (ArchPR)	NJW (NJW-RR)	ZUM (ZUM-RD)	Sonstige	Bemerkung
München 13. 9. 1982 9 O 1638/82	Fall Langemann			1983, 296				Person der Zeitgeschichte, auch wenn ungewollt im Blickfeld
München 9. 9. 1983 21 S 7144/83	Totenmaske						FuR 1983, 561 UFITA 100 (1985) 294	Fernsehbild verletzt Bildnisschutz
München 21. 10. 1983 21 S 11870/83	Fit mit Pillen			1984, 118				Bildzitat in Magazin-Sendung des Fernsehens
München 13. 7. 1984 21 O 497/84	Trickskifahrer		LGZ 97					Werbekampagne für Farbfilme
München I 6. 8. 1993 21 O 25 127/92	Private Geburtstagsfeier			1994, 162				Offenbarer Öffentlichkeitsbezug
München I 3. 4. 1996 21 O 19723/95	Der Blaue Engel			1997, 554				Zur Geltendmachung von Ansprüchen wegen der Wiedergabe von „gedoubelten" Prominenten nach deren Tod; aufgehoben durch BGH 1. 12. 1999 – I ZR 226/97
München I 10. 7. 1996 21 O 23 932/95	Schauspieler als Comic-Figur			1997, 559				Zeichnerische Darstellung eines bekannten verstorbenen Schauspielers als Comic-Figur
München I 9. 12. 1999 7 O 20 135/99	Ich bin drin!			2000, 473		ZUM-RD 2000, 564		Eigene Werbung zur Schaltung eines Fernsehspots mittels eines Werbefilm entnommenen Fotos
München I 23. 11. 2000 7 O 8235/00	Marlene Dietrich im SPIEGEL					2001, 351		Abbildung einer berühmten verstorbenen Schauspielerin in einer Werbeanzeige für eine Zeitschrift mit unmittelbarem thematischem Bezug zu einem redaktionellen Beitrag
München I 14. 11. 2001 9 O 11617/01	Klick die …			2002, 340	NJW-RR 2002, 689	2002, 318		Internetcomputerspiel mit Nachstellung einer intimen Beziehung der Betroffenen zu einem weltbekannten Tennisspieler in besonders herabwürdigender Weise

Ort Datum Aktenzeichen	Stichwort	GRUR	Schulze	AfP (ArchPR)	NJW (NJW-RR)	ZUM (ZUM-RD)	Sonstige	Bemerkung
München I 13. 3. 2002 21 O 12 437/99	Wimbledon auf DF1					2002, 565		Verwendung des Bildes eines weltbekannten Tennisspielers zu Werbezwecken; s. OLG München 2. 8. 2002 – 21 U 2677/02
München I 14. 8. 2002 21 O 4059/02	Wunder von Bern					2003, 418		Werbung mit einem Foto der deutschen Fußballnationalmannschaft und ihres Trainers nach dem „Wunder von Bern"
München I 27. 2. 2003 7 O 16812/02	Bild auf Dummy					2003, 416		Abbildung eines berühmten Sportlers auf einem „Dummy" als Werbung für eine geplante Zeitung, wenn der angekündigte Artikel über ihn nie erschienen ist, s. auch OLG München, 27. 6. 2003 – 21 U 2518/03
München I 7. 5. 2003 9 O 5693/03	Fotomontage			2003, 373	2004, 606	ZUM-RD 2003, 489		Ungekennzeichnete Verbreitung von Fotomontagen auf der Titelseite
München I 30. 7. 2003 21 O 4369/03	Nacktaufnahmen				2004, 617	ZUM-RD 2004, 321		Verwendung von Nacktaufnahmen in einer Fernsehsendung
München I 11. 9. 2003 7 O 20974/02	Marlene Dietrich nackt?					ZUM-RD 2003, 601		Zeitungsveröffentlichung eines angeblichen Nacktfotos von Marlene Dietrich; Grenzen eines zur Bezifferung bestehenden Auskunftsanspruchs
München I 18. 12. 2003 7 O 15 358/03	Aufklärung					2004, 320		Veröffentlichung einer Nacktaufnahme
München I 28. 1. 2004 21 O 23 156/03	Dieter Bohlen			2004, 295		2004, 318		Anzeige mit dem Bild einer prominenten Person im Rahmen einer vergleichenden Werbung durch einen Konkurrenten
München I 7. 10. 2004 7 O 18 165/03	K. W. Superbabe					ZUM-RD 2005, 38	K&R 2005, 184	Verschuldensunabhängige Mitstörerhaftung des Betreibers von Pornoseiten für Links zu Hardcore-Seiten mit ungenehmigt im Internet veröffentlichten Aktaufnahmen einer Betroffenen
München I 19. 5. 2005 7 O 22025/04	Model-Fotos					2006, 937		Reichweite einer Einwilligung in die Nutzung entgeltlicher Model-Fotos für Werbezwecke

Entsch. KUG   Landgerichte

Ort Datum Aktenzeichen	Stichwort	GRUR	Schulze	AfP (ArchPR)	NJW (NJW-RR)	ZUM (ZUM-RD)	Sonstige	Bemerkung
München I 27. 6. 2005 7 O 12065/05	Ball					2005, 922		Verletzung der Intimsphäre durch Wort-Bild-Berichterstattung unter Verwendung eines auf einem öffentlichen Ball gefertigten Fotos
München I 9. 11. 2005 21 O 21704/04	DFB-Schiedsrichter						Magazindienst 2007, 614	Unerlaubte Werbung mit den Fotos eines bekannten DFB-Schiedrichters; angemessene Lizenzgebühr
München I 22. 2. 2006 21 O 17367/03	Boris Becker			2006, 382		ZUM-RD 2006, 465	Magazindienst 2006, 1125	Dummy-Werbung für eine geplante Zeitung mit dem Foto eines bekannten Tennisspielers
München I 12. 6. 2007 9 O 9431/07	Kindheitsszenen					2007, 936		Nachgehend OLG München 14. 9. 2007 – 18 W 1902/07; Abwägung Persönlichkeitsrecht und Kunstfreiheit bei Verwendung von Kindheitsszenen in einem Filmwerk
München I 7. 5. 2008 9 O 23075/07	Spaziergang mit Baby					ZUM-RD 2008, 375		Keine Geldentschädigung trotz heimlicher Aufnahme und rechtswidriger Verbreitung
München I 16. 4. 2009 9 O 6897/09	Jürgen Klinsmann			2009, 277		ZUM-RD 2009, 409		Einfügung eines Prominenten in eine Darstellung der Kreuzigung Christi, nachgehend OLG München 7. 7. 2009 – 18 W 1391/09
München I 15. 4. 2009 9 O 1277/09	Stasi-Mitarbeiter-Bilder			2009, 276		ZUM-RD 2009, 412		Ermittlung geschichtlicher Wahrheit, Veröffentlichung von Fotos informeller Mitarbeiter der Staatssicherheit
Münster 24. 3. 2004 10 O 626/03	Nebenklägerin				NJW-RR 2005, 1065	ZUM-RD 2004, 380		Veröffentlichung des Fotos eines Verbrechensopfers
Nürnberg/Fürth 7. 8. 1970 3 O 241/70	Pele			ArchPR XV 1970, 132			BB 1971, 284	Doppelübertragung zu Werbezwecken
Nürnberg/Fürth 29. 3. 2007 11 O 6073/06	TV Total			2007, 496				Berücksichtigung der Einwilligung des Abgebildeten in einmalige Erstveröffentlichung bei Laufbildern, die Privatsphäre tangieren im Rahmen der Beurteilung der Schwere der Persönlichkeitsverletzung

Ort Datum Aktenzeichen	Stichwort	GRUR	Schulze	AfP (ArchPR)	NJW (NJW-RR)	ZUM (ZUM-RD)	Sonstige	Bemerkung
Oldenburg 23. 1. 1986 5 O 3667/85	DKP-Plakat	1986, 464						Person in Bildmitte kein Beiwerk zur Straßenszene
Oldenburg 22. 1. 1987 5 O 3128/86	Straftäter			1987, 720				Öffentlichkeitsinteresse an Zeitungsbericht mit Bild und Namen eines Straftäters
Oldenburg 21. 4. 1988 5 S 1656/87	Grillfest	1988, 694			1988, 405			Einwilligung in die Anfertigung von Personenphotos als Einverständnis mit der Verfügungsgewalt des Aufnehmenden über Negative und Abzüge
Oldenburg 22. 3. 1990 5 O 3328/89	Beweismittel Personenphoto			1991, 652			JZ 1990, 1080	Personenphoto zum Beweis und zur Inaugenscheinnahme im gerichtlichen Verfahren
Saarbrücken 19. 5. 2000 13 a S 112/99	Nacktszenen				NJW-RR 2000, 1571			Veröffentlichung von Nacktfotos aus der nicht öffentlichen Generalprobe einer Theateraufführung
Stuttgart 24. 1. 1963 6 O 38/62	Elektroheizdecke						UFITA 40 (1963) 226	Werbeveranstaltung mit Filmen bekannter Persönlichkeiten und Prospekthinweis
Stuttgart 24. 9. 1964 17 O 63, 64/64	Falsche Schwester			ArchPR X 1965, 84				Zeitschrift kritisiert Illustriertenbericht mit Bildübernahme
Stuttgart 8. 9. 1981 17 O 275/81	Polizeibeamter im Einsatz			1983, 294				Bild mit Augenbalken zu Text („Allerhand Ganoven")
Stuttgart 2. 3. 1982 7 O 516/81	Heiratsschwindler			1983, 292				Bericht über Strafverfahren mit Bild eines Opfers
Stuttgart 12. 10. 1989 17 O 478/89	Wahlplakat			1989, 765				Kein Informationsinteresse der Öffentlichkeit bei Photomontage
Stuttgart 14. 1. 1992 17 O 586/91	Schlafendes Gemeinderatsmitglied			1992, 314				Mangels konkreter Geheimhaltungsvorschriften keine Persönlichkeitsverletzung wegen öffentlicher Kontrolle von Staatsorganen bei Erfüllung öffentlicher Aufgaben

Ort Datum Aktenzeichen	Stichwort	GRUR	Schulze	AfP (ArchPR)	NJW (NJW-RR)	ZUM (ZUM-RD)	Sonstige	Bemerkung
Stuttgart 10. 4. 2003 17 O 165/03	Fernsehbeitrag			2003, 471				Herstellung von Filmaufnahmen genügt nicht für die Erstbegehungsgefahr hinsichtlich der Ausstrahlung
Stuttgart 28. 6. 2005 17 S 3/05	Internet-Modelagenturen					ZUM-RD 2005, 412		Persönlichkeitsrechtsverletzung im Rahmen kritischer Zeitungsberichterstattung über „Internet-Modelagenturen"
Waldshut-Tiengen 28. 10. 1999 1 O 200/99	Digitale Gebäude-Bilddatenbank			2000, 101		ZUM-RD 2000, 300	MMR 2000, 172	Digitale Erfassung eines Hausgrundstücks zur Verwendung in einer Gebäude-Bilddatenbank
Zweibrücken 20. 2. 1989 1 O 737/88	Videoüberwachung des Nachbargrundstücks						MDR 1990, 549	Beweissicherungsinteresse keine Rechtfertigung für Eingriff in allgemeines Persönlichkeitsrecht

Amtsgerichte

Ort Datum Aktenzeichen	Stichwort	GRUR	Schulze	AfP (ArchPR)	NJW (NJW-RR)	ZUM (ZUM-RD)	Sonstige	Bemerkung
Charlottenburg 25. 6. 1959 4 C 222/59	Spülwettbewerb			ArchPR IV 1959, 38				Keine Persönlichkeitsminderung wegen anderweitiger Veröffentlichung
Bonn 19. 5. 1989 16 C 11/89	Gelegenheitsphoto			1990, 64				Einverständnis zur Aufnahme und Veröffentlichung
Bremen 9. 7. 2008 23 C 189/07	Kommunalpolitiker						juris	Schwerwiegender Eingriff, wenn es Fernsehsender unterlässt, Weiterverbreitung rechtswidrig gewonnener Bilder zu unterbinden oder wenn Bilder in Überrumpelungssituation entstanden sind
Frankfurt 27. 4. 1995 31 C 4012/94	Werbeprospekt				1996, 531			Unbefugte Verwendung von Photomaterial bei Einwilligung nur in Publikation in anderem Presseprodukt
Hamburg 24. 1. 1989 36 C 294/88	Fröhliche Radlerrunde	1990, 149						Harmloses Bild in unmittelbarem Zusammenhang mit Nacktphotos
Hamburg 6. 6. 1990 36 C 138/90	Nacktmodell			1991, 658				Wiederholte Abbildung eines professionellen Nacktmodells
Hamburg 4. 9. 1990 36a C 288/90	Alltagsgeschehen	1990, 910		1991, 659				Photo des Alltagsgeschehens nicht kommerzialisierbar, solange nicht zu Werbezwecken verwandt
Hamburg 13. 9. 1994 36a C 2572/94	Photomodell			1995, 528				Photo einer Alltagssituation beim Photomodell nicht kommerzialisierbar
Hamburg 2. 12. 2003 36a C 2189/03	Saddams Giftmischer				NJW-RR 2004, 844		GRUR-RR 2004, 158	Neutrales Foto im Rahmen eines reißerischen Artikels über den Vater (ehemaliger irakischer Chemie-Experte) des Abgebildeten

Entsch. KUG

Ort Datum Aktenzeichen	Stichwort	GRUR	Schulze	AfP (ArchPR)	NJW (NJW-RR)	ZUM (ZUM-RD)	Sonstige	Bemerkung
Hamburg 2. 11. 2004 36 a C 184/04	Kanzler-Puppe				NJW-RR 2005, 196			Werbung mit zwar künstlerisch bzw. satirisch verfremdeter, aber erkennbarer Abbildung einer absoluten Person der Zeitgeschichte
Ingolstadt 3. 2. 2009 10 C 2700/08	Diskofotos						juris	Unzulässigkeit der Internetveröffentlichung von Fotos eines Diskobesuchers
Kaufbeuren 19. 1. 1988 1 C 787/88	Nacktphoto	1988, 452			1988, 277			Verschulden bei Erwerb über Photoagentur; Mitverschulden durch Gestatten der Aufnahme
München 19. 8. 2009 161 C 3130/09	Luftbildaufnahmen						juris	Kein „Recht am eigenen Bild" bei der Abbildung von Eigentum und Besitz
Mannheim 11. 7. 2008 3 C 154/08	Dialyse						juris	Berichterstattung über Krankheit, rechtswidrige Fotoveröffentlichung
Spandau 6. 1. 2004 5 C 557/03	Videoüberwachung von Zugangswegen					ZUM-RD 2005, 196	WuM 2004, 214	Persönlichkeitsrechtsverletzung durch Videoüberwachung des Zugangs zu einem Wohnhaus

Sachverzeichnis

Die **halbfett** gedruckten Zahlen bezeichnen die Paragraphen, die mager gedruckten Zahlen die Randnummern. Entscheidungsstichworte sind mit **E** gekennzeichnet.

Abbildungsfreiheit s. auch Recht am eigenen Bild; bei unwesentlichem Beiwerk **57** 1; in Ausstellungs- oder Versteigerungskatalogen **58** 1; nur an der Straßenfront eines Gebäudes **59** 7, 9 f., 20; von Werken an öffentlichen Plätzen **59** 1 ff.
Abdampfverwertung E 43 67
Abdruck von amtlichen Schriftstücken E 97 35
Abgestuftes Schutzkonzept 60/23 KUG 21 f., 66 ff., 111; und Interessenabwägung **60/23 KUG** 111
Abgestuftes Schutzkonzept E 60/23 KUG 4, 21 f., 63, 68, 71, 111
Abgestuftes Schutzkonzept II E 60/23 21
Abhängige Nachschöpfung, Bearbeitung als – **3** 5 f.; freie Benutzung und – **24** 8, bei Computerprogrammen **69 c** 15 ff.
Abkommen s. Internationale Verträge, Staatsverträge und die Namen der einzelnen –
Ablieferung eines Werkes 40 17
Ablösungsanspruch als Abwendungsbefugnis des schuldlosen Verletzers **100** 1; angemessene Vergütung **100** 7 f.; Anwendungsbereich **100** 3; bei Filmwerken **100** 1; Fiktion der Einwilligung **100** 8 f.; im Übergangsrecht **135/ 135 a** 11; Interessenabwägung **100** 5 f.; nicht für Bauwerke und ausscheidbare Teile **98** 21 ff.; **100** 1
Abmahnaktion E 97 a 30
Abmahnung vor fristloser Kündigung **31** 59
Abnehmerverwarnung 103 9
Abrufsysteme s. Online-Angebote, Online-Datenbanken; Music-on-demand, Video-on-demand
Abrufübertragungsrecht 15 24, 26, 27, 58, **19 a** 1, 13, 15, 16, 17, 26–29, 33, 41, 59; **Vor 120** 145
Absatzhonorar 32 40, 41
Abschattungsgebiete beim Rundfunkempfang **20** 38
Abschiedsmedaille E 60/22 KUG 15, 17; und Bildnisfreiheit **60/23 KUG** 20
Abschlußzwang der Verwertungsgesellschaften 11 WahrnG 1 ff.; Anrufung der Schiedsstelle bei Streitigkeiten über den – **11 WahrnG** 13
Abspaltbarkeit von Nutzungsrechten s. Nutzungsart(en) selbstständig abspaltbare –

Abstracts 16 25, als Bearbeitungen des Originaltextes **23** 10; Schutzfähigkeit **3** 18; **Vor 87 a** 43; als Vervielfältigungen des Originaltextes **16** 21
Abstracts E 3 18; **12** 29; **23** 10; **24** 10, 12
Abstraktionsprinzip im Urheberrecht **Vor 28** 99 f.; **31** 8; im Verlagsrecht **Vor 28** 99; **87** 42 a
Abtretung, beschränkte – **26** 49; von Verwertungsrechten des ausübenden Künstlers **79;** von Vergütungsansprüchen **63 a, 44 a** 26 – des ausübenden Künstlers **79;** von Vergütungsansprüchen des Urhebers **Vor 28** 60 f.; **29** 18; **63 a**
Abtretungsverbote Vor 28 60, 62, 69; bei gesetzlichen Vergütungsansprüchen **63 a**
Abwendungsbefugnis des schuldlosen Verletzers 100 1; Voraussetzung **100** 3 f., s. auch Ablösungsanspruch
Accatone E 88 8
Access-Provider 19 a 55, **44 a** 11, Begriff **97** 79, 100; Auskunftsanspruch **101** 46 ff.; Haftung **97** 76, 84, 100, 121; Verschulden **97** 140
AD VITAM E 43 24
ADAC-Hauptverwaltung I E 14 40
ADAC-Hauptverwaltung II E 14 40
Adäquate Verursachung 97 62, 65, 76
Adeneler E 15 40
Adhäsionsverfahren Geltung des § 98 im – **98** 3, 5; zur Geltendmachung aus der Straftat erwachsener vermögensrechtlicher Ansprüche **97** 2; **104** 2; **110** 1 f.
Admin C 97 110
Adreßbücher, Schutzfähigkeit **2** 98; **4** 10
Adullah Ibrahim E Vor 120 36; **125** 15
AFN E 97 77
Afrikanerin E 9 6; **19** 30
AGB-Kontrolle 11 8, **Vor 28** 38 ff.; sa. Allgemeine Geschäftsbedingungen
Agenturvertrag Vor 28 136, 183
AGICOA, Vor 1 WahrnG 14
Akademische Lehrveranstaltungen, Öffentlichkeit bei – **6** 13; **15** 83
AKI E 2 20 f., 180; **16** 6; **Vor 20** 9; **22** 3; **49** 5; **50** 2, 14; **72** 17; **81** 3; **87** 3; **89** 7; **91** 5; **129** 16
Akteninhalte als amtliche Werke **5** 73
Aktenzeichen XY – ungelöst E 60/23 KUG 35; **60/24 KUG** 4 f.; **60/33–50 KUG** 13

Sachverzeichnis

halbfette Zahlen = Paragraphen

Aktfotos E 97 139
Aktivlegitimation bei Rechtsverletzungen **97** 47 ff.; der GEMA **88** 40; des Inhabers des ausschließlichen Nutzungsrechts **31** 13; gewillkürte Prozeßstandschaft **97** 53; keine – des Erwerbers auf Erteilung der Zustimmung **34** 17; keine – des Inhabers des einfachen Nutzungsrechts **Vor 28** 81 ff.; **31** 14 f.; Vermutung der – bei Auskunfts- und Vergütungsansprüchen der Verwertungsgesellschaften **13 b WahrnG** 1 ff.
Aktuelle Film- und Fernsehberichte als Laufbilder **95** 10
Alcolix E 2 23, 149; **24** 10 ff., 16 f., 27 ff.; **69 c** 16
Aleatorische Werke 2 11 ff., 14; Bildende Kunst **2** 137; Musikwerke **2** 127
Alexander Skriabin I E (LG) 121 4
Alexander Skriabin II E (KG) 121 2 f.; **129** 12
ALF E (BGH) Einl. 53; **2** 45, 136, 138, 165; **4** 35; **Vor 28** 51, 81; **31** 13; **72** 53; **81** 38; **82** 13; **85** 58; **Vor 87 a** 47; **97** 50; **Vor 120** 117, 124 f., 129, 134, 137
ALF II (OLG Hamburg) E 2 136, 138, 165
Alfred-Kerr-Briefe E 2 95
Algorithmus, als Begriff in der Informatik **69 a** 12; Schutzfähigkeit **69 a** 12
Alimentationsfunktion Einl. 14
Allgemeine Geschäftsbedingungen 11 8; **Vor 28** 30 ff.; Änderungsvorbehalt in – **39** 10; als amtliche Werke **5** 25 f., 35 ff.; im internationalen Urhebervertragsrecht **Vor 120** 163; im Urhebervertragsrecht **Vor 28** 30 ff.; Schutzfähigkeit **2** 91; und Änderungsrecht **39** 10
Allgemeines Persönlichkeitsrecht, Rechtsnachfolge **28** 23 ff.
Allgemeininteresse Einl. 10, 17; **15** 29; **Vor 44 a** 1 ff.; **Vor 97** 3; und Zitat **51** 8
Allwetterbad E 2 156 f.; **31** 61, 63; **Vor 69 a** 57
Alpensinfonie E 2 191; **3** 3, 8, 35; **15** 18 f.; **16** 10, 28; **23** 7, 11 f., 20; **Vor 88** 24, 28, 30
„Als Manuskript gedruckt" **6** 14
Alte Herren E 2 95
Alten- und Wohlfahrtspflege, genehmigungs- und vergütungsfreie Veranstaltungen **52** 24 ff.
Altenwohnheim E 15 73, 79; **Vor 44 a** 18; **52** 13, 35; **97** 37
Altenwohnheim II E 15 79; **52** 23; **58** 8
Altersfoto E 51 16, 45
Alt-Heidelberg – Jung-Heidelberg E 2 54 ff., 70; **24** 24
Altverträge E Vor 20 26; **20** 3; **31** 64, 92; **31 a** 30, 38; **Vor 73** 3; **88** 45; **Vor 120** 130; **132** 3; und angemessene Vergütung **132** 12, 13, 20; und Fairneßausgleich **132** 12, 13, 14–19
Amateurfilme als Laufbilder **95** 12; Schutz von -n **94** 16; Filmhersteller bei -n **Vor 88** 37
Amateurfunksendungen und Senderecht **20** 8

Amiga-Club E 10 12; **17** 10, 13; **69 c** 23 f.
Amon Düül II E 85 25
Ampex-Bänder, Angebot von -n als Erscheinen **6** 40
Amtliche Datenbanken 5 27
Amtliche Texte iSd. RBÜ **5** 20
Amtliche Werke 5 1 ff.; Analogieverbot **5** 25 ff.; Änderungsverbot **62** 3; als Werke **5** 1 f.; ausländische – **5** 95; Ausschluß des Schutzes **5** 88 ff.; Beamter als Urheber **43** 32; Begriff **5** 28 ff.; Filmwerke als – **5** 9, 22; im Landesrecht **5** 92; im TRIPS **5** 20; im WUA **5** 21, 96; in der RBÜ **5** 29, 96; Quellenangabe bei Vervielfältigung und öffentlicher Wiedergabe **63** 9, 11; Scannen von – **5** 93; Schriften als – **5** 8 f.; und Verfassung **5** 13 ff., 26; unveröffentlichte – **5** 9, 43, 73 ff.; Werke der bildenden Künste als – **5** 9; Wettbewerbsrechtlicher Schutz **5** 93; Zitatrecht **5** 37; **51** 20
Anachronistischer Zug E 2 132
Anbietungspflicht 69 b 9
Änderungen als Bearbeitung **3** 17 ff., 17; **14** 11 ff.; bei Leistungen ausübender Künstler, s. Entstellungsschutz; bei Miturheberschaft **8** 18; bei Werkverbindung **9** 16; der Urheberbezeichnung, Vereinbarung über – **13** 17; **39** 3, 8; des Filmwerks **88** 50 ff.; des verfilmten Werkes **88** 35; durch Rechtsnachfolger **30** 4; im Arbeits- und Dienstverhältnis **43** 49; qualifizierte – **14** 11 ff.; Recht auf – nach § 12 VerlG **42** 17 ff.; sachgerechte – **14** 30; Vereinbarungen über – **39** 3, 8 ff.
Änderungsrecht in Allgemeinen Geschäftsbedingungen **39** 10
Änderungsverbot s. auch Entstellungsschutz, Interessenabwägung bei Änderungen; Anwendungsbereich **39** 7; bei amtlichen Werken **5** 89 f.; **62** 3; bei ausübenden Künstlern **75**; bei Bauwerken **14** 17, 35 f.; **39** 27; bei gesetzlich Nutzungsberechtigten **62** 8; bei Sammlungen für den Kirchen-, Schul- und Unterrichtsgebrauch **62** 24 ff.; bei Urheberbezeichnung **39** 5; **62** 13; gegenüber Bearbeiter **39** 7, 11; gegenüber Eigentümer/Besitzer eines Werkstücks **14** 15 ff.; **39** 25 ff.; gegenüber Inhaber eines Nutzungsrechts **39** 8 f.; gesetzliche Beurteilungskriterien **62** 2, 15 ff.; im Arbeits- oder Dienstverhältnis **43** 83 ff.; Interessenabwägung **39** 14 ff.; **62** 14 ff.; kein – für Vervielfältigungen zum privaten Gebrauch **62** 10; Rechtsfolgen der Verletzung des – **14** 41 f.; **39** 28 f.; **62** 27; und EG-InfoRichtlinie **62** 4 a, 16, 24; – und Übernahme von Auszügen **62** 19; und Zwangslizenz **62** 7; Verhältnis § 39 zu § 62 **39** 4; **62** 3, 13 ff.; vertragliche Klauseln beim Filmwerk **89** 3
Änderungsvereinbarungen, ausdrückliche – bei Werkverwertungen ohne Bearbeitungscharakter **14** 11, 13; **39** 13; Einwilligungsbedürf-

magere Zahlen = Randnummern

Sachverzeichnis

tigkeit **62** 12, 24; Form **39** 10 ff.; in den einzelnen Verwertungsbereichen **39** 1, 7 ff.; Interessenabwägung **14** 28 ff.; **39** 14 ff.; stillschweigende – bei Werkverwertungen mit Bearbeitungscharakter **14** 11 f.; Zulässigkeit **39** 8, 11; **62** 12
Andrew-Lloyd-Webber Musical Gala E 19 27
Anerkennung als ausübender Künstler 74, Allgemeines **74** 1, 2; Anerkennungsrecht und Bestimmungsrecht **74** 13; Anmaßung der Künstlerschaft **74** 15; ausländische ausübende Künstler **74** 39; Authentizitätsinteresse **74** 6, 13 Bedeutung **74** 12; Bestimmung der Künstlerbezeichnung **74** 16,18; Ensembledarbeitungen **74** 7, 21–23; Entstehungsgeschichte **74** 3–5; frühere Rechtslage **74** 6, 13; Gesetzliche Beschränkungen **74** 24 ff.; Gewählter Vertreter **74** 31; Mehrheit ausübender Künstler **74** 20–38; Quellenangabe **74** 5; Prozessstandschaft **74** 32–34; Sinn und Zweck **74** 6–8; Solisten **74** 36–38; Systematik **74** 9; Rechtnatur **74** 10–11; Unübertragbarkeit, Unverzichtbarkeit **74** 11, 13; Vertragliche Regelungen **74** 19; Vorstand **74** 29; WPPT-Vertrag **74** 3
Anerkennung der Urheberschaft 13 6 ff., s. auch Persönlichkeitsrecht, Quellenangabe, Urheberbenennung, Urheberbezeichnung; bei Abbildung von Werken an öffentlichen Plätzen **59** 22; bei Filmwerken **93** 12; bei gesetzlicher Nutzungsberechtigung durch Quellenangabe **63** 1, 9 ff.; im Arbeits- und Dienstverhältnis **43** 76 ff.; Recht ausländischer und staatenloser Urheber auf – **Vor 120** 5; Verstoß gegen Recht auf – beim Plagiat **23** 28
Anerkennungsrecht des ausübenden Künstlers **Vor 12** 18
Angebot an die Öffentlichkeit als Verbreitungshandlung **15** 27; **17** 7, 8 ff.; **69 c** 22 ff.; an eine Einzelperson als Verbreitungshandlung **17** 13; **69 c** 24; an die Öffentlichkeit und Erscheinen **6** 34 ff.; an die Öffentlichkeit und Veröffentlichung **6** 15; vor dem Herstellen **17** 8; **69 c** 23
Angélique E 17 24; **31** 94
Angemessene Beteiligung, tunlichst – **15** 7 ff., 40; im Filmrecht **90** 2b, 7, 11, 15, 17; internationaler Bezug **32 b**; und Folgerecht **26** 6
Angemessene Vergütung 32, 32 c Absatzhonorar **32** 40, 41; Abtretbarkeit **32** 17–18; Abtretung gesetzlicher Vergütungsansprüche **32** 12; Angemessenheitsprognose **32** 27; **32 c** 7 ff.; Ansprüche gegen den Vertragpartner 2; Begriff **32** 29–41; – bei der Kabelweitersendung **20 b** 26; – bei Erlaubnis zur Werknutzung **32** 5; – bei Gesellschaftsverträgen **32** 4; – bei Einräumung von Nutzungsrechten **32** 5; bei neuer Nutzungsart **32 c** 7 ff.; – bei schuldrechtlichen Verträgen **32** 7, 8, 10, 11; Beteiligungsprinzip **32** 33–41; billiges Ermessen **32** 32; Buyout **32** 35; der Urheber verfilmter Werke **88** 2 b; des Arbeitnehmers bei Computerprogrammen **69 b** 17 f.; Geltendmachung durch Verwertungsgesellschaften **32** 18; Gemeinsame Vergütungsregeln **32** 24, 28; Grundlagen **32** 1 Generalklausel der Angemessenheit **32** 29; – im Arbeits- und Dienstverhältnis **32** 4; internationale Anwendbarkeit **32 b**; Internet **32** 43; innovative Vergütungsmodelle **32** 35; bei Konkurrenz mehrerer Vergütungsrgeln **32** 28; **32 c** 6; **36** 70; Korrekturanspruch **32** 19; Linux-Klausel **32** 43; Marge 10% **32** 34; Maßgeblicher Zeitpunkt **32** 27; Maßstab der Bruttoerlöse **32** 33, 34; Möglichkeit der Werknutzung **32** 14; Nullvergütung **32** 36; Optionen **32** 14; Professorenentwurf **32** 2; Quersubventionen **32** 35; Rahmen **32** 29; Rechtsentwicklung **32** 1, 2; Rechtsdurchsetzung **32** 46; Redlichkeit **32** 31; relevante Umstände **32** 38; Sicherung der **11** 6 ff.; System des Gesetzes **32** 19–27; Tarifvertrag **32** 23; unberechtigte Werknutzung **32** 6; Übergangsrecht **132** 12, 13, 14–19; Üblichkeit im Geschäftsverkehr **32** 30; Umgehungsschutz **32** 42; Urheberpersönlichkeitsrechte **32** 13; Verjährung **32** 4, 45; Verkehrssitte **32** 29; vertraglicher Ausschluss der – **32** 22; verwandte Schutzrechte **32** 1, 16; Wahrnehmungsverträge **32** 4 **Vor 28** 13; zwingender Charakter **32** 42;
Angemessenheit der Bedingungen **42 a** 13; der Beteiligung **15** 6; **36** 15; der Entschädigung **42** 29; gerichtliche Überprüfung der Tarife **13 WahrnG** 12; der Lizenzgebühr **97** 152 ff.; der Vergütung **27** 1, 6; **Vor 44 a** 29; **47** 28; – der Wahrnehmungsbedingungen **6 WahrnG** 13
Angestellte, Haftung **97** 76 f.; **99** 1 ff., 5
Angewandte Kunst s. Werke der –
Anheuser-Bush E Vor 120 72, 129
Anita E 23 14
Anna Marx E 24 11
Ännchen von Tharau 137l 43
Anne Sophie Mutter E 60/23 KUG 42
Anneliese Rothenberger E 31 92
Anordnungsverfahren zur Identifizierung des Verletzers 101 99 ff.; und Datenschutz **101** 105 ff.; Kosten **101** 125; Richtervorbehalt **101** 120 ff.; Verfahren **101** 122 ff.; s. auch Auskunftsansprüche gegen Dritte
Anonyme Alkoholiker E 66 23, 42; **Vor 120** 72, 129
Anonyme und pseudonyme Werke, Inhaber des Folgerechts **26** 42; Register anmeldung **66** 22, 46 ff.; **138** 1, 3, 8 ff., 12; Schutzdauer **64** 21; **65** 13 f.; **66** 1 ff.; **Vor 120** 48; **138** 1; Urheberbezeichnung **10** 5; Zulässigkeit des Namensnennungsverbots **13** 10 f., 15; s. a. Register anonymer und pseudonymer Werke

Sachverzeichnis

halbfette Zahlen = Paragraphen

Anrufbeantworter, keine Geräte- bzw. Speichermedienabgabe **54** 12
Ansprüche wegen Rechtsverletzung, anwendbares Recht **Vor 20 ff.** 52 ff.; **Vor 120** 129 ff.
Anstalt für mechanisch-musikalische Rechte GmbH (AMMRE) Vor 1 WahrnG 2
Anständige Gepflogenheiten und Zitat **51** 24 a
Anthologiefreiheit im Übergangsrecht **136** 4 ff.
Anthologien, als Sammelwerke **4** 9
Anti-Blockiersystem E Vor 69 a 8 f.
Antivirusprogramme 69 d 10, 14
Anwaltsschriftsatz E (BGH) **2** 19, 23, 26, 29, 35, 38, 44, 57, 61, 84, 87, 91 f., 95, 113; **4** 13; **5** 11, 73 f.; **Vor 87 a** 5; **97** 39
Anwaltsschriftsatz II E (OLG Düsseldorf) **2** 92; **51** 7, 47
Anwaltsschriftsatz kein amtliches Werk **5** 73; Schutzfähigkeit **2** 35, 87, 92; Schutzuntergrenze **2** 35
Anwendungsbereich des Rechts an Sendung **Vor 20** 52 ff.
Any DVD II E 97 98, 115
Anzeigentext E s. auch Zeitungsannoncen
AOK-Merkblatt E 2 87, 98; **4** 13; **5** 5, 28, 30 f., 32 ff., 60, 64
APA-Bildfunknetz (OGH) **20** 4
Apache-Lizenzen Vor 69 a 53; s. auch Open Source Software
Apis Hristovich E (EuGH) **87 b** 14, 17 f., 22 ff., 29 f.
Apfelmadonna Einl. 56; **E 3** 20, 33; **24** 4, 7; **59** 3
Application-Service-Providing Verträge Vor 69 a 62 ff.
Appropriation Art 13 8, 16; **14** 11 d; als Bildzitat **51** 53
Arbeiterwohnheim, Öffentlichkeit der Wiedergabe in – **15** 79
Arbeitgeber-Lichtbilder E 50 8
Arbeitnehmer als Urheber s. Urheber im Arbeits- oder Dienstverhältnis; und weitere Beteiligung **32 a** 11; und Urhebervertraggesetz **43** 7, 9, 64, 71
Arbeitnehmer und allgemeine Vergütungsregeln 36 71
Arbeitnehmerähnliche Personen, Anwendung des AGB-Rechts (§§ 305 ff. BGB) auf – **Vor 28** 34; keine Anwendung des § 43 auf – **43** 18; Tarifvertrag für arbeitnehmerähnliche freie Journalisten an Tageszeitungen **43** 109
Arbeitnehmereigenschaft eines Pressefotografen **E 43** 12
Arbeitnehmererfindergesetz, Anwendung auf Computerprogramme **69 b** 9
Arbeitnehmerurheber und internationales-Vertragsrecht **32 b** 35

Arbeits- oder Dienstverhältnis, Anwendbarkeit von § **36 43** 71 f.; Ein-räumung von Nutzungsrechten **43** 37 ff.; Filmherstellung im – **89** 9, 15 f.; **92** 7, 12; Rechtseinräumung im – und Übergangsrecht **132** 4 f.; Umfang der Nutzungsrechtseinräumung **43** 48 ff.; Verfilmungsverträge im – **88** 28, 50; Veröffentlichungsrecht des Arbeitgebers/Dienstherren **43** 73 ff.; zusätzliche Vergütungsansprüche für Leistungen im – **43** 64 ff., 133; s. auch Urheber im –
Arbeitskreis deutscher Kunsthandelsverbände 26 12, 38
Arbeitsspeicher 44 a 5, **69 c** 7
Arbeitsverhältnis, arbeitnehmerähnliche Urheber **43** 18; Arbeitsleistung im Rahmen des -ses **43** 22 ff.; **79** 11; befristete Verträge **43** 15; Begriff **43** 10 f., 13 f.; Wesensmerkmale **43** 33; **79** 14
Archäologische Grabungsmaterialien E 97 16
Architekt s. auch Filmarchitekt; Änderungen an Bauwerken **14** 17, 32, 35 ff.; **39** 27; **43** 87; als Urheber **2** 151 ff.; Schadensersatzanspruch **97** 165; und Einräumung von Nutzungsrechten **31** 95; Urheberbezeichnung **10** 9; **13** 13, 18; Urheberrechtsvertrag mit – **Vor 28** 175; Zugangsrecht **25** 5, 10, 13, 20
Architektenplan E 2 154 f., 157
Architektenwechsel E 2 156 f.; **24** 10, 14; **104** 1
Architekturpläne E 97 165
Archiv E 4 17, 28 f., 27; **38** 15; als Sammelwerk **4** 20; Aufnahme in eigenes – vergütungsfrei **53** 44 ff.; Aufnahme von Büchern und Zeitschriften **53** 75; Aufnahme von Noten **53** 71; Begriff **53** 45; Begriff des eigenen Archivs **53** 45; elektronische Archive als privilegierte Archive iSd. § 53 Abs. 2 Nr. 2 **53** 46, 48; keine Löschungspflicht bei Aufnahme von ephemeren Vervielfältigungen in amtliches – **55** 11 ff.; Veröffentlichung durch Überlassung an – **6** 14; als öffentlich zugängliche Einrichtung **52 b** 3 f.; Wiedergabe von Werken an elektronischen Leseplätzen in – **52 b** 3 ff.
Archivfotos E Vor 28 106, 180; **31** 22, 60, 84
Archivvertrag E Vor 28 180
ARD-1 E 2 160, 170, 187
ARGE DRAMA, Vor 1 WahrnG 14
Ariston E 97 145
Armutsgelübde E 31 77
Arno Schmidt E Vor 28 44; **31** 59, 63
Arrangement Schutzfähigkeit **3** 28; **4** 12; bei Computerprogrammen **69 c** 13
ARRIVAL E Vor 120 137
Artikelübernahme E 2 47; **24** 3; **49** 29
Arzneimittelwerbung im Internet E vor 120 172

magere Zahlen = Randnummern

Sachverzeichnis

Arztschreiber E 97 130
ASP s. Application-Service-Providing
Asterix-Persiflagen E 2 56, 149; **23** 24; **24** 9 ff., 16 f., 27 ff.; **69 c** 16
Asterix-Plagiate E 2 149; **99** 2, 6
Astra Hochhaus 14 15
Atlanta E 17 42
Atlanten, Schutzfähigkeit **2** 211
Audio Guides 15 71; **21** 9
Audiovisuelle Medien, Begriff der – **Vor 88** 21
Audiovisuelle Verfahren E 31 36; **89** 13
Audiovisuelle Verwertung als unbekannte Nutzungsart **31 a** 38 ff.; **88** 7; **89** 12, 17; der Darbietungen ausübender Künstler **92** 16; kein eigenständiges Verwertungsrecht **15** 15; Rechtseinräumung zur – **88** 5, 7, 11, 39 f., 45; **89** 12
Auf und davon E 88 40
Aufbrauchsfrist Vor 28 55; im Schadensersatzrecht **97** 201; **100** 11
Aufführung, bühnenmäßige – **19** 16 ff.; keine Wiedergabefreiheit für bühnenmäßige – **52** 46 f.; musikalische – **19** 13 ff.; -svertrag **Vor 28** 140 ff.; Wahrnehmbarmachung durch Bildschirm oder Lautsprecher **19** 31 ff.
Aufführungsmaterial s. Notenmaterial
Aufführungsrecht als Recht der bühnenmäßigen Aufführung **19** 16 ff.; als Verwertungsrecht **15** 17, 45; **19** 1; an Werken der Musik **19** 12 ff.; im WUA **Vor 120** 64; in der RBÜ **Vor 120** 47; kein – des ausübenden Künstlers **Vor 73** 4; und „Materialentgelt" **44** 15; Wahrnehmung durch die GEMA **19** 27; Wiedergabe durch Bildschirm oder Lautsprecher vom – erfaßt **19** 31 ff., 35
Aufführungsvertrag als Urheberrechtsvertrag § **19** 27 ff.; **Vor 28** 138 ff.; bühnenmäßige und nichtbühnenmäßige Aufführung **Vor 28** 138 f.; Einräumung des Verfilmungsrechts durch – **88** 26; Zweckübertragungslehre **31** 92
Aufgedrängte Kunst 44 10, angemessene Beteiligung des Urhebers **17** 18; Verbreitungsrecht **17** 18
Aufgeld beim Folgerecht **26** 37
Aufnahmerecht des ausübenden Künstlers **77** 6 ff.
Aufsichtsbehörde für Verwertungsgesellschaften s. Deutsches Patent- und Markenamt
Aufspaltbarkeit von Nutzungsrechten s. Nutzungsart(en) selbständig abspaltbare –
Auftragsproduktion, Aufspaltbarkeit von Nutzungsrechten **Vor 28** 85 ff.; Filmhersteller bei – **Vor 88** 33 ff.; Gestaltungsvorschläge des Auftraggebers **2** 139; Inhaber des Schutzrechts nach § 94 bei – **94** 19; und Vertragsauslegung **Vor 28** 153; Vertragszweck **31** 89

Auftragswerke s. Auftragsproduktion
Aufzeichnungen beim Empfang von Live-Sendungen **94** 14; kein Schutzrecht nach § 94 bei bloßen – **94** 12; Pflicht zu – **55** 16; von künstlerischen Darbietungen als Laufbilder **95** 9;
Augenbalken und Erkennbarkeit des Abgebildeten **60/22 KUG** 5; **60/23 KUG** 98
August Vierzehn E 6 14, 35, 40, 46; **97** 142; **Vor 120** 120 f., 157, 168
Aulaanbau E 39 27
Aus nichtigem Anlaß? E 60/22 KUG 33; **60/23 KUG** 36
Ausdrückliche Benennung der Nutzungsarten **31** 69
Ausdrucksformen der Volkskunst s. Folklore
Ausfuhr s. Export
Ausgaben nachgelassener Werke, s. auch öffentliche Wiedergabe nachgelassener Werke); Entstehungsgeschichte des Schutzrechts an – **64** 54; **71** 2 ff.; Folgerecht **71** 3 f., 12; keine fremdenrechtliche Beschränkung des Schutzes von – **71** 13; **124** 4; Leistungsschutzrecht des Herausgebers **71** 12 ff.; Schutzdauer **71** 15; **137 b** 1 ff.; Schutzfristverlängerung **137 b** 1 ff., und Altverträge **137 b** 3 f.; Schutz der Erstausgabe **71** 1; Schutzvoraussetzungen **71** 6 ff.; strafrechtlicher Schutz **108** 4; Vergütungsanspruch nach § 27 **71** 12; Verhältnis des Schutzes nach § 71 zu dem nach § 70 **70** 4
Ausgaben, wissenschaftliche, s. wissenschaftliche Ausgaben
Ausgleichsvereinigung Kunst 26 12 ff.
Auskunftsansprüche als Hilfsansprüche zum Schadensersatzanspruch **Vor 97** 5 f., 8; **97** 1 f., 92, 96, 105, 131, 135, 136 ff., 187; als Nebenpflicht des Urheberrechtsvertrages **31** 38; als selbständige Ansprüche auf Drittauskunft **101** 1 ff., 46 ff.; beim Folgerecht **26** 38 ff.; der Aufsichtsbehörde über Verwertungsgesellschaft **19 WahrnG** 4; Durchsetzung **97** 59; gegen Betreiber **54 f** 2, 8; gegen Hersteller, Importeure und Händler **54 f** 2, 5; gegen Internet-Provider **101** 46 ff.; gegen Verwertungsgesellschaft über ihr Repertoire **10 WahrnG** 1 ff.; gesetzliche – **Vor 44 a** 31 f.; **10 WahrnG** 1 ff.; gewohnheitsrechtliche – **Vor 44 a** 31; keine allgemeinen – **101** 2; Schadensersatzansprüche wegen mangelnder Auskunft **Vor 44 a** 35; doppelter Vergütungssatz **54 f** 10 ff.; Verjährung **102** 5; Vollstreckung **112** 21; s. auch Drittauskunft
Ausland, Erscheinen im – **6** 4, 44; Veröffentlichung im – **6** 18; Werkschöpfung im – **Vor 120** 123
Ausländische Staatsangehörige, Diskriminierung **Vor 120** 11; Schutz **96** 10; **Vor 120** 2 ff.; **121** 1 ff.; **123** 1 ff.; **124** 1 ff.; **125** 1 ff.; **126** 1, 6 ff.; **128** 1, 3 ff.; **129** 12; Schutz ausübender Künstler **77** 18, 19; Schutzbeschränkung durch

2451

Sachverzeichnis

halbfette Zahlen = Paragraphen

Retorsion **121** 2, 10; und internationalen Vertragsrecht **32 b** 24–35; Urheberpersönlichkeitsrecht **12** 9; Wahrnehmungsanspruch **6 WahrnG** 8 f.; wettbewerbsrechtlicher Schutz **Vor 120** 62; **125** 19; **127** 8; **128** 7; **129** 17
Auslandsherstellung und Verbreitung im Inland **17** 17, 55 f.; Verletzung von Leistungsschutzrechten bei inländischer Verbreitung **77** 18, 19; **96** 8 ff.; **125** 6; Verwertungsverbot **96** 9
Auslandsschule E **97** 130
Auslegeschriften als amtliche Werke **5** 46, 65
Auslegung s. Vertragsauslegung
Auslegung, richtlinienkonforme s. Richtlinienkonforme Auslegung
Auslegung, von Gemeinschaftsrecht **15** 40
Auslegungsregeln, gesetzliche, Vor 28 103 ff.; **31** 20 ff., 64 f.; **37** 3; **38** 4; **44** 4 ff., 14; im Filmrecht **Vor 88** 9 f.; **88** 2, 4, 9, 11; **89** 1 ff.; im Übergangsrecht **137** 4, 7, 10; **137 a** 3; **137 b** 3; **137 c** 3; der Verwertungsrechte **15** 40, 78
Ausleihe, Erscheinen durch – **6** 36; s. auch Vermieten und Verleihen
Ausschließliche Nutzungsrechte 31 11 ff.; **33** 8, 9, 11, 13
Ausschließlichkeit schwächerer Wirkung 31 11
Ausschnitte s. Filmausschnitte
Ausschnittsdienst E **2** 118; **16** 4; **44 a** 5, 8, 10; **53** 14, 37
Ausschreibungsunterlagen E **2** 19, 23, 29, 35, 57, 88, 200; **Vor 87 a** 5
Ausschreibungsunterlagen, Schutzfähigkeit **2** 35, 88
Außenantennenverbote und Senderecht **20** 39
Außenhandelsmonopol, Bedeutung des staatlichen -s der UdSSR für den Urheberrechtsschutz **Vor 120** 168
Außenministerin von Uganda E **60/22 KUG** 19
Außenseiter bei Kabelweitersendung 20 b 2; **13 b WahrnG** 1, 5; Berechtigungsfiktion der Verwertungsgesellschaft **Vor 14 WahrnG** 11; Innenverhältnis zur Verwertungsgesellschaft **Vor 14 WahrnG** 12
Außenwirtschaftsrecht, anwendbares – bei internationalen Urheberrechtsverträgen **Vor 120** 162
Außerordentliche Kündigung im Urhebervertragsrecht **31** 55 ff.
Außervertragliches Schuldverhältnis, anwendbares Recht **Vor 120** 125
Ausstellung als Veröffentlichung **6** 16, 28; kein Anrecht auf tatsächliche – **18** 7, 21; keine Verbreitung **17** 5; – nichtveröffentlichter Werke der Literatur und Musik **12** 15; **18** 14; Öffentlichkeit der – **15** 72; öffentliche **15** 72; – von Werken der bildenden Künste als Erscheinen **6** 49

Ausstellungsführer und Katalogfähigkeit **58** 18
Ausstellungskatalog s. auch Kataloge, Katalogbildfreiheit; Aufnahme unveröffentlichter Werke in – **18** 15 f.
Ausstellungsrecht als Verbotsrecht **18** 3; als Verwertungsrecht **15** 17; an anderen urheberrechtlich geschützten Werken **15** 41; **18** 13 f.; ausländischer Urheber **18** 20; Ausschluß des -s **44** 19 f.; bei einer Verkaufsausstellung **18** 19; des Eigentümers des Originals **44** 18 ff.; des Urhebers an unveröffentlichten Werken **18** 1 ff.; **44** 16; Erlöschen **18** 4, 15; kein strafrechtlicher Schutz **106** 1; und Internetpräsentation **18** 19; und Katalogverbreitung **18** 16; und Persönlichkeitsrecht **18** 7, 21; und Recht am eigenen Bild **44** 21; **60/23 KUG** 101 ff.; und Urheberpersönlichkeitsrecht **18** 7, 21; und Verbreitungsrecht **18** 19; Vorbehalt des Urhebers **44** 19 f.
Ausstellungsvertrag Vor 28 134
Ausübende Künstler in Arbeits- oder Dienstverhältnissen, Abtretung von Leistungsschutzrechten **79** 16 ff., an Dritte **79** 21 ff.; Auslegungsregel **79** 5, 12, 16; Direktionsrecht **79** 30; Entstellungsschutz **79** 29; kein gesetzliches, nur arbeitsrechtliches Recht auf Namensnennung **79** 31; Leistungsschutzrecht in Person des ausübenden Künstlers **79** 1, 2; Vergütungsansprüche **43** 65 ff.; **79** 26 f.; Vertragsrecht **79** 6, 33 ff.; Vertretungsberechtigte **74** 29 ff.; Vorausabtretung **79** 23; s. auch Arbeits- oder Dienstverhältnis
Ausübende Künstler, Altverträge und angemessene Vergütung **79** 14; Anwendbarkeit der Zweckübertragungsregel **79** 5, 11; Anwendung urheberrechtlicher Vorschriften **79** 9 ff.; audiovisuelle Verwertung der Darbietungen – **92** 16; Aufnahme- und Vervielfältigungsrecht **77** 6 ff.; ausländische ausübende Künstler **77** 18, 19; **78** 20, 32, **79** 15; Auswertungspflicht **79** 8; Bandübernahmeverträge **79** 8; Bearbeitungsrecht **77** 11, **79** 16; Bearbeiterurheberrecht – **94** 4, 37; **129** 15 ff., 18; **134** 5; **135/135 a** 1 ff.; Begriff der Darbietung **73** 15 ff.; Begriff des Künstlerischen **73** 23 ff.; Begriff der Öffentlichkeit **78** 17–19; Bootlegs **77** 19; Darbietung von Folklore **73** 1, 11; Darbietung von Werkteilen **73** 12; digitale Übermittlung **77** 15; Diskriminierungsverbot **78** 18; Einblendung von Darbietungen – in Filmwerk **92** 7; elektronische Musik **73** 29; Entstehungsgeschichte des Schutzes **73** 5 ff.; **77** 2; Eröffnung des Verbreitungsrechts **Vor 73** 18, **77** 13; Fernsehsendung aufgezeichneter Darbietungen – **92** 8; Filmschauspieler **73** 38; Filmvertrag mit – **Vor 28** 164 f.; im Filmvertragsrecht, Neuregelung **92** 3, 4 a–h, 12, 17, **95** 17; Funksendung **78**; gemeinsame Darbietung **80**; gesetzliche Vergütungsansprüche

2452

magere Zahlen = Randnummern

Sachverzeichnis

beim Film **92** 4f, 13; Hörfunksendung von Darbietungen − **92** 15; Identität von Filmurheber und − **89** 8; **92** 5; idR nicht Filmurheber **Vor 88** 54ff.; Immaterialgüterrecht der − **Vor 73** 10; Index nach Berufen **73** 40/41; Inländerbehandlung **77** 19; Insolvenz **79** 8; internationales Vertragsrecht **32 b** 22, 25, 31; keine Übertragungsvermutung zugunsten des Filmherstellers bei Laufbildern und Videoclips **92** 9f.; **95** 17; kleine Münze **73** 25; Konkurrenz der Rechte **73** 36ff.; künstlerische Mitwirkung **73** 27ff.; Künstlerexklusivverträge **79** 8; Künstlergemeinschaften **79** 16; Künstlerpersönlichkeit **Vor 73** 10; Künstlerquittung **79** 8; Legaldefinition **73**; Maßgeblichkeit der Staatsangehörigkeit der −, nicht der Rechtsnachfolger **125** 9; monistische Theorie **Vor 73 ff.** 10, 11, **73** 3; Namensträger **74**; neueste Entwicklung des Schutzes **Vor 73 ff.** 1, 6; **73** 7; **77** 1, 2; Nennungsrecht beim Film **93** 4a; Neufassung durch den WPPT **73** 1, 7; **77** 19, **79** 3; Normzweck **73** 8, 9; Nutzungsrechte **79**; öffentliche Wahrnehmbarmachung durch Lautsprecher **78** 10−16; öffentliche Wiedergabe **78**; öffentliche Zugänglichmachung **19 a** 33, 58; **78** 2−4; Persönlichkeitsrecht **Vor 12** 18; **Vor 73** 10, 21f, 24f.; **74** 27; **75** 2, 3ff.; **76** 8f.; **92** 8; **95** 18, **Vor 120** 7, 10; **125** 10, 13; **129** 17; Rechte der − bei Kabelweitersendung **20 b** 7, 21, 30; Rechte der − bei Laufbildern **92** 4, 9; **95** 17; Rechte der − beim Film **Vor 88** 11, 18, 49; **89** 6, 8; **92** 1ff.; **95** 17; Rechterückfallklauseln in Künstlerverträgen **79** 8; Sampling **73** 11, 12, 29; **77** 9; Schöpfungshöhe des dargebotenen Werkes **73** 10, 23, 75ff., 84ff., 97, 103ff.; **77** 18, 19; **125** 1ff., 8ff.; Schutz − als ausländischer Flüchtlinge **125** 2, 17; Schutz − und Schutzrecht des Filmherstellers **94** 10; Schutz deutscher − **Vor 120** 2; **125** 2, 4ff.; Schutz staatenloser − **125** 2, 17; Senderechte **19 a** 58; Sendung **78** 4−10; Sendevergütung **78** 21ff.; Studiokünstler **73** 16; technisch bedingte Tätigkeit **73** 31; Tonmeister **73** 20, 31, 32; Tonregisseur **73** 28, 29; Tonträgerauswertung der Darbietungen − **92** 15f.; TRIPS **77** 19; Trittbrettfahrereffekt **77** 19; Übertragbarkeit **Vor 73** 11; **79** 1, 3, 4ff.; unbekannte Nutzungsarten **Vor 73** 17, **79** 9, 12; Verbreitungsrecht **77** 1f., 12f.; Verfassungsschutz **Vor 73** 12, 13; Verhältnis zum allgemeinen Persönlichkeitsrecht **Vor 73** 21; Verhältnis zum Urheberschutz **Vor 73** 6, 8, 14ff.; **73** 36; Verhältnis zum UWG **Vor 73** 22; Verfügungen − im Übergangsrecht **135/ 135 a** 6; Vergütungsansprüche **20 b** 7, 21, 30; **27** 1, 5ff.; 11ff.; **Vor 73** 13; **77** 14ff.; **78** 21ff.; **79** 6; **92** 3, 8, 13; Vermietrecht **17** 30, **77** 13ff.; Wahrnehmungsvertrag **79** 8; weitere Beteiligung **32 a** 3; wettbewerbsrechtlicher Schutz − **Vor 73** 4, 22; **125** 19; **129** 17f., 19; Zugangsrecht **79** 19;Zwangsvollstreckung **79** 8; Zwangsvollstreckung im Rechte der − **112** 19; s. auch Verwandte Schutzrechte

Ausübung, unzureichende **41** 13, 14; s. Rückruf wegen Nicht −

Ausübungspflicht des Erwerbers des Verfilmungsrechts **Vor 28** 162; **31**, 27; **88** 36

Authentizitätsinteresse der Öffentlichkeit **13** 1; **14** 5

Autobahnschäden E **97** 133, 135

Autohochhaus E **2** 178; **72** 3

Autokindersitz E **97** 165

Automaten-Spielplan E **2** 6, 56, 79f., 83, 110; **23** 4

Auto-Skooter E **52** 16; **81** 26, 28; **97** 64, 139

Axa E **99** 2

Babbitt-Übersetzung E **43** 2, 86

Bachforelle E **2** 24, 34, 39, 135f., 138f., 142, 160; **23** 34

Bad auf der Tenne II E **2** 20; **88** 16, 18

Bad Ischler Operettenwochen E (OGH) **50** 17

Badeszene E **51** 45

Ballett E **106** 4

Ballett s. auch Choreographische Werke; als Unterfall des pantomimischen Werkes, Schutzfähigkeit **2** 96, 130

Ballettmeister als ausübender Künstler **73** 31; als Gruppenleiter **74** 30

Bambi E **2** 149; **97** 205

Banddüngerstreuer E **31** 51

Bandübernahmevertrag 85 36

Banknoten als amtliche Werke **5** 68

Bar-Filmmusik E **97** 156; **WahrnG 11** 6

Barfuß ins Bett E **2** 195; **Vor 20** 19, 31; **Vor 28** 81; **31** 26, 51, 54, 93; **90** 5; **Vor 120** 35, 36, 38

Barockputten E **2** 148, 158, 165; **26** 24

Barockspiegel E **2** 148, 169

Bauaußenkante E **2** 38, 67, 140, 153f., 156f., 199, 205

Bauhaus aus Italien E **17** 7, 16

Bauhaus-Glasleuchte II E **2** 16, 166, **24** 10, 15, 17; **41** 11

Bauhauslampen aus Italien E **Vor 120** 140, 145

Bauhaus-Leuchte E **2** 162, 166; **97** 49f., 191; **98** 7

Bauhaus-Türdrücker E **43** 82

Bauherrenmodell-Prospekt E **2** 115

Baukunst s. Bauwerke

Baupläne als amtliche Werke **5** 31, 68, 73; freie Benutzung **24** 21; keine Ausnahme vom Vermietrecht **17** 40; Schutzfähigkeit **2** 157, 198f. 201, 205, 213

Baupläne E **2** 156; **10** 9; **24** 18, 20

Sachverzeichnis

halbfette Zahlen = Paragraphen

Baustatikprogramm E **Vor 69 a** 1; **69 c** 17
Bauwerke, Abgrenzung von Werken der reinen Kunst **26** 22 f.; Änderungen an -n **14** 17, 32, 35 ff.; **39** 27; als amtliche Werke **5** 68; als vorbestehende Werke beim Film **Vor 88** 59; **88** 14; als Werke an öffentlichen Plätzen **59** 7, 9 ff., 23 f.; ausgenommen vom Vermietrecht **17** 40; Begriff **2** 151; **26** 23; Entwurf **2** 157, 199; **23** 21; kein Ablösungsanspruch des Verletzers **98** 21 ff.; **100** 1; keine Gegenstände des Folgerechts **26** 22 f.; kein Vernichtungsanspruch **98** 21 ff.; Nachbau **23** 21; Nachbauverbot **53** 80; Schutzfähigkeit **2** 151 ff.; und Quellenangabe **63** 15; Schutz von -n durch die RBÜ **Vor 120** 46 ff.; Zugangsrecht des Architekten **25** 5, 10, 12 f., 20
Beamter als Urheber, Begriff **43** 19; Beschränkungen des UPR im Dienstverhältnis **43** 77 f., 80, 85, 90; Nebentätigkeit **43** 62; Pflicht zur Einräumung von Nutzungsrechten **43** 39; Weiterübertragung von Nutzungsrechten **43** 61 f.
Bearbeiter und Urhebernennung **13** 8, 9, 25
Bearbeiterurheberrecht als abhängiges Urheberrecht **3** 39; als selbständiges Ausschließlichkeitsrecht **3** 40; als Verwertungsrecht **3** 2; **15** 18; bei Computerprogrammen **69 c** 19 f.; des ausübenden Künstlers **94** 4, 37; **129** 15 ff., 18; **134** 5; **135/135 a** 1 ff.; des Theaterregisseurs **3** 22; fiktives – des ausübenden Künstlers in § 2 Abs. 2 LUG **Einl.** 116, 118; **Vor 73** 3 f.; **73** 5 f.; **85** 1 f., 5; **86** 2; Schutzdauer **3** 41 f.; Schutzgegenstand **3** 39; Schutzumfang **3** 42 f.; Unabhängigkeit des -s **3** 40
Bearbeitung, Abgrenzung zur freien Benutzung **3** 7; **23** 7; Abgrenzung zur Miturheberschaft **3** 9; **8** 2; Abgrenzung zur sonstigen Umgestaltung **3** 5 f.; 9; **23** 4, 13; Abgrenzung zur Vervielfältigung **3** 5, 9; Abgrenzung zur Werkverbindung **9** 7; Begriff **3** 5 ff.; **23** 7 ff.; bei Exposé, Treatment und Drehbuch **88** 17; Drehbuch als – des verfilmten Romans **Vor 88** 64; durch ausübenden Künstler **3** 21; durch Rechtsnachfolger **30** 4; durch Vollendung **3** 12; Einwilligungserfordernis **23** 23 ff.; filmische – von Filmwerken **88** 2, 8; Filmwerk als – des Drehbuchs **Vor 88** 64; Fortsetzung als – **3** 12; **23** 14; gemeinfreier Werke **3** 11; mehrstufige – **3** 13; persönlichkeitsrechtlicher und verwertungsrechtlicher Aspekt **14** 11 c; Rechte des Urhebers **23** 6; Schutzgegenstand **3** 10; **23** 15; Schutzvoraussetzungen **3** 14 f.; strafrechtlicher Schutz **106** 3; -sverbot durch ausübenden Künstler **Vor 73** 22; unwesentliche – **3** 33 f.; Verfilmung als – **3** 36; **23** 12; **15** 19; **Vor 88** 25; Verwertung im Zweifel durch Urheber **37** 10; von Computerprogrammen **23** 20; **69 c** 12 ff.; von Datenbankwerken **23** 4, 22; von Filmwerken; **88** 50 ff.; **89** 2, 20

Bearbeitungen amtlicher Werke **5** 94; Erscheinen von – **6** 45; im Übergangsrecht **130** 1 f.; Schutz von – bei der Filmmusik **88** 20; Schutzdauer bei – **65** 3; Staatsangehörigkeit bei – **120** 12; Veröffentlichung von – **6** 22
Bearbeitungsrecht bei Computerprogrammen **69 c** 12 ff.; des Filmherstellers **88** 50 ff.; **89** 2, 20, Schutz des -s durch die RBÜ **Vor 120** 47, Verfilmungsrecht als – **Vor 88** 25, 28; s. auch Umarbeitungsrecht
Beat Club E **92** 10; **95** 9; **137 e** 5
Beatles E **72** 15; **77** 18; **85** 49, 73; **120** 7; **125** 13, 15; **126** 10; **129** 17
Beatles-Doppel-CD E **77** 18; **103** 4; **111** 6; **120** 7; **125** 8, 10, 13
Bebauungsplan E **2** 204 f.
Bebauungspläne als amtliche Werke **5** 68 f., 73; Schutzfähigkeit **2** 205
Bedienstete und Urhebervertragsgesetz **43** 7, 9, 64, 72; und weitere Vergütung **32 a** 11
Bedienungsanweisung E **2** 23, 26, 29, 35, 37 f., 57, 74, 76, 87, 93, 200, 202; **4** 35; **17** 63; **72** 23; Schutzfähigkeit **2** 35, 87, 93; s. auch Begleitmaterial von Computerprogrammen
Beeinträchtigung der Darbietung des ausübenden Künstlers **75,** Neuregelung **75** 4
Beendigung von Verträgen 41 12; durch außerordentliche Kündigung **31** 55 ff.; durch Kündigung **31** 44 ff., 55 ff.; durch Rückruf wegen gewandelter Überzeugung **42** 33; durch Rückruf wegen Nichtausübung **41** 4, 24; durch Rücktritt **31** 45; nach den Regeln des allgemeinen Schuldrechts **31** 46; Wegfall der Geschäftsgrundlage **31** 47 ff.
Befristeter Arbeitsvertrag E **43** 15; **79** 39
Begleitende Vervielfältigungen 44 a 5
Begleiterin E **60/23 KUG** 42
Begleitmaterial von Computerprogrammen, Abgrenzung vom Computerprogramm **69 a** 6; Schutz als Sprachwerk **2** 92, als wissenschaftlich-technische Darstellung **69 a** 6; Vernichtungsanspruch **69 f** 4; Wettbewerbsschutz **69 a** 6
Begräbnisfeierlichkeit E **15** 11, 68
Behinderte Menschen 45 a
Behörden, genehmigungsfreie Benutzung durch – **45** 3 ff.; Recht am eigenen Bild **60/24 KUG** 1, 5 ff.
Beiträge zu Sammelwerken **5** 94; **38** 3 ff.
Bekanntgabe des Strafurteils 111
Bekanntheit einer Nutzungsart **31** 30 ff.
Bekanntmachungen als amtliche Werke **5** 44 f., 52, 56, 68
Bekanntwerden des Urhebers durch Indiskretion **66** 45; und Schutzdauer anonymer und pseudonymer Werke **66** 15, 38 ff.
Bel ami E **Vor 28** 157; **31** 77, 92; **31 a** 26; **Vor 88** 65; **88** 20, 27, 34, 53, 55

magere Zahlen = Randnummern

Sachverzeichnis

Beleuchter als Filmurheber **Vor 88** 61, 70; kein ausübender Künstler **73** 31
Beliehene Institution als Quelle amtlicher Werke **5** 30 f., 54
Bemusterung, Erscheinen durch – **6** 37
Benutzeroberfläche, Abgrenzung zum Computerprogramm **69 a** 7, 28; Schutzfähigkeit als Sprachwerk **2** 93), **69 a** 7, 28, als wissenschaftlich-technische Darstellung **2** 201; **69 a** 7, 28; nach § 2 Abs. 1 Nr. 4 **69 a** 7, 28; strafrechtlicher Schutz **108** 9; wettbewerbsrechtlicher Schutz **Vor 69 a** 13; **69 a** 7, 28
Berechtigungsvertrag s. auch GEMA –, Wahrnehmungsvertrag; Anwendung des AGB-Rechts (§§ 305 ff. BGB) auf – **Vor 28** 30
Bereicherungsanspruch bei Verwendung eines kommerzialisierbaren Bildnisses **60/33–50 KUG** 19
Bereithaltungsrecht s. Recht der Online-Zurverfügungstellung; Zugänglichmachung
Berge in Flammen E 88 16, 18
Bergmannsfigur E 2 19, 136, 141 f.
Bericht einer Siebzehnjährigen E 2 70
Berichterstattung 50, Freiheit der – nach dem Europäischen Fernseh-Abkommen **Vor 120** 102; Freiheit der – nach dem Rom-Abkommen **Vor 120** 83; s. auch Film-, Bild- und Tonberichterstattung
Berichterstattung über Theaterfestival E 50 10
Berlin, Geltung des UrhG im Land – **142**; Geltung des WahrnG im Land – **27 WahrnG**
Berliner Ensemble E 44 10
Bern-plus-Elemente s. TRIPS-Übereinkommen
Berner Union Vor 120 43; s. auch Revidierte Berner Übereinkunft
Bert Brac E 13 11, 21
Bertolt Brecht E 51 30
Berufungsschrift E 2 87, 92; **12** 22; **Vor 44 a** 16
Beschäftigungspflicht E 43 88
Beschlagnahme durch Zollbehörde **111 b**
Beschlagnahme s. Grenzbeschlagnahme
Beschränkung von Nutzungsrechten, inhaltliche – **Vor 28** 85 f., räumliche – **Vor 28** 90 f.; gegenständliche – **Vor 28** 87, 92 ff.; schuldrechtliche – **Vor 28** 87, 96 f; zeitliche – **Vor 28** 88 f.
Beschränkung von Senderechten, inhaltliche – **Vor 20 ff.** 18; **20 a** 19; räumliche – **Vor 20 ff.** 18; **20 a** 19
Beschränkungen des Verbreitungsrechts bei Videokassetten **17** 26 ff.; dingliche – **17** 19 f.; durch Aufdruck auf Werkstücken **17** 16; durch Abspaltung des Vermietrechts **17** 27; **31** 92; Erschöpfung **17** 59 ff.; inhaltliche – **17** 23 ff.; räumliche – **17** 21, 62 ff.; schuldrechtliche – **17** 19; zeitliche – **17** 22

Beseitigungsanspruch bei Verletzung des Rechts am eigenen Bild **60/33–50 KUG** 2; Durchsetzung **97** 204; im Hinblick auf konkrete Störung **97** 130 ff.; kein Verschulden erforderlich **97** 132; Kosten **97** 135; Maßnahmen **97** 133; Vollstreckung **97** 203 **112** 21
Besichtigungsanspruch 102 a 8; und Zugangsrecht **25** 4, 12; s. auch Vorlage- und Besichtigungsanspruch
Besitz der Erde E 4 11, 16; **31** 52
Bestandsverzeichnisse von Bildungseinrichtungen **58** 25
Besteckmuster E 43 2, 82
Besteller eines Bildnisses, Vervielfältigungsrecht **60** 9, 17, 21 ff.
Bestsellerparagraph, Übergangsrecht **132** 12, 13, 14–19; **137 i** 3
Bestelltes Gruppenportrait E 31 33
Bestellvertrag E 31 28, 33, 7, 94; **34** 18; **44** 14; auf internationalen – anwendbares Recht **Vor 120** 157
Bestimmung für die Öffentlichkeit 15 68
Beteiligung des ausübenden Künstlers am wirtschaftlichen Nutzen **Vor 73** 4; des Tonträgerherstellers bei Zweitverwertung **86** 1, 6, 11, 13; **78**; des Urhebers am wirtschaftlichen Nutzen **Einl.** 14, 117; **15** 6; bei älteren Urheberrechtsverträgen **132** 2, 8; bei Filmen **90** 2, 11, 15; bei unerwartet erfolgreicher Verwertung seines Werkes **32 a**; im internationalen Urhebervertragsrecht **Vor 120** 166; im öffentlichen Dienst **43** 70
Beteiligung, weitere s. weitere Beteiligung
Beteiligungsanspruch s. angemessene Beteiligung
Beteiligungsprinzip 32 33–41
Beteiligungsverhältnisse, Änderung **34** 5, 20, 20 c
Betonstrukturplatten E 2 146; **97** 139
Betreiberabgabe 54 c 1 ff.; Anspruchsberechtigte **54** 24, **54 a** 14; **54 c** 11; **54 d** 3; Auskunftspflicht **54 f** 8; Betreiber **54 c** 5 ff.; Gesamtvertrag **54 a** 13; **54 c** 14; Höhe der Vergütung **54 c** 13 ff.; Kontrollbesuche **54 g**; Tarife **54 c** 14; Übergangsregelung bis zur Aufstellung neuer Vergütungssätze **54 a** 12; **54 c** 15; **27 a UrhWG**; Verwertungsgesellschaftspflichtigkeit **54 h** 2; keine Verfassungswidrigkeit der – **54 c** 1
Betreibervergütung E 15 59; **54 l 54 c** 5
Betriebsfeiern E 15 64, 77, 79; **52** 12, 14, 36, 41; **97** 77, 153, 161; **WahrnG 13 b** 2
Betriebsgeheimnis, Schutz von Computerprogrammen als – **vor 69 a** 12, 14
Betriebsinhaberhaftung bei widerrechtlicher Urheber- oder Schutzrechtsverletzung **99** 7; durch Inhaber des Unternehmens **99** 2; Organhaftung **97** 77; **99** 8; Rechtsverletzung

Sachverzeichnis

halbfette Zahlen = Paragraphen

durch Arbeitnehmer oder Beauftragten **99** 5 f.; Umfang **99** 7
Betriebsmusik, Öffentlichkeit der – **15** 79
Betriebssystem E 2 5, 9, 23 f., 26, 35, 37 f., 46, 51, 64, 74, 140, 144, 202; **15** 11; **16** 6; **17** 58; vor **69 a** 2, 8; **69 a** 10; **69 c** 7 ff.; **97** 16
Betriebsveranstaltungen, Öffentlichkeit bei – **6** 13; **15** 79
Betriebszweck, Umfang der Rechtseinräumung je nach – **43** 51 ff.; Vergütungsansprüche für außerhalb des -s liegende Verwertungen **43** 65 f.
Bette Midler E (US Court of Appeals) **2** 48
Betty Carter and her Trio E 96 6, **Vor 120** 36
Beuys-Fotografien E 2 26, 182, 184; **72** 22; **98** 2, 19; **137 a** 2; **137 f** 3
Beuys-Kopf E 8 4, 8, 9; **24** 10
Beweisfragen im Filmrecht **88** 59; im internationalen Urhebervertragsrecht **Vor 120** 160; im Schadensersatzrecht **97** 209
Beweislastverteilung E 99 4
Bewertung von Tonträgern E Vor 73 2
Bezugnahme auf private Normzwecke 5 11, 38 f.
BGB-Hausarbeit E 2 57, 62, 82, 87, 108
BHB-Pferdewetten E Vor 87 a 22, 43; **87 a** 5, 29 f., 49 f., 52 ff., 56, 66 f.; **87 b** 12, 16, 18, 20 ff., 24, 26, 31 ff., 52 ff.; **87 d** 6
Bibel-Reproduktion E 2 24, 28, 38; **3** 8, 19 f.; **4** 10 f., 15; **5** 93; **17** 20, 24; **23** 7; **Vor 28** 87, 93; **31** 57, 85 f., 94; **31 a** 112; **69 c** 30; **72** 10, 23; **85** 29
Bibliotheken als der Öffentlichkeit zugängliche Einrichtungen **27** 18; **52 b** 3; **53 a** 9; **54 c** 8; Betreiberabgabe **54 c** 8; Erscheinen durch Einstellung in – **6** 35; Gesamtvertrag **53 a** 25; Kopienversand durch öffentliche – **53 a** 1 ff.; öffentliche – und Bibliothekstantieme **27** 18, 20, 22; Selbstverpflichtungserklärung bzgl. der Ausleihe von Computerprogrammen **27** 14; Veröffentlichung durch Auslage in – **6** 14; Vergütungspflichtigkeit **52 b** 13; **53 a** 24 f.; Wiedergabe von Werken an elektronischen Leseplätzen **52 b** 3 ff.
Bibliotheksgroschen E Einl. 118; **27** 3
Bibliotheksgroschen/Büchereitantieme als vermögensrechtlicher Anspruch eigener Art **27** 19; Anspruchsberechtigte **27** 11, 19; Höhe des Anspruchs **27** 20; Gebrauchsüberlassung **27** 17; Verwertungsgesellschaftenpflichtigkeit **27** 21; Voraussetzungen **27** 15 ff.; Wahrnehmung durch die ZBT **27** 22; s. auch Vermietrecht, Verleihrecht
Bibliothekskataloge 58 23
Bilaterale Staatsverträge s. Staatsverträge
Bild- und Tonaufnahme als Einheit beim Schutzrecht des Filmherstellers **94** 11, 25

Bild- und Tonberichterstattung s. auch Recht am eigenen Bild; Archiv-Aufnahmen **50** 19; Begriff **50** 9; Ereignis, nicht Werk als Gegenstand der – **50** 19; Konventionsrecht **50** 5; privilegierte Medien **50** 14 ff.; Quellenangabe **50** 27; **63** 9; über Tagesereignisse **50** 9 ff.; Umfang der privilegierten Übernahme von Werken **50** 18, 23 ff.; Vergütungsfreiheit auch bei Darbietung ausübender Künstler **84** 9; Wahrnehmbarmachung **50** 22; Wiedergabe geschützter Werke zu Zwecken der – **50** 1; Zitatrecht **51** 6 ff.; Zweck bestimmt Umfang **50** 23 f.
Bild- und Tonfolge, Begriff **Vor 88** 20
Bild- und Tonträger, Begriff **Vor 88** 22; **94** 12; Bezug des Schutzrechts des Filmherstellers auf – **94** 7, 9, 12; digitale Speichermedien als – **16** 26; Fernsehsendungen mittels erschienener – **92** 8; Recht der Wiedergabe durch – **15** 17, 27, 45, 50, 71, 87; **21** 4 ff.; Schutz von Darbietungen ausübender Künstler auf -n **125** 8, 11; Vergütung **54** 8 f., 17 f.; Vergütungsanspruch für die Einräumung des Vermietrechts an -n **27** 1, 5 ff.; Verwertungsverbot für im Ausland unautorisiert hergestellte – **75** 12; **96** 8; **125** 6, 13, 19; s. auch Bildträger, Tonträger
Bildagentur E 44 17
Bildende Künste s. Werke der –
Bildersuchmaschinen s. Suchmaschinen; **19 a** 47
Bildfolge, Begriff **Vor 88** 20
Bildnis s. auch Recht am eigenen Bild; Anfertigung und Verwendung im öffentlichen Interesse **60/24 KUG** 9 ff.; aus dem Bereich der Zeitgeschichte **60/23 KUG** 6 ff.; Ausstellungsrecht des Eigentümers **44** 19; Begriff **60** 16 ff., **60/22 KUG** 14; Begriff des Originals **44** 21 ff.; Einwilligung in Aufnahme, Veröffentlichung, Zurschaustellen **60/22 KUG** 36 ff.; Erkennbarkeit der Person **60/22 KUG** 16 ff.; genehmigungsfreie Vervielfältigung **45** 2, 7; Herstellen und Vervielfältigen **60/22 KUG** 27 f.; in Form eines Lichtbildwerkes **60** 11, 30; Karikatur **60/22 KUG** 7; besonderer -schutz von Kindern **60/23 KUG** 38; öffentliche Wiedergabe von Vervielfältigungsstücken **45** 8; unentgeltliche Verbreitung von Vervielfältigungsstücken **60** 27 ff.; Vervielfältigungsrecht des Bestellers und sonstiger Berechtigter **60** 20 ff., 25 f.; von Schauspielern **60/22 KUG** 31 ff.
Bildnisschutz s. Recht am eigenen Bild
Bildplatten Vor 88 21; Übertragung von Spielfilmen auf – **94** 12
Bildregie, Filmurheberschaft durch – **Vor 88** 62
Bildschirm- und Lautsprecherübertragung, Recht des ausübenden Künstlers **78**; Recht des Urhebers **19** 31 ff.; Vermutung bei Einräumung von Nutzungsrechten **37** 13 f.

magere Zahlen = Randnummern

Sachverzeichnis

Bildschirmdarstellung 69 c 9; als Lichtbild 2 176
Bildschirmtext als privilegiertes Medium 50 15; Verwertungsrechte **Vor 28** 179; s. auch Videotext
Bildschirmwiedergabe 15 27
Bildszenengestaltung s. Filmszenengestaltung
Bildträger, Begriff **Vor 88** 22; **94** 12; Bezug des Schutzrechts des Filmherstellers auf – **94** 7, 9, 12; Recht der Wiedergabe durch – **21** 4 ff.; Übertragung auf – als Vervielfältigung **16** 25 ff.; Vervielfältigungsrecht für – im Zweifel bei Urheber **37** 11 f.
Bildungseinrichtungen, Betreiberabgabe **54 c** 6
Bildzeichen, Schutzfähigkeit **2** 207
Billy Joel E **77** 18
Biografie: Ein Spiel E **3** 7 f., 14 f., 17, 19, 23, 26, 38
Biographie E Vertrag über die Verfassung einer – **Vor 28** 181
Birgit Malmström E **97** 40
Bittenbinder E **103** 9
Black-box-Techniken 69 d 22
Blanko-Verordnungen E **97** 32, 130
Blauer Engel E **60/33–50 KUG** 6
Bleiarbeiter E **97** 197
Blindenschriftausgaben, Einschränkungen des Urheberrechts zugunsten von – **Vor 44 a** 5; **45 a**
Blockierungsgebühr Vor 28 44
Bob Dylan E (OLG München) **125** 10
Bob Dylan I E (BGH) **4** 37; **16** 7; **60/23 KUG** 16, 18; **72** 16; **Vor 73** 26; **81** 38; **75** 11, 27, 37; **85** 72, 75; **Vor 87 a** 40; **96** 9 f.; **97** 176 **Vor 120** 78, 137; **125** 10, 13, 15, 19
Bob Dylan II E (BVerfG) **Vor 73** 12, 26; **75** 37; **83** 5; **85** 13, 72; **96** 10; **Vor 120** 11, 78, 120 f., 124, 137; **125** 13, 15, 19
Bodenrichtwertsammlung E **5** 6, 30, 33, 40, 44, 60 f., 64, 70; **87 a** 29
Bogsch-Theorie Vor 20 62, **Vor 120** 141
Boehringer E Einl. 81
Böll E **97** 41
Bombenattentäter E **60/22 KUG** 30; **60/23 KUG** 33
Bonnbons E **60/22 KUG** 30, **60/23 KUG** 13 ff.
Book on demand 19 a 6
Bootlegging 77 19; **75** 27; **126** 19; **96** 8; **Vor 120** 135, 137
BORA BORA E **10** 2, 7 f., 10; **Vor 120** 118
Boris Becker E **60/23 KUG** 18
Börsendaten E **2** 26, 29, 47, 98; **4** 10, 18, 43
Börsendaten E **87 a** 29, 51
Botho Strauß E **6** 8, 14; **12** 8, 17, 22
Box-Classics E **Vor 88** 31, 35; **95** 10
Boxkampf 60/22 KUG 2; **60/23 KUG** 29
Box-Programme E **81** 3, 27; **129** 16

Branchenübung, Anhaltspunkte für Zustimmungspflicht **34** 16; bei der Hinnahme von Einschränkungen des UPR **Vor 12** 12, 28; **13** 24 ff.; beim Kunstverlag **Vor 28** 132; bei Namensnennung und Änderung in Arbeits- und Dienstverhältnissen **43** 80 ff., 87; **79** 31; bei Quellenangabe **63** 11 f., 19; bei Vertrieb von Bild- und Tonträgern **78** 8
Branchenverzeichnis E **97** 128
Brasiliana E **2** 132, 134
Brehms Tierleben E **64** 74
Breitbandkabelanlage II E **20** 28
Brennender Sand E **Vor 88** 64 f.
Breuer-Hocker E **2** 9, 169 **129** 13
Briefe, Schutzfähigkeit **2** 95
Briefentwürfe E **97** 188
Briefmarke E **5** 19, 44, 68
Briefmarken als amtliche Werke **5** 68; Schutzfähigkeit **2**, 215
Briefmarkensammlung und Datenschutz **87 a** 16
Brombeerleuchte E **2** 19, 34, 42, 135, 138, 160, 163, 166
Brombeer-Muster E **2** 24, 34 43, 45, 145, 159 f. 173
Bronner E **Vor 87 a** 49 f.
Bronzeengel E **24** 10; **26** 24
Brotkalender E **Vor 120** 130, 149, 157
Brown Girl I E **2** 38, 74, 119; **3** 28; **23** 15; **24** 11
Brown Girl II E **2** 38 f., 74, 119, 121; **3** 11, 13 f. 15, 27 ff.; **23** 15 f.; **24** 11, 14
Browsing 16 21, 23; **44 a** 5, 14; **97** 79
Bruce Springsteen E **75** 37; **77** 18; **79** 7; **120** 7; **125** 10, 13
Bruce Springsteen and his Band E **97** 142; **120** 6, 7; **125** 8
Brüsseler Satelliten-Abkommen vom 21. 5. 1974 87 16, 23 f.; **68** ff.; **Vor 120** 96 f.; kein Schutz der Urheber und ausübenden Künstler durch das – **Vor 120** 97; kein Schutz für Direktsatellitensendungen durch das – **Vor 120** 97; keine Rückwirkung des – **Vor 120** 98; Schutz der Sendeunternehmen durch das – vor **120** 96 ff.; **127** 6; Schutzdauer nach dem – **Vor 120** 97, 99; Schutzdauer nach dem Zustimmungsgesetz zum – **Vor 120** 98 f.; spezielles Weitersenderecht nach dem Zustimmungsgesetz zum – **vor 120** 98; Vertragsstaaten des – **Vor 120** 96
BSD-Lizenzen Vor 69 a 53; s. auch Open Source Software
Bubi Scholz E **81** 27
Bücher, beschränkte Vervielfältigungsfreiheit **53** 72 ff.
Buchgemeinschaft I E **97** 206
Buchgemeinschaft II E **99** 6
Buchgemeinschaftsvertrieb, getrennte Vergabe des Verbreitungsrechts für – **17** 24; Kündi-

Sachverzeichnis

halbfette Zahlen = Paragraphen

gung eines Lizenzvertrages **31** 63; Nutzungsrechte **Vor 28** 93, 112; **31** 94
Buchhaltungsprogramm E 2 32, 56; **7** 6; **8** 4, 7 f.; **10** 1, 8, 11; **Vor 69 a** 7; **69 a** 17; **97** 14
Buchpreisbindung Einl. 75
Buchungsfibel als Sammelwerk **4** 17
Buchverlagsvertrag, Vor 28 109 ff.; Nebenrechte **Vor 28** 112; Rechte und Pflichten des Verlegers **Vor 28** 109 f.; schuldrechtliche Enthaltungspflicht des Verfassers **Vor 28** 111
Bühnen-, Masken- und Kostümbildner, keine ausübenden Künstler **73** 13, 31
Bühnenarbeitsrecht 79 44 ff.; Schiedsgerichtsverfahren **79** 55; Umfang der Mitwirkungspflicht **79** 45; Vergütungsansprüche für Sonderleistungen **79** 45
Bühnenaufführungsvertrag 19 27 ff.
Bühnenbilder, Einräumung des Bearbeitungsrechts an -n **31** 97; Schutz der – beim Film **88** 19, 21; Schutzfähigkeit **2** 146
Bühnenbildner, Änderungsverbot des angestellten -s **43** 87; als Filmurheber **Vor 88** 72; **88** 19
Bühnenengagementsvertrag E 79 27, 39 f.
Bühnenmäßige Aufführung 19 16 ff.; Begriff **19** 18 ff.; von Musik **19** 24 f.; **Vor 28** 139 ff.
Bühnenregie keine Bearbeitung **3** 18, 22 f.
Bühnenregisseur s. Theaterregisseur
Bühnenverlage, Ausübungspflicht des Verlegers **41** 14; „große" Rechte **19** 29; Wahrnehmung von Rechten der bühnenmäßigen Aufführung **19** 28
Bühnenvertriebsvertrag 19 10; **Vor 28** 125 f.
Bühnenwerke als Gegenstand des Aufführungsrechts **19** 16; als vorbestehende Werke beim Film **Vor 88** 59; **88** 14 f.; **95** 9; Bearbeitung von -n **3** 22 f.; Uraufführungsrecht **12** 12; Werkart **7** 95
Bundeskartellamt, Unterrichtungspflicht des – bei Streitigkeiten über Gesamtverträge **14 c WahrnG** 6; Verhältnis zur Aufsichtsbehörde **18 WahrnG** 3 ff.; Mißbrauchsaufsicht über Verwertungsgesellschaften **24 WahrnG/30 GWB** 2 ff., 8
Büromöbelprogramm E 2 28, 42 f., 169
Bußgeldvorschriften 111 a
Buster-Keaton-Filme E Vor 120 72, 125, 129, 132; **140** 3 ff.
Buyout 32 35; -klauseln zulässig im Softwarebereich **Vor 69 a** 60

Cache, Zwischenspeicherung eines Computerprogramms im – als Vervielfältigung **69 c** 6
Caching 16 21; **19 a** 60; **44 a** 5, 10, 15
CAD- und CAM-Bilder, kein Lichtbildschutz für – **2** 181; **2** 13; **72** 18 f.
Candida-Schrift E 2 44, 142, 159, 163, 172; **97** 14
Carl Zeiss E 105 7

Carmen E 6 35; **19** 27
Carmina Burana E 8 4, 9
Caroline von Hannover E (EGMR) **60/22** 2; **60/23 KUG** 9, 22, 47, 60 ff., 72
Caroline von Monaco E (BVerfG) **60/22 KUG** 2, 4 f., 8, 10, 35; **60/23 KUG** 7, 9, 17, 21 f., 27 f.; 38 f., 47 f., 51, 53 ff., 58, 70 f., 73 ff., 79
Caroline von Monaco I E (OLG Hamburg) **60/33–50 KUG** 30; **97** 182
Caroline von Monaco II E (BGH) **60/22 KUG** 7; **60/23 KUG** 21, 28 f., 53, 71; **60/33–50 KUG** 27, 30, 35; **97** 149, 176, 179, 182
Carrera E 97 145, 153 f.
Cartier-Armreif E Einl. 53; **4** 35; **97** 188; **101** 1, 11, 75, 77, 87
Cartier-Ring E 101 75, 77 f., 82, 84
Cat Stevens E 10 10; **85** 30, 49
Caterina Valente E 60/23 KUG 29; **60/33–50 KUG** 14, 20; **83** 30 f.; **97** 145, 154, 176
Cavalleria Rusticana E 16 10, 27; **Vor 28** 121; **Vor 120** 137
CB-infobank I E Einl. 17, 56; **2** 19, 57, 84, 118, 202; **15** 9; **16** 21; **53** 13 f., 27, 29 f., 35, 41, 44 f., 47, 49, 51, 55, 81; **53 a** 6; **97** 28, 63
CB-infobank II E 15 14; **16** 21; **31** 94; **31 a** 31 f., 51; **53** 13, 27, 29 f., 35, 49, 51, 55; **53 a** 6; **97** 28
C-Compass E 87 a 29
CD als Bild- und Tonträger **16** 26; als vergütungspflichtige Speichermedien für die Vornahme von Vervielfältigungen **54** 8, 15, 19
CD-Brenner, Beseitigung **98** 11; als vergütungspflichtige Geräte für die Vornahme von Vervielfältigungen **54** 8, 14, 18
CD-Einlageblatt, Künstlerabbildung **E 96** 10
CD-Kopierstationen E 16 17
CD-Münzkopierautomaten E 53 14, 18, 27, 29; **97** 109; **101** 77
CD-Musik 31 a 42
CD-ROM als Bild- und Tonträger **16** 26; bei Periodika **31 a** 45
CD-ROM-Gesetzessammlung E Vor 87 a 6
CD-Vermietung 75 16
Celestina E 73 13, 27, 31; **88** 21
Chanel No. 5 E 97 2
Charlotte Casiraghi I E 60/23 KUG 21, 43, 69, 108, 120
Charlotte Casiraghi II E 60/23 KUG 108, 120
Chart-Listen E 87 a 4, 29, 70; **87 b** 18, 26
Chérie E 97 139, 188, 206
Chinesische Schriftzeichen E Vor 69 a 7
Chor-, Orchester- und Bühnenaufführungen s. Künstlergruppen
Choreographie, keine Schutzfähigkeit der – als solche **2** 130

magere Zahlen = Randnummern

Sachverzeichnis

Choreographische Werke, Begriff **2** 130; Schutzfähigkeit **2** 131 f.; als vorbestehende Werke beim Film **Vor 88** 59; **88** 14; im Übergangsrecht **129** 13, s. auch Pantomimische Werke
Christoph Columbus I E **13** 20; **14** 21, 30, 27, 41; **39** 19; **85** 11; **88** 53; **93** 11; **94** 7
Christoph Columbus II E **88** 53
Cinderella E **74** 24, 25, 32
Cinéthèque E Einl. 85
Clarissa E **97** 145, 149, 158
Clearingstelle Multimedia der Verwertungsgesellschaften (CMMV), **Vor 1** WahrnG 16; **Vor 20** 22
Clemens Laar E **Vor 28** 26; **40** 6 f., 10
Cliff Richard I E **72** 16; **85** 75; **Vor 87 a** 40; **96** 10; **Vor 120** 137; **120** 7; **125** 15
Cliff Richard II E **85** 75; **87** 39; **96** 11; **Vor 120** 137; **120** 5 ff.; **125** 8, 15
Clone-CD E **95 a** 30, 37, 40
Cloud-Computing Begriff **Vor 69 a** 63; urheberrechtliche und vertragstypologische Einordnung **Vor 69 a** 64
CNN International E (SchweizBG) **Vor 20** 39; **20** 8, 28, 35, 44
Codex aureus E **Vor 44 a** 18; **51** 17; **97** 188
Colonia E **99** 2
Comic-Figuren, Schutzfähigkeit **2** 149, 165, 189
Comics E **Vor 120** 155, 157; Schutzfähigkeit **2** 56, 137
Comic-Übersetzungen E **31** 64 f. 87, 94; **36** 2, 6, 12
Comic-Übersetzungen II E **2** 24, 34 f. 39; **3** 24, 26
Comic-Übersetzungen III E **31** 78; **44** 14
Compact Discs s. Bildplatten
Compiler und GPL **Vor 69 a** 47
Computer, als vergütungspflichtige Geräte zur Vornahme von Vervielfältigungen **54** 8 f.; 11, 14, 17; Demonstration und Reparatur in Geschäftsbetrieben **56** 6 a; keine Betreiberabgabe **54 c** 3 f
Computeranimationen und Lichtbildschutz **72** 25, 26
Computerdesigns Schutzfähigkeit **2** 137
Computergrafik Schutzfähigkeit **2** 20, 137
Computerprogramm E **Vor 69 a** 1
Computerprogramme s. auch Softwarelizenzverträge, Softwareüberlassungsverträge; Abgrenzung vom Begleitmaterial **69 a** 6; Abgrenzung zur Benutzeroberfläche **69 a** 7; Abgrenzung zu reinen Datenzusammenstellungen **69 a** 2; Begriff **2** 119; **69 a** 2 ff.; Bearbeitung **23** 20; **69 c** 11 ff.; Dekompilierung **69 e** 1 ff.; **69 g** 2; Durchführung von Programmtestläufen **69 d** 1, 21 ff.; Einräumung von Nutzungsrechten **31** 97; Erschöpfung des Verbreitungsrechts **69 c** 32 ff.; Erstellung von Sicherungskopien **69 d** 1, 16 ff.; **69 g** 2; Filme in Form von -n **Vor 88** 21; gebrauchs- und geschmacksmusterrechtlicher Schutz **Vor 69 a** 10; internationaler Schutz von -n **Vor 69 a** 15 ff.; Markenschutz **Vor 69 a** 11; **69 g** 1; Mustervorschriften der WIPO **69 a** 2 patentrechtlicher Schutz **2** 5; **Vor 69 a** 1, 8 ff.; **69 g** 1; Rechte an in Arbeits- oder Dienstverhältnissen geschaffenen -n **69 b** 1 ff.; Schutz **Einl.** 45; als Betriebsgeheimnis **69 a** 14; als Sprachwerk **2** 119; **69 a** 24 f.; Selbstverpflichtungserklärung der öffentlichen Bibliotheken zur Einschränkung der Ausleihe von -n **27** 14; Übergangsrecht **137 d** 1 ff.; Umarbeitungsrecht **69 c** 12 ff.; Umgehung von Programmschutzmechanismen **69 f** 9 ff.; und technische Schutzmaßnahmen **Vor 95 a** ff. 20 ff.; Urheberbenennung **13** 27; **69 b** 15 ff.; Urheberschaftsprinzip **7** 4; Verbreitungsrecht **69 c** 21 ff.; Vermietrecht **69 c** 27 f.; Vernichtungsanspruch **69 f** 1 ff., 4 ff., 17 f.; Vertragsrecht **69 c** 2 ff.; **69 g** 2 f.; Vervielfältigungsrecht **69 c** 1, 4 ff.; Vervielfältigungen **69 c** 5 ff., 17; Werktitelschutz **Vor 69 a** 11; Wettbewerbsrechtlicher Schutz **Vor 69 a** 12 ff.; **69 g** 1; zustimmungsfreie Handlungen **69 d** 1, 2 ff., 16 ff., 21 ff.; Zweckübertragungsregel **69 a** 25; **69 b** 12; Zwingendes Vertragsrecht **69 c** 33; **69 d** 1, 6, 13 ff., 24; **69 e** 3; **69 g** 3; **137 d** 3
Computerprogramme, Wettbewerbsschutz **Vor 69 a** 2
Computerprogramme für Reifenhändler E **Vor 28** 100
Computerprogrammprodukt/IBM E **Vor 69** 9
Computerspiele E **95** 12
Computerspiele, Figurenschutz **2** 149, 189; Schutz des Computerprogramms **69 a** 26; Schutz der audio-visuellen Darstellung als Filmwerk **69 a** 26; **2** 188 f.; als Laufbild **2** 188; Schutz des Einzelbildes als Lichtbild (§ 72), als Lichtbildwerk **69 a** 26; strafrechtlicher Schutz **108** 9
Computertastatur E **124** 2
Concierto E **Vor 28** 122; **31** 63
Connect Austria E **15** 40
Confédération Internationale des Sociétés d'Auteurs et Compositeurs (CISAC), **Vor 1** WahrnG 15
Constanze I E **97** 62, 64
Constanze II E **97** 62, 64, 123, 128, 130, 132, 139
Content-Provider **44 a** 11; Begriff **97** 79, 101; Haftung **97** 101; und Geoblocking **Vor 120** 145; Verschulden **97** 140
Conti E **2** 26, 39, 45, 67, 121, 123 f.; **3** 10, 27; **24** 11, 14
Copyright-Vermerk **Vor 120** 63; E **31** 57
Copyleft **Vor 69 a** 24, 26, 53 f.

Sachverzeichnis

halbfette Zahlen = Paragraphen

Copyshops s. Kopierläden
Cosima Wagner E 2 44, 112; **Vor 12** 11; **12** 1, 4, 21; **18** 2, 4; **30** 7; **31** 83, 94; **44** 1; **75** 16; **97** 58
Coverdisk E **Vor 28** 53
Coversionen 14 29 a, 30
Coverversion E **10** 3, 10; **Vor 44 a** 37
CPU-Klausel E **17** 20, 28; **Vor 28** 44; **69 c** 30; **69 d** 13 f.; als grundsätzlich zulässige Einschränkung der Benutzungsbefugnis **69 d** 8, 15
Cranpool E **97** 197
Creedence Clearwater Revival E **Vor 120** 95; **126** 10
Croupier E **60/22** KUG 51
CT-Kassenbibliothek E **2** 17, 31; **4** 37, 41; **69 a** 14, 17
Cupresa E **103** 8
Curt Goetz-Filme E **31** 77; **88** 45
Curt Goetz-Filme II E **31** 92; **88** 45
Cutter als Filmurheber **2** 195; **Vor 88** 61, 70; kein ausübender Künstler **73** 32; Rechtseinräumung durch den – **89** 1
C-Villas E **87 a** 9, 11, 28
Cybersky E (BGH) **87** 60; E (OLG Hamburg) **97** 103, 108

Daktari E **88** 45
Darbietung Begriff **19** 5 f., 15
Darbietung des ausübenden Künstlers, Abgrenzung zu § **19 73** 2, 15 ff., 25; als Oberbegriff für Vortrag und Aufführung **73** 1, 15; als Schutzgegenstand **Vor 73** 10 ff.; Interpretation des Werkes **73** 24 ff.; künstlerische Mitwirkung bei – **73** 21 ff., 27 ff.; Öffentlichkeit **73** 16; Wahrnehmbarmachung **73** 17
Darstellungen wissenschaftlicher oder technischer Art als amtliche Werke **5** 20; Bearbeitung **3** 37; Begriff **2** 197 f.; Schutzgegenstand **2** 194; Schutzvoraussetzungen **2** 36, 197 ff.
Das bißchen Haushalt E **2** 70
Das Boot E **132** 15
Das doppelte Lottchen E **2** 85; **24** 25
Das Kalte Herz E **89** 8, 12; **Vor 120** 35, 36
Das Leben, dieser Augenblick E **2** 26, 51, 53, 56, 67, 84, 95, 112
Das Medizin-Syndikat I E **97** 191
Das Medizin-Syndikat II 97 139
Das Medizin-Syndikat III 97 189
Das Millionenspiel E **88** 27; **97** 139; **Vor 120** 149, 158
Das Riesenrad E **88** 20
Das weite Land E **10** 2; **Vor 88** 32
Das zweite Mal E **14** 11 b; **39** 9; **93** 19
Datatel E **97** 197
Datenbank der Übersetzer E **87 a** 29
Datenbank(en) s. auch Datenbankherstellerrecht, Datenbankwerke; Begriff und Abgrenzung zu Datenbankwerken **4** 32 f.; **Vor 87 a** 1;

87 a 5 ff.; Fremdenrecht **Vor 87 a** 63; kein Schutz durch TRIPS **Vor 120** 21; neue – iSd. § 87 a Abs. 1 S. 2 **87 a** 58 ff.; Offline- und Online-Datenbanken **87 e** 7 f; Recht der öffentlichen Wiedergabe **87 b** 49 ff.; Schranken **87 c** 1 ff.; Schutzdauer **87 d** 1 ff.; Schutz von Thesaurus, Abfrage- und Indexsystem **vor 87 a** 29, 35; **87 a** 33 ff.; strafrechtlicher Schutz **108** 10; Tonträgerrecht **85** 80; Übergangsrecht **137 g** 1 ff.; Verbreitungsrecht **17** 5; **87 b** 44 ff.; vertragliche Mindestrechte des Benutzers **87 e** 1 ff.; Vervielfältigung **16** 25; Vervielfältigungsrecht **87 b** 30 ff.; Verwertungsrechte bei – **19 a** 31, 33, 40, 41; **Vor 28** 179; **87 b** 1 ff.; wettbewerbsrechtlicher Schutz **Vor 87 a** 47 f.; zwingendes Vertragsrecht **87 e** 1
Datenbanken, amtliche 5 27
Datenbankhersteller Investor als – **Vor 87 a** 31, 39; **87 a** 69 ff.; Verhältnis mehrerer – **87 a** 73 f.
Datenbankherstellerrecht Abgrenzung zum Datenbankurheberrecht **Vor 87 a** 42, zu Rechten am Computerprogramm **Vor 87 a** 46, zu Rechten am Datenbankinhalt **4** 27, 55 ff.; **Vor 87 a** 43 ff.; Grenzen **87 a** 36 ff.; als unternehmensbezogenes Immaterialgüterrecht **Vor 87 a** 30 ff.; Inhalt und Umfang des -s **87 b** 1 ff.; und Informationsfreiheit **Vor 87 a** 51 f; **87 b** 12, 52 f; persönlicher Anwendungsbereich **127 a** 1 ff.; Schranken **87 c** 1 ff.; Schutzdauer **87 d** 1 ff.; Schutzfristverlängerung bei wesentlicher Neuinvestition und Inhaltsänderung **87 a** 58 ff.; **87 d** 5 f.; Schutzgegenstand **Vor 87 a** 29, 35 ff.; **87 a** 30 ff.; Übergangsrecht **137 g** 3; und Kartellrecht **Vor 87 a** 49 f.; wesentliche Investitition **87 a** 40 ff.; Übertragbarkeit **Vor 87 a** 32; Übergangsrecht **Vor 87 a** 54
Datenbankurheberrecht 4 44 ff.; Schranken **55 a** 1, 3 ff.; s. auch Datenbankwerke
Datenbankwerke, als Sammelwerke **4** 2, 32; Bearbeitung **23** 2, 16; **55 a** 3 ff.; Begriff und Abgrenzung zu nichtschöpferischen Datenbanken **4** 2, 32 f.; **87 a** 5 ff.; internationaler Schutz **4** 33; Offline-Nutzung **55 a** 5 ff.; Online-Nutzung **4** 19, 33; **19 a** 31, 33, 40, 41; **55 a** 5 ff.; Quellenangabe **63** 4, 10, 14, 14 a; Schranken **4** 49; **23** 22; **53** 76 f.; **55 a** 1 ff.; **63** 10, 14; Schutz durch TRIPS **4** 29; **Vor 120** 21, durch WCT **4** 33; Schutzfähigkeit **2** 33, 39; **4** 36 ff.; Struktur als Schutzgegenstand **4** 44; Übergangsrecht **137 g** 1 f., 4; und Rechte am Inhalt **4** 56 f.; Vervielfältigung **55 a** 3 ff.; Vervielfältigung elektronisch zugänglicher – **53** 76 f.; wettbewerbsrechtlicher Schutz **4** 35; **Vor 87 a** 47 f.
Datenträger als Medien der Berichterstattung **50** 14, 17
Dauer der Persönlichkeitsrechte des ausübenden Künstlers **76,** Entstehungsgeschichte

magere Zahlen = Randnummern

Sachverzeichnis

76 1–2; Allgemeines Persönlichkeitsrecht **76** 9; aufgenommene Darbietung **76** 4; gemeinsame Darbietung; Schutzfristberechnung **76** 5, 6; Übertragungsrecht **76** 10–12; Wahrnehmungsbefugnis der Angehörigen **76** 8; WPPT **76** 1, 3

Dauer der Vermögensrechte des ausübenden Künstlers **82,** redaktionelle Anpassung **82** 6

DDR, Staatswappen 2 174

DDR-Filmproduktionen Vor 20 19

DDR-Urheberrecht s. auch Einigungsvertrag, deutsch-deutsche Wiedervereinigung; als sozialistisches Persönlichkeitsrecht **Vor 12** 22; Außerkrafttreten des DDR-URG **Vor 120** 25; Fotografien **72** 6; keine § 21 UrhG entsprechende Werknutzungsbefugnis **21** 3; Leistungsschutzrecht für Landkarten **vor 120** 33; Öffentlichkeitsbegriff **15** 52; Recht des öffentlichen Vortrags, Aufführung, Vorführung **19** 3, 11, 30; Rechte an DDR-Filmproduktionen **Vor 20** 18; Schutzdauer von Lichtbildwerken **64** 71 f.; **Vor 120** 33; Sende- und Sendevertragsrecht **Vor 20** 31; Übertragbarkeit **15** 52; Verwertungsgesellschaften **vor 1 WahrnG** 10; Zweckübertragungsregel **31** 66

Debugger 69 d 22

Deckname s. auch Pseudonym, Verlagspseudonym; Begriff **10** 5; Begriff des bekannten -ns des Urhebers **66** 11

Deep Link s. a. Hyperlink **E 16** 24; **19 a** 16, 46; **87 a** 29; **87 b** 35 ff.; **97** 89, 97

DEFA-Film E Vor 88 32, 33; **Vor 120** 29, 35, 36

Dekompilierung 69 e 1 ff.; Begriff **69 e** 4 ff.; Interessenabwägung **69 e** 22; keine Ausnahme vom Zustimmungserfordernis gem. § 69 d Abs. 1 **69 d** 3; nach § 69 e erlaubte Handlungen **69 e** 17 ff.; Nichtigkeit eines lizenzvertraglichen -sverbots **69 g** 2; Weitergabeverbot von Informationen **69 e** 20; Zulässigkeitsvoraussetzungen **69 e** 9 ff.

Dekorationen s. Film –

Deliktsrecht s. Unerlaubte Handlung

Demonstrationen, Organisator als Person der Zeitgeschichte **60/23 KUG** 92; Recht am eigenen Bild bei – **60/23 KUG** 87 ff.; – und öffentliches Interesse an Aufnahme **60/23 KUG** 94; **60/24 KUG** 4

DENIC 97 72, 74, 96, 110

Denkmalschutz Vor 12 34 f.; **64** 7

Denkschriften als amtliche Werke **5** 62

Der 7. Sinn E 2 70 f.; **97** 210

Der blaue Engel E 60/22 KUG 20; **97** 178, 182

Der Brand im Opernhaus E 2 70

Der deutsche Selbstmord E 44 15

Der Fall Havemann E 6 35

Der Goggolore E 10 2, 8, 11

Der grüne Tisch E 14 24

Der Hampelmann E 88 27; **89** 11; **1371** 23

Der Heiligenhof E 17 24, 59; **Vor 28** 81, 83, 93, 102; **31** 94; **97** 6 f., 56

Der Herrscher E 2 70

Der Industriehafen E 72 3

Der kleine Tierfreund E 4 24 ff.

Der Mond E Vor 120 35, 36, 38

Der Ölprinz E Vor 120 36

Der Pilger E Vor 120 149

Der Sänger mit der Maske E 29 28; **88** 18

Der Schrecken der Garnison E 88 3, 18, 50, 53

Der Tor und der Tod E Einl. 115; **81** 17

Der Transport E 88 45

Der Zauberberg E 15 7; **31 a** 15; **Vor 88** 70; **88** 7

Dereliktion 29 22

Design, Vertragsrecht **Vor 28** 137

Detektei E 97 58

Deutsch-amerikanisches Urheberrechtsabkommen Vor 120 72; Bedeutung nach Beitritt der USA zur RBÜ **140** 7; Inländerbehandlung nach dem – **Vor 120** 72; kein Vergleich der Schutzfristen nach dem – **Vor 120** 72; **140** 4 ff.; Verhältnis zum WUA **Vor 120** 35; **140** 4 ff.; Verhältnis zur RBÜ **140** 7; **Vor 120** 72

Deutsch-deutsche Wiedervereinigung s. auch Einigungsvertrag; Aufspaltung der Rechte **Vor 28** 90 f.; Auswirkung auf bestehende Sendeverträge **Vor 20** 18; Übergangsregelung in Anlage I des Einigungsvertrags **Vor 120** 24 ff.; **129** 4; und getrennte Vergabe von Verwertungsrechten **17** 21; urhebervertragsrechtliche Fragen **Vor 120** 35 f.; Verlängerung bzw. Wiederaufleben der Schutzfrist für Lichtbilder **72** 6, 33; Vertrauensschutz **vor 120** 30

Deutsche Bauzeitschrift E 4 28, 31

Deutsche Demokratische Republik, s. DDR-Urheberrecht

Deutsche Miederwoche E 97 130, 133; **103** 12

Deutsche Rechnungslegungsstandards E 2 87; **5** 5, 28, 38 f., 54, 79

Deutsche Staatsangehörige, Berufung auf internationale Verträge **87** 65 ff.; **Vor 120** 119; Schutz – **Vor 12** 0; **120** 1 ff.; **124** 2 f.; **125** 2; **126** 2; **128** 2; Schutz – als Mitglieder internationaler Künstlergruppen **125** 5 f.; Schutz – durch Art. 38 EGBGB **Vor 120** 131

Deutsche Telekom als Sendeunternehmen **20** 16; **Vor 28** 147; Haftung als Netzbetreiber; keine Privilegierung nach § 55 **55** 3, 8

Deutsche Volkszugehörige s. Flüchtlinge

Deutsche Zeitung E 97 202

Deutscher Bühnenverein Vor 28 139 f.; **79** 33; Tarifverträge **79** 34 ff.

Sachverzeichnis

halbfette Zahlen = Paragraphen

Deutsches Patent- und Markenamt (DPMA) s. auch Schiedsstelle; als Aufsichtsbehörde **2 WahrnG** 3f.; **18 WahrnG** 3; **19 WahrnG** 1ff.; Aufsicht über Tarife **13 WahrnG** 11; Aufsicht über Verteilungsplan **7 WahrnG** 4; Fach- oder Rechtsaufsicht **19 WahrnG** 3; Verwaltungsrechtsweg bei Versagung der Erlaubnis durch – **3 WahrnG** 13f.;
Deutsch-österreichisches Urheberrechtsabkommen Vor 120 73; Inländerbehandlung nach dem – **Vor 120** 73
Devisenrecht im internationalen Urhebervertragsrecht **Vor 120** 168
Dia-Duplikate E 53 15, 34; **97** 130, 152, 161; **98** 2, 6
Dia-Kopien E 53 14f.
Dialog- und Synchronfassung, Schutz der – ausländischer Filme **88** 18
Dialogautor als Filmurheber **Vor 88** 72
Dialoge, Schutz der – beim Film **88** 18
Diapositive zur Ansicht Vor 28 44
Diapositive, Pauschalhonorar **31** 94
Dia-Rähmchen II E 97 145, 149, 155, 159, 168
Diaserie als Sammlung **46** 7; Vermerk der Zweckbestimmung **46** 14
Dick und Doof E 97 13, 56
Die Affäre Dreyfuss E Vor 120 170
Die Csárdásfürstin E 3 15; **39** 21; **75** 22, 23, 31, 32
Die drei ??? E Vor 120 129
Die englische Geliebte E Vor 28 140f.
Die Feuerzangenbowle E 88 58
Die Grafen Pocci E 60/23 KUG 37
Die lustige Witwe E 2 55
Die Macht der Bilder E 88 7
Die Mädels vom Immenhof E 88 8
Die Nichten der Frau Oberst E 2 70
Die Päpstin E 2 56, 58, 85; **23** 9; **24** 3, 10, 17, 19; **Vor 88** 25; **88** 15
Die Puppenfee E 64 41; **120** 16; **137f** 3a
Die Rache des schwarzen Adlers E Vor 120 155, 158
Die schwedische Jungfrau E 92 12
Die Tricks der Vertreter E 60/33–50 KUG 25
Die unendliche Geschichte E Vor 12 28b; **14** 20; **39** 3; **93** 2, 19
Die Weber E 14 11, 11b, 13, 23a, 30f.; **39** 10, 20f.
Die wilden Kerle E 9 5
Die Zauberflöte E (BGH) Einl. 56; **Vor 73** 26; **72** 53; **81** 38; **82** 13; **75** 11, 27, 30, 36f.; **85** 21; **Vor 87a** 47f.; **96** 8, 10 **Vor 120** 78, 137; **125** 13, 19
Die Zauberflöte II E (OLG Hamburg) **Vor 73** 26; **75** 27; **125** 19
Dienstanweisung E 2 18, 24, 27, 29, 33, 37f., 39, 61, 66, 87, 93, 98, 160

Dienstanweisung der Zollbehörden 111b 15
Dienstverhältnis, Arbeitsleistung im Rahmen des -ses **43** 28ff.; **79**; Beamte **43** 19; Begriff **43** 10, 12; Soldaten- und Richter **43** 20; und angemessene Vergütung **32** 4; Wesensmerkmale **43** 34;
Diesel E (EuGH) 105 15; **Vor 120** 139
Diesel E (BGH) Vor 120 139
Diesel II (BGH) Vor 120 139
Differenzlizenz E Vor 120 129, 137
Digital Remastering 85 25
Digital Rights Management Einl. 35 und GPL **Vor 69a** 49
Digitale Bildbearbeitung 23 11
Digitale Kartenwerke und Datenschutz **87a** 11
Digitale Nutzung und Änderungsverbot **14** 5; und Urheberbezeichnung **13** 12a; und Urheberrechtsschranken **Vor 44a** 5a, 15; und Vertragsauslegung **37** 12; und Werkschutz **Vor 12** 27a; und Zweckübertragungslehre **31** 96
Digitale Nutzungsarten, Bekanntheit **31a** 41ff.
Digitale Online-Medien im Kirchen-, Schul- oder Unterrichtsgebrauch **46** 8, 14, 15
Digitale Rundfunksendungen Vor 20 6, 18; **20** 6
Digitale Signaturen 13 12; **14** 5
Digitale Speichermedien 2 als Bild- und Tonträger i.S.v. § 16 Abs. 2 **16** 26; und Ladenklausel **56** 6a
Digitale Vervielfältigung zum eigenen Gebrauch **53** 18
Digitale Werknutzung Einl. 1; keine Katalogbildfreiheit **58** 4; Problem der Werkauthentizität **14** 5; und Geschäfte über Urheberpersönlichkeitsrechte **Vor 28** 58
Digitalisierte Schriften E 69a 21
Digitalisierung 16 18; keine Bearbeitung **3** 8; **23** 8; kein unbenanntes Verwertungsrecht **15** 24; keine neue Werkart **2** 74, 77; selbständiges Nutzungsrecht **31a** 46
Diktiergeräte, keine Geräte- bw. Speichermedienabgabe **54** 12
Dimensionsänderungen 62 24
D-Info E 2 97; **16** 6, 14; **Vor 87a** 6
Dinner for One E 13 12a
DIN-Norm für Computerprogramme **69a** 5
DIN-Normen, Bezugnahme auf – in amtlichen Werken **5** 38f., 54f.; – keine amtlichen Werke **5** 25f, 30, 54f., 61; Neuregelung **5** 11, 54f., 76ff.; Schutzfähigkeit **2** 105, 201, 208
DIN-Normen E 2 87, 103, 208; **5** 19, 30, 32ff., 38f, 43; **15** 7
DIN-Normen II E 5 19, 38f., 54f.
Dior/Evora E 15 39
Diplomarbeit E 6 14
Diplomatische Noten als amtliche Werke **5** 73

magere Zahlen = Randnummern **Sachverzeichnis**

Direktmedia E (EuGH) 87 b 13 ff., 16 ff.
Direktsatellitensendung E (OLG Wien) Vor 120 141
Direktsatellitensendung III (OGH) 20 11; Vor 120 141
Direktsatellitensendungen, auf – anwendbares Recht Vor 20 57–64; 20 a 1, 7, 8; Vor 120 141 ff.; kein Schutz für – nach dem Brüsseler Satelliten-Abkommen Vor 120 97; s. auch europäische Satellitensendung, nichteuropäische Satellitensendung
Dirigent als ausübender Künstler 73 2; als Gruppenleiter 74 30; keine Rechtsausübungsbeschränkung des -en 80 6
Dirlada E 2 26, 28 f., 38 f., 45, 67, 121 ff.; 3 27; 23 15, 24; 24 14 f., 17
Diskriminierungsverbot nach Art. 12 EG (früher Art. 6 bzw 7 EWGV), Einl. 76; 120 4 ff.; 77 18 Rückwirkung des Phil-Collins-Urteils 120 6 ff.; 96 11
Disney-Parodie E 24 13, 16 f., 26 ff.; 103 8
Dispositionsprogramm E Vor 69 a 8
Dissertationsexemplare E 42 3, 13, 15
Distanzelement bei der öffentlichen Wiedergabe 15 54 f.; 19 3, 37; 19 a 22; Vor 20 29 a, 47
Dokumentarfilme als Filmwerke 95 11; Schutzfähigkeit 2 191
Dokumentafilm Massaker E Vor 12 26; 12 7, 16, 19,
Dokumentation, amtliche Werke in der – 5 23, 47 ff.; wissenschaftliche – als amtliches Werk 5 32 f.
Dokumentationsfilme als Filmwerke oder Laufbilder 95 11
Dokumentationsfreiheit als Rechtfertigung für Vervielfältigung von Werken 97 37 f., 44
Dokumente der Zeitgeschichte im Übergangsrecht 137 a 4; Lichtbilder als – 72 5, 7, 39
Domain Begriff 97 110; Registrierung 97 72, 110
„Domaine public payant" s. Urhebernachfolgevergütung
Dongle 98 12; Begriff 69 a 29; 69 f 10; s. auch Dongle-Abfrage
Dongle-Abfrage, Entfernung der – zur Fehlerbeseitigung 69 d 11; Entfernung der – als Umarbeitung des Programms 69 a 29; 69 c 14; und Anfertigung von Sicherungskopien 69 d 20; Vernichtungsanspruch für Beseitigungsprogramme 69 a 30; Vernichtungsanspruch für Umgehungsprogramme 69 f 11; Wettbewerbsschutz 69 a 30; Zulässigkeit der Beseitigung 69 d 11, 19; 69 e 10); s. auch Dongle, Schnittstelle
Donkey Kong Junior I E 2 188; Vor 69 a 1; Vor 88 44
Donkey Kong Junior II E 2 18, 47, 79 f. 188; Vor 69 a 1

Doppelmitgliedschaft E WahrnG 12 6, 10
Doppelmord E 60/23 KUG 34
Doppelmörder E 60/22 KUG 7 60/23 KUG 108, 118; 60/33–50 KUG 31, 40
Doppelschöpfung 2 43; 23 33 ff.; 97 17
Doppelte Lizenzgebühr beim Schadensersatz 97 163
Doppelte Tarifgebühr E 54 f 10 f.; 97 145, 161 f.; für GEMA bei Rechtsverletzungen 97 161; für andere Verwerungsgesellschaften 97 162
Doppelvergütung kein Grundsatz der Vermeidung von -en des Urhebers 15 12
Double als Bildnis der dargestellten Person 60/22 KUG 20
Down under E 88 18
Download(ing) 16 22; 44 a 11; und Strafrecht 106 9; als Vervielfältigung 16 22 f.; 106 9; Bereithaltung zum – 78 4 a; s. auch Internet, Abrufübertragungsrecht, Online-Übertragung
Drahtfunk- und Kabelnetze, anwendbares Recht bei Sendungen über internationale – Vor 20 56, Vor 120 141, 144
Drahtfunksendung Vor 20 30; s. Kabelfunk
Dramatische Werke als vorbestehende Werke beim Film Vor 88 59; 88 14
Dramatisierung einer Werkvorlage als Bearbeitung 23 4, 9
Dreckschleuder E 97 176
Drehbuch als amtliches Werk 5 34; Arten des -s 88 17; Erstellung als Bearbeitung 3 25, 35; kein Vorführungsrecht 19 38; Rechtseinräumung am – 88 13, 17 f., 32 ff.; 89 2, 8; Schutz des -s 2 187, 190, 194; 88 17 f.
Drehbuchautor als Filmurheber Vor 88 69 f.; Identität von – und Regisseur 89 8; – kein Filmurheber nach hM Vor 88 60, 64
Drehbuchverträge 88 29
Dreigroschenroman E 15 16; 97 209; Vor 120 149, 157
Dreigroschenroman II E 97 139, 149, 204; Vor 120 157
Dreistufentest Vor 44 a 12 f.; 44 a 2; 50 6; 51 23; 58 4; 59 5; Vor 97 3; und Pressespiegel 49 38 ff.; 51 23; und Zitatrecht 51 23
Drittauskunft Anspruch der – 101 46 ff.; Anspruchsschuldner 101 49 ff.; und Datenschutz 101 9 ff.; Durchsetzung im Eilverfahren 101 93 ff.; Identifizierung des Verletzers durch Anordnungsverfahren unter Richtervorbehalt 101 99 ff.; gegen Internet-Provider 101 46; Handeln in gewerblichem Ausmaß 101 29 ff.; 57 ff.; Klageerhebung, offensichtliche Rechtsverletzung 101 60 ff.; Schadensersatz bei falscher oder unvollständiger Auskunft 101 91; Übergangsregelung 101 13 f.; Umfang und Inhalt der Auskunft 101 72 ff.; Verhältnismäßigkeit 101 85 ff; Verwertungsverbot 101 98; s. auch Anordnungsverfahren

Sachverzeichnis

halbfette Zahlen = Paragraphen

Dritter Korb Einl. 88; **Vor 28** 19
Dritthaftung auf angemessene Beteiligung und internationales Vertragsrecht **32 b** 23; auf weitere Beteiligung **32 a** 30–33
Drittunterwerfung 97 127
Droit de créer Vor 12 16 a
Droit de non-paternité Vor 12 16 a; **13** 11
Droit moral s. auch Urheberpersönlichkeitsrecht; Begriff **Vor 12** 19 ff.; im europäischen Recht **Vor 12** 22 a; in der RBÜ **Vor 12** 23 ff.; internationale Ausbreitung **Vor 12** 21 f.
DRM s. Digital Rights Management
DRS E 2 89, 103, 200
Druckbalken E 101 a 8 f., 21, 24, 28, 35, 42 **102 a** 8
Drucker (= Gerät) **und Plotter E** Einl. 13; **Vor 12** 28, 35 a; **15** 7; **16** 17, 19; **54** 7, 9, 11, 17, 21; **54 a** 8; **54 c** 3 f.; **97** 33; Vergütungshöhe **54 a** 8; als vergütungspflichtige Geräte für Vervielfältigungen **54** 8, 14, 20
Drucker (= Person), Haftung **97** 64, 139; Passivlegitimation Vernichtungsanspruch **98** 24; Pfandrecht **114** 3
Druckerabgabe E 16 17, 19
Druckerei E 97 139
Druckgrafik, Original bei Werken der – **26** 27 f.; **44** 25
Druckschriften und Berichterstattung **50** 14, 17
Druckstöcke als Vervielfältigung des Originaltextes **16** 10
Düsseldorfer Praxis 101 a 36 ff.; s. auch Vorlage- und Besichtigungsanspruch
Duo Gismonti-Vasconcelos E 2 20; **85; Vor 120** 34; **125** 15
Durchfuhr von Originalware E 105 15
Durchleitung im Netz 44 a 8, 10
Durchsetzungsrichtline s. Enforcement-Richtlinie u. Richtlinie 2004/48/EG
Durchsetzung von Schrankenbestimmungen 95 b 1 ff., Begünstigter **95 b** 10; kein Selbsthilferecht **Vor 95 a ff.** 14; **95 a** 6; **95 b** 21; privilegierte Schranken **95 b** 13 ff.; rechtmäßiger Zugang **95 b** 11 f.; Rechtsfolgen bei Verstoß **95 b** 30 f., 34; Unabdingbarkeit **95 b** 20; Verbandsklage **95 b** 32; Vereinbarungen zwischen Rechtsinhabern und Begünstigten **95 b** 23; verwandte Schutzrechte **95 b** 17
DVD 4 36; **16** 17; **31 a** 47; als selbstständige Nutzungsart **88** 7; als unbekannte Nutzungsart **88** 7, 12; und Persönlichkeitsrecht **93** 24; und Tonträgerherstellerrecht **85** 20; als vergütungspflichtige Speichermedien für Vervielfältigungen **54** 8, 15, 19;
DVD-Brenner, Vergütungspflicht **54** 8, 14, 18; keine Betreiberabgabe **54 c** 3 f.
DVD-Konzertaufnahme 94 10; **95** 9; **128** 4
DVD-Nutzung von Filmen 31 a 47
DWD-Wetterdaten E 87 a 19, 22, 29, 35, 53; **87 b** 32 ff.; **87 c** 1

E-Book-Verlagsvertrag Vor 28 114
„echt skai" E 97 202
E-Commerce-Richtlinie (= Richtlinie 2000/31/EG) vor 97 6; **97** 80, 82, 84 f., 87, 89, 93, 113
Edenhotel E 14 6
Edgar-Wallace-Filme E 2 67, 191; **14** 30; **24** 14; **88** 53; **93** 2, 10, 11, 15, 19
Editionen s. musikwissenschaftliche –, wissenschaftliche Ausgaben
Editoren und GPL **Vor 69 a** 47
EG s. Europäisches Gemeinschaftsrecht
Egerlandbuch E 8 4; **13** 18
EG-Durchsetzungsrichtlinie s. Enforcement-Richtlinie
EG-Inforichtlinie und Quellenangabe **63** 4 a, 5 a
EG-Kartellrecht Einl. 62 ff.; und gemeinsame Vergütungsregeln **Vor 28** 5 f; **36** 27, 28
EG-Richtlinie und Zitatrecht **51** 5 a, 10, 15, 19 a
EG-Vertrag, keine Erschöpfung des Rechts der öffentlichen Wiedergabe nach dem – **15** 38; **Vor 20** 15; Kontrolle der Verwertungsgesellschaften nach Art. 81, 82 **Vor 73** 26; – und Urheberrecht Einl. 76
Ehekrise bei Rudi Carrell E 60/23 KUG 115
Ehrenautorschaft 13 1 a
Ehrenschutz E 103 5
Eigener Gebrauch 87 c, Anzahl der Vervielfältigungsstücke **53** 17, 18; Archivierung **53** 44 ff.; Begriff **53** 34 f.; einzelner Zeitungsbeiträge **53** 53; Herstellung der Vervielfältigungsstücke durch andere **53** 37; keine gewerblichen Zwecke **53** 43; kleiner Teile eines Werkes **53** 52 f.; Sendungen über Tagesfragen **53** 49; vergriffene Werke **53** 55 f.; von Dokumenten zum eigenen wirtschaftlichen Gebrauch **87 c** 14; wissenschaftlicher **53** 40 ff.
Eigentum am Original des Kunstwerkes, Übertragung **Vor 28** 129 ff.; **44** 5, 8 ff.; und Nutzungsrecht **44** 8, 15
Eigentum am Urheberrecht, geistiges – Einl. 8, 10; in vermögensrechtlicher Hinsicht Einl. 10; **15** 7; **Vor 44 a** 7 ff.
Eileen Gray I E (OLG Karlsruhe) **120** 8 f.
Eileen Gray II E (OLG Frankfurt) **120** 4, 8 f.
Eilverfahren Heise E 97 98
Ein bißchen Frieden E 2 39, 42, 74, 121, 124; **23** 24, 32, 34; **24** 14, 32, 34, 36
Ein fataler Brief E 88 26
Einblendungen, kein Schutzrecht des Filmherstellers an – **94** 13; von Darbietungen ausübender Künstler **92** 6 f.; von Filmen in Aufführungen **88** 26; von Schallplattenmusik in Filmwerke **92** 6 f.; s. auch Filmausschnitte
Einfache geometrische Form und Markenschutz **E** Einl. 48
Einfache Lizenz, Klagerecht **97** 52, 56

magere Zahlen = Randnummern

Sachverzeichnis

Einfache Nutzungsrechte 31 14 f.; **33** 3, 8, 9
Einfamilienhaus E 2 151, 155
Einfuhr, Beschlagnahme **111 b** 3; s. a. Import
Eingaben keine amtlichen Werke **5** 73
Eingriff in Urheber- und verwandte Schutzrechte, Begriff **97** 28 ff., 63 f.; Rechtfertigungsgründe **97** 32 ff.
Eingriffe in technische Schutzmaßnahmen und Informationen 108 b; Entstehungsgeschichte **108 b** 1, 2; objektiver Straftatbestand **108 b** 3–9; subjektiver Tatbestand **108 b** 10; Rechtswidrigkeit **108 b** 11; Konkurrenzen **108 b** 14
Einheit des Urheberrechts Vor 12 ff 6
Einheitlicher Europäischer Werkbegriff 2 33, 36, 41
Einheitsfahrschein E 2 18, 44, 79 f. 81 f., 98, 209; **97** 14
Einheitstheorie Vor 120 148 f.
Einigungsvertrag vom 31. 8. 1990, s. auch DDR-Urheberrecht, deutsch-deutsche Wiedervereinigung; **72** 6, 42; **Vor 120** 24 ff.; **129** 4; Erstreckungsgesetz **Vor 120** 27; Vergütungsansprüche **Vor 120** 30 f.
Einigungsvorschlag der Schlichtungsstelle **36** 86–92; Ausnahme **36** 91; **36 a** 26
Einkaufswahl nach Abwahl E 60/23 KUG 79
Einprozessor-Mehrplatzsysteme als eigene Nutzungsart **Vor 69 a** 61; s. auch Softwarelizenzverträge
Einräumung von Nutzungsrechten, Aktivlegitimation nach der – **97** 48 ff.; als konstitutive Rechtseinräumung **Vor 28** 74; am Filmwerk **Vor 88** 10, 17; **89** 1 ff., 10 ff.; an Filmeinzelbildern als Lichtbildwerken **91** 12; an unbekannten Nutzungsarten **31 a** 55 ff.; an verwandten Schutzrechten **85** 49/76; **94** 40; an zur Filmherstellung benutzten Werken **Vor 88** 10, 17; **88** 2 ff., 10 ff.; an künftigen Werken Auswirkung der – auf die Verwertungsrechte **15** 4; bei Veräußerung des Originals **44** 1 ff.; bei Verfilmung zu Laufbildern **95** 13; Formfreiheit **Vor 28** 53, 77 f.; Schriftform bei – an künftigen Werken **40** 3 ff., 12 ff.; Schriftform bei – für unbekannte Nutzungsarten **31 a** 55 ff., 66 f. im Computersoftwarebereich **31** 97; **Vor 69 a** 55 ff.; **69 c** 2 ff.; **69 g** 2 f.; im Verlagsrecht **35** 4 f.; nach der Europäischen Programmaustausch-Vereinbarung **Vor 120** 112; Pflicht zur – im Arbeits- oder Dienstverhältnis **43** 38 ff.; **69 b** 1 ff.; stillschweigende – im Arbeits- oder Dienstverhältnis **43** 40 ff.; Trennungsprinzip **Vor 28** 98; Vertragsauslegung **31** 20 ff., 64 ff.; **37** 4; – weiterer Stufe **Vor 28** 51, 74; **35** 1; zeitlicher Umfang der – **88** 34, 47, 57 f.; **137** 3 f., 10 ff.; **137 a** 3 f.; Zustimmungserfordernis bei weiterer – **35** 6 ff.; Zweckübertragungsregel **31** 68 ff.; **31 a** 64

Einräumung weiterer Nutzungsrechte 35
Einrichtungen der Aus- und Weiterbildung sowie Berufsbildung **46** 10
Einseitige Unterlassungserklärung E 97 126
Einsicht in die Geschäftsbücher, Anspruch auf – beim Folgerecht **26** 38, 41; des Auskunftspflichtigen **54 f** 7
Einstweilige Verfügung Durchsetzbarkeit des Auskunftsanspruchs **101** 93; Durchsetzbarkeit des Vorlage- und Besichtigungsanspruchs **101 a** 43 ff.; Sicherstellungsantrag bei Vernichtungsanspruch **69 f** 3; Vermutung der Dringlichkeit bei Zwangslizenz zur Tonträgerherstellung **42 a** 19
Eintänzer E 51 16, 20
Eintragsrolle, Wirksamkeit der Eintragungen in die – in Leipzig **66** 5; **138** 6
Eintragung in öffentliche Register, anwendbares Recht **Vor 120** 150
Einwilligung als Einräumung gegenständlicher Nutzungsrechte **23** 25; beim Recht am eigenen Bild **60/22 KUG** 38 ff., 55 ff.; in Eingriffe in das Urheberpersönlichkeitsrecht **Vor 12** 28; des Urhebers zu Eingriffen in seine Verwertungsrechte **19 a** 47; **Vor 28** 57; **97** 32 f.; 49, 90 f., 115, 117 f., 139, -srecht des Veranstalters **81** 9, 25, 29; Erfordernis bei neugestalteten Werken **23** 23 ff.; Form **23** 26; in die Zwangsvollstreckung **112** 1 f., 13 f., 22, 26 **113** 1, 3, 5 ff., 10, **114** 2 ff., **115, 116;** Fiktion der – bei Ablösung **100** 8 f.
Einwilligung, schlichte in Werknutzungen (Internet) **19 a** 47; s. auch Rechtswidrigkeit der Rechtsverletzung, Einwilligung
Einwilligung und Strafbarkeit 106 27–29
Einzelangebot E 15 27, 58, **17** 8, 10, 12 ff.; **18** 16; **54 f** 4; **69 c** 23 ff.
Einzelplatzlizenz Vor 69 a 61; **69 d** 9
Einziehung von zur Straftat benutzten oder durch sie hervorgebrachten Gegenständen **110;** nach Grenzbeschlagnahme **111 b** 7; im Strafverfahren **110;** und Verfall **110** 8
Eisrevue I E 2 130; **19** 20, 23 f., 27
Eisrevue II E 2 130; **19** 23; **52** 16; **97** 64, 139, 145
Eisrevue III E 39 20; **97** 147, 153, 158, 162, 182, 204
Eiweißkörper E 2 212 f.
El Corte Inglés E (EuGH) **Vor 87 a** 13
Electronic Delivering 77 15
Electronic Publishing Vor 28 114
Elektrodenfabrik E 2 157, 199 f., 212; **17** 14 ff.; **43** 22, 26, 102; **69 c** 25
Elektronisch aufbereitete Tageszeitungen 87 a 55
Elektronische Abrufdienste, Werkverwertung durch – s. Abrufübertragungsrecht
Elektronische Datenverarbeitung und Vervielfältigungsrecht **16** 16 ff.

Sachverzeichnis

halbfette Zahlen = Paragraphen

Elektronische Leseplätze Begriff **52 b** 8; Wiedergabe von Werken an – **52 b** 3 ff.; s. auch Archiv, Bibliotheken, Museum
Elektronische Lizenzierung Vor 28 77 f.
Elektronische Medien, s. Internet, Online-Datenbanken
Elektronische Nutzung, Namensnennung **13** 12 a
Elektronische Pressearchive E Einl. 53, 56; **16** 17; **Vor 87 a** 47 f.
Elektronische Signaturen 13 12 a
Elektronische Textkommunikation, Rechtseinräumung für – **88** 48
Elektronische Vervielfältigung und Verlagsrecht Vor 28 109 ff.
Elektronischer Fernsehprogrammführer E 50 11, 12, 13, 14; **91** 7
Elektronischer Pressespiegel E 15 7, 16; **44 a** 20; **49** 16, 38 ff., 42 f.; **50** 4; **57** 5; **58** 5, **59** 4; **96** 10; **97** 63; Begriff **49** 37; Privilegierung nach § 49 **49** 33 ff.; Vervielfältigungsrecht **16** 21; **53** 30 f.; 73
Elektronischer Zolltarif E 87 b 54
Elektronisches Archiv 53 48
Elektronisches Publizieren, Erscheinen beim – **6** 50 ff.; und Erstveröffentlichungsrecht **12** 10, 17
Elisabeth von England E 88 21
Elvis Presley E 125 11, 15; **129** 18; **137 c** 2
E-Mail 19 a 60; **44 a** 10; **77** 15; s. auch Internet, Push-Dienste; und Senderecht **20** 49 f.; und Urheberrechtsfreiheit der Übertragung **15** 27; keine öffentliche Zugänglichmachung bei Individualkommunikation **15** 85; und Versendung von Presseartikeln **15** 85; Vervielfältigung durch Mailboxablage **16** 21
EMI Records E Einl. 63
Emil Nolde E Vor 12 16 f.; **13** 11; **75** 8; **76** 8,9; **97** 58, 134, 177, 179; **98** 10, 14
Emile Zola E 6 40, 44
Enforcement-Richtlinie (= Richtlinie 2004/48/EG) Einl. 21, 38, **78**, 126; **10** 3, 7; **Vor 12** 12 a; **19 a** 47; **74** 39; **Vor 97** 5–10; **97** 1 f., 128, 146, **97 a** 1; **98** 1, 3; 5, 8, 11, 15, 19, 25; **100** 1; **101** 6 ff, 14 f., 17 f., 30, 33, 41, 46 ff., 57, 60, 71, 101 f., 115, 119, 121; **101 a** 2 f., 5, 7, 8 ff., 13, 15, 17, 22, 25, 28 f., 30, 43 ff., 50, 52 f., 55; **101 b** 1, 7 f., 17; **102** 1, 3, 8; **103** 10 s. auch Gesetz zur Verbesserung der Durchsetzung von Rechten des geistigen Eigentums
Englisch-Wörterbuch E 24 18
Engste Verbindung des Vertrags mit deutschem Recht **32 b** 9, 10
„Enkelrechte" Vor 28 51, 74; **35** 1
Enkel von Fürst Rainier E 79
Ensemble 74 20; Beeinträchtigungsverbot bei -leistungen **75** 34
Enteignung, keine bei Rechtsverlust als amtliches Werk **5** 17

Enteignungsgleicher Eingriff bei Rechtsverlust als amtliches Werk **5** 36
Entfernung der Herstellungsnummer II E 101 72, 75, 77
Entfernung der Herstellungsnummer III 101 78, 82
Entgelt, Zulassung zur Veranstaltung ohne – **52** 17
Enthaltungspflicht Vor 28 81 f.
Entlehnung, unbewußte, Abgrenzung zum Plagiat **23** 31; Abgrenzung zur Doppelschöpfung **23** 27; als andere Umgestaltung **23** 32
Entschädigung bei nicht schuldhafter Rechtsverletzung **135/135 a** 10 f.; bei Rechtsverlust als amtliches Werk **5** 36 f.
Entscheidungen als amtliche Werke **5** 8, 24, 46, 73; privater Schiedsgerichte **5** 46; Übersetzungen von – **5** 94; Zitate in – **5** 37
Entscheidungsleitsätze E 2 30, 35, 92, 101, 117; **3** 18; **5** 47 ff.; als Bearbeitung **23** 9; amtliche Werke **5** 47 ff.; Schutzfähigkeit **2** 30, 35, 101; **3** 17 f., 26; **4** 19
Entstellungsschutz, Anwendungsbereich **14** 9 ff.; im Arbeits- oder Dienstverhältnis **43** 83 ff.; ausländischer Urheber **Vor 120** 5; Begriff der Entstellung **14** 18 ff.; bei Bauwerken **14** 17, 35 f.; bei Entstellung durch Rechtsnachfolger **30** 4; bei Filmen **93** 1, 8 ff.; **94** 6, 26 ff.; bei gröblicher Entstellung **93** 14; bei Werbeeinblendungen **14** 26; **93** 21; des ausübenden Künstlers **75** 1 ff., 37; Interessenabwägung **14** 28 ff.; Rechtsfolgen **14** 41 f.; Staatenloser und ausländischer Flüchtlinge **Vor 120** 5; **122** 4 f.; und Vernichtung **14** 37 f.; Verhältnis zur Änderung **14** 2, 4 f.; s. auch Persönlichkeitsrechte, Urheberpersönlichkeitsrechte
Entwicklungsländer, Musterurheberrechtsgesetz von Tunis **Vor 12** 22
Entwürfe, Exposé, Treatment und Drehbuch als – für Filmwerke **88** 18; Schutzfähigkeit von -n **2** 22, 53, 133, 157, 168; s. auch Entwurfsmaterial, Gesetzentwürfe
Entwurfsmaterial, Schutz des -s von Computerprogrammen **69 a** 5; **E 41** 13, 15, 20
Entwurfsmusik 2 129; Vorrang des Urheberrechtsschutzes **73** 38
Enzyklopädien, als Sammelwerke **4** 9
Ephemere Aufzeichnung nach dem Europäischen Fernseh-Abkommen **Vor 120** 102; Recht der Sendeunternehmen zu – **55** 1, 3 ff.
Erbfolge beim Folgerecht **26** 47; beim Schutzrecht des Filmherstellers **94** 40; beim Schutzrecht des Tonträgerherstellers **85** 49; s. auch Vererbung
Erfordernis des Schiedsstellenverfahrens E 87 53, 56 f.
Erfüllungsgehilfe E 97 202
Erfüllungsgehilfe, Haftung für **99** 8; bei Vertragsstrafeversprechen **97** 202; **112** 21

magere Zahlen = Randnummern

Sachverzeichnis

Erhöhungsgebühr bei Orchestervorstand E 74 24, 25, 32
Erholungsheime, Öffentlichkeit bei betrieblichen -n **15** 79
Erkennungsmelodie E 85 30 f.; **86** 10
Erlasse als amtliche Werke **5** 8, 43
Erlaubnis nach dem WahrnG, Bekanntmachung der – **5 WahrnG** 1 f.; Erteilung der – **2 WahrnG** 1 ff.; für Wahrnehmungstätigkeit **1 WahrnG** 3 ff.; -pflicht für Verwertungsgesellschaften **vor 1 WahrnG** 10; **1 WahrnG** 1 ff.; Rechtsweg bei Versagung **3 WahrnG** 14; Versagung der – **3 WahrnG** 1, 4 ff.; Widerruf der – **4 WahrnG** 1, 3 ff.
Erlösbeteiligung, Aufklärungspflicht bei Ablösung einer – **88** 45; bei Veräußerung der Fernsehsenderechte **88** 45
Erlöschen eines Nutzungsrechts bei Rückruf **41** 24; **42** 33; bei Ungültigkeit oder Beendigung des schuldrechtlichen Vertrages **34** 22; **35** 11; – und Sukzessionsschutz **33** 11
Ernst Barlach E 44 8
EROC II E 31 67, 70
EROC III E Einl 86; **31 a** 17, 42; **79** 12; **85** 50; **92** 1 b
Erscheinen als qualifizierte Veröffentlichung **6** 14, 16, 30; außerhalb des Buchhandels **6** 32, 35, 37; Bedeutung **6** 1 f., 4; Begriff **6** 29 ff.; beim elektronischen Publizieren **6** 53 ff.; Berechnung der Schutzdauer nach dem ersten – **6** 4; **68** 1; **70** 13; **71** 15; **72** 37, 38; **82** 7 ff.; **85** 52 ff.; **86** 9; **94** 35 f.; **135/135 a** 3, 8 f.; des Werkes bei der Pressespiegelvergütung **49** 9, 23; durch Ausleihe **6** 36; durch Ausstellung **6** 49; durch Bemusterung **6** 37; **76** 13; durch Einstellung in Bibliotheken **6** 35; durch Hinterlegung bei staatlichen Stellen **6** 35; durch Inverkehrbringen oder Angebot an Werkmittler **6** 37; durch Verleih von Filmkopien **6** 36, 40 f., 44; durch Verleih von Notenmaterial **6** 36, 40; durch Vermietung **6** 36; durch Versand an Bühnen **6** 35, 37, 40; im Ausland **6** 4, 44; in Fortsetzung **6** 45; kein – im Samisdat **6** 35; Ort des – **6** 4, 44; Schutzbegründung durch erstes – im Inland **6** 1, 4; **Vor 120** 4; **121** 3 ff.; **125** 10 f.; **126** 8; **128** 4; und neuer Öffentlichkeitsbegriff **6** 11; **15** 59; Unumkehrbarkeit des – **6** 43, 46; Veröffentlichung oder – als Voraussetzung der verkürzten Schutzdauer anonymer und pseudonymer Werke **66** 25 ff.; von Bearbeitungen **6** 45; von Büchern **6** 40 f., 44; von Filmen **6** 36, 40 f., 44; von Leistungen iSd. verwandten Schutzrechte **6** 4, 29; von Romanen **6** 40; von Tonträgern **6** 32, 37, 40; **78** 23; von Übersetzungen **6** 45; von Werken **6** 29; von Werken der bildenden Künste **6** 47 ff.; von Werkteilen **6** 21, 45; von Zeitschriften **6** 44; Zeitpunkt des – **6** 4, 43; Zustimmung des Berechtigten zum – **6** 31, 46; s. auch erschienene Bild- oder Tonträger, erschienene Werke

Erscheinen von Tonträgern E 6 29, 32, 37 ff.; **17** 12; **78** 23; **82** 10; **86** 9
Erschienene Bild- oder Tonträger, Schutz von Darbietungen ausländischer ausübender Künstler auf – **125** 10 f.; Vergütungsanspruch ausübender Künstler bei Funksendung oder öffentlicher Wiedergabe mittels – **78**; s. auch Erscheinen, erschienene Tonträger
Erschienene Tonträger, Beteiligung des Tonträgerherstellers bei Funksendung oder öffentlicher Wiedergabe – **86** 1 ff.; s. auch Erscheinen, erschienene Bild- oder Tonträger
Erschienene Werke als veröffentlichte Werke **6** 14, 16, 30; Begriff **6** 29 ff.; veröffentlichte Werke als – **Vor 120** 46; s. auch Erscheinen
Erschöpfung 15 30 ff., 49; **17** 42 ff.; als zwingendes Recht **17** 61; des Verleihrechts durch Inverkehrbringen **27** 1, 13; **69 c** 40; keine – des Rechts der öffentlichen Wiedergabe **15** 30 ff.; keine – des Senderechts **15** 31 ff.; **Vor 20** 13–15; **20** 38, 41; keine – des Vermietrechts durch Inverkehrbringen **27** 1; **69 c** 40; keine – des Vervielfältigungsrechts **69 c** 40; bei Online-Datenbanken **4** 52; Regelung im WCT **15** 36; s. auch Erschöpfung des Verbreitungsrechts, Erschöpfungsgrundsatz
Erschöpfung des Verbreitungsrechts Einl. 29; **15** 30; **17** 42 ff.; **98** 18; **Vor 120** 129; bei Aufspaltung der Nutzungsrechte **Vor 28** 95; ausübender Künstler **Vor 73** 18; bei beschränkter Einräumung **17** 25 ff.; bei Frei- und Rezensionsexemplaren **17** 49; bei Inverkehrbringen außerhalb der EU bzw. des EWR **17** 64 ff., innerhalb der EU bzw. des EWR **17** 44, 53; bei konzerninternen Lieferungen **17** 46; bei Sicherungsübereignung und Eigentumsvorbehalt **17** 50; bei Veräußerung als Makulatur **17** 46; bei Verramschung **17** 49; **Vor 28** 171; Datenschutzkartellrecht **87 b** 45; internationale – **17** 64 ff.; keine – bei räumlicher Beschränkung des Verbreitungsrechts auf Ausland **17** 56; nur bei Inverkehrbringen durch Veräußerung **17** 20 ff.; – und Buchgemeinschaftsvertrieb **17** 60; und Europäisches Gemeinschaftsrecht **17** 53, 65; und gesetzlicher Eigentumsübergang **17** 51; – und Tonträgerhersteller **17** 42; **85** 44; und Wiederaufleben des Verbreitungsrechts bei Rückgängigmachung der Veräußerung **17** 52; und Wiedervereinigung **17** 21; Wirkung der – **17** 61 ff.; Zustimmung des Berechtigten **17** 54 ff.

Erschöpfung, gemeinschaftsweite 15 38 f.; **17** 43, 64
Erschöpfungsgrundsatz, Anwendungsbereich **15** 30 ff.; keine allgemeine Rechtsregel **15** 31, 34; **17** 2, 35; rechtstheoretische Begründung

2467

Sachverzeichnis

halbfette Zahlen = Paragraphen

17 44; s. auch Erschöpfung, Erschöpfung des Verbreitungsrechts
Erstautorschaft in der Wissenschaft **13** 1 a
Erstbegehungsgefahr 97 128, 202; **102** 2; **105** 9
Erstes Kulmbacher E 97 197
Erstreckungsgesetz, keine urheberrechtlichen Bestimmungen **Vor 120** 27
Erstveröffentlichung E 12 7, 11, 12
Erstveröffentlichungsrecht s. auch Veröffentlichungsrecht; des Arbeitgebers oder Dienstherren **43** 73 ff.; des Urhebers **12** 7 ff.; Uraufführung von Bühnen- und Filmwerken **12** 12; von ausländischen Staatsangehörigen **121** 21
Erstverwertungsrechte, Begriff **15** 50
Erträgnisbeteiligung, Umfang der Rechtseinräumung bei – des Urhebers **88** 27; s. auch Beteiligung des Urhebers
Erwachsenenbildung 46 10
Erwägungsgründe, Bedeutung für Richtlinienauslegung **15** 40
Erwerberhaftung bei Nutzungsübertragung **34** 4 a, 25
Erwerbszweck bei der Gebrauchsüberlassung **27** 16; bei privilegierter öffentlicher Wiedergabe **52** 12 f.; kein – bei kostendeckendem Entgelt **27** 16; der Vervielfältigung **53** 15
Eterna E 17 20; **Vor 20** 19; **Vor 28** 90 f.; **Vor 120** 37, 123, 129
EU s. Europäisches Gemeinschaftsrecht
Euro und Folgerecht **26** 10
Euro-Banknoten und Münzen, Urheberrechtsschutz **5** 68
EURO-Paletten E vor 120 139
Europäische Harmonisierung und Urheberpersönlichkeitsrecht **Vor 12** 22 a
Europäische Konvention über urheber- und leistungsschutzrechtliche Fragen im Bereich des grenzüberschreitenden Satellitenrundfunks vom 22. 9. 1995 **Vor 120** 103 ff.; **Vor 20** 51; **87** 73
Europäische Programmaustausch-Vereinbarung vom 15. 12. 1958, **Vor 120** 112; Fernsehfilmhersteller nach der – **Vor 88** 34
Europäische Richtlinien Einl. – 47
Europäische Richtlinien und Quellenangabe **63** 4 a, 5 a, 20
Europäische Satellitensendung s. auch nichteuropäische Satellitensendung; **20 a** 1 ff.; anwendbares Recht **Vor 20** 57; **20 a** 7, 8; **Vor 120** 142; Begriff und Ort der – **20 a** 6 ff., 10 ff.; richtlinienkonforme Auslegung des § 20 a **20 a** 3; Übergangsregelung für Altverträge **20 a** 2; **137 h** 2 ff.; Vereinbarkeit des § 20 a mit der RBÜ **20 a** 5; Verhältnis der Rechte aus § 20 a und § **20** 20 19 f.; **20 a** 1; Verwertungshandlung bei der – **20 a** 12 ff.
Europäisches Abkommen zum Schutz von Fernsehsendungen vom 22. 6. 1960, **Vor 120** 100 ff.; **87** 67; Mitgliedstaaten **Vor 120** 100; Schutz im Heimatstaat und den anderen Mitgliedstaaten **Vor 120** 102; Schutz von Fernsehsendungen **Vor 120** 101; Verhältnis zum Rom-Abkommen **Vor 120** 101
Europäisches Gemeinschaftsrecht Einl. 76 ff.; Auslegung **15** 40; und Werkbegriff **2** 33, 36, 41; **15** 40; und Begriff der öffentlichen Wiedergabe **15** 40; und Begriff der Vervielfältigung **15** 40
Europäisches Übereinkommen zur Verhütung von Rundfunksendungen, die von Sendestellen außerhalb der staatlichen Hoheitsgebiete gesendet werden, vom 22. 1. 1965 s. Piratensenderabkommen
Europäisches Urheberrecht Einl. 76 ff.
Europapost E 2 34, 44, 67, 142, 145, 155, 159 f., 162, 172; **31** 17, 42; **97** 48, 50
European Public License Vor 69 a 54
Exklusiv-Interview E 97 177
Expertengremium keine Öffentlichkeit **6** 13
Explosionszeichnungen E 2 23, 26, 28, 37, 74, 200, 202, 204, 212, 217; **16** 8
Export als Verletzung des Verbreitungsrechts **Vor 120** 137 f.; Grenzbeschlagnahme bei – **111 b** 3; Vervielfältigung für den – **Vor 120** 136
Exposé, Herstellung nicht einwilligungspflichtig **23** 16; Schutz des – beim Film **2** 187; **88** 17 f.; Urheber des – als Filmurheber **Vor 88** 70; Urheber des – kein Filmurheber nach hM **Vor 88** 60

Fabel, Schutzfähigkeit **2** 53, 58, 85; **24** 4, 19
Fahndungsfoto, Vervielfältigung und Wiedergabe im Interesse der Rechtspflege und öffentlichen Sicherheit **45** 7 ff.
Fahnenbegleitzettel und Nutzungsrechtsübertragung **38** 17
Fahr'n auf der Autobahn E 2 19
Fahrlässigkeit bei Internetnutzungen **19 a** 47
Fahrnerschmuck E Vor 120 137
Fahrpläne als amtliche Werke **5** 67
Fahrradausrüstung E 5 25, 35, 63, 89
Fahrstuhlschacht E 14 20, 36, 36 a
Fairnessausgleich 32 a; Übergangsrecht **132** 12, 13, 14–19
Falco E vor 120 154
Familie Schölermann E 60/22 KUG 19, 32; **60/23 KUG** 29; **60/33–50 KUG** 5, 7, 24; **97** 123, 142
Fantasy E 2 39, 42, 74, 121 f., 124; **23** 32, 34 f.; **24** 14, 36
Farbanstrich E 14 36; **39** 27
Farina-Urkölsch E 97 202
Fash 2000 E 8 9; **69 a** 22
Faxkarte E 2 5, 24, 199; **25** 4; **69 a** 21; **97** 203; **101 a** 7 ff., 17 ff., 21, 24, 26, 33, 35, 42, 49; **102 a** 8; **Vor 120** 15, 117
Feldstecher E 103 8
Feliksas Bajoras E Vor 120 157

magere Zahlen = Randnummern

Sachverzeichnis

Felseneiland mit Sirenen E 77; **Vor 12** 1; **14** 6, 15 f., 37; **25** 2; **43** 86; **44** 1; **97** 134, 186
Ferien vom Ich E **31** 13, 38; **88** 55, 57; **97** 13, 48, 50
Feriendomizil I und II E 60/23 KUG 51 ff.
Ferienprospekt E **60/22** KUG 44 f.; 60/33–50 KUG 37
Ferienvilla in Kenia E 60/23 KUG 75
Fernmeldesatellitensendungen Vor 20 4, 59
Fernschreibverzeichnisse E **97** 189, 192
Fernsehansagerin E **60/22** KUG 53; E 60/33–50 KUG 30, 34, 40; **97** 77, 176
Fernsehauswertung E **31** 38, 92; **88** 45, 57 f.
Fernseheinzelbilder, Lichtbildschutz **72** 17, 20; Rechte an den –n **Vor 120** 102; Schutz von –n **87** 29, Schutz von -n durch das Europäische Fernseh-Abkommen **Vor 120** 102; s. auch Filmeinzelbilder
Fernsehen, wirtschaftliche Bedingungen **Vor 88** 40
Fernsehfahndung und Recht am eigenen Bild 60/24 KUG 11
Fernsehfeature als Filmwerk **95** 11; keine Zweckarbietung bei – **73** 14, 35
Fernsehfilme, Begriff **Vor 88** 21; Lizenz an – für Videoproduktion **94** 14; Rechtseinräumung bei – **88** 39 ff., 43 f.; **89** 10 ff., 16 f.; Schutzfähigkeit als Filmwerk **2** 186; Schutzrecht des Filmherstellers an – **94** 16; Unterscheidung zwischen – und Vorführfilmen **88** 2, 11, 25, 27, 34, 39 ff., 43 ff.; **89** 10, 13 f., 16 f.
Fernsehsendungen, anwendbares Recht bei – über die Grenze **Vor 120** 141 ff.; aufgezeichneter Darbietungen ausübender Künstler **78**; **92** 8; Schutz von – durch das Europäische Fernseh-Abkommen **87** 67; **Vor 120** 101; s. auch Sendeunternehmen
Fernsehverfilmung 88 27, 45
Fernsehwerbespots E **9** 6; **Vor 20** 20
Fernsehwerke, Begriff **Vor 88** 21
Fernsehwiedergabe von Sprachwerken E **6** 30; **15** 66; **16** 4; **22** 3; **96** 6, 12; **97** 64, 142, 202; **102 a** 2
Fernsprechbuch E **2** 29, 67 f., 97; **5** 67; **24** 9 f., 14 f.; **97** 16
Fernsprechverzeichnisse s. Telefonbücher
Fersenabstützvorrichtung E **97** 145, 149, 158; **102 a** 3
Festschriften als nicht periodische Sammlungen **38** 11; als Sammelwerke **4** 9, 20; **8** 6; als Werkverbindung **8** 6; Einräumung von Nutzungsrechten an Beiträgen für – **38** 4, 19
Fiete Schulze E **97** 177 ff.
Figaros Hochzeit E **16** 7; **43** 22; **Vor 73** 3 f., 19; **73** 2, 8, 11; **79** 1, 18; **74** 24, 8, 32, 38; **75** 3; **Vor 88** 55; **96** 1, 12; **104** 1; **129** 16
Figuren, s. auch Comicfiguren; Schutzfähigkeit **2** 165, 189; Schutz von – beim Film **88** 19, 22; Schutz virtueller – **2** 149, 189

Figurensammlung 59 3, **72** 32
Figurstudio E **19** 91
Fiktive Lizenz E **97** 158
Fiktive objektive Anknüpfung 32 b 10, 11, 12
Filehoster 97 107 f.
File-Sharing s. Musiktauschbörse; **19 a** 1
File Sharing 53 20, 23 f., **77** 15; **85** 17, 47; **96** 4 f.; **97** 108, 119 f.; **97 a** 34; **101** 105 ff.
Film als Film E **2** 70
Film als Kunstform **Vor 88** 1 f.; Begriff **Vor 88** 20 f.; **95** 8; Eigenart des – **Vor 88** 1; Geschichte des – im Urheberrecht **Vor 88** 4 ff.
Filmarchitekt als Filmurheber **2** 195; **Vor 88** 62, 64, 70, 72; **88** 19
Filmausschnitt
Filmausschnitt E **2** 191; **51** 41; als Laufbilder **95** 8; Filmherstellung aus –en **94** 13; Verwertung von –en **88** 53, 57; **89** 9, 15, 18, 20; **92** 15; **94** 25; **95** 8; s. auch Filmeinzelbilder
Filmausstatter als Filmurheber **vor 88** 62
Filmbauten, Schutz von – **88** 19, 21
Filmbereich, Beschäftigungsanspruch **79** 53; Tarifvertrag für Film- und Fernsehschaffende im – **43** 122 ff.; **79** 52
Filmberichterstattung, Aufhebung des Gesetzes über die Erleichterung der – **141** 8
Filmchoreograph als Filmurheber **Vor 88** 62; **88** 19
Filmchoreographie, Schutz der – **88** 19
Filmdekorateur als Filmurheber **Vor 88** 62, 70; **88** 19
Filmdekorationen, Schutz von – **88** 19, 21
Filmdrehbuchverträge 88 29
Filmeinzelbilder als Dokumente der Zeitgeschichte **91** 11; als Lichtbildwerke **2** 179; Lichtbildschutz **72** 17; Normregelung **89** 24–27; **91** 11; Rechte an -n **88** 12, 18, 49; **89** 3, 15, 20; **91** 1 ff.; **95** 8, 16; Schutzdauer der Rechte an den –n **91** 11; **94** 38; und Schutzrecht des Filmherstellers **94** 10; s. auch Fernseheinzelbilder, Standfotos
Filmfabrik Köpenick E **99** 2
Filmgrafiker als Filmurheber **Vor 88** 62
Filmhersteller E **85** 27 ff.; **87 a** 70; **Vor 88** 31; **94** 9
Filmhersteller als Inhaber verwandter Schutzrechte **91** 1, 5 ff.; **94** 19 f.; als Partei des Verfilmungsvertrags **88** 28; Amateurfilmer als – **Vor 88** 37; Begriff **Vor 88** 31 ff.; bei Auftragsproduktion **Vor 88** 33 ff.; bei Koproduktion **Vor 88** 36; idR nicht Filmurheber **Vor 88** 7 f., 47, 52 f., 55; Rechte der – bei Einblendungen **92** 7; Rechte der – bei Kabelweitersendung **20 b** 7, 21, 30; Schutz ausländischer – **94** 3; **Vor 120** 77, 95; **128** 1, 4 f.; Schutz der – als Hersteller von Laufbildern **95** 1 ff., 19; Schutz deutscher – **128** 2; Schutz gegen Entstellung und Kürzung des Filmes **94** 6; Übertragungsvermutung zugunsten des –s **92**

2469

Sachverzeichnis

halbfette Zahlen = Paragraphen

1 ff.; Vergütungsanspruch bei Kabelweitersendung **20 b** 21 ff., 30; Vermietrecht **17** 30; verwandtes Schutzrecht des -s **Vor 88** 13, 18, 22, 31, 37, 47; **94** 1 ff.; **95** 1 ff., 19; **128** 1 ff.; wettbewerbsrechtlicher Schutz **94** 39

Filmherstellung im Arbeitsverhältnis **89** 9; Rechte ausübender Künstler bei der – **92** 2; Verpflichtung zur Mitwirkung bei der – **89** 9

Filmherstellungsrecht 19 19; **Vor 28** 155 ff., s. a. Verfilmungsrecht; als ausschließliches Nutzungsrecht **88** 33; Einräumung des – **88** 2, 33 ff., 51; inhaltliche und zeitliche Beschränkung des – **88** 34; internationale Reichweite des – **88** 34; kein selbständiges Verwertungsrecht **15** 19; Rückruf des – **90** 8 ff.; Weiterübertragung oder Lizenzierung des – **90** 8 ff.

Filmidee, Schutz der – **88** 16

Filmische Verwertung E 91 1, 7; **94** 25; **95** 9

Filmkomponist als Filmurheber **Vor 88** 69 f., 72; **88** 19; als Urheber der Filmmusik **Vor 88** 64; **88** 19; kein Filmurheber nach hM **Vor 88** 60, 64; Namensnennung des – **88** 20

Filmkopien, kein besonderes Schutzrecht des Filmherstellers an – **94** 12; Verleih von – als Erscheinen **6** 36, 40 f., 44

Filmkoproduktionsverträge, Auslegung von Altverträgen **20 a** 4; **137 h** 5

Filmkostüme, Schutz von -n **88** 19, 22

Filmlizenzhändler Vor 28 147

Filmmaler als Filmurheber **Vor 88** 62

Filmmanuskriptverträge 88 29

Filmmusik E Vor 28 170; **Vor 44 a** 35; **97** 144, 156 f., 161 f.; **WahrnG 11** 5 f.; **13** 7

Filmmusik, Rechtseinräumung an der – **88** 13, 20, 32 ff.; **89** 2, 6; Schutz der – **2** 190, 194; **88** 20; und Vorführungsrecht **19** 38, 43; Verhältnis von Film und – **Vor 88** 6, 60, 64, 69 f.; **89** 19; Wahrnehmung des Wiedergaberechts durch die GEMA **19** 45; Wiedergabe durch Tonträger **21** 5

Filmmusikverträge 88 29, 39, 47

Filmnegativ und Schutzrecht des Filmherstellers **94** 12

Filmproduktion, wirtschaftliche Bedingungen **Vor 88** 39 f.; kein Anspruch juristischer Personen auf Namensnennung bei – **13** 1

Filmproduktionsvertrag, Auslegung **E Vor 28** 107 f.

Filmrecht Vor 88 1 ff.; Anwendung auf Videospiele **Vor 88** 44; Auslegungsregeln im – **Vor 88** 9 f.; **88** 2, 4, 9, 11; **89** 1 ff.; Beweisfragen im – **88** 59; Geschichte des -s **Vor 88** 7 f.; internationaler Anwendungsbereich des – **Vor 88** 51; keine Anwendung des – auf Tonbildschauen **Vor 88** 45; Kritik, Auslegung und Anwendungsbereich des -s **Vor 88** 38 ff.; Regelungsinhalt des besonderen -s **Vor 88** 10 ff.; Systematik des -s **Vor 88** 3; Übergangsrecht **Vor 88** 47 ff.; **89** 3, 11; **94** 37; **132** 3; und

Urhebervertragsrecht **Vor 88** 8, 10, 12, 38, 41, 50, 57; **88** 2 a–c; **90** 2 a–c; **91** 1; und Verfassung **Vor 88** 41, 67; **89** 10; Zielsetzung **Vor 88** 9; Zweckübertragungsprinzip im – **88** 3 ff., 9 ff., 24 ff., 39, 43 ff., 47; **89** 3, 10 f.

Filmregisseur als ausübender Künstler **73** 33 f., 38; als Bearbeiter des verfilmten Werkes **3** 18, 25; als Filmurheber **2** 195; **3** 18, 22, 35; **Vor 88** 61, 70, 72; Identität von – und Drehbuchautor **89** 8; Identität von – und Schauspieler **89** 8; **92** 5; Rechtseinräumung durch den **89** 1, 7 f., 20

Filmregisseur E 2 191; **73** 4, 14, 37 ff.; **88** 22; **95** 11

Filmschaffende, auf Verträge mit – anwendbares Recht **Vor 120** 158

Filmschauspieler und Begriff der Künstlergruppe **93** 4 c

Filmschauspieler, Identität von – und Filmregisseur **89** 8; **92** 5; idR nicht Filmurheber **Vor 88** 54 ff.; Rechte der – am Film **Vor 88** 54 ff.; Rechtseinräumung durch – **89** 6, 8; kein ausübender Künstler **73** 38

Filmstoff, Miturheberschaft am – **88** 16

Filmszenengestaltung, Rechtseinräumung an der – **89** 6; Urheberrecht am Filmwerk durch – **Vor 88** 62, 71

Filmträger, Abgrenzung zum Film **2** 186; Begriff **Vor 88** 22; **94** 12; und Schutzrecht des Filmherstellers **94** 7, 9, 12

Filmung, Begriff **Vor 88** 24

Filmurheber Vor 88 7 f., 16, 48, 52 ff.; **88** 18 ff.; **89** 1, 6 ff.; **94** 3; im internationalen Urheberrecht **Vor 120** 158; **134** 4; Verträge mit -n **Vor 28** 164 f.

Filmverleih E Vor 28 166; **44** 15

Filmverträge Vor 28 155 ff.

Filmverwertungsrechte Vor 28 157 ff., 166; **88** 31; auf internationale – anwendbares Recht **Vor 120** 158, 161, 168; Ausübungspflicht **31** 27; und Neuregelung der europäischen Satellitensendung **137 h** 2, 4; Reichweite der Übertragungsvermutung zugunsten des Filmherstellers – **92** 15; Rückruf der – **90** 6, 8 ff., 14; Weiterübertragung oder Lizenzierung der – **90** 8 ff., 14; s. auch Nutzungsrechte

Filmvorführung, keine Vorführungsfreiheit für öffentliche – **52** 46, 49; Recht zur öffentlichen – **19** 36 ff.; Vertrag über – **Vor 28** 167 f.; – zu Testzwecken als Veröffentlichung **6** 13

Filmvorführungsrecht bei Werken der Musik **19** 38, 43; **Vor 28** 160 f.; und Leihvertrag bzgl. der Filmkopie **44** 15

Filmwerke 2 185 ff.; Abgrenzung von – und Laufbildern **2** 188 f., 191 ff.; **Vor 88** 20; **95** 8; als Bearbeitungen des Drehbuchs **Vor 88** 64; als vorbestehende Werke für andere – **88** 14; Altverträge und europäische Satellitensendung **137 h** 2, 4; amtliche – **5** 9, 22, 34, 59, 72;

2470

magere Zahlen = Randnummern   **Sachverzeichnis**

Vor 88 16; Anwendung des § 89 nur auf – **89** 5; Begriff **2** 186, **Vor 88** 20 f.; Entstellungsschutz **93** 1, 8 ff.; Erscheinen von – **6** 36, 40 f., 44; **Vor 88** 16; Exposé, Treatment und Drehbuch als Entwürfe für – **88** 18; Inhalt des Urheberrechts an – **Vor 88** 16; kein Vorführungsrecht an zur Herstellung von -n benutzten Werken wie Roman, Musik oder Drehbuch **19** 37 f.; Kleinzitat bei -n **51** 41; Miturheberschaft bei – **Vor 88** 64 f., 69 f.; **88** 18 f.; Privilegierung **52 a** 17; Übertragungsvermutung zugunsten des Filmherstellers bei -n **92** 9; Rechtsnachfolge bei -n **Vor 88** 17; **90** 4 f., 8 ff., 14; Schutz von -n in der RBÜ **Vor 88** 72; **94** 3; **Vor 120** 46 ff., 48; Schutzdauer von -n **64** 19, 25 f.; **65** 4 ff.; **Vor 88** 7 f., 17; **Vor 120** 48; **140** 3 ff.; Schutzvoraussetzungen für – **2** 191 ff.; **Vor 88** 16; Staatsangehörigkeit bei -n **120** 12; Übersetzung, Bearbeitung und Umgestaltung von -n **88** 50 ff.; und Gegenstand des Schutzrechts des Filmherstellers **94** 10; Urheberschaft bei -n **2** 194 f.; **Vor 88** 7 f., 16, 48, 52 f.; **88** 18 f.; **89** 1, 6 ff.; **134** 4; Veröffentlichung von -n **6** 13; **Vor 88** 16; Verwertung von Ausschnitten **88** 53; Videoclips als – **92** 10; **95** 9; Wahrnehmung der Rechte bei Vorführung von -n **19** 45
Filmzeichner als Filmurheber **Vor 88** 62, 72; **88** 19
Filmzitat E 2 190 f.; **Vor 44 a** 21; **51** 6, 8, 16, 20, 23, 41, 45; **97** 39, 41; analoge Anwendung des § 51 Nr. 2 **51** 41
Firmenlogeo E 132 15
Firmenrufnummer E 101 27
Firmware, Schutz als Computerprogramm **69 a** 4
Fixtures Fußballpläne I E 87 a 14, 29, 46, 49 f., 52 ff.
Fixtures Fußballpläne II E 87 a 6, 14 f., 20, 22, 29, 31, 40, 44, 49 f, 52 ff., 56
Flachmembranlautsprecher E 16 11; **17** 59 f.
Flava-Erdgold E Vor 120 131, 170
Fliegender Gerichtsstand II E 105 8
Flüchtige Vervielfältigungen 44 a 5, **69 c** 7; s. auch Zwischenspeicherungen
Flüchtlinge, Schutz ausländischer – **Vor 120** 4, 9; **123** 1 ff.; **124** 2; **125** 2, 17; **126** 12; **128** 6; Schutz von -n deutscher Volkszugehörigkeit **120** 16
Flughafenpläne E 2 51, 157, 199 f., 205; **97** 15
Flugkostenminimierung E Vor 69 a 9
Flugpläne E 2 203, 209
Flußdiagramm, Schutz als Computerprogramm **69 a** 5
Focus TV E 17 26
Folgerecht ausländischer Künstler E 26 38, 47, 50; **28** 10; **121** 18; **WahrnG 6** 9

Folgerecht bei Auslandsbezug E Vor 20 52, 61; **26** 3 f., 30; **Vor 120** 120, 123 ff., 129, 138; 146
Folgerecht Einl. 27 f., 31, 33; **26** 1 ff.; Anerkennung im Ausland **121** 20; und angemessene Beteiligung **26** 6; anwendbares Recht **Vor 120** 146; ausländischer Urheber **26** 52; **Vor 120** 5, 49; **121** 2, 14 ff.; und Euro **26** 10; Harmonisierung **E Einl.** 76; **26** 10, 53, 54; **121** 15, 20; des Rechtsinhabers nach § 71 **71** 3 f., 12; **121** 15; kein Folgerecht des Lichtbildners **72** 24; Schutz durch die RBÜ und TRIPS **vor 120** 49; **121** 18 f.
Folgerechts-Richtlinie (= RL 2001/84/EG) **26** 4, 7 ff. 19, 21 f., 28, 30 f., 33, 36 ff., 42, 44 ff., 50
Folklore, Ausdrucksformen **73** 1, 11
Ford-Memoiren E 97 44
Form internationaler Urheberrechtsverträge **Vor 120** 169; s. auch Schriftform
Form und Inhalt, Kontroverse um Gegenstand des Urheberschutzes **2** 54 ff.
Formatschutz für Fernsehsendungen **88** 16; Fernseh-Show-Formaten **2** 187
Formelemente, Stil, Technik, freie Benutzung **24** 21; im Bereich der bildenden Künste **2** 148; keine Schutzfähigkeit von -n **2** 49
Formelle Schutzvoraussetzungen für choreographische und pantomimische Werke im Übergangsrecht **129** 13; nach dem Genfer Tonträger-Abkommen **Vor 120** 94; nach dem WUA **Vor 120** 63
Formfreiheit des Urheberrechtsschutzes **2** 8 ff., 20 f.; **66** 1; des Schutzes nach der RBÜ **Vor 120** 47; von Verträgen über Nutzungsrechte **Vor 28** 52 f., 103
Formulare E 2 98; **5** 93
Formulare, Schutzfähigkeit **2** 17, 98, 209
Formularverträge Vor 28 23 ff., 28; im Pressebereich **43** 104 ff., 110 ff.; im Softwarebereich **69 d** 7; Inhaltskontrolle **Vor 28** 30 ff., 39 ff.
Formulierungshilfe zum Urhebervertragsgesetz **Vor 28** 10
Forschung und Unterricht, Zugänglichmachung für – **52 a**
Forschung, wissenschaftliche 52 a 11
Forschungseinrichtungen Betreiberabgabe **54 c** 7
Forschungsfilme als Filmwerke oder Laufbilder **95** 11
Forschungsteam, Öffentlichkeit **52 a** 4, 11, 12
Forsthaus Falkenau E 2 45, 51; **88** 16, 18
Fortsetzung, als Bearbeitung **3** 12; **23** 14; erfolgreicher Werke **24** 24 ff.; Erscheinen in – **6** 45; in – erscheinende Werke als Lieferungswerke **67** 4, 8; und freie Benutzung **24** 24 ff.; Veröffentlichung in – **6** 21; von Filmwerken **88** 14

2471

Sachverzeichnis

halbfette Zahlen = Paragraphen

Fortsetzungswerke, Begriff **24** 24; keine freie Benutzung **24** 24 ff.; keine Sammlung iSd. § 38 **38** 9; s. auch Lieferungswerke
Foto der Freundin E 60/22 KUG 19; 60/23 KUG 32, 113,
Foto nur leihweise E 44 17
Fotodateien E 10 8; **72** 33
Foto-Entnahme E 51 45; **97** 158
Fotografien s. auch Lichtbilder; als Bildnisse **60** 12, 26; **60/22** KUG 5, 35; als Darstellungen wissenschaftlicher oder technischer Art **2** 198, 210; Rückgabepflicht bzgl. Originalen **Vor 28** 135; **44** 17
Fotografieren eines Demonstrationszuges E 60/23 KUG 93 f.; 60/24 KUG 4, 9
Fotografieren polizeilicher Einsätze E 60/23 KUG 96, 98
Fotokopie E 16 9, 11; **53** 5; **86** 2; **97** 142; als Vervielfältigung **16** 6; kein Lichtbild iSd. § 72 **72** 23
Fotomechanischer Nachdruck amtlicher Werke **5** 93
Fotomodell E 60/22 KUG 50 f.; 60/33–50 KUG 25
Fotomodell für FKK-Reisen E 60/22 KUG 50
Fotoregister, Arbeitnehmereigenschaft E **43** 13
Fotos auf CD-ROM E 31 96
Fototapeten E 124 3
Foto.uk E vor 120 172
Fotovertragsrecht Vor 28 136 f
Fragensammlung E 2 26, 28, 30, 38, 49, 51, 57, 62, 87, 106; **3** 25 f.; **4** 13
Frames E 87 a 11, 43, 51, 54, 70; **87 b** 36
Framing 15 27; **16** 24; **19 a** 46; **87 b** 35 ff.
Frank Sinatra E 85 70; **Vor 120** 94, 95, 129; **126** 9; **137 e** 2; **137 f** 3 a
Franz Hessel E Vor 28 102
Franz Josef Strauß E 60/23 KUG 13
Freeware, s. Public-Domain-Software
Freiburger Anthologie E (BGH) 4 11
Freiburger Anthologie E (LG MA) 4 11; 87 a 9
Freiburger Holbein-Pferd E 14 10; **62** 16, 27
Freie Benutzung bei Übertragung in andere Kunstform **24** 23; einer Idee **24** 19; Maßstab für – **24** 14, 17 f.; Schaffung eines selbständigen eigenschöpferischen Werkes **24** 8 ff.; und Leistungsschutz **24** 22; und Melodienschutz **24** 32 ff.; und Parodie **24** 27 ff.; und Zitat **51** 27; von Computerprogrammen **69 c** 14 f.; von Gemeingut **24** 3 ff.; von geschützten Werken **24** 8 ff.; von Lichtbildern **72** 30; wissenschaftlicher und technischer Lehren und Theorien **24** 5, 20
Freie Berufe keine Betreiberabgabe **54 c** 5
Freie Mitarbeiter als Arbeitnehmer **43** 16 f.

Freier Warenverkehr in der EG, gemeinschaftsrechtliche Erschöpfung **15** 38; **17** 43; **Vor 20** 15; und Urheberrecht **Einl.** 79 ff.
Freigabedokumente E 88 7
Freischwinger E 2 27; **97** 198, 200
Freiwillige Selbstkontrolle bei Filmen **39** 16
Fremdenrecht im internationalen Vertragrecht **32 b** 24–35
Fremdenverkehrsbroschüre E 31 47
Friedhofsmauer E 2 51
Friesenhaus E 59 3
Frischzellenkosmetik E 60/22 KUG 55; **97** 47
Frosch mit der Maske, Dr. Mabuse und Winnetou E 31 66; **132** 3; **1371** 23
Funksendung s. auch Sendeunternehmen; als Schutzgegenstand des Leistungsschutzes **87** 22 ff.; **108** 8; als Sendevorgang **87** 19 ff.; als Verwertungshandlung **20** 3 ff.; an die Öffentlichkeit **20** 8 ff.; **87** 15; Anspruch des ausübenden Künstlers auf angemessene Vergütung für Zweitverwertung der – **78**; Verwertungsrecht des ausübenden Künstlers **78**; mittels Drahtfunk **20** 23 ff.; Recht der Zweitwiedergabe von -en **22** 4 ff.; Sendevorgang als Zugänglichmachen **20** 10 ff.; strafrechtlicher Schutz **108** 8; über Satelliten **20** 19 ff.; **20 a** 1 ff.; Verwertungsverbot für rechtswidrig hergestellte – **Vor 20** 65; **96** 2, 6; **Vor 97** 2
Furniergitter E 97 190
Fußballspieler E 60/22 KUG 23; 60/23 KUG 4, 19, 29, 68, 106, 109; **83** 30; **97** 145
Fußballtor E 60/22 KUG 16 f., 19, 22 ff.; 60/23 KUG 29; 60/33–50 KUG 10, 14, 16, 20, 23, 39; **97** 68, 145
Fußböden, Bauwerkschutz E 2 153
Galerist, Rechtsstellung **Vor 28** 126 ff.
Game Boy E (OGH) 95 12; **128** 5
Garderobengebühr als Entgelt für Veranstaltung **52** 17
Gartenanlage E 14 2
Gartengestaltung E 14 25, 36 a
Gartengestaltungen Schutzfähigkeit **2** 147, 152
Gartentor E 59 7; **63** 13, 15, 17, 20 ff.; **97** 184
Garth Brooks E 85 27; E **126** 8, 10
Gasparone I E 2 51; **3** 15, 19; **88** 15 f.; **97** 16, 67, 145, 168 f.,
Gasparone II E 97 158; **102** 1, 3
Gastwirt E 97 64
Gaudeamus igitur E 2 39, 67, 124; **3** 11, 14, 27 ff.
Gaunerroman E 2 22; **40** 13
Gebrauchsanweisungen, Schutzfähigkeit **2** 93
Gebrauchsgegenstände und Folgerecht **26** 24
Gebrauchsgrafik für Werbezwecke E 31 84; **44** 6, 16

magere Zahlen = Randnummern

Sachverzeichnis

Gebrauchsgraphik 2 158, 176; Recht auf Urheberbenennung 13 19
Gebrauchtsoftware 19 a 6
Gebührendifferenz II E (EuGH) Einl. 81 f., 84; 17 43; 85 44
Gebührendifferenz III E (BGH) 17 42
Gebührendifferenz IV E (BGH) 17 16; Vor 120 137
Gebührensätze für Anwälte 25 WahrnG 1
Gebühren- und Honorarordnungen der freien Berufe 36 20
Gebundene Übertragung des Urheberpersönlichkeitsrechts Vor 12 26 a
Gedichte, Schutzfähigkeit 2 46, 82
Gedichttitelliste I 4 9, 17, 22, 32, 34, 37 f., 40, 44 f.; 7 8; 87 a 74
Gedichttitellsite II 87 b 13, 15
Gefälligkeit E 99 3
Gefangenenbetreuung, genehmigungs- u. vergütungsfreie Veranstaltungen 52 24 ff.
Gefärbte Jeans E 103 4, 8
Geffroy E Einl. 81
Geflügelte Melodien E 97 153, 158
„Gefunkter Film" in älteren Verfilmungsverträgen 88 45
Gegenseitigkeit, Schutz bei Gewährleistung der – Vor 120 4 f.; 121 2, 13, 16, 19; 125 16; 126 11; 127 7; 127 a 6; 128 5
Gegenseitigkeitsabkommen als Voraussetzung der Zwangslizenz für ausländische Tonträgerhersteller 42 a 12
Gegenseitigkeitsverträge der Verwertungsgesellschaften Vor 1 WahrnG 15
Geheimhaltungsinteresse und Besichtigungsanspruch I u. II E 101 a 36
Geistchristentum E 51 6, 16 f., 19, 23, 37, 44 f.; 97 39
Geistig-ästhetische Anordnung einer Datenbank 87 a 21
Geistiges Eigentum, Urheberrecht als – Einl. 8, 10; 15 7; 64 1
Gelbe Seiten E 2 26, 29, 47, 97; 87 a 29 f.
Geld-zurück-Garantie E 97 128
Geltungsbereich des UrhG Vor 120 2
GELU E Vor 28 70, 100; 29 28; WahrnG 6 4; 7 6
GEMA/Filmrechte E Vor 28 70
GEMA-Berechtigungsvertrag 19 27 ff.; Vor 20 20; 21 2; 22 2; 88 30; und Senderecht Vor 20 20 ff.; Werbespots Vor 20 20
Gemälde als Bildnis 60 18
Gemäldewand E 24 14
GEMA-Vermutung I E Vor 28 33, 69, 170, 31 85; 31 a 21, 26, 30 f. Vor 44 a 31; 88 5, 7, 30, 40; 97 59, 162, 189, 192; 132 3; WahrnG 6 5; 13 b 3, 6 f.
GEMA-Vermutung II E Vor 28 170; 31 29; Vor 44 a 31; 97 59, 162, 189, 192; WahrnG 13 b 2 f., 6 f.

GEMA-Vermutung III E 97 12, 61, 161
GEMA-Vermutung IV E Vor 28 69; 31 a 22, 24, 26, 31; 88 7, 30, 40; 97 59, 161 f.; Vor 120 129, 150; 132 3; 1371 24; WahrnG 6 5, 9; 13 b 3
GEMA-Vermutung und Strafantragsberechtigung 109 9
GEMA–Wertungsverfahren E WahrnG 6 13; 7 1 ff.; 11 3; 18 5; 30 1, 5, 6, 9
Gemeinde- oder Volksgesang als öffentliche Aufführung 52 40 ff.; keine Vergütungspflicht 52 44
Gemeindegesang keine persönliche Darbietung 19 15; 52 42 ff.
Gemeinfreie Werke Bearbeitung von – 3 11; Verlagsverträge über – Vor 28 109 f.
Gemeinfreiheit, Begriff 24 4; 64 5; Wirkungen 64 5 ff.
Gemeingut, Gedanken und Lehren als – 2 59, 62 ff.; Verwendung von – 2 29, 43, 51; 23 28; 24 3 ff.; 64 5; Zitierfreiheit 51 7
Gemeinkostenanteil E 97 145, 163, 166, 167, 170 ff, 175; 102 a 4
Gemeinsame Darbietung ausübender Künstler 80; actio pro socio 80 7; Gesamthand 80 4–6; Gesetzeszweck 80 2; Künstlerpersönlichkeit 80 5, Verteilung der Erträge 80 8; Vertretung 80 10 ff.; Verzicht 80 9
Gemeinsame Vergütungsregeln Vor 28 5 f, 29; 32 24, 28; 36; 36 a; Anforderungen an Vereinigungen 36 39; Annahme 36 91; Aufstellung gemeinsamer Vergütungsregelungen 36 44 ff.; Berücksichtigung der Umstände 36 65; Beteiligte Parteien 36 48 ff.; Bisherige Erfahrungen 36 93 ff.; Dauer und Beendigung 36 67, 68; EG-Kartellrecht 36 27, 28; Einigungsvorschlag 36 86 ff.; Entstehungsgeschichte 36 2 ff., 7 ff., 30 ff.; Ermächtigung 36 58, 59; Ermittlung der Vergütung nach der Regel 36 16, 69; Fürsorgepflicht 36 23; Gebühren- und Honorarordnungen der freien Berufe 36 20; Gegenstand 36 63 ff.; Geltung für Arbeitnehmer und Bedienstet 36 71; Grundgedanken 36 1–6; Inbezugnahme 36 21, 22; Kartellrechtliche Beurteilung 36 26–28; keine AGB-Kontrolle 36 89; keine normative Wirkung 36 29; konkurrierende Regeln 36 55, 70; nicht angenommene Einigungsvorschläge als Indiz 36 35, 46, 92; 32 24; Prüfung der Voraussetzungen 36 61, 62; Repräsentativität der Vereinigungen 36 52 ff.; Schlichtungsstelle 36 38, 80; 36 a Schlichtungsverfahren 36 33 ff., 74 ff.; 36 a 2; Schutz des Schwächeren 36 26; Selbstregulierungsmodell 36 19; Sozial- und Kulturstaatsvertrag 36 23
Gemeinsames Heimatrecht, keine Anwendung bei Rechtsverletzungen Vor 120 134

2473

Sachverzeichnis

halbfette Zahlen = Paragraphen

Gemeinschaftsantenne Altdorf E (Schweiz-BG) **Vor 20** 39; **20** 29, 31, 34, 39
Gemeinschaftsantenne Feldkirch E (OGH) **20** 29, 31, 34
Gemeinschaftsantennenanlagen Vor 20 5; **20** 35; Reformüberlegungen **20** 35
Gemeinschaftsgeschmacksmuster Einl. 47
Gemeinschaftsproduktion von Filmen, Europäisches Übereinkommen **Vor 120** 112
Gemeinschaftsvorschrift Auslegung **15** 40
Gemeinschaftsweite Erschöpfung Einl. 82; **15** 38; **17** 43, 64
Genehmigung als Rechtfertigungsgrund **97** 32 f.
General Public License Vor 69 a 26, 33 ff., und Arbeitsverhältnisse **Vor 69 a** 50; und Compiler und Editoren **Vor 69 a** 47; u. Einsatz von DRM-Systemen **Vor 69 a** 50; Gewährleistungs- und Haftungsausschlüsse **Vor 69 a** 51 ff.; und Kartellrecht **Vor 69 a** 52; und Softwar-Libraries im Wege des Dynamic Linking **Vor 69 a** 46; Versionen **Vor 69 a** 34 f., s. auch Open Source Software
Genfer Tonträger-Abkommen vom 29. 10. 1971, **85** 1, 27, 43, 71, 73; **Vor 120** 92 ff.; **126** 10; formelle Schutzvoraussetzungen **Vor 120** 94; Gegenseitigkeit des Schutzes **Vor 120** 95; gesetzliche Vergütungsansprüche **Vor 120** 95; Inhalt des Schutzes **Vor 120** 94 f.; kein Schutz von Filmen **Vor 120** 94; Mitgliedstaaten **Vor 120** 93; Rückwirkung **Vor 120** 95; Schutzdauer **Vor 120** 94; Schutz der Tonträgerhersteller **Vor 120** 94; Schutz gegen Einfuhr **Vor 120** 94 f.; und Förmlichkeiten **Vor 120** 94
Genoveva E Vor 28 126
Geoblocking, Geolocation, Geosperren, Geotargeting, 15 68; **Vor 120** 145; **137 I** 39
Geräteabgabe s. auch Betreiberabgabe, Speichermedienabgabe; Anspruchsberechtigte **54** 23 f.; Anspruchsgegner **54** 25 f.; Anspruchshöhe **54 a** 4 ff.; Auskunftspflicht **54 f** 2 ff.; für ausübende Künstler **83** 7; Gesamtverträge **54 a** 1; Großgeräte **54 c** 5 ff.; Haftung des Händlers **54 b** 5 f.; des Importeurs **54** 25; **54 b** 2 ff.; Hersteller bei – **54** 26; Hinweispflicht in Rechnungen **54 d** 1 f.; Import-Meldepflicht **54 e** 1 ff.; Kontrollbesuchsrecht zur Durchsetzung **54 g** 1 f.; **54 h** 2; Verdoppelung des Vergütungssatzes **54 e** 4; **54 f** 10 ff.; vergütungspflichtige Geräte neue Rechtslage **54** 8 ff.; alte Rechtslage **54** 8, 16 ff.; Verwertungsgesellschaftspflichtigkeit **54 h** 1 ff.; Wegfall der Vergütungspflicht bei Ausfuhr **54** 27 ff.; Wegfall der Vergütungspflicht des Händlers bei Gesamtvertragsbindung **54 b** 7 f., bei Mitteilung **54 b** 7, 9 f. Zeitpunkt für Anwendung altes und neues Recht **54** 3
Gerätekette E 54 8

Gerhard Schröder E 39 10, 12, 14 f., 24
Gerichte, genehmigungsfreie Benutzung durch – **45** 3 ff.
Gerichtsentscheidungen s. Entscheidungen
Gerichtsstand 97 210; ausschließlicher – bei Rechtsstreitigkeiten über Gesamtverträge **16 WahrnG** 6 ff.; bei Klagen einer Verwertungsgesellschaft **17 WahrnG** 1 ff.; bei Rechtsstreit mit Verwertungsgesellschaft **97** 210; **105** 9; **17 WahrnG** 1 ff.; bei Zwangslizenz zur Tonträgerherstellung **42 a** 20; besondere funktionale Zuordnung in § **105** 5; der unerlaubten Handlung bei Eingriff in das Recht am eigenen Bild **60/33–50 KUG** 24; im internationalen Vertragsrecht **32 b** 35; internationaler – **105** 6; örtlicher – **105** 5, 7; örtlicher – bei Zwangslizenz **61** 20; sachlicher – **104** 1 f.; Spezialzuständigkeit für Urheberrechtsstreitsachen **105** 1 ff., 3
Gerichtsvollzieher, Vernichtung durch – **98** 25, 27; **112** 21
Germania 3 E Vor 44 a 7; **51** 8, 17; **64** 2; **97** 44
Gesamtausgaben Schutzfähigkeit als Sammelwerk **4** 8 f.
Gesamtdarstellung rheumatischer Krankheiten E 31 33, 57, 59, 63
Gesamthandsgemeinschaft der Miturheber 8 10 ff.; Unübertragbarkeit der Anteile **8** 12; **29** 14 f.
Gesamtkompositionen der Filmmusik **88** 20
Gesamtkunstwerke, Filmwerke als – **Vor 88** 65
Gesamtprogramme als Sammelwerk **4** 18; **87** 61; Schutzfähigkeit **2** 105
Gesamtschuldnerische Haftung 97 67; bei Weiterübertragung von Nutzungsrechten **34** 25; **90** 5
Gesamtvertrag privater Rundfunk E 86 14
Gesamtverträge der Verwertungsgesellschaften, angemessene Bedingungen der – **12 WahrnG** 9; Begriff **12 WahrnG** 3; im Bereich des Senderechts **Vor 20** 20, 25; Rechtsnatur und Bindungswirkung **12 WahrnG** 5 ff.; Rechtsweg bei Streitigkeiten über – **16 WahrnG** 6; Streitfälle über – **14 c WahrnG** 1 ff.; Tarifwirkung **12 WahrnG** 15; **13 WahrnG** 3; über die Betreiberabgabe **54 c** 13 ff.; über elektronische Leseplätze **52 b** 14; über Geräte und Speichermedienabgabe **54 b** 7 f.; **54 a** 1; **54 h** 4; über Kopienversandabgabe **53 a** 25; und Kartellrecht **14 c WahrnG** 6; Verpflichtung zum Abschluß von – **12 WahrnG** 1; Wegfall der Vergütungspflicht des Händlers bei bestehenden – **54 b** 7 f.
Gesangbuch 46 11
Geschäftsbetriebe, Begriff **56** 4; Demonstration und Reparatur von Geräten in -n **56** 5 ff.; Löschungspflicht **56** 10; Quellenangabe **63** 11 f.; Verträge mit Verwertungsgesellschaften

magere Zahlen = Randnummern

Sachverzeichnis

56 11; Vervielfältigung und öffentliche Wiedergabe durch – **56** 1 ff.
Geschäftsbücher s. Einsicht in die –
Geschäftsfähigkeit des Urhebers **7** 5
Geschäftsführung ohne Auftrag, Geschäftsanmaßung, Ansprüche bei Urheber- und Leistungsschutzrechtsverletzung **97** 135, 203; **97 a** 2, 27, 30; **102** 1; **102 a** 4
Geschäftsgrundlage im Urhebervertragsrecht **31** 47 ff.; und Wiedervereinigung **Vor 20** 19; Wegfall der – bei älteren Urheberrechtsverträgen **132** 9; und weitere Beteiligung **32 a** 6, 10
Geschäftskarten E 138 11
Geschäftsräume des Auskunftspflichtigen Kontrollbesuchsrecht **54 f** 9; **54 g**
Geschichte des Urheberrechts **Einl.** 88 ff.
Geschichtsbuch für Realschulen E 8 11; **25** 8, 10, 17
Geschlossene Veranstaltung als Öffentlichkeit **6** 13; **15** 75 f.
Geschmacksmusterrecht, Reform Einl. 40, 47
Geschmacksmusterreform und Schutz der bildenden Kunst **2** 34, 159
Geschmacksmusterschutz Einl. 40, 47; bei Werken der angewandten Kunst **2** 159
Geschwärzte Worte E 60/22 KUG 9, 63; **60/23 KUG** 17, 122
Gesellschaft für musikalische Aufführungs- und mechanische Vervielfältigungsrechte (GEMA) Mitgliedschaft von Textdichtern **19** 27; Wahrnehmung des Aufführungsrechts **19** 27 ff., 45; Wahrnehmung von Senderechten **Vor 20** 21 f.; **Vor 1 WahrnG** 2, 4, 14; Wahrnehmung des Rechts zur Vorführung der Filmmusik **19** 38, 43
Gesellschaft zur Pflege der Kirchenmusik E 52 17
Gesellschaft zur Übernahme und Wahrnehmung von Filmaufführungsrechten (GÜFA) Vor 1 WahrnG 14
Gesellschaft zur Verwertung von Leistungsschutzrechten (GVL) Vor 73 23 ff.; **vor 1 WahrnG** 14; Inkasso auch durch andere VG **Vor 73** 25; kartellrechtliche Beurteilung **Vor 73** 26; Nutzungsbedingungen für Webcasting **78** 4 a; Pauschalvergütung; **73** 4; **76** 17; Tonträger-Senderverträge **76** 17; Verteilungsplan **Vor 73** 23; Wahrnehmungsvertrag **Vor 73** 24; **76** 16; Zweitverwertungsrechte **Vor 73** 23; **86** 13
Gesellschaft zur Wahrnehmung von Film- und Fernsehrechten (GWFF) Vor 1 WahrnG 14
Gesellschaftsrechtliche Änderungen als Übertragung **34** 5, 20, 20 c
Gesellschaftstänze als überliefertes Kulturgut nicht schutzfähig **2** 131

Gesellschaftsvertrag E 2 113; zwischen Künstlern **Vor 28** 182; zwischen Künstler und Verleger **Vor 28** 182
Gesetz betreffend das Urheberrecht an Werken der bildenden Künste und der Photographie (KUG) vom 9. Januar 1907 **Einl.** 113 f.
Gesetz betreffend das Urheberrecht an Werken der Literatur und der Tonkunst (LUG) vom 19. Juni 1901 **Einl.** 113 f.
Gesetz gegen Wettbewerbsbeschränkungen (GWB) Einl. 59 ff.; **24 WahrnG/30 GWB** 1 ff.; s. auch Kartellrecht, Preisbindung für Verlagserzeugnisse
Gesetz über das Verlagsrecht (VerlG) vom 19. Juni 1901 **Einl.** 113
Gesetz zur Regelung der Preisbindung bei Verlagserzeugnissen Einl. 75
Gesetz zur Regelung des Urheberrechts in der Informationsgesellschaft Einl. 77 f.; **53** 9, 33
Gesetz zur Sicherung der nationalen Buchpreisbindung Einl. 75
Gesetz zur Stärkung der vertraglichen Stellung von Urhebern und ausübenden Künstlern Einl. 13; **Vor 28** 7; **28** 6 ff.; s. a. Urhebervertragsgesetz
Gesetz zur Verbesserung der Durchsetzung von Rechten des geistigen Eigentums 54 f 1; **74** 39; **87** 9 c; **Vor 97** 8 f.; **97** 1 f., 146, 209; **97 a** 1; **98** 1, 3 f., 8, 11; **100** 1; **102** 1 s. auch Enforcement-Richtlinie
Gesetze als amtliche Werke **5** 8, 24, 41 f.; Übersetzungen von –n **5** 94
Gesetzentwürfe als amtliche Werke **5** 35; private – **5** 42, 62, 68, 73
Gesetzessammlung E 4 16, 28 f., 27; **38** 15
Gesetzessammlungen als amtliche Werke **5** 94; als Sammelwerke **4** 16
Gesetzliche Lizenz als Einschränkung des Urheberrechts **Vor 44 a** 6, 23; Anwendbarkeit der allgemeinen Bestimmungen des BGB **Vor 44 a** 23, 25, 27 f., 30 ff.; Auskunftsanspruch **Vor 44 a** 31 f.; Begriff **Vor 28** 185; **54** 1; Benachrichtigungspflicht **Vor 44 a** 33 f.; Fälligkeit der Vergütungsansprüche **Vor 44 a** 27, 30; Höhe der Vergütung **Vor 44 a** 29; Notwendigkeit **Vor 44 a** 15; Schadensersatzanspruch aus positiver Vertragsverletzung **Vor 44 a** 35; Schulbuch-Paragraph **46** 1 ff.; Übertragbarkeit **Vor 44 a** 25; und gesetzliches Schuldverhältnis **Vor 44 a** 23, und Vergütungsanspruch **Vor 44 a** 11, 23 ff.; **46** 3; Vorbehalt der Rechte und – **49** 13
Gesetzliche Vergütungsansprüche s. a. Vergütungsansprüche; Abtretungs- und Verzichtsverbot **63 a**; beim Film **88** 36 g, 49; **89** 19; bei unbekannten Nutzungsarten **32 c** 7 ff., 34; Verhältnis zum vertraglichen – **32 c** 34; Ver-

2475

Sachverzeichnis

halbfette Zahlen = Paragraphen

hältnis zu den Verwertungsrechten **15** 5; Haftung des Dritten bei – **32 c** 35
Gesetzliche Vermutung 20 b 12, 19
Gesetzliche Vermutung I E WahrnG 13 b 4, 7 ff.
Gesetzliche Vermutung II E 27 21; **WahrnG 13 b** 4, 7 ff.
Gesicherte Spuren E 43 40, 55; **72** 36
Gestaltungsfreiheit und Integritätsschutz **14** 29 a
Gestaltungshöhe als Grad der schöpferischen Eigenart **2** 24 ff.; als Kriterium der Interessenabwägung beim Entstellungsschutz **14** 31; Aufgabe der – als Schutzvoraussetzung **Einl.** 6
Gesundheitszustand von Prinz Ernst August von Hannover E 60/23 KUG 79
Gewandelte Überzeugung s. Rückrufsrecht
Gewerbsmäßige strafbare Verwertung 108 a; Gewerbsmäßigkeit **108 a** 2; subjektiver Tatbestand **108 a** 3
Gewerbsmäßige unerlaubte Verwertung 108 a 1 ff.; als Offizialdelikt **108 a** 4
Gewerbsmäßigkeit der Nutzung 15 9
Gewinnherausgabe E 97 146, 166, 193
Gewinn s. auch Verletzergewinn
Ghostwriter als Urheber **7** 4; Einschränkung des UPR **Vor 12** 27; **13** 2, 9; im Arbeits- und Dienstverhältnis **13** 27 ff. **43** 77
Gies-Adler E 5 68; **15** 21, 29, 39; **24** 10 ff., 27 ff., 31; **Vor 44 a** 17, 20; **50** 4; **51** 8; **57** 5; **58** 5, 9; **59** 4; **60** 6; **69 c** 16; **87** 55; **97** 43
Gießkanne E 43 82
Ginsengwurzel E 60/33–50 KUG 29, 34 f.; **97** 176
Glasverschnittprogramm E Vor 69 a 1
Gleichgewicht des Schreckens E (OGH) Vor 120 125
Gleichheitsgrundsatz, Verletzung des -es **Vor 44 a** 7
Gleichzeitigkeit beim Öffentlichkeitsbegriff **15** 71
Globalisierung und Urheberpersönlichkeitsrecht **Vor 12** 35 a
Glockenzier E 6 16, 24
Glücksspirale E 2 46, 70
Glückwunschkarte E 2 51
Goggolore E 3 11; **10** 2, 8, 10 f.
Goldrausch E 6 32, 36, 40, 43 f.; **78** 23; **Vor 120** 121
Golfregeln E 2 6
Google Bildsuche **51** 54; - Büchersuche **51** 54; - Maps **51** 53
Götterdämmerung E 3 23; **14** 4; **39** 21; **43** 86; **73** 2, 14; **74** 7, 25, 28, 32; **75** 32; **79** 29; **97** 53; **129** 15; **135/135 a** 8
Gottesdienste, Begriff **52** 39; Gemeinde – oder Volksgesang **19** 15; **52** 40 ff.; privilegierte öffentliche Wiedergabe **52** 37, 39 ff.
Gottfried Keller E 16 6, 10; **17** 10

GPL s. General Public License
Grabungsmaterialien E 2 61, 117; **7** 2, 4; **43** 131; **44** 10 f.
Graf Zeppelin E 60/23 KUG 29
Graffiti 97 186; als bleibende Werke an öffentlichen Plätzen **59** 15; angemessene Beteiligung des Urhebers bei Wertsteigerung **17** 18; keine Erschöpfung des Verbreitungsrechts durch gesetzlichen Eigentumsübergang **17** 51; s. auch aufgedrängte Kunst
Grafik, Computer- **2** 13, 137; Gebrauchs- **2** 158 ff.; Schutzfähigkeit **2** 146; Begriff des Originals **44** 21 ff.; Werbe- **2** 176
Grandfather Clause in der Multimedia-Richtlinie **52** 6 a
Graphikdesignerin, Vertragsrecht **Vor 28** 134
Grassofa E 59 15
Grenzbeschlagnahme 111 b 1 ff.; Dienstanweisung **111 b** 15; bei Offensichtlichkeit der Rechtsverletzung **111 b** 4; Schadensersatzpflicht bei unrechtmäßiger – **111 b** 11; Widerspruch **111 b** 9 f.
Grenzüberschreitende Rundfunk- und Fernsehsendungen Vor 20 52 ff.; **20** 8, 11, 19 ff.
Gretna Green E 97 176
GRID-Computing Begriff **Vor 69 a** 65; und Lizenzvertragsrecht **Vor 69 a** 66; und Urheberrecht **Vor 69 a** 65; vertragstypologische Einordnung **Vor 69 a** 67
Großbetreiberabgabe s. Betreiberabgabe
„**Große**" und „**kleine**" **Rechte 19** 29
Großhandelshaus E 97 201
Großzitat, Aufnahme einzelner Werke **51** 34 ff.; nur für erschienene Werke **51** 38; nur für wissenschaftliche Werke **51** 31 f.; **97** 38, 40; Umfang durch Zitatzweck bestimmt **51** 14 ff., 37, 39; Werkgattungen **51** 33
Grünbuch „**Urheberrechte in der wissensbestimmten Wirtschaft**" **Einl.** 78
Grundgesetz s. Verfassung
Grundig/Consten E (EuGH) Einl. 64; 80; **17** 43
Grundig-Reporter E Einl. 13; **15** 6, 8, 10; **16** 6 f., 25, 27; **Vor 44 a** 18; **53** 5; **Vor 73** 3; **96** 12; **97** 121 f, 142, 187; **101** 25; **102 a** 3; **Vor 120** 122
Grundrecht auf Meinungs- und Informationsfreiheit und Urheberrecht **Vor 44 a** 18 f., 22; **50** 8, 14; **51** 8; Vor 97 2; **97** 35, 37, 39, 42, 44,
Grünskulptur E 2 51, 147
Gruppendarbietungen s. Künstlergruppen
GruppenfreistellungsVO für Technologietransferverträge Einl. 68, 70
GruppenfreistellungsVO über Vereinbarungen über Forschung und Entwicklung Einl. 68, 71
GruppenfreistellungsVO über vertikale Vertriebsvereinbarungen Einl. 68 f.

magere Zahlen = Randnummern

Sachverzeichnis

Gruppenprofil E 97 127
Gruppenwerk 8 3
GRUR/GRUR Int E 2 56 f., 101; **3** 18; **53** 34 f., 30, 37
Gruß aus Potsdam E 17 59 f.; **31** 94
Gutachten als amtliche Werke **5** 62, 73; Schutzfähigkeit **2** 62 ff., 117
Günter-Grass-Briefe 12 1, 8, 22
Güter- und Interessenabwägung 15 29; **Vor 44 a** 17, 21; **97** 35, 43, 64
Güterkollision, Güter- und Interessenabwägung **51** 8; **97** 35, 37
Gutgläubiger Erwerb, anwendbares Recht **Vor 120** 150; kein – bei Einräumung von Nutzungsrechten **Vor 28** 75 f., 102; kein – bei Übertragung von Nutzungsrechten **34** 13, 20
GVL E (EuGH) **Vor 73** 26; s. a. Gesellschaft zur Verwertung von Leistungsschutzrechten

H. P. E 132 15
Händler Auskunftspflicht **54 f** 2, 5 7 f.; Begriff **54 b** 6; Haftung als Störer **97** 141; Vergütungspflicht **54** 3 f., **54 b** 5; Wegfall der Vergütungspflicht bei Gesamtvertrag **54 b** 7 f.; bei Mitteilung **54 b** 7, 9 f.; Verwertungsgesellschaftspflichtigkeit **54 h** 3, 7, 9 f.
Haftung des Erwerbers von Nutzungsrechten **34** 4 a, 25
Haftung für Rechtsverletzungen, Gesamtschuldnerhaftung **97** 67; im Online-Bereich **97** 78 ff., 52; Personenkreis **97** 61 ff.
HAG I E Einl. 64, 81
Handbuch der Deutschen Gegenwartsliteratur E 31 94
Handbuch moderner Zitate E 51 6 ff., 17, 22 f.; **97** 39
Handbuch Vergaberechtlinien E 2 208; **5** 43
Handelsregister E 87 a 71; **87 b** 59 ff.; und Datenbankhersteller **87 b** 59 ff.
Handschriften s. Originalhandschriften
Handtaschen E Einl. 57
Handy-Klingeltöne E 2 120, 122; **8** 10; **Vor 12** 35 a; **13** 12 a, 18; **14** 2, 11 a, 28 c, 29 a; **16** 18, 31 86; **39** 1, **87 b** 33; s. auch Klingeltöne für Mobiltelefone
Handy-Logo E 2 176
Handy-TV 20 10; **20 b** 9
Hängender Panther E 95 191
Hanns Heinz Ewers E Vor 28 68
Hans Fallada E Vor 28 109
Hans-Thoma-Stühle E 129 13
Happening I E (BGH) **2** 75, 131, 136, 146; **7** 8; **8** 4; **23** 12; **24** 15; **31** 97; **Vor 88** 24; **88** 4 f.,
Happening II E (KG) **2** 20, 130, 146; **7** 8; **8** 4; **Vor 88** 24; **88** 4
Happening, Schutzfähigkeit **2** 131; Aufzeichnung eines – keine Bearbeitung **23** 12; Aufzeichnung eines -s als Verfilmung **Vor 88** 24;

Mitwirkende als Urheber oder Gehilfen **7** 8; Rechtseinräumung bei Verfilmung eines -s **88** 5
Happy Hippos E 26 24; **88** 22
Hardlock-Entferner E 69 a 30
Hardware Lock s. Dongle, Dongle-Abfrage
Hardware-Zusatz E 69 a 30
Harmonisierung des Urheberrechts in der EU (Überblick) **Einl.** 77 f.; des Vervielfältigungsrechts in der EU **15** 40; **53** 9
Harry Potter E 2 85; **3** 33; **12** 29; **23** 9; **24** 10, 19
Harry Potter Literaturwerkstatt E 12 29
Hartmetallkopfbohrer E 31 51
Häschenschule E 2 51, 58, 85; **23** 8 f.; **24** 10, 17, 19
Haselnuß E 2 26, 38 f., 121, 124; **3** 14, 26 f.; **Vor 28** 70 f.; **97** 195; **102** 4; **129** 6; **WahrnG 6** 4
Hauptbahnhof Berlin E 14 4, 11, 27, 29, 36 a, 41; **39** 1, 27
Hauptdarsteller, Nennung beim Film **93** 4 c
Hauptmann-Tagebücher E 2 46; **4** 13, 22; **51** 7; **70** 1
Hauptniederlassung, Ort der – als Voraussetzung für Zwangslizenz **42 a** 12
Hausbücherei E 97 197, 202
Hausverbot II E 97 202
Hegel-Archiv E 13 18; **43** 76 **70** 9
Heidelberger Bauchemie E Vor 120 117
Heilmittelvertrieb E 97 202
Heimatlose Ausländer, Aufhebung des § 10 des Gesetzes über – **141** 9
Heimatrecht, gemeinsames **Vor 120** 134
Heime der Jugendhilfe als privilegierte Institutionen **47** 4, 13
Heimfall des Nutzungsrechts, Begriff **29** 28; bei Verzicht **29** 28
Heimliche Nacktfotos E 60/22 KUG 34, 48; **60/23 KUG** 112, 115
Heimliche Tonbandaufnahme E 98 6
Heinrich Böll E 51 30
Heintje E 14 23 a; **51** 17, 20, 26; **62** 16, 27; **63** 2, 17, 20 f.
Heinz Erhardt E 2 49; **Vor 73** 25; **88** 27; **92** 4 e; **Vor 120** 36
Heinz-Erhardt-Rechte E 31 a 1
heise.de E 97 106; **95 a** 22, 32, 34, 40
Heldensagen E 31 27 f.
Helga und Michael E 97 13
Hellige E 97 202
Hemdblusenkleid E Einl. 2 168
Hemingway-Serie E 31 49, 51
Herausgabeanspruch bei drohender Verletzung des Rechts am eigenen Bild **60/33–50 KUG** 7
Herausgeber als Inhaber des Leistungsschutzrechts an der Erstausgabe **71** 14; als Inhaber einer Sammlung **38** 3, 17; als Urheber des

Sachverzeichnis

halbfette Zahlen = Paragraphen

Sammelwerkes **4** 24; **10** 16; bei anonymen Werken **10** 1, 12, 15.; Haftung für Rechtsverletzung **97** 209; juristische Person als – **10** 14; Namensnennungsrecht **13** 18; Nennungsrecht **13** 7; prozessuale Ermächtigung bei Herausgeberbezeichnung **10** 1, 12 ff.; – und Verleger bei Periodika **Vor 28** 119; Haftung **97** 209; von Sammelwerken als Urheber im Übergangsrecht **134** 3
Hermès E (EuGH) **Vor 120** 116
Herr des Unternehmens bei Sammlungen **4** 28 ff.; **38** 3, 17
Herrenmagazin E **13** 15; **14** 41; **60/22 KUG** 48
Herrenreiter E **60/22 KUG** 8, 12, 14, 22; **60/33–50 KUG** 4 f., 8, 12 ff., 18 ff., 27, 31, 33
Herrensitze in Schleswig-Holstein E **31** 94; **43** 55
Herstellerbegriff I – IV E **54** 26
Herz mit Paprika E **31** 63
Herzen haben keine Fenster E **2** 70
Hier ist DEA E **8** 4, 9
Himmelsscheibe von Nebra E **7** 10
Hintergrundmusik in Arztpraxen E **52** 14
Hippos E **23** 34
Hirschgewand E **2** 34, 168; **97** 180
Hirtenbriefe als amtliche Werke **5** 43
HIT BILANZ E Einl. 56; **Vor 87 a** 22, 36, 52 f.; **87 a** 14, 29, 53; **87 b** 12, 18 f., 26; **137 g** 3
Hitler-Bild E **72** 30
Hochladen s. Uploading
Hochschulen 52 a 8; Vervielfältigungsfreiheit nur für den Prüfungsgebrauch, nicht für den Unterrichtsgebrauch **53** 59, 41; Verpflichtung zur Zahlung der Großbetreiberabgabe **54 c** 1 ff., 6
Hochschullehrerprivileg für Erfindungen (ehemaliges) **43** 131
Hochschulprofessor E **7** 4, 9
Hochschulprofessoren 43 131; **44** 11; Namensnennung bei Veröffentlichungen mit Assistenten **43** 81, 134; Veräußerung von Originalen **44** 11; Veröffentlichungen von – als Dienstwerke **43** 31; Weiterübertragung von Nutzungsrechten **43** 63
Hochschulrahmengesetz und Namensnennung **13** 1 a
Hochschulrecht und Namensnennung **13** 1 a
Hochschulvorlesungen, Öffentlichkeit von – **6** 13; **15** 83
Hochzeitsbild E **60/22 KUG** 14, 18, 24, 46, 54; **60/23 KUG** 4, 105, 108; **60/33–50 KUG** 31, 33
Hochzeits-Fotograf E **72** 28
Hofbräuhaus-Lied E **31** 59, 63; **41** 14
Hoffmann-LaRoche E Einl. 80
Hoheitszeichen als amtliche Werke **5** 68
Hohenzollern-Tonband E **44** 4

Holzhandelsprogramm E **15** 8; **31** 84; **69 c** 2, 7 f.
Holzschnitt als Bildnis **60** 18
Homepage E **2** 176; Schutzfähigkeit **2** 94, 114, 175, 217; **95** 7
Honorarbedingungen für Mitwirkende/Fernsehen 88 29
Honorarbedingungen für Urheber/Fernsehen 88 29, 39 f.
Honorarbedingungen Sendevertrag E **Vor 28** 34, 38, 41, 44; **34** 12; **39** 10; **Vor 88** 41; **88** 4, 6, 39 f., 50, 58; **89** 16; **93** 17
Honorarbedingungen Urheber/Fernsehen E **Vor 28** 42, 44; **88** 6, 39 f., 42, 50; **89** 16
Honorarempfehlungen Vor 28 25
Honorarordnungen der freien Berufe **36** 20
Honorarvereinbarung E **31** 95
Hörbuchverlag Vor 28 114
Hörfunkrechte E **81** 16
Hörfunkregisseur als ausübender Künstler **73** 35
Horoskop-Kalender E **36** 2, 12, 14 f.
Hosting 44 a 10, 11
Host-Provider 19 a 55; Begriff **97** 79, 102 ff.; Haftung **97** 84, 86, 102 f., 121; Verschulden **97** 140
Hotel-Kabelanlagen E **78** 35
Hotel Maritime E **Vor 120** 145, 172
Hotel-Rundfunkvermittlungsanlage E **19** 41
Hotelsoftware E **132** 15
Hotel-Video E (OGH) **15** 8, 31; **19** 41; **Vor 20** 39; als Vorführung **19** 41; Senderecht **Vor 20** 7; **20** 23 f., 31, 43; **21** 9; Angebot an – für Erscheinen ausreichend **6** 56
Hummel I E **2** 49, 52; **97** 15
Hummel III E **24** 21; **2** 49, 52, 161
Hummelfiguren I E **2** 38, 140, 161
Hummelrechte E **Vor 28** 130; **31** 36; **43** 22, 24, 40 f., 55
Hundefigur E **2** 23 f., 38, 149, 161, 165; **23** 16; **24** 14 f.; **Vor 120** 121, 126, 129, 131, 136, 170
Hundertwasser-Haus E **2** 184; **15** 7; **50** 4, 57 5; **58** 5; **59** 2, 4, 7, 10
Hundertwasser-Haus II E **59** 1
Hunger und Durst E **Vor 28** 47, 121; **44** 16
Hyperlink 15 16; **16** 24; **19 a** 46; **20** 16; **87 b** 35 f.; **97** 65 f., 89 ff., 95, 97 f., 113; framender – **15** 27; **19 a** 46; Haftung für – **97** 89 ff., 95, 97 f., 113; Inline-Linking **19 a** 46; Verwendung von -s keine Vervielfältigung **15** 16; **16** 22; **97** 66; Zitatrecht **51** 7

Idea and expression, 69 a 8
Ideal Standard II E Einl. 64, 81 f.
Idee, freie Benutzung **24** 6, 19; kein Schutz der abstrakten – **2** 51 ff.; **97** 15
Identifizierung des Verletzers über IP-Adresse s. Anordnungsverfahren u. Auskunftsansprüche gegen Dritte

magere Zahlen = Randnummern

Sachverzeichnis

Identitätsdiebstahl E 97 105
Ilja Ehrenburg E 6 21, 40, 45
Illustration eines Sprachwerks als Werkverbindung **9** 6; Umfang der Nutzungsrechte **31** 94; Urheberbezeichnung auf Titelrückseite **10** 8
Illustrationsvertrag E Vor 28 127, 130, 132; **31** 45
Im Rhythmus der Jahrhunderte E 5 5, 22, 28, 32, 34, 58, 70, 72; **13** 7, 18; **43** 29
Im weißen Rößl E 9 6; **19** 24, 27; **31** 72; **97** 77
Imerco-Jubiläum E (EuGH) **Einl.** 82, 84; **17** 43
Imidazol E Vor 120 137 ff.
Immaterialgüterrecht, Schutzrecht des Sendeunternehmens als – **87** 22 ff.; Schutzrecht des Filmherstellers als – **94** 9
Immaterieller Schadensersatz 97 176 ff.
Import, Grenzbeschlagnahme bei – **111 a** 3; Schutz gegen – nach dem Genfer Tonträger-Abkommen **Vor 120** 94 f.; Verletzung des Verbreitungsrechts durch – **Vor 120** 137
Importeur Auskunftspflicht **54 f** 2, 5, 7; Begriff **54 f** 3 f.; Haftung **97** 141; Meldepflicht **54 e** 1 ff.; Vergütungspflicht **54** 3 f., 25, 30; **54 b** 2; Verwertungsgesellschaftspflichtigkeit **54 h** 3, 7, 9 f.
IMS Health E Einl. 66, 68; **2** 29; **4** 10; **8** 4, 20, 22, 23; **15** 39
In-camera-Verfahren 101 a 39; s. auch Vorlage- und Besichtigungsanspruch
Indeta E 3 38 ff.; **7** 4; **43** 2; **Vor 88** 53; **102 a** 2; **WahrnG Vor 1** 4
Individualität der Werkschöpfung 2 23 ff.
Indiziertes Bildmaterial E 97 105
Infobank E 16 21; **17** 10; **53** 34 f., 51; **69 c** 23
Info-Richtlinie (= **Richtlinie 2001/29/EG**) s. a. Europäisches Gemeinschaftsrecht; **Einl.** 35, 38, 78; **15** 24, 27, 37, 44, 47, 55 f., 62, 66, 70, 74, 78; **16** 4; **19** 3, 37; **19 a** 22 ff., 33; **Vor 20** 29 a, **20 a** 4 a; **20 b** 5; **22** 5; **87** 9 a, 13, 35 a, 45; **Vor 44 a** 13; **52 b** 1, 10; **53** 8 f., 18, 33, 39, 43 f., 50, 54; **87** 9 a; Auslegung **15** 40; und Änderungsgebot **62** 4 a, 16, 24, 27; und amtliche Werke **5** 76; und ausübende Künstler **83** 4; und Berichterstattung **50** 3, 6; und Computerprogramme **Vor 69** 4; und Katalogfähigkeit **58** 16, 24; Kirchen-, Schul- oder Unterrichtsgebrauch **46** 4, 8; und Lichtbildschutz **72** 9; und Nutzung von Bildnissen **60** 4; und öffentliche Wiedergabe **19** 3, 37; und öffentliche Zugänglichmachung **19 a** 22–30; und Öffentlichkeitsbegriff **15** 62, 78; und Pressespiegel **49** 2, 20; und Quellenangabe **63** 4 a, 5 a; und Senderecht **Vor 20** 29 a; und Tonträgerrecht **85** 7, 41, 53, 67; und Umsetzung von WCT, WPPT **Vor 120** 51; und unwesentliches Beiwerk **57** 4; Umdeutung **Einl.** 125 f.; und Werke an

öffentlichen Plätzen **59** 20, von Lichtbildern **72** 25, 26
Infopaq E 15 40; **19 a** 47
Information kein Ausschließlichkeitsrecht an der einzelnen – **87 a** 36; Recht auf Zugang zu -en **Vor 87 a** 22, 50; **87 e** 2
Informationen zur Rechtswahrnehmung 13 12 a; **95 c** 1 f., Entfernen von Informationen **95 c** 5 ff.; Informationsbegriff **95 c** 11 ff.; Rechtsfolgen bei Verstoß **95 c** 16 ff.; Strafschutz **108 b;** Verändern von Informationen **95 c** 5 ff.
Informationsdienst E 5 93; **Vor 87 a** 6
Informationsfreiheit Vor 97 1; **97** 35, 27; und Veröffentlichungsrecht **12** 22
Informationsgesellschaft Vor 44 a 3; und Urheberrecht **Einl.** 1, 23; s. auch Reformüberlegungen
Informationsgesellschafts-Richtlinie (= **Richtlinie 2001/29/EG**) s. Info-Richtlinie
Informationsinteresse der Allgemeinheit Einl. 12, 16, 23; und Veröffentlichungsrecht **12** 22
Informationsschriften als amtliche Werke **5** 63, 66, 70; als privilegiertes Wiedergabeorgan **49** 17; Begriff **48** 7; **49** 9; Quellenangabe **63** 3, 8 ff., 12, 14, 16; **49** 28
Infosoc-Richtlinie (= **Richtlinie 2001/29/ EG**) s. Info-Richtlinie
Inhaberwechsel am Nutzungsrecht **33** 12–15, 21
Inhalt s. Werkinhalt, Form und Inhalt
Inhaltsbeschreibung, Veröffentlichung durch – **6** 23; erste – dem Urheber vorbehalten **12** 25
Inhaltswiedergabe bei öffentlichen Reden **48** 1; Recht auf – als UPR **12** 23 ff.
In-house-Kommunikationssysteme 53 48
Inkasso-Programm E (BGH) **2** 18 ff., 33, 35, 38, 42, 46 f., 57, 62, 79 f.; **4** 13; **31** 33, 38, 97; **36** 10; **37** 9; **Vor 69 a** 1 f.; **69 a** 5 f.; **69 e** 4; **97** 14
Inkasso-Programm II E (OLG Karlsruhe) **2** 18, 20, 46 f., 62; **98** 24
Inkognito E 133 1
Inkrafttreten des UrhG **143** 1 ff.; des WahrnG **28 WahrnG**
Inländerbehandlung nach den internationalen Verträgen **Vor 120** 47; **77** 19; Regeln über die – als Verweisung auf das Recht des Schutzlandes **Vor 120** 125
Inline-Linking 19 a 46 (s. a. Hyperlink)
Innenarchitektur 2 146, 152
Innominatrechte 15 23, 48; **19** 23
Innungsprogramm E 24 15
Insolvenz 112 4, 22 ff.; und gesetzliche Vergütungsansprüche **63** 11; des Lizenzgebers **79** 8; und Übertragung von Nutzungsrechten **34** 9, 20
Inspizienten keine ausübenden Künstler **73** 30

Sachverzeichnis

halbfette Zahlen = Paragraphen

Interaktive Dienste s. Abrufübertragungsrecht, Öffentliche Zugänglichmachung, Online-Datenbanken, Online-Übertragung, Online-Verwertung, Online-Zurverfügungstellung, Zugänglichmachung
Interaktivität 2 22; und Werkschutz **Vor 12** 27a
Interessenabwägung bei Änderung des Werkes **14** 28ff.; **39** 14ff.; **43** 85; **62** 8, 17ff.; **75** 19, 22, 32, 34; **93** 4, 14ff.; bei Bearbeitung **23** 27; bei Beseitigungsansprüchen **97** 133; bei den Rechtsfolgen der Verletzung **97** 181, 190, 199, 201; **98** 6, 14, 17; **103** 2ff.; bei den Urheberpersönlichkeitsrechten **Vor 12** 28; **13** 24; bei Güter- und Grundrechtskonflikten **51** 8; **97** 35ff.; beim Recht am eigenen Bild **60/23 KUG** 3ff., 105ff.; beim Zitatrecht **51** 8, 44ff.; beim Zugangsrecht **25** 16ff.; bei Rückruf wegen Nichtausübung **41** 14, 16, 20, 25; bei Urheberrechtsschranken **15** 29; **Vor 44a** 16, **51** 8, 24; **97** 35ff.
Interessengemeinschaft Musikwissenschaftlicher Herausgeber und Verleger (IMHV) s. Verwertungsgesellschaft Musik-Edition
International Federation of Phonogram and Videogram Producers (IFPI), 85 15; **Vor 1 WahrnG** 14
Internationale Verträge als Grundlage privater Rechte **Vor 120** 116f.; als Verweisungsnormen **Vor 120** 125; als Teil des Rechts des Schutzlandes **Vor 120** 127; Auslegung **Vor 120** 118; Berufung auf – durch Inländer **Vor 120** 119; **121** 12; innerstaatliche Anwendung **Vor 120** 114f., 127; Rangverhältnis – zum nationalen Recht **Vor 120** 118; und Urhebervertragsrecht **32b** 27–31; s. auch Staatsverträge und die Namen der einzelnen –
Internationale Zuständigkeit Vor 120 170ff.
Internationales Abkommen über den Schutz der ausübenden Künstler, der Hersteller von Tonträgern und der Sendeunternehmen vom 26. 10. 1961 (Rom-Abkommen) Vor 73 1; **73** 2, 7; **77** 4f.; und Rechte des Tonträgerherstellers **85** 1, 9, 18, 30; **71** 14; **86** 3, 17; und Rechte des Sendeunternehmens **87** 5, 10, 12–17, 24, 27, 29, 31, 33, 35, 40, 44–46, 66
Internationales Privatrecht der Urheberrechtsverträge **Vor 28** 189; **Vor 120** 147ff.; der Verletzung des Urheberrechts und der verwandten Schutzrechte **Vor 120** 129ff.; des Urheberrechts **Vor 120** 124ff.; des Senderechts **Vor 20** 52ff.
Internationales Strafrecht Vor 106 6
Internationales Urhebervertragsrecht 32b; **Vor 120** 147ff.; AGB-Kontrolle **Vor 120** 163; Außenwirtschaftsrecht, Kartellrecht und Strafrecht im – **Vor 120** 162, 168; Bestimmung des Vertragsstatuts im – **Vor 120** 152ff.;

Beteiligung des Urhebers im – **Vor 120** 166; Beweisrecht im – **Vor 120** 160; Devisenrecht im – **Vor 120** 168; Einheitstheorie und Spaltungstheorie **Vor 120** 148ff.; Form der Verträge **Vor 120** 169; Geltungsbereich des Vertragsstatuts im – **Vor 120** 160f., 163ff.; kulturpolitische Vorschriften im – **Vor 120** 168; objektive Anknüpfung im – **Vor 120** 154ff.; ordre public im – **Vor 120** 162, 165; Recht des Erfüllungsorts im – **Vor 120** 159; Rechtswahl der Vertragsparteien im – **Vor 120** 153; Rückrufsrechte im – **Vor 120** 166; Sonderanknüpfung der Vollmacht im – **Vor 120** 157; Sonderanknüpfung zwingender Bestimmungen im – **Vor 120** 162ff., 164, 168; und Kündigungsrecht und doppelte Schutzfrist in den USA **Vor 120** 167; und Verfassung **Vor 120** 165f.; Verträge über künftige Werke und unbekannte Nutzungsarten im – **Vor 120** 166; Vertragsstatut und Recht des Schutzlandes im – **Vor 120** 148ff.; Zweckübertragungsprinzip im – **Vor 120** 166
Internet Einl. 1; **44a** 8, 9; und angemessene Vergütung **32** 43; Anschlussinhaber **97** 119; und anwendbares Recht **19a** 27, **Vor 20** 65; **Vor 120** 145; und Ausstellungsrecht **18** 19, und Datenbankbegriff **87a** 28; Diskussionsforum als Wiedergaberahmen, Öffentlichkeit **15** 71, 85; Erscheinen im – **6** 54f.; Haftung im – **97** 78ff.; Öffentlichkeit **15** 71, 85; **19a** 48ff.; Online-Datenbanken im – **19a** 1; **Vor 120** 145; Photonutzung **E 31** 94, und Sammlungen zum Kirchen-, Schul- oder Unterrichtsgebrauch **46** 8, Sendungen **Vor 20** 7; **20** 45–46; Territorialisierung des – **Vor 120** 145; unbefugt aufgenommene Beträge **E Vor 12** 12a; und unentgeltliche Nutzung **31** 77; als unbekannte Nutzungsart **31a** 50ff.; und Urheberbezeichnung **13** 12a; Veröffentlichung im – **6** 51; Vervielfältigungshandlungen im – **16** 22ff.; Wiedergabe öffentlicher Reden im – **48** 9
Internet-Bewertungsdatenbank 87a 29, 40, 42f.; **87b** 29
Internethomepage und Lichtbildschutz E 72 49
Internetnutzung und Pressefotos E 72 49
Internetradio und Senderecht **Vor 20** 7; **20** 45–46; **78** 4a (s. a. personalisiertes Internetradio)
Internetpiraterie 85 15, 17; **101** 24
Internet-Strafrecht Vor 106 6; **106** 9
Internetversteigerung I E 97 69f., 85, 89, 92ff., 102, 105, 120, 122, 128, 135; **101** 22f., 27f.; und Folgerecht **26** 33
Internetversteigerung II E 97 62f., 69f., 93f., 102, 105, 120, 122, 128, 135; **101** 9, 14, 21
Internetversteigerung III E 97 69, 93, 102, 105, 120, 122, 128, 135

magere Zahlen = Randnummern

Sachverzeichnis

Internetverträge Vor 28 179
Internet-Videorecorder E 15 15, 67; **19 a** 43, 48 f., 55; **20** 8, 10, 35, 45; **87** 32
Internetwerbung von Fotos **31** 96
Internet-Zeitung 31 a 51
Interoperabilität 69 e 7, 10 ff.; s. auch Dekompilierung
Interpret s. ausübender Künstler
Interview, Laufbildschutz für Fernseh- **95** 10; Zulässigkeit der Übernahme in Pressespiegel **49** 4 ff.
Intime Sprechstunde E 60/22 KUG 44
Intranet 19 a 43, 48; **44 a** 8; Bereithalten von Werken in -s **15** 68, 85; **19 a** 1, 43; keine Veröffentlichung in -s **6** 51
Inverkehrbringen als Verbreitungshandlung **17** 7, 14; **69 c** 22, 25 ff.; Ausstellen als – **17** 7; durch Besitzüberlassung **17** 12; durch Export und Import **Vor 120** 137 f.; durch Überlassung eines einzelnen Exemplars **17** 14; kein – durch Transit **Vor 120** 139; Tauschangebot als – **17** 13; von Vervielfältigungsstücken als Voraussetzung des Erscheinens **6** 34 f.; Werbemaßnahmen als – **17** 8
Investitionsförderung und -schutz, Urheberrechtsschutz durch zweiseitige Abkommen über – **Vor 120** 39, 68; Entwurf eines Multilateralen Investitionsabkommens **Vor 120** 40
Iphigenie in Aulis E 75 24, 26, 31
Irene von Velden E 10 5; **13** 22
Italienische Caffè-Bars E 18 17
Ivan Rebroff E 60/22 KUG 5, 31

Jazzpianist als Urheber und ausübender Künstler **73** 37
Jeannot E 121 13, 17 f.
Jeans I E Einl. 53
Jeder von uns E 97 204
Jenaer Glas E 103 8
Johann Sebastian Bach E Vor 12 33
John Huston II E Vor 120 129
JOPA-Eiskrem E 14 31
Josefine Mutzenbacher E 6 14; **66** 26, 28, 43; **120** 16, 18 f.
Joseph Beuys E 26 45; **Vor 120** 146
Joseph Roth E 31 39, 72; **31 a** 38; **132** 8
Journal-Lesezirkel E 97 6
Jüdische Friedhöfe E 3 24; **5** 21, 35; **6** 45; **12** 8; **51** 38
Jugenddörfer, Öffentlichkeit in -n **15** 79; Vergütungsfreiheit von Veranstaltungen **52** 35
Jugendgefährdende Medien bei ebay E 97 65, 71, 105
Jugendgefährdende Schriften bei ebay 97 71, 95, 105, 122, 128
Jugendgruppen, Gesang keine persönliche Darbietung **19** 15
Jugendhilfe, genehmigungs- und vergütungsfreie Veranstaltungen **52** 24 ff.; Mitschnitt von Schulfunk **47** 13
Jugendzentren, Vergütungsfreiheit für öffentliche Wiedergabe **52** 36
Juristische Kommentare, Miturheberschaft **8** 6
Juristische Personen als fiktive Urheber im Übergangsrecht **134** 1 ff.; – als Herausgeber oder Verleger **10** 14; – als Verwertungsgesellschaften **1 WahrnG** 14; Erwerb des Urheberrechts durch Erbfall **28** 4; Schutzdauer von Werken von – **134** 6 f.; Strafantragsrecht **109** 10
JurPC E 87 a 29
Just be free E Vor 120 129, 131, 149, 166, 170, 172
Justizvollzugsanstalten, Öffentlichkeit in – **15** 79, 85

Kabarett, Werkinterpretation durch – **73** 14, 24
Kabel- und Satellitensendung als eigene Nutzungsart **E 31** 19, 50, 93; **31 a** 34 f., 40
Kabelfernsehanlage Rediffusion I E (SchweizBG, CH) **Vor 20** 39; **20** 27 ff., 33 f., 39
Kabelfernsehanlage Rediffusion II E (SchweizBG, CH) **4** 18; **20** 8, 15
Kabelfernsehen E Vor 20 5, 23 ff.; **88** 48; **97** 29, 142; als unbekannte Nutzungsart **88** 48; in Abschattungsgebieten **20** 38 ff.; Rechtseinräumung für das – **88** 48; **89** 19; und Außenantennenverbote **20** 39; Unterscheidung zwischen Sende- und Empfangsvorgängen **20** 26 ff.; s. auch Kabelweitersendung
Kabelfernsehen I E (OLG Hamburg) **88** 48
Kabelfernsehen II E (BGH) **15** 31; **20** 3, 16, 23, 27 ff., 32 f., 38 f.; **69 c** 32; **85** 44; **97** 29, 76; **104** 2 f.
Kabelfernsehen in Abschattungsgebieten E 15 31, 33, 35, 37; **17** 42; **20** 3, 8, 23, 31, 38; **97** 29
Kabelfernsehunternehmen I E (Hoge Raad, NL) **Vor 20** 39; **20** 29 f.
Kabelfernsehunternehmen II E (Hoge Raad, NL) **20** 33 f.
Kabelfernsehunternehmen III E (Hoge Raad, NL) **Vor 20** 39, 43; **20** 28 f., 31, 37
Kabelfunk Vor 20 5, 30; **20** 37 ff.; Regelung in der RBÜ **Vor 20** 37 ff.; im WUA **Vor 20** 50
Kabelgebundene Rundfunksendungen Vor 20 5, 18
Kabelnetz Breitenfurt E 20 10
Kabelsendung Vor 20 5 ff.; anwendbares Recht **Vor 20** 56
Kabeltext Senderecht **20** 9
Kabelweitersenderecht s. auch Kabelweitersendung; Abtretbarkeit des -s **20 b** 13; Außenseiterproblematik **Vor 20** 24; **20 b** 2; **13 b WahrnG** 5, 11 f.; Fiktion der Wahrnehmungsberechtigung **13 b WahrnG** 5, 11 f.;

Sachverzeichnis

halbfette Zahlen = Paragraphen

keine Verwertungsgesellschaftenpflicht bei eigenen Sendungen der Sendeunternehmen **Vor 20** 24; **20 b** 3, 14 ff.; Rechtsweg bei Streitigkeiten **16 WahrnG** 2, 6 ff.; unverzichtbarer Vergütungsanspruch für Urheber, ausübende Künstler und Filmhersteller **20 b** 21 ff.; Verpflichtung der Sendeunternehmen zum Vertragsabschluß über – **87** 48 ff.; Vertragshilfeverfahren der Schiedsstelle **14 WahrnG** 1 ff.; **14 a WahrnG** 4 f., 10; **14 b WahrnG** 1; **14 c WahrnG** 1 ff.; **14 d WahrnG** 1; Verwertungsgesellschaftspflichtigkeit **Vor 20** 24; **20 b** 2 ff., 8 ff.; **137 h** 3; Voraussetzungen Verwertungsgesellschaftspflicht **20 b** 10 f.; Zuständigkeit der Schiedsstelle **14 WahrnG** 2; **16 WahrnG** 1 f.
Kabelweitersendevergütung 20 b 21 ff.
Kabelweitersendung E 15 37; **Vor 20** 13, 18, 32, 33, 34, 38, 39; **78** 35; **85** 44; **97** 10; s. auch Kabelweitersenderecht; Begriff **Vor 20** 24; **20 b** 8 ff., 23; in Abschattungsgebieten **20** 38; Leistungsschutzrecht für – **87** 30 ff.; und RBÜ; **Vor 20** 39 ff.; **20** 44; keine analoge Anwendung auf drahtlose Weitersendung **20 b** 5, 31; unterschiedliche Auslegung in § **20 b** Abs. 1 und Abs. 2 **20 b** 23; unverzichtbarer Vergütungsanspruch der Urheber, ausübenden Künstler und Filmhersteller **20 b** 6 f., 21 ff.; **137 h** 3; und Erschöpfungsgrundsatz **15** 35, 37; **Vor 20** 13 ff.; **20** 38; Verpflichtung der Sendeunternehmen zum Vertragsabschluss bei – **87** 48 ff.; Versorgungsbereichstheorie **20** 32 ff.; Wahrnehmung von Rechten an der – **20 b** 2 ff., 8 ff.; zeitgleiche – **20** 26 ff., 36; **20 b** 1 ff.; **87** 30 ff.
Kalenderfoto E 60/23 KUG 21, 81
Kameramann E 43 12; als Filmurheber **2** 195; **Vor 88** 61, 70; kein ausübender Künstler **73** 32; Rechte des -s an den Filmeinzelbildern **91** 1 ff., 7 ff.; Rechtseinräumung durch den – **89** 1, 7
Kameras und Vergütungspflicht **54** 12
Kammer für Handelssachen 104 2
Kammermusik E Vor 28 71, 81; **97** 50
Kandinsky I E 44 14; **Vor 44 a** 18; **51** 8, 16 f., 23, 33 ff., 44
Kandinsky II E 31 21, 77
Kandinsky III E 120 18
Kanzlerkandidat E 60/23 KUG 29, 113; **60/33–50 KUG** 5
Kapitalanlagen, internationaler Schutz von Urheberrechten als – **Vor 120** 39 f.; MAI **Vor 120** 40)
Karajan E 75 1, 3, 37; **96** 9 f., 13; **103** 8; **Vor 120** 78; **125** 13
Karikatur als andere Umgestaltung **23** 14; als Bildnis **60/22 KUG** 27 ff.; Bildzitat **51** 45; und Ehrverletzung **60/22 KUG** 27 ff.; s. auch Parodie

Karl May E Vor 12 33
Karl Valentin E 88 45, 59
Karo-As E 97 202
Karpfhamer Fest E 97 123
Karsten Speck E 60/23 KUG 79
Kartellrecht Einl. 59 ff.; und gemeinsame Vergütungsregeln **Vor 28** 5 f; **36** 26–28; und internationale Urheberrechtsverträge **Vor 120** 162; und Verwertungsgesellschaften: **Einl** 45, 47; **Vor 1 WahrnG** 7; Anwendbarkeit des GWB **24 WahrnG/30 GWB** 1 ff.; einschlägige Rechtsvorschriften **Einl.** 61; Freistellung von §§ 1 und 14 GWB, § 102 a Abs. 1 GWB aF, § 30 GWB nF **24 WahrnG/30 GWB** 2; Inhalt der Kartellaufsicht **24 WahrnG/30 GWB** 3 ff.; Kartellabsprachen **Einl.** 63 f.; Mißbrauchsaufsicht **24 WahrnG/30 GWB** 8 ff.
Karten-Grundsubstanz E 15 16
Kartenwerke als amtliche Werke **5** 9 f., 31, 69, 92; – als Datenbanken **87 a** 17 f.; Schutzfähigkeit **2** 29, 201, 211
Kassa-Preis E 103 8
Kassettenfilm E Einl. 13; **Vor 28** 153; **31** 65, 85, 89, 92; **31 a** 10, 25, 29; **88** 5, 39 f., 45; **89** 17
Kastanienmuster E Einl 41; **97** 145
Katalogbilder E 58 4, 13, 15
Katalogbildfreiheit E 58 18; bei Mappenwerken und Skizzenbüchern **58** 13; bei Werken der bildenden Kunst und Lichtbildwerken **58** 1; bei ständigen Sammlungen **58** 14; für Ausstellung und Versteigerung **58** 2, 9; Herausgabe des Katalogs durch Veranstalter **58** 15; kein Buchhändlervertrieb **58** 20; Konventionsrecht **58** 4; keine Anwendbarkeit auf digitale On- und Offline-Kataloge **58** 24; nur für Ausstellungsdauer **58** 21; Quellenangabe **58** 28; **63** 9; Reformüberlegungen **58** 8; und Ausstellungsplakate, Titelblatt, Werbeprospekte **58** 19
Kataloge Abgrenzung zum Kunstbildband **58** 18; als amtliche Werke **5** 31, 67; digitale – **58** 24; Schutzfähigkeit von Verkaufs- -n und Preislisten **2** 39, 89, 99
Katalogverbreitung und Ausstellungsrecht **18** 16
Katarina Witt E 60/23 KUG 18
Katastrophenfilme E Vor 120 15, 117
Kauf auf Probe E 17 2., 32 f., 37 f.
Kauf mit Rückgaberecht E 17 37
Kausalität 97 67, 150, 152, 164
Kaviar E Vor 28 94; **31** 92; **88** 58
Kehraus E Vor 20 18, 19; **Vor 28** 154; **137 h** 2 d, 4 a
Keine Ferien für den lieben Gott E 31 76; **31 a** 26, 38; **88** 45; **89** 13
Keltisches Horoskop E 31 29
Kennzeichenrechtlicher Schutz Einl. 48 f.; von Computerprogrammen vor **69 a** 11

magere Zahlen = Randnummern

Sachverzeichnis

Kennzeichnung technischer Schutzmaßnahmen, Übergangsfrist **137j** 1, 2
Kerngleiche Berichterstattung E 60/33–50 KUG 5
Kerntheorie Vor 12 27; bei Geschäften über Urheberpersönlichkeitsrechte **Vor 28** 58
Kettenarbeitsverträge mit Urhebern **43** 15
Kettenkerze E **2** 49, 52
Kidnet.de E **87a** 11, 29, 40, 43f.; **87b** 57
Kinder in Not E **23** 4
Kinderhochstuhl 97 67, 200
Kindernähmaschinen E **97** 145
Kinderoper E **Vor 28** 89, 97, 148; **31** 21; **88** 47; **95** 13
Kindersaugflaschen E **105** 7
Kinofilme, wirtschaftliche Bedingungen **Vor 88** 40; s. auch Vorführfilme
kinski-klaus.de E 60/22 KUG 9, 63; 60/223 KUG 24
Kirchen- und Schulgebrauch E Einl. 118; **18** 9; **Vor 44a** 7ff.; **53** 57; **58** 7; **83** 5; **85** 13; **Vor 88** 41; **97** 37; **106** 7
Kirchenchorraum 2 139, 152
Kirchenfenster E **43** 2; **44** 8
Kirchenfoto E **Vor 28** 130, 132
Kirchenglocke E **12** 7, 12, 17
Kirchengebrauch 46 11
Kirchen-Innenraumgestaltung E **2** 152, 154, 156; **14** 2, 20, 22, 24f., 27, 36; **39** 1, 28; **88** 21; **97** 134
Kirchenmusik E Einl. 17, 19, 25; **18** 9; **Vor 44a** 7ff., 20; **50** 7; **52** 4, 7, 39, 44; **58** 7; **60** 14; **83** 5; **Vor 87a** 61f; **Vor 88** 41; **97** 37; Vergütungsanspruch des Urhebers **Vor 44a** 11
Kirchenschiff E **2** 154, 156; **14** 37; **39** 28
Kirchliche Veranstaltungen, Begriff **52** 39; Gemeinde- oder Volksgesang **19** 15; **52** 40ff.; privilegierte öffentliche Wiedergabe **52** 37ff.
Kirmes E **52** 2, 36
Kitsch Schutzfähigkeit **2** 26, 45, 162
Klagerecht s. Aktivlegitimation
Klammerpose E **23** 34f.; **24** 10
Klasen-Möbel E **97** 123
Klausurerfordernis E **63a** 21
Kleiderbügel E **101** 75, 77
Kleine Leute – große Reise E **Vor 28** 68; **88** 28
Kleine Münze bei Darstellungen wissenschaftlicher und technischer Art **2** 66, 201f.; bei Filmwerken **2** 193; bei Lichtbildwerken **2** 34, 39, 182, 184; **72** 8, 21; bei Musikwerken **2** 124f.; bei pantomimischen Werken **2** 132; bei Sammelwerken **4** 9; bei Schriftwerken **2** 89, 91ff., 98 109, 115; bei Sound-Sampling **2** 128; im Bereich der angewandten Kunst **2** 34, 160; im Bereich der bildenden Kunst **2** 139; und Doppelschöpfung **23** 33; und europäische Harmonisierung **2** 39, 41; Urheberrechtsschutz **2** 39ff.; und Wettbewerbsschutz **2** 41; unterer Bereich der Werkinterpretation beim ausübenden Künstler **73** 25
Kleine Teile eines Werks **52a** 7
Kleinzitat, analoge Anwendung auf andere Werkgattungen **51** 41; in selbständigem Sprachwerk **51** 40f.; Umfang **51** 43ff.; veröffentlichter Werke **51** 47; weite Auslegung bei Übernahme ganzer Werke **51** 12, 45; **97** 38, 40
Klimbim E **15** 11; **Vor 20** 18, 19, 62; **20** 5; **31** 48, 50, 54, 85; **31a** 28, 34f., 40; **88** 48; **Vor 120** 38
Klingeltöne für Mobiltelefone E **17** 20; **Vor 28** 44, 69, 72, 87; **31** 86, 97; **137l** 37
Knickfaltlampe E **2** 166
Kochrezepte Schutzfähigkeit **2** 109
Koenigs Kursbuch E **17** 44; **97** 6
Kollektion Holiday E **97** 147, 150f.
Kollektivwerke Schutzdauer **64** 22f.
Kolorierung von (Schwarzweiß-)Filmen **93** 4, 22; **94** 15; von Bildnissen **60** 9
Kommentar E **97** 13, 16f., 209
Kommentare, Miturheberschaft oder Werkverbindung **8** 6
Kommerzielle Pressespiegel 49 42
Kommerzieller Zweck 52a 15
Kommissionsverkauf E **26** 45, 47
Kommunikationsfreiheit, Einschränkung des Urheberrechts im Interesse der – **Vor 44a** 4, 21; **48** 1; **49** 1; **50** 4, 7; **51** 6, 8f.; **93** 22f.; **97** 35ff.
Kondompackungen, Kunstwerke auf – E **14** 24; **24** 28, 20
Konkludente Rechtseinräumung Vor 28 77f.
Konkretisierungstheorie Vor 12 28b
Konsumentenbefragung II E **15** 40
Kontrollbesuch E **59f** 7ff.; **59g** 1; **101a** 15, 25, 29
Kontrollbesuchsrecht des Urhebers **54g**; Ausübung durch Verwertungsgesellschaft **54g** 2; **54h** 2; keine Verfassungswidrigkeit **54g** 1
Kontrollfragensammlung, Schutzfähigkeit **2** 87
Konzern und Rechtsinhaberschaft **Vor 28** 84
Konzerninterne Geschäfte und Erschöpfung **17** 46, 64
Konzertveranstalter E **17** 5, 14, 30; **69c** 25; **96** 9; **97** 76; **Vor 120** 137
Kopienversand auf Bestellung E **44a** 21 **53** 32; durch Bibliotheken **27** 16; **53** 20; **53a** 3ff.; Vergütungspflicht **53a** 24f.; Verwertungsgesellschaftpflichtigkeit **53a** 26
Kopienversanddienst E Einl. 13, 56; **15** 15, 27, 46f.; **17** 10; **19a** 55; **53** 27, 29, 31, 82; **53a** 1, 12f., 24; **87** 60; **97** 103, 109; und Verbreitungsrecht **15** 27; durch eingeschränktes Verwertungsrecht **15** 27

Sachverzeichnis

halbfette Zahlen = Paragraphen

Kopierfreiheit s. Vervielfältigungsfreiheit
Kopiergeräte s. auch Betreiberabgabe, Geräteabgabe; Aufstellen **53** 37; Vergütungsanspruch gegen Hersteller von -n (Geräteabgabe) **54** 8 ff.; gegen Betreiber von -n (Betreiberabgabe) **54 c** 1 ff.
Kopierläden s. auch Betreiberabgabe; Auskunftsanspruch **54 f** 8; Kontrollbesuchsrecht **54 g** 1 ff.; Verpflichtung zur Zahlung der Großbetreiberabgabe **54 c** 1, 5, 9 f.
Kopierläden I E Einl. 36; **5** 9; **Vor 44 a** 7; **53** 14; **54** 1; **54 c** 1; **54 d** 1, 6; **97** 62, 65, 133 f. **WahrnG 13** 2
Kopierläden II E 54 20; **54 c** 9 f.; **54 h** 1 f.; **97** 188
Kopierschutzmechanismus s. Dongle
Kopierstationen E Einl. 13; **16** 17; **54** 21, **54 c** 4
Kopiervergütung s. Vergütungspflicht
Kopierwerk E 97 76, 139, 189, 192; **102 a** 3; **WahrnG 12** 6; **13 b** 3
Koproduktion, Filmhersteller bei – **Vor 88** 36; Rechtseinräumung bei Film-Fernseh- – **89** 17; und Schutzrecht des Filmherstellers **94** 19; Altverträge und europäische Satellitensendung **20 a** 4; **137 h** 2, 4
Koproduktionsverträge Vor 28 145 f.
Korruptionsvorwurf E 97 177
Kosaken-Kaffee E 97 197
Kostümbildner als Filmurheber **Vor 88** 62, 70; **88** 19, 22; kein ausübender Künstler **73** 13, 31
Kostüme s. Filmkostüme
KOWOG E 97 197
Krankenhäuser, Öffentlichkeit in -n **15** 79 f.; privilegierte öffentliche Wiedergabe in -n **52** 14
Krankenhauskartei E 25 7, 11; **43** 2, 22 f., 37, 40, 96; **44** 1, 10
Krankheit auf Rezept E 6 8, 14
Kreative Vor 12 18 a
Kredithaie E 97 35
Kreuzbodenventilsäcke II E 97 188, 193; **101** 16
Kreuzbodenventilsäcke III E 97 145, 153, 155
Kriminalroman E 132 15
Kriminalspiel E 14 41; **39** 10; **93** 20, 25
Kristallfiguren E Einl. 41; **2** 38, 45, 49 f., 74, 139 f., 154, 161; **97** 15
Kronprinzessin Cäcilie I E 7 7; **8** 7; **43** 2, 77, 87
Küchenmaschine E 97 123, 139, 206
Kugelobjekt E 14 37
Kulthandlung keine Darbietung **19** 5, 15
Kulturfilm, Schutzfähigkeit **2** 191
Kulturgüter, Schutz von -n **Vor 12** 35
Kulturpolitische Vorschriften im internationalen Urhebervertragsrecht **Vor 120** 168
Kulturwirtschaft Vor 44 a 4, 6, 36 f.

Kummer'sche Lehre vom Werkbegriff 2 16 f., 32; **3** 16
Kundentheorie Vor 73 15
Kündigung, Abwicklung bei – **31** 61 f.; aus wichtigem Grund **31** 55 ff.; ordentliche **31** 41; bei Miturhebern **8** 12 f.; bei Rechtsinhaberwechsel im Todesfall **34** 8; bei Werkverbindung **9** 14; Frist **31** 60; Teilkündigung **31** 61 f.; Verwirkung **31** 60; von Nutzungsverträgen **31** 44 ff., 55 ff.; bei Verträgen über künftige Werke **40** 8 f., 15 ff.; s. auch Rückruf wegen gewandelter Überzeugung, Rückruf wegen Nichtausübung
Kündigungsrecht in den USA und internationales Urhebervertragsrecht **Vor 120** 167
Künftige Werke, Einräumung von Nutzungsrechten an – **Vor 28** 79; Fehlen der näheren Konkretisierung **40** 13; Optionsvertrag **40** 5 ff.; schuldrechtliche Verträge über – **40** 3 ff., 17; stillschweigende Rechtseinräumung an – in Arbeits- oder Dienstverhältnissen **43** 43 f., 51 ff.; Veröffentlichungsrecht **12** 19; Verträge über – im internationalen Urheberrecht **Vor 120** 166; Verträge über – im Übergangsrecht **132** 6; Vorvertrag über – **40** 4
Kunst, Begriff **2** 133; s. auch Werke der reinen Kunst, Werke der bildenden Künste
Kunstauktionator E 26 45
Kunstbücher als Sammelwerke **4** 9; als Werkverbindung **9** 6
Kunstfälschung und Folgerecht **26** 42; Strafrechtsschutz **107**; **109** 5; und Urhebervermutung **10** 4; s. auch Künstlersignatur
Kunstfreiheit 97 35, 44; und Urheberrecht **Vor 44 a** 7; und Zitatrecht **51** 8; **97** 44
Kunsthändler E 26 17, 38, 47, 50; **Vor 28** 70 f. 100; **120** 19; **121** 18; **WahrnG 6** 4, 6; Begriff **26** 33; Beteiligung an Weiterveräußerungen von Werkoriginalen **26** 33 ff.
Kunstklotz E Vor 28 70
Künstler s. ausübender Künstler
Künstlerabbildung in CD-Einlageblatt E 96 10
Künstlerbiographie E 60/23 KUG 8
Künstlerexklusivverträge E 9 6, 12; **79** 8; und Schriftform **83** 4
Künstlergruppen, Begriff „Gruppe" **74** 21; individuelle Leistungsschutzrechte bei – **80** 1 f.; Nennungsrecht beim Film **93** 4 b, 4 c; Personenkreis **80** 6 ff.; persönlichkeitsrechtliche Befugnisse **80** 18 f.; Rechtsverhältnisse untereinander **80** 9 ff.; Reformüberlegungen **80** 16; Staatsangehörigkeit bei internationalen – **80** 20; **125** 5 f.; Passivlegitimation **80** 17; tarifvertragliche Regelungen der Nutzung der Darbietungen **80** 5; Wahl des Vorstandes von – **74** 29 f.; **125** 6; Wahrnehmung der Rechte durch Vorstand oder Gruppenleiter **80** 3 f., 15 ff.; **97** 53

magere Zahlen = Randnummern

Sachverzeichnis

Künstlerische Gestaltungsfreiheit und Zitatrecht **51** 8, 17
Künstlerlizenz Rundfunk E **17** 5; **Vor 20** 26; **22** 3; **Vor 73** 4; **75** 10; **81** 3; **75** 3; **Vor 88** 55; **129** 16
Künstlerlizenz Schallplatten E Einl. 117; **21** 3; **43** 66; **44** 1; **Vor 73** 4; **73** 31; **75** 3; **78** 8; **85** 3; **86** 2; **Vor 88** 55; **97** 6
Künstlermonographie E **31** 94
Künstlerpersönlichkeitsrechte, keine spezifischen – für ausübende Künstler **Vor 73** 21 ff.
Künstlersignatur, als Urheberbezeichnung **13** 12; Bedeutung für die Originaleigenschaft **26** 28 f.; Beseitigungsanspruch bei Bildfälschungen **98** 7, 14; strafrechtlicher Schutz **107** 2 ff.
Künstlersozialkasse 26 13
Künstlersozialversicherungsgesetz Vor 28 27; **Einl** 14; **26** 13
Künstlerverträge E **31** 39; Kündigung **31** 57 ff.
Künstlerzeichen 10 5; Bedeutung **66** 7, 9; s. auch Künstlersignatur
Kunststoffhohlprofil I E **102 a** 2
Kunststoffhohlprofil II E **97** 147, 153, 158; **102 a** 2 f.
Kunststofflacke E **Vor 120** 170
Kunstverlag, beschränkte Vergabe von Verwertungsrechten im – **17** 25; Verlagsverträge **Vor 28** 127 ff.; **44** 16; **72** 49
Kunstwerk s. Werke der bildenden Künste
Kunstwerke auf Kondompackungen E **14** 24; **24** 28, 30
Kunstwerke in Werbeprospekten E **57** 9, 10
Kupferberg E **103** 4, 8
Kupferstich als Bildnis **60** 18
Kurtaxe als Entgelt für Veranstaltungen **52** 17
Kürzung 39 17 ff.; von Filmen **94** 6, 26 ff.; Schutzfähigkeit **3** 17
Kyldex I E **Vor 73** 21, 25; **75** 19, 32

La Bohème E Einl. 76; **Vor 120** 129; **120** 4, 8, 10; **129** 12; **137 f** 3 a; **129** 12
La Chatte E **2** 70
Ladenklausel 56 1, s. Geschäftsbetrieb
Lagerhalle E **24** 11
Lampen, Schutzfähigkeit **2** 166
LAN s. Local Area Networks
Landesbildstellen als privilegierte Institutionen **47** 5, 14 ff.
Landesfinanzschule, Erwerbszweck bei Rundfunkwiedergabe in – **52** 14
Landesrecht, amtliche Werke im – **5** 92
Landesversicherungsanstalt E **15** 64, 79; **Vor 44a** 18; **52** 12 ff.; **97** 142
Landung in Salerno E **132** 3
Laras Tochter E **2** 54, 56, 58, 85; **23** 9 f., 14; **24** 9 f., 17, 19, 24 f., 29 f.; **Vor 28** 81 f.; **37** 10; **69 c** 16; **97** 49 f., 52, 142; **98** 7, 19; **103** 12; **Vor 120** 129; **121** 6

Laserdisk als vergütungspflichtiges Speichermedium **54** 8, 15, 19
Laserdisken E **17** 43, 65
Laß jucken Kumpel E **89** 13
Lateinisches Übungsbuch E **Vor 12** 1
Lateinlehrbuch E **97** 102, 105; **101** 13, 72, 76
Laufbilder E **88** 45; **94** 12; **95** 12; Abgrenzung von Filmwerken **Vor 88** 20; **95** 8; Begriff **2** 191 ff. **Vor 88** 20 f.; **95** 6 f.; Beispiele **95** 9; Filmausschnitte als – **95** 8; keine Übertragungsvermutung zugunsten des Filmherstellers bei –n **92** 4, 9; **95** 17; persönlichkeitsrechtlicher Schutz ausübender Künstler **93** 11); **95** 18; Rechte an den Einzelbildern von –n **91** 4; Rechtseinräumung bei Verfilmung zu –n **Vor 28** 155 f.; **95** 13; Schutzrecht des Filmherstellers an –n **Vor 88** 14; **94** 4, 10; **95** 1 ff., 19; wettbewerbsrechtlicher Schutz **95** 20
Laufendes Auge E Einl. 30, 33, 158
Lautsprecherübertragung E Einl. 15, 77, 79; **17** 5; **19** 3; **21** 3; **43** 66; **Vor 44a** 18; **85** 2 f.; **97** 198; **Vor 120** 116, 118; **140** 1
Laux-Kupplung II E **97** 149, 159
Layout Schutzfähigkeit **2** 176
Le Boucher I E (EuGH) Einl. 86; **15** 38
Le Boucher II E (EuGH) Einl. 63, 65, 86; **15** 38
Le Boucher IV E (Cour de Cass., Belg.) **20** 34
Le Corbusier Möbel E **(EuGH) 17** 2, 8, 14; **18** 6, 19; **Vor 120** 137
Le Corbusier-Möbel E (BGH) **2** 27, 44, 139, 143, 145, 161, 164, 169; **15** 40; **17** 2, 8, 14 ff.; **18** 17; **54 f** 4; **97** 27, 62; **98** 9; **vor 120** 137
Le Corbusier-Möbel II (OLG Frankfurt) E **2** 44, 139, 143, 161, 169, s. auch Nachbildungen von –
Le Corbusier-Sessel E **2** 27, 44, 139, 141, 169
Le Mans E **Vor 120** 132, 149
Lebach E (BGH) **60/22 KUG** 7; **60/23 KUG** 3, 35, 109
Lebach E (BVerfG) **60/23 KUG** 34
Lebensmittelskandal E **60/23 KUG** 9, 21, 33
Lebenspartner als Angehöriger **62** 6
Lech Walesa E **6** 29; **124** 3
Ledigenheim E **2** 44, 135, 142, 145, 151, 153 ff.; **16** 7; **31** 77; **44** 1; **88** 21; **97** 14, 18
Leerkassettenabgabe 54 2; s. auch Betreiberabgabe, Geräteabgabe, Speichermedienabgabe
Leerübertragung 31 29
Lehrerbildung 47 12
Lehrmaterialien als amtliche Werke **5** 71; Privilegierung **46** 10 f.
Lehrmethode nicht schutzfähig **2** 213
Lehrmittel, Schutzfähigkeit **2** 213
Lehrpläne als amtliche Werke **5** 71, 93; Schutzfähigkeit **2** 35
Leichte Kavallerie E **2** 70
Leihbücherei, Bibliothekstantieme **27** 3, 17
Leistungsschutz und freie Benutzung **24** 22

Sachverzeichnis

halbfette Zahlen = Paragraphen

Leistungsschutzrechte, Begriff **Einl.** 39; des ausübenden Künstlers **Vor 12** 18; s. Verwandte Schutzrechte
Leistungssportler 73 10, 11
Leistungsstörungen bei internationalen Urheberrechtsverträgen **Vor 120** 151
Leitbildfunktion 11 1 f., 7; **Vor 28** 40 ff.; des Rechts auf angemessene Vergütung **32 b** 34
Leitfigur des Urheberrechts **Einl.** 4
Leitsätze E 2 23, 30, 35, 101; **3** 15, 17 f., 26; **4** 6, 9, 16, 19, 22; **5** 5, 19, 28, 30, 32, 34, 47, 93 f.; **23** 10; **Vor 87 a** 5
Leitsätze s. Entscheidungsleitsätze
Lektor, Statusbeurteilung **E 43** 12, 13
Lepo Sumera E Vor 120 129, 149, 150, 156, 157, 168
Les Demoiselles d'Avignon E 50 11
Leseplätze s. Archiv, Bibliotheken, elektronische Leseplätze, Museum
Lesering E 97 133
Lesezirkel, Bibliothekstantieme **27** 8
Lexika, Schutzfähigkeit **2** 102
Lichtbildautomaten, Bediener als Leistungsschutzberechtigter **72** 19, 28
Lichtbilder s. auch Fernseheinzelbilder, Filmeinzelbilder, Fotografien; Abgrenzung zu Lichtbildwerken **2** 178 f.; **72** 11, 18, 22; Abgrenzung zur schutzunfähigen Reproduktionsfotographie **72** 10, 23; als Dokumente der Zeitgeschichte **72** 5, 7, 13, 39; als Vervielfältigungsart bei Bildnissen **60** 16, 25 f.; Ausstellungsrecht **18** 13; Bearbeitungsrecht **72** 12, 30; Begriff **72** 18; Begriff des Originals **72** 22, 24; durch angestellte Fotografen **72** 51; entsprechende Anwendung der Vorschriften über Lichtbildwerke **72** 11, 24 ff.; Erzeugnisse ähnlich -n **72** 19; im Übergangsrecht **129** 15; **134** 5; **135/135 a** 1 ff.; **137 a** 4; keine Gegenstände des Folgerechts **26** 20; **72** 24; kein Schutz durch RBÜ und WUA **72** 15; Leistungsschutz für – **72** 1, 10, 12; Negative der – **72** 23; Rechtsverkehr **Vor 28** 64 ff.; Schutz ausländischer – **72** 15 f.; **124** 2 f.; Schutzdauer **64** 50; **68** 1 f.; **72** 5 ff., 37 f.; **137 a** 4; **137 f** 3; Vertragsrecht an -n **72** 46 ff.; Wahrnehmung der Rechte an -n durch die VG Bild-Kunst **72** 48; wettbewerbsrechtlicher Schutz **72** 53
Lichtbilder von Bildhauerarbeiten E 43 2; **44** 1, 4
Lichtbildkopien E 2 179; **3** 8; **23** 7; **72** 18, 23, 25 f.
Lichtbildner 72 35 f.; Recht auf Namensnennung **13** 19; **72** 33; **60** 9; Schutz ausländischer – **72** 15 f.; Urheberpersönlichkeitsrechte **72** 12, 31 ff., 38; Verwertungsrechte **72** 25 ff.; Verzicht auf Namensnennung **72** 33
Lichtbildwerke 2 34, 177 ff.; Abgrenzung zu Lichtbildern **2** 178 f.; **72** 11, 18, 22; Filmeinzelbilder als – **2** 186; **91** 12; als Gegenstände des Folgerechts **26** 20 f.; Ausstellungsrecht **18** 1, 10; harmonisierter Schutzstandard **72** 22; im Übergangsrecht **135/135 a** 3, 9; **137** 3, 16; **137 a** 1 ff.; Schutzdauer **64** 50, 62 ff.; **66** 54; **68** 1 f.; **72** 5; **Vor 120** 48, 65; **135/135 a** 3 ff., 9; **137** 3, 16; **137 a** 1 ff.; Schutz durch das WUA **Vor 120** 65; Schutz durch die RBÜ **Vor 120** 48; Schutzfähigkeit **2** 179 ff., von Filmeinzelbildern als **2** 186
Liebeshändel in Chioggia E 3 22; **7** 2; **73** 16; **95** 9; **Vor 120** 132; **125** 15
Liebestropfen E 60/22 KUG 18, 24; **60/33–50 KUG** 27 ff., 31, 34; **75** 31; **97** 176, 182
Liebhaberdruck, Erscheinen im – **6** 40
Lied Musik und Text als Werkverbindung **9** 6
Lied der Wildbahn I E 2 23, 67 f., 186, 191; **24** 14; **31** 92; **51** 7; **88** 53, 57; **91** 5; **95** 8, 11; **97** 13, 16 f.
Lied der Wildbahn II E 88 3, 41, 45
Lied der Wildbahn III E Vor 28 257; **Vor 88** 64; **88** 3, 16, 18, 41, 45, 55
Lieder- und Gesangbücher 4 9; **46** 11; Verwertungsfreiheit für – im Übergangsrecht **136** 4 ff.
Liedersammlung E Vor 44 a 18; **46** 13 ff.
Liedtextwiedergabe I E Vor 44 a 21; **51** 8, 16; **97** 39, 45
Liedtextwiedergabe II E Vor 44 a 29; **97** 158
Lieferungswerke, Begriff **67** 4; Schutzdauer **6** 21; **67** 1 ff.
Ligäa E 41 7, 13, 16
Ligaspieler E 60/23 KUG 2, 19, 29, 113; **60/33–50 KUG** 2, 16
Lila Umkarton E 97 202
Lili Marleen E 2 67; **24** 14, 26; **98** 6
Lindenstraße E Vor 88 61
Line-Tracer 69 d 22
Links s. Hyperlink; und Datenbanken **87 a** 11, 29; **87 b** 35 ff.; beim Sampling **77** 9
Linksammlung als Datenbank E 87 a 29, 40, 43, 50
Linux-Klausel 32 43; s. auch Open Content Klausel
list of presses E 87 a 29
Literarische Übersetzer, Vertragsverhältnisse **Vor 28** 109 f.; s. a. Übersetzer
Literaturhandbuch E 7 9; **Vor 12** 12a; **13** 18 f.; **97** 181
Literaturverzeichnis, Erstellung keine schöpferische Tätigkeit **7** 9; **8** 4
Literatur-Werkstatt Grundschule E 51 7
Live-Darbietung als Voraussetzung für Veranstalterschutz **81** 16; Beeinträchtigung **75** 24 ff.; Vortragsrecht **19** 5
Live-Sendungen als Filme **2** 180, 186; **vor 88** 21; als Gegenstände des Schutzrechts des Sendeunternehmens **87** 28; **Vor 88** 22; **95** 20; als Laufbilder **95** 9, 20; als Sendung iSd. Sende-

magere Zahlen = Randnummern

Sachverzeichnis

rechts **15** 19; **20** 6; **Vor 88** 26; als Verfilmung **Vor 88** 26; Einblendung von – in Filmwerk **92** 7; keine Gegenstände des Schutzrechts des Filmherstellers **Vor 88** 22; **94** 7; **95** 20; keine Vervielfältigung **Vor 88** 26; Schutzfähigkeit von Einzelbildern **2** 181, 186; **72** 20; Verletzerzuschlag **72** 27
Lizenz s. auch Einräumung von Nutzungsrechten, gesetzliche Lizenz, Nutzungsrechte, Zwangslizenz; Aktivlegitimation **97** 48 ff., 55 ff.; Begriff **Vor 28** 49; **35** 1 ff.
Lizenzanalogie E **97** 153, 155, 159
Lizenzen an Urheberpersönlichkeitsrecht Vor 12 26, 26 a
Lizenz für Tonträger E **42** 1, 3, 13
Lizenzgebühr, angemessene, als Schadensersatz 60/33–50 KUG 10 ff.; **97** 152 ff., 172 ff.; übliche **97** 146 f., 157, 159
Lizenzkette und weitere Beteiligung **32 a** 33
Lizenzmangel E **97** 139
Lizenznehmer, im Ausland **32 b** 10, 15, 17; Klagerecht **97** 48; Insolvenz des – **112** 22 ff.
Lizenzvertrag s. Einräumung von Nutzungsrechten, Softwarelizenzverträge, Softwareüberlassungsverträge, Weiterübertragung von Nutzungsrechten
Local Area Network (LAN) 19 a 1, 43; Öffentlichkeit der Werkwiedergabe **15** 85; Rechtevergabe durch VG Wort **Vor 20** 23
Logikverifikation E **Vor 69** 10
Logo, Schutzfähigkeit **2** 167
Logo La Cinq E (TGI Paris) **93** 21
Lotteriesystem E **66** 26; **138** 11
Louisenlund E **2** 142, 151, 154 f., 157
Lounge Chair E **2** 169; **Vor 120**, 6
Ludus tonalis E (OGH) **Vor 44 a** 12; **Vor 120** 116, 118
Luftbilder, Lichtbildschutz **72** 20; Lichtbildner **72** 35 f.
Lustige Witwe E **Vor 28** 126; **137** 3, 10, 16
Lüth E **97** 35
Lutherbibel 1984 E **3** 15, 24

Mackintosh-Entwürfe E **Vor 120** 149
Mackintosh-Möbel E **6** 34, 48; **97** 48; **Vor 120** 149; **120** 2; **129** 12
Mackintosh-Möbel II E **129** 13
Magdalenenarie E **2** 42; **23** 32 ff.; **24** 11, 36
Magic Modul E **87** 63
Magill E (EuGH) **Einl.** 66 f., 80; **Vor 87 a** 49 f.
Magnettonband I E **97** 142
Magnettonband II E **97** 65
Magnettongeräte E **Einl.** 17
Magritte E **97** 128
Mailbox s. E-Mail
Maillol E **97** 158
Main-Post E **87 a** 29
Maissaatgut E **Einl.** 63, 65

Making-available-right s. Online-Zurverfügungstellung, WIPO Copyright Treaty, Zugänglichmachung
Makulatur kein Inverkehrbringen durch – **17** 46
Mambo No 5 E **20 b** 13
Mamma Mia E **19** 10
Mampe Halb und Halb I E **97** 202
Mampe Halb und Halb II E **97** 202
Man spricht deutsh E **20 a** 4; **Vor 88** 36; **94** 21; **137 h** 2, 2 c, 2 d, 4 a, 4 b
MAN/G-man E **97** 197
Manfred Köhnlechner E **13** 7, 30; **43** 77
Mangelhaftes Manuskript E **31** 63
Mantellieferung E **4** 15; **16** 5, 17
Mantelmodell E **2** 168
Manteltarifvertrag für Redakteure 43 66, 104 ff.
Manuskript, Rückgabe **Vor 28** 121
Manuskriptvertrag Vor 28 122 ff.
Maritim E **97** 9, 197
Mark Twain E **6** 44
Marke und Urheberrecht Einl. 48 f.
Marken, Urheberrechtsschutz **2** 44; -schutz für Werktitel **2** 69
Markenparfümverkäufe 97 94
Markentechnik E **2** 46, 51, 67, 68; **24** 11; **51** 7, 30
Marktberichte E **87 a** 29; **87 b** 45
Marktstudien E **15** 30; **17** 63, **87 a** 29
Marlene Dietrich E **28** 6; **75** 31; **76** 2; **97** 47, 178 f., **137 i** 6
Marlene Dietrich I E **60/22 KUG** 9, 62, **60/33–50 KUG** 24, 30; **97** 179
Marlene Dietrich II E **60/22 KUG** 9; **97** 179
Maschinenbeseitigung E **97** 132
Maschinenmensch E **2** 26, 51; **3** 9; **7** 2, 6, 7; **8** 4; **10** 8; **24** 10 f.; **88** 36 h, 42
Mashups Begriff **51** 53; und Zitatrecht **51** 53
Maske in Blau E **3** 23, 26; **14** 2, 13, 23 a, 28; **19** 21; **31** 60, 92; **39**, 2, 14, 20, 30; **75** 7; **88** 26
Masken, Schutz beim Film **88** 19, 22
Maskenbildner als Filmurheber **Vor 88** 62; **88** 19, 22
Maßgebliche Nutzungshandlungen im Inland **32 b** 14–19
Masterbänder E **Einl.** 15 ff.; **15** 8, 12; **16** 6 f., 10, 27; **17** 12 f.; **85** 33 ff.; **WahrnG 11** 5; **13** 7; **13 b** 6; und Matrizen als Vervielfältigungsstücke **16** 10; **85** 26
Materialwerte Vor 28 142
Materieller Schaden, angemessene Lizenzgebühr **97** 152 ff., 172 ff.; Ausgleich des Verletzervorteils **97** 172 ff.; Berechnungsarten **97** 145 ff.; Herausgabe des Verletzergewinns **97** 166 ff.; konkreter Schaden, entgangener Gewinn **97** 150 ff.; Kritik **97** 170 ff.; Wahlrecht des Verletzten **97** 147

Sachverzeichnis

halbfette Zahlen = Paragraphen

Mattscheibe E 24 11 ff., 22, 27 ff.; 87 29; **94** 25; **95** 9
Mauer-Bilder E 2 23, 48; **14** 37; **15** 31; **17** 5, 18, 44 f., 51; **18** 1, 15; **44** 1, 5; **69 c** 35; **Vor 120** 125; **120** 4
Mausfigur E Vor 28 82, 177; 97 55
Max Merkel E (OHG) 97 39
McGill E Vor 12 22 a
Mechanische Rechte Vor 28 173
Mecki-Igel I E 2 149; **24** 11, 17; **97** 14
Mecki-Igel II E 2 149, 165; **23** 31 f.; **24** 10; **97** 48, 50
Mecki-Igel III E 15 16
Medienarbeitsrecht 43 9
Mediendienste-Staatsvertrag 97 79 f.
Mehrfacher Schadensersatz Vor 120 131
Mehrfachoriginale s. auch Original; und Erscheinen 6 33; von grafischen und plastischen Werken 26 27 ff.
Mehrfachveröffentlichung E 31 22
Mehrkanaldienst E 20 9; **78** 4 a; **85** 41; **85** 17; **86** 10, 14; s. auch Spartenprogramme; Anwendbarkeit von § 76 auf – **76** 19; und Rechte ausübender Künstler **75** 15; **76** 19; und Senderecht **20** 49; **78** 4 a; als Sendeunternehmen **87** 14; kein Vergütungsanspruch nach § 20 b **20 b** 10
Mehrplatzlizenz 69 d 9
Mein Mann John E 97 130, 132 f.
Mein schönstes Urlaubsfoto E 14 10, 23 a, 41
Meinungs-, Presse- und Rundfunkfreiheit s. auch Kommunikationsfreiheit; und Bild- und Tonberichterstattung 50 4, 7; und Nachdruckfreiheit öffentlicher Reden 48 1; und Pressespiegelbestimmung 49 1; und Zitatrecht 51 8 f.
Meinungsfreiheit und Urheberrecht Vor 44 a 14, 17, 21
Meinungsforum E 97 69, 106
Meißner Dekor E 97 71; **101** 23, 25, 27 f.
Meißner Dekor II E 99 6
Meistbegünstigungsklauseln, im TRIPS-Abkommen Vor 120 14, 20; Frühere Unüblichkeit im Urheberrecht 141 9
Meistbegünstigungsvereinbarung E 97 188 f.
Meldepflicht für Importe von Geräten und Speichermedien 54 e 1 ff.; doppelter Vergütungssatz bei Verstoß 54 e 4
Melodie, Begriff 24 34; und Doppelschöpfung 23 33 f.; **24** 32; und freie Benutzung **24** 32 ff.; und Musikzitat **51** 18, 49 f.; und Parodie **24** 31
membran E 97 151
Memokartei E 2 49, 197, 200, 209
Memory-Sticks Vergütungspflicht 54 15, 19; keine Betreiberabgabe 54 c 3 f.
Mephisto E (BGH) 60/22 KUG 55, 58; 60/23 KUG 94; 60/33–50 KUG 24

Mephisto E (BVerfG) 60/22 KUG 55
Merchandising-Rechte im Verlagsvertrag E 31 92
Merchandising-Vertrag Vor 28 177; **31 a** 54
Merck E vor 120 117
Merkblätter als amtliche Werke 5 63
Merkmalklötze 2 213
Messmer Tee II E 97 145, 149, 153, 158
Metall auf Metall E 2 128; **16** 14; **24** 9 f., 22, 35; **51** 54; **77** 9, 11; **85** 41, 43, 59; **87** 29; **94** 25
METAXA E 31 89, 97; **36** 12
Methode, kein Schutz der – 2 49 f.
Metronome Musik E (EuGH) Einl. 84 f.; **77** 16; **15** 38
Metropolis E 51 17
MFM-Empfehlungen E 72 33, 47
Michael-Jackson-Konzert E 81 36; **125** 6, 18
Michel-Nummern Einl. 56; E 137 g 3
MIDI-Files E 97 87
Midi-Files im Internet E 85 19
Mikrochips, Filme auf – Vor 88 21
Mikrowellensysteme 20 b 9
Militärsender, Haftung für Rechtsverletzungen 97 77
Millionen trinken ... E 97 197
Mindestrechte in der RBÜ Vor 120 47; nach TRIPS Vor 120 17, 21 f.
Mini-Car E 138 11, 15
Minidress III E 2 26, 51, 140, 161
Ministère Public E Einl. 84, 86;
Mischtonmeister E
Mischtonmeister E 2 195; **Vor 88** 70; **89** 19
Mismanagement E 60/23 KUG 7, 10
Miss Petite E 97 145, 149 f., 154 f., 182 ff., 189
Missbrauch von Urheberrechten Einl. 66 f.; 19 a 47, s. auch Urheberrecht und Kartellrecht
Missverhältnis, auffälliges 32 a 15–22
Mit Dir allein E 16 7, 10; **Vor 28** 157; **Vor 88** 64; **88** 17 f.
Mit Fe. live dabei E 77 19; **Vor 120** 117, 129; **125** 13, 15
Mitschnitt-Einzelangebot E 16 7; **69 c** 24
Mittelbare Verletzung 97 62, 65, 75, 128
Miturheber, Ausländische Staatsangehörige als – **120** 11; Einwilligung sämtlicher – in Rechtseingriff **106** 11; Gesamthandsgemeinschaft der – **8** 1, 10 ff.; -gesellschaft **8** 13; Recht auf Namensnennung **13** 18; Rechtsbeziehungen zwischen -n **8** 1, 10 ff.; Rückruf wegen Nichtausübung durch – **41** 23; Verfolgung von Rechtsverletzungen durch – **8** 20 ff.; **97** 53; Veröffentlichung und Verwertung durch – **8** 14 ff.; Verzicht auf Anteil an Verwertungsrechten **8** 17; **30** 3
Miturheberschaft 2 78; **8** 1 ff.; Abgrenzung zur Bearbeitung 3 9; **8** 2; zur Werkverbindung **8** 2; **9** 7; am Filmstoff **88** 16; Anmeldung zur

magere Zahlen = Randnummern

Sachverzeichnis

Eintragung in die Urheberrolle bei − **66** 51; bei Filmwerken **Vor 88** 64f., 69f.; **88** 18f.; **89** 6; Schutzdauer bei − **65** 1ff.; Staatsangehörigkeit bei − **120** 11; und Folgerecht **26** 43; Voraussetzungen **8** 4ff.
Miturheberschaft des Kameramanns E 8 23
Möbel, Schutzfähigkeit **2** 169
Möbelklassiker E 97 69, 71, 138
Möbel-Nachbildungen E 2 169; **17** 16
Möbelstoffmuster E 97 14
Mobile-TV 20 10; **20 b** 9
Modedesignerin E Vor 12 12 a
Modelle als amtliche Werke **5** 68; Schutzfähigkeit **2** 198, 213
Modeneuheit E 2 45, 145, 168, 173; **97** 145
Moderatorentätigkeit für Musiksendungen E 73 4, 21f., 24
Modernisierung einer Liedaufnahme E 3 1; **77** 11
Modernisierung des Schuldrechts, Übergangsregelung **137 i**
Modernisierung einer Liedaufnahme E 3 9; **8** 4, 9; **16** 8; **23** 4; **79** 12; **80** 6
Modeschöpfung Schutzfähigkeit **2** 158, 168; Haftung des Einzelhändlers **97** 66
Mogul-Anlage E 97 145
Molkereizeitung E 97 130
Mon Chéri I E 97 202
Mon Chéri II E 97 201
Monismus Vor 12 6
Monistische Theorie beim Recht des ausübenden Künstlers **Vor 12** 18
Mono Car Styling E 15 40
Monografien als Werke geringen Umfangs **52 a** 7
Monumenta Germaniae Historica E 2 47, 50, 56, 87; **4** 38; **6** 44; **17** 14; **Vor 44 a** 31; **69 c** 25; **Vor 87 a** 5 f:. **97** 7, 145, 188 ff., 205 f.; **101** 1, 16; **105** 9, 14; **106** 4; **Vor 120** 137, 140, 150, 157, 170; **121** 5 b; **WahrnG 13 b** 6
Mord ohne Mörder E 96 3
Motezuma E (BGH) 6 29, 32, 29f., 43f.; **15** 59; **71** 7f., 10
Motezuma I u. II (OLG Dü) 6 29, 32, 39f., 43f.
Motorsäge E 2 82
Move E 2 34, 50, 140, 142, 160f., 169
Mozilla-Lizenzen Vor 69 a 26, 53; s. auch Open Source Software
MP3-Aufnahmegeräte und Vergütungspflicht **54** 14, 18; keine Geräteabgabe **54 c** 3 f.
Multi-Channel-Services s. Mehrkanaldienste
Multifunktionsgeräte E u. Vergütungspflicht **54** 8 14, 20 f.
Multifunktionsgeräteabgabe E 54 14, 20 f.
Multilaterales Abkommen über Investitionen (MAI), Entwurf **Vor 120** 40

Multimedia-Richtlinie (= Richtlinie 2001/ 29/EG) s. Info-Richtlinie
Multimedia und Datenbanken **87 a** 10f., 24; und Integritätsschutz **14** 12
Multimedianutzung von Musikwerken **39** 19
Multimediaprodukte und Persönlichkeitsschutz **93** 11
Multimediawerke, s. auch Internet, Online-Angebote; Abgrenzung zum Computerprogramm **69 a** 29; Abgrenzung zu anderen Werkarten **2** 4,8, 77; Anwendbarkeit von Schrankenregelungen **51** 41; **59** 18; als Datenbanken **87 a** 11; und Entstellungsschutz **14** 5; keine Filmwerke **Vor 88** 46; interaktive Gestaltung und Werkbegriff **2** 22, 76; und Laufbilderschutz **95** 7; keine eigene Werkart **2** 4, 8, 77; Zitate in -n **51** 41; Vorträge **Vor 28** 179; und Zitatrecht **51** 41
Multiple-Choice-Klausuren E 2 106
Multiprogramming als Vervielfältigung des Computerprogramms **69 c** 6
Münzen als amtliche Werke **5** 68
Murder E Vor 120 158
Museum als öffentlich zugängliche Einrichtung **52 b** 3 f.; Wiedergabe von Werken an elektronischen Leseplätzen **52 b** 3 ff.; Vergütungspflicht **52 b** 13; Verwertungsgesellschaftspflichtigkeit **52 b** 14
Museumsführer E 43 86
Museumsfußboden E 14 21, 29
Museumskatalog E Vor 44 a 18; **50** 2; **51** 6, 17, 22; **57** 5; **58** 5, 12, 17, 18, 23, 25; **59** 4; **60** 6; **87 c** 7
Musical Gala E 9 6; **19** 16-18, 27f.
Musical Starlights E 19 17f., 20, 23–25, 27
Music-on-demand 19 a 1, 7; **Vor 20** 7; **20** 9; **31 a** 49; **94** 31; s. auch Video on demand
Music-on-hold s. Musikwiedergabe in Telefonwarteschleifen
Musikalische Arrangements Schutzfähigkeit **2** 124
Musikalischer Bilderbogen E 19 28
Musikantenmädel E Einl. 115; **9** 6; **88** 26; **89** 11; **Vor 120** 157
Musikautomat E Vor 44 a 29; **97** 156; **WahrnG 11** 6, 11; **12** 4; **13** 3, 10; **13 b** 2
Musikbox-Aufsteller E 81 26; **97** 64, 76, 139
Musiker als arbeitnehmerähnliche Person **E 43** 18
Musikgruppe E 60 4, 13, 23 f.
Musiknutzung bei Video-Kassetten E Vor 28 170; **97** 156f., 161f.; **WahrnG 11** 5f.; **13** 7
Musikschulen, keine Privilegierung für die Übernahme von Musikwerken durch − **46** 12
Musiktauschbörsen 19 a 1; **85** 17, 47; **97** 107f., **98** 12; s. auch File-Sharing
Musikuntermalung bei Pornokassetten E Vor 28 170; **WahrnG 13 b** 3

2489

Sachverzeichnis

halbfette Zahlen = Paragraphen

Musikverlagsvertrag Vor 28 121 ff.; Ausübungspflicht **41** 14; Kündigung **31** 42 ff. **63**; Umfang der Rechtseinräumung am Original **44** 16
Musikverleger I E 31 51, 62 f.; **41** 14, 23
Musikverleger II E 9 10; **31** 62 f.; **41** 12, 14, 23
Musikverleger III E 9 6, 10, 12; **31** 57, 59 f. 55, 62 f.
Musikverleger IV E 31 55, 62 f.; **Vor 69 a** 57; **WahrnG 11** 7
Musikwerke s. Werke der Musik
Musikwiedergabe in Telefonwarteschleifen Öffentlichkeit der Wiedergabe **15** 86; und Erwerbszweck iSd. § **52 52** 12; und Senderecht **20** 43
Musikwissenschaftliche Editionen 70 3, 8, 11
Musikzitat in Musikwerken **51** 49 f.; Vergütungsfreiheit auch bei ausübenden Künstlern **84** 9; Zitatzweck **51** 18; Zulässigkeit **51** 13, 15, 49
Musterurheberrechtsgesetz von Tunis (1976), Vor 12 22
Müttergenesungsheime, Öffentlichkeit in –n **15** 79 f.
„Mutterrecht und Tochterrecht" Vor 28 74; **31** 4; **35** 1; Aktivlegitimation des Rechtsinhabers **97** 48 f.

Nachahmung einer Fotografie E 72 26, 30
Nachbildungen von Le Corbusier Möbeln E (OLG Köln) 17 14 ff.; **18** 17; **vor 120** 137
Nachdrucke von Periodika 38 18
Nachdruckrecht bei nichtperiodischen Sammlungen **38** 19; bei Zeitungen und Zeitschriften **38** 18, 21
Nachgelassene Werke 71; Schutzdauer **64** 27 f., 66 f.; **66** 13, 53; **129** 8 f., 21 f.; Schutzfristverlängerung **129** 22; s. auch Ausgaben
Nachrichten und Tagesneuigkeiten, vergütungsfreie Übernahme **49** 34; vermischte –, Begriff **49** 29 ff.; wettbewerbsrechtlicher Schutz **49** 36
Nachtblende E Vor 28 51, 170; **34** 10, 13; **78** 6; **97** 50
Nachtgedanken E 88 42
Nachtigall E 60/33–50 KUG 4, 28; **97** 182
Nacktaufnahmen E 60/22 KUG 22, 42, 48; **60/23 KUG** 112; im Fernsehen **60/22 KUG** 47 ff.; Interessenabwägung **60/23 KUG** 112 ff.; – und Recht am eigenen Bild **60/22 KUG** 47 ff.
Nacktfoto E 60/22 KUG 44, 50; **60/23 KUG** 4, 68, 109 f.; **60/33–50 KUG** 32, 39
Nacktjogger E 60/22 KUG 48
Naher Osten E 2 70; **97** 185
Nahverkehrschronik E 43 2, 22, 25 f., 37, 40, 67, 102; **44** 4, 10

Namensklau im Internet E 97 70
Namensnennung des Architekten **E 13** 5, 13, 25; im elektronischen Medium **13** 12 a; des Filmkomponisten **88** 20; Fotografin **E 12** 12; des Kapellmeisters **E 79** 32; des Urhebers **13** 6, 12 ff.; des ausübenden Künstlers **74** 1, 13 ff.; Inhalt des Beseitigungsanspruchs bei unterbliebener – **97** 133; Schmerzensgeldanspruch bei unterbliebener – **97** 51, 184; Verletzerzuschlag bei unterbliebener – **13** 19, 21 a; in der Wissenschaft **13** 1 a
Namensnennungsverbot als Nichtanbringung einer Urheberbezeichnung **13** 15; als Teil des UPR **13** 10, 15; bei Filmwerken **93** 12, 13; bei Tendenzbetrieben **43** 87; bei Überzeugungswandel **42** 17
Nationalhymnen als amtliche Werke **5** 69
Naturfilme als Filmwerke oder Laufbilder **95** 11
Near-on-demand-Dienste 19 a 54; **Vor 20** 7, 23 a; **20** 9, 45
Nebelscheinwerfer E 97 145, 147, 188, 190; **101** 16
Nebenluftausgaben 66 4, 37, 43
Needle-time 78 9
Negative als Vervielfältigungen des Originalwerks **16** 10
NEGRESCO E 89 7, 12
NENA E 60/33–50 KUG 22; **97** 158
Nennung von Verwertern 63 3
Nennungsrecht der ausübenden Künstler beim Film **93** 4 a
Neonrevier E 50 16
Netz, Übertragung im – 44 a 8, 11
Netzbetreiber, Begriff **97** 79; Haftung **97** 76; Verschulden **97** 140; s. auch Acces-Provider
Netzwerklizenz Vor 69 a 61; **69 d** 8; s. auch Softwarelizenz-, Softwareüberlassungsverträge
Neue Medien im Filmrecht **88** 48; **89** 12, 17; Zweckübertragungslehre **31** 85 ff., 93, 96; **31 a** 28 ff., 38 ff.; 64
Neue Musik, Schutzfähigkeit **2** 126 ff.
Neue Nutzungsarten 15 21 ff.; **31 a** 28 ff.; Verträge über – **31 a** 55 ff.; Widerruf von Verträgen über – **31 a** 73 ff.; Übergangsregelung **31 a** 25; **137 l** 1 f., 22 f.; s. auch Übertragungsfiktion; Verträge über unbekannte Nutzungsarten
Neues aus der Medizin E 97 125; **99** 7
Neues Schuldrecht, Übergangsregelung **137 i**
Neuheit der Werkschöpfung, objektive und subjektive – **2** 41
New York Times E vor 120 170, 172
Nichtausübung s. Rückrufsrecht wegen –
Nichteuropäische Satellitensendung 20 19; anwendbares Recht **Vor 20** 58 ff.; Frage des anwendbaren Rechts auf Direktsatellitensendungen umstritten **Vor 20** 60; **20 a** 8; Verwer-

magere Zahlen = Randnummern

tungshandlung **20** 22; s. auch Europäische Satellitensendung
Nichtigkeit von Verträgen wegen Sittenwidrigkeit **31** 39, wegen Verstoß gegen zwingendes Urheberrecht **31 a** 65 ff.; **69 g** 3; -sgründe bei Verträgen über künftige Werke **40** 10
Nichtvermögensschaden, Ersatz **Vor 12** 12 a
Nietzsche-Briefe E 101 a 8, 33
Nirvana E 126 10
NJW auf CD-ROM E 49 38
Normverträge Vor 28 23 ff.; AGB-Prüfung **Vor 28** 30 ff.; Buchverlag **Vor 28** 114; Inhaltskontrolle **Vor 28** 30 ff.; Zeitungs- und Zeitschriftenverlag **Vor 28** 120
Normwerke, Begriff **5** 79; private **5** 76 ff.
Normzweckbestimmung 11 1 f., 7
Notausgaben, Erscheinen **6** 40
Notenbild, Schutzfähigkeit **2** 167
Notenmaterial, Angebot von – als Verbreitungshandlung **17** 8 f.; Aufnahme in eigenes Archiv **53** 71; Materialmietgebühr als Teil des Schadens **97** 164; Reversbindung **17** 19; Sammelreversverfahren **Einl.** 75; Rückrufrecht bei photomechanischer Vervielfältigung **41** 14; Vergütungsanspruch für Vermieten und Verleihen **27** 4, 11; Verleih von – als Erscheinen **6** 36, 40; Verteilen von – als Inverkehrbringen **17** 14; Vervielfältigung nur mit Einwilligung **53** 69 ff.
Notenstichbilder E Einl 56; **5** 93
Notstand Vor 44 a 16
Novellen als vorbestehende Werke beim Film **Vor 88** 59; **88** 14 f.
NPD-Spitzel E 94 25; **95** 9
N-Test E vor 120 172
n-tv E 60/23 KUG 29
Null-Nummer E (OGH) **53** 17
Nutzungsart(en) 15 1; **Vor 28** 85 ff.; **31** 17 ff.; 85 f.; Bekanntheit **31 a** 29 ff.; unbekannte – **15** 23; **31 a** 29 ff.; 38 ff.; Rechtseinräumung für unbekannte – **31 a** 55 ff.; Rechtseinräumung für unbekannte – bei Fernsehen und Film **88** 7, 47 f.; **89** 3, 11 f.; selbständig abspaltbare – iSd. § 31 Abs. 5 **15** 1: **19 a** 10; **Vor 20** 18; **20 a** 19; **Vor 28** 87 ff.; **31** 86; Spezifizierung nach – **Vor 28** 85 ff.; **31** 17 f., 85 f.; unbekannte – im internationalen Urhebervertragsrecht **31 a** 6 ff.; **Vor 120** 150, 166; – und ausübende Künstler **Vor 73 ff.** 17; **79** 9, 12
Nutzungshandlungen, maßgebliche im Inland **32 b** 14.19
Nutzungsrechte, s. auch Einräumung von -n; Abgrenzung zum Verwertungsrecht **Vor 28** 48; Aktivlegitimation bei Rechtsverletzungen **97** 48 ff.; – als gegenständliche Rechte **Vor 28** 80 ff.; **31** 13; Aufhebung der ausschließlichen – **Vor 44 a** 6, 10; ausschließliche – als positive Benutzungs- und negative Verbotsrechte **Vor 28** 81 f.; **31** 11 ff.; **97** 13, 48; Aushöhlung der – durch Einschränkungen **Vor 44 a** 15; einfache – **Vor 28** 83; **31** 14 f.; **33** 1 ff.; **97** 52; Einräumung **Vor 28** 47, 51 f.; Einschränkungen im Interesse des Gemeinwohls **Vor 44 a** 3 ff.; Erlöschen der – mit dem Urheberrecht **64** 5; Formfreiheit der Einräumung **Vor 28** 53, 78 f.; gegenständliche Aufspaltung **Vor 28** 56, 87 ff.; **31** 8; gesetzliche – und Beeinträchtigung **14** 14; kein gutgläubiger Erwerb von -n **Vor 28** 63; Komponenten der – **Einl.** 26; konkurrierende Nutzung **31** 11; **33** 5; mit Bearbeitungscharakter **14** 11 f., **39** 11; ohne Bearbeitungscharakter **14** 11, 13; am Recht des Filmherstellers **94** 40; schuldrechtliche Beschränkung **Vor 28** 96 f.; Schriftform bei unbekannten Nutzungsarten und künftigen Werke **31 a** 55 ff.; 66 f.; **40** 3 ff., 12 ff.; Schutz der – am Filmwerk gegen Wiederverfilmung **88** 57 f.; Schutz der – des Filmherstellers nach Ablauf seines verwandten Schutzrechts **94** 38; Umwandlung übertragener Urheberrechte in – **132** 11; **137** 4 ff.; Verfilmungsrechte als – **Vor 88** 30; Verpflichtungs- und Verfügungsgeschäft **Vor 28** 98; **31** 8; Vertragsauslegung **31** 20 ff.; Weiterübertragung und Lizenzierung **Vor 28** 49 ff.; **34** 5 ff.; **35** 1 ff.; **90** 4 f., 8 ff., 14; Zwangsvollstreckung in – **112** 13; zweiter oder späterer Stufe **Vor 28** 51

Oben-ohne-Fotos E 60/23 KUG 81
Oberammergauer Passionsspiele I E 2 146 f., 158; **14** 11 c, 30; **23** 27; **44** 14; **75** 24; **88** 21
Oberammergauer Passionsspiele II E 2 146; **Vor 12** 31; **14** 21, 27, 30; **23** 27; **30** 7; **31** 77, 97
Oberndorfer Gschichtn E (OGH) **87** 1, 29
Objektcode 69 a 5
Objektive Schadensberechnung E 97 144, 147, 149, 152, 168
Objets trouvés 2 11, 16, 150; s. auch readymades
Oceano Mare E Vor 28 110; **32** 31; **41** 15
OEM-Software E 69 a 21; **69 c** 30
OEM-Version E 15 30, 34; **17** 3, 20, 22, 28 f., 59 f.; **Vor 28** 87, 93; **31** 85 f., 97; **69 c** 30 f., 38; **137 d** 2
Offenlegungsschriften als amtliche Werke **5** 37, 46, 65
Offensichtlich rechtswidrige Vorlage 53 19 ff.
Öffentliche Aufführung von Gemeinde- oder Volksgesang **19** 15; **52** 40 ff.
Öffentliche Plätze, Abbildungsfreiheit für Werke an – **59** 1 ff.; betroffene Werke **59** 6 ff.; Quellenangabe **59** 22; **63** 9; privilegierte Nutzungsformen **59** 18 ff.

2491

Sachverzeichnis

halbfette Zahlen = Paragraphen

Öffentliche Reden, Begriff **2** 83; **48** 2, 6; bei öffentlichen Verhandlungen **48** 10 ff.; bei öffentlichen Versammlungen **48** 5; im Rundfunk gehaltene – **48** 6; keine Aufnahme in Sammlung von – eines Verfassers **48** 15; Nachdruckfreiheit und Senderecht im Interesse der Allgemeinheit **48** 1; öffentliche Wiedergabe **48** 9, 14; Quellenangabe **63** 9; Schutzvoraussetzungen **2** 84 ff.; Übernahme von – in privilegierten Presseorganen und Publikationen **48** 7 f., 13; über Tagesfragen **48** 4; Wiedergabe im Internet **48** 9

Öffentliche Sicherheit, Eingriff in das Recht am eigenen Bild **60/24 KUG** 1, 4 ff.; Eingriff in das UPR zugunsten der – **45** 9; Einschränkungen des Urheberrechts zugunsten der – **45** 1 ff.; genehmigungsfreie Benutzung von Bildnissen zum Zwecke der – **45** 2, 7

Öffentliche Verhandlungen, Freigabe von Reden bei – **48** 10 ff.

Öffentliche Versammlungen, Freigabe von Reden bei – **48** 5

Öffentliche Wahrnehmung der Leistung ausübender Künstler **78** 11–16

Öffentliche Wiedergabe 15 45 ff.; als Rechtsbegriff **15** 46; **19 a** 2; europäischer Begriff der öffentlichen Wiedergabe **15** 40, 62; mittels Fernsehempfänger **88** 49; **94** 32; und Online-Übertragung **15** 24; Öffentlichkeit iSd. – **6** 7 ff.; **15** 57 ff.; Einzelfälle **15** 78 ff.; eines zugänglich gemachten Werks **20 b** 5, 7, 9; s. auch Recht der –

Öffentliche Wiedergabe bei Veranstaltungen, Einschränkung des Rechts zur öffentlichen Wiedergabe **52** 1, 8 ff.; erschienene Werke **52** 9; Genehmigungsfreiheit **52** 11 ff.; grundsätzliche Vergütungspflicht **52** 5, 21; keine Einschränkung des Änderungsverbots **52** 50; keine Entrichtung eines Entgelts für – **52** 17; Künstlerauftritt ohne Honorar **52** 18; – mit bestimmt abgegrenztem Personenkreis **52** 30 ff.; ohne Erwerbszweck **52** 12 ff., 26 ff.; privilegierte Einrichtungen **52** 24; privilegierte Veranstaltungen **52** 12 ff.; Quellenangabe **52** 50; **63** 11; Verbotsvorbehalte **52** 46 ff.; verfassungsrechtliche Bedenken **52** 4; Vergütungsfreiheit **52** 22 ff.; – von Kirchen und Religionsgemeinschaften **52** 38 ff.

Öffentliche Zugänglichmachung s. a. Zugänglichmachung; Computerprogramme **69 c** 1, 2, 26, 41; Datenbanken **4** 50, 54; **Vor 87 a** 19; **87 b** 49, 51; entsprechende Anwendung von § 38 **38** 10 a; Leistung ausübender Künstler **78** 2–4; Pressespiegel **49** 18, 39, 41; und Recht des Filmherstellers **94** 23; Sammlungen für Kirchen-, Schul- oder Unterrichtsgebrauch **46** 4, 8; von Tagesereignissen **50** 18; Tonträger **85** 41, 47; **86** 3, 10; für Unterricht und Forschung **52 a**, **137 k**; Wahrnehmbarmachung **19** 3, 48; Werke an öffentlichen Plätzen **59** 20

Öffentlichkeit 52 a 2, 3, 4; Änderung des Begriffs **15** 64 ff.; Begriff iSd. öffentlichen Versammlung **48** 5; Begriff iSd. öffentlichen Wiedergabe **6** 7 ff.; **15** 57 ff.; **17** 12; **19** 9; **20** 8 f.; Begriff iSd. Veröffentlichung und des Erscheinens **6** 7 ff., 34 f.; **15** 59; bei Bildschirm- und Lautsprecherübertragung einer Darbietung **78** 17–19; bei Zurschaustellung eines unveröffentlichten Werkes **15** 72; **18** 16; grenzüberschreitende Rundfunksendung **15** 60; Beweislast **15** 77; keine – bei bestimmter Abgrenzung des Personenkreises und gegenseitigen Beziehungen, auch zum Veranstalter **15** 73 ff.; Mehrzahl von Personen als – **15** 66 ff.; des Schulunterrichts **52 a** 4; sukzessive – **15** 27, 62, 71 f.; **18** 18; **19 a** 40 f., 49; **20** 8 f.; **21** 9

Öffentlichkeitsarbeit und amtliche Werke **5** 22

Offizialdelikt, Verletzung von Urheberrechten und verwandten Schutzrechten als – **139** 2; **108 a** 4; s. auch Privatklagedelikt

Offline-Datenbanken 87 e 7; Vertragsgestaltung **Vor 28** 179

Ohrclip E 2 44, 169

Öl regiert die Welt E 97 135

Olympiafilm E 31 a 26, 39; **35** 30; **89** 3, 7, 12

On-demand-Dienste 20 9

On-demand-Nutzung Senderecht bei -en **20** 9; s. auch Music-on-demand, Video-on-demand

One-stop-shop s. Clearingstelle Multimedia der Verwertungsgesellschaften

Online-Abruf und Berichterstattung **50** 15

Online-Angebote Anwendbarkeit bestehender Schrankenregelungen auf – **52** 23; **55** 6; **56** 7 a

Online-Auskünfte der DB E 87 a 29

Online-Bereich, Haftung **97** 78–119

Online-Berichterstattung 50 3

Online-Datenbanken 87 e 8; anwendbares Recht **Vor 120** 145; keine Katalogbildfreiheit **58** 24; keine Regelung der Online-Nutzung **4** 33; Nutzung von Filmwerken in – **94** 31; und Vervielfältigungsrecht **16** 21; Veröffentlichung in – **6** 51, 58 f.; Vertragsrecht **Vor 28** 179; und WCT **Vor 20** 48

Online-Nutzung s. Online-Übertragung; Online-Verwertung; Online-Zurverfügungstellung

Online-Stellenmarkt E 4 39

Online-Übertragung 19 a, **87 b**; anwendbares Recht **Vor 120** 145; keine Erschöpfung durch – **4** 52; **17** 45; **69 c** 34; kein eigenständiges digitales Vervielfältigungsrecht **15** 26, 41; keine Verbreitung **17** 6, 45; keine Vermietung **17** 36; Öffentlichkeit bei der – **20** 9; von Werken kein Verleihen oder Vermieten **17** 5 f., 36; **27**

magere Zahlen = Randnummern

Sachverzeichnis

16; von Computerprogrammen keine Verbreitung **69 c** 26, 34; und WCT **69 c** 26
Online-Verbreitungsrecht 15 27, 71; **19 a** 45; **20** 8, 47 f.
Online-Veröffentlichung E 4 11, 15 f.
Online-Verträge Vor 28 179
Online-Verwertung von Pressespiegeln **49** 39, 40; und Recht des Filmherstellers **94** 23; und Strafrecht **Vor 106** 6; und Urheberpersönlichkeitsrecht **Vor 12** 27
Online-Zurverfügungstellung, Recht der – (Bereithaltungsrecht) nach Art. 8 WCT **19 a**
Open Content Klausel bei unbekannten Nutzungsarten **31 a** 68 ff., **Vor 69 a** 31; bei Vergütung **32 c** 43, **Vor 69 a** 31; s. auch Linux-Klausel
Open Source Software 32 43; **Vor 6 a** 24 ff.; **69 c** 3; Begriff **Vor 69 a** 24, 25; urheberrechtliche Einordnung **Vor 69 a** 25 f., 28 ff.; international **Vor 69 a** 33; Lizenzformen **Vor 69 a** 26, 33 ff., 53 f.; und Miturheberschaft **Vor 69 a** 32; Vergütungsansprüche **32 c** 43; **Vor 69 a** 31; s. auch General Public License
Oper Tosca E 6 35, 39, 40 **Vor 120** 74; **121** 5
Operetten als Werkverbindung **9** 4; als vorbestehende Werke beim Film **Vor 88** 59; **88** 14
Operettenführer E 12 29; **97** 198
Opern als vorbestehende Werke beim Film **Vor 88** 59; **88** 14; als Werkverbindung **8** 6; **9** 4; bühnenmäßige Aufführung **19** 17, 22
Operneröffnung E 50 23; **74** 11, 24, 25, 32; **76** 9; **79** 27, 43, 52; **84** 9; **97** 39
Option und angemessene Vergütung **32** 15; fristlose Kündigung **31** 55 ff., 63; Kündigung **E 40** 7; und Sittenwidrigkeit **E 40** 7
Optionsvertrag über künftige Werke 40 5 ff.; und Rückgabe des Manuskripts **44** 16
Optionsvertrag über unbekannte Nutzungsarten 31 a 57
Orange-Book-Standard (E) 15 39; **87** 55
Orchester Graunke E Vor 73 4; **73** 2; **74** 8, 38; **75** 4; **79** 1, 18; **83** 4; **86** 2; **Vor 88** 55; **97** 57
Orchester, Tarifvertrag für Musiker in Kultur -n **79** 50 f.; zusätzliche Vergütungsansprüche bei Rundfunk -n **79** 27
Orchesterwart kein ausübender Künstler **73** 30
Ordre public Vor 120 165
Organisation der Vereinten Nationen, Werke der – als amtliche Werke **5** 21
Organisationsmethoden, keine Schutzfähigkeit wirtschaftlicher und kaufmännischer – **2** 6
Orientteppich E 31 94; **98** 5 f.
Original, Begriff **26** 25 ff.; **44** 12, 19 f., 21 ff.; bei Lichtbildwerken **44** 25; Erscheinen durch Ausstellung des -s **6** 28, 48; kein Erlöschen des Urheberrechts durch Verlust des -s **64** 73; Rückgabepflicht bei Verwertungsverträgen **44** 15; – und Sammelwürdigkeit **44** 23; unzulässige Anbringung der Urheberbezeichnung auf -en der bildenden Kunst **107** 3; Veräußerung **44** 8 ff.; Veröffentlichung durch Veräußerung des -s **6** 28; Zwangsvollstreckung in -e **112** 13; -e **114** 2 ff.; s. auch Mehrfachoriginale
Originalhandschriften keine Gegenstände des Folgerechts **26** 19
Originalkomponist E 13 7
Orthofotos, kein Lichtbildschutz **72** 21
Österreich, Urheberrechtsbeziehungen zwischen Deutschland und – **Vor 120** 73; **120** 16
Ostfriesische Tee-Gesellschaft E 97 197
Outsourcing von Software- u. Rechnerleistungen Vor 69 a 62 ff.
Overlays E 2 217; Schutzfähigkeit **2** 217

PAM-Crash E Vor 69 a 13; **69 c** 3
PAM-Kino E 31 39
Panscanning E 93 24
Pantomimische Werke als Darbietung **73** 10; Begriff **2** 130; bühnenmäßige Aufführung **19** 16 ff.; Choreographie **2** 128; im Übergangsrecht **129** 13; Schutzfähigkeit **2** 131 f.; Tierdressuren keine – **2** 131
Paola Faccini Dori E (EuGH) Vor 87 a 14
Papaveri e Papere E Vor 120 149, 158
Paperboy E Einl. 56; **14** 26; **15** 16, 22 f.; **16** 24; **19 a** 34, 46; **51** 7; **72** 53; **87** 60; **87 a** 5, 29; **87 b** 8 f., 36 ff., 57; **97** 33, 66, 74, 89 ff., 115, 117 f., 120 f., 139
Paradies der Damen E 2 70
Parallelveröffentlichung E 13 18
Parfum Miro E 24 21
Parfümflakon E 15 7, 30, 34, 37; **E 17** 44 f.; **Vor 20** 13; **50** 4; **57** 5; **58** 5; **59** 2, 4, 7, 12, 14
Parfümtester E 97 105
Parfümtestkäufe E 101 75, 82
Pariser Verbandsübereinkunft, Inländerbehandlung nach der – **Vor 120** 113; Mitgliedstaaten **Vor 120** 113; wettbewerbsrechtlicher Schutz durch die – **Vor 120** 113
Parke, Davis E Einl. 64, 80
Parkstraße 13 E 3 35; **17** 44; **Vor 28** 102, 162; **88** 3, 34, 41, 45; **97** 6; **102 a** 2
Parlamentsprotokolle als amtliche Werke **5** 62
Parodie 14 11 d; als Bearbeitung **23** 29; als freie Benutzung **24** 27 ff.; Begriff **24** 27 f.; Umfang der Bezugnahme bei freier Benutzung **24** 31; und Bildnisschutz **60/22 KUG** 16 ff.; und Urheberpersönlichkeitsrecht **14** 11 d; und Zitatrecht **51** 17; urheberrechtliche Zulässigkeit **24** 29; bei Werken der Musik **24** 31; s. auch Satire
Parodius E 95 12; **128** 5
Paßbilder, Lichtbildschutz für Automaten- **72** 20; Lichtbildner bei -Automaten **72** 35
Passivlegitimation 97 61 ff.
Patentschriften als amtliche Werke **5** 37, 46, 65; Schutzfähigkeit **2** 5, 104

2493

Sachverzeichnis

halbfette Zahlen = Paragraphen

Paul Breitner E 60/22 KUG 16; 60/23 KUG 29
Paul Dahlke E 60/22 KUG 7, 9, 43 f., 52, 54, 62; 60/23 KUG 4, 15, 29, 121; 60/33–50 KUG 1, 17 f.; Vor 73 19; 75 31; 97 145, 178,102 a 2
Paul und Paula E Vor 88 32, 33; 94 23, 25; 95 9; Vor 120 29
Paul Verhoeven E 31 a 1, 25; 79 12
PAURPOINT E Vor 69 a 11
Pauschale Rechtseinräumung E 31 69 f., 89, 95; 44 5 f., 14
Pay-per-view 31 30 a
Pay-Television 20 11; 20 a 14; 87 60, 63; Rechtseinräumung für – 88 48; 89 12; wettbewerbsrechtlicher Schutz der Sendeunternehmen 87 60
Pay-TV 31 30 a; 87 60, 63
Pay-TV-Durchleitung E 87 53 f.
PC, Vergütungspflicht 54 11, 14, 17, 21; 54 a 8., keine Betreiberabgabe 54 c 3 f.
PC E Einl. 13; 16 19; 54 9, 17, 21; 54 a 8; 54 c 3 f.
Peer-to-Peer-Netzwerk s. File Sharing
Pengo E 2 18, 46 f., 79 f., 188; Vor 69 a 1; Vor 88 44
Periodika, Begriff Vor 28 119; 38 11 ff.; Nutzungsrechte des Verlegers Vor 28 118; 38 3 ff., 17 f., 20 f.; Rückrufsrecht wegen Nichtausübung 41 2, 17
Personal Computer, Vergütungspflicht 54 8 f., 11, 21; 54 a 8; keine Betreiberabgabe 54 c 3 f.
Personal Videorecorder 53 28, 97 109
Personalausweise E 53 6; 97 61 f., 65, 108, 117, 128, 133 f.
Personalbibliographie zu Leben und Werk von Hubert Fichte E 4 19; Vor 87 a 6
personalisiertes Internetradio 15 27, 71; 19 a 45; 20 8
Personen der Zeitgeschichte, absolute – 60/23 KUG 25 ff.; Abstandnahme vom Begriff der absoluten – 60/23 KUG 21, 67 ff.; Beteiligte an Strafprozessen als relative – 60/23 KUG 33 ff.; Bildnis von – 60/23 KUG 6 ff.; Familienangehörige von – 60/23 KUG 37 ff.; Personenkreis 60/23 KUG 25 ff.; relative – 60/23 KUG 31 ff.; Ereignis von zeitgeschichtlicher Bedeutung 60/23 KUG 21, 69 ff.
Persönliche Beziehung und Öffentlichkeit 15 73–77
Persönliche Darbietung als Aufführung 19 14; als Vortrag 19 5 f.; Darstellungsart 19 8; keine – bei Jugendgruppen und Gemeindegesang 19 15; Öffentlichkeit 15 57 f.; 19 26; Übertragung durch Bildschirm oder Lautsprecher 19 31 ff.; Wahrnehmbarmachung 19 5
persönliche geistige Schöpfung Einl. 6 f.; Begriff 2 11 ff., 18 ff.; bei der Darbietung eines Werkes 73 10

Persönlichkeitsrecht, 60 18; allgemeines – 64 7; 92 8; Vor 120 10; 125 13; 129 17, 19; des Abgebildeten 60/22 KUG 1 ff.; 60/23 KUG 3 ff., 105 ff.; des ausübenden Künstlers Vor 12 18; 74–76; 92 8; 95 18; Vor 120 7, 10; 125 13; 129 17; als Mischrechte Vor 12 17; des Urhebers Einl. 28; Vor 12 14 ff.; Geltendmachung von Verletzungen des -s 97 1, 51; Schmerzensgeld für Verletzung des -s 97 176 ff.; s. auch Urheberpersönlichkeitsrecht
Petite Jacqueline E 14 10, 26, 41; 60/22 KUG 7; 75 13, 39; 97 182 ff.
Pfandrecht und Nießbrauch an Nutzungsrechten Vor 28 73; kein – an Urheberrechten Vor 28 73; Zustimmung für Bestellung an Nutzungsrechten 34 9
Pfändung eines Kindes E 60/23 KUG 46, 113
Pfiffikus-Dose E 2 44, 78, 82, 115, 142; 97 14
Pflichtenheft für Computerprogramme 69 a 5
Pflichtexemplare Vor 12 35
Pharaon-Schmucklinie E 97 128
Pharmon E (EuGH) 98 9
Phil Collins E (EuGH) Einl. 76, 83; Vor 12 22; 72 6, 14; Vor 73 26; 75 11; 85 68; 86 17; 96 11; Vor 120 3, 20, 137; 120 4; 121 17; WahrnG 6 9
Photo s. Foto
Piccolo Bolero E Vor 88 29
Picture-Sampling als neue Nutzungsart 31 a 46; 91 7
Pietra di Soln E Vor 120 145
Piktogramm, Schutzfähigkeit 2 207
Pillhuhn E 2 149, 165
Piratensender-Abkommen vom 22. 1. 1965, Vor 20 55; Vor 120 111; 127 6
Piraterie im Internet 101 24
Piscator E 60/22 KUG 33; 60/23 KUG 29
Plagiat als Umgestaltung 23 29; Begriff und Voraussetzungen 23 28 f.; bei Zitaten 51 15; fehlende Quellenangabe 63 20; Haftung des Druckers und Verlegers 97 64; Selbst– 23 30
Plagiatsvorwurf E 23 29; 97 30 f., 130, 132 f.; 103 1, 4
Plagiatsvorwuf II E 103 8
Plakat, Bildzitat 51 45
Plakatmotiv, Nutzungsrecht Vor 28 84
Planfreigabesystem 97 207
Planungsmappe E 97 145, 147
Plastik 2 146; Begriff des Originals 26 27; 44 12, 21 ff.
Plastikkorb E 97 139,145, 190, 192
Plättmuster E 97 188
Platzzuschüsse E Vor 28 139 f.; 43 66; Vor 88 41
Playmobil-Figur E 2 158, 162 f., 165
Plexiglas E 97 184

magere Zahlen = Randnummern **Sachverzeichnis**

Plotter, Vergütungspflicht **54** 2, 8f., 11, 21; **54a** 8; keine Betreiberabgabe **54c** 3f.
Podcast Vor 20 7; **20** 46
Pol(h)it-Parade E 14 23a; **19** 27; **73** 14
Poldok E 43 83, 131; **39** 23
Politisch motivierte Änderungen 14 36
Politische Horoskope E 43 86
Politische Satire E 60/22 KUG 29
Polizeibeamte, Recht am eigenen Bild **60/23 KUG** 95 ff.; und öffentliches Interesse an der Aufnahme **60/23 KUG** 95 ff.
Polydor E Einl. 66, 80 ff.; **17** 46; **Vor 120** 123, 137
Polydor II E 17 14; **54f** 4; **69c** 26
Polydor/Harlequin E (EuGH) **17** 43; **85** 44
Poolregelung Auslegung **31** 94
Popmusik E 8 13
Popmusiker E 79 8
Popmusikproduzent E 31 72; **79** 8
Pornofilme als Laufbilder **95** 12; Rechtseinräumung an -n als Filmwerken **89** 18; Sittenwidrigkeit **95** 12
Portierung, Änderungen eines Computerprogramms zur Portierung als Umarbeitung **69c** 14
Portrait E 137f 3
Porträtbüste als Bildnis **60** 18
Porträtfoto im Internet E 60 6, 11, 20, 22
Postervertrieb E Vor 120 123, 130, 170
Postjugendwohnheim E 15 79; **52** 13f.
Postmortaler Persönlichkeitsschutz Vor 12 17; **97** 179
Postvertrieb E 18 15
Postwertzeichen s. Briefmarken
Potpourri Schutzfähigkeit **3** 28
Power Point E 2 70
PPC E 97 197
Prägetheorie Vor 12 8
Präsentbücher E Vor 28 106; **31** 28, 30
Präsenzbibliothek, unentgeltliche Gebrauchsüberlassung durch - kein Verleihen iSd. § 27 Abs. 2 S. 2 **27**; keine Vermietung **17** 35
Präventionsgedanke und Schadensersatz 97 149, 166
Predigten 2 83; **48** 4
Preisabstandsklausel E 31, 55
Preisbindung keine dingliche Wirkung **17** 28; von Verlagserzeugnissen **Einl.** 75
Preislisten, Schutzfähigkeit **2** 17, 39, 89, 99, 209
Preislisten-Druckvorlage E 2 200f., 209, 212
Preisvergleichsliste E 97 123
Presets 2 120
Presse Monitor GmbH (PMG) 49 40
Presse, Begriff **43** 103; s. auch Film, Rundfunk- und Fernsehanstalten, Zeitungs- und Zeitschriftenverlage
Presseausschnittdienste 49 40

Presseberichterstattung, keine Veröffentlichung und kein Erscheinen durch - **6** 45; s. auch Berichterstattung, Film-; Bild- und Tonberichterstattung
Presseberichterstattung und Kunstwerkwiedergabe I E 50 7, 19, 21, 22, 24; **51** 9, 14, 17; **97** 39
Presseberichterstattung und Kunstwerkwiedergabe II E 16 6, 9; **Vor 44a** 18; **50** 19, 21; **97** 39
Pressefotograf, Arbeitnehmereigenschaft **E 43** 13
Pressefoto, Bildzitat **51** 45
Pressefotos E 32 30, 46; **72** 47
Pressefreiheit und Berichterstattung **50** 4, 8
Pressehaftung 97 30, 73
Pressemitteilungen als amtliche Werke **5** 63, 66
Presseschau CN E 31 82; **Vor 44a** 26; **49** 23; **WahrnG 10** 5; **13b** 3
Pressespiegel E 49 21; s. auch elektronische -; Begriff **49** 16; kommerzielle **49** 43; Quellenangabe **49** 23; Vergütungspflicht **49** 20ff.
Pressespiegelvergütung s. auch elektronische Pressespiegel, **Einl.** 27; **49** 2; als persönliches Verwertungsrecht des Redakteurs **43** 105; **49** 20; Einziehung und Verwaltung durch VG Wort **49** 22 f.; im Rahmen einer gesetzlichen Lizenz **Vor 44a** 23 f.; keine - bei kurzen Auszügen in Übersichten **49** 25 ff.; Konventionsrecht **49** 2, 35
Preßwerk und Tonträgerehrstellung **85** 33
Prince E Vor 73 26; **75** 27, 35 ff.; **77** 19; **125** 10, 13, 15
Prince Albert E 97 197
Printing on Demand Vor 28 114
Printmedien E 87a 4
Prinz Ernst August von Hannover E 60/23 KUG 7, 17, 24, 26, 31 f., 41, 73, 120
Prinzessin Irene E 97 182
Privatdrucke, Veröffentlichung durch - **6** 14
Private Normwerke, amtliche Verweisung **5** 11, 38 f., 76 ff.
Private Nutzung, urheberrechtliche Relevanz **15** 13
Private Werke als amtliche Werke **5** 19, 25, 32 ff., 62 f.; Bezugnahmen auf - in amtlichen Werken **5** 38 f.; Zitate aus - in amtlichen Werken **5** 7
Privater Gebrauch, Anzahl der Vervielfältigungsstücke **53** 16f.; Begriff **53** 14; und technische Schutzmaßnahmen **Vor 95a ff.** 17 ff.; **95b** 3, 16; Vervielfältigungsfreiheit bei - **53** 13 ff.
Privatfernsehen, Rechtseinräumung für das - **88** 48; **89** 10, 12
Privatklage, Zulässigkeit **139** 1 f.
Privatklagedelikte Vor 106 4
Privatsekretärin E 3 35 **Vor 88** 64

Sachverzeichnis

halbfette Zahlen = Paragraphen

Privatsphärenschutz und Bildnisschutz **60/23 KUG** 47 ff.
Producer bei der Tonträgerherstellung **85** 35
Product Placement 93 4
Produkthaftung Einl. 44
Produktpiraterie 101 a 30
Professorenentwurf zum Urhebervertragsrecht **Vor 28** 8; **31 a** 3; **32 a** 4
Programm 20 b 10
Programmablauf 69 c 9
Programmaustausch, Europäische Vereinbarung über den – mit Fernsehfilmen **Vor 120** 112; Rechtseinräumung für internationalen – **88** 50; **89** 16; und Europäisches Fernseh-Abkommen **Vor 120** 101
Programmfehlerbeseitigung E 69 d 10, 13; **137 d** 2, 3
Programmfreiheit der Rundfunkanstalten **E 12** 1; im Übergangsrecht **131** 1 ff.
Programmiersprachen, kein Schutz der – **69 a** 12
Programmlauf 15 24; keine Vervielfältigung des Computerprogramms **69 c** 10 f.; **69 d** 3, 14
Programmschutzmechanismen, Begriff **69 f** 10; Umgehung von – **69 f** 9 ff.; s. auch Dongle
Programmtestlauf als zwingende Benutzerbefugnis **69 d** 1, 21 ff.; Vornahme durch Dritte **69 d** 24
Programmverkauf, Rechtseinräumung für internationalen – **88** 50; **89** 16
Promusicae E 15 7; **101** 39, 76, 101, 115; **Vor 120** 117
Pro-Verfahren E 63 a 21
Provider 44 a 11; Strafbarkeit **Vor 106** 7
Provokationsbestellung, Verletzung des Verbreitungsrechts nach – **Vor 120** 137
Proxy-Server 16 22; **19 a** 56
Prozeßrechner E Vor 69 a 14; **97** 145, 147, 159
Prozeßstandschaft s. Aktivlegitimation; gewillkürte Prozeßstandschaft
Prüfungsaufgaben Schutzfähigkeit **2** 106
Prüfungsformular E 2 49, 195, 200, 204, 209
Prüfungsgebrauch, Begriff **53** 66; Vervielfältigungsfreiheit bei – **53** 57 f., 66 f.
Prüfungspflichten und Störerhaftung **97** 71, 75; beim Internet **97** 91, 94 ff. eines Blogbetreibers **97** 106, Sharehoster u. Filhoster **97** 107;
Pseudonym 10 5; **13** 10, 21; Widerruf einer -abrede **13** 29; s. auch Deckname
Pseudonyme Werke s. Anonyme und –
Public-Domain-Software Begriff **Vor 69 a** 19 f.; **69 c** 3; urheberrechtliche Einordnung **69 a** 20; keine dinglich wirkende Beschränkung des Vervielfältigungsrechts **Vor 69** 20, 22; s. auch Shareware

Puccini E (BGH) **6** 35, 39, 40, 43, 45; **Vor 120** 46, 48, 74, 129, 149, 157; **121** 2 f., 5; **129** 3, 12,
Puccini II E (OLG Frankfurt) **120** 4, 8 f.; **121** 2 f.; **129** 12; **WahrnG 6** 13
Puckman E 2 188; **Vor 88** 44
Pudelzeichen E 97 197
Pull-Dienste 20 47
Pullovermuster E 97 66
Pumuckl E 13 19, 24; **14** 29
Pumuckl-Figur E 2 149, 165
Pumuckl-Illustrationen E 13, 24, 29; **97** 180
Pumuckl-Illustrationen E II 2 149, **13** 5, 12, 19 f., 24; **14** 18; **32 a** 7, 26
Punitive damages 97 149
Puppen, Schutz von – beim Film **88** 19, 22
Puppenausstattungen E 101 13
Puppenfee E 2 70; **8** 5; **9** 6 f.
Puppenspiele als Sprachwerke **2** 96
Push-Dienste 19 a 47 f.; 60; **Vor 20** 7; **20** 47–48; Anwendbarkeit des Senderechts **20** 9; urheberrechtliche Erfassung **15** 27, 71; **78** 4 a
P-Vermerk E 10 1, 9; **82** 11; **85** 30; **97** 202, 209; **98** 25

Queen E 77 18; **120** 4; **125** 8, 13
Quellcode 69 a 5, bei GPL **Vor 69 a** 44
Quellcode-Besichtigung 101 a 8, 19, 46
Quellenangabe E Vor 12 12 a; s. auch Anerkennung der Urheberschaft; Anwendungsbereich im Rahmen der Urheberrechtsschranken **63** 6 ff., 9 ff.; auf Vervielfältigungsstücken **63** 9; Begriff **63** 13 ff.; bei amtlichen Werken **5** 89; bei bei Datenbanken **63** 14 a; bei Datenbankwerken **63** 4, 10, 14; und Europäische Richtlinien **63** 4 a, 5 a, 20; und Info-Richtlinie **63** 4 a, 16, 24; bei Leistungen ausübender Künstler und von Veranstaltern **83** 13; bei öffentlicher Wiedergabe **63** 11, 18; Rechtsfolgen fehlender – **63** 20 ff.; Unmöglichkeit **63** 18 a; Verkehrssitte **63** 11 f., 19; beim Zitat **51** 5 a, 15; und Zwangslizenz **63** 5 a, 9
Quersubventionierung 32 35
Quizmaster I E (KG) **73** 24 f.
Quizmaster II E (BGH) **73** 4, 12, 21, 23 ff., 35
Quizsendung als Darbietung **73** 12, 35

Radiogerät E 15 68
Radschutz E 97 130, 132 f.; **103** 12
Ratgeber für Tierheilkunde E 43 22, 27, 55
Rathaus Friedenau E 14 35
Rätsel E 2 6, 18, 82, 107, 202, 216; Schutzfähigkeit **2** 107, 216
Rammstein E 97 122, 135; **101** 22, 47
Rapidshare E 97 107
Raubdrucke, Rechtfertigungsgrund der politisch-historischen Dokumentationsfreiheit **97** 38

magere Zahlen = Randnummern

Sachverzeichnis

Raubkopien E 10 12; **97** 76, 145,155, 159, **98** 3; Einziehung **110**
Raubpressungen E 97 30, 209; **98** 3
Räumliche Beschränkung des Senderechts Vor 20 18
Raumgestaltung 2 152
Rausch E 60/22 KUG 14
RBÜ s. Revidierte Berner Übereinkunft
Readerprinter E 15 7; **54** 1, 14, 21; **54 c** 4 ff.; **54 c** 1 f.; **54 d** 1; als vergütungspflichtige Geräte zur Vornahme von Vervielfältigungen **54 c** 3
Ready-mades 2 150; **13** 16
Rechenschieber E 2 18 f., 62, 79, 81
Rechentabellen E 2 44, 78, 98; **3** 17
Recherchedienste von Datenbanken 53 30; 35
Rechnungslegung E 97 146, 189
Rechnungslegungsanspruch als Hilfsanspruch zum Schadensersatzanspruch **97** 187 ff.; als Nebenanspruch des Urheberrechtsvertrages **31** 38; bei Anspruch auf Gewinnherausgabe **97** 187; Durchsetzung **97** 193
Recht am eigenen Bild s. auch Abgestuftes Schutzkonzept; Bildnis, Personen der Zeitgeschichte; als Persönlichkeitsrecht **60/22 KUG** 2; Bildnis vom Double **60/22 KUG** 20, 33; als Vermögensrecht **60/22 KUG** 9; Abgestuftes Schutzkonzept **60/23 KUG** 21, 66 ff.; 111; Ausnahmen im öffentlichen Interesse **60/24 KUG** 1 ff., 9; bei Bildern über Veranstaltungen **60/23 KUG** 84 ff.; bei gewerblicher Verwendung **60/23 KUG** 15 ff., 121 ff.; bei künstlerischen Bildnissen **60/23 KUG** 100 ff.; bei Personen als Beiwerk **60/23 KUG** 80 ff.; bei Personen der Zeitgeschichte **60/23 KUG** 1, 6 ff.; bei Trauerzügen und Beerdigungen **60/23 KUG** 99; bei Verbreitung zu wissenschaftlichen Zwecken **60/23 KUG** 103; Begleiter **60/23 KUG** 41 ff., 93; Bildnisse **60/22 KUG** 14 ff., 15; Einwilligung durch Angehörige **60/22 KUG** 57 ff.; Einwilligung in Verbreitung und Zurschaustellung **60/22 KUG** 38 ff.; EMRK **60/23 KUG** 25 ff.; Erkennbarkeit der Person **60/22 KUG** 16 ff.; Herstellen und Vervielfältigen von Bildnissen **60/22 KUG** 34 ff.; in der Intimsphäre **60/23 KUG** 112 ff.; in der Privatsphäre **60/23 KUG** 47 ff.; Interessenabwägung **60/23 KUG** 3 ff., 105 ff.; keine Einwilligung nötig bei Vorrang öffentlichen Interesses **60/24 KUG** 6 ff.; Nacktaufnahmen **60/22 KUG** 47 ff.; Rechtsfolgen bei Verletzung **60/33–50 KUG** 2 ff.; Schutzdauer **60/22 KUG** 24; Sorgfaltspflicht für Bildverwerter **60/22 KUG** 17 ff.; Verbreitungs- und Schaustellungsrecht des Abgebildeten **60/22 KUG** 34 ff.; Vererblichkeit **60/22 KUG** 62; Vermutung der Einwilligung bei Entlohnung **60/22 KUG** 51 ff.; von Demonstranten und Polizisten **60/23 KUG** 87 ff.

Recht der Kabelweitersendung s. Kabelweitersenderecht
Recht der öffentlichen Wiedergabe 15 45 ff.; **Vor 20** 13 ff.; – des ausübenden Künstlers **78** keine Erschöpfung des – durch Verbreitung **15** 49; keine Erschöpfung des – **15** 31 ff.; s. auch Erschöpfung; Öffentlichkeit iSd. – **6** 7 ff.; **15** 57 ff.; Abrufübertragungsrecht als – s. Abrufübertragungsrecht; strafrechtlicher Schutz des – **106** 21
Recht der öffentlichen Wiedergabe durch Funk s. Senderecht
Recht der öffentlichen Zugänglichmachung 19 a 1 ff.; **87** 35 a; **96** 5; **97** 6, 109, 182; im Internet **97** 109; **Vor 120** 145, 172
Recht der Online-Zurverfügungstellung 15 27; **19 a**; **Vor 20** 46 ff.; **Vor 120** 54; **38** 10 a
Recht der Wiedergabe durch Bild- oder Tonträger, Abgrenzung von anderen Verwertungsrechten **19** 2, 35, 43; als Verwertungsrecht **15** 17, 45, 50; **21** 4 ff.; als Zweitverwertungsrecht **15** 50; **19** 2; kein – bei Audio-Guides **15** 71; Vergütungsanspruch des ausübenden Künstlers für Zweitwiedergabe **78**
Recht der Wiedergabe von Funksendungen, Abgrenzung von anderen Verwertungsrechten **19** 2, 35, 43; **20** 13; **21** 11; **22** 7; als Verwertungsrecht **15** 10, 17, 45, 50; **22** 1 ff.; als Zweitverwertungsrecht **15** 50; **19** 2; Einräumung des – beim Film **88** 49; **89** 3, 19; Vergütungsanspruch des ausübenden Künstlers **77** 3 ff.; Sendeunternehmen **87** 41 f.; vom Schutzrecht des Filmherstellers nicht umfaßt **94** 32
Recht des Begehungsorts Unanwendbarkeit bei Urheberrechtsverletzungen **Vor 120** 130; Verdrängung durch das Recht des Schutzlandes **Vor 120** 130
Recht des Erfüllungsorts keine subsidiäre Anknüpfung an das – **Vor 120** 159
Recht des Schutzlandes als anwendbares Recht **Vor 20** 52; **20 a** 7 f.; **20 b** 22; **Vor 120** 129 ff.; Anwendung des – auf internationale Urheberrechtsverträge; Kodifizierung des – auf europäischer Ebene **Vor 120** 125; **Vor 120** 148, 150; und grenzüberschreitende Rechtsverletzungen **Vor 20** 52, 55, 61; **Vor 120** 135 ff.; und Recht des Begehungsorts **Vor 120** 130; und Schutz deutscher Verletzer durch Art. 38 EGBGB **Vor 120** 131
Rechteausschluß bei Filmen **90** 1 ff.; ausübender Künstler bei Filmen nach früherem Recht **92** 1 f.; s. auch Übertragungsvermutung
Rechtfertigungsgründe, allgemeine – als Schranken des Urheberrechts **Vor 44 a** 16; **51** 8; bei Rechtsverletzungen **97** 32 ff.; Einwilligung durch Einstellen in das Internet **19 a** 47
Rechtsangleichung s. Harmonisierung, Reformüberlegungen

2497

Sachverzeichnis

halbfette Zahlen = Paragraphen

Rechtsanwalt E 60/23 KUG 33
Rechtschreibreform 39 17
Rechtsdurchsetzungs-Richtlinie (2004/48/EG) s. Enforcementrichtline; Gesetz zur Verbesserung der Durchsetzung von Rechten des geistigen Eigentums
Rechtsgeschäfte über Urheberrechte s. Einräumung von Nutzungsrechten, Übertragung, Nutzungsrecht; zwischen Miturhebern **8** 10 ff.; zwischen Urhebern verbundener Werke **9** 8 ff.
Rechtsmissbrauch 19 a 47
Rechtsmittel bei internationalen Verträgen **32 b** 4, 6
Rechtsnachfolge in das Urheberrecht, s. auch Erbfolge, Vererbung; an Filmwerken **Vor 88** 17; Anwendung des BGB **28** 2, 9; bei verwandten Schutzrechten **28** 16 ff.; Eintritt des Erben **28** 7; **29** 19 ff.; Testamentsvollstreckung **28** 13 ff.; Vererblichkeit **28** 5 ff.
Rechtsnachfolger, Begriff **30** 1; bei der Ausübung des Urheberpersönlichkeitsrechts **Vor 12** 29 f.; Beschränkungen **30** 6; und Integritätsschutz **14** 29 a; Miturheber als – **30** 3; Rechtsstellung **30** 4; Schutz des -s in der RBÜ **Vor 28** 187; Staatsangehörigkeit des -s unmaßgeblich **Vor 28** 177; **120** 10; **125** 9; Zugangsrecht **25** 8; Zwangsvollstreckung gegen – **112** 2; **115** 1
Rechtspflege, Eingriff in das Recht am eigenen Bild **60/24 KUG** 1 ff.; Eingriff in das UPR zu Zwecken der – **45** 9; Einschränkungen der Leistungsschutzrechte **83** 9; Einschränkungen des Urheberrechts zu Zwecken der – **45** 1 ff.; **60/24 KUG** 1 f.; genehmigungsfreie Benutzung von Bildnissen **45** 2, 7; öffentliche Sicherheit **60/24 KUG** 4
Rechtspolitik Einl. 24
Rechtsschutzbedürfnis E **97** 202
Rechtsverletzung durch Dritte, Haftung des Inhabers des Unternehmens **99** 2; Organhaftung **97** 77; **99** 8
Rechtswahl bei internationalen Urheberrechtsverträgen **Vor 120** 153
Rechtswidrige Einfuhr vor 120 140
Rechtswidrig hergestellte Vorlage der Vervielfältigung **53** 19 ff.
Rechtswidrigkeit der Rechtsverletzung, Einwilligung **19 a** 47; **Vor 28** 57; **31** 4; **97** 28 f., 32, 39, 63; **106** 27 ff.; **107** 12; **108** 13; Rechtfertigungsgründe **97** 32 ff.
Redakteur an Tageszeitungen, Regelung der urheberrechtlichen Stellung im Tarifvertrag **43** 104 ff.
Redakteur an Zeitschriften, Regelung der urheberrechtlichen Stellung im Tarifvertrag **43** 110 ff.
Redaktionelle Mitarbeit keine schöpferische Tätigkeit **7** 9

Reden als amtliche Werke **5** 11, 66; Freigabe **48** 1 ff. Schutzfähigkeit **2** 82 ff.
Referendarkurs E **53** 52, 59
Referentenentwurf eines 2. Gesetzes über Urheberrecht in der Informationsgesellschaft („Korb 2") **Einl.** 35; **51** 5 a; **52 b** 2
Reformations-Gedächtniskirche E **14** 35; **98** 21 f.
Reformüberlegungen auf europäischer Ebene **Einl.** 78; Empfehlung der EU-Kommission zur länderübergreifenden kollektiven Wahrnehmung von Online-Rechten **Vor 20** 23 a; Gemeinschaftsantennenanlagen **20** 35; Katalogbildfreiheit **58** 8; Geräteabgabe **53** 9; Schadensberechnung **97** 170 ff. Schrankenregelungen **vor 45** 5 a; Schulbuchparagraph **46** 16; Urheberbenennung **13** 1; Urheberstrafrecht **Vor 106** 1 ff.; Urhebervertragsrecht **Vor 28** 5; Verbreitungsrecht **17** 4; Vervielfältigungsrecht **15** 44; **53** 9; Verwertungsgesellschaften **Vor 1 WahrnG** 16; Werkschutzrecht **14** 5
Regelsammlungen Vor 28 23 f.
Regensburger Domspatzen E **52** 24
Regieassistent 73 31
Regieleistung, Schutzfähigkeit **3** 22 f.
Regievertrag E **Vor 12** 16 a; **12** 19; **14** 11 c; **93** 12, 15, 16
Regisseur s. auch Filmregisseur; als Arbeitnehmer **79** 9; als ausübender Künstler **73** 32
Register, Schutzfähigkeit **2** 50, 87; **70** 6
Register anonymer und pseudonymer Werke 138; Anmeldung des Urhebernamens zur Eintragung **66** 22, 46 ff.; **138** 1, 3, 8 ff., 12; Bekanntmachung der Eintragung **138** 16; Einsicht **138** 17; Eintragungsverfahren **138** 11 ff.; kein Anwaltszwang **138** 10, 15; Kosten der Eintragung **138** 19; Wirkung der Ablehnung der Eintragung **66** 49; Zuständigkeit **138** 8; Zweck **66** 3; **138** 1, 4
Reichswehrprozeß E **70** 6; **97** 142
Reifen Q E **41** 24
Reihenhäuser E **14** 5, 18, 27; **39** 27
Reiseverkäufer E **99** 3
Relief als Bildnis 60 18
Remission E **17** 46, 52
Remix/Remastering E **77** 11
Remix-Version E **85** 18, 25
Rennsportgemeinschaft E **Vor 73** 25; **83** 30
Rennvoraussagen E **4** 10
Reportagen als Filmwerke oder Laufbilder **95** 10; Schutzfähigkeit **2** 82
Repräsentativbauten Schutzfähigkeit **2** 153
Reprint E **Einl.** 5 93; **81** 16
Resolutionen, Schutzfähigkeit **2** 81, 107
Restaurierung alter Filme **94** 15
Restschadstoffentfernung E **101 a** 9, 15, 17, 27, 34 f.; **101 b** 8, 13
Restwertbörse E **31** 97

magere Zahlen = Randnummern

Retorsion, Beschränkung des Schutzes von Ausländern durch – **121** 2, 10
Reverse Engineering 69 e 6; **69 d** 21 f.
Revidierte Berner Übereinkunft Vor 120 41 ff.; amtliche Texte iSd. – **5** 20; amtliche Werke in der – **5** 20, 96; Aufhebung des Ausführungsgesetzes zur – **141** 7; Beeinträchtigungs- und Änderungsverbot **14** 8; Begriff der Veröffentlichung iSd. – **6** 4; **Vor 120** 46; besonders gewährte Rechte **Vor 120** 47; Bild- und Tonberichterstattung **50** 5; Fassungen **Vor 120** 41; Filmurheberschaft nach der – **Vor 88** 72; **94** 3; **Vor 120** 158; Folgerecht nach der – **121** 18 f.; Formfreiheit des Schutzes **Vor 120** 47; Verwertung von Musik auf Tonträgern nach der – **133** 1 ff.; Gegenseitigkeit des Schutzes **Vor 120** 49; **121** 18 f.; geschützte Werke **Vor 120** 46; Inländerbehandlung **Vor 120** 47; **121** 18 f.; Katalogbildfreiheit **58** 4; kein Schutz von Lichtbildern **72** 15 f.; Mindestrechte **Vor 120** 47; sog. kleine Ausnahmen **Vor 20** 44; **21** 3; **22** 6; Pressespiegelvergütung **49** 2, 35; Schutz ausländischer Urheber **Vor 120** 6, 12, 41 ff.; **121** 11, 18 f.; Schutzdauer **Vor 120** 48; Senderecht **Vor 20** 32 ff.; Staatenverband der Verbandsländer **Vor 120** 43; Unabhängigkeit des Schutzes **Vor 120** 47; und Urhebervertragsrecht **32 b** 29; Urheberpersönlichkeitsrecht **Vor 12** 23 ff.; Urhebervertragsrecht **Vor 28** 186; Ursprungsland iSd. – **Vor 120** 47; Verbandsländer **Vor 120** 44 f.; Vergleich der Schutzfristen **Vor 120** 48 f.; **140** 1, 7; Verhältnis zum TRIPS-Übereinkommen **Vor 120** 17 f.; zum WCT vor **120** 53; Vermutung der Rechtseinräumung an den Filmhersteller **Vor 88** 72; **94** 3; **Vor 120** 158, 161; Veröffentlichungsrecht **12** 3; Zweiter Weltkrieg **Vor 120** 42
Rezensions- und Freiexemplare 17 49
Rezepte, Schutzfähigkeit **2** 109; **4** 1
Rheinmetall-Borsig II E 98 6
Richard-Wagner-Brief E 2 95
Richtlinie 93/83/EWG betreffend Satellitenrundfunk und Kabelweiterverbreitung Vor 20 17, 28; **20 a** 3; **20 b** 1; **87** 9
Richtlinie 96/9/EG über den rechtlichen Schutz von Datenbanken 19 a 31; **Vor 87 a** ff **5**
Richtlinie 2000/31/EG über den elektronischen Geschäftsverkehr s. E-Commerce Richtlinie
Richtlinie 2001/84/EG über das Folgerecht des Urhebers des Originals eines Kunstwerkes 26 10, 53, 54
Richtlinie 2001/29/EG zur Harmonisierung bestimmter Aspekte des Urheberrechts und verwandter Schutzrechte in der Informationsgesellschaft s. Info-Richtlinie
Richtlinie 2004/48/EG zur Durchsetzung der Rechte des geistigen Eigentums s. Enforcement-Richtlinie; s. auch Gesetz zur Verbesserung der Durchsetzung der Rechte des geistigen Eigentums
Richtlinie 2006/115/EG zum Vermietrecht und Verleihrecht sowie zu bestimmten dem Urheberrecht verwandten Schutzrechten im Bereich des geistigen Eigentums 87 6 f., 9 a
Richtlinie 2006/116/EG über die Schutzdauer des Urheberrechts und bestimmter verwandter Schurzrechte 87 6, 8
Richtlinien der EG/EU zum Urheberrecht **Einl.** 78; und Vervielfältigungsrecht **16** 4; Werkbegriff **2** 33, 36, 41; **15** 40; Begriff der öffentlichen Wiedergabe **15** 40
Richtlinienkonforme Auslegung 15 37, 39, 40, 44, 78; **87 c** 7
Richtlinienvorschlag über die Patentierbarkeit computerimplantierter Erfindungen Vor 69 9
Ricordi E Einl. 76; **77** 18; **125** 8, 9; **137 f** 3 a; **129** 12
Right of communication to the public s. Online-Zurverfügungstellung, Recht der –; WIPO Copyright Treaty, Zugänglichmachung
Rights management information im WCT **13** 12
Ring des Nibelungen E 82 2
Rippenstreckmetall I E 103 8
Risikogeschäfte über unbekannte Nutzungsarten **31 a** 32
„Rivalin" von Uschi Glas E 60/23 KUG 21, 55, 57, 69
Riviera E Einl. 115; **43** 2, 22, 76, 80; **88** 21
Roche Lexikon Medizin E 4 40; **16** 14, 17, 20, 24; **87 a** 29; **87 b** 35 ff., 41; **97** 104
Rockin' and Rollin' Greats E 17 63
Rock-Sänger E 94 22
Rohrbogen E 97 202
Rolex E 111 b 3
Rollhocker E 2 164, 169; **97** 14
Rolling Stones E Einl. 76; **Vor 73** 26; **85** 51; **96** 10 f.; **Vor 120** 3, 95, **120** 5 ff.; **125** 8; **129** 17
Rollwagen E Vor 120 138 f.
Rom I-VO (= Verordnung (EG) Nr. 593/2008 v. 17. 6. 2008 über das auf vertragliche Schuldverhältnisse anwendbare Recht) **32 b** 41; **Vor 69 a** 33; **Vor 120** 150 ff., 159 ff., 164 ff., 169
Rom II-VO (= Verordnung (EG) Nr. 864/2007 vom 11. 7. 2007 über das auf außervertragliche Schuldverhältnisse anwendbare Recht) **Vor 20** 52; **Vor 120** 125, 130, 134
Rom-Abkommen Einl. 38; **Vor 120** 75 ff.; Begriff der Veröffentlichung iSd. -s **Vor 120** 78; eingeschränktes Formalitätenverbot **Vor**

Sachverzeichnis

halbfette Zahlen = Paragraphen

120 79; erstes Erscheinen **6** 4; Freiheit der Berichterstattung und Zitatfreiheit nach dem – **Vor 120** 83; Gegenseitigkeit des Schutzes **Vor 120** 82; Inländerbehandlung **Vor 120** 79; kein Schutz der Filmhersteller **Vor 120** 77; keine Rückwirkung des -s **Vor 120** 75; Mindestschutz **Vor 120** 80 ff.; Mitgliedstaaten **Vor 120** 76; Rechteausschluß ausübender Künstler beim Film nach früherem Recht und – **92** 2; Schutz durch das – **73** 2, 7; **Vor 120** 77 ff.; **125** 15; **126** 10; **127** 4; Schutz nur internationaler Sachverhalte **Vor 120** 79; Schutzdauer **Vor 120** 83; und Rechte des Sendeunternehmens **87** 5, 10, 12–17, 29, 31, 33, 35, 40, 44–46, 66; Verhältnis zum Europäischen Fernseh-Abkommen **Vor 120** 101, zum TRIPS-Übereinkommen **Vor 120** 17 f.; Übertragungsvermutung zugunsten des Filmherstellers und Rom-Abkommen **92** 2); Zweitverwertung von Tonträgern und – **Vor 120** 82

Romane, als vorbestehende Werke beim Film **Vor 88** 59; **88** 13 ff.; Erscheinen von -n **6** 40; Rechtseinräumung an -n **88** 13 ff., 32 ff.

Romanfiguren, Benutzung von – für den Film **88** 15

Rosaroter Elefant E 2 51, 149; **7** 6 ff.

Rosenkavalier E 88 21

Rosenkrieg bei Otto E 97 a 33

Rosenthal-Vase E 2 19, 38, 45, 135, 142, 159, 162 f.; **97** 14

Rotes Kreuz E 97 197

Routing 16 22; **20** 51; als Vervielfältigung **16** 23

RSS-Feeds 19 a 43

RTL-Plus E (OGH) Vor 20 40

Rückenakt E 60/22 KUG 48

Rückruf im Rahmen der Beseitigungsklage **97** 131; wegen gewandelter Überzeugung **42** 1 ff.; wegen Nichtausübung **41** 1 ff.; wegen unterbliebener Verfilmung **Vor 28** 162; **42** 14; **90** 9 f.; bei Unternehmensübertragung **34**; von Vervielfältigungsstücken aus dem Vertriebsweg **98** 15

Rückrufsrecht und Schrankenvorschriften **42** 15, 16; bei Unternehmensübertragung **34** 4, 20 b-20 e

Rückrufsrecht wegen gewandelter Überzeugung 42 1 ff.; als Teil des Urheberpersönlichkeitsrechts **42** 1; Abwicklungsverhältnis nach Ausübung des – **42** 33 ff.; Anbietungspflicht nach Ausübung des – **42** 34; Anwendungsbereich **42** 13 ff.; Ausschluß beim Film **42** 16 a; **90** 6, 8 ff., 14; entsprechende Anwendung bei ausübenden Künstlern **42** 6 a, 16 a, 23, 33, 35; **79** 5, 18; bei nachgewiesenem Überzeugungswandel **42** 23 f.; bei Zwangslizenzen **61** 17; Entschädigungspflicht **42** 29 ff.; Geltendmachung durch Rechtsnachfolger **42** 27; im internationalen Urhebervertragsrecht **Vor 120** 166; im Übergangsrecht **132** 4; in Arbeits- und Dienstverhältnissen **43** 92 ff.; Interessenabwägung **42** 25; und Änderungsrecht nach § 12 VerlG **42** 18 f.; und Rücktrittsrecht nach § 35 VerlG **42** 20 f.; Verzicht **42** 28; Wirkung **42** 33 ff.

Rückrufsrecht wegen Nichtausübung 41 1 ff.; Anwendungsbereich **41** 7 ff.; Ausschluß beim Film **90** 6, 8 ff., 14; Entschädigungspflicht **41** 25; im internationalen Urhebervertragsrecht **Vor 120** 166; im Übergangsrecht **132** 4; in Arbeits- und Dienstverhältnissen **43** 88 ff.; Interessenabwägung **41** 14, 16, 20, 25; nur bei ausschließlichem Nutzungsrecht **41** 11; Verzicht **41** 21; Voraussetzungen **41** 6, 13 ff.; Wirkung **41** 24

Rücktritt des Finanzministers E 60/22 **KUG** 9, 63; 60/23 **KUG** 17, 21, 69, 122; 60/33–50 **KUG** 12 f., 14 ff., 20, 24; **97** 154

Rudi Carrell von seiner Frau verlassen E 60/23 **KUG** 115; 60/33–50 **KUG** 29

Rudolstädter Vogelschießen E 2 24, 26, 39, 176

Rudolf-Steiner-Vorträge E 6 24, 46; **87 a** 29

Ruftonmelodie 14 11 a; s. auch **Handyklingeltöne**

Rundfunk- und Fernsehanstalten, Änderungen des Werkes **43** 87; als Sendeunternehmen **87** 12, 16 ff.; Einwilligungsrechte angestellter ausübender Künstler **79** 19; Gesamtprogramm als Sammelwerk **4** 18; **87** 61; Namensnennung bei Sendungen **43** 82; Tarifverträge **43** 115 ff.; **79** 48 f.; und Sendevertrag **Vor 28** 147 ff.

Rundfunk- und Fernsehprogramme 2 105; als amtliche Werke **5** 31, 67; als Sammelwerke **4** 18

Rundfunkempfang im Hotelzimmer I E 19 41; **Vor 20** 26; **20** 24, 30, 41 f.; **22** 5; **43** 66

Rundfunkempfang im Hotelzimmer II E 20 42

Rundfunkkommentare als amtliche Werke **5** 11, 31, 66; Begriff **49** 4; Interviews und Roundtablegespräche als – **49** 4; Nachdruckfreiheit bei beschränkter Anzahl **49** 12; Nachdruck- und Senderecht durch gesetzliche Lizenz **49** 1; Quellenangabe bei Wiedergabe **49** 28; **63** 9, 16, 18; Vorbehalt der Rechte **49** 14

Rundfunkorganisation 87 64; DDR **87** 11

Rundfunkprogramme E 4 10

Rundfunkredakteur, Arbeitnehmereigenschaft **E 43** 13; befristeter Arbeitsvertrag **E 43** 15

Rundfunksendung von Schallplatten E Einl. 115; **43** 40; **Vor 44 a** 2, 18; **Vor 73** 4, 19; **79** 17; **85** 3; **97** 188, 198

Rundfunksendungen, s. auch Kabelweitersendung; als Sammelwerk **4** 18; **anwendbares Recht Vor 20** 52 ff.; **20** 2; **20 a** 7 f.; **Vor 120**

magere Zahlen = Randnummern

Sachverzeichnis

141 f.; drahtlose – **Vor 20** 2 ff.; leitergebundene – **Vor 20** 5 ff.; Satellitensendungen als – **Vor 20** 4
Rundfunkstaatsvertrag und Werbeunterbrechung **93** 21
Rundfunkverteileranlagen, Begriff **Vor 20** 5; **20** 41; **22** 5; Öffentlichkeit bei – in Hotels **15** 62, 68, 70; zeitgleiche Weiterübertragung von Rundfunksendungen **20** 41 f.
Rundfunkwerbung E 31 70, 85 f., 93; **88** 47
Rundschreiben als amtliche Werke **5** 73
Rüschenhaube E 2 159 f.; **23** 33 f.

Sabine Christiansen mit Begleiter E 60/23 KUG 79
Sachbefugnis s. Aktivlegitimation
Sachmängelhaftung und Urhebervertragsrecht **31** 28, 30
Sächsisches Ausschreibungsblatt E 5 5, 27; **87 a** 4, 29, 51; **87 b** 57, 60 f.
Sächsischer Ausschreibungsdienst E 5 25, 30, 32, 34, 60; **87 b** 59, 61
Salome E 31 48 f., 51, 55; **132** 3, 9
Salome II E 31 48 f., 51, 55; **132** 9; **137** 3, 13, 16
Salome III E (OLG München) **19** 28; **31** 55; **132** 9, 14; **137** 3, 13, 16
Samisdat, kein Erscheinen durch Zirkulation im – **6** 35
Sammelreversverfahren Einl. 75
Sammelwerke, s. auch Datenbankwerke; Abgrenzung zur Miturheberschaft **4** 21; **8** 2; Abgrenzung zu Sammlungen von Gegenständen **4** 6 f.; Abgrenzung zur Werkverbindung **4** 21; Anwendung verlagsrechtlicher Vorschriften **4** 4; als wirtschaftliche Unternehmen **4** 28 ff.; Begriff **4** 5 ff.; Herausgeber als Urheber **4** 24; **10** 16; Herausgeber von -n als Urheber im Übergangsrecht **134** 3; Namensnennungsrecht ehemaliger Mitherausgeber **13** 18; nicht periodisch erscheinende – **4** 20; Nutzungsrecht **4** 25; **34** 19; **38** 17; periodisch erscheinende – **4** 20; schöpferische Leistung **4** 9 ff.; Schutzdauer **65** 3; Schutzgegenstand **4** 22; Staatsangehörigkeit bei -n **120** 12; strafrechtlicher Schutz **106** 2; Urhebervermutung bei – **10** 12; zu wissenschaftlichen Ausgaben **4** 21; **70** 3, 8
Sammlung Ahlers E (BGH) 26 30, 33 f. 38; **vor 20** 52; **Vor 120** 123, 135, 146
Sammlung Ahlers I E 26 30; **Vor 120** 146
Sammlung Ahlers II E 26 30, 33, 40
Sammlung s. auch Sammelwerke; Abgrenzung zum Sammelwerk **4** 6 f.; **46** 6; als Bearbeitung **3** 19; für Kirchen-, Schul- oder Unterrichtsgebrauch **46** 10; iSd. § **38 38** 7 f.; periodische/nichtperiodische – **38** 11; privilegierte – iSd. § **46 46** 6 ff.; Schutzfähigkeit **2** 84, 86 f.; und Übergangsregelung für neue Nutzungsarten **38** 15 a; Vergütungsanspruch **38** 4;

Zeitungen und Zeitschriften als periodische – **38** 11
Sammlungen für den Kirchengebrauch, äußerliche und inhaltliche Beschaffenheit **46** 13 ff.; als Sammelwerk **4** 25; Begriff **46** 10 f.; Entlehnungen für – **46** 16 ff.; Mitteilungspflicht **46** 23 ff.; Quellenangabe **46** 30; **63** 9; Verbotsrecht wegen gewandelter Überzeugung **46** 29; Vergütungspflicht **46** 31 ff.; Zulässigkeit erforderlicher Änderungen **46** 22; **62** 24 ff.
Sammlungen für den Schul- und Unterrichtsgebrauch, Aufnahme von Werken aus dem Internet **46** 16; äußerliche und inhaltliche Beschaffenheit **46** 13 ff.; als Sammelwerke **4** 25; Begriff **46** 7, 10 f.; Entlehnungen für **46** 16 ff.; im Übergangsrecht **130** 1 f.; keine Privilegierung für Musikschulen **46** 12; Mitteilungspflicht **46** 23 ff.; Quellenangabe **46** 30; **63** 9; Verbotsrecht wegen gewandelter Überzeugung **46** 29; Vergütungspflicht **46** 31 ff.; Zulässigkeit erforderlicher Änderungen **46** 22; **62** 24 ff.
Sampling 39 10; und ausübende Künstler **73** 11, 12, 29; **77** 9; -Vertrag **31 a** 43
Sanatorien, Erwerbszweck bei Rundfunkwiedergabe in – **52** 14; Öffentlichkeit in – **15** 69
Satellitenfernsehen, Rechtseinräumung für das – **Vor 20** 17 f.; **20 a** 19; **88** 48; **89** 12; s. auch Direktsatellitensendungen
Satellitenfernsehen im Hotelzimmer E 20 27
Satellitenfoto E 2 12; **7** 2; **13** 1, 13; **72** 20, 35 f.; **97** 48; Datenbank **87 a**; Lichtbildschutz **72** 20; Lichtbildner **72** 35 f.
Satellitensendung, s. auch Direktsatellitensendung, Europäische Satellitensendung; anwendbares Recht **Vor 20** 58 ff.; **20 a** 8; **Vor 120** 7; als eigene Nutzungsart **Vor 20** 18; **E 31** 93; **31 a** 40; und Filmproduktionsvertrag **E Vor 28** 107 f.; nichteuropäische – **Vor 20** 50 ff.; **20** 19 ff.; **20 a** 9; kein einheitliches Verwertungsrecht **20** 21; Recht zu ephemeren Aufzeichnungen **55** 8; Übergangsrecht **20** 20
Satellitenübertragungen als Funksendung iSd. § **87 87** 20; funktechnische – und Senderecht **20** 19 ff.
Satire als Bearbeitung – **23** 14; als freie Benutzung **24** 27 ff.; s. auch Parodie
Satirisches Gedicht E 60/23 KUG 13
Satzungen als amtliche Werke **5** 41, 68
Scanner E 16 17; **54** 9, 11, 14, 17, 21; **54 a** 8; als vergütungspflichtiges Geräte zur Vornahme von Vervielfältigungen **54** 11, 14, 17, 21; keine Betreiberabgabe **54 c** 4; Demonstration und Reparatur von -n in Geschäftsbetrieben **56** 6 a; Scannen als Vervielfältigung **16** 18, von amtlichen Werken **5** 93
Schacht-Briefe E 43 86; **97** 176
Schadensbegrenzungsvergleich E Vor 28 102

Sachverzeichnis

halbfette Zahlen = Paragraphen

Schadensersatz, s. auch Auskunftsansprüche; immaterieller Schaden, materieller Schaden; bei fehlender Urheberbenennung **13** 19, 21 a; bei immateriellem Schaden **97** 176 ff.; bei materiellem Schaden **60/33–50 KUG** 10 ff.; **97** 144 ff.; bei Rechtsverlust als amtliches Werk **5** 36 f.; bei Verletzung des Gebots zur Quellenangabe **63** 21 f.; Berechnung des Schadens **60/33–50 KUG** 10 ff.; **97** 144 ff.; Durchsetzung **97** 202 ff.; Sicherung des –anspruchs **101 b** 4 ff.; für Verletzung des Rechts am eigenen Bild **60/33–50 KUG** 8 ff.; Höhe des Anspruchs **60/33–50 KUG** 25; Materialmietgebühr **97** 151, 164; Verletzerzuschlag **97** 159 ff.; bei Verletzung des Urheberrechtspersönlichkeitsrechts **Vor 12** 12 a; Verschulden **97** 137 ff.; Vorlage- und Besichtigungsanspruch **101 a** 1 ff.; Schätzung **97** 158; Lizenzanalogie **97** 152 ff.
Schaffensfreiheit Vor 12 16 a
Schallplatten als Sammlungen **46** 7; s. Tonträger
Schallplatten I E (RG) **85** 2, 8, 76
Schallplatten II E (OLG Köln) **Einl.** 53; **Vor 28** 72; **129** 16; **140** 5
Schallplatten III E (BVerfG) **Vor 73** 12 f.; **82** 4 f.; **83** 5; **85** 5; **135 a** 7, 10
Schallplatteneinblendung E 3 38, 40; **73** 36; **78** 8; **Vor 88** 24; **92** 6; **97** 55; in Filmwerke **92** 6 f.
Schallplatten-Espresso E 15 71; **56** 7
Schallplattenexport E 15 31; **17** 42, 46; **Vor 120** 137
Schallplattenfirma 85 36
Schallplattenhülle E 60/22 KUG 11
Schallplattenimport E 15 31; **17** 42, 46, 53; **69 c** 35 f.; **85** 44; **Vor 120** 123 f., 129, 132, 137
Schallplattenimport II E 15 31; **17** 42, 54, 63 ff.; **Vor 28** 91; **85** 44; **Vor 120** 129, 137
Schallplattenimport III E 17 42; **Vor 28** 91; **69 c** 32; **97** 156, 209; **Vor 120** 129; **WahrnG 10** 1; **12** 6; **13** 7
Schallplatten-Lizenzvertrag E 83 4
Schallplattenproduktionsverträge Ausübungspflicht **31** 27
Schallplattenrechte E Einl. 117; **85** 2
Schallplattenvermietung E 15 8; **17,** 14, 37 ff.; 30, 42, 44, 58; **27** 7, 18; **Vor 91** ff.; **69 c** 25, 31 f., 37 f; **85** 44; **94** 22
Scharping/Pilati-Foto E 72 27, 30
Schattenspiele und Lichtbildschutz **72** 17
Schaubilder, Schutzfähigkeit **2** 213
Schaufensterdekoration E 16 2, 13; **17** 42
Schauspieler als ausübende Künstler **73** 2, 24; als Person der Zeitgeschichte **60/23 KUG** 29; Bildnisschutz **60/22 KUG** 31 ff.
Schauspielerin E 60/22 KUG 49; **60/23 KUG** 117

Scherenschnitt als Bildnis **60** 18
Schiedsgerichte, genehmigungsfreie Benutzung durch – **45** 3 ff.
Schiedsstelle, Anrufung **11 WahrnG** 13; **12 WahrnG** 13 f.; Antrag **14 WahrnG** 6 ff.; Einigungsvorschlag, Ausnahmen **14 a WahrnG** 1, 7 ff.; **14 b WahrnG** 1 ff.; Übergangsregelung für Altverfahren **26 a WahrnG** 1 f.; und gerichtliches Verfahren **16 WahrnG** 1 ff.; Verfahren nach der Verordnung über die – **14 a WahrnG** 2 ff.; **15 WahrnG** 1 f.; Vergleich vor der – **14 WahrnG** 9 f.; Verjährungsunterbrechung durch -nverfahren **14 WahrnG** 12; Weisungsfreiheit der Mitglieder **14** 5; Zusammensetzung **14 WahrnG** 3 ff.; Zuständigkeit **Vor 14 WahrnG** 4 f.; **14 WahrnG** 1 f.
Schiedsvereinbarungen 104 2
Schiedsvertrag zwischen Verwertungsgesellschaft und Nutzern **14 WahrnG** 11
Schlacht um Berlin E 93 2, 19
Schlafsäcke E 31 97
Schlagerlieder als vorbestehende Werke **Vor 88** 59; **88** 14; als Werkverbindung **9** 6; Schutz von -n beim Film **88** 20
Schlagerliederbuch E Einl. 117; **Vor 44 a** 18
Schlagzeilensammlung im Internet E 87 a 21, 50, 56
Schleppjagd E 60/22 KUG 16 f.; **60/23 KUG** 81 f.; **60/33–50 KUG** 5
Schlichtung im Urheberrecht Vor 14 WahrnG 1 f.; s. auch Schiedsstelle
Schlichtungsstelle 36 80; **36 a**; Beginn des Verfahrens **36 a** 5; Beratung **36 a** 21–22; Beschlussfähigkeit **36 a** 11; Beschlussfassung **36 a** 23–25; Bildung einer Schlichtungsstelle **36 a** 6–12; Einigungsvorschlag **36 a** 26; Einschaltung des Oberlandesgerichts **36 a** 13–16; Entstehungsgeschichte **36 a** 1; institutioneller Unterbau **36 a** 2; Kostenregelung **36 a** 2, 27; Oberlandesgericht **36 a** 7, 9, 13 ff.; Örtliche Zuständigkeit **36 a** 13; Parteivereinbarung **36 a** 4, 17, 19; Prüfung der Voraussetzungen **36 a** 5, 8, 9, 14; Rechtsbeschwerde **36 a** 16; Regelung durch Rechtsverordnung **36 a** 18, 19; Schlichtungsverfahren **36 a** 3 ff.; Vereinbarung **36 a** 4; Verfahrensbeginn **36 a** 5; Verfahrensregeln **36 a** 17–19; für Vergütungsregeln **36 a**; Verlangen einer Partei **36 a** 3; Vollstreckbarkeit **36 a** 15; Vorbereitung der Sitzung **36 a** 20; Vorschlag gemeinsamer Vergütungsregeln **36 a** 22; Weisungen **36 a** 21; Zusammensetzung der Schichtungsstelle **36 a** 10 ff.
Schlichtungsverfahren 36 33 ff., 74 ff., **36 a**; verbindlicher Einigungsvorschlag **36** 33; Entstehungsgeschichte **36** 30–33, 34–40; Erfahrungen **36** 93–101; indirekte Wirkung **36** 35, 36; obligatorisches Schlichtungsverfahren **36** 34, 40, 75, 78–85; Parteien **36** 39, 40; Regeln für Belletristik **36** 95; Regeln für den

magere Zahlen = Randnummern

Sachverzeichnis

Filmbereich **36** 101; Regeln für die Presse **36** 101; Regeln für Urheber **36** 99, 100; Scheitern der Verhandlungen **36** 84, 85; Verhandlungen **36** 82–83; Verhältnis zum WahrnG **36** 37, 38
Schloß Tegel E **24** 4; **59** 3, 10
Schlümpfe E **2** 149, 163
Schlümpfe-Parodie E **2** 149; **24** 31
Schlumpfserie E **97** 191
Schmalfilme, Begriff **Vor 88** 21; Übertragung von Spielfilmen auf – **94** 12
Schmalfilmrechte E **19** 37; **Vor 28** 161; **31** 92; **88** 5, 28, 39 f., 49; **89** 13; **97** 198, 200
Schmalfilmverwertung, Rechtseinräumung zur – **88** 5 f., 39, 45; **89** 13
Schmaltonfilmvertrieb E **31** 92
Schmerzensgeld bei Verletzung des Rechts am eigenen Bild **60/33–50 KUG** 3, 27 ff.; bei Verwendung in der Werbung **60/33–50 KUG** 15, 36; durch die Medien **60/33–50 KUG** 36; Höhe des Anspruchs **60/33–50 KUG** 32 ff.; unbezifferter Antrag **60/33–50 KUG** 37 f
Schmerzensgeldanspruch E **Vor 12** 12 a
Schmuckanhänger E **112** 21
Schmuckgegenstände Schutzfähigkeit **2** 171; – und Folgerecht **26** 24
Schmucklinie „Pharaon" E **97** 128
Schneewalzer E **24** 11, 17
Schnittmeister s. Cutter
Schnittstellen, Begriff **69 a** 13; **69 e** 8; kein Schutz der Schnittstellenspezifikationen **69 a** 13; s. auch Dongle
Schöner Wetten E **97** 89, 95, 97; **101** 27
Schopenhauer-Ausgabe E **2** 47, 87; **31** 94; **70** 3, 6; **132** 3
Schöpferprinzip, Geltung des -s im Filmrecht **Vor 88** 52; s. auch Urheberschaftsprinzip
Schöpfung 2 11 ff.; als Realakt **7** 5
Schranken der verwandten Schutzrechte bei Edition wissenschaftlicher Ausgaben **70** 9; bei Erstausgabe nachgelassener Werke **71** 12; der ausübenden Künstler und Veranstalter **Vor 73** 7; **81** 35; **83** 1 ff., 7 ff.; der Datenbankhersteller **87 c** 1 ff.; der Filmhersteller **94** 29 ff., 34; der Sendeunternehmen **87** 45 ff.; der Tonträgerhersteller **85** 12, 59 ff.; **86** 15; Quellenangabe **83** 13
Schranken der Verwertungsrechte des ausübenden Künstlers **83**
Schranken des Urheberrechts, allgemeine Rechtfertigungsgründe **Vor 44 a** 16; Anwendbarkeit auf verwandte Schutzrechte **70** 9; **71** 12; **Vor 73** 7; **83**; **84** 1 ff.; **85** 59 ff.; **87** 45 ff.; **94** 29 ff., 34; Arten **Vor 44 a** 6; Auslegung **15** 7, 29, 40; **Vor 44 a** 18; **51** 8; **52** 7; **97** 38 ff.; Güterabwägung **Vor 44 a** 9 ff.; im Filmrecht **Vor 88** 17; **94** 29 ff., 34; keine analoge Anwendung **Vor 44 a** 21; Notwendigkeit von – **Vor 44 a** 15; Sozialbindung **Vor 44 a** 1 ff.; und Strafrechtsschutz **106** 7 ff.; und technische Schutzmaßnahmen **95 b** 1 ff.; und Urheberpersönlichkeitsrecht **Vor 44 a** 14; Verbände zur Durchsetzung der – **97** 60; verfassungskonforme Auslegung zugunsten der Informationsfreiheit **Vor 44 a** 21; **50** 4; **51** 8; **97** 37 f.; Verfassungsmäßigkeit **Vor 44 a** 7 ff.; Vergütungsanspruch **15** 5; **Vor 44 a** 11; zwingende – **55 a** 1; **69 d** 1, 6, 13 ff., 24; **69 e** 3; **69 g** 3
Schrankenbestimmungen, Durchsetzung gegenüber technischen Maßnahmen **Vor 44 a** 22; **97** 60
Schrankenvorschriften und Strafrecht **106** 23–26
Schriftform – bei unbekannten Nutzungsarten **31 a** 55 f., 66 f.; – bei künftigen Werken **40** 3 ff., 12 ff.; im Übergangsrecht **132** 6; s. auch Form
Schriftwerke, Begriff **2** 82; Schutzvoraussetzungen **2** 84 ff.
Schriftzeichen Schutzfähigkeit **2** 172
Schulaufenthaltsräume, Öffentlichkeit in -n **15** 79
Schulbuch E **46** 13, 19
Schulbücher, Gesamtvertrag über Vergütung für Entlehnungen **46** 32; privilegierte Übernahme von Werken in -n **46** 1 ff.; Aufnahme von Werken aus dem Internet **46** 16
Schulbuchverlage Privilegierung **52 a** 16
Schulfilm 15 11; **vor 120** 47;
Schuldnachfolge E **99** 9
Schuldrechtliche Nutzungsrechte, Übertragung **34** 4 c, 5
Schuldrechtlicher Vertrag über Werknutzung **Vor 28** 54 ff.; **33** 3
Schuldrechtsmodernisierung, Übergangsregelung **137 i**; und Urheberrechtsverträge **29** 14; und Verjährung **102** 1
Schulen 52 a 8; Begriff **46** 10; **53** 59; Betreiberabgabe **54 c** 6; erzieherischer Zweck der Veranstaltung **52** 34; genehmigungs- und vergütungsfreie Veranstaltungen **52** 24 ff.; Vervielfältigungsfreiheit zum Prüfungsgebrauch **53** 66 f., zur Veranschaulichung des Unterrichts **46** 10 f.; **53** 59 f.
Schülertransporte E **87** 49
Schulerweiterung E **14** 2, 20, 36; **39** 14, 25, 27; **129** 13
Schulfunksendung E (BVerfG) **Einl.** 118; **31** 92; **Vor 44 a** 8, 10 f., 18 f.; **47** 3, 5
Schulfunksendung II E (BGH) **47** 16
Schulfunksendungen, Abwendung der Löschungspflicht **47** 22; als amtliche Werke **5** 11, 71; als Eingriff in das Vervielfältigungsrecht **47** 1; Anzahl der Vervielfältigungsstücke **47** 15; Begriff **47** 10; Löschungspflicht **47** 20 f.; pri-

Sachverzeichnis

halbfette Zahlen = Paragraphen

vilegierte Institutionen **47** 4f., 11 ff.; Quellenangabe **47** 19; **63** 9; Vergütungsanspruch des Tonträgerherstellers **85** 59; Vergütungsanspruch des Urhebers **Vor 44 a** 11; Zweckbestimmung **47** 18
Schulgebrauch von Sammlungen **46** 10
Schulhausumbau II E (Schweiz. BG) **14** 31, 36
Schulunterricht, Öffentlichkeit **52 a** 4
Schulveranstaltungen, Vergütungsfreiheit für öffentliche Wiedergabe **52** 34 f.
Schutz des audio-visuellen Erbes, Europäisches Übereinkommen **Vor 120** 112
Schutz des Schwächeren 36 23
Schutz technischer Maßnahmen 95 a ff.; Aktivlegitimation **97** 60
Schutzdauer anonymer und pseudonymer Werke **64** 21; **65** 13; **66** 1 ff.; bei Bearbeitungen **65** 3; **3** 41 f.; bei Miturheberschaft **64** 19 f.; **65** 1 ff.; **66** 51; bei Sammelwerken **65** 3; bei Werkverbindung **65** 3; Berechnung **69** 1 ff.; der verwandten Schutzrechte **64** 61; **68** 1 f.; **70** 13; **71** 15; **72** 5 ff.; 37 ff.; **76** 4 ff.; **82** 1, 4 ff.; **85** 52 ff.; **87** 43 ff.; **94** 35 ff.; des Folgerechts **26** 46; des Urheberrechts im Regelfall **64** 49, 56 ff.; des Urheberrechts im Ausland **64** 11 f.; des Werktitels **64** 74; nach den internationalen Verträgen **64** 9ff.; **Vor 120** 48, 55, 65, 83, 90, 94, 99; **140** 1 ff.; nachgelassener Werke **64** 27 f., 66 f.; **66** 13, 53; **129** 8 f., 21 f.; und Verfassung **64** 1 f.; von Datenbanken **64** 45 ff.; **Vor 87 a** 38; **87 d** 1 ff.; von Filmwerken **64** 25 f.; **65** 4 ff.; **Vor 88** 7 f., 17; **140** 3 ff.; von Lichtbildern **64** 30; **68** 1 f.; **72** 5 ff.; 30 ff.; **135/135 a** 3 ff., 7 f.; **137** 9; **137 f** 3; von Lichtbildwerken **64** 62 ff.; **68** 1 f.; **135/135 a** 3 ff., 9; **137** 3, 16; **137 a** 1 ff.; von Lieferungswerken **6** 21; **64** 24; **67** 1 ff.; von Werken der angewandten Kunst **64** 51; von Werken juristischer Personen **64** 22; **66** 54; **134** 6 f.; von wissenschaftlichen Ausgaben **137 f** 3; Systematik der Regelung der – **64** 49 ff.; Übergangsrecht **64** 66 ff., 72; **69** 5; **129** 3, 8 f., 11, 14, 20 ff.; **134** 2, 6 f.; **135/135 a** 3 ff., 8 f.; **137** 3 f., 10 ff.; **137 a** 1 ff.; Vervielfältigung kurz vor Ende der – **64** 6; Wiederaufleben des Schutzes in Deutschland **137 f** 3 ff.; s. auch Schutzfristen
Schutzdauerrichtlinie Vorschlag zur Änderung der – **Einl.** 78
Schützenfest E 52 2
Schutzfristen, Ablauf der – als Einwendung **97** 196; Berechnung **69** 1 ff.; doppelte – im früheren Recht der USA und internationales Urhebervertragsrecht **Vor 120** 167; Unzulässigkeit der Verkürzung einer bereits laufenden längeren – **64** 40; **137 f** 2; s. auch Schutzdauer; Schutzfristverlängerung; Vergleich der Schutzfristen

Schutzfristenunterschiede E Einl. 81 f., 84; **17** 43, 56
Schutzfristverlängerung aus Anlaß des Krieges **64** 60; **Vor 120** 74; Auswirkungen auf Verträge **137** 3 ff., 10 ff.; **137 a** 3 f.; **137 b** 3 f.; **137 c** 3; **137 f** 4 f.; für Lichtbilder **72** 5, 39 f.; im Übergangsrecht **64** 66 ff.; **69** 5; **129** 11, 22; **134** 7; **137** 3 f., 10 ff.; **137 a** 3 f.; in der Geschichte des Urheberrechts **64** 52; **137** 3; und Vergleich der Schutzfristen **140** 6
Schutzlückenpiraterie 77 12, 19
Schutzumfang des Urheberrechts **97** 13 ff.; – der verwandten Schutzrechte **97** 19 ff.
Schutzuntergrenze 2 32 ff., 39 ff.; bei Filmwerken **2** 193; bei Schriftwerken und Reden **2** 89, 92; bei Werken der bildenden Künste **2** 139; bei Werken der angewandten Kunst **2** 160 f., 165, 171; und europäischer Werkbegriff **2** 33; **15** 40; s. auch kleine Münze
Schwächere Vertragspartei, Schutz im IPR **Vor 120** 163, 164, 166, 167, 168
Schwarzaufweiss E 87 b 35
Schwarzer Kater E 99 2
Schwarzer Sheriff E 60/23 KUG 102
Schwarzwaldfahrt E 31 97
Schwedenmädel E 24 7
Schweigen der Hirten E 60/23 KUG 10, 118
Screenshots E 63 15, 18, 20
SED-Emblem E 2 174; **129** 13
Sefira E 100 1, 5
SEIDE E Vor 28 110
Seitenpuffer E Vor 69 a 10
Sektwerbung E 97 197, 201
Selbstregulierungsmodell 36 19
Selbstunterricht 46 11
Seminarkopien eines Professors E 5 36; **97** 77; **99** 2, 5, 8; **104** 1 ff.
Sendeformat E 2 6, 51, 75, 184; **88** 16; **Vor 120** 124, 129; Schutzfähigkeit **2** 187
Sendelandprinzip in der Europaratskonvention **Vor 120** 108
Sender Felsberg E 15 1, 47, 60; **Vor 20** 52–54, 61, 64; **20** 8, 16, 31; **20 a** 14, 16; **Vor 120** 52, 53, 54, 55, 61, 121, 123, 124, 129, 130, 131, 135, 141; **137 h** 2 b, 2 c
Senderecht, s. auch Europäische Satellitensendung, Kabelweitersenderecht, Nichteuropäische Satellitensendung, Satellitenfernsehen, Satellitensendung, Senderverträge; **Vor 20** 1 ff.; **20** 1 ff.; **20 a** 1 ff.; Abgrenzung der Rechte aus § 20 und § 20 a **20** 19; Abgrenzung von anderen Verwertungsrechten **19** 35, 43; **19 a** 58; **Vor 20** 10 f.; **20** 13; Abgrenzung von Sende- und Empfangsvorgängen **Vor 20** 14; **20** 11, 26 ff.; als Verwertungsrecht **15** 45; als Zweitverwertungsrecht **15** 50; anwendbares Recht **Vor 20** 52 ff.; **Vor 120** 141 ff.; beschränkte Einräumung **20** 5; des ausübenden Künstlers

magere Zahlen = Randnummern

Sachverzeichnis

78 4–10; des Filmherstellers 94 8, 11, 23; einheitliches Verwertungsrecht nach §§ 20, 20a Vor 20 8; 20 19; 20a 1; Einräumung des -s Vor 28 152; 31 93; 88 43 ff., 47; 89 12 f., 16, 18; Erlösbeteiligung bei Veräußerung des -s 88 45; Erschöpfung des -s 15 31 ff., 34; Vor 20 13; 20 38; Gegenstand Vor 20 9; „großes" und „kleines" – 19 29; Vor 20 21; Inhalt 20 3 ff.; kein- des Tonträgerherstellers 85 41 Live-Sendung als Sendung iSd. -s 20 6; Vor 88 26; Öffentlichkeit 20 8 ff.; räumliche Beschränkung Vor 20 18; Schranken Vor 20 12; Schutz des -s durch internationale Abkommen Vor 120 32 ff.; Vor 120 47; Sendeformen Vor 20 1 ff.; Vergütungsanspruch des ausübenden Künstlers 76 15 ff.; Verwertungshandlung 20 22; Wahrnehmung des -s Vor 20 16 ff.

Sendeunternehmen s. auch Funksendung; als Filmhersteller 94 14, 16, 20, 30 f.; als Tonträgerhersteller 85 32, 43 ff.; als Veranstalter 81 18; Archivierung von dokumentarisch wertvollen Aufnahmen durch – 55 11 ff.; Auskunftspflicht gegenüber VG bei öffentlichen Wiedergaben 13a WahrnG 8; Begriff 55 3; 87 12 ff.; entsprechende Anwendung Urhebervermutung auf – 87 9c, 47; Entwurf eines WIPO-Vertrags über den Schutz der Sendeunternehmen 87 74 ff.; ephemere Vervielfältigung durch – 55 1, 3 ff.; gesetzliche Vergütungsansprüche der – 85 61 ff.; 87 45 ff., 59; 94 20, 30 f.; Kabel- und Satellitenunternehmen als – 55 8; 87 13, 16; Nutzungsrechte 87 42a; keine Verwertungsgesellschaftenpflicht für eigene Sendungen 20b 3, 14 ff.; kein Vermietrecht 17 30; Löschungspflicht der – 55 10 ff.; Quellenangabe bei ephemeren Vervielfältigungen 63 10; Schutz im Ausland 87 65 ff.; Schutz von – mit Sitz in Drittstaaten 127 4 ff.; Schutz von – mit Sitz in EU bzw. EWR 127 3; als Tonträgerhersteller E 85 37, 38, 39, 64, 79; 87 59; 94 31; Übertragung des Rechts 87 42a; verwandtes Schutzrecht der – 87 1 ff., 30 ff., 59; Vor 88 13, 22; 94 2, 5, 16, 20, 30 f.; vergütungsfreie Nutzung der Darbietungen ausübender Künstler 83 9 ff.; Verpflichtung zum Vertragsabschluß über Kabelweitersendung 87 48 ff.; wettbewerbsrechtlicher Schutz der – 87 60; 127 8; 129 16 f.

Sendeunternehmen als Tonträgerhersteller E 85 37, 38, 39, 64, 79; 87 59; 94 31

Sendeverträge Vor 20 16 ff.; 20a 19; Vor 28 144 ff.; AGB Vor 28 145 f.; auf internationale – anwendbares Recht Vor 120 158, 161; Auslegung Vor 28 153; Auswirkung der deutschen Einigung auf bestehende – Vor 20 18; Begriff Vor 28 144, 150 ff.; bei Filmwerken 88 29; digitale Sendetechnik und bestehende – 20 4; Rechtsinhaber Vor 28 145 f.; Übergangsrecht Vor 20 17 f.; 137h 2 ff.; über Primärsendung Vor 28 148 ff.; über Weitersendung Vor 28 148 f.; Versorgungsbereichstheorien 20 33 ff.; Werknutzer Vor 28 147; zwischen Sendeunternehmen und Kabelunternehmen 87 48 ff.

Sendung, s. auch europäische Satelliten-; Abgrenzung von Sende- und Empfangsvorgängen Vor 20 14; 20 26, 27 ff.; Begriff 20 16, 35; Formen der – Vor 20 2 ff.; Öffentlichkeit 20 8 ff.; Schulfunk – 47 8 ff.; über Tagesfragen, Vervielfältigungsfreiheit zum eigenen Gebrauch 53 49; verschlüsselte – Vor 20 ■ 8, 12; 20a 17, 19; 87 63; Sendung im Internet 20 45; 20b 8

Sendungen im Internet Vor 20 7; 20 45–46

Seniorentanzveranstaltungen, Keine Aufführungsfreiheit 52 31

Sequestrierung zur Sicherung des Vernichtungs- bzw. Überlassungsanspruchs 98 26

Serenade einer großen Liebe E 88 46

Serigrafie E Vor 28 128

Service-Provider 44a 11; Haftung 97 79, 85; Strafbarkeit Vor 106 7; und Vernichtungsanspruch bzgl. rechtswidriger Inhalte 98 2, 13; Verschulden 97 140

Sessel E 2 9, 144, 163 f., 169; 97 14

Sex- und Pornofilme E WahrnG 13b 3, 6

Sex-Aufnahmen E Vor 88 32; 94 12, 13

Sexfilme als Laufbilder 95 12; Sittenwidrigkeit 95 12; s. auch Pornofilme

Sexshop E 19 41

Sharehoster 97 107

Sharehoster-Haftung E 97 107

Shareware Begriff Vor 69a 20 f.; 69c 3; urheberrechtliche Einordnung Vor 69a 20; keine dinglich wirkende Beschränkung des Vervielfältigungsrechts Vor 69a 22 f.; Umgehung von Programmschutzmechanismen und Vernichtungsanspruch 69f 10 f.; s. auch Public-Domain-Software

Sherlock Holmes E Einl. 42; 2 69f., 190; 3 35; 23 9; 24 26 f.; 60/22 KUG 33; 81 33; 88 15; 97 197

Shopping mit Putzfrau auf Mallorca E 60/23 KUG 79

Sicherungskopie, 53 63; 69c 7; Befugnis zur Herstellung von -n 69d 1, 16 ff.; Begriff 69d 17; Berechtigter 69d 18; Herstellung bei Dongle-Schutz 69d 20; Herstellung durch Dritte 69d 18

Siedler III Einl. 56

Signatur, s. Künstlersignatur Bedeutung für die Originaleigenschaft 26 28 f.

Silberdistel E Einl. 56; 2 32, 34, 38 f., 44, 145 ff., 150, 158 ff., 171; 97 15

Simulcasting Vor 20 7, 23a; 20 45

Sirena E Einl. 64, 80

Site Specific Art 14 25, 37, 37a

Sittenwidrige Filme 95 12

Sachverzeichnis

halbfette Zahlen = Paragraphen

Sittenwidrige Verträge 31 15, 35; Strafschutz **106** 2; bei Übertragung von Nutzungsrechten **34** 12
Sittenwidrige Werke, Schutzfähigkeit **2** 48; strafrechtlicher Schutz **106** 2; **107** 3, 10
skai-cubana E **2** 34, 145, 160, 184; **72** 17, 27, 30
Skizzen als unvollendete Werke **2** 22, 53
Sky Channel II (OGH) **20** 8
Snippets 19 a 47; **51** 54; **97** 116; **Vor §§ 120 ff.** 173, 175
Software s. Computerprogramme
Software-Generatorprogramme, kein Schutz von durch – erzeugten Computerprogrammen **69 a** 15
Software-Handbücher E **2** 93
Software-Libraries im Wege des Dynamic Linking Vor 69 a 46
Softwarelizenzverträge Vor 69 a 55 ff.; und Abstraktionsprinzip **Vor 28** 99 f.; **Vor 69 a** 57; und AGB-Kontrolle **Vor 69 a** 58; Application Service Providing **Vor 69 a** 55, 62; Cloud Computing **Vor 69 a** 55, 63 f.; Einzelplatz- und Netzwerklizenzen **Vor 69 a** 61; Grid Computing **Vor 69 a** 55, 65 ff.; und Trennungsprinzip **Vor 28** 54 f.; 98; **Vor 69 a** 56; keine Anwendung des Verlagsrechts **69 a** 59; Zulässigkeit von Buy-Out-Klauseln **Vor 69 a** 60; und Zweckübertragungslehre **Vor 69 a** 58;
Softwareüberlassungsverträge Vor 69 a 55; **69 g** 2 f.; Altverträge **69 g** 3; Berechtigte aus -n **69 d** 4 f.; Netzwerklizenzen **69 d** 8; und Erschöpfungsgrundsatz **69 c** 33; und AGB-Kontrolle **69 c** 33; zwingendes Vertragsrecht **69 d** 1, 6, 13 ff.
Sojusmultfilm E **17** 21; **Vor 28** 90; **97** 48; **Vor 120** 37
Solange Du da bist E **2** 22, 51, 58; **7** 7; **8** 4; **88** 16, 18
Solist, Differenzierung zwischen – und Gruppenmitglied **74** 37, 38; keine Rechtsausübungsbeschränkung **74** 36
Song-Do Kwan E **60** 29
Sonnengesang E **41** 7
Sonstige Rechte, Abgrenzung von den Verwertungsrechten **15** 5; Erlöschen der – mit dem Urheberrecht **64** 8
Soraya E **60/23 KUG** 21, 34; **60/33–50 KUG** 27; **97** 176
Sorrell and Son E **Vor 120** 153, 155, 157, 159, 169
Souffleur kein ausübender Künstler **73** 30
Sound 2 120, 125; keine Schutzfähigkeit **2** 123, 125; **24** 35
Sound-Sampling 2 68, 125 f., 128; **24** 35; **75** 29; **85** 43; als neue Nutzungsart **31 a** 43; als Handyklingelton **31 a** 44; nicht vom Zitatrecht gedeckt **51** 53; s. auch Picture-Sampling
Soundtrack 88 42

Sozialbindung des Urheberrechts **Vor 44 a** 1 ff.; Güterabwägung **Vor 44 a** 9 ff.; und Pressespiegelvergütung **49** 1; und Vergütungsanspruch **Vor 44 a** 11
Sozialfonds bei den Verwertungsgesellschaften **Einl.** 14; **27** 4; **8 WahrnG** 1 ff.
Sozialhilfe, genehmigungs- und vergütungsfreie Veranstaltungen **52** 24 ff.
Sozialstaat 36 23
Sozialstaatsprinzip Einl. 14
Sozialwerk der Bundesbahn E **15** 79; **52** 14
Spannring E **2** 34, 140, 159 ff., 171; **8** 4; **16** 8
Spartenprogramme und Senderecht der RBÜ **Vor 20** 41; s. auch Mehrkanaldienste
Spätheimkehrer E **60/22 KUG** 5, 34; **60/23 KUG** 9, 48, 105, 109; **60/33–50 KUG** 5
Speichermedien 54 15
Speichermedienabgabe 54 4 ff.; s. auch Betreiberabgabe, Geräteabgabe
Spenden, freiwillige, als Entgelt für Veranstaltung **52** 17
Sperrklauseln bei Archivgut **12** 14
Spezialsalz I E **97** 134; **103** 4, 8, 12
Spezialsalz II E **97** 123; **103** 4, 12
SPIEGEL-CD-ROM E **Einl.** 13; **31** 65, 96; **31 a** 45, 82; **Vor 44 a** 36; **97** 56, 142, 153, 195, 202; **137 l** 45
Spiegel-Fotos E **Vor 28** 180; **44** 17
Spielautomaten II E **97** 139
Spielbankaffaire E **Vor 20** 59 f.; **20 a** 4; **97** 10, 63, 78; **Vor 120** 35, 36, 38, 52, 53, 59, 60, 61, 121, 124, 128 ff., 134, 141, 149, 150, 160, 166; **132** 3; **137 l** 24
Spielbankaffaire II E **Vor 120** 35, 36 38, 149, 150, 170
Spielfilm, Schutzfähigkeit **2** 191
Spielfilm-Videogramme E **Vor 28** 69, 170; **88** 40; **WahrnG 13 b** 3
Spielgefährtin I E **60/22 KUG** 14, 17, 19, 23, 26; **60/23 KUG** 4, 9, 32 f.; 34; **60/33–50 KUG** 5
Spielgefährtin II E **60/33–50 KUG** 3, 28
Spielidee, kein Schutz der – und des Spielsystems **2** 6
Spielzeug-Autos und Geschmacksmusterverletzung E **97** 202
Sportanlagenbau E **97** 130, 132
Sportheim E **15** 77, 79; **52** 2, 12 f.; **97** 142; **WahrnG 13 b** 2
Sporthosen E **97** 65, 77
Sportreportagen als Laufbilder **95** 10
Sportübertragungen E **81** 16
Sprachanalyseeinrichtung E **Vor 69** 10
Sprachwerke, Begriff **2** 79 ff.; bühnenmäßige Aufführung **19** 16; Exposé; Treatment und Drehbuch als – **88** 18; Vortrag **19** 4; s. auch Vertonte –
Sprengwirkungshemmende Aluteile E **97** 3
Sprengzeichnungen E **2** 29, 212

magere Zahlen = Randnummern

Sachverzeichnis

Springtoifel E 14 24 **75** 16, 30
Springturnierfotos I E 60/22 KUG 7, 60/23 KUG 63, 108, 120
Springturnierfotos II E 60/23 KUG 43, 108, 120
Staatenlose, Schutz **Vor 120** 2, 4 ff.; 8 ff.; **122** 1 ff.; **123** 3 f.; **124** 2; **125** 2, 17; **126** 12; **128** 6
Staatsangehörigkeit im Urhebervertragsrecht **32 b** 7
Staatsangehörigkeit, frühere deutsche – und Nationalsozialismus **120** 7; Maßgeblichkeit der – des Urhebers oder ausübenden Künstlers, nicht des Rechtsnachfolgers **120** 10; **125** 9; mehrfache – **120** 17; **121** 12; **125** 9; **126** 7; Wechsel der – **64** 73; **120** 18 f.; **125** 9; **126** 7
Staatsbibliothek E **3** 4; **7** 8; **10** 2, 10; **16** 7
Staatsexamensarbeit E **2** 23, 28, 57, 62, 74, 82, 88; **24** 10, 15, 18, 20; **97** 14
Staatsgeschenk E **13** 5–8, 14, 16; **17** 14, 16; **18** 6, 17; vor **20** 52; **54 f.** 4; **97** 3, 183; **Vor 120** 121, 124, 126, 128 f., 131, 134 f., 138, 170; **121** 8
Staatstheater E **73** 27, 28 f.; **79** 18, 27, 36; **80** 6
Staatsverträge, Schutz durch – **Vor 120** 4, 7, 10, 12; **121** 2, 11; **125** 3, 15; **126** 10; **127** 6 f.; **128** 5; Schutz durch zweiseitige – **Vor 120** 39, 68 ff.; **121** 11; Verhältnis zweiseitiger – zum WUA **Vor 120** 68 f.; Verhältnis zweiseitiger – zur RBÜ **Vor 120** 68 f.; Sendeunternehmen, Schutz durch – **87** 65
Stadtarchiv E **97** 77
Stadtbahnfahrzeug E **13** 18; **97** 180; **103** 7
Stadtkapelle Berlin E **Vor 120** 30 f.
Stadtplan E **2** 29, 207, 211; **3** 37; **5** 67, 69; **24** 10, 15, 17; Schutzfähigkeit **2** 211
Stadtplan Innsbruck E (OGH) **2** 206; **5** 9 f.
Stadtplanwerk E **2** 18 f., 23, 29, 35, 37 f., 56, 74, 84, 199, 202 f., 211; **3** 37; **4** 13
Stahlrohrstuhl E **2** 28, 44, 142 f., 145, 163, 169; **24** 15; **43** 82; **97** 14, 55 f. 209
Stahlrohrstuhl II E **2** 9, 38, 140, 144; **97** 209
Standardisierung und internationales Vertragsrecht **32 b** 22, 25, 31
Standard-Spundfaß E15 39; **87** 55
Standbilder E **14** 11
Standbilder im Internet E **Vor 20** 18; **89** 27, **91** 7; **94** 25
Standeinrichtung oder Ausstellung E **17** 8; **69 c** 23
Standesamt keine Öffentlichkeit der Musikwiedergabe **15** 80
Standfotos 91 10
Standuhr E **129** 13
Statikprogramme E **2** 18; **43** 22, 25, 68, 102; **Vor 69 a** 1; **69 b** 6
Statistiken als amtliche Werke **5** 69
Statue als Bildnis **60/22 KUG** 15

Statusbeurteilung (Fernsehreporter, Lektor, Orchesteraushilfe, Orchestermusiker, Rundfunkmitarbeiter) E **43** 12
Staytuned.de E **78** 4 a
Steckbriefe, Eingriff in das Recht am eigenen Bild durch – **60/24 KUG** 3, 11; Vervielfältigung und Wiedergabe im Interesse der Rechtspflege und öffentlichen Sicherheit **45** 7 ff.
Steckverbindergehäuse E **97** 145, 151, 166 ff., 170
Stegreifdichter als Urheber und ausübender Künstler **73** 37
Stegreifreden, Schutzfähigkeit **2**, 83
Stellenanzeigen im Internet E **87 a** 15, 23, 29
Stellenmarkt E **87 a** 23
Steuerberater E **60/23 KUG** 21
Steuereinrichtung für Patentverletzung E **97** 159
Steuereinrichtung II E **97** 159
Steuerfibeln als amtliche Werke **5** 63
St. Gottfried E **2** 24, 135, 144 f. 152, 154; **14** 18, 28, 29 a, 36; **15** 7
Stickmuster E **97** 190 f., 202
Stillleben E **13** 1
Stillschweigende Nutzungsrechtseinräumung **31** 77 f., 97; **31 a** 16; in Arbeitsverhältnissen **31** 22; **43** 40 ff.;
Stilmittel, kein Schutz des -s **2** 49 f., 122, 162
Stimme E **79** 29; **75** 28
Stimme Brecht E **51** 17; **62** 20; **63** 13
Stimmenimitation, Schutz ausübender Künstler gegen – **Vor 73** 25
Stoffmuster E **101** 66 f., 94; **101 b** 17
Störche E **97** 197
Störer Begriff **97** 69
Störerhaftung **97** 69–75; im Internet **97** 74, 79 ff., 92 ff.
Story line eines Films **88** 18
Strafandrohungsbeschluß E **112** 21
Strafantrag bei Rechtsverletzungen **109** 1 ff.; als Prozeßvoraussetzung **109** 7; Strafantragsgericht **109** 2–6, 8–10; Verletzter **109** 2 ff.
Strafbarer Möbelnachbautenimport E **17** 8 f.
Strafschadensersatz Vor 120 131
Strafschutz des Urheberrechts Vor 106 Bearbeitungen **106** 3; Bekanntgabe des Urteils **111**; Bußgeldvorschriften **111 a**; Computerprogramme **106** 2, 6; Datenbanken **106** 7, 7 a, 10; Download **106** 3; Einwilligung **106** 27–29; Einziehung **110**; Erschöpfung **106** 19, 20; Gewerbsmäßigkeit **108 a**; Informationsrichtlinie **Vor 106** 5; Konkurrenzen **106** 34; Miturheberschaft und Einwilligung **106** 27–29; Öffentlichkeit **106** 17, 22; Öffentliche Wiedergabe **106** 21; praktische Bedeutung **106** 1, 2; prozessuale Vorschriften **Vor 106** 4; Rechtsschutz **106** 1; Schrankenvorschriften **106** 23–

Sachverzeichnis

halbfette Zahlen = Paragraphen

26; Sozialadäquanz **106** 28; Strafantrag **109**; strafbare online Verwertung **Vor 106** 6; Strafbarkeit der Provider **Vor 106** 7; Strafschutz gegen rechtswidrige Verwertung **106**; subjektiver Tatbestand **106** 30
Strafschutz verwandter Schutzrechte 108; Einwilligung **108** 13; objektiver Tatbestand **108** 3–12; öffentliche Zugänglichmachung **108** 11
Straftäter als relative Person der Zeitgeschichte **60/23 KUG** 33 ff.; **60/24 KUG** 4; Informationsinteresse bei ehemaligem – **60/23 KUG** 118 f.
Strafvollzugsanstalt E 52 27, 33
Strahlende Zukunft E 17 21
Straßen – gestern und morgen **E 8** 4; **Vor 88** 73; **88** 16 ff.; **91** 5; **97** 180
Streaming Vor 20 7; **78** 4 a
Streaming Webcast E 77 15
Strehle Schulzentrum E 14 11, 36 f.
Strindberg E 6 29, 35, 39 f.
Struktur der Datenbank **87 a** 36 f.
Studenten-Clubhaus, kein Erwerbszweck bei Rundfunkwiedergabe **52** 14
Studentenwohnheime, Erwerbszweck bei Rundfunkwiedergabe **52** 14; Öffentlichkeit **15** 79
Studio 2000 E 2 139, 143, 158, 169
Studiokünstler als ausübender Künstler **73** 16
Stufenaufklärung nach Weissauer **E 2** 66; **4** 9, 10, 19, 24, 28
Stufensystem zur mittelbaren Erfassung des Endverbrauchers **Einl. 36**; **15** 11 f.
Stühle und Tische E 97 56, 198
Stunde der Vergeltung E 2 71
Subito E 4 11, 15 f., 19, 41; **53** 48; **53 a** 10; **87 a** 29; Begriff **53 a** 10, 25; Gesamtvertrag für Kopienversand **53 a** 25
Subverlagsvertrag E 31 57 f., 63
Subverleger E 9 10; **Vor 28** 61; **31** 58, 62 f.; **41** 23
Suchdienst für Zeitungsartikel E 2 67 f.; **3** 8; **16** 14; **87 a** 4; **87 b** 26, 36 f.
Suchdienste, Haftung **97** 76, 89 ff., 113 ff.
Suchmaschinen 97 78, 85, 89, 91, 96, 113–118, 120 f.; Bildersuche **19 a** 47; **97** 117; **51** 53 f.; Büchersuche **51** 54 und Datenbankschutz **87 a** 28
Sui-generis-Recht s. Datenbankherstellerrecht
Sukzessionsschutz, anwendbares Recht **Vor 120** 150; bei einfachem Nutzungsrecht **Vor 28** 83; **33** 1 ff., 5; bei Einräumung weiterer Nutzungsrechte **Vor 28** 51; **33** 7 ff.; bei Erlöschen eines ausschließlichen Nutzungsrechts **33** 11; bei Verzicht auf einzelne Verwertungsrechte **29** 26; **33** 10; und ausschließliches Nutzungsrecht **Vor 28** 81 f.; **33** 8 ff.
Sukzessive Öffentlichkeit s. Öffentlichkeit
Super Mario III E 2 188; **94** 22; **95** 12; **128** 5

Surplusproduktion keine Erschöpfung des Verbreitungsrechts **17** 17; **69 c** 37; Rechtswidrigkeit der Verbreitung **17** 57
Symphonie d'amour E Vor 28 121; **WahrnG 12** 14
Synchronautor kein Filmurheber nach hM **Vor 88** 60; Urheberrecht des -s **88** 52; Rechtseinräumung durch den – **89** 7
Synchronfassung, Rechtseinräumung zur Verwertung der – eines Filmwerks **88** 52, 54; **89** 7, 13; Schutz der – ausländischer Filme **88** 18, 52; Schutz der – durch das Schutzrecht des Filmherstellers **94** 15
Synchronisation, Einräumung des Rechts zur – **88** 51 f., 54
Synchronisationssprecher E Vor 28 34 ff., 41 f.; **31** 74; **Vor 73** 19; **75** 17; **88** 24, 53; **92** 15; Rechte des -s **92** 15
Szenarienvertrag E Vor 120 35, 36
Szenische Lesung 19 10, 16, 22

Tabellen, Schutzfähigkeit **2** 98, 204, 209; als Sprachwerke **2** 82; Frage der Doppelschöpfung **23** 33
Taeschner I E 103 8; **105** 7; **Vor 120** 136, 138 f.
Taeschner II E Vor 120 131, 139
Tagebücher Schutzfähigkeit **2** 112; Ausstellung von unveröffentlichten – **18** 12
Tagesereignisse, Begriff **50** 11 ff.; Berichterstattung über – **50** 9 f.
Tagesfragen, Begriff **49** 11; Nachdruck- bzw. Nachsendefreiheit für Artikel oder Kommentare u. Abbildugen über – **49** 7, 10 ff.; politische, wirtschaftliche, religiöse – **49** 10; Vervielfältigungsfreiheit von Sendungen über – **53** 49
Tagespressedienst E Vor 44 a 31; **49** 23; **97** 190; **WahrnG 13 b** 3
Tagesschau E 63 13; als Laufbild **95** 10; kein Filmwerk **2** 192
Tagesschausprecher E 60/33–50 KUG 26
Talkmaster-Foto E 60/33–50 KUG 16; **83** 30
Tampax E 105 8
Tanzkurse E 15 76, 79 f.; **52** 16, 41; **97** 64
Tanzstundenabschlußbälle E 15 79
Tarife für Verwertungsgesellschaften, als angemessene Bedingungen **11 WahrnG** 6; übliche Vergütung beim Schadensersatz **97** 156 ff.; Berechnungsgrundlagen **13 WahrnG** 7 ff.; Gesamtvertragsvergütungssätze als – **12 WahrnG** 15; **13 WahrnG** 3; Pflicht zur Aufstellung von Tarifen **13 WahrnG** 1 ff.; Überprüfung **13 WahrnG** 11 ff.; s. auch Schiedsstelle
Tarifüberprüfung I E 97 156; **WahrnG 11** 6
Tarifüberprüfung II E 97 156; **WahrnG 11** 6, 11

2508

magere Zahlen = Randnummern

Sachverzeichnis

Tarifvergütung als angemessene Vergütung bei Schadensersatz **97** 156; doppelte Tarifgebühr bei Ansprüchen der GEMA **97** 156, 161; doppelte Tarifgebühr bei Ansprüchen anderer Verwertungsgesellsch. **97** 162
Tarifverträge 36 9–12, 15, 29, 41 ff., 71 ff.; und allgemeine Vergütungsverträge **36** 9–12, 15, 41 ff., 71 ff.; als amtliche Werke **5** 25 f., 41, 50; und angemessene Vergütung **32** 23; **36;** für arbeitnehmerähnliche Personen **Vor 28** 21; **43** 109 ff.; für Arbeitnehmerurheber **Vor 28** 20; **43** 103 ff.; für ausübende Künstler **79** 16, 34 ff., 41 ff., 46 f., 49 f.; – im Film- und Fernsehbereich **93** 17; und gemeinsame Vergütungsregeln **36** 8–10, 15, 41, 42, 71–73; Unabhängigkeit der Vereinigungen **36** 56, 57; und Urhebervertragsrecht **Vor 28** 12; Vergütungsrahmen **36** 64; Verhältnis zum WahrnG **36** 37, 38; Verlautbarung **36** 47; Vermutungswirkung **36** 44; Verpflichtung zur Aufstellung **36** 22, 46; Vertragscharakter **36** 17; Verwertungsgesellschaften **36** 57; Vollstreckbarkeit **36** 17; Vorausverfügung über Nutzungsrechte **43** 47; Vorrang der Tarifverträge **36** 42, 43, 71 ff.; **32** 23, 25; Widerspruch gegen Einigungsvorschlag **36** 88; Wirkung **36** 69; Wirkung für Außenseiter **36** 45, 70, 72; **32** 24, 28; zur Regelung urheberrechtlicher Fragen **Vor 28** 20
Tarifwerke 97 155 ff.
Taschenbuch für Wehrfragen E 4 17, 21, 23, 28; **5** 33; **8** 15; **10** 16; **13** 18
Taschenbuch-Lizenz E 17 19 f., 25, 28; **Vor 28** 93; **31** 85 f., 94; **69 c** 30
Taschenlampe E 23 29
Täterschaft und Teilnahme 97 62, 68, 71, 73, 75, 121, 128
Tätigkeitsberichte als amtliche Werke **5** 63
Tauchcomputer E Vor 69 a 10
Tauschangebot als Verbreitung **17** 13
Tauschbörsen s. File Sharing, Musiktauschbörsen
Tausend und eine Frau E 44 4; **Vor 88** 53
Tausendmal berührt E 2 67
T. C. Boyle E 41 7, 13 ff.
Tchibo/Rolex II E 97 147 ff., 152 f., 155, 168
TE DEUM E 6 36, 40, 45; **71** 13
Technik, kein Schutz der – der Darstellung **2** 49, 204, 213
Technische Lehren und Theorien, kein Urheberrechtsschutz **2** 59 f., 61 ff., 65, 86, 104; **8** 4; freie Benutzung **24** 5, 20
Technische Lieferbedingungen E 2 9, 19, 23, 29, 37, 42, 56 f., 82, 84, 87, 91, 103, 144, 200, 202, 208; **4** 13; **24** 3
Technische Maßnahmen, Verbandsklage gegen – **97** 60
Technische Mitteilungen E 43 86

Technische Normenwerke 2 103; als amtliche Werke **5** 38 f., 54 f.
Technische Programmschutzmechanismen 69 f 10; Umgehung von – **69 f** 9 ff.; s. auch Dongle
Technische Regelwerke E 2 29, 33, 56, 62, 200 f., 208; **5** 38 f., 52, 54 f.
Technische Schutzmaßnahmen Einl. 35; **95 a–95 d; 108 b; 111 a;** Computerprogramme **Vor 95 a** ff. 20 ff.; Entstehungsgeschichte **Vor 95 a** ff. 4; Fehlerkorrektur von Audio-CDs **95 a** 11; keine Beteiligung an Vergütungsaufkommen gem. §§ 54 ff. **54 h** 6; Kennzeichnungspflichten **95 d** 1 ff.; **137 j** 1, 2; Privatkopie **Vor 95 a** 17 ff.; Rechtsfolgen bei Umgehung **95 a** 39 ff.; **97** 1, 12; Rechtsinhaber **95 a** 7 f.; Strafschutz **108 b;** Umgehung zu wissenschaftlichen Zwecken **95 a** 13; Umgehungshandlung **95 a** 10; und das ZKDSG **Vor 95 a** ff. 22 ff.; und Schrankenbestimmungen **95 b** 1 ff.; und Vervielfältigung zum eigenen Gebrauch **53** 3, 8; **54 a** 7; **54 h** 6; **69 a** 26; Verbandsklage gegen **97** 60 Wettbewerbsrecht **Vor 95 a** ff. 10, **95 b** 33, **95 d** 13; Wirksamkeit **95 a** 20 ff.
Technische Schutzrechte Einl. 5, 45 f.; **2** 5, 104, 212
Technische Zeichnung 2 196, 198 f., 201, 212
Teilaktivierung E Vor 73 10, 12; **74** 12; **75** 3; **78** 1
Teilvererbung 28 5
Teilweise Vervielfältigung eines Computerprogramms **69 c** 11
Teilzahlungsverkäufer E 97 77
Telemediengesetz 97 80 ff.
TELE UNO II E (OGH) **Vor 20** 55; **20** 11; **Vor 120** 141
Telefaxgeräte E Einl. 13; **15** 7; **16** 17; **54** 14, 20 f., 29; **54 c** 2; als vergütungspflichtige Geräte zur Vornahme von Vervielfältigungen **54** 8, 14, 20 f.; keine Betreiberabgabe **54 c** 4
Telefonanrufbeantworter 54 12
Telefonbücher als amtliche Werke **5** 67; als Datenbank **Vor 87 a** 6; **87 a** 28 f.; auf CD-ROM **2** 97; Schutzfähigkeit **2** 97;
Telefonkarte E 2 176; **72** 23
Telefonwarteschleifen, Musikwiedergabe 15 86; Öffentlichkeit **15** 86; und Erwerbszweck iSd. § 52 **52** 12; und Senderecht **20** 43
Tele-Info-CD E Einl. 56; **2** 18 f., 24, 29, 51, 56, 67, 84, 97, 172; **4** 10, 13, 19, 40; **5** 27, 67, 93; **24** 3; **Vor 87 a** 5, 48; **87 a** 3, 4, 24 f., 29, 56, 70, 73; **97** 142
Telephonbuch-CD-ROM E Vor 87 a 5
telering.at E 87 a 28 f
Teleskopzylinder E 97 145
Teppichmuster E 2 173

2509

Sachverzeichnis

halbfette Zahlen = Paragraphen

Territoriale Aufspaltbarkeit von Nutzungsrechten **Vor 28** 90 f.; Senderecht – **Vor 20** 18; **20 a** 19
Territorialitätsprinzip Vor 20 52; **Vor 120** 120 ff.; **97** 9 f., 17, 27 und Zwangsvollstreckungsmaßnahmen **112** 5
Testamentsvollstreckung, Aktivlegitimation bei – **97** 54, **99** 2; bei Urheberrechten **28** 13 ff.; und Urheberpersönlichkeitsrecht **Vor 12** 29; Zwangsvollstreckung **117** 1 f.
TESY-M2 E 137 d 2
Texas Bill E 2 70
Textdichter, Doppelmitgliedschaft bei der GEMA und der VG Wort **19** 27
Textdichteranmeldung E 31 57 f., 60, 62 f., 82 f.; **39** 17; **83** 16
Texthandbücher für Schreibautomaten 2 98
Textilmuster Schutzfähigkeit **2** 173
Textnachweise E 63 13
The Doors E 75 12; **74** 7, 21, 31, 32; **87** 39; **96** 13; **97** 9 f.; **Vor 120** 137; **125** 5 f.
The Polo/Lauren E 111 b 3
The Rolling Stones E 75 27, 33, 36 f.; **85** 75
Theateraufführungsvertrag E Vor 28 83; **97** 56
Theatergemeinde, Öffentlichkeit einer Vorführung **6** 13
Theaterprogramme als amtliche Werke **5** 31, 67; Schutzfähigkeit **2** 105
Theaterregisseur als ausübender Künstler **73** 32; Bearbeiterurheberrecht des -s **3** 22 f.; Schutzfähigkeit der Regieleistung **3** 22 f.
Themenkatalog E 2 4, 29, 35, 57, 62, 87; **4** 13
Themenparknutzung bei Filmen **88** 53
Theorien des Urheberrechts, Einl. 8 ff.; dualistische – **Einl.** 109; monistische – **Einl.** 28, 110; **11** 3; **Vor 12** 6, 11 ff.; naturrechtlich-individualistische – **Einl.** 8; persönlichkeitsrechtliche – **Einl.** 108; Verlagsrechtstheorie **Einl.** 107, Urheberrecht als geistiges Eigentum **Einl.** 10, 100 ff.; Tripolarität der Interessengegensätze **Einl.** 12 ff.; utilitaristische – **Einl.** 9
Thermotransformator E 97 189
Thumbnails E Vor 12 28, 35 a; **16** 24; **19 a** 47; **24** 10, 15; **51** 8, 54; **72** 26; **87 b** 40; **97** 115; **Vor 120** 145; Begriff u. Haftung **97** 33, 46, 115, 117, 118; **51** 54; **87 b** 40; und Datenbanken **87 b** 40 f.; keine zulässigen Zitate **51** 54; im Online-Archive **91** 7
Ticketverkauf E 87 a 29, 44, 48, 51, 70, 73
Tierabbildungen E 31 84; **44** 6, 9, 15
Tierdressuren 2 15, 87; keine Darbietung eines Werkes **73** 10; kein Veranstalterschutz für – **81** 16
Tiere auf Weiß E 44 9, 17
Tierfiguren E 2 45, 159 f., 165
Tiffany E 31 39; **95** 12

Time-Sharing als Vervielfältigung des Computerprogramms **69 c** 6
Tintenpatrone E Vor 28 81
Titel s. Werktitel
Titelexklusivität E 79 8
Titelschutz Einl. 49; **2** 69 ff.; bei Computerprogrammen **Vor 69 a** 11; und freie Benutzung **24** 26; zeichenrechtlicher – **2** 69; wettbewerbsrechtlicher – **2** 69
TK 50 E 23 16; **24** 21
TKD-Programme E 69 b 6, 10
TL BSWF 96 E 5 25, 28, 38 f., 52, 54, 60, 79
Tod's E Einl. 76; **120** 9
Todesgift E 60/33–50 KUG 94
Tödliche Intrigen E 44 16
Tofifa E 31 92; **43** 2; **Vor 88** 53; **89** 7, 9
Tolbutamid E 97 145, 149 f., 158, 171; **102 a** 3
Tonbänderwerbung E 97 65, 128, 133, 142 **WahrnG 13 b** 2
Tonbandgeräte-Händler E 97 133, 142; **WahrnG 13 b** 2
Tonbandgeräte-Importeur E WahrnG 30 4, 9
Tonbandgerätewerbung E 97 65, 128, 133, 142
Tonbandkassetten als Sammlungen **46** 7; Vermerk der Zweckbestimmung **46** 14
Tonbandvervielfältigung E 15 11; **Vor 44 a** 7, 11; **54** 14, 18
Tonbildschauen 2 186, 189; keine Anwendung des Filmrechts auf – **Vor 88** 45; keine Filmwerke oder Laufbilder **2** 186; **Vor 88** 45; **95** 7
Ton-Collagen 77 9
Tonfiguren E 2 19, 44, 139, 143, 162, 165; **8** 4
Tonfilm E Einl. 115; vor **88** 55; **88** 3, 46
Tonfolgen 2 125
Toningenieur E 73 31; kein ausübender Künstler **73** 31
Tonmeister 85 35; als Filmurheber **2** 190; **Vor 88** 61, 70; als ausübender Künstler **73** 19 f., 28, 312
Tonmeister E (BGH) 19 6; **73** 16, 18 ff., 24, 27 f., 32
Tonmeister II E (OLG Köln) 73 18 ff., 28
Tonmeister III E (OLG Hamburg) 73 20
Tonmöbel E 97 205
Tonregisseur als Mitwirkender bei Werkinterpretation **73** 28 f.
Tonspur, gesonderte Verwertung beim Film **85** 27 f.; **94** 11, 25; Rechte ausübender Künstler bezüglich – des Filmes **94** 4, 37; Rechte des Filmherstellers als Tonträgerhersteller an – **85** 27
Tonträger, Abgrenzung zu Vervielfältigungsstücken iSv. § 85 Abs. 1 S. 3, 16 Abs. 2 Halbs. 2 **16** 26; **85** 21, 26; als Datenbank **85** 20, 24; **87 a** 43 f.; als Sammelwerk **4** 38; **85** 17, 21; Eignung zum Vertrieb **85** 29, 38 f.; Fernsehsendung mittels erschienener – **92** 8;

magere Zahlen = Randnummern

Sachverzeichnis

freie Musikverwertung auf – im Übergangsrecht **133** 1 ff.; Honorarbeteiligungsanspruch gegen ausübenden Künstler bei Zweitverwertung des -s **85** 12; **86** 1, 3, 11; keine vergütungs- und genehmigungsfreie Demonstration von –n **56** 7; keine Veröffentlichung durch – nach dem WUA **Vor 120** 62; strafrechtlicher Schutz **108** 7; Übergangsfrist für neue Schutzdauer **137j** 3–7; Übertragung auf – als Vervielfältigung **16** 25ff.; **21** 6; **85** 18, 21; Vergütungspflicht für Aufzeichnungen auf Tonträger **54** 1, 4f., 17, 19, 24; Vervielfältigungsfreiheit für persönlichen Gebrauch **53** 8, 13, 32; Vervielfältigungsrecht für – im Zweifel beim Urheber **37** 11f.; Wiedergabe von Vorträgen oder Aufführungen mittels – **21** 4ff.; Zwangslizenz für Übertragung, Vervielfältigung und Verbreitung auf -n **42a** 10; Zweitverwertung von –n nach dem Rom-Abkommen **Vor 120** 82

Tonträger aus Drittstaaten **Vor 120** 95; **137f** 3

Tonträger-Coverfoto E **72** 49

Tonträgerhersteller **85** als Veranstalter **81** 18; Anspruch auf Quellenangabe **85** 59; Anspruch auf Zwangslizenz **42a** 11ff.; Begriff **85** 30ff.; **Vor 88** 37; Beteiligungsanspruch gegen ausübende Künstler **77** 6; **85** 12; **86** 1, 3, 11ff.; entsprechende Anwendung des § 54 Abs. 1 **54** 24; Erschöpfung des Verbreitungsrechts des -s **17** 42; **85** 35; kein Entstellungsschutz **85** 44; Europäische Harmonisierung **85** 6–7; Maßgeblichkeit der Staatsangehörigkeit des -s, nicht des Rechtsnachfolgers **126** 7; Personenkreis **54** 26; **42a** 7; **85** 30ff.; Rechte der – beim Film **92** 1, 7; Schutz ausländischer – **94** 3; **Vor 120** 75ff., 92ff.; **126** 8ff., aus EU- und EWR-Staaten **126** 6; Schutz deutscher **126** 3f.; Schutz staatenloser – **126** 12; Sendeunternehmen als – als Tonträgerhersteller **85** 32, 39, 43ff., 61ff.; Surplus-Produktion **17** 57; Übergangsrecht bei Rechtsverletzung durch – **135/135a** 10f.; Vergütungsanspruch gegen – **54** 26; Vergütungsansprüche **85** 51, 59; Vermietrecht **17** 30; verwandtes Schutzrecht der – **85** 1, 4ff.; **86** 1; **Vor 88** 13, 37; **94** 2, 5, 8, 11, 16, 20, 24, 31ff., 39f., 42; **126** 1ff.; wettbewerbsrechtlicher Schutz **85** 2, 58, 72, 76, 80; **86** 8; **126** 13; **129** 16f.

Tonträgerherstellerrecht s. Tonträgerrecht

Tonträgerpiraterie, Bekämpfung der – **Vor 120** 92, 95

Tonträgerpiraterie durch CD-Export E **54f** 4; **Vor 120** 120, 124, 129, 136, 138

Tonträgerrecht, Datenbankrecht **85** 80, Nutzungsrechte **85** 50, Übergangsvorschriften **85** 54–58, Übertragbarkeit **85** 49, Vererblichkeit **85** 50

Tonträgersampling Rolling Stones Live in Atlantic City E **85** 43; **120** 7; **125** 13

Tonträgersampling Rolling Stones Live in Basel E **85** 34; **120** 7; **125** 13; **126** 10

Tonträgervervielfältigung E **76** 11, 13

Tonträgerverwertung der Darbietungen ausübender Künstler **92** 15f.

Topografische Karten E **87a** 17f.

Topographische Landeskarten E **2** 37, 202, 211; **5** 5, 28, 32, 60, 69, 92; **Vor 28** 108

Totenmaske E **2** 144; **25** 12, 14, 18; **60/22 KUG** 15

Totenmaske II E **2** 146; **12** 15; **18** 7

Totenmaske als Bildnis **60/22 KUG** 15

Tourneeveranstalter E **97** 64

Tournier E (EuGH) **15** 38

Trabbel für Henry E **31** 38

Trade-Related Aspects of Intellectual Property Rights s. TRIPS-Übereinkommen

Träger der Vervielfältigung **53** 18

Trailer-Werbung E **79** 11

Trainingsvertrag E **97** 126; **112** 21

Transit **105** 7; **Vor 120** 139; Grenzbeschlagnahme bei – **111b** 3; Haftung **105** 7

Transvestiten-Show E **81** 26; **97** 64,

Treatment, Schutz des – beim Film **2** 185; **88** 17f.; Urheber des – als Filmurheber **Vor 88** 60, 70

Treiber und GPL **Vor 69a** 48

Trennungsprinzip im Urheberrecht **Vor 28** 52, 98; **31** 8

Treppenhausgestaltung E **14** 2ff., 18, 21, 36a; **16** 7; **97** 133

Treppenwangen E **25** 12; **39** 27

Treuhänderische Rechtewahrnehmung **Vor 28** 68ff.; **1 WahrnG** 4; **6 WahrnG** 4; beim Verfilmungsvertrag **88** 28

TRIANGLE E **97** 131

Tripp-Trapp-Stuhl E **97** 94, 105

TRIPS-Prozesskostensicherheit E **Vor 120** 15, 20, 117

TRIPS-Rechte E **77** 19; **Vor 120** 19, 116, 129

TRIPS-Übereinkommen, Einl. 1, 13, 22; **Vor 120** 13ff.; Bern-plus-Elemente **Vor 120** 19, 21f.; Inländerbehandlung **Vor 120** 19; kein Schutz nicht-schöpferischer Datensammlungen **Vor 120** 21; Meistbegünstigung **Vor 120** 20; Mitglieder **Vor 120** 16; Schranken **Vor 120** 22; Schutzbegründung durch erstes Erscheinen **6** 4; Schutzdauer **Vor 120** 22; Schutz von Computerprogrammen **69a** 15f.; **Vor 120** 21; Urheberpersönlichkeitsrecht **Vor 12** 22a; **Vor 120** 18, 21; Urhebervertragsrecht **32b** 30; Verhältnis zur RBÜ und zum RA **Vor 120** 17f.; Vermietrecht **Vor 120** 22; verwandte Schutzrechte **Vor 120** 23

Trittbrettfahrereffekt beim Schutz ausübender Künstler **77** 19

Sachverzeichnis

halbfette Zahlen = Paragraphen

Triumph des Willens E 85 33; **Vor 88** 31; **88** 53; **89** 3, 7, 9, 15; **93** 5
Troades E 24 7
Trollinger E 97 202
Trotzkopf E 2 58, 85; **23** 9; **24** 15, 19
TÜLAY E Vor 73 21; **79** 31; **83** 13
Tull Harder E 60/23 KUG 21, 29
TV total E 50 11; **94** 9f., 21, 25; **95** 9
TV-Total E 24 9f., 12f. 17, 28, 30; **51** 16; **87** 23, 29; **94** 9f., 25; **95** 9; **97** 45

U2 E 83 24, 41; **85** 34; **120** 7; **125** 10
ueber18.de E 97 101f.
Übereinkommen über die Verbreitung der durch Satelliten übertragenen programmtragenden Signale vom 21. 5. 1974, s. Brüsseler Satelliten-Abkommen
Übereinkommen zum Schutz der Hersteller von Tonträgern gegen die unerlaubte Vervielfältigung ihrer Tonträger vom 29. 10. 1971 s. Genfer Tonträgerabkommen
Übereinkunft von Montevideo Vor 120 66f.; Mitgliedstaaten **vor 120** 66f.; Schutz ausländischer Urheber **Vor 120** 66f.; **121** 11; Schutz nach Recht des Ursprungslandes **Vor 120** 67
Übergangsrecht, ältere Werke im – **129** 1ff., 20ff.; Anspruch auf angemessene Vergütung **132** 12, 13, 20; bezügl. ausübender Künstler beim Film **92** 4b–4e; Bearbeiterurheberrecht ausübender Künstler im – **134** 5; **135/135a** 1ff.; Bearbeitungen im – **130** 1f.; Bedeutung **129** 1ff.; Bestsellerparagraph **132** 12, 13, 14–19; **137 i** 3; choreographische und pantomimische Werke im – **129** 3; Bild- und Tonträgeraufnahmen ausübender Künstler im – **137 c** 2; **137 e** 1ff.; Computerprogramme im – **137 d** 1ff.; Datenbanken und Datenbankwerke im – **137 g** 1ff.; Entstehung zweier deutscher Staaten und – **121** 4; Europäische Satellitensendung im – **137 h** 1ff.; Filmrecht im – **Vor 88** 46ff.; **89** 3, 11; **94** 37; **132** 3; **137 h** 2, 4; Filmurheber im – **134** 4; freie Musikverwertung auf Tonträgern im – **133** 1ff.; **137 c** 2f.; gesetzlich zulässige Vervielfältigung und Verbreitung im – **136** 1ff.; gesetzliche Vergütungsansprüche im – **136** 7; **137** 4, 13ff.; **137 h** 3; Kabelweitersenderecht **137 h** 3; Lichtbilder im – **129** 15; **135/135a** 1ff.; **137 f** 3; Lichtbildwerke im – **135/135a** 3, 9; **137** 3, 16; **137 a** 1ff.; nachgelassene Werke im – **129** 8f., 21f.; Programmfreiheit im – **131** 1ff.; Rechtseinräumung im Arbeitsverhältnis und – **132** 4f.; Rechtsverletzung durch Tonträgerhersteller im – **135/135a** 10f.; Rückrufsrecht im – **132** 4, 7; Sammlungen für den Schulgebrauch im – **130** 1f.; Schutz ausländischer ausübender Künstler im – **129** 12, 19; Schutz ausländischer Urheber im – **121** 3; **129** 12; Schutz des Veranstalters im – **129** 16f.; Schutzdauer im – **64** 66ff.; **66** 8, 23; **69** 5; **129** 3, 8f., 11, 14, 20ff.; **134** 2, 6f.; **135/135a** 3ff., 8f.; **137** 3f., 10ff.; **137 a** 1ff.; Schutzfristverlängerung im – **64** 66ff.; **69** 5; **129** 11, 22; **134** 7; **137** 3f., 10ff.; **137 a** 1ff.; **137 b** 1f.; Sittenwidrigkeit von Verträgen im – **132** 8; Übersetzungen im – **130** 1ff.; und Verfassung **135/135a** 4f., 7, 10; Urheberrechtsverträge im – **129** 3; **132** 1ff.; **137 b** 3; **137 c** 3; **137 d** 3; **137 h** 2, 4; Urheberschaft juristischer Personen im – **134** 1ff.; Verfügungen im – **132** 10f.; **135/135a** 6; Vergütungsansprüche im – **137 b** 4; **137 c** 4; Vermietrecht im – **137 e** 1ff.; Vertonungsfreiheit im – **131** 1ff.; Verträge über künftige Werke im – **132** 6; verwandte Schutzrechte im – **129** 1ff., 14ff.; **134** 5; **135/135a** 1ff.; **137** 2, 4, 8f.; **137 b** 1ff.; **137 c** 1ff.; **137 e** 1ff.; **137 f** 3; Wegfall der Geschäftsgrundlage im – **132** 9; wohlerworbene Rechte im – **Vor 120** 67; Zweckübertragungsprinzip im – **132** 3
Überlassungsanspruch des Verletzten auf Übertragung von Besitz und Eigentum **98** 17f.; Verjährung **98** 4; **102**; Wahlrecht des Verletzten **98** 2, 17, 27
Übersetzer, angemessene Vergütung **32** 31; literarische – **Vor 28** 110; Pauschalhonorar **31** 94; Verlagsvertrag **Vor 28** 109
Übersetzungen als Bearbeitung **3** 24; **23** 4, 9; amtliche – **5** 20, 94; amtlicher Werke **5** 20, 95, 96; durch Computer **2** 12; Erscheinen von – **6** 45; im Übergangsrecht **130** 1ff.; von Filmwerken **88** 50ff.; **89** 2; Veröffentlichung von – **6** 22; zulässig je nach Benutzungszweck **62** 18
Übersetzungsrecht als Bearbeitungsrecht **23** 6; Schutz durch RBÜ **Vor 120** 47
Übersetzervergütung 132 15
Übertitelungsanlagen 19 31
Übertragbarkeit, Beurteilung nach dem Recht des Schutzlandes **Vor 120** 127, 129, 150; Datenbankherstellerrecht **Vor 87a** 32; des Urheberrechts von Todes wegen **29** 3, 19ff.; keine – des Urheberrechts **Einl.** 31; **Vor 28** 45; **28** 2; **29** 3ff.; keine – der Berechtigung aus Softwareüberlassungsverträgen **69 d** 5; keine – des Urheberrechts im Übergangsrecht **137** 2, 4ff.; keine – von Urheberpersönlichkeitsrechten **Vor 12** 26f.; **Vor 28** 59; **29** 11, 14; keine – von Verwertungsrechten **Vor 28** 46; **29** 16f.; verwandter Schutzrechte **Vor 28** 64ff.; **70** 9; **71** 13; **72** 35; **79** 1, 3; **81** 37; **75** 7; **83** 49; **87** 42a f.; **94** 6; von Vergütungsansprüchen **Vor 28** 60f.; **Vor 44a** 25f.; **63a**; **78** 2; von Wahrnehmungsrechten **Vor 28** 68ff.
Übertragung des Folgerechts und der Folgerechtsansprüche **26** 48ff.; von Nutzungsrech-

magere Zahlen = Randnummern **Sachverzeichnis**

ten **Vor 28** 35 ff., 44; von Rechten durch ältere Verträge und neue Befugnisse und Schutzfristverlängerung **137** 3 f., 7 f., 10 ff.; **137 a** 3; des Rechts des Sendeunternehmers **87** 42 a; schuldrechtlicher Nutzungsrechte **34** 4 c, 5; des Urheberrechts, Verpflichtung **Vor 28** 45; s. auch Einräumung von Nutzungsrechten, Übertragbarkeit
Übertragung im Netz 44 a 8, 11
Übertragung von Nutzungsrechten E Vor 28 36, 44
Übertragung von Gesamtprogrammen zur zeitgleichen Weiterübertragung, Leistungsschutzrecht des Ursprungsnehmens **87** 13, 25
Übertragungsfiktion für neue Nutzungsarten Anwendungsbereich gegenständlich **137 l** 13 ff.; international **137 l** 24 ff.; persönlicher **137 l** 18 ff.; zeitlich **31 a** 25; **137 l** 1 f., 22 f.; Einräumung aller wesentlichen Nutzungsrechte **137 l** 30 ff.; Einräumung ausschließlicher Nutzungsrechte **137 l** 35 ff.; Einräumung räumlich unbegrenzter Nutzungsrechte **137 l** 38 f.; Einräumung zeitlich unbegrenzter Nutzungsrechte **137 l** 40; keine Einräumung von Nutzungsrechten an Dritte **137 l** 53 ff.; kein Widerspruch oder Widerspruchsrecht des Urhebers **137 l** 41 ff.; Rechtsfolgen **137 l** 54 ff.; Verfassungsrechtliche Bedenken **137 l** 8 ff.; Vergütungsanspruch des Urhebers **137 l** 58 ff.; Verwertungsgesellschaftspflichtigkeit **137 l** 61; Voraussetzungen **137 l** 29 ff.
Übertragungsvermutung zugunsten des Filmherstellers 92 1 ff.
Überzeugungswandel des Urhebers und Namensnennungsverbot **42** 17; **13** 10; und Rückrufsrecht **42** 23
Üblichkeit und Redlichkeit der Vergütung 32 29, 30
U-Boot E 72 41
U-Boot-Foto E 137 f 3 a
Udo Lindenberg E 60/23 KUG 18
UFA-Musikverlage WahrnG 1 6
Uhrenrohwerke E 105 7
Umarbeitungsrecht bei Computerprogrammen **69 c** 12 ff.
Umgehungsprogramm E 69 a 30; **69 f** 11
Umgestaltung, Abgrenzung zur freien Benutzung **24** 1; Abgrenzung zur Vervielfältigung **23** 3; als abhängige Nachschöpfung **23** 3; Begriff **23** 4 f., 13; Einwilligungserfordernis **23** 23 ff.; des Filmwerks **88** 36 c; strafrechtlicher Schutz **106** 2; und Bearbeitung **23** 4 f.; von Datenbankwerken **23** 2, 20; von Computerprogrammen **23** 20; **69 c** 12 ff.; von Filmwerken **88** 50 ff.; **89** 2, 20; von Urheberrechtsverträgen **31** 42 ff.
Umsetzungsfrist 15 40
UMTS-Mobilfunknetz E Vor 20 2; **20** 10

Umweltbezug und Integritätsschutz 14 25, 37 a
Unabhängigkeit des Urheberrechts von der Existenz eines Rechts im Ursprungsland **Vor 120** 47, 132 f.
Unbekannte Nutzungsarten 31 a 28 ff.; und ausübende Künstler **Vor 73** 17; beim Film **88** 36 f.; s. auch Neue Nutzungsarten; Übertragunsfiktion und Verträge über unbekannte Nutzungsarten
Unbenannte Verwertungsrechte 15 21 ff.
Underberg E 97 123, 141
Unentgeltliche Nutzung 32 11; **32 a** 16
Unerlaubte Handlung, Urheberrechtsverletzungen als – **Einl.** 42; **97** 2, 61, 210
Unerlaubte Verwertung urheberrechtlich geschützter Werke 106 2 ff.; Täterschaft und Teilnahme **106** 33; Überblick über das materielle Strafrecht **Vor 106** 3; Umgestaltungen **106** 3
Unfälle E 88 18, 41; **89** 8, 16
Unfallfoto E 60/23 KUG 21, 81
Ungenehmigte Durchfuhr E Vor 120 139
Ungerechtfertigte Bereicherung, angemessene Lizenz als Wertersatz **102 a** 3; Ansprüche aus – **97** 194; **102 a** 2 f., Durchsetzung **97** 204 ff.
Unikate 44 22; als Originale **26** 26
Unikatrahmen E 3 6, 17, 30; **Vor 12** 12 a; **14** 11 b, 23 a, 41; **16** 9; **23** 8; **39** 28; **97** 167, 178
Universalitätsprinzip Vor 120 122
Universelles Leben II E 60/23 KUG 12
Unkostenbeiträge als Entgelt für Veranstaltung **52** 17
Unmittelbare Leistungsübernahme s. Wettbewerbsrechtlicher Schutz
Unmöglichkeit der Rechtseinschränkung **31** 28 f.
UNO, Werke der – als amtliche Werke **5** 21
Unprotect E 69 a 30
Unpünktliche Honorarzahlung E 31 63
Unsittliche Werke 106 2
Unsterbliche Stimmen E 85 25, 58; **100** 6; **135 a** 11
Unterbrecherwerbung, Brutto- und Nettoprinzip **93** 21
Unterkunde E 97 125, **99** 6
Unterlassen als Rechtsverletzung **97** 31; Straftat durch – **106** 13
Unterlassungsanspruch, 97 122–129 Abgrenzung zum Beseitigungsanspruch **Vor 97** 10; **97** 128; bei Verletzung des Rechts am eigenen Bild **60/22 KUG** 35, 86 f.; **60/33–50 KUG** 5 f.; bei vermögens- und persönlichkeitsrechtlichen Beeinträchtigungen **97** 122; bei Wiederholungsgefahr **97** 122; Durchsetzung **97** 202; Vollstreckung **112** 21; vorbeugender – **Vor 97** 10; **97** 128
Unterlassungsklagengesetz Vor 28 38; **97** 59

2513

Sachverzeichnis

halbfette Zahlen = Paragraphen

Unternehmen Tannenberg 2 29, 57, 62, 74, 88
Unternehmen, Inhaber des -s als Rechtsträger **Vor 28** 119; **38** 15, 17; **81** 20 ff.; **85** 30; **87** 18; **Vor 88** 37; **97** 77; **99** 1 f.; Schutz von – mit Sitz in Drittstaaten **Vor 120** 3 f.; **126** 8 f.; **127** 4 f.; **128** 4; Schutz von – mit Sitz in EU bzw. EWR **Vor 120** 3; **126** 6; **127** 3; **128** 2; Schutz von – mit Sitz im Inland **87** 63; **Vor 120** 2; **126** 3 ff.; **127** 2 f.; **128** 2
Unternehmensfernsehen 20 8
Unternehmensübertragung Rückruf von Nutzungsrechten **34** 4, 20, 20 e; und Verlagsrecht **34** 4 b, 4 c
Unternehmensveräußerung, Zustimmung des Urhebers **34** 20
Unternehmereigenschaft der Urhebers **Vor 28** 33, 43
Unterricht 52 a 9
Unterricht und Forschung, Zugänglichmachung für – **52 a**
Unterrichtsgebrauch s. auch Sammlungen für den Schul- und Unterrichtsgebrauch; Begriff **46** 10 f.; **53** 59 ff.; von Sammlungen **46** 10; Vervielfältigungsfreiheit bei – **53** 57 f., 59 ff.
Unterrichtsmaterialien s. Lehrmaterialien
Unterwerfung durch Fernschreiben E 97 126
Unveröffentlichte Werke, zeitlich unbegrenzter Schutz nach früherem Recht **64** 54
Unwesentliches Beiwerk, Abbildungen von Werken als – **57** 1, 6 ff.; eigentlicher Gegenstand **57** 6; enge Auslegung **57** 3, 5; Konventionsrecht **57** 3; objektiver Maßstab **57** 10; Quellenangabe bei öffentlicher Wiedergabe **63** 11 ff.
Updates E Vor 28 93
Update-Version E 69 c 30
Uploading 16 21; **19 a** 43; als Vervielfältigung **16** 22; **97** 80 ff.
Uraufführungsrecht s. Erstveröffentlichung
Urheber 7 1 ff.; als Inhaber der Verwertungsrechte **15** 4; als Partei des Verfilmungsvertrags **88** 28; als schwächere Vertragspartei **32**, **32 a**; im internationalen Urhebervertragsrecht **Vor 120** 163 f.; Begriff **7** 2; Bekanntwerden des -s und Schutzdauer anonymer und pseudonymer Werke **66** 20, 42 ff., 48; Gehilfe des -s **7** 8 f.; Herausgeber von Sammelwerken als – im Übergangsrecht **134** 3; in Dienst- und Arbeitsverhältnissen **7** 3; **43** 2, 4; kein Schutz der – durch das Brüsseler Satelliten-Abkommen **Vor 120** 97; Maßgeblichkeit der Staatsangehörigkeit des -s, nicht des Rechtsnachfolgers **120** 10; Person des -s im Übergangsrecht **134** 1 ff.; -vermutung **10** 1 f.; s. auch Filmurheber
Urheber im Arbeits- oder Dienstverhältnis, s. auch Arbeits- oder Dienstverhältnis; Änderungs- und Entstellungsverbot **43** 83 ff.; Anbietungspflicht für außervertraglich geschaffene Werke **43** 100 ff.; Anerkennung der Urheberschaft **43** 76 ff.; Erwerb des Eigentums an Werken durch Arbeitgeber **43** 37; Namensnennung **13** 27; **43** 79; gesetzliche Lizenz zugunsten des Arbeitgebers bei Computerprogrammen **69 b** 11; Rückrufsrecht wegen gewandelter Überzeugung **43** 92 ff.; wegen Nichtausübung **43** 88 ff.; Sonderregelung bei Computerprogrammen **69 b** 1 ff.; Stellung des – in Lehre, Wissenschaft und Forschung **43** 126 ff.; Tarifverträge mit Urheberrechtsklauseln **43** 104 ff., 110 ff., 115 ff., 122 ff.; Übertragung von Nutzungsrechten durch den Arbeitgeber **43** 56 ff., durch den Arbeitnehmer **43** 59 f., durch den Beamten **43** 61 f.; und Leitfigur des Urheberrechts **Einl.** 4; Urheberschaftsprinzip **7** 4; **69 b** 1; Zugangsrecht **25** 8; **43** 95 ff.; **69 b** 15
Urheberbenennung, s. auch Namensnennungsverbot; bei künftigen Auflagen **4** 23; **13** 18; im Arbeits- und Dienstverhältnis **43** 73 ff., 79 f.; im Bereich von Film und Fernsehen **13** 20; im Bereich von Fotografie und Graphik **13** 19 f., 21 a; Recht auf – **7** 9; **13** 6 ff.; Reformüberlegungen **13** 2
Urheberbezeichnung, s. auch Urheberbenennung, Anerkennung der Urheberschaft; Änderung der – **13** 17; **39** 3, 5; Anbringen auf Werkstück **10** 7 f.; **13** 12; **107** 5; Begriff **10** 5 f.; **13** 12 f.; bei digitaler Nutzung **13** 12 a; bei künftigen Auflagen **4** 23; **13** 18; bei Lichtbildern **72** 27; bei Werken der bildenden Kunst **13** 16; Einschränkungen **13** 10, 22 ff.; Form und Zeit der – und Schutzdauer anonymer und pseudonymer Werke **66** 10, 30 ff., 39 ff.; Grenzen von Abreden über – **13** 29 f.; im Arbeits- oder Dienstverhältnis **13** 27; **43** 79 ff.; Konkurrenzen bei Rechtswidrigkeit **107** 15; Recht auf – **13** 6 ff.; rechtswidrige **107** 12; Signieren des Originals **107** 2–8; strafrechtlicher Schutz der – **107** 1, 2 f., 9 f.; und Quellenangabe **63** 13; Subjektiver Tatbestand **107** 13; Täterschaft und Teilnahme **107** 14; unzulässiges Anbringen **107**; Urheberpersönlichkeitsrecht **107** 1; Urheberrechtsschutz unabhängig von – **66** 1; Verbreiten **107** 8, 11
Urheberfolgerecht E 26 9, 16, 39, 44 f.
Urhebernachfolgevergütung und Folgerecht **26** 6; und Schutzdauer **64** 3 f., 53
Urheberpersönlichkeitsrecht, Abgrenzung vom allgemeinen Persönlichkeitsrecht **Vor 12** 14 ff.; und angemessene Vergütung **32** 13; ausländischer Urheber **12** 9; **Vor 120** 5, 10; **121** 2, 21; Ausübung durch Erben **Vor 12** 31; Einwilligung in die Verletzung des -s **Vor 28** 58; Erlöschen **Vor 12** 33 f.; **64** 7; Geldersatz für schuldhafte Verletzung des -s **97** 160,

2514

magere Zahlen = Randnummern

Sachverzeichnis

177 ff., 184 ff.; Geltendmachung von Verletzungen des -s **97** 5, 11, 13, 21 ff.; Geschäfte über das – **Vor 28** 58; **29** 8; im engeren Sinne **Vor 12** 6 f.; im URG-DDR **Vor 12** 22; im weiteren Sinne **Vor 12** 6, 8 f.; keine Anerkennung durch TRIPS **12** 21; **Vor 120** 18, 21; keine Anerkennung durch das WUA **Vor 12** 22; **Vor 120** 64; keine Harmonisierung der Schutzdauer **64** 31; keine Zwangsvollstreckung **112** 11; künftige Bedeutung **Vor 12** 25 a; Reformüberlegungen **Vor 12** 21 ff.; **13** 1; Schutz des -s durch die RBÜ **Vor 12** 23; **Vor 120** 47; Schutz des -s und Schutzfristenvergleich **121** 21; – Staatenloser und ausländischer Flüchtlinge **Vor 120** 5; **122** 5; **123** 5; und droit moral **Vor 12** 19 ff.; Unübertragbarkeit **Vor 12** 26 f.; **Vor 28** 58; **29** 11, 15; Unverzichtbarkeit auf das Stammrecht **vor 12** 28; Vererblichkeit **vor 12** 29 ff.; und Verwertungsgesellschaften **Vor 12** 28 c
Urheberrecht als absolutes Recht **Einl.** 25; **97** 1; als Eigentum iSv. Art. 14 GG **Einl.** 10; **Vor 44 a** 7 ff.; als geistiges Eigentum **Einl.** 8 ff.; **64** 1; als Immaterialgüter- und Persönlichkeitsrecht **Einl.** 28; **11** 1, 4; **Vor 12** 11 ff.; als Recht der Kulturwirtschaft **Einl.** 3; anwendbares Recht bei Auslandsbezug **Vor 120** 129 ff.; dualistische Theorie **Einl.** 109; Erlöschen **64** 5, 73; **120** 12; Formfreiheit des Schutzes **Einl.** 46; **2** 8 ff., 20 ff.; **66** 1; **Vor 120** 47; Geschichte **Einl.** 88 ff.; Interessenausgleich im – **Einl.** 11 ff., kulturelle und wirtschaftliche Bedeutung **Einl.** 20 ff.; monistische Theorie **Einl.** 28, 110; **11** 3; **97** 1; Rechtsgeschäfte über das – **Vor 28** 45 ff.; Rechtsnatur **Einl.** 25 ff.; Schutzbereich **Einl.** 1 ff.; **1** 3; Schutzinhalt **11** 1; Schutzvoraussetzungen **2** 11 ff.; Tripolarität im – **Einl.** 12 ff.; Umfang **2** 73 ff.; **97** 13; und Bürgerliches Recht **Einl.** 42 ff.; **1** 4; und Denkmalschutz **Vor 12** 35; und EG-Vertrag **Einl.** 76 ff.; und gewerbliche Schutzrechte **Einl.** 45 ff.; und Grundrechte **Einl.** 12, 14, 17; und Kartellrecht **Einl.** 59 ff.; und Sozialbindung **Vor 44 a** 1 ff.; und UWG **Einl.** 50 ff.; **1** 4; **102 a** 7; und Kartellrecht **Einl** 55 ff.; **15** 39; **87** 55; und Verlagsrecht **Vor 28** 5; Unübertragbarkeit **29** 3 ff.; Wesen **Einl.** 8 ff.; wirtschaftliche Bedeutung **Einl.** 21 f.
Urheberrechte, Umwandlung übertragener – in Nutzungsrechte **132** 11; **137** 4 ff.; Umwandlung von – in verwandte Schutzrechte **134** 5; **135/135 a** 1 ff.
Urheberrechtsklausel in Arbeitsverträgen **43** 48, 110; in Tarifverträgen **Vor 28** 20 f.; **43** 47, 104 ff.
Urheberrechtsschutz, Schutzgegenstand **2** 48 ff.; Umfang **2** 73 ff.; Verhältnis zum Patentschutz **2** 5; Voraussetzungen **Einl.** 6 f.; Zweck **2** 2

Urheberrechtsstreitsache E 104 2; **105** 1
Urheberrechtsverletzung 97, 106; mit Auslandsbezug **Vor 106** 6; s. auch Grenzüberschreitende Rundfunk- und Fernsehsendungen
Urheberrechtsverträge, AGB-Kontrolle **Vor 28** 30 ff.; ältere – und neue Befugnisse **137** 2, 7 f.; Anwendung von Vorschriften des BGB **31** 28 ff., 46; „aufeinander bezogene" – **Vor 28** 73; Auflösung durch Rückruf **41** 24; **42** 33; Auflösung durch Widerruf **31 a** 81 ff.; Ausschluß des § 36 für ältere – **132** 2, 8; Form s. Schriftform; s. auch Einräumung von Nutzungsrechten; Form internationaler – **Vor 120** 169; im Übergangsrecht **129** 3; **132** 1 ff.; Internationales Privatrecht – **Vor 28** 189; **Vor 120** 147 ff.; Rechte und Pflichten **31** 12 ff.; Sittenwidrigkeit älterer – **132** 8; Übersicht über Vertragstypen **Vor 28** 109 ff.; Umgestaltung und Beendigung (Übersicht) **31** 41 ff.; und Konventionsrecht **Vor 28** 186 f.; Verfügungen über Urheberrechte durch ältere – **132** 10; Verlagsvertrag **31** 27; Wegfall der Geschäftsgrundlage bei älteren – **132** 9; s. auch Softwareüberlassungsverträge, Internationales Urhebervertragsrecht
Urheberrolle s. jetzt: Register anonymer und pseudonymer Werke
Urheberschaft, fiktive – juristischer Personen im Übergangsrecht **134** 1 ff.; Pflicht zum Bekenntnis der – **13** 11
Urheberschaftprinzip 7 1; bei der Filmherstellung **7** 4; bei schöpferischen Beiträgen **7** 6 f.; im Arbeits- und Dienstverhältnis **7** 4; **43** 2, 5; im Übergangsrecht **134** 1 ff.; und Urhebervermutung **10** 1
Urhebervermutung, als Rechtsvermutung **10** 1; Anwendungsbereich **10** 2; Vermutungswirkung der Herausgeber- oder Verlegerbezeichnung **10** 12 ff.; Vermutungswirkung zugunsten von Inhabern ausschließlicher Nutzungsrechte **10** 17 ff.; entsprechend anwendbar auf ausübende Künstler **74** 39; entsprechend anwendbar auf Sendeunternehmen **87** 9 c, 47; nicht anwendbar zugunsten von Inhabern einfacher Nutzungsrechte **10** 18; nicht anwendbar auf Tonträger **85** 30; Umfang **10** 10, 15, 20 f.
Urhebervertragsgesetz Einl. 121 ff, **Vor 28** 3 ff., 22, 29, 42, 47, 58, 60, 82, 84, 103, 152; und AGB-Kontrolle **Vor 28** 42; und Änderungsrecht **39** 3, 8; und angemessene Vergütung **Vor 28** 152; und Arbeit- und Dienstnehmer **43** 7, 9, 55 a, 64, 71 f.; und tarifvertragliche Vergütungsregeln **Vor 28** 22; und Urheberpersönlichkeitsrecht **Vor 12** 28 a, 28 d
Urhebervertragsrecht und Abstraktionsprinzip **Vor 28** 100; und AGB-Kontrolle **Vor 28** 30 ff.; Begriff und Bedeutung **Vor 28** 1 ff.; und bürgerlich-rechtliche Vorschriften **31** 28 ff.;

2515

Sachverzeichnis

halbfette Zahlen = Paragraphen

46; Gesetzeslage und Reform **Vor 28** 3 ff.; internationale Anwendbarkeit **32 b;** Kollektive Regelungen im Medienbereich **Vor 28** 20; Neuregelung **Einl.** 4, 87; **Vor 28** 9 ff., **31 a;** 32, 32 a; 32 c
Ursprungsland, Begriff in der RBÜ **Vor 120** 47; Recht des -s als anwendbares Recht **Vor 120** 67, 122, 125; Teilverweisung auf das Recht des − **Vor 120** 125; Unabhängigkeit des Schutzes vom Schutz im − **Vor 120** 47, 132 f.
Urteilsbekanntmachung im Strafverfahren **111** 1 ff.; im Zivilverfahren **103** 1 ff.; **112** 21
USA s. Vereinigte Staaten von Amerika
USM-Haller E 2 138, 169
UWG Leistungsschutz **Vor 69** 13 f.

Varietékünstler, Schutz als ausübende Künstler **73** 10 f.
Vasenleuchter E 2 34, 44, 135, 142, 159 f., 163, 166
Vaterland E 23 33 f.
VDE-Vorschriften als amtliche Werke **5** 38 f., 54 f.; Schutzfähigkeit **2** 103; s. auch DIN-Normen, Technische Normen
Veit-Harlan-Videorechte E 31 70; **31 a** 1, 26, 39; **89** 3
Verankerungsteil E Vor 28 83
Veranlagungshandbuch E 5 43, 59, 63
Veranstalter als Arbeitgeber **79** 24; Begriff **52** 16; **81** 7 f., 26; Haftung des -s **97** 64; keine Haftung des − **97** 76; **öffentliche** Wiedergabe ohne − **15** 64 f.; persönliche Verbundenheit durch Beziehung zum − **15** 73 f.; Pflichten des -s gegenüber Verwertungsgesellschaften **13 a** WahrnG 1 ff.; Recht des -s beim Film **92** 1; Schutz ausländischer − **96** 8; **125** 18; Schutz des -s im Übergangsrecht **129** 16 ff.; Verhältnis zum ausübenden Künstler **81** 29 ff.; verwandtes Schutzrecht des -s **81** 1, 4 ff., 10 ff.; wettbewerbsrechtlicher Schutz des -s **81** 3, 7, 11 f., 16, 38
Veranstalterschutz als Beschränkung der Interpretenrechte **81** 11 f.; als wettbewerbsrechtlicher Sondertatbestand **81** 7, 11 f., 38; Verwertungsrechte **81** 9, 29; für ausländische Veranstalter **81** 36; für Inhaber von Unternehmen **81** 20 ff.; für organisatorische Leistungen **81** 1, 5 f., 8, 26, 28; Kritik **81** 10 ff.; Publikum **81** 17 f.; Schranken **81** 35; Schutzdauer **81** 34; **82** 1, 4 ff.; sonstiger − **81** 2, 13; Übergangsrecht **125** 18; Übertragbarkeit **81** 37; veranstaltete Darbietung eines schutzfähigen Werkes **81** 8, 15 f.; Wahrnehmung der Zweitverwertungsrechte durch GVL **81** 32; wegen Auswertungsrisiko **81** 26, 28; Zweck der Werkvermittlung **81** 19
Verantwortliches Handeln in der Wissenschaft 13 1 a
Veräußerer, Begriff beim Folgerecht **26** 44 f.

Veräußerung des Originals des Werkes **44** 8 ff.; des Werkstückes und Erschöpfung **17** 48
Veräußerungserlös beim Folgerecht **26** 37
Verbände, Umsetzung der Schrankenbestimmungen **97** 60
Verbandsklage gegen den Schutz technischer Maßnahmen **97** 60
Verbindungsgang E 14 2, 4, 18
Verbotsirrtum 106 31
Verbotsrecht des Urhebers Einl. 26; **Vor 28** 81 f.; **96** 5 **97** 13, 184
Verbraucherinformationsgesetz 5 6
Verbrechensopfer E 60/23 KUG 33
Verbrecherbraut E 60/22 KUG 5, 33 ff.; **60/23 KUG** 44
Verbreitung 106 14 ff.; Ausstellung als − **17** 8; durch Angebot an die Öffentlichkeit **17** 8 ff.; **106** 4; durch Inverkehrbringen **17** 7, 14 ff.; **106** 4; gesetzlich zulässige − im Übergangsrecht **136** 1 ff.; inländische − von im Ausland unautorisiert hergestellten Bild- und Tonträgern **125** 6, 11; keine Erschöpfung des Rechts der öffentlichen Wiedergabe durch − **15** 31 ff.; online übertragener Computerprogramme **69 c** 34; Online-Übertragung von Werken keine − **17** 6; Tauschangebot als − **17** 13; von Computerprogrammen **69 c** 22 ff.; von Bildnissen **60/22 KUG;** 1 ff., 34 f.; **60/33−50 KUG** 5 f.; unberechtigte **106** 14 ff.; von Werkstücken als Veröffentlichung **6** 14, 16; Werbemaßnahmen als − **17** 8; **69 c** 23
Verbreitungsrecht, des Abgebildeten **60/22 KUG** 36, 54; Abspaltbarkeit des Vermietrechts vom **17** 27; und Ausstellungsrecht **18** 16; des ausübenden Künstlers **77** 1 f., 12 ff.; an Computerprogrammen **69 c** 21 ff.; ausschließliches − und EG-Recht **17** 53; beschränkte Einräumung **17** 19 ff.; **69 c** 29 ff.; Erschöpfung beschränkter -e **17** 59 f.; Erschöpfung des -s **Einl.** 29; **15** 30, 39; **17** 3, 42 ff.; **69 c** 32 ff.; **85** 44; **106** 4; **Vor 120** 123, 129; des Filmherstellers **94** 21 f.; und freier Warenverkehr in der EG **85** 44; getrennte Vergabe für Buchgemeinschaftsvertrieb **17** 24; an körperlichen Werkstücken **17** 5 ff.; und Preisbindung **17** 28; an rechtmäßig und unrechtmäßig hergestellten Vervielfältigungsstücken **17** 17; des Tonträgerherstellers **85** 12, 44 ff.; Transit keine Verletzung des inländischen -s **17** 46; **Vor 120** 139; Reformüberlegungen **17** 3, 65; strafrechtlicher Schutz **106** 14 ff.; Verletzung des -s durch Export und Import **17** 55, 65; **Vor 120** 137 f.; Verletzung des -s durch Weiterverbreitung **Vor 120** 137; Verletzung des -s nach Provokationsbestellung **Vor 120** 137; als Verwertungsrecht **15** 17, 40 f., 43 f.; **17** 5 ff.; und Postversand **15** 27; und WCT **15** 36; Wiederaufleben nach Erschöpfung durch Rückgängigmachung der Veräußerung **17** 52

magere Zahlen = Randnummern **Sachverzeichnis**

Verbundene Werke E 9 4, 6, 10, 12, 15 f.; **31** 61 f, **31 a** 112; s. a. Lied, Werkverbindung
Vereinigte Staaten von Amerika, Primat von TRIPS gegenüber RBÜ **Vor 120** 71; Urheberrechtsabkommen zwischen Deutschland und den – **Vor 120** 72; s. auch Vergleich der Schutzfristen, Welturheberrechtsabkommen
Vereinsheime, Öffentlichkeit in -n **15** 79
Vereinsveranstaltungen, Erwerbszweck **52** 14; Öffentlichkeit von – **15** 79
Vereinte Nationen, Werke der UNO als amtliche Werke **5** 21
Vererblichkeit des Urheberpersönlichkeitsrechts **Vor 12** 29 ff.; des Urheberrechts **28** 5 ff., 29; keine – des Leistungsintegritätsanspruches **28** 16 ff.; **76** 8, 9; verwandter Schutzrechte **28** 16 ff.
Vererbung s. auch Rechtsnachfolge in das Urheberrecht; Vererblichkeit; abgespaltener und bereits eingeräumter Nutzungsrechte **28** 3; des Urheberpersönlichkeitsrechts **28** 6, 10 ff.; des Urheberrechts **28** 2 ff.; umfassende Rechtsnachfolge **28** 5; und allgemeines Persönlichkeitsrecht **28** 6; **30** 8; verwandter Schutzrechte **28** 16 ff.
Verfall s. Einziehung
Verfassung (=Grundgesetz für die Bundesrepublik Deutschland) und amtliche Werke **5** 12 f., 16 f., 38 f.; und Filmrecht **Vor 88** 41, 67; **89** 10; und Folgerecht **26** 16 f.; Grundrecht auf Meinungs- und Informationsfreiheit **Vor 44 a** 18 f.; **50** 8, 14; **51** 8; **Vor 97** 1; **97** 35, 37; und internationale Urheberrechtsverträge **Vor 120** 114 f., 118, 165 ff.; Kunstfreiheit **Vor 44 a** 7; **51** 8; **97** 44; Schutz des Urheberrechts **Einl.** 10 ff.; und Übergangsrecht **135/135 a** 4 f., 7, 10; **137** 7; und Urhebervertragsrecht **Vor 28** 9; Vereinbarkeit begrenzter Schutzdauer mit der – **64** 1 f.
Verfilmung als Bearbeitung **3** 29; **14** 12; **15** 19, 40; **23** 4 f., 12, 20; **Vor 88** 25, 64; als Vervielfältigung **15** 19; **Vor 88** 24 f.; Art der – **88** 25, 27, 45; Art der – bei der Wiederverfilmung **88** 56; Begriff **Vor 88** 23 ff.; **88** 14; durch Live-Sendung **Vor 88** 26; geschützte, zur – benutzte Werke **88** 13 ff.; Umfang der Rechtseinräumung bei – **88** 32 ff.; **89** 10 ff.; **91** 12; **95** 13; von Ausgaben nachgelassener Werke und wissenschaftlichen Ausgaben **88** 23; von Bühnenstücken **95** 9; s. auch Wiederverfilmung
Verfilmungsrecht 19 19; als Bearbeitungsrecht **23** 6; **Vor 88** 25, 28; als Nutzungsrecht **Vor 88** 30; Ausübungspflicht des Erwerbers **Vor 28** 162; **88** 36; Begriff **Vor 88** 27 ff.; Einräumung **Vor 28** 155 ff.; **88** 1 ff., 11, 24 ff.; Neuregelung 2002 **88** 2 a–2 c, 36 a–36 i; **89** 1, 24; kein selbständiges Verwertungsrecht **15** 19; **Vor 88** 28 f.; Schutz des -s durch die RBÜ **Vor 120** 47; Weiterübertragung und Lizenzierung des -s **88** 34

Verfilmungsverträge, Allgemeines **Vor 28** 155 f.; als Nutzungsverhältnis mit Bearbeitungscharakter **14** 12; als Urheberrechtsverwertungsverträge eigener Art **Vor 28** 162; Anwendung des § 88 auf – **88** 29; auf internationale – anwendbares Recht **Vor 120** 158, 161; bei Werken der Musik **Vor 28** 161; im Arbeitsverhältnis **88** 28; Nebenrechte **Vor 28** 158; Parteien der – **88** 28; Umfang der Nutzungsrechte **31** 92; Werkschutzrecht bei -n **14** 12
Verfremdete Fotografie E 2 179; **10** 1
Verfremdung E 14 26
Verfügung eines Nichtberechtigten Vor 28 47; **97** 10; keine Werknutzungshandlung **15** 16
Verfügungen im Übergangsrecht **132** 10 f.; **135/135 a** 6; über Nutzungsrechte **Vor 28** 52 f.; und Verpflichtungsvertrag **Vor 28** 52 f.
Verfügungsbefugnis, doppelte **89** 22
Verfügungsmacht, Verbrauch **33** 10, 18
Vergleich der Schutzfristen 64 9, 32; **Vor 120** 19, 48, 69, 133; kein – nach dem deutsch-amerikanischen Urheberrechtsabkommen **Vor 120** 72; **140** 4 ff., 7; nach dem WUA **Vor 120** 65; **140** 1 ff.; nach der RBÜ **Vor 120** 48 f.; **140** 1, 7; Regeln über den – als Teilverweisung auf das Recht des Ursprungslandes **Vor 120** 125; und Schutz ausländischer Urheber durch das Urheberpersönlichkeitsrecht **121** 21; und Schutzfristverlängerungen aus Anlaß des Krieges **Vor 120** 74; und Unabhängigkeit des Urheberrechts vom Schutz im Ursprungsland **Vor 120** 132
Vergriffene Werke, ganze Bücher und Zeitschriften **53** 75; Noten **53** 71; Vervielfältigungsfreiheit **53** 55 f.
Vergütungsansprüche, Abgrenzung zum Nutzungsrecht **Vor 44 a** 24 f.; Abtretbarkeit **Vor 28** 60 f.; **29** 18; **36**; **63 a**; Abtretung von -n des ausübenden Künstlers **78** 34; der Arbeitnehmer in Arbeits- und Dienstverhältnissen **43** 64 ff.; des Arbeitnehmers bei Computerprogrammen **69 b** 16 ff.; ausübender Künstler **20 b** 7, 21, 30; **27** 1, 5 ff., 11 ff.; **78** 21 ff., 34; **92** 3, 8, 13; Bibliotheksgroschen/Büchereitantieme **27** 1, 11 ff.; Durchsetzung mit Hilfe von Auskunftsansprüchen **Vor 44 a** 1; **54 f** 1 ff.; bei Einschränkungen des Urheberrechts **Vor 44 a** 11, 23 ff.; bei Filmeinzelbildern **91** 9; Filmhersteller **20 b** 6 f., 21 ff., 30; **27** 11; **94** 4 f., 29–33; Genfer Tonträger-Abkommen **Vor 120** 95; gesetzliche – **Einl.** 27; **15** 5; **20 b** 6 f., 21 ff.; **26** 1 ff., 36; **27** 1, 4 f., 11; **Vor 44 a** 23 ff.; **46** 28; **47** 22; **49** 20; **52** 5, 21; **54** 1 ff.; **54 c** 1 ff.; **Vor 120** 129; Höhe der – **54 a** 1 ff.; **54 c** 13 ff.; für Kabelweitersendung **20 b**

2517

Sachverzeichnis

halbfette Zahlen = Paragraphen

6 f., 21 ff.; für neue Werknutzungsarten **32 c** 7 ff.; für private Vervielfältigung mit Geräten und /oder Speichermedien **54** 4 ff.; **54 c** 1 ff.; Rom-Abkommen **Vor 120** 82; Sendeunternehmen **85** 61 ff.; **94** 30 f.; Tonträgerhersteller **27** 11; Übergangsrecht **54** 8 ff.; **136** 7; **137** 4, 13 ff.; **137 e** 1 ff.; **137 h** 1 ff.; Übertragung **Vor 28** 59 ff.; **88** 49; **89** 3, 19, 21; des Urhebers **Einl.** 16 f., 20; **20 b** 6, 21 ff.; **27** 1, 5 ff., 11 ff.; **54** 23 f.; **54 c** 1; für Vermietrechtseinräumung **27** 1, 5 ff.

Vergütungspflicht Einl. 13; s. auch Geräteabgabe, Speichermedienabgabe; Kabelweitersendung, Bibliothekantieme **27** 11 ff.; Geräteabgabe **54** 1 ff.; bei gesetzlicher Lizenz **Vor 44 a** 11, 23 ff.; Großbetreiberabgabe **54 c** 5 ff.; Kabelweitersendung **20 b** 6 f., 21 ff., 30; Kopienversand durch Bibliotheken **53 a** 24 f.; keine – bei technischen Schutzmaßnahmen **54 a** 7; **54 h** 6; öffentliche Zugänglichmachung **52 a** 19; öffentliche Wiedergabe bei Veranstaltungen **52** 5, 21 ff., 36; Pressespiegel **49** 20 ff.; Schulfunksendungen **47** 22; Speichermedien, Neuregelung **54** 4 ff.; vergütungspflichtige Werke **54** 5 ff.; **54 c** 2 ff.; Vermietrechtseinräumung an den Tonträger- oder Filmhersteller **27** 1, 5 ff.; Vervielfältigungen für Sammlungen für Kirchen- und Schulgebrauch **46** 31 ff.; bei Wiedergabe von Werken an elektronischen Leseplätzen **52 b** 13; bei Zwangslizenz **Vor 44 a** 11, 23 ff.

Vergütungsregeln, gemeinsame 36; s. auch Gemeinsame Vergütungsregeln; AGB-Kontrolle **36** 29; Anwendung für Arbeitnehmer **36** 43, 71; Dauer **36** 54; Dauer der Vergütungsregeln **36** 67, 68; Entstehungsgeschichte **36** 2–6, 7–18, 30–33; Ermächtigung zu Vergütungsregeln **36** 58, 59; Gebühren- und Honorarordnungen **36** 20; Gegenstand **36** 63–66; Geltung unabhängig von Mitgliedschaft **36** 15, 24, 45; Grundgedanken **36** 1–2; Kartellrechtliche Beurteilung **36** 26–28, 47; Keine normative Wirkung **36** 29; Kritik **36** 4, 5; Kulturstaatsprinzip **36** 23; Mehrere Vereinigungen **36** 55, 70; Parteien **36** 39–40, 48, 49, 50, 52–62; Professorenentwurf **36** 11, 12; Prüfung der Voraussetzungen **36** 61, 62; Rechtsnatur **36** 26, 27; Repräsentativität der Vereinigungen **36** 53, 54; Schuldrechtlicher Charakter **36** 17, 19; Schutz des Schwächeren **36** 23; Selbstregulierungsmodell **36** 19; Sozialstaatsprinzip **36** 23; Strukturelle Unterlegenheit der Kreativen **36** 4, 23; Systemwechsel **36** 13, 14, 31; Umstände der Werknutzung **36** 65; Unabhängigkeit der Vereinigung **36** 56; Vereinbarkeit und Gemeinschaftsrecht **36** 3, 6, 28; Vergleich mit DIN-Normen **36** 21; Vergütungsrahmen **36** 65; Vergütungsregeln und angemessene Vergütung **36** 16, 18, 21, 24, 32, 35, 44, 45,

46, 69, 92, 97, 98; Verhältnis zum Tarifvertragsrecht **36** 8–10, 15, 41, 42, 71–73; Verwertungsgesellschaften **36** 57; Von ausländischen Vereinigungen **36** 48; Wirkung **36** 69;

Vergütungssätze, festgelegte alte Rechtslage – **54 a** 12 f.; nach Gesamtverträgen **54 a** 13; Übergangsregelung **54 a** 3, 12

Vergütungssystem, Neustrukturierung **53** 10; **54** 1 f.; **27 UrhWG**, Kriterien zur Bestimmung der Vergütungshöhe **54 a** 4 ff., Rechtslage bis 31. 12. 2007 **54 a** 12 ff.; System weitgehender Selbstregulierung seit 1. 1. 2008 **54** 3; **54 a** 1; Übergangsrgelung **54** 3, 12; wirtschaftlich angemessenes Verhältnis zum Preisniveau **54 a** 10 ff.

Verhüllter Reichstag E 2 146; **14** 26; **15** 7; **24** 10, 14 17; **Vor 44 a** 17, 19; **50** 4; **57** 5; **58** 5; **59** 2, 4, 7, 12,14; **60** 6; **97** 32; **101 b** 17

Verhüllter Reichstag II E 97 32

Verjährung des Anspruchs auf angemessene Vergütung **32** 44, 45; des Anspruchs auf weitere Beteiligung **32 a** 39; der Folgerechtsansprüche **26** 46; Nebenansprüche **102** 5 f.; Rechtsfolgen **102** 8; Übergangsrecht **129** 6; Unterlassungs- und Beseitigungsansprüche **102** 2 f.; des Urheberrechts, keine – **102** 4; Vergütungsansprüche **102** 3; Verletzungsansprüche **102** 6; Vernichtungs- und Überlassungsanspruch **98** 4; **102** 1

Verjährungsregeln, neue **137 i** 2, 4, 5–9

Verkehrskinderlied E 2 67 f.; **31** 76; **51** 6 ff., 16, 20, 23, 44; **97** 45

Verkehrszeichen als amtliche Werke **5** 68

Verlag als Partei des Verfilmungsvertrags **88** 28

Verlagsgesetz, Einl. 113; Aufhebung von Vorschriften des -s **141** 5

Verlagsgruppe E Vor 28 109

Verlagspseudonym 10 5; **13** 22

Verlagsrecht und Urheberrecht **Vor 28** 5

Verlagsrechtliche Lizenzverträge Vor 28 49, 112; auf internationale – anwendbares Recht **Vor 120** 157

Verlagsverträge, auf internationale – anwendbares Recht **Vor 120** 157; Ausübungspflicht **41** 13; bei Büchern **Vor 28** 109 ff.; bei Werken der Tonkunst **Vor 28** 121; bei Zeitschriften und Zeitungen **Vor 28** 116 ff.; Einräumung des Verfilmungsrechts durch – **88** 26 ff.; im Bereich der Bühnenverwertung **Vor 28** 125 ff.; Kündigung **31** 44 ff., 63; Umfang der Nutzungsrechte **Vor 28** 111 ff.; **31** 94; Verletzung der – als Urheberrechtsverletzung **97** 7; Zugangsrecht **25** 17

Verleger, Begriff **63 a** 19; **Haftung 97** 64; und Herausgeber **Vor 28** 119; **38** 17

Verleihen von Originalen und Werkstücken s. auch Bibliotheksgroschen/Büchereiantieme, Verleihrecht; als Verbreitung **17** 30; **27** 1; Begriff **27** 16 f.; Erscheinen durch – **6** 35 f.,

magere Zahlen = Randnummern

40; keine Erschöpfung des Verbreitungsrechts durch – **17** 48; Online-Übertragung kein – **27** 16; Präsenznutzung kein – **17**; Vergütungsanspruch für das öffentliche – **27** 15; Vergütungsanspruch des Tonträgerherstellers für das – **85** 46; von Computerprogrammen **69 c** 28

Verleihrecht Erschöpfung durch Inverkehrbringen **27** 13; keine Ausgestaltung als Verbotsrecht nach Inverkehrbringen **27** 4, 11, 13; gesetzlicher Vergütungsanspruch für öffentliches Verleihen **27** 11; s. Bibliotheksgroschen/Büchereitantieme; Vereihrecht des ausübenden Künstlers **77** 14, 15

Verletzergewinn 97 166 ff., 137, 145, 166 ff.; Abgrenzung zu entgangenem Gewinn **97** 150; und Geschäftsführung ohne Auftrag **102 a** 4

Verletzerkette 97 67; und Erschöpfungsgrundsatz **15** 30

Verletzerzuschlag 97 146, 149, 161 ff., 172 f.; bei fehlender Urheberbenennung **13** 21 a; **72** 27

Verletzung, anwendbares Recht bei grenzüberschreitender – von Rechten **Vor 120** 135 ff.; anwendbares Recht bei – von Rechten **Vor 120** 129 ff.; Entschädigung bei nicht schuldhafter – von Rechten **135/135 a** 10 f.; grenzüberschreitende Sendungen **Vor 20** 52 ff.; **20** 8, 11, 19 ff.; Rechtsfolgen der – von Rechten **94** 41; **96** 1 ff.; **97** 1 ff.; **98** 1 ff.; **106** 1 ff.; strafbare – von Rechten als Privatklage- oder Offizialdelikt **139** 1 f.; Übergangsrecht bei – von Rechten durch Tonträgerhersteller **135/ 135 a** 10 f.

Vermietrecht als selbständig abspaltbare Befugnis des Verbreitungsrechts **31** 92; **69 c** 28; des ausübenden Künstlers **17** 30; **77** 13 ff.; des Filmherstellers **17** 30; des Tonträgerherstellers **17** 30; **85** 45; kein – des Sendeunternehmens **17** 30; Übergangsrecht **27** 2; **137 e** 1 ff.

Vermietung, Ausnahmen **17** 32, 40 f.; Begriff **17** 32 ff.; **27** 8; Erscheinen durch – **6** 35 f., 40; keine Erschöpfung des Verbreitungsrechts durch – **17** 47 f.; kein Vergütungsanspruch des Filmherstellers für – **94** 32; Präsenznutzung keine – **17** 35; Vergütungsanspruch **27** 1, 5 ff.; von Computerprogrammen **69 c** 27; s. auch Vermietrecht

Vermietung von Tonträgern E 17 59
Vermietungsverbot E 16 26
Vermietungsvorbehalt E 85 13; **Vor 87 a** 61 f.
Vermutung der Rechtsinhaberschaft Sendeunternehmen **87** 47
Vermutung der Urheberschaft s. Urhebervermutung

Vernichtung als Substanzveränderung **98** 14; bei rechtswidriger Verletzungshandlung **98** 2, 7; Gegenstand: bei Computerprogrammen **69 f** 4 f., 17 f.; bei Vorrichtungen auch handelsübliche Geräte **98** 11, nur Vervielfältigungsstücke, keine Originale **98** 2, 7, 10; Maßnahmen **98** 14.; von Vorrichtungen zur rechtswidrigen Herstellung **98** 7; von Werkstücken **14** 37 ff.

Vernichtung von Werken 14 37–40; Abwehrinteresse **14** 38 a

Vernichtungsanspruch als besonderer Beseitigungsanspruch **97** 135; **98** 6; bei Computerprogrammen **69 f** 1 ff.; bei Verletzung des Rechts am eigenen Bild **60/33–50 KUG** 7; gegen Eigentümer oder Besitzer **69 f** 6; Gegenstand: Vervielfältigungsstücke und Vorrichtungen zu ihrer Herstellung **98** 1, 7 ff.; Durchsetzung **98** 24 ff., auch nach Ablauf der Schutzfrist **98** 6; Fassung von Klageantrag und Tenor **98** 25 f.; gegen Eigentümer bzw. Besitzer **98** 24; kein – bei Bauwerken **98** 1, 21 ff.; maßgebliches Recht zur Beurteilung der Rechtswidrigkeit **96** 9; **99** 7; Sicherung durch Sequestrierung **98** 27; Ablösebefugnis des schuldlosen Verletzers **98** 1, 17 ff., **100** 1, 3 ff.; und einstweiliger Rechtsschutz **69 f** 3; und wahlweiser Überlassungsanspruch **69 g** 17; **98** 17 f., 27; Verhältnismäßigkeit **69 f** 8; Verjährung **98** 4, **102;** Verletzter als Berechtigter **98** 24; Verschuldensunabhängigkeit **69 f** 7; **98** 4, 9; Vollstreckung **112** 21

Veröffentliche Werke als erschienene Werke **Vor 120** 46, 25; Begriff **6** 6 ff.; erschienene Werke als – **6** 14, 16, 30; s. auch Veröffentlichung

Veröffentlichung 52 a 6; Art und Weise **6** 16 f.; Bedeutung **6** 1 ff.; Befristung der Zustimmung zur – **6** 20; Begriff **6** 4, 6 ff.; **Vor 120** 46, 25, 44; bei akademischen Lehrveranstaltungen **6** 10, 13; beim Kirchen-, Schul- oder Unterrichtsgebrauch **46** 16; bei Sitzung von Expertengremien **6** 13; bei wissenschaftlichem Kongreß **6** 13; Berechnung der Schutzdauer nach der ersten – **6** 3, 19, 21; **64** 21 f., 54, 66 f.; **66** 2, 12 ff., 25 ff., 35 ff.; **67** 1 ff.; durch Aufführung in geschlossener Veranstaltung **6** 13; durch Auslage in Bibliothek **6** 14; durch betriebsinterne Aufführung **6** 13; durch Filmvorführung zu Testzwecken **6** 13; durch Inhaltsbeschreibung **6** 23; Einwilligung des Urhebers zur – bei Bearbeitung und Umgestaltung **23** 23 f.; Erscheinen als qualifizierte – **6** 30; erste – nach dem Tode des Urhebers **64** 50, 54, 66 f.; **66** 13, 38, 53; **71** 7; **129** 8 f., 21 f.; im Ausland **6** 18; in Fortsetzung **6** 21; keine – durch Presseberichterstattung **6** 45; oder Erscheinen als Voraussetzung der verkürzten Schutzdauer anonymer und pseudonymer Werke **66** 25 ff.; Ort der – **6** 18; und Veröffentlichungsrecht **6** 3, 24; unerlaubte – **12** 10; Unumkehrbarkeit der – **6** 20; von Bearbeitungen **6** 22; von Übersetzungen **6** 22; von Werkteilen **6** 21; Widerruf der Zustim-

2519

Sachverzeichnis

halbfette Zahlen = Paragraphen

mung zur – **6** 20; Wirkung **6** 3, 17 ff.; Zeitpunkt **6** 3, 19, 21; Zustimmung des Berechtigten zur – **6** 20, 24 ff.; s. auch Öffentlichkeit

Veröffentlichungsrecht 12 7; ausländischer und staatenloser Urheber **Vor 120** 5; **121** 21; **122** 5; Ausstellungsrecht als besonderer Fall des Veröffentlichungsrechts **18** 7, 15; Ausübung **12** 17 ff.; Begriff **12** 7 f.; beim Film **93** 12; bei Veräußerung des Manuskripts **12** 14; und Inhaltsbeschreibung **12** 23 ff.; des Arbeitgebers oder Dienstherrn **43** 73 ff.; des Urhebers als Erst- **12** 1 f.; in den EU-Staaten **12** 3; und Erlaubnis der Einspeicherung in Online-Datenbank **12** 17; und Meinungs- u. Pressefreiheit **12** 22; und Mitteilung des Inhalts **12** 23 ff.; und öffentliche Zugänglichmachung **12** 17; Schadensersatz bei Verletzung **97** 136; und Rückrufsrecht wegen gewandelter Überzeugung **42** 2; und Veröffentlichung iSd. § 6 Abs. 1 **6** 3, 24, 27; Verbrauch **12** 17, 26 f.; s. auch Urheberpersönlichkeitsrecht

Veröffentlichungsreife 12 2, 17, 19 f.

Verona-Gerät E 99 6

Verordnungen als amtliche Werke **5** 8, 24, 41 f.

Verpfändung des Folgerechts **26** 48 f.

Verramschung 17 49

Verschenktexte E 2 67, 69 ff.

Verschlüsselte Sendungen, Vor 20 4; **20** 8, 12; **20 a** 17, 19; **87** 63

Verschulden bei Internetnutzungen **19 a** 47

Versorgungsbereichstheorien 20 33 ff.; s. auch Sendeverträge

Versteigerer, Begriff **26** 33; Beteiligung an Weiterveräußerungen von Werkoriginalen **26** 33 ff.

Verteileranlage im Krankenhaus E 15 70; **20** 41; **52** 23

Verteileranlage in Justizvollzugsanstalt E 52 23

Verteileranlagen E 15 85; **19** 35, 37, 41; **Vor 20** 11 f.; **20** 8, 11, 16, 24, 31, 35, 41 f.; **21** 9 f.; **Vor 44 a** 18 f.; **52** 8, 48; **97** 37

Verteilungsnoten in Verwertungsgesellschaften Vor 28 121; **63** 12

Verteilungspläne von Verwertungsgesellschaften 7 WahrnG 1 ff.; und AGB-Kontrolle **63 a** 21;und Abtretungsverbot **63** 12

Vertonte Sprachwerke als Gegenstand des Vortragsrechts **18** 4; im Übergangsrecht **131** 1 ff.

Vertonung als Werkverbindung **9** 6

Vertonungsfreiheit im Übergangsrecht **131** 1 ff.

Vertrag zwischen der Bundesrepublik Deutschland und der Deutschen Demokratischen Republik über die Herstellung der deutschen Einheit vom 31. 8. 1990 s. Einigungsvertrag

Verträge über künftige Werke als schuldrechtliche Verpflichtungsverträge **40** 3 ff., 12; Fehlen einer näheren Konkretisierung **40** 13; Formerfordernis **40** 14; Kündigung **40** 8 f., 15 ff.; Nichtigkeitsgründe **40** 10; Optionsverträge **40** 5 ff.; Vorausverfügung **40** 3; Vorverträge **40** 4

Verträge über unbekannte Nutzungsarten 31 a 28 ff.; Einzelfälle **31 a** 38 ff.; Mehrere Urheber **31 a** 109 ff.; Mitteilungspflicht **31 a** 85 ff.; Mitteilungspflichtiger **31 a** 89 f.; und Open content **31 a** 68 ff.; Schriftform für – **31 a** 34 ff.; Übergangsrecht **31 a** 25, **137 I** 1 f., 22 f., Unbekannte Nutzungsart **31 a** 28 ff.; Widerrufsrecht des Urhebers **31 a** 73 ff.; Widerrufsfrist **31 a** 86. 95; Rechtsfolge bei Ausübung des Widerrufsrechts **31 a** 81 ff.; Unverzichtbarkeit des Widerrufsrechts **31 a** 117; Wegfall des Widerrufsrechts **31 a** 98 ff.; Vergütung bei – **31 a** 98 ff.; **32 c** 7 ff.; Zweckübertragungslehre **31 a** 64; s. auch Übertragungsfiktion

Verträge und Vertragsentwürfe, Schutzfähigkeit **2** 112

Vertragparität Vor 28 12

Vertragsauslegung Vor 28 103 ff.; **31** 20 ff., 64 ff.; **37** 3; **38** 4; **44** 4; bei der Einräumung von Nutzungsrechten an Beiträgen für Sammlungen **38** 16; ergänzende – und dispositives Recht **Vor 28** 107 f.; bei nicht eindeutigem Vertragsinhalt **37** 4, 8; mangels Parteivereinbarung **Vor 28** 84, 102 ff.; **31** 20 ff., 64 ff., 74 ff.; und AGB-Kontrolle **Vor 28** 30 ff.; und Anwendung verlagsrechtlicher Regelungen **Vor 28** 5, 107 f., 128; **31** 27; **37** 6; Zweckübertragungslehre/-regel **31** 64 ff.; **31 a** 64 s. auch Auslegungsregeln

Vertragslizenz 35 5

Vertragsmuster Vor 28 23 ff.; Buchverlag **Vor 28** 114; Bühnenaufführungsvertrag **Vor 28** 143; Bühnenvertriebsvertrag **Vor 28** 126; Filmverwertung **Vor 28** 166; Inhaltskontrolle **Vor 28** 30 ff.; Kunstverlag **Vor 28** 133; Musikverlag **Vor 28** 124; Sendevertrag **Vor 28** 154; Verfilmungsvertrag **Vor 28** 163; Verträge mit Filmschaffenden **Vor 28** 164 f.; Videoverwertung **Vor 28** 172; Zeitungs- und Zeitschriftenverlag **Vor 28** 120

Vertragsnormen für wissenschaftliche Verlagswerke Vor 28 24

Vertragsrecht, Öffentlichkeit **19** 9

Vertragsstatut Vor 28 189; Anwendung des -s auf internationale Urheberrechtsverträge **Vor 120** 148 f.; Bestimmung des – **Vor 120** 152 ff.; Geltungsbereich des – **Vor 120** 160 f., 163 ff.

Vertragsstrafe Vor 28 44; **97** 187, 202

Vertragsstrafebemessung E 97 123 f.; **97 a** 13

Vertragswerk E 2 113

2520

magere Zahlen = Randnummern

Sachverzeichnis

Vertragszweck bei Arbeits- und Dienstverhältnissen **43** 52 ff.; bei Anwendung der Zweckübertragungsregel **31** 87 ff.
Vertriebene s. Flüchtlinge
Vervielfältigung 16 1 ff.; **106** 5 ff.; durch Bearbeitung und Umgestaltung **16** 8; Bildnisse **60** 9 ff.; bei Datenverarbeitung, Dokumentation und Information **16** 21; digitale **16** 17; ephemere – der Sendeunternehmen **55** 1 ff., 5; europäischer Begriff der Vervielfältigung **15** 40; vorübergehende **44 a** 5; **16** 6, 18, 21; s. auch Zwischenspeicherung; gesetzlich zulässige – im Übergangsrecht **136** 1 ff.; als körperliche Fixierung **16** 6; kurz vor Ende der Schutzdauer **64** 6; Live-Sendung keine – **Vor 88** 26; Reparatur keine – **16** 15; Übertragung auf Bild- und Tonträger als – **16** 4, 25 ff.; **75** 6 ff., 9 ff.; unberechtigte **106** 5 ff.; Verfilmung als – **15** 19; **Vor 88** 24 f.; vorübergehende **44 a** 5; **16** 6, 18, 21; Werkteile **16** 14; durch Wiederherstellung **16** 15; und Zugänglichmachung **52 a** 18
Vervielfältigungen zum privaten und sonstigen eigenen Gebrauch 53; Anzahl der Vervielfältigungsstücke **53** 16 f.; bei ganzen Büchern und Zeitschriften **53** 72 ff.; Einschränkung bei elektronisch zugänglichen Datenbankwerken **53** 76 f.; kleine Teile erschienener Werke **53** 51 ff.; Noten **53** 69 ff.; privater Gebrauch **53** 13 f.; Rechtswidrigkeit der öffentlichen Zugänglichmachung **53** 24; sonstiger eigener Gebrauch **53** 34 ff.; und technische Schutzmaßnahmen **53** 3, 9; **54 a** 7; **54 h** 6; **69 a** 25; Veranschaulichung des Unterrichts und Prüfungsgebrauch **53** 57 ff.; Verbot der Verbreitung von Vervielfältigungsstücken und der öffentlichen Wiedergabe **53** 81 f.; Vergütungsansprüche bei – **Vor 44 a** 11; **54** 1 ff.; **54 c** 1 ff.; Vorlage **53** 22 ff.
Vervielfältigungsrecht als Verwertungsrecht **15** 17, 41; **16** 3; Definition **16** 1; des ausübenden Künstlers **77** 9 ff.; des Datenbankherstellers **87 b** 16 ff.; des Filmherstellers **94** 21; des Tonträgerherstellers **85** 12, 42 f.; Erschöpfung des -s **15** 30 ff.; europäische Regelungen **16** 5; Reformüberlegungen **Einl.** 78; **53** 9; Schutz des -s durch die RBÜ **Vor 120** 47; strafrechtlicher Schutz des -s **106** 5 ff.; und Werknutzungen im Internet **16** 22 ff.; Verletzung des -s durch Vervielfältigung für den Export **Vor 120** 136
Vervielfältigungsstücke E **53** 14, 17, 34 f., 58; Anzahl bei Vervielfältigungsfreiheit **45** 6 f.; **53** 13, 17, 36, 62; Begriff der – in § 6 Abs. 2 S. 1 **6** 32 f., in § 98 **98** 11; Beschlagnahme **111 a** 1 ff.; Bild- und Tonträger als – **16** 4, 25 f.; Entfernungsanspruch von – aus den Vertriebswegen **98** 15; Erscheinen durch Ausstellung von **6** 49; Erschöpfung nur bei Veräußerung **17** 47 ff.; genügende Anzahl von -n iSd. § 6 Abs. 2 **6** 34, 39 ff.; Herstellung auch durch andere **53** 25 ff., 37 f.; Herstellung von -n **16** 6 ff.; iSd. § 98 **98** 7; Mehrfachoriginale als – **6** 33; Rückrufanspruch von – aus den Vertriebswegen **98** 1, 15; Verbreitung von -n **17** 1 ff., 17 f.; **27** 1; Vermieten und Verleihen von -n **17** 30 ff.; Vernichtungsanspruch **98** 2 ff.; Verwertungsverbot für rechtswidrig hergestellte – **96** 1, 6 ff.
Verwaltungsgebäude E **2** 151, 156; **14** 4; **39** 25
Verwaltungsvorschriften als amtliche Werke **5** 43, 73
Verwandte Schutzrechte Einl. 37 ff.; **97** 11, 19 ff.; Strafschutz **108**; Abtretung von Vergütungsansprüchen durch Inhaber – **Vor 28** 67; anwendbares Recht bei Auslandsbezug **Vor 120** 129 ff.; und authentischer Charakter **5** 27; Berechnung der Schutzdauer von – **64** 61; **69** 1; der Datenbankhersteller **Vor 87 a** 8, 28 ff.; **87 a** 1 ff.; **137 g** 3; der Filmhersteller **Vor 88** 13, 18, 22, 31, 37, 47; **94** 1 ff.; **95** 1 ff., 19; **108** 9; **128** 1 ff.; der Sendeunternehmen **87** 1 ff., 22 ff.; **Vor 88** 13, 22; **94** 2, 5, 16, 20, 30 f.; **108** 8; der Tonträgerhersteller **85** 1 ff., 18 ff., 30 ff., 41 ff.; **108** 7; der ausübenden Künstler **73 ff.**; der Veranstalter **81** 1, 7 ff.; 15 ff.; 20 ff.; Einräumung von Nutzungsrechten an – **Vor 28** 67; Erscheinen von Leistungen iSd. – **6** 4, 29; Inhaber – im Übergangsrecht **134** 5; **135/135 a** 2, 6; im Übergangsrecht **129** 1 ff.; 14 ff.; **134** 5; **135/135 a** 1 ff.; **137** 2, 4, 8 f.; Schutz der – von Ausländern und Staatenlosen **Vor 120** 7 ff.; **124** 1 ff.; **125** 1 ff., 8 ff.; **126** 1, 6 ff.; **127** 1, 3 ff.; **128** 1, 3 ff.; Schutzumfang **97** 19 ff.; strafbare Verletzung von – **139** 1 f.; Übertragbarkeit **Vor 28** 64 ff.; **79; 71** 13; **72** 44 f.; **Vor 73** 10; **78** 2; **83** 7; **85** 49; **87** 59; **94** 6; Umwandlung von Urheberrechten in – **134** 5; **135/135 a** 1 ff.; Unterschiede zwischen den – **Einl.** 39; **Vor 73** 2; **97** 11; Verfügungen über – im Übergangsrecht **135/135 a** 6; **137** 9; Wahrnehmung von – **Vor 1 WahrnG** 1; und weitere Beteiligung **32 a** 12; s. auch Verwandte Schutzrechte des ausübenden Künstlers
Verwandte Schutzrechte des ausübenden Künstlers, Abtretung **79**; Beteiligung am wirtschaftlichen Nutzen durch – **Vor 73** 4, 12; **75** 1 ff.; Verwertungsrechte **77 ff.**; Künstlerpersönlichkeit **74 ff.**; Schutzdauer **76** 1, 4 ff.; **82** 1, 3 ff., 7 ff.; Schutzgegenstand Vortrag oder Aufführung **73** 1, 10 ff.; strafrechtlicher Schutz **108** 1 ff.; Territorialitätsprinzip **Vor 120** 69 ff., 85; und Art. 14 GG **Vor 73** 12; Verbreitungsrecht **77; 96** 8; Vererblichkeit **29** 21; Verhältnis zum Urheberrechtsschutz

2521

Sachverzeichnis

halbfette Zahlen = Paragraphen

Vor 73 14 ff.; **73** 36 ff.; Vergütungsansprüche **78; 83;** Werkarten **73** 13 f.; Zweckübertragungslehre **Vor 73** 19; **79**
Verweisung auf private Normwerke 5 11, 38 f, 76 ff.
Verwerterunternehmen, Wahrnehmung durch – **Vor 28** 124 f.
Verwertung, Einwilligung des Urhebers zur – von umgestalteten Werken **23** 17, 23; von verbundenen Werken **9** 15 f.; von Werken in körperlicher oder unkörperlicher Form **15** 14, 17 ff., 41 ff., 45 ff.; s. auch Verwertungsrechte
Verwertung, unerlaubte 106 2 ff.; Täterschaft und Teilnahme **106** 33; Überblick über das materielle Strafecht **Vor 106** 3; Umgestaltungen **106** 3
Verwertung von Urheberrechten, individuelle **Einl.** 30 f.; kollektiv **Einl.** 32 ff.; **Vor 1 WahrnG** 1 ff.
Verwertungsgesellschaft E WahrnG 11 5 f.
Verwertungsgesellschaft Bild-Kunst 19 a 9; **Vor 20** 23; **21** 2; **22** 2; **26** 11 ff., 38 ff., 50; **72** 48; **Vor 1 WahrnG** 14; Mitglied der ZPÜ **54 h** 3 f.
Verwertungsgesellschaft der Film- und Fernsehproduzenten (VFF), 87 42 b; **Vor 1 WahrnG** 14; Mitglied der ZPÜ **54 h** 3
Verwertungsgesellschaft für Nutzungsrechte an Filmwerken (VGF), 89 21; **Vor 1 WahrnG** 14; Mitglied der ZPÜ **54 h** 3
Verwertungsgesellschaft Musik-Edition (VG Musik-Edition), Vor 1 WahrnG 14; Wahrnehmung der Rechte an der Erstausgabe nachgelassener Musikwerke **71** 14, an wissenschaftlichen Ausgaben von Musikwerken **70** 11
Verwertungsgesellschaft Satellit (VG Satellit), Vor 1 WahrnG 1 ff.
Verwertungsgesellschaft WORT 19 27; **Vor 1 WahrnG** 14; als gemeinsame Empfangsstelle für Spontanmitteilungen **54 h** 7 f.; Mitglied der ZPÜ **54 h** 3 f.; Gesamtverträge der – **53 a** 25; **54 h** 4; Wahrnehmung des Aufführungsrechts **19** 27 f., des Vortragsrechts **19** 10; Rechtswahrnehmung bei Online-Nutzungen **19 a** 8; Wahrnehmung des Senderechts **Vor 20** 22; **Vor 28** 145; des Rechts der Wiedergabe durch Bild- oder Tonträger **21** 2; des Rechts der Wiedergabe von Funksendungen und von öffentlicher Zugänglichmachung **22** 2; von Vergütungsansprüchen für Reprographiegeräte **54 h** 4; von Vergütungsansprüchen nach § 54 c **54 h** 4
Verwertungsgesellschaften, Abschlußzwang **11 WahrnG** 1 ff.; AGB-Kontrolle **Vor 28** 33; **6 WahrnG** 6; Aufsicht über die – **18 WahrnG** 1 ff.; **19 WahrnG** 1 ff.; Auskunftspflicht über Repertoire **10 WahrnG** 1 ff.; Begriff **1 WahrnG** 13 f.; Berechtigung/Mitgliedschaft **6 WahrnG** 3, 14 f.; Berechtigungsfiktion bei Kabelweitersenderecht **13 b WahrnG** 5, 11 f.; CISAC **Vor 1 WahrnG** 15; Clearingstellen **Vor 1 WahrnG** 16; Diskriminierungsverbot **11 WahrnG** 3; **24 WahrnG/30 GWB** 10; doppelter Kontrahierungszwang gegenüber Rechtsinhabern und Nutzern **6 WahrnG** 1; **11 WahrnG** 3; **12 WahrnG** 1; Erlaubnispflicht für Geschäftsbetrieb **Vor 1 WahrnG** 10; faktisches Monopol **Einl.** 74; **Vor 1 WahrnG** 7; **6 WahrnG** 1; **11 WahrnG** 1, 3; **24 WahrnG/30 GWB** 1; Gegenseitigkeitsverträge **Vor 1 WahrnG** 15; Gerichtsstand bei Rechtsstreitigkeiten **17 WahrnG** 1 ff.; Gesamtverträge **Vor 20** 22; **54 b** 7 f.; **54 d** 9; **54 h** 4; **12 WahrnG** 1 ff.; historische Entwicklung **Vor 1 WahrnG** 1 ff.; im digitalen Umfeld **Vor 1 WahrnG** 16; in der DDR **Vor 1 WahrnG** 10; kartellrechtliche Beurteilung von – **24 WahrnG/30 GWB** 1 ff.; kollektive Wahrnehmung von Rechten **Einl.** 25; **Vor 73** 28; Kontrollbesuchsrecht bei Geräteabgabe **54 g;** Mißbrauchsaufsicht **24 WahrnG/30 GWB** 8 ff.; natürliche und juristische Personen als – **1 WahrnG** 14; Pflicht zur Rechnungslegung und Prüfung **9 WahrnG** 1 f.; Satzung **2 WahrnG** 3; **3 WahrnG** 4 ff.; **7 WahrnG** 7 ff.; Streitfälle, s. Schiedsstelle; Tarife, s. Tarife der –; Sozial- und Kulturfonds **8 WahrnG** 1 ff.; als Treuhänder **Vor 1 WahrnG** 5 f.; **1 WahrnG** 4; Überblick über – **Vor 1 WahrnG** 14 f.; Übertragung und Einräumung von Rechten an – zur Wahrnehmung **Vor 28** 68 ff.; Unterrichtungspflicht gegenüber Aufsichtsbehörde **20 WahrnG** 1 ff.; und Urheberpersönlichkeitsrecht **Vor 12** 28 c; Vermutung der Aktivlegitimation **49** 23; **13 b WahrnG** 1 ff.; Verteilungsplan **7 WahrnG** 1 ff.; Vorsorge- und Unterstützungseinrichtungen **Einl.** 14; **27** 4; **8 WahrnG** 1 ff.; Wahrnehmungszwang **6 WahrnG** 1 ff., ggü. Ausländern **6 WahrnG** 7, 9; und weitere Beteiligung **32 a** 14; und Werkänderung **14** 11 a; und deutsches Wettbewerbsrecht **Einl.** 73; und europäisches Wettbewerbsrecht **Einl.** 74; als Zessionare gesetzlicher Vergütungsansprüche **63** 8, 10
Verwertungsgesellschaftenpflichtige Rechte Einl. 33; **54 h** 1 ff.; **Vor 1 WahrnG** 8; Büchereitantieme **27** 2, 4, 20; Folgerecht **26** 38; Kabelweitersenderecht **20 b** 2 ff., 8 ff.; **Vor 44 a** 38; Kopienversand durch Bibliotheken **53 a** 26; noch nicht bekannte Nutzungsarten **31 a** 21; öffentliche Zugänglichmachung **52 a** 20; Pressespiegelvergütung **49** 2, 22 f.; und Zwangslizenz für Tonträger **61** 16; Verfassungsbeschwerdebefugnis für – **Vor 28** 72; Vergütungsanspruch für Bild- und Tonaufzeichnungsgeräte sowie für Bild- und Tonträger **54 h** 2 f., für Reprographiegeräte und Be-

magere Zahlen = Randnummern **Sachverzeichnis**

treiberabgabe **54 h** 2 ff., für das Vermieten nach Einräumung des Vermietrechts **27** 2, 4, 20; für Wiedergabe von Werken an elektronischen Leseplätzen **52 b** 14
Verwertungskaskade bei Filmwerken **52 a** 17
Verwertungsrechte, Abgrenzung von den sonstigen Rechten **15** 5; als ausschließliche Rechte **Einl.** 25 ff., 32 ff.; **15** 1; als Rechte des Urhebers nach Einräumung von Nutzungsrechten **15** 4; **Vor 28** 48; bei Miturheberschaft **8** 11, 14 ff.; benannte – **15** 14 ff.; Erlöschen **64** 5; Erschöpfungsgrundsatz **15** 30 ff.; geschützte Werke als Gegenstände der – **15** 3; getrennte Vergabe von -n **17** 62 ff.; Grundgedanken der – **15** 6 ff.; Schranken **15** 28 ff.; unbenannte – **15** 21 ff.; und neue Nutzungsarten **15** 23; Unübertragbarkeit **Vor 28** 46; Urheber als Inhaber der – **15** 4; **Vor 28** 48; Verfilmungsrechte keine selbständigen – **Vor 88** 28 f.; Verzicht auf – **29** 25 f.; Zwangsvollstreckung in – **113** 2 ff.
Verwertungsverbot als absolutes Recht **96** 3; bei Importen aus dem Ausland **96** 8 f.; Beweislast **96** 7; für im Ausland unautorisiert hergestellte Bild- und Tonträger **96** 8 f.; **125** 6, 10, 13; für rechtswidrig hergestellte Funksendungen **96** 2 f., 6; für rechtswidrig hergestellte Kopien von Werken der bildenden Kunst und Lichtbildern **96** 4; für rechtswidrig hergestellte Vervielfältigungsstücke **96** 2 f., 6 ff.; Nutzung **96** 6; und EG-Vertrag **96** 11
Verwirkung 97 197 ff.; des außerordentlichen Kündigungsrechts **31** 60; von Gestaltungsrechten **97** 200; des Rückrufsrechts wegen Nichtausübung **41** 21; des Schadensersatzanspruches **97** 197 ff.; des Verwertungsverbots **97** 200
Verzehrbons als Entgelt für Veranstaltung **52** 17
Verzicht auf Anerkennung der Urheberschaft **8** 11; **13** 11; auf das Folgerecht **26** 48 f.; auf einzelne Verwertungsrechte **29** 25 f.; auf Namensnennung **8** 11; **13** 10; **43** 49; auf Nutzungsrecht **33** 15, 16, 22; auf Urheberrecht im ganzen **29** 23; auf Zugangsrecht **25** 7, 22; des Erwerbers des Nutzungsrechts **29** 28; des Miturhebers auf Anteil an den Verwertungsrechten **8** 17; **29** 23; kein Erlöschen des Urheberrechts durch – **64** 73; kein – auf Urheberpersönlichkeitsrecht **Vor 12** 28, 28 b, 28 d, **29** 27; auf das Veröffentlichungsrecht **12** 21
Verzicht im Voraus, Verbot **63 a** 12
Verzichtsverbot Vor 28 60, 63; **29** 22; bei gesetzlichen Vergütungsansprüchen **63**
Verzug des Verlegers **Vor 28** 109 f.
Victor Hugo E Vor 12 34
Video Intim E 31 39; **95** 12
Videoaufzeichnung für theatereigene Zwecke E 77 4

Videoauswertung s. Audiovisuelle Verwertung; Videozweitverwertung
Videocassetten s. Videokassetten
Videoclips als Filmwerke **92** 10; **95** 9; Fernsehsendungen von – **76** 15; keine Übertragungsvermutung zugunsten des Filmherstellers bei – **92** 10; **95** 17; Vergütungsanspruch für Fernsehsendung **76** 15
Videofilme in Diskothek E Einl. 53
Videofilmvorführung E 15 31, 49; **16** 4; **17** 5, 28, 45, 63; **94** 16, 23
Videogrammdistributor E Einl. 84 f.
Videogramme, Begriff **Vor 88** 21
Videokabinen E 15 71; **19** 41
Videokassetten E Einl. 53; Begriff **Vor 88** 21; beschränkte Einräumung des Verbreitungsrechts **17** 19 ff., 26; gesonderte Einräumung des Vermietrechts **17** 27; **Vor 28** 74; Erschöpfung des Verbreitungs-, nicht des Vermietrechts durch Veräußerung **17** 27; keine Erschöpfung des Verbreitungsrechts durch Vermietung **17** 48; als Sammlungen **46** 7; Rechtseinräumung für Coverbild **Vor 28** 74; Übertragung von Spielfilmen auf – **94** 12; Vermietung von – **75** 16
Video-Kopieranstalt E Vor 28 69, 170; **88** 5, 28, 40; **97** 66. 139. 192; **WahrnG 13 b** 6
Videolizenzgebühr E 97 10
Videolizenzvertrag E 17 14, 30; **Vor 28** 94; **31** 92; **34** 13; **69 c** 25; **88** 8; **97** 63 f., 154
Video-on-demand s. Music-on-demand; **E 31 a** 49; **Vor 88** 21; **88** 48; **94** 31; Einbeziehung der – Rechte in Vertrag **31** 93
Videopiraterie, Bekämpfung der – **94** 4; **95** 4
Videoproduktionen, Lizenz für – von Fernsehfilmen **94** 14; Rechtseinräumung bei – **88** 40; **89** 10, 18; Recht zur öffentlichen Wiedergabe von – **94** 24; s. auch Audiovisuelle Verwertung
Videoraubkassetten E 17 5, 7 ff.; **69 c** 23
Video-Recorder E 54 9, 14, 17 f., 20, 29; **98** 12
Videospiele 2 21; als Computerprogramme und Laufbilder **Vor 88** 44; **95** 7, 12; Anwendung des Filmrechts auf – **Vor 88** 44; s. auch Computerspiele
Videotextprogramme, und Senderecht **Vor 20** 9; **20** 9
Videothek-Treffpunkt E 27 7
Videovermietung, Vergütungsanspruch **27** 5 ff., 8 ff.; Zentralstelle für Videovermietung (ZVV) **27** 22; **Vor 1 WahrnG**
Videoverwertung 19 20; Umfang des Rechts zur – **31** 92 f.; von Filmen **Vor 28** 172; **31 a** 39; s. auch Audio-visuelle Verwertung von Filmen
Videozweitauswertung I E 2 195; **Vor 28** 94; **31** 64, 85; **31 a** 1, 15, 26, 18, 30 f., 36, 29; **43** 36, 55; **94** 40

2523

Sachverzeichnis

halbfette Zahlen = Paragraphen

Videozweitauswertung II E E 3 8; **15** 19f.; 23 7; **31a** 36; **88** 28f.
Videozweitauswertung III E Vor 28 36; **31** 85; **31a** 28, 31, 36, 39; **89** 13; **90** 15
Videozweitverwertung (OLG München) **89** 13; **128** 3
Vier-Streifen-Schuh E **97** 149
Virtuelle Figuren, Schutzfähigkeit **2** 149, 189; zur Frage des Leistungsschutzes – **73** 12
Virtuelle Welten Plattform für- **97** 112
Virtueller Dom in Second Life E 3 34; **97** 112
Virusprogramme s. Antivirusprogramme
Vitasulfal E **97** 145
Viterbi-Algorithmus E Vor **69a** 11
VOB/C E **2** 103; **5** 5, 19, 25, 28, 30, 32ff., 38f., 43, 52, 54, 56, 60f., 79, 83
Volk und Reich E **138** 4, 12
Völkerrechtsfreundliche Auslegung internationaler Verträge **Vor 120** 118
Volks- und Gesellschaftstänze als überliefertes Kulturgut nicht schutzfähig **2** 131
Volksmusik und ausübende Künstler **73** 1, 11; als unwesentliche Bearbeitung nicht geschützter Werke der Musik **3** 30; Einwilligung der Verwertungsgesellschaft zur Veranstaltung von –, keine Programmpflicht **13a WahrnG** 7
Vollmacht 8 14; **9** 8; Sonderanknüpfung der – im internationalen Urhebervertragsrecht **Vor 120** 157
Volltextdatenbanken 87a 23
Volltextverfahren als Vervielfältigung **16** 21
Vollzugsanstalten E **15** 68, 76, 79; **Vor 44a** 7; **52** 5, 34f.; **97** 37
Volvo E Einl. 6
Volvo-Reklame E **60/22 KUG** 32; **60/33–50 KUG** 26; **Vor 73** 19
Von Kopf bis Fuß E **24** 27f.
Vor meiner Zeit E Vor **88** 24
Vor unserer eigenen Tür E **60/22 KUG** 5, 10; **60/23 KUG** 9, 34, 50, 109, 119; **60/33–50 KUG** 5
Voran E Vor **120** 121, 132, 137
Vorarlberg Online E **72** 10, 13, 17, 18, 19, 20, 35
Vorausabtretung gesetzlicher Vergütungsansprüchen an Verleger **63a** 13f., 18ff.; an Verwertungsgesellschaften **63a** 13f.
Vorausverfügung in Tarifverträgen **43** 47; über Nutzungsrechte an künftigen Werken **Vor 28** 60f., 79; **40** 3; über Nutzungsrechte im Dienst- und Arbeitsverhältnis **43** 46; von Rechten an VG **Vor 88** 6; **88** 46; **89** 2, 21f.; **6 WahrnG** 5; Wirkung auf spätere Geschäfte **Vor 28** 71, 79, 102; **29** 18
Vorbestehende Werke beim Film **88** 13ff.; Urheber von – beim Sendevertrag **Vor 28** 151; Urheber von – nicht Filmurheber **Vor 88** 59; Filmmusik als vorbestehendes Werk **19** 38

Vordrucke, Schutzfähigkeit **2** 98, 209
Vorentwurf E **31** 77, 95; **44** 14
Vorentwurf II E **2** 67, 139, 153, 155ff., 205; **16** 8; **24** 14; **97** 18, 137
Vorführfilme, Begriff **Vor 88** 21; Rechtseinräumung bei -n **88** 39ff., 43ff.; **89** 10ff., 13ff.; Unterscheidung zwischen – und Fernsehfilmen **88** 2, 11, 25, 27, 34, 39ff., 43ff.; **89** 10, 13ff., 16f.; s. auch Kinofilme
Vorführung, urheberrechtlicher Begriff **19** 40f.; Wahrnehmbarmachung durch Bildschirm oder Lautsprecher **19** 31ff., 42
Vorführungsgebühr E Einl. 65, 82
Vorführungsrecht, Abgrenzung von anderen Verwertungsrechten **19** 43f.; als Verwertungsrecht **15** 9, 17, 26f., 45, 51.; **19** 36ff.; des Filmherstellers **94** 8, 23, 31ff.; Gegenstand **19** 36ff.; kein – am verfilmten Roman und Drehbuch **19** 38; kein – an der Filmmusik **19** 37; Wiedergabe durch Bildschirm oder Lautsprecher vom – umfaßt **19** 31ff., 42
Vorführungsrecht und WCT 19 3, 48
Vorführungsrecht, Öffentlichkeit **19** 41
Vorhersehbarkeitstheorie Vor 12 27a, 28, 28a, 28b; **39** 15
Vorlage der Vervielfältigung zum eigenen Gebrauch **53** 19ff.
Vorlage- und Besichtigungsanspruch Aktivlegitimation **101a** 14; Anspruchsinhalt **101a** 13; Anspruchsvoraussetzungen **101a** 15ff.; Bisheriges Recht **101a** 7ff.; Durchsetzung im Eilverfahren **101a** 43ff.; Düsseldorfer Praxis **101o** 36ff.; In-camera-Verfahren **101a** 39; Passivlegitimation **101a** 15; Rechtsfolgen **101a** 24ff., 52; Schadensersatz bei fehlender Verletzung **101a** 53f.; Schutz vertraulicher Informationen **101a** 31ff.; Verhältnismäßigkeit **101a** 41f.; Verwertungsverbot **101a** 51
Vorlage in Verfahren und Veröffentlichung E **12** 22
Vorlesungen, Schutzfähigkeit **2** 83; als Veröffentlichung **12** 8
Vorsatz und Strafbarkeit **106** 30; **107** 13; **108** 14; **108b** 10
Vorschaubilder s. Thumbnails
Vorsorge- und Unterstützungseinrichtung 8 WahrnG 1ff.
Vortäuschen eines Originals 107 9–11
Vortrag als persönliche Darbietung **19** 5ff.; **73** 10, 15, 18; in akustischer Form **19** 8; und Benutzung technischer Mittel **19** 6; Schutzfähigkeit **2** 83; Wahrnehmbarmachung durch Bildschirm oder Lautsprecher **19** 31ff.; **74** 1, 14
Vortragsrecht als Verwertungsrecht **15** 17, 45, 51; **19** 4ff.; Schutz des – durch die RBÜ **Vor 120** 47; Wahrnehmung durch VG Wort **19** 10; Wiedergabe durch Bildschirm oder Lautsprecher vom – umfaßt **19** 31ff., 35

magere Zahlen = Randnummern

Sachverzeichnis

Vortragsveranstaltung E 81 3, 17; **96** 12; **129** 16
Vorübergehende Vervielfältigung 16 6, 18, 21; **44 a** 5; s. auch Zwischenspeicherung
Vorvertrag über die Einräumung von Nutzungsrechten **40** 4
VTB-VAB E 15 40
VUS E 97 141

Waffenhandel E 2 95
Wägen und Wagen E **31** 92; **43** 40; **89** 15; **91** 5
Wagenfeld-Leuchte E **15** 40; **17** 2, 7, 9; **vor 20** 52; **97** 27, 142, 207; **98** 9; **100** 10; Vor **120** 140, 172
Wagner-Familienfotos E **2** 182, 184; **68** 1; **72** 41, 45; **137 f** 2 a; **135/135 a** 9 a, 9 b, 9 c; **137 a** 2, 4
Wählamt E **2** 67, 153; **97** 18, 145, 165; **129** 13
Wahlkampfillustrierte E 60/22 KUG 46
Wahlrecht bei Schadensberechnung **97** 147 ff.; zwischen Vernichtung und Überlassung – **98** 17, 25, 27; – des Insolvenzverwalters **112** 27
Wahlwerbeschrift E (OLG Wien) 60/22 KUG 46
Wahrer Name des Urhebers, Anmeldung zur Eintragung in das Register anonymer und pseudonymer Werke **66** 22, 46 ff.; Bedeutung der Verwendung für die Schutzdauer **66** 9 f., 29 f.
Wahrnehmbarmachung auf dem Bildschirm; s. Bildschirmwiedergabe
Wahrnehmung von Urheberrechten, Mitteilung der EG-Kommission **Einl.** 74; **Vor 20** 23 a
Wahrnehmungsgesetz, Entstehungsgeschichte **Vor 1 WahrnG** 3, 9, 16; Novellierung **Vor 1 WahrnG** 12 f., 16; verfassungsrechtliche Bedenken **Vor 1 WahrnG** 11
Wahrnehmungsrechte, Einräumung und Übertragung von -n **Vor 28** 68 ff.
Wahrnehmungsvertrag GVL E **85** 64
Wahrnehmungsvertrag GVL II E **94** 31
Wahrnehmungsvertrag Vor 28 68 ff.; s. auch Berechtigungsvertrag; AGB-Kontrolle **Vor 28** 33, 68; angemessene Bedingungen des -s **6 WahrnG** 13; **11 WahrnG** 5 f.; und angemessene Vergütung **32** 4; Anwendung der Zweckübertragungslehre **6 WahrnG** 5; beschränkter Personenkreis **6 WahrnG** 7 f.; Inhalt **6 WahrnG** 4 f.; Laufzeit und Kündigung nach Dienstvertragsrecht **6 WahrnG** 6; nachträgliche Erweiterung **Vor 28** 72; Rechtsnatur **Vor 28** 68 ff.; **Vor 1 WahrnG** 6; **6 WahrnG** 4; Zweckübertragungsgedanke **6 WahrnG** 5; des ausübenden Künstlers **79** 8
Wahrnehmungszwang der Verwertungsgesellschaften **6 WahrnG** 1 ff.
Wanderausstellung als Sammelwerk **4** 12, 16

Wanderführer E **2** 24, 56
Wandergruppen, Singen von – als öffentliche Wiedergabe **52** 8; Singen von – keine persönliche Darbietung **19** 15
Wandsteckdose II E **97** 145, 148, 150, 158
Wannseeheim E **15** 79
Wappen als amtliche Werke **5** 68
Warenkatalogfotos E **31** 79, 97; **44** 8
Warentest III E **103** 9
Warenzeichenlexika E **2** 23, 26, 29, 35, 49 ff., 56 f., 74, 87, 98, 102; **4** 38; **24** 3, 14; **Vor 87 a** 3, 5
Warner Brothers/Christiansen E (EuGH) **Einl.** 82, 85; **17** 53; **85** 35
Währungsangabe E **97 a** 12
WCT Vor 12 22 a; **13** 12 a; **19** 3, 37, 48; **19 a** 12 ff., 22, 24, 26, 28, 33, 42, 52; **Vor 20** 29 a, 41, 44, 46 f.; **20** 34, 41; **Vor 87 a** 41; und öffentliche Wiedergabe **19** 3, 37, 48; **19 a** 12 ff.; **Vor 20** 29 a; und Umsetzung ins deutsche Recht **Vor 120** 51; und Urhebervertragsrecht **32 b** 30, 31; s. a. WIPO-Urheberrechtsvertrag
Webcasting und Senderecht **Vor 20** 7, 23 a; **20** 45; Nutzungsbedingungen GVL **78** 4 a
Webforen E **97** 106; **101** 5; s. a. Weblogs; Haftung **97** 106
Web-Grafiken E Einl. 56; **72** 21
Weblogs 97 106
Webradio und Senderecht **Vor 20** 7; **20** 45; **78** 4 a
Webseiten, Datenbankschutz **87 a** 28; Schutzfähigkeit **2** 24, 75, 114, 175, 217
Web-TV und Senderecht **Vor 20** 7; **20** 45; **78** 4 a
Wechselwirkungslehre 97 36
Wegfall der Geschäftsgrundlage s. Geschäftsgrundlage
Wegfall der Grundlage eines Nutzungsrechts **33** 16
Wegfall der Wiederholungsgefahr E **97** 125 ff.
Weinlaubblatt E **2** 147 f., 171, 176
Weitere Beteiligung des Urhebers 32 a; Alter Bestsellerparagraph **32 a** 1, 2, 7; Altverträge **32 a** 2, 3; Anspruch auf Vertragänderung **32 a** 25, 34; Arbeitnehmer und Bedienstete **32 a** 11; Auffälliges Missverhältnis **32 a** 15–22; Auskunftsanspruch **32 a** 26; Ausübende Künstler **32 a** 3, 12; Berücksichtigung der gesamten Beziehung **32 a** 18; Bestellverträge **32 a** 11; Beteiligungshonorar **32 a** 16; Dritthaftung **32 a** 30–33; Druckkostenzuschuss **32 a** 16; Enthaftung **32 a** 33; Entstehungsgeschichte **32 a** 4; Filmurheber **32 a** 11; Gemeinsame Vergütungsregeln **32 a** 8; Geschäftsgrundlage **32 b** 10; Kausalität **32 a** 21; Kollektivvertragliche Regelungen **32 a** 36–38; Kündigung aus wichtigem Grund **32 a** 10; Lizenzkette **32 a** 33;

2525

Sachverzeichnis

halbfette Zahlen = Paragraphen

Mehrere Berechtigte **32 a** 23, 24; Miturheber **32 a** 23; Nutzungsrecht **32 a** 13; Pauschalhonorar **32 a** 16; Rückwirkung **32 a** 3; Schuldrechtliche Nutzungsverhältnisse **32 a** 13; Tarifverträge **32 a** 8; Unentgeltliche Nutzung **32 a** 16; Unerwartetheit **32 a** 22; Unverzichtbarkeit, Unveräußerlichkeit **32 a** 35; Verbundene Werke **32 a** 24; Verhältnis zu § 32 **32 a** 9; Verjährung **32 a** 39; Verwandte Schutzrechte **32 a** 12; Verwertungsgesellschaften **32 a** 14; Weitere angemessene Beteiligung **32 a** 27–29

Weitere Beteiligung von Arbeitnehmern und Bediensteten 32 a 11; **43** 71 f.; bei Computerprogrammen **69 c** 18

Weitere Nutzungsrechte, Einräumung **35;** Wegfall der Geschäftsgrundlage **33** 16

Weitersenderecht nach dem Brüsseler Satelliten-Abkommen **87** 68 ff.; **Vor 120** 98; nach dem Europäischen Fernsehabkommen **Vor 120** 102; Einräumung des -s **88** 47

Weiterübertragung von Nutzungsrechten Vor 28 50 ff.; **34** 1 ff.; Abdingbarkeit des Zustimmungserfordernisses **34** 10 ff.; als Verfügung **Vor 28** 52 f.; **34** 5; als translative Übertragung **Vor 28** 51; Ausschluß des Zustimmungsrechts zur – **90** 4 f., 8 ff., 14 ff.; Begriff **34** 7; im Bereich des Verlagsrechts **34** 18; in Arbeits- oder Dienstverhältnissen **43** 56 ff.; kein gutgläubiger Erwerb bei – **34** 13, 20; Rechtsfolgen **34** 21 ff.; und Lizenzierung des Verfilmungsrechts **88** 34; und Lizenzierung des Wiederverfilmungsrechts **88** 56; **89** 12; Verhältnis zu § 28 VerlG **34** 3 f.; Zustimmungsbedürftigkeit **34** 5 ff., 14

Weiterveräußerung, Begriff **26** 30 ff.; Beteiligung eines Kunsthändlers oder Versteigerers an der – **26** 33 ff.; über die Staatsgrenzen **26** 35; **Vor 120** 137 f.

Weiterverbreitung, Verletzung des Verbreitungsrechts durch – **Vor 120** 137; s. auch Erschöpfung

Weiterwirkung von Nutzungsrechten 33

Wellplatten E 97 52

Welturheberrechtsabkommen Vor 120 58 ff.; amtliche Werke im – **5** 21, 96; Begriff der Veröffentlichung iSd. – **Vor 120** 62; Fassungen **Vor 120** 58; Folgerecht nach dem – **121** 19; formelle Schutzvoraussetzungen **Vor 120** 63; geschützte Werke **Vor 120** 62; Inländerbehandlung **Vor 120** 64; **121** 16; keine Anerkennung des Urheberpersönlichkeitsrechts **Vor 120** 64; kein Erscheinen durch elektronische Medien **6** 59; keine Rückwirkung des Beitritts **Vor 120** 59, 69; kein Schutz von Lichtbildern **72** 16; Mitgliedstaaten **Vor 120** 58 ff., 60; Schutz ausländischer Urheber **Vor 120** 6, 58 ff.; **121** 11; Schutzdauer **Vor 120** 65; **140** 1 ff.; Schutz der grundlegenden Rechte **Vor 120** 64, 117; Schutz wohlworbener Rechte **Vor 120** 72; **140** 5; Senderecht **vor 20** 50; Vergleich der Schutzfristen **Vor 120** 65, 117; **140** 1 ff.; unmittelbare Anwendbarkeit einzelner Bestimmungen **Vor 120** 117; Verhältnis zu anderen Abkommen **Vor 120** 59, 61, 67, 69, 71 f.; **140** 1 ff.

Weltverfilmungsrecht, Einräumung des -s **Vor 28** 157; **88** 3, 34, 50; **89** 14, 16

Wenn wir alle Engel wären E 8 5, 12; **10** 2

Wer erschoß Boro? E 88 42

Wer küßt Madeleine? E 2 51; **88** 16

Werbeanzeigen, Schutzfähigkeit **2** 115

Werbeblocker E 87 63

Werbebranche, Änderung von Entwürfen angestellter Urheber **43** 87; Namensnennung des angestellten Urhebers **43** 82; Recht am eigenen Bild in der – **60/23 KUG** 15 ff.; 121 ff.; Verträge **Vor 28** 176

Werbecasting Vor 20 7

Werbefilm E 31 30, 92

Werbefoto E 60/33–50 KUG 25

Werbefotos E 2 27, 33, 182; **72** 10, 22, 23

Werbegrafik E 43 80, 82; Schutzfähigkeit **2** 172

Werbeidee E 2 18 f., 51

Werbekonzeptionen 2 116

Werbemethoden, Schutzfähigkeit von – und Werbekonzepten **2** 6, 116; **4** 16 f.

Werbemusik 14 21

Werbeplakat E 31 89

Werbepläne E 2 29, 37, 200, 202, 211

Werbepostkarte E Vor 28 130; **43** 82, 87

Werbeprospekt E 2 46, 115; **43** 82, 87; Schutzfähigkeit **2** 115; Bildzitat aus – **51** 45

Werbesendung als Nutzungsart **79** 11

Werbeslogans Schutzfähigkeit **2** 46, 116

Werbespots keine Wahrnehmung des Rechts zur Werknutzung in – durch GEMA **Vor 20** 22; Rechte ausübender Künstler **76** 14

Werbesprüche Schutzfähigkeit **2** 46, 116; Umfang des Nutzungsrechts **31** 97

Werbeunterbrechung 14 26, 31; **93** 4, 21

Werbung und Änderungsrecht **39** 24; Werkänderung **14** 31; als Verbreitung **17** 8; besondere Interessenlage **14** 31; und amtliche Werke **5** 22, 72; Verwendung von Bildnissen in der – **60/23 KUG** 15 ff., 121 ff.

Werbung für Tonbandgeräte E 97 66, 128, 133, 142

Werk, Abgrenzung zum Werkstück **Einl.** 29; **2** 10; **44** 5; als qualifizierte menschliche Kommunikation **Einl.** 6 f.; Begriff des -es **2** 1 f., 3 ff., 8 ff.; Formgebung des -es **2** 20 ff., 28; geistiger Gehalt **2** 18 f.; Gestaltungshöhe **2** 26, 30, 32 ff.; Individualität **2** 23 ff.; Neuheit des -es **2** 42 f.; persönliche Schöpfung **2** 11 ff.; Qualität und quantitativer Umfang **2** 45 f.; Schutzvoraussetzungen **2** 11 ff.; Stufen der

magere Zahlen = Randnummern

Sachverzeichnis

Vollendung **2** 22; unerhebliche Merkmale **2** 42 ff; Zweck des -es **2** 44
Werk-Akzessorietät des Schutzes ausübender Künstler **73** 10
Werkarten 2 75 ff.
Werkbegriff 2 1 f., 3 ff., 8 ff.; europäischer Werkbegriff **2** 33, 36, 41; **15** 40; Kummers Lehre vom – **2** 16 f., 32; **3** 16
Werkbücherei E 17 39; **27** 3, 16
Werkbüchereien, Erwerbszweck von – **17** 39
Werke, sa. Werkbegriff, Werke der –; ältere – im Übergangsrecht **129** 1 ff., 20 ff.; computerunterstützte – **2** 13; geschützte filmbestimmte – **88** 16 ff.; geschützte – als Gegenstände der Verwertungsrechte **15** 3; geschützte, zur Verfilmung benutzte – **88** 13 ff.
Werke der angewandten Kunst 2 158 ff.; Abgrenzung von Werken der reinen Kunst **26** 22, 24; Ausnahme von der Unabhängigkeit des Urheberrechts bei – **Vor 120** 133; Bearbeitungen **3** 34; Begriff **2** 158; **26** 24; Geschmacksmusterschutz **2** 34, 159; Gestaltungshöhe **2** 34, 161 f.; im Übergangsrecht **129** 13; kein Ausstellungsrecht **18** 14; keine Gegenstände des Folgerechts **26** 22, 24; kein Vermietrecht **17** 40; Schutzdauer **64** 15; **66** 54; **Vor 120** 48, 65; Schutz durch das WUA **Vor 120** 62, 65; Schutz durch die RBÜ **Vor 120** 48 f.
Werke der Baukunst s. Bauwerke
Werke der bildenden Künste 2 133 ff.; als Bildnisse **60** 15; als Gegenstände des Folgerechts **26** 18, 21 ff.; als vorbestehende Werke beim Film **Vor 88** 59; **88** 14; an öffentlichen Plätzen **59** 6 ff.; Ausstellung von – als Erscheinen **6** 49; Ausstellungsrecht an – **18** 1, 12 ff., 15 f.; Bearbeitung **3** 27; **23** 11, 21; Begriff **2** 133 f., 146; **26** 18; Erscheinen von – **6** 33, 47 f., 57; geistiger Gehalt **2** 19; Schutz ausländischer – **Vor 120** 4; **121** 5, 8 f.; Schutz durch das WUA **Vor 120** 62; Schutz durch die RBÜ **Vor 120** 46 f.; Schutzdauer anonymer und pseudonymer – **66** 7, 15, 54; Schutzvoraussetzungen **2** 135 ff.; unzulässige Urheberbezeichnung auf Original **107** 2 ff.; Urheberbezeichnung **10** 5, 7 f.; Verbot der Ausführung von Plänen **53** 80; Quellenangabe **63** 15
Werke der Fotografie s. Lichtbildwerke
Werke der Literatur 2 82; Schutz durch das WUA **Vor 120** 62; Schutz durch die RBÜ **Vor 120** 46
Werke der Musik 2 120 ff.; als vorbestehende Werke beim Film **19** 38; **Vor 88** 59; **88** 14; Bearbeitung **3** 27 ff.; **23** 11; **88** 20; Begriff **2** 120; bühnenmäßige Aufführung **19** 16 ff.; freie Verwertung von – auf Tonträgern im Übergangsrecht **133** 1 ff.; geistiger Gehalt **2** 19; musikalische Aufführung **19** 13 ff.; Schutz durch das WUA **Vor 120** 62; Schutzvoraussetzungen **2** 121 ff.; s. auch Filmmusik

Werke der reinen Kunst als Gegenstände des Folgerechts **26** 22 ff.; Puppen und Figuren beim Film als – **88** 22
Werke der Tanzkunst als persönlich-geistige Schöpfung **73** 10
Werke geringen Umfangs 52 a 7
Werke zum Unterrichtsgebrauch 52 a 16
Werkform als Gegenstand des Urheberrechtsschutzes **2** 54 f.
Werkgenuss 15 11 ff.; **69 d** 13
Werkinhalt als Gegenstand des Urheberrechtsschutzes **2** 54 ff.; Schutzinhalt des -s beim Film **88** 15, 18
Werkintegritätsinteresse des Urhebers bei Änderung **39** 13; bei Beeinträchtigung **14** 3 ff., 19 ff.; direkte und indirekte Eingriffe **14** 23 ff.; und Interessenabwägung **14** 28 ff.; **39** 14 ff.
Werkinterpretation keine Bearbeitung **23** 8; Schutzfähigkeit **3** 21
Werknutzer 15 15, 47; **19 a** 19, 43, 44, 47, 55; **Vor 20** 39, 48; **20** 16, 45; **20 a** 18
Werknutzungshandlung 15 14 ff., 47; **19 a** 55; **20** 16; **20 a** 18
Werkoriginal s. Original
Werkqualität 2 45; **15** 40; Beurteilung der – nach dem Recht des Schutzlandes **Vor 120** 127; im Übergangsrecht **129** 5, 13; s. auch Europäisches Gemeinschaftsrecht
Werkschöpfung, Begriff **2** 11 ff.; im Rahmen von Rechtsverhältnissen **7** 4; keine – durch Apparate und Computer **2** 12; **7** 3; keine – durch Tiere **2** 5
Werkstück Einl. 29; 2 10; als Gegenstand des Sachenrechts **Einl. 29; 2** 10; **44** 1, 5; durch Vermieten und Verleihen von -en keine Erschöpfung des Verbreitungsrechts **17** 45, 47 f.; Eigentum am – und Urheberrecht **Einl.** 29; Eigentum/Besitz am – und Änderungsverbot **14** 15 ff.; **39** 25 ff.; Entstellung **14** 23 ff., 36 f.; Urheberbezeichnung **10** 5 f.; **13** 12; Vernichtung **14** 37 f.; Zugangsrecht **25** 8 ff.
Werkteile, Erscheinen von -n **6** 45; Schutz **2** 67 f.; **97** 17; Veröffentlichung von -n **6** 21; Zitierfreiheit für nicht schutzfähige – **51** 7; Zustimmung zur Veröffentlichung von -n **6** 26
Werktitel, Schutzdauer des -s **64** 74, Schutz des – **2** 69 ff., s. auch Titelschutz
Werkverbindung 9 4, 6, 10, 12, 15 f.; **31** 61 f.; **31 a** 112; Abgrenzungen **9** 7; Begriff **9** 5, 8; beim Film **Vor 88** 64; Gesellschaft Bürgerlichen Rechts **9** 1, 10 ff.; gesonderte Verwertbarkeit **9** 6 f., 17; Kündigung **9** 12; Rückruf wegen Nichtausübung **41** 23; Schutzdauer **65** 3; Staatsangehörigkeit bei – **120** 12; s. auch verbundene Werke; Widerruf bei unbekannten Nutzungsarten **31 a** 111 ff.; und Zwangslizenz **42 a** 4
Werkvermittler, Erscheinen durch Inverkehrbringen oder Angebot an – **6** 37

Sachverzeichnis

halbfette Zahlen = Paragraphen

Werkvernichtung s. Vernichtung
Werkzerstörung s. Vernichtung
Werner-Serie E **40** 13
West Side Story E **31** 93
Wettbewerbsrechtlicher Schutz amtlicher Werke **5** 93; Anwendungsbereich **Einl.** 50 ff.; **1** 4; ausübender Künstler **Vor 73** 4, 26; **125** 19; **129** 16 f., 19; der Filmhersteller **94** 4 f., 39; **95** 5; der Filmidee **88** 16; der Sendeunternehmen **87** 60; **127** 8; **129** 16 f.; der Tonträgerhersteller **85** 2, 11, 58, 76; **126** 13; **129** 16 f.; der Veranstalter **81** 3, 7, 11 f., 16, 38; des Werktitels **2** 69 ff.; **64** 74; ergänzender wettbewerbsrechtlicher Leistungsschutz **Einl.** 54 ff.; Grundsatz der Nachahmungsfreiheit **Einl.** 55, 57 ff.; im Pressebereich **49** 36; im Übergangsrecht **129** 16 ff.; nach Ende der Schutzdauer **Einl.** 57; **64** 7; Subsidiarität des UWG **Einl.** 53; unmittelbare Leistungsübernahme **Einl.** 58; von Ausländern **Vor 120** 113; **125** 19; **126** 13; **127** 8; **128** 7; **129** 19; von Computerprogrammen **Vor 69a** 13 ff.; von Datenbanken **4** 35; **Vor 87a** 59; von Laufbildern **95** 20; Wettbewerbsvorsprung durch Rechtsbruch **Einl.** 53
Wettbewerbsverbot in Urheberrechtsverträgen **31** 38
Wetterdaten E **5** 6, 25, 60 f., 70
Wetterführungspläne I E **69 b** 9, 11 f., 16; **137 d** 3
Wetterführungspläne II E **43** 64; **69 b** 11, 16
White Christmas E Einl. 13; **31** 64, 74; **Vor 73** 19, 25; **79** 8; **83** 8, 16 f., 30; **88** 24
White Horse E **97** 197
Wickelsterne E **97** 197
Widerruf des Verzichts auf Urheberpersönlichkeitsrechte **Vor 12** 28; der Verträge über unbekannten Nutzungsarten **31 a** 73 ff.; der Zustimmung zur Veröffentlichung **6** 20, 26
Wie R. liebt und leidet E **60/23** KUG 34
Wie uns die Anderen sehen E **60/22** KUG 46, 54; **60/23** KUG 106, 108; **60/33–50** KUG 31, 38
Wiederaufleben des Urheberrechtsschutzes Vor 120 28; **137 f** 3 ff.
Wiederholte Unterwerfung E **97** 127
Wiederholungsgefahr 97 123 ff.
Wiederholungssendungen, Einräumung des Rechts zu – **88** 47 f.
Wiedervereinigung s. deutsch-deutscher Einigungsvertrag
Wiederverfilmung, Abstimmung der Werkverwertung bei – **88** 58; Art der – **88** 56; Recht zur – **Vor 88** 157; Schutz des Filmherstellers gegen – **88** 57 f.
Wiederverfilmungsrecht bei Rücktritt des Urhebers vom Vertrag **88** 56; des Urhebers **88** 58; Einräumung **Vor 88** 157; **88** 2, 27, 53 ff.;

89 20; Weiterübertragung und Lizenzierung des -s **88** 56
Wien, du Stadt meiner Träume E **2** 70
Wikies 97 111
Wikipedia s. Wikies
Wilhelm Busch E Einl. 115; **43** 66; **51** 17; **66** 4; **97** 198; **129** 11
Wilhelm Raabe E **66** 4
Willi-Kollo-Biographie E **Vor 28** 181
Willy Brandt E **60/23** KUG 20
WINCAD E **Vor 69a** 11
Windsor Estate E **97** 52, 189; **101** 79
WIPO Copyright Treaty s. WCT, WIPO-Urheberrechtsvertrag
WIPO-Mustervorschriften zum Schutz von Computerprogrammen, 69a 2, 6
WIPO, Umsetzung ins deutsche Recht **Vor 120** 52;
WIPO-Urheberrechtsvertrag (WCT) vom 20. 12. 1996, Vor 120 50 ff.; Auslegung **15** 40; Erschöpfung des Verbreitungsrechts **15** 36; und öffentliche Zugänglichmachung **19a** 12–21; **15** 26 f., 85; Schutzerlangung durch erstes Erscheinen **6** 4; Schutz von Computerprogrammen **69a** 15, 17; und Senderecht **Vor 20** 46–49; umfassendes Recht der öffentlichen Wiedergabe **Vor 20** 41, 46 ff.; Urheberpersönlichkeitsrecht **Vor 12** 22
WIPO-Vertrag über Darbietungen und Tonträger (WPPT) vom 20. 12. 1996, Vor 120 51 f., 84 ff.; Auslegung **15** 40; Künstlerpersönlichkeitsschutz (Namensnennung) **74** 3, 11; (Beeinträchtigung der Darbietung) **75** 4, 12; Schutzerlangung durch erstes Erscheinen **6** 4
WIPO-Vertragsentwurf zum Schutz der Sendeunternehmen 87 74 ff.
Wirtschaftsprüfervorbehalt E **97** 190
Wirtschaftswoche E **15** 7, 16; **Vor 44 a** 20; **49** 8
Wissenschaft, Begriff **51** 31; Namensnennung **13** 1 a
Wissenschaftler in Arbeits- oder Dienstverhältnis **43** 126 ff.
Wissenschaftliche Assistenten 43 132 ff.; als Mitautoren **43** 134; als Urheber **7** 9; Nutzungsrecht von Arbeitsergebnissen **43** 133, 136
Wissenschaftliche Ausgaben als Erstausgaben **70** 4; Leistungsschutzrecht des Verfassers **70** 1 ff., 8 ff.; Modernisierung von Rechtschreibung und Zeichensetzung **70** 6; Rechtsverkehr **Vor 28** 64 ff.; Schutz ausländischer – **124** 2 f.; Schutzdauer **70** 13; **137 b** 1 f.; **137 f** 3; Schutzfristverlängerung und Altverträge **137 b** 1 f., 3 f.; Schutzvoraussetzungen **70** 5 ff.; strafrechtlicher Schutz **108** 3; Urheberrechte an – **70** 3, 6; Verfilmung von – **88** 23; Verhältnis § 70 zu § 71 **70** 4; **71** 5, 12 f.; wissenschaftlich sichtende Tätigkeit **70** 6; Zwangsvollstreckung gegen den Verfasser **118** 1

magere Zahlen = Randnummern

Sachverzeichnis

Wissenschaftliche Autoren, Namensnennung **13** 1a
Wissenschaftliche Forschung 52a 11
Wissenschaftliche Lehren und Theorien, freie Benutzung **24** 5, 20; kein Urheberrechtsschutz **2** 59f., **,** 62, 86; **8** 4
Wissenschaftliche Verlagswerke, Vertragsnormen **Vor 28** 24
Wissenschaftliche Werke als amtliche Werke **5** 31f., 52; Großzitate **51** 31ff.; kein Schutz des Forschungsergebnisses **2** 61ff.; Schutz des wissenschaftlichen Apparates **2** 87; kein Schutz für Gedankengut **2** 57, 59, 62ff., 85f.; Schutz **2** 19, 29f. 37, 59f., 61ff., 65ff., 202; Schutz durch RBÜ und WUA **Vor 120** 62; Zitate aus – in amtlichen Werken **5** 37
Wissenschaftlicher Kongreß als Öffentlichkeit **6** 13
Wissenschaftliches Register, Schutzfähigkeit **2** 87; **70** 6
Wissenschaftsethik 13 1a
Wissenschaftsfreiheit und Zitatrecht **51** 8
WK-Dokumentation E 2 19; **4** 13, 16f.; **5** 5, 28, 32ff., 71.; **24** 11, 14; **31** 33; **51** 19
WM-Slogan E 2 115f.
Wo ist mein Kind? E 97 176
Wochenend und Sonnenschein E 14 24
Wochenschauen als Laufbilder **95** 10; keine Filmwerke **2** 192
Wochenschaugesetz 50 2; Aufhebung des -es **141** 8
Wohnanlage E 2 135f., 151, 154f., 157
Wohnhäuser, Schutzfähigkeit **2** 99
Wohnhausneubau E 31 95
Wohnsitz als Voraussetzung für Zwangslizenz **42a** 12
Wolfsblut E 88 18; **Vor 20** 72; **140** 3ff.
World Wide Web, Veröffentlichung im – **6** 51; s. auch Homepage, Hyperlink, Internet
Wörterbücher als Sammelwerke **4** 9
Wortkreationen 2 116
WPPT Vor 12 17; **73** 1, 2, 7, 22; **93** 4a; Umsetzung ins deutsche Recht **Vor 120** 51; s.a. WIPO-Vertrag über Darbietungen und Tonträger
Wucher bei älteren Urheberrechtsverträgen **132** 8
Wüstenflug E 31 93; **88** 49; **97** 184

Xavier Naidoo E 40 7, 10; **79** 8

Yellow Submarine E 6 8, 37f., 40, 42f.; **78** 23; **85** 68; **86** 9; **120** 7; **125** 8, 11, 15
Youtube kein Zitatrecht für Musikwerke **51** 51, 53
Yosuke Yamashita Quartett E Vor 120 36; **125** 15
Yosuke Yamashita Trio E Vor 120 36

Zahlenlotto E 2 6; **31** 97
ZahnärztekammerG I (OGH) **6** 14
Zahnbürsten E 97 202
Zeichentrickfilm, Bildregie beim – **Vor 88** 62; Schutz der Zeichnungen des – **88** 19; Urheberschaft **Vor 88** 62
Zeichnung als Bildnis **60** 18; Schutz der – beim Zeichentrickfilm **88** 19
Zeitgeschichte, Begriff **60**/23 KUG 21ff.
Zeitschriften s. auch Zeitungs- und Zeitschriftenverlage; als periodische Sammlungen **38** 11ff., 14; als privilegierte Presseorgane **48** 7f.; als Sammelwerke **4** 8, 16; Berichterstattung über Tagesereignisse **50** 1, 11ff., 21; beschränkte Vervielfältigungsfreiheit für vollständige Exemplare **53** 72ff.; Einräumung von Nutzungsrechten an Beiträgen **38** 4, 17; Erscheinen von – **6** 44; Erstveröffentlichungsrecht und elektronisches Publizieren **12** 10; Nachdruckrecht **38** 18; Rückrufrecht wegen Nichtausübung **41** 2, 17; tarifvertragliche Regelungen für Urheber **Vor 28** 20f.; **43** 104ff., 110ff.; Vervielfältigungsfreiheit für einzelne Beiträge **53** 53, 57, 61, 67; Zweitverwertung von Beiträgen für – **38** 5f., 18
Zeitschriftenauslage II E (OLG München) **17** 38; **27** 3, 7, 12, 18; **Vor 28** 72
Zeitschriftenauslage beim Friseur E (BGH) **17** 44; WahrnG **13** 7
Zeitschriftenauslage in Wartezimmern E (BGH) **17** 44
Zeitung und Zeitschrift, Begriff **50** 16
Zeitungen s. auch Zeitungs- und Zeitschriftenverlage; als Informationsblatt **49** 8; als periodische Sammlungen **38** 11ff.; als privilegierte Presseorgane **48** 7f.; **49** 8, 15; als Sammelwerke **4** 9, 20; als Organ der Berichterstattung **50** 14; Einräumung von Nutzungsrechten an Beiträgen **38** 4, 20; Erstveröffentlichungsrecht und elektronisches Publizieren **12** 10; Rückrufrecht wegen Nichtausübung **41** 2, 17; tarifvertragliche Regelungen für Urheber **Vor 28** 20f.; **43** 104ff.; Vervielfältigungsfreiheit für einzelne Beiträge **53** 53, 57, 61, 67, für ganze Exemplare **53** 73; Weiterverwertung von Beiträgen für – **38** 5f., 21
Zeitungs- und Zeitschriftenauslage, kein vergütungspflichtiges Verleihen in Geschäftsräumen und Wartezimmern **17** 38f.; **27** 17
Zeitungs- und Zeitschriftenverlage, Abdruckvertrag **Vor 28** 117; Änderungen von Beiträgen **43** 87; angestellte Urheber **43** 60, 66; Namensnennung bei Veröffentlichungen **43** 82; Nutzungsrechte an Fotos **31** 94; Tarifverträge mit Urheberrechtsklausel **Vor 28** 20f.; **43** 104ff., 110ff.; Verlagsverträge **Vor 28** 117
Zeitungsannoncen Schutzfähigkeit **2** 115

2529

Sachverzeichnis

halbfette Zahlen = Paragraphen

Zeitungsartikel, Begriff **49** 6; Nachdruckfreiheit bei beschränkter Anzahl **49** 12; Nachdruck- und Senderecht durch gesetzliche Lizenz **49** 2, 17; Quellenangabe bei Wiedergabe **49** 28; **63** 3, 8, 14, 16, 18; Vorbehalt der Rechte **49** 14

Zeitungsbericht als Tagesereignis E 15 7; **50** 4, 10, 12, 21; **58** 5; **60** 6

Zentralstelle Bibliothekstantieme (ZBT) Vor 1 WahrnG 14; **27** 20, 22

Zentralstelle Fotokopieren an Schulen (ZFS) Vor 1 WahrnG 14

Zentralstelle für die Wiedergabe von Film- und Fernsehwerken (ZWF) Vor 1 WahrnG 14

Zentralstelle für private Überspielungsrechte (ZPÜ) 54 h 3, 7 f.; **Vor 1 WahrnG** 14

Zentralstelle für Videovermietung (ZVV) Vor 1 WahrnG; **27** 22

Zerkleinerungsvorrichtung E 97 147 ff.

Zerknitterte Zigarettenschachtel E 60/22 KUG 9, 63; **60/23 KUG** 17, 122

Zerrissene Hose E 60/23 KUG 113

Zerstörung des Werks 97 186 und Integritätsschutz **14** 37 a

Zerstörungsschutz 97 186

Zerstörungsverbot 14 8

Ziergegenstände und Folgerecht **26** 24

Zille-Ball E 18 15

Zitate s. auch Zitatrecht; Änderungen bei -n **51** 26, 28; **62** 8, 16, 18 ff.; als innere Verbindung zwischen eigenem und fremdem Werk **51** 16; Erscheinen als Voraussetzung für – **51** 25, 49; ganzer Werke zum Zwecke kritischer Auseinandersetzung **51** 45; in amtlichen Werken **5** 7, 68; keine unzumutbare Beeinträchtigung durch – **51** 23 f.; Quellenangabe **51** 15, 28; Umfang durch Zweck bestimmt **51** 19; umfangmäßige Unterschiede **51** 10 ff.; und freie Benutzung **51** 21, 27; und Parodie **51** 17; von Werkteilen **2** 67 f.; Wesen **51** 15; zitierendes Werk **51** 20 ff.; Zweck **51** 10, 14, 17 ff.

Zitatmißbrauch 51 28, 30; **62** 19, 20

Zitatrecht s. auch Zitat; bei amtlichen Werken **5** 37, 68; **51** 20; und EG-Inforichtlinie **51** 5 a, 15, 24 a; bei geschützten Werken **51** 7; bei Rückruf wegen gewandelter Überzeugung **42** 15; enge Auslegung **51** 8 f.; für verwandte Schutzrechte **51** 29; Generalklauselartige Ausgestaltung des – **51** 2, 5, 51 ff.; Grundrechtskonflikt, Güterabwägung **51** 8; **Vor 97** 2; **97** 43 f.; 45 f.; Interessenabwägung beim Umfang **51** 19, 44 f.; **97** 43 ff.; Quellenangabe **51** 28; **63** 9, 20; und Persönlichkeitsrecht **51** 30; und Urheberrecht **Vor 44 a** 7; Zweck: geistige Auseinandersetzung **51** 6

Zitierfreiheit und Grundrechtsschutz **51** 8; zur Gewährleistung geistiger Auseinandersetzung **51** 6

Zivilrechtlicher Schutz der Urheber- und verwandten Schutzrechte Vor 97 1 f.; Allgemeines: Aktivlegitimation **97** 47 ff.; Beweislast **97** 209; Durchsetzung **97** 202 ff.; Einwendungen **97** 196 ff.; Gerichtsstand **97** 210; Online-Bereich **97** 78 ff.; Passivlegitimation **97** 61 ff.; Schutzgegenstand **97** 3 ff.; Schutzumfang **97** 13 ff.; Übertragbarkeit **97** 195; Urteilsbekanntmachung **103** 1 ff.; Verjährung **102** 1 ff.; Ansprüche im einzelnen: **97** 121 ff. s. dort; Ablösungsanspruch des Verletzers **100** 1 ff.; Betriebsinhaberhaftung **99** 1 ff.; Überlassungsanspruch **98** 1, 17 f.; Vernichtungsanspruch **98** 7 ff., 4 ff.

Zoll- und Finanzschulen E 15 68, 79; **52** 7, 13, 26; **97** 37

Zollbehörde, Maßnahmen **111 b**; s. a. Grenzbeschlagnahme

Zollbeschlagnahme 111 b

Zufallswerke 2 14

Zugänglichmachung, Abgrenzung zum Senderecht **19 a** 54, 58; Abrufübertragungsrecht **15** 27, 58; **19 a** 1, 13, 15, 16, 17, 26–29, 33, 41, 59; – von Beiträgen zu Sammlungen **38** 10 a; Bereithaltung **19 a** 13, 14, 25, 31, 40; Computerprogramme **19 a** 3; von Datenbanken **4** 50, 54; Datenbankrichtlinie **19 a** 31; Distanzelement **19 a** 18; elektronische; Versand **19 a** 6; Entstehungsgeschichte **19 a** 32–41; Europäische Rechtsgrundlagen **19 a** 22–30; Hyperlink **19 a** 46; Info; Richtlinie **19 a** 22–30; Konventionsrecht **19 a** 11–21; öffentliche (s. a. öffentliche Zugänglichmachung) öffentliche **19** 3, **19 a**; **22** 1, 5, 7, 9; **87** 9 a, 35 a; Öffentlichkeit **19 a** 20, 48–50; Schranken **19 a** 4, 21; für Unterricht und Forschung **52 a**; Wahlmöglichkeit der Nutzer **19 a** 52–53; Wahrnehmung durch Verwertungsgesellschaften **19 a** 7–10; Werkverwerter **19 a** 55–56; Wesen und Gegenstand des Rechts **19 a** 1–3, 24; Zugänglichmachen **19 a** 42–47; zur Frage der Erschöpfung **19 a** 5, 6, 26, 30; Zurverfügungstellung technischer Einrichtungen **19 a** 19, 29

Zugangskontrolldienstgesetz 87 63

Zugangsrecht als Ausdruck des UPR **Vor 12** 9; **25** 7; des Arbeitnehmerurhebers **25** 8; **43** 95 ff.; des Architekten **25** 5, 10, 12 f., 20; des Bearbeiters **25** 8; und Besichtigungsanspruch **25** 4, 12; des Miturhebers **11; 25** 8; Erforderlichkeit **25** 12 f.; Interessenabwägung **25** 16 ff.; **43** 97; kein Herausgabeanspruch **25** 11 f.; Kostentragung **25** 11; nach Beendigung eines Arbeitsverhältnisses **43** 98; tarifvertragliche Regelung **43** 99, 120; Rücksichtnahme auf Besitzer **25** 16; Verweigerung **25** 17; Verzicht auf – **25** 7, 22; Voraussetzungen **25** 8 ff.

Zugriffskontrollen 52 a 10, 13

Zugriffsysteme 20 9; s. auch Videotext

magere Zahlen = Randnummern

Sachverzeichnis

Zündaufsatz E 97 190; **98** 6
Zurschaustellen, Einwilligung in – **60/22 KUG** 37 ff.; im Rahmen einer Ausstellung **18** 17 ff.; öffentliches – von Bildnissen **60/22 KUG** 14 ff.
Zuständigkeit s. Internationale Zuständigkeit
Zustimmung des Berechtigten 97 58, 66; unter Bedingungen **6** 26; **17** 58; unter Befristung **6** 20, 26; Widerruf der – **6** 20, 26; Zeitpunkt der – **6** 25; zum Erscheinen **6** 31, 46; zum Inverkehrbringen von Werkstücken als Voraussetzung der Erschöpfung **17** 45, 54 ff.; zur Veröffentlichung **6** 20, 24 ff.
Zustimmung des Urhebers zur Nutzungsrechtsübertragung **34** 14–18, 25; bei Unternehmensveräußerung **34** 20; bei Sammelwerken **34** 19; keine – zur Vererbung von Nutzungsrechten **34** 8; Pflicht zur – **34** 15 ff.; zur Einräumung von Nutzungsrechten weiterer Stufe **35** 3, 6 ff.; **90** 4 f., 8 ff., 14; zur Weiterübertragung urheberpersönlichkeitsrechtlicher Befugnisse **Vor 12** 26 f.; zur Weiterübertragung von Nutzungsrechten **Vor 28** 52 f.; **34** 5 ff., 14 ff.; **43** 56 f.; **90** 4 f., 8 ff., 14
Zustimmungsansprüche, Verletzung von -n und Rechtsfolgen **97** 9 ff.
Zustimmungsbefugnis, Überlassung der – zur Ausübung **6** 27; **12** 21
Zustimmungsrecht, Ausschluß des -s zur Weiterübertragung oder Lizenzierung von Nutzungsrechten **90** 4, 8 ff., 14
Zwangsgeld E 97 208; **21 WahrnG**
Zwangslizenz Vor 28 184; **94** 34; Abgrenzung zur gesetzlichen Lizenz **Vor 28** 185; und Änderungsverbot **62** 7; und ausübende Künstler **83** 6; als Einschränkung des Urheberrechts **Vor 44 a** 6, 36; Gegenseitigkeit als Voraussetzung für – zugunsten Tonträgerhersteller aus Drittstaaten **42 a** 12; keine – am Schutzrecht des Filmherstellers **94** 34; keine – für Leistungsschutzrechte des Tonträgerherstellers **85** 59; keine – zugunsten des Filmherstellers **94** 34; Kontrahierungszwang **Vor 44 a** 36; und Kartellrecht **42 a** 1; private Normzwecke **5** 81 ff.; und Quellenangabe **63** 5 a; Wahrnehmung durch Verwertungsgesellschaft **Vor 45** 29; **61** 1, 16; zu gunsten von Tonträgerherstellern **42 a** 1 ff.
Zwangslizenzeinwand 15 39; **87** 55
Zwangsvollstreckung, Einwilligung **113** 5 ff.; **114** 3 ff.; **115** 1; **116** 1; **117** 1; **118** 1; in in- und ausländische Urheberrechte **112** 5 ff.; in Miturheberrechte **8** 12; Vollstreckungsschutz des Urhebers **112** 1 ff., 11; Voraussetzungen **112** 7 f.; Zulässigkeit nach allgemeinen Vorschriften **112** 9 ff.; wegen Geldforderungen **112** 2; bei Testamentsvollstreckung **117** 1 f.; in bestimmte Vorrichtungen **119** 1 ff.; in die Verwertungsrechte **113** 1 ff.; in Originale von Werken **114** 1; gegen Verfasser wissenschaftlicher Ausgaben und Lichtbildner **118** 1; gegen den Rechtsnachfolger **115** 1, **116** 1; Übersicht **112** 21; und Urheberpersönlichkeitsrecht **112** 11; **113** 1 ff.

Zweckbauten, Schutzfähigkeit **2** 155
Zweckübertragungsregel 31 64 f.; Anwendungsbereich **31** 74 ff.; Anwendung auf Arbeitnehmerurheberrecht **31** 74 Anwendung auf Übertragung des Eigentums am Original **31** 84; **44** 5; Anwendung auf Urheberpersönlichkeitsrechte **31** 83; Anwendung auf Verlagsrecht **31** 74; Anwendung auf Wahrnehmungsverträge **6 WahrnG** 5; Anwendung bei Arbeits- und Dienstverhältnissen **43** 48 ff.; Anwendung im Filmrecht **88** 3 ff., 9 ff., 24 ff., 39, 43 ff., 47; **89** 3, 10 f.; Anwendung im internationalen Urhebervertragsrecht **Vor 120** 166; Anwendung im Übergangsrecht **132** 3; Beispiele **31** 91 ff.; **und ausübende Künstler 31** 74; **79** 5, 11; Beweislast **31** 70; Verhältnis zu § 37 **37** 4 Anwendung auf Nutzungsrechteinräumung **31** 69, auf verwandte Schutzrechte **31** 74; bei Abtretung gesetzlicher Vergütungsansprüche **31** 82; bei der Verfilmung **88** 3–6, 10, 11, 29, 40; Verhältnis zu § 37 **37** 4, zu § 38; Verhältnis zu allgemeiner – **31** 74 **38** 15, zu §§ 88, 89 **Vor 88** 44 f.; **88** 3 ff., 9 ff., 25; **89** 3; Vertragszweck **31** 87 ff.; Wesen und Bedeutung der – **31** 34 f.
Zweibettzimmer im Krankenhaus E 15 67, 70, 80; **20** 10; **22** 5
Zweiseitige Staatsverträge s. Staatsverträge
Zweiter Korb Einl. 38, 126; **20** 34 f., 37; **20 b** 7 a, 21, 29; **Vor 28** 18 f.; **31** 3, 5; **44 a** 4, 13, 22, 26, 29; **46** 4, 8, 17; **49** 2, 7, 24, 39, 43; **51** 2, 5, 51; **52 b** 1; **53** 10, 20, 22; **53 a** 1; **54** 3; **54 b** 5; **54 h** 1, 6; **63 a** 6; **87** 9 b, 45, 48, 50; **Vor 97** 4; und Filmrecht **Vor 88** 8, 40; **1371** 1
Zweiter Vergütungsbericht der Bundesregierung **94** 29
Zweites Gesetz zur Regelung des Urheberrechts in der Informationsgesellschaft v. 26. 10. 2009 s. Zweiter Korb
Zweitverwertung, von Filmen und Persönlichkeitsschutz **93** 11; kein gesetzlicher Vergütungsanspruch des Filmherstellers für – **94** 8; von Tonträgern nach dem Rom-Abkommen **Vor 120** 82
Zweitverwertungsrechte 15 49 f.; **19** 2; **21** 1; **22** 1; an Filmeinzelbildern **91** 9; Einräumung der – beim Film **88** 48 f.; **89** 3, 19, 21; des Tonträgers **86** 1 ff.; Unterscheidung von Erst- und -n **15** 50; - wissenschaftlicher Beiträge **38** 3 c; s. Recht der Wiedergabe durch Bild- oder Tonträger, Recht der Wiedergabe von Funk-

2531

Sachverzeichnis

halbfette Zahlen = Paragraphen

sendungen, Vortrags-, Aufführungs- und Vorführungsrecht
Zwerg E 60/23 KUG 5, 30; 60/33–50 KUG 40
Zwilling E 97 197, 202
Zwingende Bestimmungen im internationalen Urhebervertragsrecht **Vor** 120 162 ff.; im Urheberrecht **17** 61; **55 a** 1; **69 d** 1, 6, 13 ff., 24; **69 e** 3; **69 g** 3; **87 e** 1; **137 g** 4; zugunsten der schwächeren Vertragspartei **Vor** 120 164 ff.
Zwingender Charakter des Urhebervertragsrechts **32 b** 2, 9, 14, 20, 33, 35
Zwischenspeicher s. Cache
Zwischenspeicherungen **19 a** 41, 43, 55; **20** 14, 23, 45